Wolf/Lindacher/Pfeiffer
AGB-Recht

Wolf/Lindacher/Pfeiffer

AGB-Recht

Kommentar

Von

Jens Dammann, Wolfgang Hau, Walter F. Lindacher
Rüdiger Pamp, Thomas Pfeiffer, Peter Reiff
Hubert Schmidt, Markus Stoffels, Manfred Wolf (†)

5. Auflage

herausgegeben von

Prof. Dr. Manfred Wolf (†),
Prof. Dr. Walter F. Lindacher und
Prof. Dr. Thomas Pfeiffer (geschäftsführend)

Verlag C.H. Beck München 2009

Zitiervorschlag (mager = Rz.)

Pfeiffer in Wolf/L./P., AGB-Recht, **Einl** 56 (= 1. Teil)
Hau in Wolf/L./P., AGB-Recht, **IntGV** 13 (= 2. Teil)
Schmidt in Wolf/L./P., AGB-Recht, **310 Abs. 4** 24 (= 3. Teil. BGB)
Stoffels in Wolf/L./P., AGB-Recht, **310 ArbR** 37 (= 4. Teil. Anh. zu § 310)
Dammann in Wolf/L./P., AGB-Recht, **Klausel A** 16 (= 5. Teil. Klauselkatalog)
Lindacher in Wolf/L./P., AGB-Recht, **11 UKlaG** 12 (= 6. Teil)
Wolf in Wolf/L./P., AGB-Recht, **3 RL** 14 (= 7. Teil. Richtlinie)

Es haben bearbeitet:

Dr. Jens Dammann, Assistant Professor, the University of Texas School of Law (Bearbeitung mit Stand 31. 3. 2007)	Vor § 308; §§ 308, 309, § 310 Abs. 2 BGB; Klauseln A, B, E, F, G, H, K, L, M, N, P, R, S, T, V, W, Z
Dr. Wolfgang Hau, o. Professor an der Universität Passau	IntGV; Klauseln G, M, P, S, Z
Dr. Walter F. Lindacher, o. Professor (em.) an der Universität Trier	§§ 305b, 305c, 306, 306a BGB; UKlaG
Rüdiger Pamp, Richter am Oberlandesgericht Köln	Klauseln B
Dr. Thomas Pfeiffer o. Professor an der Universität Heidelberg	Einl; §§ 305, 305a, § 310 Abs. 3 BGB; Klauseln E, K
Dr. Peter Reiff, o. Professor an der Universität Trier	Klauseln V
Dr. Hubert Schmidt, Rechtsanwalt, Professor an der Fachhochschule Trier, Lehrbeauftragter an der Universität Trier	§ 310 Abs. 4 BGB; Klauseln A, B, D, F, H, K, L, R, S
Dr. Markus Stoffels, o. Professor an der Universität Osnabrück	Arb-Recht; Klauseln A, B, E, F, H, I, K, L, M, P, R, S, T, U, V, W, Z
Dr. Manfred Wolf (†), weiland o. Professor (em.) an der Universität Frankfurt/M.	§§ 307, 310 Abs. 1 BGB; Klauseln G; RL

Verlag C.H. Beck im Internet:
beck.de

ISBN 978 3 406 51046 5

Wilhelmstraße 9, 80801 München
Satz: ottomedien, Marburger Straße 11, 64289 Darmstadt
Druck: Druckerei C. H. Beck, Nördlingen
(Adresse wie Verlag)

Gedruckt auf säurefreiem, alterungsbeständigem Papier
(hergestellt aus chlorfrei gebleichtem Zellstoff)

Vorwort zur 5. Auflage

Unbeschadet der Integration des materiellen AGB-Rechts in das Bürgerliche Gesetzbuch und der Einbettung des Rechts der AGB-Verbandsklage in das Unterlassungsklagengesetz sprechen weiterhin gute Gründe für einen Spezialkommentar zum Recht der Allgemeinen Geschäftsbedingungen. Das vorgelegte Werk erläutert die §§ 305 bis 310 BGB sowie die einschlägigen UKlaG-Vorschriften, beleuchtet das AGB-Recht in seiner internationalprivatrechtlichen Dimension, informiert über die AGB-rechtlichen Kontrollansätze ausländischer Rechtsordnungen, berücksichtigt die Erstreckung des AGB-Rechts auf Individual-Arbeitsverträge und trägt in vielfältiger Weise (u.a. durch eine gesonderte Kommentierung der EG-Richtlinie 93/13 EWG über missbräuchliche Klauseln in Verbraucherverträgen) der EG-rechtlichen Überwölbung Rechnung.

Konzeptionell setzt das Werk auch zukünftig auf eine – erforderlichenfalls kritische – Sichtung, Systematisierung und Kanalisierung der bis in die jüngste Zeit abundanten Rechtsprechung sowie auf praxisbezogenen wissenschaftlichen Dialog. Wo es an festgefügter Judikatur fehlt, bemüht sich die Kommentierung um Wegweisung. Externe, vor allem EG-rechtliche Anstöße, geben Anlass, auch scheinbar gesicherte Aussagen neu zu hinterfragen. Bedürfnissen der Forensik *und* der Kautelarpraxis hofft ein umfangreicher Katalog gebräuchlicher Klausel- und Vertragstypen gerecht zu werden. Die Struktur des Werkes beruht auf einer veränderten Konzeption, die der neuen Rechtslage nach der Schuldrechtsreform besser entspricht, indem sie den umfangreichen Klauselkatalog im Anschluss an § 310 BGB einfügt.

Personell wird das Erscheinen des Werks durch den Tod seines herausragenden Gestalters überschattet: *Manfred Wolf,* Motor des Kommentarprojekts und vielfach ein Wegbereiter des AGB-Rechts, verstarb völlig unerwartet und viel zu früh am 1. Juni 2007 während eines familiären Aufenthalts in den Vereinigten Staaten. Die Kommentierung der übernommenen Partien und Teile der Korrekturen stammen noch aus seiner Feder; die abschließenden Korrekturarbeiten mussten am Lehrstuhl Pfeiffer geleistet werden.

Diverse organisatorische Schwierigkeiten, bedingt durch den Tod von Manfred Wolf, haben das Erscheinen der überwiegend im Herbst 2007 abgeschlossenen Erläuterungen nicht unerheblich verzögert und damit zu einem gewissen Aktualitätsverlust geführt. Verlag und Herausgeber hoffen auf Verständnis.

Trier, Heidelberg im Mai 2008
Walter F. Lindacher
Thomas Pfeiffer

Vorworte

Aus dem Vorwort zur 4. Auflage

Die Rechtsprechung zum AGB-Recht hat sich inzwischen weitgehend konsolidiert. Gleichwohl war eine Fülle von Entscheidungen einzuarbeiten, die Ergänzungen und Präzisierungen brachten, ohne daß dies im einzelnen aufgezählt werden kann. Als besondere Schwerpunkte aus der Rechtsprechung sollen aber die Entscheidungen erwähnt werden, die sich mit der Kontrolle und der Kontrollfähigkeit von Entgeltklauseln befaßt haben. Ebenso ist die Entscheidung des Großen Senats zu nennen, die die Übersicherung und die Regelung der Freigabe auf eine neue Grundlage gestellt hat. Im Bürgschaftsrecht nimmt noch die Rechtsprechung zur Sittenwidrigkeit der Bürgenhaftung mit vermögenslosen Angehörigen einen breiten Raum ein. Die die Grenzen von Risikoerweiterungsklauseln im Bürgschafts- und Grundschuldrecht absteckende »Anlaß«-Rechtsprechung hat nicht nur zur Konturierung des Überraschungsverbots beigetragen, sondern auch die Diskussion um Sinn und Geltungsumfang des Verbots der geltungserhaltenden Reduktion nachhaltig belebt.

Grundlegende Veränderungen haben sich darüber hinaus durch zahlreiche gesetzliche Neuregelungen ergeben. Hier ist in erster Linie die Umsetzung der AGB-Richtlinie hervorzuheben mit der Einbeziehung von Individualvereinbarungen mit Verbrauchern in die Inhaltskontrolle und der Gleichstellung von Gewerbetreibenden und Freiberuflern mit Kaufleuten im Unternehmerbegriff, was zugleich die Funktion des AGB-Gesetzes als Verbraucherschutzgesetz stärker ins Bewußtsein rückt. Zu verarbeiten war auch die Vorgabe aus der AGB-Richtlinie, die Umstände des einzelnen Vertragsabschlusses bei der Inhaltskontrolle zu berücksichtigen. Als weitere wichtige Gesetze wurden in die Kommentierung eingearbeitet das Transportrechtsreformgesetz, das mit einer Neufassung der ADSp einhergeht, das Teilzeitwohnrechtegesetz, das Telekommunikationsgesetz zusammen mit dem Informations- und Kommunikationsdienstegesetz, neue gesetzliche Vorschriften zur verschärften Haftung bei Wirtschaftsprüfern und der Rechtsanwalts-GmbH sowie die Neuregelung für Wertsicherungsklauseln durch das Euro-Einführungsgesetz. In der Einleitung sind zudem die Transformationsgesetze berücksichtigt, mit denen inzwischen die EU-Mitgliedstaaten die AGB-Richtlinie in ihr nationales Recht integriert haben. Darüber hinaus sind einige Länderberichte neu aufgenommen worden. Für den Bereich des internationalen Geschäftsverkehrs berücksichtigt die erheblich ausgeweitete Kommentierung u. a. die Ablösung des Haager Einheitlichen Kaufrechts durch das UN-Kaufrecht sowie die für internationale Gerichtsstandsklauseln bedeutsame Änderung von Art. 17 EuGVÜ durch das mittlerweile ratifizierte 3. Beitrittsübereinkommen (einschließlich der hierzu ergangenen EuGH-Entscheidungen). Gänzlich neu zu schreiben war die Kommentierung des aus Anlaß der AGB-Richtlinie neu gefaßten § 13.

An der Neuauflage haben in Frankfurt die wissenschaftlichen Mitarbeiterinnen Frau Kerstin Pudor und Frau Petra Schmidt tatkräftig bei der Aufarbeitung des umfangreichen Materials mitgeholfen. Frau Blauhut hat das Manuskript wiederum sorgfältig und aufopferungsvoll betreut und bei der Gesamtredaktion wesentliche Unterstützung geleistet.

In Köln haben die wissenschaftlichen Mitarbeiter Dr. Peter Balzer, Dr. Georg Borges und Jochen Wilkens und die wissenschaftlichen Hilfskräfte Dr. Irmtraut Lienesch, Claudia Beineke und Jutta Hüpper durch umfangreiche und wertvolle Mithilfe bei der Materialerfassung und Manuskriptkontrolle das Werk gefördert; Frau Ilse Gaentzsch hat das umfangreiche Manuskript geschrieben.

In Trier haben sich um die Neuauflage verdient gemacht: Wolfgang Hau (insonderheit durch Vorarbeiten zu § 12 sowie Teilen der Kommentierung Anhang § 2), Frau Scholtes (nicht nur als »Schreibmeisterin«) sowie Markus Kniesbeck, Lothar Mahlberg, Stefan Schlauß und Christiane Schmidt für gute Dienste in »technischen Dingen«.

Dafür sei allen herzlicher Dank gesagt.

Frankfurt, Köln, Trier
im April 1999
Manfred Wolf, Norbert Horn, Walter Lindacher

Aus dem Vorwort zur 2. Auflage

In der Rechtsprechung seit 1984 sind einige grundlegende Fragen geklärt, andere neu aufgeworfen worden. Zentrale Bedeutung hat die Anwendung des AGB-Gesetzes auf den kaufmännischen Geschäftsverkehr. Die in der Rspr. noch wenig geklärten Grundlagen haben neben der Kommentierung von Einzelfragen an jeweils einschlägiger Stelle Anlaß für einige grundsätzliche Darstellungen zu diesem Problembereich gegeben. Ein weiteres Problem, das der BGH für den Teilbereich notarieller Verträge wohl zu Unrecht als geklärt ansieht, besteht in der Inhaltskontrolle von Individualverträgen. Auch dazu schienen grundsätzliche Ausführungen erforderlich. Während sich das Verbot geltungserhaltender Reduktion wohl allgemein durchgesetzt hat, ergeben sich bei der Auslegung Schwierigkeiten, die vor allem die Abgrenzung der Auslegung zum Nachteil des Verwenders zur Frage der zumutbaren Anforderungen an die Klauselgestaltung betreffen. Damit verbunden ist die grundlegende Frage der Abgrenzung von Inhaltskontrolle und Ausübungskontrolle, die in der Rspr. zum Teil unterschiedlich und ohne grundsätzliche Klärung vorgenommen wird. Als neue Maßstäbe bei der Inhaltskontrolle nach § 9 haben sich aber das Bestimmtheitsgebot und das Transparenzgebot weitgehend durchgesetzt.

Frankfurt, Bielefeld, Trier
Ende 1988
M. Wolf, N. Horn, W. Lindacher

Aus dem Vorwort zur 1. Auflage

Die AGB beherrschen als selbstgeschaffenes Recht der Wirtschaft weite Teile des Vertragsrechts. Dies verleiht dem AGB-Gesetz als der rechtlichen Rahmenordnung für AGB seine praktische Bedeutung, die inzwischen durch zahlreiche gerichtliche Entscheidungen unterstrichen wird. In dieser Rechtsprechung wird zugleich deutlich, daß ein neues Gesetz seine eigene Dynamik entfaltet. Die eigene Dynamik des AGB-Gesetzes zeigt sich an vielen Punkten in einer Verschärfung der Anforderungen an AGB. Das neue Gesetz hat aber auch deutlich gemacht, daß die AGB nicht mehr ohne weiteres mit den individualrechtlichen Maßstäben des BGB bewältigt werden können. Was vor dem AGB-Gesetz schon bei der an objektiven

Maßstäben orientierten Auslegung deutlich geworden war, zeigt sich nunmehr auch bei der Inhaltskontrolle: die AGB unterliegen im Verbandsklageprozeß wie im Individualprozeß einem generellen Kontrollmaßstab, der statt der individuellen Umstände die typischen Verhältnisse der typischerweise beteiligten Personenkreise berücksichtigt. Dadurch wird das Recht der AGB mit kollektivrechtlichen Elementen versehen, die zu einer Verselbständigung gegenüber den individualrechtlichen Maßstäben des BGB führen.

Das AGB-Gesetz entfaltet seine Wirkung als rechtliche Rahmenordnung für AGB nicht nur in der Rechtsprechung, sondern kann geradezu als »Grundgesetz« der schuldvertraglichen Kautelajurisprudenz bezeichnet werden, für die es Maßstäbe und Grenzen setzt. Die Kommentierung des AGB-Gesetzes muß dieser Doppelfunktion des AGB-Gesetzes als Kontrollmaßstab für die Rechtsprechung und als Grundlage für die Vertragsgestaltung von Massen- oder doch Mehrfachverträgen Rechnung tragen. Dementsprechend haben die Autoren neben einer sorgfältigen Aufarbeitung der höchstrichterlichen Rechtsprechung vor allem auch den Klausel- und Vertragstypen Rechnung getragen, die in der Praxis am häufigsten durch AGB und Formularverträge geregelt werden.

Frankfurt, Bielefeld, Trier
Anfang 1984
M. Wolf, N. Horn, W. Lindacher

Inhaltsübersicht

Inhaltsverzeichnis

4. Teil. AGB-Kontrolle im Arbeitsrecht

5. Teil. ABC der Klauseln und Vertragstypen

Inhalt

6. Teil. Unterlassungsklagengesetz

Abkürzungs- und Literaturverzeichnis

a. A. . . . . anderer Ansicht
AAB . . . . Allgemeine Arbeitsbedingungen
aaO . . . . am angegebenen Ort (bezieht sich grundsätzlich auf die Schrifttumsangaben zu Beginn des jeweiligen Paragraphen oder Abschnitts)
ABB . . . . Allgemeine Beförderungsbedingungen für Fluggäste und Gepäck
ABGB . . . . Allgemeines Bürgerliches Gesetzbuch vom 1. 6. 1811 (Österreich)
abgedr. . . . . abgedruckt
abl. . . . . ablehnend
ABl. . . . . Amtsblatt
Abs. . . . . Absatz
Abschn. . . . . Abschnitt
ABVR . . . . Allgemeine Bedingungen für die Reise-Rücktrittskosten-Versicherung
abw. . . . . abweichend
AbzG . . . . Abzahlungsgesetz
AcP . . . . Archiv für die civilistische Praxis
ADAC . . . . Allgemeiner Deutscher Automobil Club e.V.
ADB . . . . Allgemeine Deutsche Binnen- und Transportversicherungsbedingungen
Adgo . . . . Allgemeine Deutsche Gebührenordnung für Ärzte
ADS . . . . Allgemeine Deutsche Seeversicherungsbedingungen
ADSp . . . . Allgemeine Deutsche Spediteurbedingungen
a. E. . . . . am Ende
AEB . . . . Allgemeine Einbruchdiebstahlversicherungs-Bedingungen
AEG . . . . Allgemeines Eisenbahngesetz
AERB . . . . Allgemeine Bedingungen für die Versicherung gegen Einbruchdiebstahl und Raub
a. F. . . . . alte Fassung
AFB . . . . Allgemeine Feuerversicherungs-Bedingungen
AFG . . . . Arbeitsförderungsgesetz
AfP . . . . Archiv für Presserecht
AG . . . . Die Aktiengesellschaft
AG . . . . Amtsgericht
AGB . . . . Allgemeine Geschäftsbedingungen
AGBE . . . . *Bunte*, Entscheidungssammlung zum AGB-Gesetz, Bd. I–IV, 1977 ff.
AGBG . . . . Gesetz zur Regelung des Rechts der Allgemeinen Geschäftsbedingungen
AGNB . . . . Allgemeine Beförderungsbedingungen für den gewerblichen Güternahverkehr mit Kraftfahrzeugen
AgrarR . . . . Zeitschrift für das Recht der Landwirtschaft, der Agrarmärkte und des ländlichen Raumes
AGV . . . . Arbeitsgemeinschaft der Verbraucherverbände

Abkürzungen

AHB .... Allgemeine Haftpflichtversicherungsbedingungen
ähnl. .... ähnlich
AIZ .... Allgemeine Immobilienzeitung
AKB .... Allgemeine Bedingungen für die Kraftfahrzeugversicherung
AktG .... Aktiengesetz
ALagB-Möbel ..... Allgemeine Lagerbedingungen des Deutschen Möbeltransports
ALB .... Allgemeine Lieferungsbedingungen
ALB .... Allgemeine Lebensversicherungsbedingungen
allg. .... allgemein
allg. M. .... allgemeine Meinung
ALLGO .... Allgemeine Gebührenordnung für die wirtschaftsprüfenden sowie wirtschafts- und steuerberatenden Berufe
Alt. .... Alternative
a. M. .... anderer Meinung
amtl. .... amtlich
Anh. .... Anhang
Anm. .... Anmeldung
AnwBl .... Anwaltsblatt
AnwK/*Bearbeiter* .... Anwaltskommentar BGB, 2002 ff.
AO .... Abgabenordnung
AP .... Arbeitsrechtliche Praxis, Nachschlagewerk des Bundesarbeitsgerichts
ArbG .... Arbeitsgericht
ArbGG .... Arbeitsgerichtsgesetz
arg. .... argumentum
Art. .... Artikel
AStB .... Allgemeine Bedingungen für die Versicherung gegen Sturmschäden
Athenäum-Zivilrecht I Grundlagen des Vertrags- und Schuldrechts, 1974
AUB .... Allgemeine Unfallversicherungsbedingungen
AuR .... Arbeit und Recht, Zeitschrift für Arbeitsrechtspraxis
ausf. .... ausführlich
AuslInvestmG ...... Gesetz über den Vertrieb ausländischer Investmentanteile
AVA .... Allgemeine Vertragsbedingungen zum Architektenvertrag
AVB .... Allgemeine Versicherungsbedingungen (auch: ... Versorgungsbedingungen
AVBEltV .... Verordnung über allgemeine Bedingungen für die Elektrizitätsversorgung von Tarifkunden
ABVFernwärmeV ... Verordnung über Allgemeine Bedingungen für die Versorgung mit Fernwärme
AVBGasV .... Verordnung über Allgemeine Bedingungen für die Gasversorgung von Tarifkunden
AVBWasserV ...... Verordnung über Allgemeine Bedingungen für die Versorgung mit Wasser
AVI .... Allgemeine Vertragsbedingungen zum Ingenieurvertrag
AVK .... Allgemeine Versicherungsbedingungen der privaten Krankenversicherung
AVR .... Allgemeine Bedingungen für die Versicherung von Reisegepäck

AWB	Allgemeine Bedingungen für die Versicherung gegen Leitungswasserschäden
AWD	Außenwirtschaftsdienst des Betriebs-Beraters
AZO	Arbeitszeitordnung
BAG	Bundesarbeitsgericht
BAGE	Entscheidungen des Bundesarbeitsgerichts
Bamberger/Roth/ Bearbeiter	Kommentar zum BGB, 2. Aufl., 2007
BAnz	Bundesanzeiger
Baumbach/Hopt	Kommentar zum Handelsgesetzbuch 32. Aufl., 2006
Baur	Lehrbuch des Sachenrechts, 17. Aufl., 1999 (fortgeführt von *Jürgen F. Baur/Rolf Stürner*)
Baumgärtel/Hohmann	Handbuch der Beweislast im Privatrecht, Bd. 3 AGBG, 1987
BauR	Baurecht, Zeitschrift für das gesamte öffentliche und zivile Baurecht
BausparkG	Gesetz über Bausparkassen
BAV	Bundesaufsichtsamt für das Versicherungswesen
BayObLG	Bayerisches Oberstes Landesgericht
BayObLGZ	Entscheidungen des Bayerischen Obersten Landesgerichts in Zivilsachen
BayVerfGH	Bayerischer Verfassungsgerichtshof
BB	Betriebs-Berater
BBB	Besondere Beförderungsbedingungen
BBB-Inland-Flug	Besondere Beförderungsbedingungen bei Flugscheinverkäufen und Platzbuchungen in der Bundesrepublik Deutschland
BBG	Bundesbeamtengesetz
BBiG	Berufsbildungsgesetz
Bd.	Band
BDSG	Bundesdatenschutzgesetz
Begr.	Begründung
Beil.	Beilage
Bem.	Bemerkung
Berner Komm.	Berner Kommentar, Kommentar zum schweizerischen Privatrecht
betr.	betreffend
BetrVerfG	Betriebsverfassungsgesetz
BeurkG	Beurkundungsgesetz
BFH	Bundesfinanzhof
BG	(Schweizer) Bundesgericht
BGB	Bürgerliches Gesetzbuch
BGBl. I (II, III)	Bundesgesetzblatt Teil I (II, III)
BGH	Bundesgerichtshof
BHGSt	Entscheidungen des Bundesgerichtshofs in Strafsachen
BGHZ	Entscheidungen des Bundesgerichtshofs in Zivilsachen
BinnSchG	Binnenschiffahrtsgesetz
BJM	Bundesjustizminister
BMPT	Bundesminister für Post und Telekommunikation
BKartA	Bundeskartellamt
BlGBW	Blätter für Grundstücks-, Bau- und Wohnungsrecht

BMJ	Bundesministerium der Justiz
BNotO	Bundesnotarordnung
BörsG	Börsengesetz
Bork	Allg. Teil des Bürgerlichen Gesetzbuchs, 2. Aufl., 2006
BPflVO	Bundespflegesatzverordnung
BRat-Drs. und BR.-Drs.	Bundesrats-Drucksache
BRAGO	Bundesrechtsanwaltsgebührenordnung
BRAO	Bundesrechtsanwaltsordnung
BReg.	Bundesregierung
Brox AT	Allgemeiner Teil des Bürgerlichen Gesetzbuchs, 30. Aufl., 2006
BSG	Bundessozialgericht
BSGE	Entscheidungen des Bundessozialgerichts
BT-Drs.	Bundestags-Drucksache
BTO-Elt	Bundestarifordnung Elektrizität
BTO-Gas	Bundestarifordnung Gas
Buchst.	Buchstabe
Bülow	Heidelberger Kommentar zum Verbraucherkreditrecht, 6. Aufl., 2006
Bülow/Böckstiegel/ (Bearbeiter)	Der Internationale Rechtsverkehr in Zivil- und Handelssachen, 3. Aufl., Stand Dez. 1997
BundesbahnG	Bundesbahngesetz
BUrlG	Bundesurlaubsgesetz
Bunte, Handbuch	Handbuch der Allgemeinen Geschäftsbedingungen, 1982
BVB	Besondere Vertragsbedingungen
BVerfG	Bundesverfassungsgericht
BVerfGE	Entscheidungen des Bundesverfassungsgerichts
BVerfGG	Bundesverfassungsgerichtsgesetz
BVerwG	Bundesverwaltungsgericht
BVerwGE	Entscheidungen des Bundesverwaltungsgerichts
BWNotZ	Mitteilungen aus der Praxis; Zeitschrift für das Notariat in Baden-Württemberg
bzw.	beziehungsweise
v. Caemmerer/ Schlechtriem	Kommentar zum Einheitlichen UN-Kaufrecht, 2. Aufl., 1995
Canaris	Bankvertragsrecht, 2. Auflage 1981, Sonderausgabe von Bd. III/3 (2. Bearbeitung) des RGRK-HGB, 3. Auflage 1988
CCV	Brüsseler Abkommen über den Reisevertrag
c. i. c.	culpa in contrahendo
CIM	Internationales Übereinkommen über den Eisenbahnfrachtverkehr
CISG	Convention on International Sales of Goods = UN-Kaufrecht
CIV	Internationales Übereinkommen über den Eisenbahn-, Personen- und Gepäckverkehr
CMR	Übereinkommen über den Beförderungsvertrag im internationalen Güterverkehr

c. o. d.	cash on delivery
CuR (CR)	Computer und Recht
DAR	Deutsches Autorecht
DAT	Deutsche Automobil und Treuhand
DB	Der Betrieb
Demharter	Grundbuchordnung, 25. Aufl., 2005
DepotG	Depotgesetz
ders.	derselbe
DGWR	Deutsches Gemein- und Wirtschaftsrecht
d. h.	das heißt
DIHT	Deutscher Industrie- und Handelstag
DIN	Deutsche Industrienorm
Diss.	Dissertation
Dittmann/Stahl	AGB, Kommentar, 1977
DJT	Deutscher Juristentag
DNotZ	Deutsche Notar-Zeitschrift
DÖV	Die öffentliche Verwaltung
DR	Deutsches Recht
DRiZ	Deutsche Richterzeitung
DRW	Deutsche Rechtswissenschaft
DStR	Deutsches Steuerrecht
DTV	Deutscher Textilreinigungsverband e.V.
Duden u. a.	Gerechtigkeit in der Industriegesellschaft, 1972
DVBl.	Deutsches Verwaltungsblatt
DVO	Durchführungsverordnung
DWiR	Deutsche Zeitschrift für Wirtschaftsrecht
DWW	Deutsche Wohnungswirtschaft
EAG	Einheitliches Gesetz über den Abschluß von internationalen Kaufverträgen über bewegliche Sachen
EAV	Einheitsarchitektenvertrag für Gebäude
EBE	Eildienst: Bundesgerichtliche Entscheidungen
ec	eurocheque
(ed.)	editor
EDV	Elektronische Datenverarbeitung
EG	Europäische Gemeinschaft
EGAbl.	Amtsblatt der Europäischen Gemeinschaft, Ausgabe C: Mitteilungen u. Bekanntmachungen, Ausgabe L: Rechtsvorschriften
EGBGB	Einführungsgesetz zum Bürgerlichen Gesetzbuch
EGGVG	Einführungsgesetz zum Gerichtsverfassungsgesetz
EGV	siehe EG-Vertrag
EG-Vertrag	Vertrag zur Gründung der EG v. 25. 3. 1957, BGBl. II 766, in der Fassung des Vertrags über die Europ. Union v. 7. 2. 1992
EGZPO	Einführungsgesetz zur Zivilprozeßordnung
Einf.	Einführung
Einl.	Einleitung
Einzelh.	Einzelheiten
Eiser/Riederer/Obernolte/Danner	Energiewirtschaftsrecht, Kommentar, begründet von *Eiser*

	und *Riederer*, fortgeführt von *Obernolte* und *Danner*, München, Stand Nov. 1996
EKB	Einkaufsbedingungen
EKG	Einheitliches Gesetz über den internationalen Kauf beweglicher Sachen
ENeuOG	Eisenbahnneuordnungsgesetz
EnWG	Energiewirtschaftsgesetz
ErbbauVO	Verordnung über das Erbbaurecht
Erman/Bearbeiter	Handkommentar zum Bürgerlichen Gesetzbuch, 11. Aufl., 2004
Esser/Schmidt	Lehrbuch des Schuldrechts, Allgemeiner Teil, Teilband 1, 8. Aufl., 1995, Teilband 2, 7. Aufl., 1993
Esser/Weyers	Lehrbuch des Schuldrechts, Besonderer Teil, Teilband 1, 8. Aufl., 1998; Teilband 2, 7. Aufl., 1993
EStR	Einkommensteuer-Richtlinien
ET	Energiewirtschaftliche Tagesfragen (1. 1951/52 ff)
EU	Europäische Union
EU-V	Vertrag über die Europäische Union (Maastricht-Vertrag) v. 7. 2. 1992
EuGH	Europäischer Gerichtshof
EuGHE	Gerichtshof der Europäischen Gemeinschaft für Kohle und Stahl (5. 1958/59 ff: Europ. Gemeinschaft). Sammlung der Rechtsprechung des Gerichtshofs (1. 1954/55 ff)
EuGrZ	Europäische Grundrechts-Zeitschrift
EuGVÜ	Übereinkommen über die gerichtliche Zuständigkeit und die Vollstreckung gerichtlicher Entscheidungen in Zivil- und Handelssachen, vom 27. Sept. 1968
EuGVVO	VO (EG/Nr. 44/2001 v. 22. 12. 2000 über die gerichtliche Zuständigkeit und die Anerkennung und Vollstreckung von Entscheidungen in Zivil- und Handelssachen
EuZVR	Europäische Zeitschrift für Verbraucherrecht
EuZW	Zeitschrift für Europäisches Wirtschaftsrecht
e.V.	eingetragener Verein
EV	Eigentumsvorbehalt
EVO	Eisenbahn-Verkehrsordnung
evtl.	eventuell
EVU	Energieversorgungsunternehmen
EWGV	siehe nunmehr EG-Vertrag
EWiR	Entscheidungen zum Wirtschaftsrecht
EWS	Zeitschrift für Europäisches Wirtschafts- und Steuerrecht
EzA	Entscheidungssammlung zum Arbeitsrecht
FAG	Fernmeldeanlagen-Gesetz
FeiertagslohnzG	Feiertagslohnzahlungsgesetz
Ferid, IPR	Internationales Privatrecht. Ein Leitfaden für Praxis und Ausbildung, 3. Aufl., 1986
FernUSG	Fernunterrichtsschutzgesetz
f, ff	folgend(e)
Flume, AT II	Allgemeiner Teil des Bürgerlichen Rechts, Zweiter Band, Das Rechtsgeschäft, 4. Aufl., 1992
Fn.	Fußnote

FS . . . . Festschrift
FVE . . . . Sammlung fremdenverkehrsrechtlicher Entscheidungen

G. . . . . Gesetz
GasSV . . . . Gassicherungsverordnung
GBO . . . . Grundbuchordnung
GbR . . . . Gesellschaft bürgerlichen Rechts
GebrMG . . . . Gebrauchsmustergesetz
gem. . . . . gemäß
GEMA . . . . Gesellschaft für musikalische Aufführungs- und mechanische Vervielfältigungsrechte
GenG . . . . Gesetz betreffend die Erwerbs- und Wirtschaftsgenossenschaften
Gew. Arch. . . . . Gewerbe-Archiv
GewO . . . . Gewerbeordnung
GG . . . . Grundgesetz
ggf. . . . . gegebenenfalls
GH II/*Wolf* . . . . *Grabitz/Hilf*, II Sekundärrecht, Verbraucherrecht, Hg. *Manfred Wolf* (in Vorbereitung)
GKG . . . . Gerichtskostengesetz
GmbH . . . . Gesellschaft mit beschränkter Haftung
GmbHG . . . . Gesetz betreffend die Gesellschaften mit beschränkter Haftung
GOA . . . . Gebührenordnung für Architekten
GOÄ . . . . Gebührenordnung für Ärzte
GOI . . . . Gebührenordnung für Ingenieure
GroßkommHGB . . . . Großkommentar zum Handelsgesetzbuch
GRUR . . . . Gewerblicher Rechtsschutz und Urheberrecht
GRUR (Int.) . . . . Gewerblicher Rechtsschutz und Urheberrecht, Internationer Teil
GS . . . . Gedächtnisschrift
GSB . . . . Gesetz zur Sicherung der Bauforderungen v. 1.6. 1902, RGBl. 449
GükG . . . . Güterkraftverkehrsgesetz
GVBl. . . . . Gesetz- und Verordnungsblatt
GVG . . . . Gerichtsverfassungsgesetz
GVL . . . . Gesellschaft zur Verwertung von Leistungsschutzrechten mbH
GWB . . . . Gesetz gegen Wettbewerbsbeschränkungen

HAG . . . . Heimarbeitsgesetz
HandwO . . . . Handwerksordnung
HansGZ . . . . Hanseatische Gerichtszeitung
Hdb. . . . . Handbuch
HGB . . . . Handelsgesetzbuch
h. M. . . . . herrschende Meinung
Hermann/Recknagel/ Schmidt-Salzer . . . . . Kommentar zu den Allgemeinen Versorgungsbedingungen für Elektrizität, Gas, Wasser und Fernwärme, Bd. I, 1981
Hess. SportwettenG . . Hessisches Sportwettengesetz
HOAI . . . . Honorarordnung für Architekten und Ingenieure

HRefG	Handelsrechtsreformgesetz
HRR	Höchstrichterliche Rechtsprechung
hrsg.	herausgegeben
Hs. und HS	Halbsatz
Hsg.	Herausgeber
Hübner	Allgemeiner Teil des Bürgerlichen Gesetzbuchs, 2. Aufl., 1996
HypbankG	Hypothekenbankgesetz
HWiG	Gesetz über den Widerruf von Haustürgeschäften und ähnlichen Geschäften vom 16. 1. 1986 (BGBl. I 122)
IATA	International Air Transport Association
ICC	International Chamber of Commerce
i. d. F.	in der Fassung
i. d. R.	in der Regel
i. Erg.	im Ergebnis
i. e. S.	im engeren Sinne
i. F.	im Folgenden
IherJb	Iherings Jahrbücher der Dogmatik des Bürgerlichen Rechts
IHK	Industrie- und Handelskammer
INCOTERMS	International Commercial Terms (Internationale Regeln für die Auslegung handelsüblicher Vertragsformen)
InfVO	Verordnung über die Informationspflicht von Reiseveranstaltern v. 14. 11. 1994 (BGBl. I S. 3436)
Ingenstau/Korbion	VOB Teil A und B, Kommentar, 13. Aufl., 1996
insbes.	insbesondere
insges.	insgesamt
IuKDG	Informations- und Kommunikationsdienstegesetz v. 28. 7. 1997
IPR	Internationales Privatrecht
IPrax	Praxis des internationalen Privat- und Verfahrensrechts (1. 1981 ff)
i. S. v. und i. S. von	im Sinne von
InsO	Insolvenzordnung
i.V. m.	in Verbindung mit
i. w. S.	im weiteren Sinne
IZPR	Internationales Zivilprozeßrecht
IZVR Hdb.	Handbuch des Internationalen Zivilverfahrensrechts, 1982
JA	Juristische Arbeitsblätter
Jauernig/Bearbeiter	Bürgerliches Gesetzbuch, Kurzkommentar, 12. Aufl., 2007
JR	Juristische Rundschau
JurA	Juristische Analysen
JuS	Juristische Schulung
JW	Juristische Wochenschrift
JZ	Juristen-Zeitung
K.	Klassenlotterie
KAG	Kommunalabgabengesetz
KAGG	Gesetz über Kapitalanlagengesellschaften

Kap. . . . . Kapitel
Kegel/Schurig IPR . . . . Internationales Privatrecht, 9. Aufl., 2004
KG . . . . Kammergericht
KG . . . . Kommanditgesellschaft

KGaA . . . . Kommanditgesellschaft auf Aktien
Kipp/Coing . . . . Erbrecht, 14. Bearbeitung von *Helmut Coing*, Tübingen 1990
Kliege . . . . Rechtsprobleme der Allgemeinen Geschäftsbedingungen in wirtschaftsrechtlicher Analyse unter besonderer Berücksichtigung der Freizeichnungsklauseln, Göttinger rechtswissenschaftliche Studien, Bd. 61, 1966
KO . . . . Konkursordnung
Koch/Stübing . . . . Allgemeine Geschäftsbedingungen, Kommentar 1977
Köhler . . . . BGB, Allgemeiner Teil, 30. Aufl., 2006 (begr. v. *Lange*)
Kötz . . . . Welche gesetzgeberischen Maßnahmen empfehlen sich zum Schutz des Endverbrauchers gegenüber Allgemeinen Geschäftsbedingungen und Formularverträgen? in: Verh. des 50. Deutschen Juristentages, 1974, Bd. 1, Gutachten T. A., S. A. 1–A 100
Komm. . . . . Kommentar
KommzAVB . . . . siehe *Hermann/Recknagel/Schmidt-Salzer*
KostO . . . . Gesetz über die Kosten in Angelegenheiten der freiwilligen Gerichtsbarkeit (Kostenordnung) vom 26. 7. 1957 (BGBl. I 960)
KR/Bearbeiter . . . . . . Gemeinschaftskommentar zum Kündigungsschutzgesetz und sonstigen kündigungsschutzrechtlichen Vorschriften, 5. Aufl., 1998
krit. . . . . kritisch
Kropholler,
Europäisches ZPR . . Europäisches Zivilprozeßrecht, 8. Aufl., 2005
KSchG . . . . Kündigungsschutzgesetz
KSV . . . . Kreditschutzvereinigung
KTS . . . . Konkurs-, Treuhand- und Schiedsgerichtswesen (1. (0 16.) 1955 ff, vorher Konkurs- und Treuhandwesen)
KVO . . . . Kraftverkehrsordnung
KWG . . . . Kreditwesengesetz

LAG . . . . Landesarbeitsgericht
Larenz/Wolf, AT . . . . . Allgemeiner Teil des Bürgerlichen Rechts, 9. Aufl., 2004
Larenz I . . . . Lehrbuch des Schuldrechts, Allgemeiner Teil, 14. Aufl., 1987
Larenz II . . . . Lehrbuch des Schuldrechts, Besonderer Teil, Halbbd. 1, 13. Aufl., 1986
Larenz/Canaris . . . . . . Lehrbuch des Schuldrechts, Besonderer Teil, Halbbd. 2, 13. Aufl. 1994
Lfg. . . . . Lieferung
LG . . . . Landgericht
lit. . . . . litera
LM . . . . *Lindenmaier/Möhring*, Nachschlagewerk des Bundesgerichtshofes, hrsg. von *R. Nick, W. Odersky, M. Wolf*
Locher . . . . Das Recht der Allgemeinen Geschäftsbedingungen, 3. Aufl., 1997

Löwe/v. Westphalen/ Trinkner	Kommentar zum AGB-Gesetz, 1977; Großkommentar zum AGB-Gesetz, Band II §§ 10–30, 2. Aufl., 1983
LSA	Abkommen über den Lastschriftverkehr
Lüderitz, Auslegung	Auslegung von Rechtsgeschäften: Vergleichende Untersuchung anglo-amerikanischen und deutschen Rechts, 1966
LuftVG	Luftverkehrsgesetz
LuftVZO	Luftverkehrs-Zulassungsordnung
MaBV	Makler- und Bauträgerverordnung
Marly	Softwareüberlassungsverträge, 2. Aufl., 1997
m. a.W.	mit anderen Worten
MB/KK	Allgemeine Versicherungsbedingungen für die Krankheitskosten- und Krankenhaustagegeldversicherung
MBUB	Maschinen-Betriebsunterbrechungs-Versicherungsbedingungen
MDR	Monatsschrift für Deutsches Recht
Medicus, BürgR	Bürgerliches Recht, 21. Aufl., 2007
Medicus, SchuldR I	BGB, Schuldrecht Bd. 1, Allgemeiner Teil, 17. Aufl., 2006
MHG	Miethöheregelungsgesetz
MittBayNotV	Mitteilungen des Bayerischen Notarvereins, der Notarkasse und der Landesnotarkammer Bayern
MRVG	Gesetz zur Verbesserung des Mietrechts und zur Begrenzung des Mietanstiegs sowie zur Regelung von Ingenieur- und Architektenleistung
MünchKomm./ *Bearbeiter*	Münchener Kommentar zum Bürgerlichen Gesetzbuch, 5. Aufl., 2006 ff
MuMV	Mustermietvertrag
m. w. Nachw. und m. w. N.	mit weiteren Nachweisen
MWSt	Mehrwertsteuer = Umsatzsteuer
Nachw.	Nachweise
n. F.	neue Fassung
Nicklisch/Weick	VOB, 3. Aufl., 2001
NJW	Neue Juristische Wochenschrift
NJW-RR	NJW-Rechtsprechungs-Report Zivilrecht
NMVO	VO über die Ermittlung der zulässigen Miete preisgebundener Wohnungen (Neubaumietenverordnung 1970) i. d. F. vom 18. 7. 1979 (BGBl. I S. 1103)
Nr., Nrn.	Nummer, Nummern
NdsRpfl.	Niedersächsische Rechtspflege
NZV	Neue Zeitschrift für Verkehrsrecht
o. a.	oben angegeben, oben angeführt
od.	oder
OGH	Oberster Gerichtshof für die Britische Zone
OGHZ	Entscheidungen des Obersten Gerichtshofes für die Britische Zone in Zivilsachen
OHG	offene Handelsgesellschaft

ÖJZ . . . . Österreichische Juristen-Zeitung
OLG . . . . Oberlandesgericht
OLGZ . . . . Entscheidungen der Oberlandesgerichte in Zivilsachen
OR . . . . (Schweizer) Obligationenrecht
ÖZW . . . . Österreichische Zeitschrift für Wirtschaftsrecht

p. a. . . . . pro anno
Palandt/Bearbeiter . . . . . Kommentar zum Bürgerlichen Gesetzbuch, 66. Aufl., 2007
PAngV . . . . Verordnung zur Regelung der Preisangaben (Preisangabenverordnung) vom 14. 3. 1985 (BGBl. I 580)
PersBefG und PBefG . . Personenbeförderungsgesetz
PflVG . . . . Pflichtversicherungsgesetz
PKV . . . . Postkundenschutzverordnung
PostG . . . . Postgesetz
PostverwaltungsG . . . . Postverwaltungsgesetz
PreisstoppVO . . . . Preisstoppverordnung
PatG . . . . Patentgesetz
ProdHG . . . . Produkthaftungsgesetz v. 15. 12. 1989, BGBl. I 2198
Prölss/Martin, VVG . . . Versicherungsvertragsgesetz, 27. Aufl., 2004
PTNeuOG . . . . Gesetz zur Neuordnung des Postwesens und der Telekommunikation
PTReg . . . . Gesetz über die Regulierung der Telekommunikation und des Postwesens
pVV . . . . positive Vertragsverletzung
PWW/Bearbeiter . . . . BGB Kommentar, 2. Aufl., 2007, Hrsg. von *Prütting/Wegen/Weinreich*

RabelsZ . . . . Zeitschrift für ausländisches und internationales Privatrecht (Rabels-Zeitschrift)
RAnz . . . . Deutscher Reichs-Anzeiger
Raiser, AGB . . . . Das Recht der Allgemeinen Geschäftsbedingungen, 1935
R. d. Elektrizitätswirt. (RdE) . . . . Recht der Elektrizitätswirtschaft (40. 1979 ff; vorher Rechtsbeilage d. Elektrizitätswirtschaft)
RdK . . . . Recht des Kraftfahrers (1. 1926 ff; ab 1351 ff DAR)
Rdnr., Rdnrn. . . . . . . Randnummer, Randnummern
Rechtsprechung AGB . Rechtsprechung der Instanzgerichte zu den Allgemeinen Geschäftsbedingungen, Bundesministerium der Justiz, 1974/1975
Recknagel . . . . siehe *Hermann/Recknagel/Schmidt-Salzer*
RefE . . . . Referentenentwurf, DB Beilage 18, 1974
Reg.-Begr. . . . . Regierungsbegründung
RegE . . . . Regierungsentwurf
Reg. Nr. . . . . Registernummer der Eintragungen des Bundeskartellamts gemäß § 20 AGBG
Reithmann/Brych/Manhart . . . . Kauf vom Bauträger und Bauherrenmodelle, 5. Aufl., 1983 (fortgeführt als *Brych/Pause*, Bauträgerkauf und Baumodelle, München 1989)
Reithmann/Martiny, Int. Vertragsrecht . . . Internationales Vertragsrecht, 6. Aufl., 2004

Rez	Rezension
RG	Reichsgericht
RGBl. I	Reichsgesetzblatt Teil I
RGBl. II	Reichsgesetzblatt Teil II
RGRK-BGB	Reichsgerichtsräte-Kommentar zum Bürgerlichen Gesetzbuch, 12. Aufl., 1974 ff
RGRK-HGB	Reichsgerichtsräte-Kommentar zum Handelsgesetzbuch, 3. Aufl., 1967 ff
RGSt	Entscheidungen des Reichsgerichts in Strafsachen
RGZ	Entscheidungen des Reichsgerichts in Zivilsachen
RL	Richtlinie, hier (soweit nicht anders bezeichnet) jeweils Richtlinie über mißbräuchliche Klauseln in Verbraucherverträgen, vom 5. 4. 1993
RIW und RIW/AWD	Recht der internationalen Wirtschaft
RMJ	Reichsminister der Justiz
Rpfleger	Der Deutsche Rechtspfleger
RRA	Reise Recht aktuell (bis 12/1995 selbst. Zeitschrift, ab 1.1996: Beil. zu: VuR)
r. Sp.	rechte Spalte
r+s	Recht + Schaden
Rspr.	Rechtsprechung
RVerkBl	Reichsverkehrsblatt
Rz.	Randzahl
S.	Seite
s.	siehe
SAE	Sammlung arbeitsrechtlicher Entscheidungen
Sandrock, Hb. der Int. Vertragsgestaltung .	Bearbeiter in: Sandrock (Hrsg.), Handbuch der Internationalen Vertragsgestaltung, Band 1, 1980
Schäfer/Finnern/ Hochstein	Rechtsprechung der Bau-Ausführung
SchiffsbankG	Schiffsbankengesetz
Schimanski/Bunte/ Lwowaki	Bankrechtshandbuch Bd. I–III, 2. Aufl., 2001
Schlechtriem	Internationales UN-Kaufrecht, 1996
Schlegelberger/ Bearbeiter	Kommentar zum Handelsgesetzbuch, 5. Aufl., 1973 ff
Schlosser/Coester-Waltjen/Graba	Kommentar zur Regelung des Rechts der Allgemeinen Geschäftsbedingungen, 1977
Schmidt-Salzer	siehe *Hermann/Recknagel/Schmidt-Salzer*
Schmidt-Salzer AGB 1977	Allgemeine Geschäftsbedingungen, NJW-Schriftenreihe Heft 11, 2. Aufl., 1977
Schricker/Bearbeiter . . .	Urheberrecht, Kommentar, 3. Aufl., 2006
Serick	Eigentumsvorbehalt und Sicherungsübertragung, Bd. I–VI, 1963 ff
SeuffA	Seufferts Archiv für Entscheidungen der obersten Gerichte in den deutschen Staaten
Soergel/Bearbeiter	Kommentar zum Bürgerlichen Gesetzbuch, 12. Aufl., 1987 ff, 13. Aufl., 2000 ff

sog. . . . . sogenannt
Staudinger/Bearbeiter . . . Kommentar zum Bürgerlichen Gesetzbuch, 13. Aufl., 1993 ff, danach in bandweiser Neubearbeitung
StBerG . . . . Steuerberatungsgesetz
StBerGebVO . . . . Steuerberatergebührenverordnung
Stein . . . . Gesetz zur Regelung der Allgemeinen Geschäftsbedingungen, Kommentar 1977
StGB . . . . Strafgesetzbuch
Stoffels . . . . AGB-Recht, 2003
str. . . . . streitig
Straatmann/Ulmer. . . . . Handelsrechtliche Schiedsgerichts-Praxis, Band 1, 1975, Band 2, 1982
st. Rspr. . . . . ständige Rechtsprechung
StudK/*Bearbeiter* . . . . . Studienkommentar zum BGB, 2. Aufl., 1979
StVO . . . . Straßenverkehrsordnung
SVS . . . . Speditionsversicherungsschein

Teilbericht I . . . . Vorschläge zur Verbesserung des Schutzes der Verbraucher gegenüber Allgemeinen Geschäftsbedingungen, Erster Teilbericht der Arbeitsgruppe beim Bundesminister der Justiz, März 1974
Teilbericht II . . . . Vorschläge zur Verbesserung des Schutzes der Verbraucher gegenüber Allgemeinen Geschäftsbedingungen, Zweiter Teilbericht der Arbeitsgruppe beim Bundesminister der Justiz, März 1975
Thomas/Putzo . . . . Kommentar zur Zivilprozeßordnung, 28. Aufl., 2007
TKG . . . . Telekommunikationsgesetz v. 25. 7. 1996
TKV . . . . Telekommunikations-Kundenschutzverordnung
Trade Terms . . . . Veröffentlicht von der Internationalen Handelskammer, 1953
TranspR . . . . Transportrecht
TRG . . . . Transportrechtsreformgesetz v. 25. 6. 1998
TVG . . . . Tarifvertragsgesetz
TzWrG . . . . Teilzeitwohnrechtgesetz v. 20. 12. 1996

u. . . . . und
u. a. . . . . und andere, unter anderem
u. ä. . . . . und ähnliches
UHG . . . . Umwelthaftungsgesetz
Ulmer/Brandner/Hensen . AGB-Recht, 10. Aufl., 2006
Ulmer Referat . . . . *Peter Ulmer,* Welche gesetzgeberischen Maßnahmen empfehlen sich zum Schutze des Endverbrauchers gegenüber Allgemeinen Geschäftsbedingungen und Formularverträgen? in: Verhandlungen des 50. Deutschen Juristentages, 1974, Bd. 2, Sitzungsberichte, T. H., S. H 8 bis H 37
Urt. . . . . Urteil
UStG . . . . Umsatzsteuergesetz
UStR . . . . Umsatzsteuer-Rundschau
u. U. . . . . unter Umständen
UWG . . . . Gesetz gegen unlauteren Wettbewerb

VA	Veröffentlichungen des Bundesaufsichtsamtes für das Versicherungs- und Bausparwesen
VAG	Versicherungsaufsichtsgesetz
VDA	Verband der Deutschen Automobilindustrie
VDE	Verein deutscher Elektrotechniker
VDEW	Vereinigung der Deutschen Elektrizitätswerke
VDGW	Verband Deutscher Gas- und Wasserfachmänner
VDI	Verein Deutscher Ingenieure
VDIK	Verband der Importeure von Kraftfahrzeugen
VDMA	Verein Deutscher Maschinenbau Anstalten e.V.
VDRZ	Verband Deutscher Rechenzentren e.V.
VerBAV	Veröffentlichungen des Bundesaufsichtsamtes für das Versicherungswesen
VerbrKrG	Verbraucherkreditgesetz v. 17.12.1990, BGBl. I, 2840
VerbraucherV	Verbrauchervertrag
VersAG	Versicherungsaktiengesellschaft
VersR	Versicherungsrecht
VersRdsch.	Versicherungsrundschau (Österreich)
VG	Verwaltungsgericht
VG	Verwertungsgesellschaft
VGB	Allgemeine Bedingungen für die Neuwertversicherung von Wohngebäuden gegen Feuer-, Leitungswasser- und Sturmschäden
vgl.	vergleiche
VHB	Allgemeine Bedingungen für die Neuwertversicherung des Hausrats gegen Feuer-, Einbruchsdiebstahl-, Bearbeitungs-, Leitungswasser-, Sturm- und Glasbruchschäden
VO(en)	Verordnung(en)
VOB/A (B)	Verdingungsordnung für Bauleistungen Teil A (B)
VOC	Verdingungsordnung für Computerleistungen
VOL	Verdingungsordnung für Leistungen, ausgenommen Bauleistungen
Vorbem.	Vorbemerkung
VP	Die Versicherungs-Praxis
VRS	Verkehrsrechts-Sammlung
VuR	Verbraucher und Recht (1. 1986 ff)
VVaG	Versicherungsverein auf Gegenseitigkeit
VVG	Versicherungsvertragsgesetz
VwVfG	Verwaltungsverfahrensgesetz
VW	Versicherungswirtschaft (1. 1946 ff)
VwGO	Verwaltungsgerichtsordnung
WA und Warsch. Abk.	Warschauer Abkommen
WährG	Währungsgesetz
WahrnG	Gesetz über die Wahrnehmung von Urheberrechten und verwandten Schutzrechten
Warn.	Warneyer-Rechtsprechung des Bundesgerichtshofes
WEG	Wohnungseigentumsgesetz
weit. Nachw. u. w. N. .	weitere Nachweise
von Westphalen, AGB, Stichwort	*F. Graf v. Westphalen,* Vertragsrecht und AGB-Klauselwerke 1993 ff (Loseblatt)

von Westphalen/Emmerich/von Rottenburg	Verbraucherkreditgesetz, 2. Aufl. 1996
WGG	Wohnungsgemeinnützigkeitsgesetz
WGGDV	Durchführungsverordnung zum Wohnungsgemeinnützigkeitsgesetz
WiStG	Wirtschaftsstrafgesetz
WM	Wertpapier-Mitteilungen
WoVermittG	Wohnungsvermittlungsgesetz
M. Wolf, Sachenrecht	Grundriss Sachenrecht, 23. Aufl., 2007
WpHG	Wertpapierhandelsgesetz
WPO	Wirtschaftsprüferordnung
WRP	Wettbewerb in Recht und Praxis
WRV	Weimarer Reichsverfassung
WuB	Entscheidungssammlung zum Wirtschafts- und Bankrecht
WuM	Wohnungswirtschaft und Mietrecht
WuW	Wirtschaft und Wettbewerb
WZG	Warenzeichengesetz
ZahlenlottoG	Zahlenlottogesetz
ZAkDR	Zeitschrift der Akademie für Deutsches Recht
z. B.	zum Beispiel
ZBB	Zeitschrift für Bankrecht und Bankwirtschaft
ZDK	Zentralverband des Kfz-Gewerbes
ZEuP	Zeitschrift für Europäisches Privatrecht
ZfBR	Zeitschrift für deutsches und internationales Baurecht
Z. f. EnW	Zeitschrift für Energiewirtschaft
ZFgA	Zusatzbedingungen (zu den AFB) für Fabriken und gewerbliche Anlagen
ZfK	Zeitschrift für das gesamte Kreditwesen
ZGR	Zeitschrift für Unternehmens- und Gesellschaftsrecht
ZHR	Zeitschrift für das gesamte Handelsrecht und Wirtschaftsrecht
Ziff.	Ziffer
ZIP	Zeitschrift für Wirtschaftsrecht und Insolvenzpraxis
ZMR	Zeitschrift für Miet- und Raumrecht
ZPO	Zivilprozeßordnung
ZRP	Zeitschrift für Rechtspolitik
z. T.	zum Teil
ZugabeVO	Zugabeverordnung
ZUM	Zeitschrift für Urheber- und Medienrecht, Film und Recht
zust.	zustimmend
zutr.	zutreffend
ZVersWiss	Zeitschrift für die gesamte Versicherungswissenschaft
ZVG	Zwangsversteigerungsgesetz
ZVglRWiss	Zeitschrift für Vergleichende Rechtswissenschaft
ZVP	Zeitschrift für Verbraucherpolitik
ZVR	Zeitschrift für vergleichende Rechtswissenschaft
z. Z.	zur Zeit
zzgl.	zuzüglich
ZZP	Zeitschrift für Zivilprozeß

Hinweise zum Gesetzesstand

1. Nach Beginn der Drucklegung hat der Bundesrat am 19. 9. 2008 das **Forderungssicherungsgesetz** mit Änderungen der AGB-rechtlichen Vorschriften in den §§ 308, 309 und 310 BGB gebilligt. Verlag und Herausgeber haben entschieden, das Erscheinen des Werks nicht noch weiter zu verzögern. Die Leser seien aber an dieser Stelle auf die beschlossenen Änderungen hingewiesen: Gesetz zur Sicherung von Werkunternehmeransprüchen und zur verbesserten Durchsetzung von Forderungen (Forderungssicherungsgesetz – FoSiG) vom 23.10. 2008, verkündet am 28.10. 2008 (BGBl. I S. 2022).

Diese betreffen die AGB-rechtliche Behandlung der Verdingungsordnung für Bauleistungen, Teil B. Die bisherige Privilegierung der VOB/B in den §§ 308 Nr. 5 und 309 Nr. 8 b ff BGB wird gestrichen. Damit ist die Privilegierung der VOB/B außerhalb des Unternehmensverkehrs, auch bei Einbeziehung im Ganzen, beseitigt (vgl. bereits BGH, 24. 7. 2008, VIII ZR 55/07).

Ferner wird in § 310 BGB folgender Satz 3 angefügt:

„In den Fällen des Satzes 1 findet § 307 Abs. 1 und 2 auf Verträge, in die die Vergabe- und Vertragsordnung für Bauleistungen Teil B (VOB/B) in der jeweils zum Zeitpunkt des Vertragsschlusses geltenden Fassung ohne inhaltliche Abweichungen insgesamt einbezogen ist, in Bezug auf eine Inhaltskontrolle einzelner Bestimmungen keine Anwendung."

Die neue Vorschrift soll die Privilegierung der VOB/B im Unternehmensverkehr bei Einbeziehung im Ganzen klarstellen. Hierzu heißt es in der amtlichen Begründung (BT-Drs. 16/511, S. 32):

„Der Verweis auf § 310 Abs. 1 Satz 1 BGB macht deutlich, dass die Privilegierung der VOB/B nur bei der Verwendung gegenüber Unternehmen im Sinne des § 14 BGB, juristischen Personen des öffentlichen Rechts und Sondervermögen des öffentlichen Rechts, gilt. Für den Verbraucherbereich würde sie damit aufgehoben. Mit dieser Änderung wäre auch die in der Literatur vertretene Kritik, die Privilegierung der VOB/B in § 309 Nr. 8 Buchstabe b Doppelbuchstabe ff BGB sei mit der Klauselrichtlinie unvereinbar (so *Palandt/Heinrichs,* BGB, 65. Aufl., § 309 Rn. 76 m. w. N. auch zur Gegenauffassung; a. A. MüKo-*Basedow,* BGB, 4. Aufl., § 309 Rn. 77), ausgeräumt. Für den verbliebenen Anwendungsbereich wird dann, wenn die Vertragsparteien die VOB/B insgesamt vereinbart haben, keine individuelle Klauselkontrolle am Maßstab der §§ 307 bis 309 BGB stattfinden. Möglich bleibt damit jedoch eine Kontrolle der VOB/B als Ganzes anhand von § 307 Abs. 1 und 2 BGB. Bei der Verwendung der VOB/B gegenüber Verbrauchern würden die Bestimmungen der VOB/B folglich der vollständigen Inhaltskontrolle nach den §§ 307 bis 309 BGB unterliegen."

Diese Vorschriften treten gemäß Art. 6 des Gesetzes am 1. 1. 2009 in Kraft.

2. Nach Manuskriptschluss ist die **Novellierung des VVG** erfolgt. AGB-rechtlichen Gehalt weist insbesondere Art. 1 Abs. 3 EGGVG zur Frage der Anpassung von AGB in Altverträgen auf. Die Vorschrift lautet:

„Art 1. Altverträge, Allgemeine Versicherungsbedingungen

(1) Auf Versicherungsverhältnisse, die bis zum Inkrafttreten des Versicherungsvertragsgesetzes vom 23. November 2007 (BGBl. I S. 2631) am 1. Januar 2008 ent-

standen sind (Altverträge), ist das Gesetz über den Versicherungsvertrag in der bis dahin geltenden Fassung bis zum 31. Dezember 2008 anzuwenden, soweit in Absatz 2 und den Artikeln 2 bis 6 nichts anderes bestimmt ist.

(2) Ist bei Altverträgen ein Versicherungsfall bis zum 31. Dezember 2008 eingetreten, ist insoweit das Gesetz über den Versicherungsvertrag in der bis zum 31. Dezember 2007 geltenden Fassung weiter anzuwenden.

(3) Der Versicherer kann bis zum 1. Januar 2009 seine Allgemeinen Versicherungsbedingungen für Altverträge mit Wirkung zum 1. Januar 2009 ändern, soweit sie von den Vorschriften des Versicherungsvertragsgesetzes abweichen und er dem Versicherungsnehmer die geänderten Versicherungsbedingungen unter Kenntlichmachung der Unterschiede spätestens einen Monat vor diesem Zeitpunkt in Textform mitteilt.

(4) Auf Fristen nach § 12 Abs. 3 des Gesetzes über den Versicherungsvertrag, die vor dem 1. Januar 2008 begonnen haben, ist § 12 Abs. 3 des Gesetzes über den Versicherungsvertrag auch nach dem 1. Januar 2008 anzuwenden".

3. Hinzuweisen ist schließlich für formularmäßige Rechtswahlklauseln auf die am 24. 7. 2008 in Kraft getretene Verordnung (EG) Nr. 593/2008 des Europäischen Parlaments und des Rates v. 17. 6. 2008 über das auf vertragliche Schuldverhältnisse anwendbare Recht – **Rom I** ABlEU Nr. L 177 v. 4. 7. 2007, S. 6), die für nach dem 17. 12. 2009 geschlossene Verträge gilt (einführend etwa *Pfeiffer,* EuZW 2008, 622-629).

Wir hoffen, durch diese kurze Dokumentation dem aktuellen Informationsbedürfnis der Leser im Rahmen des Möglichen zu dienen.

Heidelberg, im November 2009

Thomas Pfeiffer

1. Teil. Einleitung

Inhaltsübersicht

I. Bedürfnisse für AGB und deren Kontrolle

1. Einheitliche Vertragsabwicklung und Rationalisierungsbedürfnis

AGB entspringen einem Bedürfnis der Industriegesellschaft, die entsprechend den vielfach produzierten gleichartigen Gütern und den gleichartig angebotenen Dienstleistungen eine gleichartige und **einheitliche Vertragsabwicklung** einschließlich des Vertragsabschlusses anstrebt. Wie die gleichartige Produktion von Gütern und das gleichartige Angebot von Leistungen dem wirtschaftlichen Verkehr Rationalisierungsvorteile bringen, so bringt auch die möglichst einheitliche Vertragsabwicklung **Rationalisierungsvorteile,** die der wirtschaftliche Verkehr aus- 1 nutzen will. Diese Vorteile wirken sich naturgemäß umso stärker aus, je zahlreicher die Umsätze für einen Marktteilnehmer sind. Deshalb haben die AGB ihren wesentlichen Entstehungsgrund im Bereich des mit der technischen und wirtschaftlichen Expansion in der 2. Hälfte des 19. Jahrhunderts beginnenden Massenverkehrs.[1] Den Anfang machte die Versicherungswirtschaft als derjenige Wirtschaftszweig, dessen Geschäftstätigkeit allein auf dem Abschluss und der Abwicklung von Rechtsverhältnissen beruht und der dabei in besonderer Weise auf Einheitlichkeit und Berechenbarkeit angewiesen ist. Auch Verkehrsunternehmen und Banken machten sich noch vor dem Ende des 19. Jahrhunderts die Rationalisierungsvorteile der AGB zunutze. Es folgten danach rasch weite Bereiche des Produktions- und Dienstleistungsgewerbes, so dass heute weite Teile der Wirtschaft in einem im Einzelnen nicht bekannten Ausmaß AGB benutzen. Gleichzeitig ist das Phänomen der AGB nicht mehr auf den Kernbereich des Massenverkehrs beschränkt. Vielmehr nutzen auch andere Teile des Geschäftsverkehrs, wie z. B. Makler, Architekten oder Vermieter von Einzelobjekten, die Vorteile der AGB aus. Hängt danach die Entwicklung der AGB auch eng mit der Entwicklung des industriellen Massenverkehrs zusammen, so beruht darauf doch nicht der eigentliche Grund für das Bedürfnis nach einer besonderen rechtlichen Regelung.

2. Entwicklung neuer Vertragstypen

2 Mit der Entwicklung der Industriegesellschaft, der Entwicklung neuer Produktions- und Vertriebsformen und der Entstehung neuer Dienstleistungsformen ergab und ergibt sich ständig das Bedürfnis, die Vertragsformen den Erfordernissen des Wirtschaftsverkehrs anzupassen. Diese Anpassung zeigt sich am deutlichsten in der Entwicklung neuer Rechts- und Vertragsformen, wie in neuerer Zeit vor allem beim Leasing und Factoring, bei den Sonderformen des Werkvertrags, wie z. B. dem Reisevertrag, aber auch dem Bauträger- und Baubetreuungsvertrag und vielen anderen Vertragsformen, wie z. B. dem Girovertrag oder den verschiedenen Formen des Abzahlungskaufs oder dem Franchise-Vertrag. Diese Rechts- und Vertragsfiguren, die nicht nur aus neuen Strömungen, sondern zum Teil aus alten, traditionellen Bedürfnissen erwachsen sind, stellen teilweise nur Ergänzungen und Abwandlungen gesetzlich geregelter Vertragstypen dar, sind aber teilweise auch als selbstständige Neuentwicklungen einzustufen. In jedem Fall musste der Wirtschaftsverkehr in Ausnutzung der privatautonomen Gestaltungsfreiheit Rechtsformen schaffen, deren Regelung nicht allein dem Gesetz zu entnehmen war, sondern wesentlich auf vertraglicher Grundlage beruhte. Die AGB waren gerade hierfür ein nützliches Gestaltungsinstrument, weil sie über den Einzelfall hinaus die Aufstellung von generellen Regelwerken ermöglichten, die ein Unternehmen einheitlich für seine Verträge zur Anwendung bringen konnte. Unter diesem Gesichtspunkt hat der von *Großmann/Doerth* verwandte Begriff des selbstgeschaffenen Rechts der Wirtschaft seine besondere Berechtigung.[2]

3. Die Kontrolle einseitiger Gestaltungsmacht

3 Die einheitliche Durchsetzung von Vertragsbedingungen in einer Vielzahl von Verträgen, wie es dem mit den AGB verfolgten Anliegen entspricht, kann nur gelingen, wenn der Verwender von AGB eine überlegene Verhandlungsmacht besitzt,

[1] S. dazu *L. Raiser,* AGB, S. 26 ff.; *Pohlhausen,* Zum Recht der allgemeinen Geschäftsbedingungen im 19. Jahrhundert, 1978.

[2] Vgl. das gleichnamige Werk von *Großmann/Doerth,* Selbstgeschaffenes Recht der Wirtschaft und staatliches Recht, 1933.

die ihm unabhängig von abweichenden Vorstellungen seiner Vertragspartner ein Beharren auf seinen Vertragsbedingungen erlaubt. So nützlich eine solche Verhandlungsmacht im Interesse der rationellen Gestaltung eines einheitlichen Geschäftsverkehrs sein mag, so sehr birgt sie andererseits doch die Gefahr in sich, dass der Verwender in den AGB einseitig seine Interessen bevorzugt und berechtigte Interessen seiner Vertragspartner vernachlässigt. Damit ist aber die Eignung des Vertrags zu einem gerechten Interessenausgleich mit der bei gegenseitigem freien Aushandeln gegebenen Richtigkeitschance[1] nicht mehr gegeben. Hinzu kommt, dass AGB häufig mit juristischer Erfahrung und in langer Vorbereitung entworfen werden, während der Vertragspartner des Verwenders diese Erfahrung nicht oder nicht ausreichend besitzt und beim Vertragsschluss nur selten die erforderliche Zeit zum Studium des Klauselwerks zur Verfügung hat und auch den Aufwand und die Kosten einer rechtlichen Beratung scheut, weil sie sich für einen einzelnen Vertrag kaum lohnen, während der Verwender die Kosten nur einmal für eine Vielzahl von Verträgen aufzuwenden braucht und sie häufig noch in den Vertragspreis einrechnen kann.

Eine solche Situation, die aufgrund **struktureller Ungleichgewichte** die Eignung des Vertrags als Instrument mit Richtigkeitschance für einen gerechten Interessenausgleich auf Dauer in bestimmten Verhältnissen ungeeignet macht, kann eine um Gerechtigkeit und Ausgleich bemühte Rechtsordnung nicht hinnehmen. Sie muss vielmehr nach Lösungen suchen, die den Vertragspartner des Verwenders vor einer ungerechten Vertragsgestaltung schützen. Da der Vertragspartner dazu nicht selbst in der Lage ist, muss der gerechte Ausgleich durch Kontrolle von dritter Seite hergestellt werden. Für diese Aufgabe kommen aus vielerlei Gründen die Gerichte in Betracht. 4

II. Entwicklung der AGB-Kontrolle

1. Entwicklung der Rechtsprechung

Das Bedürfnis nach einer Kontrolle von AGB haben die Gerichte nur schrittweise und zögernd verwirklicht, da ihnen die Vertragsfreiheit, verstanden als Freiheit von staatlichem Eingriff und staatlicher Bevormundung, als hohes Schutzgut erschien, das bewahrt werden musste. Deshalb versuchte das Reichsgericht zunächst **mithilfe der Auslegung** ohne direkten Eingriff in den Vertrag, allzu weitgehende Nachteile für den Vertragspartner des Verwenders zu vermeiden, indem es Haftungsfreizeichnungsklauseln und Gewährleistungsklauseln eng auslegte und bei Zweifeln zum Nachteil des Verwenders entschied. Diese Korrektur mithilfe der Auslegung ist im AGB-Gesetz (§ 5) bis hin zum heutigen § 305c II BGB erhalten geblieben. 5

Da der Ausweg über die Auslegung durch eindeutige Formulierung der Klauseln verbaut oder doch wesentlich eingeschränkt werden kann, mussten die Gerichte notgedrungen auch zur **offenen Inhaltskontrolle** einseitig ausgerichteter ungerechter AGB übergehen. Das Reichsgericht hat eine Inhaltskontrolle zunächst über § 138 BGB im Falle der Ausnutzung einer Monopolstellung durchgeführt.[2] Die einseitige Ausnutzung der Vertragsfreiheit durch unausgewogene AGB war aber weder auf die Fälle einer Monopolstellung beschränkt noch war der Maßstab der Sittenwidrigkeit geeignet, der Vertragsgerechtigkeit in ausreichendem Maße zur 6

---

[1] *M. Wolf,* Rechtsgeschäftliche Entscheidungsfreiheit und vertraglicher Interessenausgleich, 1970, S. 73 f.

[2] S. im Einzelnen *L. Raiser,* AGB, S. 280 ff.

Geltung zu verhelfen. Der BGH ging deshalb zuerst in einer Entscheidung vom 29. 10. 1956[1] dazu über, die Inhaltskontrolle unabhängig von einer Monopolstellung durchzuführen, wobei er sich im Wesentlichen auf den durch § 242 BGB vorgegebenen Maßstab von Treu und Glauben stützte. Auch § 315 BGB fand vereinzelt Anwendung,[2] die aber nicht dauerhaft blieb. Mit der Anwendung von § 242 BGB war der Maßstab von Treu und Glauben gegeben, der in § 9 AGBG und die heutige Nachfolgevorschrift des § 307 BGB Eingang gefunden hat. Dabei ist allerdings zu berücksichtigen, dass der BGH bei der Konkretisierung von § 242 BGB lange schwankte, welches das maßgebliche Kriterium sein sollte, ob der Vertrag in erster Linie auf seine grobe Unangemessenheit und Gemeinschaftswidrigkeit überprüft werden sollte oder ob das Augenmerk auf die Vertragsgerechtigkeit als solche gerichtet werden sollte.[3] Erst die Formel vom Gerechtigkeitsgehalt des dispositiven Rechts brachte den endgültigen Durchbruch zu einer Rechtsprechung, die in erster Linie die Vertragsgerechtigkeit ins Auge fasste und die die wesentliche Grundlage für die Ausgestaltung von § 307 BGB, insbesondere in Abs. 2 Nr. 1 bildete. In dieser langjährigen Rechtsprechung wurden auch etliche Grundsätze entwickelt, die vielfach die Grundlage für die Klauselkataloge der §§ 308 und 309 BGB (vormals §§ 10, 11 AGBG) bildeten.

2. Beweggründe für eine gesetzliche Regelung

7 Die Beweggründe für eine gesetzliche Regelung waren vielfältiger Natur. Unzufriedenheit mit der Rechtsprechung des BGH dürfte kaum eine entscheidende Rolle gespielt haben, wenngleich die Großzügigkeit, mit der der BGH zuweilen von einer Einbeziehung der AGB in den Vertrag durch stillschweigende Unterwerfung ausging, auf berechtigte Kritik gestoßen ist. Ein Grund für eine gesetzliche Regelung lag aber wohl darin, dass den Untergerichten ein **verbindlicher gesetzlicher Maßstab für die Inhaltskontrolle** an die Hand gegeben werden sollte und die zersplitterte und zuweilen uneinheitliche Rechtsprechung geordnet und durch Gesetzeskraft verstärkt werden sollte. Wesentlich für die Initiative zu einer gesetzlichen Regelung war aber vor allem eine weitverbreitete politische Grundstimmung, die den Verbraucherschutz verstärken und allgemein einem als ungerecht empfundenen Missbrauch wirtschaftlicher Macht begegnen wollte. Aus dieser Grundstimmung heraus ist es auch verständlich, dass man der Inhaltskontrolle von AGB durch die Verbandsklage zu einer größeren Breitenwirkung verhelfen wollte. Denn die gerichtliche Inhaltskontrolle von AGB war in den meisten Fällen auf Verträge zwischen Unternehmern beschränkt, da die Verbraucher ihre Rechte im Allgemeinen weniger in Anspruch nahmen, sei es aus Unkenntnis, sei es, weil sich wegen eines verhältnismäßig geringen Streitwerts das Prozessrisiko nicht lohnte oder weil sonstige Barrieren einem Prozess im Wege standen. Aufgrund des politischen Gestaltungswillens wurde 1972 durch den Bundesminister der Justiz eine Arbeitsgruppe gebildet, die Lösungsvorschläge für eine gesetzliche Regelung erarbeiten sollte. Diese Arbeitsgruppe legte im März 1974 einen ersten Teilbericht vor, der, abgesehen von den §§ 13 ff AGBG (heute UKlaG), wichtige Grundlagen für die spätere gesetzliche Regelung legte.

---

[1] BGHZ 22, 90, 97 ff.

[2] S. z. B. BGHZ 41, 151, 154.

[3] S. *M. Wolf*, Rechtsgeschäftliche Entscheidungsfreiheit, S. 253 f.

3. Reformmodelle

Vor der Einbringung des Gesetzesvorschlags für das ursprüngliche AGB-Gesetz fand vor allem in Auseinandersetzung mit dem ersten Teilbericht der Arbeitsgruppe beim BMJ eine breite Reformdiskussion statt, der verschiedene Modelle zu Grunde lagen. Hinsichtlich der **materiell-rechtlichen Voraussetzungen der Inhaltskontrolle** ging die Diskussion vor allem darum, ob sich das Gesetz mit einer Generalklausel begnügen sollte oder ob in Übereinstimmung mit dem ersten Teilbericht die Generalklausel durch einen Katalog unzulässiger Klauseln ergänzt werden sollte.[1] Kontrovers war auch die Frage, ob und in welchem Maße es auf die Angemessenheit der AGB ankommen sollte, ob positive Angemessenheit als Wirksamkeitsvoraussetzung anzusehen sei oder ob erst die Unangemessenheit als Negativmerkmal zur Unwirksamkeit führen sollte.[2] Ein weiterer Streitpunkt betraf den Anwendungsbereich des Gesetzes, ob dieser lediglich vorgedruckte AGB[3] oder Vertragsbedingungen schlechthin umfassen sollte, sofern sie nur mehrfach einheitlich verwendet wurden.[4] Den Anwendungsbereich des Gesetzes betraf auch die Frage, ob die gesetzliche Regelung auf Verbraucher beschränkt werden sollte[5] oder ob auch Unternehmer in den Schutzbereich des Gesetzes mit einbezogen werden sollten.[6] Davon getrennt war die Frage, ob für Verbraucher und Vollkaufleute ein einheitlicher oder ein verschiedenartiger Kontrollmaßstab gelten sollte.[7] 8

In **verfahrensrechtlicher Hinsicht** ging es darum, eine über den Einzelfall hinausgehende generelle Überprüfung für alle künftig abzuwickelnden Verträge zu ermöglichen. Dafür kamen im Wesentlichen drei Grundmodelle in Betracht. Ein erstes Grundmodell hatte die **behördliche Überprüfung** der AGB zum Inhalt, die dann ohne Genehmigung nicht wirksam werden könnten. Ein solches Modell ist außer der damit verbundenen Aufblähung des Verwaltungsapparats und der damit einhergehenden Bürokratisierung vor allem auch mit einer freiheitlichen Wirtschaftsordnung nicht vereinbar, weil an Stelle einer beweglichen Anpassung an die wirtschaftlichen Bedürfnisse durch die beteiligten Verkehrskreise eine durch staatliche Fremdbestimmung beeinflusste Ordnung treten würde. Ein behördliches Modell droht auch die gerichtliche Kontrolle, die in einem Rechtsstaat stets möglich sein muss, faktisch stark zu verdrängen, weil mit der behördlichen Genehmigung ein Schein von Legitimation der AGB erzeugt wird, der eine gerichtliche Überprüfung für den Kläger als wenig aussichtsreich erscheinen lässt und deshalb als faktische Rechtswegbarriere wirkt.[8] Ein zweites Grundmodell ist auf ein **kollektives** Aushandeln der AGB zwischen den beteiligten Verkehrskreisen, z. B. in Form der Aufstellung von Muster-AGB, gerichtet. Dieses Modell ist mit einer freiheitlichen Wirtschaftsordnung zwar besser zu vereinbaren. Seine Realisierung leidet aber an dem Fehlen geeigneter Verbände, die die vielfältigen Verbraucherinteressen umfassend und mit ausreichender Verhandlungsstärke zur Geltung bringen könnten. Ein entsprechender Vorschlag in der rechtspolitischen Diskussion[9] hat 9

---

[1] S. *M. Wolf* JZ 1974, 465.

[2] *M. Wolf* JZ 1974, 41, 42.

[3] So insbes. *Schmidt/Salzer,* Allgemeine Geschäftsbedingungen, Bilanz und rechtspolitische Folgerungen, 1973, S. 12.

[4] S. *Grunsky* BB 1971, 1113.

[5] S. *Reich* ZRP 1974, 187.

[6] S. etwa *Brandner* JZ 1973, 614; *Nicklisch* BB 1974, 941, 945.

[7] *M. Wolf* JZ 1974, 465, 469.

[8] Gegen ein behördliches Grundmodell etwa: *Koch* ZRP 1973, 89; *M. Rehbinder,* in: Kritik, Bd. 5, S. 123 f.; *Löwe* FS *Larenz,* 1973, S. 396 ff.; *Brandner* JZ 1973, 617; *Becker* NJW 1973, 1917.

[9] S. z. B. *Brandner* JZ 1973, 617; *von Hippel* BB 1973, 994; Teilbericht II, S. 26 ff., 62 ff.

sich deshalb nicht durchsetzen können. Ein drittes Grundmodell betrifft ein *kollektiv ausgerichtetes Klageverfahren,* das eine über das einzelne Vertragsverhältnis hinausgehende generelle gerichtliche Kontrolle der AGB zum Gegenstand hat. Ein solches gerichtliches Kontrollverfahren hatte das AGB-Gesetz durch die Verbandsklage nach §§ 13 ff. eingeführt; heute ist es im UKlaG geregelt. Mit diesem Modell ist der Vorteil einer einerseits durch gerichtliche Verfahrensgarantien und Sachkunde geprägten, aber andererseits auch mit Breitenwirkung ausgestatteten Kontrolle verbunden. Zugleich gewährt die Klagebefugnis den Verbraucherverbänden eine gewisse gesetzlich verliehene Verhandlungsposition, die zunächst darin zum Ausdruck kommt, dass sie in vielen Fällen eine außergerichtliche Unterlassungserklärung des AGB-Verwenders bewehrt mit einer Vertragsstrafe erlangen können, weil der AGB-Verwender auf diese Weise einen ihm unliebsamen Prozess vermeiden kann. Aus dieser Klagebefugnis könnte sich bei geschicktem und vorausschauendem Verhalten der AGB-Verwender in einigen Bereichen eine Verhandlungssituation entwickeln, die der Aufstellung von Muster-AGB nahekommt. Da die Verbandsklage den Schutz des Einzelnen im Individualprozess nicht beseitigt, ist mit der jetzigen verfahrensrechtlichen Lösung insgesamt ein Instrumentarium geschaffen, das sich den unterschiedlichen Erfordernissen bei Realisierung einer gerechten Vertragsordnung entsprechend den jeweiligen Gegebenheiten in beweglicher Weise anpassen kann.

4. Gesetzgebungsverfahren zum AGB-Gesetz und Entwicklung des Gesetzes bis zur Schuldrechtsreform

10 Auf der Grundlage des 1. Teilberichts der Arbeitsgruppe beim BMJ (s. Rz 7) wurde nach Stellungnahme der beteiligten Ministerien in Bund und Ländern und nach Anhörung zahlreicher Wirtschafts- und Verbraucherverbände ein Regierungsentwurf für das ursprüngliche AGB-Gesetz erarbeitet, der dem Bundesrat zur Stellungnahme vorgelegt wurde. Der Bundesrat regte in seiner Stellungnahme vom 11. 7. 1975 neben sonstigen kleineren Änderungen insbesondere die Einbeziehung einer Regelung des verfahrensrechtlichen Teils an,[1] nachdem der Regierungsentwurf entsprechend dem 1. Teilbericht sich auf den materiell-rechtlichen Teil beschränkt hatte.

11 Der Bundestag befasste sich am 25. 9. 1975 in erster Lesung mit dem Gesetzentwurf.[2] Die anschließenden Beratungen in den Ausschüssen führten neben der Behandlung der materiell-rechtlichen Fragen zur Ausarbeitung einer verfahrensrechtlichen Regelung unter Mitwirkung des BMJ, die unter der Federführung des Rechtsausschusses in das Gesetz aufgenommen wurde. Der Regierungsentwurf wurde im Wesentlichen beibehalten, ergänzt um die verfahrensrechtliche Regelung. Am 24. 6. 1976 wurde die Gesetzesvorlage in 2. und 3. Lesung vom Bundestag mit Zustimmung aller Fraktionen verabschiedet. In dem vom Bundesrat eingeleiteten Vermittlungsverfahren[3] wurde neben einigen kleinen Änderungen für das Verbandsklageverfahren die erstinstanzliche Zuständigkeit der Landgerichte an Stelle der erstinstanzlichen Zuständigkeit der Oberlandesgerichte eingeführt. Die vom Bundesrat ebenfalls gewünschte Streichung des § 21 mit seiner Rechtskrafterstreckung wurde vom Vermittlungsausschuss abgelehnt. Der Bundestag verabschiedete das Gesetz mit seinen Änderungen am 10. 11. 1976. In dieser Fassung, der der Bundesrat am 12. 11. 1976 ebenfalls zustimmte, wurde das Gesetz am 9. 12. 1976 im Bun-

[1] S. BRat-Drs. 360/75 und BT-Drs. 7/3919, S. 47 ff.
[2] Stenograph. Bericht, 187. Sitzung.
[3] BRat-Drs. 443/1/76; BT-Drs. 7/5617.

desgesetzblatt[1] verkündet und trat in seinen wesentlichen Teilen am 1. 4. 1977 in Kraft (§ 30 AGBG). Neben verschiedenen Änderungen von geringer Bedeutung in den Vorschriften betreffend das Verbandsklageverfahren der §§ 13 ff. AGBG und nach Aufhebung des ehemaligen § 10 Nr. 8 AGBG wurde zunächst durch das Poststrukturgesetz von 1989 § 23 Nr. 1 a AGBG neu eingefügt und durch das Postneuordnungsgesetz vom 14. 9. 1994 angepasst. Durch Gesetz vom 19. 7. 1996 wurde in Umsetzung der RiLi 93/13/EWG § 12 geändert und § 24a neu eingefügt. Damit wurde das AGB-Recht Bestandteil des geltenden **europäischen Gemeinschaftsprivatrechts.** Das Handelsrechtsreformgesetz von 1998 hat die besonderen, erleichternden Regelungen für den kaufmännischen Verkehr auf den **Unternehmensverkehr** insgesamt ausgedehnt.

5. Schuldrechtsreform

Schrifttum: *Artz,* Integration der Nebengesetze in das BGB, in: Schwab/Witt, Einführung in das neue Schuldrecht, 232; *Dörner,* Die Integration des Verbraucherrechts in das BGB, in: Schulze/Schulte-Nölke, Die Schuldrechtsreform vor dem Hintergrund des Gemeinschaftsrechts, S. 177; *Pfeiffer,* Die Integration von „Nebengesetzen" in das BGB, in: Ernst/Zimmermann, Zivilrechtswissenschaft und Schuldrechtsreform, 2002, S. 481; *ders.,* Neues Schuldrecht – neues Leitbild im AGB-Recht, in: Dauner-Lieb/Konzen/Schmidt, Das neue Schuldrecht in der Praxis, 2003, S. 225; *Pfeiffer/Schinkels,* AGB-Gesetz und Schuldrechtsmodernisierung, in: Micklitz/Pfeiffer/Tonner/Willingmann, Schuldrechtsreform und Verbraucherschutz, 2001, S. 133; *Schmidt-Räntsch,* Die Reintegration der Verbraucherschutzgesetze durch den Entwurf eines Schuldrechtsmodernisierungsgesetzes, in: Schulze/Schulte-Nölke, Die Schuldrechtsreform vor dem Hintergrund des Gemeinschaftsrechts, S. 143; *Schubel,* Schuldrechtsreform: Perspektivenwechsel im Bürgerlichen Recht und AGB-Kontrolle im Handelsverkehr, JZ 2001, 1113; *Ulmer,* Integration des AGB-Gesetzes in das BGB?, in: Schulze/Schulte-Nölke, Die Schuldrechtsreform vor dem Hintergrund des Gemeinschaftsrechts, S. 215; *ders.,* Das AGB-Gesetz: Ein eigenständiges Kodifikationswerk, JZ 2001, 491; *Graf v. Westphalen,* AGB-Recht ins BGB – eine erste Bestandsaufnahme, NJW 2002, 12; *Wolf/Pfeiffer,* Der richtige Standort des AGB-Rechts im BGB, ZRP 2001, 303.

Den tiefsten Einschnitt in die Gesetzesentwicklung bildet das am 1. 1. 2002 in Kraft getretene **Schuldrechtsmodernisierungsgesetz v. 26. 11. 2001**[2]. Es hat zur Einfügung der materiell-rechtlichen Vorschriften des früheren AGB-Gesetzes als §§ 305–310 in das BGB geführt, wohingegen die Regelungen zur AGB-Verbandsklage im UKlaG aufgegangen sind. Dabei drehte sich die Diskussion im Vorfeld und während des Gesetzgebungsverfahrens der Schuldrechtsreform – auch wegen des erheblichen Zeitdrucks bei diesem Vorhaben – vor allem um die Fragen des „Ob" und „Wo" einer Integration des AGB-Rechts in das BGB. Diskutiert wurde namentlich, inwieweit das AGB-Recht auch mit seinen verbraucherrechtlichen Regelungen als Teil des allgemeinen Bürgerlichen Rechts anzusehen ist. Ferner stellte sich die Frage, ob das frühere AGB-Gesetz als AGB-rechtlicher Block (an welcher Stelle?) in das BGB aufzunehmen ist oder ob (zum Teil) eine systematische Zuordnung zu unterschiedlichen Teilen des BGB in Betracht kommt. Der Gesetzgeber hat sich dabei für die Lösung eines eigenen AGB-rechtlichen Blocks entschieden, der unter der Überschrift „Gestaltung rechtsgeschäftlicher Schuldverhältnisse durch Allgemeine Geschäftsbedingungen" den Zweiten Abschnitt des Zweiten Buches des BGB bildet. 12

Diese Einfügung spiegelt zunächst zutreffend die inzwischen anzuerkennende Zughörigkeit des AGB-Rechts zum Allgemeinen Bürgerlichen Recht. Rechtssystematisch gehören die Regelungen des AGB-Rechts, insbesondere bei der Einbeziehungskontrolle, zur Rechtsgeschäftslehre und damit **zum Allgemeinen Teil des Bürgerlichen Rechts.** Aber auch die AGB-Inhaltskontrolle ist dem Allge- 13

[1] BGBl I, 3317.
[2] BGBl I, 3138.

meinen Teil des Bürgerlichen Rechts zuzuordnen, was sich etwa darin zeigt, dass auch Klauseln mit einem die rechtsgeschäftliche Stellvertretung, die Verjährung oder das Sachenrecht betreffenden Regelungsgehalt der AGB-Inhaltskontrolle unterliegen. Der Gesetzgeber hat an der systematisch nicht überzeugenden Einordnung in das Allgemeine Schuldrecht trotz der im Gesetzgebungsverfahren artikulierten Kritik festgehalten, weil die große Mehrzahl der erfassten Klauseln schuldrechtlicher Art ist. Die AGB-Kontrolle anderweitiger Klauseln soll damit nach den Gesetzesmaterialien ausdrücklich nicht ausgeschlossen werden. Die Vorschriften des AGB-Rechts gelten vorbehaltlich besonderer Regelungen, insbesondere des § 310 BGB, für **Klauseln mit nicht-schuldrechtlichem Regelungsgehalt** entsprechend.

13a Auswirkungen auf das AGB-Recht zeitigt die Schuldrechtsreform auf zweierlei Weise – einmal durch Änderung AGB-rechtlicher Vorschriften selbst. Hier ist vor allem die Erstreckung der AGB-Inhaltskontrolle von weitreichender praktischer Bedeutung, weil sie die bislang auf unterschiedlicher Grundlage praktizierte Inhaltskontrolle arbeitsvertraglicher Klauseln auf eine neue einheitliche Grundlage stellt und ihr dadurch erheblichen zusätzlichen Schub verleiht. Die zahlreichen Änderungen außerhalb des AGB-Rechts, sei es im vertraglichen Schuldrecht, sei es im Verjährungsrecht, werfen in AGB-rechtlicher Perspektive die für weite Bereiche noch nicht beantwortete Frage auf, inwieweit diese Änderungen zu Modifikationen im Leitbild (§ 307 II BGB) der Inhaltskontrolle führen.[1] Im Bereich des Verbrauchsgüterkaufs (§§ 474 ff. BGB) wird die AGB-Inhaltskontrolle zu einem nicht unerheblichen Teil dadurch obsolet, dass § 475 BGB den Kernregelungen der Rechts- und Sachmangelhaftung, abgesehen von der Schadensersatzhaftung (§ 475 III BGB), zwingende Wirkung verleiht.

III. Grundlagen des AGB-Rechts

1. Wertungsgrundlagen des Gesetzes

14 Das AGB-Recht ist von einer grundsätzlichen Wertung getragen, die man als das Bemühen um die **Bewahrung einer vertragsrechtlichen Ordnung** umschreiben kann. Sie erfasst Fälle, in denen die **rechtsgeschäftliche Entscheidungsfreiheit** des Vertragspartners durch die AGB-Verwendung faktisch beeinträchtigt ist. Aus dieser Grundhaltung ergeben sich weitere Folgerungen.

15 **a)** Das Festhalten an den vertragsrechtlichen Grundlagen zeigt sich in der **Absage an die Normentheorie,** die die AGB als autonome, nicht staatlich gesetzte Normen behandeln will.[2] Die gesetzlichen Regelungen des AGB-Rechts sind stattdessen entgegen manch mehrdeutiger Äußerungen in der früheren Rechtsprechung[3] eindeutig bei der rechtsgeschäftlich-vertraglichen Grundlage der AGB geblieben und haben diese, wie § 305 Abs. 2 BGB deutlich macht, sogar bewusst betont und ausgebaut.[4] Neuere Versuche, die Normentheorie zu beleben,[5] entspre-

---

[1] Eingehend *Pfeiffer,* in: *Dauner-Lieb/Konzen/Schmidt,* Das neue Schuldrecht in der Praxis, S. 225 ff.

[2] S. *Meyer/Cording,* Die Rechtsnormen, 1971, S. 84 ff., 97 ff., 131 ff.; dazu *M. Wolf* JZ 1973, 229, 231.

[3] S. etwa BGHZ 1, 83; 6, 373; auch noch BGHZ 38, 183, 185; und davor RGZ 170, 240; 171, 43.

[4] Zur VOB BGH NJW-RR 1998, 235; s. auch *Löwe* ZIP 1995, 1273; *Heinrichs* NJW 1996, 1381; missverständlich von einer „fertig bereitliegenden Rechtsordnung" sprechen bei den ADSp BGH NJW 1995, 1490, 1491 = LM H.7/1995 § 51 ADSp Nr. 7 m. krit. Anm. *Koller;* BGH NJW 1995, 3117, 3118 und zu den AGNB BGH NJW 1995, 2224, 2225.

[5] S. *Pflug,* Kontrakt und Status im Recht der Allgemeinen Geschäftsbedingungen, 1986, z. B. S. 298 ff.; *E. Schmidt* JuS 1987, 931.

chen deshalb nicht der Konzeption des AGB-Rechts.[1] Sie vermögen auch nicht zu überzeugen, da die Normentheorie nur eine neutrale Gerechtigkeitskontrolle erlauben würde, einer einseitig strengen Kontrolle gegen den Verwender (s. auch Rz **14**) aber im Wege stehen würde, weil z. B. die VOB aufgrund der Normentheorie schwerlich nach verschiedenen Maßstäben überprüft werden könnte, je nachdem, ob sie vom Bauunternehmer oder vom Bauherrn verwendet wird. Die Normentheorie stellt auch entscheidend auf die Aufstellung der AGB durch intermediäre Gewalten wie Verbände, Kartelle und Großunternehmen ab.[2] Dies trifft in zahlreichen Fällen auch zu. Andererseits werden AGB aber auch von kleinen Gewerbetreibenden und freiberuflich Tätigen in eigenverantwortlicher inhaltlicher Ausgestaltung aufgestellt. Der Makler, der seine AGB aufstellt, kann aber ebenso wenig wie der Rechtsanwalt, der AGB für seinen Mandanten formuliert, oder der Notar, der Formeln für Grundstückskaufverträge entwirft, als Normsetzer oder gar als intermediäre Gewalt bezeichnet werden.[3] Auch das Gericht ist nicht Normsetzer, wenn es beim Prozessvergleich immer wiederkehrende Formeln benutzt.[4]

b) Die Bewahrung der vertragsrechtlichen Ordnung zeigt sich aber auch in dem Bemühen um die **Sicherung der Vertragsgerechtigkeit,** auf die eine Rechtsordnung nicht verzichten kann und bei deren permanenter Verfehlung die Vertragsfreiheit eine wesentliche Legitimationsbasis einbüßt. Die Sicherung der Vertragsgerechtigkeit wird aber nicht durch generell zwingende Rechtsnormen erreicht, die unabhängig von einem Schutzbedürfnis jegliche Abweichung verhindern und damit in ihrem Geltungsbereich die Vertragsfreiheit gänzlich beseitigen. Sie ist vielmehr auf den **Schutz des Vertragspartners** vor den AGB beschränkt. Mit dieser einseitigen Schutzrichtung zugunsten des Vertragspartners, nicht aber als Schutz des Verwenders gegen sich selbst, wird die Sicherung der Vertragsgerechtigkeit möglichst weitgehend den Fallgestaltungen eines anerkannten Schutzbedürfnisses der rechtsgeschäftlichen Selbstbestimmung angepasst, und die vertragliche Gestaltungsfreiheit bleibt im Übrigen erhalten. 16

c) Die Bewahrung der vertragsrechtlichen Ordnung durch das AGB-Recht zeigt sich deshalb auch darin, dass die **Vertragsfreiheit als Grundlage** eines autonomen und anpassungsfähigen rechtsgeschäftlichen Verkehrs anerkannt bleibt. Indem die Sicherung der Vertragsgerechtigkeit auf die typischen Fälle eines anerkannten Schutzbedürfnisses beschränkt wird, wird die Vertragsfreiheit in den übrigen Bereichen mit ihren nützlichen Funktionen erhalten. Dies zeigt sich zunächst in personeller Hinsicht. Da der Schutz auf den Vertragspartner beschränkt ist (s. Rz **14**), kann der Verwender dem anderen Vertragsteil abweichend vom Gesetz Vergünstigungen einräumen, ohne den Schranken des AGB-Rechts zu unterliegen. Der Vertragsfreiheit wird in personeller Hinsicht auch insoweit ein größerer Spielraum eingeräumt, als für Unternehmer, für die das AGB-Recht grundsätzlich gilt (§ 310 I BGB), mit der beweglichen Generalklausel des § 307 I BGB und mit der Berücksichtigung der Gewohnheiten und Gebräuche im Handelsverkehr (§ 310 I S. 2 BGB) mehr Raum für anpassungsfähige Regelungen gelassen wird.[5] Die Wahrung der Vertragsfreiheit durch das AGB-Recht zeigt sich des Weiteren darin, dass seine Schranken nur für AGB, von vornherein nicht dagegen für Individualvereinbarun- 17

---

[1] Vgl. auch *Pflug* AG 1992, 1, 4 f., der sich gegen eine Kanonisierung der Vertragstheorie durch den Gesetzgeber wendet.

[2] *Pflug,* aaO.

[3] S. aber *Pflug,* aaO, S. 311.

[4] S. auch § 305 Rz 31.

[5] S. etwa § 307 Rz 185 ff.

gen im Sinne von Einzelfallvereinbarungen gelten.[1] Selbst für mehrfach verwendete Vertragsbedingungen entfällt nach § 305 I BGB die Anwendung des Gesetzes, wenn die Bedingungen im Einzelnen zwischen den Vertragspartnern ausgehandelt sind. Auch § 305b BGB macht mit dem Vorrang individueller Vertragsabreden vor den AGB die Anerkennung der Vertragsfreiheit deutlich. Die grundsätzliche Geltung der Vertragsfreiheit wird durch das AGB-Recht schließlich auch insofern bestätigt, als der Regelungsinhalt der AGB nicht generell und zwingend vorgeschrieben wird. Vielmehr bleibt die inhaltliche Gestaltungsfreiheit bis zu den Grenzen der §§ 307 bis 309 BGB auch bei der Aufstellung von AGB erhalten.

2. Grundlinien der gesetzlichen Regelung

a) Anwendungsbereich

18 **aa)** Das Gesetz erfasst in seinem **gegenständlichen Bereich** nach § 305 I 1 BGB alle für eine Vielzahl von Verträgen vorformulierten Vertragsbedingungen. Die in der Rechtsprechung vor dem AGB-Gesetz entstandene Unterscheidung von AGB im engeren Sinn und Formularverträgen wird damit zu Recht für unbeachtlich erklärt. Auch wird der Begriff der AGB nicht auf umfangreiche Klauselwerke beschränkt, wie dies in der früheren Rechtsprechung den Anschein hatte. Das AGB-Gesetz findet vielmehr auch auf eine einzige Klausel Anwendung, sofern sie nur für eine Vielzahl von Verträgen vorformuliert ist. Durch § 310 III Nr. 2 BGB ist die Anwendung von §§ 305 c II, 306, und 307-309 BGB sowie Art. 29a EGBGB auf vorformulierte, nur zur einmaligen Verwendung bestimmte Vertragsbedingungen in Verbraucherverträgen erweitert worden, wenn der Kunde auf ihren Inhalt keinen Einfluss nehmen konnte.

19 Mit dem Merkmal der **Vorformulierung für eine Vielzahl von Verträgen** wird vom Gesetz das entscheidende Kriterium für die Feststellung fehlender rechtsgeschäftlicher Entscheidungsfreiheit des anderen Vertragsteils aufgestellt. Die Vorformulierung für eine Vielzahl von Verträgen ist ein formales, aber doch weitgehend zutreffendes Indiz für das Vorliegen einer Störung der rechtsgeschäftlichen Entscheidungsfreiheit des Vertragpartners. Sie ist typischerweise Ausdruck einer regelmäßig günstigeren Verhandlungsposition des Verwenders, weil nur derjenige, der eine hinreichend starke Verhandlungsposition innehat, sicher sein kann, seine Vertragsbedingungen ohne Berücksichtigung der Selbstbestimmung des anderen Teils durchzusetzen und sie deshalb auch für eine gleichmäßige Anwendung vorformulieren kann. Daneben wird aber mit dem Merkmal der Vorformulierung auch dem Umstand Rechnung getragen, dass mit der Vorformulierung eine gedankliche Vorarbeit verbunden ist, die sich der Verwender zunutze machen kann und die der Unvorbereitete oder Unerfahrene in der Abschlusssituation nicht kompensieren kann. Das schließt die zahlreichen Fälle ein, in denen es sich aus Sicht des Vertragspartners trotz intellektueller Gewandtheit und Geschäftserfahrung *ex ante* betrachtet, aus der Sicht bei Vertragsschluss, schlicht nicht lohnt, den enormen Aufwand des gründlichen Studiums und der einzelnen Aushandlung zu investieren.[2] Auch insoweit kommt im Merkmal der Vorformulierung die bestimmende Verhandlungsposition zum Ausdruck, die dem Verwender typischerweise zugutekommt und deren Ausnutzung unter Beschränkung der Selbstbestimmung des anderen Teils das Gesetz beschränkt. Damit entfaltet das Gesetz für den Rechtsverkehr auch eine erhebliche Vereinfachungs- und Entlastungsfunktion. Denn einerseits er-

---

[1] S. auch § 305 Rz 35, 47 ff.

[2] Dazu in ökonomischer Perspektive eingehend *Kötz* JuS 2003, 209.

möglicht es dem Verwender, die für das konkrete Rechtsgeschäft für erforderlich gehaltenen Vertragsbedingungen schon im Vorhinein in standardisierter Weise zu formulieren. Andererseits entlastet es den Kunden weitgehend von einer im Einzelfall weitaus zu aufwändigen Befassung mit den AGB und ermöglicht ihm, sich schlicht auf den Schutzmechanismus des AGB-Rechts zu verlassen. Wenn § 310 III Nr. 2 BGB die Vorformulierung auch bei nur einmaliger Verwendung als Anknüpfungspunkt für überlegene Verhandlungsmacht genügen lässt, so wird damit, anders als bei der Vorformulierung für eine Vielzahl von Verträgen, die überlegene Verhandlungsposition aber nur unzureichend erfasst.[1] Der maßgebende Einfluss des Verwenders auf die Vertragsverhandlungen und die Vertragsgestaltung unter Ausschaltung der Entscheidungsfreiheit des anderen Teils kommt im Merkmal des Stellens zum Ausdruck.[2]

bb) In persönlicher Hinsicht zielt das AGB-Recht auf den Schutz des anderen Vertragsteils, erfasst aber grundsätzlich **alle Personen** und ist mit Ausnahme von § 310 III BGB nicht auf den Verbraucherschutz beschränkt. Dieser persönliche Anwendungsbereich spiegelt wider, dass das AGB-Recht schon seinem inhaltlichen Regelungsgegenstand nach zum **allgemeinen Zivilrecht** zählt. Es zielt auf Fälle, in denen ein ansonsten frei zustande gekommener Vertrag hinsichtlich einzelner Vertragsklauseln eine Störung der rechtsgeschäftlichen Entscheidungsfreiheit einer Partei aufweist. Solche Störungen sind nicht auf Verbraucherverträge beschränkt, sondern können in allen Bereichen des Vertragsrechts auftreten. Das AGB-Recht ist daher kein spezifisches Verbraucherrecht, sondern erstreckt sich mit § 310 I BGB auch auf Unternehmensverträge. Lediglich einzelne Vorschriften, die einen verstärkten Schutz vorsehen und abweichender Gestaltung keinen oder geringen Raum lassen (§ 305 Abs. 2 u. 3, §§ 308, 309 sowie § 310 III BGB), finden auf die in § 310 I BGB genannten Personen und Rechtsträger keine Anwendung. Damit wird vor allem den Bedürfnissen des Unternehmensverkehrs Rechnung getragen und zugleich der Umstand berücksichtigt, dass Unternehmer und die sonstigen in § 310 III genannten Rechtsträger aufgrund ihrer Stellung, ihrer geschäftlichen Erfahrung und ihrer Marktposition oft weniger schutzbedürftig sind als Verbraucher. Auf Verbraucherverträge, d.h. solche zwischen Unternehmern i.S.d. § 14 BGB und Verbrauchern i.S.d. § 13 BGB, beschränkt ist allerdings die mit den §§ 305ff. BGB umgesetzte RL 93/13/EWG über missbräuchliche Klauseln in Verbraucherverträgen. Dies drückt sich namentlich in den Sonderreglungen des § 310 III BGB für Verbraucherverträge aus. Allgemein zivilrechtlicher Gehalt kommt demgegenüber § 305 Abs. 2 u. 3 und §§ 308, 309 BGB zu, die nicht auf die oben skizzierten Verbraucherverträge beschränkt sind, sondern auch auf Verträge zwischen zwei Privatpersonen (etwa einen Formularmietvertrag eines privaten Vermieters) anwendbar sind. In der praktischen Rechtsanwendung treten allerdings im Unternehmensverkehr vielfältigere AGB-rechtliche Probleme zutage, weil dort eine weitaus größere Vertragsvielfalt herrscht als im stärker durchreglementierten Verbrauchervertragsrecht und weil Verbraucherverträgen oftmals eine Wertschöpfungs- und Vertriebskette mit einer großen Zahl unterschiedlicher Vertragsbeziehungen vorausgeht. 20

cc) Das AGB-Recht findet mit Ausnahme der in § 310 I BGB genannten Bereiche auf alle **privatrechtlichen Rechtsgebiete** Anwendung, die Raum für rechtsgeschäftliche Regelungen lassen. Dies gilt grundsätzlich auch, soweit neben § 305 BGB für einzelne Bereiche, wie z. B. durch § 187 VVG oder durch § 192 II VVG,[3] die Vertragsfreiheit besonders betont wird. Allgemeine Vertragsbedingungen un- 21

---

[1] S. *M. Wolf*, in: FS *Brandner*, 1996, S. 299.

[2] S. § 305 Rz 4.

[3] Dazu OLG Düsseldorf NJW-RR 1988, 1051, 1052.

terliegen auch in diesen Fällen dem AGB-Recht.[1] Ausgenommen sind neben dem Erb- und Familienrecht die wichtigen Bereiche des kollektiven Arbeitsrechts und des Gesellschaftsrechts, für die sich unabhängig von den AGB eine eigene Inhaltskontrolle entwickelt hat.[2] Das AGB-Recht wollte diesen Entwicklungen, die zum Teil noch nicht abgeschlossen sind, die zum Teil aber auch auf eigenständigen Grundlagen beruhen, nicht vorgreifen. Dagegen unterliegen Klauseln einzelner Arbeitsverträge seit der Schuldrechtsreform der AGB-Kontrolle nach Maßgabe des § 310 IV 2 BGB; Kollektivvereinbarungen bleiben nach Satz 3 der Vorschrift ausgenommen.

22 Für die **privatrechtliche Betätigung von juristischen Personen des öffentlichen Rechts** gilt das AGB-Recht in den Grenzen von § 310 I BGB unmittelbar. Insofern unterliegen auch AGB der öffentlich-rechtlichen Versicherungen[3] oder AGB der staatlichen Lotterieverwaltung[4] den Vorschriften des AGB-Rechts einschließlich der Inhaltskontrolle nach § 307 BGB. Darüber hinaus sind im Verwaltungsprivatrecht die Grundrechte zu beachten. Ein vertragliches Lösungsrecht darf z. B. nicht einen aus Art. 3 GG sich ergebenden Kontrahierungszwang unterlaufen.[5]

23 Für den Bereich der **öffentlich-rechtlich gestalteten Rechtsverhältnisse** enthalten § 11 II EnWG und Art. 243 EGBGB für die Regelung der öffentlich-rechtlichen Versorgungsverhältnisse Ermächtigungen zum Erlass von Rechtsverordnungen für allgemeine Versorgungsbedingungen. Davon ist durch Erlass der AVBEltV[6] und der AVBGasV vom 21. 6. 1979[7] sowie durch Erlass der AVBFernwärmeV und der AVBWasserV vom 20. 6. 1980[8] Gebrauch gemacht worden.[9] Sie sind nach der Schuldrechtsreform weiter in Kraft geblieben.[10] Sie gelten jedoch zumeist nur für Normalabnehmer, nicht für Sonderabnehmer, wie z. B. Industrieunternehmen.[11] In anderen Bereichen, die nicht zu den öffentlich-rechtlichen Versorgungsverhältnissen zählen, wohl aber in öffentlich-rechtlichen Verhältnissen abgewickelt werden, wie z. B. die Benutzungsverhältnisse kommunaler Einrichtungen oder Verträge über Förderungsleistungen,[12] kommt eine unmittelbare Anwendung des AGB-Rechts nicht in Betracht. Allerdings verlangen die genannten Ermächtigungsgrundlagen eine „ausgewogene" bzw. „angemessene" Gestaltung der Bedingungen. Bei der Konkretisierung dieser generalklauselartigen Vorgabe sind – wie bei jeder Generalklausel – die Wertungen des einfachen Gesetzesrechts zu beachten, die sich hier vor allem aus dem AGB-Recht ergeben. Die Träger öffentlicher Verwaltung dürfen die ihnen zustehende Wahlmöglichkeit zwischen privatrechtlicher und öffentlich-rechtlicher Gestaltung nicht zur Flucht vor den inhaltlichen Schranken des AGB-Rechts nutzen und den Schutz des unterlegenen Vertragsteils nicht unterlaufen. Bei Verbraucherverträgen sind die EG-Mitgliedstaaten nach dem 14. Erwägungsgrund der Klausel-RL 93/13/EWG zudem verpflichtet, missbräuchliche Klauseln in ihren Rechtsvorschrif-

---

1 S. BGH NJW 1985, 559.

2 Zur Kontrolle einheitlicher Bedingungen im Gesellschaftsrecht s. z. B. BGH BB 1982, 886; § 310 IV Rz 10ff.; ferner *Fastrich*, Richterliche Inhaltskontrolle im Privatrecht, 1992, S. 124ff.

3 S. BGH NJW 1990, 2686; OLG Hamm NJW 1995, 1525, 1526; Anh. § 310 Rz V 82.

4 BGH NJW 1989, 3010.

5 S. § 308 Nr. 3 Rz 28.

6 BGBl I 684, zuletzt geändert durch Ges. v. 9. 12. 2004, BGBl I 3214.

7 BGBl I 676, zuletzt geändert durch Ges. v. 9. 12. 2004, BGBl I 3214.

8 BGBl I 742 und 750, beide zuletzt geändert durch Ges. v. 9. 12. 2004, BGBl I 3214

9 S. dazu auch § 310 II Rz. 1ff.

10 BT-Drs. 14/6040, S. 243.

11 S. auch BGH NJW 1985, 3013.

12 S. BVerwG NJW 1986, 2589.

ten zu vermeiden[1]. Dabei ist grundsätzlich gleichgültig, mit welchen Rechtsformen die öffentlich-rechtliche Gestaltung der Benutzungsverhältnisse durchgeführt wird, ob mithilfe von Satzungen, von nicht satzungsförmigen Benutzungsordnungen oder von öffentlich-rechtlichen AGB im Rahmen öffentlich-rechtlicher Verträge.[2] Umgekehrt hat die Rechtsprechung allerdings der Haftungsausnahme für leichte Fahrlässigkeit in den AVBEltV Leitbildcharakter zugemessen und hieran angelehnte Freizeichnungsklauseln als wirksam angesehen.[3]

Für **öffentlich-rechtliche Verträge** verweist § 62 S. 2 VwVfG ergänzend auf die Vorschriften des BGB. Vor der Schuldrechtsreform hatte das BVerwG daher die Auffassung vertreten, dass zwar das AGB-Gesetz von dieser Verweisung nicht erfasst sei, dass aber das Verbot der Benachteiligung des Vertragspartners wider Treu und Glauben ohnehin im öffentlichen Recht gelte und durch §§ 56, 59 VwVfG ergänzend ausgestaltet werde.[4] Infolge der Aufnahme des AGB-Rechts in das BGB ist die Geltung für öffentlich-rechtliche Verträge umstritten.[5] Da es sich lediglich um eine ergänzende und entsprechende Anwendung handelt, kommt das AGB-Recht nicht in Betracht, soweit die §§ 54 ff VwVfG besondere Regelungen enthalten. Eine solche besondere Vorschrift enthält insbesondere § 56 I 2 VwVfG mit dem Gebot der angemessenen Ausgestaltung der behördlichen Leistung; auch hinsichtlich des Angemessenheitsgebots für die Leistungen im Rahmen von städtebaulichen Verträgen in § 11 II BauGB hat die Rechtsprechung eine solche Spezialität vorbehaltlich der Klauselrichtlinie 93/13/EWG bejaht.[6] Das kann aber nur für die dort angesprochenen Leistungen und ihre Ausgestaltung, nicht jedoch für sonstige Vertragsbestimmungen gelten. Für sonstige Regelungsbereiche wird ein den Grundgedanken des AGB-Rechts entsprechendes Ergebnis zum Teil auf eine am AGB-Recht ausgerichtete Anwendung des öffentlich-rechtlichen Grundsatzes von Treu und Glauben gestützt – was einer entsprechenden Anwendung im Rahmen des § 62 S. 2 VwVfG praktisch gleichsteht. Da sich das AGB-Recht mit der Schuldrechtsreform als Bestandteil des allgemeinen Bürgerlichen Rechts etabliert hat und zudem ein auch für öffentlich-rechtliche Verträge sachgerechtes ausformuliertes Regelungsprogramm bereit hält, wird man heute von einer entsprechenden Geltung der §§ 305–310 BGB für öffentlich-rechtliche Verträge ausgehen können.[7] Zu restriktiv erscheint ferner die These, ein Bedürfnis für eine AGB-Inhaltskontrolle bestehe lediglich bei subordinationsrechtlichen Verträgen i.S.d. § 54 S. 2 VwVfG. Bei koordinationsrechtlichen Verträgen fehle es an dem für die entsprechende Anwendung erforderlichen Machtgefälle.[8] Denn das Stellen vorformulierter und nicht ausgehandelter AGB kann auch bei koordinationsrechtlichen Verträgen (soweit es dort vorkommen sollte) zu einer Beschränkung der rechtsgeschäftlichen Entscheidungsfreiheit führen, die alsdann eine Inhaltskontrolle rechtfertigt. Im Anwendungsbereich der Klauselrichtlinie 93/13/EWG ist die Geltung der dort vorgesehenen AGB-rechtlichen Anforderungen ohnehin EG-rechtlich vorgegeben.[9] 24

---

1 *Pfeiffer,* in: GH II/Wolf, A5 Art. 1 Rz 26 u. Art. 11 Rz 4.

2 S. dazu auch *F. Baur,* Die Auswirkungen des AGB-Gesetzes auf Benutzungsordnungen der öffentlichen Hand, FS *Mallmann* 1979, S. 33; *Roth,* Individualvereinbarungen, BB 1992 Beilage 4, 1, 4; *Wagner,* Die Anwendbarkeit des AGB-Gesetzes auf Benutzungsregelungen kommunaler Einrichtungen, 1982; LG Köln NJW-RR 1988, 430.

3 BGHZ 138, 118 = NJW 1998, 1640.

4 BVerwG NJW 1986, 2589, 2590; a. A. offenbar OVG Münster NJW 1989, 1879, 1880.

5 Bejahend *Geis* NVwZ 2002, 385, 386.

6 BGHZ 153, 93.

7 Eingehend dazu *Gündling,* Modernisiertes Privatrecht und öffentliches Recht, 2006, passim.

8 *Kopp/Ramsauer* § 62 VwVfG Rz 7b f.

9 Offenlassend BGHZ 153, 93; zu eng *Reidt* BauR 2004, 941.

b) Rechtsgeschäftliche Grundlage der AGB

25 § 305 II BGB verdeutlicht die wichtige Grundentscheidung, dass AGB im Einzelnen privatrechtlichen Vertrag nur auf rechtsgeschäftlicher Grundlage Geltung erlangen können, da das Einverständnis des anderen Vertragsteils Voraussetzung ihrer Geltung ist. Mit dieser Entscheidung kehrt das AGB-Recht zu den rechtsgeschäftlichen Grundlagen des BGB zurück (s. auch **Rz 13**), nachdem die frühere Rechtsprechung bei der Einbeziehung und Unterwerfung diese Grundlagen nicht mehr konsequent beachtet, sondern die Geltung der AGB aufgrund der Verkehrssitte und aufgrund fahrlässiger Willenserklärungen bei Unkenntnis der AGB zugelassen hatte.[1]

c) Unangemessenheitskontrolle

26 Die Inhaltskontrolle ist nach der Generalklausel in § 307 BGB eine Kontrolle im Hinblick auf die Unangemessenheit der AGB, die die Unwirksamkeit zur Folge hat. Dagegen wird **kein Angemessenheitsnachweis** als Voraussetzung für die Wirksamkeit der AGB verlangt. Die unterschiedlichen Ausgangspunkte hat das AGB-Recht etwas entschärft, indem es unter den Voraussetzungen von § 307 II BGB eine unangemessene Benachteiligung im Zweifel vermutet. Zur Nivellierung der Unterschiede trägt auch der umfangreiche Klauselkatalog vor allem in § 309 BGB bei, der zur Unwirksamkeit ohne weitere Unangemessenheitsprüfung führt.

27 Ob der Unterscheidung zwischen Klauseln mit Wertungsmöglichkeit in § 308 BGB und Klauseln ohne Wertungsmöglichkeit in § 309 BGB große Bedeutung zukommt, mag man bezweifeln. Der Gesetzgeber hat damit weitgehend das in der Rechtsprechung vor dem Inkrafttreten des früheren AGB-Gesetzes aufbereitete Fallmaterial und die dabei erarbeiteten Grundsätze aufgegriffen und sich durch die Übernahme bewährter Rechtsregeln wertvolle Vorarbeit zunutze gemacht, die in weiten Teilen eine Konkretisierung der Generalklausel des § 309 BGB erspart. In manchen Fällen hat der Gesetzgeber auch die Anforderungen an die inhaltliche Ausgewogenheit der AGB verschärft. So sind insbesondere die Anforderungen an eine Haftungsfreizeichnung erhöht worden, indem durch § 309 Nr. 7b BGB gegenüber Verbrauchern eine Freizeichnung für grobe Fahrlässigkeit generell ausgeschlossen ist, während der BGH vor dem Inkrafttreten des AGB-Gesetzes eine Haftungsfreizeichnung für grobe Fahrlässigkeit von Erfüllungsgehilfen noch zugelassen hatte, soweit sie nicht leitende Angestellte waren.[2] § 309 Nr. 8a BGB bringt ferner eine Verschärfung insofern, als für Verzug und Unmöglichkeit auch ein Haftungsausschluss für leichte Fahrlässigkeit nicht zugelassen wird.[3] Weitere Verschärfungen enthalten etwa § 309 Nr. 8b bb BGB mit dem Erfordernis des ausdrücklichen Vorbehalts der subsidiären Gewährleistungsrechte oder § 309 Nr. 8b cc BGB mit der nicht abwälzbaren Pflicht des Verwenders zur Tragung der Nachbesserungskosten. Andere Vorschriften enthalten Regelungen und Präzisierungen, zu deren Ausarbeitung die Rechtsprechung keine Gelegenheit hatte, so etwa § 309 Nr. 1, 10 oder 11 BGB. Nochmalige Ergänzungen infolge der Schuldrechtsreform finden sich im vollständigen Freizeichnungsverbot von der Schädigung höchstrangiger Rechtsgüter in § 309 Nr. 7a BGB.

---

[1] S. auch § 305 Rz 62, 125.

[2] BGHZ 33, 216, 220; 38, 183.

[3] S. zur Rechtslage bei Pflichtverletzungen im Sinne von §§ 280 I, 241 II BGB s. § 309 Nr. 8a Rz 17 f.

d) Verbandsklageverfahren

Die größte Neuerung im Recht der AGB brachte 1976 die Einführung der nunmehr im UKlaG geregelten Verbandsklage, die eine generalisierte Kontrolle von AGB unabhängig vom Einzelvertrag ermöglichen und die durch die Einführung eines Unterlassungsanspruchs einen generellen Schutz für alle Betroffenen gewähren soll, unabhängig davon, ob diese selbst klagen oder nicht. Die Verbandsklagebefugnis ist aber für Verbraucherverbände gemäß § 3 I Nr. 1 i.V.m. § 4 II UKlaG durch zusätzliche Anforderungen an deren Organisation beschränkt, wie es für die Verbraucherverbände bei der Verbandsklage nach § 13 I a UWG noch nicht vorgesehen war. Neben Verbraucherverbänden sind auch gewerbliche Interessenverbände (§ 3 II UKlaG) sowie Industrie- und Handelskammern oder Handwerkskammern (§ 3 III UKlaG) zur Klage befugt. Das Verbandsklageverfahren ist naturgemäß auf die Kontrolle nach §§ 307–309 BGB beschränkt. Seine Einfügung in das UKlaG im Rahmen der Schuldrechtsreform vollzieht die Ausweitung dieses Instituts zur allgemeinen AGB- und verbraucherrechtlichen Unterlassungsklage infolge der RL 98/27/EG[1] nach. Zu den Besonderheiten des Verfahrens gehören neben dem behördlichen Anhörungsrecht im Bereich der Finanzdienstleistungen (§ 8 II UKlaG) die erweiterten Urteilswirkungen nach § 11 UKlaG, die überwiegend als Rechtskrafterstreckung eingeordnet werden und eine weitreichende Wirkung sicherstellen sollen. Das Urteilsregister beim BKartA nach dem früheren § 20 AGBG ist ausgelaufen (§ 16 II UKlaG). 28

IV. Erfahrungen mit dem AGB-Recht

Schrifttum: *Bunte,* 10 Jahre AGB-Gesetz ein Gewinn an Rechtssicherheit?, JA 1988, 311; *Coester-Waltjen,* Das deutsche AGB-Gesetz, in AGB Eine Zwischenbilanz, *Baudenbacher* u. a. (Hrsg.), 1991; *Heller,* Quo vadis AGB-Recht?, FS Steindorff 1990, 572; *Heinrichs/Löwe/Ulmer* (Hg.), Zehn Jahre AGB-Gesetz, 1987; *Schlosser,* 10 Jahre AGB-Gesetz, JR 1988, 1.

1. Bedeutung der gerichtlichen Kontrolle

a) Die Erfahrungen sind hinsichtlich der **Verbandsklage** in verschiedenen Bereichen unterschiedlich. Während die **Verbraucherverbände** sehr aktiv tätig sind, kann dies von den Verbänden i. S. v. § 3 I Nr. 2 und 3 UKlaG nicht in gleicher Weise gesagt werden. Über die Tätigkeit der Verbraucherverbände gibt die Zahl der im Verbandsklageverfahren erstrittenen Urteile unzureichend Auskunft, da ungefähr 75 % aller Beanstandungen außergerichtlich, vor allem durch mit Vertragsstrafe gesicherte Unterwerfungserklärungen, erledigt werden.[2] Insgesamt werden jährlich im Durchschnitt wenig über 200 Verfahren betrieben. 29

Demgegenüber sind von **gewerblichen Interessenverbänden,** von Industrie- und Handelskammern sowie von Handwerkskammern wenig durchgeführte Verfahren bekannt geworden.[3] Die Ursachen dieser Zurückhaltung dürften verschieden, vor allem aber auch darin zu suchen sein, dass marktstarke Unternehmen vielfältige Möglichkeiten der Einflussnahme besitzen und zudem im Falle der Mit- 30

---

[1] Richtlinie 98/27/EG des Europäischen Parlaments und des Rates v. 19. 5. 1998 zum Schutz der Verbraucherinteressen, AblEG L 166/51 v. 11. 6. 1998.

[2] S. *Stillner* ZVP 1980, 143; *Bunte* AcP 181, 55.

[3] S. etwa BGH NJW 1981, 2351: Architektenkammer; BGH NJW 1983, 1671: Handwerkskammer; BGH NJW 1985, 623: Vertragshändler; BGH NJW 1989, 1602: Bauinnung; OLG Koblenz NJW-RR 1992, 850: Baugewerbe.

gliedschaft von Marktgegnern im gleichen Verband eine Verbandsklage gegen ein Mitglied kaum in Betracht gezogen wird.

31 Die **Bewertung der Wirkungen** des Instruments Verbandsklage hängt – vor allem im Bereich des Verbraucherschutzes – von den hieran gerichteten Erwartungen ab. Eine vollständige oder weitgehend vollständige Beseitigung unangemessener Klauseln lässt sich auch durch Einräumung von Verbandsklagerechten nicht bewirken. Dem steht schon die schöpferische Dynamik von Vertragspraxis und Kautelarjurisprudenz mit einer Vielzahl von Klauselwerken und steten Neuerungen entgegen. Die Aufgreifmöglichkeiten der Verbraucherverbände werden zudem durch die Begrenztheit ihrer finanziellen Mittel eingeschränkt, die niemals zur Führung aller gewünschten Prozesse ausreichen können. Gleichwohl ist nicht zu verkennen, dass die Verbandsklage durch ihre Breitenwirkung eine wesentliche Verbesserung zugunsten des Verbraucherschutzes gegenüber der Individualklage gebracht hat.[1] Demgegenüber blieb ihre Bedeutung im unternehmerisch-gewerblichen Bereich insgesamt bisher eher gering und auf einige Bereiche beschränkt, wie die Vertragshändlerbedingungen von Kfz-Herstellern[2] oder die gegenüber Bauunternehmen verwendeten AGB.[3]

32 **b)** Die Anwendung des AGB-Rechts im Rahmen von **Individualprozessen** ist in ihren Auswirkungen weniger umfassend und deshalb wohl weniger spektakulär. Dennoch hat das AGB-Recht hier einen Schwerpunkt seiner Anwendung. Das gilt zunächst für die Vorschriften der §§ 305 bis 306 BGB, die nach der Eigenart des Verbandsklageverfahrens nicht zur Anwendung kommen. Aber auch die §§ 307 bis 309 BGB haben den Schwerpunkt ihrer Anwendung eher im Individualprozess, wie aus den veröffentlichten Urteilen entnommen werden muss. Hinzu kommt, dass im Gegensatz zur Rspr. vor dem AGB-Gesetz vor allem die Fragen der Einbeziehung (§ 305 II, III BGB) und der überraschenden Klauseln (§ 305c I BGB) gegenüber der offenen Inhaltskontrolle nach §§ 307–309 BGB deutlich zurücktreten.[4] Für unangemessen gehaltene AGB brauchen nicht mehr von der Einbeziehung ausgenommen und eng ausgelegt werden, um den Kunden zu schützen, da mit der Inhaltskontrolle ein Mittel zur Verfügung steht, das den Kundenschutz mindestens genauso effektiv bewirkt und darüber hinaus noch zur dauerhaften Klärung der Wirksamkeit und damit zu mehr Rechtssicherheit führt.

33 **c)** Die gerichtliche Kontrolle wird in vielfältiger Weise durch **behördliche Prüfung** von AGB unterstützt.[5] Allein die Prüfung des Bundeskartellamts von **Konditionenkartellen** und **Konditionenempfehlungen** konnte dabei eine nennenswerte Breitenwirkung entfalten. Dabei bleibt die Zahl der Konditionenkartelle allerdings gering. [6] Der Tätigkeitsbericht des Bundeskartellamts für 2003/2004 nennt lediglich drei neu angemeldete Konditionenkartelle, von denen zwei genehmigt wurden. Bei den Konditionenempfehlungen war ein stetes deutliches Anwachsen zu bemerken, der sich von 18 bei Inkrafttreten des Gesetzes auf ca. 370 Anmeldungen bis 2004[7] erhöht hatte.[8] Mit der Angleichung des GWB an das europäische Kartellrecht ist die Anmeldepflicht weggefallen. Allerdings können Konditionenempfehlungen die Voraussetzungen eines wettbewerbsbeschränkenden Be-

---

1 S. auch *Schlosser* ZIP 1985, 445.
2 BGH NJW 1985, 623.
3 Z. B. BGHZ 81, 229; s. auch Rz 25.
4 S. auch *Schlosser* ZIP 1985, 449, 452.
5 S. im Einzelnen § 307 Rz 64 ff.
6 S. auch *Staudinger/Schlosser*, Rz 22.
7 S. Tätigkeitsbericht BKartA 2003/04, BT-Drs. 15/5790 S. 41.
8 S. auch *Hennig/Jarre* DB 1980, 1429; *Bunte* AcP 181, 60.

schlusses einer Unternehmensvereinigung iSd § 1 GWB erfüllen[1]. Falls dies zu bejahen ist, können sie nach § 2 GWB vom Verbot des § 1 freigestellt werden, soweit sie sich nicht auf Preise oder Preisbestandteile auswirken. Diese behördliche Prüfungstätigkeit wirkt in gewisser Weise als Filter, das wohl die krassesten Verstöße ausfiltert und damit eine gerichtliche Überprüfung überflüssig machen kann. Dem entspricht, wenn sich in Branchen ohne Verbandsempfehlung oder mit einem geringen verbandlichen Organisationsgrad größere Missstände im Hinblick auf unangemessene AGB zeigen.[2] Zum Verhältnis zum UWG s. § 307 Rz 63.

Gleichwohl ist der **Entlastungseffekt für die Gerichte nicht** allzu hoch zu veranschlagen. Einmal schließt die Freistellung eines Konditionenkartells oder eines Beschlusses zur Konditionenempfehlung weder die Verbandsklage noch die Überprüfung im Rahmen eines Individualprozesses aus, und die veröffentlichten Entscheidungen bieten Beispiele dafür, dass auch behördlich genehmigte oder jedenfalls nicht beanstandete AGB einer gerichtlichen Kontrolle nicht immer standhalten.[3] Zum anderen kann von Konditionenempfehlungen jederzeit abgewichen werden. Über das Maß der Befolgung von Konditionenempfehlungen liegen allerdings keine verlässlichen Zahlen vor.[4] Schließlich bleibt aber den Gerichten im Individualprozess stets die Aufgabe, die Einbeziehung der AGB nach § 305 II, das Vorliegen überraschender Klauseln nach § 305c I und das Verhältnis zu Individualvereinbarungen (§ 305 I S.3, § 305b) zu prüfen sowie die Bedeutung der einzelnen Klauseln im Wege der Auslegung zu ermitteln. Die Prüfungstätigkeit der Gerichte wird insbesondere nicht dadurch überflüssig, dass das BKartA für Konditionenkartelle und Konditionenempfehlungen, wie früher teilweise behauptet,[5] einen strengeren Prüfungsmaßstab anzulegen habe, als nach §§ 307 bis 309 vorgesehen. Das liegt heute schon deswegen anders, weil der Maßstab des § 2 GWB lediglich noch die Beschränkung des Preiswettbewerbs berücksichtigt. Im Übrigen zeigt die praktische Erfahrung, dass die Zivilgerichte seit jeher Anlass zu korrigierendem Eingreifen haben, auch wenn das BKartA ein Klauselwerk für akzeptabel befunden hat.[6] 34

2. Bedeutung der einzelnen Vorschriften

a) Die Vorschrift des § 305 I BGB, die den **Begriff der AGB** weit fasst und damit den Anwendungsbereich des AGB-Rechts gegenüber der Rechtsprechung vor Einführung des AGBG etwas weiter ausdehnt, hat sich im Bereich der **Verbraucherverträge** weitgehend bewährt. Lediglich bei einigen Fragen, wie der Anwendung auf Notarverträge oder der Anwendung auf einseitige Rechtsgeschäfte, haben sich Abgrenzungsschwierigkeiten ergeben, die für die praktische Anwendung von großer Bedeutung sind, die sich aber durch eine richtige Auslegung und eine konsequente Rechtsprechung beseitigen lassen. Aufgrund einer dem Gesetzeszweck entsprechenden engen Auslegung ist von der Rechtsprechung auch sehr rasch und weitgehend der Versuch vereitelt worden, durch angebliche Individualvereinbarungen gemäß § 305 I 3 BGB der Anwendung des AGB-Rechts zu entgehen. Skeptischer sind die Wirkungen dieses weiten AGB-Begriffs im **Unternehmensverkehr** 35

---

[1] *Bechthold/Buntschek* NJW 2005, 2966, 2968.

[2] S. *Bunte* NJW 1987, 921, 922.

[3] S. etwa BGHZ 77, 79: Neuwagen AGB; BGH NJW 1983, 1322 m. Anm *Bunte*: Beförderungsbedingungen der Lufthansa; BGH ZIP 1987, 640: Reisebedingungen; OLG Frankfurt BB 1979, 1468: Möbelhandel.

[4] S. *Bunte* AcP 181, 61 f.

[5] S. z. B. Tätigkeitsbericht BKartA 79/80, BT-Drs. 9/565, S. 40; *Immenga/Mestmäcker*, GWB, § 2 II Rz 12.

[6] S. auch § 307 Rz 53.

zu beurteilen. Insbesondere bei großvolumigen Transaktionen indiziert das Fehlen einer Aushandlung bei einzelnen Klauseln nicht in hinreichend verlässlicher Weise, dass die Zustimmung zu dieser Klausel nicht auf freier rechtsgeschäftlicher Entscheidung beruht.[1]

36 **b) § 305 II BGB** gibt bisher nur in wenigen Fällen Anlass, die wirksame **Einbeziehung von AGB** zu verneinen. Auch wenn von den Erfordernissen des § 305 II BGB weder ein Ablehnungseffekt noch ein ins Gewicht fallender Aufklärungseffekt hinsichtlich der Kenntnis des Kunden von den Vertragsbedingungen ausgehen mag, so ist doch mit der zumutbaren Möglichkeit der Kenntnisnahme ein guter Ausgangspunkt für eine bessere Information geschaffen, die gegenüber allzu weitgehenden Auswüchsen als Hemmnis wirken dürfte[2]. Eine große praktische Bedeutung von Rahmenvereinbarungen nach § 305 III BGB ist bisher nicht bekannt geworden. Welche Konsequenzen sich aus der im Rahmen der Schuldrechtsreform eingefügten Schutzvorschrift für Behinderte ergeben, ist noch nicht umfassend klar.

37 Im Zusammenhang mit der Einbeziehung steht auch **§ 305c I BGB,** der die **überraschenden Klauseln** betrifft. Von dieser Möglichkeit wurde früher häufig Gebrauch gemacht. Mit der offenen Inhaltskontrolle nach §§ 307–309 BGB ist die Anwendungshäufigkeit jedoch zurückgegangen. Auf Dauer ist § 305c I BGB auch weniger zur Verhinderung unangemessener Vertragsgestaltung geeignet. Einmal ist der Abnutzungseffekt von Überraschungen hoch, weil schon bei einigermaßen nennenswerter Verbreitung eine Überraschung leicht entfallen kann. Zum anderen sind überraschende Klauseln in der Regel deshalb überraschend, weil sie bestimmten Geschäften artfremd sind. In solchen Fällen ist aber häufig bereits nach § 307 BGB, insbesondere nach § 307 II Nr. 2 BGB die Unwirksamkeit gegeben. Durch diese Inhaltskontrolle wird die Wirksamkeit einer Klausel auch endgültig geklärt, während § 305c I BGB nur eine vorläufige Klärung bringt, bis der Überraschungseffekt beseitigt ist.

38 **c)** Die praktische Bedeutung des in **§ 305b BGB** vorgesehenen **Vorrangs von Individualabreden** erscheint, gemessen an den veröffentlichten Entscheidungen, nicht allzu groß. Der für die Verwendung von AGB häufig anzutreffende Massenverkehr mit typisch massenhafter Abwicklung des Vertragsschlusses steht dem Vorliegen individueller Abreden im Regelfall auch entgegen. Durch die eindeutige Erlaubnis zur Inhaltskontrolle nach §§ 307 bis 309 BGB ist auch der in der Rechtsprechung vor dem AGB-Recht zuweilen beschrittene Ausweg, AGB-Klauseln durch den Vorrang von Individualabreden im konkreten Fall auszuschließen, nicht mehr im gleichen Maße sinnvoll, zumal damit für die Gerichtspraxis grundsätzliche Klärungen von allgemeiner Bedeutung unterbleiben und dadurch eine weitere Gefahr zukünftiger neuer Rechtsstreite gegeben wäre. Einige praktische Bedeutung hat § 305b BGB aber vor allem noch im Zusammenhang mit der Schriftformklausel.[3]

39 **d)** Für die **Auslegung** hat **§ 305c II BGB** zentrale Bedeutung, wenngleich die einmal erfolgte Klärung des Klauselinhalts eine weitere Auslegung in allen Fällen der künftigen Weiterverwendung überflüssig macht. Im Gegensatz zu Individualvereinbarungen können sich auf diese Weise für AGB-Klauseln ähnlich wie für Gesetze feststehende Inhalte für alle oder doch die meisten der künftigen Anwendungsfälle herauskristallisieren. Die Anwendung von § 305c II BGB dürfte deshalb jedenfalls bei dauernder Verwendung einer Klausel zunehmend ausscheiden. Einer

---

[1] *Pfeiffer* ZGS 2004, 401; vgl. auch *Berger,* NJW 2001, 2152.
[2] Rechtspolitische Kritik an der Norm übt allerdings *Staudinger/Schlosser* Rz 26.
[3] S. Anh. § 310 Rz S 98.

Klärung bedarf noch das Verhältnis der Auslegung nach § 305c II BGB zur Auslegung nach § 242 BGB.[1]

e) Für die Bestimmung des **Umfangs der Unwirksamkeit** hat **§ 306 BGB** entscheidende Bedeutung. Seit dem Inkrafttreten seiner Vorläufervorschrift, des § 6 AGBG, hat sich entgegen früherer Praxis die Ablehnung der geltungserhaltenden Reduktion durchgesetzt. Damit wird ein nützlicher Zwang zur strengen Beachtung der Wirksamkeitsvoraussetzungen bei Aufstellung der AGB geschaffen. Neben und an Stelle der in § 306 II BGB vorgesehenen Anwendung des dispositiven Gesetzes gewinnt die Lückenfüllung durch ergänzende Auslegung eine zuvor in diesem Umfang nicht berücksichtigte Bedeutung. Die in § 306 III BGB vorgesehene Gesamtnichtigkeit erweist sich in ihren Voraussetzungen im Hinblick auf die Rechtsprechung zu § 138 BGB[2] als zu eng. **40**

Das im Zusammenhang mit der Unwirksamkeit stehende **Umgehungsverbot** des § 306a BGB hatte lange Zeit keine nennenswerte Bedeutung erlangt. Allerdings hat der XI. Zivilsenat des BGH jüngst die Inhaltskontrolle unternehmensinterner Weisungen auf diese Vorschrift gestützt.[3] **41**

f) Den Kernbereich des Gesetzes bilden mit der **Inhaltskontrolle** die **§§ 307 bis 309 BGB.** Dabei ergibt die bisherige Rechtsprechung ein eindeutiges **Übergewicht bei § 307 BGB.**[4] Dies gilt nicht nur deshalb, weil für AGB gegenüber Unternehmern § 307 BGB als alleinige Grundlage einer Inhaltskontrolle vorgesehen ist (§ 310 Abs. 1 BGB) und dafür, zumal nach der Schuldrechtsreform, auch in Zukunft noch Arbeit bei der Konkretisierung dieser Generalklausel zu leisten sein wird. Vielmehr ist § 307 BGB unter Verbrauchern auch für alle in §§ 308 und 309 BGB nicht geregelten Klauselverbote heranzuziehen. Die Zahl der von §§ 308 und 309 BGB nicht erfassten Klauseln ist nachträglich betrachtet erstaunlich hoch. Dies mag zum Teil damit zusammenhängen, dass nicht alle Fallgestaltungen bedacht worden sind. Es ist aber auch denkbar, dass die in § 308 BGB und vor allem die in § 309 BGB genannten Klauseln von den Aufstellern der AGB wegen der eindeutig ableitbaren Unwirksamkeit gemieden werden. §§ 308 und 309 BGB hätten damit die Suche nach alternativen Lösungen gefördert und wären selbst die Ursache für ihre im Vergleich zu § 307 BGB geringere Bedeutung in der gerichtlichen Praxis. Bei alledem zeigt sich auch, dass die Rechtsprechung § 307 BGB auch dann konsequent anwendet, wenn die Anwendungsvoraussetzungen für die Klauselverbote der §§ 308 und 309 BGB nicht gegeben sind. Frühere gegenteilige Befürchtungen haben sich damit nicht bewahrheitet, vielleicht sogar als Folge dieser Äußerungen. Erstaunlich häufig zeigt sich, dass § 307 BGB ohne genaue Abgrenzung der einzelnen Absätze und Ziffern zur Anwendung kommt.[5] Dies mag zum Teil auf die vielfach erst noch zu leistenden Präzisierungen zurückzuführen sein. Zum Teil ist es aber auch dadurch bedingt, dass bei eindeutig gegebener Unwirksamkeit eine genauere Zuordnung zu den Tatbeständen des § 307 BGB überflüssig erscheint. Auffallend bei der Anwendung von § 307 BGB ist auch, dass die Inhaltskontrolle im Vergleich zur früheren Anwendung von § 242 BGB etwas strenger gehandhabt wird[6]. Dies dürfte sowohl eine Folge des mit Einführung des AGB-Rechts generell **42**

---

[1] S. dazu § 307 Rz 32–40.

[2] S. § 307 Rz 24–26.

[3] S. § 305 Rz 13.

[4] S. auch *Bunte* NJW 1987, 621, 623.

[5] S. auch *Hennig/Jarre* BB 1981, 1161.

[6] Kritisch *Staudinger/Schlosser* Rz 24: „Vergötzung des dispositiven Gesetzesrechts", „Überstrapazierung der Generalklausel".

geschärften Bewusstseins als auch eine Folge der aus §§ 308 und 309 BGB ersichtlichen Verschärfungen sein.[1]

43 Von den **Klauselverboten der §§ 308 und 309 BGB** bilden bisher nur wenige einen Schwerpunkt bei der Inhaltskontrolle. In den beim Bundeskartellamt registrierten Urteilen haben vor allem § 308 Nr. 1, § 309 Nr. 5 und 8 lit. b BGB häufig eine Rolle gespielt.[2] Die Bedeutung der letztgenannten Vorschrift ist allerdings mit der Schuldrechtsreform stark zurückgegangen, weil die durch die Richtlinie 1999/44/EG zum Verbrauchsgüterkauf garantierten Sachmangelrechte des Käufers im Falle eines Verbrauchsgüterkaufs (§ 474 I BGB) gemäß § 475 I BGB nicht dispositiv sind.[3] Zu nennen sind aber auch § 309 Nr. 1, 3 und 6 sowie § 308 Nr. 7 BGB.

44 Während § 305 I BGB den Anwendungsbereich des AGB-Rechts bestimmt, legt die früher (§ 8 AGBG) selbstständige Vorschrift des **§ 307 III BGB** den **Anwendungsbereich der Inhaltskontrolle** fest. Die Bestimmung hat bisher ebenso wenig wie § 305 I BGB als Einfallstor für ein Unterlaufen des AGB-Rechts dienen können. Im Gegenteil hat die Rechtsprechung die Inhaltskontrolle von AGB bei Preisklauseln auch über § 309 Nr. 1 BGB hinaus ohne restriktive Tendenz angewandt.[4] Überwiegend wird zu Recht auch die Auffassung vertreten, dass Gesetzesvorschriften, die wie z. B. § 315 BGB oder § 399 BGB bestimmte Vereinbarungen zulassen, die Inhaltskontrolle dieser Vereinbarungen grundsätzlich nicht ausschließen.[5]

45 **g)** Das **Verbandsklageverfahren** nach dem **UKlaG** hat sich insgesamt gesehen bewährt, wenn auch die Erwartungen hinsichtlich der tatsächlichen Breitenwirkung wohl nicht ganz erfüllt wurden. Dieses ursprünglich auf das AGB-Recht beschränkte Verfahren wurde, auch als Folge EG-rechtlicher Vorgaben durch die Unterlassungsklagen-Richtlinie 98/27/EG,[6] auf weite Teile des Verbraucherrechts ausgedehnt. Als vorteilhaft hat sich insbesondere die Klagebefugnis für Verbraucherverbände erwiesen. Ihre Einschränkung durch §§ 3, 4 UKlaG hat bisher keine erkennbaren Nachteile gebracht. Als Manko wurde es zum Teil angesehen, dass die naheliegende Frage der Zulässigkeit einer einstweiligen Verfügung nicht geregelt wurde. Die überwiegende Ansicht lässt dieses summarische Verfahren jedoch zu Recht auch im Rahmen des UKlaG zu.[7] Die Registerpublizität des früheren § 20 AGBG wurde abgeschafft. Die Erstreckung der Urteilswirkungen gemäß § 11 UKlaG erscheint insgesamt als sinnvolle Lösung zur Vermeidung unnötiger Doppelprüfungen und der damit verbundenen Gefahr widersprüchlicher Entscheidungen. Die jetzt gewählte Lösung vermeidet auch den Konflikt mit Art. 103 I GG.

46 **h)** Die **Regelungen des sachlichen und persönlichen Anwendungsbereichs** in § 310 BGB haben eine nützliche klarstellende Funktion, wenngleich damit zugleich eine Fülle zusätzlicher Abgrenzungsfragen aufgeworfen werden. Die in § 310 I BGB geregelte umfassende Anwendung von § 307 BGB im unternehmerischen Verkehr wird in Zukunft noch etlicher klärender Entscheidungen bedürfen. Zur Ausdehnung des AGB-Rechts auf vorformulierte Individualvereinbarungen durch § 310 III Nr. 2 BGB fehlen noch Erfahrungen; das gilt auch für die

---

1 So *Ulmer* Einl. Rz 71.

2 S. *Hennig/Jarre* BB 1981, 1161.

3 *Pfeiffer*, in: *Ernst/Zimmermann*, Zivilrechtswissenschaft und Schuldrechtsreform, S. 515 f.; zustimmend BT-Drs. 14/6040, S. 157 f.

4 S. § 307 Rz 303 ff.

5 S. § 307 Rz 340 f.

6 Richtlinie 98/27/EG des Europäischen Parlaments und des Rates v. 19. 5. 1998 über Unterlassungsklagen im Verbraucherinteresse, AblEG Nr. L 166/51 v. 11. 6. 1998.

7 S. § 5 UKlaG Rz 47 ff.

Bedeutung der zusätzlichen Berücksichtigung von Einzelfallumständen nach § 310 III Nr. 3 BGB. Vorformulierte Individualvereinbarungen dürften im üblichen Massengeschäft mit Verbrauchern auch recht selten bleiben. Vielfach kritisiert wird die weitreichende Inhaltskontrolle im Bereich des **Unternehmensverkehrs nach § 310 I BGB,** die in dieser Intensität international gesehen als Sonderweg erscheint.

V. Ausländische Rechtsordnungen

Schrifttum: *Beckmann/Sandrock* in: *Sandrock,* Handbuch der Internationalen Vertragsgestaltung, Bd. 1, 1980, Abschn. B 66 ff.; *Collins/Grundmann/Tichy* (eds.), Standard Contract Terms in European Contract Law (im Erscheinen, vorab in Teilen zugänglich über www.secola.org); *Gay* (Hrsg.), Zum Recht der Allgemeinen Geschäftsbedingungen in westeuropäischen Ländern, 1991; *von Hippel,* Der Schutz des Verbrauchers vor unlauteren Allgemeinen Geschäftsbedingungen in den EG-Staaten, RabelsZ 41 (1977), 237 ff.; *ders.,* Verbraucherschutz in Europa, RabelsZ 45 (1981), 353, 365 ff.; *Otto Müller,* Allgemeine Geschäftsbedingungen im internationalen Wirtschaftsverkehr, 1994; *Nörenberg,* Internationale Verträge und Allgemeine Geschäftsbedingungen, NJW 1978, 1082, 1084 ff.; *Otto,* Allgemeine Geschäftsbedingungen und Internationales Privatrecht, 1984; *Reich/Micklitz,* Verbraucherschutz in den EG-Staaten: Eine vergleichende Analyse, 1981, S. 185 ff.; Richterliche Kontrolle von AGB, Gesellschaft für Rechtsvergleichung, Bd. 41, 1968, mit Beiträgen von *Hauss, Neumayer, Raiser* und *Yadin; Schmidt-Salzer,* Die „contrats d'adhesion" und die sogenannte Unterwerfung unter Allgemeine Geschäftsbedingungen, AcP 167, 504.

1. Vielheit der Systeme

Die Gefährdung der vertragsrechtlichen Ordnung durch AGB und durch die Verhältnisse des industriellen Wirtschaftsverkehrs zeigt sich in nahezu allen Industriestaaten. Dementsprechend ist auch das Bemühen um eine Bewältigung dieser rechtlichen Probleme weit verbreitet. Die einzelnen Lösungen sind jedoch sowohl in ihren materiell-rechtlichen Prinzipien wie in ihrer verfahrensrechtlichen Ausgestaltung unterschiedlich (s. auch Bulletin der EG, Beilage 1/84, S. 8 f.). Unterschiede zeigen sich schon bei der **Einbeziehung,** die zuweilen großzügig ausgestaltet ist entsprechend der früheren Rechtsprechung über die Branchenüblichkeit und das Wissenmüssen von der Existenz von AGB (Rz 51), die zuweilen aber auch von zusätzlichen engeren Voraussetzungen abhängig gemacht wird.[1] Die RL 93/13/EWG regelt die Einbeziehung nicht und hat insofern keine Vereinheitlichung gebracht. **47**

Bei der Inhaltskontrolle hat die RL 93/13/EWG für Verbraucherverträge in den Mitgliedstaaten der EU eine gewisse Vereinheitlichung als Mindeststandard gebracht. Dazu gehört insbesondere auch die Inhaltskontrolle aufgrund einer Generalklausel. Unterschiede bestehen aber nach wie vor außerhalb von Verbraucherverträgen, insbesondere im unternehmerischen und gewerblichen Bereich. Es finden sich Systeme, die an einer **verdeckten Inhaltskontrolle** mit den Mitteln der Auslegung festhalten (Rz 60, 61), wie auch Systeme, die eine **offene Inhaltskontrolle** betreiben (Rz 51, 52, 56, 57, 59, 65, 75, 78). Die Inhaltskontrolle ist zum Teil auf **AGB** beschränkt, wie im deutschen Recht (Rz 56, 59, 60, 63, 67, 76), erfasst zum Teil aber auch alle unbilligen Vertragsbedingungen, gleichgültig ob sie auf AGB oder **Individualvereinbarungen** beruhen (Rz 51, 52, 66). **48**

In verfahrensrechtlicher Hinsicht sind die Konzeptionen ebenfalls sehr unterschiedlich. Während zumeist eine Zuständigkeit der Zivilgerichte besteht, werden auch besondere Wege zur Bewältigung der Problematik eingeschlagen. Dabei sind häufig Verfahren gewählt worden, bei denen Verbraucherbehörden (Rz 53, 57, 74) **49**

---

[1] S. Rz 55 und *Nörenberg* NJW 1978, 1082, 1084; von *Hippel* RabelsZ 41, 237 ff.

oder spezielle Kommissionen (Rz 55) eingesetzt sind, die mit der Möglichkeit von Empfehlungen (Rz 55) bis zur Einleitung behördlicher Verbotsverfahren (Rz 55, 57, 59) oder gerichtlicher Prüfverfahren (Rz 53, 74) verschiedenartige Befugnisse besitzen. Die Verbandsklage durch privat organisierte Gruppen, insbesondere Verbraucherverbände, ist ebenfalls vorgesehen (Rz 55, 63, 67, 73, 75). Verschiedentlich sind auch Verwaltungskontrollverfahren als Genehmigungsverfahren oder mit einem Eingreifen von Amts wegen eingerichtet (Rz 62).

50 Die vielfältigen Lösungen sind wohl nur zum geringeren Teil durch spezielle Erfordernisse des im jeweiligen Land vorherrschenden Rechtssystems erzwungen. Überwiegend handelt es sich eher um verschiedenartige Ansätze, die auf **unterschiedlichen Einschätzungen über die Zweckmäßigkeit** von Verfahren, aber auch über die Schutzbedürftigkeit von Vertragspartnern und über den Wert der Vertragsfreiheit für das Wirtschafts- und Gesellschaftssystem beruhen. Ob sich einzelne Lösungen in besonderer Weise bewährt haben und weiter bewähren werden, lässt sich derzeit noch nicht sagen, sollte aber Gegenstand künftiger Beobachtung bleiben.

2. Die einzelnen Rechtsordnungen

a) Belgien

Schrifttum: *Reichard/De Vel,* Vereinbarung und Inhalt von Lieferbedingungen in Belgien, AWD 1973, S. 184.

51 Belgien hat durch Gesetz vom 14. 7. 1991 betreffend die Handelspraktiken, die Information und den Schutz des Verbrauchers die Art. 31 bis 36 über den Schutz gegen missbräuchliche Klauseln eingefügt. Der Schutz erstreckt sich nach der Generalklausel des Art. 31 auf alle missbräuchlichen Klauseln, gleichgültig ob es sich um **AGB oder Individualklauseln** handelt, sofern diese Klauseln allein oder in Verbindung mit anderen ein offenbares **Ungleichgewicht zwischen den Rechten und Pflichten** der Parteien schaffen. Dies entspricht im Grundsatz der Missbrauchskontrolle der EG-Richtlinie. Neben der Generalklausel des Art. 31, die die Gerichte in Verbindung mit Art. 33 zur Nichtigerklärung missbräuchlicher Klauseln ermächtigt, enthält Art. 32 einen Katalog von 21 speziellen Klauselverboten. Während die Generalklausel uneingeschränkt für alle Klauseln gilt, sei es in Verbrauchergeschäften oder in gewerblichen Geschäften, finden die speziellen Klauselverbote des Art. 32 nur auf Verkaufsangebote und Verkäufe von Waren und Dienstleistungen zwischen Verkäufer und Verbraucher Anwendung. Damit bezieht das belgische Gesetz wie Deutschland Unternehmer grundsätzlich in die Missbrauchskontrolle mit ein, verschärft den Schutz aber für Verbraucher. Die speziellen Klauselverbote des Art. 32 entsprechen in mancher Hinsicht den Klauselverboten im Anhang der EG-Richtlinie (Nr. 1 = Nr. 1 c RL; Nr. 3 = Nr. 1 k RL; Nr. 5 = Nr. 1m RL; Nr. 8 = Nr. 1 o RL; Nr. 15 = Nr. 1 d RL), enthalten aber auch selbstständige Klauselverbote, wie z. B. das Verbot einseitiger Preisfestsetzung durch den Verkäufer (Nr. 2), das Verbot einseitiger Festlegung oder Abänderung von Lieferfristen (Nr. 4), das Verbot, dem Verbraucher bei bestimmten Vertragsverletzungen des Verkäufers seine Rechte zur Lösung des Vertrags zu beschneiden (Nr. 6, 7, 10), das Verbot der Freizeichnung von der Haftung und der gesetzlichen Gewährleistung (Nr. 1113), ein Verbot für den Ausschluss der Aufrechnung (Nr. 14), das Verbot der Bindung des Verbrauchers auf unbestimmte oder unangemessene Dauer (Nr. 16, 17), das Verbot der Beschränkung von Beweismitteln (Nr. 18), das Verbot des Verzichts auf Ersatzansprüche (Nr. 19), das Verbot vom Gesetz abweichender Gerichtsstandsklauseln (Nr. 20) und das Verbot überhöhter Schadenspauschalen (Nr. 21).

Die speziell von Art. 32 erfassten Klauseln sind nach Art. 33 II verboten und unwirksam. Das Gesetz über die Handelspraktiken von 1991 ist der EU-Kommission als Umsetzung der RL 93/13/EWG mitgeteilt worden. Neben der gerichtlichen Inhaltskontrolle kann der König auf Beschluss des Ministerrats nach Art. 34 den Gebrauch bestimmter Klauseln in Kaufverträgen mit Verbrauchern vorschreiben oder verbieten, wofür eine gemäß Art. 35, 36 vorgesehene Kommission für missbräuchliche Klauseln Vorschläge erarbeitet. Neben der Regelung der Art. 31 ff. sehen Spezialgesetze für Abzahlungsgeschäfte sowie im Kredit-, Versicherungs- und Transportwesen zum Teil zwingende Vorschriften vor. Die Einbeziehung von AGB und sonstiger Klauseln ist nicht besonders geregelt. Im kaufmännischen Verkehr beweist aber die Rechnung oder Faktur den Abschluss des Kaufvertrags, vergleichbar dem kaufmännischen Bestätigungsschreiben. Wird in der Faktur erstmals auf AGB verwiesen, so werden diese zwischen Kaufleuten wirksam einbezogen, wenn kein Widerspruch erfolgt.[1] Es dürfen jedoch nicht überraschende Klauseln sein.[2]

b) Dänemark

Schrifttum: *Krüger-Andersen,* Unlauterer Wettbewerb und Verbraucherschutz in Dänemark, GRuR Int., 1976, 322.

Das dänische Gesetz vom 12. 6. 1975 lässt aufgrund einer Generalklausel eine **umfassende Inhaltskontrolle** zu, die nicht auf AGB beschränkt ist, sondern auch Individualvereinbarungen erfasst und sowohl im Verkehr mit Verbrauchern wie mit Kaufleuten gilt.[3] Die Generalklausel sieht jedoch die Berücksichtigung der unterschiedlichen Verhältnisse bei den Vertragsverhandlungen vor und stellt diese ebenso wie die Vertragsdurchführung in eine Beziehung zur Kontrolle des Vertragsinhalts. Durch Gesetz vom 21. 12. 1994, Nr. 1 098 wurde die RL 93/13/EWG über missbräuchliche Klauseln umgesetzt. Dadurch wurde dem Vertragsgesetz ein neuer Titel IV über besondere Vorschriften betreffend Verbraucherverträge hinzugefügt. Die Vorschriften, die in Art. 38 § 2 eine Definition des Verbrauchervertrags enthalten, beziehen sich neben den AGB auch auf einseitig den Unternehmer begünstigende Klauseln (Art. 38 § 3). Ein Verbrauchervertrag und das Vorliegen einer nicht ausgehandelten Klausel wird bis zum Nachweis des Gegenteils durch den Unternehmer vermutet (Art. 38 a § 2, Art. 38 b). Die Generalklausel der Inhaltskontrolle in Anlehnung an Art. 3 RL enthält Art. 36. Daneben ist eine Unklarheitenregel vergleichbar § 305c II BGB und für schriftliche Verträge das Transparenzgebot vorgesehen (Art. 38 b). Dem Verbraucher steht das Recht zu, statt der Nichtigkeit die Aufrechterhaltung des Restvertrags zu verlangen (Art. 38 c). Vor der Anwendung nachteiligeren Rechts anderer Mitgliedstaaten schützt Art. 38 d. Eine **verfahrensrechtliche Regelung** ist bereits durch Gesetz vom 14. 6. 1974 in Form einer generellen, aber nicht präventiven Verwaltungskontrolle unlauterer Geschäftsmethoden geschaffen worden, worunter auch die Kontrolle unbilliger Vertragsbedingungen fällt. Die Verwaltungskontrolle wird durch einen Verbraucher-Ombudsmann vorgenommen, der in Verhandlungen mit Wirtschaftsverbänden auf eine angemessene Gestaltung der AGB Einfluss nehmen soll und bei Scheitern seiner Bemühungen eine Untersagungsverfügung beim See- und Handelsgericht erwirken kann.[4] In Eilfällen ist ein vorläufiges Verbot möglich. **52**

---

1 S. *De Vel* AWD 1973, 184; *Nörenberg* NJW 1978, 1082, 1084; OLG Hamm NJW 1983, 523.

2 *De Vel* AWD 1973, 184.

3 S. *von Hippel* RabelsZ 41, 277; *Reich/Micklitz,* Verbraucherschutz in den EG-Staaten, S. 186.

4 *Von Hippel* RabelsZ 41, 278 f.; *Reich/Micklitz,* Verbraucherschutz, S. 202.

c) Finnland

Schrifttum: *Wilhelmsson* JCP 1993, 435; *ders.*, Entwicklungen im finnischen Verbraucherrecht, VuR 1995, 432.

53 Finnland hat durch das Konsumentenschutzgesetz 38/1978 v. 20. 1. 1978 Vorschriften zum Schutz der Verbraucher vor missbräuchlichen Vertragsklauseln im 3. und 4. Abschnitt dieses Gesetzes vorgesehen. Daneben ist Art. 36 des Vertragsgesetzes von 1982 anwendbar. Diese Gesetze sind durch das Umsetzungsgesetz 1259/1994 v. 16. 12. 1994 an die RL 93/13/EWG angepasst worden. Kontrolliert werden können sowohl AGB wie Individualvereinbarungen. Den Maßstab für die Inhaltskontrolle setzt die Generalklausel des Konsumentenschutzgesetzes in Kap. 3, Art. 1. Ermöglicht wird dadurch auch die Kontrolle von Preisabsprachen. Die Inhaltskontrolle berücksichtigt sowohl die Umstände bei Vertragsabschluss wie bei der Vertragsdurchführung. Da für spezielle Vertragstypen verschiedene zwingende gesetzliche Vorschriften vor allem durch eine Reform des Konsumentenschutzgesetzes im Jahre 1994 eingefügt worden sind, besteht für AGB kein so großer Gestaltungsspielraum. Der Schutz geht zum Teil über die RL 93/13/EWG hinaus, weshalb nur geringer Anpassungsbedarf bestand. Der Klauselanhang der RL wurde nicht übernommen, soll aber bei Auslegung der Generalklausel berücksichtigt werden. Neben der gerichtlichen Kontrolle im Individualprozess ist einem Verbraucher-Ombudsman die Wahrnehmung der kollektiven Verbraucherinteressen übertragen. Er kann durch Verhandlungen und Beratung von Unternehmen und deren Organisationen die Verwendung angemessener AGB beeinflussen und notfalls auch Unterlassungsklage vor dem Marktgericht erheben.

d) Frankreich

Schrifttum: *Berger-Walliser,* Mißbräuchliche Klauseln in Verbraucherverträgen nach Inkrafttreten des Code de la consommation und die Umsetzung der EG-Richtlinie 93/13 in Frankreich, RIW 1996, 459; *Calais/Auloy,* Unlautere Vertragsbedingungen im französischen Recht nach dem Gesetz vom 10. Januar 1978, ZVP 1980, 231; *Calais,* Allgemeine Geschäftsbedingungen (AGB) im französischen Recht, Europ. Zs. f. VerbrR 1988, 255; *Kieninger,* Die Kontrolle von Allgemeinen Geschäftsbedingungen im kaufmännischen Verkehr, ZEuP 1996, 468; *Kleinwächter,* Möglichkeiten einer Haftungsbeschränkung im französischen Recht, RIW 1984, 690; *Klima,* Frankreich: Mißbräuchliche Klauseln in Verträgen, RIW 1992, 98; *Morin,* Unangemessene Vertragsbestimmungen – Die Besonderheiten der französischen Verfügung im Hinblick auf die neuliche Integration der Richtlinie vom 5. April 1993, VuR 1995, 381; *Otto Müller,* Allgemeine Geschäftsbedingungen im internationalen Wirtschaftsverkehr, 1994, S. 129; *Niggemann,* Das Zustandekommen des Kaufvertrags, Einbeziehung und Inhaltskontrolle von Allgemeinen Geschäftsbedingungen, in *Witz/Bopp,* Französisches Vertragsrecht für deutsche Exporteure, 1989; *Otto,* Allgemeine Geschäftsbedingungen und Internationales Privatrecht, 1984, S. 15 ff.; *Sievers,* Verbraucherschutz und unlautere Vertragsbedingungen im französischen Recht, 1993; *Sonnenberger,* Das französische Recht der Allgemeinen Geschäftsbedingungen (conditions générales), RIW 1990, 165; *ders.,* Französisches Handels- und Wirtschaftrecht, 2. Aufl. 1991, Rz II 17 ff.; *Witz/Wolter,* Frankreich: Die Umsetzung der EG-Richtlinie über mißbräuchliche Klauseln in Verbraucherverträgen, ZEuP 1995, 885.

54 Mit Gesetz vom 10. 1. 1978[1] hat Frankreich die Möglichkeit zur **Kontrolle** von conditions générales und zum Verbot der **clauses abusives** geschaffen. Die Vorschriften dieses Gesetzes sind zwischenzeitlich als Art. L-1321 ff. in den Code de la consommation übernommen worden. Dieses Gesetz ist auf den Schutz der Verbraucher beschränkt, wobei die französische Rechtsprechung einen weiten Verbraucherbegriff entwickelt hat, der auch juristische Personen umfassen kann, sofern der Vertrag nicht zu ihren Handelsgeschäften gehört.[2] Voraussetzung des Schutzes ist, dass die Klauseln machtmissbräuchlich zum einseitigen Vorteil des Verwenders in den Vertrag eingeführt worden sind. Eine ausdrückliche Beschränkung auf AGB ist nicht vorgesehen. Durch Gesetz Nr. 9596 v. 1. 2. 1995 ist die RL 93/13/EWG

---

[1] Loi de protection des consommateurs de produits et de services, Nr. 7823, „loi Scrivener".
[2] Vgl. auch *Berger-Walliser* RIW 1996, 459, 462.

über missbräuchliche Klauseln in Verbraucherverträgen umgesetzt worden. Dabei wurde durch die Generalklausel des Art. L-1321 C. consom. der Maßstab der Inhaltskontrolle in Anlehnung an Art. 3 RL festgelegt, ohne allerdings ausdrücklich auf Treu und Glauben Bezug zu nehmen. In Art. L-1321 Abs. 3 C. consom. wird auf eine liste indicative et non exhaustive im Anhang verwiesen. Diese Liste stimmt wörtlich mit dem Anhang zur EG-RL (s. Anm. dort) überein.[1]

Für das **Kontrollverfahren** ist eine Kommission mit Vertretern der Verbraucher- und Wirtschaftsverbände sowie mit neutralen Beteiligten wie Richtern und Wissenschaftlern vorgesehen. Diese Kommission kann nur unverbindliche Empfehlungen aussprechen.[2] Ein Verbot von Klauseln sollte ursprünglich allein durch Dekret des Staatsrats ausgesprochen werden, der von der Kommission gutachtlich beraten wird. Das Verbot durch Dekret hat die Wirkung zwingenden Rechts und macht entgegenstehende Klauseln nichtig. Allerdings macht der Staatsrat trotz zahlreicher Empfehlungen der Kommission von dieser Möglichkeit nur geringen Gebrauch.[3] So datieren einzelne Dekrete dieser Art aus dem Jahr 1978[4] sowie aus 1987.[5] Einzelne Klauselverbote aus der Liste im Anhang zu Art. 3 Abs. 3 RL sind inzwischen zum Gegenstand von Verbotsdekreten gemacht worden. Eine **gerichtliche Inhaltskontrolle** war zunächst nicht vorgesehen. Die Gerichte bedienten sich deshalb früher der verdeckten Inhaltskontrolle durch einschränkende Auslegung,[6] soweit Klauseln noch nicht durch Dekret verboten waren. Die verdeckte Inhaltskontrolle fand auch durch verschärfte Anforderungen an die Einbeziehung statt. Mit Gesetz vom 5. 1. 1988[7] ist in Frankreich eine bedeutsame Erweiterung des gerichtlichen Schutzes vor missbräuchlichen Klauseln eingeführt worden. Dieses Gesetz ermöglicht es nunmehr, den Gerichten aufgrund einer Klage von Verbraucherschutzverbänden (association agréés consommateurs), die Verwendung missbräuchlicher Klauseln für die Zukunft zu untersagen und den Verbänden den Ersatz eines sog. Kollektivschadens als zusätzliches Sanktionsinstrument zuzusprechen.[8] Eine direkte richterliche Inhaltskontrolle wäre gemäß Art. 6 C. civ. auch bei Verstoß gegen den ordre public oder gegen die bonnes moeurs möglich, hat aber kaum praktische Bedeutung erlangt. Andererseits sind angesichts der Untätigkeit des Staatsrates Entscheidungen ergangen, die die Interpretation gestatten, dass sich die Rechtsprechung nunmehr für legitimiert hält, missbräuchliche Klauseln auch dann für unwirksam zu erklären, wenn ein entsprechendes Verbot durch Dekret fehlt.[9] Die Möglichkeit gerichtlicher Kontrolle im Individualprozess wird auch von Art. L-1321 Abs. 3 S. 2 C. consom. mittelbar vorausgesetzt, indem dort eine Regelung der Beweislast getroffen wird, die typischerweise für das gerichtliche Verfahren bedeutsam ist. Die **Einbeziehung** setzt nach allgemeinen rechtgeschäftlichen Regeln Zustimmung voraus, wozu Kenntnis der AGB oder die Möglichkeit der Kenntnisnahme gehört. Die Branchenüblichkeit von AGB genügt nicht. Eine besondere Form ist für die Einbeziehung nicht generell vorgesehen. Jedoch verlangen verschiedene Einzelgesetze die Schriftform für bestimmte Klauseln oder in bestimmten Situationen. Auf jeden Fall muss auf in der Vertragsurkunde nicht ent- 55

---

1 *Calais-Auloy/Steinmetz,* Droit de la consommation, Rz 184.

2 S. auch Bulletin der EG, Beilage 1/84, S. 9.

3 *Klima* RIW 1992, 98, 100.

4 *Klima* RIW 1992, 98, 100.

5 Nr. 871045, abgedr. in C. com., ed. Litec nach Art. 1649.

6 S. auch *von Hippel* RabelsZ 41, 259; *Neumayer* in Richterliche Kontrolle von AGB, 1968, S. 29 ff.

7 Nr. 8814 C. com., annexes consommateur.

8 S. Art. L-4121 ff. C. consomm.

9 S. Cass Civ. Urt. v. 14. 5. 1991 in ZEuP 1993, 360 m. Anm. *Witz/Wolter;* sowie Urt. v. 6. 5. 1993 DS 1993, J 658; *Klima* RIW 1992, 98, 101 m. w. N.

haltene AGB deutlich hingewiesen werden und sie müssen vorgelegt werden.[1] Bei AGB, die auf der Rückseite eines Angebots oder einer Auftragsbestätigung abgedruckt sind, spricht eine widerlegbare Vermutung für die Kenntnisnahme.[2] Für Haftungsbeschränkungs- und ausschlussklauseln verlangt die Rechtsprechung jedoch den vom Verwender zu führenden Nachweis der Kenntnis. Die Einbeziehung von Gerichtsstandsklauseln unterliegt auch im kaufmännischen Verkehr strengen Anforderungen. Der Abdruck auf der Rückseite von Rechnungen genügt auch bei längeren Geschäftsbeziehungen nicht.[3] Bei beiderseitiger Benutzung von AGB durch Kaufleute gilt eine dem Prinzip der Kongruenzgeltung[4] vergleichbare Lösung. Bei der Auslegung gehen Zweifel gemäß Art. 1162 C. civ. zulasten des Verwenders[5] und Individualabreden genießen Vorrang.

e) Griechenland

Schrifttum: *Alexandridou,* Neue Entwicklungen in der griechischen Verbraucherschutzgesetzgebung, VuR 1995, 387; *dies.,* The Greek Consumer Protection Act of 1994, GRUR Int. 1996, 400; *Christianos,* Characteristique fondamentales de la loi hellenique No. 2251/94 et droit communautaire de la consommation in FS N. Reich, 1997, S. 357371; *Deloukas,* Allgemeine Geschäftsbedingungen, 1952 (griechisch); *Kapnopoulou,* Das Recht der mißbräuchlichen Klauseln in der Europäischen Union, 1997, S. 165 ff.; *Karakostas,* Allgemeine Geschäftsbedingungen in internationalen deutsch-griechischen Kauf- und Lieferverträgen, Diss. Regensburg, 1973; *Karasis,* AGB. Gerichtliche Kontrolle, 1992; *Kazakos,* Zivilrecht, Marktwirtschaft und Verbraucherschutz, 1987 (griechisch); *Mentis,* Das neue griechische Verbraucherschutzgesetz von 1994 – die Anpassung des griechischen Rechts an die EG-Verbraucherschutzrichtlinien, in FS H. Fenge, 1997; *Pouliadis,* Die Verbraucherverbände und die Verbandsklage, in: 22. Juristentag der Gesellschaft griechischer Prozessrechtler: Verbraucherschutz im materiellen und prozessualen Recht, 1996.

56 Neben einzelnen spezialgesetzlichen Regelungen, z. B. hinsichtlich der AGB der Kfz-Versicherung, fanden auf AGB bisher allein die Vorschriften des griechischen ZGB Anwendung. Griechenland hat aber zunächst 1991 und nachfolgend am 16. 11. 1994 als Gesetz Nr. 2 251 ein Verbraucherschutzgesetz erlassen.[6] Dieses Gesetz, welches einen weiten Verbraucherbegriff enthält,[7] regelt die Inhaltskontrolle von AGB, jedoch nicht von Individualklauseln[8], im Wesentlichen in Übereinstimmung mit der EG-Richtlinie. Generell verboten sind missbräuchliche AGB, wobei sich die Missbräuchlichkeit aus einer Störung des Gleichgewichts der Gesamtheit der vertraglichen Rechte und Pflichten zum Nachteil des Verbrauchers ergibt.[9] Das Gesetz listet in Art. 2 Nr. 7 eine Vielzahl einzelner Klauselverbote auf, die etwa Freizeichnungsverbote für die Haftung des Lieferanten allgemein und speziell für versteckte Mängel betreffen, aber auch übermäßig lange Annahmefristen, unangemessene Kündigungs- oder Verlängerungsfristen, einseitige Änderungs-, Lösungs- und Bestimmungsrechte, den Verzicht auf gesetzliche Rechte bei Leistungsstörungen, den Ausschluss von Zurückbehaltungs- und Aufrechnungsrechten, die Begründung von Vorleistungspflichten, Bestätigungs-, Gerichtsstands- und Beweislastklauseln umfassen.[10] Die Liste der Klauselverbote ist nicht wie in der RL als „graue", sondern als „schwarze" Liste gestaltet.[11] Eine Kompensation an sich miss-

---

[1] *Barfuss* RIW/AWD 1975, 324.

[2] S. *Schmidt/Niggemann* AWD 1974, 311 dazu Cass. Civ. v. 30. 10. 1967, DS 1968 J 175; Cass. Civ v. 24. 6. 1981, JCP 1982 II 19713.

[3] S. auch OLG Hamburg ZIP 1984, 1241, 1242.

[4] S. § 305 Rz 142.

[5] S. *Otto,* aaO, S. 32.

[6] S. Abdruck in deutscher Übersetzung bei *Kapnopoulou,* aaO, S. 301 ff.

[7] Art. 1 Nr. 4 a griech. VerbrSchG, s. auch *Kapnopoulou,* aaO, S. 41 ff.

[8] S. Art. 2 Nr. 1 griech. VerbrSchG.

[9] Art. 2 Nr. 6 griech. VerbrSchG.

[10] S. im Einzelnen Art. 2 Nr. 7 (1)-(31) griech. VerbrSchG.

[11] S. *Kapnopoulou,* aaO, S. 238.

bräuchlicher Klauseln durch andere ist ausdrücklich vorgesehen.[1] Im Übrigen lässt die Nichtigkeit einzelner Klauseln den Restvertrag weiterhin wirksam sein.[2] Die Einbeziehung der AGB vollzieht sich auf rechtsgeschäftlicher Grundlage. Die Einbeziehung scheitert, wenn der Kunde die AGB ohne sein Verschulden nicht kannte und nicht darauf hingewiesen wurde oder ihm die Möglichkeit der Kenntnisnahme entzogen wurde.[3] Gedruckte AGB müssen gut erkennbar und leicht lesbar sein.[4] Außerdem sollen die AGB der in Griechenland erstellten Verträge, mit Ausnahme der AGB der internationalen Verträge, in griechischer Sprache verfasst sein.[5] Den Verbraucherverbänden wird das Recht eingeräumt, Verbandsklage gegen sämtliche Unternehmen zu erheben und einen „Schadensersatz wegen immaterieller Schäden" mit auch pönalem Charakter geltend zu machen.[6] Die RL 93/13/EWG ist insofern nicht vollständig umgesetzt, als nicht ausgehandelte Individualvereinbarungen nicht in die Kontrolle einbezogen werden und der Maßstab von Treu und Glauben nicht ausdrücklich zur Grundlage gemacht ist. Auch wird das Transparenzgebot auf die leichte Lesbarkeit verkürzt.[7] Für die Auslegung von AGB gelten objektive Maßstäbe. Unklarheiten gehen zulasten des Verwenders.[8] Individualabreden haben grundsätzlich Vorrang.[9] Die Inhaltskontrolle nach dem griechischen ZGB kann sich neben Art. 3, 174, 178, 179 ZGB, die im Wesentlichen §§ 134, 138 BGB entsprechen, auch auf Art. 288 ZGB, der § 242 BGB entspricht, stützen. Dies ist vor allem außerhalb des Verbraucherschutzgesetzes im geschäftlichen Bereich bedeutsam. Auch Art. 371373 ZGB, die §§ 315 ff. BGB entsprechen, werden zuweilen herangezogen. Neben den allgemeinen Inhaltsschranken finden sich spezielle Inhaltsschranken, die für AGB wie für Individualvereinbarungen gelten. So ist z. B. eine Haftungsfreizeichnung oder -begrenzung für Vorsatz und grobe Fahrlässigkeit schon nach Art. 332 Abs. 1 ZGB unwirksam, unter den Voraussetzungen von Art. 332 Abs. 2 ZGB auch die Freizeichnung für leichte Fahrlässigkeit. Die Freizeichnung für das Verschulden von Erfüllungsgehilfen ist in ausdehnender Anwendung von Art. 334 Abs. 2 ZGB unwirksam, wenn sie auf dem Missbrauch einer monopolartigen Stellung beruht.[10] Eine Verkürzung oder eine Verlängerung der Verjährungsfrist ist nach Art. 275 und 279 ZGB unwirksam. Eine Ausnahme besteht jedoch nach Art. 556 ZGB für die Verjährung kaufrechtlicher Gewährleistungsansprüche. Art. 409 ZGB ermöglicht die Herabsetzung von Vertragsstrafen. Die Nichtigkeit einzelner Klauseln führt grundsätzlich nicht zur Gesamtnichtigkeit des ganzen Vertrags nach Art. 181 ZGB.[11] Soweit AGB-Klauseln nicht bereits unwirksam sind, kann auch die Ausübung der daraus abgeleiteten Rechte nach Art. 281 ZGB für unzulässig erklärt werden. Auf der Basis der gleichen Vorschrift wird auch der Grundsatz der Leitbildfunktion des dispositiven Rechts herangezogen, womit die Inhaltskontrolle von AGB ergänzt wird.[12]

---

[1] Art. 2 Nr. 6 griech. VerbrSchG.
[2] Art. 2 Nr. 8 griech. VerbrSchG.
[3] Art. 2 Nr. 1 griech. VerbrSchG.
[4] Art. 2 Nr. 3 griech. VerbrSchG.
[5] Art. 2 Nr. 2 griech. VerbrSchG.
[6] Art. 10 Nr. 9 griech. VerbrSchG.
[7] S. auch *Kapnopoulou,* aaO, S. 213 ff.
[8] Art. 2 Nr. 5 griech. VerbrSchG.
[9] Art. 2 Nr. 4 griech. VerbrSchG.
[10] *Karakostas,* aaO, S. 115 ff.
[11] *Karakostas,* aaO, S. 124 f.
[12] *Kazakos,* aaO, S. 137 ff.

f) Großbritannien

Schrifttum: *Atyah,* Law of Contracts, S. 303 ff.; *Beatson,* Incorporation of the EC Directive on Unfair Consumer Contracts into English Law, 1998, 957; *Chitty/Guest,* On Contracts, Rz 14-065 ff.; *Diedrich,* Verbraucherschutz im neuen englischen Kaufrecht, VuR 1995, 399; *Kessel,* Probleme des neuen Handelsvertreterrechts in Großbritannien, RiW 1994, 562; *Meinhardt,* Käuferschutz in England, AWD 1973, 486; *Otto Müller,* Allgemeine Geschäftsbedingungen im internationalen Wirtschaftsverkehr, 1994, S. 185 ff.; *Otto,* Allgemeine Geschäftsbedingungen und Internationales Privatrecht, 1984, S. 35 ff.; *Sobich,* Verfahrensrechtliche Kontrolle „unfairer" AGB in Großbritannien, RIW 1998, 684; *Triebel,* Das englische Gesetz über unbillige Vertragsklauseln von 1977, RIW/AWD 1978, 353; *Wagner/Althen,* Umsetzung der Richtlinie des Rates über mißbräuchliche Klauseln in Verbraucherverträgen im Vereinigten Königreich, RIW 1995, 546; *Weatherill,* Wichtige Entwicklungen im Verbraucherschutzrecht im Vereinigten Königreich, VuR 1995, 393; *Weick,* Unfair Contract Terms Act und AGB-Gesetz, ZHR 145 (1981), 68.

57 In Großbritannien ist seit 1. 2. 1978 der **Uniform Contract Terms Act** (U. C. T. A.) von 1977 in Kraft. Das Gesetz ist nicht auf AGB beschränkt, sondern bezieht im Grundsatz auch Individualvereinbarungen mit ein. Für AGB ist jedoch über die Verträge mit Verbrauchern hinaus auch für Kaufleute in Teilbereichen eine erweiterte Kontrolle vorgesehen.[1] Eine Generalklausel, die eine generelle Inhaltskontrolle erlauben würde, ist im U. C. T. A. nicht vorgesehen. Vielmehr werden Vertragsklauseln, die bestimmte Problembereiche wie Haftungsfreizeichnungen oder -beschränkungen und Beschränkungen der Sach- oder Rechtsmängelhaftung betreffen, zum Teil für absolut unwirksam erklärt, zum Teil einem reasonableness-Test unterworfen.[2] Zu den Freizeichnungsklauseln zählen auch z. B. Rücktritts- und Änderungsvorbehalte, Ausschlussfristen, Regelungen der Beweislastumkehr und sonstige Erschwerungen der Rechtsdurchsetzung. Umgekehrt wird auch der Kunde vor unvernünftig weiten Haftungsverpflichtungen geschützt.[3] Der Sale of Goods Act von 1979 sieht zum Schutze der Verbraucher zwingend vor, dass Waren mit ihrer Beschreibung übereinstimmen und für den Verwendungszweck geeignet sein müssen. Die Umsetzung der RL 93/13/EWG, die den U. C. T. A. und den Sale of Goods Act unberührt gelassen hat, erfolgte mit Wirkung seit 1. 7. 1995 durch die **Unfair Terms in Consumer Contract Regulations.**[4] Dies wurde durch die The Unfair Terms in Consumer Contracts Regulations 1999 (Statutory Instrument 1999 No. 2083) ersetzt, die alsdann nochmals durch die Unfair Terms in Consumer Contracts (Amendment) Regulations 2001 (Statutory Instrument 2001 No. 1186) fortgeschrieben wurden. Bei den Regulations handelt es sich um ein vereinfachtes Normsetzungsverfahren nach dem European Communities Act von 1972. Die Unfair Terms in Consumer Contract Regulations lehnen sich inhaltlich eng an die RL an und stimmen insbesondere hinsichtlich der Klauselverbote mit dem Anhang zu Art. 3 III RL wörtlich überein. Zur Auslegung des Begriffs good faith in der Generalklausel sind daneben in einer Anlage zum Gesetz Maßstäbe aufgestellt. Da die Regulations neben dem U. C. T. A. gelten, ist die Unwirksamkeit einer Klausel stets anhand beider Regelungen zu überprüfen. Der Anwendungsbereich beider Regelungen deckt sich aber vor allem insoweit nicht, als der Verbraucherbegriff der Regulations enger ist als im U. C. T. A. Die Regulations bringen insofern eine Erweiterung, als die Generalklausel in Anlehnung an Art. 3 RL eine umfassende Inhaltskontrolle ermöglicht. Die Einbeziehung von AGB verlangt reasonable sufficient notice und ist damit § 305 II BGB sehr angenähert. Ebenso findet eine Auslegung gegen den Aufsteller vergleichbar § 305c II BGB statt. Das **Verfahren** der Inhaltskontrolle ist den Gerichten anvertraut. Eine Verwaltungskontrolle besteht

---

[1] S. sec. 2, 3 U. C. T. A.; *Weick* ZHR 145, 78 ff.

[2] S. im Einzelnen *Weick* ZHR 145, 68.

[3] Sec. 4 U. C. T. A.

[4] S. EuZW 1995, 101.

daneben aufgrund des Fair Trading Act von 1973, die sich auf unbillige Vertragsbedingungen erstreckt. Zuständig ist der Director General of Fair Trading, der in Verhandlungen mit Wirtschaftsverbänden angemessene AGB durchsetzen soll. Bei Scheitern seiner Bemühungen kann er das Verbot von beanstandeten Klauseln durch Rechtsverordnung des Handelsministers anregen. Verbraucherverbände hatten zunächst kein eigenes Klagerecht, sondern konnten sich nur an den Director General of Fair Trading wenden.[1] Ein solches Verbandsklagerecht wurde mit den Regulations 1999 eingeführt.

g) Irland

Schrifttum: *Leahy,* Consumer Law in Ireland-Recent Developments, VuR 1997, 115.

Irland hat die RL 93/13/EWG durch die Unfair Terms in Consumer Contract Regulations 1995 umgesetzt und sich dabei hinsichtlich des Anwendungsbereichs wie hinsichtlich des Kontrollmaßstabs eng an die Richtlinie angelehnt. Im Jahre 2000 wurde diese Umsetzungsregelung durch die Unfair Terms in Consumer Contracts (Amendment) Regulations 2000 (Statutory Instrument No. 307/2000) fortgeschrieben. Ein Anhang zu den Regulations sieht Bereichsausnahmen (Nr. 1), Auslegungsrichtlinien für den Begriff good faith (Nr. 2) und in Nr. 3 die wörtliche Übernahme des Anhangs zu Art. 3 III RL 93/13/EWG vor. Daneben enthält der Sale of Goods and Supply of Services Act von 1980 ähnlich wie der Uniform Contract Terms Act in Großbritannien einen Katalog von Regelungen, die vor allem die Freizeichnung von der Haftung und Gewährleistung betreffen. Diese Vorschriften sind zwar an sich dispositiv, können aber gegenüber Verbrauchern nur in engen Grenzen unter Beachtung besonderer Angemessenheits- und Billigkeitsvoraussetzungen abbedungen werden.[2] Art. 810 der Regulations sehen für missbräuchliche Klauseln ein abstraktes Kontrollverfahren vor, das vom Direktor für Verbraucherfragen, der seit 1978 besteht, auf Antrag vor Gericht durchgeführt wird. Das Gericht kann ihn ermächtigen, missbräuchliche Klauseln zu verbieten. Dem Direktor können zu seiner Unterstützung weitere Amtspersonen mit umfangreichen Informations- und Kontrollrechten zugeordnet werden. Ein Klagerecht für Verbraucherverbände bestand wie in Großbritannien zunächst nicht; es wurde durch die Fortschreibung 2000 nachträglich eingeführt. 58

h) Israel

Schrifttum: *Scheftelowitz,* Das neue israelische Gesetz über beeinträchtigende Bedingungen in Einheitsverträgen, RIW 1983, 565.

In Israel trat am 7. 6. 1983 ein neues Gesetz über Einheitsverträge (57431982) in Kraft, welches den Kunden vor beeinträchtigenden Bedingungen in Einheitsverträgen schützen will. Einheitsverträge sind Verträge mit Bedingungen, die von einer Partei von vornherein festgesetzt sind und in vielen Verträgen mit ihr oder unbestimmten anderen Personen verwandt werden sollen. Materiell wird der Schutz gegen Bedingungen gewährt, die eine Beeinträchtigung des Kunden oder einen unangemessenen Vorteil für den Lieferanten enthalten (§ 3). In § 4 des Gesetzes werden die Klauseln aufgezählt, bei denen eine Beeinträchtigung vermutet wird. Dazu gehören etwa Haftungsfreizeichnungsklauseln, Rechte zur einseitigen Lösung oder Abänderung des Vertrags, Bindungsklauseln mit Beschränkungen etwa der Abschlussfreiheit, die Aufhebung oder Einschränkung gesetzlicher oder 59

---

[1] Dazu *Sobich,* RIW 1998, 684, 687 f. Der High Court hatte auf Klage der Verbraucherverbände die Prüfung der Vereinbarkeit dieser Regelung mit Art. 7 Abs. 2 RL 93/13/EWG dem EuGH vorgelegt, EuZW 1996, 195.

[2] EG-Dek. KO/1 (90) endg. SYN 285, 3. 9. 1990, techn. Anl. S. 22.

vertraglicher Rechte des Kunden, Beweislastverschiebungen, unangemessene Gerichtsstandklauseln sowie die Bindung an ein vom Lieferanten abhängiges Schiedsgericht.[1] Unzulässig sind auch Klauseln, die den freien Zugang zu Gericht beschränken (§ 5). In verfahrensrechtlicher Hinsicht kann die Wirksamkeit der Einheitsbedingungen sowohl im Individualprozess überprüft werden, als auch durch ein besonderes Gericht für Einheitsverträge. Das Gericht für Einheitsverträge kann angerufen werden vom Rechtsberater der Regierung, vom Verbraucherschutzbeauftragten, von bestimmten Kundenverbänden sowie von bestimmten öffentlichen Behörden.[2] Sowohl das Gericht im Individualprozess wie das Gericht für Einheitsverträge können beeinträchtigende Bedingungen nicht nur aufheben, sondern auch abändern. Als Besonderheit ist auch zu erwähnen, dass ein Lieferant beim Gericht für Einheitsverträge eine Bestätigung beantragen kann, dass die von ihm benutzten Einheitsverträge keine beeinträchtigenden Bedingungen enthalten (§ 12). Wird die Bestätigung ausgesprochen, so gilt sie 5 Jahre und schneidet auch im Individualprozess den Einwand des Vorliegens einer beeinträchtigenden Bedingung ab. Lediglich der Rechtsberater der Regierung kann in dieser Zeit die Aufhebung einer bestätigten Bedingung beantragen (§ 14). Das Gericht für Einheitsverträge hat seine Beschlüsse in ein frei einsehbares Register aufzunehmen und Entscheidungen über die Aufhebung oder Abänderung von Bedingungen in Tageszeitungen zu veröffentlichen (§ 11).

i) Italien

Schrifttum: *Alpa/Patti,* Le Clausole vessatorie nei contrattio con i consumatori, 1997; *Bianca* (Hg.), Le condizioni generali di contratto, Bd. I 1979, Bd. II 1981; *Bonell,* Die AGB nach italienischem Recht, ZVR 1979, 1; *Calia,* Bankvertrag und Höchstbetragsbürgschaft im neuen italienischen Transparenzgesetz, RiW 1994, 550; *Cian,* Europäisches Privatrecht aus italienischer Sicht: Die Umsetzung der EG-Richtlinie 93/13 über Verbraucherverträge in das italienische Recht, Jahrbuch für Italienisches Recht 10 (1997), S. 55; *Kieninger,* Die Kontrolle von Allgemeinen Geschäftsbedingungen im kaufmännischen Verkehr, ZEuP 1996, 468; *Mazzoni,* Contratti di massa e controlli nel diritto privato, 1975; *Micklitz/Brunetta d'Usseaux,* Die Umsetzung der Richtlinie 93/13 in das italienische Recht, ZEuP 1998, 104; *Patti,* Der Schutz des Konsumenten vor mißbräuchlichen Klauseln im italienischen Recht, Jahrbuch für Italienisches Recht 10, (1997), S. 77; *Preussler* in: Allgemeine Geschäftsbedingungen in der europäischen Rechtspraxis, 1997, S. 183 ff.; *Roppo,* Contratti standard, 1975.

60 Italien hat schon früh mit der Reform des Codice civile von 1942 Vorschriften über die Einbeziehung und die Auslegung von AGB erlassen. Nach Art. 1341 I werden vorformulierte Bedingungen Vertragsinhalt, wenn sie der andere Teil bei üblicher Sorgfalt hätte kennen müssen. Überraschende AGB können damit ausgeschieden werden. Nach Art. 1341 II können im Einzelnen aufgeführte, als besonders gefährlich eingestufte Klauseln in AGB nur durch ausdrückliche schriftliche Bestätigung des anderen Vertragsteils in den Vertrag einbezogen werden. Der Codice civile unterscheidet allerdings noch zwischen AGB und Formularverträgen und trifft deshalb in Art. 1342 II eine dem Art. 1341 II vergleichbare Regelung für Formularverträge.[3] Art. 1370 sieht eine Unklarheitenregel vergleichbar mit § 305c II BGB vor. Die Gerichte sind jedoch mit einer verdeckten Inhaltskontrolle zurückhaltend. Die Umsetzung der RL 93/13/EWG erfolgte durch Einfügung der Art. 1469-*bis* bis 1469-*sexies* in den Codice civile. Art. 1469-*bis* I C. c. übernimmt im Wesentlichen die Generalklausel aus Art. 3 I RL, spricht allerdings nicht von clausola abusiva wie in der RL, sondern von clausola vessatoria. Daraus ergeben sich aber keine praktisch relevanten Folgen.[4] Der Begriff buona fede wird entsprechend der

---

[1] S. im Einzelnen den Gesetzestext abgedruckt bei *Scheftelowitz* RIW 1983, 565, 567 ff.
[2] S. im Einzelnen § 16.
[3] S. *Bonell* ZVR 1979, 1 ff.; *von Hippel* RabelsZ 41, 264 f.
[4] Vgl. *V. Carbone* CorrGiur 1996, 1300.

RL nicht subjektiv im Sinne von gutgläubig, sondern objektiv im Sinne von Treu und Glauben verstanden.[1] Ein Unterschied zur RL besteht auch insofern, als das Aushandeln die Inhaltskontrolle nicht wie in Art. 3 RL entfallen lässt, sondern darin nur ein Wertungsfaktor für die Beurteilung der Missbräuchlichkeit gesehen wird. Neben der Generalklausel enthält Art. 1469-*bis* III Nr. 119 C. c. eine Klauselliste in Anlehnung an den Anhang zu Art. 3 III RL. Dabei sind die Klauselverbote grundsätzlich so ausgestaltet, dass ihre Unwirksamkeit bis zum Beweis des Gegenteils lediglich vermutet wird.[2] Die in Art. 1469-*quinquies* II C. c. genannten Klauselverbote, die sich eng an Nr. 1 lit a, b und i im Anhang der RL anlehnen, sind allerdings ohne Rücksicht auf ein Aushandeln in Verbraucherverträgen stets unwirksam (sog. schwarze Liste). Die Unwirksamkeit ist bei Aufrechterhaltung des Vertrags im Übrigen jeweils vom Gericht von Amts wegen zu beachten, wirkt aber nur zugunsten des Verbrauchers.[3] Neben den nur für Verbraucherverträgen geltenden Art. 1469-*bis* bis Art. 1469-*sexies* enthalten einzelne Artikel des Codice civile noch allgemeingültige Schranken, so Art. 1229 für Haftungsfreizeichnungs- und Haftungsbeschränkungsklauseln, soweit es den Haftungsausschluss für Vorsatz und grobe Fahrlässigkeit und teilweise auch für Hilfspersonen betrifft. Art. 1462 C. c. enthält Schranken für den Ausschluss der Einrede des nicht erfüllten Vertrags.

j) Japan

Schrifttum: *Yamamoto,* Über die Kontrolle der Allgemeinen Geschäftsbedingungen in Japan, in Recht in Japan (Hg *Müller-Freienfels, Schlechtriem, Stoll, Arens)* Heft 6, 1986, S. 71 ff.

Japan hat keine umfassende gesetzliche Regelung für AGB. Schutz gegen unangemessene Geschäftsbedingungen wird zum Teil durch zwingende und halbzwingende Vorschriften in einzelnen Gesetzen erreicht, z. B. durch Vorschriften im Gesetz über die persönliche Bürgschaft, im Gesetz über den Geschäftsverkehr mit Baugrund und Gebäuden und im Gesetz über Abzahlungsgeschäfte. Soweit solche Vorschriften nicht bestehen, werden AGB durch die Gerichte überprüft und es findet eine Verwaltungskontrolle statt. Die **gerichtliche Überprüfung** beschränkt sich im Wesentlichen auf die Einbeziehung und die Auslegung. Eine offene gerichtliche Inhaltskontrolle findet bis auf vereinzelte Entscheidungen im Grunde nicht statt. Für die Einbeziehung gilt im Regelfall eine Willensvermutungstheorie, wonach der Einbeziehungswille mangels gegenteiliger Erklärungen vermutet wird, wenn ein Unternehmen erkennbar mit seinen AGB abschließen will.[4] Als eine Art verdeckter Inhaltskontrolle ist ein Grundsatz für die Unverbindlichkeit solcher AGB entwickelt worden, die nur floskelhaft verwendet werden und deshalb nicht als bindend gewollt sind (reibun kaishaku). Bei der Auslegung werden lästige Klauseln, wie insbesondere Freizeichnungsklauseln, eng ausgelegt. Die in der Literatur befürwortete Unklarheitenregel und der Vorrang der Individualabrede wurden von den Gerichten bisher nur selten herangezogen. **61**

Wesentliche Bedeutung hat dagegen die **Verwaltungskontrolle.** Sie findet zunächst in solchen Fällen statt, in denen durch Gesetz die Genehmigung der AGB durch eine Aufsichtsbehörde vorgeschrieben ist, wie für Beförderungsbedingungen, Speditionsbedingungen, Reisevertragsbedingungen, Elektrizitäts- und Gasversorgungsbedingungen, Börsengeschäftsbedingungen, Versicherungsbedingungen und in abgemilderter Form für Lagerbedingungen.[5] Daneben findet ohne **62**

---

[1] S. *Uda,* in: *Alpa/Patti,* aaO, S. 68 ff.

[2] S. im Einzelnen *Sirena,* in: *Alpa/Patti,* aaO, S. 123 ff.

[3] S. Art. 1469-*quinquies* I, III C. c.

[4] Zu Ausnahmen s. *Yamamoto,* aaO, S. 76 ff.

[5] S. im Einzelnen *Yamamoto,* aaO, S. 85.

besondere gesetzliche Grundlage eine Kontrolle durch die Verwaltung als informelle Maßnahme statt, indem z. B. durch das Ministerium für Handel und Industrie (MITI) oder das Verkehrsministerium in Zusammenarbeit mit den jeweiligen Verbänden Musterbedingungen formuliert werden, die von den Unternehmen grundsätzlich befolgt werden. Gesichtspunkte des Verbraucherschutzes sind mangels ausreichender Repräsentation aber nur schwer, meist nur zur Vermeidung weit verbreiteter Missstände durchzusetzen.[1]

k) Korea

63 Korea hat mit Gesetz vom 31. 12. 1986 mit Änderung vom 18. 12. 1992 ein AGB-Gesetz erlassen, das für Verträge mit Verbrauchern und Kaufleuten gilt. Das Gesetz findet nach Art. 2 nur auf im Voraus schriftlich abgefasste Vertragsbedingungen, die gegenüber einer Vielzahl von Personen verwendet werden sollen, Anwendung. Hinsichtlich der Einbeziehung sieht Art. 3 eine Pflicht zum ausdrücklichen Hinweis und zur Aushändigung der AGB auf Verlangen vor. Art. 4 geht wie § 305b BGB vom Vorrang der Individualabrede aus und Art. 5 enthält eine Gebot der objektiven Auslegung, die im Zweifel zugunsten des Kunden entscheidet. Als **Generalklausel** erklärt Art. 6 I schriftliche AGB, die nach Treu und Glauben unangemessen sind, für unwirksam. Nach Art. 6 II wird die Unangemessenheit vermutet, wenn eine Klausel unverhältnismäßig nachteilig für den Kunden ist, wenn sie für den Kunden überraschend ist oder wenn sie wesentliche Rechte so einschränkt, dass der Vertragszweck gefährdet wird. Neben der Generalklausel finden sich in den Art. 7 bis 14 **spezielle Klauselverbote,** die für zahlreiche Fallgestaltungen die Unwirksamkeit vorsehen. Unwirksam ist etwa die Haftungsfreizeichnung für Vorsatz und grobe Fahrlässigkeit (Art. 7 Nr. 1), die Beschränkung des Haftungsumfangs oder eine ungerechtfertigte Verlagerung von Risiken auf den Verbraucher (Art. 7 Nr. 2). Unwirksam sind unter bestimmten Voraussetzungen auch Klauseln, die die Gewährleistung ausschließen oder beschränken (Art. 7 Nr. 3), ferner Klauseln, die dem Verbraucher gesetzliche Rücktritts- oder Kündigungsrechte entziehen oder andrerseits dem Verwender ein gesetzlich nicht vorgesehenes Lösungsrecht einräumen, durch das der Verbraucher unverhältnismäßig benachteiligt wird, oder dem Verbraucher einen unangemessenen Aufwendungsersatz bei Lösung vom Vertrag auferlegen oder ihm eigene Aufwendungsersatzansprüche ungerechtfertigt untersagen (Art. 9). Verboten sind auch Klauseln mit einseitigen ungerechtfertigten Befugnissen des Verwenders zur Festlegung oder späteren Änderung seiner Leistung (Art. 10). Nicht zugelassen sind ferner Klauseln, die das Recht des Verbrauchers zur Aufrechnung oder sonstige Verteidigungsmittel ausschließen oder beschränken (Art. 11 Nr. 1), Klauseln, die das Recht zum Vertragsabschluss mit Dritten beschränken (Art. 11 Nr. 3), oder Klauseln, die den Verwender zur Offenlegung geheimer Daten des Verbrauchers ermächtigen (Art. 11 Nr. 4). In den Art. 12 bis 14 finden des Weiteren Klauselverbote, die im Wesentlichen denen des § 308 Nr. 5 und 6 sowie § 309 Nr. 11, 12 und 13 BGB entsprechen. Werden Verträge entgegen den Art. 6 bis 14 abgeschlossen, so können die unzulässigen Klauseln durch gerichtliche Kontrolle im Individualprozess für unwirksam erklärt werden. Der Vertrag im Übrigen bleibt grundsätzlich wirksam (Art. 16). Daneben kann eine Kommission beim Minister für Wirtschaftsplanung dem Verwender den Verzicht oder die Änderung der unwirksamen Klauseln aufgeben (Art. 172). Verbraucherorganisationen oder Vereinigungen der Gewerbetreibenden können bei der Kommission die Überprüfung von Vertragsklauseln beantragen (Art. 19).

---

[1] S. *Yamamoto,* aaO, S. 87.

l) Lettland

64 Das lettische Recht enthält im Verbraucherschutzgesetz vom 1. 4. 1999 keine Regelungen, die ausdrücklich auf die Kategorie der Allgemeinen Geschäftsbedingungen abstellen. Es umfasst aber Vorschriften, deren Gegenstand der Schutz vor unfairen Vertragsbedingungen bildet. Diese Vorschriften gelten grundsätzlich für alle Vereinbarungen zwischen einem Unternehmer auf der einen und einem Verbraucher auf der anderen Seite: also sowohl für vorformulierte Standardverträge als auch für individuelle Vereinbarungen. Allerdings gibt es einzelne Vorschriften, die eine spezielle Regelung für Standardverträge enthalten. Hierzu zählt etwa Art. 6 Abs. 5. Dort ist die unwiderlegliche Vermutung vorgesehen, dass vorformulierte Standardverträge, auf deren Inhalt der Verbraucher keinen Einfluss nehmen konnte, nicht im Einzelnen ausgehandelt wurden. Allerdings ist der sachliche Anwendungsbereich der Vorschriften über unfaire Vertragsbedingungen auf Kauf- und Dienstleistungsverträge beschränkt, wobei im lettischen Recht ein weites Verständnis dieser Vertragstypen zu Grunde gelegt wird. Der Begriff der Verbraucher geht seiner Weite nach über das entsprechende Merkmal in der Richtlinie insofern hinaus, dass auch juristische Personen Verbraucher sein können. Die Regelungen im Einzelnen sind an die Klausel-RL angelehnt. Zur Umsetzung der danach maßgebenden Kontrollprinzipien dienen vor allem die Artikel 5 Abs. 2 (Gleichberechtigung der Vertragsparteien) und 6 Abs. 2 (unfaire Vertragsbestimmungen). Außerdem ist eine im Wesentlichen an den Anhang der Klauselrichtlinie angelehnte Liste von 12 Klauseltypen, die als unfair gelten, vorgesehen. Die Inhaltskontrolle unfairer Vertragsbedingungen obliegt dem Gericht. Ein abstraktes Kontrollverfahren besteht insofern, als Verbraucherverbände sowie das Zentrum für den Verbraucherschutz (Art. 23 Abs. 1 Nr. 3 und Art. 25 Abs. 6) selbstständig vor Gericht gegen die Verwendung unfairer Vertragsklauseln klagen können. Das Zentrum für Verbraucherschutz hat außerdem die Befugnis, von dem Unternehmer eine Veränderung unfairer Vertragsklauseln zu fordern (Art. 25 Abs. 4 Nr. 6). Das Zentrum dient aber nicht der Unterstützung derjenigen Verbraucher, die als juristische Person zu qualifizieren sind (Art. 25 Abs. 5).

m) Luxemburg

Schrifttum: *Bennemann,* Das neue luxemburgische Gesetz über den Rechtsschutz des Verbrauchers vom 25. 8. 1983, RIW 1986, 594, 607; *Schockweiler,* Das luxemburgische Gesetz vom 25. August 1983 betreffend den rechtlichen Schutz des Verbrauchers und das internationale Privatrecht, IPRax 1984, 337.

65 Seit 25. 8. 1983 hat Luxemburg ein Gesetz zum Rechtsschutz des Verbrauchers, das in einer Generalklausel (Art. 1) Klauseln, die den Verbraucher einseitig benachteiligen, für nichtig erklärt und darüber hinaus in Art. 2 insgesamt 20 speziell umschriebene Vertragsklauseln ausdrücklich als unwirksam bezeichnet. Die Inhaltskontrolle ist nicht auf vorformulierte Vertragsbedingungen begrenzt. Die Nichtigkeit wird vom Präsidenten des für den Wohnsitz des Klägers zuständigen Gerichts in einem der einstweiligen Verfügung ähnlichen Verfahren ausgesprochen. Klagebefugt sind neben Einzelpersonen auch bestimmte Berufs- und Verbraucherverbände. Die Entscheidung wird durch Aushang veröffentlicht. Ein Verstoß dagegen ist strafbewehrt. Daneben ist eine behördliche Ausarbeitung von Musterstandardverträgen unter Anhörung der interessierten Kreise vorgesehen. Neben dem Gesetz zum rechtlichen Schutz des Verbrauchers sind durch ein Memorial vom 15. 5. 1987 in das luxemburgische BGB Vorschriften über AGB und missbräuchliche Klauseln eingefügt worden, die nicht auf den Verbraucherschutz beschränkt sind, sondern allgemein gelten. Für die Einbeziehung von AGB ist in Art. 1135-1 I die Möglichkeit zur Kenntnisnahme und die Zustimmung des Kunden vorgeschrieben. Darüber hinaus

ist durch Art. 1135-1 II für einzelne besonders beeinträchtigende Klauseln wie insbesondere Klauseln über Haftungsbegrenzungen, einseitige Rücktrittsrechte des Verwenders, Rechtsweg- und Gerichtsstandsvereinbarungen vorgesehen, dass sie nur mit schriftlicher Zustimmung des Kunden wirksam werden. Die RL 93/13/EWG wurde durch Gesetz vom 26. 3. 1997 transformiert.

n) Niederlande

Schrifttum: *Hartkamp,* Wet algemene voorwaarden, Ars Aequi 1987, 710; *ders.,* Einführung in das neue Niederländische Schuldrecht, AcP 191 (1991), 396; *Hondius,* Niederländisches Verbraucherrecht vom Sonderrecht zum integrierten Zivilrecht, VuR 1996, 295.

66 In den Niederlanden sind für Abzahlungs- und Darlehensgeschäfte sowie für Frachtverträge eine Reihe zwingender Vorschriften geschaffen. Wohnsitz- und Gerichtsstandsklauseln sind nur schriftlich und bei berechtigten Interessen möglich. Konditionenkartelle, die dem öffentlichen Interesse widersprechen, können nach dem Kartellrecht untersagt werden. Die Verwaltungskontrolle von AGB spielt auch sonst eine beachtliche Rolle.[1] Die Rechtsprechung unternimmt eine offene Inhaltskontrolle und bedient sich dabei der Generalklauseln der guten Sitten, des ordre public und von Treu und Glauben und zieht hierfür die Umstände beim Vertragsschluss heran.[2] Durch eine Novellierung des Zivilgesetzbuchs sind Vorschriften zum Recht der AGB in Abteilung 6. 5. 3 aufgenommen worden, die am 1. 1. 1992 in Kraft getreten sind. Die niederländische Regierung sieht darin die vorweggenommene Umsetzung der RL 93/13/EWG. Erfasst werden schriftliche Bedingungen (Art. 6: 231). Die Einbeziehung der AGB setzt zwar eine Anerkennung durch den Vertragspartner voraus, ist aber auch dann wirksam, wenn ihm ihr Inhalt im Einzelnen nicht bekannt ist (Art. 6: 232). Die einbezogenen AGB können nach einer Generalklausel für unwirksam erklärt werden, wenn sie von Rechtsfolgen abweichen, die sich ohne AGB aus der Natur des Vertrags ergeben würden und der Vertragspartner dadurch unredlich belastet wird (Art. 6: 233), oder wenn die AGB dem Vertragspartner nicht vor oder bei Vertragsschluss zur Verfügung gestellt werden, ihm nicht nachträglich auf sein Verlangen kostenlos zugesandt werden oder ihm sonst nicht die Möglichkeit zumutbarer Kenntnisnahme verschafft wird (Art. 6: 234). Neben der Generalklausel ist in Art. 6: 236 a–n ein Klauselkatalog vorgesehen mit Klauseln, die schlechthin als unredlich belastend im Sinne von Art. 6: 233 angesehen werden (sog. schwarze Liste). Hinzu kommt in Art. 6: 237 a–n ein Klauselkatalog mit Klauseln, deren unredliche Belastung nur vermutet wird (sog. graue Liste). Zur schwarzen Liste gehört etwa das Verbot der Übertragung von Verpflichtungen auf Dritte (Art. 6: 236 e), das Verbot der Verlängerung von Lieferfristen (Art. 3 c), das Verbot der Verkürzung von Verjährungsfristen (Art. 6: 236 g), das Verbot von Preiserhöhungen innerhalb von drei Monaten seit Vertragsschluss, falls dem Vertragspartner nicht ein Lösungsrecht eingeräumt wird (Art. 6: 236 i), eine Klausel, die bei Lieferverträgen über Sachen oder bei Dienstleistungen eine stillschweigende Verlängerung von mehr als einem Jahr vorsieht (Art. 6: 236 j), Klauseln, die die Beweisführung ausschließen oder beschränken oder die Beweislast zum Nachteil des Vertragspartners ändern (Art. 6: 236 k), Klauseln, die von gesetzlichen Vorschriften über Form und Wirkungen von Erklärungen abweichen (Art. 6: 236 l) oder Schieds- und Rechtswegklauseln (Art. 6: 236 n). Unter die graue Liste fallen z. B. Klauseln über unangemessen lange und unbestimmte Annahmefristen (Art. 6: 237 a), Klauseln, die die Befugnis zu wesentlichen Leistungsänderungen (Art. 6: 237 c) oder zur Befreiung von einer Leistung verleihen (Art. 6: 237 d),

---

[1] S. *von Hippel* RabelsZ 41, 268.

[2] *Von Hippel* RabelZ 41, 269.

Klauseln mit unangemessen langer oder unbestimmter Erfüllungsfrist (Art. 6: 237 e), Klauseln über ganze oder teilweise Freizeichnung von Schadensersatz (Art. 6: 237 f.), Klauseln, die die Aufrechnungsbefugnis des Vertragspartners ausschließen oder beschränken oder dem Verwender eine über das Gesetz hinausgehende Aufrechnungsbefugnis verleihen (Art. 6: 237 g), Klauseln, die die Kündigungsfrist für den Vertragspartner auf mehr als drei Monate oder länger als für den Verwender festsetzen (Art. 6: 237 l), Klauseln, die eine strengere als die einfache Schriftform vorsehen (Art. 6: 237 m), Klauseln mit einer unwiderruflichen Vollmacht (Art. 6: 237 n). Die in der grauen Liste enthaltenen Klauseln können durch Verwaltungsvorschriften geändert und in ihrem Anwendungsbereich eingeschränkt werden (Art. 6: 239). Berufs- und Verbraucherschutzverbände haben Klagebefugnis, bestimmte AGB als unredlich belastend erklären zu lassen, müssen dem Verwender jedoch zuvor Gelegenheit zur Änderung geben (Art. 6: 240). Für die Entscheidung ist eine ausschließliche gerichtliche Zuständigkeit vorgesehen. Außerdem besteht die Möglichkeit für vorläufige Regelungen (Art. 6: 241). Die Vorschriften gelten sowohl für Verbraucherverträge wie grundsätzlich auch für Verträge im geschäftlichen Verkehr, nicht aber für Unternehmen mit mehr als 50 Arbeitnehmern und solche, die einen Jahresabschluss veröffentlichen.[1] Soweit die Regelung für größere Unternehmen nicht gilt, kommt die von der Rechtsprechung schon bisher unternommene offene Inhaltskontrolle über die guten Sitten, den ordre public sowie über Treu und Glauben weiterhin zur Anwendung. Auch wird die Anwendung der Generalklausel des Art. 6: 233 erwogen.[2]

o) Österreich

Schrifttum: *Bydlinski,* Die Kontrolle allgemeiner Geschäftsbedingungen nach dem österreichischen Konsumentenschutzgesetz, FS Meier-Hayoz, 1982, 65; *Fialka* in: Allgemeine Geschäftsbedingungen in der europäischen Rechtspraxis, 1997, S. 161, 167 ff.; *Kiendl,* Gesamteuropäisches AGB-Recht, Neuerungen im AGB-Recht durch die Europäisierung des Verbraucherschutzes am Beispiel Deutschland und Österreich, Jahrb. Junger Zivilrechtswissenschaftler 1995, 195; *König,* Zivilrechtlicher Verbraucherschutz in den Niederlanden und in Österreich, 1986, S. 131 ff.; *Kramer,* Vertragsrecht im Umbau, ÖJZ 1980, 233; *Reindl,* Der österreichische Entwurf eines Konsumentenschutzgesetzes, ZVP 1979, 71; *ders.,* Das österreichische Konsumentenschutzgesetz ein Nachtrag, ZVP 1979, 348; *ders.,* Rechtsprechung zum österreichischen Konsumentengesetz, RIW 1986, 669; *Wurst* in: Allgemeine Geschäftsbedingungen in der europäischen Rechtspraxis, 1997, S. 143.

Die österreichischen Vorschriften zum Schutz gegen unbillige Geschäftsbedingungen sind als Teil des Konsumentenschutzgesetzes von 1979 erlassen worden. Die Regelung ist insofern zweigeteilt, als neben einer **Generalklausel** in § 879 III ABGB auch **einzelne Klauselverbote** gemäß Art. 6 Konsumentenschutzgesetz bestehen. Während die Generalklausel, die auf ein gröbliches Benachteiligen abstellt, nur für AGB und Formularverträge gilt, andererseits aber Verbraucher wie Kaufleute schützt, dienen die einzelnen Klauselverbote nur dem Schutze der Verbraucher, gelten zum Teil aber unabhängig davon, ob es sich um AGB oder Individualvereinbarungen handelt. Überraschende Klauseln sind generell von der Einbeziehung ausgenommen.[3] Auf eine Umsetzung der RL 93/13/EWG wurde bisher verzichtet. Man geht von einer richtlinienkonformen Auslegung des bestehenden Rechts aus. Die Einbeziehung von AGB zwischen Kaufleuten kann auch im österreichischen Recht durch Schweigen auf die in der Auftragsbestätigung enthaltenen AGB erfolgen, sofern diese nur Ergänzungen und Konkretisierungen der mündlichen Absprachen enthalten.[4] **67**

---

[1] *Hondius* VuR 1996, 295, 298.
[2] S. *Hartkamp* AcP 191, 396, 404.
[3] § 864 a ABGB.
[4] OLG Frankfurt RIW 1983, 59.

68 **Verfahrensrechtlich** ist für die Inhaltskontrolle eine Verbandsklage vorgesehen, wobei Klagebefugnis den Spitzenverbänden und Kammern der Wirtschaft, der Arbeitnehmer und der Landwirtschaft sowie dem Verein für Konsumenteninformation eingeräumt ist. Entsprechend der umfassenden Klagebefugnis unterliegen nicht nur AGB gegenüber Verbrauchern, sondern auch die gegenüber Kaufleuten benutzten AGB der Überprüfung im Verbandsklageverfahren.

p) Polen[1]

Schrifttum: *Liebscher/Zoll,* Einführung ins polnische Recht, München 2005; in poln. Sprache zum AGB-Recht: Bednarek, Wzorce umów w prawie polskim, 2005; *Konarski,* Komentarz do ustawy o swiadczeniu uslug droga elektroniczna, Warszawa 2004; Letowska, Prawo umów konsumenckich, 2002; *Pecyna,* Kontrola wzorców umownych poza obrotem konsumenckim, Zakamycze 2003; *Skory,* Klauzule abuzywne w polskim prawie ochrony konsumenta, 2005; *Zoll/Diemer-Benedict,* Das Recht der Allgemeinen Geschäftbedingungen in Polen, RIW 1997, 1001.

69 Mit dem Inkrafttreten des Obligationenrechts im Jahre 1933[2] hatte Polen mit dessen Art. 71 und Art. 72 eine der ersten europäischen Regelungen der Allgemeinen Geschäftsbedingungen. Die heutige Regelung in Art. 384 ff. ZGB[3] ist eine Mischung aus jener Regelung von 1933, aus späteren sozialistischen Einflüssen und aus der Umsetzung zweier europäischer Richtlinien über missbräuchliche Klauseln in Verbraucherverträgen[4] und über den elektronischen Geschäftsverkehr[5]. Die sog. *battle of forms*-Regelung entstammt dem Art. 2:209 PECL[6]. Grundsätzlich findet eine **Kontrolle der Einbeziehung** von AGB nach Art. 384 ZGB nicht nur im Verbraucherverkehr statt; für Verbrauchergeschäfte gelten jedoch strengere Einbeziehungsregeln. Anzumerken ist, dass im Bereich der AGB-Kontrolle und der einseitig auferlegten Klauseln, jedwede Kontrahenten eines Versicherers als Verbraucher betrachtet werden, Art. 384 § 5 ZGB. Das ZGB enthält keine Definition des AGB-Begriffs; es findet sich lediglich eine historisch bedingte, aber nur deskriptiv wirkende Auflistung, dass Art. 384 ZGB für allgemeine Vertragsbedingungen, für Vertragsmuster, sowie für sog. Reglements gilt. Dies entspricht aber weitgehend dem deutschen Begriff der AGB. Um wirksam zu sein, sind die AGB dem Kunden auszuhändigen. Nur wenn die Verwendung von AGB gewohnheitsmäßig anerkannt ist, kann auf die Aushändigung verzichtet werden, dann aber ist die Möglichkeit einer einfachen Kenntnisnahme erforderlich, Art. 384 § 1, § 2 S. 1 ZGB. In Verbraucherverträgen greift diese Erleichterung nur, wenn es sich um kleinere Geschäfte des täglichen Lebens handelt, Art. 384 § 2 ZGB a.E. Bei elektronischen AGB ist notwendig, dass die AGB vor Vertragsschluss der anderen Partei zur Verfügung gestellt werden dergestalt, dass sie diese aufbewahren und jederzeit abrufen kann, Art. 384 § 4 ZGB. In unklarem Verhältnis zu dieser Vorschrift steht der Versuch der Umsetzung der e-commerce-Richtlinie in Art. 8 Abs. 1 Nr. 2 des Gesetzes über elektronische Dienstleistungen[7], welcher eine unentgeltliche Zugänglichmachung von AGB vor Vertragsschluss ausreichen lässt, und nur auf Verlangen des Kunden hin eine Aufbewahrungs- und Abrufungsmöglichkeit vorschreibt.

---

[1] Für ihre wertvolle Mitwirkung bei der Abfassung dieser Hinweise danke ich den Herren Universitäts-Dozent Dr. hab. *Fryderyk Zoll,* Direktor des Deutsch-Polnischen Zentrums für Bankrecht an der Jagiellonen-Universität, Krakau, und Ass. iur. *Marc Liebscher,* Wissenschaftlicher Mitarbeiter daselbst.

[2] Obligationenrecht v. 27.10.1933, Gesetzblatt Nr. 82, Pos. 598.

[3] Zivilgesetzbuch v. 23.4.1964, Gesetzblatt Nr. 16, Pos. 93.

[4] Richtlinie 1993/13/EWG v. 5.4.1993

[5] Richtlinie 2000/31/EG v. 8.6.2000.

[6] *Lando/Beale* (Hrsg.), Principles of European Contract Law, 2000.

[7] Gesetz v. 18.7.2002, Gesetzblatt Nr. 144 Pos. 1204.

70 Die **Inhaltskontrolle** von AGB ist mindestens nach dem Wortlaut des ZGB auf den Verbraucherverkehr beschränkt[1] und erfasst nicht nur AGB, sondern, entsprechend der Richtlinie über missbräuchliche Klauseln in Verbraucherverträgen, auch einseitig auferlegte Vertragsklauseln. Art. 385 bis Art. 385 ZGB entsprechen im Wesentlichen den Art. 3 und Art. 4 der Richtlinie, sowie den im Anhang der Richtlinie aufgeführten Klauselverboten, welche in Polen als graue Liste, also mit zusätzlicher Wertungsmöglichkeit konzipiert sind. Anders als in der Richtlinie (Art. 3 Abs. 2 a.E.) gilt die Vermutung, dass Klauseln auferlegt sind, nicht nur für Standardvertragsklauseln, sondern darüber hinaus für alle Klauseln in Verbraucherverträgen, mithin auch für individuelle Klauseln, Art. 385 § 4 ZGB. Art. 479 ff. ZVGB[2] regelt die abstrakte Kontrolle von AGB in Verbraucherverträgen. Der Kreis der aktiv Legitimierten ist in diesem Fall sehr weit, da neben Verbraucherverbänden, den Verbraucherombudsmännern der Bezirke und Städte, und dem Präsidenten des Amtes für Wettbewerbs- und Verbraucherschutz jeder legitimiert ist, der nach dem Angebot des Verwenders den Vertrag hätte schließen können. Sachlich zuständig ist das Wettbewerbs- und Verbrauchergericht in Warschau. Eine rechtskräftige Entscheidung, welche die Verwendung einer Klausel verbietet, wird im Wirtschafts- und Gerichtsanzeiger veröffentlicht und in ein, beim Präsidenten des Amtes für Wettbewerbs- und Verbraucherschutz geführtes Register eingetragen. Mit der Eintragung erlangt das Urteil nach Art. 479 ZVGB *erga omnes*-Wirkung, eine Rechtsfolge, die wegen des eigentlich geschlossenen Rechtsquellenkataloges auf verfassungsrechtliche Bedenken stößt. Verwenden zwei Unternehmer **konkurrierende AGB,** so kommt der Vertrag nicht mit den sich widersprechenden Klauseln zustande, es sei denn „dass nach Erhalt des Angebots die andere Partei unverzüglich den Anbietenden darüber informiert, dass sie den Vertrag unter Anwendung" der o.g. Regel „nicht schließen möchte", Art. 485[4] § 1, 2 ZGB.[3]

q) Portugal

Schrifttum: *Jayme,* Das portugiesische AGB-Gesetz von 1985 Sachnormen und Internationales Privatrecht, IPRax 1987, 44; *Mallmann,* Die Regelung der Allgemeinen Geschäftsbedingungen in Portugal, RIW 1987, 111.

71 In Portugal ist am 22. 2. 1986 ein Gesetz über Allgemeine Geschäftsbedingungen in Kraft getreten, das in seinen Grundlagen Ähnlichkeiten zum deutschen AGB-Recht aufweist.[4] Die Umsetzung der RL ist ohne einschneidende Änderungen durch Decreto-Lei Nr. 220/95 vom 31. 1. 1995 erfolgt. Im Zusammenhang mit diesem Gesetz sind einige weitere Klauselverbote für Verbraucherverträge (s. Rz 66) eingefügt worden. Als AGB werden solche Regelungen angesehen, die zur Einbeziehung in Verträge mit einem unbestimmten Kreis von Geschäftspartnern ausgearbeitet werden (Art. 1), gleichgültig wer sie aufstellt, welchen Umfang und welche Form sie haben (Art. 2). Am Kriterium des unbestimmten Kreises der Geschäftspartner ist trotz der RL 93/13/EWG festgehalten worden, so dass Individualklauseln nicht erfasst zu werden scheinen. Im Gegensatz zum deutschen AGB-Recht unterliegen dem portugiesischen AGB-Gesetz auch familien- und erbrechtliche Rechtsgeschäfte, Regelungen des kollektiven Arbeitsrechts und Be-

---

[1] In praxi werden aber wegen Art. 353 ZGB (allgemeine Grenze der Vertragsfreiheit) im unternehmerischen Verkehr AGB strenger kontrolliert als ausgehandelte Klauseln.

[2] Zivilverfahrensgesetzbuch vom 17.11.1964, Gesetzblatt Nr. 43, Pos. 296.

[3] Vgl. hierzu den Wortlaut von 2:209, v.a. Ziff. 2 lit. b PECL. Es ist zweifelhaft, ob es sich bei der polnischen Regelung tatsächlich um einen Widerspruch „nach Erhalt der Offerte" handelt oder vielmehr, entsprechend dem Wortlaut der PECL um eine „unverzügliche" Mitteilung, „dass die Partei nicht an einen solchen Vertrag gebunden sein möchte".

[4] *Jayme* IPrax 1987, 44.

stimmungen in öffentlich-rechtlichen Verträgen (Art. 3). AGB bedürfen zu ihrer Geltung der **Einbeziehung** in den Einzelvertrag, wozu neben dem Einverständnis des Kunden gehört, dass die AGB ihm zuvor in vollem Umfang in angemessener Weise und so rechtzeitig vorgelegt werden, dass der Kunde den Gesamtinhalt mit üblicher Sorgfalt hinlänglich erfassen kann (Art. 5). Außerdem ist eine Auskunfts- und Erläuterungspflicht des Verwenders auf Wunsch des Kunden vorgesehen (Art. 6). Überraschende Klauseln werden nicht Vertragsinhalt, ebenso wenig nachträglich angefügte AGB (Art. 8). Bei der Auslegung von AGB sind die Besonderheit des jeweiligen Rechtsgeschäfts und die besondere Situation des Kunden zu berücksichtigen. Im Zweifel sind AGB zugunsten des Kunden auszulegen (Art. 10, 11). Wie im deutschen AGB-Recht haben Individualvereinbarungen Vorrang (Art. 7). Bei der **Inhaltskontrolle** unterscheidet das Gesetz Verträge mit Kaufleuten und freiberuflich Tätigen einerseits (Art. 15) und Verbrauchern (Art. 20) andererseits. Für die beiden Vertragsgruppen sind neben der Generalklausel jeweils besondere Klauselverbote vorgesehen. Es werden jeweils absolute Klauselverbote (absolutamente proibidas) und relative Klauselverbote (relativamente proibidas), die am ehesten den deutschen Klauselverboten mit Wertungsmöglichkeit entsprechen, aufgestellt. Daneben ist für die Inhaltskontrolle eine Generalklausel vorgesehen, die Abweichungen von Grundwerten des Rechts untersagt (Art. 17) und generell die AGB an das Gebot von Treu und Glauben bindet (Art. 16).

72 In **Verträgen mit Kaufleuten und freiberuflich Tätigen** sind absolut verboten (Art. 18) etwa Haftungsbeschränkungen hinsichtlich Schädigungen der Gesundheit, des Lebens und der Sittlichkeit sowie bezüglich der Haftung bei außervertraglichen Vermögensschäden. Unwirksam ist ein Haftungsausschluss bei vertraglichen Leistungsstörungen, soweit es Vorsatz oder grobes Verschulden des Verwenders oder seiner Erfüllungsgehilfen betrifft. Auch darf nicht einem Partner das ausschließliche Recht zur Auslegung des Vertrags eingeräumt werden; Zurückbehaltungs- und gesetzliche Aufrechnungsrechte dürfen nicht ausgeschlossen werden und der Vertrag darf nicht ohne Zustimmung des anderen Vertragsteils auf einen Dritten übertragen werden. Relative Verbote (Art. 19) sind etwa die Vereinbarung unangemessen langer Fristen zur Vertragsannahme und zur Erbringung von Leistungen, überhöhte Schadenspauschalen, Erklärungsfiktionen oder Gerichtsstandsvereinbarungen und Rechtswahlklauseln ohne ein berechtigtes Interesse des Verwenders.[1] Auch die grundlose Beschneidung des Klagerechts und die Einräumung eines Rechts zur Leistungsänderung ohne entsprechenden Ausgleich sind unwirksam. Damit zeigt sich, dass etliche Klauselverbote der §§ 10, 11 des ehemaligen deutschen AGB-Gesetzes (jetzt §§ 308, 309 BGB) für den kaufmännischen Verkehr übernommen wurden.

73 In **Verträgen mit Verbrauchern** gelten zusätzlich zu den Klauselverboten zwischen Kaufleuten (Art. 20) weitere absolute (Art. 21) und relative (Art. 22) Verbote, wie etwa ein Verbot, dass der Verwender die Güte seiner Ware verbindlich feststellt, Beweislaständerungen oder Änderungen der gesetzlichen Gefahrtragungsregeln. Unwirksam sind z. B. auch der Ausschluss der Nachbesserung oder der Entschädigungspflicht bei fehlerhafter Leistung, die Verkürzung der Gewährleistungsfristen, Preiserhöhungen innerhalb kurzer Frist, unangemessene Vorleistungspflichten, das Verlangen überhöhter Sicherheiten oder die Wahl eines unpassenden Orts oder einer unpassenden Zeit für die Erfüllung.

74 Für die **verfahrensrechtliche Kontrolle** ist neben dem Individualprozess auch ein abstraktes Prüfverfahren vergleichbar der Verbandsklage nach dem UKlaG vor-

[1] Dazu *Jayme* IPrax 1987, 44.

gesehen, nur dass neben Verbänden auch das Justizministerium klagebefugt ist (Art. 25). Die Klage kann auch als Sammelklage gegen mehrere Verwender oder Empfehler gleichlautender Bedingungen erhoben werden. Ausdrücklich gesetzlich vorgesehen ist auch ein Verbot durch einstweilige Verfügung (Art. 30).

r) Schweden

Schrifttum: *Bernitz,* Der Verbraucherschutz in Schweden, ZHR 138 (1974), 357; *v. Bockelberg,* Der Verbraucher-Ombudsmann im schwedischen und norwegischen Recht, 1977; *Carsten,* Marktgerichtshof und Verbraucherombudsmann, WuW 1973, 667; *Neumeyer,* Der schwedische Verbraucherombudsmann und die schwedische Verbraucherschutzgesetzgebung in den letzten Jahren, GRuR Int. 1973, 686; *Woschnagg,* Das neue schwedische Kaufrecht, RIW 1992, 117.

Das schwedische Gesetz über das Verbot unbilliger Vertragsbedingungen stammt **75** von 1971. Eine Neufassung dieses Gesetzes von 15. 12. 1994, das von der schwedischen Regierung als Umsetzungsgesetz angesehen wird, enthält keine wesentlichen Änderungen. Das Gesetz von 1971 schuf zum ersten Mal in Europa einen **Verbraucher-Ombudsmann.** Dieser soll durch Verhandlungen mit den Anbietern von Waren und Dienstleistungen für den Verkehr mit Verbrauchern angemessene Geschäftsbedingungen vereinbaren, ohne dass eine Generalklausel oder einzelne Klauselverbote Maßstäbe vorgeben. Daneben kann der Ombudsmann beim Marktgerichtshof die Untersagung unbilliger Geschäftsbedingungen beantragen, unabhängig davon, ob es sich um AGB handelt oder nicht, beschränkt jedoch auf Verträge mit Verbrauchern. Die Voraussetzungen für die Untersagung unbilliger Geschäftsbedingungen sind generalklauselartig geregelt. Bei Untätigkeit des Ombudsmanns können sich Verbände von Gewerbetreibenden, Verbrauchern oder Arbeitnehmern an den Marktgerichtshof wenden. Dadurch ist in Verbindung mit einem Gesetz von 1984 auch kleineren Unternehmern und Gewerbetreibenden die Möglichkeit eröffnet, durch ihre Organisationen gegen unangemessene Vertragsbedingungen mit marktstarken Unternehmen vor dem Marktgericht zu klagen. Wie in anderen skandinavischen Ländern (s. auch Rz 53) kann auch in Schweden aufgrund von Art. 36 des Vertragsgesetzes seit 1976 die unterlegene Vertragspartei, gleichgültig ob sie Verbraucher ist oder nicht, Vertragsbedingungen gerichtlich auf ihre Angemessenheit überprüfen lassen. Durch das Umsetzungsgesetz von 15. 12. 1994 ist Art. 36 des Vertragsgesetzes im Hinblick auf die Vorgaben der RL 93/13/EWG angepasst worden. Ein Klauselkatalog mit verbotenen Klauseln existiert nicht. Gemäß Art. 12 Vertragsgesetz wird bei Verbraucherverträgen widerlegbar vermutet, dass die Klauseln nicht im Einzelnen ausgehandelt sind. Art. 10 sieht eine verbraucherfreundliche Auslegung vor, und nach Art. 12 bleibt der Restvertrag wirksam. Nach Art. 13 ist eine Rechtswahl zum Nachteil des Verbrauchers ohne Wirkung. Im Verbraucherkaufgesetz von 1973 mit einer Neuregelung von 1990 sind einige zwingende Vorschriften zum Schutz des Verbrauchers vorgesehen, wovon nicht nur AGB, sondern auch Individualvereinbarungen erfasst werden.[1]

s) Schweiz

Schrifttum: AGB in *Doktrin und Praxis,* Beiträge zur aktuellen Situation, 1982; *Baudenbacher,* Wirtschafts-, schuld- und verfahrensrechtliche Grundprobleme der Allgemeinen Geschäftsbedingungen, 1983; *ders.,* Zeitschr. BernJV 123, 505; *ders.* (Hg.), AGB – Eine Zwischenbilanz, 1991; *Forstmooser,* Die rechtliche Behandlung von AGB im schweizerischen und deutschen Recht, FS Kummer 1980, S. 99ff.; *Haidegger,* Über die Allgemeinen Geschäftsbedingungen der Banken. Rechtliche Behandlung unter besonderer Berücksichtigung ausgewählter Klauseln, 1991; *Ramstein,* Allgemeine Geschäftsbedingungen in der Schweiz, RIW 1988, 440; *Sack,* Das UWG auf neuer Grundlage, 1988; *Schenk-Engelen,* Klauselkataloge in einigen neueren europäischen AGB- und Verbraucherschutzgesetzgebungen Ihre Bedeutung für das schweizerische Recht, Diss. St. Gallen, Bamberg, 1993; *Sticher,* Die Kontrolle Allgemeiner Geschäftsbedingungen als

---

[1] S. im Einzelnen *Woschnagg* RIW 1992, 117.

wettbewerbliches Problem, Diss. St. Gallen 1981; *Otto,* Allgemeine Geschäftsbedingungen und Internationales Privatrecht, 1984, S. 3ff.; *Kramer,* Allgemeine Geschäftsbedingungen: Status quo, Zukunfsperspektiven, SJZ 1985, 17, 33.

76 Die Schweiz hat durch Art. 8 des neuen UWG vom 19. 12. 1986 eine Generalklausel eingeführt, um der Verwendung missbräuchlicher AGB zu begegnen. Danach handelt unlauter, wer vorformulierte allgemeine Geschäftsbedingungen verwendet, die in irreführender Weise zum Nachteil einer Vertragspartei von der gesetzlichen Ordnung erheblich abweichen oder eine der Vertragsnatur erheblich widersprechende Verteilung von Rechten und Pflichten vorsehen. Die Kontrollmaßstäbe entsprechen damit im Wesentlichen denen des deutschen AGB-Rechts (§ 307 BGB). Die Generalklausel gilt für Verbraucher und Unternehmer gleichermaßen. Jedoch dürfte das Merkmal „in irreführender Weise" die Möglichkeit bieten, im Hinblick auf die Geschäftserfahrung die unterschiedlichen Schutzbedürfnisse von Verbrauchern und Unternehmern zu berücksichtigen. Ein Katalog spezieller Klauselverbote ist nicht vorhanden. Einem Verstoß gegen Art. 8 schweiz. UWG kann als unlauterem Wettbewerb dadurch begegnet werden, dass gemäß Art. 9 UWG beim Richter beantragt wird, eine drohende Verletzung zu verbieten, eine bestehende Verletzung zu beseitigen oder die Widerrechtlichkeit einer Verletzung festzustellen. Klagebefugt ist jeder, der durch diesen unlauteren Wettbewerb in seiner Kundschaft, seinem Kredit oder beruflichen Ansehen, in seinem Geschäftsbetrieb oder sonst in seinen wirtschaftlichen Interessen bedroht oder verletzt wird. Die Klagebefugnis steht damit in erster Linie den Konkurrenten zu. Klagebefugt sind nach Art. 10 UWG aber auch Kunden, die in ihren wirtschaftlichen Interessen bedroht oder verletzt sind, sowie Berufs- und Wirtschaftsverbände und Konsumentenschutzorganisationen. Die Klagebefugnis ist damit umfassender als im deutschen UKlaG, vor allem wegen der Klagebefugnis von Konkurrenten, denen auch Ansprüche auf Schadensersatz und Gewinnherausgabe zustehen können.[1] Art. 9 II UWG sieht die Möglichkeit vor, auf Antrag das Urteil zu veröffentlichen oder Dritten mitzuteilen.

77 Da Einbeziehung und Auslegung von AGB durch das UWG nicht geregelt werden, gelten insoweit die bisherigen Grundsätze, die von einer individualvertraglichen Einbeziehung und einer individuellen Auslegung in Verbindung mit der Unklarheitenregel ausgehen. Geltung behalten auch sonstige zwingende Vorschriften zum Schutz eines Vertragspartners. Dabei ist vor allem darauf hinzuweisen, dass das wichtige Problem der Haftungsfreizeichnung durch Art. 100 OR in der Weise geregelt ist, dass der Schuldner sich nur für leichte Fahrlässigkeit, nicht dagegen für Vorsatz und grobe Fahrlässigkeit im Voraus freizeichnen kann. Hinsichtlich der Haftung für Erfüllungsgehilfen gilt eine solche Beschränkung nur, sofern es sich um Arbeitnehmer des Schuldners oder um die Verantwortlichkeit eines obrigkeitlich genehmigten Gewerbes handelt.[2]

t) Spanien

Schrifttum: *Bueso Guillen,* Die Kriterien der Missbräuchlichkeit in der EG-Richtlinie über missbräuchliche Klauseln in Verbraucherverträgen, VuR 1994, 309; *Fischer,* Das neue Gesetz über Allgemeine Geschäftsbedingungen in Spanien und die Umsetzung der EU-Richtlinie über mißbräuchliche Klauseln in Verbraucherverträgen, RIW 1998, 689; *Fröhlingsdorf,* Das neue spanische Verbraucherschutzgesetz, RIW 1985, 99; *Lopez Sanches/Bueso Guillen,* Neuentwicklungen im spanischen Verbraucherschutzrecht, VuR 1995, 437.

78 Spanien hat die Richtlinie 93/13/EWG durch Gesetz vom 13. 4. 1998 sobre Condiciones Generales de la Contratación (LCGC) sowie durch eine gleichzeitige Än-

---

[1] Art. 9 III UWG.
[2] Art. 101 III OR.

derung des bisherigen Verbraucherschutzgesetzes (LCU) vom 19. 7. 1984 umgesetzt. Das **LCGC** befasst sich allein mit **AGB,** die entsprechend der deutschen Definition alle zur Verwendung in einer Vielzahl von Verträgen aufgestellten Vertragsbedingungen umfassen (Art. 1 LCGC). Wie die §§ 305 ff. BGB ist auch das LCGC nicht auf Verbraucherverträge beschränkt, sondern findet **auch auf Verträge zwischen Unternehmern** untereinander Anwendung. Demgegenüber gilt das **LCU nur für Verträge mit Verbrauchern,** findet aber nicht nur auf AGB, sondern auch auf Individualvereinbarungen Anwendung, soweit diese nicht individuell ausgehandelt sind. Verbraucher sind dabei natürliche und juristische Personen, soweit sie die Marktstellung als Endverbraucher von Gütern und Dienstleistungen innehaben. Verbraucher sind damit auch Gewerbetreibende und Kaufleute, soweit sie Verträge außerhalb des Rahmens ihres Geschäftsbetriebs abschließen.[1]

Das **LCGC,** das auch zwischen Unternehmern gilt (Art. 2 LCGC), enthält neben **79** der Definition der AGB weitere Bestimmungen über seinen **Anwendungsbereich,** indem es Individualvereinbarungen ausschließt. Ebenso sind Vertragsbedingungen im Bereich des Familien- und Erbrechts, des Arbeits- und Gesellschaftsrechts sowie des Verwaltungsrechts ausgenommen (Art. 4 LCGC). Als Voraussetzung für die wirksame **Einbeziehung** der AGB verlangt Art. 5 LCGC den ausdrücklichen Hinweis auf die Existenz der AGB sowie die Möglichkeit der Kenntnisnahme bei Vertragsschluss und das Einverständnis mit den AGB, welches bei der Schriftform bedürftigen Verträgen auch schriftlich festgehalten werden muss. Bei telefonischem oder sonst elektronischem Vertragsschluss soll dem Vertragspartner sofort eine schriftliche Bestätigung der vereinbarten Vertragsbedingungen übermittelt werden. Art. 5.4 LCGC verlangt die Einhaltung des Transparenzgebots. Ohne Beachtung dieser Vorschriften werden die AGB nicht Vertragsinhalt (Art. 7 LCGC). Bei der **Auslegung** haben gemäß Art. 6.1 LCGC Individualvereinbarungen Vorrang vor den AGB. Für die AGB selbst gilt die Auslegung gegen den Verwender wie in § 305c II BGB. Ansonsten gelten die allgemeinen Auslegungsregeln des Código civil. Für die **Inhaltskontrolle** sieht Art. 8 LCGC die Nichtigkeit solcher Bedingungen vor, die gesetzlichen Normen widersprechen oder diese unbeachtet lassen und dadurch die andere Vertragspartei benachteiligen. Art. 8.2 LCGC bezeichnet als solche Normen die in Art. 10 LCU (Verbraucherschutzgesetz) und im Katalog dazu als missbräuchlich aufgeführten Klauseln. Dies gilt jedoch nur für Verbraucherverträge. Im Übrigen tritt die Nichtigkeit nur nach den allgemeinen Regeln der Art. 1300 ff. Código civil ein.[2] Die Nichtigkeit bzw. die fehlende Einbeziehung einzelner Klauseln lässt den Vertrag im Übrigen gemäß Art. 10.1 LCGC grundsätzlich unberührt, wobei die fehlende Klausel durch Auslegung oder durch die allgemeinen Vorschriften ersetzt wird. Art. 11 LCGC sieht ein **Register** für die Eintragung von AGB vor, die freiwillig ist, solange die Regierung nicht den obligatorischen Eintrag anordnet. Auch Verfahren und Urteile zu AGB werden eingetragen. Art. 12 ff. LCGC sehen ein **Verbandsklageverfahren** mit Klagen zur Unterlassung der Verwendung, zum Widerruf von Empfehlungen und zur Feststellung des AGB-Charakters und der Eintragungspflicht vor. Rechtskräftige Urteile im Verbandsklageverfahren werden publik gemacht. Notaren wird die Beachtung des LCGC ausdrücklich zur Pflicht gemacht (Art. 23 LCGC).

Das **Verbraucherschutzgesetz (LCU),** das nur für Verbraucherverträge, inso- **80** weit aber nicht nur für AGB, sondern **auch für nicht ausgehandelte Individualvereinbarungen** gilt, enthält in Art. 10.1 a das **Transparenzgebot** für die Ein-

---

[1] S. *Fischer* RIW 1998, 689, 694.
[2] S. *Fischer* RIW 1998, 689, 691.

beziehung und das Gebot zur Aushändigung einer Vertragsurkunde an den Verbraucher (Art. 10.1 b LCU). Art. 10.1 c LCU legt fest, dass missbräuchliche Klauseln, die entgegen Treu und Glauben nicht ein Gleichgewicht der Rechte und Pflichten enthalten, unzulässig sind. Art. 10.1 LCU wiederholt die Auslegungsregel contra proferentem und Art. 10.3 LCU enthält einen **Verweis auf die Anwendung des LCGC.** Der neu eingeführte Art. 10 bis LCU enthält die **Generalklausel der Inhaltskontrolle** in Anlehnung an Art. 3 RL 93/13/EWG mit der Anweisung zur Berücksichtigung der den Vertragsschluss begleitenden Umstände entsprechend Art. 4 RL 93/13/EWG. Eine erste Zusatzbestimmung zum LCU listet die **einzelnen Klauselverbote** auf. Sie umfassen die im Anhang zur RL 93/13/EWG aufgeführten Klauselverbote ergänzt um weitere, nicht abschließend gemeinte Klauselverbote aus Spaniens Gesetzgebung und Rechtsprechung. Bei Unwirksamkeit einer Klausel bleibt der **Restvertrag wirksam,** sofern dies nicht nach Einschätzung des Richters zu einem Ungleichgewicht zulasten des Verbrauchers führt.

u) Tschechien

81 Als „Erbe" der kommunistischen Herrschaft kannte das tschechische Recht auch nach 1989 zunächst kein entwickeltes Verbraucherrecht. AGB haben auch über das Verbraucherrecht hinaus eine große Rolle im Rechtsverkehr gespielt; eine AGB-Kontrolle war unbekannt. Schon vor dem EG-Beitritt der tschechischen Republik wurde die Klausel-Richtlinie in den §§ 55 und 56 des tschechischen Zivilgesetzbuchs und damit in dessen Allgemeinem Teil umgesetzt. Die Umsetzung ist durch folgende Besonderheiten gekennzeichnet: Verbraucher können über die Richtliniendefinition hinaus auch juristische Personen sein, sofern sie privat handeln. Bei dem Eingreifen der Vertragskontrolle kommt es nicht darauf an, ob es sich bei der in Rede stehenden Vertragsbestimmung um eine im Einzelnen ausgehandelte Klausel handelt. Im Übrigen folgt der Maßstab der Inhaltskontrolle den Vorgaben der Richtlinie.

v) Türkei[1]

Schrifttum: *Akman* in *Tekinay/Akman/Burcuoglu/Altop,* Borçlar Hukuku, Genel Hükümler, 7. Auflage, Istanbul 1993, S. 160; *ders.,* Genel Islem Sartlari, Günümüzde Yargi Dergisi, No. 35, S. 13 ff.; *ders.,* Sorumsuzluk Anlasmasi, Istanbul 1976; *Akünal,* Allgemeine Geschäftsbedingungen im türkischen Recht, Referat zur österreichischen türkischen juristischen Woche, Istanbul 1982; *Bozbel,* Allgmeine Geschäftsbedingungen im türkischen Recht, RIW 2004, 183; *Eren,* Borçlar Hukuku Band I, S. 277 ff.; *Kuru, Baki,* Hukuk Muhakemeleri Usulü, Band I, 4. Auflage, Ankara 1979, S. 360; *Oguzman/Öz,* Borçlar Hukuku Genel Hükümler, Istanbul 1995, S. 19 ff.; *Serozan, R.,* Sözlesmeden Dönme, Istanbul 1975, S. 212 ff.; *Sungurbey, I.,* Türkiye'de Bankalarin Içyüzü, Çorlu 1994, S. 10 ff.; *Tandogan, H.,* Tüketicinin Korunmasi ve Sözlesme Özgürlügünün Bu Açidan Sinirlanmasi, Ankara 1977, S. 24 ff.; *Tuncomag,* Karar Incelemesi, BATIDER, 1964, Bd. 2, S. 446 ff.

82 Das türkische Recht kannte bis zum Erlass des Gesetzes 4822 im Jahre 2003 keine speziellen Vorschriften zur Kontrolle Allgemeiner Geschäftsbedingungen. Eine gesetzliche Definition von AGB existierte dementsprechend zunächst nicht. Jedoch unterschied sich die im türkischen Recht entwickelte Definition seit jeher nicht von der deutschen. Für **Verbraucherverträge** ist allerdings heute das Verbraucherschutzgesetz 4822 maßgebend, das sich weitgehend an der RL 93/13 orientiert. Ergänzend gilt die türkische Verordnung zum Verbraucherschutzgesetz v. 13. 6. 2003. Dem RL-Vorbild entsprechend erstreckt sich der Anwendungsbereich in sachlicher Hinsicht auf nicht im Einzelnen ausgehandelte Klauseln; in persönlicher Hinsicht werden Verträge zwischen einem Unternehmer und einem nicht für seine gewerbliche oder selbstständige berufliche Tätigkeit handelnden Verbraucher erfasst. Wie

[1] Herrn Av. *Murat R. Öszunay* danke ich für seine Hinweise und wertvolle Unterstützung.

die Klausel-RL enthält das Gesetz 4822 keine Vorschriften zur Einbeziehungskontrolle; insofern bleibt es bei den Regeln des allgemeinen Zivilrechts. Unwirksam sind, wiederum in Anlehnung an die RL, Klauseln, die entgegen Treu und Glauben ein ungerechtfertigtes Missverhältnis der Rechte und Pflichten der Vertragsparteien begründen.

Auch nach dem **türkischen allgemeinen Zivilrecht** können AGB von den Gerichten einer Kontrolle unterzogen werden. Die Kontrolle richtet sich nach den Vorschriften des „Medeni Kanun" (Zivilgesetzbuch) v. 17. 2. 1926 (MK), „Borçlar Kanunu" (Obligationenrecht) v. 22. 4. 1926 (BK) und „Türk Ticaret Kanunu" (Türkisches Handelsgesetzbuch) v. 29. 6. 1956 (TTK). Das Zivilgesetzbuch und das Obligationenrecht (nur Erste und Zweite Abteilungen) wurden nach der Gründung der Republik (1923) fast gleichlautend aus den Schweizer Gesetzestexten übernommen. Die Anforderungen an die **Einbeziehung** der AGB in den Vertrag sind im türkischen Recht deutlich geringer als in Deutschland. Grundsätzlich beurteilt sich die Frage nach den Prinzipien des allgemeinen Vertragsrechts.[1] Eine AGB-Klausel tritt hinter eine widersprechende Individualvereinbarung zurück. Die AGB sind entweder im unterschriebenen Vertragstext selbst enthalten oder es wird auf sie ausdrücklich verwiesen, wobei die Möglichkeit der Kenntnisnahme gegeben sein muss.[2] In beiden Fällen bedarf es der Zustimmung der anderen Vertragspartei. Entgegen dieser herrschenden Literaturmeinung hat die Rechtsprechung die Ansicht vertreten, dass es nicht notwendig sei, dass die Banken und Versicherer in ihren Verträgen ausdrücklich auf ihre AGB verweisen. Es reiche aus, wenn ein Formularvertrag vorhanden sei und solche Verträge üblicherweise nur auf der Grundlage allgemeiner Geschäftsbedingungen geschlossen würden. Nach Art. 1266 Abs. 2 TTK müssen aber Versicherungspolicen unter anderem ohne Mühe lesbare Versicherungsbedingungen enthalten. Andernfalls kommen, sofern die einzelne Bestimmung dem Versicherten nachteilig ist, die gesetzlichen Regelungen zur Anwendung. Diese Vorschrift wird zum Teil als allgemeine Regel, insbesondere aber auf Gerichtsstandsklauseln, analog angewandt. Unklare Klauseln werden zulasten des Verwenders ausgelegt. 83

Für die **Inhaltskontrolle** kommen über das Verbraucherschutzrecht hinaus die allgemeinen Kontrollmaßstäbe des Zivilrechts in Betracht, die weitgehend Art. 19, 20, 100, 101, 163 schweiz. OR entsprechen. Über Art. 19, 20 BK[3] können auch Prinzipien der türkischen Verfassung zum Schutz des Schwächeren vom Richter im Privatrecht zur Geltung gebracht werden. Gemäß Art. 2 MK[4] ist auch eine Kontrolle am Maßstab von Treu und Glauben möglich. Ein Haftungsausschluss ist gemäß Art. 766 TTK bei Transporteuren für unwirksam erklärt worden. Gegen Übervorteilung als Ausprägung der guten Sitten schützt allgemein Art. 21 BK.[5] Die Nichtigkeit einzelner Klauseln wirkt sich im Allgemeinen nicht auf den Vertrag insgesamt aus. An die Stelle der nichtigen Klausel tritt die gesetzliche Regelung. Eine AGB-Kontrolle entsprechend Art. 8 schweiz. UWG besteht nicht. Bei Missbrauch einer marktbeherrschenden Stellung können jedoch auch missbräuchliche AGB durch den Wettbewerbsausschuss überprüft werden. 84

---

[1] *Akünal,* aaO, S. 4.
[2] *Oguzman/Öz,* aaO, S. 21.
[3] Art. 19, 20 schweiz. OR.
[4] Art. 2 schweiz. ZGB.
[5] Art. 21 schweiz. OR.

w) Ungarn

Schrifttum: *Vekas/Paschke,* Europäisches Recht im ungarischen Privat- und Wirtschaftsrecht, 2004, S. 24–40

85 Eine Annäherung an den europäischen Standard ist in Ungarn schon durch vorweggenommene Umsetzungsmaßnahmen vor dem EG-Beitritt erfolgt. Dabei sind drei Aspekte zu unterscheiden: Die Richtlinie über missbräuchliche Klauseln wurde vor dem EU-Beitritt durch eine Regierungsverordnung (Nr.18/1999) in Ungarn umgesetzt. Im Zusammenhang hiermit wurden einige Grundfragen des AGB-Rechts in §205 V u. VI und §§209–209/D des Ungarischen Zivilgesetzbuches („PTK") geregelt. Diese Vorschriften enthalten einheitliche Regelungen missbräuchlichen für allgemeine Geschäftsbedingungen im Allgemeinen (über Verbraucherverträge hinaus) und für einzelne Klauseln in Verbraucherverträgen. Die Verordnung enthält eine nahezu wörtliche Übersetzung der Richtlinie. In der Schlussbestimmung der Verordnung findet sich eine sog. Anpassungsklausel (d.h. „diese Verordnung dient der Anpassung an die Richtlinie 93/13/EWG"). Die Verordnung umfasst auch eine Liste von missbräuchlichen Klauseln. Ursprünglich gab es eine Liste von Klauseln, die ohne Wertungsmöglichkeit missbräuchlich sind, und Klauseln, für die eine – gerichtlicher Wertung unterliegende – Vermutung der Missbräuchlichkeit eingreift sind. 5/C der Einführungs- und Auslegungs-Verordnung des PTK („PTKÉ") – im Zusammenhang mit §28/A der Verordnung Nr.13/1979 über Internationales Privatrecht – regelt die kollisionsrechtliche Flankierung: ein Verbrauchervertrag unterliegt trotz der Rechtswahl der Parteien den Regeln über missbräuchliche Klauseln des PTK, falls ohne Rechtswahl ungarisches Recht – nach der 13/1979 Verordnung – anwendbar wäre. Diese Regelungen wurden in der Literatur vielfach kritisiert. Eine Novellierung im Jahre 2006 (Gesetz 2006:III) hat sowohl die Verordnung 18/1999 als auch PTK, PTKÉ und PP geändert, um den Einklang mit der Richtlinie und der hierzu ergangenen EuGH-Rechtsprechung (insb. Océano Groupo, Cofidis, Kommission vs. Spanien, und Kommission vs. Italien) zu wahren und um den Vorschlägen der PTK-Kommision und der Kritik der Literatur Rechnung zu tragen. Die maßgebenden Vorschriften beziehen sich nunmehr – neben AGB – nur noch auf solche Klauseln, die von den Parteien nicht einzeln und ausdrücklich ausgehandelt wurden. Ferner sind folgende Maßgaben hervorzuheben:

- Derjenige Vertragspartner, die sich darauf beruft, dass Klauseln einzeln ausgehandelt wurden, trägt die Beweislast.
- Die Undeutlichkeit ist kein ausdrücklich genannter Fall der Missbräuchlichkeit.
- Die Auslegung gegen den Verwender gilt auch im Unternehmensverkehr.
- Die Ausnahme von Haupt- und Gegenleistung von der Missbrauchskontrolle bezieht sich auch auf die Proportion von Haupt- und Gegenleistungen (unterliegt aber der leasio enormis-Regel des ungarischen Rechts).
- In Verbraucherverträgen sind missbräuchliche AGB und nicht einzeln ausgehandelte Klauseln einseitig, nur zugunsten des Verbrauchers nichtig („hinkende Nichtigkeit"). Für die AGB-Kontrolle in Unternehmensverträgen gilt eine Anfechtungsfrist von einem Jahr ab Leistung oder Ende einer etwaigen Zwangssituation; keine Anfechtungsfrist gilt für Verbraucherverträge.
- Die Nichtigkeit der Klausel begründet nur dann die Nichtigkeit des ganzen Vertrages, wenn ohne diese Klausel nicht geleistet werden kann.
- Eine „öffentliche Unterlassungsklage" ist in Fällen von missbräuchlichen und nicht einzeln ausgehandelten Klauseln und AGB in Verbraucherverträgen (früher: AGB allgemein) und in den Fällen der Richtlinie 2000/35/EWG vorgesehen.
- Anpassung der kollisionsrechtlichen Normen an das Spanien-Urteil C-70/03: Ein Verbrauchervertrag, der mit dem Recht eines Mitgliedstaates im engen Verhältnis

steht, unterliegt – trotz der Wahl des Rechts eines dritten Staates – dem Recht des Mitgliedstaates, falls das Recht des dritten Staates nicht-dispositiven Regeln über missbräuchliche Klauseln (die die Richtlinien 93/13/EWG und 1999/44/EWG umsetzen) des Mitgliedstaates entgegensteht.
- Nach der Zivilprozessordnung sind die Bezirksgerichte sind zuständig für alle Rechtsstreitigkeiten im Zusammenhang mit den missbräuchlichen Klauseln in Verbraucherverträgen.

x) USA

Schrifttum: *von Hippel,* Die Kontrolle der Vertragsfreiheit nach anglo-amerikanischem Recht, 1963; *Munz,* Allgemeine Geschäftsbedingungen in den USA und Deutschland im Handelsverkehr, 1992; *G. Raiser,* Die gerichtliche Kontrolle von Formularverträgen im amerikanischen und deutschen Recht, 1966; *Otto,* Allgemeine Geschäftsbedingungen und Internationales Privatrecht, 1984, S. 68; *Petzinger,* „Battle of Forms" und Allgemeine Geschäftsbedingungen im amerikanischen Recht, RIW 1988, 673.

Die amerikanischen Gerichte haben aufgrund der unconscionable clause des 86
§ 2302 Uniform Commercial Code die Möglichkeit, unangemessene Vertragsklauseln für unwirksam zu erklären. Die Ermächtigung zur Vertragskontrolle beruht auf einer Generalklausel und ist nicht auf AGB beschränkt. Bei der Inhaltskontrolle ist auf die wirtschaftlichen Bedürfnisse und den wirtschaftlichen Zweck des Geschäfts Rücksicht zu nehmen. Die Gerichte verlangen als Voraussetzung für eine Inhaltskontrolle jedoch grundsätzlich das Vorliegen eines Ungleichgewichts der Verhandlungssituation.[1] Neben der gerichtlichen Kontrolle werden in vielen Bereichen auch behördliche Verbraucherschutzbestimmungen erlassen.

3. Europäische Vereinheitlichungsbestrebungen

Schrifttum: *Brandner/Ulmer,* EG-Richtlinie über mißbräuchliche Klauseln in Verbraucherverträgen, Kritische Bemerkungen zum Vorschlag der EG-Kommission, BB 1991, 701; *Bunte,* Gedanken zur Rechtsharmonisierung auf dem Gebiet der mißbräuchlichen Klauseln in Verbraucherverträgen, FS Locher 1990, 325; *Wagner-Wieduwilt,* EG-Vorschlag für eine AGB-Richtlinie, Die Bank 1990, 710; s. im Übrigen das Schrifttum bei Art. 1 der Richtlinie.

a) Überblick. Die Verflechtungen des internationalen Wirtschaftsverkehrs las- 87
sen in bestimmten Bereichen, wie insbesondere im Kaufrecht, weltweit, darüber hinaus aber vor allem im europäischen Raum und dabei in erster Linie im Rahmen der EG das **Bedürfnis nach** einer **einheitlichen Regelung** entstehen. Die darauf gerichteten Bemühungen haben sich in internationalen Übereinkommen über den Bereich der EG hinaus und innerhalb der EG durch die im EG-Vertrag vorgesehenen Harmonisierungsmaßnahmen niedergeschlagen. Die außerhalb des Rahmens der EG getroffenen Vereinheitlichungsbemühungen fördern grundsätzlich auch die Rechtseinheit zwischen den Mitgliedstaaten. Dies gilt insbesondere für das UN-Kaufrecht, das zwar keine speziellen Regelungen über AGB und die Inhaltskontrolle enthält, aber einheitliche Vorschriften für internationale Kaufverträge bringt, die auch für die an den gesetzlichen Grundgedanken orientierte Inhaltskontrolle[2] Maßstäbe setzt. Innerhalb der EG sind für bestimmte Absatzformen und einzelne Vertragsarten, wie den Verbraucherkredit oder den Reisevertrag, Richtlinien erlassen worden, die nach ihrer Umsetzung in nationales Recht zugunsten des Verbrauchers zwingende Vorschriften enthalten[3] und insoweit auch die Inhaltskontrolle vorprägen.[4] Einfluss auf die Vereinheitlichung des europäischen Vertragsrechts ha-

[1] Unequal bargaining power; s. auch *M. Wolf,* Rechtsgeschäftliche Entscheidungsfreiheit und vertraglicher Interessenausgleich, 1970, S. 65 ff.

[2] S. § 307 II Nr. 1; Art. 3 RL Rz 6.

[3] S. §§ 312f, 506, 651m.

[4] S. § 307 Rz 12.

ben auch einzelne Freistellungsverordnungen. Indem sie z. B. Vertriebsvereinbarungen, wie Franchiseverträge, bestimmten Inhalts generell vom Verbot der Art. 81, 82 EGV freistellen, beeinflussen sie zugleich den Inhalt dieser Vertragsarten. Dies darf auch bei der Inhaltskontrolle nicht unberücksichtigt bleiben. Einen wesentlichen Fortschritt in Richtung auf die europäische Rechtsharmonisierung bei der Inhaltskontrolle von Vertragsklauseln hat die EG-Richtlinie über missbräuchliche Klauseln in Verbraucherverträgen vom 5. 4. 1993[1] gebracht, deren Umsetzung inzwischen alle Mitgliedstaaten der Kommission gemeldet haben.[2]

88 **b) Vereinheitlichung in der EG.** Im Rahmen der Europäischen Gemeinschaft enthält sowohl das Erste Programm der EG zum Schutz und zur Unterrichtung der Verbraucher aus dem Jahre 1975[3] als auch das Zweite Verbraucherschutzprogramm von 1981[4] die Forderung nach Schutz der Verbraucher vor einseitigen Geschäftsbedingungen. Aufgrund des rechtsvergleichenden Gutachtens, das von *Hippel* erstellt hatte,[5] erarbeitete die EG-Kommission den Vorentwurf einer Richtlinie über Standardklauseln in Verträgen mit Verbrauchern. Darin war eine Angleichung der materiell-rechtlichen Voraussetzungen durch Schaffung einer Generalklausel in Kombination mit einem Verbotskatalog vorgesehen.[6] Die verfahrensrechtliche Vereinheitlichung sah die Einschaltung von Verbraucherschutzbehörden vor.[7] Als vorteilhaft wurden vor allem Kollektivverhandlungen mit den beteiligten Verbänden und interessierten Kreisen angesehen.[8] Diese Vorschläge haben sich jedoch in den nationalen Gesetzgebungen kaum niedergeschlagen.

89 Am 24. 7. 1990 hat die Kommission der EG erstmals den Entwurf einer **Richtlinie über missbräuchliche Klauseln in Verbraucherverträgen** vorgelegt.[9] Dieser Entwurf bezog nach seinem Wortlaut in die Inhaltskontrolle alle Klauseln ohne Beschränkung auf AGB oder nicht ausgehandelte Individualvereinbarungen ein; die Kontrolle von Preis und Leistungsbeschreibungen einschließlich des Äquivalenzverhältnisses war nicht ausgenommen; ebenso war eine nicht abdingbare Gewährleistungshaftung mit einer Schadensersatzpflicht auch bei einfachen Sachmängeln vorgesehen. Dieser Entwurf war in Deutschland heftiger Kritik ausgesetzt, die einen wesentlichen Eingriff in die Vertragsfreiheit und in Grundprinzipien des deutschen Zivilrechts befürchtete.[10] Diese Kritik war in Teilen überzogen. Zwar ist zuzugeben, dass der Wortlaut des Entwurfs nicht immer den deutschen Vorstellungen von Präzision entgegenkam. Jedoch sind die Prinzipien der Marktwirtschaft mit Vertragsfreiheit und freier Preisbildung auch unter dem EG-Vertrag garantiert, und es wäre sicher mithilfe einer EG-vertragskonformen Auslegung die Kontrolle frei ausgehandelter Individualvereinbarungen ebenso wie die Kontrolle von Preis und Leistungsbeschreibungen als von der Richtlinie nicht erfasst anzusehen gewesen. Die Übernahme der strengen unabdingbaren Garantiehaftung wäre aber wohl kaum wegzuinterpretieren gewesen. Nach einer Stellungnahme des Wirtschafts- und Sozialausschusses, der im Grundsatz zu Recht davon ausging, die Richtlinie werde keine größeren Veränderungen im Vertragsrecht der Mitgliedstaaten mit sich

---

1 ABl EG v. 21. 4. 1993, Nr. L 95, S. 29 ff.
2 S. Info-C Okt. 97, 5.5. Zu Spanien s. Rz 78.
3 ABl EG 1975 Nr. C 92, S. 1 ff.
4 ABl EG 1981 Nr. C 133, 1 ff.
5 RabelsZ 41, 237 ff.
6 S. auch Bulletin der EG, Beilage 1/84, S. 16.
7 S. *von Hippel* RabelsZ 45, 367 f.
8 S. Bulletin der EG, Beilage 1/84, S. 16.
9 ABl EG 1990 Nr. C 243, 2.
10 S. *Brandner/Ulmer* BB 1991, 701; *Bunte* FS *Locher*, 1990, 325; *Hommelhoff* AcP 192 (1992), 71; *Wagner-Wieduwilt* Die Bank 1990, 710.

bringen, legte die Kommission am 5. 3. 1992 einen zweiten Richtlinienentwurf ohne allzu große Änderungen vor. Erst in einem gemeinsamen Standpunkt des Ministerrats vom 22. 9. 1992[1] entfiel die Regelung über das Gewährleistungsrecht und wurde der Anwendungsbereich der Richtlinie dahingehend präzisiert, dass sie neben AGB nur für nicht ausgehandelte Individualvereinbarungen gelten (Art. 3) und dass eine Preis- und Leistungskontrolle nicht stattfinden sollte (Art. 4 II). Auch wurden ursprünglich mehrere generalklauselartige Kontrollmaßstäbe auf einen Maßstab in Art. 3 I reduziert. Wie schon in den vorausgegangenen Entwürfen sieht Art. 7 für AGB ein abstraktes Kontrollverfahren im Stil der Verbandsklage vor, und Art. 8 gestattet den Mitgliedstaaten im Rahmen des EG-Vertrags Regelungen mit einem höheren Verbraucherschutzniveau. Ein weiterer Punkt betraf die im Anhang der Richtlinie enthaltenen Klauselverbote. Diese sollten ursprünglich und noch entsprechend der Stellungnahme des Europäischen Parlaments im Verfahren nach Art. 149 II lit. c EGV vom 16. 12. 1992 von den Mitgliedstaaten zwingend zu übernehmen sein. Die Kommission empfahl demgegenüber die Klauselverbote nur als typischerweise missbräuchlich anzusehen mit der Möglichkeit, dass der Gewerbetreibende die darin liegende Vermutung widerlegen konnte. Der Rat beschloss die Richtlinie am 2. 3. 1993 in ihrer jetzigen Fassung, worin den Klauselverboten im Anhang nur noch Beispielscharakter ohne Übernahmeverpflichtung für die Mitgliedstaaten zuerkannt wird (Art. 3 III). Die Richtlinie wurde formell als Richtlinie 93/13 EWG des Rates vom 5. 4. 1993 über missbräuchliche Klauseln in Verbraucherverträgen[2] verabschiedet. Sie ist gemäß Ex-Art. 189 III EGV (nunmehr Art. 249 III EGV) mit einer Umsetzungspflicht bis 31. 12. 1994 an die Mitgliedstaaten gerichtet worden. S. die Kommentierung im Anschluss an das AGB-Recht.

Die Agenda der zukünftigen Entwicklung des europäischen Vertragsrechts lässt sich derzeit vor allem dem Aktionsplan für ein kohärenteres europäisches Vertragsrecht[3] und der Mitteilung der Kommission v. 11. 10. 2004 über das weitere Vorgehen entnehmen.[4] Der Aktionsplan für ein gemeinsames europäisches Vertragsrecht sieht in den unterschiedlichen Rahmenbedingungen für die AGB-Verwendung namentlich im Unternehmensverkehr eine Ursache für Binnenmarkthindernisse. Um diese Hindernisse zu beseitigen, soll u.a. die Verwendung EG-weit einheitlicher AGB gefördert werden. Zu den Instrumenten, die künftig ein kohärenteres europäisches Vertragsrecht gehört ferner der geplante Gemeinsame Referenzrahmen für das Europäische Vertragsrecht (GRR). Die Mitteilung v. 11. 10. 2004, die das weitere Vorgehen bei der Schaffung des GRR konkretisiert, weist auf wissenschaftliche Vorarbeiten hin, die zu einer Entwurfsformulierung für den GRR führen sollen. Bestandteil dieser wissenschaftlichen Vorarbeiten ist auch die Formulierung AGB-rechtlicher Regelungen. **90**

Im Jahre 2007 ist als Vorarbeit für den Gemeinsamen Referenzrahmen die von der Research Group on Existing EC Private Law (Acquis Group) ein Teil der „Principles of the Existing EC-Contract Law“ vorgelegt worden. Diese umfassen ein 6. Kapitel „NonnegotiatedTerms“. Dieses schließt Regeln ein zur Einbeziehung von nicht ausgehandelten Klauseln in den Vertrag (Art. 6:201), zum Vorrang einzeln ausgehandelter Klauseln (Art. 6:202), zur Verwendung kollidierender AGB (Art. 6:204), zur Auslegung von Klauseln (Art. 6:203) und zur Wirksamkeit von Klauseln **91**

[1] ABl EG 1992 Nr. C 283, 1.

[2] ABl EG Nr. L 95 vom 21. 4. 1993, S. 29 ff.

[3] Mitteilung der Kommission an das Europäische Parlament und den Rat v. 12. 2. 2003 – Ein kohärenteres Europäisches Vertragsrecht, AblEG Nr. C 63 v. 15. 3. 2003, S. 1.

[4] Mitteilung der Kommission an das Europäische Parlament und den Rat v. 11. 10. 2004 – Europäisches Vertragsrecht und Überarbeitung des gemeinschaftlichen Besitzstands – weiteres Vorgehen.

(Art. 6:301–6:306), die sowohl eine Generalklausel als auch das Transparenzgebot und Klauselkataloge einschließen.[1] Der im Jahre 2008 vorgelegte „Draft Common Frame of Reference (DCFR) – Interim Outline Edition" baut auf den Acquis Principles auf, ist aber anders organisiert und enthält einige inhaltliche Abweichungen.[2] Art. II–4:209 DCFR, betreffend konfligierende AGB, ist Teil des Kapitels zum Vertragsschluss. Art. II–8:104 DCFR, der den Vorrang ausgehandelter Klauseln anordnet, ist Teil der Auslegungsregeln. Art. II–9:103 DCFR behandelt die Einbeziehung von Klauseln und findet sich im Kapitel über den Inhalt und die Wirkung von Verträgen. Die Art. II–9:401 ff. DCFR behandeln die Inhaltskontrolle. Unglücklich ist die Regelungstechnik des DCFR vor allem insofern, als dieser die Nuancierungen der Inhaltskontrolle zwischen Unternehmens-, Verbraucher- und sonstigen Verträgen durch Aufspaltung in drei unterschiedliche Standards der Inhaltskontrole darstellen will. Hervorhebenswert ist ferner, dass der Entwurf aufgrund einer Meinungsverschiedenheit von Acquis Group einerseits und der Study Group on a European Civil Code andererseits in Art. II–9:404 DCFR zwei Alternativen zur Inhaltskontrolle von Verbraucherverträgen vorschlägt. Nach den Vorstellungen der Acquis Group sollte die Inhaltskontrolle von Verbraucherverträgen auf Fälle nicht ausgehandelter Verbraucherverträge beschränkt sein; Mitglieder der Study Group bevorzugten eine Ausdehnung auf Fälle unfairer Klauseln, die der Unternehmer vorschlägt.

---

[1] Kommentiert durch *Pfeiffer/Ebers,* in Principles of the Existing EC-Contract Law (Acquis Principles) – Contract I – Pre-contractual Obligations, Conclusion of Contract, Unfair Terms, 2007.

[2] Zugänglich über http://www.law-net.eu/en_index.htm.

2. Teil. AGB im internationalen Geschäftsverkehr

Deutschsprachiges Schrifttum (beachte auch die Nachw. zu IV und VIII): *Basedow,* Handelsbräuche und AGB-Gesetz, ZHR 150 (1986), 469; *Berger,* Einbeziehung von AGB in B2B-Verträge, ZGS 2004, 415; *ders.,* Die Einbeziehung von AGB in internationale Kaufverträge, FS Horn, 2006, 3; *von Bernsdorff,* Vertragsgestaltung im Auslandsgeschäft, 5. Aufl. 2002; *Borges,* Verträge im elektronischen Geschäftsverkehr, 2003; *Callies,* Grenzüberschreitende Verbraucherverträge, 2006; *Canaris,* Die Stellung der „UNIDROIT Principles" und der „Principles of European Contract Law" im System der Rechtsquellen, in: *Basedow* (Hrsg.), Europäische Vertragsvereinheitlichung und deutsches Recht, 2000, S. 5; *Dreißigacker,* Sprachenfreiheit im Verbrauchervertragsrecht, 2002; *Drobnig,* Allgemeine Geschäftsbedingungen im internationalen Handelsverkehr, FS Mann, 1977, S. 591; *Ferrari/Leible,* Ein neues Internationales Vertragsrecht für Europa, 2007; *Gruber,* Auslegungsprobleme bei fremdsprachigen Verträgen unter deutschem Recht, DZWir 1997, 353; *von Hoffmann,* Zur Auslegung von Formularbedingungen des internationalen Handelsverkehrs, AWD 1970, 247; *U. Hübner,* Allgemeine Geschäftsbedingungen und Internationales Privatrecht, NJW 1980, 2601; *Jayme,* Allgemeine Geschäftsbedingungen und internationales Privatrecht, ZHR 142 (1978), 105; *Kronke,* Zur Verwendung von Allgemeinen Geschäftsbedingungen im Verkehr mit Auslandsberührung, NJW 1977, 992; *Kronke/Melis/Schnyder,* Handbuch Internationales Wirtschaftsrecht, 2005; *Landfermann,* AGB-Gesetz und Auslandsgeschäfte, RIW 1977, 445; *Leible* (Hrsg.), Das Grünbuch zum internationalen Vertragsrecht, 2004; *Lindacher,* Zur Inhaltskontrolle „internationaler" Flugbeförderungsbedingungen, IPRax 1984, 301; *Looschelders,* Internationales Privatrecht – Art. 3-46 EGBGB, 2004; *Luig,* Der internationale Vertragsschluss, 2003; *Maack,* Die Durchsetzung des AGB-rechtlichen Transparenzgebots in internationalen Verbraucherverträgen – Die Bestimmung des anwendbaren Rechts für die Frage der wirksamen Einbeziehung Allgemeiner Geschäftsbeziehungen im elektronischen Geschäftsverkehr, 2001; *Maidl,* Ausländische AGB im deutschen Recht, 2000; *Mankowski,* Der Vorschlag für die Rom I-Verordnung, IPRax 2006, 101; *Martiny,* Neue Impulse im Europäischen Internationalen Vertragsrecht, ZEuP 2006, 60; *ders.,* Common Frame of Reference und Internationales Vertragsrecht, ZEuP 2007, 212; *Najork,* Auf dem Weg zu allgemeinen Geschäftsbedingungen für den europäischen Markt, GPR 2005, 54; *Reithmann/Martiny,* Internationales Vertragsrecht, 6. Aufl. 2004; *M. Roth,* Der Schutz des Verbrauchers im internationalen Privat- und Verfahrensrecht bei Internetverträgen, FS Rechberger, 2005, S. 471; *Sachse,* Der Verbrauchervertrag im Internationalen Privat- und Prozessrecht, 2006; *C. Schäfer,* Vertragsschluß unter Einbeziehung von Allgemeinen Geschäftsbedingungen gegenüber Fremdmuttersprachlern, JZ 2003, 879; *F. Schäfer,* Die Wahl nichtstaatlichen Rechts nach Art. 3 Abs. 2 des Entwurfs einer Rom I VO, GPR 2006, 54; *Schrammen,* Grenzüberschreitende Verträge im Internet – Internationale Zuständigkeit und anwendbares Recht, 2005; *Sieber,* Die autonome Auslegung internationaler Standardverträge – Die Anwendbarkeit von Auslegungsklauseln auf die Standardverträge der internationalen Wirtschaft, 2002; *Sieg,* Allgemeine Geschäftsbedingungen im grenzüberschreitenden Geschäftsverkehr, RIW 1997, 811; *Spellenberg,* Fremdsprache und Rechtsgeschäft, FS Ferid, 1988, S. 463; *ders.,* Doppelter Gerichtsstand in fremdsprachigen AGB, IPRax 2007, 98; *H.J. Stadler,* Allgemeine Geschäftsbedingungen im internationalen Handel, 2003; *Stoll,* Internationalprivatrechtliche Probleme bei Verwendung Allgemeiner Geschäftsbedingungen, FS Beitzke, 1979, S. 759; *ders.,* Rechtliche Inhaltskontrolle bei internationalen Handelsgeschäften, FS Kegel, 1987, S. 623; *Triebel/Balthasar,* Auslegung englischer Vertragstexte unter deutschem Vertragsstatut – Fallstricke des Art. 32 I Nr. 1 EGBGB, NJW 2004, 2189; *Weller,* Stillschweigende Einbeziehung der AGB-Banken im internationalen Geschäftsverkehr?, IPRax 2005, 428; *Wertenbruch,* Die Incoterms – Vertragsklauseln für den internationalen Kauf, ZGS 2005, 136; *von Westphalen,* Internationalprivatrechtliche Probleme und AGB-Gesetz, WM 1978, 1310; *M. Wolf,* Auslegung und Inhaltskontrolle von AGB im internationalen kaufmännischen Verkehr, ZHR 153 (1989), 300.

Inhaltsübersicht

I. Überblick und Problemaufriss

1 Im internationalen Geschäftsverkehr gelangen §§ 305 ff. – vorbehaltlich der Einschlägigkeit internationaler Übereinkommen – zur Anwendung, wenn deutsches Recht nach kollisionsrechtlichen Grundsätzen entweder als Vertragsstatut berufen oder im Falle prinzipieller Geltung fremden Sachrechts ausnahmsweise im Wege einer sog. Sonderanknüpfung anzuwenden ist. Im Folgenden werden zunächst die im internationalen Geschäftsverkehr besonders bedeutsamen immanenten Geltungsschranken des deutschen AGB-Rechts aufgezeigt (II), sodann in einer allgemeinen Grundlegung die Ermittlung des Vertragsstatuts (III) sowie speziell die Möglichkeiten und Grenzen der Rechtswahl mittels Individualvereinbarung oder AGB (IV) behandelt. Darauf aufbauend, folgen Aussagen zu typischen Problemen der AGB-Einbeziehung im internationalen Kontext einschließlich des sog. Sprachproblems (V). Der nächste Abschnitt geht der Frage nach, ob und inwieweit die Gegebenheiten des internationalen Geschäftsverkehrs eine restriktive Handhabung der Inhaltskontrolle erlauben bzw. gebieten (VI). Sodann werden entsprechende Besonderheiten der AGB-Auslegung erörtert (VII). Sonderprobleme bereitet der Geltungsanspruch nationalen AGB-Rechts bei Verträgen, die internationalem Einheitsrecht – namentlich dem UN-Kaufrecht – unterfallen (VIII). Zu Gerichts-

standsklauseln im internationalen Geschäftsverkehr beachte Anh. § 310 Rz G 141 ff., zu Schiedsklauseln Anh. § 310 Rz S 1 ff.

II. Immanente Anwendungsschranken des deutschen AGB-Rechts

Auch wenn kollisionsrechtlich die Anwendung deutschen AGB-Rechts in Betracht kommt (dazu Rz 7 ff.), gilt es gerade im internationalen Geschäftsverkehr, sich stets der immanenten Schranken des Geltungsanspruchs jedweden AGB-Kontrollrechts bewusst zu bleiben. 2

1. AGB-Klauseln als Verlautbarung internationalen Handelsbrauchs

Eine Regelung, die allgemeiner Übung entspricht und damit als Handelsbrauch qualifizierbar ist, muss von den Vertragsparteien nicht ausdrücklich vereinbart werden, sondern wird in dem betreffenden Verkehrskreis mangels gegenläufiger Einzelfallumstände konkludent Vertragsinhalt.[1] Da sich an der so begründeten Individualvertragsqualität der betreffenden Regelung nichts ändert, wenn das ohnehin Geltende in AGB fixiert ist, die dem konkreten Vertrag zu Grunde liegen, bleibt für eine AGB-rechtliche Einbeziehungs- und Inhaltskontrolle grundsätzlich kein Raum.[2] Freilich ist zu beachten, dass Handelsbrauch nur das freiwillig Geübte sein kann,[3] mit einem solchen also nicht ohne weiteres die AGB-Praxis in der betreffenden Branche gleichzusetzen ist. Beruht die Konformität von Vertragsinhalten auf der Parallelverwendung von AGB, die der Dachverband einer Vertragspartei empfiehlt, so erweist sich dies durchaus als Ausdruck einseitiger Vertragsgestaltungsmacht.[4] In Bereichen, die typischerweise von Standardbedingungen beherrscht werden, geben allenfalls Klauseln in Konditionenwerken, die von neutralen Instanzen oder von Verbänden aller beteiligten Interessengruppen formuliert sind, kaufmännische Verkehrssitte wieder.[5] Im Übrigen gilt es zu beachten, dass sich selbst neutrale „Autoritäten" weithin nicht mit der Rolle des „beurkundenden Notars" begnügen, sondern eigene wertende Vorstellungen in das jeweilige Klauselwerk einbringen; ein solches enthält dann typischerweise eine Sammlung kontrollfähiger und -bedürftiger AGB-Bestimmungen, die sich als handelsbrauchspiegelnd oder bestenfalls handelsbrauchbildend erweisen.[6] 3

2. Gemeinsame Bezugnahme auf internationale Klauselwerke

Geht der Vorschlag zur Einbeziehung der drittformulierten Bedingung von beiden Vertragspartnern aus oder entspricht der von einer Seite gemachte Einbeziehungsvorschlag zumindest inhaltlich dem übereinstimmenden Willen beider Parteien, so fehlt es im **Unternehmensverkehr** (zu Verbraucherverträgen sogleich 4

---

[1] Näher etwa MünchKommHGB/*K. Schmidt* § 346 Rz 52.

[2] Näher *Maidl* S. 199 ff.

[3] S. statt aller: BGH LM § 346 (B) HGB Nr. 8; MünchKommHGB/*K. Schmidt* § 346 Rz 14 m. w. Nachw.

[4] Vgl. auch *Basedow* ZHR 150, 469, 486.

[5] Beispiele nennt *Berger* FS Horn, 3, 9 f. Zum Sonderproblem einer AGB-rechtlichen Inhaltskontrolle der UNIDROIT Grundregeln der internationalen Handelsverträge oder der Principles of European Contract Law vgl. *Canaris,* in: *Basedow,* Europäische Vertragsvereinheitlichung und deutsches Recht, S. 5, 21 ff. Zur Möglichkeit einer (kollisions- oder materiellrechtlichen) Verweisung auf solche Regelwerke unten Rz 15.

[6] Vgl. auch *Sonnenberger,* Verkehrssitten im Schuldvertrag, 1969, S. 78 f; *Basedow* ZHR 150, 469, 485.

Rz 5) bereits am Tatbestandsmerkmal des Stellens i. S. von § 305 I S. 1 (s. § 305 Rz 31); mithin findet keine Einbeziehungs- und/oder Inhaltskontrolle statt. Allerdings streitet für eine beidseitige Bezugnahme im internationalen Handelsverkehr nicht durchgängig schon dann eine Vermutung, wenn dem Vertrag branchenübliche und international verbreitete Geschäftsbedingungen zu Grunde gelegt werden.[1] So lässt sich beispielsweise kaum bezweifeln, dass von der International Air Transport Association (IATA) empfohlene Lufttransportbedingungen, unbeschadet ihrer Internationalität und der Üblichkeit ihrer Verwendung, auch im kaufmännischen Verkehr vom jeweiligen Branchenunternehmen „gestellt" werden und deshalb AGB i. S. von § 305 sind.[2] Indes spricht manches dafür, im Falle der Verwendung von Vertragsmustern, die kraft ihrer Urheberschaft und/oder der Art und Weise ihres Zustandekommens den Anspruch inhaltlicher Ausgewogenheit erheben können, eine beidseitige Bezugnahme zu vermuten.[3] Und allemal liegt kein einseitiges Stellen vor, wenn von neutralen Instanzen ausformulierte oder von Verbänden der beteiligten Interessengruppen ausgehandelte Klauselwerke angesichts der Verkehrsüblichkeit ihrer Verwendung kraft Handelsbrauchs als (global) einbezogen anzusehen sind.[4]

5 Hinsichtlich **Verbraucherverträgen** erfährt der Anwendungsbereich der §§ 305 ff. eine bedeutsame Ausweitung: Gemäß § 310 III Nr. 1 gelten allgemeine Geschäftsbedingungen als vom Unternehmer gestellt; diese Vermutung greift nur dann nicht, wenn der Verbraucher die AGB in den Vertrag eingeführt hat. Daraus folgt im Umkehrschluss, dass die Anwendbarkeit der §§ 305 ff. im Falle eines Verbrauchervertrags nicht bereits durch gemeinsame Bezugnahme der Parteien auf drittseitig vorformulierte Bedingungen bzw. internationale Klauselwerke ausgeschlossen wird.[5]

3. Ausblick: „EU-weite AGB"

6 Als Maßnahme zur Schaffung eines „kohärenten Europäischen Vertragsrechts" will die EG-Kommission unter anderem die Ausarbeitung von Standardvertragsklauseln fördern, die den Unternehmen eine europaweite Verwendung ohne kostenintensive Anpassung an nationale Besonderheiten ermöglichen sollen.[6] Inwieweit dieses Vorhaben, das die Kommission unter dem Schlagwort „Verwendung EU-weiter AGB" behandelt, für den grenzüberschreitenden Unternehmensverkehr auf eine Absage an jedwede Einbeziehungs- und Inhaltskontrolle nach Maßgabe mitgliedstaatlichen AGB-Rechts bzw. auf einen Gemeinschaftsrechtsakt zu diesen Fragen hinausläuft, ist noch nicht absehbar.[7]

---

[1] Abweichend bzw. zumindest missverständlich *Stoll* FS Kegel, S. 623, 654.

[2] Vgl. nur *Reithmann/Martiny/Mankowski* Rz 1487. Beachte auch BGH NJW 2007, 997.

[3] Ebenso etwa *Canaris,* in: *Basedow,* Europäische Vertragsvereinheitlichung und deutsches Recht, S. 5, 21, 25. Gegen jegliche Vermutung indes *Maidl* S. 204 ff.; zumindest gegen eine Vermutung im Regelfall *Ulmer/H. Schmidt* Anh. § 305 Rz 31.

[4] Skeptisch *Maidl* S. 203.

[5] Wie hier etwa MünchKommBGB/*Basedow* § 310 Rz 59.

[6] Beachte die Mitteilung „Ein kohärentes Europäisches Vertragsrecht – Ein Aktionsplan" vom 12. 2. 2003, KOM (2003), 68 endg., und im Anschluss daran die Mitteilung „Europäisches Vertragsrecht und Überarbeitung des gemeinschaftlichen Besitzstands – weiteres Vorgehen" vom 11. 10. 2004, KOM (2004), 651 endg.

[7] Vgl. zu denkbaren Maßnahmen *Najork* GPR 2005, 54.

III. Vertragsstatut und Vertragsschluss: Grundlagen

1. Rechtsquellen- und Auslegungsfragen

Das deutsche Schuldvertragskollisionsrecht wurde erst durch das **Gesetz zur Neuregelung des Internationalen Privatrechts vom 25. 7. 1986** kodifiziert, das am 1. 9. 1986 in Kraft getreten ist.[1] Die einschlägigen Art. 27–37 EGBGB beruhen, wie Art. 36 EGBGB hervorhebt, auf einer Inkorporierung des **Römischen EWG-Übereinkommens vom 19. 6. 1980 über das auf vertragliche Schuldverhältnisse anwendbare Recht (EVÜ).**[2] Trotz dieses europäischen Hintergrunds darf nicht verkannt werden, dass Art. 27 ff. EGBGB unabhängig davon heranzuziehen sind, ob das Recht eines Mitgliedstaats oder eines Drittstaats berufen ist (vgl. Art. 2 EVÜ).[3] Nicht auf das EVÜ geht Art. 29a EGBGB zurück, der erst durch Gesetz vom 27. 6. 2000 (mit Wirkung zum 30. 6. 2000) in das EGBGB eingefügt wurde,[4] um kollisionsrechtliche Vorgaben der in Abs. 4 genannten Verbraucherschutzrichtlinien umzusetzen. Zugleich wurde die bis dahin für das AGB-Recht maßgebliche Sonderkollisionsnorm in § 12 AGBG aufgehoben, die bereits mit Gesetz vom 19. 7. 1996 geändert worden war, um speziell Art. 6 II der Richtlinie 93/13/EWG vom 5. 4. 1993 über missbräuchliche Klauseln in Verbraucherverträgen (im Folgenden: RL) Rechnung zu tragen.[5] Gemäß Art. 36 EGBGB ist bei der Anwendung der Art. 27 ff. EGBGB (wiederum mit Ausnahme von Art. 29a EGBGB) und der übrigen für das internationale Schuldvertragsrecht bedeutsamen Bestimmungen (namentlich Art. 11 II–IV und 12 EGBGB) das diesen zu Grunde liegende EVÜ und das damit erstrebte Ziel einheitlicher Auslegung in allen Mitgliedstaaten zu berücksichtigen. Beachtung verdient insbesondere der von *Giuliano* und *Lagarde* verfasste offizielle Bericht zum EVÜ.[6] Die Letztentscheidungskompetenz des EuGH bzw. die damit korrespondierende Möglichkeit der mitgliedstaatlichen Gerichte zur Vorlage von Vorabentscheidungsersuchen musste mangels Gemeinschaftsrechtsqualität des EVÜ eigens begründet werden; dies ist inzwischen geschehen, nachdem die beiden EVÜ-Auslegungsprotokolle in Kraft getreten sind.[7] In absehbarer Zeit soll das EVÜ in überarbeiteter Fassung in das Sekundärrecht überführt werden, und zwar durch Erlass der **sog. Rom I-Verordnung über das auf vertragliche Schuldverhältnisse anzuwendende Recht,**[8] der dann ohne weiteres unmittelbare Geltung in allen Mitgliedstaaten zukäme. 7

---

[1] BGBl. 1986 I, S. 2942. Zu der zuvor geltenden Rechtslage und zum Übergangsrecht vgl. 3. Aufl., Anh. zu § 2 AGBG Rz 12 und 17.

[2] BGBl. 1986 II, S. 810. Dem EVÜ sind inzwischen 25 EU-Mitgliedstaaten beigetreten, zuletzt durch das 4. Beitrittsübereinkommen vom 14. 4. 2005; abgedruckt in BT-Drs. 16/41, S. 7.

[3] Grünbuch der Kommission über die Umwandlung des Übereinkommens von Rom aus dem Jahr 1980 über das auf vertragliche Schuldverhältnisse anzuwendende Recht in ein Gemeinschaftsinstrument sowie seine Aktualisierung, KOM (2002), 654 endg. Beachte dazu aus dem deutschsprachigen Schrifttum etwa *Ehle* GPR 2003/04, 49, sowie die Beiträge in *Leible,* Das Grünbuch zum internationalen Vertragsrecht.

[4] BGBl. 2000 I, S. 897.

[5] BGBl. 1996 I, S. 1013. Zu den problematischen Einzelheiten vgl. die Kommentierung von § 12 AGBG in der 4. Auflage.

[6] ABl. EG 1980 Nr. C 282/1.

[7] Vgl. ABl. EG 2004 Nr. C 277/1. Näher *Dutta/Volders* EuZW 2004, 556; *Mankowski* RIW 2005, 481, 489 f; *Martiny* ZEuP 2006, 60, 92 ff.

[8] S. den Vorschlag der Kommission für eine Verordnung des Europäischen Parlaments und des Rates über das auf vertragliche Schuldverhältnisse anzuwendende Recht (Rom I) vom 15.12.2005, KOM (2005), 650 endg. = IPRax 2006, 193; einführend *Mankowski* IPRax 2006, 101.

2. Bestimmung des Vertragsstatuts mangels Rechtswahl

8 Soweit es an einer wirksamen Rechtswahl i. S. von Art. 27 EGBGB (dazu Rz 14 ff.) fehlt, ist das Vertragsstatut im Wege **objektiver Anknüpfung** zu ermitteln. In Art. 27 ff. EGBGB werden gemäß Art. 35 I EGBGB Sachnormverweisungen ausgesprochen; verwiesen wird also – abweichend von Art. 4 I S. 1 EGBGB – unmittelbar auf das Vertragsrecht der maßgeblichen Rechtsordnung, nicht etwa zunächst nur auf die dort geltenden Kollisionsnormen. Zur räumlich-persönlichen Anwendbarkeit des UN-Kaufrechts s. unten Rz 69.

9 Die objektive Ermittlung des Vertragsstatuts erfolgt gemäß Art. 28 I EGBGB grundsätzlich anhand des typisierend auszufüllenden Merkmals der **engsten Verbindung** des Vertrags zu einem Staat.[1] Wichtigster Anhaltspunkt ist dabei die räumliche Lokalisation des Erbringers der vertragscharakteristischen Leistung nach Maßgabe von Art. 28 II EGBGB bzw. bei Grundstücksgeschäften die Belegenheit des Vertragsgegenstandes (Art. 28 III EGBGB); für Güterbeförderungsverträge gilt Art. 28 IV EGBGB. Art. 28 EGBGB sieht in Abs. 2–4 lediglich Regelanknüpfungen vor, von denen gemäß Art. 28 V EGBGB abzuweichen ist, wenn der Vertrag mit einer anderen Rechtsordnung enger verknüpft ist.[2] Daran ist zu denken bei Verträgen, die zwar rechtlich selbstständig sind, aber in einem inneren Regelungszusammenhang stehen.[3]

10 Besonderheiten gelten gemäß Art. 29 II EGBGB für **Verbraucherverträge** i. S. von Art. 29 I EGBGB, also für Verträge über die Lieferung beweglicher Sachen oder die Erbringung von Dienstleistungen zu einem Zweck, der nicht der beruflichen oder gewerblichen Tätigkeit des Berechtigten (Verbrauchers) zugerechnet werden kann, sowie für Verträge zur Finanzierung eines solchen Geschäfts (nicht aber für die in Art. 29 IV EGBGB angesprochenen Beförderungs- und Dienstleistungsverträge):[4] Solche Verbraucherverträge unterliegen mangels Rechtswahl dem Recht des Staates, in dem der Verbraucher seinen gewöhnlichen Aufenthalt hat, wenn – alternativ – (1) dem Vertragsschluss ein ausdrückliches Angebot oder eine Werbung in diesem Staat vorausgegangen ist und der Verbraucher ebendort die zum Abschluss des Vertrages erforderlichen Rechtshandlungen vorgenommen hat, (2) der Vertragspartner des Verbrauchers oder sein Vertreter die Bestellung des Verbrauchers in diesem Staat entgegengenommen hat oder (3) der Vertrag den Verkauf von Waren betrifft und der Verbraucher von diesem Staat in einen anderen Staat gereist ist und dort seine Bestellung aufgegeben hat, sofern diese Reise vom Verkäufer mit dem Ziel herbeigeführt worden ist, den Verbraucher zum Vertragsabschluss zu veranlassen. Nach dem Aufenthaltsrecht bestimmt sich – abweichend von Art. 11 I–III EGBGB – auch die Formwirksamkeit des Verbrauchervertrags (Art. 29 III EGBGB).

3. Statuteneinheit und vetoweise Mitberücksichtigung des Umweltrechts

11 Das internationale Schuldvertragsrecht geht vom Grundsatz der **Statuteneinheit** aus:[5] Mangels unzweideutig abweichender Parteibestimmung (Teilrechtswahl

---

[1] Ausführlich zur Bestimmung des engsten Zusammenhangs bei Internetgeschäften *Borges,* Verträge im elektronischen Geschäftsverkehr, S. 866 ff.

[2] Wie sich das Rangverhältnis zwischen den Absätzen gestaltet, ist im Einzelnen streitig; dazu BGH NJW-RR 2005, 206, 209 m. Nachw.

[3] Näher hierzu etwa *Soergel/von Hoffmann* Art. 28 EGBGB Rz 115 ff. m. w. Nachw.

[4] Der Kommissionsentwurf für eine Rom I-Verordnung vom 15.12.2005 (KOM [2005], 650 endg.; dazu oben bei Rz 7) will in Art. 5 eine weniger komplizierte Anknüpfung von Verbraucherverträgen einführen; dazu *Mankowski* IPRax 2006, 101, 105 f.

[5] Näher etwa MünchKommBGB/*Spellenberg* vor Art. 11 EGBGB Rz 6 ff. und Art. 31 EGBGB Rz 1 ff., 10.

i. S von Art. 27 I S. 3 EGBGB) unterstehen dem Vertragsstatut gemäß Art. 31 I, 32 EGBGB gleichermaßen die Voraussetzungen, der Inhalt und die Abwicklung des Geschäfts; das anzuknüpfende Rechtsgeschäft ist der Gesamtvertrag, nicht die einzelne daraus erwachsende Obligation.

Der so umschriebene Grundsatz bereitet Probleme, wenn das Vertragsstatut die Frage, ob ein bestimmtes Verhalten vertragskonstitutiver Natur ist oder nicht, anders beantwortet als das Recht im Aufenthaltsstaat einer Partei, also das sog. **Umweltrecht.** Die „Rechtsfremdheit" einer Partei kann bereits im Rahmen des als Vertragsstatut berufenen Rechts berücksichtigt werden: Ihr wird bei der Auslegung Rechnung getragen, namentlich indem ein bestimmtes Verhalten nicht als konkludente Zustimmung gewertet wird.[1] Aber auch wenn sich eine im Einzelfall unzumutbare Bindung nicht mittels Auslegung verhindern lässt, kann Abhilfe geboten sein: Zwar ist, wer sich auf Vertragsverhandlungen einlässt, prinzipiell zum Widerspruch gehalten, wenn er die Deutung seines Verhaltens gemäß den Regeln des Vertragsstatuts – einschließlich dortiger Erklärungsgebräuche – vermeiden will. Gleichwohl rechtfertigt sich eine Ausnahme aus der Erwägung, dass ein ausländischer Vertragspartner, der in den Bahnen und Kategorien „seines Rechts" bzw. „seiner Erklärungsgebräuche" denkt, die Notwendigkeit eines Widerspruchs womöglich nicht einmal in Betracht ziehen wird. Kann ihm dies, mangels professioneller oder sonstiger besonderer Nähe zum Vertragsstatut, auch nicht zum Vorwurf gemacht werden, muss es ihm freistehen, sich zur Abwehr ungewollter und unabsehbarer Bindung auf sein Umweltrecht zu berufen. Deshalb schreibt Art. 31 II EGBGB ausnahmsweise die **einzelfall- und vetoweise Mitberücksichtigung des Umweltrechts** vor; es kommt zu einer kumulierenden Sonderanknüpfung. Hingegen bleibt es bei der alleinigen Maßgeblichkeit des Vertragsstatuts, soweit nach diesem eine Bindung zu verneinen oder nur von einer weniger gravierenden Bindung auszugehen ist. 12

Die von Art. 31 II EGBGB eröffnete Möglichkeit, sich vetoweise auf das eigene Umweltrecht berufen zu können, bezieht sich in erster Linie auf das Ob der vertraglichen Bindung. Dabei ist es nicht auf vorkonsensuale Elemente beschränkt, sondern erfasst auch funktionell und zeitlich in Zusammenhang mit dem Vertragsschluss stehende Verhaltensweisen, namentlich das Schweigen auf ein kaufmännisches Bestätigungsschreiben.[2] Vgl. zur Relevanz von Art. 31 II EGBGB hinsichtlich des Einverständnisses zur AGB-Einbeziehung noch unten Rz 34 ff. Qualifiziert man das Verbot überraschender Klauseln (im deutschen Recht: § 305c I) zutreffend als Frage der Einbeziehungskontrolle, so kann gemäß Art. 31 II EGBGB auch eingewendet werden, nach dem Umweltrecht sei eine bestimmte Klausel als überraschend zu werten.[3] Hingegen bietet die Vorschrift keine Handhabe für eine AGB-rechtliche Inhaltskontrolle nach Maßgabe des Umweltrechts der Verwendergegenseite.[4] 13

---

[1] Näher MünchKommBGB/*Spellenberg* Art. 31 EGBGB Rz 80 ff.; *Staudinger/Hausmann* Art. 31 EGBGB Rz 53, 73.

[2] Heute ganz h. M.; vgl. statt vieler: BGH NJW 1997, 1697, 1700; *Soergel/von Hoffmann* Art. 31 EGBGB Rz 31; *Staudinger/Hausmann* Art. 31 EGBGB Rz 93 ff.; *Reithmann/Martiny/Martiny* Rz 218; MünchKommBGB/*Spellenberg* Art. 31 EGBGB Rz 67 ff.

[3] Wie hier etwa *Thorn* IPRax 1997, 98, 103 f; *Maidl* S. 115; *Reithmann/Martiny/Martiny* Rz 240; *Staudinger/Hausmann* Art. 31 EGBGB Rz 88 f (Konsequenz der gebotenen einheitlichen europäischen Auslegung von Art. 31 II EGBGB); wohl auch BGH NJW-RR 2005, 1071, 1072. Ablehnend *Soergel/von Hoffmann* Art. 31 EGBGB Rz 47; zumindest kritisch *Borges,* Verträge im elektronischen Geschäftsverkehr, S. 862.

[4] Klarstellend *Staudinger/Hausmann* Art. 31 EGBGB Rz 81; MünchKommBGB/*Spellenberg* Art. 31 EGBGB Rz 126.

IV. Rechtswahl

Deutschsprachiges Schrifttum (vgl. auch oben vor Rz 1): *Aden,* Rechtswahl und Schiedsklausel im Verbraucherschutz, RIW 1997, 723; *Blase,* Die Grundregeln des Europäischen Vertragsrechts als Recht grenzüberschreitender Verträge, 2001; *Bitterich,* Die Neuregelung des Internationalen Verbrauchervertragsrechts in Art. 29a EGBGB, 2003; *ders.*, Die kollisionsrechtliche Absicherung der AGB-Richtlinie (Art. 6 Abs. 2) – Rechtszersplitterung statt Kollisionsrechtseinheit in Europa, ZfRV 2002, 123; *ders.*, Kollisionsrechtliche Absicherung gemeinschaftsrechtlicher Standards im Bereich des Verbraucherschutzes – Der Vorschlag für eine Rom I-Verordnung, RIW 2006, 262; *Coester-Waltjen,* Einige Überlegungen zur konkludenten Rechtswahl im europäischen Vertragsrecht, FS Sonnenberger, 2004, S. 343; *Dutta,* Kollidierende Rechtswahlklauseln in allgemeinen Geschäftsbedingungen – Ein Beitrag zur Bestimmung des Rechtswahlstatuts, ZVglRWiss 104 (2005), 461; *Freitag,* Kollisionsrecht, in: *Leible/Sosnitza* (Hrsg.), Versteigerungen im Internet, 2004, S. 326; *Furche,* Internationale Entscheidungszuständigkeit und anwendbares Recht bei Bürgschaften mit Auslandsbezug, WM 2004, 205; *Heiss,* Inhaltskontrolle von Rechtswahlklauseln in AGB nach europäischem Internationalem Privatrecht?, RabelsZ 65 (2001), 634; *ders.*, Die Richtlinie über den Fernabsatz von Finanzdienstleistungen an Verbraucher aus Sicht des IPR und des IZVR, IPRax 2003, 100; *Jud,* Neue Dimensionen privatautonomer Rechtswahl, JBl 2006, 695; *Klauer,* Das europäische Kollisionsrecht der Verbraucherverträge zwischen Römer EVÜ und EG-Richtlinien, 2002; *Looschelders,* Der Schutz von Verbrauchern und Versicherungsnehmern im Internationalen Privatrecht, FS E. Lorenz, 2004, S. 441; *Mankowski,* Überlegungen zur sach- und interessengerechten Rechtswahl für Verträge des internationalen Wirtschaftsverkehrs, RIW 2003, 2; *ders.*, Stillschweigende Rechtswahl und wählbares Recht, in: *Leible* (Hrsg.), Das Grünbuch zum internationalen Vertragsrecht, S. 63; *ders.*, Art. 5 des Vorschlags für eine Rom I-Verordnung – Revolution im Internationalen Verbrauchervertragsrecht?, ZVglRWiss 105 (2006), 120; *Mellwig,* Der Begriff des „engen Zusammenhangs" in Art. 29a EGBGB, 2005; *Paefgen,* Kollisionsrechtlicher Verbraucherschutz im Internationalen Vertragsrecht und europäisches Gemeinschaftsrecht, ZEuP 2003, 266; *Remien,* Das anwendbare Recht bei elektronisch geschlossenen Verträgen, in: *Leible* (Hrsg.), Die Bedeutung des Internationalen Privatrechts im Zeitalter der neuen Medien, 2003, S. 21; *W.-H. Roth,* Zur Wählbarkeit nichtstaatlichen Rechts, FS Jayme, 2004, S. 757; *ders.*, Zur stillschweigenden Rechtswahl in einem künftigen EU-Gemeinschaftsinstrument über das Internationale Schuldvertragsrecht, FS Georgiades, 2006, S. 905; *Rühl,* Rechtswahlfreiheit und Rechtswahlklauseln in Allgemeinen Geschäftsbedingungen, 1999; *Schilf,* Allgemeine Vertragsgrundregeln als Vertragsstatut, 2005; *Schinkels,* Die (Un-)Zulässigkeit einer kollisionsrechtlichen Wahl der UNIDROIT Principles nach Rom I, EPR 2007, 106; *Schlechtriem,* Rechtswahl im europäischen Binnenmarkt und Klauselkontrolle – Überlegungen zu „zwingenden" Normen im EU-Binnenmarkt, FS W. Lorenz, 2001, S. 565; *Stoll,* Das Statut der Rechtswahlvereinbarung – eine irreführende Konstruktion, FS Heini, 1996, S. 429; *Wenner,* Rechtswahlblüten, FS Ulrich Werner, 2005, S. 39; *Wetzler,* Rechtswahl im deutschen Recht, in: *DACH Europäische Anwaltsvereinigung* (Hrsg.), Rechtswahlklauseln, 2005, S. 1; *Wukoschitz,* Rechtswahlklauseln in AGB, ebenda, S. 27.

1. Grundlagen

14 **a) Rechtswahlfreiheit.** Inwieweit eine Rechtswahl zulässig ist, bestimmt nicht etwa das gewählte Recht, sondern das IPR des Forums. Nach deutschem Kollisionsrecht sind die Parteien in ihrer Rechtswahl frei; Art. 27 I S. 1 EGBGB gewährleistet im Grundsatz kollisionsrechtliche **Parteiautonomie.** Das galt bereits nach altem (gem. Art. 220 I EGBGB für bis zum 1. 9. 1986 geschlossene Verträge weiterhin maßgeblichem) Recht bis zur Grenze des Fehlens jeglichen Auslandsbezugs. Selbst diese Schranke wurde durch die IPR-Novelle 1986 beseitigt (arg. Art. 27 III EGBGB).[1] Die Wirkung erfolgter Rechtswahl wird freilich durch sog. **Sonderanknüpfungen** zwingenden Rechts relativiert (dazu Rz 28 ff.). Während die Rechtswahl als solche nicht an Art. 6 EGBGB zu messen ist, kommt eine Korrektur mittels des kollisionsrechtlichen **ordre public** als ultima ratio in Betracht, wenn die Anwendung von Vorschriften des gewählten Rechts zu einem schlechterdings untragbaren Ergebnis führte.[2]

---

[1] Statt vieler: *Soergel/von Hoffmann* Art. 27 EGBGB Rz 7 f.; *Stoffels,* AGB-Recht Rz 203. Anders noch *Kindler* RIW 1987, 661.

[2] *Reithmann/Martiny/Martiny* Rz 104. Vgl. speziell zur Möglichkeit *ordre-public*-widrigen ausländischen AGB-Rechts, das missbräuchliche AGB unbeanstandet lässt, MünchKommBGB/*Spellenberg* Art. 31 EGBGB Rz 42.

15 Haben die Parteien eine wirksame positive Rechtswahlvereinbarung getroffen, so ist Vertragsstatut das gewählte Recht:[1] Die **kollisionsrechtliche Verweisung** legt das anwendbare Recht unmittelbar fest; das Vertragsstatut, das anderenfalls kraft objektiver Anknüpfung zur Geltung käme, wird grundsätzlich vollständig verdrängt. In diesem Sinne kollisionsrechtlich wählbar sind prinzipiell die Sachvorschriften (Art. 35 I EGBGB[2]) jeder geltenden staatlichen Rechtsordnung. Demgegenüber gelten die in Bezug genommenen Regeln im Falle einer **materiell-rechtlichen Verweisung** – ähnlich der Einbeziehung von AGB – von vornherein nur, soweit das (mangels Rechtswahl kraft objektiver Anknüpfung zu ermittelnde) anwendbare Recht dies gestattet, also dispositiv ausgestaltet ist. Bedeutung gewinnt diese Unterscheidung angesichts des Streits, ob Gegenstand einer für staatliche Gerichte verbindlichen kollisionsrechtlichen Rechtswahl auch internationales Einheitsrecht staatsvertraglicher Provenienz wie das UN-Kaufrecht (soweit es nicht ohnehin anwendbar ist; dazu Rz 69) oder nichtstaatliche Regelwerke (wie die UNIDROIT Grundregeln der internationalen Handelsverträge[3] oder die Principles of European Contract Law[4]) oder sogar allgemeine Rechtsgrundsätze (lex mercatoria) sein können.[5]

16 **b) Ausdrückliche und stillschweigende Rechtswahl.** Der Rechtswahlwille kann ausdrücklich oder nach Maßgabe von Art. 27 I S. 2 EGBGB stillschweigend erklärt werden.[6] Indiz für eine konkludente Rechtswahl kann der Vertragsschluss vor dem Hintergrund einer gefestigten, einem bestimmten Recht unterstehenden Vertragspraxis der Parteien sein,[7] aber auch die enge Verknüpfung mit einem anderen Vertrag, für den eine Rechtswahl getroffen wurde.[8] Während der unzweideutigen Bezugnahme auf Vorschriften, Institutionen und Rechtsfiguren einer bestimmten Rechtsordnung sowohl in Individualvereinbarungen als auch in (wirksam einbezogenen) AGB Indizwirkung zukommen kann,[9] deutet die **Verwendung von AGB** bzw. Verbands-AGB nicht ohne weiteres auf die Wahl des Rechts am Niederlassungsort des Verwenders bzw. des empfehlenden Verbandes

---

[1] Zur sog. negativen Rechtswahlvereinbarung (Bsp.: „Die Anwendung deutschen Rechts ist ausgeschlossen.") etwa *Wenner* FS Werner, S. 40.

[2] Näher *Staudinger/Magnus* Art. 27 EGBGB Rz 36.

[3] Einführend etwa *Brödermann* RIW 2004, 721; *Schilf* IHR 2004, 236; *Zimmermann* ZEuP 2005, 264.

[4] Einführend etwa *Zimmermann* Jura 2005, 289.

[5] Ablehnend die noch h. M.; s. statt mancher etwa *Canaris,* in: *Basedow,* Europäische Vertragsvereinheitlichung und deutsches Recht, S. 5, 17 ff., 23 ff.; *Mankowski,* in: *Leible,* Das Grünbuch zum internationalen Vertragsrecht, S. 63, 86 ff. m. w. Nachw.; speziell zu Internetverträgen gegen die Wahl des „Cyberlaw" oder des UNCITRAL-Modellgesetzes zum Elektronischen Geschäftsverkehr *Schrammen,* Grenzüberschreitende Verträge im Internet, S. 309 ff. Befürwortend aber etwa AnwKommBGB/*Leible* Art. 27 EGBGB Rz 33 f.; *Roth* FS Jayme, S. 757 ff.; *Wenner* FS Werner, S. 40 ff.; völlig überzogen *Schinkels* GPR 2007, 106 ff. (die h. M. entspreche grundrechtsignorantem Paternalismus auf der Grundlage eines rechtstheoretischen Irrtums). Der Kommissionsentwurf für eine Rom I-Verordnung vom 15.12.2005 (KOM [2005], 650 endg.; dazu oben bei Rz 7) will in Art. 3 II die Wählbarkeit nichtstaatlicher Regelwerke (im Gegensatz zur bloßen *lex mercatoria)* eröffnen; näher *Schäfer* GPR 2006, 54; krit. *Mankowski* IPRax 2006, 101, 102. Ob es dabei bleibt, ist aber fraglich geworden.

[6] Ausführlich zu Letzterem *Mankowski,* in: *Leible,* Das Grünbuch zum internationalen Vertragsrecht, S. 63 ff. Zum EVÜ-autonomen Beurteilungsmaßstab *Coester-Waltjen* FS Sonnenberger, 2004, S. 343, 348 ff. m. Nachw. zum Streitstand.

[7] Ebenso etwa AnwKommBGB/*Leible* Art. 27 EGBGB Rz 53; *Staudinger/Magnus* Art. 27 EGBGB Rz 82.

[8] So BGH NJW 2001, 1936, 1937 (zum Architektenvertrag im Verhältnis zum Bauvertrag); *Reithmann/Martiny/Martiny* Rz 98; skeptisch *Furche* WM 2004, 205, 210 (zur Bürgschaft im Verhältnis zum Statut der Hauptschuld).

[9] BGH NJW-RR 1999, 813; BGH NJW-RR 2000, 1002, 1004; BGH NJW 2004, 3706, 3708; AnwKommBGB/*Leible* Art. 27 EGBGB Rz 52; *Staudinger/Magnus* Art. 27 EGBGB Rz 77 f. Hingegen genügt nicht die Bezugnahme auf Vorschriften, die ohnehin zwingend gelten; vgl. BGH NJW 2001, 1936, 1937 (HOAI).

hin.[1] Indizwirkung entfalten die ausschließliche Vereinbarung eines einheitlichen Gerichtsstandes[2] oder eines institutionellen Schiedsgerichts[3] (sofern die Schiedsordnung nicht – wie Art. 17 I der Schiedsordnung der Internationalen Handelskammer in Paris vom 1. 1. 1998 – für den Fall fehlender Rechtswahl dem Schiedsgericht zulässigerweise die Bestimmung des Sachrechts überlässt). Schwächere Indiztatsachen lassen allenfalls kumuliert den Schluss auf einen entsprechenden Parteiwillen zu; dies gilt etwa für den Vertragsabschlussort, die Vertragssprache und -währung, ferner für den gemeinsamen Aufenthalt oder eine gemeinsame Staatsangehörigkeit der Parteien.[4] Ein übereinstimmendes Prozessverhalten kann als **nachträgliche Rechtswahl** i. S. von Art. 27 II S. 1 EGBGB auszulegen sein; dies gilt jedenfalls für das übereinstimmende Plädieren auf der Grundlage eines anderen als dem im Forum geltenden Sachrecht.[5] Die irrige Vorstellung, eine bestimmte Rechtsordnung sei (ohnehin) maßgeblich, genügt freilich selbst dann nicht, wenn sie im Prozess übereinstimmend bzw. unwidersprochen geäußert wird.[6]

17 **c) Wirksamkeit des Rechtswahlvertrags. aa) Verhältnis zum Hauptvertrag.** Die Wirksamkeit des Rechtswahlvertrags ist getrennt von der des (beabsichtigten) Hauptvertrags zu ermitteln. Dabei ist ohne Belang, ob die Rechtswahl in einer gesonderten Vereinbarung und/oder zeitlich separat erfolgt oder äußerlich nur eine Klausel des Hauptvertrags bildet.[7] Ist die Rechtswahl als solche wirksam, bleibt es auch dann bei der Maßgeblichkeit des gewählten Rechts, wenn dieses den Hauptvertrag als unwirksam erachtet.[8]

18 **bb) Zustandekommen und Wirksamkeit.** Während das im Forum geltende IPR über die Zulässigkeit der Rechtswahl bestimmt (s. Rz 14), richten sich das Zustandekommen und die Wirksamkeit des kollisionsrechtlichen Verweisungsvertrags gemäß Art. 27 IV, 31 I EGBGB zunächst nach dem von den Parteien in Aussicht genommenen Recht. Dies ermöglicht es zum einen, die Vertragsschlussfrage bei Haupt- und Rechtswahlvertrag im Regelfall nach demselben Recht zu beurteilen. Zum anderen schützt diese Lösung legitime Interessen einer Partei, die mit dem Vorschlag konfrontiert wird, ein bestimmtes Recht zu wählen: Orientiert sie sich an dessen Regeln, kann sie sich, sofern ihr Verhalten hiernach nicht als Annahme des Rechtswahlvorschlags zu deuten ist, darauf selbst dann berufen, wenn ihr Verhalten nach ihrem Umweltrecht und/oder dem subsidiären gesetzlichen Vertragsstatut als Einverständnis zu qualifizieren wäre.

19 Die Verweisung von Art. 27 IV EGBGB auf Art. 31 EGBGB umfasst indes auch dessen Abs. 2:[9] Soweit das Verhalten des mit einem Rechtswahlvorschlag Konfron-

---

[1] Wie hier *Staudinger/Magnus* Art. 27 EGBGB Rz 80. Anders aber etwa *Reithmann/Martiny/Martiny* Rz 97; *Ulmer/H. Schmidt* Anh. § 305 Rz 3.

[2] So etwa BGH NJW 2003, 2605, 2606. Eine entsprechende Vermutung sieht der Kommissionsentwurf für eine Rom I-Verordnung vom 15.12.2005 (KOM [2005], 650 endg.; dazu oben bei Rz 7) in Art. 3 I 3 vor; kritisch *Roth* FS Georgiades, 2006, S. 905, 915 f.

[3] Statt vieler: BGH NJW-RR 2005, 206, 208; *Staudinger/Magnus* Art. 27 EGBGB Rz 64 ff.

[4] Vgl. etwa BGH NJW-RR 2005, 206, 208.

[5] Mit der genannten Einschränkung auch AnwKommBGB/*Leible* Art. 27 EGBGB Rz 54 f.; *Staudinger/Magnus* Art. 27 EGBGB Rz 70 ff.; jeweils m. Nachw. zum Streitstand. Weitergehend aber etwa BGH NJW 2003, 3620 („Die Parteien haben jedenfalls im Prozess deutsches Recht gewählt, indem sie ihrem Vortrag übereinstimmend deutsches Recht zu Grunde gelegt haben."); ähnlich lapidar BGH NJW 2004, 2523, 2524.

[6] BGH NJW-RR 2000, 1002, 1004.

[7] Klarstellend etwa *von Westphalen,* AGB, Rechtswahlklauseln Rz 4.

[8] Klarstellend etwa *Staudinger/Hausmann* Art. 31 EGBGB Rz 33.

[9] Ganz h. M.; statt vieler: *Reithmann/Martiny/Martiny* Rz 209; *Staudinger/Magnus* Art. 27 EGBGB Rz 140.

tierten zwar nach dem präsumtiven Vertragsstatut als Zustimmung zu werten ist, nicht aber nach seinem Aufenthaltsrecht, kann er sich aus Billigkeitsgründen einzelfallweise auch auf dieses berufen. Bedeutsam wird dies im Fall einer hinsichtlich der Kollisionsrechtsfrage **modifizierten Auftragsbestätigung,** wenn also der Empfänger einer Vertragsofferte dieselbe nur mit der Maßgabe akzeptiert, dass der Vertrag – abweichend von dem nach objektiver Anknüpfung berufenen Recht – seinem Sitzrecht unterliegen solle. Dann beurteilt sich die Frage, ob eine wirksame Rechtswahl bereits mit der Versäumung alsbaldigen Widerspruchs oder erst mit vorbehaltloser Vertragsdurchführung anzunehmen ist, gemäß Art. 31 II EGBGB kumulativ nach dem Aufenthaltsrecht des Erstofferenten, wenn von diesem nach Lage des Falles nicht zu erwarten ist, dass er die Konkludenz seines Verhaltens nach der primär maßgeblichen lex causae erkennt. Ist in einem solchen Fall **deutsches Sachrecht als Umweltrecht** berufen, so gilt: Der mit dem Rechtswahlvorschlag Konfrontierte akzeptiert denselben erst mit der vorbehaltlosen Vertragsdurchführung; denn die Annahme einer Vertragsofferte unter Beifügung einer Rechtswahlklausel gilt als neues Angebot (§ 150 II). Schweigen auf ein Gegenangebot i. S. dieser Vorschrift bedeutet indes nur dann Zustimmung, wenn es sich um eine unwesentliche Änderung handelt,[1] und dieser Kategorie ist die Abwahl des bei objektiver Anknüpfung berufenen Rechts gerade nicht zuzuordnen. Selbst bei wesentlichen Änderungen genügt freilich die Annahme durch bloße Willensbetätigung in der Form vorbehaltloser Leistungsbewirkung bzw. -entgegennahme.[2]

Auch die Bedeutung des Schweigens bzw. eines nicht rechtzeitigen Widerspruchs auf ein **kaufmännisches Bestätigungsschreiben,** das eine Rechtswahl einzuführen sucht, ist richtigerweise im Wege zweistufiger Prüfung zu ermitteln: Maßgeblich ist gemäß Art. 27 IV, 31 I EGBGB zunächst und vor allem das (angeblich) gewählte Recht; stellt sich Schweigen hiernach als ein zustimmungsäquivalentes Verschweigen dar, kann divergierendem Umweltrecht des Schreibensempfängers gemäß Art. 31 II EGBGB ausnahmsweise Vetokraft zukommen.[3] Ist in einem solchen Fall wiederum **deutsches Sachrecht als Umweltrecht** berufen, so gilt: Nichtwiderspruch gegen die „Bestätigung" einer nicht getroffenen (bzw. jedenfalls nicht anderweitig beweisbaren) Rechtswahlvereinbarung führt richtigerweise nur unter sehr engen Voraussetzungen zur Maßgeblichkeit des benannten Rechts. Das Schweigen auf ein *vertragsinhaltsfeststellendes* Bestätigungsschreiben (d. h.: eine bereits erfolgte Rechtswahl wird behauptet) stellt sich nur dann als Zustimmung dar, wenn ein besonderer Bestätigungsgrund bestand, weil insbesondere nach der Art des Vertragsschlusses vernünftigerweise Raum für subjektive Unsicherheit über den Vertragsinhalt war.[4] Davon ist prinzipiell nur bei mündlichem und fernmündlichem Vertragsschluss auszugehen, bei schriftlichem Vertragsschluss (bzw. mittels Fernschreibens, Telefax oder E-Mail-Austauschs) hingegen nur ausnahmsweise, nämlich im Falle objektiver Mehrdeutigkeit der Vertragsschlusserklärung. Gleichstellen mag man dem wohl auch den Fall umfänglicher Korrespondenz über einen längeren Zeitraum hinweg. Selbst wenn der besondere Bestätigungsgrund nach der Vertragsschlussmodalität grundsätzlich gegeben wäre, können die Umstände des Einzelfalls eine abweichende Beurteilung rechtfertigen und gebieten: Wenn dem Bestätigenden die inhaltliche Abweichung des Bestätigten zum Vorbesprochenen nur infolge grober Nachlässigkeit verborgen bleiben konnte, lässt sich bei wertender Betrachtung keine besondere Prüf- und Erklärungsobliegenheit des Schrei- 20

[1] Statt vieler: *Larenz/Wolf* BGB AT § 29 Rz 59; *Erman/Armbrüster* § 150 Rz 7.

[2] *Erman/Armbrüster* § 150 Rz 8.

[3] Ebenso *Staudinger/Hausmann* Art. 31 EGBGB Rz 93.

[4] Näher zum Folgenden *Lindacher* WM 1981, 702, 703 f m. w. Nachw.

bensempfängers statuieren. Ist die Rechtswahlregelung hingegen in einem Bestätigungsschreiben enthalten, das gemäß ausdrücklicher Kennzeichnung bzw. nachträglicher Selbstinterpretation des Bestätigenden als *vertragsinhaltsergänzend* zu qualifizieren ist,[1] so besteht weithin von vornherein überhaupt keine Widerspruchsobliegenheit: Ganz abgesehen davon, dass ein relevanter Ergänzungsgrund als Voraussetzung einer Widerspruchsobliegenheit nur bei spezifischen Vertragsschlussarten (mündlicher oder fernmündlicher Vertragsschluss, Vertragsschluss per Telegramm oder Fernschreiben) zu bejahen ist, wird man Vertragsergänzungen trotz ausbleibendem Widerspruch nur dann Geltung beizumessen haben, wenn die vorgeschlagene Ergänzung objektiv konsensfähig ist.[2] Dies dürfte für die nachträgliche Rechtswahl allenfalls zu bejahen sein, wenn die „engste Verbindung" des Vertrags zu einer bestimmten Rechtsordnung und damit auch das subsidiäre gesetzliche Vertragsstatut entweder zweifelhaft oder ein anderes Recht als das Heimatrecht des Adressaten des Bestätigungsschreibens ist. Der Verfasser des Bestätigungsschreibens kann ohne besondere atypische Umstände vernünftigerweise nicht damit rechnen, dass der andere Vertragsteil mit der nachträglichen Abwahl des gemäß objektiver Anknüpfung zweifelsfrei berufenen eigenen Rechts einverstanden sei.

2. Insbesondere: Rechtswahl in AGB

21 **a) Ausdrückliche und stillschweigende Rechtswahl.** Die Rechtswahl kann auch in AGB erfolgen, und zwar entweder mittels einer ausdrücklichen Rechtswahlklausel oder ausweislich der Verwendung von Klauseln mit mittelbarer Rechtswahlbedeutung. Zu den Klauseln, denen ein hoher Indizwert für eine stillschweigende Rechtswahl i. S. von Art. 27 I S. 2 EGBGB beizumessen ist, zählen namentlich Gerichtsstands- und Schiedsklauseln (näher Rz 16).

22 **b) Zulässigkeit der Rechtswahl.** Bis zur Streichung von § 10 Nr. 8 AGBG durch die IPR-Novelle zum 1. 9. 1986 galt (übergangsrechtlich relevant für zuvor geschlossene Verträge, Art. 220 I EGBGB), dass die Grenzen kollisionsrechtlicher Parteiautonomie enger sind, soweit eine Rechtswahl via AGB infrage steht.[3] Das seit dem 1. 9. 1986 geltende Recht kennt für die Rechtswahl in AGB keine besonderen Zulässigkeitsschranken mehr. Die Entscheidung des Gesetzgebers, § 10 Nr. 8 AGBG aufzuheben, darf nicht durch eine AGB-rechtliche Angemessenheitskontrolle der Rechtswahl unterlaufen werden;[4] mithin geht es beispielsweise nicht an, die Wahl des Rechts eines Staates, zu dem der Sachverhalt keine näheren Beziehungen aufweist, als unangemessen i. S. von § 307 I zu werten. Davon strikt zu unterscheiden ist die Möglichkeit einer das Vertragsstatut ergänzenden Sonderanknüpfung von AGB-rechtlichen Inhaltskontrollvorschriften (dazu Rz 28 ff.);

---

[1] Zur grundsätzlichen Legitimation der Konkretisierung des Vertragsinhalts und seiner Ergänzung in Nebenpunkten mittels Bestätigungsschreibens vgl. *K. Schmidt,* Handelsrecht, 5. Aufl., § 19 III 3 b; *Lindacher* WM 1981, 703 m. Nachw.

[2] *Soergel/U. Stein* § 2 AGBG Rz 39; *Lindacher* WM 1981, 704 f.

[3] Einzelheiten: 2. Aufl., § 10 Nr. 8 AGBG Rz 8 und Rz 13.

[4] Ebenso etwa *Reithmann/Martiny/Martiny* Rz 211; *Staudinger/Hausmann* Art. 31 EGBGB Rz 85; *Looschelders* Art. 27 EGBGB Rz 30; MünchKommBGB/*Kieninger* § 307 Rz 271 f.; MünchKommBGB/*Spellenberg* Art. 31 EGBGB Rz 23, 27 ff.; *Stoffels,* AGB-Recht Rz 243 f.; *Remien,* in: *Leible,* Die Bedeutung des Internationalen Privatrechts im Zeitalter der neuen Medien, S. 21, 27 f.; ausführlich *Rühl* S. 198 ff.; *Bitterich,* Art. 29a EGBGB, S. 344 ff. Für Verbraucherverträge einschränkend AnwKommBGB/*Leible* Art. 31 EGBGB Rz 22. Für Inhaltskontrolle noch *M. Wolf* in der 4. Aufl. bei § 9 AGBG Rz R 41; *Heiss* RabelsZ 65 (2001), 634, 637 ff.; *Borges,* Verträge im elektronischen Geschäftsverkehr, S. 865 f.; *Freitag,* in: *Leible/Sosnitza,* Versteigerungen im Internet, Rz 774; *Ulmer/H. Schmidt* Anh. § 310 Rz 650 f. Widersprüchlich *von Westphalen,* AGB, Rechtswahlklauseln, einerseits Rz 23, andererseits Rz 2 und 6. Rechtsvergleichend zur Problematik *Klauer* S. 296 ff.

denn diese thematisieren nicht den Rechtswahlvertrag, sondern den Inhalt des Hauptvertrags.

23 **c) Einbeziehung der Rechtswahlklausel. aa) Herrschende Meinung.** Da die h. M. AGB-Rechtswahlklauseln im Ergebnis wie beliebige AGB-Klauseln behandelt, bleibt es bei der allgemeinen AGB-Einbeziehungskontrolle nach der lex causae (Art. 27 IV, 31 I EGBGB) oder des kraft Sonderanknüpfung berufenen Rechts:[1] Weist die in AGB enthaltene Rechtswahlklausel zum **deutschen Recht,** genügt grundsätzlich die Globaleinbeziehung des Klauselwerks (beim Verbrauchergeschäft unter Beachtung des Hinweis- und Textverschaffungsgebots nach § 305 II).[2] Als Filter erweist sich nur das Überraschungsverbot nach § 305c I.[3] Scheiterte die Einbeziehung, anders als nach deutschem Recht, nach dem Umweltrecht der Verwendergegenseite, entfaltet dieses nach Art. 31 II EGBGB Vetowirkung. Weist die Rechtswahlklausel zu **ausländischem Recht,** bestimmt sich die Einbeziehungskontrolle primär nach diesem, im Anwendungsbereich des Art. 29 I EGBGB (auch) nach dem Verbrauchersitzrecht (zum Streit, ob Vorschriften zur Einbeziehungskontrolle auch von Art. 29a EGBGB erfasst werden, unten Rz 31).[4] Im Übrigen kommt deutsches Einbeziehungskontrollrecht nur als vetoweise wirkendes Umweltrecht nach Maßgabe von Art. 31 II EGBGB zur Anwendung.[5] Als überraschend i. S. von § 305c I wird eine Rechtswahlklausel in allen Anwendungsvarianten (primäre Anwendung, Anwendung über Art. 29 I EGBGB oder Berücksichtigung über Art. 31 II EGBGB) nur dann erachtet, wenn der Sachverhalt keinerlei oder nur einen vernachlässigbaren Auslandssachbezug oder aber keinen hinreichenden Bezug gerade zur gewählten Rechtsordnung aufweist.[6] Eine überraschende Sachnorm des gewählten Rechts lässt die Rechtswahl als solche nicht an § 305c I scheitern.[7]

24 **bb) Stellungnahme.** Auch wenn die vormaligen Zulässigkeitsschranken für Rechtswahlregelungen in AGB abgebaut sind (Rz 22), wirft die Festlegung des Vertragsstatuts mittels Durchsetzung einseitig vorformulierter Klauseln besondere Wirksamkeitsprobleme auf. Ihrem Gegenstand nach sind Rechtswahlklauseln (ebenso wie Gerichtsstandsklauseln, hierzu Anh. § 310 Rz G 158) nicht irgendwelche Klauseln neben anderen. Vielmehr gebietet ihr Stellenwert, wie *Lindacher* in den Vorauflagen dieser Kommentierung herausgearbeitet hat, ein Verständnis der Tatbestandsseite der kollisionsrechtlichen Grundnorm des Art. 27 I EGBGB (bzw. des dahinterstehenden Art. 3 I EVÜ) dahin, dass eine „Rechtswahl" durch beide Parteien vorausgesetzt wird: Entsprechenden Klauseln ist nur dann Geltung zu verschaffen, wenn die Umstände des Falles bei wertender Betrachtung den Schluss rechtfertigen, die mit dem Rechtswahlvorschlag konfrontierte Partei habe diesem

---

[1] BGH NJW-RR 2005, 1071, 1072; OLG München IPRax 1991, 46, 48; OLG Naumburg NJOZ 2004, 14, 19; MünchKommBGB/*Kieninger* § 307 Rz 265. Für Maßgeblichkeit der lex fori, indes unhaltbar, AG Langenfeld NJW-RR 1998, 1524; dagegen *Pfeiffer* NJW 1999, 3674, 3682, Fn. 136.

[2] Beachte dazu unter besonderer Berücksichtigung des elektronischen Rechtsverkehrs *Schrammen,* Grenzüberschreitende Verträge im Internet, S. 270 ff., 285 ff.

[3] Zur Legitimität einer Überraschungskontrolle trotz Ablehnung einer Inhaltskontrolle vgl. MünchKommBGB/*Spellenberg* Art. 31 EGBGB Rz 24.

[4] Dazu, dass Art. 29 I EGBGB den §§ 305 ff. BGB auch bereits hinsichtlich der Rechtswahlklausel zur Anwendung verhelfen kann, etwa *Palandt/Heldrich* Art. 27 Rz 8; *Borges,* Verträge im elektronischen Geschäftsverkehr, S. 864 m. w. Nachw. Anders etwa *Ulmer/H. Schmidt* Anh. § 310 Rz 654: Art. 29 I EGBGB setze zwingend eine wirksame Rechtswahl voraus.

[5] Dazu MünchKommBGB/*Kieninger* § 307 Rz 267.

[6] S. etwa *Staudinger/Magnus* Art. 27 EGBGB Rz 144 a. E., 145 a. E.; MünchKommBGB/*Spellenberg* Art. 31 EGBGB Rz 56; *Sieg* RIW 1997, 811, 815 f.; *Mankowski* RIW 1996, 1001 f.; *Aden* RIW 1997, 723, 724 f.

[7] Klarstellend MünchKommBGB/*Spellenberg* Art. 31 EGBGB Rz 56 Fn 154 a. E.

auch tatsächlich zugestimmt.[1] Dieser Ansatz schließt die Annahme einer Rechtswahlvereinbarung – auch im Unternehmensverkehr – allemal aus, wenn das die Rechtswahl enthaltende Klauselwerk der Verwendergegenseite bei Vertragsschluss nicht zugeleitet worden war.[2] Er verlangt aber auch die Berücksichtigung des Umstands, dass selbst zugängliche oder zugänglich gemachte AGB faktisch weithin nicht zur Kenntnis genommen werden, ohne dass die mangelnde Notiznahme der Verwendergegenseite als Verschulden gegen sich selbst angelastet werden kann.[3] Mithin sollte nicht jede zweifelsfreie globale Einverständniserklärung mit der Geltung eines Klauselwerks, das (womöglich) auch eine Rechtswahlklausel enthält, als effektive Zustimmung in der Kollisionsrechtsfrage angesehen werden.[4] Einverständnis sollte vielmehr nur bei (zu beweisender) positiver Klauselkenntnis sowie dort bejaht werden, wo eine sinnerfassende Kenntnisnahme nach den besonderen Umständen zu erwarten ist. Davon kann ausgegangen werden: (1) im nichtunternehmerischen und im unternehmerischen Geschäftsverkehr, wenn sich die Rechtswahlklausel auf der durch die Kundenunterschrift gedeckten Vertragsurkunde befindet und das Formular entweder nur wenige, nicht umfängliche Klauseln enthält oder die Rechtswahlklausel drucktechnisch hervorgehoben in Unterschriftsnähe platziert ist; (2) im Unternehmensverkehr auch, wenn es sich um – als solche gekennzeichnete – branchenweit verwandte Standardbedingungen handelt und von der Verwendergegenseite kraft professioneller Nähe typischerweise Geschäftsabschlüsse größerer Zahl zu erwarten sind, und zwar selbst dann, wenn es sich in der Relation zum konkreten Verwender um ein Einzelgeschäft handelt; (3) im Übrigen bei Abschluss eines Geschäfts, das Glied einer Kette von Geschäften gleicher oder ähnlicher Art zwischen den Vertragsparteien ist, sowie dann, wenn das Geschäft unbeschadet seines Einzelcharakters von der Auftragssumme her eine Dimension erreicht, dass auch bei ex-ante-Betrachtung relativ unwahrscheinliche Risiken durchaus kalkulatorische Relevanz erlangen.

25 Bestätigt der Verwender den Vertragsschluss einschließlich der AGB-Einbeziehung und weist im entsprechenden Schreiben eigens auf die Rechtswahlbestimmung hin, sollte im beidseits kaufmännischen Verkehr, sofern und soweit den Bestätigungsschreibensempfänger eine Widerspruchsobliegenheit trifft (dazu Rz 20), bei Nichtwiderspruch bzw. nicht rechtzeitigem Widerspruch auch dies genügen. Soweit das Bestätigungsschreiben nur global auf AGB Bezug nimmt, erlangt die darin enthaltene Rechtswahlklausel hingegen selbst bei Maßgeblichkeit des im Bestätigungsschreiben Verlautbarten nur dann Wirksamkeit, wenn zusätzlich die unter Rz 24 benannten Voraussetzungen erfüllt sind. Führt der Verwender seine AGB, die eine Rechtswahlklausel enthalten, erst durch vertragsinhaltsergänzendes Bestätigungsschreiben in den Vertrag ein, wird die Rechtswahlklausel trotz einschlägigen Hinweises bei Nichtwiderspruch nur – höchst ausnahmsweise – unter den engeren (in Rz 20 benannten) Voraussetzungen wirksam.

26 **cc) Sonderproblem: Kollidierende Rechtswahlklauseln.** Vor allem wenn man mit der h. M. (zu) geringe Anforderungen an die Einbeziehung von Rechtswahlklauseln stellt (Rz 23), bereitet der Fall Schwierigkeiten, dass beide Parteien in

[1] S. auch *Stoll* FS Beitzke, S. 759, 770 f.; *ders.* FS Heini, S. 429, 436. Speziell zur Rechtswahl in elektronischen AGB auch *Remien,* in: *Leible,* Die Bedeutung des Internationalen Privatrechts im Zeitalter der neuen Medien, S. 21, 28.

[2] *Stoll* FS Heini, S. 429, 436. A. A. OLG Naumburg NJOZ 2004, 14, 19.

[3] Grundlegend und allgemein *Lindacher* JZ 1981, 131 f. m. w. Nachw.; bestätigend etwa *Kötz,* Europäisches Vertragsrecht I, 1996, § 8 IV 1. Ähnlich – jeweils zum Parallelproblem der Gerichtsstandsvereinbarung – *Lindacher* FS Schlosser, S. 495; *Hubert Schmidt* ZZP 103 (1990), 91, 97.

[4] A. A. freilich, zumindest für den kaufmännischen Verkehr, explizit *Stoll* FS Beitzke, S. 771.

ihren jeweiligen AGB Rechtswahlklauseln vorsehen. Während offenbar Einvernehmen besteht, dass zu demselben Sachrecht weisende Klauseln der objektiven Anknüpfung vorgehen, wird unterschiedlich beurteilt, was gelten soll, wenn die Klauseln verschiedene Rechtsordnungen berufen. Nach wohl h. M., die argumentativ unmittelbar bei Art. 27 I EGBGB ansetzt, ist in diesem Fall die Rechtswahl gescheitert, und es bleibt bei der Ermittlung des Vertragsstatuts gemäß Art. 28 EGBGB.[1] Eine abweichende Auffassung, wonach die kollidierenden Klauseln zunächst isoliert zu betrachten sind, gelangt zwar zu demselben Ergebnis, sofern sich beide Klauseln entweder als wirksam oder als unwirksam herausstellen, hält aber eine wirksam einbezogene Rechtswahlklausel für beachtlich, sofern sich die andere als unwirksam erweist.[2]

d) Verbrauchervertrag i. S. von § 310 III. Die Ausführungen zur Rechtswahl mittels AGB finden entsprechende Anwendung hinsichtlich der von § 310 III erfassten Verbraucherverträge: Auch insoweit kommt angesichts der Wertung des Art. 27 I EGBGB einerseits eine Zulässigkeitskontrolle nach Maßgabe von § 307 nicht in Betracht (hierzu Rz 22); andererseits stellt sich die spezifische Einbeziehungsproblematik unabhängig davon, ob die vorformulierte Klausel echte AGB i. S. von § 305 I (hierzu Rz 23 f.) oder nur zur einmaligen Verwendung bestimmt ist (§ 310 III Nr. 2). Zur Sonderanknüpfung AGB-rechtlicher Vorschriften bei Verbraucherverträgen s. unten Rz 29 ff. 27

3. Ergänzende Sonderanknüpfung zwingender Vorschriften

a) Überblick. In bestimmten Fällen wird die Rechtswahl der Parteien zwar nicht unterbunden, aber das gewählte Vertragsstatut durch die Vorschriften eines kumulativ anzuwendenden Sonderstatuts ergänzt. So verhält es sich gemäß Art. 27 III EGBGB bei **reinen Inlandsverträgen,** gemäß Art. 29 und Art. 29a EGBGB bei **Verbraucherverträgen**[3] und gemäß Art. 30 I EGBGB bei **Arbeitsverträgen.** Zur davon zu unterscheidenden bloßen vetoweisen Mitberücksichtigung des Umweltrechts gemäß Art. 31 II EGBGB, die sich einerseits auch gegen das objektiv ermittelte Vertragsstatut durchsetzt, andererseits nur das Zustandekommen des (Haupt- oder Rechtswahl-)Vertrags, nicht jedoch dessen inhaltsbezogene Wirksamkeit betrifft, s. bereits Rz 11 ff. Eine Sonderanknüpfung von sog. Eingriffsnormen schreibt Art. 34 EGBGB vor. Sind die Tatbestandsvoraussetzungen keiner Sonderanknüpfungsnorm erfüllt, bleibt an den kollisionsrechtlichen ordre public (Art. 6 EGBGB) zu denken, sofern die Anwendung des gewählten ausländischen Rechts zu schlechterdings untragbaren Ergebnissen führte. 28

b) Sonderanknüpfung AGB-rechtlicher Vorschriften bei Verbraucherverträgen. Eine Sonderanknüpfung nationaler Vorschriften, die dem Schutz von Verbrauchern vor missbräuchlichen AGB oder Einmalklauseln i. S. von § 310 III Nr. 2 dienen, kommt gemäß Art. 29 I und gemäß Art. 29a EGBGB in Betracht. 29

---

[1] So etwa *Staudinger/Magnus* Art. 27 EGBGB Rz 142; *Staudinger/Hausmann* Art. 31 EGBGB Rz 32; *Looschelders* Art. 27 EGBGB Rz 31. Dagegen *Dutta* ZVglRWiss 104 (2005), 461, 464 ff., der selbst für eine Lösung anhand der Wertungen von Art. 27 IV, 31 II EGBGB plädiert.

[2] So etwa AnwKommBGB/*Leible* Art. 31 EGBGB Rz 70. Dagegen *Dutta* ZVglRWiss 104 (2005), 461, 468 ff.

[3] Der Kommissionsentwurf für eine Rom I-Verordnung vom 15.12.2005 (KOM [2005], 650 endg.; dazu oben bei Rz 7) will in Art. 5 eine weniger komplizierte Anknüpfung von Verbraucherverträgen einführen und im Ergebnis die bisher begrenzte Rechtswahlmöglichkeit beseitigen. Dazu *Mankowski* IPRax 2006, 101, 106 f., mit bedenkenswert skeptischen Überlegungen zur Frage, inwieweit missbräuchlichen Rechtswahlklauseln in Verbraucherverträgen überhaupt effektiv entgegengewirkt werden kann.

30 **aa) Art. 29 I EGBGB.** Art. 29 I EGBGB gilt nur für bestimmte Verbraucherverträge über die Lieferung beweglicher Sachen oder die Erbringung von Dienstleistungen zu einem Zweck, der nicht der beruflichen oder gewerblichen Tätigkeit des Berechtigten (Verbrauchers) zugerechnet werden kann,[1] sowie für Verträge zur Finanzierung eines solchen Geschäfts (nicht aber für die in Art. 29 IV EGBGB angesprochenen Beförderungs- und Dienstleistungsverträge); Darlehensverträge hält der BGH für weder direkt noch analog von Art. 29 I EGBGB erfasst.[2] Anwendungsvoraussetzung ist weiter, dass eine der in Art. 29 I Nr. 13 EGBGB umschriebenen Vertragsschlusssituationen vorliegt:[3] Geschützt wird mithin der sog. passive Verbraucher, wobei namentlich die angemessene Einordnung online geschlossener Verträge Schwierigkeiten bereitet.[4] In seinem Anwendungsbereich schreibt Art. 29 I EGBGB vor, dass trotz abweichender Rechtswahl das am gewöhnlichen Aufenthaltsort des Kunden geltende zwingende verbraucherschützende Recht nicht verdrängt wird. Ob das Recht eines EU- oder eines Drittstaats gewählt wird, ist – abweichend von Art. 29a EGBGB – ohne Belang.[5] Zu den gesondert anzuknüpfenden Verbraucherschutzregeln zählen auch und gerade AGB-rechtliche Vorschriften,[6] und zwar gleichermaßen hinsichtlich Einbeziehungskontrolle, Auslegungsmaximen und Inhaltskontrolle. Ausweislich seines Wortlauts verlangt Art. 29 I EGBGB keinen unbedingten verdrängenden Vorrang des Verbraucherschutzrechts, vielmehr einen **Günstigkeitsvergleich:** Vorschriften des Vertragsstatuts, die für den Verbraucher im Vergleich zu seinem Aufenthaltsrecht vorteilhafter sind, bleiben anwendbar, werden also nicht auf das Schutzniveau des Verbraucheraufenthaltsrechts reduziert. Welches Recht letztlich den Ausschlag gibt, ist in Hinblick auf die Individualschutzfunktion des Art. 29 I EGBGB mittels eines konkret fallbezogenen Ergebnisvergleichs zu entscheiden.[7] Maßgeblich ist nicht, ob das Vertragsstatut – insgesamt oder im Bereich der Einbeziehungs- bzw. Inhaltskontrolle – dem Verbraucheraufenthaltsrecht tendenziell ähnliche Lösungen bereithält, sondern ob die Anwendung des ausländischen Rechts im zu beurteilenden Einzelfall, auf welchem rechtstechnischen Weg auch immer, zu einem Ergebnis führt, das unter Kundenschutzgesichtspunkten nicht hinter dem zurückbleibt, das sich bei Anwendung des Verbraucheraufenthaltsrechts ergibt. Der Vergleich ist richtigerweise auf den Zeitpunkt der Streitentscheidung, nicht des Vertragsschlusses zu beziehen. Mithin können Schlechterstellungen des Kunden in einzelnen Punkten zwar durch Besserstellungen in anderen Fragen kompensiert werden, doch geht es nicht an, Schlechterstellungen mit in casu gar nicht mehr realisierbaren Vorteilen zu verrechnen.

31 **bb) Art. 29a EGBGB.** Um u. a. den kollisionsrechtlichen Vorgaben von Art. 6 II Klausel-RL 93/13/EWG zu genügen, ordnet Art. 29a I, IV Nr. 1 EGBGB unter bestimmten Umständen die Anwendung der Umsetzungsvorschriften bestimmter

---

[1] Zum Sonderproblem der Anwendbarkeit von Art. 29 I EGBGB auf sog. zweiseitige Verbraucherverträge bei online-Versteigerungen beachte *Freitag,* in: *Leible/Sosnitza,* Versteigerungen im Internet, Rz 831 ff.

[2] BGH NJW 2006, 762 f.

[3] Dazu BGH NJW-RR 2005, 1071, 1073 (Warentermin- und Optionsgeschäft mit schweizerischem Broker).

[4] Einführend etwa *Pfeiffer* JuS 2004, 282, 283 f. Ausführlich *Borges,* Verträge im elektronischen Geschäftsverkehr, S. 702 ff., 795 ff., 805 ff.; *Schrammen,* Grenzüberschreitende Verträge im Internet, S. 336 ff.

[5] Zweifelnd aber *Schlechtriem* FS W. Lorenz, S. 565, 568: Werde das Recht eines anderen EU-Staats gewählt, müsse es dabei bleiben.

[6] Ganz h. M.; statt vieler: *Reithmann/Martiny/Martiny* Rz 825; *Soergel/von Hoffmann* Art. 29 EGBGB Rz 29 und Art. 34 EGBGB Rz 56.

[7] Bereits zu § 12 AGBG statt vieler: *Jayme* ZHR 142, 120; *U. Hübner* NJW 1980, 2604.

Verbraucherschutzrichtlinien – einschließlich der Klausel-RL – selbst dann an, wenn der Vertrag ausländischem Recht unterliegt. Dies kommt, abweichend von der Vorgängerregelung in § 12 AGBG (s. Rz 7), aber nur in Betracht, wenn zum einen das Recht eines Staats, der weder der EU noch dem EWR (Island, Liechtenstein, Norwegen) angehört (im Folgenden: Drittstaat), berufen ist und wenn ebendies zum anderen auf einer Rechtswahl i. S. von Art. 27 EGBGB beruht.[1] Die Sonderanknüpfung schützt im Ergebnis nur Verbraucher, diese aber unabhängig von ihrer Staatsangehörigkeit und – im Unterschied zu § 12 AGBG – nicht nur im Falle ihrer Inlandsansässigkeit, sondern jedenfalls dann, wenn sie ihren gewöhnlichen Aufenthalt in einem EU- oder EWR-Staat haben (vgl. Art. 29a II Nr. 1 EGBGB). Augenfällige Abweichungen zu § 12 AGBG ergeben sich überdies hinsichtlich der Rechtsfolgen: Zur Anwendung gelangt laut Art. 29a I EGBGB nicht etwa ohne weiteres deutsches AGB-Recht, sondern das Recht, das in demjenigen Staat, zu dem der Vertrag einen engen Zusammenhang aufweist, in Umsetzung der RL erlassen wurde. Betrachtet man den Regelungsgehalt der RL, so liegt es nahe, als nationale Umsetzungsvorschriften in diesem Sinne solche über die **Inhaltskontrolle** (wie §§ 307–309) zu fassen,[2] nationale Vorschriften über die **Einbeziehungskontrolle** (wie §§ 305 ff.) hingegen nur insoweit, als sie sich unmittelbar auf das Transparenzgebot i. S. von Art. 5 RL zurückführen lassen oder ausnahmsweise sonstige einbeziehungsrelevante Richtlinienvorgaben bestehen.[3] Heftig umstritten ist, ob Art. 29a I EGBGB einen **Günstigkeitsvergleich** vorschreibt, wie ihn Art. 29 I EGBGB vorsieht (Rz 30) und wie es wohl auch den Vorgaben von Art. 6 II RL entspräche, oder ob es selbst dann bei der Anwendung der gesondert anzuknüpfenden Verbraucherschutzregeln bleibt, wenn sich die Regeln des Vertragsstatuts in casu als kundengünstiger erweisen. Für Letzteres votiert die wohl h. M. unter Hinweis auf den angeblich eindeutigen, von Art. 29 I EGBGB abweichenden Wortlaut („sind ... anzuwenden") und die Entstehungsgeschichte.[4] Was den in Art. 29a I EGBGB als Tatbestandsvoraussetzung geforderten **engen Zusammenhang** angeht, sind die in Art. 29a II EGBGB genannten Umstände lediglich Voraussetzungen eines die Generalklausel des Abs. 1 konkretisierenden Regelbeispiels. Als „ähnliche Tätigkeit" i. S. von Nr. 1 genügt die Aufforderung zur Abgabe von Angeboten (etwa durch Zusendung von Preislisten und Prospekten), aber auch die individuelle Kontaktaufnahme zum Zwecke des Geschäftsabschlusses durch den Einsatz von Abschlussvertretern oder -mittlern sowie persönlich aufgemachte Anschreiben. Noch weitgehend ungeklärt ist, unter welchen Umständen von inländischer Geschäftstätigkeit des Verwenders im Falle von Vertragsschlüssen via Internet auszugehen ist; wer für die Anwendung von Art. 29 I Nr. 1 EGBGB genügen lässt, dass den Verbraucher per Internet eine Werbung erreicht, die bestimmungsgemäß auch (nicht: speziell) an dessen Aufenthaltsort abrufbar ist,[5] wird auch zu Art. 29a EGBGB nicht anders

---

[1] Zur Diskussion, ob § 12 AGBG sowohl mit den Vorgaben der RL als auch des EVÜ vereinbar und inwieweit eine gemeinschafts- bzw. völkerrechtsfreundliche Interpretation geboten war, vgl. 4. Aufl., § 12 Rz 5 ff.

[2] So ausdrücklich *Staudinger/Hausmann* Art. 31 EGBGB Rz 80.

[3] Ohne diese Einschränkung für Sonderanknüpfung von Vorschriften zur Einbeziehungskontrolle aber *Stoffels,* AGB-Recht Rz 228; *Ulmer/H. Schmidt* Anh. § 305 Rz 26 („alle Vorschriften des AGB-Rechts"); *Maack,* Durchsetzung des AGB-rechtlichen Transparenzgebots, S. 196 ff. Allgemein zu einbeziehungsrelevanten Vorgaben der RL etwa *Hau,* Vertragsanpassung und Anpassungsvertrag, 2003, S. 181 bei und in Fn. 88.

[4] Statt vieler: *Paefgen* ZEuP 2003, 266, 278 ff.; *Looschelders* Art. 29a EGBGB Rz 41; *Bamberger/Roth/Spickhoff* Art. 29a EGBGB Rz 5, 13; AnwKommBGB/*Leible* Art. 29a EGBGB Rz 42; *von Westphalen,* AGB, Rechtswahlklauseln, Rz 38. Für einen Günstigkeitsvergleich aber etwa *Reithmann/Martiny/Martiny* Rz 840; *Bitterich,* Art. 29a EGBGB, S. 407 ff.; *Stoffels,* AGB-Recht Rz 229.

[5] So etwa *Soergel/von Hoffmann* Art. 29 EGBGB Rz 18.

entscheiden.[1] Das Gesetz verlangt einen Kausalzusammenhang zwischen der inlandsbezogenen Geschäftstätigkeit des Verwenders und dem einzelnen Geschäftsabschluss (arg.: „auf Grund"),[2] wobei der Verwendergegenseite erforderlichenfalls freilich Beweiserleichterung zuteil werden sollte. Ob im Einzelfall, abgesehen von Art. 29a II EGBGB, ein enger Zusammenhang mit einem EU- oder EWR-Staat i. S. der Generalklausel des Art. 29a I EGBGB vorliegt, ist aufgrund einer Gesamtwürdigung sämtlicher Umstände zu ermitteln, wobei sich ein Rückgriff auf die zu Art. 28 I und 29 I Nr. 2/3 EGBGB entwickelten Kriterien anbietet. Lässt man richtigerweise jedenfalls den inländischen Wohnsitz des Verbrauchers mangels zusätzlicher Umstände, die zum Aufenthaltsstaat weisen, nicht genügen, so wird man Art. 29a I EGBGB insbesondere nicht auf Fälle erstrecken, in denen ein Verbraucher ohne vorhergehende Werbung in seinem Aufenthaltsstaat Geschäfte mit einem ausländischen Versandhandel tätigt.

32 **cc) Verhältnis von Art. 29 I zu Art. 29a EGBGB.** Ein erheblicher Überschneidungsbereich von Art. 29 I und Art. 29a EGBGB ist evident, das Verhältnis beider Bestimmungen zueinander indes heftig umstritten.[3] Trotz Einschlägigkeit von Art. 29a EGBGB wird Art. 29 I EGBGB in seinem Anwendungsbereich im Einzelfall jedenfalls nicht verdrängt, sofern es um die Sonderanknüpfung von Vorschriften zur Einbeziehungskontrolle geht, die nicht der Umsetzung der Klausel-RL dienen (s. Rz 31). Darüber hinaus eröffnet Art. 29 I (anders als Art. 29a) EGBGB auch die Möglichkeit, das Verbraucherschutzrecht eines Drittstaats mittels Sonderanknüpfung heranzuziehen. Im Übrigen wird eher Bedarf für einen Rückgriff auf Art. 29 I EGBGB anmelden, wer mit der h. M. in Art. 29a I EGBGB keinen Ansatz für einen Günstigkeitsvergleich sieht (s. Rz 31).[4] Umgekehrt bleibt Art. 29a EGBGB bedeutsam, sofern kein von Art. 29 I, IV EGBGB erfasster Vertragstyp (z. B. Miete, Immobilienkauf, Darlehen, Beförderung) und/oder keine der dort aufgeführten Vertragsschlusssituationen in Rede steht.

33 **c) Sonderanknüpfung AGB-rechtlicher Vorschriften im Unternehmensverkehr.** Inwieweit verbraucherschützende Bestimmungen zu den zwingenden Vorschriften i. S. von **Art. 34 EGBGB** zählen, ist umstritten,[5] wegen Art. 29 I, 29a EGBGB aber praktisch kaum bedeutsam. Problematisch ist hingegen, ob Art. 34 EGBGB hinsichtlich des Unternehmerverkehrs auch solche Vorschriften erfasst, die prinzipiell einer Sonderanknüpfung gemäß Art. 29 I und/oder 29a EGBGB zugänglich sind. Speziell zu §§ 305 ff. wird überwiegend vertreten, dass der deutsche Gesetzgeber diesen außerhalb des Verbrauchergeschäfts keine zwingende Bedeutung beigemessen habe.[6] Denkbar bleibt im Unternehmensverkehr jedoch die ergänzende Sonderanknüpfung von AGB-Recht gemäß **Art. 27 III EGBGB** (dem im Verbrauchergeschäft wiederum wegen Art. 29 I, 29a EGBGB kein nennenswerter Anwendungsbereich bleiben dürfte).[7] Von einem reinen Inlandsvertrag

---

[1] So denn auch etwa *Stoffels,* AGB-Recht Rz 222. Ausführlich zum Erfordernis des engen Zusammenhangs beim Vertragsschluss im Internet: *Borges,* Verträge im elektronischen Geschäftsverkehr, S. 878 ff., 866 ff.; *Schrammen,* Grenzüberschreitende Verträge im Internet, S. 353 ff.

[2] Zweifelnd etwa *Stoffels,* AGB-Recht Rz 223 unter Hinweis auf Art. 6 II RL.

[3] Wenig aufschlussreich ist der Hinweis in BT-Drs. 14/2658, S. 50, Art. 29 sei vor Art. 29a EGBGB „zu prüfen".

[4] Vgl. etwa *Looschelders* Art. 29a EGBGB Rz 10.

[5] Laut BGH NJW-RR 2005, 1071, 1073, geht Art. 29 EGBGB vor; im Hinblick auf Verträge, die nicht von Art. 29 I EGBGB erfasst werden, verneint BGH NJW 2006, 762, 763 f. einen Vorrang vor Art. 34 EGBGB. Näher *Paefgen* ZEuP 2003, 266, 286 ff. Anders etwa *Maack,* Durchsetzung des AGB-rechtlichen Transparenzgebots, S. 241 ff.

[6] So etwa *Schlechtriem* FS W. Lorenz, S. 565, 568 ff.; *Stoffels,* AGB-Recht Rz 232.

[7] Vgl. das Beispiel bei *Stoffels,* AGB-Recht Rz 234 f.

kann freilich nur ausnahmsweise die Rede sein, wenn weder die Parteien noch das Geschäft oder dessen Abwicklung, sieht man von der Wahl ausländischen Rechts (sowie einer etwaigen flankierenden Gerichtsstandsvereinbarung) einmal ab, irgendeinen relevanten Auslandsbezug aufweisen.[1]

V. Einbeziehung von AGB bei Schuldverträgen mit Auslandsbezug

1. Anwendbares Recht

Soweit deutsches Recht als Vertragsstatut berufen ist (Rz 7ff.), beurteilt sich die Einbeziehung von AGB nach deutschem Recht.[2] Dies gilt – entgegen der Lehre vom „Sprachenstatut" – auch und gerade für die Frage, in welcher Sprache der Einbeziehungshinweis zu erfolgen hat bzw. die AGB vorzulegen sind (dazu sogleich Rz 37ff.).[3] Bei der Auslegung geschriebener und ungeschriebener Einbeziehungsvoraussetzungsnormen sowie bei der Auslegung des Parteiverhaltens und der Parteierklärungen ist freilich bereits innerhalb des deutschen Sachrechts schutzwürdigen Belangen der Verwendergegenseite, die gerade aus mangelnder Vertrautheit mit dem deutschen Recht resultieren, Rechnung zu tragen. Subsidiär kann Abhilfe im Wege kumulierender Sonderanknüpfung des Umweltrechts der ausländischen Partei gemäß Art. 31 II EGBGB geboten sein (näher Rz 11ff.).[4] 34

Unter den Voraussetzungen von Art. 29a EGBGB können die in Umsetzung der Klausel-RL in Deutschland (oder einem anderen Mitgliedstaat) ergangenen Vorschriften ungeachtet einer davon zugunsten eines drittstaatlichen Rechts abweichenden Rechtswahl anzuwenden sein (dazu, ob dies für die Einbeziehungsfrage von Belang sein kann, s. Rz 31). Zudem kann sich die Maßgeblichkeit deutschen AGB-Rechts aus Art. 29 I EGBGB ergeben (dazu Rz 30), ferner im Falle eines Vertrags ohne relevanten Auslandsbezug aus Art. 27 III EGBGB (dazu Rz 33). 35

2. Vertragsstatut: Deutsches Recht

a) Einbeziehung kraft ausdrücklichen Verwenderhinweises. Nicht nur bei ausdrücklicher Anerkennung der vom Verwender bei Vertragsschluss gestellten AGB, sondern auch bei vorbehaltloser Annahme eines Vertragsangebots, das der Verwender unter ausdrücklichem Hinweis auf seine AGB abgegeben hat, steht bei reinen **Inlandsgeschäften** vom objektiven Erklärungswert her das Vorliegen eines Einbeziehungsvertrages außer Frage. Wirksamkeitsvoraussetzung desselben ist bei der AGB-Verwendung gegenüber Verbrauchern außer dem ausdrücklichen Hinweis (§ 305 II Nr. 1) auch, dass der Gegenseite bei Vertragsschluss die Möglichkeit verschafft wird, in zumutbarer Weise vom Inhalt der in Bezug genommenen AGB Kenntnis zu nehmen (§ 305 II Nr. 2); bei der AGB-Verwendung im Unternehmensverkehr (vgl. § 310 I S. 1) hat der Verwender die in Bezug genommenen AGB 36

[1] Speziell zum relevanten Auslandsbezug beim Vertragsschluss im Internet: *Borges,* Verträge im elektronischen Geschäftsverkehr, S. 880ff.

[2] Ebenso etwa BGH NJW-RR 2003, 192; OLG Frankfurt NJW-RR 2003, 704, 706; *Weller* IPRax 2005, 428, 429f. Ausführlich *Reithmann/Martiny/Martiny* Rz 227ff.; *Staudinger/Hausmann* Art. 31 EGBGB Rz 72ff.; jeweils mit Überblicken zu abweichenden Einbeziehungsvoraussetzungen nach ausländischen Rechtsordnungen.

[3] Wie hier für grundsätzliche Maßgeblichkeit des Vertragsstatuts etwa *Reithmann/Martiny/Martiny* Rz 220; *Staudinger/Hausmann* Art. 31 EGBGB Rz 98; *Maidl* S. 44ff.; jeweils m. w. Nachw. zum Streitstand.

[4] Näher *Staudinger/Hausmann* Art. 31 EGBGB Rz 78f., und zum Streit, ob dies auch für die Sprachenfrage gilt, ebenda Rz 99f.

zumindest auf Aufforderung unverzüglich nachträglich zugänglich zu machen, sofern sie nicht anderweitig leicht erhältlich sind (s. § 305 Rz 131). Entsprechendes gilt bei Geschäften mit **Auslandsbezug.** Insbesondere kann der mit einem Ausländer auf dem Korrespondenzweg geschlossene Vertrag auch AGB mit einbeziehen, die zunächst nicht mitgeschickt wurden.[1] Allerdings darf man den Ausländer, dem die in Bezug genommenen AGB nicht bereits bekannt sind, beim Distanzgeschäft kaum auf andere Bezugsquellen verweisen; mithin trifft den Verwender, wenn die AGB vor oder nach Vertragsschluss angefordert werden, stets eine entsprechende Textverschaffungsobliegenheit.[2]

37 **b) Insbesondere: das Sprachproblem. aa) Überblick.** Gehören Verwender und Kunde unterschiedlichen Sprachkreisen an, so stellt sich die Frage, in welcher Sprache der Hinweis auf die AGB sowie der dem Kunden zugänglich zu machende AGB-Text abgefasst sein müssen, damit beim Verbrauchergeschäft dem Erfordernis von § 305 II Nr. 1 und 2 genügt ist, im Unternehmensverkehr von einer ausdrücklichen Einbeziehung gesprochen werden kann bzw. der Textverschaffungsobliegenheit auf Anforderung Genüge getan ist. Im Einzelnen ist sinnvollerweise zu unterscheiden zwischen einerseits dem inländischen Markt zuzuordnenden Geschäften, deren „Internationalität" sich darauf beschränkt, dass der Kunde Ausländer ist (Rz 41), und andererseits internationalen Distanzgeschäften, wobei wiederum der Unternehmensverkehr (Rz 38 f.) und Verbrauchergeschäfte (Rz 40) getrennt zu beurteilen sind. Die so zu entwickelnden Leitlinien gelten grundsätzlich auch für den Vertragsschluss unter Einsatz neuer Medien, insbesondere also für online getätigte Geschäfte.

38 **bb) Internationale Distanzgeschäfte im Unternehmensverkehr.** Der Hinweis des Verwenders auf seine AGB verdeutlicht den Einbeziehungswillen hinreichend, wenn er in der **Heimatsprache des Vertragspartners** erfolgt (allg. M.). Stets ausreichend ist zudem der Hinweis in der von der Heimatsprache des Adressaten abweichenden **Verhandlungssprache,**[3] und zwar im Unternehmensverkehr wohl nicht nur dann, wenn diese von beiden Seiten gemeinsam verwendet wurde, sondern grundsätzlich auch dann, wenn es sich um eine der von den Parteien in ihrer Korrespondenz einseitig benutzten Sprachen handelt;[4] denn von einem Unternehmer, der sich vorbehaltlos auf von der anderen Seite in einer bestimmten Sprache geführte Verhandlungen einlässt, darf der Verkehr erwarten, dass er diese versteht bzw. sich zumindest eigenverantwortlich die gebotene Übersetzung verschafft. Und es genügt wohl auch, wenn der Vertragspartner des Verwenders eine in einer anderen Sprache als der Verhandlungssprache abgefasste Vertragsurkunde mit AGB-Einbeziehungshinweis unterzeichnet;[5] denn wer als Unternehmer eine von der Verhandlungssprache abweichende gesonderte Vertragssprache akzeptiert, übernimmt damit nach der Verkehrsauffassung prinzipiell die Obliegenheit, eigenverantwortlich für das Verständnis des unterzeichneten Textes zu sorgen. Im Übrigen genügt der Hinweis in einer anderen Sprache als der Verhandlungs- oder Heimatsprache, wenn der Vertragspartner dieser mächtig ist,[6] was etwa im Seehandel hinsichtlich des Englischen angenommen werden darf.[7] Dass Kenntnis einer **Welt-**

[1] Statt vieler: OLG Naumburg NJOZ 2004, 14, 19; *Stadler* S. 86 f.

[2] Richtig: *Staudinger/Schlosser* § 305 Rz 158.

[3] H. M., statt vieler: OLG Hamburg NJW 1980, 1232; *Staudinger/Schlosser* § 305 Rz 105, 127; *Ulmer/H. Schmidt* Anh. § 305 Rz 16; *U. Hübner* NJW 1980, 2601, 2606.

[4] So jetzt auch *Ulmer/H. Schmidt* Anh. § 305 Rz 16.

[5] Deutlich OLG Hamm, IPRax 2007, 125, 126 (dazu *Spellenberg* IPRax 2007, 98, 99 ff.). A. A. freilich z. B. *Staudinger/Schlosser* § 305 Rz 105, 127; *Ulmer/H. Schmidt* Anh. § 305 Rz 16.

[6] OLG Karlsruhe NJW-RR 2002, 1722, 1723.

[7] Übereinstimmend: MünchKommBGB/*Spellenberg* Art. 31 EGBGB Rz 49; OLG Köln VersR 1999, 639, 641.

sprache wie Englisch (oder Französisch, Spanisch, Arabisch, Chinesisch, vielleicht sogar Deutsch?) generell zu erwarten sei,[1] trifft demgegenüber nicht zu.[2] Wer sich eines Vertreters oder einer anderen **Hilfsperson** bedient, muss sich deren Sprachkenntnisse zurechnen lassen.[3]

Entsprechend diesen Grundsätzen genügt der Verwender seiner **Textverschaffungsobliegenheit** (Rz 36) nur, indem er eine AGB-Fassung zugänglich macht: in der Heimatsprache des Vertragspartners, in der (gemeinsam oder einseitig verwendeten) Verhandlungssprache, bei einer von der Verhandlungssprache abweichenden Vertragssprache auch in dieser, im Übrigen nur, wenn die Gegenseite die verwendete Sprache (voll) beherrscht. Auch im Unternehmensverkehr kann keine Rede davon sein, dass dem Vertragspartner die Übersetzung aus einer ihm fremden Weltsprache stets zumutbar ist, wenn diese weder Verhandlungs- noch Vertragssprache war.[4] Übersendet der Verwender allerdings nach einer nicht näher spezifizierten Anforderung des AGB-Textes eine Fassung in einer Weltsprache, wird man, soweit Kenntnis derselben zumindest nicht fernliegend erscheint, die Einbeziehung nur dann verneinen, wenn sich der Vertragspartner nach Empfang umgehend auf seine Sprachfremdheit beruft. 39

cc) Internationale Distanzgeschäfte mit AGB-Verwendung gegenüber Verbrauchern. Auch für Verbrauchergeschäfte schreibt das deutsche Recht nur ausnahmsweise die Verwendung einer bestimmten Sprache vor.[5] Streitig ist, ob das Fehlen einer AGB-rechtlichen Regelung den sekundärrechtlichen Vorgaben, insbesondere dem in Art. 4 II und 5 der Klausel-RL verankerten Transparenzgebot, gerecht wird.[6] In der Sache empfehlen sich für internationale Distanzgeschäfte mit AGB-Verwendung gegenüber Verbrauchern im Anwendungsbereich deutschen Rechts folgende Leitlinien: Der von § 305 II Nr. 1 geforderte Einbeziehungshinweis kann nicht nur in der Heimatsprache des Kunden, sondern auch in der gemeinsamen oder der von diesem gewählten Verhandlungssprache erfolgen.[7] Benutzt der Kunde – oder sein Vertreter – bei den Vertragsverhandlungen eine von seiner Heimatsprache abweichende Sprache, darf der Verwender mangels gegenteiligen Hinweises davon ausgehen, dass sie auch verstanden wird. Entsprechendes gilt, wenn der Verbraucher eine vom Verwender ins Internet gestellte Bestellmaske ausfüllt, die in einer anderen als der Heimatsprache des Verbrauchers gestaltet ist.[8] Nicht ausreichen dürfte hingegen ein Hinweis in der nur vom Verwender benutzten Verhandlungssprache, wenn sich der Verbraucher einer anderen Verhandlungssprache bedient und nicht nachweislich beide Sprachen beherrscht:[9] Der zwischen 40

---

[1] So OLG Hamburg NJW 1980, 1232, 1233; OLG Koblenz IPRax 1994, 46, 48 m. Anm. *Schurig* 27, 32 f.; OLG Naumburg NJOZ 2004, 14, 20 f.; *Ulmer/H. Schmidt* Anh. § 305 Rz 16; *Berger* ZGS 2004, 415, 417. Für branchenabhängige Beurteilung MünchKommBGB/*Kieninger* § 307 Rz 270.

[2] Zurückhaltend auch MünchKommBGB/*Spellenberg* vor Art. 11 EGBGB Rz 132 und Art. 31 EGBGB Rz 49.

[3] MünchKommBGB/*Spellenberg* vor Art. 11 EGBGB Rz 127 und Art. 31 EGBGB Rz 46; *Reithmann/Martiny/Martiny* Rz 221.

[4] Abweichend *Stadler* S. 86.

[5] S. § 483 I BGB für Teilzeit-Wohnrechteverträge. Nicht hierher gehört § 1 II Nr. 6 BGB-InfoV, der für den Fernabsatz von Finanzdienstleistungen fragwürdigerweise nur die Angabe der verwendeten Sprache vorschreibt, dazu *Heiss* IPRax 2003, 100, 103.

[6] Ausführlich *Dreißigacker* S. 234 ff.

[7] *Ulmer/H. Schmidt* Anh. § 305 Rz 14; *Erman/Roloff* § 305 Rz 26 a. E.

[8] Näher *Maack*, Durchsetzung des AGB-rechtlichen Transparenzgebots, S. 58 ff.

[9] Richtig etwa *Staudinger/Hausmann* Art. 31 EGBGB Rz 107 und insoweit auch *Ulmer/H. Schmidt* Anh. § 305 Rz 14. Abweichend *Staudinger/Schlosser* § 305 Rz 105, der auf eine Differenzierung zwischen kaufmännischem und nichtkaufmännischem Verkehr verzichtet und hier wie dort den Hinweis auch in der von der Gegenseite nicht beanstandeten eigenen einseitigen Verhandlungssprache erlauben will.

Unternehmern beachtliche Gesichtspunkt der Parität (oben Rz 38) gilt im Verhältnis zwischen einem Unternehmer und dem nach der Wertung des § 305 II Nr. 1 schutzbedürftigeren Verbraucher nicht. Und aus ebendiesem Grund dürfte – wiederum anders als im Unternehmensverkehr – bei Divergenz der Verhandlungs- und der Vertragssprache selbst bei Unterzeichnung des Vertragsdokuments durch den Kunden der bloße Hinweis in jenem im Zweifel nicht genügen, wenn die Initiative für die entsprechende Sprachwahl vom Verwender ausgegangen ist:[1] Hier wie dort genügt der nicht in der Heimatsprache oder der gemeinsamen bzw. vom Kunden benutzten Verhandlungssprache gefasste Hinweis nur, wenn der Adressat der dazu verwendeten Sprache nachweislich kundig ist.

41 **dd) Inlandsgeschäfte mit Ausländern.** Geschäfte zwischen Parteien mit Niederlassungen bzw. Niederlassung und ständigem Aufenthalt in verschiedenen Ländern, die auf grenzüberschreitenden Leistungsvollzug angelegt sind, werden nicht allein dadurch zum „Inlandsgeschäft“, dass der Vertragsschluss, häufig mehr oder weniger zufällig, in dem einen oder anderen Land erfolgt.[2] Eine Besonderheit gegenüber dem im Korrespondenzweg geschlossenen Distanzgeschäft besteht nur insoweit, als der Einbeziehungshinweis in der von der Verhandlungssprache abweichenden Vertragssprache auch im Unternehmensverkehr nicht ohne weiteres genügt: Wer auf einer Messe mit einem – erkennbar des Deutschen nicht mächtigen – portugiesischen Kunden auf Englisch verhandelt, kann sich nicht darauf berufen, dass ein Passus des deutschsprachigen Bestellformulars die Geltung der eigenen Lieferbedingungen statuiert.[3] Anders als internationale Distanzgeschäfte sind indes Geschäfte zu beurteilen, die ausschließlich im Inland vollzogen werden sollen und allein wegen der fremden Nationalität und Sprachunkundigkeit einer Partei einen „Auslandssachverhalt“ darstellen. Insoweit gilt bezüglich der Hinweisobliegenheit nach § 305 II Nr. 1 und der Obliegenheit zu zumutbarer Kenntnisnahmeverschaffung nach § 305 II Nr. 2, dass der Verwender bei Austauschgeschäften ohne personenrechtlichen Einschlag grundsätzlich davon ausgehen kann, dass der Ausländer entweder die Inlandssprache versteht oder sich seinerseits sprachkundiger Helfer bedient.[4] Dies gilt allemal dort, wo sich der Verwender entsprechend der in § 305 II Nr. 1 zugelassenen Ausnahme auf einen Aushang beschränkt, und zwar unabhängig davon, ob jener – mehr oder weniger – mit Ausländerkunden rechnen muss.[5] Abweichendes gilt freilich, wenn der Verwender die Ausländereigenschaft des Kunden erkennt und diesem gegenüber den Eindruck erweckt, er berücksichtige dessen besondere Lage, insbesondere wenn die Vertragsverhandlungen nicht in deutscher Sprache geführt werden:[6] Dann genügt weder ein Aushang in deutscher Sprache[7] noch – mangels nachweisbarer Beherrschung derselben – ein Aushang in einer von der gemeinsamen Verhandlungssprache abweichenden Weltsprache.[8]

---

[1] *Staudinger/Hausmann* Art. 31 EGBGB Rz 107. Insoweit übereinstimmend auch *Staudinger/Schlosser* § 305 Rz 105. Anders *Weimar* DB 1978, 243.

[2] A. A. und für völlige rechtliche Gleichbehandlung von Inländern und Ausländern in dieser Fallkonstellation freilich z. B. *Drobnig* FS Mann, S. 605.

[3] OLG Stuttgart IPRax 1988, 293 f.

[4] BGH NJW 1995, 190 (Hauptschuldner als Dolmetscher für iranische Bürgin; aber Irrtumsanfechtung zugelassen); *Staudinger/Hausmann* Art. 31 EGBGB Rz 108; *Schäfer* JZ 2003, 879, 883.

[5] *Staudinger/Schlosser* § 305 Rz 133. Anders noch *Weimar* DB 1978, 243.

[6] So im Fall OLG Frankfurt NJW-RR 2003, 704, 706 (Anmietung eines Pkw am Flughafen).

[7] *Staudinger/Schlosser* § 305 Rz 133; *Staudinger/Hausmann* Art. 31 EGBGB Rz 108.

[8] A. A. etwa *Ulmer/H. Schmidt* Anh. § 305 Rz 14: Hinweis in einer Weltsprache wie Englisch oder Französisch stets ausreichend.

c) Konkludente Einbeziehung bei branchenüblicher Verwendung. Besondere Probleme ergeben sich im beidseits kaufmännischen Verkehr im Bereich solcher Geschäfte, in denen so gut wie immer die Bedingungen einer Marktseite verwendet werden und (deshalb) eine ausdrückliche AGB-Einbeziehung unterbleibt. Während sich inländische Kunden unter diesen Voraussetzungen die AGB-Geltung entgegenhalten lassen müssen, wenn sie sich bei Vertragsschluss nicht ausdrücklich dagegen verwahren, gilt Entsprechendes nicht ohne weiteres auch für Auslandsansässige, die Leistungen von Inländern nachfragen.[1] Streitig ist freilich, wie und inwieweit dem aus der „Rechtsfremdheit" resultierenden Schutzbedürfnis Genüge zu tun ist. Sachgerechter Ausgangspunkt ist die Überlegung, dass ein Kunde, der von der Verkehrsüblichkeit der AGB-Verwendung „wissen muss", die betreffenden AGB bei vorbehaltlosem Vertragsschluss gegen sich gelten lassen muss. Angesprochen ist damit die Frage nach der **Auslegung des beiderseitigen Erklärungsverhaltens.** Folgert man die Geltung der „großen AGB" (Bank-, Spediteur-, Versicherungsbedingungen) mit der herkömmlichen Auffassung[2] aus dem Satz und in den Grenzen des Satzes, dass Handelsbräuche bedeutungsprägend i. S. des Verkehrstypischen sind,[3] so gilt: Soweit sich die Verwendung von AGB zur ständigen Übung entwickelt hat, ist dem Vertragsangebot und der Annahme der Vertragsofferte gegenüber einem Branchenkundigen bzw. durch einen Branchenkundigen (oder gegenüber einem bzw. für einen als solchen Auftretenden) auch ohne ausdrücklichen Hinweis der objektive Erklärungswert beizumessen, dass der Vertragsschluss unter Zugrundelegung der AGB erfolgt. Eben deshalb ist der aus der Auslandsansässigkeit folgenden „Rechtsfremdheit" des Vertragspartners nach den unter Rz 11ff. entwickelten Grundsätzen – bei uneingeschränkter Geltung des Vertragsstatuts – bereits im Rahmen der Auslegung des Erklärungsverhaltens der Beteiligten Rechnung zu tragen; es bedarf nicht noch – zusätzlich – der kollisionsrechtlichen Sonderanknüpfung an das Sitzrecht der Verwendergegenseite.[4] 42

Bei internationalen Verträgen ist von der grundsätzlichen Relevanz der Erklärungssitten des Landes auszugehen, in dem der betreffende Vertrag seinen (gewillkürten oder objektiven) Schwerpunkt hat; dies gilt nicht zuletzt angesichts des fließenden Übergangs von der interpretierenden und ergänzenden Verkehrssitte zum dispositiven Recht. Demnach begründet die Geltung deutschen Sachrechts kraft Rechtswahl oder objektiver Anknüpfung zugleich die prinzipielle Maßgeblichkeit des inländischen Handelsbrauches. Ein auslandsansässiger Vertragspartner, der die Branchenüblichkeit der AGB-Verwendung kennt bzw. wegen professioneller oder sonstiger besonderer Nähe bei gebotener Sorgfalt zu kennen hat, muss sich eine Auslegung der vertragskonstitutiven Erklärungen dahingehend gefallen lassen, dass der Vertrag unter Einbeziehung der AGB geschlossen worden ist. Kenntnis der branchenüblichen Verwendung kann aus dem Gesichtspunkt der professionellen Nähe insbesondere von Parteien der gleichen Branche erwartet werden, die von deutschen Vertragspartnern die vertragscharakteristische Leistung nachfragen. Auszugehen ist daher von Kenntnis der deutschen AGB Banken im Verkehr mit anderen Banken (zumindest mit Banken an- 43

---

1 Richtig etwa *Reithmann/Martiny/Martiny* Rz 235; *Staudinger/Hausmann* Art. 31 EGBGB Rz 75.

2 Zur Diskussion, ob nach der Transportrechtsreform noch Raum für die Erwägungen bleibt, auf die bislang die Vorstellung stillschweigender Unterwerfung gestützt wurde, etwa *Reithmann/Martiny/Mankowski* Rz 1370 m. w. Nachw.

3 Statt vieler: *Staudinger/Schlosser* § 305 Rz 187ff.

4 Übereinstimmend: *Canaris,* Bankvertragsrecht, 3. Aufl., Rz 2511; *Ulmer/H. Schmidt* Anh. § 305 Rz 19; *Weller* IPRax 2005, 428, 430. Beachte auch *Reithmann/Martiny/Martiny* Rz 231.

derer EU-Staaten).[1] Entsprechend wird ausländischen Spediteuren die Kenntnis der ADSp zumindest dann unterstellt, wenn sie in anderen EU-Staaten ansässig sind[2] oder im Inland eine Niederlassung unterhalten.[3] Von nicht der gleichen Branche angehörenden auslandsansässigen Kaufleuten kann Kenntnis hingegen nicht erwartet werden, es sei denn, sie arbeiten – gleich einem Inländer – geschäftstypischerweise ständig mit deutschen Banken oder Spediteuren zusammen.[4] Letzteres dürfte entsprechend gelten bei geschäftstypischer Zusammenarbeit mit ausländischen Unternehmen, wenn und soweit die Verwendung inhaltlich ähnlicher AGB wie im Inland auch im Ausland branchenüblich ist.[5] Die bloße Tatsache des Vertragsschlusses im Inland für sich allein begründet hingegen noch kein „Wissen-Müssen".[6]

44 **d) Sonderproblem: AGB-Einbeziehung und kaufmännisches Bestätigungsschreiben.** Wird im beidseits kaufmännischen Verkehr im Anwendungsbereich deutschen Rechts[7] die AGB-Inkorporierung erst in einem Bestätigungsschreiben verlautbart, so gilt: Schweigt der Adressat, ist in den Geltungsschranken des Satzes von der Maßgeblichkeit des unwidersprochen gebliebenen Bestätigungsschreibens grundsätzlich von einer wirksamen Einbeziehung auszugehen. Der ausländische Vertragspartner des Verwenders kann sich jedoch, sofern es die Umstände des Falles nicht rechtfertigen, ihn bezüglich der Zurechnung des Schweigens als Einverständnis wie einen inländischen Kaufmann zu behandeln, gemäß Art. 31 II EGBGB auf sein abweichendes Umweltrecht berufen:[8] Schweigen auf ein kaufmännisches Bestätigungsschreiben sollte nach ebenden Regeln behandelt werden wie vorkonsensuales Schweigen (s. bereits Rz 13).

45 Berücksichtigt man die funktionsimmanenten Grenzen des Satzes von der Maßgeblichkeit des unwidersprochen gebliebenen Bestätigungsschreibens, so gilt bereits nach **deutschem Recht**:[9] Das Schweigen auf ein *vertragsinhaltsfeststellendes* Bestätigungsschreiben des Verwenders, das – objektiv unzutreffend – die Einbeziehung der Verwender-AGB verlautbart, erweist sich nur dann als zustimmungsäquivalentes Verschweigen mit der Folge, dass die AGB als vertraglich einbezogen gelten können, wenn zum einen nach der Art des Vertragsschlusses bzw. des Verhandlungsverlaufs ein besonderer Bestätigungsgrund bestand und zum anderen die Umstände des Einzelfalles keine abweichende Beurteilung gebieten. Schweigen auf ein Bestätigungsschreiben, das dahin zielt, den Vertragsinhalt durch nachträgliche Einbeziehung der eigenen AGB *aufzufüllen,* bewirkt nur dann die – prinzipielle[10] – Geltung der in Bezug genommenen (dem Empfänger bekannten oder dem Be-

---

1 BGH NJW 1971, 2126; BGH WM 2004, 1177 f. (dazu *Kröll* EWiR 2005, 1 f., und *Weller* IPRax 2005, 428); *Ulmer/H. Schmidt* Anh. § 305 Rz 19; *Reithmann/Martiny/Martiny* Rz 237. Wohl nicht einschränkend, die Betonung der besonderen „Inlandsnähe" (Geschäftssitz im Elsaß) vielmehr nur als verstärkendes Argument verwendend, BGH NJW 1987, 1825, 1826.

2 OLG Frankfurt RIW 1980, 666, 667; OLG Schleswig NJW-RR 1988, 283, 284; *Ulmer/H. Schmidt* Anh. § 305 Rz 19; *Schwenzer* IPRax 1988, 86, 87.

3 BGH RIW 1982, 55; *Ulmer/H. Schmidt* Anh. § 305 Rz 19; *Reithmann/Martiny/Martiny* Rz 236.

4 Ohne diese Einschränkung OLGR Köln 2002, 423 (ADSp).

5 Vgl. *Staudinger/Schlosser* § 305 Rz 187.

6 *Ulmer/H. Schmidt* Anh. § 305 Rz 19; *Staudinger/Hausmann* Art. 31 EGBGB Rz 76. A. A. offenbar OLG Frankfurt RIW 1980, 666, 667.

7 Zum Fall, dass auch die entsprechende Rechtswahl gerade erst im Bestätigungsschreiben enthalten ist, s. Rz 25.

8 Heute ganz h. M.; vgl. statt vieler: *Reithmann/Martiny/Martiny* Rz 229 a. E., 218; *Ulmer/H. Schmidt* Anh. § 305 Rz 18.

9 Näher bereits *Lindacher* WM 1981, 702 ff.

10 Zum zusätzlichen Erfordernis materieller Konsensfähigkeit hinsichtlich der einzelnen Klausel *Lindacher* WM 1981, 705 f m. w. Nachw.

stätigungsschreiben beigefügten) AGB, wenn ein besonderer Ergänzungsgrund zu bejahen ist. Daran fehlt es vor allem, wenn die Einbeziehung der AGB des Bestätigenden schon Gegenstand der vorgängigen Vertragsverhandlungen war und dabei nicht durchgesetzt werden konnte.

Soweit nach deutschem Recht als Vertragsstatut eine AGB-Einbeziehung bei Nichtwiderspruch bzw. nicht rechtzeitigem Widerspruch zu bejahen ist, kann dies auch für den auslandsansässigen Geschäftspartner gelten, dessen **Umweltrecht** das Institut des kaufmännischen Bestätigungsschreibens in der Prägung deutschen Rechts nicht kennt:[1] Darauf darf er sich nicht gemäß Art. 31 II EGBGB zur Abwehr der Bindung berufen, wenn und soweit er von der rechtlichen Relevanz des Schweigens auf ein kaufmännisches Bestätigungsschreiben positiv weiß oder doch jedenfalls infolge häufiger Geschäftsabschlüsse mit deutschen Unternehmen unter der Geltung deutschen Rechts davon hätte wissen müssen. **46**

3. Vertragsstatut: Ausländisches Recht

Soweit ausländisches Recht Vertragsstatut ist (Rz 7 ff., 34 f.), beurteilt sich nach diesem auch die AGB-Einbeziehung einschließlich des Sprachproblems. Nur ausnahmsweise kann auf entsprechende Einrede deutsches Recht zugunsten einer inlandsansässigen Partei gemäß Art. 31 II EGBGB korrigierend berücksichtigt werden. Dies kommt in Betracht, wenn und soweit nach fremdem Vertragsstatut und den in seinem Geltungsbereich herrschenden Erklärungssitten eine konkludente Einbeziehung zu bejahen wäre, nach deutschem Recht und hier maßgeblichen Erklärungsgebräuchen dem Verhalten des inlandsansässigen Vertragspartners des Verwenders indes die entsprechende Konkludenz mangelt, jenem das Wissen um die Deutung seines Erklärungsverhaltens nach fremdem Recht und fremder Verkehrssitte fehlt und ihm dies auch nicht als Sorgfaltspflichtverstoß angelastet werden kann (näher bereits Rz 11 ff.). Diese Situation kann etwa aktuell werden, wenn ein auslandsansässiger Lieferant unter Geltung seines Sitzrechts einem deutschen Kaufmann eine Rechnung mit aufgedruckten AGB übersendet.[2] **47**

4. Rechtsfolge der Nichteinbeziehung

Auch die Folgen unzureichender Klauseleinbeziehung bestimmen sich grundsätzlich nach dem Vertragsstatut.[3] Im Anwendungsbereich **deutschen Rechts** gelten die allgemeinen Regeln; freilich dürften bei der Lückenschließung im Wege ergänzender Vertragsauslegung (allgemein: § 306 Rz 15 ff.) gewisse Abweichungen vom dispositiven Inlandsrecht als Ersatzordnung nach § 306 II weitaus häufiger zulässig und geboten sein als im rein innerstaatlichen Rechtsverkehr. Ist **ausländisches Recht** Vertragsstatut und scheitert die AGB-Einbeziehung schon an dessen Vorgaben, so ist Regelersatzordnung das dispositive ausländische Recht. Entsprechendes gilt aber auch, wenn die Einbeziehung an einer Sonderanknüpfung inländischer Einbeziehungsregeln scheitert (dazu Rz 28 ff.). Theoretisch kann Abhilfe über Art. 6 EGBGB möglich und geboten sein, wenn die Anwendung ausländischen Dispositivrechts, das zur Lückenschließung berufen ist, zu einem Ergebnis führte, das mit dem inländischen ordre public unvereinbar wäre. **48**

---

[1] Rechtsvergleichender Überblick bei *Kröll/Hennecke* RabelsZ 67 (2003), 448, 477 ff.

[2] Vgl. auch das Beispiel bei *Staudinger/Hausmann* Art. 31 EGBGB Rz 96: Widerspruchsobliegenheit nach Bestätigungsschreiben trifft laut dänischem Recht auch Nichtkaufleute.

[3] So auch *Maidl* S. 279 ff.

VI. AGB-Inhaltskontrolle bei Schuldverträgen mit Auslandsbezug

49 Inhaltsbezogene Wirksamkeitsanforderungen an AGB sind in erster Linie dem – kraft wirksamer Rechtswahl maßgeblichen oder subsidiär kraft objektiver Anknüpfung ermittelten – Vertragsstatut zu entnehmen (arg. Art. 31 I EGBGB), im Übrigen dem trotz Rechtswahl infolge Sonderanknüpfung gemäß Art. 27 III, 29 I oder 29a EGBGB relevanten Recht (dazu Rz 28 ff.).[1] Eine Sonderanknüpfung gemäß Art. 31 II EGBGB kommt hingegen nicht in Betracht (s. Rz 13).

1. Vertragsstatut: Deutsches Recht

50 AGB-Inhaltskontrolle bedeutet Einschränkung der Vertragsgestaltungsfreiheit über die der Parteiautonomie bei Individualverträgen gezogenen allgemeinen Grenzen hinaus. Ein dahingehender Kontrollbedarf besteht auch im internationalen Geschäftsverkehr einschließlich des Handelsverkehrs; diesbezüglich statuiert das deutsche AGB-Recht keine generelle Bereichsausnahme. Mehr noch als sonst ist freilich gerade hier vor Übereifer und Überregulierung zu warnen. Vielmehr besteht Anlass, sich bestimmter „Gegebenheiten" bewusst zu bleiben, aus denen in Anwendung und Fortentwicklung allgemeiner Grundsätze die – völlige oder partielle – Unanwendbarkeit deutschen AGB-Rechts bzw. zumindest dessen restriktive Anwendung resultieren kann.

51 **a) Immanente Anwendungsschranken.** §§ 305 ff. erheben keinen Geltungsanspruch gegenüber Klauseln individualvertraglicher Natur. Für eine Inhaltskontrolle anhand §§ 307–309 ist deshalb kein Raum, wenn und soweit AGB lediglich deklaratorisch aussprechen, was nach Auslegung der Individualerklärungen ohnehin als Bestandteil des (Individual-)Vertrages gelten würde. Nicht der Inhaltskontrolle unterliegen deshalb Klauseln, die nur einen für den relevanten Verkehrskreis herrschenden Handelsbrauch spiegeln, der mangels entgegenstehender Einzelfallumstände der fraglichen Regelung ohnehin zur Vertragsgeltung verhelfen würde (dazu Rz 3). Unanwendbar ist AGB-Recht ferner richtigerweise (s. auch § 305 Rz 31) bei beiderseitiger Bezugnahme auf drittseits vorformulierte Klauselwerke; dies ist bei Verwendung von Bedingungswerken, die von den Dachverbänden als Repräsentanten der einzelnen Marktgruppen ausgehandelt wurden, vor allem aber bei der Verwendung von Vertragsmustern neutraler „Autoritäten" gerade im internationalen Geschäftsverkehr eine verbreitete Erscheinung (dazu bereits Rz 4). Eine Einschränkung dieses Grundsatzes folgt für **Verbraucherverträge** im Sinne von § 310 III freilich aus der in dessen Nr. 1 vorgesehenen Vermutung des Stellens (oben Rz 5).

52 **b) AGB-Inhaltskontrolle und Einheitsrecht.** Im Hinblick auf die AGB-Inhaltskontrolle ist internationales Einheitsrecht – hier verstanden im Sinne völkerrechtlich verbindlich gewordener internationaler Übereinkommen (im Gegensatz zu lediglich von internationalen Organisationen erarbeiteten Regelwerken wie z. B. den UNIDROIT Grundregeln der internationalen Handelsverträge oder den von der Internationalen Handelskammer Paris vorgelegten Einheitlichen Richtlinien und Gebräuche für Dokumenten-Akkreditive; vgl. schon oben Rz 15) – vor allem in folgenden Zusammenhängen bedeutsam:

53 **aa)** Formularmäßige Klauseln in Verträgen, die Einheitsrecht unterliegen, sind nach § 307 III S. 1 der AGB-Inhaltskontrolle entzogen, wenn sie lediglich deklaratorisch verlautbaren, was nach dem zu nationalem Recht transformierten Abkom-

---

[1] Statt vieler: *Reithmann/Martiny/Martiny* Rz 238; *Staudinger/Hausmann* Art. 31 EGBGB Rz 81.

men ohnehin gilt.[1] Ausdrücklich festgeschrieben wurde dieser Grundsatz in Art. 1 II RL, dessen Umsetzung in das deutsche Recht als entbehrlich erachtet wurde.

bb) Einheitsrecht und §§ 307 ff sind, was die Rechtsquelle angeht, äquivalent: Auch das auf internationalen Übereinkommen beruhende Einheitsrecht wirkt innerstaatlich nur kraft Transformation. Letztlich kommt dem Einheitsrecht in den Grenzen des eigenen Geltungsanspruchs gleichwohl verdrängender Vorrang zu. Dies gilt, soweit es sich um gegenüber dem AGB-Recht jüngeres Recht handelt, schon nach der lex-posterior-Regel, und anderenfalls, weil der nationale Gesetzgeber frühere staatsvertragliche Bindungen im Zweifel nicht verletzen will.[2] Die Schlüsselfrage im Zusammenhang mit der AGB-Inhaltskontrolle lautet daher jeweils, ob das in Rede stehende Übereinkommen in seinem regelungsgegenständlichen Bereich entweder die Grenzziehung zwischen zulässiger und unzulässiger Vertragsgestaltung abschließend trifft oder Raum für eine (zusätzliche) Kontrolle nach autonomem nationalem Recht lässt; diese Frage ist in autonomer Auslegung des Staatsvertragsrechts zu beantworten. Erhebt das Übereinkommen den Anspruch, abschließende Regelung zu sein, so ist Maßstab der Inhaltskontrolle in seinem Geltungsbereich allein das Einheitsrecht.[3] Nur bei Regelungstatbeständen, die nicht vom Einheitsrecht erfasst werden, ist der Rekurs auf die Standards des deutschen AGB-Rechts möglich und geboten. 54

cc) Lässt das Einheitsrecht hingegen – wie das UN-Kaufrecht (dazu Rz 76) – Raum für eine ergänzende Inhaltskontrolle nach autonomem nationalem Recht, ist die inhaltliche Angemessenheit von AGB in einem vom Einheitsrecht beherrschten Vertrag im Unternehmensverkehr nach § 307, beim Verbrauchergeschäft zudem nach §§ 308 f zu kontrollieren. Soweit dem Rechtsanwender bei der hiernach gebotenen Prüfung ein Wertungsspielraum verbleibt, hat dieselbe freilich in erster Linie unter Rückgriff auf die Grundgedanken des Einheitsrechts zu erfolgen (Rz 76). 55

c) Relevanz des „internationalen Moments" im Rahmen der Inhaltskontrolle. Unterfallen die verwandten AGB unbeschadet des Auslandsbezugs des konkreten Vertrags der Inhaltskontrolle, stellt sich doch jedenfalls die Frage, ob dem „internationalen Moment" innerhalb derselben Beachtung zukommt. Rechtstechnisch geht es darum, den nach Qualität und Intensität unterschiedlichen Auslandsbezug mittels Konkretisierung der Generalklausel des § 307 sowie Entfaltung der begrenzt wertungsoffenen Tatbestandsmerkmale der Kontrollnormen nach § 308 hinreichend zu berücksichtigen. Im Ergebnis gebührt dem „internationalen Moment" im internationalen Handelsverkehr nicht zu unterschätzende, im nichtkaufmännischen Verkehr hingegen eher geringe Beachtung. 56

aa) Unternehmensverkehr. Auch und gerade im internationalen Handelsverkehr gilt: Von neutralen Instanzen geschaffene sowie von Verbänden aller betroffenen Verkehrskreise ausgehandelte Bedingungswerke[4] dürfen nicht ohne weiteres einseitig gestellten Unternehmens- oder Verbands-AGB gleichgestellt werden. Ihnen eignet, je nach Autorität des Urhebers bzw. je nach Interessenwahrnehmungszuständigkeit der beteiligten Verbände, eine mehr oder minder starke Vermutung sachlicher Ausgewogenheit. Soweit die Inbezugnahme solcher Klauselwerke über- 57

---

[1] Zumindest missverständlich BGHZ 86, 284, 287 – ABB-Flugpassage.

[2] Zu dieser Auslegungsregel etwa MünchKommBGB/*Sonnenberger* Art. 3 EGBGB Rz 13.

[3] So etwa *Lindacher* IPRax 1984, 302, zum Warschauer Abkommen zur Vereinheitlichung von Regelungen über die Beförderung im internationalen Luftverkehr von 1929 (RGBl. 1933 II, S. 1040), das inzwischen ersetzt wurde durch das Montrealer Übereinkommen über die Vereinheitlichung bestimmter Regeln der internationalen Luftbeförderung von 1999 (BGBl. 2004 II, S. 459). Dazu BGH NJW 2007, 997.

[4] Beispiele bei *Berger* FS Horn, 3, 9 f.

haupt als Stellen i. S. von § 305 zu qualifizieren ist (dazu Rz 4), bleibt die besondere Qualität derselben jedenfalls bei der Inhaltskontrolle dahingehend zu berücksichtigen, dass im Sach- und Zweckzusammenhang stehende Klauseln in ihrer Gesamtheit zu würdigen und im Zweifel zu validieren sind (s. § 307 Rz 201 ff.).[1] Wie im Handelsverkehr generell, gilt auch im internationalen Geschäftsverkehr:[2] Sind Klauseln derart gebräuchlich, dass ihnen kraft Handelsbrauchs typisierende Bedeutung zukommt, haben sie die Vermutung der Praktikabilität und Angemessenheit für sich. Der Gedanke der gestuften Schutzbedürftigkeit (s. § 307 Rz 183 ff.) ist auch für den internationalen Handelsverkehr fruchtbar zu machen: Innerhalb der Kaufmannschaft benötigt und verdient der am internationalen Geschäftsverkehr Teilnehmende tendenziell weniger Schutz als derjenige, der sich auf reine Inlandsgeschäfte beschränkt.[3] Schließlich darf bei der Interessenabwägung, die über Validierung oder Nichtvalidierung einer Klausel entscheidet, das legitime Interesse des grenzüberschreitenden Handels an im Kern vergleichbaren Geltungsschranken standardisierter Konditionen nicht außer Betracht bleiben:[4] Im internationalen Handelsverkehr empfiehlt sich besondere Zurückhaltung, eine Klausel als inhaltlich unbillig abzuqualifizieren, deren Geltung nach der Spruchpraxis anderer Kulturstaaten nicht bezweifelt wird.[5]

58 **bb) Verbrauchergeschäft.** Für die Inhaltskontrolle bedeutsam ist die Urheberschaft einer neutralen Instanz auch im Falle der AGB-Verwendung gegenüber Verbrauchern. Ob und inwieweit der Umstand zu berücksichtigen ist, dass an der Aufstellung auch Verbände mitgewirkt haben, zu deren satzungsmäßigen Aufgaben die Förderung der Interessen der Marktgegenseite zählt, ist in erster Linie ein Legitimationsproblem. Im Übrigen dürfte der „Internationalität" von AGB, wenn überhaupt, nur eine äußerst begrenzte Relevanz beizumessen sein:[6] Das Interesse des Kunden, vor inhaltlich unbilligen AGB geschützt zu werden, ist bei auslandsbezogenen Geschäften keineswegs geringer zu veranschlagen als sonst. Dem Unternehmer aber wird die Verwendung gleichförmiger AGB nicht unmöglich gemacht; vielmehr wird ihm nur eine – keineswegs unbillige – Wahlentscheidung abverlangt: Wer das Gefälle der nationalen Rechte in Bezug auf den Kundenschutz nutzen will, kann und mag den jeweiligen nationalen Rechten angepasste regional differenzierte AGB verwenden. Wer aus Rationalisierungsgründen im internationalen Verkehr bei unterschiedlichem Schutzgrad der nationalen Rechte gleichförmige AGB verwenden will, kann und muss diese so ausgestalten, dass sie auch dem jeweils kundengünstigsten Recht entsprechen. Nachhaltige Wettbewerbsbeschränkungen für einzelne Unternehmen sind nicht zu befürchten, weil Konkurrenten auf dem relevanten Markt bei Weiterverwendung gerichtlich beanstandeter Klauseln ihrerseits gleichfalls mit Verbandsklagen rechnen müssen; bei Genehmigungsbedürftigkeit von AGB kann und wird zudem die Genehmigungsbehörde auf eine Anpassung drängen. Jedenfalls dort, wo sich – wie etwa im Bereich des Fluglinien-

---

[1] Ebenso *Staudinger/Hausmann* Art. 31 EGBGB Rz 82.

[2] Ebenso *Ulmer/H. Schmidt* Anh. § 305 Rz 34; *M. Wolf* ZHR 153, 300, 320.

[3] Ausdrücklich zustimmend *Berger* FS Horn, 3, 6.

[4] A. A. insoweit freilich *Ulmer/H. Schmidt* Anh. § 305 Rz 34.

[5] Zustimmend *Staudinger/Hausmann* Art. 31 EGBGB Rz 82. Noch weitergehend *M. Wolf* ZHR 153, 300, 310 ff., der als Leitbild der Inhaltskontrolle (nunmehr i. S. von § 307 II Nr. 1) nicht mehr das deutsche dispositive Recht heranziehen, als Prüfungsmaßstab vielmehr von vornherein internationale Gerechtigkeitsstandards im Sinne eines „der durchschnittlichen Staatenmehrheit gemeinsamen Grundtatbestands von Rechtsgrundsätzen" zu Grunde legen will. Beachte auch *Canaris,* in: *Basedow,* Europäische Vertragsvereinheitlichung und deutsches Recht, S. 5, 21 ff., dort zu den UNIDROIT Grundregeln der internationalen Handelsverträge und den Principles of European Contract Law.

[6] Gegen eine Sonderbehandlung auch BGHZ 86, 284 – ABB Flugpassage; *Ulmer/H. Schmidt* Anh. § 305 Rz 31.

verkehrs – eine Verkehrsüblichkeit von Klauselinhalten außerhalb der AGB-Verwendung mangels individueller Konditionenvereinbarung nicht herausgebildet hat, streitet nicht einmal eine faktische Vermutung für die inhaltliche Angemessenheit des „Üblichen". Vor übertriebenem Kontrolleifer mag im Einzelfall ein Blick auf die Gerichtspraxis von Staaten mit vergleichbarem Verbraucherschutzniveau bewahren.

2. Vertragsstatut: Ausländisches Recht

Soweit ausländisches Recht Vertragsstatut ist (Rz 7 ff., 14 ff.), beurteilt sich die Frage einer AGB-rechtlichen Inhaltskontrolle zwar grundsätzlich nach diesem, doch bleibt die Möglichkeit einer Sonderanknüpfung zu beachten.[1] So können unter den Voraussetzungen von Art. 29a EGBGB die in Umsetzung der Klausel-RL in Deutschland (oder einem anderen Mitgliedstaat) ergangenen Vorschriften ungeachtet einer davon zugunsten eines drittstaatlichen Rechts abweichenden Rechtswahl anzuwenden sein (dazu Rz 31). Zudem kann sich die Maßgeblichkeit deutschen AGB-Rechts unbeschadet der Abwahl deutschen Rechts aus Art. 29 I EGBGB (dazu Rz 30), ferner im Falle eines reinen Inlandsvertrags im Restanwendungsbereich von Art. 27 III EGBGB (dazu Rz 33) ergeben. Als ultima ratio bleibt schließlich – unter Berücksichtigung der strengen Anwendungsvoraussetzungen – an den allgemeinen *ordre-public*-Vorbehalt (Art. 6 EGBGB) zu denken; Prüfungsgegenstand dieser Kontrolle sind nicht die (höchst) anstößigen AGB als solche, sondern die diese unbeanstandet lassenden ausländischen AGB-Regeln.[2] 59

3. Unwirksamkeitsfolge

Auch die Folgen der Klauselunwirksamkeit bestimmen sich grundsätzlich nach dem Vertragstatut.[3] 60

a) Vertragsstatut: Deutsches Recht. Im Anwendungsbereich deutschen Rechts gelten die allgemeinen Grundsätze. Insbesondere sollte es auch im internationalen Geschäftsverkehr beim Verbot der geltungserhaltenden Reduktion bleiben (allgemein: § 306 Rz 26 ff.).[4] Freilich ist der Gegenansicht zuzugeben, dass sich der in erster Linie für dieses Verbot streitende Gedanke der Generalprävention zumindest nicht uneingeschränkt auf den grenzüberschreitenden Verkehr übertragen lässt. Bei der Lückenschließung im Wege ergänzender Vertragsauslegung (allgemein: § 306 Rz 15 ff.) dürften Abweichungen vom dispositiven Inlandsrecht als Regelersatzordnung nach § 306 II häufiger zulässig und geboten sein als im rein innerstaatlichen Rechtsverkehr. Andererseits darf, wenn deutsches Recht Vertragsstatut ist, nicht schon deshalb, weil die unwirksamen AGB ersichtlich an einem bestimmten ausländischen Recht orientiert sind, unbesehen auf Vorgaben ebendiesen Rechts zum Zwecke der Lückenfüllung zurückgegriffen werden; denn dies hieße, im Falle der Verwendung unwirksamer AGB ein kollisionsrechtlich nicht berufenes Recht gleichwohl zur Anwendung zu bringen.[5] 61

b) Vertragsstatut: Ausländisches Recht. Ist ausländisches Recht Vertragsstatut und scheitern die AGB schon an dessen Inhaltsvorgaben, so ist Regelersatz- 62

---

[1] Statt vieler: *Staudinger/Hausmann* Art. 31 EGBGB Rz 83.

[2] Klarstellend MünchKommBGB/*Spellenberg* Art. 31 EGBGB Rz 42.

[3] So auch *Reithmann/Martiny/Martiny* Rz 238; MünchKommBGB/*Spellenberg* Art. 31 EGBGB Rz 19.

[4] Wie hier etwa *Ulmer/H. Schmidt* Anh. § 305 Rz 34; *Staudinger/Hausmann* Art. 31 EGBGB Rz 82. Abweichend *Canaris,* Bankvertragsrecht, 3. Aufl., Rz 929; *Stoll* FS Kegel, S. 661 f.; *Maidl* S. 251 ff.

[5] Zutreffend *Maidl* S. 279.

ordnung das dispositive ausländische Recht. Gewisse Schwierigkeiten bereitet der Fall, dass die AGB unvereinbar mit den kraft Sonderanknüpfung maßgeblichen deutschen Bestimmungen zur Inhaltskontrolle sind (dazu Rz 28 ff.). Die Sonderanknüpfung hat eine doppelte Zielrichtung: Sie bewirkt negativ die Nichtvalidierung aller Klauseln, die inhaltlich nicht dem Mindeststandard genügen, den das deutsche AGB-Recht im Zusammenspiel mit den dispositiven Vorschriften des deutschen Rechts gewährleistet, und positiv grundsätzlich eine Lückenschließung, die diesem Standard Wirkung nach Maßgabe des dispositiven Rechts des Vertragsstatuts verschafft. Ist beispielsweise formularmäßig eine einmonatige Gewährleistungsfrist vorgesehen, während das kraft Sonderanknüpfung relevante deutsche Recht eine Jahresfrist und das weniger kundenfreundliche Vertragsstatut nur eine Sechsmonatsfrist vorsieht, gibt diese den Ausschlag; denn Anliegen der Sonderanknüpfung ist nur das Ausschalten unangemessener Klauseln, nicht die Durchsetzung deutscher Dispositivnormen.[1] Ist umgekehrt die Frist des Vertragsstatuts kundenfreundlicher als die Frist des deutschen Rechts, bleibt es bei dieser; denn der Eingriff in die grundsätzlich dem ausländischen Recht unterliegenden AGB ist auf das vom deutschen AGB-Recht und dem korrespondierenden inländischen Dispositivrecht unerlässlich Geforderte zu beschränken.[2] Auf der Ebene der Lückenfüllung kommt mithin nicht mehr zum Tragen, dass Art. 29 EGBGB die Beantwortung der Frage, ob überhaupt eine Sonderanknüpfung stattzufinden hat, von der Durchführung eines Günstigkeitsvergleichs abhängig macht (dazu Rz 30).

VII. Auslegung von AGB bei Schuldverträgen mit Auslandsbezug

63 Der Geltungsanspruch des Vertragsstatuts umfasst ausweislich Art. 32 I Nr. 1 EGBGB auch die Vertragsauslegung. Mithin bestimmt sich die AGB-Auslegung, soweit deutsches Sachrecht mittels Regel- oder Sonderanknüpfung berufen ist (Rz 7 ff., 14 ff., 28 ff.), auch im internationalen Geschäftsverkehr nach den allgemeinen Auslegungsregeln für Rechtsgeschäfte sowie den genuin AGB-rechtlichen Auslegungsmaximen (s. § 305 c Rz 105 ff.) einschließlich der Unklarheitenregel des § 305c II.[3] Theoretisch kommt eine Teilrechtswahl gemäß Art. 27 I S. 3 EGBGB in Betracht, wonach die Parteien (ausdrücklich) ein besonderes Auslegungsstatut bestimmen.[4] Weitere Einschränkungen des in Art. 32 I Nr. 1 EGBGB geregelten Grundsatzes betreffen zum einen die Sonderproblematik der AGB-Auslegung im Anwendungsbereich von Einheitsrecht (dazu sogleich Rz 77), zum anderen die Auslegung von Rechtswahlklauseln, die richtigerweise nicht an § 305c bzw. einer entsprechenden ausländischen Sachnorm, sondern unmittelbar an Art. 27 EGBGB auszurichten ist.[5] Aber auch im Übrigen ist zu berücksichtigen, dass Maßgeblichkeit deutscher Auslegungsregeln nicht ohne weiteres Auslegung nach deutschem Rechtsverständnis bedeutet;[6] vielmehr kann das „internationale Moment" im Rah-

---

[1] Ebenso *Maidl* S. 282 f. Andere befürworten bei höherem inländischem Standard die Lückenfüllung aus inländischem Recht bzw. plädieren für die Bildung einer IPR-Sachnorm, die auf das arithmetische Mittel der nach ausländischem Recht wirksamen Klauselfrist und der Mindestfrist des deutschen Rechts abstellt; so zu § 12 AGBG a. F. einerseits etwa *von Westphalen* WM 1978, 1315, andererseits *M. Mühl* FS O. Mühl, S. 449, 466.

[2] Anders *Maidl* S. 281 f.

[3] So statt vieler *Reithmann/Martiny/Martiny* Rz 241; *Staudinger/Hausmann* Art. 31 EGBGB Rz 90; ausführlich *Maidl* S. 133 ff.

[4] Dazu etwa *Gruber* DZWir 1997, 353, 358.

[5] Ebenso *Reithmann/Martiny/Martiny* Rz 241.

[6] Klarstellend *Triebel/Balthasar* NJW 2004, 2189, 2192.

men der Anwendung inländischer Auslegungsregeln besondere Beachtung verlangen:

(1) Der Satz, dass die Auslegung am Verständnis der typischerweise Beteiligten auszurichten ist, kann für den internationalen Handelsverkehr die Maßgeblichkeit eines internationalen Gruppenverständnisses begründen.[1] Weicht beispielsweise der Inhalt einer Klausel nach der Incoterm-Definition der Internationalen Handelskammer Paris von der nationalen Trade-Term-Definition ab,[2] so bestimmt sich der Klauselsinn bei Verträgen mit grenzüberschreitendem Leistungsvollzug im Zweifel nach der Incoterm-Definition.[3] **64**

(2) Soweit von einer neutralen Instanz erstellte „internationale" AGB mit Schiedsklauseln gekoppelt sind, welche die Zuständigkeit eines institutionellen Schiedsgerichts begründen, wird auch eine einschlägige schiedsgerichtliche Spruchpraxis auslegungsrelevant: Die schiedsgerichtliche Interpretation spiegelt nicht nur idealiter die Ansichten des Benutzerkreises, sondern lässt kraft der Akzeptanz des Auslegungsergebnisses die Stärkung und/oder Bildung des maßgeblichen Verkehrsverständnisses erwarten.[4] **65**

(3) International verbreitete Formularklauseln, die ersichtlich orientiert an einer bestimmten Rechtsordnung formuliert wurden, können – soweit die AGB-Stellung und Akzeptanz nicht ohnehin als stillschweigende kollisionsrechtliche Rechtswahl zu qualifizieren ist (hierzu Rz 16) – es nahelegen, auf die funktionale Bedeutung nach Maßgabe der in Rede stehenden Mutter- bzw. Ursprungsrechtsordnung zurückzugreifen.[5] Dies gilt jedenfalls im internationalen Handelsverkehr bei Branchenzugehörigkeit beider Parteien. Mit dieser Begründung wird traditionellerweise vor allem die Relevanz englischen Rechts hinsichtlich der Auslegung von Basisklauseln des Seeverkehrs vertreten.[6] Insbesondere wenn Vertragsstatut und Vertragssprache nicht übereinstimmen, können Auslegungsklauseln Klarheit schaffen.[7] **66**

(4) Während sich das zuvor Konzedierte als eng begrenzte Ausnahme von dem Satz erweist, dass die Entstehungsgeschichte von AGB ohne Belang für ihre Auslegung ist (dazu allgemein § 305c Rz 115),[8] sollte man hinsichtlich eines verwandten Problemkreises uneingeschränkt an ebendiesem Grundsatz festhalten: Der Umstand, dass es sich bei den einbezogenen AGB um eine (offizielle oder private) Übersetzung eines fremdsprachigen Regelwerks handelt, rechtfertigt es nicht, zur Klärung von Zweifelsfragen oder gar im Falle von Widersprüchen auf die fremdsprachige Originalfassung zurückzugreifen, sofern diese nicht ebenfalls wirksam in den Vertrag einbezogen wurde.[9] Auch wenn beide Fassungen wirksam einbezogen wurden, ist Ausgangspunkt für die Auflösung von Widersprüchen nicht etwa ohne weiteres die Originalfassung, sondern die Unklarheitenregel. **67**

---

[1] Allg. M.; vgl. etwa *Ulmer/H. Schmidt* Anh. § 305 Rz 32; *von Hoffmann* AWD 1970, 247, 251.

[2] Allgemein zu solchen internationalen Formularen etwa *Reithmann/Martiny/Martiny* Rz 764 f. m. w. Nachw.; speziell zu den Incoterms *Wertenbruch* ZGS 2005, 136.

[3] *Soergel/Huber* § 433 Anh. III Rz 14; *von Hoffmann* AWD 1970, 247, 252.

[4] S. bereits *von Hoffmann* AWD 1970, 247, 250.

[5] *von Hoffmann* AWD 1970, 247, 251 f.; *M. Wolf* ZHR 153, 300, 306. Ablehnend *Ulmer/H. Schmidt* Anh. § 305 Rz 32 für den Fall deutschsprachiger AGB und fremdsprachiger Mutterrechtsordnung.

[6] *von Hoffmann* AWD 1970, 247, 251; differenzierend *Maidl* S. 163 ff. Skeptisch zur Auslegung englischsprachiger Vertragstexte in Orientierung am englischen Rechtsverständnis aber *Triebel/Balthasar* NJW 2004, 2189.

[7] Näher *Sieber* S. 136 ff.

[8] In diesem Sinne speziell zum internationalen Geschäftsverkehr *Maidl* S. 159 f.; *Ulmer/H. Schmidt* Anh. § 305 Rz 32.

[9] Näher *Maidl* S. 160 ff. m. w. Nachw., auch zur Gegenauffassung.

VIII. AGB und Einheitskaufrecht

Deutschsprachiges Schrifttum (vgl. auch oben vor Rz 1; zu älteren Nachw. vgl. Vorauflage): *Brunner,* UN-Kaufrecht – CISG, 2004; *Canzler,* Das rechtliche Schicksal von Einkaufsbedingungen im Geltungsbereich des CISG, 1999; *Ferrari,* Zur Bedeutung von Handelsbräuchen und Gepflogenheiten nach UN-Kaufrecht, EuLF 2002, 272; *ders.,* Zum vertraglichen Ausschluss des UN-Kaufrechts, ZEuP 2002, 737; *Frense,* Grenzen der formularmäßigen Freizeichnung im Einheitlichen Kaufrecht, 1992; *Hammerschmidt,* Kollision Allgemeiner Geschäftsbedingungen im Geltungsbereich des UN-Kaufrechts, 2004; *Hennemann,* AGB-Kontrolle im UN-Kaufrecht aus deutscher und französischer Sicht, 2001; *Herber/Czerwenka,* Internationales Kaufrecht, 1991; *Honsell,* Kommentar zum UN-Kaufrecht, 1997; *Janssen,* Kollidierende Allgemeine Geschäftsbedingungen im internationalen Kaufrecht (CISG), wbl 2002, 453; *ders.,* Die Einbeziehung von Allgemeinen Geschäftsbedingungen in internationale Kaufverträge und die Bedeutung der UNIDROIT- und der Lando-Principles, IHR 2004, 194; *Kindler,* Ob Walzfräsmaschine oder Schreibtischsessel: Keine Obliegenheit zur AGB-Übersendung beim Vertragsschluss nach CISG!, FS Heldrich, 2005, S. 225; *Kröll/Hennecke,* Kollidierende Allgemeine Geschäftsbedingungen in internationalen Kaufverträgen, RIW 2001, 736; *dies.,* Kaufmännische Bestätigungsschreiben beim internationalen Warenkauf, RabelsZ 67 (2003), 448; *Lindbach,* Rechtswahl im Einheitsrecht am Beispiel des Wiener UN-Kaufrechts, 1996; *Lohmann,* Parteiautonomie und UN-Kaufrecht, 2005; *Magnus,* Das UN-Kaufrecht – aktuelle Entwicklungen und Rechtsprechungspraxis, ZEuP 2002, 523; *ders.,* 25 Jahre UN-Kaufrecht, ZEuP 2006, 96; *Meyer,* UN-Kaufrecht in der deutschen Anwaltspraxis, RabelsZ 69 (2005), 457; *Mittmann,* Zur Einbeziehung von Allgemeinen Geschäftsbedingungen in einen dem CISG unterliegenden Vertrag, IHR 2006, 103; *Piltz,* Neue Entwicklungen im UN-Kaufrecht, NJW 2003, 2056; *ders.,* AGB in UN-Kaufverträgen, IHR 2004, 133; *ders.,* Neue Entwicklungen im UN-Kaufrecht, NJW 2005, 2126; *Regula/Kannowski,* Nochmals: UN-Kaufrecht oder BGB? – Erwägungen zur Rechtswahl aufgrund einer vergleichenden Betrachtung, IHR 2004, 45; *Schillo,* UN-Kaufrecht oder BGB? – Die Qual der Wahl beim internationalen Warenkaufvertrag, IHR 2003, 257; *Schlechtriem,* Internationales UN-Kaufrecht, 4. Aufl. 2007; *Schlechtriem/Schwenzer,* Kommentar zum Einheitlichen UN-Kaufrecht, 4. Aufl. 2004; *Schluchter,* Die Gültigkeit von Kaufverträgen unter dem UN-Kaufrecht, 1996; *Schmidt-Kessel,* Einbeziehung von Allgemeinen Geschäftsbedingungen unter UN-Kaufrecht, NJW 2002, 3444; *Schroeter,* Die Anwendbarkeit des UN-Kaufrechts auf grenzüberschreitende Versteigerungen und Internet-Auktionen, ZEuP 2004, 20; *ders.,* UN-Kaufrecht und Europäisches Gemeinschaftsrecht – Verhältnis und Wechselwirkungen, 2005; *Schultheiß,* Allgemeine Geschäftsbedingungen im UN-Kaufrecht, 2003; *Stiegele/Halter,* Nochmals: Einbeziehung von Allgemeinen Geschäftsbedingungen im Rahmen des UN-Kaufrechts – Zugänglichmachung im Internet, IHR 2003, 169; *M. Stürner,* Die Qual der (Ab-)Wahl: Der Ausschluss des UN-Kaufrechts aus Sicht des deutschen Importeurs, BB 2006, 2029; *Teklote,* Die Einheitlichen Kaufgesetze und das deutsche AGB-Gesetz, 1994; *Ventsch/Kluth,* Die Einbeziehung von Allgemeinen Geschäftsbedingungen im Rahmen des UN-Kaufrechts, IHR 2003, 61; *dies.,* UN-Kaufrecht: Keine Einbeziehung von AGB durch Abrufmöglichkeit im Internet, IHR 2003, 224.

68 Die Feststellung, dass sich bei Geltung inländischen Rechts als Vertragsstatut die Einbeziehung, Auslegung und Inhaltskontrolle von AGB nach §§ 305 ff. beurteilen (Rz 34 f, 49, 63), steht unter dem Vorbehalt etwaiger Abweichungen, resultierend aus der Geltung **internationaler Übereinkommen,** die in innerstaatliches Recht transformiert wurden. Von großer Bedeutung ist dabei vor allem das **UN-Übereinkommen über Verträge über den internationalen Warenkauf** (Convention on Contracts for the International Sale of Goods, **CISG**),[1] das mit Wirkung zum 1. 1. 1991 für die Bundesrepublik Deutschland das frühere Haager Einheitliche Kaufrecht (EKG) abgelöst hat.

1. Geltungsbereich des UN-Kaufrechts

69 Auf die nach Maßgabe von Art. 2 und 3 erfassten Kaufverträge[2] zwischen Vertragsparteien mit Niederlassung (oder gewöhnlichem Aufenthalt; vgl. Art. 10 CISG) in verschiedenen Staaten findet nicht das nach Kollisionsrecht berufene nationale Kaufrecht, sondern UN-Kaufrecht Anwendung, wenn entweder beide Nie-

[1] BGBl. 1989 II, S. 588. Zur praktischen Bedeutung *Meyer* RabelsZ 69 (2005), 457.

[2] Beachte speziell zur Anwendbarkeit auf grenzüberschreitende (Internet-)Versteigerungen *Schroeter* ZEuP 2004, 20; *Freitag,* in: *Leible/Sosnitza,* Versteigerungen im Internet, Rz 803 ff.

derlassungsstaaten Vertragsstaaten sind (Art. 1 I lit. a CISG) oder die Regeln des IPR auf das (Sach-)Recht eines Vertragsstaats verweisen (Art. 1 I lit. b CISG). Berufenes innerstaatliches Recht ist im letztgenannten Fall (der sog. Vorschaltlösung) also das Einheitsrecht, nicht das autonome nationale Recht. Insoweit können Parteien aus Nichtvertragsstaaten durch die Wahl des Rechts eines Vertragsstaats also mittelbar die Maßgeblichkeit des UN-Kaufrechts herbeiführen; demgegenüber leugnet die (noch) h. M. die Möglichkeit, gemäß Art. 27 I EGBGB unmittelbar das UN-Kaufrecht kollisionsrechtlich zu wählen (oben Rz 15). Hat der Staat, dessen Recht nach IPR-Grundsätzen berufen ist, in Wahrnehmung der Möglichkeit nach Art. 95 CISG für sich Art. 1 I lit. b CISG ausgeschlossen (so insbesondere die USA und China), bleibt es nach Art. 2 des deutschen Zustimmungsgesetzes[1] bei der Maßgeblichkeit des autonomen ausländischen Sachrechts.

Die Parteien können die Geltung des UN-Kaufrechts **ausschließen,** und zwar ausdrücklich oder stillschweigend;[2] dass Art. 6 CISG dies (anders als Art. 3 S. 2 EKG) nicht eigens klarstellt, ist unschädlich.[3] Ob sich die Parteien über den Ausschluss geeinigt haben, bestimmt sich entsprechend den autonomen Regeln des Übereinkommens über den Vertragsschluss (Art. 14 ff. CISG), nicht nach den nationalen Vorstellungen, die bei Derogation des CISG gemäß allgemeinem IPR berufen wären.[4] Im bloßen Rechtswahlverweis auf das – nicht näher benannte – Recht eines Vertragsstaats ist keine Abwahl nach Art. 6 CISG zu sehen,[5] und ebenso wenig sollte ohne weiteres eine Gerichtsstandsvereinbarung zugunsten der Gerichte eines Nichtvertragsstaats oder die Vereinbarung eines Schiedsgerichts mit Sitz in einem Nichtvertragsstaat genügen.[6] Zur Frage, ob ein stillschweigender Ausschluss vorliegt, wenn die wirksam einbezogenen AGB auf unvereinheitlichtem Recht aufbauen,[7] gilt das unter Rz 16 Ausgeführte entsprechend. 70

2. Kollisionsproblematik

Für das Verhältnis des UN-Kaufrechts zu §§ 305 ff. gilt: Im Anwendungsbereich des Einheitsrechts bestimmt dieses über seinen Vorrang oder aber seine Selbstbeschränkung im Verhältnis zu dem nach IPR-Regeln berufenen Sonderrecht für Standardbedingungen. Schlüsselnorm ist Art. 4 S. 2 lit. a CISG, der die Frage der „Gültigkeit" des Vertrags oder einzelner Vertragsbestimmungen dem nach Kollisionsrecht berufenen unvereinheitlichten nationalen Recht belässt. 71

a) Einbeziehung. Ob AGB in einen dem UN-Kaufrecht unterliegenden Vertrag einbezogen werden, bestimmt das Einheitsrecht, nicht das nach IPR berufene 72

---

[1] BGBl. 1989 II, S. 586.

[2] Eine andere Frage ist, ob dies sinnvoll erscheint. Vgl. dazu einerseits etwa *Schillo* IHR 2003, 257, andererseits etwa *Regula/Kannowski* IHR 2004, 45, und *Mankowski* RIW 2003, 2, 8 ff.

[3] Allg. M.; etwa *Soergel/Lüderitz/Fenge* Art. 6 CISG Rz 1; MünchKommBGB/*Westermann* Art. 6 CISG Rz 5.

[4] Wie hier: *Staudinger/Magnus* Art. 6 CISG Rz 11; *Schlechtriem/Schwenzer/Schmidt-Kessel* Art. 8 CISG Rz 55; *Lindbach* S. 230 ff.; *Schrammen,* Grenzüberschreitende Verträge im Internet, S. 248 ff.; *Sieg* RIW 1997, 811, 813; *Stoffels,* AGB-Recht Rz 258. Einschränkend: *Honsell/Siehr* Art. 6 CISG Rz 4: Art. 14 ff. CISG seien nur maßgeblich, sofern die Parteien mit dem Ausschluss des CISG nicht zugleich eine Rechtswahl getroffen haben.

[5] Ausführliche Nachw. bei *Schlechtriem/Schwenzer/Ferrari,* Art. 6 CISG Rz 22; *Piltz* NJW 2005, 2126, 2127.

[6] Einschränkend *Schlechtriem/Schwenzer/Ferrari,* Art. 6 CISG Rz 31 f.: Ausschluss, wenn im prorogierten Nichtvertragsstaat die lex fori angewendet wird. Anders (regelmäßig Ausschluss gewollt) etwa *Staudinger/Magnus* Art. 6 CISG Rz 36 f.

[7] Generell bejahend etwa *Herber/Czerwenka* Art. 6 CISG Rz 11; zurückhaltend hingegen *Lindbach* S. 301 ff.

nationale Recht.[1] Da das UN-Kaufrecht indes keine besonderen Einbeziehungsregeln vorsieht, sind die Auslegungsvorschrift des Art. 8 CISG und die in Art. 14, 18 CISG enthaltenen Vertragsschlussregeln maßgeblich.[2] Mithin ist zu ermitteln, ob die AGB als Bestandteil des Angebots durch dessen Annahme Vertragsinhalt geworden sind. Im Rahmen der Auslegung sind nach Art. 8 III CISG insbesondere die Verhandlungen zwischen den Parteien und die zwischen ihnen entstandenen Gepflogenheiten und Gebräuche heranzuziehen. Im Übrigen kommt es gemäß Art. 8 II CISG darauf an, wie ein vernünftiger Erklärungsempfänger das Angebot aufgefasst hätte, ob für diesen also der Wille des Anbietenden erkennbar war, die AGB in den Vertrag einzubeziehen.[3]

73 In Konsequenz des hier vertretenen Ansatzes ist es geboten, nach Art. 7 II CISG sachgerechte Sonderregeln zu entwickeln, insbesondere ein einheitsrechtliches Überraschungsverbot ebenso anzuerkennen wie den Grundsatz vom Vorrang der Individualvereinbarung.[4] Darüber hinaus ist – in Verschärfung gegenüber internem deutschen AGB-Recht für den kaufmännischen Verkehr – auch die Entwicklung einer **gemäßigten Textverschaffungsobliegenheit** zu fordern: Wenn sich der Verzicht auf vorgängige AGB-Textübermittlung aus der Existenz der AGB-Inhaltskontrolle rechtfertigt, eine solche Inhaltskontrolle aber beileibe nicht allen Vertragsstaaten bekannt ist, spricht vieles dafür, auch gegenüber Unternehmern die Übersendung oder anderweitige Zugänglichmachung des AGB-Textes zu verlangen.[5] Den Vertragspartner insoweit auf die Möglichkeit der Einholung von Erkundigungen zu verweisen widerspräche sowohl dem in Art. 7 I CISG normierten Grundsatz des guten Glaubens als auch der zwischen den Parteien bestehenden allgemeinen Kooperationspflicht; denn dem Anbietenden ist es unschwer möglich, seine AGB dem Angebot beizufügen und so die Kenntnisnahme durch den Vertragspartner sicherzustellen.[6] An eine Zugänglichmachung der AGB ohne Übersendung des Textes sind hohe Anforderungen zu stellen, da die dadurch bedingten Rechtsunsicherheiten und Verzögerungen beim Vertragsschluss kaum im Interesse der Parteien liegen werden. Eine (erstmalige[7]) Übersendung ist nur dann nicht erforderlich, wenn die Kenntnisnahme durch die andere Vertragspartei ohne weiteres möglich und zumutbar ist; die Hinterlegung bei einer Handelskammer genügt

---

[1] BGHZ 149, 113 = NJW 2002, 370; LG Trier IHR 2004, 115. Ebenso aus dem Schrifttum etwa *Schlechtriem/Schwenzer/Schlechtriem,* Art. 14 CISG Rz 16; *Soergel/Lüderitz/Fenge,* Art. 14 CISG Rz 10; *Staudinger/Magnus* Art. 14 CISG Rz 40; MünchKommBGB/*Westermann* Art. 4 CISG Rz 5; *Ulmer/H. Schmidt* Anh. § 305 Rz 10; *Piltz* IHR 2004, 133 ff.; *Berger* FS Horn, 3, 7 f.; *Frense* S. 47 f.

[2] Dazu eingehend BGHZ 149, 113 = NJW 2002, 370. Beachte auch *Schrammen,* Grenzüberschreitende Verträge im Internet, S. 248 ff. unter besonderer Berücksichtigung des elektronischen Rechtsverkehrs.

[3] So auch OLG Düsseldorf IHR 2004, 108, 111.

[4] Ebenso *Schlechtriem/Schwenzer/Schmidt-Kessel* Art. 8 CISG Rz 57 f.; *Lohmann,* S. 223 ff. Abweichend etwa *Schlechtriem/Schwenzer/Schlechtriem* vor Art. 14–24 CISG Rz 9: Bestimmungen wie § 305c I regelten die Gültigkeitsfrage, so dass Art. 4 S. 2 lit. a CISG zur Anwendung nationalen Rechts führe. So im Ergebnis auch MünchKommBGB/*Westermann* Art. 4 CISG Rz 5; *Staudinger/Magnus* Art. 14 CISG Rz 42; *Stoffels,* AGB-Recht Rz 252, 256.

[5] So ausdrücklich BGHZ 149, 113 = NJW 2002, 370; *Staudinger/Magnus* Art. 14 CISG Rz 41; *Soergel/Lüderitz/Fenge,* Art. 14 CISG Rz 10; MünchKommBGB/*Westermann* Art. 4 CISG Rz 5; *Piltz* NJW 2005, 2126, 2128; *Stoffels,* AGB-Recht Rz 253; *Schrammen,* Grenzüberschreitende Verträge im Internet, S. 251 ff.; *Lohmann,* S. 213 ff. A. A. *Schlechtriem/Schwenzer/Schmidt-Kessel* Art. 8 CISG Rz 53; *Berger* ZGS 2004, 415, 416; *ders.,* FS Horn, 3, 9 ff.; *Kindler* FS Heldrich, S. 225.

[6] *Hennemann,* S. 74. Dagegen *Schlechtriem/Schwenzer/Schmidt-Kessel* Art. 8 CISG Rz 53: Rückfrage sei zumutbar, doch gehe eine etwaig entstehende Verzögerung gemäß Art. 16 II CISG zulasten des Verwenders.

[7] Zur Entbehrlichkeit wiederholter Übersendung im Falle laufender Geschäftsverbindung etwa *Huber/Kröll* IPRax 2003, 309, 311.

nicht.[1] Aus diesem Blickwinkel ist auch die Frage zu beantworten, inwieweit eine Zugänglichmachung der AGB im **Internet** ausreichen kann. Im Interesse einer Vereinfachung des Geschäftsverkehrs sollte man die Möglichkeit, AGB im Internet zum Abruf und Download bereitzuhalten, genügen lassen.[2] Zu fordern ist freilich zum einen, dass der Verwender unter Angabe der genauen Internetadresse auf die Abrufmöglichkeit hingewiesen und der Vertragspartner der elektronischen Kommunikation (konkludent) zugestimmt hat, und zum anderen, dass die Abrufmodalitäten sachgerecht sind, also insbesondere die Möglichkeit eines vollständigen Ausdrucks besteht.[3] Im Zusammenhang mit der Kenntnisnahmemöglichkeit des Empfängers kann auch die **Sprache** relevant werden, in der auf die AGB verwiesen wird bzw. in der die AGB abgefasst sind: Ist Deutsch die zwischen den Parteien praktizierte Verhandlungs- und Vertragssprache, so muss auch der Hinweis auf die AGB in deutscher Sprache verfasst sein (näher oben Rz 38 f.).[4]

Inwieweit Schweigen auf ein AGB-Geltung reklamierendes **kaufmännisches Bestätigungsschreiben** als Zustimmung zu werten ist, beurteilt sich nach Einheitsrecht, nicht nach dem kraft IPR-Regeln berufenen nationalen Recht.[5] Ausreichend, aber auch erforderlich ist, dass ein entsprechender verhaltensinterpretierender Handelsbrauch am Sitz beider Parteien gilt.[6] Äußert das Schweigen nach den relevanten nationalen Bräuchen einerseits materiell-rechtliche, andererseits beweisrechtliche Wirkung,[7] gilt das Prinzip des kleinsten gemeinsamen Nenners: Dem Inhalt des ohne Widerspruch gebliebenen Schreibens kommt nur Beweiskraft zu. Zu den genuinen Geltungsschranken des Satzes von der Maßgeblichkeit des unwidersprochenen kaufmännischen Bestätigungsschreibens nach deutschem Recht vgl. Rz 20. 74

Auch im Anwendungsbereich des CISG ist streitig, wie die **Kollision divergierender Standardbedingungen** (sog. battle of the forms) sach- und interessengerecht aufzulösen ist.[8] Teilweise wird die Theorie des letzten Wortes vertreten, wonach sich derjenige durchsetzt, der zuletzt ohne Widerspruch auf seine AGB verwiesen hat.[9] Nach der wohl herrschenden Restgültigkeitstheorie kommt der Vertrag, sofern Einigkeit über die essentialia negotii erzielt wurde, zwar zustande, doch werden die AGB nur insoweit Vertragsbestandteil, als sie sich nicht widersprechen; im Übrigen findet die gesetzliche Regelung Anwendung.[10] Zu berücksichtigen bleibt hierbei, dass die Frage des Widerspruchs nicht durch Wortlautvergleich der 75

---

[1] Ebenso *Staudinger/Magnus* Art. 14 CISG Rz 40.

[2] Anders *Ventsch/Kluth* IHR 2003, 224, die den Vertragspartner mit einer erheblichen Eigeninitiative belastet sehen, was faktisch eine Erkundigungsobliegenheit statuiere. Als hinreichend erachten die Zugänglichmachung im Internet hingegen *Stiegele/Halter* IHR 2003, 169; *Schrammen,* Grenzüberschreitende Verträge im Internet, S. 256 f.

[3] Differenzierend auch *Schlechtriem/Schwenzer/Schlechtriem* Art. 14 CISG Rz 16, der u. a. auf die Länge und Komplexität des Klauseltextes abstellt.

[4] *Piltz* NJW 2005, 2126, 2128. Eine stark einzelfallbezogene Prüfung verlangt OGH IHR 2004, 148; krit. *Magnus* ZEuP 2006, 96, 113 f.

[5] *Schlechtriem/Schwenzer/Schmidt-Kessel* Art. 9 CISG Rz 22; ausführlich *Kröll/Hennecke* RabelsZ 67 (2003), 448, 455 f. Anders noch *Huber* RabelsZ 43 (1979), 448, 450.

[6] *Herber/Czerwenka,* Rz 18 vor Art. 14 CISG.

[7] Rechtsvergleichende Übersicht bei *Kröll/Hennecke* RabelsZ 67 (2003), 448, 477 ff.

[8] Beachte speziell zu kollidierenden Rechtswahlklauseln *Schrammen,* Grenzüberschreitende Verträge im Internet, S. 257 ff.

[9] So etwa *Piltz* IHR 2004, 133, 136 ff.

[10] *Schlechtriem/Schwenzer/Schlechtriem* Art. 19 CISG Rz 20, unter Berufung darauf, dass sich auch der BGH in NJW 2002, 1651, 1653, der Restgültigkeitstheorie angeschlossen habe. Der BGH lässt diese Frage aber offen; so auch *Ventsch/Kluth* IHR 2003, 61, 64; *Stoffels,* AGB-Recht Rz 255.

einzelnen Klauseln, sondern durch eine Gesamtwürdigung der Regelwerke zu beantworten ist.[1]

76 **b) Inhaltskontrolle.** Art. 4 S. 2 lit. a CISG wird allgemein dahingehend verstanden, dass sich die AGB-Inhaltskontrolle nach dem gemäß IPR-Grundsätzen anwendbaren **nationalen Recht** richtet.[2] Gleichwohl darf das Einheitsrecht nicht außer Betracht bleiben:[3] Dieses gibt den Ausschlag bei der Ausfüllung von Vorschriften wie § 307 III, die der Inhaltskontrolle Schranken ziehen, und bildet den für § 307 II Nr. 1 relevanten Wertungsmaßstab für die Inhaltskontrolle; auch für die Lückenschließung ist vorrangig auf das Einheitsrecht einschließlich seiner Ergänzungen nach Art. 7 II CISG zurückzugreifen.

77 **c) Auslegung.** Obwohl Art. 8 CISG auf Besonderheiten der AGB-Auslegung nicht eingeht, bejaht die h. M. diesbezüglich den Vorrang des Einheitsrechts.[4] Dieser Vorrang ist freilich zu relativieren: Soweit die nationalen genuin AGB-rechtlichen Auslegungsmaximen Ergebnis der Ausstrahlwirkung der Inhaltskontrolle sind, rechtfertigt und gebietet Art. 4 S. 2 lit. a CISG durchaus den Rekurs auf das unvereinheitlichte Recht.[5]

---

[1] BGH NJW 2002, 1651, 1653; *Schlechtriem/Schwenzer/Schlechtriem* Art. 19 CISG Rz 21.

[2] Statt vieler: *Ulmer/H. Schmidt* Anh. § 305 Rz 10; *Staudinger/Magnus* Art. 4 CISG Rz 24 f.; *Piltz* IHR 2004, 133, 138.

[3] Zum Folgenden MünchKommBGB/*Westermann* Art. 4 CISG Rz 6; *Ulmer/H. Schmidt* Anh. § 305 Rz 10; *Frense* S. 91; *Lohmann,* S. 239 ff.

[4] Statt mancher: *Schlechtriem/Schwenzer/Schmidt-Kessel* Art. 8 CISG Rz 59; *Piltz* IHR 2004, 133, 138; *Frense* S. 46 f.

[5] Ähnlich *Teklote* S. 156 ff.; abweichend *Schlechtriem/Schwenzer/Schmidt-Kessel* Art. 8 CISG Rz 59.

3. Teil. §§ 305–310 BGB

§ 305 Einbeziehung Allgemeiner Geschäftsbedingungen in den Vertrag

(1) Allgemeine Geschäftsbedingungen sind alle für eine Vielzahl von Verträgen vorformulierten Vertragsbedingungen, die eine Vertragspartei (Verwender) der anderen Vertragspartei bei Abschluss eines Vertrags stellt. Gleichgültig ist, ob die Bestimmungen einen äußerlich gesonderten Bestandteil des Vertrags bilden oder in die Vertragsurkunde selbst aufgenommen werden, welchen Umfang sie haben, in welcher Schriftart sie verfasst sind und welche Form der Vertrag hat. Allgemeine Geschäftsbedingungen liegen nicht vor, soweit die Vertragsbedingungen zwischen den Vertragsparteien im Einzelnen ausgehandelt sind.

(2) Allgemeine Geschäftsbedingungen werden nur dann Bestandteil eines Vertrags, wenn der Verwender bei Vertragsschluss

1. die andere Vertragspartei ausdrücklich oder, wenn ein ausdrücklicher Hinweis wegen der Art des Vertragsschlusses nur unter unverhältnismäßigen Schwierigkeiten möglich ist, durch deutlich sichtbaren Aushang am Ort des Vertragsschlusses auf sie hinweist und

2. der anderen Vertragspartei die Möglichkeit verschafft, in zumutbarer Weise, die auch eine für den Verwender erkennbare körperliche Behinderung der anderen Vertragspartei angemessen berücksichtigt, von ihrem Inhalt Kenntnis zu nehmen,

und wenn die andere Vertragspartei mit ihrer Geltung einverstanden ist.

(3) Die Vertragsparteien können für eine bestimmte Art von Rechtsgeschäften die Geltung bestimmter Allgemeiner Geschäftsbedingungen unter Beachtung der in Absatz 2 bezeichneten Erfordernisse im Voraus vereinbaren.

Inhaltsübersicht

Schrifttum: *Adams,* Ökonomische Begründung des AGB-Gesetzes, BB 1989, 781; *Baumann,* Zur Inhaltskontrolle von Produktbestimmungen in Allgemeinen Geschäfts- und Versicherungsbedingungen, VersR 1991, 490; *Bartsch,* Der Begriff des „Stellens" Allgemeiner Geschäftsbedingungen, NJW 1986, 28; *Berger,* Aushandeln von Vertragsbedingungen im kaufmännischen Geschäftsverkehr: Stellen, Behandeln, Verhandeln, Aushandeln...?, NJW 2001, 2152; *ders.,* Einbeziehung von AGB in B2B-Verträge, ZGS 2004, 415; *Borges,* AGB-Kontrolle interner Richtlinien, ZIP 2005, 185; *Brambring/Schippel,* Vertragsmuster des Notars und Allgemeine Geschäftsbedingungen, NJW 1979, 1802; *Braun,* Die Stellung des AGB-Gesetzes im System des Privatrechts, BB 1979, 689; *Bunte,* Die EG-Richtlinie über mißbräuchliche Klauseln in Verbraucherverträgen und ihre Umsetzung durch das Gesetz zur Änderung des AGB-Gesetzes, DB 1996, 1389; *Coester-Waltjen,* Die Inhaltskontrolle von Verträgen außerhalb des AGBG, AcP 190 (1990), 1; *von Falkenhausen,* Zur Auslegung des AGB-Gesetzes, BB 1977, 1124; *Fastrich,* Richterliche Inhaltskontrolle im Privatrecht, 1992; *Garrn,* Zur Abgrenzung von Aushandlungsvereinbarungen im Sinne des § 1 Abs. 2 AGB-Gesetz, JZ 1978, 302; *ders.,* Zur richterlichen Inhaltskontrolle notarieller Verträge, NJW 1980, 2782; *Heinrichs,* Der Rechtsbegriff der Allgemeinen Geschäftsbedingungen, NJW 1977, 1505; *ders.,* Das Gesetz zur Änderung des AGB-Gesetzes, NJW 1996, 2190; *Henkel,* Kann die Berufung des AGB-Verwenders auf die – wegen eines Verstoßes gegen § 305 Abs. 2 Nr. 2 BGB – nicht wirksame Einbeziehung der AGB treuwidrig sein?, ZGS 2003, 418; *Heyder,* Die einseitige Abänderung des Regelwerks Neuer Markt, BKR 2002, 806; *Hönn,* Wirksamkeitskontrolle als Instrument des allgemeinen Privatrechts zur Bewältigung von Ungleichgewichtslagen, JZ 1983, 677; *Jaeger,* Stellen und Aushandeln vorformulierter Vertragsbedingungen, NJW 1979, 1569; *Kessel/Kuhlmann/Passauer/Schriek,* Informationspflichten und AGB-Einbeziehung auf mobilen Endgeräten, K&R 2004, 519, *Klaas,* Zur EG-Richtlinie über mißbräuchliche Klauseln in Verbraucherverträgen: „Stellen" von AGB, insbesondere Inhaltskontrolle notarieller Verbraucherverträge?, FS *Brandner* 1996, S. 247; *Krämer,* Zur Änderungsbefugnis von Marktorganisationsregeln, BKR 2001, 131; *Kramer,* Nicht ausgehandelter Individualvertrag, notariell beurkundeter Vertrag und AGB, ZHR 146 (1982), 105; *M. Lieb,* Sonderprivatrecht für Ungleichgewichtslagen, AcP 178 (1978), 196; *ders.,* Schutzbedürftigkeit oder Eigenverantwortlichkeit?, DNotZ 1989, 274; *Löwe,* Das Gesetz zur Regelung des Rechts der Allgemeinen Geschäftsbedingungen (AGB-Gesetz), JuS 1977, 421; *ders.,* Voraussetzungen für ein Aushandeln von AGB, NJW 1977, 1328; *Medicus,* Zur gerichtlichen Inhaltskontrolle notarieller Verträge, 1989; *Michalski/Römermann,* Inhaltskontrolle von Einzelvereinbarungen an Hand des AGB-Gesetzes, ZIP 1993, 1434; *Pawlowski,* Bemerkungen zur Auslegung des AGB-Gesetzes, BB 1978, 161; *Michel/Hilpert,* Allgemeine Geschäftsbedingungen oder „aus"gehandelter Individualvertrag? – eine Risikoanalyse, DB 2000, 2513; *Pfeiffer,* Die Wirksamkeit von Nr. 7.1 AGB-Kabelanschluß der Deutschen Telekom, Kommunikation und Recht 1998, 465; *ders.,* Die stillschweigende Unterlegung von AGB durch Individualabreden, ZGS 2003, 378; *ders.,* Aushandlung und Verhandlung von Vertragsklauseln im Unternehmensverkehr: Die Korrekturbedürftigkeit des deutschen AGB-Begriffs, ZGS 2004, 401; *Pflug,* Kontrakt und Status der Allgemeinen Geschäftsbedingungen, 1986; *Reinel,* Die Verbandsklage nach dem AGB-Gesetz, 1979; *Rieger/Friedrich,* Die Aufstellung von Allgemeinen Geschäftsbedingungen in der wirtschaftlichen Praxis, JuS 1986, 787, 976; 1987, 118; *Roth,* Die Inhaltskontrolle nichtausgehandelter Individualverträge im Privatrechtssystem, BB 1987, 977; *ders.,* Allgemeine Geschäftsbedingungen und Individualvereinbarungen, BB 1992, Beilage 4, 1; *Schäfer,* Vertragsschluss unter Einbeziehung von AGB gegenüber Fremdmuttersprachlern, JZ 2003, 879; *Schippel/Brambring,* AGB-Gesetz und notariell beurkundete Formularverträge, DNotZ 1977, 131; *Schlechtriem,* Der Kaufmann im Gesetz zur Regelung des Rechts der Allgemeinen Geschäftsbedingungen; FS Duden, 1977, S. 571; *Schmidt, Eike,* Inhaltskontrolle von Schuldverträgen, DRiZ 1991, 81; *Schumann,* Die „vorformulierte" Vertragsbedingung im Lichte der AGB-Novelle 1996, JR 2000, 441; *G. Stein,* Die Inhaltskontrolle vorformulierter Verträge des allgemeinen Privatrechts, 1982; *Steinringer,* Beweisrechtliche Aspekte des Verbraucherschutzes bei allgemeinen oder für den Einzelfall vorformulierten Vertragsbedingungen im italienischen und im deutschen Recht, Diss. Regensburg 2003; *Tönnies,* Inhaltskontrolle nach AGBG und Richterrecht, VersR 1989, 1023; *Ulmer,* Notarielle Vertragsmuster und AGB-Inhaltskontrolle, DNotZ 1981, 84; *ders.,* AGB-Gesetz und einseitig gesetzte Gemeinschaftsordnungen von Wohnungseigentümern, FS Weitnauer, 1980, S. 205; *Voss,* Zeitlich oder gegenständlich begrenzte Bürgschaft, MDR 1990, 495; *Wandt,* Die Kontrolle handschriftlicher AGB im Verbandsklageverfahren, VersR 1999, 917; *Weitnauer,* Covenants und AGB-Kontrolle, ZIP 2005, 1443; *Graf von Westphalen,* Grenzziehung zwischen Allgemeinen Geschäftsbedingungen und Individualvereinbarungen, DB 1977, 943; *ders.,* Schattenseiten des Verbraucherschutzes, DB 1981, 61; *ders.,* Die Novelle zum AGB-Gesetz, BB 1996, 2101; *Wiedemann,* Inhaltskontrolle vorformulierter Verträge, FS Kummer, 1980, S. 175; *Willemsen,* Schutz des Verbrauchers vor Aufrechterhaltung unwirksamer AGB-Klauseln als Individualvereinbarungen, NJW 1982, 1121; *M. Wolf,* Individualvereinbarungen im Recht der Allgemeinen Geschäftsbedingungen, NJW 1977, 1937; *ders.,* Inhaltskontrolle von Arbeitsverträgen, RdA 1988, 27; *ders.,*

Vorformulierung als Voraussetzung der Inhaltskontrolle, FS Brandner, 1996, S. 299; *ders.*, Der Ausschluss vom neuen Markt und die Aufnahme von Ausschlussgründen in das Regelwerk Neuer Markt, WM 2001, 1785; *M. Wolf/Pfeiffer*, Rechtsprechungsübersicht zum AGB-Gesetz Teil 1, JZ 1988, 388 und 440; *M. Wolf/Ungeheuer*, Zum Recht der allgemeinen Geschäftsbedingungen, JZ 1995, 77 und 176; *Zoller*, Dogmatik, Anwendungsprobleme und die ungewisse Zukunft des Vorrangs individueller Vertragsvereinbarungen vor Allgemeinen Geschäftsbedingungen (§ 4 AGBG), JZ 1991, 850.

I. Grundlagen und Normstruktur

1 § 305 BGB ist seit der am 1. 1. 2002 in Kraft getretenen Schuldrechtsreform die Ausgangsregelung des in §§ 305–310 BGB kodifizierten AGB-Rechts. Er umfasst **zwei Regelungskomplexe,** nämlich einmal die in Abs. 1 (dem früheren § 1 AGBG) niedergelegte AGB-Definition, die (zum Teil im Zusammenwirken mit § 310 BGB) den Anwendungsbereich des AGB-Rechts regelt, und ferner die in Abs. 2 und 3 (welche den früheren § 2 AGB aufgenommen haben) geregelten Voraussetzungen der Einbeziehung von AGB.

II. Allgemeines zur AGB-Definition in Abs. 1

1. Zweck

2 Abs. 1 S. 1 **definiert** den Begriff der AGB und bestimmt damit den Anwendungsbereich des AGB-Rechts. Satz 2 stellt klar, dass ausgehandelte Vertragsbedingungen nicht AGB sind, selbst wenn sie äußerlich als solche erscheinen. Definiert wird auch der Begriff des Verwenders, dessen Interessen grundsätzlich nicht Schutzgegenstand des AGB-Rechts sind. Abs. 1 umschreibt in einer Mischung aus formalen (Vorformulierung für eine Vielzahl von Verträgen)[1] und materiellen Kriterien (Stellen in S. 1, Aushandeln in S. 3) die Umstände, aus denen auf die faktisch einseitige Gestaltungsmacht des Verwenders und damit auf die fehlende Möglichkeit des anderen Teils zur Selbstbestimmung als Grund zur verstärkten Kontrolle von AGB geschlossen wird. Dies muss bei der Auslegung dieser Merkmale besonders berücksichtigt werden. Das Merkmal des fehlenden Aushandelns liegt auch der EG-Richtlinie über missbräuchliche Klauseln in Verbraucherverträgen zugrunde.[2] Die Richtlinie verlangt aber im Gegensatz zu § 305 I 1 BGB für den Individualprozess keine Mehrfachverwendung.[3] Die Mehrfachverwendung schließt die Anwendung der Richtlinie aber nicht aus. Wegen des Verzichts auf die Mehrfachverwendung fallen unter die Richtlinie aber auch Individualklauseln,[4] die von § 305 I BGB nicht erfasst werden, und es kommt im Zusammenhang mit dem Aushandeln entscheidend auf die Möglichkeiten der Einflussnahme an, die vor allem im Falle der Vorformulierung nach Art. 3 II RL in der Regel nicht gegeben ist.[5]

2. Bedeutung

3 § 305 I BGB bildet die Grundlage für die Anwendung der §§ 305 II bis 309 BGB sowie des § 1 UKlaG. Die Voraussetzungen des AGB-Begriffs müssen zum **Zeitpunkt des Vertragsabschlusses**[6] vorliegen. Die seit Einführung des AGB-

---

[1] Dazu Einl. Rz 19.
[2] S. Art. 3 RL Rz 14, 21 ff.
[3] Zum Verbandsprozess s. Art. 7 II RL Rz 6 ff.
[4] S. Art. 3 Rz 18.
[5] S. im Einzelnen Art. 3 RL Rz 21 ff.
[6] BGH NJW-RR 2002, 13 zur Absicht mehrfacher Verwendung.

Gesetzes maßgebliche Definition ist umfassender als die Definition der Rechtsprechung davor. Insoweit ist der Anwendungsbereich der AGB-rechtlichen Vorschriften weiter. Ergänzende Regelungen zum Anwendungsbereich enthalten § 310 II u. IV BGB hinsichtlich einzelner Rechtsgebiete, § 310 I BGB für gegenüber Unternehmern und juristischen Personen des öffentlichen Rechts verwandte Bedingungen, sowie § 310 III BGB für Verbraucherverträge. Der intertemporale Anwendungsbereich ergibt sich aus Art. 229 § 5 EGBGB. § 307 III BGB grenzt den Anwendungsbereich der §§ 307 I u. II, 308 u. 309 BGB, nicht jedoch der §§ 305 II bis 306a BGB weiter ein. Aus § 306a BGB kann sich eine Erweiterung des Anwendungsbereichs einzelner Bestimmungen des AGB-Rechts ergeben.

3. Überblick

Da Abs. 1 sowohl den Begriff der AGB als auch den Begriff des Verwenders definiert, muss geklärt werden, welche Merkmale zu den einzelnen Begriffen gehören. Dies bereitet wegen der Abstimmung mit dem UKlaG Schwierigkeiten. 4

a) Zum **Begriff der AGB** gehört, dass es sich um für eine Vielzahl von Verträgen vorformulierte Vertragsbedingungen (s. Rz 7 ff.) handelt, die von einer Vertragspartei (Verwender) der anderen Vertragspartei bei Abschluss des Vertrags gestellt werden sollen. Es genügt, dass die vorformulierten Bestimmungen dazu bestimmt sind, anderen gestellt zu werden.[1] Nicht zum Begriff der AGB gehört, dass sie tatsächlich bei Abschluss eines Vertrags gestellt worden sind oder dass die Absicht des Stellens schon in Bezug auf einen konkreten Vertrag infrage steht, da sonst der Begriff in § 305 I 1 BGB und § 1 UKlaG, wo bereits die Gefahr der Verwendung und die Empfehlung zur Kontrolle der AGB genügt, unterschiedlich bestimmt werden müsste. Es ist jedoch von einem einheitlichen AGB-Begriff auszugehen. Auf die abweichende Auffassung in der Begr.[2] des AGBG kann nicht mehr abgestellt werden, da sie vor Einführung der alten §§ 13 ff. AGBG – jetzt UKlaG – abgefasst wurde. AGB sind keine Rechtsnormen[3] und gelten deshalb nur auf rechtsgeschäftlicher Grundlage.[4] 5

b) **Verwender** ist diejenige Vertragspartei, die der anderen die AGB bei Abschluss des Vertrages stellt (Rz 25 ff.). Für den Verwenderbegriff ist das tatsächliche Stellen der AGB erforderlich, da sich nur hieraus die einseitige Gestaltungsmacht begründen lässt. Für die Unterlassungsklage genügt allerdings die Gefahr der Verwendung;[5] dies folgt jedoch aus dem Sinn des Unterlassungsanspruchs und nicht aus dem Begriff des Verwenders. 6

III. Einzelne Voraussetzungen des AGB-Begriffs

1. Vertragsbedingungen

Vertragsbedingungen sind alle privatrechtlichen Regelungen, die Inhalt des zwischen dem Verwender und seinem Vertragspartner zu schließenden Rechtsgeschäfts sind. Gleichgültig ist, ob es sich um die Festlegung der Hauptleistung oder um Nebenbedingungen handelt.[6] Die Regelungen müssen rechtliche Wirkungen entfalten, sie müssen aber nicht unmittelbar vertragliche Rechte und Pflichten zum 7

---

1 *Reinel* S. 28 und Rz 16.
2 BT-Drs. 7/3919, S. 16.
3 S. Einl. Rz 15.
4 S. Rz 8, 104.
5 § 1 UKlaG Rz 25.
6 BGH NJW 1990, 576, 577; s. auch Rz 19.

Inhalt haben. Es genügt, dass sie diese, und sei es auch nur mittelbar, beeinflussen.[1] Vertragsbedingungen sind deshalb auch Tatsachenbestätigungen,[2] insbesondere auch Aushandlungsbestätigungen[3] sowie Bestimmungen, die die Art und Weise des Vertragsabschlusses regeln.[4] Nicht erforderlich ist, dass sie bereits Vertragsinhalt geworden sind.[5] Es genügt, dass sie in einen Vertrag einbezogen oder Inhalt eines einseitigen Rechtsgeschäfts (Rz 11) werden sollen. So können auch vorvertragliche Beziehungen durch AGB geregelt werden.[6] Auch Auftragsbestätigungen unterliegen als Vertragsbedingungen den AGB-rechtlichen Vorschriften, gleichgültig, ob sie einen bereits geschlossenen Vertrag rein deklaratorisch wiederholen oder ob sie konstitutiv wirken, weil sie die vertragsbegründende Annahme enthalten oder Ergänzungen und Änderungen zu bereits geschlossenen Verträgen.[7] Nichts anderes gilt für die vom Verwender vorformulierten einseitigen rechtsgeschäftlichen Erklärungen, die weder eine Nebenabrede enthalten noch zum notwendigen Inhalt eines gleichzeitig abgeschlossenen Vertrages gehören, sofern sie nur im Zusammenhang mit einer vertraglichen Beziehung oder ihrer Begründung oder Anbahnung stehen.[8] Hierunter fällt auch die formularmäßige Haftungsfreizeichnung zugunsten eines an sich mithaftenden Dritten.[9] Ob es sich um allgemein verbindliche Vertragsbedingungen oder um unverbindliche Bitten, Empfehlungen oder tatsächliche Hinweise handelt, beurteilt sich nach dem Empfängerhorizont.[10] Allgemeine Bedingungen, die wie die **VOB** Teil A nur interne Anweisungen für die Abwicklung der Vertragsverhandlungen geben, aber nicht Vertragsbestandteil werden sollen,[11] sind jedoch, abgesehen von einzelnen Ausnahmen, wie der Bestimmung von Ausnahmefristen gemäß § 308 Nr. 1 BGB,[12] entgegen der neueren Ansicht des BGH keine AGB,[13] im Gegensatz zur VOB/B, die als AGB anzusehen sind,[14] gleichgültig ob sie insgesamt oder nur in Teilen benutzt werden.[15] Keine AGB sind grundsätzlich Prospektbeschreibungen, soweit sie Anpreisungen und allgemeine Informationen enthalten, die nur allgemein zum Vertragsabschluss motivieren, aber nicht konkret den Vertragsgegenstand betreffen. Prospektangaben, die als **Leistungsbeschreibungen** unmittelbar den Vertragsgegenstand betreffen, legen aber im Regelfall auch den Vertragsinhalt fest und erhalten deshalb die Qualität von Vertragsbedingungen, die als AGB in Betracht kommen. AGB sind auch Beschreibungen und Hinweise, durch die der Verwender eine ihn treffende Aufklärungspflicht erfüllt.[16] Sofern es sich um Leistungsbeschreibungen handelt, unterliegen sie zwar nicht der Inhaltskontrolle,[17] jedoch

---

[1] *M. Wolf* JZ 1987, 727.

[2] S. § 309 Nr. 12 b.

[3] BGH NJW 1987, 1634.

[4] S. *Grunewald* ZIP 1987, 353.

[5] S. auch KG NJW 1985, 151; OLG Oldenburg NJW 1985, 3030.

[6] BGH NJW 1996, 2574, 2575 = LM H.11/1996 § 1 AGBG Nr. 26 m. Anm. *Heinrichs; Christensen* JuS 1996, 873, 878; *von Westphalen* NJW 1994, 367; *Grunewald* ZIP 1987, 353, 354.

[7] *M. Wolf* JZ 1987, 727.

[8] BGHZ 141, 124.

[9] OLG Stuttgart BB 2001, 2607: formularmäßiger Ausschluss der persönlichen Haftung von BGB-Gesellschaftern; dazu auch gesellschaftsrechtlich BGH NJW 1999, 3483.

[10] BGHZ 101, 271, 273; BGH NJW 1996, 2574, 2575.

[11] S. § 10 VOB/A.

[12] Offengelassen in BGH NJW 1992, 827, 828.

[13] *Korbion/Locher,* AGB-Gesetz und Bauerrichtungsverträge, Rz 23 f.; anders BGHZ 162, 294 mit krit. Anm. *Pfeiffer* LMK 2005, II, 1; näher s. Rz 13.

[14] BGH NJW 1983, 816; BGH NJW 1988, 142, 143.

[15] BGH NJW 1987, 2373, 2374; BGH NJW-RR 1998, 235 = LM H.5/1998 § 4 (A) VOB/B 1973 Nr. 18.

[16] S. *Schünemann,* BB 1987, 2243, 2248; Anh. § 310 Rz K 61.

[17] S. § 307 Rz 292 ff.

gelten §§ 305 II–306a BGB. Leistungsbeschreibungen sind in der Regel auch technische Vorschriften. Enthalten diese auch Regeln über das Aufmaß, die Abrechnung oder über Art und Umfang nicht besonders zu vergütender Nebenleistungen, so unterliegen sie daneben auch der Inhaltskontrolle nach §§ 307 I u. 2, 308 u. 309 BGB.[1] Werden generell aufgestellte Regeln, die die **Voraussetzungen des Vertragsabschlusses** abweichend von §§ 145 ff. BGB regeln, nicht als AGB Vertragsinhalt, auch nicht als Inhalt eines Vorvertrags, so können sie für den anderen Teil keine rechtliche Wirkung entfalten und bedürfen deshalb jedenfalls im Individualprozess keiner Kontrolle.[2] Es gelten vielmehr die allgemeinen Vorschriften über das Zustandekommen von Verträgen, wobei die Berufung auf Abschlussbedingungen, die einen Vertragsabschluss im Gegensatz zum faktischen Verhalten verneinen wollen, in der Regel auch wegen widersprüchlichen Verhaltens unwirksam ist.[3] Bei einer im Eingangsbereich eines Einzelhandelsmarktes angebrachten Tafel mit der Bitte, mitgebrachte Taschen an der Information abzugeben und dem Hinweis, dass man andernfalls höflichst darauf hinweise, dass man gegebenenfalls an der Kasse Taschenkontrollen durchführen müsse, handelt es sich hinsichtlich des zweiten Teils um AGB.[4] Zur Vereinssatzung s. Rz 10.

2. Verträge und einseitige Rechtsgeschäfte

a) Aus dem Merkmal des Stellens ergibt sich, dass als AGB nur solche Vertrags- 8
bedingungen anzusehen sind, die aufgrund des Willens des Verwenders und damit auf **rechtsgeschäftlicher Grundlage** zum Inhalt eines privatrechtlichen Vertrags werden sollen. Dazu gehören nicht nur die unmittelbar von der Einverständniserklärung des anderen Vertragsteils nach § 305 II BGB erfassten Bedingungen, sondern auch Bedingungen, die aufgrund eines vertraglich eingeräumten Bestimmungsrechts nach § 315 BGB vom Verwender einseitig als Vertragsinhalt festgelegt werden, wie z. B. Zins- und Wertstellungsbedingungen der Banken.[5] Auch sonstige als Regelwerke deklarierte einseitige Vorgaben für den Inhalt rechtsgeschäftlich gestalteter privatrechtlicher Rechtsverhältnisse, wie etwa das Regelwerk neuer Markt,[6] in den Vertrag mit Kunden einbezogene Börsenusancen,[7] Studienordnungen von Privatschulen oder eine auf vertragsvorbereitenden Unterlagen mitgeteilte „refund policy" bei Nichtinanspruchnahme der Leistung. Vollständig verfehlt ist demgegenüber die vereinzelt angenommene Konstruktion, der AGB-Charakter werde durch eine individuelle Zustimmung zum Regelwerk als Ganzes ausgeschlossen.[8] Nicht zu den AGB gehören dagegen die Vertragsbedingungen, die auf Gesetz, Verordnung, Satzung, Handelsbrauch oder ergänzender Vertragsauslegung (§ 242 BGB) beruhen. Eine analoge Anwendung der AGB-rechtlichen Vorschriften auf den Handelsbrauch[9] ist nicht gerechtfertigt,[10] aber auch nicht erforderlich, da

---

[1] S. auch OLG Düsseldorf NJW-RR 1992, 217.

[2] Widersprüchlich deshalb KG NJW 1981, 2822 zum Lottovertrag; s. auch Rz 9.

[3] S. zur Inhaltskontrolle bei Abweichungen von den §§ 145 ff. BGB auch Anh. § 310 Rz V 275 ff.

[4] BGH NJW 1996, 2574, 2575 = LM H.11/1996 § 1 AGBG Nr. 26 m. Anm. *Heinrichs;* anders noch BGH NJW 1994, 188 = LM H.5/1994 § 229 BGB Nr. 3 m. Anm. *Kohl;* dazu auch *von Westphalen* NJW 1994, 367; *Schröder* VuR 1994, 100, 101; *Christensen* JuS 1996, 873.

[5] LG Heidelberg ZIP 1987, 629, 630; *Pleyer/Huber* ZIP 1987, 424, 429, 432.

[6] Primary Markets Arbitration Panel, BKR 2002, 468; *Heyder,* BKR 2002, 806; *Krämer* BKR 2001, 131; *Wolf* WM 2001, 1785; offenlassend OLG Frankfurt NJW 2002, 1958. Auch Satzungen von Versicherungen können darunter fallen, wenn sie individuelle vertragliche Rechte begründen: BGHZ 155, 132.

[7] *Kümpel,* Bankrecht, Rz 2.53 ff.

[8] LG Frankfurt NJW-RR 2002, 124, 126.

[9] S. auch Rz 147.

[10] S. auch BGH NJW-RR 1987, 94, 95; a. A. *Ulmer* Rz 11, 84; *Basedow* ZHR 150, 489 f.; einschränkend *Schlosser,* § 1 Rz 17.

ein Handelsbrauch nur insoweit rechtsverbindlich ist, als er mit Treu und Glauben zu vereinbaren ist.[1] Zur analogen Anwendung des AGB-Rechts auf öffentlichrechtliche Benutzungsordnungen s. Einl. Rz 22. AGB sind aber alle Vertragsbedingungen, die aufgrund Rechtsgeschäfts zum Inhalt eines privatrechtlichen Vertrags werden, gleichgültig ob sie inhaltlich mit gesetzlichen Bestimmungen übereinstimmen oder nicht. Deshalb sind auch aufgrund von Rechtsverordnungen erlassene AVB für Gas, Wasser, Elektrizität oder Fernwärme als AGB zu behandeln, wenn sie, insbesondere gegenüber Sonderabnehmern, nicht aufgrund der Rechtsverordnung, sondern aufgrund vertraglicher Einbeziehung gelten.[2] AGB enthält die „Satzung" der Versorgungsanstalt des Bundes und der Länder, mit der sie ihre Beziehungen zu den Arbeitgebern und Arbeitnehmern einseitig auf privatrechtlicher Grundlage regelt.[3] Auch die von IATA als internationalem nichtstaatlichem Verband empfohlenen Beförderungsbedingungen im Flugverkehr sind AGB auf rechtsgeschäftlicher Grundlage und keine Völkerrechtsnormen,[4] auch wenn sie auf dem Warschauer Abkommen beruhen.[5] § 307 III BGB gilt nicht für den AGB-Begriff, sondern für den Umfang der Inhaltskontrolle von AGB. Eine behördliche Genehmigung des Vertrags oder der AGB als Vertragsbedingungen, z. B. der Versicherungsbedingungen, ändert nichts an deren rechtsgeschäftlicher Grundlage und an deren Eigenschaft als AGB.[6] Für einzelne behördlich genehmigte AGB gelten jedoch Sondervorschriften.[7]

9 **b)** Auf die **Art des Vertrags** kommt es grundsätzlich nicht an, insbesondere werden alle **schuldrechtlichen Verträge** erfasst. Ob es sich um gegenseitige, zweiseitig oder einseitig verpflichtende Verträge handelt, ob Haupt- oder Nebenpunkte geregelt werden, ist gleichgültig. Ebenso ist gleichgültig, ob es sich um den Hauptvertrag oder einen hierzu ergänzend geschlossenen Nebenvertrag („covenant") handelt.[8] Um AGB handelt kann sich deshalb auch bei solchen Klauseln, die – insbesondere nach § 307 III 1 BGB – nicht der Inhaltskontrolle unterworfen sind; denn die Kontrollfreiheit ändert nichts an der Geltung sonstiger AGB-rechtlicher Erfordernisse, etwa am Transparenzgebot.[9] Typisch ist die Anwendung auf Formularverträge.[10] Auch Treuhandverträge unterliegen bei Verwendung von Vertragsbedingungen, die für eine Vielzahl von Verträgen vorformuliert sind, dem AGB-Recht.[11] Auch die in abstrakten Schuldversprechen und Schuldanerkenntnissen enthaltenen Bedingungen[12] und die auf der Rückseite von Wertpapieren, auch kleinen Inhaberpapieren,[13] abgedruckten Bedingungen fallen darunter. Als Verträge kommen auch Vorverträge oder **Rahmenverträge** in Betracht. Ein solcher Vor- und Rahmenvertrag wird insbesondere im Zusammenhang mit Lotto- und Totoverträgen geschlossen.[14] Der eigentliche Lottovertrag oder Totovertrag mit

---

1 BGH LM § 346 (B) HGB Nr. 4, 7; *Schlegelberger/Hefermehl* § 346 Rz 39, 40.
2 S. BGH NJW 1985, 3013; *Schmidt-Salzer* BB 1980, 1701.
3 BGH NJW 1999, 3558.
4 BGH BB 1983, 527, 528 = NJW 1983, 1322.
5 BGH BB 1983, 527, 529.
6 BGH BB 1983, 527, 529; *Ulmer* Rz 10, 75 f.
7 S. § 23 II, III.
8 *Weitnauer* ZIP 2005, 1443.
9 Z.B. BGH VIZ 2002, 647.
10 BayObLG NJW 1985, 1716.
11 S. Anh. § 310 Rz T 124.
12 OLG Stuttgart NJW 1979, 222; s. auch § 309 Nr. 12 Rz 23 ff.
13 OLG Hamburg VuR 2000, 451: Laufzeit eines Kinogutscheins.
14 So zu Recht *Ulmer/G. Christensen* § 309 Nr. 7 Rz 22; *Soergel/Stein* § 1 AGBGB Rz 6; *Grunewald* ZIP 1987, 353, 354; *Staudinger/Coester-Waltjen* § 309 Nr. 7 Rn 18; a. A. *Löwe,* § 23 Abs. 2 Nr. 4 Rz 5 AGBG; *Staudinger/Schlosser,* 12. Aufl., § 23 AGBGB Rz 24.

Auszahlungsberechtigung kommt erst mit Eingang des Originalscheins bei der Zentrale und nach Durchführung bestimmter Sicherungsmaßnahmen zustande.[1] Mit der Abgabe des Spielscheins an der Annahmestelle muss der Spielteilnehmer aber bereits die Teilnahmebedingungen anerkennen.[2] Damit kommt, sofern die Voraussetzungen von § 305 II u. III BGB erfüllt sind und § 305c I BGB nicht eingreift, ein Vorvertrag über die Geltung der Teilnahmebedingungen zustande. Diese sind deshalb AGB und unterliegen dem AGB-Recht nicht nur soweit sie einen Haftungsausschluss regeln, sondern auch soweit sie die Voraussetzungen für das Zustandekommen des Lottovertrags regeln.[3] Als AGB in einem Vertrag stellen sich auch Bewerbungsbedingungen für die Vergabe von Bauleistungen dar, so etwa, wenn für die Teilnahme eines Bieters an Preisabsprachen eine Vertragsstrafe vorgesehen wird.[4] Zu den AGB gehört auch das in einem Darlehensantrag eingeräumte Recht, weitere Einzelheiten im banküblichen Rahmen festlegen zu dürfen.[5] Der Konstruktion eines Vorvertrags bedarf es dazu nicht. Dieses Recht wird vielmehr mit der Annahme zugleich Inhalt des Hauptvertrags. Von § 305 I BGB werden auch **Verfügungsgeschäfte** erfasst,[6] wie etwa die Forderungsabtretung,[7] insbesondere auch **sachenrechtliche Verträge,** wie die dingliche Einigung nach § 929 BGB[8] und nach § 873 BGB[9] oder eine Zweckbestimmungsklausel, die den Umfang der Pfandhaftung festlegt,[10] oder die Bestimmung des Pfandgegenstands.[11] Gleiches gilt für **prozessuale** oder vollstreckungsrechtliche **Vereinbarungen.**[12] Auch die Vertragsbedingungen öffentlich-rechtlicher Verträge können als AGB anzusehen sein.[13]

Ausgenommen vom AGB-Recht sind dagegen die Vertragsbedingungen fa- 10
milien- und erbrechtlicher- sowie gesellschaftsrechtlicher Verträge (§ 310 Abs. 4 BGB). Wegen der dem Gesellschaftsvertrag gleichkommenden organisationsrechtlichen Bedeutung sind auch Satzungen von Vereinen und Genossenschaften vom Anwendungsbereich des AGB-Rechts auszunehmen, unabhängig davon, ob die Satzung als Vertrag[14] oder als Norm angesehen wird.[15] Unterwerfen sich jedoch z. B. bei sportlichen Wettkampfveranstaltungen Nichtmitglieder einer Vereinssatzung, so bleibt das AGB-Recht anwendbar.[16] Darüber hinaus unterfallen auch Satzungsbestimmungen als AGB im Sinne von § 305 I BGB den AGB-rechtlichen Vorschriften, wenn sie nicht allein die Stellung als Mitglied des Vereins oder der Gesellschaft betreffen und unmittelbar dem Gesellschafts- oder Vereinszweck dienen,[17] sondern allein[18] oder im Sinne eines Doppelcha-

---

[1] S. die jeweiligen Teilnahmebedingungen; dazu KG NJW 1981, 2822; OLG Celle NJW-RR 1986, 833.

[2] S. z. B. § 2 I der Teilnahmebedingungen für Zahlenlotto und Fußballtoto.

[3] OLG Celle NJW-RR 1986, 833; a. A. KG NJW 1981, 2822, das insoweit § 242 BGB anwendet; s. auch Rz 7.

[4] S. OLG Frankfurt DB 1986, 1172 = NJW-RR 1986, 895.

[5] S. OLG Koblenz ZIP 1983, 557; s. auch Anh. § 310 Rz V 283.

[6] A. A. *Fehl,* Finanzierungsleasing und Bauherrenmodell, 1986, S. 10.

[7] BGH NJW 1991, 2768.

[8] S. auch BGH NJW 1985, 1836, 1837.

[9] S. BayObLGZ 1979, 439.

[10] S. Anh. § 310 Rz P 7.

[11] S. Anh. § 310 Rz P 8 ff.

[12] S. etwa BGH ZIP 1987, 1185; § 307 Rz P 61.

[13] S. Einl. Rz 23.

[14] So BGHZ 47, 179; BayObLGZ 77, 9.

[15] S. auch § 310 IV Rz 17 ff.

[16] S. *M. Wolf* LM H.6/1995 § 25 BGB Nr. 34; a. A. BGH NJW 1995, 583, 585.

[17] Dazu BGH NJW 1988, 1729.

[18] So BGH LM H.4/1992 § 23 AGBG Nr. 10 m. Anm. *U. Stein.*

rakters sowohl vertragsrechtliche als auch organisationsrechtliche Funktion haben.[1]

11 c) Die Bedingungen einseitiger Rechtsgeschäfte, wie Vollmacht (§ 167 BGB),[2] Vertragsangebot (§ 145 BGB), Aufgabeerklärung (§ 875 BGB), Zustimmungserklärung (§§ 876, 1183 BGB), die Eintragungsbewilligung nach § 19 GBO,[3] die Teilungserklärung nach § 8 WEG[4] oder die Unterwerfung unter die sofortige Zwangsvollstreckung nach §§ 794 I Nr. 5, 800 ZPO[5] können in analoger Anwendung von § 305 I BGB als AGB zu behandeln sein, wenn der Erklärende wie in § 8 WEG nachteilige Regelungen zulasten anderer treffen kann oder wenn nicht der Erklärende selbst, sondern der andere Teil, dem gegenüber sie abzugeben sind, die für eine Vielzahl einseitiger Rechtsgeschäfte vorformulierten Bedingungen stellt (s. Rz 30), weil insoweit auf eine einseitige Gestaltungsmacht des Erklärungsgegners geschlossen werden kann.[6] Die Kontrollfähigkeit der einseitigen Vollstreckungsunterwerfung wird durch § 308 Nr. 1 BGB (Annahmefrist) und durch § 309 Nr. 12 b BGB (Tatsachenbestätigung) erhärtet, wo das AGB-Recht einseitige Erklärungen seinem Anwendungsbereich unterstellt. Einseitige Erklärung ist auch die Weisung beim Geschäftsbesorgungsvertrag (§ 675 mit § 665 BGB). Wird sie vom Verwender als Beauftragtem dem Geschäftsherrn formularmäßig vorgeschrieben, so handelt es sich um AGB. Dies gilt insbesondere etwa für die sog. Fakultativklausel auf Überweisungsvordrucken der Banken, wonach die Überweisung auch auf ein anderes Konto des Empfängers erfolgen darf.[7] Unter den genannten Voraussetzungen kann auch das Einverständnis mit der ärztlichen Aufklärung[8] und die einseitige Einwilligung zur Operation oder zur Obduktion AGB-Charakter haben,[9] ebenso die Entbindung von der ärztlichen oder sonstigen Schweigepflicht, insbesondere im Zusammenhang mit Versicherungsverträgen.[10] AGB können danach auch Erklärungen nach § 4 BDSG zur Einwilligung in die Benutzung personenbezogener Daten durch andere, z. B. eine Bank, sein.[11] Unter § 305 I BGB fallen auch formularmäßige einseitige Schulderklärungen eines Unfallverursachers.[12] Ein Stellen wird bei einseitigen Rechtsgeschäften in der Regel nur in Betracht kommen, wenn sie mit dem Vertrag in engem Zusammenhang stehen und deshalb die einseitige Gestaltungsmacht für den Vertrag auf die Gestaltung des einseitigen Rechtsgeschäfts ausstrahlt (s. Rz 33).

---

1 BGHZ 136, 394 = NJW 1998, 454 = IM H.7/1998 § 9 (Bk) AGBG Nr. 34 m. Anm. zum VVaG; s. auch *Horn* § 23 Rz 79.

2 BGH ZIP 1987, 836 = NJW 1987, 2011; OLG Frankfurt BB 1976, 1245; das gilt auch für Empfangsvollmachten, obschon sie nur die eigenen Rechtsverhältnisse des Verwenders regeln, jedenfalls dann, wenn diese gesetzlich ausgestaltet sind (§ 43 Nr. 2 VVG), BGH NJW 1999, 1633. Zu Vollmachtsklauseln vgl. auch Anh. § 310 Rz V 471–500.

3 Dazu Anh. § 310 Rz G 211.

4 Dazu Anh. § 310 Rz W 91.

5 Dazu auch Anh. § 310 Rz G 224.

6 OLG Hamm NJW-RR 1988, 944; LG Stuttgart WM 1977, 1318; *Heinrichs* NJW 1977, 1506; *ders.*, jetzt aber kritisch NJW 1996, 1377, 1378; *Stürner* JZ 1977, 431, 639; *Ulmer* Rz 16; a. A. *Dietlein* JZ 1977, 637; *G. Stein* S. 59 ff.; *Fehl* Finanzierungsleasing und Bauherrenmodell, 1986, S. 9; *Roth* BB 1992, Beilage 4, 1, 2, 5; MünchKomm ZPO/*Wolfsteiner* § 794 Rz 126, wonach nur die Vollstreckungsunterwerfung als verpflichtende Vereinbarung kontrollfähig ist.

7 S. BGH NJW 1986, 2428.

8 S. Anh. § 310 Rz K 61.

9 OLG Koblenz NJW 1989, 2950, 2851; *Kohte* AcP 185, 105, 129; *Ulmer* § 1 Rz 19; a. A. *Laufs* Arztrecht, 1977, Rz 73.

10 *Hollmann* NJW 1978, 2332; *ders.*, NJW 1979, 1923; a. A. *Schülk* NJW 1979, 592.

11 S. *Schuster-Simon* NJW 1980, 1288; s. auch Anh. § 310 Rz A 285.

12 OLG Karlsruhe NJW 1991, 112.

d) Die **Quittung** als solche ist kein Rechtsgeschäft und unterfällt deshalb nicht dem AGB-Recht. Erlass- und Verzichtserklärungen[1] in Ausgleichsquittungen oder Abfindungserklärungen[2] sind in der Regel aber Verträge, sei es ein Erlassvertrag (§ 397 BGB), ein Feststellungsvertrag oder ein Vergleich (§ 779 BGB). Die darin enthaltenen Bedingungen unterfallen schon deshalb dem AGB-Begriff; aber auch wenn man sie als einseitige Rechtsgeschäfte ansieht, können sie dem AGB-Begriff zu unterstellen sein (Rz 11). Für arbeitsvertragliche Ausgleichsquittungen gilt das AGB-Recht nach Maßgabe des § 310 IV 2 BGB. 12

e) Die Rechtsprechung hat jüngst, gestützt auf das Umgehungsverbot des § 306a BGB, **unternehmensinterne Anweisung** zu einem massenhaften gleichförmigen, nicht-rechtsgeschäftlichem Verhalten (nicht berechtigte Konto-Abbuchungen und unzutreffende Schreiben zur Rechtslage), das wirtschaftlich auf dasselbe Ergebnis wie eine unwirksame AGB-Klausel zielt, den Anforderungen des AGB-Rechts unterworfen.[3] Das stößt deswegen auf Bedenken, weil eine Kundenirreführung außerhalb von Rechtsgeschäften mit den Mitteln des Wettbewerbsrechts, nicht des AGB-Rechts begrenzt werden muss.[4] Anders liegt es, wenn interne Richtlinien vorgeben, wie ein **Leistungsbestimmungsrecht nach § 315** BGB ausgeübt wird. Dann wird maßgebend, dass die Bestimmung nach § 315 II BGB durch rechtsgestaltende Erklärung ausgeübt wird. Dies bewirkt, dass zwar nicht die internen Ausübungsrichtlinien als solche AGB-Charakter haben. AGB-Qualität kommt aber den (intern in Richtlinien vorformulierten) und dann in dieser vorformulierten Fassung rechtgeschäftlich verwendeten Bestimmungserklärungen zu.[5] 13

3. Vorformulierung für eine Vielzahl von Verträgen

a) Vertragsbedingungen sind **vorformuliert,** wenn sie vor Vertragsabschluss fertig aufgestellt sind und nicht erst bei Vertragsschluss ausgehandelt werden. Eine Vorformulierung liegt etwa vor, wenn die Vertragsbedingungen für die künftige Verwendung aufgezeichnet oder in sonstiger Weise fixiert sind,[6] z. B. auch in Form von Textbausteinen.[7] Die Vorformulierung ist ein formales Merkmal und ein Indiz für das Vorliegen einseitiger Gestaltungsmacht (Rz 2). Auf die Vorformulierung nimmt auch Art. 3 II RL Bezug[8] und sieht dieses Merkmal sowohl für AGB wie für nicht ausgehandelte Individualklauseln als ein Kriterium an. Während die Vorformulierung für AGB aufgrund ihrer gleichartigen Mehrfachverwendung in der Natur der Sache liegt, ist die Vorformulierung bei Individualvereinbarungen nur ein Indiz, jedoch nicht das allein entscheidende Merkmal für fehlendes Aushandeln.[9] § 310 III Nr. 2 BGB, der gemäß der RL auch nicht ausgehandelte Individualvereinbarungen der Inhaltskontrolle unterwerfen muss, stellt dagegen richtlinienwidrig allein auf das Merkmal der Vorformulierung ab. Auf welche Weise die Vorformulierung erfolgt, ob die Bedingungen gedruckt, fotokopiert, mit Maschine oder hand- 14

---

1 Dazu auch Anh. § 310 Rz V 391.

2 Dazu BGH NJW 1985, 970.

3 BGHZ 162, 294.

4 *Borges* ZIP 2005, 185, 186 ff.; *Pfeiffer* LMK 2005, II, 1; zutreffend auch OLG Frankfurt OLGR 2001, 63.

5 Im Ergebnis ähnlich *Borges* ZIP 2005, 185, 190: Ungehungsfall nach § 306a BGB.

6 BGH NJW 1998, 2600; MünchKomm/*Basedow* Rz 13.

7 BGHZ 143, 104 = LM H. 5/2000, § 1 AGBG Nr. 35/36 m. Anm. *Pfeiffer.*

8 S. dort Rz 22.

9 S. auch Art. 3 RL Rz 24 ff.; *M. Wolf,* Die Vorformulierung als Voraussetzung der Inhaltskontrolle, FS *Brandner,* 1996, S. 299, 300 f.

geschrieben, sonst vervielfältigt, als Textbausteine[1] oder auswendig gelernt und im Gedächtnis („im Kopf") des Verwenders oder seiner Abschlussgehilfen gespeichert werden,[2] ist gleichgültig (s. Rz 20). Gleichgültig ist auch, ob die Vorformulierung im Voraus in einer Vielzahl von Exemplaren zur unmittelbaren Einbeziehung in den Vertrag vorgenommen oder ob die Formulierung einmal festgehalten wird, um bei jedem Vertragsabschluss wiederholt zu werden. Ebenso ist unerheblich, ob die Vorformulierung vom Verwender oder von Dritten, etwa Verbänden, stammt oder von Verbänden ausgehandelt ist (s. Rz 44). AGB sind deshalb auch die unter Mitwirkung der Interessengruppen beider Seiten ausgehandelten Bedingungen wie die VOB/B[3] sowie die ADSp.[4] Zu den Konsequenzen für die Inhaltskontrolle s. § 307 BGB Rz 201. Die Benutzung einer in notariellen Urkunden häufig benutzten Formulierung für den Gewährleistungsausschluss macht die benutzte Formel aber noch nicht zu einer AGB.[5] AGB können als geistige Schöpfung urheberrechtsfähig sein.[6]

15 **b)** Die Vorformulierung muss, soweit es sich um AGB handelt, **für eine Vielzahl** von Verträgen oder Rechtsgeschäften erfolgen. Die Verträge können zwischen verschiedenen Personen, aber auch immer wieder zwischen denselben Personen geschlossen werden.[7] Demgemäß sind auch Rahmenvereinbarungen AGB[8], falls sie nicht im Einzelnen ausgehandelt sind. Maßgebend ist die einzelne Klausel.[9] Diese unterfällt dem AGB-Begriff auch, wenn sie in verschiedenen Verträgen mit anderen Klauseln in unterschiedlicher Kombination aber in sich inhaltsgleich verwendet wird, z. B. in einem System von Textbausteinen.[10] Nicht erforderlich ist, dass die vorformulierten Bedingungen tatsächlich in mehrere Verträge einbezogen worden sind. Es genügt die **Absicht,** sie für eine Vielzahl von Verträgen verwenden zu wollen.[11] Maßgebend ist der Zeitpunkt des Vertragsabschlusses.[12] Eine Kontrolle im Individualprozess kann im Gegensatz zur Verbandsklage nach dem UKlaG aber nur insoweit erfolgen, als die AGB tatsächlich in den betreffenden Vertrag einbezogen sind. Der Gesetzeswortlaut verlangt nicht, dass gerade der Verwender die Absicht der Mehrfachverwendung hat. Neben der Absicht des Verwenders genügt auch die Absicht des Aufstellers und Empfehlers, z. B. eines Verbandes, so dass AGB auch dann vorliegen, wenn durch einen Verband oder sonst die Vertragsbedingungen für eine Vielzahl von Verträgen vorformuliert sind, der Verwender sie aber nur einmal benutzt,[13] denn für den anderen Vertragsteil sind wegen der Verbreitung durch den Verband die Wahlmöglichkeiten am Markt regelmäßig eingeschränkt. Deshalb liegen AGB auch vor, wenn ein Vermieter nur einmal einen Mietvertrag abschließt und dazu das von einem Verband oder vom Ministerium als Muster vorformulierte

---

1 BGHZ 143, 104 = LM H. 5/2000, § 1 AGBG Nr. 35/36 m. Anm. *Pfeiffer;* OLG Hamm NJW-RR 1988, 726; OLG Frankfurt NJW 1991, 1489, 1490.

2 BGHZ 141, 108 = LM H. 7/1999 § 1 AGBG Nr. 33 mit Anm. *Pfeiffer;* BGH NJW 1988, 410; BGH NJW 1998, 1066 = WuB IV C. § 1 AGBG 1.98 m. Anm. *Pfeiffer;* OLG Hamm NJW-RR 1987, 244; OLG Karlsruhe DNotZ 1987, 688; *Staudinger/Schlosser* § 305 Rn 22; a. A. *Wolfsteiner* DNotZ 1987, 691.

3 S. arg. aus § 308 Nr. 5 HS. 2 und BGH NJW 1983, 816; BGH NJW 1987, 2373.

4 S. BGH NJW 1982, 1820.

5 S. auch BGH NJW 1986, 2824, 2825 und Rz 53.

6 *Schricker/Löwenheim,* UrhR, § 2 Rz 90.

7 BGH NJW 2004, 1454.

8 S. Rz 114.

9 BGH NJW 1998, 2600, 2601.

10 OLG Frankfurt NJW 1991, 1489, 1490.

11 A. A. *Löwe/Trinkner* § 1 Rz 8, die tatsächliche Verwendung fordern.

12 BGH NJW-RR 2002, 13.

13 S. BGH NJW 1987, 2373 zur VOB; BGH NJW 1991, 843; BGH ZIP 2005, 1604; krit. *Schwenker/Thode* ZfIR 2005, 635.

Mietvertragsformular benutzt. Allerdings bedarf das Prinzip, dass die Absicht der Vielfachverwendung durch einen Dritten ausreicht, einer Begrenzung, um unpraktikable und übermäßige Beschränkungen der Vertragsfreiheit, namentlich im Unternehmensverkehr, zu vermeiden.[1] So sollte der AGB-Charakter einer Klausel verneint werden, wenn sie zwar von einer Seite vorformuliert wurde und mit einer in einem Formularbuch vorgeschlagenen Klausel übereinstimmt, ohne von dort übernommen zu sein. Die Mehrfachverwendungsabsicht und damit der AGB-Begriff sind hingegen erfüllt, wenn ein Unternehmer die Emissionsbedingungen für seine Kapitalmarktpapiere, wie insbesondere Inhaberschuldverschreibungen, Genussscheine, Wandel-, Options- und Gewinnschuldverschreibungen oder Emissionsbedingungen für Aktien, Aktienoptionen und Derivate aufstellt. Dies gilt nicht nur bei einer Selbstemission, wenn der Emittent selbst den Begebungsvertrag mit den Anlegern schließt, sondern auch bei einer Fremdemission, wenn die Emissionsbedingungen zunächst mit der die Emission durchführenden Bank ausgearbeitet und die Papiere dann mit ihrem bereits feststehenden Rechtsinhalt von der Bank an Anleger veräußert werden.[2] Eine Vielzahl von Verträgen ergibt sich hierbei daraus, dass gemäß § 306a BGB auf die hinter der Bank oder dem Bankenkonsortium stehenden real betroffenen Anleger geblickt werden muss.[3] Die Emissionsbedingungen unterliegen deshalb der Kontrolle nach dem AGB-Recht.[4] Die Kontrolle von Emissionsbedingungen ergibt sich bei Verbrauchern als Vertragspartnern auch aus Art. 3 RiLi, wie mittelbar durch Nr. 2 c des Anh. zu Art. 3 III RL bestätigt wird.[5] Die Absicht muss auf die Einbeziehung **in mehrere Verträge** gerichtet sein. Die Verwendung in einer **Ausschreibung** mit mehreren Bietern genügt nicht, wenn der Vertrag nur mit einem geschlossen werden soll.[6] Werden Vertragsbedingungen ohne die Absicht mehrfacher Verwendung, z. B. für einen Einzelvertrag, vorformuliert, so handelt es sich nicht um AGB.[7] Sie werden jedoch für die künftigen Verträge zu AGB, sobald die Absicht der Mehrfachverwendung vorliegt.[8] Für die Absicht ist nicht erforderlich, dass die Mehrfachverwendung das **beherrschende Motiv** ist. Es genügt der einfache Wille, der bei objektiver Mehrfachverwendung in aller Regel zu vermuten ist.[9] Eine einmal wiederholte Verwendung begründet diese Vermutung aber nicht ohne weiteres.[10] Insgesamt sind **alle Begleitumstände** zu würdigen. Dabei ist auch zu berücksichtigen, ob aus der Geschäftspraxis eine gewisse Planmäßigkeit der Mehrfachverwendung erkennbar ist.[11] Das Erfordernis der Vielzahl ist in der **RL** nicht vorgesehen (s. Rz 2). Dies gilt aber nur in Verbraucherverträgen und macht dort gemäß § 310 III Nr. 2 BGB die Feststellung der Verwendung für eine Vielzahl, nicht aber die Vorformulierung entbehrlich.

Entsprechend der Funktion als formales Kriterium für einseitige Gestaltungsmacht (s. Rz 2) ist eine Vielzahl beabsichtigter Verwendungen dann anzunehmen, wenn die Mehrfachverwendung nicht mehr nur als Zufall, sondern objektiv als **16**

---

1 Vgl. *Schwenker/Thode* ZfIR 2005, 635.

2 S. *Hopt* FS *Steindorff,* 1990, S. 341, 371; *Grundmann,* in: BankRHdb. § 112 Rz 116; a. A. *Ekkenga* ZHR 160, 59, 69 f.; *Joussen* WM 1995, 1861, 1869.

3 S. M. *Wolf* FS *Zöllner,* 1998, S. 651; für § 306a BGB auch v. *Randow* ZBB 1994, 23, 27 ff.

4 S. zum Kontrollmaßstab § 307 Rz 85.

5 S. auch unten RL Anh. Rz 272.

6 BGH NJW 1997, 135.

7 OLG Köln OLGR 2001, 143 = BauR 2001, 1105; s. auch BGH ZIP 1987, 1439 = NJW-RR 1988, 57.

8 S. auch BGH NJW 1997, 135.

9 BGH NJW 1997, 135; *Ulmer* Rz 24 a.

10 BGH NJW 1997, 135.

11 BGH NJW 1997, 135.

Ausdruck einseitiger Gestaltungsmacht erscheint. Dies ist bei der Absicht **einer unbestimmten Vielzahl** von Mehrfachverwendungen stets gegeben.[1] Insbesondere kommt es dabei nicht darauf an, dass die Klausel bei allen Verträgen verwandt wird.[2] AGB können aber auch bei Mehrfachverwendung in einer von vornherein **bestimmten Vielzahl** von Fällen vorliegen,[3] z. B. Verkauf mehrerer Häuser[4] oder der Eigentumswohnungen eines Hauses durch einen Bauträger, Verlagsverträge mit Autoren eines Sammelwerks, Verträge mit den Mietern eines Hauses. Die Vielzahl ist hier grundsätzlich schon ab 2-facher Verwendung anzunehmen, falls es nur um 2 Verträge insgesamt geht, da darin bereits die mangelnde Bereitschaft zum Aushandeln und die einseitige Inanspruchnahme von Gestaltungsmacht zum Ausdruck kommt. Werden insgesamt mehrere Verträge abgeschlossen, so reicht eine 2-fache Verwendung nicht ohne weiteres, da sie auf zufälliger Übereinstimmung beruhen kann.[5] Grundsätzlich begründet indessen eine 3-fache Verwendung ein ausreichendes Indiz für eine einseitige Gestaltungsmacht.[6] Nicht erforderlich ist, dass die in Mehrzahl geschlossenen Verträge den Massengeschäften zuzurechnen sind oder mit verschiedenen Kunden geschlossen werden, denn auch die unveränderte Durchsetzung vorformulierter Bedingungen in mehreren Verträgen mit demselben Vertragspartner ist grundsätzlich Ausdruck einseitiger Gestaltungsmacht, falls nicht die Voraussetzungen des Aushandelns vorliegen. Bei Speicherung als Computer-Textbaustein oder „im Kopf" des Verwenders oder seiner Abschlussgehilfen kann sich die Absicht zu einer Vielzahl von Verwendungen aus einer generellen Anweisung des Verwenders an seine Abschlussgehilfen zum Stellen der Klausel ergeben. Allerdings bildet eine solche generelle Weisung keine Voraussetzung der AGB-Eigenschaft, da § 305 I BGB nur eine vielfache, nicht aber eine generelle Verwendung verlangt.[7]

17 **c)** Aus der Vorformulierung für eine Vielzahl von Verträgen ergibt sich zwar nicht logisch zwingend, aber nach dem Sinn der AGB-Kontrolle doch naheliegend, die weitere Voraussetzung der inhaltlichen Gleichartigkeit, denn gerade die inhaltliche Gleichartigkeit in einer Vielzahl von Fällen macht deutlich, dass sich der Verwender unabhängig von den Umständen des Einzelfalles durchzusetzen gewillt ist. Sie ist deshalb ein wesentliches Indiz für Verhandlungsmacht. Die **inhaltliche Gleichartigkeit** entspricht auch der typischen Erscheinung und dem durchweg gegebenen Vorstellungsbild von AGB, das auch der Rspr.[8] zu Grunde liegt. Inhaltliche Gleichartigkeit bedeutet aber nicht wörtliche Identität (s. auch § 9 Nr. 3 UKlaG). Entscheidend ist der sachliche Inhalt im Hinblick auf die eintretenden Rechtswirkungen. Ausreichend ist, dass der Inhalt im Wesentlichen gleich ist.[9] Unbedeutende Unterschiede reichen nicht aus, den Charakter der AGB zu verneinen. Wird eine gleichartige Klausel in Verträgen mit einem verschiedenen Inhalt verwandt, so beeinträchtigt dies ihre AGB-Qualität jedenfalls dann nicht, wenn die rechtliche

---

[1] S. auch BGH NJW 1998, 2600.

[2] BGHZ 141, 108 = LM H. 7/1999 § 1 AGBG Nr. 33 mit Anm. *Pfeiffer;* OLG München ZfIR 2001, 420.

[3] BT-Drs. 7/3919, S. 16.

[4] S. OLG Celle NJW-RR 1991, 667.

[5] S. auch BGH NJW-RR 1991, 342.

[6] So jetzt ausdrücklich BGH NJW 2002, 138; ferner BGH NJW 1998, 2286, 2287: nicht unter 3 Fällen; *Kühne* JR 1977, 133: mindestens 3–5 Fälle; BGH NJW 1981, 2343, 2344 = WM 1981, 944, 946: 5 Fälle; LG Konstanz BB 1981, 1420: mindestens 3; von 2–3 Fällen gehen *Koch/Stübing* Rz 15 aus; zu weitgehend und überholt *von Falkenhausen* BB 1977, 1125: mehr als 20 Fälle.

[7] BGHZ 141, 108 = LM H. 7/1999 § 1 AGBG Nr. 33 mit Anm. *Pfeiffer.*

[8] S. BGHZ 75, 15 = NJW 1979, 2387, 2388

[9] BGH NJW 1979, 2387, 2388; BGH NJW 1998, 2600, 2601; s. auch OLG Koblenz NJW-RR 1987, 95, 96; *Schumann,* JR 2000, 441, 442.

Bedeutung der Klausel im Wesentlichen gleich ist oder die Klauseln zwar eine unterschiedliche Wirkung haben, darauf angelegt sind, ein Zusammenwirken der verschiedenen Klauselgegner untereinander herbeizuführen.[1]

4. Stellen als Zweckbestimmung

Die Vertragsbedingungen müssen dazu bestimmt sein, **vom Verwender bei Vertragsschluss gestellt zu werden.** Für den AGB-Begriff ist im Gegensatz zum Verwenderbegriff nicht das tatsächliche Stellen (s. Rz 30) wesentlich, denn aus § 1 UKlaG ergibt sich, dass auch lediglich empfohlene Bedingungen bereits AGB sein können. Das Merkmal des Stellens gehört nur insoweit zum AGB-Begriff, als die AGB **dazu bestimmt** sein müssen (s. Rz 5), anderen Vertragspartnern bei Vertragsabschluss gestellt zu werden. Diese Zweckbestimmung muss, wie die Absicht der Mehrfachverwendung, auf eine Vielzahl von Verträgen gerichtet sein und kann vom Willen des Verwenders wie des Aufstellers und Empfehlers ausgehen. Bereits das Inkaufnehmen im Sinne des bedingten Vorsatzes ist ausreichend. Ein entsprechender Wille kann regelmäßig aus objektiven Umständen, insbesondere der Herstellung einer Vielzahl vorgedruckter Formulare, der Verbreitung durch Formularbücher oder aus der Empfehlung an eine Marktseite entnommen werden. Eine Zweckbestimmung, vorformulierte Vertragsbedingungen nur als Vorschlag und Diskussionsgrundlage anzubieten, würde dagegen nicht die Voraussetzungen des AGB-Begriffs erfüllen. Eine solche Zweckbestimmung wäre jedoch unbeachtlich, wenn sie den objektiven Gegebenheiten widerspricht. 18

5. Unerhebliche Umstände (Abs. 1 S. 2)

a) Unerheblich ist das **äußere Verhältnis** der AGB **zum Vertrag.** AGB sind sowohl die außerhalb des Hauptvertrags, z. B. durch Aushang, durch Hinweise, durch Videotext, durch das Internet oder durch gesondert ausgehändigte Schriftstücke, bekannt gemachten Bedingungen wie auch die in die Vertragsurkunde aufgenommenen Bedingungen[2]. Das gilt auch dann, wenn die Parteien eine AGB-Klausel nochmals im Hauptvertrag wiederholen.[3] Gleichgültig für den AGB- Begriff ist auch, ob die Hauptleistung (essentialia negotii) oder Nebenbedingungen vorformuliert werden.[4] Deshalb unterfallen insbesondere auch Formularverträge dem AGB-Recht. Vorformulierte Vertragsbedingungen auf Rechnungen sind ebenfalls AGB, auch wenn sie im Falle der Rechnungsübergabe nach Vertragsabschluss nicht wirksam einbezogen werden,[5] da eine andere Handhabung möglich ist,[6] insbesondere wenn das Rechnungsformular zugleich der Auftragserteilung dient.[7] AGB können auch solche Bedingungen sein, die außerhalb der als solche bezeichneten AGB, z. B. im Briefkopf, stehen, sofern sie nur nach ihrer äußeren Erscheinung als Vertragsbestandteil in Betracht kommen,[8] z. B. wenn sie in räumlichem Zusammenhang mit einer Individualerklärung stehen,[9] sofern diese Bedingungen nur ihrerseits für eine Vielzahl von Verträgen vorformuliert sind.[10] Die AGB müssen aber, 19

---

[1] OLG Celle BauR 2004, 1955.
[2] S. auch BGHZ 93, 252, 254.
[3] OLG Stuttgart, OLGR 1999, 333.
[4] BGH NJW 1990, 576, 577; zur Unterscheidung bei der Inhaltskontrolle s. aber § 307 Rz 288 ff.
[5] S. Rz 98.
[6] S. auch LG Frankfurt NJW-RR 1987, 1003.
[7] OLG Stuttgart NJW-RR 1991, 252.
[8] BGH NJW 1982, 1388; BGH ZIP 1987, 1185.
[9] BGH NJW 1986, 2574, 2575.
[10] S. auch BGH NJW 1982, 1388.

um Vertragsbestandteil zu werden, bei Vertragsschluss (s. Rz 34) in den Vertrag einbezogen werden bzw. im Verbandsprozess für eine Einbeziehung grundsätzlich geeignet sein.

20 **b)** Gleichgültig ist der **Umfang** der AGB. Neben umfangreichen Klauselwerken können auch einzelne Klauseln und einzelne Worte, wie z. B. das Wort Gerichtsstand im Briefkopf[1] als AGB anzusehen sein. Auch eine einzelne Klausel in einem sonst individuell abgefassten Vertrag kann AGB sein.[2]

21 **c)** Bei schriftlich niedergelegten AGB kommt der **Schriftart** keine Bedeutung zu. Deshalb sind nicht nur gedruckte, fotokopierte, mit Bildschirmtext oder Telefax übermittelte oder sonst vervielfältigte Bedingungen AGB, sondern auch jeweils maschinen- oder handschriftlich in den Einzelvertrag aufgenommene Klauseln.[3] Auch mündlich in mehreren Verträgen wiederholte Klauseln sind AGB.[4] Nicht erforderlich ist der Gebrauch von Worten. Es genügen sonstige Zeichen, z. B. Zahlen oder der Aufdruck eines Datums auf dem Leistungsgegenstand, wenn diesen ein vertraglicher Regelungsgehalt zukommt.[5] Entscheidend ist allein die gleichartige Verwendung in einer Vielzahl von Verträgen. Der Druck oder die Vervielfältigung von Bedingungen wird in der Regel jedoch als Indiz für das Vorliegen von AGB anzusehen sein. Schriftform der AGB ist jedoch nicht erforderlich (Rz 22).

22 **d)** Da die **Form des Vertrags** unerheblich ist, können nicht nur schriftliche, sondern auch mündlich vorgetragene Bedingungen AGB sein, wenn sie z. B. in einer Vielzahl von Verträgen gleichlaufend wiederholt oder vom Tonband wiedergegeben werden.[6] Gleichgültig ist auch, ob eine Form nach §§ 126 bis 129 BGB durch Gesetz oder durch Rechtsgeschäft vorgesehen ist. Auch **notariell beurkundete** Bedingungen können deshalb AGB sein, sei es, dass sie von einer Vertragspartei,[7] vom Notar oder von Dritten zur Verwendung in einer Vielzahl von Verträgen vorformuliert und von einer Vertragspartei gestellt sind.[8] Die Belehrungspflicht des Notars (§ 17 BeurkG) hat sich nicht als ausreichend erwiesen, dem Schutzzweck des AGB-Rechts zu genügen. Voraussetzung ist jedoch stets, dass ein Vertragsteil als Verwender die Bedingungen in die notarielle Urkunde einführt (s. Rz 31). Auf das Stellen des Notars kommt es nicht an. Der Notar ist nicht Vertragspartei oder Vertreter und kann auch nicht Verwender sein. Die vom Notar selbst zur Vereinfachung gleichartiger Geschäftsvorgänge herangezogenen Musterbedingungen sind deshalb keine AGB,[9] solange sie nicht dazu bestimmt sind, vom Verwender in einer Vielzahl von Fällen gestellt zu werden. Art. 3 RL verzichtet auf das Merkmal des Stellens.[10] Dies führt zu einer weitergehenden Kontrolle von Notarverträgen im Rahmen des § 310 III BGB.

---

1 BGH ZIP 1987, 1185; s. auch BGH NJW 1983, 1603.

2 BGHZ 75, 15 = NJW 1979, 2387, 2388; BGH NJW 1997, 135.

3 S. BGH NJW 1998, 1066, 1068 = WuB IV C. § 1 AGBG 1.98 mit Anm. *Pfeiffer;* OLG Hamm NJW-RR 1987, 243, 244; *Willemsen* NJW 1982, 1121; a. A. *Rieger/Friedrich* JuS 1986, 787, 790.

4 BGHZ 141, 108; BGH NJW 1988, 410; BGH NJW 1998, 1066, 1068.

5 BGHZ 148, 74 = LM H. 10/2001 § 8 AGBG Nr. 45.

6 Wie hier BGH ZIP 1987, 1576 = NJW 1988, 410; *Löwe/Trinkner* § 1 Rz 19; *Stein* Rz 9; *Willemsen* NJW 1982, 1121, 1122.

7 Dazu BGHZ 75, 15 m. w. N.; BGH NJW 1981, 2343; BGH BB 1982, 459; OLG Celle NJW 1986, 260, 261; s. auch Rz 25 ff.

8 BGH NJW 1991, 1677; zu weitgehend BGH NJW 1982, 2243, s. Rz 31; s. auch *Ulmer* Rz 38; *Tönnies* VersR 1989, 1033, 1025.

9 Vgl. BGH NJW-RR 2002, 13; OLG Hamm NJW-RR 1999, 999; a. A. *Koch/Stübing* Rz 18; s. aber auch Rz 31.

10 S. Art. 3 RL Rz 23.

e) Nicht erforderlich ist, dass dem anderen Vertragsteil die Voraussetzungen des AGB-Begriffs **bekannt** oder erkennbar sind. Dies gilt insbesondere auch für das Merkmal der Vorformulierung für eine Vielzahl von Verträgen.[1] Auf die Kenntnis des anderen Vertragsteils muss schon im Hinblick auf § 1 UKlaG verzichtet werden. 23

f) Unerheblich für den AGB-Begriff sind persönliche Eigenschaften der Vertragsparteien. AGB sind deshalb auch die zwischen **Unternehmern** (§ 14 BGB) oder von juristischen Personen des öffentlichen Rechts im Rahmen privatrechtlicher Verhältnisse benutzten Vertragsbedingungen. Auch auf das persönliche Verhandlungsgeschick oder die Geschäftserfahrung kommt es nicht an. Auf Vertragsbedingungen in öffentlich-rechtlichen Verträgen kann das AGB-Recht analog Anwendung finden.[2] Insbesondere hat die Rechtsprechung auch bei Unternehmensverträgen die Linie verfolgt, dass zur mehrfachen Verwendung gespeicherte vertragliche Textbausteine und Vertragsergänzungen, die scheinbar individuell formuliert wurden, die Voraussetzungen des AGB-Begriffs erfüllen.[3] 24

IV. Der Verwender

Verwender ist die Vertragspartei, die der anderen Vertragspartei die AGB beim Abschluss eines Vertrages stellt. Die Person des Verwenders wird bestimmt durch das Merkmal des Stellens (Rz 30). Gleichgültig ist, wer die AGB entworfen hat.[4] Der Verwenderbegriff ist von Bedeutung, weil das AGB-Recht nicht die Interessen des Verwenders, sondern die des anderen Vertragsteils schützt und deshalb eine Inhaltskontrolle nicht zugunsten des Verwenders stattfinden kann.[5] Wer Verwender ist, ist für jeden einzelnen Vertrag und jede Klausel gesondert zu bestimmen. Häufig wird der Verwender einer bestimmten Marktseite, insbesondere der Seite der Warenanbieter, angehören. Notwendig ist dies aber nicht. Insbesondere bei allgemein gebräuchlichen Musterbedingungen, wie der VOB, den Mustermietverträgen oder bei den von Verbänden ausgehandelten Bedingungen, kann es dazu kommen, dass bei einem Vertrag der Verwender zur einen Marktseite, bei einem anderen Vertrag zur anderen Marktseite gehört. Möglich ist auch, dass beide Vertragspartner im selben konkreten Vertrag Verwender sind, jedoch nicht bezüglich derselben Klausel, sondern jeder nur für die von ihm gestellte Klausel.[6] Bezüglich ein und derselben Klausel können nicht beide Parteien Verwender sein;[7] insoweit fehlt es an einem Verwender (s. auch Rz 32). Dennoch können einzelne Vorschriften des AGB-Rechts Anwendung finden, soweit sie, wie z. B. § 305b BGB, nicht auf den Verwender abstellen; anwendbar bleiben auch §§ 1 ff. UKlaG, die bei Vorliegen einer Individualvereinbarung nicht ausgeschlossen werden.[8] Nicht anwendbar sind aber § 305c II BGB[9] und §§ 307 bis 309 BGB. Der auf den Einzelvertrag abstellende Verwenderbegriff ist grundsätzlich auch für § 1 UKlaG zu Grunde zu legen. Für § 1 UKlaG ist jedoch die Wiederholungsgefahr im Sinne einer Mehrfachverwendung Voraussetzung des Unterlassungsanspruchs gegen den 25

---

1 A. A. *Schmidt-Salzer* B 28.
2 S. Einl. Rz 24.
3 BGHZ 143, 104 = LM H. 5/2000, § 1 AGBG Nr. 35/36 m. Anm. *Pfeiffer.*
4 BGH NJW 1984, 360.
5 BGH NJW 1987, 837, 838; s. auch Einl. Rz 16.
6 Ebenso *Bartsch* NJW 1986, 28, 29.
7 A. A. *Staudinger/Schlosser* § 305 Rz 31; *Schlechtriem* FS *Duden,* S. 576.
8 BGH NJW 1981, 979 – noch zu §§ 13 ff. AGBG
9 Ebenso *Ulmer* Rz 30.

Verwender,[1] soweit nicht bloßes Empfehlen in Betracht kommt. Auch braucht der Verwender nach § 1 UKlaG nicht Vertragspartei zu sein (s. Rz 25). Verwender im Sinne von § 1 UKlaG ist auch, wer sich auf bereits einbezogene, aber unwirksame Klauseln beruft.[2] Der Verwender von Abrechnungsklauseln gilt auch im Umsatzsteuerrecht als Aussteller von Abrechnungen.[3]

1. Verwender als Vertragspartei

26 **a)** Verwender im Sinne von § 305 I BGB kann im Individualprozess und grundsätzlich auch im Verbandsprozess[4] immer nur eine **Vertragspartei,** nicht ein Dritter, am Vertragsverhältnis Unbeteiligter sein. Vertragspartei ist der Verwender auch, wenn ein Vertreter für ihn handelt. Vertragspartei kann der Verwender auch gegenüber einem Dritten sein, mit dem er zwar selbst unmittelbar keinen Vertrag geschlossen hat, der aber **real betroffen** ist. Verwender und Vertragspartei ist deshalb der Emittent von Kapitalmarktpapieren. Dies gilt ohne weiteres, wenn er als Selbstemittent den Begebungsvertrag mit den Anlegern abschließt[5] oder wenn eine Investmentgesellschaft ihre Anteile an Anleger veräußert.[6] Wie eine Vertragspartei der Anleger ist gemäß § 306a BGB aber auch der Emittent bei einer Fremdemission zu behandeln, bei der der Begebungsvertrag mit einer Emissionsbank oder einem Bankenkonsortium geschlossen wird und die Papiere dann erst von diesen an den Anleger veräußert werden.[7] Gemäß § 306a BGB kann der Verwender auch als Vertragspartei des hinter dem Treuhänder als seinem unmittelbaren Vertragspartner stehenden real betroffenen Treugebers zu behandeln sein.[8] Voraussetzung dafür ist, dass der Verwender die reale Betroffenheit des Treugebers erkennen kann und dass er Vorteile auf Kosten des Treugebers erlangt.

27 **b)** Der Verwender muss sich aber auch das **Handeln** und Stellen **Dritter,** derer er sich beim Vertragsabschluss bedient, als Vertragspartei **zurechnen** lassen. Der Notar (s. Rz 28, 31), ein Berater, z. B. ein Wirtschaftsprüfer,[9] oder ein Vertreter der Partei, sind deshalb als solche nicht Verwender, wohl aber ist die Partei, die sich der AGB bedient, Verwender, und ebenso ist das Handeln und das Stellen des Vertreters und sonstiger Verhandlungsgehilfen der vertretenen Vertragspartei zuzurechnen.[10] Zwar ist das Stellen keine Willenserklärung (Rz 30). Deshalb sind die §§ 164 ff. BGB nicht unmittelbar anzuwenden. Jedoch muss sich eine Vertragspartei auch das Verhalten ihrer Verhandlungsgehilfen oder anderer Personen zurechnen lassen, die mit ihrer Billigung für ihre Interessen tätig werden. Als Zurechnungsnorm kann nicht § 278 BGB herangezogen werden,[11] da § 278 BGB nur eine Verschuldenszurechnung ermöglicht. Der Rückgriff auf den Grundgedanken des § 166 BGB[12] erscheint vielmehr sachgerechter. Dieser Grundgedanke besteht darin, dass sich eine Vertragspartei das Handeln von anderen zurechnen lassen muss, die mit ihrer Billigung und in ihrem Interesse bei den Vertragsverhandlungen tätig sind. Dies

---

1 S. BGH ZIP 1987, 1185, 1186 – zu § 13 ff. AGBG; § 1 UKlaG Rz 25, 28 ff.
2 S. BGH BB 1981, 934 = NJW 1981, 1511 – zu § 13 ff. AGBG; s. dazu auch § 1 UKlaG Rz 27 ff.
3 BFH BB 1982, 723.
4 BGH NJW 1991, 36, 39.
5 Dazu auch *Joussen* WM 1994, 1861, 1863.
6 *M. Wolf* FS *Zöllner*, 1998, S. 651.
7 S. *M. Wolf* FS *Zöllner*, 1998, S. 651; dazu auch Rz 15.
8 Vgl. zur Publikums-KG BGH NJW 1988, 1903, 1904 f.
9 BGH NJW 1985, 2477.
10 S. auch BGHZ 88, 368, 369 = NJW 1984, 360; BGH NJW 1991, 36, 39; dazu auch Rz 31.
11 So aber *Bartsch* NJW 1986, 28, 30.
12 So BGH BB 1984, 564.

gilt nicht nur für das rechtsgeschäftliche Handeln, sondern auch für tatsächliches Handeln bei den Vertragsverhandlungen. Die Zurechnung solch tatsächlichen Handelns kann auch vorgenommen werden beim Handeln eines Dritten, der nicht zugleich Vertreter ist, aber im Auftrag oder im Interesse des Verwenders tätig wird. Verwender kann eine Vertragspartei selbst dann sein, wenn ihre AGB, die sie üblicherweise benutzt, durch die andere Vertragspartei in vorauseilendem Gehorsam dem Vertragsangebot zu Grunde gelegt werden.[1] Tritt ein Rechtsnachfolger in den Vertrag ein, so geht die Verwenderstellung auf ihn über.[2] Bei Abtretung einer Forderung kann die Unwirksamkeit von AGB nach § 404 BGB geltend gemacht werden. Der Zessionar wird durch den Erwerb der abgetretenen Forderung nicht zum Verwender. Auf die Zurechnung des Stellens kann nicht verzichtet werden,[3] da sonst der Verwender nicht bestimmt werden kann und damit der geschützte Vertragspartner nicht feststeht. Bei einseitigen Rechtsgeschäften wird in der Regel nur der Erklärungsempfänger als Verwender in Betracht kommen. Der Verwender in § 1 UKlaG braucht nicht notwendig Vertragspartei zu sein, es kann dies ein Vertreter oder sonstiger Verhandlungsführer mit erheblichem Eigeninteresse sein, der am Stellen als Verwendungshandlung beteiligt ist.[4] Ein lediglich wirtschaftliches Eigeninteresse oder eine enge wirtschaftliche Verbindung mit dem Verwender genügt dagegen nicht.[5] Der Vorlieferant des Verkäufers ist deshalb grundsätzlich nicht Verwender, auch wenn er die Ware direkt an den Käufer sendet und dieser an ihn bezahlt.[6] § 306a BGB sollte jedoch angewandt werden,[7] was für § 1 UKlaG bedeutsam ist.

Eine Vertragspartei muss sich zurechnen lassen, wenn ein Dritter, z. B. ein Notar, im Auftrag,[8] unter Verwendung von Vordrucken einer Partei[9] oder sonst auf Anregung oder Wunsch einer Partei[10] bestimmte Bedingungen dem Vertrag zu Grunde legt.[11] In Betracht können auch andere Umstände kommen, aufgrund derer die Einführung der Bedingungen in den Vertrag einer Vertragspartei zugerechnet werden kann. Ein **Baubetreuer** oder Bauträger ist z. B. Verwender von AGB, die ein Wirtschaftsprüfer für ihn entworfen hat, auch wenn der Wirtschaftsprüfer nach Abfassung der AGB als Treuhänder der Bauherren auftritt und in deren Namen Verträge mit dem Baubetreuer unter Einbeziehung der von ihm entworfenen AGB abschließt.[12] Als Verwender der von der Treuhänderin vorformulierten Geschäftsbedingungen ist der Baubetreuer auch dann anzusehen, wenn der Geschäftsführer der persönlich haftenden Gesellschafterin des Baubetreuers auch Gesellschafter der Treuhänderin ist und keine Anhaltspunkte für eine Einflussnahme des Bauherrn auf die Vertragsgestaltung erkennbar sind.[13] Die Verwendereigenschaft des Baubetreuers entfällt mangels eines Stellens (s. Rz 30 ff.) jedoch dann, wenn der vom Baubetreuer unabhängige Treuhänder als Vertreter und im Auftrag des Bauherrn die Formularbedingungen gemeinsam mit dem Baubetreuer ausarbeitet.[14] Jedoch brauchen die Zu- **28**

---

[1] BGH NJW 1997, 2043 = LM H.8/1997 § 1 AGBG Nr. 28 m. Anm. *Pfeiffer.*
[2] S. auch BGH ZIP 1987, 916, 917.
[3] *Staudinger/Schlosser* § 305 Rz 28; *G. Stein* S. 74; s. auch Rz 43; a. A. *Garrn* NJW 1980, 2782.
[4] BGHZ 81, 229, 231; OLG Frankfurt NJW-RR 1986, 245; s. auch § 1 UKlaG Rz 29.
[5] BGH NJW 1991, 36, 39.
[6] BGH NJW 1991, 36, 39.
[7] A. A. BGH NJW 1991, 36, 39.
[8] So in BGH BB 1982, 149.
[9] So in BGH NJW 1982, 1035; BGH NJW 1986, 1171, 1172; BGH NJW 1998, 991.
[10] So in BGHZ 62, 251; OLG Köln NJW-RR 1988, 1459; OLG München NJW-RR 2001, 130.
[11] S. auch *Stürner* JZ 1979, 758.
[12] BGH NJW 1985, 2477.
[13] BGH NJW 1994, 2825, 2826.
[14] BGH WM 1984, 240 = BB 1984, 564.

rechnung des rechtsgeschäftlichen Vertreterhandelns und die Zurechnung des sonstigen tatsächlichen Handelns bei den Vertragsverhandlungen nicht notwendig dieselbe Person zu treffen.[1] Deshalb kann z. B. der Baubetreuer Verwender sein, wenn der Treuhänder die Bauherren zwar rechtsgeschäftlich vertritt, in seinem faktischen Handeln aber im Interesse und mit Billigung des Baubetreuers tätig wird. Aus dem gleichen Grund kann das Handeln des Treuhänders auch anderen am Bauherrenmodell beteiligten Unternehmen als Verwendern zuzurechnen sein.[2] Als Indiz dafür, wer die AGB als Verwender stellt, kann in Betracht kommen, wessen Interesse die AGB im Wesentlichen dienen.[3] Mehr als ein Indiz liegt darin jedoch nicht.[4] Eine Partei ist nicht allein deshalb Verwender einer Klausel, weil deren Inhalt sie begünstigt.[5] Ein bloßes Schutzbedürfnis[6] oder ein bloßes Zunutzemachen[7] reicht nicht für die Anwendung des AGB-Rechts, wenn dessen Voraussetzungen nicht erfüllt sind.[8] Nicht ausreichend für die Verwenderfeststellung ist auch, dass sich ein Dritter bei seiner Geschäftsabwicklung auf die AGB beruft.[9]

29 **c)** Die vorstehenden Grundsätze haben insbesondere beim Handel auf **Internet-Plattformen** zu beachtlichen Kontroversen geführt, ohne dass die damit verbundenen Rechtsfragen abschließend geklärt wären. Hier stellt sich insbesondere die Frage nach der AGB-rechtlichen Behandlung der durch den Plattformbetreiber für die dort handelnden Anbieter und Nachfrager festgelegten Vertragsbedingungen. Indessen lassen sich diese Fragen durch Anwendung anerkannter vertrags- und AGB-rechtlicher Grundsätze sachgerecht lösen. Das bedeutet zunächst: Die vorstehend beschriebenen Grundsätze gelten auch hier. Das bedeutet, dass die vom Plattformbetreiber festgelegten Vertragskonditionen als **Drittbedingungen** im Verhältnis der auf der Plattform kontrahierenden Parteien zueinander keine AGB darstellen, weil keine der Parteien die Voraussetzungen des Verwenderbegriffs erfüllt.[10] Unter den Voraussetzungen des § 310 III Nr. 2 BGB unterfallen sie bei Verträgen zwischen Unternehmern und Verbrauchern (§§ 14, 13 BGB) aber als vorformulierte Klauseln der Inhaltskontrolle. § 310 III Nr. 1 BGB ist indessen weder auf Unternehmensverträge (§ 310 I BGB) anwendbar noch auf die gerade im schwunghaften **Ebay**-Handel häufigen Geschäfte unter Verbrauchern. Allerdings tritt eine Bindungswirkung der auf der Plattform kontrahierenden Parteien an die Plattformbedingungen nicht ein, wenn sie im Verhältnis des Plattformbetreibers zu den Vertragsparteien nicht wirksam sind. Denn die Vertragsparteien wollen zwar in der Regel zu den vom Betreiber vorgegebenen Bedingungen kontrahieren.[11] Ein solcher Wille ist aber nur insoweit anzunehmen, als es sich auch um wirksame Bedingungen handelt. Hierfür bildet auch das AGB-Recht den Maßstab. Soweit der Plattformbetreiber den Parteien formularmäßig vorgibt, zu welchen Konditionen sie zu kontrahieren haben, hat diese Vorgabe AGB-Charakter. Bestandteil dieser Vorgabe ist auch die Gestaltung des Vertragsverhältnisses der Plattformkunden untereinander. Deshalb ist es sachgerecht, die – hypothetisch – für das Vertragsverhältnis der Plattformkunden untereinander geltenden AGB-rechtlichen Maß-

---

[1] So zu Recht *Bartsch* NJW 1986, 28, 30.
[2] S. auch *Fastrich,* aaO, S. 242f.
[3] S. auch BGH NJW 1992, 2160, 2163.
[4] S. auch *Bartsch* NJW 1986, 28, 31: Beweis des ersten Anscheins.
[5] BGHZ 130, 50, 57; BGH NJW 1997, 2043 = LM H.8/1997 § 1 AGBG Nr. 28 m. Anm. *Pfeiffer.*
[6] So *Garrn* NJW 1980, 2782.
[7] So OLG Frankfurt NJW 1984, 2586, 2587.
[8] So auch BGH NJW 1991, 36, 39; *Tönnies* VersR 1989, 1023, 1026 Fn. 46.
[9] BGH NJW 1991, 36, 39.
[10] Hiervon insofern zutreffend ausgehend OLG Hamm NJW 2001, 1142.
[11] Eine AGB-Kontrolle deshalb verneinend OLG Hamm, NJW 2001, 1142; *Heiderhoff* ZIP 2006, 793.

gaben zugleich zum Maßstab dessen zu machen, was der Plattformbetreiber den Plattformkunden für ihre Verträge vorgeben kann. Mit anderen Worten: Der Plattformbetreiber darf durch seine AGB den Kunden untereinander keine Vertragsinhalte vorgeben, die sie selbst durch AGB nicht festlegen könnten. Plattformbetreiber-AGB, die dem nicht genügen, sind gegenüber den Plattformkunden nach § 307 BGB unwirksam und entfalten folglich im Verhältnis der Kunden untereinander keine Wirkung. Insofern muss auch beim Handel auf Internet-Plattformen eine **indirekte AGB-Inhaltskontrolle** erfolgen.

2. Das Stellen

a) Stellen als Nichtgewährung des Aushandelns. Mit dem Merkmal des **30**
Stellens wollte der Gesetzgeber die Einseitigkeit der Einbeziehung von AGB ohne Verhandlungsmöglichkeit zum Ausdruck bringen.[1] Das Stellen kann eine Ursache dafür sein, dass der Vertragspartner keinen Einfluss auf die AGB nehmen kann, so dass ein Aushandeln unterbleibt.[2] In seiner schärfsten Form ist ein Stellen deshalb dann zu bejahen, wenn der Verwender ausschließlich auf der Grundlage seiner eigenen AGB kontrahiert.[3] Ein Stellen liegt allerdings bereits dann vor, wenn der Verwender die Einbeziehung der von ihm bereits vorformulierten Klauseln verlangt. Maßgeblich ist die Sicht des benachteiligten Vertragspartners. Durch die RL 93/13/EWG verliert das Merkmal des Stellens an Bedeutung.[4] In Umsetzung der RL sieht § 310 III Nr. 1 BGB für **Verträge zwischen Unternehmern und Verbrauchern** vor, dass verwendete AGB als vom Unternehmer gestellt gelten. Damit wird das **Stellen fingiert**[5] und braucht nicht mehr im Einzelfall bewiesen zu werden (vgl. dazu Rz 59). Die Voraussetzungen für das Eingreifen der Fiktion müssen jedoch vom Verbraucher bewiesen werden.[6] Die Fiktion gilt nur für AGB (Rz 5), nicht für Individualvereinbarungen. Sie ist dort entbehrlich, weil § 310 III Nr. 2 BGB kein Stellen verlangt (s. auch § 310 III Rz 18). § 310 III Nr. 1 BGB betrifft nur die Fiktion des tatsächlichen Stellens. Die generelle Zweckbestimmung, als Vertragsbedingung für eine Vielzahl von Verträgen (s. Rz 15 f.) benutzt zu werden (s. Rz 16), wird dagegen nicht fingiert, sondern muss vom Verbraucher nachgewiesen werden.[7] Die Fiktion gilt nicht nur für vom Unternehmer selbst einbezogene AGB, sondern auch für von Dritten vorgeschlagene und in den Vertrag eingeführte AGB (s. Rz 31). Eine vom Unternehmer zu beweisende Ausnahme sieht § 310 III Nr. 1 BGB vor, wenn der Verbraucher die AGB in den Vertrag einführt, wie z. B. AGB zum Kauf gebrauchter Kraftfahrzeuge oder Mietbedingungen für Wohnraum. Das Einführen der AGB durch den Verbraucher hebt aber nur die Fiktion des Stellens auf, nimmt dem Verbraucher aber nicht die Möglichkeit nachzuweisen, dass trotz des äußerlich formalen Einführens durch ihn, z. B. weil er die AGB in sein Angebot aufgenommen oder ein Formular als erster beigezogen hat, dennoch ein Stellen von Seiten der Unternehmers vorliegt.[8] Dies macht deutlich, dass sich das Stellen nicht im Einführen oder im Einbeziehungsvorschlag erschöpft.[9] § 310 III Nr. 1 BGB hindert

---

[1] BT-Drs. 7/3919, S. 15.
[2] BGHZ 142, 103.
[3] BGHZ 142, 103.
[4] S. Art. 3 RL Rz 23; zum bisherigen Recht schon *Kramer* ZHR 146, 115; *Pflug,* Kontrakt und Status, S. 310; s. aber auch BGH NJW 1987, 837, 838; Einl. Rz 16.
[5] S. auch *Ulmer* § 310 Rz 71.
[6] *Ulmer* § 310 Rz 77.
[7] S. auch *Ulmer* § 310 Rz 77; a. A. *Graf von Westphalen* BB 1996, 2101 f.; *Bunte* DB 1996, 1389, 1391 f.
[8] S. auch BGH NJW 1997, 2043 = LM H.8/1997 § 1 AGBG Nr. 28 m. Anm. *Pfeiffer.*
[9] A. A. *Ulmer* § 24 a Rz 33.

den Unternehmer auch nicht, nachzuweisen, dass AGB aufgrund eines Aushandelns gemäß § 305 I 3 BGB AGB nicht vorliegen und deshalb die Fiktion des Stellens nicht eingreift.[1] Das Stellen ist keine Willenserklärung, sondern ein tatsächliches Verhalten,[2] das dem Verwender zurechenbar sein muss (s. Rz 27). Zu eng wäre es, das Stellen mit einem zwangsweisen Auferlegen oder damit gleichzusetzen, dass ein Vertragsteil die Annahme der AGB zur Bedingung des Vertragsabschlusses erhebt. Die Bezugnahme der Begr.[3] auf das Aushandeln und die Koordination von § 1 I und II AGBG a. F. – nunmehr § 305 I 1, 2 BGB einerseits und § 305 I 3 BGB andererseits – führen dazu, ein Stellen dann anzunehmen, wenn eine Vertragspartei oder ihr Vertreter die von ihr oder einem Beauftragten ausgesuchten Bedingungen derart in die Vertragsverhandlungen einführt, dass die andere Vertragspartei **keine reale Möglichkeit zum Aushandeln** (s. Rz 36 ff.) sieht.[4] Das Einführen in die Vertragsverhandlungen allein genügt nicht,[5] da sonst auch ausgehandelte AGB gestellt sein könnten. Das Stellen findet aber dort seine Grenzen, wo das Aushandeln beginnt. Das Stellen bedeutet auch nicht nur das Aufstellen der AGB,[6] weil damit der Bezug zum konkreten Vertrag fehlt. Vielmehr ist gleichgültig, von wem die AGB aufgestellt und formuliert sind. Das Formulieren kann vom Verwender, von einem Dritten, ja sogar vom Vertragspartner selbst erfolgt sein. Allerdings kann das Aufstellen der AGB ein Indiz für das Stellen sein.[7] Stellen ist aber auch nicht das konkrete Einbeziehungsangebot des Verwenders,[8] da darin die Inanspruchnahme der einseitigen Gestaltungsmacht nicht genügend zum Ausdruck kommt und insbesondere der Verwender die andere Vertragspartei veranlassen kann, ihrerseits das Einbeziehungsangebot abzugeben, das er nur noch anzunehmen braucht.[9] Trotz der verschiedenartigen Definitionen des Begriffs Stellen besteht über die Ergebnisse weitgehend Einigkeit. Die unterschiedlichen Definitionen ergeben sich zum großen Teil daraus, dass über die Inhalte der dabei verwendeten Begriffe unterschiedliche Vorstellungen bestehen. Entscheidend sind die weitgehend übereinstimmenden Ergebnisse, die sich auch mit der hier vertretenen Definition begründen lassen, wonach es auf die Einführung in den Vertrag ohne reale Verhandlungsmöglichkeit ankommt. Dies muss bei jedem einzelnen Vertrag und jeder Klausel (Rz 25) festgestellt werden. Es kann sich aber auch aus der Rolle einer bestimmten Vertragspartei, z. B. als kontoführende Bank (s. Rz 15), in Verbindung mit der Verkehrsauffassung ergeben. Verwender ist, wer die AGB dem Vertrag ohne jede Verhandlungsmöglichkeit zu Grunde legt, gleichgültig, ob er selbst sie in sein Angebot aufnimmt oder sie zum Bestandteil eines Angebotes des anderen Vertragsteils macht.[10] Zum Beweis s. Rz 59. Da das Stellen durch die fehlende reale Verhandlungsmöglichkeit bestimmt wird, scheidet ein Stellen aus, wenn die andere Vertragspartei für sie erkennbar eine reale Verhandlungsmöglichkeit hat (s. Rz 36 ff.). An einem Stellen fehlt es deshalb, wenn ein Baubetreuer die Formularbedingungen mit dem Treuhänder des Bauherrn ausarbeitet.[11] Dies kann jedoch nicht gelten, wenn Bauträger und Treuhänder missbräuchlich zusammenwirken. Bei Vereinbarungen eines Ge-

---

1 *Heinrichs* NJW 1996, 2190, 2192; *Eckert* ZIP 1996, 1238, 1239; *Ulmer* § 310 Rz 72.

2 *Bartsch* NJW 1986, 28, 30.

3 BT-Drs. 7/3919, S. 15.

4 Ähnlich von *Falkenhausen* BB 1977, 1127; *Pawlowski* BB 1978, 161; *Jaeger* NJW 1979, 1569.

5 So aber z. B. *Willemsen* NJW 1982, 1121, 1123; *Roth* BB 1987, 977, 979; *Ulmer* Rz 27.

6 So *Koch/Stübing* Rz 27.

7 *Bartsch* NJW 1986, 28, 29.

8 So *G. Stein* S. 37.

9 *Schlechtriem* FS *Duden*, S. 574.

10 S. auch Rz 6.

11 BGH WM 1984, 240; dazu auch Rz 25.

sellschaftsvertrags durch mehrere Unternehmer zur Errichtung eines Bauwerks als Arbeitsgemeinschaft liegen aber trotz Verwendung eines Mustervertrags im Regelfall keine AGB vor, da der vorformulierte Vertrag nur die Funktion eines Musters als Grundlage für Vertragsverhandlungen über die Einzelpunkte haben soll, nicht aber von einzelnen Teilnehmern anderen Teilnehmern der Arbeitsgemeinschaft einseitig auferlegt werden soll.[1]

b) Einführung durch unparteiische Dritte. Am Merkmal des Stellens fehlt es, außer in Verträgen zwischen einem Unternehmer und Verbrauchern (§ 310 III Nr. 1 BGB),[2] wenn ein unparteiischer Dritter, wie z. B. der Notar, ein Makler[3] oder ein von beiden Seiten beauftragter Berater von sich aus **ohne Veranlassung** einer Partei (dazu Rz 31) die AGB in den Vertrag **einführt** (s. auch Rz 23).[4] Der **Notar** kann deshalb in der Praxis gebräuchliche und bewährte Formulierungen benutzen, ohne dass sie der Inhaltskontrolle unterfallen, solange sie nicht von einer Vertragspartei gestellt sind.[5] Die Benutzung solch gebräuchlicher Formulierungen ist auch nicht nach § 242 BGB kontrollfähig.[6] Entgegen der Auffassung des BGH zu Verträgen aus der Zeit vor dem Inkrafttreten des AGB-Gesetzes[7] genügt auch nicht allein der Umstand, dass die formularmäßigen Bedingungen einem Vertragsteil zu Nutzen sind.[8] Wirkt keine Vertragspartei auf die Einbeziehung der formularmäßigen Bedingungen ein, so fehlt es an der Inanspruchnahme einseitiger Gestaltungsmacht. Die Hinnahme der unangemessenen Bedingungen beruht dann entweder auf einer bewussten Entscheidung des Betroffenen, für die er einstehen muss, oder auf Unkenntnis, für die er den Notar wegen Verletzung der Belehrungspflicht[9] nach § 19 BNotO haftbar machen kann[10] oder die ihn u. U. auch nach § 119 BGB zur Anfechtung berechtigt (s. dazu auch Rz 108). Zu weit geht es, aus der Verletzung der Belehrungspflicht des § 17 BeurkG unmittelbar eine Inhaltskontrolle (für wen?) abzuleiten.[11] Einer Inhaltskontrolle nach § 242 BGB bedarf es danach nicht,[12] ebenso wenig nach §§ 315 ff. BGB.[13] Ein Stellen durch eine Vertragspartei liegt regelmäßig auch nicht vor, wenn das Gericht in Prozessvergleichen wiederholt gleichlautende Formulierungen benutzt, z. B. die Formel „Damit sind alle gegenseitigen Ansprüche aus dem Vertrag erledigt". Für **Verträge zwischen einem Unternehmer und einem Verbraucher** geht § 310 III Nr. 1 BGB von einer gesetzlichen Fiktion des Stellens aus, die nur entfällt, wenn der Verbraucher die AGB in den Vertrag einführt, nicht aber wenn ein Dritter wie der Notar oder der Makler sie einführt. Bei Einführung durch einen Dritten findet deshalb die Fiktion des § 310 31

---

1 BGH NJW 1983, 1114, 1115.

2 S. Rz 30.

3 S. Hamburger Schiedsspruch VersR 1986, 56 zu Chartervertragsbedingungen; OLG Köln OLGR 2000, 147.

4 BGH NJW-RR 2002, 13.

5 Vgl. BGH NJW 1991, 843; s. auch Rz 27.

6 BGH NJW 1991, 843.

7 BGHZ 74, 204, 211; BGH NJW 1982, 2243, 2244.

8 S. auch BGH NJW 1991, 843; NJW 1995, 2034, 2035; a. A. aber OLG München NJW 1981, 2472; OLG Nürnberg NJW-RR 1990, 1467; offengelassen in BGH NJW 1992, 2160, 2163; wie hier; *Stürner* JZ 1979, 758; *Thomas* DNotZ 1979, 747; *Ulmer* DNotZ 1981, 95; *Roth* BB 1987, 977, 979; *Palandt/Heinrichs* Rz 11; *Medicus,* Zur gerichtlichen Inhaltskontrolle notarieller Verträge, S. 13 f.

9 § 17 BeurkG.

10 Richtig *Brambring/Schippel* NJW 1979, 1804; *Roth* BB 1987, 977, 982; s. auch OLG Hamm NJW-RR 1987, 1234.

11 So *Garrn* NJW 1980, 2782.

12 S. auch § 307 Rz 28; zu Individualvereinbarungen s. unten Rz 47 ff., 53; a. A. *Wiedemann* FS *Kummer,* 1980, S. 175; *G. Stein* S. 102 ff.

13 So *Bunte* ZIP 1984, 1313, 1317 dazu auch unten Rz 50.

III Nr. 1 BGB grundsätzlich Anwendung.[1] Dies gilt aber wiederum nur für AGB und nicht für Individualvereinbarungen (s. Rz 30, 49). Vorschläge aus Formularbüchern oder Textbausteine werden von der Fiktion des § 310 III Nr. 1 BGB nicht erfasst, da sie keine AGB sind.[2] Bei Einführung der AGB durch den Verbraucher entfällt nur die Fiktion des Stellens. Dass trotz formalen Einführens durch den Verbraucher dennoch ein Stellen von Seiten des Unternehmers vorliegt, kann der Verbraucher trotz § 310 III Nr. 1 BGB geltend machen (s. Rz 30).

32 **c) Stellen beide Vertragsparteien,** indem sie dieselben AGB ohne Zugestehen einer Verhandlungsmöglichkeit in den Vertrag einführen wollen, so ist keine Partei Verwender.[3] Ein beiderseitiges Stellen wird allerdings selten sein, da häufig eine Seite ihre Verhandlungsmöglichkeiten kennt. Vielfach ergibt sich das Stellen und damit der Verwender auch aus der Rolle einer bestimmten Vertragspartei. So ist z. B. im Überweisungsverkehr zwischen Banken grundsätzlich die kontoführende Bank für die von ihr vorgenommenen Buchungen als Verwender der AGB-Banken anzusehen.[4] In **Verträgen zwischen Unternehmern und Verbrauchern** ist, wenn sowohl der Verbraucher wie der Unternehmer dieselben AGB in den Vertrag einführen, gleichwohl von der Fiktion des Stellens durch den Unternehmer auszugehen,[5] weil § 310 III Nr. 1 BGB nach seinem Sinn und Zweck im Interesse des Verbraucherschutzes grundsätzlich ein vom Unternehmer unbeeinflusstes Einführen durch den Verbraucher voraussetzt. Dies kann aber im Regelfall nicht angenommen werden, wenn neben dem Verbraucher auch der Unternehmer seine eigenen oder die von einem Dritten empfohlenen AGB in den Vertrag einführt. Sofern tatsächlich, insbesondere außerhalb von Verbraucherverträgen, ein beiderseitiges übereinstimmendes Stellen vorliegt, müssen sich beide Parteien an ihrer frei getroffenen Entscheidung festhalten lassen. Das AGB-Recht erlaubt keine allgemeine Vertragskontrolle. Vom beiderseitigen Stellen derselben AGB zu unterscheiden sind die kollidierenden AGB.[6] Am Stellen fehlt es auch, wenn im unternehmerischen Verkehr AGB allein kraft Handelsbrauch Vertragsinhalt werden.[7] Ob im Falle einer Pauschalvereinbarung (§ 305 III) ein Stellen vorliegt, richtet sich grundsätzlich nach den bei Abschluss der Pauschalvereinbarung vorherrschenden Umständen.

33 **d)** Bei **einseitigen Rechtsgeschäften** (s. Rz 11) kann das Rechtsgeschäft ohne Mitwirkung des Erklärungsempfängers wirksam zustande kommen. Dieser kann deshalb beim isolierten einseitigen Rechtsgeschäft grundsätzlich keine Bedingungen stellen. Möglich ist dies aber, wenn das einseitige Rechtsgeschäft mit einem Vertrag in Verbindung steht. Der Verwender kann dann dem Erklärenden die Bedingungen des einseitigen Rechtsgeschäfts stellen, indem er die Anerkennung dieser Bedingungen zur Voraussetzung des Vertragsabschlusses macht. § 310 III Nr. 1 BGB ist in diesem Fall analog anzuwenden.

3. Bei Vertragsabschluss

34 Die AGB müssen vom Verwender bei Abschluss des Vertrages gestellt werden. Später ist ein Stellen nicht mehr möglich. Wenn jedoch AGB später durch Inhalts-

---

[1] So ausdrücklich RegE BT-Drs. 13/2713 S. 7; *Palandt/Heinrichs* § 310 Rz 12; *Ulmer* § 310 Rz 73.
[2] S. Rz 18; *Ulmer* § 310 Rz 74.
[3] *Palandt/Heinrichs* Rz 13; zu den VOB *Locher* NJW 1977, 1801; *Roth* BB 1992 Beilage 4, 1, 9.
[4] S. auch LG Freiburg NJW 1978, 1862.
[5] Vgl. auch *Heinrichs* NJW 1996, 2190, 2192; *Ulmer* § 310 Rz 76.
[6] S. Rz 137 ff.
[7] S. Rz 147.

veränderungen in den Vertrag einbezogen werden, ist der Zeitpunkt des Abschlusses des Änderungsvertrags[1] entscheidend. Werden AGB in Vorverhandlungen gestellt, so wirkt das Stellen grundsätzlich bis zum endgültigen Abschluss des Vertrages fort, falls nicht der Verwender deutlich erkennbar davon abrückt.[2] Werden AGB nach Vertragsabschluss, z. B. auf Rechnungen, gestellt, so können sie ohne Änderungsvertrag nicht mehr im laufenden Vertrag, wohl aber in künftigen Verträgen Geltung erlangen. Deshalb liegt auch insoweit ein Verwenden vor.[3]

V. Aushandlung im Einzelnen

AGB-rechtlich ist zwischen einer Aushandlung im Einzelnen (§ 305 I 3 BGB) 35
und Individualvereinbarungen (§ 305b BGB) zu unterscheiden. Eine **Aushandlung im Einzelnen** liegt nach § 305 I 3 BGB vor, wenn Vertragsbedingungen nach ihrer Entstehung und ihrem Erscheinungsbild als AGB, insbesondere wegen ihrer Vorformulierung für eine Vielzahl von Verträgen, an sich die Voraussetzung von § 305 I 1 u. 2 BGB erfüllen, aber dennoch im konkreten Fall auf der von freier Selbstbestimmung getragenen Zustimmung des Vertragspartners des Verwenders beruhen und deshalb nicht den Schutz des AGB-Rechts benötigen. **Individualvereinbarungen** im Sinne von Einzelfallvereinbarungen liegen vor, wenn Vertragsbedingungen nicht für eine Vielzahl von Fällen, sondern nur für einen Einzelfall vorformuliert sind.[4] Entscheidend ist, ob sie zum Zweck der nur einmaligen Verwendung formuliert sind (s. auch Rz 15, 47). Individualvereinbarungen unterlagen ursprünglich grundsätzlich nicht der Kontrolle nach dem AGB-Recht. Infolge der RL 93/13/EWG werden aber auch nicht ausgehandelte Individualvereinbarungen in Verträgen mit Verbrauchern der Inhaltskontrolle unterworfen.[5] Durch § 310 III Nr. 2 BGB ist dies insoweit in nationales Recht umgesetzt worden, als nunmehr die §§ 305c II, 306, 307–309 BGB auch für nur zur einmaligen Verwendung vorformulierte Vertragsbedingungen gelten. Die Inhaltskontrolle erstreckt sich im Anwendungsbereich des § 310 III BGB auch auf sie. Jedoch unterliegen auch Individualvereinbarungen nur insoweit dem AGB-Recht, als sie nicht ausgehandelt sind. Insofern können sowohl **ausgehandelte AGB** im Sinne von § 305 I 3 BGB wie **ausgehandelte Individualvereinbarungen** im Sinne von § 310 III Nr. 2 BGB unter die im Einzelnen ausgehandelte Vereinbarung fallen. § 310 III Nr. 2 BGB bringt das Erfordernis des Aushandelns im Gegensatz zu Art. 3 RL[6] nur unvollständig zum Ausdruck, wenn dort auf die Vorformulierung abgestellt wird sowie darauf, dass der Verbraucher aufgrund der Vorformulierung auf den Inhalt keinen Einfluss nehmen konnte. Das ist im Wege der richtlinienkonformen Auslegung zu korrigieren.[7]

1. Voraussetzungen des Aushandelns

Das Aushandeln erfordert eine Kommunikation zwischen den Vertragspartnern 36
mit der **selbstverantwortlichen Prüfung, Abwägung** und der **möglichen Einflussnahme beider Vertragsparteien.**[8] Der Kunde muss die Regelung in seinen

[1] S. Rz 45.
[2] *Ulmer* Rz 13, 28.
[3] LG München BB 1979, 1789.
[4] S. auch BGH LM § 1 AGBG Nr. 10; BGH NJW 1988, 2465, 2466; s. ferner Rz 47.
[5] S. Art. 3 RL Rz 18.
[6] S. Art. 3 RL Rz 1.
[7] S. dazu § 310 III Rz 4, 20.
[8] BT-Drs. 7/3919, S. 17.

freien rechtsgeschäftlichen Gestaltungswillen aufgenommen haben.[1] Bei Verwendung von vorformulierten Bedingungen sind an den Begriff des Aushandelns hohe Anforderungen zu stellen.[2] Gleichwohl kann die Aufnahme in den individuellen Vertragswillen im Einzelfall auch stillschweigend erfolgen.[3] Diese Voraussetzungen müssen real gegeben sein (s. Rz 38). Ihre formularmäßige Bestätigung reicht nicht (s. Rz 37, 40), ebenso wenig die Einbeziehungserklärung nach § 305 II BGB.[4] Das Aushandeln, das in § 305 I 3 BGB als Ausnahme von der Inhaltskontrolle für AGB eingeführt worden ist, wird durch Art. 3 RL zur zentralen Voraussetzung der Inhaltskontrolle, indem sowohl AGB als auch Individualklauseln nur unter der Voraussetzung, dass sie nicht im Einzelnen ausgehandelt sind, der Inhaltskontrolle unterstehen.[5] Bei Standardverträgen, die den AGB entsprechen, wird gemäß Art. 3 II 3 RL allerdings das Nichtaushandeln vermutet, so dass der Gewerbetreibende wie nach § 305 I 3 BGB die **Beweislast** für das Aushandeln trägt.[6] Soweit es Individualvereinbarungen betrifft, muss dagegen der Verbraucher nachweisen, dass er auf ihren Inhalt keinen Einfluss nehmen konnte und damit die Voraussetzungen des Aushandelns nicht vorliegen.

37 **a)** Das selbstverantwortliche Prüfen und Abwägen setzt voraus, dass jede Vertragspartei **Kenntnis vom Inhalt** und von der Bedeutung der einzelnen Klauseln nehmen konnte. Ob jede Partei tatsächlich Kenntnis nimmt, prüft und abwägt, ist ein interner Vorgang, der oft nicht mit Sicherheit festgestellt werden kann, für dessen Feststellung auch auf äußere Anhaltspunkte abgestellt werden kann. Deshalb ist es jedenfalls bei umfangreichen bzw. nicht leicht verständlichen Klauseln Voraussetzung für die Qualifizierung als „ausgehandelt", dass der Verwender die andere Vertragspartei über den Inhalt und die Tragweite der Klausel oder Klauseln im Einzelnen belehrt hat oder sonst erkennbar geworden ist, dass der Vertragspartner deren Sinn wirklich erfasst hat. Nur auf diese Weise ist gewährleistet, dass der Vertragsinhalt, den der vorformulierte Text vorsieht, auch durch den Kunden in seinen rechtsgeschäftlichen Gestaltungswillen aufgenommen worden ist.[7] Aufgrund der Selbstverantwortung des Vertragspartners ist es allerdings diesem anheimgestellt, ob eine Kenntnisnahme tatsächlich erfolgt.[8] Auf das Prüfen und Abwägen, nicht aber auf die reale Möglichkeit der Einflussnahme kann insbesondere verzichtet werden, wenn die einmal ausgehandelten Bedingungen in späteren vergleichbaren Fällen wieder benutzt werden. Das Aushandeln erfordert jedoch mehr als bloßes Verhandeln.[9] Auch die bloße Kenntnisnahme ist **nicht ausreichend,**[10] ebenso wenig das Verständnis[11] oder das Verlesen und die Belehrung, z. B. des Notars,[12] das Besprechen,[13] der Hinweis auf einzelne Klauseln,[14] die bloße Unterschrift unter das Formular,[15] auch nicht die Abzeichnung jeder einzelnen Seite des Formularver-

---

1 BGHZ 143, 104 = LM H. 5/2000, § 1 AGBG Nr. 35/36 m. Anm. *Pfeiffer.*; BGH NJW 1991, 1678.

2 S. auch BGH ZIP 1987, 836.

3 *Pfeiffer* ZGS 2003, 378.

4 OLG Frankfurt NJW-RR 1988, 177.

5 S. Art. 3 RL Rz 14, 21 ff.

6 Vgl. Rz 60 mit Art. 3 RL Rz 30.

7 BGH BB 2005, 1470.

8 Etwa OLG Saarbrücken OLGR 2004, 295.

9 BGH NJW 1991, 1678; 1992, 1107; *Graf v. Westphalen* DB 1977, 945; *M. Wolf* NJW 1977, 1937, 1939.

10 A. A. *Schmidt-Salzer* NJW 1977, 133.

11 BGH NJW 1988, 2465, 2466.

12 BGHZ 74, 204, 209; BGH BB 1982, 1690; auch *Tönnies* VersR 1989, 1023, 1026; zur Ausnahme beim formelhaften Gewährleistungsausschluss Rz 53.

13 BGH NJW 1983, 385, 386; BGH ZIP 1985, 1272, 1273; BGH JZ 1987, 159; BGH NJW 1992, 2759.

14 BGH BB 1978, 636.

15 BGH NJW 1988, 2465, 2466.

trags[1] oder auch die bloße formale Zustimmung,[2] ebenso wenig ein Einverständnis aufgrund unzutreffender rechtlicher Belehrungen.[3] Nicht ausreichend für ein Aushandeln ist auch der Zusatz, dass die Streichung einer Klausel möglich sei, weil und soweit nicht die Kenntnisnahme hiervon gewährleistet ist (s. auch Rz 40). Auch die vom Verwender erklärte formularmäßige Bereitschaft zum Aushandeln (s. Rz 40) oder die vom Kunden unterschriebene Erklärung, dass die AGB ausgehandelt und gewollt seien, ist nicht genügend.[4]

b) Hinzu kommen muss die ernsthafte und **reale Möglichkeit zur Einflussnahme** für jeden Vertragsteil,[5] so dass er die Bedingungen mit ihrem gesetzesfremden Kerngehalt[6] zur Wahrnehmung seiner berechtigten Interessen abändern kann.[7] Der Kerngehalt einer Klausel ist z. B. nicht zur Disposition gestellt, wenn nur über die Modalitäten einer Vertragsstrafe verhandelt wird, nicht aber über die Vertragsstrafe als solche.[8] Ebenso reicht es für ein Aushandeln nicht stets aus, dass der Kunde die Möglichkeit hat, von der Unterzeichnung der Abrede ganz abzusehen, ohne jedoch den vorformulierten Inhalt beeinflussen zu können.[9] Auf die Möglichkeit der Einflussnahme stellen auch Art. 3 RL und § 310 BGB ab. Die in Art. 3 II RL genannte Möglichkeit der Einflussnahme ist im Wege richtlinienkonformer Auslegung[10] auch für die Merkmale des Aushandelns in § 305 I 3 BGB zu beachten. Eine tatsächliche Änderung oder Ergänzung der Bedingungen ist nicht erforderlich, insbesondere wenn der Verwender den Kunden von der sachlichen Notwendigkeit der Regelung überzeugt hat, sofern nur die Bedingungen ernsthaft zur Disposition gestellt waren und die reale Möglichkeit der Einflussnahme bestand.[11] Die tatsächliche Abänderung ist aber ein deutliches Indiz für ein Aushandeln. Bei tatsächlicher Abänderung fehlen regelmäßig aber bereits die Voraussetzungen von Abs. 1 S. 1; es ist eine Einzelvereinbarung gegeben, so dass schon deshalb AGB nicht vorliegen (s. auch Rz 35). Andererseits ändert eine Abänderung nichts am Charakter der AGB, wenn dabei auf vorformulierte Klauseln zurückgegriffen wird oder wenn es sich lediglich um unselbstständige Ergänzungen handelt, die die vorformulierte Regelung voraussetzen und sie präzisieren oder erweitern.[12] Auch die Möglichkeit zur Auswahl zwischen verschiedenen vorformulierten Klauseln stellt kein Aushandeln dar (s. Rz 42). **Die eigenverantwortliche Gestaltungsmöglichkeit** im Sinne der Fähigkeit zu sinnvollem Verhandeln[13] und zur Wahrung 38

---

[1] OLG Bremen NJW-RR 1987, 468.

[2] S. auch BGH NJW 1991, 1678.

[3] BGH NJW 1992, 2759, 2760.

[4] BGH ZIP 1987, 448 = NJW 1987, 1634; OLG Stuttgart NJW-RR 1987, 143; s. § 309 Nr. 12 Rz 53.

[5] S. BGH NJW 1985, 305, 308; BGH WM 1985, 1208; BGH JZ 1987, 159; BGH NJW 1988, 410; BGH NJW 1991, 1678; 1992, 2759; s. auch *M. Wolf* NJW 1977, 1939.

[6] BGH NJW 1992, 1107.

[7] S. BGH NJW 1979, 267; BGH NJW 1988, 2465, 2466; 1992, 1107; BGH NJW-RR 1996, 783, 787; BGH NJW 1998, 3488; BGH NJW 1998, 3488; *Pflug,* Kontrakt und Status, S. 315 f.

[8] BGH NJW 1998, 2600, 2601.

[9] BGHZ 141, 124; BGH VuR 2001, 264 = VersR 2001, 315.

[10] S. Art. 1 RL Rz 13 a.

[11] BGHZ 84, 109, 112 = NJW 1982, 2309; BGHZ 122, 63 = LM H. 8/1993, § 12a AGBG Nr. 5 m. Anm. *Pfeiffer;* BGH JZ 1987, 159; BGH NJW 1988, 410; BGH NJW 1991, 1678; 1992, 2285; 1998, 1066 = WuB IV C. § 1 AGBG 1.98 mit Anm. *Pfeiffer;* 1998, 2600; *Heinrichs* NJW 1977, 1505; *M. Wolf* NJW 1977, 1939; *Jaeger* NJW 1979, 1569; *G. Stein* S. 87 ff.; dies als Ausnahmefall für möglich haltend *Staudinger/Schlosser* § 305 Rz 36, 44; a. A. *Graf von Westphalen* DB 1977, 946; *Koch/Stübing* Rz 42 und offenbar auch BGH WM 1977, 834; krit. auch *Heinrichs* NJW 1998, 1448.

[12] BGH NJW 1992, 2283, 2285; s. auch Rz 43.

[13] OLG Celle WM 1977, 1389.

eigener berechtigter Belange[1] ist deshalb das entscheidende Kriterium. Die Gestaltungsmöglichkeit fällt im Regelfall mit der Abänderungsbereitschaft des Verwenders (s. Rz 40) zusammen, kann aber auch ohne diese gegeben sein, wenn nach den gesamten Umständen die Annahme der unveränderten AGB als Ausdruck eigener, selbstbestimmter und selbstverantwortlicher Entscheidung verstanden werden kann.[2] Dazu gehört neben der erforderlichen Erfahrung im jeweiligen Geschäftsbereich[3] und der zum Verhandeln erforderlichen Zeit auch die tatsächliche Fähigkeit zur Durchsetzung eigener Vorstellungen und die Möglichkeit, unter zumutbaren Umständen davon Gebrauch zu machen.[4] Nur unter dieser Voraussetzung kann auch im Unternehmensverkehr ein individuelles Aushandeln vorliegen, obwohl der Verwender die maßgebliche Klausel für unabdingbar erklärt.[5] Die Geschäftserfahrung kann bei verschiedenen Geschäftstypen sowie bei Unternehmern und Verbrauchern unterschiedlich sein (s. auch nachfolgende Rz). Anhaltspunkt hierfür ist der typische Erfahrungshorizont bestimmter Kreise. Eine solche reale und zumutbare Möglichkeit zur Einflussnahme hat im Regelfall nicht der Mandant im Verhältnis zu dem um Rechtsrat befragten Rechtsberater oder der Bauherr im Verhältnis zum rechts- und steuerberatenden Treuhänder, da er diesen gerade für eine vertrauensvolle Rechtsberatung in Anspruch nimmt.[6] Werden die gesetzliche Regelung und eine davon abweichende AGB-Regelung zur Wahl gestellt, so muss der Vertragspartner in aller Regel erkannt haben, welches die dem Gesetz entsprechende Regelung ist und in welchen Punkten die AGB-Regelung hiervon abweicht (s. auch Rz 42).

39 Das Aushandeln im Einzelnen bildet auch im **Unternehmensverkehr** (§ 310 I BGB) die maßgebende Voraussetzung dafür, um den AGB-Charakter einer zunächst formularmäßig gestellten Klausel auszuschließen. Die dabei grundsätzlich geltenden strengen Anforderungen sind praktisch nur sinnvoll anwendbar, wenn die Geschäftserfahrung wie die auf gleichberechtigte Aushandlung hindeutenden Umstände des Vertragsschlusses, soweit solche vorliegen, angemessen berücksichtigt werden. Nicht mehr durch das geltende Recht gedeckt ist zwar die These, der Begriff des Aushandelns sei im Unternehmensverkehr generell im Sinne eines bloßen Verhandelns zu verstehen.[7] Doch ist dem Vorliegen einer durch hinreichende Entscheidungsfreiheit bei dem Vertrag als Ganzem gekennzeichneten Abschlusssituation im Rahmen des Merkmals Aushandlung Rechnung zu tragen. Das kann zunächst dadurch geschehen, dass das Vorliegen hinreichender Entscheidungsfreiheit hinsichtlich des Vertrags als Ganzem, je nach den weiteren Umständen, ein Indiz dafür sein kann, dass auch bei der Aushandlung einzelner Klauseln hinreichende Entscheidungsfreiheit bestand.[8] Die hierzu erforderliche Erfahrung im jeweiligen Geschäftsbereich[9] wie die tatsächliche Fähigkeit zur Durchsetzung eigener Vorstellungen[10] sowie die Möglichkeit, unter zumutbaren Umständen hiervon

---

[1] BGH NJW 1983, 385, 386.

[2] Vgl. auch *Baumann* VersR 1991, 490, 493; *M. Wolf* WPK-Mitt. 1998, 197, 198 f.

[3] S. auch OLG Frankfurt NJW-RR 1987, 548.

[4] MünchKomm/*Basedow* Rz 34; *Staudinger/Schlosser* § 305 Rz 36.

[5] S. auch Rz 39; hiervon ausgehend etwa OLG Stuttgart OLGR 1999, 333; unausgesprochen wohl auch OLG Schleswig SchlHA 2001, 33 = MDR 2001, 262; ohne diese Präzisierung BGH NJW 1992, 2283, 2285; OLG Köln 9. 1. 2001, 24 U 151/00, juris-Nr. KORE524012001; zu eng wohl OLG Braunschweig 2. 2. 1999, 4 U 14/96, juris-Nr. KORE578962000.

[6] Zutreffend *Timm* BB 1987, 88; gegen LG Köln BB 1987, 87 = NJW-RR 1987, 1001.

[7] *Berger* NJW 2001, 2152; *ders.* ZGS 2004, 415, 421; vgl. jedoch *de lege ferenda* für bestimmte Fälle auch *Pfeiffer* ZGS 2004, 401.

[8] *Pfeiffer* LM H.5/2000 § 1 AGBG Nr. 35/36.

[9] S. auch OLG Frankfurt NJW-RR 1987, 548.

[10] Hieran dürfte es gefehlt haben in OLG Schleswig SchlHA 2001, 33 = MDR 2001, 262.

Gebrauch zu machen, wird man bei Unternehmen, je nach Größe, häufig unterstellen können.[1] Dies erkennt auch die Rechtsprechung insofern an, als sie im Unternehmensverkehr ein individuelles Aushandeln bejaht, wenn der Verwender in den Vertragsverhandlungen die maßgebliche Klausel für unabdingbar erklärt und der Vertragspartner dies akzeptiert.[2] Auch über diese Fälle hinaus ist es vorstellbar, dass ein Vertragspartner die AGB – ausdrücklich oder stillschweigend – in den ohne Beschränkung seiner Entscheidungsfreiheit gebildeten rechtsgeschäftlichen Willen aufnimmt. Liegt eine solche Konstellation vor, so ist, je nach Sachverhalt, eine einzelne Aushandlung oder die Unterlegung der AGB durch eine stillschweigende Individualabrede zu bejahen.[3]

Als ein **Indiz** für die tatsächliche Durchsetzungsfähigkeit kann eine dem anderen Teil gegenüber geäußerte, ernsthafte **Abänderungsbereitschaft** anzusehen sein.[4] Der Verwender muss den gesetzesfremden Kerngehalt der Klausel ernsthaft und für den Kunden erkennbar zur Disposition stellen.[5] Besteht der Verwender auf der einzigen vorformulierten Klausel, so muss sich die Abänderungsbereitschaft nicht notwendig auf diese Klausel erstrecken, sondern kann sich z. B. auch auf ein Entgegenkommen beim Entgelt beziehen.[6] Eine bloße theoretische Abänderungsbereitschaft genügt nicht.[7] Sie muss real vorhanden und dem Vertragspartner deutlich erkennbar sein. Sie kann etwa vorliegen, wenn die AGB mit der Bitte um Prüfung und Abänderungsvorschläge zugesandt werden.[8] Allerdings wird die Abänderungsfähigkeit des anderen Teils eher zu verneinen sein, wenn sich die Abänderungsbereitschaft global auf ein umfangreiches und unübersichtliches Klauselwerk bezieht.[9] Die Übersendung zur Durchsicht und Unterschrift ergibt aber für sich allein noch keine Abänderungsbereitschaft.[10] Nicht ausreichend ist auch der Hinweis auf eine formularmäßig vorgefertigte Wahlmöglichkeit, wenn die einzelnen Möglichkeiten in sich unabänderlich sind.[11] Ebenso wenig genügt es, wenn nur einzelne Elemente einer Klausel, wie z. B. der Zinssatz oder die Höhe einer (Makler-)Provision frei vereinbart werden. Dies macht nicht die gesamte Klausel zur Aushandlungsvereinbarung.[12] Auch eine formularmäßige Erklärung der Abänderungsbereitschaft vermag die tatsächliche Abänderungsbereitschaft weder zu begründen noch nachzuweisen.[13] Eine früher erklärte Abänderungsbereitschaft wirkt nicht ohne weiteres auf spätere Verträge nach. Sie muss vielmehr vom Verwender bei jedem Vertrag eindeutig und unmissverständlich zu erkennen gegeben werden.[14] Die Abänderungsbereitschaft zeigt sich am deutlichsten in einer tatsächlichen Abänderung, die vom Kerngehalt der getroffenen Regelung abweicht und diesen nicht 40

---

[1] OLG Köln VersR 2002, 902; *Berger* NJW 2001, 2152; *ders.* ZGS 2004, 415; *Michel/Hilpert* DB 2000, 2513; *Pfeiffer*, Hdb. d. Handelsgeschäfte, § 1 Rz 8.

[2] S. auch Rz 38; ohne diese Präzisierung BGH NJW 1992, 2283, 2285; OLG Köln 9. 1. 2001, 24 U 151/00, juris-Nr. KORE524012001.

[3] *Pfeiffer* ZGS 2003, 378.

[4] S. auch BGH JZ 1987, 159.

[5] BGH NJW 1991, 1678; 1992, 1107 und 2759.

[6] BGH NJW 1988, 410.

[7] BGH ZIP 1985, 1272, 1274.

[8] *Michel/Hilpert* DB 2000, 2513, 2515; a. A. *Löwe/Trinkner* § 1 Rz 24.

[9] S. auch *Ulmer* Rz 50.

[10] S. auch BGH NJW 1983, 386.

[11] BGH ZIP 1985, 1272, 1273; s. auch Rz 38.

[12] BGH NJW 1991, 1678; s. auch Rz 39; *Schwerdtner* NJW 1990, 369; a. A. zu Unrecht OLG Schleswig NJW 1990, 394.

[13] BGH NJW 1986, 2428, 2429; LG Frankfurt NJW 1984, 2419; MünchKomm/*Basedow* Rz 37.

[14] BGH NJW 1979, 367, 368; s. auch BGH ZIP 1985, 1272, 1274.

lediglich bestätigt oder verschärft,[1] wie z. B. der Einschränkung einer Klausel für bestimmte Fälle.[2] Jedoch ist bei Abänderung von Teilen einer Klausel sorgfältig zu prüfen, ob sich das Aushandeln nur auf diesen Teil beschränkt oder wirklich die gesamte Klausel erfasst. Notwendig ist die tatsächliche Abänderung aber nicht unbedingt (s. Rz 38). Die Abänderungsbereitschaft allein ist für ein Aushandeln nicht ausreichend,[3] wenn nicht die weiteren Voraussetzungen der Kenntnisnahme, des Erörterns und der Abänderungsfähigkeit vorliegen.[4] Bei Fehlen einer ernsthaften Abänderungsbereitschaft kann die für das Aushandeln erforderliche tatsächliche Durchsetzungsfähigkeit unter ganz offenkundigen Umständen, z. B. bei einer beherrschenden Marktstellung,[5] bei offenkundig vergleichbaren anderen Wahlmöglichkeiten oder bei Koinzidenz der Interessen[6] oder bei freiem Verzicht auf weitere Aushandlung[7] dennoch anzunehmen sein. Ein Indiz hierfür kann auch sein, wenn mehrere Bedingungen desselben Vertrages oder früherer ähnlicher Verträge tatsächlich abgeändert worden sind (s. Rz 41). Zur Beweislage s. Rz 60.

2. Punktuelles Aushandeln

41 Die Voraussetzungen des Aushandelns müssen grundsätzlich **für jeden einzelnen Punkt** und für jede einzelne Klausel festgelegt werden (s. „soweit“ in Abs. 1 S. 3). Wird z. B. individualvertraglich eine bestimmte Vertragslaufzeit vereinbart, so ergibt sich daraus nicht ohne weiteres, dass auch der in den AGB enthaltene Ausschluss der Kündigung ausgehandelt ist.[8] Ebenso ist die Verpflichtung zur Tragung der jeweils gültigen Mehrwertsteuer nicht individuell ausgehandelt, wenn diese im Vertrag gesondert ausgewiesen ist.[9] Einigen sich die Verwender verschiedener AGB auf die Verwendung eines dieser Klauselwerke, so liegt darin noch kein Aushandeln der einzelnen Klauseln. Liegen bei einem einzelnen Punkt, gleichgültig ob von zentraler oder untergeordneter Bedeutung, die Voraussetzungen des Aushandelns vor, so lässt dies nicht ohne weiteres den Schluss darauf zu, dass auch die übrigen Punkte desselben Klauselwerks ausgehandelt seien.[10] Es kann deshalb eine Klausel, weil ausgehandelt, dem AGB-Recht entzogen sein, während auf die übrigen Klauseln das AGB-Recht anzuwenden ist.[11] Sind aber mehrere oder die Mehrzahl der Klauseln eines Klauselwerks ausgehandelt und abgeändert, so liegt darin häufig ein Indiz, dass die Voraussetzungen des Aushandelns auch für die nicht abgeänderten Klauseln gegeben waren.[12] Eine Individualvereinbarung kann auch angenommen werden, wenn in einer ausgehandelten Vereinbarung auf einzelne AGB-Klauseln ergänzend Bezug genommen wird.[13] Gleiches ist auch anzunehmen, wenn eine einmal ausgehandelte Klausel in künftigen Verträgen wieder verwendet wird. Die

---

1 BGH JZ 1987, 159.

2 S. OLG Hamm NJW-RR 1990, 1236, 1237.

3 OLG Celle WM 1977, 1389.

4 S. Rz 38; a. A. gegen die überwiegende Meinung BGH NJW 1977, 624, wo allein die Abänderungsbereitschaft des Verwenders als ausreichend angesehen wird; in BGH BB 1981, 756 wird sie als unerlässliche Voraussetzung bezeichnet; wie hier BGH NJW 1983, 385, 386; BGH JZ 1987, 159; BGH NJW 1991, 1678.

5 S. auch *Rabe* NJW 1987, 1980; *M. Wolf* WPK-Mitt. 1998, 197, 200.

6 S. auch BGH NJW 1992, 2283, 2285.

7 *Michels/Hilpert* DB 2000, 2513.

8 BGH BB 1982, 1750.

9 Offengelassen in BGH NJW 1981, 979.

10 BGH NJW-RR 1996, 783, 787; BGH ZIP 1996, 1997, 1999; differenzierend zwischen zentralen und untergeordneten Klauseln *Löwe/Trinkner* § 1 Rz 24.

11 S. auch BGH ZIP 1986, 698, 699; *Voss* MDR 1990, 495, 498 f.

12 OLG Köln VersR 2002, 901; s. auch BT-Drs. 7/3919, S. 7.

13 S. OLG Frankfurt NJW-RR 1987, 241.

Voraussetzungen des Aushandelns müssen zwar für jeden einzelnen Vertrag vorliegen.[1] Ist eine Klausel aber einmal ausgehandelt, so liegt darin bei gleicher Sach- und Interessenlage ein gewisses Indiz, dass sie auch in die weiteren Verträge freiwillig aufgenommen worden ist und deshalb als ausgehandelt zu behandeln ist.[2] Wird jedoch die früher ausgehandelte Klausel später einseitig gestellt, so liegt keine Individualvereinbarung vor.[3] Auch wenn ein Aushandeln für den späteren Vertrag nicht anzunehmen ist, ist doch bei der Inhaltskontrolle nach § 307 BGB zu berücksichtigen, dass der andere Vertragsteil in früheren Verträgen mit derselben Klausel einverstanden war.

3. Wahlmöglichkeiten

Die Wahlmöglichkeit zwischen günstigen AGB zu höherem Preis und ungünstigen AGB zu niederem Preis erfüllt nicht ohne weiteres die Voraussetzung des Aushandelns. Ausnahmen sind aber möglich, wenn die Preisdifferenz die Risikoverlagerung angemessen berücksichtigt.[4] Ein Aushandeln liegt auch nicht ohne weiteres vor, wenn der Verwender verschiedene von ihm vorgegebene AGB-Klauseln, z. B. durch Ankreuzen oder Streichen, zur Wahl stellt.[5] Die Einräumung der Wahlmöglichkeit als solche ist nicht gemäß § 307 BGB unangemessen und daher wirksam.[6] An einem Aushandeln fehlt es aber, wenn die Wahl eingeengt und die selbstverantwortliche Interessenwahrnehmung dadurch eingeschränkt bleibt.[7] Ein Aushandeln entfällt von vornherein auch dann, wenn der Vertragspartner die Wahlmöglichkeiten nicht in zumutbarer Weise erkennen kann.[8] Dies gilt etwa für die in Kleindruck gehaltene Fakultativklausel auf einem Überweisungsformular.[9] Im Übrigen kommt es auch auf die Ausgestaltung des Formulars an; steht der vorformulierte Vorschlag im Vordergrund und überlagert er die anderen Wahlmöglichkeiten, unterfällt die Klausel der Inhaltskontrolle nach § 305 I BGB.[10] Ist jedoch die Wahl ausgeübt worden, so ist sie insofern bindend, als nicht mehr auf die abgewählte Klausel zurückgegriffen werden kann. Die Wahlmöglichkeit kann jedoch ein Aushandeln darstellen, wenn der andere Vertragsteil von ihm selbst vorformulierte Bedingungen in den Vertrag einführen darf. Auch eine zumutbare und bekannte Wahlmöglichkeit am Markt kann ein Aushandeln begründen.[11] Besteht die Wahlmöglichkeit darin, dass der Vertragspartner an Stelle der AGB die gesetzliche Regelung wählen kann, so kann bei Wahl der AGB eine ausgehandelte Individualvereinbarung vorliegen.[12] Erforderlich ist aber, dass der Vertragspartner bei einer ihm angebotenen Wahl weiß, dass es sich um die gesetzliche Regelung handelt (s. Rz 38). Ferner muss er den Vertrag vollkommen ohne AGB wählen können. Fehlt es hieran, so muss der Verwender seine vom Gesetz abweichende AGB anderweit zur inhalt- 42

---

[1] BGH NJW 1979, 367, 368; OLG Hamm NJW-RR 1987, 243, 244.

[2] Zu starr BGH NJW 1979, 367, 369.

[3] OLG Hamm NJW-RR 1987, 243, 244.

[4] S. BGHZ 77, 126; s. auch *M. Wolf* WPK-Mitt. 1998, 197, 199.

[5] BGH WM 1976, 211; BGH ZIP 1987, 836; BGH NJW 1992, 503, 504; BGH NJW 1996, 1208; *Heinrichs* NJW 1977, 1505; *M. Wolf* NJW 1977, 1941; *G. Stein* S. 84; *Staudinger/Schlosser* § 305 Rz 37.

[6] BGH NJW 1997, 2598.

[7] S. auch BGH ZIP 1985, 1272, 1273.

[8] S. § 305 II Nr. 2 BGB.

[9] BGH NJW 1986, 2428; s. auch Rz 11.

[10] BGH NJW 1996, 1676, 1677; BGH VersR 1997, 346 = NJW-RR 1997, 1000; a. A. *Leverenz* NJW 1997, 421, 423.

[11] S. *M. Wolf* WPK-Mitt. 1998, 197, 199.

[12] S. auch *M. Wolf* JZ 1976, 41.

lichen Disposition stellen.[1] Die Möglichkeit, nur für eine Einzelklausel aus den Gesamt-AGB die gesetzliche Regelung wählen zu können, reicht wegen des zumeist gegebenen Gesamtzusammenhangs nicht aus. Die Auswahl der AGB an Stelle der gesetzlichen Regelung begründet auch dann keine Individualvereinbarung, wenn die AGB-Regelung nur punktuell und nicht in ihrer Gesamtauswirkung erläutert worden ist. Bei einem Maklervertrag liegt deshalb keine ausgehandelte Individualvereinbarung vor, wenn der Kunde lediglich zwischen einem Alleinauftrag und einem einfachen Auftrag wählen kann, wenn auch der einfache Auftrag mit AGB verbunden ist und er die mit dem Alleinauftrag verbundenen weiteren Nachteile, wie etwa eine Hinzuziehungsklausel[2] nicht überblickt.[3] Ist trotz der Wahlmöglichkeit keine Wahl getroffen, so fehlt es insoweit an einer Vereinbarung.[4]

4. Zusätze und Einfügungen

43 Inwieweit Ergänzungen in Gestalt von Zusätzen und Einfügungen ihrerseits der Inhaltskontrolle unterliegen, hängt davon ab, ob sie als **unselbstständige Ergänzungen** anzusehen sind, die nur einzelne Punkte konkretisieren, den sachlichen Gehalt und Charakter der vorformulierten Klausel als solche aber nicht berühren, oder ob sie als **selbstständige Ergänzungen** erst die Unangemessenheit einer Regelung begründen.[5] Zusätze und Einfügungen, die selbstständige Klauseln bilden, unterfallen nach § 305 I 3 BGB als Einzelvereinbarungen nicht der Inhaltskontrolle, wenn sie nicht vom Verwender vorformulierte Entscheidungsvorschläge enthalten, sondern vom anderen Vertragsteil frei gewählt und deshalb ausgehandelt sind,[6] wie z. B. die Laufzeit eines Vertrags.[7] Das Vorliegen einer freien Wahl wird auch nicht dadurch ausgeschlossen, dass der Verwender für die unterschiedlichen Alternativen (Vertragslaufzeiten) unterschiedliche Preise vorsieht oder für längere Laufzeiten Nachlässe anbietet.[8] Die frei ausgewählten Zusätze und Einfügungen ändern jedoch nicht den AGB-Charakter der übrigen vorformulierten Teile.[9] Handelt es sich um unselbstständige Ergänzungen, so z. B. wenn in Vordrucken Raum für das Ausfüllen von Namen der Vertragspartner, Beträgen, Schadenspauschalen, Vertragsstrafen, Fristbestimmungen u. a. gelassen wird, so wird die restliche Klausel durch das Ausfüllen beim Vertragsschluss nicht zur Individualvereinbarung, sondern bleibt AGB.[10] Auch der ausgefüllte oder eingefügte Teil selbst, z. B. die Höhe der Schadenspauschale oder die Länge der Frist, kann als Bestandteil der AGB zu behandeln sein.[11] Vom AGB-Charakter der ausgefüllten und ergänzten Teile ist auszugehen, wenn diese selbst die Voraussetzungen der AGB-Definition erfüllen, weil sie gegenüber einer Mehrzahl von Kunden in gleicher Weise ergänzt und ausgefüllt

---

[1] So generell BGH ZIP 1985, 1274.

[2] S. Anh. § 310 Rz M 5.

[3] Im Ergebnis zu Recht deshalb BGH ZIP 1985, 1272.

[4] BGH NJW-RR 1988, 712.

[5] BGHZ 141, 108 = LM H. 7/1999 § 1 AGBG Nr. 33 mit Anm. *Pfeiffer;* BGH NJW 1992, 503, 504 = LM H.3/1992, § 9 (Bl) AGBG Nr 40 m. Anm. *Pfeiffer;* BGH NJW 1996, 1676; BGH NJW 1998, 1066 = WuB IV C. § 1 AGBG 1.98 mit Anm. *Pfeiffer.*

[6] BGHZ 153, 148; s. auch BGH NJW 1990, 567, 569.

[7] BGHZ 153, 148; BGH NJW 1998, 1066 = WuB IV C. § 1 AGBG 1.98 mit Anm. *Pfeiffer.*

[8] BGHZ 153, 148; BGH NJW 1998, 1066.

[9] So auch BGHZ 93, 252, 254 f.; OLG Köln NJW 1985, 2722.

[10] BGHZ 83, 56, 58 = NJW 1982, 1035; BGH NJW 1983, 1603; BGHZ 102, 152, 157 = NJW 1988, 558; BGH NJW 1991, 1677 und 2768; OLG Nürnberg BB 1983, 1307; auch *Lindacher* EWiR § 1 AGBG 1/92, 107.

[11] S. auch OLG Frankfurt NJW 1981, 2760; NJW-RR 1987, 548; OLG Stuttgart NJW-RR 1986, 275, 276; OLG Köln NJW-RR 1988, 654, 655; LG München NJW 1982, 2130; differenzierend *Ulmer* Rz 56 a, 63 a.

werden[1] oder sonst keine reale Wahlfreiheit für den Kunden hinsichtlich der anderen Alternativen besteht.[2] Namentlich dann, wenn der Verwender auf seine Mitarbeiter im Sinne einer bestimmten Ausfüllalternative eines Formulars einwirkt, liegen AGB vor.[3] Den Maßstab hierfür bildet grundsätzlich § 305 I BGB.[4] Es können auch einzelne Klauselteile ausgehandelt sein, während andere der AGB-Kontrolle unterliegen (s. auch Rz 41). So kann eine Vertragsstrafe dem Grunde nach auf AGB beruhen, während die Modalitäten wie Strafhöhe und Verschuldensunabhängigkeit ausgehandelt sein können.[5] Dies muss aber besonders bewiesen werden. Die Frage, ob eingefügte Teile als AGB oder als Individualvereinbarungen anzusehen sind, verliert durch die RL und ihre Umsetzung ins deutsche Recht an Bedeutung, weil danach auch nicht ausgehandelte Individualvereinbarungen mit Verbrauchern kontrollfähig sind.[6] Bedeutsam bleibt die Frage noch für die Beweislast (Art. 3 II S. 3 RL), weil bei Individualvereinbarungen den Verbraucher die Beweislast für die fehlende Einflussmöglichkeit auf den Inhalt trifft.[7] Die **Beweislast,** dass die Zusätze oder Einfügungen die Voraussetzungen der AGB-Definition erfüllen, trifft zunächst den Kunden. Zu dessen Gunsten sind aber Beweiserleichterungen anzuerkennen, wenn das verwandte Formular oder die Umstände seiner Verwendung das Vorliegen einer vorformulierten und vom Verwender gestellten Formularergänzung nahelegen.[8] Der Gegenbeweis, dass die Voraussetzungen des Aushandelns vorgelegen haben, ist demgegenüber allerdings möglich.[9] Die Beweislast trifft bei AGB den Verwender,[10] während bei Individualklauseln im Sinne von Einzelfallvereinbarungen der Verbraucher auch das fehlende Aushandeln nachweisen muss.[11] Erneut können dem Verbraucher Beweiserleichterungen zugute kommen, soweit anzunehmen ist, dass sich die in der Verwendung von AGB zum Ausdruck kommende einseitige Gestaltungsmacht auch auf das Ausfüllen auswirkt.[12] Ein Indiz für eine mangelnde Aushandlungsmöglichkeit können auch die sich für den Kunden aus der Ergänzung ergebenden Nachteile bilden, so z. B. eine dem Kunden nachteilige Zinsberechnung.[13]

5. Kollektivvereinbarungen

Die Voraussetzungen des Aushandelns müssen bei den **jeweiligen Vertragsparteien** bzw. deren Vertretern vorliegen. Vertragsbedingungen, die als Kollektivvereinbarungen zwischen Verbänden, wie z. B. dem ADAC und den Automobilhändlern oder Reparaturwerkstätten oder zwischen Mieter- und Vermieter-Vereinigungen ausgehandelt werden und nicht unmittelbar, sondern erst durch Einbeziehung Inhalt der Einzelverträge werden, sind deshalb als AGB zu behandeln, wenn sie im Einzelvertrag von einer Partei als Verwender der anderen Partei gestellt werden. 44

---

1 So BGH NJW 1998, 1066 = WuB IV C. § 1 AGBG 1.98 mit Anm. *Pfeiffer.*

2 BGHZ 153, 148; OLG Düsseldorf BauR 1985, 341.

3 BGH NJW 1996, 1676; NJW 1998, 1066.

4 *Pfeiffer* WuB IV C. § 1 AGBG 1.98.

5 BGH NJW 1998, 3488.

6 § 310 III Nr. 2 BGB; Art. 3 RL Rz 18 ff. Davon gehen offenbar auch die Vorschriften wie § 308 Nr. 1 und 2, § 309 Nr. 5 und 6 aus, deren Anwendungsbereich andernfalls erheblich eingeschränkt wäre.

7 § 310 III Rz 23.

8 BGHZ 141, 108 = LM H. 7/1999 § 1 AGBG Nr. 33 mit Anm. *Pfeiffer; Pfeiffer* WuB IV C. § 1 AGBG 1.98.

9 BGH NJW 1992, 503, 504; BGH NJW 1998, 1066 = WuB IV C. § 1 AGBG 1.98 mit Anm. *Pfeiffer.*

10 BGH NJW 1998, 1066 = WuB IV C. § 1 AGBG 1.98 mit Anm. *Pfeiffer.*

11 S. § 310 III Rz 23; Art. 3 RL Rz 30.

12 Vgl. *M. Wolf* NJW 1977, 1937, 1941 f.

13 S. BGH NJW 1992, 503, 504; *M. Wolf* NJW 1977, 1937, 1941 f.

Gleiches gilt für schuldrechtliche Vertragsbedingungen, die unter Beteiligung von Tarifvertragsparteien zustande gekommen sind,[1] und für kartellmäßig gemäß § 2 GWB ausgehandelte Konditionen. Erst wenn auch zwischen den Parteien des Einzelvertrags die Voraussetzungen des Aushandelns vorliegen, gilt Abs. 1 S. 3. Möglich ist jedoch, dass mehrere Parteien, z. B. eine Interessengemeinschaft, einen Vertreter bestellen, der die Vertragsbedingungen für alle Verträge gleich aushandelt. In diesem Fall werden die ausgehandelten Bedingungen unmittelbar Inhalt der Einzelverträge, und es kommt deshalb darauf an, ob die Voraussetzungen des Aushandelns in der Person des Vertreters vorliegen.[2]

6. Bei Vertragsabschluss

45 Die Voraussetzungen des Aushandelns müssen bei Vertragsabschluss bzw. bei Einbeziehung der AGB vorliegen. Möglich ist aber auch, dass einzelne Klauseln **nachträglich** durch Individualvereinbarungen bestätigt werden.[3] Auch dafür müssen die Voraussetzungen des § 305 I 3 BGB vorliegen.

46 Eine lediglich formularmäßige Bestätigung reicht nicht. Diese ist nach § 309 Nr. 12 b BGB bzw. gegenüber Kaufleuten nach § 307 BGB unwirksam.[4]

VI. Anwendung auf Individualvereinbarungen

1. Individualvereinbarungen als Einzelfallvereinbarungen

47 Individualvereinbarungen sind Einzelfallvereinbarungen, die nicht wie AGB zur Verwendung in einer Vielzahl von Verträgen bestimmt sind, sondern nur **in einem Einzelfall** im Vertrag **verwendet** werden sollen (s. Rz 35). Entscheidendes Merkmal für die Abgrenzung ist demgemäß die Mehrfachverwendung bei AGB und die Einmalverwendung bei Individualvereinbarungen. Dabei ist aber nicht in erster Linie die objektive Einmal- oder Mehrfachverwendung entscheidend. Vielmehr stellen § 305 I 1 BGB und § 310 III Nr. 2 BGB auf die Verwendungsabsicht ab,[5] wobei es auf die Absicht des Verwenders oder des Empfehlenden (s. § 1 UKlaG) ankommt. Die Verwendungsabsicht bleibt aber nicht eine im inneren Denken verborgene Tatsache, sondern manifestiert sich in äußeren objektiven Tatsachen. Die objektive Mehrfachverwendung durch den Verwender wird damit zwar nicht zum alleinigen, aber doch zum wichtigen Indiz für eine Mehrfachverwendungsabsicht. Demgemäß werden Individualvereinbarungen, die zunächst nur zur einmaligen Verwendung bestimmt sind, dann aber doch mehrfach verwendet werden, wegen Änderung der Zweckbestimmung zu AGB.

2. Anwendung des AGB-Rechts

48 Das AGB-Recht ist auf Individualvereinbarungen nicht generell anwendbar. Zwar bezieht § 310 III Nr. 2 BGB zur einmaligen Verwendung bestimmte Individualvereinbarungen in den Anwendungsbereich des AGB-Rechts ein. Dessen **Anwendbarkeit** ist aber in mehrfacher Hinsicht eingeschränkt. § 310 III Nr. 2 BGB erfasst zunächst in personeller Hinsicht nur **Verbraucherverträge** als Verträge zwi-

---

[1] BGHZ 142, 103.
[2] S. auch *Heinrichs* NJW 1977, 1509.
[3] *Staudinger/Schlosser* § 305 Rz 50; OLG Hamm NJW 1981, 1049.
[4] § 309 Nr. 12, 92.
[5] S. auch Rz 15; „bestimmt sind" in § 310 III Nr. 2 BGB.

schen einem Unternehmer, der in Ausübung seiner gewerblichen oder selbstständigen beruflichen Tätigkeit handelt, und einem Verbraucher, bei dem eine gewerbliche oder berufliche Zweckbindung des Vertrags nicht besteht.[1] Vom AGB-Recht nicht erfasst sind damit Verträge zwischen Verbrauchern untereinander und zwischen Unternehmern untereinander.[2] In sachlicher Hinsicht fallen nur **vorformulierte Individualvereinbarungen** (Rz 49), auf die der Verbraucher keinen Einfluss nehmen konnte, unter den Anwendungsbereich des AGB-Rechts. § 310 III Nr. 2 BGB nennt ausdrücklich nur die **§§ 305c II, 306, 307-309 BGB.** Andere Normen wie insbesondere **§§ 305 II und 305c I BGB** sind nicht ausdrücklich für anwendbar erklärt, sollten aber nach ihrem Schutzzweck auch für vorformulierte Individualvereinbarungen analog herangezogen werden.[3] Auch muss die in § 310 III Nr. 2 BGB genannte Möglichkeit der Einflussnahme gemäß dem gemeinsamen Schutzzweck mit dem Begriff des Aushandelns in **§ 305 I 3 BGB** in Einklang gebracht werden.[4] Auch **§ 305 I 2 BGB** kann entsprechende Anwendung finden. Ebenso kann der in **§ 305b BGB** enthaltene Grundgedanke in der Weise zur Geltung gebracht werden, dass ausgehandelte Individualvereinbarungen Vorrang haben vor mit ihnen in Widerspruch stehenden vorformulierten Einzelfallvereinbarungen.[5] **§ 306a BGB** gilt als allgemeiner Rechtsgrundsatz ohnehin und kann etwa eingreifen, wenn die Vorformulierung von Vertragsbedingungen formal dem Verbraucher zugeschoben wird. Nicht anwendbar ist das UKlaG, wohl aber **§ 310 IV BGB.**[6] Soweit das AGB-Recht mangels Vorformulierung oder, weil es sich nicht um einen Verbrauchervertrag handelt, nicht zur Anwendung kommen kann, können Individualvereinbarungen nach § 242 BGB überprüft werden (s. Rz 51, 56).

3. Individualvereinbarungen in Verbraucherverträgen

Individualvereinbarungen in Verbraucherverträgen unterliegen nicht § 305 BGB. Allerdings sind die in § 310 III BGB aufgeführten Vorschriften des AGB-Rechts anwendbar, sofern es sich um **vorformulierte Individualverträge** handelt. Diese Maßgabe dient der Umsetzung der Anforderungen aus der EG-Klausel-RL. S. im Einzelnen § 310 III BGB Rz 1ff. 49

4. Individualvereinbarungen in Nichtverbraucherverträgen

a) Allgemeines Schutzbedürfnis. § 310 III Nr. 2 BGB sieht die Inhaltskontrolle nicht ausgehandelter Individualvereinbarungen nur vor in Verbraucherverträgen zwischen einem Unternehmer und einem Verbraucher. Verträge zwischen **Verbrauchern untereinander und Unternehmern untereinander** werden von § 310 III Nr. 2 BGB nicht erfasst (s. auch Rz 48). Gleichwohl ist auch bei diesen nicht erfassten Verträgen davon auszugehen, dass aufgrund derselben Umstände wie bei den Verbraucherverträgen ein Aushandeln wegen fehlender Einflussmöglichkeit ausgeschlossen sein kann und der dadurch in seiner Entscheidungsfreiheit beeinträchtigte Vertragspartner vor unangemessenen Vertragsbedingungen geschützt werden muss. Der Entscheidungsfreiheit kommt als Voraussetzung selbstverantwortlicher Zurechnung von Willenserklärungen generelle Bedeutung zu.[7] 50

---

1 S. § 310 III Rz 6ff.; Art. 2 RL Rz 3ff.
2 S. dazu auch Art. 1 RL Rz 23, 24.
3 Nur für § 305 II Nr. 2 BGB und § 305c I BGB *Ulmer* § 310 Rz 91.
4 S. Rz 32f., 35; a. A. *Ulmer* § 310 Rz 91.
5 A. A. *Ulmer* § 310 Rz 91.
6 *Ulmer* § 310 Rz 91.
7 S. *Larenz/Wolf,* Allg. Teil, § 24 Rz 12.

Dies muss für alle Personengruppen gelten und kann nicht auf Verbraucherverträge begrenzt werden. In der gleichen Weise muss **eine Beeinträchtigung der Entscheidungsfreiheit generelle Beachtung** finden.[1] Dies rechtfertigt eine Inhaltskontrolle auch in Verträgen zwischen Verbrauchern untereinander und Unternehmern untereinander. Das AGB-Recht hat, soweit es AGB betrifft, das Bedürfnis für eine Inhaltskontrolle bei allen Personengruppen grundsätzlich anerkannt (s. § 310 I BGB). Für Individualvereinbarungen kann demgegenüber nichts anderes gelten. Das AGB-Recht und die RL 93/13/EWG erzeugen keine Sperrwirkung für eine Inhaltskontrolle aufgrund anderer Vorschriften.[2] Dies macht allein schon § 138 II BGB deutlich. Die vom AGB-Recht gezogene Grenzlinie zwischen AGB und Individualvereinbarungen kann deshalb nicht zugleich bedeuten, dass nur AGB, nicht aber Individualvereinbarungen einer richterlichen Inhaltskontrolle im Hinblick auf ihre Angemessenheit und Vertragsgerechtigkeit unterliegen. Dies wurde schon bisher im Grundsatz weitgehend gebilligt.[3] An diesen allgemeinen Grundsätzen hat auch die RL 93/13/EWG nichts geändert. Sie bleiben deshalb nach wie vor bedeutsam.

51 **b) Rechtsgrundlage.** Als Grundlage für die Inhaltskontrolle von Individualvereinbarungen in Nichtverbraucherverträgen kommt in Übereinstimmung mit der Rspr. wegen seiner umfassenden Tragweite als Generalklausel § 242 BGB in Betracht,[4] wobei der BGH im Rahmen von § 242 BGB für die Sachmängelhaftung auf die Maßstäbe des § 309 Nr. 8 b BGB zurückgreift.[5] §§ 315 ff. BGB setzen ein vertraglich wirksam eingeräumtes Bestimmungsrecht voraus und erscheinen deshalb als Grundlage für eine Inhaltskontrolle, bei der es gerade um die Wirksamkeit der Vereinbarung geht, weniger geeignet;[6] für die Heranziehung des in § 242 BGB verankerten Prinzips von Treu und Glauben spricht auch, dass dieser Grundsatz sowohl in § 307 BGB wie in Art. 3 I RL die Rechtsgrundlage für die Inhaltskontrolle bildet und dadurch ein einheitlicher Maßstab für vergleichbare Schutzbedürfnisse geschaffen wird.

52 **c) Einflusshindernde Umstände.** Wie bei Individualbedingungen in Verbraucherverträgen ist die Inhaltskontrolle auch in Nichtverbraucherverträgen davon abhängig, dass der benachteiligte Vertragsteil nicht auf den Vertragsinhalt Einfluss nehmen konnte (s. § 310 III Rz 21 ff.). Die Einflussmöglichkeiten mögen in Nichtverbraucherverträgen zwar u. U. stärker ausgeprägt sein, weil in Verträgen zwischen Verbrauchern untereinander und zwischen Unternehmern untereinander nicht ohne weiteres dasselbe Verhandlungsgefälle, sondern eher ein Verhandlungsgleichgewicht besteht.[7] Da ein absolutes Verhandlungsgleichgewicht kaum erreichbar ist und kleinere Störungen der Vertragsparität kaum zu schwerwiegenden Benach-

---

[1] S. auch *Larenz/Wolf,* Allg. Teil, § 42 Rz 12.

[2] BGH NJW 1988, 135.

[3] S. etwa *Fastrich* S. 62 ff.; *Wiedemann* FS *Kummer,* 1980, S. 175 ff.; *G. Stein* S. 47 ff., 98 ff.; *Pflug,* Kontrakt und Status, S. 305 ff.; *Garrn* NJW 1980, 2782; *Kramer* ZHR 146, 111; *Hönn* JZ 1983, 677, 685 f.; *M. Wolf* NJW 1977, 1937, 1942; a. A. *Roth* BB 1987, 977, 979 f.; auch *Tönnies* VersR 1989, 1023, 1029 f.

[4] S. BGH NJW 1984, 2094; BGH NJW-RR 1991, 342; *Wiedemann* FS *Kummer,* S. 175; *G. Stein* S. 102 ff.; krit. *Coester-Waltjen* AcP 190, 1, 16, die darauf hinweist, dass § 242 BGB direkt nur für das bestehende Schuldverhältnis, nicht aber für seine Begründung Anwendung findet; kritisch auch *Fastrich* S. 65 ff., 70 ff., Bezugnahme auf § 242 nicht als Normanwendung, sondern als Bezugnahme auf das Prinzip von Treu und Glauben; a. A. *Hönn* JZ 1983, 677, 685 f.: § 138 I BGB; auch *Tönnies* VersR 1989, 1023, 1029 f., der § 242 BGB als durch das AGBG gesperrt ansieht.

[5] BGH NJW-RR 1991, 342.

[6] S. auch *Soergel/Wolf,* BGB, § 315 Rz 2; MünchKomm/*Gottwald,* BGB, § 315 Rz 10; a. A. *Bunte* ZIP 1984, 1313, 1317.

[7] Vgl. auch *Fastrich* S. 73 ff.

teiligungen führen, muss eine deutlich erkennbare Störung der Vertragsparität vorliegen, die die rechtsgeschäftliche Entscheidungsfreiheit beeinträchtigt. Dies macht grundsätzlich eine genaue Prüfung der fehlenden Einflussmöglichkeit und eine stärkere Berücksichtigung der selbstverantwortlichen Entscheidung des benachteiligten Vertragspartners erforderlich. Die Umstände, aus denen sich die Einflusshindernisse ergeben, sind dennoch ihrer Art nach dieselben wie bei Individualvereinbarungen in Verbraucherverträgen. Es sind deshalb auch bei Verträgen zwischen Verbrauchern untereinander und zwischen Unternehmern untereinander die auf der Vorformulierung beruhenden Einflusshindernisse (§ 310 III Rz 21ff.) von den nicht vorformulierungsbedingten Einflusshindernissen (§ 310 III Rz 24ff.) zu unterscheiden. Ein Einflusshindernis kann dagegen nicht aus der inhaltlichen Unangemessenheit oder aus der Vorformulierung für sich allein hergeleitet werden, wenn nicht gleichzeitig eines der Merkmale vorliegt, die als deutliches Indiz für eine fehlende rechtsgeschäftliche Entscheidungsfreiheit anerkannt sind.[1] Ohne inhaltliche Unangemessenheit ist eine Inhaltskontrolle jedoch entbehrlich.

d) Formelhafter Gewährleistungsausschluss. In seiner Rechtsprechung zum formelhaften Gewährleistungsausschluss knüpft der BGH allgemein, unabhängig von einem Verbrauchervertrag an vorformulierungsbedingte Einflusshindernisse an. Der BGH geht bei notariell beurkundeten Individualverträgen über neu errichtete Häuser und Wohnungen sowie für umgewandelte Eigentumswohnungen mit einer der Neuherstellung vergleichbaren Herstellungspflicht,[2] nicht jedoch bei Altbauten[3] davon aus, dass die völlige oder teilweise Freizeichnung des Veräußerers von seinen Gewährleistungspflichten nach Treu und Glauben unwirksam ist, wenn ein vorgefertigter Vertragstext mit einem formularmäßigen Haftungsausschluss zu Grunde gelegt wird und der Gewährleistungsausschluss mit seinen entscheidenden Rechtsfolgen nicht eingehend erörtert und dem Vertragspartner nachhaltig klargemacht wird.[4] Gleichgültig ist dabei, ob die Klausel in einem bei Vertragsabschluss verwendeten Formular enthalten ist oder ob die Klausel formelhaft in den Vertragstext übernommen wurde.[5] Die Vereinbarung, dass „für alle erkennbaren Mängel jegliche Gewährleistung ausgeschlossen" ist, stellt nach Auffassung des BGH eine formelhafte Freizeichnung mit einer nicht ins Gewicht fallenden Abwandlung dar.[6] Formelhaft ist auch die Freizeichnung für „sichtbare Sachmängel".[7] Die Inhaltskontrolle wird nicht nur durchgeführt, wenn der Veräußerer die formelhafte Freizeichnungsklausel stellt oder wenn sie auf Anregung des von beiden Parteien beauftragten Notars in den Vertrag aufgenommen wurde, sondern auch, wenn eine formelhafte Klausel in ein Angebot des Erwerbers aufgenommen wird, das erst später vom Veräußerer angenommen wird. „Dass der Erwerber mit dem Angebot die Bedingungen für den Grundstückserwerb einseitig festlegt, ist nicht entscheidend", da auch in einem solchen Fall die Klausel gewöhnlich auf einen Vorschlag des Notars zurückgeht.[8] Zurückhaltender ist dagegen der V. Senat,[9] wenn er ausführt, eine häufig benutzte Formulierung mache diese noch nicht zu einer formularmäßigen oder formelhaften. Die Inhaltskontrolle ist im Gegensatz zu AGB (s. Rz 37) 53

---

[1] A. A. offenbar *Reich/Micklitz,* Verbraucherschutz in der Bundesrepublik, 1980, S. 333f.
[2] BGH NJW 1988, 1972; 1989, 2748.
[3] BGH NJW 1989, 2534, 2536.
[4] BGH NJW 1984, 2094; BGH NJW-RR 1986, 1026; BGH NJW-RR 1987, 1035, 1036; BGH NJW 1988, 135; s. auch *Walchshöfer,* in: Zehn Jahre AGB-Gesetz, 1987, S. 171.
[5] BGH NJW 1982, 2243, 2244.
[6] BGH NJW-RR 1986, 1026.
[7] BGH NJW 1988, 135.
[8] BGH NJW 1984, 2094, 2095.
[9] BGH NJW 1986, 2824, 2825; 1991, 843.

beim formelhaften Gewährleistungsausschluss grundsätzlich ausgeschlossen, wenn der Notar den Käufer ausführlich belehrt hat,[1] weil und sofern durch eine solche Belehrung die informationelle Unterlegenheit[2] des Erwerbers beseitigt wird.[3]

5. Gemeinsame Grundsätze

54 a) Kontrollfähig sind wie bei AGB entsprechend § 307 III BGB und in Übereinstimmung mit § 310 III Nr. 2 BGB sowie Art. 4 II RL nur die von Rechtsvorschriften abweichenden Regelungen. Dies muss auch für nicht ausgehandelte Individualvereinbarungen in Nichtverbraucherverträgen (Rz 50 ff.) gelten. Leistungsbeschreibungen und Preisabreden sind deshalb nicht kontrollfähig. Dies folgt nicht nur daraus, dass bei Individualvereinbarungen keine weitergehende Kontrolle vorgesehen werden kann als bei AGB. Ein sachlicher Grund liegt vielmehr auch darin, dass die von Rechtsvorschriften abweichenden Regelungen die Vertragsabwicklung betreffen, die unmittelbar bei Vertragsschluss noch keine Rolle spielen und denen deshalb im Regelfall nicht dieselbe Aufmerksamkeit gewidmet wird wie den Leistungsbeschreibungen und den Preisabreden. Derselbe Grund, der den Gesetzgeber in § 276 III und § 619 BGB zu Inhaltsschranken für „im Voraus" getroffene Regelungen veranlasst hat, greift hier in vergleichbarer Weise ein.

55 **b) Maßstab der Inhaltskontrolle.** Die Inhaltskontrolle von Individualverträgen kann sich im Gegensatz zur AGB-Kontrolle nicht an einem generellen Maßstab[4] orientieren, sondern muss einen konkret-individuellen Maßstab der Vertragsgerechtigkeit zu Grunde legen, der die konkreten Interessen der beteiligten Vertragsparteien und den individuell ins Auge gefassten Vertragszweck berücksichtigt.[5] Maßstab der Inhaltskontrolle sind deshalb in erster Linie der konkrete Vertragszweck und die auf die konkreten Interessen bezogene Vertragsgerechtigkeit. Durch diesen Maßstab individueller Vertragsgerechtigkeit unterscheidet sich die Inhaltskontrolle von Individualverträgen von dem Maßstab genereller Vertragsgerechtigkeit bei der AGB-Kontrolle. Bei der Inhaltskontrolle von Individualverträgen scheidet deshalb auch die Verbandsklage nach dem UKlaG aus und die durch §§ 307–309 BGB gezogenen Inhaltsschranken können nur in Betracht kommen, soweit besondere individuelle Interessen nicht zu berücksichtigen sind. Auch die Auslegung hat subjektiv-individuell und nicht wie bei AGB objektiv-generell zu erfolgen.

56 **c) Unzulässige Rechtsausübung.** Soweit eine Inhaltskontrolle nicht in Betracht kommt, ist die getroffene Vereinbarung wirksam. Trotz wirksamer Vereinbarung kann jedoch die Ausübung der daraus abgeleiteten Rechte im Einzelfall wegen Verstoßes gegen § 242 BGB unzulässig sein.[6] Dies setzt aber Umstände voraus, die die Geltendmachung des Rechts als treuwidrig erscheinen lassen, wofür nicht allein die Vertragsverhandlungen herangezogen werden können, sondern auch spätere Umstände berücksichtigt werden müssen, bei deren Fehlen die Rechtsausübung deshalb auch zulässig ist.

---

1 BGH NJW 1984, 2094; 1988, 135.

2 Dazu *Larenz/Wolf,* Allg. Teil, § 42 Rz 8 f.

3 Zum Ausgleich der Vertragsparität durch „eingehende Belehrung" vgl. *Medicus,* Zur gerichtlichen Inhaltskontrolle notarieller Verträge, S. 26 ff.

4 S. § 307 Rz 77.

5 S. auch Art. 4 RL Rz 3.

6 Dafür als alleinige Lösung *Roth* BB 1987, 977, 983 f.; vgl. auch *Kanzleiter* DNotZ 1989, 301, 304.

VII. Beweislast

Die Beweislast richtet sich nach allgemeinen Grundsätzen, wonach jeder Teil die Voraussetzungen der ihm günstigen Norm nachweisen muss. Deshalb ist zu unterscheiden, in welcher Situation sich der Verwender oder der andere Vertragsteil auf das Vorliegen von AGB oder einer Individualvereinbarung beruft. 57

1. Vorliegen von AGB

Das Vorliegen von AGB muss danach grundsätzlich der Vertragspartner des Verwenders beweisen, der sich im Individualprozess auf den Schutz des AGB-Rechts beruft,[1] bzw. bei der Verbandsklage die in § 3 UKlaG genannten Einrichtungen, Verbände und Kammern. Bei Vertragsbedingungen, die in einer Vielzahl vorgedruckt oder vervielfältigt sind, oder bei einem Vertrag, der aufgrund seines Inhalts nach der Lebenserfahrung für eine mehrfache Verwendung entworfen wurde, spricht der **erste Anschein** für einen Formularvertrag und dafür, dass dieser gestellt wurde.[2] Der erste Anschein spricht etwa bei einem Bauträgervertrag für das Vorliegen von AGB.[3] Das kann aufgrund der Vertragsumstände auch dann gelten, wenn der Verwender nicht gewerblich tätig ist.[4] Dieser Anschein wird nicht dadurch widerlegt, dass Angaben zum Vertragsobjekt individuell gestaltet sind (s. auch Rz 43). Es ist dann Sache des Verwenders oder Empfehlers,[5] diese Vermutung zu widerlegen.[6] In anderen Fällen, z. B. bei jeweils neu maschinenschriftlich geschriebenen Verträgen, muss die Mehrfachverwendung voll nachgewiesen werden. 58

2. Stellen des Verwenders

Wer sich auf den Schutz des AGB-Rechts beruft, muss auch nachweisen, dass der andere Teil Verwender ist und die AGB gestellt hat,[7] bzw. beim Unterlassungsanspruch nach § 1 UKlaG, dass die Wiederholungsgefahr für das Stellen besteht. In Verträgen zwischen einem Unternehmer und einem Verbraucher wird gemäß § 310 III Nr. 1 BGB zugunsten des Verbrauchers das Stellen fingiert (s. auch Rz 30). Die Voraussetzungen für § 310 III Nr. 1 BGB muss allerdings der Verbraucher beweisen. Außerhalb von § 310 III Nr. 1 BGB begründet die Mehrfachverwendung der AGB durch einen Teil aber eine tatsächliche Vermutung dafür, dass ein Stellen vorliegt. 59

3. Beweislast bei Individualvereinbarungen

a) Sind das Vorliegen von AGB (Rz 58) und deren Stellen (Rz 59) festgestellt, so liegt es am **Verwender,** der die **Inhaltskontrolle vermeiden** will, nachzuweisen, dass eine Individualvereinbarung in Gestalt einer Aushandlungsvereinbarung (Rz 35) gegeben ist.[8] Dies gilt auch für notariell beurkundete Verträge.[9] Ist eine 60

---

[1] S. auch BGH NJW 1986, 2824, 2825; BGH NJW 1992, 2160, 2162; BGH NJW 1997, 135.

[2] BGHZ 143, 104 = LM H. 5/2000, § 1 AGBG Nr. 35/36 mit Anm. *Pfeiffer;* BGH NJW 1992, 2160, 2162; OLG Brandenburg, 10. 1. 2001, 7 U 16/99, juris-Nr. KORE562102001.

[3] BGH NJW 1992, 2160, 2162; *Brambring* DNotZ 1990, 99, 101.

[4] BGH NJW-RR 2002, 13.

[5] § 1 UKlaG.

[6] OLG Brandenburg, 10. 1. 2001, 7 U 16/99, juris-Nr. KORE562102001; s. auch Art. 3 II S. 3 RL.

[7] S. auch BGH NJW 1986, 2824, 2825; 1991, 36, 38.

[8] BGH NJW 1977, 624, 625; 1982, 1035; BGH NJW 1998, 2600, 2601; OLG Stuttgart NJW-RR 1987, 143; s. auch *Willemsen* NJW 1982, 1121, 1124.

[9] A. A. *Schippel/Brambring* DNotZ 1977, 159.

Änderung tatsächlich erfolgt, so spricht der Anschein dafür, dass die geänderte Klausel eine Individualvereinbarung darstellt. Es liegt dann am Vertragspartner des Verwenders, diesen Anschein zu widerlegen, indem er die Mehrfachverwendung der geänderten Klausel nachweist.[1] Eine einzelne Änderung ist in der Regel noch kein Indiz dafür, dass die gesamten Vertragsbedingungen ausgehandelt sind. Erst mehreren Änderungen kann eine Indizwirkung für das Aushandeln aller Bedingungen zukommen (s. Rz 40). Ist eine Änderung nicht erfolgt, so muss der Verwender den vollen Nachweis seiner Abänderungsbereitschaft und deren Erkennbarkeit für den anderen Teil erbringen.[2] Für die eigenverantwortliche Gestaltungsmöglichkeit (s. Rz 38) können die geschäftliche Erfahrung und die Marktstellung des Vertragspartners als Indiz dienen (s. auch Rz 39). Eine Aushandlungsklausel, wonach die AGB im Einzelnen ausgehandelt seien, ist unwirksam und für sich allein kein ausreichendes Indiz für ein tatsächlich erfolgtes Aushandeln (s. Rz 37, 40). Die einseitige Einführung von AGB in den Vertrag spricht im Zweifel für ein Stellen (Rz 30); die Voraussetzungen des Aushandelns müssen deshalb eindeutig nachgewiesen werden.

61 **b)** Will der Vertragspartner oder der Verwender aus einer **Individualvereinbarung Rechte herleiten,** so muss er das Vorliegen einer Individualvereinbarung nachweisen. Soll die Individualvereinbarung im Wege der Inhaltskontrolle für unwirksam erklärt werden, so muss der Verbraucher nachweisen, dass es am Aushandeln fehlt.[3] Will jedoch der Unternehmer **Einheitspreise nach § 2 Nr. 2 VOB/B** verlangen, während der Besteller die Vereinbarung einer niedrigeren Gebühr behauptet, so muss der Unternehmer das Vorliegen einer Individualvereinbarung widerlegen und die Vereinbarung von Einheitspreisen beweisen, da er die Beweislast für seinen Vergütungsanspruch trägt. Dies gilt auch dann, wenn die VOB unstrittig vereinbart ist, da Einheitspreise nach § 2 Nr. 2 VOB/B nicht im Zweifel als subsidiär vereinbart gelten.[4]

VIII. Allgemeines zur Einbeziehung

1. Zweck

62 § 305 II, III BGB wollen die AGB bei der Einbeziehung transparent machen[5] und damit die Voraussetzungen für die bewusste Einbeziehung der AGB schaffen. Dem dient der von Abs. 2 Nr. 1 geforderte ausdrückliche Hinweis.[6] Dieses Einbeziehungsbewusstsein soll die Existenz der AGB an sich umfassen. Es soll aber auch die Möglichkeit zur Kenntnisnahme vom Inhalt der einzelnen Klauseln gesichert werden, damit die andere Vertragspartei die Tragweite ihrer Erklärungen ermessen und sich von Anfang an über den Inhalt der vertraglichen Rechte und Pflichten informieren kann, um die Möglichkeit zur Ablehnung unangemessener Bedingungen zu erhalten.[7] Die Voraussetzungen des Aushandelns,[8] die über die Möglichkeit zur Ablehnung hinausgehen, sind damit noch nicht erfüllt. § 305 II, III BGB sind aber auch darauf bedacht, die Rationalisierungsfunktion zu erhalten und den Geschäfts-

[1] Auch *Roth* BB 1992, Beilage 4, 1, 14.
[2] BGH NJW 1998, 2600.
[3] S. Art. 3 RL Rz 30.
[4] BGH NJW 1981, 1442.
[5] S. auch § 307 Rz 235.
[6] BGH NJW-RR 1987, 112, 113.
[7] S. auch BT-Drs. 7/3919, S. 17.
[8] Rz 36 ff.

verkehr nicht mit unnötigen Formalien zu belasten.[1] Es geht deshalb um den Ausgleich zwischen dem Interesse des Kunden an zumutbarer Information und dem Interesse an zweckmäßiger Abwicklung des Geschäftsverkehrs. Diesen Interessen dient auch die in Abs. 3 vorgesehene Möglichkeit der Rahmenvereinbarung. § 305 II, III BGB sind keine Formvorschriften im Sinne von § 125 BGB;[2] sie verschärfen vielmehr die Anforderungen an die Deutlichkeit und Erkennbarkeit der Erklärung bei der Einbeziehung von AGB. Die von der Rspr. vor dem AGB-Gesetz zugelassene Einbeziehung ohne Einverständnis, sofern der Kunde nur von der Verwendung der AGB hätte Kenntnis haben müssen,[3] sollte durch § 305 II, III BGB gegenüber Verbrauchern ausgeschlossen werden.[4] AGB gelten, wie § 305 II, III BGB deutlich machen, nur aufgrund rechtsgeschäftlicher Vereinbarungen (s. Rz 104) und sind deshalb keine Rechtsnormen.[5] § 305 II, III BGB sind zwingend (s. aber auch Rz 110 und Rz 132). Die EG-Richtlinie 93/13 enthält keine detaillierten Vorschriften hinsichtlich der Einbeziehung, stellt aber in Art. 5 S. 1 RL das Gebot der Klarheit und Verständlichkeit auf, das auch für die Einbeziehung gilt.[6] § 305 II, III BGB sind deshalb im Hinblick auf Art. 5 S. 1 RL richtlinienkonform auszulegen.[7] Die Begrenzung auf schriftlich niedergelegte Klauseln ist wenig sinnvoll.[8] Art. 5 RL gilt aber andererseits für AGB wie für Individualklauseln.

2. Bedeutung

§ 305 II, III BGB betonen die rechtsgeschäftliche Geltungsgrundlage der AGB und knüpfen unmittelbar an die Regelung des BGB über Willenserklärungen (§§ 104 ff. BGB) und Verträge (§§ 145 ff. BGB) an.[9] § 305 II, III BGB regeln nicht die Geltung kollidierender AGB der Vertragsparteien. Die Lösung ist insoweit den §§ 150 ff. BGB zu entnehmen (s. Rz 137 ff.). § 305 II, III BGB werden ergänzt durch § 305c I BGB, wonach selbst bei Vorliegen der Einbeziehungsvoraussetzungen überraschende Klauseln nicht Vertragsinhalt werden. **63**

3. Anwendungsbereich

§ 305 II, III BGB gelten nur für AGB, aber auch für **jede Art von AGB.**[10] Die Absätze gelten auch für die erstmalige **Begebung von Wertpapieren** mit AGB, gleichgültig, ob Inhaber-, Order- oder Rekta-Papiere,[11] nicht jedoch bei deren Übertragung,[12] weil der Inhalt der Rechte aus dem Papier jedenfalls im Falle der Fremdemission dann durch den Übernahmevertrag bereits festgelegt ist.[13] Eine Wiedergabe dieses Inhalts auf dem Papier selbst hat daher ebenfalls keinen eigenständigen AGB-Charakter.[14] Auch bei der Eigenemission kann im Ergebnis keine **64**

---

[1] BT-Drs. 7/3919, S. 13 u. 17.

[2] *Meyer/Sparenberg* RIW 1989, 347, 348; a. A. *Staudinger/Schlosser* § 305 Rz 102.

[3] S. dazu auch BGH NJW-RR 1986, 1361.

[4] S. auch *Dietlein/Rebmann* § 2 Rz 8.

[5] Einl. Rz 15.

[6] S. Art. 5 RL Rz 1.

[7] *Micklitz* ZEuP 1993, 522, 531; *Heinrich* FS *Trinkner*, S. 157, 175.

[8] S. Art. 5 RL Rz 5.

[9] A. A. *Pflug* AG 1992, 1, 10 ff., der die Vertragstheorie ablehnt.

[10] A. A. *Koch/Stübing* Rz 45: § 305 II, III BGB sollen nicht für ausschließlich kundenbegünstigende AGB gelten; dazu auch Rz 110.

[11] OLG Köln MMR 2001, 167; *Ulmer* Rz 113 f.

[12] S. auch BT-Drs. 7/3919, S. 18; *Koch/Stübing* Rz 43.

[13] BGH ZIP 2005, 1410.

[14] OLG Köln, MMR 2001, 167 – Telefonkarten.

andere Beurteilung greifen, wenn das Papier massenhaft begeben wird und auf Umlauffähigkeit angelegt ist. Dem Schutzzweck von Abs. 3 wird durch die kapitalmarktrechtlichen Publizitätserfordernisse Genüge getan, sofern der jeweilige Anleger aus dem Verkaufsprospekt die Anlagebedingungen tatsächlich ersehen kann. Dies gilt auch, wenn der Rechtsinhalt bei Kapitalmarktpapieren zwischen Emittent und Emissionsbank im Einzelnen ausgehandelt ist.[1] Für die zumutbare Möglichkeit der Kenntnisnahme gelten jedoch auch für Verbraucher abgeschwächte Voraussetzungen (s. Rz 85). § 305 II, III BGB gelten jedoch **nicht gegenüber Unternehmern** (Rz 120 ff.) und gegenüber juristischen Personen des öffentlichen Rechts (§ 310 I BGB). Die Bedeutung der Absätze 2 und 3 liegt deshalb im Wesentlichen im Geschäftsverkehr mit dem Verbraucher. Aber auch insoweit sind einzelne, behördlich genehmigte Klauseln vom Anwendungsbereich ausgenommen. Die frühere[2] Ausnahme für die AGB der aus der Deutschen Bundespost hervorgegangenen Telekom AG, Post AG und Postbank AG ist zwar weggefallen. 305a BGB ordnet aber eine Einbeziehung ohne Beachtung der in § 305 II Nr. 1 und 2 BGB bezeichneten Erfordernisse an, soweit es um folgende Arten von AGB geht: (1.) die mit Genehmigung der zuständigen Verkehrsbehörde oder auf Grund von internationalen Übereinkommen erlassenen Tarife und Ausführungsbestimmungen der Eisenbahnen und die nach Maßgabe des Personenbeförderungsgesetzes genehmigten Beförderungsbedingungen der Straßenbahnen, Obusse und Kraftfahrzeuge im Linienverkehr hinsichtlich des Beförderungsvertrags; (2.) die im Amtsblatt der Bundesnetzagentur für Elektrizität, Gas, Telekommunikation, Post und Eisenbahnen veröffentlichten und in den Geschäftsstellen des Verwenders bereitgehaltenen AGB für Beförderungsverträge, die außerhalb von Geschäftsräumen durch den Einwurf in Briefkästen abgeschlossen werden, und für Verträge über Telekommunikations-, Informations- und andere Dienstleistungen, die unmittelbar durch Einsatz von Fernkommunikationsmitteln und während der Erbringung einer Telekommunikationsdienstleistung in einem Mal erbracht werden, wenn die Allgemeinen Geschäftsbedingungen der anderen Vertragspartei nur unter unverhältnismäßigen Schwierigkeiten vor dem Vertragsschluss zugänglich gemacht werden können. Im Übrigen gelten § 305 II, III BGB jedoch für schriftliche, notariell beurkundete, mündliche, fernmündliche oder konkludent geschlossene Verträge gleichermaßen (s. auch Rz 72 ff.). Bei mehreren Kunden als Vertragspartnern müssen die Voraussetzungen des § 305 II BGB grundsätzlich gegenüber jedem Vertragspartner erfüllt sein.[3] § 305 II, III BGB sind auch auf den **Vertragsschluss mit einem Vertreter** anwendbar, wobei gemäß § 166 I BGB auf dessen Kenntnisse und Verhältnisse abzustellen ist.[4] Bei einem **Vertrag zugunsten Dritter** müssen die Einbeziehungsvoraussetzungen aus § 305 II, III BGB im Verhältnis zwischen Versprechendem und Versprechungsempfänger, nicht gegenüber dem Dritten erfüllt werden.[5] Ist der Versprechensempfänger Unternehmer, der begünstigte Dritte aber nicht, so richtet sich die Einbeziehung gleichwohl nach den für Unternehmer geltenden Vorschriften (Rz 120 ff.), so etwa wenn ein Beförderungsvertrag zwischen einem Reiseveranstalter und der Fluggesellschaft zugunsten des Passagiers abgeschlossen wird.[6] Der Dritte hat jedoch nach Vertragsschluss einen Anspruch auf Aushändigung oder sonstige Information über die für ihn relevanten AGB. § 305 II, III BGB gelten ana-

---

[1] *M. Wolf* FS *Zöllner*, 1998, S. 651; *Grundmann*, in: BankRHdb. § 112 Rz 115; a. A. *v. Randow* ZBB 1994, 23, 30; *Kümpel* Rz 11.614 ff.

[2] Vgl. § 23 II Nr. 1, III AGBG.

[3] OLG Koblenz BauR 2000, 936.

[4] BGH NJW 1985, 850.

[5] OLG Düsseldorf NJW-RR 1993, 823.

[6] S. OLG Düsseldorf NJW-RR 1993, 823.

log, wenn AGB zum Bestandteil eines einseitigen Rechtsgeschäfts[1] werden sollen. Auf **AGB mit Rechtsnormcharakter**[2] sind sie jedoch nicht anzuwenden. § 305 II, III BGB finden jedoch Anwendung, wenn AGB in gesetzliche Rechtsverhältnisse, z. B. in das Rechtsverhältnis der Vertragsverhandlungen (§ 311 III), oder in faktische Verträge einbezogen werden sollen.[3] Zur Einbeziehung von AGB im internationalen Geschäftsverkehr s. Einl. II Rz 34 ff. Kommt das **UN-Kaufrecht** zur Anwendung, weil der Ausschluss nach Art. 2 lit. a von für den Verkäufer erkennbaren Konsumentengeschäften ausnahmsweise nicht vorliegt, so haben dessen Vertragsabschlussvorschriften Vorrang.[4] Im Übrigen gelten für internationale Verträge die Regeln des Internationalen Privatrechts.[5] Zu den Besonderheiten beim Versicherungsvertrag aufgrund der Spezialvorschriften des VVG vgl. Anh. § 310 Rz V 61 ff.

4. Verhältnis zu den rechtsgeschäftlichen Voraussetzungen des BGB

Da die Einbeziehung der AGB auf rechtsgeschäftlicher Grundlage erfolgt, bilden **65** die **rechtsgeschäftlichen Vorschriften der §§ 104–185 BGB** den Ausgangspunkt. Sie sind anwendbar, soweit sie nicht durch § 305 II, III BGB und andere Vorschriften des AGB-Rechts modifiziert werden. Unbeschränkt anwendbar sind insbesondere §§ 104 ff. BGB zur Geschäftsfähigkeit,[6] §§ 116–124 BGB, auch § 119 BGB,[7] §§ 141–144 BGB zu den Willensmängeln, die Formvorschriften der §§ 125–129 BGB. Nichtigkeit nach § 125 BGB tritt z. B. ein, wenn eine Klausel gegen § 16 GWB verstoßende Ausschließlichkeitsbindungen vorsieht.[8] §§ 158 ff. BGB über Bedingung und Zeitbestimmung, §§ 164 ff. BGB zur Vertretung, §§ 182–185 BGB über Einwilligung und Genehmigung sind ebenfalls grundsätzlich anwendbar.

Für die Einbeziehung von AGB in Verträge gelten grundsätzlich auch die **66** §§ 145–156 BGB. Durch § 305 II, III BGB wird jedoch in Ausnahme von §§ 133, 157 BGB die Möglichkeit einer **konkludenten** vertraglichen **Einbeziehung eingeschränkt,** indem grundsätzlich ein ausdrücklicher Hinweis des Verwenders auf die AGB bei Vertragsschluss verlangt wird.[9] Dies gilt auch, soweit Verträge im Massenverkehr durch **sozialtypisches Verhalten,** z. B. durch Inanspruchnahme einer Leistung im öffentlichen Nahverkehr, zustande kommen. Dabei ist gleichgültig, ob man die rein tatsächliche Ingebrauchnahme als solche ausreichen lässt oder ob man eine konkludente Willenserklärung zu Grunde legt und eine protestatio facto contraria als unbeachtlich behandelt.[10] Der ausdrückliche Hinweis wird jedoch gerade bei den Fällen des sozialtypischen Verhaltens durch die Möglichkeit des Aushangs nach § 305 II Nr. 1 BGB erleichtert (s. Rz 79 ff.). Die Figur des faktischen Vertrags, die bei Arbeits- und Gesellschaftsverträgen zur Anwendung kommt, hatte wegen § 23 I AGBG a. F. für das AGB-Recht bislang kaum Bedeutung. Eine konkludente Zustimmungserklärung durch die andere Vertragspartei wird nicht ausgeschlossen (s. Rz 105). Die **§§ 145 ff. BGB** werden ferner insofern **ergänzt,** als die wirksame Einbeziehung über das nach BGB erforderliche Erklärungsbewusstsein hinaus von

---

1 S. Rz 11.
2 Rz 8.
3 A. A. *Schlosser* § 2 Rz 62 f.
4 *Holthausen* RIW 1989, 513, 517; *Ulmer/H. Schmidt,* Anh. § 305 Rz 10.
5 S. insbesondere Art. 29 u. Art. 29 a EGBGB.
6 S. dazu auch Anh. § 310 Rz V 262 f.
7 S. *Locher* BB 1981, 818; *Löwenheim* AcP 180, 433 sowie Rz 98, 108.
8 BGH BB 1982, 1320.
9 BGH NJW-RR 1987, 112, 113.
10 S. dazu *Soergel/Hefermehl* Rz 37 ff. vor § 116.

der Möglichkeit zur zumutbaren Kenntnisnahme für die andere Vertragspartei abhängig gemacht wird, die sich nicht die andere Vertragspartei selbst, sondern die ihr der Verwender verschaffen muss. Modifiziert werden auch die §§ 154, 155 BGB (s. Rz 137 ff.). Die Voraussetzungen aus § 305 II, III BGB ergänzen und beschränken gleichzeitig die §§ 130–132 BGB über den Zugang. §§ 134–140 BGB betreffen nicht das Verhältnis zu § 305 II, III BGB, sondern zu §§ 306, 307 bis 309 BGB.

IX. Voraussetzungen der Einbeziehung

1. Angebot und Annahme

67 Ein auf die Einbeziehung der AGB gerichtetes **Angebot** und eine entsprechende **Annahme** als Bestandteil der allgemeinen Vertragserklärungen[1] sind erforderlich. Gleichgültig ist, wer das Angebot oder die Annahme erklärt. Regelmäßig wird das Einbeziehungsangebot vom Verwender ausgehen.[2] Macht die andere Vertragspartei ein Angebot ohne AGB und nimmt der Verwender dies unter Einbeziehung seiner AGB an, so gilt § 150 II BGB.[3] Die Voraussetzungen von § 305 II BGB müssen auch beachtet werden, wenn der Verwender die andere Vertragspartei zur Abgabe eines Angebots mit seinen AGB veranlasst.[4] § 305 II, III BGB gelten auch bei einseitigen Rechtsgeschäften.[5]

2. Hinweis und Aushang

68 **a)** Die Einbeziehung erfordert grundsätzlich einen ausdrücklichen **Hinweis des Verwenders** auf die AGB. Dadurch wird der anderen Vertragspartei die Erkundigungslast genommen und dem Verwender die Klarstellungslast übertragen, dass die AGB im Vertrag gelten sollen. Dies schließt eine konkludente Einbeziehung aufgrund der Umstände oder aufgrund einer Verkehrssitte grundsätzlich aus. Die Hinweispflicht besteht für die gesamten AGB und nicht nur für Teile davon.[6] Auch muss der Hinweis umso auffälliger sein, je weniger mit den AGB gerechnet werden muss. Soll z. B. neben dem Vertrag mit dem Händler ein weiterer Vertrag mit dem Hersteller über die Benutzung von Software geschlossen werden, so muss der Kunde damit nicht rechnen, sondern darf auf die Zulässigkeit üblicher Nutzung vertrauen. Will der Hersteller die Nutzung durch seine AGB einschränken, so muss darauf beim Erwerb besonders deutlich hingewiesen werden.[7] Ein Hinweis in den AGB des Händlers genügt nicht ohne Weiteres.[8] Der Hinweis muss vom Verwender oder von den für ihn handelnden Personen gegeben werden.[9] Dies gilt auch, wenn das Vertragsangebot vom Vertragspartner ausgeht.[10] Ein Hinweis des Verwenders ist aber entbehrlich bei einem Selbsthinweis des Vertragspartners, insbesondere wenn dieser die AGB des Verwenders selbst ausdrücklich einbezieht oder die Einbeziehung unstreitig ist,[11] weil dann der Zweck, den Kunden über die Geltung der AGB

---

[1] §§ 145 ff. BGB; s. Rz 65.
[2] Nach *Pflug AG 1992, 1, 10 f. gelten die* §§ 145 ff. BGB nicht.
[3] BGH ZIP 1988, 559, 562.
[4] BGH ZIP 1988, 559, 561; OLG Hamm NJW-RR 1988, 944.
[5] Rz 11.
[6] S. auch BGH NJW-RR 1991, 727.
[7] Zu den sog. Schutzhüllenverträgen s. Rz 98.
[8] Für Hinweis mit gesonderter Unterschrift *Marly*, Softwareüberlassungsverträge, 2004, Rz 476.
[9] S. auch LG Berlin BB 1980, 1770.
[10] BGH NJW-RR 1987, 112, 113; *Bales* WuB 1 C 3 Sonderkonto 6.90, 1296 f.
[11] BGH NJW-RR 1987, 112, 113.

für den Vertrag aufzuklären, ohnehin erreicht ist. Bei einem Vertrag zugunsten Dritten muss der Hinweis gegenüber dem Vertragspartner, z. B. dem Versprechensempfänger, nicht gegenüber dem Dritten erfolgen (s. Rz 64). Ein Hinweis darauf, dass es sich bei den Vertragsbedingungen um AGB handle, ist nicht erforderlich.[1] Eine **Hinweisklausel,** wonach der Vertragspartner bestätigt, auf die AGB hingewiesen worden zu sein, ist als Klausel mit Beweislastumkehr oder Indizwirkung unwirksam, wenn dies nicht mit den objektiv erkennbaren tatsächlichen Gegebenheiten bei Vertragsschluss übereinstimmt.[2] Ein Hinweis ist entbehrlich in den Fällen von § 305a BGB.

b) Ausdrücklich ist der **Hinweis,** wenn sich aus ihm zweifelsfrei und für die andere Vertragspartei deutlich erkennbar der Wille zur Einbeziehung der AGB in den Vertrag ergibt.[3] Ein ausdrücklicher Hinweis in diesem Sinn ist gegeben, wenn er so angeordnet und gestaltet ist, dass ein Durchschnittskunde ihn selbst bei flüchtiger Betrachtung und durchschnittlicher Aufmerksamkeit nicht übersehen kann.[4] Daran fehlt es bei Kleindruck und bei einem senkrecht zur Leserichtung gedruckten Hinweis.[5] Der Hinweis kann je nach den Umständen mündlich (Rz 75 ff.) oder schriftlich (Rz 73 f.) gegeben werden. Die bloße Aushändigung ist grundsätzlich nicht ausreichend (s. aber Rz 76). Der Hinweis auf die AGB muss grundsätzlich außerhalb der AGB gegeben werden, da sonst der Sinn des Hinweises verloren ginge. Bei kombinierten AGB, bei denen von einem Klauselwerk auf ein anderes, z. B. auf Zusatzbedingungen verwiesen wird, genügt ein deutlicher Hinweis auf das zweite Klauselwerk im ersten Klauselwerk.[6] Der Hinweis muss sich auf einen bestimmten einzelnen Vertrag und auf bestimmte Vertragsbedingungen beziehen.[7] An der Eindeutigkeit fehlt es, wenn mehrere Fassungen der AGB existieren und nicht deutlich wird, welche Fassung einbezogen werden soll. Der Hinweis muss auch so gefasst sein, dass dem Kunden deutlich wird, dass es sich um Regelungen für ein bestimmtes Rechtsgeschäft handelt. Das wird aber nicht schon dadurch ausgeschlossen, dass der Text anders überschrieben ist als mit AGB, „Vertragsbedingungen“, „Lieferbedingungen“ oder dergleichen.[8] 69

Der ausdrückliche Hinweis muss jedoch nur bezüglich der **AGB als Gesamtheit** gegeben werden; grundsätzlich nicht erforderlich ist ein Hinweis auf jede einzelne Klausel; insoweit genügt die zumutbare Möglichkeit der Kenntnisnahme (Abs. 2 Nr. 2). Wird ein Formularvertrag verwandt, so wird damit grundsätzlich auf alle Klauseln des Vertragstextes hingewiesen.[9] Liegt ein ausdrücklicher Hinweis nur bezüglich eines Teils der AGB vor, so wird nur dieser Teil einbezogen. Dies trifft insbesondere zu, wenn AGB in Prospekten nur teilweise abgedruckt werden.[10] Ein Hinweis auf die umseitigen AGB erfasst nur diese, nicht aber Vorbemerkungen[11] oder sonstige Ausführungen. In Einzelfällen, wenn der Vertragspartner besonders gewarnt oder zu bestimmtem Verhalten veranlasst oder davon abgehalten werden soll, ist ein Hinweis auf die einzelne Klausel erforderlich, die ohne diesen Hinweis 70

---

1 OLG Frankfurt NJW 1986, 2712.
2 S. § 309 Nr. 12 Rz 53.
3 BGH NJW-RR 1987, 112, 113.
4 BGH NJW-RR 1987, 112, 114; OLG Frankfurt DB 1981, 884; *Palandt/Heinrichs* Rz 29.
5 BGH NJW-RR 1987, 112, 114.
6 S. auch BGH NJW 1990, 3197; s. auch Rz 30.
7 OLG München NJW-RR 1999, 1358, 1361.
8 Vgl. OLG Saarbrücken OLGR 2004, 295.
9 S. auch BGH NJW 1995, 190; OLG Frankfurt NJW 1986, 2712.
10 LG Frankfurt NJW 1984, 1626; s. auch Rz 85.
11 BGH NJW 1987, 2431, 2432; s. auch Anh. § 310 Rz M 2.

unwirksam bleibt. Gesetzliche Beispiele enthalten § 308 Nr. 5 b, § 309 Nr. 8 b bb und Nr. 11 a BGB.[1]

71 Der Hinweis muss grundsätzlich in der **Verhandlungssprache** erfolgen.[2] Eine andere Sprache reicht nur, wenn der Kunde oder sein Vertreter diese mühelos verstehen kann oder wenn es sich im internationalen Verkehr zwischen Unternehmern um eine allgemein gebräuchliche Sprache, z. B. Englisch, handelt. Für Flugreisen reicht dagegen ein Hinweis in englischer Sprache grundsätzlich nicht aus.[3] Fehlt eine gemeinsame Verhandlungssprache, so muss der Hinweis in der Sprache des Kunden oder durch eindeutige Zeichen gegeben werden. Zu fremdsprachlichen AGB s. auch Rz 89 und Einl. II Rz 37.

72 **c)** Bei **verschiedenen Formen des Vertragsschlusses** können an die Art der Ausdrücklichkeit unterschiedliche Anforderungen zu stellen sein. Ein mündlicher Hinweis ist nicht generell erforderlich.[4]

73 **aa)** Bei **schriftlichem Angebot** ist grundsätzlich ein schriftlicher Hinweis im Angebotstext erforderlich. Dazu genügt es z. B., dass unmittelbar über der Datums- und Unterschriftszeile in gut lesbarem Fettdruck auf die umseitigen Bedingungen hingewiesen wird.[5] Gleichgültig ist, ob das Angebot vom Verwender ausgeht oder ob die andere Vertragspartei ihr Angebot auf Vordrucken des Verwenders macht. Wird auf die AGB im Zusammenhang mit einer Aufforderung zur Abgabe von Angeboten hingewiesen, so genügt dies, wenn der Hinweis so deutlich ist, dass der Anbietende unzweifelhaft erkennen musste, der Verwender werde nur ein Angebot unter Einbeziehung der AGB anerkennen. Dies gilt auch bei Bestellung aufgrund eines Videotextes bzw. über Internet. Es muss deshalb im Videotext, der unmittelbar dem Angebot zu Grunde liegt, auf die AGB hingewiesen werden.[6] Der bloße Abdruck der AGB etwa auf der Rückseite eines Formulars oder Lieferscheins,[7] in Preislisten, Katalogen[8] oder Prospekten genügt nicht. Erforderlich ist beim Abdruck der AGB auf der Rückseite ein ausdrücklicher und deutlich sichtbarer Hinweis auf der Vorderseite.[9] Ein Hinweis oder ein Abdruck auf der Rückseite eines für den Vertragsschluss wesentlichen Formulars kann jedoch ausnahmsweise ausreichen, wenn wegen der besonderen Gestaltung, z. B. als Wettschein, ein Hinweis oder Abdruck auf der Vorderseite nicht erwartet werden kann. Die Beilage der AGB auf einem besonderen Blatt ohne Hinweis auf die AGB im Angebotsschreiben selbst reicht grundsätzlich nicht aus. Ausreichend ist aber die Formulierung im Antragsschreiben „nach Maßgabe ihrer uns bekannten Allgemeinen Bedingungen“, wenn sie im normalen Text enthalten ist.[10] Ein Hinweis unterhalb einer für den Kunden vorgesehenen Unterschriftenzeile genügt grundsätzlich nicht, wenn nicht ausnahmsweise eine besonders auffällige und unübersehbare Form gewählt wird.[11] Auch ein sonstiger versteckter Hinweis, z. B. an der Randleiste der Vertragsurkunde oder in einer gegenüber dem übrigen Vertragstext deutlich kleiner und enger gedruckten Schrift, reicht grundsätzlich nicht aus, da er bei flüchtiger Betrachtung

[1] Dazu auch *Niedenführ,* Informationsgebote des AGB-Gesetzes, 1986, S. 97 ff.

[2] *Schäfer,* JZ 2003, 879; ferner *Ulmer/H. Schmidt,* Anh. § 305 Rz 14.

[3] S. auch LG Berlin NJW 1982, 343.

[4] BGH NJW 1983, 816, 817.

[5] BGH NJW 1986, 1608.

[6] S. *Brinkmann* BB 1981, 1183, 1189; *Lachmann* NJW 1984, 405, 408; für das Internet *Löhnig* NJW 1997, 1688; *Mehrings* BB 1998, 2373, 2375; s. auch Rz 90.

[7] Dazu BGH NJW-RR 1987, 112, 114.

[8] Dazu LG Berlin BB 1980, 1770.

[9] BGH NJW-RR 1987, 112, 114; s. auch OLG Nürnberg WM 1990, 1370.

[10] S. auch OLG Koblenz ZIP 1983, 557.

[11] A. A. *Staudinger/Schlosser* Rz 123.

leicht übersehen werden kann.[1] An der deutlichen Erkennbarkeit wird es grundsätzlich fehlen, wenn in AGB auf andere AGB verwiesen wird. In einem Formularvertrag, der seinerseits dem AGB-Recht unterliegt, kann jedoch auf weitere AGB dadurch ausdrücklich hingewiesen werden, dass auf die weiteren AGB deutlich hervorgehoben, möglichst unmittelbar über der Unterschrift, aufmerksam gemacht wird. Die Einbeziehung der AGB-Banken, z. B. in den formularmäßigen Sicherungsverträgen, ist unter diesen Voraussetzungen wirksam. Ausreichend ist auch der Hinweis in Fettdruck auf die umseitigen Bedingungen in einem Bauvertragsformular, wenn in diesen Bedingungen die VOB/B für anwendbar erklärt wird, soweit nichts anderes oder Zusätzliches geregelt ist.[2] Bei Formularverträgen, bei denen die AGB in die gesamte Vertragsurkunde integriert sind, ergibt sich der ausdrückliche Hinweis ohne weiteres aus der Formulargestaltung, jedenfalls dann, wenn die Unterschrift der anderen Vertragspartei am Schluss des Formulars erfolgt.[3] Werden die AGB erst durch die Annahmeerklärung oder Auftragsbestätigung des Verwenders einbezogen, so gilt § 150 II BGB nur, wenn in der Annahmeerklärung ein deutlicher Hinweis auf die AGB enthalten ist; anderenfalls liegt eine Vertragsannahme ohne Einbeziehung der AGB vor. Gilt die verspätete Annahme nach § 150 I BGB als neues Angebot, so genügt der ausdrückliche Hinweis im ersten Angebot, wenn sich die verspätete Annahme erkennbar darauf bezieht. Ein mündlicher Hinweis in Ergänzung eines schriftlichen Angebots reicht nur, wenn keine Bindung an das Angebot besteht (§ 145 BGB) und der Vertrag keinem Formerfordernis unterliegt.

Bei Verträgen, die **notarielle Beurkundung** erfordern (z. B. § 311b BGB), müssen die AGB, um Vertragsbestandteil zu werden, grundsätzlich in die Beurkundung aufgenommen werden, da insbesondere für § 311b BGB der gesamte Vertragstext der Form unterliegt. Ein bloßer Hinweis auf die AGB in der notariellen Urkunde reicht nicht aus. Es müssen grundsätzlich die gesamten AGB vom Notar vorgelesen und in die Urkunde aufgenommen bzw. dieser beigefügt werden. Dies gilt, wenn bei Bauleistungen in Verbindung mit Grundstücksübereignungen die VOB vereinbart wird, nicht für diese, da sie im BAnz veröffentlicht ist und damit gleich wie Rechtsvorschriften behandelt werden kann.[4] Eine eingeschränkte Beifügungs- und Vorlesungspflicht besteht unter den Voraussetzungen von § 13a BeurkG. 74

bb) Bei **mündlichem Angebot** muss der ausdrückliche Hinweis grundsätzlich mündlich zum Bestandteil des Angebots gemacht werden. 75

Ausreichend sind aber auch die offene Übergabe der AGB oder sonstige Gesten, sofern sich daraus der anderen Vertragspartei bei Vertragsabschluss der Einbeziehungswille des Verwenders eindeutig aufdrängen muss.[5] Insofern kann in beschränkter Weise auf eindeutige konkludente Umstände abgestellt werden, wenn sie den Zweck des ausdrücklichen Hinweises erfüllen, weil ein übertriebener Formalismus zwecklos wäre und zu unnötigen Beweisschwierigkeiten führen würde. Der Hinweis auf einem Parkschein genügt, wenn zuvor bereits an der Einfahrt auf die AGB hingewiesen wurde oder wenn die Möglichkeit zur Rückgabe des Parkscheins ohne Bezahlung besteht.[6] Bei mündlichem Angebot des Kunden können 76

---

[1] OLG Düsseldorf BB 1983, 84.

[2] BGH NJW 1983, 816.

[3] Ähnlich MünchKomm/*Basedow* Rz 55: § 305 II Nr. 1 „passt" für diesen Fall nicht, weshalb ein ausdrücklicher Hinweis entbehrlich sei.

[4] *Reithmann/Brych/Manhart,* Kauf vom Bauträger, Rz 466; *Brambring* DNotZ 1980, 288; *Schmidt* BB 1983, 1308; a. A. *Bartsch* BB 1982, 1699, 1701.

[5] A. A. *Koch/Stübing* Rz 25.

[6] S. auch LG Frankfurt NJW-RR 1988, 955; s. auch Rz 80.

die AGB durch eine schriftliche Annahmeerklärung unter Hinweis auf die AGB mit der Möglichkeit zur Kenntnisnahme einbezogen werden,[1] falls der Kunde der Einbeziehung nicht widerspricht.

77 **Nicht ausreichend** ist jedoch die verdeckte Übergabe der AGB, z. B. als Garantiekarte des Händlers in der Verpackung, oder der Aushang im Geschäftslokal, auch wenn er deutlich sichtbar ist, oder der auf Eintrittskarten, Fahrscheinen, Flugtickets, Empfangsbescheinigungen, Einlieferungsscheinen, Quittungen und Ähnlichem gedruckte Hinweis,[2] weil die Lektüre dieser Zeichen und Marken regelmäßig erst nach Vertragsschluss möglich ist. Der Abdruck von AGB auf der Rückseite eines Flugtickets ohne besonderen Hinweis reicht deshalb nicht aus.[3] Zum Parkschein s. Rz 76, 81. Ausnahmen sind nur im Rahmen der 2. Alt. wegen unverhältnismäßiger Schwierigkeiten beim Vertragsabschluss möglich (Rz 79 ff.).

78 Bei **fernmündlichem Angebot** kann ein ausdrücklicher Hinweis grundsätzlich nur fernmündlich mit dem Vertragsangebot gegeben werden. Ist aber ein schriftliches Angebot mit ausdrücklichem Hinweis auf die AGB dem Kunden bereits zugegangen, so sind die AGB bei fernmündlicher Annahme des Kunden auch ohne erneuten Hinweis einbezogen. Dies gilt auch, wenn die AGB in ein laufendes Leistungserbringungsverhältnis einbezogen sind, bei dem die telefonische Beauftragung als Abruf zu werten ist.[4] Auch wenn in einer langjährigen Geschäftsbeziehung eine Klausel stets in gleicher Weise benutzt worden ist, kann darin nach den Umständen ein Hinweis für die Geltung der AGB auch im gegenwärtig zu schließenden Vertrag liegen, wenn dadurch deren Geltung für den konkreten Vertrag eindeutig feststeht (s. auch Rz 101). Fehlt ein rechtzeitiger Hinweis, so können die AGB durch nachträgliche Vertragsänderung unter Beachtung von § 305 II BGB einbezogen werden.[5]

79 **d)** Statt eines ausdrücklichen Hinweises genügt ein **deutlich sichtbarer Aushang** am Ort des Vertragsabschlusses, wenn ein ausdrücklicher Hinweis nach Art des Vertragsabschlusses nur unter unverhältnismäßigen Schwierigkeiten möglich ist. Es handelt sich um eine Ausnahme vom Grundsatz des ausdrücklichen Hinweises. Ein Bereithalten zur Einsichtnahme genügt in den in § 305a II BGB geregelten Fällen. Das ist weniger als ein Aushang, weil es auch bei Nachfrage erfüllt ist, während der Aushang ohne Nachfrage ersichtlich sein muss.

80 **aa)** Der Hinweis muss **unverhältnismäßige Schwierigkeiten** bereiten, d. h. die Hinweislast des Verwenders muss unverhältnismäßig größer sein als die Erkundigungslast für die andere Vertragspartei. Bei einem deutlich sichtbaren Aushang am Ort des Vertragsabschlusses bereitet die Erkundigungslast im Allgemeinen keine großen Schwierigkeiten. Hinzu kommt, dass die Ausnahme nur für gewisse gleichmäßige und häufige Verträge des täglichen Lebens gedacht ist, bei denen AGB üblicherweise erwartet werden[6] und deshalb die Erkundigung aufgrund der allgemeinen Erwartungshaltung von jedem verlangt werden kann. Die Geringfügigkeit der Erkundigungslast reicht aber allein nicht aus. Vielmehr muss eine **unverhältnismäßige Hinweislast** hinzukommen. Diese ist insbesondere gegeben, wenn für einen automatisierten oder sonst ohne Personal üblichen Vertragsabschluss allein wegen des ausdrücklichen Hinweises Personal eingestellt werden

---

1 S. auch BGH NJW-RR 1987, 112, 113.
2 A. A. *Löwe*, § 2 Rz 10, 20.
3 LG Berlin NJW 1982, 343.
4 S. auch BGH NJW 1984, 1112.
5 BGH NJW 1983, 816; 1984, 1112; s. auch Rz 87 und 99.
6 BT-Drs. 7/3919, S. 18.

müsste, wenn das Personal wegen des typischerweise massenhaften Vertragsabschlusses, wie z. B. bei Veranstaltungen mit großem Publikum, überfordert wäre oder wenn der Beweis eines in jedem Einzelfall zu gebenden ausdrücklichen Hinweises im Verhältnis zum geringen vertraglichen Entgelt oder sonst einen zu hohen Aufwand erfordern würde.

Die **Ausnahme kommt** deshalb hauptsächlich **zur Anwendung** für Massengeschäfte des täglichen Lebens ohne besonderen wirtschaftlichen Wert im Einzelfall,[1] so z. B. für Beförderungsverträge, soweit § 305 II, III BGB nicht bereits durch § 305a Nr. 2a BGB ausgeschlossen sind, für Bewachungsverträge des täglichen Lebens, für Parkplatz- und Parkhausbenutzung, für Autowaschanlagen,[2] für automatische Schließfächer[3] und für Kleiderablage,[4] aber auch für den Eintritt in Theater, Museen, Schwimmbäder und sonstige Veranstaltungen, insbesondere Sportveranstaltungen. Auch auf Lotto- oder Totoscheinen kann ein Abdruck der AGB wegen ihres Umfangs nicht erwartet werden, weshalb ein Hinweis auf der Rückseite des Lotto- oder Totoscheins auf einen Aushang genügt,[5] da wegen der Besonderheiten des Wettscheins Hinweise auf der Vorderseite nicht erwartet werden können (s. Rz 73). Der gedruckte Hinweis auf den Eintrittskarten ist kein ausreichender Hinweis (s. Rz 77). In Kaufhäusern und Selbstbedienungsläden kommt die Ausnahme in Betracht bei Geschäften mit geringem Entgelt oder bei Vertragsschluss ohne Personal, z. B. Bestellung von Fotoarbeiten durch Einwurf in Sammelbehälter. Die Zulässigkeit des Aushangs ist jedoch nicht auf die geringwertigen Massengeschäfte begrenzt, sondern kann in anderen Fällen wegen unverhältnismäßiger Schwierigkeiten zulässig sein, so z. B. für Versteigerungsbedingungen, weil es der Versteigerungsablauf mit rasch aufeinanderfolgenden Geboten nicht zulässt, jeweils darauf hinzuweisen und ein Verlesen zu Versteigerungsbeginn nachträglich erscheinenden Bietern nichts nutzt.[6] Die Ausnahme gilt jedoch grundsätzlich nicht für die Annahme in der chemischen Reinigung. 81

bb) Ein **deutlich sichtbarer Aushang** ist gegeben, wenn die Existenz der AGB den Kunden ohne weiteres auffallen muss. Dazu muss der Aushang eine auffällige Schriftgröße und eine auffällige Platzierung am Ort des Vertragsschlusses aufweisen, so dass er schon bei Vertragsabschluss und nicht erst danach gesehen werden kann. Der Ort des Vertragsabschlusses ist dort, wo der Kunde oder sein Vertreter[7] seine bindende Vertragsentscheidung treffen und erklären muss. Ein deutlich sichtbarer Aushang lässt sich etwa durch deutlichen Hinweis am Eingangsschalter, an der Stelle der Automatenbedienung, am Ort des Einwurfs von Bestellungen oder bei Parkplätzen an der Einfahrt erreichen. Nicht ausreichend ist z. B. ein Aushang an Kassen und Schaltern, die üblicherweise erst nach Vertragsabschluss aufgesucht werden. Werden ausgehängte AGB geändert, so muss insbesondere gegenüber Stammkunden speziell auf die Änderung in besonderer Weise hingewiesen werden, da deren Einverständnis sich sonst nur auf die ungeänderten AGB bezieht.[8] Der Aushang tritt an die Stelle des ausdrücklichen Hinweises. Er muss deshalb wie dieser grundsätzlich nur den Hinweis auf die AGB und nicht die AGB selbst enthalten.[9] Wegen der Möglichkeit zumutbarer Kenntnisnahme bei Vertragsschluss wird 82

[1] BT-Drs. 7/3919 S. 18.
[2] So auch LG Essen NJW-RR 1987, 949; *Dudeck* VersR 1989, 541, 550 f.; s. auch Rz 76.
[3] LG Essen VersR 1995, 1198.
[4] So BT-Drs. 7/3919 S. 18.
[5] S. OLG Celle NJW-RR 1986, 833.
[6] BGH NJW 1985, 850; s. auch BGH ZIP 1985, 550.
[7] BGH NJW 1985, 850.
[8] OLG Hamm BB 1981, 148; *Palandt/Heinrichs* Rz 48.
[9] So nun auch *Staudinger/Schlosser* § 305 Rz 131.

in der Regel aber auch der Aushang der AGB selbst erforderlich sein. Mit einem solchen Aushang wird, soweit es die äußere Erkennbarkeit betrifft, grundsätzlich zugleich auch die zumutbare Möglichkeit der Kenntnisnahme verschafft.[1]

83 **e)** Zum Verzicht s. Rz 110. Zu den Rechtsfolgen bei Fehlen der Voraussetzungen s. Rz 98ff. Zum Schadensersatz bei Verletzung von Hinweispflichten s. Rz 99, 155.

3. Möglichkeit zumutbarer Kenntnisnahme

84 Die Möglichkeit zur zumutbaren Kenntnisnahme vom Inhalt der AGB (Abs. 2 Nr. 2) ist neben dem ausdrücklichen Hinweis bzw. neben dem Aushang zusätzliche Voraussetzung einer wirksamen Einbeziehung. Abs. 2 Nr. 2 verlangt damit die Wahrung des Transparenzgebots schon bei der Einbeziehung.[2] Dieses Merkmal bezieht sich auf den **Inhalt** der AGB und der einzelnen Klauseln, nicht nur auf deren Existenz an sich. Gleichgültig ist, ob die AGB tatsächlich gelesen werden und ob dies üblich ist. In jedem Fall muss die zumutbare Möglichkeit der Kenntnisnahme bestehen.[3] Die Voraussetzungen zumutbarer Kenntnis sind durch Auslegung des Gesetzes zu bestimmen. Eine Klausel, die die Voraussetzungen in Abweichung von § 305 II, III BGB bestimmt, ist nach § 134 BGB und nach § 307 BGB unwirksam.[4] Ein Gebot der Klarheit und Verständlichkeit sieht auch Art. 5 RL vor, ohne dieses Gebot ausdrücklich der Einbeziehung oder der Inhaltskontrolle zuzuordnen. Eine Sonderregelung gilt nach § 3 IV FernUSG, wonach dem Fernunterrichtsteilnehmer eine deutlich lesbare Abschrift des Vertrags auszuhändigen ist. Wegen ihrer Bedeutung für die Klauseltransparenz ist die Kenntnisnahmemöglichkeit selbst bei Vorliegen einer ausdrücklichen Einbeziehungsvereinbarung nicht überflüssig und die Berufung auf ihr Fehlen, selbst wenn die Parteien von einer wirksamen Einbeziehung ausgingen, grundsätzlich nicht treuwidrig.[5] Der Vertragspartner kann aber auf die Kenntnisnahme verzichten (Rz 110). Außerdem kann Treuwidrigkeit anzunehmen sein, wenn sich eine Partei nachträglich unter Berufung auf die fehlende AGB-Einbeziehung in Widerspruch zu einer bestimmten einvernehmlichen Vertragsdurchführung setzt (vgl. noch Rz 87 zur nachträglichen Einbeziehung).

85 **a)** Was zur **zumutbaren Kenntnisnahme** gehört, richtet sich nach den Umständen bei Vertragsabschluss und nach den Bedürfnissen der beteiligten Kundenkreise bzw. deren jeweiligen Vertreter (s. Rz 64). Erforderlich ist zunächst **die Verfügbarkeit** der AGB für den Kunden bei und grundsätzlich auch nach Vertragsabschluss, sei es, dass sie zugesandt oder vorgelegt werden, z. B. in einem Prospekt,[6] sei es, dass sie ausgehändigt oder vorgelesen werden, z. B. durch den Notar (s. Rz 74), sei es, dass sie aushängen oder sonst dem Kunden sichtbar gemacht werden. Bei Emissionsbedingungen von **Kapitalmarktpapieren** muss statt der tatsächlichen Aushändigung genügen, dass der Anleger die Bedingungen als Erstzeichner aus dem Verkaufsprospekt ersehen kann und diesen auf Verlangen ausgehändigt bekommt, zumal ihm oft nicht bekannt und auch gleichgültig sein wird, ob er Erstzeichner oder späterer Erwerber ist.[7] Im Übrigen soll für Schuldverschrei-

---

[1] BGH NJW 1985, 850.

[2] *Heinrichs,* in: FS *Trinkner,* 1995, S. 157, 159; s. auch § 307 Rz 239, 253.

[3] BGH NJW 1990, 715, 716.

[4] LG Stuttgart AGBE I § 9 Nr. 25; s. auch *Hensen* ZIP 1984, 145, 146; ferner Rz 110.

[5] A.A. hinsichtlich der VOB/B LG Berlin BauR 2004, 1781 mit krit. Anm. *Henkel;* s. ferner *ders.* ZGS 2003, 418.

[6] BGH NJW 1986, 1748, 1749.

[7] BGH ZIP 2005, 1410; *M. Wolf* FS *Zöllner* 1998, S. 651; s. aber *Grundmann,* in: BankRHdb. § 122 Rz 115, der die Einbeziehungsvoraussetzungen für Unternehmer generell anwenden will.

bungen die Urkunde Publizität herstellen[1] bzw. es muss bei mangelnder Publizität im stückelosen Effektenverkehr eine strengere Inhaltskontrolle stattfinden.[2] Die Art und Weise der Verfügbarkeit gilt **unabhängig von der Form,** ob der Vertrag mündlich, schriftlich oder auf dem Wege der Telekommunikation geschlossen wird. Die Vorlage oder der Aushang reichen jedoch nur, wenn sie unmittelbar am Ort des Vertragsschlusses erfolgen. Zur Verfügbarkeit gehört auch, dass man auf einzelne Klauseln im Text ohne Schwierigkeiten zugreifen und sie vergleichen kann. Dies ist bei AGB im **Videotext** oder im **Internet** im Regelfall nur bei kurzen Texten mühelos gewährleistet, nicht aber bei längeren Texten, bei denen der Bildschirm nur einen kleinen Ausschnitt bietet und das Aufsuchen anderer Textpassagen mühsam macht.[3] Der Abdruck auf dem Bildschirm bei Bestellung mit Bildschirmtext oder im Internet ist darüber hinaus zwar bei Vertragsabschluss verfügbar,[4] ist aber nach Vertragsschluss nicht mehr ohne weiteres greifbar, insbesondere kann der Verwender die AGB jederzeit nachträglich ändern, was der Kunde nicht verhindern kann. Die AGB sind ihm dann nach Vertragsabschluss nicht mehr verfügbar. AGB werden über den Videotext deshalb grundsätzlich nicht wirksam einbezogen.[5] Im Internet ist dagegen die Einbeziehung möglich, wenn der Kunde die AGB ohne Mühe und Kosten bei sich speichern oder ausdrucken kann.[6] Die Verfügbarkeit muss auch für die VOB/B sichergestellt werden. Der bloße Hinweis auf die VOB/B genügt dann nicht;[7] auch wenn beide Parteien eines Baumängelprozesses übereinstimmend von der Geltung der VOB/B ausgehen, hat der Richter, wenn in den Vertragsunterlagen nur die Aushändigung eines Vertragsoriginals sowie der Bau- und Leistungsbeschreibung erwähnt ist, die sich auf eine VOB-Klausel berufende Partei aufzufordern, die notwendigen Tatsachen für die wirksame Einbeziehung der VOB/B vorzutragen.[8] Anders ist es nur, wenn der Vertragspartner im Baubereich tätig oder bewandert ist.[9] Dieselben Grundsätze gelten auch, wenn in AGB auf **andere AGB,** sei es zwischen denselben oder mit anderen Vertragsparteien Bezug genommen wird, so dass der Verwender dem Vertragspartner die Möglichkeit zumutbarer Kenntnisnahme von diesen anderen AGB verschaffen muss.[10] Das ist nicht gegeben, wenn in den AGB auf andere Klauseln hingewiesen wird, die nicht ihrerseits bei Vertragsabschluss verfügbar sind. Deshalb muss z. B. der Leasinggeber, wenn er im Zusammenhang mit der Abtretung seiner kaufrechtlichen Gewährleistungsansprüche an den Leasingnehmer[11] diesem gegenüber die im Verhältnis zum Lieferanten vereinbarten AGB zur Geltung bringen will, diese AGB, seien es Lieferbedingungen oder Einkaufsbedingungen, dem Leasingnehmer zur Verfügung stellen.[12] Eine Ausnahme gilt jedoch, wenn der Verwender **mit Sicherheit** erwarten kann, dass der Vertragspartner die maßgeblichen AGB **kennt.** Hiervon ist auszugehen, wenn sich ein Vertragsmuster in einer Branche allgemein durchgesetzt hat und niemand in dieser Branche ohne Kenntnis dieser Bedingungen tätig sein kann.[13] Dies trifft z. B. für

---

1 S. § 796 BGB.
2 *M. Wolf* FS *Zöllner,* 1999, 651; § 307 Rz 241.
3 S. auch LG Freiburg NJW-RR 1992, 1018.
4 Als ausreichend sehen dies an LG Bielefeld NJW-RR 1992, 955; *Brinkmann* BB 1981, 1183, 1189; *Lachmann* NJW 1984, 405, 408.
5 S. auch *Bultmann/Rahn* NJW 1988, 2432, 2434 f.; zum Umfang s. auch noch Rz 90.
6 S. *Mehrings* BB 1998, 2373, 2378; s. auch Rz 90.
7 BGH NJW 1990, 715.
8 BGH NJW 1994, 2547.
9 BGHZ 86, 135, 138 = NJW 1983, 816.
10 BGH WM 2005, 661, 664.
11 S. Anh. § 310 Rz 105 ff.
12 S. *Graf von Westphalen* BB 1990, 1, 2.
13 BGHZ 162, 39.

einen Bauunternehmer hinsichtlich der VOB/B zu; für ihn reicht daher ein Hinweis, ohne dass eine weitere Kenntnisnahmemöglichkeit verschafft werden müsste.[1] Anders liegt es seit der Freigabe der Versicherungsbedingungen 1995 etwa für die Allgemeinen Kaskobedingungen (AKB).[2] Ausreichend ist grundsätzlich auch ein Hinweis auf allgemein zugängliche **Rechtsnormen,** z. B. auf die BerechnungsVO in einem Mietvertrag.[3] Beim **Vertrag mit Ehegatten** in einer Urkunde reicht Aushändigung an einen. Das deutlich sichtbare Angebot, die AGB **auf Anforderung jederzeit auszuhändigen,** reicht ebenfalls, wenn dem Kunden nicht zusätzlicher Schriftverkehr oder zusätzliche Wege zugemutet werden, die AGB tatsächlich jederzeit verfügbar sind und dem Kunden das Anfordern bei den Vertragsverhandlungen zugemutet werden kann. Für Reise-AGB beim Buchen einer Reise trifft dies nicht ohne weiteres zu,[4] ebenso wenig für die VOB bei Verwendung gegenüber einer nicht im Baugewerbe tätigen Person[5]. Eine **Aushändigungsklausel,** wonach der Kunde die Aushändigung an ihn bestätigt, ist nach § 309 Nr. 12 b unwirksam.[6] Nicht ausreichend ist, wenn die AGB erst mit dem Lieferschein ausgehändigt werden.[7] Eine Klausel „Wir liefern zu unseren jederzeit einsehbaren Geschäftsbedingungen" will die freie Verfügbarkeit einschränken und ist deshalb nach § 134 BGB wie nach § 307 BGB unwirksam.[8] Die AGB werden nur **in dem Umfang Vertragsinhalt, in welchem sie verfügbar** sind. Werden AGB nur auszugsweise zur Kenntnis gebracht, so werden nur diese Auszüge, nicht dagegen die Gesamt-AGB Vertragsinhalt;[9] dies gilt grundsätzlich auch, wenn darauf hingewiesen wird, dass die Gesamtbedingungen zur Verfügung stehen.[10] Es gilt ebenso für die VOB gegenüber einem privaten Bauherrn. Der bloße Hinweis auf ihre Geltung ohne Zurverfügungstellung macht sie auch in einem notariellen Vertrag nicht zum Vertragsinhalt.[11] Die VOB wird auch dann nicht Vertragsinhalt, wenn der Bauherr nur über die ihn belastenden, nicht aber über die ihn begünstigenden Klauseln informiert wird,[12] weil er dann u. U. die ihm zustehenden Rechte nicht wahrnehmen kann. Eine Ausnahme gilt für die VOB/B aber, wenn der Vertragspartner im Baugewerbe tätig oder bewandert ist.[13] Werden falsche AGB zur Verfügung gestellt, die nicht dem gewollten Vertrag angepasst sind,[14] so werden sie nur Vertragsinhalt, wenn klar ist, welche Partei aus ihnen berechtigt und verpflichtet ist.

86 **aa)** Die **Verfügbarkeit** muss für den Kunden frei sein und darf z. B. nicht von einem Entgelt oder einem sonstigem Aufwand abhängig gemacht sein. Deshalb reicht es nicht, wenn der Verwender den Kunden auf die Möglichkeit des Erwerbs der AGB, z. B. der VOB oder des Mustermietvertrags, im Fachhandel verweist. Ebenso ist es nicht ausreichend, wenn der Verwender in seinen AGB vorsieht, ein weiteres maßgebendes Regelwerk werde dem Kunden „auf Wunsch" kostenlos zur

---

1 BGH NJW 1983, 816; a. A. *Bunte* BB 1983, 732.
2 BGHZ 162, 39.
3 BayObLG NJW 1984, 1761; OLG Hamm NJW-RR 1998, 1090.
4 S. LG Frankfurt NJW 1984, 1626.
5 OLG München NJW-RR 1992, 349.
6 BGH NJW 1988, 2106.
7 OLG Düsseldorf BB 1983, 84.
8 LG Stuttgart AGBE I § 9 Nr. 25.
9 BGH NJW-RR 1990, 958; OLG Frankfurt NJW 1989, 1095; LG Braunschweig NJW-RR 1986, 144, 145; s. auch Rz 70.
10 LG Frankfurt NJW-RR 1987, 745, 746.
11 BGH NJW-RR 1992, 913.
12 BGH NJW-RR 1991, 727.
13 BGHZ 86, 135, 138 = NJW 1983, 816.
14 S. OLG Frankfurt NJW 1989, 1095.

Verfügung gestellt,[1] weil damit die tatsachliche freie Verfügbarkeit nicht gegeben ist, sondern der Kunde sich gerade im Streitfall erst an den Verwender wenden und die damit verbundene Sperre überwinden muss. Die Verfügbarkeit ist für den Kunden ferner nicht gegeben, wenn er von den AGB nur im Geschäftslokal Kenntnis nehmen kann, obwohl der Vertragsabschluss nicht im Geschäftslokal stattfindet.[2] Von der Ausnahme des Aushangs (Rz 79ff.) abgesehen, reicht die Möglichkeit zur Einsichtnahme im Geschäftslokal aber auch regelmäßig dann nicht, wenn der Vertragsabschluss im Geschäftslokal erfolgt, da dem Kunden bei Entstehung von Streitigkeiten nicht jeweils das Aufsuchen des Geschäftslokals zugemutet werden kann. Die AGB müssen deshalb, wo ein Aushang nicht reicht, grundsätzlich ausgehändigt oder es muss eine sonst geeignete zumutbare Informationsmöglichkeit geschaffen werden. Dies gilt z. B. auch für die VOB gegenüber privaten Bauherrn,[3] sofern sie nicht durch einen bevollmächtigten Architekten vertreten sind.[4] Der Aushändigung bedarf es nicht bei Einschaltung eines bevollmächtigten Architekten, ebenso wenig gegenüber Bauhandwerkern, auch wenn sie nicht Unternehmer sind.[5] Bei Massengeschäften müssen ausreichend Exemplare der AGB für jeden Kunden vorhanden sein.

Erforderlich ist die Verfügbarkeit **bei Vertragsabschluss** (s. auch Rz 97) und grundsätzlich **auch nach Vertragsabschluss** (s. Rz 85). Nicht ausreichend ist grundsätzlich, dass dieselben AGB bei einem früheren Vertragsabschluss verfügbar waren, z. B. ausgehändigt oder vorgelegt wurden, soweit nicht eine Rahmenvereinbarung nach Abs. 3 vorliegt oder die AGB ohne weiteres bekannt sein müssen (s. auch Rz 102). Ebenso wenig reicht die Verfügbarkeit erst nach Vertragsabschluss.[6] Dies führt zu Schwierigkeiten vor allem bei nicht § 305a Nr. 2b unterfallenden, telefonisch geschlossenen Verträgen, wenn die AGB nicht schon zuvor den Kunden, z. B. in Prospekten oder Katalogen, zugegangen sind oder wenn sie wegen ihres Umfangs nicht fernmündlich mitgeteilt werden können. Mangelnde Verfügbarkeit nach Vertragsabschluss behindert auch die Einbeziehung beim Videotext (s. Rz 85). Der Kunde kann jedoch durch eine ausgehandelte Individualvereinbarung auf die Möglichkeit der Kenntnisnahme verzichten (s. auch Rz 110). Ein solcher Verzicht muss zweifelsfrei und eindeutig erklärt werden.[7] Der Kunde kann seinen Verzicht auch von der sofortigen Zusendung der AGB nach Vertragsabschluss abhängig machen, wie er etwa nach § 6 III BGB InfoVO gesetzlich zwingend vorgesehen ist. Spricht er sich gegen einen Verzicht aus, so liegt es am Verwender, ob er den Vertrag ohne AGB oder erst nach deren Übersendung abschließt.[8] Möglich ist auch die Einbeziehung durch nachträglichen Änderungsvertrag;[9] es kommt dann auf die Verfügbarkeit bei Abschluss des Änderungsvertrags an, die z. B. gegeben ist, wenn der andere Vertragsteil den schriftlichen Änderungsvertrag mit den AGB unterzeichnet[10] oder wenn die Vertragsleistung nach zumutbarer Möglichkeit der Kenntnisnahme noch in Anspruch genommen wird.[11] An das Einverständnis des 87

---

1 BGH NJW-RR 1999, 1246.

2 OLG Saarbrücken NJW-RR 2001, 26.

3 S. auch BGH BauR 1990, 205; OLG Köln NJW-RR 1992, 1047; *Palandt/Heinrichs* Rz 34; a. A. *Bartsch* BB 1982, 1699 m. w. N.

4 S. OLG Hamm NJW-RR 1991, 277, s. auch Rz 64.

5 S. auch BGH NJW 1983, 816; für Aushändigung auch insoweit *Bartsch* BB 1982, 1699.

6 *Staudinger/Schlosser* § 305 Rz 114.

7 AG Krefeld NJW-RR 1997, 245; s. auch MünchKomm/*Tonner* § 651a Rz 68.

8 A. A. *Wronka* BB 1976, 1584; *Hörle* AfP 1977, 270, die § 305 II, III BGB nicht anwenden wollen.

9 BGH NJW 1983, 816; 1984, 1112; s. auch Rz 99.

10 BGH NJW 1984, 1112.

11 S. LG Frankfurt NJW-RR 1988, 955: Parkhaus.

Kunden mit der nachträglichen Einbeziehung müssen jedoch strenge Anforderungen gestellt werden. Der Kunde muss sich ausdrücklich mit der Änderung einverstanden erklären; so soll es nicht für eine Einbeziehung ausreichen, wenn der Kunde nach Vertragsabschluss übersandte AGB unterzeichnet, die von den bisher einbezogenen abweichen.[1] Gehen beide Vertragsparteien nachträglich von der Einbeziehung der ihnen vorliegenden AGB aus, so führt dies nur dann zu einer nachträglichen Einbeziehung, wenn die erforderlichen Voraussetzungen nach allgemeinen Grundsätzen der Rechtsgeschäftslehre vorliegen. Dazu zählt namentlich, dass die Parteien erkennen, dass die AGB bislang noch nicht einbezogen sind.[2] Ausnahmsweise kann es treuwidrig sein, wenn sich eine Partei in Widerspruch zu einer von ihr gebilligten und auf den AGB beruhenden Art der Vertragsdurchführung setzt.[3] Dies ist aber für jede Klausel gesondert zu prüfen.

88 **bb)** Zur zumutbaren Kenntnisnahme gehört auch die **Lesbarkeit und Verständlichkeit** des Inhalts. Um dem Kunden die Möglichkeit zur Ablehnung zu erhalten (s. Rz 62), kann darauf trotz § 305c I BGB nicht verzichtet werden.[4] Die Begr.[5] stellt auf mühelose Lesbarkeit ab. Sie ist bei normalem Druck grundsätzlich gegeben. Sie ist zu verneinen, wenn übermäßiger Kleindruck, so dass das Lesen eine Lupe erfordert, die Kenntnisnahme erschwert.[6] Auch eine ungewöhnliche Schriftart, mangelnde farbliche Unterscheidung,[7] eine unübersichtliche Darstellung[8] oder schlechte Kopien können die zumutbare Kenntnisnahme verhindern.[9] Dies gilt auch zwischen Unternehmern (s. Rz 131). Es ist nicht auf die persönliche Fähigkeit des jeweiligen Kunden, sondern darauf abzustellen, welches **Verständnis vom durchschnittlichen Kunden** erwartet werden kann.[10] Die Verständlichkeit fehlt, wenn die AGB durch Verwendung technischer Fachausdrücke dem Durchschnittskunden ihren Regelungsgehalt verschleiern oder verbergen. Gleiches gilt, wenn die AGB durch eine Vielzahl von **Verweisungen auf andere Klauseln** oder auf **Gesetzesbestimmungen** unübersichtlich sind.[11] Unzureichend ist bei Abschluss einer Selbstversicherung im Zusammenhang mit Automietverträgen[12] der Hinweis auf die Grundsätze der Vollkaskoversicherung oder auf das VVG, um daraus Rechte herzuleiten,[13] wie es auch in einem Mietvertrag nicht genügt festzustellen, dass § 545 BGB keine Anwendung findet, wenn man die gesetzlich vorgesehene stillschweigende Verlängerung des Mietverhältnisses abbedingen will.[14] Zur ausreichenden Bestimmbarkeit der Umlagen genügt aber ein Verweis auf die BerechnungsVO. Auch der globale Hinweis auf zusätzliche AGB oder die Verwendung mehrerer Klauselwerke oder mehrerer Klauseln zum selben Sachproblem kann wegen des unklaren Verhältnisses konkurrierender Regelungen zur Unverständlichkeit führen.[15] Deshalb werden sog. Ersatzklauseln oder gestaffelte AGB, d. h. AGB,

---

1 LG Gießen NJW-RR 1996, 630.
2 BGH NJW 1999, 3261, 3262.
3 Vgl. OLG Düsseldorf NJW-RR 1996, 1422, 1423 zur VOB/B.
4 A. A. *Löwe* § 2 Rz 17.
5 BT-Drs. 7/3919, S. 18.
6 BGH BB 1983, 2074; BGH NJW-RR 1986, 1311; OLG Saarbrücken NJW-RR 1988, 858; OLG Hamm NJW-RR 1988, 944; OLG Köln m. Anm. *Hensen* EWiR § 2 AGBG 1/88; s. auch Anh. § 310 Rz K 2.
7 S. auch OLG Hamburg BB 1987, 1703.
8 OLG Hamm NJW-RR 1988, 944.
9 S. auch BGH DB 1975, 2366; vgl. auch *Thamm/Detzer* BB 1989, 1133 ff.
10 S. auch BGH NJW 1985, 850, 851.
11 S. OLG Karlsruhe NJW-RR 1986, 91.
12 S. Anh. § 310 Rz M 133.
13 S. LG Karlsruhe NJW-RR 1986, 152.
14 OLG Schleswig NJW 1995, 2858, 2859.
15 S. BGH NJW 1983, 1322 BBB-Inland-Flug.

die nachrangig gelten, falls die vorrangigen AGB unwirksam sind,[1] nicht wirksam einbezogen, wenn sie keinen konkreten Regelungsgehalt aufweisen und unklar bleibt, was gelten soll.[2] Unwirksam ist die Verweisung auf Zusatz-AGB in kombinierten AGB (s. Rz 69) auch, wenn das Transparenzgebot verletzt wird, weil durch die Verweisung eine in tatsächlicher Hinsicht unübersichtliche oder in rechtlicher Hinsicht unklare und undurchdringliche Regelung entsteht.[3] Wirksam ist aber die Verweisungsklausel in einem Bauvertrag, durch die auf die VOB als Zusatzbedingung verwiesen wird.[4] Die Verweisungsklausel wird auch nicht dadurch unwirksam, dass sie auf einzelne unwirksame Klauseln verweist.[5] Nicht Vertragsinhalt wird aber eine Klausel, wonach einzelne internationale Abkommen, wie das WA u. a. gelten sollen.[6] Eine AGB-Klausel scheitert hingegen nicht daran, dass sie den Zinssatz an den Diskontsatz anknüpft, auch wenn dessen Bedeutung und Höhe nicht jedem geläufig ist.[7] Die Unverständlichkeit kann sich auch aus einer fehlenden Gliederung[8] oder aus der **Unbestimmtheit** ergeben, so wenn sich eine Regelung darauf beschränkt, was im Rahmen der Rechtsordnung zulässig („soweit gesetzlich zulässig"), sofern eine klare Fassung und tatbestandsmäßige Präzisierung möglich und zumutbar ist.[9] Insoweit kommt aber auch Unwirksamkeit nach § 307 I 2 BGB in Betracht.[10] Unbestimmtheit ist auch gegeben, wenn nicht klar ist, welche Partei welche Rechte und Pflichten treffen soll, z. B. weil ein für den gewollten Vertragstyp nicht passendes Formular verwendet worden ist.[11] Unbestimmtheit liegt ferner vor, wenn die Geltung von AGB in der jeweils gültigen Fassung vereinbart wird. Es ist nicht Sache der Kunden, den Regelungsgehalt der AGB durch komplizierte Prüfverfahren zu ermitteln. Vielmehr muss der Verwender selbst durch eindeutige Formulierung und Anordnung die AGB verständlich machen. Ausnahmen können allenfalls dann anerkannt werden, wenn z. B. wegen unbestimmter Gesetzesbegriffe oder wegen einer nicht eindeutigen Rechtsprechung die Unklarheit nicht vom Verwender zu verantworten ist.[12] Auch eine Klausel in einem Mobilfunkvertrag, die die angebotenen Dienstleistungen räumlich auf den Empfangs- und Sendebereich der vom Netzbetreiber errichteten Funkstationen beschränkt, ohne dem Kunden mitzuteilen, wo sich diese Funkstationen befinden, verstößt gegen das Transparenzgebot.[13] Unwirksam wegen Unklarheit ist aber nicht eine AGB-Klausel in einem Bauvertrag, nach der sich die Gewährleistungsfrist nach der VOB und darüber hinaus nach dem BGB richten soll; es gilt die für die andere Vertragspartei günstigere Regelung.[14]

cc) Die Verständlichkeit setzt grundsätzlich voraus, dass die AGB in der von beiden Teilen benutzten Verhandlungssprache abgefasst sind.[15] Ist dies der Fall, so trägt 89

---

1 S. dazu § 306 Rz 23 f.; Anh. § 310 Rz T 36 ff.
2 S. auch *Fell* ZIP 1987, 690, 692; § 307 Rz 253.
3 OLG Düsseldorf NJW-RR 1996, 1422, 1423 zu VOB/B.
4 BGH NJW 1990, 3197.
5 BGH NJW 1990, 3197.
6 S. OLG Hamburg NJW-RR 1986, 1440.
7 *Casper* NJW 1997, 240; *Heinrichs* NJW 1997, 1407, 1409; a. A. *S. Müller* NJW 1996, 1520.
8 BGHZ 51, 55, 59; BGH NJW 1975, 739.
9 S. OLG Stuttgart NJW 1981, 1105, 1106; *Lindacher* BB 1983, 154, 157 m. w. N.
10 S. § 307 Rz 239 ff., a. A. *Pflug* AG 1992, 1, 17 ff., der das Transparenzgebot in § 2 AGBG – jetzt § 305 II, III BGB – ansiedelt.
11 S. auch OLG Frankfurt NJW 1989, 1095.
12 S. auch *Lindacher* BB 1983, 154, 157; a. A. *Garrn* JA 1981, 156; *Ulmer* Rz 153: stets unzulässig.
13 AG Offenburg NJW-RR 1996, 1014.
14 A. A. OLG Celle NJW-RR 1997, 82, das die Unwirksamkeit allerdings fälschlicherweise aus § 5 AGBG ableitet; kritisch auch *Heinrichs* NJW 1997, 1407, 1409.
15 BGH NJW 1983, 1489; zum Hinweis Rz 71.

das so genannte **Sprachrisiko** der Vertragspartner, der es als Träger dieses Risikos hinnehmen muss, dass AGB in seinen Vertrag einbezogen werden, die er nicht verstanden hat. **Verhandlungssprache** ist die Sprache, auf die sich die Parteien geeinigt haben. Dies kann auch dadurch geschehen, dass sich eine Partei vorbehaltlos auf die Sprache des Verhandlungsortes einlässt.[1] Verhandlungssprache können auch mehrere Sprachen sein. Liegt eine gemeinsame Verhandlungs- und Vertragssprache vor, so akzeptiert der Vertragspartner ungeachtet seiner Nationalität und ungeachtet seiner realen Sprachkenntnisse den gesamten Vertragsinhalt einschließlich der in der Vertragssprache abgefassten AGB.[2] Es liegt dann am Vertragspartner, bei Sprachschwierigkeiten sich vor Vertragsschluss eine Übersetzung der AGB zu beschaffen oder die AGB ohne genaue Kenntnis als einbezogen gelten zu lassen.[3] Für eine analoge Anwendung der besonderen Regelung für Behinderte ist daher kein Raum. Fehlt es an einer gemeinsamen Verhandlungssprache, so müssen die AGB dem Kunden in seiner Sprache oder in einer ihm mühelos verständlichen Sprache zugänglich gemacht werden. Unterschreibt jedoch ein der deutschen Sprache nicht kundiger Ausländer einen vorformulierten in deutscher Sprache verfassten Bürgschaftsvertrag, ohne sich diesen von einem Dolmetscher übersetzen zu lassen, kommt ein wirksamer Bürgschaftsvertrag zustande.[4] Im internationalen Geschäftsverkehr reicht zwischen Unternehmern eine in diesem Geschäftsverkehr übliche Sprache aus.[5] Im Flugreiseverkehr kann jedoch Kenntnis der englischen Sprache nicht allgemein erwartet werden. Die AGB müssen deshalb in diesem Bereich in der jeweiligen Landessprache abgefasst sein.[6] Die Unterschrift des Kunden auf einem ihm unverständlichen Formular kann grundsätzlich nicht als Verzicht auf die Möglichkeit der Kenntnisnahme gedeutet werden, solange nicht die zumutbare Möglichkeit objektiv besteht.[7] Bei Bestellungen via Internet muss es ausreichen, wenn die AGB in derselben Sprache wie das Bestellformular bzw. die Angebotsliste verfasst sind, da das Angebot praktisch weltweit abrufbar ist und dem Anbieter nicht zugemutet werden kann, AGB in sämtlichen Sprachen bereitzuhalten.[8]

90 **dd)** Die zumutbare Kenntnisnahme setzt auch die erforderliche **Informationszeit** voraus. Je umfangreicher die AGB sind, desto länger muss die Informationszeit sein.[9] Steht für den Vertragsabschluss im Massenverkehr nur kurze Zeit zur Verfügung, so besteht für umfangreiche AGB im Allgemeinen nicht die Möglichkeit zumutbarer Kenntnisnahme, da diese Möglichkeit bei Vertragsabschluss bestehen muss (Rz 97). Hinsichtlich des Umfangs der AGB ist jedoch auf die jeweilige Vertragsart und die redliche Üblichkeit im Geschäftsverkehr abzustellen.[10] Die AGB eines Bauvertrags werden im Allgemeinen umfangreicher sein können als die AGB eines Beförderungsvertrags im Massenverkehr. Auch durch Videotext übermittelte AGB müssen sich hinsichtlich ihres Umfangs einer der Bedeutung des Vertrags angemessenen Zeit der Kenntnisnahme anpassen.[11] Im Allgemeinen können AGB beim Vertragsschluss auf Grund eines Videoschirmtextangebots deshalb nur aus wenigen kur-

---

1 S. auch OLG Nürnberg NJW 1991, 232, 235.
2 OLG Nürnberg NJW 1991, 232, 235; *Schäfer* JZ 2003, 879.
3 BGH NJW 1983, 1489 m. w. N.
4 BGH NJW 1995, 190.
5 S. im Einzelnen Einl. II Rz 37; *Graf von Westphalen,* in: Zehn Jahre AGB-Gesetz, S. 188 ff.
6 S. auch LG Berlin NJW 1982, 343.
7 A. A. *Weimar* DB 1978, 143.
8 Vgl. *Waldenberger* BB 1996, 2368; a. A. *Heinrichs* NJW 1997, 1407, 1409.
9 Dazu auch *Rieger/Friedrich* JuS 1987, 118, 124.
10 S. auch BGH NJW 1983, 816.
11 LG Aachen NJW 1991, 2159; s. auch LG Frankfurt NJW-RR 1992, 954; LG Freiburg NJW-RR 1992, 1018; *Bartl* DB 1982, 1101; zum Vertragsschluss im Internet s. *Ulmer* Rz 149a.

zen Klauseln bestehen. 14 Bildschirmseiten sind bei Partnerschaftsvermittlungsverträgen zu umfangreich.[1] Bei Bestellungen via Internet ist zwar einerseits zu erwägen, dass der Kunde sich die AGB in Ruhe auf dem Bildschirm durchlesen und im Regelfall auch ausdrucken oder abspeichern kann. Grundsätzlich genügt es daher, wenn ein Kunde die AGB durch einen gut sichtbaren Link aufrufen und ausdrucken kann.[2] Andererseits können sehr lange AGB, falls der Kunde keinen Internet-Pauschaltarif („Flatrate") vereinbart hat, zu sehr hohen und damit unzumutbaren Telefon-, Druck- und Tonerkosten beim Ausdruck führen oder den Kunden beim Abspeichern der Gefahr von Computerviren aussetzen.

ee) Eine **erkennbare Körperbehinderung** muss der Verwender gemäß § 305 II Nr. 2 BGB bei der Verschaffung der Kenntnisnahmemöglichkeit angemessen berücksichtigen. Die Regelung gilt zunächst nur für körperliche Behinderungen, nicht für geistige Behinderungen. Für Letztere gelten die Vorschriften zur Geschäftsfähigkeit und zum Betreuungsrecht. Welcher Art die Körperbehinderung ist, bleibt gleichgültig. Erfasst werden Gebrechen des Bewegungsapparats einschließlich der Lähmung, ebenso wie Beeinträchtigung der Sinnesorgane, also Sehbehinderungen bis zur Blindheit und Hörbehinderungen bis zur Taubheit. Gedacht hat der Gesetzgeber allerdings in erster Linie an Sehbehinderungen.[3] Die Vorschrift kann hingegen wegen ihres Charakters als Sonderregelung nicht analog auf die Fälle des Vertragsschlusses mit Personen ohne deutsche **Muttersprache** angewandt werden. Vielmehr ist die allgemeine vertragsrechtliche Maßgeblichkeit der gewählten Vertragssprache sachgerecht.[4] Soweit eine Körperbehinderung vorliegt, muss sie erkennbar sein. Dabei ist auf den Horizont des Verwenders abzustellen. Es kommt darauf an, ob vom Verwender erwartet werden konnte, dass er das Vorliegen der Behinderung erkennt. Der Verwender muss die Behinderung im Rahmen des Zumutbaren berücksichtigen, nicht aber für jeden Fall der Behinderung eine hinreichende Kenntnisnahme garantieren. Die Berücksichtigung setzt zunächst voraus, dass mögliche Erschwerungen für Behinderte vermieden werden. Ausgehängte AGB müssen auch für Gehbehinderte oder Rollstuhlfahrer zugänglich sein. Ferner können im Rahmen des Zumutbaren Hilfestellungen verlangt werden. Dazu soll es nach Vorstellung des Gesetzgebers zwar nicht zählen, dass der Verwender für jeden Grad der Sehbehinderung AGB in unterschiedlicher Schriftgröße vorhält. Bei Blinden soll es aber erforderlich sein können, dass die AGB als elektronisches Dokument oder in Braille-Schrift vorgehalten werden.[5] 91

b) Entscheidend ist die **Möglichkeit** zumutbarer Kenntnisnahme. Ob sie gegeben ist, richtet sich nach den üblichen Verhältnissen der beteiligten Kundenkreise, mit denen der Verwender rechnen muss. Der Rationalisierungsfunktion widerspricht es, auf die individuellen Verhältnisse jedes einzelnen und sei es auch nur zufälligen Kunden abzustellen. Der Verwender muss aber die Verschiedenartigkeit der Kundenkreise, an die er sich wendet, z. B. Geschäftserfahrung oder nicht, Ausländer oder Inländer, berücksichtigen. Eine Ausnahme muss insoweit für Emissionsbedingungen bei **Kapitalmarktpapieren** gelten (s. auch Rz 64). Hier besteht ein Bedürfnis für einen einheitlichen standardisierten Inhalt, was bei unterschiedlichen Einbeziehungsvoraussetzungen für einzelne Personengruppen nicht gewährleistet 92

---

1 LG Aachen NJW 1991, 2159; gegen die Zumutbarkeit der Kenntnisnahme wegen der Flüchtigkeit des Textes bei Teleshopping *Bultmann/Rahn* NJW 1988, 2432, 2434; s. auch Rz 85.

2 BGH NJW 2006, 2976; *Löhnig* NJW 1997, 1688, 1689; *Ernst* BB 1997, 1057, 1058; *Waldenberger* BB 1996, 2365, 2368 f.

3 BT-Drs. 14/6040, S. 150.

4 *Schäfer* JZ 2003, 879.

5 BT-Drs. 14/6040, S. 151.

wäre (s. zu den Voraussetzungen Rz 85). Eine **tatsächliche Kenntnisnahme** des Kunden ist in keinem Fall erforderlich.[1] Dem Kunden wird damit für nicht überraschende (§ 305c I BGB) und für nach §§ 307–309 BGB inhaltlich angemessene Klauseln das Risiko der Kenntnis auferlegt. Die Möglichkeit der Kenntnisnahme muss tatsächlich bestehen und kann nicht durch eine **Kenntnisnahmeklausel** ersetzt werden (s. auch Rz 106, 111). Eine Klausel, die eine objektiv gegebene Möglichkeit der Kenntnisnahme lediglich deklaratorisch feststellt, ist nicht zu beanstanden, so z. B. wenn die AGB auf der Rückseite des unterschriebenen Formulars abgedruckt sind,[2] nicht jedoch, wenn es sich um mehrere lose Blätter handelt.[3] Liegen die Voraussetzungen zumutbarer Kenntnisnahme nicht vor, so ist eine **Bestätigungsklausel** nach § 307 BGB unwirksam, da die Bestätigung der Kenntnisnahme zugleich die Zumutbarkeit der Kenntnisnahme bestätigen würde, auch wenn diese nicht gegeben ist.[4] Gleiches gilt für die ausdrückliche Bestätigung, die zumutbare Möglichkeit der Kenntnisnahme gehabt zu haben.[5] Zudem wäre dem Kunden auferlegt nachzuweisen, dass er nicht Kenntnis genommen hat und auch nicht die zumutbare Möglichkeit dazu hatte. Die darinliegende Beweislastumkehr ist nach § 309 Nr. 12b BGB unwirksam.[6] Dies gilt z. B. auch für eine Klausel, durch die der Mieter bestätigt, dass die „anliegende Hausordnung" Bestandteil des Mietvertrages sei.[7] Im **Verbandsklageverfahren** ist darauf abzustellen, ob nach der Formulargestaltung generell eine zumutbare Möglichkeit der Kenntnisnahme besteht. Trifft dies nicht zu, ist die Klausel auch im Verbandsklageverfahren insoweit für unwirksam zu erklären und die Unterlassungserklärung auf die Fälle fehlender Möglichkeit der zumutbaren Kenntnisnahme einzuschränken.[8]

93 c) Die Möglichkeit zumutbarer Kenntnisnahme muss **vom Verwender verschafft** werden. Ein Verschaffen der AGB liegt vor, wenn dem Kunden die zumutbare Möglichkeit der Kenntnisnahme (Rz 85 f.) eingeräumt wurde, z. B. durch tatsächliches Zusenden, Aushändigen, Vorlegen, Aushängen oder Vorlesen, auch durch den Notar (Rz 74). Soweit notarielle Beurkundung oder sonstige Formen nicht vorgeschrieben sind, genügt es aber auch, wenn sich der Verwender zu solchen Handlungen, z. B. zur Aushändigung auf Verlangen, bereit erklärt und dazu bei Vertragsabschluss ohne weiteres in der Lage ist. Der Verwender darf aber nicht die Verantwortung für die Verschaffung auf den Kunden abladen (s. Rz 85 f.). Der Kunde trägt zwar die Verantwortung für die tatsächliche Kenntnisnahme. Die dazugehörende Möglichkeit liegt jedoch im Verantwortungsbereich des Verwenders. Neben dem Hinweis auf die AGB als solche muss der Verwender deshalb grundsätzlich darauf hinweisen, wo und wie die Möglichkeit der Kenntnisnahme besteht, falls dies nicht ohnehin selbstverständlich ist.[9] Eine **Bestätigungsklausel,** wonach der Kunde bestätigt, die AGB oder ein sonstiges Formular erhalten zu haben, ist nach § 309 Nr. 12b BGB unwirksam, falls es sich nicht um ein gesondert unterschriebenes bzw. qualifiziert elektronisch signiertes Empfangsbekenntnis handelt.[10]

94 Die Kenntnisverschaffung ist eine **Obliegenheit des Verwenders,** keine klagbare Pflicht. Er kann sie durch Beauftragte erfüllen. Sind die Voraussetzungen

---

1 So auch *Löhnig* NJW 1997, 1688, 1689; *Ernst* BB 1997, 1057, 1058; *Waldenberger* BB 1996, 2365, 2368 f.
2 BGH NJW 1982, 1388.
3 BGH NJW 1991, 1750, 1753.
4 BGH NJW 1991, 1750, 1753; BGH NJW 1990, 761, 765; *Bohle* BB 1983, 16; *Hensen* ZIP 1984, 145, 147.
5 BGH NJW 1990, 761, 765; s. auch § 309 Nr. 12 Rz 53.
6 BGH NJW 1990, 761, 765 f.; OLG Köln OLGR 2002, 232; *Hensen* ZIP 1984, 145, 147.
7 BGH NJW 1991, 1750, 1753.
8 BGH NJW 1990, 761, 766.
9 A. A. *Locher* NJW 1977, 1802.
10 S. auch Rz 85; § 309 Nr. 12 Rz 62; *Roth* VuR 1998, 251, 255.

zumutbarer Kenntnisnahme gegeben, ohne vom Verwender oder seinem Beauftragten geschaffen zu sein, so ist der Sinn von Abs. 2 Nr. 2 dennoch gewahrt, falls nur ein ausdrücklicher Hinweis des Verwenders vorliegt. Die Verschaffungsobliegenheit dient der Verteilung der Verantwortung bei Fehlen der Voraussetzungen, will jedoch nicht den Geschäftsverkehr mit unnötigen Formalien behindern. Das Bestehen des Kunden hierauf wäre als missbräuchliche Rechtsausübung unbeachtlich.

Nach Abschluss des Vertrags hat der Kunde einen **Anspruch** nach § 242 BGB **95** auf **Aushändigung oder Mitteilung** der Vertragsbestandteil gewordenen AGB, sofern er dieser zur Information und Wahrnehmung seiner Rechte bedarf.

d) Zum Verzicht s. Rz 110; zu den Rechtsfolgen bei Fehlen der Voraussetzungen **96** s. Rz 98 ff.

4. Zeitpunkt der Einbeziehung

Die Voraussetzungen von Abs. 2 Nr. 1 und 2 müssen **bei Vertragsabschluss** vorliegen. **97** Dadurch soll der anderen Vertragspartei bzw. deren Vertreter (s. Rz 64) die Abschätzung der Risiken und Lasten der AGB und deren Ablehnung ermöglicht werden.[1] Deshalb muss grundsätzlich der Zeitpunkt als maßgeblich angesehen werden, in dem die andere Vertragspartei die für sie bindende Einbeziehungserklärung abgibt, gleichgültig ob als Bestandteil des Vertragsangebots oder der Vertragsannahme. Geht die Einbeziehungserklärung jedoch vom Verwender aus, so muss der ausdrückliche Hinweis nach Abs. 2 Nr. 1, nicht jedoch die Möglichkeit der Kenntnisnahme nach Abs. 2 Nr. 2, bereits bei Abgabe seines Vertragsangebots gegeben sein, da der spätere Hinweis eine Abänderung darstellt, die wegen der Bindung an das Angebot nicht mehr möglich ist. Dies ergibt sich jedoch aus §§ 145, 150 BGB und nicht aus § 305 II BGB. Nimmt der Verwender ein AGB-freies Angebot des Vertragspartners an, indem er gleichzeitig auf seine AGB verweist, so liegt in dieser Änderung gemäß § 150 II BGB eine Ablehnung verbunden mit einem neuen Antrag, den der Vertragspartner z. B. im Falle der Entgegennahme der Vertragsleistung konkludent gemäß § 151 BGB annimmt (s. auch Rz 105), falls die sonstigen Voraussetzungen der Einbeziehung zu diesem Zeitpunkt vorliegen. § 150 II BGB kann durch AGB im Hinblick auf § 307 BGB nicht wirksam ausgeschlossen werden.[2]

a) Wird eine der Voraussetzungen von Abs. 2 Nr. 1 und 2 erst **nach Vertragsabschluss** oder gar nicht erfüllt, so werden die AGB nicht Vertragsbestandteil, falls **98** nicht eine nachträgliche Änderung vereinbart wird[3] oder ein wirksamer Änderungsvorbehalt insbesondere gemäß § 308 Nr. 4 vereinbart ist.[4] Ein Hinweis auf Rechnungen, Lieferscheinen,[5] auf einem Frachtbrief-Übergabeschein,[6] auch auf Flugtickets[7] ist im Regelfall erst nach Vertragsschluss erfolgt und ist deshalb nicht ausreichend. Bei einem Vertrag zugunsten Dritter genügt die nachträgliche Information des Dritten (s. Rz 64). Bei den sog. Schutzhüllenverträgen, bei denen der Vertrag mit Öffnen der Schutzhülle zustande kommen soll und die insbesondere hinsichtlich der Nutzungsbedingungen für Software gebräuchlich sind,[8] werden die AGB nicht Vertragsinhalt, wenn sie erst nach dem Öffnen zur Kenntnis genom-

---

[1] S. auch BGH NJW 1990, 715, 716.
[2] OLG Frankfurt VersR 1990, 526, 527.
[3] Rz 99; *Staudinger/Schlosser* § 305 Rz 172; s. zum telefonischen Vertragsabschluss Rz 87.
[4] S. § 308 Nr. 4 Rz 19 ff.; *Freund* aaO, S. 132 ff.
[5] Dazu auch BGH NJW-RR 1987, 112, 114; OLG Düsseldorf BB 1983, 84.
[6] S. BGH NJW 1983, 2026.
[7] LG Berlin NJW 1982, 343.
[8] S. *Marly,* Softwareüberlassungsverträge, Rz 455 ff.

men werden können. Auf sie muss vielmehr auf der Schutzhülle deutlich hingewiesen werden, und sie müssen auch ohne Öffnen der Schutzhülle lesbar sein (s. zum Hinweis auch Rz 68). Der Vertrag gilt ohne AGB (§ 306 I BGB), sofern nicht 306 III BGB eingreift. §§ 154, 155 BGB finden, soweit die Voraussetzungen von Abs. 2 Nr. 1 und 2 fehlen, keine Anwendung. Durch die Sonderregelung des § 306 BGB wird auch die Anfechtung des Verwenders wegen eines Irrtums nach § 119 I BGB bezüglich seiner Einbeziehungserklärung ausgeschlossen.[1] Eine Klausel in nach Vertragsschluss ausgehändigten Papieren, dass bestimmte AGB als einbezogen gelten (Einbeziehungsklausel), macht die AGB nicht wirksam, kann aber im Verfahren nach dem UKlaG gemäß § 307 BGB für unwirksam erklärt werden, da sie die Einbeziehungsvoraussetzungen ändern will[2] und über die Wirksamkeit der Einbeziehung täuscht (s. Rz 110).

99 Möglich ist jedoch, die Einbeziehung der AGB durch einen **Abänderungsvertrag** nachzuholen. Abs. 2 muss dann bei dessen Abschluss erfüllt werden.[3] Das ist beispielsweise für telefonische Kundenbestellungen von Bedeutung, wenn der Verwender das telefonische Vertragsangebot durch Warenzusendung annimmt und seine AGB dieser Zusendung beifügt.[4] Gleiches gilt bei Änderung bereits einbezogener AGB, sei es in Dauerschuldverhältnissen oder sonstigen Verträgen. Die Abänderung setzt eine eindeutige Zustimmung zur nachträglichen Einbeziehung der AGB und ein darauf gerichtetes Erklärungsbewusstsein[5] voraus. Daran fehlt es z. B., wenn die Parteien oder ihre Prozessbevollmächtigten sich im Prozess auf die AGB berufen, weil sie diese für bereits wirksam einbezogen ansehen[6] oder wenn ein Verbraucher auf die einem Bestätigungsschreiben beigefügten AGB schweigt. Eine Klausel, wonach der Kunde die AGB bei Annahme einer vom Verwender bereits vertraglich geschuldeten Leistung anerkenne, verstößt gegen § 308 Nr. 5 BGB sowie gegen § 307 BGB und ist daher unwirksam.[7] Eine Abänderung liegt auch nicht vor, wenn ein bereits langjährig tätiger Wirtschaftsprüfer einem Abschlussprüfbericht AGB beilegt, die lediglich darauf hinweisen, dass sich die Prüfung auf die ordnungsgemäße Buchführung erstreckt. Daraus kann ein Laie bei unbefangener Würdigung zwar entnehmen, wovon sich der Wirtschaftsprüfer bei einem Auftrag leiten lässt. Er braucht daraus aber nicht eine Haftungsbegrenzung und schon gar nicht für alle künftigen Aufträge entnehmen.[8] Ein Anspruch auf Abänderung steht dem Vertragspartner grundsätzlich nicht zu.[9] Sind die geänderten AGB für den anderen Vertragsteil günstiger, so kann sich aber aus dem Vertrag, insbesondere bei Dauerschuldverhältnissen, die Pflicht ergeben, die nachträglich günstigeren AGB in den Vertrag einzubeziehen.[10] Werden die Einbeziehungsvoraussetzungen nicht erfüllt, so kann der Verwender aufgrund eines Schadensersatzanspruchs aus culpa in contrahendo oder positiver Vertragsverletzung verpflichtet sein, den anderen Teil so zu stellen, als ob die günstigen AGB Vertragsbestandteil geworden wären.[11] Ein Schadensersatz-

---

[1] S. auch *Locher* BB 1981, 818, 820.

[2] S. auch Rz 84; a. A. BGH NJW 1983, 2026.

[3] BGH NJW 1983, 816, 817; 1984, 1112; BGH NJW-RR 1987, 112, 114; *Freund,* aaO, S. 67 für ungünstige AGB; a. A. *Bunte* BB 1983, 732: nur §§ 145 ff. BGB sollen gelten.

[4] OLG Schleswig NJW 2005, 674.

[5] BGH NJW 1999, 3261.

[6] BGH NJW 1999, 3261.

[7] Vgl. auch LG Frankfurt NJW 1991, 2842; dazu auch *Freund,* aaO, S. 92 ff.

[8] BGH NJW 1983, 1053, 1055.

[9] OLG Saarbrücken NJW-RR 1988, 92; OLG Hamm NJW-RR 1993, 1247 zu AVB.

[10] S. auch *Voit* VersR 1989, 834.

[11] Zu einem Versicherungsvertrag BGH NJW 1982, 926; einschränkend OLG Hamm NJW-RR 1993, 1247.

anspruch aus § 280 I BGB oder § 311 a BGB kann sich auch ergeben, wenn ein Versicherungsvertrag daran scheitert, dass die Versicherung oder ihr Vertreter auf die zu einer Vertragsänderung notwendigen Voraussetzungen nicht hinweist.[1]

Sind die Voraussetzungen von Abs. 2 Nr. 1 und 2 nur bezüglich eines **Teils der AGB** bei Vertragsschluss gegeben, so wird nur dieser Teil Vertragsbestandteil. Soweit das Einbeziehungsangebot, z. B. bei Benutzung von Bestellvordrucken, von der anderen Vertragspartei ausgeht, zu diesem Zeitpunkt aber die Voraussetzungen von Abs. 2 Nr. 1 oder 2 nicht vorliegen, bleibt dem Verwender noch die Möglichkeit, das Angebot abzulehnen und seinerseits ein neues Angebot unter Beachtung von Abs. 2 abzugeben. Ebenso gilt § 150 II BGB, wenn der Verwender mit seiner Vertragsannahme einen ausdrücklichen Hinweis auf die AGB verbindet. Ist der Verwender nach § 145 BGB an sein Angebot ohne AGB gebunden, so kann er den ausdrücklichen Hinweis erst nach Wegfall der Bindung wirksam nachholen. 100

b) Frühere Hinweise des Verwenders wirken bis zum Vertragsabschluss fort, wenn sie als Teil der Verhandlungen des jeweiligen Vertrags anzusehen sind. Der Hinweis muss dann nicht noch einmal bei der Annahmeerklärung des Kunden wiederholt werden. Auch bei verspäteter Annahme nach § 150 I BGB gilt der Hinweis des Verwenders in seinem früheren Angebot fort. Gleiches gilt für § 150 II BGB, wenn die Änderung nicht die Einbeziehung neuer AGB betrifft. Die Möglichkeit zumutbarer Kenntnisnahme muss jedoch bis zur Annahmeerklärung des Kunden erhalten bleiben. Die Einbeziehung der AGB in frühere Verträge, und sei es auch im Rahmen einer laufenden Geschäftsbeziehung, reicht nicht aus,[2] es sei denn, dass aufgrund besonderer Umstände, wie etwa eines Hinweises: „wie immer", der Einbeziehungswille eindeutig feststeht (s. auch Rz 75). Etwas anderes gilt jedoch, wenn ein früherer Vertrag die Funktion eines Grund- und Rahmenvertrags hat, auf den spätere Verträge einschließlich der AGB Bezug nehmen (s. Rz 114 ff.). 101

c) Die Voraussetzungen von Abs. 2 müssen **bei jedem einzelnen Vertrag** neu erfüllt werden.[3] Bei AGB, die dem Kunden aus früheren Verträgen, z. B. wegen ihrer Kürze, ohne weiteres bekannt sein müssen[4] oder von denen er noch ein Exemplar besitzt und deshalb bereits die Möglichkeit zumutbarer Kenntnisnahme besteht, braucht diese Möglichkeit nicht noch einmal geschaffen zu werden.[5] Die Voraussetzungen von Abs. 2 Nr. 1 müssen jedoch für jeden Vertrag erfüllt sein, grundsätzlich also auch für weitere Verträge im Rahmen einer bestehenden Geschäftsbeziehung (s. auch Rz 101). Im Falle von Abs. 1 S. 3 gelten die AGB jedoch für alle von der Rahmenvereinbarung erfassten Rechtsgeschäfte, ohne dass die Voraussetzungen von Abs. 2 bei jedem einzelnen Vertrag wiederholt werden müssen. Beim Sukzessivlieferungsvertrag handelt es sich um einen einheitlichen Vertrag, so dass die AGB für jede Einzellieferung gelten, wenn sie einmal einbezogen sind. Beim Wiederkehrschuldverhältnis mit ständig wiederkehrenden neuen Verträgen muss Abs. 2 jedoch jeweils neu erfüllt werden.[6] 102

d) Wird ein mit AGB abgeschlossener **Vertrag nachträglich ergänzt oder verändert,** so müssen die Einbeziehungsvoraussetzungen nicht erneut erfüllt werden, falls die Änderung nicht die AGB zum Gegenstand hat und der Vertrag nicht in seiner Rechtsnatur derart verändert wird, dass die bereits vereinbarten AGB einen 103

---

1 BGH NJW-RR 1988, 23; s. auch § 307 Rz 366.
2 BGH NJW-RR 1987, 112, 113; OLG Hamburg WM 2003, 581; *Ulmer* Rz 159.
3 S. auch *Müller-Graff* JZ 1977, 250.
4 S. auch BGH NJW 1984, 1112.
5 S. auch Rz 86 f.; a. A. *Ulmer* Rz 159.
6 A. A. *Koch/Stübing* Rz 36.

neuen Bedeutungsgehalt erhalten. Bloße Veränderungen des Lieferumfangs oder des Liefergegenstands erfordern deshalb im Allgemeinen nicht erneut die Beachtung von Abs. 2.[1] Zur Veränderung der AGB s. Rz 99.

5. Einverständnis

104 **a)** Durch das Erfordernis der Einverständniserklärung der anderen Vertragspartei stellt der Gesetzgeber klar, dass die Einbeziehung der AGB auf vertraglicher Grundlage und nicht durch einseitige Maßnahmen des Verwenders erfolgt.[2] AGB sind insbesondere keine Rechtsnormen (Einl. Rz 35). Die Einverständniserklärung ist Willenserklärung, für die die allgemeinen Bestimmungen des BGB gelten.[3] Die Einverständniserklärung kann Bestandteil des Angebots oder der Annahme sein. Ein Einverständnis kann insbesondere auch in einem Einbeziehungsvorschlag des Vertragspartners liegen,[4] was aber die Voraussetzungen in Abs. 2 Nr. 1 und 2 nicht entbehrlich macht.[5] Zur Geltung von § 150 BGB s. Rz 97, 101. Die Einverständniserklärung braucht nicht konkret für jede einzelne Klausel nachgewiesen zu werden. Es genügt, wenn sie **global auf** die **AGB insgesamt gerichtet** ist. Damit wird zumindest konkludent auch das Einverständnis mit den einzelnen Klauseln erklärt. Dies ist gerechtfertigt, weil nach Abs. 2 Nr. 2 die Möglichkeit zumutbarer Kenntnisnahme für jede einzelne Klausel gegeben sein muss und es dem Vertragspartner überlassen bleibt, ob er tatsächlich Kenntnis nimmt. Das globale Einverständnis erstreckt sich jedoch nicht auf überraschende Klauseln (§ 305c I BGB). Bei Haftungsfreizeichnungsklauseln geht die Rspr. darüber hinaus von einer engen Auslegung aus. An das Einverständnis mit einer völligen Haftungsfreistellung sind besonders strenge Anforderungen zu stellen.[6] Auch sonst können trotz einer globalen Einbeziehung einzelne Teile ausgenommen sein. So gilt etwa bei Bauträgerverträgen eine Vermutung, dass trotz Einbeziehung der VOB/B als Ganzes unpassende Klauseln nicht gelten sollen.[7] Auch bei Einbeziehung der VOB/B in einen Generalunternehmervertrag erstreckt sich die Einbeziehung nur auf die Bauleistungen, nicht auf die ebenfalls übernommenen Architekten-, Ingenieur- und Statikerleistungen.[8]

105 **b)** Die Einbeziehungserklärung kann, sofern nicht Schriftform vorgesehen ist (s. Rz 109), auch **konkludent** abgegeben werden.[9] Ebenso gilt für sie § 151 BGB mit dem Verzicht auf das Erfordernis des Zugangs.[10] Das bloße Schweigen ist zwar grundsätzlich nicht als Einverständnis anzusehen. Nimmt der Kunde aber die unter den Voraussetzungen von Abs. 2 Nr. 1 und 2 mit AGB angebotene Leistung an, so liegt darin in der Regel sein stillschweigendes Einverständnis, falls er nicht ausdrücklich widerspricht.[11] Eine Einverständniserklärung kann deshalb auch angenommen werden, wenn der Kunde nach ausdrücklichem Hinweis auf die Änderung von AGB und deren zumutbarer Kenntnisnahme ohne Widerspruch das

---

1 So auch OLG Hamm NJW-RR 1987, 599 zur VOB/B.
2 A. A. *Pflug* AG 1992, 1, 12.
3 A. A. *Reich* NJW 1978, 517.
4 *Soergel/Stein* § 2 Rz 27.
5 BGH NJW 1988, 2106, 2108.
6 S. auch BGH NJW 1982, 1144: Badefloß.
7 BGHZ 96, 275, 279 = NJW 1986, 925.
8 BGH NJW 1988, 142; s. auch § 309 Nr. 8 b ff. Rz 12–13.
9 *Erman/Roloff* Rz 41; *Palandt/Heinrichs* Rz 43; einschränkend *Soergel/Stein* § 2 Rz 27.
10 *Ulmer* Rz 131.
11 S. auch OLG Hamm BB 1979, 1789; *Soergel/Stein,* § 2 Rz 27; a. A. OLG Köln NJW-RR 1994, 1430, 1431.

Vertragsverhältnis, insbesondere ein Dauerschuldverhältnis, fortsetzt. Nicht ausreichend ist es demgegenüber, dass die AGB auf der Internetseite des Verwenders (ohne deutlichen sichtbaren Hinweis) abrufbar waren und der Kunde außerhalb des elektronischen Rechtsverkehrs eine Bestellung abgibt.[1]

c) Eine **Einverständnisklausel,** mit der der Kunde seine Zustimmung erklärt, wirkt nicht konstitutiv und kann das tatsächliche Einverständnis nicht ersetzen. Eine Klausel, wonach der Kunde durch seine Unterschrift die im Anhang abgedruckten AGB als Vertragsbestandteil anerkennt, ist je nach Auslegung entweder als Erklärungsfiktion nach § 307 BGB[2] oder als Tatsachenbestätigung nach § 309 Nr. 12b BGB unwirksam.[3] Dies gilt im Verbandsprozess uneingeschränkt. Im Individualprozess kann nach den Umständen, z. B. durch eine nachfolgende Unterschrift, das Einverständnis aber konkludent oder ausdrücklich vorliegen. Die Klausel hat dann nur deklaratorische Bedeutung und ist deshalb nicht nach §§ 307 bis 309 BGB zu beanstanden.[4] 106

d) Für den Fall der Änderung von bereits vereinbarten AGB kann bei als Dauerschuldverhältnis ausgestalteten Massengeschäften ein Bedürfnis für eine leichtgängige Änderungsmöglichkeit bestehen. Daher enthalten solche Klauselwerke zum Teil eine Erklärungsfiktion, nach der eine AGB-Änderung genehmigt ist, wenn die Änderung dem Kunden mitgeteilt wurde und der Kunde nicht widerspricht. Eine solche **Genehmigungsfiktion bei AGB-Änderungen** begründet kein einseitiges Änderungsrecht und weicht daher von den §§ 145 ff, 305 BGB nicht ab; eine Abweichung von der gesetzlichen Ausgangslage liegt nur insofern vor, als für die Zustimmung des Kunden zu den AGB keine Erklärung notwendig ist, weil deren Vorliegen fingiert wird. Solche Klauseln sind an § 308 Nr. 5 BGB zu messen und – wenn es sich um massenhafte Dauerschuldverhältnisse handelt – wegen des dort bestehenden Rationalisierungsbedürfnisses auch grundsätzlich wirksam.[5] Anders liegt es, wenn der Genehmigung keine eigenständige Bedeutung zukommt, weil der Verwender ohnehin einseitig zur Änderung befugt ist.[6] 107

e) Bei einem **Irrtum über** die Bedeutung seiner Erklärung als **Einverständniserklärung** kann der Kunde nach allgemeinen Voraussetzungen, insbesondere aufgrund von § 119 I BGB, **anfechten.**[7] Ein bloßer Rechtsfolgenirrtum berechtigt als Motivirrtum jedoch nicht zur Anfechtung. Die Beweislast für den Irrtum und seine Kausalität trägt der Vertragspartner des Verwenders. Der Beweis ist im Allgemeinen nicht leicht zu führen. Im Falle der Anfechtung ist nach § 122 BGB Schadensersatz zu leisten. Eine Anfechtung nach § 123 BGB ist ohne weiteres möglich. Zur Anfechtung wegen Irrtums über den Inhalt einzelner Klauseln s. § 307 Rz 10. Zum Anfechtungsrecht des Verwenders s. Rz 98. 108

---

1 OLG Hamburg WM 2003, 581.

2 S. dazu auch Voraufl. § 10 Nr. 5 Rz 7.

3 OLG Köln, OLGR 2002, 232.

4 BGH NJW 1982, 1388; OLG Frankfurt ZIP 1983, 1213, 1215; a. A. OLG Hamburg DB 1984, 2504, 2505; einschränkend *Bohle* BB 1983, 16; *Hensen* ZIP 1984, 145, 147; *Roth* VuR 1998, 251, 254 (Verstoß gegen Transparenzgebot).

5 *Pfeiffer* K&R 1998, 465; vgl. im Ergebnis auch OLG Köln, NJW-RR 2001, 639 mit Anm *Pfeiffer* K&R 2000, 552. Hiervon ausgehend auch der Gesetzgeber der Schuldrechtsreform bei der Beschränkung der früheren Privilegierung der Telekommunikationsverträge, BT-Drs. 14/6040, S. 152. Zweifelnd wegen einer im Einzelfall als kurz angesehenen Frist von vier Wochen BGHZ 141, 153.

6 Von einer solchen Konstellation ausgehend BGHZ 141, 153.

7 *Locher* BB 1981, 818; a. A. *Tilmann* ZHR 142, 52.

6. Schriftform

109 Ist durch Gesetz oder Rechtsgeschäft Schriftform vorgesehen, so muss die Einbeziehung der AGB dem jeweiligen Schriftformerfordernis genügen. Die Einbeziehung schriftlich formulierter AGB nach § 305 II, III BGB erfüllt die Schriftform nicht ohne weiteres. Für die Schriftform nach § 126 BGB muss die Unterschrift vielmehr auch die globale (Rz 104) Einbeziehung der schriftlichen AGB mit abdecken. Dazu genügt der Abdruck auf der Rückseite nicht, wenn die Unterschrift auf der Vorderseite erfolgt und über der Unterschrift nicht ein deutlicher Hinweis auf die AGB angebracht ist. Ist die Schriftform für beide Vertragserklärungen vorgesehen, so müssen beide Unterschriften die AGB erkennbar mittragen. Ist Schriftform nicht für den Gesamtvertrag, sondern nur für einzelne Inhalte vorgesehen, wie z. B. bei Gerichtsstandsvereinbarungen für Verbraucher, so genügt nicht die global schriftliche Einbeziehung der AGB. Vielmehr muss die Unterschrift gerade die betreffende Klausel erfassen.[1] Soweit notarielle Beurkundung vorgesehen ist, müssen auch die AGB in die notarielle Beurkundung einbezogen werden. Ein bloßer Hinweis auf sie genügt nicht (s. Rz 74).

7. Verzicht auf Einbeziehung

110 Ein Verzicht des Kunden auf die Einbeziehungsvoraussetzungen ist auch nach § 307 BGB **grundsätzlich unwirksam,** da es sich um eine Schutzvorschrift im Allgemeinen Interesse des rechtsgeschäftlichen Verkehrs mit Verbrauchern handelt. Alle **Einbeziehungsklauseln** (s. auch Rz 93, 106), wonach der Vertragspartner die Einbeziehung entgegen den Voraussetzungen aus § 305 II, III BGB bestätigt oder durch welche die den Verwender treffende Beweislast auf den Kunden abgewälzt wird, sind wegen des darin liegenden Verzichts auf die Voraussetzungen in § 305 II, III BGB nach § 307 BGB bzw. nach § 309 Nr. 12 BGB unwirksam.[2] Nach § 307 BGB unwirksam ist grundsätzlich auch eine Klausel, wonach alle weiteren Einzelheiten bei der Annahme des Antrags im banküblichen Rahmen festgelegt werden, soweit es sich in Wirklichkeit um AGB handelt, da dem Kunden dadurch die Möglichkeit der Kenntnisnahme vorenthalten wird.[3] Unwirksam nach § 307 BGB ist auch eine Klausel, die den Kunden täuscht, indem sie den Eindruck erweckt, es gälten die AGB, obwohl die Einbeziehungsvoraussetzungen nicht vorliegen. Die Klausel „Wir arbeiten nach AGB", ohne dass diese bei Vertragsschluss vorliegen, ist deshalb nach § 307 BGB unwirksam.[4] Gleiches gilt für die Klausel „Es gelten die AGB, die auf Wunsch gerne zugesandt werden",[5] weil damit die Geltung ohne Beachtung von § 305 II, III BGB vereinbart werden soll. Darin liegt zugleich ein Verstoß gegen das Richtigkeitsgebot.[6] Auch wenn die Einbeziehung nach § 305 II, III BGB nicht im Verbandsklageverfahren überprüft werden kann, so können doch Klauseln, die die Einbeziehung abweichend von § 305 II, III BGB regeln, Gegenstand des Verbandsklageverfahrens sein, soweit sie gegen §§ 307 bis 309 BGB verstoßen. Dies gilt insbesondere auch für die Kenntnisnahme und Bestätigung (Rz 93 f.), für Einverständnisklauseln (Rz 106) sowie allgemein beim Verstoß gegen das Transparenzgebot.[7] Ausnahmsweise ist ein Verzicht auf Abs. 2 Nr. 2 im

---

[1] S. auch Anh. § 310 Rz G 145.
[2] S. auch BGH NJW 1991, 1750, 1753.
[3] BGH ZIP 1988, 559, 562; a. A. OLG Koblenz ZIP 1983, 557.
[4] *Hensen* ZIP 1984, 145, 146; a. A. offenbar BGH NJW 1983, 2026.
[5] S. LG Frankfurt NJW-RR 1992, 441.
[6] S. § 307 Rz 267 f.
[7] § 307 Rz 235 ff.

Wege der Individualvereinbarung möglich, wenn wegen der besonderen Bedürfnisse im Einzelfall, wie bei telefonischer Bestellung des Kunden (s. Rz 87), ein berechtigter Grund für den Verzicht vorhanden ist oder wenn ein Bedürfnis für ein einseitiges Leistungsbestimmungsrecht besteht.[1] Der Verwender darf aber seinen Geschäftsverkehr nicht allgemein so einrichten, dass er von allen Kunden einen Verzicht verlangt. Ein Verzicht in AGB ist in jedem Fall unwirksam. Vom Verzicht auf die Einbeziehungsvoraussetzungen ist zu unterscheiden, ob sich die andere Vertragspartei **auf** ihr **günstige AGB trotz fehlender Einbeziehung berufen** kann. Dies ist z. B. unter dem Gesichtspunkt des venire contra factum proprium möglich, wenn der Verwender mit seinen AGB geworben, aber durch sein Verhalten beim konkreten Vertragsabschluss die Voraussetzungen von Abs. 2 Nr. 1 oder 2 vereitelt hat. Dem Verwender ist die Berufung auf die fehlende Einbeziehung nicht generell verwehrt, sondern allenfalls dann, wenn dem anderen Vertragsteil dadurch Rechte entzogen würden, auf deren Bestand er vertrauen durfte.[2]

8. Beweislast

Der Beweis der Einbeziehung obliegt demjenigen, der sich auf die Geltung der **111**
AGB beruft.[3] Dies ist regelmäßig der Verwender.[4] Bei **mündlichem** oder telefonischem Vertragsabschluss kann dies zu Schwierigkeiten führen, wenn nicht ein Aushang (Rz 79 ff.) genügt oder eine Rahmenvereinbarung (Rz 114 ff.) vorliegt. Ebenso reicht bei Vertragsschluss per **Fax** oder **E-Mail** die Vorlage von Sendeprotokollen jedenfalls für sich genommen nicht aus, zumal sie keinen Rückschluss auf den Inhalt der versandten Dokumente oder Daten erlaubt.[5] Eine allgemeine Anweisung an das Verkaufspersonal, auf die AGB hinzuweisen und sie bekannt zu machen, ersetzt nicht den Nachweis im Einzelfall. Eine schriftliche Einbeziehung, etwa durch Unterschrift des Kunden unter die AGB, erleichtert die Beweisführung. Eine Kenntnisnahmeklausel, wonach der Kunde bestätigt, von den AGB Kenntnis genommen zu haben und mit ihnen einverstanden zu sein, kann nicht konstitutiv die tatsächlichen Voraussetzungen der Einbeziehung ersetzen (s. auch Rz 106). Wenn auf die Klausel deutlich hingewiesen wird und die AGB mit ihr eng verbunden sind, z. B. durch Abdruck auf der Rückseite, so sind die Einbeziehungsvoraussetzungen gegeben. Die Klausel hat dann lediglich feststellenden Charakter und unterliegt weder § 309 Nr. 12 noch § 307 BGB.[6] Unwirksam ist aber eine Aushändigungsklausel (Rz 85). Soweit sich der Vertragspartner des Verwenders auf eine ihm günstige Klausel beruft, muss er nicht die seinem Schutz dienenden Voraussetzungen des § 305 II BGB beweisen. Es genügt, dass er eine Vereinbarung nach §§ 145 ff. BGB beweist.

9. Wirkungen

Die Wirkung der wirksamen Einbeziehung besteht darin, dass die AGB Ver- **112**
tragsinhalt werden. Sie unterliegen jedoch auch und gerade dann, wenn die Voraussetzungen von § 305 II, III BGB vorliegen, der Inhaltskontrolle nach §§ 307–309 BGB im Individualprozess. Für die Verbandsklage bedarf es keiner Einbeziehung.

---

1 S. Anh. § 310 Rz L 215.
2 S. auch BGH NJW 1999, 3261; ferner *Henkel* ZGS 2003, 418.
3 BGH NJW RR 1987, 112, 113.
4 S. auch BGH NJW 1991, 1750, 1753.
5 OLG Hamburg WM 2003, 581.
6 S. BGH NJW 1982, 1388.

113 Werden an Stelle der ursprünglichen AGB **später andere AGB** in den Vertrag einbezogen, so gelten im Falle von Widersprüchen grundsätzlich die später einbezogenen.[1]

X. Rahmenvereinbarung (Abs. 3)

1. Zweck und Rechtsnatur

114 Die Rahmenvereinbarung dient der **Erleichterung des Geschäftsverkehrs** zwischen Parteien mit ständigen Geschäftsbeziehungen auf der Basis einer Vielzahl gleichartiger Verträge. Dadurch, dass die Vertragsbedingungen im Rahmenvertrag auf eine Vielzahl von Verträgen zur Anwendung gelangen, werden sie zu AGB.[2] Die AGB brauchen dann nicht in jedem Einzelfall neu vereinbart werden. Vielmehr macht die Rahmenvereinbarung die AGB zwischen den Parteien für alle von ihr erfassten Verträge verbindlich, ohne dass die Einbeziehungsvoraussetzungen bei den Einzelverträgen erfüllt sein müssten oder in den Einzelverträgen auf die Rahmenvereinbarung verwiesen werden müsste.[3] Die Rahmenvereinbarung ergänzt den Einzelvertrag und füllt ihn aus. Für sich allein erzeugt sie keine Rechte und Pflichten, sondern nur aufgrund ihrer Geltung im Einzelvertrag. Sie ist deshalb von den AGB im Sukzessivlieferungsvertrag zu unterscheiden und ist auch kein Dauerschuldverhältnis eigener Art,[4] sondern ein **Normvertrag,**[5] dessen Rechtswirkung in der unmittelbaren Geltung der zwischen den Parteien vorgefertigten Vertragsordnung im Einzelvertrag beruht. Mit dem Normenvertrag kann ein Grund- oder Geschäftsbeziehungsvertrag verbunden sein, der Rechte und Pflichten unabhängig vom Einzelfall erzeugt, z. B. die Pflicht zum Abschluss der Einzelverträge oder Pflichten für das Verhalten beim Vertragsabschluss (§ 311 a BGB). Rahmenvereinbarungen nach Abs. 3 sind insbesondere die AGB-Banken, die aber zugleich in den Bankenvertrag als allgemeinem Grund- oder Geschäftsbeziehungsvertrag eingebettet sind.[6] Grund- und Rahmenvertrag kann auch ein Darlehensvertrag sein, auf den bei späteren Wiederholungskrediten Bezug genommen wird.[7] AGB in Rahmenvereinbarungen unterliegen in gleicher Weise dem AGB-Recht, insbesondere auch den §§ 307–309 BGB, wie AGB im Einzelvertrag.

2. Voraussetzungen

115 **a)** Die Rahmenvereinbarung ist **Vertrag,** für den die allgemeinen Vertragsvorschriften des BGB gelten, soweit Abs. 3 nicht zusätzliche Erfordernisse aufstellt. Es muss eine Rahmenvereinbarung für die Geltung in künftigen Verträgen gewollt sein. Dazu bedarf es des Vorliegens von beiderseitigen Willenserklärungen, die erkennbar zum Ausdruck bringen, dass AGB über den jeweils konkreten Einzelvertrag hinaus für künftige gleichartige Verträge gelten sollen.[8] Die bloße Existenz jahrelanger intensiver Geschäftsbeziehungen oder auch die ständige Verwendung der AGB in laufenden Geschäftsbeziehungen oder der ständige Hinweis in Rech-

---

[1] S. auch BGH NJW 1980, 2022, 2023.
[2] S. auch Rz 15.
[3] BT-Drs. 7/3919, S. 18; BGH NJW-RR 1987, 112.
[4] So aber *Ulmer* Rz 205.
[5] *A. Hueck* JherJb 73, 33.
[6] S. auch Anh. § 310 Rz B 1 ff.
[7] OLG Frankfurt ZIP 1984, 302.
[8] BGH NJW-RR 1987, 112.

nungen und Lieferscheinen lässt noch keine Rahmenvereinbarung entstehen, auch wenn der Vertragspartner die jeweilige Einbeziehung kennt und die AGB stillschweigend akzeptiert. Dies gilt auf jeden Fall gegenüber Verbrauchern.[1] Auch die Theorie des allgemeinen **Bankvertrags,** nach der die einmalige Vereinbarung der AGB-Banken zu einem Rahmenvertrag führt, hat die Rechtsprechung abgelehnt.[2] Von dem Vorliegen einer Rahmenvereinbarung zu unterscheiden ist die Frage, ob durch ständige Verwendung und Kenntnis des Vertragspartners von den AGB eine konkrete Einbeziehung nach Abs. 2 stattfindet (s. Rz 101, 102). Eine Klausel in AGB, dass diese für alle künftigen Verträge derselben Art gelten, führt in der Regel schon nach § 305c I BGB nicht zu einer Rahmenvereinbarung.[3]

b) Die Rahmenvereinbarung muss **eine bestimmte Art von Rechtsgeschäften** bezeichnen, für die sie gelten will. Die Geltung der AGB kann nicht für alle beliebigen Geschäfte zwischen den Parteien vereinbart werden. Die Art eines Rechtsgeschäfts wird durch seine Rechtsnatur, z. B. Kaufvertrag, Werkvertrag, seinen wirtschaftlichen Zweck und den Gegenstand seiner Hauptleistungen bestimmt. Diese Art muss für die von der Rahmenvereinbarung erfassten Geschäfte gleich sein, so dass eine einheitliche Regelung der AGB gerechtfertigt ist. Dies trifft etwa für AGB in einem Darlehensvertrag zu, der zugleich Rahmenvertrag für weitere Kredite ist.[4] Als Rechtsgeschäfte kommen Verträge und einseitige Rechtsgeschäfte in Betracht. Mehrere Arten von Rechtsgeschäften können durch eine Rahmenvereinbarung geregelt werden, wenn eine einheitliche Regelung für alle gerechtfertigt ist oder wenn für jede Art von Geschäft ein Teil der Rahmenvereinbarung gilt, wie z. B. bei den AGB-Banken, und die Übersichtlichkeit nicht beeinträchtigt wird. 116

c) Es muss die Geltung **bestimmter AGB** vereinbart werden. Die Vereinbarung von AGB in ihrer jeweils geltenden Fassung ist damit ausgeschlossen.[5] 117

d) Die **Voraussetzungen von Abs. 2** (s. Rz 67–109) müssen auch bei der Rahmenvereinbarung eingehalten werden. Dazu bedarf es eines ausdrücklichen Hinweises nach Abs. 2 Nr. 1. Der Abschluss einer Rahmenvereinbarung durch Aushang der AGB dürfte praktisch kaum in Betracht kommen. Schriftform ist nicht erforderlich, aus Beweisgründen aber ratsam. Der Zeitpunkt bei Vertragsabschluss ist im Rahmen von Abs. 3 der Zeitpunkt des Abschlusses der Rahmenvereinbarung. 118

3. Wirkung

Die AGB gelten aufgrund der Rahmenvereinbarung unmittelbar für alle Verträge, für die die Rahmenvereinbarung nach ihrem Inhalt zulässigerweise Geltung beansprucht. In personeller Hinsicht gilt sie nur zwischen den Parteien des Rahmenabkommens; in zeitlicher Hinsicht gilt sie mit Wirkung *ex tunc* für künftige Verträge, falls nicht ausdrücklich eine rückwirkende Geltung vereinbart ist. Die Geltung für den Einzelvertrag tritt unmittelbar ein, ohne dass es eines weiteren hierauf gerichteten Willensaktes bedarf. Die Parteien können aber im Einzelnen Vertrag die Geltung ausschließen. Die einseitige Erklärung einer Partei reicht dafür jedoch nicht aus. Die Rahmenvereinbarung insgesamt verliert ihre Wirkung durch Aufhebungsvertrag. Im Falle eines Abänderungsvertrags gilt für die Zukunft die neue Rahmenvereinbarung. Die Partei, die die Rahmenvereinbarung nicht mehr gelten lassen will, kann auch vom Abschluss weiterer Einzelverträge absehen. Eine 119

1 BGH NJW-RR 1987, 112.
2 BGHZ 152, 114.
3 *Ulmer* Rz 206.
4 OLG Frankfurt ZIP 1984, 302.
5 BT-Drs. 7/3919, S. 18.

Kündigung der Rahmenvereinbarung kommt, falls nicht vereinbart, nicht in Betracht. Ist die Rahmenvereinbarung einer geänderten Situation nicht mehr angemessen, so kommt die Inhaltskontrolle (§§ 307 bis 309 BGB), aber auch ein Wegfall der Geschäftsgrundlage in Betracht. Soweit die Rahmenvereinbarung als Normenvertrag nicht für sich allein, sondern nur über den Einzelvertrag Geltung entfaltet (s. Rz 114), kann auch die Inhaltskontrolle von der anderen Vertragspartei nur im Rahmen des Einzelvertrags durchgeführt werden. Eine abstrakte Kontrolle der Rahmenvereinbarung ist für die andere Vertragspartei nicht vorgesehen.

XI. Einbeziehung im unternehmerischen Geschäftsverkehr

1. Allgemeines und Überblick

120 **a)** Das geringere Schutzbedürfnis und die unterschiedlichen Bedürfnisse des Geschäftsverkehrs, der auf rasche und unkomplizierte Abwicklung gerichtet ist,[1] sind der **Grund für die Ausnahme,** dass § 305 II, III BGB im Geschäftsverkehr gegenüber Unternehmern und gegenüber juristischen Personen des öffentlichen Rechts keine Anwendung finden (§ 310 I BGB).[2] § 305 II, III BGB strahlen auch nicht in der Weise auf den unternehmerischen Verkehr aus, dass die Absätze grundsätzlich zu beachten sind, falls nicht besondere Gründe eine Abweichung rechtfertigen.[3] Vielmehr sind die allgemeinen Voraussetzungen des Vertragsschlusses unter Berücksichtigung der Branchenüblichkeit und des Handelsbrauchs im unternehmerischen Verkehr zu beachten.

121 **b) Unternehmer** ist jeder Gewerbetreibende oder Freiberufler unabhängig von der Größe seines Gewerbebetriebs. § 310 I BGB betrifft unmittelbar nur den privatrechtlichen Verkehr mit den öffentlichen Institutionen; zur analogen Anwendung bei öffentlich-rechtlichen Verträgen s. Einl. Rz 24. Voraussetzung für die Nichtanwendung von § 305 II, III BGB ist, dass der Unternehmer oder die juristische Person des öffentlichen Rechts die andere Vertragspartei ist. Ob beim Verwender die Voraussetzungen von § 310 BGB vorliegen, ist gleichgültig.

122 **c)** Da es auf die Kaufmannseigenschaft nicht mehr ankommt, ist kein (anders als nach der früheren Rechtslage) Handelsgeschäft im Sinne des § 343 HGB erforderlich. Allerdings setzt die Unternehmerdefinition in § 14 BGB voraus, dass der Betreffende zu einem seiner selbstständigen gewerblichen oder beruflichen Tätigkeit zuzuordnenden Zweck handelt, es sich also um ein **zur Unternehmertätigkeit gehörendes Geschäft** handelt.

123 **d)** An Stelle von § 305 II, III BGB gelten die **Vorschriften des BGB** und gegebenenfalls auch des **HGB.** Es bedarf deshalb grundsätzlich einer rechtsgeschäftlichen Einbeziehungsvereinbarung (Rz 124 ff.), soweit nicht AGB kraft Handelsbrauchs gelten (Rz 145 ff.). Die bisherige Rechtsprechung gilt grundsätzlich fort. § 305 II Nr. 1 und 2 BGB gelten nicht unmittelbar; zuweilen muss auf deren Grundgedanken jedoch zurückgegriffen werden.[4] Werden sie freiwillig eingehalten, so werden die AGB selbstverständlich auch im unternehmerischen Geschäftsverkehr Vertragsbestandteil. Rahmenvereinbarungen nach § 305 III BGB sind auch im unternehmerischen Geschäftsverkehr möglich, obwohl § 310 I BGB darauf nicht verweist; es gelten jedoch nicht die Anforderungen von § 305 II Nr. 1 und 2 BGB.

---

[1] S. *Müller-Graff* FS *Pleyer,* S. 401, 402; *Schröder,* aaO, S. 76 f.
[2] BT-Drs. 7/3919, S. 43.
[3] So aber *Müller-Graff* FS *Pleyer,* S. 401, 405.
[4] S. auch BT-Drs. 7/3919, S. 43 und Rz 125, 131.

2. Rechtsgeschäftliche Einbeziehungsvoraussetzungen

a) Die Einbeziehung der AGB ist Bestandteil des allgemeinen Vertragsschlusses nach §§ 145 ff. BGB und setzt deshalb eine darauf gerichtete ausdrückliche oder stillschweigende **Vereinbarung** voraus.[1] 124

b) Der **Wille** des Verwenders **zur Einbeziehung** der AGB muss **erkennbar** sein. Dieser Wille ist aber nach §§ 133, 157 BGB zu ermitteln. Anstelle des ausdrücklichen Hinweises[2] kann sich die Einbeziehung deshalb auch aus anderen Umständen als konkludenter Hinweis ergeben.[3] Auch eine rechtlich unzutreffende Wortwahl (z.B. Hinweis auf AGB als „Geschäftsgrundlage") steht nicht entgegen.[4] Die Erkennbarkeit der Einbeziehung betrifft nur die AGB an sich, nicht deren Inhalt (dazu Rz 131). Grundsätzlich obliegt dem Unternehmer eine größere Sorgfalt und Erkundigungslast bei der Prüfung von Vertragsangeboten und Vertragsannahmeerklärungen als dem Verbraucher.[5] Die Anforderungen können je nach den angesprochenen Verkehrskreisen variieren, soweit ein Vertragspartner nicht in bestimmten Bereichen besondere Geschäftserfahrung besitzt. Gleichgültig ist, ob der Einbeziehungswille im Angebot oder in der Annahmeerklärung enthalten ist, für die dann § 150 II BGB gilt. Als **konkludente Erklärungen** kommen in Betracht: Beifügung der AGB im schriftlichen Angebot, Abdruck der AGB auf der Rückseite eines Bestellscheins oder einer Auftragsbestätigung,[6] Abdruck in Preislisten, Katalogen oder Prospekten jedenfalls dann, wenn diese dem Bestellvorgang üblicherweise zu Grunde gelegt werden, sowie die Annahme der gelieferten Ware, wenn der Verkäufer erstmals in der Auftragsbestätigung seine AGB erwähnt hat,[7] deutlich sichtbarer Aushang am Ort des Vertragsschlusses, auch ohne dass die Voraussetzungen von § 305 II Nr. 1 BGB vorliegen. Insbesondere kann es ausreichen, wenn der Verwender die Überlassung der AGB auf Wunsch anbietet.[8] Zur Branchenüblichkeit s. Rz 127. **Keine stillschweigende Einbeziehung** liegt aber regelmäßig vor, wenn der andere Vertragsteil durch eine Abwehrklausel (s. Rz 140) seinen vorweggenommenen Widerspruch zu erkennen gegeben hat. Dabei ist unmaßgeblich, ob die Abwehrklausel bereits jetzt oder später Vertragsinhalt geworden ist.[9] Auch im unternehmerischen Verkehr muss klar und eindeutig sein, welche AGB einbezogen werden sollen. Bestehen hieran Zweifel, so entfällt eine wirksame Einbeziehung.[10] Zur Einbeziehung der ADSp Anh. § 310 Rz 72 f. 125

aa) Ist auf AGB in einer **laufenden Geschäftsbeziehung**[11] bisher stets hingewiesen worden, so gelten sie bei unveränderten Umständen stillschweigend auch für die weiteren Verträge, falls der Kunde nicht deutlich widerspricht.[12] Eine laufende Geschäftsbeziehung setzt eine Dauerbeziehung oder mehrere Geschäftsabschlüsse in einem begrenzten Zeitraum voraus, was je nach Branche unterschiedlich 126

---

1 BGH NJW 1978, 2243; 1985, 1838; BGH NJW-RR 1991, 357; BGH NJW 1995, 1671, 1672; *Ulmer* Rz 170.

2 § 305 II Nr. 1 BGB; dazu auch Rz 130.

3 BGHZ 102, 293, 304 = NJW 1988, 1210; BGH NJW-RR 1991, 570.

4 OLG Frankfurt BauR 1999, 1460.

5 BGH WM 1977, 1353.

6 A. A. *Löwe/von Westphalen* § 2 Rz 35.

7 BGH NJW 1995, 1671, 1672.

8 OLG Sachsen-Anhalt, 19. 6. 2004, 2 U 68/02, juris-Nr. KORE433342003.

9 BGH NJW 1985, 1838.

10 BGH ZIP 1988, 175, 179 = NJW 1988, 1210.

11 S. dazu im Einzelnen *Müller-Graff* FS *Pleyer,* S. 401, 412 ff.

12 BGHZ 42, 53, 55; BGH NJW-RR 1991, 570.

sein kann.[1] Die stillschweigende Einbeziehung bedarf jedoch sorgfältiger Prüfung im Einzelfall.[2] Einzelne gelegentliche Vertragsabschlüsse[3] reichen dafür nicht aus. Hinweise auf Lieferscheinen sind grundsätzlich ungeeignet,[4] weil sie nicht notwendig zur Kenntnis des vertretungsberechtigten Personals gelangen. Auch ein Hinweis auf Rechnungen ist grundsätzlich ungeeignet.[5] Ist aber bereits einmal entsprechend einer auf dem Lieferschein befindlichen Klausel verfahren worden, so kann sich der Verwender darauf verlassen, dass diese Bedingungen bekannt sind.[6] Gleiches gilt beim Abdruck der AGB auf der Rückseite von den Vertragsabschluss begleitenden Rechnungen ohne Hinweis auf der Vorderseite,[7] oder wenn auf der Rechnung auf sie hingewiesen wird und sie beigelegt sind.[8] Ist das die Rechnung bearbeitende Personal nicht vertretungsberechtigt, so muss es die beigelegten AGB den vertretungsberechtigten Personen vorlegen.[9] Das Vertrauen des Verwenders hierauf begründet die konkludente Einbeziehung bei Fortsetzung der Beziehungen. Dies gilt auch für den Fall der Änderung der bisherigen AGB durch neue, auch wenn die bisherigen AGB durch Individualabrede einbezogen worden sind.[10] Es muss sich um für die laufende Geschäftsbeziehung typische Verträge handeln. Für Verträge, die in der Geschäftsbeziehung atypisch sind, bedarf es eines besonderen Hinweises. Stellt sich ein Vertrag als **Nachbestellung** dar, so wird damit in der Regel konkludent auf den vorausgegangenen Vertrag und dessen AGB Bezug genommen.[11]

127 **bb)** Bei branchenüblichen AGB ergibt sich ein Indiz für einen konkludenten Einbeziehungswillen ohne besonderen Hinweis oder besondere Bezugnahme bei Vertragsabschluss aus der **Branchenüblichkeit,**[12] falls nicht besondere Umstände entgegenstehen. Der Einbeziehungswille muss jedoch festgestellt werden.[13] Die Branchenüblichkeit für sich allein reicht auch im unternehmerischen Verkehr nicht aus. Branchenüblichkeit liegt vor, wenn die AGB allgemein in der betreffenden Branche benutzt werden und ein entsprechendes Bewusstsein bei den beteiligten Kreisen besteht.[14] Es muss sich jedoch um typischerweise zur Branche gehörende Geschäfte[15] und aus der Sicht des Verwenders um branchenkundige Personen handeln.[16] Einbezogen werden nur branchenübliche Klauseln. Gleichgültig ist, ob das Angebot vom Verwender oder von der anderen Vertragspartei ausgeht.[17]

128 **Branchenüblich sind** die ADSp bei Transport- und Speditionsgeschäften mit einem im Inland ansässigen Unternehmer.[18] Dies gilt auch für ein mit der Güterversendung verknüpftes Lagergeschäft,[19] jedoch nicht für vom Spediteur über-

---

[1] *Fischer* BB 1995, 2491, 2492 allgemein mindestens 5 in einem halben Jahr; vgl. auch *Berger* ZGS 2004, 415, 418 f.
[2] BGH NJW 1978, 2243.
[3] BGH LM AGB Nr. 47: acht Kaufverträge in drei Jahren.
[4] BGH NJW 1978, 2243.
[5] S. Rz 133; vgl. auch *Palandt/Heinrichs* Rz 52; *Lindacher* WuB IV B § 2 AGBG 1.92.
[6] S. OLG Hamburg NJW-RR 1986, 1177, 1178.
[7] OLG Hamburg ZIP 1984, 1241; a. A. offenbar *Müller-Graff* FS *Pleyer,* S. 401, 407.
[8] BGH NJW-RR 1991, 570.
[9] BGH NJW-RR 1991, 570.
[10] BGH NJW-RR 1991, 570; allgemein Rz 99.
[11] BGH BB 1965, 435.
[12] BGH NJW 1985, 1838, 1840; 1990, 513, 514; BGHZ 17, 3; BGH NJW 1968, 1718.
[13] BGH NJW-RR 1992, 626.
[14] S. auch *Müller-Graff* FS *Pleyer,* S. 401, 412.
[15] BGH BB 1976, 1386.
[16] BGH NJW 1976, 2075: verneint für Ausländer.
[17] A. A. *Ulmer* Rz 174.
[18] BGH WM 1975, 1163; BGH NJW 1986, 1434.
[19] BGH NJW 1985, 2411, 2412.

nommene atypische Geschäfte, wie z. B. den Forderungseinzug.[1] Insoweit bedarf es eines ausdrücklichen Hinweises. Gleiches gilt, wenn die ADSp gegenüber einem Ausländer, der nicht Spediteur ist, verwendet werden[2] oder wenn der Vertrag aufgrund besonderer Einzelbestimmungen geschlossen wird.[3] S. dazu auch Anh. § 310 Rz A 72. Branchenüblich sind auch die AGB-Banken im Verkehr der Banken untereinander,[4] wobei die AGB desjenigen Kreditinstituts gelten, das dem anderen seine Dienste zur Verfügung stellt.[5] Ebenso sind branchenüblich Versicherungsbedingungen für Versicherungsverträge (s. dazu auch Anh. § 310 Rz V 89 ff.), AGB von öffentlichen Versorgungseinrichtungen, auch für Krankenhäuser,[6] wobei bei der Aufnahme als Patient die Kaufmannseigenschaft aber keine Rolle spielen darf. Als branchenüblich sind früher auch die AGB von Flughafenbetrieben[7] und von Hafenbetrieben[8] angesehen worden. Branchenüblich sind auch die Allgemeinen Beförderungsbedingungen für den gewerblichen Güternahverkehr mit Kraftfahrzeugen.[9] Auch Eigentumsvorbehaltsklauseln können je nach Geschäftszweig branchenüblich sein.[10]

Noch nicht branchenüblich sind Maklerbedingungen, die VOB oder AGB bei Anzeigen und Aufträgen im Pressegewerbe.[11] 129

cc) Ist der Einbeziehungswille nicht aufgrund einer laufenden Geschäftsbeziehung, wegen Branchenüblichkeit oder aufgrund sonstiger Umstände konkludent erkennbar, so bedarf es eines **klaren und eindeutigen Hinweises.**[12] Wird im Vertrag zwischen Vorlieferant und dessen Käufer auf die AGB des Drittabnehmers Bezug genommen, so ersetzt dies nicht die Einbeziehung im Vertrag zwischen Drittabnehmer und Käufer.[13] 130

c) Die andere Vertragspartei muss auch im unternehmerischen Verkehr die **Möglichkeit der zumutbaren Kenntnisnahme** vom Inhalt der AGB haben.[14] Nur unter dieser Voraussetzung lässt sich die selbstverantwortliche Zurechnung der Einbeziehungserklärung (Rz 134) rechtfertigen. Niemand kann an etwas gebunden sein, wovon er nicht einmal die Möglichkeit der Kenntnisnahme hat. Im Unterschied zu Abs. 2 Nr. 2 können an Unternehmer aber erhöhte Anforderungen an die Kenntnisnahme gestellt werden, jedoch muss die Bezugnahme auf die konkret maßgeblichen AGB so gefasst sein, dass keine vernünftigen Zweifel auftreten können.[15] Im nationalen Rechtsverkehr zwischen Unternehmern müssen die AGB nicht dem für den Vertragsabschluss maßgebenden Schreiben beigelegt[16] oder ausgehändigt sein;[17] (anderes gilt im Anwendungsbereich des UN-Kaufrechts).[18] 131

[1] BGH NJW 1980, 1275.
[2] BGH NJW 1976, 2075.
[3] BGH NJW 1981, 1905.
[4] BGH NJW 1990, 513, 514.
[5] BGH NJW 1990, 513, 514.
[6] OLG Karlsruhe NJW 1975, 598.
[7] OLG Karlsruhe VersR 1971, 159.
[8] BGH LM AGB Nr. 21 a.
[9] AGNB; LG Darmstadt TranspR 1984, 201.
[10] S. auch BGH JZ 1978, 104, 105.
[11] A. A. LG Braunschweig NJW 1975, 782.
[12] S. auch BGH NJW-RR 1989, 1104.
[13] BGH ZIP 1988, 175, 179.
[14] S. auch BGHZ 102, 293 = NJW 1988, 1210; BGH NJW-RR 1989, 1104; OLG Hamm NJW-RR 1988, 944.
[15] S. auch BGH NJW-RR 1989, 1104.
[16] BGH BB 1985, 884.
[17] BGH NJW-RR 1989, 1104.
[18] BGHZ 149, 113; OLG Düsseldorf NJW-RR 2001, 1562.

Die AGB müssen auch sonst dem anderen Vertragsteil nicht in allen Einzelheiten bekannt sein.[1] Unternehmer müssen vielmehr mit zumutbarer Sorgfalt selbst zur Klarstellung der Geschäftsbeziehung beitragen.[2] Von ihnen kann deshalb erwartet werden, dass sie ihnen unbekannte AGB anfordern oder sich sonst beschaffen.[3] Die AGB sind vom Verwender zur Verfügung zu stellen, sofern sie nicht allgemein üblich und verbreitet sind. Werden in einem Globalzessionsvertrag die AGB-Banken ergänzend in Bezug genommen, so werden diese gegenüber einem Unternehmer, weil allgemein zugänglich, Vertragsinhalt.[4] Lesbarkeit und Verständlichkeit sind an der Geschäftserfahrung zu messen, wie sie von Unternehmern der jeweiligen Branche erwartet werden kann.[5] Ungewöhnlicher Kleindruck und mangelnde farbliche Unterscheidung, so dass die AGB nur mit Mühe zu entziffern sind, erlaubt auch zwischen Unternehmern nach Treu und Glauben nicht die Annahme eines Einverständnisses mit den AGB aufgrund deren widerspruchsloser Entgegennahme.[6] Dies gilt auch für Konnossementsbedingungen.[7] Der Verweis in AGB auf andere AGB ist wirksam, wenn Unternehmer mit einem solchen Verweis rechnen müssen. Dies trifft für die ERA bei Akkreditiven und für die ERI bei Inkassogeschäften zu. Diese wurden deshalb durch Art. 28 I 2 AGB-Banken a. F. gegenüber Unternehmern wirksam einbezogen. Bei **Kapitalmarktpapieren** gelten für Anleger einheitliche Einbeziehungsvoraussetzungen (s. Rz 85, 30).

132 Unternehmer können auf die Möglichkeit der Kenntnisnahme verzichten. Ein solcher **Verzicht** ist in der Regel anzunehmen, wenn der Unternehmer den Vertrag abschließt, ohne die ihm nicht vorliegenden AGB anzufordern, obwohl der Einbeziehungswille des Verwenders ihm bekannt ist oder bekannt sein muss und das Anfordern ihm zumutbar ist.[8] § 305c Abs. 2 BGB gilt trotz eines solchen Verzichts.

133 **d)** Die Erkennbarkeit des Einbeziehungswillens (Rz 59) und die Möglichkeit der Kenntnisnahme (Rz 131) müssen **bei Vertragsabschluss** gegeben sein. Hinweise auf Rechnungen, Lieferscheinen und andere Hinweise, die nach Vertragsabschluss gegeben werden, genügen auch im unternehmerischen Verkehr grundsätzlich nicht, da sie nach ihrer Funktion nicht dazu bestimmt sind, Angebote auf Änderung eines bereits geschlossenen Vertrags aufzunehmen (auch Rz 98). Der Unternehmer hat deshalb auch im Handelsverkehr keinen Anlass, Rechnungen darauf zu überprüfen, ob sie AGB oder einen Hinweis hierauf enthalten.[9] Im Rahmen laufender Geschäftsbeziehungen können AGB jedoch für künftige Verträge einbezogen werden (s. Rz 126). Nimmt die Auftragsbestätigung auf bestimmte AGB Bezug, die nicht Vertragsinhalt werden, so werden der Auftragsbestätigung beigelegte AGB nicht Vertragsinhalt, da dem anderen Vertragsteil ein Vergleich beider AGB und die Entscheidung, welche gelten sollen, nicht zugemutet werden kann.[10] Geht das Vertragsangebot vom Verwender aus, ohne dass die Einbeziehungserklärung erkennbar ist, so kann der Kunde das Angebot ohne AGB annehmen. Macht der Kunde ein Vertragsangebot ohne AGB, so gilt § 150 II BGB, wenn der Verwender die AGB erkennbar in seine Annahmeerklärung einbezieht. §§ 154,

---

[1] BGH NJW 1976, 1886, 1887; BGH BB 1985, 884.

[2] BGH JZ 1978, 104, 105.

[3] BGH NJW 1982, 1749, 1750; OLG Düsseldorf VersR 1996, 1394.

[4] S. auch BGH NJW 1987, 487, 491.

[5] BGH WM 1979, 918, 919; NJW 1983, 159, 162: branchenkundiger Gastwirt.

[6] BGH NJW-RR 1986, 1311; OLG Hamburg BB 1987, 1703; OLG Hamm NJW-RR 1988, 944; *Thamm/Detzer* BB 1989, 1133, 1134.

[7] S. Anh. § 310 Rz K 2.

[8] A. A. *Müller-Graff* FS *Pleyer*, S. 401, 408.

[9] OLG Karlsruhe NJW-RR 1993, 567.

[10] OLG Hamm NJW-RR 1988, 944.

155 BGB sind anwendbar. Eine Anfechtung des Verwenders nach § 119 I BGB, wenn dieser irrtümlich vom Vorliegen einer Einbeziehung der AGB ausgeht, scheitert jedoch an der speziellen Regelung von § 306 BGB (s. Rz 98).

e) Die **andere Vertragspartei** muss mit der Einbeziehung der AGB **einverstanden** sein, gleichgültig, ob ihre Erklärung als Angebot oder als Annahme zu werten ist. Bei branchenüblichen AGB ist dieses Einverständnis aufgrund der Branchenüblichkeit anzunehmen, falls nicht erkennbar widersprochen wird. Ob der anderen Vertragspartei die Branchenüblichkeit bekannt ist oder nicht, ist gleichgültig, solange sie zu den branchenkundigen Personen (s. Rz 127) gehört. Hat sie ihre Einbeziehungserklärung irrtümlich abgegeben, so kann sie nach § 119 BGB anfechten. Ihrer Anfechtung steht § 306 BGB nicht entgegen (s. Rz 108). Allein die Kenntnis des Kunden von der Praxis des Verwenders, seinen Verträgen AGB zu Grunde zu legen, reicht dagegen nicht aus, um von einer stillschweigenden Einbeziehung der Bedingungen auszugehen.[1] 134

f) Wird auf AGB erst in einem **unternehmerischen Bestätigungsschreiben** Bezug genommen, ohne dass in den Vertragsverhandlungen davon die Rede war, so gilt das Schweigen grundsätzlich als Einverständnis mit den AGB.[2] Durch die dem unternehmerischen Bestätigungsschreiben beigefügten AGB bleiben jedoch Individualabreden nach § 305b BGB unberührt. Wenn in den Vertragsverhandlungen nicht bereits auf die AGB hingewiesen wurde, so gilt aber nicht die Geltung des dispositiven Rechts nach § 305b BGB als individuell vereinbart.[3] Deshalb können die AGB auch noch durch ein unternehmerisches Bestätigungsschreiben ohne Verstoß gegen § 305b BGB wirksam einbezogen werden.[4] Soweit die Grundsätze des unternehmerischen Bestätigungsschreibens auch auf Verbraucher anwendbar sind[5] gilt dies nur, wenn zugleich die Voraussetzungen von Abs. 2 Nr. 1 und 2 vorliegen. Eine Schriftformklausel für Änderungen und Ergänzungen schließt die Anwendung der Grundsätze über das kaufmännische Bestätigungsschreiben nicht aus,[6] da das kaufmännische Bestätigungsschreiben mit seiner Schriftform den Beweiszweck erfüllt und die Grundsätze des unternehmerischen Bestätigungsschreibens der Rechtssicherheit und dem aus Treu und Glauben abgeleiteten Vertrauensschutz dienen, die nach § 307 BGB grundsätzlich nicht durch AGB ausgeschlossen werden dürfen. Die Einbeziehung der AGB aufgrund des unternehmerischen Bestätigungsschreibens tritt jedoch nicht ein, wenn der Verwender auf ihre Anerkennung nicht vertrauen darf, so insbesondere, wenn die AGB erheblich vom dispositiven Recht abweichen[7] oder dem Vertragszweck erheblich widersprechen, wenn der Empfänger den AGB bei den Vertragsverhandlungen eindeutig widersprochen hat,[8] wenn der Verwender die Ablehnung seiner AGB durch den anderen aufgrund vorhergehender Geschäftsbeziehungen kennt[9] oder wenn durch das Bestätigungsschreiben statt der in den Vertragsverhandlungen zu Grunde gelegten AGB neue AGB mit wesentlichen Abweichungen eingeführt werden und der Absender deshalb nicht auf das Einverständnis vertrauen darf. Das Vertrauen auf das Einverständnis bezieht sich auf die globale Einbeziehung (Rz 104). Deshalb ist hinsichtlich der Erheblichkeit etwaiger Abweichungen nicht auf die jeweilige Einzelklausel, sondern auf die Ge- 135

---

1 BGH WM 1979, 19, 20; *Ulmer* Rz 170 a.
2 BGH NJW 1964, 589; 1978, 2243, 2244.
3 *Reh,* aaO, S. 97; a. A. *Batsch* NJW 1980, 1731.
4 A. A. *Batsch* NJW 1980, 1731.
5 BGHZ 40, 42, 44; *Soergel/Wolf* § 147 Rz 40.
6 Vgl. auch OLG Düsseldorf NJW-RR 1991, 374.
7 S. auch *Lindacher* WM 1981, 702.
8 BGH DB 1963, 929.
9 BGH NJW 1982, 1751.

samtheit der AGB abzustellen und deren Gesamteindruck, der aber auch durch besonders wesentliche Einzelklauseln geprägt werden kann. Da die Einbeziehung global auf die AGB insgesamt gerichtet ist, kann trotz Einbeziehung aufgrund unternehmerischen Bestätigungsschreibens hinsichtlich einzelner Klauseln immer noch § 305c I BGB zur Anwendung kommen. Werden AGB infolge Schweigens auf ein unternehmerisches Bestätigungsschreiben Vertragsinhalt, so ist eine Anfechtung nach § 119 BGB ausgeschlossen, weil die Rechtsfolge der Einbeziehung in diesem Fall auf Handelsbrauch beruht.[1]

136 **g)** Eine **modifizierte Auftragsbestätigung** unterliegt § 150 II BGB und entfaltet grundsätzlich nicht dieselbe Festlegungswirkung für AGB wie ein kaufmännisches Bestätigungsschreiben. Allerdings hat die Rechtsprechung bislang offengelassen, inwieweit eine ebensolche Festlegungswirkung für beigefügte AGB eintritt, wenn der Zweck der Auftragsbestätigung gerade darin besteht, auch zu Beweiszwecken Vertragsmodalitäten niederzulegen, über die bereits vorher für den Fall des Zustandekommen des Vertrags Einigung erzielt wurde.[2] Bezogen auf AGB setzt dies indessen in jedem Fall voraus, dass sich die vorhergehende Einigung gerade auf die AGB bezieht, was namentlich in den Fällen kollidierender AGB regelmäßig nicht der Fall ist (s. nachfolgende Rz.).

137 **h)** Verwendet jede Vertragspartei ihre eigenen, mit der anderen Vertragspartei **kollidierenden AGB,** so können je nach den Umständen die zuletzt in Bezug genommenen AGB nach §§ 150 II, 151 BGB Vertragsinhalt werden (Prinzip des letzten Wortes, s. Rz 138, 139), oder der Vertrag gilt entgegen der Auslegungsregel des § 154 I BGB trotz kollidierender AGB als geschlossen,[3] wobei die AGB Vertragsinhalt werden, soweit sie sich nicht widersprechen, während im Übrigen das dispositive Recht gilt.[4] Beim Schweigen auf ein unternehmerisches Bestätigungsschreiben gelten die im Bestätigungsschreiben in Bezug genommenen AGB unter den Voraussetzungen von Rz 135. Im Übrigen richten sich die Rechtsfolgen danach, ob die beiderseitigen AGB eine Abwehrklausel, d. h. die fremden AGB werden nicht anerkannt, eine Ausschließlichkeitsklausel, d. h. der Vertrag soll nur mit den eigenen AGB geschlossen werden, oder keinerlei Geltungsklausel, d. h. weder Abwehr- noch Ausschließlichkeitsklausel, enthalten.[5]

138 **aa)** Bezieht sich der **Anbieter** auf seine AGB **ohne Geltungsklausel** und verweist der Annehmende in der Annahme auf seine eigenen AGB, so liegt darin nach § 150 II BGB die Ablehnung verbunden mit einem neuen Antrag.[6] Das bloße Schweigen auf diese modifizierte Auftragsbestätigung ist aber nicht als dessen Anerkennung anzusehen.[7] Wohl aber ist der Vertrag nach §§ 150 II, 151 BGB mit den zuletzt in Bezug genommenen AGB zustande gekommen, wenn der erste Anbieter den Vertrag ohne Widerspruch abwickelt, insbesondere die gelieferte Ware ohne Widerspruch entgegennimmt (Prinzip des letzten Wortes).[8] Gleichgültig ist insoweit, ob der modifiziert Annehmende eine Geltungsklausel (Abwehr- oder Ausschließlichkeitsklausel) benutzt oder nicht.

139 **Widerspricht der Anbieter** außerhalb der AGB dagegen ausdrücklich oder konkludent den AGB und wird der Vertrag dennoch abgewickelt, insbesondere die

---

[1] BGHZ 20, 154; BGH BB 1971, 1480.
[2] BGH NJW-RR 2001, 484; vgl. auch BGH NJW 1995, 1671.
[3] S. auch *Ulmer* Rz 188 ff.
[4] Prinzip der Kongruenzgeltung, Rz 139, 142 ff.
[5] S. zur Zweckmäßigkeit dieser Klauseln auch *Rieger/Friedrich* JuS 1987, 118, 125.
[6] BGH NJW-RR 2001, 484.
[7] BGH JZ 1977, 602; vgl. auch BGH NJW-RR 2001, 484.
[8] BGHZ 61, 282, 287.

Ware geliefert, so ist entgegen § 154 I BGB der Vertrag ohne Einigung über die AGB, jedoch mit Geltung der kongruenten AGB (s. Rz 142 ff.) zustande gekommen. Dies gilt unabhängig davon, ob die AGB des modifiziert Annehmenden eine Abwehrklausel[1] oder keine Geltungsklausel enthalten. Enthalten die AGB des Annehmenden eine Ausschließlichkeitsklausel und wickelt der Annehmende den Vertrag trotz des erkennbaren Widerspruchs des Anbietenden ab, so liegt darin konkludent ein Verzicht auf die Ausschließlichkeitsklausel.

bb) Enthalten die **AGB des Anbieters** eine **Abwehrklausel,** so gilt dies als vorweggenommener Widerspruch mit denselben Folgen wie beim Widerspruch des Anbieters (Rz 139), d. h., die beiderseitigen AGB gelten insoweit, als sie übereinstimmen.[2] Als vorweggenommener Widerspruch entfaltet die Abwehrklausel ihre Wirkung, auch wenn sie nicht Vertragsinhalt wird.[3] Benutzt der andere Teil seinerseits eine Abwehr- oder Ausschließlichkeitsklausel, so wird die Abwehrklausel nicht Vertragsinhalt und bedarf deshalb im Individualprozess nicht der Inhaltskontrolle nach § 307 BGB.[4] Sie kann aber insbesondere im Verbandsprozess nach § 307 BGB überprüft werden, auch wenn es sich um ein einseitiges Rechtsgeschäft handelt, da dadurch ähnlich wie in § 308 Nr. 1 BGB die Bedingungen der Annahme geregelt werden.[5] Eine Abwehrklausel ist nach § 307 BGB unwirksam, wenn sie den anderen Vertragsteil an einer als berechtigt anzusehenden Regelung hindert.[6] Beim einfachen und beim verlängerten Eigentumsvorbehalt ist dies eher anzunehmen als beim erweiterten. Für eine mit der Abwehrklausel verbundene Schriftformklausel, wonach abweichende Vereinbarungen nur bei schriftlicher Bestätigung gelten, sind die allgemeinen Kriterien für Schriftformklauseln anzuwenden.[7] Verlangt der Verwender für die Abwehrklausel des anderen Teils einen ausdrücklichen Hinweis in einem besonderen Schreiben, so ist dies nach § 309 Nr. 13 BGB und zwischen Unternehmern grundsätzlich nach § 307 BGB unwirksam, da hierfür jedenfalls dann kein anerkennenswertes Bedürfnis besteht, wenn der Verwender für sich die einfache Abwehrklausel in Anspruch nimmt. 140

cc) Bezieht sich der **Anbieter** auf AGB mit **Ausschließlichkeitsklausel** und nimmt der Annehmende erkennbar auf seine AGB, gleichgültig ob mit oder ohne Geltungsklausel, Bezug, wird aber der Vertrag dennoch abgewickelt, so liegt darin ein stillschweigender Verzicht auf die Ausschließlichkeitsklausel und der Vertrag ist entgegen § 154 I BGB entsprechend dem Prinzip der Kongruenzgeltung (s. Rz 142) geschlossen.[8] Wird der Vertrag nicht abgewickelt und ergibt sich auch nicht aus anderen Umständen ein Verzicht des Anbieters auf die Ausschließlichkeitsklausel, so gilt § 154 BGB, falls nicht der Annehmende die AGB des Verwenders anerkennt. Allein aus der widerspruchslosen Hinnahme der Auftragsbestätigung lässt sich aber eine solche Anerkennung nicht herleiten.[9] Erkennt er die AGB mit Ausschließlichkeitsklausel an, so gelten seine AGB insgesamt grundsätzlich nicht, und zwar nicht nur, soweit sie abweichen, sondern auch nicht, soweit es sich um zusätzliche Ergänzungsregelungen handelt.[10] Eine Ausschließlichkeitsklausel 141

---

1 So in BGH NJW 1982, 1749.

2 S. BGH NJW 1982, 1749; BGH NJW-RR 1986, 984; BGH NJW 1991, 1604, 1606; BGH NJW-RR 2001, 484.

3 BGH NJW 1985, 1838, 1839.

4 S. auch BGH NJW 1985, 1838, 1840.

5 S. auch *Graf Lambsdorff* ZIP 1987, 1370, 1372; Anh. § 310 Rz V 251 ff.

6 S. auch *de Lousanoff* NJW 1985, 2921, 2924 und Anh. § 310 Rz E 36.

7 Anh. § 310 Rz S 71 ff.

8 OLG Köln BB 1980, 1237; vgl. auch BGH NJW-RR 2001, 484.

9 BGH NJW-RR 2001, 484.

10 BGH NJW 1979, 2199; s. im Einzelnen Rz 144.

liegt nicht nur vor, wenn die Formulierung „ausschließlich" benutzt wird, sondern auch, wenn auf die alleinige Geltung der eigenen AGB hingewiesen wird (sog. Alleinstellungsklausel).[1]

142 **dd)** Ist der Vertrag entgegen § 154 I BGB ohne Einigung über die AGB einer Partei zustande gekommen (Rz 139–141), so gilt nicht ausschließlich das dispositive Recht.[2] Vielmehr ist dem Parteiwillen soweit wie möglich Rechnung zu tragen. Die AGB gelten, soweit sie inhaltlich übereinstimmen **(Prinzip der Kongruenzgeltung).** Gleichgültig ist, ob die Parteien die Übereinstimmung kennen. Es kommt allein auf die tatsächliche Übereinstimmung an. Die Übereinstimmung ist selbst dann maßgeblich und lässt die Klausel gültig sein, wenn die Regelung als einseitige Regelung nach § 307 BGB unwirksam wäre. Ob die AGB übereinstimmen, ist nicht formal nach dem Wortlaut, sondern nach Sinn und Zweck der jeweiligen Regelung und des gemeinschaftlichen Interesses beider Parteien zu bestimmen.[3] Es kann danach aber nicht ohne weiteres davon ausgegangen werden, dass jeweils das gemeinsame Minimum gelte, so gilt z. B. nicht die gemeinsame Mindestfrist bei einer Fristenregelung nach § 281 I BGB oder die gemeinsame Mindestsumme bei einer Vertragsstrafe, weil und soweit diese Regelungen in den jeweiligen AGB nur für den anderen Teil, aber nicht für die verwendende Partei selbst vorgesehen sind. Aus demselben Grund ist auch ein in den jeweiligen AGB vorgesehener Haftungsausschluss nicht ohne weiteres eine übereinstimmende Regelung. Übereinstimmung liegt z. B. vor, wenn für beide Parteien Kündigungs- oder Rücktrittsrechte vorgesehen sind oder ausgeschlossen werden oder wenn in den beiderseitigen AGB für Sachmängel ein Recht auf kostenlose bzw. unentgeltliche Nachbesserung oder Nachlieferung vorgesehen ist.[4] Soweit Übereinstimmung besteht, ist keine Vertragspartei Verwender.[5] Eine Inhaltskontrolle findet deshalb nicht statt.

143 Soweit sich die AGB unmittelbar widersprechen, gilt das **dispositive Recht** analog § 306 Abs. 2 BGB. Ein unmittelbarer Widerspruch liegt vor, wenn beide AGB ein und dieselbe Frage unterschiedlich regeln (s. auch Rz 142). Dies trifft auch unter Berücksichtigung der Art. 27 IV, 31 I EGBGB etwa zu, wenn im internationalen Verkehr die Parteien in ihren AGB je eine unterschiedliche Rechtswahl treffen. Die Anwendung des CISG ist in einem solchen Fall deshalb nicht ausgeschlossen.[6] Ein Widerspruch besteht auch, wenn in Einkaufsbedingungen die Untersuchungs- und Rügepflicht nach § 377 HGB ausgeschlossen, in Verkaufsbedingungen dagegen auf kurze Fristen festgelegt wird.[7] Kein unmittelbarer Widerspruch besteht im Falle einer Ergänzungsregelung (s. Rz 144). Gleichgültig ist, ob den Parteien der Widerspruch bekannt ist. Soweit § 154 I BGB nicht gilt, ist auch die irrtümliche Annahme, es liege Übereinstimmung vor, unbeachtlich.

144 Eine **Ergänzungsregelung** oder einseitige Regelung[8] ist gegeben, wenn eine bestimmte Frage nur in den AGB eines Teils geregelt ist, während die AGB des anderen Teils dazu schweigen oder unwirksam sind.[9] Eine Ergänzungsregelung

---

[1] BGH NJW-RR 2001, 484; *Lindacher* JZ 1977, 604.

[2] H. M., s. z. B. BGH NJW 1985, 1838, 1839; *Ulmer* Rz 191; OLG Köln BB 1980, 1237; a. A. *Emmerich* JuS 1972, 365; *Weber* DB 1970, 2422.

[3] S. auch *Ulmer* Rz 192.

[4] BGH NJW 1991, 1604, 1606.

[5] Zutreffend *Ulmer* Rz 192.

[6] OLG Hamm NJW 1984, 1307.

[7] BGH NJW 1991, 2633, 2634 f.

[8] *Ulmer* Rz 194.

[9] BGH NJW 1991, 2633, 2635.

liegt etwa vor, wenn einem Abtretungsverbot eine Konzernverrechnungsklausel gegenübersteht[1] oder wenn ein Eigentumsvorbehalt, insbesondere ein verlängerter oder erweiterter Eigentumsvorbehalt, in den AGB des Verkäufers vorgesehen ist, während die Einkaufsbedingungen außer der allgemeinen Abwehrklausel keine Regelung zum Eigentumsvorbehalt enthalten.[2] Ein der einseitigen Regelung gleichzustellender Fall liegt vor, wenn von ursprünglich sich widersprechenden Klauseln in den beiderseitigen AGB eine von ihnen nach § 307 BGB oder sonst unwirksam ist.[3] Im Falle einer Ergänzungsregelung ist durch Auslegung unter Berücksichtigung der Parteiinteressen zu bestimmen, ob die Regelung trotz Abwehr- oder Ausschließlichkeitsklausel (Rz 141, 142) gelten soll oder nicht.[4] Durch eine allgemein gehaltene Abwehrklausel sollen aber grundsätzlich nicht nur widersprechende, sondern auch zusätzlich ergänzende Klauseln ausgeschlossen werden,[5] soweit nicht besondere Umstände eine andere Annahme rechtfertigen. Ein solcher Ausgangspunkt ist unter Berücksichtigung von § 305c Abs. 2 BGB jedoch nur dann anzuerkennen, wenn die Abwehrklausel eindeutig die gesamten AGB des anderen Teils ausschließen will. Räumt die einseitige Regelung der anderen Partei Rechte und Vergünstigungen ein, so gelten diese im Zweifel trotz Abwehrklausel (**Günstigkeitsprinzip**), soweit sie als isolierbare Regelung anzusehen sind und es sich nicht nur um unselbstständige Reste eines einheitlichen Regelungsgegenstandes handelt.[6] Dem anderen Teil ungünstige Regelungen gelten dagegen bei eindeutiger Abwehrklausel nicht als vereinbart. Vielmehr gilt das dispositive Recht, es sei denn, eine Regelung ist derart üblich, dass sie auch ohne AGB als stillschweigend vereinbart gilt.[7] Dies trifft z. B. bei Warenlieferungen in einigen Branchen für den einfachen Eigentumsvorbehalt zu,[8] nicht jedoch für den verlängerten und erweiterten Eigentumsvorbehalt.[9]

3. Geltungskraft des Handelsbrauchs

Soweit ein Handelsbrauch besteht, können AGB auch ohne rechtsgeschäftliche Einbeziehung nach § 346 HGB kraft Gesetzes gelten. Im Einzelnen sind jedoch **verschiedene Inhalte des Handelsbrauchs** zu unterscheiden (Rz 146, 147, 149). § 346 HGB kann abbedungen werden. Widerspricht die andere Vertragspartei der Geltung der AGB und wird der Vertrag dennoch abgeschlossen, so werden die AGB trotz Handelsbrauchs nicht Vertragsinhalt.[10] Ein Handelsbrauch liegt vor, wenn eine tatsächliche, nicht nur vorübergehende Übung besteht, die von der allgemeinen Zustimmung der beteiligten Verkehrskreise getragen wird.[11] Auf die Kenntnis der konkreten Beteiligten vom Handelsbrauch kommt es nicht an, deshalb ist auch eine Anfechtung wegen Irrtums über den Handelsbrauch ausgeschlossen. **145**

---

[1] S. auch BGH NJW 1981, 2257.

[2] BGH NJW 1985, 1838.

[3] BGH NJW 1991, 2633, 2535.

[4] BGH NJW 1985, 1838, 1839; *Löwe/von Westphalen* § 2 Rz 47; *Ulmer* Rz 194; a. A. *Striewe* JuS 1982, 732: generell keine Geltung; kritisch *Ebel* NJW 1978, 1036.

[5] BGH NJW 1985, 1838, 1840; BGH NJW 1991, 2633, 2536; vgl. auch *Emmerich,* WuB IV B § 2 AGBG 2.90; a. A. *Ulmer* Rz 194; *Schlechtriem,* Kollidierende Standardbedingungen, S. 20.

[6] Ohne diese Einschränkung Flume § 37, 3; *Medicus,* BürgerlR, Rz 75; wie hier auch *Ulmer* Rz 194.

[7] *Ulmer* Rz 194; a. A. *Erman/Roloff* Rz 55; *Staudinger/Schlosser* Rz 203 f.; OLG Hamm WM 1985, 785, 787.

[8] S. auch Rz 147; *von Westphalen* DB 1977, 1637.

[9] S. auch BGH NJW 1985, 1838, 1840; *Ulmer* Rz 195; s. auch *Eckert/Nebel* WM 1988, 1545, 1549 f.; a. A. *Schulte* BB 1977, 274.

[10] KG NJW 1960, 632.

[11] *Baumbach/Hopt* § 346 Rz 12.

146 **a)** Der Handelsbrauch kann sich auf die **Einbeziehung der Gesamt-AGB** oder einzelner Klauseln beschränken und erfasst dann **nicht** den **Inhalt** der einzelnen Klauseln. Dies ist gleichbedeutend mit der Branchenüblichkeit (Rz 127, 128). Eine Änderung einzelner Klauseln beseitigt grundsätzlich nicht die Geltung des auf Einbeziehung der Gesamt-AGB gerichteten Handelsbrauchs. Klauseln, die lediglich aufgrund des Einbeziehungshandelsbrauchs Vertragsbestandteil werden, unterliegen dem AGB-Recht. Sie werden deshalb als überraschende Klauseln (§ 305c I BGB) nicht Vertragsbestandteil.

147 **b)** Gilt der **Inhalt** einzelner Klauseln kraft **Handelsbrauchs,** so gelten diese auch ohne AGB (sog. normativer Handelsbrauch). Deren Kontrolle richtet sich deshalb nicht nach dem AGB-Recht (§ 305 Rz 8). Die inhaltliche Geltung des Handelsbrauchs kann sich insbesondere aufgrund ergänzender Vertragsauslegung nach § 242 BGB mit § 346 HGB oder daraus ergeben, dass branchentypisches Verhalten als Grundlage einer stillschweigenden Vereinbarung angesehen wird. Eine solche stillschweigende Vereinbarung kommt etwa für eine Schiedsvereinbarung im internationalen Handel mit Fellen in Betracht.[1] Voraussetzung für die Anerkennung von AGB-Klauseln als Handelsbrauch ist jedoch, dass die in ihnen getroffene Regelung mit Treu und Glauben übereinstimmt und freiwillig, auch ohne besondere Vereinbarung oder Empfehlung befolgt wird.[2] Inwieweit ein solcher Handelsbrauch anzuerkennen ist, ist nur selten eindeutig geklärt. Er wird z. B. angenommen für die Allgemeinen deutschen Seeversicherungsbedingungen,[3] für die Tegernseer Gebräuche im Holzhandel, einschließlich der Tegernseer Gebräuche für die Vermittlung von Holzgeschäften.[4] Ein einfacher Eigentumsvorbehalt kraft Handelsbrauchs ist nur in einzelnen wenigen Branchen anerkannt, wie z. B. zwischen Verleger und Buchhändler oder im Weinhandel.[5] Ein auf den Klauselinhalt gerichteter Handelsbrauch muss aber für jede Klausel gesondert festgestellt werden.

148 **Kein Handelsbrauch** besteht für Lieferbedingungen im Mineralölhandel.[6] Auch die Hamburger Lagerungsbedingungen (HLB) gelten nicht bereits als Handelsbrauch.[7]

149 **c)** Von der Einbeziehung kraft Handelsbrauchs (Rz 145) und der Übereinstimmung zwischen Klauselinhalt und normativ geltendem Handelsbrauch (Rz 147) ist zu unterscheiden die **Auslegung** von Klauseln **nach** dem **Handelsbrauch.** Dies setzt ihre Einbeziehung in den Vertrag voraus, die aber durch Handelsbrauch ersetzt werden kann (Rz 147). Die Klauseln unterliegen dann grundsätzlich der Inhaltskontrolle nach § 307 BGB, bei der jedoch auf den Handelsbrauch Rücksicht zu nehmen ist.[8] Soweit eine Auslegung nach Handelsbrauch stattfindet, scheidet § 305c Abs. 2 BGB aus. Zur Auslegung einzelner Handelsklauseln s. § 307 Rz 64 ff.; *Baumbach/Duden/Hopt* § 346 Anm. 5.

---

[1] S. BGH H.7/1993 § 1027 ZPO Nr. 18 m. Anm *Kappus.*
[2] BGH BB 1980, 1552.
[3] ADS, s. *Ulmer* Rz 181.
[4] BGH NJW-RR 1987, 94, 95; OLG Koblenz NJW-RR 1988, 1306; *Roth* BB 1992 Beilage 4, 1, 3; *Fink* BB 1982, 80; a. A. *Roller* BB 1981, 587.
[5] S. *Serick,* Eigentumsvorbehalt und Sicherungsübertragungen, Bd. I, S. 87; *Graf Lambsdorff,* Handbuch des Eigentumsvorbehalts, Rz 47 ff.
[6] BGH NJW 1978, 2243.
[7] BGH VersR 1980, 383; OLG Hamburg EWiR § 346 HGB 1/97, 895 m. Anm. *Mankowski.*
[8] § 24 S. 2.

XII. Besonderheiten im elektronischen Geschäftsverkehr

150 Für Vertragsabschlüsse im elektronischen Geschäftsverkehr enthält § 312e I Nr. 4 BGB eine **besondere Regelung.** Danach hat der Verwender dem Vertragspartner die Möglichkeit zu verschaffen, die Vertragsbestimmungen einschließlich der Allgemeinen Geschäftsbedingungen bei Vertragsschluss abzurufen und in wiedergabefähiger Form zu speichern. Diese Vorschrift dient der Umsetzung des Art. 10 III der E-Commerce-RL 2000/31 BGB. Sie soll dem jeweiligen Kunden ermöglichen, auch nach dem Vertragsabschluss dauerhaft Einblick in die für den Vertrag maßgebenden Bedingungen nehmen zu können.

151 Die aus § 312e I Nr. 4 BGB folgenden Anforderungen gelten gleichermaßen für den Rechtsverkehr mit **Verbrauchern** wie für denjenigen mit **Unternehmern.** Die Regelung geht insofern zunächst in persönlicher Hinsicht über § 305 II BGB hinaus. Gemäß § 312f darf von dieser Vorschrift zu Ungunsten des Verbrauchers oder des Kunden nicht abgewichen werden; sie enthält mithin einseitig **zwingendes Recht.** Das gilt auch, soweit es um Abweichungen durch individuelle oder ausgehandelte Vereinbarungen geht. Von § 312e I Nr. 4 BGB abweichende Vereinbarungen werden auch durch § 312e II 2 BGB nicht zugelassen. Da das Abweichungsverbot des § 312f BGB ebenfalls nicht nur für Verbraucher, sondern auch für Kunden gilt, erfasst es alle Abnehmer von Gütern oder Dienstleistungen im Falle einer Vertragsanbahnung im elektronischen Geschäftsverkehr. Mithin kann die Vorschrift auch Unternehmern gegenüber nicht abbedungen werden.[1]

152 Die Bereichsausnahme für individuelle Kommunikation in § 312e II 1 BGB gilt nach ihrem ausdrücklichen Wortlaut für die AGB-rechtlichen Anforderungen des § 312e I Nr. 4 BGB nicht, weil ein Bedürfnis für eine Anwendung auch dann besteht, wenn AGB einer individuellen E-Mail beigefügt werden. Die Vorschrift erfasst also den Vertragsabschluss durch Austausch **individueller E-Mails.**[2]

153 Sachlich geht § 312e I Nr. 4 BGB über § 305 II BGB hinaus. Das in § 312e I Nr. 4 BGB vorgesehene Erfordernis der Verschaffung der **Möglichkeit zur dauerhaften Speicherung** ist in § 305 II BGB nicht enthalten. Dies ist insofern von Bedeutung, als sich die Rechtsfolgen beider Vorschriften unterscheiden. Den Anforderungen des § 312e I Nr. 4 BGB genügt der Verwender, wenn er die Vertragsbedingungen auf einem dauerhaften Datenträger, etwa auch per E-Mail, in einem gängigen Format zur Verfügung stellt oder im Internet zum Download bereithält.

154 Den **Rechtsfolgen** nach führt ein Verstoß gegen die Pflichten aus § 312e I Nr. 4 BGB nicht dazu, dass die AGB nicht in den Vertrag einbezogen werden.[3] Vielmehr steht dem Vertragspartner zunächst ein **Erfüllungsanspruch** zu. Er kann auch nachträglich noch verlangen, dass ihm die AGB in der von § 312e I Nr. 4 BGB vorgesehenen Form zur Verfügung gestellt werden.[4] In Betracht kommen ferner ein **Schadensersatzanspruch** aus §§ 280 I, 311 II, 241 II BGB (nachstehende Rz.) sowie eine verbraucherrechtliche oder eine wettbewerbsrechtliche **Unterlassungsklage** (§ 2 Abs. 1, 2 Nr. 2 UKlaG bzw. §§ 3, 4 Nr. 11, 8 UWG).[5] Falls schließlich dem Kunden aufgrund verbraucherrechtlicher Vorschriften ein Widerrufsrecht nach

[1] BT-Drs. 14/6040 S. 172.
[2] BT-Drs. 14/6040 S. 172.
[3] BT-Drs. 14/6040 S. 172.
[4] BT-Drs. 14/6040 S. 172.
[5] BT-Drs. 14/6040 S. 172.

§ 355 BGB zusteht, beginnt der Lauf der **Widerrufsfrist** gemäß § 312e III 2 BGB erst mit vollständiger Erfüllung der Informationspflichten gemäß § 312e I BGB[1].

XIII. Haftung wegen unterlassener Hinweise

155 Der nach § 305 II Nr. 1 BGB erforderliche Hinweis beruht nicht auf einer Pflicht des Verwenders, sondern stellt eine Wirksamkeitsvoraussetzung dar, deren Nichtbeachtung zur Unwirksamkeit der AGB, nicht aber zu einer Schadensersatzpflicht führt. Da § 305 II Nr. 1 BGB jedoch nur einen globalen Hinweis verlangt (s. Rz 70), können die AGB zum Vertragsinhalt werden, ohne dass auf wichtige Klauseln besonders hingewiesen wurde. Auch liegt bei fehlendem Hinweis auf einzelne Klauseln nicht notwendig eine überraschende Klausel vor. Aus dem **vorvertraglichen Schuldverhältnis** kann sich jedoch die Pflicht ergeben, auf einzelne wichtige Klauseln hinzuweisen (§ 311 II, 241 II BGB). Bei Verletzung kommt ein Ersatzanspruch aus § 280 I BGB in Betracht. Dies gilt etwa für Haftungsausschlussklauseln in Versicherungsbedingungen, wenn der Verwender oder sein Verhandlungsgehilfe erkennen kann, dass es dem Versicherungsnehmer auf die Abdeckung des ausgeschlossenen Risikos ankommt.[2]

---

[1] An der Vereinbarkeit dieser Rechtsfolge mit dem Vollharmonisierungskonzept der Richtlinie über den Fernabsatz von Finanzdienstleistungen zweifelnd *Schinkels* GPR 2005, 109, 112; *ders.*, in: *Gebauer/Wiedmann*, Zivilrecht unter europäischem Einfluss Kap. 7 Rn. 77.

[2] S. auch OLG Frankfurt NJW-RR 1986, 1410; *Niedenführ*, Informationsgebote des AGB-Gesetzes, 1986, S. 147 ff.

§ 305 a Einbeziehung in besonderen Fällen

Auch ohne Einhaltung der in § 305 Abs. 2 Nr. 1 und 2 bezeichneten Erfordernisse werden einbezogen, wenn die andere Vertragspartei mit ihrer Geltung einverstanden ist,

1. die mit Genehmigung der zuständigen Verkehrsbehörde oder auf Grund von internationalen Übereinkommen erlassenen Tarife und Ausführungsbestimmungen der Eisenbahnen und die nach Maßgabe des Personenbeförderungsgesetzes genehmigten Beförderungsbedingungen der Straßenbahnen, Obusse und Kraftfahrzeuge im Linienverkehr in den Beförderungsvertrag,

2. die im Amtsblatt der Bundesnetzagentur für Elektrizität, Gas, Telekommunikation, Post und Eisenbahnen veröffentlichten und in den Geschäftsstellen des Verwenders bereitgehaltenen Allgemeinen Geschäftsbedingungen

a) in Beförderungsverträge, die außerhalb von Geschäftsräumen durch den Einwurf von Postsendungen in Briefkästen abgeschlossen werden,

b) in Verträge über Telekommunikations-, Informations- und andere Dienstleistungen, die unmittelbar durch Einsatz von Fernkommunikationsmitteln und während der Erbringung einer Telekommunikationsdienstleistung in einem Mal erbracht werden, wenn die Allgemeinen Geschäftsbedingungen der anderen Vertragspartei nur unter unverhältnismäßigen Schwierigkeiten vor dem Vertragsschluss zugänglich gemacht werden können.

Inhaltsübersicht

Schrifttum: *Däubler,* Zugverspätungen als Rechtsproblem, NJW 2003, 2651; *Rott/Butters,* Öffentliche Dienstleistungen und Vertragsgerechtigkeit im Lichte des Gemeinschaftsrechts, VuR 1999, 75 u. 107; *Staudinger,* Verspätungsschäden nach Eisenbahnverkehrsordnung: Ein europarechtswidriger Anachronismus?, NJW 1999, 3664.

I. Funktion

Die Vorschrift enthält **Ausnahmen** zu den außerhalb des Unternehmensverkehrs maßgebenden Erfordernissen für die Einbeziehung von AGB in § 305 II Nr. 1 und 2. Liegt ein von § 305a erfasster Fall vor, so bedarf es weder des von § 305 II Nr. 1 verlangten ausdrücklichen Hinweises auf die AGB (bzw. des gut sichtbaren Aushangs) noch der in § 305 II Nr. 2 geregelten Verschaffung einer zumutbaren Kenntnisnahmemöglichkeit. Rechtssystematisch hat sich der Gesetzgeber mit der Schuldrechtsreform dafür entschieden, anstelle einer Sammelvorschrift für Ausnahmen, die sich auf unterschiedliche Teile des AGB-Rechts beziehen (früher § 23 AGBG), einer systematische Zuordnung zum jeweils berührten Teil des AGB-Rechts den Vorzug zu geben und damit die für § 305 geltenden Ausnahmen in der anschließenden Vorschrift des § 305a geregelt. Leitlinie des Regelungskonzepts ist dabei gewesen, die Liberalisierung des Bahn- und Postwesens auch im AGB-Recht, soweit möglich, nachzuvollziehen. Die generelle Ausnahme für Telekommunikationsdienstleistungen (vormals § 23 II Nr. 1a AGBG) wurde erheblich beschränkt.[1] Ge- 1

[1] Nach früherer Rechtslage bedurfte es generell keiner Einbeziehung nach § 2 AGBG, vgl. OLG Köln RTKomm 2002, 308.

genüber der früheren Rechtslage sind ferner die Ausnahmen für Bausparkassen, Kapitalanlagegesellschaften und Versicherungen (vormals § 23 III AGBG) weggefallen.

2 Nach § 305a sind lediglich die dort aufgeführten Maßgaben des § 305 II im Ausnahmebereich unanwendbar. Damit bleibt insbesondere das Erfordernis, dass der Vertragspartner mit der Geltung der AGB **einverstanden** sein muss (§ 305 II a. E.), anwendbar. Maßgebend für das Zustandekommen dieses Einverständnisses sind die Regeln der allgemeinen Rechtsgeschäftslehre, namentlich des in §§ 145–157 geregelten Vertragsrechts. Der Vertragspartner muss daher auch im Anwendungsfeld des § 305a dieses Einverständnis mit der Geltung des AGB erklären. Ein stillschweigendes Einverständnis ist nach allgemeinen Grundsätzen dabei möglich und wird typischerweise schon durch die Inanspruchnahme der Leistung zum Ausdruck kommen (Rz 6 u. 8).

II. Beförderungstarife und -bedingungen (Nr. 1)

3 Die Vorschrift erfasst ihrem **Anwendungsbereich** nach nur die von der zuständigen Verkehrsbehörde nach Maßgabe des Personenbeförderungsgesetzes genehmigten Beförderungsbedingungen für öffentliche Nahverkehrsmittel und die auf Grund von internationalen Übereinkommen, namentlich dem Übereinkommen über den internationalen Eisenbahnverkehr (COTIF) vom 9. Mai 1980,[1] „erlassenen" Tarife und Ausführungsbedingungen. Diese sind ausnahmsweise von den Voraussetzungen der Einbeziehungskontrolle gemäß § 305 Abs. 2 Nr. 1 u. 2 freigestellt. Für sonstige Beförderungsbedingungen auf vertraglicher Grundlage bleibt es bei § 305 II.

4 Die Beförderungstarife und zugehörigen Ausführungsbestimmungen sind – abgesehen von den Regelungen der EVO – trotz Verwendung des Begriffs „erlassen" **AGB und keine Rechtsnormen.** Die Vorschriften des AGB-Rechts finden grundsätzlich Anwendung, worauf auch die – damit die Regel bestätigende – Ausnahme in § 305a Nr. 1 beruht. Die dem Personenbeförderungsgesetz unterliegenden Beförderungsentgelte und die „Besonderen Beförderungsbedingungen" sind nach § 39 VII PersBG vom Unternehmer vor ihrer Einführung ortsüblich bekannt zu machen; die Bekanntmachung ist in den zum Aufenthalt der Fahrgäste bestimmten Räumen auszuhängen. Deshalb hat auch die Rechtsprechung die Wahrung der besonderen AGB-rechtlichen Einbeziehungsvoraussetzungen als entbehrlich angesehen.[2] Auch Eisenbahntarife sind nach § 12 VI AllgEisenbahnG bekannt zu machen und werden aufgrund dieser Vorschrift frühestens einen Monat nach dieser Bekanntmachung wirksam, wenn nicht die Genehmigungsbehörde eine Abkürzung der Bekanntmachungsfrist genehmigt hat.

5 Die **EVO,** die in § 17 einen Entschädigungsausschluss bei Verspätungen oder Zugausfällen anordnet, enthält **Rechtsnormen** und unterliegt insofern nicht dem AGB-Recht. Allerdings ist nach der Klausel-RL zweifelhaft, inwieweit der deutsche Gesetzgeber befugt ist, derartige AGB-ersetzende und der Klauselrichtlinie widersprechende Rechtsnormen aufrechtzuerhalten.[3]

---

[1] BGBl 1985 II S. 130.
[2] BGH NJW 1981, 569.
[3] *Däubler* NJW 2003, 2651; *Rott/Butters* VuR 1999, 75 u. 107; *Staudinger* NJW 1999, 3664; a. A. LG Frankfurt NJW 2003, 3641.

Die Benutzung des jeweiligen Beförderungsmittels bringt das **Einverständnis** des Fahrgastes mit den AGB zum Ausdruck; ein entgegenstehender innerer Wille ist als Mentalreservation (§ 116), ein zum Ausdruck gebrachter Wille als *protestatio facto contraria* unbeachtlich. 6

III. Fälle mangelnder Praktikabilität (Nr. 2)

Nr. 2 regelt Fälle, in denen nach den Umständen des Vertragsschlusses ein ausdrücklicher Hinweis, ein Aushang und die Verschaffung der Möglichkeit zumutbarer Kenntnisnahme typischerweise nicht praktikabel sind. Erforderlich ist aber auch in diesem Fall eine hinreichende **Publizität** der AGB. Diese müssen im Amtsblatt der Bundesnetzagentur für Elektrizität, Gas, Telekommunikation, Post und Eisenbahnen veröffentlicht sein[1] und in den Geschäftsstellen des Verwenders bereitgehalten werden. Mit dem Merkmal „in den Geschäftsstellen" bringt das Gesetz eine gewisse Pauschalbetrachtung zum Ausdruck. Es ist mithin erforderlich und ausreichend, dass organisatorisch Vorsorge dafür getroffen ist, dass die AGB in den Geschäftsstellen bereitgehalten werden und dass dies tatsächlich im Grundsatz auch der Fall ist. Liegen die AGB in einer Geschäftsstelle ausnahmsweise infolge eines „Ausreißers" nicht vor, so ist das demnach unschädlich. 7

Die Benutzung des jeweiligen Beförderungs- oder Kommunikationsmittels bringt regelmäßig das **Einverständnis** des Kunden mit den AGB zum Ausdruck; ein entgegenstehender innerer Wille ist als Mentalreservation (§ 116), ein zum Ausdruck gebrachter Wille als *protestatio facto contraria* unbeachtlich. 8

1. Briefkästen

Nr. 2 lit. a beruht zunächst auf dem Umstand, dass die Briefbeförderung nach der Privatisierung der Post in privatrechtlicher Rechtsform erfolgt und damit auf die Vereinbarung von AGB im Rahmen dieser Beförderungsverträge angewiesen ist. Die Vorschrift ist **formal gefasst.** Anders als bei lit. b kommt es nicht darauf an, dass die AGB nur unter unverhältnismäßigen Schwierigkeiten zugänglich gemacht werden können. In **persönlicher Hinsicht** gelten auf der Verwenderseite keine besonderen Anwendungsvoraussetzungen. Die Privilegierung gilt im Hinblick auf die Liberalisierung der Postdienste nicht nur für die Deutsche Post AG, sondern auch für andere Anbieter, sofern sie zukünftig Briefkästen aufstellen.[2] 9

Die Vorschrift stellt auf Ort sowie Art und Weise des Vertragsschlusses ab. Gleichgültig ist die **Art der Sendung** oder ihre Bezeichnung. Sie gilt für Briefe, Postkarten oder Drucksachen („Infopost") gleichermaßen. Allerdings gilt sie nur für **Briefkästen,** nicht für andere ohne Empfangspersonal vorgehaltene Empfangseinrichtungen, etwa so genannte Packstationen. Dementsprechend muss der Kunde vor der Nutzung dieser letztgenannten Einrichtungen zunächst eine Nutzungsvereinbarung abschließen. Die Abgrenzung zwischen Briefkästen und anderen Empfangseinrichtungen ist nach der Verkehrsanschauung vorzunehmen. 10

---

[1] Die Bundesnetzagentur für Elektrizität, Gas, Telekommunikation, Post und Eisenbahnen ist eine selbstständige Bundesoberbehörde im Geschäftsbereich des Bundesministeriums für Wirtschaft und Arbeit mit Sitz in Bonn (Tulpenfeld 4, 53113 Bonn). Informationen über das Amtsblatt der Bundesnetzagentur (Erscheinungsweise, Veröffentlichungsmöglichkeiten usw.) unter http://www.bundesnetzagentur.de, 2. 9. 2005.

[2] BT-Drs. 14/6040, S. 153.

11 Dem **Ort** des Vertragsschlusses nach muss dieser „außerhalb von Geschäftsräumen" erfolgt sein. Erfolgt der Vertragsschluss durch Einwurf in einen Briefkasten innerhalb der Geschäftsräume der Deutschen Post oder anderer Anbieter, soweit diese zulässigerweise Beförderungsverträge abschließen, dann müssen in diesen Geschäftsräumen die maßgebenden AGB deutlich sichtbar aushängen, so dass der Kunde in zumutbarer Weise Kenntnis nehmen kann. Ist der Briefkasten unmittelbar vor dem Gebäude oder sonst außerhalb der abgeschlossenen Geschäftsräume angebracht, so greift lit. a ebenfalls. Für eine teleologische Reduktion besteht kein Anlass; denn der Briefkasten steht dem Publikum auch außerhalb der Öffnungszeiten der Post zur Verfügung, und der Aushang der AGB auf der Straße ist dann jedenfalls nicht in größerem Maße zumutbar als bei anderen Briefkästen.

12 Der **Art und Weise** des Vertragsschlusses nach muss es sich um einen durch Einwurf eines Briefes in einen Briefkasten geschlossenen Vertrag handeln. Die Ausnahme gilt also nicht, wenn eine persönlich an einem Schalter abgegebene oder durch einen Boten oder Kurier abgeholte Sendung handelt.

2. Vertragsschluss während einer Telekommunikationsdienstleistung

13 Nr. 2 lit. b gilt für bestimmte Dienstleistungen, die ihrerseits „während einer Telekommunikationsdienstleistung" erbracht werden, so dass deswegen die unmittelbare Verschaffung der AGB unverhältnismäßig schwierig wäre. Telekommunikation umfasst jeglichen Austausch von Information unter Abwesenden ohne physischen Transport des Informationsträgers (etwa eines Briefes). Der Begriff der **Telekommunikationsdienstleistungen** wird im Gesetz, etwa in § 3 Nr. 5 TKG, vorausgesetzt. Hierunter fallen außer der Sprechtelefonie (mobil oder im Festnetz) insbesondere die Bildkommunikation (Faxübertragungen), kombinierte Sprach- und Bildkommunikation (Bildtelefon, Videokonferenzen), Textkommunikation (z.B. Telex) und Datenkommunikation (DFÜ, DSL, ADSL, ISDN usw.), also insbesondere die Verschaffung einer Möglichkeit zum E-Mail-Austausch und die durch Verschaffung eines Internet-Zugangs oder im Netz angebotenen Dienstleistungen (Service- und Contentprovider).[1]

14 Die TK-Leistung muss während einer Verbindung erbracht werden. Damit wird der anfängliche Abschluss von TK-Verträgen, etwa der Dauervertrag mit einem Telefon-Festnetzanbieter oder einem Mobiltelefonanbieter ausgeschlossen. Gedacht ist vielmehr insbesondere an Telefonate mit **Call-by-call**-Verbindung, an Auskunftdienste wie die **Telefonauskunft** und an kostenpflichtige so genannte **Mehrwertdienste** („0190er-Nummern"). Die praktische Durchführbarkeit von Call-by-call-Anrufen wie auch die Inanspruchnahme kostenpflichtiger Servicenummern wäre erheblich erschwert – wenn nicht für praktische Zwecke ausgeschlossen – wenn der Anbieter dem Kunden zuerst seine AGB übermitteln müsste. Dagegen lässt sich auch nicht einwenden, dass die Call-by-call-Vorwahl durch den Kunden schon vor dem Zustandekommen des Telefonats (und nicht währenddessen) gewählt werden muss. Denn einmal muss der Anschlussbetreiber zuerst eine Verbindung zum Call-by-call-Anbieter herstellen. Zum anderen ist die Anwendung auf Call-by-call-Verbindungen sowohl durch den geschilderten Zweck der Vorschrift wie auch durch die Regelungsabsicht des Gesetzgebers geboten.[2] Wird die Dienstleistung während eines Telefonats vereinbart, aber erst anschließend erbracht, müs-

[1] Vgl. OLG Hamburg NJW-RR 2001, 544.
[2] BT-Drs. 14/6040, S. 151.

sen die Einbeziehungsvoraussetzungen grundsätzlich gewahrt werden; Anbieter müssen, wenn dies bei Distanzgeschäften, etwa einer telefonischen Telegrammaufgabe unpraktikabel ist, einen Verzicht auf die Kenntnisnahmemöglichkeit individualvertraglich vereinbaren, was zulässig ist.

Die Leistung muss **„in einem Mal"** erbracht werden. Sind mehrere zeitliche 15
Teilabschnitte für die Leistung vorgesehen, dann ist die Erfüllung nicht auf das laufende Telefonat beschränkt, und es ist nach der Wertung des Gesetzgebers typischerweise auch zumutbar, dem Kunden zunächst die AGB zur Verfügung zu stellen und erst alsdann mit der Leistung zu beginnen. Falls ein Kunde dies nicht wünscht, besteht die Möglichkeit des Verzichts auf die besonderen Einbeziehungsvoraussetzungen im Wege der Individualvereinbarung. An einer Leistung, die in einem Mal erbracht wird, fehlt es nur bei einer zeitlichen Streckung, nicht jedoch schon dann, wenn mehrere Teilleistungen vorliegen. Deshalb scheitert die Anwendung des Privilegs nicht schon daran, dass etwa die Telefonauskunft nicht nur die erfragte Nummer ansagt, sondern zugleich weitere Leistungen erbringt (Herstellung der Verbindung, Versendung der erfragten Nummer per SMS).

Die Privilegierung greift nur ein, wenn die Allgemeinen Geschäftsbedingungen 16
der anderen Vertragspartei nur unter **unverhältnismäßigen Schwierigkeiten** vor dem Vertragsschluss zugänglich gemacht werden können. Bei diesem Merkmal handelt es sich nicht lediglich um die Wiederholung des gesetzgeberischen Motivs, sondern um eine eigenständige Voraussetzung für das Eingreifen der Privilegierung.[1] Allerdings ist der Vorschrift die generelle Wertung zu entnehmen, dass die für die erfassten Fälle typischen Begleitumstände im Allgemeinen dazu führen, dass die Verschaffung der Kenntnisnahmemöglichkeit nur unter unverhältnismäßigen Schwierigkeiten in Betracht kommt. Keine unverhältnismäßigen Schwierigkeiten werden dann vorliegen, wenn sich der Vertragspartner während des Telefonats – für den Vertragspartner erkennbar – zufälligerweise an einem Ort befindet, an dem ihm die AGB ohne weiteres zugänglich gemacht werden können. Hingegen wird man es aber nicht ausreichen lassen können, dass der Kunde das Telefonat von einem Ort aus führt, an dem ihm ein Internetzugang zur Verfügung steht, über den ihm die AGB zugänglich gemacht werden können, weil damit in aller Regel eine das Telefonat erheblich ausdehnende Zeitverzögerung eintreten würde.

[1] *Bamberger/Roth/Becker* Rz 9.

§ 305 b Vorrang der Individualabrede

Individuelle Vertragsabreden haben Vorrang vor Allgemeinen Geschäftsbedingungen.

Inhaltsübersicht

I. Regelungsgedanke

1 AGB kommt institutionell die Funktion zu, die von den Parteien getroffenen Individualabreden auszufüllen und zu ergänzen. Ihre Verwendung dazu, die im Einzelfall ausgehandelte rechtsgeschäftliche Regelung zu konterkarieren, wäre in-

stitutioneller Fehlgebrauch. Konsequenterweise statuiert § 305 b in wortlautidenter Nachfolge von § 4 AGBG ein **funktionelles Rangverhältnis:** Soweit ein inhaltlicher Widerspruch zwischen Individualabrede und AGB besteht, bleiben letztere ohne Geltung.

II. Dogmatik und Systemfragen

Schrifttum: *Trinkner,* Vorrang der Individualabrede bei Verwendung Allgemeiner Geschäftsbedingungen, in: Festschrift Cohn (1975) S. 191; *Zoller,* Dogmatik, Anwendungsprobleme und ungewisse Zukunft des Vorrangs individueller Vertragsvereinbarungen vor Allgemeinen Geschäftsbedingungen, JZ 1991, 850.

1. Individualabredeverträglichkeit als gesetzliche Einbeziehungsvoraussetzung

Dass individualvereinbarungswidrige AGB nicht Vertragsbestandteil werden, 2 entspricht i. d. R. dem – realen oder hypothetischen – Parteiwillen. Gleichwohl ist § 305 b mehr als eine bloße Auslegungsregel betreffend die Frage, wie weit das globale Einverständnis des Kunden mit der Geltung der AGB reicht.[1] Die Vorschrift setzt vielmehr in Positivierung und Konkretisierung des Verbots institutionellen Fehlgebrauchs (Rz 1) eine unabdingbare und damit gerade parteiwillensunabhängige gesetzliche AGB-Einbeziehungsvoraussetzung: die der Individualabredeverträglichkeit von AGB.[2] Eigenständige Bedeutung kommt dem Gesichtspunkt, dass bei einer mit dem Klauselwerk unvereinbaren Individualabrede im Zweifel anzunehmen ist, die Einbeziehungsvereinbarung erstrecke sich nicht auf individualabredeunverträgliche Klauseln, nur in der (atypischen) Fallgestaltung individueller Abweichung *zugunsten* des Verwenders zu. Was die letztere Fallgruppe angeht, wird man freilich nach der § 305 b zugrundeliegenden Wertung strenge Anforderungen an die Bejahung einer Abweichung und vom Verwender eine entsprechend deutliche Sprache verlangen müssen.[3]

2. Vorrangprinzip und Einbeziehungskontrolle nach §§ 305 II und 305 c I

In Hinblick auf die – problemadäquaterweise allein interessierende – *Geltungsfrage* steht die Einbeziehungskontrolle nach § 305 b *gleichrangig* neben der nach 3 §§ 305 II, 305 c I.[4] Der Richter kann die Nichtmaßgeblichkeit einer AGB-Klausel im Überschneidungsbereich der benannten Vorschriften unter Berücksichtigung der Gesichtspunkte größtmöglicher Entscheidungsüberzeugungskraft und Entscheidungsökonomie kumulativ oder wahlweise auf dieses und/oder jenes Einbeziehungshindernis stützen.[5] Für das Verhältnis des Satzes vom Vorrang der Individualabrede zur Einbeziehungssperre wegen aus individuellen Umständen resultierenden Überraschungscharakters des Klauselinhalts (s. § 305 c Rz 20) bedeutet dies: Der Richter kann die Frage, ob sich der in den Vertragsverhandlungen zutage getretene Wille des Kunden in einer Individual*vereinbarung* niedergeschlagen hat, offenlassen, wenn und weil die Äußerung jenes Willens und der Nichtwiderspruch des Verwen-

[1] So freilich insbes. *Koch/Stübing* § 4 AGBG Rz 2, ferner etwa *Ulmer* Rz 7 sowie *Soergel/U. Stein* § 4 AGBG Rz 1.

[2] Übereinstimmend: *Stoffels* Rz 346, MünchKomm/*Basedow* Rz 2.

[3] Zutr. insoweit *Ulmer* Rz 25.

[4] A. A. – für Vorrang der §§ 305 II, 305 c I – freilich *Ulmer* Rz 2 sowie *Soergel/U. Stein* § 4 AGBG Rz 4.

[5] Zumindest im Ergebnis auch *Bamberger/Roth/Hub. Schmidt* Rz 6.

ders die Klausel aus der Sicht der Verwendergegenseite jedenfalls als überraschend i. S. von § 305 c I erscheinen lassen.[1]

3. Vorrangprinzip und Inhaltskontrolle

4 Die Einbeziehungskontrolle nach § 305 b ist gegenüber der Inhaltskontrolle nach §§ 307–309 rechtslogisch weder vorrangig[2] noch nachrangig.[3] Da auf die *Geltungsfrage* bezogen das Nicht-Vertragsbestandteil-Werden nach § 305 b und die Unwirksamkeit nach §§ 307–309 durchaus *äquivalent* sind, steht es dem Richter im Individualprozess vielmehr ohne weiteres frei, im Überschneidungsbereich des Vorrangprinzips und der Klauselverbote die Nichtvalidierung einer einzelnen Klausel entweder auf den einen oder anderen Gesichtspunkt zu stützen oder aber die Nichtgeltungsgründe zum Zwecke größerer Entscheidungsüberzeugungskraft zu kumulieren.[4]

III. Unverträglichkeit zwischen AGB-Regelung und Individualabrede

1. Individualabrede

5 **a) Erscheinungsform.** Individualabreden, denen im Verhältnis zu inhaltlich unverträglichen AGB Vorrang zukommt, können grundsätzlich mündlich oder schriftlich (zur Schriftformklauselproblematik Rz 32 ff.), ausdrücklich oder stillschweigend,[5] nach ganz h. M.[6] zudem vor, bei oder auch erst nach dem die AGB-Einbeziehungsvereinbarung enthaltenden Vertragsschluss getroffen werden. Eine Minderansicht[7] will den Schutzbereich des § 305 b demgegenüber auf die Immunisierung solcher Vereinbarungen beschränken, die vor, bei oder unmittelbar nach Vertragsschluss getroffen werden.

6 **b) Abgrenzung.** Individuell vereinbart i. S. von § 305 b ist alles, aber auch nur das, was nicht vorformuliert i. S. von § 305 I ist:[8] Handschriftliche, maschinenschriftliche oder aufgestempelte Zusätze auf einem Formular, denen ob der Häufigkeit ihrer Verwendung ihrerseits AGB-Charakter nach § 305 I zukommt, sind weder als Bestandteil der Individualvereinbarung i. S. von § 305 b zu qualifizieren noch ist bei inhaltlicher Unvereinbarkeit zwischen solchen Zusätzen und dem im Übrigen unangepassten Klauselwerk § 305 b analog anzuwenden.[9] Vorformulierte Vertragsbestimmungen stehen in ihren Teilen untereinander nicht in einem funktionellen Ranggefälle. Die Maßgeblichkeit der formularfremden Abweichungen lässt sich freilich als Regelergebnis ersichtlich unschwer auch nach allgemeinen Auslegungsgrundsätzen gewinnen. Der Zusatz kann im Allgemeinen vernünftigerweise nur dahin verstanden werden, dass im unmittelbaren oder mittelbaren Widerspruch stehende Formularpassagen hierdurch obsolet gestellt werden sollen.

---

[1] Vgl. BGH WM 1987, 646/647.

[2] So freilich z. B. *Staudinger/Schlosser* Rz 19 vor § 305; *Löwe/Trinkner* § 4 AGBG Rz 12.

[3] So freilich z. B. *Ulmer* Rz 2 a; *Erman/Roloff* Rz 2 (beide bezeichnenderweise mit dem entlarvenden Zusatz, der Richter dürfe aus Praktikabilitätsgründen die „logisch vorrangige Frage" zurückstellen).

[4] Wie hier: *Bamberger/Roth/Hub. Schmidt* Rz 6.

[5] BGH NJW 1986, 1807; NJW-RR 1996, 673/674.

[6] Statt vieler: *Stoffels* Rz 347; MünchKomm/*Basedow* Rz 5; *Bamberger/Roth/Hub. Schmidt* Rz 7.

[7] *Hau*, Vertragsanpassung und Anpassungsvertrag, 2003, S. 56 ff.; *Breitling*, Bedeutung und Wirkung von Schriftformklauseln, 1994 S. 220 ff.

[8] Ganz h. M.; vgl. etwa *Löwe/Trinkner* § 4 AGBG Rz 10; *Locher* § 9/2 c.

[9] So freilich *Ulmer* Rz 6, 23/24.

Soweit dies ausnahmsweise nicht der Fall ist, gilt nach § 305c II die für den Verwendungsgegner günstigere Regelung.[1]

Kein Vorrangproblem i. S. von § 305b, sondern ein allgemeines Auslegungsproblem (s. § 305c Rz 121) ist schließlich das Verhältnis von Formularvertragsklauseln zu Klauseln ergänzend einbezogener AGB.[2]

c) Analoge Anwendung auf bloße Vertragsangebote. Wie das AGB-Gesetz insgesamt (s. § 305 Rz 7), gilt auch § 305b hingegen per analogiam bereits für bloße Vertrags*angebote.* Nimmt sich ein solches in seinen individuellen Bestandteilen als bindend aus, weil es an einem individuellen Vorbehalt fehlt oder ein entsprechender AGB-Vorbehalt auch nicht individualerklärungskonkretisierend wirkt (zu Letzterem Rz 10), scheitern Bindungsausschlussklauseln in beigefügten AGB am Vorrang der Individualerklärung.[3] 7

d) Individuelle Zusätze und Streichungen im vorformulierten Text. Bei Formularverträgen, die in bestimmten Punkten auf individuelle Ergänzung angelegt sind, steht außer Frage, dass entsprechende Einschübe individualvertraglicher Natur sind.[4] Aber auch Zusätzen und Streichungen, die, als der Rationalisierungsfunktion zuwiderlaufend, vom Verwender ursprünglich gerade nicht intendiert waren, kommt einverständlich vorgenommen selbstredend Individualcharakter zu. Komplexer liegen die Dinge hier freilich, wenn der Kunde bei Vertragsschluss im Korrespondenzweg für seinen Vertragsantrag ein vom Angebotsadressaten verwendetes Formular benutzt und darauf Zusätze und Streichungen vornimmt. Da das Sich-Bedienen eines mit den AGB des Angebotsempfängers versehenen Formulars seinem objektiven Erklärungswert nach prima facie als Einverständnis mit der Geltung des Gesamtklauselwerks erscheint, muss der Kunde derartige Modifikationen in *augenfälliger* Weise treffen. Bejahendenfalls kommt der Vertrag nach Maßgabe des gegenüber unverträglichen AGB vorrangigen individuellen Zusatzes bzw. ohne Geltung der gestrichenen AGB-Klausel zustande, selbst wenn die AGB eine Klausel dahin enthalten, individuelle Zusätze und Streichungen hätten keine Gültigkeit; verneinendenfalls liegt eine Einbeziehungsvereinbarung bezüglich der *nicht* modifizierten AGB vor.[5] *Nicht* ausreichend, um die Modifikation dem Erklärungswert des Angebots einzuverleiben, ist insbesondere das bloße Durchstreichen aller oder einzelner auf der Rückseite abgedruckten Bedingungen ohne entsprechenden Hinweis auf der Vorderseite. Aber auch Durchstreichungen im Vertragsformular selbst müssen klar gekennzeichnet oder als solche ersichtlich sein.[6] 8

2. Unverträglichkeit

Individualabredeunverträglichkeit von AGB i. S. von § 305b liegt nicht nur vor, wenn eine AGB-Klausel in logisch unauflösbarem Gegensatz zur Individualabrede steht, sondern auch dann, wenn sie einer gegebenenfalls im Wege der Auslegung inhaltlich zu bestimmenden Individualvereinbarung ganz oder auch nur teilweise ihren wirtschaftlichen Sinn nähme.[7] Die gängige Unterscheidung unmittelbarer 9

---

[1] Zustimmend: *Soergel/U. Stein* § 4 AGBG Rz 2 sowie *Erman/Roloff* Rz 2.

[2] A. A. für das Verhältnis einer Leistungsausschlussklausel im Antragsformular einer Krankentagegeldversicherung zu weitreichenden Leistungsausschlüssen in den vom Antragsformular separierten AVG OLG Frankfurt a. M. VersR 1995, 522/523.

[3] *Staudinger/Schlosser* Rz 1; *Erman/Roloff,* Rz 4.

[4] BGH WM 1992, 32/33.

[5] *Staudinger/Schlosser* Rz 35.

[6] *Staudinger/Schlosser* aaO.

[7] Ganz h. M., statt vieler: OLG Karlsruhe VersR 1984, 829/830; *Stoffels* Rz 348; *Erman/Roloff* Rz 6.

Widerspruch – mittelbarer Widerspruch hat deshalb nur Darstellungswert; eine genaue Zuordnung zur einen oder anderen Kategorie ist nicht erforderlich.[1] Wichtiger als sie ist die Erkenntnis, dass einerseits vorrangige Individualabreden auch stillschweigend getroffen werden können (Rz 5), andererseits Individualabreden und AGB in einem Verhältnis wechselseitiger Interdependenz stehen: Individualabreden sind der inhaltlichen Konkretisierung durch AGB zugänglich (Rz 10), AGB-Klauseln können individualvertragskonform ausgelegt werden (§ 305 c Rz 117).

3. Abgrenzung: individualabredekonkretisierende Funktion von AGB

10 AGB haben auch und gerade die Funktion der **Individualvertragskonkretisierung.** Hieraus folgt: Auslegungsfähigen und -bedürftigen Individualabreden kommt keineswegs stets der Bedeutungssinn zu, der ihnen ohne AGB-Auffüllung beizumessen wäre. Statt des nächstliegenden Bedeutungssinns kann ihnen vielmehr der Inhalt zuerkannt werden, wie er mit der AGB-Regelung in Einklang steht: AGB vermögen in den „Begriffshof" von Individualvereinbarungen Konturen einzuziehen.[2] Nähert sich die von den AGB gegebene Sinndeutung der Randzone des „Begriffshofs", scheitert mangels besonderen Hinweises oder besonderer Hervorhebung (§ 305 c Rz 40) die Geltung der betreffenden Klausel und damit auch der Inhaltskonkretisierungsversuch freilich an § 305 c I; es verbleibt mangels besonderer, eine abweichende Interpretation rechtfertigender Umstände beim nächstliegenden Bedeutungssinn der Individualabrede.

4. (Unmittelbarer oder mittelbarer) Widerspruch zwischen Individualvertrag und AGB als ausreichende, aber auch notwendige Voraussetzung

11 Im Schrifttum wird verschiedentlich als selbstständige Fallgruppe der Individualabrede-Unverträglichkeit von AGB, neben derjenigen des unmittelbaren und mittelbaren Widerspruchs, die Erweiterung bzw. Einschränkung des „Funktionsbereichs des Individualvertrags" genannt.[3] Viele der Fallgestaltungen, die von den Anhängern dieser Lehre dieser Fallgruppe zugeschlagen werden, lassen sich zwanglos auch als Fälle inhaltlichen Widerspruchs einordnen. Soweit dies nicht der Fall ist, ist für die Anwendung des § 305 b indes kein Raum: Der (unmittelbare oder mittelbare) Widerspruch zwischen Individualvertrag und AGB ist ausreichende und zugleich notwendige Voraussetzung der Vorrangregel.[4] Mangels echten Widerspruchs zur Individualabrede nach § 305 b *nicht* zu beanstanden sind daher etwa: die Klausel in den AGB eines Bewachungsunternehmens, der Auftraggeber dürfe das ihm vom Wachunternehmer gestellte Wachpersonal während der Dauer eines Jahres nach Ablauf des Vertrags nicht selbst für Bewachungszwecke beschäftigen;[5] Haftungsfreistellungsklauseln zugunsten der Leute des Verwenders.[6]

---

[1] Zutreffend MünchKomm/*Basedow* Rz 6; *Bamberger/Roth/Hub. Schmidt* Rz. 8.

[2] Wie hier insbes. *Staudinger/Schlosser* Rz 26 ff., ferner: *Coester* DB 1982, 1551/1553; a. A. – gegen jede Relevanz der AGB hinsichtlich der Auslegung der Individualabrede – freilich z. B. *Ulmer* Rz 9 sowie *Soergel/U. Stein* § 4 AGBG Rz 10.

[3] Vgl. vor allem: *Schmidt-Salzer* E. 24; *Löwe/Trinkner* § 4 AGBG Rz 14, 31–34; *v. Westphalen* DB 1977, 1685.

[4] Wie hier insbes. *Ulmer* Rz 15.

[5] A. A. – die Klausel sei wegen Überschreitung des sachlichen „Funktionsbereichs" des Individualvertrags individualvertragswidrig – *Schmidt-Salzer* E. 25 Nr. 2.

[6] A. A. – entsprechende Klauseln seien wegen Überschreitung des personellen „Funktionsbereichs" des Individualvertrags individualvertragswidrig – *Schmidt-Salzer* E. 25 Nr. 3.

5. Einzelfälle

a) Abweichung zwischen individueller und formularmäßiger Hauptleistungsbestimmung. Anwendungsfall des § 305 b par excellence, und zwar in der Erscheinungsform des unmittelbaren Widerspruchs, ist die divergierende Hauptleistungsbeschreibung oder die Inanspruchnahme eines sekundären Bestimmungsrechts hinsichtlich des Leistungsinhalts oder -gegenstands durch Änderungs- und Ersetzungsvorbehalte: Bestimmungen in Kfz-Bedingungen, nach denen es dem Verwender erlaubt ist, nicht beauftragte „notwendige Reparaturen" innerhalb eines bestimmten Kostenrahmens ohne vorherige Rücksprache durchzuführen, stoßen sich nicht nur an § 308 Nr. 4[1], sondern auch an § 305 b.[2] Einen Unterfall divergenter Leistungsprogrammbeschreibung stellt dabei auch der Versuch dar, individualvertraglich eingegangene Verpflichtungen durch Statuierung von „Mitwirkungspflichten" des Kunden zu verkürzen. So widerspricht etwa bei Verträgen über die Lieferung und den schlüsselfertigen Aufbau von Gartenhäusern die Klausel „Zum Entladen des Hauses muss vom Kunden eine Hilfskraft zur Verfügung stehen" der Individualabrede: Das Entladen des Hauses ist bei objektiver Auslegung des Vertrags nach den Grundsätzen der §§ 133, 157 BGB in der Verpflichtung enthalten, den Transport durchzuführen und das Haus schlüsselfertig aufzubauen.[3] 12

Der Satz vom Vorrang individueller gegenüber formularmäßiger Leistungsbeschreibung gilt selbstredend auch im **Versicherungsvertragsrecht.** Bezüglich der *Wirksamkeit* der Individualvereinbarung ist dabei freilich § 5 VVG zu beachten: Bei Divergenz von Individualvereinbarung und Versicherungsscheininhalt verliert Erstere bei Nichtwiderspruch binnen eines Monats ihre Maßgeblichkeit, wenn und soweit der Versicherer den Versicherungsnehmer nicht nur auf diese Folge, sondern darüber hinaus auch auf die einzelnen Abweichungen besonders aufmerksam gemacht hat.[4] 13

b) Abweichung zwischen individueller und formularmäßiger Bestimmung der Person des Vertragspartners. Der Vertragsschluss konstituiert die Vertragsparteien. Die formularmäßige Inanspruchnahme der Befugnis durch den Verwender, an seiner Stelle einen **Dritten als Vertragspartner** einzusetzen, stößt sich deshalb nach § 305 b an der individualvertraglichen Festlegung der Person des Vertragspartners:[5] Weist ein Konnossement mittels augenfälligen individuellen Vermerks auf der Vorderseite den Zeitcharterer als Verfrachter aus, entfaltet eine Klausel der rückseitigen Konnossementsbedingungen, die den Reeder als Verfrachter ausweist (sog. Identity-of-Carrier-Klausel), keine Wirkung.[6] 14

c) Individualabredeunverträglichkeit von Befreiungsklauseln. Die formularmäßige Statuierung eines Rechts, sich durch einseitige Erklärung willkürlich vom Vertrag lösen zu können, steht sicherlich im Widerspruch zum individualvertraglichen Leistungsversprechen des Verwenders und verstößt deshalb auch gegen § 305 b (zur Unwirksamkeit wegen einschlägiger inhaltlicher Unangemessenheit § 308 Nr. 3 Rz 1 ff.). Klauseln, die ein Lösungsrecht begründen oder die vertragliche Bindung unter eine auflösende Bedingung stellen und dabei den Erfordernissen des § 308 Nr. 3 resp. des § 307 genügen, scheitern hingegen nicht am Vorrang- 15

---

1 BGH NJW 1987, 2818.

2 So zu Recht *Bamberger/Roth/Hub. Schmidt* Rz 11.

3 LG Stuttgart AGBE IV § 9 Nr. 135.

4 Einzelheiten s. Anh. § 310 Rz V 150 f.

5 *Ulmer* Rz 17 a.

6 BGH NJW-RR 1990, 613 f.; NJW 1991, 1420/1421; OLG Hamburg RIW 1982, 205; *Rabe* TranspR 1989, 81/86 f.; a. A. *Herber* TranspR 1990, 147/148.

prinzip, stellen vielmehr umgekehrt eine zulässige Konkretisierung bzw. Ergänzung der Individualabrede dar. Die Klausel „Selbstbelieferung vorbehalten" ist daher, zumindest im unternehmerischen Verkehr, als mit § 307 verträglich[1], jedenfalls nicht nach § 305 b zu beanstanden.[2] Maßstab der Einbeziehungskontrolle ist vielmehr § 305 c I: Entsprechende Klauseln sind unter dem Gesichtspunkt atypischer Individualvertragskonkretisierung überraschend i. S. dieser Vorschrift, sofern sie nicht durch individuellen Hinweis oder drucktechnische Plazierung an auffälliger Stelle ebendieses Charakters entkleidet werden (§ 305 c Rz 40) oder aus sonstigen Gründen (§ 305 c Rz 96) effektive Kenntnisnahme zu erwarten ist.

16 **d) Individualabredeunverträglichkeit von Haftungsausschluss- und -begrenzungsklauseln.** Haftungsausschluss- und -begrenzungsklauseln können zunächst im *unmittelbaren* Widerspruch zur Individualabrede stehen. Beschaffensheitsgarantieversprechen i. S. von § 276 I können nicht formularmäßig zurückgenommen werden, ein Ergebnis, das sich nach neuem Schuldrecht für den Kauf und Werkvertrag freilich bereits aus § 444 bzw. § 639 ergibt. *Soweit* die Beschaffenheitsangabe dahin zu interpretieren ist, dass sie auch und gerade das Risiko aller oder bestimmter Mangelfolgeschäden abdecken soll, sind vom Garantiezweck umfasste Schäden nach § 305 b abdingungsfest. Zu beachten bleibt freilich auch hier, dass im einschlägigen Grauzonenbereich formularmäßigen Haftungsausschluss- und -begrenzungsklauseln gerade individualvertragskonkretisierende Wirkung (s. Rz 10) dahin zukommen kann, dass eine Eigenschaftsangabe nicht als verschuldensunabhängige Garantieerklärung zu qualifizieren bzw. eine einschlägige Garantieerklärung als umfänglich auf den eigentlichen Mangelschaden begrenzt zu deuten ist.[3]

17 *Soweit* nach den Umständen des Falles in normativer Auslegung objektiv eine Garantieerklärung zu bejahen ist, lässt sich die Einstandspflicht für den Fall negativer Abweichung vom Zugesicherten selbstredend auch nicht durch eine Klausel hintanhalten, die den Zusicherungscharakter der Verwenderangabe schlicht zu leugnen versucht.[4]

18 Zwar nicht in unmittelbarem, wohl aber in *mittelbarem* Widerspruch zur Primärleistungsabrede steht schließlich die AGB-Regelung, in welcher *jegliche* Haftung für den Leistungsstörungsfall ausgeschlossen wird; die Validierung derartiger Klauseln würde das Primärleistungsversprechen faktisch zur Naturalobligation pervertieren: Lassen die Aussagen eines Vermittlers von Warentermingeschäften in seiner Werbebroschüre aus Adressatensicht nur den Schluss zu, dass durch Aufklärung und Beratung vertragliche Verantwortung übernommen wird, kann das Verlustrisiko nicht formularmäßig einschränkungslos dem Kunden zugewiesen werden.[5] Sonstige Freizeichnungsklauseln, auch soweit sie sog. Kardinalpflichten betreffen, mögen als überraschende Klauseln i. S. von § 305 c I nicht Vertragsinhalt werden und/oder an der Inhaltskontrolle gemäß §§ 307–309 scheitern; das Vorrangprinzip ist insoweit *nicht* thematisiert.

e) Individualabredeunverträglichkeit auf die Entgeltfrage bezogener Klauseln

19 **aa)** Klauseln, nach denen der Kunde zusätzlich zum bezifferten Entgelt noch die **Mehrwertsteuer** zu übernehmen hat, scheitern beim *Verbrauchergeschäft* als im

[1] BGH NJW 1985, 738; *Salger* WM 1985, 625.
[2] A. A. freilich etwa *Schmidt-Salzer* E. 11 sowie *Löwe/Trinkner* § 4 AGBG Rz 15.
[3] Richtig: *Staudinger/Schlosser* Rz 29.
[4] Statt vieler: *Ulmer* Rz 17 sowie *Soergel/U. Stein* § 4 AGBG Rz 11.
[5] OLG Düsseldorf WM 1990, 1707.

unmittelbaren Widerspruch zur Individualabrede stehend am Vorrang der Letzteren:[1] Die Preisbezifferung wird mittlerweile, gestützt auf eine § 1 I PreisangabeVO reflektierende Praxis, *allgemein* als Bruttopreisbenennung verstanden. Für eine formularmäßige Individualabredekonkretisierung (mit der Folge der Problemverortung bei § 305 c I, nicht bei § 305 b) ist kein Raum mehr.[2] Ob und unter welchen Voraussetzungen Nettopreis-Klauseln im *Unternehmensverkehr* Geltung zuzusprechen, ist hingegen mit Blick auf die Unsicherheit in der Beurteilung einschlägigen Handelsbrauchs zweifelhaft und streitig:[3] Die These, auch zwischen Kaufleuten bestehe „regelmäßig" die Vorstellung, dass die Mehrwertsteuer im benannten Preis enthalten,[4] erscheint – zumindest hinsichtlich des Geschäfts mit zum Vorsteuerabzug berechtigten Weiterveräußerern – nicht belastbar. Wahrscheinlich gibt es bestenfalls sektorale eindeutige kaufmännische Erklärungssitten in diese oder jene Richtung. Soweit ein Handelsbrauch dahin, dass Preisbenennungen Bruttopreisbenennungen, nicht nachweisbar, sollte man deshalb formularmäßige Nettopreisklauseln **nicht** am Vorrang der Individualabrede scheitern lassen. Spiegelt die Klausel „zuzüglich MWSt" gar im Gegenteil einen Handelsbrauch, kommt ihr ohnehin nur deklaratorische Bedeutung zu; besteht keine verfestigte Erklärungssitte, ist die Individualabredekonkretisierung jedenfalls nicht atypischer Natur und nicht einmal kundenerwartungskonträr i. S. von § 305 c I.

bb) Wegen unmittelbaren Widerspruchs zur individuellen Preisabrede nach § 305 b unwirksam sind hingegen insbesondere AGB-Klauseln, die **Zuschläge für Leistungen** statuieren, die nach normativer Auslegung bereits durch das vereinbarte Entgelt als abgedeckt anzusehen sind (Beispiel: formularmäßige gesonderte In-Rechnung-Stellung der Kosten der Gerüsterstellung für einen Fassadenverkleidungswerkauftrag, der auf der Basis eines Preises pro qm Wandfläche erteilt wurde). Individualvertragswidrig, weil die vertragliche Bindung negierend, sind weiter Klauseln, die die **Korrektur von Kalkulationsirrtümern und Rechenfehlern bei der Preisbestimmung** ermöglichen sollen.[5] 20

cc) Individuelle **Festpreisabreden** können nicht durch **Preisanpassungsklauseln** konterkariert werden.[6] Freilich ist nicht jede individuelle Preisbestimmung ohne Individualvorbehalt als Festpreisabrede zu qualifizieren:[7] Der Sinn einer individuellen Preisvereinbarung ist in Zeiten permanenter Geldentwertung dort, wo die Vertragsleistungen nicht sofort oder jedenfalls binnen kürzerer Frist, sondern erst nach Ablauf eines längeren Zeitraums erbracht werden können und sollen, nicht so dicht, dass die Abrede nicht der Konkretisierung i. S. einer Preisanpassung zugänglich wäre.[8] Soweit die Preisanpassungsklausel nach Vertrags- und Geschäftsart sowie den konkreten Preisänderungsfaktoren inhaltlich angemessen (hierzu: § 309 Nr. 1 Rz 1 ff.), aber infolge Unüblichkeit überraschend i. S. von § 305 c I ist, liegt es freilich beim Verwender, durch besonderen Hinweis oder drucktechnische Hervorhebung der Klausel an augenfälliger Stelle (insonderheit unmittelbar unter- 21

---

[1] *Ulmer* Rz 20; *Erman/Roloff* Rz 8; *Bamberger/Roth/Hub. Schmidt* Rz 14; *Palandt/Heinrichs* Rz 4.

[2] A. A. noch *Staudinger/Schlosser* § 305 c Rz 25.

[3] Für Im-Zweifel-Nichteinbeziehung etwa *Ulmer* Rz 20 sowie *Palandt/Heinrichs* Rz 4, zumindest bei Geschäften mit Weiterveräußerern keine Geltungsbedenken demgegenüber etwa *Staudinger/Schlosser* § 305 c Rz 25 sowie *Bamberger/Roth/Hub. Schmidt* Rz 14.

[4] BGH NJW 2001, 2464; 2002, 2312; *v. Westphalen,* VertragsR und AGB-Klauselwerke Preis – Preisnebenabreden Rz 10.

[5] *Staudinger/Schlosser* § 305 c Rz 7; *Erman/Roloff* Rz 8.

[6] Allg. M.; statt aller: *M. Wolf* ZIP 1987, 341/345.

[7] So freilich *Löwe/Trinkner* § 11 Nr. 1 AGBG Rz 3 sowie *Koch/Stübing* § 11 Nr. 1 AGBG Rz 2.

[8] Wie hier: *Staudinger/Schlosser* § 305 c Rz 133; *Bilda* MDR 1979, 92 ff.; *M. Wolf* ZIP 1987, 345.

halb der Zeile, in der der individuell bestimmte Preis einzutragen) dieses Einbeziehungs- und Gestaltungshindernis zu beseitigen.

22 **dd)** Die eigentliche Preisvereinbarung lediglich ergänzend, folglich zu einer vorbehaltlosen Individualpreisvereinbarung nicht im Widerspruch stehend, sind Klauseln über **Frachtkosten,**[1] sofern die Verpackung nicht notwendiger Bestandteil der Hauptleistung ist, auch Klauseln über die **Verpackungskosten.**[2] Derartige Klauseln können nur mit individualvertraglich getroffenen, gerade diese Nebenkosten betreffenden Regelungsabreden konfligieren: Das vorbehaltslose Individualversprechen, „frachtkostenfrei" zu liefern, kann nicht formularmäßig davon abhängig gemacht werden, dass eine bestimmte Mindestmenge abgenommen wird.[3]

23 **ee) Skonti-Klauseln** in Einkaufs- oder Auftragsbedingungen stoßen sich selbstredend an § 305 b, wenn individuell ein Preis „ohne Abzug" vereinbart ist. Was rechtens, wenn die individuelle Preisbestimmung weder einen Skontoausschluss, noch einen Skontovorbehalt enthält und Skontierung nicht bereits kraft Handelsbrauchs ohnehin als stillschweigend gewährt zu erachten wäre, ist hingegen streitig.[4] Die Argumentation, ein Widerspruch zur Individualabrede scheide hier deshalb aus, weil es sich um eine bloße Nebenabrede über die Modalität der Zahlung handele,[5] überzeugt nicht. Die Geltungsbejahung einer Skonto-Klausel bedeutet nun einmal, dass der Entgeltgläubiger, der sonst mit Erbringung der Sachleistung gemäß der Auslegungsregel des § 271 BGB nach der Individualabrede einen sofort fälligen, durchsetzbaren Anspruch auf das volle Entgelt erlangt, bei sofortiger Zahlung mit einem um den Skontobetrag gekürzten Entgelt zufrieden sein muss. Gleichwohl sollte die Einbeziehungsfrage, jedenfalls bei beiderseitigem Handelsgeschäft, nach dem elastischeren § 305 c I, nicht nach § 305 b entschieden werden: Der Bedeutungssinn einer vorbehaltlosen Individualpreisabrede ist hier, selbst bei fehlender Handelsgebräuchlichkeit einer Skontierungsbefugnis, kaum so dicht, dass eine Konkretisierung durch formularmäßige Klauseln schlechthin ausgeschlossen erscheint. Ist die Skontogewährung branchenmäßig eher unüblich, liegt es freilich beim Verwender, durch besonderen Hinweis oder drucktechnische Hervorhebung der Skonto-Klausel an augenfälliger Stelle (§ 305 c Rz 40) dieser den ihr sonst anhaftenden Überraschungscharakter i. S. von § 305 c I zu nehmen.

24 **ff)** Eine **Vorschussklausel** steht auch dann nicht im Widerspruch zur vorbehaltlosen Individualabrede, wenn kraft Gesetzes eine Vorschusspflicht nicht gegeben ist. Sie ist vielmehr individualvertragskonkretisierender Natur, freilich überraschend i. S. von § 305 c I und deshalb nur bei besonderem Hinweis oder besonderer Kenntlichmachung (hierzu § 305 c Rz 40) wirksam. Ob eine formularmäßige Vorschussklausel im Widerspruch zu einer Individualvereinbarung des Inhalts steht, dass bei Zahlung innerhalb einer bestimmten Frist Skonto gewährt wird, hängt davon ab, ob man die Skontoabrede dahin deutet, dass hierdurch die Fälligkeit des Gesamtentgelts bis zum Ablauf jener Frist hinausgeschoben wird. Verneint man dies (mit BGH NJW 1981, 1959 gegen OLG Köln AGBE I § 4 Nr. 3) scheidet Einschlägigkeit von § 305 b aus.

---

[1] *Koch/Stübing* § 4 AGBG Rz 9; *Ulmer* Rz 21; *Erman/Roloff* Rz 8.

[2] *Dittmann/Stahl* Rz 228.

[3] *Bamberger/Roth/Hub. Schmidt* Rz 13.

[4] Für einschlägige Individualvertragsunverträglichkeit offenbar *Staudinger/Schlosser* Rz 7, dieselbe – mit unterschiedlichen Gründen – verneinend etwa *Ulmer* Rz 21 sowie *Bamberger/Roth/Hub. Schmidt* Rz 14.

[5] So *Ulmer* aaO.

f) Leistungsmodalitätenregelungen. AGB-Klauseln, die Zeit, Ort und sonstige Modalitäten der Leistung regeln, verstoßen dann und nur dann gegen §305b, wenn (1) auch und gerade dieser Punkt Gegenstand der Individualabrede ist und (2) sich die AGB-Regelung nicht mehr im Rahmen – zulässiger (Rz 10) – bloßer Konkretisierung hält.

aa) Leistungszeitklauseln. Macht der Kunde in den Vertragsverhandlungen 25
ausdrücklich sein Interesse an Einhaltung einer bestimmten **Lieferfrist** deutlich oder ist ein entsprechendes Interesse dem Verwender auch ohne besonderen Hinweis ohne weiteres erkennbar, ist eine Lieferfristangabe seitens des Verwenders nach §§ 133, 157 BGB als vertragliche Zusage zu qualifizieren. Formularmäßige Klauseln „Liefertermine freibleibend", „Lieferzeiten nur Richtzeiten und unverbindlich" und dergleichen stehen im Widerspruch zum Individualvertrag und sind demzufolge unwirksam.[1] Lieferzeitpunktangaben, die auf Bestellscheinen hand- oder maschinenschriftlich eingefügt sind, also Individualcharakter haben, *generell* den Charakter fester Leistungszeitpunktzusagen beizumessen,[2] dürfte indes zu weit gehen. Soweit nicht Evidenz oder Evidentmachung des Kundeninteresses an termingerechter Leistung bei normativer Auslegung eine entsprechende Qualifikation rechtfertigen, sind Leistungszeitangaben wohl durchaus auch klarstellender Konkretisierung dahin fähig, dass sie lediglich Richtzeiten sind. Da solche Relativierung vorbehaltloser individueller Leistungszeitangaben immerhin bedeutungssinnfern ist, wird man allerdings in Hinblick auf die Einbeziehungsschranke des §305c I (dort Rz 34) verlangen müssen, dass die formularmäßige Konkretisierung in augenfälliger Weise in unmittelbarem räumlichem Zusammenhang mit der Zeitangabe selbst, oder aber, in der Textgestaltung hervorgehoben, in Unterschriftsnähe erfolgt. Nach eben diesen Kriterien an §305c I zu messen, nicht bereits als individualvertragswidrig i. S. von §305b zu qualifizieren, sind wohl auch Klauseln in Einkaufs- und Auftragsbedingungen, die versuchen, eine individuelle Leistungszeitangabe zu einer solchen mit **Fixgeschäftcharakter** „hochzustufen".[3]

bb) Leistungsortklauseln. Bereits für die individuelle Leistungsortbestim- 26
mung gilt, dass eine den tatsächlichen Verhältnissen zuwiderlaufende Klausel als Leistungsortregelung ohne Wirkung bleibt[4] und – beschränkt auf den kaufmännischen Verkehr, §29 II ZPO – allenfalls in eine Gerichtsstandsklausel umzudeuten ist. Im Rahmen solcher Unverträglichkeiten zwischen den „Umständen" i. S. von §269 BGB und dem Klauselinhalt mag man bei entsprechenden formularmäßigen Klauseln auf §305b rekurrieren. Auch jenseits dieser Schwelle die Eignung von AGB zur Individualkonkretisierung generell zu leugnen,[5] geht hingegen nicht an.

cc) Teilleistungsklauseln. Jedenfalls kaum an §305b scheitern schließlich 27
Klauseln, in denen sich der Verwender abweichend von §266 BGB das Recht zu **Teilleistungen** vorbehält (zur Frage der inhaltlichen Angemessenheit solcher Klauseln *Ulmer/Christensen* §309 Nr. 8 Rz 6 m. N.).

g) Gefahrtragungsklauseln. Soweit Kauf- und Werklieferungsverträge in 28
ihrem individuell ausgehandelten Teil keine explizite (Preis-)Gefahrtragungsregelung beinhalten, sind sie nicht nur einer mittelbaren Konkretisierung durch formularmäßige Leistungsortklauseln (Rz 26), sondern auch der unmittelbaren

---

[1] BGHZ 92, 24/26; *Schmidt-Salzer* E. 11 Nr. 108; *Erman/Roloff* Rz 7.
[2] So wohl *Dittmann/Stahl* Rz 227.
[3] Ebenso: BGHZ 110, 88/97; a. A. *Löwe/Trinkner* §4 AGBG Rz 37.
[4] *Soergel/M. Wolf* §269 Rz 17 m. N.
[5] So *Löwe/Trinkner* §4 AGBG Rz 36.

Ergänzung durch besondere AGB-Gefahrtragungsklauseln zugänglich. § 305 b ist insoweit tendenziell *nicht* thematisiert.[1]

29 **h) Sicherungsklauseln.** AGB-Klauseln in wirksam in Bezug genommenen Allgemeinen Verkaufs- und Lieferungsbedingungen, die einen **einfachen** und/ oder **verlängerten Eigentumsvorbehalt** statuieren, stehen *nicht* im Widerspruch zum Individualvertrag. Soweit nicht gar im Einzelfall eine stillschweigende einschlägige (Individual-)Vereinbarung anzunehmen, die AGB-Verlautbarung mithin gar nur deklaratorischer Natur ist, stellen sie vielmehr eine zulässige Konkretisierung des eines solchen Vorbehalts ermangelnden Kauf- oder Werklieferungsvertrags dar.[2] Und: Entgegen verbreiteter Ansicht scheitert auch ein formularmäßiger **erweiterter Eigentumsvorbehalt** in der Form der **Kontokorrentklausel** grundsätzlich *nicht* an § 305 b.[3] Nur wenn die entsprechende Sicherung mit negativem Ergebnis bereits Gegenstand der Vertragsverhandlung war, ferner wohl auch dann, wenn individuell eine weniger weitreichende Eigentumsvorbehaltsregelung getroffen ist, wird man qua Auslegung die Individualabrede zugleich als Sperre für formularmäßige Kontokorrentklauseln verstehen müssen und dürfen.

30 **i) Sonstige Fälle.** Bei **fälschlicher Verwendung eines vertragstypfremden Formulars** bleiben alle Bestimmungen unanwendbar, die dem Sinn des beidseits gewollten Vertragstyps entgegenstehen.[4] Haben die Parteien die Frage der **Verjährung** ersichtlich abschließend geregelt, entfaltet eine kollidierende AGB-Regelung keine Wirksamkeit.[5] Wird im Rahmen einer **Kontoeröffnung** gemeinschaftliche Verfügungsbefugnis der Kontoinhaber festgelegt (sog. Und-Konto), kann sich die Bank bei Auszahlung des Guthabens an einen (Gesamt-)Berechtigten nicht auf eine Oder-Konto-Formularklausel berufen.[6]

6. Subsidiäre AGB-Geltung bei Nichtigkeit oder Aufhebung der AGB-unverträglichen Individualabrede?

31 Die (Streit-)Frage, ob es bei Unwirksamkeit einer ihrem Inhalt nach AGB-unverträglichen Individualabrede sowie späterer Außer-Geltung-Setzung einer solchen Individualabrede zur „subsidiären" AGB-Geltung kommt, lässt sich nicht generalisierend bejahen[7] oder verneinen.[8] Maßgebend ist vielmehr der jeweilige, gegebenenfalls durch erläuternde oder ergänzende Vertragsauslegung zu gewinnende Parteiwille.[9]

---

[1] A. A. offenbar *Löwe/Trinkner* aaO.

[2] Ganz h. M.; a. A. *Löwe/Trinkner* § 4 AGBG Rz 31.

[3] Richtig: *Ulmer* Rz 17; a. A., sämtlich in Konsequenz der abzulehnenden „Funktionsbereichslehre" – hierzu Rz 11 – *Schmidt-Salzer* E. 25 Nr. 4; *Löwe/Trinkner* § 4 AGBG Rz 33/34; *v. Westphalen* DB 1977, 1685.

[4] *Staudinger/Schlosser* Rz 18; *Erman/Roloff* Rz 7.

[5] BGH NJW-RR 1990, 371.

[6] OLG Köln NJW-RR 1990, 1007.

[7] So freilich etwa *Medicus*, AT Rz 421, ferner zumindest der Tendenz nach – „im Zweifel" – auch *Ulmer* Rz 11 sowie *Bamberger/Roth/Hub. Schmidt* Rz 1.

[8] So freilich etwa *Schmidt-Salzer* E. 10.

[9] Zutr. *Dietlein* § 4 AGBG Rz 2; *Koch/Stübing* § 4 AGBG Rz 7; *Soergel/U. Stein* § 4 AGBG Rz 7.

IV. Schriftform- und Bestätigungsvorbehaltsklauseln

Schrifttum: *Teske,* Schriftformklauseln in Allgemeinen Geschäftsbedingungen, 1990; *Breitling,* Bedeutung und Wirkung von Schriftformklauseln, 1994; *Lindacher,* Zur Vertretungsmachtbegrenzung durch formularmäßige Schriftform- und Bestätigungsvorbehaltsklauseln, JR 1982, 1; *Michalski,* Schriftformklauseln in Individual- und Formularverträgen, DStR 1998, 771.

AGB-verdrängender Vorrang kommt nur **wirksamen** Individualabreden zu. Insoweit gelten zunächst und vor allem die allgemeinen Regeln für Rechtsgeschäfte. 32
Fraglich und streitig ist, ob darüber hinaus auch den in Bezug genommenen AGB selbst Wirksamkeitsrelevanz zukommen kann. In der Praxis begegnen vor allem sog. **Schriftformklauseln,** d. h. Bestimmungen, wonach mündliche (Zusatz-) Abreden unwirksam sind, ferner Klauseln, die – besonders auf Vertreterhandeln abstellend – ganz generell mündliche wie schriftliche Sondervereinbarungen von einer (schriftlichen) Bestätigung abhängig machen **(Bestätigungsvorbehaltsklauseln).** Die einschlägige rechtliche Beurteilung erheischt vom Tatsächlichen her eine Differenzierung dahin, ob rechtsgeschäftliches **Eigenhandeln des Verwenders** oder aber **Vertreterhandeln** infrage steht, wobei letzternfalls weiter nach Status und Funktion des Vertreters zu unterscheiden bleibt. Besonders einzugehen ist auf die Problematik, ob **nachträgliche Vertragsmodifikationen** unter Schriftformvorbehalt gestellt werden können.

1. Schriftformklausel und Eigenhandeln des Verwenders

a) Formlose Individualabsprachen bei Vertragsschluss. Trifft der **Verwender** (bei Personifikationen mit Rechtssubjektqualität: der Organvertreter) **selbst** 33
vor, bei oder unmittelbar nach Vertragsschluss mit der Gegenseite mündlich eine Individualabrede, wird deren Geltung nicht dadurch berührt, dass wirksam in Bezug genommene AGB eine Schriftformklausel enthalten.[1] Wer einem rechtslogischen Primat der Inhaltskontrolle gegenüber der Einbeziehungskontrolle das Wort redet, wird dieses Ergebnis auf die Unwirksamkeit der Klausel infolge inhaltlicher Unangemessenheit stützen, Letztere freilich gerade im Versuch der Aushöhlung des in § 305 b verankerten Vorrangprinzips sehen.[2] Wer der Einbeziehungs- und Inhaltskontrolle richtigerweise (Rz 4) Gleichrang beimisst, ist nicht gehindert, die Wirksamkeit der Individualabsprache unbeschadet der Schriftformklausel (und damit den Vorrang der Sondervereinbarung gegenüber der inhaltlich divergierenden AGB-Regelung) auch und gerade unmittelbar aus § 305 b zu vindizieren: Die auf Geltung des mündlich Vereinbarten angelegte Individualabrede geht der auf Geltungsverneinung zielenden AGB-Regelung vor.[3]

b) Schriftformvorgaben für Vertragsänderungen. Die Beurteilung formularmäßiger Klauseln, die darauf zielen, das Vertragswerk gegenüber formloser 34
nachträglicher Modifikation zu feien, wird durch die Stellungnahme zur (Streit-) Frage präjudiziert, unter welchen Voraussetzungen Vertragsparteien eine entsprechende **indvidualvertragliche** Schriftformabrede beiseiteschieben können.

Folgt man der – unterschiedlich begründeten – eindeutig herrschenden Ansicht, dass **einige** Parteien sich zumindest über eine einfache Schriftformabrede auch ohne ausdrückliche Aufhebung derselben, ja selbst ohne aktuellen Aufhebungswil-

---

1 Ganz h. M.; statt vieler: BGH NJW-RR 1995, 179/180; *Bamberger/Roth/Hub. Schmidt* Rz 19.

2 Konsequent: *Ulmer* Rz 32 sowie *Soergel/U. Stein* § 4 AGBG Rz 15.

3 Ebenso, statt vieler: *Larenz/Wolf,* AT § 43 Rz 38; *Palandt/Heinrichs* Rz 5; *Michalski* DStR 1998, 771/773.

len hinwegsetzen können, die Einhaltung der Form nur *ein* Seriositätsindiz für den beidseitigen Neuerungswillen neben anderen ist,[1] nehmen einschlägige Schriftformklauseln in AGB-Form mündlich vereinbartem erst recht nicht die Wirksamkeit.[2] Aufrüstungsversuchen der Kautelarpraxis, die Schriftformabrede gegenüber stillschweigender Derogation dadurch resistenter zu machen, dass auch deren eigene Aufhebung der Schriftform unterworfen wird, ist mit Skepsis zu begegnen.[3] Wer Geltung des beidseits zeitlich zuletzt Gewollten als unmittelbaren, nicht näher begründungsbedürftigen Ausfluss der Privatautonomie begreift, hat von vornherein weder Anlass noch Möglichkeit, „verstärkte" Schriftformabreden anders als schlichte zu behandeln, gleichgültig, ob die Formabrede individualvertraglicher oder formularmäßiger Natur. Im Übrigen lässt sich schwerlich übersehen, dass die „Verstärkungsform" nur explizit verlautbart, was von der Grundform implizit umschlossen: Wenn und weil die einfache Formklausel als solche Teil des Vertrags, beziehen sich ihre eigenen Vorgaben ohnehin und ohne weiteres auch auf das Abweichen von ihr selbst. Wer „doppelstöckigen" Schriftformvorbehalten individualvertraglicher Art gleichwohl Wirksamkeit zuspricht,[4] steht bei entsprechenden AGB-Bestimmungen unter Inhaltskontrollgesichtspunkten vor der Frage, ob die Nichtvalidierung der Schriftform nicht genügender Vertragsmodifikationen eine nicht hinnehmbare Abweichung von dispositivem Recht mit Leitbildfunktion i. S. von § 307 II Nr. 1 darstellt. Soweit die Frage erörtert wird, wird dies überwiegend bejaht: Eine entsprechende AGB-Bestimmung konfligiere mit dem ungeschriebenen Rechtssatz, dass rechtsgeschäftlicher Formzwang formlos wieder aufgehoben werden könne.[5]

Naheliegenderweise gänzlich anders fällt die Beurteilung nachvertraglicher Modifikationen erfassender AGB-Schriftformklauseln aus, wenn man individualvertraglichen Formvorgaben sehr wohl eine gewisse Derogationsfestigkeit zuspricht, indem man für die Gleichwohl-Wirksamkeit von Änderungen und Ergänzungen jedenfalls **ausdrückliches** Abrücken der Parteien von der Schriftformvereinbarung verlangt[6] oder dieselbe gar von einer vorgängigen ihrerseits der Schriftform genügenden Aufhebung der Formgebote abhängig macht.[7] Selbst nach erstgenannter Ansicht würde eine vom Wortlaut für allgemein gehaltene Schriftformklausel die Verwendergegenseite schwerlich von der Durchsetzung ihrer Rechte abhalten: Wer das ausdrückliche Abrücken nachweisen kann, fürchtete kaum, dass sich der Verwender mit Erfolg auf mangelnde Form derselben berufen kann.

---

[1] So über die Konstruktion einer der nachträglichen (Sach-)Abrede innewohnenden stillschweigenden Derogation der Schriftformabrede beispielsweise BGH NJW 1965, 292/293; 1975, 1653/1654; BAG NJW 2003, 3725/3727; OLG Brandenburg NJW-RR 2001, 1673/1674, unter Betonung des Vorrangs des zeitlich letzten Willens und einhergehender Leugnung des Bedürfnisses für eine vorgängige Beseitigung der Schriftformabrede u. a. *Flume* AT II § 15 III/2; *Soergel/Hefermehl* § 125 Rz 33; *Erman/Palm* § 125 Rz 9.

[2] Statt vieler so denn auch: BGH NJW 2006, 138/139; *Staudinger/Schlosser* Rz 40; *Palandt/Heinrichs* Rz 5; *Köhler* AT § 16 Rz 23; *Michalski* DStR 1998, 771/773.

[3] Ablehnend denn auch etwa KG KG-Report 2001, 237; *Soergel/Hefermehl* § 125 Rz 33; *Staudinger/Schlosser* Rz 40; *Bork* AT Rz 1066; *v. Westphalen* VertragsR und AGB-Klauselwerke Schriftformklauseln Rz 6.

[4] So neuestens etwa BAG NJW 2003, 3725/3727 sowie – unter Frontenwechsel – *Palandt/Heinrichs* § 125 Rz 14.

[5] *Hromadka* DB 2004, 1261/1264; *Michalski* DStR 1998, 771/778.

[6] So neuestens etwa *Hau*, Vertragsanpassung und Anpassungsvertrag, 2003, S. 56 ff. sowie *Mankowski* JZ 2001, 357/358 f.

[7] So MünchKomm/*Einsele* § 125 Rz 66.

2. Vertreterhandeln

a) Schriftformklauseln und Handeln von Personen mit umfangmäßig unbeschränkbarer Vertretungsmacht. Das zum rechtsgeschäftlichen Eigenhandeln des Verwenders Ausgeführte gilt entsprechend, soweit es sich um sog. **Generalbevollmächtigte**[1] sowie **Prokuristen,** also Personen mit dem *Umfang nach unbeschränkbarer Vertretungsmacht,* handelt: Individualvereinbarungen sind für den Verwender auch dann bindend, wenn sie lediglich mündlich getroffen wurden;[2] nach h. M. (Rz 34) vorbehaltlos auch dann, wenn sie den Vertrag abändern. 35

b) Schriftform- sowie Bestätigungsvorbehaltsklauseln und Handeln sonstiger Abschlussvertreter. Bei Abschlussvertretern, deren Vollmacht umfangmäßig *beschränkbar,* stellt sich hingegen bezüglich allfälliger Schriftform- und Bestätigungsvorbehaltsklauseln in erster Linie die Frage nach der **vertretungsmachtbegrenzenden Wirkung** derselben. Denn: Zwar gilt auch für diesen Personenkreis der Satz, dass im Übrigen *wirksamen* Individualabsprachen (nach h. M. vorbehaltlos einschließlich nachträglicher Individualabsprachen, s. Rz 34) unbeschadet der Nichtbeachtung der formularmäßig begründeten Geschäftsform Vorrang vor inhaltlich hiermit unvereinbaren AGB-Regelungen zukommt. Soweit dem Vertreter für mündliche Zusatzabreden oder aber nach dem Vertragsmuster nicht vorgesehene Ergänzungen und Abweichungen gleich welcher Form weder Vollmacht zukommt noch Vertretungsmacht kraft Rechtsschein zu bejahen ist, *mangelt* es jedoch gerade an solcher Wirksamkeit „im Übrigen". Die Geltung mündlicher Absprachen bzw. von Sonderzusagen gleich welcher Art scheitert bereits am Erfordernis einschlägiger Vertretungsmacht. 36

Das **Meinungsspektrum** zur Relevanz von Schriftform- und Bestätigungsvorbehaltsklauseln in diesem Bereich reicht von der einschränkungslosen Sanktionierung entsprechender Klauseln[3] über – in sich divergente – vermittelnde Aussagen bis hin zur Ansicht, den Klauseln sei in Hinblick auf das Vorrangprinzip bzw. die diesem Prinzip – vorgeblich – zugrundeliegende Wertung weithin jede Vertretungsmachtbedeutung abzusprechen.[4]

Zur Reduzierung von Problemkomplexität sind tunlicherweise von der eigentlichen Schriftform-/Bestatigungsvorbehaltsklauselproblematik zwei Fragenkreise *abzuschichten.* Zum einen ist die Vorfeld-Klarstellung nützlich, dass auch eine allgemein gehaltene, ihrem Wortsinn nach personell mithin Abschlussvertreter aller Art umfassende Klausel durchaus restriktiv dahin zu verstehen sein kann, dass ihr bezüglich der konkret handelnden Person ob deren Funktionsgruppenzugehörigkeit jede Relevanz oder aber zumindest jede vertretungsmachtbezogene Relevanz mangelt: Der Verkehr erachtet Bestätigungsvorbehaltsklauseln bezogen auf leitende Angestellte als von vornherein nicht einschlägig und deutet Schriftformklauseln, sofern er sie überhaupt auf diese Personen bezieht, als reine Geschäftsformregelung.[5] Zum Zweiten aber ist die Erkenntnis wichtig, dass die Vertretungsmacht bei Geschäftsabschlüssen unter bestimmungsgemäßer Bezugnahme auf die unternehmenseigenen AGB bereits *unabhängig* von Schriftform- und Bestätigungsvorbehaltsklauseln limitiert sein kann: Bei untergeordneten Hilfspersonen ist die Abschlussvollmacht typischerweise dahin begrenzt, dass sie jedenfalls nicht die Be- 37

[1] Näher hierzu insbes. *U. Hübner* ZHR 143, 1/3 ff.

[2] *Medicus,* AT Rz 424; *Locher* § 9/2 c aa.; *Stoffels* Rz 353; *Bamberger/Roth/Hub. Schmidt* Rz 19.

[3] So noch BGH BB 1977, 59 m. krit. Anm. *Trinkner;* NJW 1980, 234/235.

[4] In letzterem Sinne etwa noch *Hadding* in: StudK BGB § 4 AGBG Anm. 3, ferner: *Koch/Stübing* § 4 AGBG Rz 16 sowie *Baumann* BB 1980, 551.

[5] Zustimmend: *Michalski* DStR 1998, 771/774. A. A. freilich explizit *Ulmer* Rz 32 sowie *Teske* S. 332 f.

fugnis zur AGB-*Abänderung* umfasst; der Unternehmer verfolgt mit der Verwendung von AGB gerade auch das (legitime) Ziel, die Vertragsbeziehungen zu seinen Kunden im Massengeschäft möglichst einheitlich zu gestalten.[1] Ja, die Offenkundigkeit der einschlägigen (Regel-)Intention des Verwenders hindert überall dort, wo der Kunde im Einzelfall auch und gerade die Unverträglichkeit zwischen Individualvereinbarung und AGB-Regelung erkennen kann und muss, mangels eines besonderen, zusätzlichen Rechtsscheintatbestands (hierzu Rz 38) auch die Annahme einer Rechtsscheinvollmacht.[2] Dabei ist freilich in der Bejahung des Kennenmüssens der Unverträglichkeit von Individualabspracheinhalt und AGB-Regelung Zurückhaltung geboten: Die bloße Kenntnisnahmemöglichkeit i. S. von § 305 II begründet richtigerweise noch nicht ohne weiteres eine Kenntnisnahmeobliegenheit bezüglich jeder einzelnen AGB-Bestimmung.

38 Bezüglich der verbleibenden (Kern-)Problematik aber liegt der Lösungsschlüssel zuvörderst im Verständnis der Struktur von § 54 HGB, der nicht nur für Handlungsbevollmächtigte, sondern über die Verweisungsnorm des § 55 HGB auch für Handelsvertreter mit Abschlussvollmacht gilt. Die Vorschrift ist zunächst *Auslegungsregel.* Die jeweilige Vollmacht schließt nach § 54 I HGB im Zweifel die Befugnis zur inhaltlichen Ausgestaltung durch geschäftsartgebräuchliche, den Leistungsgegenstand, die Leistungsmodalitäten und den Leistungsstörungsfall betreffende Regelungen ein. Alle diesbezüglichen *Einschränkungen* hat der Unternehmer zu beweisen. Alle *nachweisbaren* Einschränkungen sind an § 54 III HGB zu messen: soweit sie dem Vertragspartner weder bekannt noch erkennbar sind, ist zugunsten desselben eine entsprechende Rechtsscheinvollmacht anzunehmen.[3] Erfolgt nun der Vertragsschluss bestimmungsgemäß unter Einbeziehung der AGB des vertretenen Unternehmens, stellt eine Beschränkung der Vertretungsmacht auf Vertragsschlüsse unter Ausschluss vom Zuschnitt des Vertragsmusters nicht vorgesehener Vereinbarungen bzw. unter Ausschluss aller mündlichen Vereinbarungen für den Bereich der jeweils geschäftsartüblich zu regelnden Fragen eine Abweichung vom Standard des § 54 I HGB dar. Die eigenständige potenzielle Vertretungsmachtrelevanz von Schriftform- und Bestätigungsvorbehaltsklauseln aber beruht auf dem Umstand, dass sich AGB-Kundgabe über Vertretungsmachtverhältnisse und tatsächlicher Umfang der (Innen-)Vollmacht in aller Regel decken: Erteilt ein Unternehmer Angestellten oder Handelsvertretern Vollmacht zum Abschluss von Geschäften, bezüglich derer die Geltung der eigenen AGB durchgesetzt werden soll, und enthalten die Letzteren vertretungsmachtbezogene Klauseln, beurteilt sich der Vollmachtsumfang mangels abweichender expliziter Bestimmung des Unternehmers nach dem Erklärungswert eben jener Klausel. Dieselbe verlautbart und beweist die Vollmachtsbegrenzung. Bei der Beantwortung der Frage aber, wann Kennenmüssen der einschlägigen Beschränkung i. S. von § 54 III HGB zu bejahen ist, wird einmal mehr die richtigerweise im negativen Sinn zu beantwortende Frage relevant, ob bloße Kenntnisnahmemöglichkeit i. S. von § 305 II Nr. 1 ohne weiteres eine Kenntnisnahmeobliegenheit bezüglich aller Einzelklauseln bedeutet.

Auf der Grundlage all der genannten Klar- und Feststellungen dürfte im Einzelnen folgendes gelten:

39 **aa)** Auch die Vertretungsmacht **leitender Angestellter unterhalb der Prokuristenebene,** zu denen im angesprochenen Regelungszusammenhang jedenfalls

---

[1] Vgl. bereits *Raiser* AGB S. 236 f.; ferner *Soergel/U. Stein* § 4 AGBG Rz 19; MünchKomm/*Basedow* Rz 14; *Tempel* JuS 1984, 81/83; a. A. freilich *Ulmer* Rz 35; *Micklitz* NJW 1981, 407/408.

[2] Ebenso explizit: *Tempel* aaO.

[3] Grundsätzlich und grundlegend zu alledem: *K. Schmidt,* Handelsrecht, 5. Aufl., § 16 IV 4 m. w. N.

alle Generalhandlungsbevollmächtigten zu zählen sein dürften, wird durch Schriftform- und Bestätigungsvorbehaltsklauseln *nicht* beschränkt. Soweit hier ausnahmsweise im Einzelfall überhaupt eine Vollmachtsbegrenzung intendiert sein sollte, eignet der Klausel weder einschlägige Beweiskraft noch rechtsscheinhindernde Wirkung: Der Verkehr erachtet Bestätigungsvorbehaltsklauseln bezogen auf diesen Personenkreis als von vornherein nicht einschlägig und deutet Schriftformklauseln, sofern er sie überhaupt auf diese Personen bezieht, als reine Geschäftsformregelung (s. bereits Rz 37). Da im Übrigen wirksamen Individualvereinbarungen – nach h. M. ohne Differenzierungsbedarf zwischen Individualabsprachen bei oder nach Vertragsschluss – unbeschadet der Nichtbeachtung einer formularmäßig statuierten Geschäftsform Vorrang vor der AGB-Regelung zukommt (Rz 33, 34), bedeutet dies freilich auch im letzteren Fall: Der Verwender ist an allfällige mündliche Sondervereinbarungen, die von seinen leitenden Angestellten getroffen wurden, *gebunden.*

bb) Bei in der **Unternehmenshierarchie nicht herausgehobenen Abschlussvertretern** kommt Schriftformklauseln nach der erkennbaren Regelintention des Verwenders hingegen auch und gerade, ebenso wie Bestätigungsvorbehaltsklauseln, *vertretungsmachtbegrenzende* Funktion zu. Aus der Regelkonvergenz von (Innen-) Vollmacht und AGB-Verlautbarung resultiert die einschlägige Beweiskraft der Letzteren: Die Vermutungswirkung des § 54 I HGB wird sowohl durch eine Bestätigungs- als auch durch eine Schriftformklausel widerlegt. Rechtsscheinhindernde Kraft eignet den Klauseln freilich nur im Rahmen der Kenntnisnahmeobliegenheit global akzeptierter AGB. Da mangelnde Interessenahme an separaten AGB, aber auch der Verzicht auf aufmerksame Lektüre umfänglicher Formularverträge als im Regelfall durchaus vernünftiges Verhalten dem Verbraucher durchgängig, dem Unternehmer zumindest grundsätzlich nicht als mangelnde Sorgfalt in eigenen Angelegenheiten angelastet werden kann (§ 305 c Rz 1), ist konsequenterweise Kennenmüssen von AGB-Schriftform- bzw. -Bestätigungsvorbehaltsklauseln und damit mittelbar Kennenmüssen der durch die Klauseln verlautbarten Vollmachtsbeschränkung dann und nur dann anzunehmen, wenn die Klausel sich auf der eigentlichen Vertragsurkunde befindet und dieselbe entweder nur wenige vorgedruckte Bestandteile enthält oder aber die Klausel drucktechnisch hervorgehoben in unmittelbarer Unterschriftsnähe platziert ist.[1] Zugänglichmachung des Klauselwerktextes und Transparenz desselben i. S. sinnvoller Gliederung und systemgerechter Klauselplatzierung reicht auch im Unternehmensverkehr nur in zwei Sonderlagen aus, in denen der Verzicht auf die AGB-Totallektüre gemessen am Standard des „sorgfältigen Kaufmanns" evident unvernünftig erschiene (vgl. bereits § 305 c Rz 96): wenn das konkrete Geschäft Glied einer Kette gleichartiger Geschäfte, die jeweils unter die Geltung der infrage stehenden AGB gestellt werden, oder aber das Einzelgeschäft ein Volumen aufweist, bei dem auch fernliegende Risiken durchaus kalkulatorische Relevanz erlangen. 40

Soweit die infrage stehende mündlich getroffene bzw. gleich in welcher Form getroffene, aber nicht bestätigte Nebenabrede *unabhängig* von der jeweiligen Schriftform- bzw. Bestätigungsvorbehaltsklausel nicht von der Vertretungsmacht der verwenderseits eingeschalteten Hilfsperson gedeckt ist (Stichwort: mangelnde Vertretungsmacht untergeordneter Abschlussvertreter zu AGB-abändernder Vertragsinhaltsgestaltung, i. e. Rz 37), kann deren Unwirksamkeit wegen Vertretungsmachtmangels kumulativ oder alternativ auf diesen und/oder jenen Gesichtspunkt 41

---

[1] Übereinstimmend: MünchKomm/*Basedow* Rz 14; *Ulmer* Rz 35; *Bamberger/Roth/Hub. Schmidt* Rz 19; a. A. – für volle Verlagerung des Vertreterhandelnsrisikos auf den Verwender – etwa *Teske* S. 366 ff. sowie *Soergel/U. Stein* § 3 AGBG Rz 19.

gestützt werden. Bezüglich des Erfordernisses des Kennenmüssens inhaltlicher Unverträglichkeit von Individualabsprache und AGB-Regelung (aus der erst die Erkennbarkeit des Vertretungsmachtmangels bezüglich an sich geschäftsartgebräuchlicher Regelung erhellt) gilt dabei das in der Vorziffer Gesagte entsprechend: Kenntnisnahme vom Inhalt einzelner Klauseln ist von Verbrauchern durchgängig, von Unternehmern jedenfalls regelmäßig nur bei qualifizierter Kenntnisnahmemöglichkeit zu erwarten.

42 **cc)** Hat der Unternehmer die Bevollmächtigung dem Vertragspartner oder der Öffentlichkeit **gesondert kundgemacht** oder aber dem Vertreter eine **Vollmachtsurkunde** erteilt, die dieser dem Vertragspartner vorgelegt hat, wird man zwar bezüglich der Abschlussvertreter mit erkennbar untergeordnetem Status nach wie vor davon auszugehen haben, dass die verlautbarte Vollmacht im Zweifel nicht die Befugnis zum Abweichen und Abbedingen von AGB einschließt, bei manifester AGB-Abweichung zudem einschlägige Erkennbarkeit annehmen können und müssen. Weiter reichende Vertretungsmachtbegrenzungsverlautbarungen in AGB kann und muss der rechtsgeschäftliche Verkehr hingegen nicht ohne weiteres als Konkretisierung der vorbehaltlosen individuellen Vollmachtskundgabe verstehen. Es liegt mindestens ebenso nahe, für diese Fallgestaltung Spezialität der Individualverlautbarung und damit Gegenstandslosigkeit der AGB-Kundgabe anzunehmen. Abweichend von dem unter Rz 40 Ausgeführten wird man deshalb Schriftform- bzw. Bestätigungsvorbehaltsklauseln, die auch Vereinbarungen über nicht in den AGB geregelte Punkte umfassen, insoweit *nicht* als zur Widerlegung der Vollmachtsumfangsvermutung nach § 54 I HGB geeignet zu erachten haben, ferner und vor allem selbst bei auffälliger Klauselpräsentation kein nur aus der Klauselkenntnisnahmemöglichkeit abzuleitendes Kennenmüssen einer – ggf. anderweit nachweisbaren – Vollmachtsbegrenzung bejahen dürfen.

43 **dd)** Schließlich vermag selbst qualifizierte Kenntnisnahmemöglichkeit von Schriftform- und Bestätigungsvorbehaltsklauseln den **situationsspezifischen Rechtsschein bestehender Vertretungsmacht** nicht zu zerstören, der aus der tatsächlichen oder vermeintlichen Duldung vollmachtsüberschreitenden Vertreterhandelns erwächst: Wiederholtes Vertreterhandeln im Widerspruch zu vertretungsmachtrelevanten AGB-Bestimmungen setzt – soweit es im Einklang mit der AGB-Kundgabe tatsächlich an der einschlägigen Vollmacht fehlt – zumindest den *Schein* einschlägigen Bevollmächtigtseins und damit gerade der Obsolenz der AGB-Verlautbarung. Bei Zurechenbarkeit des Rechtsscheins infolge bewussten Duldens des Vertreterhandelns oder – je nach Stellungnahme im Streit um den Legitimationsgrund der Anscheinsvollmacht[1] – Einstehenmüssen für fahrlässiges Nichterkennen und -hindern des eigenmächtigen Vertreterhandelns bzw. Einstehenmüssen für kaufmännisches Organisationsrisiko muss sich der Unternehmer im Umfang des gesetzten Scheins via **Duldungs-** resp. **Anscheinsvollmacht** so behandeln lassen, als habe er die Abschlussvollmacht uneingeschränkt erteilt.[2]

44 **c) Schriftformklauseln und Vertretungsmachtverhältnisse bei mit bloßer Geschäftsabschlussvermittlung betrauten Personen.** Soweit der Unternehmer Hilfspersonen mit dem Einwerben von Kundenangeboten auf der Basis der eigenen AGB betraut, *ohne* ihnen Abschlussvollmacht einzuräumen, erstreckt sich deren Empfangsvertretungsmacht grundsätzlich auch auf ergänzende, insbesondere

---

[1] Näher hierzu MünchKomm/*Schramm* § 167 Rz 59 ff. m. N.

[2] Übereinstimmend: LG Köln ZIP 1983, 189; *Michalski* DStR 1998, 771/776; einschränkend, nämlich für Irrelevanz der Schriftform- bzw. Bestätigungsvorbehaltsklausel nur bei bewusstem Dulden: *Ulmer* Rz 44.

mündliche Erklärungen als Teil der Vertragsofferte. Bei vorbehaltloser Annahme durch den Unternehmer bestimmt sich der Inhalt des Vertrags nach der Offerte. Die Zusätze werden Vertragsinhalt. Eine zulässige[1] Begrenzung der Empfangszuständigkeit auf die Entgegennahme schriftlicher Erklärungen durch formularmäßigen Vorbehalt setzt qualifizierte Kenntnisnahmemöglichkeit der entsprechenden Klausel voraus: Der Hinweis muss sich auf dem Auftragsformular selbst (nicht etwa nur auf in Bezug genommenen rückseitig oder separat abgedruckten AGB) befinden, und zwar, sofern das Vorformulierte insgesamt nicht von atypischer Kürze, drucktechnisch hervorgehoben in Unterschriftsnähe.[2] Bejahendenfalls ist der Abschlussmittler hinsichtlich mündlicher Zusätze nicht mehr Empfangsvertreter des Unternehmers, sondern Erklärungsbote des Kunden; bei Nichtübermittlung derselben werden diese nicht Teil des Angebots und damit nicht Vertragsinhalt.

d) Effizienzgrenzen von Schriftform- und Bestätigungsvorbehaltsklauseln: die verbleibende Bedeutung mündlicher Äußerungen im Rahmen der Rechtsgeschäftsauslegung. Auch wo Schriftform- bzw. Bestätigungsvorbehaltsklauseln für Abschlussvertreter durchaus vertretungsmachtlimitierende Wirkung äußern, bedeutet dies immer nur Ausschluss der Unternehmerbindung hinsichtlich mündlicher Zusatzvereinbarungen bzw. Zusatzabreden gleich welcher Form. Für die **Auslegung** der Vertragsinhalt gewordenen AGB bzw. bei bloßen Schriftformklauseln allfälliger schriftlicher Sondervereinbarungen erlangen gegebenenfalls auch mündliche Erklärungen des Vertreters, nämlich Auskünfte und Belehrungen über Sinn und Tragweite derselben, ja selbst dessen bloßer Nichtwiderspruch gegen eine vom Kunden verlautbarte Interpretation, Bedeutung.[3] Denn: Hier weiß der Vertreter positiv, wie der Kunde seine Offerte verstanden wissen will, dort ist ihm jedenfalls erkennbar, dass dessen Geschäftswille auch und gerade durch seine Erläuterung mitgeprägt und inhaltlich bestimmt ist. Und, Zurechnung der Vertreterkenntnis bzw. des Vertreterkennenmüssens nach § 166 I BGB bedeutet, dass der Unternehmer die einzelnen Vertragsbestimmungen grundsätzlich mit dem Sinn gegen sich gelten lassen muss, den der Vertragspartner dem Vertreter bekannt oder zumindest erkennbar seiner Offerte zu Grunde gelegt hat. Erst wo es für den Kunden (objektiv) evident ist, dass eine bestimmte Sinngebung materiell nicht mehr Auslegung der schriftlichen Erklärung ist, nimmt die Schriftformklausel resp. Bestätigungsvorbehaltsklausel den mündlichen Äußerungen ihre mittelbar vertragsinhaltsbestimmende Kraft. Und, was für Hilfspersonen *mit* Abschlussvollmacht konstatiert ist, gilt im Ergebnis weithin auch für solche *ohne* Abschlussvollmacht. Auch deren mündliche Äußerungen über den Gehalt objektiv mehrdeutiger oder schwer verständlicher, also erläuterungsfähiger Bestimmungen sowie deren vorbehaltloses Zur-Kenntnis-Nehmen des Sinnverständnisses auslegungsfähiger Punkte durch die Gegenseite vermögen letztlich im eben umrissenen Rahmen trotz grundsätzlich effizienter Schriftformklausel zu binden: Das Kundenangebot geht dem mit seiner Einwerbung Betrauten als Empfangsvertreter mit Wirkung gegen den Unternehmer (§ 164 III/I S. 1 BGB) mit dem von ihm erkannten bzw. selbst gegebenen Bedeutungssinn zu (§ 166 I BGB); die vorbehaltlose Annahme seitens des Unternehmers bedeutet empfängerhorizontbezogen, d. h. aus der Sicht des Kunden, Vertragsschluss mit diesem Inhalt. 45

e) Schadensersatzanspruch und Vertragslösungsrecht der Verwendergegenseite bei Nichtgeltung mündlicher bzw. nicht bestätigter Nebenabreden. Scheitert die Geltung mündlicher bzw. nicht bestätigter schriftlicher Zusagen 46

[1] A. A. *Teske* S. 387 ff.; *Koch/Stübing* § 4 AGBG Rz 16.
[2] Ebenso: *Ulmer* Rz 42; *Michalski* DStR 1998, 771/776.
[3] Ebenso: *Staudinger/Schlosser* § 305 c Rz 130; *H. Roth* WM 1991, 2085/2088.

an der vertretungsmachtlimitierenden Wirkung von Schriftform- oder Bestätigungsvorbehaltsklauseln, kann sich aus dem Vertreterhandeln über die Zurechnungsnorm des § 278 BGB im Einzelfall nach allgemeinen Grundsätzen für den Verwender eine **Haftung aus culpa in contrahendo** (311 II Nr. 1, 280 I) ergeben. War die Geltung der Zusatzabrede für den Kunden vertragsschlussbestimmend, kommt zudem nach Lage des Falles (Arglist des Vertreters!) eine Lösung vom Vertrag via **Anfechtung** wegen arglistiger Täuschung (§ 123 BGB) in Betracht: Der Vertragsabschlusshelfer des Anfechtungsgegners ist kein Dritter i. S. von § 123 II BGB.[1]

47 **f) EG-rechtliche Vorgabe.** Für **Verbraucherverträge** benennt **Nr. 1 lit. n des Anhangs zu Art. 3 III RL** als potenziell auch Klauseln, die die Verpflichtung des Gewerbetreibenden bei Vertreterhandeln von der Einhaltung einer Form abhängig machen. Die Vorgabe bestätigt die eher kritische Einstellung der deutschen Rechtsprechung und Lehre gegenüber qualifizierten Schriftform- und Bestätigungsklauseln. Eine zusätzliche Einengung des rechtlichen Spielraums für Schriftform- und Bestätigungsklauseln erscheint schwerlich indiziert.[2]

48 **3. Zur Vertretungsmachtrelevanz wegen mangelnder Differenzierung nichtiger Schriftformklauseln.** Die Verlautbarung der wahren Vertretungsmachtlage zwecks Hintanhaltung einer weiter reichenden Rechtsscheinvollmacht ist legitim, der Versuch, eigenen mündlichen Individualzusagen bzw. entsprechenden Zusagen insoweit vertretungsbefugter Personen durch formularmäßige Formerfordernisse die Geltung zu nehmen, rechtlich zu missbilligen. Schließen nun die AGB eines Unternehmens (jenseits der Schwelle des Einmann-Betriebs) mündliche Abreden generell aus oder machen sie dieselben ihrem Wortsinn nach stets von einer schriftlichen Bestätigung abhängig, stellt sich zunächst die Auslegungsfrage, ob ihnen im Einzelfall wirklich eine derart umfassende Geltung beizumessen ist. Soweit es sich um Klauselwerke größerer Unternehmen oder von Unternehmen mit einem größeren Außendienstnetz handelt und die AGB so gut wie ausschließlich beim Vertragsschluss durch in der Unternehmenshierarchie nicht herausgehobene Abschlussvertreter benutzt werden, spricht vieles für die Annahme, dass der Verkehr entsprechende Klauseln als vertretungsmachtrelevante Äußerungen personell nur auf den letztgenannten Personenkreis bezieht, so dass die Klauseln deshalb unbeschadet ihrer (zu) weiten Fassung inhaltlich nicht zu beanstanden sind (allgemein zur Zulässigkeit und Notwendigkeit geltungserhaltender Auslegung wortsinnüberschießender Klauseln durch Geltungsbeschränkung derselben auf typische Regelungssituationen § 305 c Rz 120).

Aber: Selbst wenn man dem Textsinn nach personell uneingeschränkte Klauseln, sei es tendenziell generell,[3] sei es beschränkt auf den konkreten Einzelfall, textsinnkonform weit deutet und ob der mangelnden Differenzierung zwischen mündlichen Erklärungen des Verwenders selbst und einschlägig vertretungsbefugter Personen einerseits und mündlichen Zusagen „einfacher" Abschlussvertreter andererseits Unwirksamkeit der Klausel gem. § 307 annimmt, tangiert dies richtigerweise nicht die Vertretungsmachtrelevanz solcher Klauseln: Der Realakt Mitteilung über den Umfang erteilter Vertretungsmacht wird durch die allfällige Unwirksamkeit (= Nichtigkeit) der Geschäftsformbestimmung nicht ungeschehen.[4]

---

[1] BGH NJW 1978, 2144; *Köhler,* AT § 7 Rz 45.

[2] *Ulmer* Rz 52; *Erman/Roloff* Rz 13; *Palandt/Heinrichs* § 310 Rz 42; zweifelnd freilich etwa *v. Westphalen,* VertragsR und AGB-Klauselwerke Schriftformklauseln Rz 39.

[3] So BGH NJW 1985, 320/322 und ZIP 1986, 714/715 f., freilich im Verbandsklageverfahren.

[4] Zustimmend: *Ulmer* Rz 31; *v. Olshausen* ZHR 151, 636/639; a. A. freilich wohl OLG Stuttgart BB 1984, 2218/2219.

V. Beweisfragen

Im *Streitfall* ist die vorrangige Individualvereinbarung vom Kunden zu beweisen.[1] Das folgt zum einen bereits aus dem allgemeinen Grundsatz, dass jede Partei die Beweislast für das Erfülltsein des Tatbestands der ihr günstigen Rechtsnorm (hier also: des § 305 b) trägt, soweit die Parteien eine Vertragsurkunde errichtet haben, bezüglich der – behaupteten – mündlichen Zusatzabrede zudem – unabhängig von einer allfälligen Vollständigkeitsklausel – aus der Vermutungsregel der Vollständigkeit des Urkundeninhalts.[2] 49

Wurden besondere Abreden mit einem **Vertreter** getroffen, hat die Verwendergegenseite nicht nur den Abschluss der Vereinbarung, sondern auch die die Vertretungsmacht für die Absprache begründenden Tatsachen zu beweisen, sofern und soweit ihr nicht eine Vermutungsregel betreffs der Vollmacht bzw. des Vollmachtsumfangs zustatten kommt. Letzternfalls trägt die Beweislast für das Gleichwohl-Fehlen einschlägiger Vollmacht sowie das einer Rechtsscheinvollmacht entgegenstehende Kennen bzw. Kennenmüssen der normatypischen Vertretungsmachtbeschränkung der Verwender. 50

VI. Unternehmensverkehr

Schrifttum: *Coester,* Kaufmännisches Bestätigungsschreiben und AGB: Zum Vorrang der Individualabrede nach § 4 AGBG, DB 1982, 1551 ff.; *Lindacher,* Zur Einbeziehung Allgemeiner Geschäftsbedingungen durch kaufmännisches Bestätigungsschreiben, WM 1981, 702 ff.

1. Allgemeines

§ 305 b gilt uneingeschränkt auch für den Geschäftsverkehr zwischen Unternehmern (allg. M.). 51

2. Vorrangprinzip und kaufmännisches Bestätigungsschreiben

Verschweigt sich der Adressat eines kaufmännischen Bestätigungsschreibens, bestimmt sich der Inhalt des Individualvertrags in den Grenzen des Satzes von der Maßgeblichkeit des unwidersprochen gebliebenen Bestätigungsschreibens[3] nach dessen einschlägiger Verlautbarung. Soweit das Bestätigungsschreiben seinem objektiven Erklärungsgehalt nach nicht unzweideutig den Anspruch der Vollständigkeit erhebt, bleibt freilich beiden Vertragsparteien der Nachweis zusätzlicher, einschließlich lediglich mündlich getroffener Vereinbarung offen.[4] Auch diese gehen inhaltlich unverträglichen AGB vor – selbst wenn das Schreiben auch die Einbeziehung der eigenen AGB bestätigt:[5] Bei Nichtwiderspruch steht zwischen den Parteien die globale Akzeptanz des Gesamtklauselwerks fest, an der rechtlichen Qualität der einzelnen Klauseln ändert sich nichts. 52

Auch wenn die AGB erst via Bestätigungsschreiben Vertragsinhalt geworden sind,[6] ist Individualvereinbarung i. S. von § 305 b die realiter getroffene Regelung 53

[1] Allg. M.; statt aller: BGH NJW 1987, 2011; *Erman/Roloff* Rz 15.
[2] *Erman/Roloff* aaO.
[3] Zu diesen: *Lindacher* WM 1981, 702/703 ff. m. N.
[4] BGHZ 67, 378/381.
[5] Ebenso: *Ulmer* Rz 51; *Erman/Roloff* Rz 16; a. A. *Soergel/U. Stein* § 4 AGBG Rz 21.
[6] Hierzu § 305 Rz 135 sowie *Lindacher* WM 1981, 702 ff.

bzw. das, was im Bestätigungsschreiben dazu verlautbart,[1] nicht die ursprünglich von den Parteien gesetzte Regelung einschließlich der Regelungsergänzung durch das zugehörige dispositive Recht.[2] Davon, dass bereits die negative inhaltliche Abweichung der durch kaufmännisches Bestätigungsschreiben in Bezug genommenen AGB-Klausel vom dispositiven Recht der AGB-Regelung nach § 305 b AGB die Geltung nehme,[3] kann mithin keine Rede sein.[4] Andererseits gilt der Vorrang des § 305 b selbstredend auch gegenüber AGB, die (nur) aufgrund des Nichtwiderspruchs auf kaufmännisches Bestätigungsschreiben Vertragsinhalt geworden sind: Ersetzt wird nach den Grundsätzen zum Schweigen auf ein kaufmännisches Bestätigungsschreiben lediglich die fehlende Globaleinbeziehung.[5]

---

1 *Staudinger/Schlosser* Rz 15; *Lindacher* WM 1981, 709; *Coester* DB 1982, 1551/1552.
2 So freilich *Batsch* NJW 1980, 1731 f.
3 So konsequent *Batsch* aaO.
4 Übereinstimmend: BGH NJW-RR 1995, 179/180; *Ulmer* Rz 51; *Coester* DB 1982, 1552 f.
5 Zutreffende Klarstellung: *Coester* DB 1982, 1552.

§ 305 c Überraschende und mehrdeutige Klauseln

(1) Bestimmungen in Allgemeinen Geschäftsbedingungen, die nach den Umständen, insbesondere nach dem äußeren Erscheinungsbild des Vertrags, so ungewöhnlich sind, dass der Vertragspartner des Verwenders mit ihnen nicht zu rechnen braucht, werden nicht Vertragsbestandteil.

(2) Zweifel bei der Auslegung Allgemeiner Geschäftsbedingungen gehen zu Lasten des Verwenders.

Inhaltsübersicht

Wohl im Bestreben, die Zahl der Buchstabenparagraphen klein zu halten, hat der Reformgesetzgeber in § 305 c zwei Regelungen zusammengefasst, die sich nach Normzweck und Regelungsgegenstand grundlegend unterscheiden, eigentlich nichts gemein haben: Abs. 1 übernimmt unverändert das Verbot überraschender Klauseln (bisher: § 3 AGBG), Abs. 2 fügt den für die Auslegung von AGB geltenden sonstigen Grundsätzen als Sondervorschrift die Unklarheitenregel (bisher wortlautident: § 5 AGBG) hinzu.

A. Überraschende Klauseln, Abs. 1

I. Regelungsgrund und Regelungszweck

1 Regelungsgrund der Vorschrift ist der Befund, dass AGB weithin nicht oder nur unzulänglich zur Kenntnis genommen werden, und – was wertungsmäßig entscheidend – diese mangelnde Interessenahme dem Kunden typischerweise auch nicht zum Vorwurf gemacht werden kann. Ein Teil der Kunden erliegt auch heute noch dem von gedruckten Klauselwerken ausgehenden Seriositätsschein des allgemein Üblichen und Geübten oder wird bereits aus dem Gefühl intellektueller Unterlegenheit von der Klausellektüre abgehalten. Vor allem aber handelt der Kunde in aller Regel durchaus objektiv vernünftig, wenn er von der näheren inhaltlichen Kenntnisnahme absieht. Einmal, weil er bei im Konsumentengeschäftsbereich so gut wie stets, im Unternehmensverkehr jedenfalls weithin gegebener wirtschaftlicher Unterlegenheit realistischerweise ohnehin kaum darauf hoffen darf, dass sich der Klauselverwender im Konditionenbereich verhandlungsbereit geben würde. Vor allem aber, weil es für den Kunden, unabhängig von der Frage der materiellen Vertragsparität, gemeinhin (zu Ausnahmen im Unternehmensverkehr Rz 96) ökonomisch einfach nicht sinnvoll ist, das Klauselwerk in toto sinnerfassend zur Kenntnis zu nehmen und gegebenenfalls Zeit und Geld in den nach dem vorab Konstatierten zudem zumeist untauglichen Versuch einer für ihn günstigeren Konditionengestaltung zu investieren:[1] Es ist eine schlichte, durch die Sozialwissenschaften hinreichend erhärtete Tatsache, dass der Einzelne nur über ein beschränktes Maß an rational einsetzbarer Aufmerksamkeit verfügt, und dieses, will er in einer hochkomplexen Umwelt zurechtkommen, äußerst ökonomisch einsetzen muss. Da das konkrete Geschäft für den Kunden nur eines von vielen Geschäften unter Präsentation von AGB ist, wäre es von ihm geradezu unvernünftig gehandelt, wenn er das ihm verfügbare Potential an Aufmerksamkeit nicht auf die Hauptpunkte (etwa den Leistungsgegenstand, dessen Eigenschaften, Preis sowie eventuell den Liefertermin) beschränkte und „Nebenpunkte"-Regelungen in AGB, die in ihrer Mehrzahl erfahrungsgemäß zudem Eventualfälle geringerer Wahrscheinlichkeit betreffen, nicht einfach unbesehen „akzeptierte".[2]

2 Ziel der Vorschrift ist es, der bei diesem Befund naheliegenden Gefahr zu steuern, dass der Kunde vom Verwender durch Einbeziehung bestimmter AGB-Klauseln (zumindest objektiv) überrumpelt wird. Der Kunde soll darauf vertrauen können, „dass sich die einzelnen Regelungen im großen und ganzen im Rahmen dessen halten, was nach den Umständen bei Abschluss des Vertrags erwartet werden kann" (BT-Drucks 7/3919 S. 19 zu § 3 AGBG).

II. Dogmatik und Systemfragen

1. § 305 c I als Sonderprivatrechtsnorm

3 § 305 c I ist keineswegs *nur* eine schlichte Positivierung allgemeiner Prinzipien der Rechtsgeschäftslehre,[3] sondern auch und vor allem eine wertungskonsequente

---

[1] Zutr. hervorgehoben, soweit ersichtlich, zuerst von *Kötz,* Gutachten 50. DJT (1974), A 33ff., vertiefend herausgearbeitet insbes. von *G. H. Roth* ÖZW 1977, 36.

[2] Übereinstimmend: *Bunte* NJW 1987, 921/924; *van de Loo,* Die Angemessenheitskontrolle Allg. Versicherungsbedingungen nach dem AGB-Gesetz, 1987, S. 24; *Bamberger/Roth/Hub. Schmidt* Rz 2.

[3] So freilich *Staudinger/Schlosser* Rz 4.

Fortentwicklung derselben. Vereinbaren die Parteien, dass der Inhalt eines in Bezug genommenen Schriftstücks Vertragsbestandteil werden soll, erlangen dort enthaltene Bestimmungen, die in einem deutlichen Widerspruch zum durch die Vertragsschlussumstände geweckten Erwartungsbild stehen, zwar auch nach allgemeinem Vertragsrecht dann keine Wirksamkeit, wenn die bei Geltung jener Bestimmungen beschwerte Partei der Gegenseite bekannt oder erkennbar weder einschlägige Kenntnis noch Kenntnisnahmemöglichkeit hatte. Ja, Gleiches wird darüber hinaus auch dann zu gelten haben, wenn die betroffene Partei unter Verzicht der Kenntnisnahmemöglichkeit ihr globales Einbeziehungseinverständnis erklärt hat *und* die Gegenseite um die Nichtnotiznahme weiß, oder aber die in Bezug genommene Regelung inhaltlich derart unbillig ist, dass mit einer Billigung des Betroffenen vernünftigerweise schlechthin nicht gerechnet werden kann. Wo es aber bei Kenntnisnahmemöglichkeit des Betroffenen an alldem fehlt, lässt sich an der Vertragsgeltung überraschender Klauseln nach allgemeinen Vertragsrechtsgrundsätzen nicht deuteln: mangelnde Interessenahme am Inhalt der eigenen rechtsgeschäftlichen Erklärung geht, da Selbstverantwortung das Korrelat der rechtsgeschäftlichen Selbstbestimmung ist, zulasten des Erklärenden. Hier greift § 305 c I in Hinblick auf die spezifische Schutzbedürftigkeit des Kunden gegenüber überraschenden Klauseln über die allgemeinen Rechtsgeschäftsprinzipien *hinaus*: Da die Nichtinteressenahme an in Bezug genommenen AGB in aller Regel durchaus vernünftig ist (Rz 2), der Kunde mit einer Kenntnisnahmeobliegenheit in seiner rechtsgeschäftlichen Verantwortungsfähigkeit *über*fordert wäre, werden überraschende AGB-Klauseln *stets* nicht Vertragsinhalt.

2. Das Verbot überraschender Klauseln als negative gesetzliche Einbeziehungsvoraussetzung

4 Dogmatisch-konstruktiv statuiert § 305 c I, da die angeordnete Rechtsfolge unabhängig vom Parteiwillen Platz greift, nicht nur eine Auslegungsregel bezüglich des Umfangs der Einbeziehungsvereinbarung i. S. einer unwiderlegbaren Vermutung,[1] sondern eine negative gesetzliche Einbeziehungsvoraussetzung.[2]

3. § 305 c I im System der AGB-Kontrolle

a) Verbot überraschender Klauseln und Inhaltskontrolle

5 Anders als die frühere Rechtsprechung, die bei ihrer richterrechtlich praktizierten AGB-Kontrolle auf die Gesichtspunkte inhaltlicher Unbilligkeit und Überrumpelung weithin ungeschieden zurückgegriffen hat,[3] trennt das BGB wie bereits das AGB-Gesetz scharf zwischen dem Geltungsausschluss überraschender Klauseln im Wege der Einbeziehungs- (§ 305 c I) und inhaltlich unangemessener Klauseln im Wege der Inhaltskontrolle (§§ 307–309). Diese Distinktion ist *auch* deshalb gerechtfertigt, weil Inhaltskontrolle und Einbeziehungskontrolle sich in ihrem Generalziel nur teilweise decken: Während die Inhaltskontrolle Individualschutz *und* Institutionenschutz ist, nämlich auch dem Missbrauch der Vertragsfreiheit steuern soll, ist der Schutz des Kunden vor Ingeltungsetzung für ihn überraschender Klauseln jedenfalls dort, wo der Überraschungscharakter in Individualumständen gründet (s. Rz 20 f.), reiner Individualschutz.[4] Kennzeichnungen der Einbezie-

---

[1] So freilich *Larenz/Wolf*, AT § 43 Rz 25 sowie *Koch/Stübing* § 3 AGBG Rz 2.
[2] *Locher* § 8/1; *Stoffels* Rz 329; *Ulmer* Rz 4; *Palandt/Heinrichs* Rz 2.
[3] Einschlägige Nachweise bei *Schmidt-Salzer* F. 22.
[4] Vgl. bereits *L. Raiser*, AGB S. 178.

hungskontrolle nach § 305 c I als „eine erste Stufe der Inhaltskontrolle"[1] wirken vor solchem Hintergrund eher verdunkelnd und wenig hilfreich.

aa) Die Konkurrenzfrage. Inhaltlich anstößige Klauseln brauchen nicht überraschend, überraschende nicht inhaltlich anstößig zu sein. Gleichwohl gibt es nicht selten Überschneidungen dahin, dass eine Klausel sowohl inhaltlich unbillig als auch – nicht zuletzt deshalb – überraschend ist. In diesem Fall sind § 305 c I und §§ 307–309 richtigerweise **nebeneinander** anwendbar:[2] Da es problemadäquaterweise um die *Geltungs*frage geht,[3] hierauf bezogen das Nicht-Vertragsbestandteil-Werden nach § 305 c I und die Klauselunwirksamkeit nach §§ 307–309 aber durchaus äquivalent sind, kann keine Rede davon sein, dass rechtslogisch der Einbeziehungs- oder aber der Inhaltskontrolle Vorrang zukomme. Bejaht man indes die Möglichkeit der Inhaltskontrolle nach §§ 307–309 *neben* der Einbeziehungskontrolle, besteht entgegen verbreiteter Ansicht[4] auch kein Grund, zum Zwecke der Sicherung des Anwendungsbereichs der ersteren § 305 c I restriktiv auszulegen.[5] 6

Aus der Selbständigkeit des Verbots überraschender Klauseln gegenüber dem Verbot inhaltlich unangemessener Klauselgestaltung folgt, dass die Einbeziehungssperre des § 305 c I auch Klauseln erfasst, die nach § 307 III der Inhaltskontrolle entzogen sind.[6] Dabei bleibt freilich gerade hier davor zu warnen, den Überraschungscharakter vorschnell zu bejahen: Soweit die AGB geschäftszweigüblich sind oder sonst für den Kunden unschwer erkennbar auch und gerade die Hauptleistungspflicht näher konkretisieren, kann selbst eine atypische Ausgestaltung derselben nicht ohne weiteres als überraschend i. S. von § 305 c I qualifiziert werden (i. e. Rz 32).

Zur (Streit-)Frage, ob Klauseln, die unabhängig von den Umständen des Einzelfalls als überraschend i. S. von § 305 c I zu bewerten sind, allein ob dieses Umstands im Kontrollverfahren nach § 1 UKlaG beanstandbar, s. § 1 UKlaG Rz 21.

bb) Richterlicher Arbeitsplan. Dass der Richter im Individualprozess die Nichtgeltung einer AGB-Klausel im Überschneidungsbereich der §§ 305 c I, 307–309 unter Berücksichtigung der Gesichtspunkte größtmöglicher Entscheidungsüberzeugungskraft und Entscheidungsökonomie wahlweise oder kumulativ auf diesen oder/und jenen Nichtgeltungsgrund stützen kann, schließt freilich nicht aus, als **Maxime richterlicher Rechtsanwendung** einen gewissen **Vorrang der Inhaltskontrolle** zu postulieren: Der Verwender einer inhaltlich anstößigen Klausel, deren Geltung nur wegen § 305 c I verneint wurde, wird leicht geneigt sein, jene unter drucktechnischer Hervorhebung, also Beseitigung des Überraschungsmoments (hierzu Rz 40), weiter zu applizieren. Wo immer eine Klausel zweifelsfrei als inhaltlich unangemessen zu qualifizieren ist, sollte der Richter die Geltungsverneinung – zumindest auch – auf die §§ 307–309 stützen.[7] Dies auch dann, wenn sich die inhaltliche Unbilligkeit einer Klausel gerade (mit) aus ihrem tendenziell überraschenden 7

---

1 *D. Schwab,* Einführung in das ZivilR, 15. Aufl., Rz 795.

2 Gleicher Ansicht implizit z. B. BGH NJW 1985, 53/55, explizit z. B. *Soergel/U. Stein* § 3 AGBG Rz 3; *Palandt/Heinrichs* Rz 2; *Taupitz* JuS 1989, 520/522, zumindest im Ergebnis auch *Staudinger/Schlosser* Rz 2; *Ulmer* Rz 5 sowie *Stoffels* Rz 264; a. A., nämlich für Vorrang von § 305 c I einerseits z. B. OLG Karlsruhe NJW 1981, 405/406 sowie *Erman/Roloff* Rz 6, für Vorrang der Inhaltskontrolle nach §§ 307–309 andererseits z. B. noch MünchKomm/*Kötz,* 2. Aufl., § 3 AGBG Rz 2 sowie *A. Stein* § 3 AGBG Rz 2.

3 Allgemein: *Flume,* AT II § 4/7 m. w. N.

4 Vgl. z. B. LG Frankfurt a. M. AGBE I § 9 Nr. 22; *Stoffels* Rz 330.

5 Richtig: *Ulmer* Rz 5.

6 Allg. M.; statt vieler: BGHZ 109, 197/200; 130, 19/24 f.; MünchKomm/*Basedow* Rz 1; *Soergel/U. Stein* § 3 AGBG Rz 3.

7 Ebenso: *Staudinger/Schlosser* Rz 2; *Bamberger/Roth/Hub. Schmidt* Rz 9; *Köndgen* NJW 1987, 160/163.

Charakter, unabhängig von den Umständen des Einzelfalls, ableitet, also insbesondere bei gegen § 308 Nr. 4 oder § 309 Nrn. 10 und 11 verstoßenden Klauseln. Keinesfalls geht es an, gerade dort, wo Einzelfallumstände den allgemeinen Überraschungseffekt steigern, die Möglichkeit der Inhaltskontrolle zu verneinen.[1]

8 **cc) Kommentierungsrichtlinie.** In der Darstellung und Aufbereitung des judiziellen Fallmaterials wird im Folgenden nach dem Kriterium verfahren, dass Klauseln, die eindeutig unter den Verbotskatalog der §§ 308, 309 fallen oder aber sonst unabhängig von dem von ihnen ausgehenden Überraschungseffekt inhaltlich anstößig sind, schwerpunktmäßig der Inhaltskontrolle-Kommentierung vorbehalten bleiben.

b) Überraschende Klauseln und Kenntnisverschaffungsobliegenheit nach § 305 II Nr. 2

9 § 305 c I ergänzt § 305 II Nr. 2, der richtigerweise nicht nur eine Obliegenheit zur Textverschaffung begründet, sondern auch eine materielle Textgestaltungsobliegenheit dahin statuiert, dass der Text für den Kunden bei zumutbarer Anstrengung verständlich, ohne besondere Schwierigkeiten lesbar, im Verhältnis zur Bedeutung des Geschäfts nicht übermäßig umfänglich und ab eines mehr oder weniger unvermeidlichen Umfangs jedenfalls auch äußerlich hinreichend gegliedert ist (s. § 305 Rz 88). Konkurrenzfragen werden bereits vom Rechtstatsächlichen kaum je aktuell: Kundenerwartungen bezüglich des Vertragsinhalts und Vertragsinhalt bei hypostasierter Geltung der infrage stehenden AGB-Bestimmung divergieren im Allgemeinen nur, wenn dem Erfordernis des § 305 II Nr. 2, einem Mindestmaß an Transparenz, Genüge getan ist. Im allfälligen Überschneidungsbereich ist die Geltungsverneinung doppelt begründet.[2]

c) Überraschende Klauseln und Vorrang der Individualabrede

10 Soweit AGB einer gegebenenfalls im Wege der Auslegung inhaltlich zu bestimmenden Individualvereinbarung zur Gänze oder aber auch nur teilweise ihren wirtschaftlichen Sinn nehmen, sind sie als individualvertragswidrig unwirksam nach § 305 b; selbst eine drucktechnische Hervorhebung an auffälliger Stelle, die der Klausel ihren Überraschungscharakter nach § 305 c I nehmen würde (Rz 40), vermag dieser nicht zur Geltung zu verhelfen. Da Funktion von AGB indes auch und gerade die Individualvertragsergänzung und -konkretisierung, ist jedoch davor zu warnen, einer interpretationsfähigen und -bedürftigen Individualabrede auch bei potenzieller Unverträglichkeit mit einer AGB-Klausel ohne weiteres stets den Sinn zu geben, der ihr ohne AGB-Auffüllung beizumessen wäre. Viele Fallgestaltungen, die von der h. M. unter dem Gesichtspunkt des sog. mittelbaren Individualvereinbarungsverstoßes nach § 305 b verworfen werden, sind sachgerechterweise an § 305 c I zu messen.[3] Darüber hinaus besteht auch kein Anlass, AGB-Klauseln, die weder in unmittelbarem noch in mittelbarem Widerspruch zur Individualabrede stehen, unter dem Gesichtspunkt der „Überschreitung des durch den Individualvertrag abgesteckten Bereichs" gleichwohl als individualvertragswidrig i. S. von § 305 b zu qualifizieren. Maßstab der Einbeziehungskontrolle ist insoweit allein § 305 c I.[4] Zwar überraschend, nicht aber mittelbar individualvertragswidrig sind daher z. B. sog. Selbstbelieferungsklauseln, die den Verwender von seiner Liefer-

---

[1] A. A. in Konsequenz des – verfehlten – Ansatzes vom vorgeblich rechtslogischen Vorrang der Einbeziehungskontrolle freilich *Löwe/Trinkner* § 3 AGBG Rz 2.

[2] A. A. – verdrängender Vorrang von § 305 II – *Ulmer* Rz 3 sowie *Erman/Roloff* Rz 6.

[3] Ähnlich *Staudinger/Schlosser* Rz 24.

[4] Richtig *Ulmer* § 305 b Rz 15 gegen *Schmidt-Salzer* E. 24 f. sowie *Löwe/Trinkner* § 4 AGBG Rz 14, 31 ff.

pflicht befreien, wenn und soweit er ein kongruentes Deckungsgeschäft abgeschlossen hat, aus diesem nicht beliefert wird und dies sofort dem Kunden anzeigt,[1] ferner etwa Klauseln in Bauträgerverträgen, in denen der Verwender sich bevollmächtigen lässt, Grundstücksbelastungen vorzunehmen, Finanzierungsverträge abzuschließen und über Kundenkonten zu verfügen.[2]

d) Sonderproblem: Überraschungsverbot und Transparenzgebot

Schrifttum: *Brandner,* Transparenz als Maßstab der Inhaltskontrolle, in: FS Locher (1990) S. 317; *Köndgen,* Grund und Grenzen des Transparenzgebots im AGB-Recht, NJW 1989, 943; *Koller,* Das Transparenzgebot als Kontrollmaßstab Allgemeiner Geschäftsbedingungen, in: FS Steindorff (1990) S. 667; *Lindacher,* Der Topos der Transparenz im Rahmen der Einbeziehungs- und Inhaltskontrolle Allgemeiner Geschäftsbedingungen, in: Juristische Gesellschaft Osnabrück-Emsland (Hrsg.), Vorträge zur Rechtsentwicklung der achtziger Jahre (1991) S. 347; *Pflug,* AGB und ‚Transparenzgebot', Die AG 1992, 1; *H. P. Westermann,* Das Transparenzgebot als neuer Oberbegriff der AGB-Kontrolle, in: FS Steindorff (1990) S. 817; *M. Wolf,* in: *Hadding/Hopt* (Hrsg.), Verbraucherkreditrecht, AGB-Gesetz und Kreditwirtschaft (1991) S. 73/75 ff.

aa) Klauseltransparenz, Markttransparenz, Rechtslagentransparenz. Das AGB-rechtliche Transparenzgebot umschließt auf jeden Fall das Gebot hinreichend verständlicher und eindeutiger Konditionengestaltung. Ob man darüber hinaus auch das bei Vorbehalt einseitiger Bestimmungsrechte thematisierte Bestimmtheitsgebot unter das Dach des Transparenzgebots bringen will und soll, ist eine Terminologie- und Begriffsbildungsfrage. Wie immer man sie entscheidet – in der Sache bleibt wesentlich: Beide Gebote sind Komplementärgebote, dürfen indes nicht einfach gleichgesetzt werden.[3] 11

Hinreichend verständliche und eindeutige Konditionengestaltung schafft Transparenz hinsichtlich der Rechte, Pflichten und Obliegenheiten aus *geschlossenem* Vertrag (Klauseltransparenz als Rechtslagentransparenz). Sie ist weiters (Mindest-) Voraussetzung dafür, dass der in der Vertragsanbahnungsphase zur sinnerfassenden AGB-Textlektüre bereite Kunde eine überlegt wählende Marktentscheidung unter Mitberücksichtigung der einschlägigen Konditionenregelung treffen kann (Markttransparenzfunktion des Gebots durchschaubarer Klauselgestaltung). 12

Welcher Transparenzaspekt in concreto vorrangig thematisiert ist, beurteilt sich nach dem Gegenstand der AGB-Regelung.[4] Bei AGB vertragsabwicklungsrelevanten Inhalts dominiert der Rechtslagentransparenzgesichtspunkt: Das Gesetz schützt den Kunden, von dem sinnerfassende AGB-Totallektüre bei Vertragsschluss typischerweise gar nicht erwartet werden kann, dadurch, dass es inhaltlich unangemessenen, aber auch lediglich ungewöhnlichen und deshalb überraschenden Klauseln die Geltung abspricht. Markttransparenz wird außerhalb bestimmter Sonderlagen des kaufmännischen Verkehrs kaum nachgefragt. Bei AGB mit Preis-Leistung-Bezug kommt demgegenüber umgekehrt dem Markttransparenzgesichtspunkt Vorrang zu: Preis-Leistung-Aussagen finden i.d.R sehr wohl bereits bei Vertragsschluss Aufmerksamkeit. Das Interesse an einschlägiger Information ist zudem besonders schutzwürdig, weil es wegen § 307 III am Korrektiv der Marktergebniskontrolle fehlt.[5] 13

Die Grenzfallfrage, ob eine bestimmte AGB-Gestaltung noch hinreichend verständlich und eindeutig oder bereits intransparent ist, verlangt typischerweise ein Austarieren der wechselseitigen Informationslasten. Auch insoweit ist die Erkennt- 14

---

[1] A. A. – für Qualifikation entsprechender Klauseln als individualvertragswidrig – freilich z. B. *Schmidt-Salzer* E. 11 Nr. 11 sowie *Löwe/Trinkner* § 4 AGBG Rz 15.

[2] A. A. – für Einschlägigkeit von § 305 b – freilich z. B. *Löwe/Trinkner* § 4 AGBG Rz 30.

[3] *Lindacher* aaO, S. 347/348.

[4] S. bereits *Lindacher* aaO, S. 351.

[5] Hervorhebung dieses Gesichtspunkts, soweit ersichtlich, erstmals bei *Köndgen* NJW 1987, 160/164.

nis, dass bei abwicklungsbezogenen AGB der Rechtslagen-, bei AGB mit Preis-Leistung-Bezug der Markttransparenzaspekt dominiert, bedeutsam:[1] Die Preis-Leistung-Relevanz einer Klausel muss der Kunde *vor* Vertragsschluss möglichst mühelos und grundsätzlich ohne Hilfe eines sachkundigen Dritten erfassen können. Bei der Ermittlung des Regelungsgehalts vertragsabwicklungsbezogener Klauseln ist hingegen vom Kunden „einiges Bemühen", gegebenenfalls auch die Inanspruchnahme sachkundigen Rats, durchaus erwartbar.[2]

15 **bb) Dogmatische Ortung des Klauseltransparenzgebots im System der AGB-Kontrolle.** Im ausdifferenzierten System der AGB-Kontrolle ist der Klauseltransparenzgedanke an verschiedenen Punkten festzumachen.[3] Klauselintransparenz i. S. eines Verstoßes gegen das Gebot hinreichend verständlicher Konditionengestaltung ist auf der Stufe der **Einbeziehungskontrolle** unter dem Gesichtspunkt bedeutsam, dass der Verwender der Gegenseite beim Konsumentengeschäft ipso iure (§ 305 II Nr. 2), im Unternehmensverkehr auf Anforderung die Möglichkeit zumutbarer Kenntnisnahme zu verschaffen hat: Klauselwerke bzw. Klauselwerkteile, die nicht den Mindestanforderungen an die äußere Gestaltung entsprechen, sowie Klauseln, die für die Verwendergegenseite bei zumutbarer Anstrengung keinen bzw. keinen auf überschaubare Deutungsmöglichkeiten eingrenzbaren Sinn machen, werden nicht Vertragsinhalt. Klauseln, mit deren Existenz ob des äußeren Vertragszuschnitts nicht zu rechnen ist, scheitern unbeschadet allfälliger per se-Verständlichkeit und Üblichkeit an der Einbeziehungssperre des § 305 c I. Auf der Stufe der **Inhaltskontrolle** führt einschlägige Intransparenz zudem kumulativ zur Unwirksamkeit nach § 307 I S. 2: soweit Preis-Leistung-bezogene AGB infrage stehen, auch und gerade unter dem Gesichtspunkt der Markttransparenzstörung.[4] Die **Unklarheitenregel nach § 305 c II** ist thematisiert bei zweideutigen oder zumindest auf eine begrenzte Zahl von Deutungsmöglichkeiten rückführbaren AGB: im Bereich der Preisbestimmung und Leistungsbeschreibung i. S. eines direkten Günstigkeitsvergleichs, im Bereich der Vertragsabwicklung gegebenenfalls im Zusammenspiel mit der Inhaltskontrolle nach § 307–309 (zu Letzterem: Rz 131 ff.).

16 **cc) AGB-genuine Marktintransparenz trotz Verständlichkeit und Eindeutigkeit der einzelnen Klausel.** Auch eine verständliche und eindeutige Klausel schafft nur Markttransparenz, wenn und soweit sie zur Kenntnis genommen wird. Konsequente Bekämpfung informationsstrukturbedingten Marktversagens im Bereich Preis-Leistung-bezogener AGB heißt deshalb auch:[5] Nichtvalidierung aller in das Halbdunkel von AGB-Klauselwerken gestellten Regelungen, unabhängig von der Klauselgestaltung im Übrigen. Dogmatisch-konstruktiv hilft insoweit der Rekurs auf § 305 c I:[6] AGB-Klauseln mit Preis-Leistung-Bezug sind als tendenziell individualvertragsfern (hierzu Rz 34) überraschend.

17 **dd) Intransparenz und Verbandsklage.** Wie die – den Tatbestand des § 307 I S. 2 erfüllende – Rechtslagen- und Marktintransparenz *durch* Klauselintransparenz kann auch Marktintransparenz *trotz* Verständlich- und Eindeutigkeit der Einzel-

---

[1] Herausarbeitung dieses Gesichtspunkts, soweit ersichtlich, erstmals bei *Koller* FS Steindorff S. 677 f., 683 f.

[2] Einzelheiten: *Lindacher* aaO, S. 352 ff.

[3] Zum folgenden bereits *Lindacher* aaO, S. 356 ff.

[4] Grundlegend: BGHZ 106, 42/49 f., ferner BGHZ 112, 115/117 f.; BGH NJW 1991, 1889; 1992, 1108.

[5] S. bereits *Lindacher* aaO, S. 359 ff.

[6] Für Einschlägigkeit von § 305 c I – freilich zu Unrecht Unwirksamkeit nach dem seinerzeitigen § 9 I AGBG für den Fall nicht hinreichend verständlicher Klauselgestaltung ablehnend – auch *Koller* FS Steindorff S. 681 ff.

klauseln richtigerweise (s. § 1 UKlaG Rz 23) via Verbandsklage bekämpft werden: Der Überraschungscharakter i. S. von § 305 c I ist genereller Natur, nicht durch Einzelfallumstände bedingt.

III. Voraussetzungen

Eine AGB-Klausel ist überraschend i. S. von § 305 c I, wenn zwischen Vertrags- **18** inhalt bei hypostasierter Geltung der zu beurteilenden Klausel und den begründeten Erwartungen des Kunden eine deutliche Diskrepanz besteht.[1] Erwartungsbildprägend sind dabei alternativ oder kumulativ zunächst die allfälligen individuellen Begleitumstände, der individuelle Zuschnitt des durch die AGB zu ergänzenden Vertrags sowie der jeweilige Vertragsanlass (1), bei gebräuchlichen Vertragstypen eben deren Typizität in Bezug auf die Rechte und Pflichten der Vertragsparteien, ferner ganz allgemein die Gebräuchlichkeit bestimmter Rechtsformen und -gestaltungen (2). Endlich schafft auch die jeweilige Individualvereinbarung selbst einen gewissen Vertrauenstatbestand: Individualvertragsergänzende und -konkretisierende AGB, die gemessen an der Rechtslage ohne AGB-Geltung zu einer (erheblichen) Beschränkung der Kundenposition führen, entsprechen typischerweise nicht mehr der durch die Individualvereinbarung induzierten Kundenerwartung (3). Der maßgebliche Erwartungshorizont bestimmt sich objektiv-typisierend nach Verkehrskreisen (4). Eine nach den benannten Kriterien ungewöhnliche Klausel verliert unter bestimmten Kautelen ihren Überraschungscharakter (5).

Abweichungen vom *gesetzlichen Leitbild* kommt unter Überraschungsgesichts- **19** punkten allenfalls *mittelbare* Bedeutung zu:[2] weil eine Vermutung für den Einklang von gesetzlichem Leitbild und Vertragsgestaltungspraxis streitet, Abweichung von ersterem mithin im Zweifel Unüblichkeit signalisiert, Orientierung am gesetzlichen Leitbild zudem einen wichtigen Auslegungstopos darstellt, Abweichungen von jenem die Überraschungsfrage auch unter dem Aspekt der Individualvertragsferne zu thematisieren vermögen.

Umgekehrt steht freilich außer Frage: Lediglich die Rechtslage spiegelnde AGB-Bestimmungen sind niemals überraschend.[3]

1. Normative Diskrepanz zwischen AGB-Inhalt und aus Individualumständen resultierender Kundenerwartung

a) Individuelle Begleitumstände. Erwartungsbildprägend können zunächst **20** die konkreten Begleitumstände des Vertragsschlusses sein: Kataloge und Angebotsunterlagen des Verwenders, dessen Werbung,[4] die Art und Weise der Präsentation des Vertragsangebots sowie der sonstige Ablauf der Vertragsverhandlungen.[5] Relevanz eignet deshalb insbesondere der Vorkorrespondenz[6] sowie mündlichen Erörterungen bei und vor Vertragsschluss:[7] Wenn der Formulartext einer Girokontovollmacht (zur Kontrollfähigkeit einseitige Rechtsgeschäfte beinhaltender Klauseln s. § 305 Rz 11) zur Überziehung ermächtigt, wird dieser Teil der Vollmacht als

[1] BGH NJW-RR 2004, 780/781 m. w. N.
[2] Zumindest mißverständlich: BGHZ 130, 19/25; *Palandt/Heinrichs* Rz 3.
[3] Ausdrückliche einschlägige Klarstellung: BGHZ 152, 331/334; AnwK/*Kollmann* Rz 31.
[4] AnwK/*Kollmann* Rz 10; *Palandt/Heinrichs* Rz 3; *Schünemann* NJW 1988, 1943/1946.
[5] BGHZ 102, 152/160; BGH NJW-RR 2004, 780/781; *Eike Schmidt* JuS 1987, 929/932.
[6] OLG Hamm ZIP 1986, 1547/1549; AnwK/*Kollmann* Rz 9.
[7] BGH NJW 1987, 2011 f.; AnwK/*Kollmann* Rz 9.

überraschend nicht Vertragsinhalt, wenn in den Vorerörterungen der gegenteilige Wille des Vollmachtgebers zum Ausdruck gekommen ist.[1] Regt ein Bankinstitut die Aufteilung der Gesamtfinanzierung auf sich und ein konzernmäßig verbundenes Institut an, darf der um Kredit Nachsuchende darauf vertrauen, dass ihm durch die Arbeitsteilung zwischen den verbundenen Unternehmen keine rechtlichen Nachteile erwachsen. Schließt er mit einem Institut ab, ist eine Klausel, die eine Nichtabnahmeentschädigung bei Scheitern der Restfinanzierung statuiert, überraschend.[2]

21 **b) Äußerer Zuschnitt des Vertrags.** Potentiell erwartungshorizontbildend ist weiter, vom Gesetz explizit benannt, das äußere Erscheinungsbild des konkreten Vertrags, mithin insbesondere die Überschrift und Aufmachung der Vertragsurkunde. *Beispiele:* AGB in „Kaufverträgen" verpflichten den Käufer zur Inanspruchnahme von Wartungsleistungen,[3] AGB in „Erbbaurechtsverträgen" statuieren eine Ankaufsverpflichtung,[4] die eines „Miet-" oder „Leasingvertrags" begründen ein Andienungsrecht des Vermieters[5] bzw. Leasinggebers.[6] Wer einen „Krankenhausaufnahmevertrag" unterschreibt, der seinem Eingang nach auch und gerade die Behandlung des Patienten zum Gegenstand hat, braucht nicht ohne weiteres damit zu rechnen, dass in den in Bezug genommenen AGB für den Fall der Inanspruchnahme der Wahlleistung „privatärztliche Behandlung" hinsichtlich der ärztlichen Leistung eine Einstandspflicht des Krankenhausträgers neben dem liquidationsberechtigten Arzt ausgeschlossen wird.[7] Wer eine „Ausfallbürgschaft" übernimmt, muss nicht darauf gefasst sein, dass die Bürgschaft durch eine Formularklausel unter der Hand der Sache nach zur selbstschuldnerischen Bürgschaft wird.[8] Ein Bauvertrag auf „Einheitspreis"-Basis lässt erwarten, dass nach tatsächlichen Maßen und Einheitspreisen abgerechnet wird; eine Klausel in den Auftraggeber-AGB, die die Auftragssumme limitiert, ist überraschend.[9] Wer auf Benennung eines Objekts durch einen Makler eine als „Objektnachweis" gekennzeichnete Erklärung unterschreibt, braucht nicht zu erwarten, dass der Formulartext die Erklärung enthält, er verpflichte sich hiermit vertragsschlussunabhängig zur Zahlung einer Maklerprovision.[10] Wer ein „Heizkostenabrechnungsformular" zwecks Bestätigung der Richtigkeit der Verbrauchswerte abzeichnet, wird überrumpelt, wenn ihm eine Klausel untergeschoben wird, er beauftrage hiermit den Verwender bis auf weiteres (mit dreimonatiger Kündigungsfrist) zur Weiterführung der Abrechnungen.[11] Verlautbart die Urkunde über einen Anzeigen-Wiederholungsauftrag drucktechnisch hervorgehoben eine Vertragsdauer von einem Jahr, eignet einer rückseitig abgedruckten Verlängerungsklausel für den Nichtkündigungsfall Überraschungscharakter.[12] Wird die Vertragsdauer auf der Unterschriftsseite auf „zunächst 3 Jahre" festgelegt, rechnet der Durchschnittskunde mit der Möglichkeit der Vertragsverlängerung nach Neuverhandlung; eine rückseitige Klausel, dass sich das Vertrags-

[1] BGH aaO.
[2] BGH NJW 1998, 683 f.
[3] Statt vieler: MünchKomm/*Basedow* Rz 11; *Bamberger/Roth/Hub. Schmidt* Rz 12.
[4] BGH NJW 1979, 2387/2388; *Ulmer* Rz 26.
[5] *Soergel/U. Stein* § 3 AGBG Rz 10; *Sonnenschein* NJW 1980, 1493.
[6] AG Langenfeld NJW-RR 1990, 565; *Soergel/U. Stein* § 3 AGBG Rz 10; a. A. Karlsruhe OLGZ 1988, 223/225.
[7] BGH NJW 1993, 779/780.
[8] BGH ZIP 1998, 822/825.
[9] BGH NJW-RR 2005, 245.
[10] OLG Hamm NJW-RR 1988, 687 f.
[11] OLG Stuttgart WRP 1989, 201.
[12] BGH NJW 1989, 2255.

verhältnis bei Nichtkündigung automatisch verlängere, erfüllt den Tatbestand des § 305 c I.[1]

22 Überraschung kraft äußeren Vertragszuschnitts ist ferner endlich thematisiert, wenn die der Verwendergegenseite ungünstige AGB-Bestimmung an einer Stelle **versteckt** wird, wo sie wegen fehlenden thematischen und systematischen Zusammenhangs schlechthin nicht zu erwarten ist: Gliederungsüberschriften dürfen von der Verwendergegenseite ernst genommen werden. Deplatziert untergebrachte Klauseln verstoßen unbeschadet ihrer allfälligen Üblichkeit gegen § 305 c I.[2] Unübersichtlichkeit und verworrene Gestaltung des Gesamtklauselwerks hindert bereits die Einbeziehung gemäß § 305 II Nr. 2 (s. Rz 9).

23 **c) Anlass.** Potentiell erwartungsprägend ist ferner allemal der *Anlass* des unter AGB-Einbeziehung geschlossenen Geschäfts. Wer zur Sicherung der Schuld eines anderen Sicherheit leistet, sich verbürgt oder der Schuld des anderen beitritt, braucht nicht damit zu rechnen, über den konkreten Sicherungsanlaß hinaus für „alle gegenwärtigen und künftigen Ansprüche" gegen den Dritten einstehen zu müssen.[3] Entsprechendes gilt für personelle Sicherungszweckerstreckungen: Bestellen die Gesellschafter ein Grundpfandrecht an einem Gesellschaftsgrundstück zur Besicherung eines Geschäftskredits, brauchen sie mitnichten mit einer AGB-Regelung dahin zu rechnen, dass damit auch – gegenwärtige und/oder künftige Privatverbindlichkeiten der Gesellschafter gesichert sind.[4] In einer Gemeinschaftspraxis zusammengeschlossene Ärzte, die das medizinische Gerät zur Sicherung des gemeinsam aufgenommenen Kredits an den Kreditgeber übereignen, müssen keineswegs davon ausgehen, dass der Sicherungszweck formularmäßig auf allfällige Privatschulden der Ärzte diesem gegenüber ausgedehnt wird.[5] Bestehen Zweifel, ob neben einem bestimmten Kredit noch eine weitere Verbindlichkeit Anlass der Sicherungsgewährung, trägt der Gläubiger die Beweislast.[6]

24 **d) Höhe des Entgelts.** Relevant kann für die Frage, was die Verwendergegenseite *berechtigterweise* erwarten kann, auch das vereinbarte **Leistungsentgelt** sein.[7]

25 **e) Irrelevanz der Klauselüblichkeit.** Soweit die enttäuschte Kundenerwartung auf *individuellen* Umständen gründet, spielt das quantitative Moment keine Rolle; selbst durchaus gängige Klauseln können, bezogen auf diesen Vertrag, überraschend sein:[8] Eine AGB-Bestimmung, nach der die Bürgschaft über den konkreten Sicherungsanlass hinaus alle gegenwärtigen und zukünftigen Forderungen gegen den Hauptschuldner absichert, verstößt auch dann gegen § 305 c I, wenn sie im Verwendungszeitpunkt gang und gäbe.[9] Der Versuch, das von der Gesellschaft aus Anlass der Gewährung eines Geschäftskredits bestellte Grundpfandrecht formularmäßig auch der Sicherung von Gesellschafterprivatschulden nutzbar zu machen, schlägt nach § 305 c I unabhängig davon fehl, ob derartige Praktiken üblich oder nicht.[10] In einer Betriebshaftpflichtversicherung ist der Ausschluss von Vermögens-

---

1 AG Göppingen NJW-RR 1992, 1084.

2 BGHZ 121, 107/113 f.; KG NJW-RR 2002, 490/491; *Staudinger/Schlosser* Rz 12; MünchKomm/Basedow Rz 17; *Ulmer* Rz 17.

3 Für die Sicherungsgrundschuld BGHZ 131, 55/58 f.; NJW-RR 1995, 1257/1258, für Mobiliarpfandrechte: LG Bonn NJW-RR 1997, 184, für Bürgschaften: BGHZ 126, 174/177 ff.; 130, 19/25 ff., für den Schuldbeitritt: BGH NJW 1996, 249.

4 BGHZ 102, 152/158 ff.; OLG Hamm ZIP 1986, 1547 ff.

5 OLG Oldenburg WM 1993, 2162.

6 BGH NJW 1997, 3230/3232; *Heinrichs* NJW 1998, 1447/1451.

7 OLG Hamburg VersR 1979, 154/155; *Palandt/Heinrichs* Rz 3.

8 BGHZ 102, 152/160; *Stoffels* Rz 338; *Erman/Roloff* Rz 11; *Eike Schmidt* EWiR 1994, 521 f.

9 BGH NJW 1994, 1656/1657.

10 BGHZ 102, 152/160.

schäden, die durch vom Versicherungsnehmer gelieferte Sachen oder geleistete Arbeit entstehen, trotz einschlägiger Klauselüblichkeit überraschend, wenn es sich um typischerweise zu erwartende Schäden beim konkreten Versicherungsnehmer handelt und aus den Vertragsverhandlungen sowie dem äußeren Vertragszuschnitt folgt, dass gerade dieses Risiko (mit)versichert werden sollte.[1]

2. Normative Diskrepanz zwischen AGB-Inhalt und Kundenerwartung auf vertragstypkonforme und gebräuchliche Rechtsgestaltung

26 Hat sich der Vertragsschluss weder unter besonderen Begleitumständen, noch unter sonst unüblichem individuellem Zuschnitt abgespielt, kommt dem Merkmal der Vertragstypkonformität sowie sonstiger Häufig- und Regelhaftigkeit entscheidende Bedeutung zu.[2] Und zwar nicht nur in dem Sinne, dass gegenüber Angehörigen des betreffenden Verkehrskreises übliche Klauseln nicht als überraschend zu qualifizieren sind, sondern auch dahin, dass das Vertrauen des Kunden auf vertragstypkonforme und gebräuchliche Rechtsgestaltung als schutzwürdig zu bewerten ist: Neuartige, den Kunden belastende Klauseln in herkömmlichen, gesetzlichen oder von der Rechtspraxis entwickelten Vertragstypen fallen auch dann unter § 305 c I, wenn sie wirtschaftlich und funktionell sinnvoll sind;[3] der Verwender mag besonders auf sie hinweisen.[4] Dass bei ersichtlich neuen Vertragstypen und neuen Vertragsgestaltungen neuartige AGB-Klauseln nicht ungewöhnlich i. S. von § 305 c I sein müssen,[5] versteht sich hingegen von selbst aus der Erwägung, dass es insoweit eben auch noch an jeder vertrauenstatbestandsbildenden Regelhaftigkeit fehlt. Soweit es hiernach auf die Üblichkeit ankommt, bezieht sich diese – vom unter Rz 18 entwickelten Ansatz aus: selbstredend – auf den **Inhalt** der Klausel (ganz h. M.); es genügt zur Verneinung der Ungewöhnlichkeit i. S. von § 305 c I – auch für Nebenabreden – *nicht,* dass die Regelungsmaterie überhaupt typischerweise Gegenstand von AGB ist.[6]

27 Hinsichtlich des einschlägigen **Häufigkeitsurteils** gilt: **Branchenüblichkeit** zählt entgegen verbreiteter Ansicht[7] richtigerweise nur, wenn auch die Verwendergegenseite branchenzugehörig ist. Ist dies nicht der Fall, kommt es auf die *allgemeine* Vertragsgestaltungsübung an, wobei der **Vergleichsmaßstab** durchaus unterschiedlichen Abstraktionsebenen zu entnehmen ist.[8] Auf die Häufigkeit innerhalb der Gesamtheit der dem abgeschlossenen Vertrag im engeren Sinn typengleichen Verträge ist immer, aber auch nur dann abzustellen, wenn die Regelungsproblematik gerade eine Sondergegebenheit des konkreten Geschäftstyps darstellt (gutes Demonstrationsbeispiel: der Nachbewertungsvorbehalt in den Privatisierungsverträgen der ehemaligen Treuhandanstalt, Rz 85). Wo genuine Bewertungsgesichtspunkte fehlen, stellt sich die Häufigkeitsfrage bei Verwendung gegenüber Verbrauchern bezogen auf die Gesamtheit aller Verträge, sei es der jeweils umfassenderen Gattung auf nächsthöherem Abstraktionsgrad, sei es auf der Abstraktionsebene des allgemeinen Schuld- und Vertragsrechts, im Unternehmensverkehr bezogen auf die Summe der Handelsgeschäfte auf dem entsprechenden Abstraktionsniveau.[9]

---

1 OLG Saarbrücken NJW-RR 1996, 477/479.
2 Zutreffende Betonung des empirischen Moments auch bei *Staudinger/Schlosser* Rz 7.
3 A. A. insoweit freilich z. B. *Dietlein* § 3 AGBG Rz 2 sowie *Soergel/U. Stein* § 3 AGBG Rz 8.
4 Ebenso: *Ulmer* Rz 20.
5 Besonders hervorgehoben von *Koch/Stübing* § 3 AGBG Rz 8.
6 So jetzt auch *Ulmer* Rz 16.
7 Vgl. z. B. *Erman/Roloff* Rz 9; *Berninghaus* BB 1986, 206/209 f.; *Hammen* WM 1988, 1809.
8 Zutreffend: *Staudinger/Schlosser* Rz 8 sowie *Köndgen* NJW 1987, 160/164.
9 A. A. – nämlich für generellen Bezug des Häufigkeitsurteils auf den jeweiligen konkreten Vertragstyp – freilich: *Ulmer* Rz 14; *Kollhosser* ZIP 1986, 1429/1434; *Canaris* NJW 1987, 609/610.

a) Atypische Erweiterung des Kundenpflichtenkreises. Beispiele für eine überraschende Begründung oder Erweiterung von Hauptleistungspflichten sind etwa AGB-Regelungen im Rahmen von **Maklerverträgen,** die eine Provisionspflicht für Folgegeschäfte unter den Parteien des vermittelten Geschäfts,[1] für den bloßen Nachweis einer Geschäftsabschlussgelegenheit,[2] für den Abschluss eines Geschäfts mit dem Benannten über ein anderes als das benannte Objekt[3] oder für das Zustandekommen einer mündlichen oder privatschriftlichen Einigung über einen Grundstücksankauf vorsehen – freilich allesamt Klauseln, die nach herrschender, zutreffender Ansicht als inhaltlich unangemessen auch gegen § 307 verstoßen und deshalb vorzugsweise (s. Rz 7) als dieserhalb unwirksam zu kennzeichnen sind. Zu nennen sind ferner: die formularmäßige Begründung laufender **Bezugspflichten für die zum Betrieb der Kaufsache erforderlichen Hilfs- oder Betriebsstoffe;**[4] bei einem Formularvertrag betreffs des **Erwerbs eines zum Pauschalpreis zu errichtenden Hauses** die unter dem Begriff „Aufschließungskosten" versteckte **zusätzliche Berechnung vertraglich geschuldeter Bauleistungen** wie des Aushubs und der Baugrubenverfüllung;[5] die Statuierung einer Vergütungspflicht für die Erstellung von **Kostenvoranschlägen** bei Reparaturaufträgen, wenn und soweit nach der Verkehrsanschauung eine unentgeltliche Ermittlung der voraussichtlichen Kosten zu erwarten ist;[6] die Begründung der Verpflichtung des **Bürgen,** auf Verlangen eine **Realsicherheit** zu leisten;[7] die Statuierung einer **Aufwendungsersatzverpflichtung** auch bei vom Kunden unverschuldetem **Scheitern der Vertragsverhandlungen.**[8] Überraschend, weil eine atypische Nebenleistungspflicht begründend, ist schließlich etwa die formularmäßige Bestimmung, der Baukunde müsse sein Haus als **Musterhaus** zur Besichtigung zugänglich halten.[9] 28

Zweckerweiterungsklauseln bei Bürgschaft und Sicherungsgrundschuld stoßen sich an § 305 b, wenn unzweideutig ein begrenzter Sicherungszweck als individuell *vereinbart* anzusehen ist. Soweit Raum für einschlägige Vertragsinhaltskonkretisierung ist dem Anlass der Sicherungsgewährung im Rahmen des Überraschungsverbots nach § 305 c I Rechnung zu tragen (Einzelheiten Rz 55, 68).

b) Atypische Beschränkung von Rechten der Verwendergegenseite. Überraschend unter dem Gesichtspunkt unüblicher Verkürzung vertragstypischer Rechte ist etwa eine AGB-Klausel in einem **Mietvertrag,** in der der Vermieter seine Pflicht zur Instandhaltung der Mietsache *generell* abbedingt.[10] In Hinblick auf den hohen Verbreitungsgrad *nicht* zu beanstanden sind hingegen freilich Klauseln, nach denen der Wohnraummieter abweichend von § 536 BGB sog. *Schönheitsreparaturen* zu tragen hat.[11] Auch der Ausschluss des Anspruchs eines **Werkunternehmers auf Einräumung einer Sicherungshypothek** nach § 648 BGB dürfte entgegen BGHZ 91, 139/144 nicht nur inhaltlich unbillig, sondern auch überraschend i. S. von § 305 c I sein.[12] Bei **Lotterie- und Ausspielverträgen** muss mit Ausschluss- 29

---

[1] S. BGHZ 60, 24.
[2] S. BGH BB 1964, 1451; NJW 1967, 1225.
[3] OLG Hamburg MDR 1992, 27.
[4] *Löwe/Trinkner* § 3 AGBG Rz 9; *Ulmer* Rz 26.
[5] BGH NJW 1984, 171/172 f.
[6] BGH NJW 1982, 765/766.
[7] BGHZ 92, 295/300.
[8] OLG Celle VersR 1984, 67/69.
[9] OLG Nürnberg MDR 1977, 137.
[10] S. BGH WM 1975, 1205; *Ulmer* Rz 28.
[11] BGHZ 105, 71/84; OLG Stuttgart NJW 1982, 1294; *Ulmer* Rz 47.
[12] A. A. – wie der BGH – freilich auch *Soergel/U. Stein* § 3 AGBG Rz 11 sowie *Erman/Roloff* Rz 14 (Bauverträge).

fristen für die Geltendmachung von Ansprüchen aus der Spielteilnahme gerechnet werden:[1] überraschend kann allenfalls die Kürze derselben sein; bei einer Ausschlussfrist von 13 Wochen werden einschlägige Kundenerwartungen indes *nicht* enttäuscht.[2] Überraschend ist schließlich nicht nur die unübliche Verkürzung von Primärleistungsansprüchen, sondern auch die der aus Leistungsstörung erwachsenden Sekundäransprüche, so etwa eine allfällige Klausel in **Arzt- und Krankenhausverträgen,** wonach die Haftung des Arztes und/oder des Krankenhauses auf grobes Verschulden beschränkt sei.[3]

30 **c) Austausch der Vertragspartei.** Vertragsübernahmerechte sind auf der Abtraktionsebene des allgemeinen Vertrags- und Schuldrechts ausgesprochen unüblich. Wer ein Darlehen (hier Zwischenfinanzierungsdarlehen zum Erwerb einer Eigentumswohnung) aufnimmt, muss nicht mit einer Klausel rechnen, dass bei Eintritt einer Kündigungsmöglichkeit an die Stelle des ursprünglichen Darlehensgebers ein Dritter tritt.[4]

31 **d) Sonstige atypische Rechtsgestaltung.** An Erscheinungsformen überraschender, weil ungewöhnlicher AGB-Bestimmungen sind beispielhaft weiter zu nennen: **Verfügungen** (wie Lohn- und Gehaltsabtretungsklauseln beim Kreditkauf oder bei der Wohnungsmiete, s. Rz 82, die Abtretung von Kostenerstattungsansprüchen im Prozessvollmachtsformular, s. Rz 84), die **Usurpation urheberrechtlicher Nutzungsrechte** bei der Einholung eines Druckauftrags (Rz 58), mit Bezug auf eine spätere allfällige Rechtsverfolgung **Gerichtsstandsklauseln** bestimmten Inhalts (s. Rz 63).

32 **e) Sonderproblem: Atypische Hauptleistungsbeschreibung.** Soweit die AGB geschäftszweigüblich auch und gerade die Hauptleistungspflicht näher konkretisieren, kann selbst eine atypische Ausgestaltung derselben nicht ohne weiteres als überraschend i. S. von § 305 c I bewertet werden: Damit, dass die Hauptleistungsbeschreibung von Unternehmen zu Unternehmen unterschiedlich ausfällt, muss der Kunde hier innerhalb einer Toleranzmarge rechnen.[5]

33 Aus diesem Grunde ist insbesondere ein allfälliges Vertrauen auf übliche Risikobeschreibung und -begrenzung in **Allgemeinen Versicherungsbedingungen** nur bedingt schutzwürdig: Der Versicherungsnehmer weiß oder muss wissen, dass der Versicherer nicht jede Gefahr übernimmt (und übernehmen kann), die unter die schlagwortartige allgemeine Umschreibung des versicherten Risikos fällt. Hinsichtlich der Einzelheiten und Randfragen muss er immer mit sehr präzisen Ab- und Ausgrenzungen in Form näherer Leistungsbeschreibung, aber auch der Formulierung von Ausschlusstatbeständen rechnen.[6] Vertrauenserwartungsfest ist nur die Erwartung eines **Kernbereichsschutzes.**

3. Überraschungscharakter von AGB-Klauseln bei atypischer Individualvertragskonkretisierung

34 Legitime Funktion von AGB ist es, in den „Begriffshof" von Individualvereinbarungen Konturen einzuziehen. Insoweit bestimmen AGB mittelbar ggf. auch den Inhalt der Individualabrede: Individualabsprachen, die *ohne* AGB-Auffüllung

---

1 BGH NJW 1991, 1745.
2 BGH aaO.
3 *Deutsch* NJW 1983, 1351/1353.
4 OLG Hamm WM 2002, 2326/2327.
5 Vgl. auch *Staudinger/Schlosser* Rz 23 sowie *Ulmer* Rz 27.
6 Statt vieler: OLG Köln NJW 1996, 3088.

im Wege der Auslegung oder der Ergänzung durch dispositives Recht eine andere Sinndeutung erfahren würden, bleiben für die Konkretisierung i. S. der AGB-Klausel offen. Zur Geltung entsprechender Klauseln bedarf es freilich wenn auch nicht unbedingt eines individuellen besonderen Hinweises, so doch der speziellen Hervorhebung an augenfälliger Stelle (hierzu Rz 40). Die Individualvereinbarung schafft ansonsten beim Kunden das Erwartungsbild üblichen Sinnverständnisses; AGB-Klauseln, die Individualverträge in atypischer Weise konkretisieren, eignet jedenfalls ein Überraschungsmoment i. S. von § 305 c I.[1] *Beispiele:* Unterzeichnen Ehegatten gemeinsam eine Bürgschaftsurkunde über einen „Höchstbetrag", brauchen sie mangels besonderer auf eine Kumulativhaftung hinweisender Begleitumstände nur mit einer gesamtschuldnerischen Haftung zu rechnen. Eine AGB-Klausel, dass die Ehegatten nebeneinander kumulativ auf den Höchstbetrag haften, ist überraschend.[2] Beauftragt und ermächtigt jemand einen Auktionator zur Ersteigerung eines Kunstgegenstandes unter Höchstgebotslimitierung, ist eine Klausel des letzteren, wonach die Höhe des im Auftrag angegebenen Gebots um 5–10 % überschritten werden könne, überraschend.[3] Wird der allgemeine Krankenhausaufnahmevertrag durch einen Arztzusatzvertrag ergänzt, ist die ärztliche Leistung grundsätzlich persönlich zu erbringen; eine Klausel im Arztzusatzvertrag, wonach die Leistungen statt durch den leitenden Arzt als dem Vertragspartner auch von einem von diesem im Einzelfall beauftragten Arzt der Abteilung erbracht werden können, verstößt gegen § 305 c I.[4]

4. Maßgeblicher Erwartungshorizont

Inwieweit bei einem Auseinanderfallen von objektivem Klauselinhalt und Kundenerwartung *berechtigtes* Vertrauen enttäuscht wird, beurteilt sich nach **verkehrskreisgenuinen Maßstäben.**[5] Im Einzelnen ist dabei zwischen der aus individuellen Vertragsschlussumständen und der aus (bloßer) atypischer Vertragsgestaltung resultierenden potenziellen Fehlvorstellung des Kunden zu differenzieren. 35

a) Enttäuschte Kundenerwartung auf vertragstypkonforme und gebräuchliche Rechtsgestaltung. Eine für den engeren und nur für diesen Verkehrskreis übliche Klausel ist überraschend, wenn die AGB für Geschäfte im weiteren Verkehrskreis verwendet werden: Für *diesen* Kundenkreis wird die nach § 305 c I geschützte Erwartung vertragstypkonformer und gebräuchlicher Rechtsgestaltung enttäuscht. Bloßes individuelles Überraschtsein des einzelnen Kunden über eine verkehrskreisübliche Klausel, die aus dessen persönlicher Unerfahrenheit in Geschäften dieser Art folgt, begründet hingegen kein Einbeziehungshindernis.[6] Es fehlt an der für die angesprochene Fallgruppe essentiellen spezifischen *Vertrauens*enttäuschung. 36

b) Durch Individualumstände begründete, enttäuschte Kundenerwartung. Auch soweit Überraschung des Kunden durch die besonderen Vertragsschlussumstände oder den individuellen Vertragszuschnitt infrage steht, bestimmt sich der einschlägige Sorgfaltsmaßstab des Kunden objektiv-typisierend nach Ver- 37

---

1 Wie hier: *Staudinger/Schlosser* Rz 24.

2 OLG Celle NJW-RR 1990, 1006 f.

3 Unklar – weil nicht zwischen der Frage des An-sich-Überraschungscharakters und des Entfalls desselben infolge qualifizierter Kenntnisnahmemöglichkeit unterscheidend – BGH NJW 1980, 1619/1620.

4 Richtig: LG Fulda NJW 1988, 1519 f.

5 BGH NJW 1990, 247/249; 1995, 2637/2638; *Ulmer* Rz 13; *Erman/Roloff* Rz 10.

6 Richtig: BGH NJW 1985, 850/851; *Staudinger/Schlosser* Rz 7; *Ulmer* Rz 22 a; a. A. freilich *Löwe/Trinkner* § 3 AGBG Rz 13.

kehrskreisen,[1] nicht subjektiv-individuell:[2] Hinsichtlich des einschlägigen Sorgfaltsstandards des Kunden muss, auch wenn man § 305 c I nicht als Auslegungsnorm in Bezug auf den Umfang der Einbeziehungserklärung versteht (Rz 4), wertungsmäßig die Parallelität zu den Anforderungen an Aufmerksamkeit und Sorgfalt gewahrt bleiben, die an den Empfänger einer Willenserklärung allgemein zu stellen sind. Für die Frage der Inhaltsbestimmung von Willenserklärungen gilt jedoch zu Recht, dass es zwar auf das individuelle – aktuelle oder potenzielle – „Umstandswissen" ankommt, die „Deutungsdiligenz" sich aber objektiv-typisierend bestimmt.[3] Aus dem Gesagten folgt: Selbst eine gruppentypische Geschäftsungewandtheit (Hausfrauen, Rentner) ist im Rahmen des allgemeinen Verbrauchergeschäfts irrelevant; lediglich wenn der Verwender gezielt und vornehmlich mit Angehörigen entsprechender Personengruppen kontrahiert (Beispiel: „Hausfrauenkredite" sowie Geschäftsabschlüsse auf „Kaffeefahrten"), beurteilt sich der Sorgfaltsstandard nach der durchschnittlichen Kenntnis und Erfahrung dieses Personenkreises.

5. Entfall des Überraschungscharakters

An sich überraschende Klauseln können ihren Überraschungscharakter verlieren, wobei hinsichtlich der Entfallvoraussetzungen richtigerweise nach der Art der Kundenerwartungsprägung zu unterscheiden ist: AGB-Bestimmungen, deren Geltung die Verwendergegenseite ob bestimmter Individualumstände überraschen würde (s. Rz 41 f.), verlieren den Überraschungscharakter unter anderen, engeren Voraussetzungen als AGB-Bestimmungen, die (nur) vertragstypinkonform oder sonst ungebräuchlich sind (s. Rz 38 ff.).

38 **a) Vertragstypinkonforme oder sonst ungebräuchliche Rechtsgestaltung. aa) Überraschungsentfall bei sinnerfassender Kenntnisnahme.** Inhaltlich ungewöhnliche Klauseln verlieren ihren Überraschungscharakter, wenn der Kunde von ihnen *vor* oder *bei* Vertragsschluss in sinnerfassender Weise Kenntnis genommen hat, also insbesondere dann, wenn er erforderlichenfalls unter entsprechender Erläuterung von ihnen inhaltlich besonders in Kenntnis gesetzt worden ist.[4] Dazu, dass ein solcher besonderer Hinweis[5] die in Bezug genommene Klausel noch nicht zur ausgehandelten Regelung macht, s. § 305 Rz 37. Aus dem bloßen Durchlesen kann nicht ohne weiteres auf sinnerfassende Kenntnisnahme geschlossen werden.[6] Gleiches gilt bei notarieller Beurkundung für den Fall des bloßen Verlesens, d. h. des Fehlens einer speziellen Erläuterung und Belehrung.[7] Das Zukommen-Lassen des Urkundentextes zwei Wochen vor Beurkundung (§ 17 II lit. a BeurkG) schließt zumindest für den Verbraucher die Berufung auf Überraschung

---

[1] Übereinstimmend: BGH NJW 2002, 483/486; *Larenz/Wolf,* AT § 43 Rz 28; MünchKomm/*Basedow* Rz 6; *Bamberger/Roth/Hub. Schmidt* Rz 11; *Locher* § 8/3.

[2] So freilich z. B. *Löwe/Trinkner* § 3 AGBG Rz 13.

[3] Zustimmend: *Bamberger/Roth/Hub. Schmidt* Rz 11.

[4] Ganz h. M., statt vieler: BGHZ 131, 55/59; *Larenz/Wolf,* AT § 43 Rz 29; *Ulmer* Rz 23; a. A. – eigenwillig – *Soergel/U. Stein* § 3 AGBG Rz 15: der ausdrückliche Hinweis nehme der Klausel nicht ihren Überraschungscharakter, sei vielmehr – da überraschende Klauseln nicht pauschal einbeziehungsfähig, sondern analog § 305 II einer gesonderten Geltungsvereinbarung bedürftig seien – als auf die konkrete Klausel bezogenes Einbeziehungsangebot Einbeziehungsvoraussetzung für eine solche Klausel.

[5] Entgegen *Schmidt-Salzer* B. 52.

[6] BGH NJW 1978, 1519/1520; *Palandt/Heinrichs* Rz 4.

[7] BGHZ 102, 152/158; BGH NJW-RR 2001, 1420/1422; *Staudinger/Schlosser* Rz 8; *Bamberger/Roth/Hub. Schmidt* Rz 16; a. A. freilich OLG Hamm WM 1987, 1064.

keinesfalls aus.[1] Ein *nachträglicher* Hinweis salviert die überraschende Klausel nicht.[2]

Die **Beweislast** dafür, dass der andere Vertragsteil die an sich überraschende Klausel in ihrem Sinn erfasst hat, trifft nach allgemeinen Regeln den Verwender:[3] Der Überraschungsausschluss durch Hinweis ist ungeschriebenes negatives Tatbestandsmerkmal. Von der Unterschrift des Kunden gedeckte vorformulierte Bestätigungsklauseln, er – der Kunde – habe eine bestimmte Klausel zur Kenntnis genommen, erleichtern häufig den Nachweis bereits nach dem unter Rz 38 Ausgeführten nicht: Kenntnisnahme bedeutet noch nicht ohne weiteres sinnerfassende Kenntnisnahme. Im Übrigen äußern Klauseln, in denen der Kunde bestätigt, er habe die AGB – insgesamt oder einzelne Klauseln – gelesen und verstanden, er sei auf eine bestimmte Klausel ausdrücklich hingewiesen worden, eine bestimmte Klausel sei ihm eigens erklärt worden, nach § 309 Nr. 12b zumindest im Konsumentenverkehr, richtigerweise nach § 307 aber wohl auch im Unternehmensverkehr keine Beweiskraft.[4] Dass Notare ihrer Erläuterungspflicht nach § 17 BeurkG im Allgemeinen nachkommen, begründet entgegen verschiedentlich geäußerter Ansicht[5] keine Vermutung, dass dies im Einzelfall geschehen: Die Behauptungs- und Beweislast für eine erfolgte Belehrung bleibt beim Verwender.[6] 39

bb) Entfall bei qualifizierter Kenntnisnahmemöglichkeit. Nach herrschender, zutreffender Ansicht entfällt der Überraschungscharakter einer ungewöhnlichen Klausel indes nicht nur bei positiver sinnerfassender Kenntnis,[7] sondern auch dann, wenn sie, inhaltlich ohne weiteres verständlich, drucktechnisch so angeordnet ist, dass Kenntnisnahme durch den Kunden zu erwarten.[8] Dabei ist freilich, was Bejahung entsprechender Kenntnisnahmemöglichkeit angeht, Zurückhaltung geboten.[9] Kenntnisnahme des Kunden ist keineswegs etwa immer schon dann zu erwarten, wenn das Gesamtklauselwerk nach zusammenhängenden Bereichen sinnvoll geordnet und die zu beurteilende Klausel systemgerecht placiert ist, so dass – bezogen auf das Einzelne, konkrete Regelungsproblem – dem Interessierten die entsprechende Feststellung ohne erheblichen Zeitaufwand möglich ist[10] – eine Sichtweise, die verkennt, dass *ex ante* nahezu alle AGB-Klauseln potenziell relevant sind.[11] Anknüpfend an den rechtstatsächlichen Befund, dass von der eigentlichen Vertragsurkunde äußerlich getrennte Regelungswerke weithin schlicht überhaupt nicht zur Notiz genommen werden, ja auch vorformulierte Klauseln auf der Vertragsurkunde selbst in aller Regel nur angelesen werden, sowie den *normativen* Befund, dass mangelnde Interessenahme an separaten AGB, aber auch der Verzicht auf 40

---

1 A. A. HK-BGB/*Schulte-Nölke* Rz 2.

2 BGH WM 1978, 723/725; *Ulmer* Rz 24a; *Erman/Roloff* Rz 12; a. A., nämlich für ex nunc-Salvierung jedenfalls solcher Klauseln, die „relativ leicht zu erfüllende Obliegenheiten" statuieren, freilich *Staudinger/Schlosser* Rz 33.

3 Allg. M.; statt vieler: BGHZ 83, 60; 109, 203; *Bamberger/Roth/Hub. Schmidt* Rz 17.

4 Ebenso: *Ulmer* Rz 25.

5 S. etwa MünchKomm/*Basedow* Rz 8.

6 BGH NJW-RR 2001, 1420/1422.

7 A. A. *Schmidt-Salzer,* Produkthaftung Bd. II, 2. Aufl., Rz 3.577 sowie offenbar auch *Koch/Stübing* § 3 AGBG Rz 11.

8 Statt vieler: BGH NJW 1985, 848/849; NJW-RR 2002, 485/487; *Stoffels* Rz 337; *Staudinger/Schlosser* Rz 31; *Ulmer* Rz 23; *Palandt/Heinrichs* Rz 4; a. A., vom nicht überzeugenden Ansatz aus, dass selbst ein ausdrücklicher Hinweis nicht zum Entfall des Überraschungscharakters i. S. von § 305 c I führe und überraschende Klauseln einer gesonderten Geltungsvereinbarung analog § 305 II bedürftig seien, *Soergel/U. Stein* § 3 AGBG Rz 15.

9 Übereinstimmend: MünchKomm/*Basedow* Rz 8 Fn. 21.

10 So aber BGH BB 1978, 523 sowie BGH JR 1981, 155 m. krit. Anm. *Lindacher.*

11 Treffend insoweit bereits *G. H. Roth* ÖZW 1977, 36.

aufmerksame Lektüre umfänglicher Formularverträge – außerhalb gewisser Sonderlagen im Unternehmensverkehr (Rz 94) – als im Regelfall durchaus vernünftiges Verhalten dem Kunden gerade nicht als mangelnde Sorgfalt in eigenen Angelegenheiten angelastet werden kann (Rz 2), kann Kenntnisnahme des Kunden vielmehr vernünftigerweise auf Konsumentenseite durchgängig, im Unternehmensverkehr regelmäßig nur unter weitaus engeren Voraussetzungen erwartet werden:[1] wenn sich die ohne weiteres verständliche Klausel auf der vom Kunden zu unterschreibenden Vertragsurkunde selbst befindet *und* der Formularvertrag entweder nur einzelne, umfänglich knapp gehaltene Bestimmungen enthält oder aber die Klausel im Formularkopf oder in Unterschriftsnähe drucktechnisch besonders hervorgehoben ist.[2] Darüber, ob vom Kunden die Lektüre einer halben Druckseite AGB-Text über der Unterschrift erwartet werden kann,[3] lässt sich *zumindest* streiten. Die Lektüre einer vollen DIN-A4-Seite im Kleindruck zu erwarten,[4] lässt jedes Augenmaß vermissen. Selbst eine drucktechnische Hervorhebung in der (weiteren) Unterschriftsnähe ist infolge Verlusts des Aufmerksamkeitswerts jedenfalls dann keine hinreichende Hervorhebung mehr, wenn im umfangreichen Klauselwerk eine Reihe weiterer Bestimmungen drucktechnisch „herausgehoben" wird.[5]

41 **b) Individualumstandsbedingte Überraschung.** Drohender Enttäuschung *individualumstandsbedingter* Erwartung lässt sich demgegenüber *nur* durch fehlvorstellungsneutralisierenden **Individualhinweis** steuern:[6] Wer mit Blick auf eine bestimmte Schuld ein Grundpfandrecht bestellt, sich verbürgt oder sonstwie Sicherheit leistet, muss auch dann nicht mit einer Haftung über die „Anlassforderung" hinaus rechnen, wenn die Klausel, gesichert seien auch alle sonstigen – gegenwärtigen und künftigen – Forderungen gegen den Schuldner, nach Platzierung und Schriftgröße durchaus augenfällig war. Er wird und darf davon ausgehen, dass die Formularregelung für seinen (Sonder-)Fall keine Geltung beansprucht. Abweichendes gilt nur für den kleinen Kreis derjenigen, die aus einschlägiger Geschäftserfahrung um den Geltungsanspruch jenseits des „Anlasskredits" wissen, wobei freilich in der Bejahung solcher Erfahrung Zurückhaltung geboten ist: Bloßes allgemeines Vertrautsein mit Kreditgeschäften begründet noch kein entsprechendes Wissenmüssen.[7]

42 Welche **Anforderungen** an den (Individual-)Hinweis zu stellen sind, lässt sich nur unter Berücksichtigung der Einzelfallumstände sagen: BGHZ 131, 55/59 hat in der Präsentation einer von der Verwendergegenseite zu unterschreibenden vorformulierten „Zusatzerklärung" entscheidungsfallbezogen wohl zu Recht keinen ausreichenden Hinweis gesehen („Es lag – auch für die Bekl. – durchaus nahe, dass die damals bereits 78 Jahre alte Kl. von den beiden ihr von ihrem Sohn zur Unterschrift vorgelegten Erklärungen die eine ebensowenig lesen würde wie die andere"). Dass schriftliche, gegenzuzeichnende Hinweise generell ungeeignet, der durch den konkreten Anlass geprägten Erwartungshaltung entgegenzuwirken,[8] lässt sich sicher nicht sagen.

---

[1] Der Tendenz nach richtig: BGH JR 1983, 18/20 sowie NJW 1993, 779/780.

[2] *Lindacher* JR 1981, 158.

[3] So BGH NJW 1979, 2354, scharf ablehnend *Staudinger/Schlosser* Rz 31.

[4] So BGH BB 1978, 523.

[5] BGH JR 1983, 18/20 m. Anm. *Lindacher;* OLG Karlsruhe WM 1993, 787/789.

[6] BGHZ 131, 55/59; BGH NJW-RR 2002, 485/487; *Stoffels* Rz 388; a. A. – das Gebot einer Differenzierung nach dem Grund der Kundenerwartungsprägung verkennend – explizit *Edelmann* WiB 1996, 86f.

[7] BGHZ 109, 197/202; a. A. im Letzterem freilich etwa MünchKomm/*Basedow* Rz 14.

[8] So offenbar *Clemente* EWiR 1996, 651/652.

6. Behördlich genehmigte AGB

Der Einbeziehungskontrolle nach § 305 c I unterfallen auch aufsichtsbehördlich genehmigte AGB, also insbesondere die AGB der Bausparkassen und Kapitalanlagegesellschaften. Insbesondere kann sich der Überraschungscharakter einzelner Klauseln der einschlägigen Bedingungswerke aus den individuellen Vertragsschlussumständen oder dem individuellen äußeren Zuschnitt des Vertrags ergeben. 43

Auch davon, dass behördlich genehmigte AGB schlechterdings nicht unüblich sein können, ihre Einbeziehung also jedenfalls beim Fehlen besonderer Einzelfallumstände nicht an § 305 c I scheitere,[1] kann keine Rede sein. Nur soweit die betreffende Klausel vertragstypspezifisch, Vergleichsmaßstab für das einschlägige Häufigkeitsurteil also die Gesamtheit der Verträge gerade dieser Art ist (hierzu Rz 27), folgt aus der Konformität behördlich genehmigter „Monopolbedingungen" notwendig die Klauselüblichkeit i. S. von § 305 c I. 44

7. Anhang: Rechtsfolge

Überraschende Klauseln i. S. von § 305 c I werden nicht Vertragsbestandteil. Die Auswirkungen des Nicht-Vertragsbestandteil-Werdens auf das Gesamtrechtsgeschäft beurteilen sich nach § 306 (s. § 306 Rz 7). 45

IV. Einzelfälle

Abstraktes Schuldversprechen und Vollstreckungsunterwerfung. Kreditnehmer haften für die Darlehensschuld mit dem gesamten pfändbaren Vermögen. Die einschlägige Rechtsverfolgung ist erleichtert, wenn der Schuldner sich hinsichtlich des Darlehensrückzahlungsanspruchs der sofortigen Zwangsvollstreckung (§ 794 I Nr. 5 ZPO) unterwirft, besser noch: bestärkend ein abstraktes Schuldversprechen nach § 780 BGB abgibt und dieserhalb Vollstreckungsunterwerfung erklärt. Selbst wenn der Darlehenskredit grundpfandrechtlich gesichert ist, machen ein abstraktes Schuldversprechen und eine diesbezügliche Vollstreckungsunterwerfung (neben der Vollstreckungsunterwerfung hinsichtlich des Anspruchs aus dem Grundpfandrecht) unter Vollstreckungserleichterungsaspekten Sinn: Soweit die Mobiliarvollstreckung Erfolg verspricht, kann auf die schwerfällige Immobiliarvollstreckung verzichtet werden. 46

Abstrakte Schuldversprechen mit Vollstreckungsunterwerfung in AGB-Form sind grundsätzlich weder unter Inhaltskontrollgesichtspunkten (s. § 309 Nr. 12 Rz 23) noch mit Blick auf § 305 c I zu beanstanden, wenn es sich um Erklärungen des **Darlehensnehmers selbst** handelt[2]: Die einem verständlichen und verständigen Kreditgeberinteresse entspringende Regelung ist gängige Kautelarpraxis, enttäuscht mithin jedenfalls nicht die Kundenerwartung auf vertragstypkonforme und gebräuchliche Rechtsgestaltung, ist vielmehr nur dann überraschend, wenn sie im Einzelfall im Widerspruch zu einem durch konkrete Individualumstände geprägten konträren Erwartungsbild steht. Letzteres ist etwa dann der Fall, wenn Schuldversprechen und Vollstreckungsunterwerfung in den kleingedruckten Text unter der Gesamtüberschrift „Bestellung einer Grundschuld" gepackt sind.[3] Konsequenterweise verstößt auch eine formularmäßige Vollmacht, die eine persönliche Haf-

---

[1] So freilich z. B. *Helm* NJW 1978, 132.

[2] BGHZ 99, 274/282 f.; BGH NJW 2003, 885/886; *Palandt/Heinrichs* Rz 11.

[3] Überraschungsverneinung in BGH WM 1990, 304 nur mit Blick auf einschlägige ausführliche Belehrung durch den beurkundenden Notar.

tungsübernahme und Unterwerfung unter die sofortige Zwangsvollstreckung im Rahmen einer Grundschuldbestellung erfasst, per se nicht gegen § 305 c I.[1] Auf eine Belehrung durch den Notar aus Anlass der Vollmachtserteilung kommt es nicht an.[2]

Durchaus anders ist der Verwenderversuch zu bewerten, über ein abstraktes Schuldversprechen und eine korrespondierende Vollstreckungsunterwerfungserklärung des vom Kreditschuldner verschiedenen Sicherungsgegners Zugriff auf dessen sonstiges Vermögen zu erlangen: Wer zur Sicherung einer **Drittschuld** eine Grundschuld an seinem Grundstück bestellt, muss mitnichten damit rechnen, zugleich formularmäßig ein abstraktes Schuldversprechen abzugeben und sich dieserhalb der sofortigen Zwangsvollstreckung in sein gesamtes Vermögen zu unterwerfen.[3]

Allgemeine Versicherungsbedingungen. Reiches einschlägiges Fallmaterial s. Anh. § 310 Rz V 116 ff.

47 **Anzeigenauftrag.** Wer einen Anzeigenwiederholungsauftrag erteilt, muss bei einer drucktechnisch hervorgehobenen Angabe auf der Unterschriftsseite, die Vertragsdauer betrage „jeweils ein Jahr", nicht damit rechnen, dass Nichtkündigung gemäß einer auf der Rückseite plazierten Klausel zur Vertragsverlängerung um ein weiteres Jahr führt.[4] Wer ein Inserat für eine Werbebroschüre in Auftrag gibt, muss nicht vom Abschluss eines Dauerschuldverhältnisses ausgehen; die Klausel „Das Werbeobjekt wird während der Vertragslaufzeit von drei Jahren je einmal jährlich aufgelegt" ist überraschend.[5] Bleibt im Aquisitionsgespräch die Zahl der Schaltungen offen und wird als Preis nur derjenige für eine Annonce genannt, muss der Geworbene nicht mit einer Fließtextklausel rechnen, er erteile den Auftrag zu insgesamt zwölf Schaltungen; allein die Formularüberschrift „Anzeigenaboauftrag" nimmt der Bestimmung nicht den Überraschungscharakter.[6]

48 **Architektenvollmacht.** Nicht überraschend: die Klausel „Der Architekt ist Vertreter des Bauherrn; zu Vertragsänderungen ist er nicht berechtigt" in einem vom Bauherrn verwendeten Formularvertrag. Es gibt keine „originäre" Vollmacht des Architekten. Es steht dem Bauherrn frei, eine erteilte Vollmacht einzugrenzen.[7]

49 **Arztvertrag.** Überraschend: die Klausel, dass zum in der einschlägigen Gebührenordnung vorgesehenen Höchstsatz ohne Rücksicht auf die Schwierigkeit der Angelegenheit im Einzelfall liquidiert werden dürfe.[8]

50 **Automatenaufstellungsvertrag.** Überraschend: die sog. **Neuabschlussklausel,** derzufolge bei einem Automatenaustausch ein neuer Vertrag mit 10-jähriger Laufzeit beginnt.[9]

51 **Bauherrenmodell.** Überraschend: die Klausel, wonach dem Verwender, der als Treuhänder für den Treugeber Eigentumswohnungen errichtet und sich zu deren Vermietung unter Übernahme einer **Mietzinsgarantie** verpflichtet hat, die die **Garantiemiete übersteigenden Mieteinnahmen** verbleiben.[10]

---

1 BGH NJW 2003, 885/886; *Kröll* EWiR 2002, 689/690.

2 A. A. noch OLG Koblenz BKR 2002, 723.

3 BGHZ 114, 9/14 = JZ 1991, 874 m. Anm. *Eickmann;* BGH NJW-RR 1990, 246/247; OLG Oldenburg WM 1991, 221/222.

4 BGH NJW 1989, 2255/2256.

5 AG Köpenick NJW 1996, 1005.

6 LG Saarbrücken NJW-RR 2002, 915/916.

7 OLG Düsseldorf NJW-RR 1996, 1485.

8 OLG Düsseldorf VersR 1984, 370; *Palandt/Heinrichs* Rz 8.

9 BGH NJW 1985, 53/55; *Ulmer* Rz 52.

10 OLG Hamburg BB 1984, 934/936; OLG Düsseldorf NJW-RR 1987, 48/49 f.

Bausparsofortdarlehen. Entsprechende Darlehen dienen der Finanzierungsüberbrückung bis zur Zuteilung des Bausparvertrags. Ist im Formularvertrag über das Sofortdarlehen bestimmt, dass das Darlehen mit Zuteilung des Bausparvertrages abgelöst wird, braucht der Darlehensnehmer nicht ohne weiteres damit zu rechnen, dass in einem zusätzlich in Bezug genommene Klauselwerk für den Fall der Konditionenfestschreibung für einen bestimmten Zeitraum bei Ablösung vor Ende der Festschreibungszeitraum Vorfälligkeitszinsen anfallen.[1] 52

Bauvertrag. *Überraschend:* eine Vollmachtsklausel in einem Generalunternehmervertrag mit Festpreisvereinbarung, weil die Vergabe von Aufträgen im Namen des Auftraggebers dazu führen würde, dass dieser sich mehreren Unternehmen als Vertragspartner und Schuldner gegenübersieht, im Übrigen auch die Gefahr einer Gesamtverpflichtung über den Festpreis hinaus bestünde.[2] Ob ihres Verbreitungsgrads *nicht* überraschend: Vertragsstrafeklauseln zur Sicherung termingerechter Leistungserbringung.[3] 53

Bierlieferungsvertrag. Überraschend: Verpflichtung des Gastwirts, auch ohne Inanspruchnahme eines Brauereidarlehens ausschließlich Bier dieser Brauerei zu beziehen.[4] 54

Bürgschaft. Lit.: *Lohmann,* Rechtsprobleme der Globalzweckerklärung, 1988; *Horn,* Zur Zulässigkeit der Globalbürgschaft – Bestimmtheitsgrundsatz und Verbot der Fremddisposition im Bürgschaftsrecht, ZIP 1997, 525; *Derleder/Beining,* Die betragsmäßigen Grenzen der Kreditbürgschaft, ZBB 2001, 1; *Nobbe,* Die Sicherungszweckerklärung bei Bürgschaft und Mithaftung in der Rechtsrechung des Bundesgerichtshofs, BKR 2002, 747. 55

Risikoerweiterungsklauseln. Bei Bürgschaftsformularklauseln betreffend den **Umfang der Bürgenverpflichtung** ist zu unterscheiden: **(1)** Geht es um die Absicherung eines konkreten **Einzelkredits** (Tilgungsdarlehens), kann der Bürge mangels entgegenstehender Anhaltspunkte im Vorfeld des Vertragsschlusses sowohl unter dem Gesichtspunkt Erwartbarkeit vertragstypkonformer und gebräuchlicher Rechtsgestaltung (Rz 36), als auch und vor allem begleitumstandsbedingt (Rz 37) darauf vertrauen, dass ihm auch nur insoweit eine Bürgschaft abverlangt wird; eine klauselmäßige Erstreckung auf weitere – bestehende und/oder künftige – Forderungen des Gläubigers gegen den Hauptschuldner ist überraschend.[5] Allfällige Üblichkeit einschlägiger Klauseln im Bankverkehr bleibt mit Bezug auf den ersten Überraschungsgrund irrelevant, da maßgeblicher Vergleichsmaßstab (s. Rz 27) nicht die diesbezügliche Bankenpraxis, sondern die allgemeine Vertragsgestaltungsübung ist.[6] Soweit die Überraschung individualumstandsgespeist, kommt Klauselüblichkeit als solcher ohnehin keine Bedeutung zu (s. Rz 25). Am Überraschungscharakter formularmäßiger Risikoerstreckung über den Sicherungsanlass hinaus ändert sich nichts, wenn die erweiterte Haftung auf einen Höchstbetrag begrenzt wird.[7] **(2)** Auch künftige Ansprüche können selbstredend „Anlass" eines Bürgschaftsversprechens sein. Wer sich für fremden **Kontokorrentkredit** verbürgt, wird mangels einschlägiger Plusfaktoren mitnichten überrascht, wenn er für den Aus-

---

[1] OLG Schleswig ZIP 2004, 2087/2088.

[2] BGH MDR 2002, 1116 f.

[3] BGH WM 1983, 87/88; *Ulmer* Rz 53.

[4] BGH WM 1978, 491; *Ulmer* Rz 40.

[5] BGHZ 126, 174/176 ff.; BGH NJW 1996, 1470/1472 f.; OLG Stuttgart BB 1977, 415/416; *Reinicke/Tiedtke,* Bürgschaftsrecht, 2. Aufl., Rz 577; *Ulmer* Rz 37; *Soergel/U. Stein* § 3 AGBG Rz 10; a. A. beschränkt auf den kaufmännischen Geschäftsverkehr *Lohmann* S. 51 ff.

[6] Ausdrücklich zustimmend: OLG Hamm BB 1985, 1221/1222.

[7] OLG Rostock WM 1995, 1533; *Horn* ZIP 1997, 525/527; *Nobbe* BKR 202, 747/749, 752.

gleich des Kontokorrentsaldos einzustehen hat, der nach Eingehung der Bürgschaft durch Ausschöpfung des ursprünglichen Limits entsteht. Kontokorrent-Höchstbetragsbürgschaften in Orientierung an der Kreditlinie sind anlasskonform.[1] Wird dem Bürgen aus Anlass der Besicherung eines limitierten Kontokorrentkredits formularmäßig ein Bürgschaftsversprechen ohne betragsmäßige Begrenzung oder mit einem die Kreditlinie übersteigenden Höchstbetrag abverlangt, ist hingegen § 305 c I sehr wohl thematisiert: War in den Vorverhandlungen zwischen dem Gläubiger und Bürgen bzw. in den zur Kenntnis des Bürgen gebrachten Vertragsverhandlungen zwischen dem Gläubiger und Hauptschuldner nur davon die Rede, dass die Bürgschaft Voraussetzung für die Einräumung bzw. Prolongierung eines betragsmäßig limitierten Kredits sei, braucht der Bürge grundsätzlich nicht mit einer überschießenden Sicherungszweckklausel zu rechnen:[2] dass Kredite in laufender Rechnung oft über die zunächst vorgesehene Linie ausgedehnt werden, bedeutet (entgegen BGH NJW 1986, 930) noch nicht, dass der Bürge auch ohne weiteres eine entsprechende Erweiterung *seiner* Haftung befürchten muss. Wie für die Besicherung eines Tilgungskredits gilt dabei auch für die Besicherung eines Kontokorrentkredits: Über den Anlass hinausgreifende Zweckbestimmungserklärungen bleiben auch dann überraschend, wenn die erweiterte Haftung betragsmäßig begrenzt ist.[3] **(3)** Maßgeblichkeit des Anlasses der Sicherheitsbestellung für die Überraschungsfrage heißt weiters konsequenterweise u. a.: Wer sich aus Anlass der Gewährung eines bestimmten Kontokorrentkredits verbürgt, muss auch nicht mit der Erstreckung der Haftung auf *sonstige aktuelle* Verbindlichkeiten des Hauptschuldners gegenüber dem Verwender rechnen.[4] Wer sich für Kredite aus Anlass des Erwerbs und der Inbetriebnahme eines bestimmten Geschäfts verbürgt, muss nicht ohne weiteres davon ausgehen, auch für Kredite zu haften, die der Hauptschuldner aufnimmt, um seinen Kapitalbedarf zur Gründung einer Gesellschaft mit anderem Geschäftsgegenstand zu decken.[5] **(4)** Bei geschäftsbezogenen Bürgschaftsversprechen von **Gesellschaftern** (verbreitet bei GmbH-Gesellschaftern und Kommanditisten) kommt es nicht auf die Erkennbarkeit des einschlägigen Kreditgeberwillens an, der bei der Besicherung von Geschäftskrediten in der Tat regelmäßig auf Absicherung des Gesamtengagements gehen mag.[6] Entscheidend bleibt die Bürgenperspektive. Dass bei Gesellschafter-Bürgen typischerweise ein umfassender Einstandswille bejaht werden kann, formularmäßige Globalbürgschaftserklärungen deshalb regelmäßig gerade als anlasskonform angesehen werden können,[7] lässt sich in dieser Allgemeinheit indes *nicht* sagen: Das allfällige Interesse, der Gesellschaft eine flexible Nutzung von Kreditfazilitäten zu ermöglichen, stößt sich nun einmal am prinzipiellen Haftungsbegrenzungsinteresse, das mit hinreichender Deutlichkeit aus der Gesellschaftsformwahl erhellt. Eine Regelbereitschaft, letzteres hintanzustellen, kommt von vornherein allenfalls dort in Betracht, wo der Gesellschafterbürge selbst die Geschäftspolitik der Gesellschaft (mit)bestimmt: formularmäßige Erweiterungen der Bürgenhaftung von GmbH-Gesellschaftern ohne maßgeblichen Einfluss sowie von Kommanditisten, deren innergesellschaftsrechtliche Stellung dem gesetzlichen

---

[1] Ausdrückliche einschlägige Klarstellung: *Bülow,* Recht der Kreditsicherheiten, 6. Aufl., Rz 919.

[2] Übereinstimmend: BGHZ 130, 19/24 ff.; BGH NJW-RR 2002, 485/486; OLG Düsseldorf JR 1984, 331 m. Anm. *Lindacher; Ulmer* Rz 37; *Reinicke/Tiedtke* JZ 1986, 426/429 f.; *Horn* ZIP 1997, 527; a. A. noch BGH NJW 1986, 928/930; WM 1992, 391/392, aus dem Schrifttum insbes. *Rehbein* FS Heinsius, 1991, S. 659/671 ff.; *v. Olshausen* ZHR 151, 636/638.

[3] *Ulmer* Rz 37a; *Reinicke/Tiedtke,* Bürgschaftsrecht, 2. Aufl., Rz 596.

[4] BGH NJW 1996, 1470/1472 f.

[5] BGH ZIP 1994, 697/698.

[6] Zumindest falscher Zungenschlag bei *Vogt,* in: v. Westphalen, VertragsR und AGB-Klauselwerke Bürgschaft Rz 37.

[7] So wohl noch *Rehbein* FS Werner, 1984, S. 697/704.

Leitbild entspricht, sind und bleiben überraschend i.S. von § 305 c I.[1] Aber auch bei Bürgschaften von Personen „mit Einfluss" ist vor vorschneller Verneinung des Überraschungsmoments zu warnen: eine Regelbereitschaft, bei Kontokorrentbürgschaften auch für ein überziehungsbedingtes oder auf nachträglicher Kreditlinienausweitung beruhendes Debet einzustehen, ist leichter zu bejahen als eine Regelbereitschaft, für *alle* künftigen Gesellschaftsverbindlichkeiten aus der Geschäftsbeziehung auf das rechtsformgenuine Haftungsprivileg zu verzichten, oder dem Verwender gar nachträglich Sicherheit für zunächst sicherheitslos gewährte Kredite zu verschaffen.[2] – **(5)** Zur **Ausräumung des Überraschungscharakters** durch einschlägige **Hinweise** s. Rz 38. Bei Überraschungsentfall durch hinreichende Information oder fehlendem Überraschtsein des Bürgen auf Grund Wissens um eine einschlägige Bankpraxis (s. Rz 41), stellt sich allemal die Geltungsfrage nach § 307: Die Rechtsprechung verwirft Erweiterungsklauseln hinsichtlich *künftiger* Hauptschuldnerverbindlichkeiten zum Schutz des Bürgen vor Fremddisposition im Grundsatz jedenfalls dann, wenn es an einem Haftungsrahmen fehlt.[3] Eine Ausnahme wird insoweit folgerichtig für Personen anerkannt, die Art und Höhe der Hauptschuldnerverbindlichkeit zu bestimmen oder zu beeinflussen vermögen, insbesondere bei Bürgschaften von Geschäftsführern, Allein- oder Mehrheitsgesellschaftern zugunsten der eigenen Gesellschaft.[4] Nach neuerer Rechtsprechung[5] sind darüber hinaus aber auch Erstreckungsklauseln auf alle *bestehenden* Ansprüche gegen den Hauptschuldner aus der Geschäftsbeziehung, ohne nähere Bezeichnung der verbürgten Forderungen, wegen Verletzung des Transparenzgebots grundsätzlich unwirksam. Eine Ausnahme vom Spezifizierungsgebot wird nur für Bürgschaftsversprechen von Geschäftsführern und Gesellschaftern für Verbindlichkeiten „ihrer" Gesellschaft bejaht, weil und soweit diese die Gesellschaftsverbindlichkeiten kennen oder sich diese Kenntnis durch Einsicht in Geschäftsbücher und -unterlagen unschwer verschaffen können.[6]

Haftung für Nebenforderungen, insbes. bei Höchstbetragsbürgschaft. Der Klauselhinweis, dass der Bürge auch für anfallende Zinsen und Rechtsverfolgungskosten haftet, spiegelt das dispositive Recht, ist mithin keinesfalls überraschend.[7] Aber auch die (Streit-)Frage, wie Klauseln zu beurteilen sind, die bei einer **Höchstbetragsbürgschaft** die Einstandspflicht des Bürgen über den Höchstbetrag hinaus für alle hierauf anfallenden Zinsen, Provisionen und Rechtsverfolgungskosten festlegen, wird richtigerweise dadurch präjudiziert, was man als Im-Zweifel-Regelung *ohne* AGB-Bestimmung geltend erachtet: Wer die Bürgenhaftung im Zweifel ohnehin hierauf erstreckt sieht,[8] kann und muss einschlägigen Klauseln rein deklaratorischen Charakter beimessen, eine relevante Vertrauensenttäuschung scheidet aus.[9] Versteht man die Limitierung mit der nunmehr herrschenden Ansicht[10] hingegen beim Fehlen gegenläufiger Anhaltspunkte – richtigerweise

---

[1] Richtig: BGHZ 130, 19/30; BGH NJW 1996, 249; *Horn* ZIP 1997, 530.

[2] Bei Globalbürgschaften von „Einflusspersonen" eine Überraschung generell leugnend freilich wohl BGH NJW 1996, 3205; OLG Hamm NJW-RR 1997, 303; *Ulmer* Rz 37 a; *Horn* ZIP 1997, 530; *Nobbe* BKR 2002, 747/753. Wie hier: *Bamberger/Roth/Hub. Schmidt* Rz 25.

[3] BGHZ 130, 19/32; BGH NJW 1996, 2369 f.; 2002, 956/957

[4] BGH NJW 1996, 3205; 2000, 1179/1182.

[5] BGHZ 143, 95/99 f. = WuB F I.a 10.00 m. krit. Anm. *P. Bydlinski;* BGH NJW 2001, 3331.

[6] BGHZ 143, 101.

[7] Allg. M.; statt vieler: *Ulmer* Rz 38.

[8] So noch BGH WM 1984, 199; *Larenz/Canaris,* SchuldR II/2 § 60 V/2a; MünchKomm/*Habersack* § 765 Rz 111.

[9] Zumindest ansatzkonsequent: BGH WM 1984, 199; OLG Koblenz NJW-RR 1993, 175/176.

[10] BGHZ 151, 374/383; *Staudinger/Horn* Rz 40 vor § 765; *Tiedtke* ZIP 1995, 523; *Derleder/Beining* ZBB 2001, 1/6; *Nobbe* BKR 2002, 747/751.

– als Obergrenze der Bürgenhaftung *einschließlich* Zinsen und Kosten, kann und muss die – bei dieser Sichtweise konstitutive – Überschreitungsklausel ob ihrer Atypizität (Häufigkeitsmaßstab nicht die Bankenpraxis, sondern – mangels genuiner Bewertungsgesichtspunkte für Höchstbetragsbürgschaften zur Sicherung von Bankkrediten – die allgemeine Vertragsgestaltungsübung bei Höchstbetragsbürgschaften, s. Rz 27) und ihrer Individualvertragsferne (s. Rz 34) als überraschend erklärt werden.[1] Bejaht man eine Verwenderobliegenheit, der geschäftsunkundigen Gegenseite die Tragweite der Verpflichtung zur Zins-, Provisions- und Kostentragung über den Höchstbetrag hinaus zu verdeutlichen,[2] scheitert die Klauselgeltung ohne entsprechenden aufklärenden Hinweis selbst bei qualifizierter Kenntnisnahmemöglichkeit hinsichtlich der Klausel als solcher wegen Verletzung des Gebots transparenter Klauselgestaltung.

Haftungserstreckung auf Rückgewähranspruch aus ungerechtfertigter Bereicherung. Wer sich aus Anlass einer Darlehensgewährung verbürgt, haftet nicht, wenn der Darlehensvertrag als **wucherähnliches Geschäft nach § 138 I BGB** nichtig ist:[3] Für eine Erstreckung der Bürgenhaftung auf den bereicherungsrechtlichen Rückforderungsanspruch im Weg ergänzender Vertragsauslegung ist kein Raum, weil dieselbe als normative Auslegung unter dem Gebot von Treu und Glauben steht und Schutzwürdigkeit dessen voraussetzt, zugunsten dessen die Lückenschließung wirken würde. Genau hieran fehlt es indes in der angesprochenen Regelungssituation. Der Gläubiger hat sich durch Statuierung sittenwidriger Bedingungen bewusst oder aber zumindest leichtfertig selbst nicht der Rechtsordnung unterstellt. Dass einer AGB-Bestimmung, die die Bürgschaftsverpflichtung „auf mit dem Vertrag in Zusammenhang stehende Bereicherungsansprüche" erstreckt, auch und gerade mit Blick auf den Wucherfall kein Überraschungscharakter eigne,[4] will vor solchem Hintergrund *nicht* einleuchten.[5]

Haftungsvoraussetzungen. Wer eine „**Ausfallbürgschaft**" übernimmt, muss nicht mit einer Klausel rechnen, der zufolge der Ausfall spätestens sechs Monate nach der Anzeige des Gläubigers an den Bürgen über rückständige Zahlungen des Hauptschuldners als festgestellt gilt; die Bürgschaft würde hierdurch weitgehend einer selbstschuldnerischen Bürgschaft angenähert, die just das Gegenteil der typischen Ausfallbürgschaft.[6] Wer eine **„Zeitbürgschaft"** eingeht, braucht nicht mit einer Bestimmung zu rechnen, mit der sich der Gläubiger formularmäßig von der Anzeigeobliegenheit nach § 771 I freizeichnet.[7]

Zusatzsicherheit. Eindeutig ist die Rechtslage betreffs solcher Klauseln, die eine Verpflichtung des Bürgen statuieren, auf Verlangen des Kreditgebers weitere Sicherheit zu stellen, oder gar unmittelbar auf eine entsprechende Sicherheit zielen: Sie sind zweifelsfrei überraschend i.S. von § 305 c I.[8]

---

[1] So denn auch OLG Nürnberg NJW 1991, 282; OLG Hamm WM 1995, 1874; MünchKomm/*Basedow* Rz 15; *Staudinger/Schlosser* Rz 39; *Derleder/Beining* ZBB 2001, 6, ansatzinkonsequent aber auch *Canaris* und *Habersack* aaO.

[2] BGH NJW 2002, 3167; *Derleder/Beining* ZBB 201, 1/6; *Nobbe* BKR 2002, 747/751.

[3] H. M.; statt vieler: OLG Stuttgart NJW 1985, 498; *Bülow,* Recht der Kreditsicherheiten, 6. Aufl., Rz 966; *Reinicke/Tiedtke,* Bürgschaftsrecht, 2. Aufl., Rz 7 ff.; *Lindacher* NJW 1985, 498 f.; a. A. *Larenz/Canaris,* Schuldrecht II/2 § 60 III/1 c; *P. Bydlinski* WM 1992, 1301/1307.

[4] So BGH NJW 1992, 1234/1235 = LM § 3 AGBG Nr. 34 m. Anm. *Pecher,* aus dem Schrifttum z. B. *Ulmer* Rz 38 sowie *Nobbe* BKR 2002, 747/753.

[5] Wie hier OLG Schleswig NJW 1991, 986/988; *Pecher* aaO; *Bamberger/Roth/Hub. Schmidt* Rz 23; weitergehend gar Unwirksamkeit nach § 307 annehmend *Derleder/Beining* ZBB 2001, 1/2.

[6] BGH NJW 1998, 2138/2141; *Bülow,* Recht der Kreditsicherheiten, 6. Aufl., Rz 929.

[7] BGH ZIP 2004, 843/845; *Palandt/Heinrichs* Rz 11.

[8] BGHZ 92, 295/300 sowie *Ulmer* Rz 37 a für die Verpflichtungsklausel, SG Düsseldorf, NJW-RR 1989, 756 für die Sicherungsabtretung von Lohn-, Gehalts- und Pensionsansprüchen.

Gläubigerschutz. Wer bei einer Bank als Bürgin um **Verlängerung einer befristeten Bürgschaft** nachsucht, vertraut darauf und darf mangels einschlägigen individuellen Vorbehalts darauf vertrauen, dass die Verlängerung zu den bisherigen Konditionen erfolgt. Er hat keinen Anlass, den formularmäßigen Text der neuen Bürgschaftsurkunde auf Abweichungen zu studieren.[1]

Darlehen. Überraschend: die Klausel in einem Ratenkreditvertrag, der gewährte Kredit solle der Tilgung eines anderen Kredits dienen, wenn der Darlehensvertrag dem Kunden **Bargeld** verschaffen sollte,[2] ferner sog. **Schätzkostenklauseln:** Wer unter Realsicherheitsangebot ein Bankdarlehen beantragt, muss nicht damit rechnen, dass das Antragsformular eine Bestimmung enthält, dass er die Bank ermächtigt, ein Sachverständigengutachten über den Wert des Beleihungsobjekts einzuholen und ihm die Schätzkosten – unabhängig vom Zustandekommen eines Vertrags – in Rechnung zu stellen.[3] Erwartungskonträr weiters: Belastung mit Kapitalbeschaffungskosten bei Zusage „100 % Auszahlung";[4] eine von der Bank für den Fall des Scheiterns der vom Darlehensnehmer nachzuweisenden Gesamtfinanzierung ausbedungenen Nichtabnahmeentschädigung, wenn die als Kreditgeber auftretenden Banken konzernmäßig verbunden sind und weitere Umstände den Darlehensvertrag und die Restfinanzierung rechtlich und wirtschaftlich als Einheit erscheinen lassen.[5] *Nicht* überraschend: die Statuierung von **Nichtabnahmeentschädigungen** im Rahmen *geschlossener* Verträge,[6] **Laufzeitklauseln,** wonach die vereinbarten Konditionen nur für einen bestimmten Zeitraum gelten, mit der Folge, dass für den noch offenen Restbetrag neue Konditionen auszuhandeln sind.[7] 56

Druckauftrag. Überraschend: die in den AGB einer Druckerei enthaltene Klausel, wonach diese befugt sei, bei Zahlungsverzug des Auftraggebers den Vertrieb der bereits hergestellten Drucksachen (kraft abgetretenen Rechts) zwecks Befriedigung ihrer Forderungen selbst vorzunehmen.[8] Nicht überraschend: Klauseln, die dem Auftragnehmer erlauben, auf dem herzustellenden Prospekt auf die eigene Firma hinzuweisen.[9] 57

EDV-Anlagen-Vermietung. Überraschend: die Klausel, dass Geltendmachung des Rechts auf technologische Nachrüstung der Anlage die Mindestvertragslaufzeit neu in Gang setzt.[10] 58

Eigentumsvorbehaltsklauseln. Was die verschiedenen Formen des Eigentumsvorbehalts betrifft, bestehen unter dem Gesichtspunkt des Überraschungsaspektes gegen den **einfachen Eigentumsvorbehalt** keinerlei Bedenken (allg. M.). Auch der **verlängerte** sowie der auf bereits **bestehende** Forderungen bezogene **erweiterte** Eigentumsvorbehalt sind ob ihres hohen Verbreitungsgrades *nicht* überraschend.[11] Zumindest im Unternehmensverkehr scheitert zutreffenderweise aber, eben in Hinblick auf die Verbreitungshäufigkeit, selbst der (auch) auf **künftige** 59

---

[1] BGH NJW-RR 2002, 485 = WuB I F.1a – 14.01 m. Anm. *Lindacher.*
[2] OLG Hamburg ZIP 1983, 1432/1433; *Soergel/U. Stein* § 3 AGBG Rz 10.
[3] LG Stuttgart NJW-RR 1992, 388.
[4] BGH NJW-RR 2001, 1420.
[5] BGH WM 1998, 23.
[6] BGH WM 1986, 156; *Ulmer* Rz 41.
[7] OLG Hamm WM 1989, 598/599.
[8] OLG Frankfurt GRUR 1984, 515.
[9] OLG Hamm NJW-RR 1996, 1530/1531.
[10] OLG Köln NJW 1994, 1483.
[11] Statt vieler *Ulmer* Rz 33; *Soergel/U. Stein* § 3 AGBG Rz 12; *Erman/Roloff* Rz 15.

Forderungen aus dem Geschäftsverhältnis erstreckte erweiterte Eigentumsvorbehalt zumindest nicht an § 305 c I.[1]

60 **Factoring.** Veritätsgarantien des Lieferanten sind im Factoring-Geschäft üblich und alles andere als überraschend. Mit einer Garantie auf erstes Anfordern muss freilich *nicht* gerechnet werden: die untergeschobene Bestimmung ist überraschend (zudem inhaltlich unangemessen i. S. von § 307).[2]

61 **Garantien.** Lit.: *Schünemann,* Defizitäre Garantien, NJW 1988, 1943. Beschaffenheits- und Haltbarkeitsgarantien kommt im Rahmen des Konditionenwettbewerbs wachsende Bedeutung zu. Das Überraschungsverbot nach § 305 c I ist thematisiert, wenn die plakativ herausgestellte Garantie im „Kleingedruckten" erwartungskonträr relativiert wird. Mit *Schünemann* NJW 1988, 1943 lassen sich insoweit drei Fallgruppen unterscheiden: Klauseln, die die Garantiezusage von der Voraussetzungsseite her aushöhlen, Klauseln, die das Garantieversprechen – zeitlich durchgängig – als inhaltsarm erscheinen lassen, sowie Klauseln, die auf eine Absenkung des Garantieschutzes im Zeitablauf zielen. Beispiel für eine ob der Herabstufung des Garantieschutzes im Zeitablauf überraschende Klausel: der Vorbehalt, statt kostenfreier Mängelbeseitigung den Kaufpreis ganz oder teilweise entsprechend dem Minderwert oder der bisherigen Nutzungsdauer zurückzuerstatten.[3]

62 **Gerichtsstandsklauseln.** Sie sind im kaufmännischen Verkehr in Hinblick auf den hohen Verbreitungsgrad sicher *nicht* überraschend, soweit sie auf das Gericht prorogieren, bei dem der Verwender seinen allgemeinen Gerichtsstand hat, oder die Zuständigkeit des Gerichts der Zweigniederlassung bestimmen, von der aus das betreffende Geschäft geschlossen wird.[4] Durchaus *überraschend* sind hingegen etwa: die Wahl eines vom gemeinsamen Sitzgerichtsstand abweichenden Forums,[5] die Prorogation auf das Gericht des Ortes, an dem das beauftragte Inkassounternehmen seinen Sitz hat,[6] oder auf das Gericht, in dessen Sprengel das Gros der Kunden und der Hausanwalt des Verwenders ansässig sind. Zur Frage der inhaltlichen Angemessenheit s. Anh. § 310 Rz G 148 ff.

63 **Gesamtschuldnerklausel bei Einzugsermächtigung zugunsten Dritter.** Wer zugunsten des Bestellers eines **Jahresfahrkarten-Abonnements** hinsichtlich der monatlich zu leistenden Zahlungen „bis auf Widerruf" eine Einzugsermächtigung erteilt, muss mitnichten mit einer Klausel rechnen, die ihn zum Gesamtschuldner mit dem Kartenbesteller macht.[7]

64 **Geschäftsraummiete.** Klauselbestimmung, dass Mietfläche „ab Wandmitte" gerechnet wird, der Mieter also auch für nicht nutzbare Flächenanteile Miete zahlen muss, jedenfalls dann nicht überraschend, wenn der Mieter die Zahl und Anordnung der Wände weitgehend selbst bestimmen kann und die Fläche im Mietvertrag als „Bruttomietfläche" bezeichnet wird.[8] Bei Bezeichnung der Mietfläche als „Nutzfläche" Flächenberechnung unter Einschluss der Zwischenwände hingegen sehr wohl erwartungswidrig.[9] Wer Geschäftsräume in einem Center mietet, muss

---

[1] Ganz h. M.; statt vieler: *Ulmer* Rz 34; *Soergel/U. Stein* § 3 AGBG Rz 12; *Locher* § 8/3; a. A. freilich *v. Westphalen* DB 1977, 1640; zur Frage der inhaltlichen Angemessenheit s. Anh § 310 Rz F 42 ff.

[2] BGH MDR 2003, 16/17.

[3] OLG Hamm AGBE IV § 3 Nr. 8.

[4] Statt aller: *Erman/Roloff* Rz 15.

[5] OLG Köln ZIP 1989, 1068.

[6] *Staudinger/Schlosser* Rz 15; *Schiller* NJW 1979, 636.

[7] LG Mönchengladbach NJW-RR 1998, 1359/1360.

[8] BGH NJW-RR 2001, 439.

[9] OLG Düsseldorf NJW-RR 2000, 1681.

nicht damit rechnen, sich im Formularmietvertrag zu Gemeinschaftswerbungszwecken zur Zahlung einer monatlichen „Werbeabgabe" zu verpflichten.[1]

Getränkegroßhandel. Überraschend: die Klausel, dass der Kunde für das **Leergut** außer dem üblichen „Pfand" nach einer Woche zunächst „Mietzins" und nach einem Monat gegen Übereignung des Leerguts den Selbstkostenpreis des Großhändlers als „Kaufpreis" zu zahlen habe.[2] 65

Gewährleistungsfristen. *Nicht* überraschend: Nr. 10 der von der öffentlichen Hand verwendeten **„Zusätzlichen Technischen Vorschriften für Straßenbauarbeiten – ZTVStra"** (5-jährige Gewährleistungsfrist für Erdkörper, Entwässerungseinrichtungen und Bodenverfestigungen) für ein Fachunternehmen für Tiefbau.[3] 66

Girokontenvollmacht. Nicht näher spezifizierte Kontenvollmachten ermächtigen nur zu Guthabensverfügungen und Kreditaufnahmen bis zum Kreditlimit im Zeitpunkt der Vollmachtserteilung. Eine formularmäßige Vollmachtsbestimmung dahin, dass die Vollmacht zu *unbegrenzter* Kreditaufnahme berechtigt, ist entgegen OLG Oldenburg NJW-RR 1996, 1201/1202 aus dem Gesichtspunkt der Individualerklärungsferne (s. Rz 34) generell und nicht nur dann überraschend, wenn in den Vorerörterungen anlässlich der Kontoeröffnung bzw. Bevollmächtigung ein gegenteiliger Wille zum Ausdruck gekommen ist. 67

Grundschulden: Zweckbestimmungserklärungen. Lit.: *Lohmann,* Rechtsprobleme der Globalzweckerklärung, 1988; *Clemente,* Die Sicherungsabrede bei der Grundschuld – eine Bestandsaufnahme, ZIP 1990, 969; *M. Volmer,* Die Vereinbarkeit der „weiten Grundschuldzweckerklärung" mit dem AGBG, WM 1998, 914; *Ralph Weber,* Formularmäßige Sicherungszweckbestimmungen bei Grundschulden, ZfIR 1999, 2/4 f; *Wilhelm,* Die Erweiterung des Sicherungszwecks einer Grundschuld durch AGB?, in: FG-BGH Wiss., 2000, Bd. I S. 897. 68

Zweckbestimmungserweiterung im Widerspruch zu ausdrücklicher Zweckbestimmungsäußerung. War im Vorfeld der Grundschuldbestellung *ausdrücklich* davon die Rede, dass die Grundschuld eine ganz bestimmte Forderung sichern solle, stellt sich vorrangig die Frage des Einbeziehensscheiterns nach § 305 b.[4]

Grundschuldbestellung aus Anlass eines bestimmten (Einzel-)Kredits. Aber: Auch dort, wo die Zweckvorstellung des Sicherungsgebers in den Vorverhandlungen nicht explizit zum Ausdruck gekommen ist, von einer vorrangigen Individualabsprache mangels Plusfaktoren richtigerweise nicht mehr gesprochen werden kann,[5] wird man immer dann, wenn die Grundpfandrechtsbestellung aus Anlass eines bestimmten Kredits erfolgte, die Erstreckung der Haftung auf weitere Verbindlichkeiten – *jedenfalls* bei **Personenverschiedenheit von Eigentümer und Schuldner** – als zumindest überraschend zu qualifizieren haben; der Sicherungsgeber rechnet nicht damit und braucht nicht damit zu rechnen, dass das Grundstück nach Rückführung des „Anlasskredits" nunmehr für andere Verbindlichkeiten des Dritten haftet.[6] Irrelevant bleibt insoweit: ob der Sicherungsgeber

---

[1] OLG Düsseldorf MDR 1993, 1078.

[2] LG Köln MDR 1987, 672 f.; *Soergel/U. Stein* § 3 AGBG Rz 10.

[3] BGH NJW-RR 1987, 851 f.

[4] Richtig: *Wilhelm* FG-BGH Wiss. Bd. I S. 897/913 f.

[5] Großzügiger – bereits vom bestimmten Anlass als solchem auf eine enge individualvertragliche Zweckbestimmung schließend – *Wilhelm* aaO S. 917.

[6] Nunmehr ganz h. M., vgl. z. B. BGHZ 83, 56/59; 131, 55/58 f.; BGH NJW 2001, 1416; *Ulmer* Rz 40 a; *Bülow,* Recht der Kreditsicherheiten, 6. Aufl., Rz 161 f.; *Stoffels* Rz 340.

Verbraucher oder Unternehmer ist,[1] ob der gesicherte Kredit zweckgebunden oder aber in die freie Verwendung des Kreditnehmers gestellt ist,[2] ob die Erstreckungsklausel bereits im ursprünglichen Sicherungsvertrag enthalten ist oder ein Fall nachträglicher Erweiterung des Sicherungszwecks infrage steht.[3] Auch für Grundschuldbestellungen, die eine Forderung gegen den Ehegatten des Sicherungsgebers sichern, gelten keine Sonderregeln: Die Ehe ist keine Solidargemeinschaft in dem Sinne, dass einem Ehegatten die Erwartung unterstellt werden könnte, mit seinem Vermögen über den konkreten Sicherungsanlass hinaus für alle künftigen Schulden des Ehepartners einstehen zu müssen.[4]

Ob eine formularmäßige Zweckbestimmungsklausel, die den Sicherungszweck über den durch den Anlass des Geschäfts bestimmten Rahmen hinaus auf sonstige Forderungen erweitert, ihrer Natur nach auch dann überraschend ist, wenn **Eigentümer und Schuldner personengleich** sind, ist streitig.[5] Begründet wird die vorgebliche Überraschungsfreiheit von ihren Anhängern seit der Leitentscheidung BGHZ 101, 29/33 herkömmlicherweise damit, dass die Erstreckung des Grundschuldsicherungszwecks auf künftige Forderungen gegenüber dem Eigentümer-Schuldner in der Bankpraxis seit langem üblich und deshalb von jenem in Rechnung zu stellen sei, zumal, so das zweite Argument, die Ausnutzung des Grundpfandrechts für spätere Kreditgeschäfte mit der Bank letztlich auch seinem Interesse diene. Seit BGHZ 106, 19/25 begegnet die Behauptung von der Auch-Vorteilhaftigkeit der Sicherungszweckerweiterung für den Eigentümer-Schuldner zudem häufig mit dem Zusatz, dieser habe es immerhin selbst in der Hand, ob er weitere Verbindlichkeiten gegenüber der Bank eingehe, die Sicherungszweckerstreckung überhaupt zum Tragen komme.[6] Näheres Zusehen erweist, dass keines der Argumente ein *allgemeines* licet der Sicherungszweckerweiterung bei Eigentümerkrediten rechtfertigt und gebietet. Die Berufung auf eine stetige Bankpraxis liegt neben der Sache, weil Erwartungsbildprägung durch den Anlass der Sicherheitsbestellung Erwartungsbildprägung durch Individualumstände: Selbst wenn jedermann klar ist, dass er für eigene Verbindlichkeiten mit seinem ganzen Vermögen haftet, bedeutet dies noch nicht, dass der Eigentümer und Kreditnehmer damit rechnen muss, dass der einen bestimmten Kredit gewährende und hierfür eine Sicherheit erhaltende AGB-Verwender ohne weiteres das Recht des vorrangigen Zugriffs auf das betreffende Grundstück für weitere Kredite in Anspruch nimmt. Weite Verbreitung der einschlägigen Formularklauseln in der Bankpraxis steht der Erwartungsbildung, die Grundschuld sichere nur den konkret nachgefragten und gewährten Kredit, deshalb lediglich beim kleinen Kreis derjenigen entgegen, die mit der entsprechenden Übung vertraut sind, weil sie ständig derartige Geschäfte tätigen.[7] Der These, ein-

---

1 BGHZ 109, 197/202; *Ulmer* Rz 40 a; a. A. – kein Überraschungscharakter bei Klauselverwendung gegenüber Kaufleuten – *Lohmann* S. 53 f.

2 BGH NJW 1992, 1822/1823; *Ulmer* Rz 40 a; a. A. – Überraschungscharakter nur bei Zweckgebundenheit – freilich noch *Schiffer* NJW 1988, 2779.

3 Einschlägige Klarstellung: BGH NJW-RR 1992, 1521/1522.

4 BGHZ 106, 19/24; 126, 174/177; BGH NJW 2000, 2675; *Erman/Roloff* Rz 17 (Sicherungsgrundschulden).

5 Den Überraschungscharakter bejahend: OLG Koblenz NJW-RR 1990, 883/884; *Eickmann* ZIP 1989, 137/139; *M. Volmer* WM 1998, 914/915; *Ralph Weber* ZfIR 1999, 2/4 ff.; den Überraschungscharakter verneinend: BGHZ 101, 29/33; 106, 19/25; BGH NJW 1997, 2320/2321; 2002, 2710 f.; *Stoffels* Rz 340; *Rehbein*, FS Heinsius, 1991, S. 659/668 f.; *Reithmann* WM 1985, 441/445; differenzierend, nämlich Überraschungscharakter grundsätzlich bejahend, hinsichtlich künftiger Forderungen aus der Geschäftsbeziehung verneinend *v. Westphalen* AGB Grundschulddarlehen Rz 29 ff., 35.

6 Zuletzt etwa BGH NJW 1997, 2320/2322.

7 So denn jetzt auch ausdrücklich BGHZ 126, 174/178 für die Parallelproblematik bei formularmäßiger Sicherungszweckerstreckung auf künftige Verbindlichkeiten des nicht mit dem Eigentümer personengleichen Kreditnehmers.

schlägige Erwartungsenttäuschung sei keine *relevante* Erwartungsenttäuschung i.S. von § 305 c I, weil die Zweckerweiterung auf alle sonstigen Forderungen gegenüber dem Sicherungsgeber diesem jedenfalls auch nicht unerhebliche Vorteile bringe, ermangelt hinsichtlich bislang ungesicherter *bestehender* Forderungen von vornherein jede Überzeugungskraft: die Risikoerstreckung dient insoweit eindeutig einzig dem Verwender. Aber auch die Zweckerweiterung auf *künftige* Forderungen begünstigt einseitig diesen: Dem Interesse des Sicherungsgebers an flexibler Nutzung von Kreditfazilitäten genügt grundsätzlich bereits das Stehenlassen einer nicht (mehr) valutierten/nicht (mehr) voll valutierten Grundschuld als solches. Da Zweckbestimmungsabreden formlos getroffen werden können,[1] kann Kreditneu- bzw. -prolongationsbedarf allemal relativ problemlos unter ad hoc-Absicherung des jeweiligen Kredits befriedigt werden. Das Argument der Risikosteuerbarkeit endlich verkennt die Primärbeschwer des in seiner Erwartung auf individualumständeverträgliche inhaltliche Ausgestaltung des Formularvertrags enttäuschten Sicherungsgebers: Relevante Beschwer ist bereits der Verfügungsverlust an Sicherheiten als Kehrseite überrumpelnder Sicherheitsnahme auf Vorrat. Dass eine Sicherheitserstreckung auf künftige Forderungen gegen Dritte besonders überraschend, weil den Eigentümer bei Klauselvalutierung zusätzlich ein nicht steuerbares Haftungsrisiko träfe, bedeutet noch nicht, dass die Sicherungsusurpation hinsichtlich allfälliger künftiger Eigenschulden überraschungsfrei bleibt.

Grundschuldbestellung zur Sicherung eines Kontokorrentkredits. Soll die Grundschuld den Geschäftskredit (insonderheit in Gestalt eines Kontokorrentkredits) **allgemein** sichern, ist hingegen die umfassende Zweckbestimmungserklärung umgekehrt gerade erwartungsentsprechend und keinesfalls überraschend.[2] Bei einem **limitierten Kontokorrentkredit** wird man bei Personenverschiedenheit von Eigentümer und Kreditnehmer immer dann, wenn in den Vorverhandlungen zwischen Kreditgeber und Eigentümer bzw. den zur Kenntnis des Eigentümers gebrachten Vertragsverhandlungen zwischen dem Kreditgeber und -nehmer nur davon die Rede war, dass die Grundschuld Voraussetzung für die Einräumung bzw. den Fortbestand eines Kontokorrentkredits mit einer bestimmten Kreditlinie sei, eine überschießende Sicherungszweckklausel freilich wiederum grundsätzlich als überraschend i.S. von § 305 c I zu erachten haben:[3] Der Einwand einschlägiger Bankpraxisüblichkeit verschlägt ob des Umstands, dass die Erwartungsenttäuschung individualumstandsbedingt, nicht (Rz 25). Wird die Grundschuld zur Sicherung eines limitierten Kontokorrentkredits am **eigenen** Grundstück bestellt, mag hingegen das typische Interesse an flexibler Kreditausweitung für einen Regelwillen des Sicherungsgebers an umfassender Sicherungszweckbestimmung und damit das Fehlen des Überraschungscharakters sprechen. Bei der **Grundpfandrechtsbestellung durch einen Gesellschafter zur Absicherung eines Kontokorrentkredits der Gesellschaft** trägt der Gesichtspunkt Ermöglichung flexibler Nutzung von Kreditfazilitäten hingegen nicht ohne weiteres: Das allfällige Interesse, die Kreditbedarfsdeckung der Gesellschaft via Überziehung bzw. Erweiterung der Kreditlinie zu erleichtern, weil und soweit innerhalb der Beleihungsgrenze des haftenden Grundstücks die Sicherheitsfrage nicht jeweils neu gestellt und gelöst werden muss, stößt sich jedenfalls bei GmbH-Gesellschaftern und Kommanditisten am prinzipiellen Haftungsbegrenzungsinteresse, das mit hinreichender Deutlichkeit aus der jeweiligen Gesellschaftsform erhellt. Eine Regelbereitschaft, Letzteres hintanzustellen, wird man – wenn überhaupt – deshalb allenfalls dort annehmen

---

1 BGHZ 100, 82/84.

2 OLG Düsseldorf WM 1985; *Clemente* ZIP 1990, 969/974; *Rehbein* FS Heinsius, 1991, S. 659/672.

3 A. A. freilich *Rainer* WM 1988, 1657/1659.

können, wo der Gesellschafter-Sicherungsgeber selbst die Geschäftspolitik der Gesellschaft bestimmt.

Personelle Haftungserweiterung. Allemal überraschend ist eine AGB-Bestimmung, wonach sich ein Grundpfandrecht an einem Gesellschaftsgrundstück auch auf – gegenwärtige und/oder künftige – Privatverbindlichkeiten der Gesellschafter erstreckt.[1] Und: Auch für den Spiegelbildfall (Bestellung der Grundschuld an einem Gesellschaftergrundstück aus Anlass der Gewährung eines Privatkredits) gilt richtigerweise nichts anderes. Eine Klausel, das Grundpfandrecht sichere auch – gegenwärtige und/oder künftige – Forderungen gegen die Gesellschaft bzw. Forderungen gegen den Eigentümer als persönlich haftenden Gesellschafter, hat Überraschungscharakter.[2]

Bestellen **Miteigentümer** eines Grundstücks aus Anlass der Sicherung bestimmter gemeinsamer Verbindlichkeiten eine Grundschuld, ist die formularmäßige Bestimmung, die Grundschuld sichere auch alle künftigen Ansprüche gegen die Miteigentümer und jeden Einzelnen von ihnen, zumindest insoweit überraschend, als die Grundschuld am eigenen Anteil auch künftige Verbindlichkeiten des anderen Miteigentümers sichern soll.[3] Nach hier zur Fallgestaltung „Personenidentität vom Eigentümer und Schuldner“ entwickelten Ansicht ist die Sicherungszweckerweiterung darüber hinaus auch insoweit überraschend als es um die Erweiterung der dinglichen Haftung des eigenen Anteils hinsichtlich eigener künftiger Verbindlichkeiten bzw. um die auf beide Anteile bezogene Haftungserweiterung hinsichtlich künftiger gemeinsamer Verbindlichkeiten geht;[4] dass die Haftungserweiterung hier im Einflussbereich des jeweiligen Sicherungsgebers liegt, ändert nichts am Moment der Erwartungswidrigkeit.

Grundschuldbestellung und abstraktes Schuldversprechen sowie Vollstreckungsunterwerfung nach § 794 Nr. 5 ZPO. Zu Einbeziehungsschranken aus dem Gesichtspunkt des § 305 c I für Klauseln, die dem Sicherungsgeber zugleich die Abgabe eines abstrakten Schuldversprechens und einer Vollstreckungsunterwerfungserklärung ansinnen, s. Rz 48.

69 **Grundstückskaufvertrag.** Überraschend: Klausel, nach der der Kaufpreis schon von einem Tag an verzinst werden soll, der *vor* Vertragsschluss, also vor dem Zeitpunkt liegt, zu dem der Kaufpreis frühestens fällig werden kann;[5] Bestimmung, nach der der Erwerber nach Besitzübergang bis zur Kaufpreisfälligkeit Nutzungszinsen zu zahlen hat, da vorbehaltlose Kaufpreisstundung zinslose Finanzierungshilfe erwarten lässt.[6] *Nicht* überraschend: Wiederkaufsrecht der Gemeinde zum früheren Kaufpreis, wenn der Erwerber das Grundstück nicht, wie vereinbart, bebaut.[7]

70 **Haftungsbeschränkungen zugunsten Dritter.** Verbreitet und allgemein anerkannt ist die Erstreckung formularmäßiger Haftungsbeschränkungen auf Arbeitnehmer des Verwenders.[8] Auch die Erstreckung auf Erfüllungsgehilfen, die selbstständige Unternehmer sind, ist zumindest i. d. R. nicht erwartungskonträr.[9] Mit

---

[1] BGHZ 102, 152/158 ff.; OLG Hamm ZIP 1986, 1547 ff.; *Bülow,* Recht der Kreditsicherheiten, 6. Aufl., Rz 162.

[2] S. auch *Tiedtke* NJW 1991, 3241/3242 ff.

[3] Richtig: BGH NJW 2002, 2710/2711.

[4] A. A. in Konsequenz seiner allgemeinen Linie BGH NJW 2002, 2711.

[5] BGH NJW 1986, 1805/1806.

[6] A. A. BGH NJW-RR 2001, 195 = WuB IV C. § 3 AGBG 1.01 m. krit. Anm. *Lindacher.*

[7] OLG Koblenz MDR 1995, 1110; *Ulmer* Rz 53.

[8] BGH BB 1985, 2008.

[9] BGH NJW 1995, 2991 (Haftungsbeschränkungserstreckung auf Frachtführer in Speditionsvertrag).

Haftungsbeschränkungen im Emissionsprospekt einer Immobilienfondsgesellschaft zugunsten eines Vertriebspartners, der seinerseits einen Beratervertrag mit dem Anleger schließt, braucht dieser indes nicht zu rechnen.[1]

Handelsvertretervertrag. Überraschend: die Begründung einer Kostenersatzpflicht des Handelsvertreters bei Überlassung zu bearbeitender Adressen.[2] 71

Heimvertrag. *Nicht* überraschend: Klausel, wonach Entgelt bis zu einem Monat nach dem Tod des Bewohners fortzuentrichten ist.[3] 72

Immobilienfonds. Erklären die Initiatoren eines teilweise kreditfinanzierten geschlossenen Immobilienfonds im Treuhandvertrag mit den Anlegern, die persönliche Haftung für die Rückzahlung des Kredits übernommen zu haben, brauchen diese nicht ohne weiteres mit einer Klausel zu rechnen, die sie zur Haftungsfreistellung gegenüber den Initiatoren verpflichtet.[4] 73

Inkassovertrag. Überraschend: Klausel, die dem Inkassounternehmer gestattet, auf Rechnung des Auftraggebers einen Anwalt nach eigener Wahl einzuschalten.[5] 74

Internetgestützter Vertragsschluss. Beim internetgestützten Vertragsschluss braucht der Kunde nicht damit zu rechnen, dass von auf vorrangig anzusteuernden Sites gemachten Angaben auf späteren Sites abgewichen wird.[6] 74a

Kalkulationsirrtum. Überraschend: die Statuierung der Verwenderbefugnis zur Leistungsentgeltkorrektur bei Kalkulations- und sonstigen internen Berechnungsirrtümern.[7] 75

Kauf. Überraschend: **Fristbestimmung** für die Abnahme von **Abrufware,** jedenfalls wenn Fristversäumung Folgen von Gewicht hätte;[8] Formularbestimmung, die der Vereinbarung eines bestimmten Liefertermins den Charakter einer **Fixschuldbestimmung** beilegt;[9] Klauseln, denen zufolge ein **Nachbesserungsversuch** die ursprüngliche Gewährleistungsfrist weder neu in Lauf setzt noch hemmt.[10] 76

Kfz-Vermietung. Räumt der gewerbliche Vermieter von Kfz dem Mieter gegen Zahlung zusätzlichen Entgelts **Haftungsbefreiung für Unfallschäden** ein, darf letzterer einen am Leitbild der Kaskoversicherung orientierten Schutz erwarten. Eine Begrenzung der Haftungsbefreiung in AGB, die den Schutz unter das Niveau der Kaskoversicherung absenkt, ist deshalb überraschend i. S. von §305c I.[11] Überraschend weiter: Klausel, wonach der als Vertreter eines anderen auftretende Abholer des Kfz für den Mietzins persönlich haftet.[12] *Nicht* überraschend: eine Klausel, wonach sich der vereinbarte Haftungsausschluss nicht auf vorsätzlich oder grob fahrlässig verursachte Schäden erstreckt;[13] dass andere Personen als der Mieter das Fahrzeug nur kraft ausdrücklicher Vereinbarung führen dürfen.[14] 77

---

1 BGH NJW-RR 2004, 780 = WuB IV C. §3 AGBG 1.04 m. Anm. *Borges.*
2 OLG Saarbrücken NJW-RR 1997, 99.
3 LG Hildesheim NJW-RR 1992, 1276.
4 OLG Frankfurt a.M. NJW-RR 2004, 991.
5 *Bamberger/Roth/Hub. Schmidt* Rz 12; *v. Westphalen* BB 1994, 1721/1723.
6 AG Dortmund NJW-RR 2007, 60f.
7 LG Essen NJW 1979, 555.
8 LG Dortmund AGBE IV Nr. 14; *Ulmer* Rz 52.
9 BGHZ 110, 88/97.
10 OLG Hamburg WM 1985, 586/587.
11 BGH BB 1985, 1627f.; LG Lüneburg NJW-RR 1988, 473.
12 OLG Naumburg NJW-RR 1997, 49; LG Frankfurt a. M. NJW-RR 1987, 828.
13 BGH WM 1986, 388/389 unter Hinweis auf §61 VVG.
14 OLG Karlsruhe AGBE I §3 Nr. 8.

78 **Konzernverrechnungsklauseln.** Eine Aufrechnungslage besteht ex lege nur, wenn u. a. das Erfordernis der Gegenseitigkeit erfüllt ist. Konzernverrechnungsklauseln[1] zielen auf eine Erweiterung der Aufrechnungsbefugnis und begegnen in zwei Grundmustern: In der einen Erscheinungsform bedingt sich ein Konzernunternehmen aus, mit der Forderung eines derselben Unternehmensgruppe angehörigen Unternehmens gegen seinen Gläubiger aufrechnen zu können. Das Konzernunternehmen, das – etwa durch Lieferbestellung – eine Verbindlichkeit eingeht, verschafft sich die Möglichkeit, anstelle der Erfüllung durch eigene Zahlung mit der Forderung aufzurechnen, die ein „nahestehendes" Unternehmen derselben Unternehmensgruppe durch seine Lieferungen oder Leistungen erlangt hat. In der zweiten Erscheinungsform nimmt sich das Konzernunternehmen das Recht, seine Forderung gegenüber seinem Vertragspartner gegen dessen Forderungen gegenüber den anderen Konzernunternehmen aufzurechnen. Dem Konzernunternehmen geht es um die Befugnis, eine ihm – etwa als Lieferant – zustehende Geldforderung dadurch zu sichern, dass es statt auf Zahlung durch seinen Schuldner angewiesen zu sein, durch Aufrechnung die Schuld eines seiner Unternehmensgruppe angehörigen Unternehmens tilgt. Ob AGB-Konzernverrechnungsklauseln *überraschend* i. S. von § 305 c I sind, ist streitig. Das Meinungsspektrum reicht von generell überraschend[2] bis zur Gegenposition, dass entsprechende Klauseln gemessen an § 305 c I ihrer Art nach unbedenklich seien.[3] Richtigerweise gilt: Der Überraschungscharakter (zur Frage der inhaltlichen Angemessenheit s. Anh. § 310 Rz K 17 ff.) ist im Unternehmensverkehr dann und nur dann zu verneinen, wenn der Verwendergegenseite bekannt oder ohne weiteres erkennbar ist, dass der Verwender konzernangehörig ist. Da eine allgemeine Lektüreobliegenheit des Kunden ausscheidet (s. Rz 2), wird man einschlägige Evidenz, die einen besonderen Hinweis auf die Klausel oder deren besondere drucktechnische Hervorhebung überflüssig macht, dabei jenseits der individuellen positiven Kenntnis im wesentlichen nur dort annehmen können, wo die Konzernzugehörigkeit bereits aus der Firmenbezeichnung erhellt.[4]

79 **Krankenhausvertrag.** Nimmt der Patient im Rahmen stationärer Behandlung gesondert zu liquidierende ärztliche Wahlleistungen in Anspruch, wird der Krankenhausträger regelmäßig nicht aus seiner vertraglichen Verpflichtung zu ordnungsgemäßer ärztlicher Versorgung entlassen: Der Vertrag mit dem liquidationsberechtigten Arzt tritt als sog. Arztzusatzvertrag *neben* den Krankenhausvertrag.[5] Die abweichende AGB-Regelung – Statuierung eines „gespaltenen" Krankenhausvertrags – ist vorrangig umgehungsregelungsverdächtig (s. § 306 a Rz 5), jedenfalls aber überraschend i. S. von § 305 c I.[6] Entsprechendes gilt für – in der Sache auf die Statuierung eines „gespaltenen" Krankenhausvertrags hinauslaufende – Haftungsausschlussklauseln zugunsten des Krankenhausträgers.[7] Beim Arztzusatzvertrag hat der liquidationsberechtigte Arzt die entsprechende Wahlleistung jedenfalls derart in Person zu erbringen, dass er die grundlegenden Entscheidungen über Eingriffe und Therapien selbst trifft und deren Vollzug eigenverantwortlich überwacht.

---

[1] Grundsätzlich und grundlegend: *H. P. Westermann* WM 1986 Sonderbeilage Nr. 2.

[2] So etwa *v. Westphalen* ZIP 1984, 529/537.

[3] So z. B. *Joussen* ZIP 1982, 279/280 f. sowie der Tendenz nach auch *H. P. Westermann* aaO, S. 12 f., der lediglich verlangt, dass in der Klausel die in den Verrechnungskreis einbezogenen Unternehmen einzeln benannt werden oder aber das Angebot gemacht wird, auf Verlangen eine einschlägige Liste zu übersenden.

[4] Ähnlich: *Ulmer* Rz 35.

[5] Grundlegend: BGHZ 95, 63/67 f.

[6] BGHZ 121, 107/113; *Palandt/Heinrichs* Rz 8.

[7] OLG Köln NJW 1990, 776; OLG Bamberg VersR 1994, 813; *Ulmer* Rz 50.

Die Leistungserbringung durch einen Vertreter ist bezogen auf den Arztzusatzvertrag untaugliche Erfüllungshandlung und löst eben deshalb keinen Honoraranspruch aus.[1] Klauseln, die dem Chefarzt das Liquidationsrecht auch für den Fall der Vertreterhandlung sichern sollen, sind (wenn nicht gar inhaltlich unangemessen, s. insoweit Anh. § 310 Rz K 5f.) jedenfalls überraschend i.S. von § 305c I:[2] Eine ungute Sitten dokumentierende Üblichkeit nimmt einschlägigen Klauseln entgegen OLG Hamm NJW 1995, 79f. mitnichten den Überraschungscharakter. Bezogen auf die Gesamtheit der Verträge, die eine höchstpersönliche Werk- oder Dienstleistung zum Gegenstand haben (zum Erfordernis diesbezüglicher Vergleichsmaßstabswahl s. Rz 27), lässt sich eine entsprechende Praxis erfreulicherweise (noch) nicht konstatieren. Auch für eine Differenzierung nach dem Grund der Delegation ist hinsichtlich der *Honorarfrage* kein Raum.[3] Auf jeden Fall überraschend ist eine Vertreterklausel, wenn bereits bei Aufnahme des Patienten abzusehen ist, dass der Chefarzt während eines wesentlichen Zeitraums der Behandlung abwesend sein wird.[4]

Weitere überraschende Klauseln: Bestimmungen, die Kassenpatienten bei Nichtvorlage der Kostenübernahmeerklärung eines Sozialversicherungsträgers zum Selbstzahler machen; der Patient darf darauf vertrauen, dass der Krankenhausträger nach Maßgabe von Rahmenverträgen mit der benannten Kasse abrechnet und sich die Kostenübernahmeerklärung selbst verschafft.[5] Auch mit der Statuierung einer allgemeinen Kostentragungspflicht für alle nicht von der gesetzlichen Krankenversicherung gedeckten Leistungen muss der Kassenpatient nicht rechnen.[6] Wer auf Grund eines von seiner Kasse mit dem Träger des Kurzentrums geschlossenen Vertrags eine Kur antritt, braucht nicht zu befürchten, dass eine ihm dort zur Unterschrift vorgelegte „Erklärung" u. a. die Verpflichtung enthält, dem Zentrum bei einem nicht medizinisch bedingten Abbruch der Kur pauschale Ausfallkosten zu erstatten.[7] Wer als Begleiter für einen Notfallpatienten die Anmeldeformalitäten erledigt, braucht nicht damit zu rechnen, als „Antragsteller" die gesamtschuldnerische Mithaftung für die Behandlungskosten tragen zu müssen.[8] Zum Überraschungscharakter von Klauseln, die die Haftung für Gesundheitsschäden auf die Verschuldensformen Vorsatz und grobe Fahrlässigkeit zu beschränken versuchen, s. bereits Rz 29.

Kreditaufnahmevollmacht. Überraschend: Klauseln der Art, dass sich Antragsteller und Mitantragsteller wechselseitig Vertretungsmacht zur Aufnahme weiterer Kredite erteilen.[9] 80

Kreditkarten. Nicht überraschend: der Ausschluss von Einwendungen des Kreditkarteninhabers aus dem Valutaverhältnis gegenüber dem Kartenausgeber,[10] des Weiteren die Klausel, dass bei Familienkreditkarten der Inhaber einer Zusatzkreditkarte für die selbst veranlassten Belastungen neben dem Inhaber der Hauptkarte haftet.[11] Ob der Benutzer einer sog. Firmenkreditkarte bei betrieblich bedingten 81

---

1 S. i.e. *Kubis* NJW 1989, 1512/1513f.

2 OLG Karlsruhe NJW 1987, 1489; *Ulmer/Christensen* Anh. § 310 Rz 482.

3 A. A. – Verneinung des Überraschungscharakters für den Fall plötzlicher, unvorhersehbarer Verhinderung – freilich wohl OLG Karlsruhe aaO.

4 OLG Düsseldorf NJW 1995, 2421/2422; LG Hamburg NJW 2001, 3415.

5 OLG Köln VersR 1991, 339/340; NJW-RR 2003, 1699.

6 OLG Köln VersR 1987, 792.

7 AG Bremen NJW-RR 2004, 931.

8 LG Düsseldorf NJW 1995, 3062.

9 BGH NJW 1991, 923/924; OLG Frankfurt a. M. NJW 1982, 583.

10 OLG Schleswig WM 1991, 453.

11 LG München I NJW-RR 1992, 1019; *Ulmer* Rz 53.

Zahlungen mit einer formularmäßig begründeten Mithaftung neben dem Arbeitgeber rechnen muss,[1] erscheint hingegen zweifelhaft: Der Kartengeber nimmt den Mitarbeiter nur bei Insolvenz des Unternehmens in Anspruch. Just in dieser Konstellation kann indes entgegen *Huff* aaO keine Rede davon sein, dass die Klausel wirtschaftlich nur die Lage wieder herstelle, die bei Spesenzahlung durch den Mitarbeiter selbst bestünde. Allfälliger eigener Spesenaufwand wäre von diesem typischerweise alsbald geltend gemacht worden und vom Arbeitgeber bei Noch-Solvenz auch ausgeglichen worden.[2] Allemal überraschend: eine Regelung, dass der Inhaber der Hauptkarte eine Zusatzkarte („Partnerkarte") nicht mit leistungsbefreiender Wirkung sperren lassen kann, die Haftung vielmehr erst mit Rücksendung der Karte an den Kartenherausgeber erlöschen soll.[3]

82 **Leasing.** Während bei Vollamortisationsverträgen die Amortisation der Leasinggeberaufwendungen durch Zahlung der vereinbarten Leasingraten geschieht, erfolgt bei **Teilamortisationsverträgen** die Herbeiführung der Amortisation durch Leasingraten und eine Abschlusszahlung: Der Anspruch des Leasinggebers auf Vollamortisation und damit auf Leistung einer Abschlusszahlung bei Kündigung vor Vollamortisation ist vertragstypwesenseigentümlich.[4] Klauseln über eine **Abschlusszahlung** des Leasingnehmers sind daher zumindest nicht per se überraschend.[5] Überraschend (und inhaltlich unbillig) wird die Klausel erst dann, wenn sie dem Leasinggeber mehr zu geben versucht als den Ersatz seiner Kosten plus den kalkulierten Gewinn für die Zeit bis zur vorzeitigen, aber vertragsgemäßen Kündigung (zu einschlägigen Transparenzanforderungen, die selbst an inhaltlich nicht zu beanstandende Regelungen zu stellen sind, s. Anh. § 310 Rz 151). Allemal überraschend kann eine Abschlusszahlungsklausel in der konkreten Ausgestaltung sein: Ist der Vertrag als sog. Kilometerabrechnungsvertrag geschlossen, braucht der Leasingnehmer nicht ohne weiteres damit zu rechnen, dass die AGB für den Fall der vertragsgemäßen ordentlichen Kündigung einen Wechsel der Abrechnungsart von Kilometer- auf Restwertabrechnung vorsehen.[6] Wer sich auf der Formularvorderseite in drucktechnisch hervorgehobener Form das Recht vorbehält, dass der Leasingnehmer das Fahrzeug gegen Restwertzahlung abzunehmen hat, kann sich nicht im Kleingedruckten auf der Rückseite den Leasingnehmer stärker belastende Abwicklungsformen offenhalten.[7]

Wird ein notleidend gewordener Vertrag auf einen neuen Leasingnehmer „umgeschrieben", verstößt eine Klausel im Übernahmevertrag, der Erst-Leasingnehmer hafte – neben dem Übernehmer – weiterhin für die Leasingraten bzw. die Vollamortisation, gegen § 305 c I.[8]

83 **Lohn- und Gehaltsabtretung.** Überraschend: im Mietvertrag,[9] beim Kreditkauf,[10] freilich nicht ohne weiteres beim Darlehensvertrag,[11] und zwar (nach OLG Frankfurt a. M. NJW 1986, 2712/2713 = BB 1987, 1139 m. insoweit zust. Anm.

[1] So OLG München NJW-RR 1988, 1076 = EWiR 1988, 733 m. Anm. *Huff;* OLG Frankfurt a. M. NJW 1989, 1523.
[2] Für Überraschungscharakter denn auch LG Bremen NJW-RR 1989, 1522.
[3] *Langenbucher* NJW 2004, 3522/3523.
[4] BGHZ 111, 237/242; *Ulmer/Harry Schmidt* Anh. § 310 Rz 543.
[5] A. A. – überholt – LG Frankfurt a. M. BB 1985, 2072/2073.
[6] BGH WM 1987, 38/40.
[7] OLG Nürnberg NJW 2000, 278 f.
[8] Überzeugend: *v. Westphalen* NJW 1997, 2905/2906 f.
[9] LG Lübeck NJW 1985, 2958; *Ulmer* Rz 52; *Stoffels* Rz 342.
[10] BGHZ 109, 240; OLG Celle AGBE I § 3 Nr. 9; OLG Hamm BB 1983, 1304/1307; *Löwe/Trinkner* § 3 AGBG Rz 9.
[11] *Erman/Roloff* Rz 16; *Löwe/Trinkner* aaO.

Scholz) auch dann nicht, wenn der Kredit zur Finanzierung eines bestimmten Gegenstandes gewährt wird.

Maklervertrag. Beispiele für überraschende Klauseln bereits in Rz 28. Überraschend weiters: die Statuierung von **Mindestprovisionen.**[1] 84

Privatisierungsverträge. Bestimmungen in Privatisierungsverträgen der (ehemaligen) **Treuhandanstalt,** die eine Erhöhung des zunächst vereinbarten Kaufpreises aufgrund einer Nachbewertung der verkauften Grundstücke vorsehen, sind *nicht* überraschend:[2] Die Verwendergegenseite wird in ihrer Erwartung auf vertragstypkonforme und gebräuchliche Rechtsgestaltung unbeschadet des Umstands, dass solche Klauseln im Allgemeinen Grundstücksgeschäft durchaus unüblich sind, mitnichten enttäuscht. Wenn die Regelungsproblematik eine Sondergegebenheit darstellt (Stichwort: Grundstücksmarktverhältnisse in einer elementaren Umbruchphase), zählt die Häufigkeit innerhalb der Gesamtheit der dem abgeschlossenen Vertrag im engeren Sinn typengleichen Verträge (allgemein: Rz 27). 85

Prozesskostenerstattungsanspruch. Überraschend: die Abtretung desselben an den Anwalt im Prozessvollmachtsformular.[3] 86

Reisevertrag. Überraschend: der **Rücktrittsvorbehalt des Reiseveranstalters** bei Nichterreichen einer **Mindestteilnehmerzahl,** wenn nicht bereits bei der Ausschreibung der Reise unzweideutig hierauf hingewiesen wurde,[4] ebenso die dasselbe Ziel verfolgende Klausel, dass der Vertrag trotz vorgängiger substantiierter „Reservierungsbestätigung" erst durch Zahlung der Reisekosten an den Fahrer beim Besteigen des Busses zustande komme.[5] Ferner: Klausel, wonach Ansprüche aus dem Vertrag auch insoweit nur durch den Anmelder geltend gemacht werden können, als er bei der Anmeldung als Vertreter eines Reiseteilnehmers gehandelt hat;[6] Klausel des Reiseveranstalters, der die Empfangsberechtigung des die Reise vermittelnden Reisebüros zur Entgegennahme von Anspruchsanmeldungen ausschließt: Der Kunde rechnet damit, dass er dort, wo er gebucht hat, auch reklamieren kann.[7] *Nicht* überraschend: Bestimmung, dass auch deliktische Ansprüche innerhalb eines Monats nach Reiseende geltend zu machen sind.[8] 87

Schuldbeitritt. Übernimmt ein GmbH-Gesellschafter die persönliche Mithaftung für eine Gesellschaftsschuld aus einem Kontokorrentkredit, für den im Zeitpunkt des Schuldbeitritts ein bestimmtes Limit vereinbart war, verstößt eine formularmäßige Ausdehnung seiner Haftung auf alle späteren „Kreditüberschreitungen bzw. Kreditüberziehungen" jedenfalls dann gegen § 305 c I, wenn der Gesellschafter keinen maßgeblichen Einfluß auf die Geschäftsführung hat.[9] Unterzeichnet der Eigentümer eines mit einer Grundschuld belasteten Grundstücks auf Verlangen des Gläubigers der gesicherten Forderung ein mit „Anerkennung der Darlehensbedingungen" überschriebenes Formular, muss er nicht ohne weiteres mit einer Klausel rechnen, dass er auch persönlich neben dem Darlehensnehmer und früheren Eigentümer für die Rückzahlung des Darlehens hafte; die Kenntnis der Darlehensbedingungen ist in Hinblick auf Bestand und Umfang der gesicher- 88

---

[1] KG MDR 1994, 985.
[2] BGH NJW-RR 2001, 195 = EWiR 2001, 505 *(Lindacher).*
[3] S. LG Nürnberg-Fürth AnwBl. 1976, 166; *Soergel/U. Stein* § 3 AGBG Rz 11.
[4] LG München AGBE II Nr. 41 zu § 10 Nr. 3; *Ulmer* Rz 52.
[5] LG Frankfurt a. M. MDR 1989, 65.
[6] OLG Düsseldorf NJW 1987, 888 f.
[7] LG Frankfurt a. M. NJW-RR 1987, 745/747.
[8] OLG Frankfurt a. M. NJW-RR 2003, 348.
[9] BGH NJW 1996, 249; MünchKomm/*Basedow* Rz 15.

ten Forderung auch für den lediglich dinglich haftenden Eigentümer bedeutsam.[1]

89 **Sicherungsrechte an beweglichen Sachen.** Überraschend kann zunächst die formularmäßige **Statuierung des Sicherungsrechts an sich** sein: Nicht Vertragsinhalt werden insbesondere Klauseln, nach denen dem Verwender ein **Pfandrecht** an Sachen zukommen soll, die zur vorübergehenden Aufbewahrung oder sonst zu einem eng begrenzten Zweck ausgehändigt werden (deshalb etwa kein formularmäßig begründetes Pfandrecht der Bank an zur Diskontierung eingereichten Wechseln oder Schecks).[2] Hinsichtlich der Versuche formularmäßiger **Sicherungszweckerweiterung** gelten die zur Sicherungsgrundschuld und zur Bürgschaft entwickelten Grundsätze (s. Rz 55, 68) entsprechend. Überraschend demgemäß: die Ausdehnung des Pfandrechts, das aus Anlass eines bestimmten Kredits bestellt wird, auf alle gegenwärtigen und künftigen Forderungen des Kreditgebers.[3] Wird das medizinische Gerät einer ärztlichen Gemeinschaftspraxis von den Praxisinhabern zur Sicherung eines gemeinschaftlich aufgenommenen Kredits übereignet, verstößt die formularmäßige Sicherungszweckerstreckung auf Einzelansprüche gegen die beteiligten Ärzte gegen § 305 c I.[4]

90 **Software: Pflicht zur Überlassung der Quellcodes.** AGB-Bestimmungen des Softwareherstellers, die eine Pflicht zur Überlassung des Quellcodes verneinen, spiegeln bei Standardsoftware nur die Ohnehin-Rechtslage.[5] Bei Individualsoftware dürften sich Einheitsaussagen verbieten. Legen die Einzelfallumstände eine Überlassungspflicht nahe,[6] ist eine formularmäßige Konträrregelung, wenn nicht gar individualvertragswidrig (§ 305 b), jedenfalls überraschend. Im übrigen sind Quellcodeüberlassungsausschlüsse weder inhaltlich zu beanstanden, noch als unüblich überraschend.[7]

91 **Sportstudio.** Nicht beanstandet: die AGB-Klausel eines Fitness-Studio-Betreibers, die – in der Trainingsanmeldung auf sechs Monate festgelegte – „Mitgliedschaft" verlängere sich automatisch um die ursprüngliche Dauer, falls sie nicht jeweils drei Monate vor Ablauf der vereinbarten Zeit gekündigt werde.[8] – Vereinbaren Betreiber und Kundin aus Anlass einer Schwangerschaft in Konkretisierung einer einschlägigen Formularbestimmung des Studio-Vertrags ein Ruhen des Vertrags ohne Beitragszahlung für eine bestimmte Zeit, ist der vom Betreiber vorformulierte Zusatz zur Ruhensvereinbarung, der Vertrag verlängere sich um die Ruhenszeit, überraschend.[9]

92 **Telefonanlagen-Miet- und -Wartungsverträge.** Nach BGH NJW 1985, 2328 ist die formularmäßige Statuierung einer 10jährigen Laufzeit für Mietverträge über eine Telefonanlage *nicht* überraschend. Die Entscheidung war schon im Erlasszeitpunkt kritikwürdig. Sie ist mit Blick auf die rasant fortschreitende technische Entwicklung und den Preisverfall auf dem Telekommunikationssektor zumindest heute nicht mehr haltbar (zumal mit dem Entfall von § 22 II Nr. 2 FernmO, welcher für posteigene Nebenstellenanlagen eine Mindestüberlassungsdauer von zehn Jahren vorsah, eine wichtige Begründungssäule weggebrochen ist): Zehnjahres-

[1] OLG Oldenburg NJW-RR 1988, 1101.
[2] S. BGH WM 1968, 695.
[3] LG Bonn NJW-RR 1997, 184; MünchKomm/*Basedow* Rz 15.
[4] OLG Oldenburg WM 1993, 2162.
[5] *Hoeren* CR 2004, 721/724.
[6] Zu den einschlägigen Indizien: BGH NJW-RR 2004, 782; *Hoeren* CR 2004, 724.
[7] LG Köln CR 2003, 484 = EWiR 2004, 675 m. Anm. *Hoeren*.
[8] LG Frankfurt a. M. NJW-RR 1991, 184; zweifelhaft: wenn überhaupt, nur unter dem Gesichtspunkt zu rechtfertigen, dass der Terminus „Mitgliedschaft" auf ein Dauerverhältnis mit Kündigungsmöglichkeit hinweist.
[9] AG Itzehoe NJW-RR 2000, 1507.

klauseln in Telefonanlagenmietverträgen verstoßen, wenn nicht gar gegen § 307 I,[1] so jedenfalls gegen § 305 c I. Auch Laufzeiten in Wartungsverträgen für gekaufte Telefonanlagen über 10 Jahre sind, wenn nicht gar inhaltlich unangemessen,[2] jedenfalls erwartungskonträr.[3]

Time-Sharing-Vertrag. Wird bei Time-Sharing-Verträgen im Klauselwerk von „Kauf eines Dauerwohnrechts" gesprochen, ist eine Klauselregelung, nach der nicht der Käufer, sondern ein Treuhänder als Berechtigter im Grundbuch eingetragen werden soll, für ersteren überraschend.[4] 93

Wohnraummiete. Nicht überraschend: die Überbürdung von **„Schönheitsreparaturen"**;[5] die Zuweisung der Kosten sog. **Kleinreparaturen** bei formularmäßiger Festlegung, wie hoch im Einzelfall und mit welchem Höchstbetrag im Jahr der Mieter an den Reparaturen näher bestimmter Geräte zu beteiligen ist;[6] die Übertragung der **Streupflicht** auf den Mieter.[7] Überraschend demgegenüber etwa: eine Klausel, die den Mieter verpflichtet, eine **Versicherung** für nicht zu vertretende Schäden abzuschließen.[8] 94

V. Unternehmensverkehr

1. Uneingeschränkte Geltung des Verbots überraschender Klauseln

Die Vorschrift gilt, wie sich im Umkehrschluss aus § 310 I ergibt, auch im Unternehmensverkehr (allg. M.). Dass eine Klausel, die mit entsprechendem Inhalt und/oder unter entsprechenden Begleitumständen Verbrauchern gestellt durchaus überraschend wäre, hier u. U. nicht an § 305 c I scheitert, folgt ggf. aus dem Umstand, dass sich die Üblichkeit bzw. Unüblichkeit einer bestimmten Vertragsgestaltung sowie der Sorgfaltsstandard des Kunden bei der Deutung kundenerwartungsrelevanter Individualumstände nach Kunden- und Verkehrskreisen beurteilt (Rz 35 ff.). Davon, dass der Unternehmer aufgrund seiner größeren Geschäftserfahrung auch mit Ungewöhnlichem eher rechnen müsse,[9] kann freilich keine Rede sein. 95

2. Entfall relevanter Überraschung: Besonderheiten

Wie im Verkehr mit Verbrauchern gilt auch unter Unternehmern: der Überraschungscharakter einer Klausel entfällt bei sinnerfassender Kenntnisnahme (s. Rz 38 f.) oder aber qualifizierter Kenntnisnahmemöglichkeit (s. Rz 40). Während indes für den nichtunternehmerischen Verkehr die tatbestandlichen Voraussetzungen für den Entfall der Überraschung bzw. den Entfall relevanter Überraschung hiermit abschließend benannt sind, kommt dem (Mindest-)Erfordernis qualifizierter Kenntnisnahmemöglichkeit im Unternehmensverkehr nur Regelcharakter zu. Für den Bereich der vertragstypinkonformen und ungebräuchlichen 96

---

1 Absegnung entsprechender Klauseln unter Inhaltskontrollgesichtspunkten für den Fall, dass der Vertragsbindung vermieterseits entsprechende Vorhaltekosten gegenüberstehen, freilich zuletzt durch BGH NJW 2003, 886/888.

2 Nach BGH NJW 2003, 886/887 f Einzelfallentscheidung in Abwägung der konkurrierenden Interessen.

3 A. A. AnwK/*Kollmann* Rz 11.

4 BGHZ 130, 150/154 f. = LM § 31 WEG Nr. 41 m. zust. Anm. *M. Wolf; Hildebrandt* NJW 1995, 2967.

5 BGHZ 105, 71/84.

6 BGHZ 108, 1/7 ff.

7 OLG Frankfurt a. M. NJW 1989, 41.

8 AG Düsseldorf NJW-RR 1990, 1429.

9 So *Larenz/Wolf*, AT § 43 Rz 28.

Rechtsgestaltung wird man hier darüber hinaus für zwei Ausnahmekonstellationen Kenntnisnahme (und damit Entfall des Überraschungselements) bereits dann erwarten können, wenn das – der Verwendergegenseite zugänglich gemachte - Gesamtklauselwerk nach Regelungskomplexen sinnvoll gegliedert und die zu beurteilende Klausel systemgerecht placiert ist: bei Großaufträgen sowie beim Abschluss von Geschäften, die Glied einer Kette von Geschäften gleicher oder ähnlicher Art zwischen den Vertragsparteien sind. Denn: In beiden Sonderlagen erlangen eben selbst Regelungen betreffs relativ unwahrscheinlicher Risiken sowie „Nebenpunkte"-Bestimmungen kalkulatorische Relevanz, wäre Verzicht auf aufmerksame Totallektüre deshalb nicht mehr verständlich und verständig, sondern unter Anlegung kaufmännischer Verhaltensstandards durchaus unvernünftig.[1]

3. Sonderproblem: AGB-Einbeziehung durch kaufmännisches Bestätigungsschreiben

97 Der Oberbegriff des kaufmännischen Bestätigungsschreibens umfasst zwei Teilinstitute: das **feststellende Bestätigungsschreiben,** das – bona fide verwandt – auf die Beseitigung aktueller oder potenzieller subjektiver Ungewissheit über Zustandekommen und Inhalt des Vertrags zielt, und das **vertragsinhaltskonkretisierende und -ergänzende Bestätigungsschreiben,** das die Funktion hat, aus Zeit- und/oder Kostenerwägungen zunächst auf die essentialia negotii beschränkte, in Details spezifikationsfähige und -bedürftige Vereinbarungen in Nebenpunkten inhaltlich aus- und aufzufüllen.[2]

Werden AGB in den funktionsimmanenten Geltungsschranken des Satzes von der Maßgeblichkeit des unwidersprochen gebliebenen Bestätigungsschreibens **feststellender** Natur als Gesamtklauselwerk prinzipiell in den Vertrag einbezogen,[3] beurteilt sich die Wirksamkeit der *einzelnen* Klauseln nach AGB-Recht und nur nach diesem: Sie entfalten trotz wirksamer Globalbezugnahme keine Wirksamkeit, wenn sie unbillig i. S. von § 307 und/oder – hier interessierend – nach den allgemein dazu entwickelten Grundsätzen überraschend i. S. von § 305 c I sind. Bei AGB-Einbeziehung via **vertragsinhaltsergänzendes** Bestätigungsschreiben in dem durch das Erfordernis des besonderen Ergänzungs- und Konkretisierungsgrundes gesetzten Rahmen[4] werden die *einzelnen* Bestimmungen des in Bezug genommenen Klauselwerks hingegen nur insoweit Vertragsbestandteil, als sie der Einbeziehungs- und Inhaltskontrolle nach dem AGB-Gesetz standhalten *und* – ob ihres Vertragsinhaltsmodifikationscharakters – dem Erfordernis materieller Konsensfähigkeit genügen.[5] Für das Verhältnis der Geltungsschranke materieller Konsensfähigkeit und der inhaltlichen (Noch-)Angemessenheit i. S. von § 307 gilt, dass Erstere tendenziell höher.[6] Die am Gesichtspunkt materieller Konsensfähigkeit orientierte Einbeziehungskontrolle und die am Überraschungsverbot des § 305 c I festzumachende Einbeziehungskontrolle stehen hingegen im Verhältnis einander überschneidender Kreise: Nichtkonsensfähige Klauseln sind i. d. R. auch überraschend, überraschende nur selten konsensfähig. Ausnahmsweise mag eine konsensfähige Klausel freilich gleichwohl überraschend sein, während es umgekehrt bei der Nichtkonsensfähigkeit auch dann verbleibt, wenn eine per se überraschende Klausel durch besonderen Hinweis oder aber besondere Hervorhebung diesen ihren Charakter verliert.

---

[1] Zustimmend: AnwK/*Kollmann* Rz 32.

[2] *Schmidt-Salzer* BB 1971, 591 sowie 594; *Lindacher* WM 1981, 702 f.

[3] Hierzu i. e. *Lindacher* WM 1981, 703 f. m. N.

[4] Hierzu i. e. *Lindacher* WM 1981, 704 m. N.

[5] *K. Schmidt,* Handelsrecht, 5. Aufl., § 19 III 3 b; *Lindacher* WM 1981, 708 f.

[6] *K. Schmidt* aaO.

VI. Verbraucherverträge

1. EG-rechtliche Vorgaben

Die Richtlinie 93/13/EWG über missbräuchliche Klauseln in Verbraucherverträgen kennt als Schutzinstrument im Grunde genommen nur die Missbrauchskontrolle, die im deutschen Recht in der Angemessenheitskontrolle nach § 307 aufgeht. Die uns geläufige Unterscheidung nach den Kategorien Einbeziehungskontrolle – Inhaltskontrolle ist ihr fremd. Mit Blick auf die Ausstrahlwirkung des in Art. 5 S. 1 RL statuierten Transparenzgebots bejaht man indes zu Recht gleichwohl eine Überlagerung des nationalen Rechts hinsichtlich der Voraussetzungen der AGB-Einbeziehung in Verbraucherverträge: Soweit das Überraschungsverbot i. S. von § 305 c I Ausprägung des Transparenzgebots (s. Rz 11 ff, insbes. 15, 16), erheischt auch die EG-rechtliche Vorgabe Beachtung.[1] 98

2. Vorformulierte Bestimmungen in Mehrfachverwendung

Bestimmungen in Verbraucherstandardverträgen i. S. von § 310 III Nr. 1 *sind* AGB nach § 305 I bzw. stehen diesen, soweit sie Drittbedingungen, hinsichtlich Einbeziehungs- und Inhaltskontrolle jedenfalls gleich. § 305 c I findet uneingeschränkt Anwendung; soweit er Ausprägung des Transparenzgebots, in richtlinienkonformer Auslegung. 99

3. Vorformulierte Bestimmungen in Einzelverwendung

Ob auch „Einmalklauseln" unbeschadet des Umstands, dass § 310 III Nr. 2 (wie seine Vorgängervorschrift § 24 a Nr. 2 AGBG) keine Geltungsverweisung auf § 305 c I (vormals § 3 AGBG) enthält, am Überraschungsverbot zu messen sind, ist streitig.[2] RL-induziert ist dessen Geltung *jedenfalls* insoweit erforderlich, als dem Transparenzgebot nicht schon im Rahmen der Inhaltskontrolle Genüge getan werden kann.[3] 100

B. Mehrdeutige Klauseln, Abs. 2

Schrifttum: *Bernreuther,* Zum Maßstab der Auslegung von AGB und Transparenzgebot, BB 1993, 1823; *Brandner,* Die Umstände des einzelnen Falles bei der Auslegung und Beurteilung von AGB, AcP 162 (1963), 237; *Dreher,* Die Auslegung von Rechtsbegriffen in Allgemeinen Geschäftsbedingungen, AcP 189 (1989), 342; *Th. Honsell,* Zweifel bei der Auslegung Allgemeiner Geschäftsbedingungen gehen zulasten des Verwenders, JA 1985, 260; *Knütel,* Zur duplex interpretatio von AGB, JR 1981, 221; *Krampe,* Die Unklarheitenregel, 1983; *H. Roth,* Funktion und Anwendungsbereich der Unklarheitenregel des § 5 AGBG, WM 1991, 2085, 2125; *Rüßmann,* Die ‚ergänzende Auslegung' Allgemeiner Geschäftsbedingungen, BB 1987, 843; *Sambuc,* Unklarheitenregel und enge Auslegung von AGB, NJW 1981, 313; *Schlechtriem,* Die sogenannte Unklarheitenregel des § 5 AGBG, in: FS Heinrichs, 1998, S. 503; *Schmidt-Salzer,* Recht der AGB und der mißbräuchlichen Klauseln: Grundfragen, JZ 1995, 223; *Wacke,* Ambiguitas contra stipulatorem, JA 1981, 666.

---

[1] Statt mancher: *Ulmer* Karlsruher Forum 1997 S. 9/28 f.; *Stoffels* Rz 328; MünchKomm/*Basedow* Rz 2; *Bamberger/Roth/Hub. Schmidt* Rz 4.

[2] Bejahend etwa *Bamberger/Roth/Hub. Schmidt* Rz 5.

[3] *Ulmer* Rz 59 f.

I. Auslegung von AGB: Allgemeines

1. Die Auslegung von AGB: Problemüberblick

101 Auch AGB-Auslegung richtet sich grundsätzlich nach den allgemeinen Auslegungsregeln für Rechtsgeschäfte.[1] Sie steht insbesondere unbeschadet des Umstands, dass AGB vom Kunden weithin nicht oder nur unzulänglich zur Kenntnis genommen werden, unter dem Vertrauensschutzgebot; bereits das aus der Kenntnisnahmemöglichkeit (§ 305 II Nr. 1!) resultierende *potenzielle* Vertrauen des Vertragspartners des Verwenders ist schutzwürdig: Mangels konvergenten Bedeutungsverständnisses der Vertragsparteien (hierzu Rz 104) ist der Sinn der jeweiligen Klausel empfängerhorizontbezogen, also normativ zu bestimmen. Streitig ist nur, ob Vertrauensschutz objektiv-generalisierend, d. h. unter Verzicht der Berücksichtigung individueller Verständnismöglichkeiten gerade dieses Kunden und unter Verzicht der Mitberücksichtigung aller zufälligen Einzelfallumstände zu gewähren ist, also ein AGB-spezifischer Grundsatz objektiver Auslegung zu statuieren ist, oder ob u. U. auch individuelle Umstände und Momente berücksichtigungsfähig sind (hierzu Rz 105 f.). AGB-genuin ist jedenfalls der Grundsatz der individualvertragskonformen Auslegung (Rz 117), weiter der in § 305 c II positivierte Grundsatz, dass unklare Bedingungen zulasten des Verwenders auszulegen sind (Rz 124 ff.), eine Maxime, der eine verbreitete Ansicht den Grundsatz der restriktiven Auslegung lästiger Klauseln zur Seite stellt (Rz 137 ff.). Das zum Kanon der allgemeinen Auslegungsregeln zählende Prinzip zu vermutender Redlichkeit rechtfertigt nur ausnahmsweise eine geltungserhaltende Auslegung zu weit gefasster, wegen mangelnder Differenzierung gegen §§ 307–309 verstoßender AGB-Klauseln (Rz 118 ff.). Die AGB-Auslegung im Verbandsprozess ist der Natur der Sache nach objektiv-generalisierend. Besonderheiten sind bezüglich der Unklarheitenregel und des Restriktionsprinzips zu beachten (Rz 141 f.).

2. Auslegung und Inhaltskontrolle

102 **a) Wirk- und Wertungszusammenhang.** Die Auslegung bestimmt den Prüfungsgegenstand der Inhaltskontrolle, ist also insoweit das logische prius gegenüber dieser: Auslegung einer auslegungsfähigen und -bedürftigen Klausel kann eine potenziell inhaltlich unangemessene Klausel bestandsfest machen. Gerade dieser Befund mahnt indes zur Vorsicht gegenüber unreflektierter Weiterverwendung von der Rspr. vor Erlass des AGB-Gesetzes zum Zwecke der verdeckten Inhaltskontrolle entwickelter Auslegungsregeln. Auslegung und – heute mögliche und gebotene offene – Inhaltskontrolle stehen in einem Wertungszusammenhang: Auf Kundenschutz angelegte Auslegungsmaximen dürfen weder der Unterlassungsklage nach § 1 UKlaG ihre Effizienz nehmen (hierzu i. e. Rz 141), noch im Individualprozess letztendlich zur Besserstellung des Verwenders führen (zur Unklarheitenregel insoweit i. e. Rz 131 ff., zum Restriktionsprinzip insoweit i. e. Rz 137 ff.).

103 **b) Konkurrenzverhältnis und Begründungstechnik.** Dass der Bestimmung des Prüfungsgegenstandes logischer Vorrang vor der Prüfung selbst zukommt, darf nicht dahin missverstanden werden, dass es dem Richter im Individualprozess verwehrt sei, sein Ergebnis ggf. *alternativ* zu begründen. Die Geltungsfrage darf viel-

[1] Ganz h. M., statt vieler: MünchKomm/*Basedow* Rz 18; *Palandt/Heinrichs* Rz 15; *Bamberger/Roth/Hub. Schmidt* Rz 34; anders konsequenterweise diejenigen, die AGB – verfehlterweise – den Charakter von Normen mit bedingter Rechtsgeltung zusprechen, vgl. etwa *Helm*, FS Schnorr v. Carolsfeld, 1972, 125/137 f.

mehr durchaus auch unter Offenlassen des Auslegungsergebnisses entschieden werden, wenn beide Auslegungsmöglichkeiten in concreto, in der einen Alternative unmittelbar, in der anderen Alternative mittelbar über die Unwirksamkeit nach §§ 307–309 und die sodann gebotene Lückenschließung gemäß § 306 II bzw. den Grundsätzen ergänzender Vertragsauslegung (hierzu § 306 Rz 15 ff.), zum selben Ergebnis führen. Der Richter bestimmt auch hier den Prüfungsgegenstand vorrangig, eben nur hypothetisch-alternativ.

3. Maßgeblichkeit konvergenten Sinnverständnisses

Ermittelbares übereinstimmendes Sinnverständnis der Beteiligten bestimmt **104** den Geltungsinhalt einer AGB-Klausel unabhängig vom jeweiligen objektiven Erklärungswert:[1] Richtigerweise bereits deshalb, weil zu konstatierender Konsens nach allgemeinen Grundsätzen Vorrang vor jeder normativen Auslegung hat;[2] es bedarf nicht der gekünstelten Konstruktion einer konkludenten vorrangigen Individualvereinbarung,[3] um dem gemeinsamen Verständnis zur Maßgeblichkeit zu verhelfen.

II. Auslegungsgrundsätze

1. Objektive Auslegung?

a) Die Grundsatzfrage

aa) Meinungsstand. Nach **traditioneller, herrschender Ansicht** sind AGB **105** **objektiv,** d. h. unter Verzicht der Berücksichtigung aller individuell-konkreten Momente auszulegen.[4] Mit Überwindung der (Irr-)Lehre vom Normcharakter der AGB hat sich nur die Begründung geändert: Während das Gebot objektiver Auslegung ursprünglich aus der Gesetzesähnlichkeit von AGB vindiziert wurde,[5] wird es heute überwiegend aus der generellen Regelungsfunktion derselben abgeleitet:[6] „Weil AGB für eine Vielzahl von Verträgen Anwendung finden sollen und ihr Rationalisierungseffekt sich nur bei einheitlicher Auslegung erreichen lässt, sind sie objektiv auszulegen."[7] Differenzierungen werden nur über die Berücksichtigung der unterschiedlichen Verständnismöglichkeiten der am Geschäftsverkehr mit dem Verwender beteiligten *Kundenkreise* anerkannt.[8] Die **Gegenansicht** leugnet hingegen die Geltung einer genuinen Auslegungsmaxime:[9] richtig sei nur, dass es beim Vertragsschluss unter Einbeziehung von AGB in aller Regel an irgendwelchen individuellen auslegungsrelevanten Besonderheiten fehle;[10] der Schluss von der ge-

---

[1] Nach dem Frontenwechsel von *Ulmer* Rz 84, soweit ersichtlich, im Ergebnis allg. M.; aus der Rspr.: BGHZ 113, 251/259; BGH NJW 1983, 2638; 2002, 2102/2103.

[2] Wie hier: *Stoffels* Rz 361; *Brandner* AcP 162, 256; *Wacke* JA 1981, 666/668; *M. Wolf/Ungeheuer* JZ 1995, 77/78.

[3] So freilich etwa MünchKomm/*Basedow* Rz 26; *Bork,* AT Rz 1771.

[4] Statt vieler: BGHZ 77, 116/118 f.; BGH NJW-RR 1990, 1525/1526; MünchKomm/*Basedow* Rz 22; *Ulmer* Rz 73, jeweils m. w. N.

[5] RGZ 170, 233/241; 171, 43/48.

[6] BGHZ 79, 117/118 f.; *Brehm,* AT Rz 561; *Erman/Roloff* Rz 20.

[7] *Köhler,* AT § 16 Rz 22.

[8] MünchKomm/*Basedow* Rz 22; *Ulmer* Rz 83.

[9] Vgl. z. B. MünchKomm/*Mayer-Maly,* 3. Aufl., § 133 Rz 29; *Fikentscher/Heinemann* Rz 181; *Staudinger/Schlosser* Rz 126, 128; *Bamberger/Roth/Hub. Schmidt* Rz 40; *Palandt/Heinrichs* Rz 15 f.; *Bamberger/Roth/Hub. Schmidt* Rz 29; *Schmidt-Salzer* JZ 1995, 223/227 ff.

[10] *Brandner* AcP 162, 254 f.; *Schmidt-Salzer* JZ 1995, 231.

nerellen Regelungsfunktion auf die einheitliche Auslegung begünstige einseitig den Verwender.[1] Sie kann sich *rechtsvergleichend* insbesondere auf die Rspr. des schweizerischen BG sowie die herrschende eidgenössische Lehre berufen.[2]

106 **bb) Stellungnahme.** Der Kritik an der h. M. ist insoweit zu folgen, als sie die Notwendigkeit und ein legitimes Bedürfnis für die Statuierung einschlägiger Sonderregeln verneint. **(1)** Vieles, was die h. M. als Ergebnis einer AGB-spezifischen Auslegung ausgibt, lässt sich auch von den allgemeinen Grundsätzen der Rechtsgeschäftsauslegung her ohne weiteres begründen: Aus der dem Vertragsschluss unter Einbeziehung von AGB eigenen Regelhaftigkeit folgt bereits als *faktische* Besonderheit, dass einzelfallbezogene Begleitumstände, die als Auslegungsmittel in Betracht zu ziehen, zumindest selten sind. Typizität lässt regelmäßig auf das Fehlen individueller Variationen schließen.[3] Ja, wenn die Lehre vom normativen Erklärungswert empfangsbedürftiger Willenserklärungen letztlich nichts anderes als Ausdruck einer Interessenabwägung dahin ist, dass einerseits vom Erklärenden verlangt wird, bei der Verlautbarung seines Geschäftswillens auf die Verständnismöglichkeiten des Empfängers Rücksicht zu nehmen, andererseits aber vom Empfänger erwartet wird, sich mit zumutbarer Sorgfalt um die richtige Erfassung des vom Erklärenden Gewollten zu bemühen,[4] gewinnt auch das Interesse des Verwenders an Standardisierung seiner Geschäftsbedingungen durchaus im Rahmen herkömmlicher Auslegungsregeln Bedeutung: Aus der Ohne-weiteres-Erkennbarkeit des Verwenderinteresses an gleichförmiger Behandlung aller anfallenden Geschäfte folgt, dass der Vertragspartner die (Mit-)Berücksichtigung seiner Interessen grundsätzlich nur dann und soweit erwarten kann, als sie den *Durchschnittsinteressen* des jeweiligen Kundenkreises entsprechen.[5] Schließlich gilt auch in puncto Regelwissen und Deutungsdiligenz bereits nach allgemeinen Grundsätzen zumindest zulasten des Erklärungsadressaten ein nach Verkehrskreisen differenzierender objektiv-typisierter Maßstab: Dass der Landwirt, der ein Großhandelsgeschäft abschließt, oder die Beamtenwitwe, die an der Börse spekuliert,[6] insoweit keines Sonderschutzes teilhaftig werden, gilt nicht nur für die den jeweiligen Individualvertrag auffüllenden AGB-Klauseln, sondern auch für allfällige Individualerklärungen. **(2)** Soweit die Lehre von der objektiven Auslegung zu Ergebnissen führt, die bei Rekurs auf die allgemeinen Grundsätze der Rechtsgeschäftsauslegung nicht zu gewinnen sind, sprechen diese Ergebnisse gegen sich selbst: Weshalb atypisches (aktuelles oder potentielles) Umstands- und/oder Regelwissen des Vertragspartners des Verwenders, abweichend von der Regel, bei der Auslegung zulasten des Verwenders unberücksichtigt bleiben sollte, will ebenso wenig einleuchten wie die Sachangemessenheit der These, dass für eine atypische Sinndeutung zugunsten des Vertragspartners sprechende Einzelfallumstände des Vertragsschlusses für die AGB-Auslegung schlechthin irrelevant seien. Denn: *Dort* würde die vorgeblich im Interesse des Verwenders gebotene Abstrahierung von allen individuellen Momenten zu dessen Nachteil ausschlagen. Und, wer solch evident sinnwidriges Ergebnis via stillschweigender Individualvereinbarung korrigieren will,[7] schlägt nicht nur einen methodischen Umweg ein, sondern spornt weitgehend auch zu bloßen Fiktionen

---

[1] *Brandner* AcP 162, 253; *Emmerich* JuS 1972, 361/366.
[2] Nachweise bei *Kramer,* in: Berner Komm. OR Art. 1 Rz 218.
[3] MünchKomm/*Mayer-Maly,* 3. Aufl., § 133 Rz 29.
[4] So zutr. *Köhler,* AT § 9 Rz 8.
[5] *Lüderitz,* Auslegung von Rechtsgeschäften S. 298.
[6] Beispiele nach *L. Raiser,* AGB S. 259.
[7] So vom Ansatz der objektiven Auslegungsmethode her z. B. *L. Raiser,* AGB S. 252/259 f. sowie *Schmidt-Salzer* E. 33/34.

an. *Hier* aber würde (aktuelles oder potenzielles) berechtigtes Vertrauen des Vertragspartners enttäuscht: Wenn und soweit der Verwender den Eindruck erweckt, er berücksichtige atypischerweise die besondere Lage des Kunden, müssen füglicherweise auch dessen Sonderinteressen auslegungsrelevant sein.[1]

b) Folgerungen und Einzelfragen

aa) AGB-Auslegung beim Fehlen atypischer Begleitumstände (Regel- 107
fallgestaltung). Fehlt es beim Vertragsschluss unter Einbeziehung von AGB, wie meist, an individuellen Gegebenheiten, gilt, welche Position auch immer man im Auslegungsmethodenstreit bezieht: Die Auslegung hat ausgehend vom **Wortlaut** und der **systematischen Stellung** der Klausel im Gesamtbedingungswerk unter Berücksichtigung der bei Verträgen dieser Art typischen **beidseitigen Interessen** nach dem wirtschaftlichen **Sinn** und **Zweck** eben jener Klausel zu fragen.[2]

Bei der *Gewichtung* der einzelnen Kriterien ist einerseits zu beachten, dass für Wortsinnklauberei auch im AGB-Recht kein Raum sein kann. Andererseits darf aber auch nicht übersehen werden, dass den Verwender bezüglich der von ihm gestellten AGB eine (besondere) Formulierungsverantwortung trifft, dem Transparenzgebotsgedanken mithin richtigerweise auch eine gewisse Auslegungsrelevanz zukommt:[3] Der topos der systematischen Auslegung trägt nicht, wo er de facto auf eine ansonsten (s. Rz 2) nicht gegebene Obliegenheit zur Totallektüre hinausliefe.[4] Selbst wo entsprechende Totallektüre ausnahmsweise zu erwarten, führen systematische Bedenken gegen das vom Wortlaut nahegelegte Auslegungsergebnis im Allgemeinen nur zu Unklarheit i. S. von § 305 c II und damit zur Anwendung der Unklarheitenregel.[5] Dass die Klausel nur bei der vom Verwender geltend gemachten Deutung Sinn macht, ist irrelevant, wenn sich solcher Bedeutungsgehalt dem Kunden auch bei von ihm erwartbarer Sorgfaltsanstrengung (hierzu Rz 112 ff.) nicht erschließt.[6] Klauselwerkkommentierungen sind Interpretations*versuche* und nur insoweit eine Auslegungshilfe, als sie das Verständnis der beteiligten Verkehrskreise spiegeln.[7]

Beispiele für eine über den Wortlaut *hinausgreifende* sinnerfassende Auslegung: **108**
Wenn § 13 Nr. 5 VOB/B besagt, dass der Auftraggeber unter den dort näher benannten Voraussetzungen Mängel auf Kosten des Auftragnehmers „beseitigen lassen" kann, ist hiermit offensichtlich eine Zuweisung der Mängelbeseitigungskosten bezweckt; entgegen der zu eng geratenen Formulierung sind deshalb auch eigene Arbeitsleistungen aufwendungsersatzfähig.[8] Haftungsausschluss- oder -begrenzungsklauseln erfassen richtigerweise, weil sonst wirtschaftlich sinnlos, neben Sekundäransprüchen aus dem Vertrag auch konkurrierende Ansprüche aus unerlaubter Handlung.[9] Personell sind sie auch auf Erfüllungsgehilfen und Verrichtungsgehilfen zu erstrecken: In ihrem Geltungsumfang scheidet nicht nur die Leutehaftung des Verwenders, sondern auch eine persönliche Inanspruchnahme des

---

[1] Vgl. insoweit bereits *Lüderitz,* Auslegung von Rechtsgeschäften S. 237.

[2] Statt vieler: BGH NJW 1988, 1261/1262; NJW-RR 2003, 1695; *Soergel/U. Stein* § 5 AGBG Rz 7; *Erman/Roloff* Rz 21; enger – alleinige Relevanz des Wortlauts – freilich z. B. *Schlechtriem* FS Heinrichs S. 503/510.

[3] Treffend: *Bunte* NJW 1985, 600 f.; *Ulmer* Rz 81.

[4] S. auch *H. Roth* WM 1991, 2118; *Erman/Roloff* Rz 21; *Bamberger/Roth/Hub. Schmidt* Rz 41.

[5] BGH NJW-RR 2003, 1635.

[6] Richtig: BGH NJW 1986, 431.

[7] BGH MDR 2004, 1108 f. (VOB/C).

[8] BGHZ 59, 328/331; *Nicklisch/Weick,* VOB/B § 13 Rz 152.

[9] Ebenso *Staudinger/Schlosser* Rz 119, freilich sehr str.; a. A. – unter Rekurs auf die Unklarheitenregel – insbes. BGH BB 1992, 1377.

Gehilfen aus.[1] Die von Banken und Bausparkassen verwandte Klausel, eine Kreditsicherheit solle für „alle Forderungen" des Sicherungsnehmers gegen den Sicherungsgeber in Anspruch genommen werden können, ist dahin auslegbar, dass sie sich nur auf Forderungen aus bankmäßiger Geschäftsverbindung bezieht.[2]

109 Beispiele für die *Begrenzungsfunktion* von Wortlaut und systematischer Stellung der Klausel für die Auslegung: Der Ausschluss der Schadensersatzhaftung in einer Gewährleistungsklausel erstreckt sich nicht auf die ohne Bezug auf Sachmängel durch sonstige Ursachen ausgelösten Schadensersatzpflichten.[3] Ein Ausschluss der Haftung für Mängelfolgeschäden erstreckt sich nicht auf die Haftung für Verletzungen der Nachbesserungspflicht.[4] Soweit ein weitergehender Freizeichnungswille bestanden haben sollte, ist er nicht mit hinreichender Deutlichkeit zum Ausdruck gekommen. Fehlte ein realer diesbezüglicher Haftungsbegrenzungswille, weil der Verwender das sich realisierende Risiko nicht bedacht hat, ist dem Verwender auch nicht über ergänzende Vertragsauslegung zu helfen; für eine Ausweitung der formularmäßigen Freizeichnung auf diesem Wege ist kein Raum (i. e. Rz 122).

Auf jeden Fall auslegungsrelevant, da für jeden einzelnen Vertragsschluss potentiell erwartungshorizontbildend, ist eine allfällige einschlägige **Werbung** des Verwenders.[5]

110 Zu den Besonderheiten der **Auslegung von AVB** s. Anh. § 310 Rz V 123 ff.

111 **bb) AGB-Auslegung bei individuellen Vertragsschlussumständen.** Nach der hier vertretenen Ansicht (Rz 106) sind auch atypische Begleitumstände des konkreten Vertragsschlusses keineswegs auslegungsirrelevant: Bei Massenverträgen mag der Kunde die Berücksichtigung seiner besonderen Lage nicht schlechthin erwarten können. Die Situation ändert sich aber, wenn der Verwender den Eindruck erweckt, er berücksichtige auch Sonderlagen. Vor allem aber sind allfällige **Erläuterungen** verwenderseits über den Sinn einer auslegungsfähigen Klausel sehr wohl bedeutsam – selbst wenn die betreffenden Angaben von einer nicht mit Abschlussvollmacht betrauten Hilfsperson gemacht werden: Wer die Vertragsverhandlungen durch Abschlussmittler führen lässt, muss Vertragsbestandteil gewordene AGB so gegen sich gelten lassen, wie sie der Vertragspartner nach den Erläuterungen des Verhandlungsgehilfen des Verwenders verstehen durfte.[6] Selbst der Umstand, dass der Abschlussmittler einer bei den Vertragsverhandlungen zutage getretenen atypischen Auslegung des Vertragspartners nicht entgegengetreten ist, geht richtigerweise zulasten des Verwenders.[7]

112 **cc) AGB-Auslegung und Deutungsdiligenz des Vertragspartners: Differenzierung nach Verkehrskreisen.** Welche Position auch immer man im Auslegungstheorienstreit bezieht – das Erkenntnis- und Schlussvermögen, das die Deutungsdiligenz des Empfängers bestimmt, beurteilt sich jedenfalls insoweit nach *objektiv-typisiertem* Maßstab, als gruppenatypische Erkenntnis- und Schlussvermögens*schwächen* außer Betracht bleiben (zur atypischen besonderen Sach*kunde* Rz 114): Wer **verkehrskreisgenuine Geschäfte** tätigt, muss sich am jeweiligen Standard messen lassen, auch wenn er selbst nicht branchenzugehörig ist. Bei der Aus-

---

[1] BGH ZIP 1985, 687/689.

[2] BGH NJW 1981, 756 und WM 1985, 116 für die Pfandklausel der Banken; BGH WM 1987, 802/803 für Grundpfandrechtsklauseln von Bausparkassen.

[3] S. BGH BB 1970, 898.

[4] S. BGH MDR 1954, 345/346.

[5] BGHZ 61, 275/280.

[6] Signifikanterweise auch von den Vertretern der objektiven Auslegungstheorie allgemein anerkannt, vgl. bereits *L. Raiser,* AGB S. 239 f. sowie aus der Rspr. etwa BGH NJW 1983, 2638.

[7] BGH NJW 1963, 1978; *Staudinger/Schlosser* Rz 130.

legung von AVB für Transporte im grenzüberschreitenden Straßenverkehr entscheidet der Typus des AGB-erfahrenen Kaufmanns in der Branche der Spediteure und Frachtführer,[1] bei bauherrenseits gestellten AGB ist auf die Verständnismöglichkeiten eines durchschnittlichen Bauunternehmers abzustellen,[2] im Warenkreditversicherungsgeschäft kommt es auf den Horizont eines durchschnittlich geschäftskundigen Versicherungsnehmers,[3] im Anlagenleasing-Bereich auf den eines durchschnittlich erfahrenen Unternehmers an.[4] Auch im **Verbrauchergeschäft** ist der Maßstab standardisiert. Maßgebend ist das Erkenntnis- und Schlussvermögen des „Durchschnittsverbrauchers", von dem besondere Rechtskenntnisse freilich gemeinhin nicht zu erwarten sind:[5] Bei der Auslegung von AVB ist auf den Typus des „durchschnittlichen Versicherungsnehmers" ohne versicherungsrechtliche Spezialkenntnisse abzustellen,[6] bei Bankgeschäften Privater auf den Typus des „durchschnittlichen, juristisch und bankfachlich nicht vorgebildeten Bankkunden".[7] Bezüglich formularmäßiger Arzt- und Krankenhausverträge ist zudem die besondere physisch-psychische Lage der Verwendergegenseite in Rechnung zu stellen:[8] Adressatentyp ist der „teilweise nicht unerheblich leidende Normalpatient".[9] Wo der Verwender allerdings gezielt und vornehmlich mit gruppenspezifisch geschäftsungewandten Personen kontrahiert („Hausfrauenkredite", Geschäftsabschlüsse auf „Kaffeefahrten"!), beurteilt sich das normative Verständnis nach der durchschnittlichen Kenntnis und Erfahrung *dieses* Personenkreises.[10]

Im Übrigen folgt aus der Maßgeblichkeit der Verständnismöglichkeit des jeweiligen Adressatenkreises, dass **Fachbegriffe,** deren Bedeutung nur branchenkundigen Geschäftspartnern, nicht aber dem breiten Publikum bekannt ist, dem Vertragspartner nur dann stets in ihrer technischen Bedeutung entgegengehalten werden können, wenn das Geschäft, dem die betreffenden AGB zu Grunde gelegt sind, verkehrskreisgenuin ist.[11] Gegenüber Laien gilt bei divergierendem Bedeutungssinn von Fach- und allgemeiner Umgangssprache, sofern nicht nach den Umständen eindeutig erkennbar die fachspezifische Bedeutung als gemeint anzusehen ist, nach der Unklarheitenregel die jenem jeweils günstigere Bedeutungsalternative.[12] Fachbegriffe, die der Alltagssprache gänzlich unbekannt, sind zwar, *wenn* sie Vertragsinhalt geworden sind, in ihrer Fachbedeutung zu verstehen.[13] Sofern die Verwendung des Fachterminus nicht – wie häufig bei Leistungsbeschreibungen – aus Präzisionsgründen oder sonstigen Gründen unerlässlich ist, wird man aber, zumindest beim Verbrauchergeschäft, nach § 305 II Nr. 2 bereits die Einbeziehung in den Vertrag zu verneinen haben;[14] *unnötige* Technizität stellt richtigerweise einen Obliegenheitsverstoß nach § 305 II Nr. 2 dar (§ 305 Rz 88). Auch **rechtswissenschaftlichen Begriffen,** denen eine Bedeutung eignet, die ihnen in dieser Prägnanz im Allgemeinen Sprachgebrauch nicht zukommt, ist ihre Fach- **113**

---

1 BGH NJW 1985, 559.
2 OLG Frankfurt NJW-RR 1986, 245/246.
3 BGH NJW 1992, 2631.
4 *Soergel/U. Stein* § 5 AGBG Rz 8.
5 BGHZ 106, 42/49; *Ulmer* Rz 82; *Erman/Roloff* Rz 20.
6 BGHZ 123, 83/85; BGH NJW-RR 2003, 1247.
7 BGH NJW-RR 1990, 109.
8 LG Duisburg NJW 1988, 1523; *Soergel/U. Stein* § 5 AGBG Rz 8.
9 LG Duisburg aaO.
10 Zustimmend: *Staudinger/Schlosser* Rz 128; AnwK/Kollmann Rz 41; *H. Roth* WM 1991, 2129.
11 *Schmidt-Salzer* E. 38; MünchKomm/*Basedow* Rz 25.
12 *Staudinger/Schlosser* Rz 128; a. M. – stets Maßgeblichkeit des allgemeinen Sprachgebrauchs – freilich z. B. MünchKomm/*Basedow* Rz 25; *Ulmer* Rz 83; *Palandt/Heinrichs* Rz 16; *H. Roth* WM 1991, 2129 f.
13 Insoweit richtig *Schmidt-Salzer* E. 38 sowie *Palandt/Heinrichs* Rz 16.
14 Übereinstimmend: *Ulmer* Rz 83.

bedeutung dann und nur dann uneingeschränkt beizumessen, wenn die fachsprachliche Verwendung verkehrskreisgenuin erkennbar ist:[1] So ist zwar etwa einerseits dem in AVB verwandten Begriff des „Diebstahls" jedenfalls dann die rechtstechnische Bedeutung nach § 242 StGB zu geben, wenn die Vorschriften der §§ 242–244 StGB in der betreffenden AVB-Klausel ausdrücklich genannt sind.[2] Rechtstechnisch zu verstehen weiters etwa das Merkmal „Fälligkeit" des Versicherungsanspruchs in § 12 III AUB 88.[3] Zu Recht ist indes etwa andererseits die Einstandspflicht des Versicherers bei einer Geschäftsberaubungsversicherung auf den räuberischen Diebstahl i. S. von § 252 StGB erstreckt worden, obschon dieser strafrechtlich keinen Raub darstellt, sondern nur rechtsfolgenmäßig gleichgestellt ist.[4] Ist der verwandte Begriff nach allgemeinem Sprachgebrauch diffus, in seiner (präzisen) Fachbedeutung indes dem Kunden günstig, ist auch hier nach § 305 c II die Letztere maßgeblich: In der Einbruchsdiebstahlversicherung muss der Versicherer bei Verwendung des § 243 I S. 2 Nr. 1 StGB entlehnten Begriffs „falscher Schlüssel" den – versicherungsnehmerfreundlichen – Nachschlüsselbegriff des Strafrechts gegen sich gelten lassen.[5] Begriffen, die dem Allgemeinsprachgebrauch fremd und deshalb unschwer als Fachbegriffe zu erkennen sind, kommt hingegen allemal Fachbedeutung zu: Bei der Auslegung des Klauselbestandteils „Ansprüche, die aus dem dinglichen Recht entstehen können" wurde zu Recht die juristische Bedeutung für maßgeblich erklärt.[6] Was „nicht zulassungs- und nicht versicherungspflichtige" Fahrzeuge, beurteilt sich nach einschlägiger Rechtslage.[7] Erläutert der Verwender einen rechtstechnischen Begriff unter Verwendung an sich unzutreffender Beispiele, kann die Gegenseite Verständnis der Klausel i. S. der Beispielsbildung geltend machen.[8] – **Handelsklauseln,** deren Bedeutungssinn auch und gerade durch eine ständige höchstrichterliche Rspr. vorbestimmt ist, genügen im kaufmännischen Verkehr dem Transparenzgebot auch dann, wenn der Klauselwortlaut scheinbar andere Deutungen zulässt: Dass „Liefermöglichkeit vorbehalten" dem Verwender nur dann ein Lösungsrecht gibt, wenn er ein kongruentes Deckungsgeschäft geschlossen hat und von seinem Vertragspartner im Stich gelassen wird, muss nicht eigens verlautbart werden; von Kaufleuten kann einschlägige Sinnerfassung erwartet werden.[9]

114 **dd) AGB-Auslegung und atypisches besonderes Umstands- und Regelwissen.** Legt man AGB nach allgemeinen Regeln aus (Rz 106), ist auch atypisches (aktuelles oder potenzielles) individuelles Umstands- und/oder Regelwissen *zu Lasten* des Vertragspartners auslegungsbedeutsam: Der Direktor einer Bank muss sich als Bankkunde sein Sonderwissen zurechnen und *deshalb* die von der Bank beanspruchte Auslegung der Allgemeinen Bankbedingungen auch dort gegen sich gelten lassen, wo der Laie sich auf die Unklarheitenregel berufen könnte.[10] Die Konstruktion einer stillschweigenden individuellen Sinnvereinbarung[11] läuft nicht

---

[1] Richtig: MünchKomm/*Basedow* Rz 25; *Ulmer* Rz 83; *H. Roth* WM 1991, 2130; weitergehend – für prinzipielle Relevanz der fachtechnischen Bedeutung juristischer Begriffe – freilich z. B. *Palandt/Heinrichs* Rz 16; AnwK/*Kollmann* Rz 44; *Dreher* AcP 189, 342/368 ff.

[2] BGHZ 5, 365/367 f.

[3] BGH VersR 2000, 573.

[4] BGH NJW 1971, 806.

[5] OLG Stuttgart VersR 1983, 745.

[6] BGH NJW 1992, 1511/1512.

[7] BGH NJW-RR 1995, 1303/1304.

[8] BGH NJW-RR 1995, 1304.

[9] BGHZ 124, 351/357 ff.

[10] Richtig: RGZ 116, 207; *Brandner* AcP 162, 256.

[11] So etwa *L. Raiser*, AGB S. 259 f. sowie MünchKomm/*Basedow* Rz 26.

nur auf einen methodischen Umweg hinaus; sie hat letztlich auch weitgehend Fiktionscharakter.

ee) Irrelevanz der Klauselentstehungsgeschichte als Auslegungsmoment. Seit das – vorgebliche – Gebot objektiver AGB-Auslegung jedenfalls nicht mehr auf den „Normencharakter" der AGB gestützt wird, AGB-Auslegung vielmehr als am Empfängerhorizont zu orientierende Rechtsgeschäftsauslegung begriffen wird, gilt unabhängig von der Stellungnahme im Auslegungstheorienstreit: die dem Vertragspartner des Verwenders unbekannte **Entstehungsgeschichte** einer Klausel ist *kein* Auslegungsmittel.[1] Dies gilt auch bei behördlich genehmigten AGB[2] sowie von den im Zusammenwirken der maßgeblich beteiligten Wirtschaftskreise aufgestellten AGB.[3] 115

ff) Maßgeblichkeit des Bedeutungssinnes im Zeitpunkt des Vertragsschlusses. Da AGB-Auslegung Rechtsgeschäftsauslegung und nicht gesetzesähnliche historisch-teleologische Auslegung, gilt für den Fall des Auslegungswandels verwandter Begriffe in zeitlich lange unverändert in Gebrauch befindlichen AGB: Maßgeblich ist das verkehrskreisgenuine Verständnis im Zeitpunkt des Vertragsschlusses,[4] bei abgeschlossenem Bedeutungswandel also stets der neuere Bedeutungssinn, bei sich noch vollziehendem Bedeutungswandel nach der Unklarheitenregel der kundengünstigere Bedeutungssinn. 116

2. Individualvertragskonforme Auslegung

Ob im Bereich der AGB-Auslegung Raum für einen eigenständigen Grundsatz der individualvertragskonformen Auslegung, ist streitig.[5] Im Prinzip sollte die Geltung einer solchen Maxime nicht bezweifelt werden: wenn richtigerweise schon den individuellen Vertragsschlussumständen potenzielle Relevanz für die AGB-Auslegung eignet (Rz 106), gilt dies erst recht bezüglich der Individualabrede selbst. Soweit die Parteien eine ausdrückliche Anpassung des Klauselwerks an die Besonderheiten der jeweiligen Individualabrede versäumt haben, stellt sich stets die Frage, ob die inhaltliche Abstimmung nicht im Wege der Auslegung zu gewinnen ist. Enthalten etwa – Beispiel nach *P. Schlosser* – die Lieferbedingungen eines Händlers, zugeschnitten auf den Fall des Verkaufs zum herstellerseits empfohlenen Preis, eine Klausel dahin, dass bei Einstandspreiserhöhung für Lieferungen mit einem Liefertermin über 4 Monaten der im Zeitpunkt der Lieferung empfohlene Preis gelte, hat aber in concreto der Kunde einen günstigeren Preis als den empfohlenen ausgehandelt, sind Individualabrede und Preiserhöhungsvorbehaltsklausel im Wege individualvertragskonformer Auslegung der Letzteren in ein Stimmigkeitsverhältnis zu bringen: Die nicht gegen das Vorrangprinzip verstoßende formularmäßige Preisanpassungsklausel (allgemein: § 305 b Rz 21) kommt zwar bei allfälligen Einstandspreiserhöhungen zum Tragen; der individuell ausgehandelte Abschlag muss aber dem Kunden erhalten bleiben.[6] Sehen die AGB eines Leasinggebers auf der Basis einer kalkulierten Amortisationsdauer von 60 Monaten sowie einer halbjährigen ordentlichen Kündigung Ausgleichszahlungsfreiheit nach dem 117

---

[1] BGH NJW-RR 2000, 1341; 2003, 1247; *Schmidt-Salzer* E. 50; *Staudinger/Schlosser* Rz 129; *Ulmer* Rz 82; *Bamberger/Roth/Hub. Schmidt* Rz 41.

[2] A. A. freilich noch BGH NJW 1983, 2088/2089 f.; BB 1981, 452/454.

[3] A. A. freilich noch BGH MDR 1972, 126 (Allgem. Deutsche See-Versicherungsbedingungen).

[4] *Staudinger/Schlosser* Rz 129; MünchKomm/*Basedow* Rz 25; *Erman/Roloff* Rz 25.

[5] Bejahend vor allem *Schmidt-Salzer* E. 26 ff. sowie *Staudinger/Schlosser* Rz 131 ff., des Weiteren z. B. *Denzinger* BB 1981, 1123/1125; ablehnend z. B. *Stoffels* Rz 380 f.; *Ulmer* Rz 69; *Erman/Roloff* Rz 20.

[6] Ebenso *Staudinger/Schlosser* Rz 133, der den Abschlag freilich – wohl zu Unrecht – zuungunsten des Kunden lediglich absolut statt prozentual bestimmt wissen möchte.

54. Monat vor, kann nicht einfach die unangepasste Fortgeltung dieser Regelung angenommen werden, wenn auf Wunsch des Leasingnehmers individuell dessen Befugnis zu monatlicher Kündigung vereinbart wird. Bei Vertragsbeendigung nach dem 54., aber vor dem 60. Monat ist vielmehr eine im Wege der Interpolation zu gewinnende Ausgleichszahlung zu entrichten.[1]

Schranken des Prinzips der individualvertragskonformen Auslegung ergeben sich freilich richtigerweise daraus, dass nicht unter dem Etikett derselben im Ergebnis letztlich unzulässige geltungserhaltende Auslegung (hierzu i. e. Rz 118 ff.) betrieben werden darf: Anpassung an das individuell Abgesprochene durch Beschränkung des Geltungsbereichs einer AGB-Klausel, die bei uneingeschränktem, wortsinngemäßem Geltungsanspruch gegen §§ 307–309 verstieße, ist nur dann zulässig, wenn die Geltungsbereichsbeschränkung für den konkreten Vertrag auch für den Kunden vernünftigerweise außer jeder Frage steht. Enthalten etwa die AGB eines Detektei-Unternehmens, das gemeinhin nur für gewerbliche Auftraggeber tätig wird, eine Haftungsbegrenzung dahin, dass für Verschulden von Hilfspersonen nur bis zu einer bestimmten Höchstsumme, nämlich der Deckungssumme der eigenen Haftpflichtversicherung gehaftet werde, kann die Klausel bei einem Vertragsschluss unter Einbeziehung der AGB mit einem Verbraucher nicht dahin ausgelegt werden, dass sich die Begrenzung gegenüber dem Verbraucher-Vertragspartner auf die Fälle leichter Fahrlässigkeit beschränkt. Der rechtsunkundige Kunde vermag keinesfalls ohne weiteres zu erkennen, dass die betreffende Klausel, so, wie sie sich ihrem Wortlaut nach ausnimmt, nicht auf ihn gemünzt sein soll. Die Klausel ist vielmehr ihrem Wortsinn gemäß zu verstehen und entfaltet – nach § 309 Nr. 7 total unwirksam (§ 306 Rz 34) – auch im Falle leichtfahrlässigen Verschuldens der Hilfspersonen keine Wirksamkeit.

3. Geltungserhaltende Auslegung infolge zu vermutender Redlichkeit des Verwenders: grundsätzliches Verbot und ausnahmsweise Zulässigkeit

118 Geltungserhaltende Auslegung infolge zu vermutender Redlichkeit[2] bedeutet: Eine Vertragsbestimmung, die weiter gefasst ist als nach zwingendem Recht zulässig, ist im Zweifel aus der Erwägung, dass ihr Urheber mit ihr nichts Unredliches angestrebt haben dürfte, mit dem gesetzlich zulässigen Inhalt aufrechtzuerhalten. Für sie ist bei der Inhaltsbestimmung von AGB nur in einem eng umgrenzten Ausnahmebereich Raum.

119 **a) Grundsatz: Unzulässigkeit.** Bei *Bejahung* der geltungserhaltenden Reduktion von Übermaßklauseln durch Beschränkung der Nichtigkeitsfolge auf den überschießenden Teil sind geltungserhaltende Auslegung und geltungserhaltende Reduktion weithin austauschbare Techniken: gegen die Zulässigkeit der geltungserhaltenden Auslegung aus dem Gesichtspunkt zu vermutender Redlichkeit des Verwenders bestünden – zumindest im Individualprozess – keine durchgreifenden Bedenken.[3] *Verneint* man indes richtigerweise die geltungserhaltende Reduktion wegen Übermaßes gegen §§ 307–309 verstoßender Klauseln (§ 306 Rz 31 ff.), hat dies wertungsstimmigerweise nicht nur Folgen für den Anwendungsbereich des Restriktionsprinzips (hierzu Rz 139) und das Verständnis der Unklarheitenregel (hierzu Rz 131 ff.). Will man die vom AGB-Gesetzgeber als Kernstück der AGB-

[1] Richtig: OLG Frankfurt a. M. NJW-RR 1987, 241/242.

[2] Hierzu insbes. *Lüderitz,* Auslegung von Rechtsgeschäften S. 356 ff.

[3] Für geltungserhaltende Reduktion *und* geltungserhaltende Auslegung denn auch *Schmidt-Salzer* E. 52 ff./F. 55 ff. sowie *J. Hager,* Gesetzes- und sittenkonforme Auslegung und Aufrechterhaltung von Rechtsgeschäften, 1983, S. 46 ff.

Kontrolle verstandene Inhaltskontrolle und die Sanktionsdrohung des § 306 II in diesem Bereich nicht leerlaufen lassen, gilt es vielmehr, auch von der geltungserhaltenden Auslegung infolge zu vermutender Redlichkeit des Verwenders – zumindest grundsätzlich – Abschied zu nehmen:[1] Der Gesichtspunkt des Kundenschutzes und der Gesichtspunkt der Formulierungsverantwortung des Verwenders verbieten eine Lösung, bei der Letzterer trotz Verstoßes gegen das (materielle) Transparenzgebot allemal darauf bauen kann, dass der zu weit gefassten Klausel im Umfang des nach §§ 307–309 (noch) Zulässigen gleichwohl Geltung verschafft wird. Eine bei wortsinngemäßem Verständnis inhaltlich unangemessene Klausel ist i. d. R. nur dann durch Auslegung zugunsten einer unter Inhaltskontrollaspekten unbedenklichen Deutungsalternative zu salvieren, wenn dies nach sonstigen Auslegungsregeln gerechtfertigt.

Kasuistik: Die Klausel in AGB eines Bauunternehmers „Die Geltendmachung von Aufrechnungen mit nicht rechtskräftig festgestellten Gegenansprüchen sowie von Zurückbehaltungsrechten ist ausgeschlossen" kann nicht dahin ausgelegt werden, dass auch der Ausschluss von Zurückbehaltungs- und Leistungsverweigerungsrechten nur auf nicht rechtskräftig festgestellte Gegenansprüche beschränkt ist. Die Voraussetzungsasymmetrie im Wortlaut spricht gegen eine solche Deutung. Für eine Auslegungsregel dahin, dass ein rechtlich beratener Verwender nicht nur beim Ausschluss der Aufrechnung, sondern auch beim Ausschluss des Zurückbehaltungsrechts die rechtlich zulässige Form wählen wollte und dies vom rechtlich beratenen Vertragspartner in gleicher Weise verstanden wurde, ist kein Raum.[2]

b) Ausnahme: Geltungserhaltende Auslegung weitgefasster Klauseln durch Geltungsbeschränkung derselben auf typische Regelungssituationen. 120
Die Totalnichtigkeit übermäßiger AGB-Klauseln hat einen begrüßenswerten generalpräventiven Effekt, durch den die *materielle* Klauseltransparenz gefördert wird. Kaum interessegerecht wäre es indes freilich, eine global gefasste Klausel auch dann der Totalnichtigkeit verfallen zu lassen, wenn sie für eine höchst selten vorkommende Situation, für die sie in der Tat der Inhaltskontrolle nicht standhielte, keine Ausnahme vorsieht: Die Berücksichtigung aller denkbaren Ausnahmesituationen ist dem Verwender, wenn nicht gar unmöglich, so jedenfalls unzumutbar. AGB sind von ihrer (legitimen) Rationalisierungsfunktion her, dem Vertragspartner erkennbar, auf Regelungssituationen einer gewissen Mindesthäufigkeit zugeschnitten. Ein durch die Totalnichtigkeitssanktion bewehrtes einschlägiges Perfektionsverlangen wäre seinerseits Übermaß, würde berechtigte Verwenderbelange tangieren und letztlich nicht einmal unbedingt im Kundeninteresse liegen. Denn, dies zum letzteren: Eine Ausdifferenzierung, die auch seltenen Eventualitäten Rechnung trüge, würde zwangsläufig zu Übersichtseinbußen und damit *formeller* Klauselintransparenz führen. Der Informationsgewinn für den Ausnahmefall wäre mit einer erheblichen Beeinträchtigung der Lesbarkeit und Verständlichkeit des Gesamtklauselwerks (zu) teuer erkauft. Hier, in diesem engen Bereich, sollte man deshalb der geltungserhaltenden Auslegung nach wie vor für den Individualprozess wie den Verbandsprozess einen legitimen Anwendungsbereich zugestehen:[3] Der Verwender ist seiner Formulierungsverantwortung auch bei global gefassten, ausgesprochene Ausnahmesituationen außer acht lassenden Klauseln nachgekommen. Eine Auslegung gegen den Verwender aus dem Gesichtspunkt der Formulierungs-

---

[1] Ganz h. M.; einlässlich *P. Ulmer* NJW 1981, 2025 f. sowie *Harry Schmidt,* Vertragsfolgen der Nichteinbeziehung und Unwirksamkeit von AGB, 1986, S. 92 ff.; ferner z. B. *Erman/Roloff* Rz 24; *Bamberger/Roth/Hub. Schmidt* Rz 35.

[2] BGH NJW-RR 2005, 919/920 (gegen KG als Vorinstanz).

[3] *Staudinger/Schlosser* Rz 109; *Lindacher* BB 1983, 154/159 f.

verantwortung (wortlautkonforme umfassende Geltung und damit Totalnichtigkeit der Klausel!) ist deshalb nicht gerechtfertigt: Im Zweifel ist nach dem hier wieder auflebenden Prinzip zu vermutender Redlichkeit davon auszugehen, dass sich eine in ihrem Regelanwendungsbereich nicht zu beanstandende Klausel nach dem realen oder hypothetischen Willen des Verwenders nicht auf völlig atypische Regelungssituationen bezieht, in denen sie nach gesetzlicher Wertung als unangemessen zu qualifizieren wäre.[1]

Beispiele: Sieht eine AGB-Klausel für den Zahlungsverzug-Fall einen „Aufschlag von 0,25 % der Rechnungssumme" vor, kommt eine Auslegung, dass die Bestimmung einen Aufschlag auf die volle Rechnungssumme auch dann erlaubt, wenn ein Teil des Kaufpreises bereits gezahlt ist, ernstlich nicht in Betracht.[2] Eine Klausel, nach der der Werkunternehmer für den Fall der „Kündigung durch den Besteller" von diesem die Zahlung eines Pauschbetrags verlangen kann, bezieht sich nur auf die freie Kündigung nach § 649 S. 1 BGB, nicht auf die Kündigung wegen vertragszweckgefährdenden Verhaltens des Werkunternehmers.[3] Bestellen mehrere Bruchteilseigentümer eines Grundstücks an diesem zur Sicherung eines gemeinsam aufgenommenen Darlehens, für das sie gesamtschuldnerisch haften, eine Sicherungsgrundschuld und bevollmächtigen sie sich formularmäßig gegenseitig, Willenserklärungen mit Wirkung für die anderen abzugeben und entgegenzunehmen, so ist diese Klausel einschränkend dahin auszulegen, dass sie jedenfalls keine Erklärungen deckt, welche die Sicherungsabrede erweitern oder die Grundschuld von der Sicherungsabrede isolieren.[4] Selbst bei grundsätzlich gegebener Preisanpassungsbefugnis ist eine Preiserhöhung unzulässig, wenn sie in Umständen in der Zeit des Verwenderschuldnerverzugs gründet: die Folgen eigenen Verzugs muss jeder selbst tragen. Preisanpassungsklauseln in AGB sind aber mangels gegenteiliger konkreter Anhaltspunkte unbeschadet ihrer allgemeinen Fassung nicht dahin auszulegen, dass sie eine Preiserhöhung auch noch nach Eintritt des Schuldnerverzugs erlauben.[5] Eine Klausel, die in Anlehnung an § 309 Nr. 3 dahin lautet, dass nur mit unbestrittenen oder rechtskräftig festgestellten Forderungen aufgerechnet werden könne, ist nicht etwa deshalb unwirksam, weil sie von ihrem Wortlaut her auch die Eventualität des Vermögensverfalls des Verwenders erfasst.[6] Ja, selbst dort, wo die Aufrechnungsmöglichkeit textlich generell ausgeschlossen ist, lässt sich wohl durchaus darüber diskutieren, ob man nicht im Wege restriktiver Interpretation die praktisch selten bedeutsamen Sondertatbestände der unbestrittenen oder rechtskräftig festgestellten Gegenforderung als von der zu weit geratenen Klausel ersichtlich nicht gemeint anzusehen hat.[7] Verneint man dies mit der h. M.,[8] muss es zumindest unschädlich bleiben, dass die Klausel das Aufrechnungsverbot explizit nur hinsichtlich unbestrittener Aktivforderungen einschränkt.[9] Auf jeden Fall aber sollte man bestimmte, im kaufmännischen Verkehr übliche Barzahlungsklauseln, die mittelbar ein Aufrechnungsverbot beinhalten, bei der Verwendung unter Un-

---

[1] Zustimmend: BGH ZIP 1987, 916/918; *Canaris* FS Steindorf S. 519/552; *Erman/Roloff* Rz 22; *Bamberger/Roth/Hub. Schmidt* Rz 35; AnwK/*Kollmann* Rz 43; *Horn* WM 1984, 449/452; *H. Roth* WM 1991, 2134.

[2] BGH NJW 1985, 320.

[3] BGH NJW 1983, 1491/1492; OLG Celle BB 1984, 808/809; a. A. OLG Frankfurt a. M. WM 1984, 598/599 f.

[4] BGH NJW 1988, 1375/1377.

[5] *M. Wolf* ZIP 1987, 341/348.

[6] Richtig: *Ulmer/Hensen* § 309 Nr. 3 Rz 11; *Palandt/Heinrichs* § 309 Rz 19.

[7] Für eine solche Restriktion denn auch LG Hannover BB 1981, 324.

[8] BGHZ 92, 312/315 f.; BGH NJW-RR 1986, 1281/1283; ZIP 2003, 621; *Staudinger/Coester-Waltjen* § 309 Nr. 3 Rz 8.

[9] So denn auch BGHZ 107, 185/189; OLG Hamm NJW 1983, 523/525.

ternehmern nicht als Übermaßklauseln qualifizieren. Mit Klauseln wie „Zahlung netto-Kasse" wird verkehrskreistypisch ein Aufrechnungsausschluss für den Fall anerkannter und rechtskräftig festgestellter Gegenforderungen *nicht* beansprucht.[1] Der formularmäßige Ausschluss des Kündigungsrechts in einem Staffelmietvertrag erfasst vernünftigerweise allein die ordentliche Kündigung; für Zweifel, ob er auch das außerordentliche Lösungsrecht einschließt, ist kein Raum.[2] Instandhaltungsklauseln in Formularmietverträgen sind auch ohne einschlägige Klarstellung dahin zu verstehen, dass nur durch den Mietgebrauch verursachte Abnutzungen nach Bedarf und Erforderlichkeit zu beheben sind; vertragsgemäßer Zustand bei Vertragsbeginn wird vorausgesetzt.[3]

Wo sich der Verwender freilich etwa im Vorfeld des Prozesses zunächst selbst auf die Geltung der Klausel auch und gerade für die Ausnahmesituation berufen hat, sollte man ihn unter dem Gesichtspunkt nachfolgender Selbstinterpretation auch hieran festhalten.[4]

4. Sonderproblem: Formularvertrag und separierte Klauselwerke

Vertragsschlüsse zu Standardbedingungen erfolgen nicht selten unter der Verwendung von Formularen, die einen Geltungshinweis auf separierte AGB-Klauselwerke enthalten. Soweit eine Regelungsthematik sowohl im Formularvertrag als auch in den in Bezug genommenen AGB angesprochen ist, stellt sich die Frage nach dem Verhältnis der beiden Regelungsaussagen. Bei inhaltlicher Unverträglichkeit wird im Zweifel Obsolenz der Klauselwerkbestimmung für den Fall der Formularverwendung anzunehmen sein: Die Verwendergegenseite darf und muss der unterschriftsnahen Bestimmung Vorrang beimessen. Im Übrigen sind die Bestimmungen prinzipiell nebeneinander anzuwenden: Den in Bezug genommenen AGB kommt – für die Verwenderseite erkennbar – Ergänzungsfunktion zu. Ausnahmsweise darf der Kunde die Formularvertragsregelung freilich als abschließende Regelung verstehen: Stellt sich die Verletzung von Sicherheitsvorschriften zugleich als Gefahrerhöhung dar, gehen Zweifel, ob die Klausel eines Leitungswasserschaden-Versicherers, grob fahrlässige Verletzung der Sicherheitsvorschriften führe zur Leistungsfreiheit, unter Leistungsfreiheitsgesichtspunkten als abschließende Regelung zu verstehen ist, zulasten des Versicherers. Er kann keine Leistungsfreiheit aus dem Gesichtspunkt einfach-fahrlässiger Gefahrerhöhung geltend machen.[5] **121**

5. Ergänzende Vertragsauslegung

a) Lückenschließung durch ergänzende Vertragsauslegung: Allgemeines. **122** Auch ein Vertrag, dessen Inhalt teilweise oder gar überwiegend durch AGB bestimmt wird, ist grundsätzlich der ergänzenden Auslegung fähig.[6] Wie bei nicht durch AGB ergänzten und konkretisierten Verträgen[7] gilt dies unabhängig davon, ob die Regelungslücke von Anfang an bestanden hat oder nachträglich entstanden

---

[1] Richtig: *Staudinger/Coester-Waltjen* § 309 Nr. 3 Rz 10; *Rabe* EWiR 1987, 417/418.

[2] BGH NJW 2006, 1159/1160; a. A. freilich noch *Brock/Lattka* NZM 2004, 729/731.

[3] OLG Naumburg NJW-RR 2000, 823.

[4] *Lindacher* BB 1983, 160; *Horn* WM 1984, 452; a. A. *Harry Schmidt,* Vertragsfolgen der Nichteinbeziehung und Unwirksamkeit von AGB S. 93 Fn. 48 a. E.

[5] BGH NJW 1995, 56/57.

[6] Ganz h. M.; statt vieler: BGHZ 79, 16/25; 92, 363/369 ff.; BGH NJW 2006, 936/999; *Ulmer/Harry Schmidt* § 306 Rz 31 ff.; *Bamberger/Hub. Schmidt* Rz 31 f.; prinzipielle Vorbehalte unter Berufung auf den topos der „faktischen Normqualität" freilich etwa bei *Rüßmann* BB 1987, 843/845 ff.; *Hart* KritV 1989, 184/192; *E. Schmidt* JuS 1987, 929/935.

[7] S. *Köhler,* AT § 9 Rz 19 m. N.

ist. Wie auch sonst[1] hat die Lückenschließung dabei *normativ* zu erfolgen: Der gebotene Rekurs auf den hypothetischen Parteiwillen bedeutet nicht Exploration dessen, was der Verwender bei Wissen um die Regelungsbedürftigkeit des konkreten Punktes mutmaßlich statuiert hätte und Spekulation darüber, ob der Kunde diese Ergänzung wohl hingenommen hätte, sondern richterliche Komplettierung des lückenhaften Vertrags in Orientierung daran, was die Parteien bei redlicher Denkweise als einen gerechten Interessenausgleich gewollt und akzeptiert hätten.[2] Ist ein Punkt offenbar versehentlich ungeregelt geblieben, kann er deshalb insbesondere nicht aus der Gesamttendenz des Klauselwerks heraus ohne weiteres dahin ergänzt werden, dass auch hier das dispositive Recht zulasten des Kunden als abbedungen anzusehen wäre. Nur Atypizität des Vertrags oder der Regelungssituation erlaubt und gebietet ein Abweichen von der Vorschlagsregelung des dispositiven Rechts.[3] Dass sich ergänzende Vertragsauslegung nur an den Interessen und Verhältnissen orientieren dürfe, wie sie bei den Verwendern der streitigen (lückenhaften) AGB und dem von ihnen typischerweise angesprochenen Kundenkreis gegeben sind,[4] lässt sich nur vertreten, wenn man auch sonst der sog. objektiven AGB-Auslegung anhängt. Wer ein Verbot der (Mit-)Berücksichtigung individuell-konkreter Momente bei der erläuternden Auslegung – richtigerweise (Rz 106) – ablehnt, vermag auch bei der ergänzenden Auslegung keinen prinzipiellen Unterschied zwischen reinen Individualverträgen und Verträgen unter Einbeziehung von AGB anzuerkennen.[5] Richtig ist nur, dass in die Interessenabwägung auch der Gesichtspunkt einzugehen hat, dass der Verwender in Hinblick auf die Rationalisierungsfunktion von AGB gemeinhin ein durchaus legitimes Interesse an gleichförmiger Auslegung seines Konditionenwerks hat. Zumindest überall dort, wo der Verwender den Eindruck erweckt hat, er berücksichtige auch Sonderlagen, steht indes nichts im Wege, auch einschlägigen Sonderinteressen im Rahmen ergänzender Vertragsauslegung Geltung zu verschaffen. Vor allem gilt – Konsequenz des funktionalen Verhältnisses beider Vertragsteile – richtigerweise auch für die ergänzende Auslegung von AGB-Regelungen das Postulat der Individualvertragskonformität (s. hierzu bereits Rz 117): Sonderinteressenberücksichtigung im Individualvertrag schlägt allemal auf die AGB-Auslegung durch.

123 **b) Insbesondere: Ergänzende Vertragsauslegung bei der Schließung von Lücken aus fehlgeschlagener AGB-Einbeziehung oder Klauselunwirksamkeit nach §§ 307–309.** Regelungslücken, die daraus resultieren, dass AGB nach §§ 305 II, 305 c I ganz oder teilweise nicht Vertragsinhalt geworden oder aber wegen inhaltlicher Unbilligkeit nach §§ 307–309 unwirksam sind, sind nach der ausdrücklichen Anordnung des § 306 II grundsätzlich durch Rückgriff auf das dispositive Recht zu schließen (§ 306 Rz 14). Ergänzende Vertragsauslegung ist insoweit nur für zwei Fallgestaltungen zulässig und geboten: wo es an einer einschlägigen allgemeinen Regel des dispositiven Rechts für den betreffenden Vertragstyp überhaupt fehlt oder der konkrete Vertrag nach Regelungsgegenstand und/oder (Rest-)Regelungsinhalt derart vom zugehörigen Normaltypus abweicht, dass die gesetzliche Vorschlagsregelung nicht mehr passt, ferner dort, wo einerseits der Vertragspartner des Verwenders an der Aufrechterhaltung des Gesamtgeschäfts interessiert ist, andererseits dem Verwender ein Festgehalten-Werden am Vertrag nach Maßgabe des dispositiven Rechts nach § 306 III unzumutbar wäre (§ 306 Rz 17).

---

[1] *Jauernig* § 157 Rz 4 m. N.
[2] Statt vieler: *Erman/Armbrüster* § 157 Rz 20; *Soergel/U. Stein* § 5 AGBG Rz 10.
[3] Statt vieler: *A. Stein* § 5 AGBG Rz 8.
[4] So MünchKomm/*Basedow* Rz 43; *Soergel/U. Stein* § 5 AGBG Rz 10; *Erman/Roloff* Rz 23.
[5] Übereinstimmend: *Staudinger/Schlosser* Rz 138.

6. Unklarheitenregel

a) Grundgedanke

Der in § 305 c II positivierte (subsidiäre) Auslegungsgrundsatz, dass Zweifel bei der AGB-Auslegung zulasten des Verwenders gehen (ambiguitas contra proferentem), beruht auf der Erwägung, dass einseitiger Inanspruchnahme von Vertragsgestaltungsfreiheit besondere **Verantwortung** entspricht:[1] Wer Vertragsbedingungen stellt, hat für verständliche und eindeutige Klauseln zu sorgen (**sog. Transparenzgebot**). Klauseln, denen bei zumutbarer Anstrengung vom Vertragspartner *keinerlei* Sinn oder aber jedenfalls kein Gehalt i. S. eingrenzbarer Bedeutungsalternativen abzugewinnen ist, werden wegen Verstoßes gegen § 305 II Nr. 2 nicht Vertragsinhalt.[2] Klauseln, denen bei zumutbarer Anstrengung seitens des Kunden kein *eindeutiger* Sinn abzugewinnen ist, sind nach § 305 c II im kundengünstigsten Sinn zu verstehen. 124

Als Schutznorm zugunsten der Verwendergegenseite ist die Unklarheitenregel zwingenden Rechts; sie kann weder abbedungen, noch umgekehrt werden.[3]

b) Sachlicher Anwendungsbereich

aa) Formulierungsverantwortung des Verwenders für selbst- und fremdverfasste AGB. Die Unklarheitenregel gilt nicht nur bei Verwendung selbstverfasster AGB. Der Verwender trägt die Formulierungsverantwortung vielmehr auch dann, wenn er fremdverfasste AGB stellt.[4] Hiervon eine Ausnahme zu machen, wenn es sich um staatlich empfohlene, von den Interessenverbänden beider Marktseiten erarbeitete oder von einer unparteiischen Stelle verfasste Bedingungswerke handelt,[5] besteht *kein* Anlass.[6] § 305 c II gilt deshalb etwa auch beim Abschluss eines Bauwerkvertrags unter Verwendung der vom Deutschen Verdingungsausschuss für Bauwesen herausgegebenen VOB/B,[7] wenn und soweit die Musterbedingungen in concreto – unter allfälliger Beachtung der Stellenvermutung gem. § 310 III Nr. 1 für Verbraucherverträge – als von einer Seite gestellt zu bewerten sind. Entspricht deren Geltung dem beiderseitigen Parteiwillen, wofür im Baurecht bezüglich der VOB/B bei Auftragserteilung durch die öffentliche Hand oder einen im Bauwesen erfahrenen Unternehmer eine tatsächliche Vermutung sprechen dürfte,[8] kann freilich von einseitigem Stellen keine Rede mehr sein. Sofern man solches für den Verwenderbegriff als konstitutiv erachtet (§§ 305 Rz 32), scheidet eine Anwendung des § 305 c II insoweit bereits mangels Tatbestandsmäßigkeit aus. Sofern man die Möglichkeit gegenseitigen Stellens ein und derselben AGB und damit die Möglichkeit der Verwenderdopplung bejaht,[9] muss man die Anwendbarkeit von § 305 c II jedenfalls im Wege teleologischer Reduktion der Vorschrift verneinen:[10] Bei beidseitigem Einbeziehungswillen bezüglich desselben Bedingungswerkes wird Vertragsgestaltungsfreiheit nicht mehr einseitig in Anspruch genommen. Für eine hierauf gründende besondere Textklarheitsverantwortung ist kein Raum. 125

---

[1] BGH WM 1978, 10/11; *Ulmer* Rz 61; *Stoffels* Rz 365; *Rüßmann* BB 1987, 843/845.

[2] Ausdrückliche einschlägige Klarstellung: OLG Hamm NJW-RR 1994, 888; *Heinrichs* NJW 1995, 1395/1397; s. auch § 305 Rz 88.

[3] BGH NJW 1999, 1865/1866 f; *Stoffels* Rz 369.

[4] Statt vieler: MünchKomm/*Basedow* Rz 28; *H. Roth* WM 1991, 2089.

[5] So *L. Raiser,* AGB S. 263.

[6] Ebenso explizit: *H. Roth* WM 1991, 2089; *Palandt/Heinrichs* Rz 18.

[7] Ganz h. M., a. A. freilich *Jagenburg,* Der Einfluss des AGB-Gesetzes auf das private Baurecht, BauR-Sonderheft 1/1977, S. 3.

[8] *Nicklisch/Weick,* VOB Einl. Rz 55–57.

[9] So *Staudinger/Schlosser* § 305 Rz 31 sowie *Koch/Stübing* § 1 AGBG Rz 18.

[10] So denn auch *Staudinger/Schlosser* Rz 106.

126 **bb) Formulierungsverantwortung des Verwenders unbeschadet allfälliger behördlicher Genehmigung.** Wenn der Verwender seiner besonderen Verantwortung für die Klarheit und Eindeutigkeit der gestellten AGB selbst dann nicht enthoben ist, wenn die betreffenden Bedingungen behördlicherseits als „Mustervereinbarungen" entworfen und empfohlen sind (Rz 125), zediert jene erst recht nicht dort, wo es um die Verwendung eigener oder verbandseigener behördlich genehmigter Geschäftsbedingungen geht.[1]

127 **cc) Keine Formulierungsverantwortung bei deklaratorischer Wiedergabe gesetzlicher Bestimmungen.** Nimmt der Verwender aus Gründen der Vollständigkeit und Übersichtlichkeit der Gesamtregelung textgleich oder im Wesentlichen textgleich Bestimmungen des dispositiven Gesetzesrechts in sein Klauselwerk auf, gehen einschlägige Unklarheiten nicht zu seinen Lasten. Der Geltungssinn ist vielmehr nach der Methode der Gesetzesauslegung zu ermitteln,[2] und zwar richtigerweise auch dann, wenn es eines besonderen Identitätshinweises ermangelt:[3] wer nur das Gesetz abschreibt, übernimmt keine besondere Formulierungsverantwortung.[4] Versucht der Verwender freilich, den Sinn gesetzlicher Regelungen mit eigenen Worten wiederzugeben, trifft ihn auch das Risiko unklarer Formulierung.[5]

128 **c) Personaler Anwendungsbereich.** § 305 c II weist das Unklarheitsrisiko dem „Verwender" zu, § 305 I S. 1 spricht vom „Verwender" als der „Verragspartei", die der anderen für eine Vielzahl von Verträgen vorformulierte Vertragsbedingungen stellt. Wortlautgläubig folgert BGH NJW-RR 2003, 926/927 die Anwendung der Unklarheitenregel setze voraus, dass die Person, von der die vorformulierten Bedingungen gestellt wurden, auch **Vertragspartei** geworden ist. Vergegenwärtigt man sich, dass die Unklarheitenregel in dem Gedanken gründet, dass der Urheber vorformulierter Bedingungen kraft einseitiger Formulierungsmacht die Verantwortung für deren Klarheit trägt, spricht mehr für eine Extension der Unklarheitenregel: Analog § 305 c II sollten auch nach erschöpfter Auslegung verbleibende Zweifel am Vertragsparteistatus des Formulierungsverantwortlichen zu dessen Lasten gehen.[6]

129 **d) Das Erfordernis der Mehrdeutigkeit: die Unklarheitenregel als subsidiäre Auslegungsregel.** In der Hierarchie der Auslegungsmaximen kommt der Unklarheitenregel (neben dem ranggleichen Restriktionsprinzip; hierzu Rz 140) nur ein nachgeordneter Rang zu: Semantische Spielräume allein genügen nicht.[7] Der Rückgriff auf § 305 c II ist vielmehr stets, entgegen verbreiteter unreflektierter Praxis freilich auch nur dann geboten, wenn nach allgemeinen Auslegungsgrundsätzen (hierzu Rz 105 ff.) das (Zwischen-)Ergebnis auf objektive Mehrdeutigkeit lautet.[8] Letzteres verlangt nicht notwendig eine Gleichgewichtslage auf der „Waage der Auslegung" zwischen den verbleibenden Deutungsmöglichkeiten, wie umgekehrt zur Unanwendbarkeit der Unklarheitenregel führende „Eindeutigkeit" nicht erst dann anzunehmen ist, wenn letzte Zweifel schweigen. Als Faustregel sollte vielmehr gelten, dass § 305 c II überall dort, aber auch nur noch dort zum Zuge kommt, wo von den unterschiedlichen möglichen Interpretationen nach den vor-

---

1 Ganz h. M., statt vieler: *Soergel/U. Stein* § 5 AGBG Rz 5; *Palandt/Heinrichs* Rz 18.

2 *L. Raiser*, AGB S. 257; AnwK/*Kollmann* Rz 33; *Bamberger/Roth/Hub. Schmidt* Rz 25.

3 *Staudinger/Schlosser* Rz 104; a. A. insoweit *L. Raiser* aaO.

4 A. A. – unter Berufung auf § 307 III S. 2 – *Kappus* NJW 2003, 322; *Hau* NZM 2006, 563/565.

5 Zutr. *Staudinger/Schlosser* Rz 104.

6 Übereinstimmend: *Gsell* EWiR 2004, 101/102. Wie BGH NJW-RR 2003, 926/927 freilich *Staudinger/Singer* § 133 Rz 62 sowie AnwK/*Kollmann* Rz 37.

7 Zumindest missverständlich: *Rüßmann* BB 1987, 843/845.

8 Statt vieler: BGHZ 112, 65/68; BGH NJW 2004, 2589/2590; *Stoffels* Rz 370; *Staudinger/Schlosser* Rz 100; MünchKomm/*Basedow* Rz 29; *Palandt/Heinrichs* Rz 18; krit. *Schlechtriem* FS Heinrich S. 503/509.

rangigen Auslegungsprinzipien keine den „klaren Vorzug" verdient.[1] Zumindest im Zweifelsfall sollte bei der Grenzziehung dabei auch der Gesichtspunkt der objektiven Vermeidbarkeit von Restunschärfen mitberücksichtigt werden: Die Formulierungsverantwortung des Verwenders und das gebotene Maß an Deutungsdiligenz seitens des Vertragspartners sind interdependent.[2] Wo die Restunklarheit erkennbar keinen Obliegenheitsverstoß des Verwenders darstellt, sind auch vom Kunden wieder gesteigerte Deutungsanstrengungen zu erwarten.

Auslegungsdifferenzen per se keine Unklarheit. Auslegungsdifferenzen in der Judikatur und Fachliteratur – wie sie insbesondere bei „großen" AGB (wie etwa der VOB/B) gelegentlich konstatierbar – mögen im Einzelfall im Wege sonstiger Auslegung nicht behebbare Mehrdeutigkeit spiegeln. *Per se* begründen sie keine Unklarheit i. S. von § 305 c II.[3]

e) Die Geltungsanordnung der Unklarheitenregel: Maßgeblichkeit der kundengünstigsten Deutungsalternative. Die Anweisung an den Rechtsanwender, bei anders nicht auflösbarer Mehrdeutigkeit einer AGB-Klausel vom kundengünstigsten Sinn derselben auszugehen, wirft für diesen zwei Fragen auf: Von der *Methode* her geht es um das Problem Partialanalyse (Vergleich der Deutungsalternativen bei unterstellter rechtlicher Geltung aller potenziellen Regelungsinhalte) – Totalanalyse (Günstigkeitsvergleich unter Berücksichtigung der Ergebnisse und Folgen einer hypostasierten Inhaltskontrolle), bezüglich des *Wertungsmaßstabes* geht es um die Frage, ob das Günstigkeitsurteil individuell-konkret oder generalisierend-abstrakt zu treffen ist. 130

aa) Die Bestimmung der kundengünstigsten Deutungsalternative: Mitberücksichtigung etwaiger Unwirksamkeit nach §§ 307–309. Der Günstigkeitsvergleich hat richtigerweise auch im Individualprozess (zum abstrakten Kontrollverfahren Rz 141) unter Berücksichtigung des Umstands zu erfolgen, ob die jeweilige Deutungsalternative nach §§ 307–309 kontrollfest ist oder nicht. Nur dieser Ansatz macht mit der Teleologie des § 305 c II (Kundenschutz!) uneingeschränkt Ernst. Davon, dass er die Rechtsanwendung in unzumutbarer Weise erschwere,[4] kann keine Rede sein. Die Rspr. praktizierte ihn zunächst verdeckt,[5] zeigt ihre einschlägige Sympathie nunmehr aber endlich[6] auch offen. 131

(1) Halten sich sämtliche verbleibenden Auslegungsmöglichkeiten im Rahmen des nach §§ 307–309 (Noch-)Zulässigen, gilt diejenige, die dem Kunden die beste Rechtsposition einräumt: Eine mehrdeutige Klausel, die darauf angelegt ist, die Rechtsposition des Kunden zu beschneiden, ist restriktiv auszulegen; eine Klausel, deren potenzieller Geltungssinn auf die Gewährung von Rechten geht, die dem Kunden nach dispositivem Recht nicht zustehen, ist extensiv zu interpretieren; nach allgemeinen Auslegungsgrundsätzen nicht behebbare Widersprüche im Klauselwerk sind dahin aufzulösen, dass die dem Kunden günstigere Version gilt (all dies allg. M.). 132

(2) Wäre eine Klausel hingegen bei anscheinend kundenfreundlicher Deutung gemessen an §§ 307–309 inhaltlich (noch) tolerabel, bei anscheinend verwendergünstiger Deutung indes als inhaltlich unbillig zu qualifizieren, ist unter Berück- 133

---

[1] So – unter Übernahme der Formulierung von *D. Schwab,* Einführung in das ZivilR, 15. Aufl., Rz 798 – jetzt auch BGH NJW 2002, 3232/3233 sowie *v. Westphalen* NJW 2003, 1635/1637.

[2] *Lüderitz,* Auslegung von Rechtsgeschäften S. 296.

[3] Einschlägige Klarstellung: BGH NJW 2002, 3233; *Locher,* FS Korbion, 1986, S. 283/287.

[4] So *H. Roth* WM 1991, 2088 f.

[5] Treffende Beobachtung bei *Schlosser* ZIP 1985, 449/458.

[6] S. BGH NJW 1992, 1097/1099; 1994, 1798/1799.

sichtigung der Unwirksamkeit nach §§ 307–309 sowie der Folge solcher Unwirksamkeit letztendlich häufig die zweite Alternative die dem Kunden vorteilhaftere: Da die aus der Klauselunwirksamkeit nach §§ 307–309 resultierende Regelungslücke nach § 306 II grundsätzlich durch Rekurs auf das dispositive Recht, hilfsweise im Wege ergänzender Vertragsauslegung zu schließen ist (§ 306 Rz 15 ff.), gilt nach § 305 c II – nicht nur im Verbandsklageverfahren (hierzu Rz 141), sondern auch im Individualprozess – die scheinbar kundenungünstigere, gegen §§ 307–309 verstoßende Deutung, wenn und soweit die Regelung des dispositiven Rechts oder die durch ergänzende Vertragsauslegung zu gewinnende Regelung für den Kunden vorteilhafter ist als die Regelung(en) bei anderweitiger Deutung.[1] Wo die unmittelbar kundengünstigere Auslegungsalternative inhaltlich mit der Regelung des dispositiven Rechts bzw. der bei Klauselunwirksamkeit mittels ergänzender Vertragsauslegung zu gewinnenden Regelung identisch ist, sind beide Varianten (Deutung i. S. der nach Inhaltskontrollgrundsätzen unbedenklichen Regelung – Deutung i. S. der nach §§ 307–309 zu beanstandenden Regelung) dem Kunden letztlich gleich günstig. Nur in der – praktisch wohl höchst seltenen – Fallgestaltung, dass die unmittelbar kundengünstigere Sinndeutung dem Kunden vorteilhafter ist als die Ersatzregelung bei hypostasierter Maßgeblichkeit der Deutungsalternative, die das Unangemessenheitsverdikt nach §§ 307–309 auslösen würde, stellt selbstredend die erstere auch i. S. der Unklarheitenregel des § 305 c II die dem Kunden günstigere Alternative dar.

Dass die **EG-Richtlinie über missbräuchliche Klauseln in Verbraucherverträgen** in ihrem maßgeblich vom deutschen Recht her inspirierten Art. 5 noch die früher herrschende „gespaltene" Auslegung spiegelt, nötigt *nicht* zum totalen oder partiellen Verzicht auf gleichläufige Bestimmung der kundengünstigeren Auslegungsalternative im Verbands- und Individualprozess:[2] Das Festhalten an der im Kundenschutzinteresse indizierten Mitberücksichtigung der §§ 307–309 auch für den Individualprozess lässt sich allemal damit rechtfertigen, dass Art. 8 der Richtlinie den Mitgliedstaaten allgemein die Errichtung eines höheren Schutzniveaus erlaubt.

134 **bb) Die Bestimmung der kundengünstigsten Deutungsalternative: individuell-konkreter Maßstab.** Im Individualprozess (zum abstrakten Kontrollverfahren Rz 141) ist von mehreren möglichen Deutungen derjenigen Geltung zu verschaffen, die sich in der **konkreten Regelungssituation** für den Kunden als die günstigste erweist.[3]

135 **f) Kasuistik** (zum reichhaltigen versicherungsrechtlichen Fallmaterial s. Anh. § 310 Rz V 137 ff.) Beispiele aus der abunden Judikatur zur Unklarheitenregel, in denen Unklarheit i. S. von § 305 c II *bejaht* wurde: Sieht eine Klausel vor, dass eine

---

[1] Wie hier: OLG Schleswig ZIP 1995, 759/762; OLG München NJW-RR 1998, 393; LG Hamburg NJW-RR 1999, 663; *Stoffels* Rz 374 f.; MünchKomm/*Basedow* Rz 35; *Soergel/U. Stein* § 5 AGBG Rz 16; *Erman/Roloff* Rz 28; *Bamberger/Roth/Hub. Schmidt* Rz 47; AnwK/*Kollmann* Rz 34; *Jauernig/Stadler* Rz 6; *Horn* WM 1984, 449/451; *M. Wolf/Ungeheuer* JZ 1995, 77/83 f. sowie unter Wechsel der Fronten nunmehr auch *Ulmer* Rz 90 f. sowie *Palandt/Heinrichs* Rz 20; a. A. freilich z. B. *Medicus* in: *Heinrichs/Löwe/Ulmer*, Zehn Jahre AGB-Gesetz S. 85; *Köhler,* AT § 16 Rz 27; *Staudinger/Schlosser* Rz 108; *Müller-Graff* JZ 1977, 245/252; *Sambuc* NJW 1981, 313/314; *H. Roth* WM 1991, 2088 f.

[2] So jetzt auch entgegen der in EuZW 1993, 337/340 geäußerten Ansicht *Ulmer* Rz 105; a. A. noch *Michalski* DB 1994, 665/668.

[3] Wie hier z. B. *Staudinger/Schlosser* Rz 110; *Koch/Stübing* § 5 AGBG Rz 11; *Soergel/U. Stein* § 5 AGBG Rz 15; a. A. – Maßgeblichkeit desjenigen Bedeutungsgehalts, der sich typischerweise am stärksten zugunsten der Kundenseite auswirkt – unter Berufung auf das (vermeintliche) Gebot einheitlicher Auslegung freilich z. B. *Ulmer* Rz 92 a, im Ansatz ferner auch *H. Roth* WM 1991, 2135, der sich freilich via Bejahung einer Ausübungskontrolle nach § 242 BGB im Ergebnis der hier vertretenen Ansicht annähert.

Vertragsstrafe fällig wird, sobald der Schuldner in Verzug gerät und dass es einer „besonderen Inverzugsetzung“ nicht bedarf, bleibt unklar, ob das Erfordernis der Mahnung generell abbedungen ist oder ob es lediglich keiner Zweitmahnung bedarf. Nach § 305 c II ist zugunsten des Schuldners vom Erfordernis der allgemeinen Verzugsvoraussetzungen auszugehen.[1] – Wird ein bereits längere Zeit bestehendes Vertragshändlerverhältnis auf eine neue Vertragsgrundlage gestellt und dabei formularmäßig eine nach der Dauer des Vertragsverhältnisses gestaffelte Kündigungsfristregelung getroffen, mag unklar bleiben, ob das Altvertragsverhältnis bei der Ermittlung der einschlägigen Kündigungsfrist mitzuberücksichtigen ist. Bei Kündigung durch den Verwender ist dies nach der Unklarheitenregel des § 305 c II zu bejahen.[2] – Ein formularmäßiger Verzicht des Bürgen auf die Einrede der Aufrechenbarkeit umfasst nicht ohne weiteres den Einwand der unzulässigen Rechtsausübung für die Fallgestaltung, dass dem Hauptschuldner gegen den Gläubiger ein Schadensersatzanspruch aus positiver Vertragsverletzung bei Verwertung von Sicherungsgut zusteht; die einschlägige Mehrdeutigkeit geht zulasten des Gläubigers und Verwenders.[3] – Die in Verkaufsbedingungen für fabrikneue Kraftfahrzeuge verwendete Formularklausel „Der Verkäufer leistet Gewähr für eine dem jeweiligen Stand der Technik des Kaufgegenstands entsprechende Fehlerfreiheit während eines Jahres seit Auslieferung“ ist als Garantieübernahme in Form der Bestands- oder Haltbarkeitsgarantie, nicht nur als Verlängerung der gesetzlichen Gewährleistungsfrist zu qualifizieren. Erfasst werden nicht nur Mängel im Zeitpunkt der Übergabe, sondern alle innerhalb eines Jahres seit Auslieferung aufgetretenen Mängel, die nicht auf einem Verschulden des Käufers oder Ursachen aus seinem Verantwortungs- und Einflußbereich beruhen.[4] – Soll ein Vertrag über den langdauernden Bezug von Kfz-Schmiermitteln mit der Gewährung eines Darlehens an den Abnehmer verbunden werden, lässt die Formularklausel „Das Darlehen wird nach Inkrafttreten der Vereinbarung ausgezahlt, nachdem der Partner Sicherheit durch Beibringung einer Bankbürgschaft geleistet hat“ die Deutung zu, dass der gesamte Vertrag erst mit Beibringung der Bankbürgschaft in Kraft treten soll. Kann der Abnehmer die Bankbürgschaft nicht beibringen, kommt es unter Zugrundelegung dieser kundenfreundlichen Deutungsmöglichkeit auch zu keiner Abnahmeverpflichtung hinsichtlich der Schmierstoffe.[5] – Die Angabe einer Gesamtfahrleistung ist beim Kfz-Leasing mit Restwertabrechnung entbehrlich, weil die tatsächliche Fahrleistung über den Verkaufserlös in den Restwertausgleich einfließt. Eine Formulargestaltung, bei der eine Restwertabrechnungsklausel mit dem Hinweis auf eine bestimmte Gesamtfahrleistung verbunden wird, ist unklar: bei der Verwendergegenseite kann zumindest der Eindruck entstehen, nur bei Überschreitung der benannten Gesamtfahrleistung zum Restwertausgleich verpflichtet zu sein.[6] – Sind in dem vom Bauherrn gestellten Formularvertrag die VOB vereinbart und folgt alsdann der Satz „Garantieleistung entsprechend VOB bzw. BGB“, gilt nach der Unklarheitenregel zugunsten des Bauunternehmers die Mängelgewährleistungsfrist der VOB.[7] – Die in einem Formularmietvertrag enthaltene Klausel, der (gewerbliche) Mieter habe „alle Nebenkosten“ zu tragen, deckt nicht ohne weiteres Bewachungskosten; die einschlägige Unklarheit geht zulasten des Vermieters.[8] –

[1] BGH NJW 1986, 2049/2050.
[2] BGH WM 1987, 964/965.
[3] BGH NJW 1991, 2908/2909.
[4] BGH NJW 1996, 2504/2505.
[5] BGH NJW-RR 1997, 304.
[6] BGH NJW 2001, 2165/2166 f.
[7] OLG Hamm NJW-RR 1988, 467 f.
[8] OLG Düsseldorf NJW-RR 1991, 1354.

Die Klausel in einem Kfz-Mietvertrag, dass der Mieter eine gültige Fahrerlaubnis mit einjähriger Fahrpraxis nachweisen muss, ist nach § 305 c II zugunsten des Mieters dahin zu verstehen, dass auch eine einjährige Gesamtfahrpraxis mit Unterbrechung ausreicht.[1] – Geben Verkaufsbedingungen im Pkw-Handel dem Käufer ein Rücktrittsrecht für den Fall, dass sich der Listenpreis zwischen Bestellung und Lieferung um mehr als 5 % erhöht, kann dieser auch dann zurücktreten, wenn die 5 %-Marke durch zwei separate Preiserhöhungen überschritten wird und eine derselben auf einer Ausstattungsverbesserung beruht.[2] – Bei einer Zahlungsklausel im Softwaregeschäft, nach einer 30 %igen Anzahlung seien „40 % nach Abschluss der Installation und Einweisung", die restlichen 30 % nach Umstellung zu zahlen, wird auch die 40 %-Rate erst mit Abnahmereife fällig.[3] – Die in Kreditkarten enthaltene Klausel, wonach Kreditkarteninhaber und Inhaber von (Familien-)Zusatzkreditkarten gesamtschuldnerisch aus der Kartenbenutzung haften, ist nach der Unklarheitenregel dahin auszulegen, dass die gesamtschuldnerische Haftung nur für die Verbindlichkeiten aus der Benutzung der Zusatzkarte eingreift.[4] – Ein in Autoreisezug-Bedingungen enthaltenes Stornorecht „bis drei Tage vor Abfahrt" ist im Zweifel dahin zu verstehen, dass der Rücktritt bis einschließlich des 3. Tages vor Abfahrt möglich ist.[5] – *Keinesfalls* unklar ist hingegen die in einem Arztvertrag enthaltene Klausel, der (Kassen-)Patient verpflichte sich zur Zahlung der von der Kasse nicht übernommenen Kosten.[6] Die Maßgeblichkeit des Kassen-Honorarsatzes lässt sich allenfalls daraus herleiten, dass die einschlägige Klausel ob ihres Überraschungscharakters nicht Vertragsinhalt wird und/oder wegen Verstoßes gegen das Gebot markttransparenter Konditionengestaltung (s. Rz 15) unwirksam nach § 307 I ist und *deshalb* wieder Kassentarifsätze gelten. Nachgerade lebensfremd ferner: die Meinung, die Klausel „Kutschpferde sind nicht versicherbar" lasse ernsthafterweise auch die Deutung zu, sie umschließe nicht im Kutschdienst eingesetzte Pferde, falls der Einsatz nur gelegentlich erfolgt.[7] Schwerlich richtig weiters die These, bei Überleitung eines Zeitmietverhältnisses mit Fristenplan für Schönheitsreparaturen in ein unbefristetes Mietverhältnis durch Abschluss eines Vertrags mit gleichlautendem Fristenplan bestünden „unausräumbare Zweifel" hinsichtlich der Ermittlung des Fristenablaufs (mit der Folge, dass Zeiten im Geltungszeitraum des ersten Vertrags rechtlich irrelevant).[8] Zumindest zweifelhaft endlich: die Ausflaggung der Verpflichtung des Neuwagenkäufers, den Verkäufer bei erlaubter Geltendmachung von Mängelbeseitigungsansprüchen gegenüber einer Drittwerkstatt hiervon zu unterrichten, als das Zeitmoment betreffend mehrdeutig (mit der Folge, dass die Information unschädlicherweise auch *nach* doppeltem Fehlschlag der Nachbesserung erfolgen kann).[9]

136 **Verneint** wurde demgegenüber die für die Einschlägigkeit der Unklarheitenregel unerlässliche Mehrdeutigkeit etwa für die Klausel „gekauft wie besichtigt und unter Ausschluss jeder Gewährleistung" in Gebrauchtwagenhandel-AGB, obschon der Passus „gekauft wie besichtigt" für sich allein dahin auszulegen wäre, dass die Gewährleistung nur bezüglich erkennbarer Mängel ausgeschlossen ist: der Zusatz „unter Ausschluss jeder Gewährleistung" konkretisiert jenen auslegungsfähigen und -bedürftigen Klauselteil in *seinem* Sinn und macht die Klausel damit insgesamt

---

[1] OLG Hamm NJW-RR 1992, 1275/1276.
[2] OLG Hamm MDR 1995, 46.
[3] OLG Düsseldorf NJW-RR 1996, 821.
[4] LG Wiesbaden BB 1984, 1966.
[5] AG Dortmund NJW-RR 2007, 60/61.
[6] A. A. OLG Köln VersR 1988, 1248.
[7] So freilich OLG Oldenburg NJW-RR 2004, 1029/1030.
[8] So freilich LG Stade NJW-RR 2000, 890.
[9] So freilich BGH NJW 2007, 504.

eindeutig.[1] – Dem Erfordernis eines „gültigen Führerscheins" ist eindeutig *nicht* genügt, wenn der Mieter eines Kraftfahrzeugs zwar im Besitz eines Führerscheins, aber mit einem Fahrverbot belegt ist.[2] – Sieht die Freigabeklausel eines Vorbehaltsverkäufers vor, dass er zur „Rückübertragung" des ihm zur Sicherheit dienenden, unter Eigentumsvorbehalt gelieferten „Gegenstandes" verpflichtet sei, wenn dessen Wert die Gesamtforderung um einen bestimmten Prozentsatz übersteigt, bestehen trotz der unzulänglichen Wortwahl keine ernsthaften, nach § 305 c II relevanten Zweifel daran, dass auch die Vorauszessionen im Rahmen eines verlängerten Eigentumsvorbehalts für die Berechnung der Prozentgrenze zu berücksichtigen sind.[3] – Im Verzicht auf die Dokumentation von Abschnittskontrollen kann nicht ernsthafterweise ein Kontrollverzicht gesehen werden.[4] – Die in den AGB eines Autovermieters statuierte Obliegenheit, bei „Unfällen" die Polizei zuzuziehen, erfasst eindeutig auch den Fall, dass *nur* das Mietfahrzeug beschädigt wird.[5]

7. Restriktionsprinzip

Die Rspr. hat der Unklarheitenregel seit jeher das sog. **Restriktionsprinzip** zur Seite gestellt: AGB-Klauseln, die zum Nachteil des Kunden vom dispositiven Recht abweichen, sind nach früher ganz herrschender, aber auch heute noch weit verbreiteter Meinung im Zweifel eng auszulegen.[6] In der Literatur wird freilich die Eignung des Restriktionsprinzips zumindest als einer selbstständigen Auslegungsregel mehr und mehr infrage gestellt: Nach *Schmidt-Salzer* E. 51 handelt es sich beim Restriktionsprinzip um einen bloßen Unterfall der Unklarheitenregel, viele[7] sprechen ihm gar jegliche Berechtigung neben der Unklarheitenregel ab. 137

a) Grundsätzliche Anerkennung des Restriktionsprinzips als eigenständige Auslegungsregel. Richtigerweise sollte man an der grundsätzlichen Anerkennung des Restriktionsprinzips als einer eigenständigen Auslegungsregel festhalten, obschon aus ihm in der Tat selten Ergebnisse zu vindizieren, die nicht bereits aus der Unklarheitenregel zu gewinnen sind:[8] Beide Auslegungsgrundsätze basieren auf je verschiedenem Geltungsgrund. Während die AGB-genuine Auslegungsmaxime, dass Zweifel bei der Auslegung von AGB zulasten des Verwenders gehen, Ausdruck der besonderen Formulierungsverantwortung dessen ist, der einseitig Vertragsgestaltungsfreiheit in Anspruch nimmt (Rz 124), gewinnt das für AGB-Klauseln und Individualvereinbarungen gleichermaßen geltende Restriktionsprinzip[9] seine Legitimation aus dem Gerechtigkeitsgehalt des dispositiven Rechts: Bei berechtigten Zweifeln über Ob und/oder Ausmaß der Abweichung erheischt eine der Wertentscheidung des Gesetzgebers verpflichtete (normative) Auslegung die Option zugunsten der Vorschlagsregelung des dispositiven Rechts bzw. – bei Zweifeln über das Maß der Abweichung – zugunsten der jener am nächsten kommenden Regelung. Durchaus zu Recht nennt deshalb die Rspr. im Kongruenzbereich beider Maximen dieselben jeweils in einem Atemzug; das Ergebnis der kunden- 138

---

1 BGHZ 74, 383/385.

2 BGH NJW 1984, 289/290.

3 BGH BB 1985, 1085/1087.

4 BGH NJW-RR 2002, 1257 (Speditionsvertrag).

5 OLG Stuttgart VersR 1988, 97 f.

6 BGH WM 1977, 1351/1352; NJW 1979, 2148; DB 1986, 1771/1772; *Brox/Walker,* AT Rz 233; *Brehm,* AT Rz 565; Hk/BGB/*Schulte-Nölke* Rz 4.

7 S. etwa *Stoffels* Rz 377 ff.; *Ulmer* Rz 100 f.; *Soergel/U. Stein* § 5 AGBG Rz 9; *Sambuc* NJW 1981, 313 ff.

8 Wie hier insbes. *Knütel* JR 1981, 221/223.

9 Statt vieler: *Palandt/Heinrichs* § 276 Rz 36 m. w. N.

günstigsten Auslegung wird insoweit doppelt begründet. *Eigenständige* Bedeutung kommt dem Restriktionsprinzip in der Fallgestaltung zu, dass der Einbeziehungsvorschlag entweder von beiden Vertragspartnern gemacht wird oder zwar von einer Seite ausgeht, jedoch dem übereinstimmenden Willen beider Seiten entspricht (zur gegenteiligen Ausgangsvermutung im Verbrauchergeschäft s. § 310 III Nr. 1): Das Prinzip der an der lex dispositiva orientierten Auslegung gilt – anders als die Unklarheitenregel nach § 305 c II (Rz 125) – auch bei beidseitig zu tragender Textklarheitsverantwortung.

139 **b) Anwendungsbereich.** Zu beachten ist freilich, dass sich der Anwendungsbereich des Restriktionsprinzips für denjenigen, der eine geltungserhaltende Reduktion gegen die §§ 307–309 verstoßender Klauseln ablehnt (§ 306 Rz 26 ff.), auch im Individualprozess drastisch reduziert. Die Schutzfunktion des Restriktionsprinzips würde in ihr Gegenteil verkehrt, wenn nach Inhaltskontrollgrundsätzen potenziell unwirksame Klauseln durch restriktive Auslegung mit der Wirkung bestandsfest gemacht würden, dass sich der Kunde „dank" restriktiver Auslegung letztlich schlechter stellte als ohne dieselbe.[1] Aus diesem Befund folgt: Das Restriktionsprinzip ist – neben der Unklarheitenregel nach § 305 c II – zur Anwendung berufen, wenn auch die dem Kunden ungünstigere Auslegungsalternative immerhin (noch) den Mindestanforderungen nach §§ 307–309 genügt. Das Ergebnis kann alternativ auf das Restriktionsprinzip (und die Unklarheitenregel) oder die Unwirksamkeit nach §§ 307–309 gestützt werden, wenn in concreto sowohl die enge Auslegung als auch die weite Auslegung (Letztere via Unwirksamkeit nach §§ 307–309 sowie Verweisung nach § 306 II) zur Geltung dispositiven Rechts führt bzw. im Ausnahmefall der Lückenschließung durch ergänzende Vertragsauslegung (§ 306 Rz 15 ff.) die engere Auslegung just der Vertragsergänzungslösung entspräche. Das Restriktionsprinzip zediert, wo die AGB-Klausel nur bei engerer Auslegung noch den Mindestanforderungen nach §§ 307–309 entspräche, die engere Auslegung aber dem Kunden immer noch ungünstiger wäre als das dispositive Recht bzw. die Vertragsergänzungslösung.

140 **c) Das Restriktionsprinzip als subsidiäre Auslegungsregel.** Wie die Unklarheitenregel ist das Restriktionsprinzip entsprechend seiner Tradition[2] in der Stufenleiter der Auslegungsmaximen ein **nachrangiges Auslegungsprinzip:** Gleichen Ranges wie die Unklarheitenregel[3] greift es im Rahmen des unter Rz 139 umschriebenen Anwendungsbereiches erst dann, wenn nach Anwendung der allgemeinen Auslegungsregeln (Rz 105–123) mindestens zwei verschieden weite Auslegungsmöglichkeiten verbleiben.

8. AGB-Auslegung im Verbandsprozess: Besonderheiten

141 Die allgemeinen Auslegungsgrundsätze gelten auch im Verbandsprozess nach § 1 UKlaG, wobei sich freilich die Frage, ob das Klauselwerk notwendigerweise „objektiv" oder unter (Mit-)Berücksichtigung individuell-konkreter Momente zu interpretieren ist, der Natur der Sache nach *hier* (zum Individualprozess Rz 105/106) nicht stellt: Im abstrakten Kontrollverfahren kann auch die Feststellung des Prüfungsgegenstandes nur generalisierend erfolgen (allg. M.), wie denn auch für eine individualvertragskonforme Auslegung hier selbstredend kein Raum ist. Wie im Individualprozess ist auch im Verbandsprozess aus Kundenschutzgründen eine

---

[1] Zutr. *Knütel* JR 1981, 225; Hk-BGB/*Schulte-Nölke* Rz 4.

[2] Vgl. *Knütel* JR 1981, 223 Fn. 26.

[3] A. A. – für Vorrang des Restriktionsprinzips gegenüber der Unklarheitenregel – freilich z. B. *Sieg* VersR 1977, 489/490.

geltungserhaltende Auslegung übermäßiger Klauseln infolge zu vermutender Redlichkeit des Verwenders grundsätzlich abzulehnen, freilich dort zu bejahen, wo eine Klausel für eine höchst selten vorkommende Situation, für die sie in der Tat der Inhaltskontrolle nicht standhielte, keine Ausnahme vorsieht (i. e. Rz 120). AGB-spezifische, zum Schutze des Kunden entwickelte Auslegungsmaximen wie das Restriktionsprinzip und die Unklarheitenregel würden sinnpervertiert, wenn ihre Anwendung und inhaltliche Ausgestaltung dazu führte, dass potenziell gegen §§ 307–309 verstoßende und in ihrer Verwendung damit zu untersagende Klauseln inhaltskontrollfest werden. Für die Anwendung des Restriktionsprinzips ist deshalb im Verbandsprozess richtigerweise überhaupt kein Raum.[1]

Die **Unklarheitenregel** schließlich ist dahin zu verstehen, dass bei Mehrdeutigkeit dergestalt, dass zumindest eine Deutungsalternative inhaltlich unangemessen, von der zur Unwirksamkeit der Klausel führenden Auslegung auszugehen ist.[2] In Hinblick auf den Umstand, dass die Praxis gerade im abstrakten Kontrollverfahren nicht selten vorschnell auf § 305 c II rekurriert, ist dabei freilich vor *Übertreibungen* bei der Suche nach „Zweifeln" als Voraussetzung der „kundenfeindlichsten" Auslegung mit Nachdruck zu warnen:[3] Ausreichend ist auch hier nicht *jeder* Zweifel, sondern nur der im Wege allgemeiner Auslegung nicht behebbare Zweifel, was gelten soll, wenn mehrere Sinndeutungen *ernsthaft* miteinander konkurrieren (Unklarheitenregel als subsidiäre Auslegungsregel, s. Rz 128).

Beispiele aus der Rechtsprechung, in denen die Unklarheit und ob der Maxime **142**
der „kundenfeindlichsten" Auslegung mithin die Unwirksamkeit nach §§ 307–309 *zu Recht* bejaht wurden: Eine Klausel, wonach der Kunde mit dem „Einwand eines Preis- und Kalkulationsirrtums" ausgeschlossen sein soll, ist zu beanstanden, weil sie in der Tat auch dahin verstanden werden kann, dass sie nicht nur die Berufung auf den ohnehin unbeachtlichen Motivirrtum, sondern auch die Geltendmachung eines u. U. beachtlichen Erklärungsirrtums sowie sonstiger aufgrund des Preis- und Kalkulationsirrtums entstehender Behelfe wie z. B. die Einrede der unzulässigen Rechtsausübung oder eines Anspruchs aus c. i. c. abschneide.[4] – Ob der formularmäßige Ausschluss der Gewährleistung für den Fall fehlgeschlagener Eigennachbesserung wegen Verstoßes gegen § 309 Nr. 8 b (aa) unwirksam ist,[5] erscheint zweifelhaft: Der Hersteller/Händler hat wohl ein legitimes Interesse, bei Behauptung von Mängeln die Sache noch in dem Zustand untersuchen zu können, in dem sie geliefert wurde, damit er unberechtigte Reklamationen zurückweisen, berechtigten Reklamationen aber nachkommen kann. Er will und kann sich im Konkurrenzkampf nicht ohne weiteres nur auf Beweislastgrundsätze berufen. Die Frage kann indes mit BGH NJW 1980, 831/832 offenbleiben, wenn die von einem Radio-, Fernseh- und Fotoeinzelhändler verwandte Klausel dahin lautet, dass jeder „Eingriff" in die Sache die Gewährleistung ausschließe: Die Bestimmung ist jedenfalls in der im Wege allgemeiner Auslegung nicht ausschließbaren Bedeutungsalternative inhaltlich unbillig, dass sie neben dem Fall des erfolglosen Reparaturversuchs auch den Fall erfasst, dass das Gerät lediglich zu dem Zweck geöffnet wird, die Ursache der Störung und damit ggf. das Vorliegen eines Mangels festzustellen.

Ein (Schreck-)Beispiel für die *Überdehnung* der Unklarheitenregel stellt demgegenüber etwa die Argumentation in BGH MDR 1993, 339/340 zur Unwirksam-

---

[1] *Knütel* JR 1981, 225; *Koch/Stübing* § 5 AGBG Rz 8.

[2] Heute nahezu einhellige Meinung, vgl. z. B. BGHZ 91, 55/61; BGH NJW 2003, 1237/1238; *Erman/Roloff* Rz 29; *Palandt/Heinrichs* Rz 19; a. A. freilich noch *Sambuc* NJW 1981, 314.

[3] So zu Recht: *Ulmer* Rz 66 sowie aus der höchstrichterlichen Rspr. etwa BGH ZIP 1984, 1485/1486.

[4] BGH NJW 1983, 1671/1672.

[5] Bejahend: *Löwe/v. Westphalen* § 11 Nr. 10 AGBG Rz 12; verneinend: *Schmidt-Salzer* F. 133.

keit des nicht näher konkretisierten formularmäßigen Verbots der Tierhaltung in Mieträumen dar: Die Unterstellung, der „Durchschnittsmieter" könne und werde der Klausel u. a. ein Verbot der Zierfisch-Haltung in Aquarien entnehmen, stuft denselben kaum verhüllt als debil ein. Kaum minder lebensfremd die Befürchtung von OLG Düsseldorf ZIP 1997, 1845/1847, die Klausel „Der Versicherer ist berechtigt, bei Änderungen von Gesetzen (. . .) einzelne Bedingungen mit Wirkung für bestehende Verträge zu ergänzen oder zu ersetzen" könne (auch) dahin verstanden werden, dass sich der Verwender für den Gesetzesänderungsfall selbst den willkürlichen Austausch von der Änderung nicht berührter Bestimmungen vorbehalte. Zumindest *bedenklich* ferner: die Bejahung der ernsthaften Möglichkeit, die Klauselaussage „Die Gewährleistung erstreckt sich nicht auf handelsübliche Farb- und Maserungsabweichungen" dahin zu interpretieren, es solle hiermit auch die Haftung bei einschlägiger Zusicherung ausgeschlossen werden;[1] die Annahme, eine Klausel in Kreditkartenverträgen, wonach sich die Haftung des Karteninhabers für missbräuchliche Verwendung der abhandengekommenen Karte vom Eingang der Verlustanzeige beim Kreditkartenunternehmer auf grob fahrlässiges Verhalten beschränkt, könne ernsthafterweise dahin (miss)verstanden werden, dass der Kunde vor Eingang der Verlustanzeige das Missbrauchsrisiko auch dann tragen solle, wenn ihm keinerlei Verschulden vorgeworfen werden kann.[2]

III. Unternehmensverkehr

143 Sowohl die allgemeinen wie die AGB-genuinen Auslegungsgrundsätze einschließlich der Unklarheitenregel des § 305 c II gelten gleichermaßen im nichtunternehmerischen *und* unternehmerischen Verkehr (allg. M.). Für bestimmte Regelungsgebiete können sich freilich, da die Deutungsdiligenz des Vertragspartners des AGB-Verwenders nach Verkehrskreisen gestuft ist (Rz 112 f.), Differenzierungen aus dem Gesichtspunkt ergeben, dass Unternehmer typischerweise – allgemein oder branchenspezifisch – über gesteigerte Erfahrung und Verständnismöglichkeit verfügen.

IV. Verbraucherverträge

1. EG-rechtliche Vorgaben

144 In systematischer Nähe zum Transparenzgebot (Art. 5 S. 1 RL) enthält die **Richtlinie 93/13/EWG über missbräuchliche Klauseln in Verbraucherverträgen** zwei *auslegungsbezogene* Aussagen: Bei *Zweifeln* über die Bedeutung einer Klausel wird die für den Verbraucher günstigste Auslegung für maßgeblich erklärt **(Art. 5 S. 2 RL)**, in **Art. 5 S. 3 RL** die Geltung des „Prinzips der verbraucherfreundlichen Auslegung" für abstrakte Kontrollverfahren i.S. von Art. 7 II RL – scheinbar – zurückgenommen. Richtlinie und deutsches AGB-Recht stehen dabei in einem Verhältnis eigentümlicher Dialektik: Da für die erstmals im Entwurf 1992 begegnenden Richtlinienvorschriften ersichtlich das deutsche Recht Pate gestanden hat, eignet jenen zwar rangmäßig Vorrang, diesem aber eine prägende Kraft bei der Inhaltsbestimmung der Richtlinien-Vorgabe.

---

[1] So freilich BGH NJW-RR 1989, 625/626.

[2] So freilich BGH NJW 1991, 1886/1887.

Maßgebliche inhaltliche Ausrichtung der einschlägigen Richtlinienregelung am deutschen AGB-Recht sollte im Einzelnen vor allem heißen: Wie auf nationaler Ebene kommt der Regel „in dubio contra stipulatorem" auch nach Richtlinienrecht nur die Qualität einer *Teilregel* zu; jenseits des Geltungsbereichs derselben bleibt es mangels EG-rechtlicher Vorgabe bei der grundsätzlichen Fortgeltung der Auslegungsregeln des nationalen Rechts.[1] Wie auf der nationalen Ebene eignet der Unklarheitenregel auch als EG-rechtlicher Vorgabe nur die Qualität einer *subsidiären* Auslegungsregel; die Regel greift erst, wenn die Anwendung der vorrangigen – nationalen – Auslegungsgrundsätze zum (Zwischen-)Ergebnis objektiver Mehrdeutigkeit führt.[2] Eine Ausstrahlwirkung von Art. 5 S. 2 RL auf das autonome nationale Recht der Auslegung sollte nur insoweit anerkannt werden, als es um die Steuerung der Gefahr geht, dass der vorrangige Rekurs auf den allgemeinen Auslegungskanon des nationalen Rechts zu einer gemeinschaftsrechtlich nicht hinnehmbaren unmäßigen Einschränkung der Unklarheitenregel führen würde. **145**

Art. 5 S. 3 RL schreibt das im deutschen AGB-Recht entwickelte **Prinzip der (scheinbar) kundenfeindlichsten Auslegung** für das **abstrakte Kontrollverfahren** unionsweit fest: Hält die mehrdeutige Klausel nur bei einer bestimmten Deutung der Inhaltskontrolle stand, ist von der zur Unwirksamkeit der Klausel führenden Auslegungsalternative auszugehen. Die Klausel darf nicht durch die *scheinbar* kundengünstigere Auslegung gerettet werden (allg.M.). Ob **Art. 5 S. 2 RL** – im Einklang mit dem *heute* für das deutsche AGB-Recht herrschenden Verständnis – auch für den **Individualprozess** eine die Unwirksamkeitssanktion mitberücksichtigende Deutung des Gebots der verbraucherfreundlichen Auslegung rechtfertigt und gebietet, erscheint zweifelhaft: Der Richtlinien-Gesetzgeber hat sich ersichtlich am seinerzeit herrschenden Modell einer „gespaltenen" Anwendung des Grundsatzes kundenfreundlicher Auslegung orientiert; die Erkenntnis, dass optimaler Kundenschutz die Mitberücksichtigung der Unwirksamkeitssanktion gebietet, ist keineswegs Gemeingut der Rechte der EU-Mitgliedstaaten. Da Art. 5 S. 2 RL andererseits ausweislich Art. 8 RL nur einen *Mindeststandard* an Verbraucherschutz sichert, sind die nationalen Rechte aber allemal frei, die Unklarheitenregel auch im Individualprozess dergestalt zu praktizieren, dass bei ganzheitlicher Betrachtung verbraucherfeindliche Auslegungsalternativen als das behandelt werden, was sie sind: Art. 5 RL zwingt mitnichten zur Verwässerung des (neuen) deutschen Standards.[3] **146**

Aus dem Katalog der im **Richtlinien-Anhang** aufgeführten Regelbeispiele missbräuchlicher Klauselgestaltung ist der Hinweis in Nr. 1 lit. m thematisch einschlägig: Klauseln, die dem Verwender ein **Vertragsauslegungsmonopol** einräumen, sind gemäß Art. 3 III RL (im Einklang mit der deutschen AGB-Recht-Praxis) für missbräuchlich zu erklären. **147**

2. Vorformulierte Bestimmungen in Mehrfachverwendung

Standard-Verbraucherverträge (§ 310 III Nr. 1) unterliegen vollumfänglich den allgemeinen zur Auslegung von AGB entwickelten Grundsätzen. Auch für sie gilt: Individuelle Vertragsabschlussumstände sind nach Maßgabe des unter Rz 106 ff, 111 **148**

---

[1] Übereinstimmend: *Ulmer* Rz 105; a. A. – jenseits der Unklarheitenregel Möglichkeit und Notwendigkeit des Rekurses auf das gemeinschaftsrechtliche Transparenzgebot – insbes. *Kapnopoulou,* Das Recht der missbräuchlichen Klauseln in der EU, 1997, S. 149 f.

[2] Übereinstimmend: *Ulmer* Rz 105; a. A. freilich etwa *Pfeiffer* Art. 5 RL Rz 47.

[3] Wie hier – entgegen noch in EuZW 1993, 337/340 geäußerter Ansicht – jetzt auch *Ulmer* Rz 105, ferner: MünchKomm/*Basedow* Rz 20; *v. Westphalen* EWS 1993, 161/166; a. A. *Michalski* DB 1994, 665/668.

Ausgeführten auslegungsrelevant (mittelbare Bestätigung der hier vertretenen Linie durch Art. 4 I RL: wenn bei der Inhaltskontrolle vorformulierter Bestimmungen in Verbrauchergeschäften eine Mitberücksichtigung der den Vertragsschluss begleitenden Umstände geboten, kann für die vorgelagerte Auslegungsfrage ob des Wirkungszusammenhangs von Auslegung und Inhaltskontrolle schwerlich anderes gelten). Zulässige individualvertragskonforme Auslegung darf nicht in unzulässige geltungserhaltende Auslegung umschlagen (s. Rz 117). Für eine geltungserhaltende Auslegung infolge zu vermutender Redlichkeit ist dann und nur dann Raum, wenn eine global gefasste Klausel ihrem Wortlaut nach auch höchst selten vorkommende Sondersituationen erfasst und die Klausel nur mit Blick auf diese zu beanstanden wäre (s. Rz 119 f). Die Unklarheitenregel greift – auch aus EG-Richtlinie-Sicht (s. Rz 145) – erst, wenn die Auslegung nach allgemeinen Grundsätzen zu keinem klaren Vorrang einer Deutungsalternative führt (i.e. Rz 129). Kundengünstige Auslegung i.S. von § 305 c II heißt im Verbands- *und* Individualprozess Maßgeblichkeit der scheinbar kundenfeindlicheren Deutungsalternative, wenn dies in Verbindung mit der Unwirksamkeit nach §§ 307–309 für den Kunden vorteilhafter ist (i.e. Rz 131 ff.); die EG-rechtliche Vorgabe von Art. 5 S. 2 und 3 RL steht *nicht* entgegen (s. Rz 146). Zur Stellensvermutung gem. § 310 III Nr. 1 in Umsetzung von Art. 3 II RL, s. Rz 125. Zur Unangemessenheit von Klauseln, die dem Verwender ein Auslegungsmonopol vorbehalten sollen, s. Rz 147.

3. Vorformulierte Bestimmungen in Einzelverwendung

149 Für vorformulierte Bestimmungen in Verbraucherverträgen in Einzelverwendung enthält § 310 III Nr. 2 in Vollzug der EG-rechtlichen Vorgabe von Art. 5 S. 2 RL ausdrücklich eine Geltungsverweisung auf § 305 c II. Die Unklarheitenregel greift bei anderweit nicht ausräumbarer Mehrdeutigkeit wie bei Standardverträgen (s. Rz 129, 145) und kann aus Gründen der Verbraucherschutzoptimierung wie bei diesen (s. Rz 131 ff., 146) im Individualprozess je nach Lage des Falles zu „kundenfeindlicher" oder „kundenfreundlicher" Auslegung führen.

V. Revisibilität der Auslegung von AGB

Schrifttum: *Lindacher,* Revisionsrichterliche Überprüfung der Auslegung Allgemeiner Geschäftsbedingungen, FS Horn, 2006, S. 83.

1. Inländische AGB

150 Eine revisionsrichterliche Überprüfung der AGB-Auslegung rechtfertigt sich aus dem Bedürfnis nach einheitlicher Handhabung Allgemeiner Geschäftsbedingungen einer bestimmten Verbreitungsdichte.[1]

151 Unter dem Geltungsmonopol der Grundsatzrevision (§ 543 I/II ZPO) stellt sich die Frage nach Zulässigkeit und Grenzen einschlägiger Kontrolle dabei bereits und vor allem auf der Revisions*zugangsstufe* (Rz 152 f.). Jenseits des Revisionszugangs ist für die Revisibilitätsfrage, da der Revisionsrichter wohl auch an die Feststellung des tragenden Grundes der Zulassung gebunden ist (Rz 154), nur noch Raum, wenn dem Inhalt einer AGB-Bestimmung Entscheidungserheblichkeit in einer Rechtssache zukommt, für die die Revision aus einem anderen Gesichtspunkt zugelassen wurde.

[1] Zuletzt BGH NJW 2005, 2919/2921 m.w.N.

a) Grundsätzliche Bedeutung i. S. von §543 II S. 1 Nr. 1 ZPO kommt einer Rechtssache zu, wenn sie eine entscheidungserhebliche, klärungsfähige und klärungsbedürftige Rechtsfrage aufwirft, die über den Einzelfall hinausreicht, sich auch in anderen Fällen immer wieder stellen kann.[1] *Revisions*richterlicher Klärungsbedarf besteht dabei, wenn die Einheitlichkeit der Auslegung nicht bereits auf der Instanzebene zu leisten ist. **152**

Dem Erfordernis der Einzelfallübergreiflichkeit ist bei AGB regelmäßig Genüge getan: wenn und weil sie zur Verwendung in einer unbestimmten Zahl von Fällen bestimmt sind, darüber hinaus wohl auch bei einem geschlossenen, aber großen Personenkreis; im Übrigen, wenn die entsprechende Klausel zu den „typischen Vertragsbestimmungen" zählt, im geschäftlichen Verkehr mithin auch sonst breitflächig verwendet wird. Interpretativer Klärungsbedarf besteht unter Divergenzvermeidungsgesichtspunkten (§543 II S. 1 Nr. 1 ZPO), wenn das Auslegungsergebnis objektiv zweifelhaft ist oder insoweit unterschiedliche Auffassungen vertreten werden und die Frage judiziell nicht hinreichend geklärt erscheint.[2] Relevante Entscheidungsdivergenz (§543 II S. 1 Nr. 2 ZPO) indiziert allemal Klärungsbedarf. Hinsichtlich des Bedeutungssinns Allgemeiner Geschäftsbedingungen, deren Verwendung über den Bezirk eines OLG hinausreicht, kommt dem BGH als Zentralgericht die natürliche Auslegungsprärogative zu: Bei Klärungsbedarf (Auslegungsergebnis objektiv zweifelhaft, Im-Streit-Stehen der Sinndeutung) ist zwecks Divergenzvermeidung revisionsrichterliche Klärung indiziert, soweit nicht bereits gehäufte konvergente obergerichtliche Spruchpraxis oder eine einschlägige höchstrichterliche Stellungnahme vorliegt. Letzternfalls kommt für das der höchst- bzw. obergerichtlichen Linie folgende Berufungsgericht eine Revisionszulassung nur in Betracht, wenn neue Argumente ins Feld geführt werden, die den BGH zur Korrektur der bisherigen Linie veranlassen könnten. Abweichung von der bisherigen Sinndeutung verpflichtet ohnehin zur Revisionszulassung. Steht die Auslegung einer Bestimmung aus einem Klauselwerk in Rede, dessen Verwendungsradius nicht über den Bezirk eines OLG hinausreicht, dürfte die Auslegungsprärogative hingegen grundsätzlich beim OLG anzusiedeln sein, dem Revisionsrichter nur eine Subsidiärkompetenz zuzusprechen sein. Für die Zulassung der Revision gegen Berufungsurteile des OLG dürfte das im Einzelnen heißen: Divergenzvermeidungsgesichtspunkte erheischen keine Klärungszuweisung an den BGH. Das auf Berufung gegen ein amtsgerichtliches Urteil künftig potenziell mit der nämlichen Auslegungsfrage befasste LG wird sich in aller Regel an der Entscheidung „seines" OLG orientieren, unbeschadet des Umstands, dass seine Entscheidung nicht vom OLG, sondern nur vom BGH kontrolliert und kassiert werden kann. Selbst das Vorliegen einer abweichenden Entscheidung eines LG (als Berufungsgericht) nötigt das OLG wohl kaum zur Revisionszulassung, wenn die landgerichtliche Entscheidung nicht im Widerspruch zu einer einschlägigen *Vor*entscheidung des OLG steht. Auch insoweit spricht die tatsächliche Vermutung für künftige Konvergenz durch landgerichtliche Anpassung an die OLG-Linie (Irrelevanz zutage getretener Divergenz). Nur ein Abweichen des LG von der vom OLG vorgängig getroffenen Auslegungsaussage lässt Revisionszulassung unerlässlich erscheinen. Der Berufungsrichter auf LG-Ebene hat hingegen immer Revision zum BGH zuzulassen: im Fall der Abweichung von einer Vorentscheidung des OLG wegen relevanter Divergenz, bei fehlender Vorentscheidung zwecks Steuerung abstrakter Divergenzgefahr. **153**

---

[1] BGHZ 151, 221/233; BGH NJW-RR 2004, 537/538; *Wieczorek/Schütze/Prütting*, ZPO, 3. Aufl., §543 Rz 12; *Rimmelspacher* FS Schumann, 2001, S. 327/342.

[2] MünchKommZPO (Aktualisierungsband)/*Wenzel*, 2002, §543 Rz 7; *Musielak/Ball*, ZPO, 5. Aufl., §543 Rz 5 a.

154 **b)** Nach § 543 II S. 2 ZPO ist das Revisionsgericht an die instanzgerichtliche Zulassung gebunden. Das Revisionsgericht kann die Revision nicht aus der Erwägung als unzulässig verwerfen, das Berufungsgericht habe die Zulassungsvoraussetzungen zu Unrecht bejaht.[1] Richtigerweise strahlt die Bindungskraft der Zulassungsentscheidung aber auch auf die Sachprüfungsebene aus: Der Revisionsrichter kann die Beantwortung der durch die einschlägige Revisionsrüge aufgeworfenen Rechtsfrage nicht als dem Tatrichter vorbehalten einstufen, wenn dieser ihre grundsätzliche Bedeutung i.S. von § 543 II S. 1 Nr. 1 ZPO bejaht hat. Keinen Vertrauensschutz verdient der Rechtsmittelkläger wohl nur, wenn die Irrevisibilität der Rechtsfrage in einem § 543 II S. 1 Nr. 1 ZPO vorgelagerten Rechtssatz gründet: Der revisionsrichterlichen Auslegungskontrolle entzogene ausländische AGB (Rz 156) bleiben irrevisibel, auch wenn das Instanzgericht die Revision just zu deren Sinnklärung zugelassen haben sollte.

155 **c)** Kommt der AGB-Auslegung Entscheidungserheblichkeit in einer Rechtssache zu, die durch Revisionszulassung aus einem *anderen* rechtlichen Gesichtspunkt an das Revisionsgericht gelangt ist, kann und *muss* der Revisionsrichter das Auslegungsergebnis überprüfen, wenn die Zulassung (auch) auf die rechtsgrundsätzliche Bedeutung der einschlägigen Auslegungsfrage hätte gestützt werden können. Eine andere Frage ist es, ob es dem Revisionsrichter verwehrt ist, eine entscheidungserhebliche AGB-Bestimmung auch jenseits dieser Schwelle frei auszulegen. Wenn Sachbefassung in casu zu keiner signifikanten Belastung führt, spricht wenig für eine Gleichwohl-Bindung des Revisionsrichters an das tatrichterliche Auslegungsergebnis. Die Rspr. neigt denn auch ganz offensichtlich dazu, sich die *Befugnis* zu freier Auslegung im breitesten Umfang zu nehmen: Nach BGH NJW 2005, 2919 *kann* das Revisionsgericht AGB selbst auslegen, wenn eine unterschiedliche Auslegung durch verschiedene Berufungsgerichte – verschiedene Landgerichte, verschiedene Oberlandesgerichte oder ein LG und ein OLG – denkbar ist.

2. Ausländische AGB

156 Die Auslegung unter ausländischem Recht stehender AGB ist nach ständiger Rspr.[2] und verbreiteter Literaturmeinung[3] ob der Maßgeblichkeit der Auslegungsregeln des Vertragsstatuts und der potenziellen Prägekraft des „Mutterrechts" der revisionsrichterlichen Kontrolle entzogen. Auf der Revisionszulassungsebene fehlt der einschlägigen Rechtsfrage die Klärungsfähigkeit. Die fehlerhafte Revisionszulassung bindet den Revisionsrichter nicht, weil die Irrevisibilität auf einem § 543 II S. 1 Nr. 1 ZPO vorgelagerten Rechtssatz beruht. Bei Revisionszulassung aus anderem Grund bleibt der Revisionsrichter an die Klauselauslegung des Tatrichters gebunden.

157 Allemal der revisionsrichterlichen Prüfung unterliegt freilich die Frage, *ob* es sich um aus- oder inländische AGB handelt.[4]

---

[1] AllgM; statt mancher: *Zeiss/Schreiber,* ZPR, 10. Aufl., Rz 694; *Musielak/Ball* § 543 Rz 18.

[2] Zuletzt BGH NJW 1994, 1408/1409 m. w. N.

[3] Repräsentativ: *Rosenberg/Schwab/Gottwald,* ZPR, 16. Aufl., § 141 Rz 15; *Schack,* IZVR, 4. Aufl., Rz 646; *Bamberger/Roth/Hub. Schmidt* Rz 49. Kritisch *Ulmer* Rz. 72.

[4] BGH NJW 1991, 36/37 f; *Ulmer* Rz 72; *Soergel/U. Stein* § 5 AGBG Rz 11.

§ 306 Rechtsfolgen bei Nichteinbeziehung und Unwirksamkeit

(1) Sind Allgemeine Geschäftsbedingungen ganz oder teilweise nicht Vertragsbestandteil geworden oder unwirksam, so bleibt der Vertrag im Übrigen wirksam.

(2) Soweit die Bestimmungen nicht Vertragsbestandteil geworden oder unwirksam sind, richtet sich der Inhalt des Vertrages nach den gesetzlichen Vorschriften.

(3) Der Vertrag ist unwirksam, wenn das Festhalten an ihm auch unter Berücksichtigung der nach Absatz 2 vorgesehenen Änderung eine unzumutbare Härte für eine Vertragspartei darstellen würde.

Inhaltsübersicht

Schrifttum: *J. F. Baur,* Salvatorische Klauseln, in: FS Vieregge, 1995, S. 31; *Boemke-Albrecht,* Rechtsfolgen unangemessener Bestimmungen in Allgemeinen Geschäftsbedingungen, 1989; *Bunte,* Ergänzende Vertragsauslegung bei Unwirksamkeit von AGB-Klauseln, NJW 1984, 1145; *Canaris,* Gesamtunwirksamkeit und Teilgültigkeit rechtsgeschäftlicher Regelungen, in: FS Steindorff, 1990, S. 519; *ders.,* Die Problematik der Sicherheitsfreigabeklauseln in Hinblick auf § 9 AGBG und § 138 BGB, ZIP 1996, 1109; *Coester-Waltjen,* Inhaltskontrolle von AGB – geltungserhaltende Reduktion – ergänzende Vertragsauslegung, Jura 1988, 113; *Garrn,* Zur Zulässigkeit salvatorischer Klauseln bei der Vereinbarung von AGB, JA 1981, 151; *J. Hager,* Gesetzes- und sittenkonforme Auslegung und Aufrechterhaltung von Rechtsgeschäften, 1983; *ders.,* Der lange Abschied von der geltungserhaltenden Reduktion, JZ 1996, 175; *Kötz,* Zur Teilunwirksamkeit von AGB-Klauseln, NJW 1979, 785; *Lindacher,* Reduktion oder Kassation übermäßiger AGB-Klauseln?, BB 1983, 154; *Medicus,* Rechtsfolgen für den Vertrag bei Unwirksamkeit von AGB, in: *Heinrichs/Löwe/Ulmer* (Hrsg.), Zehn Jahre AGB-Gesetz, 1987, S. 83; *v. Mettenheim,* Methodologische Gedanken zur geltungserhaltenden Reduktion im Recht der AGB, in: FS Piper, 1996, S. 937; *Neumann,* Geltungserhaltende Reduktion und ergänzende Auslegung von Allgemeinen Geschäftsbedingungen, 1988; *H. Roth,* Vertragsänderung bei fehlgeschlagener Verwendung von AGB, 1994; *ders.,* Geltungserhaltende Reduktion im Privatrecht, JZ 1989, 411; *Rüßmann,* Die „ergänzende Auslegung" Allgemeiner Geschäftsbedingungen, BB 1987, 843; *Schlachter,* Folgen der Unwirksamkeit Allgemeiner Geschäftsbedingungen für den Restvertrag,

JuS 1989, 811; *Eike Schmidt*, Teil- oder Totalunwirksamkeit angreifbarer AGB-Klauseln?, JA 1980, 401; *ders.*, Grundlagen und Grundzüge der Inzidentkontrolle Allgemeiner Geschäftsbedingungen nach dem AGB-Gesetz, JuS 1987, 929; *Harry Schmidt*, Vertragsfolgen der Nichteinbeziehung und Unwirksamkeit von Allgemeinen Geschäftsbedingungen, 1986; *P. Ulmer*, Teilunwirksamkeit von teilweise unangemessenen AGB-Klauseln?, NJW 1981, 2025.

I. Regelungsanliegen und Struktur der Vorschrift

1 Die Vorschrift, wortlautidente Entsprechung von § 6 AGBG, bestimmt die Folgen des Fehlschlagens der Einbeziehung oder der Unwirksamkeit von AGB für Bestand und Inhalt des zwischen Verwender und Kunden geschlossenen Vertrags: Der Vertrag ist nach § 306 I unbeschadet der – zumindest aus der Sicht des Verwenders planwidrigen – Nichtgeltung des Gesamtklauselwerks oder einzelner Klauseln im Kundeninteresse unabhängig vom „hypothetischen Willen" des Verwenders grundsätzlich wirksam. Der Kunde soll nicht Gefahr laufen, durch erfolgreiches Berufen auf einen in die Verantwortungssphäre des Verwenders fallenden Nichtgeltungsgrund bezüglich aller oder einzelner AGB den Gesamtvertrag infrage zu stellen (II/1–2). Die Regelungslücke ist durch einschlägiges dispositives Recht (§ 306 II) oder – im Gesetz nicht explizit ausgesprochen – im Wege ergänzender Vertragsauslegung zu schließen (II/3). Gesamtnichtigkeit tritt nur ein: bei sittenwidrigem Gesamtgepräge, Nichtauffüllbarkeit der Rumpfregelung zu einem sinnvollen Vertragsganzen und Nichtleistung gebotener Information als Wirksamkeitsbedingung der Kernregelung, ferner nach § 306 III, wenn das Festhalten des Verwenders am Vertrag zu einem anderen als dem intendierten Inhalt für diesen schlechthin unzumutbar wäre (III).

II. Der Grundsatz: Vertragswirksamkeit trotz gescheiterter AGB-Einbeziehung oder Unwirksamkeit in Bezug genommener AGB, § 306 I

1. Dogmatik

2 Schon für das allgemeine Zivilrecht ist eine Relativierung des traditionellen Rechtsfolgenkonzepts der §§ 138, 139 BGB konstatierbar:[1] Totalnichtigkeit wird im Wege schutzzweckorientierter Rechtsfolgendifferenzierung bereits bei § 138 BGB zunehmend nur noch als Regelrechtsfolge verstanden. Die in § 139 BGB statuierte Regel, dass Teilnichtigkeit im Zweifel Gesamtnichtigkeit auslöst, wird – wiederum in Ausrichtung am jeweiligen Verbotstelos – durch Entwicklung fallgruppenspezifischer Gegenregeln aufgelockert. Insbesondere beim Verstoß gegen solche aus § 138 BGB zu vindizierenden Verhaltensnormen, die gerade auf den Schutz des typischerweise schwächeren Vertragspartners angelegt sind, wird – zu Recht – nur Unwirksamkeit der zu mißbilligenden (Teil-)Abrede angenommen, wenn und soweit Vertragsnichtigkeit zur Gänze dem Geschützten mehr Steine als Brot geben würde.

3 Für das AGB-Recht hatten Rechtsprechung und Lehre bereits lange vor Erlass des AGB-Gesetzes den Satz entwickelt, dass die Unwirksamkeit einzelner AGB-Bestimmungen die Wirksamkeit des Vertrags im Übrigen unberührt lässt.[2] § 306 I positiviert nur eine vorgefundene Gegenregel zu § 139 BGB; die Gleichwohl-Ver-

[1] Treffende Befundanalyse und -beschreibung durch *Damm* JZ 1986, 913/915 f. m. w. N.
[2] Repräsentativ – mit reichen Rspr.-Nachweisen – *Sandrock* AcP 159 (1960/61), 481, 524 ff/532.

tragsgeltung folgt nunmehr unmittelbar aus dem Gesetz und muss nicht mehr als judizielle Nichtigkeitsbeschränkung eigens gerechtfertigt und begründet werden.

Unwirksamkeitsbeschränkende Funktion hat § 306 I nicht nur in der Fallgestaltung der Unwirksamkeit einzelner AGB-Klauseln wegen inhaltlicher Unangemessenheit, sondern auch im Falle der Nichteinbeziehung des Gesamtklauselwerks oder einzelner Klauseln trotz unzweideutigen Globaleinbeziehungshinweises des Verwenders, also bei Nichtgeltung der AGB wegen Nichtbeobachtung der Obliegenheit nach § 305 II Nr. 2 oder wegen Verstoßes gegen § 305 c I: Die AGB-Geltung scheitert an den benannten besonderen Einbeziehungsschranken, nicht schon am Erfordernis des Einverständnisses der Verwendergegenseite.[1] 4

Scheitert die AGB-Einbeziehung bereits am qualifizierten Hinweiserfordernis des § 305 II Nr. 1, geht die rechtserhebliche Erklärung von Verwender *und* Kunde auf Vertragsschluss *ohne* AGB-Geltung:[2] § 306 I hat in erster Linie klarstellende Bedeutung, verbietet freilich darüber hinaus von seinem Schutzzweck her, dass sich der Verwender unter Berufung auf den einschlägigen Irrtum durch Anfechtung vom Vertrag lösen kann. Die Vertragsbindung des Verwenders entfällt erst und nur bei unzumutbarer Härte i. S. von § 306 III. 5

2. Anwendungsbereich der Regelnorm des § 306 I

a) Unvollständigkeit des Vertrags hinsichtlich der vorformulierten Teile. § 306 I statuiert die Vertragswirksamkeit trotz Lückenhaftigkeit der intendierten Regelung infolge Nichtgeltung **vorformulierter** Teile. Sind Teile des Individualvertrags unwirksam, bleibt es, unbeschadet einer allfälligen Verwendung von AGB, bei der Vermutungsregel des § 139 BGB: der Vertrag ist im Zweifel nichtig. 6

b) Nichteinbeziehung. AGB werden nicht Vertragsbestandteil i. S. von § 306 I, wenn die Einbeziehung wegen Nichtbeachtung der Verwenderobliegenheiten nach § 305 II Nrn. 1 und 2 oder wegen des überraschenden Charakters der infrage stehenden Klauseln, also nach § 305 c I, scheitert. 7

Ob § 306 I auch bei **verdecktem Dissens** bezüglich der AGB-Einbeziehung einschlägig ist,[3] erscheint hingegen fraglich: die Nichtgeltung der AGB basiert nicht auf der Verletzung einer spezifischen Verwenderobliegenheit. Zumindest dann, wenn der Vertrag bereits erfüllt ist, führt freilich auch die Anwendung der allgemeinen Regel des § 155 BGB so gut wie immer zur Fortgeltung des Vertrags im Übrigen: soweit die essentialia negotii individualvertraglich geregelt sind, entspricht dem nach § 155 BGB maßgeblichen, normativ zu bestimmenden hypothetischen Parteiwillen typischerweise die Geltung des individuell Vereinbarten in Verbindung mit einer Lückenschließung durch dispositives Recht bzw. im Wege ergänzender Vertragsauslegung.[4] Erst recht nach allgemeinen Regeln, nicht nach § 306 I, beurteilt sich der **offene Dissens:** Der Vertrag ist nach § 154 I BGB im Zweifel auch dann nicht geschlossen, wenn sich die Parteien über den Vertragskern individuell vollständig geeinigt haben; niemandem darf gegen seinen erklärten Willen eine vertragliche Bindung aufgenötigt werden.[5] Erfüllung setzt den Vertrag freilich auch hier in Geltung – ohne AGB, vielmehr nach Maßgabe des dispositiven 8

---

[1] A. A. – hier bereits den Einbeziehungswillen des Kunden leugnend und deshalb § 306 I konsequenterweise insoweit eine vertragsschlussherbeiführende Funktion beimessend – *Harry Schmidt* S. 50.

[2] Richtig: *Harry Schmidt* S. 33.

[3] Bejahend *Staudinger/Schlosser* Rz 4 sowie *Bamberger/Roth/Hub. Schmidt* Rz 4; verneinend *Soergel/U. Stein* § 6 AGBG Rz 4.

[4] Zustimmend: *Soergel/U. Stein* § 6 AGBG Rz 4.

[5] *H. Roth* S. 10 f.; *Ulmer/Harry Schmidt* Rz 8; *Palandt/Heinrichs* Rz 4.

Rechts: Leistungserbringung und -annahme erlauben im Verein mit anderen Umständen (vorgängige Leistungsankündigung oder -anmahnung, Verhandlungen über Nachfristen usw.) den Schluss, dass sich die Beteiligten trotz Dissens in der AGB-Geltungsfrage vertraglich gebunden erachteten; die Unwirksamkeitsvermutung des § 154 I 1 BGB ist via Selbstinterpretation durch späteres Verhalten *ex post* als widerlegt zu betrachten. Wo ein stringenter Schluss dieser Art nicht möglich, ist jedenfalls ein In-Geltung-Setzen des unvollkommenen Vertrags *ex nunc* zu bejahen: Die Leistungserbringung beinhaltet ihrem objektiven Erklärungsgehalt nach ein neues Vertragsangebot ohne AGB, die widerspruchslose Entgegennahme der Leistung die Annahme desselben.[1]

9 Bei Nichteinbeziehung infolge wirksamer **Anfechtung der Einbeziehungsvereinbarung** (zur einschlägigen Zulässigkeit und den Voraussetzungen derselben § 305 Rz 108) ist § 306 I seiner ratio gemäß (s. Rz 1) dann und nur dann anwendbar, wenn der Anfechtungsgrund in die Verantwortungssphäre des *Verwenders* fällt. Ansonsten beurteilt sich die Vertragsgeltungsfrage richtigerweise nach § 139 BGB. § 306 ist demgemäß einschlägig bei erfolgreicher Anfechtung des Kunden wegen arglistiger Täuschung seitens des Verwenders (§ 123 BGB), nicht bei wirksamer Anfechtung durch den Kunden wegen nicht verwenderseits induzierten Irrtums nach § 119 I BGB.[2]

10 **c) Unwirksamkeit.** Hauptanwendungsfall der Tatbestandsalternative der Unwirksamkeit ist die Unwirksamkeit formularmäßiger Bestimmungen nach §§ 307–309.

11 Erfasst werden aber dem Regelungsgedanken der Vorschrift nach[3] auch die Fälle der Klauselnichtigkeit wegen **sonstigen Gesetzesverstoßes** (Beispiel: Gerichtsstandsklauseln im inhaltlichen Widerspruch zu § 38 ZPO) oder wegen **Sittenwidrigkeit nach § 138 BGB** (von praktischer Bedeutung, wo die Sittenwidrigkeit auf Gründen beruht, die nichts mit einer Benachteiligung des Kunden zu tun haben), ferner Fälle nichtigkeitsbedingender Verstöße gegen gesetzliche **Formvorschriften** (Beispiel: Schiedsklauseln unter Verstoß gegen § 1031 ZPO).

12 Bei Unwirksamkeit einer AGB-Klausel infolge **(Teil-)Anfechtung** durch den Kunden (zur Zulässigkeit und den Voraussetzungen der Teilanfechtung § 307 Rz 10) ist § 306 seiner ratio gemäß (s. Rz 1) nur anwendbar, wenn der Anfechtungsgrund in die Verantwortungssphäre des Verwenders fällt, wie im Falle der arglistigen Täuschung durch den Verwender (insoweit allg. M.), nicht im Falle eines nicht verwenderseits induzierten Irrtums nach § 119 I BGB. Letzternfalls bleibt es bei den zur Teilanfechtung allgemein entwickelten Grundsätzen.[4]

3. Zwingender Charakter der Vorschrift

13 Bei der (Streit-)Frage, ob § 306 I zwingenden oder dispositiven Rechts, sind zwei in der einschlägigen Diskussion miteinander vermengte Problembereiche strikt zu trennen: Jedem Verwender steht es frei, sein Vertragsangebot unter die Rechtsbedingung der Akzeptanz seiner AGB zu stellen. Nimmt die Gegenseite nur unter Verwahrung gegen die Geltung der in Bezug genommenen AGB oder gar unter

---

[1] *Lindacher* JZ 1977, 604 f.

[2] Übereinstimmend: *H. Roth* S. 15; *Ulmer/Harry Schmidt* Rz 18; a. A. – für Anwendbarkeit des § 306 in allen Anfechtungsfällen – freilich z. B. MünchKomm/*Basedow* Rz 7; *Erman/Roloff* Rz 4.

[3] Allg. M.; statt vieler: BGH NJW 1992, 897; *Stoffels* Rz. 586; *Soergel/U. Stein* § 6 AGBG Rz 5.

[4] Wie hier: *Harry Schmidt* S. 37 f, zumindest im Ergebnis übereinstimmend auch *Locher* BB 1981, 818/821 f.

dem Vorbehalt der Geltung der eigenen AGB an, kommt es nach der Vermutungsregel des § 154 I BGB nicht zum Vertragsschluss. Es fehlt bereits an der vertraglichen Einigung als Voraussetzung für die Anwendbarkeit des § 306 (Rz 8). § 306 I selbst ist indes seiner Schutzfunktion gemäß (Rz 1) *zwingenden* Rechts[1] und deshalb weder formularmäßig noch durch Individualvereinbarung abdingbar.[2] Selbst ein Bedürfnis, abweichenden Individualabreden dann (und nur dann) Maßgeblichkeit zuzubilligen, wenn die Vertragsgeltung ausdrücklich davon abhängig gemacht wird, dass *bestimmte* vorformulierte Vertragsbedingungen Bestand haben,[3] ist *nicht* anzuerkennen: das allfällige Interesse des Verwenders, bei Nichtvalidierung in ihrer inhaltlichen Angemessenheit zweifelhafter Klauseln nicht am Vertrag festgehalten zu werden, ist nach der gesetzgeberischen Wertung nur nach Maßgabe des § 306 III schutzwürdig.[4]

4. Der Inhalt des wirksam gebliebenen Vertrags

a) Dispositives Recht als Regelersatzordnung, § 306 II. Die aus der Nicht- 14
einbeziehung oder der Unwirksamkeit von AGB resultierende Vertragslücke ist nach § 306 II durch Rekurs auf das einschlägige dispositive Recht zu schließen: An die Stelle der vom Verwender mittels AGB intendierten Regelung tritt die Vorschlagsregelung des Gesetzes, sei es in der Form echter Substitution, sei es – so bei formularmäßiger Einräumung zusätzlicher, vom dispositiven Recht nicht vorgesehener Befugnisse – durch ersatzlosen Wegfall der betreffenden AGB-Klausel. Gesetzesrecht i. S. von § 306 II ist dabei nicht nur das von der Rspr. entfaltete und konkretisierte geschriebene Recht des jeweiligen Vertragstyps und des allgemeinen Vertrags- und Schuldrechts, sondern – wenn der konkrete Vertrag keinem gesetzlich geregelten Vertragstyp zuzuordnen ist – auch das per analogiam heranziehbare geschriebene Recht eines verwandten Vertragstyps sowie alle zu Richterrecht verfestigten ungeschriebenen Rechtssätze sowohl zum Recht des speziellen Vertragstyps als auch zum allgemeinen Schuld- und Vertragsrecht.[5] Keine gesetzlichen Vorschriften i. S. von § 306 II (sondern ihrerseits nur AGB-Bestimmungen) beinhalten demgegenüber – selbstverständlich – die Regelungsentwürfe von VOB/B.[6]

**b) Die Ausnahme: Lückenschließung durch ergänzende Vertragsausle- 15
gung. aa) Zulässigkeit.** Richtigerweise ist das dispositive Recht indes nur *Regel-,* nicht exklusive Ersatzordnung. Wo es an (geeignetem) dispositivem Recht fehlt, ist der Versuch der Lückenschließung durch ergänzende Vertragsauslegung geboten.[7] Das folgt zwar entgegen verbreiteter Ansicht[8] keineswegs unmittelbar aus § 306 II: der Verweis auf die „gesetzlichen Vorschriften" erfaßt nur das Sachrecht, nicht auch – über §§ 133, 157 BGB – das Institut der ergänzenden Ver-

---

[1] Richtig: *Locher* § 10/1; *Koch/Stübing* § 6 AGBG Rz 4; *Bamberger/Roth/Hub. Schmidt* Rz 8.

[2] A. A. in Letzterem z. B. *H. Roth* S. 51 f. sowie MünchKomm/*Basedow* Rz 9.

[3] So *Ulmer/Harry Schmidt* Rz 23; im Ergebnis wohl auch *J. Hager* S. 191.

[4] A. A. *Ulmer/Harry Schmidt* aaO.

[5] Allg. M.; statt vieler: *H. Roth* S. 51 f.; *Ulmer/Harry Schmidt* Rz 27; *Soergel/U. Stein* § 6 AGBG Rz 14.

[6] BGH NJW 1999, 3260/3261.

[7] Ganz h. M.; aus der Rspr. BGHZ 90, 69/75 ff; BGH NJW 2000, 1110/1114; 2002, 3098/3099; aus dem Schrifttum – statt vieler – *Staudinger/Schlosser* Rz 12; MünchKomm/*Basedow* Rz 22 ff.; *Stoffels* Rz 612 f; *Ulmer* NJW 1981, 2030 f.; *Lindacher* BB 1983, 154/158; *Bunte* NJW 1984, 1145 ff.; *Harry Schmidt* S. 180 ff.; a. A. freilich etwa *Götz* NJW 1978, 2223/2224 sowie *Eike Schmidt* JuS 1987, 929/935, zwar nicht generell ablehnend, aber deutlich einschränkend auch *Trinkner* BB 1984, 490 ff.

[8] BGHZ 90, 69/75 f.; 92, 363/370; LAG Saarland ZIP 1988, 192/194 f.; *Soergel/U. Stein* § 6 AGBG Rz 15; *Grunsky* AcP 187, 102/104 f.

tragsauslegung.[1] Andererseits bedarf die ergänzende Vertragsauslegung als anerkanntes Instrument der allgemeinen Rechtsgeschäftslehre auch nicht erst ausdrücklicher Zulassung durch Gesetz. Es genügt, dass dasselbe (insbesondere § 306 II) den – hilfsweisen – Rekurs nicht ausschließt. Ein solcher Ausschluss war aber ausweislich der – nach wie vor auslegungsrelevanten – Materialien zum AGBG (BT-Drs. 7/5422 S. 5) vom historischen Gesetzgeber gerade nicht intendiert und wird auch nicht objektiv von der „Politik des Gesetzes" gefordert: Richtig praktizierte richterliche Vertragsergänzung ist keine Vertragshilfe zugunsten des Verwenders, sondern ermöglicht dort, wo es an dispositivem Recht zur Lückenschließung fehlt, die vor allem im Kundeninteresse liegende Aufrechterhaltung des Vertrags.

16 An geeignetem dispositivem Recht mangelt es, wenn es im regelungsbedürftigen Punkt an einer allgemeinen Regel für den betreffenden Vertragstyp überhaupt fehlt oder der konkrete Vertrag nach Regelungsgegenstand und/oder (Rest-)Regelungsinhalt derart vom zugehörigen Normaltypus abweicht, dass sein Geltungssinn vernünftigerweise nicht mehr im Wege der Sachverhaltssubsumtion unter die allgemeine Regel, sondern nur durch wertende konkrete Deutung zu gewinnen ist.[2] Dabei ist zwar einerseits darauf Bedacht zu nehmen, Judikaturaussagen in Bereichen fehlenden gesetzten Rechts nicht vorschnell als objektives Recht (und damit als dispositives Recht i. S. von § 306 II) zu qualifizieren.[3] Mindestens ebenso nachdrücklich zu warnen ist freilich vor (zu) großzügiger Leugnung der Geeignetheit einschlägigen dispositiven Rechts. Die in BGHZ 96, 18/27 getroffene Aussage, bei einer mit § 309 Nr. 7 unvereinbaren Übermaßfreizeichnung sei für die Annahme eines Haftungsausschlusses oder einer Haftungsbegrenzung für Fälle schlichter Fahrlässigkeit im Wege ergänzender Vertragsauslegung nur bei einer „zwingenden Sonderlage" Raum, ist entgegen *Ulmer/Harry Schmidt* § 306 Rz 33 Fn. 155 nicht Ausdruck besonderer (= ungerechtfertigter) Strenge; sie markiert zutreffend die Grenze des Anwendungsbereichs jenes Instituts.

17 Gleichgültig, ob man die Fallgestaltung als *Unterfall* des Fehlens *geeigneten* dispositiven Rechts[4] oder als *neben* diese Fallgruppe tretende besondere Kategorie begreift – vom Ergebnis her sollte außer Zweifel stehen, dass Lückenschließung mittels ergänzender Vertragsauslegung im beidseitigen Interesse (auch) dort geboten ist, wo auch und gerade die Verwendergegenseite an der Aufrechterhaltung des Gesamtgeschäfts interessiert ist, andererseits dem Verwender ein Am-Vertrag-festgehalten-Werden nach Maßgabe des dispositiven Rechts unzumutbar wäre, ohne richterliche Vertragsergänzung mithin nach § 306 III Gesamtnichtigkeit einträte.[5] Ein *Beispiel* für die Notwendigkeit und Angemessenheit des Rekurses auf die ergänzende Vertragsauslegung aus dem letztgenannten Gesichtspunkt lieferte etwa die Rechtsprechungsverschärfung zur Bürgschaft auf erstes Anfordern: Der Besteller hat bei Bauverträgen mit Blick auf die Insolvenzhäufigkeit im Baugewerbe ein elementares Interesse, seinen Vertragserfüllungsanspruch gesichert zu wissen. Eine Sicherung durch eine Bürgschaft auf erstes Anfordern wurde von der Rechtsprechung bis zur Entscheidung BGHZ 150, 299 nicht beanstandet. Das ersatzlose Wegbrechen der einschlägigen Sicherheit würde für Besteller bei Altfällen eine unzu-

---

[1] So in Auseinandersetzung mit einschlägigen Mißdeutungen der Entstehungsgeschichte der Vorschrift überzeugend vor allem *Harry Schmidt* S. 159 f., weiters: *Locher* § 10/2; *Canaris* ZIP 1996, 1109/1116.

[2] S. bereits *Lindacher* BB 1983, 158.

[3] Zutr. *Harry Schmidt* S. 168 f.

[4] So *Harry Schmidt* S. 194 f.

[5] S. bereits *Lindacher* BB 1983, 158; zustimmend: *Ulmer/Harry Schmidt* Rz 34 a; *Erman/Roloff* Rz 3; AnwK/*Kollmann* Rz. 15.

mutbare Härte i. S. von § 306 III darstellen. Zur Vermeidung der beidseits unerwünschten Gesamtvertragsnichtigkeit ist ergänzende Vertragsauslegung dahin indiziert, dass an die Stelle einer Vertragserfüllungsbürgschaft auf erstes Anfordern eine schlichte selbstschuldnerische Vertragserfüllungsbürgschaft tritt.[1]

bb) Maßstab. Ergänzende Vertragsauslegung zwecks Schließung der aus der Nichteinbeziehung oder Unwirksamkeit von AGB-Bestimmungen resultierenden Lücken ist, wie auch sonst (s. bereits § 305 c Rz 122), *normative,* auf beidseitigen Interessenausgleich angelegte Vertragsergänzung. Sie führt im Allgemeinen *nicht* dazu, dass die unwirksame Klausel letztendes doch in den Grenzen des nach §§ 307–309 Gerade-noch-Erlaubten aufrechterhalten wird;[2] nur *ausnahmsweise* deckt sich das bei der Berücksichtigung der beidseitigen Interessen Angemessene mit der Obergrenze des nach AGB-Recht Zulässigen. Hat sich beispielsweise der Auftraggeber eines Bauwerks eine überlange Prüf- und Zahlungsfrist ausbedungen, bietet sich beim Fehlen von Sonderumständen der Rekurs auf die Zweimonatsfrist des § 16 Ziff. 3 Abs. 1 VOB/B an, obschon diese Regelfrist außerhalb von Sonderlagen zutreffenderweise[3] zugleich den Grenzwert des AGB-rechtlich Zulässigen markiert: wie viele andere VOB-Bestimmungen ist auch die Regelung des § 16 Ziff. 3 Abs. 1 VOB/B Ausdruck eines gerechten Interessenausgleichs und damit des Ziels ergänzender Vertragsauslegung. 18

Dass ergänzende Vertragsauslegung gelegentlich an Lösungsvorschlägen kollektiv erarbeiteter AGB (wie der VOB/B) anknüpfen kann, erhellt bereits aus dem vorab Gesagten. Der Vorschlag, verbreitete Vertragsmuster, insonderheit auf Fachverbandsempfehlungen basierende Klauselwerke, generell als „Richtlinie" der Vertragsergänzung heranzuziehen,[4] erscheint hingegen schwerlich sachgerecht. Die Rechtswirklichkeit zeigt, dass Verbandsempfehlungen – wie nicht zuletzt inhaltliche Vergleiche zwischen Liefer- und Einkaufsbedingungen ein und desselben Verbands aufweisen – zumindest tendenziell eher auf Wahrnehmung der Interessen der Verbandsmitglieder bis an die Grenze des Gerade-noch-Zulässigen als auf gerechte Interessenbalance angelegt sind, ja nicht selten (trotz kartellbehördlicher Vorkontrolle) als inhaltlich unangemessen zu beanstanden sind. 19

cc) Schranken. Richterliche Hilfe verdient nur der Schutzwürdige. Böswilligkeit des Verwenders steht ergänzender Vertragsauslegung deshalb zwar nicht durchgängig entgegen: Sie ist unverzichtbar, wenn es an dispositivem Recht als Reserveordnung bereits „im Grundsatz" fehlt, der Vertragsrest für sich nicht existenzfähig wäre und ein Interesse an der Vertragsaufrechterhaltung auch und gerade auf der Verwendergegenseite besteht. Soweit einschlägiges dispositives Recht „an sich" vorhanden ist, kann sich der Verwender freilich richtigerweise nicht auf mangelnde Eignung desselben infolge Atypizität der Regelungssituation berufen und eine von der lex dispositiva zu seinen Gunsten abweichende Rechtsfolge geltend machen, wenn der **Verstoß gegen §§ 307–309** und damit die Lückenhaftigkeit der vertraglichen Regelung ohne weiteres **voraussehbar** war.[5] 20

---

[1] BGHZ 151, 229/232 ff = LM § 9 (Bf) AGBG Nr. 48 m. zust. Anm. *Schimmel/Buhlmann.*

[2] Statt vieler: BGH NJW 2000, 1110/1114; *Ulmer/Harry Schmidt* Rz 37 f.; *Bamberger/Roth/Hub. Schmidt* Rz 12.

[3] Ebenso: *Korbion/Locher,* AGB-Gesetz und Bauerrichtungsverträge, 2. Aufl. (1994), Rz 134.

[4] So – unter Hinweis auf die kartellbehördliche Vorkontrolle von Konditionenempfehlungen – *Harry Schmidt* S. 198.

[5] BGHZ 151, 229/236; BGH NJW-RR 2004, 880/881; OLG Karlsruhe MDR 1985, 57; *Ulmer/Harry Schmidt* Rz 37; *Erman/Roloff* Rz 13; AnwK/*Kollmann* Rz 16; *Lindacher* BB 1983, 158; *Altvater* WiB 1996, 374/376; enger – schädlich nur positive Kenntnis des Verwenders – *Bunte* NJW 1983, 1145/1147.

21 *Keine* Sperre bildet hingegen zutreffenderweise allein der Umstand, dass für die Vertragsergänzung **mehrere Gestaltungsmöglichkeiten** in Betracht kommen und sich nicht feststellen lässt, welche von ihnen die Vertragsparteien in Kenntnis der Unwirksamkeit der Klausel gewählt hätten.[1] Auf eine exakte Bestimmung der Ersatzregelung wird es häufig schon deshalb nicht ankommen, weil sich das Gericht im Individualprozess zwischen Kunden und Verwender nicht selten auf die Feststellung beschränken kann, dass jedenfalls *eine* der in Betracht kommenden Alternativen die streitentscheidende Rechtsfolge deckt.[2] Aber auch wo es der Festlegung auf eine von mehreren denkbaren Vertragsergänzungen bedarf, sollten die Grenzen richterlicher Vertragsgestaltung nicht zu eng und jedenfalls weiter als im Bereich von Individualabreden gezogen werden:[3] Bei diesen trifft grundsätzlich beide Parteien die Formulierungsverantwortung; bei der Entscheidung, in welchem Maße Anhaltspunkte für die richterliche Vertragsergänzung bereits im zu ergänzenden Vertrag und seinen Begleitumständen zu fordern sind, kann die Schwelle relativ hoch angesetzt werden. Im AGB-Bereich erfolgt Vertragsergänzung auch und gerade im Interesse der Verwendergegenseite, weil und soweit sie verhindert, dass die Restregelung nichtexistenzfähiger Torso bleibt oder der Vertrag nach § 306 III ingesamt scheitert; die Interventionsschwelle ist deshalb aus Kundenschutzgründen erheblich niedriger anzusetzen. Nach wie vor bleibt es zwar dabei, dass es nicht Aufgabe des Richters sein kann, Verträge gänzlich neu zu schreiben.[4] Darüber hinaus kann es auch nicht ohne weiteres Sache des Richters sein, eine von mehreren im technischen oder betriebswirtschaftlichen Fachschrifttum kontrovers diskutierten Regelungsalternativen als für die Parteien verbindlich zu erklären.[5] Jenseits dieser (Ausnahme-)Tatbestände sollten Befugnis und Pflicht des Gerichts zur Vertragsergänzung indes nicht länger geleugnet werden. Das bloße Absenken der Schranken richterlicher Vertragsergänzung dahin, dass Anhaltspunkte nicht für „jede technische Einzelheit" erforderlich seien,[6] wäre unzureichend.

22 **dd) Kasuistik.** Illustrationsfall par excellence ist das vieldiskutierte Urteil BGHZ 90, 69/74ff. zur Tagespreisklausel im Kfz-Neuwagengeschäft: Die aus der Unwirksamkeit der Tagespreisklausel[7] resultierende Vertragslücke ließ sich nicht im Rückgriff auf dispositives Recht schließen, weil das BGB für den Realtypus „Kauf mit längerer Lieferzeit" keine Regelung hinsichtlich des Einflusses von Kostenänderungen auf den Preis bereithält. Der BGH hat deshalb unter Berücksichtigung des Umstands, dass ein in Kenntnis mehrjähriger Lieferfristen kontrahierender Kunde redlicherweise mit Preissteigerungen rechnen muss, *zu Recht* Befugnis und Pflicht zu richterlicher Vertragsergänzung bejaht.[8] Im Einzelnen hat er dabei den (Rest-)Vertrag dahin komplettiert, dass der Käufer zwar grundsätzlich zur Zahlung des bei Auslieferung geltenden Listenpreises verpflichtet sei, soweit dieser einer nach billigem Ermessen zu treffenden Leistungsbestimmung entspricht, dass dem Käufer aber andererseits ein Rücktrittsrecht zustehe, wenn die Preiserhöhung den Anstieg der allgemeinen Lebenshaltungskosten in der Zeit zwischen Bestellung

[1] A. A. freilich z. B. BGH NJW 2000, 1110/1114; 2006, 996/999; MünchKomm/*Basedow* Rz 28; *Erman/Roloff* Rz 13.

[2] *Ulmer/Harry Schmidt* Rz 38.

[3] Tendenziell übereinstimmend: *Ulmer/Harry Schmidt* Rz 38; *Bamberger/Roth/Hub. Schmidt* Rz 13; *Locher* § 10/2.

[4] Richtig: BGH NJW 1983, 159/162; 1985, 54.

[5] Insoweit durchaus zutreffend BGHZ 93, 358/370f.

[6] S. BGHZ 90, 69/81.

[7] BGHZ 82, 21/24ff.

[8] Wie hier insbes. *Bunte* NJW 1984, 1145ff. und *Emmerich* JuS 1984, 486, ferner: *Harry Schmidt* S. 192f.; *Palandt/Heinrichs* Rz 8; *kritisch* freilich z. B. *Trinkner* BB 1984, 490f. sowie *Löwe* BB 1984, 492ff.

und Lieferung nicht unerheblich übersteigt. *Heute* sollte die Kautelarpraxis angesichts einer langen Reihe höchstrichterlicher Entscheidungen zu Preisanpassungsklauseln, die ein nach Lage der Dinge gebotenes Lösungsrecht nicht in den Klauseltext aufnehmen, freilich nicht mehr auf Rücksicht zählen: Voraussehbarkeit gebotener Klauselverwerfung schließt „Vertragshilfe" zugunsten des Verwenders aus (Rz 20). Unterhalb der Schwelle der Unzumutbarkeit nach § 306 III, die auf Ausnahmefälle zu beschränken, bleibt es richtigerweise beim ursprünglich vereinbarten Preis.[1] – Die durch Unwirksamkeit einer Preisanpassungsklausel im Fernmeldeanlagen-Formularmietvertrag entstandene Lücke hat BGH NJW 1990, 115/116 dahin geschlossen, dass dem Vermieter-Verwender ein Recht zur Erhöhung der „Listenmiete" nur aufgrund und im Rahmen einer tatsächlichen Kostensteigerung zusteht. – Weiteres Anschauungsmaterial: Die in einem Internatsformularvertrag enthaltene Klausel „Der Vertrag gilt bis zum Schulabschluss und kann mit einer Frist von acht Wochen jährlich zum Schuljahresende gekündigt werden" ist nach § 307 unwirksam, weil die Jahresbindung im ersten Jahr der Vertragszeit unangemessen ist. Die hieraus resultierende Lücke im nach § 306 I wirksamen Vertrag ist mangels einschlägiger passender Vorschrift im dispositiven (Dienstvertrags-)Recht im Wege ergänzender Vertragsauslegung dahin zu schließen, dass ein ordentliches Kündigungsrecht zum Ende des ersten Schulhalbjahres zu bejahen.[2] – Sehen die AGB eines Automatenaufstellers vor, dass die Zeitabstände der Abrechnung ihm selbst überlassen bleiben, tritt an die Stelle dieser die Interessen des Gastwirts unangemessen hintansetzenden und deshalb nach § 307 unwirksamen Bestimmung im Wege ergänzender Vertragsauslegung die in der einschlägigen Geschäftspraxis übliche Regelung monatlicher Abrechnung.[3] Nicht über § 306 III, sondern nach den Grundsätzen ergänzender Vertragsauslegung zu lösen gewesen wäre richtigerweise wohl auch der Fall BGH NJW-RR 2002, 1136 = LM § 6 AGBG Nr. 35 m. Anm. *Lindacher.* Will man es dem Grundstücksverkäufer, der ein im Vertragsschlusszeitpunkt unbebaubares Grundstück zu einem bestimmten Preis verkauft hat, sich für den Fall des Baureifeeintritts innerhalb von zehn Jahren aber AGB-mäßig die Abschöpfung der Wertsteigerung vorbehalten hat, bei bejahter Arglosigkeit hinsichtlich der Unwirksamkeit der „Nachschlag"-Regelung nicht zumuten, bei Eventualitätsrealisierung dem Käufer das Grundstück nachschlaglos zu belassen, bietet sich eine wohl beiden Seiten gerecht werdende Ersatzregelung an, die auf ein Wahlrecht der Verwendergegenseite hinausläuft: Der Verwender kann bei signifikanter Wertsteigerung infolge Eintritt des Bebaubarkeitsfalls innerhalb überschaubarer Frist ab Vertragsschluss von der Gegenseite nachfordernd die Wertsteigerung abschöpfen, wenn diese das Grundstück behalten will, bleibt hingegen auf Rücknahme verwiesen, wenn die Nachzahlung verweigert wird.

c) Sonderfallgestaltung: Staffelverweisung. Zielt die Einbeziehungsverein- 23
barung auf die Inkorporierung mehrerer, in ein bestimmtes Rangverhältnis gestellter Bedingungswerke, scheitert indes die Einbeziehung des vorrangigen Klauselwerks an **§ 305 II Nr. 1 oder 2,** gelten grundsätzlich die AGB der folgenden Subsidiaritätsstufe.[4] Nur dort, wo das nachrangige Klauselwerk/die nachrangigen Klauselwerke keine einschlägige Regelung enthält/enthalten oder die vorgesehene Regelung wegen Atypizität der konkreten Regelungssituation nicht passt, ist der Rückgriff auf das dispositive Recht bzw. eine Lückenfüllung durch ergänzende

---

1 *Hau,* Vertragsanpassung und Anpassungsvertrag, 2003, S. 348.

2 BGH NJW 1985, 2585/2587.

3 BGH BB 1984, 1508/1511.

4 *Staudinger/Schlosser* Rz 17; *Locher* § 10/2; *Heiermann* DB 1977, 1737; a. A. – Durchgriff auf das dispositive Recht – freilich etwa *Ulmer/Harry Schmidt* Rz 40.

Vertragsauslegung geboten. Entsprechendes gilt, wenn einzelne Klauseln infolge ihres überraschenden Charakters nach § 305 c I nicht Vertragsbestandteil werden:[1] Der Kunde rechnet ohnehin nicht mit deren Geltung, wohl aber mit der Maßgeblichkeit aller nicht überraschenden Klauseln in den wirksam in Bezug genommenen Bedingungswerken nach Maßgabe des konkreten Rangverhältnisses der Letzteren.

24 Ob auch im Falle der **Klauselnichtigkeit wegen inhaltlicher Unangemessenheit** das nachgestaffelte Bedingungswerk uneingeschränkt die primäre Ersatzordnung darstellt, erscheint hingegen zweifelhaft. Da den einschlägigen Nichtigkeitsvorschriften auch eine Präventionsfunktion eignet, sollte der Regelung des nachrangigen Klauselwerks jedenfalls dort kein Auffangcharakter zukommen, wo die inhaltliche Anstößigkeit von solcher Evidenz ist, dass der Schluss gerechtfertigt ist, der Verwender habe jene erkannt oder sich dieser Kenntnis bewusst verschlossen.[2]

25 Grenzen für die Wirksamkeit einer Staffelverweisung können sich freilich bereits aus dem **Verständlichkeitsgebot nach § 305 II Nr. 2** ergeben (s. auch § 305 Rz 88): Die Staffelverweisung darf nicht so komplex sein, dass sie für den Kunden letztlich undurchsichtig wird:[3] Die Subsidiaritätsleiter des § 1 II VOB/B etwa ist insoweit mindestens Grenzfall.

26 **d) Sonderproblem: Vertragsinhalt bei Klauselunwirksamkeit wegen Übermaßverstoßes.** Das AGB-Gesetz mißbilligt in den §§ 307–309 bereits das *Stellen* inhaltlich unangemessener AGB, nicht erst den unangemessenen Gebrauch einer Klausel im konkreten Einzelfall:[4] Der Rechtsfolge der Unwirksamkeit sind auch solche Klauseln unterworfen, die in ihrem Übermaßteil in zu beanstandender Weise ein Risiko regeln, das sich im Entscheidungsfall nicht realisiert hat. Zu einer drastischen Einschränkung des Anwendungsbereichs des § 306 II kommt man freilich, *wenn* man mit einer verbreiteten Ansicht AGB-Klauseln, die ob ihres Übermaßes und nur deshalb gegen §§ 307–309 verstoßen, **im Wege geltungserhaltender Reduktion** nur in ihrem überschießenden Teil für unwirksam erachtet. Zum „im Übrigen" nach § 306 I fortgeltenden Vertrag zählte dann auch die übermaßkupierte Klausel; für eine Lückenfüllung durch dispositives Recht oder ergänzende Vertragsauslegung wäre insoweit kein Raum.

27 **aa) Streitstand.** Ob eine Übermaßklausel der Totalnichtigkeit verfällt und die einschlägige Regelungslücke sodann durch dispositives Recht, hilfsweise durch ergänzende Vertragsauslegung zu schließen ist, oder der Übermaßklausel – ausnahmslos, grundsätzlich oder ausnahmsweise – durch Übermaßkupierung gleichwohl Geltung zu verschaffen ist, für einen Rekurs auf das dispositive Recht und ergänzende Vertragsauslegung mithin kein Bedürfnis mehr besteht, zählte und zählt noch heute zu *den* Streitfragen des AGB-Rechts: einschlägige höchstrichterliche Judikate haben zwar die *Gewichte* im Meinungsstreit verschoben, die Kontroverse selbst indes nicht aufgehoben.

28 Jedes Ergebnis wird vertreten. Weithin Konsens herrscht nur im Negativen, nämlich dahin, dass sich eine Gleichwohlgeltung im Umfang des Nochzulässigen zu-

---

[1] Ebenso *Heiermann* aaO.

[2] Weitergehend – für durchgängige Maßgeblichkeit dispositiven Rechts bzw. einer im Wege ergänzender Vertragsauslegung zu gewinnenden Ersatzregelung bei Unwirksamkeit der „vorrangigen" Bestimmung – *Ulmer/Harry Schmidt* Rz 40; *Locher* § 10/2; *Fell* ZIP 1987, 690/692f.

[3] Zutr. *Ulmer* § 305 Rz 152 a.

[4] Ganz h. M.; BGHZ 82, 121/128; *Harry Schmidt* S. 104ff. m. w. N.; a. A. die namentlich von *Basedow* AcP 182, 335/356ff. propagierte Lehre von der Ex-post-Betrachtung.

mindest für den Regelfall (zur ausnahmsweisen Zulässigkeit geltungserhaltender Auslegung § 305 c Rz 120) nicht via Auslegung rechtfertigen lässt.[1] Wer einer entsprechenden Teilwirksamkeit das Wort redet, will dieses Ergebnis heute vielmehr ganz überwiegend über eine *Rechtsfolgenbegrenzung* erreichen: die Übermaßklausel verstoße nur in ihrem überschießenden Teil gegen die §§ 307–309 AGB-Gesetz und sei deshalb in ihrem an sich nicht zu beanstandenden Kern zu validieren.[2] Auch die Vertreter der Lehre von der geltungserhaltenden Reduktion relativieren ihre Aussage freilich weithin durch die Anerkennung einer Ausnahme, indem sie aus Präventionsgründen bzw. zur Steuerung institutionellen Fehlgebrauchs Totalnichtigkeit annehmen, sofern sich der Verwender nach Lage der Dinge der Unvereinbarkeit der Klausel mit dem Gesetz bewusst war oder sich der entsprechenden Kenntnis bewusst verschlossen hat,[3] die Klausel nicht mehr als Ausdruck einer seriösen Rechtsansicht betrachtet werden kann.[4] Der Lehre einer solchermaßen eingeschränkten geltungserhaltenden Reduktion zumindest recht nahekommen vom gegenteiligen Ausgangspunkt her diejenigen, die zwar für eine Regelfolge Totalnichtigkeit plädieren, für quantitativ unbedeutende Verstöße und/oder Klauseln, die der Verwender nach sorgfältiger Prüfung der Sach- und Rechtslage subjektiv für wirksam halten durfte, aber eine Ausnahme anerkennen wollen.[5] Nach wie vor eindeutig **herrschend** ist freilich, trotz Frontenwechsels prominenter Autoren,[6] mittlerweile im Anschluss an die höchstrichterlich mehrfach bestätigte Leitentscheidung BGHZ 84, 109/115 ff. die Ansicht, dass eine Rückführung zu weit gefasster bzw. nicht hinreichend differenzierender Klauseln auf den vom AGB-Gesetz tolerierten Regelungsgehalt *einschränkungslos* zu verneinen sei:[7] „Wer überreizt, hat verloren."[8] Begründungstopos ist dabei überwiegend der Transparenz- und Risikogedanke:[9] Der Verwender sei zu einer AGB-Gestaltung anzuhalten, die so, wie sie sich ihrem textlichen Sinn nach ausnimmt, auch Bestand habe. Dem Schutzzweck des Gesetzes widerspreche es, wenn es dem Verwender möglich bleibe, seine AGB einseitig in seinem Sinne auszugestalten, um es dann der Initiative seines Vertragspartners und den Gerichten zu überlassen, dass derartige Klauseln auf das zulässige Maß zurückgeführt werden.

bb) Praktische Bedeutung des Meinungsstreits. Da auch die Befürworter 29
einer geltungserhaltenden Reduktion gemeinhin mitnichten einer Klauselgeltung mit höchstzulässigem Inhalt das Wort reden, vielmehr ein Zurückschneiden auf das – nur ausnahmsweise mit dem gerade noch Zulässigen zusammenfallende – Angemessene postulieren,[10] kommt dem Meinungsstreit immer dann, wenn es für den

---

[1] A. A. noch *Schmidt-Salzer* E. 52 ff., ferner von seiner Prämisse der Nichtabgrenzbarkeit von Auslegung und Inhaltskontrolle aus auch *J. Hager* S. 43 ff.

[2] So OLG München NJW 1981, 1963; MünchKomm/*Basedow* Rz 13 ff.; *Kötz* NJW 1979, 785/787 ff; *H. Roth* JZ 1989, 411/417 f.; *Grunsky* AcP 189, 579/582; *v. Mettenheim* FS Piper S. 937/950 f.

[3] So insbes. MünchKomm/*Basedow* Rz 13; *Kötz* NJW 1979, 789.

[4] So insbes. *H. Roth* JZ 1989, 418.

[5] So etwa AG Hamburg VersR 1987, 456 f.; *Larenz,* AT, 7. Aufl., § 29 a III d; *Bunte* AcP 181, 31/41 f.; *v. Hippel* BB 1985, 1629/1631 sowie zuletzt vor allem *Canaris* FS Steindorff S. 519/547 ff, 552 ff.

[6] „Tendenziell" für geltungserhaltende Reduktion nunmehr beispielsweise auch *Staudinger/Schlosser* Rz 25.

[7] Aus der Judikatur BGHZ 96, 18/25; 106, 19/26; BGH NJW 2000, 1110/1113; 2006, 1059/1060, aus dem Schrifttum, statt vieler: *Larenz/Wolf,* AT § 43 Rz 83; *Bork* AT Rz 1786; *Stoffels* Rz 591; *Ulmer/Harry Schmidt* Rz 14 f.; *Bamberger/Roth/Hub. Schmidt* Rz 15; AnwK/*Kollmann* Rz 12; *Löwe* JuS 1977, 424 Fn. 23; *Eike Schmidt* JA 1980, 401 ff.; *Knütel* JR 1981, 222.

[8] *Schack,* BGB AT Rz 363.

[9] So aus der Rspr. dezidiert BGHZ 96, 18/25 f., aus dem Schrifttum z. B. *Locher* § 10/4 sowie *Soergel/U. Stein* § 6 AGBG Rz 13.

[10] Prononciert: *Canaris* FS Steindorf S. 459 f.; MünchKomm/*Basedow* Rz 14; *J. Hager* JZ 1996, 176.

Regelungssachverhalt an einem passenden Satz des dispositiven Rechts fehlt, im *Ergebnis* keine Bedeutung zu: Die h. M. gelangt zum „Angemessenen" im Zweierschritt, indem sie die aus konstatierter Klauselunwirksamkeit resultierende Lücke interessenausbalancierend im Weg der ergänzenden Vertragsauslegung schließt (s. Rz 15 ff.), die Gegenansicht validiert die Klausel in angemessenem Umfang, indem sie die Unwirksamkeitsfolge von vornherein auf das Übermaß beschränkt. Für Feinabstimmungen wertender Art ist hier wie dort Raum: für die h. M. auf der Ebene der Zulässigkeitsschranken ergänzender Vertragsauslegung (i. e. Rz 20 f.), für die Vertreter der Lehre von der geltungserhaltenden Reduktion via Anerkennung genuiner Anwendungsschranken.

30 Der Meinungsstreit wird praktisch *bedeutsam*, wo regelungssachverhaltsbezogen dispositives Recht bereitsteht: Die dem Verbot der geltungserhaltenden Reduktion verpflichtete h. M. hält den Vertrag nach § 306 II zu den Bedingungen des dispositiven Rechts, die Gegenansicht nach Maßgabe des AGB-rechtlich (Noch-)Zulässigen aufrecht.

31 **cc) Stellungnahme.** Die **Lehre von der geltungserhaltenden Reduktion** übermäßiger AGB-Klauseln ist **abzulehnen.** Die zur Sittenwidrigkeit von Individualverträgen entwickelten Grundsätze zur Nichtigkeitsbeschränkung lassen sich *nicht* auf den Übermaßverstoß von AGB übertragen.[1]

32 **(1)** Richtig ist zwar, dass **individualvertragliche Regelungen,** die ob ihres Übermaßes gegen § 138 BGB verstoßen, unter bestimmten Voraussetzungen in reduziertem Umfang der Validierung fähig sind. Ob Übermaßregelungen zur Gänze der Nichtigkeit verfallen oder nicht, beurteilt sich nämlich bei Fehlen einer expliziten Aussage der einschlägigen Verbots- und Nichtigkeitsvorschrift in erster Linie nach dem Zweck der Verbotsnorm. Und: Der Gedanke, dass die Rechtsordnung Rechtsgeschäften, die gegen Mindestanforderungen der herrschenden Sozialmoral und/oder die dem Recht selbst immanenten Werte und Prinzipien verstoßen, keine Geltung verschaffen darf, verlangt per se nur die Übermaßkupierung. Der Präventionsgedanke aber, zweiter Geltungsgrund des § 138 BGB, erheischt und rechtfertigt die Totalnichtigkeit nur dann, wenn die sittenwidrige Regelung sehenden oder bewusst verschlossenen Auges gesetzt wurde *und* die Gesamtnichtigkeitsfolge nicht gerade auch zulasten schutzwürdiger Dritter bzw. des übermaßbetroffenen Vertragspartners wirken würde. Überall dort, wo dem durch die Übermaßregelung unvertretbar Begünstigten kein subjektiver Missbrauch rechtsgeschäftlicher Privatautonomie vorgeworfen werden kann, scheitert eine geltungserhaltende Reduktion mithin richtigerweise allenfalls daran, dass es an hinreichend bestimmten objektiven Kriterien zur Ermittlung des akzeptablen Regelungskerns oder aber am Erfordernis des einschlägigen beiderseitigen realen oder hypothetischen Parteiwillens mangelt. Muss doch auch das teilweise aufrechterhaltene Rechtsgeschäft – dies zu Letzterem –, eben weil es Rechtsgeschäft, vom realen oder hypothetischen Parteiwillen getragen sein. All das bedeutet: Jedenfalls dann, wenn das noch zulässige Maß objektiv hinreichend bestimmbar ist und dem durch die Übermaßregelung Bevorteilten eine auf das Noch-Zulässige zurückgeschnittene Regelung vernünftigerweise immer noch lieber ist als die Kassationslösung, spricht hier alles für die geltungserhaltende Reduktion i. S. einer Validierung des Noch-Akzeptablen. Denn, während für die Ermittlung des hypothetischen Parteiwillens beim Bevorteilten der Erfolg, den das teilwirksame Geschäft bringt, mit der Totalnichtigkeitsfolge zu vergleichen ist, ist bei der Partei, der das sittenwidrige Geschäft zum Nachteil gereichte, das reduzierte zum gewollten, dem konkreten Umfang nach indes

[1] Vgl. zum Folgenden bereits *Lindacher* BB 1983, 154 ff.

nicht validierbaren Geschäft in Beziehung zu setzen: Wenn und soweit das teilwirksame Geschäft für sie günstiger ist als die Regelung, zu der sie ihr Einverständnis erklärt hat, ist sie erst recht mit der Teilwirksamkeit einverstanden.

(2) Genau im letztgenannten Punkt besteht indes nun zwischen der Regelungssituation übermäßiger Individualvertragsbestimmungen und der Regelungssituation übermäßiger **AGB-Klauseln** ein für den angesprochenen Problemzusammenhang wesentlicher Strukturunterschied:[1] AGB werden nicht dadurch Vertragsinhalt, dass der Vertragspartner des Verwenders – nolens volens – jede einzelne Klausel inhaltlich billigt, sondern durch globale Akzeptanz des einseitig erstellten und gestellten Bedingungswerkes. Bezieht sich aber das rechtsgeschäftliche Einverständnis des Kunden gar nicht auf die zur Beurteilung stehende einzelne Übermaßklausel, geht es auch nicht an, die nach dem AGB-Gesetz noch zulässige Regelung als minus gegenüber der nach der Übermaßklausel intendierten Regelung als von seinem rechtsgeschäftlichen Willen miterfasst anzusehen. Und, auch ein typischerweise dahin gerichteter hypothetischer Parteiwille ist zu verneinen: Es ist nicht einzusehen, weshalb der Vertragspartner bei normativer Wertung redlicher- und vernünftigerweise eine von der lex dispositiva zu seinen Lasten abweichende Regelung auch dort akzeptieren soll, wo es an einer eine solche Abweichung rechtfertigenden Interessen*sonder*lage fehlt – gleichgültig, ob der Übermaßcharakter der verwendeten Klausel von jeher außer Zweifel stand oder ob die entsprechende Erkenntnis Ausdruck eines Rechtsprechungswandels. Lückenfüllung durch einschlägiges Dispositivrecht (statt Geltung des Übermaßkupierten) beschenkt den Kunden (entgegen *Medicus,* Zehn Jahre AGB-Gesetz S. 83/93) nicht mit (zu) günstigen Verträgen, gibt ihm vielmehr nur das zurück, was ihm nach gesetzgeberischer Entscheidung für den Regelfall gebührt. Für den AGB-Bereich gilt deshalb: Der Übermaßverstoß führt nicht nur dort zur Gesamtnichtigkeit, wo sich nach Lage der Dinge der Schluss aufdrängt, der Verwender habe die teilweise Unverträglichkeit der Klausel mit dem Gesetz gekannt oder sich dieser Kenntnis bewusst verschlossen. Der Übermaßverstoß löst vielmehr *generell* die Totalnichtigkeitsfolge aus. Die aus der Gesamtnichtigkeit resultierende Vertragslücke ist nach Maßgabe des dispositiven Rechts bzw. im Wege ergänzender Vertragsauslegung zu schließen, wobei Letztere – als normative Auslegung dem Interessenausgleich verpflichtet – zumindest regelmäßig *nicht* dazu führt und führen darf, dass die unwirksame Klausel letztendes doch in den Grenzen des nach §§ 307–309 *Noch*erlaubten aufrechterhalten wird. 33

Ist beispielsweise die Vertragshaftung formularmäßig für jedes Gehilfenverschulden, entgegen § 309 Nr. 7 mithin auch für Vorsatz und grobe Fahrlässigkeit ausgeschlossen, kann sich der Verwender in aller Regel auch dann nicht auf die Klausel berufen, wenn im Entscheidungsfall lediglich leichte Fahrlässigkeit von Hilfspersonen gegeben ist: Da die einschlägige gesetzliche Risikoverteilung nur in ausgesprochenen Sonderlagen als nicht interessengerecht beiseitegeschoben werden kann, ist für die Bejahung einer Freizeichnung für leichte Fahrlässigkeit durch ergänzende Vertragsauslegung allenfalls höchst ausnahmsweise Raum.[2] – Behält sich der Verkäufer formularmäßig das Eigentum an der gelieferten Kaufsache bis zur Zahlung aller Forderungen aus laufender Geschäftsverbindung vor, obschon ein erweiterter Eigentumsvorbehalt zur Sicherung künftiger Forderungen beim Verbrauchergeschäft richtigerweise jedenfalls insoweit gegen § 307 verstößt, als ein zeitlicher und sachlicher Zusammenhang mit der Vorbehaltslieferung 34

[1] Ähnlich insoweit bereits *Eike Schmidt* JA 1980, 403 sowie neuerdings insbes. *Pfeiffer* DZWir 1998, 154/157.

[2] Zutreffend: BGHZ 96, 18/26 f.; *Schack,* BGB AT Rz 363; tendenziell großzügiger freilich offenbar *Harry Schmidt* S. 193 f.

fehlt,[1] entfaltet die Klausel auch keine Sicherungswirkung zugunsten offener Altforderungen aus der Geschäftsverbindung. Das dispositive Recht kennt keinen einschlägigen Kontokorrentvorbehalt und auch via hier gebotener ergänzender Vertragsauslegung (s. Rz 15) lässt er sich nicht rechtfertigen. Angezeigt ist vielmehr „nur" eine Ergänzung des (Rest-)Vertrags um den einfachen Eigentumsvorbehalt.

35 **Kasuistik.** Eine Klausel, wonach sich der Verwender von Ansprüchen „wegen irgendwelcher Schäden" freizuzeichnen versucht, ist wegen Missachtung der Freizeichnungsschranke für „Kardinalpflichten" auch im kaufmännischen Verkehr unwirksam. Für eine Teilaufrechterhaltung der Klausel i. S. einer Beschränkung der Freizeichnung auf nicht vertragszweckgefährdende Pflichtverletzungen ist kein Raum.[2] – Nach verschärfter höchstrichterlicher Rechtsprechung benachteiligt eine AGB-Bedingung in Bauverträgen, wonach der Besteller 5 % der Auftragssumme bis zum Ablauf der Gewährleistungsfrist als Sicherheit einbehalten darf und dieser Einbehalt ausschließlich durch eine Bürgschaft auf erstes Anfordern abgelöst werden kann, den anderen Teil entgegen Treu und Glauben unangemessen i. S. von § 307. Die Regelung ist unwirksam und kann nicht mit der Maßgabe aufrechterhalten bleiben, dass der Auftragnehmer den Sicherheitseinbehalt durch Beibringen einer einfachen Bürgschaft ablösen darf.[3] – Eine Klausel, nach der der Erwerber eines Ferienhauses bei der Vermietung zeitlich unbegrenzt an die Vermittlung durch eine Verwaltungsgesellschaft gebunden ist, ist ob des darin liegenden Übermaßes unwirksam und kann nicht teilweise, d. h. für einen bestimmten Zeitraum aufrechterhalten werden.[4] – Übersteigt die Dauer des in einem Staffelmietvertrag formularmäßig vereinbarten Kündigungsverzichts den in § 557 a III genannten Zeitraum von vier Jahren, ist die Klausel wegen unangemessener Benachteiligung des Mieters insgesamt unwirksam.[5] – Schließt ein Motorsportclub für ein „Sicherheitstraining" formularmäßig jegliche Haftung gegenüber den Teilnehmern der Veranstaltung aus, bleibt seine Haftung nach allgemeinen Grundsätzen unberührt: Die Klausel ist wegen Verstoßes gegen § 309 Nr. 7 totalunwirksam und lässt sich weder im Wege geltungserhaltender Reduktion noch im Wege ergänzender Vertragsauslegung auf Fälle leichter Fahrlässigkeit beschränken.[6] – Eine formularmäßige Mietklausel, die dem Mieter Tierhaltung vorbehaltlos und allgemein verbietet, ist (total-)unwirksam.[7] Dass der Vermieter die Haltung eines Hundes deshalb nur verbieten kann, wenn er eine konkrete Störung durch das Tier nachweist,[8] ist damit freilich noch nicht gesagt. Die Rechtslage bei Klauselunwirksamkeit entspricht der bei ursprünglichem Fehlen einer einschlägigen vertraglichen Regelung. Entscheidend ist, ob und inwieweit man die konkrete Tierhaltung mangels ausdrücklicher Klarstellung im Vertrag nach den Einzelfallumständen noch vom vertragsmäßigen Gebrauch der Mietwohnung i. S. von § 535 BGB erfasst ansehen kann und muss.[9]

36 **(3)** Eine **Ausnahme vom Verbot geltungserhaltender Reduktion** ist mit Blick auf den Geltungsgrund desselben (s. Rz 33) dann und nur dann angezeigt, wenn das „Angemessene" kein schlichtes minus gegenüber einer blind akzeptierten

---

[1] *Ulmer/Harry Schmidt* Anh. § 310 Rz 742; noch weitergehend – zumindest im nichtunternehmerischen Verkehr prinzipiell auch die Zulässigkeit der Mitsicherung bereits bestehender Forderungen verneinend – Anh. § 310 Rz E 46 ff.
[2] BGH NJW-RR 2001, 342 f.
[3] BGH NJW 2001, 1856/1858.
[4] BGH NJW 1986, 1173.
[5] BGH NJW 2006, 1159/1160.
[6] OLG Karlsruhe NJW-RR 1989, 1333.
[7] BGH MDR 1993, 339/340; AG Berlin-Charlottenburg NJW-RR 1986, 175 f.
[8] So AG Berlin-Charlottenburg aaO.
[9] Hierzu i. e. *Staudinger/Emmerich* §§ 535, 536 Rz 92 m. w. N.

Übermaßregelung, sondern just das, womit die Verwenderseite konkret gerechnet hat: Wenn immer die übermaßkupierte Regelung dem realen Kundenwillen entspricht (Rz 37) oder von diesem mitumschlossen erscheint (Rz 38) *und* dem Verwender kein Missbrauchsvorwurf gemacht werden kann, sollte die Klausel im übermaßbefreiten Umfang aufrechterhalten bleiben.

Sieht etwa die Zweckbestimmungsklausel bei einer mit Blick auf einen limitierten Kontokorrentkredit eingegangenen Bürgschaft die Bürgenhaftung für „alle gegenwärtigen und künftigen Verbindlichkeiten" aus der Geschäftsverbindung des Hauptschuldners mit dem Verwender vor, erscheint es in der Tat sachgerecht, den Bürgen in Einklang mit der nunmehr nahezu einhelligen Meinung[1] – unbeschadet der seit BGHZ 130, 19/23 ff. nunmehr auch höchstrichterlich konstatierten Unzulässigkeit einer derart weiten formularmäßigen Sicherungszweckbestimmung nach § 307 – in Altfällen jedenfalls in Höhe der „Anlassforderung" haften zu lassen: auf Zahlung in Höhe des Kontokorrentsaldos bis zur Höhe der ursprünglichen Kreditlinie. *Konstruktiv* geht es um eine – sachlich gerechtfertigte (Rz 36) – Einschränkung des Verbots geltungserhaltender Reduktion:[2] Die entsprechend reduzierte Haftung war vom Bürgen durchaus gewollt. Die Verwendung einer vordem höchstrichterlich mehrfach abgesegneten Klausel lässt sich schwerlich als missbräuchlich abqualifizieren. Wer entgegen hier vertretener Ansicht an der ungeschmälerten Geltung des Verbots geltungserhaltender Reduktion festhält, gelangt zum gebotenen Ergebnis im Weg ergänzender Vertragsauslegung.[3] Methodisch allemal kritikwürdig bleibt demgegenüber der von BGHZ 130, 19/34 ff. eingeschlagene, bei konsequenter Anwendung die Schutzwürdigkeitsfrage ausblendende Weg, die Klausel via „Umformulierung" in einen der AGB-rechtlichen Kontrolle standhaltenden, ergebnismäßig erwünschten und einen AGB-rechtlich zu beanstandenden, ergebnismäßig unerwünschten Teil aufzuspalten, um solchermaßen *formal* im Vorfeld der Thematik „geltungserhaltende Reduktion" zu bleiben:[4] Für eine separierende Kontrolle von Klauselteilen (s. Rz 40) ist sinnvollerweise nur Raum, wo die Klauselteilung im Kern bereits vom Verwender vorgenommen ist. **37**

Dient das formularmäßige Bürgschaftsversprechen mit weiter Zweckklausel der Sicherung eines unlimitierten Kontokorrentkredits, sollte für Altfälle eine Bürgenhaftung jedenfalls bis zur Höhe des Kontokorrentsaldos am Tag des Bürgschaftsversprechens bejaht werden:[5] Die entsprechend reduzierte Haftung liegt innerhalb des anlasskonform Gewollten. Bis zum Judikaturwandel bona fide handelnden Verwendern ist über eine Einschränkung des Verbots geltungserhaltender Reduktion (Rz 36), hilfsweise im Weg ergänzender Vertragsauslegung zu helfen. Liegt der Tagessaldo unter dem üblichen Kreditbedarf, spricht vieles für eine Aufstockung in Orientierung am durchschnittlichen bisherigen Kreditbedarf:[6] Der Bürge kann diesen zumindest für einen versprechensnahen Zeitraum gleichermaßen unschwer erfragen. **38**

---

[1] BGHZ 130, 19/34 f.; BGHZ 137, 153/155 ff. = NJW 1998, 450/451; *Erman/Roloff* Rz 9; *Horn* ZIP 1997, 525/527 f.; *C. Weber* JuS 1997, 501/506 f.; a. A. – Totalnichtigkeit des Bürgschaftsversprechens – *Schmitz-Herscheidt* ZIP 1997, 1140 ff.

[2] Übereinstimmend: *Stoffels* Rz 605; *Palandt/Heinrichs* Rz 10 vor §§ 307–309, *Reich/Schmitz* NJW 1995, 2533/2534.

[3] Dezidiert in diesem Sinn: *Pfeiffer* LM § 765 BGB Nrn. 99–101; *Altvater* WiB 1996, 374/375 f.

[4] Scharf ablehnend auch *Reich/Schmitz* NJW 1995, 2534; *J. Hager* JZ 1996, 175 f.; *Altvater* WiB 1996, 375 f.

[5] So auch – freilich ohne explizite Beschränkung auf Altfälle – BGHZ 137, 153/155 ff. = NJW 1998, 450/451 f. = DZWir 1998, 151/153 f. m. Anm. *Pfeiffer;* a. A. – Unwirksamkeit der gesamten Bürgschaftserklärung – noch OLG Düsseldorf ZIP 1997, 726.

[6] Dezidiert in diesem Sinn: *Pfeiffer* DZWir 1998, 154/158 f.

39 **(4)** *Keinesfalls* Anlass für eine Ausnahme vom Verbot geltungserhaltender Reduktion besteht freilich entgegen BGHZ 129, 323/328 und einschlägigen Folgeentscheidungen[1] in der Fallkonstellation, dass die zu beanstandende Klausel Teil eines Vertragswerks, das unter **Mitwirkung von Repräsentanten der beteiligten Verkehrskreise** entstanden ist und einen einigermaßen ausgewogenen Ausgleich der beteiligten Interessen enthält:[2] Klauseln, die wie § 26 der Allgem. Beförderungsbedingungen für den gewerblichen Güternahverkehr mit Kraftfahrzeugen – AGNB – Verjährungsfristen für Schadensersatzansprüche einschränkungslos auf sechs Monate absenken, können nicht mit der Maßgabe aufrechterhalten bleiben, dass die Klausel nur insoweit unwirksam ist, als dem Verwender oder seinen leitenden Angestellten Vorsatz oder grobe Fahrlässigkeit zur Last fällt.

40 **dd) Geltungserhaltende Reduktion und geltungserhaltende Klauselabgrenzung.** Ablehnung geltungserhaltender Reduktion von Übermaßklauseln bedeutet Totalnichtigkeit einer differenzierungsfähigen und -bedürftigen, aber global gefassten Klausel bzw. einer in quantitativer Hinsicht unangemessenen Klausel. Enthält ein AGB-Passus, der sich nach der Gestaltung des konkreten Klauselwerks optisch als **eine** Klausel darstellt, differenzierte, teils unangemessene, teils (noch) angemessene Aussagen, ist hingegen nicht ohne weiteres Totalnichtigkeit anzunehmen:[3] Zwar geht es – anders als im abstrakten Kontrollverfahren (§ 1 UKlaG Rz 7) – bezüglich der Individualbeziehungen Verwender-Vertragspartner kaum an, bei einer Ausdifferenzierung des Klauselwerks die Gültigkeitsfrage für schlechthin jeden Unterpunkt isoliert zu beantworten.[4] Der Verwender, der in seinen AGB die Haftung „für grobe und leichte Fahrlässigkeit" von Hilfspersonen ausschließt, kann z. B. sinnvollerweise nicht besser gestellt werden als derjenige, der sich „für Fahrlässigkeit" seiner Leute freizeichnet.[5] Ein reiner blue pencil-Test wird der Sache nicht gerecht. Sind aber in äußerlich einer Klausel der Sache nach mehrere an sich selbstständige Punkte geregelt, darf dieser akzidentielle Umstand nicht zulasten des Verwenders ausschlagen:[6] Gegenstand der Inhaltskontrolle sind hier letztlich je für sich verschiedene, nur formal verbundene AGB-Bestimmungen; soweit das Verdikt inhaltlicher Unangemessenheit nur eine Bestimmung oder einzelne, aber nicht alle Bestimmungen erfasst, wird dadurch die Wirksamkeit der restlichen Bestimmungen genauso wenig berührt wie in der Fallkonstellation, dass AGB-Regelungen in äußerlich getrennten Klauseln teils zu beanstanden, teils als AGB-rechtlich unbedenklich zu bewerten sind.[7]

41 Als *eigenständig* wird man dabei nicht nur solche formell in einem Abschnitt zusammengefassten Bestimmungen ansehen dürfen und müssen, die unterschiedlichen Rechtsfolgekomplexen gewidmet sind,[8] sondern eine materielle Klausel-

---

[1] Neuestens etwa AG Neu-Ulm NJW-RR 2002, 680/681.

[2] Scharf ablehnend auch die Entscheidungsanmerkungen von *Löwe* ZIP 1995, 1273 und *Koller* EWiR 1995, 835/836, ferner z. B. *Stoffels* Rz 602 f sowie *Bamberger/Roth/Hub. Schmidt* Rz 15.

[3] Im Grundsatz heute nahezu einhellige Meinung; statt vieler: BGH NJW 1982, 178/179 ff; 2001, 292/294; *Staudinger/Schlosser* Rz 20; *Bamberger/Roth/Hub. Schmidt* Rz 16; *Stoffels* Rz 600. *Kritisch* – eine „geltungserhaltende Aufspaltung" lasse sich im Ergebnis kaum von einer geltungserhaltenden Reduktion unterscheiden – freilich etwa HK-BGB/*Schulte-Noelke* Rz 5.

[4] *Eike Schmidt* JA 1980, 402 f.; a. A. freilich *Ulmer* NJW 1981, 2032 sowie *Palandt/Heinrichs* Rz 11 vor §§ 307–309.

[5] A. A. explizit *Sonnenschein* NJW 1980, 1720 sowie *Harry Schmidt* S. 79 f., der freilich im Einzelfall (?) den Einwand rechtsmissbräuchlichen Verhaltens geben möchte.

[6] BGHZ 107, 185/190; 108, 1/11 f.; BGH NJW 1992, 896/897; 2003, 2889/2890.

[7] Einschlägige Klarstellung: *Harry Schmidt* S. 74 f.

[8] Statt aller: BGH MDR 1988, 224/225; einschlägiges Beispiel: ein unzulässiger Gewährleistungsausschluss tangiert nicht die Wirksamkeit einer textlich in ein und dieselbe AGB-Klausel gepackten, per se nicht zu beanstandenden Haftungsregelung.

mehrheit auch dort anzunehmen haben, wo der betreffende AGB-Passus in Orientierung an Stil und Differenzierungsgrad der §§ 308, 309[1] nach Tatbestandsgruppen auf der Rechtsfolgevoraussetzungsseite differenziert.[2] Keinesfalls insgesamt nichtig ist deshalb beispielsweise eine AGB-Klausel, die diverse Rücktrittsgründe aufführt, die teilweise sachlich gerechtfertigt, teilweise sachlich ungerechtfertigt i. S. von § 308 Nr. 3 sind,[3] oder aber eine AGB-Bestimmung, die – zulässigerweise – die Haftung für schädigendes Verwenderverhalten auf die Fälle grober Fahrlässigkeit beschränkt, andererseits aber – unzulässigerweise (§ 309 Nr. 7) – die Haftung für jedes Gehilfenfehlverhalten ausschließt.

Knüpft das Gesetz (wie etwa in § 309 Nr. 5 für Schadenspauschalierungen) die **42**
Wirksamkeit einer AGB-Regelung an mehrere Voraussetzungen, geht es andererseits nicht an, die Rechtsfolge der (Gesamt-)Nichtigkeit bei Fehlen einer Voraussetzung via Regelungszerstückelung infrage zu stellen: Pauschaliert der Verwender seinen Schadensersatzanspruch und schließt dabei den Gegenbeweis eines wesentlich niedrigeren Schadens aus, liegt materiell *eine* AGB-Bestimmung vor. Die Regelung ist nicht nur unwirksam, wenn die Pauschale ihrer Höhe nach gem. § 309 Nr. 5 a zu beanstanden ist, sondern auch und schon wegen des Gegenbeweisausschlusses gem. § 309 Nr. 5 b.[4] Und, auch dann, wenn sich die inhaltliche Unbilligkeit gerade aus einer Belastungskumulierung ergibt, muss es unbeschadet äußerlicher Trennung sowie unbeschadet des Umstands, dass jede Klausel isoliert betrachtet nicht zu beanstanden wäre, bei Gesamtunwirksamkeit bleiben.[5] Bedingt sich etwa der Vermieter – unzulässigerweiser – die Vornahme von Schönheitsreparaturen gemäß Fristenplan *und* fachgerechte Renovierung bei Vertragsende (unabhängig vom Zeitpunkt der letzten Schönheitsreparatur) aus, kommt eine geltungserhaltende Klauselabgrenzung nicht in Betracht; der Mieter schuldet keinerlei Renovierung.[6]

Keinesfalls darf ein Klauselteil via Klauselspaltung salviert werden, wenn dies mit dem Schutzzweck des einschlägigen Klauselverbots unvereinbar: Sieht etwa ein Unterrichtsvertrag eine feste Laufzeit und eine automatische Vertragsverlängerung vor, falls es nicht zu einer schriftlichen Kündigung „per Einschreiben" kommt, ist die Verlängerungsklausel insgesamt unwirksam. Es geht nicht an, der mit § 309 Nr. 13 unvereinbaren Verlängerungsklausel via Streichung des Einschreibenserfordernisses Geltung zu verschaffen, weil dies auf eine Schutzlosstellung des Kunden hinausliefe, der sich vom übersteigerten (vermeintlichen) Formerfordernis von der Ausübung seines Kündigungsrechts abhalten ließ.[7]

Kasuistik. Die AGB-Klausel eines Neuwagenverkäufers, wonach sich der Käu- **43**
fer verpflichtet, die Ansprüche aus dem Kaufvertrag nicht abzutreten, das Fahrzeug vor Erhalt nicht weiterzuverkaufen sowie die Zulassung des Fahrzeugs auf sich zu beantragen, enthält der Sache nach drei selbstständig zu beurteilende Bestimmungen.[8] – Die Unwirksamkeit eines Zurückbehaltungsverbots hat nicht die Unwirksamkeit eines angemessenen Aufrechnungsausschlusses zur Folge.[9] – Eine Annahmefristbestimmung verliert ihre Wirksamkeit nicht dadurch, dass in einem anderen Klauselsatzteil eine unangemessene Verlagerung des Postlaufzeitenrisikos versucht

---

1 *Eike Schmidt* aaO.

2 Zustimmend: *Altvater* WiB 1996, 374/375 f.

3 Ganz h. M.; statt vieler: BGH NJW 1985, 320/325; *Eike Schmidt* JA 1980, 403; *Erman/Roloff* Rz 12.

4 Richtig: BGH ZIP 1985, 466/468 f.; a. A., weil verfehlterweise den Ausschluss des Gegenbeweises als selbstständige Regelung erfassend, *Harry Schmidt* S. 76 f.

5 AnwK/*Kollmann* Rz 10.

6 BGH NJW 2003, 2234 f; 2003, 3192 f; a. A. noch LG München I NJW-RR 2003, 1098.

7 AG Kerpen NJW-RR 2006, 702/703.

8 BGH NJW 1982, 178/181.

9 BGHZ 107, 185/190 f.

wird.[1] – Die Wirksamkeit des Klauselteils, der bestimmte tatsächliche Voraussetzungen für die Berechtigung zur fristlosen Kündigung eines Handelsvertretervertrags regelt, wird nicht dadurch berührt, dass der andere Klauselteil unzulässigerweise den Ausschluss des Ausgleichsanspruchs statuiert.[2] – Weitet eine Bürgschaftsversprechen-Klausel die Einstandspflicht des Bürgen über die Verbindlichkeiten des Hauptschuldners gegenüber dem Gläubiger aus laufender Geschäftsbeziehung hinaus auf unbestimmte sonstige Rechtsbeziehungen aus, führt die Unwirksamkeit im zweiten Klauselteil nicht zur Unwirksamkeit des Bürgschaftsversprechens schlechthin.[3] – Die Abnahmeregelung in einem Bauvertrag, die eine fiktive Abnahme ausschließt und zugleich als Zeitpunkt der Abnahme in Verletzung von § 307 die Übergabe des Hauses an den Kunden bestimmt, bleibt hinsichtlich des Ausschlusses der fiktiven Abnahme wirksam.[4] – Sieht ein Subunternehmervertrag Zwischenfristen und eine Frist zur Gesamtfertigstellung vor, ist eine Pönaleregelung „für jeden Fall der Terminüberschreitung" der Sache nach in mehrere Vertragsstraferegelungen aufspaltbar.[5] – Die Vollmacht „zur Abgabe und zum Empfang" bestimmter Willenserklärungen bleibt in ihrem zweiten Teil wirksam, wenn sie in ihrem ersten Teil AGBG-unverträglich.[6] – Weist der Kfz-Leasinggeber dem Leasingnehmer klauselmäßig die Gefahr „für Beschädigung, Untergang, Zerstörung oder Abhandenkommen des Fahrzeugs" zu, führt der Umstand, dass die Gefahrabwälzung für die Fälle des Untergangs und der erheblichen Beschädigung nach § 307 nur dann hinnehmbar erscheint, wenn dem Leasingnehmer ein kurzfristiges Kündigungsrecht eingeräumt ist, nicht zur Gesamtunwirksamkeit der Klausel: für den Verlust des Fahrzeugs infolge Diebstahl bleibt es bei der Gefahrzuweisung an den Leasingnehmer.[7] – Eine Klausel in einem Wohnraummietvertrag, die den Mieter zur Zahlung einer Mietsicherheit bei Vertragsschluss in einem Betrag verpflichtet, ist nur insoweit unwirksam, als sie die Fälligkeitsschranken des § 551 II missachtet; die Verpflichtung zur Kautionsleistung als solche bleibt unberührt.[8] – Die Klausel, der Mieter habe bei Bedarf „Schönheitsreparaturen auf eigene Kosten durch Fachhandwerker" ausführen zu lassen, enthält sprachlich zusammengefasst in einem Satz zwei Regelungen: Die Unwirksamkeit der Klausel, soweit sie Schönheitsreparaturen in Eigenleistung ausschließt, berührt nicht die Verpflichtung des Mieters zur Schönheitsreparatur.[9] – Konkretisiert der Vermieter von Gewerberäumen die Pflicht des Mieters zur Tragung von „Nebenkosten" in einem Fallgruppen-Katalog, handelt es sich nicht um selbstständige Beispiele einer umfassenden Regelung, sondern um nebeneinanderstehende, selbstständige Regelungsteile, die Gegenstand gesonderter Wirksamkeitsprüfung sind.[10] Auch wenn die Verpflichtung zur Vornahme von Schönheitsreparaturen und zur Vornahme der Reparatur an bestimmten Geräten in einem Satz enthalten ist, handelt es sich materiell um zwei Regelungen: die Unwirksamkeit der Kleinreparaturklausel lässt die Verpflichtung zur Schönheitsreparatur unberührt.[11] – Die Klausel „Erfüllungsort und Gerichtsstand ist B." zerfällt materiell in zwei, je gesondert der Inhaltskontrolle zu unterziehende Bestimmungen.[12] – Eine Klausel, dass Forderungsabtre-

[1] BGH NJW 1988, 2106/2107.
[2] BGH NJW-RR 1992, 1059/1060.
[3] BGH NJW 1992, 896/897 f.
[4] BGH NJW 1997, 394/395.
[5] BGH NJW-RR 2001, 738.
[6] BGH NJW 1997, 3437/3439.
[7] BGH NJW 1998, 2284, 2285 f.
[8] BGH NJW 2003, 2889/2890; 2004, 3045.
[9] OLG Stuttgart NJW-RR 1993, 1422/1423.
[10] BGH NJW-RR 2006, 84/86.
[11] BayObLG NJW-RR 1997, 1371/1372.
[12] OLG Koblenz AGBE VI Nr. 1 zu § 10 Nr. 1.

tungen unter Verwendung eines vorgegebenen Formblatts zu erfolgen haben, ist hinsichtlich der Formvorgabe inhaltlich unbillig und unwirksam; das Anzeigeerfordernis als solches hat Bestand.[1] – Erteilt der Kunde auf einem Formular der Hausbank des Überweisungsempfängers derselben einen „unwiderruflichen Überweisungsauftrag", tritt materiell neben die Auftragserteilung der Ausschluss der Widerruflichkeit als selbstständige Regelung: dass der Auftrag unwiderruflich sein sollte, hätte sich sprachlich auch in einem selbstständigen Satz ausdrücken lassen. Verstößt das Unwiderruflich-Stellen des Überweisungsauftrags gegen § 307 I, tangiert dies nicht die Wirksamkeit des Überweisungsauftrags.[2] – *Schwerlich* der Sache nach mehrere Regelungen beinhalten demgegenüber: entgegen BGHZ 95, 362/374 die Klausel in einem Ratenkreditvertrag, die Bank könne den gewährten Kredit fällig stellen, wenn der Kunde mit zwei Monatsraten „ganz oder teilweise" in Verzug gerate,[3] ferner entgegen BGH ZIP 1984, 1485 die Formularbestimmung in einem Möbelkaufvertrag, bei Rückgabe der Kaufsache seien der Verkehrswert, höchstens freilich 10 % des Kaufpreises zu vergüten.[4]

Zwar differenzierungsfähig, aber gerade *nicht* unterteilt (auch nicht ansatzweise unvollkommen) ist schließlich eine AGB-Regelung, nach der die Verwendergegenseite im Verzugsfall zeitlich unbegrenzt pauschale Verzugszinsen zahlen soll. Soweit die Regelung betreffs des Zeitraums nach Ablauf der ursprünglichen Vertragslaufzeit inhaltlich unangemessen ist, betreffs des davor liegenden Zeitraums indes nicht zu beanstanden wäre, ist die Regelung insgesamt nichtig;[5] sie lässt sich *nicht* in einen wirksamen und einen unwirksamen Teil aufspalten.[6] Keinesfalls via Klauselteilung ist auch dem Verwender zu helfen, der sich nicht mit dem Rekurs auf die Institutsgrundform begnügt hat, sondern die der Verwendergegenseite inhaltlich nicht zumutbare Qualifikationsform gewählt hat: Eine Bürgschaft auf erstes Anfordern lässt sich nicht in die Qualifikations- und Grundform aufspalten und *deshalb* als einfache Bürgschaft aufrechterhalten.[7] Die Klausel „garantiemäßige Haftung" beinhaltet nicht ein Garantieversprechen und eine sonstige Haftungsübernahme, ist vielmehr einheitlich als Garantieversprechen ausgestaltet, das nur insgesamt wirksam oder unwirksam sein kann.[8]

ee) Grundsätzlich keine Salvierung übermäßiger Klauseln durch Beifügung des Zusatzes „soweit gesetzlich zulässig". 44 Versuche der Kautelarpraxis, Übermaßklauseln durch den relativierenden Zusatz „soweit gesetzlich zulässig" kontrollfest zu machen, sind zumindest für den Regelfall als untauglich zu qualifizieren.[9] Die Einbeziehung derartiger salvatorischer Klauseln scheitert zumindest gegenüber Verbrauchern an dem richtiger Ansicht nach (§ 305 Rz 88) zugleich ein materielles Verständlichkeitsgebot statuierenden § 305 II Nr. 2. Beim Verbraucher- *und* Unternehmensgeschäft verstoßen sie zudem auch gegen § 307: vermeidbare, in den Verantwortungsbereich des Verwenders fallende Unklarheit begründet auch inhaltliche Unangemessenheit.[10] Denn: Zwar trifft grundsätzlich niemanden die Ob-

[1] OLG Schleswig NJW-RR 2001, 818/819.
[2] BGH NJW 1984, 2816/2817; a. A. freilich etwa *Ulmer/Harry Schmidt* § 6 AGBG Rz 13.
[3] Wie hier kritisch auch *Erman/Roloff* Rz 12.
[4] Wie hier – kritisch – auch *Erman/Roloff* Rz 12.
[5] Richtig: *Soergel/U. Stein* § 306 AGBG Rz 11.
[6] So freilich OLG Hamm BB 1985, 1933.
[7] So freilich noch OLG Frankfurt a. M. als Vorinstanz zu BGHZ 151, 229, wo die Frage der Teilbarkeit – kaum verständlicherweise – offengelassen wird.
[8] BGH NJW 2006, 996/999.
[9] Ebenso: BGHZ 93, 29/48; BGH NJW 1991, 2630/2632; NJW-RR 2003, 51/53; *Erman/Roloff* Rz 20; *Palandt/Heinrichs* Rz 13 vor §§ 307–309; *Garrn* JA 1981, 151/156; a. A. insbes. *Thümmel/Oldenburg* BB 1979, 1067 ff.
[10] *Stoffels* Rz 626; *Lindacher* BB 1983, 157.

liegenheit, seinen Vertragspartner über die für die beiderseitigen Beziehungen maßgebliche Rechtslage aufzuklären. Sich einschlägig zu informieren, ist Eigensache jedes am Rechtsverkehr Teilnehmenden. Dies gilt, entscheidend für unseren Problemzusammenhang, jedoch zumindest nicht mehr einschränkungslos, wo ein Vertragsteil unter einseitiger Inanspruchnahme von Vertragsgestaltungsfreiheit systematisch und gezielt das dispositive Recht zu seinen Gunsten abbedingt. Über die Grenzen rechtlich zulässiger AGB-Gestaltung Bescheid zu wissen, ist vielmehr primär Sache des Verwenders, nicht dessen Vertragspartners. Es ist deshalb geradezu ein Gebot materialer Gerechtigkeit, jenem als Korrelat in Anspruch genommener Freiheit auch Verantwortung zuzuweisen; im Rahmen des Zumutbaren muss der Verwender gehalten sein, das Ausmaß der Abweichung von der Vorschlagsregelung des dispositiven Rechts unmittelbar aus der Klausel selbst ersichtlich zu machen. Das Recht kann dem Verwender nicht erlauben, seinem Vertragspartner zu sagen: Ich will das dispositive Recht bis zur Grenze des Gerade-noch-Zulässigen abbedingen; ermittle selbst, was das im Einzelnen bedeutet. Eine global gefasste, ihrem Wortsinn nach mithin entgegen § 309 Nr. 7 auch Fälle grober Fahrlässigkeit umfassende Freizeichnungsklausel wird deshalb gegenüber Verbrauchern nicht etwa dadurch AGB-Recht-fest, dass ihr der Zusatz „soweit gesetzlich zulässig" beigefügt ist.

45 Nur dort, wo es bei Vertragsschluss nach dem Stand der Rspr. und Literatur auch objektiv durchaus ungewiss, ob eine konkrete Regelung noch zu tolerieren oder aber bereits mit dem Übermaßverdikt zu belegen ist, wird man der Einzelklausel angefügten „soweit gesetzlich zulässig"-Vorbehalten die rechtliche Beachtlichkeit nicht absprechen dürfen, Bestimmungen, denen ein entsprechender Vorbehalt beigefügt ist, mithin bei allfälliger späterer Übermaßqualifikation im Rahmen des nach AGB-Recht Zulässigen zu validieren haben:[1] Die Unklarheit, die einer mit entsprechendem Vorbehalt versehenen Klausel eignet, ist vom Verwender hier nicht zu verantworten. Präziser kann er die Klausel gar nicht fassen. Ihm aber anzusinnen, zur Vermeidung des Totalnichtigkeitsrisikos schlicht auf eine Vertragsgestaltung zu verzichten, die potenziell durchaus rechtens, entspräche kaum der Billigkeit.[2] Ja, eine Regelung, die dem Verwender die Motivation nimmt, die rechtliche Schwäche einer extensiven Ausschöpfung des AGB-Rechts auch dem Vertragspartner zu signalisieren, wäre letztlich auch rechtspolitisch zumindest zweischneidig und fragwürdig. Immerhin sollte nicht übersehen werden, dass die Relativierung einer Klauselaussage durch den Zusatz „soweit gesetzlich zulässig" Transparentmachung des Umstands, dass die uneingeschränkte Geltung derselben rechtlich zweifelhaft – ein Faktum, das in Hinblick auf die Wirkung von AGB im Vorfeld eines Prozesses nicht zu unterschätzen ist. Und, nur der risikoscheue Verwender würde bei Unbeachtlichkeit salvatorischer Klauseln auch im hier angesprochenen Bereich ob des Totalnichtigkeitsrisikos die Verwendung solcher Klauseln unterlassen, die im Streit- und Prozessfall möglicherweise als übermäßig verworfen werden. Der nicht risikoaverse Verwender würde hingegen in der Grauzone zwischen eindeutig zulässiger und klar unzulässiger Klauselgestaltung problematische Klauseln nach wie vor verwenden – nur eben dann ohne den verräterischen Zusatz „soweit gesetzlich zulässig". *Beispiel* für die ausnahmsweise Zulässigkeit einer salvatorischen Klausel: Solange und soweit die Kontroverse, ob und bejahendenfalls in welchem Ausmaß im Unternehmensverkehr auch eine Freizeichnung für Leute bezüglich

---

[1] Ebenso: OLG Stuttgart NJW 1981, 1106; *H. Roth* S. 47; *Palandt/Heinrichs* Rz 13 vor §§ 307–309; *P. Schlosser* WM 1978, 562/569; *Bunte* NJW 1983, 1326; a. A. insbes. *Garrn* JA 1981, 156, ferner *Stoffels* Rz 626 sowie *v. Westphalen* WM 1983, 974/984 f.

[2] A. A. freilich *Garrn* aaO.

schweren Verschuldens möglich (zum einschlägigen Streitstand § 309 Nr. 7 Rz 162 ff.), nicht höchstrichterlich geklärt ist, steht es dem Verwender frei, formularmäßig zu statuieren, man hafte bei Vorsatz und grober Fahrlässigkeit von Hilfspersonen nur, soweit eine Freizeichnung gesetzlich ausgeschlossen ist: Verneint das erkennende Gericht die Zulässigkeit eines generellen Haftungsausschlusses für grobe Fahrlässigkeit, bejaht es indes z. B. die Zulässigkeit einer Haftungsbegrenzung auf voraussehbare Schäden, kann und muss es, wenn mit der Klage Ersatz für voraussehbare und nicht voraussehbare Schäden begehrt wird, die Freizeichnung im letzteren Punkt Platz greifen lassen.

e) Sonderproblem: Vertragsinhalt bei personaler Teilunwirksamkeit. Ist 46
eine ihrem Geltungsanspruch nach für beide Seiten verbindliche AGB-Bestimmung dem Kunden gegenüber inhaltlich unbillig und deshalb unwirksam, folgt daraus keine Gesamtnichtigkeit: Der Verwender bleibt bis zur Grenze des § 306 III gebunden. Die den Schutz des Kunden bezweckende personale Teilunwirksamkeit darf nicht im Ergebnis zum Nachteil desselben ausschlagen.[1] Beispiel: Wächst der Verwendergegenseite wegen der Überlänge der formularmäßig bestimmten Vertragslaufzeit das Recht zur ordentlichen Kündigung zu, bleibt es für den Verwender gleichwohl beim Ausschluss der ordentlichen Kündigung.[2]

f) Grenzen der Abdingbarkeit der gesetzlichen Rechtsfolgeanordnung. 47
Ob und inwieweit die Rechtsfolgeanordnung, dass Regelungslücken primär nach dispositivem Recht (§ 306 II), hilfsweise im Wege ergänzender Vertragsauslegung zu schließen sind, abdingbar ist, ist – zumindest in den Rändern – streitig. Die Kautelarpraxis arbeitet mit Ersetzungsrechtsklauseln („salvatorischen Klauseln") in zwei Spielarten, die sich freilich nur instrumental, nicht funktional unterscheiden: der einseitigen Ersetzungskompetenz des Verwenders (Gestaltungsrechtsmodell) und der Auferlegungen der Verpflichtung, auf der Basis eines Verwendervorschlags an der Lückenschließung mitzuwirken (Anspruchsmodell). Erklärungsfiktionsklauseln weisen der Verwendergegenseite eine Widerspruchsobliegenheit zu: der Ersetzungsvorschlag soll zur Ersatzregelung erstarken, wenn die Verwendergegenseite nicht widerspricht.

aa) Ersetzungsrechtsklauseln. (1) Den §§ 307–309 eignet auch eine Präventiv- 48
funktion. Wer in sein Klauselwerk *male fide* unzulässige Klauseln aufnimmt, d. h. um den Verbotsgesetzverstoß weiß oder sich entsprechender Kenntnis bewusst verschließt, kann sich kein Ersetzungsrecht vorbehalten – weder formularmäßig[3] noch durch Individualabrede. Die Rechtsfolgeanordnung des § 306 II ist jedenfalls insoweit nicht aushebelbar.

(2) Dem *abstrakten* Risiko allfälliger Nichtvalidierung bislang nicht ernsthaft be- 49
anstandeter Bestimmungen muss der Verwender andererseits auch *formularmäßig* steuern können: sofern das Klauselwerk in seiner Gesamtheit nach dem Erkenntnisstand im Verwendungszeitpunkt zu keinen konkreten Bedenken Anlass gibt, wohl auch durch eine allgemein gefasste salvatorische Klausel.

(3) Besteht nach derzeitigem Stand von Rechtsprechung und/oder Lehre *konkre-* 50
ter Anlass zu Gültigkeits*zweifeln,* mag sich der Verwender – via Individualabrede, bei qualifizierter Kenntnisnahmemöglichkeit darüber hinaus auch AGB-mäßig – ein subsidiäres Bestimmungsrecht hinsichtlich der betreffenden Klausel vorbehal-

---

[1] *Stoffels* Rz 601; *Ulmer/Harry Schmidt* Rz 16; *Erman/Roloff* Rz 15; *Palandt/Heinrichs* Rz 12 vor §§ 307–309; AnwK/*Kollmann* Rz 11; a. A. *Soergel/U. Stein* § 6 AGBG Rz 12; *Feiber* NJW 1980, 1148.

[2] OLG Düsseldorf NJW-RR 2000, 279/84 (Golfplatzbenutzungsvertrag über 30 Jahre).

[3] Explizit zumindest insoweit zustimmend *Hau,* Vertragsanpassung und Anpassungsvertrag, 2003, S. 401/402 f.

ten. Ein *allgemeiner* Vorbehalt am Ende des Gesamtklauselwerks hilft bei späterem Unangemessenheitsverdikt nicht: Eine Klauselgestaltung, die nicht unzweideutig die rechtliche Schwäche der konkreten Bestimmung ausweist, darf als gegen das Transparenzgebot verstoßend nicht validiert werden.[1]

51 **(4)** Soweit Ersetzungsrechtsklauseln grundsätzlich zulässig, stehen sie unter Angemessenheitsvorbehalt: Während AGB-Bestimmungen in Primärverwendung bis zur Grenze des Gerade-noch-Zulässigen zu validieren sind, müssen sich Ersetzungsrechtsklausel und Ersatzregelung darauf hinterfragen lassen, ob sie auf einen gerechten Interessenausgleich zielen bzw. einen solchen realisieren. Klauseln, die dem Verwender ein einseitiges Bestimmungsrecht dahin einräumen, unwirksame Bestimmungen durch eine Regelung zu ersetzen, deren wirtschaftlicher Erfolg dem mit der nicht validierten Klausel intendierten „soweit wie möglich" entspricht, sowie Klauseln, die die Verwendergegenseite verpflichten, einer ergänzenden Regelung zuzustimmen, die dem wirtschaftlichen Sinn der ursprünglichen Bestimmung „am nächsten" kommt, werden dem Angemessenheitserfordernis nicht gerecht.[2]

52 **bb) Erklärungsfiktionsklauseln.** Wie für Ersetzungsrechtsklauseln gilt auch für Bedingungsersetzungsklauseln nach dem Widerspruchsmodell: Wo der Vorbehalt zu Ersatzregelungssetzung durch den Verwender unzulässig (Rz 48), kann der Verwendergegenseite auch keine Widerspruchsobliegenheit auferlegt werden. Wo der einschlägige Vorbehalt einzelklauselbezogen erfolgen müsste (Rz 50), lässt sich auch die Widerspruchsobliegenheit nur einzelklauselbezogen statuieren.[3] Diskutieren lässt sich allenfalls über eine Absenkung der Angemessenheitsanforderungen dahin, dass auch Einzelregelungen, die den allgemeinen Inhaltskontrollstandards (noch) genügen, bei Nichtwiderspruch zu validieren.[4]

III. Die Ausnahme: Gesamtnichtigkeit des Vertrags

1. Gesamtnichtigkeit infolge Sittenwidrigkeit des Gesamtgeschäfts

53 Gesamtnichtigkeit des Vertrags kann sich zunächst aus dem **sittenwidrigen Gesamtgepräge des zu beurteilenden Rechtsgeschäfts** ergeben: Bei einem Missverhältnis von Leistung und Gegenleistung, das für sich noch nicht das Sittenwidrigkeitsverdikt trägt, kann die Verwendung inhaltlich unangemessener AGB den Ausschlag für eine Bejahung des § 138 I BGB geben.[5] Ja, selbst das die Bejahung des § 138 I BGB rechtfertigende krasse Missverhältnis kann sich gerade aus der Existenz entsprechender AGB ergeben: Führt die formularmäßige Erweiterung der Bürgenhaftung über den konkreten Sicherungsanlass hinaus zu einem nicht hinnehmbaren Missverhältnis zwischen Haftungsumfang und Leistungsfähigkeit des Bürgen, ist der Vertrag auch dann nach § 138 I BGB nichtig, wenn eine Bürgenhaftung in

---

[1] A. A. *Michalski/Römermann* NJW 1994, 886/890.

[2] Hinsichtlich des Vorbehalts einseitiger Ersetzungskompetenz (Gestaltungsrechtsmodell): KG NJW 1998, 894/895; *Ulmer/Harry Schmidt* Rz 39; *Bamberger/Roth/Hub. Schmidt* Rz 17, hinsichtlich der Begründung der Verpflichtung, an der Aufnahme einer der unwirksamen Klausel möglichst nahekommenden Regelung mitzuwirken (Anspruchsmodell): BGH NJW 2002, 894/895; MünchKomm/*Basedow* Rz 29; *Erman/Roloff* Rz 20; *Bamberger/Roth/Hub. Schmidt* Rz 17; AnwK/*Kollmann* Rz 12.

[3] Zustimmend *Hau* aaO S. 406.

[4] In letzterem Sinne etwa *Hau* aaO S. 406f.

[5] BGHZ 80, 153/161, 171; BGH BB 1987, 995/996; *H. Roth* S. 17; *Palandt/Heinrichs* Rz 16 vor §§ 307–309; a. A., nämlich die Mitberücksichtigungsfähigkeit nach §§ 307–309 unwirksamer AGB-Bestimmungen bei der Sittenwidrigkeitsprüfung leugnend, freilich *Bunte* ZIP 1985, 9/10.

Höhe der Anlassforderung nicht zu beanstanden wäre.[1] Der Vertrag ist dann von vornherein als **Gesamtgeschäft** nichtig; für die in § 306 I/III thematisierte Frage nach der Auswirkung der Unwirksamkeit der betreffenden AGB-Teile auf die Vertragsgeltung ist sinnvollerweise kein Raum. Den gebotenen Kundenschutz leistet, jedenfalls sofern der Vertrag bereits vollzogen, das Bereicherungsrecht.

2. Gesamtnichtigkeit infolge Nichtergänzbarkeit des Rumpfvertrags

Wenn § 306 I bei Nichtgeltung von AGB den Vertrag „im Übrigen" für wirksam **54**
erklärt, setzt er – unausgesprochen – voraus, dass nach Ausgrenzung aller oder einzelner AGB ein per se existenzfähiger, jedenfalls aber ein der Auffüllung durch dispositives Recht oder durch ergänzende Vertragsauslegung fähiger Rest verbleibt. Fehlt es an Letzterem, tritt sachlogischerweise Gesamtnichtigkeit ein;[2] es bedarf keiner Zumutbarkeitserwägungen nach § 306 III mehr.[3]

Totalnichtigkeit aus dem Gesichtspunkt, dass dem Vertrag weder nach dispositivem Recht noch im Wege ergänzender Vertragsauslegung ein hinreichend bestimmter Inhalt zu geben ist, kommt dabei insbesondere in Betracht, wenn auch bezüglich der Hauptleistungen (Art und Umfang der vertragscharakteristischen Leistung, Entgelt) eine formularmäßige Regelung intendiert war, die Einbeziehung des Klauselwerks indes an § 305 II Nr. 1 oder 2 gescheitert ist oder aber bei atypischen Verträgen eine solche Vielzahl formularmäßiger Teilregelungen unwirksam ist, dass der Vertrag – mangels Rückgriffsmöglichkeit auf dispositives Recht – vom Richter praktisch neu zu schreiben wäre.

3. Gesamtnichtigkeit wegen informationsdefizitärer Vertragsgestaltung

Gesamtnichtigkeit ist weiters thematisiert, wenn **Wirksamkeitsvoraussetzung** **55**
der Kernregelung, dass der Verwender durch Lieferung bestimmter Informationen ein **Mindestmaß an Rechtslagentransparenz** schafft: Unwirksame Klauseln sind desinformativ und stellen ihren Verwender nicht besser als denjenigen, der keinerlei Information leistet.

Solange man für **formularmäßige Globalabtretungen und Sicherungsüber-** **56**
eignungen von Warenlagern mit wechselndem Bestand mit Blick auf die Gefahr nachträglicher Übersicherung eine ausdrückliche Freigaberegelung (mit konkret bestimmter Deckungsgrenze) verlangte,[4] war es in der Tat nur konsequent, bei Unwirksamkeit der Freigabeklausel auch der Globalabtretung bzw. Sicherungsübereignung selbst jegliche Geltung abzusprechen. Erachtet man mit der *neueren* höchstrichterlichen Rechtsprechung[5] eine explizite Freigaberegelung demgegenüber – zu Recht – für entbehrlich, tangiert die Unwirksamkeit einer inhaltlich zu beanstandenden Freigabeklausel mitnichten die Wirksamkeit der Sicherungsabtretung/-übereignung.[6] Mit (verbotener) geltungserhaltender Reduktion (Rz 26 ff) hat dies entgegen vereinzelt geäußerter Ansicht[7] nichts zu tun:[8] Gegenstand der

---

[1] BGH NJW 1997, 3372/3374.

[2] OLG Oldenburg NJW-RR 1996, 1054.

[3] Zutreffend *Stoffels* Rz 587; *Koch/Stübing* § 6 AGBG Rz 8; *J. Hager* S. 78 f.; a. A. – auch diesen Fall über § 306 III lösend – freilich z. B. *Schmidt-Salzer* F. 52 sowie *Staudinger/Schlosser* Rz 33.

[4] Für die Globalabtretung noch BGHZ 109, 204/245 ff.; BGH WM 1994, 104/105, für die Sicherungsübereignung noch BGHZ 125, 83/87.

[5] Abschluss und Bestätigung des Paradigmenwechsels durch BGHZ (GS) NJW 1998, 671 ff.

[6] Richtig: BGHZ 133, 25/32 ff.; BGH WM 1997, 750/754.

[7] S. etwa *Ulmer/Brandner* §§ 9–11 AGBG, 9. Aufl., Rz 658 a.

[8] Übereinstimmend: *Ulmer/Harry Schmidt* Rz 11 a.

Inhaltskontrolle ist die zu beanstandende Freigabeklausel. Sie verfällt der Totalunwirksamkeit. Dass die Klauselnichtigkeit nicht auf die Sicherungsabrede selbst ausstrahlt, folgt aus § 306 I, die Existenz des ermessensunabhängigen Freigabeanspruchs bei nachträglicher Übersicherung aus dem nach § 306 II berufenen dispositiven Recht.

57 Erachtet man **Globalzessionen in AGB** *generell* nur dann als wirksam vereinbart, wenn zugleich die **Verwertungsvoraussetzungen** benannt sind,[1] muss die Unwirksamkeit einer Verwertungsklausel immer zur Unwirksamkeit der Sicherungsvereinbarung selbst führen. Verlangt man mit der *neueren* Rechtsprechung die explizite Benennung der Verwertungsvoraussetzungen hingegen nur dort, wo die einschlägige Rechtslagentransparenz – wie bei der Lohn- und Gehaltszession – für den Abtretenden von nachgerade existentiellem Interesse,[2] führt die inhaltliche Unbilligkeit einer Verwertungsklausel auch nur insoweit zur Unwirksamkeit der Abtretung selbst. Jenseits der entsprechenden Sonderlagen berührt die Unwirksamkeit der Verwertungsregelung die Sicherungszession als solche nicht; an die Stelle der nichtigen Klausel tritt das einschlägige dispositive Recht.[3]

4. Gesamtnichtigkeit infolge Unzumutbarkeit des Festgehalten-Werdens am inhaltlich modifizierten Vertrag, § 306 III

58 Anders als die Gesamtnichtigkeit infolge sittenwidrigen Gesamtgepräges, Nichtergänzbarkeit des Vertragstorsos und informationsdefizitärer Vertragsgestaltung ist die Gesamtnichtigkeit nach § 306 III wegen Unzumutbarkeit des Festgehalten-Werdens am inhaltlich modifizierten Vertrag eine echte Ausnahme von der Regel des § 306 I. Während jene Fallgestaltungen bei aus der Natur der Sache gebotener Reduktion des § 306 I entgegen dem zu weit geratenen Wortsinn gar nicht von jenem erfasst werden, geht es hier darum, *im* Anwendungsbereich des § 306 I aus Gründen der Vertragsgerechtigkeit Enklaven von der Regel zu konzedieren: § 306 III ist „Notventil" gegenüber der Regelrechtsfolgeanordnung des § 306 I. Vom Wortlaut her erscheint § 306 III dabei als Schutzvorschrift zugunsten des Verwenders *und* des Kunden. Praktisch dürfte er als Korrektiv gegenüber der Kundenschutznorm des § 306 I so gut wie ausschließlich den Verwender schützen. Insbesondere ist entgegen der Begründung des RegE[4] zum AGBG kein Bedürfnis für einen Rekurs im Kundeninteresse in der Fallgestaltung ersichtlich, dass im Einzelfall eine Vielzahl von AGB unwirksam ist: Ist die entsprechende Lücke nicht durch einschlägiges dispositives Recht schließbar, mag der Umstand, dass es nicht Sache des Gerichts ist, Verträge mit komplexem, atypischem Regelungsgehalt völlig „neu zu schreiben", gegen die Ergänzbarkeit des Rumpfvertrags und damit für die Gesamtnichtigkeit unter *diesem* Aspekt sprechen (Rz 54). Ist der Restvertrag indes der Auffüllung durch das dispositive Recht bzw. nach anerkannten Grundsätzen der ergänzenden Vertragsauslegung fähig, ist dem Vertragspartner die Vertragsbindung durchaus zumutbar. Der verbleibende Rest an subjektiver Ungewissheit über den Inhalt des ergänzten Vertrags, der letztlich bis zur verbindlichen gerichtlichen Streitentscheidung besteht, stellt schwerlich eine unzumutbare Härte i. S. von § 306 III dar.[5]

59 **a) Enger Anwendungsbereich durch Vorrang der ergänzenden Vertragsauslegung.** Der Anwendungsbereich von § 306 III wird maßgeblich durch die

---

[1] So noch BGH NJW 1992, 2626/2627; 1994, 2574.
[2] S. BGH NJW 1995, 1085; 1995, 2219.
[3] Richtig: BGHZ 130, 115/121.
[4] BT-Drs. 7/3919 S. 21.
[5] A. A. in Letzterem freilich *Ulmer/Harry Schmidt* Rz 54 sowie *Palandt/Heinrichs* Rz 12.

Stellungnahme zur Frage nach dem Anwendungsbereich der ergänzenden Vertragsauslegung bestimmt: da ergänzende Vertragsauslegung normative Auslegung, d. h. Fortentwicklung der lex contractus unter Berücksichtigung der beidseitigen Interessenlage ist, scheidet insoweit eine Lösung, die für den Verwender eine unzumutbare Härte darstellte, ex definitione aus.[1] Anerkennt man die Zulässigkeit ergänzender Vertragsauslegung auch und gerade in der Fallgestaltung, dass der Vertragspartner des Verwenders an der Aufrechterhaltung des Gesamtgeschäfts interessiert ist, dem Verwender aber die Vertragsbindung nach Maßgabe des dispositiven Rechts unzumutbar wäre (Rz 17), bleibt für die Gesamtnichtigkeitsfolge nach § 306 III von vornherein nur noch eng begrenzt Raum: die Frage, ob dem Verwender ein Festgehalten-Werden am durch das dispositive Recht ergänzten Vertrag zumutbar ist oder nicht, wird weithin zur bloßen Vorfrage im Rahmen der Prüfung, ob die aus der Nichtgeltung von AGB resultierende Lücke nach § 306 II oder aber mittels ergänzender Vertragsauslegung zu schließen ist.[2]

b) Unzumutbare Härte. § 306 III statuiert eine **enge Ausnahme**:[3] der Gesetzgeber hat zur Verdeutlichung in Abweichung vom RegE bewusst die Formulierung „unzumutbare Härte" gewählt. **60**

Unzumutbar hart für den Verwender wird dabei kaum je die Vertragsbindung in der Fallgestaltung sein, dass AGB wegen **Verstoßes gegen §§ 307–309** nicht Vertragsinhalt werden. Die Nichtvalidierung unbilliger Klauseln zielt gerade auf Verhinderung eines sonst bestehenden Ungleichgewichts zugunsten des Verwenders.[4] Keine unzumutbare Härte deshalb etwa: dass der Verwender einem freien Mitarbeiter das vereinbarte Honorar ob der Unwirksamkeit einschlägiger formularmäßiger Kopplung auch dann zahlen muss, wenn der vom Mitarbeiter betreute Kunde seine Vertragsleistung gegenüber dem Verwender nicht erbringt,[5] dass bei Unwirksamkeit einer Ausschlussklausel der Versicherer ein Mehr an Deckung schuldet,[6] dass bei Unwirksamkeit der Laufzeitregelung in einem Bierlieferungsvertrag der Vertrag als ohne feste Laufzeit geschlossen zu erachten ist.[7] Nur bei Nichtvoraussehbarkeit des Unwirksamkeitsverdikts im Zeitpunkt des Vertragsschlusses[8] mag ausnahmsweise anderes gelten. Bloße Nichtbeanstandung als solche auch über geraume Zeit schafft freilich noch keinen Vertrauenstatbestand.[9] **61**

Aber auch dort, wo die Nichtgeltung (nur) auf der **Nichtbeachtung der Einbeziehungsvoraussetzungen nach § 305 II** oder auf einem **Verstoß gegen das Überraschungsverbot nach § 305 c I** basiert (überraschende Klauseln können keineswegs ohne weiteres inhaltlich unbilligen gleichgestellt werden), ist Zurückhaltung in der Bejahung der Unzumutbarkeit geboten. Dass der Verwender aus kalkulatorischen Gründen den Vertrag lieber gar nicht als zu den Bedingungen des dispositiven Rechts abgeschlossen hätte, reicht per se nicht aus; nur **krasse Äquivalenzstörungen**[10] rechtfertigen es, den – bezüglich des Nichtgeltungsgrundes gutgläubigen – Verwender aus der Vertragsbindung zu entlassen. Jenseits der Opfergrenze läge beispielsweise die Bindung an einen Vertrag, der den Verwender zu einer **62**

---

1 Zutr. *Dietlein* § 6 AGBG Rz 6.

2 Zustimmend: AnwK/*Kollmann* Rz 20.

3 Im Ansatz allg. M.: vgl. z. B. OLG Nürnberg AGBE I § 6 Nr. 6; *Bamberger/Roth/Hub. Schmidt* Rz 19; AnwK/*Kollmann* Rz 20.

4 *Ulmer/Harry Schmidt* Rz 45; *Erman/Roloff* Rz 16.

5 BGH NJW-RR 1996, 1009/1010.

6 OLG Frankfurt a. M. NJW-RR 1995, 283/284.

7 OLG Frankfurt a. M. NJW-RR 1988, 177.

8 Für einschlägige Relevanz auch BGH NJW-RR 2002, 1136/1137; *Ulmer/Harry Schmidt* aaO.

9 BGHZ 106, 42/52; *Soergel/U. Stein* § 6 AGBG Rz 21.

10 Ausdrücklich zustimmend: BGH NJW-RR 1996, 1009/1010; AnwK/*Kollmann* Rz. 20.

Kreditgewährung von Gewicht verpflichtet, wenn die intendierte formularmäßige Sicherstellung wegen Verstoßes gegen § 305 II Nr. 1 oder 2 gescheitert und dem Kundeninteresse an der Gültigkeit des Gesamtgeschäfts sowie dem Sicherungsinteresse des Verwenders nicht durch ergänzende Vertragsauslegung Rechnung zu tragen ist.[1] Umgekehrt ist selbst bei Nichteinbeziehung mittelbar den Umfang der Hauptleistungspflicht bestimmender AGB nicht notwendigerweise Gesamtnichtigkeit nach § 306 III gegeben: Erteilt etwa ein Kaskoversicherer eine Deckungszusage, ohne ausdrücklich auf seine AVB hinzuweisen und/oder dem Kunden die Möglichkeit zumutbarer Kenntnisnahme zu verschaffen, bedeutet eine Aufrechterhaltung des Vertrags nach Maßgabe des dispositiven Rechts nicht unbedingt eine unzumutbare Härte für den Versicherer, weil die nicht Vertragsinhalt gewordenen AVB einen weitergehenden Haftungsausschluss vorsehen als § 132 VVG.[2]

63 Soweit bei **Dauerschuldverhältnissen** AGB-Klauseln, die dem Verwender ein Lösungsrecht einräumen, nicht Vertragsinhalt werden, reicht im Allgemeinen aus, dass von dem nicht abdingbaren Recht zur Kündigung aus wichtigem Grund Gebrauch gemacht werden kann.[3] Anderes gilt freilich, wenn sich die Unzumutbarkeit i. S. von § 306 III nur durch eine – im Wege außerordentlicher Kündigung nicht mögliche – ex tunc-Nichtgeltung des Vertrags abwenden lässt.[4]

64 **c) Zeitpunkt.** Maßgeblicher Zeitpunkt für die Beurteilung der Frage, ob dem Verwender eine vertragliche Bindung trotz Nichtgeltung aller oder einzelner AGB schlechterdings unzumutbar, ist derjenige der **Geltendmachung von Rechten aus dem Vertrag,** nicht etwa der Zeitpunkt des Vertragsschlusses.[5] Dies folgt nicht nur aus dem Gesetzeswortlaut („Festhalten" am Vertrag), sondern auch daraus, dass die Nichtgeltung des Klauselwerks oder einzelner Klauseln durch den jeweiligen konkreten Geschehensablauf ganz oder teilweise an Bedeutung für die Vertragsgleichgewichtsfrage verlieren kann.[6]

5. Schadensersatzpflicht des Verwenders

65 Die Fragestellung, ob und unter welchen Voraussetzungen dem Kunden aus der **Gesamtnichtigkeit des Vertrags nach § 306 III** ein **Schadensersatzanspruch aus c. i. c.** zusteht,[7] hat bei richtigem Verständnis der Voraussetzungen des § 306 III ein *Scheinproblem* zum Gegenstand. Denn: *Verschulden* bei Vertragsschluss verlangt Voraussehbarkeit des Scheiterns der Klauselgeltung. Bei Voraussehbarkeit des Geltungsmangels kann sich der Verwender indes (s. Rz 61) gerade nicht auf § 306 III berufen.[8] Für einen Schadensersatzanspruch des Kunden aus dem Gesichtspunkt der Vertrauensenttäuschung bleibt nur Raum, wenn und soweit man in § 306 III, abweichend von der hier vertretenen Position (Rz 58), auch eine Schutzvorschrift zugunsten der Verwendergegenseite erblickt.[9]

66 Durchaus der Aktualisierung fähig ist die Interessehaftung aus c. i. c. hingegen in der Fallgestaltung der **Totalnichtigkeit infolge Nichtergänzbarkeit des Restvertrags** (Rz 54): Wer durch die Verwendung unangemessener Klauseln oder durch

---

1 *Koch/Stübing* § 6 AGBG Rz 15.
2 BGH NJW 1982, 824 f.; *Soergel/U. Stein* § 6 AGBG Rz 23.
3 *Ulmer/Harry Schmidt* Rz 44; *Erman/Roloff* Rz 16; *Bamberger/Roth/Hub. Schmidt* Rz 20.
4 Richtig: *Ulmer/Harry Schmidt* aaO.
5 BGH NJW 1996, 2092/2094; *H. Roth* S. 70.
6 *Stoffels* Rz 636 ff; *Staudinger/Schlosser* Rz 19; *Soergel/U. Stein* § 6 AGBG Rz 30.
7 Statt mancher: *Brandner,* FS Oppenhoff, 1985, S. 11/13 ff. sowie *Stoffels* Rz 636 ff.
8 Übereinstimmend: *Ulmer/Harry Schmidt* Rz 49; *Soergel/U. Stein* § 6 AGBG Rz 26.
9 Konsequent: *Ulmer/Harry Schmidt* aaO.

Nichtbeachtung positiver oder negativer Einbeziehungsvoraussetzungen in voraussehbarer und vermeidbarer Weise letztlich die Vertragsnichtigkeit bewirkt, verletzt schuldhaft die ihm gegenüber dem anderen Teil obliegende, aus dem Vertragsanbahnungsverhältnis erwachsende Loyalitätspflicht und haftet diesem auf das einschlägige negative Interesse.[1]

IV. Unternehmensverkehr

§ 306 gilt, in all seinen Absätzen, für das Verbraucher- wie Unternehmensgeschäft. Für § 306 III hat letzternfalls die Beurteilung, ob die Vertragsbindung nach Maßgabe des dispositiven Rechts für den Verwender eine unzumutbare Härte bedeuten würde, dabei auch und gerade unter Berücksichtigung der besonderen Interessenlage des Unternehmensverkehrs zu erfolgen. Dass solches tendenziell in verstärktem Maße zur Totalnichtigkeitsfolge führe,[2] will freilich kaum einleuchten.[3] **67**

V. Verbraucherverträge

1. EG-rechtliche Vorgaben

Auch nach der Richtlinie 93/13 EWG über missbräuchliche Klauseln infiziert die Unwirksamkeit der missbräuchlichen Klausel grundsätzlich nicht den Restvertrag: „Der Vertrag bleibt für beide Parteien auf derselben Grundlage bindend, wenn er ohne missbräuchliche Klausel bestehen kann“ (Art. 6 I Hs. 2 RL). **68**

2. Vorformulierte Bestimmungen in Mehrfachverwendung

Für Verbraucher-Standardverträge bestand und besteht kein legislatorischer und judizieller Änderungs- und Anpassungsbedarf; § 306 genügt – wie er von Rechtsprechung und Lehre entfaltet und konkretisiert – durchaus der Richtlinienvorgabe. Das gilt auch für den richtigerweise ohnehin nur als Notventil fungierenden § 306 III: Art. 6 I Hs. 2 RL stützt die Anwendungsfeldbegrenzung desselben (s. Rz 59) und eine restriktive Bejahung des Merkmals der Unzumutbarkeit (s. Rz 60). In ihn ein Gebot der Eliminierung jeglicher Wertung hineinzulesen, besteht kein Anlass.[4] Mit Blick auf gegenteilige Stimmen[5] sollte bei Entscheidungsrelevanz der Frage freilich um Klärung durch Vorlage an den EuGH nachgesucht werden. **69**

3. Vorformulierte Bestimmungen in Einzelverwendung

Für Einzelverträge verweist § 310 III Nr. 2 in Umsetzung der Richtlinienvorgabe ausdrücklich auf § 306: Vorformulierte Bestimmungen in Einzelverwendung stehen AGB-Bestimmungen, was die Rechtsfolgen der Nichteinbeziehung und Unwirksamkeit einzelner Klauseln anbelangt, einschränkungslos gleich. **70**

---

1 Zustimmend: OLG Oldenburg NJW-RR 1996, 1054.

2 So *Ulmer/Harry Schmidt* Rz 56.

3 Wie hier: *H. Roth* S. 72; *Koch/Stübing* § 6 AGBG Rz 17.

4 Wie hier – im Einklang mit dem RegE zur AGB-Novelle, Begründung A II/4, BT-Drucks 528/95 – z. B. *Staudinger/Schlosser* Rz 1; *Schmidt-Salzer* BB 1995, 1493/1494; *Heinrichs* NJW 1996, 2190/2195 f.

5 *Ulmer/Harry Schmidt* Rz 59; MünchKomm/*Basedow* Rz 5, zumindest Zweifel anmeldend auch *Bamberger/Roth/Hub. Schmidt* Rz 3.

§ 306 a Umgehungsverbot

Die Vorschriften dieses Abschnitts finden auch Anwendung, wenn sie durch anderweitige Gestaltungen umgangen werden.

Inhaltsübersicht

1. Allgemeines

1 § 306 a (früher: § 7 AGBG) ist deklaratorischer Natur. Er positiviert – nachrangig gegenüber diversen auch Individualvereinbarungen einschließenden sektoralen Verboten (§§ 312 f. S. 2, 475 I S. 1, 478 IV S. 3, 487 S. 2, 506 S. 2) – für den Bereich des AGB-Rechts das allgemeine ungeschriebene Umgehungsverbot,[1] das den Richter anweist, jenseits der (durch den möglichen Wortsinn gezogenen) Auslegungsgrenzen die Möglichkeiten der Analogie bzw. teleologischen Reduktion zu prüfen: Die Nichtigkeitssanktion trifft eine rechtsgeschäftliche Gestaltung nicht nur dann, wenn sie unter eine explizite Verbotsnorm zu subsumieren ist, sondern auch dann, wenn unter Berücksichtigung des Gesetzeszwecks die gewählte und die vermiedene Gestaltung als gleichartig und gleichwertig zu qualifizieren sind. Die Verbotsnorm ist dann auf die zwar nicht vom Wortsinn, wohl aber vom Gesetzeszweck erfasste Fallgestaltung zu erstrecken (Analogie); soweit die Inanspruchnahme einer Verbotsausnahmebestimmung deren Sinn und Zweck widerspricht, bleibt es mittels teleologischer Reduktion der Ausnahmebestimmung bei der Verbotsgeltung.

2. Funktion und Anwendungsbereich der Norm

2 **a) Unmittelbare Bedeutung.** § 306 a soll in erster Linie die Umgehung des Katalogs der unzulässigen Klauseln gemäß §§ 308, 309 verhindern. Seine praktische Bedeutung ist freilich gering, soweit es darum geht, durch Verbotserstreckung kraft Analogie eine Verbotslücke auszufüllen. Da bei Umgehung der Klauselverbote nach §§ 308, 309 immer noch der Auffangtatbestand des § 307 greift,[2] kommt die Anwendung des § 306 a insoweit nur für Fallgestaltungen in Betracht, bei denen durch die Gestaltungsform mittelbar – scheinbar – gerade auch die Inhaltskontrolle abbedungen wurde: bei missbräuchlicher Verwendung der Gestaltungsform des Vereins- und Gesellschaftsrechts, also Erschleichung der Bereichsausnahme nach § 310 IV S. 1[3] sowie bei Erschleichung des Ausnahmetatbestands des § 307 III.[4]

3 **b) Mittelbare Bedeutung.** Entgegen verbreiteter Ansicht kommt dem in § 306 a positivierten Umgehungsverbotsgedanken aber darüber hinaus auch eine

---

[1] Grundsätzlich und grundlegend hierzu *Teichmann,* Die Gesetzesumgehung, 1962 sowie *Heeder,* Fraus legis, 1998.

[2] Einschlägige Klarstellung: BGH NJW 1984, 2816; *Teichmann* JZ 1985, 314/316.

[3] Statt vieler: *Ulmer/Harry Schmidt* Rz 11 sowie MünchKomm/*Basedow* Rz 3.

[4] *Ulmer/Harry Schmidt* Rz 9 f.; *Locher* § 11/3.

wichtige Funktion bei der *Konkretisierung* des allgemeinen Verbots unbilliger Klauselgestaltung nach § 307 zu: Wenn die Klauselverbote der §§ 308, 309 nur Konkretisierungen der Generalklausel für den nichtunternehmerischen Verkehr, impliziert die Feststellung, dass eine bestimmte Klauselgestaltung zwar nicht unter ein benanntes Klauselverbot zu subsumieren, wohl aber vom Verbotstelos erfasst ist, zugleich die Aussage, dass die Klausel unwirksam nach § 307 ist.[1]

3. Das Umgehungsverbot als objektiver Tatbestand: Entbehrlichkeit der Umgehungsabsicht

Das Umgehungsverbot greift unabhängig von einer Umgehungsabsicht des Verwenders.[2] Und zwar nicht nur, soweit es darum geht, zwar nicht mehr vom möglichen Wortsinn, wohl aber vom Verbotstelos der §§ 308, 309 erfasste Klauseln nach § 307 zu inhibieren oder aber insoweit im Wege teleologischer Reduktion den Ausnahmetatbestand des § 310 III zu verneinen. Auch die Beantwortung der Frage, inwieweit AGB bei Wahl gesellschafts- und vereinsrechtlicher Formen unter dem Gesichtspunkt des Umgehungsverbotsgedankens unbeschadet der (grundsätzlichen) Bereichsausnahme des § 310 IV S. 1 einer Inhaltskontrolle entsprechend §§ 307–309 unterliegen, bedarf richtigerweise keines Rekurses auf subjektive Momente. 4

4. Einzelfälle

a) Umgehungsgeschäft. Die Frage des Vorliegens einer Umgehungsregelung in der Spielart des Erschleichens des Ausnahmetatbestands des § 307 III (Rz 2) stellt sich beispielsweise beim sog. gespaltenen Krankenhausvertrag, der darauf zielt, den Krankenhausträger aus der Haftung für ärztliche Behandlungsfehler zu entlassen.[3] Mittelbare Bedeutung (s. Rz 3) entfaltet § 306 a etwa in folgenden Fällen: Das Verbot unangemessenen Aufwendungsersatzes beim Rücktritt des Kunden vom Vertrag (§ 308 Nr. 7) kann nicht wirksam dadurch umgangen werden, dass eine bei Vertragsdurchführung auf die Gegenleistung anzurechnende Beratungs- oder Bearbeitungsgebühr vereinbart wird.[4] Nach § 309 Nr. 1 sind beim Verbrauchergeschäft AGB-Klauseln, in denen sich der Verwender bei einer vereinbarten Leistungszeit unter vier Monaten Preiserhöhungen vorbehält, unwirksam: Die Relation Preis-Leistung soll nicht nachträglich zugunsten dessen veränderbar sein, der möglicherweise gerade wegen seiner Preisstellung zum Vertragsabschluss gekommen ist. Wird der Preis von vornherein offengehalten, formularmäßig vielmehr der Tagespreis („Verkaufspreis ist der am Liefertag gültige Listenpreis/Marktpreis") für maßgeblich erklärt oder dem Verwender sonst ein Preisbestimmungsrecht nach § 315 BGB eingeräumt („Preise freibleibend"), greift der Umgehungsverbotsgedanke i. S. einer Heranziehung des Verbotstelos eines bestimmten Klauselverbots bei der Konkretisierung von § 307 (Rz 3), ist mithin von der Maßgeblichkeit des im Vertragsschlusszeitpunkt vom Verwender geforderten Preises auszugehen, soweit bei den konkreten Vertragsverhandlungen selbst oder aber in der Werbung des Verwenders der entsprechende Preis genannt wurde: Die ratio des § 309 Nr. 1 erfasst jeden Einsatz des Aktionsparameters Preis und nur den- 5

---

1 Übereinstimmend: *Bamberger/Roth/Hub. Schmidt* Rz 5 a. E.
2 Statt vieler: MünchKomm/*Basedow* Rz 3; *Ulmer/Harry Schmidt* Rz 4; *Palandt/Heinrichs* Rz 2.
3 Einlässlich *Spickhoff* VersR 1998, 1189/1191 ff.
4 *Ulmer/Harry Schmidt* Rz 10.

selben.[1] Das in § 309 Nr. 2 statuierte Verbot des Ausschlusses des Leistungsverweigerungsrechts gem. § 320 und des Zurückbehaltungsrechts nach § 273 kann nicht dadurch unterlaufen werden, dass ein Bauunternehmer private Bauherren formularmäßig zur Erteilung eines unwiderruflichen Bankauftrags verpflichtet, auf seinen, des Bauunternehmers, Abruf das Bauherrenkonto zu belasten.[2]

6 **b) Kein Anwendungsfall der Vorschrift.** Nicht erst des Rekurses auf den in § 306 a positivierten Gedanken bedarf es hingegen in der in den Gesetzesmaterialien zu § 7 AGBG[3] als Anwendungsbeispiel genannten Fallgestaltung sog. Kaffeefahrten ins Ausland. Auf im Rahmen derartiger Fahrten geschlossene Umsatzgeschäfte ist das AGB-Gesetz vielmehr *unmittelbar* anwendbar: Mangels Rechtswahl bleibt Vertragsstatut deutsches Recht (Art. 29 II EGBGB), deutsches AGB-Recht mithin von vornherein anwendbar. Bei allfälliger prinzipieller Maßgeblichkeit fremden Rechts kraft Rechtswahl aber vermittelt bereits Art. 29 I EGBGB zugunsten des Kaffeefahrt-Teilnehmers gebotenen Schutz. – Auch zu einer sachgerechten Beurteilung der Fallgestaltung, dass ein marktmächtiges Unternehmen seine Vertragspartner veranlasst, die von ihm selbst entworfenen AGB zu „stellen",[4] bedarf es wohl *nicht* des Umgehungsverbotsgedankens nach § 306 a. Eine unbefangene Würdigung ergibt vielmehr bereits, dass materiell sehr wohl das marktmächtige Unternehmen Verwender ist.[5]

7 **c) Gesellschafts- und vereinsrechtliche Gestaltungsformen.** Zurückhaltung ist schließlich in der weithin[6] propagierten Anwendung des § 306 a auf Vertragsgestaltungen geboten, nach denen die Austauschbeziehungen zwischen dem Verwender und den Nachfragern von Waren und Dienstleistungen vereins- oder gesellschaftsrechtlich organisiert sind, das Recht zur Leistungsinanspruchnahme mithin durch die Mitgliedschaft vermittelt und das Entgelt durch Zahlung von Mitgliedsbeiträgen geleistet wird (Beispiele: Buch- und Schallplattengemeinschaften oder Ehemaklerinstitute in Vereinsform). Richtigerweise ist § 306 a auch hier nur nützlicher, einem Fehlverständnis steuernder Hinweis. Er stellt klar, dass auch im sachlichen Ausnahmebereich des § 310 IV S. 1 dem AGB-Gesetz analogisierbare Wertungen entnommen werden können und müssen. *Wann* dies der Fall, ist für jede Einzelbestimmung des Katalogs der §§ 308, 309 sowie jede Konkretisierung des § 307 unter Berücksichtigung der Besonderheiten der gewählten Organisationsform je gesondert zu ermitteln. § 306 a selbst trifft insoweit *keine* Aussage.

8 **d) Tathandelns als anderweitige Gestaltung i. S. von § 306 a?** In hohem Maße *fragwürdig* erscheint die Ausdehnung der AGB-Kontrolle auf **interne Richtlinien,** wie sie neuestens vom BGH[7] für den Fall propagiert wurde, dass über eine entsprechende Vorgehensweise wirtschaftlich ein Ergebnis erzielt wird, das über AGB-Stellung zulässigerweise nicht erreicht werden könnte: § 306 a ist ersichtlich auf *rechtsgeschäftliche* Umgehungsversuche angelegt.[8] Für eine systemfremde Ausweitung der AGB-Kontrolle besteht zudem kein Bedürfnis, weil entsprechenden

---

[1] Letzteres gegen *Löwe/Trinkner* § 11 Nr. 1 AGBG Rz 5, die weitergehend Gestaltungen der benannten Art unabhängig davon, ob auf den derzeitigen Preis hingewiesen wird oder nicht, als objektive Umgehungsgeschäfte qualifizieren möchten.

[2] BGH NJW-RR 1986, 956 f.

[3] BT-Drs. 7/3919 S. 48.

[4] Beispiel nach *Palandt/Heinrichs* Rz 2.

[5] *Schlechtriem,* FS Duden, 1977, S. 571/575.

[6] S. etwa *Köhler,* AT § 16 Rz 29; *Soergel/U. Stein* § 7 AGBG Rz 4.

[7] BGH NJW 2005, 1645/1646 f.

[8] Kritisch denn auch: *Borges* BKR 2005, 225/227 ff.; *Freitag* ZIP 2005, 2052/2053 f; *Haertlein* EWiR 2005, 535/536; *Freitag* ZIP 2005, 2052/2053 ff.

Praktiken lauterkeitsrechtlich das Handwerk zu legen ist:[1] Wenn Banken ihren Kunden Kosten für Retourenbearbeitung mangels Kontodeckung unter keinem rechtlichen Gesichtspunkt in Rechnung stellen können, ist die planmäßige Gleichwohl-Belastung von Kundenkonten unter Verbraucherschutzaspekten wettbewerbswidrig und von Verbraucherschutzverbänden im Wege der Klage nach § 8 III Nr. 3 UWG unterbindbar.

---

[1] Betonung dieses Umstands auch bei *Borges* BKR 2005, 229 f. sowie *Freitag* ZIP 2005, 2054 f.

§ 307 Inhaltskontrolle

(1) Bestimmungen in Allgemeinen Geschäftsbedingungen sind unwirksam, wenn sie den Vertragspartner des Verwenders entgegen den Geboten von Treu und Glauben unangemessen benachteiligen. Eine unangemessene Benachteiligung kann sich auch daraus ergeben, dass die Bestimmung nicht klar und verständlich ist.

(2) Eine unangemessene Benachteiligung ist im Zweifel anzunehmen, wenn eine Bestimmung

1. mit wesentlichen Grundgedanken der gesetzlichen Regelung, von der abgewichen wird, nicht zu vereinbaren ist oder

2. wesentliche Rechte oder Pflichten, die sich aus der Natur des Vertrags ergeben, so einschränkt, dass die Erreichung des Vertragszwecks gefährdet ist.

(3) Die Absätze 1 und 2 sowie die §§ 308 und 309 gelten nur für Bestimmungen in Allgemeinen Geschäftsbedingungen, durch die von Rechtsvorschriften abweichende oder diese ergänzende Regelungen vereinbart werden. Andere Bestimmungen können nach Absatz 1 Satz 2 in Verbindung mit Absatz 1 Satz 1 unwirksam sein.

Inhaltsübersicht

Schrifttum: *Basedow,* Kollektiver Rechtsschutz und individuelle Rechte, Die Auswirkungen des Verbandsprozesses auf die Indizienkontrolle von AGB, AcP 182 (1982), 335; *Becker,* Die Auslegung des § 9 Abs. 2 AGBG, 1986; *Boemke-Albrecht,* Rechtsfolgen unangemessener Bestimmungen in Allgemeinen Geschäftsbedingungen, Diss. 1989; *Coester-Waltjen,* Inhaltskontrolle von „einfachen Geschäftsbedingungen" in Verbraucherverträgen, FS für Medicus, 1999, S. 63; *Fastrich,* Richterliche Inhaltskontrolle im Privatrecht, 1992; *Freitag,* Vom Missbrauch der AGB-Kontrolle zur Umgehung des Wettbewerbsrechts. ZIP 2005, 2052; *Hager,* Gesetzes- und sittenkonforme Auslegung und Aufrechterhaltung von Rechtsgeschäften, 1983; *Heinrichs,* Die Entwicklung des Rechts der Allgemeinen Geschäftsbedingungen im Jahre 1996, NJW 1997, 1407; *ders.,* für 1997 NJW 1998, 1447; *Hoyningen-Huene,* Die Inhaltskontrolle nach § 9 AGB-Gesetz, 1991; *Karatzenis,* Zur Anwendung der Generalklausel des § 9 AGB-Gesetz im Handelsverkehr, 1989; *Kippels,* Die Inhaltskontrolle von Allgemeinen Geschäftsbedingungen im kaufmännischen Geschäftsverkehr nach § 9 Abs. 2 AGB-Gesetz unter besonderer Berücksichtigung der Klauselverbote nach §§ 10 und 11 AGB-Gesetz, Diss. 1991; *Koller,* Probleme des Haftungsausschlusses in AGB, VerR 1980, 1; *Löwe,* Verfehlte Einengung des Anwendungsbereichs von § 9 AGB-Gesetz durch den Bundesgerichtshof, BB 1980, 1241; *Lutz,* AGB-Kontrolle im Handelsverkehr unter Berücksichtigung der Klauselverbote, Diss. 1991; *Niebling,* Isolierte Betrachtung Allgemeiner Geschäftsbedingungen oder Würdigung des Gesamtvertrages, BB 1992, 717; *Ohlendorf-von Hertel,* Kontrolle von allgemeinen Geschäftsbedingungen im kaufmännischen Geschäftsverkehr gemäß § 24 AGB-Gesetz, 1988; *Reh,* Einbeziehung und Inhaltskontrolle Allgemeiner Geschäftsbedingungen im kaufmännischen Verkehr, Diss. 1990; *Rosenow/Schaffelhuber,* Neues zur Transparenzkontrolle im AGB-Recht, ZIP 2001, 2211; *Roussos,* Die Anwendungsgrenzen der Inhaltskontrolle und die Auslegung von § 9 AGBG, JZ 1988, 997; *Schapp,* Die Leitbildfunktion des dispositiven Rechts für die Inhaltskontrolle von AGB nach § 9 Abs. 2 AGB-Gesetz, DB 1978, 621; *Schirmers,* Konditionenempfehlungen, kartellrechtliche Kontrolle und AGB-Gesetz, 1983; *H. Schmidt,* Vertragsformen der Nichteinbeziehung und Unwirksamkeit von Allgemeinen Geschäftsbedingungen, 1986; *G. Stein,* Die Inhaltskontrolle vorformulierter Verträge des allgemeinen Privatrechts, 1982; *Stoffels,* AGB-Recht, 2003; *Weick,* Die Idee des Leitbildes und die Typisierung im gegenwärtigen Vertragsrecht, NJW 1978, 11; *Weitnauer,* Covenants und AGB-Kontrolle, ZIP 2005, 1443; *von Westphalen,* Die Wirksamkeit von Haftungsfreizeichnungsklauseln und Haftungsbegrenzungsklauseln bei leichter Fahrlässigkeit gem. § 9 AGB-Gesetz, WM 1983, 974; *Wolf/Pfeiffer,* Rechtsprechungsübersicht zum AGB-Gesetz, JZ 1988, 388, 440; *M. Wolf,* Auslegung und Inhaltskontrolle von AGB im internationalen kaufmännischen Verkehr, ZHR 153 (1989), 300; *Wolf/Ungeheuer,* Zum Recht der Allgemeinen Geschäftsbedingungen, JZ 1995, 77 und 176; s. auch die Lit.-Angaben vor Rn. 275.

A. Allgemeine Grundlagen und Abgrenzung der Inhaltskontrolle

I. Zweck und Allgemeines

1. Zweck

a) Kontrollfunktion. § 307 zieht die Folgerung aus der bei AGB typischerweise gegebenen einseitigen Inanspruchnahme der Gestaltungsfreiheit. Zum Schutz des unterlegenen Vertragsteils stellt er nicht nur auf den Verstoß gegen ein Verbotsgesetz (§ 134) oder auf die Sittenwidrigkeit (§ 138), sondern auf den Verstoß gegen Treu und Glauben ab. Damit wird für AGB ein gegenüber dem allgemeinen Vertragsrecht **verschärfter Maßstab der Inhaltskontrolle**[1] eingeführt. Der andere Vertragsteil bedarf wegen der Beeinträchtigung seiner Selbstbestimmung eines ver- 1

[1] BT-Drs. 7/3919 S. 22.

stärkten Schutzes.[1] An die Stelle der Kontrolle durch die Selbstbestimmung und den Markt tritt quasi als Ersatz eine gerichtliche Kontrolle. Dabei muss in Kauf genommen werden, dass mit dem Ausbau des staatlichen Fremdschutzes der Anreiz zum Selbstschutz schwindet.[2] Dies ist dann gerechtfertigt, wenn der Anreiz zum Selbstschutz keine Wirkung entfalten kann, sei es, weil es die Machtverhältnisse nicht zulassen oder weil der Anreiz zum Selbstschutz wegen zu hoher Kosten, insbesondere hoher Informationskosten, die der Verwender durch seine AGB veranlasst, sich nicht durchsetzen kann. Die verschärfte Inhaltskontrolle dient nur dem Schutz der anderen Vertragspartei, nicht dagegen dem Schutz des Verwenders.[3] Der Verwender selbst kann nicht die Unwirksamkeit der AGB aus § 307 herleiten.[4]

2 § 307 stellt entsprechend der Rationalisierungsfunktion der AGB in erster Linie einen **generellen Maßstab** für die verkehrstypischen Verhältnisse bereit, lässt aber auch, soweit dies nach Treu und Glauben geboten ist, Raum für die Berücksichtigung des konkreten Vertrags und seiner Beteiligten.[5] Einen vergleichbaren Maßstab enthält Art. 3 RL.[6] § 307 ist deshalb gemeinschaftskonform. Mit der Inhaltskontrolle nach § 307 soll aber nicht eine für den Verbraucher optimale Vertragsgestaltung durchgesetzt,[7] sondern nur einer missbräuchlichen Benachteiligung begegnet werden.

3 **b) Konkretisierungsfunktion.** § 307 bestimmt die Grundlagen der Inhaltskontrolle von AGB. Abs. 1 S. 1 und Abs. 2 übernehmen die bisherige Regelung des § 9 AGB-Gesetz. Dabei enthält Abs. 1 S. 1 mit dem Kriterium der gegen Treu und Glauben verstoßenden unangemessenen Benachteiligung die **Grundnorm der Inhaltskontrolle** und den maßgeblichen Unwirksamkeitsgrund. Abs. 1 S. 2 und Abs. 2 befassen sich mit dem Merkmal der unangemessenen Benachteiligung. Der neu eingefügte Abs. 1 S. 2 übernimmt das in der Rechtsprechung entwickelte Transparenzgebot als Bestandteil der Inhaltskontrolle, indem er anordnet, dass sich aus der Intransparenz eine unangemessene Benachteiligung ergeben kann (Transparenzkontrolle). Abs. 2 stellt wie bisher zwei Vermutungen für das Vorliegen einer unangemessenen Benachteiligung auf. Die erste Unangemessenheitsvermutung knüpft Abs. 2 Nr. 1 daran, dass von den Grundgedanken der gesetzlichen Regelung abgewichen wird. Die zweite Unangemessenheitsvermutung in Abs. 2 Nr. 2 stützt sich darauf, dass vertragswesentliche Rechte oder Pflichten in einer den Vertragszweck gefährdenden Weise eingeschränkt werden. Die Unangemessenheitsvermutung des Abs. 2 erleichtert dem Vertragspartner des Verwenders den Nachweis der unangemessenen Benachteiligung (Beweisfunktion). Die Vermutung kann aber vom Verwender widerlegt werden.

4 § 307 Abs. 3 S. 1 bestimmt wie der frühere § 8 AGB-Gesetz die **Grenzen der Inhaltskontrolle** dahin, dass er nur solche AGB als kontrollfähig einstuft, die von Rechtsvorschriften abweichen oder diese ergänzen. Kontrollfähig sind danach nur solche AGB, deren Regelungsinhalt zwar in Rechtsvorschriften enthalten sein könnte, aber nicht mit den vorhandenen Rechtsvorschriften identisch ist. Nicht

---

[1] Vgl. auch *v. Hoyningen-Huene,* aaO, Rz 22; Inhaltskontrolle als Kompensation; *Larenz/Wolf,* Allg. Teil, § 42 Rz 6ff., 29ff.

[2] S. *Staudinger/Coester,* Eckpfeiler Zivilrecht, 2005, S. 165.

[3] BT-Drs. 7/3919, S. 23.

[4] S. auch BGH NJW 1987, 837, 838.

[5] BT-Drs. 7/3919, S. 22; s. auch Rz 86ff.

[6] S. Art. 3 RL Rz 2ff.

[7] BGH NJW 1986, 2369; der RegE zum AGB-Gesetz hatte in § 7 I (jetzt § 307 I) noch den positiven Nachweis des angemessenen Interessenausgleichs (BT-Drs. 7/3919, S. 5, 22). Die jetzige Fassung von § 307 Abs. 1 (vormals § 9 Abs. 1) stammt vom Rechtsausschuss des Bundestages (BT-Drs. 7/5422 S. 6).

kontrollfähig sind danach AGB, deren Inhalt und Anwendungsbereich mit Rechtsvorschriften übereinstimmt. Damit will der Gesetzgeber klarstellen, dass die Inhaltskontrolle nicht dazu dienen soll, gesetzliche Interessenbewertungen zu überprüfen. Von der Inhaltskontrolle freigestellt sind aber auch AGB, deren Inhalt üblicherweise nicht durch Rechtsvorschriften geregelt wird und der rechtlichen Überprüfung nicht zugänglich sind, sondern wie etwa Leistungsbeschreibungen und Preisvereinbarungen rein tatsächliche und wirtschaftliche Daten enthalten. Grund der Ausnahme ist hier der fehlende rechtliche Kontrollmaßstab und die Wahrung marktwirtschaftlicher Prinzipien.[1] Abs. 3 S. 2 unterwirft aber Bestimmungen, die nicht von Rechtsvorschriften abweichen oder diese ergänzen, insbesondere Leistungsbeschreibungen und Preisbestimmungen, der Transparenzkontrolle nach Abs. 1 S. 2.

2. Bedeutung und Anwendungsbereich

a) Generalklausel. § 307 ist die Generalklausel für alle Fälle der Inhaltskontrolle 5
von AGB, soweit nicht §§ 308 und 309 eingreifen. Er gilt trotz seiner Stellung im Schuldrecht grundsätzlich für **AGB in allen privatrechtlichen Verträgen** und damit grundsätzlich auch für AGB, die z.B. Rechtsprobleme aus dem Allgemeinen Teil des BGB oder dem Sachenrecht regeln. Ausgenommen sind durch § 310 Abs. 4 S. 2 lediglich das Erb- und Familienrecht sowie das Gesellschaftsrecht. Einbezogen ist aber das Versicherungsvertragsrecht ebenso das Arbeitsvertragsrecht, was durch § 310 Abs. 4 S. 2 ausdrücklich klargestellt ist. § 307 gilt auch im Bereich des Internationalen Privatrechts, so etwa für Rechtswahlklauseln. Trotz Rechtswahl findet er bei Verbraucherverträgen gemäß Art. 29 und 29a EGBGB und gemäß Art. 27 Abs. 3 EGBGB allgemein – auch bei Verträgen zwischen Unternehmern – als zwingende Bestimmung auch Anwendung, soweit der Vertrag ausländischem Recht unterliegt. Erweitert wird der Anwendungsbereich durch § 310 Abs. 3 Nr. 2 auf **Individualvereinbarungen in Verbraucherverträgen.** § 307 findet auch auf einseitige Rechtsgeschäfte Anwendung, soweit diese als AGB anzusehen sind;[2] ebenso gilt § 307 grundsätzlich auch für behördlich genehmigte AGB (s. Rz 48, 49). Für **öffentlich-rechtliche Verträge** findet der Grundsatz des § 307 Abs. 1 über §§ 56, 59, 62 VwVfG Anwendung.[3] Soweit die öffentliche Verwaltung, etwa die Versorgungsanstalt des Bundes und der Länder, ihre Rechtsverhältnisse privatrechtlich regelt, handelt es sich um **Verwaltungsprivatrecht.** Die in diesem Bereich aufgestellten Allgemeinen Bedingungen sind AGB, selbst wenn sie sich als Satzung bezeichnen.[4] Für sie gelten die privatrechtlichen Grundsätze der Inhaltskontrolle von AGB.[5] Darüber hinaus sind im Rahmen von § 307 die Grundrechte unmittelbar zu beachten (s. unten Rz 176).

b) Verhältnis zu §§ 308, 309. Neben § 307 greifen zum Schutze der Verbrau- 6
cher ergänzend die §§ 308, 309 ein mit den Einschränkungen in § 310 Abs. 2. § 307 behält aber daneben Bedeutung als grundlegender Wertmaßstab, insbesondere als **allgemeine Auffangvorschrift,** die auch dann immer noch zu prüfen ist, wenn

---

[1] S. auch *Westermann,* Abgrenzung von Neben- und Hauptpflichten im Hinblick auf die Inhaltskontrolle, in Zehn Jahre AGB-Gesetz, RWS-Forum 2, 1987, S. 135, S. 136 f.; *Baumann* VersR 1991, 490, 492.

[2] S. § 305 Rz 11.

[3] BVerwG NJW 1986, 2589, 2590; s. auch Einl. Rz 24.

[4] St. Rspr. BGH v. 22. 6. 1999 IV ZR 136/98 = NJW 1999, 3558 für die Versorgungsanstalt des Bundes und der Länder; BGH v. 6. 7. 2005 IV ZR 141/04 = NJW-RR 2005, 1720; zust. BVerfG NJW 2000, 3341.

[5] BGH v. 5. 7. 2005 X ZR 60/04 = NJW 2005, 2919.

die Voraussetzungen der §§ 308 und 309 nicht erfüllt sind[1]. Die Gerichte greifen in der Praxis zumeist auf § 307 zurück. § 307 Abs. 1 und 2 ist auch Maßstab für die bei den Klauselverboten mit Wertungsmöglichkeit (§ 308) vorzunehmenden Wertungen. Für Verträge zwischen Unternehmern und für privatrechtliche Verträge gegenüber juristischen Personen des öffentlichen Rechts (§ 310 Abs. 1) enthält § 307 den allein maßgeblichen Kontrollmaßstab.

7 **c) Vorrang der Auslegung.** Nach dem Zweck von § 307, den Vertragsinhalt zu kontrollieren, muss zunächst der Vertragsinhalt festgestellt werden. Dies ist die Aufgabe der Auslegung. Die Auslegung geht deshalb der Inhaltskontrolle vor.[2] Dies gilt auch im Hinblick auf die Intransparenz als Unwirksamkeitsgrund nach § 307. Die Intransparenz als Unwirksamkeitsgrund greift deshalb erst ein, wenn im Wege der Auslegung kein transparenter Inhalt ermittelt werden kann (s. auch Rz 235).

8 **d) Geltung in allen Verfahren.** § 307 kommt nicht nur im gerichtlichen Verfahren zur Anwendung. Er gilt auch im Verfahren vor dem Rechtspfleger (s. Rz 354 ff.) und vor dem Notar (Rz 358 f.). Die Vorschrift ist voll revisibel, wobei es im Gegensatz zur Auslegung nicht darauf ankommt, ob die AGB über den Bezirk eines OLG hinaus verwendet werden.

9 **e) Abdingbarkeit.** § 307 ist **zwingend.** Davon kann nicht zum Nachteil des Vertragspartners durch Vereinbarung abgewichen werden. Die Möglichkeit nachträglicher Bestätigung (Rz 350) verändert ebenso wenig wie die Möglichkeit des Aushandelns die Kontrollfunktion und die Kontrollmaßstäbe von § 307 Abs. 1 und 2.

II. § 307 und andere Unwirksamkeitsgründe

1. Verhältnis zu §§ 119, 123

10 Liegt ein Irrtum nicht bezüglich der Einbeziehungsvoraussetzungen,[3] sondern bezüglich des Inhalts einzelner Klauseln vor, so ist wegen eines Erklärungs- oder Inhaltsirrtums nach § 119 oder wegen arglistiger Täuschung oder Drohung nach § 123 eine Anfechtung möglich.[4] Bei einer nach §§ 307 bis 309 wirksamen Klausel kommen allein §§ 119, 123 in Betracht. Bei einer nach AGB-Recht unwirksamen Klausel sind §§ 119, 123 nicht nur subsidiär anwendbar.[5] Allerdings ist zu prüfen, ob der Anfechtende den Vertrag nicht auch ohne die unwirksame Klausel abgeschlossen hätte. Im Falle der Anfechtung nach § 119 entsteht auch der Schadensersatzanspruch nach § 122. Der andere Vertragsteil ist deshalb grundsätzlich besser gestellt, wenn er sich auf die Unwirksamkeit einer Klausel nach §§ 305b, 305 c Abs. 1, 307 bis 309 beruft. Ficht er dennoch an, so gilt § 306 nicht generell,[6] da § 306 dem Verwender ein Festhalten nur für solche Unwirksamkeitsgründe zumutet, die in seine Verantwortungssphäre fallen.[7] Andererseits soll die Willensherrschaft des anderen Vertragsteils im Falle eines Irrtums nicht eingeschränkt werden, so dass er sich entgegen § 306 durch Anfechtung auch ganz vom Vertrag lösen kann. Er kann aber auch gemäß § 306 am Restvertrag festhalten, wenn dies seinem Wil-

[1] S. Vor §§ 308, 309 Rz 10.

[2] S. BGHZ 123, 83, 85; BGH NJW 1999, 1633; BGH NJW 1999, 3411; *Bamberger/Roth/H. Schmidt* § 307 Rz 5; AnwKomm-BGB/*Kollmann* § 307 Rz 3.

[3] Dazu § 305 Rz 68, 84.

[4] *Löwenheim* AcP 180, 433, 456; *Locher* BB 1981, 818, 821; *Lass* JZ 1997, 67.

[5] A. A. zu § 119 BGB *Medicus*, Allg. Teil, Rz 754.

[6] A. A. *v. Hoyningen-Huene*, aaO, Rz 95.

[7] S. § 306 Rz 1.

len entspricht.[1] Der Verwender kann dann Ersatz seines Vertrauensschadens nach § 122 nur hinsichtlich der angefochtenen Klausel verlangen, falls diese – abgesehen von der Anfechtung – wirksam ist.[2] Entscheidet sich der Vertragspartner gegen die Aufrechterhaltung des Restvertrags, so gilt § 139 [3] und der Verwender kann in diesem Fall seinen Vertrauensschaden hinsichtlich des ganzen Vertrags verlangen. Bei Anfechtung einer AGB-Klausel nach § 119 durch den Verwender gilt § 306, da der Irrtum im Verantwortungsbereich des Verwenders liegt und § 306 deshalb nach seinem Zweck und seiner Risikozuweisung anzuwenden ist. Das Anfechtungsrecht gehört zu den Grundgedanken der gesetzlichen Regelung (s. auch Rz 120) und kann deshalb nach § 307 Abs. 2 Nr. 1 nicht wirksam durch AGB ausgeschlossen werden.[4]

2. Verhältnis zu § 125

§ 125 ist neben § 307 uneingeschränkt anwendbar.[5] Im Verbandsklageverfahren bleibt § 307 anwendbar, ohne dass die Schriftform, die für den Einzelvertrag erforderlich ist, gewahrt sein muss. **11**

3. Verhältnis zu § 134 und zum zwingenden Recht

a) Verbotsgesetze. § 134 führt zur Nichtigkeit und damit zur Unwirksamkeit von Rechtsgeschäften, ergibt aber nicht für sich allein den Unwirksamkeitsgrund, sondern nur zusammen mit einem Verbotsgesetz. Maßgebend für die Unwirksamkeit ist der Sinn und Zweck des jeweiligen Verbotsgesetzes.[6] Das Verbotsgesetz enthält zwar den Verbotsmaßstab, nicht aber die Rechtsfolge der Nichtigkeit, die sich erst aus § 134 herleitet. Verbotsgesetz und § 134 sind je für sich unselbstständige Teile, die erst durch ihr Zusammenwirken die Nichtigkeit des Rechtsgeschäfts ergeben. § 307 enthält dagegen selbst den Grund, den Maßstab und die Rechtsfolge der Unwirksamkeit. Die Nichtigkeit nach § 134 gilt grundsätzlich für alle Vereinbarungen, gleichgültig ob sie in AGB enthalten sind oder nicht. § 307 gilt nur für AGB und für nicht ausgehandelte Individualvereinbarungen (§ 305 I S. 2; § 310 III Nr. 2). Er verbietet auch nicht die unangemessene Benachteiligung schlechthin, sondern lässt die Unwirksamkeit wegen der dem anderen Teil fehlenden Fähigkeit zu sinnvollem Verhandeln eintreten. **§ 307** ist deshalb zwar zwingendes Recht, aber **kein Verbotsgesetz** im Sinne von § 134, kann jedoch **neben § 134 BGB** als selbstständiger Tatbestand **zur Anwendung** kommen.[7] Die Anwendung von § 307 neben § 134 auszuschließen, würde gerade bei schwerwiegenden Verstößen die Möglichkeit der Verbandsklage nach § 1 UKlaG beseitigen.[8] Dies kann aber nicht gewollt sein. Mehrere Unwirksamkeitsgründe können vielmehr ohne weiteres nebeneinander geltend gemacht werden. **12**

---

[1] *Ulmer/Fuchs* Vorb. v. § 307 Rz 75; a. A. nur im Fall des § 123 *Lass* JZ 1997, 67, 72.

[2] S. auch *Stoffels,* AGB-Recht, Rz 397; *Ulmer/Fuchs* Vorb v. § 307 Rz 75; a. A. *Löwenheim* AcP 180, 456 ff.: Verwender kann Vertragsaufhebung verlangen.

[3] Ebenso *Stoffels,* AGB-Recht, Rz 397; a.A. *Locher* BB 1981 818, 821; *Harry Schmidt,* Vertragsfolgen, S. 38: immer § 139 BGB.

[4] S. auch Anh. § 310 Rz 268 ff.

[5] S. auch § 305 Rz 65.

[6] S. etwa *Larenz/Wolf,* Allg. Teil, § 40 Rn. 5 ff, 11 ff.; zu einzelnen Verbotsgesetzen s. die Kommentare zu § 134.

[7] BGH BB 1983, 524, 527; OLG Stuttgart BB 1982, 1753; a. A. offenbar BGH NJW 1980, 1625, 1626.

[8] A. A. *v. Hoyningen-Huene,* aaO, Rz 99, der eine teleologische Extension vornehmen will.

13 **b) Zwingendes Recht.** § 307 kommt auch neben **zwingenden Vorschriften** zur Anwendung, die ohne Hinzuziehung von § 134 selbst die Unwirksamkeit oder Unverbindlichkeit abweichender Vereinbarungen vorsehen,[1] so z.B. neben § 276 Abs. 3 oder bei Verstoß gegen § 202 Abs. 1 und 2.[2] § 307 ist auch neben §§ 135 bis 137 BGB anwendbar, ebenso bei Gerichtsstandsregelungen unter Verstoß gegen §§ 38, 40 ZPO.[3] Aber auch wenn die Unwirksamkeit nicht in der Norm selbst angeordnet ist, sich ihr Charakter als zwingendes Recht aber aus dem Sinn und Zweck ergibt, sind abweichende Vereinbarungen unwirksam.[4] Dazu gehören etwa §§ 305 bis 310, § 311b Abs. 1 oder §§ 312 ff. Die Unwirksamkeit abweichender Vereinbarungen kann daneben auch aus § 307 abgeleitet werden.

14 § 307 ist auch anwendbar, wenn **halbzwingende Normen**[5] einseitig zugunsten eines Vertragspartners die Unwirksamkeit oder Unverbindlichkeit anordnen. Dazu gehören die Schutzvorschriften zugunsten des Verbrauchers, wie z.B. § 475, § 487, § 506 Abs. 1, oder zugunsten des Wohnungsmieters, wie z.B. § 536 Abs. 4, § 547 Abs. 2, und zahlreiche Vorschriften für Mietverhältnisse über Wohnraum in den §§ 551 ff. (s. auch Rz 111) sowie zugunsten des Reisenden in § 651 m. Auf § 307 kann die Unwirksamkeit auch neben sonstigen Vorschriften gestützt werden, die einseitig eine Vertragspartei begünstigen, wie § 444, § 613a IV S. 1, § 639 die zwingenden Schutzvorschriften der §§ 84 ff. HGB zugunsten des Handelsvertreters[6] oder § 14 ProdHG.

4. Verhältnis zu § 138

§ 138 enthält in seiner derzeitigen Auslegung zwei verschiedene Tatbestände.

15 **a) Sittenwidrigkeit allein aufgrund des Inhalts.** Die Sittenwidrigkeit kann sich allein aus dem objektiven Inhalt des Rechtsgeschäfts ergeben.[7] Dies ist der Fall, wenn der Inhalt gegen grundlegende Wertungen der Rechts- und Sittenordnung, insbesondere gegen Wertungen des Grundgesetzes oder gegen wesentliche, unserer Rechtsordnung immanente rechts- und sozialethische Werte oder gegen Grundsätze des Europarechts, vor allem gegen die Grundfreiheiten des EG-Vertrags oder gegen die Wertungen der EMRK verstößt.[8] Dies kann auch den Verstoß gegen den ordre public enthalten, geht aber darüber hinaus.[9]

16 **b) Sittenwidriger Gesamtcharakter.** Die Sittenwidrigkeit kann sich aber auch aus dem **Gesamtcharakter von Inhalt, Zweck und Beweggrund** des Rechtsgeschäfts ergeben. Dies setzt neben einer objektiv gröblichen Mißachtung der Interessen des Geschäftspartners oder Dritter zusätzlich eine subjektiv vorwerfbare Einstellung beider Vertragsteile voraus, wobei die vorwerfbare Gesinnung des einen Teils genügt, wenn sich der Verstoß gegen den anderen Teil richtet.[10] Ein Sonderfall dieser Art der Sittenwidrigkeit ist der Tatbestand des Wuchers in § 138 II.

---

[1] BGH v. 13. 7. 2004 KZR 10/03 = GRUR 2005, 62; BGH v. 5. 12. 2006 X ZR 165/03 Rz 13.

[2] OLG Stuttgart BB 1982, 1753 zu § 225 a.F.

[3] BGH BB 1983, 524, 527; BGH NJW 1985, 320, 322; dazu Anh. § 310 Rz G 144.

[4] *Larenz/Wolf,* Allg. Teil, § 3 Rn. 102 f.

[5] S. dazu *Larenz/Wolf,* Allg. Teil, § 3 Rn. 104 ff.

[6] BGH NJW-RR 1998, 629.

[7] *Bamberger/Roth/Wendtland* § 138 Rz 20; § 138 *Palandt/Heinrichs* § 138 Rz 7.

[8] S. *Larenz/Wolf,* Allg. Teil, § 41 Rz 12 ff.; *Palandt/Heinrichs* § 138 Rz 2 ff.; *Bamberger/Roth/Wendtland* § 138 Rz 16 ff.

[9] S. BGHZ 68, 4; 80, 158; 106, 338; *Palandt/Heinrichs* § 138 Rz 3; *Bamberger/Roth/Wendtland* § 138 Rz 17; *Larenz/Wolf,* Allg. Teil, § 41 Rz 90 ff.

[10] *Bamberger/Roth/Wendtland* § 138 Rz 21, 24; *Palandt/Heinrichs* § 138 Rz 8.

c) Einzelne Unterschiede. § 138 unterscheidet sich danach in mehrfacher Hinsicht vom Prüfungsmaßstab des § 307.[1] 17

aa) Die Sittenwidrigkeit setzt eine **grobe Interessenbeeinträchtigung** von erheblicher Stärke voraus, die sowohl bei der aus dem objektiven Inhalt hergeleiteten Sittenwidrigkeit (Rz 15) wie bei der Sittenwidrigkeit aufgrund des Gesamtcharakters (Rz 16) wesentlich über das hinausgeht, was nach § 307 eine unangemessene Benachteiligung darstellt (s. dazu Rz 158). 18

bb) § 307 setzt nicht eine **vorwerfbare Gesinnung** voraus (Rz 16), vielmehr wird allein auf den objektiven Befund einer unangemessenen Benachteiligung abgestellt. 19

cc) In § 138 werden **nicht nur,** wie in § 307, die **Interessen der anderen Vertragspartei,** sondern neben den Interessen beider Vertragsparteien auch die Interessen Dritter[2] und der Allgemeinheit geschützt. Ein Rechtsgeschäft mit sittenwidriger Benachteiligung Dritter ist deshalb genauso nichtig wie ein Rechtsgeschäft, durch das sich eine Vertragspartei selbst in sittenwidriger Weise schädigt, wie z.B. beim Verzicht auf Grundrechte. 20

dd) Bei § 138 werden nicht nur einzelne Klauseln der AGB, sondern **der gesamte Vertragsinhalt,** insbesondere auch die individualrechtlichen Teile, einschließlich des Preis- und Äquivalenzverhältnisses überprüft.[3] 21

ee) Die Sittenwidrigkeit einer einzelnen Vertragsbestimmung führt grundsätzlich zur **Gesamtnichtigkeit** (§ 139) und nicht nur zur Teilnichtigkeit wie in § 306;[4] anders für sittenwidrige AGB, s. Rz 25. 22

ff) § 138 kennt **keine** dem § 307 II vergleichbare **Sittenwidrigkeitsvermutung.** Nur ausnahmsweise begründet ein grobes oder auffälliges Missverhältnis die Vermutung einer vorwerfbaren Gesinnung[5], nicht jedoch eine generelle Sittenwidrigkeitsvermutung. 23

d) § 138 neben §§ 307 ff. Die Anwendung von § 138 neben §§ 307 bis 309 bleibt grundsätzlich gleichberechtigt möglich, gleichgültig ob es sich um AGB[6] oder um andere Vertragsbestandteile handelt. Eine subsidiäre Anwendung von § 138 ist im Gesetz nicht vorgesehen.[7] 24

aa) Die **Sittenwidrigkeit der AGB** kann sich neben der gröblichen Missachtung von Interessen Dritter auch aus der gröblichen Missachtung von Interessen einer Vertragspartei ergeben. Die Unverständlichkeit der AGB führt jedoch für sich allein nicht zu deren Sittenwidrigkeit,[8] sondern nur zusammen mit anderen Umständen. Unverständliche und unübersichtliche AGB werden grundsätzlich schon nach § 305 I Nr. 2 oder nach § 305c I nicht Vertragsinhalt.[9] Bei Nichtigkeit der AGB wegen Sittenwidrigkeit gilt grundsätzlich § 306, der auf alle Unwirksamkeitsgründe bei AGB anzuwenden ist,[10] denn zum Schutz der anderen Vertrags- 25

---

[1] S. auch BGHZ 136, 347 = LM H.5/1998 § 765 BGB Nr. 120 m. Anm. *Graf von Westphalen.*

[2] S. etwa BGH NJW 1995, 1668; 1999, 2588; 2000, 511; 2001, 1065; 2003, 2382.

[3] S. etwa *Larenz/Wolf,* Allg. Teil, § 41 Rz 27, 56; *Bamberger/Roth/Wendtland* § 138 Rz 43; *Palandt/Heinrichs* § 138 Rz 66.

[4] S. *Bamberger/Roth/Wendtland* § 138 Rz 32; *Palandt/Heinrichs* § 138 Rz 19; *Larenz/Wolf,* Allg. Teil, § 41 Rz 66.

[5] Dazu auch BGH NJW 2002, 3165; BGH NJW 2003, 283.

[6] Dazu BGH NJW 1982, 1692: Tankstellenstationärvertrag; *Fuchs* in *Ulmer/Brandner/Hensen,* Vorb. v. § 307 Rz 60; *Stoffels,* AGB-Recht, Rz 384. MünchKomm/*Kieninger* Vor § 307 Rz 60; *Erman/Roloff* Vor §§ 307–309 Rz 11.

[7] Vgl. auch BGHZ 136, 347 = LM H.5/1998 § 765 BGB Nr. 120 m. Anm. *Graf von Westphalen.*

[8] *Löwe* NJW 1980, 2079; a. A. BGH NJW 1980, 2301 zum alten Recht.

[9] S. § 305 Rz 88.

[10] S. § 306 Rz 53 f.

partei soll der Vertrag mit seinem gesetzlichen Inhalt aufrechterhalten bleiben. Gesamtnichtigkeit tritt über § 306 III hinaus aber ein, wenn wegen Unwirksamkeit der AGB die essentialia negotii fehlen[1] oder wenn sonst der wesentliche Vertragsinhalt durch AGB bestimmt wird und dieser nicht durch eine interessengerechte Auslegung auf einen angemessenen Sinngehalt zurückgeführt[2] oder durch eine gesetzliche Dispositivregelung ersetzt werden kann, ohne dass dadurch ein völlig neuer, vom Parteiwillen nicht mehr getragener Vertragsinhalt entstehen würde, wie z. B. bei einem Automatenaufstellvertrag.[3] Gleiches gilt, wenn die AGB Belastungen vorsehen, die zusammen mit einem überhöhten Darlehenszins in ihrer Gesamtheit ein auffälliges Missverhältnis zwischen Leistung und Gegenleistung beim Darlehensvertrag ergeben.[4] Es ist nicht Aufgabe der Gerichte, den wesentlichen Inhalt des Vertrags und sein Äquivalenzverhältnis nach dem mutmaßlichen Parteiwillen neu zu bestimmen.[5] Dieser zunächst nur für die Nichtigkeit aus § 138 aufgestellte Grundsatz muss auch für die Unwirksamkeit nach § 306 gelten.[6]

26 **bb)** Die **Sittenwidrigkeit des Gesamtvertrags** ergibt sich, wenn die Vertragsgestaltung bei einer Gesamtwürdigung unter Berücksichtigung von Inhalt, Zweck und Beweggrund gegen das Anstandsgefühl aller billig und gerecht Denkenden verstößt. Dabei sind insbesondere die Ausgewogenheit von Leistung und Gegenleistung, die beim Vertragsschluss vorherrschenden Umstände und die im Vertrag getroffenen Einzelregelungen zu berücksichtigen.[7] In diesem Zusammenhang können auch AGB, ohne dass sie als solche sittenwidrig sein müssen, zur Gesamtbeurteilung des Vertrags als sittenwidrig führen, so insbesondere, wenn ein unausgewogenes Äquivalenzverhältnis durch eine schwer durchschaubare Vertragsgestaltung verschleiert oder durch nachteilige Regelungen in AGB verschärft wird.[8] Die Gesamtbeurteilung, die zur Feststellung der Sittenwidrigkeit erforderlich ist, kann nicht durch eine isolierte Inhaltskontrolle nach §§ 307 bis 309 unterlaufen werden. Sinn des § 306 ist es nicht, sittenwidrige Verträge „reinzuwaschen". Deshalb sind in die Beurteilung der Sittenwidrigkeit auch die nach § 305c I und §§ 307 bis 309 unwirksamen Klauseln mit einzubeziehen.[9] Sofern nur eine einzelne unwirksame Klausel und nicht ein ganzes Klauselbündel zur Begründung der Sittenwidrigkeit herangezogen wird, ist jedoch eine vorsichtige Beurteilung geboten. AGB können auch die Sittenwidrigkeit eines Vertrags beseitigen, so z. B. wenn individualvertraglich zu weit gefasste Klauseln durch AGB auf einen angemessenen Bereich zurückgeführt werden.[10]

5. Verhältnis zu § 242

27 Soweit §§ 307 bis 309, etwa in den Fällen des § 310 IV S. 1, nicht anwendbar ist, kann § 242 ohne weiteres herangezogen werden.[11] Inwieweit dagegen auf § 242 neben §§ 307 bis 309 zurückgegriffen werden kann, hängt ab von der Funktion, in

1 S. *H. Schmidt,* Vertragsfolgen, S. 53 ff.; *Larenz/Wolf,* Allg. Teil, § 29 Rz 75.
2 BGH NJW 1983, 159, 162.
3 BGHZ 51, 55; BGH NJW 1983, 159.
4 BGH NJW 1980, 2074, 2076 und 2301.
5 BGH NJW 1972, 1227; 1983, 159, 162.
6 S. auch § 306 Rz 21 ff.; für ein Lösungsrecht vom Vertrag *H. Schmidt,* Vertragsfolgen, S. 253.
7 BGH NJW 1982, 1455.
8 S. BGH NJW 1982, 1455: Aussteuervertrag; BGH NJW 1986, 2564, 2565 m. Anm. *Steinmetz*: Darlehnsvertrag; BGH NJW 1988, 1373: Möbelkauf; a. A. *Bunte* ZIP 1985, 1, 10; *Bruse* BB 1986, 478.
9 BGHZ 136, 347 = LM H.5/1998 § 765 BGB Nr. 120 m. Anm. *Graf von Westphalen.*
10 BGH NJW-RR 1988, 39, 40.
11 S. etwa zur Publikums-KG BGHZ 64, 238; 84, 13; 102, 177; 104, 53; zur Vereinssatzung BGHZ 105, 306, 316; 128, 93, 101; 136, 394.

der § 242 zur Anwendung kommt, insbesondere ob als Instrument der Inhaltskontrolle mit der Folge der Unwirksamkeit treuwidriger Vereinbarungen oder als Instrument zur Verhinderung unzulässiger Rechtsausübung, die von der Wirksamkeit des Rechts an sich und damit auch von der Wirksamkeit der Vereinbarung ausgeht.

a) Keine Inhaltskontrolle aus § 242 neben § 307. Die Rechtsprechung hat die Inhaltskontrolle von AGB vor Inkrafttreten des AGB-Gesetzes zuletzt vor allem auf § 242 gestützt.[1] Nachdem § 307 I den Maßstab von Treu und Glauben übernommen hat (s. Rz 173 ff.), stellt § 307 eine spezielle Ausgestaltung von § 242 dar, neben dem § 242 im Bereich der Inhaltskontrolle von AGB nicht mehr anwendbar ist.[2] Da sich § 307 I am Grundsatz von Treu und Glauben orientiert, unterscheidet sich dessen Inhaltskontrolle nicht wesentlich von der Inhaltskontrolle von AGB gemäß § 242 vor Inkrafttreten des AGB-Gesetzes.[3] Ob und inwieweit für Verträge vor Inkrafttreten des AGB-Gesetzes dieses oder § 307 anzuwenden ist, kann deshalb regelmäßig dahinstehen.[4] Soweit § 242 als Grundlage einer Inhaltskontrolle von Vertragsbedingungen außerhalb der §§ 307 ff. Anwendung findet, wie z. B. bei der Publikumsgesellschaft,[5] besteht keine Kollision mit §§ 307 ff. Eine allgemeine Inhaltskontrolle, die sich nur am Merkmal der Vorformulierung und Formelhaftigkeit ausrichtet, über § 310 III Nr. 2 hinaus geht zu weit. Auch im Anwendungsbereich der §§ 307 ff. scheidet eine Inhaltskontrolle aus, soweit es am Merkmal des Stellens fehlt und deshalb keine Partei Verwender ist. Soweit ein Aushandeln im Sinne von § 305 I S. 3 gegeben ist, scheidet eine Inhaltskontrolle nach § 242 von vornherein aus. Nicht immer, wenn es am Stellen fehlt, liegt aber auch ein Aushandeln vor. Zwar werden diese Fälle wohl nicht allzu häufig sein, können aber vorkommen, wenn ein Dritter oder beide Vertragsparteien dieselben AGB in den Vertrag einbeziehen und für keine Partei ihre Fähigkeit zur Durchsetzung der eigenen Vorstellungen erkennbar war. Hauptanwendungsfall dürften insoweit die von einem Rechtsanwalt oder Notar ohne Zutun einer Partei zu Grunde gelegten formularmäßigen Vertragsbedingungen zwischen Verbrauchern sein.[6] Auch die hieraus abgeleiteten Rechte unterstehen der Prüfung durch die Gerichte. Nicht erforderlich ist jedoch die generelle Inhaltskontrolle nach § 242,[7] da dadurch die allgemeine Unwirksamkeit einer Klausel herbeigeführt wird, die, wie z. B. der Gewährleistungsausschluss, in anderem Zusammenhang zwischen denselben Parteien durchaus interessengerecht sein kann. Da in diesen Fällen auch die einseitige Inanspruchnahme der Gestaltungsmacht als Grund für die Inhaltskontrolle fehlt, erscheint es sachgerechter, § 242 in seiner Funktion als Schranke unzulässiger Rechtsausübung anzuwenden. 28

b) Unzulässige Rechtsausübung. Der Einwand der unzulässigen Rechtsausübung verhindert die Geltendmachung eines an sich wirksamen Rechts unter den konkreten Umständen zu einer bestimmten Zeit.[8] 29

---

1 S. z. B. BGHZ 65, 363.

2 A. A. *Fehl,* Systematik des Rechts der Allgemeinen Geschäftsbedingungen, 1979, S. 109, 115; auch *Roussos* JZ 1988, 997, 1006.

3 BGH NJW 1984, 1182.

4 BGH NJW 1984, 1182.

5 S. BGHZ 64, 238; 84, 11, 15.

6 BGHZ 74, 204; 101, 350, 353; 108, 164, 168; BGH NJW 2005, 1115; BGH v. 8. 3. 07 VII ZR 130/05 Rz 27.

7 S. auch § 305 Rz 51.

8 S. allgemein *Larenz/Wolf,* Allg. Teil, § 305 Rz 51.

30 **aa)** Soweit sich der Einwand gegen die **Rechtsausübung des Verwenders** aus den AGB richtet, können die Fallgruppen der unzulässigen Rechtsausübung auch neben der Inhaltskontrolle nach §§ 307 ff. gerade dann zur Anwendung kommen, wenn eine Klausel danach nicht zu beanstanden, aber die Berufung auf sie unter den besonderen Umständen des konkreten Falles treuwidrig ist,[1] so beim venire contra factum proprium, bei fehlendem schutzwürdigen Eigeninteresse des Berechtigten,[2] bei unredlichem Erwerb von Rechten.[3] Man kann insoweit auch von **Ausübungskontrolle** im Gegensatz zur Inhaltskontrolle sprechen,[4] muss dann aber auch die Überprüfung der Rechtsausübung nach §§ 315, 319 BGB und auch die Kontrolle nach § 343 BGB hierher zählen. Da die Ausübungskontrolle erst bei einer an sich wirksamen Klausel eingreift und nur im Individualprozess möglich ist, haben die wirksame Einbeziehung, die Auslegung und die Inhaltskontrolle jeweils Vorrang. Die Ausübungskontrolle kommt insbesondere dann in Betracht, wenn wegen seltener Fallkonstellationen oder wegen unübersehbarer Verhältnisse eine tatbestandlich bestimmte Konkretisierung in der Klausel selbst nicht erwartet werden kann[5] oder wenn, wie insbesondere im unternehmerischen Verkehr, auf die unterschiedlichen Bedürfnisse konkreter Fallkonstellationen beweglich reagiert werden können muss. Eine unzulässige Rechtsausübung im Sinne der Ausübungskontrolle kommt auch zum Zuge, wenn eine Klausel nach den Umständen bei Vertragsabschluss nicht zu beanstanden war und deshalb wirksam ist (s. Rz 93), die Berufung auf sie wegen späterer Änderung der Umstände aber treuwidrig ist. Trotz des logischen Vorrangs von Einbeziehung, Auslegung und Inhaltskontrolle ist es den Gerichten im Individualprozess aus Gründen der Prozessökonomie freigestellt, auf jeden Fall die Rechtsausübung nach § 242 zu versagen und die Wirksamkeit der Klausel dahingestellt sein zu lassen.[6] Die Unwirksamkeit einer Klausel nach §§ 307 ff. wird nicht dadurch aufgehoben, dass der andere Vertragsteil in seinem Geschäftsverkehr eine gleiche Klausel verwendet und deshalb treuwidrig handelt, wenn er sich auf die Unwirksamkeit beruft.[7]

31 **bb)** Der Verwender kann sich grundsätzlich nicht zu seinen Gunsten auf die Unwirksamkeit einer Klausel nach §§ 307 ff. berufen, wenn die andere Vertragspartei ihrerseits Rechte daraus herleitet. Der Einwand der unzulässigen Rechtsausübung kann unter besonderen Umständen aber auch **der anderen Vertragspartei** entgegengehalten werden, wenn sich diese in treuwidriger Weise auf die Unwirksamkeit der AGB beruft,[8] so wenn sie die Unwirksamkeit einer Klausel geltend macht, nachdem sie daraus zuvor Rechte abgeleitet hat (venire contra factum proprium). Eine unzulässige Rechtsausübung kann dem Kunden auch vorgeworfen werden, wenn er sich auf die Unwirksamkeit einer intransparenten Klausel beruft, obwohl er die wirkliche Rechtslage von Anfang an erkannt hat.[9] Keine unzulässige Berufung auf die Unwirksamkeit einer Klausel liegt aber vor, wenn der Vertragspartner einer Klausel notgedrungen zugestimmt hat, obwohl er bei den Vertragsverhand-

---

[1] Vgl. auch *v. Hoyningen-Huene,* aaO, Rz 108.

[2] Z. B. BGH WM 1956, 217: Berufung auf das Pfandrecht nach Nr. 14 AGB-Banken, obwohl die Forderung der Bank bereits ausreichend gesichert ist; oder BGH NJW 1983, 1735.

[3] Z. B. BGH WM 1971, 932: Geltendmachung einer Vertragsstrafe, wenn der Gläubiger den Schuldner zur Vertragswidrigkeit veranlasst hat; oder BGH NJW 1981, 1600.

[4] So *Bunte* NJW 1987, 921, 926; *Fastrich,* Inhaltskontrolle, S. 24 ff.; *Palandt/Grüneberg,* Vorb. v. § 307 Rz 17; *Staudinger/Coester,* § 307, Rz 36; *Stoffels,* AGB-Recht, Rz 389.

[5] S. auch BGH NJW 1994, 1060, 1064 sowie Rz 248, 260, 272.

[6] S. etwa BGH NJW 1979, 2148.

[7] S. LG Essen NJW-RR 1986, 138, 140.

[8] Ebenso *Ulmer/Fuchs,* Vorb. v. § 307 Rz 65.

[9] *Ulmer/Fuchs,* Vorb. v. § 307 Rz 65.

lungen auf ihre Unangemessenheit hingewiesen hat,[1] ebenso wenig genügt, dass er einer Klausel nach längerer Erläuterung, ohne die Voraussetzungen des Aushandelns nach § 305 I S. 3 zu erfüllen, zugestimmt hat.[2]

c) Vertragsergänzung durch § 242. § 242 dient auch der Vertragsergänzung, etwa durch die Konkretisierung von Nebenpflichten. Die Vertragsergänzung allein nach § 242 knüpft nicht wie die ergänzende Auslegung (s. Rz 33) an den hypothetischen Willen konkreter Parteien an, sondern sucht wie der Gesetzgeber im dispositiven Recht eine objektiv allgemein interessengerechte Regelung. Die Vertragsergänzung aus § 242 übernimmt die Funktion des Gesetzgebers, indem sie Rechte und Pflichten konkretisiert, die das Gesetz nur allgemein mit Treu und Glauben umschrieben hat. § 242 kann insoweit neben § 307 angewandt werden, da er mit der Vertragsergänzung die von § 307 nicht erfasste Funktion der Lückenfüllung ausübt. Aus § 242 abgeleitete Rechte und Pflichten können grundsätzlich nicht nach § 307 unwirksam sein, da § 242 den Grundsatz von Treu und Glauben ebenso wie § 307 verwirklichen will.[3] 32

d) Ergänzende Auslegung. Die ergänzende Auslegung ergänzt den lückenhaften Vertrag, indem sie ihn nicht wie der Gesetzgeber objektiv interessengerecht, sondern subjektiv interessengerecht nach dem hypothetischen Parteiwillen ergänzt, so wie es die Parteien vermutlich selbst geregelt hätten, wenn sie daran gedacht hätten. Die ergänzende Auslegung von AGB orientiert sich am hypothetischen Willen und den Interessen der typischerweise beteiligten Vertragskreise.[4] Dies gilt jedoch nur, wenn ein hypothetischer Wille der konkreten Vertragsparteien nicht festgestellt werden kann. Die ergänzende Auslegung stützt sich deshalb neben § 242 auf § 157, der auf den vom Parteiwillen geprägten konkreten Vertrag verweist. Die ergänzende Auslegung ist von entscheidender Bedeutung, weil nicht nur die Auslegung nach §§ 133, 157 und § 305c II, sondern auch die ergänzende Auslegung gemäß §§ 157, 242 der Inhaltskontrolle vorgeht.[5] Eine ergänzende Auslegung scheidet jedoch aus, wenn ein hypothetischer Parteiwille nicht sicher feststellbar ist.[6] 33

Eine ergänzende Auslegung ist ohne weiteres möglich, soweit ein Problemkomplex weder in den AGB noch im sonstigen Vertrag geregelt oder unwirksam ist. Es ist aber auch eine ergänzende Auslegung **lückenhafter AGB** selbst möglich.[7] Dies gilt etwa, wenn eine an sich zulässige vertragsgerechte Klausel, die nur den Verwender begünstigen will, auch zugunsten der anderen Vertragspartei angewandt wird, z. B. wenn eine zunächst nur für den Verwender gedachte Beschränkung der Gewährleistung beim Verkauf von Gebrauchtwagen auf den Käufer ausgedehnt wird, der seinerseits einen Gebrauchtwagen in Zahlung gegeben hat.[8] Im Wege ergänzender Auslegung kann auch angenommen werden, dass sich ein formularvertraglich vereinbarter Anspruch auf Vornahme von Schönheitsreparaturen gegen den Mieter von einem Anspruch auf Naturalherstellung in eine Geldforderung umwandelt, wenn die Schönheitsreparaturen wegen eines geplanten Umbaus sinnvollerweise nicht mehr in Natur ausgeführt werden können.[9] Die ergänzende Auslegung setzt 34

---

[1] Offengelassen in BGH ZIP 1987, 1577.
[2] BGH NJW 1988, 410.
[3] S. auch OLG Karlsruhe BB 1983, 725, 728.
[4] BGHZ 107, 273, 277; BGH NJW 1990, 115, 116; BGH v. 14. 4. 2005 VII ZR 56/04 = NJW-RR 2005, 1040.
[5] S. etwa BGH NJW 1985, 623, 626 zu III 2 a; BGH NJW 1993, 2369.
[6] BGH v. 9. 12. 2004 VII ZR 265/03 = NJW-RR 2005, 458; BGH v. 26. 4. 2005 XI ZR 289/04 = NJW 2005, 3781; s. auch *Larenz/Wolf,* Allg. Teil, § 28 Rz 120.
[7] S. auch BGH NJW 1985, 480, 481 zu einem Formularmietvertrag vor dem AGB-Gesetz.
[8] OLG Frankfurt, NJW 1974, 1823.
[9] BGH NJW 1985, 480, 482; s. auch Anh. § 310 Rz M 100.

jedoch voraus, dass eine Vertragslücke gegeben ist[1] und eine für beide Teile vertragsgerechte Regelung gefunden wird, d. h., dass es nicht nur an einer unangemessenen Benachteiligung fehlt, sondern dass es sich positiv um eine angemessene Regelung handelt.

35 Von der ergänzenden Auslegung lückenhafter AGB ist zu unterscheiden die ergänzende Auslegung **unwirksamer AGB.** Diese ist im Rahmen von § 306 II zulässig, soweit dispositive Gesetzesvorschriften fehlen und die ersatzlose Streichung der Klausel keine angemessene Lösung für die beteiligten Interessen bietet.[2] Eine ergänzende Auslegung scheidet aber aus, wenn verschiedene Gestaltungsmöglichkeiten bestehen, ohne dass Anhaltspunkte dafür gegeben sind, was die Parteien gewollt haben könnten.[3] Die ergänzende Auslegung bei Unwirksamkeit einer Klausel stellt **keine geltungserhaltende Reduktion** dar, da nach einem am gemeinsamen hypothetischen Parteiwillen orientierten Ausgleich gestrebt wird und nicht wie bei der grundsätzlich unzulässigen geltungserhaltenden Reduktion die einseitig aufgestellten AGB an der Grenze des gerade noch Zulässigen aufrechterhalten werden.[4] Der Unterschied besteht darin, dass die geltungserhaltende Reduktion bis zur Grenze des § 307 I verhältnismäßig geringfügige Benachteiligungen noch zulassen würde,[5] während die ergänzende Auslegung zu einer für beide Teile angemessenen Lösung führt. Der Ersatz unwirksamer Klauseln durch ergänzende Auslegung ist deshalb zulässig.[6]

36 **e) Restriktive Auslegung.** Die restriktive Auslegung orientiert sich am redlichen Parteiwillen. Sie ermöglicht es, eine zu weit und nicht eindeutig gefasste Klausel auf den zulässigen Kern zu beschränken. Die Bedeutung der restriktiven Auslegung ergibt sich daraus, dass sie wie die ergänzende Auslegung der Inhaltskontrolle vorgeht (s. Rz 33). Anstatt die Klausel durch extensive Auslegung auszuweiten und insgesamt nach § 307 I für unwirksam zu erklären, kann ihr Anwendungsbereich auf den von den Parteien bei redlicher Denkweise gewollten zulässigen Kern reduziert werden.[7] Die vertragsgerechte Restriktion stützt sich ebenfalls auf §§ 157, 242, wobei § 242 dazu dient, dem Vertragspartner die Berufung auf die ungenaue Formulierung zu versagen.[8] Ihre Grenze findet die restriktive Auslegung im möglichen Wortlaut. Zu berücksichtigen ist der für den Durchschnittskunden verkehrsübliche und vertragstypische Sinn einer Klausel[9] unter Berücksichtigung ihrer Stellung und des Gesamtzusammenhangs im Klauselwerk.[10] Es können unterstützend auch §§ 307 ff. herangezogen werden, um zu ermitteln, was redlicher Denkweise nicht mehr entspricht.[11] Der positive Vertragsinhalt wird aber durch die Klausel in Verbindung mit §§ 157, 242, nicht durch §§ 307 ff. bestimmt.

37 Die restriktive Auslegung ist **keine** unzulässige **geltungserhaltende Reduktion,** da auch AGB nach Treu und Glauben auszulegen sind.[12] Die geltungserhal-

---

1 BGH NJW 1985, 480, 481.
2 BGH NJW 1989, 3010; s. im Einzelnen noch § 306 Rz 15 ff.
3 BGHZ 93, 358 = NJW 1985, 3013; BGH NJW 1989, 3010; BGH v. 26. 10. 2005 VIII ZR 48/05 Rz 35 f. = NJW 2006, 996.
4 BGHZ 90, 69, 81 f. = NJW 1984, 1177, 1179; s. auch BGH NJW 1983, 2632, 2633; *Hager* aaO, S. 203 f.; § 306 Rz 18.
5 S. Rz 76; dies verkennt *Medicus,* in: Zehn Jahre AGB-Gesetz, S. 94.
6 BGHZ 90, 69 zur Tagespreisklausel; BGH NJW 1992, 1164, 1165 zum Versicherungsvertrag.
7 S. auch BGH NJW-RR 1991, 412; dagegen generell *Ulmer* NJW 1981, 2025.
8 S. BGH NJW 1985, 849; auf § 242 bezieht sich BGH NJW 1982, 2314, 2316.
9 S. auch BGH NJW 1991, 102, 104.
10 BGH NJW 1992, 1097, 1099.
11 Auf § 307 (§ 9 AGBG a.F.) stützt sich BGH NJW 1982, 1513, 1514.
12 S. auch BGH NJW 1989, 3215, 3216.

tende Reduktion soll Klauseln, die nach ihrem bereits feststehenden Sinn unwirksam sind, auf ein gerade noch zulässiges Maß zurückführen. Die restriktive Auslegung will dagegen erst den wahren Sinn einer Klausel ermitteln, deren Inhalt vor der Auslegung noch offen ist. Es handelt sich dabei um eine vertragsgerechte Restriktion (immanente Inhaltsbegrenzung) zu weit und unbestimmt gefasster Klauseln, die sich aus dem Sinn und Zweck des Vertrages ergibt, den auch der Vertragspartner redlicherweise gegen sich gelten lassen muss. Im **Unterschied zur Ausübungskontrolle** (Rz 30) betrifft die restriktive Auslegung nicht den Einzelfall, sondern ganze Fallgruppen und nimmt diese ganz vom Gegenstand der Regelung aus.

Eine solche Restriktion ist zulässig unter der **Voraussetzung,** dass es sich um 38
Randkorrekturen von in ihrem Kernbereich angemessenen Klauseln handelt, dass eine Restriktion bei wertender Betrachtung ohne weiteres naheliegt, dass eine unbestimmte Regelung nicht zu vermeiden ist[1] und dass es sich um eindeutige und klar abgrenzbare Fallgestaltungen handelt (s. auch Rz 258). Das Transparenzgebot ist dann nicht verletzt.[2] Dies gilt im Verbandsprozess grundsätzlich ebenso wie im Individualprozess,[3] unabhängig davon, ob im Verbandsprozess § 305c II im Sinne der kundenfeindlichen Auslegung anzuwenden ist,[4] während im Individualprozess die kundenfreundliche Auslegung gilt.[5] Gleichwohl ist auch im Verbandsprozess nur eine solche Auslegung zu wählen, die die Anforderungen an die Klauselgestaltung beachtet (s. Rz 245 ff.) und von der der durchschnittliche Kunde annehmen muss, dass sie als interessengerecht und nach dem Wortlaut naheliegend gewollt ist. Eine Auslegung, an die der Verwender offenbar nicht gedacht hat und die auch der durchschnittliche Kunde nicht sieht, darf auch bei kundenfeindlicher Auslegung nach § 305c II im Verbandsprozess nicht zu Grunde gelegt werden.[6] Soweit eine restriktive Auslegung nicht in Betracht kommt, ist für die Inhaltskontrolle nach §§ 307 ff. allein entscheidend, wie der durchschnittliche Kundenkreis eine Klausel nach ihrem Wortlaut verstehen kann und muss.[7] Dies ist nicht ohne weiteres mit dem Maßstab des § 305c II gleichzusetzen.[8]

Anwendungsfälle. Eine Klausel, wonach bei Zahlungsverzug Verzugszinsen 39
auf den Rechnungsbetrag zu zahlen sind, ist deshalb dahin auszulegen, dass die Verzugszinsen aus dem vollen Rechnungsbetrag nur bei Verzug mit der ganzen Summe, nicht aber auch bei bereits teilweise erfolgter Erfüllung zu berechnen sind.[9] Auch ist z. B. die Haftungsfreizeichnung bei Rat- und Auskunftserteilung durch Banken grundsätzlich nicht unangemessen, wohl aber, wenn die Richtigkeit zugesichert wird. Auch die Vollmachtsklausel in § 11 AVB ist nach § 242 einschränkend dahin auszulegen, dass Erklärungen in erster Linie gegenüber einem ausdrücklich vom Versicherungsnehmer Bevollmächtigten abzugeben sind. Erst danach kann auf die Vollmachtklausel in § 11 AVB zurückgegriffen werden, wobei zuerst der Bezugsberechtigte als Empfangsbevollmächtigter in Betracht kommt und nur hilfsweise der Inhaber der Police.[10] Ein Verstoß gegen § 305c II liegt nicht vor, weil die Restriktion der anderen Vertragspartei zugute kommt. Da es sich um

---

1 S. BGH ZIP 1986, 698, 700.
2 S. auch BGH v. 9. 3. 2005 VIII ZR 17/04 = NJW 2005, 1426.
3 S. auch BGH NJW 1992, 1097, 1099; a. A. *Basedow* AcP 182, 335, 354 ff.
4 So etwa BGH NJW 1984, 2161, 2162; 1985, 320, 321 und 855.
5 Zu Recht zweifelnd BGH NJW 1992, 1097, 1099; s. im Einzelnen § 305c Rz 130 ff.
6 BGH NJW 1984, 2161, 2162; 1985, 320, 321; s. auch OLG München NJW RR 1986, 382.
7 BGH BB 1980, 388; BGH NJW 1983, 1671; 1985, 855.
8 So aber OLG Köln BB 1982, 638.
9 BGH NJW 1985, 320, 321.
10 BGH NJW 1982, 2314, 2316.

eindeutige und klar abgrenzbare Fallgestaltungen handeln muss, wird auch nicht die Anwendung der §§ 307 ff. in einer gegen die Rechtssicherheit verstoßenden Weise ausgeschlossen.

40 Eine besondere Fallgruppe der restriktiven Korrektur liegt bei Beschränkung **versicherungsvertraglicher Verwirkungsklauseln** vor. Solche Klauseln sind nach § 6 I und III VVG an sich zulässig. Wegen der Bedeutung des Versicherungsschutzes für den Versicherungsnehmer dürfen Verwirkungsklauseln jedoch nur zur Anwendung kommen, soweit dies zum Schutz des Versicherers unbedingt erforderlich und ein Missbrauch ausgeschlossen ist. § 6 VVG trägt diesem Bedürfnis nicht in vollem Umfang Rechnung. Die in § 6 I und III VVG genannten Klauseln müssen deshalb nach § 242 auf das unbedingt notwendige Maß reduziert werden. Eine Verwirkung wegen vorsätzlicher Verletzung der versicherungsvertraglichen Aufklärungspflicht vor Eintritt des Versicherungsfalls tritt deshalb trotz einer entsprechenden Klausel erst ein, wenn der Versicherer den Versicherungsnehmer zuvor klar und unmißverständlich über den Verlust des Versicherungsanspruchs, auch ohne dass ein Nachteil für den Versicherer vorliegen muss, belehrt hat.[1] Ebenso sind Verwirkungsklauseln für vorsätzliche Obliegenheitsverletzungen nach Eintritt des Versicherungsfalls nach § 242 dahin einzuschränken, dass sie nur dann zur Leistungsfreiheit des Versicherers führen, wenn die berechtigten Interessen des Versicherers durch die Obliegenheitsverletzung in ernsthafter Weise gefährdet sind und den Versicherungsnehmer ein erhebliches Verschulden trifft.[2] Dies gilt auch für die Verwirkungsklausel des § 7 AKB.[3]

6. Verhältnis zu § 315

41 **a) Unterschiede zu § 307.** § 315 betrifft ein vertraglich eingeräumtes Bestimmungsrecht. Der Vertrag und die Vertragsbedingung, auf denen das Bestimmungsrecht beruht, müssen deshalb wirksam einbezogen sein. § 307 knüpft dagegen an die faktische Lage der einseitigen Inanspruchnahme der Gestaltungsmacht an, ohne dass ein Recht zu dieser Gestaltung eingeräumt ist. Er knüpft deshalb an Umstände an, noch bevor ein Recht aus § 315 besteht. Ein weiterer Unterschied besteht hinsichtlich des Maßstabs der Billigkeit. § 315 I, ist ausgerichtet auf die individuellen Verhältnisse der Vertragsbeteiligten. Demgegenüber geht § 307 von einem generalisierenden Maßstab aus.[4] Der Billigkeitsmaßstab des § 315 gilt auch nur im Zweifel, ist also dispositiv. Der Kontrollmaßstab des § 307 ist dagegen zwingend. Unterschiede bestehen auch bei den Rechtsfolgen. § 307 ordnet die Unwirksamkeit an, während § 315 III 2 eine richterliche Gestaltung vorsieht.[5]

42 **b) Inhaltskontrolle nach §§ 307 ff.** Soweit ein einseitiges Bestimmungsrecht im Sinne von § 315 aus AGB hergeleitet wird, besteht es nur, wenn es nicht nach §§ 307 ff. unwirksam ist.[6] §§ 307 ff. gehen deshalb insoweit § 315 vor. Soll durch AGB ein freies, nicht an billiges Ermessen gebundenes Bestimmungsrecht eingeräumt werden, so verstößt dies grundsätzlich gegen § 307. Ein Verstoß gegen § 307 ist auch gegeben, wenn ein einseitiges Bestimmungsrecht ohne sachliche Notwendigkeit eingeräumt wird. Dies widerspricht dem Transparenzgebot, denn die andere Vertragspartei kann sich bei Vertragsschluss nicht über den Inhalt der Be-

---

[1] BGH NJW 1978, 121.
[2] BGHZ 53, 160; *Hüffer* VersR 1974, 617.
[3] BGH v. 26. 1. 2005 IV ZR 239/03 = NJW 2005, 1185.
[4] Ohne diesen Unterschied BGH NJW 1993, 1128, 1130.
[5] S. auch v. *Hoyningen-Huene*, aaO, Rz 115.
[6] Vgl. dazu im Einzelnen Anh. § 310 Rz L 212 f.

dingungen informieren. Darin liegt zugleich eine unangemessene Benachteiligung, die nur bei einem berechtigten Bedürfnis zu rechtfertigen ist, z. B. wenn das Bestimmungsrecht zur Anpassung von Vertragsklauseln an veränderte Verhältnisse erforderlich ist.[1]

c) Ausübungskontrolle nach §§ 315 ff. Ist das Bestimmungsrecht wirksam eingeräumt, so gelten für seine Ausübung nur §§ 315 ff., nicht dagegen §§ 307 ff.[2] Soweit das einseitige Bestimmungsrecht des § 315 aus anderen Vertragsbestimmungen und nicht aus AGB abgeleitet wird, ergibt sich grundsätzlich keine Kollision mit § 307. Ist das Bestimmungsrecht in einer Rahmenvereinbarung wirksam für mehrere Verträge vereinbart, gelten für seine Ausübung ebenfalls nur §§ 315 ff. 43

7. Verhältnis zu sonstigen Bestimmungen des AGB-Rechts

a) Verhältnis zur Einbeziehung (§§ 305 II, 305a). Die Einbeziehung nach § 305 und § 305a hat logischen Vorrang vor der Inhaltskontrolle nach §§ 307 ff. Dem Gericht steht es jedoch im Individualprozess frei, die Einbeziehung nach §§ 305, 305a dahingestellt sein zu lassen und die Klausel auf jeden Fall nach §§ 307 ff. für unwirksam zu erklären.[3] Auch im Verbandsprozess ist das Gericht nicht an der Inhaltskontrolle nach §§ 307 ff. gehindert, selbst wenn im Einzelfall die Einbeziehung an §§ 305, 305a scheitern würde.[4] Die wirksame Einbeziehung nach §§ 305, 305a muss jedoch im Individualprozess für solche Klauseln geprüft werden, die nach § 307 III der Inhaltskontrolle entzogen sind. Klauseln, die die Einbeziehung abweichend von §§ 305, 305a regeln, wie z. B. Kenntnisnahme- und Bestätigungsklauseln[5] oder Einverständnisklauseln,[6] unterliegen der Inhaltskontrolle nach §§ 307 ff. und können auch im Verbandsprozess überprüft werden.[7] Die zur Einbeziehung nach §§ 305, 305a erforderliche Verständlichkeit[8] deckt sich teilweise auch mit der vom Transparenzgebot geforderten Durchschaubarkeit und Verständlichkeit.[9] Insoweit können die Voraussetzungen der Einbeziehung Gegenstand der Prüfung nach § 307 auch im Verbandsklageprozess, wenngleich mit anderer Zielsetzung, sein. 44

b) Verhältnis zu überraschenden Klauseln (§ 305c I). Nach § 305c I überraschende Klauseln sind im Regelfall auch nach §§ 307 bis 309 unwirksam, da die Überraschung regelmäßig aus der generellen oder vertragsspezifischen Unangemessenheit folgt und angemessene Klauseln kaum überraschend, jedenfalls nicht unwirksam sind. Vor allem zwischen Unternehmern kann jedoch § 305c I anzuwenden sein, ohne dass § 307 heranzuziehen ist, da Regelungen vor allem auch deshalb unangebracht sein können, weil der Unternehmer mit ihnen nicht rechnen muss und sich auf sie nicht einstellen kann. Um dies zu ermöglichen, genügt schon die Verhinderung der Überraschung nach § 305c I. Es bedarf dann nicht der Inhaltskontrolle nach § 307. § 305c I und § 307 können im Individualprozess wahlweise nebeneinander zur Anwendung kommen, wobei jedoch §§ 307–309 wegen 45

---

[1] *Schlosser/Graba* § 9 AGBG Rz 99.

[2] S. auch Anh. § 310 Rz L 215.

[3] *Becker,* Auslegung, aaO, S. 109 f.; *Soergel/Stein* § 2 AGBG Rz 2; *Staudinger/Schlosser* Einl. Rz 20; *Ulmer/Fuchs* Vorb. v. § 307 Rz 105; a. A. offenbar BGH NJW 1985, 1838, 1840.

[4] BGH NJW 1981, 979; 1982, 1389, 1391; 1983, 2026.

[5] § 305 Rz 92.

[6] § 305 Rz 106.

[7] S. auch § 305 Rz 92.

[8] § 305 Rz 88.

[9] S. unten Rz 253 ff.

ihrer generellen Klärung der Wirksamkeitsfrage den Vorzug verdienen.[1] Im Verbandsklageverfahren können nur §§ 307 ff. zur Anwendung kommen.

46 **c) Vorrang der Individualabrede (§ 305 b).** Der Vorrang der Individualabrede nach § 305b kommt gegenüber AGB-Klauseln zur Anwendung, gleichgültig ob sie nach §§ 307 ff. zu beanstanden sind oder nicht. Bei nach §§ 307 ff. unwirksamen Klauseln kann die Individualabrede dennoch wirksam sein und zur Anwendung kommen, sofern sie nicht gemäß § 310 III Nr. 2 ebenfalls an der Inhaltskontrolle scheitert.[2] Sofern § 310 III Nr. 2 nicht eingreift, kann sich deshalb eine Inhaltskontrolle erübrigen. Im Verbandsklageprozess sind nur §§ 307 ff. anwendbar. Zum Verhältnis von § 305b zu § 307 II Nr. 2 s. Rz 154 ff.

47 § 305b ist **nicht AGB-dispositiv.** Soll § 305b durch eine AGB-Klausel unmittelbar oder mittelbar ausgeschlossen werden, so ist dies nach § 307 unwirksam. Ein unmittelbarer Ausschluss liegt insbesondere vor, wenn eine AGB-Klausel die in der Individualabrede getroffene Vereinbarung generell wieder aufhebt oder abschwächt, insbesondere wenn etwa individuell fest vereinbarte Termine durch eine Verlängerungsklausel in AGB aufgehoben werden. Führt dies zu einer generellen Aushöhlung eines bestimmten Vertragstyps mit fester Lieferzeit, so kann der Widerspruch zur Individualvereinbarung nach § 307 auch im Verbandsklageverfahren geltend gemacht werden.[3] Im Verbandsklageverfahren genügt die Gefahr, dass sich der Vertragspartner durch eine AGB-Klausel von der Geltendmachung von Rechten aus der Individualvereinbarung abhalten lassen könnte,[4] so insbesondere bei Klauseln, die u. U. individuelle Leistungsbeschreibungen einschränken oder nachteilig modifizieren könnten.

48 **d) Verhältnis zur Auslegung (§ 305c II).** Die Auslegung geht generell der Inhaltskontrolle vor. Dies gilt auch für die Auslegung nach § 305c II,[5] weil nur eine ihrem Inhalt nach feststehende Klausel auf ihre Wirksamkeit überprüft werden kann. Die Auslegungsregel des § 305c II ist jedoch subsidiär im Verhältnis zur erläuternden Auslegung nach §§ 133, 157. Sie setzt Zweifel voraus und kommt deshalb erst zur Anwendung, wenn sich etwaige Zweifel nicht nach §§ 133, 157 ausräumen lassen. Bleibt der Inhalt trotz Auslegung unklar, so ist die Klausel wegen Verstoß gegen das Transparenzgebot (s. Rz 235 ff.) für unwirksam zu erklären, falls nicht im Individualprozess eine kundenfreundliche Auslegung nach § 305c II für den Vertragspartner günstiger ist. Im Verhältnis zur ergänzenden Auslegung hat § 305c II Vorrang, d.h. eine lückenhafte Klausel darf nicht zum Nachteil, sondern nur zum Vorteil des Kunden durch ergänzende Auslegung vervollständigt werden. Dies ergibt sich daraus, dass § 305c II das Formulierungsrisiko dem Verwender auferlegt. Dieses Risiko darf dem Verwender nicht durch ergänzende Auslegung abgenommen werden.

49 **e) Verhältnis zu §§ 308 und 309.** §§ 308 und 309 stehen selbstständig neben § 307. Dies bedeutet zum einen, dass eine nach § 308 oder § 309 missbilligte AGB-Klausel auch dann unwirksam ist, wenn sie nach § 307 nicht zu beanstanden wäre. Dies führt dazu, dass Klauseln, die gegenüber Verbrauchern nach § 308 oder § 309 unwirksam wären, im Verkehr zwischen Unternehmern wirksam sein können, wenn sie nach § 307 nicht zu beanstanden sind.[6] Es hat aber auch zur Folge, dass

---

[1] S. § 305c Rz 7.
[2] S. auch OLG Frankfurt NJW 1986, 1618, 1621.
[3] BGHZ 92, 24, 25 f. = NJW 1984, 2468.
[4] S. auch BGH ZIP 1987, 640, 648.
[5] S. auch Rz 7 und 33; *Ulmer/Fuchs,* Vorb. v. § 307 Rz 13.
[6] S. dazu auch § 310 Abs. 1 Rz 20 ff.

Klauseln, die nicht von § 308 oder § 309 erfaßt werden, immer noch nach § 307 unwirksam sein können (Rz 343). Die ausdrückliche Formulierung von Verboten in §§ 308, 309 veranlasst die Praxis vielfach, diese Klauselverbote zu vermeiden und stattdessen nach alternativen Gestaltungen zu suchen, die nicht unmittelbar unter §§ 308, 309 subsumiert werden können. Dann stellt sich die Frage der Wirksamkeit nach § 307. Es besteht keine allgemeine Wirksamkeitsvermutung, wenn eine Klausel nach §§ 308, 309 nicht zu beanstanden ist. Vielmehr ist zu differenzieren. Es gibt Klauselverbote, die einen Umkehrschluss in dem Sinne zulassen, dass von ihnen nicht erfasste Klauseln grundsätzlich nicht verboten und deshalb als wirksam anzusehen sind. Die Unwirksamkeit lässt sich dann allenfalls ausnahmsweise aus § 307 herleiten. Dazu zählen etwa § 308 Nr. 6, § 309 Nr. 2a und Nr. 5. Daneben stehen Klauselverbote mit Analogiebasis, deren Verbotscharakter im Rahmen von § 307 auf vergleichbare Gestaltungen ausstrahlt. Dies trifft etwa für § 309 Nr. 6, Nr. 9b[1] und Nr. 11a zu. Ist weder ein Umkehrschluss noch eine Analogie möglich, so ist die (Un-)Wirksamkeit immer noch selbstständig nach § 307 zu prüfen.[2]

8. Verhältnis zum GWB und zu Art. 81, 82 EGV

a) Überblick. Das GWB befasst sich mit Geschäftsbedingungen in unterschiedlichen Zusammenhängen. Es regelt einerseits die **Zulassung von AGB,** indem es in §§ 2, 3 GWB die Voraussetzungen für die Freistellung vom Kartellverbot des § 1 GWB vorsieht. Durch die Vereinheitlichung der AGB, die ohnehin im Allgemeinen nicht sehr wettbewerbsintensiv sind, soll ein übersichtliches Angebot ermöglicht und der Wettbewerb auf Qualität und Preis konzentriert werden. Andererseits sollen kleinere und mittlere Unternehmen durch die Vereinheitlichung ihrer AGB eine stärkere Position gegenüber einem marktstarken Anbieter oder Abnehmer erlangen können.[3] Vergleichbare Zielsetzungen verfolgt Art. 81 III EGV und die Gruppenfreistellungsverordnungen. Generell sehen das GWB und Art. 81, 82 EGV in den §§ 1, 19 und 20 GWB aber **Verbote von AGB** vor. Dabei steht aber nicht deren Unangemessenheit im Vordergrund, sondern die Sicherung des Wettbewerbs. Klauseln, die gegen die zwingenden Vorschriften des § 1 GWB und der Art. 81, 82 EGV verstoßen, sind nichtig und nach § 307 unangemessen, sofern sie nicht durch Freistellungen gemäß §§ 2, 3 GWB und Art. 81 III EGV erlaubt sind.[4] Die Inhalte der Art. 81, 82 EGV gelten gemäß Art. 53, 54 EWR-Abkommen auch für die Staaten des Europäischen Wirtschaftsraums. 50

b) Konditionenkartelle und Konditionenempfehlungen. Konditionenkartelle unterliegen dem Verbot des § 1 GWB und dem Verbot des Art. 81 EGV im Verkehr zwischen den Mitgliedstaaten der EG. Unter den Voraussetzungen der §§ 2, 3 GWB sind sie jedoch vom Verbot des § 1 GWB und gemäß Art. 81 Abs. 3 vom Verbot des Art. 81 EGV freigestellt. Die auf der Grundlage von Art. 81 III EGV erlassenen Gruppenfreistellungsverordnungen enthalten generelle Vorgaben für die Freistellungen, die nicht nur im Handel zwischen den Mitgliedstaaten, sondern gemäß § 2 II GWB auch im nationalen Bereich zur Anwendung kommen. Darüber hinaus haben die nationalen Behörden und Gerichte gemäß § 22 GWB auch sonst die Vorgaben des Art. 81 EGV zu beachten. Die früheren Bestimmungen über Konditionenempfehlungen (§ 22 GWB a. F.) sind entfallen. 51

---

[1] S. für einen Fitnessvertrag BGH NJW 1997, 739.

[2] S. dazu auch *Staudinger/Coester,* Eckpfeiler Zivilrecht, 2005, S. 166 f.

[3] *Möschel* in *Immenga/Mestmäcker,* GWB, § 2 Abs. 2 Rz 5 mit krit. Würdigung.

[4] S. auch BGH v. 13. 7. 2004 KZR 10/03 = GRUR 2005, 62.

52 Der Begriff der AGB hat von § 305 auszugehen. Die den Konditionenkartellen und -empfehlungen zu Grunde liegenden AGB enthalten in erster Linie Bestimmungen für Verträge mit Dritten, die nicht Kartellmitglieder sind. Sie können aber auch Vereinbarungen der Kartellmitglieder untereinander enthalten, wie z.B. Bestimmungen über das Vorgehen gegen Kartellmitglieder, die die Vereinbarungen brechen.[1] Trotz Freistellung unterliegen Konditionenkartelle und Konditionenempfehlungen immer noch einer Missbrauchsaufsicht (§ 32 GWB) mit der Folge, dass das Abstellen des Missbrauchs oder eine Änderung oder ein Verbot der zu Grunde liegenden Vereinbarungen angeordnet werden kann.

53 Die Zulassung nach §§ 2, 3 GWB, Art. 81 EGV und die Missbrauchskontrolle haben vorrangig **wettbewerbsbeschränkende Effekte** im Auge. AGB können deshalb vom BKartA auch bei Verwendung an sich zulässiger Klauseln beanstandet werden.[2] Das BKartA kann auch die inhaltliche Wirksamkeit nach den §§ 307 ff. prüfen, muss sich dann aber auf die wettbewerbsbeschränkenden Wirkungen konzentrieren.[3] AGB, die eindeutig unangemessen und mit erheblichen Nachteilen verbunden sind, dürfen aber auch vom BKartA aus wettbewerblicher Sicht nicht freigestellt werden, weil dadurch der Wettbewerb gestört werden kann und eine Behörde zudem nicht rechtlich mißbilligtes Verhalten zulassen darf. Aufgrund der im Vordergrund stehenden Wettbewerbskontrolle verändert sich der Kontrollmaßstab. Dies führt zur Versagung der Zulassung bzw. zur Annahme eines Missbrauchs, wenn durch das Konditionenkartell oder durch abgestimmte Verhaltensweisen die Wettbewerbsverhältnisse am jeweiligen Markt nachteilig verändert werden, z. B. der letzte noch herrschende Wettbewerb ausgeschlossen wird[4] oder allgemein wesentliche Wettbewerbsbeschränkungen eintreten. Ohne Rücksicht auf die Maßstäbe des AGB-Rechts ist deshalb unwirksam die Empfehlung einer Klausel, wonach im Druckereigewerbe die vom Auftragnehmer zur Herstellung eingesetzten Betriebsgegenstände in jedem Fall dessen Eigentum bleiben und nicht ausgeliefert werden, weil dadurch der Wettbewerb um Folgeaufträge für andere Druckereien beschränkt wird.[5] Vertikale Preis- und Ausschließlichkeitsbindungen können nach § 2 I GWB nur freigestellt werden, wenn sie die Voraussetzungen des § 2 GWB oder des Art. 81 III EGV erfüllen. Eine wesentliche Wettbewerbsbeschränkung wird durch vereinheitlichte AGB im Allgemeinen aber nicht hervorgerufen, da AGB typischerweise gerade kaum Gegenstand eines Wettbewerbs sind.[6] Wegen der unterschiedlichen Entscheidungsgrundlagen hat die unterbliebene Beanstandung einer Klausel durch das BKartA keine Indizwirkung für die gerichtliche Inhaltskontrolle.[7]

54 Soweit das BKartA die §§ 307 ff. anwendet, findet **keine Verschärfung des AGB-rechtlichen Kontrollmaßstabs** statt. Eine Verschärfung lässt sich weder im Zusammenhang mit den Grenzen der Übersicherung bei Sicherungsübertragungen[8] noch bei Anwendung von § 309 Nr. 7 im unternehmerischen Verkehr rechtfertigen.[9] Vielmehr gilt für §§ 307 ff. ein einheitlicher Maßstab. Im Gegensatz zur ge-

---

[1] *Immenga/Mestmäcker/Immenga,* GWB, § 2 Abs. 2 Rz 25.

[2] S. BGH NJW 1984, 1354.

[3] S. auch *Rittner,* Wirtschaftsrecht, 2. Aufl., § 16 Rz 29.

[4] S. *Hennig/Paetow* BB 1978, 2352; *Schirmers,* Konditionenempfehlungen, Kartellrechtliche Kontrolle und AGB-Gesetz, S. 63.

[5] BGH NJW 1984, 1354.

[6] S. auch EuGH EuZW 1999, 212 zu einheitlichen Bankbedingungen.

[7] OLG Hamm ZIP 1980, 1102; *Ulmer/Fuchs,* Vorb. v. § 307 Rz 82; *Stoffels,* AGB-Recht, Rz 411; a. A. OLG Karlsruhe WRP 1980, 640, 643. Zu einem Hinweis auf die Anmeldung in AGB s. Anh. § 310 Rz R 12.

[8] S. Anh. § 316 Rz S 181.

[9] A. A. insoweit *Schirmers,* aaO, S. 67; *Stoffels,* AGB-Recht, Rz 410.

richtlichen Kontrolle kann das BKartA aber nach AGB-Recht zulässige AGB unter wettbewerblichen Aspekten untersagen. Es kann sich aber auch auf das Opportunitätsprinzip stützen und z. B. Empfehlungen trotz geringfügiger Bedenken zulassen.[1] Dies gilt etwa, wenn die beteiligten Wirtschafts- und Berufsvereinigungen keine Bedenken erheben. Darüber hinaus richtet sich das Verbot nur gegen das Kartell und die Empfehlung, einschließlich gegen deren Handhabung, nicht aber gegen die AGB als solche. Ihre Verwendung durch einzelne Mitglieder bleibt deshalb zulässig, solange sie nicht vom Gericht für unwirksam erklärt sind.

c) Verhältnis zu § 19 IV GWB. Die Kontrolle marktbeherrschender Unterneh- 55
men nach § 19 IV GWB und nach Art. 82 EGV, der sowohl für sich allein als auch neben § 19 GWB zur Anwendung kommen kann (§ 22 III GWB), ermöglicht ebenfalls die Inhaltskontrolle von Verträgen. § 19 I GWB enthält den grundsätzlichen Verbotstatbestand für **missbräuchliches Ausnutzen einer marktbeherrschenden Stellung.** Einzelne mißbräuchliche Verhaltensweisen werden in § 19 IV GWB beispielhaft umschrieben. Liegt ein Tatbestand des Abs. IV nicht vor, so kann immer noch auf die Generalklausel des § 19 I GWB zurückgegriffen werden. Gleiches gilt im Verhältnis von Art. 82 Satz 1 zu Satz 2 EGV. § 19 IV Nr. 1 GWB knüpft an eine erhebliche Beeinträchtigung des Wettbewerbs an, die bei AGB nur selten in Betracht kommen wird. § 19 IV Nr. 2 und 3 GWB stellen demgegenüber unmittelbar auf die Verwendung von Geschäftsbedingungen ab. § 19 IV Nr. 4 GWB nennt ausdrücklich nur das angemessene Entgelt, muss nach seinem Schutzzweck aber auch auf unangemessene Geschäftsbedingungen ausgedehnt werden, wenn diese eine vergleichbare Behinderung mit sich bringen. Entsprechende Überlegungen gelten zu Art. 82 Satz 2 a und c EGV. Die Kontrollmaßstäbe des § 19 GWB und des Art. 82 EGV decken sich nicht mit den §§ 307 ff.

aa) § 19 IV Nr. 2 GWB stellt auf die Abweichung von **Geschäftsbedingungen** 56
bei hypothetischem Wettbewerb ab, wobei insbesondere die Geschäftsbedingungen auf Vergleichsmärkten zu berücksichtigen sind. Sind die hypothetischen Vergleichs-AGB ohnehin nach §§ 307 ff. unwirksam, so verbleibt es bei deren Unwirksamkeit ohne Rücksicht auf § 19 IV Nr. 2 GWB. Die Kartellbehörde kann trotz unwirksamer AGB nach § 19 IV Nr. 2 GWB nur einschreiten, wenn ein Abweichen von hypothetischen Vergleichs-AGB festzustellen ist. Dabei sollte gleichgültig sein, ob die hypothetischen Vergleichs-AGB nach §§ 307 ff. unwirksam sind oder nicht,[2] denn die Annahme, dass bei hypothetischem Wettbewerb nur nach §§ 307 ff. wirksame AGB verwendet würden, ist eine Fiktion. Ein Rückgriff auf die §§ 307 ff. kann für die Kartellbehörde jedoch im Rahmen von § 19 I GWB oder § 19 IV Nr. 1 GWB bedeutsam sein. Sie geben jedoch nicht allein den Ausschlag. Darüber hinaus ist zu bedenken, dass bei Anwendung von § 19 GWB nicht wie im AGB-Recht auf die einzelne Klausel, sondern auf die Gesamtbelastung des Vertrags abzustellen ist, so dass der Kompensationsgedanke bei Anwendung des GWB die Regel, im AGB-Recht dagegen die Ausnahme ist.[3]

Sind die hypothetischen Vergleichs-AGB dagegen günstiger als der Kontroll- 57
maßstab der §§ 307 ff, so hat dies grundsätzlich keinen Einfluss auf die AGB-rechtliche Inhaltskontrolle, wohl aber hat die Kartellbehörde bei Anwendung von § 19 IV zu berücksichtigen, wenn ein marktbeherrschendes Unternehmen von den hypothetischen Vergleichs-AGB abweicht, weil es beim missbräuchlichen Verhalten

[1] S. *Schirmers,* aaO, S. 84 ff.
[2] A.A. *Immenga/Mestmäcker/Möschel,* GWB, § 19 Rz 173.
[3] Zum GWB s. *Immenga/Mestmäcker/Möschel,* GWB, § 19 Rz 173; zum AGB-Recht s. unten Rz 127, 215 ff.

nach § 19 IV GWB allein auf die Nichtübereinstimmung mit dem Als-ob-Wettbewerb ankommt, nicht aber auf die Unangemessenheit nach AGB-Recht. Deshalb wird grundsätzlich weder die gerichtliche Inhaltskontrolle nach §§ 307 ff. durch § 19 IV Nr. 2 GWB berührt noch ist die Anwendung der kartellrechtlichen Vorschriften von den §§ 307 ff. abhängig.

58 bb) **§ 19 IV Nr. 3 GWB** betrifft den Fall der sogenannten Preisspaltung[1] oder besser Konditionenspaltung, d.h. die missbräuchliche Ausnutzung der Marktstellung liegt in der Anwendung unterschiedlicher Geschäftsbedingungen oder Entgelte durch das marktbeherrschende Unternehmen gegenüber seinen Vertragspartnern, ohne dass dafür eine sachliche Rechtfertigung besteht. Da nicht nur Entgelte, sondern auch sonstige Geschäftsbedingungen einbezogen sind, spricht man besser allgemein von Konditionenspaltung. Das missbräuchliche Verhalten liegt danach in der nicht zu rechtfertigenden **Ungleichbehandlung der Vertragspartner** des marktbeherrschenden Unternehmens. Verboten sind ungünstigere Konditionen. Vereinzelte Vergünstigungen sind dagegen zulässig. Werden Vergünstigungen aber mehreren Kunden eingeräumt, so kann bezüglich der übrigen wieder eine ungünstige Behandlung vorliegen. § 19 IV Nr. 3 GWB nennt ausdrücklich nur die Abnehmer. Nach dem Schutzzweck müssen aber auch die Lieferanten einbezogen werden.[2] Wird auf sie nicht § 19 IV Nr. 3 angewandt, so muss § 19 I GWB zur Anwendung kommen. Im Vergleich zu §§ 307 ff. enthält § 19 IV Nr. 3 GWB einen eigenständigen Kontrollmaßstab. Sind die allgemein angewandten AGB bereits nach §§ 307 ff. unwirksam, so kann dennoch § 19 IV Nr. 3 GWB zum Zuge kommen, wenn einzelne Kunden noch schlechter behandelt werden. Dasselbe gilt, wenn hinsichtlich der Mehrheit der Kunden angemessene AGB verwendet werden. § 19 IV Nr. 3 GWB greift dann nicht nur ein, wenn einzelnen Kunden gegenüber unangemessene AGB benutzt werden, sondern auch dann, wenn es sich um nach §§ 307 ff. nicht zu beanstandende AGB handelt, diese aber ungünstiger sind als die gegenüber der Mehrheit verwendeten.

59 **d) Verhältnis zu § 20 I und II GWB.** Neben einer Inhaltskontrolle nach § 307 kann eine Anwendung von § 20 I und II GWB in Betracht kommen, da die Vorschrift nicht nur bei Lieferverweigerung, sondern auch dann eingreift, wenn eine Lieferbereitschaft nur zu diskriminierenden Bedingungen besteht.[3] Die Wertungen des § 20 I und II GWB können zur Konkretisierung von § 307 mit herangezogen werden. Die Beurteilung nach § 307 unterliegt jedoch einem generellen Prüfungsmaßstab (Rz 77), während für § 20 I und II GWB eine individuelle Interessenabwägung vorzunehmen ist.[4] Da aufgrund des Anspruchs aus § 20 I und II GWB ein vollstreckbarer Titel erlangt werden kann, während die isolierte Prüfung nach § 307 nur aufgrund einer Feststellungsklage möglich ist,[5] besteht in erster Linie ein Bedürfnis für die Klage aus § 20 I und II GWB, bei der inzident auch die Unangemessenheit nach § 307 geprüft werden kann. Die Verbandsklage nach § 1 UKlaG mit ihrer generellen Wirkung besteht jedoch selbstständig neben einer Klage aus § 20 I und II GWB.

60 **aa)** Eine **unbillige Behinderung** nach § 20 I und II GWB liegt im Regelfall nicht vor, wenn die AGB nach § 307 nicht zu beanstanden sind.[6] Andererseits stellt

---

1 S. *Immenga/Mestmäcker/Möschel,* GWB, § 19 Rz 169.

2 Für Beschränkung auf Angebotsmacht *Immenga/Mestmäcker/Möschel,* GWB, § 19 Rz 169, 174.

3 BGH NJW 1982, 644, 646 zu § 26 II GWB a.F.

4 BGH NJW 1989, 3010, 1012 zu § 26 II GWB a.F.

5 S. BGH NJW 1982, 644, 645 zu § 26 II GWB a.F.

6 S. auch BGH NJW 1982, 644, 646; OLG Stuttgart NJW-RR 1986, 1488, 1489 jeweils zu § 26 II GWB a.F.

nicht jede nach § 307 unangemessene Klausel schon eine unbillige Behinderung nach § 20 I und II GWB dar, da § 20 GWB dem Schutz der Wettbewerbsfreiheit dient und diese nicht aufgrund jeder unangemessenen Bedingung in AGB gefährdet ist.[1] § 20 I und II GWB verlangen z.B. nicht, unabhängig davon, ob dies gemäß § 307 wirksam ist, dass eine ordentliche Kündigung in Dauerschuldverhältnissen mit marktbeherrschenden Unternehmen (Abs. 1) oder zum Schutz kleinerer und mittlerer Unternehmen (Abs. 2) stets vorgesehen sein müsse.[2] Ist die Unangemessenheit nach § 307 so stark, dass sie zugleich zu einer unbilligen Behinderung im Sinne von § 20 I und II GWB führt, so kann § 20 I und II GWB neben § 307 zur Anwendung kommen.

bb) Eine **unterschiedliche Behandlung** nach § 20 I und II GWB kann trotz angemessener AGB gegeben sein, so wenn ein marktbeherrschendes Unternehmen (Abs. 1) oder ein Unternehmen gegenüber kleinen oder mittleren Unternehmen (Abs. 2) in seinen AGB vergünstigte Lieferbedingungen vorsieht, aber einzelne Vertragspartner davon ausnimmt. Der Maßstab der Ungleichbehandlung nach § 20 I und II GWB deckt sich nicht mit § 307.[3] Sind die AGB nach § 307 unangemessen, so greift § 20 I und II GWB ein, wenn gegenüber dem anderen Unternehmen ebenfalls unangemessene Geschäftsbedingungen verwendet werden, gleichgültig ob es sich dabei um AGB handelt oder nicht. § 20 I und II GWB ist dagegen nicht anwendbar, wenn dem anderen Unternehmen gegenüber Geschäftsbedingungen benutzt werden, die angemessen und günstiger sind. Eine unterschiedliche Behandlung wird auch von § 19 IV Nr. 3 GWB erfasst. Der personelle Anwendungsbereich des § 20 I und II GWB ist jedoch weiter. In sachlicher Hinsicht bezieht sich § 20 I und II GWB auf Geschäftspartner am gleichen Markt, während § 19 IV Nr. 3 GWB auf andere, aber vergleichbare Märkte abstellt. 61

e) Vertikale Vereinbarungen. Die Sondervorschriften der §§ 14 ff. GWB über Vertikalvereinbarungen sind entfallen. Sie setzen eine Erst-Vereinbarung zumeist mit Angehörigen vor- oder nachgelagerter Wirtschaftsstufen voraus. Diese Erst-Vereinbarung beschränkt den Vertragspartner in der Gestaltung seiner Vertragsbeziehungen mit Dritten. Vertikale Vereinbarungen dieser Art bleiben jedoch nach § 1 GWB, Art. 81 EGV verboten. Ein Verstoß dagegen begründet die Nichtigkeit der Erst-Vereinbarung nach § 134 BGB, gleichgültig ob die mit den Dritten beabsichtigten Geschäftsbedingungen nach § 307 angemessen sind oder nicht. Die Kontrolle z. B. einer Meistbegünstigungsklausel erfolgt unabhängig vom AGB-Recht, schließt dessen Anwendung aber auch nicht aus. Eine auf § 1 UKlaG mit § 307 gestützte Verbandsklage bleibt deshalb daneben zulässig. § 30 GWB erlaubt ausnahmsweise vertikale Preisbindungen, nicht aber die Bindung hinsichtlich sonstiger Geschäftsbedingungen. 62

9. Verhältnis zum UWG

Die Verwendung und die Werbung mit unwirksamen AGB stellt im Regelfall eine Unlauterkeit im Sinne von § 3 insbesondere mit § 5 II Nr. 2 UWG dar, wenn sich der Verwender durch den Rechtsbruch einen Wettbewerbsvorteil verschaffen will, z. B. indem er Kunden von der Geltendmachung ihrer Rechte abhalten will.[4] 63

---

[1] S. auch *von Westphalen* NJW 1982, 2465; *Ulmer/Fuchs*, Vorb. v. § 307 Rz 86; *v. Hoyningen-Huene*, AGBG, § 9 Rz 119.

[2] BGH NJW 1989, 3010, 3011 zu § 26 II GWB a.F.

[3] *Graf von Westphalen* NJW 1982, 2467; *von Hoyningen-Huene*, AGBG, § 9 Rz 119: *Stoffels*, AGB-Recht, Rz 412; *Ulmer/Fuchs*, Vorb. v. § 307 Rz 86.

[4] Zur Beurteilung der AGB im Rahmen des schweiz. UWG s. Einl. Rz 76.

Auch die Werbung mit wirksamen AGB kann, wenn der Klauselinhalt in wesentlichen Punkten unvollständig wiedergegeben wird, gegen § 5 II Nr. 2 UWG verstoßen, so etwa wenn bei der Werbung für einen Versicherungsvertrag der unrichtige Eindruck hervorgerufen wird, bestimmte Risiken seien abgesichert, oder wenn damit geworben wird, eine Kreditkarte könne sorglos getestet werden, tatsächlich aber in den AGB eine Haftung im Fall des Kartenverlustes vorgesehen ist.[1] Eine allgemeine Anpreisung „rundum sorglos reisen" begründet aber bei einzelnen Risikoausschlüssen in den Versicherungsbedingungen keine Irreführungsgefahr.[2] Der Verstoß gegen den lauteren Wettbewerb macht aber eine an sich wirksame Klausel nicht unwirksam, sondern begründet nur Unterlassungs- und Schadensersatzansprüche gegen die unlautere Werbung. Das AGB-Recht wendet sich nicht unmittelbar gegen den unlauteren Wettbewerb. Deshalb ist die Verwendung unwirksamer AGB nicht ohne weiteres wettbewerbswidrig.[3] Das Verbandsklageverfahren nach §§ 1, 3 UKlaG hat jedoch als Reflex auch den Effekt, einen unlauteren Wettbewerb mit AGB zu verhindern. Ferner sind Klauseln, mit denen aufgrund von Werbeaussagen nicht gerechnet werden musste, als überraschende Klauseln nach § 305c I unwirksam und AGB-Klauseln, die in der Werbung herausgestellte Individualabreden unterlaufen, sind nach § 305b unbeachtlich und, wenn § 305b ausgeschlossen werden soll, nach § 307 unwirksam.[4] Das AGB-Recht hat jeweils den Schutz des Vertragspartners zum Ziel und nicht die Interessen der Mitbewerber wie das UWG. Eine im Sinne von §§ 3, 5 UWG unlautere Irreführung des Verbrauchers liegt auch dann vor, wenn auf die Verwendung lediglich neuwertiger und statt neuer Teile beim Vertrieb technischer Geräte nicht bereits im Werbematerial, sondern erst in den AGB hingewiesen wird.[5]

10. Behördliche Mitwirkung

64 Neben der gerichtlichen Kontrolle von AGB, die sich sowohl auf die Einbeziehung (§§ 305 ff.) als auch auf die Inhaltskontrolle (§§ 307 ff.) erstreckt, sind in einzelnen Bereichen auch Behörden mit der Überwachung und Prüfung von AGB befasst. Hier ist vor allem das Verhältnis von behördlicher und gerichtlicher Zuständigkeit zu klären.

65 **a) Anmeldung von AGB.** Eine Anmeldung von AGB bei der Kartellbehörde war bei Konditionenkartellen (§§ 2, 9 GWB 1999) und Konditionenempfehlungen (§ 22 III Nr. 2, IV GWB 1999) bis 301.6. 2005 vorgesehen. Die Anmeldung diente vor allem der Publizität. Es sollte ein Überblick darüber ermöglicht werden, in welchen Branchen einheitliche AGB vorzufinden sind. Konditionenkartelle und Konditionenempfehlungen waren im Bundesanzeiger bekanntzumachen (§ 11 II Nr. 1, 3, § 22 V GWB 1999). Die Anmeldung beim Bundeskartellamt war Wirksamkeitsvoraussetzung für den Kartellvertrag oder -beschluss (§ 9 I GWB 1999) sowie Voraussetzung für die Zulässigkeit von Konditionenempfehlungen (§ 22 IV GWB 1999). Konditionenkartelle können nach § 12 GWB und Konditionenempfehlungen nach § 22 VI GWB vom Bundeskartellamt inhaltlich geprüft werden. Eine Anmeldung ist nicht mehr vorgesehen. Vielmehr gilt in Anlehnung Art. 81 EGV das System der Legalausnahmen, d. h. können die Voraussetzungen des § 2

[1] S. *BGH* GRUR 1983 , 654, 655 – Kofferschaden; *KG* GRUR 1991, 787; *KG* NJW 1986, 2715: Bausparguthaben ähnlich Sparbuch; *OLG Hamburg* WRP 1986, 344: Kreditkarte; *Hefermehl/Köhler/Bornkamm*, UWG, § 5 Rz 7.143.

[2] *KG* WRP 1985, 637.

[3] Str., OLG Köln NJW 2007, 3647; a. A. KG MDR 2005, 677.

[4] S. auch BGH NJW 1984, 2468, 2469.

[5] BGH NJW 1995, 3124.

Abs. 1 und 2 GWB mit den entsprechenden Gruppenfreistellungsverordnungen erfüllt werden, sind Konditionenkartelle und -empfehlungen nicht zu beanstanden. Andernfalls kann die Kartellbehörde unter den Voraussetzungen von Art. 81.

b) Behördliche Genehmigung von AGB

66 **aa) Genehmigung als Wirksamkeitsvoraussetzung.** Die Genehmigung kann Wirksamkeitsvoraussetzung für die AGB sein, so dass diese ohne Genehmigung nicht Vertragsinhalt werden. Eine gerichtliche Inhaltskontrolle kommt dann im Individualprozess nur für genehmigte AGB in Betracht, da nicht genehmigte AGB vertragsrechtlich nicht relevant sind. Eine Unterlassungsklage nach §§ 1, 8 ff. UKlaG kann auch schon vor Genehmigung erhoben werden, falls die AGB empfohlen oder verwendet werden. Eine solche Wirksamkeitsgenehmigung ist z. B. für einseitig geänderte Bausparbedingungen anzunehmen, deren Wirksamkeit gemäß § 9 I BausparkG von der Genehmigung der Bundesanstalt für Finanzdienstleistungsaufsicht (BaFin) abhängt.[1] Die Entgelte, die der Betreiber eines öffentlichen Telekommunikationsnetzes mit beträchtlicher Marktmacht erhebt, unterliegen nach §§ 30, 31 TKG einer Genehmigung der Regulierungsbehörde. Im Rahmen des Genehmigungsverfahrens sind gemäß § 33 I Nr. 2 TKG die AGB zur Prüfung vorzulegen. Der Genehmigung unterliegen unmittelbar aber nur die Entgelte und die entgeltrelevanten Bestandteile der AGB (s. auch § 29 TKV). Diese sind Prüfungsgegenstand nur hinsichtlich ihres Einflusses auf das Entgelt. Im Bereich der allgemeinen Versicherungsbedingungen besteht die Genehmigungspflicht seit der Umsetzung der europäischen Vorgaben mit Ausnahme der AVB der Pensions- und Sterbekassen[2] nicht mehr.[3] Für die Pflichtversicherungen und die substitutive Krankenversicherung besteht jedoch eine Pflicht zur Vorlage der AVB.[4] Einem Genehmigungserfordernis der BaFin unterliegen nach § 43 InvG die Vertragsbedingungen zwischen den Kapitalanlagegesellschaften und den Anlegern. Für Spezial-Sondervermögen sieht § 93 InvG eine Befreiung vom Genehmigungserfordernis vor, nicht aber für Sondervermögen mit besonderen Risiken nach §§ 112, 113 InvG (Hedge-Fonds und Dach-Hedge-Fonds).

67 **bb) Aufsichtsrechtliche Bedeutung der Genehmigung.** Die Genehmigung kann aber auch lediglich aufsichtsrechtliche Bedeutung haben, so dass die Behörde nur gegen den Verwender nicht genehmigter AGB aufsichtsrechtlich vorgehen kann, die nicht genehmigten AGB aber dennoch vertragsrechtlich wirksam vereinbart werden können, weshalb nicht nur die genehmigten AGB, sondern auch die nicht genehmigten AGB der gerichtlichen Inhaltskontrolle bedürfen. Lediglich aufsichtsrechtliche Bedeutung hat die Genehmigung der AGB nach § 15 HypbankG für die Grundzüge der Hypothekenvergabe durch Hypothekenbanken, nach § 15 SchiffsbankG für die Grundzüge der Vergabe von Schiffshypotheken, nach § 15 des Gesetzes über Schiffspfandbriefbanken, nach §§ 3, 5, 8 BausparkG für die Geschäfte der Bausparkassen, §§ 39 VI, 41 III, 45 II, III PBefG für die Beförderungsbedingungen im Personenverkehr sowie nach § 5 V Nr. 1 VAG für gesetzliche Pflichtversicherungen und die substitutive Krankenversicherung (s. Rz 65).

68 **cc)** Der Genehmigung mit aufsichtsrechtlicher Bedeutung ist gleichzustellen die **Anzeigepflicht oder Vorlagepflicht mit Untersagungsmöglichkeit** durch die Behörde, wie z. B. für den Vertrieb ausländischer Investmentanteile nach §§ 132, 133 InvG, für die Beförderungsbedingungen im Luftverkehr nach § 21 Abs. 2

[1] S. auch BGH NJW 1991, 2559, 2563.
[2] § 5 III Nr. 2 VAG.
[3] S. zur früheren Rechtslage § 9 AGBG Rz 44, 3. Aufl.
[4] § 5 V Nr. 1 VAG.

LuftVG. Als lediglich aufsichtsrechtliche Untersagungsmöglichkeit ist auch die der BAFin durch § 6 II KWG eingeräumte Befugnis anzusehen, die sich auf Banken-AGB erstreckt. Hierzu zählt auch die Vorlagepflicht mit Veränderungsmöglichkeit seitens der Regulierungsbehörde bei AGB für Standardangebote in Telekommunikationsverträgen von Betreibern mit beträchtlicher Marktmacht gemäß § 23 III und IV TKG. Zu Konditionenkartellen und -empfehlungen s. Rz 65.

69 **c) Gerichtliche Kontrolle neben behördlicher Prüfung.** Die behördliche Mitwirkung, die in verschiedenen Bereichen vorgesehen ist, schließt eine gerichtliche Prüfung sowohl der Einbeziehung (§§ 305, 305a, 305c I) wie auch der Inhaltskontrolle §§ 307 ff. nicht aus.[1]

70 **aa) Behördlicher Prüfungsmaßstab.** Für den behördlichen Prüfungsmaßstab kommen spezialgesetzliche Vorschriften, die allgemeinen Grundsätze der jeweiligen Aufsichtsgesetze und, soweit weder spezielle Vorschriften noch allgemeine Aufsichtsgrundsätze eingreifen, die Bestimmungen der §§ 305 bis 310 in Betracht. Durch die behördliche Prüfung wird eine gerichtliche Inhaltskontrolle nicht ausgeschlossen, da die endgültige Rechtskontrolle aufgrund des Rechtsprechungsmonopols den Gerichten als dritter Gewalt vorbehalten ist. Dies gilt sowohl für die Verbandsklage[2] wie für die Überprüfung im Rahmen einer Individualklage.[3] Besonders gewichtige Gründe für die gerichtliche Kontrolle sind nicht erforderlich,[4] auch nicht eine allgemeine Zurückhaltung,[5] wohl aber kommt der Beurteilung der fachkundigen Behörde ein gewisses Gewicht zu, soweit es in tatsächlicher Hinsicht um technische Fragen und branchenspezifische Bedürfnisse geht. Die Inhaltskontrolle von Flugbedingungen wird auch nicht durch ihre weitgehende Übereinstimmung mit IATA-Empfehlungen ausgeschlossen.[6]

71 **bb) Gerichtlicher Prüfungsmaßstab.** Der gerichtliche Prüfungsmaßstab ist im Einzelnen unterschiedlich. Soweit sich der behördliche Prüfungsmaßstab an §§ 307 ff. orientiert, gilt dieser Maßstab auch für die gerichtliche Prüfung. Ist die Behörde an einen milderen Prüfungsmaßstab gebunden, so ist dieser nach § 307 III S. 1 auch für die gerichtliche Kontrolle maßgebend. Enthält der behördliche Prüfungsmaßstab strengere Anforderungen als in §§ 307 ff., so ist anhand des behördlichen Prüfungsmaßstabs zu entscheiden, ob die strengeren Anforderungen nur für die aufsichtsrechtlichen Befugnisse der Behörde gelten sollen, nicht aber für die gerichtliche Inhaltskontrolle oder ob eine unmittelbare Auswirkung auf die vertragsrechtliche Gültigkeit mit einer dem behördlichen Maßstab entsprechenden gerichtlichen Inhaltskontrolle gewollt ist. Dies ist anzunehmen, wenn die gesetzlichen Vorschriften einen unmittelbaren Kundenschutz bezwecken. Der früher vom Bundeskartellamt bei Konditionenkartellen und Konditionenempfehlungen zu Grunde gelegte strengere Prüfungsmaßstab[7] gilt jedoch nur für die Wirksamkeit des Kartells bzw. für die Zulässigkeit der Empfehlung, nicht aber für die gerichtliche Inhaltskontrolle der AGB, für die allein §§ 307 ff. gelten. Auch soweit die behördliche Aufsicht sich auf Leistungsbeschreibungen und Preisvorschriften er-

---

[1] S. auch Rz 71 f.

[2] S. BGH BB 1983, 527, 528 und BGH v. 5. 12. 2006 X ZR 165/03 Rz 9 = für Flugbedingungen; BGH NJW-RR 1987, 45 für Versicherungsbedingungen; BGH NJW 1991, 2559, 2560, 2564 für Bausparbedingungen.

[3] BGH NJW 1982, 1391 für Allgemeine Versicherungsbedingungen.

[4] So aber noch BGHZ 52, 92.

[5] S. auch *Hüffer* VersR 1974, 622.

[6] BGH BB 1983, 527, 528; NJW 1983, 1322 und BGH v. 5. 12. 2006 X ZR 165/03 Rz 9.

[7] S. Tätigkeitsbericht 1978 BKA, BT-Drs. 8/2980 S. 39.

streckt, findet eine Inhaltskontrolle der entsprechenden Verträge durch die Zivilgerichte gemäß § 307 III S. 1 nicht statt.

Bei der gerichtlichen Prüfung behördlich genehmigter AGB kommt einer **Gesamtwürdigung** des einheitlichen Klauselwerks besondere Bedeutung zu, weil einzelne nachteilige Klauseln durch andere Vorteile ausgeglichen werden können. Dem Verwender genehmigter AGB ist es deshalb nicht gestattet, sich aus verschiedenen als Einheit genehmigten Klauselwerken die jeweils ihm günstigen Vorschriften herauszusuchen und zu einem neuen Klauselkatalog zusammenzustellen.[1] 72

11. Gesetzlich vorgeschriebener Inhalt

In verschiedenen Gesetzen ist vorgeschrieben, welche Inhalte die AGB enthalten müssen. So sehen etwa § 5 II und III BausparkG mehrere Punkte vor, die in den AGB und den Allgemeinen Bedingungen für Bausparverträge geregelt werden müssen. Ebenso schreiben § 15 S. 2 HypbankG und § 15 S. 2 SchiffsbankG vor, dass in den AGB Regelungen über die Nachteile nicht rechtzeitiger Zahlungen und über ein vorzeitiges Rückzahlungsverlangen enthalten sein müssen. § 23 TKG gibt der Regulierungsbehörde die Befugnis, Betreiber von öffentlichen Telekommunikationsnetzen mit beträchtlicher Marktmacht zur Aufnahme eines Standardangebots anzuhalten. § 12 S. 2 TKV schreibt die Aufnahme von Bedingungen für den Entstörbetrieb in die AGB vor. § 57 I Nr. 5 PBefG erteilt die Ermächtigung zum Erlass einer VO, die einheitliche Beförderungsbedingungen festlegt. 73

B. Grundlagen der Inhaltskontrolle nach § 307

I. Grundsätze der Inhaltskontrolle

1. Überblick

§ 307 I S. 1 enthält die Generalklausel für die Inhaltskontrolle von AGB. Er hat die Funktion eines **Grundtatbestands der Inhaltskontrolle.** § 307 I S. 1 bestimmt den maßgeblichen Unwirksamkeitsgrund als die im Widerspruch zu Treu und Glauben stehende unangemessene Benachteiligung. Geschützt wird nur der Vertragspartner, nicht der Verwender und grundsätzlich auch nicht Dritte (s. Rz 95). Als eine mögliche Form der unangemessenen Benachteiligung nennt Abs. 1 S. 2 die Nichtbeachtung des **Transparenzgebots** durch die Verwendung unklarer oder unverständlicher Bestimmungen. Abs. 2 erleichtert die Bestimmung dessen, was als unangemessene Benachteiligung anzusehen ist, indem er bei Abweichung von wesentlichen Grundgedanken der gesetzlichen Regelung (Abs. 2 Nr. 1) und bei Einschränkung vertragswesentlicher Rechte oder Pflichten (Abs. 2 Nr. 2) eine **Vermutung für** das Vorliegen einer **unangemessenen Benachteiligung** aufstellt (s. Rz 100). Die Vermutung ist widerlegbar und erstreckt sich nicht auf die Verletzung der Gebote von Treu und Glauben. Trotz dieser formalen Unterscheidung wird eine Widerlegung der Vermutung nur selten gelingen. Der Verstoß gegen wesentliche Grundgedanken der gesetzlichen Regelung oder gegen vertragswesentliche Rechte oder Pflichten begründet in aller Regel die unangemessene Benachteiligung. Der Maßstab der unangemessenen Benachteiligung bedarf jedoch der näheren Bestimmung, weil er im Sinne einer Wechselwirkung auch bestimmt, welchen Grad die Abweichung von wesentlichen Grundgedanken der gesetzlichen Regelung aufweisen muss und wie stark die vertragswesentlichen Rechte oder Pflichten eingeschränkt sein müssen, damit die Vermutung zum Tragen kommt. 74

---

[1] BGH NJW-RR 1990, 1115; vgl. auch Rz 204.

2. Unangemessene Benachteiligung

75 Die Benachteiligung ist aufgrund einer Interessenabwägung (Rz 173ff.) festzustellen. Sie ist nach Treu und Glauben unangemessen, wenn der Verwender durch einseitige Vertragsgestaltung **eigene Interessen über Gebühr auf Kosten des anderen Vertragsteils durchzusetzen versucht** und dabei das Gleichgewicht der Rechte und Pflichten und die Risikoverteilung zwischen den Parteien erheblich gestört wird (Rz 177). Dies ist anzunehmen, wenn berechtigte Interessen des anderen Vertragsteils nicht ausreichend berücksichtigt oder angemessen ausgeglichen werden, insbesondere wenn die Abweichung von wesentlichen gesetzlichen Grundgedanken oder von vertragstypischen Rechten oder Pflichten nicht durch besondere Umstände gerechtfertigt ist.[1] Eine unangemessene Benachteiligung kann nach Abs. 1 S. 2 auch in der Intransparenz einer Klausel liegen, insbesondere wenn die Gefahr besteht, dass sich der Vertragspartner durch eine vermeintlich einschlägige Klausel in seiner Rechtsdurchsetzung nachteilig beeinflussen lassen könnte.[2] Der Maßstab gilt auch im Verbandklageverfahren. Gegenüber Unternehmern gilt kein schwächerer Maßstab. Ausnahmen können sich aus einem Handelsbrauch ergeben.

76 Es genügt nicht jede Benachteiligung. Wie sich aus der Entstehungsgeschichte ergibt, wurde zunächst positiv ein angemessener Interessenausgleich verlangt. Der Rechtsausschuss des Bundestags hielt aber eine **Benachteiligung** von erheblicherem Gewicht für erforderlich,[3] so dass sie **eindeutig und erkennbar überwiegt** (s. auch Rz 177).[4] Art. 3 I RL verlangt ebenfalls ein erhebliches Missverhältnis der vertraglichen Rechte und Pflichten. Der Maßstab stimmt mit § 307 überein.[5]

3. Genereller Prüfungsmaßstab

77 **a) Geltungsbereich.** § 307 legt im **Individual- und Verbandsprozess** grundsätzlich einen generellen Prüfungsmaßstab und eine typisierende Betrachtung zugrunde.[6] Das Gesetz geht, wie sich aus dem allgemeinen Verweis auf §§ 307 bis 309 in § 1 UKlaG ergibt, von einem einheitlichen Prüfungsmaßstab aus, der für die Verbandsklage und die Individualklage gleichermaßen gilt.[7] Dies gilt auch, wenn aufgrund der Mitwirkung aller beteiligten Verkehrskreise eine Gesamtwürdigung stattfindet.[8] Der generelle Prüfungsmaßstab gilt gleichermaßen gegenüber **Verbrauchern und Unternehmern.** Das heißt aber nicht, dass beide gleich zu behandeln wären (s. Rz 83, 185). Die von § 310 III Nr. 3 im Anschluss an Art. 4 I RL gegenüber Verbrauchern vorgesehene Berücksichtigung der den Vertragsabschluss begleitenden Umstände verlangt für AGB keinen individuellen Prüfungsmaßstab.[9] Damit werden individuelle Aspekte in die Bewertung einbezogen (dazu Rz 86, 89). Dies betrifft jedoch nur die tatsächlichen Umstände (Rz 92) und nicht den nor-

---

[1] BGHZ 90, 280, 284; 120, 108, 118; BGH NJW 2000, 1110.
[2] So schon BGH ZIP 1987, 640, 648.
[3] BT-Drs. 7/5422 S. 6; s. auch BT-Drs. 7/3919 S. 23.
[4] S. auch *Ohlendorf-von Hertel* S. 118ff.; *Alisch* JZ 1982, 706, 709; für Benachteiligung von einigem Gewicht, *Fastrich*, aaO, § 10 III 1 a.
[5] S. Art. 3 RL Rz 9.
[6] Allg. Meinung auch nach Inkrafttreten von § 24a Nr. 2 AGBG (jetzt § 310 III Nr. 2) noch BGHZ 136, 347 = LM H.5/1998 § 765 BGB Nr. 120 m. Anm. *Graf von Westphalen;* BGH NJW 1998, 2600; *Bamberger/Roth/H. Schmidt* Rz 12; *Erman/Roloff* Rz 5; *Ulmer/Fuchs* Rz 410.
[7] S. auch BGH NJW 1983, 1603, 1604; OLG Köln NJW 1983, 1002, 1003.
[8] S. Rz 204; a. A. offenbar BGH ZIP 1987, 989, 991.
[9] S. auch Art. 4 RL Rz 3.

mativen Bewertungsmaßstab.[1] Aufgrund des generellen Prüfungsmaßstabs scheidet die an Gesichtspunkten der Einzelfallgerechtigkeit orientierte Beurteilung nach § 242 BGB aus.[2] Für die Einzelfallgerechtigkeit kommt nur die sog. Ausübungskontrolle in Betracht (s. Rz 30), die die Klausel wirksam bestehen lässt und nur die Ausübung der daraus abgeleiteten Rechte im Einzelfall für unzulässig erklärt.

b) Generelle normative Bewertung. Der generelle Prüfungsmaßstab bezieht sich zunächst auf den normativen Bewertungsmaßstab, der als Obersatz einzelfallübergreifend und allgemeingültig für die typischen Verhältnisse aus Treu und Glauben zu bilden ist. Der generelle Prüfungsmaßstab gilt zunächst hinsichtlich der Maßstäbe, von denen abgewichen wird, wozu nur die **generell geltenden Rechtsvorschriften** (Rz 281 ff.),[3] nicht aber vertragliche Vereinbarungen zu zählen sind.[4] Er gilt aber auch in Bezug auf die beeinträchtigten Interessen und den darin verkörperten Werten, d. h. es soll nicht von den individuellen Interessenwerten jedes einzelnen Vertragspartners ausgegangen werden, sondern von den **generellen Interessenwerten,** wie sie sich typischerweise bei einem bestimmten Kreis von Kunden ergeben.[5] Der generelle Prüfmaßstab rechtfertigt sich sowohl aus dem Rationalisierungsinteresse[6] wie aus den Bedürfnissen der Verbandsklage, bei der nach der Natur der Sache eine generalisierende, die typischen Verhältnisse berücksichtigende Beurteilung erforderlich ist, weil nicht ein individueller Konflikt, sondern die generelle Angemessenheit der AGB überprüft werden muss.[7] Der Kontrollmaßstab muss aber im Individualprozess und im Verbandsprozess grundsätzlich der gleiche sein, um zu vermeiden, dass im Verbandsprozess für gültig erklärte Klauseln im Individualprozess für unwirksam erklärt werden und umgekehrt. Um den Gleichklang sind auch §§ 10, 11 UKlaG bemüht. Der generelle Prüfungsmaßstab dient insgesamt der Verwirklichung des Gleichbehandlungsgrundsatzes bei der Inhaltskontrolle. Aus dem Gleichbehandlungsgrundsatz ergibt sich aber auch, dass bei ungleichen Interessen nur eine andere Bewertung angemessen ist (dazu Rz 271). Zur Beachtung des Gleichheitssatzes s. auch Rz 162, 175 f. 78

c) Typische Verhältnisse. Vom generellen Prüfungsmaßstab, der auf der normativen Ebene auf die generellen Interessenwerte beim typischen Durchschnittskunden abstellt, ist zu unterscheiden die Frage, welche tatsächlichen Umstände bei der Subsumtion zu Grunde gelegt werden. Dies sind im Verbandsklageverfahren notgedrungen allein die abstrakten Umstände im Sinne einer generalisierenden Betrachtung typischer Verhältnisse. Diese typischen Umstände bilden auch im Individualprozess den Ausgangspunkt. Sie können dort aber durch real konkrete Umstände ergänzt werden, die sowohl zur Unwirksamkeit wie zur Wirksamkeit führen können (s. Rz 87 f., 91). 79

Aufgrund der generalisierenden Betrachtung ist es z. B. unmaßgeblich, welche Rechte der Verwender im Einzelfall aus einer AGB-Klausel geltend macht, ob sich die der Klausel innewohnende unangemessene Benachteiligung im Einzelfall tatsächlich ausgewirkt hat[8] und welche Folgen sich daraus im konkreten Einzelfall er- 80

---

[1] S. auch Art. 4 RL Rz 1.

[2] S. auch BGH NJW 1993, 2369, 2371.

[3] *Bamberger/Roth/H. Schmidt* Rz 12.

[4] BGH NJW 1982, 765.

[5] BGH NJW 1982, 765 und 1391, 1392; BGHZ 98, 303, 308 = NJW 1987, 487, 489; BGH NJW 1989, 3010; 1990, 1601, 1602; 1992, 1626, 1627; s. auch Rz 271 ff.

[6] Rz 161; s. auch Art. 4 RL Rz 3.

[7] S. BGH NJW 1982, 765; OLG Köln BB 1982, 638.

[8] BGH NJW 1980, 1947; 1992, 2626; BGH NJW-RR 1998, 629; s. auch *Bamberger/Roth/H. Schmidt* Rz 5.

geben.[1] Entscheidend ist allein, was nach dem Inhalt der Klausel geltend gemacht werden kann[2] und welche Folgen sich daraus bei genereller Betrachtung in einer Anzahl von Verträgen bei vernünftiger Auslegung unter Berücksichtigung der Verständnismöglichkeiten des Durchschnittskunden[3] möglicherweise ergeben können. Eine Schadensersatzklausel ist deshalb unwirksam, wenn sie unangemessene Fallgestaltungen umfasst, auch wenn diese im konkreten Individualprozess nicht vorliegen.[4] Bei der Gewährleistungsregelung muss die Gewährleistung nicht nur für die konkrete Verwendungsart, sondern für alle typischen Verwendungen angemessen sein.[5]

81 Im **Verbandsprozess** können grundsätzlich nur solche Umstände, die Inhalt der AGB sind, berücksichtigt werden[6] nicht aber tatsächliche Umstände des Vertragsschlusses, die nicht Bestandteil der AGB sind. Dies gilt sowohl für unwirksamkeitshindernde[7] wie für unwirksamkeitsbegründende Umstände.[8] Dennoch ist eine Klausel auch im Verbandsprozess nicht isoliert zu prüfen, sondern es ist die Einbettung und das Zusammenwirken mit anderen zu einem Gesamtwerk verbundener ABG-Klauseln zu beachten.[9] Die Wirksamkeit einer AGB-Klausel ist im Verbandsprozess generell[10] und auch im Individualprozess grundsätzlich unabhängig von einer Individualabrede zu beurteilen, wenn sie nach ihrem Wortlaut eine solche nicht voraussetzt.[11]

82 Die generelle Betrachtung der typischen Verhältnisse steht der **Berücksichtigung besonderer Vertragsarten und Vertragstypen** mit ihren besonderen Gegenständen, Zwecken und Eigenarten der typischerweise beteiligten Parteien nicht entgegen.[12] Art. 4 I RL sieht ausdrücklich die Berücksichtigung der verschiedenen Arten von Gütern und Dienstleistungen beim jeweiligen Vertrag vor, was im Wege richtlinienkonformer Auslegung zu beachten ist. Auch § 307 II Nr. 2 erfordert die Berücksichtigung der jeweiligen Vertragsnatur und des jeweiligen Vertragszwecks. Die generalisierende Betrachtungsweise führt nur dazu, gleichgelagerte Fall- und Interessengruppen einheitlich zu behandeln und bei der Inhaltskontrolle nicht nur den konkret vorliegenden Interessenkonflikt, sondern auch typischerweise mögliche Interessenkonflikte zu berücksichtigen. Sie steht aber der Berücksichtigung besonderer Interessen und Zwecke in neuen Fallgruppen nicht entgegen, wenn diese aufgrund rechtlicher Wertungen und der nach § 307 I anzustrebenden Angemessenheit eine unterschiedliche Behandlung verlangen.

83 Die Konzentration auf die typischen Verhältnisse hindert auch nicht die Berücksichtigung **unterschiedlicher Kundengruppen und Verkehrskreise** und deren unterschiedliche Interessen und Schutzbedürfnisse. Das Gesetz selbst macht in § 310 I und III deutlich, dass für Verbraucher und Unternehmer unterschiedliche Kontrollmaßstäbe gelten sollen. Es können darüber hinaus aber noch weitere Differenzierungen Beachtung finden. So können etwa für verschiedene Branchen un-

---

[1] S. etwa BGHZ 99, 374, 376 = NJW 1987, 1634; BGH NJW 1993, 2369, 2371.
[2] S. etwa BGH NJW 1982, 870, 872; 1983, 159, 161.
[3] BGH NJW 1991, 102, 104; BGH v. 9. 3. 2005 VIII ZR 17/04 = NJW 2005, 1426; s. auch Rz 83.
[4] BGH NJW 1986, 842, 843 f.
[5] BGHZ 90, 273, 279.
[6] S. BGH NJW 1992, 503 = LM H.3/1993 § 9 (Bl) AGBG Nr. 40 m. Anm. *Pfeiffer.*
[7] BGHZ 112, 204, 212 = NJW 1991, 36.
[8] BGH NJW 1992, 180, 181 = LM H.3/1992 § 9 (Bl) AGBG Nr. 39 m. Anm. *Grunewald.*
[9] BGH NJW 1992, 180, 181.
[10] BGH NJW 1992, 179.
[11] BGH NJW 1986, 43, 44; dazu auch Rz 79 f.
[12] S. BGH v. 23. 1. 2003 VII ZR 210/01 = BGHZ 153, 312; für Vertragsstrafe in Bauverträgen; BGH NJW 1986, 2102, 2103; BGHZ 78, 305; s. auch *Bamberger/Roth/H. Schmidt* Rz 13.

terschiedliche Maßstäbe gelten (s. Rz 199), ebenso für Kleingewerbetreibende und für freie Berufe andere als für große Unternehmen (Rz 197). Gegenüber Verbrauchern ist aber grundsätzlich ein einheitlicher Maßstab anzuwenden. Dies legen auch §§ 308, 309 nahe, die ausnahmslos für alle Verbraucher generell gelten.

Werden AGB einheitlich für verschiedene Arten von Geschäften und gegenüber verschiedenen Verkehrskreisen benutzt, so ist ihre Wirksamkeit grundsätzlich für **jede Geschäftsart** und **jede Kundengruppe gesondert zu prüfen.** Daraus kann sich eine **beschränkte Unwirksamkeit** ergeben. Sind sie für eine Geschäftsart oder Kundengruppe, z. B. Verbraucher, unwirksam, so bleiben sie dennoch für die übrigen Anwendungsbereiche, z. B. Unternehmer und Gewerbetreibende, wirksam.[1] Das Verbot ist entsprechend zu begrenzen (s. § 9 Nr. 2 UKlaG). Darin liegt keine geltungserhaltende Reduktion,[2] da nicht der Regelungsinhalt selbst verändert wird, sondern nur sein Anwendungsbereich. Die Beschränkung der Unwirksamkeit auf bestimmte Geschäftsarten und Kundengruppen, während die Klausel im Übrigen wirksam bleibt, gilt nur, soweit der Anwendungsbereich nicht durch die Klausel selbst ausdrücklich einheitlich festgelegt wird, sondern sich allein durch deren tatsächliche Verwendung im Geschäftsverkehr ergibt. 84

Von diesem Grundsatz sind Ausnahmen dann zu machen, wenn es sich um **Kapitalmarktpapiere und andere Umlaufpapiere** handelt, deren Rechtsinhalt durch Emissionsbedingungen[3] bestimmt wird. Da diese Papiere zum Umlauf bestimmt sind und deshalb zwischen Rechtsinhabern aus verschiedenen Kundengruppen, insbesondere Verbrauchern und Unternehmern wechseln können, ohne dass der Emittent dies beeinflussen kann, müssen die Emissionsbedingungen einheitlich den strengen Maßstäben der Inhaltskontrolle bei Verbrauchern einschließlich §§ 308 und 309 genügen, ohne Rücksicht darauf, wer diese Papiere als erster erworben hat.[4] Andernfalls wäre ein Verbraucher, der als Zweiterwerber das Papier von einem Unternehmer als Ersterwerber erlangt, schlechter gestellt als ein Verbraucher, der Ersterwerber ist. Dies würde dem Zweck des Verbraucherschutzes bei Umlaufpapieren widersprechen. Die fehlende Transparenz im stückelosen Effektenverkehr führt darüber hinaus zu einem strengeren Kontrollmaßstab (s. auch Rz 241). 85

4. Individuelle Umstände

a) Allgemeine Berücksichtigung. Unabhängig von Art. 4 I RL sind allgemein **im Individualprozess,** im Gegensatz zum Verbandsklageprozess (Rz 81), auch die **Umstände des konkreten Vertragsverhältnisses** zwischen den Parteien am generellen Prüfungsmaßstab zu messen und nicht nur abstrakt wie im Verbandsklageprozess die Umstände aller typischerweise denkbaren Vertragsverhältnisse. Dementsprechend ist im Individualprozess die ex-ante- wie die ex-post-Betrachtung (s. dazu Rz 94) auf das konkrete Vertragsverhältnis beschränkt. Insofern bestehen im Individualprozess und im Verbandsprozess unterschiedliche tatsächliche Grundlagen. Im Gegensatz zu Art. 4 I RL sind nicht nur die den Vertragsschluss begleitenden Umstände zu beachten, sondern auch die Umstände, die die Interessenlage bei der Vertragsdurchführung beeinflussen. Zu berücksichtigen sind nur die 86

---

[1] BGH NJW 1990, 1601, 1602.
[2] BGH NJW 1990, 1601, 1602.
[3] S. § 305 Rz 15, 26.
[4] S. *Hopt* FS *Steindorff,* 1990, S. 341, 371; *Kümpel,* Bankrecht, Rz 11, 69 f.; *Grundmann* in: BankR Hdb § 112, Rz 116; *M. Wolf* FS *Zöllner,* 1998, S. 651; gegen jede Inhaltkontrolle *Assmann,* Anleihebedingungen und AGB-Recht, WM 2005, 1053, 1063.

für die Auslegung einer Klausel maßgeblichen Umstände, nicht jedoch die rein praktische Handhabung durch den Verwender, ob er seine Rechte geltend macht oder nicht.[1] Die individuell konkreten Umstände sind neben § 307 auch bei den Wertungen in § 308, nicht aber in § 309 relevant. Sie können sowohl zur Unwirksamkeit einer generell wirksamen Klausel als auch zur Wirksamkeit einer generell unwirksamen Klausel führen. Die Unwirksamkeit einer an sich wirksamen Klausel kann sich neben § 305b auch aus § 307 ergeben.

87 **Unwirksamkeitsbegründend** wirkt es etwa, wenn eine an sich wirksame Klausel in einem individuellen Vertrag zur Anwendung gebracht werden soll, für den sie wegen seiner speziellen Interessenlage nicht passt oder wenn eine an sich transparente Klausel im Vertragskontext intransparent wird oder wenn individuelle Vertragsklauseln für die AGB-Klausel zusätzliche Nachteile bringen.

88 **Wirksamkeitsbegründend** wirken individuelle Umstände, wenn durch sie der Unwirksamkeitsgrund beseitigt wird und die durch die Unwirksamkeit geschützten Interessen nicht mehr schutzbedürftig sind. Wirksamkeitsbegründende individuelle Umstände in diesem Sinne können etwa bei generell intransparenten Klauseln zusätzliche Informationen bei Vertragsabschluss oder individuelle Vertragsabreden darstellen, die die Intransparenz beseitigen. Hängt die Wirksamkeit einer Klausel von konkreten Umständen ab, so kann dies aber nicht im Verbandsprozess, sondern nur im Individualprozess überprüft werden, so etwa die Gewährung zusätzlicher Informationen bei Vertragsabschluss, wie z. B. die Angabe eines effektiven Jahreszinses[2] oder Ergänzungen und Modifikationen durch Individualvereinbarungen, wie z. B. der angemessene Umfang der Nutzrechtsübertragung bei Urheberrechten bezogen auf einfaches oder zusätzliches Honorar.[3] Zur Wirksamkeit führen individuell konkrete Umstände auch, wenn beim Vertragsabschluss die Voraussetzungen des Aushandelns gemäß § 305 II erfüllt sind[4] oder wenn eine ausreichende Kompensation gewährt wird (Rz 215 ff.).

89 **b) Berücksichtigung in Verbraucherverträgen.** In Verbraucherverträgen sieht § 310 III Nr. 3 ausdrücklich die Berücksichtigung der den Vertragsschluss begleitenden Umstände bei der Beurteilung einer unangemessenen Benachteiligung vor. Dadurch ist **Art. 4 I RL umgesetzt** worden. Art. 4 I RL hätte im Rahmen von § 307 zwar ohne weiteres richtlinienkonform zur Anwendung gebracht werden können.[5] Der EuGH verlangt jedoch in seiner Rechtsprechung eine eindeutige und klare Umsetzung.[6] Kein Unterschied ergibt sich daraus, dass Art. 4 I RL die Berücksichtigung „aller" Umstände verlangt, denn auch „die" Umstände in § 310 III Nr. 3 umfassen alle für den Vertragsschluss relevanten Umstände. Es ist jedoch zu beachten, dass § 310 III Nr. 3 wie Art. 4 I RL nur die Umstände bei Vertragsabschluss und nicht solche bei der Vertragsdurchführung anspricht (dazu auch Rz 26).

90 § 310 III Nr. 3 findet seinen **Anwendungsbereich** nur im Individualprozess. Er gilt aber nicht nur bei Individualvereinbarungen im Sinne von § 310 III Nr. 2, sondern für alle AGB in Verbraucherverträgen.[7] Im Verbandsprozess ist er jedoch nicht

---

1 S. Rz 80; *Bamberger/Roth/H. Schmidt* Rz 5.

2 BGH NJW 1992, 179 = LM H.2/1992 § 9 (Bl) AGBG Nr. 38 m. Anm. *Pfeiffer.*

3 S. BGH LM Nr. 5 zu § 9 (Cb) AGBG zu II 2.

4 S. § 305 Rz 35 ff.

5 Auch *Ulmer/Fuchs,* Vorb. v. § 307 Rz 398; a. A. offenbar *Heinrichs* NJW 1993, 1817, 1819 f.; *Ulmer* EuZW 1993, 337, 345 f.

6 EuGH Slg. 2001, I-3541 Rz 17, 18 – Komm/Niederlande; EuGH Slg. 2002, I-4147 Rz 18, 22 Komm/Schweden; EuGH NJW 2004, 1647 Rz 15.

7 *Heinrichs* NJW 1996, 2190, 2194; *Ulmer/Fuchs* Rz 405.

anwendbar, weil dort dem Vertragsschluss keine Bedeutung zukommt. Da individuelle Umstände bereits allgemein im Individualprozess gemäß § 307 zu beachten sind (s. Rz 86) und die den Vertragsschluss begleitenden Umstände sowohl im Rahmen von § 305c I als auch bei der Auslegung sowie im Zusammenhang mit dem Aushandeln[1] zu berücksichtigen sind, bleibt für § 310 III Nr. 3 kaum ein selbstständiger Anwendungsbereich.

Als **individuelle Umstände** bei Vertragsschluss sind etwa zu beachten persönliche Fähigkeiten und Eigenschaften der Vertragsparteien (s. Rz 183 ff.), atypische Sonderinteressen der Parteien und sonstige Besonderheiten,[2] wie z. B. ein speziell auf den konkreten Verbraucher angepasster Vertragsgegenstand (s. RL Erwägung 1 b) oder andere Vertragsklauseln (s. Art. 4 I RL). Soweit die individuellen Umstände die Verhandlungsstärke betreffen, können sie nur im Zusammenhang mit den Voraussetzungen des Aushandelns berücksichtigt werden,[3] da diese Voraussetzungen nicht umgangen werden dürfen.[4] 91

§ 310 III Nr. 3 betrifft **nur tatsächliche Umstände,** nicht den normativen Bewertungsmaßstab (s. Rz 78). Dieser ist derselbe wie auch sonst in § 307. Die Berücksichtigung der Umstände des Vertragsschlusses gemäß § 310 III Nr. 3 dient nicht in erster Linie der Einzelfallgerechtigkeit, für die auf die Ausübungskontrolle zurückgegriffen werden kann (Rz 30, 77). Die in § 310 III Nr. 3 angesprochenen individuellen Umstände bei Vertragsabschluss können wie auch sonst im Individualprozess (Rz 86) sowohl zur Unwirksamkeit wie zur Wirksamkeit führen.[5] Wirksamkeitsbegründend wirken die individuellen Umstände jedoch nur, wenn die durch einen Unwirksamkeitsgrund geschützten Interessen nicht mehr schutzbedürftig sind.[6] Dies kann außer durch Umstände, die eine Einflussmöglichkeit eröffnen,[7] die die Überraschung gemäß § 305c I beseitigen oder im Wege der Auslegung einen wirksamen Inhalt ergeben, im Rahmen von § 307 insbesondere durch die Beseitigung einer Intransparenz (s. Rz 88, aber auch Rz 243) oder durch Kompensation (s. Rz 88, 215 ff.) geschehen. 92

5. Zeitpunkt der Beurteilung

Im **Individualprozess** ist auf die im Zeitpunkt des **Vertragsabschlusses** vorliegenden und erkennbaren Verhältnisse und Entwicklungen des konkreten Rechtsverhältnisses abzustellen, weil sich die Beteiligten auf die Wirksamkeit des Vertrags zu diesem Zeitpunkt einstellen können müssen.[8] Für die Berücksichtigung der generell-abstrakten Umstände im **Verbandsprozess** ist der Zeitpunkt ihres Vorliegens nicht von so entscheidender Bedeutung wie im Individualprozess. Im Verbandsprozess sind grundsätzlich die Umstände im Zeitpunkt der **letzten mündlichen Verhandlung** maßgeblich. Dies gilt in beiden Fällen sowohl für die tatsächlichen Umstände, auf die § 310 III Nr. 3 und Art. 4 I RL ausdrücklich Bezug nehmen, als auch für die normativen Bewertungsmaßstäbe.[9] Nachträgliche Ände- 93

---

[1] S. § 305 Rz 35 ff.
[2] S. auch *Ulmer/Fuchs* Rz 403.
[3] S. § 305 Rz 37, 38.
[4] *Ulmer/Fuchs* Rz 411.
[5] S. auch *Bärner* JZ 1997, 595.
[6] Anders nur in gravierenden Fällen.
[7] S. § 305 Rz 37.
[8] S. auch Art. 4 RL Rz 12; AnwKomm-BGB/*Kollmann* § 307 Rz 5; *Bamberger/Roth/H. Schmidt* Rz 23.
[9] S. *Ulmer* EuZW 1993, 337, 345; *Medicus* NJW 1995, 2577, 2579; vgl. auch *Larenz/Wolf,* Allg. Teil, § 41 Rn. 30 zu § 138.

rungen in der Rechtsprechung können zugunsten des Verbrauchers berücksichtigt werden.[1] Zur Rückwirkung s. im Einzelnen noch unten Rz 361 ff.

94 Vom Zeitpunkt des Vorliegens der maßgeblichen Normen und Tatsachen zu unterscheiden ist die Frage, ob im Individualprozess nur eine **ex-post-Betrachtung** zulässig sei, während im Verbandsprozess nur eine **ex-ante-Betrachtung** gelte.[2] Diese Auffassung ist bereits insofern unhaltbar, als auch im Verbandsklageverfahren eine ex-post-Betrachtung möglich, zulässig und notwendig ist, nicht nur weil aus ex-post-Sachverhalten auf künftige Anwendungsbereiche einer Klausel geschlossen werden kann, sondern auch, weil ex-post-Sachverhalte aus laufenden Verträgen in künftigen Individualprozessen Bedeutung erlangen können, für die das Unterlassungsurteil im Verbandsklageverfahren maßgeblich ist.[3] Darüber hinaus ist auch die Kontrolle im Individualprozess nicht auf ex-post-Sachverhalte beschränkt. Eine AGB-Klausel ist vielmehr im Individualprozess auch dann für unwirksam zu erklären, wenn sie Sachverhalte erfasst, die bei einer ex-ante-Betrachtung in diesem Vertragsverhältnis möglich und nicht ganz unwahrscheinlich sind.[4] Anderenfalls würde man zu dem sonderbaren und unhaltbaren Ergebnis kommen, dass eine generelle, für grobe und leichte Fahrlässigkeit gleichermaßen geltende Haftungsfreizeichnung in einem Fall leicht fahrlässiger Vertragsverletzung trotz § 309 Nr. 7b und der grundsätzlich unzulässigen geltungserhaltenden Reduktion[5] wirksam ist,[6] während sie unwirksam wäre, wenn der leicht fahrlässigen Vertragsverletzung ein Individualprozess mit einer früher begangenen grob fahrlässigen Pflichtverletzung vorausgegangen wäre, in dem die Klausel nach § 309 Nr. 7b als unwirksam angesehen wurde. Zwar würde insofern nicht die Rechtskraft, wohl aber die Präzedenzwirkung des ersten Urteils der Annahme einer wirksamen Haftungsfreizeichnung in einem zweiten Prozess zwischen denselben Parteien entgegenstehen. Derartige wegen ihrer Abhängigkeit von Zufälligkeiten unhaltbare Ergebnisse lassen sich vermeiden, wenn man auch dem Richter im Individualprozess eine ex-ante-Betrachtung mit der Berücksichtigung künftig möglicher Sachverhalte gestattet. Auch der BGH verfährt in vielen Fällen so.[7] Dies ist auch in länger laufenden Vertragsverhältnissen allein sinnvoll, weil sonst eine an sich unwirksame Klausel zu mehreren Prozessen Anlass geben könnte, nur weil im ersten Prozess zufälligerweise noch kein die Unwirksamkeit unmittelbar begründender ex-post-Sachverhalt vorlag.

6. Schutz des Vertragspartners, nicht Dritter

95 § 307 schützt nur die andere Vertragspartei. Nicht geschützt ist der Verwender.[8] Dieser kann sich deshalb nicht auf die Unwirksamkeit der von ihm selbst gestellten AGB berufen.[9] Gleiches gilt für §§ 308 und 309. Eines unmittelbaren Schutzes entbehren grundsätzlich auch die **Interessen Dritter,** die nicht in den Vertrag einbezogen sind (s. dazu Rz 169 ff.) und zu deren Wahrung die Vertragsparteien nicht ver-

---

[1] *Bamberger/Roth/H. Schmidt* Rz 23.

[2] So *Basedow* AcP 182, 335, 356 ff.; auch *Kötz* BB 1982, 644, 647; dagegen *Löwe* BB 1982, 648, 650 f.

[3] S. BGH NJW 1981, 1511.

[4] Ohne diese Einschränkung *Löwe* BB 1982, 648, 650 f.; *Ulmer* BB 1982, 1126, 1130; *H. Schmidt,* Vertragsfolgen, S. 104 ff.

[5] S. § 305c Rz 119, oben Rz 37 f.

[6] So *Basedow* AcP 182, 357 f.

[7] Besonders deutlich etwa in Fällen der Gesamtnichtigkeit s. BGH NJW 1983, 159.

[8] BGH NJW 1991, 353, 354.

[9] BT-Drs. 7/3919, S. 23; BGH NJW 1987, 837, 838; BGH NJW-RR 1998, 594; BGH NJW 1998, 2280 = IM H.10/1998 § 765 BGB Nr. 127 m. Anm. *Sprau;* s. auch OLG Düsseldorf NJW-RR 1992, 217, 218; OLG München NJW-RR 1992, 498; *Bamberger/Roth/H. Schmidt* Rz 7.

pflichtet sind.[1] Dies gilt auch dann, wenn ein Dritter von den Auswirkungen der AGB tatsächlich betroffen wird, wie z. B. der Vorbehaltsverkäufer durch ein Abtretungsverbot in den AGB des Dritterwerbers. § 309 Nr. 11 schützt ausnahmsweise die Interessen des Abschlussvertreters als Dritten. Eine Ausnahme gilt auch für Emissionsbedingungen, die zwischen einem Emittenten und einer Emissionsbank mit Wirkung für die Anleger vereinbart werden (s. Rz 166). Durch § 307 nicht geschützt sind der oder die Erben des Vertragspartners, soweit ihre Interessen von denen des Vertragspartners abweichen.[2] Die Interessen Dritter können jedoch mittelbar über die Interessen des Verwenders oder über die Interessen der anderen Vertragspartei Berücksichtigung finden (s. im Einzelnen Rz 166 ff., 170 ff.).

II. Die Unwirksamkeitsvermutungen des Abs. 2

1. Verhältnis von Abs. 1 und 2

a) Überblick. Abs. 1 enthält den Grundmaßstab der Inhaltskontrolle und 96
schreibt die Rechtsfolge der Unwirksamkeit vor. Seine Tatbestandsmerkmale sind jedoch generalklauselartig ausgestaltet und dadurch unbestimmt. Abs. 2 enthält konkretere Vorgaben, wann eine unangemessene Benachteiligung im Zweifel anzunehmen ist. Es empfiehlt sich deshalb, bei der Prüfung von § 307 mit Abs. 2 zu beginnen (s. Rz 97). Wird Abs. 2 Nr. 1 oder 2 bejaht, so ist die unangemessene Benachteiligung nur „im Zweifel" zu vermuten. Diese Vermutung befreit nicht von der Aufgabe, die Unangemessenheit abschließend auf der Grundlage von Abs. 1 zu überprüfen.[3] Dabei kann die Vermutung aus Abs. 2 widerlegt werden, indem die unangemessene Benachteiligung aus besonderen Gründen verneint wird (s. Rz 100, 103). Diese Möglichkeit darf man angesichts der Vielzahl möglicher Fallgestaltungen und angesichts dessen, dass die Grundgedanken der gesetzlichen Regelungen nicht alle Besonderheiten und nicht alle kompensatorischen Möglichkeiten (dazu Rz 215 ff.) berücksichtigen können, nicht außer Acht lassen. Zudem will Abs. 2 ausdrücklich nur „im Zweifel" gelten. Aus Abs. 1 kann sich aber auch eine Unwirksamkeit ergeben, ohne dass die Voraussetzung und die Vermutung von Abs. 2 vorliegen (s. Rz 98). Art. 3 RL enthält eine solche Vermutung nicht. Die Vermutung des Abs. 2 ist aber mit der Richtlinie auf jeden Fall nach Art. 8 RL vereinbar.

b) Prüfungsreihenfolge. Bei der Inhaltskontrolle nach § 307 wird als Reihen- 97
folge der Prüfung zunächst regelmäßig auf die spezielleren Gründe des Abs. 2 Nr. 1 oder 2 abzustellen sein. Die Tatbestände von Abs. 2 Nr. 1 und 2 schließen sich nicht gegenseitig aus, sondern greifen ineinander.[4] Sie können deshalb nebeneinander zur Anwendung kommen, da ein Verstoß gegen wesentliche Grundgedanken der gesetzlichen Regelung zugleich eine Vertragszweckgefährdung zur Folge haben kann, aber nicht haben muss. Umgekehrt kann eine Vertragszweckgefährdung zugleich gegen Grundgedanken der gesetzlichen Regelung verstoßen, zu denen auch §§ 157, 242 zählen.[5] Weil Abs. 2 Nr. 1 die Anlehnung an die Vorgaben des Gesetzes ermöglicht, wird Nr. 1 bei gesetzlich geregelten Vertragstypen vorrangig zur An-

---

[1] BGH NJW 1982, 178, 180.

[2] BGH NJW 1982, 2314 für AVB der Lebensversicherung.

[3] So zu Recht *Becker*, aaO, S. 55 ff.; *Canaris*, FS *P. Ulmer*, 2003, S. 1073, 1075 ff.; a. A. für abschließende Unwirksamkeit nach Abs. 2 *Staudinger/Coester* Rz 227 und *Stoffels*, AGB-Recht, 2003, Rz 500, die aber in gewisser Weise inkonsequent jeweils die Kompensation von Nachteilen durch andere Vorteile zulassen, s. *Staudinger/Coester*, Eckpfeiler Zivilrecht, 2005, S. 168 f.

[4] S. auch *Ulmer/Fuchs* Rz 197.

[5] S. Rz 113.

wendung kommen, während Nr. 2 in erster Linie bei gesetzlich nicht geregelten Vertragstypen herangezogen wird.[1] Eine zwingend einzuhaltende Prüfungsreihenfolge besteht jedoch nicht.[2] Liegen die Voraussetzungen von Abs. 2 Nr. 1 und 2 nicht vor, so bleibt allein der Rückgriff auf Abs. 1. Jedoch sind Abs. 2 Nr. 1 und 2 so umfassend ausgestaltet, dass nur selten Fallgestaltungen auftreten werden, die allein unter Abs. 1 und nicht unter Abs. 2 fallen.[3] Die Rspr. trennt häufig nicht klar zwischen den verschiedenen Absätzen,[4] was in der Regel unschädlich ist, wenn die Unwirksamkeit auf jeden Fall festzustellen ist.

98 **aa)** Enthält eine Klausel eindeutig eine mit Treu und Glauben nicht zu vereinbarende unangemessene Benachteiligung, so kann ihre **Unwirksamkeit direkt aus Abs. 1** abgeleitet werden, ohne dass zuvor die Voraussetzungen des Abs. 2 Nr. 1 und 2 geprüft oder gar verneint sein müssten. Abs. 1 ist, soweit die Unwirksamkeit festgestellt wird, gleichwertig neben Abs. 2 anwendbar. Dieser ist lediglich aus Zweckmäßigkeitsgründen vorweg zu prüfen.

99 **bb)** Eine Verneinung der Unwirksamkeit ist allerdings nur möglich, wenn die Voraussetzungen des Abs. 1 nicht gegeben sind und die aus Abs. 2 Nr. 1 und 2 abgeleitete Vermutung widerlegt worden ist. Der Schutz des Vertragspartners des Verwenders erfordert die **Prüfung** der Voraussetzungen **des Abs. 2,** damit ihm die **Vermutungswirkung nicht verlorengeht.** Soweit die Vermutung des Abs. 2 vom Verwender widerlegt wird, bleibt dem Vertragspartner immer noch die Möglichkeit, die Unwirksamkeit aus Abs. 1 zu begründen. Dem dürfte allerdings nur selten praktische Bedeutung zukommen.

2. Vermutungswirkung des Abs. 2

100 **a) Bedeutung der Vermutung.** Sind die Voraussetzungen des Abs. 2 vom Vertragspartner des Verwenders dargetan und gegebenenfalls bewiesen, so greift die Vermutung des Abs. 2 Platz. Dies bedeutet, dass der Verwender die Beweislast trägt,[5] wenn er das Fehlen einer unangemessenen Benachteiligung geltend machen will. Beweislast bedeutet zunächst Verantwortung für den Vortrag und den Beweis der Tatsachen, die die unangemessene Benachteiligung ausschließen. Diese Tatsachen werden allerdings vielfach allgemein bekannte soziale und wirtschaftliche Verhältnisse betreffen.[6] Mit der Beweislast ist aber auch die Entscheidung im Falle eines non-liquet gemeint. Ein solches non-liquet kann nicht nur hinsichtlich gegenwärtiger und vergangener Tatsachen bestehen, sondern auch im Hinblick auf Wertungen, Interessenabwägungen und hinsichtlich etwa notwendig werdender Prognosen.[7] Soweit es nicht Tatsachen betrifft, erscheint es besser, statt von Beweislast von Begründungslast zu sprechen. Sowohl bei der Beweislast als auch bei der Begründungslast bleibt es aber dabei, dass sie in den Fällen des Abs. 2 den Verwender trifft und im Zweifel zu seinem Nachteil zu entscheiden ist.[8] Trotz der Unwirksamkeitsvermutung des Abs. 2 kann der Verwender aber Gründe darlegen, die die

---

1 S. *Ulmer/Fuchs* Rz 197.

2 *Staudinger/Coester* Rz 263 mwN.

3 S. als Beispiel BayObLG NJW-RR 1987, 1298.

4 S. v. *Hoyningen-Huene,* aaO, Rz 132; auch *Hennig/Jarre* BB 1981, 1161; richtig aber BGHZ 153, 344 350; BGH v. 30.11.2004 XI ZR 49/04 = NJW-RR 2005, 1135; BGH v. 30.11.2004 XI ZR 200/03 = NJW 2005, 1275.

5 Dagegen *Kötz,* Gutachten DJT A, S. 65; auch v. *Hoyningen-Huene,* aaO, Rz 237; *Ulmer/Fuchs* Rz. 195.

6 *Limbach* ZRP 1975, 118.

7 A. A. *Becker,* Auslegung, aaO, S. 38.

8 Die Begründung RegE BT-Drs. 7/3719 S. 23 spricht von Rechtfertigungsmöglichkeiten; a. A. hinsichtlich der Begründungslast bei Wertungen: *Staudinger/Coester* § 307 Rz 228.

nach Abs. 2 zu beanstandende Klausel im Rahmen der umfassenden Interessenabwägung und Gesamtbetrachtung (dazu Rz 174 ff., 212 ff.) nach Abs. 1 als wirksam erscheinen lassen.[1] Da jedoch bereits in Abs. 2 Nr. 1 und 2 eine Interessenabwägung vorzunehmen ist, dürfte eine Korrektur der Unwirksamkeitsvermutung des Abs. 2 durch Abs. 1 selten sein.[2]

b) Umfang der Vermutung. Der Umfang der Vermutung erstreckt sich nach dem Wortlaut von Abs. 2 nur auf die unangemessene Benachteiligung, nicht auch darauf, dass die unangemessene Benachteiligung Treu und Glauben widerspricht.[3] Der Maßstab von Treu und Glauben ermöglicht eine von Abs. 2 abweichende Bewertung. Der Widerspruch zu Treu und Glauben ist aber im Allgemeinen gegeben, wenn eine unangemessene Benachteiligung nach Abs. 2 vorliegt. Die Vermutung kommt dem Vertragspartner des Verwenders oder den nach § 1, 3 UKlaG klagebefugten Verbänden zugute, wenn diese sich auf die Unwirksamkeit der AGB berufen. Sie bezieht sich jedoch nicht darauf, dass der unangemessene Nachteil gerade in der Person des Vertragspartners des Verwenders eintritt. Dies muss der Vertragspartner im Individualprozess nachweisen und trägt dafür die volle Beweis- und Begründungslast. Der Nachweis, dass der Nachteil den Vertragspartner des Verwenders trifft, ist aber dann geführt, wenn die gesetzliche Regelung, von der abgewichen wird, zumindest auch die Interessen des Vertragspartners mit berücksichtigen will (Abs. 2 Nr. 1) oder wenn die Rechte und Pflichten (Abs. 2 Nr. 2) den Interessen des Vertragspartners dienen. **101**

Soweit Abs. 2 nicht eingreift, trägt nach Abs. 1 der Vertragspartner des Verwenders die Beweis- und Begründungslast dafür, dass die Regelung unangemessen ist. Der Verwender muss aber die berechtigten Interessen, die die nachteiligen Regelungen rechtfertigen sollen, darlegen und beweisen. Es kann jedoch nicht von einer Wirksamkeitsvermutung für AGB ausgegangen werden, die Vorrang vor Abs. 2 haben soll.[4] Vielmehr hat Abs. 2 als die dem Interesse des Vertragspartners dienende Spezialregelung Vorrang vor Abs. 1 (s. im Einzelnen Rz 97 ff.). **102**

c) Widerlegung der Vermutung. Die Vermutung des Abs. 2 tritt nur im Zweifel ein, d. h. sie ist widerlegbar. Die Widerlegung obliegt demjenigen, der sich auf die Wirksamkeit der AGB beruft, also dem Verwender oder Empfehler nach § 1 UKlaG. Eine Widerlegung kommt insbesondere in Betracht, wenn ein angemessener Ausgleich mit anderen Mitteln dargelegt wird (Rz 126, 215 ff.), eine unwesentliche Benachteiligung vorliegt (Rz 128) oder ein überwiegendes Interesse des Verwenders gegeben ist (Rz 129). Dies gilt auch, wenn sich aus der allgemeinen Interessenabwägung nach Abs. 1 (Rz 174 ff., 181) eine Unangemessenheit nicht ergibt oder wenn die Berufung auf Abs. 2 einen institutionellen Rechtsmissbrauch darstellt (Rz 180). Die Üblichkeit einer Klausel ist dagegen nicht geeignet, die Unangemessenheit zu widerlegen.[5] Will der Vertragspartner die Klausel als wirksam gegen sich gelten lassen, so muss er nicht die Vermutung des Abs. 2 widerlegen. Es genügt, dass er der Klausel nachträglich aus freien Stücken in Kenntnis ihrer Bedeutung zustimmt.[6] **103**

---

[1] S. auch BGH NJW 1988, 258, 259; 1991, 2414; BGH v. 13.7.2004 KZR 10/03 Rz 12 = GRUR 2005, 62; ferner unten Rz 103.

[2] S. auch *Ulmer/Fuchs* Rz 196.

[3] A. A. *Soergel/Stein* Rz 31; *Ulmer/Fuchs* Rz 194.

[4] So aber *Schapp* DB 1978, 623.

[5] S. auch BGHZ 106, 259, 267 = NJW 1989, 582; BGH NJW 1991, 2414, 2416.

[6] Vgl. den in § 38 III Nr. 1 ZPO zum Ausdruck kommenden Rechtsgedanken.

III. Unvereinbarkeit mit wesentlichen Grundgedanken der gesetzlichen Regelung (Abs. 2 Nr. 1)

1. Ordnungs- und Leitbildfunktion des Gesetzes

104 Abs. 2 Nr. 1 benutzt in Anlehnung an die frühere Rechtsprechung[1] die Richtlinien- und Leitbildfunktion der gesetzlichen Regelung als Mittel zur Konkretisierung des Maßstabs der Inhaltskontrolle. Die Inhaltskontrolle nach Abs. 2 Nr. 1 setzt deshalb die Feststellung der gesetzlichen Rechtslage voraus, um auf dieser Grundlage festzustellen, ob die Abweichung der AGB vom Gesetz eine **Missachtung der wesentlichen Grundlagen des Gesetzes** darstellt.[2] Durch die Beschränkung auf wesentliche Grundgedanken bleibt, soweit wesentliche Grundgedanken nicht vorliegen, ein sinnvoller Gestaltungsspielraum gesichert. Der Maßstab des Abs. 2 Nr. 1 ist auch Bestandteil von Art. 3 RL.[3] Der Umstand, dass ein Vertragstyp neu geschaffen ist und keinem gesetzlichen Leitbild entspricht, steht einer Inhaltskontrolle nicht entgegen.[4] Es ist dann, soweit es sich nicht um anerkannte Konkretisierungen von Generalklauseln wie § 242 oder um Richterrecht und Gewohnheitsrecht handelt (s. Rz 108), Abs. 2 Nr. 2 anzuwenden. Die sachlich-inhaltliche Beziehung von Abs. 2 als Vermutung für Tatbestandsmerkmale von Abs. 1 bewirkt jedoch, dass die Auslegung von Abs. 2 sich in dem von Abs. 1 vorgegebenen Rahmen halten muss.

2. Gesetzliche Regelung gemäß Abs. 2 Nr. 1

105 **a) Gesetze im materiellen Sinn.** Das Merkmal der gesetzlichen Regelung ist identisch mit dem Begriff der Rechtsvorschriften in Abs. 3 S. 1.[5] Es erfasst nicht nur Gesetze im formellen Sinn, sondern auch **Gesetze im materiellen Sinn,** d. h. jede generell abstrakte Regelung, also auch Vorschriften in Rechtsverordnungen und Satzungen.

106 Zur gesetzlichen Regelung gehören nicht nur Vorschriften des nationalen Rechts, sondern auch das **EG-Recht,** das als höherrangiges Recht[6], soweit es unmittelbare Wirkung entfaltet, auch von den nationalen Gerichten zu beachten ist. Dazu gehören aufgrund ihrer unmittelbaren Wirkung[7] insbesondere auch die Grundfreiheiten in Gestalt der Warenverkehrsfreiheit (Art. 25, 28, 29, 32 EGV), des freien Personenverkehrs (Art. 39, 61 lit.a EGV), der Niederlassungsfreiheit (Art. 43 EGV), der Dienstleistungsfreiheit (Art. 49 EGV) und der Kapitalverkehrsfreiheit (Art. 56 EGV), ebenso Art. 81ff. EGV (s. Rz 50ff.). Auch EG-Verordnungen[8] und EG-Richtlinien sind zu beachten.[9] Darüber hinaus ist EG-Recht aber auch insofern von Bedeutung, als es die Bestimmung der wesentlichen Grundgedanken des nationalen Rechts beeinflussen kann. Das nationale Recht muss auch bei Bestimmung der wesentlichen Grundgedanken gemeinschaftsfreundlich ausgelegt werden. Vor allem können die EG-Richtlinien bei der richtlinienkonformen Aus-

---

[1] S. z. B. BGHZ 41, 151; BGH NJW 1973, 1193; zuerst *L. Raiser* AGB S. 295.

[2] Bei *v. Hoyningen-Huene,* aaO, Rz 134 treffend Rechtslagenvergleich genannt.

[3] S. dort Rz 6.

[4] BGHZ 104, 82, 90 = NJW 1988, 1726 zur Herstellergarantie; BGH NJW 1991, 1886 zum Kreditkartenvertrag.

[5] Vgl. Rz 281ff.

[6] S. z. B. EuGHE 1991, 2271.

[7] S. etwa EuGH NJW 1985, 1275; EuGH NJW 1987, 572.

[8] Art. 249 II EGV.

[9] S. Rz 233f.; Art. 1 RL Rz 13.

legung des nationalen Rechts und der Bestimmung seiner wesentlichen Grundgedanken Bedeutung erlangen. Dabei sind insbesondere die in Richtlinien zum Ausdruck gekommenen Wertungen zu beachten, auch wenn sie entgegen den Vorgaben der Richtlinie noch nicht in nationales Recht umgesetzt sind. Dies gilt insbesondere für die Antidiskriminierungsrichtlinien mit dem Verbot der Diskriminierung wegen der Religion oder Weltanschauung, wegen einer Behinderung, wegen des Alters oder der sexuellen Ausrichtung in Beschäftigung und Beruf[1] sowie mit dem Diskriminierungsverbot wegen Rasse und ethnischer Herkunft beim Zugang und der Versorgung mit Gütern und Dienstleistungen, die der Öffentlichkeit zur Verfügung stehen, einschließlich von Wohnraum.[2]

Auch die Vorschriften des **UN-Kaufrechts** sind aufgrund ihrer Übernahme durch die Bundesrepublik zu beachten. Sofern ein internationaler Kaufvertrag unter den Anwendungsbereich des UN-Kaufrechts fällt, sind die Grundgedanken der gesetzlichen Regelung im Sinne von § 307 II Nr. 1 aus dem UN-Kaufrecht und nicht aus dem BGB oder HGB zu entnehmen.[3] 107

b) Ungeschriebenes Recht. Gesetzliche Regelung ist neben dem geschriebenen Recht aber auch das ungeschriebene Recht,[4] insbesondere die auf Gewohnheitsrecht oder Richterrecht[5] beruhenden Regelungen. Zur gesetzlichen Regelung gehören deshalb alle Rechtssätze, die von Rspr. und Rechtslehre durch Auslegung, Analogie[6] oder Rechtsfortbildung aus einzelnen gesetzlichen Bestimmungen, aus einem gesetzlichen Normenkomplex oder aus allgemeinen Grundgedanken eines Rechtsgebiets[7] oder aus der Natur eines Schuldverhältnisses[8] erarbeitet und anerkannt sind.[9] 108

c) Vorschriften aus allen Rechtsgebieten. Es kommen nicht nur zivilrechtliche Vorschriften in Betracht, sondern Vorschriften aus allen Rechtsbereichen, z. B. auch Vorschriften aus dem VVG,[10] auch Vorschriften aus dem öffentlichen Recht, z.B. aus der VerpackungsVO.[11] Gemäß dem Schutzzweck der AGB müssen es aber grundsätzlich Vorschriften sein, die zumindest auch die Interessen des anderen Vertragsteils zu schützen bestimmt sind. Es können theoretisch alle Normen wesentliche Grundgedanken im Sinne von § 307 II Nr. 1 enthalten. Normen ohne wesentliche Grundgedanken setzt § 307 II Nr. 1 nicht voraus.[12] Vorschriften des Sozialrechts bilden jedoch wegen ihrer andersartigen Zielsetzung keinen tauglichen Maßstab für die Beurteilung von AGB einer privaten Versicherung.[13] 109

---

[1] Richtlinie 2000/78/EG vom 27. 11. 2000, ABl. EG Nr. L 303 vom 2. 12. 2000.

[2] Richtlinie 2000/43/EG vom 29. 6. 2000, ABl. EG Nr. L 180 vom 19. 7. 2000; dazu *Dammann,* Die Grenzen zulässiger Diskriminierung im Allgemeinen Zivilrecht, 2005, S. 196 ff.

[3] *Frense,* Grenzen der formularmäßigen Freizeichnung im Einheitlichen Kaufrecht, 1992, S. 47; *Schlechtriem/Schwenzer/Ferrari,* CISG. Art. 4 Rz 20; *Ulmer/H. Schmidt* Anh. § 305 Rz 10; a. A. offenbar *Soergel/Lüritz/Henge* CISG, Art. 4 Rz 6.

[4] BT-Drs. 7/3919, S. 23.

[5] A. A. *v. Hoyningen-Huene,* aaO, Rz 249.

[6] BGH NJW 1984, 1184, 1186; BGH v. 5. 7. 2005 X ZR 60/04 = NJW 2005, 2919.

[7] BGHZ 89, 206, 211; BGHZ 96, 103, 109 = NJW 1986, 179, 180; BGH NJW 1991, 1886, 1887 und 2414; BGH NJW-RR 1993, 1049; BGHZ 114, 238, 240; 115, 38, 42; BGH NJW 1997, 1700.

[8] BGH NJW 1985, 2585, 2586; BGH NJW 1993, 721 = LM H.6/1993 § 339 BGB Nr. 35/36 m. Anm. *Köhler.*

[9] BGH NJW 1983, 1671, 1672; BGH ZIP 1987, 640, 642; kritisch *Ulmer/Fuchs* § 307 Rz 212; a. A. *Staudinger/Coester* Rz 235 ff.

[10] BGH NJW-RR 1993, 1049.

[11] S. *Drygala* NJW 1993, 359, 362.

[12] So aber *Canaris* NJW 1987, 609, 615.

[13] BGH v. 11. 5. 2005 IV ZR 25/04 = NJW-RR 2005, 1189.

110 **d) Dispositives Recht.** Grundgedanken der gesetzlichen Regelung können in erster Linie aus dispositiven Vorschriften entnommen werden. Dazu gehören alle dispositiven Vorschriften, das sind zu weiten Teilen die Vorschriften des Schuldrechts, aber z. B. auch § 61 VVG,[1] ebenso auch Vorschriften, die lediglich im Zweifel gelten, wie §§ 270 I, 271 II, 315, 449 I , aber auch §§ 31 V, 88 II UrhG[2] und andere **Auslegungsvorschriften,** da in ihnen die vom Gesetz in typischen Fällen für sachgerecht gehaltene Regelung zum Ausdruck kommt, die zugleich den Prüfungsmaßstab für die sachgerechte Regelung der AGB bildet. Diese Auslegungsvorschriften kommen nicht erst zum Zuge, wenn eine AGB-Regelung fehlt. Sie sind vielmehr gleichzeitig Maßstab für eine angemessene Regelung.

111 **e) Zwingendes Recht.** Auch zwingende oder halbzwingende[3] Vorschriften können wesentliche Grundgedanken enthalten, die auf die Auslegung des AGB-Rechts Einfluss haben.[4] Dazu gehören z. B. § 20 I und II GWB (s. Rz 59), § 557a II, III[5], § 613a IV S. 1 BGB[6], aber grundsätzlich auch die Vorschriften des AGB-Rechts selbst.[7] Zu den Auswirkungen von §§ 308, 309 auf § 307 s. oben Rz 49. Ein Verstoß gegen zwingende oder halbzwingende Vorschriften führt zwar bereits nach § 134 BGB oder aufgrund spezialgesetzlicher Anordnung (z. B. §§ 557 a IV, 564 b VI, 651 k BGB) zur Nichtigkeit. Daneben bleibt aber eine Kontrolle nach § 307 möglich (s. Rz 12 ff.).

112 **f) Allgemeine Rechtsgrundsätze.** Zur gesetzlichen Regelung gehören auch allgemeine **Grundsätze eines Rechtsgebiets,** wie z. B. der Gedanke der Vorteilsausgleichung im Schadensersatzrecht[8] oder die Beachtung eines Fortsetzungszusammenhangs bei einer Vertragsstrafe.[9] Zur gesetzlichen Regelung gehören auch die **Grundgedanken der gesamten Rechtsordnung,**[10] gleichgültig ob diese bereits bekannt sind oder erst bei Kontrolle einer Klausel bewusst werden.[11]

113 **g) Vertragstypische Eigenarten.** Zur gesetzlichen Regelung im Sinne von § 307 II Nr. 1 gehören ferner die vertragstypischen Eigenarten eines Rechtsgeschäfts, die aus der gesetzlichen Regelung insgesamt oder aus §§ 157, 242 abzuleiten sind,[12] wie etwa der Grundsatz des Kaufrechts, dass der Käufer über Art und Menge der zu liefernden Waren zu bestimmen hat,[13] ferner die spezifischen Grundgedanken im Verkehr anerkannter Vertragstypen, auch wenn sie gesetzlich nicht geregelt sind.[14] Bei Dauerschuldverhältnissen mit stark persönlichem Einschlag, wie z. B. einem Internatsschulvertrag, gehört dazu ein Recht zur ordentlichen Kündigung innerhalb einer Probezeit.[15] Vertragsspezifische Regelungen, die ohne gesetzliche Konkretisierung allein aus dem Vertragszweck hergeleitet werden, fallen dagegen nicht unter

---

1 BGH NJW-RR 1993, 1049.

2 A. A. BGH LM § 9 (C b) AGBG Nr. 5.

3 S. dazu im Einzelnen *Larenz/Wolf,* Allg. Teil, § 3 Rn. 104 ff.

4 S. BGHZ 87, 17; BGH NJW 1983, 1322; *Erman-Roloff* Rz 24; a. A. *Becker,* aaO, S. 103; *Ulmer/Fuchs* § 307 Rz 208; auch *v. Hoyningen-Huene,* aaO, Rz 256.

5 BGH v. 25 1. 2006 VIII ZR 3/05 = NJW 2006, 1059.

6 BGH v. 23. 3. 2006 III ZR 102/05 = NJW 2006, 1492 m. Anm. *Dammann* LMK 2006, 182333.

7 A. A. *Ulmer/Fuchs* Rz 210.

8 BGHZ 54, 109.

9 BGH NJW 1993, 721 = LM H.6/1993 § 339 BGB Nr. 35/36 m. Anm. *Köhler.*

10 BGH NJW 1982, 644, 645; a. A. *Becker,* aaO, S. 88, der allgemeine Rechtsprinzipien nur über Abs. 2 Nr. 2 berücksichtigt wissen will.

11 *Schmidt-Salzer* F. 41.

12 S. BGH ZIP 1987, 640, 642; *Becker,* aaO, S. 204 ff.

13 BGH NJW 1982, 644.

14 S. *Schapp* DB 1978, 621; *Weick* NJW 1978, 11; a. A. *Becker,* aaO, S. 92 ff.; für Anwendung von II Nr. 2 *Ulmer/Fuchs* Rz 220.

15 S. BGH NJW 1985, 2585, 2586.

Nr. 1, sondern unter Nr. 2. Auch die faktische Abwicklung von Verträgen in typischen Situationen gehört nicht zum Inhalt der gesetzlichen Regelung.[1]

3. Wesentliche Grundgedanken

a) Kernbereich einer Vorschrift und allgemeine Rechtsgedanken. Die wesentlichen Grundgedanken der gesetzlichen Regelung werden durch den **Zweck der Regelung und die in ihr getroffenen Wertentscheidungen** bestimmt, die bestimmte Interessen in einem Kernbereich schützen wollen. Die wesentlichen Grundgedanken haben Bedeutung, aber nicht nur insofern als sie den Kernbereich einer Vorschrift für maßgeblich erklären. Sie sind auch bedeutsam als allgemeine Rechtsgedanken über den unmittelbaren Anwendungsbereich einer Vorschrift hinaus. Die wesentlichen Grundgedanken brauchen nicht in Einzelvorschriften formuliert zu sein. Es genügt, wenn sie in allgemeinen Rechtsgedanken und Grundsätzen ihren Ausdruck finden.[2] Dazu gehört etwa der Grundsatz des Schutzes der Privatsphäre (s. auch Rz 123).[3] 114

b) Interessen des Vertragspartners als Grundlage. Da Abs. 2 Nr. 1 im Lichte von Abs. 1 auszulegen ist (s. Rz 104) und Abs. 1 nur den Schutz des Vertragspartners, aber weder den Schutz des Verwenders noch Dritter (zu Ausnahmen s. Rz 166 ff.) oder der Allgemeinheit im Auge hat, sind für Abs. 2 Nr. 1 nur solche Elemente der wesentlichen Grundgedanken von Bedeutung, die die **geschützten Interessen des Vertragspartners und deren Bewertung** im Verhältnis zu anderen Interessen betreffen. Interessen des Verwenders oder Dritter oder allgemeine Ordnungsvorstellungen des geltenden Rechts, die nicht zumindest auch Interessen des Vertragspartners schützen, sind dagegen nicht durch Abs. 2 Nr. 1 geschützt;[4] sie können aber die Interessen des Vertragspartners verdrängen (s. Rz 131) oder als zwingende Vorschriften oder nach § 138 BGB die Vertragsfreiheit begrenzen. Für Abs. 2 Nr. 1 bedeutsame wesentliche Grundgedanken können sich aus jeder Vorschrift und jedem allgemeinen Rechtsgedanken ergeben, die nach ihrem Zweck unmittelbar Interessen des Vertragspartners schützen. Solche wesentlichen Grundgedanken können auch in Vorschriften enthalten sein, die lediglich im Zweifel gelten, wenn darin Interessen des Vertragspartners für beachtlich und schützenswert gehalten werden 115

c) Alle Interessen des Vertragspartners. Da Abs. 1 jede mit Treu und Glauben nicht vereinbare unangemessene Benachteiligung (s. Rz 75) verhindern will, muss jedes gesetzlich geschützte Interesse des Vertragspartners berücksichtigt werden. Die Interessen können jedoch **von unterschiedlichem Wert** sein und ein unterschiedliches Schutzbedürfnis aufweisen. Sie werden deshalb von dem Zweck und der Wertentscheidung der gesetzlichen Regelung in unterschiedlicher Weise geschützt. 116

Die Gegenüberstellung von Vorschriften mit **Gerechtigkeitsgehalt** und Vorschriften mit bloßem **Zweckmäßigkeitsgehalt** wird dagegen von Abs. 2 Nr. 1 **nicht zu Grunde gelegt.**[5] Sie ist auch wenig brauchbar.[6] Selbstverständlich kann 117

---

[1] A. A. offenbar BGH NJW 1981, 117, 118.

[2] BGHZ 114, 238, 240; BGH NJW RR 1996, 1009 = LM H.10/1996 § 9 (Bc) AGBG Nr. 6 m. Anm. *Fastrich.*

[3] BGH NJW 1999, 1864; krit *Möllers* JZ 1999, 1122.

[4] A. A. offenbar *Ulmer/Fuchs* Rz 227.

[5] A. A. BGHZ 89, 206, 211 = NJW 1984, 1182; BGH NJW 1991, 2424; BGH NJW-RR 1996, 1009 = LM H.10/1996 § 9 (Bc) AGBG m. Anm. *Fastrich;* BGH v. 12. 5. 2004 VIII ZR 159/03 = NJW-RR 2004, 1206; *Schmidt-Salzer* F. 42.

[6] *Löwe* Rz 26; *Koch/Stübing* Rz 29.

dem geschützten Interesse ein mehr oder weniger großes Gewicht im Verhältnis zu anderen Interessen zukommen. Ob aber der Interessenschutz auf Zweckmäßigkeitsüberlegungen oder auf ordnungspolitischen Grundentscheidungen beruht, ist gleichgültig, abgesehen davon, dass solche Unterscheidungen vom Gesetz kaum getroffen werden. Zwar sind in einzelnen Vorschriften Werte unterschiedlicher Wertstärke enthalten, so dass der Gerechtigkeitsgehalt unterschiedliche Stärke aufweisen kann.[1] Dies führt aber nicht dazu, einzelne Grundgedanken der gesetzlichen Regelung von der Anwendung des Abs. 2 Nr. 1 auszunehmen. Vielmehr können solche Grundgedanken lediglich eher von anderen gleich- oder höherwertigen Interessen des Verwenders verdrängt werden. Der Anwendungsbereich von Abs. 2 Nr. 1 wird auch ungerechtfertigt eingeengt, wenn man zu den wesentlichen Grundgedanken nur solche Interessen zählt, die auf einer sozialpolitisch grundlegenden Entscheidung beruhen.[2] Damit wird dem Vertragspartner ungerechtfertigter Weise der Vorteil der Vermutungswirkung entzogen. Gleiches gilt, wenn man als wesentliche Grundgedanken nur die Teile des dispositiven Rechts anerkennen will, die angesichts des Massencharakters von Verträgen und der vom Gesetzgeber nicht bedachten wirtschaftlichen Bedürfnisse noch Geltung beanspruchen können.[3] Der andere Vertragspartner müßte dann nachweisen, welcher Grundbestand des dispositiven Rechts trotz Massenverkehrs und geänderter Bedürfnisse noch Bestand hat. Dies widerspricht aber der im Interesse des anderen Vertragspartners bezweckten Erleichterung seiner Beweis- und Begründungslast (s. Rz 3, 96).

118 **d) Unterschiedliche Schutzbedürfnisse.** Unterschiedlicher Interessenschutz kann insbesondere für die **Interessen von Unternehmern und Verbrauchern** bestehen. Werden nach dem Zweck einer gesetzlichen Regelung solche Interessen geschützt, die bei Unternehmern nicht oder weniger schutzbedürftig sind, so erstrecken sich die wesentlichen Grundgedanken der gesetzlichen Regelung nicht auf Unternehmer. Dies machen beispielhaft die dem Verbraucherschutz dienenden Vorschriften oder die Vorschriften der §§ 348 bis 350 HGB deutlich, die einzelne Schutzvorschriften des BGB auf Unternehmer wegen des fehlenden Schutzbedürfnisses nicht zur Anwendung bringen. Es ist deshalb auch im Rahmen von § 307 II Nr. 1 gemäß dem Zweck jeder einzelnen Vorschrift zu bestimmen, ob und in welchem Umfang unternehmerische Interessen zu schützen oder anders zu bewerten sind. Dies gilt auch für die in §§ 308 und 309 enthaltenen Klauselverbote, die einzelne wesentliche Grundgedanken der gesetzlichen Regelung konkretisieren, soweit es Verbraucher betrifft. Ob und in welchem Umfang diese Klauselverbote auf Unternehmer anzuwenden sind, kann nur nach dem Zweck der einzelnen Klauselverbote entschieden werden. Eine allgemeine Indizwirkung, wonach die Klauselverbote auf Unternehmer anzuwenden sind, falls nicht besondere Gründe entgegenstehen, besteht nicht.[4]

119 **e) Bewahrung der grundsätzlichen Wertung.** Der wesentliche Grundgedanke bezieht sich nicht auf die konkrete Ausgestaltung des Interessenschutzes, sondern auf die generelle Bewertung und Gewichtung der Interessen. Eine **andere Ausgestaltung ist zulässig,** solange das gesetzlich zu Grunde gelegte Wertverhältnis beachtet wird. Eine vom Gesetz abweichende Regelung ist deshalb nicht nach § 307 II Nr. 1 unwirksam, wenn sie den gesetzlich gewollten Interessenschutz des anderen Vertragsteils auf andere Weise erreicht (Rz 126, 215 ff.).

---

1 S. auch *Teichmann* JZ 1987, 751, 752.
2 *Schmidt-Salzer* F. 43.
3 So *Schapp* DB 1978, 624.
4 S. Rz 185 und § 310 Rz 22 f.

f) Einzelne anerkannte Grundgedanken. Als wesentliche Grundgedanken der gesetzlichen Regelung sind von der Rspr. anerkannt: im **Allgemeinen Teil des BGB** das Interesse, durch Zugang (§ 130 BGB) der Annahmeerklärung vom Zustandekommen des Vertrags informiert zu werden;[1] das Recht, sich bei einem stark belastenden Preis- oder Kalkulationsirrtum vom Vertrag zu lösen oder diesen anpassen zu können, sofern es sich nicht nur um einen reinen Motivirrtum handelt.[2] Auch Verjährungsvorschriften und die Verwirkung enthalten einen Gerechtigkeitsgehalt.[3] Dieser besteht darin, den Rechtsfrieden und die Sicherheit des Rechtsverkehrs zu wahren,[4] insbesondere aber auch Beweisnachteile und -schwierigkeiten infolge Zeitablaufs zu vermeiden. Andererseits muss aber eine Mindestfrist gewahrt werden, um dem Berechtigten unter Berücksichtigung der typischen Umstände eine angemessene Zeitspanne für die Durchsetzung seiner Ansprüche zu belassen.[5] 120

Im Allgemeinen Schuldrecht ist ein wesentlicher Grundgedanke der Grundsatz, dass der Gläubiger Erfüllung nur verlangen kann, wenn er das Entstehen, die Begründetheit und die Fälligkeit seiner Forderung darlegt und beweist. Umgekehrt ist es ein wesentlicher Grundgedanke, dass der Gläubiger keine Leistung beanspruchen kann, wenn der Schuldner berechtigte Einwände darlegt und beweist.[6] Wesentlicher Grundgedanke ist ferner, dass (vertragliche) Schadensersatzansprüche Verschulden voraussetzen,[7] wobei Ausnahmen aber möglich sind;[8] ferner das aus § 314 BGB abgeleitete Recht zur Kündigung aus wichtigem Grund;[9] der aus § 326 I zu entnehmende Grundsatz, dass auf das Verhältnis von Leistung und Gegenleistung angemessen Rücksicht zu nehmen ist,[10] insbesondere, dass zwischen einem tatsächlichen Aufwand und seiner Berechnung ein inhaltlicher Zusammenhang erkennbar sein muss.[11] Allgemein ist das Äquivalenzprinzip als wesentlicher Grundgedanke anzusehen.[12] Zu den wesentlichen Grundgedanken des dispositiven Rechts gehört, dass jeder Rechtsunterworfene seine gesetzlichen Verpflichtungen zu erfüllen hat, ohne dafür ein gesondertes Entgelt verlangen zu können.[13] Wesentlicher Grundgedanke ist auch die Nachfristsetzung in § 323 I.[14] Wesentlich ist ebenso der in §§ 340 II, 341 II enthaltene Grundsatz, dass die Vertragsstrafe auf den Schadensersatz anzurechnen ist; keinen wesentlichen Grundgedanken hat die Rspr. bei § 341 III angenommen, soweit es den Zeitpunkt des Vorbehalts betrifft.[15] Die Geltendmachung einer Vertragsstrafe kann deshalb zwar bei einem späteren Vorbehalt zugelassen werden.[16] Das Erfordernis des Vorbehalts kann aber nicht völlig 121

---

1 S. Anh. § 310 Rz 286.

2 BGH NJW 1983, 1671, 1672.

3 S. auch BGH NJW 1988, 55, 56.

4 BGH NJW 1986, 1608, 1609 zu § 558 BGB; s. auch *Larenz/Wolf* § 17 Rz 3 ff.

5 S. auch BGH NJW 1986, 1171, 1172 zu § 68 StBerG.

6 BGH v. 5. 7. 2005 X ZR 60/04 = NJW 2005, 2919.

7 BGHZ 114, 238, 240; 119, 152, 168; 135, 116, 121; 150, 269, 276; BGH NJW 1991, 1886, 1887 und 2414; BGH NJW 1992, 3158, 3161; BGH v. 5. 10. 2005 VIII ZR 16/05 Rz 30 = NJW 2006, 47; dazu auch Anh. § 310 Rz H 4.

8 S. BGH NJW 1993, 657.

9 S. OLG Karlsruhe BB 1983, 725, 728.

10 BGH NJW 1982, 181; 1984, 2162, 2163; 1986, 179, 180, jeweils zu § 323 a.F.

11 S. BGH NJW 1985, 3013, 3015.

12 BGH NJW-RR 1997, 304; *Bamberger/Roth/H. Schmidt* Rz 22; s. dazu noch Rz 182 und 308.

13 BGH v. 30. 11. 2004 XI ZR 49/04 = NJW-RR 2005, 1135; BGH NJW 2005, 1275 m. Anm. *Hennrichs/Kasberg* LMK 2005, 72.

14 OLG Karlsruhe NJW 1982, 2829 zu § 326 I a.F.

15 S. OLG Karlsruhe BB 1980, 600.

16 BGHZ 72, 222, 227; BGH BB 1981, 874.

ausgeschlossen werden.[1] Wesentlich ist auch der Grundsatz des § 362 I, dass Schuldtilgung die Leistungserbringung voraussetzt.[2]

122 Im **Besonderen Schuldrecht** ist wesentlicher Grundgedanke im **Kaufrecht** der Grundsatz, dass der Käufer Art und Menge der zu liefernden Waren zu bestimmen hat.[3] Auch die Verjährungsfrist des § 438 Abs. 1 Nr. 3 von zwei Jahren enthält einen wesentlichen Grundgedanken, der die Befreiung des Verkäufers von Gewährleistungsansprüchen in überschaubarer Zeit zum Inhalt hat und der Verlängerung um ein Mehrfaches entgegensteht.[4] Zu den wesentlichen Grundgedanken der §§ 478, 479 gehört, dass der Letztverkäufer die Folgen des verbesserten Verbraucherschutzes allein zu tragen hat.[5] Wesentlicher Grundgedanke des § 543 II im **Miet- und Pachtrecht** ist, den Mieter oder Pächter vor fristloser Vertragsbeendigung bei geringfügigem oder kurzfristigem Zahlungsrückstand zu schützen.[6] Die nach § 535 BGB bestehende Pflicht des Vermieters, die Mietsache in einem vertragsmäßigen Zustand zu erhalten, kann zwar auf den Mieter überwälzt werden. Jedoch dürfen dem Mieter nicht größere Lasten auferlegt werden als dem Vermieter.[7] Die Pflicht des Vermieters zum Konkurrenzschutz bei Vermietung von gewerblichen Räumen stellt keinen wesentlichen Grundgedanken dar.[8] Im Recht des **Dienstvertrags** gehört das Kündigungsrecht nach § 627 zu den wesentlichen Grundgedanken.[9] Beim **Werkvertrag** ist wesentlicher Grundgedanke des § 649 S. 2, dass der Unternehmer durch das freie Kündigungsrecht des Bestellers nach § 649 S. 1 keine Nachteile erleidet, sondern im Wesentlichen so gestellt wird, wie er bei ordnungsgemäßer Vertragsdurchführung stehen würde.[10] Umgekehrt ist aber auch eine Bereicherung des Unternehmers von § 649 S. 2 nicht gewollt.[11] Wesentlicher Grundgedanke der gesetzlichen Regelung des **Maklervertrags** ist die Erfolgsabhängigkeit der Provision.[12] Zu den wesentlichen Grundgedanken der gesetzlichen Regelung gehören auch die **gesetzlichen Ansprüche** aus §§ 677 ff., §§ 812 ff. BGB.[13]

123 Das **Bundesdatenschutzgesetz** enthält den Datenschutz als wesentlichen Grundgedanken, der einer formularmäßigen Einwilligung in die Weitergabe von Daten grundsätzlich entgegensteht.[14] Wesentlicher Gedanke des **Urhebervertragsrechts** ist es, dass der Urheber in angemessener Weise an den Früchten seines Werkes zu beteiligen ist.[15] Zu Unrecht hat der BGH[16] es aber abgelehnt, aus § 88 II UrhG einen wesentlichen Grundgedanken zu entnehmen. Der wesentliche Grundgedanke dieser Vorschrift liegt auf jeden Fall darin, dass die zeitlich unbegrenzte Einräumung von Verwertungsrechten nicht sachgerecht ist.[17]

---

[1] BGH NJW 1983, 385; s. auch § 309 Rz 65.
[2] BGH NJW 1988, 55, 56.
[3] BGH NJW 1982, 644, 645; s. auch Rz 113.
[4] BGH v. 5. 10. 2005 VIII ZR 16/05 Rz 37 = NJW 2006, 47 (Verlängerung um das Fünffache).
[5] BGH v. 5. 10. 2005 VIII ZR 16/05 Rz 41 = NJW 2006, 47.
[6] BGH ZIP 1987, 916, 917 zu § 554 a.F.
[7] BGH v. 23. 6. 2004 VIII ZR 361/03 = NJW 2004, 2586 m. Anm. *Blank* LMK 2004, 177.
[8] OLG Hamburg NJW-RR 1987, 403.
[9] BGH v. 9. 6. 2005 III ZR 436/04 = NZBau 2005, 509.
[10] BGHZ 92, 244, 249 = BGH NJW 1985, 631; s. auch § 308 Nr. 7 Rz 35 a.
[11] BGHZ 92, 244, 249; BGH NJW 1985, 633.
[12] BGH NJW 1985, 2477, 2478; Anh. § 310 Rz M 7.
[13] BGH NJW 1991, 1812, 1814.
[14] BGH NJW 1985, 46, 47; BGH NJW 1999, 1864.
[15] BGH LM Nr. 5 zu § 9 (C b) AGBG zu II 3.
[16] BGH LM Nr. 5 zu § 9 (C b) AGBG.
[17] S. auch Anh. § 310 Rz U 25.

Im Verfahrensrecht enthält die allgemeine Beweislastregel, dass jeder die Beweislast für Umstände in seinem Verantwortungsbereich trägt, einen grundlegenden Gerechtigkeitsgehalt, der auch im kaufmännischen Verkehr gilt.[1] Beim **Versicherungsvertrag** enthält die Abhängigkeit der Leistungsfreiheit des Versicherers nach § 6 VVG von einem Verschulden des Versicherungsnehmers[2] einen wesentlichen Grundgedanken,[3] ebenso die Rspr. zu § 61 VVG, dass neben dem Handeln des Versicherungsnehmers selbst nur das Handeln und Wissen seiner Repräsentanten zugerechnet wird,[4] ferner die Möglichkeit des Erwerbers zur Kündigung nach §§ 69, 70 VVG sowie die beiderseitige Möglichkeit zur Kündigung eines Versicherungsvertrags nach Eintritt eines Versicherungsfalls gemäß § 96 VVG[5] oder die Tragung der Schadensermittlungskosten nach § 66 I und II VVG[6]. 124

4. Nicht zu vereinbarende Abweichung

a) Abweichung im Kernbereich. Eine mit den wesentlichen Grundgedanken nicht zu vereinbarende Abweichung liegt vor, wenn die gesetzliche Bewertung und Gewichtung der geschützten Interessen (Rz 115) nicht nur in Randbereichen, sondern **im Kernbereich eindeutig erkennbar missachtet** wird. Zum Teil stellt der BGH auch darauf ab, ob sich eine Klausel weit von der gesetzlichen Regelung entfernt.[7] Dies verlangt kein besonderes und selbstständiges Unwerturteil.[8] Die Unvereinbarkeit ist vielmehr beim Abweichen vom gesetzlichen Grundgedanken ohne weiteres gegeben, falls nicht besondere Gründe die Abweichung rechtfertigen, für die der Verwender die Beweis- und Begründungslast trägt (s. Rz 96, 100). Eine Abweichung von gesetzlichen Grundgedanken kann nicht nur gegeben sein, wenn an Stelle des Gesetzes eine neue, im Gesetz nicht vorgesehene Lösung tritt, sondern auch, wenn gesetzliche Vorschriften, die für einen bestimmten Interessenkonflikt, insbesondere für einen bestimmten Vertragstyp passen, auf einen andersartigen Vertragstyp oder Interessenkonflikt übertragen werden. Unwirksam ist deshalb eine Klausel, durch die vorgesehen wird, dass ein Werkvertrag als Kaufvertrag anzuerkennen sei,[9] ebenso eine Klausel, durch die ein Maklervertrag dem Recht des Dienst- oder Werkvertrags unterstellt wird.[10] 125

b) Zulässige Abweichungen. Trotz Abweichung vom Gesetz liegt kein Widerspruch zu den wesentlichen Grundgedanken der gesetzlichen Regelung vor, wenn der gesetzlich bezweckte **Interessenschutz mit anderen Mitteln erreicht** wird, ohne die Interessengewichtung zu verändern. Die Üblichkeit einer Klausel im Geschäftsverkehr führt aber nicht zu einer Vereinbarkeit mit den wesentlichen Grundgedanken der gesetzlichen Regelung;[11] ein Handelsbrauch ist jedoch zwischen Unternehmern nach § 310 I S. 2 zu berücksichtigen, muss aber mit Treu und Glauben vereinbar sein.[12] 126

---

[1] BGH v. 5. 10. 2005 VIII ZR 16/05 Rz 21, 22 = NJW 2006, 47.
[2] BGH NJW 1993, 590.
[3] BGH NJW 1990, 2686.
[4] BGH NJW-RR 1993, 1049.
[5] S. AG Siegburg NJW-RR 1987, 612.
[6] BGH NJW 1982, 1391.
[7] S. etwa BGH v. 5. 10. 2005 VIII ZR 16/05 Rz 9, 27, 37 = NJW 2006, 47; zuvor BGHZ 110, 88, 92 für Verjährungsfristen.
[8] A. A. *Schapp* DB 1978, 625.
[9] BGH NJW 1979, 2207, 2209.
[10] S. Anh. § 310 Rz M 19.
[11] S. auch BGH NJW 1982, 644, 645.
[12] *Baumbach/Hopt* § 346 Rz 11.

127 **aa)** Die Abweichung kann durch **Kompensation** mit anderen Vorteilen ausgeglichen werden.[1] Die Vorteile müssen jedoch unter Berücksichtigung des Grundgedankens der gesetzlichen Regelung zumindest gleichwertig sein.[2] Dabei ist nicht eine einzelne Klausel isoliert der gesetzlichen Regelung gegenüberzustellen. Vielmehr ist ein jeweils erkennbar **zusammengehörender, zweckkongruenter Regelungskomplex** zu berücksichtigen.[3] Der dadurch geschaffene Interessenausgleich ist an der gesetzlichen Interessenbewertung zu messen. Einen zusammengehörenden Regelungskomplex stellen nicht schon die in einheitlichen AGB zusammengefassten Klauseln dar, sondern regelmäßig nur solche Klauseln, die bei typischen Sachverhalten gemeinsam zur Anwendung kommen.[4] Zu weit geht es, wenn der BGH der Beurteilung nicht nur einen sachlich zusammengehörenden Regelungskomplex, sondern das gesamte Vertragsgefüge zu Grunde legen will,[5] weil dann auch die preisliche Äquivalenz zu berücksichtigen wäre, die aber grundsätzlich unbeachtlich bleibt (s. Rz 308). Ferner könnten dann AGB-Klauseln als kompensatorisch gelten, die selbst in typischen Fällen dem Kunden keinen Ausgleich bringen.

128 **bb)** Keinen Verstoß gegen die wesentlichen gesetzlichen Grundgedanken enthält eine Regelung, die das geschützte Interesse nur **unerheblich und geringfügig beeinträchtigt.** Dies ergibt sich aus dem in Abs. 1 vorausgesetzten Erfordernis der unangemessenen Benachteiligung (s. Rz 75 und 158 ff.), dessen Konkretisierung Abs. 2 Nr. 1 dienen will. Der Ausschluss geringfügiger Faktoren bei der Berechnung der Handelsvertreterprovision widerspricht deshalb nicht wesentlichen Grundgedanken des § 87b II HGB.[6]

129 **cc)** Vereinbar ist eine Abweichung auch, wenn sie durch ein überwiegendes oder zumindest gleichwertiges **Interesse des Verwenders** gerechtfertigt ist.[7] Als Interesse, das eine Abweichung vom dispositiven Recht rechtfertigen kann, kann das Rationalisierungsinteresse im Sinne einer gleichförmigen Vertragsabwicklung in Betracht kommen (Rz 161) oder andere besondere Bedürfnisse des Massenverkehrs. Zu beachten ist aber, dass das dispositive Recht aufgrund seiner allgemeinen Geltung selbst schon eine gleichmäßige Abwicklung von Verträgen ermöglicht und dass deshalb das Rationalisierungsinteresse für sich allein selten eine Abweichung vom dispositiven Recht erlauben wird. Insbesondere rechtfertigt das Rationalisierungsinteresse es nicht, dem Kunden undifferenziert und ohne Einschränkung das Haftungsrisiko für alle denkbaren Missbrauchsfälle aufzuerlegen.[8]

130 Die Interessen des Verwenders müssen gegenüber dem gesetzlich geschützten Interesse des Vertragspartners **höher- oder gleichwertig** sein. Dies ist nicht nur dann der Fall, wenn durch Änderung der Verhältnisse ein neues Interesse des Verwenders entsteht, das höher- oder gleichwertig ist als das gesetzlich geschützte Interesse des Vertragspartners. Durch Änderung der Verhältnisse kann vielmehr auch das Interesse der anderen Vertragspartei an Gewicht verlieren und dadurch unter den Wert der Verwenderinteressen sinken. Neben einer Änderung der Verhältnisse kann eine neue Interessenbewertung auch deshalb erforderlich werden, weil

---

1 S. auch BGH NJW 1991, 1886, 1888; 1991, 2414.
2 S. auch unten Rz 215 ff.; *Erman/Roloff* Rz 26.
3 BGH NJW 1982, 644; BGH NJW 1985, 1836; s. auch *Bunte* FS *Korbion*, 1986, S. 17, 21; *Erman/Roloff* Rz 11.
4 So auch *Flach* NJW 1984, 156, 157.
5 BGH NJW 1982, 644, 645.
6 BGH v. 12. 5. 2004 VIII ZR 159/03 = NJW-RR 2004, 1206.
7 S. auch BGH NJW 1991, 1886 und 2414.
8 BGH NJW 1991, 1886, 1888.

die dispositive Regelung für altbekannte Sachverhalte keine sachgerechte Lösung mehr zur Verfügung stellt. So können z. B. die Sachmängelvorschriften beim Kauf (§§ 434ff. BGB) nicht ohne Berücksichtigung der Besonderheiten auf den Kauf von Gebrauchtwaren, insbesondere Gebrauchtwagen, übertragen werden. Hier kann sich deshalb eine andere Bewertung der Interessen anbieten, als sie in den §§ 434ff. BGB vorgezeichnet ist.[1] Die besondere Interessenlage beim Verkauf gebrauchter Sachen berücksichtigt beim Verbrauchsgüterkauf etwa § 475 I S. 2.

dd) Das Verwenderinteresse kann auch **durch wichtige Gemeinschaftsbelange verstärkt** werden und dadurch die Interessen des Vertragspartners überwiegen (s. Rz 231 f.), so etwa wenn Regelungen zur **Sicherung grundrechtlicher Institutionen,** wie z. B. der Pressefreiheit (Art. 5 GG) erforderlich sind.[2] 131

IV. Vertragszweckgefährdende Einschränkung wesentlicher Rechte und Pflichten (Abs. 2 Nr. 2)

1. Überblick

Abs. 2 Nr. 2 nimmt Bezug auf die Rechtsprechung zu den Kardinalpflichten.[3] 132
Der Begriff der Kardinalpflichten kann zur vereinfachten Beschreibung der wesentlichen Pflichten benutzt werden.[4] Er ist jedoch unvollständig, weil er die wesentlichen Rechte, soweit sie nicht auf Pflichten beruhen, wie z. B. Gestaltungsrechte, nicht erfasst. Auch können und dürfen aus diesem Begriff keine Folgerungen abgeleitet werden, ohne die zu Grunde liegenden Wertungen deutlich zu machen. Eine vertragszweckgefährdende Einschränkung wesentlicher Rechte und Pflichten ist anzunehmen, wenn der **Kernbereich der vertragsspezifischen Interessen** der anderen Vertragspartei, der nach der Eigenart des Vertrags für einen redlich denkenden Beurteiler notwendig beachtet werden muss, **ohne angemessenen Ausgleich beeinträchtigt** wird. Zur Auslegung kann auch Art. 25 UN-Kaufrecht herangezogen werden, der für das Vorliegen einer wesentlichen Vertragsverletzung darauf abstellt, dass Nachteile entstehen, aufgrund derer einer Partei im Wesentlichen das entgeht, was sie nach dem Vertrag hätte erwarten dürfen. Damit ist zugleich der Schutz des Vertrauens auf die korrekte Vertragserfüllung angesprochen (s. auch Rz 138). Der Maßstab der vertragszweckgefährdenden Einschränkung von Rechten und Pflichten ist auch mit Art. 3 I RL vereinbar.[5]

Die praktische Bedeutung von Abs. 2 Nr. 2 zeigt sich in Fällen, in denen eine 133
dem Vertragszweck entsprechende gesetzliche Regelung fehlt. Jedoch können im Verkehr anerkannte vertragstypenspezifische Inhalte in Verbindung mit §§ 157, 242 BGB auch zu den gesetzlichen Grundgedanken zählen (s. auch Rz 113). Andererseits kann aus Abs. 2 Nr. 2 auch entnommen werden, dass die zentralen Vertragspflichten auch bei gesetzlich geregelten Vertragstypen nicht ausgehöhlt werden dürfen (Aushöhlungsverbot).[6] Eine andere Ansicht sieht im Fehlen einer gesetzlichen Regelung das entscheidende Abgrenzungskriterium gegenüber Abs. 2 Nr. 1 und möchte den Regelungsbereich des Abs. 2 Nr. 2 nicht über die Bestimmung von Kardinalpflichten festlegen.[7] Ein gesetzlicher Vorrang der Nr. 1 vor Nr. 2 besteht in

[1] S. aber Vorb. zu § 309 Nr. 8 Rz 3.
[2] Offengelassen in BGH NJW 1982, 644, 646.
[3] Z. B. BGHZ 49, 356; BGH NJW 1969, 1708.
[4] S. auch § 309 Nr. 7 Rz 96.
[5] S. dort Rz 6.
[6] *Staudinger/Coester,* Eckpfeiler Zivilrecht, 2005, S. 169.
[7] *Becker* S. 138ff.

keinem Fall.[1] Nr. 1 und Nr. 2 können nebeneinander zur Anwendung kommen. Aus der Funktion der Vermutung für Abs. 1 ergibt sich, dass auch Abs. 2 Nr. 2 im Lichte von Abs. 1 auszulegen ist.

2. Natur des Vertrags

134 **a) Vertragsspezifische Zwecke.** Als Kardinalrechte und -pflichten bezeichnet das Gesetz alle wesentlichen Rechte und Pflichten, die sich aus der Natur des Vertrages ergeben. Zur Natur des Vertrags gehört zunächst der allgemeine Sinn jeden Vertrags, der vor allem in der Bindung an das gegebene Versprechen liegt. Daraus lassen sich aber keine konkreten Rechte und Pflichten ableiten. Die Natur des Vertrags im Sinne von Abs. 2 Nr. 2 wird deshalb durch die **spezifischen Zwecke** bestimmt, die bestimmte Interessen berücksichtigen und schützen und dadurch dem Vertrag seine Eigenart verleihen, so z. B. einem Krankenversicherungsvertrag.[2]

135 **b) Individuelle und verkehrstypische Zwecke.** Da der Vertrag seine Grundlage in der Privatautonomie findet, ist in erster Linie auf die **Zwecke und Vorstellungen der Parteien** abzustellen, wie sie in der Individualabrede ihren Ausdruck finden.[3] Soweit Zweckvorstellungen aus den Individualvereinbarungen nicht zu entnehmen sind, ist auf die **verkehrstypischen Zwecke** abzustellen, die einen durchschnittlichen vernünftigen Betrachter beim Abschluss des Vertrages leiten und zum Vertragsabschluss veranlassen. Die Sicht des vernünftigen Betrachters unter Berücksichtigung der Verkehrssitte wird dabei in zweifacher Hinsicht bedeutsam: einmal, wenn es darum geht, unvernünftige Zwecke und Vorstellungen der Parteien auszuschließen, zum anderen dann, wenn konkrete Zwecke und Vorstellungen der Parteien nicht vorliegen und das von ihnen vernünftigerweise Gewollte zu ermitteln ist. Die Zwecke und Vorstellungen der Parteien können auf wirtschaftliche wie auf andere Interessen gerichtet sein.

136 **c) Leistungszweck und sonstige Interessen.** Zu den Zwecken und Vorstellungen der Parteien gehören zunächst die spezifischen Leistungszwecke, die mit der Hauptleistung verkehrstypisch oder aufgrund besonderer Vereinbarung verbunden sind (Rz 135). Darüber hinaus gehören zur Vertragsnatur alle sonstigen vertragsspezifischen Interessen. Die Natur des Vertrags wird deshalb wesentlich dadurch bestimmt, welche Interessen im Vertrag vernünftigerweise berücksichtigt und geschützt werden müssen.

137 Bei der Einbringung von Sachen in einen Vertrag gehört der Schutz dieser Sachen vor Schäden regelmäßig zur Natur des Vertrags. Beim Heizöllieferverttrag[4] hat der Käufer neben dem Interesse, die Ware als solche geliefert zu erhalten, auch das anerkennenswerte Interesse, dass der Einfüllvorgang ordnungsgemäß abgewickelt wird, da anderenfalls erhebliche Schäden drohen. Der Schutz dieses Interesses gehört deshalb zur Natur des Vertrags. Die Natur des Vertrags wird nicht nur durch den Gesamtcharakter, sondern auch durch einzelne seiner Teile bestimmt, sofern sie schützenswerte Interessen betreffen, wie z. B. die Verlängerungsoption bei einem Mietvertrag.[5]

---

[1] S. Rz 97 f.; *Becker* S. 191 ff.
[2] S. BGH NJW 1993, 2369.
[3] S. auch *Ulmer/Brandner*, 9. Aufl. Rz 143; a. A. *Ulmer/Fuchs* Rz 239.
[4] BGH NJW 1971, 1036.
[5] OLG Hamburg NJW-RR 1990, 1488.

3. Wesentliche Rechte und Pflichten

a) Grundlagen. Wesentliche Rechte und Pflichten, die sich aus der Natur des Vertrags ergeben, sind solche, die die Parteien selbst als wesentlich angesehen haben oder die zum Schutz der objektiv zur Vertragsnatur gehörenden Interessen erforderlich sind (s. Rz 135, 136). Neben der Erforderlichkeit ist auch die zumutbare Belastung der Parteien zu beachten. Das Kriterium der Zumutbarkeit hat der BGH außer Acht gelassen, wenn er als Kardinalpflichten alle Verpflichtungen ansieht, deren Beachtung überhaupt erst die Voraussetzung für die Vertragserfüllung schaffe.[1] Wesentlich sind deshalb nur solche Rechte und Pflichten, die **zum Schutz vertragsspezifischer Interessen erforderlich** sind, auf deren Einhaltung der Verwendungsgegner regelmäßig vertrauen darf[2] und die sich für den Verpflichteten **in den Grenzen zumutbarer Belastung** halten. 138

b) Ergänzende Vertragsauslegung als Anhaltspunkt. Da Abs. 2 Nr. 2 vor allem die nicht im dispositiven Recht geregelten Rechte und Pflichten erfassen will, kann zur Feststellung der wesentlichen Rechte und Pflichten auf die Grundsätze der ergänzenden Vertragsauslegung zurückgegriffen werden. Zu den wesentlichen Rechten und Pflichten gehört deshalb, was ein **redlich denkender, vernünftiger Betrachter** ohne weiteres als Rechtsfolge aus einzelnen Regelungen sowie aus dem Sinn und Grundgedanken des spezifischen Vertrags bei Berücksichtigung der Interessen der Beteiligten ableiten würde.[3] Wesentlich sind schon diejenigen Rechte und Pflichten, die sich aus dem Sinn und Zweck einzelner Regelungen sowie aus dem Sinn des ganzen Vertrags ohne weiteres ergeben. Es kann nicht darauf ankommen, dass man den Vertrag ohne die wesentlichen Rechte und Pflichten seines Sinnes entleeren würde, denn Abs. 2 Nr. 2 lässt bereits eine Gefährdung des Vertragszwecks genügen. Deshalb sind alle Rechte und Pflichten als wesentlich anzusehen, die zur sinnvollen Erreichung des Vertragszwecks führen und deshalb als naheliegende Folge aus dem Vertragszweck ableitbar sind. 139

c) Zumutbarkeitskriterien. Als Kriterium für die Zumutbarkeit ist vor allem auf die vertragsspezifische Abgrenzung der Risikosphären der Parteien und die Beherrschung der Risiken abzustellen. Danach bestimmt sich insbesondere, welche Anstrengungen der Verwender unternehmen muss, um die Interessen seines Vertragspartners zu schützen. Eine Klausel ist umso eher unangemessen, als sie von der vertragstypischen Risikoverteilung abweicht.[4] 140

d) Unterscheidung von der Haftung. Von der Existenz wesentlicher Rechte und Pflichten ist die Haftung im Falle ihrer Verletzung zu unterscheiden.[5] Dies ist in der Rechtsprechung nicht immer ausreichend beachtet worden. Wesentliche Rechte und Pflichten sind nicht nur im Hinblick auf die Haftung bei ihrer schuldhaften Verletzung bedeutsam. Die Kardinalpflichten dürfen deshalb nicht mit dem Maßstab der groben Fahrlässigkeit vermengt werden.[6] Vielmehr sind Kardinalpflichten auch im Hinblick auf eine etwaige Erfüllungsklage oder im Hinblick auf Rechtsfolgen, wie z. B. Kündigung oder Rücktritt, die ohne Verschulden eintreten können, von Bedeutung und müssen deshalb unabhängig vom Verschulden bestimmt werden. 141

---

1 S. z. B. BGH NJW 1956, 1066.
2 S. etwa BGHZ 89, 363, 367 ff.; BGH v. 15. 9. 2005 I ZR 58/03 Rz 38 = NJW-RR 2006, 267.
3 S. *Larenz/Wolf,* Allg. Teil, § 28 Rz 116 mwN.
4 S. dazu auch BGH v. 14. 11. 2003 V ZR 144/03 = NJW-RR 2004, 263.
5 *Schlosser* WM 1978, 565; *Becker* S. 158.
6 So aber offenbar *Schlosser* WM 1978, 564.

142 **e) Wesentliche Hauptrechte und -pflichten.** Zu den wesentlichen Rechten und Pflichten gehören in jedem Fall die vertraglichen Hauptrechte und Hauptpflichten. Zur Hauptpflicht des Girovertrags gehört, den überwiesenen Betrag dem in der Überweisung genannten Namensträger gutzuschreiben. Die Freistellung von dieser Pflicht durch eine Erfüllungsfiktion ist deshalb nach § 307 II Nr. 2 unwirksam. Ein Hauptrecht ist der Anspruch auf das Guthaben und der Anspruch aus einem anerkannten Saldo; insoweit besteht deshalb kein beliebiges Stornorecht, sondern nur, wenn ein materieller Rückzahlungsanspruch der Bank, z. B. aus § 812 BGB, besteht.[1] Hauptpflicht beim Scheckinkasso ist die Vorlage bei der bezogenen Bank auf dem schnellsten und sichersten Weg.[2] Zur Hauptpflicht beim Lagervertrag gehört die sorgfältige Aufbewahrung und Auslieferung.[3] Hauptpflicht des Versicherers ist die Pflicht zur Erbringung von Versicherungsleistungen, die nicht durch Abbedingen von § 6 VVG a. F. im Falle folgenloser oder leicht fahrlässiger Obliegenheitsverletzungen ausgeschlossen werden darf.[4] Zu den Hauptpflichten des Reisevertrags s. Rz R 47 ff. Zu den Kardinalpflichten beim Werkvertrag gehört es, dass der Hersteller das Werk mit den zugesicherten Eigenschaften ausstattet.[5]

143 **f) Wesentliche Nebenpflichten.** Zu den wesentlichen Rechten und Pflichten gehören auch alle Nebenpflichten, welche die dem Verwender **zumutbaren Anstrengungen zum Schutz seines Vertragspartners** zum Inhalt haben. Zu den wesentlichen Pflichten des Heizöllieferanten gehört deshalb die Überwachung des Einfüllvorgangs, soweit er aufgrund technischer Geräte und aufgrund der von ihm zu erwartenden technischen Kenntnisse dazu in der Lage ist.[6] Zu den wesentlichen Pflichten des Werkvertrags über eine Wagenwäsche gehört, das Fahrzeug vor Schäden beim Waschvorgang zu bewahren.[7] Zu den wesentlichen Pflichten des Bauherrn gegenüber Bauhandwerkern gehört, richtige und sorgfältig ausgearbeitete Unterlagen zur Verfügung zu stellen.[8] Wesentliche Pflicht des Giro- und Scheckvertrages ist, dass die Bank die Echtheit der Unterschrift zu prüfen hat. Diese Prüfungspflicht kann nicht ausgeschlossen werden.[9] Wesentliche Pflicht des Sicherungsvertrags ist, die Verwertung vor Eintritt des Sicherungsfalles zu unterlassen, da eine vorzeitige Verwertung das Rückgabeinteresse des Sicherungsgebers beeinträchtigen würde.[10]

144 **g) Unwesentliche Rechte und Pflichten.** Zum Vertragszweck gehört grundsätzlich nicht, dass die Verwertung von Sicherheiten in öffentlicher Versteigerung vorgenommen werden muss, da insoweit kein wesentliches Interesse des Sicherungsgebers auf dem Spiele steht. Vertragswesentliche Nebenpflicht ist auch nicht die Verwahrung eingebrachter Sachen in einem Krankenhausvertrag.[11]

---

[1] BGH NJW 1978, 2149; vgl. auch BGHZ 87, 246 = NJW 1983, 2501; *von Westphalen* WM 1984, 4; *Blaurock* NJW 1984, 1; *Terpitz* NJW 1984, 1330; a. A. *Flume* NJW 1984, 467, jeweils zu Nr. 4 III S. 1 AGB-Banken a. F. bzw. zu Nr. 1 IV AGB-Sparkassen a. F.

[2] BGH NJW-RR 1988, 559, 561.

[3] BGHZ 89, 363 = NJW 1984, 1350, 1351.

[4] BGH NJW 1985, 559.

[5] BGH BB 1996, 654, 655.

[6] BGH NJW 1971, 1036.

[7] LG Bayreuth NJW 1982, 1766.

[8] OLG Karlsruhe BB 1983, 725, 726.

[9] S. OLG Köln ZIP 1983, 808.

[10] S. auch Anh. § 310 Rz S 186.

[11] OLG Düsseldorf NJW-RR 1988, 884, 887.

4. Vertragszweckgefährdende Einschränkung

a) Einschränkung und Erweiterung. Abs. 2 Nr. 2 erfasst nur die Einschränkung wesentlicher Rechte und Pflichten. Aus dem Einschränkungsverbot ergibt sich zugleich das Verbot der Aushöhlung von Rechten und Pflichten. Für die **Einschränkung** kommen nach dem auf den Vertragspartner zugeschnittenen Schutzzweck des Abs. 1 nur solche Inhalte von Rechten und Pflichten in Betracht, denen Interessen des Vertragspartners zu Grunde liegen. Dies trifft zu, wenn **Rechte des Vertragspartners oder Pflichten des Verwenders,** die den Interessen des Vertragspartners dienen, **erheblich beeinträchtigt** werden, ohne dass dies durch anerkennenswerte Interessen der Verwenderseite (s. Überblick Rz 181) gerechtfertigt werden kann.[1] Eine Einschränkung liegt nicht nur vor, wenn diese Rechte oder Pflichten ganz ausgeschlossen werden oder auf einen zu engen Anwendungsbereich begrenzt werden, sondern auch, wenn ihre Geltendmachung durch nachteilige Beweislastregelungen behindert wird.[2] Für Verbraucher greift insoweit aber regelmäßig bereits § 309 Nr. 12 ein. Eine Einschränkung liegt auch vor, wenn nicht die Pflicht an sich, wohl aber die Haftung im Fall ihrer Verletzung ausgeschlossen oder beschränkt ist. Für Verbraucher gilt insoweit regelmäßig bereits § 309 Nr. 7 oder 8. Jedoch ergibt sich aus dem Aushöhlungsverbot darüber hinaus, dass gegenüber Verbrauchern die Haftung für leichte Fahrlässigkeit (s. § 309 Nr. 7 Rz 96) und gegenüber einem Unternehmer die Haftung für Vorsatz und grobe Fahrlässigkeit nicht ausgeschlossen werden darf, soweit es sich um Kardinalpflichten handelt.[3] Pflichten des Vertragspartners, die den Interessen des Verwenders dienen, können dagegen ohne Rücksicht auf Abs. 2 Nr. 2 eingeschränkt werden. 145

Die **Erweiterung** von Rechten des Verwenders und die Ausdehnung von Pflichten des Vertragspartners werden von Abs. 2 Nr. 2 nicht erfasst. Sie fallen aber unter § 307 I. Eine Erweiterung und Ausdehnung solcher Rechte und Pflichten kann jedoch insoweit unter Abs. 2 Nr. 2 fallen, als dadurch zugleich wesentliche Rechte des Vertragspartners oder wesentliche Pflichten des Verwenders eingeschränkt werden. Die Erweiterung eines Rücktritts- oder Kündigungsrechts des Verwenders kann z. B. zugleich den Anspruch des Vertragspartners auf Erfüllung beeinträchtigen und wird dann von Abs. 2 Nr. 2 erfasst. Soweit nicht gleichzeitig wesentliche Rechte oder Pflichten eingeschränkt werden, kann die Erweiterung von Rechten oder Pflichten nur über § 307 I kontrolliert werden.[4] 146

b) Vertragszweckgefährdung. aa) Grundlagen. Die Einschränkung der Rechte und Pflichten muss den Vertragszweck gefährden. Der Vertragszweck wird bestimmt durch die Natur des Vertrages und setzt sich zusammen aus dem allgemeinen Zweck des Vertrags, die Vertragsbindung zu verwirklichen, und den spezifischen Zwecken, der dem konkreten Vertrag seine Eigenart verleihen (Rz 134 f.). Es genügt bereits die Gefährdung des Vertragszwecks. Das bedeutet, dass weder eine wirkliche Beeinträchtigung noch die totale Vereitelung des Vertragszwecks erforderlich ist. Es reicht vielmehr die naheliegende Möglichkeit, dass der Vertragszweck beeinträchtigt wird, d. h. **wirtschaftliche oder sonstige Vertragsziele ganz oder teilweise nicht erreichbar** sind, z. B. weil Risiken entgegen der üblichen Verteilung verlagert werden.[5] Hinsichtlich der Stärke der zu befürchtenden Beeinträchtigung führt nicht schon jede Leistungsbegrenzung zu einer Gefährdung 147

---

[1] Vgl. auch BGH NJW 1993, 2369, 2370.
[2] LG München NJW 1983, 1685.
[3] BGH v. 15. 9. 2005 I ZR 58/03 Rz 36, 38 = NJW-RR 2006, 267.
[4] S. z. B. Anh. § 310 Rz B 374, K 36.
[5] S. auch *Ulmer/Fuchs* Rz 260.

des Vertragspartners. Zu weit geht es aber, wenn der BGH verlangt, dass durch die Leistungsbegrenzung der Vertrag ausgehöhlt und zwecklos werden muss.[1] Eine minderschwere Aushöhlung im Sinne einer schwerwiegenden Beeinträchtigung, die die Verwirklichung wichtiger Teile des Vertragszwecks unsicher macht und nicht nur seltene Randerscheinungen betrifft, muss genügen. Dies ist bei der Einschränkung wesentlicher Rechte und Pflichten wegen deren Verbindung mit dem Vertragszweck (s. Rz 138) grundsätzlich zu bejahen. Lediglich eine unerhebliche Beeinträchtigung des Vertragszwecks bleibt außer Betracht (s. Rz 76 und 128, 158). Der Vertragszweck wird auch gefährdet, wenn ein Vertrag einer seinem Typus nicht entsprechenden Regelung unterstellt wird.

148 **bb) Vertragszweckgefährdung in Einzelfällen.** Eine Gefährdung des Vertragszwecks wurde **bejaht,** wenn bei einem **Girovertrag** als Empfänger einer Überweisung an Stelle des angegebenen Namensträgers die angegebene Kontonummer und Bankleitzahl als maßgeblich vorgeschrieben wird, weil damit die Hauptpflicht im Sinne einer Gutschrift für den Namensträger nicht erfüllt wird (Rz 142). Dem Vertragszweck eines bankmäßigen Überweisungsauftrags zugunsten eines bestimmten Kontos widerspricht es auch, wenn sich die Bank formularmäßig die Überweisung auf ein anderes Konto des Empfängers vorbehält.[2] Eine Gefährdung des Vertragszwecks durch Beschränkung eines Hauptrechts liegt vor, wenn der Anspruch aus einem anerkannten Saldo durch ein Stornorecht der Bank beseitigt werden soll, ohne dass ein Rückforderungsanspruch der Bank besteht (s. Rz 142).

149 Beim **Mietvertrag** wird der Vertragszweck einer Verlängerungsoption für den Mieter gefährdet, wenn der Vermieter kündigen darf, falls sich der Mieter nicht mit den neuen Mietbedingungen einverstanden erklärt.[3] Der Vertragszweck des **Reisevertrags** wird gefährdet, wenn die Hinweispflicht betreffend Einreise- und Aufenthaltsbestimmungen im Reiseland ausgeschlossen oder wesentlich beschränkt wird.[4]

150 Beim **Versicherungsvertrag** ist die Vertragszweckgefährdung anzunehmen, wenn der Vertrag ausgehöhlt wird und die Versicherung in Bezug auf das versicherte Risiko zwecklos wird.[5] Bei einer Haftpflichtversicherung tritt eine Vertragszweckgefährdung ein, wenn § 6 VVG a. F. abbedungen wird und eine folgenlose oder leicht fahrlässige Obliegenheitsverletzung zur Leistungsfreiheit führen soll.[6] Eine Vertragszweckgefährdung liegt auch bei einer verbundenen Hausratversicherung vor, wenn ein Schadensfall in einem Risikobereich zu einer auch nur teilweisen Befreiung in anderen Risikobereichen führt, da der Versicherungsnehmer davon ausgehen kann, in jedem Risikobereich unabhängig vom anderen versichert zu sein.[7] Der Vertragszweck einer Krankenversicherung wird gefährdet, wenn eine Leistungspflicht für eine wissenschaftlich nicht allgemein anerkannte Untersuchungs- und Behandlungsmethode abgelehnt wird.[8] Der Vertragszweck des Seeversicherungsvertrags wird gefährdet, wenn durch Fiktion einer Unterversicherung das Risiko nicht zu einer am vollen Wert der Gegenstände orientierten Prämie versichert wird.[9] Bei einer Krankentagegeldversicherung ist eine Klausel, wonach

---

1 So BGH NJW 1998, 1069.
2 BGH NJW 1986, 2428, 2429.
3 OLG Hamburg NJW-RR 1990, 1488.
4 BGH NJW 1985, 11, 65; Anh. § 310 Rz R 48.
5 BGHZ 137, 174, 176; BGH v. 19. 5. 2004 IV ZR 29/03 = NJW-RR 2004, 1397; BGH v. 23. 6. 2004 IV ZR 130/03 = NJW 2004, 2589.
6 BGH NJW 1985, 559.
7 Vgl. BGH NJW 1985, 971.
8 BGH NJW 1993, 2369.
9 BGH NJW 1993, 2442, 2444.

bei Beendigung des Arbeitsverhältnisses durch Insolvenz des Arbeitgebers der Versicherungsschutz nach 3 Monaten entfällt, nach § 307 II Nr. 2 unwirksam, da eine solche Klausel dem Vertragszweck, den wirtschaftlichen Nachteilen bei längerer Arbeitsunfähigkeit zu begegnen, zuwiderläuft.[1] Ein Kündigungsrecht lediglich zum Ende eines jeden der ersten drei Versicherungsjahre gefährdet jedoch nicht den Vertragszweck, da dem Versicherer eine Probezeit zugestanden werden muss.[2] Bei einer Reisegepäckversicherung wird der Vertragszweck gefährdet, wenn durch eine nachteilige Beweislastregelung der Versicherungsnehmer den Versicherungsschutz aus Beweisnot weitgehend nicht realisieren kann.[3]

Keine Gefährdung des Vertragszwecks ist dagegen gegeben, wenn bei einem **Bauvertrag** trotz Massenänderungen bis zum Eintritt des Wegfalls der Geschäftsgrundlage an den vereinbarten Festpreisen festgehalten wird.[4] Bei einem **Mietvertrag** gefährdet die Dauer der Ausführungsfristen von Schönheitsreparaturen nicht den Vertragszweck.[5] Keine Gefährdung des Vertragszwecks stellt es auch dar, wenn bei einem **Krankenhausvertrag,** der beim totalen wie beim gespaltenen Krankenhausvertrag auf Heilung und Pflege des Patienten gerichtet ist, die Haftung für eingebrachte Sachen ausgeschlossen wird, soweit es leichte Fahrlässigkeit betrifft.[6] An einer Vertragszweckgefährdung fehlt es auch, wenn bei einem **Handelsvertretervertrag** bei der Provisionsberechnung unbedeutende Berechnungsfaktoren ausgeschlossen werden.[7] 151

Eine Gefährdung des Vertragszwecks wurde bei einem **Versicherungsvertrag** verneint, wenn bei einer Bauwesenversicherung die Leistungspflicht auf unvorhergesehene Schäden begrenzt wird und deshalb die vom Versicherungsnehmer oder seinen Repräsentanten vorhersehbaren Schäden ausgenommen sind.[8] Ebenso fehlt es an einer Gefährdung, wenn bei einer Krankentagegeldversicherung als Summenversicherung, die einen Verdienstausfall ausgleichen soll, die Leistungspflicht bei Bezug einer Rente entfällt.[9] Eine Gefährdung des Vertragszwecks liegt auch nicht vor, wenn bei einer Versicherung durch Kündigung eine zeitliche Grenze geschaffen wird, nach deren Ablauf ein zuvor versichertes Schadensrisiko nicht mehr versichert ist, sofern sich der Schaden nach der Beendigung des Versicherungsvertrags ereignet.[10] Ebensowenig ist der Vertragszweck gefährdet, wenn bei einer Unfallversicherung psychische Schäden ausgeschlossen werden[11] oder wenn eine Invalidität, die später als ein Jahr nach dem Unfall eintritt und nicht innerhalb von weiteren 3 Monaten ärztlich festgestellt wird, vom Versicherungsschutz ausgenommen wird.[12] 152

5. Beweis- und Begründungslast

Der **Vertragspartner** des Verwenders trägt die Beweis- und Begründungslast dafür, dass die für die Vertragsnatur wesentlichen Rechte und Pflichten so eingeschränkt werden, dass der Vertragszweck gefährdet ist. Ist dies festgestellt, so 153

---

[1] LG Bremen NJW 1985, 868.
[2] BGH NJW 1986, 2369.
[3] LG München NJW 1983, 1685.
[4] BGH NJW 1993, 2738.
[5] BayObLG NJW-RR 1987, 1298, 1300.
[6] BGH NJW 1990, 761, 764.
[7] BGH v. 12. 5. 2004 VIII ZR 159/03 = NJW-RR 2004, 1206.
[8] BGH NJW 1984, 47, 48.
[9] BGH NJW-RR 1989, 1298.
[10] S. BGH NJW-RR 1987, 605, 607 zu einer Kreditversicherung.
[11] BGH v. 23. 6. 2004 IV ZR 130/03 = NJW 2004, 2589.
[12] BGH LM H.7/1998 § 9 (Bk) AGBG Nr. 35.

trifft den **Verwender** die Beweis- und Begründungslast, dass entgegen der Vermutung des Abs. 2 Nr. 2 eine unangemessene und treuwidrige Benachteiligung nicht vorliegt. Praktisch werden sich die beiden Stufen nicht streng trennen lassen, sondern ineinanderfließen, wobei jeder Teil die Folgen der Unklarheit der ihm günstigen Voraussetzungen tragen muss. Insbesondere trägt der Verwender die Beweis- und Begründungslast für das Vorliegen einer unerheblichen Beeinträchtigung (Rz 147).

6. Verhältnis zu § 305b

154 Wesentliche Rechte und Pflichten nach Abs. 2 Nr. 2 können sich auch aus Individualabreden ergeben, so dass neben Abs. 2 Nr. 2 auch § 305b zur Anwendung kommen kann. Der Anwendungsbereich und die Rechtsfolgen beider Vorschriften sind jedoch unterschiedlich.

155 **a) Unterschiede in der Rechtsfolge.** Während die Rechtsfolge des Abs. 2 Nr. 2 in der Vermutung der Unwirksamkeit besteht, enthält § 305b keinen Unwirksamkeitsgrund, sondern nur eine Auslegungsregel, die der Individualabrede im Falle der Konkurrenz mit einer AGB-Klausel Vorrang verleiht, im Übrigen aber die AGB-Klausel unberührt lässt. Logisch gesehen setzt § 305b eine wirksame Klausel voraus. Als Unwirksamkeitsgrund hat Abs. 2 Nr. 2 deshalb weitergehende Bedeutung und Vorrang vor § 305b.[1] In der praktischen Rechtsanwendung kann die Frage im Individualprozess aber dahingestellt bleiben, da das Gericht frei auswählen kann, ob es § 305b oder §§ 307 bis 309 anwendet; bei der Verbandsklage kommen nur §§ 307 bis 309 zur Anwendung.

156 **b) Unterschiede im Anwendungsbereich.** Der Anwendungsbereich von § 305b ist insofern weiter als Abs. 2 Nr. 2, als § 305b auch für unwesentliche Rechte und Pflichten gilt. § 305b ist jedoch beschränkt auf das, was sich unmittelbar aus der Individualabrede und ihrer Auslegung als Inhalt ergibt. Mittelbare Folgen, die sich erst aufgrund gesetzlicher Vorschriften oder aufgrund ergänzender Vertragsauslegung aus der Individualabrede ergeben, werden dagegen nicht von § 305b erfasst,[2] können aber unter Abs. 2 Nr. 1 oder 2 fallen. § 305b bleibt im Gegensatz zu Abs. 2 Nr. 2 im Verbandsklageverfahren unbeachtet (§ 1 UKlaG).

V. Der allgemeine Unwirksamkeitsgrund des Abs. 1 S. 1

1. Allgemeines

157 Soweit die Vermutung des Abs. 2 Nr. 1 und 2 nicht eingreift, kann die Unwirksamkeit immer noch direkt aus der Generalklausel des Abs. 1 hergeleitet werden. Dabei hat eine umfassende Interessenabwägung stattzufinden (s. Rz 174). Art. 3 I RL enthält keinen schwächeren Maßstab, da für die Richtlinie nicht die Missbräuchlichkeit, sondern der Verstoß gegen Treu und Glauben maßgebend ist[3] Die Beweis- und Begründungslast trägt in Abs. 1 S. 1 grundsätzlich der Vertragspartner des Verwenders (s. Rz 103). Zur Beweislast allgemein und zum Verhältnis zwischen Abs. 1 und Abs. 2 s. Rz 96 ff., 153. Zum generellen Prüfungsmaßstab s. Rz 77 ff. Zur Beachtung des EG-Rechts s. Rz 106, 233.

---

[1] A. A. *Löwe/Trinkner,* AGBG, § 4 Rz 12.
[2] A. A. *Schmidt-Salzer* E 20; *Löwe/Trinkner* § 4 Rz 12, 16 ff.
[3] S. Art. 3 RL Rz 12.

2. Unangemessene Benachteiligung

a) Grundlagen. Unangemessen ist jede einseitige Vertragsgestaltung des Verwenders, durch die er **eigene Interessen über Gebühr** gegenüber den Interessen des anderen Vertragsteils **zur Geltung bringt,** ohne dass dies durch berechtigte Interessen des Verwenders gerechtfertigt ist oder durch gleichwertige Vorteile ausgeglichen wird.[1] Gleichbedeutend ist die Formulierung, wonach Unangemessenheit vorliegt, wenn der Verwender **missbräuchlich eigene Interessen auf Kosten des Vertragspartners durchzusetzen versucht,** ohne dessen Interessen hinreichend zu berücksichtigen und ihm einen angemessenen Ausgleich zuzugestehen.[2] Der Verwender muss das Vorliegen der ihm günstigen berechtigten Interessen nachweisen.[3] Wo berechtigte Interessen des Verwenders vorliegen, müssen dennoch die Interessen des Vertragspartners insofern berücksichtigt werden, als ihre Verdrängung durch das berechtigte Interesse des Verwenders nicht gerechtfertigt ist. Es ist der Grundsatz der Erforderlichkeit und Verhältnismäßigkeit zu beachten. Die Unzumutbarkeit steht der Unangemessenheit gleich.[4] Ebenso sind sittenwidrige Benachteiligungen unangemessen (s. Rz 18) oder ein Verstoß gegen ein den Verwendungsgegner schützendes Gesetz. Unangemessen ist auch ein Verstoß gegen das Transparenzgebot (Abs. 1 S. 2), weil und soweit dadurch die wahre Rechtslage und das wahre Preis-Leistungs-Verhältnis zum Nachteil des Kunden verschleiert wird (s. Rz 250). In jedem Fall muss sich aus der Unangemessenheit eine Benachteiligung des Kunden ergeben. Dies gilt auch bei intransparenten Klauseln.[5] Da nicht jede Benachteiligung genügt, sondern eine unangemessene Benachteiligung im Sinne einer nicht unerheblichen Benachteiligung erforderlich ist (s. Rz 75 f.), erhält bei gleichwertigen Interessen und bei geringfügigem Minderwert das Verwenderinteresse den Vorzug. Das beeinträchtigte Interesse des anderen Vertragspartners muss deshalb das Interesse des Verwenders mehr als geringfügig überwiegen, um eine unangemessene Benachteiligung zu ergeben. Wird der Vertragspartner nicht in einem ihm zustehenden Recht beschränkt, sondern von vornherein nur ein beschränktes Recht zugewandt, auf das kein Anspruch besteht, so liegt darin grundsätzlich keine Benachteiligung.[6] Ausreichend ist eine der Klausel generell innewohnende Benachteiligung; sie muss sich nicht in jedem Einzelfall tatsächlich auswirken (s. Rz 80). 158

b) Schutz aller rechtlichen Interessen. Es kommen alle rechtlich anerkannten Interessen in Betracht. Es muss sich nicht um ein speziell in einzelnen gesetzlichen Vorschriften geschütztes Interesse handeln. Vielmehr genügt, dass das Interesse allgemein von der Rechtsordnung anerkannt wird. Die Interessen sind aufgrund des vorgetragenen Sachverhalts vom Gericht zu berücksichtigen, auch wenn eine Partei dies nicht im Einzelnen darlegt.[7] 159

aa) Als **Interessen des Vertragspartners** sind anzuerkennen z. B. das Interesse der Teilnahme am Geschäftsverkehr und an geschäftlicher Betätigung, das Interesse an der Erhaltung der wirtschaftlichen[8] und persönlichen Entscheidungsfreiheit 160

---

[1] S. auch BGH NJW 1987, 2431; BGH NJW 2000, 1110, 1112; BGH v. 29. 7. 2004 III ZR 293/03 = NJW-RR 2004, 1498; BGH v. 5. 7. 2005 X ZR 60/04 = NJW 2005, 2919; oben Rz 75, 215 ff.

[2] S. etwa BGHZ 90, 280, 284; BGH NJW-RR 1990, 1075; BGH NJW 1993, 2738; BGHZ 136, 27 = NJW 1997, 2598.

[3] S. z. B. BGH 5. 7. 2005 X ZR 60/04 = NJW 2005, 2919 und oben Rz 102, 153.

[4] BGH NJW 1986, 3134.

[5] S. auch oben Rz 250 f.; *M. Wolf* JZ 1988, 719.

[6] BGH NJW 1999, 2671.

[7] BGH NJW 1985, 2585, 2587.

[8] S. z. B. BGH NJW 1982, 1692; *Bamberger/Roth/H. Schmidt* Rz 22.

oder das Interesse an der Wahrung des Vermögens und der Vermeidung von Schäden oder das Interesse, eingegangene Verträge einhalten und gesetzliche Pflichten erfüllen zu müssen. Anerkennenswert ist insbesondere auch das Interesse, das bei Vertragsschluss vereinbarte Verhältnis von Leistung und Gegenleistung bei langfristigen Verträgen über die gesamte Laufzeit im Gleichgewicht zu halten.[1] Klauseln, die eine Preisanpassung über die tatsächliche Kostensteigerung hinaus ermöglichen, sind deshalb unwirksam.[2] Zu berücksichtigen sind auch **ideelle Interessen,** wie z. B. das Interesse an der bestmöglichen Erziehung eines Kindes im Zusammenhang mit einem Internatsschulvertrag,[3] aber natürlich auch das Interesse an Leben und Gesundheit sowie das Interesse am Schutz anderer Rechtsgüter und Rechtspositionen.[4]

161 **bb) Auf Seiten des Verwenders** kommt insbesondere das Interesse an **Rationalisierung des Geschäftsverkehrs** in Betracht.[5] Die Rationalisierungsfunktion ermöglicht zwar eine Typisierung, rechtfertigt jedoch nicht das Außerachtlassen aller anderen Interessen. Eine Gestaltung in AGB muss grundsätzlich alle Fälle und nicht nur 90 % angemessen regeln.[6] Das Rationalisierungsinteresse kann sich nur insoweit durchsetzen, als es die Interessen der anderen Vertragspartei angemessen berücksichtigt. Bedürfnisse der anderen Vertragspartei, die wertvoller sind als das Rationalisierungsinteresse, müssen auch in AGB berücksichtigt werden. Eine typisierende Regelung in AGB ohne Rücksicht auf besondere Umstände ist deshalb nur so lange zulässig, als die dabei vernachlässigten Interessen nicht wertvoller sind als das Rationalisierungsinteresse. Besondere Fälle und Interessen müssen durch eine besondere Regelung berücksichtigt werden, die ihrerseits wieder typisierend sein kann.[7] Soweit das Rationalisierungsinteresse auf die gleichartige Vertragsgestaltung gerichtet ist, wird ihm bereits durch die gesetzliche Regelung Rechnung getragen. Um dem Rationalisierungsinteresse zur Geltung zu verhelfen, muss deshalb ein Interesse zur Abweichung vom Gesetz hinzukommen. Im Übrigen wird das Rationalisierungsinteresse durch Anlegung eines generalisierenden Prüfungsmaßstabs berücksichtigt (s. Rz 77). Es kann darüber hinaus aber auch einzelne Klauselinhalte rechtfertigen, wie z. B. das Interesse an einer unkomplizierten Vertragsabwicklung,[8] das Verbot von Abtretungen wie z. B. das Verbot von Teilabtretungen (s. Anh. § 310 Rz A 31), ein Aufrechnungsverbot oder das Schriftlichkeitserfordernis für abweichende Vereinbarungen.

162 Neben dem Rationalisierungsinteresse, das vor allem für Unternehmen im Massenverkehr Bedeutung erlangt, ist auch das auf Vereinheitlichung gerichtete Interesse an **Rechtssicherheit und Gleichbehandlung** zu beachten. Diesem Vereinheitlichungsinteresse kommt vor allem dann selbstständige Bedeutung zu, wenn Formulare, wie z. B. Muster-Mietverträge, von einzelnen Verwendern nur einmal, insgesamt aber massenhaft verwendet werden. Der Verwender hat auch in diesem Fall ein Interesse an der einheitlichen Beurteilung von Klauseln. Dem Interesse an Gleichbehandlung steht das Gebot zur Differenzierung gegenüber (s. Rz 271).

163 **Grundsätzlich nicht berücksichtigungsfähig** sind bloße Praktikabilitätsgesichtspunkte, wie z. B. eine der Erleichterung der Geschäftsabwicklung dienende

---

1 BGH NJW 1990, 115; BGH v. 21. 9. 2005 VIII ZR 38/05 = NJW-RR 2005, 1717.

2 BGH v. 21. 9. 2005 VIII ZR 38/05 = NJW-RR 2005, 1717.

3 BGH NJW 1985, 2585, 2586 f.

4 *Bamberger/Roth/H. Schmidt* Rz 22.

5 BGH NJW 1982, 178, 180; *Bamberger/Roth/H. Schmidt* Rz 15; *Erman/Roloff* Rz 12.

6 S. auch BGH NJW 1980, 1953, 1955: 15facher Reinigungspreis.

7 S. zur Berücksichtigung des Einzelfalls auch Rz 176.

8 So BGH NJW 1981, 117, 118.

Berechnung von Versicherungsprämien.[1] Unbeachtlich ist auch ein Umstellungsinteresse des Verwenders in dem Sinne, dass ihm eine Aufbrauchfrist für die Verwendung als unwirksam festgestellter AGB für eine Übergangszeit zuzubilligen wäre. Der Zweck des AGB-Gesetzes, den Rechtsverkehr von unwirksamen AGB freizuhalten, verlangt die kurzfristige Anpassung der AGB.[2]

cc) Außer den allgemeinen Interessen sind auch **spezielle Interessen** und Bedürf- 164
nisse **bei einzelnen Geschäftsarten** zu berücksichtigen, z. B. das Interesse an der Einhaltung von Unterlassungspflichten, das die Aufnahme einer Vertragsstrafe rechtfertigen kann[3] oder das Sicherungsinteresse bei Kreditgeschäften, ferner das Interesse an Aufrechterhaltung von Vertriebsbindungen[4] und an der Vermeidung von Auftragsverlusten.[5] Zu berücksichtigen sind allgemein Vermögensinteressen, etwa auch das Interesse an sicheren Kalkulationsgrundlagen.[6] Zu beachten sind aber auch nicht wirtschaftliche, **immaterielle Interessen,** z. B. pädagogische Interessen im Rahmen eines Unterrichtsvertrags,[7] und wie beim Vertragspartner (Rz 160) der Schutz von Leib und Leben und anderer ideeller Rechtsgüter und Rechtspositionen.

3. Benachteiligung des Vertragspartners

a) Grundlagen. Die unangemessene Benachteiligung muss in der Person des 165
Vertragspartners durch die AGB-Klausel eintreten. Es werden **alle Benachteiligungen des Vertragspartners** erfasst, nicht nur Benachteiligungen im Verhältnis zum Verwender, sondern auch Nachteile des Vertragspartners im Verhältnis zu Dritten.[8] Ausreichend ist eine Benachteiligung des Vertragspartners. Ein **Vorteil des Verwenders** ist **nicht erforderlich.**[9] Davon zu unterscheiden ist die Frage, inwieweit Interessen Dritter durch § 307 geschützt werden. Dies ist grundsätzlich zu verneinen. Interessen Dritter können deshalb bei der Interessenabwägung unmittelbar keine Berücksichtigung finden (Rz 95; s. aber Rz 166 ff., 169 ff.). Unerheblich sind Nachteile, die der Verwender durch die Unwirksamkeit der Klausel erleiden könnte.[10] Zur Berücksichtigung wichtiger Gemeinschaftsbelange s. Rz 231 f.

b) Vertragspartner und in den Vertrag einbezogene Dritte. Vertragspartner 166
im Sinn von § 307 ist zunächst der Vertragschließende, von dem oder, im Falle einer Stellvertretung, in dessen Namen die den Vertrag konstituierenden Willenserklärungen abgegeben werden. Dem **Vertragspartner gleichzustellen** sind aber auch solche Dritte, die, wie beim Vertrag zugunsten Dritter oder beim Vertrag mit Schutzwirkung für Dritte, auf der Seite des Vertragspartners stehen und Rechte aus dem Vertrag herleiten können und deren Interessen typischerweise vom Vertragschließenden wahrzunehmen sind. Als Vertragspartner sind bei **Emissions- und Anleihebedingungen** auch die Interessen der Anleger anzusehen,[11] wenn die Emissionsbedingungen zwischen dem Emittenten und der Emissionsbank vereinbart werden, die Emissionsbank aber die Wertpapiere nur als Durchgangsstation zur Weiterveräußerung an die Anleger erwirbt. Die Emissionsbank hat dann die Inter-

---

[1] BGH NJW 1993, 2442, 2444.
[2] BGH NJW 1983, 1320: Möbelkauf; BGH NJW 1983, 1322: BBB-Inland-Flug.
[3] BGH BB 1976, 1289.
[4] BGH NJW 1981, 117, 119.
[5] BGH NJW 1982, 178, 180.
[6] BGH NJW 1985, 2585, 2587 zu 4 d bb.
[7] BGH NJW 1985, 2585, 2587 zu 4 d bb.
[8] BGH NJW 1984, 2816.
[9] BGH NJW 1988, 1726.
[10] BGH NJW 1987, 2575, 2577.
[11] A.A. *Assmann,* Anleihebedingungen und AGB-Recht, WM 2005, 1053, 1063 ff.

essen der Anleger wahrzunehmen. AGB liegen vor, weil die Vertragsbedingungen für jedes einzelne emittierte Wertpapier und damit für eine Vielzahl von Verträgen gelten.

167 Soweit Dritte beim **Vertrag zugunsten Dritter** oder beim **Vertrag mit Schutzwirkung für Dritte** auf Seiten des Vertragspartners des Verwenders am Vertrag beteiligt sind, sind deren mit dem Vertrag verbundene Interessen unmittelbar nach §§ 307 bis 309 zu berücksichtigen.[1] So ist etwa bei einer für fremde Rechnung eines Dritten abgeschlossenen Versicherung auf die in dessen Rechtssphäre eintretende unangemessene Benachteiligung abzustellen.[2] Dies gilt auch für einen Gruppenversicherungsvertrag, den Arbeitgeber zugunsten ihrer Arbeitnehmer mit der Versorgungsanstalt des Bundes und der Länder abschließen.[3] Eine AGB-Klausel, die Interessen Dritter unangemessen benachteiligt, kann deshalb unwirksam sein, ohne dass es auf eine Beeinträchtigung der Interessen des Vertragspartners des Verwenders ankommt. Insbesondere dürfen durch AGB die Schutzpflichten, die sich aus der Natur des Vertrags gegenüber Dritten ergeben, nicht ausgeschlossen werden. Insoweit greift auch die Unwirksamkeitsvermutung von Abs. 2 Nr. 2 ein. Abs. IV Nr. 1 des Abkommens über den Lastschriftverkehr (LSA), der Ansprüche Dritter allgemein ausschließt, unterfällt deshalb der Unwirksamkeitsvermutung nach Abs. 2 Nr. 2 in den Fällen, in denen der Vertragszweck einen Schutz Dritter nahelegt. Eine Inhaltskontrolle des Lastschriftabkommens nach § 307 kann aber daran scheitern, dass dieses von den beteiligten Banken freiwillig zu Grunde gelegt wird und deshalb keine der beteiligten Banken Verwender ist.[4]

168 Soweit durch AGB eine **Schadensliquidation im Drittinteresse** ausgeschlossen wird, werden unmittelbar die Interessen des vertragsschließenden Vertragspartners betroffen, da dieser Inhaber des Schadensersatzanspruchs ist und die Interessen des Dritten wahrnehmen muss (dazu auch Rz 172).

169 **c) Außenstehende Dritte.** Dritte sind für § 307 solche Personen, die **keine Rechte aus dem Vertrag** für sich herleiten können. Nicht am Vertrag beteiligt sind auch die künftigen Erben des Vertragspartners;[5] sie treten erst nach dem Tod des Erblassers in dessen Rechtsstellung als Vertragspartner ein. In Regelungen, die den Erbfall und den Nachlass betreffen, wie z. B. den Legitimationsnachweis des Erben in Nr. 5 AGB-Banken,[6] ist aber darauf zu achten, dass den Interessen und dem wahren Willen des Erblassers hinsichtlich der Rechtsverhältnisse am Nachlass Rechnung getragen wird. Nicht unter den Schutzbereich des § 307 fallen grundsätzlich solche Dritte, die dem Interessenbereich des Verwenders zuzurechnen sind, da deren Interessen ebenso wenig wie die Verwenderinteressen durch § 307 geschützt werden (s. Rz 171).

170 Soweit Dritte nicht als Vertragspartner anzusehen sind (s. Rz 166), können deren Interessen, von § 309 Nr. 11 abgesehen, zwar nicht unmittelbar (s. Rz 95), möglicherweise aber über die Interessen des Verwenders oder des anderen Vertragspartners **mittelbar berücksichtigt** werden.[7] Dies gilt insbesondere, wenn eine der

---

[1] Ebenso BGH NJW 1989, 2750, 2751; BGH NJW 1999, 3558, 3559; BGH NJW 2001, 1934, 1935; *Bamberger/Roth/H. Schmidt* Rz 9; s. auch Rz 95; § 309 Nr. 7 Rz 47.

[2] BGH NJW 1993, 2442, 2444; zu einem Gruppenversicherungsvertrag BGHZ 142, 103, 107 = NJW 1999, 3358, 3359; BGH v. 10. 12. 2003 IV ZR 217/02 = NZV 2004, 397.

[3] BGH NJW 1999, 3558.

[4] S. § 305 Rz 32.

[5] BGH NJW 1982, 2314, 2316; OLG Celle NJW 1998, 82, 84.

[6] S. auch Anh. § 310 Rz B 24.

[7] Ebenso MünchKomm/*Kieninger* Rz 48 f; *Bamberger/Roth/H. Schmidt* Rz 8 (Reflex); enger *Erman/Roloff* Rz 10.

Vertragsparteien zur Wahrung der Interessen Dritter verpflichtet ist.[1] Aber auch darüber hinaus können das Verhalten und die Interessen Dritter die Interessen der Vertragsparteien in einer Weise betreffen, dass dem bei der Ausgestaltung von AGB Rechnung getragen werden muss.[2]

aa) Interessen Dritter auf Seiten des Verwenders sind zwar nicht Schutzgegenstand von § 307, sie können aber die Zurücksetzung von Interessen des Vertragspartners rechtfertigen, so wenn Interessen des Vertragspartners aus Gründen der Gleichbehandlung mit anderen Vertragspartnern zurücktreten müssen[3] oder wenn besondere Belastungen der Kundengesamtheit, z. B. der Versichertengemeinschaft, der Gemeinschaft der Bausparer oder sonst eines Kundenkreises,[4] vermieden werden sollen oder wenn eine angemessene Versorgung aller Kunden, insbesondere bei den Leistungen der Daseinsvorsorge, ermöglicht werden soll.[5] Auch die Interessen von Vorlieferanten des Einzelhändlers können zu berücksichtigen sein (Rz 198). Ebenso kann eine Bank dem Bürgen in AGB Belastungen zumuten, um die Interessen des Hauptschuldners zu wahren, so wenn der Bürge auf sein Recht aus § 776 verzichten soll, damit die Bank Gegenstände, die der Hauptschuldner benötigt, aus der Pfandhaftung entlassen kann.[6] Der Verwender kann aber zugunsten eines Dritten nicht Regelungen vorsehen, die ihm selbst in seinem Verhältnis zum Vertragspartner nicht gestattet sind.[7] 171

bb) Interessen Dritter auf Seiten des Vertragspartners können mittelbar Berücksichtigung finden. So werden die Interessen der Gläubiger des anderen Vertragspartners mittelbar über dessen Interesse am Schutz seines Vermögens mit berücksichtigt. Dies ist insbesondere bei Sicherungsverträgen und bei der Verhinderung unangemessener Übersicherungen von Bedeutung.[8] Zugleich wird bei einer Übersicherung der Sicherungsgeber in der freien Verwendung seines Vermögens und in der Teilnahme am Geschäftsverkehr mit Dritten behindert.[9] Ebenso kann bei Überprüfung der Wirksamkeit einer Globalzession im Verhältnis zur Vorausabtretung[10] oder bei Abtretungsverboten in AGB gegenüber dem Vorbehaltskäufer (Anh. § 310 Rz E 56) das Interesse des Vorbehaltsverkäufers über das Interesse des Vorbehaltskäufers an Erhaltung und an freier Auswahl seiner Lieferbeziehung mittelbar Berücksichtigung finden.[11] Auch kann das Interesse des Zedenten beeinträchtigt sein, wenn zwar er, nicht aber der Zessionar ein weiteres Mal abtreten darf. Ebenso kann das Interesse des anderen Vertragspartners an der Erfüllung seiner Pflicht beeinträchtigt sein, wenn die Schadensliquidation im Drittinteresse ausgeschlossen wird. 172

4. Beurteilung nach Treu und Glauben

Die Gebote von Treu und Glauben, die auch für die Rechtsprechung vor dem AGB-Gesetz den wesentlichen Kontrollmaßstab gebildet haben (s. auch Rz 28), sind der entscheidende Maßstab der Inhaltskontrolle. Dies stimmt mit Art. 3 RL 173

---

[1] BGH NJW 1982, 178, 180.
[2] S. auch BGH NJW 1982, 178, 180.
[3] BGH NJW 1982, 178, 180.
[4] BGH NJW 1980, 1953, 1955: Textilreinigung; MünchKomm/*Kieninger* Rz 48.
[5] S. auch BT-Drs. 7/3919, S. 23.
[6] BGH BB 1980, 1606.
[7] BGH NJW 1984, 2816, 2817.
[8] S. *M. Wolf*, FS Baur, 1981, S. 154 ff.
[9] BGH NJW 1993, 533.
[10] *von Westphalen* DB 1978, 68.
[11] A.A. offenbar *Bamberger/Roth/H. Schmidt* Rz 8.

überein.[1] Ein Verstoß gegen die guten Sitten, der sich gegen die andere Vertragspartei richtet, oder der Verstoß gegen ein den anderen Vertragsteil schützendes Gesetz verletzt zugleich das Gebot von Treu und Glauben (s. auch Rz 158). Die Gebote von Treu und Glauben haben für die Inhaltskontrolle nach § 307 mehrere Auswirkungen.

174 **a) Umfassende Interessenabwägung.** Das mit Treu und Glauben verbundene Gebot der Rücksichtnahme auf das Interesse des anderen begründet für die Inhaltskontrolle den Maßstab einer umfassenden Interessenabwägung[2] nach objektiven Gesichtspunkten, ohne dass auf subjektive Vorwerfbarkeit wie in § 138 BGB (s. Rz 16) abzustellen wäre. Der Maßstab von Treu und Glauben erlaubt und gebietet die **Berücksichtigung aller rechtlich anerkennenswerten Interessen.**[3] Die umfassende Interessenabwägung sehen auch Art. 3, 4 RL vor.[4]

175 Das Gebot von Treu und Glauben führt mit der umfassenden Interessenabwägung an sich auch zur Berücksichtigung der **Umstände des Einzelfalls.**[5] Die Berücksichtigung der Umstände des Einzelfalls wird aber bei der Inhaltskontrolle von AGB aufgrund des generellen Prüfungsmaßstabs (Rz 77 ff.) eingeschränkt. Sie ist jedoch nicht grundsätzlich ausgeschlossen, sondern ist insoweit geboten, als aufgrund unterschiedlicher Interessen der Kunden eine Ungleichbehandlung geboten ist (s. Rz 271). Dies kann z. B. insoweit in Betracht kommen, als es um die Eigenarten eines bestimmten Geschäftstypus geht, für den die AGB verwendet werden (Rz 182). Auch darf der Verwender aufgrund seines Rationalisierungsinteresses nicht höherwertige Interessen seiner Vertragspartner übergehen (Rz 161).

176 **b) Drittwirkung der Grundrechte.** Im Rahmen der umfassenden Interessenabwägung sind auch die grundrechtlichen Rechtspositionen zu berücksichtigen. Allgemein ist § 307 wie auch § 138 ein Eingangstor für die mittelbare Drittwirkung der Grundrechte im Privatrecht.[6] Dabei ist zwischen dem Inhalt der AGB und deren Anwendung zu unterscheiden. Bei der Ausgestaltung von Formulierungen und **Inhalt der AGB** ist die Menschenwürde **(Art. 1 GG)** zu beachten. AGB dürfen keine menschenverachtenden Inhalte haben. In Verbindung mit **Art. 2 GG** und dem Recht auf informationelle Selbstbestimmung ist auch zu entnehmen, dass der Verwendungsgegner durch AGB weder unmittelbar noch mittelbar zur Offenlegung seiner persönlichen Daten genötigt werden darf, so etwa wenn er zur Vermeidung von Nachteilen seine persönlichen Daten offenlegen muss.[7] Aus der Menschenwürde und den Wertungen des Gleichheitssatzes **(Art. 3 GG)** ergibt sich ferner, dass AGB in ihrem Inhalt nicht offensichtlich diskriminierend sein dürfen.[8] Für § 307 gilt dabei ein objektiver und damit strengerer Maßstab als bei Anwendung von § 138.[9] Ebenso dürfen in AGB nicht willkürliche Differenzierungen zwischen Vertragspartnern mit gleicher Interessenlage enthalten sein (s. Rz 271).[10]

---

[1] S. dort Rz 12.

[2] BGH NJW 1988, 258, 259; BGH ZIP 1987, 1582, 1585; BGH v. 14. 9. 2005 IV ZR 198/04 = NJW-RR 2006, 1154; *Bamberger/Roth/H. Schmidt* Rz 14; *Erman/Roloff* Rz 9; s. auch Rz 158 ff.

[3] S. dazu auch *Hennrichs* AcP 195 (1995), 221, 248 ff.

[4] S. Art. 3 RL Rz 13.

[5] *Roussos* JZ 1988, 997, 1001 will „Treu und Glauben" als Merkmal auf das individuelle Verfahren der Ingeltungsetzung der AGB beziehen; zur Berücksichtigung individueller Umstände s. Rz 86 ff.

[6] Kritisch *Roussos* JZ 1988, 997, 1001.

[7] S. *Dammann,* Die Grenzen zulässiger Diskriminierung im Allgemeinen Zivilrecht, 2005, S. 173.

[8] Dazu auch *Dammann,* Die Grenzen zulässiger Diskriminierung im Allgemeinen Zivilrecht, 2005, S. 172 f.

[9] Oben Rz 19; s. auch *Dammann,* Die Grenzen zulässiger Diskriminierung im Allgemeinen Zivilrecht, 2005, S. 176; *Schiek,* Differenzierte Gerechtigkeit. Diskriminierungsschutz und Vertragsrecht, 2000, S. 377.

[10] S. auch BGH NJW 1990, 761, 763.

Des Weiteren sind etwa bei Beurteilung von Mietvertragsklauseln über das Verbot des Anbringens von Antennen die Wertungen des **Art. 5 GG** zu berücksichtigen.[1] Bei Vertragshändler- oder Tankstellenpachtverträgen verbietet **Art. 6 GG** Klauseln, die bei Beendigung des Vertrags die Auflösung von Arbeitsverhältnissen mit Familienmitgliedern vorsehen.[2] **Art. 12 GG** ist bei Wettbewerbsverboten und Mandantenschutzklauseln zu berücksichtigen. Auch **Art. 14 GG** ist insbesondere im Zusammenhang mit der Regelung von Versorgungsansprüchen zu beachten.[3] Bei Anwendung der AGB gilt das Gleichbehandlungsgebot dagegen grundsätzlich nicht. Die AGB müssen nicht gegenüber allen Personen gleichmäßig in den Vertrag einbezogen werden; insoweit hat die Vertragsfreiheit grundsätzlich stärkeres Gewicht. Werden die AGB aber zur Anwendung gebracht, so ist das Diskriminierungsverbot zu beachten, und es darf keine ungerechtfertigte Ungleichbehandlung stattfinden. Eine unmittelbare Grundrechtsbindung, die nach § 134 zur Nichtigkeit führt,[4] aber auch im Rahmen von § 307 zu berücksichtigen ist, besteht im Rahmen des **Verwaltungsprivatrechts,** wenn der Verwender eine öffentliche Aufgabe mit privatrechtlichen Mitteln wahrnimmt (s. Rz 5).[5] Dabei ist insbesondere Art. 3 und Art. 14 GG zu beachten.[6]

c) Grad der Unangemessenheit. Aus Treu und Glauben ergibt sich der für die Unwirksamkeit erforderliche Grad der Unangemessenheit. Das Gleichgewicht der vertraglichen Rechte und Pflichten und die vertragliche Risikoverteilung müssen erheblich gestört sein (s. auch Rz 75). Art. 3 I RL stellt darauf ab, ob ein erhebliches und ungerechtfertigtes Missverhältnis der vertraglichen Rechte und Pflichten zum Nachteil des Verbrauchers besteht. Dieser Maßstab stimmt mit § 307 überein.[7] Der BGH[8] sieht die Unangemessenheit auch dann als gegeben an, wenn der Verwender nur seine eigenen Interessen im Auge hat und keine hinreichende Rücksicht auf die Interessen des anderen Vertragspartners nimmt. An einer hinreichenden Rücksichtnahme fehlt es, wenn höherwertige Interessen des anderen Vertragspartners nicht berücksichtigt werden und wenn der Grundsatz der Verhältnismäßigkeit nicht beachtet wird, insbesondere an leichte Verstöße allzu schwerwiegende Sanktionen geknüpft werden.[9] Aus Treu und Glauben ergibt sich aber auch, dass geringfügige und unerhebliche Nachteile unbeachtlich sind und erst die darüber hinausgehende Benachteiligung als unangemessen nach § 307 anzusehen ist. Dies gilt auch für Unternehmer (s. Rz 77). Eine unangemessene Benachteiligung liegt auch darin, dass eine Klausel dem Verwender die Möglichkeit eröffnet, begründete Ansprüche unter Hinweis auf eine in der Sache nicht stets zutreffende Darstellung der Rechtslage in der Klausel abzuwehren.[10] 177

---

1 S. Anh. § 310 Rz M 88.

2 *Dammann* LMK 2006, 182333 Anm. zu BGH v. 23. 3. 2006 III ZR 102/05 = NJW 2006, 1792.

3 BGH v. 14. 5. 2003 IV ZR 72/02 = VIZ 2003, 452.

4 BGH v. 6. 7. 2005 IV ZR 141/04 = NJW-RR 2005, 1720; BGH v. 14. 9. 2005 IV ZR 198/04 = NJW-RR 2006, 1154 für Versicherungsbedingungen der Versorgungsanstalt des Bundes und der Länder; BGH NJW 2003, 1658 m. Anm. *Neuner* LMK 2003, 100 – Kündigung eines Kontos der NPD durch Sparkasse.

5 BGHZ 103, 370, 383; BGH VersR 1999, 210; BGH v. 14. 5. 2003 IV ZR 72/02 = VIZ 2004, 452; BGH v. 10. 9. 2003 IV ZR 387/02 = NVwZ-RR 2004, 56; BGH v. 26. 11. 2003 IV ZR 186/02 = NVwZ-RR 2004, 517.

6 BGH v. 6. 7. 2005 IV ZR 141/04 = NJW-RR 2005, 1720; BGH v. 14. 9. 2005 IV ZR 198/04 = NJW-RR 2006, 1154.

7 S. Art. 3 RL Rz 3 ff., 12.

8 BGHZ 74, 383, 390; BGH NJW 1981, 117, 118; 1982, 178.

9 BGH NJW 1990, 767.

10 BGH NJW 1995, 1488.

178 **d) Berücksichtigung der Verkehrssitte.** Mit Treu und Glauben verbunden ist auch der Gedanke des Vertrauensschutzes, der zugunsten des Verwenders wie zugunsten des Vertragspartners zur Berücksichtigung der Verkehrssitte führt, auch wenn dies in § 307 I nicht ausdrücklich erwähnt ist (s. im Einzelnen Rz 209 ff.).

179 **e) Auslegungsmaßstab.** Treu und Glauben bilden auch den Auslegungsmaßstab, soweit zu beurteilen ist, welcher Klauselinhalt bei der Inhaltskontrolle nach §§ 307 bis 309 zu Grunde zu legen ist, falls nicht § 305c II anzuwenden ist (s. dazu auch Rz 36 ff.).

180 **f) Schranken der Rechtsausübung.** Aus Treu und Glauben ergeben sich auch Schranken der Rechtsausübung. Die unzulässige Ausübung der Rechte an sich wirksamer Klauseln ist aber direkt aus § 242 und nicht aus § 307 abzuleiten (s. Rz 29 ff.). Schranken der Rechtsausübung, die auch im Rahmen von § 307 zu berücksichtigen sind, ergeben sich jedoch aus dem Gedanken des individuellen und institutionellen Rechtsmissbrauchs.[1] Deshalb kann insbesondere die Unwirksamkeitsvermutung des § 307 II Nr. 1, die sich auf die Grundgedanken der gesetzlichen Regelung stützt, widerlegt werden, wenn die Berufung auf diese Grundgedanken einen institutionellen Rechtsmissbrauch darstellt. Die Unwirksamkeit entfällt aber nicht, wenn der Vertragspartner in seinem Geschäftsverkehr mit anderen eine gleiche Klausel verwendet. Zur Ausübungskontrolle s. Rz 30.

VI. Bewertungskriterien bei der Interessenabwägung

1. Überblick

181 Für die Beurteilung der Unangemessenheit ist eine umfassende Abwägung aller rechtlich anerkennenswerten Interessen vorzunehmen (s. Rz 174). Die Gesichtspunkte für die Interessenabwägung sind aus den allgemein bei der Interessenabwägung zu beachtenden Bewertungsmaßstäben[2] zu entnehmen, die durch spezielle Gesichtspunkte ergänzt werden. Als spezielle Gesichtspunkte, die die Interessenabwägung beeinflussen, kommen insbesondere in Betracht: die Art des Geschäfts (Rz 182), die beteiligten Personenkreise (Rz 183 ff.), insbesondere ob Unternehmer oder Verbraucher, die Berücksichtigung von Interessen Dritter (Rz 166 ff., 168 ff.) und von Gemeinschaftsbelangen (Rz 231 f.), die Mitwirkung der beteiligten Verkehrskreise (Rz 201 ff.), die Existenz von Standesrichtlinien (Rz 207), verschiedene Branchen (Rz 199), die Verkehrssitte (Rz 209 ff.), das Rationalisierungsinteresse (Rz 129, 161), das Interesse an Wahrung der Handlungsfreiheit und der wirtschaftlichen Entscheidungs- und Bewegungsfreiheit (Rz 160, 182), die Einbettung in den Gesamtvertrag (Rz 212 ff.), bei internationalen AGB die Rechtsgrundsätze des internationalen Handelsverkehrs (s. Rz 234), bei Haftungsfragen die Versicherbarkeit[3] und allgemein bei der Auferlegung von Lasten und Nachteilen die Risikobeherrschung (Rz Anh. § 310 H 5). Grundsätzlich unbeachtlich ist dagegen das Preisargument (Rz 224), die behördliche Prüfung (Rz 66 ff.), das Alter einer Klausel[4] oder die Wettbewerbslage (Rz 229); zum Transparenzgebot s. Rz 235 ff.; vgl. zum Ganzen auch *v. Hoyningen-Huene* aaO, Rz 159 ff.

---

[1] S. *Larenz/Wolf*, Allg. Teil, § 16 Rz 16; *Jauernig/Vollkommer* § 242 Rz 34; *Soergel/Teichmann* § 242 Rz 14, 25; *Teichmann* JA 1985, 497, 498.

[2] S. *Hubmann* AcP 155, 85; *Hennrichs* AcP 195 (1995), 221, 248 ff.

[3] Anh. § 310 Rz H 10 ff. für Haftungserweiterungen; § 309 Nr. 7 Rz 101 ff. für Haftungsausschlüsse.

[4] OLG Köln NJW 1986 2579, 2580; vor dem AGB-Gesetz BGH NJW 1973, 990, 991.

2. Art des Geschäfts

Die Art des Geschäfts kann die Interessenabwägung beeinflussen und zur unterschiedlichen Beurteilung von Klauseln führen. Dies ergibt sich mittelbar auch aus § 9 Nr. 2 UKlaG. Bei **entgeltlichen Geschäften** kommt auch dem Äquivalenzprinzip im weiteren Sinne der **gleichgewichtigen Verteilung der Rechte und Pflichten** zwischen dem Verwender und seinem Vertragspartner Bedeutung zu. Diese Gleichgewichtigkeit ist zu unterscheiden von dem Äquivalenzprinzip im engeren Sinn, das die Angemessenheit des Preis-/Leistungsverhältnisses zum Gegenstand hat. Diese Äquivalenz im engeren Sinn ist grundsätzlich unbeachtlich (s. Rz 308). Die gleichgewichtige Verteilung der Rechte und Pflichten zwischen dem Verwender und seinem Vertragspartner, die zur Unterscheidung vom Äquivalenzprinzip im engeren Sinn als Waffengleichheit bezeichnet werden soll (s. Rz 222), hat auch Art. 3 (1) RL im Auge, wenn dort ein erhebliches und ungerechtfertigtes Missverhältnis der vertraglichen Rechte und Pflichten als missbräuchlich angesehen wird.[1] Bei **Dauerschuldverhältnissen** und anderen langfristigen Geschäften können einzelne Interessen stärker betroffen sein und deshalb eines stärkeren Schutzes bedürfen, z. B. wird das Interesse an freier wirtschaftlicher Betätigung (s. Rz 160) bei langfristigen Verbindungen häufig stärker betroffen als bei einmaligem Leistungsaustausch. Ebenso besteht bei diesen Geschäften in der Regel ein besonderes Vertrauensverhältnis, das eine intensivere Berücksichtigung einzelner Interessen erfordert, z. B. verlangt das größere Vertrauensbedürfnis bei langfristigen Geschäften eine stärkere Beachtung des Sicherungsinteresses als bei kurzfristigen Geschäften. Geschäfte über **Gebrauchtwaren** erfordern insbesondere beim Kauf, aber auch z. B. bei Miete oder Leasing eine andere Bewertung der Gewährleistungsinteressen als Geschäfte mit neuen Waren.[2] 182

3. Verschiedenartigkeit der beteiligten Personenkreise, Überblick

Unterschiedliche Interessenbewertungen ergeben sich auch bei Verschiedenartigkeit der beteiligten Personenkreise. Die generalisierende Betrachtungsweise (s. Rz 77 ff.) steht zwar einer Berücksichtigung der individuellen Umstände jedes einzelnen Vertragspartners entgegen. Offenkundige und typische Verhältnisse, die die Interessenlage ganzer Personenkreise und Gruppen charakterisieren, werden jedoch durch das Rationalisierungs- und Vereinheitlichungsinteresse nicht verdrängt und nivelliert (Rz 161). 183

Der Gesetzgeber selbst berücksichtigt durch die unterschiedliche Behandlung von Unternehmern und Verbrauchern (s. § 310 I) die **unterschiedliche Interessenlage verschiedener Personengruppen.** Durch die EG-Richtlinie wird der Schutz vor missbräuchlichen Klauseln auf Verbraucher begrenzt.[3] Für das AGB-Recht hat dies dann Bedeutung, wenn im Wege richtlinienkonformer Auslegung (s. Rz 233) ein gegenüber der ursprünglich nationalen Regelung verstärkter Schutz zum Tragen kommt. Dieser ist dann auf Verbraucher begrenzt. Die unterschiedlichen Bedürfnisse und Erfahrungen verschiedener Personengruppen können darüber hinaus allgemein in § 307 nicht unberücksichtigt bleiben, da eine unterschiedliche Stellung im Geschäfts- und Wirtschaftsleben eine unterschiedliche Interessenbewertung erfordert. Deshalb können Kleingewerbetreibende nicht gleichbehandelt werden wie Großunternehmen. Für Einzelhändler kann anderes gelten 184

---

[1] Dazu Art. 3 RL Rz 4 ff.
[2] S. Einl. § 309 Nr. 8 b Rz 8.
[3] S. Art. 2 RL Rz 3 ff.

wie für Produzenten und Großhändler, für Freiberufler anderes wie für Handwerker, für Rechtsanwälte anderes als für Ärzte. Entscheidend ist jedoch der jeweilige Vertragstyp.

4. Besondere Interessenlage für Unternehmer

185 **a) Überblick.** Eine besondere Interessenlage für Unternehmer legen bereits das HGB und zahlreiche andere Bestimmungen, wie z. B. §§ 474 f., 481 f., 491 ff. BGB, § 37d, § 37e WpHG, §§ 29 II, 38 I ZPO, zugrunde.[1] Die besondere Interessenlage ergibt sich aus dem Bedürfnis der Unternehmer nach Vertrauensschutz, Einfachheit und Schnelligkeit, aber auch Flexibilität einerseits (Rz 190)[2] sowie aus einem geringeren Schutzbedürfnis andererseits wegen der bei Unternehmern üblicherweise zu erwartenden Geschäftserfahrenheit und Geschäftsgewandtheit (Rz 187).[3] Da das Bedürfnis der Unternehmer nach Vertrauensschutz, Einfachheit, Schnelligkeit und Flexibilität im Verkehr mit Unternehmern grundsätzlich dasselbe Gewicht besitzt wie im Verkehr mit Verbrauchern, kommt es zunächst darauf an, ob sich diese Bedürfnisse im Geschäftsverkehr mit Unternehmern wegen deren geringerer Schutzbedürftigkeit stärker durchzusetzen vermögen.[4] Trotz geringeren Schutzbedürfnisses (Rz 186 ff.) bleibt der Grad der Unangemessenheit derselbe (s. Rz 75), kommt aber erst später zum Tragen. Die Bedürfnisse des Geschäftsverkehrs können auch eine strengere Kontrolle im Rahmen von § 307 rechtfertigen (Rz 190 ff.). Die besondere Interessenlage bewirkt, dass die gesetzlichen Grundgedanken nach § 307 II Nr. 1 für Unternehmer in anderer Weise zur Geltung kommen als für Verbraucher (s. Rz 118). Bei der Übertragung der Wertungen von §§ 308 und 309 auf Unternehmer ist deren besondere Interessenlage vor dem Hintergrund des Zwecks jedes der dort genannten Klauselverbote selbstständig zu würdigen. Es kann deshalb nicht anerkannt werden, dass die Klauselverbote der §§ 308, 309 die Unwirksamkeit auch im unternehmerischen Verkehr generell indizieren und jeweils besondere Gründe für deren Nichtanwendung dargetan werden müssen.[5] Vielmehr hat für jedes Klauselverbot eine selbstständige Wertung im Hinblick auf seine Bedeutung für den unternehmerischen Verkehr unter Berücksichtigung von Sinn und Zweck des jeweiligen Klauselverbots stattzufinden.[6]

186 **b) Geringeres Schutzbedürfnis.** Das geringere Schutzbedürfnis für Unternehmer ist entsprechend der generellen Betrachtungsweise in § 307 nicht individuell, sondern generell nach den durchschnittlichen typischen Verhältnissen bei Unternehmern zu beurteilen. Dabei ist jedoch im Regelfall für Kleinunternehmer, aber je nach Vertragssituation auch für mittlere Unternehmen eher von einem verstärkten Schutzbedürfnis auszugehen als für Großunternehmer.

---

[1] S. auch *Pfeiffer* NJW 1999, 169.

[2] S. auch § 305 Rz 120; *Baumbach/Hopt,* HGB, Einl. vor § 1 Rz 4 ff.; *Karatzenis* S. 13.

[3] S. auch BGH NJW 1985, 738; *Ulmer/Fuchs* Rz 372; *Ohlendorf-von Hertel* S. 86 ff.; zu stark betont bei *Alisch* JZ 1982, 706, 709.

[4] S. auch BT-Drs. 7/3919 zu § 12, S. 43.

[5] Dazu auch § 310 Abs. 1 Rz 22; ferner *M. Wolf/Pfeiffer* JZ 1988, 440, 443; *M. Wolf* ZIP 1987, 341, 342; *Bunte* NJW 1987, 921, 925; *Rabe* NJW 1987, 1978, 1982; *Ohlendorf-von Hertel* S. 112 ff.; *Karatzenis,* aaO, S. 49; *Reh,* aaO, S. 266; *Lutz,* aaO, S. 32 ff.; *Ulmer/Fuchs* Rz 782; s. auch Vorb. §§ 308, 309 Rz 23; **a. A.** BGHZ 90, 273, 278 = NJW 1984, 1750; BGH NJW 1985, 2693, 2695; MünchKomm/*Kieninger* Rz 42; *Baudenbacher* JA 1987, 217, 224; abgeschwächt BGH NJW 1984, 2941; 1985, 3016; *v. Hoyningen-Huene,* aaO, Rz 306; offengelassen in BGH NJW 1985, 2328; BGH NJW 1985, 2693, 2695.

[6] *Helm* BB 1977, 1109; *M. Wolf* ZIP 1987, 341, 342; *Rabe* NJW 1987, 1978, 1982, *Dauner-Lieb,* Verbraucherschutz durch Ausbildung eines Sonderprivatrechts für Verbraucher, 1983, S. 40 ff.; *Kippels,* aaO, S. 23; s. Vorb. §§ 308, 309 Rz 25.

aa) Ein geringeres Schutzbedürfnis kann sich allgemein aus der **Geschäftsgewandtheit und Erfahrung des Unternehmers** ergeben, die aus der beruflichen Befassung mit Vertragsproblemen seines Geschäftsbereichs herrührt. Daraus resultieren Kenntnisse und Erfahrungen von Klauselinhalten und ihrer Wirkungsweise, wie sie zum Teil sogar als Handelsbrauch einheitlich festgelegt sind. Dies gilt insbesondere für häufig getätigte Geschäfte, nicht aber ohne weiteres für seltene Geschäfte wie etwa die Miete von Geschäftsräumen.[1] Die Geschäftstätigkeit des Unternehmers erbringt auch Kenntnisse über die Möglichkeiten der Rechtsdurchsetzung und der gerichtlichen Auseinandersetzung. Diese Kenntnisse und Erfahrungen lassen das Schutzbedürfnis nicht schon bei Einbeziehung der AGB entfallen, da auch der Unternehmer einen Vertragsschluss rasch tätigen will, ohne sich um Detailregelungen künftiger, möglicherweise nur theoretischer Probleme der Vertragsabwicklung zu kümmern. Auch beseitigen Kenntnisse und Erfahrungen im Geschäftsverkehr nicht eine faktisch gegebene wirtschaftliche Verhandlungsmacht. Trotz der beim Unternehmer typischerweise gegebenen Kenntnisse und Erfahrungen liegt deshalb ein Aushandeln im Sinne von § 305 I S. 2 nicht ohne weiteres vor. Das Aushandeln muss im Gegensatz zur generell typisierenden Betrachtungsweise des § 307 konkret individuell festgestellt werden. Die Kenntnisse und Erfahrungen des Unternehmers können sich aber bei der Vertragsabwicklung in der Weise auswirken, dass ihn Nachteile nicht so schwer treffen. Der Unternehmer, der Klauselinhalte und ihre Wirkung kennt, kann sein Verhalten darauf einrichten, um die nachteiligen Folgen zu vermeiden, und ihm sind aufgrund seiner Geschäftstätigkeit vielfach Mittel und Wege bekannt, wie er Nachteile vermeiden und ihm zustehende Rechte durchsetzen kann oder auf andere Weise wirtschaftlichen Ausgleich erlangen kann.[2] 187

bb) Die **Fähigkeit zur Nachteilsvermeidung** macht den Unternehmer weniger schutzbedürftig als den Verbraucher, der diese Fähigkeit nicht im gleichen Maße besitzt. Für den Unternehmer genügt deshalb in den Fällen, in denen er typischerweise Nachteile vermeiden kann, statt des generellen Schutzes der §§ 307 bis 309 der konkrete Schutz vor überraschenden Klauseln nach § 305 c I. Wegen der erhöhten Fähigkeit zur Rechtsdurchsetzung kann dem Unternehmer auch eher zugemutet werden, eine im Einzelfall unangemessene Leistungsbestimmung nach § 315 III überprüfen zu lassen, statt die Einräumung des Bestimmungsrechts generell nach § 307 für unwirksam zu erklären.[3] Aufgrund seiner Kenntnisse und Erfahrungen kann der Unternehmer auch Risiken aus seinem Geschäftsbereich eher abschätzen und dagegen Vorsorge treffen.[4] Insoweit sind ihm deshalb Haftungsbegrenzungen eher zumutbar,[5] ebenso ist eher von der Wahrung des Transparenzgebots auszugehen (s. Rz 252). 188

cc) Ein geringeres Schutzbedürfnis ergibt sich auch daraus, dass der Unternehmer vielfach die Möglichkeit zur **Überwälzung und Abdeckung von Kosten und Lasten** hat, sei es, dass er sie in seine Preiskalkulation einfließen lassen und weitergeben kann, sei es, dass er sie durch eine Versicherung abdecken kann. Auch aus diesem Grunde treffen ihn Nachteile nicht in gleichem Maße wie den Verbraucher, was eine Einschränkung der Inhaltskontrolle nach § 307 rechtfertigt. Die Überwälzung von Kosten und Lasten ist jedoch nicht unbeschränkt möglich. Kosten und Lasten treffen den Selbstnutzer, wie etwa den Mieter von Geschäftsräumen, eher als den Händler, der mit dem Leistungsgegenstand weniger intensiv 189

---

[1] S. BGH v. 6. 4. 2005 XII ZR 308/02 = NJW 2005, 2006.
[2] S. auch BT-Drs. 7/3919 zu § 12, S. 43; § 310 Rz 3.
[3] S. auch *M. Wolf* ZIP 1987, 341, 344.
[4] Dazu BGH v. 6. 4. 2005 XII ZR 308/02 = NJW 2005, 2006.
[5] S. § 309 Nr. 7 Rz 135.

in Berührung kommt und bei größeren Mengen einzelne Nachteile besser ausgleichen kann als der Selbstnutzer.[1] Dem Unternehmer dürfen auch keine Nachteile auferlegt werden, die ihn bei der Überwälzung auf seine Abnehmer im Wettbewerb benachteiligen. Schließlich findet die Kostenüberwälzung auf die Abnehmer auch darin eine Grenze, dass sie letztlich den Endverbraucher treffen und dieser nicht mit unangemessenen Nachteilen belastet werden darf. Durch die Verteilung einzelner Kosten und Nachteile auf die Gesamtunkosten wird der einzelne Endverbraucher jedoch häufig nicht so stark betroffen, wie wenn er einen Nachteil allein und unmittelbar zu tragen hat. Bei Verträgen mit bloßer Weiterleitungs- und Verteilungsfunktion ist der Verwender als Vorlieferant den Wettbewerbsbedingungen am Markt in vergleichbarer Weise ausgesetzt wie die von ihm belieferten Einzelhändler. Insoweit werden bereits dem Verwender als Vorlieferanten aus Gründen des Wettbewerbs Grenzen für die Kostenabwälzung auf den Endverbraucher über den Händler gesetzt. Dies gilt insbesondere auch für Preiserhöhungen.[2] Zum seitengleichen Regress s. Rz 192; zur Kostenabdeckung durch Versicherbarkeit im Zusammenhang mit der Beurteilung von Haftungsfreizeichnungsklauseln s. § 309 Nr. 7 Rz 100 ff. und zur Haftungserweiterung Anh. § 310 Rz H 10 ff.

190 **c) Verstärktes Schutzbedürfnis.** Die Bedürfnisse des Geschäftsverkehrs nach **Vertrauensschutz, Einfachheit, Schnelligkeit und Flexibilität** sind im unternehmerischen Geschäftsverkehr auf beiden Seiten als berechtigte Interessen zu berücksichtigen. Dies kann anstatt zur abgeschwächten Inhaltskontrolle wegen geringerer Schutzbedürfnisse (Rz 186 ff.) zu einer verstärkten Inhaltskontrolle wegen überwiegender Bedürfnisse des unternehmerischen Geschäftsverkehrs führen.

191 **aa)** Von einem überwiegenden Schutzbedürfnis im unternehmerischen Geschäftsverkehr ist auszugehen, wenn die Bedürfnisse des unternehmerischen Geschäftsverkehrs beim Vertragspartner stärker zu gewichten sind als die Verbraucherschutzinteressen und deshalb die Durchsetzung der Verwenderinteressen im unternehmerischen Verkehr in weitergehendem Maß als unangemessen erscheint als gegenüber Verbrauchern.[3] Dies kann etwa zutreffen, wenn **besonders hohe wirtschaftliche Werte** auf dem Spiel stehen und der unternehmerische Vertragspartner deshalb einen besonderen Vertrauensschutz im Hinblick auf Genauigkeit und Pünktlichkeit der Lieferung verdient. Dass Fristen unangemessen lang und nicht hinreichend bestimmt sind, kann wegen des verstärkten Schutzbedürfnisses gegenüber einem Unternehmer im Rahmen von § 307 eher anzunehmen sein als gegenüber einem Verbraucher nach § 308 Nr. 1 und 2. Auch § 377 HGB macht deutlich, dass im unternehmerischen Verkehr eine strengere Inhaltskontrolle möglich ist. Die Untersuchungs- und Rügepflicht nach § 377 HGB kann in Einkaufsbedingungen zwischen Unternehmern nicht generell ausgeschlossen werden,[4] wohl aber kann sie von einem Nichtkaufmann als Käufer und Verwender ausgeschlossen werden, da eine Untersuchungs- und Rügepflicht nach dem HGB für den Nichtkaufmann als Käufer grundsätzlich nicht vorgesehen ist.

192 **bb)** Ein verstärktes Schutzbedürfnis kann sich auch aus der Haftung des Einzelhändlers gegenüber dem Verbraucher ergeben. Die in §§ 308 und 309 gezogenen Grenzen sind bei der Möglichkeit der Kostenüberwälzung auf den Einzelhändler zu beachten. Der Einzelhändler kann sich im Rechtsverhältnis zum Endverbraucher z. B. nicht im gleichen Maße wie gegenüber Unternehmern von der Gewährleistung freizeichnen (§ 309 Nr. 8b) und muss deshalb seinerseits auf Regress-

---

1 S. auch BT-Drs. 7/3919 zu § 12, S. 43; BGH v. 6. 4. 2005 XII ZR 308/02 = NJW 2005, 2006.

2 S. BGHZ 93, 252, 259.

3 Vgl. z. B. *Karatzenis,* aaO, S. 20.

4 S. auch § 309 Nr. 8b ee Rz 75.

ansprüche Wert legen **(Problem des seitengleichen Regresses).** In AGB, die von Vorlieferanten gegenüber einem Einzelhändler verwendet werden, muss deshalb berücksichtigt werden, wenn der Einzelhändler wegen der strengeren Maßstäbe in §§ 308, 309 Lasten und Risiken nicht auf den Endverbraucher überwälzen kann. Hersteller und Lieferanten dürfen solche Risiken und Lasten dann nicht ihrerseits auf den Einzelhändler abladen und ihn darauf sitzenlassen.[1] § 478 sieht beim Verbrauchsgüterkauf einen Schutz des Einzelhändlers vor solchen Risiken jetzt ausdrücklich vor. Für andere Vertragstypen sind dagegen nach wie vor die allgemeinen Erwägungen im Rahmen von § 307 bedeutsam.

d) Gewohnheiten und Gebräuche im Handelsverkehr. Bei der Inhaltskontrolle zwischen Unternehmern ist nach § 310 I S. 2 auf die im Handelsverkehr geltenden Gewohnheiten und Gebräuche angemessen Rücksicht zu nehmen.[2] Der Gesetzgeber übernimmt damit die Umschreibung der Handelsbräuche durch § 346 HGB.[3] Bestimmt ein Handelsbrauch die Rechte und Pflichten der Parteien kraft **unmittelbarer Geltung** auch ohne Verwendung von AGB, so ist für eine Inhaltskontrolle nach § 307 kein Raum.[4] Bedarf eine Klausel dagegen der **rechtsgeschäftlichen Vereinbarung,** um im Vertrag zu gelten, so kann der Handelsbrauch bei der Klauselauslegung zu berücksichtigen sein.[5] 193

Der Handelsbrauch hat Bedeutung vor allem als **Wertmaßstab für die Beurteilung der Angemessenheit.** Was im unternehmerischen Verkehr allgemein seit langer Zeit als Handelsbrauch verwendet wird, verdrängt zwar nicht die gesetzlichen Wertmaßstäbe, hat aber doch die Vermutung der Praktikabilität und Angemessenheit für sich, da der unternehmerische Verkehr gezeigt hat, dass er damit leben kann. Darüber hinaus kann der Handelsbrauch im Rahmen von § 307 im Sinne einer Konkretisierung von Klauselinhalten Bedeutung erlangen, so dass diese eher dem Gebot der Bestimmtheit und Transparenz (s. Rz 258 ff.) genügen.[6] Er kann aufgrund seines einheitlichen Inhalts auch als im unternehmerischen Geschäftsverkehr bekannt zu Grunde gelegt werden und trägt damit zur geringeren Schutzbedürftigkeit der Unternehmer bei (s. Rz 186 ff.). 194

Die im Handelsverkehr geltenden Gewohnheiten und Gebräuche sind auch zu beachten, wenn sie nicht allgemein, sondern **nur in einer Branche gelten.** Dies kann zu unterschiedlichen Kontrollmaßstäben in verschiedenen Branchen führen.[7] Gewohnheiten und Gebräuche sind auch heranzuziehen, wenn sie **noch nicht** die Geltungskraft eines **Handelsbrauchs** erlangt haben, aber tatsächlich gehandhabt werden und nennenswerte Verbreitung gefunden haben. Sie entfalten dann jedoch eine schwächere Wirkung. 195

e) Unternehmensgröße, Unternehmensfunktion und Branche. Innerhalb der Unternehmerschaft kann die Interessenlage weitergehende Differenzierungen nach Unternehmensgröße, Unternehmensfunktion und Branchen gebieten.[8] 196

---

[1] MünchKomm/*Basedow* § 310 BGB Rz 8; *von Westphalen* NJW 1980, 2227; *Nickel* NJW 1981, 1490; zum Vertragshändlervertrag *von Westphalen* NJW 1982, 2465, 2470 und Anh. § 310 Rz V 358; vgl. auch *Karatzenis,* aaO, S. 25 f., der auf die Problemverlagerung in die Verteilerstufe hinweist; *Kippels,* aaO, S. 33, jedoch gegen eine Pauschalierung und mit Hinweis auf den Kompensationsgedanken, dazu Rz 215 ff.

[2] Dazu auch § 310 Abs. 1 Rz 24 ff.; *Basedow* ZHR 150, 469.

[3] A. A. *Karatzenis,* aaO, S. 17 f., 28. Zur Unterscheidung der verschiedenen Geltungsbedeutung von Handelsbräuchen s. § 305 Rz 145 ff.

[4] S. Rz 283.

[5] S. § 305 Rz 149.

[6] S. auch BGHZ 92, 398; *M. Wolf* EWiR 1/87, 423.

[7] S. auch *Rabe* NJW 1987, 1978, 1983 ff.

[8] Auch *Karatzenis,* aaO, S. 36 ff.

197 Eine größere Schutzbedürftigkeit ist bei **Kleinunternehmern,** die keinen kaufmännisch eingerichteten Geschäftsbetrieb erfordern (§ 1 II HGB), zu berücksichtigen. Insbesondere haben Kleinunternehmer, z. B. wegen ihrer eingeschränkten Geschäftstätigkeit, nicht immer dieselbe Kenntnis und Geschäftserfahrung wie Großunternehmer. Ähnliches ist auch bei **freiberuflicher Tätigkeit** zu berücksichtigen. Es stehen ihnen auch nicht in gleichem Maße die Möglichkeiten der Rechtsdurchsetzung zur Nachteilsvermeidung (s. Rz 188) und zur Kostenüberwälzung (Rz 189) zur Verfügung wie Großunternehmern. Die Organisation eines **Großbetriebs** kann auf Verwenderseite eine andere Interessenbewertung, z. B. längere Fristen, erfordern als bei Einzelpersonen. Auch ist das Erfordernis schriftlicher Bestätigung mündlicher Abreden bei einem Einmannbetrieb nicht zu rechtfertigen.[1]

198 Zu berücksichtigen ist auch, ob eine bestimmte Geschäftstätigkeit den eigentlichen **Kernbereich der Unternehmenstätigkeit** oder nur eine Nebenerwerbschance darstellt.[2] Die Interessenlage kann auch auf **unterschiedlichen Produktions- und Handelsstufen** verschieden zu bewerten sein.[3] So ist etwa bei Verwendung von AGB gegenüber Einzelhändlern deren Bindung an §§ 308, 309 gegenüber Endverbrauchern zu berücksichtigen (s. Rz 192). Umgekehrt ist in AGB, die Einzelhändler gegenüber Endverbrauchern benutzen, zu beachten, inwieweit der Einzelhändler seinerseits berechtigte Interessen eines Herstellers oder Vorlieferanten anerkennen muss.[4]

199 Aus Interessen verschiedener **Branchen** ergeben sich unterschiedliche Bedürfnisse. Ein und dieselbe Klausel kann deshalb in verschiedenen Branchen unterschiedlich zu beurteilen sein.[5] So kann z. B. eine Verarbeitungsklausel, die dem Verwender das Alleineigentum verschaffen soll, wirksam sein in einer Branche, in der der Verwender alleiniger Stofflieferant ist, unwirksam dagegen in Branchen, in denen die neue Sache aus Waren mehrerer Lieferanten hergestellt wird. Einem Unternehmer können auch nicht ohne weiteres Spezialkenntnisse einer bestimmten Branche zugerechnet werden. Dies gilt etwa für versicherungstechnische Kenntnisse, die von einem Unternehmer im Speditions- und Frachtführergewerbe nicht erwartet werden können. Dieser ist deshalb gegenüber einer Versicherung schutzbedürftig.[6] Wegen ihrer Branchenüblichkeit wirksam ist der Haftungsausschluss für Erfüllungsgehilfen im Seefrachtrecht durch die sog. Landschadensklausel.[7]

5. Verbraucher und Unternehmer gemeinschaftlich als Vertragspartner

200 Sind ein Unternehmer und ein Verbraucher gemeinschaftlich Vertragspartner des Verwenders, so sind die für jeden geltenden Maßstäbe der **Inhaltskontrolle gesondert** anzuwenden (s. Rz 83 mit Ausnahme für Emissionsbedingungen Rz 85). Ist eine Klausel für Verbraucher unwirksam, für Unternehmer dagegen wirksam, so können insoweit aus einer gesamtschuldnerischen Haftung keine Ansprüche gegen den Verbraucher hergeleitet werden.[8]

---

[1] BGH NJW 1983, 1853; dazu auch Anh. § 310 Rz S 98.
[2] S. BGH NJW 1983, 159, 160 zum Automatenaufstellvertrag; dazu Anh. § 310 Rz A 302.
[3] S. auch BT-Drs. 7/3919 zu § 12, S. 43.
[4] S. auch § 308 Nr. 4 Rz 25.
[5] S. auch BGH NJW-RR 1997, 1253 = LM H.12/1997 § 9 (Cf) AGBG Nr. 46 m. Anm. *Rabe.*
[6] BGH NJW 1985, 559, 560.
[7] BGH NJW-RR 1997, 1253; s. auch Anh. § 310 Rz K 4.
[8] S. auch OLG Oldenburg NJW-RR 1987, 1003.

6. Mitwirkung der beteiligten Verkehrskreise

a) Art der Mitwirkung. Die Interessenbewertung in § 307 wird auch durch die Mitwirkung der beteiligten Verkehrskreise **bei der Aufstellung der AGB** beeinflusst. Haben an der Aufstellung der AGB die beteiligten Kreise mitgewirkt und haben sie die AGB jahrzehntelang anerkannt,[1] so ist dies bei der Interessenabwägung zu berücksichtigen, auch wenn dadurch eine Inhaltskontrolle nicht ausgeschlossen wird.[2] Die Anerkennung der AGB ohne Mitwirkung bei der Aufstellung beeinflusst die Interessenabwägung im Rahmen von § 307 nur schwach. Sie kann aber im Rahmen der im Handelsverkehr geltenden Gewohnheiten und Gebräuche zu berücksichtigen sein (s. Rz 193 ff.). 201

Als Klauselwerke, die von den beteiligten Verkehrskreisen und ihren Verbänden aufgestellt und anerkannt sind, kommen in Betracht die VOB, die ADSp, die ADS (Allgemeine Deutsche Seeversicherungsbedingungen) und die York-Antwerp-Regeln der Großen Havarei,[3] nicht aber die von der öffentlichen Hand aufgestellten Besonderen Vertragsbedingungen für die Überlassung von DV-Programmen.[4] 202

b) Einfluss auf die Inhaltskontrolle. Die Mitwirkung der beteiligten Verkehrskreise bewirkt **keine Änderung des Kontrollmaßstabs** in §§ 307 bis 309. Abweichend hiervon will der VII. Senat bei unveränderter Übernahme der VOB auf jegliche Inhaltskontrolle verzichten.[5] Dies mag den Umgang mit solchen Klauselwerken erleichtern, ist jedoch nicht zu rechtfertigen. Für den zwingend ohne Bewertungsspielraum anwendbaren § 309 ist dies ganz eindeutig. Aber auch im Übrigen können die beteiligten Verkehrskreise nicht vom zwingenden AGB-Recht abweichen. Jedoch sollte bei Angemessenheitsbeurteilungen oder bei der Frage, ob ein Sach- und Zweckzusammenhang besteht, in Grenz- und Zweifelsfällen die Zustimmung der beiderseitigen Interessenverbände in der Weise berücksichtigt werden, dass es zusätzlicher Gründe bedarf, wenn trotz Zustimmung der beteiligten Verkehrskreise AGB für unwirksam erklärt werden.[6] Diese zusätzlichen Gründe können sich sowohl auf die Schwere der inhaltlichen Unangemessenheit wie auf die fehlende Legitimation und Wahrnehmungszuständigkeit der Beteiligten beziehen. Die Mitwirkung und Anerkennung durch die beteiligten Kreise und Interessengruppen führt auch dazu, dass diese AGB im unternehmerischen Verkehr nach § 310 I S. 2 eher als Gebräuche und Gewohnheiten Berücksichtigung finden können. 203

Die so aufgestellten AGB sind auch nicht ohne weiteres mit einseitig aufgestellten AGB auf eine Stufe zu stellen, sondern es kann bei ihnen eher von einer im Ganzen einigermaßen ausgewogenen Regelung der Interessen ausgegangen werden.[7] Deshalb ist bei der isolierten Kontrolle einzelner Klauseln solcher AGB Vorsicht geboten. Es ist vielmehr das Zusammenwirken der Vorschriften in einer **Gesamtwürdigung** zu beachten, um den dadurch angestrebten Gesamtausgleich der Interessen nicht unberechtigt zu stören.[8] Dies muss im Verbandsklageprozess glei- 204

---

[1] BGH NJW 1991, 976.

[2] BGH NJW 1982, 1820; 1986, 1434, 1435 zu den ADSp; zur Entstehung der VOB s. BGH NJW 1984, 1621; *Karatzenis,* aaO, S. 33.

[3] S. *Basedow* ZHR 150, 469, 483.

[4] BGH NJW 1991, 976; BGH NJW 1997, 2043 = LM H.8/1997 § 1 AGBG Nr. 28 m. Anm. *Pfeiffer.*

[5] BGH NJW 2004, 1597.

[6] S. auch *M. Wolf* JZ 1987, 1129.

[7] S. auch BGH NJW-RR 1991, 570, 572 zu ADSp.

[8] BGHZ 86, 135, 141 ff. = NJW 1983, 816, 818; BGH NJW 1988, 55 jeweils zur VOB/B; krit. *Flach* NJW 1984, 156; zu den ADSp s. BGH NJW-RR 1991, 570, 572; BGH NJW-RR 1997, 1253 = LM H.12/1997 § 9 (Cf) AGBG Nr. 46 m. Anm. *Rabe;* dazu auch *Schott* FS *Piper,* 1996, S. 1027 ff.; zu behördlich genehmigten AGB s. Rz 66.

chermaßen gelten wie im Individualprozess.[1] Eine Gesamtwürdigung kann jedoch prinzipiell nur für solche Klauseln in Betracht kommen, die in einem Sach- und Zweckzusammenhang stehen (s. Rz 127, 212). Dies muss entgegen einzelnen Tendenzen in der Rspr. auch für AGB gelten, die unter Mitwirkung der beteiligten Verkehrskreise zustande gekommen sind, da diese Verkehrskreise keine Legitimation haben, einseitig nachteilige AGB zulasten des anderen Vertragspartners auszuhandeln.

205 Unter Mitwirkung der beteiligten Verkehrskreise aufgestellte AGB können **um so mehr die Angemessenheit** begründen, je mehr alle Verkehrskreise beteiligt sind und **je mehr** sie in diesen Kreisen **allgemeine Anerkennung** gefunden haben. Die Zustimmung des ADAC bei der Aufstellung von Kfz-Reparaturbedingungen ist danach nicht völlig irrelevant.[2] Sie hat jedoch nicht so weitreichende Wirkung wie die Zustimmung und Anerkennung durch alle beteiligten Verkehrskreise bei den ADSp oder der VOB.

206 Voraussetzung für die großzügigere Anerkennung solcher Klauselwerke wie der ADSp und der VOB war bisher, dass das Bedingungswerk **ohne ins Gewicht fallende Änderungen Vertragsbestandteil** geworden ist[3] oder dass für die geänderten Vorschriften eine gleichwertige Kompensationsregelung besteht.[4] In Abweichung von der bisherigen Rechtsprechung verlangt der BGH im Interesse der Rechtssicherheit nunmehr die völlig unveränderte Übernahme der VOB.[5] Diese Sichtweise findet eine Grundlage in § 309 Nr. 8 b ff, der verlangt, dass die VOB/B „insgesamt einbezogen ist“. Dieses Erfordernis sollte jedoch nicht allzu formal gehandhabt werden.[6] Insgesamt einbezogen heißt nicht völlig unverändert einbezogen. Vielmehr muss berücksichtigt werden, dass der angemessene Schutz von Interessen zu bewerten ist. Der Interessenschutz wird aber durch Vergünstigungen des anderen Vertragsteils nicht berührt. Auch unwesentliche Änderungen berühren nicht die Interessen des anderen Vertragsteils (Rz 75, 158). Der Rechtssicherheit kann dadurch Rechnung getragen werden, dass nur ein eindeutig unwesentlicher Eingriff in das Gesamtklauselwerk die Gesamtwürdigung und die Anerkennung der beteiligten Verkehrskreise (Rz 204, 205) nicht ausschließt. Ein zur Inhaltskontrolle berechtigender Eingriff ist unabhängig davon gegeben, ob die abändernde Regelung nach dem AGB-Recht wirksam ist oder nicht.[7] Der Eingriff führt auch nicht automatisch zur Unwirksamkeit, jedoch kann der Gesamtwürdigung nicht mehr entscheidende Bedeutung zukommen.[8] Kleinere Änderungen, wie z. B. die Verlängerung der Frist in § 12 VOB/B oder der Ausschluss der fiktiven Abnahme gemäß § 12 Nr. 5 VOB/B, haben nach früherer Rechtsprechung nicht geschadet.[9]

207 **c) Standesrichtlinien.** Bei der Interessenabwägung ist auch die Existenz von Standesrichtlinien als Verhaltensregeln einer Berufsgemeinschaft wie Rechtsanwälten, Ärzten, Architekten u. a. zu beachten. Der Verstoß einer Vertragsklausel gegen solche Standesrichtlinien begründet im Regelfall die Unangemessenheit, wenn

---

1 A. A. offenbar BGH ZIP 1987, 989, 991.

2 A. A. BGH ZIP 1987, 989, 991; *Erman/Roloff* Rz 15; *Bamberger/Roth/H. Schmidt* Rz 15.

3 BGH NJW 1988, 55, 56; 1990, 2384; 1990, 3197, 3198; BGH NJW 1991, 1812, 1813 jeweils zur VOB/B; a. A. *Flach* NJW 1984, 156, 158.

4 BGH NJW-RR 1991, 570, 572 zu ADSp; s. auch Rz 215 ff.

5 BGH v. 22. 1. 04 VII ZR 419/02 = NJW 2004 1597; BGH v. 15. 4. 2004 VII ZR 129/02 = NJW-RR 2004, 957.

6 Strenger offenbar § 309 Nr. 8 b ff Rz 12.

7 BGH NJW 1993, 2738.

8 S. auch BGH NJW 1993, 2738.

9 BGH NJW 1983, 816, 818.

keine sachlich berechtigten Gründe für eine Abweichung bestehen.[1] Die Übereinstimmung einer Klausel mit den Standesrichtlinien begründet aber nicht von selbst die Angemessenheit und steht einer Überprüfung nach § 307 nicht entgegen, weil Standesrichtlinien nach ihrer Funktion nicht ohne weiteres auch die Kundeninteressen berücksichtigen.[2]

d) Aufstellung durch neutrale Instanzen. Ebenso ist sie zu berücksichtigen, wenn AGB durch neutrale Instanzen aufgestellt werden, wie etwa durch die Industrie- und Handelskammer oder die Internationale Handelskammer.[3] Dazu gehören etwa die Incoterms,[4] die Einheitlichen Richtlinien und Gebräuche für Dokumentenakkreditive[5] oder die Einheitlichen Richtlinien für Inkassi.[6] Die Aufstellung durch neutrale Instanzen schließt die Inhaltskontrolle nach §§ 307 bis 309 nicht aus. Jedoch ist auch bei diesen AGB eher von einer insgesamt ausgewogenen Regelung auszugehen, so dass bei einer isolierten Inhaltskontrolle Vorsicht geboten ist und stattdessen eine Gesamtwürdigung aller zusammengehörigen Vorschriften vorzunehmen ist. Im unternehmerischen Verkehr können Regelungen neutraler Instanzen auch gemäß § 310 I S. 2 als Gewohnheiten und Gebräuche Berücksichtigung finden. 208

7. Einfluss der Verkehrssitte

a) Berücksichtigung in § 307. Obwohl § 307 die **Verkehrssitte** im Gegensatz zu § 242 nicht ausdrücklich erwähnt, ist auch sie im Rahmen der Interessenbewertung nach § 307 zu berücksichtigen. Dies ergibt sich indirekt aus § 310 I S. 2, der für § 307 die Beachtung der im Handelsverkehr geltenden Gewohnheiten und Gebräuche verlangt.[7] Da § 310 I aber keinen neuen Maßstab der Inhaltskontrolle einführt, sondern den Maßstab des § 307 übernimmt, ist davon auszugehen, dass schon in § 307 die Verkehrssitte zu beachten ist, die für Unternehmer durch den Handelsbrauch näher ausgefüllt wird. Auch der Maßstab von Treu und Glauben legt im Zusammenhang mit dem Vertrauenselement (Rz 178) die Berücksichtigung der Verkehrssitte nahe. 209

b) Vereinbarkeit mit Treu und Glauben. Die Verkehrssitte und ihre Sonderform, der Handelsbrauch, sind jedoch nur zu berücksichtigen, soweit dies mit Treu und Glauben und der gerechten Bewertung der im Spiel befindlichen Interessen zu vereinbaren ist.[8] Eine tatsächliche Verkehrsübung und die bloße **Üblichkeit** einer Klausel **ohne Rücksicht auf Treu und Glauben,** insbesondere eine missbräuchliche und ungerechte Verkehrssitte, ist **unbeachtlich.**[9] Die Verkehrssitte kann z. B. insoweit Bedeutung erlangen, als sie aufgrund ständiger Übung ein bestimmtes Vertrauen entstehen lässt oder umgekehrt ein Vertrauen verhindert. Die Verkehrssitte muss aber **von allen beteiligten Gruppen** und nicht nur von einer Seite **anerkannt** sein. Dies gilt z. B. für die ADSp, die unter Mitwirkung aller beteiligten Verkehrskreise zustande gekommen und von diesen weitgehend anerkannt sind, ebenso die Tegernseer Gebräuche im Holzhandel.[10] 210

---

[1] *Ulmer/Fuchs* Rz 140; *Erman/Roloff* Rz 14.
[2] S. auch *von Hoyningen-Huene,* aaO, Rz 196.
[3] S. *Basedow* ZHR 150, 469, 483 ff.
[4] S. Anh. § 310 Rz H 61.
[5] S. Anh. § 310 Rz A 123.
[6] S. Anh. § 310 Rz I 3.
[7] S. oben Rz 193 ff.; § 24 f.
[8] S. auch OLG Koblenz NJW-RR 1988, 1306.
[9] BGH NJW 1982, 644, 645; BGHZ 106, 259, 267 = NJW 1989, 592; BGH NJW 1991, 1677 und 2414, 2416; *Becker* S. 73.
[10] S. BGH NJW-RR 1987, 94, 95; OLG Koblenz NJW-RR 1988, 1306.

211 **c) Gegenstand und Maßstab der Inhaltskontrolle.** Die Anerkennung einer Verkehrssitte durch die beteiligten Kreise schließt eine Inhaltskontrolle zwar nicht aus, ist bei dieser aber mit zu berücksichtigen.[1] Dabei ist zu unterscheiden zwischen der **auslegenden Verkehrssitte** nach § 157, die eine konkrete Klausel voraussetzt und zu deren Auslegung herangezogen wird, und der ergänzenden Verkehrssitte in § 242, die unabhängig von einer konkreten Klausel gilt.[2] Gegenstand der Inhaltskontrolle nach § 307 ist nur eine AGB-Klausel mit ihrem durch die auslegende Verkehrssitte bestimmten Inhalt. Zugleich ist die Verkehrssitte aber auch Maßstab der Inhaltskontrolle im Rahmen von § 307. Zur Inhaltskontrolle von Handelsklauseln und der Incoterms s. noch Anh. § 310 Rz H 62. Eine langjährige branchenübliche Verwendung führt nicht ohne weiteres zur Anerkennung als angemessen.[3] Auch sonst hindert die Üblichkeit einer Klausel nicht, sie nach § 307 als unangemessen zu bewerten.[4] Die allgemeine Übung, bestimmte Bedingungen den Vertragsbeziehungen zu Grunde zu legen, rechtfertigt auch nicht, die Billigung aller Einzelbestimmungen durch die beteiligten Verkehrskreise anzunehmen.[5]

8. Einbettung in den Gesamtvertrag

212 Die einzelne Klausel ist Bestandteil des Gesamtvertrags. Ihre Einbettung in den Gesamtvertrag ist deshalb von wesentlicher Bedeutung für ihren Inhalt und ihre Tragweite und die daran anknüpfende Beurteilung ihrer Angemessenheit.[6] Dabei geht es nicht um den Widerspruch einzelner Klauseln, der im Verhältnis zur Individualvereinbarung durch § 4, im Verhältnis zwischen AGB-Klauseln durch § 5 gelöst wird. Vielmehr handelt es sich um ein **Verhältnis gegenseitiger Beeinflussung und Ergänzung** verschiedenartiger Vertragsbestimmungen, deren Zusammenwirken und Ausgleich in einer Gesamtwürdigung beachtet werden muss.[7] In die Gesamtwürdigung sind alle Vertragsbedingungen einzubeziehen, auch Individualvereinbarungen.[8] Grundsätzlich muss es sich jedoch um eine **sachlich zusammengehörende, zweckkongruente Regelung** handeln, d. h. die Vertragsbestimmungen müssen in der konkreten Anwendung nicht nur ausnahmsweise und ganz selten kumulativ zusammenfallen, sondern unter normalen Umständen zusammen anwendbar sein (s. auch Rz 127).

213 **a) Einflüsse aus dem Gesamtvertrag.** Eine an sich zulässige Klausel kann durch eine andere Klausel einen **Verstärkereffekt** oder Summierungseffekt erfahren und dadurch unangemessen werden.[9] Dabei ist gleichgültig, ob beide Klauseln für sich betrachtet wirksam sind und erst durch ihre Summierung unwirksam werden oder ob eine Klausel schon für sich genommen unwirksam ist und eine andere an sich wirksame Klausel mit ihrer Unwirksamkeit infiziert.[10] Der Summierungseffekt kann zur Unwirksamkeit der AGB-Klausel auch dann führen, wenn eine für

---

[1] BGH NJW 1982, 1820; 1986, 1434, 1435 zur Haftungsregelung der ADSp; s. auch Rz 201 ff.

[2] S. auch § 305 Rz 147.

[3] BGH NJW 1985, 3016, 3017 = BB 1984, 939.

[4] BGH NJW 1984, 2160; BGH NJW 1991, 1677 und 2414, 2416; *Ulmer/Fuchs* Rz 140.

[5] BGH NJW 1985, 3016, 3017.

[6] S. auch BGHZ 82, 238, 240 = NJW 1982, 644; BGHZ 106, 259, 263 = NJW 1989, 582; BGH NJW 1990, 761; BGH NJW-RR 1990, 1075; BGH NJW 1993, 532; *Soergel/Stein* Rz 6.

[7] S. auch *Hennrichs* in: *Dauner-Lieb/Heidel/Lepa/Ring,* Schuldrecht, § 307 Rz 5.

[8] BGH NJW 1993, 532; BGH v. 5. 4. 2006 VIII ZR 163/05 = NJW 2006, 2116.

[9] S. auch BGH NJW 1983, 159, 160; BGHZ 108, 52, 55 = NJW 1989, 582; BGH v. 14. 5. 2003 VIII ZR 308/02 = NJW 2003, 2234, 2235; BGH v. 5. 12. 2006 X ZR 165/03 Rz 27; *Soergel/Stein* Rz 6.

[10] BGH NJW 2003, 2234, 2235; BGH v. 25. 6. 2003 VIII ZR 335/02 = NZM 2003, 755; BGH v. 5. 12. 2006 X ZR 165/03 Rz 27 = ZR 2007, 397 m. Anm. *Stoller* UrsR 2007, 213130.

sich allein wirksame AGB-Klausel mit einer für sich allein wirksamen, individuell vereinbarten Vertragsbedingung zusammentrifft.[1] Die im Rahmen von § 309 Nr. 8 b bb zulässige Beschränkung der Gewährleistung auf ein Nachbesserungsrecht kann unangemessen werden, wenn sie von der Zahlung des ganzen oder eines unverhältnismäßig hohen Teils des Entgelts abhängig gemacht wird (§ 8 Nr. 8 b dd) oder wenn allgemein die Nachbesserung mit dem Verzicht auf Aufrechnungs- oder Zurückbehaltungsrechte verbunden wird.[2] Unwirksam sind in diesem Fall grundsätzlich beide Klauseln. Zwar würde die Unangemessenheit schon bei Wegfall einer Klausel entfallen, aber es ist grundsätzlich nicht Sache des Gerichts auszusuchen, welche der beiden Klauseln bestehen bleiben soll. Eine Ausnahme in dem Sinne, dass nur eine Klausel unwirksam ist, die andere aber wirksam bleibt, kann dann anerkannt werden, wenn die wirksam bleibende Klausel allgemein als wirksam anerkannt wird und nur in besonderen und wenigen, u. U. gar nicht bedachten Fallkonstruktionen die Unwirksamkeit begründet.[3] Ein zur Unwirksamkeit führender Summierungseffekt tritt auch ein, wenn Mietvertragsklauseln Schönheitsreparaturen sowohl zeitabhängig als auch bei Vertragsbeendigung vorsehen.[4] Verstärken AGB-Klauseln das Missverhältnis zwischen Leistung und Gegenleistung, so kann dies zur Sittenwidrigkeit des Gesamtvertrags führen (s. Rz 22, 25 f.).

Aus der Einbettung in den Gesamtvertrag kann sich aber auch ein **Abschwächungseffekt** ergeben, so z. B. wenn bei einer nach ihrem Wortlaut zu weit gefassten Klausel durch andere Klauseln erreicht wird, dass die zur Unwirksamkeit führenden unangemessenen Fallgestaltungen typischerweise nicht vorkommen.[5] 214

b) Kompensation durch den Gesamtvertrag. Andere Vertragsbestimmungen, seien es AGB-Klauseln oder Individualvereinbarungen, können Vorteile bringen, die die **Nachteile** einer Klausel oder des Gesamtvertrags **ausgleichen** und diese dadurch wirksam machen. Dieser sog. **Kompensationsgedanke**[6] findet seine Grundlage in der Umschreibung der Unangemessenheit, die bei Einräumung eines angemessenen Ausgleichs entfällt (s. Rz 127). Der Ausgleich muss in etwa gleichwertig sein, um die Unangemessenheit zu beseitigen. Der Kompensationsgedanke wird auch von Art. 4 RL getragen.[7] Einen gesetzlich geregelten Fall der Kompensation enthält § 478 IV. 215

aa) Für die Beurteilung der Gleichwertigkeit ist allein darauf abzustellen, ob dem durch die Klausel verursachten Nachteil ein annähernd **gleichwertiger Vorteil beim anderen Vertragsteil** entspricht.[8] Gleichgültig ist, ob auch der Verwender Vorteile hat,[9] denn nach dem Schutzzweck der §§ 307 ff. kann es allein darum gehen, Nachteile beim anderen Vertragsteil zu vermeiden ohne Rücksicht darauf, welche Vorteile dem Verwender aus seiner Regelung zufließen. Wenn der Verkäufer im Verhältnis zum Käufer auch die Kosten unbegründeter Reklamation übernimmt, ist dies kein kompensationsfähiger Vorteil, weil diese Kosten ohnehin grundsätzlich von der in Anspruch genommenen Person selbst zu tragen sind.[10] 216

---

[1] BGH v. 5. 4. 2006 VIII ZR 163/05 = NJW 2006, 2116.

[2] S. auch BGHZ 48, 267.

[3] S. BayObLG NJW-RR 1993, 1097, 1098.

[4] BGH NJW 2003, 2234, 2235; BGH v. 25. 6. 2003 VIII ZR 335/02 = NZM 2003, 755 (Wohnraummiete); BGH v. 6. 4. 2005 XII ZR 308/02 = NJW 2005, 2006 (Gewerberaummiete).

[5] S. zum Eigentumsverlust wertvoller Sachen in Krankenhaus-AGB BGH NJW 1990, 761, 764.

[6] BGHZ 82, 238, 240 f. = NJW 1982, 644; BGH NJW 1983, 159, 161; 1991, 1886, 1888 und 2414; *Bunte,* FS *Korbion,* 1986, S. 17; *Niebling* BB 1992, 717, 719 f.

[7] S. Art. 4 RL Rz 8.

[8] BGH NJW 1991, 1886.

[9] A. A. BGH NJW 1996, 389.

[10] BGH NJW 1996, 389.

Etwas anderes kann sich aber im Verhältnis zwischen Hersteller und fachkundigem Händler ergeben.[1] Nicht ausreichend als Kompensation ist es, wenn der Hersteller in seinem Vertriebssystem bei Reklamationen mangelhafter Waren durch den Endverbraucher über einen Händler auf den Nachweis des Kaufvertrags mit diesem Händler verzichtet, weil die Möglichkeit, dass der Käufer einen Mangel bei jedem Händler im Vertriebssystem geltend macht, zugleich dem Interesse des Herstellers an der Verbreitung seiner Marke dient.[2] Die Verlängerung der Gewährleistungsfrist kommt aber grundsätzlich als kompensatorischer Vorteil in Betracht (s. auch Rz 217, 220).

217 **bb)** Als **gleichwertig** wird die unter bestimmten Voraussetzungen an sich unwirksame Freizeichnung für Fahrlässigkeit[3] durch die Gewährung von Versicherungsschutz ausgeglichen und damit wirksam.[4] Statt eines Kostenersatzes nach § 309 Nr. 8 b cc können zwischen Unternehmern anderweitig gewährte Vorteile zu berücksichtigen sein.[5] Die kurze Verjährung in § 13 Nr. 4 VOB/B wird durch die Möglichkeit der Unterbrechung durch schriftliche Rüge und sich anschließender zweijähriger Verjährung nur schwach kompensiert.[6] Beim Liefervertrag über Presseerzeugnisse zwischen dem Gebietsgroßhändler und dem Einzelhändler stellt das Dispositionsrecht des Großhändlers, d. h. sein Recht, Art und Umfang der zu liefernden Waren zu bestimmen, keine unangemessene Benachteiligung dar, weil dem Einzelhändler durch das Remissionsrecht, d. h. das Recht zur Rückgabe nicht abgesetzter Erzeugnisse gegen Gutschrift, ein angemessener Ausgleich gewährt wird.[7]

218 **Nicht gleichwertig** ist die Übernahme der Rücksendekosten bei unbegründeter Reklamation, weil sie im Allgemeinen zu unbedeutend ist, um als Kompensation in Betracht zu kommen.[8] Wird eine gesetzliche Verjährungsfrist ohne Rücksicht auf die Kenntnis des Gläubigers von der Anspruchsentstehung verkürzt, so stellt ein etwaiger Schadensersatzanspruch wegen unrichtiger oder unvollständiger Information wegen seiner Verschuldensabhängigkeit keine ausreichende Kompensation dar.[9] Nicht ausreichend kompensiert wird § 16 Nr. 3 II VOB/B durch § 16 Nr. 1 auch nicht durch Nr. 3 I, Nr. 5 I VOB/B oder sonstige Vorschriften,[10] ebenso wenig wird § 16 Nr. 6 S. 1 VOB/B durch andere Vorteile dieser Norm ausgeglichen.[11] Keine ausreichende Kompensation gewährt auch das Recht, wahlweise eine Bürgschaft auf erste Anforderung zu stellen als Ersatz für einen Gewährleistungseinbehalt.[12] Auch eine von § 543 II Nr. 3 abweichende Kündigungsklausel wird nicht dadurch kompensiert, dass für das Absehen vom Verzugserfordernis und für das Absehen von der heilenden Wirkung nachträglicher Zahlungen ein mehr als zweimonatiger Rückstand und anstelle einer fristlosen Kündigung eine Kündigungsfrist von einem Monat eingeräumt wird.[13] Keine ausreichende Kompensation ist es auch, wenn trotz am Neuwert orientierter Prämien für den Ersatz gebrauchter

---

[1] S. § 309 Nr. 8 b cc Rz 35.
[2] BGH NJW 1996, 389.
[3] S. § 309 Nr. 7 Rz 96 ff.
[4] BGH NJW-RR 1991, 570, 572 zu § 41 a ADSp a. F.; ferner § 2 IV VO über das Bewachungsgewerbe; auch BGHZ 77, 126; BGH NJW 1972, 150, 152; § 309 Nr. 7 Rz 100 ff.
[5] S. § 309 Nr. 8 b cc Rz 35.
[6] S. *Bunte*, FS *Korbion*, 1986, S. 17, 25.
[7] BGH NJW 1982, 644.
[8] BGH NJW 1996, 389.
[9] BGH NJW 1996, 2097 = LM H.8/1996 § 86 HGB Nr. 10.
[10] BGH NJW 1988, 55, 57.
[11] BGH NJW 1990, 2384, 2385.
[12] BGHZ 136, 27 = NJW 1997, 2598.
[13] BGH NJW 1989, 1673 zu § 554 a.F.

Maschinen nur der Zeitwert zu Grunde gelegt wird und dafür bei der Reparatur auf den Abzug „neu für alt" verzichtet wird.[1]

cc) Es muss sich jedoch um **Vorteile aus zusammengehörenden Regelungen** handeln (s. Rz 212). Es genügen Vorteile, die nach den typischen Umständen der Vertragsabwicklung einen gleichwertigen Ausgleich darstellen. Auf dem Vertragszweck nicht entsprechende Fallgestaltungen kommt es nicht an. Die Bereitstellung einer Versicherung von 500,– Euro pro Schadensfall ist ausreichend, wenn nach dem Vertrag nur Gegenstände ohne besonderen Wert befördert werden.[2] Zu beachten ist auch der Zusammenhang von Kostenmiete und Schönheitsreparaturen.[3] Keine ausreichende Kompensation stellt es dar, wenn bei einer Preisanpassungsklausel neben Preiserhöhungen zwar Preisermäßigungen vorgesehen sind, diese aber angesichts des gewählten Bezugspunkts praktisch nicht in Betracht kommen.[4] 219

dd) Es genügen aus der Sicht des Vertragsschlusses nur **potenzielle Vorteile,** die sich aktuell nicht realisieren. Die Kompensation muss nicht in jedem Einzelfall eintreten, so z. B. wenn Preiserhöhungen durch ein Rücktrittsrecht[5] oder Übersicherungen durch eine Freigabeklausel[6] ausgeglichen werden, ohne dass diese Rechte ausgeübt werden, oder wenn Risikoverlagerungen auf den Kunden beim Kreditkartengeschäft mit möglichen Zinsvergünstigungen verglichen werden[7] oder wenn eine Pauschalierung von Verzugszinsen sowohl zum Vorteil wie zum Nachteil des Vertragspartners ausschlagen kann.[8] 220

ee) Der **Kompensationseinwand** ist bei den absoluten Verbotsklauseln des § 309 generell **ausgeschlossen,** bei den Klauselverboten mit Wertungsmöglichkeit in § 308 nur im Rahmen des Wertungsspielraums gegeben. Im übrigen ist er schon dadurch begrenzt, dass eine Würdigung und Abwägung des Gesamtvertrags den Richter vor eine kaum zu bewältigende Aufgabe stellen und zu weitgehender Rechtsunsicherheit führen würde.[9] Zu Preisvereinbarungen und Gewinnchancen s. Rz 224 ff. 221

9. Wahrung der Waffengleichheit

Eine besondere Form der Kompensation besteht darin, dass dem anderen Vertragspartner im Sinne einer Waffengleichheit[10] **gleiche Rechte eingeräumt** werden wie dem Verwender. Der Waffengleichheit wird auch von Art. 3 RL Bedeutung beigemessen.[11] Einzelne auf Waffengleichheit abzielende Klauselverbote sieht die Richtlinie in Anh. Nr. 1 d und Nr. 1 f. vor. Die Waffengleichheit kann bei der Angemessenheitsbeurteilung einer Klausel jedoch nur dann berücksichtigt werden, wenn die Klausel im Regelfall für den Vertragspartner in annähernd gleicher Weise praktische Bedeutung erlangen kann wie für den Verwender. Dies trifft auf die Vereinbarung kurzer Verjährungsfristen für alle Ansprüche aus einem Vertrag grundsätzlich trotz möglicher Durchsetzungsunterschiede dann zu, wenn auch der Gesetzgeber keine Differenzierung vorgenommen hat.[12] Der zeitlich be- 222

---

[1] BGH NJW 1993, 2442, 2444.
[2] BGH NJW-RR 1991, 570, 572.
[3] BayObLG NJW-RR 1987, 1298, 1300; s. auch Rz 228.
[4] BGH NJW 1990, 115 zu Lohnkosten als Bezugspunkt.
[5] BGHZ 90, 69, 78; s. auch § 309 Nr. 1 Rz 130 ff.; Anh. Nr. 1 L RL.
[6] BGH NJW 1985, 1836; s. Anh. § 310 Rz S 189.
[7] BGH NJW 1991, 1886, 1888.
[8] BGH NJW-RR 1991, 995, 997.
[9] S. *Bunte,* FS *Korbion,* 1986, S. 17, 22; a. A. *v. Hoyningen-Huene,* aaO, Rz 173.
[10] S. BGH NJW 1988, 55, 57.
[11] S. Art. 3 RL Rz 5 f.
[12] BGH NJW-RR 1991, 35.

schränkte Ausschluss des Kündigungsrechts des Mieters ist nicht unangemessen, wenn auch der Vermieter in gleicher Weise gebunden ist.[1] Von der Waffengleichheit im Sinne gleichartiger Rechte und Pflichten für den Verwender und seinen Vertragspartner kann unterschieden werden, die Wahrung des **Äquivalenzprinzips beim Austausch gegenseitiger Pflichten,** die nicht in einer Preiszahlung bestehen (s. auch Rz 308), z. B. Darlehensgewährung gegen Bezugspflichten bei Bier-, Getränke- oder Mineralöllieferungen. Diese Gleichgewichtigkeit beim Austausch gegenseitiger Pflichten ist einem übergeordneten Äquivalenzverhältnis zuzuordnen (s. Rz 182).

223 An der Waffengleichheit fehlt es, wenn wie im Falle der vorbehaltlosen Annahme einer Schlusszahlung nach § 16 Nr. 3 II VOB/B die Nachforderung des Auftragnehmers bei Unterzahlungen ausgeschlossen ist, der Auftraggeber etwaige Überzahlungen aber ohne vergleichbare Einschränkungen zurückverlangen kann.[2] Dies gilt auch für die Neufassung 1990.[3] Auch kann der Ausschluss des Kündigungsrechts des Erwerbers nach §§ 69, 70 VVG nicht dadurch gerechtfertigt werden, dass auch das Kündigungsrecht des Versicherers ausgeschlossen wird.[4] An der Äquivalenz gegenseitiger Pflichten fehlt es, wenn bei einer Bezugspflicht gegen Darlehensgewährung die Bezugspflicht auch dann bestehen soll, wenn das Darlehen nicht ausbezahlt wird.[5]

10. Unbeachtlichkeit der Preisvereinbarung

224 **a) Grundsatz.** Grundsätzlich unbeachtlich ist dagegen die Preisvereinbarung,[6] da Preisbestimmungen in der Regel auf bestimmten Markt- und Wettbewerbsverhältnissen beruhen, **aber keinen nachweisbaren Einfluss auf die Gestaltung von AGB** haben.[7] Im Verhältnis zwischen Haftungsfreizeichnung und Preisvorteil kommt hinzu, dass der Unternehmer und Gewerbetreibende grundsätzlich zu einer besseren Schadensverteilung durch Versicherung oder Kostenüberwälzung auf die Gesamtheit seiner Abnehmer in der Lage ist und deshalb oft schon geringfügige Preiserhöhungen die beim Einzelnen Kunden drohenden erheblichen Schäden abdecken können. Durch einen **Preisnachlass** erhält der Kunde deshalb häufig **kein ausreichendes Äquivalent** für den Haftungsverzicht. Es ist somit am Grundsatz festzuhalten, dass AGB unabhängig vom Preis mit Treu und Glauben vereinbar sein müssen.[8] Die Preisvereinbarung ist in jedem Fall gegenüber Verbrauchern nicht geeignet, einer nach § 309 unwirksamen Klausel zur Wirksamkeit zu verhelfen, sondern kann allenfalls die Beurteilung der Angemessenheit der unter §§ 307 und 308 fallenden Klauseln beeinflussen.

225 Keine ausreichende Kompensation für unangemessene Klauseln sind grundsätzlich **Gewinnchancen.** Insbesondere kann einem freien Mitarbeiter durch seinen Dienstherrn grundsätzlich nicht das Ausfallrisiko der Kunden des Dienstherrn in der Weise auferlegt werden, dass der freie Mitarbeiter wegen seiner Verdienstchancen das Ausfallrisiko der Kunden tragen soll.[9]

---

[1] BGH v. 30. 6. 2004 VIII ZR 379/03 = NJW 2004, 3117.
[2] BGH NJW 1988, 55, 57.
[3] BGH v. 19. 3. 1998 VII ZR 116/97 = NJW 1998, 2053.
[4] BGH NJW 1990, 2686.
[5] BGH NJW-RR 1997, 304, 305; MünchKomm/*Kieninger* Rz 50.
[6] S. etwa BGHZ 77, 126, 131 = NJW 1980, 1953; BGH NJW 1993, 2442, 2444; OLG Karlsruhe NJW-RR 1989, 243; OLG München NJW-RR 1993, 736.
[7] S. auch *Kliege,* Rechtsprobleme der AGB in wirtschaftswissenschaftlicher Analyse, 1966, S. 48 ff.
[8] BGH NJW 1982, 1391, 1393; früher schon BGHZ 22, 98; BGH NJW 1973, 1193; *Becker* S. 69 mwN.
[9] BGH NJW-RR 1996, 1009 = LM H.10/1996 § 9 (Bc) AGBG Nr. 6 m. Anm. *Fastrich.*

Die **durch die Unwirksamkeit** einer bestimmten Klausel **entstehenden Kosten** für den Verwender haben grundsätzlich **keinen Einfluss** auf die Beurteilung der Angemessenheit,[1] falls nicht weitere Gründe für die Angemessenheit sprechen.[2] 226

b) Ausnahmen. Ausnahmen können nur in beschränktem Umfang anerkannt werden. Auch die Richtlinie 93/13/EWG schließt in ihrem Erwägungsgrund 19 die Berücksichtigung des Preis-/Leistungsverhältnisses nicht ganz aus.[3] Die Preisvereinbarung kann für die Beurteilung der Angemessenheit einer AGB-Klausel bedeutsam sein in den Fällen der **Tarifwahl,** wenn der Kunde zwischen unterschiedlichen Klauseln bei verschiedenen Preisen wählen kann, z. B. niederer Preis mit Haftungsfreizeichnung und höherer Preis ohne Haftungsfreizeichnung. Die Freizeichnung kann dann wegen des niederen Preises als angemessen anzusehen sein,[4] sofern nicht gegen § 309 Nr. 7 verstoßen wird, d. h. die Haftung nur zwischen Unternehmern oder nur für leichte Fahrlässigkeit ausgeschlossen wird. Voraussetzung ist jedoch, dass die Preisdifferenz angemessen ist, insbesondere der wahren Kostenbelastung des Verwenders entspricht und der höhere Preis nicht einen Abschreckungseffekt ausübt.[5] Ferner muss der Verwender die Tarifwahl offen anbieten, falls nicht die Wahlmöglichkeit marktüblich und allgemein bekannt ist.[6] In den Fällen der Haftungsfreizeichnung muss dem Kunden eine angemessene Schadensdeckung, z. B. in Form einer Schadensversicherung, zur Verfügung stehen. 227

Auch **ohne Möglichkeit der Klauselwahl** hat die Preisvereinbarung Einfluss auf die Angemessenheit von Haftungsfreizeichnungen, wenn der Preis von vornherein so niedrig ist, dass daraus eindeutig nicht die Risiken abgedeckt, insbesondere nicht die Prämien einer umfassenden Haftpflichtversicherung getragen werden können. Dies kann insbesondere bei Bewachungs- und Transportverträgen zutreffen.[7] Voraussetzung ist aber auch hier, dass dem Kunden eine angemessene Möglichkeit der Schadensdeckung zur Verfügung steht.[8] Zulässig ist unter diesen Voraussetzungen auch eine Freizeichnung für Betriebsschäden in Stromversorgungsbedingungen.[9] Die Preisvereinbarung ist auch bei Auferlegung von Schönheitsreparaturen bei der Wohnungsmiete zu berücksichtigen, da die Marktmiete auf der Grundlage der Übernahme der Schönheitsreparaturen durch den Mieter gebildet wird.[10] Trägt der Vermieter die Schönheitsreparaturen, so treffen ihn zusätzliche Kosten, die er auf den Mieter umlegen kann. Soll mit dem individualvertraglich vereinbarten Preis eine bestimmte Leistung abgegolten werden, so verstößt es in der Regel nicht gegen § 307, wenn die damit abgegoltene Leistung in den AGB bestimmt wird, z. B. die abgetretenen Rechte aufgelistet werden.[11] 228

11. Einfluss der Wettbewerbssituation

Wahlmöglichkeiten zwischen verschiedenen Klauseln aufgrund der Wettbewerbssituation mehrerer Anbieter haben **grundsätzlich keinen Einfluss** auf die Angemessenheitsbeurteilung. Eine unangemessene Klausel bleibt deshalb un- 229

---

1 BGH NJW 1980, 1953, 1954; MünchKomm/*Kieninger* Rz 41.
2 MünchKomm/*Kieninger* Rz 41; s. auch OLG Frankfurt NJW 1986, 1618, 1620.
3 MünchKomm/*Kieninger* Rz 40.
4 S. auch MünchKomm/*Basedow* § 310 Rz 77; *Bamberger/Roth/H. Schmidt* Rz 18.
5 MünchKomm/*Kieninger* Rz 45; *Erman/Roloff* Rz 17.
6 S. *Ulmer/Brandner*, 9. Aufl., Rz 112.
7 S. früher schon BGHZ 33, 216; BGH NJW 1968, 1718; ferner OLG Düsseldorf MDR 1980, 671.
8 *M. Wolf* NJW 1980, 2439.
9 Früher schon BGHZ 64, 355.
10 BGH NJW 1987, 2575, 2576.
11 BGH NJW 1984, 1112, 1113 zur Übertragung von Vervielfältigungsrechten nach dem UrhG.

angemessen, auch wenn angemessene Klauseln bei anderen Anbietern zur Wahl gestanden hätten.[1] Dies rechtfertigt sich durch den Verheimlichungseffekt der AGB, deren Auswirkungen nicht ohne weiteres für jeden überschaubar sind, sowie aufgrund der regelmäßig hohen Informationskosten, wenn AGB mehrerer Wettbewerber miteinander verglichen werden sollen.

230 Die **Verbesserung der Verhandlungsposition** durch Wettbewerb auf einem bestimmten Markt kann unter den Voraussetzungen von § 305 I S. 3 jedoch dazu führen, dass AGB als ausgehandelt anzusehen sind[2] und deshalb nicht der Kontrolle unterfallen. Soweit ein Aushandeln nicht gegeben ist, ist die Wettbewerbslage nicht daneben in § 307 zu berücksichtigen. Unbeachtlich ist für die Inhaltskontrolle nach § 307 grundsätzlich auch das Vorliegen einer marktbeherrschenden Stellung oder eines Monopols. § 307 knüpft mit der Verwendung von AGB an das Vorhandensein überlegener Verhandlungsmacht an (s. auch Einl. Rz 19) und stützt darauf die Inhaltskontrolle. Das Vorliegen einer **marktbeherrschenden Stellung** rechtfertigt keine darüber hinausgehende schärfere Inhaltskontrolle und verpflichtet nicht zu weitergehender Rücksichtnahme auf die Interessen des anderen Vertragsteils.[3] Der Maßstab des § 307 ist unabhängig von der Marktmacht jeweils derselbe.

12. Einfluss von Gemeinschaftsbelangen

231 Gemeinschaftsbelange können sowohl auf der Seite des Verwenders (s. auch Rz 131) wie auf der Seite des anderen Vertragsteils zu berücksichtigen sein. Zu den Gemeinschaftsbelangen zählen sowohl die **Interessen der Allgemeinheit** als auch die **Interessen von Solidargemeinschaften.** Als Solidargemeinschaften kommen insbesondere die Versichertengemeinschaft und die Gemeinschaft der Bausparer[4] oder sonstiger Kundengesamtheiten in Betracht,[5] aber auch Berufsgemeinschaften mit ihren Standesrichtlinien (s. Rz 207). Als Interessen von Solidargemeinschaften sind insbesondere das Interesse an Gleichbehandlung (Rz 78, 162, 176, 271) sowie das Interesse an Rücksichtnahme auf die Gesamtheit (s. Rz 171) anzusehen. Aus der Beachtung des Gleichbehandlungsinteresses ergibt sich zugleich ein Diskriminierungsverbot.

232 Zu den **Interessen der Allgemeinheit** zählt insbesondere auch die **Sicherung grundrechtlicher Institutionen,** wie z. B. der Pressefreiheit aus Art. 5 GG[6] oder eines aus Art. 3 GG abgeleiteten Kontrahierungszwanges[7] bzw. Kündigungsverbots[8] Bei Beurteilung von Wettbewerbsverboten und Mandantenschutzklauseln ist die Berufsfreiheit gemäß Art. 12 GG zu berücksichtigen.[9]

13. Interessen europäischer und internationaler Rechtsharmonisierung

233 Bei der Interessenabwägung und -bewertung sind auch die **Vorschriften des EG-Rechts** zu berücksichtigen. Dies ist nicht nur der Fall, soweit sie aufgrund ihrer unmittelbaren Wirkung als gesetzliche Regelung gemäß § 307 II Nr. 1 zu beachten sind (s. Rz 106), sondern gilt auch, soweit die Ziele des EG-Vertrags und die

---

1 *Ulmer/Fuchs* Rz 150.
2 § 305 Rz 39; s. auch Art. 3 RL Rz 27.
3 A. A. aber OLG Frankfurt NJW-RR 1986, 895, 897.
4 Dazu BGH NJW 91, 2559, 2561.
5 Rz 171; s. auch *v. Hoyningen-Huene,* aaO, Rz 221.
6 Offengelassen in BGH NJW 1982, 644, 646.
7 S. auch BGH NJW 1987, 831, 833.
8 BGH v. 11. 3. 2003 XI ZR 403/01 = NJW 2003, 1658 m. Anm. *Neuner* LMK 2003, 100.
9 S. auch LG Frankfurt NJW-RR 1993, 803; § 310 Rz B 303.

Maßnahmen der Gemeinschaft gemäß Art. 10 EGV die **gemeinschaftskonforme Auslegung** des nationalen Rechts gebieten.[1] Im Rahmen der gemeinschaftskonformen Auslegung sind auch die Wertungen in Richtlinien, wie insbesondere den Richtlinien mit Diskriminierungsverboten, zu beachten (s. Rz 106). Zur gemeinschaftskonformen Auslegung gehört insbesondere auch die **richtlinienkonforme Auslegung** von § 307.[2] Die Gerichte müssen danach gemäß Art. 234 III, Art. 10 EGV die Richtlinie über missbräuchliche Klauseln in Verbraucherverträgen bei der Auslegung von § 307 in der Weise behandeln, dass die Grundsätze der Richtlinie **in allen Mitgliedstaaten möglichst gleichmäßig** zur Anwendung kommen, so dass handelsbeschränkende Wirkungen zwischen den Mitgliedstaaten beseitigt werden. Dazu sollten die Gerichtsentscheidungen aus anderen Mitgliedstaaten berücksichtigt werden[3]. Eine Klausel, die mit der Richtlinie übereinstimmt oder die von einem Mitgliedstaat als mit der Richtlinie übereinstimmend zugelassen wird, muss deshalb grundsätzlich auch von deutschen Gerichten als mit § 307 vereinbar angesehen werden.

Ausnahmen sind möglich, soweit die Richtlinie selbst Wahlmöglichkeiten eröffnet, sofern aus der unterschiedlichen Wirksamkeit keine Handelsbeschränkungen und Wettbewerbsverzerrungen entstehen,[4] oder wenn ein überwiegendes Allgemeininteresse eine nationale Sonderregelung rechtfertigt.[5] Soweit es sich um internationale Verträge und insbesondere um internationale AGB handelt, ist für die Inhaltskontrolle im unternehmerischen Verkehr nach § 307 II Nr. 1 auf **internationale Rechtsgrundsätze** abzustellen.[6] 234

VII. Transparenzgebot (Abs. 1 S. 2) und tatbestandliche Ausformung der AGB

Schrifttum: *Armbrüster,* Das Transparenzgebot für Allgemeine Geschäftsbedingungen nach der Schuldrechtsmodernisierung, DNotZ 2004, 437; *ders.,* Transparenzgebot und deklaratorische Klauseln, in: Recht und Risiko. Festschrift für Helmut Kollhosser, 2004, Bd II, S. 3; *Baums,* Zur Transparenz der Berechnung von Darlehenszinsen, ZIP 1989, 7; *Brandner,* Transparenz als Maßstab der Inhaltskontrolle, FS Locher 1990, 317; *Bruchner,* Zinsberechnungsmethode bei Annuitätendarlehen im Lichte der BGH-Urteile vom 24. 11. 1988, WM 1988, 1873; *Casper,* Vorformulierte Verzugszinspauschalierung durch Diskontsatzverweis, NJW 1997, 240; *Fastrich,* Richterliche Inhaltskontrolle, 1992, S. 319 ff.; *Staudinger,* Das Transparenzgebot im AGB-Gesetz: Klar und verständlich? – Zu den Grundsätzen der Richtlinientransformation, WM 1999, 1546; *Hansen,* Das sog. Transparenzgebot im System des AGB-Gesetzes, WM 1990, 1521; *Hellner,* Quo vadis AGB-Recht, FS Steindorff 1990, 573; *von Hoyningen-Huene/Kircher,* Unwirksamkeit von AGB bei bloßer Intransparenz?, FS Trinkner 1995, 179; *Koller,* Das Transparenzgebot als Kontrollmaßstab Allgemeiner Geschäftsbedingungen, FS Steindorff 1990, 667; *Köndgen,* Grund und Grenzen des Transparenzgebotes im AGB-Recht, NJW 1989, 943; *Lindacher,* Der Topos der Transparenz im Rahmen der Einbeziehungs- und Inhaltskontrolle Allgemeiner Geschäftsbedingungen, in: Juristische Gesellschaft Osnabrück-Emsland (Hrsg.), Vorträge zur Rechtsentwicklung der achtziger Jahre, 1991, 347; *Metz,* Tilgungsverrechnung: Transparenz durch AGB-Recht und Preisangabenverordnung, NJW 1991, 668; *S. Müller,* AGB-rechtliche Zulässigkeit von Diskont-Verzugszinsklauseln, NJW 1996, 1520; *Niedenführ,* Informationsgebote des AGB-Gesetzes, 1987; *Pflug,* AGB und Transparenzgebot, AG 1992, 1; *Schäfer,* Das Transparenzgebot im Recht der Allgemeinen Geschäftsbedingungen, 1992; *Wagner-Wieduwilt,* Das „Transparenzgebot" als Angemessenheitsvoraussetzung im Sinne des § 9 AGBG, WM 1989, 37; *Westermann,* Das Transparenzgebot ein neuer Oberbegriff der AGB-Inhaltskontrolle?, FS Steindorff 1990, 817.

---

[1] S. Art. 1 RL Rz 8; *M. Wolf,* in: Verbraucherkreditrecht, AGB-Gesetz und Kreditwirtschaft, Bankrechtliche Vereinigung Bd. 1, Hg. *Hadding/Hopt,* 1991, S. 73, 91; allgemein zur gemeinschaftskonformen Auslegung *Oppermann,* Europarecht, 3. Aufl. 2005, Rz 585.

[2] S. Art. 1 RL Rz 13.

[3] S. dazu CLAB: http://www.eu.int/clab/index.htm

[4] S. auch Art. 1 RL Rz 10.

[5] S. etwa EuGH NJW 1979, 1766 „Cassis de Dijon"; EuGH NJW 1991, 2693 Säger; Art. 1 RL Rz 11.

[6] *M. Wolf* ZHR 153 (1989), 300, 312; a. A. *Ulmer/H. Schmidt* Anh. § 305 Rz 33.

1. Grundlagen

235 Die von § 307 verlangte Interessenabwägung muss in einer verständlichen, richtigen und konkreten tatbestandlichen Ausformung in den AGB ihren Ausdruck finden. Dafür hat sich inzwischen der Begriff Transparenzgebot eingebürgert, der sich in mehrere Einzelgebote aufgliedern lässt (s. Rz 253 ff.). Alle Einzelgebote dienen dem einheitlichen Zweck, **Klarheit und Überschaubarkeit über die Vertragsbedingungen** zu schaffen und der Verschleierung, die ebenfalls zur Unangemessenheit führt (s. Rz 267), entgegenzuwirken. Der Intransparenz als Unwirksamkeitsgrund geht die Auslegung vor (s. Rz 7). Deshalb hat die Auslegung nach §§ 133, 157 und nach § 305c II Vorrang vor der Intransparenz als Unwirksamkeitsgrund.[1] Das Transparenzgebot des § 307 I S. 2 setzt die Vorgaben aus Art. 4 II, Art. 5 S. 1 RL 93/13/EWG in nationales Recht um.[2] Es ist ursprünglich von der Rechtsprechung entwickelt worden und hat von dort Eingang in die Richtlinie gefunden. Eine inhaltliche Änderung der bisher von der Rechtsprechung zum Transparenzgebot entwickelten Grundsätze ist mit der Neuregelung nicht verbunden.[3]

236 **a) Geltung für alle AGB.** Das Transparenzgebot gilt **für alle Vertragstypen,** die in oder außerhalb des BGB geregelt sind, z. B. auch für Versicherungsverträge.[4] Das Transparenzgebot gilt nach § 310 IV S. 2 auch für Arbeitsverträge und für Schuldverträge, die aus Anlass des Arbeitsverhältnisses geschlossen werden,[5] auch z. B. Darlehensverträge,[6] Mietverträge oder Kaufverträge über Werkwagen. Durch Art. 4 II und Art. 5 RL wird das Transparenzgebot für **Verbraucherverträge** bestätigt und auf alle nicht im Einzelnen ausgehandelten Vertragsklauseln, einschließlich nicht ausgehandelter Individualvereinbarungen erstreckt.[7] Das Transparenzgebot hat darüber hinaus allgemein Geltung, auch für **AGB zwischen Unternehmern** (s. Rz 252). Das Transparenzgebot gilt auch für einseitige Rechtsgeschäfte, wie z.B. die Vollmachterteilung, wenn sie in AGB enthalten sind.

237 **b) Erstrebte Ziele.** Die Klarheit und Überschaubarkeit hat sowohl die Herstellung von Rechtsklarheit wie die Herstellung von Preisklarheit zum Ziel. Durch Herstellung von **Rechtsklarheit und Preisklarheit** soll das Verstecken von Preisbestandteilen und anderen Nachteilen in AGB verhindert und Markttransparenz geschaffen werden, damit sich der Kunde bei den Vertragsverhandlungen rasch und zuverlässig über den Preis und das Preis-Leistungsverhältnis als wichtigsten Wettbewerbsparametern in der Marktwirtschaft informieren kann.[8] Dies kann als **Abschlusstransparenz** bezeichnet werden. Der BGH stellt an die Preistransparenz wegen ihrer marktsteuernden Funktion sogar erhöhte Anforderungen.[9] Da es um die Herstellung von Preisklarheit und nicht um die Kontrolle der Angemessenheit

---

[1] A. A. offenbar *Hennrichs,* in: *Dauner-Lieb/Heidel/Lepa/Ring,* Schuldrecht, § 305 c Rz 3.

[2] S. RL Art. 4 Rz 21 ff.; Art. 5 Rz 3 ff.; dazu auch *Kappus* NJW 2003, 322.

[3] MünchKommBGB/*Kieninger* Rz 51; *Palandt/Grüneberg* Rz 16.

[4] S. OLG Stuttgart VersR 1992, 1080; OLG München NJW-RR 1996, 434.

[5] BAG DB 1993, 1779.

[6] A. A. früher BGH ZIP 1987, 989, 991.

[7] S. auch Art. 4 RL Rz 21; Art. 5 RL Rz 1.

[8] S. auch BGHZ 112, 115, 118 f. = NJW 1990, 2383; BGHZ 147, 354, 364; BGH v. 12. 10. 2005 IV ZR 162/03 Rz 44 = NJW 2005, 3559; *M. Wolf,* in: Verbraucherkredit, AGB-Gesetz und Kreditwirtschaft, Arbeiten und Materialien zum Bank- und Finanz-, Börsen- und Kapitalmarktrecht, Bd. 1, 1990, S. 73, 76 ff.; *Heinrichs* ebenda, S. 101, 109 ff.; *Hellner* FS *Steindorff,* 1990, S. 573, 585; *Baums* ZIP 1989, 7, 8; *Horn* WM 1997, Sonderbeilage Nr. 1, S. 19; *Stoffels,* AGB-Recht, Rz 428; noch weitergehend, über die Preisklarheit hinaus *Köndgen* NJW 1989, 943, 950; gegen die Anwendung auf Preis- und Leistungsbeschreibungen *Dylla-Krebs,* Schranken der Inhaltskontrolle Allgemeiner Geschäftsbedingungen, 1990, S. 148 ff.

[9] BGHZ 112, 115, 118 f. = NJW 1990, 2383.

des Preises geht, steht auch Abs. 3 der Inhaltskontrolle nicht entgegen.[1] Dies stellt Abs. 3 S. 2 nunmehr ausdrücklich klar. Auch Leistungsbeschreibungen können danach der Transparenzkontrolle unterliegen, wenn sie unklar sind und z. B. die Äquivalenz des Preis-/Leistungsverhältnisses verschleiern. Die **Rechtsklarheit** soll es dem Kunden darüber hinaus ermöglichen, sich aus den AGB zuverlässig über seine Rechte und Pflichten bei der Vertragsabwicklung zu informieren, damit er nicht von der Durchsetzung seiner Rechte abgehalten wird und ihm nicht unberechtigte Pflichten abverlangt werden.[2] Man kann insoweit von **Abwicklungstransparenz** sprechen.[3] Das Transparenzgebot besteht jedoch nur im Rahmen des Möglichen und Überschaubaren.[4]

c) Transparenzgebote in einzelnen Klauselverboten. Die Beachtung des Transparenzgebots als Maßstab der Inhaltskontrolle sieht der Gesetzgeber in einzelnen Klauselverboten der §§ 308 und 309 selbst ausdrücklich vor.[5] Die **Wahrung des Bestimmtheitsgebots** (Rz 258 ff.) zur Vermeidung von allzu weitgehenden Ermessensspielräumen und von Rechtsunsicherheit ist das Anliegen in § 308 Nr. 1, Nr. 2, Nr. 3 und § 309 Nr. 10 a. Besondere **Hinweisgebote** (Rz 256 f.) zur Information des Kunden enthalten neben § 309 Nr. 8 b bb noch § 308 Nr. 3, Nr. 5 b und § 309 Nr. 11 a, Nr. 12 b HS. 2. 238

d) Abgrenzung zur Einbeziehungstransparenz. aa) Unterschiedliche Schutzziele. Klarheit und Überschaubarkeit sind auch Voraussetzungen der Einbeziehung nach § 305 und § 305b I. Das Transparenzerfordernis bei der Einbeziehung hindert aber nicht, das Transparenzgebot bei der Inhaltskontrolle ebenfalls anzuerkennen.[6] Die Transparenz bei der Einbeziehung und bei der Inhaltskontrolle können sich überschneiden, haben aber doch jeweils selbstständige Bedeutung.[7] Während die **Einbeziehungstransparenz** der Ermöglichung **selbstbestimmter Entscheidungen beim Vertragsabschluss** dient, will die Transparenz bei der **Inhaltskontrolle** vor allem den **angemessenen Interessenausgleich** und insbesondere auch die **Abwicklungstransparenz** (s. Rz 237) sicherstellen.[8] 239

bb) Unterschiedliche Funktionen. Das unterschiedliche Schutzziel ergibt auch unterschiedliche Anwendungsbereiche. So kann z. B. eine deutlich erkennbare, aber unrichtige vertragliche Einordnung die Voraussetzungen der Einbeziehungstransparenz erfüllen, dennoch aber wegen unrichtiger Darstellung der Rechtslage der Transparenz inhaltlicher Angemessenheit gemäß § 307 widersprechen.[9] Überschneidungen ergeben sich vor allem beim Verständlichkeitsgebot (Rz 253 ff.). Da bei der Einbeziehung der AGB kaum alle Fallgestaltungen überschaubar und vorhersehbar sind und dem Kunden zum Teil auch die Möglichkeit der Nachfrage und Klärung beim Vertragsabschluss offensteht, genügt zur Wahrung der Selbstbestimmung bei der **Einbeziehung** eine **weniger detaillierte Transparenz als bei der Inhaltskontrolle,** bei der konkrete Sachverhalte darauf zu überprüfen sind, ob sie von einer verbindlich vereinbarten Klausel präzise erfasst werden oder nicht.[10] Die eigenständige Funktion der Transparenz bei der Inhalts- 240

---

[1] S. auch Rz 305; OLG Celle NJW-RR 1995, 1133.
[2] S. etwa BGHZ 104, 82, 92 f. = NJW 1988, 1726; BGH NJW 1992, 3158, 3161; s. auch Rz 259, 268.
[3] S. *Koller* FS *Steindorff*, 1990, 667, 671 ff.
[4] BGH NJW 1998, 3114; s. auch Rz 248.
[5] S. dazu auch *Schäfer*, aaO, S. 131 ff.
[6] S. auch *Lindacher*, aaO, 347, 362; a. A. gegen die h. M. *Hansen* WM 1990, 1521, 1524.
[7] S. auch *Köndgen* NJW 1989, 943, 949.
[8] Dazu auch *Lindacher*, aaO, 347, 350 f.
[9] S. auch BGH NJW 1992, 3158, 3161; BGH LM H. 3/1993 § 9 (Bi) AGBG Nr. 10.
[10] Vgl. auch *Koller* FS *Steindorff*, 1990, S. 667, 681; s. auch Rz 150; a. A. *Pflug* AG 1992, 1, 17; *Schäfer*, aaO, S. 57 ff.

kontrolle nach § 307 zeigt sich auch bei der Verbandsklage, die eine Überprüfung nach § 307, nicht aber nach § 305 ermöglicht.[1] Eine zusätzliche Transparenz sieht § 312c Abs. 1 bei Fernabsatzgeschäften vor. Die Begründung noch zum FernAbsG ging davon aus, dass es sich hierbei um eine über die AGB-rechtliche Transparenz hinausgehende Transparenz handele.[2] Die überschießende Transparenz des § 312c betrifft aber nicht das Maß an Klarheit und Verständlichkeit (s. Rz 245), sondern den Zeitpunkt (rechtzeitig vor Abgabe der Vertragserklärung) und die Inhalte (z. B. Identität des Anbieters gemäß § 1 Abs. 1 Nr. 1–3 BGB-InfoV).

241 **e) Auswirkungen der Intransparenz.** Ein Verstoß gegen das Transparenzgebot führt zur **Unwirksamkeit.** Teilweise ist eine Heilung möglich (Rz 242). Die fehlende Transparenz kann auch zu einer **Verschärfung des** inhaltlichen **Kontrollmaßstabs** führen. Dies gilt insbesondere für Kapitalmarktpapiere, die im stückelosen Effektenverkehr gehandelt werden.[3] Der Unwirksamkeit wegen Verstoßes gegen das Transparenzgebot steht weder im Individualprozess noch im Verbandsprozess entgegen, dass der Kunde den Vertrag als Haustürgeschäft nach § 312[4] oder als Verbraucherkreditgeschäft nach § 495 widerrufen kann.

242 **f) Heilung des Transparenzverstoßes.** Verstößt eine Klausel gegen das Transparenzgebot, so kann dies durch **Hinweise und Erklärungen bei Vertragsabschluss** geheilt werden. Solche Hinweise und Erläuterungen können, wenn sie klar und verständlich sind, zur Einbeziehung nach § 305 führen. Dies gilt insbesondere auch für mündliche Erläuterungen und Werbeaussagen. Sie können auch für § 307 im Individualprozess relevant sein, sofern es allein um die Transparenz bei Vertragsabschluss geht, wie es etwa zum Teil für Preisklauseln zutreffen kann,[5] wenn sie nur bei Vertragsabschluss und nicht mehr, wie insbesondere bei Nebenleistungen und in Dauerschuldverhältnissen, bei der Vertragsabwicklung relevant sind.

243 Lediglich **mündliche Erläuterungen reichen** grundsätzlich **nicht** zur Herstellung von **Abwicklungstransparenz** (Rz 237) und können einen Verstoß gegen § 307 nicht beseitigen, weil nicht sichergestellt ist, dass der Kunde sich dieser Hinweise noch später bei der Vertragsabwicklung erinnert. Auch schriftliche Hinweise und Erläuterungen außerhalb des Vertragsformulars und der AGB gewährleisten nicht ohne weiteres die nötige Abwicklungstransparenz, weil und sofern ihre Verfügbarkeit bei der Vertragsabwicklung zusammen mit dem übrigen Vertragstext nicht gewährleistet ist. Die Abwicklungstransparenz verlangt deshalb grundsätzlich die **Transparenz der jeweiligen Klausel** selbst.[6] Dies macht die Rspr. auch dadurch deutlich, dass gerade eine Regelung in verschiedenen Absätzen die Intransparenz begründen kann.[7]

244 Eine **Ausnahme** von der Transparenz der jeweiligen Klausel selbst ist nur anzuerkennen, wenn die genaue Angabe in der Klausel selbst auf praktische Schwierigkeiten stößt (s. Rz 248 f.), wie z.B. bei der Angabe des effektiven Jahreszinses,[8] der stetigen Schwankungen unterliegt und deshalb einer generellen und allgemein gültigen Festlegung in AGB kaum zugänglich ist, oder wenn besondere Preislisten

---

1 Für analoge Anwendung von § 1 UKSaG auf § 305 c I; *Koller* FS *Steindorff,* 1990, S. 667, 685; zu § 3 AGBG *Hansen* WM 1990, 1521, 1526; *Lindacher,* aaO, 347, 360; auch auf § 2 *Schäfer,* aaO, 179 ff.

2 BT-Drs 14/2658, S. 38; s. auch BGH v. 5. 10. 2005 VIII ZR 382/04 Rz 13 = NJW 2006, 211; MünchKomm-BGB/*Wendehorst* § 312c Rz 37.

3 S. *M. Wolf* FS *Zöllner,* 1998, S. 651.

4 S. OLG Stuttgart NJW-RR 1992, 887, 889.

5 S. auch *Horn* WM 1997, Sonderbeilage Nr. 1, S. 20.

6 A. A. ohne Unterscheidung von Einbeziehungs- und Abwicklungstransparenz BAG DB 1993, 1779.

7 S. Anh. § 310 Rz D 17.

8 S. Anh. § 310 Rz D 17.

und Preisverzeichnisse außerhalb der AGB im Interesse der Übersichtlichkeit und leichteren Anpassungsfähigkeit an Marktveränderungen erforderlich und allgemein ohne Schwierigkeiten zugänglich sind.[1]

2. Maßstab für Transparenz

a) Verständnis des typischen Durchschnittskunden. Bei der Bestimmung eines Maßstabs für die Transparenz ist wie bei der Auslegung das Verständnis des **für die jeweilige Vertragsart typischen Durchschnittskunden** maßgebend (s. auch Rz 253). Für Versicherungsverträge ist z.B. auf den durchschnittlichen Versicherungsnehmer abzustellen.[2] Dieses Verständnis kann insbesondere durch Verkehrsgewohnheiten, durch vertragstypische Leitbilder und durch Vorschriften des dispositiven Rechts vorgeprägt sein.[3] Daneben kann die **im Verkehr zu erwartende Verständnisfähigkeit** als Maßstab dienen. Darauf ist auch bei der Verwendung fremdsprachiger AGB bzw. bei der Verwendung fremdsprachlicher Begriffe in deutschsprachig abgefassten AGB abzustellen. Die Vorgaben der BGB-InfoV und der in den Anlagen dazu vorgegebenen Formulierungsmuster genügen grundsätzlich und im Regelfall den Anforderungen an die Transparenz. Sie können aber auch auf andere Weise erfüllt werden.[4] Jedes eigene Nachdenken kann dem Kunden nicht erspart werden.[5] Dies gilt grundsätzlich auch für der AGB-Kontrolle unterliegende Individualvereinbarungen. 245

b) Berücksichtigung der typischen Umstände. Neben den Erfordernissen der Verständlichkeit und Bestimmtheit (Rz 253, 258) ist bei den Formulierungsanforderungen an den Verwender auch der **generelle Regelungscharakter der AGB** zu berücksichtigen. Die generelle Ausrichtung der AGB erlaubt nicht die Berücksichtigung jedes Einzelinteresses und aller fernliegenden Fallgestaltungen.[6] Andererseits müssen aber wichtige **typische Interessen** erkennbare Berücksichtigung finden, da gerade auch der andere Vertragsteil seine vertragliche Rechtsposition, soweit sie von der gesetzlichen Regelung abweicht, aus den AGB erkennen können soll. Jedoch führen umfangreiche Regelungen leicht zur Unübersichtlichkeit,[7] so dass es darauf ankommt, eine generalisierende Regelung zu finden, die die Berücksichtigung der typischen Interessen erkennbar macht und für die Anwendung auf eine Vielzahl von Einzelfällen ausreichend flexibel ist.[8] 246

Die Anforderungen an die tatbestandliche Ausformung der AGB dürfen sich nicht allein an gesetzlichen Tatbestandsbeschreibungen orientieren.[9] Sofern der Verwender eine vom Gesetz abweichende Regelung trifft, kann von ihm eine **genauere als die gesetzliche Tatbestandsformulierung** seiner AGB jedenfalls insoweit verlangt werden, als er mit den vertragstypischen Verhältnissen besser vertraut ist als der Gesetzgeber, dem die konkreten Verhältnisse beim Verwender nicht bekannt sind (s. Rz 260).[10] Die Voraussetzungen von Nachteilen und Sanktionen 247

---

[1] S. auch BGH NJW 1998, 383 = LM H.3/1998 § 8 AGBG Nr. 30 m. Anm. *Basedow; Horn* WM 1997, Sonderbeilage Nr. 1, S. 21.

[2] BGH v. 23.6.2004 IV ZR 130/03 = NJW 2004, 2589; BGH v. 23.2.2005 IV ZR 273/03 = NJW-RR 2005, 902.

[3] S. *Horn* WM 1997, Sonderbeilage Nr. 1, S. 20.

[4] S. auch BGH v. 5.10.2005 VIII ZR 382/04 = NJW 2006, 211.

[5] BGHZ 112, 115, 121; BGH v. 23.2.2005 IV ZR 273/03 = NJW-RR 2005, 902.

[6] S. auch BGH ZIP 1987, 1187, 1190.

[7] S. auch BGH NJW 1990, 3197, 3198; BGH NJW 1993, 2052, 2054.

[8] S. auch BGH NJW 1982, 644, 646.

[9] S. auch § 309 Nr. 8b bb Rz 44ff.

[10] A. A. offenbar *Rabe* NJW 1987, 1978, 1985.

gegen den Kunden müssen umso präziser umschrieben werden, je schärfer die Sanktion ist.[1] Wenn eine gesetzliche Vorschrift nur wiederholt wird, ist dies nicht ohne weiteres intransparent. Jedoch macht Abs. 3 S. 2 deutlich, dass auch die Wiedergabe gesetzlicher Vorschriften von der Inhaltskontrolle nicht ausgeschlossen ist,[2] so etwa wenn sie in einem falschen Zusammenhang wiedergegeben werden oder wenn sie eine zu weit gefasste Klausel einschränken sollen, aber dies aus dem Zusammenhang nicht klar wird, z. B. weil sie unübersichtlich oder versteckt sind. Insofern setzt § 307 III S. 1 der Transparenzkontrolle Grenzen. Klauseln, die lediglich die Klauselverbote der §§ 308 und 309 wiederholen, enthalten keinen eigenen Regelungsgehalt und sind deshalb ohne Bedeutung.[3]

248 Das Transparenzgebot besteht nur im **Rahmen des Möglichen und Überschaubaren.**[4] Wegen der notwendig generalisierenden Form kann die Regelung aller Zweifelsfragen und die Regelung atypischer Sachverhalte nicht erwartet werden.[5] Auch sind wegen der unvermeidbaren Generalisierung Klauseln, die für den Einzelfall möglicherweise zu weit oder zu unbestimmt gefasst sind, nicht ohne weiteres unwirksam.[6] Eine fernliegende Auslegung, von der der normale Rechtsverkehr nicht ausgeht und die diesen deshalb nicht gefährdet, führt nicht zu Unwirksamkeit,[7] ebensowenig die Annahme fernliegender Extrem- und Groteskfälle.[8] Dies gilt auch für die Verbandsklage.[9] Die Klauseln sind insoweit vielmehr auf den mit Treu und Glauben zu vereinbarenden Gehalt zu reduzieren,[10] um eine willkürliche Handhabung durch den Verwender auszuschließen, oder es kann extremen Fallgestaltungen mit der Ausübungskontrolle (s. Rz 30) begegnet werden.[11]

249 Eine **einengende und konkretisierende Auslegung** nach Treu und Glauben gilt aber **nur,** soweit nicht der unmissverständliche Wortlaut entgegensteht[12] und soweit eine detaillierte und konkrete **Regelung des Einzelfalles,** etwa wegen seiner Seltenheit, **nicht erwartet werden kann.**[13] Dies gilt etwa für eine Pauschalierung des Anspruchs aus § 649 BGB, wobei der Sonderfall, dass der Verwender die Vertragsauflösung zu vertreten hat, nicht in der Pauschalierungsklausel berücksichtigt werden muss.[14] Insoweit ist auch § 305c II einschränkend zu interpretieren. Soweit eine konkrete Regelung dagegen mit dem generellen Regelungszweck der AGB vereinbar und möglich ist, greift auch die Auslegung gegen den Verwender nach § 305c II ohne weiteres Platz und eine allzu weite oder allzu unbestimmte Regelung ist, wenn sie typische Sachverhalte unangemessen regelt[15] oder wenn sie den Kunden nicht ausreichend über seine Rechtsposition informiert, nach § 307 unwirksam.

---

1 Vgl. BGH NJW 1990, 2388, 2389 zur Leistungsfreiheit bei Obliegenheitsverletzung im Versicherungsvertrag.

2 A. A. von *Hoyningen-Huene/Kircher* FS *Trinkner,* S. 179, 182 zur Rechtslage im AGB-Gesetz vor Einfügung von Abs. 3 S. 2.

3 Zu § 10 Nr. 4 und § 11 Nr. 15 a AGBG BGH BB 1983, 527, 530 f.

4 BGHZ 147, 354, 362; BGH NJW 1998, 3114; BGH v. 23. 6. 2004 IV ZR 130/03 = NJW 2004, 2589; BGH v. 20. 7. 2005 VIII ZR 121/04 = NJW-RR 2005, 1496 zu A I 1 BGH v. 24. 6. 06 IV ZR 263/03 Rz 25.

5 S. auch BGH BB 1987, 2258, 2259; BGH NJW 1998, 3114.

6 S. auch BGH NJW 1982, 644, 646; *Lindacher* BB 1983, 154; ferner Rz 255.

7 BGH NJW 1991, 2359, 2560.

8 BGH NJW 1994, 1060, 1064.

9 BGH NJW 1992, 1097, 1099.

10 S. BGH NJW 1983, 1491, 1492 und Rz 36 ff.

11 BGH NJW 1994, 1060, 1064.

12 BGH NJW 1990, 2388.

13 S. auch *von Westphalen,* AGB, Transparenzgebot Rz 14: Gefahr der Überforderung des Verwenders.

14 BGH NJW 1983, 1491, 1492; dazu auch § 308 Nr. 7 f Rz 33 ff.

15 Dazu als Beispiel BGH NJW 1983, 1671; 1990, 2388.

3. Erfordernis der unangemessenen Benachteiligung

Ein Verstoß gegen das Transparenzgebot führt zur Unwirksamkeit nach § 307 nur, wenn daraus eine unangemessene Benachteiligung entsteht.[1] Die Verbindung zur unangemessenen Benachteiligung stellt § 307 I S. 2 ausdrücklich her. Eine unangemessene Benachteiligung liegt allerdings grundsätzlich in der unklaren Rechtslage und der Unübersichtlichkeit des Preis-Leistungs-Verhältnisses, weil dem Kunden dadurch die Ausübung seiner Entschließungsfreiheit bei Abschluss des Vertrags versagt wird.[2] Die intransparente Regelung muss aber, und sei es auch nur in einem Teilbereich, die **Rechtslage des Kunden verschlechtern.**[3] Fallen in den Bereich der intransparenten Regelung nur dem Kunden günstige Vorteile, so liegt keine Unangemessenheit und damit keine Unwirksamkeit nach § 307 vor. Dies gilt, wenn beim Kaufvertrag über bewegliche Sachen unklar ist, ob die AGB eine Gewährleistungsfrist von 2 Jahren oder mehr vorsehen, weil auch die ungünstige Auslegung von 2 Jahren immer noch mit § 307 vereinbar ist. Es ist dann lediglich gemäß § 305c II und Art. 5 S. 2 RL von der kundenfreundlichen Auslegung auszugehen. Auch die Intransparenz in einer Herstellergarantie, die die Verkäufergarantie unberührt lässt, kann grundsätzlich nicht die Unwirksamkeit begründen, da sie ohne Verstoß gegen § 307 auch ganz entfallen könnte. Unangemessenheit kann aber insoweit eintreten, als der Kunde durch eine intransparente Herstellergarantie von der (rechtzeitigen) Wahrnehmung seiner Rechte gegen den Verkäufer abgehalten wird oder der Verwender unter Hinweis auf die Klausel den Kunden von der Geltendmachung begründeter Ansprüche abhalten kann.[4] Die Intransparenz kann eine Benachteiligung auch dadurch mit sich bringen, dass der Kunde wegen der Intransparenz unbemerkt Klauseln hinnimmt, die ihn gegenüber anderen Kunden ungerechtfertigt ungleich behandeln. Die Ungleichbehandlung kann dann nicht mehr mit einem funktionierenden Markt gerechtfertigt werden.[5] 250

Maßgebend ist die **in der Klausel vorgegebene** und aus ihr erkennbare **Interessenabwägung,** nicht, welche Rechte der Verwender daraus im Einzelfall herleitet (s. Rz 80). Eine unwirksame Klausel wird deshalb nicht dadurch wirksam, dass der Verwender sie im Einzelfall nicht voll ausschöpft. Unmaßgeblich ist auch, ob eine Klausel in einer Vielzahl von Fällen durch Individualvereinbarungen verdrängt wird. 251

4. Geltung gegenüber Unternehmern

Das Transparenzgebot gilt nicht nur in Verbraucherverträgen, sondern aufgrund seiner allgemeinen Bedeutung (Rz 6, 236) grundsätzlich auch zwischen Unternehmern. Dies ergibt sich schon aus seiner Verankerung in § 307, aber auch daraus, dass § 305c I und § 305c II, die Ausdruck des Transparenzgebots bei der Einbeziehung und bei der Auslegung sind, gemäß § 310 I auch im unternehmerischen Geschäftsverkehr gelten.[6] Andererseits ist § 305 II mit seinen Erfordernissen der Einbeziehungstransparenz zwischen Unternehmern gemäß § 310 I S. 1 nicht anwendbar. 252

---

[1] BGH ZIP 1998, 2059; *Heinrichs* NJW 1997, 1407, 1413; vgl. dazu auch *von Westphalen,* AGB, Transparenzgebot Rz 19.

[2] BGHZ 106, 42, 49; BGH ZIP 1998, 2059; BGH v. 12.10.2005 IV ZR 162/03 Rz 44 = NJW 2005, 3559.

[3] S. auch *M. Wolf* JZ 1988, 719.

[4] BGH v. 20.7.2005 VIII ZR 121/04 = NJW-RR 2005, 1496 zu A II 2 d; *Armbrüster* DNotZ 2004, 437, 439.

[5] Dazu *Dammann,* Die Grenzen zulässiger Differenzierung im Allgemeinen Zivilrecht, 2005, S. 173 ff.

[6] S. auch *Köndgen* NJW 1989, 943, 952.

Auch sind bei Anwendung von § 305c I[1] wie bei Anwendung von § 305c II[2] die **Besonderheiten des unternehmerischen Verkehrs** mit der größeren Geschäftserfahrung **zu berücksichtigen.** Ebenso findet die um Preistransparenz bemühte PAngV nur auf Letztverbraucher Anwendung (§ 1 PAngV), dies nach § 7 I Nr. 1 PAngV aber dann nicht, wenn die Letztverbraucher die Waren oder Dienstleistungen in ihrer selbstständigen beruflichen oder gewerblichen Tätigkeit verwenden. Daraus kann entnommen werden, dass das Transparenzgebot im unternehmerischen Verkehr nicht in gleicher Strenge wie gegenüber Verbrauchern zur Anwendung zu bringen ist.[3] Insbesondere kann bei Unternehmern aufgrund ihrer Geschäftserfahrung sowie aufgrund der Maßgeblichkeit von Handelsgewohnheiten und Handelsbräuchen (§ 310 I S. 2) von einer besseren Erkenntnis- und Verständnismöglichkeit ausgegangen werden.[4] Wenn der BGH in seiner Rspr. zu Recht auf den typischerweise zu erwartenden Durchschnittskunden abstellt (Rz 245), so verlangt dies vor allem auch die Berücksichtigung des besonderen Kenntnisstands im unternehmerischen Verkehr.[5]

5. Einzelwirkungen des Transparenzgebots

253 **a) Gebot der Klarheit und Verständlichkeit.** Als wichtige Ausprägung des Transparenzgebots zeigt sich in der Rspr. das Gebot der Klarheit und Verständlichkeit, das zum Teil als alleiniger Inhalt des Transparenzgebots verstanden wird. Das Gebot will sicherstellen, dass der Kunde den **Sinn und die Tragweite** einer AGB-Regelung samt ihren Folgen **durchschauen** kann und nicht von der Geltendmachung und Durchsetzung bestehender Rechte abgehalten wird.[6] Maßgebend sind die Erwartungen und Erkenntnismöglichkeiten der für die geregelte Vertragsart typischerweise zu erwartenden Durchschnittskunden (s. Rz 245).[7] Eine Unterscheidung nach Unternehmern und Verbrauchern ist angebracht, wenn unternehmerischer Erfahrung typischerweise eine Unerfahrenheit von Verbrauchern gegenübersteht (s. auch Rz 252). Die Transparenzanforderungen an die Verständlichkeit dürfen aber **nicht überspannt** werden, weil durch solche Überforderungen auch Unübersichtlichkeit und eine nicht zu bewältigende Informationsfülle entstehen kann.[8] Das Verständlichkeitsgebot in § 307 deckt sich teilweise mit den Verständlichkeitsanforderungen in § 305 II. Wegen des Vorrangs der Auslegung (Rz 7) ist das Gebot der Klarheit und Verständlichkeit aber erst verletzt, wenn die Unklarheit einer Regelung nicht durch Auslegung beseitigt werden kann.

254 **Intransparent** sind Klauseln, die sich an juristische Laien wenden, wenn sich ihre Rechtsfolgen erst mithilfe umfangreichen juristischen Fachwissens erschließen lassen.[9] Die Verständlichkeitstransparenz muss umso mehr gegeben sein, je weniger ein Durchschnittskunde mit der jeweiligen Regelung und ihren Rechtsfolgen rechnen muss.[10] Beim Ausschluss gesetzlicher Rechte ist besonders auf Klarheit und

---

[1] S. § 305 c Rz 95 f.

[2] S. § 305 c Rz 143.

[3] Ähnlich *von Westphalen,* AGB, Preis – Preisnebenabrede Rz 23.

[4] S. auch OLG Hamm NJW-RR 1990, 497, 499.

[5] S. auch *Bruchner* WM 1988, 1873, 1876; *Köndgen* NJW 1989, 943, 952.

[6] BGHZ 145, 203, 220 f.; BGH v. 5. 10. 2005 VIII ZR 382/04 = NJW 2006, 211.

[7] BGHZ 106, 42, 46 = NJW 1989, 222; BGHZ 112, 115, 118 f. = NJW 1990, 2383; BGH NJW 1993, 2052, 2054; *von Westphalen,* AGB, Salvatorische Klausel Rz 2.

[8] S. auch BGH NJW 1993, 2052, 2054; BGH v. 23. 2. 2005 IV ZR 273/03 = NJW-RR 2005, 902; Rz 246.

[9] Vgl. auch OLG Köln NJW-RR 1989, 1266, 1268; OLG Schleswig NJW 1995, 2858, 2859 zu § 2 I Nr. 2 AGBG.

[10] BGHZ 112,115, 118 f. = NJW 1990, 2383.

Verständlichkeit zu achten.[1] Intransparent wegen fehlender Sinnverständlichkeit im Sinne von § 307 ist nicht nur eine Klausel, die aus sich heraus schwer verständlich, unklar und in ihren Folgen nicht überschaubar ist, sondern auch, wenn zusammenhängende Regelungen und ihre nachteiligen Effekte deshalb nicht erkennbar werden, weil die einzelnen Teile an versteckten Stellen oder an schwer miteinander in Zusammenhang zu bringenden Stellen, etwa in verschiedenen Klauseln oder Absätzen geregelt sind oder wenn der Regelungsgehalt auf andere Weise durch die Verteilung auf mehrere Stellen verdunkelt wird.[2] Wegen Nichtbeachtung des Gebotes der Klarheit kann auch eine an sich unwirksame Klausel nicht aufrechterhalten werden, indem sie durch eine äußerlich getrennte, u. U. in anderen AGB enthaltene Klausel eingeschränkt werden soll, da dem Kunden eine komplizierte Feststellung des Regelungsgehalts nicht zuzumuten ist.[3] Eine Klausel, welche die Abtretung der Ansprüche aus der Bürgschaft ausschließt, ist intransparent, weil damit nur für den Fachmann erkennbar wird, dass bei Abtretung der Hauptforderung die Bürgschaft analog § 1250 II BGB erlischt.[4] Intransparenz liegt auch vor, wenn eine in sich widersprüchliche Regelung besteht.[5] Zur Erkennbarkeit der Berechnungsfaktoren der Restwertzahlung beim Leasing s. § 9 Rz L 89.

Ausreichend transparent ist dagegen eine Regelung, die dem Käufer eines mehrbändigen Buchwerks die Wahl zwischen mehreren zeitlich und mengenmäßig verteilten Bezugsmöglichkeiten lässt, wenn dabei nur einfache und geläufige Berechnungen vorzunehmen sind.[6] Transparent ist auch die Abgrenzung zwischen physischen und psychischen Schäden in einem Versicherungsvertrag.[7] Auch eine „unnötige Wirrnis" im Text der Vertragsklauseln soll nicht zwingend dem Transparenzgebot widersprechen, wenn sich der Inhalt mit der gebotenen Aufmerksamkeit erschließen lässt.[8] 255

b) Verstärkte Transparenz durch Hinweisgebote. Eine Verstärkung des Transparenzgebots stellen Hinweisgebote dar, die dem Verwender zur Aufgabe machen, den anderen Vertragsteil auf bestimmte Rechtsfolgen hinzuweisen. Der Zweck der Hinweisgebote ist sowohl darauf gerichtet, dem Kunden durch Information seine **Rechte bekannt** zu **machen** und ihm deren Ausübung zu erleichtern, als auch darauf, ihn **vor** nicht bedachten **Nachteilen und Belastungen** zu **bewahren.**[9] Konkrete gesetzliche Ausgestaltungen des Hinweisgebots finden sich in § 309 Nr. 8 b bb, soweit es die Erleichterung der Rechtsausübung betrifft, und in § 308 Nr. 3, Nr. 5 b, § 309 Nr. 11 a, Nr. 12 b, soweit es die Vermeidung von Nachteilen betrifft. Die Grenzen zum Verständlichkeitsgebot sind fließend. 256

Ohne spezielle gesetzliche Vorschrift kann sich ein **Hinweisgebot aus § 307** ergeben, wenn der andere Vertragsteil ein besonderes Informationsinteresse hat. Ein Hinweis kann einmal dazu dienen, einer Klausel den Überraschungseffekt nach § 305c I beim Vertragsschluss zu nehmen. Eine Kontrolle nach § 307 I S. 2 ist daneben im Individualprozess nur ausnahmsweise möglich. Bei notariellen Verträgen besteht eine Belehrungspflicht des Notars nach § 17 I BeurkG, die Hin- 257

---

[1] BGH v. 31. 3. 2005 VII ZR 180/04 = NJW-RR 2005, 919.

[2] S. BGH NJW 1993, 2052, 2054; BGH v. 23. 2. 2005 IV ZR 273/03 = NJW-RR 2005, 902; zur Zinsberechnung BGH NJW 1992, 1097, dazu auch Anh. § 310 Rz D 17; a. A., für § 3 *Wagner-Wieduwilt* WM 1989, 37, 41; kritisch auch *Bruchner* WM 1988, 1873, 1875.

[3] OLG Celle NJW 1989, 2267.

[4] BGH NJW 1991, 3025.

[5] BGH v. 23. 2. 2005 IV ZR 273/03 = NJW-RR 2005, 902.

[6] BGH NJW 1993, 2052, 2054 = LM H.8/1993 § 9 (A) AGBG Nr. 5 m. Anm. *Lindacher.*

[7] BGH v. 23. 6. 2004 IV ZR 130/03 = NJW 2004, 2589.

[8] BGH NJW-RR 1995, 749.

[9] Zweifelnd *Brandner* FS *Locher,* 1990, S. 317, 322 ff.

weisgebote ersetzen kann.[1] Hinweisgebote können sich ausnahmsweise aber auch für die Zeit nach Vertragsschluss ergeben. Als Kontrollmaßstab kommt dann nur § 307 in Betracht.[2] Maßgebend ist, ob der Vertragspartner nach Treu und Glauben auf Folgen seines Verhaltens aufmerksam gemacht werden muss, die in den AGB vorgesehen sind, deren Kenntnis aber vom Vertragspartner nicht erwartet werden kann. Der Verwender muss aber ein berechtigtes Interesse an dem Eintritt der Rechtsfolge haben, andernfalls ist die Klausel trotz Hinweises unwirksam. Ein Hinweisgebot kann sich auch ergeben, wenn eine schuldrechtliche Aufklärungspflicht besteht.[3] Nicht besonders hingewiesen werden muss auf naheliegende Rechtsfolgen, z. B. die Anrechnung einer Versicherungsleistung auf einen zu ersetzenden Schaden.[4]

258 **c) Bestimmtheitsgebot. aa) Zwecke des Bestimmtheitsgebots.** Zur konkreten tatbestandlichen Ausformung der AGB (Rz 246 ff.) gehört auch das Bestimmtheitsgebot. Gesetzliche Anwendungsfälle des Bestimmtheitsgebots enthalten § 308 Nr. 1, Nr. 2 und Nr. 3 sowie § 309 Nr. 10 a. Im Übrigen ist das Bestimmtheitsgebot aus § 307 abzuleiten.[5] Das Bestimmtheitsgebot verlangt, dass die tatbestandlichen Voraussetzungen und die Rechtsfolgen so genau beschrieben werden, dass **keine ungerechtfertigten Beurteilungsspielräume für den Verwender** entstehen. Die Rechte und Pflichten des Kunden müssen so klar und präzise wie möglich angegeben werden.[6] Auch die Voraussetzungen und der Umfang eines einseitigen Leistungsbestimmungsrechts des Verwenders müssen tatbestandlich möglichst genau und transparent konkretisiert werden.[7] Da sich der Verwender in AGB nicht beliebig ein Bestimmungsrecht über die anzuwendenden Rechtsfolgen einräumen kann, kann ihm auch nicht gestattet werden, durch einen ungenauen Tatbestand oder eine ungenaue Rechtsfolge sich Beurteilungsspielräume zu verschaffen, die einem Bestimmungsrecht gleichkommen können.

259 Zugleich soll der **Vertragspartner** ohne fremde Hilfe möglichst **klar und einfach seine Rechte und Belastungen feststellen** können, damit er sich selbst einen Überblick über die Rechtslage verschaffen kann.[8] Das Bestimmtheitsgebot ergänzt das Transparenzgebot in der Weise, dass die tatbestandlichen Voraussetzungen und die Rechtsfolgen von AGB-Klauseln für den anderen Vertragsteil aus der Sicht eines durchschnittlichen Betrachters und Durchschnittskunden mit zumutbarem Aufwand nachprüfbar sein müssen und nicht irreführen dürfen.[9] Die Anforderungen an die Transparenz sind umso höher, je mehr der Klauselinhalt den Erwartungen des Durchschnittskunden widerspricht.[10] Die Interessen des anderen Vertragsteils sind nur dann ausreichend geschützt, wenn er die ihn treffenden

---

[1] *Armbrüster,* DNotZ 2004, 437, 446.

[2] Zweifelnd *Westermann* FS *Steindorff,* 1990, 817, 827, aber auch 830.

[3] S. *Niedenführ,* Informationsgebote des AGB-Gesetzes, 1986, S. 145 ff.

[4] BGH v. 8. 10. 2003 VIII ZR 55/03 = NJW 2004, 1041.

[5] S. BGHZ 94, 335, 349; 95, 39; BGH NJW 1985, 623, 625; i. d. S. wohl auch *Hellner* FS *Steindorff,* 1990, 573, 587; a. A. *Schäfer,* aaO, S. 111, der die Anforderungen des Bestimmtheitsgebotes auf § 2 I Nr. 2 und § 5 AGBG stützt; nunmehr § 305 I Nr. 2 und § 305 c f.

[6] BGH v. 5. 11. 2003 VIII ZR 10/03 = NJW 2004, 1598; BGH v. 3. 3. 2004 VIII ZR 149/03 = NJW 2004, 1738 m. Anm. *Börstinghaus* LMK 2004, 97; BGH v. 20. 7. 2005 VIII ZR 121/04 = NJW-RR 2005, 1496.

[7] S. etwa BGHZ 142, 358, 381; BGH v. 20. 7. 2005 VIII ZR 121/04 = NJW-RR 2005, 1496 zu A III 3 und A V 2.

[8] Zu Mehrbelastungen BGH v. 14. 11. 2003 V ZR 144/03 = NJW-RR 2004, 263; zur Übersicherung BGH NJW 1992, 1626 = LM H.8/1992 § 9 (Cg) AGBG Nr. 14 m. Anm. *Schmidt-Lademann;* zur Feststellung, ob ein Ausgleich angemessen BGH v. 20. 7. 2005 VIII ZR 121/04 = NJW-RR 2005, 1496 zu A I 1.

[9] S. auch BGH NJW 1988, 1726; 1991, 2559, 2560.

[10] BGHZ 112, 115, 118 = NJW 1990, 2383; BGH NJW 1991, 2559, 2560.

Pflichten, Lasten und Obliegenheiten[1] sowie die ihm zustehenden Rechte bei laienhafter Bewertung unschwer erkennen und überblicken kann (s. auch Rz 248).

bb) Verwendung unbestimmter Begriffe. Ob die Verwendung generalklauselartiger, unbestimmter Rechtsbegriffe dem Bestimmtheitsgebot genügt, hängt von der **Überschaubarkeit des Regelungsgegenstandes und** der **Vorhersehbarkeit** künftiger Ereignisse und Umstände ab. Je weniger die möglichen Fallgestaltungen überschaubar und vorhersehbar sind, desto eher müssen generalklauselartige Umschreibungen zugelassen werden. Anhaltspunkte kann z. B. die gesetzliche Regelung bieten; ist sie konkretisiert, so kann im Allgemeinen auch eine Konkretisierung in den AGB verlangt werden. Die Verwendung unbestimmter Rechtsbegriffe im Gesetz gestattet aber nicht ohne weiteres die Verwendung dieser Begriffe in AGB, sofern der Aufsteller seinen Regelungsbereich genauer und konkreter überblicken kann als der Gesetzgeber.[2] Ferner kann im Allgemeinen eine Konkretisierung kundennachteiliger Regelungen erwartet werden, wenn kundengünstige Regelungen im selben Bereich bestimmter gefasst sind.[3] An die Bestimmtheit dürfen jedoch keine unerfüllbaren oder unzumutbaren Anforderungen gestellt werden.[4] Auch ist zu beachten, dass durch eine allzu detaillierte Regelung unübersichtliche und schwer durchschaubare Klauselwerke entstehen können, die den Interessen des anderen Vertragsteils nicht dienlich sind.[5] Ebenso besteht das Risiko der Unvollständigkeit.[6] Problematisch ist deshalb, dass der BGH die Verwendung des Begriffs der „Kardinalpflicht" in einer Haftungsklausel für intransparent erklärt.[7] Stattdessen soll die Formulierung genügen, dass es sich um Pflichten handeln muss, deren Erfüllung die ordnungsgemäße Durchführung des Vertrags überhaupt erst ermöglicht und auf deren Einhaltung der Vertragspartner regelmäßig vertrauen darf. Ob dadurch für juristische Laien ein höherer Grad an Bestimmtheit erreicht wird, darf bezweifelt werden. Auch sind die Begriffe Kardinalfehler oder Kardinalzahl durchaus Bestandteil des allgemeinen Sprachgebrauchs. Im Falle einer hinzunehmenden Unbestimmtheit bleibt in jedem Fall eine Ausübungskontrolle möglich (Rz 30). 260

cc) Anwendungsfälle. Das Bestimmtheitserfordernis gilt insbesondere bei der (Sicherungs-)Abtretung von Forderungen und anderen Rechten zum Zwecke der Erhaltung der wirtschaftlichen Bewegungsfreiheit des Abtretenden,[8] auch zur Verhinderung einer Übersicherung und Ermöglichung der Freigabe (s. Anh. § 310 Rz S 181 f.). Es gilt vor allem auch für die Berechnungsfaktoren von Restwert- und Abschlusszahlungen beim Finanzierungsleasing (s. Anh. § 310 Rz 151). Ebenso sind in privatrechtlichen Heimverträgen die Kosten für Unterkunft, Verpflegung und Betreuung aus Gründen der Transparenz getrennt anzugeben (§ 5 III HeimG)[9]. 261

Zu **unbestimmt** ist die Verpflichtung zur Bestellung zusätzlicher Sicherheiten, etwa in Form eines Bürgen, „bei unbefriedigender (Kredit-)Auskunft",[10] ebenso eine Klausel, wonach „alle weiteren Einzelheiten im bankűblichen Rahmen" fest- 262

---

[1] BGH NJW 1990, 2388, 2389.

[2] Vgl. *Brandner* FS *Locher,* 1990, 317, 320.

[3] S. auch *Pfeiffer* Anm. zu BGH WuB I F 4. 10.92.

[4] S. BGHZ 93, 252, 263 für Preisklauseln; BGH v. 20. 7. 2005 VIII ZR 121/04 = NJW-RR 2005, 1496 zur Festlegung eines angemessenen Ausgleichs.

[5] So auch BGH NJW 1990, 3197, 3198.

[6] BGH v. 20. 7. 2005 VIII ZR 121/04 = NJW-RR 2005, 1496 zu A I 1.

[7] BGH v. 20. 7. 2005 VIII ZR 121/04 = NJW-RR 2005, 1496 zu A X; zu Recht kritisch auch *Kappus* NJW 2006, 15.

[8] BGH NJW 1989, 2383, 2384; dazu auch Anh. § 310 Rz S 197.

[9] BGH v. 3. 2. 2005 III ZR 411/04 = NZM 2005, 393.

[10] BGH NJW 1983, 159, 162.

gelegt werden.[1] Zu unbestimmt und wegen Intransparenz unwirksam ist die Klausel, die die Heizpflicht nur für „hauptsächlich genutzte Räume“ vorsieht.[2] Gegen das Gebot der Klarheit und Transparenz verstößt auch eine Klausel, die hinsichtlich ihrer Voraussetzungen auf dem Kunden unbekannte und für ihn schwer auffindbare Rechtsvorschriften verweist, so z. B. wenn bei Ratenzahlungsverträgen die Restschuld fällig gestellt wird, falls der Kunde „seinen Zahlungsverpflichtungen im Umfang des § 498 II“ nicht nachkommt.[3] Wegen mangelnder Überschaubarkeit ist ferner die Klausel in einem Mietvertrag über Gewerberäume unwirksam, wonach der Mieter alle mit dem Mietobjekt verbundenen Nebenkosten oder alle notwendigen oder üblichen Kosten zu tragen hat.[4] Die Festsetzung von Absatzzahlen gemäß der Vertriebspolitik in einem Vertragshändlervertrag ist unbestimmt und intransparent, weil die Vertriebspolitik jederzeit geändert werden kann.[5] Wegen Unbestimmtheit unwirksam ist auch eine Klausel, die dem Verwender die Abwälzung von betriebsinternen Kosten ermöglicht, die der Kunde weder kennen noch mit zumutbarem Aufwand ermitteln kann.[6]

263 **Kein Verstoß** gegen das Transparenzgebot liegt vor, wenn die Vornahme von Schönheitsreparaturen in einem Mietvertrag je nach dem Grad der Abnutzung oder der Beschädigung vorgeschrieben wird.[7] Die Klausel, dass bei preisgebundenem Wohnraum die jeweils gesetzliche Miete als vereinbart gilt, verstößt nicht gegen das Bestimmtheitsgebot, weil der Vermieter die künftige Entwicklung seiner Aufwendungen nicht sicher vorhersehen kann.[8] Transparent ist es auch, wenn die Haftung des Kunden bei Scheitern der Übernahme eines Gaslieferungsvertrags durch einen Dritten als Nachfolger vorgesehen wird.[9] Zulässig ist auch die Vereinbarung, dass „handelsübliche Abweichungen“ gelten.[10] Wirksam ist auch die Ausnahme für Erklärungen „von besonderer Bedeutung“ bei der Zugangsfiktion.[11]

264 **dd) Salvatorische Klauseln.** Salvatorische Klauseln können in verschiedenen Formen auftreten. Als sog. **Erhaltungsklauseln** sehen sie vor, dass bei Nichtigkeit oder Unwirksamkeit eines Teils des Rechtsgeschäfts der wirksame restliche Teil gültig bleiben soll. Eine solche Erhaltungsklausel entspricht dem Grundgedanken des § 306 I und ist grundsätzlich wirksam.[12] Grundsätzlich wegen Intransparenz unwirksam sind salvatorische Klauseln im unternehmerischen wie im nichtunternehmerischen Verkehr, die sich an Stelle konkreter Tatbestände mit der Formel, „soweit gesetzlich zulässig“ oder ähnlich begnügen.[13] Solche Klauseln können z. B. als sog. **Reduktionsklauseln** auftreten, die vorsehen, dass eine wegen Übermaßes ungültige Klausel auf das gerade noch zulässige Maß reduziert wird, oder als sog. **Ersetzungsklauseln,** die an Stelle der unwirksamen Regelung eine dieser mög-

---

1 *M. Wolf* EWiR 1/88, 627.
2 BGH NJW 1991, 1750, 1753.
3 So im Ergebnis auch OLG Hamm NJW-RR 1987, 311, 313 noch zu § 4 II AbzG.
4 BGH v. 6. 4. 2005 XII ZR 158/01 = NJW-RR 2006, 84; OLG Düsseldorf NJW-RR 1991, 1354.
5 BGH v. 13. 7. 2004 KZR 10/03 = GRUR 2005, 62.
6 BGH v. 21. 9. 2005 VIII ZR 38/05 = NJW-RR 2005, 1717; zur Bestimmtheit von Preisklauseln s. auch § 309 Nr. 1 Rz 100.
7 BGH v. 9. 3. 2005 VIII ZR 17/04 = NZM 2005, 376.
8 BGH v. 5. 11. 2003 VIII ZR 10/03 = NJW 2004, 1598.
9 OLG Frankfurt NJW-RR 1987, 1462.
10 § 308 Nr. 4 Rz 29.
11 S. § 308 Nr. 6 Rz 3.
12 BGH v. 6. 4. 2005 XII ZR 132/03 = NJW 2005, 2225.
13 BGH NJW 1991, 2630, 2632 m. w. N.; BGH NJW-RR 1996, 783, 789; *Brandner,* FS *Locher,* 1990, 317, 320; *Hager,* aaO, S. 204 ff.; *Lindacher* BB 1983, 154; *ders.,* aaO, 347, 355; *Oetker* JZ 2002, 337; *H. Schmidt,* aaO, S. 99; a. A. *Willenbruch* BB 1981, 1976. S. zu den verschiedenen Arten *Schröder,* Der sichere Weg bei der Vertragsgestaltung, 1990, S. 242 ff.

lichst nahe kommende Ersatzregelung treten lassen wollen. Wegen Unbestimmtheit unwirksam ist deshalb eine Klausel, wonach bei Unwirksamkeit einer Klausel eine der ungültigen Bestimmung möglichst nahekommende zulässige Bestimmung als vereinbart gilt.[1] Solche Klauseln sind neben anderen Gründen[2] grundsätzlich wegen Intransparenz unwirksam, weil sich der Vertragspartner aus den AGB nicht über seine Rechte informieren kann. Sie würden im Ergebnis auch zu einer unzulässigen geltungserhaltenden Reduktion führen.

Unwirksam ist die Einschränkung der Gewährleistung, „soweit das Gesetz 265 nicht etwas anderes zwingend vorschreibt". Dies gilt sowohl unter Verbrauchern wie zwischen Unternehmern.[3] Gleiches gilt für die Bestimmung eines Gerichtsstands, „soweit dem nicht zwingendes Recht entgegensteht"[4] und den Haftungsausschluss für „durch eine Schadensversicherung gedeckte Schäden soweit gesetzlich zulässig".[5] Zu unbestimmt ist ein Änderungsvorbehalt, falls unklar bleibt, ob die Änderung für den Kunden zumutbar ist.[6] Wegen Unklarheit unwirksam ist auch eine Klausel, wonach für Haftung und Gewährleistung VOB bzw. BGB gelten und bei Unterschieden die jeweils für den Verwender günstigere Regelung.[7] Unwirksam ist auch die Klausel, wonach die VOB gilt, soweit in den AGB nichts anderes vorgesehen ist.[8] Ebenso unwirksam ist die Regelung, wonach Ansprüche des Bestellers, insbesondere Ansprüche auf den Ersatz von nicht am Liefergegenstand selbst entstandenen Schäden, soweit gesetzlich zulässig ausgeschlossen sind.[9]

Wirksam, weil transparent, sind aber Ersatzklauseln mit einem konkreten Re- 266 gelungsinhalt, der an die Stelle der unwirksamen Klausel treten soll,[10] ebenso Klauseln, die im Falle der Unwirksamkeit das Eingreifen der gesetzlichen Regelung vorsehen, weil dies § 306 II entspricht.[11] Möglich ist auch, dem Verwender bei Fehlen einer gesetzlichen Regelung ein einseitiges Bestimmungsrecht gemäß § 315 I nach billigem Ermessen für eine angemessene Ersatzregelung einzuräumen.[12] Enthält eine Klausel konkrete Regelungen bezüglich der wesentlichen Punkte und ist die genaue Bezeichnung aller Einzelfälle und etwaiger Ausnahmen, z. B. der Haftung für Arglist,[13] nicht zumutbar, so sind diesbezüglich Anfügungen, „soweit gesetzlich zulässig" oder „soweit zumutbar", unschädlich. Dies hat der BGH auch für die gegenüber einem Unternehmer in einem Pachtvertrag benutzte Klausel angenommen, wonach auf das Recht zur Aufrechnung, Minderung und Zurückbehaltung verzichtet wird, „soweit dies gesetzlich zulässig ist und soweit nicht mit rechtskräftig festgestellten Forderungen die vorgenannten Rechte geltend gemacht werden".[14]

---

[1] BGH NJW 1983, 159, 162; BGH v. 6. 4. 2005 XII ZR 132/03 = NJW 2005, 2225; *Lindacher* BB 1983, 154; a. A. *Baumann* NJW 1978, 1953.

[2] S. § 306 Rz 48 ff.

[3] BGH NJW 1985, 623, 627.

[4] OLG Hamm BB 1983, 1304, 1307.

[5] BGH NJW 1996, 1407, 1408.

[6] BGH 1983, 1322, 1325; § 308 Nr. 4 Rz 30.

[7] BGH NJW 1986, 924.

[8] OLG Stuttgart NJW-RR 1988, 786.

[9] BGH BB 1996, 654, 656.

[10] *Hager* S. 202; a. A. OLG München NJW-RR 1988, 786; differenzierend *von Westphalen,* AGB, Salvatorische Klauseln Rz 19 ff.; *Ulmer/Fuchs* Vorb. v. § 307 Rz 101.

[11] BGH NJW 1991, 1750, 1754; s. auch *von Westphalen* AGB, Salvatorische Klauseln Rz 15: Kontrollfestigkeit nach 307 Abs. 3.

[12] S. auch *Michalski* NZG 1998, 7, 10 ff.; Anh. § 310 Rz L 214.

[13] BGH NJW 1993, 657, 658 = LM H.4/1993 § 9 (Bg) AGBG Nr. 14.

[14] BGH NJW-RR 1993, 519.

267 **d) Richtigkeitsgebot und Täuschungsverbot.** Die Transparenz der inhaltlichen Gestaltung erfordert das Gebot der Klarheit und Verständlichkeit sowie über das Bestimmtheitsgebot hinaus auch ein allgemeines Richtigkeitsgebot bzw. Täuschungsverbot. Danach sind unrichtige oder irreführende Klauselinhalte unangemessen, wenn sie den Kunden über die wirkliche Rechtslage zu täuschen vermögen und ihn bei der Wahrnehmung seiner Rechte behindern oder ihm unberechtigte Pflichten abverlangt werden können.[1] Dieses Verbot kann durch ungerechtfertigte Anforderungen an die Rechtsdurchsetzung, aber auch durch die Verschleierung der Rechtslage und deren unzutreffende Darstellung[2] verletzt werden.

268 **Unwirksam** ist es etwa, wenn die Einbeziehungsvoraussetzungen und die Geltung der AGB falsch dargestellt werden[3] oder wenn der andere Vertragsteil durch den Anschein der Gültigkeit und Rechtmäßigkeit der AGB abgehalten werden könnte, seine Rechte geltend zu machen oder der Verwender in die Lage versetzt wird, begründete Ansprüche unter Hinweis auf die Regelung der AGB abzulehnen.[4] Ein Verstoß gegen das Gebot der Rechtsklarheit kann sich auch durch den Hinweis oder die Wiedergabe von unwirksamen Rechtsvorschriften ergeben[5] ebenso durch eine unzutreffende vertragstypologische Einordnung eines Vertrags[6] oder durch den Anschein einer umfassenden Haftung des Kunden für Verschulden, die in Wirklichkeit nur unter Einschränkungen besteht[7] ebenso die scheinbare Beschränkung des Kunden allein auf ein Nachbesserungsrecht.[8] Der Verwender kann sich deshalb z. B. nicht auf die Unwirksamkeit eines Klauselteils berufen, damit ein anderer Klauselteil wirksam bleibt, weil für den Kunden die Regelung intransparent bleibt und er deshalb von der Durchsetzung seiner Rechte abgehalten werden könnte.[9] Wegen Schaffung unberechtigter Hemmnisse für die Geltendmachung von Rechten können insbesondere auch Schriftformklauseln unwirksam sein (s. Anh. § 310 Rz S 98). Intransparent können auch deklaratorische Klauseln sein, die das objektive Recht mit eigenen Worten, jedoch unverständlich oder missverständlich wiedergeben.[10]

269 Wirksam ist aber eine Klausel, die lediglich den Inhalt von § 536c wiedergibt, ohne auf das von der Rspr. verlangte Erfordernis eines zumindest grob fahrlässigen Verschuldens hinzuweisen.[11]

270 **e) Gebot der Vollständigkeit.** Eng mit der Richtigkeit verbunden ist das Gebot der Vollständigkeit. So kann etwa eine unvollständige Aufzählung der dem Kunden zustehenden Rechte oder die unvollständige Wiedergabe der Tatbestandsvoraussetzungen von Ansprüchen gegen den Kunden einen irreführenden Effekt nach sich ziehen. Deshalb sind z. B. die wesentlichen Fallgestaltungen des Fehlschlagens der Nachbesserung, wenn sie aufgeführt werden, auch vollständig anzugeben. Das Bemühen um Klarheit für den Kunden darf nicht dazu führen, die

---

[1] So auch *Hellner* FS *Steindorff,* 1990, 573, 586; *Koller* FS *Steindorff,* 1990, 667, 677; vgl. auch *Brandner* FS *Lochner,* 1990, 317, 319.

[2] BGHZ 104, 82, 92f. = NJW 1988, 1726; BGH NJW 1988, 2951, 2953; 1989, 2750, 2751; BGH LM H.3/1993 § 9 (Bi) AGBG Nr. 10; *M. Wolf* JZ 1988, 719.

[3] S. auch § 305 Rz 110.

[4] BGHZ 104, 82, 92f. = NJW 1988, 1726; BGH NJW 1989, 2750, 2751.

[5] BGH NJW 1988, 2951; dazu Anh. § 310 Rz K 54.

[6] BGH NJW 1992, 3158, 3161 = LM H.2/1993 § 651 BGB Nr. 7 m. Anm. *M. Wolf*: Vermittlungsvertrag statt Reisevertrag, dazu auch Anh. § 310 Rz R 41.

[7] BGH LM H.3/1993 § 9 (Bi) AGBG Nr. 10 m. Anm. *Grunewald.*

[8] BGH NJW-RR 1990, 1141.

[9] S. BGH NJW 1991, 2630, 2632.

[10] *Armbrüster* DNotZ 2004, 437, 446.

[11] BGH NJW 1993, 1061 = LM H.7/1993 § 9 (Bb) AGBG Nr. 35 zu § 545 a.F.

gesetzlichen Voraussetzungen für eine angemessene Regelung unvollständig darzustellen.[1] Das Gebot der Vollständigkeit ist jedoch wie das Bestimmtheitsgebot (s. Rz 248, 258) durch den Grundsatz der Zumutbarkeit begrenzt.

6. Gebot der Differenzierung

Aus dem Erfordernis der konkreten tatbestandlichen Ausformung ergibt sich das Gebot der Differenzierung, wenn für verschiedenartige typische Fallgestaltungen zur Herstellung von **Angemessenheit eine unterschiedliche Beurteilung geboten** ist. Das Gebot der Differenzierung ist zugleich Ausfluss des Gleichbehandlungsgrundsatzes, der auch gebietet Ungleiches ungleich zu behandeln (s. Rz 78). Eine einheitliche Regelung für alle Fallgruppen ist dann unangemessen, wenn auch nur eine Fallgruppe unangemessen geregelt ist,[2] sie ist dagegen wirksam, wenn sie auch die Anforderungen an die am strengsten zu beurteilende Fallgruppe erfüllt.[3] Voraussetzung für das Differenzierungsgebot ist jedoch, dass es sich um **typische und abgrenzbare Fallgestaltungen** handelt. 271

Für **atypische Einzelfälle** gilt das Differenzierungsgebot **nicht.** Sie können aber auch nicht Maßstab für die Angemessenheitsbeurteilung sein. Dies gilt sowohl für den Verwender, der typischerweise unangemessene Regelungen nicht mit atypischen Einzelfällen rechtfertigen kann, als auch für die Inhaltskontrolle, bei der eine typischerweise angemessene Regelung nicht wegen atypischer Einzelfälle für unangemessen erklärt werden darf.[4] Möglich bleibt aber eine Ausübungskontrolle (Rz 30). Das Gebot der Differenzierung, dessen Nichtbeachtung zur Unwirksamkeit einer Klausel insgesamt führt, betrifft auch nur den Regelungsinhalt der AGB, nicht dagegen deren tatsächliche Verwendung im Geschäftsverkehr (Rz 80). 272

Typische Fallgestaltungen, die abgrenzbar sind, liegen etwa vor, soweit es die unterschiedlichen Voraussetzungen von Leistungs- und Preisgefahr betrifft[5] oder wenn prozessuale oder materiell-rechtliche Erstattungsansprüche für Kosten der Rechtsverfolgung von unberechtigten Ansprüchen abzugrenzen sind.[6] Als abgrenzbare Fallgestaltungen zu differenzieren sind auch Vorschriften in der Hausratsversicherung über die Benutzung von Sicherungseinrichtungen bei kurzfristiger und langfristiger Abwesenheit.[7] 273

Atypische Fallgestaltungen, die nicht in die Klausel aufgenommen werden müssen, stellen etwa die Fälle des rechtsmissbräuchlichen Verhaltens dar[8] oder ausgefallene und geschäftsspezifisch seltene Fallgestaltungen.[9] 274

---

1 BGH NJW 1985, 320, 323; s. auch Rz 246f.
2 S. auch OLG Hamm NJW-RR 1992, 444, 445.
3 S. zur Fristdauer BGH NJW 1985, 320, 323 zu § 10 Nr. 2 AGBG.
4 BGH NJW 1985, 320, 321; bedenklich deshalb BGH NJW 1987, 2818 zu den Kfz-Reparaturbedingungen, dazu *M. Wolf* JZ 1987, 1129.
5 S. auch BGH NJW 1985, 320, 323.
6 BGH NJW 1985, 320, 324.
7 BGH NJW 1990, 2388.
8 S. auch BGH NJW 1985, 320, 325; BGH NJW 1985, 623, 629 zu VII 2 b.
9 S. auch *M. Wolf* JZ 1987, 1129.

C. Schranken der Inhaltskontrolle (Abs. 3)

Schrifttum: *Brandner,* Schranken der Inhaltskontrolle, FS Hauß, 1978, S. 1.; *Baumann,* Zur Inhaltskontrolle von Produktbestimmungen in Allgemeinen Geschäfts- und Versicherungsbedingungen, VersR 1991, 490; *Billing,* Die Bedeutung von § 307 III 1 BGB im System der AGB-rechtlichen Inhaltskontrolle, 2006; *Canaris,* Die Problematik der AGB-Kontrolle von Postenpreisen für Buchungsvorgänge auf Girokonten, WM 1996, 237; *Derleder/Metz,* Die Nebenentgelte der Banken – Rechtsgrundlagen und rechtliche Grenzen, ZIP 1996, 573 und *dies.*, Die Nebenentgelte der Banken – zur Zulässigkeit der einzelnen Gebühren, ZIP 1996, 621; *Dylla-Krebs,* Schranken der Inhaltskontrolle Allgemeiner Geschäftsbedingungen, 1990; *Horn,* Die richterliche Kontrolle von Entgeltklauseln nach dem AGB-Gesetz am Beispiel der Kreditwirtschaft, WM 1997 Sonderbeilage Nr. 1; *Joost,* Ausschluss der Inhaltskontrolle bei Entgeltregelungen in Allgemeinen Geschäftsbedingungen, ZIP 1996, 1685; *Krüger,* Richterliche Überprüfbarkeit von Preisklauseln in der Kreditwirtschaft, WM 1999, 1402; *Langheid,* § 8 AGB-Gesetz im Licht der EG-AGB-Richtlinie: Kontrollfähigkeit von Leistungsbeschreibungen durch Intransparenz, NVersZ 2000, 63; *Laufs/Reiling,* Zur Zulässigkeit formularmäßig abgeschlossener ärztlicher Honorarvereinbarungen, JZ 1992, 375; *Niebling,* Die Schranken der Inhaltskontrolle nach § 8 AGB-Gesetz, BB 1984, 1713; *ders.*, Die Schranken der Inhaltskontrolle nach § 8 AGB-Gesetz, 1988; *ders.*, Die Inhaltskontrolle von Preisen und Leistungen nach dem AGBG, WM 1992, 845; *Pfeiffer,* Die Reichweite der Inhaltskontrolle nach Art. 4 Abs. 2 RL 93/13/EWG und § 8 AGBG im Kontext der „Schuldrechtsmodernisierung", VuR 2001, 95; *Schimansky,* Bankvertragsrecht und Privatautonomie, WM 1995, 461; *Schmidt-Salzer,* Leistungsbeschreibungen insbesondere in Versicherungsverträgen und Schranken der Inhaltskontrolle, FS Brandner, 1996, S. 259; *Schünemann,* Allgemeine Versicherungsbedingungen – „Leistungsbeschreibungen" oder inhaltskontrollierte Vertragsbedingungen?, VersR 2000, 144; *Schwab,* Zur Bedeutung des § 8 AGBG für die Inhaltskontrolle von Vollmachtsklauseln – BGH, NJW 1997, 3437, JuS 2001, 951; *Schweitzer,* Zur Wirksamkeit von Zinsberechnungsklauseln bei Annuitätendarlehen, JA 1989, 143; *Stoffels,* Schranken der Inhaltskontrolle, JZ 2001, 843; *Westermann,* Abgrenzung von Neben- und Hauptpflichten im Hinblick auf die Inhaltskontrolle, in Zehn Jahre AGB-Gesetz, RWS-Forum 2, 1987, S. 135; *Zoller,* Voraussetzungen und Rechtsnatur deklaratorischer AGB im Sinne des § 8 AGBG, BB 1987, 421.

I. Allgemeines

1. Zweck

275 Während § 305 I die AGB nach äußeren Merkmalen ohne Rücksicht auf den Inhalt ihrer Regelungen definiert, knüpft § 307 III S. 1 an den Inhalt der AGB an und bestimmt anhand dieses Inhalts, welche AGB der Inhaltskontrolle nach §§ 307 bis 309 unterliegen und welche nicht. Durch Abs. 3 S. 1 soll nach der Begr.[1] der **Vorrang spezialgesetzlicher Regelungen anerkannt** werden. Darüber hinaus bringt Abs. 3 S. 1 jedoch ganz allgemein zum Ausdruck, dass die AGB-Vorschriften **nicht** dazu dienen sollen, **gesetzliche Interessenbewertungen** zu **überprüfen.** Insoweit verwirklicht Abs. 3 S. 1 die Bindung des Richters an das Gesetz.[2]

276 Ausgenommen werden aber auch Bestimmungen, die nach ihrem Inhalt der **rechtlichen Überprüfung nicht zugänglich** sind, sondern, wie Leistungsbeschreibungen und Preisvereinbarungen, rein tatsächliche und wirtschaftliche Daten enthalten. Grund der Ausnahme ist hier der fehlende rechtliche Kontrollmaßstab und die **Wahrung marktwirtschaftlicher Prinzipien.**[3] Soweit Leistungsbeschreibungen und Preise von beiden Parteien vereinbart sind, darf der Zweck von Abs. 3 S. 1 auch nicht durch eine Kontrolle nach § 315, der nur einseitige Festsetzungen erfasst, unterlaufen werden.[4] Der Inhaltskontrolle unterliegen AGB nur, soweit ihr Regelungsinhalt auch Gegenstand von Rechtsvorschriften ist. Abs. 3 S. 1 um-

---

1 BT-Drs. 7/3919, S. 22 zu § 8 AGB-Gesetz, der Abs. 3 S. 1 entspricht.

2 BGH NJW 1984, 2161; BGH NJW 2001, 2012, 2013; *Bruchner* WM 1987, 456; *Canaris* NJW 1987, 611; *Dylla-Krebs,* Schranken der Inhaltskontrolle, S. 65 f.; *Stoffels,* AGB-Recht, Rz 424.

3 S. auch *Westermann,* aaO, S. 136 f.; *Baumann* VersR 1991, 490, 492; *Stoffels,* AGB-Recht, Rz 423.

4 BGH NJW 1991, 832, 833.

schreibt dies dahin, dass es sich um von Rechtsvorschriften abweichende oder diese ergänzende Regelungen handeln muss.

2. Vorgaben der Richtlinie

Eine dem Regelungsgehalt des Abs. 3 S. 1 entsprechende Vorschrift sieht die **Richtlinie** in Art. 1 und Art. 4 für die **Mitgliedstaaten der EG** vor.[1] Während Art. 1 II RL Klauseln, die auf bindenden Rechtsvorschriften und internationalen Übereinkommen beruhen, ebenso wie Abs. 3 S. 1 die sog. deklaratorischen Klauseln (s. Rz 331) von der Inhaltskontrolle ausnimmt, entzieht Art. 4 II RL solche Regelungen der Inhaltskontrolle, die den Hauptgegenstand des Vertrags oder die Angemessenheit des Preis-Leistungs-Verhältnisses betreffen. Die Vorschriften der Art. 1 II, 4 II RL bringen die kontrollfreien Klauselinhalte teilweise deutlicher zum Ausdruck als Abs. 3 S. 1. Die Festlegung des Vertragszwecks (Rz 290) und die Bestimmung der Vertragsparteien (Rz 291) werden von der Richtlinie allerdings nicht ausdrücklich ausgenommen, sind jedoch bei zweckgerechter Auslegung der Richtlinie ebenfalls als kontrollfrei anzusehen.[2] Art. 1 II und Art. 4 II RL gelten nicht nur für AGB, sondern auch für Individualklauseln. Obwohl die Richtlinie nur für Verbraucherverträge gilt, sollte die richtlinienkonforme Auslegung von § 307 III, S. 1 für Unternehmerverträge gleichermaßen zur Anwendung kommen.[3] Dies ist durch § 310 III Nr. 2 übernommen worden. Auch stellt Art. 4 II RL ausdrücklich klar, dass die Kontrollfreiheit entfällt, wenn das Transparenzgebot verletzt ist, was in Abs. 3 S. 2 umgesetzt worden ist.[4] 277

3. Bedeutung und Anwendungsbereich

Während §§ 305 bis 306a für alle AGB gelten, schränkt Abs. 3 S. 1 den Anwendungsbereich der §§ 307 bis 309 und damit auch der §§ 1, 8 ff. UKlaG auf solche AGB ein, die von Rechtsvorschriften abweichen oder diese ergänzen. Abs. 3 gilt auch im Verfahren nach § 1, 8 ff. UKlaG[5] sowie für die in § 310 I, II,[6] III genannten AGB und Vertragsbedingungen sowie gemäß IV S. 2 für AGB im Arbeitsrecht. Die Anwendung der §§ 305 bis 306a auf die nach Abs. 3 S. 1 der Inhaltskontrolle entzogenen Klauseln darf nicht dazu führen, dass insbesondere über die Anwendung des Verbots überraschender Klauseln in § 305c I das Kontrollverbot des Abs. 3 S. 1 ausgehöhlt wird.[7] Die Einhaltung des Transparenzgebots ist jedoch gemäß Abs. 3 S. 2 auch bezüglich der Bedingungen zu beachten, die gemäß Abs. 3 S. 1 der Inhaltskontrolle nach Abs. 1 S. 1 und Abs. 2 entzogen sind.[8] Dies bedeutet insbesondere, dass auch Preis- und Leistungsbestimmungen darauf zu prüfen sind, ob sie das Transparenzgebot beachten. Die von Abs. 3 S. 1 vorgesehene Kontrollfreiheit von AGB ist nach dem Zweck der Inhaltskontrolle als Ausnahme eng auf das Fehlen rechtlicher Maßstäbe zu begrenzen.[9] 278

---

1 Dazu auch *Stoffels*, AGB-Recht, Rz 425 ff.

2 S. Art. 4 RL Rz 16 ff.

3 Für einheitliche Auslegung MünchKomm/*Kieninger* Rz 4; *Stoffels*, AGB-Recht, Rz 427; a. A. *Staudinger/Coester* Rz 73; gegen eine rechtliche Bindung in diesem Sinne *H. Roth* JZ 1999, 537.

4 S. oben Rz 235 ff.

5 BGH NJW 1984, 2161; zu § 13 AGBG.

6 S. BGH NJW 1985, 3013 zu Bedingungen der Wasserversorgung.

7 S. dazu auch *Niebling*, aaO, 1988, S. 60 f.

8 S. Rz 237, 247.

9 S. auch BGH v. 12. 5. 2004 VIII ZR 159/03 = NJW-RR 2004, 1206.

4. Überblick

279 Das Verhältnis von Grundsatz und Ausnahme, in dem AGB der Inhaltskontrolle unterliegen, wird von Abs. 3 S. 1 dahin bestimmt, dass nur solche AGB, die von Rechtsvorschriften abweichen oder diese ergänzen, der Kontrolle nach §§ 307 bis 309 unterliegen. Alle anderen Bestimmungen in den AGB, d.h. diejenigen die nicht von Rechtsvorschriften abweichen oder diese ergänzen, weil es für sie keine Rechtsvorschriften gibt oder die AGB mit den Rechtsvorschriften übereinstimmen, unterliegen nicht der Inhaltskontrolle. Normativ gesehen ist die Kontrollfreiheit deshalb der Grundsatz, die Inhaltskontrolle die Ausnahme, ohne deren Voraussetzungen §§ 307 bis 309 nicht eingreifen.[1] Die gegenteilige Aussage in der Begründung findet im Wortlaut keinerlei Anhaltspunkte. Die Stellung in Abs. 3 nach Abs. 1 bringt dies entgegen der Auffassung in der Begründung[2] nicht zum Ausdruck und widerspricht zudem der Richtlinie 93/13/EWG, wo die Schranken der Inhaltskontrolle in Art. 1 vor die Inhaltskontrolle in Art. 3 gestellt sind. Die Frage ist auch nicht bedeutungslos[3], sondern beeinflusst die grundsätzliche Einstellung zum Gewicht und zur Stellung der Inhaltskontrolle. So, wie es eine Beweislast gibt, gibt es auch eine Begründungslast. Die Grundsatz-Ausnahme-Regel verteilt die Begründungslast. Faktisch kehrt sich dieses Regel-Ausnahme-Verhältnis jedoch um, da die Voraussetzungen des Abs. 3 S. 1 bei den meisten AGB vorliegen.

II. Der Inhaltskontrolle unterliegende AGB

280 Der Inhaltskontrolle unterliegen solche AGB, die von Rechtsvorschriften abweichen oder diese ergänzen. Der Inhaltskontrolle entzogen sind damit solche AGB, die mit Rechtsvorschriften übereinstimmen, sowie solche AGB, die Sachfragen regeln, für die keine Rechtsvorschriften bestehen. Das Vorhandensein von Rechtsvorschriften ist damit eine wesentliche Voraussetzung für die Inhaltskontrolle nach §§ 307 ff., nicht jedoch für die Anwendung der §§ 305 ff.

1. Rechtsvorschriften

281 **a) Gesetze im materiellen Sinn.** Generell sind Rechtsvorschriften im Sinne von § 307 III S. 1 **alle normativen Regelungen,** die auch ohne eine hierauf gerichtete vertragliche Vereinbarung oder einseitige Willenserklärung gelten. Rechtsvorschriften sind **alle Gesetzesvorschriften im materiellen Sinn,** gleichgültig ob sie auf formellem Gesetz, Rechtsverordnung[4] oder Satzung beruhen. Gleichgültig ist, ob es sich um dispositives oder zwingendes Recht handelt. In erster Linie hat der Gesetzgeber an das dispositive Recht gedacht, das Anlass zur Inhaltskontrolle nach §§ 307 ff. geben soll, wenn von ihm abgewichen wird. Aber auch Abweichungen vom zwingenden Recht unterliegen der Inhaltskontrolle unabhängig davon, ob solche Abweichungen bereits ohne Inhaltskontrolle wegen Verstoßes gegen das zwingende Recht nichtig sind (s. auch Rz 13). Auch die AGB-Vorschriften der §§ 305 ff. selbst gehören zu diesen Rechtsvorschriften. Zu den Rechtsvorschriften zählen grundsätzlich auch die sog. Erlaubnisnormen (dazu im Einzelnen unten Rz 338 ff.) und alle Vorschriften, die lediglich „im Zweifel" gelten (s. auch Rz 110).

---

[1] Wie hier *Joost* ZIP 1996, 1685, 1690; a. A. *Ulmer/Brandner,* 9. Aufl., § 9 AGBG Rz 5.

[2] BT-Drs 14/6040 S. 154.

[3] *Ulmer/Fuchs* Rz 7.

[4] Zur Abweichung von der AVBWasserVO s. BGH v. 6. 4. 2005 VIII ZR 260/04 = NJW-RR 2005, 960.

§ 307 III S. 1 will die Inhaltskontrolle nur dort ausschließen, wo rechtliche Maßstäbe fehlen (Rz 276), wie insbesondere bei der Preisgestaltung (dazu im Einzelnen Rz 303 ff.) und bei Leistungsbeschreibungen (Rz 292 ff.), oder wo sie unnötig ist, weil die AGB mit den rechtlichen Maßstäben identisch sind.

b) Ungeschriebene Rechtsregeln. Rechtsvorschriften sind auch alle **ungeschriebenen Rechtsgrundsätze,** die nicht der Parteiautonomie entspringen, sondern aus objektiven Wertmaßstäben und Wertungen abgeleitet werden, so z. B. die Vermutung der Richtigkeit und Vollständigkeit einer Urkunde,[1] die Regeln des Richterrechts[2] oder die aufgrund **ergänzender Auslegung** nach §§ 157, 242 und aus der Natur des jeweiligen Schuldverhältnisses zu entnehmenden Rechte und Pflichten.[3] Die Erstreckung der Inhaltskontrolle auf vertragstypische Rechte und Pflichten ergibt sich aus § 307 II Nr. 2. Dies muss Rückwirkungen auf den Begriff der Rechtsvorschriften in § 307 III S. 1 haben, der nicht so eng ausgelegt werden darf, dass mangels von Rechtsvorschriften keine Abweichung von ihnen vorliegt und deshalb für eine Inhaltskontrolle nach § 307 II Nr. 2 praktisch kaum Raum bleibt.[4] 282

c) Handelsbrauch. Auch die sich aus einem Handelsbrauch unmittelbar ergebenden Rechte und Pflichten können Rechtsvorschriften sein,[5] wenn sich aus ihm **wie beim Gewohnheitsrecht Rechte und Pflichten** ergeben, die auch ohne AGB gelten. Sie dürfen Treu und Glauben[6] oder dem zwingenden Recht nicht widersprechen. Der Handelsbrauch unterliegt insoweit nicht der Inhaltskontrolle, sondern nur Abweichungen von ihm. Nicht jeder Handelsbrauch hat aber Rechtsnormqualität. Er ist insoweit der **Verkehrssitte vergleichbar.** Als solcher wird er in § 310 I S. 2 als Maßstab der Inhaltskontrolle angesprochen. Dies gilt etwa für alle Fälle des bloßen Einbeziehungshandelsbrauchs.[7] Auch sonst im unternehmerischen Verkehr ist diese Art des Handelsbrauchs bei der Bestimmung des Maßstabs der Inhaltskontrolle zu beachten.[8] 283

d) Innerstaatliche Rechtsvorschriften. Es muss sich um innerstaatliche Rechtsvorschriften handeln. Zu den innerstaatlichen Rechtsvorschriften zählen die Vorschriften internationaler Übereinkommen, wenn sie durch Transformationsgesetz gemäß Art. 59 II GG zu innerstaatlichem Recht geworden sind, wie z. B. das UN-Kaufrecht.[9] 284

e) Keine Rechtsnormen gemäß § 307 III. Keine Rechtsvorschriften, die im Falle einer Abweichens von ihnen die Inhaltskontrolle eröffnen, sind §§ 612 II, 632 II (s. auch Rz 312, 325). Sie haben den Charakter von Preisvereinbarungen und sind deshalb nicht als Rechtsvorschriften im Sinne von Abs. 3 S. 1 anzusehen. Ihr wesentlicher Grundgedanke besteht nicht in der Festsetzung bestimmter Preise, sondern darin, dass sie eine Preisvereinbarung ersetzen.[10] Soweit AGB diese Fragen regeln, unterliegen sie nicht der Kontrolle nach §§ 307 ff, da Preisvereinbarungen 285

---

[1] S. *Larenz/Wolf* Allg. Teil, § 27 Rz 27; *Soergel/Hefermehl* § 126 Rz 24.

[2] S. z. BGH NJW 1985, 3013, 3014; *Bamberger/Roth/H. Schmidt* Rz 46; *Palandt/Grüneberg* Rz 64; a. A. *Niebling,* aaO, 1988, S. 70 f.

[3] S. BGH NJW 1985, 2585; BGH NJW 1985, 3013, 3014; BGH NJW 1993, 721 = LM H.6/1993 § 339 BGB Nr. 35/36 m. Anm. *Köhler;* BGH NJW 1997, 2752; BGHZ 137, 27 = LM H.3/1998 § 8 AGBG Nr. 30 m. Anm. *Basedow.*

[4] BGHZ 93, 358, 360 f. = BGH NJW 1985, 3013, 3014; *Ulmer/Fuchs* Rz 26; a. A. *Stoffels,* AGB-Recht, Rz 434.

[5] S. auch BGH NJW-RR 1987, 94, 95; § 305 Rz 147; a. A. *Basedow* ZHR 150, 469, 489.

[6] Allg. Meinung *Baumbach/Hopt,* HGB, § 346 Rz 11.

[7] S. § 305 Rz 146.

[8] A. A. *Basedow* ZHR 150, 469, 489.

[9] S. auch BGH NJW 1984, 2034, 2035; OLG Hamm 1984, 1307 zum ehemaligen EKG.

[10] S. auch BGH NJW 1992, 688; BGH NJW-RR 1993, 430, 431; 1993, 1128.

nicht unmittelbar Gegenstand von Rechtsvorschriften sind (s. allgemein Rz 303 ff.). Ein Abweichen von früheren vertraglichen Abreden unterliegt nicht der Inhaltskontrolle nach §§ 307 bis 309, sofern nicht gleichzeitig eine Abweichung von Rechtsvorschriften gegeben ist.[1] Keine Rechtsvorschriften, auch nicht Völkergewohnheitsrecht, sind ferner die von der IATA empfohlenen Beförderungsbedingungen im Flugverkehr.[2] Die Inhaltskontrolle solcher Bedingungen kann auch nicht ausgeschlossen oder eingeschränkt werden.[3]

2. Abweichungen und Ergänzungen

286 **a) Abweichen von Rechtsvorschriften.** Ein Abweichen liegt vor, wenn die AGB einen **anderen Inhalt** als die Rechtsvorschriften aufweisen, insbesondere, wenn Interessen durch AGB anders bewertet und gegeneinander abgewogen werden und dadurch Rechte, Pflichten, Obliegenheiten, Lasten und Risiken anders als durch die einschlägigen Rechtsvorschriften verteilt werden oder von anderen Voraussetzungen abhängig gemacht werden, so z. B. wenn von einer gesetzlich vorgesehenen Interessenabwägung abgesehen wird.[4] Ein Abweichen kommt nicht nur in Betracht, wenn die AGB eine selbstständige neue Regelung enthalten, sondern auch, wenn sie die einschlägige Rechtsvorschrift durch eine nicht einschlägige Rechtsvorschrift ersetzen (s. Rz 335) oder wenn eine gesetzliche Vorschrift in einem Vertrag zur Anwendung gebracht werden soll, der vom gesetzlichen Vertragstyp abweicht. Die Abweichung vom Wortlaut einer Rechtsvorschrift ist nicht allein entscheidend. Vielmehr ist auf den Sinngehalt der AGB abzustellen. Ein Abweichen liegt nicht vor, wenn eine gesetzliche Vorschrift nur mit ihrem Wortlaut, nicht aber mit ihrer einschränkenden Auslegung durch die Rspr. wiedergegeben wird.[5]

287 **b) Ergänzung von Rechtsvorschriften.** Eine Ergänzung ist gegeben, wenn die Interessenbewertung einer Rechtsvorschrift durch AGB konkretisiert, **auf andere Interessen ausgedehnt** oder sonst erweitert wird. AGB, die Rechtsvorschriften innerhalb ihres einschlägigen Anwendungsbereichs wörtlich oder sinngemäß übernehmen, unterliegen nicht der Kontrolle nach §§ 307 ff. Die Auslegung von AGB, die Rechtsvorschriften ergänzen, richtet sich in jedem Fall nach § 305c II.

III. Von Rechtsvorschriften nicht geregelte Gegenstände

1. Allgemeines

288 Von der Kontrolle nach §§ 307 bis 309 ausgenommen sind Inhalte, die **ihrer Art nach nicht der Regelung durch Gesetz oder andere Rechtsvorschriften unterliegen,** sondern im marktwirtschaftlichen System von den Parteien in Ausübung ihrer Vertragsfreiheit festgelegt werden müssen[6] und bei deren Fehlen der Vertrag mangels Bestimmtheit und Bestimmbarkeit des wesentlichen Vertragsinhalts (essentialia negotii)[7] nicht durchgeführt werden kann und deshalb nicht

---

1 BGH NJW 1982, 765; so zu Recht auch *Stoffels,* AGB-Recht, Rz 434; a. A. *Soergel/Stein* § 8 AGBG Rz 3.

2 BGH BB 1983, 527, 528 = NJW 1983, 1322; dazu auch EuGH NJW 1986, 2182, 2183.

3 BGH BB 1983, 527, 529.

4 BGHZ 95, 362, 364 zu § 24 BDSG a. F., jetzt § 28 BDSG.

5 BGH NJW 1993, 1061 = LM H.7/1993 § 9 (Bb) AGBG Nr. 35.

6 S. *von Westphalen* AGB, Preis – Preisnebenabrede Rz 1; so auch für preis- und leistungsbestimmende Klauseln *Dylla-Krebs,* aaO, S. 157 f.

7 S. dazu *Larenz/Wolf,* Allg. Teil, § 29 Rn. 17.

mehr als wirksam angesehen werden kann.[1] Dazu gehört neben der Bestimmung der Vertragsparteien (Rz 291), den Leistungsbeschreibungen (Rz 292) und der Preisvereinbarung einschließlich der Angemessenheit des Äquivalenzverhältnisses (Rz 303 ff., 308) auch der Vertragszweck (Rz 290).

Die kontrollfreien Klauseln können nicht danach bestimmt werden, ob es sich um Klauseln mit preis- oder leistungsbestimmendem Einfluss handelt, woraus sich die effektive Gesamtbelastung der Parteien bei planmäßiger, störungsfreier Vertragsdurchführung ergibt.[2] Dem steht bereits entgegen, dass das Preisargument für die Inhaltskontrolle grundsätzlich unbeachtlich ist (s. Rz 224). Hinzu kommt, dass nach dieser Konzeption auch Klauseln über den Erfüllungsort oder über die Festlegung von Vorleistungspflichten nicht der Inhaltskontrolle unterlägen, selbst wenn sie von gesetzlichen Bestimmungen wie §§ 269, 320, 641 abwichen. Dies kann nicht hingenommen werden. Die Anwendung von § 305c I hilft im Verbandsklageverfahren nicht weiter. Soweit die essentialia negotii individuell ausgehandelt sind, sind auf sie die §§ 305 ff. bereits nach § 305 I S. 3 nicht anwendbar. Soweit sie in AGB oder vorformulierten Individualvereinbarungen (§ 310 III Nr. 2) enthalten sind, schließt Abs. 3 S. 1 sie von der Inhaltskontrolle aus. Anwendbar bleiben aber §§ 305 bis 306a. Unklare Leistungsbeschreibungen sind deshalb nach § 305c II zugunsten des anderen Vertragsteils auszulegen. Bei Versicherungsbedingungen kann dies dazu führen, dass im Zweifel ein Risiko mit abgedeckt ist.[3] Möglich bleibt auch eine Transparenzkontrolle nach § 307 (s. Rz 237, 305). Ebenso kann eine Sittenwidrigkeitskontrolle im Rahmen von § 307 stattfinden (s. auch Rz 24, 158, 173). 289

2. Kontrollfreier Vertragszweck

Dass der Vertragszweck nicht der Inhaltskontrolle unterliegt, macht mittelbar § 307 II Nr. 2 deutlich, wonach die „Gefährdung" des Vertragszwecks der Kontrolle unterliegt, aber nicht die Festlegung des Vertragszwecks selbst. Vertragszweck sind die rechtlich anerkannten und verbindlich vereinbarten **Ziele, die die Parteien mit ihrem Vertrag erreichen wollen.** Sie ergeben sich aus dem Vertragstypus, aus der Verkehrssitte oder aus konkreten Vereinbarungen. Kontrollfähig ist dagegen ein nach § 138 sittenwidriger oder ein gesetzwidriger Vertragszweck (s. Rz 158, 173). Dazu gehört auch der Verstoß gegen ein Diskriminierungsverbot. 290

3. Kontrollfreie Bestimmung der Vertragsparteien

Zu den nicht durch Gesetz geregelten Gegenständen gehört die Bestimmung der Vertragsparteien. Diese festzulegen ist Ausfluss der Abschlussfreiheit und deshalb der Inhaltskontrolle entzogen. Soweit eine Klausel Regelungen über die **Veränderungen** der bereits an den Vertrag gebundenen Vertragspartner oder der sonst am Vertrag beteiligten Personen, z. B. von Gesellschaftern oder Geschäftsführern, enthält, unterliegt sie aber der Inhaltskontrolle.[4] Eine Inhaltskontrolle ist auch möglich, sofern ein Kontrahierungszwang für eine bestimmte Vertragspartei besteht.[5] Ebenso unterliegen Klauseln, die Vertragsparteien diskriminierend von einem Vertrag ausschließen, der Inhaltskontrolle (s. auch Rz 158, 173). 291

---

[1] Ebenso BGH NJW 1987, 1931; 1992, 688; BGH NJW-RR 1993, 1049; BGH NJW 1993, 2369; BGH NJW 1999, 3558; BGH v. 16. 6. 2004 IV ZR 257/03 = NJW-RR 2004, 1258; *Ulmer/Fuchs* Rz 40; *Erman/Roloff* Rz 42.

[2] So *Dylla-Krebs,* aaO, S. 135 ff.

[3] OLG München NJW-RR 1986, 906.

[4] Vgl. § 309 Nr. 10 Rz 16; s. auch BGH NJW 1985, 623, 625.

[5] Vgl. auch BGH NJW 1990, 761.

4. Leistungsbeschreibungen

292 **a) Begriff.** Leistungsbeschreibungen sind Vertragsbedingungen, durch die ohne gesetzliche Festlegung, allein aufgrund vertraglicher Vereinbarung einerseits das **Ob der Leistung** und andererseits **Gegenstand, Art, Umfang, Quantität und Qualität** der vertraglichen Waren, Dienstleistung oder sonstigen Leistungen unmittelbar festgelegt werden. Sie sind grundsätzlich nicht Gegenstand der Inhaltskontrolle.[1] Auch die Ablehnung von Leistungen unterliegt als negative Leistungsbeschreibung nach § 307 III S. 1 nicht der Inhaltskontrolle, sofern nicht ein Kontrahierungszwang besteht[2] und sofern dadurch nicht im Vertrag bereits gegebene Leistungszusagen eingeschränkt, verändert oder ausgeschaltet werden.[3] Leistungsbeschreibungen sind allgemein der Inhaltskontrolle nur insoweit entzogen, als ohne sie der Vertrag mangels Bestimmtheit oder doch Bestimmbarkeit des wesentlichen Vertragsinhalts nicht als wirksam angesehen werden kann (s. Rz 288). Eine Klausel ist deshalb kontrollfähig, wenn auch ohne sie der wesentliche Vertragsinhalt nach seinem Hauptgegenstand bestimmbar ist und deshalb auch ohne die Klausel ein wirksamer Vertrag vorliegt.[4] Kontrollfähig sind insbesondere auch diskriminierende Leistungsbeschreibungen. Für die Auslegung der Leistungsbeschreibung gilt jedoch § 305c II unabhängig davon, ob sie der Inhaltskontrolle unterliegt oder nicht.[5] Auch § 305c I ist anwendbar,[6] und das Transparenzgebot muss gewahrt werden.[7]

293 **b) Hauptpflichten und sonstige Vertragsinhalte.** Bei Leistungsbeschreibungen wird es sich regelmäßig um Hauptpflichten handeln,[8] notwendig ist dies aber nicht.[9] Maßgebend ist allein, ob von Rechtsvorschriften (Rz 281 ff.) abgewichen wird. Demgegenüber stellt Art. 4 II RL ausdrücklich auf den Hauptgegenstand des Vertrags (main subject matter; objet principal du contrat) ab. Dies umfasst aber nicht nur Hauptleistungspflichten, sondern auch sonstige Leistungsbeschreibungen.[10] Leistungsbeschreibungen sind **alle Vertragsbestandteile, die notwendig von den Parteien festgelegt werden müssen,** um eine Vertragsbeziehung nicht mangels Bestimmtheit oder Bestimmbarkeit aufgrund fehlender Rechtsvorschriften undurchführbar werden zu lassen.[11] Darunter fällt vor allem die unmittelbare tatsächliche und wirtschaftliche Bestimmung des Leistungsgegenstandes und des Umfangs dieser Leistungen als essentialia negotii. Dies gilt auch für Geschäftsbesorgungs- und Versicherungsleistungen.[12] Eine Transparenzkontrolle gemäß Abs. 3 S. 2 bleibt in jedem Fall möglich (s. Rz 237).

294 **Nicht kontrollfähig** sind danach grundsätzlich **Warenbeschreibungen oder sonstige Leistungsbeschreibungen** in Formularverträgen und AGB,[13] in Pro-

---

1 BGHZ 93, 358 = BGH NJW 1985, 3013; BGH NJW 1990, 761; BGH NJW-RR 1991, 1013; BGH NJW 1992, 688; 1993, 1128 m. w. N.

2 BGH NJW 1990, 761.

3 BGH NJW 1993, 2369 und 2442, 2444; BGH NJW-RR 1993, 1049 = LM H.11/1993 § 9 (Bh) AGBG Nr. 19 m. Anm. *Schmidt-Salzer;* BGH NJW 1994, 1534, jeweils zu Versicherungsbedingungen.

4 S. BGH NJW-RR 1993, 1049; BGH v. 5. 12. 06 X ZR 165/03 Rz 10.

5 S. BGH NJW-RR 1987, 1050, 1052; OLG Hamm NJW 1986, 2888; OLG Hamburg NJW-RR 1986, 1084 jeweils zu Versicherungsbedingungen.

6 BGH NJW-RR 1987, 605, 606.

7 Oben Rz 237; s. auch Art. 4 RL Rz 21.

8 BGHZ 100, 157, 173 = NJW 1987, 1931; BGHZ 104, 82, 90 = NJW 1988, 1726.

9 S. auch BGH NJW 1992, 688; *Westermann,* aaO, S. 135, 152.

10 S. Art. 4 RL Rz 16 ff.

11 So jetzt auch BGH NJW 1992, 688; BGH NJW 1999, 3558; ähnlich *Soergel/Stein* Rz 7 f.; *Westermann,* aaO, S. 152.

12 S. auch OLG Nürnberg NJW 1985, 2203.

13 S. auch Anh. § 310 Rz M 160.

spekten und Katalogen, DIN-Vorschriften, Baubeschreibungen. Dazu gehören z. B. Art und Umfang der Leistungen in einem Kreditkartenvertrag[1] oder die Übernahme der gesamten Erschließung.[2] Nicht kontrollfähig ist auch Teil C der VOB, unabhängig davon, ob sie AGB sind.[3] Nicht kontrollfähig sind grundsätzlich auch allgemein technische Normen, die die geschuldete Leistung beschreiben. Der Kontrolle entzogen ist auch der Begriff „werkstattüberholt", er unterliegt nicht der Inhaltskontrolle. Dazu gehört auch der Umfang der Hauptschuld, für die eine Bürgschaft übernommen wird[4] und bei Bausparverträgen die Zuteilungsbedingungen, bei Garantieverträgen der Umfang der Garantie,[5] bei Reiseverträgen die Reisebeschreibung,[6] bei Krankenhausverträgen die Inanspruchnahme und der Umfang von Wahlleistungen.[7] Ebensowenig kontrollfähig ist der Hinweis auf die Verwendung lediglich „neuwertiger" Teile in einer EDV-Anlage.[8]

Nicht kontrollierbare Leistungsbeschreibung ist grundsätzlich auch der Umfang einer eingeräumten **Nutzung,**[9] sofern die Beschränkungen nicht den Vertragszweck gefährden, z. B. bei Adressenüberlassungsverträgen[10] oder bei Softwareverträgen. Nicht kontrollfähig sind auch zum Zwecke der Erfüllung von Aufklärungspflichten formularmäßig aufgenommene Hinweise und Beschreibungen.[11] 295

Emissions- und Anleihebedingungen unterliegen nicht der Inhaltskontrolle, soweit es den Leistungsgegenstand, insbesondere etwa ein Erfüllungswahlrecht bei der Rückzahlung (z. B. Geld oder Aktien), oder die Dauer der Laufzeit einer Anleihe betrifft.[12] Dagegen sind Anleihebedingungen nicht insgesamt als Leistungsbeschreibungen anzusehen.[13] Sie sind Vertragsbedingungen im Sinne von § 305 und können auch Bestandteile enthalten, die durch Gesetz oder ergänzende Auslegung bestimmt werden können, falls eine Regelung nicht vorhanden wäre. § 793, der für Inhaberschuldverschreibungen „die Leistung nach Maßgabe des Versprechens" vorsieht, kann nicht als Beleg für eine kontrollfreie Leistungsbeschreibung herangezogen werden, da nur ein gesetzeskonformes Versprechen als Schuldinhalt angesehen werden kann. Neben §§ 134, 138 gehört dazu aber auch die Beachtung der Inhaltsschranken aus § 307. Selbst wenn durch die Inhaltskontrolle ein anderes „Produkt" entstehen sollte, schließt dies die Anwendung von § 307 nicht aus. Auch das Preisargument ist unbeachtlich (s. Rz 289). Dafür spricht auch Nr. 2c Anh. zu Art. 3 III RL (s. auch dort Rz 271, 280 ff.) Soweit Anleihebedingungen der Inhaltskontrolle unterliegen, sind bei Beurteilung ihrer Angemessenheit die besonderen Verhältnisse und Bedürfnisse des Kapitalmarkts zu berücksichtigen. Eine Transparenzkontrolle gemäß Abs. 3 S. 2 findet auch bei Anleihe- und Emissionsbedingungen in jedem Fall statt (s. Rz 293). Nicht kontrollfähig ist auch der verkehrstypische Deckungsumfang bei **Versicherungen,**[14] der im Allgemeinen durch die üblichen Erwartungen der Versicherungsnehmer und bei Haftpflichtversicherungen auch 296

---

1 BGHZ 137, 27 = LM H.3/1998 § 8 AGBG Nr. 30 m. Anm. *Basedow.*
2 BGH NJW 1997, 135.
3 S. § 305 Rz 6.
4 BGH NJW 1985, 848; dazu auch Anh. § 310 Rz B 360 f.
5 BGH NJW-RR 1991, 1013.
6 S. Anh. § 310 Rz R 47.
7 BGH NJW 1990, 761; Anh. § 310 Rz K 58.
8 BGH NJW 1995, 3124, 3126.
9 S. Anh. § 310 Rz S 220.
10 S. Anh. § 310 Rz A 62.
11 *Schünemann* BB 1987, 2243, 2248; s. auch Anh. § 310 Rz K 61.
12 Dazu *Assmann,* Anleihebedingungen und AGB-Recht, WM 2005, 1053, 1058 f.
13 A.A. *Assmann,* Anleihebedingungen und AGB-Recht, WM 2005, 1053, 1058 f.
14 S. auch BGH NJW-RR 1987, 1050, 1052; BGH NJW 1988, 266.

durch die gesetzlich festgelegte Haftung bestimmt wird.[1] Nicht maßgebend ist die Unterscheidung in primäre oder sekundäre Risikoabgrenzungen einerseits und Obliegenheiten andererseits, obwohl primäre Risikoabgrenzungen im Gegensatz zu Obliegenheiten am ehesten den Leistungsbeschreibungen zuzurechnen sein können. Ebensowenig kontrollfähig ist der zeitliche Umfang einer Kreditversicherung[2] oder die zeitliche Begrenzung zur Feststellung der Unfallfolgen.[3]

297 **c) Kontrollfähige Art und Weise der Leistung.** Die rechtliche Ausgestaltung der vereinbarten Leistungspflicht nach Art und Weise oder Zeit (s. auch Rz 300 f.), die Ausgestaltung der Haftung oder Gewährleistung, die Einschränkung oder Veränderung der vereinbarten Leistungspflichten wird dagegen grundsätzlich durch Rechtsvorschriften bestimmt und unterliegt deshalb der Inhaltskontrolle nach §§ 307 ff., auch soweit es den Leistungsgegenstand betrifft.[4] Entscheidend ist jeweils, ob der betreffende Inhalt zu den Geschäftsbestandteilen gehört, die durch Rechtsvorschriften (s. Rz 276, 281) ersetzt werden können. Insoweit als dies zutrifft, ist eine Inhaltskontrolle grundsätzlich nicht ausgeschlossen. Dies gilt auch für Emissions- und Anleihebedingungen.[5] Möglich bleibt in jedem Fall neben der Einbeziehungskontrolle nach §§ 305 II, 305c I auch die Transparenzkontrolle nach § 307 I S. 2.[6]

298 **Kontrollfähig** sind etwa Bestimmungen über Einschränkungen,[7] Veränderungen,[8] Erweiterungen oder sonstige Ausgestaltungen der vertragstypischen Leistung, die in den AGB zuungunsten des Vertragspartners von dem Leistungsinhalt abweichen, den er nach dem Zweck und Gegenstand des Vertrags erwarten darf.[9] Die Kontrollfähigkeit solcher Einschränkungen und Veränderungen ergibt sich aus § 307 II Nr. 2, der die Kontrollfähigkeit voraussetzt. Maßgebend ist, ob von den Leistungsinhalten abgewichen wird, die sich ohne die Klausel aus §§ 157, 242 BGB ergeben würden.[10] Kontrollfähig ist z. B. der formularmäßige Ausschluss einzelner Pflichtinhalte, die nach der Verkehrsauffassung mit einer bestimmten Leistung verbunden sind. Dies gilt auch für Emissions- und Anleihebedingungen (s. Rz 296) sowie für die zeitliche Begrenzung einer Versicherungsleistung.[11]

299 **d) Kontrollfähige Einschränkung oder Modifikation des Hauptleistungsversprechens.** Eine Einschränkung oder Modifikation des Hauptleistungsversprechens ist kontrollfähig.[12] Eine solche Einschränkung liegt etwa vor, wenn eine in der Reisebeschreibung enthaltene Leistungsbeschreibung auf die Landesüblichkeit verkürzt wird.[13] Entsprechen die in der Reisebeschreibung versprochenen Leistun-

---

[1] S. zur Auslegung von AVB allgemein *Prölss/Martin,* VVG, 27. Aufl. 2004, Vorbem III Rz 2 ff. m. w. N.

[2] BGH NJW-RR 1987, 605.

[3] Vgl. LG Düsseldorf NJW-RR 1988, 281.

[4] BGHZ 100, 157, 173 = NJW 1987, 1931; BGH NJW-RR 1993, 1049 = LM H.11/1993 § 9 (Bk) AGBG Nr. 19 m. Anm. *Schmidt-Salzer;* BGH NJW 1999, 3558.

[5] A.A. *Assmann,* Anleihebedingungen und AGB-Recht, WM 2005, 1053, 1058 f.

[6] S. oben 239 f.

[7] BGH NJW-RR 1991, 1013; BGH NJW 1993, 2369; BGH NJW-RR 1993, 1049; BGH v. 16. 6. 2004 IV ZR 257/03 = NJW-RR 2004, 1258.

[8] S. auch BGH NJW 1990, 1060, 1063; BGH NJW 1999, 3358; BGH v. 10. 12. 2003 IV ZR 217/02 = NZV 2004, 397.

[9] BGH ZIP 1987, 640, 646; BGH NJW-RR 1993, 1049; Rz 10; *Ulmer/Fuchs* Rz 38; *Soergel/Stein* Rz 8.

[10] S. auch *Soergel/Stein* Rz 6.

[11] BGH v. 16. 6. 2004 IV ZR 257/03 = NJW-RR 2004, 1258.

[12] BGH NJW 1987, 1931, 1935; BGH NJW 1999, 2279 und 3558; BGH NJW 2001, 751 und 1132; *Palandt/Heinrichs* Rz 57; *Ulmer/Fuchs* Rz 27; *Stoffels,* AGB-Recht, Rz 441.

[13] BGH ZIP 1987, 640, 646; OLG Frankfurt NJW 1986, 1618, 1620; gegen die Kontrollfähigkeit der Klausel *Dylla-Krebs,* S. 275.

gen nicht den im Heimatland des Kunden oder international üblichen Standards, so muss darauf schon in der Reisebeschreibung hingewiesen werden. Kontrollfähig sind auch Klauseln, die Qualitäts-, Mengen- oder Gewichtsdifferenzen für unbeachtlich erklären oder Qualitätsanforderungen abweichend von §§ 243 I, 433 I S. 2, 535 I S. 2, 633 I festlegen.[1] Als Klausel, die Qualitätsdifferenzen für unbeachtlich erklärt, ebenso wie als Leistungsbestimmungsklausel kontrollfähig ist eine Klausel in Wartungsverträgen, wonach der Unternehmer nach seiner Wahl Neuteile oder Austauschteile einsetzen darf; dies gilt unabhängig davon, ob der Wartungsvertrag als Werk- oder Dienstvertrag[2] einzuordnen ist.[3] Kontrollfähig ist auch eine Klausel, durch die die Richtigkeit von Maßangaben und sonstigen Leistungsbeschreibungen bestätigt wird.[4]

Kontrollfähig sind ferner formularmäßig abgegebene zugesicherte Eigenschaf- **300**
ten[5] sowie Regelungen über Lieferzeiten und -termine (§ 308 Nr. 1), über Leistungs- und Änderungsvorbehalte (§ 308 Nr. 2 und 4), über Leistungsbestimmungsrechte nach §§ 315 ff.[6] oder über den Lieferort.[7] Kontrollfähig sind auch Freizeichnungen in Garantieverträgen.[8]

Der Kontrolle unterliegt auch die Bestimmung der Laufzeit eines **Dauerschuld-** **301**
verhältnisses auf bestimmte Dauer durch Laufzeitklauseln, da hierdurch von der gesetzlichen Regelung, die eine Laufzeit von unbestimmter Dauer mit der Möglichkeit zur ordentlichen Kündigung vorsieht, abgewichen wird.[9] Die Kontrollfähigkeit macht auch § 309 Nr. 9 deutlich. Der Inhaltskontrolle unterliegen auch die Kündigungsregelungen von Dauerschuldverhältnissen, insbesondere auch von Versicherungsverhältnissen,[10] obwohl davon auch der Leistungsumfang, insbesondere der Versicherungsumfang betroffen wird.[11]

Risikoausschlüsse, Risikobeschränkungen und Obliegenheitsklauseln in **Ver-** **302**
sicherungsbedingungen unterliegen vor allem unter dem Gesichtspunkt der Vertragszweckgefährdung der Inhaltskontrolle,[12] selbst wenn sie den Umfang der Versicherungsleistung mitbestimmen, sofern sie den verkehrstypischen und nach Treu und Glauben zu erwartenden oder den gesetzlich vorgegebenen Deckungsumfang beschränken oder modifizieren.[13] Enthält eine Klausel der Versicherungsbedingungen nicht nur eine Leistungsbeschreibung, sondern zugleich eine verdeckte Obliegenheit[14] oder weicht sie vom gesetzlichen Leistungsbild z. B. des § 149 VVG ab,[15] so unterliegt dies ebenfalls der Inhaltskontrolle. Kontrollfähig ist auch die Risikobeschränkung auf die einmalige Versicherungssumme je Versiche-

[1] S. auch Vorb. § 303 Nr. 8 b Rz 9.

[2] Dazu Anh. § 310 Rz W 12, 13.

[3] A. A. offenbar OLG Frankfurt ZIP 1983, 702.

[4] BGH NJW 1986, 2574, 2575.

[5] OLG Frankfurt NJW 1986, 1618, 1621.

[6] S. BGH NJW 1994, 1060, 1063; Anh. § 310 Rz L 292 ff.

[7] S. Anh. § 310 Rz E 212.

[8] BGH NJW-RR 1991, 1013.

[9] BGHZ 127, 35, 41 f. = NJW 1994, 2693 = IM H.1/1995 § 9 (Bk) AGBG Nr. 2225 m. Anm. *Schmidt-Salzer.*

[10] BGH NJW 1994, 2693, 2694 = LM H.1/1995 § 9 (Bk) AGBG Nr. 22 m. Anm. *Schmidt-Salzer;* LG Bremen NJW 1985, 868.

[11] S. auch oben Rz 150.

[12] S. oben Rz 150.

[13] BGH NJW-RR 1991, 412; BGH NJW 1993, 2369; BGH NJW-RR 1993, 1049; BGH v. 23. 6. 2004 IV ZR 130/03 = NJW 2004, 2589; *Prölss/Martin,* VVG, Vorbem. I Rz 45 ff.; *Bauer* BB 1978, 480; vgl. auch Rz 11; a. A. *Sieg* VersR 1977, 491; *Schäfer* VersR 1978, 4; s. im Einzelnen Anh. § 310 Rz V 138.

[14] S. etwa BGH NJW 1985, 2831.

[15] S. BGH NJW-RR 1991, 412.

rungsperiode in einer verbundenen Hausratversicherung,[1] ebenso die Beschränkung einer Krankenversicherung auf wissenschaftlich allgemein anerkannte Untersuchungs- und Behandlungsmethoden[2] oder der Ausschluss von Leistungen für Schäden, die von in häuslicher Gemeinschaft lebenden Personen vorsätzlich oder grob fahrlässig verursacht sind, bei der Hausratsversicherung.[3]

5. Preisvereinbarungen

303 **a) Grundsatz und Gründe für Kontrollfreiheit.** Die Vereinbarungen des Preises und sonstiger Entgelte unterliegen grundsätzlich keiner Inhaltskontrolle.[4] Preisvereinbarungen in AGB finden sich z. B. in Form von Tarifen und privaten Gebührenordnungen sowie in Gestalt von Preislisten und Preisverzeichnissen. Die Kontrollfreiheit der Preisklauseln gilt nicht nur für die isolierte Preiskontrolle, sondern grundsätzlich auch, wenn der Preis als Grund für die Unangemessenheit einer anderen Regelung herangezogen werden soll.[5] Grund dafür ist, dass unsere Rechts- und Wirtschaftsordnung die angemessenen Preise grundsätzlich nicht durch Rechtsvorschriften bestimmt, sondern dass sie am **Markt** unter Wettbewerbsbedingungen in privatautonomer Entscheidung gebildet werden. Auch kann es nicht Aufgabe des Richters sein, Preise auf ihre betriebswirtschaftliche Rechtfertigung hin zu untersuchen.[6] Auch wenn die Preiskontrolle wegen der Preisbildung am Markt ausgeschlossen ist, so kann doch das Fehlen der funktionierenden Marktregulierung nicht als tatbestandliche Voraussetzung für die Inhaltskontrolle angesehen werden,[7] weil die Funktionsfähigkeit der Marktregulierung nur schwer feststellbar ist und sich von Fall zu Fall ändern kann. Stattdessen wird ein verlässliches Abgrenzungskriterium benötigt. Entscheidender Anknüpfungspunkt für den Verzicht auf Inhaltskontrolle kann deshalb allein das **Fehlen rechtlicher Kontrollmaßstäbe** sein.[8] Soweit Preise durch Rechtsvorschriften bestimmt werden, etwa durch gesetzliche Gebührenvorschriften (s. Rz 312 f.), steht § 307 III S. 1 einer Inhaltskontrolle der vom Gesetz abweichenden Preisklausel nicht entgegen.

304 **Individuelle Preisabreden** unterliegen als ausgehandelte Vereinbarungen nicht der Inhaltskontrolle, weil sie keine AGB sind. Das Verbot der Preiskontrolle gilt nach Art. 4 II RL darüber hinaus grundsätzlich für alle Preisklauseln in Verbraucherverträgen, auch wenn es nicht ausgehandelte Individualvereinbarungen betrifft. Dies ist mit dem Verweis auf § 307 in § 310 III Nr. 2 übernommen worden. Es gilt für individuelle Preisvereinbarungen im unternehmerischen Bereich, weil dort Individualvereinbarungen generell nicht der Inhaltskontrolle unterliegen.

305 **Ausnahmen von der Kontrollfreiheit** bei Preisvereinbarungen bestehen bei Abweichung von gesetzlichen Gebührenvorschriften (Rz 312 f.) sowie bei den sog. Preisnebenabreden (Rz 314 ff.). Auch Preise, die unter Verstoß gegen ein Diskriminierungsverbot für mehrere Personen unterschiedlich festgelegt werden, unterliegen nicht nur gemäß §§ 19, 20 GWB, sondern auch nach § 307 der Inhaltskontrolle. Der

---

[1] Vgl. auch BGH NJW 1985, 971.

[2] BGH NJW 1993, 2369.

[3] BGH NJW-RR 1993, 1049.

[4] BGH NJW 1985, 3013; BGH NJW-RR 1993, 375 = LM H.7/1993 § 8 AGBG Nr. 21 m. w. N.; BGH NJW-RR 1993, 430, 431; BGHZ 137, 27 = LM H.3/1998 § 8 AGBG Nr. 30 m. Anm. *Basedow; Horn* WM 1997, Sonderbeilage Nr. 1, S. 8.

[5] S. BGH NJW-RR 1990, 1075, 1076; oben Rz 224 ff.

[6] BGHZ 137, 27 = LM H.3/1998 § 8 AGBG Nr. 30 m. Anm. *Basedow;* BGH LM H.1/1999 § 8 AGBG Nr. 31 m. Anm. *M. Wolf; Köndgen* NJW 1996, 558, 563; *Derleder/Metz* ZIP 1996, 573, 583.

[7] A. A. *Stoffels,* AGB-Recht, Rz 449.

[8] S. z. B. BGHZ 137, 27 = LM H.3/1998 § 8 AGBG Nr. 30 m. Anm. *Basedow;* dazu auch Rz 276.

Kontrolle unterliegt auch in jedem Fall die Einhaltung des **Transparenzgebots.**[1] Anwendbar bleiben auf jeden Fall die **nicht zur Inhaltskontrolle gehörenden Vorschriften** §§ 305 bis 306a, insbesondere auch § 305c I für überraschende Preisklauseln in AGB.[2] Im Falle des Widerspruchs zu Individualvereinbarungen gilt § 305 b.

b) Grundsätzlich keine Kontrolle der Preishöhe. Das Verbot der Preiskontrolle gilt in erster Linie für die Preishöhe.[3] Zu den Preisvereinbarungen, die grundsätzlich nicht der Inhaltskontrolle nach §§ 307 ff. unterliegen, gehört zunächst die **Preishöhe der Hauptleistung,** seien es Teilpreise oder ein Gesamtpreis.[4] Die Kontrollfreiheit gilt etwa für Darlehenszinsen,[5] für die Gebühren im Rahmen eines Girovertrags[6] oder eines Kreditkartenvertrags[7] oder für die an eine urheberrechtliche Verwertungsgesellschaft zu zahlende Vergütung[8] ebenso der Rabatt auf eine Versicherungsprämie.[9] Nicht kontrollierbar sind auch **Preise von Sonderleistungen,** wie z. B. für den Auslandseinsatz von Kreditkarten[10] oder für die Ausstellung eines Ersatzsparbuchs.[11] **306**

§ 307 III S. 1 gilt grundsätzlich auch für Klauseln, die den Preis nicht ausdrücklich beziffern oder nicht bestimmt festlegen,[12] sondern nur die **Grundsätze der Preisberechnung** festlegen, so etwa wenn die Preishöhe von einem erst künftig bestimmbaren Verbrauch abhängt.[13] **307**

c) Keine Kontrolle des Äquivalenzverhältnisses. Die Kontrollfreiheit gilt nicht nur für die Höhe des Preises als isolierter Größe, sondern auch für das Äquivalenzverhältnis im Sinne der **Angemessenheit des Preis-Leistungs-Verhältnisses.** Es kann deshalb grundsätzlich auch nicht überprüft werden, ob dem Preis eine angemessene Leistung gegenübersteht.[14] Ausnahmen bestehen dann, wenn es nicht um eine Preiskontrolle im Sinne des marktgerechten Preises geht, die dem Richter nicht zusteht, sondern um eine eindeutige Unausgewogenheit der gegenseitigen Leistungspflichten (s. Rz 182). Ein sittenwidriger Wucher oder ein sonst sittenwidriger Verstoß gegen die Äquivalenz (s. Rz 21) kann auch im Rahmen der Unangemessenheit nach § 307 Abs. 1 berücksichtigt werden. Auf das Äquivalenzverhältnis ist auch in dem Sinne zu achten, dass bei entgeltlichen Verträgen einer vom Kunden zu erbringenden Leistung keinerlei Gegenleistung des Verwenders gegenübersteht, so z. B. die Verpflichtung Gebühren für die Nutzung eines Fitnessstudios in voller Höhe auch in den Betriebsferien zu zahlen.[15] Das Äquivalenzverhältnis ist auch ver- **308**

---

[1] Art. 4 RL Rz 21; *Pfeiffer* EWiR § 8 AGBG 1/93, 419; *Horn* WM 1997, Sonderbeilage Nr. 1 S. 18 ff.; dazu oben Rz 237.

[2] BGHZ 137, 27 = LM H.3/1998 § 8 AGBG Nr. 30 m. Anm. *Basedow* für Kreditkarteneinsatz im Ausland; LG München NJW 1982, 2130 für ärztliche Gebührenregelung; Horn WM 1997, Sonderbeilage Nr. 1, S. 8.

[3] S. auch BGHZ 137, 27 = LM H.3/1998 § 8 AGBG Nr. 30 m. Anm. *Basedow;* OLG Frankfurt NJW 1993, 1402; *Pfeiffer* EWiR § 8 AGBG 1/93, 419.

[4] *Horn* WM 1997, Sonderbeilage Nr. 1, S. 8.

[5] BGH NJW 1986, 2565.

[6] BGHZ 133, 10; BGH NJW 1996, 2032; OLG Frankfurt NJW 1993, 1402; *Hadding* WuB IV B, § 8 AGBG 2.92; *Pfeiffer* EWiR § 8 AGBG 1/93, 419.

[7] BGHZ 137, 27 = LM H.3/1998 § 8 AGBG Nr. 30 m. Anm. *Basedow.*

[8] BGH NJW 1984, 1113.

[9] BGH v. 13. 7. 2005 IV ZR 83/04 = NJW-RR 2005, 1479.

[10] BGHZ 137, 27 = LM H.3/1998 § 8 AGBG Nr. 30 m. Anm. *Basedow.*

[11] BGH IM H.1/1999 § 8 AGBG Nr. 31 m. abl. Anm. *M. Wolf.*

[12] A. A. *Schlosser/Graba* § 8 AGB-Gesetz Rz 18.

[13] BGH NJW 1985, 3013, 3014; *Brandner,* FS *Hauß,* S. 7, 10; s. aber auch Rz 314 ff.

[14] BGH NJW-RR 1993, 375; zu Ausnahmen in besonderen Fällen BGH NJW-RR 1997, 304; s. auch Anh. § 310 Rz D 16.

[15] LG Frankenthal VuR 1993, 350, 351; MünchKomm/*Kieninger* Rz 50.

letzt, wenn dem Kunden das Guthaben unverbrauchter Telefonkarten nicht gutgeschrieben wird.[1] Die grundsätzliche Kontrollfreiheit gilt auch nur für das anfänglich bei Vertragsabschluss von den Parteien festzulegende Äquivalenzverhältnis. Eine Klausel mit der Befugnis des Verwenders, dieses ursprüngliche Äquivalenzverhältnis nachträglich zu ändern, unterliegt dagegen der Inhaltskontrolle (s. auch Rz 324 ff.). Neben der Äquivalenz des Preis-/Leistungsverhältnisses gibt es auch ein darüber hinaus zu beachtendes Äquivalenzverhältnis beim Austausch von Leistungspflichten allgemein, so wenn eine (Bier- oder Getränke-)Bezugspflicht auch bestehen soll, wenn das an sich vorgesehene Darlehen nicht ausbezahlt wird.[2] Die Beschränkungen der Preiskontrolle gelten hier nicht.

309 d) **Keine Kontrolle des Preisgrundes.** Das Verbot gilt prinzipiell auch für die Frage des Preisgrundes, d. h., **ob und wofür überhaupt ein Entgelt geschuldet** wird[3] und ob ein entgeltlicher oder unentgeltlicher Vertrag vereinbart wird. Das grundsätzliche Kontrollverbot hinsichtlich des Ob ergibt sich daraus, dass die Annahme eines entgeltlichen oder unentgeltlichen Vertrags nicht durch das Gesetz, sondern vom Parteiwillen bestimmt wird und § 306 II hierbei gerade nicht gelten kann. Nicht der Kontrolle unterliegt deshalb eine Gebühr, die in einem Handelsvertretervertrag für die Einräumung eines Alleinvertriebsrechts in einem bestimmten Gebiet vereinbart wird.[4]

310 e) **Preise von Nebenleistungen und einzelne Preisbestandteile.** Den Preisvereinbarungen zuzurechnen sind grundsätzlich auch selbstständig ausgewiesene Preise von Nebenleistungen[5] und gesetzlich nicht geregelte Sonderleistungen[6] sowie einzelne Preisbestandteile, wie z. B. für Verpackung, Transport, Installation, Aufstellung, Bedienungsanweisung oder Versicherung, für Zubehörteile, Teilzahlungszuschläge, Bearbeitungskosten oder für ein Agio. Nach Art. 4 II RL müssen sie den **Charakter einer Gegenleistung** für Dienstleistungen und Güter haben. Es braucht jedoch nicht die Gegenleistung für Hauptleistungen zu sein, sondern kann auch die Gegenleistung für Nebenleistungen sein. Auf den Charakter als Gegenleistung kann aber nicht verzichtet werden, weil sonst der Bereich der Kontrollfreiheit erweitert würde und dadurch der Mindeststandard der Richtlinie nicht eingehalten würde. Preisvereinbarungen sind auch **Ermäßigungen oder Erhöhungen** des Preises, z. B. durch **Skonti,**[7] **Rabatte bzw. Zuschläge** für besondere Leistungen. Das Ob und die Preishöhe als solche kann auch bei diesen Sonder- und Nebenleistungen grundsätzlich nicht nach §§ 307 ff. kontrolliert werden.[8] Eine Klausel, die für Anfahrten zum Kunden eine pauschale Preishöhe für die Anfahrt festlegt, ist deshalb nicht kontrollfähig.[9] Es macht keinen Unterschied, ob der Verwender die einzelnen Berechnungsposten aufschlüsselt oder allein einen Gesamtpreis nennt.[10] Nicht der Kontrolle soll auch die Gebühr für die Inanspruchnahme

---

[1] BGH NJW 2001, 2635; dazu aber auch BGH v. 11. 10. 2005 XI ZR 395/04 (Gültigkeitsfrist für Briefmarken).

[2] BGH NJW-RR 1997, 304, 305; zur Waffengleichheit s. oben Rz 222 f.

[3] *Horn* WM 1997, Sonderbeilage Nr. 1 S. 9; zu Ausnahmen s. Rz 314 ff.

[4] BGH NJW-RR 1993, 375.

[5] So jetzt auch BGH NJW 1992, 688; BGH 13. 7. 2004 KZR 10/03 = GRUR 2005, 62; *Horn* WM 1997, Sonderbeilage Nr. 1, S. 10; a. A. noch BGH NJW 1984, 2160, X. Zivilsenat.

[6] BGHZ 133, 10, 13; 137, 27, 30; BGH v. 30. 11. 2004 XI ZR 49/04 = NJW-RR 2005, 1135; BGH v. 30. 11. 2004 XI ZR 200/03 = NJW 2005, 1275 m. Anm. *Hennrichs/Kasberg* LMK 2005, 72; *Ulmer/Fuchs* Rz 79.

[7] So zu Recht auch OLG Frankfurt NJW 1993, 1402; a. A. *Ulmer/Brandner,* 9. Aufl., § 8 Rz 21; s. aber auch unten Rz 319.

[8] S. auch *ULmer/Fuchs* Rz 90; zu Ausnahmen s. unten Rz 314 ff.

[9] BGH NJW 1992, 688; BGH NJW-RR 1993, 430, 432.

[10] BGH NJW 1992, 688.

von Geldautomaten unterliegen, da darin eine Sonderleistung liegt, für deren Entgeltlichkeit keine gesetzliche Regelung besteht.[1] Jedoch ist zu bedenken, dass die Auszahlung am Geldautomaten einer Barauszahlung gleichsteht und deshalb zumindest während der üblichen Kassenstunden nicht anders als die Barauszahlung an der Kasse behandelt werden kann, für deren Entgeltlichkeit die Kontrollfähigkeit zu Recht bejaht wurde.[2]

Werden Sondergebühren für Leistungen in einem Mitgliedstaat der EU erhoben, so kann darin ein **Verstoß gegen den EG-Vertrag** etwa gegen Art. 86 EGV liegen. Es kann auch eine Behinderung bei Ausübung der Grundfreiheiten des EG-Vertrags darstellen, so z. B. wenn eine zusätzliche Gebühr für den Auslandseinsatz der Kreditkarte bei einem Einsatz in einem EU-Mitgliedstaat erhoben wird. 311

6. Abweichungen von gesetzlichen Gebührenvorschriften

Gesetzliche Gebührenordnungen, wie z. B. für Rechtsanwälte (RVG), Notare (insbes. KostO), Ärzte (GOÄ)[3] oder Architekten, Statiker, Bauingenieure und Innenarchitekten (HOAI)[4], beruhen auf gesetzlicher Grundlage. Für solche **gesetzliche Preisvorschriften** gibt es als solche keine Inhaltskontrolle. Das Gleiche gilt für die durch Rechtsverordnung oder Satzung geregelten Entgelte in AVB öffentlicher Versorgungsunternehmen und für Krankenhauspflegesätze,[5] sofern sie ebenfalls durch Rechtsverordnung festgelegt sind. Die Vorschriften der §§ 612 II, 632 II BGB kommen als gesetzliche Gebührenvorschriften jedoch nicht in Betracht, da sie das Fehlen einer Preisvereinbarung voraussetzen und damit nicht mehr eingreifen, wenn eine Preisvereinbarung gleich welcher Art vorliegt (Rz 285; s. aber Rz 21). 312

Die **§§ 307 ff.** sind aber **anwendbar** auf AGB, die **Abweichungen von den gesetzlichen Preisvorschriften** enthalten.[6] Dies gilt gerade auch, wenn regelwidrige Preise üblich und marktkonform wären. Der Inhaltskontrolle unterliegen auch **Preisfestsetzungen öffentlicher Versorgungsträger** insofern, als durch eine privatrechtliche Entgeltregelung nicht von den wesentlichen Grundlagen abgewichen werden darf, wie sie für öffentlich-rechtliche Regelungen von Gebühren und Abgaben gelten.[7] Dies gilt nicht nur für Monopolunternehmen, sondern auch für Leistungen, die einem Anschluss- und Benutzungszwang unterliegen.[8] Für privatrechtliche Preisfestsetzungen öffentlicher Versorgungsträger ist insbesondere der Gleichheitssatz (Art. 3 I GG) zu beachten. Die Preisfestsetzung unterliegt darüber hinaus der Billigkeitskontrolle entsprechend § 315 III BGB.[9] Dies gilt auch für behördlich genehmigte Tarife.[10] Der Inhaltskontrolle unterliegen solche Preisfestsetzungen auch, soweit mit ihnen ein Sanktionseffekt erstrebt wird.[11] 313

---

[1] BGH NJW 1996, 2032, 2033.

[2] BGH NJW 1994, 312.

[3] S. Anh. § 310 Rz K 56.

[4] BGH v. 22.12.2005 VII ZB 84/05 Rz 14 ff. = NJW-RR 2006, 597.

[5] OLG Koblenz AGBE I § 8 Nr. 8.

[6] Zur HOAI: BGH NJW 1981, 2351; BGH v. 22.12.2005 VII ZB 84/05 Rz 14 = NJW-RR 2006, 597; zur GOÄ Anh. § 310 Rz K 56; nach *Soergel/U. Stein,* AGBG, § 8 Rz 9, auch dann, wenn die entspr. Gebührenordnung eine Abweichung selbst gestattet; ebenso *Niebling,* 1988, S. 46 mwN.; *Joost* ZIP 1996, 1685, 1691; *Ulmer/H. Schmidt* Anh. § 310 BGB Rz 636; a. A. *Dylla-Krebs,* S. 217.

[7] S. BGH NJW 1985, 3013, 3014; vgl. auch BGHZ 91, 84.

[8] BGH v. 5.7.2005 X ZR 60/04 = NJW 2005, 2919.

[9] BGH NJW 1983, 659; BGH NJW 2003, 3131; BGH v. 5.7.2005 X ZR 60/04 = NJW 2005, 2919.

[10] BGHZ 115, 311, 315; BGH NJW 1998, 3188; BGH v. 5.7.2005 X ZR 60/04 = NJW 2005, 2919.

[11] BGH NJW 1985, 3013, 3014; *Niebling,* aaO, 1988, S. 158; *ders.* BB 1984, 1717.

7. Preisnebenabreden

314 Kontrollfähige Preisnebenabreden sind nach der Definition des BGH solche Abreden, die zwar mittelbare Auswirkungen auf Preis und Leistung haben, an deren Stelle aber bei Fehlen einer vertraglichen Vereinbarung dispositives Gesetzesrecht, allgemeine Rechtsgrundsätze oder aus der Natur des Vertrags im Wege der ergänzenden Vertragsauslegung ableitbare Rechte oder Pflichten (s. Rz 282) treten.[1] Für die Inhaltskontrolle von Preisnebenabreden kommen vor allem § 308 Nr. 7, § 309 Nr. 1, allgemeine Preisanpassungsklauseln[2] und § 307[3] einschließlich des Transparenzgebots[4] in Betracht. Nicht der AGB-Kontrolle unterliegen aber individuell ausgehandelte Preisnebenabreden (Rz 304). Nicht alle von Rechtsvorschriften abweichenden preisbezogenen Vereinbarungen sind jedoch Preisnebenabreden. Echte Preisnebenabreden sind nur solche, die nicht das Ob und den Umfang von Entgelten, und sei es auch für Nebenleistungen regeln (dazu Rz 310), sondern die Art und Weise seiner Erbringung und etwaige Modifikationen als ergänzende Regelung „neben" einer bereits existenten Preishauptabrede zum Inhalt haben (s. Rz 323). Hinter dem Begriff der sog. Preisnebenabrede stehen deshalb verschiedenartige Fallgestaltungen und Wertungen.

315 **a) Abweichungen von gesetzlichen und vertraglichen Kostenverteilungen.** Sofern Kosten, Risiken und einzelne Preisbestandteile durch Gesetz,[5] durch Handelsbrauch, nach dem typischen Leitbild eines Vertrags, durch ergänzende Vertragsauslegung nach §§ 157, 242, durch sonstige Rechtsvorschriften oder nach allgemeinen Grundsätzen der Risikoverteilung dem Verwender auferlegt sind, unterliegen hiervon abweichende Klauseln als **Kostenverlagerung zulasten der anderen Vertragspartei** der **Inhaltskontrolle** nach den §§ 307 ff.[6] Darunter fallen auch Klauseln über Festpreise und Preisberechnungsgrundsätze, soweit sie dem Gesetz oder dem Leitbild des Vertrags widersprechende Kostenverlagerungen zur Folge haben.[7] Solche gesetz- und vertragswidrigen Kostenverlagerungen ergeben sich insbesondere, wenn ein Entgelt für eine nach Gesetz oder Vertragstyp ohnehin geschuldete Leistung verlangt wird,[8] wenn Leistungen nach dem Gesetz oder nach dem vertragstypischen Leitbild nicht erbracht oder sonst nicht zu vergüten sind,[9] wenn die Kosten über einen nach Gesetz oder Vertrag geschuldeten Preis oder Aufwendungsersatz hinausgehen oder wenn Entgelt für eine Tätigkeit erhoben wird, die in erster Linie eigenen Zwecken und Interessen des Verwenders dient.[10] Nicht

---

[1] St. Rspr.: BGHZ 106, 42 = NJW 1989, 222; BGHZ 124, 256 = NJW 1994, 318 = LM H.4/1994 § 8 AGBG Nr. 22; BGH NJW 1997, 2752 = LM H.11/1997 § 8 AGBG Nr. 28 jeweils m. Anm. *Schmidt-Lademann;* BGHZ 137, 27 = LM H.3/1998 § 8 AGBG Nr. 30 m. Anm. *Basedow;* BGH v. 3 2. 2005 III ZR 268/04 = NJW-RR 2005, 642.

[2] BGH v. 13. 12. 2006 VIII ZR 25/06 Rz 19.

[3] Zu § 308 Nr. 7 s. BGH v. 3 2. 2005 III ZR 268/04 = NJW-RR 2005, 642; § 309 Nr. 1 Rz 90 ff.

[4] Rz 235, 237.

[5] Z. B. §§ 448, 449, 547, 670 BGB.

[6] St. Rspr.: BGH NJW 1997, 2752 und 2753; BGHZ 137, 27 = LM H.3/1998 § 8 AGBG Nr. 30 m. Anm. *Basedow;* BGH NJW 1998, 456 = LM H.3/1998 § 9 (Be) AGBG Nr. 10 m. Anm. *Koller* und BGHZ 137, 43 = LM H.3/1998 § 9 (Be) AGBG Nr. 11 m. Anm. *Koller;* BGH IM H.1/1999 § 8 AGBG Nr. 31 m. Anm. *M. Wolf;* BGH v. 12. 5. 2004 VIII ZR 159/03 = NJW-RR 2004, 1206; nur für Transparenzkontrolle *Horn* WM 1997, Sonderbeilage Nr. 1, S. 21.

[7] Zur Einspielgarantie bei Automatenaufstellverträgen s. Anh. § 310 Rz A 307.

[8] BGHZ 114, 330, 333 = NJW 1991, 1953; BGHZ 124, 254, 256 = NJW 1994, 318 = LM H.4/1994 § 8 AGBG Nr. 11 m. Anm. *Schmidt-Lademann; M. Wolf* in Anm. zu BGH IM H.1/1999 § 8 AGBG Nr. 31.

[9] S. dazu Anh. § 310 Rz H 126.

[10] BGH NJW 1998, 456 = LM H.3/1998 § 9 (Be) AGBG Nr. 10 m. Anm. *Koller* und BGHZ 137, 43 = LM H.3/1998 § 9 (Be) AGBG Nr. 11 m. Anm. *Koller.*

kontrollfähig sind dagegen Leistungsbeschreibungen, auch wenn damit die Übernahme von Kosten verbunden ist, so z. B. die Übernahme aller Vorgänge im Zusammenhang mit einer Erschließung.[1]

aa) Kontrollfähig sind Klauseln, die ein **Entgelt für eine nach Gesetz oder Vertrag ohnehin geschuldete Leistung** vorsehen, z. B. Klauseln wie frei Haus, Preis ab Werk und ähnliche Klauseln, wenn sie ein Entgelt entgegen einer vertragstypischen Bring-, Schick- oder Holschuld vorsehen. Der Kontrolle unterliegt deshalb die Vereinbarung von Vergütungen für Bankdienstleistungen entgegen dem gesetzlichen und vertragstypischen Leitbild eines Girovertrags,[2] ebenso die Berechnung einer Gebühr für die Verwaltung und Änderung eines Freistellungsauftrags nach dem Zinsabschlagsgesetz[3] oder die Erhebung einer Gebühr für die Übertragung von Wertpapieren in ein anderes Depot,[4] weil diese Aufgaben zu den gesetzlich auferlegten Pflichten zählen, wie z.B. die Pflicht zur Herausgabe depotverwahrter Wertpapiere. Kontrollfähig ist auch die Gebühr, die Banken oder Sparkassen für die Bearbeitung und Überwachung von Pfändungs- und Überweisungsbeschlüssen vorsehen.[5] 316

bb) Eine Kontrolle ist auch möglich von Klauseln, die eine Vergütung für Leistungen vorsehen oder Kosten auferlegen, **die nach dem Gesetz oder nach dem vertragstypischen Leitbild nicht erbracht oder sonst nicht zu vergüten sind.** Dies gilt etwa für die Vereinbarung eines Entgelts für typische unentgeltliche Maklerleistungen.[6] Der Kontrolle unterliegen auch Klauseln, die die Rückerstattung bei vorzeitiger Vertragsbeendigung ausschließen, indem sie z. B. die Rückzahlung eines empfangenen Entgelts versagen[7] oder trotz Kündigung unter Missachtung von § 308 Nr. 7 die volle Vergütung vorsehen.[8] Auch die Auferlegung gesetzlich nicht geschuldeter Nebenkosten unterliegt der Inhaltskontrolle, z. B. die Auferlegung von Instandhaltungs- und Instandsetzungskosten im Mietvertrag.[9] 317

cc) Der Kontrolle unterliegen Klauseln, die **über einen nach Gesetz oder Vertrag geschuldeten Preis oder Aufwendungsersatz hinausgehen.** Kontrollfähig ist danach die Klausel in einem Werkvertrag, wenn der Werklohn statt nach dem tatsächlichen Verbrauch nach einem abstrakten Aufmaß berechnet wird.[10] Kontrollfähig ist auch die Klausel „Angefangene Stunden werden als volle Stunden" berechnet bei einem Werkvertrag,[11] da nach dem Leitbild des Werkvertrags, wenn kein Gesamtpreis vereinbart ist, hier nur der wirkliche Aufwand berechnet werden darf und der Unternehmer durch die Klausel die Last des Ausrechnens des genauen Aufwands von sich wälzt. Gleiches gilt für Klauseln mit **pauschalen Berechnungsmethoden,** so etwa wenn bei einem Wartungsvertrag die Wegstrecke jeweils von der Dienststelle aus berechnet wird, auch wenn durch Zusammenlegen 318

---

[1] BGH NJW 1997, 135.

[2] BGH NJW 1994, 318 = LM § 8 AGBG Nr. 22; BGH NJW 1996, 2032; OLG Frankfurt NJW 1993, 1402; *Hadding* WuB IV B § 8 AGBG 2.92, 752; *Pfeiffer* EWiR § 8 AGBG 1/93, 419; a. A. *Graf von Westphalen* WM 1995, 1209, 1217; *Canaris* WM 1996, 237, 239 ff.; *Fischer* WuB IV B. § 8 AGBG 1.94.

[3] BGH NJW 1997, 2752 und 2753 = LM H.11/1997 § 8 AGBG Nr. 28 und 29 m. Anm. *Schmidt-Lademann.*

[4] BGH v. 30. 11. 2004 XI ZR 49/04 = NJW-RR 2005, 1135; BGH v. 30. 11. 2004 XI ZR 200/03 = NJW 2005, 1275.

[5] OLG Düsseldorf BB 1999, 124 m. Anm. *Rösler.*

[6] S. Anh. § 310 Rz M 19.

[7] Dazu auch Anh. § 310 Rz H 126.

[8] BGH v. 3. 2. 2005 III ZR 268/04 = NJW-RR 2005, 642 und unten Rz 321 f.

[9] BGH v. 6. 4. 2005 XII ZR 158/01 = NJW-RR 2006, 84.

[10] OLG Karlsruhe NJW-RR 1989, 52.

[11] BGHZ 91, 316 = NJW 1984, 2160; § 309 Nr. 1 Rz 111; a. A. OLG Frankfurt ZIP 1983, 702.

von Fahrten in Wirklichkeit kürzere Wegstrecken bestehen.[1] Eine betragsmäßig festgelegte Pauschale kann dagegen vorgesehen werden.[2] Sie muss jedoch entsprechend der Wertung des § 309 Nr. 5 a den üblicherweise zu erwartenden Kosten entsprechen.

319 Dazu gehört auch die Klausel „zzgl. MwSt", wenn die **Mehrwertsteuer** nach § 1 PAngV,[3] aufgrund Handelsbrauchs oder ergänzender Vertragsauslegung[4] vom Verwender zu tragen ist. Zwischen Kaufleuten, die zum Vorsteuerabzug berechtigt sind, besteht in der Regel ein Handelsbrauch dahin, dass sich Preise ohne Mehrwertsteuer verstehen.[5] Ist nach Handelsbrauch oder Verkehrssitte ein Skontoabzug zulässig, so ist eine Klausel, die dies formularmäßig ausschließt, kontrollfähig.[6]

320 **dd)** Eine Kontrolle ist auch möglich, wenn ein **Entgelt für eine Tätigkeit erhoben wird, die in erster Linie eigenen Zwecken und Interessen des Verwenders dient.** Darunter fällt etwa eine Klausel über Rüstzeiten oder eine Bestimmung, die eine Gebühr für die Nichtausführung einer Überweisung und eines Dauerauftrags oder für die Rückgabe eines Schecks oder einer Lastschrift verlangt.[7]

321 **b) Höhe von außerplanmäßigen Kosten.** Der Inhaltskontrolle unterliegen auch Preise und Vergütungen, die zwar dem Grunde nach vom Vertragspartner des Verwenders geschuldet sind, die aber erst **aufgrund von späteren Ereignissen außerhalb der normalen Vertragsabwicklung** eintreten. Da der Vertragspartner mit solchen Leistungen bei Vertragsschluss nicht rechnet, überprüft er im Allgemeinen deren Angemessenheit nicht mit derselben Aufmerksamkeit wie die übliche Vergütung. Er ist deshalb in solchen Fällen schutzbedürftig, was auch eine Überprüfung der Vergütungshöhe rechtfertigt. Dies ergibt sich aus § 308 Nr. 7 a, der bei vorzeitiger Vertragsbeendigung eine Überprüfung der Höhe einer Nutzungsvergütung vorsieht. Daraus wird deutlich, dass der Gesetzgeber eine Überprüfung der Vergütungshöhe für Kosten aus ursprünglich nicht geplanter Vertragsabwicklung gewollt hat.[8]

322 Deshalb unterliegt etwa die Höhe von Zinsen für eine nachträglich vereinbarte Stundung[9] oder für Überziehungszinsen[10] der Inhaltskontrolle nach § 307, weil es sich um Preisvereinbarungen für eine ursprünglich nicht vorgesehene Vertragsabwicklung handelt. Dazu kann auch die Vereinbarung rückwirkender Zinspflichten bei nicht rechtzeitiger Rückführung eines erst im Laufe der Vertragsabwicklung eintretenden Sollsaldos gezählt werden,[11] weil dies auch mittelbar die Zinshöhe beeinflusst. Ebenso gehören hierher die Kosten für die Ausstellung eines Ersatzsparbuchs.[12] Der Überprüfung unterliegt auch die Höhe des Kostenersatzes für Aufwendungen, selbst wenn die Voraussetzungen von § 308 Nr. 7 b nicht vorliegen, da Aufwendungen nach dem Grundgedanken der gesetzlichen Regelung des § 256 nur in der tatsächlich entstandenen Höhe zu erstatten sind. Außerplanmäßige Kosten liegen jedoch bei der für Anfahrten zum Kunden zu zahlenden Vergütung

---

[1] S. auch BGH NJW 1984, 2160, 2161; dazu auch *Micklitz* BB 1988, 639, 641; Anh. § 310 Rz W 14.

[2] BGH NJW 1992, 688.

[3] S. BGH NJW 1980, 2133.

[4] BGHZ 60, 203.

[5] *Schaumburg* NJW 1975, 1261; a. A. OLG Düsseldorf, NJW 1976, 1268.

[6] S. aber auch Rz 310.

[7] BGHZ 137, 43 = LM H.3/1998 § 9 (Be) AGBG Nr. 11 m. Anm. *Koller* u. BGH NJW 1998, 456 = LM H.3/1998 § 9 (Be) AGBG Nr. 10 m. Anm. *Koller.*

[8] Vgl. auch BGH v. 3. 2. 2005 III ZR 268/04 = NJW-RR 2005, 642.

[9] BGHZ 95, 362, 370.

[10] BGH NJW 1992, 1751 = LM H.9/1992 § 608 BGB Nr. 6 m. Anm. *M. Wolf.*

[11] BGH NJW 1994, 1532 = LM H.8/1994 § 9 (Ch) AGBG Nr. 10 m. Anm. *M. Wolf.*

[12] A. A. BGH LM H.1/1999 § 8 AGBG Nr. 31 m. abl. Anm. *M. Wolf.*

nicht vor,[1] da diese Kosten regelmäßig anfallen. Kontrollfähig sind auch Schadenspauschalen (§ 309 Nr. 5).

c) Sekundäre Entgeltbestimmungen. Echte Preis**neben**abreden sind alle auf Preise bezogenen Abreden, die nicht unmittelbar das Ob und den anfänglichen Umfang des Entgelts, sondern die **Art und Weise seiner Berechnung oder Erbringung oder seine einseitige Bestimmung oder Änderung** regeln und bei deren Fehlen die Bestimmung durch Rechtsregeln erfolgen könnte. Hierzu zählen etwa die Klauseln, die die Voraussetzungen regeln, unter denen Vergütungsansprüche im Einzelnen entstehen oder wegfallen[2] ebenso Klauseln, die Grundlagen für die Berechnungsbasis entgegen dem Gesetz regeln[3] oder die Erhöhung oder sonstige Veränderung von Entgelten vorsehen,[4] sofern es sich nicht um freiwillige Leistungen handelt.[5] Es handelt sich dabei jeweils um sekundäre Entgeltbestimmungen.[6] 323

Als sekundäre Entgeltbestimmungen unterliegen etwa die Vereinbarung von **Preisbestimmungs- und Preisanpassungsklauseln** der Inhaltskontrolle.[7] Dies gilt insbesondere, wenn Preisvereinbarungen nach Handelsbrauch und Verkehrssitte als Festpreise anzusehen sind und nicht die Grundsätze über den Wegfall der Geschäftsgrundlage eingreifen. Umgekehrt ist aber auch eine Klausel kontrollfähig, die Festpreise trotz Wegfalls der Geschäftsgrundlage festschreiben will.[8] Auch sonst sind Klauseln in AGB, die Preis- und Kostenanpassungen oder Preisvorbehalte (Preis freibleibend) vorsehen, nach §§ 307 ff. zu kontrollieren,[9] da sie vom Grundsatz der Bindung an den vereinbarten Preis abweichen. Dazu gehört auch eine sog. Kostenelementeklausel, die die Anpassung des Entgelts an veränderte Kosten ermöglicht.[10] Gleiches gilt für Zinsanpassungsklauseln[11] oder Beitragsanpassungsklauseln, z. B. in Versicherungsverträgen.[12] Kontrollfähig sind auch sonstige Klauseln, die eine einseitige Preisbestimmung gemäß §§ 315 ff. vorsehen, da sie vom Grundsatz der Bindung an Preisvereinbarungen abweichen.[13] Solche Klauseln unterliegen der Inhaltskontrolle allerdings nur hinsichtlich der Art und Weise der Preisfestsetzung, nicht hinsichtlich der Preishöhe; dafür gelten §§ 315 III, 319 I.[14] 324

Klauseln, die Regelungen **abweichend von §§ 612 II, 632 II** treffen, unterliegen der Inhaltskontrolle, soweit sie für den Fall des Fehlens einer Preisbestimmung die dort genannten Bewertungsmaßstäbe ändern. Soweit die AGB-Klauseln dagegen selbst die Höhe der Vergütung bestimmen, finden die §§ 612 II, 632 II keine Anwendung und können deshalb auch nicht als Rechtsvorschriften angesehen werden, von denen AGB abweichen oder die durch AGB ergänzt werden.[15] 325

---

1 Für Kontrollfreiheit jetzt auch BGH NJW 1992, 688; a. A. noch BGHZ 91, 316 = NJW 1984, 2160.

2 S. etwa BGHZ 118, 126, 127 = NJW 1992, 1751.

3 S. zur Abweichung von § 87 II HGB BGH v. 12. 5. 2004 VIII ZR 159/03 = NJW-RR 2004, 1206.

4 BGH v. 14. 11. 2003 V ZR 144/03 = NJW-RR 2004, 263.

5 BGH NJW 1994, 1060, 1064 f.

6 *Horn* WM 1997, Sonderbeilage Nr. 1, S. 12.

7 BGHZ 81, 229, 232 = NJW 1983, 1834, 1855; BGHZ 93, 252, 255 = NJW 1985, 853; *Horn* WM 1997, Sonderbeilage Nr. 1, S. 11; s. auch Anh. § 310 Rz L 212; § 309 Nr. 1.

8 Vgl. auch BGH NJW 1993, 2738.

9 S. auch § 309 Nr. 1 Rz 115 ff.

10 BGH v. 21. 9. 2005 – VIII ZR 38/05 = NJW-RR 2005, 1717; BGH v. 13. 12. 2005 VIII ZR 25/06 Rz 20 ff.

11 S. Anh. § 310 Rz D 21.

12 BGH NJW 1992, 2356.

13 BGHZ 124, 351, 362; BGH v. 20. 7. 2005 VIII ZR 121/04 = NJW-RR 2005, 1496 zu A III 1.

14 Anh. § 310 Rz L 212 ff.

15 S. auch oben Rz 312; a. A. *Koch/Stübing* Rz 10.

326 Da die durch die Preisvereinbarung geschaffene Geldschuld kraft Gesetzes Geldsummenschuld (Nominalschuld) ist, unterliegen auch **Wertsicherungs- und Wertanpassungsklauseln** in AGB der Inhaltskontrolle unabhängig davon, ob sie nach § 2 PangabG genehmigungsfrei sind und ob sie genehmigt sind oder nicht. Für den Erbbauzins gilt aber § 9 a ErbbauVO als Sondervorschrift.

327 Kontrollfähig sind auch **Klauseln über Zahlungsbedingungen,** insbesondere über Zahlungsort, Zahlungsart und Fälligkeiten.[1] Nach § 307 kontrollfähig ist deshalb z. B. eine Klausel, die als Zahlungsmodalität die Erteilung einer Einzugsermächtigung im Lastschriftverfahren vorschreibt.[2] Kontrollfähig ist auch die Vereinbarung der Zahlung in ausländischer Währung wegen der Verschiebung des damit verbundenen Währungsrisikos auf den Vertragspartner. Die Befugnis zur Zahlung in ausländischer Währung gemäß § 244 BGB steht der Kontrolle nicht entgegen, weil das Währungsrisiko dadurch nicht dem Vertragspartner aufgebürdet wird. Im internationalen unternehmerischen Verkehr ist die Vereinbarung der Zahlung in ausländischer Währung aber grundsätzlich angemessen.

328 Zu den Preisnebenabreden gehören auch Klauseln über einen von den gesetzlichen Grundsätzen abweichenden Beginn für die **Berechnung von Soll- und Habenzinsen.**[3] Kontrollfähig sind deshalb grundsätzlich die Wertstellungsbedingungen von Banken und Sparkassen[4] sowie die Abweichung vom Grundsatz der taggenauen Zinsberechnung,[5] ebenso eine Klausel die eine Verzinsung des Kaufpreises vor dessen Fälligkeit und für eine Zeit vor Vertragsschluss vorsieht.[6]

8. Beschreibung tatsächlicher Vorstellungen und Umstände

329 Die Beschreibung tatsächlicher Vorstellungen und Umstände ist **nicht kontrollfähig,** weil und soweit sie keinen rechtlichen Regelungsgehalt aufweisen. Grundsätzlich nicht zu beanstanden ist deshalb eine Klausel, in der die bei Vertragsabschluss bestehenden Vorstellungen beschrieben werden.[7] Dies gilt jedenfalls dann, wenn diese Vorstellungen mit dem Vertragszweck übereinstimmen.

330 **Kontrollfähig** ist es dagegen, wenn durch die Aufnahme solcher Vorstellungen in AGB eine Geschäftsgrundlage geschaffen werden soll, die mit den wirklichen Verhältnissen nicht übereinstimmt. Dies ist zu beanstanden. Soweit mit solchen Beschreibungen Veränderungen der Beweislast verbunden sind, sind diese an § 309 Nr. 12 zu messen. Enthalten solche Beschreibungen zugleich die Verpflichtung, die Zustände nicht zu verändern, so unterliegt eine solche Verpflichtung ebenfalls der Inhaltskontrolle.

---

1 S. auch *Niebling* WM 1992, 845, 851, mwN.
2 BGH NJW 1996, 988 m. Anm. *Lindacher,* in: LM H.7/1996 § 9 (Bm) AGBG Nr. 23; *Häuser* JZ 1997, 957.
3 BGHZ 106, 42, 46 = NJW 1989, 222; BGH NJW 1991, 2559, 2560.
4 BGHZ 106, 259, 263 = NJW 1989, 582; BGH LM H.10/1997 § 8 AGBG Nr. 27 m. Anm. *Fastrich.*
5 S. Anh. § 310 Rz D 15 f.
6 BGH NJW 1986, 1805, 1806.
7 BGH NJW 1985, 623, 624.

IV. Mit Rechtsvorschriften übereinstimmende Klauseln

1. Deklaratorische Klauseln

Nicht der Inhaltskontrolle unterliegen deklaratorische Klauseln, die Rechtsvorschriften (s. Rz 281ff.) lediglich wiederholen und **deren Inhalt auch ohne AGB gelten** würde. Gleiches sieht Art. 1 II RL vor. Die Inhaltskontrolle würde hier leerlaufen, da nach § 306 II die gesetzliche Vorschrift ohnehin wieder Anwendung finden würde.[1] Dies gilt nicht nur, wenn die mit den Rechtsvorschriften übereinstimmenden AGB den Kontrollmaßstäben der §§ 307ff. genügen, sondern wegen des Vorrangs einer spezialgesetzlichen Regelung (s. Rz 275, 340) auch dann, wenn sie den §§ 307ff. widersprechen. Kontrollfrei sind danach auch Klauseln, die Bestandteil eines von der Bundesnetzagentur genehmigten Tarifwerks sind.[2] Eine deklaratorische Klausel liegt auch vor, wenn bei Unwirksamkeit einzelner Klauseln die Geltung der gesetzlichen Bestimmungen vorgesehen wird, weil damit nur der Inhalt von § 306 II wiedergegeben wird.[3] Deklaratorisch wirken aber nur solche Klauseln, die gesetzlichen Bestimmungen im Zusammenhang mit einem dem gesetzlichen Leitbild entsprechenden Vertragstyp wiedergeben. 331

Es kommt nicht darauf an, ob die Rechtsvorschrift in der AGB-Klausel selbst **wiederholt oder** nur auf sie **verwiesen wird.** Nicht zu beanstanden ist deshalb eine Klausel „Zahlungen werden nach § 367 BGB verrechnet", weil dadurch nur die gesetzliche Regelung für maßgeblich erklärt wird.[4] Nicht entscheidend ist die wörtliche, sondern die inhaltliche Übereinstimmung mit der Rechtsvorschrift (s. Rz 286). Eine mit der Rechtsvorschrift wörtlich übereinstimmende Klausel ist mangels anderer Anhaltspunkte wie die Rechtsvorschrift selbst auszulegen; die kundenfeindliche Auslegung nach § 305c II (s. dort Rz 133) ist nicht anzuwenden, da im Falle der Unwirksamkeit ohnehin wieder die gesetzliche Bestimmung gelten würde (§ 306 II). 332

Deklaratorisch und damit **kontrollfrei** ist eine mit § 546a I übereinstimmende Klausel in einem Leasingvertrag[5] oder eine mit § 26 I 2 WEG übereinstimmende Klausel in einem Verwaltervertrag trotz § 309 Nr. 9 a. Nach § 307 III S. 1 von der Kontrolle ausgenommen ist auch eine Schriftformklausel, die einer gesetzlichen Formvorschrift, z. B. § 766 BGB oder § 550 entspricht. Nicht der Kontrolle unterliegt auch die Klausel in einem Kreditkartenvertrag, wonach das Vertragsunternehmen zur Rückgewähr einer wegen Unvollständigkeit des Leistungsbelegs zu Unrecht geleisteten Zahlung des Kartenausgebers verpflichtet ist, weil der Rückzahlungsanspruch mit dem Anspruch aus § 812 übereinstimmt.[6] Ebenso können mit dem VVG übereinstimmende AGB nicht nach §§ 307ff. unwirksam sein;[7] deshalb verstößt z. B. die Beweislastumkehr nach dem VVG nicht gegen § 309 Nr. 12. Soweit die Vorschriften nicht unmittelbar, sondern nur nach entsprechender Vereinbarung gelten, ist jedoch eine Kontrolle dieser in AGB getroffenen Vereinbarungen nach § 307 möglich (s. auch Rz 341). Auch deklaratorische Klauseln unterliegen 333

---

[1] BGHZ 91, 55, 57; 106, 42, 45; 106, 259, 263 = NJW 1989, 582; BGH NJW 1993, 1061; *Palandt/Grüneberg* Rz 63; *Stoffels,* AGB-Recht, Rz 432.

[2] BGH NJW 2007, 3344.

[3] BGH NJW 1991, 1750, 1754.

[4] OLG Stuttgart ZIP 1983, 559.

[5] BGH NJW 1989, 1730; dazu auch Anh. § 310 Rz L 139.

[6] BGH NJW-RR 2004, 1124 m. Anm. *Pfeiffer* LMK 2004, 15. u. 16. 3. 2004 XI ZR 13/03 = NJW-RR 2004, 1124.

[7] BT-Drs. 7/3919, S. 22.

jedoch der Transparenzkontrolle, wenn sie den gesetzlichen Inhalt mit eigenen Worten wiedergeben (Rz 268).

2. Nicht deklaratorische Klauseln

334 Keine lediglich deklaratorische, sondern **konstitutive Wirkung** haben Klauseln, die eine gesetzliche Bestimmung auf eine dem gesetzlichen Leitbild nicht entsprechende Interessenlage anwenden wollen[1] oder sonst in einem vom Gesetz nicht vorgesehenen Zusammenhang zur Anwendung bringen (Rz 335). Konstitutiv wirken auch Klauseln, die nach ihrem Wortlaut zwar lediglich auf eine angebliche Rechtslage hinweisen, diese aber unrichtig oder unvollständig wiedergeben und den Kunden dadurch in die Irre führen (Rz 337).[2] Nicht unter die deklaratorischen Klauseln fällt auch eine Regelung, die auf eine unwirksame Rechtsvorschrift hinweist oder deren Inhalt wiedergibt.[3] Konstitutiv wirkt auch eine Klausel, die unter Berücksichtigung des Prinzips der kundenfeindlichen Auslegung nach § 305c II als **Verzicht auf bestehende Rechte gedeutet werden kann.** Konstitutiv sind auch Klauseln, die von gesetzlich zugelassenen Rechtsfiguren Gebrauch machen (Rz 338). Kontrollfähig sind auch die nur scheinbar deklaratorischen Klauseln, die tatsächlich aber konstitutiv wirken.

335 **a) Gesetzesfremder oder vertragsuntypischer Zusammenhang.** Klauseln, die Rechtsvorschriften ganz oder teilweise in einem fremden Rechtsverhältnis oder in einem gesetzesfremden Zusammenhang zur Anwendung bringen, in dem sie **nicht ipso iure gelten,** unterliegen der Kontrolle nach §§ 307 ff.[4] Dies trifft etwa zu auf die Anwendung kaufrechtlicher Vorschriften im Mietvertrag oder im Kommissionsvertrag.[5] Es gilt auch für die Unterstellung eines Maklervertrags unter das Recht des Dienst- oder Werkvertrags.[6] Bei ratenweiser Darlehensrückzahlung werden Kosten und Zinsen nur in jeweils anteiliger Höhe fällig. Sehen AGB dagegen die Anwendung von § 367 BGB vor mit der Folge, dass Ratenzahlungen zuerst auf noch gar nicht fällige Kosten verrechnet werden, so ist dies kontrollfähig.[7] § 367 BGB gilt nur für bereits fällige Leistungen. Auch eine rückwirkende anderweitige Berechnung stimmt nicht mit § 367 BGB überein.[8] Konstitutiv ist auch eine Klausel, nach der Verzugszinsen in Höhe der vereinbarten Vertragszinsen nicht nur auf die Darlehensrestsumme, sondern auch auf die ausstehenden Zinsen und nicht nur für die vorgesehene Laufzeit des Darlehens, sondern bis zur vollständigen Rückzahlung berechnet werden, da sich dies weder aus einer analogen Anwendung von § 301 noch aus der analogen Anwendung von §§ 546a I, 628 II entnehmen lässt.[9]

336 Vertragsfremd sind auch Rechtsvorschriften, die aufgrund der **durch AGB umgestalteten Vertragsordnung** in diesem Rechtsverhältnis nicht mehr anwendbar sind, so z. B. wenn § 537 BGB im Mitgliedsvertrag mit einem Sport- und Fitness-Studio zur Anwendung gebracht werden soll, obwohl die Geräte nicht, wie für § 537 BGB erforderlich, dem Mitglied allein zur Verfügung stehen, sondern auch zur Benutzung durch andere Mitglieder bereitstehen.[10] Kontrollierbar ist es auch,

---

1 BGH NJW 1997, 193.
2 S. dazu auch oben Rz 267.
3 BGH NJW 1988, 2951; dazu auch Anh. § 310 Rz K 54.
4 BGH NJW 1984, 2161; vgl. auch *Niebling,* 1988, S. 29f.
5 OLG Frankfurt NJW 1993, 1477.
6 S. Anh. § 310 Rz M 19.
7 BGH NJW 1984, 2161.
8 BGH NJW 1984, 2161, 2162.
9 BGH NJW 1986, 376, 377 = ZIP 1985, 466 m. Anm. *Bunte.*
10 BGH NJW 1997, 193 zu § 552 a.F.

wenn durch den Zusammenhang mit anderen Klauseln die gesetzliche Interessenbewertung wesentlich zulasten des Kunden verschoben wird. Die Vereinbarung eines Wiederverkaufspreises in Übereinstimmung mit § 456 II BGB ist deshalb auf ihre Angemessenheit im Zusammenhang der Gesamtregelung überprüfbar.[1]

b) Unrichtige oder unvollständige Wiedergabe der Rechtslage. Eine unrichtige oder unvollständige Wiedergabe der Rechtslage liegt etwa vor, wenn eine Klausel einen Hinweis gibt auf die rechtliche Trennung von Kreditgeschäft und finanziertem Geschäft trotz vorhandener objektiver und subjektiver Verbindungselemente.[2] Nicht lediglich deklaratorisch, sondern konstitutiv wirkt auch eine Klausel, durch die eine Berechtigung zur Auskunftserteilung über das BDSG hinaus vorgesehen wird.[3] **337**

V. Erlaubnisnormen

1. Erlaubnisnormen und Verbotsnormen

Erlaubnisnormen **erlauben Vereinbarungen bestimmten Inhalts** als Ausnahme von zwingenden oder halbzwingenden Normen unter tatbestandlich begrenzten Voraussetzungen. Erlaubnisnormen finden sich im BGB z. B. in § 475, § 506 II und III oder § 651h und § 651m, aber auch in §§ 449 I und II, 451h II, 452d I S. 2 und II, 466 I – III, 475h HGB. Die aufgrund solcher Erlaubnisnormen vereinbarten Klauseln **unterliegen der Inhaltskontrolle** nach §§ 307 ff, [4] wenn die Erlaubnis für Individualvereinbarungen und AGB gleichermaßen vorgesehen und nicht speziell nur für AGB gedacht ist (s. Rz 340). Der Grund für die Inhaltskontrolle besteht darin, dass diese Vorschriften regelmäßig das besondere Schutzbedürfnis bei Verwendung von AGB nicht berücksichtigen, wenn die Erlaubnis sowohl auf Individualvereinbarungen wie auf AGB erstreckt wird. Insofern sind Erlaubnisnormen leges generales, denen die §§ 307 ff. als lex specialis vorgehen,[5] um der einseitigen Inanspruchnahme von Gestaltungsmacht in AGB zusätzliche Schranken aufzuerlegen.[6] § 475 III verleiht diesem Grundsatz ausdrücklich Geltung. **338**

Den Erlaubnisnormen in Bereichen mit zwingendem und halbzwingendem Recht stehen im Geltungsbereich der Vertragsfreiheit die **Verbotsnormen** gegenüber, die einzelne Vereinbarungen bestimmten Inhalts verbieten, wie etwa § 248 I, § 276 III, § 444. Die Grenze zwischen Erlaubnisnorm und Verbotsnorm kann fließend sein. Deshalb ist es grundsätzlich nicht berechtigt, in beiden Fällen einen Unterschied hinsichtlich der Inhaltskontrolle zu machen. **339**

2. Kontrollfreie Erlaubnisnormen

Lässt die Erlaubnisvorschrift bestimmte Vereinbarungen gerade auch durch AGB zu, wie in §§ 449 II S. 2, 451h II S. 2, 452d II, 466 II S. 2 HGB, § 51a I Nr. 2 BRAO, § 67a I Nr. 2 StBerG, § 54a I Nr. 2 WPO, so entfällt eine Inhaltskontrolle wegen der **speziellen Erlaubnis** schon nach § 307 III S. 1. Man kann insoweit von **340**

---

[1] OLG Karlsruhe NJW 1992, 18 zu § 497 II a. F.
[2] BGHZ 95, 350.
[3] BGHZ 95, 362 = NJW 1986, 46: Schufa-Klausel.
[4] So zu Recht die h. M.; s. etwa *Löwe* NJW 1987, 937; *Trinkner/Wolfer* BB 1987, 425, 527; *Soergel/Stein,* Rz 18; a. A. *Dylla-Krebs,* S. 89 ff., 110.
[5] A. A. *Canaris* NJW 1987, 2407, 2409.
[6] Ähnl. *Niebling,* 1988, S. 37 f.

kontrollfreien Erlaubnisnormen sprechen.[1] Soweit eine ausdrückliche gesetzliche Regelung fehlt, müssen die Anhaltspunkte, dass eine Erlaubnisnorm die Inhaltskontrolle ausschließt, besonders deutlich sein, wobei nicht nur der **Wortlaut,** sondern auch etwa die **Gesetzesmaterialien** wie zu § 651 h BGB[2] die erforderliche Eindeutigkeit ergeben können. Für § 20 II HypbankG ist eine solche Eindeutigkeit nicht gegeben.[3] Der Ausschluss der Inhaltskontrolle kann **nicht aus dem faktischen Umstand** abgeleitet werden, ob von der Erlaubnisvorschrift nahezu immer durch AGB Gebrauch gemacht wird,[4] weil dann der geschäftliche Verkehr durch das Maß der Verwendungshäufigkeit von AGB über den Ausschluss der Inhaltskontrolle bestimmen könnte. Unabhängig davon kann sich eine **Übereinstimmung mit den wesentlichen Grundgedanken** der gesetzlichen Regelung im Sinne von § 307 II Nr. 1 ergeben. Dies ist aber im Rahmen von § 307 I und II zu prüfen und nicht durch Abs. 3 S. 1 von der Inhaltskontrolle auszunehmen, da die maßgeblichen Wertungsgrundlagen in § 307 enthalten sind.

3. Kontrollfähigkeit einzelner Klauseln

341 **Kontrollfähig** sind z. B. die Vereinbarung eines Abtretungsvorbehalts oder Abtretungsverbots,[5] eines Vertragsstrafeversprechens,[6] eines Rücktrittsrechts,[7] eines Reugelds.[8] Gleiches gilt für den Ausschluss oder die Beschränkung von Gewährleistungsrechten nach §§ 444, 536d, 639 (s. 309 Nr. 8 b), ebenso für eine Haftungsbegrenzung nach § 651 h,[9] ein Leistungsbestimmungsrecht nach §§ 315, 317[10] oder eine Vollmachterteilung.[11] Kontrollfähig ist auch die Erstreckung der Bürgenhaftung auf alle künftigen oder bedingten Forderungen gemäß § 765 II, weil die Haftungserstreckung im Gesetz zwar erlaubt ist, aber nicht ipso iure eintritt, sondern eine Vereinbarung voraussetzt.[12] Der Umfang der Bürgenhaftung stellt jedoch zugleich eine Leistungsbeschreibung dar (s. Rz 294), deshalb kann eine Inhaltskontrolle nur eingeschränkt erfolgen.[13] Nachprüfbar ist ferner die Vereinbarung eines abstrakten Schuldversprechens (§ 780) oder Schuldanerkenntnisses (§ 781),[14] die Unterwerfung unter die sofortige Zwangsvollstreckung in einer vollstreckbaren Urkunde (§ 794 I Nr. 5 ZPO).[15] Kontrollfähig nach § 307 sind auch die Vereinbarungen nach § 6 I und III VVG.[16]

342 Auch ein **Eigentumsvorbehalt** gilt nicht ipso iure, sondern muss vereinbart werden und unterliegt deshalb der Inhaltskontrolle.[17] Der einfache Eigentumsvorbehalt ist jedoch regelmäßig angemessen.[18] Zu berechtigter Kontrolle geben da-

[1] S. *Palandt/Grüneberg,* Rz 67; zu § 651 h BGB Anh. § 310 Rz R 93; insoweit zu Recht *Canaris* NJW 1987, 609, 611.
[2] S. BT-Drs. 8/786, S. 32.
[3] S. auch Anh. § 310 Rz D 15.
[4] So aber *Canaris* NJW 1987, 609, 611.
[5] § 399 BGB; s. auch BGHZ 65, 346; a. A. BGH NJW 1970, 29; dazu Anh. § 310 Rz A 23.
[6] §§ 339 ff. BGB; s. § 309 Nr. 6.
[7] § 346 BGB; s. § 308 Nr. 3.
[8] § 359 BGB; s. § 309 Nr. 6 Rz 20.
[9] Dazu im Einzelnen Anh. § 310 Rz R 74 ff.; a. A. *Dylla-Krebs,* S. 107.
[10] Anh. § 310 Rz L 211 ff.; a. A. *Dylla-Krebs,* S. 209.
[11] § 167 BGB; s. Anh. § 310 Rz V 473.
[12] *Derleder* NJW 1986, 97, 100; a. A. BGH NJW 1985, 848; 1986, 928, 929.
[13] S. Anh. § 310 Rz B 359.
[14] S. § 309 Nr. 12 Rz 23.
[15] S. Anh. § 310 Rz G 224.
[16] Zu § 7 IV AKB, s. BGHZ 52, 91; BGH VersR 1970, 732.
[17] So auch *Niebling* WM 1992, 845, 849.
[18] Anh. § 310 Rz E 23.

gegen eher die Verlängerungs- und Erweiterungsformen des Eigentumsvorbehalts Anlass.[1] Bei Stundung des Kaufpreises oder bei Ratenzahlung entspricht die unbedingte Übereignung nicht der gesetzlichen Regelung, da nach § 433 die unbedingte Übereignung nur Zug um Zug (§ 322 BGB) gegen Barzahlung geschuldet ist. Der Ausschluss des Eigentumsvorbehalts bei Ratenzahlung und bei Stundung des Kaufpreises ist deshalb ebenfalls ein Abweichen von der gesetzlichen Regelung.[2]

Kontrollfähig als AGB sind auch **Klauseln,** die mit **§§ 308 und 309 vereinbar** sind,[3] da diese Klauseln nicht kraft Gesetzes, sondern nur aufgrund einer Vereinbarung gelten. Anderenfalls wäre bei diesen Klauseln eine Kontrolle nicht mehr möglich. Dies war aber vom Gesetzgeber gerade nicht gewollt. Es muss z. B. trotz einer mit § 309 Nr. 7 zu vereinbarenden Klausel möglich sein, die damit verbundene Haftungsfreizeichnung nach § 307 zu überprüfen.[4] **343**

D. Die Rechtsfolge der Unangemessenheit

I. Unwirksamkeit der Klausel

1. Volle Unwirksamkeit der Klausel

Die Unwirksamkeit unangemessener Klauseln führt zur Nichtigkeit **von Anfang an.** Ist eine Klausel unangemessen, so ist sie grundsätzlich insgesamt unwirksam. Eine **geltungserhaltende Reduktion** auf den gerade noch angemessenen Inhalt ist **nicht zulässig.**[5] Das Verbot der geltungserhaltenden Reduktion rechtfertigt sich daraus, dass der Verwender das volle Risiko der Unwirksamkeit tragen muss und nicht darauf vertrauen darf, dass das Gericht die unangemessene Klausel auf das gerade noch zulässige Maß zurückführe. Eine solche Vertragsgestaltung mit Entlastungseffekt für den Verwender ist nicht Aufgabe der Gerichte. Hinzu kommt, dass der Vertragsinhalt für den anderen Vertragsteil nicht erkennbar wäre und damit die Transparenz nicht gewahrt wäre. Das Verbot der geltungserhaltenden Reduktion gilt auch im Verkehr zwischen Unternehmern (Rz 252).[6] Möglich ist aber eine Teilunwirksamkeit (s. Rz 347 ff.). **344**

Die **Wirksamkeit des Vertrags** und der **übrigen Klauseln bleibt** gemäß § 306 I grundsätzlich **erhalten.** Diese Rechtsfolge ist zwingend und entspricht den Anforderungen von Art. 6 RL. Die Unwirksamkeit erfasst nur die unangemessene Regelung selbst. Vor Feststellung der Unwirksamkeit ist zu prüfen, ob eine restriktive Auslegung (Rz 36) in Betracht kommt. Die Unwirksamkeit tritt nur zugunsten des Vertragspartners ein. Dagegen kann sich der Verwender nicht auf die Unwirksamkeit berufen (s. Rz 95). **345**

2. Ausfüllen der Lücke

An die Stelle der unwirksamen Klausel tritt die gesetzliche Regelung (§ 306 II). Grundsätzlich **nicht zulässig ist eine Umdeutung** der unwirksamen Klausel **346**

---

[1] S. Anh. § 310 Rz E 37 ff., 49 ff.

[2] Ebenso, aber mit wenig überzeugender Begründung BGHZ 78, 305; a. A. *Honsell* JuS 1981, 705, 706.

[3] S. Rz 49; a. A. *Fehl* BB 1983, 223, 225.

[4] S. auch § 309 Nr. 7 Rz 82.

[5] Vgl. nur BGH v. 26. 10. 2005 VIII ZR 48/05 Rz 32 = NJW 2006, 996; BGH 25 1. 2006 VIII ZR 3/05 = NJW 2006, 1059; s. auch Rz 35, 37.

[6] BGH NJW 1993, 1786, 1787; BGH v. 29. 7. 2004 III ZR 293/03 = NJW-RR 2004. 1498.

(§ 140) entsprechend nach dem Zweck des AGB-Rechts und wegen des Verbots der geltungserhaltenden Reduktion (Rz 344).[1] Die Anwendung der Vorschriften über den **Wegfall der Geschäftsgrundlage** wird durch § 306 zwar nicht von vornherein ausgeschlossen.[2] Falls die unwirksame Klausel aber überhaupt zur beiderseitigen Geschäftsgrundlage geworden ist, hat der Verwender grundsätzlich das Risiko der Klauselunwirksamkeit zu tragen, was ihm die Berufung auf den Wegfall der Geschäftsgrundlage verwehrt.[3] Nur ausnahmsweise, wenn die mit der Verwendung unangemessener AGB verbundene Opfer- und Risikogrenze überschritten ist, kommt für den Verwender eine Berufung auf den Wegfall der Geschäftsgrundlage in Betracht. Dies kann insbesondere bei einer nicht vorhersehbaren Änderung der Rechtsprechung zutreffen.[4] Zulässig ist dagegen auch bei intransparenten Klauseln eine ergänzende Vertragsauslegung.[5]

3. Teilunwirksame Klauseln

347 Sind nur **Teile einer Klausel** unwirksam, so richtet sich die Unwirksamkeit der **Restklausel** danach, ob diese nach Streichung des unwirksamen Teils noch eine sinnvolle und angemessene, aus sich heraus verständliche Regelung darstellt, die auch nicht eine von der bisherigen Gestaltung völlig abweichende und neue Regelung enthält, sondern **sich dem Vertragszweck sach- und interessengerecht einfügt.**[6] Dies gilt sowohl für Satzteile[7] wie für selbstständige Sätze oder Absätze innerhalb des Gesamtklauselwerks. Die Klausel muss aber im sprachlichen Sinn **ohne Veränderung des Wortlauts trennbar** und aus sich heraus verständlich sein.[8] Das Transparenzgebot muss in jedem Fall gewahrt bleiben. Beurteilt wird nur die Restregelung, wie sie sich nach Streichung des unwirksamen Teils darstellt. Bleibt danach ein **sinnvoller und transparenter Klauselrest,** so ist dieser, wie der Vertrag insgesamt, **wirksam.**[9] Eine geltungserhaltende Reduktion durch Ergänzung oder Modifizierung der Restregelung von Seiten des Gerichts findet nicht statt.[10] Die Unwirksamkeit kann sich aber trotz der sprachlichen Trennbarkeit immer noch aus § 139 ergeben, weil der wirksame und der unwirksame Klauselteil als sachlich zusammengehörige Einheit gewollt sind.[11]

348 Trennbarkeit mit sinnvollem Rest ist z. B. gegeben, wenn eine Klausel die Haftung jeweils gesondert für grobe Fahrlässigkeit einerseits und leichte Fahrlässigkeit mit Ausnahme von Kardinalpflichten andererseits ausschließt. Es kann dann der Haftungsausschluss für grobe Fahrlässigkeit gestrichen werden, und die Klausel

---

1 *H. Schmidt,* Vertragsfolgen, S. 152 ff.

2 So aber *Ulmer* BB 1982, 1125, 1130; *Hager* S. 183; *H. Schmidt,* Vertragsfolgen, S. 220.

3 S. *Larenz/Wolf,* Allg. Teil, § 38 Rz 34 ff.

4 S. auch Rz 365.

5 S. B,GHZ 90, 69, 75 ff. = NJW 1984, 1177; BGH v. 12. 10. 2005 IV ZR 162/03 = NJW 2005, 3559; *H. Schmidt,* Vertragsfolgen S. 178 ff.; oben Rz 33 ff. s. auch § 306 Rz 15 ff.

6 S. BGH NJW 1984, 2816, 2817; BGH ZIP 1988, 360, 362; BGH NJW 1989, 3215, 3216 unter Aufgabe von BGHZ 92, 312, 316 = NJW 1985, 319; BGH NJW 1992, 2759, 2760.

7 S. etwa BGH NJW 1989, 1796, 1798; BGH NJW 1997, 3437 = LM H.4/1998 § 9 (Bb) AGBG Nr. 43 m. Anm. *M. Wolf;* BGH NJW 1998, 2284.

8 BGH NJW 1998, 3119; BGH v. 20. 7. 2005 VIII ZR 121/04 = NJW-RR 2005, 1496 zu A II 2 e; BGH v. 6 4. 2005 XII ZR 158/01 = NJW-RR 2006, 84; weitergehend BGH NJW 1995, 2553 = LM H.11/1995 § 765 BGB Nr. 99–101 m. krit. Anm. *Pfeiffer;* krit. auch *Reich/Schmitz* NJW 1995, 2533.

9 S. auch *von Westphalen,* AGB, Rechtsfolgen Rz 15.

10 S. BGH WM 1977, 582; NJW 1982, 2309 und 2311; BGH NJW 1997, 3437; BGH NJW-RR 1998, 629; BGH v. 3. 12. 2003 VIII ZR 86/03 = NJW 2004, 1240; BGH v. 6 4. 2005 XII ZR 158/01 = NJW-RR 2006, 84; bedenklich in dieser Hinsicht BGH v. 5 4. 2006 VIII ZR 163/05 Rz 17 = NJW 2006, 2116.

11 BGH v. 5 4. 2006 VIII ZR 163/05 Rz 20 = NJW 2006, 2116, im konkreten Fall aber bedenklich.

behält einen sinnvollen Rest. Wird eine Haftung für Erfüllungsgehilfen und „sonstige Personen" vorgesehen, so kann durch Streichung der sonstigen Personen der Klauselrest als wirksam aufrechterhalten werden.[1] Ebenso kann bei einer Klausel, die eine an sich wirksame, nur wegen der Schriftform unwirksame Zustimmung vorsieht, das Erfordernis „schriftlich" gestrichen werden.[2] Eine Ersetzungsklausel kann gestrichen werden, ohne dass eine Erhaltungsklausel (s. Rz 264) ihren Sinn verliert.[3] Bei einer Mietkautionsklausel kann die Fälligkeitsbestimmung und die Höhe der Kaution gestrichen werden, sofern die Zahl der Monatsmieten bestehen bleibt.[4] Eine sinnvolle Regelung bleibt auch, wenn bei einem für ein Treuhandkonto bestehenden unwiderruflichen Überweisungsauftrag das Wort unwiderruflich gestrichen wird.[5] Der Aufrechterhaltung steht es nicht entgegen, wenn der Restteil nur eine Rechtsfolge ohne tatbestandliche Voraussetzungen enthält, soweit diese anderweitig feststellbar sind.[6] Gleiches gilt, wenn in einer Vollmachtklausel neben einer Vollmacht zur Abgabe von Erklärungen auch eine Empfangsvollmacht ausformuliert ist. Die Empfangsvollmacht kann aufrechterhalten bleiben, auch wenn die Erklärungsvollmacht unwirksam ist.[7] Bei Unwirksamkeit der Verfallklausel in einem Leasingvertrag[8] behält die Kündigungsregelung einen sinnvollen Inhalt und bleibt wirksam.[9]

Eine **bloße Streichung** hat der VIII. Zivilsenat[10] als unzulässige geltungserhaltende Reduktion jedoch **abgelehnt,** wenn beim Finanzierungsleasing die Abtretung der Gewährleistungsansprüche von Zahlungen abhängig gemacht wird, was unwirksam ist,[11] während eine Abtretung ohne Zahlung wirksam wäre. Ebenso soll die Streichung einer Fristenregelung der Pflicht zur Vornahme von Schönheitsreparaturen einen anderen Inhalt geben und damit eine unzulässige geltungserhaltende Reduktion darstellen.[12] Wird durch eine Klausel die Haftung für Verschulden generell ausgeschlossen, so ist diese insgesamt unwirksam, da das Verschulden Vorsatz sowie grobe und leichte Fahrlässigkeit umfasst und nach Streichung des Wortes Verschulden kein sinnvoller und angemessener Klauselrest mehr bleibt. **349**

4. Nachträgliche Bestätigung

Die nach § 307 unwirksame Klausel kann durch nachträgliche Bestätigung wirksam werden. Das Stellen bei Vertragsschluss,[13] das den wesentlichen Grund für die Unwirksamkeit unangemessener Klauseln bildet, ist nach Vertragsabschluss grundsätzlich nicht mehr in gleicher Weise gegeben. Deshalb können nachträglich die Voraussetzungen des Aushandelns eher bejaht werden und es kann der Vertragspartner des Verwenders durch sein nachträgliches freiwilliges Einverständnis unangemessene Klauseln wirksam vereinbaren.[14] Damit steht der Unwirksamkeitsgrund **350**

---

1 BGH NJW 1991, 1750, 1752.

2 S. auch OLG Frankfurt BB 1983, 1435; 1438; a. A. aber BGH NJW 1991, 1750, 1752.

3 BGH v. 6. 4. 2005 XII ZR 132/03 = NJW 2005, 2225.

4 BGH v. 3. 12. 2003 VIII ZR 86/03 = NJW 2004, 1240.

5 BGH NJW 1984, 2816, 2817.

6 BGH NJW 1998, 3119.

7 BGH NJW 1997, 3437 = LM H.4/1998 § 9 (Bb) AGBG Nr. 43 m. Anm. *M. Wolf.*

8 Anh. § 310 Rz L 175.

9 BGH ZIP 1984, 1114, 1117.

10 BGH NJW 1984, 2687, 2688.

11 BGH NJW 1984, 2687.

12 BGH v. 23. 6. 2004 VIII ZR 361/03 = NJW 2004, 2586 m. Anm. *Blank* LMK 2004, 177; BGH v. 22. 9. 2004 VIII ZR 360/03 = NJW 2004, 3775.

13 § 305 Rz 18.

14 BGH NJW 1985, 57, 58; s. allgemein *Larenz/Wolf,* Allg. Teil, § 44 Rz 15 ff.

des § 307 in einer Reihe mit anderen Regelungen, die, wie z. B. § 38 III Nr. 1 ZPO, aber auch §§ 276 III, 619, 1149 BGB („im Voraus"), die Unwirksamkeit an bestimmte Verhandlungssituationen knüpfen, inhaltsgleiche Vereinbarungen in einer anderen Verhandlungssituation aber zulassen. Dazu kann auch § 475 gezählt werden, da nach Mitteilung des Mangels der Verbraucher einen besseren Überblick über die Konsequenzen einer für ihn nachteiligen Vereinbarung hat. Die nachträgliche Bestätigung setzt als erneute Vornahme (§ 141) eine Vereinbarung zwischen dem Verwender und dem Vertragspartner voraus. Um sicherzustellen, dass der Vertragspartner die Bedeutung der Bestätigung überblicken kann, ist in Analogie zu § 38 III Nr. 1 ZPO die Bestätigung nur dann als wirksam anzusehen, wenn sie getroffen wird, nachdem die jeweilige Klausel im Einzelfall konkrete Bedeutung erlangt hat. Ferner setzt die wirksame Bestätigung Kenntnis der Unwirksamkeit der zu bestätigenden Klausel voraus[1] oder zumindest Zweifel an ihrer Gültigkeit.[2] Neben der Bestätigung, die die Klausel wirksam macht, kann auch ein Verzicht oder ein Erlass der aus der Unwirksamkeit sich ergebenden Rechte in Betracht kommen.[3]

5. Beachtung von Amts wegen

351 Die Unwirksamkeit ist von Amts wegen zu beachten, d. h. es bedarf nicht der Erhebung einer Einrede oder sonst der Berufung auf die Unwirksamkeit.

352 **a) Berücksichtigung im gerichtlichen Verfahren.** Die Prüfung von Amts wegen gilt im gerichtlichen Verfahren, gleichgültig ob es sich um ein **Verbandsklageverfahren** nach §§ 1, 8 ff. UKlaG oder um einen **Individualprozess** mit Inzidentprüfung der AGB handelt. Freilich sind nur die im jeweiligen Verfahren relevanten Klauseln zu prüfen. Im Verbandsklageverfahren werden die Klauseln, die Gegenstand der gerichtlichen Prüfung sind, zwar durch den Kläger mit dem Klageantrag nach § 8 I UKlaG bestimmt. Die einzelnen Unwirksamkeitsgründe nach §§ 307 ff. werden jedoch vom Gericht von Amts wegen geprüft.

353 Eine scheinbare Ausnahme von der Amtsprüfung gilt insoweit, als bereits ein Unterlassungsurteil im Verbandsklageverfahren vorliegt. Dieses wird im Individualprozess nach § 11 UKlaG nur berücksichtigt, soweit sich der Betroffene auf das Unterlassungsurteil beruft. Dies trifft jedoch nur die Berücksichtigung des Unterlassungsurteils und erlaubt die Übernahme der Ergebnisse eines Urteils, in dem die Angemessenheit der AGB bereits von Amts wegen geprüft ist. Im Übrigen ändert es nichts daran, dass ohne Berufung auf das Unterlassungsurteil das Gericht die Wirksamkeit der AGB von Amts wegen prüfen muss.

354 **b) Berücksichtigung durch den Rechtspfleger. aa)** Die Prüfung von Amts wegen obliegt auch dem Rechtspfleger, soweit AGB für seine Entscheidung von Bedeutung sind.[4] Dies gilt vor allem in **Grundbuchsachen** zur Vermeidung unrichtiger Eintragungen sowohl für die formularmäßige Auflassung (§ 20 GBO) als auch für formularmäßige Eintragungsbewilligungen nach § 19 GBO als einseitiges Rechtsgeschäft,[5] so z. B. bei der Bewilligung eines Erbbaurechts mit den nach § 2 ErbbauVO möglichen Inhalten. Das Grundbuchamt darf eine etwaige Unwirksamkeit nach §§ 307 ff. jedoch nur insoweit berücksichtigen, als eine **eindeutig und**

---

[1] BGH DB 1977, 158; BGH v. 5. 4. 2006 VIII ZR 163/05 Rz 19 = NJW 2006, 2116.
[2] BGH NJW 1985, 57, 58; *Larenz/Wolf,* Allg. Teil, Rz 16.
[3] S. auch *Basedow* AcP 182, 335, 363.
[4] S. *Eickmann* RPfleger 1978, 1; a. A. *Ertl* Rpfleger 1980, 8.
[5] S. § 305 Rz 11; offengelassen in BGH NJW 1980, 1625, 1626.

offenkundige Unwirksamkeit ohne vernünftige Zweifel besteht.[1] Die Prüfung auf § 134 zu beschränken, wegen der Notwendigkeit zu wertender Beurteilung aber nicht auf §§ 138, 242 oder §§ 307 ff. zu erstrecken,[2] ist inkonsequent, da auch die von § 134 in Bezug genommenen Verbotsgesetze eine wertende Beurteilung erfordern können. Entscheidend kann allein die Eindeutigkeit und Offenkundigkeit der Unwirksamkeit sein, so z. B. aufgrund gefestigter Rspr. des BGH, gleichgültig, ob sie auf § 134 oder auf §§ 138, 242 oder auf §§ 307 ff. beruht.

Bei einer Hypothek muss das Grundbuchamt wegen der Akzessorietät auch die AGB des Darlehensvertrags beachten, soweit sie für den Inhalt der gesicherten Forderung bestimmend sind.[3] Im Übrigen muss es die Unwirksamkeit von **AGB-Klauseln im Schuldvertrag** grundsätzlich nicht prüfen, ist dazu aber berechtigt, soweit sich daraus Auswirkungen auf das Erfüllungsgeschäft ergeben.[4] **355**

Von der Prüfungspflicht bei Eintragung ist zu trennen die Frage, ob auch bei vollzogener Eintragung eine **Löschung oder** ein **Widerspruch** von Amts wegen z. B. nach § 53 GBO einzutragen ist.[5] **356**

bb) In **Familien- und Vormundschaftssachen** kommt eine Prüfung vor allem bei den nach §§ 1821, 1822, 1643 BGB genehmigungsbedürftigen Rechtsgeschäften in Betracht, wobei bloße Zweifel an der Wirksamkeit einer Klausel die Ablehnung der Genehmigung aber nicht rechtfertigen.[6] **357**

c) Berücksichtigung durch den Notar. Die Unwirksamkeit von AGB ist vom Notar bei der **Beurkundung** von Rechtsgeschäften im Rahmen seiner Erörterungs- und Belehrungspflicht nach § 17 BeurkG zu prüfen. Bei eindeutiger Unwirksamkeit einzelner Klauseln oder des ganzen Vertrags hat er die Beurkundung nach § 4 BeurkG, § 14 II BNotO abzulehnen. Andernfalls kann sich eine **Haftung** aus § 19 I BNotO sowohl gegenüber der anderen Vertragspartei als auch gegenüber dem Verwender ergeben, wenn dieser aufgrund der Unwirksamkeit Schaden erleidet.[7] Zum Vorliegen von AGB bei notarieller Beurkundung s. § 305 Rz 22, 31. **358**

Die **Beglaubigung** von Unterschriften ist nur bei offensichtlicher Unwirksamkeit von AGB-Klauseln abzulehnen (§ 40 II mit § 4 BeurkG). Eine allgemeine Prüfungs- und Belehrungspflicht besteht insoweit nicht.[8] **359**

d) Berücksichtigung durch Verwaltungsbehörden. Verwaltungsbehörden haben im Rahmen ihrer Prüfungsaufgaben die Wirksamkeit von AGB ebenfalls von Amts wegen zu prüfen. Die gerichtliche Prüfung wird dadurch jedoch nicht ausgeschlossen. Zur Beachtung der §§ 307 ff. bei Genehmigung von AGB durch Verwaltungsbehörden s. Rz 64 ff. **360**

---

[1] BayObLG BB 1980, 283 zu § 10 Nr. 6 AGBG; zu § 9 AGBG OLG Celle WM 1979, 1317, 1318; *Ulmer/Fuchs* Vorb. v. § 307 Rz 108; *von Hoyningen-Huene,* Inhaltskontrolle § 9 AGBG Rz 46; *Palandt/Grüneberg* Vorb. v. § 307 Rz 7; *Stoffels,* AGB-Recht, Rz 417; offengelassen in BGH NJW 1980, 1625, 1626 und BayObLG NJW 1980, 2818 = BB 1980, 1185.

[2] So OLG Hamm DNotZ 1979, 752, 754; OLG Köln NJW-RR 1989, 780.

[3] BayObLG BB 1980, 283.

[4] *Schlenker,* Die Bedeutung des AGB-Gesetzes im Grundbuchantragsverfahren, Diss. Tübingen, 1982; grundsätzlich ablehnend *Demharter,* GBO, § 19 Rz 40 ff.

[5] S. auch OLG Köln NJW-RR 1989, 780.

[6] *Soergel/Damrau* § 1828 Rz 10.

[7] S. BGH NJW 1993, 1587.

[8] *Schippel/Brambring* DNotZ 1977, 138.

6. Problem der Rückwirkung

361 Die Änderung der Verhältnisse und der Wandel von Werten, Wertungen und Auffassungen führt dazu, dass die **Wirksamkeit** und die **Wirkungen** von Klauseln im Laufe der Zeit **unterschiedlich beurteilt** werden. Damit stellt sich die Frage, ob die neue Beurteilung nur für künftig aufgestellte, nur für künftig in Verträge einbezogene oder für alle AGB gilt, auch wenn sie bereits in Verträge einbezogen sind.

362 **a) Wandel der tatsächlichen Verhältnisse und der gesellschaftlichen Werte.** Beruht die Beurteilung durch die Rechtsprechung auf einer Änderung der tatsächlichen Verhältnisse oder einem Wandel der gesellschaftlichen Werte, so tritt grundsätzlich **keine Rückwirkung** ein, weil für die Beurteilung der Wirksamkeit grundsätzlich auf die Verhältnisse und Wertungen zum Zeitpunkt des Vertragsschlusses abzustellen ist (s. Rz 93). Bei Dauerschuldverhältnissen ist aber auf den Zeitpunkt der Anwendung der Klausel abzustellen.

363 **b) Änderung der richterlichen Beurteilung.** Beruht die Änderung der Rechtsprechung ohne Änderung der tatsächlichen Verhältnisse oder gesellschaftlichen Werte allein auf einer Änderung der richterlichen Beurteilung, so kommt eine **Rückwirkung** in Betracht, weil für die neue richterliche Meinung grundsätzlich der **Zeitpunkt der Urteilsfällung** maßgebend ist[1] und deshalb auch Altverträge grundsätzlich nach der neuen Meinung zu beurteilen sind. Die Rechtsprechung des BVerfG zur Rückwirkung und zum Rückwirkungsverbot von Gesetzen[2] kann auf Änderungen in der Rechtsprechung nicht ohne weiteres übertragen werden. Urteile entfalten nicht dieselbe Bindungswirkung wie Gesetze. Der unabhängige Richter ist zwar an das Gesetz (Art. 97 GG), nicht aber an andere Urteile gebunden und kann deshalb jederzeit von ihnen abweichen.[3] Auch ist zu berücksichtigen, dass beim Vertrag zwei Beteiligte vorhanden sind. Dies hat zur Folge, dass durch eine bisher für wirksam, nunmehr aber für unwirksam erklärte Klausel[4] zwar der Verwender benachteiligt, der andere Vertragsteil aber begünstigt wird. Es geht aber nicht an, durch ein Rückwirkungsverbot einseitig nur die Interessen des Verwenders im Auge zu haben und dem anderen Vertragsteil das nun erkannte Schutzbedürfnis vorzuenthalten, nur weil die Klausel vor der Rechtsprechungsänderung in den Vertrag einbezogen wurde. Umgekehrt muss auch der Verwender sich auf die neuen Rechtserkenntnisse berufen können, wenn statt bisher von der Unwirksamkeit nunmehr von der Wirksamkeit ausgegangen wird.[5]

364 Wegen der gegensätzlichen Interessen des Verwenders und seines Vertragspartners muss eine **Interessenabwägung** stattfinden.[6] Hierbei ist zunächst das Interesse an richtiger Rechtsanwendung als vorrangig zu berücksichtigen. Hinzu kommt, dass ein Vertrauensschutz der Verwender häufig deshalb nicht gerechtfertigt ist, weil sie sich mit ihren Klauseln im Grenzbereich nahe zur Unwirksamkeit bewegen und z. B. aufgrund von Analogien zu Entscheidungen mit vergleichbarer Interessenlage oder aufgrund von Umkehrschlüssen[7] ebenso wie infolge andersartiger Beurteilun-

---

[1] S. auch *Ulmer/Fuchs* Rz 118; s. zum Verbandsprozess § 11 UKlaG Rz 5.
[2] S. z. B. BVerfGE 11, 139, 145; 70, 69, 84
[3] S. auch BGH NJW 1996, 1467.
[4] S. etwa BGH NJW 1995, 2553.
[5] S. etwa BGH NJW 1994, 864; 1995, 2786 und 2790 statt ursprünglicher Gesamtnichtigkeit der Sicherheit nur teilweise Unwirksamkeit der Klausel.
[6] S. auch *Medicus* NJW 1995, 2577, 2583.
[7] S. zur Rückwirkung der Rechtsprechung bei Unwirksamkeit von Vertragsstrafen BGH v. 23. 1. 2003 VII ZR 210/01 = BGHZ 153, 312; BGH v. 8. 7. 2004 VII ZR 24/03 = NJW-RR 2004, 1463.

gen in den unteren Instanzen oder in der Literatur mit einer Änderung gerechnet werden muss. Wird das Unwirksamkeitsverdikt über eine Klausel eingeschränkt oder aufgehoben, so muss sich der andere Vertragsteil bei nach §§ 305, 305 c I wirksam einbezogenen Klauseln grundsätzlich an der eingegangenen Vertragsbindung festhalten lassen und sich darauf einrichten. Ein Vertrauensschutz darauf, dass eine Klausel, der man zugestimmt hat, unwirksam sei, lässt sich kaum rechtfertigen. Auch bestehen wegen der stark einzelfallbezogenen Judikatur bei Durchführung der Inhaltskontrolle insbesondere im Rahmen von § 307 nicht immer vergleichbare Fallsituationen, die einen Vertrauensschutz rechtfertigen würden.[1] Deshalb ist auch bei einer Interessenabwägung vom **Grundsatz der Rückwirkung** auszugehen.[2] Der BGH gewährt zuweilen für begrenzte Zeit nach Änderung seiner Rechtsprechung Vertrauensschutz.[3] Eine Klausel, die die Rückwirkung zum Nachteil des Kunden ausschließt, ist nach § 307 unwirksam.

Ein **Vertrauensschutz** kann **im Einzelfall** im Rahmen von § 242 gewährt werden.[4] In Betracht kommt etwa eine Verwirkung, wenn der Verwender den Eindruck erweckt hat, er werde sich nicht auf die Wirksamkeit einer ursprünglich in der Rechtsprechung für unwirksam gehaltenen Sicherheit berufen und wenn der andere Vertragsteil sich hierauf eingerichtet hat. Rückforderungsansprüche gegen einen der Beteiligten können durch eine Verjährungsklausel[5] begrenzt werden. Statt voller Unwirksamkeit oder Wirksamkeit kann ein Vertrauensschutz auch durch Anpassung an die neue Rechtsmeinung mit den Mitteln des Wegfalls der Geschäftsgrundlage gewährt werden (s. Rz 346). Das Ausnutzen der Rückwirkung kann auch eine unzulässige Rechtsausübung darstellen, wenn dem Begünstigten daraus nur ein geringfügiger Vorteil erwächst, der andere aber unverhältnismäßige Nachteile erleidet, die z. B. existenzbedrohend sind.[6] Die Zulassung einer geltungserhaltenden Reduktion zur Abminderung der Rückwirkungsfolgen bei ursprünglich für wirksam, später für unwirksam gehaltenen Klauseln[7] erscheint daneben weder nötig noch geboten. Möglich bleibt aber eine ergänzende Vertragsauslegung.[8] 365

II. Schadensersatz wegen Verschulden bei Vertragsschluss

Aufgrund des bei den Vertragsverhandlungen bestehenden Vertrauensverhältnisses ist der Verwender verpflichtet, die Schädigung des Vertragspartners durch Einbeziehung unwirksamer AGB zu vermeiden. Bei Verletzung dieser Pflicht kann sich ein **Schadensersatzanspruch aus Verschulden bei Vertragsschluss** (culpa in contrahendo) ergeben.[9] Jedoch müssen die unwirksamen AGB kausal für den Schaden sein.[10] Ein Schadensersatzanspruch aus Verschulden bei Vertragsschluss kommt aber auch unabhängig von der Unwirksamkeit der AGB in Betracht, wenn 366

---

[1] *Graf von Westphalen* in Anm. LM H.9/1996 § 765 BGB Nr. 107.

[2] BGH NJW 1996, 1467; *Lecheler* WM 1994, 2049, 2050.

[3] S. etwa BGH v. 8 7. 2004 VII ZR 24/03 = NJW-RR 2004, 1463.

[4] BGH NJW 1996, 1467 = LM H.9/1996 § 765 BGB Nr. 107 m. Anm. *Graf von Wesphalen;* dafür ausgehend vom Rückwirkungsverbot *Medicus* NJW 1995, 257, 2578.

[5] S. § 309 Nr. 8 b ff. Rz 32, 51.

[6] S. auch BGH NJW 1996, 1467.

[7] Dafür *Neuhoff* NJW 1994, 1765, 1766; *Medicus* NJW 1995, 2577, 2583; *Ulmer/Fuchs* Rz 118.

[8] S. § 306 Rz 15 ff.; oben Rz 33 ff.

[9] S. auch BGH NJW 1987, 639, 640; BGH NJW 1984, 2816, 2817; *Ulmer/Fuchs* Rz 104; allgemein *Larenz/Wolf,* Allg. Teil, § 31 Rz 28 ff.

[10] BGH NJW 1988, 197, 198.

der Verwender den Vertragspartner schuldhaft über den Inhalt an sich wirksamer Klauseln getäuscht hat.[1] Als ersatzfähige Schäden kommen in Betracht: Rechtsberatungs- und Prozesskosten, Aufwendungen, die aus Unkenntnis über die Unwirksamkeit einer Klausel gemacht wurden, oder Schäden, die wegen dieser Unkenntnis entstanden sind,[2] oder – neben § 812 BGB – die Rückgewähr zu Unrecht erbrachter Leistungen.

---

[1] S. auch BGH NJW-RR 1988, 241, 242; *Schumacher,* Vertragsaufhebung wegen fahrlässiger Irreführung unerfahrener Vertragspartner, 1979, S. 41 ff.; *Lorenz,* Der Schutz vor dem unerwünschten Vertrag, 1997, S. 409 ff.

[2] S. auch BGH NJW 1984, 2816, 2817.

Vorbemerkungen zu §§ 308, 309

Inhaltsübersicht

Schrifttum: *Kippels,* Die Inhaltskontrolle von AGB im kaufmännischen Geschäftsverkehr nach § 9 AGB-Gesetz unter besonderer Berücksichtigung des Klauselverbots der §§ 10 und 11 AGB-Gesetz, 1990; *Lutz,* AGB-Kontrolle im Handelsverkehr unter Berücksichtigung der Klauselverbote, 1991.

I. Die besonderen Verbotstatbestände

Die §§ 308 und 309 enthalten in insgesamt 21 Ziffern Klauselverbote, die den allgemeinen Unwirksamkeitsgrund des § 307 konkretisieren.[1] Dies steigert die Rechtsklarheit, weil auf diese Weise dem Rechtsverkehr eine bessere Orientierung und Beurteilung der Unwirksamkeit ermöglicht wird. Ebenso wie § 307 dienen die §§ 308 und 309 nur dem Schutz des Vertragspartners, nicht dagegen demjenigen des Verwenders[2] oder Dritter. Anderes gilt freilich für § 309 Nr. 11, der nicht den Verwendungsgegner, sondern denjenigen schützt, der als Vertreter des Verwenders auftritt. 1

1. Unwiderlegbare Unwirksamkeitsgründe

Die einzelnen Ziffern der §§ 308 und 309 enthalten unwiderlegbare Unwirksamkeitsgründe und nicht nur Unangemessenheitsvermutungen wie § 307 Abs. 2 Nr. 1 und 2. 2

2. Klauselverbote mit und ohne Wertungsmöglichkeit

§ 308 enthält nach der Gesetzesüberschrift Klauselverbote mit Wertungsmöglichkeit. Demgegenüber sieht § 309 nach der amtlichen Überschrift Klauselverbote ohne Wertungsmöglichkeit vor. 3

---

[1] Für die Einstufung der §§ 308, 309 als Konkretisierungen der Generalklausel z.B. BGH NJW 1987, 837, 838 (zu §§ 9, 10, 11 AGBG); BGH NJW 1985, 617, 618 (zu §§ 9, 10, 11 AGBG).

[2] BGH NJW 1987, 837, 838 (zu §§ 9, 10, 11 AGBG).

4 **a) Wertungen im Rahmen des § 309.** Die Überschrift des § 309 sollte jedoch nicht zu der Annahme verleiten, dass Wertungen im Rahmen des § 309 gänzlich verzichtbar sind. Sicherlich zielt die präzise Fassung der in § 309 enthaltenen Tatbestandsmerkmale darauf ab, Wertentscheidungen bei der Auslegung und Anwendung möglichst weitgehend entbehrlich zu machen. Diese Zwecksetzung ist zu respektieren. Es ist daher insbesondere unzulässig, die Spezialtatbestände des § 309 durch eine Interessenabwägung im Einzelfall zu ersetzen.[1] Nicht zu übersehen ist aber auch, dass § 309 der Konkretisierung durch Auslegung und Anwendung bedarf. Dabei sind Wertungen unumgänglich. Nur der Klarheit halber sei betont, dass es dabei nicht um persönliche Wertvorstellungen oder gar Präferenzen des Richters geht, sondern um Wertungen, die im Wege der juristischen Argumentation zu rechtfertigen sind.

5 **b) Wertungen im Rahmen des § 308.** Bei den in § 308 aufgelisteten Verboten handelt es sich der amtlichen Überschrift zufolge um Klauseverbote mit Wertungsmöglichkeit.

6 **aa) Unbestimmte Rechtsbegriffe.** Damit nimmt die Überschrift auf die Tatsache Rücksicht, dass die Klauselverbote des § 308 nahezu allesamt einen oder mehrere unbestimmte Rechtsbegriffe enthalten.[2] Man denke z.B. an die Formulierungen „angemessen" (Nr. 5a), „unangemessen" (Nr. 1, 2, 7a, 7b), „sachlich gerechtfertigt" (Nr. 3), „zumutbar" (Nr. 4) und „besondere Bedeutung" (Nr. 6). Eine Ausnahme stellt § 308 Nr. 8 dar, der wohl nur aufgrund des engen sachlichen Zusammenhangs mit § 308 Nr. 3 Aufnahme in § 308 gefunden hat. Infolge der Verwendung unbestimmter Rechtsbegriffe bedürfen die Verbote des § 308 in besonderem Maße der Konkretisierung durch die Rechtsprechung. Dies wiederum bedeutet, dass die auch die Bedeutung von Wertentscheidungen steigt.

7 **bb) Kein Beurteilungsspielraum.** Nicht genug betont werden kann jedoch, dass es nicht der Verwender, sondern die Rechtsprechung ist, der die Konkretisierung der §§ 307 ff. obliegt. Die Verwendung unbestimmter Rechtsbegriffe führt also nicht etwa dazu, dass dem Verwender ein gerichtlich nur beschränkt überprüfbarer Beurteilungsspielraum zuzuerkennen ist.

3. Gleichrangigkeit der Klauselverbote

8 Die einzelnen Klauselverbote der §§ 308 und 309 sind gleichrangig und nebeneinander anwendbar. Dies ist in einem umfassenden Sinne zu verstehen. So ist es nicht nur zulässig, ein Verbot des § 308 neben einem solchen des § 309 anzuwenden. Vielmehr sind auch die einzelnen Verbotstatbestände des § 308 parallel anwendbar, und Gleiches gilt für die Verbotstatbestände des § 309. Eine Klausel kann also beispielsweise gleichzeitig gegen § 309 Nr. 7 und gegen § 309 Nr. 8 b ff verstoßen. Allerdings ist es mitunter notwendig, einzelne Klauselverbote einschränkend auszulegen, um die Privilegierungsfunktion anderer Klauselverbote nicht zu unterminieren. Beispielsweise dürfen Schadenspauschalen, die dem Verwendungsgegner in Einklang mit § 309 Nr. 5 b den Nachweis eines geringeren Schadens offenhalten, nicht gemäß § 309 Nr. 12 unter dem Gesichtspunkt der unzulässigen Beweislastumverteilung für unzulässig erklärt werden.[3]

---

[1] BGH NJW 1998, 3119, 3120 (zu § 11 Nr. 3 AGBG, der Vorgängerregelung des § 309 Nr. 3).
[2] In diesem Sinne auch *Palandt/Grüneberg* § 308 Rz 1.
[3] S. § 309 Nr. 12 Rz 74.

II. Das Verhältnis zu § 307

1. Selbstständige Bedeutung der §§ 308 und 309

Die §§ 308, 309 haben die Aufgabe, die Generalklausel zu konkretisieren.[1] Im Falle des § 308 folgt dies schon aus dem Wortlaut („insbesondere"). Aus der Konkretisierungsfunktion der §§ 308, 309 ist aber nicht abzuleiten, dass die besonderen Klauselverbote nur dann eingreifen, wenn eine Klausel auch unabhängig von diesen Verboten als unangemessen im Sinne des § 307 einzustufen ist. Dass ein solcher Schluss ungerechtfertigt wäre, lässt sich schon daran verdeutlichen, dass § 307 lediglich dem Schutz des Verwendungsgegners dient, während § 309 Nr. 10 denjenigen schützen soll, der als Vertreter des Verwenders auftritt. Es ist dementsprechend anerkannt, dass ein Verstoß gegen die §§ 308, 309 auch dann anzunehmen sein kann, wenn eine von den §§ 308, 309 losgelöste Anwendung des § 307 nicht zur Unwirksamkeit der Klausel führen würde.[2] Solange man dies nicht aus den Augen verliert, ist es unschädlich zu betonen, dass die Wertungen des § 307 auch im Rahmen der §§ 308, 309 zu berücksichtigen sind.[3] 9

2. Gleichzeitige Anwendbarkeit

Die Klauselverbote der §§ 307, 308 und 309 sind nebeneinander anwendbar. Eine Klausel, die gegen § 308 und/oder gegen § 309 verstößt, kann also zusätzlich gemäß § 307 unwirksam sein und ist dies in der Regel auch (s. Rz 14). Andererseits besteht zumindest im Grundsatz die Möglichkeit, dass eine Klausel, die in den Anwendungsbereich eines speziellen, in § 308 oder § 309 aufgeführten Verbotstatbestands fällt und dessen Anforderungen gerecht wird, gleichwohl gegen § 307 verstößt. Beispielsweise kann eine Laufzeitklausel, auf die § 309 Nr. 9 Anwendung findet, den dort genannten Anforderungen gerecht werden und gleichwohl unangemessen im Sinne des § 307 sein.[4] Freilich ist stets sorgfältig zu prüfen, ob nicht dem speziellen Verbotstatbestand eine Wertung des Inhalts zu entnehmen ist, dass Klauseln, die seinen Anforderungen genügen, zumindest grundsätzlich als angemessen einzustufen sind (s. Rz 15 ff.). 10–12

3. Einfluss der §§ 308 und 309 auf die Angemessenheitsprüfung

Bei der Anwendung des § 307 stellt sich vielfach die Frage, wie es sich auf die Bewertung der Angemessenheit einer Klausel auswirkt, dass die relevante Klausel gegen ein spezielles Verbot verstößt oder einen solchen Verstoß vermeidet. Dabei ist von folgenden Grundsätzen auszugehen. 13

a) Verstoß gegen ein spezielles Klauselverbot. Sofern eine Klausel wegen eines Verstoßes gegen ein spezielles Klauselverbot der §§ 308, 309 unwirksam ist, wird man die Klausel auch als unangemessen im Sinne des § 307 einstufen müssen, ohne dass dies allerdings von praktischer Bedeutung wäre. Nur ein Verstoß gegen § 309 Nr. 10 begründet nicht die Unangemessenheit der Klausel nach § 307, weil § 309 Nr. 10 anders als § 307 nicht den Verwendungsgegner, sondern solche Personen schützt, die als Vertreter des Verwendungsgegners auftreten. 14

---

[1] BAG NJW 1997, 536, 537 (zu §§ 307, 308 Nr. 4); BAG NJW 2005, 1820, 1821 (zu §§ 307, 308 Nr. 4); BGH NJW 1987, 837, 838 (zu §§ 9, 10, 11 AGBG); BGH NJW 1985, 617, 618 (zu §§ 9, 10, 11 AGBG).

[2] BayObLG BB 1980, 283, 285 (zum AGBG).

[3] BAG NJW 2005, 1820, 1821 (zu §§ 307, 308 Nr. 4).

[4] S. § 309 Nr. 9 Rz 106–108.

15 **b) Kein Verstoß gegen die §§ 308, 309.** Schwieriger ist der Fall zu beurteilen, dass eine Klausel in den Anwendungsbereich zumindest eines speziellen Klauselverbots fällt, den Anforderungen der §§ 308, 309 aber im Ergebnis genügt. Grundsätzlich kommt in dieser Konstellation immer noch ein Verstoß gegen § 307 in Betracht. Die Tatsache, dass eine in den Regelungsbereich der §§ 308, 309 fallende Klausel den Anforderungen dieser Vorschriften genügt, bedeutet also keineswegs notwendig, dass die Klausel angemessen ist. Doch ist sorgfältig zu prüfen, ob und gegebenenfalls in welcher Weise die Wertung des speziellen Klauselverbots bei der Anwendung des § 307 herangezogen werden können.

16 **aa) Umkehrschluss.** So stellt sich zunächst die Frage, ob dem jeweiligen speziellen Klauselverbot eine Wertung dahingehend entnommen werden kann, dass Klauseln, die seinen Anforderungen gerecht werden, grundsätzlich auch angemessen sind.

17 **α) Allgemeines.** Diese Frage lässt sich nicht für alle Klauselverbote einheitlich beantworten.[1] Vielmehr kommt es auf die Auslegung der einzelnen Klauselverbote an. Auch wenn man ein spezielles Klauselverbot grundsätzlich als taugliche Basis eines Umkehrschlusses einstuft, ist zudem genau zu prüfen in welchem **Umfang** ein solcher Umkehrschluss in Betracht kommt, ob dieser z.B. die Klausel insgesamt oder nur eine bestimmte Eigenschaft derselben wie beispielsweise die Länge der dort vorgesehenen Frist betrifft. Schließlich ist zu betonen, dass der Umkehrschluss niemals ein absoluter ist. Selbst wenn ein bestimmtes Klauselverbot also grundsätzlich als Basis eines Umkehrschlusses in Betracht kommt, ist immer noch zu prüfen, ob nicht die besonderen Umstände des Einzelfalls doch die Annahme der Unangemessenheit im Rahmen des § 307 rechtfertigen.

18 **β) Beispiele.** Als Grundlage eines Umkehrschlusses kommt beispielsweise § 308 Nr. 6 in Betracht, nämlich insoweit, als der Zugang von Erklärungen des Verwenders ohne besondere Bedeutung fingiert wird. Entsprechende Klauseln sind vom Gesetzgeber bewusst nicht verboten worden und daher auch im Rahmen des § 307 grundsätzlich nicht zu beanstanden.[2] Auch **§ 309 Nr. 2 b** kann als Grundlage eines Umkehrschlusses dienen. Namentlich ist denkbar, dass eine Klausel deshalb nicht gegen § 309 Nr. 2 b verstößt, weil sie zwar das Zurückbehaltungsrecht des Verwendungsgegners ausschließt, sich dabei allerdings auf solche Fälle beschränkt, in denen das Zurückbehaltungsrecht nicht auf demselben Vertragsverhältnis beruht. Eine solche Klausel verstößt grundsätzlich nicht gegen § 307, weil der Gesetzgeber in § 309 Nr. 2 b eine gezielte Entscheidung zugunsten der Zulässigkeit entsprechender Klauseln getroffen hat.[3] Der Vorschrift des § 309 Nr. 8 wird im Umkehrschluss entnommen, dass ein Ausschluss der verschuldensunabhängigen Haftung beim Verkauf gebrauchter Waren grundsätzlich angemessen ist,[4] was allerdings nur im praktischen Ergebnis überzeugt und nicht mit der Annahme eines Umkehrschlusses begründet werden sollte, dessen Voraussetzungen hier wohl nicht vorliegen. Der BGH spricht sich auch mit Blick auf § 309 Nr. 9 für die Annahme aus, dass eine Klausel, die den dortigen Anforderungen genüge, grundsätzlich angemessen sei.[5] Dies soll unter Umständen sogar für solche Klauseln gelten, die – wie eine Laufzeitklausel in einem Fitnessvertrag[6] – gar nicht in den Regelungs-

---

1 In diesem Sinne auch MünchKomm/*Basedow* § 309 Nr. 7 Rz 5.

2 S. § 308 Nr. 6 Rz 22.

3 S. § 309 Nr. 2 Rz 51–53.

4 OLG Hamm NJW-RR 2005, 1220, 1221 (Gebrauchtwagen).

5 BGH NJW 1987, 2012, 2013 f. (zu § 11 Nr. 12 a und c AGBG); BGH NJW 1997, 739, 740 (zu § 11 Nr. 12 b AGBG).

6 BGH NJW 1997, 739, 740 (zu § 11 Nr. 12 b AGBG).

bereich des § 309 Nr. 9 fallen. Indessen ist entgegen der Auffassung des BGH davon auszugehen, dass § 309 Nr. 9 nur Höchstgrenzen vorzugeben sucht und daher als Basis eines Umkehrschlusses nicht in Betracht kommt.[1]

bb) Analogie. In bestimmten Fällen erweist sich ein spezielles Klauselverbot unter Berücksichtigung seines Wortlauts als lückenhaft. In diesem Falle stellt sich die Frage, ob man auf eine Analogie zu dem speziellen Verbot oder auf die Anwendung des § 307 zurückgreifen soll. Richtigerweise ist dann, wenn die Voraussetzungen einer Analogie erfüllt sind, weil eine unbeabsichtigte Regelungslücke vorliegt und die Interessenlage vergleichbar erscheint, von einer analogen Anwendung des besonderen Klauselverbots auszugehen. Denn das Vorliegen einer Regelungslücke lässt sich nicht dadurch beheben, dass man die Nichtigkeit der betroffenen Klauseln nach § 307 annimmt. Der Regelungsgehalt der besonderen Klauselverbote erschöpft sich nämlich nicht in der Anordnung der Unwirksamkeit, sondern besteht gerade auch darin, die Notwendigkeit einer Abwägung zu beschränken (§ 308) oder sogar weitgehend auszuschließen (§ 309). Mit der Anwendung des § 307 kann zwar die Nichtigkeitsfolge erreicht werden, aber nicht die Beschränkung bzw. der Ausschluss der Abwägung. Ist eine Klausel aufgrund der analogen Anwendung eines besonderen Klauselverbots unwirksam, so muss sie freilich, außer im Falle des § 309 Nr. 10, auch als unangemessen im Sinne des § 307 eingestuft werden. 19

cc) Neutrale Klauselverbote. Vermag ein Klauselverbot weder als Basis eines Umkehrschlusses noch als Grundlage eines Analogieschlusses zu dienen, so handelt es sich um ein neutrales Klauselverbot. Liegt ein solches neutrales Klauselverbot vor, so ist im Rahmen des § 307 eine eigenständige Abwägung vorzunehmen. Beispielsweise ist § 309 Nr. 1 ein neutrales Klauselverbot, soweit es um die Zulässigkeit von Klauseln geht, die Preiserhöhungen nach Ablauf der Viermonatsfrist erlauben. 20

4. Darlegungs- und Beweislast

Mit Blick auf die Beweislastverteilung greift der allgemeine Grundsatz ein, dass der Anspruchsteller die Voraussetzungen der anspruchsbegründenden Normen darzulegen und zu beweisen hat. Demgegenüber obliegt es dem Anspruchsgegners, die Voraussetzungen der anspruchshindernden, anspruchshemmenden und anspruchsvernichtenden Normen darzulegen und zu beweisen. Regelmäßig bedeutet dies, dass der Anspruchsgegner, der sich auf ein Klauselverbot beruft, dessen Voraussetzungen darzulegen und zu beweisen hat.[2] Allerdings gilt dies nicht ohne Ausnahmen. Auf diese wird im Rahmen der Kommentierung der einzelnen Verbotstatbestände einzugehen sein. 21

III. Unternehmerischer Geschäftsverkehr

1. Allgemeines

Nach § 310 I 1 finden die §§ 308, 309 **keine unmittelbare Anwendung** auf AGB, die gegenüber einem Unternehmer, einer juristischen Person des öffentlichen Rechts oder einem öffentlich-rechtlichen Sondervermögen verwendet werden. Allerdings ist § 307 auch in den vorgenannten Fällen uneingeschränkt anwendbar. 22

---

[1] S. § 309 Nr. 9 Rz 108, 141, 150.

[2] BGH NJW 1991, 2763, 2764 („Die Vortrags- und Beweislast hat [...] der Kunde, der sich für seine Ansicht, die Klausel des Verwenders sei unwirksam, auf die Unangemessenheit der Regelung beruft...").

Damit stellt sich die Frage, welche Bedeutung den §§ 308, 309 bei der Konkretisierung des § 307 im unternehmerischen Verkehr zukommt.

2. Keine generelle Indizwirkung

23–24 Keinesfalls ist von einem Automatismus des Inhalts auszugehen, dass eine Klausel im unternehmerischen Verkehr immer schon dann gegen § 307 verstößt, wenn sie im Falle ihrer Verwendung gegenüber Verbrauchern nach den §§ 308, 309 unwirksam wäre. Es bleibt die Frage, ob und in welchem Umfang eine Indizwirkung in dem Sinne in Betracht kommt, dass eine gegenüber Verbrauchern nach den §§ 308, 309 unzulässige Klausel **grundsätzlich** auch nach § 307 unwirksam ist, sofern nicht ausnahmsweise besondere Umstände eine andere Bewertung rechtfertigen. Der BGH hat sich wiederholt für die Annahme einer Indizwirkung des § 11 AGBG (§ 309) ausgesprochen, ohne allerdings die genaue Bedeutung der von ihm angenommenen Indizwirkung zu präzisieren.[1] Indessen wird man richtigerweise davon ausgehen müssen, dass weder den Verbotstatbeständen des § 308 noch denen des § 309 generell eine entsprechende Indizwirkung zukommt.[2] Wollte man anders entscheiden, liefe dies der in § 310 I 1 getroffenen Wertentscheidung zuwider.

3. Indizwirkung in einzelnen Fällen

25 Immerhin wird man jedoch mit Blick auf einzelne Verbotstatbestände der §§ 308, 309 eine Indizwirkung der hier interessierenden Art annehmen können. Maßgeblich ist die Auslegung des jeweiligen Verbotstatbestands. Klauselverbote mit einem eng umschriebenen Verbotsbereich können eher eine Indizwirkung für den unternehmerischen Verkehr entfalten als Klauseln mit einem weiten Verbotsbereich, da in einem weiten Verbotsbereich eher ein Bedürfnis für die Berücksichtigung von Besonderheiten des unternehmerischen Verkehrs besteht. Generell ist aber bei der Anerkennung von Indizwirkungen zurückhaltend zu verfahren. Denn § 310 I 1 bezweckt eine selbstständige Bewertung nach § 307, und das Hantieren mit Indizwirkungen begründet die Gefahr, dass aus Gründen der Entscheidungsvereinfachung vorschnell auf diese selbstständige Bewertung verzichtet wird.

IV. Arbeitsrecht

26 Auch Arbeitsverträge sind nunmehr grundsätzlich an den §§ 308, 309 zu messen. Auf die umstrittene Frage, ob der Arbeitnehmer beim Abschluss eines Arbeitsvertrages als Verbraucher (§ 13) auftritt,[3] was richtigerweise zu bejahen ist, kommt es in diesem Zusammenhang nicht an. Denn für die Anwendbarkeit der §§ 308, 309

---

[1] BGH NJW-RR 2005, 247, 248 (zu §§ 9, 11 AGBG); BGHZ 90, 273, 278 = NJW 1984, 1750, 1751 (zu § 11 AGBG); offengelassen in BGH NJW 1985, 2328 (zu § 11 AGBG); BGH NJW 1985, 2693, 2695 (zu § 11 AGBG).

[2] *Rabe* NJW 1987, 1978, 1982 (zum AGBG); *Lutz,* AGB-Kontrolle im Handelsverkehr unter Berücksichtigung der Klauselverbote, 1991, S. 32. Tendenziell anders aber *Hensen* NJW 1987, 1986, 1987, der zwar einerseits die Verallgemeinerbarkeit der entsprechenden BGH-Urteile bezweifelt, andererseits aber die Verwendung des Begriffs „Indiz" billigt.

[3] Dagegen z.B. MünchKomm/*Basedow* § 310 Rz 26; *Bauer* NZA 2002, 169, 171; *Henssler* RdA 2002, 129, 133 f.; *Hromadka* NJW 2002, 2523, 2524; Löwisch NZA 2001, 465, 466; *Reichhold* ZTR 2002, 202, 203. Wie hier aber z. B. BAG NJW 2005, 3305, 3308; *Boemke* DB 2002, 96, 97; *Däubler,* NZA 2001, 1331; *Thüsing,* Arbeitsverträge, Rz 19, in: *von Westphalen,* Vertragsrecht und AGB-Klauselwerke, Stand: Nov. 2002. Offengelassen in BAG NJW 2004, 2401, 2404.

ist nicht die Verbrauchereigenschaft entscheidend, sondern allein die Tatsache, dass der Arbeitnehmer nicht als Unternehmer agiert. An der Unternehmereigenschaft (§ 14 I) des Arbeitnehmers fehlt es aber schon deshalb, weil er beim Abschluss des Arbeitsvertrags nicht in Ausübung einer gewerblichen oder selbstständigen beruflichen Tätigkeit handelt. Zu beachten ist aber, dass bei der Anwendung der §§ 308, 309 auf Arbeitsverträge gemäß § 310 IV 2 die Besonderheiten des Arbeitsrechts zu berücksichtigen sind.

V. Anwendung auf Individualvereinbarungen

§ 310 III Nr. 2 erstreckt die Anwendung der §§ 308, 309 auch auf vorformulierte Vertragsbedingungen, die nur zur einmaligen Verwendung bestimmt sind, sofern der Verbraucher aufgrund der Vorformulierung auf ihren Inhalt keinen Einfluss nehmen konnte. Stuft man richtigerweise auch den Arbeitnehmer als Verbrauch ein (s. Rz 26), dann stellt auch der zwischen einem Unternehmer und einem Arbeitnehmer geschlossene Arbeitsvertrag einen Verbrauchervertrag im Sinne des § 310 III Nr. 2 dar.[1] 27

---

[1] Für die Anwendung des § 310 III auf die von einem Unternehmer abgeschlossenen Arbeitsverträge auch BAG NJW 2005, 3305, 3308; *Thüsing,* aaO, Rz 19.

§ 308 Klauselverbote mit Wertungsmöglichkeit

In Allgemeinen Geschäftsbedingungen ist insbesondere unwirksam

1. (Annahme- und Leistungsfrist)

eine Bestimmung, durch die sich der Verwender unangemessen lange oder nicht hinreichend bestimmte Fristen für die Annahme oder Ablehnung eines Angebots oder die Erbringung einer Leistung vorbehält; ausgenommen hiervon ist der Vorbehalt, erst nach Ablauf der Widerrufs- oder Rückgabefrist nach § 355 Abs. 1 und 2 und § 356 zu leisten.

Inhaltsübersicht

Schrifttum: *Grunewald,* Die Anwendbarkeit des AGB-Gesetzes auf Bestimmungen über den Vertragsabschluss, ZIP 1987, 353; *Habersack,* Verbraucherkredit- und Haustürgeschäfte nach der Schuldrechtsmodernisierung, BKR 2001, 72; *Lindacher,* § 10 Nr. 1 AGBG u. die vierwöchige Annahmefrist in den Neuwagenverkaufsbestimmungen, JR 1990, 326; *Mehrings,* Im Süd-Westen wenig Neues: BGH zum Vertragsabschluss bei Internet-Auktionen, BB 2002, 469; *Walchshöfer,* Annahmefristen in Allgemeinen Geschäftsbedingungen, WM 1986, 1041; *ders.* Leistungsfristen in Allgemeinen Geschäftsbedingungen, WM 1986, 1541.

I. Zweck und Allgemeines

§ 308 Nr. 1 will den Vertragspartner des Verwenders vor den Nachteilen schüt- 1
zen, die sich aus einer zu langen oder zu unbestimmten Dauer von Annahme- oder Leistungsfristen ergeben. Im Falle einer **Annahmefrist** bleibt der Antragende an sein Vertragsangebot bis zum Fristablauf gebunden (§§ 145, 148). Da er seinen Antrag nicht beliebig zurückziehen kann, muss er jederzeit mit dem Zustandekommen des Vertrags und den sich daraus für ihn ergebenden Pflichten rechnen. Andererseits hat er vor der Annahme seines Antrags noch keine Ansprüche aus dem Vertrag und kann wegen seiner Bindung an den Antrag keinen anderen Vertrag abschließen, sofern er die Gefahr einer Doppelverpflichtung vermeiden will. § 308 Nr. 1 will verhindern, dass diese nachteilige Situation für den Vertragspartner des Verwenders zu lange andauert. Ähnlich ist die Lage bei einer **Leistungsfrist.** Zwar ist der Vertrag in diesem Fall bereits zustande gekommen. Doch der Vertragspartner erhält die ihm zustehende Leistung nicht, obwohl er seinerseits gebunden bleibt. Auch kann er mangels Fälligkeit oder mangels genauer Bestimmbarkeit der Fälligkeit seine sich aus dem Vertrag ergebenden Rechte nicht oder nur schwer geltend machen.[1] Ferner besteht die Gefahr, dass der Kunde etwaige Rügen oder die Erfüllung von Mitwirkungs- und Mitteilungspflichten im Zusammenhang mit der Erbringung der Leistung versäumt, weil er sich nicht darauf einstellen kann.[2]

II. Annahmefristen

Die erste Alternative des § 308 Nr. 1 verbietet Klauseln, durch die sich der Ver- 2
wender unangemessen lange oder nicht hinreichend bestimmte Fristen für die Annahme oder Ablehnung eines Angebots vorbehält.

1. Anwendungsbereich

a) Alle Arten von Verträgen. § 308 Nr. 1 gilt, mit Ausnahme der in § 310 II, 3
IV genannten Bereiche, grundsätzlich für alle Arten von Verträgen.[3] Erfasst werden also nicht nur Verpflichtungs-, sondern auch Verfügungsverträge. Bei den schuldrechtlichen Verträgen gilt § 308 Nr. 1 in erster Linie für gegenseitige Verträge, z. B. für Versicherungsverträge.[4] § 308 Nr. 1 gilt aber auch für lediglich einseitig und zweiseitig verpflichtende Verträge, wie z. B. für die Leihe, das zinslose Darlehen oder die Schenkung, weil der Vertragspartner auch bei diesen Verträgen ein Interesse an baldiger Klärung der Wirksamkeit des Vertragsabschlusses hat. § 308 Nr. 1 gilt aus diesem Grund auch für nachträgliche Vertragsergänzungen und Vertragsände-

---

[1] Ähnlich BGH NJW 1984, 2468, 2469 (zu § 10 Nr. 1 AGBG).
[2] BT Drucks 7/3919, S. 24.
[3] *Bamberger/Becker* Rz 4.
[4] OLG Hamm NJW-RR 1986, 388 (zu § 10 Nr. 1 AGBG).

rungen, wie sie insbesondere bei Dauerschuldverhältnissen, wie z. B. bei Versicherungsverträgen, vorkommen. Für die Anwendung von § 308 Nr. 1 auf die Annahmefristen der **VOB/A** soll allerdings kein Bedürfnis bestehen, da diese bei ihrer Verwendung durch die öffentliche Hand ohnehin auf ihre Übereinstimmung mit Treu und Glauben zu überprüfen seien.[1] Zumindest dann, wenn die VOB/A zum Gegenstand eines Vorvertrags gemacht worden und deshalb als Vertragsbedingungen einzustufen sind, erscheint es richtiger, die Anwendbarkeit des § 308 Nr. 1 zu bejahen, was allerdings nichts daran ändert, dass die relevanten Annahmefristen angemessen und daher wirksam sind.[2] Auf **Optionen** ist § 308 Nr. 1 vorbehaltlich des § 310 III Nr. 2 nicht anzuwenden, wenn sie individualvertraglich vereinbart sind. Ist die Option dagegen in AGB vorgesehen und ist das Optionsrecht dem Verwender zugewiesen, so kann § 308 Nr. 1 Anwendung finden.[3] Handelt es sich bei der Option um ein Angebot, und erfolgt die Ausübung der Option durch Annahme desselben, so ist § 308 Nr. 1 unmittelbar anzuwenden. Ist die Option als aufschiebend bedingte Vereinbarung ausgestaltet und liegt in der Ausübung des Optionsrechts der Eintritt der relevanten Bedingung, dann findet § 308 Nr. 1 analoge Anwendung.[4]

4 **b) Vorbehalt der Leistung nach Ablauf der Widerrufs- bzw. Rückgabefrist.** § 308 Nr. 1 ist nicht auf Klauseln anwendbar, die dem Verwender das Recht vorbehalten, erst nach Ablauf der Widerrufs- oder Rückgabefrist nach §§ 355 I, II, 356 zu leisten. Doch bezieht sich diese Ausnahme schon ihrem Wortlaut nach nur auf die Erbringung der Leistung, also nicht auf Annahmefristen. Praktisch relevant wird diese Frage jedoch ohnehin nicht. Zwar ist eine Klausel denkbar, mit der sich der Unternehmer, um eine einseitige Bindung zu vermeiden, das Recht vorbehält, das Angebot des Verbrauchers auf Abschluss des Vertrages erst nach Ablauf der Widerrufsfrist gemäß § 355 I, II anzunehmen. Doch ist die für den Beginn der Widerrufsfrist in jedem Falle erforderliche Belehrung (§ 355 II, III 2) nach richtiger Auffassung des BGH unwirksam, wenn sie vor Vertragsschluss erfolgt.[5] Demnach beginnt die Widerrufsfrist in keinem Falle vor Vertragsschluss zu laufen.[6] Eine Klausel des hier interessierenden Inhalts würde also darauf hinauslaufen, dass die vom Unternehmer vorgesehene Annahmefrist in keiner Weise begrenzt ist. Selbst wenn man § 308 Nr. 1 auf eine solche Klausel nicht anwenden wollte, wäre sie jedenfalls nach § 307 unwirksam.[7]

2. Annahmefrist

5 **a) Begriff.** § 148 geht davon aus, dass der Antragende die für sein Angebot maßgebliche Annahmefrist selbst setzt. § 148 ist jedoch nicht zwingend. Die Annahmefrist kann deshalb auch **vom Antragsempfänger** gesetzt werden. Nur dieser Fall wird von § 308 Nr. 1 erfasst. Eine Annahmefrist im Sinne des § 308 Nr. 1 ist also eine Frist, die für die Annahme eines Angebots des Antragenden durch den Verwender gelten soll.

---

[1] BGH NJW 1992, 827, 828 (zu § 10 Nr. 1 AGBG).

[2] Gegen einen Verstoß gegen § 308 Nr. 1 auch *Ulmer/Christensen* Anh. § 310 Rz 991.

[3] *Bamberger/Becker* Rz 4. A. A. aber wohl OLG Karlsruhe NJW-RR 1987, 1006 (zu § 10 Nr. 1 AGBG).

[4] *Bamberger/Becker* Rz 4.

[5] BGH NJW 2002, 3396, 3398.

[6] MünchKomm/*Ulmer* § 355 Rz 41, hält zwar eine wirksame Belehrung vor Vertragsschluss für möglich, geht aber davon aus, dass die Frist erst mit dem Vertragsschluss zu laufen beginnt.

[7] Vgl. auch *Palandt/Grüneberg* Rz 9: Klauseln, die bewirken, dass die Wirksamkeit eines Vertrages dauerhaft in der Schwebe gehalten werden kann, sind nach § 307 unwirksam.

b) An- und Abwesende. § 308 Nr. 1 unterscheidet nicht zwischen dem einem **Anwesenden** (§ 147 I BGB) und dem einem **Abwesenden** (§ 147 II BGB) gemachten Antrag. Da auch im ersteren Fall eine Annahmefrist vorgesehen werden kann,[1] ist § 308 Nr. 1 auch auf den einem Anwesenden mit Annahmefrist gemachten Antrag anzuwenden. Unabhängig davon gilt ein schriftlicher Antrag, der dem Verwender oder seinem Vertreter überlassen wird, als Antrag unter Abwesenden.[2] 6

c) Regelung, welches Verhalten als Annahme gilt. Keine Annahmefrist ist gegeben, wenn eine Klausel lediglich regelt, welches Verhalten des Verwenders eine Annahme des vom Kunden abgegebenen Angebots abstellt.[3] Nicht unter § 308 Nr. 1 fällt daher eine Klausel im Bestellformular eines Versandunternehmens, nach welcher die Annahme der Bestellung durch Versendung der Ware erfolgt.[4] Eine solche Klausel hat freilich wegen § 151 ohnehin nur deklaratorische Bedeutung, soweit sie klarstellt, dass in der Versendung der Ware die Annahme liegt.[5] Geht dem Kunden allerdings vor der Versendung der Ware eine Annahmeerklärung zu, so kommt der Vertrag schon zu diesem Zeitpunkt zustande. Die gegenteilige Aussage in der Klausel ist schon nach allgemeinen Grundsätzen als protestatio facto contraria unbeachtlich,[6] wobei man zusätzlich auf den Rechtsgedanken des § 305b verweisen kann. 7

d) Einstufung als AGB. Annahmefristen werden dem Vertragspartner in der Regel gestellt, noch bevor der Vertrag zustande gekommen ist. Sie stellen deshalb meist **keine Vertragsbedingungen** im Sinne des § 305 I dar. Anders liegen die Dinge nur, wenn die Annahmefrist in einem Vorvertrag vereinbart ist, was aber nur selten der Fall sein wird.[7] Wenngleich die einseitig gesetzte Annahmefrist nach dem Gesagten regelmäßig keine Vertragsbedingung darstellt, unterfällt sie doch der Inhaltskontrolle nach § 308 Nr. 1.[8] Denn § 308 Nr. 1, 1. Alt. würde leerlaufen, wollte man diese Vorschrift nicht auf einseitig gesetzte Annahmefristen anwenden. Darüber hinaus sind auch die **§ 305 II,**[9] **III sowie die §§ 305 a ff.** singgemäß auf einseitig gesetzte Annahmefristen **anzuwenden.** Bei der Anwendung des § 305 II auf solche Annahmefristen ist zwar zu beachten, dass die Annahmefrist nicht Vertragsbestandteil werden muss. Jedoch müssen der ausdrückliche Hinweis und die zumutbare Möglichkeit der Kenntnisnahme gleichwohl vorliegen. An die Stelle des Vertragsabschlusses tritt der Zeitpunkt der Abgabe des Antrags. Eine später gesetzte Annahmefrist ist wirkungslos, wenn der Antragende nicht nachträglich noch sein Einverständnis erklärt. Bei der rechtzeitig gesetzten Annahmefrist ist das nach § 305 II erforderliche Einverständnis mit der Geltung im Falle der widerspruchslosen Abgabe des Angebots regelmäßig anzunehmen. Die vom Verwender gesetzte Annahmefrist gilt dagegen nicht, wenn der Antragende nach § 148 selbst eine Annahmefrist setzt.[10] § 305 b braucht dafür nicht bemüht zu werden, da es bereits am Einverständnis nach § 305 II fehlt. 8

---

1 *Soergel/Wolf* § 147 Rz 6.

2 BGH 1968, 1103, 1105.

3 LG Essen NJW-RR 2003, 1207, 1207.

4 LG Essen NJW-RR 2003, 1207, 1207.

5 Dazu, dass die Versendung der Ware als Annahme zu deuten ist, s. z. B. RG 102, 370, 372.

6 Zur protestatio facto contraria siehe z. B. *Palandt/Heinrichs,* Einf. v. § 145 Rz 27.

7 Vgl. auch OLG Dresden, OLG-NL 2005, 3, 4: Klausel zur Annahmefrist mangels Vertrages keine AGB.

8 Ebenso OLG Dresden, OLG-NL 2005, 3, 4.

9 Dafür, dass die besonderen Einbeziehungsvoraussetzungen des § 305 II gewahrt sein müssen, auch *Erman/Roloff* Rz 2.

10 Ebenso *Erman/Roloff* Rz 2.

3. Vom Verwender gesetzte Frist

9 § 308 Nr. 1 betrifft nur Annahmefristen, die sich der Verwender mit Blick auf das Vertragsangebot seines Vertragspartners gewähren lässt.[1] Vorausgesetzt wird danach, dass der **Antrag vom Vertragspartner des Verwenders** stammt. Dies ist bei der Unterzeichnung von Antragsformularen oder Bestellscheinen durch den Vertragspartner regelmäßig der Fall, da das Waren- und Leistungsangebot des Verwenders an die Allgemeinheit meist als Aufforderung zum Angebot (invitatio ad offerendum) anzusehen ist. Die vom Verwender in Hinblick auf sein eigenes Angebot verwandte Klausel „Angebot freibleibend" fällt dagegen nicht unter § 308 Nr. 1. Jedoch ist § 307 anwendbar.[2] Darüber hinaus kann auch § 308 Nr. 3 einschlägig sein, nämlich dann, wenn die Auslegung ergibt, dass nicht das Angebot „freibleibend" sein soll, sondern dem Verwender ein Lösungsrecht eingeräumt werden soll.[3]

2. Unangemessene Länge

10 **a) Interessenabwägung.** § 308 Nr. 1 verbietet Annahmefristen unter anderem dann, wenn diese unangemessen lang sind. Der Begriff der Unangemessenheit eröffnet die für § 308 kennzeichnende Wertungsmöglichkeit. Erforderlich ist „eine Abwägung der Interessen beider Verhandlungspartner unter Berücksichtigung der für den Vertragsgegenstand typischen Umstände".[4] Auch die **Verkehrsanschauung** ist zu berücksichtigen.[5]

11 **b) Maßstab für die Interessenabwägung.** Bei der Abwägung führt aber nicht schon das Verfehlen der angemessensten Lösung, sondern erst die Unangemessenheit zur Unwirksamkeit. Das heißt, es kommt darauf an, ob die Interessen des Vertragspartners auf nicht mehr vertretbare Weise unberücksichtigt bleiben. Grundsätzlich nicht zu beanstanden ist daher eine nur unwesentliche Verlängerung der in § 147 II genannten Frist.[6] Die Unwesentlichkeit wird man aber nur dann bejahen können, wenn die Abweichung von der gesetzlichen Regelung sowohl absolut als auch relativ gesehen unerheblich ist. Man wird die Grenze insofern absolut gesehen bei einem bis zwei Tagen, relativ gesehen bei einer Verlängerung um ca. 20 % sehen können. Liegt demgegenüber eine **erhebliche Verlängerung** der Frist des § 147 II vor, so müssen folgende Maßstäbe gelten: Die Unangemessenheit ist zunächst dann zu bejahen, wenn keinerlei schutzwürdiges Interesse des Verwenders an einer Abweichung von der gesetzlichen Regelung erkennbar ist.[7] Gleiches muss angenommen werden, wenn der Verwender zwar im Grundsatz ein schutzwürdiges Interesse an der Verlängerung der gesetzlichen Annahmefrist hat, die in der Klausel vorgesehene Verlängerung aber deutlich über das hinausgeht, was erforderlich ist, um diesem Interesse Rechnung zu tragen.[8] Auch wenn ein schutzwürdiges Interesse des

---

[1] *Bamberger/Becker* Rz 4.

[2] S. § 310 Rz V 292–294.

[3] S. § 308 Nr. 3 Rz 21.

[4] BGH NJW 1986, 1807, 1808 (zu § 10 Nr. 1 AGBG). Nahezu wortgleich BGH NJW 2001, 303, 303 (zu § 10 Nr. 1 AGBG). Für eine Abwägung der beiderseitigen Interessen z. B. auch *Erman/Roloff* Rz 3.

[5] OLG Köln NJW-RR 2001, 198, 198; *Erman/Roloff* Rz 4; *Palandt/Grtüneberg* Rz 4.

[6] Vgl. auch *Staudinger/Coester-Waltjen* § 308 Nr. 1 Rz 10, der zufolge „[w]esentliche Überschreitungen der Frist des § 147 Abs 2 [...] nur zuzulassen [sind], wenn ein sachlich gerechtfertigter Grund dafür vorliegt". Strenger möglicherweise *Ulmer/H. Schmidt* Rz 5: Die Frist des § 147 II dürfe „allenfalls unerheblich überschritten werden", wenn kein besonderer Grund vorliege.

[7] BGH NJW 1986, 1807, 1808 (zu § 10 Nr. 1 AGBG); BGH NJW 2001, 303, 303 (zu § 10 Nr. 1 AGBG).

[8] Wohl noch strenger OLG Köln NJW-RR 2001, 198, 198 (zu § 10 Abs. I AGBG): Bindung darf nicht länger dauern, als von den Sachumständen erfordert.

Verwenders an der Verlängerung der gesetzlichen Fristen anzuerkennen ist und die vorgesehene Frist nicht in wesentlichem Maße über das zum Schutz des Intresses Erforderlichen hinausgeht, kann die Unangemessenheit zu bejahen sein. Namentlich ist dies dann der Fall, wenn die Interessen des Verwendungsgegners gewichtiger erscheinen als die Interessen des Verwenders. Eine wesentliche Verlängerung der in § 147 II genannten Frist ist also, um die Worte des BGH zu verwenden, „nur dann wirksam, wenn der Verwender daran ein schutzwürdiges Interesse hat, hinter dem das Interesse des Kunden am baldigen Wegfall seiner Bindung zurückstehen muss".[1] Stets unwirksam ist zudem eine Frist von **nie endender Dauer.** Letzteres trifft etwa für die Klausel „dieser Auftrag ist unwiderruflich" zu, wenn dadurch nach den Gesamtumständen der Eindruck entsteht, die Unwiderruflichkeit betreffe den Antrag des Kunden.[2]

c) Als **einzelne Interessen,** die bei der danach vorzunehmenden Interessen- **12**
abwägung zu berücksichtigen sind, kommen neben den Versendezeiten sowie der Überlegungs- und Bearbeitungszeit je nach den Umständen weitere Interessen in Betracht, die teilweise Konkretisierungen der Überlegungs- und Bearbeitungszeit darstellen, teilweise eigenständige Bedeutung haben. Als **Interessen des Verwenders** sind z. B. anzuerkennen: erforderliche Verhandlungen mit Dritten[3] oder Nachforschungen[4], die Notwendigkeit von Kalkulationen; bei termingebundenen Geschäften die Terminabstimmung mit anderen Arbeiten; die Bedürfnisse einer arbeitsteiligen Betriebsorganisation mit verschiedenen Bearbeitungsabschnitten.[5] Bei Abhängigkeit von Vorlieferanten ist auch die Notwendigkeit einer Prüfung der Lieferbarkeit in Rechnung zu stellen,[6] und Gleiches gilt für die von Vorlieferanten voraussichtlich vorgegebenen Lieferfristen für Waren und sonstige Leistungen, insbesondere wenn es sich um Sonderwünsche handelt. Bei Kreditgeschäften ist auch die erforderliche Zeit für die Prüfung der Kreditwürdigkeit des Kunden zu berücksichtigen,[7] bei Geschäften mit hohem Kapitaleinsatz die Prüfung der Eigenfinanzierung des Verwenders. In Betracht zu ziehen sind auch eine für die Durchführbarkeit des Vertrages erhebliche Abstimmung mit Behörden, die Einholung von Genehmigungen und die Klärung rechtlicher Voraussetzungen oder die Prüfung steuerlicher Fragen; allgemein die Einholung von Auskünften.[8] Dem Verwender ist jedoch jeweils eine rasche und zügige Bearbeitung zuzumuten.[9] Bei Alltags- und Routinegeschäften entfällt im Allgemeinen eine Überlegungsfrist.[10] Als **Interesse des Vertragspartners** ist in erster Linie das allgemeine Interesse an der Vermeidung einer langen Schwebezeit zu berücksichtigen, während der er andere, eventuell günstigere Angebote nur unter der Gefahr einer doppelten Verpflichtung annehmen kann, ohne andererseits die Annahme seines Antrags sicher erwarten zu können.[11] In diesem Zusammenhang kommt es auch darauf an, wie belastend eine

---

[1] BGH NJW 1986, 1807, 1808 (zu § 10 Nr. 1 AGBG). Wortgleich BGH NJW 2001, 303, 303 (zu § 10 Nr. 1 AGBG).

[2] Vgl. dazu BGH NJW 1986, 1807, 1809 (zu § 10 Nr. 1 AGBG).

[3] BGH NJW 2001, 303, 303 (zu § 10 Nr. 1 AGBG).

[4] BGH NJW 2001, 303, 303 (zu § 10 Nr. 1 AGBG).

[5] Vgl. auch OLG Hamm NJW-RR 1986, 927, 928 (zu § 10 Nr. 1 AGBG).

[6] BGH NJW 2001, 303, 303 (zu § 10 Nr. 1 AGBG); *Bamberger/Becker* Rz 6.

[7] BGH NJW 2001, 303, 303 (zu § 10 Nr. 1 AGBG); BGH NJW 1986, 1807, 1808 (zu § 10 Nr. 1 AGBG); *Bamberger/Becker* Rz 6.

[8] S. auch OLG Hamm NJW-RR 1986, 927, 928 (zu § 10 Nr. 1 AGBG).

[9] BGH NJW 2001, 303, 303 (zu § 10 Nr. 1 AGBG); BGH NJW 1986, 1807, 1808 (zu § 10 Nr. 1 AGBG); *Ulmer/H. Schmidt* Rz 5; *Löwe/Graf von Westphalen* § 10 Nr. 1 Rz 12.

[10] *Soergel/Stein* § 10 Nr. 1 AGBG Rz 3.

[11] In diesem Sinne auch BGH NJW 2001, 303, 303 (zu § 10 Nr. 1 AGBG); BGH NJW 1986, 1807, 1808 (zu § 10 Nr. 1 AGBG).

etwaige Doppelverpflichtung für den Kunden wäre. Hat der Kunde z. B. im Falle eines Kaufvertrages keinesfalls ein Interesse daran, die benötigte Ware in doppelter Menge zu erhalten, so ist ihm eine lange Schwebezeit weniger zumutbar, als wenn er ohnehin in absehbarer Zeit weitere Kaufverträge über Waren gleicher Art abschließen müsste. **Weitere Faktoren** sind das Maß des Angewiesenseinseins des Kunden auf den Vertragsgegenstand[1] und die Dringlichkeit der Belieferung für ihn. Auch gilt es zu berücksichtigen, ob die lange Annahmefrist das von den Parteien angestrebte Gleichgewicht von Leistung und Gegenleistung aus dem Lot zu bringen droht. So kann der Verwender bei schwankenden Marktpreisen während der Antragsbindungsfrist zum Nachteil des Kunden spekulieren,[2] was zulasten des Verwenders in die Abwägungsentscheidung einzustellen ist.[3]

13 **e) Konkrete Fristdauer.** Hinsichtlich der konkreten Fristdauer lassen sich folgende Leitlinien aufstellen:

14 **aa) Allgemeines.** Bei **Alltagsgeschäften** sind 2 Wochen im Normalfall nicht als unangemessen anzusehen,[4] während eine längere Frist in der Regel gegen § 308 Nr. 1 verstößt.[5] Bei **höherwertigen Gütern,** wie bei Verträgen über **Häuser oder Wohnungen,** können unter Umständen auch 4 Wochen oder 1 Monat noch als angemessen hingenommen werden. Voraussetzung hierfür ist aber, dass eine solche Frist erforderlich ist, insbesondere um Liefermöglichkeiten oder Finanzierungsfragen zu klären.[6] Eine mehr als sechswöchige Frist kann allenfalls in seltenen Ausnahmefällen hingenommen werden.[7] Demgegenüber kann die zulässige Höchstdauer der Annahmefrist bei hochwertigen Gütern auch ohne weiteres kürzer als vier Wochen ausfallen, wenn kein schützenswertes Interesse des Verwenders an einer vierwöchigen Annahmefrist erkennbar ist, z. B. weil bei Stellung der Klausel feststeht, dass die Klärung von Liefermöglichkeiten oder Finanzierungsfragen voraussichtlich binnen kürzerer Zeit möglich sein wird. Fehlt es beim Verkauf höherwertiger Güter an einem besonderen Verzögerungsinteresse des Verwenders, so können selbst kürzere Fristen als zwei Wochen unangemessen sein, weil der infolge der Annahmefrist eintretende Verzögerungszustand regelmäßig gerade bei höherwertigen Gütern besonders belastend ist.

15, 16 **bb) Beispiele.** Unwirksam ist bei einem **Bauvertrag** in der Regel eine Bindungsfrist von 8 Wochen.[8] Grundsätzlich unwirksam ist auch eine Frist von mehr als 4 Wochen beim Kauf einer **Eigentumswohnung.**[9] Demgegenüber ist eine Frist von vier Wochen beim Kauf eines hochwertigen Heizungssystembausatzes zur Selbstmontage mit Blick auf die Notwendigkeit einer Bonitätsprüfung sowie einer

---

1 Für Berücksichtigung z. B. auch *Bamberger/Becker* Rz 7.

2 BGH NJW 2001, 303, 303 (zu § 10 Nr. 1 AGBG); BGH NJW 1986, 1807, 1808 (zu § 10 Nr. 1 AGBG); MünchKomm/*Basedow* Rz 5; *Erman/Roloff* Rz 4.

3 *Erman/Roloff* Rz 4 meint, dass die Annahmefrist bei Verträgen über Waren mit starken Preisschwankungen „äußerst kurz" sein müsse. Vorzugswürdig erscheint es, in der Existenz von Preisschwankungen nur einen, wenn auch gewichtigen, Faktor im Rahmen der Abwägung zu erblicken. Im letzteren Sinne wohl auch BGH NJW 2001, 303, 303 (zu § 10 Nr. 1 AGBG); *Bamberger/Becker* Rz 7.

4 Ebenso *Palandt/Grüneberg* Rz 4; *Bamberger/Becker* Rz 8; wohl auch *Erman/Roloff* Rz 3. A. A. *Staudinger/Coester-Waltjen* Rz 11: Generelle Unzulässigkeit einer Annahmefrist bei Alltagsgeschäften von mehr als 10 Tagen. Skeptisch gegenüber generellen Festlegungen *Ulmer/H. Schmidt* Rz 7.

5 OLG Düsseldorf NJW 2005, 1515, 1516; *Bamberger/Becker* Rz 8.

6 Möglicherweise ohne eine entsprechende Einschränkung *Bamberger/Becker* Rz 8.

7 Ähnlich *Bamberger/Becker* Rz 8 („ganz außergewöhnlich[e] Fallgestaltungen").

8 LG Nürnberg-Fürth bei *Schäfer/Finnern/Hochstein* § 10 Nr. 1 AGB-Gesetz Nr. 2.

9 OLG Dresden: 19 U 512/03 v. 26. 6. 2003, BeckRS 2004 09957. Im konkreten Fall kam das Gericht allerdings zu dem Schluss, dass eine Angebotsfrist von bis zu sechs Wochen angemessen gewesen wäre. Die tatsächlich vorgesehene Frist von zehn Wochen stufte das Gericht als unwirksam ein.

Klärung von Liefermöglichkeiten grundsätzlich hinnehmbar.[1] Im Rahmen eines so genannten **Einheimischenmodells** soll mit Blick auf die langfristige Ausrichtung der Bauleitplanung auch eine von der Gemeinde verwandte Klausel wirksam sein, der zufolge der Grundstückseigentümer für die Dauer von 20 Jahren an sein Verkaufsangebot gebunden ist.[2] Dem kann nicht zugestimmt werden. Die Höchstgrenze dürfte vielmehr bei 10 Jahren liegen. Beim Verkauf einer kompletten **Einrichtung** für eine Zahnarztpraxis zum Preis von rund € 125.000,– ist eine Annahmefrist von vier Wochen jedenfalls dann nicht zu beanstanden, wenn der Verkäufer die verkauften Gegenstände nicht selbst herstellt und daher die Verfügbarkeit einer Vielzahl von Einzelpositionen erst noch prüfen muss.[3] In der Praxis kommt es vor, dass dem **Geschäftsführer einer GmbH** gerade mit Blick auf seine Geschäftsführerstellung eine **Beteiligung an der GmbH** eingeräumt wird, die er aber nach Beendigung seines Geschäftsführeramts gegen Zahlung einer Abfindung zurückübertragen muss (Managermodell).[4] Eine solche Vereinbarung kann insbesondere dadurch bewirkt werden, dass der mit dem Geschäftsführer abgeschlossene Vertrag vorsieht, dass der Geschäftsführer bereits beim Erwerb des Geschäftsanteils ein Angebot zum Rückkauf und zur Rückübertragung des Geschäftsanteils im Fall der Abberufung abgibt.[5] Die AGB-rechtliche Kontrolle einer solchen Klausel scheitert wegen der engen Verbindung mit dem Gesellschaftsrecht richtigerweise schon an § 310 IV.[6] Wollte man die Möglichkeit einer AGB-rechtlichen Inhaltskontrolle allerdings bejahen, so wäre die Klausel analog § 308 Nr. 1 unwirksam, weil und soweit für den Geschäftsführer als Verwendungsgegner nicht erkennbar ist, wie lange er sein Geschäftsführeramt innehaben wird und demgemäß an sein Angebot zur Rückübertragung gebunden sein wird (s. Rz 19).[7] Beim Verkauf von **Kraftfahrzeugen** gelten folgende Grundsätze: Mit Blick auf den Kauf eines Neuwagens hat der BGH in einem Urteil aus dem Jahre 1989 unter Verweis auf die Notwendigkeit der Klärung von Liefermöglichkeiten und Finanzierungsfragen eine vierwöchige Frist im Regelfall als angemessen eingestuft.[8] Infolge der modernen Datenverarbeitung sollte es heute jedoch möglich sein, sowohl die relevanten Finanzierungsfragen als auch die Frage der Verfügbarkeit in kürzerer Zeit zu klären.[9] Vor diesem Hintergrund ist eine vierwöchige Frist beim Kauf eines Neuwagens nach richtiger Auffassung regelmäßig unangemessen.[10] Im Regelfall dürfte die zulässige Obergrenze beim Neuwagenkauf bei zwei Wochen liegen. Bei der Bestellung eines Gebrauchtwagens wird man ebenfalls davon ausgehen müssen, dass dann, wenn es noch Finanzierungsfragen oder, selten, die Verfügbarkeit des Wagens zu klären gilt, eine zweiwöchige Frist regelmäßig angemessen, eine längere Frist dagegen in aller

---

[1] OLG Dresden NJW 2005, 1515, 1516.

[2] OLG München NJW 1998, 1962, 1963 (zu § 10 Nr. 1 AGBG). Ebenso *Birnbaum* NZA 2003, 944, 949; *Bamberger/Becker* Rz 9.

[3] OLG Düsseldorf NJOZ 2001, 215, 216 (im Falle eines Kaufpreises von 250.829,12 DM).

[4] Die Zulässigkeit einer solchen Gestaltung bejahend BGH NJW 2005, 3641, 3643.

[5] So die Gestaltung in BGH NJW 2005, 3641, 3641.

[6] Offengelassen in BGH NJW 2005, 3641, 3643.

[7] A. A. BGH NJW 2005, 3641, 3643 (zu § 10 Nr. 1 AGBG): „Dass der Zeitpunkt des Bedingungseintritts ungewiss ist, spielt [...] keine Rolle." Auch eine zweimonatige Frist für die Annahme des Angebots soll nach Auffassung des BGH nicht nach § 308 Nr. 1 zu beanstanden sein.

[8] BGH NJW 1990, 1784, 1785 (zu § 10 Nr. 1 AGBG). So auch heute noch *Erman/Roloff* Rz 5; *Bamberger/Becker* Rz 9.

[9] LG Lüneburg NJW-RR 2002, 564, 564 (zu § 10 Nr. 1 AGBG).

[10] LG Lüneburg NJW-RR 2002, 564, 564 (zu § 10 Nr. 1 AGBG). Wie hier auch *Ulmer/Christensen* Anh. § 310 Rz 456. Vorsichtiger OLG Frankfurt a. M. NJW-RR 1998, 566, 567: Vierwöchige Frist bei Kauf eines Neuwagens unwirksam, wenn der Wagen bereitsteht und keine weiteren Fragen zu klären sind.

Regel unangemessen ist. Allerdings ist beim Gebrauchtwagenkauf schon eine zehntägige Frist unangemessen, wenn das Fahrzeug unmittelbar zur Verfügung steht, also nicht erst herbeigeschafft werden muss, eine Bonitätsprüfung entfällt, weil Barzahlung ohne Kaufpreisfinanzierung vereinbart ist und der Vertrag auch keine Inzahlungnahme eines Altwagens vorsieht.[1] Auch unter den zuletzt genannten Voraussetzungen ist eine einwöchige Frist aber im Regelfall noch angemessen.[2] Diese Höchstdauer von einer Woche wird man allerdings unter den vorgenannten Voraussetzungen selbst im Falle der Inzahlungnahme eines Altwagens nicht erhöhen können.[3] Denn die Prüfung des Altwagens innerhalb einer Woche ist dem Unternehmer zumutbar, und die Annahmefrist kann nicht den Zweck haben, dem Unternehmer die Suche nach Abnehmern für den Altwagen zu ermöglichen, da das Weiterveräußerungsrisiko nach dem Grundgedanken des Kaufrechts beim Käufer und nicht beim Verkäufer liegt. Bei **Kreditverträgen** ist wegen der Notwendigkeit einer umfassenden Prüfung der Kreditwürdigkeit eine Frist von vier Wochen grundsätzlich noch angemessen.[4] Gleiches gilt für eine Frist von 1 Monat,[5] die sich bei Fehlen von Prüfungsunterlagen um 2 Wochen ab deren Vorlage verlängern kann.[6] Eine Frist von 6 Wochen, die unterschiedslos auch für Fälle gilt, in denen dafür keine Berechtigung besteht, ist jedoch auch bei einem Kreditvertrag unwirksam.[7] Unzulässig ist auch eine für Kreditverträge geltende Klausel in den AGB einer Bank, welche eine einmonatige Bindung des Kunden an sein Angebot vorsieht und darüber hinaus bestimmt, dass die Frist erst mit dem Zugang des Angebots beginnt und die Annahme bereits mit der Unterschrift der Bank (und damit vor Zugang der Annahmeerklärung) erfolgen soll.[8] Bei einem **Lebensversicherungsvertrag** ist eine Bindungsfrist von 6 Wochen, beginnend mit dem Tag der ärztlichen Untersuchung, wegen der Notwendigkeit sorgfältiger Prüfung auch medizinischer Fragen nicht unangemessen lang.[9] Längere Fristen bedürfen einer Rechtfertigung durch besondere Interessen des Verwenders. Unangemessen ist eine dreiwöchige Frist im **Möbelhandel,** soweit diese Frist auch auf solche Fälle Anwendung findet, in denen der Verkäufer die Möbel vorrätig hat und soweit eine gegebenenfalls zu unternehmende Bonitätsprüfung nicht drei Wochen in Anspruch nimmt.[10] Beim Verkauf eines gebrauchten **Motorrades** im Werte von € 5.000,– wird man eine vierwöchige Frist trotz der Notwendigkeit einer Boni-

---

[1] So lag es in der Entscheidung des LG Bremen NJW 2004, 1050, 1050, weshalb das Gericht einen Verstoß gegen § 308 Nr. 1 zutreffend bejahte. Zustimmend auch *Graf von Westphalen* NJW 2004, 1993, 1998.

[2] Strenger *Graf von Westphalen* NJW 2004, 1993, 1998, der bei mangelnder Erforderlichkeit einer Bonitätsprüfung und Verfügbarkeit des Wagens davon ausgeht, dass „bestenfalls" zwei bis drei Arbeitstage statthaft sind und dass sich diese Obergrenze auch im Falle der Inzahlungnahme eines Altwagens grundsätzlich nur auf eine Obergrenze von drei bis fünf Arbeitstagen erhöht.

[3] Strenger noch *Graf von Westphalen* NJW 2004, 1993, 1998: Obergrenze grundsätzlich drei bis fünf Arbeitstage bei Gebrauchtwagenkauf unter Inzahlungnahme des Altwagens, wenn die Bonitätsprüfung entfällt und der zu verkaufende Gebrauchtwagen verfügbar ist.

[4] BGH NJW 2001, 509, 509 (zu § 10 Nr. 1 AGBG). Ebenso grundsätzlich *Bamberger/Becker* Rz 9.

[5] BGH NJW 1988, 2106, 2107 (zu § 10 Nr. 1 AGBG); *Birnbaum* NZA 2003, 944, 949.

[6] So wohl auch BGH NJW 1986, 1807, 1808 (zu § 10 Nr. 1 AGBG). Die Entscheidung macht allerdings nicht ganz deutlich, ob der BGH eine entsprechende AGB-Gestaltung billigt.

[7] BGH NJW 1986, 1807, 1808 (zu § 10 Nr. 1 AGBG).

[8] Für Unwirksamkeit auch OLG München VuR 2005, 155 unter I.1.a.aa.aaa (zu § 10 Nr. 1 AGBG), das die Annahmefrist allerdings nicht als zu lang, sondern als zu unbestimmt einstuft.

[9] OLG Hamm NJW-RR 1986, 388, 389 (zu § 10 Nr. 1 AGBG). Ebenso *Erman/Roloff* Rz 5.

[10] BGH NJW 2001, 303, 303 (zu § 10 Nr. 1 AGBG). A. A. noch OLG Köln NJW-RR 2001, 198, 198 (zu § 10 Nr. 1 AGBG): Bindungsfrist von drei Wochen bei AGB über Möbelkauf auch im Rahmen der abstrakten AGB-Kontrolle nicht zu beanstanden.

tätsprüfung als unangemessen ansehen müssen,[1] wenn das Motorrad verfügbar ist. Unwirksam ist auch eine Frist von 2 Monaten zur Annahme eines **Leasingangebots** durch den Leasinggeber.[2]

d) Fristberechnung. Die Berechnung der für die Beurteilung der Unangemessenheit maßgeblichen Zeitspanne umfasst grundsätzlich den Zeitraum von der **Abgabe** des Antrags des Vertragspartners bis zum letztmöglichen Zeitpunkt, in welchem die Annahme des Vertragspartners der Klausel zufolge wirksam zugehen kann. Die Frist beginnt entsprechend der Fristberechnung in § 147 II[3] also bereits mit der Abgabe des Antrags, nicht erst mit dessen Zugang beim Verwender. Sieht die Klausel einen späteren Fristbeginn vor, so ist bei der Prüfung der Angemessenheit der Frist die Zeit zwischen der Abgabe des Antrags und dem in der Klausel vorgesehenen Fristbeginn zu der in der Klausel vorgesehenen Dauer der Annahmefrist hinzuzurechnen.[4] Sieht die Klausel vor, dass das Angebot des Verbrauchers aufschiebend bedingt ist, so ist die Zeit zwischen der Abgabe des Angebots und dem Zeitpunkt, in welchem der Eintritt der Bedingung bei nicht atypischem Geschehensverlauf spätestens erwartet werden kann, zu der von der Klausel bestimmten Annahmefrist hinzuzuaddieren.[5] 17

3. Nicht hinreichend bestimmte Frist

Eine Annahmefrist ist auch dann nach § 308 Nr. 1 unwirksam, wenn sie nicht hinreichend bestimmt ist. Dieser Regelung liegt die Einsicht zugrunde, dass unbestimmte Fristen wegen der unübersehbaren Dauer ähnlich belastend wie zu lange Fristen sind. 18

a) Begriff. Nicht hinreichend bestimmt ist eine Annahmefrist grundsätzlich dann, wenn sie für den Vertragspartner des Verwenders nicht berechenbar ist. Die **Berechenbarkeit** fehlt, wenn der Verwendungsgegner den Zeitpunkt, in welchem die Annahmefrist endet, nicht mit hinreichender Sicherheit oder nur mit unzumutbarem Aufwand feststellen kann.[6] Die fehlende Feststellbarkeit kann sich z. B. aus der Verwendung unbestimmter Zeitbegriffe, aus der Anknüpfung an den Eintritt von Bedingungen oder aus der Anknüpfung an Entscheidungen des Verwenders oder Dritter ergeben.[7] Entsprechend dem Schutzzweck der Nr. 1 ist nicht auf die objektive Berechenbarkeit, sondern auf die Berechenbarkeit für den Vertragspartner und dessen Kenntnissphäre abzustellen.[8] Maßstab ist allerdings nicht der individuelle Vertragspartner, sondern der **durchschnittliche Vertragspartner** der jeweiligen Geschäftsart. 19

b) Anknüpfung an ein Ereignis in der Sphäre des Vertragspartners. Besonderheiten gelten, wenn der Beginn oder die Dauer der Annahmefrist an ein be- 20

---

[1] Offengelassen in BGH NJOZ 2004, 83, 84 (Kaufvertrag über ein dem Verkäufer bereits zur Verfügung stehendes, gebrauchtes Motorrad zum Preise von 10.041,83 DM).

[2] OLG Hamm NJW-RR 1986, 927, 928 (zu § 10 Nr. 1 AGBG).

[3] S. dazu *Palandt/Grüneberg* § 148 Rz 5.

[4] In diesem Sinne (zu § 10 Nr. 1 AGBG) auch *Schlosser/Coester-Waltjen,* § 10 Nr. 1 AGBG, Rz 13 (mit Blick auf eine – durch die Hinausschiebung der für die Fälligkeit der Vergütung beim Werkvertrag maßgeblichen Abnahme erreichte – Ausdehnung der Leistungsfrist).

[5] Unzutreffend insoweit OLG Düsseldorf NZG 2005, 352, 354.

[6] Ähnlich BGH NJW 1985, 855, 856 (zu § 10 Nr. 1 AGBG). S. außerdem *Palandt/Grüneberg* Rz 8: Der Kunde muss in der Lage sein, das Fristende selbst zu erkennen oder zu berechnen.

[7] BGH NJW 1989, 1602, 1603 (zu § 10 Nr. 1 AGBG).

[8] OLG Hamm NJW-RR 1992, 1075, 1075 (zu § 10 Nr. 1 AGBG). Vgl. auch BGH NJW 1989, 1602, 1603: Unbestimmtheit, wenn Klausel auf Handlungen Dritter abstellt, „deren Vornahme der [andere Vertragsteil] weder abschätzen noch – mangels vertraglicher Beziehungen zu ihm – beeinflussen kann".

stimmtes Verhalten des Verwendungsgegners oder ein in seiner Sphäre liegendes Ereignis anknüpft. Insofern ist zu differenzieren: (1) Zunächst kommt die Möglichkeit in Betracht, dass für den Verwendungsgegner bereits bei Vertragsschluss erkennbar ist, wann es ihm erstmals möglich und zumutbar sein wird, die relevante Handlung vorzunehmen, beziehungsweise wann das relevante Ereignis eintreten wird. An der Bestimmtheit fehlt es in diesem Falle schon nach allgemeinen Grundsätzen nicht. Allerdings kann die Frist immer noch unangemessen lang sein und aus diesem Grunde gegen § 308 Nr. 1 verstoßen. (2) Ferner ist denkbar, dass dem Verwendungsgegner bei Vertragsschluss noch nicht erkennbar ist, wann das relevante Ereignis eintreten bzw. wann es ihm erstmals möglich und zumutbar sein wird, die relevante Handlung vorzunehmen. In diesem Fall wäre die Berechenbarkeit nach allgemeinen Grundsätzen zu verneinen. Allerdings ist zu berücksichtigen, dass § 308 Nr. 1 darauf abzielt, einen für den Verbraucher belastenden Schwebezustand zu vermeiden. Diese Zielsetzung rechtfertigt die Annahme der Unwirksamkeit einer Klausel dann nicht, wenn erstens die Gründe für die Unsicherheit entweder vom Verwendungsgegner zu vertreten sind oder doch in seine Risikosphäre fallen, wenn zweitens vernünftige wirtschaftliche Gründe für die relevante Anknüpfung sprechen und wenn drittens die resultierende Unbestimmtheit auf das notwendige Maß beschränkt ist, insbesondere durch eine genaue Bezeichnung der relevanten Ereignisse. Grundsätzlich zulässig ist daher z. B. eine Klausel des Inhalts, dass die Frist „nach Eingang der vom Kunden zu beschaffenden Unterlagen" zu laufen beginnt, vorausgesetzt, es besteht für den Vertragspartner Klarheit über die zu beschaffenden Unterlagen[1] und das Beschaffungsrisiko ist seinem Risikobereich zuzuordnen. Sind die Gründe für die Unsicherheit dagegen nicht der Sphäre des Verwendungsgegners zuzurechnen oder fehlt es an einem schutzwürdigen Interesse für die gewählte Anknüpfung, ist die Klausel nach § 308 Nr. 1 unwirksam.

21 **c) Beispiele.** Zu unbestimmt ist eine Annahmefrist, die erst mit „der Bearbeitung des Antrags", „der Zusammenstellung der Unterlagen", dem Eingang der Kreditauskunft oder sonstiger Unterlagen beim Verwender,[2] oder der Bestätigung des Zulieferers beginnen soll. Unbestimmtheit ist auch gegeben, wenn als Annahmefrist „die erforderliche Bearbeitungszeit" vorgesehen wird. Ein unzulässiges Maß an Unbestimmtheit ist außerdem dann anzunehmen, wenn Fristbeginn, Fristende oder Fristdauer dem **Belieben des Verwenders** überlassen bleiben, sei es durch ein unmittelbares Bestimmungsrecht oder dadurch, dass er sonst durch sein Tun oder Unterlassen die Länge der Frist beeinflussen kann.[3] Demgegenüber ist eine Annahmefrist nicht schon deshalb zu unbestimmt, weil zur Wahrung der Annahmefrist die Absendung der Annahmeerklärung[4] oder die Unterschrift des Verwenders[5] genügen soll (s. Rz 26). Zu beachten ist aber, dass sich die Annahmefrist in den beiden zuletzt genannten Fällen faktisch verlängert, was bei der Frage zu berücksichtigen ist, ob die Annahmefrist zu lang ist.[6]

22 **d) Deklaratorische Klauseln.** Nicht nach § 308 Nr. 1 zu beanstanden sind Klauseln, die lediglich die Regelung des § 147 II wiedergeben (§ 307 III 1), indem die Frist davon abhängig gemacht wird, wann der Antragende den Eingang der Antwort unter regelmäßigen Umständen erwarten darf. Gleiches gilt, wenn Klau-

---

[1] So auch *Löwe/Graf von Westphalen* § 10 Nr. 1 Rz 16.
[2] OLG Hamm NJW 1992, 1075, 1075 (zu § 10 Nr. 1 AGBG).
[3] *Schlosser/Coester-Waltjen* § 10 Nr. 1 Rz 18.
[4] Offengelassen in BGH NJW 1988, 2106, 2107 (zu § 10 Nr. 1 AGBG).
[5] So aber OLG München VuR 2005, 155 unter I.1.a.aa.aaa (zu § 10 Nr. 1 AGBG).
[6] I.E. die Unwirksamkeit daher zu Recht bejahend OLG München VuR 2005, 155 unter I.1.a.aa.aaa (zu § 10 Nr. 1 AGBG).

seln zur Anwendung von § 147 II führen, weil sie nur die Bindung an den Antrag, nicht aber die Fristdauer regeln. Maßgeblich ist insofern die Auslegung der Klausel (§§ 133, 157, 305c II). So ist z. B. eine Klausel „der Besteller ist mit einer Unterschrift an den Antrag gebunden, die Annahme erfolgt durch schriftliche Bestätigung" nach § 308 Nr. 1 unwirksam, weil sie vom durchschnittlichen Kunden dahin verstanden werden kann, dass der Verwender sich eine Annahmefrist von unbestimmter Dauer ausbedingt.[1]

e) Gerechtfertigte Unbestimmtheit. Die Frage, ob die hinreichende Bestimmtheit der Frist trotz fehlender Berechenbarkeit anzunehmen ist, wenn ein **sachlicher Grund für die Unbestimmtheit** vorliegt,[2] kann aus theoretischer Sicht bejaht werden, da § 308 Nr. 1 mit dem Begriff der hinreichenden Bestimmtheit keine starre Regelung verlangt, sondern notwendigen Bedürfnissen Raum lassen will.[3] Praktische Beispiele konnten dafür bislang allerdings nicht gegeben werden. Für die Frage, wann ein sachlicher Grund vorliegt, ist nicht der Maßstab der Unangemessenheit heranzuziehen, da es dabei nicht um die Dauer an sich, sondern um den Verzicht auf Berechenbarkeit für den Vertragspartner geht, wofür § 308 Nr. 1 auf den besonderen Begriff des „Hinreichenden" abstellt, der ein überwiegendes Interesse des Verwenders verlangt. 23

4. Entsprechende Anwendung des § 308 Nr. 1

a) Aufschiebend bedingte Verträge. § 308 Nr. 1 erfasst nach seinem Wortlaut nur Fristen. Nach seinem Sinn und Zweck, eine zu lange oder unbestimmt lange Bindung an den Antrag zu vermeiden, muss er jedoch analoge Anwendung finden, wenn der Vertrag unter einer **aufschiebenden Bedingung** abgeschlossen wird und der Eintritt der Bedingung – wie die Annahme eines Angebots – im Belieben des Verwenders steht.[4] Allein die Tatsache, dass ein Vertrag unter AGB-mäßiger Vereinbarung einer aufschiebenden Bedingung geschlossen wird, kann für die Anwendung des § 308 Nr. 1 dagegen nicht ausreichen. Hat der Verwender nämlich keine Kontrolle über den Bedingungseintritt, ist die Unsicherheit hinsichtlich des Zustandekommens des Vertrages – anders als in den von § 308 Nr. 1 geregelten Fällen – für beide Teile gegeben, so dass es an der für eine Analogie erforderlichen Vergleichbarkeit der Interessenlage fehlt.[5] Aus dem gleichen Grund wird man es nicht ausreichen lassen können, dass der Bedingungseintritt lediglich „im Einflussbereich" des Verwenders liegt,[6] denn auch in diesem Falle ist nicht gewährleistet, dass das Zustandekommen des Vertrages während der Schwebezeit im Belieben des Verwenders liegt. Keine analoge Anwendung kann § 308 Nr. 1 daher z. B. dann finden, wenn das Zustandekommen des Vertrages davon abhängig gemacht wird, dass der Verwender von seinem Vorlieferanten beliefert wird. In den genannten Fällen bleibt aber die Kontrolle nach § 307, in deren Rahmen die Wertung des § 308 Nr. 1 24

---

[1] A. A. *Ulmer/H. Schmidt* Rz 8.

[2] *Schlosser/Coester-Waltjen* § 10 Nr. 1 Rz 14.

[3] Anders möglicherweise *Ulmer/H. Schmidt* Rz 8: „Der Antragende muss feststellen können, wie lange er gebunden ist."

[4] Insoweit zutreffend OLG Karlsruhe NJW-RR 1995, 504, 504 (zu § 10 Nr. 1 AGBG); *Schlosser/Coester-Waltjen* § 10 Rz 21; *Erman/Roloff* Rz 2; *Bamberger/Becker* Rz 4. A. A. *Ulmer/H. Schmidt* Rz 4, der aber § 307 heranziehen und bei dessen Anwendung die Wertung des § 308 Nr. 1 berücksichtigen möchte.

[5] So aber wohl OLG Karlsruhe NJW-RR 1995, 504, 504 (zu § 10 Nr. 1 AGBG). Gegen eine analoge Anwendung des § 308 Nr. 1 dagegen auch *Ulmer/H. Schmidt* Rz 4. Vgl. auch *Bamberger/Becker* Rz 4, der § 308 Nr. 1 im Falle einer aufschiebenden Bedingung nur dann analog heranziehen will, wenn der Bedingungseintritt im Einflussbereich des Verwenders liegt.

[6] So aber *Bamberger/Becker* Rz 4.

zu berücksichtigen ist.[1] Dabei muss gelten, dass von der Unangemessenheit der Klausel umso eher auszugehen ist, je deutlicher der Bedingungseintritt dem Einflussbereich des Verwenders zuzurechnen ist. Steht der Vertrag unter einer **auflösenden Bedingung,** so ist er zustande gekommen, aber bei Bedingungseintritt aufgelöst. Eine solche Gestaltung ist nicht an § 308 Nr. 1, sondern an § 308 Nr. 3 zu überprüfen. Ist nicht das Zustandekommen des Vertrags bedingt, sondern die Beendigung der Bindung an den Antrag von einer auflösenden Bedingung abhängig, so ist § 308 Nr. 1 unmittelbar anzuwenden.

25 **b) Aufschiebend bedingte Angebote.** Sehen die AGB des Verwenders vor, dass der Verwendungsgegner ein aufschiebend bedingtes Angebot abgibt und an dieses Angebot gebunden ist, so findet § 308 Nr. 1 ebenfalls keine unmittelbare Anwendung, soweit es um die Zeitspanne zwischen der Abgabe des aufschiebend bedingten Angebots und dem Eintritt der Bedingung geht. Denn bei dieser Zeit handelt es sich nicht um eine Annahmefrist. Doch kann § 308 Nr. 1 ohne weiteres analoge Anwendung finden. Anders als bei einem aufschiebend bedingten Vertrag behält sich der Verwender hier nämlich die Entscheidung über das Zustandekommen des Vertrages vor, so dass die Vergleichbarkeit der Interessenlage zu bejahen ist. Dies entspricht aber offenbar nicht der Auffassung des BGH, der § 308 Nr. 1 im Falle eines aufschiebend bedingten Angebotes wohl hinsichtlich der Zeitspanne bis zum Bedingungseintritt nicht anwenden will.[2]

26 **c) Fehlende Nachprüfbarkeit des Annahmezeitpunktes.** Gemäß § 151 S. 1 kommt der Vertrag durch die Annahme des Antrags zustande, ohne dass die Annahme dem Antragenden gegenüber erklärt zu werden braucht, wenn eine solche Erklärung nach der Verkehrssitte nicht zu erwarten ist oder der Antragende auf sie verzichtet hat. Auch diese Regelung kann für den Antragenden rein tatsächlich zu einem Zustand der Ungewissheit führen, weil der Antragende nicht weiß, ob die andere Partei den Antrag fristgemäß angenommen hat. Vor diesem Hintergrund könnte man an eine analoge Anwendung des § 308 Nr. 1 denken, wenn der Verzicht auf die Annahmeerklärung in AGB vorgesehen ist[3] oder wenn es nach den AGB für die Rechtzeitigkeit der Annahme auf die Absendung der Annahmerklärung[4] oder auf die Unterschrift des Verwenders[5] ankommen soll. Doch überzeugt dieser Ansatz letztlich nicht. Denn in den von § 308 Nr. 1 erfassten Fällen ergibt sich die Belastung des Verwendungsgegners daraus, dass dieser nicht weiß, wie lange er noch an den Vertrag gebunden sein wird, und diese Unsicherheit auch nicht aus eigener Kraft beseitigen kann. Enthalten die AGB dagegen lediglich einen Verzicht auf die Annahmeerklärung, so kann der Verwendungsgegner beim Verwender nachfragen, ob dieser das Angebot angenommen hat, und der Verwender ist nach Treu und Glauben (§ 242) zur Beantwortung verpflichtet. Eine analoge An-

---

[1] Für eine Kontrolle nach § 307 auch *Ulmer/H. Schmidt* Rz 4.

[2] BGH NJW 2005, 3641, 3644 (zu einem aufschiebend bedingten Angebot zur Rückübertragung eines GmbH-Geschäftsanteils): „Dass der Zeitpunkt des Bedingungseintritts ungewiss ist, spielt demgegenüber keine Rolle."

[3] Vgl. OLG Düsseldorf, NJOZ 2001, 2052, 2054: Heranziehung des Rechtsgedankens des § 10 Nr. 1 AGBG (§ 308 Nr. 1), wenn der Antragende im Ungewissen darüber bleibt, ob sein Angebot angenommen worden ist. Vgl. auch schon BGH NJW 1988, 2106, 2107 (zu § 10 Nr. 1 AGBG): Der Verwendungsgegner werde mit einer der von § 308 Nr. 1 erfassten Fallgestaltungen „ähnlichen Unsicherheit [...] belastet, wenn zur Einhaltung der Frist ein Ereignis genügen soll, das zunächst allein in der Kenntnissphäre des Verwenders liegt; der Antragsteller bleibt über den Fristablauf hinaus für einen nicht exakt bestimmbaren Zeitraum im Ungewissen."

[4] Offengelassen in BGH NJW 1988, 2106, 2107 (zu § 10 Nr. 1 AGBG).

[5] Für Verstoß gegen § 10 Nr. 1 AGBG (§ 308 Nr. 1) in diesem Falle OLG München VuR 2005, 155 unter I.1.a.aa.aaa.

wendung des § 308 Nr. 1 erscheint daher nicht geboten. Doch kann eine Klausel, die einen Verzicht im Sinne des § 151 S. 1 vorsieht, an § 307 scheitern.[1]

5. Beweislast

Hinsichtlich der Beweislast gelten die allgemeinen Grundsätze.[2] 27

6. Unwirksamkeitsfolgen

Soweit die Unwirksamkeit der Annahmefrist gegeben ist, werden davon die 28
übrigen Teile der Klausel grundsätzlich nicht berührt. Handelt es sich bei der Klausel über die Annahmefrist um eine AGB, so folgt dieses Ergebnis unmittelbar aus § 306 II, anderenfalls ist § 306 II analog anzuwenden (s. Rz 8). An die Stelle der unwirksamen Frist tritt analog § 306 II die **gesetzliche Frist** des § 147 I bei Erklärung unter Anwesenden bzw. die Frist des § 147 II unter Abwesenden.[3] Eine Annahme, die innerhalb der unwirksamen Frist und nach Ablauf der Frist des § 147 erklärt wird, gilt nach § 150 I als neuer Antrag. Ist die Frist für einige Fälle angemessen, für andere unangemessen, so ist sie insgesamt unwirksam. Eine geltungserhaltende Reduktion scheidet aus.[4]

III. Das Verbot zu langer oder unbestimmter Leistungsfristen

Neben zu langen oder nicht hinreichend bestimmten Annahmefristen verbietet 29
§ 308 Nr. 1 auch solche Klauseln, durch welche der Empfänger sich zu lange oder nicht hinreichend bestimmte Fristen für die Erbringung einer Leistung vorbehält.

1. Anwendungsbereich

a) Vorbehalt der Leistung nach Widerrufs- oder Rückgabefrist. Das Ver- 30
bot unangemessen langer oder nicht hinreichend bestimmter Leistungsfristen gilt nach dem ausdrücklichen Wortlaut des § 308 Nr. 1 nicht für solche Klauseln, durch welche sich der Verwender das Recht vorbehält, erst nach Ablauf der Widerrufs- oder Rückgabefrist nach § 355 I, II und § 356 zu leisten. Dass der Unternehmer grundsätzlich ein berechtigtes wirtschaftliches Interesse an der Vereinbarung entsprechender Klauseln hat, wird deutlich, wenn man bedenkt, dass sich die Ausübung des Widerrufs- oder Rückgaberechts durch den Verbraucher für den Unternehmer als kostspielig erweisen kann. Insbesondere trägt der Unternehmer nach § 357 II 2 grundsätzlich die Kosten und die Gefahr der Rücksendung (s. aber § 357 II 3). Allerdings bereitet die Anwendung der Ausnahmeregelung erhebliche Schwierigkeiten. Mit Blick auf die **Widerrufsfrist** sei betont, dass diese nach § 312 d II bei Fernabsatzverträgen über die Lieferung von Waren selbst bei ordnungsgemäßer Belehrung erst mit der Erbringung der Leistung zu laufen beginnt. Entsprechendes gilt nach § 4 I 2 FernUSG für Fernunterrichtsverträge. Eine Klausel, die dem Verwender im Falle eines Fernabsatzvertrages oder Fernunterrichtsvertrages gleichwohl das Recht vorbehalt, nicht vor Ablauf der Widerrufs- bzw. Rückgabefrist zu leisten, ist daher zwar dem Wortlaut des § 308 Nr. 1 nach von der

---

[1] S. § 308 Nr. 6 Rz 23 ff.
[2] S. vor §§ 308, 309 Rz 21.
[3] BGH NJW 1986, 1807, 1808 (zu §§ 6 II, 10 Nr. 1 AGBG).
[4] BGH NJW 1986, 1807, 1808 (zu § 10 Nr. 1 AGBG).

Ausnahmeregelung gedeckt. Sie ist aber nach § 307 I unwirksam, da sie zu einer unbegrenzten Verzögerung der Fälligkeit führt.[1] Die Tatsache, dass die Anwendung des § 307 I in den genannten Fällen dazu führt, dass die Ausnahmeregelung des § 308 Nr. 1 a.E. leerläuft, gebietet keine andere Betrachtung. Denn das hier interessierende Ergebnis, dass die Ausnahmeregelung des § 308 Nr. 1 a.E. in den genannten Fällen keine Bedeutung erlangen kann, ist vom Gesetzgeber gesehen und bewusst in Kauf genommen worden.[2] Demgegenüber ist der Vorbehalt, erst nach Ablauf der Widerrufsfrist zu leisten, bei anderen Verträgen grundsätzlich wirksam. Daran ändert auch die Tatsache nichts, dass die Widerrufsfrist bei nicht ordnungsgemäßer Belehrung gemäß § 356 II1, III 3 weder zu laufen beginnt noch mit Ablauf der Dreimonatsfrist erlischt. Zwar könnte man argumentieren, dass ein Vorbehalt der Lieferung nach Ablauf der Widerrufsfrist unangemessen sein muss, weil er für den durchaus nicht atypischen Fall einer nicht ordnungsgemäßen Belehrung zu einer unbegrenzten Verzögerung führen kann. Doch erstens wäre der in § 308 Nr. 1 enthaltenen Ausnahmeregelung damit jede Bedeutung genommen. Und zweitens lässt sich die beschriebene Problematik besser im Bereich der Ausübungskontrolle bewältigen. Namentlich gilt der Grundsatz, dass der Unternehmer von einer Verletzung seiner gesetzlichen Belehrungspflichten nicht noch profitieren darf. Ebendies wäre bei fehlender oder nicht ordnungsgemäßer Belehrung aber der Fall, wenn die Klausel die Fälligkeit der Leistungspflicht vom Ablauf der Widerrufsfrist abhängig macht. Denn die Widerrufsfrist läuft erst ab ordnungsgemäßer Belehrung, und dies hat zur Folge, dass an sich auch die Fälligkeit der Leistungsfrist hinausgeschoben wird. Vor diesem Hintergrund wird man die Berufung auf eine Klausel, die die Fälligkeit vom Ablauf der Widerrufsfrist abhängig macht, als rechtsmissbräuchlich (§ 242) einstufen müssen, soweit die Fälligkeit auf einen späteren Zeitpunkt als denjenigen hinausgeschoben werden soll, in welchem die Widerrufsfrist bei ordnungsgemäßer Belehrung abgelaufen wäre.[3] Demgegenüber verstößt die Berufung auf die Klausel auch bei fehlender oder unzureichender Belehrung insoweit nicht gegen § 242, als der Unternehmer lediglich eine Verschiebung der Leistungspflicht auf denjenigen Zeitpunkt anstrebt, in welchem die Widerrufs- bzw. Rückgabefrist auch bei ordnungsgemäßer Belehrung abgelaufen wäre.[4] Problematischer ist der Vorbehalt, nicht vor Ablauf der **Rückgabefrist** leisten zu müssen. Denn anders als die Widerrufsfrist, die grundsätzlich im Zeitpunkt der ordnungsgemäßen Belehrung zu laufen beginnt (§ 355 II 1), beginnt die Rückgabefrist nach § 356 II nicht vor dem Erhalt der Sache. Wollte man also einen Vorbehalt zulassen, nicht vor Ablauf der Rückgabefrist leisten zu müssen, könnte der Verwender den Zeitpunkt der Leistung beliebig hinauszögern. Entsprechende Klauseln sind daher als unangemessen im Sinne des § 307 einzustufen. Zwar mag man einwenden, dass dies kaum mit der Entscheidung des Gesetzgebers in Einklang zu bringen ist, entsprechende Klauseln vom Anwendungsbereich des § 308 Nr. 1 auszunehmen. Doch muss dieser Widerspruch hingenommen werden, will man unerträgliche Ergebnisse vermeiden.

31 **b) Von § 308 Nr. 1 erfasste Verträge.** Vorbehaltlich der in § 310 II, IV angeführten Ausnahmen gilt § 308 Nr. 1 für **alle Arten von Verträgen.** Erfasst werden

---

[1] Für Unwirksamkeit einer solchen Klausel nach § 307 auch *Palandt/Grüneberg* Rz 9; *Erman/Roloff* Rz 10; wohl auch *Ulmer/H. Schmidt* Rz 21 a.

[2] BT-Drs. 14/6040, S. 199.

[3] Für generelle Annahme der Rechtsmissbräuchlichkeit ohne die Beschränkung auf Fälle, in denen der Unternehmer sich nach Ablauf der bei ordnungsgemäßer Belehrung geltenden Frist auf die Klausel beruft, wohl *Palandt/Grüneberg* Nr. 9.

[4] A. A. wohl *Palandt/Grüneberg* Nr. 9.

daher z. B. Kaufverträge, Werkverträge (insbesondere auch Bauverträge[1]), Dienstverträge, Geschäftsbesorgungsverträge, Mietverträge sowie Leasingverträge und sonstige Dauerschuldverhältnisse. Ohne Bedeutung ist auch, ob es sich um gegenseitige Verträge oder um einseitig oder zweiseitig verpflichtende Verträge handelt. § 308 Nr. 1 betrifft vor allem die Hauptleistungspflichten, insbesondere auch die Abnahmepflicht nach § 640.[2] Schon seinem Wortlaut nach ist § 308 Nr. 1 aber nicht auf Hauptleistungspflichten beschränkt, sondern erfasst auch Nebenleistungspflichten. Auch findet § 308 Nr. 1 grundsätzlich unabhängig von der **Art der Leistung** Anwendung. Erfasst werden z. B. Warenleistungen, Geldleistungen, Dienstleistungen und Rechtsgeschäfte über Immobilien.

2. Leistungsfrist

a) Begriff. Das Tatbestandsmerkmal der für die Erbringung einer Leistung vorbehaltenen Frist erfasst all diejenigen Fristen, die einen Aufschub der Fälligkeit der Leistung gegenüber den gesetzlichen Regelungen, insbesondere gegenüber § 271, bewirken. Dabei spielt es keine Rolle, ob die Klausel die Fälligkeit der Leistung **unmittelbar** regelt, z. B. durch Festlegung eines bestimmten Fälligkeitstermins, oder ob die Klausel die Fälligkeit der Leistung **mittelbar** regelt, z. B. indem ein für den Eintritt der Fälligkeit wesentliches Tatbestandsmerkmal wie die für die Fälligkeit der Vergütung maßgebliche Abnahme beim Werkvertrag (§ 641 I 1) hinausgeschoben wird.[3] 32

b) Fristverlängerungsklauseln. Irrelevant ist auch, ob die Klausel die Fälligkeit unbedingt hinausschiebt, oder ob sie den Aufschub der Fälligkeit vom Eintritt oder Nichteintritt bestimmter Ereignisse wie z. B. Arbeitskämpfen abhängig macht. Im letzteren Fall mag man von einer Fristverlängerungsklausel sprechen.[4] Zu den an § 308 Nr. 1 zu messenden Fristverlängerungsklauseln gehören auch die so genannten „unechten“ Nachfristklauseln, die dem Verwender eine „Nachfrist“ gewähren, während der er nicht in Verzug gesetzt werden kann.[5] 33

c) Beispiele. Klauseln mit Leistungsfrist lauten etwa: Lieferung 4 Wochen nach Vertragsschluss; Lieferung nach Fertigstellung; Mindestlieferzeit 8 Wochen nach Aufmaß.[6] 34

d) Leistungsvorbehalte. § 308 Nr. 1 geht vom Bestehen einer Leistungspflicht aus, die nur zeitlich hinausgeschoben wird. Bei **Leistungsvorbehalten** ist danach zu unterscheiden, ob diese lediglich die Fälligkeit betreffen[7] und dann unter § 308 Nr. 1 fallen oder ob sie eine vollständige Befreiung von der Leistungspflicht vorsehen und dann nicht nach § 308 Nr. 1, sondern nach § 308 Nr. 3 zu beurteilen sind.[8] Leistungsvorbehalte wie „freibleibend“, „Zwischenverkauf vorbehalten“ oder „Lieferung vorbehalten“, sollen es dem Verwender erlauben, sich von seinen Ver- 35

---

1 BGH NJW 1989, 1602, 1603 (zu § 10 Nr. 1 AGBG).

2 Die Anwendbarkeit des § 10 Nr. 1 AGBG (§ 308 Nr. 1) auf die Pflicht zur Abnahme bejahend BGH NJW 1997, 394, 395; BGH NJW 1989, 1602, 1603. Zur Einordnung der Abnahmepflicht als Hauptleistungspflicht s. z. B. *Palandt/Sprau* § 640 Rz 8.

3 Vgl. auch BGH NJW 1997, 394, 395: Anwendbarkeit des § 10 Nr. 1 AGBG (308 Nr. 1) auf eine Klausel, die die Abnahme beim Werkvertrag hinausschiebt. Ebenso schon BGH NJW 1989, 1602, 1603. In den relevanten Fällen stufte der BGH aber wohl die Pflicht zur Abnahme als die maßgebliche Leistungspflicht ein, so dass die Klausel eine unmittelbare Hinausschiebung der Fälligkeit bewirkte.

4 So *Ulmer/H. Schmidt* Rz 21.

5 BGH NJW 2007, 1198, 2000.

6 OLG Stuttgart NJW 1981, 1105, 1105 (zu § 10 Nr. 1 AGBG).

7 BGHZ 24, 39, 40 = NJW 1959, 481.

8 Ebenso *Erman/Roloff* Rz 2; *Ulmer/H. Schmidt* Rz 4.

tragspflichten gänzlich zu lösen. Sie sind daher nicht an § 308 Nr. 1, sondern an § 308 Nr. 3 zu messen. Dagegen ist § 308 Nr. 1 anwendbar, wenn lediglich die **Lieferzeit vorbehalten** wird, wie z. B. durch die Klauseln „Lieferzeit vorbehalten", „Lieferzeit annähernd" oder „angemessene Verlängerung".

3. Vom Verwender geschuldete Leistung

36 § 308 Nr. 1, 2. Alt. gilt nur für solche Fristen, die sich auf eine **vom Verwender geschuldete Leistung** beziehen. Fristen für eine vom Verwendungsgegner geschuldete Leistung, z. B. in Einkaufsbedingungen, oder Fristen für eine von ihm vorzunehmende Mitwirkungshandlung sind jedoch nach § 307 unwirksam, wenn sie unangemessen kurz sind. Eine nicht hinreichend bestimmte Frist, die für die Leistung des Verwendungsgegners gilt, wird dagegen nur in Ausnahmefällen gegen § 307 verstoßen, da eine solche Klausel weniger für den Verwendungsgegner als für den Verwender nachteilig ist.

4. Vom Verwender gesetzte Frist

37 Nr. 1 betrifft nur die **vom Verwender gesetzte** Leistungsfrist. Eine vom Verwender gesetzte Leistungsfrist ist allerdings nicht nur dann anzunehmen, wenn die Leistungsfrist in den AGB bereits formularmäßig enthalten ist, sondern auch dann, wenn der Verwender oder seine Abschlussgehilfen den dafür freigelassenen Raum im Formular nach ihren Vorstellungen ausfüllen.

5. Unangemessene Länge der Frist

38 **a) Notwendigkeit einer Interessenabwägung.** Ob eine in AGB vorgesehene Leistungsfrist unangemessen lang ist, kann nur aufgrund einer Abwägung der beiderseitigen Interessen festgestellt werden. Von der Unangemessenheit der Frist ist allerdings nicht schon dann auszugehen, wenn die AGB die angemessenste Lösung verfehlen. Vielmehr ist die Unangemessenheit der Leistungsfrist erst dann zu bejahen, wenn die Interessen des Vertragspartners auf nicht mehr zu vertretende Weise unberücksichtigt bleiben. Diese Voraussetzung ist dann erfüllt, wenn die Leistungsfrist ohne hinreichenden Grund erheblich von der gesetzlichen Regelung abweicht, wenn zwar ein Grund für eine vom dispositiven Recht abweichende Regelung gegeben ist, die in den AGB vorgesehene Regelung jedoch deutlich über das zum Schutz der Interessen des Verwenders Gebotene hinausgeht, oder wenn die Interessen des Verwendungsgegners diejenigen des Verwenders nicht nur geringfügig überwiegen (vgl. Rz 11). Entscheidend sind die objektiven Interessen des Vertragspartners an rechtzeitiger Leistung und die objektiven Interessen des Verwenders an einer späteren Leistungszeit. Der Auffassung, dass es auf die berechtigten Erwartungen des Kunden ankomme,[1] ist also zumindest dann nicht zu folgen, wenn man dies dahin gehend versteht, dass die berechtigten Interessen des Verwenders außer Acht bleiben[2] oder dass allein die dem Kunden erkennbaren Umstände zu berücksichtigen sein sollen.

39 **b) Maßstäbe für die Interessenabwägung.** Der Verwender darf grundsätzlich davon ausgehen, dass die Interessen seines Vertragspartners denen eines typischen Kunden entsprechen. Im Geschäftsleben als üblich anerkannte Lieferzeiten, auf die

---

[1] So *Ulmer/H. Schmidt* Rz 16.

[2] Die Formulierung, dass die „berechtigten" Erwartungen des Kunden maßgeblich sein sollen, lässt freilich Raum für die Berücksichtigung der Verwenderinteressen.

sich der Verkehr eingerichtet hat, können im Regelfall nicht als unangemessen angesehen werden.[1] Bei der Gewichtung der Interessen kommt es auch auf die Wahrscheinlichkeit der für das Interesse an einer Verzögerung beziehungsweise der für das Interesse an sofortiger Lieferung maßgeblichen Ereignisse, z. B. eines Arbeitskampfes, an.

c) Abgrenzung zum Maßstab des § 271. Im Falle des § 271 kommt es auf die aus den Umständen zu entnehmende Leistungszeit an. Von dieser Regelung unterscheidet sich der Maßstab der Unangemessenheit wie folgt: Damit eine spätere Leistungszeit nach § 271 I aus den Umständen entnommen werden kann, muss die Interessenlage so beschaffen sein, dass die Verschiebung der Leistung auf einen späteren Zeitpunkt aus Sicht eines vernünftigen Beobachters sachgerecht und geboten erscheint. Demgegenüber liegt Unangemessenheit nach § 308 Nr. 1 nicht schon bei fehlender Sachgerechtigkeit,[2] sondern erst bei unvertretbarer Missachtung der Interessen des Vertragspartners vor (s. Rz 38). 40

d) Zu berücksichtigende Interessen. Mit Blick auf die bei der Abwägung zu berücksichtigenden Interessen ist zwischen den Interessen des Verwendungsgegners und denen des Verwenders zu unterscheiden. 41

aa) Interessen des Verwendungsgegners. Zugunsten des Vertragspartners ist zunächst die Wertung des § 309 Nr. 8a zu berücksichtigen, der das Recht des Verwendungsgegners schützt, sich bei einer vom Verwender zu vertretenden Pflichtverletzung vom Vertrag zu lösen.[3] Denn das für den Fall nicht fristgemäßer Leistung vorgesehene Rücktrittsrecht nach § 323 I hängt grundsätzlich (s. § 323 IV) vom Eintritt der Fälligkeit ab, so dass eine Klausel, welche die Fälligkeit hinausschiebt, den von § 309 Nr. 8 a gewährten Schutz zu unterlaufen droht. Bei Vorliegen eines relativen (§ 323 II Nr. 2) und erst recht eines absoluten Fixgeschäfts kommt den Interessen des Vertragspartners ein ganz besonderes Gewicht zu, welches nur durch besonders gewichtige Interessen des Verwenders verdrängt werden kann. Allerdings wird bei Vorliegen eines relativen oder absoluten Fixgeschäfts in aller Regel schon der in § 305 b verankerte Grundsatz des Vorrangs von Individualabreden zur Unbeachtlichkeit der Klausel führen. 42

bb) Interessen des Verwenders. Die Interessen des Verwenders, die dem Interesse des Vertragspartners an sofortiger Lieferung entgegenstehen können, sind vielfältig. Kann dem Verwender z. B. eine umfangreiche Lagerhaltung nicht zugemutet werden, so hat er ein berechtigtes Interesse daran, die Belieferung durch Vorlieferanten in ausreichender Zeit sicherstellen zu können.[4] Bei individuellen Leistungen muss die Notwendigkeit der Herstellung berücksichtigt werden.[5] Namentlich sind „die in dem jeweiligen Geschäftszweig üblichen Beschaffungs- und Herstellungszeiten – unter Umständen verlängert um einen gewissen Sicherheitszeitraum – [. . .] zu berücksichtigen".[6] Ist der Leistungsgegenstand noch in anderen Rechtsverhältnissen gebunden, z. B. die alte Mietzeit noch nicht abgelaufen, so besteht ebenfalls ein berechtigtes Interesse an einer Verschiebung der Leistungszeit. Im Massenverkehr, der mit den AGB regelmäßig verbunden ist, können die Interessen des Verwenders in unterschiedlicher Weise eine Verschiebung der Leistungsfrist rechtfertigen, z. B. ist in den Ferienmonaten eine Lieferung nicht so rasch möglich wie normalerweise. 43

[1] Vgl. auch *Palandt/Heinrichs* Rz 7, der bei der Beurteilung der Unangemessenheit unter anderem auf die Verkehrsanschauung abstellen will.
[2] A. A. *Schlosser/Coester-Waltjen* § 10 Nr. 1 Rz 32.
[3] In diesem Sinne auch *Ulmer/H. Schmidt* Rz 12.
[4] Vgl. BGH NJW 1983, 1320, 1320 (zu § 10 Nr. 1 AGBG).
[5] S. auch BGH NJW 1982, 331, 333 (zu § 10 Nr. 1 AGBG): Sonderausstattung bei Neuwagen.
[6] BGH NJW 2007, 1198, 1200.

Berechtigte Interessen des Verwenders, die eine Verlängerung der Lieferfrist rechtfertigen können, sind auch Verzögerungen durch rechtmäßige Arbeitskampfmaßnahmen.[1] Als berechtigte Interessen nicht geeignet sind jedoch grundsätzlich solche Umstände, die vom Verwender zu vertreten sind. Umkehrbar ist dieser Satz allerdings nicht: Keineswegs alle vom Verwender nicht zu vertretenden Umstände rechtfertigen eine Fristverlängerung. Auch ist es Sache des Verwenders, die im Verkehr zumutbaren Maßnahmen für eine rasche Lieferung zu ergreifen, z. B. durch eine entsprechende Organisation seiner Produktion oder durch eine entsprechende Vertragsgestaltung mit den Vorlieferanten.[2] Deshalb kann zwar bei Bestimmung der Leistungsfrist z. B. auf die üblicher- und vernünftigerweise erforderliche Lieferfrist eines Vorlieferanten abgestellt werden. Nicht aber darf der Verwender die ihn treffenden Folgen einer Lieferverzögerung aufgrund einer Beschädigung beim Transport[3] oder aufgrund eines unzuverlässigen Vorlieferanten oder einer ungeeigneten Vertragsgestaltung mit diesem auf den Verbraucher abwälzen.[4]

44 **e) Maßgebliche Zeitspanne.** Bei Prüfung der Unangemessenheit ist die gesamte Zeitspanne von dem nach dispositivem Recht vorgesehenen Fälligkeitszeitpunkt bis zu dem in den AGB vorgesehenen Fälligkeitszeitpunkt zu berücksichtigen. Soweit die Klausel eine indirekte Verschiebung der Fälligkeit bewirkt, indem sie die Erfüllung der für den Eintritt der Fälligkeit nach dem Gesetz erforderlichen Tatbestandsmerkmale verschiebt, ist auch diese Verzögerung zu dem für die Angemessenheitsprüfung maßgeblichen Zeitraum hinzuzurechnen. Ebenso sind mehrere hintereinander gesetzte Leistungsfristen zusammenzurechnen. Dies ist insbesondere bedeutsam, wenn eine Nachfristsetzung in Wirklichkeit als Leistungsfrist anzusehen ist. Eine Zusammenrechnung ist auch dann vorzunehmen, wenn die Parteien individualvertraglich eine Aufschiebung der Fälligkeit vereinbart haben und die AGB eine weitere Hinausschiebung der Fälligkeit vorsehen.[5] Denn das Ausmaß der durch die relevante AGB-Bestimmung bewirkten Belastung ergibt sich in diesem Falle gerade aus der Tatsache, dass die in den AGB vorgesehene Frist zu einer bereits bestehenden Frist hinzukommt.

45 **f) Berechnung.** Besonderheiten ergeben sich, wenn der **Fristbeginn oder das Fristende mit** einer **vom Vertragspartner vorzunehmenden Handlung** zusammengelegt wird. Insoweit kommt es darauf an, wann es dem Verwendungsgegner voraussichtlich spätestens möglich und zumutbar sein wird, die relevante Handlung vorzunehmen. Die Möglichkeit gänzlich atypischer Entwicklungen darf dabei außer Acht gelassen werden. Dass der Verwendungsgegner die Vornahme der maßgeblichen Handlung möglicherweise über den maßgeblichen Zeitpunkt hinaus verzögern wird, muss unberücksichtigt bleiben. Dies folgt schon daraus, dass es dem Verbot widersprüchlichen Verhaltens (§ 242) zuwiderliefe, wollte der Verwendungsgegner die Unangemessenheit einer Klausel unter Hinweis auf die von ihm selbst bewirkte Verzögerung begründen. Eine Klausel, die die Fälligkeit der Leistung mit einer Handlung des Verwendungsgegners verknüpft, ist aber gemäß § 307

---

[1] Zu Arbeitskampfklauseln s. auch Anh. § 310 Rz A 161–180.

[2] Vgl. BGH NJW 1983, 1320, 1320 (zu § 10 Nr. 1 AGBG; Möbelkauf): „Es mag sein, dass die [Verwenderin] ihrerseits von ihrem Vorlieferanten keine festen Lieferfristzusagen erhält. Es ist aber ihre Sache, gegenüber ihren Lieferanten auf der Einhaltung angemessener Lieferfristen zu bestehen. Dieses Risiko trifft typischerweise den Verkäufer und kann nicht durch AGB auf den Kunden überwälzt werden."

[3] BGH NJW 1983, 1320, 1321 (zu § 10 Nr. 1 AGBG; Möbelkauf).

[4] BGH NJW 1983, 1320, 1320 (zu § 10 Nr. 1 AGBG); *Ulmer/H. Schmidt* Rz 16; *Löwe/von Westphalen* § 10 Nr. 1 Rz 22.

[5] So die Klauselgestaltung in BGH NJW 1983, 1320, 1320 (zu § 10 Nr. 1 AGBG): Möbelkauf. Der BGH stufte die Klausel zwar im konkreten Fall als unwirksam ein, ging allerdings nicht auf die hier interessierende Frage ein, ob eine Zusammenrechnung zu erfolgen hat.

unwirksam, sofern sie den Verwendungsgegner belastet, ohne dass die Verknüpfung durch ein vernünftiges wirtschaftliches Interesse des Verwenders gerechtfertigt ist. Nach **§ 307 unwirksam** ist deshalb beispielsweise eine Klausel, die für den Eintritt der Fälligkeit die Verwendung eines vom Verwender zur Verfügung zu stellenden **Formblattes** verlangt.[1] Eine solche Klausel verstößt zudem mangels hinreichender Bestimmtheit der Leistungsfrist gegen § 308 Nr. 1, wenn die nicht nur theoretische Möglichkeit besteht, dass das für die Herbeiführung der Fälligkeit erforderliche Formblatt dem Verwendungsgegner nur mit Verzögerungen oder gar überhaupt nicht zur Verfügung gestellt wird.[2] Ferner ist die Klausel nach § 309 Nr. 13 unwirksam.[3]

g) Fristunterbrechungen und -verlängerungen. In den AGB vorgesehene Fristunterbrechungen oder Fristverlängerungen sind in die Prüfung der Unangemessenheit einzubeziehen.[4] Zu beachten ist aber, dass eine vom dispositiven Recht abweichende Regelung der Fälligkeit nicht mit Umständen gerechtfertigt werden kann, die der Verwender zu vertreten hat (s. Rz 43). Demgemäß sind auch solche Fristen zu lang, die eine Fristverlängerung oder -unterbrechung wegen Umständen vorsehen, welche der Verwender zu vertreten hat.[5] Dieser Satz ist aber nicht umkehrbar (vgl. schon Rz 43). Allein die Tatsache, dass der Verwender ein Ereignis nicht zu vertreten hat, vermag eine Fristunterbrechung oder -verlängerung nicht vor einem Verstoß gegen § 308 Nr. 1 zu bewahren.[6] Das fehlende Verschulden des Verwendungsgegners ist aber bei der Abwägung zu berücksichtigen. Daneben kommt es jedoch darauf an, in wessen Risikosphäre das relevante Ereignis fällt und welche Partei die relevanten Risiken besser beherrschen kann. Eine unangemessen lange Leistungsfrist ist jedenfalls dann anzunehmen, wenn eine Klausel pauschal alle vom Verwender nicht zu vertretenden Risiken einer Leistungsverzögerung auf den Kunden abwälzt.[7] Eine solche Klausel wäre auch wegen fehlender Bestimmtheit der Leistungsfrist nach § 308 Nr. 1 unwirksam. Nach § 308 Nr. 1 unwirksam ist daher z. B. eine Klausel des Inhalts, dass die Lieferzeit sich „bei Maßnahmen im Rahmen von Arbeitskämpfen sowie beim Eintritt unvorhersehbarer Hindernisse, die außerhalb des Willens des Unternehmers liegen, soweit solche Hindernisse nachweisbar auf die Fertigstellung oder Ablieferung des Liefergegenstandes von erheblichem Einfluss sind [, angemessen verlängert]".[8] Eine entsprechende Klausel scheitert auch wegen fehlender Bestimmtheit der Leistungsfrist an § 308 Nr. 1.[9] 46

---

[1] OLG München NJW-RR 1987, 661, 664 (zu §§ 9, 10 Nr. 1, 11 Nr. 16 AGBG). S. auch § 309 Nr. 13 Rz 25.

[2] OLG München NJW-RR 1987, 661, 664 (zu § 10 Nr. 1 AGBG).

[3] OLG München NJW-RR 1987, 661, 664 (zu § 11 Nr. 13 AGBG).

[4] OLG Köln NJW-RR 2001, 198, 199 (zu § 10 Nr. 1 AGBG); *Staudinger/Coester-Waltjen* Rz 14.

[5] Vgl. auch OLG Stuttgart NJW 1981, 1105, 1105 (zu § 10 Nr. 1 AGBG): Unwirksamkeit einer Klausel nach §§ 7, 11 Nr. 8 AGBG, weil sie auch Fälle erfasst, „in denen der Unternehmer bei Anwendung verkehrsüblicher Sorgfalt oder bei zumutbarem Einsatz die geschuldete Leistung trotz des von seinem Willen unabhängigen Hindernisses hätte erbringen können, er also ohne die Klausel bei Überschreitung der normalen Frist in Verzug gekommen wäre".

[6] Vgl. auch *Staudinger/Coester-Waltjen* Rz 16, die zu Recht betont, dass eine Klausel, welche den Kunden generell für die Dauer einer vom Verwender nicht zu vertretenden Störung bindet, indem die Fälligkeit hinausgeschoben wird, unangemessen ist.

[7] A. A. aber OLG Köln NJW-RR 2001, 198, 199 (zu § 10 Nr. 1 AGBG): Wirksamkeit einer Klausel des Inhalts „Vom Verkäufer nicht zu vertretene Störungen im Geschäftsbetrieb des Verkäufers oder bei dessen Vorlieferanten, insbesondere Arbeitsausstände und Aussperrungen, sowie Fälle höherer Gewalt, die auf einem unvorhersehbaren und unverschuldeten Ereignis beruhen, verlängern die Lieferzeit entsprechend".

[8] OLG Stuttgart NJW 1981, 1105, 1105 (zu § 10 Nr. 1 AGBG).

[9] OLG Stuttgart NJW 1981, 1105, 1105 (zu § 10 Nr. 1 AGBG).

Auch eine Klausel, die das Risiko von Leistungsverzögerungen infolge von **Arbeitskämpfen** in Drittbetrieben uneingeschränkt dem Verwendungsgegner aufbürdet, ist nach § 308 Nr. 1 unwirksam. Anderes muss für Klauseln gelten, die dem Verwender eine maßvolle, genau (z. B. in Tagen oder Wochen) bemessene Fristverlängerung für Verzögerungen infolge von Arbeitskämpfen in Drittbetrieben zugestehen und diese zusätzlich auf den Fall beschränken, dass der Verwender die Verzögerung nicht (z. B. infolge fehlender Vorbeugungsmaßnahmen) zu vertreten hat.

47 **h) Risikobereich des Vertragspartners.** Eine Fristunterbrechung oder -verlängerung, die allein im Risikobereich des Vertragspartners liegt, führt dagegen grundsätzlich nicht zur Unangemessenheit. Insofern greift nämlich wieder der Gedanke, dass es widersprüchlich wäre, wollte der Vertragspartner Rechte aus einer in seinen Risikobereich fallenden Verzögerung herleiten (§ 242). Klauseln, die die Leistungszeit für die vom Vertragspartner vorzunehmende Prüfung von Mustern und anderer zur Leistung des Verwenders erforderlicher Vertragsunterlagen unterbrechen, sind deshalb nicht zu beanstanden,[1] wenn die Leistungsfrist ohne die Fristunterbrechung angemessen ist. Nicht zu beanstanden ist daher auch eine Klausel, wonach sich die Leistungszeit um die Zeit des Zahlungsverzugs des Vertragspartners verlängert, wenn die geschuldeten Zahlungen zur Leistungsvorbereitung erforderlich sind oder auch nur das Vertragsrisiko des Verwenders verringern sollen.[2]

48 **i) Beispiele.** Beim **Neuwagenkauf** ist eine **unechte Nachfrist** von 6 Wochen im Anschluss an eine unverbindliche Lieferfrist noch hinnehmbar,[3] während bei Gebrauchtwagen grundsätzlich höchstens eine einwöchige Frist vertretbar ist (s. Anh. § 310 Rz G 70). Die Nachfrist im Sinne des § 323 I kann in diesem Fall aber regelmäßig kurz bemessen werden,[4] jedenfalls unter 4 Wochen. Beim **Möbelkauf** ist dagegen eine Verlängerungsfrist von 3 Monaten im Anschluss an einen als annähernd bezeichneten Termin unwirksam.[5] Wirksam ist dagegen eine Klausel in einem Vertrag über eine individuell zusammengestellte Einbauküche, die dem Verkäufer nach Ablauf der unverbindlichen Lieferfrist eine so genannte unechte Nachfrist von 4 Wochen gewährt, in welcher er nicht in Verzug gesetzt werden kann.[6] Unwirksam ist dagegen eine Klausel, die bei nicht zu vertretenden Störungen dem Möbelkäufer ein Rücktrittsrecht generell erst 6 Wochen nach der vereinbarten Lieferzeit einräumt, ohne nach der Länge der ursprünglichen vertraglichen Lieferzeit zu differenzieren.[7] Allerdings wird man auch eine sechswöchige Frist für unbedenklich halten müssen, wenn die Möbel individuell zusammenzustellen sind. Unwirksam ist auch eine Verlängerungsfrist von 6 Wochen bei einem individuell fest vereinbarten Liefertermin in einem **Fertighausvertrag,** wenn diese Frist generell vorgesehen ist und damit auch Verschiebungen der Fälligkeit bei Verschulden des Lieferanten ermöglicht.[8] Unangemessen lang und deshalb unwirksam ist auch eine Klausel in einem **Werkvertrag,** durch die die Abnahme nach § 641 um zwei Mo-

---

1 *Schlosser/Coester-Waltjen* § 10 Nr. 1 Rz 35.

2 *Schlosser/Coester-Waltjen* § 10 Nr. 1 Rz 38. Vgl. auch *Staudinger/Coester-Waltjen* Rz 16: Zulässig könne es sein, die Leistungszeit um den Zeitraum zu verlängern, um den sich der Vertragspartner selbst mit seiner Gegenleistung im Verzug befinde.

3 BGH NJW 1982, 331, 333 (zu § 10 Nr. 1 AGBG). Für die Möglichkeit der Zulässigkeit einer sechswöchigen Lieferfrist beim Neuwagenkauf auch *Erman/Roloff* Rz 8.

4 BGH NJW 1982, 331, 333 (zu § 10 Nr. 1 AGBG).

5 BGH BB 1983, 524 (zu § 10 Nr. 1 AGBG); BGH NJW 1984, 48 (zu § 10 Nr. 1 AGBG).

6 BGH NJW 2007, 1198, 1200.

7 OLG Hamm NJW-RR 1987, 311, 315 (zu § 10 Nr. 1 AGBG).

8 BGH NJW 1984, 2468, 2469 (zu § 10 Nr. 1 AGBG).

nate nach der Fertigstellung oder länger hinausgeschoben wird, wenn der Werkunternehmer keine frühere Abnahme herbeiführen kann.[1]

6. Unbestimmtheit der Leistungsfrist

§ 308 Nr. 1 verbietet nicht nur unangemessen lange, sondern auch unbestimmte Leistungsfristen. 49

a) Begriff. Unbestimmt ist die Leistungsfrist grundsätzlich dann, wenn der Fälligkeitszeitpunkt für den Verwendungsgegner nicht berechenbar ist.[2] Es kommt darauf an, ob ein Durchschnittskunde ohne Schwierigkeiten und ohne rechtliche Beratung sowie ohne gerichtliche Entscheidung die Fristdauer feststellen kann.[3] Dazu bedarf es im Regelfall einer nach Tagen, Wochen oder Monaten bestimmten Frist oder eines konkreten Endtermins.[4] Nicht hinreichend bestimmt ist eine Frist, die der Verwender ausdrücklich oder konkludent als nicht verbindlich bezeichnet.[5] An sich zu unbestimmte Leistungsfristen können den Anforderungen des § 308 Nr. 1 genügen, wenn sie durch eine genaue Angabe zur Fälligkeit ergänzt werden, z. B. „spätestens 4 Wochen".[6] Eine bloß **ungefähre Angabe** wie z. B. „ca. 2 Wochen" wird man dagegen grundsätzlich **nicht ausreichen** lassen können.[7] Denn der in der Regel nicht rechtskundige Verwendungsgegner wird sich durch eine solche „weiche" Formulierung oftmals von der Geltendmachung seiner Rechte abhalten lassen. 50

b) Anknüpfung an ein Ereignis in der Sphäre des anderen Teils. Besonderheiten gelten wie im Falle der Annahmefrist dann, wenn eine Klausel die Fälligkeit von einem in die Risikosphäre des Verwendungsgegners fallenden Ereignis abhängig macht oder bei der Berechnung der Fälligkeit an eine vom Verwendungsgegner vorzunehmende Handlung anknüpft. Dass insofern eine Sonderkonstellation vorliegt, erkennt auch die Rechtsprechung an. Namentlich macht der BGH die Unbestimmtheit davon abhängig, dass der Verwendungsgegner die Fälligkeit „weder berechnen noch herbeiführen" kann.[8] Richtigerweise wird man ebenso wie im Falle der Annahmefrist differenzieren müssen: (1) Zunächst kommt die Möglichkeit in Betracht, dass für den Verwendungsgegner bereits bei Vertragsschluss erkennbar ist, wann es ihm erstmals möglich und zumutbar sein wird, die relevante Handlung vorzunehmen beziehungsweise wann das relevante Ereignis eintreten wird. An der Bestimmtheit fehlt es in diesem Falle schon nach allgemeinen Grund- 51

[1] BGH NJW 1989, 1602, 1603 (zu § 10 Nr. 1 AGBG); OLG München NJW-RR 1987, 661, 663 (zu § 10 Nr. 1 AGBG).

[2] BGH NJW 1985, 855, 856 zu II 2 (zu § 10 Nr. 1 AGBG).

[3] Vgl. OLG Köln NJW-RR 2001, 198, 199 f (zu § 10 Nr. 1 AGBG): Hinreichend bestimmt ist eine Leistungsfrist, „die ein Durchschnittskunde ohne Schwierigkeiten und ohne rechtliche Beratung sowie ohne gerichtliche Hilfe ermitteln kann".

[4] OLG Köln BB 1982, 638 (zu § 10 Nr. 1 AGBG).

[5] Wie hier *Ulmer/H. Schmidt* Rz 21. Vgl. auch OLG Oldenburg NJW-RR 1992, 1527, 1528 (zu § 10 Nr. 1 AGBG): Unwirksamkeit einer Klausel, der zufolge der Verwender sich um die Einhaltung der Liefertermine „bemüht".

[6] *Schlosser/Coester-Waltjen* § 10 Nr. 1 Rz 42.

[7] A. A. wohl *Schlosser/Coester-Waltjen* § 10 Nr. 1 Rz 42; *Staudinger/Coester-Waltjen* Rz 17; wohl auch *Ulmer/H. Schmidt* Rz 18: Wirksamkeit der Formulierung „etwa vier Wochen".

[8] BGH NJW 1997, 394, 395 (zu § 10 Nr. 1 AGBG). Nahezu übereinstimmend OLG Köln NJW-RR 2001, 198, 200 (zu § 10 Nr. 1 AGBG): Leistungsfrist nicht hinreichend bestimmt, wenn Leistungsfrist „nicht berechenbar ist und auch nicht selbst herbeigeführt werden kann". Ähnlich auch schon BGH NJW 1989, 1602, 1603: Unwirksamkeit nach § 10 Nr. 1 AGBG (§ 308 Nr. 1), wenn der Unternehmer als Verwendungsgegner im Falle eines Werkvertrages den Zeitpunkt der Abnahme „weder abschätzen noch [...] beeinflussen kann".

sätzen nicht. Allerdings kann die Frist immer noch unangemessen lang sein und aus diesem Grunde gegen § 308 Nr. 1 verstoßen. (2) Ferner kommt die Möglichkeit in Betracht, dass für den Verwendungsgegner bei Vertragsschluss noch nicht erkennbar ist, wann das relevante Ereignis eintreten bzw. wann es ihm erstmals möglich und zumutbar sein wird, die relevante Handlung vorzunehmen. In diesem Fall wäre die Berechenbarkeit nach allgemeinen Grundsätzen zu verneinen. Allerdings ist zu berücksichtigen, dass § 308 Nr. 1 darauf abzielt, einen für den Verbraucher belastenden Schwebezustand zu vermeiden. Diese Zielsetzung rechtfertigt die Annahme der Unwirksamkeit einer Klausel dann nicht, wenn erstens die Gründe für die Unsicherheit entweder vom Verwendungsgegner zu vertreten sind oder doch in seine Risikosphäre fallen, wenn zweitens vernünftige wirtschaftliche Gründe für die relevante Anknüpfung sprechen und wenn drittens die resultierende Unbestimmtheit auf das notwendige Maß beschränkt ist, insbesondere durch eine genaue Bezeichnung des relevanten Ereignisses. **Wirksam** ist deshalb eine Klausel, wonach die Lieferfrist erst beginnt, wenn vom Kunden Unterlagen vorgelegt oder für die Leistungserbringung wesentliche Umstände mitgeteilt werden.[1] Wirksam ist auch eine Klausel, die „Lieferung auf Abruf" vorsieht.

52 **c) Anknüpfung an ein Ereignis in der Sphäre des Verwenders.** Grundsätzlich unwirksam ist dagegen eine Klausel, nach der für die Fristberechnung ein Verhalten des Verwenders oder ein Ereignis in der Sphäre des Verwenders maßgebend ist.[2] Unwirksam ist deshalb eine Klausel, wonach der Beginn der Lieferfrist von einer schriftlichen Bestätigung des Verwenders abhängt[3] oder von der Handlung eines Dritten, z. B. auch bei Teilleistungen von der Fertigstellung und Abnahme des Gesamt(bau)werks abhängig gemacht wird.[4] Zu Fristunterbrechungen und -verlängerungen siehe noch Rz 54.

53 **d) Beispiele** nicht hinreichend bestimmter Klauseln sind etwa, „Lieferung nach Herstellung der Ware", „Lieferung so schnell wie möglich", „Lieferung nach Eintreffen der Ware", „Lieferung nach Selbstbelieferung", „gewerbeübliche Lieferfristen",[5] oder „Lieferzeit 8 Wochen nach Aufmaß",[6] ebenso, wenn nur von angemessenen Fristen die Rede ist. Nicht hinreichend bestimmt ist auch die Lieferzeit „freibleibend", jedoch ist durch Auslegung zu ermitteln, ob sich freibleibend auf die Lieferzeit oder auf andere Leistungsinhalte bezieht.[7] Auch bei konkret bezeichneten Ergebnissen fehlt es an der hinreichenden Bestimmtheit, wenn Anfang und Ende des Aufschubs nicht genau bezeichnet oder für den Vertragspartner nicht leicht feststellbar sind, so z. B. wenn die versprochene Zahlung davon abhängig gemacht wird, dass der Zahlungspflichtige seinerseits die erforderlichen Geldmittel aus einer Finanzierung erhält.[8] Eine unverbindliche und deshalb nicht hinreichend bestimmte Lieferfrist liegt auch vor, wenn der Verwender sich nur „**bemühen**" will, vereinbarte Termine einzuhalten.[9] Keine Leistungsfrist enthält eine Klausel, die nur den Leistungsumfang und die Vergütung regelt.[10]

---

[1] BGH NJW 1985, 855, 856 zu II 2 (zu § 10 Nr. 1 AGBG); *Ulmer/H. Schmidt* Rz 18.
[2] BGH NJW 1985, 855, 856; *Ulmer/H. Schmidt* Rz 18.
[3] BGH NJW 1985, 855, 856 zu II 2 (zu § 10 Nr. 1 AGBG); BGH NJW 1989, 1602 (zu § 10 Nr. 1 AGBG).
[4] BGH NJW 1989, 1602 (zu § 10 Nr. 1 AGBG).
[5] OLG Köln BB 1982, 638 (zu § 10 Nr. 1 AGBG).
[6] OLG Stuttgart NJW 1981, 1105 (zu § 10 Nr. 1 AGBG).
[7] S. § 308 Nr. 1 Rz 35.
[8] OLG Karlsruhe BB 1983, 725, 726 (zu § 10 Nr. 1 AGBG).
[9] OLG Oldenburg NJW-RR 1992, 1527, 1528 (zu § 10 Nr. 1 AGBG).
[10] A. A. offenbar OLG München NJW-RR 1987, 661, 662 (zu § 10 Nr. 1 AGBG).

e) Fristunterbrechungen. Die Unbestimmtheit einer Frist kann sich auch daraus ergeben, dass die Dauer einer in der Klausel vorgesehenen Fristunterbrechung nicht hinreichend bestimmt ist. Auch insofern bedarf es einer Interessenabwägung. Fristunterbrechungen für die Dauer **gesetzlicher Lieferverbote,** z. B. Devisenkontrollen, können als hinreichend bestimmt anzusehen sein, wenn die relevanten Lieferverbote von vornherein befristet sowie allgemein bekannt und deshalb auch für den Vertragspartner berechenbar sind. Entsprechende Klauseln können jedoch auch unter den zuletzt genannten Voraussetzungen wegen unangemessen langer Dauer nach § 308 Nr. 1 oder wegen unangemessener Risikoverteilung nach § 307 unwirksam sein. Auch Klauseln, die einen Leistungsaufschub allgemein für die Dauer **nicht zu vertretender Leistungshindernisse** vorsehen, ohne diese im Einzelnen zu bezeichnen, sind nicht hinreichend bestimmt.[1] Unwirksam ist daher z. B. eine Klausel, der zufolge „[v]om Verkäufer nicht zu vertretende Störungen im Geschäftsbetrieb des Verkäufers oder bei dessen Vorlieferanten, insbesondere Arbeitsausstände und Aussperrungen, sowie Fälle höherer Gewalt, die auf einem unvorhersehbaren und unverschuldeten Ereignis beruhen, [...] die Lieferzeit entsprechend [verlängern]".[2] 54

7. Beweislast

Bezüglich der Beweislast gelten die allgemeinen Grundsätze.[3] 55

8. Unwirksamkeitsfolgen

Im Falle der Unwirksamkeit einer unangemessen langen oder nicht hinreichend bestimmten Frist gilt § 271. Die unangemessen lange Frist kann dagegen nicht vom Gericht auf eine angemessene Fristdauer verkürzt werden.[4] Die Unwirksamkeit beschränkt sich nach § 306 I auf die unwirksame Klausel. Sind nur einzelne Teile, z. B. eine vorgesehene Fristunterbrechung, unwirksam, ist aber die in derselben Klausel vorgesehene Leistungsfrist angemessen, so bleibt die angemessene Leistungsfrist wirksam. 56

IV. Verhältnis zu anderen Vorschriften

1. Verhältnis zu § 305 b

Wird eine individuell vereinbarte Leistungsfrist in den AGB ergänzt oder modifiziert, so ist die entsprechende Klausel nicht nur an § 308 Nr. 1, sondern auch an den §§ 305 b, 307 zu messen. Dabei gelten folgende Grundsätze: Sowohl im Verfahren nach § 1 UKlaG als auch im Individualprozess ist eine AGB-Klausel, die eine Verlängerung der Lieferfrist, z. B. durch Verschiebung des Fristbeginns, auch mit Blick auf individualvertraglich festgelegte Liefertermine vorsieht, ohne weiteres nach § 307 unwirksam, weil § 305 b ausgehöhlt wird.[5] Im Individualprozess hat die 57

---

[1] Vgl. auch OLG Karlsruhe BB 1983, 725, 726 (zu § 10 Nr. 1 AGBG); OLG Stuttgart NJW 1981, 1105, 1105 (zu § 10 Nr. 1 AGBG).

[2] A. A. OLG Köln NJW-RR 2001, 198, 199 (zu § 10 Nr. 1 AGBG). BGH NJW 2001, 292, 296 lässt die Wirksamkeit einer entsprechenden Klausel in einem Neuwagenkaufvertrag offen.

[3] S. vor §§ 308, 309 Rz 21.

[4] BGH NJW 1984, 48, 49 (zu § 10 Nr. 1 AGBG); BGH NJW 1983, 1320, 1321 (zu § 10 Nr. 1 AGBG); *Erman/Roloff* Rz 11.

[5] BGH NJW 1984, 2468, 2468 f. (zu §§ 4, 9 AGBG); *Soergel/Stein* § 10 Nr. 1 AGBG Rz 15. Die Anwendbarkeit von § 4 AGBG (§ 305 b) offen gelassen hat BGH NJW 1983, 1320, 1320 (zu § 4 AGBG).

individuell vereinbarte Lieferfrist außerdem nach § 305 Vorrang vor einer abweichenden Regelung in den AGB. Mit Blick auf das Ausmaß des Vorrangs ist zu beachten, dass die individuelle Vereinbarung einer Lieferfrist in aller Regel dahin gehend zu verstehen ist, dass als Fristbeginn der Zeitpunkt des Vertragsabschlusses gewollt ist. Auch dieser Fristbeginn ist also vom Vorrang der Individualabrede erfasst. Wird demnach in AGB ein anderer Fristbeginn vorgesehen, z. B. Fristbeginn nach schriftlicher Bestätigung, nach Anzahlung oder 4 Wochen nach Vertragsschluss, ist eine solche Bestimmung nicht nur wegen ihres irreführenden Charakters nach § 307 unwirksam, sondern auch nach § 305 b[1] unbeachtlich. Entsprechendes gilt für Regelungen, die das Fristende betreffen.

2. Verhältnis zu § 307

58 § 307 ist generell neben § 308 Nr. 1 anzuwenden. Praktische Relevanz hat § 307 für verschiedene Klauseltypen, die von § 308 Nr. 1 nicht erfasst werden.

59 **a) Leistung des anderen Teils.** Fristen für eine vom Verwendungsgegner geschuldete Leistung, z. B. in Einkaufsbedingungen, oder Fristen für eine von ihm vorzunehmende Mitwirkungshandlung können nach § 307 unwirksam sein, wenn sie für die Umstände zu kurz oder zu unbestimmt sind. Der Rechtsgedanke des § 308 Nr. 1 ist insoweit spiegelbildlich zu berücksichtigen.[2] Dementsprechend verstößt ein Vorbehalt der jederzeitigen Änderung von Lieferterminen des Vertragspartners gegen das Gebot der hinreichend bestimmten Leistungsfrist, an dessen Einhaltung der Vertragspartner auch als Lieferant ein schutzwertes Interesse hat. Eine solche Klausel ist deshalb nach § 307 unwirksam.[3]

60 **b) Sonstiges.** Eine Klausel, die die **Fälligkeit der Leistung mit einer Handlung des Verwendungsgegners verknüpft,** verstößt dann nicht wegen Unbestimmtheit gegen § 308 Nr. 1, wenn von vornherein erkennbar ist, wann die relevante Handlung erstmals in zumutbarer Weise vorgenommen werden kann (s. Rz 51). Entsprechendes kann dann gelten, wenn an ein in der Sphäre des Verwendungsgegners liegendes Ereignis angeknüpft wird (s. Rz 51). Freilich kann § 308 Nr. 1 auch in diesem Falle noch verletzt sein, nämlich dann, wenn die Frist unangemessen lang ist. Vor allem aber ist die Klausel gemäß § 307 unwirksam, wenn die Verknüpfung nicht durch ein vernünftiges wirtschaftliches Interesse des Verwenders gerechtfertigt ist.[4] Nach § 307 unwirksam ist beispielsweise grundsätzlich eine Klausel, die für den Eintritt der Fälligkeit die Verwendung eines bestimmten Formblattes verlangt (s. Rz 45). Unangemessen können auch Klauseln sein, die ein uneingeschränktes **Recht zur vorzeitigen Lieferung** gewähren.[5] Dies folgt schon aus § 305 b, wenn eine ausdrückliche oder konkludente Individualvereinbarung zur Erfüllbarkeit vorliegt.[6] Doch auch im Falle eines bloß unverbindlichen Liefertermins ist die Klausel unwirksam, wenn der Kunde typischerweise kein Interesse an vorzeitiger Lieferung hat und die Ware typischerweise – wie z. B. im Falle der vorzeitigen Lieferung einer Einbauküche – mit nicht unerheblichen Kosten zwischenlagern müsste.[7]

---

[1] *Schlosser/Coester-Waltjen* § 10 Rz 33.
[2] *Staudinger/Coester-Waltjen* Rz 19.
[3] *Staudinger/Coester-Waltjen* Rz 19.
[4] Dazu, dass das Fehlen eines berechtigten Interesses in bestimmten Konstellationen auch einen Verstoß gegen § 308 Nr. 1 begründen kann, s. Rz 51.
[5] BGH NJW 2007, 1198, 1199.
[6] BGH NJW 2007, 1198, 1199.
[7] In diesem Sinne auch BGH NJW 2007, 1198, 1199 (Einbauküche).

3. Verhältnis zu § 308 Nr. 5 (Annahme-/Ablehnungsfiktionen)

§ 308 Nr. 1 betrifft nur die zu lange oder zu unbestimmte **Dauer** der Annahmefrist, **nicht** dagegen eine mit dem Fristablauf verbundene **Fiktion der Annahme oder Ablehnung** des Vertragsangebots, also beispielsweise Klauseln, denen zufolge der Antrag als abgelehnt (angenommen) gilt, falls er nicht binnen zwei Wochen angenommen (abgelehnt) wird. Soweit an den Fristablauf die Ablehnung des Antrags geknüpft wird, entspricht dies der Regelung des § 146 und ist deshalb grundsätzlich schon nach § 307 III 1 nicht zu beanstanden. Komplizierter liegen die Dinge, wenn die **Vertragsannahme fingiert** werden soll. In diesem Falle ist zunächst zu prüfen, ob die Klausel überhaupt über eine Geltungsgrundlage in Form einer vertraglichen Vereinbarung verfügt, denn der Verwender kann z. B. nicht einseitig festlegen, welches Verhalten des Verwendungsgegners als Annahme seines Antrags gelten soll.[1] Auch wenn die relevante Klausel Teil einer vertraglichen Vereinbarung, z. B. eines Rahmenvertrages, ist, ist sie nicht ohne weiteres wirksam. Vielmehr ist zu differenzieren. Soll die **Vertragsannahmeerklärung des Verwenders** fingiert werden, so verstößt die Klausel nach richtiger, wenn auch umstrittener Auffassung gegen § 309 Nr. 12.[2] Anders liegt es jedoch dann, wenn die **Vertragsannahme durch den Verwendungsgegner** zum Gegenstand einer Fiktionsklausel gemacht wird. In diesem Fall muss die Klausel zwar den Anforderungen des § 308 Nr. 5 genügen, doch findet § 309 Nr. 12 in Anbetracht der spezielleren Regelung des § 308 Nr. 5 keine Anwendung. Zu Klauseln, die bestimmen, dass der Verwendungsgegner auf die Erklärung der Annahme verzichtet, siehe Anh. § 310 Rz V 278. 61

V. Geltung zwischen Unternehmern

1. Grundsatz

§ 308 Nr. 1 gilt nicht unmittelbar zwischen Unternehmern (§ 310 I 1). Die Gefahren, die von unangemessen langen oder nicht hinreichend bestimmten Annahme- oder Leistungsfristen ausgehen, sind jedoch auch zwischen Unternehmern zu beachten und können eine unangemessene Benachteiligung im Sinne von § 307 darstellen.[3] 62

Die Wertungen des § 308 Nr. 1 sind auch im Rahmen von § 307 II Nr. 1 mit zu berücksichtigen. Allerdings sind die besonderen Bedürfnisse des unternehmerischen Verkehrs zu beachten. Diese Besonderheiten sind so gewichtig, dass § 308 Nr. 1 **keine Indizwirkung** entfaltet. Dies bedeutet jedoch nicht, dass lange und unbestimmte Annahme- und Leistungsfristen gegenüber Unternehmern generell eher hinnehmbar wären als gegenüber Verbrauchern. Vielmehr ist das Interesse an angemessenen und hinreichend bestimmten Annahme- und Leistungsfristen gerade im unternehmerischen Verkehr mit seinem Bedürfnis nach Vertrauensschutz, Schnelligkeit und Leichtigkeit[4] besonders groß und kann dazu führen, lange und unbestimmte Fristen im unternehmerischen Verkehr eher als unangemessen anzusehen als gegenüber Verbrauchern.[5] 63

---

[1] S. zu dieser Problematik Anh. § 310 Rz V 252–256.

[2] S. § 310 Rz V 279.

[3] Vgl. *Peters* NZBau 2002, 305, 306: Unangemessen lange Leistungsfristen auch im kaufmännischen Verkehr nicht hinnehmbar, aber Frage der Unangemessenheit großzügiger zu beurteilen als bei Verbrauchern.

[4] S. § 307 Rz 190.

[5] Tw. a. A. *Palandt/Grüneberg* Rz 9.

2. Unangemessen lange Fristen

64 Mit Blick auf die Länge von Fristen ist im unternehmerischen Verkehr ebenso wie im Rahmen des § 308 Nr. 1 auf eine **Interessenabwägung** abzustellen. Allerdings sind dabei die vielfach **besonders gelagerten Interessen der Unternehmer** zu berücksichtigen. Sie können je nach Geschäfts- und Vertragstyp auf eine schnelle Entscheidung hinsichtlich der Annahme bzw. auf eine schnelle und pünktliche Lieferung gerichtet sein, insbesondere dann, wenn z. B. der reibungslose Ablauf der Produktion davon abhängt. Andererseits können Geschäfte zwischen Unternehmern auch für den Verwender ein höheres Risiko in sich tragen und deshalb eine längere Vorbereitungszeit bei der Entscheidung über die Annahme oder umfangreichere Leistungsvorbereitungen erfordern. Eine Klausel „Lieferzeit unverbindlich" ist im unternehmerischen Verkehr wegen des Bedürfnisses nach Vertrauensschutz keinesfalls generell wirksam,[1] sondern allenfalls dann, wenn dies der konkreten Individualvereinbarung entspricht oder sonst aus besonderen Gründen gerechtfertigt werden kann.

3. Nicht hinreichend bestimmte Fristen

65 Auch im unternehmerischen Verkehr ist grundsätzlich zu fordern, dass Annahme- und Leistungsfristen für den anderen Teil sicher berechenbar sind. Auch gegenüber einem Unternehmer unwirksam ist daher eine Klausel, der zufolge Zahlungen an den Verwendungsgegner erst dann zu erbringen sind, wenn die erforderlichen Gelder aus einer Finanzierung beim Verwender eingehen.[2] Aufgrund der von einem Unternehmer zu erwartenden größeren Geschäftserfahrung kann ihm jedoch auch eher eine schwierige Fristberechnung zugemutet werden als einem Verbraucher.

4. Sonstige Klauselinhalte

66 Soweit für bestimmte Klauseln unter Verbrauchern nicht § 308 Nr. 1, sondern § 307 anzuwenden ist, gelten die diesbezüglichen Ausführungen grundsätzlich auch für Klauseln, die gegenüber Unternehmern verwendet werden.

---

[1] A. A. *Walchshöfer* WM 1986, 1541 (zu § 10 Nr. 1 AGBG).
[2] OLG Karlsruhe AGBE III, § 9 Nr. 15 S. 188 f. zum Bauvertrag.

§ 308 Klauselverbote mit Wertungsmöglichkeit

In Allgemeinen Geschäftsbedingungen ist insbesondere unwirksam

2. (Nachfrist)

eine Bestimmung, durch die sich der Verwender für die von ihm zu bewirkende Leistung eine unangemessen lange oder nicht hinreichend bestimmte Nachfrist vorbehält.

Inhaltsübersicht

Schrifttum: *Thamm,* Die Dauer einer angemessenen Nachfrist für Lieferung und Mängelbeseitigung, BB 1982, 2018.

I. Zweck und Allgemeines

Bei nicht rechtzeitiger Leistung können die wichtigen Gläubigerrechte des Rücktritts und des Schadensersatzes wegen Nichterfüllung gemäß §§ 281 I 1, 323 I grundsätzlich erst nach erfolgloser Fristsetzung ausgeübt werden. Eine zu lange Nachfrist ist für den Gläubiger ähnlich belastend wie eine zu lange Leistungsfrist und muss deshalb ebenso wie diese als unangemessen angesehen werden. Entsprechendes gilt für Fristen, die nicht hinreichend bestimmt sind. § 308 Nr. 2 ergänzt also § 308 Nr. 1.[1] 1

II. Tatbestand

1. Nachfrist

§ 308 Nr. 2 setzt zunächst voraus, dass der Verwender sich eine Nachfrist vorbehält. 2

a) Begriff. Der Begriff der Nachfrist umfasst zunächst all diejenigen Fristen, die der Kunde im Falle einer nicht oder nicht vertragsgemäß erbrachten Leistung über die ursprüngliche Leistungsfrist hinaussetzen muss, bevor er die im Gesetz vorgesehenen Rechte wegen der nicht oder nicht vertragsgemäß erbrachten Leis- 3

[1] BT-Drs. 7/3919, S. 24.

tung ausüben kann. Zu den gesetzlichen Fristen in diesem Sinne gehören z. B. die Fristen in §§ 281 I 1,[1] 323 I,[2] 637 I,[3] 651 c III,[4] 651 e II.[5] Hervorzuheben ist, dass die Nachfrist nichts an der Fälligkeit der Leistung ändert. Schiebt eine Klausel die Fälligkeit hinaus, so liegt eine Leistungsfrist vor, die nicht an § 308 Nr. 2, sondern an § 308 Nr. 1 zu messen ist.[6] Eine Leistungsfrist im Sinne des § 308 Nr. 1 kann auch dann gegeben sein, wenn die Klausel unzutreffenderweise den Begriff „Nachfrist" verwendet. Entscheidend ist die Auslegung der Klausel (§§ 133, 157, 305 c II). Nicht an § 308 Nr. 2, sondern an § 308 Nr. 1 zu messen ist daher z. B. eine Klausel, der zufolge der Käufer den Verkäufer 4 Wochen nach Überschreitung eines unverbindlichen Liefertermins zur Lieferung binnen angemessener Frist auffordern kann.[7]

4 **b) Analoge Anwendung.** § 308 Nr. 2 sollte grundsätzlich analog angewendet werden, wenn das Gesetz die erstmalige Ausübung von Rechten an die Setzung einer Frist knüpft, bei der es sich nicht lediglich um die für den Fall des reibungslosen Vertragsablaufs vorgesehene Leistungsfrist handelt. § 308 Nr. 2 ist daher auch im Falle einer in AGB erfolgten Regelung der in § 321 II vorgesehenen Frist entsprechend anzuwenden.[8]

5 **c) Im Gesetz nicht vorgesehene Frist.** Nur der Klarheit halber sei betont, dass § 308 Nr. 2 erst recht dann anwendbar sein muss, wenn die Klausel die Notwendigkeit einer Fristsetzung vorsieht, obwohl die Setzung einer Frist nach dem Gesetz entbehrlich ist, z. B. nach § 323 II.[9] Der Wortlaut des § 308 Nr. 2 steht der Anwendung dieser Vorschrift in den genannten Fällen nicht entgegen, denn er enthält keinen Hinweis darauf, dass der Geltungsbereich dieses Klauselverbots nur dann eröffnet sein soll, wenn das Gesetz die Setzung einer Nachfrist verlangt. Ist eine Nachfrist nach dem Gesetz entbehrlich, so sind Klauseln, die die Setzung einer Nachfrist gebieten, in aller Regel unwirksam, denn nach der Wertung des Gesetzes sind in den relevanten Fällen selbst kürzeste Fristen zu lang.

2. Nachfrist für Leistungen des Verwenders

6 Von § 308 Nr. 2 erfasst werden nur diejenigen Fälle, in denen der Verwender als Schuldner die Nachfrist für die Erbringung der eigenen Leistung regelt.[10] Eine Klausel, die die Nachfrist für eine vom Verwendungsgegner zu erbringende Leistung regelt, ist nicht an § 308 Nr. 2, sondern an §§ 309 Nr. 4, 307 zu messen. S. dazu Rz 31 ff.

3. Unangemessene Länge der Nachfrist

7 § 308 Nr. 2 greift ein, wenn eine Klausel eine unangemessen lange Nachfrist vorsieht. Unangemessen kurze Nachfristen werden von § 308 Nr. 2 nicht erfasst. Kommen sie z. B. in Bestellbedingungen vor, so sind sie nach § 307 unwirksam.

---

1 *Palandt/Grüneberg* Rz 11; *Bamberger/Becker* Rz 3; *Erman/Roloff* Rz 13.
2 *Palandt/Grüneberg* Rz 11; *Bamberger/Becker* Rz 3; *Erman/Roloff* Rz 13.
3 *Palandt/Grüneberg* Rz 11; *Bamberger/Becker* Rz 3; *Erman/Roloff* Rz 13.
4 *Palandt/Grüneberg* Rz 11; *Erman/Roloff* Rz 2. S. auch *Bamberger/Becker* Rz 3 (analoge Anwendung).
5 *Palandt/Grüneberg* Rz 11; *Erman/Roloff* Rz 2. S. auch *Bamberger/Becker* Rz 3 (analoge Anwendung).
6 BGH NJW 2007, 1198, 1200; *Bamberger/Becker* Rz 5.
7 BGH NJW 2007, 1198, 1200.
8 Ebenso i.E. *Erman/Roloff* Rz 13.
9 A.A. *Bamberger/Becker* Rz 5, der § 308 Nr. 2 nicht für anwendbar hält, entsprechende Klausel aber nach § 307 II Nr. 1 als unwirksam einstufen möchte.
10 *Bamberger/Becker* Rz 4; *Ulmer/H. Schmidt* Rz 3.

a) Interessenabwägung. Die Unangemessenheit ist aufgrund einer Interessenabwägung festzustellen. Unangemessen ist die Nachfrist allerdings erst dann, wenn die Dauer des Zuwartens für den Kunden auch unter Berücksichtigung der Verwenderinteressen **eindeutig nicht mehr gerechtfertigt** ist. Es wäre also verfehlt, eine unangemessene Nachfrist immer schon dann anzunehmen, wenn die sich aus den AGB ergebende Nachfrist länger ist als die sich aus dem dispositiven Recht ergebende angemessene Frist.[1] Allerdings darf von der gesetzlichen Regelung nicht wesentlich abgewichen werden.[2] Im Sinne einer groben Leitlinie wird man davon ausgehen können, dass die Grenze des Zulässigen im Regelfall bei einer 25%igen Überschreitung der nach dem dispositiven Recht angemessenen Nachfrist liegt. Will der Verwender eine **einheitliche Nachfristregelung,** so muss er grundsätzlich eine Nachfrist vorsehen, die für keinen der von ihr erfassten und noch im Bereich des Typischen liegenden Fälle unangemessen ist.[3] Ist die vom Verwender gewünschte Nachfrist in bestimmten Fällen unangemessen, so müssen die AGB differenzieren und die längere Nachfrist auf diejenige Fallgruppe begrenzen, für welche sie nicht unangemessen ist.[4] All dies bedeutet allerdings richtigerweise keine Ausnahme von dem Grundsatz, dass auf **die Interessen des typischen Kunden** abzustellen ist. Vielmehr ist zu differenzieren. Finden die AGB typischerweise auf unterschiedliche Fallkonstellationen Anwendung, so muss die in den AGB vorgesehene Nachfristregelung all diesen Fallkonstellationen gerecht werden. Anders liegen die Dinge jedoch dann, wenn die in den AGB vorgesehene Nachfrist nur deshalb erheblich von der im konkreten Fall nach dem Gesetz angemessenen Nachfrist abweicht, weil der Fall gänzlich aus dem Rahmen des typischerweise zu Erwartenden fällt. In diesem Fall scheidet die Anwendung des § 308 Nr. 2 aus. Stattdessen kann sich der Vertragspartner auf § 242 berufen (sog. Ausübungskontrolle). **8**

b) Zu berücksichtigende Faktoren. Bei der Beurteilung der Angemessenheit der Nachfrist ist vom Sinn der Nachfrist auszugehen. Sie soll dem Schuldner lediglich Zeit zur unverzüglichen Erledigung der letzten Leistungshandlungen, nicht aber eine zweite Leistungszeit und die Gelegenheit zur Herstellung der noch nicht begonnenen Leistung gewähren.[5] Demgemäß ist die Dauer der Leistungsfrist zu berücksichtigen. Die in AGB vorgesehene Nachfrist darf die Lieferfrist nicht erheblich verlängern.[6] Die Nachfrist wird im Regelfall aber wesentlich kürzer zu bemessen sein als die Lieferfrist.[7] Bei der Interessenabwägung ist auf Seiten des Vertragspartners in erster Linie das Interesse an der Lösung von einem bereits verzögerten Vertragsverhältnis zu berücksichtigen. Auf Seiten des Verwenders sind nur solche Umstände zu berücksichtigen, die für ein letztes Handanlegen erforderlich sind, wie z. B. die Notwendigkeit einer Koordination mit anderen Terminen etwa bei Handwerkerleistungen, Handlungen zur Aussonderung und Absendung der **9–14**

---

[1] Vgl. BGH NJW 1985, 855, 857 (zu § 10 Nr. 2 AGBG): Nachfrist in AGB darf die angemessene Nachfrist i.S.d. § 326 I a.F. (§ 323 I) überschreiten. Gegen eine Gleichsetzung der Unangemessenheit i.S.d. § 308 Nr. 2 mit dem Verfehlen der Angemessenheit i.S.d. dispositiven Rechts z. B. auch *Bamberger/Becker* Rz 8.

[2] Ähnlich *Erman/Roloff* Rz 14: Abweichung „nur in engen Grenzen" zulässig. Vgl. ferner *Bamberger/Becker* Rz 7: Abweichungen müssen „maßvoll" sein.

[3] Vgl. auch BGH NJW 1985, 855, 857 zu II 3 (zu § 10 Nr. 2 AGBG). Dort begründet der BGH einen Verstoß gegen § 10 Nr. 2 AGBG (§ 308 Nr. 2) unter anderem damit, dass die in der Klausel vorgesehene Nachfrist es dem Verwender „häufig" ermögliche, erst nach Verzugseintritt mit der eigentlichen Leistung zu beginnen.

[4] BGH NJW 1985, 320, 323 (zu § 10 Nr. 2 AGBG).

[5] BGH NJW 1985, 320, 323 (zu § 10 Nr. 2 AGBG); BGH NJW 1985, 855, 857 (zu § 10 Nr. 1 AGBG); OLG Stuttgart NJW 1981, 1105, 1106 (zu § 10 Nr. 2 AGBG). Ähnlich auch *Bamberger/Becker* Rz 6.

[6] BGH NJW 1985, 855, 857 (zu § 10 Nr. 2 AGBG, § 326 I 1 a.F.).

[7] BGH NJW 1985, 320, 323 (zu § 10 Nr. 2 AGBG); *Erman/Roloff* Rz 14.

Leistung oder letzte Maßnahmen zur Gewährleistung der Gebrauchsfertigkeit eines Gegenstands; die Zeiten der Versendung müssen bei Bringschulden mit berücksichtigt werden. Zu berücksichtigen ist auch, ob die zu liefernden Gegenstände auf Lager liegen bzw. ohne weiteres abgerufen werden können oder ob Sonderwünsche zu erfüllen sind oder sonst mit Lieferschwierigkeiten zu rechnen ist.[1] Allgemein sind branchenspezifische Bedürfnisse zu beachten.[2] Daraus kann sich je nach Art der Leistung eine mehr oder weniger lange Nachfrist rechtfertigen. Auch auf die Verkehrsanschauung ist im Rahmen der Abwägung Rücksicht zu nehmen.

15 **c) Konkrete Leitlinien.** Bei **Alltagsgeschäften** ist eine Nachfrist von 14 Tagen regelmäßig noch angemessen,[3] während eine längere Nachfrist grundsätzlich als unangemessen einzustufen ist.[4] Beim Kauf **höherwertiger Güter** kommt auch eine Höchstdauer von drei Wochen in Betracht, doch ist jeweils zu fragen, ob die Länge der Frist nach den Umständen gerechtfertigt ist.[5] Ausnahmsweise, z. B. bei besonders umfangreichen Leistungen, kann auch eine Nachfrist von bis zu sechs Wochen gerechtfertigt sein.[6] Entsprechendes gilt, wenn die zu liefernde Ware notwendig im Ausland beschafft werden muss.[7] Eine Nachfrist von mehr als sechs Wochen ist dagegen in aller Regel zu lang.[8] Bei **dringlichen Leistungen** kann die zulässige Höchstfrist umgekehrt auch **kürzer** als zwei Wochen zu bemessen sein. So ist zu berücksichtigen, dass das Erfordernis einer Nachfrist nach der gesetzlichen Regelung in bestimmten Fällen ganz entfällt, z. B. nach § 323 II. Ist die Nachfrist nach dem Gesetz entbehrlich, so verstoßen in aller Regel selbst kürzeste Nachfristen gegen § 308 Nr. 2. Ein Teil der Literatur möchte in den letztgenannten Fällen allerdings nicht § 308 Nr. 2, sondern § 307 heranziehen.[9] Unangemessen ist eine Nachfrist von 6 Wochen in AGB eines **Fensterherstellers**[10] oder eines **Fassadenbauunternehmers.**[11] Im **Möbelhandel** ist eine generelle Nachfrist von 4 Wochen unangemessen, weil und sofern damit auch Fallgestaltungen erfasst werden, in denen sich diese Frist nicht rechtfertigen lässt, wie z. B. dann, wenn die Ware vorrätig ist.[12]

16 **d) Berechnung der Nachfrist.** Soll die Länge der Nachfrist mit Blick auf die Angemessenheitsprüfung berechnet werden, so ist auf die Zeit von der Fälligkeit bis zum gesetzten Ende abzustellen. Wird ein späterer Beginn der Nachfrist vorgesehen, z. B. eine Nachfrist von 14 Tagen beginnend 4 Wochen nach Zugang der

---

[1] BGH NJW 1985, 320, 323 zum Möbelhandel (zu § 10 Nr. 2 AGBG).

[2] BGH NJW 1982, 331, 333 (zu § 10 Nr. 2 AGBG); BGH NJW 1985, 855, 857 zu II 3 (zu § 10 Nr. 2 AGBG).

[3] Ebenso *Erman/Roloff* Rz 13; *Staudinger/Coester-Waltjen* Rz 7 a. E. Vgl. auch BGH NJW 1985, 320, 323, der mit Blick den Bereich des Möbelhandels ausführt, dass „eine für alle Fälle angemessene kurze Nachfrist [...] bei einem Verbrauchergeschäft der vorliegenden Art möglicherweise 14 Tage betragen mag". Ohne zeitliche Festlegung, dafür aber auf eine Interessenabwägung abstellend *Ulmer/H. Schmidt* Rz 6; gegen allgemein verbindliche Festlegungen auch *Löwe/von Westphalen* § 10 Nr. 2 AGB Rz 14.

[4] *Bamberger/Becker* Rz 10: Höchstgrenze von 14 Tagen bei Alltagsgeschäften.

[5] Vgl. auch *Bamberger/Becker* Rz 10: „Faustformel" des Inhalts, dass Fristen von mehr als drei Wochen nur durch Individualvereinbarung vereinbart werden können.

[6] BGH NJW 1985, 855, 857 (zu § 10 Nr. 2 AGBG). Ebenso *Bamberger/Becker* Rz 10.

[7] Zurückhaltender BGH NJW 1985, 320, 323, der eine Individualabrede für notwendig hält, allerdings vor dem Hintergrund, dass die Überprüfung im Verfahren nach § 13 AGBG (§ 1 UKlaG) erfolgte und eine Bestellung der Waren im Ausland keineswegs generell erforderlich war.

[8] S. auch OLG Stuttgart NJW 1981, 1105, 1106 (zu § 10 Nr. 2 AGBG).

[9] S. *Bamberger/Becker* Rz 5, der § 308 Nr. 2 nicht für anwendbar hält, entsprechende Klausel aber nach § 307 II Nr. 1 als unwirksam einstufen möchte.

[10] BGH NJW 1985, 855, 857 zu II 3 (zu § 10 Nr. 2 AGBG).

[11] OLG Stuttgart NJW-RR 1988, 786, 788 (zu § 10 Nr. 2 AGBG).

[12] BGH NJW 1985, 320, 323 (zu § 10 Nr. 2 AGBG); s. auch BGH NJW 1983, 1320 (zu § 10 Nr. 2 AGBG).

Mahnung, so ist die Unangemessenheit anhand der zusammengerechneten Frist zu beurteilen.

4. Unzureichende Bestimmtheit

a) Allgemeines. § 308 Nr. 2 verbietet auch solche Nachfristen, die nicht hinreichend bestimmt sind. Der Grund ist unschwer zu erkennen: Unbestimmte Nachfristen sind für den Verwendungsgegner gefährlich. Denn sie lassen ihn im Unklaren über die Rechtslage und bringen damit die Gefahr von Verzögerungen mit sich. Beispielsweise mag der Gläubiger sich in Anbetracht der unbestimmten Nachfrist gezwungen sehen, seine Rechte gerichtlich geltend zu machen, oder der Gläubiger lässt sich durch die Unbestimmtheit der Nachfristregelung dazu bewegen, länger auf die Leistung zu warten, als ihm dies zumutbar ist. **17-18**

b) Maßstäbe. Wann eine Nachfrist hinreichend bestimmt ist, richtet sich nach den gleichen Maßstäben, die im Falle des § 308 Nr. 1 mit Blick auf die Leistungsfrist Anwendung finden (s. § 308 Nr. 1 Rz 49 ff). Das heißt, eine Nachfrist ist grundsätzlich dann unbestimmt, wenn die Nachfrist für den anderen Teil nicht in zumutbarer Weise berechenbar ist und wenn sie auch nicht in zumutbarer Weise von einem Verhalten des anderen Teils oder einem in die Sphäre des anderen Teils fallenden Ereignis abhängig gemacht wird. **19**

c) Beispiele. Hinreichend bestimmt ist eine Nachfrist, die acht Tage nach der zweiten Mahnung enden soll. Denn diese Regelung macht das Ende der Nachfrist in zumutbarer Weise vom Verhalten des Verwendungsgegners abhängig. Trotz geringer Bestimmtheit zulässig ist auch eine Klausel, die lediglich eine „angemessene Nachfrist" vorsieht, da dies mit der gesetzlichen Regelung des § 323 I übereinstimmt,[1] so dass die Klausel schon in Hinblick auf § 307 III 1 nicht an § 308 Nr. 2 zu messen ist. **20**

5. Beweislast

Hinsichtlich der Beweislast gelten die allgemeinen Grundsätze.[2] **21**

6. Unwirksamkeitsfolgen

Bei Unwirksamkeit der Nachfrist tritt an Stelle der unwirksamen AGB-Klausel gemäß § 306 II die gesetzliche Regelung, also z. B. § 323 I. **22-29**

III. Verhältnis zu anderen Vorschriften

1. Verhältnis zu den §§ 323, 307

a) Bestimmung der Frist durch den Schuldner. § 323 I geht von einer Nachfristsetzung durch den Gläubiger aus. Doch ist § 323 nicht zwingend.[3] Möglich ist daher, dass der Schuldner eine Mindestfrist für die Nachfrist vereinbart. Von einer solchen Vereinbarung durch den Verwender als Schuldner geht § 308 Nr. 2 aus. **30**

---

1 Ebenso *Staudinger/Coester-Waltjen* Rz 8; *Ulmer/H. Schmidt* Rz 7.
2 S. vor §§ 308, 309 Rz 21.
3 Z.B. *Palandt/Grüneberg* § 323 Rz 2.

31 **b) Bestimmung der Frist durch den Gläubiger.** Bestimmt der Verwender als Gläubiger eine Nachfrist, so gilt § 308 Nr. 2 nicht.[1] In diesem Falle ist danach zu differenzieren, wie die Fristsetzung erfolgt.

32 **aa) Fristsetzung nach Vertragsschluss.** Setzt der Verwender die Frist einseitig nach Vertragsschluss, so findet § 323 I unmittelbare Anwendung. Ist die Frist zu kurz, so tritt an die Stelle der zu kurzen Frist eine angemessen lange Frist.[2]

33 **bb) Regelung in AGB.** Hat der Verwender als Gläubiger in seinen AGB bestimmt, dass eine Fristsetzung nicht erforderlich sein soll, oder sehen die AGB eine zu kurze oder nicht hinreichend bestimmte Frist vor, so gelten folgende Grundsätze:

34 **α) Ausschluss der Fristsetzung.** Der völlige Ausschluss des Nachfristerfordernisses durch den Verwender als Gläubiger ist gegenüber Verbrauchern nach § 309 Nr. 4, gegenüber Unternehmern nach § 307 II Nr. 1[3] unwirksam. Zwar bedarf es auch nach der gesetzlichen Regelung (§ 323 II Nr. 2) keiner Fristsetzung, wenn der Vertrag ein relatives Fixgeschäft darstellt, wenn also der Gläubiger im Vertrag den Fortbestand seines Leistungsinteresses an die Rechtzeitigkeit der Leistung gebunden hat. Sofern sich die Einordnung des Vertrages als relatives Fixgeschäft jedoch erst aus den AGB ergibt, z. B. durch Verwendung der Klauseln „prompt" oder „fix",[4] laufen die relevanten Klauseln auf den Ausschluss des Erfordernisses der Fristsetzung hinaus, so dass sie nach §§ 309 Nr. 4, 307 unwirksam sind.[5] Außerdem werden entsprechende Klauseln regelmäßig überraschend im Sinne des § 305 c I sein.[6]

35 **β) Zu kurze oder zu unbestimmte Frist.** Denkbar ist auch, dass die AGB eine Nachfrist vorsehen, die gemessen an der gesetzlichen Regelung zu kurz oder zu unbestimmt ist. Insofern gilt Folgendes. Zwar handelt es sich bei § 323 nicht um eine zwingende Regelung.[7] Abweichungen in AGB sind jedoch an den §§ 307 ff. zu messen. Eine Klausel, die eine unbestimmte Nachfrist vorsieht, stellt die Warnfunktion der Nachfrist infrage und ist daher wegen Verstoßes gegen den wesentlichen Grundgedanken der gesetzlichen Regelung nach § 307 II Nr. 1 unwirksam.[8] Klauseln, die eine Nachfrist erlauben, welche kürzer ist als vom Gesetz vorgesehen, sind nicht generell, wohl aber im Falle einer wesentlichen Unterschreitung des nach dem Gesetz Zulässigen gemäß § 307 unwirksam. Die Grenze des noch Hinnehmbaren dürfte regelmäßig bei 25% liegen.

2. Verhältnis zu den §§ 307, 309 Nr. 7 b

36 Die in § 323 I vorgesehene Fristsetzung ist nur erforderlich, wenn der Gläubiger den **Rücktritt** vom Vertrag erklären will. Außerdem ist eine Fristsetzung in § 281 I 1 für den Fall vorgeschrieben, dass der Gläubiger **Schadensersatz wegen**

---

[1] *Bamberger/Becker* Rz 4.

[2] RGZ 106, 89, 90, BGH NJW 1985, 2640, 2641.

[3] Ebenso *Erman/Roloff* Rz 16. Für Unwirksamkeit nach § 9 AGBG (§ 307), allerdings ohne Bezugnahme auf § 9 II Nr. 1 AGB (307 II Nr. 1), BGH NJW 1990, 2065, 2067; BGH NJW 1986, 842, 843 f.

[4] Vgl. BGH NJW 1990, 2065, 2067: Verwendung der Klausel „fix" lege nahe, dass ein Fixgeschäft gewollt sei.

[5] Für Unwirksamkeit nach § 9 AGBG (§ 307) im kaufmännischen Verkehr BGH NJW 1990, 2065, 2067. Für die Annahme eines Verstoßes gegen § 309 Nr. 4 gegenüber Verbrauchern z. B. *Keim* DNotZ 1999, 612, 629 (zu § 11 Nr. 4 AGBG).

[6] Für die Annahme des Überraschungscharakters einer Fixgeschäfts-Klausel auch BGH NJW 1990, 2065, 2067 (zu § 3 AGBG).

[7] Z.B. *Palandt/Grüneberg* § 323 Rz 2.

[8] Um Missverständnisse zu vermeiden, sei Folgendes hervorgehoben: Die AGB des Verwenders können selbstredend in Anlehnung an § 281 I, 323 I vorsehen, dass eine „angemessene Nachfrist" zu setzen ist. Eine solche Regelung hat lediglich deklaratorische Bedeutung und ist daher der Kontrolle anhand des AGB-Gesetzes entzogen (§ 307 III). Zutreffend MünchKomm/*Basedow* Rz 6.

Nichterfüllung geltend machen möchte. Will der Gläubiger nur gemäß §§ 280 I, II, 286 I den Verzugsschaden geltend machen, so bedarf es keiner Fristsetzung, so dass Klauseln, die sich allein mit dem Verzugsschaden befassen, auch nicht gegen § 308 Nr. 2 verstoßen.

3. Verhältnis zu § 308 Nr. 1

Die Leistungsfrist des § 308 Nr. 1 schiebt die Fälligkeit hinaus, während die in § 308 Nr. 2 gemeinte Nachfrist den **Fälligkeitszeitpunkt** für die Leistung unberührt lässt. Wird durch eine Nachfrist nicht nur das Rücktrittsrecht oder der Schadensersatz wegen Nichterfüllung ausgeschlossen, sondern wird der Eintritt der Fälligkeit selbst hinausgeschoben, so liegt in Wirklichkeit eine Leistungsfrist vor, so dass § 308 Nr. 1 anzuwenden ist.[1] Dem Unterschied kommt jedoch kaum Bedeutung zu.[2] **37–39**

IV. Geltung zwischen Unternehmern

§ 308 Nr. 2 gilt nicht unmittelbar für Unternehmer (§ 310 I 1). Allerdings sind Klauseln, die eine gesetzlich vorgesehene Nachfrist ausdehnen oder eine nach dem Gesetz entbehrliche Nachfrist vorschreiben, im unternehmerischen Verkehr anhand des § 307 zu kontrollieren. Dabei bilden nach § 307 II Nr. 1 die Grundgedanken der jeweiligen gesetzlichen Regelung den Prüfungsmaßstab. Zu lange oder nicht hinreichend bestimmte Nachfristen lassen sich auch im unternehmerischen Verkehr mit dem Grundgedanken der gesetzlichen Regelung nicht vereinbaren. Nach richtiger Ansicht sind Klauseln, die gegen § 308 Nr. 2 verstoßen, grundsätzlich auch im unternehmerischen Verkehr nach § 307 II Nr. 1 unwirksam.[3] § 308 Nr. 2 entfaltet also **Indizwirkung** für den unternehmerischen Verkehr.[4] Im Schrifttum wird zum Teil einschränkend darauf hingewiesen, dass Unternehmer zur Berechnung einer nicht nach dem Kalender, sondern nach einem sonstigen objektiven Maßstab bestimmten Frist eher in der Lage seien als Verbraucher.[5] Dem ist zuzustimmen. Dies stellt freilich die Indizwirkung nicht in Frage, da die Frage, ob die Frist in zumutbarer Weise berechnet werden kann, schon nach allgemeinen Grundsätzen mit Blick auf das dem jeweiligen Kundenkreis Zumutbare beantwortet werden muss. Im Übrigen begründen die Interessen an Vertrauensschutz sowie Schnelligkeit und Leichtigkeit des Verkehrs[6] bei Unternehmern ein besonderes Bedürfnis nach kurzen und präzise berechenbaren Fristen. Unter Berücksichtigung der Handelsbräuche und Gewohnheiten kann deshalb zwischen Unternehmern die Unwirksamkeit einer langen oder nicht hinreichend bestimmten Frist sogar eher anzunehmen sein als gegenüber Verbrauchern.[7] **40**

---

[1] *Schlosser/Coester-Waltjen* § 10 Nr. 2 Rz 7; *Soergel/Stein* § 10 Nr. 2 AGBG Rz 19; a. A. *Ulmer/H. Schmidt* Rz 5, der eine zusätzliche Leistungsfrist als Nachfrist ansieht, aber die gleichzeitige Anwendung von Nr. 1 ebenfalls für möglich hält; offen gelassen in BGH NJW 1983, 1320, 1321 (zum AGBG).

[2] Deshalb zu Recht offen gelassen in BGH NJW 1983, 1320, 1321 (zu § 10 Nr. 2 AGBG und zu Möbelkauf-AGB).

[3] *Löwe/von Westphalen* § 10 Nr. 2 Rz 20; *Ulmer/H. Schmidt* Rz 10. Zumindest für den Fall der Nachfristsetzung nach § 326 a.F. ebenso BGH NJW 1986, 842, 843 f (zu § 9 AGBG). Differenzierend *Staudinger/Coester-Waltjen* Rz 11, die aber immerhin betont, dass „[d]ie Ausstrahlung auf den kaufmännischen Bereich [...] erheblich [ist]".

[4] *Erman/Roloff* Rz 16.

[5] *Bamberger/Becker* Rz 13.

[6] § 307 Rz 121.

[7] *Staudinger/Coester-Waltjen* Rz 11. Ähnlich *Bamberger/Becker* Rz 13: Zulässige Höchstdauer für Nachfristen im unternehmerischen Verkehr eher kürzer. Ebenso *Erman/Roloff* Rz 16.

§ 308 Klauselverbote mit Wertungsmöglichkeit

In Allgemeinen Geschäftsbedingungen ist insbesondere unwirksam

3. (Rücktrittsvorbehalt)

die Vereinbarung eines Rechts des Verwenders, sich ohne sachlich gerechtfertigten und im Vertrag angegebenen Grund von seiner Leistungspflicht zu lösen; dies gilt nicht für Dauerschuldverhältnisse.

Inhaltsübersicht

Schrifttum: *Löwisch,* Arbeitskampfklauseln in AGB, BB 1974, 1493; *Salger,* Der Selbstbelieferungsvorbehalt, WM 1985, 625; *Schmid,* Arbeitskampfklauseln in den AGB des Zeitungsbezugsvertrages, NJW 1979, 15.

I. Zweck und Allgemeines

Im Sinne der Privatautonomie können die Parteien beliebige Rücktrittsrechte 1
vereinbaren, auf die dann in Ermangelung abweichender Vereinbarungen § 346 Anwendung findet. § 308 Nr. 3 schränkt diese Freiheit jedoch ein, soweit der Verwender sich Lösungsrechte in seinen AGB vorzubehalten sucht. Damit sichert § 308 Nr. 3 zum einen den Grundsatz der Vertragsbindung.[1] Zum anderen wird verhindert, dass die für die Haftungsfreizeichnung geltenden Schranken umgangen werden. § 308 Nr. 3 soll jedoch der Vereinbarung von Lösungsrechten nicht generell entgegenstehen. Vielmehr kann ein Lösungsrecht aus sachlich gerechtfertigtem Grund auch in AGB wirksam vereinbart werden. Der Grund muss jedoch im Vertrag angegeben werden. § 308 Nr. 3 will damit dem anderen Vertragspartner die Möglichkeit geben, sich auf die relevanten Gründe einzustellen und ihr Vorliegen nachprüfen zu können. Die Vorschrift enthält einen Anwendungsfall des Transparenzgebots[2] in seiner Ausprägung als Bestimmtheitsgebot. Bei Auswechslung des Vertragspartners ist § 309 Nr. 10 zu beachten. Der Verbotszweck von § 308 Nr. 3 findet sich in leicht abgewandelter Form im Verbotskatalog der RL Anh. Nr. 1 c und Anh. Nr. 1 f wieder.

II. Anwendungsbereich

1. Verträge aller Art

§ 308 Nr. 3 gilt grundsätzlich für Verträge jeder Art.[3] Ausgenommen sind ledig- 2
lich die in § 310 II, IV aufgeführten Verträge sowie, nach dem ausdrücklichen Wortlaut des § 308 Nr. 3, Dauerschuldverhältnisse.

2. Dauerschuldverhältnisse

Nach dem Wortlaut des § 308 Nr. 3 gilt diese Vorschrift nicht für Klauseln, die 3
ein Lösungsrecht bei Dauerschuldverhältnissen vorsehen.[4] Dies lässt sich mit der Erwägung begründen, dass Dauerschuldverhältnisse durch die Abhängigkeit des

---

[1] Ebenso z. B. *Bamberger/Becker* Rz 1.

[2] Ebenso z. B. *Bamberger/Becker* Rz 1.

[3] *Palandt/Grüneberg* Rz 14.

[4] S. Nr. 3 Hs. 2; kritisch zu dieser Ausnahme z. B. *Staudinger/Coester-Waltjen* Rz 29: Der Gesetzgeber habe offenbar nicht bedacht, dass die ordentliche Kündigung in der Regel befristet sei und dass bei der formularmäßigen Vereinbarung eines Rechts zur unbefristeten Kündigung die Angabe eines sachlichen Grundes im Vertrag bei Dauerschuldverhältnissen genauso wichtig gewesen wäre.

Leistungsumfangs von der Laufzeit des Schuldverhältnisses gekennzeichnet sind.[1] Beispiele sind die Gebrauchsgewährung bei Miete (§ 535), Pacht (§ 581), Leihe (§ 598) oder Darlehen (§ 607) sowie die Dienstleistung im Dienstverhältnis (§ 611) oder im Rahmen eines Geschäftsbesorgungsdienstvertrags (§§ 675, 611). Die Unanwendbarkeit des § 308 Nr. 3 rechtfertigt sich in diesen Fällen aus der Überlegung, dass die Bestimmung des Leistungsumfangs bei Dauerschuldverhältnissen ebenso wenig der Inhaltskontrolle des AGB-Gesetzes unterliegen soll wie bei anderen Verträgen.[2] **Kein Dauerschuldverhältnis** ist aber ein **Vorvertrag,** der auf den Abschluss eines Dauerschuldverhältnisses gerichtet ist.[3]

4 **a) Beispiele.** Aus dem Vorgesagten lässt sich ableiten, in welchen Fällen § 308 Nr. 3 unanwendbar ist:

5 **aa) Unechter Sukzessivlieferungsvertrag.** Soweit der Leistungsumfang bei einem Sukzessivlieferungsvertrag offen ist und vom Zeitablauf bestimmt wird, spricht man von einem unechten Sukzessivlieferungsvertrag. Der unechte Sukzessivlieferungsvertrag ist ein Dauerschuldverhältnis.[4] Daher findet auch der Vorbehalt des § 308 Nr. 3 Hs. 2 Anwendung.[5] Gleiches wie für den unechten Sukzessivlieferungsvertrag würde für Wiederkehrschuldverhältnisse gelten, wäre die Rechtsfigur des **Wiederkehrschuldverhältnisses** nicht nach richtiger Auffassung ohnehin überholt.[6] Zu beachten ist in diesem Zusammenhang die Sonderregelung des § 310 II 1.

6 **bb) Dauerschuldverhältnisse geringer Dauer.** Die Erwägung, dass der Leistungsumfang beim Dauerschuldverhältnis von der Vertragsdauer abhängt, greift auch bei solchen Dauerschuldverhältnissen ein, die von vornherein nur für einen begrenzten Zeitraum abgeschlossen werden. Auch in diesen Fällen bleibt es daher bei der Ausnahmeregelung des § 308 Nr. 3 Hs. 2. Dies gilt umso mehr, als der Gesetzgeber bei der Schaffung der Vorgängerregelung, also des § 10 Nr. 3 Hs. 2 AGBG, explizit nicht nur unbefristete Dauerschuldverhältnisse im Blick hatte.[7] Es ist daher auch kein Grund ersichtlich, Dauerschuldverhältnisse kurzer Dauer vom Anwendungsbereich der Ausnahmeregelung auszunehmen,[8] zumal der Begriff der begrenzten Dauer nur schwer zu definieren ist.

7 **b) Unwendbarkeit der Ausnahmeregelung.** Demgegenüber bleibt es bei der Anwendbarkeit des § 308 Nr. 3, soweit es an einem Dauerschuldverhältnis fehlt oder soweit eine teleologische Reduktion des § 308 Nr. 3 Hs. 2 geboten ist.

8 **aa) Ratenlieferungsverträge.** Nicht anzuwenden ist die Ausnahmeregelung in § 308 Nr. 3 Hs. 2 insbesondere auf Ratenlieferungsverträge (so genannte echte Sukzessivlieferungsverträge). Bei ihnen ist von vornherein eine fest bestimmte

---

[1] Zur Abhängigkeit des Leistungsumfangs von der Vertragszeit als Kennzeichen des Dauerschuldverhältnisses s. z. B. *Miebach/Patt* NJW 2000, 3377, 3383 (zu § 10 Nr. 3 AGBG).

[2] Demgegenüber sieht *Staudinger/Coester-Waltjen* Rz 29 die ratio legis in der Überlegung, dass Dauerschuldverhältnisse auch ohne besonderen Grund durch ordentliche Kündigung beendet werden können.

[3] BAG NZA 2006, 539 unter II.2.e.

[4] Zutreffend *Palandt/Grüneberg* § 314 Rz 2.

[5] *Staudinger/Coester-Waltjen* Rz 29; *Ulmer/H. Schmidt* Rz 17; *Löwe/von Westphalen* § 10 Nr. 3 Rz 73. Ebenso BT Drucks 7/5422 S. 7.

[6] S. dazu *Palandt/Grüneberg,* Überbl. v. § 311 Rz 30. Für ein Festhalten an der Rechtsfigur des Wiederkehrschuldverhältnisses aber wohl *Kirsch* NJW 2002, 2520, 2521. Zweifelnd dagegen *Armbrüster/Wiese* DStR 2003, 334, 335.

[7] S. BT-Drs. 7/3919, S. 26 („Bei Dauerschuldverhältnissen, namentlich bei solchen auf unbestimmte Zeit, ...").

[8] Vgl. aber (zu einem Mietvertrag) BGH NJW 1987, 831, 833 (zu § 10 Nr. 3 AGBG): „Die Unanwendbarkeit des § 10 Nr. 3 AGB-Gesetz auf Dauerschuldverhältnisse ist hier ohne Bedeutung, weil der Vertrag nur zu kurzzeitiger Nutzung der Halle abgeschlossen wurde."

Menge geschuldet, und lediglich die Lieferung erfolgt in Raten („sukzessiv").[1] Der Leistungsumfang wird demnach nicht erst durch die Dauer des Vertrages bestimmt, so dass die ratio legis der in § 308 Nr. 3 Hs. 2 vorgesehenen Ausnahmeregelung nicht eingreift.

bb) Zeitaufwendige Verträge ohne Dauerschuldcharakter. Erst recht kann der Vorbehalt des § 308 Nr. 3 Hs. 2 nicht schon deshalb Anwendung finden, weil die Abwicklung eines Vertrages eine gewisse Zeit in Anspruch nimmt. Unanwendbar ist die Ausnahmeregelung des § 308 Nr. 3 Hs. 2 daher z. B. auf einen Werkvertrag, der auf einen bestimmten Erfolg gerichtet ist, auch wenn zur Herstellung dieses Erfolgs, z. B. der Errichtung eines Bauwerks, viel Zeit benötigt wird, denn der Leistungsumfang wird durch den Erfolg und damit unabhängig von der Zeitdauer bestimmt. 9

cc) Kündigung von Dauerschuldverhältnissen vor Vertragsbeginn. Auch im Falle echter Dauerschuldverhältnisse kann die Ausnahmeregelung des § 308 Nr. 3 Hs. 2 ausnahmsweise unanwendbar sein. Wie oben ausgeführt, ist das freie Lösungsrecht beim Dauerschuldverhältnis zulässig, weil es der Bestimmung des Leistungsumfangs dient. Aus diesem Sinn und Zweck des § 308 Nr. 3 Hs. 2 ergibt sich, dass ein Lösungsrecht ohne sachlichen Grund beim Dauerschuldverhältnis dann ausgeschlossen sein muss, wenn es nicht (nur) der Bestimmung des Leistungsumfangs, sondern (darüber hinaus) der Beseitigung jeglicher Vertragsbindung dient. Rechtsmethodisch geht es um eine teleologische Reduktion des § 308 Nr. 3 Hs. 2. Anwendbar ist § 308 Nr. 3 demnach z. B. dann, wenn sich der Vermieter nach den AGB bereits vor dem Beginn der Mietzeit vom Vertrag lösen können soll.[2] Eine solche Lösung von jeglicher Vertragsbindung will § 308 Nr. 3 Hs. 2 nämlich nicht zulassen. Auch im Dauerschuldverhältnis muss eine Klausel das Lösungsrecht daher von der Erbringung zumindest eines Teils der Leistung abhängig machen, bevor sie unter die Ausnahmeregelung des § 308 Nr. 3 Hs. 2 fällt.[3] Wird dagegen eine Beseitigung jeglicher Vertragsbindung beabsichtigt, so tritt auch für Dauerschuldverhältnisse die Unwirksamkeit nach § 308 Nr. 3 Hs. 1 ein.[4] 10

dd) Teilkündigung. Die für Dauerschuldverhältnisse geltende Ausnahmeregelung des § 308 Nr. 3 Hs. 2 greift auch im Falle einer Teilkündigung ein. Auch diese ist also nicht an § 308 Nr. 3 zu messen. Doch kann sich die Unwirksamkeit in diesem Falle nicht nur aus § 307, sondern insbesondere auch aus § 308 Nr. 4 ergeben. Die Ausnahmeregelung des § 308 Nr. 3 Hs. 2 kann im Rahmen des § 308 Nr. 4 keine entsprechende Anwendung finden. 11

III. Tatbestand

1. Leistungspflicht

Die Anwendung des § 308 Nr. 3 setzt zunächst voraus, dass die Klausel dem Verwender das Recht einräumt, sich von seiner Leistungspflicht zu lösen. Der Begriff der Leistungspflicht erfasst nur die **Hauptleistungspflicht** des Verwenders, **nicht** 12

---

[1] *Palandt/Grüneberg* Überbl. v. § 311 Rz 28.

[2] Ebenso BGH NJW 1987, 831, 833: Anwendbarkeit des § 10 Nr. 3 AGBG (§ 308 Nr. 3) auf Dauerschuldverhältnis, wenn Rücktritt für die Zeit vor Überlassung der Mietsache vorbehalten ist. Wie hier auch *Ulmer/H. Schmidt* Rz 17.

[3] Ebenso *Löwe/von Westphalen* § 10 Nr. 3 Rz 74.

[4] Vgl. BGH NJW 1987, 831, 833 (zu § 10 Nr. 3 AGBG): § 10 Nr. 3 AGBG (§ 308 Nr. 3) „ist [...] selbst auf Dauerschuldverhältnisse [...] anwendbar, wenn [...] der Rücktritt für die Zeit vor Überlassung der Mietsache vorbehalten ist". A. A. *Schlosser/Coester-Waltjen* § 10 Nr. 3 Rz 25, der zufolge insoweit nur § 10 Nr. 1 AGBG (§ 308 Nr. 1) und § 9 AGBG (§ 307) zur Anwendung kommen sollen.

dagegen bloße **Nebenleistungspflichten.**[1] Die Richtigkeit dieser Annahme ergibt sich aus folgender Überlegung: Während Lösungsrechte an § 308 Nr. 3 zu messen sind, gilt für ein Recht des Verwenders zur Änderung der versprochenen Leistung die Vorschrift des § 308 Nr. 4. Die letztgenannte Vorschrift ist jedoch aus Sicht des Verwenders deutlich großzügiger. Das Gesetz fordert nämlich in § 308 Nr. 4 nur, dass die Vereinbarung der Änderung oder Abweichung für den anderen Vertragsteil zumutbar sein muss, während die Zulässigkeit von Lösungsrechten nicht nur die sachliche Rechtfertigung – und damit indirekt die Zumutbarkeit – des Lösungsgrundes, sondern auch dessen Angabe im Vertrag voraussetzt. Diese unterschiedliche Behandlung darf nicht durch eine expansive Interpretation des § 308 Nr. 3 umgangen werden. Daraus folgt zunächst, dass § 308 Nr. 3 dann keine Anwendung finden kann, wenn die Hauptleistungspflicht zumindest teilweise bestehen bleibt oder doch durch eine Hauptleistungspflicht anderen Inhalts ersetzt wird. Denn die Anwendung des § 308 Nr. 3 auf solche Klauseln, die es dem Verwender erlauben, sich nur teilweise von seiner Hauptleistungspflicht zu lösen oder den Inhalt der Hauptleistungspflicht zu modifizieren, hätte zur Folge, dass die Entscheidung des Gesetzgebers für die relativ milde Regelung des § 308 Nr. 4 ihrer praktischen Bedeutung weitgehend beraubt würde. § 308 Nr. 3 kann daher keine Anwendung auf solche Klauseln finden, die lediglich ein Recht zur teilweisen Lösung von der Hauptleistungspflicht gewähren (s. Rz 20). Fällt aber ein Recht, die Hauptleistungspflicht teilweise entfallen zu lassen, nicht unter § 308 Nr. 3, dann kann § 308 Nr. 3 erst recht nicht auf solche Klauseln anwendbar sein, die die Hauptleistungspflicht zur Gänze bestehen lassen und es dem Verwender nur erlauben, sich einer oder mehrerer Nebenleistungspflichten zu entziehen. Zudem ist eine Abgrenzung zwischen Klauseln, die eine Lösung von (einzelnen) Nebenleistungspflichten erlauben und Klauseln, die eine Veränderung von Nebenleistungspflichten ermöglichen, praktisch vielfach nicht durchführbar. Daher sollte man, auch um eine klare Abgrenzung der beiden hier interessierenden Vorschriften zu gewährleisten, § 308 Nr. 3 nur dann heranziehen, wenn die Klausel die Möglichkeit eröffnet, dass die Hauptleistungspflicht des Verwenders zumindest für die Zukunft gänzlich und ersatzlos entfällt. Dass das Recht, sich von Nebenleistungspflichten zu lösen, damit nicht am Schutze des § 308 Nr. 3 teilhat, ist unschädlich. Denn insofern bleibt der Rekurs auf § 308 Nr. 4 möglich und geboten.

2. Pflicht des Vertragspartners

13 § 308 Nr. 3 findet nur dann Anwendung, wenn die Klausel gerade dem Verwender das Recht gibt, sich von seiner Leistungspflicht zu lösen. Sieht die Klausel demgegenüber nur ein Recht des Verwendungsgegners vor, sich von seiner Leistungspflicht zu lösen, z. B. vom Vertrag zurückzutreten, ist § 308 Nr. 3 unanwendbar. Demgegenüber bestehen keine Bedenken gegen die Anwendung des § 308 Nr. 3, wenn die Klausel vorsieht, dass mit der Pflicht des Verwenders zugleich die Pflicht des Verwendungsgegners entfällt. Erst recht steht es der Anwendung des § 308 Nr. 3 nicht entgegen, dass die Pflichten des Verwendungsgegners unverändert bestehen bleiben.[2]

3. Lösungsrecht

14 **a) Begriff.** § 308 Nr. 3 kann seinem Wortlaut nach nur auf solche Klauseln angewendet werden, die dem Verwender das Recht geben, sich von seiner Leistungs-

---

[1] A. A. *Bamberger/Becker* Rz 4; unklar *Ulmer/H. Schmidt* Rz 3.
[2] *Miebach/Patt* NJW 2000, 3377, 3383 (zu § 10 Nr. 3 AGBG).

pflicht zu lösen. Von einem Lösungsrecht sollte nur dann ausgegangen werden, wenn Klausel die **Möglichkeit** eröffnet, dass die Hauptleistungspflicht des Verwenders **zumindest für die Zukunft gänzlich und ersatzlos** entfällt.[1] Diese enge Definition ist geboten, um eine sachgerechte Abgrenzung der Anwendungsbereiche des § 308 Nr. 3 einerseits und des § 308 Nr. 4 andererseits zu gewährleisten (s. Rz 12).

b) Gestaltungsrechte. Erfasst werden zunächst alle Rechte, die es dem Verwen- 15
der ermöglichen, durch Abgabe einer Gestaltungserklärung die Beendigung des Vertrags, sei es rückwirkend oder für die Zukunft, herbeizuführen.[2] Wie diese Rechte in den AGB bezeichnet werden, ist dabei gleichgültig. So spielt es z. B. keine Rolle, ob die Klausel ein „Rücktrittsrecht", ein „Anfechtungsrecht"[3] oder ein „Kündigungsrecht" vorsieht. Entscheidend ist allein, ob sie die Beendigung der Vertragspflichten des Verwenders ermöglicht.

c) Ansprüche auf Vertragsaufhebung. Vom Wortlaut und Zweck des § 308 16
Nr. 3 werden aber auch solche Gestaltungen erfasst, die dem Verwender zwar kein Gestaltungsrecht einräumen, ihm jedoch einen Anspruch auf ein Verhalten des Vertragspartners geben, welches dem Verwender die Möglichkeit gibt, sich seiner Leistungspflicht zu entziehen. So erfasst § 308 Nr. 3 z. B. eine Klausel, die einen Anspruch des Verwenders auf Vertragsaufhebung vorsieht.[4] Gleiches gilt, wenn eine Rückkaufpflicht des Verwendungsgegners vorgesehen ist.[5]

d) Auflösende Bedingungen. Der Wortlaut des § 308 Nr. 3 passt nicht ohne 17
weiteres auf solche Klauseln, die eine auflösende Bedingung vorsehen. Denn die Wirkungen der auflösenden Bedingung treten von selbst ein (§ 158 I). Gleichwohl wird man auch auflösende Bedingungen als Lösungsrechte im Sinne des § 308 Nr. 3 einstufen müssen.[6] Denn § 308 Nr. 3 könnte leicht umgangen werden, wollte man ihn nicht auf auflösende Bedingungen anwenden. Auch kommt es grundsätzlich nicht darauf an, ob es sich bei der auflösenden Bedingung um eine Wollensbedingung (Potestativbedingung) handelt oder ob die Bedingung auf den Eintritt oder Nichteintritt eines Ereignisses jenseits der Einflussmöglichkeiten der Parteien abstellt.[7] Denn der Grundsatz der Vertragsbindung ist in beiden Fällen gefährdet. Nicht nach § 308 Nr. 3 zu beanstanden ist allerdings eine Potestativbedingung, die an eine Handlung des Verwendungsgegners anknüpft, sofern die Nichtvornahme dieser Handlung für den Verwendungsgegner nicht mit Nachteilen verbunden ist.[8]

---

[1] Vgl. auch BAG NZA 2006, 539 unter II.2.d.aa., dem zufolge § 308 Nr. 4 „alle Lösungsmöglichkeiten des Verwenders von den vertraglich vereinbarten Hauptleistungspflichten erfasst". Das BAG, a.a.O., geht allerdings nicht auf die hier verneinte Frage ein, ob § 308 Nr. 4 auch dann anwendbar ist, wenn die Klausel allenfalls zu einem teilweisen Wegfall der Hauptleistungspflicht führen kann. Siehe ferner OLG Frankfurt, Urt. v. 10. 11. 2005, Az: 1 U 127/05, unter II: Gibt die Klausel dem Verwender das Recht, eine andere als die geschuldete Leistung zu bewirken, so findet § 308 Nr. 4 und nicht § 308 Nr. 3 Anwendung.

[2] Explizit für die Anwendung des § 308 Nr. 3 auf Gestaltungsrechte auch BAG NZA 2006, 539 unter II.2.d.aa. Ebenso i.E. *Bamberger/Becker* Rz 3.

[3] Für die Anwendung des § 308 Nr. 3 im Falle der Erweiterung von Anfechtungsrechten z. B. auch *Staudinger/Coester-Waltjen* Rz 2.

[4] Ebenso z. B. BAG NZA 2006, 539 unter II.2.d.aa; *Erman/Roloff* Rz 17; *Bamberger/Becker* Rz 3.

[5] So auch *Bamberger/Becker* Rz 3.

[6] Ebenso BAG NZA 2006, 539 unter II.2.d.aa; *Palandt/Grüneberg* Rz 14; *Bamberger/Becker* Rz 3 (entsprechende Anwendung).

[7] Wie hier BAG NZA 2006, 539 unter II.2.d.aa

[8] Insoweit wohl A. A. BAG NZA 2006, 539 unter II.2.d.aa, dem zufolge § 308 Nr. 3 nicht nur auf solche auflösenden Bedingungen Anwendung findet, die auf den Willen des Verwenders zur Aufrechterhaltung des Vertrages oder auf bestimmte Handlungen des Verwenders abstellen, sondern „auch sonstige auflösende Bedingungen erfasst, unabhängig davon, ob sie auf ein Verhalten des anderen Vertragsteils, ein Verhalten Dritter oder auf objektive Umstände Bezug nehmen".

Denn eine solche Klausel ist in ihrer Wirkung einem Rücktrittsrecht des Verwendungsgegners vergleichbar, stellt die Bindung des Verwenders an den Vertrag also nicht in Frage. Eine aufschiebende Bedingung, die das Zustandekommen des Vertrags betrifft, ist nach § 308 Nr. 1 zu beurteilen.[1]

18 **d) Verfallsklauseln,** die man auch als Verwirkungsklauseln bezeichnet, haben mit einer Vertragsstrafe gemein, dass sie an das Vorliegen einer Vertragsverletzung anknüpfen, unterscheiden sich von ihr jedoch durch die in der Klausel vorgesehene Rechtsfolge. Namentlich sehen Verfallsklauseln keine zur Hauptleistungspflicht hinzutretende Pflicht zur Erbringung einer Geld- oder Sachleistung vor, sondern ordnen an, dass der Schuldner eigene Rechte verliert.[2] Erschöpft sich die Wirkung der Verfallsklausel darin, die vorzeitige Fälligkeit eines ohnehin zu zahlenden Betrages zu bewirken, so spricht man auch von einer **Vorfälligkeitsklausel.** Sofern der in der Verfallsklausel angeordnete Rechtsverlust das Recht auf die Leistung des Verwenders betrifft, kann eine Verfallsklausel auch die Anforderungen an das Vorliegen eines Lösungsrechts im Sinne des § 308 Nr. 3 erfüllen, nämlich dann, wenn sie die Hauptleistungspflicht des Verwenders zumindest für die Zukunft gänzlich entfallen lässt. Indessen gilt es daran zu erinnern, dass § 308 Nr. 3 keine Anwendung auf Dauerschuldverhältnisse findet. Im praktisch bedeutsamsten Fall einer Verfallsklausel, nämlich der Vorfälligkeitsklausel in Darlehensverträgen, kann § 308 Nr. 3 daher nicht herangezogen werden. Im Übrigen sei auf die allgemeinen Ausführungen zu Verfallsklauseln verwiesen.[3]

19 **e) Kein Lösungsrecht bei feiwilliger Mitwirkung des anderen Vertragsteils.** Von § 308 Nr. 3 erfasst werden nur solche Klauseln, die die Lösung vom Vertrag nicht von einer freiwilligen Mitwirkung des anderen Vertragsteils abhängig machen.[4] Denn der Verwendungsgegner bedarf des von § 308 Nr. 3 gewährten Schutzes nicht, wenn er es in der Hand hat, über die Fortdauer der Leistungspflicht des Verwenders frei zu entscheiden. Erforderlich ist aber, dass der andere Vertragsteil eine freie Entscheidung treffen kann. Daran fehlt es, wenn die Klausel nachteilige Folgen, z. B. eine Heraufsetzung der Vergütung, für den Fall vorsieht, dass der andere Vertragsteil die Mitwirkung verweigert. Sofern die Klausel die Ausübung des Lösungsrechts von der freiwilligen Mitwirkung des Verwendungsgegners abhängig macht, der Verwender aber nach Vertragsschluss Druck auf den anderen Vertragsteil ausübt, um dessen Mitwirkung zu erreichen, lässt dies die Wirksamkeit der Klausel unberührt. Doch kann der Verwendungsgegner seine zum Zwecke der Aufhebung des Vertrages abgegebene(n) Willenserklärung(en) unter Umständen nach § 123 anfechten. Außerdem ist es dem Verwender nach § 242 verwehrt, sich auf die Aufhebung des Vertrags zu berufen, wenn er die zur Aufhebung erforderliche Mitwirkung des anderen Teils in unzulässiger Weise erwirkt hat.

20 **f) Teilweise Lösung.** § 308 Nr. 3 greift nach richtiger Auffassung dann nicht ein, wenn sich der Verwender nur von Teilen des Vertrags lösen können soll (s. Rz 12).[5] Von § 308 Nr. 3 erfasst werden allerdings solche Lösungsrechte, die nur für die Zukunft wirken sollen.

---

[1] A. A. AG Forchheim NJW-RR 2000, 725, 725: Auch die aufschiebende Bedingung falle unter § 10 Nr. 3 AGBG (§ 308 Nr. 3).

[2] *Palandt/Grüneberg* § 339 Rz 5. Vgl. auch BGH NJW-RR 1991, 1013, 1015 (zu § 9 AGBG): Anordnung des Rechtsverlusts für den Fall einer Vertragsverletzung entspricht dem Vorliegen einer Vertragsstrafe.

[3] S. § 309 Nr. 6 Rz 16–19; Anh. § 310 Rz V 21–40.

[4] Vgl. auch BAG NZA 2006, 539 unter II.2.d.aa.

[5] A. A. aber LG Nürnberg-Fürth bei *Schäfer/Finnern/Hochstein* § 10 Nr. 1 AGB-Gesetz Nr. 2; *Palandt/Grüneberg* Rz 14; *Erman/Roloff* Rz 17; *Ulmer/H. Schmidt* Rz 3.

g) Typische Klauseln. Eine Klausel, die eine Änderung von Leistungen des Verwenders erlaubt, ohne aber die Möglichkeit des vollständigen Wegfalls der Hauptleistungspflicht des Verwenders zumindest für die Zukunft vorzusehen, ist nicht an §308 Nr. 3, sondern an §308 Nr. 4 zu messen.[1] Von §308 Nr. 3 erfasst werden aber z. B. Rücktrittsvorbehalte, Vorratsklauseln (z. B. „solange Vorrat reicht"), Lieferfähigkeitsklauseln (z. B. „Lieferfähigkeit vorbehalten") und Selbstbelieferungsklauseln („vorbehaltlich termingerechte Selbstbelieferung").[2] Voraussetzung ist dabei jeweils, dass die Klauseln nicht nur die Verzugsfolgen betreffen, sondern die Befreiung von der Leistungspflicht selbst. Ferner ist nach der hier vertretenen Auffassung davon auszugehen, dass dann, wenn lediglich die Nebenleistungspflichten des Verwenders entfallen können sollen oder wenn die Hauptleistungspflicht des Verwenders nur teilweise entfallen können soll, ein Änderungsrecht vorliegt, so dass die Klausel nicht an §308 Nr. 3, sondern an §308 Nr. 4 zu messen ist (s. Rz 87). Klauseln, die eine Leistungsbefreiung in Fällen höherer Gewalt vorsehen, fallen unter §308 Nr. 3. Weitere Klauseln, die ein Lösungsrecht vorsehen und deshalb an §308 Nr. 3 zu messen sind, liegen z. B. dann vor, wenn eine Leistung „freibleibend", „ohne Obligo" oder „unverbindlich" versprochen wird. Allerdings muss im Wege der Auslegung ermittelt werden, ob damit die Freistellung von der Leistungspflicht gemeint ist, wofür §308 Nr. 3 anzuwenden ist, oder ob nicht nur die Bindung an den Antrag nach §145 ausgeschlossen, ein Haftungsausschluss vereinbart oder eine Änderung des Preises vorbehalten werden soll, wofür §308 Nr. 3 nicht in Betracht kommt.[3] Mit Blick auf die **Auslegung der Klausel** gilt: Ist die Klausel bei Anwendbarkeit des §308 Nr. 3 unwirksam, so ist sie im Zweifel so auszulegen, dass sie der Regelung des §308 Nr. 3 unterfällt. Ist die Klausel dagegen auch bei Anwendbarkeit des §308 Nr. 3 wirksam, so ist die Klausel im Zweifel dahin gehend auszulegen, dass sie lediglich die für den Verwendungsgegner weniger belastende Rechtsfolge vorsieht. 21

4. Allgemeines zum sachlich gerechtfertigten Grund

§308 Nr. 3 führt nur dann zur Unwirksamkeit von Lösungsrechten, wenn ein Recht zur Lösung vom Vertrag ohne sachlich gerechtfertigten Grund gewährt wird. 22

a) Maßgeblichkeit des Klauselinhalts. Entscheidend ist dabei nicht, ob die sich später ergebenden, den Tatbestand der Klausel erfüllenden Umstände tatsächlich als sachlicher Grund zu werten sind. Vielmehr kommt es einzig auf den Klauselinhalt an, also darauf, ob gerade die Klausel die Ausübung eines Lösungsrechts vom Vorliegen eines sachlich gerechtfertigten Grundes abhängig macht. 23

b) Interessenabwägung. Welche Umstände den Verwender zur Lösung vom Vertrag berechtigen sollen, ist im Wege der Auslegung (§§ 133, 157, 305 c II) zu ermitteln. Ob diese Umstände sachliche Gründe darstellen, ist sodann im Wege einer Interessenabwägung festzustellen.[4] Dabei ist den Interessen des Verwendungsgegners in gebührender Weise Rechnung zu tragen. An einem sachlichen Grund fehlt es nicht etwa nur bei einer nicht mehr zu vertretenden und eindeutigen Vernachlässigung der Interessen des anderen Vertragsteils. Vielmehr ist ein sachlich gerechtfertigter Grund nur dann anzunehmen, wenn (1) die Loslösung vom Vertrag **geeignet** 24

---

[1] Vgl. auch *Erman/Roloff* Rz 18, der Vorbehalte „zur Änderung von Preisen und Leistungen" nicht an §308 Nr. 3 messen will. Vgl. aber auch *Erman/Roloff* Rz 17: Teilweise Lösung von Leistungspflicht fällt unter §308 Nr. 3.

[2] S. auch BGH NJW 1983, 1320, 1321 (zu §10 Nr. 3 AGBG): Möbelkauf.

[3] *Ulmer/H. Schmidt* Rz 5. In diesem Sinne auch *von Westphalen* NJW 2005, 121, 121.

[4] Ebenso z. B. *Erman/Roloff* Rz 18.

und erforderlich ist, um die Interessen des Verwenders zu befriedigen, und wenn darüber hinaus (2) die **Interessen des Verwenders** an der Lösung vom Vertrag die Interessen des Vertragspartners an der Vertragserfüllung **überwiegen** oder doch zumindest **gleichermaßen anerkennenswert** sind.[1] Dies meint wohl auch der BGH, wenn er formuliert, dass es einer Abwägung bedürfe, „ob der vorformulierte Rücktrittsgrund durch ein überwiegendes oder zumindest anerkennenswertes Interesse auf Seiten des Klauselverwenders gerechtfertigt ist".[2] Bei der demnach erforderlichen Abwägung gilt es, die gesetzlichen Wertungen, die von den Parteien individualvertraglich gewählte Risiko- und Lastenverteilung sowie die Verkehrsanschauung zu berücksichtigen.

25 **c) Generell unwirksame Lösungsrechte.** Aus den Wertungen der Rechtsordnung lassen sich eine Reihe wichtiger Grundsätze für die Interessenabwägung ableiten.

26 **aa) Freie Lösungsrechte.** Ein im dispositiven Recht nicht vorgesehenes freies Lösungsrecht nach Willkür und Belieben des Verwenders kann schon begrifflich nicht als ein Recht zur Lösung vom Vertrag aus sachlichem Grund eingestuft werden. Eine entsprechende Klausel ist daher stets nach § 308 Nr. 3 unwirksam.[3] Dies gilt selbst dann, wenn dem Verwendungsgegner ebenfalls ein entsprechendes Recht eingeräumt wird.[4] Denn zum einen stellt der Wortlaut des § 308 Nr. 3 nicht darauf ab, ob die Einräumung des Lösungsrechts einseitig erfolgt oder nicht. Und zum anderen ändert das Bestehen eines Lösungsrechts des Verwendungsgegners nichts daran, dass der Verwender das ihm zustehende Lösungsrecht nutzen kann, um seiner Vertragsbindung und gegebenenfalls der Haftung für Vertragsverletzungen zu entkommen. Die Tatsache, dass der Vertrag auch dem Verwendungsgegner ein Lösungsrecht einräumt, macht das Vorliegen eines sachlichen Grundes daher nicht entbehrlich, sondern kann nur als ein Faktor im Rahmen der Interessenabwägung berücksichtigt werden. Verzichtet die Klausel auf das Erfordernis eines sachlichen Grundes, so ist für eine Interessenabwägung jedoch von vornherein kein Raum.

27 Klauseln, die die Leistungsverpflichtung des Verwenders als „freibleibend",[5] „unverbindlich", „ohne Obligo", „jederzeit kündbar" oder durch ähnliche Formulierungen ins Belieben des Verwenders stellen, sind demnach stets unwirksam. Gleiches gilt für Klauseln, die das Lösungsrecht an keine einschränkende Voraussetzung binden.

28 **bb) Lösungsrechte bei Kontrahierungszwang.** Unwirksam ist auch ein Lösungsrecht, das gegen einen Kontrahierungszwang verstößt.[6] Unbedenklich ist dagegen grundsätzlich ein ex nunc wirkendes Lösungsrecht, welches ausdrücklich für den Fall vorgesehen wird, dass die ursprünglich gegebenen Voraussetzungen eines Kontrahierungszwangs entfallen. Dies ergibt sich bereits aus grundrechtlichen Erwägungen. Denn die im Kontrahierungszwang liegende Einschränkung der Pri-

---

[1] Strenger noch *Erman/Roloff* Rz 18: Interessen des Verwenders müssen überwiegen.

[2] BGH NJW 1987, 831, 833 (zu § 10 Nr. 3 AGBG).

[3] In diesem Sinne z. B. auch *Schulze/Kienle* NJW 2002, 2842, 2843 Fn 15: Unzulässigkeit von Klauseln, die ein grundloses Rücktrittsrecht gewähren.

[4] Vor diesem Hintergrund ist es missverständlich, wenn der Zweck des § 308 Nr. 3 dahin gehend umschrieben wird, dass es dem Verwender nicht möglich sein soll, sich jederzeit vom Vertrag zu lösen, während der Verwendungsgegner gebunden ist. So aber z. B. *Bamberger/Becker* Rz 1.

[5] Ebenso *Palandt/Grüneberg* Rz 18.

[6] Vgl. auch BGH NJW 1987, 831, 833, der zu Recht darauf hinweist, dass das Bestehen eines Kontrahierungszwangs nach Art. 3 GG auch einen Rücktritt unzulässig macht, sofern keine Gründe vorliegen, die den Kontrahierungszwang entfallen lassen.

vatautonomie ist nicht mehr gerechtfertigt, wenn die den Kontrahierungszwang begründenden Faktoren nicht länger bestehen.

cc) Keine generelle Unwirksamkeit bei zu vertretenden Leistungshindernissen. Nach traditioneller Auffassung sollen Lösungsrechte für den Fall eines vom Verwender zu vertretenden Leistungshindernisses generell unzulässig sein.[1] Dem ist jedoch in dieser Allgemeinheit nicht zuzustimmen. Zwar darf die Einräumung eines Lösungsrechts für den Fall einer vom Verwender zu vertretenden Pflichtverletzung niemals dazu führen, dass der Verwender seiner Haftung in solchen Fällen entgeht, in denen eine Freizeichnung von der Haftung generell oder doch zumindest in AGB ausgeschlossen wäre. Denn in diesem Falle ergibt sich aus dem Verbot der Haftungsfreizeichnung zugleich, dass eine Konstruktion, die dem Verwender die Vermeidung dieser Haftung erlaubt, unangemessen ist. Zu beachten ist jedoch, dass der Rücktritt bzw. die Kündigung nach neuem Recht grundsätzlich nicht mehr dazu führt, dass etwaige Schadensersatzansprüche entfallen. So sieht § 325 für den gesetzlichen Rücktritt ausdrücklich vor, dass der Rücktritt bei einem gegenseitigen Vertrag den Schadensersatzanspruch unberührt lässt. Zwar bezieht sich diese Regelung nur auf das gesetzliche Rücktrittsrecht. Im Schrifttum wird aber zu Recht betont, dass die Grundsatzentscheidung des § 325 auch beim vertraglichen Rücktrittsrecht zu beachten ist.[2] In Ermangelung einer abweichenden Abrede ist daher auch bei einem vertraglichen Rücktrittsrecht davon auszugehen, dass der Rücktritt etwaige Schadensersatzansprüche unberührt lässt. Gleiches gilt für die Kündigung. § 314 IV stellt mit Blick auf die dort geregelte Kündigung aus wichtigem Grund ausdrücklich klar, dass die Kündigung das Recht auf Schadensersatz nicht ausschließt. Auf ein gesetzliches Recht zur ordentlichen Kündigung wird man diese Regelung grundsätzlich analog anwenden können.[3] Und auch im Fall eines *vertraglichen* Rechts zur ordentlichen oder außerordentlichen Kündigung wird man in Anwendung des Rechtsgedankens des § 314 IV davon ausgehen müssen, dass die Kündigung das Recht auf Schadensersatz vorbehaltlich abweichender Absprachen unberührt lässt. Angesichts der Tatsache, dass Schadensersatzansprüche nach neuem Recht grundsätzlich auch bei Ausübung eines Lösungsrechts bestehen bleiben, bedeutet die Einräumung eines Lösungsrechts für den Fall eines vom Verwender zu vertretenden Leistungshindernisses noch nicht, dass die Aushöhlung AGB-fester Haftungsgrundsätze droht. Daher können entsprechende Klauseln auch nicht ohne weiteres als unwirksam eingestuft werden. Vielmehr ist danach zu differenzieren, ob die Leistung infolge der Pflichtverletzung unmöglich wird, erschwert wird oder sich gar nur verzögert. Siehe im Einzelnen Rz 32 ff. 29

dd) Keine generelle Unwirksamkeit bei Erkennbarkeit des Grundes. Nach traditioneller Rechtsprechung und Lehre kann ein Rücktrittsrecht in AGB generell nicht auf solche Gründe erstreckt werden, die bei Anwendung gebotener Sorgfalt schon bei Vertragsschluss erkennbar gewesen wären.[4] Dies lässt sich auf den ersten Blick damit begründen, dass der Verwender in der genannten Konstellation nicht schutzwürdig ist, weil er ja auch den Vertragsschluss von vornherein hätte ablehnen können.[5] Indessen überzeugt die genannte Auffassung jedenfalls in dieser Allge- 30

[1] BGH NJW 1983, 1320, 1321 (zu § 10 Nr. 3 AGBG). Aus der Literatur s. z. B. *Bamberger/Becker* Rz 26.

[2] S. z. B. *Palandt/Grüneberg,* Einf. v. § 346 Rz 6.

[3] Ebenso *Palandt/Grüneberg* § 314 Rz 13.

[4] BGH NJW 1987, 831, 833. Auch BAG NZA 2006, 539 unter II.2.f.cc, betont, dass es an einer sachlichen Rechtfertigung fehlt, wenn sich die AGB-mäßige Lösungsmöglichkeit „auch auf Umstände erstreckt, deren Vorliegen der Verwender bei gebotener Sorgfalt schon vor dem Vertragsschluss hätte erkennen und deshalb den Abschluss hätte ablehnen können". Aus der Literatur siehe z. B. *Erman/Roloff* Rz 18; *Ulmer/H. Schmidt* Rz 12 („[r]egelmäßig unwirksam").

[5] In diesem Sinne z. B. BAG NZA 2006, 539 unter II.2.f.cc.

meinheit nicht. Erfüllt der relevante Lösungsgrund nämlich die Voraussetzungen des § 275, so ist nicht recht erkennbar, welches Interesse des Verwendungsgegners es rechtfertigen soll, den Verwender am Vertrag festzuhalten, wenn die Voraussetzungen des § 275 gegeben sind. Darüber hinaus ist zu beachten, dass der Verwender oftmals ein schützenswertes Interesse daran hat, bei Eintritt bestimmter Entwicklungen nicht mehr an den Vertrag gebunden zu sein. Wollte man die Annahme eines sachlichen Grundes generell davon abhängig machen, dass der Eintritt der relevanten Entwicklungen bei Vertragsschluss noch nicht absehbar war, so wäre den Interessen des Vertragspartners durchaus nicht immer gedient. Denn insbesondere dann, wenn die individualvertragliche Vereinbarung eines Lösungsrechts aus praktischen Gründen ausscheidet, wird der Verwender bei Unzulässigkeit eines Lösungsrechts den Vertragsschluss von vornherein ablehnen, obwohl möglicherweise noch gar nicht feststeht, ob die befürchteten Ereignisse auch tatsächlich eintreten werden. Sinnvoller erscheint es daher, dem Verwender mit Blick auf den drohenden Eintritt des Lösungsgrundes gegebenenfalls eine Aufklärungspflicht nach § 242 aufzuerlegen, ihm aber die AGB-mäßige Vereinbarung eines Lösungsrechts nicht pauschal zu versagen. Im Ergebnis ist daher festzuhalten, dass die bei Vertragsschluss gegebene Erkennbarkeit des Grundes nur als ein Gesichtspunkt im Rahmen der Interessenabwägung und überdies nur dann zu berücksichtigen ist, wenn kein Fall des § 275 vorliegt.[1]

31 **ee) Andere Fallgestaltungen.** Auch wenn die vorgenannten Grundsätze nicht eingreifen, bedeutet dies nicht, dass die Interessen des Verwenders grundsätzlich überwögen. Die Tatsache, dass die Klausel weder ein freies Lösungsrecht vorsieht noch AGB-feste Haftungsgrundsätze aushöhlt oder die Umgehung eines Kontrahierungszwangs ermöglicht, führt also nicht dazu, dass die Argumentationslast bei der Prüfung des Vorliegens eines sachlichen Grundes zugunsten des Verwenders verteilt wäre. Vielmehr gelten die nachfolgenden Grundsätze.

5. Sachlicher Grund bei Störungen der Verwenderleistung

32 Lösungsrechte können zunächst für den Fall einer Störung der Verwenderleistung vereinbart sein.

33 **a) Unmöglichkeit.** Denkbar ist zunächst, dass ein Lösungsrecht zumindest auch für den Fall vorgesehen ist, dass die Leistung des Verwenders unmöglich wird. Die traditionelle Auffassung in Rechtsprechung und Lehre will die Zulässigkeit entsprechender Klauseln davon abhängig machen, dass der Verwender das Leistungshindernis nicht zu vertreten hat.[2] Die einschlägigen Quellen sind nicht im-

[1] Kritisch gegenüber der traditionellen Auffassung auch *Bamberger/Becker* Rz 9. *Becker* zufolge soll die Klausel nur dann unwirksam sein, wenn sie dem Verwender die Ausübung des Lösungsrechts auch für den Fall erlaubt, dass dieser die von ihr erfassten Rücktritts- und Befreiungsgründe bei Vertragsschluss bereits gebilligt hat. *Becker* ist insoweit zuzustimmen, dass die Klausel in den von ihm beschriebenen Fällen unwirksam ist, was sich schon aus § 305c I sowie aus § 307 (unter dem Gesichtspunkt der Irreführung) ergibt. Allerdings ginge es zu weit, der Erkennbarkeit des Leistungshindernisses in anderen Fällen kein Gewicht beizumessen. Wenig ergiebig ist insbesondere das Argument *Beckers,* dass der Verwender überfordert würde, wollte man ihm eine allgemeine Erkundigungspflicht auferlegen. Denn die Annahme, dass die Erkennbarkeit eines Leistungshindernisses zulasten des Verwenders zu berücksichtigen ist, sagt gerade noch nichts darüber aus, ob den Verwender eine Erkundigungspflicht trifft. Mit anderen Worten, auch wenn den Verwender keine Erkundigungspflicht trifft, kann das Leistungshindernis für ihn erkennbar sein.

[2] Vgl. BGH NJW 1983, 1320, 1321 („Jedenfalls muss der AGB-Verwender klarstellen, dass die von ihm schuldhaft herbeigeführte Nichtbelieferung nicht zum Rücktritt berechtigt [...]."); *Erman/Roloff* Rz 22: Vom Verwender zu vertretende Leistungshindernisse stellen keinen Grund zur Lösung vom Vertrag dar; *Bamberger/Becker* Rz 23: Klausel darf keinen Zweifel daran lassen, dass vom Verwender verschuldete Leistungshindernisse nicht zur Lösung vom Vertrag berechtigen.

mer deutlich, ob eine in den AGB vorgesehene Haftungsfreizeichnungsklausel Berücksichtigung finden kann oder nicht.[1] Dabei wird jedoch übersehen, dass zumindest nach neuem Recht keine Aushöhlung AGB-fester Haftungsgrundsätze mehr droht, weil Schadensersatzansprüche auch bei Ausübung eines Rücktritts- oder Kündigungsrechts bestehen bleiben. Richtigerweise sind Lösungsrechte für den Fall der Unmöglichkeit daher grundsätzlich unbedenklich, und zwar auch dann, wenn sie für den Fall einer vom Verwender zu vertretenden Unmöglichkeit vereinbart werden. Etwas anderes gilt nur dann, wenn die Parteien ausnahmsweise AGB-mäßig oder individualvertraglich vereinbart haben, dass etwaige Schadensersatzansprüche entgegen der gesetzlichen Regelung entfallen sollen, und wenn das Lösungsrecht darüber hinaus auch solche Fälle erfasst, in denen eine AGB-mäßige Haftungsfreizeichnung nicht möglich wäre.

b) Die Fälle des § 275 II, III. Das zur Unmöglichkeit Gesagte muss auch dann gelten, wenn ein Lösungsrecht für den Fall vereinbart wird, dass die Voraussetzungen des § 275 II oder III erfüllt sind. Entgegen der traditionell in Rechtsprechung und Lehre vertretenen Auffassung, die die Zulässigkeit eines Lösungsrechts verneint, wenn das Lösungsrecht auch bei Umständen eingreifen soll, die vom Verwender zu vertreten sind,[2] bestehen also grundsätzlich keine Bedenken, wenn dem Verwender für die von § 275 II, III erfassten Fälle ein Lösungsrecht eingeräumt wird, mag der Verwender die Leistungserschwerung auch verschuldet haben. Etwas anderes gilt nur dann, wenn die Parteien vereinbart haben, dass etwaige Schadensersatzansprüche bei Ausübung des Lösungsrechts entfallen sollen und das Lösungsrecht Fallgestaltungen erfasst, in denen eine AGB-mäßige Haftungsfreizeichnung unzulässig wäre. 34

c) Vorübergehende Leistungshindernisse. Lösungsrechte, die für den Fall vorübergehender Leistungshindernisse vereinbart werden, sind in aller Regel unzulässig.[3] Dies lässt sich wie folgt begründen: Hat der Verwender das Leistungshindernis nicht zu vertreten, so ist es ihm ohne weiteres zumutbar, am Vertrag festgehalten zu werden. Mangels Verschulden ist er nämlich keinem Anspruch auf Ersatz des Verzögerungsschadens ausgesetzt. Hat der Verwender das Leistungshindernis dagegen zu vertreten, so überwiegt das Interesse des Verwendungsgegners am Erhalt der Leistung. Anderes gilt freilich im Falle des **absoluten Fixgeschäfts,** denn in diesem Fall liegt gerade kein vorubergehendes Leistungshindernis, sondern eine permanente Unmöglichkeit vor, so dass ein Lösungsrecht nach der hier vertretenen Auffassung (s. Rz 33) ohne Rücksicht auf die Frage des Verschuldens vereinbart werden kann. Im Falle eines **relativen Fixgeschäfts,** bei welchem die Nachfristsetzung nach § 323 II Nr. 2 zugunsten des Vertragspartners entbehrlich ist, bleibt es dagegen bei dem Grundsatz, dass ein bloß vorübergehendes Leistungshindernis kein Lösungsrecht des Verwenders rechtfertigt.[4] Denn § 323 II Nr. 2 schützt den Gläubiger, nicht den Schuldner. 35

---

[1] Vielfach wird auf ein „Verschulden" des Verwenders abgestellt. S. z. B. *Bamberger/Becker* Rz 23; BGH NJW 1983, 1320, 1321 (zu § 10 Nr. 3 AGBG). Dies ist wohl dahin gehend zu verstehen, dass Haftungsfreizeichnungsklauseln nicht berücksichtigt werden können, denn diese beseitigen nicht das Verschulden, sondern lediglich das Vertretenmüssen.

[2] Vgl. BGH NJW 1983, 1320, 1321 („Jedenfalls muss der AGB-Verwender klarstellen, dass die von ihm schuldhaft herbeigeführte Nichtbelieferung nicht zum Rücktritt berechtigt. . ."); *Erman/Roloff* Rz 22. Vom Verwender zu vertretende Leistungshindernisse stellen keinen Grund zur Lösung vom Vertrag dar; *Bamberger/Becker* Rz 23: Klausel darf keinen Zweifel daran lassen, dass vom Verwender verschuldete Leistungshindernisse nicht zur Lösung vom Vertrag berechtigen.

[3] Für generelle Unwirksamkeit von Lösungsrechten für den Fall vorübergehender Leistungshindernisse BGH NJW 1985, 855, 857 (zu § 10 Nr. 3 AGBG); OLG Frankfurt, Urt. v. 10. 11. 2005, Az: 1 U 127/05, unter II; *Palandt/Grüneberg* Rz 18; *Bamberger/Becker* Rz 27 (für den Fall, dass kein Fixgeschäft vorliegt).

[4] A. A. wohl *Bamberger/Becker* Rz 27.

36 **d) Sonstige Leistungserschwerungen.** Wie bereits ausgeführt, sind Lösungsrechte für den Fall, dass die Voraussetzungen des § 275 II, III gegeben sind, grundsätzlich unbedenklich (s. Rz 34). Erreicht die Erschwernis nicht die Grenze des § 275 II oder des § 275 III, so liegen die Dinge komplizierter.

37 **aa) Aushöhlung AGB-fester Haftungsgrundsätze.** Nach traditioneller Auffassung sind unter anderem solche Lösungsrechte unwirksam, die auch für den Fall eingreifen sollen, dass der Verwender die relevanten Umstände zu vertreten hat.[1] Richtigerweise kann dem in dieser Allgemeinheit nicht zugestimmt werden. Doch muss eine Aushöhlung AGB-fester Haftungsgrundsätze vermieden werden. Ohne weiteres unwirksam sind daher solche Lösungsrechte, die zumindest auch bei vom Verwender zu vertretenden Leistungserschwerungen eingreifen sollen, sofern eine Haftungsfreizeichnung in AGB unwirksam wäre.

38 **bb) Keine Aushöhlung AGB-fester Haftungsgrundsätze.** Droht keine Aushöhlung AGB-fester Haftungsgrundsätze, so kann ein sachlicher Grund zu bejahen sein. Allerdings ist kein Grundsatz des Inhalts anzuerkennen, dass ein Lösungsrecht für den Fall, dass keine Gefahr einer Aushöhlung AGB-fester Haftungsgrundsätze besteht, zulässig ist. Denn der Schuldner muss immer mit gewissen Leistungserschwerungen rechnen, und der Grundsatz der Vertragsbindung würde weitgehend leer laufen, wenn sich der Schuldner in seinen AGB für jede von ihm nicht zu vertretende Leistungserschwerung ein Lösungsrecht ausbedingen könnte. Entscheidend ist also, ob es sachlich gerechtfertigt ist, dass der Verwender das Risiko einer Leistungserschwerung mittels eines Lösungsrechts auf den anderen Teil abwälzt.

39 In welchem Umfang der Verwender als Schuldner das Risiko von ihm nicht zu vertretender Leistungserschwerungen zu tragen hat, ergibt sich in erster Linie aus dem Vertrag und der darin enthaltenen **Risiko- und Lastenverteilung.** Soweit eine bestimmte Lasten- und Risikoverteilung individualvertraglich vereinbart ist,[2] kann ein damit in Widerspruch stehendes Lösungsrecht in AGB bereits nach § 305b keine Wirksamkeit entfalten.

40 Bei Fehlen einer individualvertraglichen Vereinbarung ist die sachliche Rechtfertigung aufgrund einer **Interessenabwägung** festzustellen, wobei die sachliche Rechtfertigung fehlt, wenn das Erfüllungsinteresse des Vertragspartners das Lösungsinteresse des Verwenders überwiegt. Dabei ist das Maß der Aufwendungen, die zur Beseitigung der Leistungserschwerungen zu erwarten sind, dem typischen Erfüllungsinteresse eines durchschnittlichen Vertragspartners gegenüberzustellen. Ein Lösungsrecht ist deshalb eher gerechtfertigt, wenn der Vertragspartner den Vertragsgegenstand im Regelfall ohne Schwierigkeiten und allzu große zeitliche Verzögerungen am Markt beschaffen kann. Ist der Vertragspartner dagegen auf den Leistungsgegenstand typischerweise besonders angewiesen und kann er ihn nicht anderweit beschaffen, so ist das Lösungsrecht regelmäßig nur unter den Voraussetzungen des § 275 II, III zu rechtfertigen.

41 Bei der Interessenabwägung ist auch die **gesetzliche und vertragstypische Risikoverteilung** zu berücksichtigen. Beim Werkvertrag muss der Unternehmer in der Regel für die Voraussetzungen der Erfolgserbringung einstehen und muss deshalb grundsätzlich auch die regelmäßigen oder typischerweise damit verbundenen Leistungsrisiken tragen. Maßgebend ist auch, ob der Vertragspartner die leistungs-

---

[1] Vgl. BGH NJW 1983, 1320, 1321 („Jedenfalls muss der AGB-Verwender klarstellen, dass die von ihm schuldhaft herbeigeführte Nichtbelieferung nicht zum Rücktritt berechtigt. . ."); *Erman/Roloff* Rz 22: Vom Verwender zu vertretende Leistungshindernisse stellen keinen Grund zur Lösung vom Vertrag dar; *Bamberger/Becker* Rz 23: Klausel darf keinen Zweifel daran lassen, dass vom Verwender verschuldete Leistungshindernisse nicht zur Lösung vom Vertrag berechtigen.

[2] S. § 305 b Rz 5–31.

erschwerenden Umstände zu vertreten hat oder nicht. Ein leichtes Verschulden des Verwendungsgegners, das lediglich eine Leistungserschwerung und nicht die Unmöglichkeit der Leistungserbringung bewirkt, rechtfertigt aber für sich allein nicht ohne weiteres ein Lösungsrecht des Verwenders. Zu berücksichtigen ist dabei, dass der Verwender in solchen Fällen einen etwaigen Schaden nach §§ 241 II, 280 I 1 ersetzt verlangen kann und dass die Zubilligung eines Lösungsrechts in Relation zur eingetretenen Leistungserschwerung in vielen Fällen unverhältnismäßig wäre.

Diese Grundsätze gelten auch dann, wenn die bei einem Kauf- oder Werkvertrag verwandten AGB ein Lösungsrecht für solche Fälle vorsehen, in denen der Verkäufer/Unternehmer nach §§ 439 III 1, 635 III berechtigt wäre, die vom Käufer/Besteller gewählte Form der Nachlieferung wegen ihrer unverhältnismäßigen Kosten zu verweigern. Es würde zu weit gehen, für diese Konstellationen ein Lösungsrecht zuzulassen. Denn die §§ 439 III 1, 635 III lassen lediglich das Recht auf die vom Käufer/Besteller gewählte Form der Nacherfüllung entfallen. Der Käufer/Besteller kann also weiterhin die übrigen Mängelansprüche geltend machen. Auch ist kein Grund ersichtlich, weshalb der Verkäufer sich insofern vom Vertrag lösen können soll, nur weil die Nacherfüllung – oder gar nur eine bestimmte Form der Nacherfüllung – mit unverhältnismäßigen Kosten verbunden ist. **42-44**

e) Einzelne Klauseltypen. Im Folgenden seien einige verbreitete Klauseltypen näher erörtert. **45**

aa) Höhere-Gewalt-Klauseln werden zum Teil ohne weiteres für zulässig gehalten.[1] Richtigerweise ist jedoch davon auszugehen, dass die oben dargestellten Grundsätze gelten. In aller Regel unbedenklich sind Höhere-Gewalt-Klauseln demnach dann, wenn sie lediglich ein Lösungsrecht in den von § 275 erfassten Fällen gewähren (s. Rz 33–34). Unwirksam sind sie dagegen dann, wenn sie auch ein Lösungsrecht im Falle einer infolge höherer Gewalt eingetretenen Leistungsverzögerung vorsehen (s. Rz 35).[2] **46**

bb) Selbstbelieferungsvorbehalte. Bei einem so genannten Selbstbelieferungsvorbehalt (Selbstbelieferungsklausel) behält sich der Verwender ein Lösungsrecht für den Fall vor, dass sein eigener Lieferant nicht liefert. **47**

α) Wirksamkeit. Nach traditioneller Auffassung in Rechtsprechung und Lehre sind solche Klauseln grundsätzlich zulässig, sofern sie hinreichend deutlich[3] auf den Fall beschränkt sind, dass (1) der Verwender ein Deckungsgeschäft abgeschlossen hat, (2) der Verwender von seinem Lieferanten im Stich gelassen worden ist und (3) die Klausel nur in solchen Fällen Geltung beansprucht, in denen der Verwender das Ausbleiben der Belieferung nicht zu vertreten hat.[4] Seit der Reform des Schuldrechts wird man aber richtigerweise differenzieren müssen: Sind die drei vorgenannten Bedingungen erfüllt, so verstößt die Selbstbelieferungsklausel grundsätzlich nicht gegen § 308 Nr. 3, doch ist ein solcher Verstoß auch bei Erfüllung der genannten Voraussetzung dann zu bejahen, wenn die Klausel auch solche Fälle er- **48**

---

[1] So wohl *Palandt/Grüneberg* Rz 18.

[2] Wie hier *Ulmer/H. Schmidt* Rz 12.

[3] Der BGH geht zu Recht davon aus, dass eine einschränkende Auslegung von Selbstbelieferungsvorbehalten gegenüber Verbrauchern ausscheidet. S. BGH NJW 1983, 1320, 1321 (zu § 10 Nr. 3 AGBG). Dort begründet der BGH den Verstoß gegen § 10 Nr. 3 AGBG (§ 308 Nr. 3) damit, dass eine im Möbeleinzelhandel verwandte Selbstbelieferungsklausel „für die an solchen Geschäften typischerweise beteiligten Verkehrskreise die Auslegung [zulässt], dass auch [in Fällen, in denen es an einem kongruenten Deckungsgeschäft fehlt oder der Verwender das Ausbleiben der Lieferung durch Zahlungsverzug verschuldet hat,] dem Verkäufer ein Rücktrittsrecht zusteht". Anders liegen die Dinge im unternehmerischen Verkehr. S. Rz 113.

[4] BGH NJW 1983, 1320, 1321 (zu § 10 Nr. 3 AGBG); *Bamberger/Becker* Rz 29; *Erman/Roloff* Rz 23.

fasst, in denen sich die Leistung des Lieferanten des Verwenders lediglich verzögert (vgl. Rz 35). Darüber hinaus wird man davon ausgehen müssen, dass Selbstbelieferungsklauseln die Voraussetzungen (1) bis (3) nicht in jedem Falle erfüllen müssen, um einen Verstoß gegen § 308 Nr. 3 zu vermeiden. Vielmehr ist eine Verletzung des § 308 Nr. 3 auch dann zu verneinen, wenn die Klausel, ohne den Anforderungen (1) bis (3) zu genügen, lediglich für solche Fälle Geltung beansprucht, in denen auch die Voraussetzungen des § 275 I, II oder III erfüllt sind (s. Rz 33 f.). Außerdem wird ein Verstoß gegen § 308 Nr. 3 dann vermieden, wenn die Voraussetzungen (1) und (2) erfüllt sind und die Klausel darüber hinaus nur dann gelten soll, wenn der Verwender sich hinsichtlich der das Ausbleiben der Belieferung verursachenden Umstände nach allgemeinen Grundsätzen AGB-mäßig freizeichnen könnte. Die letztgenannte Konstellation dürfte jedoch kaum relevant werden, da die Lieferpflicht zu den Kardinalpflichten des Verkäufers gehört und damit eine Freizeichnung für fahrlässiges Verhalten grundsätzlich an § 307 scheitert (s. § 309 Nr. 7 Rz 99). Schließlich sei daran erinnert, dass Selbstbelieferungsklauseln, um wirksam zu sein, nicht nur die Vorgaben des § 308 Nr. 3 erfüllen müssen. Vielmehr ist auch § 308 Nr. 8 zu beachten.

49 β) **Sonstiges.** Der Verwender, der sich unter Hinweis auf einen Selbstbelieferungsvorbehalt vom Vertrag lösen will, ist dafür beweispflichtig, dass er von seinem Lieferanten im Stich gelassen wurde. Diese Beweislastverteilung kann nach § 309 Nr. 12 nicht zulasten des Kunden geändert werden. Wenngleich die Klausel auf die genannte Beweislastverteilung nicht ausdrücklich hinweisen muss,[1] darf sie nicht den Eindruck erwecken, dass der Verwendungsgegner die Beweislast trägt, denn wenn auch nur zweifelhaft bleibt, ob der Verwender oder der Verwendungsgegner die Beweislast für die Nichtbelieferung tragen soll, ist die Klausel nach § 309 Nr. 12 i.V.m. § 305 c II unwirksam.

50 cc) **Vorratsklauseln** sind Klauseln, die die Leistungspflicht des Verwenders unter den Vorbehalt stellen, dass er die zu liefernde Ware im Zeitpunkt der Fälligkeit noch vorrätig hat. Solche Klauseln können grundsätzlich nur dann wirksam in AGB vereinbart werden, wenn (1) individualvertraglich eine beschränkte Gattungsschuld vereinbart ist[2] und (2) der Verwender aufgrund der individualvertraglichen Abrede in den von der Klausel erfassten Fällen ohnehin nach § 275 von seiner Leistungspflicht frei würde. Diese Voraussetzungen sind erfüllt, wenn die Parteien individualvertraglich vereinbart haben, dass eine Leistung nur aus dem Vorrat des Gläubigers und darüber hinaus nur so lange möglich sein soll, als dieser Vorrat sich noch in den Händen des Gläubigers befindet. Im Übrigen ist bei Vorratsklauseln auch § 308 Nr. 8 zu beachten.

51-59 **dd) Arbeitskampfklauseln.** Für Arbeitskampfklauseln gelten die allgemeinen Grundsätze. Das heißt, Klauseln, die für den Arbeitskampf ein Lösungsrecht gewähren, sind unbedenklich, soweit der Arbeitskampf zur Unmöglichkeit (§ 275 I) oder zu einer der Unmöglichkeit gleichgestellten Leistungserschwerung (§ 275 II, III) führt.[3] Sofern die Klausel darüber hinaus auch andere Fälle erfassen soll, ist sie in aller Regel unwirksam. Insbesondere sind Arbeitskampfklauseln unwirksam,

---

[1] Offen gelassen in BGH NJW 1983, 1320, 1321 (zu § 10 Nr. 3 AGBG). Gegen ein Ausdrücklichkeitserfordernis aber z. B. *Bamberger/Becker* Rz 32.

[2] Insoweit ebenso *Palandt/Grüneberg* Rz 18; *Bamberger/Becker* Rz 32. Ähnlich MünchKomm/*Basedow* Rz 8: Zulässigkeit bei individualvertraglicher Vereinbarung einer beschränkten Gattungs- oder Stückschuld.

[3] Vgl. schon bisher *Ulmer/H. Schmidt* Anh. § 310 Rz 29, demzufolge ein Rücktrittsrecht nur dann als angemessene Regelung in Betracht kommt, „wenn – ausnahmsweise – der Arbeitskampf in typischer Weise nicht nur zur Verzögerung, sondern zur Unmöglichkeit der Leistung führt."

wenn sie auch für den Fall gelten sollen, dass der Arbeitskampf lediglich zu einer Verzögerung der Leistung führt.[1]

6. Sachlicher Grund bei Störung der Leistung des Verwendungsgegners

Soweit es um eine Störung von Leistungen des Vertragspartners geht, ist nach der Art der Störung sowie danach zu differenzieren, wer die Störung zu vertreten hat. 60

a) Unmöglichkeit. Denkbar ist zunächst, dass die Leistung des Verwendungsgegners unmöglich wird. In diesem Falle sollte danach differenziert werden, ob die Pflicht des Verwenders zur Bewirkung der Gegenleistung ohne das Lösungsrecht fortbestehen würde: 61

aa) Bei Eingreifen des § 326 I. Denkbar ist zunächst, dass die Klausel in solchen Fällen Anwendung finden soll, in denen der Verwender infolge der Unmöglichkeit der Leistung nach § 326 I 1 auch die Gegenleistung nicht mehr bewirken muss. In diesen Fällen ist kein Grund ersichtlich, den Verwender am Vertrag festzuhalten. Folglich muss auch die Vereinbarung eines Lösungsrechts wirksam sein. 62

bb) Bei Eingreifen des § 326 II 1. Denkbar ist auch, dass der Verwendungsgegner nach § 326 II 1 trotz der Unmöglichkeit der Leistung den Anspruch auf die Gegenleistung behält, weil der Verwender die Unmöglichkeit allein oder doch weit überwiegend zu vertreten hat oder weil die Unmöglichkeit während des Annahmeverzuges eingetreten und vom Verwendungsgegner nicht zu vertreten ist. In diesem Falle würde es dem Grundgedanken der gesetzlichen Regelung widersprechen, dem Verwender die Möglichkeit der Vereinbarung eines Lösungsrechts einzuräumen. Denn ein solches Lösungsrecht würde zu dem vom Gesetz gerade missbilligten Ergebnis führen, dass der Verwender die von ihm geschuldete Gegenleistung nicht erbringen muss. Unwirksam ist daher z. B. eine Klausel, die ein Rücktrittsrecht des Verwenders pauschal bei Nichterfüllung des Vertrags durch den Kunden vorsieht. Denn diese Klausel erfasst ihrem Wortlaut nach auch den hier interessierenden Fall, dass die Leistung des Kunden während des Annahmeverzugs des Verwenders zufällig unmöglich wird. An der Unwirksamkeit der Klausel ändert sich auch dann nichts, wenn beispielhaft Verzug und andere zu vertretende Gründe genannt sind, da dadurch der generelle Rücktrittsgrund nicht eingeschränkt wird.[2] 63

cc) Sonstige Fälle der Unmöglichkeit. Haben beide Parteien die Unmöglichkeit verschuldet, ohne dass die Voraussetzungen des § 326 II 1 erfüllt sind, so entfällt nach richtiger Auffassung der Anspruch des Verwenders auf die Gegenleistung, doch stehen beiden Parteien Schadensersatzansprüche zu.[3] In diesem Falle ist zu differenzieren. (1) Bleiben die Schadensersatzansprüche wie im Normalfall bestehen, so ist kein Grund ersichtlich, dem Verwender die Möglichkeit zur AGB-mäßigen Einräumung eines Lösungsrechts zu versagen. (2) Gleiches gilt dann, wenn die Schadensersatzansprüche zwar kraft Individualabrede entfallen, der Verwender seine Haftung aber in den vom Lösungsrecht erfassten Fällen auch im Wege einer Haftungsfreizeichnungsklausel hätte ausschließen können. Denn die Annahme der Unwirksamkeit eines Lösungsrechts hätte dann nur die Folge, den Verwender zur Verwendung von Freizeichnungsklauseln zu bewegen. (3) Erfasst die Klausel Fälle, in denen eine Haftungsfreizeichnung in AGB nicht möglich ist, und sieht der Vertrag vor, dass Schadensersatzansprüche im Falle des Rücktritts entfallen, so verstößt 64

[1] Insoweit zutreffend BGH NJW 1985, 855, 857 (zu § 10 Nr. 3 AGBG); *Palandt/Grüneberg* Rz 18; *Bamberger/Becker* Rz 26 (für den Fall, dass kein Fixgeschäft vorliegt).
[2] OLG Hamm NJW-RR 1987, 311, 312 (zu § 10 Nr. 3 AGBG).
[3] S. z. B. *Palandt/Grüneberg* § 326 Rz 15.

die Klausel gegen § 308 Nr. 3. Denn die Zulässigkeit der Klausel würde zu einer Aushöhlung AGB-fester Haftungsgrundsätze führen.

65-69 **b) Verzögerung der Leistung.** Das Gesetz gewährt dem Verwender bei Verzug des Vertragspartners mit der Leistung grundsätzlich nur unter den Voraussetzungen des § 323 ein Rücktrittsrecht, also nur dann, wenn der Schuldner eine ihm gesetzte Nachfrist verstreichen lassen hat oder die besonderen Voraussetzungen des § 323 II, IV vorliegen. Eine Klausel, die auf die Fristsetzung verzichtet, ist bereits nach § 309 Nr. 4 unwirksam. Wenn aber das Gesetz einen Verzicht auf die Fristsetzung nicht zulässt, kommt der bloße Verzug auch nicht als sachlich gerechtfertigter Grund im Sinne des § 308 Nr. 3 in Betracht, so dass eine Klausel, die ein Lösungsrecht schon für den Fall des Verzuges gewährt, ohne eine Fristsetzung zu fordern, auch gegen § 308 Nr. 3 verstößt.[1] Voraussetzung ist freilich, dass die Fristsetzung nicht schon nach dem Gesetz (§ 323 II) entbehrlich ist.

70 **c) Nebenpflichtverletzungen und sonstige Umstände.** Auch mit Blick auf Umstände, die nicht bereits in die oben erörterten Kategorien fallen, können unter Umständen Lösungsrechte in AGB vereinbart werden.

71 **aa) Allgemeines.** Im Falle eines gegenseitigen Vertrages verschafft auch eine Nebenpflichtverletzung des Vertragspartners dem Verwender ein Rücktrittsrecht, wenn dem Verwender aufgrund der Verletzung ein Festhalten am Vertrag nicht zumutbar ist, § 324. Erfolgt die Pflichtverletzung schuldhaft, kommt darüber hinaus ein Anspruch auf Schadensersatz statt Leistung gemäß §§ 282, 280 I in Betracht. Soweit eine Klausel die Vorschrift des § 324 lediglich wiedergibt, ist sie schon wegen 307 III 1 nicht an § 308 Nr. 3 zu messen. Gleiches gilt, wenn die Klausel enger gefasst ist als § 324, also ein Lösungsrecht in solchen Fällen gibt, in denen auch die Voraussetzungen des § 324 erfüllt wären, dem Verwender also ein Festhalten am Vertrag infolge einer **Nebenpflichtverletzung** des Verwendungsgegners nicht zumutbar wäre. Allerdings ist das Vorliegen einer Nebenpflichtverletzung keine unabdingbare Voraussetzung, um in den Fällen, in welchen es an der Unmöglichkeit, Verzögerung oder Erschwerung der Leistung fehlt, die Zulässigkeit eines Lösungsrechts zu begründen. Vielmehr kann ein Lösungsrecht in AGB grundsätzlich vorgesehen werden, wenn dem Verwender ein Festhalten am Vertrag aus Gründen unzumutbar ist, die in der Sphäre des Vertragspartners liegen.[2] Fehlt es aber an der **Unzumutbarkeit des Festhaltens am Vertrag,** so ist auch ein Lösungsrecht grundsätzlich unzulässig. Im Einzelnen ist nach der Art des Ereignisses beziehungsweise der Pflichtverletzung zu unterscheiden.

72 **bb) Weiterveräußerungs- und Abtretungsverbote.** Zulässig ist ein Lösungsrecht für den Fall der Verletzung wirksamer Weiterveräußerungs- und Abtretungsverbote.[3]

73 **cc) Obhuts- und Anzeigepflichten.** Entsprechendes gilt bei der Verletzung von Obhuts- und Anzeigepflichten des Vorbehaltskäufers.[4] Beispielsweise kann dem Vorbehaltsverkäufer ein Rücktrittsrecht für den Fall eingeräumt werden, dass

---

[1] OLG Hamm NJW-RR 1987, 311, 312 (zu § 10 Nr. 3 AGBG); *Ulmer/H. Schmidt* Rz 14; *Schulze/Kienle* NJW 2002, 2842, 2843 Fn 15. Möglicherweise großzügiger *Erman/Roloff* Rz 18: Lösungsrechte, die an „unbedeutenden Zahlungsverzug" anküpften, seien nicht gerechtfertigt.

[2] BGH NJW 1992, 1628, 1629 (zu § 10 Nr. 3 AGBG); *Ulmer/H. Schmidt* Rz 11.

[3] BGH NJW 1982, 178, 181 (zu § 10 Nr. 3 AGBG). Allgemein zu Abtretungsverboten s. Anh. § 310 Rz A 21–60.

[4] BGH NJW 1985, 320, 325 (zu § 10 Nr. 3 AGBG); *Palandt/Grüneberg* Rz 16. Vgl. allerdings auch *Ulmer/H. Schmidt* Rz 14, der zwar im Falle der Verletzung von Anzeige- und Obhutspflichten die Einräumung eines Rücktrittsrechts für möglich hält, aber meint, dass es insofern regelmäßig nicht nur einer schwerwiegenden Gefährdung des Vertragszwecks, sondern auch einer Nachfristsetzung bedarf.

der Vorbehaltskäufer schuldhaft die im Vertrag vorgesehenen Pflichten verletzt, dem Vorbehaltsverkäufer Standortwechsel der Ware sowie Eingriffe Dritter unverzüglich mitzuteilen.[1]

dd) Falsche Angaben. Falsche Angaben des anderen Vertragsteils stellen nur dann einen sachlich berechtigten Grund dar, wenn es sich um Angaben handelt, die für das Vertragsverhältnis von Bedeutung sind.[2] Die bisherige Rechtsprechung hat überdies den Grundsatz aufgestellt, dass die falschen Angaben schuldhaft erfolgt sein müssen. Auch unverschuldet falsche Angaben sollen aber nach der Rechtsprechung einen berechtigten Lösungsgrund ergeben können, wenn sie Zweifel an der künftigen Vertragstreue zu erwecken geeignet sind.[3] Mit Blick auf die Tatsache, dass auch die gesetzliche Regelung bei Nebenpflichtverletzungen nur mehr auf die Unzumutbarkeit des Festhaltens am Vertrag abstellt (§ 324), ein Verschulden dagegen nicht mehr zur Voraussetzung des Rücktrittsrechts macht, könnte zweifelhaft sein, ob es gerechtfertigt ist, an der dargestellten Rechtsprechung festzuhalten. Indessen gilt es zu beachten, dass die Fragen des Verschuldens und der Unzumutbarkeit sich überschneiden. Bei schuldlosen Falschangaben, die keine Zweifel an der Vertragstreue erwecken und auch sonst nicht von erheblicher Bedeutung für die Vertragsdurchführung sind, wird es in aller Regel an der Unzumutbarkeit fehlen. Daher sollte an den Grundsätzen, die die Rechtsprechung zur Zulässigkeit von Lösungsklauseln im Falle von Falschangaben entwickelt hat, auch nach der Reform des Schuldrechts festgehalten werden. Eine Klausel, die den Verkäufer zum Rücktritt vom Vertrag berechtigt, „wenn der Käufer **falsche Angaben über seine Vermögensverhältnisse** gemacht hat", ist deshalb unwirksam,[4] weil sie auch unbedeutende Falschangaben erfasst.[5] Wirksam ist dagegen ein Rücktrittsrecht, wenn der Käufer **„unrichtige oder unvollständige Angaben über die seine Kreditwürdigkeit bedingenden Tatsachen** gemacht hat", weil unbedeutende Angaben nicht die Kreditwürdigkeit bedingen[6] und weil der Verwender nicht nur bei Teilzahlungsverkäufen, sondern beispielsweise auch dann, wenn er zur Durchführung der Bestellung selbst Verpflichtungen, etwa gegenüber den Herstellerfirmen, eingehen muss, ein berechtigtes Interesse daran hat, auf die vom Käufer über seine Zahlungsfähigkeit abgegebenen Erklärungen vertrauen zu können.[7] Bei unrichtiger Selbstauskunft über die eigenen Kreditverhältnisse ist ein sachlicher Rücktrittsgrund nicht gegeben, wenn es sich nur um geringfügige Abweichungen oder um Nebenpunkte handelt.[8] 74

ee) Unterlassen von Mitwirkungshandlungen. Nach § 324 ist ein Rücktritt auch dann sachlich gerechtfertigt, wenn der Verwendungsgegner die Erfüllung der von ihm geschuldeten Mitwirkungshandlung ungebührlich verzögert und dadurch dem Verwender ein Festhalten am Vertrag unzumutbar macht. Schon nach § 307 III 1 nicht zu beanstanden ist daher z. B. eine Klausel in den AGB eines Schlüsseldienstes, die das Recht zur Lösung vom Vertrag für den Fall vorsehen, dass der Kunde die sei- 75

---

[1] OLG Köln NJW-RR 2001, 198, 201 (zu § 10 Nr. 3 AGBG).

[2] BGH NJW 1985, 320, 325 (zu § 10 Nr. 3 AGBG).

[3] Vgl. BGH NJW 1985, 320, 325 (zu § 10 Nr. 3 AGBG): Falsche Angaben über die die Kreditwürdigkeit bedingenden Tatsachen hinreichender Lösungsgrund, da diese die zukünftige Vertragstreue des Verwendungsgegners infrage stellen.

[4] BGH NJW 1985, 2271, 2272 (zu § 10 Nr. 3 AGBG); *Erman/Roloff* Rz 21.

[5] BGH NJW 1985, 2271, 2272 (zu § 10 Nr. 3 AGBG).

[6] BGH NJW 1985, 320, 325 (zu § 10 Nr. 3 AGBG). Ebenso OLG München NJW-RR 2004, 212, 212.

[7] BGH NJW 1985, 320, 325 (zu § 10 Nr. 3 AGBG). Ebenso OLG München NJW-RR 2004, 212, 212.

[8] OLG Hamm BB 1983, 1304, 1306 (zu § 10 Nr. 3 AGBG).

nerseits erforderliche Mitwirkungshandlung nicht innerhalb von 4½ Monaten vornimmt.[1] Für das Rücktrittsrecht nach § 323 ist zusätzlich § 309 Nr. 4 zu beachten, wonach das Erfordernis der Mahnung Fristsetzung nicht durch AGB wirksam abbedungen werden kann. Ein Rücktrittsgrund, der von der Nachfristsetzung absieht, ist deshalb auch im Sinne von § 308 Nr. 3 nicht sachlich gerechtfertigt.[2]

76 **ff) Vermögens- und Kreditverhältnisse (Kreditunwürdigkeitsklausel).** Bei Klauseln, die ein Lösungsrecht mit Blick auf die fehlende Kreditwürdigkeit oder eine Verschlechterung der Kreditwürdigkeit gewähren, ist zu differenzieren.

77 α) **Bloßer Verdacht der Kreditunwürdigkeit.** Stets unwirksam sind solche Klauseln, die ein Rücktrittsrecht schon dann gewähren, wenn lediglich Verdachtsgründe für die Kreditunwürdigkeit des Kunden gegeben sind.[3] Gleiches gilt, wenn das Rücktrittsrecht schon für den Fall einer negativen Kreditauskunft gewährt wird.[4]

78 β) **Tatsächliche Kreditunwürdigkeit.** Wird die tatsächliche Kreditunwürdigkeit des Verwendungsgegners als Lösungsgrund eingestuft, so gelten folgende Grundsätze:

79 αα) **Die gesetzliche Regelung.** Nach § 321 I 1 kann derjenige, der aus einem gegenseitigen Vertrag zur Vorleistung verpflichtet ist, die ihm obliegende Leistung verweigern, wenn nach Abschluss des Vertrages erkennbar wird, dass sein Anspruch auf die Gegenleistung durch mangelnde Leistungsfähigkeit gefährdet wird. § 321 II 1 erweitert diese Regelung um ein Rücktrittsrecht. Namentlich kann der Vorleistungspflichtige eine angemessene Frist bestimmen, in welcher der andere Teil die Leistung Zug um Zug zu bewirken oder Sicherheit zu leisten hat. Nach Ablauf der Frist kann der Vorleistungspflichtige vom Vertrag zurücksetzen. Gemäß § 321 II 3 findet zudem § 323 entsprechende Anwendung, so dass die Fristsetzung in den Fällen des § 323 II entbehrlich ist. Von dieser Regelung wird nicht nur der Fall erfasst, dass die Vermögensverschlechterung nachträglich eingetreten ist, sondern darüber hinaus der Fall, dass sie von Anfang an bestand, aber erst **nachträglich bekannt geworden** ist.[5] Darüber hinaus muss § 321 II **analoge Anwendung** auf den Fall finden, dass eine Partei zwar **nicht vorleistungspflichtig** ist, die Gegenleistung aber zu dem Zeitpunkt, in welchem sich die mangelnde Leistungsfähigkeit des anderen Teils abzeichnet, mangels Fälligkeit noch nicht fordern kann.[6] Denn eine solche Partei ist, soweit es um die Möglichkeit des Rücktritts geht, nicht weniger schutzwürdig und -bedürftig als eine zur Vorleistung verpflichtete Partei. Dass auch dem Vorleistungspflichtigen im Falle einer sich abzeichnenden Leistungsfähigkeit des anderen Teils ein Recht auf Leistung oder Sicherheitsleistung binnen angemessener Frist oder auf Rücktritt vom Vertrag – und nicht nur ein Leistungsverweigerungsrecht – zugebilligt wird, zeigt, dass es einer Partei unzumutbar ist, an den Vertrag gebunden zu bleiben, obwohl der Anspruch auf die Gegenleistung mangels Leistungsfähigkeit des anderen Teils voraussichtlich nicht erfüllt werden wird. Auch § 323 IV macht die analoge Anwendung des § 321 nicht entbehrlich, denn nach dieser Vorschrift muss es offensichtlich sein, dass die Voraussetzungen des Rücktritts eintreten werden. Fehlt es an der Offensichtlichkeit der Leistungsunfähigkeit des anderen Teils, kann dem Gläubiger nur mithilfe einer

---

[1] Für Wirksamkeit einer entsprechenden Klausel auch BGH NJW 1992, 1628, 1629 (zum AGBG).
[2] OLG Hamm BB 1983, 1304, 1306 (zu § 10 Nr. 3 AGBG).
[3] *Palandt/Grüneberg* Rz 17.
[4] I. E. ebenso *Palandt/Grüneberg* Rz 17; *Erman/Roloff* Rz 21.
[5] *Palandt/Grüneberg* § 321 Rz 4.
[6] A. A. wohl *Palandt/Grüneberg* § 321 Rz 3; MünchKomm/*Emmerich* § 321 Rz 4.

analogen Anwendung des § 321 II geholfen werden. Eine Klausel, die bei mangelnder Fälligkeit der Gegenleistung ein dem § 321 II entsprechendes **Rücktrittsrecht auch in Fällen ohne Vorleistungspflicht** vorsieht, ist also schon wegen § 307 III 1 nicht an § 308 Nr. 3 zu messen.

ββ) Abweichungen. Klauseln, die ein Rücktrittsrecht für den Fall objektiver Kreditunwürdigkeit gewähren, sind grundsätzlich **unwirksam,** sofern ein Rücktrittsrecht nicht schon in direkter oder analoger Anwendung des § 321 gegeben ist.[1] Zwar wird man solche Regelungen zulassen können, die die in § 321 II 1 vorgesehene **Frist** näher ausgestalten und sich dabei im Rahmen des Angemessenen halten.[2] Eine **nähere Ausgestaltung** der Art der in § 321 II vorgesehenen **Sicherheitsleistung** muss dagegen ausscheiden, weil die §§ 232 ff den Interessen des Berechtigten bereits hinreichend Rechnung tragen. Auch **Abweichungen von den in § 321 II enthaltenen Rücktrittsvoraussetzungen** sind enge Schranken gezogen. Mangels berechtigter Interessen des Verwenders unwirksam ist zunächst eine Rücktrittsklausel, die so weit gefasst ist, dass sie zum Rücktritt auch dann berechtigt, wenn der Vertragspartner trotz erheblicher Vermögensverschlechterung **leistungswillig und leistungsfähig** geblieben ist.[3] Das Erfordernis einer Fristsetzung darf schon nach § 309 Nr. 4 nicht abbedungen werden. Ferner ist kein schutzwürdiges Interesse an einer Klausel anzuerkennen, die dem Verwendungsgegner die in § 321 II 1 vorgesehene Möglichkeit nimmt, statt der Leistung **Sicherheit zu leisten.** Eine entsprechende Klausel wäre daher unwirksam. Siehe im Einzelnen noch Anh. § 310 Rz V 501–540. **80**

gg) Öffentliche Sicherheit und Ordnung. Wirksam ist das im **Mietvertrag** über eine Stadthalle vorgesehene Rücktrittsrecht bei Gefahr einer Störung der öffentlichen Sicherheit und Ordnung oder einer Schädigung des Ansehens der Stadt.[4] **81-84**

7. Beweislast

Die Beweislast für die Unwirksamkeit trägt, wer sich darauf beruft. Das ist in der Regel der andere Vertragsteil oder der Kläger im Falle einer Verbandsklage. Diese Beweislastverteilung gilt auch für den sachlich gerechtfertigten Grund, dessen Fehlen feststehen muss. Die Beweislastverteilung im Rahmen des § 308 Nr. 3 weicht damit von derjenigen ab, die für § 308 Nr. 4 gilt. Denn im Rahmen des § 308 Nr. 4 trifft nach der Gesetzesfassung den Verwender die Beweislast für die Zumutbarkeit des Änderungsvorbehalts. Allerdings ist der Behauptungs- und Beweislast in § 308 Nr. 3 bereits genügt, wenn Zweifel am Vorliegen eines sachlichen Grundes vorgetragen und nachgewiesen werden.[5] Es ist dann Sache des Verwenders, das positive Vorliegen eines sachlichen Grundes darzulegen und zu beweisen. **85**

8. Angabe des Grundes im Vertrag

a) Allgemeines. § 308 Nr. 3 macht die Wirksamkeit der Klausel davon abhängig, dass der Lösungsgrund im Vertrag angegeben ist. Der Vertragspartner soll Kenntnis vom Lösungsgrund nehmen und sich darauf einstellen können. Dies ist **86-88**

---

1 Ähnlich *Erman/Roloff* Rz 20: AGB, die über § 321 hinausgehen, dürften in der Regel unzulässig sein.

2 Großzügiger möglicherweise *Palandt/Grüneberg* Rz 17: Rücktrittsrecht kann für den Fall obj. Kreditunwürdigkeit vorgesehen werden.

3 OLG Düsseldorf ZIP 1984, 719, 720 (zu § 10 Nr. 3 AGBG).

4 Offen gelassen von BGH NJW 1987, 831, 833 (zu § 10 Nr. 3 AGBG).

5 A. A. *Baumgärtel/Hohmann* Rz 1.

auch dann sinnvoll, wenn der Vertragspartner die AGB nicht schon bei Vertragsschluss durchliest, weil er auch bei der Vertragsabwicklung Gelegenheit zur Kenntnisnahme haben muss. Um der dargelegten Zielsetzung der Vorschrift gerecht zu werden, ist eine **konkrete Angabe** des Lösungsgrundes erforderlich.[1] Die Aufzählung aller denkbaren Einzelfälle kann nicht verlangt werden.[2] Jedoch müssen die Lösungsgründe „so angegeben sein, dass der Durchschnittskunde ohne Schwierigkeiten feststellen kann, wann der Verwender sich vom Vertrag lösen darf".[3]

89 **b) Beispiele unbestimmter Klauseln.** Nicht hinreichend konkret sind allgemeine Umschreibungen wie „jeder sachlich gerechtfertigte Grund" oder „allgemeine Leistungshindernisse" oder „Betriebsstörungen jeder Art",[4] aber auch allgemeine Auffangklauseln wie „zwingende Gründe"[5] oder „sonstige Gründe".[6] Zu unbestimmt ist auch die Klausel „Erkrankungen" oder „erhebliche Störungen im Geschäftsbetrieb beim Verkäufer oder seinen Lieferanten"[7]. Gleiches gilt für eine Klausel in Beförderungsbedingungen im Luftverkehr, die die Änderungen von Flügen zulässt, „wenn es die Umstände erfordern".[8] Zu unbestimmt ist ferner der Rücktrittsgrund „Kreditunwürdigkeit".[9] Zur Klausel „Angebot freibleibend" s. Rz 21.

90-94 **c) Beispiele hinreichend bestimmter Klauseln.** Ausreichend bestimmt sind Begriffe wie „Arbeitskampf", „höhere Gewalt"[10] (s. aber Rz 46), „Streik",[11] „Naturkatastrophen" und „Rohstoffmangel"[12]. Auch die Rechtsbegriffe „Unmöglichkeit" und „Verzug" müssen als hinreichend bestimmt angesehen werden. Anderes gilt freilich für den Begriff der „positiven Vertragsverletzung", soweit es um Verträge geht, die nach Inkrafttreten der Schuldrechtsreform abgeschlossen wurden. Werden in einer Klausel mehrere konkrete Gründe aufgezählt mit einer Auffangklausel für gleichartige Ereignisse, z. B. „Krieg, Arbeitskämpfe in Drittbetrieben oder gleichartige Gründe", so ist dies in der Regel ausreichend konkret, da sich aufgrund einer Analogie ergibt, dass z. B. auch Naturkatastrophen erfasst sein sollen, nicht aber z. B. vom Verwender verschuldete Leistungshindernisse.

9. Unwirksamkeitsfolgen

95 **a) Teilbarkeit.** Enthält die AGB-Klausel sachlich nicht gerechtfertigte Gründe, daneben aber getrennt selbstständige sachlich gerechtfertigte Gründe, so sind nur die sachlich nicht gerechtfertigten Gründe unwirksam, die selbstständigen sachlich gerechtfertigten Gründe bleiben dagegen wirksam (§ 306 I). Voraussetzung ist jedoch die sprachliche und inhaltliche Teilbarkeit der Klausel.[13] Enthält der im Ver-

---

[1] *Palandt/Grüneberg* Rz 15.

[2] S. auch § 307 Rz 271 ff.

[3] BGH NJW 1983, 1320, 1321 (zu § 10 Nr. 3 AGBG). So oder so ähnlich auch BAG NZA 2006, 539 unter II.2.f.bb; OLG Köln NJW-RR 1998, 926, 926 (zu § 10 Nr. 3); *Löwe/von Westphalen* § 10 Nr. 3 Rz 60; *Erman/Roloff* Rz 26; *Bamberger/Becker* Rz 5; *Palandt/Grüneberg* Rz 15.

[4] BGH BB 1983, 524, 526 (zu § 10 Nr. 3 AGBG).

[5] OLG Köln NJW-RR 1998, 926, 926 (zu §§ 9, 10 Nr. 3 AGBG und zum kaufm. Verkehr). Zustimmend *Bamberger/Becker* Rz 6.

[6] BGH BB 1983, 524, 526.

[7] OLG Hamm BB 1983, 1304; *Ulmer/H. Schmidt* Rz 10.

[8] BGH BB 1983, 527, 530.

[9] OLG Hamm BB 1983, 1304, 1306 (zu § 10 Nr. 3 AGBG).

[10] OLG Koblenz NJW-RR 1989, 1459, 1460 (zu § 10 Nr. 3 AGBG).

[11] Ebenso z. B. *Bamberger/Becker* Rz 6. Nach *Ulmer/H. Schmidt* Anh. § 310 Rz 27 ist allerdings zweifelhaft, ob der Begriff Streik auch die Aussperrung umfasst.

[12] OLG Koblenz NJW-RR 1989, 1459, 1460 (zu § 10 Nr. 3 AGBG).

[13] So implizit auch BGH NJW 1985, 320, 325 (zu § 10 Nr. 3 AGBG).

trag angegebene Lösungsgrund **untrennbar** sowohl sachlich gerechtfertigte als auch sachlich nicht gerechtfertigte Fallgestaltungen, so ist der ganze Lösungsgrund unwirksam. Unwirksam ist z. B. ein Rücktrittsrecht, das für alle nicht zu vertretenden Umstände vorgesehen wird, gleichgültig ob sie zur Unmöglichkeit oder nur zu Leistungsverzögerungen (Rz 42) führen.[1] Es ist dem Gericht nicht möglich, die Klausel ohne Neuformulierung auf einen wirksamen Teil zu reduzieren.[2] Dass ein Rücktrittsrecht bei unbedeutenden Verstößen nicht in Betracht kommt, ergibt sich aber aus dem Verbot rechtsmissbräuchlichen Verhaltens (§ 242) und braucht deshalb nicht ausdrücklich in die Klausel aufgenommen zu werden.[3]

b) Ausübung eines unwirksamen Lösungsrechts. Die „Ausübung" eines unwirksamen und daher in Wahrheit nicht bestehenden Lösungsrechts durch den Verwender berührt die Gültigkeit des Vertrags nicht. Das Beharren auf dem unwirksamen Lösungsrecht kann jedoch eine endgültige Erfüllungsverweigerung darstellen und den Vertragspartner zum Rücktritt gemäß § 323 I, II Nr. 1 beziehungsweise, bei mangelnder Fälligkeit, gemäß § 323 IV[4] berechtigen. **96-99**

IV. Verhältnis zu anderen Vorschriften

1. Verhältnis zu § 307

Die Vorschrift des § 307, die generell neben § 308 Nr. 3 anwendbar ist, behält ihre praktische Bedeutung mit Blick auf solche Klauseln, die dem Anwendungsbereich des § 308 Nr. 3 entweder ganz oder teilweise entzogen sind. **100**

a) Lösungsrechte bei Dauerschuldverhältnissen. Nach dem ausdrücklichen Wortlaut des § 308 Nr. 3 Hs. 2 gilt diese Vorschrift nicht für Klauseln, die ein Lösungsrecht bei Dauerschuldverhältnissen vorsehen (s. Rz 3ff). Die Vereinbarung eines freien Lösungsrechts bei Dauerschuldverhältnissen fällt nicht unter § 308 Nr. 3, soweit dadurch der Leistungsumfang im Dauerschuldverhältnis bestimmt wird. Sie ist deshalb grundsätzlich wirksam. Voraussetzung ist aber, dass die wesentlichen Grundgedanken des dem jeweiligen Dauerschuldverhältnis zugeordneten Instituts beachtet werden. Wird gegen sie verstoßen, so tritt Unwirksamkeit nach § 307 ein. Unwirksam nach § 307 sind auch Klauseln, durch die das Recht des Verwendungsgegners zur außerordentlichen Kündigung ausschließen oder seine Ausübung wesentlich erschweren.[5] **101**

b) Rechtsfolgen der Lösung vom Vertrag. § 308 Nr. 3 betrifft nur den Lösungsgrund vom Vertrag. Ist der Lösungsgrund sachlich gerechtfertigt und im Vertrag angegeben, sind mit der Lösung vom Vertrag aber **andere Nachteile** verbunden, wie z. B. Verlust von Rückgewähransprüchen, Auferlegung von Bearbeitungsgebühren u. Ä., so kann die Klausel immer noch an anderen AGB-rechtlichen Bestimmungen, z. B. an § 308 Nr. 7 oder Nr. 8, scheitern. **102**

2. Verhältnis zu § 308 Nr. 4

§ 308 Nr. 4 betrifft solche Klauseln, die dem Verwender das Recht geben, die versprochene Leistung zu ändern oder von ihr abzuweichen. Um zu vermeiden, **103-108**

---

[1] BGH NJW 1985, 855, 857 zu II 4 a (zu § 10 Nr. 3 AGBG).
[2] OLG Hamm BB 1983, 1304 für das Verfahren nach §§ 13 ff AGBG (1 UKlaG).
[3] BGH NJW 1985, 320, 325 (zu § 10 Nr. 3 AGBG).
[4] Zur Anwendbarkeit des § 323 IV in Fällen endgültiger Erfüllungsverweigerung siehe z. B. *Palandt/Grüneberg* § 323 Rz 23.
[5] S. § 309 Nr. 9 Rz 151–159.

dass die Regelung des § 308 Nr. 4 ihre praktische Bedeutung weitgehend einbüßt, sollte § 308 Nr. 3 nur dann angewendet werden, wenn die Klausel die Möglichkeit eröffnet, dass die Hauptleistungspflicht des Verwenders zumindest für die Zukunft gänzlich und ersatzlos entfällt (s. Rz 14). Ist diese Voraussetzung erfüllt, so ist es unschädlich, nicht nur den strengeren § 308 Nr. 3, sondern zusätzlich auch den weniger strengen § 308 Nr. 4 heranzuziehen. Fehlt es dagegen an der Möglichkeit, dass die Hauptleistungspflicht des Verwenders zumindest für die Zukunft gänzlich und ersatzlos entfällt, so kann nur § 308 Nr. 4 Anwendung finden.[1] Klauseln, denen zufolge die Leistung nicht wie eigentlich vereinbart vom **Chefarzt,** sondern von dessen Stellvertreter erbracht werden kann, sind daher nicht an § 308 Nr. 3, sondern an § 308 Nr. 4 zu messen (s. § 308 Nr. 4 Rz 30).[2]

V. Arbeitsverträge

109 Gemäß § 310 IV 2 sind bei der Anwendung des § 308 Nr. 3 auf Arbeitsverträge die im Arbeitsrecht geltenden Besonderheiten zu beachten. Freilich wird § 308 Nr. 3 wegen der im Arbeitsrecht bestehenden Spezialregelungen zur Vertragsbeendigung dort nur selten relevant werden. Im Falle eines auf den Abschluss eines Arbeitsvertrages gerichteten Vorvertrages sind keine Besonderheiten erkennbar, die zu einer Einschränkung des § 308 Nr. 3 Anlass geben könnten.[3]

VI. Geltung zwischen Unternehmen

1. Allgemeines

110 § 308 Nr. 3 gilt nicht unmittelbar zwischen Unternehmern (§ 310 I 1). Maßstab zwischen Unternehmern ist vielmehr § 307. Aus dem Grundsatz der Vertragstreue und dem Bedürfnis nach Vertrauensschutz[4] ergibt sich jedoch, dass auch im unternehmerischen Verkehr solche Lösungsrechte unwirksam sind, die eine Lösung vom Vertrag ohne sachlichen Grund, also eine willkürliche Lösung vom Vertrag, ermöglichen.[5] Zulässig sind dagegen grundsätzlich alle Lösungsgründe, die auch nach § 308 Nr. 3 nicht zu beanstanden wären, da für Unternehmer kein stärkerer Schutz als für Verbraucher erforderlich ist. Umgekehrt können aber Lösungsrechte zulässig sein, die nach § 308 Nr. 3 gegenüber Verbrauchern unwirksam wären.[6] Denn im Rahmen der Frage nach den Anforderungen an das Bestehen eines sachlich gerechtfertigten Grundes sind die besonderen Bedürfnisse des unternehmerischen Verkehrs zu berücksichtigen. Insbesondere kann die Handelsüblichkeit eines Lösungsrechts dazu führen, dass dieses als angemessen einzustufen ist.[7] Wegen der eigenständigen Beurteilung der sachlichen Rechtfertigung des Lösungsgrundes im

---

[1] Für die parallele Anwendung von § 308 Nr. 3 und § 308 Nr. 4 aber wohl *Bamberger/Becker* Rz 4; *Ulmer/H. Schmidt* Rz 3.

[2] Für Unwirksamkeit entsprechender Klauseln sowohl nach § 308 Nr. 3 als auch nach § 308 Nr. 4 z. B. *Miebach/Patt* NJW 2000, 3377, 3383 f (zu § 10 Nr. 3, 4 AGBG).

[3] Offen gelassen in BAG NZA 2006, 539 unter II.2.f.dd.

[4] § 307 Rz 185.

[5] BGH NJW 1985, 738, 738 (zu § 9 AGBG); OLG Köln NJW-RR 1998, 926, 926 (zu § 9 AGBG); *Löwe/von Westphalen* § 10 Nr. 3 Rz 75 m. w. N.; *Ulmer/H. Schmidt* Rz 18.

[6] Vgl. auch BGH NJW 1994, 1060, 1062 (zu § 9 AGBG).

[7] Vgl. BGH NJW 1985, 738, 738 (zu § 9 AGBG): Selbstbelieferungsvorbehaltsklausel finde ihre Rechtfertigung in Handelsüblichkeit der Klausel.

unternehmerischen Verkehr ist eine **Indizwirkung nicht anzuerkennen.**[1] Dies gilt auch für die Angabe des Grundes.

2. Nicht ausreichende Lösungsgründe

111 **a) Aushöhlung von Haftungsnormen.** Ein Lösungsrecht, das der Verwender im Falle einer von ihm zu vertretenden Leistungsstörung vorsieht, ist nach § 307 II Nr. 1 unwirksam, soweit dadurch AGB-feste Schadensersatzansprüche gegen den Verwender beseitigt werden und damit gegen wesentliche Grundgedanken der gesetzlichen Regelung verstoßen wird. Insofern sind die Grundsätze zu den Grenzen zulässiger Haftungsfreizeichnungen im unternehmerischen Verkehr auch bei der Beurteilung von Lösungsrechten heranzuziehen.

112 **b) Gefährdung des Vertragszwecks.** Unwirksam ist auch ein Lösungsrecht, das auf dem freien Belieben des Verwenders beruht.[2] Denn ein jederzeitiges freies Lösungsrecht würde wesentliche Rechte und Pflichten aus dem Vertrag in der Weise einschränken, dass auf ihre Erfüllung nicht mehr vertraut werden kann, weshalb eine solche Klausel nach § 307 II Nr. 2 wegen Gefährdung des Vertragszwecks unwirksam wäre. Auch andere Lösungsgründe, die wesentliche Rechte und Pflichten infrage stellen und deshalb den Vertragszweck gefährden, sind nach § 307 II Nr. 2 unwirksam. Dies gilt etwa für ein Lösungsrecht „bei Auftreten von Leistungshindernissen" ohne nähere Konkretisierung. Auch ein Unternehmer muss sich grundsätzlich auf die Vertragserfüllung verlassen können. Maßgebend ist nach § 307 II Nr. 2 die Vertragszweckgefährdung. Der Vertragszweck ist insbesondere dann gefährdet, wenn Lösungsrechte das Vertrauen in die typischerweise zu erwartenden Leistungsanstrengungen des Verwenders untergraben.

3. Ausreichende Lösungsgründe

113 Die Wirksamkeit von Lösungsgründen kann auch ohne Vorliegen der Voraussetzungen von § 308 Nr. 3 gegeben sein. Unternehmer sind zur Aufrechterhaltung ihrer Produktions- und Geschäftstätigkeit oft dringender auf eine pünktliche und ordnungsgemäße Lieferung angewiesen als Verbraucher. Zulässig ist im unternehmerischen Verkehr auch eine **Selbstbelieferungsklausel** wie „richtige und rechtzeitige Selbstbelieferung vorbehalten".[3] Dabei ist anders als gegenüber Verbrauchern keine Klarstellung dahin gehend erforderlich, dass der Verwender ein kongruentes Deckungsgeschäft abgeschlossen und das Ausbleiben der Lieferung nicht verschuldet hat. Jedoch ist die Berufung auf die Selbstbelieferungsklausel nach § 242 unzulässig, wenn der Verkäufer die branchenübliche Sorgfalt bei der Auswahl des Lieferanten nicht beachtet hat.[4] Ferner ist die Selbstbelieferungsklausel im unternehmerischen Verkehr dahin gehend zu verstehen, dass sie nur dann eingreifen soll, wenn der Verwender ein kongruentes Deckungsgeschäft abgeschlossen hat.[5]

---

[1] S. aber OLG Köln NJW-RR 1998, 926, 296: Dass es sich bei den Parteien um Kaufleute handele, stehe „der Anwendung der Vorschrift des § 10 Nr. 3 AGBG nicht entgegen, wie aus §§ 9 II Nr. 1, 24 S. 2 AGBG" folge.

[2] BGH NJW 1985, 738, 738 (zu § 9 AGBG).

[3] BGH NJW 1985, 738, 738 (zu § 9 AGBG). Zur Zulässigkeit von Selbstbelieferungsvorbehalten gegenüber Verbrauchern s. Rz 47 ff.

[4] BAG NJW 2002, 3271, 3274; BGH NJW 1985, 738, 739.

[5] S. z. B. BGH NJW 1994, 1060, 1062; OLG Köln NJW-RR 1998, 926, 926.

4. Angabe des Lösungsgrundes

114 Auch im unternehmerischen Verkehr muss das Lösungsrecht nach Inhalt und Ausmaß aus den AGB erkennbar sein.[1] Jedoch ist für die Wirksamkeit zwischen Unternehmern die **konkrete detaillierte Angabe** des Lösungsrechts im Vertrag **nicht in demselben Maße erforderlich** wie gegenüber Verbrauchern,[2] da von Unternehmern aufgrund ihrer Geschäftsgewandtheit zu erwarten ist, dass sie die Rechtslage auch anhand weniger detaillierter Angaben im Wesentlichen beurteilen können.

---

[1] Für eine weitreichende Orientierung an § 10 Nr. 3 AGBG (§ 308 Nr. 3) auch im unternehmerischen Verkehr wohl OLG Köln NJW-RR 1998, 926, 926 (zu § 9 AGBG).

[2] S. auch BGH NJW 1994, 1060, 1062 (zu § 9 AGBG); *Ulmer/H. Schmidt* Rz 18; a. A. *Löwe/von Westphalen* § 10 Nr. 3 Rz 87.

§ 308 Klauselverbote mit Wertungsmöglichkeit

In Allgemeinen Geschäftsbedingungen ist insbesondere unwirksam

4. (Änderungsvorbehalt)

die Vereinbarung eines Rechts des Verwenders, die versprochene Leistung zu ändern oder von ihr abzuweichen, wenn nicht die Vereinbarung der Änderung oder Abweichung unter Berücksichtigung der Interessen des Verwenders für den anderen Vertragsteil zumutbar ist.

Inhaltsübersicht

Schrifttum: *Canaris,* Die girovertragliche Fakultativklausel im Lichte des AGB-Gesetzes, ZIP 1986, 1021; *Freund,* Die Änderung Allgemeiner Geschäftsbedingungen in bestehenden Verträgen, 1998; *Häuser,* Zur Wirksamkeit der auf Überweisungsformularen verwendeten Fakultativklausel, WuB I D 1, 3.89; *Hildebrandt/Schäfer,* Wirksamkeit und Zweckmäßigkeit in Leistungsbestimmungsrechten im Bauträgervertrag, ZfIR 2006, 81; *Hümmerich,* Widerrufsvorbehalte in Formulararbeitsverträgen, NJW 2005, 1759; *Kubis,* Der Honoraranspruch des vertretenen Chefarztes bei Delegation der Behandlungspflichten, NJW 1989, 1512; *Oechsler,* Die Entwicklung des privaten Bankrechts im Jahre 2004, NJW 2005, 1406; *Paulusch,* Vorformulierte Leistungsbestimmungsrechte des Verbrauchers, in: Zehn Jahre AGBG, 1987, S. 55; *Reinecke,* Gerichtliche Kontrolle von Chefarztverträgen, NJW 2005, 3383; *Schmid,* Der Wechsel der Fluggesellschaft ein Reisemangel, BB 1986, 1453; *Graf von Westphalen,* Das Dispositionsrecht des Prinzipals im Vertragshändlervertrag, NJW 1982, 2465.

I. Zweck und Allgemeines

1 § 308 Nr. 4 will die Vertragsbindung nicht nur hinsichtlich des Ob, sondern auch hinsichtlich des vereinbarten Leistungsinhalts erhalten und nur in Ausnahmefällen eine Abweichung zulassen. Die Vorschrift ergänzt § 308 Nr. 3. Während dort das Recht des Verwenders beschränkt wird, sich vollständig von seiner Leistungspflicht zu lösen, begrenzt § 308 Nr. 4 die Möglichkeit, dass der Verwender seine Leistungspflicht ändert oder ganz von ihr abweicht und ein aliud leistet. Eine Abweichung oder eine Änderung der Leistungspflicht des Verwenders kann für den anderen Vertragspartner noch **ungünstiger** sein **als die völlige Lösung** von der Leistungspflicht, da er dann die abgeänderte Leistung annehmen und bezahlen muss ohne Rücksicht darauf, ob sie seinen Interessen entspricht. Dies ist bei der Zulässigkeit des Änderungsvorbehalts verschärfend zu berücksichtigen. § 308 Nr. 4 deckt und überschneidet sich teilweise mit den Klauselverboten der RL Anh. Nr. 1 j und Anh. Nr. 1 k sowie mit der Ausnahmeregelung in Anh. Nr. 2 b.

2-3 § 308 Nr. 4 erhält dem Vertragspartner mit der Sicherung des ursprünglich vereinbarten Leistungsinhalts zugleich die **Rechte,** die ihm **bei Abweichungen vom vereinbarten Leistungsinhalt** zustehen. Dabei ist zu beachten, dass im Falle des Kaufvertrags die Lieferung einer anderen Sache als derjenigen, deren Lieferung vertraglich vereinbart war, gemäß § 434 III einem Sachmangel gleichsteht. Diese Regelung gilt nicht nur für den Gattungskauf sowie für den Fall, dass beim Spezieskauf die geschuldete Sache geliefert wird, diese aber einer anderen Gattung angehört als vereinbart.[1] Vielmehr ist § 434 III nach richtiger Auffassung auch im Falle einer Identitätsverwechslung beim Stückkauf anwendbar, also dann, wenn eine andere Sache als die geschuldete geliefert wird.[2]

II. Anwendungsbereich

4 Mit Ausnahme der in § 310 II, IV genannten Schuldverhältnisse gilt § 308 Nr. 4 grundsätzlich für Verträge aller Art. Insbesondere erfasst § 308 Nr. 4 im Gegensatz zu § 308 Nr. 3 auch **Dauerschuldverhältnisse.** Zu einer teleologischen Reduktion des § 308 Nr. 4 besteht insofern kein Anlass. Wenn § 308 Nr. 3 Dauerschuldverhältnisse von seinem Anwendungsbereich ausnimmt, so beruht dies auch darauf, dass die Kündigung eines Dauerschuldverhältnisses das Gleichgewicht von Leistung und Gegenleistung in der Regel nicht wesentlich stört, sondern nur den Umfang der zu erbringenden Leistungen für beide Seiten gleichmäßig verringert. Dementsprechend begegnen Klauseln, die im Falle eines Dauerschuldverhältnisses eine Lösung vom Vertrag erlauben, keinen grundsätzlichen Bedenken. Diese Überlegung trifft für die Änderung der Leistung im Dauerschuldverhältnis und damit für die von § 308 Nr. 4 erfassten Klauseln jedoch nicht zu. Deshalb muss § 308 Nr. 4 für Dauerschuldverhältnisse in gleicher Weise wie für sonstige Schuldverhältnisse gelten. Unwirksam ist danach grundsätzlich die Vereinbarung eines beliebigen Rechts zur Teilkündigung.

---

[1] In diesen Fällen ist die Anwendung des § 434 III wohl unbestritten. S. z. B. *Palandt/Grüneberg* § 434 Rz 52 bis 52b; *Schulze* NJW 2003, 1022, 1022 f.

[2] Ebenso z. B. *Palandt/Weidenkaff* § 434 Rz 52 b; *Musielak* NJW 2003, 89, 92. A. A. aber *Schulze* NJW 2003, 1022, 1022 f, der § 434 III lediglich auf das Qualifikationsaliud, nicht aber auf das Identitätsaliud anwenden möchte.

III. Der Tatbestand des § 308 Nr. 4

1. Versprochene Leistung

Die Anwendung des § 308 Nr. 4 setzt voraus, dass die Klausel dem Verwender das Recht gibt, die versprochene Leistung zu ändern oder von ihr abzuweichen. Mit der versprochenen Leistung sind nicht nur ausdrücklich versprochene Leistungen gemeint. Vielmehr werden alle vertraglichen Haupt- und Nebenpflichten[1] erfasst (s. Rz 7). Dabei spielt es keine Rolle, ob diese Pflichten sich aus dem Vertragstext selbst ergeben, diesem im Wege der Auslegung oder der ergänzenden Vertragsauslegung zu entnehmen sind oder erst aus den Vorschriften des dispositiven Rechts folgen (s. Rz 10). Ebenso wenig kommt es darauf an, ob es sich bei den relevanten Pflichten um Leistungs- oder um Schutzpflichten handelt (s. Rz 7 f). Im Einzelnen: 5

a) Leistung des Verwenders. § 308 Nr. 4 ist richtigerweise nur dann anzuwenden, wenn die **vom Verwender versprochene** Leistung abgeändert werden soll,[2] nicht dagegen auch dann, wenn eine Leistungspflicht des **Verwendungsgegners** einer Änderung bzw. Abweichung unterworfen werden soll. Zwar sei der Gegenauffassung eingeräumt, dass eine Störung des Gleichgewichts von Leistung und Gegenleistung auch dann droht, wenn die Leistung des Vertragspartners abgeändert werden soll. Auch begründet ein Recht zur Änderung der Leistungspflicht des anderen Teils das regelmäßig schwerwiegende Risiko, dass der Verwendungsgegner sich schadensersatzpflichtig macht, wenn er der veränderten Leistungspflicht nicht nachkommt. Gleichwohl erscheint eine Anwendung des § 308 Nr. 4 nicht gerechtfertigt, wenn das Änderungsrecht sich lediglich auf die Leistungspflicht des anderen Vertragsteils bezieht. Schon der Wortlaut des § 308 Nr. 4 passt auf entsprechende Klauseln nicht. Zwar ist ein Recht zur Änderung der Leistungspflicht des anderen Vertragsteils ohne weiteres denkbar, doch ist nicht rechtlich ersichtlich, wie man sich ein Recht zur Abweichung von der Leistung des anderen Vertragsteils vorzustellen hat. Auch droht bei einer Änderung der Leistungspflicht des Verwendungsgegners grundsätzlich nicht die Gefahr, dass der Verwender die Haftung für eigene Nicht- oder Schlechtleistungen umgeht.[3] Hinzu kommt, dass die in den Gesetzesmaterialien zum AGB-Gesetz erwähnten Beispiele nur Änderungen der Verwenderleistung betreffen.[4] Ferner ist zu berücksichtigen, dass die Existenz des § 309 Nr. 1 gegen die Anwendung des § 308 Nr. 4 auf Klauseln spricht, die dem Verwender eine Änderung der Pflichten des anderen Vertragsteils erlauben. Denn in der Regel erbringt der Unternehmer die vertragscharakteristische Leistung, während der Verbraucher das Entgelt entrichtet. Und Klauseln, die eine Erhöhung des Entgelts erlauben, sind bereits an § 309 Nr. 1 zu messen. Im Ergebnis wäre es daher verfehlt, § 308 Nr. 4 auch mit Blick auf die Leistung des Verwendungsgegners heranzuziehen. 6

b) Haupt- und Nebenleistungspflichten. Nach richtiger Auffassung umfasst der Begriff der versprochenen Leistung alle nach dem Vertrag geschuldeten Pflich- 7

---

[1] Für die Erfassung von Nebenpflichten ausdrucklich auch *Palandt/Grüneberg* Rz 22.

[2] Wie hier BAG NJW 2006, 3303, 3305. OLG Köln BB 1998, 1916, 1916 (zu § 10 Nr. 4 AGBG); *Erman/Roloff* Rz 23; *Ulmer/H. Schmidt* Rz 4; wohl auch *Reinecke* NJW 2005, 3383, 3384. Offen gelassen in OLG Düsseldorf, NJOZ 2002, 447, 448. A.A. *Staudinger/Coester-Waltjen* Rz 5.

[3] Auch dies kann jedoch der Fall sein, z. B. dann, wenn der Verwendungsgegner nicht in der Lage ist, die geänderte Leistungspflicht rechtzeitig zu erfüllen, mit der Folge, dass der Verwender den Verzug mit der eigenen Leistung vermeidet.

[4] BT Drucks 7/3919 S. 25.

ten. Dass der Vertrag nicht nur **Hauptleistungspflichten** sondern auch Nebenleistungspflichten erfasst,[1] lässt sich wie folgt begründen: Schon der Wortlaut („versprochene Leistung") umfasst sowohl Haupt- als auch Nebenleistungspflichten. Zudem lässt sich auch der Schutzzweck dagegen anführen, **Nebenleistungspflichten** vom Anwendungsbereich des § 308 Nr. 4 auszunehmen, denn eine deutliche Modifizierung von Nebenleistungspflichten mag den Schuldner sogar härter treffen als eine nur geringfügige Abänderung der Hauptleistungspflicht(en). Außerdem spricht der Gedanke, dass der Verwender seiner vom AGB-Recht geschützten Haftung nicht durch eine Abänderung seiner Pflichten entgehen darf, für die Anwendung des § 308 Nr. 4 auf Nebenpflichten. Zudem gilt es zu beachten, dass Klauseln, die es dem Verwender erlauben, seinen Nebenpflichten zu entgehen, nicht von § 308 Nr. 3 erfasst werden, solange die Hauptleistungspflicht zumindest teilweise fortbesteht (s. § 308 Nr. 3 Rz 12). Auch aus diesem Grunde ist es geboten, § 308 Nr. 4 auf entsprechende Klauseln anzuwenden.

8 **c) Schutzpflichten.** Ebenso wenig kann es entgegen dem insofern missverständlichen Wortlaut darauf ankommen, ob es sich bei den abgeänderten Pflichten um Leistungspflichten oder um bloße Schutzpflichten handelt.[2] Denn zum einen fällt die Abgrenzung zwischen Leistungs- und Schutzpflichten oftmals schwer,[3] und zum anderen greift der Gedanke, dass eine Aushöhlung der Haftung des Verwenders verhindert werden muss, gerade auch bei **Schutzpflichten** ein.

9 **d) Leistungsmodalitäten.** Zum versprochenen Leistungsinhalt gehören auch etwa versprochene **Leistungsmodalitäten,**[4] wie z. B. Erfüllungsort[5], Erfüllungszeit[6] oder Gefahrtragung. Nach § 308 Nr. 4 unwirksam ist daher z. B. eine Klausel im Vertrag eines Sportcenters, der zufolge die Räume, in denen die Leistung erbracht wird, innerhalb des Stadtgebiets verlegt werden können.[7] Auch eine Klausel, die ein Recht zur Teilleistung vorsieht, fällt unter § 308 Nr. 4.[8]

10 **e) Vertragliche und gesetzliche Pflichten.** Keine Rolle spielt ferner, ob sich die Pflicht ausdrücklich oder im Wege der Auslegung (§§ 133, 157) aus dem Vertrag ergibt oder ob die relevante Pflicht aus dem dispositiven Recht folgt. Zwar mag der Wortlaut („versprochene") nahelegen, dass die sich aus dem Gesetz ergebenden Pflichten nicht erfasst sind. Indessen würde § 308 Nr. 4 weitgehend leerlaufen, wenn man ihn nur auf die von den Parteien ausdrücklich oder implizit vereinbarten Pflichten beziehen wollte, denn insofern greift bereits der Schutz des § 305 b (s. Rz 40). Außerdem ist der Gedanke, dass eine Aushöhlung der Verwenderhaftung und eine Störung des Gleichgewichts von Leistung und Gegenleistung verhindert werden müssen, gerade auch bei gesetzlichen Pflichten einschlägig. Daher muss § 308 Nr. 4 auch auf die Änderung solcher Pflichten Anwendung finden, die das Gesetz für den jeweiligen Vertrag vorsieht, also z. B. gesetzlich vorgesehene Nebenpflichten. Wenn die sich aus dem Gesetz ergebenden Pflichten erfasst sind, so muss

---

[1] Für die Erfassung von Nebenpflichten auch *Ulmer/H. Schmidt* Rz 4.

[2] Vgl. aber BGH NJW 1999, 1865, 1866 (zu § 10 Nr. 4 AGBG), dem zufolge sich § 10 Nr. 4 AGBG nur auf „Leistungen" bezieht. Es wird nicht ganz deutlich, welche Pflichten er dabei im Auge hat.

[3] S. zu diesen Abgrenzungsschwierigkeiten z. B. *Palandt/Heinrichs* § 241 Rz 8.

[4] Ebenso OLG Frankfurt a.M. NJW-RR 2001, 914, 915 (zu § 10 Nr. 4 AGBG); OLG Hamm NJW-RR 1992, 444, 445; *Palandt/Grüneberg* Rz 22; *Ulmer/H. Schmidt* Rz 4. A. A. aber *Löwe/Graf von Westphalen* § 10 Nr. 4 Rz 4: Bloße Änderung der Modalitäten nicht erfasst.

[5] OLG Frankfurt a.M. NJW-RR 2001, 914, 915 (zu § 10 Nr. 4 AGBG).

[6] OLG Frankfurt a.M. NJW-RR 2001, 914, 915 (zu § 10 Nr. 4 AGBG).

[7] OLG Hamm NJW-RR 1992, 444, 445 (zu § 10 Nr. 4 AGBG).

[8] Ebenso z. B. OLG Stuttgart NJW-RR 1995, 116, 117 (zu § 10 Nr. 4 AGBG); *Ulmer/H. Schmidt* Rz 4. A. A. aber OLG Koblenz NJW-RR 1993, 1078, 1079, das § 9 AGBG (§ 307) heranziehen möchte, ohne allerdings auf die Frage der Anwendbarkeit des § 10 Nr. 4 AGBG (§ 308 Nr. 4) überhaupt einzugehen.

Gleiches erst recht für die im Wege **ergänzender Vertragsauslegung** ermittelten Pflichten gelten. Denn insoweit ergeben sich nicht einmal mit Blick auf den Wortlaut der Vorschrift Bedenken. Nicht anzuwenden ist § 308 Nr. 4 aber auf Klauseln, welche lediglich solche gesetzliche Pflichten ändern, die ganz unabhängig vom Vertrag bestehen, wie dies z. B. für deliktische Pflichten gilt.

2. Änderung oder Abweichung

a) Begriff. § 308 Nr. 4 betrifft Änderungen – und Abweichungen von – der ursprünglich vereinbarten Leistung. Eine Änderung ist nur dann gegeben, wenn eine Pflicht aufgehoben oder inhaltlich verändert werden soll. Das Verbot von Abweichungsklauseln betrifft dagegen solche AGB-Bestimmungen, die die Pflichten grundsätzlich unverändert bestehen lassen, dem Verwender jedoch eine **Ersetzungsbefugnis** einräumen. Da § 308 Nr. 4 beide Arten von Klauseln gleich behandelt, spielt die Abgrenzung im Rahmen des § 308 Nr. 4 keine Rolle. 11

b) Geringfügigkeit. Für das Vorliegen eines Änderungs- bzw. Abweichungsvorbehalts ist es grundsätzlich ohne Belang, ob er sich auf geringfügige Änderungen bzw. Abweichungen oder darauf beschränkt, dass der Wert des Kaufgegenstands nicht wesentlich verändert wird. Dieser Aspekt gewinnt vielmehr erst bei der Zumutbarkeitsprüfung Bedeutung. Nur dann, wenn die vorbehaltenen Abweichungen/Änderungen so gering sind, dass sie schon nach § 242 unbeachtlich wären, kann sich die Wirksamkeit der Klausel schon aus § 307 III 1 ergeben. Auch steht der Anwendbarkeit des § 308 Nr. 4 nicht entgegen, dass der Vorbehalt auf technische oder andere „**Verbesserungen**" beschränkt ist, denn es kann durchaus sein, dass der Verwendungsgegner ein schützenswertes Interesse an der ursprünglich versprochenen Leistung hat. 12

c) Bestehender Vertrag. Schon begrifflich kann aber von einem Änderungs- bzw. Abweichungsrecht nur dann die Rede sein, wenn die Klausel zumindest auch für Fälle Geltung beansprucht, in denen der **Vertrag bereits zustande gekommen** ist.[1] Diese Voraussetzung kann unter Berücksichtigung von § 305c II auch dann zu bejahen sein, wenn es in den AGB eines Internet-Versandhandels heißt: „Sollte ein bestimmter Artikel nicht lieferbar sein, senden wir Ihnen in Einzelfällen einen qualitativ und preislich gleichwertigen Artikel (Ersatzartikel) zu [...]".[2] Zwar stellt die Präsentation von Waren im Internet typischerweise nur eine invitatio ad offerendum dar.[3] Das Angebot liegt demgemäß regelmäßig erst in der Bestellung des Kunden,[4] und die Annahme, auf die § 151 Anwendung findet,[5] ist in der Übersendung der bestellten Ware zu sehen, wobei die Übersendung eines aliud nicht ausreicht.[6] Insbesondere dann, wenn die Klausel in einem Abschnitt der AGB zu finden ist, der sich mit der Gewährleistung befasst, kann die Klausel jedoch dahin gehend zu verstehen sein, dass sie auch im Falle eines bereits geschlossenen Vertrages Anwendung finden soll.[7] Doch auch dann, wenn die Klausel dahin gehend auszulegen ist, dass sie auf bereits geschlossene Verträge keine Anwendung findet, kommt ein Verstoß gegen das Transparenzgebot (§ 307 I 2) in Betracht, insbesondere, wenn sie außerdem bestimmt, dass der Kunde den Ersatzartikel bei Nicht- 13

---

[1] In diesem Sinne auch OLG Hamm NJW 1986, 2581, 2583 (zu § 10 Nr. 4 AGBG).
[2] BGH NJW 2005, 3567, 3568.
[3] BGH NJW 2005, 3567, 3568
[4] BGH NJW 2005, 3567, 3568.
[5] *Palandt/Grüneberg* § 151 Rz 4.
[6] LG Gießen NJW-RR 2003, 1206, 1206.
[7] In diesem Sinne, allerdings unter Berücksichtigung weiterer Besonderheiten des Einzelfalls, auch BGH NJW 2005, 3567, 3568.

gefallen innerhalb von 14 Tagen zurückgeben könne, weil dadurch der Eindruck erweckt wird, dass ein verbindlicher Vertrag über den Ersatzartikel zustande gekommen sei und dem Kunden nur ein zeitlich befristetes Rückgaberecht zustehe.[1]

14 **d) Art und Weise der Änderung.** Gleich ist, in welcher Weise die Änderung der Leistungspflicht erreicht wird. Entscheidend ist nur, dass die Änderung der Leistungspflicht nicht die freiwillige Mitwirkung des Verwendungsgegners voraussetzt. So fallen zunächst solche Klauseln unter § 308 Nr. 4, die dem Verwender ein einseitiges **Gestaltungsrecht** einräumen. Ebenso erfasst werden Klauseln, welche dem Verwender einen Anspruch gegen den Verwendungsgegner auf Mitwirkung bei der Abänderung des Vertrages, also einen **schuldrechtlichen Abänderungsanspruch,** einräumen. Ferner findet § 308 Nr. 4 auch auf solche Klauseln Anwendung, denen zufolge sich der Inhalt der Leistungspflicht unter bestimmten Voraussetzungen im Sinne einer **automatischen Veränderung** von selbst ändert.

15 **e) Abgrenzung zur Konkretisierung.** § 308 Nr. 4 greift nur dann ein, wenn die Klausel dem Verwender das Recht gibt, die versprochene Leistung zu ändern oder von ihr abzuweichen. Auf eine Konkretisierung der Leistungspflicht ist § 308 Nr. 4 dagegen nicht ohne weiteres anwendbar. Vielmehr gilt es zu differenzieren:

16 **aa) Konkretisierung der Leistungspflicht des Verwenders.** Einseitige Leistungsbestimmungsrechte im Sinne der §§ 315 ff fallen nicht unter § 308 Nr. 4, wenn sie darauf beschränkt sind, dem Verwender die erstmalige Festlegung seiner Leistung zu ermöglichen.[2] Dies gilt selbst dann, wenn entsprechende Leistungsbestimmungsrechte in AGB vorbehalten werden. Im letzteren Falle sind sie jedoch an § 307 zu messen[3] und selbst im unternehmerischen Verkehr nur dann als angemessen einzustufen, wenn die Einräumung des Leistungsbestimmungsrechts durch schwerwiegende Gründe gerechtfertigt ist[4] und Voraussetzungen und Umfang des Leistungsbestimmungsrechts tatbestandlich hinreichend konkretisiert sind.[5] Zudem werden Leistungsbestimmungsrechte gerade gegenüber Verbrauchern oftmals nach § 305 b unwirksam sein. Eine Kontrolle anhand des § 308 Nr. 4 scheidet ferner auch dann aus, wenn eine Klausel eine im dispositiven Recht vorgesehene Befugnis zur Bestimmung bzw. Konkretisierung der Verwenderleistung lediglich wiederholt. § 308 Nr. 4 ist bei **Gattungsschulden** deshalb nicht anwendbar, wenn die Konkretisierungsbefugnis des Verwenders sich in dem von § 243 vorgegebenen Rahmen hält.[6] Demgegenüber findet § 308 Nr. 4 ohne weiteres dann Anwendung, wenn der Verwender sich das Recht vorbehält, eine einmal erfolgte Leistungsbestimmung oder -konkretisierung nachträglich zu ändern, ohne dass sich diese Befugnis bereits aus dem dispositiven Recht ergäbe. So ist z. B. eine solche Klausel an § 308 Nr. 4 zu messen, die dem Verwender das Recht gibt, eine bereits nach § 243 II erfolgte Konkretisierung rückgängig zu machen, denn in diesem Fall ändert er den Leistungsinhalt nachträglich. Richtigerweise ist nämlich davon auszugehen, dass eine einmal erfolgte Konkretisierung nach dispositivem Recht im Regelfall nicht rückgängig gemacht werden kann.[7] Ebenso ist die Anwendbarkeit des § 308 Nr. 4 zu bejahen, wenn eine Klausel dem Verwender das Recht gibt, eine nach § 315 II wirksam getroffene Bestimmung nachträglich abzuändern.

---

1 BGH NJW 2005, 3567, 3568.
2 BGH NJW 2004, 1588, 1588.
3 BGH NJW-RR 2005, 1496, 1501 (zum unternehmerischen Verkehr).
4 BGH NJW-RR 2005, 1496, 1501 (zum unternehmerischen Verkehr).
5 BGH NJW-RR 2005, 1496, 1501 (zum unternehmerischen Verkehr).
6 *Löwe/von Westphalen* § 10 Nr. 4 Rz 20; *Staudinger/Coester-Waltjen* Rz 5 unter II.1.a).
7 S. z. B. *Erman/H.-P. Westermann,* § 244 Rz 19. Vgl. auch BGH WM 1964, 1023.

bb) Konkretisierung der Leistungspflicht des anderen Teils. Soweit es um die Leistung des Verwendungsgegners geht, kann § 308 Nr. 4 schon deshalb keine Anwendung finden, weil diese Vorschrift nur die Pflichten des Verwenders betrifft (s. Rz 6). Allerdings ist stets sorgsam zu prüfen, ob entsprechende Klauseln nicht an § 305b, 305c I oder § 307 scheitern. 17

f) Leistungsbeschreibung in AGB. § 308 Nr. 4 erfasst, da er sich auf die versprochene Leistung bezieht, nur Änderungen nach Vertragsabschluss,[1] nicht dagegen die bereits zum Zeitpunkt des Vertragsschlusses erfolgten Leistungsbeschreibungen, durch die der Leistungsinhalt erst bestimmt wird.[2] Eine Änderung der versprochenen Leistung liegt auch dann nicht vor, wenn der Geschäftsführer als Verwender bei einem Geschäftsbesorgungsvertrag die Weisung des Geschäftsherrn so bestimmt, dass ihm Wahlfreiheit bleibt. Die Fakultativklausel auf Überweisungsformularen[3] fällt deshalb nicht unter § 308 Nr. 4.[4] Jedoch ist eine solche Klausel nach § 307 unwirksam,[5] wobei auch die Wertungen des § 308 Nr. 4 mit berücksichtigt werden können. 18

g) Beispiele für Änderungsvorbehalte. Änderungsvorbehalte können sowohl ausdrücklich als auch in verdeckter Form vorgesehen sein. 19

aa) Ausdrückliche Änderungsvorbehalte sind z. B. dann gegeben, wenn „Abweichungen in Struktur und Farbe [...] vorbehalten",[6] wenn „technische Änderungen vorbehalten" oder „Modellwechsel vorbehalten" oder wenn Maße, Gewichtsangaben, Zeichnungen, Prospektbeschreibungen und Ähnliches als „annähernd und unverbindlich" bezeichnet werden **(Circa-Klauseln)**. Änderungsvorbehalte sind auch Klauseln, die an Stelle der vereinbarten Leistung „gleichwertige" Ersatzlieferungen vorsehen.[7] Im Reiseverkehr ist ein Änderungsvorbehalt gegeben, wenn Termine, Unterkünfte, Transportmittel sowie Transportgesellschaften als unverbindlich oder sonst änderbar angegeben werden. Gleiches gilt auch für den Vorbehalt der Verlegung von Veranstaltungen.[8] Bei Reparaturbedingungen liegt ein Änderungsvorbehalt vor, wenn die Erlaubnis für Zusatzarbeiten vorbehalten wird.[9] Ferner ist ein Änderungsvorbehalt gegeben, wenn eine Klausel in einem Arbeitsvertrag hinsichtlich der nicht ausdrücklich geregelten Belange auf den „Hausbrauch [...] in der jeweils gültigen Fassung" verweist.[10] Zur Wirksamkeit siehe Rz 33. 20

bb) Verdeckte Änderungsvorbehalte. Die Anwendung des § 308 Nr. 4 hängt jedoch nicht davon ab, dass Änderungs- bzw. Abweichungsvorbehalte in ausdrücklicher Form vorgesehen werden. Vielmehr sind auch verdeckte Vorbehalte denkbar. Dazu gehören z. B. Irrtumsklauseln, wenn ohne Rücksicht auf die Voraussetzungen der §§ 119, 123 ein Berichtigungsvorbehalt bei Irrtümern im Leistungsangebot vorgesehen wird.[11] Ein verdeckter Änderungsvorbehalt kann auch gegeben sein, wenn 21

---

[1] OLG Hamm NJW 1986, 2581, 2583 (zu § 10 Nr. 4 AGBG).

[2] OLG Koblenz NJW-RR 1993, 1078, 1079 (zu § 10 Nr. 4 AGBG).

[3] Dazu auch *Ulmer/H. Schmidt* Rz 4.

[4] BGH NJW 1986, 2428, 2429 (zu § 10 Nr. 4 AGBG); a. A. *Häuser* WM 1984, 550 (zu § 10 Nr. 4 AGBG).

[5] BGH NJW 1986, 2428, 2429 (zu § 9 AGBG).

[6] So die Klausel in BGH NJW 1987, 1886, 1886 (zu § 10 Nr. 4 AGBG).

[7] BGH NJW 2005, 3567, 3568.

[8] Vgl. OLG Hamm NJW-RR 1992, 444, 445 (zu § 10 Nr. 4 AGBG): Klausel in den AGB eines Sportcenters, welche die Verlegung der Räume des Centers innerhalb des Stadtgebiets erlaubt, verstößt gegen § 10 Nr. 1 AGBG (§ 308 Nr. 1).

[9] S. Anh. § 310 Rz R 103–104.

[10] Offen gelassen in BAG NZA 2006, 37 unter 2.b.bb).

[11] *Löwe/von Westphalen* § 10 Nr. 4 Rz 10; *Schlosser/Coester-Waltjen* § 10 Nr. 4 Rz 12; *Ulmer/H. Schmidt* Rz 4.

eine Sache, z. B. Möbel, als Stückschuld gekauft wird, in den AGB aber eine Gattungsschuld, z. B. „Lieferung nach Modell", vorgesehen wird.

4. Zumutbarkeit der Änderung oder Abweichung

22 **a) Interessenabwägung.** § 308 Nr. 4 lässt nur solche Änderungsvorbehalte zu, die für den anderen Vertragsteil zumutbar sind. Allerdings kommt es für die Zumutbarkeit des Änderungsvorbehalts nach dem insofern unmissverständlichen Wortlaut des 308 Nr. 4 nicht nur auf die Interessen des Verwendungsgegners, sondern auch auf diejenigen des Verwenders an. Geboten ist daher eine Abwägung der beiderseitigen Interessen.[1]

23 **b) Grundsätze für die Abwägung.** Für diese Abwägung gelten folgende Grundsätze:

24 **aa) Allgemeines.** Bei der Zumutbarkeitsprüfung nach § 308 Nr. 4 ist nicht wie bei § 315 ein subjektiv-individueller Maßstab anzulegen.[2] Vielmehr ist die **Interessenabwägung** entsprechend der generalisierend typisierenden Betrachtungsweise bei AGB anhand der geschäftstypischen Interessen der beteiligten Kundenkreise durchzuführen.[3] Die Zumutbarkeit ist deshalb gegeben, wenn die Interessen des Verwenders die für das jeweilige Geschäft typischen Interessen des anderen Vertragsteils überwiegen oder ihnen zumindest gleichwertig sind.[4] In diesem Zusammenhang ist zunächst zu betonen, dass es entscheidend auf den **Klauselinhalt** ankommt. Maßgeblich ist also nicht, welche Änderungen tatsächlich erfolgen, sondern welche Änderungen die Klausel erlaubt. Die Zumutbarkeit setzt, in den Worten des BGH, „eine Fassung der Klausel voraus, die nicht zur Rechtfertigung unzumutbarer Änderungen dienen kann".[5] Damit geht einher, dass die Zumutbarkeit in aller Regel nur dann zu bejahen ist, wenn die Klausel nach ihren Voraussetzungen und dem Umfang der Änderung **hinreichend konkretisiert** ist und der Verwendungsgegner die auf ihn zukommenden Risiken daher trotz des Änderungsvorbehalts noch zu überschauen vermag (s. näher Rz 33). Der BGH formuliert dies dahingehend, dass „im Allgemeinen [...] für den anderen Vertragsteil zumindest ein gewisses Maß an **Kalkulierbarkeit** der möglichen Leistungsänderungen besteh[en] [muss]".[6] Damit eng zusammen hängt der **Grundsatz der Erforderlichkeit,** dem die Klausel ebenfalls genügen muss: Der Verwender hat nur insofern ein schutzwürdiges Interesse an der Vereinbarung eines Änderungsvorbehalts in AGB, als die Änderung erforderlich ist, um nicht zu vermeidenden Unsicherheiten Rechnung zu tragen. Daher ist z. B. eine generelle Änderungsbefugnis, „wenn es die Umstände erfordern" im Linienflugverkehr unwirksam.[7] Denn diese Klausel ist so weit gefasst, dass sie auch Umstände erfasst, deren Vermeidung dem Verwender ohne weiteres zumutbar war, wie z. B. ein Mangel an einsatzbereitem Flugpersonal. Die Zumutbarkeit von Änderungs- und Abweichungsvorbehalten ist zudem grundsätzlich davon abhängig, dass diese nicht zu einer wesentlichen

---

[1] BGH NJW 2005, 3568, 3569.

[2] So von *Hoyningen-Huene,* Die Billigkeit im Arbeitsrecht, 1978, S. 94 ff.

[3] A. A. OLG Köln NJW 1985, 501, 501 (zu § 10 Nr. 4 AGBG): Abstellen auf den Einzelfall. Wie hier *Ulmer/H. Schmidt* Rz 9.

[4] BGH NJW 2005, 3567, 3568; BGH NJW 2004, 1588, 1588. In der Literatur wird die Zumutbarkeit dagegen zum Teil davon abhängig gemacht, dass die Interessen des Verwenders überwiegen. So z. B. MünchKomm/*Basedow* Rz 7.

[5] BGH NJW 2005, 3567, 3568.

[6] BGH NJW 2005, 3567, 3568.

[7] BGH BB 1983, 527, 530 (zu § 10 Nr. 4 AGBG); dazu *Schmid* BB 1986, 1453, 1455 (zu § 10 Nr. 4 AGBG).

Störung des **Gleichgewichts von Leistung und Gegenleistung** zulasten des anderen Vertragsteils führen.[1] Richtigerweise ist jedoch darauf abzustellen, ob gerade der Vorbehalt zu einer Störung des Gleichgewichts von Leistung und Gegenleistung führt. Dies kann auch bei einer wesentlichen Änderung der Leistung einer Seite zu verneinen sein, wenn diese Änderung an sehr enge Voraussetzungen geknüpft ist, so dass schon ex ante feststeht, dass es sehr wahrscheinlich nicht zu einer Ausübung des Änderungsrechts kommen kann. Dies muss aber von vornherein ersichtlich sein; tatsächliche Unsicherheiten müssen in diesem Zusammenhang zulasten des Verwenders gehen.

bb) Interessen. Mit Blick auf die bei der Abwägung zu berücksichtigenden 25-27
Interessen ist zu differenzieren. Der Verwendungsgegner hat ein schutzwürdiges Interesse daran, die Leistung so zu erhalten, wie sie ihm versprochen wurde. Auf Seiten des Verwenders kommt dagegen in erster Linie das Interesse in Betracht, die Vertragsdurchführung nicht an solchen Umständen scheitern zu lassen, die (1) eine Durchführung des Vertrages nach Maßgabe der ursprünglichen Planung verhindern, (2) bei Vertragsschluss noch nicht hinreichend vorhersehbar waren, um sie bei der Beschreibung der Leistung konkreter als durch einen Änderungsvorbehalt berücksichtigen zu können, und (3) deren Abwendung dem Verwender nicht möglich oder nicht zumutbar war. Bei den Interessen des Verwenders ist daher z. B. zu berücksichtigen, inwieweit dieser seinerseits berechtigte Änderungsvorbehalte eines Herstellers oder Vorlieferanten hinnehmen muss. Allerdings darf sich der Verwender nicht den Folgen einer zu vertretenden Leistungsstörung, insbesondere einer zu vertretenden Unmöglichkeit, entziehen. Die Vermeidung von Kostensteigerungen oder die Korrektur von Kalkulationsirrtümern durch Minderung der Leistung ist grundsätzlich ebenfalls nicht als berechtigtes Änderungs- und Abweichungsinteresse anzusehen.[2]

cc) Abweichung ohne Benachteiligung. Grundsätzlich nicht zu beanstanden 28
sind solche Änderungsvorbehalte, die einerseits keinen Nachteil für den Verwendungsgegner bringen und an deren Vereinbarung andererseits ein schutzwürdiges Interesse des Verwenders besteht. Allerdings wird man im Ergebnis nur selten davon ausgehen können, dass ein Änderungsvorbehalt nicht mit einem Nachteil für den Verwendungsgegner verbunden ist. So ist ein Nachteil nicht nur dann gegeben, wenn die Leistungspflichten des Verwenders ausgeschlossen oder eingeschränkt werden können, sondern z. B. auch dann, wenn der Leistungsumfang unter entsprechender Erhöhung der Gegenleistung des anderen Vertragsteils erweitert werden kann, so z. B. im Falle einer Auftragserweiterungsklausel in Reparaturbedingungen.[3] Ferner ist hervorzuheben, dass eine Abweichung grundsätzlich nicht dadurch zumutbar wird, dass dem Kunden das Recht eingeräumt wird, sich vom Vertrag zu lösen. Beispielsweise bleibt das Recht des Verkäufers, bei fehlender Lieferbarkeit der geschuldeten Ware stattdessen einen „qualitativ und preislich gleichwertigen [...] Ersatzartikel" zu liefern, auch dann unzumutbar, wenn dem Käufer das Recht eingeräumt wird, den Ersatzartikel „bei Nichtgefallen innerhalb von 14 Tagen zurückzugeben".[4] Denn diese Regelung ist für den Kunden sehr viel ungünstiger als die gesetzliche Regelung, der zufolge dem Kunden bei Lieferung eines aliud wegen § 434 III die Rechte aus § 437 zustehen, die auch nicht auf zwei

---

1 Ähnlich *Ulmer/Hensen* Rz 9; MünchKomm/*Basedow* Rz 7.

2 S. aber § 309 Nr. 1 Rz 117 zur Möglichkeit, außerhalb des Anwendungsbereichs des § 309 Nr. 1 eine Preiserhöhung für den Fall einer Kostensteigerung vorzusehen.

3 Vgl. BGH NJW 1987, 2818, 2018 (zu § 10 Nr. 4 AGBG), der eine Auftragserweiterungsklausel aufgrund ihrer konkreten Ausgestaltung als mit § 10 Nr. 4 unvereinbar ansieht. S. im Einzelnen Rz 30.

4 BGH NJW 2005, 3567, 3569.

Wochen befristet sind (§ 438).[1] Kein Verstoß gegen § 308 Nr. 4 liegt allerdings dann vor, wenn eine vom Arbeitgeber gestellte Klausel diesen berechtigt, die von ihm zu zahlende Vergütung zu erhöhen,[2] da eine solche Klausel für den Verwendungsgegner keinen Nachteil bringt.

29 **dd) Geringfügige/handelsübliche Änderung.** Zulässig sind Änderungsvorbehalte, die nur ganz geringfügige Änderungen erfassen, welche auch nach § 242 hinzunehmen wären. Richtigerweise folgt in diesem Falle schon aus § 307 III 1, dass die entsprechenden Klauseln nicht nach § 308 Nr. 4 zu beanstanden sind. Aber auch Änderungen/Abweichungen, die nicht nach § 242 unbeachtlich sind, werden regelmäßig zumutbar im Sinne des § 308 Nr. 4 sein, wenn es sich um unwesentliche Abweichungen/Änderungen handelt. Kein Verstoß gegen § 308 Nr. 4 ist daher in der Regel bei einem Vorbehalt geringfügiger Farb-, Maß- oder Mengenabweichungen gegeben,[3] sofern sich nicht aus den Umständen ergibt, dass der genauen Einhaltung der Farb-, Maß- oder Mengenangaben besondere Bedeutung zukommt. Grundsätzlich zulässig ist auch eine Klausel, die „unwesentliche" Abweichungen zulässt.[4] Zulässig ist auch ein Vorbehalt für **handelsübliche Abweichungen,** die durch das verwendete Material bedingt sind, auch wenn sie mehr als nur geringfügig, aber noch handelsüblich sind.[5] Die Zulassung handelsüblicher Abweichungen verstößt auch nicht gegen das Transparenzgebot.[6] Der BGH[7] sieht auch eine Klausel, wonach bei Möbeln die Mitverwendung anderer geeigneter Materialien als Holz handelsüblich und zulässig ist, als wirksam an. Das ist bedenklich, da das Merkmal der Geeignetheit zu unbestimmt und nicht auf zumutbare Abweichungen begrenzt ist.[8]

30 **c) Beispiele unzulässiger Klauseln.** Gegen § 308 Nr. 4 verstößt z. B. eine Klausel in einem **Altenheimvertrag,** der zufolge der Bewohner mit einem Umzug in einen anderen Raum einverstanden ist, wenn dies „nach begründeter Erklärung des Heims aus zwingendem betrieblichem Anlass erforderlich ist".[9] Eine Vertreterklausel in einem **ärztlichen Wahlleistungsvertrag** ist nach Auffassung des OLG Hamm jedenfalls dann unwirksam, wenn bereits bei Vertragsschluss vorhersehbar ist, dass der **Chefarzt** verhindert sein wird.[10] Richtigerweise ist wie folgt zu differenzieren. Eine wesentliche Störung des Gleichgewichts von Leistung und Gegenleistung und damit die Unzumutbarkeit der Klausel ist dann zu bejahen,

---

[1] In diesem Sinne auch BGH NJW 2005, 3567, 3569.

[2] BAG NJOZ 2006, 1760, 1762: Schutzbereich des § 308 Nr. 4 nicht berührt.

[3] Vgl. aber auch OLG Frankfurt DB 1981, 884; *Ulmer/H. Schmidt* Rz 10; *Palandt/Grüneberg* Rz 23: Unzulässigkeit eines Vorbehalts kleinerer Änderungen.

[4] OLG Bamberg AGBE IV Nr. 4. Anders aber – mit Blick auf eine Klausel, die „unwesentliche" Abweichungen bei Ergänzungsstücken im Falle eines Möbelkaufvertrages für vertragsgemäß erklärt – OLG Koblenz NJW-RR 1993, S. 1078, 1079, unter wenig überzeugendem Hinweis darauf, dass eine solche Klausel auch unzumutbare Abweichungen erfasse. Der letztgenannten Entscheidung zustimmend jedoch MünchKomm/*Basedow* Rz 8.

[5] BGH NJW 1987, 1886, 1986 f (zu § 10 Nr. 4 AGBG); MünchKomm/*Basedow* Rz 9; *Palandt/Grüneberg* Rz 23. S. ferner OLG Hamm NJW 1986, 2581, 2582 (zu § 10 Nr. 4 AGBG): Klausel „Abweichungen in Struktur und Farbe gegenüber dem Ausstellungsstück bleiben vorbehalten, soweit diese in der Natur der verwendeten Materialien (Massivhölzer, Furniere, Natursteinplatten, Leder, textile Produkte) liegen und handelsüblich sind", verstößt nicht gegen § 10 Nr. 4 AGBG (§ 308 Nr. 4). Gegen die Zulässigkeit einer auf handelsübliche Abweichungen abstellenden Klausel aber OLG Köln NJW 1985, 501, 501 (zu § 10 Nr. 4 AGBG).

[6] BGH NJW 1987, 1886, 1887 (zu § 9 AGBG).

[7] BGH NJW 1987, 1886, 1887 (zu § 10 Nr. 4 AGBG).

[8] S. *M. Wolf* EWiR 1/87, 423 (zu § 10 Nr. 4 AGBG).

[9] KG NJW-RR 1998, 829, 829 (zu § 10 Nr. 4 AGBG); *Gaiser* NJW 1999, 2311, 2314.

[10] OLG Hamm NJW 1995, 794, 794 (zu § 10 Nr. 4 AGBG).

wenn nicht schon ex ante feststeht, dass die Voraussetzungen der Vertretungsklausel nur selten vorliegen werden (s. Rz 24).[1] Ein Verstoß gegen § 308 Nr. 4 ist dementsprechend dann zu bejahen, wenn eine Vertretung „im Verhinderungsfall“ zulässig sein soll.[2] Denn diese Formulierung ist zu vage, um das Änderungsrecht nennenswert einzuschränken. Eine entsprechende Klausel ist regelmäßig auch überraschend im Sinne des § 305c I.[3] Ebenfalls überraschend und nach § 308 Nr. 4 unwirksam ist eine Klausel, die die Vertretung für den Fall einer „plötzlichen und unvorhergesehenen Verhinderung“ zulässt.[4] Denn plötzliche Verhinderungen sind im Krankenhaus wegen der Häufigkeit von Notfällen an der Tagesordnung, und die Rechte des Verwendungsgegners können nicht davon abhängen, was der Verwender tatsächlich vorhergesehen hat, würde er doch anderenfalls für die fehlende Weitsicht des Verwenders bestraft. Zulässig ist aber eine Klausel, die die Vertretung für den Fall einer „plötzlichen und unvorhersehbaren Verhinderung“ erlaubt.[5] Eine solche Klausel ist grundsätzlich auch nicht überraschend, weil auch der Laie die Notwendigkeit einer solchen Klausel einsehen muss.[6] Ferner liegt kein Verstoß gegen § 309 Nr. 10 vor,[7] da die Vertretungsklausel keinen Einfluss auf die Identität der Vertragsparteien hat und insbesondere die Haftung wegen § 278 unberührt lässt. In einem **Bauvertrag** ist eine Klausel unwirksam, derzufolge „Änderungen der Bauausführung, der Material- bzw. Baustoffauswahl, soweit sie gleichwertig sind [...] vorbehalten [bleiben]“.[8] Die generelle Befugnis zur Änderung von Zwischenlandepunkten oder zur Verwendung eines anderen Flugzeugtyps bei einem Vertrag über eine **Flugreise** ist dem anderen Vertragsteil nicht ohne weiteres zumutbar.[9] Insbesondere ist der Grundsatz der Bestimmtheit zu beachten. Unwirksam, da zu unbestimmt, ist eine Klausel in Reisebedingungen, die **Flugänderungen** aus wichtigen Gründen zulässt, soweit dies zumutbar ist, da weder für den wichtigen Grund noch für die Zumutbarkeit konkrete Anhaltspunkte erkennbar sind.[10] Unwirksam ist ferner eine Klausel in einem **Kaufvertrag** über Wein, wonach bei Ausverkauf eines Jahrgangs ein in der Qualität gleichwertiger Wein geliefert wird.[11] Das Gleiche gilt für eine Klausel eines Versandhändlers, mit der dieser sich das Recht vorbehält, sich bei fehlender Lieferbarkeit des bestellten Artikels einen „qualitativ und preislich gleich-

---

[1] Ähnlich wie hier *Staudinger/Coester* § 307 Rz 402, dem zufolge ein „allgemeines Delegationsrecht“ gegen § 307 und gegebenenfalls gegen § 308 Nr. 4 verstößt. Noch strenger, nämlich für generelle Unwirksamkeit, wohl *Miebach/Patt* NJW 2000, 3377, 3383 (zu § 10 Nr. 4 AGBG).

[2] *Kubis* NJW 1989, 1512, 1515 (zu § 10 Nr. 4 AGBG); *Miebach/Patt* NJW 2000, 3377, 3383 (zu § 10 Nr. 4 AGBG). In diesem Sinne auch LG Hamburg NJW 2001, 3415, 3416: Eine Klausel, nach der „im Verhinderungsfall“ der Stellvertreter die Aufgaben des Chefarztes übernehmen könne, sei nach §§ 3, 9, 10 Nr. 4 AGBG (§§ 305c I, 307, 308 Nr. 4) unwirksam. Diesem Urteil zustimmend wohl *v. Westphalen* NJW 2002, 1688, 1696. Einen Verstoß gegen § 308 Nr. 4 jedenfalls im Fall einer voraussetzungslosen Stellvertreterklausel bejahend auch *Kuhla* NJW 2000, 841, 844.

[3] Ebenso LG Hamburg NJW 2001, 3415, 3416 (zu § 3 AGBG). Für den Fall einer „voraussetzungslos[en]“ Stellvertreterklausel auch *Kuhla* NJW 2000, 841, 844 (zu § 3 AGBG). Nach *Staudinger/Coester* § 307 Rz 402 ist zumindest ein „allgemeines Delegationsrecht“ überraschend.

[4] A.A. *Spickhoff* NJW 2002, 1758, 1761.

[5] Wie hier *Staudinger/Coester* § 307 Rz 402. Ebenso *Kuhla* NJW 2000, 841, 845, der allerdings zu Unrecht das Vorliegen eines Änderungsvorbehalts verneint.

[6] Demgegenüber hält *Staudinger/Coester* § 307 Rz 402 auch im Falle eines auf unvorhersehbare Ereignisse beschränkten Delegationsrechts einen Überraschungseffekt für möglich, wenn sich die Klausel lediglich in der Anlage zu den AGB befindet.

[7] Zutreffend *Staudinger/Coester* § 307 Rz 402.

[8] BGH NJW 2005, 3420, 3421.

[9] BGHZ 86, 284, 294 f = NJW 1983, 1322, 1325 (zu § 10 Nr. 4 AGBG).

[10] OLG Hamburg NJW-RR 1986, 1440, 1440 (zu § 10 Nr. 4 AGBG); i. E. auch MünchKomm/*Basedow* Rz 9.

[11] OLG Koblenz AGBE § 10 Nr. 9.

wertigen Artikel" zu übersenden.[1] Unzulässig ist auch die generell vorgesehene Befugnis des Vermieters, bei **Miete** eines **Messeplatzes** den vereinbarten Standort ohne Einschränkung ändern zu dürfen.[2] Unwirksam ist auch eine Klausel in einem **Mobilfunkvertrag,** die dem Verwender das Recht vorbehält, die dem Kunden zugeteilte Rufnummer „aus technischen und betrieblichen Gründen" zu ändern, ohne darauf abzustellen, ob es sich um wirklich gewichtige technische oder betriebliche Gründe handelt.[3] Zu weitgehend und deshalb unwirksam ist auch eine Klausel in einem **Reparaturvertrag,** nach der „[z]usätzliche, nicht besonders in Auftrag gegebene Arbeiten [...] vorbehalten [werden], wenn diese erforderlich werden, um das Gerät wiederherzustellen",[4] da dieser Vorbehalt nicht die Zumutbarkeit für den anderen Vertragsteil berücksichtigt und keine Begrenzung hinsichtlich der Höhe des Reparaturpreises enthält. Unwirksam soll nach Auffassung des BGH[5] auch die Reparaturklausel sein, wonach sich der Unternehmer die Durchführung nicht vereinbarter Arbeiten vorbehält, falls sie notwendig sind und sich der Werklohn nur innerhalb bestimmter Prozentsätze erhöht.[6] Nach § 308 Nr. 4 unwirksam ist auch eine Klausel in einem **Sparvertrag,** die auf den „durch Aushang bekannt gegebenen Zins" verweist und damit dem Kreditinstitut die nicht weiter beschränkte Möglichkeit eröffnet, den Zinssatz einseitig abzuändern.[7] Eine solche Klausel kann auch nicht einschränkend dahin gehend ausgelegt werden, dass nur solche Änderungen erlaubt sein sollen, welche Veränderungen der Verhältnisse am Kapitalmarkt Rechnung tragen sollen.[8] Zur Kontrolle von Zinsänderungsklauseln anhand von § 307 siehe noch § 309 Nr. 1 Rz 136–139. Ein Verstoß gegen § 308 Nr. 4 ist auch dann anzunehmen, wenn eine Klausel in einem **Sportschulvertrag** bestimmt, dass es der Sportschule vorbehalten bleibt, „im Bedarfsfall den Unterricht in anderen Räumen im Stadtgebiet abzuhalten".[9] Unzulässig ist ferner eine **Teillieferungsklausel,** die nicht auf die Zumutbarkeit der Teillieferung für den Kunden abstellt.[10] Ebenso ist eine Klausel in einem **Unterrichtsvertrag** unwirksam, wonach der Schulungsleiter Zeit und Ort der Schulung ändern kann (s. bereits unter Sportschulvertrag).[11]

31 **d) Beispiele zulässiger Klauseln.** Bei Leistungen, die, wie bei Naturprodukten, nicht ohne weiteres beherrschbar sind, sind Änderungs- und Abweichungsvorbehalte innerhalb einer Toleranzgrenze als zulässig anzusehen. Werden Vertragsleistungen versprochen, deren Durchführung von behördlichen Genehmigungen abhängig ist, so können Änderungen und Abweichungen, die zur Erlangung der behördlichen Genehmigung erforderlich sind, als zumutbar angesehen werden, wenn sie sich im Rahmen des vereinbarten Leistungszwecks halten. Zumutbar sind grundsätzlich auch Änderungen, die eine **technische Verbesserung** zur Folge haben. Zu beachten ist jedoch der Vertragszweck. Kommt es dem anderen Vertragsteil auf eine bestimmte Leistung an, z. B. beim Kauf eines Ersatzteils oder eines Sammlerstücks, so kann auch eine Änderung in Form einer technischen Verbesserung unzumutbar sein. Zulässigerweise geänderte Bedingungen unterliegen der Über-

---

[1] LG Hamburg, MMR 2004, 190, 191.
[2] OLG Köln NJW-RR 1990, 1232, 1233 (zu § 10 Nr. 4 AGBG).
[3] OLG Schleswig NJW-RR 1998, 54, 54–55 (§ 10 Nr. 4 AGBG).
[4] OLG Celle AGBE I § 10 Nr. 42.
[5] BGH NJW 1987, 2818, 2818 f (zu § 10 Nr. 4 AGBG).
[6] S. dazu im Einzelnen Anh. § 310 Rz R 104.
[7] BGH NJW 2004, 1588, 1588 f.
[8] BGH NJW 2004, 1588, 1588 f.
[9] OLG Frankfurt a.M. NJW-RR 2001, 914, 915 (zu § 10 Nr. 4 AGBG).
[10] OLG Stuttgart NJW-RR 1995, 116, 117 (zu § 10 Nr. 4 AGBG).
[11] LG Frankfurt AGBE VI § 10 Nr. 11; s. auch LG Düsseldorf AGBE VI § 10 Nr. 12.

prüfung nach § 315 III und, wenn die Änderungen durch AGB erfolgen, auch der Inhaltskontrolle nach §§ 307–309.[1]

e) Darlegungs- und Beweislast. Die Darlegungs- und Beweislast für die Zumutbarkeit der Vereinbarung des Änderungsvorbehalts obliegt dem Verwender. 32 Dies ergibt sich schon aus der sprachlichen Fassung der Vorschrift.[2] Dass die Geltendmachung des Änderungsvorbehalts im Einzelfall eine unzulässige Rechtsausübung darstellt, hat dagegen der Vertragspartner des Verwenders zu beweisen.[3]

5. Angabe des Grundes

Die Angabe des Grundes der Änderung oder Abweichung im Vertrag wird in 33 § 308 Nr. 4 im Gegensatz zu § 308 Nr. 3 nicht ausdrücklich vorausgesetzt. Indessen zieht das Merkmal der Zumutbarkeit der Möglichkeit zur Verwendung unbestimmter Klauseln enge Grenzen. So ist zunächst zu beachten, dass es für die Zumutbarkeit nicht auf die tatsächlich vorgenommene Änderung, sondern auf den **Klauselinhalt** ankommt. Eine Klausel, die dahin gehend missverstanden werden kann, dass sie beliebige Änderungen erlaubt, ist daher ohne weiteres unwirksam. Darüber hinaus kann die Zumutbarkeit regelmäßig nur dann bejaht werden, wenn der Verwendungsgegner trotz des Änderungsvorbehalts die auf ihn zukommenden Risiken überblicken kann. Zu Recht formuliert der BGH daher, dass „im Allgemeinen [...] für den anderen Vertragsteil zumindest ein **gewisses Maß an Kalkulierbarkeit** der möglichen Leistungsänderungen besteh[en] [muss]".[4] Diese Kalkulierbarkeit ist aber nur gegeben, wenn der Grund der Änderung bzw. Abweichung hinreichend konkret festgelegt ist.[5] Nach zutreffender Auffassung des BAG kommt es in diesem Zusammenhang darauf an, ob die Klausel so konkret gefasst ist, dass sie „die Angemessenheit und Zumutbarkeit erkennen" lässt.[6] Deshalb ist es geboten, die Änderungs- und Abweichungsgründe konkret anzugeben,[7] auch wenn dies im Gesetz nicht ausdrücklich gefordert wird. Entsprechendes gilt für das Ausmaß der Änderung oder Abweichung, soweit sich diese nicht schon aus den Umständen, insbesondere aus dem Grund der Änderung bzw. Abweichung ergibt. Sieht eine Klausel demgegenüber nur vor, dass eine Änderung dann in Betracht kommt, „wenn dies im Einzelfall unter Berücksichtigung der Interessen des Kunden zumutbar ist", so ist die Klausel unwirksam,[8] weil sie die für die Zumutbarkeit maßgeblichen Gründe nicht erkennen lässt. Auch eine Klausel in einem Arbeitsvertrag, die hinsichtlich der nicht geregelten Fragen auf den **Hausbrauch** „in der jeweils gültigen Fassung" verweist, ist mangels hinreichender Konkretisierung von Grund und Ausmaß der Änderung unwirksam.[9] Da die Worte „in der jeweils gültigen Fassung" jedoch gestrichen werden können, ohne dass eine sprachlich oder inhaltlich unverständliche Regelung resultiert, macht der Verstoß gegen § 308 Nr. 4 lediglich das Recht zur Abänderung des Vertrages, nicht dagegen den Verweis auf den Hausbrauch in der bei Vertragsschluss maßgeblichen Fassung unwirksam.[10]

---

1 BGH NJW 1991, 2559, 2564 (zum AGBG).

2 Vgl. auch BT Drucks 7/3919, S. 49 zu § 8 Nr. 3 AGBG, 3 a; *Löwe/von Westphalen* § 10 Nr. 4 Rz 21.

3 So auch MünchKomm/*Basedow* Rz 11.

4 BGH NJW 2005, 3567, 3568.

5 In diesem Sinne auch MünchKomm/*Basedow* Rz 7 („hinreichend konkretisiert").

6 BAG NJW 2005, 1820, 1821.

7 Ähnlich *Staudinger/Coester-Waltjen* Rz 6 („Verwender muss [...] den Anlass für spätere Änderungen und das Ausmaß möglicher Änderungen hinreichend konkret angeben"); a. A. *Löwe/von Westphalen* § 10 Nr. 4 Rz 22 f.

8 BGH NJW 1983, 1322, 1325 (zu § 10 Nr. 4 AGBG).

9 Offen gelassen von BAG NZA 2005, 37.

10 Für die Teilbarkeit wohl auch BAG NZA 2005, 37.

6. Mitteilung der Änderung

34-39 Eine Mitteilung an den Kunden von der vollzogenen Änderung sieht § 308 Nr. 4 nicht vor. Das Erfordernis ergibt sich jedoch aus § 130, soweit die Änderung nicht automatisch bei Eintritt bestimmter Ereignisse erfolgen soll, sondern lediglich infolge der Ausübung eines Gestaltungsrechts durch den Verwender. Denn die Gestaltungserklärung, mit der das Änderungsrecht ausgeübt wird, ist eine empfangsbedürftige Willenserklärung. Ist das Zugangserfordernis wirksam ausgeschlossen (s. § 308 Nr. 6 Rz 23–26), so ist eine nachträgliche Mitteilung erforderlich, damit der Kunde sich auf die Änderung einrichten kann.[1]

IV. Verhältnis zu anderen Vorschriften

1. Verhältnis zu § 305b

40 Art, Inhalt und Umfang des Hauptleistungsinhalts werden in der Regel individualvertraglich festgelegt. Eine AGB-Klausel mit Änderungs- und Abweichungsvorbehalt kann deshalb schon nach § 305b unbeachtlich sein. Insoweit muss auf die Ausführungen zu § 305b verwiesen werden. Siehe § 305 b Rz 12 f.

2. Verhältnis zu § 307

41 Generell ist hervorzuheben, dass § 307 grundsätzlich neben den besonderen Klauselverboten Anwendung findet. Insbesondere sind solche Klauseln an § 307 zu messen, die dem Verwender ein Recht zur Änderung der vom Verwendungsgegner geschuldeten Leistung gewähren. Denn insofern findet § 308 Nr. 4 keine Anwendung (s. Rz 6).

3. Verhältnis zu § 308 Nr. 3

42 Zum Verhältnis des § 308 Nr. 4 zu § 308 Nr. 3 siehe § 308 Nr. 3 Rz 103–108.

4. Verhältnis zu § 315 III

43 Die Möglichkeit einer Billigkeitskontrolle nach § 315 III darf nicht dazu führen, die Anforderungen im Rahmen des § 308 Nr. 4 abzusenken. Denn § 315 III setzt ein wirksames Bestimmungsrecht voraus. Erst wenn ein einseitiger Änderungsvorbehalt nach § 308 Nr. 4 zulässig ist, ist für seine Ausübung im Einzelfall die Billigkeitskontrolle nach § 315 III möglich.[2] Zu beachten ist aber, dass ein Recht zur erstmaligen Bestimmung der Leistung nicht an § 308 Nr. 4 zu messen ist (s. Rz 16).

5. Verhältnis zu § 475 I

44-49 Im Falle eines Verbrauchsgüterkaufs (§ 474) sind Abweichungen von gesetzlichen Gewährleistungsvorschriften nur im Rahmen des § 475 I 1 möglich. Vor diesem Hintergrund stellt sich die Frage, ob nicht auch Abweichungs- und Änderungsvorbehalte an § 475 I 1 scheitern müssen. Richtigerweise ist diese Frage zu verneinen. S. im Einzelnen Anh. § 310 Rz N 21–N 23.

---

[1] S. auch RL Anh. Nr. 2 b.
[2] S. auch § 310 Rz L 215.

V. Rechtsfolgen

1. Unwirksamkeit

Unwirksamkeit tritt ein, wenn der Änderungs- oder Abweichungsvorbehalt nicht zumutbar ist. Unwirksamkeit der ganzen Klausel tritt auch dann ein, wenn der Änderungsvorbehalt zu weit gefasst ist und nicht durch bloße Streichung auf den berechtigten Kern reduziert werden kann. Eine Neuformulierung durch das Gericht scheidet wegen des Verbotes der geltungserhaltenden Reduktion[1] aus. Allerdings kommt im Einzelfall eine ergänzende Vertragsauslegung in Betracht. Insbesondere kann eine solche insoweit geboten sein, als § 308 Nr. 4 auch auf jene Arbeitsverträge Anwendung findet, die vor Erstreckung des Anwendungsbereichs des § 308 Nr. 4 auf den Bereich des Arbeitsrechts abgeschlossen worden sind.[2] Bei Unwirksamkeit des Änderungsvorbehalts bleibt die versprochene Leistung geschuldet. **50-51**

2. Wirksamer Vorbehalt

Der wirksame Änderungs- oder Abweichungsvorbehalt gewährt dem Verwender ein **Bestimmungsrecht** im Sinne von § 315, das deshalb im Zweifel nach billigem Ermessen ausgeübt werden muss. Das billige Ermessen betrifft die Ausübung im Einzelfall, nicht aber die Zulässigkeit des Vorbehalts an sich, die allein nach §§ 307, 308 Nr. 4 zu beurteilen ist.[3] Die wirksame Änderung oder Abweichung bewirkt eine Änderung der Leistungspflicht mit der Folge, dass eine der Leistungspflicht in ihrer geänderten Form entsprechende Leistung vertragskonform ist, also insbesondere nicht zur Ausübung von Mängelrechten berechtigt. **52-59**

VI. Arbeitsverträge

1. Anwendungsbereich

Auf Arbeitsverträge findet § 308 Nr. 4 gemäß § 310 IV 2 unter Berücksichtigung der im Arbeitsrecht geltenden Besonderheiten Anwendung. Auch im Arbeitsrecht hängt die Zulässigkeit eines Änderungsvorbehalts demnach von der Zumutbarkeit der Klausel ab. Die Besonderheiten des Arbeitsrechts gebieten insofern grundsätzlich keine andere Beurteilung. Dies hat auch das BAG anerkannt, soweit es um Klauseln geht, die den Widerruf von Vergütungsbestandteilen erlauben.[4] Allerdings will das BAG eine Anrechnungsklausel, die dem Arbeitgeber das Recht gibt, die Zulage bei einer Erhöhung des Tarifentgelts zu kürzen, nicht an den §§ 307 ff scheitern lassen und betont in diesem Zusammenhang, dass entsprechende Anrechnungsvorbehalte „eine Besonderheit des Arbeitsrechts dar[stellen], die gem. § 310 IV Satz 2 BGB angemessen zu berücksichtigen ist".[5] Dem ist zwar insofern zuzustimmen, als Anrechnungsvorbehalte regelmäßig als wirksam einzustufen sind. Die Berufung auf die Besonderheiten des Arbeitsrechts überzeugt aber nicht, zumal es wenig überzeugend ist, eine Klausel als Besonderheit im Sinne des § 310 IV 2 ein- **60**

---

[1] Vgl. *Soergel/Stein* § 10 Nr. 4 AGBG Rz 47.
[2] BAG NJW 2005, 1820, 1822.
[3] S. auch § 310 Rz L 251.
[4] BAG NJW 2005, 1820, 1821 (Vorbehalt des Widerrufs übertariflicher Lohnbestandteile). Zustimmend z. B. *Herbert/Oberrath* NJW 2005, 3745, 3751.
[5] BAG, Urt. v. 1. 3. 2006, Az: 5 AZR 363/05, BeckRS 2006 – 41981 unter II.4.c.

zustufen. Hervorzuheben ist ferner, dass § 308 Nr. 4 nach richtiger Auffassung nur Änderungsrechte hinsichtlich der Leistung des Verwenders erlaubt (s. Rz 6). Daher sind Rechte des als Verwender agierenden Arbeitgebers zur Änderung der vertraglich festgelegten Vorgaben hinsichtlich der Leistung des Arbeitnehmers nicht an § 308 Nr. 4 zu messen.[1]

2. Zumutbarkeit

61 Ob der Änderungsvorbehalt zumutbar ist, muss auch hier im Rahmen einer Interessenabwägung geklärt werden.[2] Speziell mit Blick auf ein Recht zum Widerruf von Vergütungsbestandteilen hat das BAG klargestellt, dass die Zumutbarkeit nur dann gegeben ist, wenn der Widerruf „wegen der unsicheren Entwicklung der Verhältnisse als Instrument der Anpassung notwendig ist".[3] Richtigerweise ist darüber hinaus auf die allgemeinen Grundsätze zur Zumutbarkeit von Änderungsrechten zu rekurrieren (s. Rz 22 ff). Soll die Klausel den Widerruf von Vergütungsbestandteilen erlauben, so sind im Rahmen der Abwägung unter anderem Art und Höhe der vom Widerrufsvorbehalt erfassten Leistungen, die Höhe des verbleibenden Verdienstes und die Stellung des Arbeitnehmers im Unternehmen zu berücksichtigen.[4] Zwar hat der Arbeitgeber grundsätzlich ein schutzwürdiges Interesse an der flexiblen Ausgestaltung von Zusatzleistungen.[5] Doch darf die Klausel das Wirtschaftsrisiko des Unternehmers nicht auf den Arbeitnehmer verlagern.[6] Auch sind Eingriffe in den Kernbereich des Arbeitsvertrags unzulässig.[7] Die vor Anwendbarkeit des AGB-Rechts ergangene Rechtsprechung zur Zulässigkeit eines Widerrufs kann in diesem Zusammenhang weiterhin herangezogen werden.[8] Insbesondere kann der Vertragsinhaltsschutz gem. § 2 KSchG dabei als Maßstab dienen.[9] Zumutbar ist die Vereinbarung eines Widerrufsvorbehalts, „soweit der im Gegenseitigkeitsverhältnis stehende widerrufliche Teil des Gesamtverdienstes unter 25 % liegt und der Tariflohn nicht unterschritten wird".[10] Sind darüber hinaus Zahlungen des Arbeitgebers widerruflich, die keine unmittelbare Gegenleistung für die Arbeitsleistung, sondern Ersatz für Aufwendungen darstellen, die an sich der Arbeitnehmer tragen muss, so erhöht sich der widerrufliche Teil der Arbeitsvergütung auf bis zu 30 % des Gesamtverdienstes.[11] Sind diese Voraussetzungen erfüllt, so ist der Arbeitgeber „bis zur Grenze der Willkür frei, die Voraussetzungen des Anspruchs festzulegen und dementsprechend auch den Widerruf zu erklären".[12] Allerdings sind auch im Arbeitsrecht die formalen Anforderungen des § 308 Nr. 4 zu beachten.[13] Besonderheiten gelten bei so genannten **Anrechnungsklauseln,** die dem Arbeitgeber das Recht geben, die Zulage bei einer Erhöhung des Tarifentgelts bis zur Höhe der Tarifsteigerung zu kürzen. Ein entsprechender Änderungsvorbehalt ist

---

[1] I.E. gegen die Anwendung des § 308 Nr. 4 auch *Herbert/Oberrath* NJW 2005, 3745, 3751, die bei Änderungsrechten, die sich nicht auf Entgeltsbestandteile beziehen, § 307 heranziehen wollen.
[2] BAG NJW 2005, 1820, 1821.
[3] BAG NJW 2005, 1820, 1821.
[4] BAG NJW 2005, 1820, 1821.
[5] BAG NJW 2005, 1820, 1821.
[6] BAG NJW 2005, 1820, 1821.
[7] BAG NJW 2005, 1820, 1821.
[8] BAG NJW 2005, 1820, 1821.
[9] BAG NJW 2005, 1820, 1821.
[10] BAG NJW 2007, 536, 538.
[11] BAG NJW 2007, 536, 538.
[12] BAG NJW 2007, 536, 538; BAG NJW 2005, 1820, 1821.
[13] BAG NJW 2007, 536, 538; BAG NJW 2005, 1820, 1821.

schon deshalb zumutbar, weil sich die gesamte vom Arbeitgeber zu erbringende Leistung infolge der Anrechnung gerade nicht verringert.[1]

Der Änderungsvorbehalt muss so **konkret** gefasst sein, dass die Klausel „die Angemessenheit und Zumutbarkeit erkennen" lässt.[2] Insbesondere muss sich „aus der Regelung selbst ergeben, dass der Widerruf nicht ohne Grund erfolgen darf".[3] Zudem muss die widerrufliche Leistung „nach Art und Höhe eindeutig sein, damit der Arbeitnehmer erkennen kann, was gegebenenfalls auf ihn zukommt".[4] Mit Blick auf die Änderungsvoraussetzungen ist zumindest „die Richtung angeben, aus der der Widerruf möglich sein soll (wirtschaftliche Gründe, Leistung oder Verhalten des Arbeitnehmers)".[5] Ist die Zumutbarkeit des Änderungsvorbehalts auch dann noch zu bejahen, wenn „allgemein auf die wirtschaftliche Entwicklung, die Leistung oder das Verhalten des Arbeitnehmers gestützte Gründe" für die Änderung genügen sollen, und sieht der Vertrag auch tatsächlich einen entsprechend weit gefassten Änderungsgrund vor, so muss der Grad der Störung nicht weiter präzisiert werden.[6] Regelmäßig ist die Zumutbarkeit des Änderungsvorbehalts aber bei derart weiten Änderungsgründen nicht gegeben. Dann hängt die Wirksamkeit der Klausel davon ab, dass der Grad der Störung zumindest in groben Zügen konkretisiert wird, indem z. B. an eine „wirtschaftliche Notlage des Unternehmens", ein „negatives wirtschaftliches Ergebnis der Betriebsabteilung", eine „unterdurchschnittliche Leistung des Unternehmers" oder eine „schwerwiegende Pflichtverletzung" angeknüpft wird.[7] **Unwirksam** ist eine Klausel, die dem Arbeitgeber den Widerruf einer Zulage erlaubt, ohne Widerrufsgründe zu benennen.[8] Auch unter Transparenzgesichtspunkten **nicht zu beanstanden ist** aber eine Klausel, die eine Zulage als **„anrechenbar"** bezeichnet.[9] Eine solche Klausel, die dahin gehend ausgelegt werden muss, dass sie dem Arbeitgeber das Recht gibt, die Zulage bei einer Erhöhung des Tarifentgelts bis zur Höhe der Tarifsteigerung zu kürzen, ist angesichts ihrer seit langem weiten Verbreitung für den durchschnittlichen Arbeitnehmer hinreichend klar und verständlich[10] und scheitert daher weder an § 307 I 2[11] noch an § 308 Nr. 4. **62-67**

3. Sonstiges

Kein Verstoß gegen § 308 Nr. 4 liegt dann vor, wenn ein **tarifvertraglich nicht gebundener Arbeitgeber** in seinen AGB die Möglichkeit vorsieht, die vertragliche Vergütung entsprechend der Erhöhung der tariflichen Entgelte eines bestimmten Tarifbezirks freiwillig zu erhöhen, und diese Möglichkeit zugleich davon abhängig macht, dass die tariflichen Entgelterhöhungen keine „strukturelle Ände- **68-69**

[1] In diesem Sinne auch BAG NZA 2006, 746 unter II.4.b.

[2] BAG NJW 2005, 1820, 1821. Vgl. auch LAG Brandenburg, Urt. v. 13. 10. 2005, Az: 9 Sa 141/05 unter II.3.bb.(1): Klausel, die einen Widerruf von Entgeltsbestandteilen zulässt, ist unwirksam, wenn „sich aus der vertraglichen Regelung selbst der Widerrufsgrund [...] nicht ergibt [...]".

[3] BAG NJW 2005, 1820, 1821.

[4] BAG NJW 2007, 536, 538; BAG NJW 2005, 1820, 1822.

[5] BAG NJW 2005, 1820, 1822. In diesem Sinne auch BAG NJW 2007, 536, 538.

[6] So wohl auch BAG NJW 2005, 1820, 1822.

[7] So wohl auch BAG NJW 2007, 536, 538; BAG NJW 2005, 1820, 1822.

[8] LAG Hamm NZA-RR 2004, 515, 515; ArbG Düsseldorf DB 2004, 81. A. A. aber LAG Berlin NZA 2004, 1047.

[9] Im Ergebnis wie hier BAG NZA 2006, 746 unter II.4.c., das sich allerdings auf die Besonderheiten des Arbeitsrechts (§ 310 IV 2) beruft.

[10] BAG NZA 2006, 746 unter II.4.c.

[11] Für Wirksamkeit auch BAG NZA 2006, 746 unter II.4.c.

rung“ des Tarifwerks darstellen.[1] Denn in diesem Falle schuldet der Arbeitgeber keine Erhöhung, so dass die Abstandnahme von der freiwilligen Erhöhung auch keine Abänderung der geschuldeten Leistung bedeutet. Ein Verstoß gegen § 308 Nr. 4 liegt grundsätzlich auch dann nicht vor, wenn der Arbeitgeber lediglich in seinen AGB die Verpflichtung zur Anpassung nach Maßgabe der Erhöhung der tariflichen Entgelte übernimmt und diese Verpflichtung durch einen Vorbehalt einschränkt. Denn in diesem Falle sehen die AGB insgesamt lediglich eine von vornherein begrenzte Pflicht zur Entgeltserhöhung vor. Allerdings kommt im Falle der Intransparenz ein Verstoß gegen § 307 I 2 in Betracht. In jedem Falle nach § 308 Nr. 4 unwirksam wäre eine entsprechende Klausel, wenn der Arbeigeber individualvertraglich versprochen hätte, das Entgelt nach Maßgabe der Erhöhung der tariflichen Entgelte anzupassen. Im letzteren Falle verstieße der Vorbehalt auch gegen die §§ 305 b, 305 c I, 307. Keine Anwendung findet § 308 Nr. 4 auf **Versetzungsklauseln,** da diese die Leistung des Verwendungsgegners betreffen (s. Rz 6).[2]

VII. Geltung zwischen Unternehmern

1. Allgemeines

70 § 308 Nr. 4 gilt nicht unmittelbar zwischen Unternehmern (§ 310 I 1). § 308 Nr. 4 sichert jedoch den Grundsatz der Vertragsbindung. Dieser Grundgedanke ist auch im unternehmerischen Verkehr im Rahmen des § 307 zu beachten. Aus § 307 kann sich deshalb die Unwirksamkeit des Änderungs- und Abweichungsvorbehalts auch zwischen Unternehmern ergeben.[3] Der unternehmerische Verkehr erfordert jedoch eine eigenständige Interessenwertung, so dass eine **Indizwirkung** nicht in Betracht kommt. Dies bedeutet aber nicht, dass Änderungsrechte im unternehmerischen Verkehr uneingeschränkt zulässig wären. Das Recht, die vertraglich versprochene Leistung einseitig zu ändern ist vielmehr auch unter Unternehmern nicht generell zulässig, sondern nur dann, wenn die Änderung zumutbar und durch ein berechtigtes Interesse des Verwenders gedeckt ist.[4] Dabei ist auch zu berücksichtigen, inwiefern der Abnehmer von Waren oder Leistungen dazu berechtigt ist, seinerseits gegenüber seinen Abnehmern Änderungsvorbehalte zu vereinbaren. Im Einzelnen gilt Folgendes:

2. Aushöhlung von Haftungsgrundsätzen

71 Änderungs- und Abweichungsvorbehalte sind nach § 307 II Nr. 1 **unwirksam,** soweit sie dazu dienen, AGB-feste Haftungsgrundsätze auszuhöhlen. Auch gegenüber Unternehmern ist ein Änderungsvorbehalt daher unwirksam, sofern er auch solche Änderungen erfasst, die dazu führen, dass der Verwender einer Haftung entgeht, von welcher er sich nicht in AGB freizeichnen kann.

---

[1] BAG NJOZ 2006, 1760, 1762.

[2] BAG NJW 2006, 3303, 3305.

[3] BGH NJW-RR 2005, 1496, 1501; *Löwe/von Westphalen* § 10 Nr. 4 Rz 26.

[4] BGH NJW-RR 2005, 1496, 1501; LG Konstanz BB 1981, 1420, 1422 (zu § 9 AGBG); *Ulmer/H. Schmidt* Rz 12. Besonders streng ist die Rechtsprechung zum Vertragshändlervertrag. Hier soll die Befugnis zur einseitigen Änderung wesentlicher Vertragsbestimmungen nur dann formularmäßig begründet werden können, wenn „schwerwiegende Gründe dies rechtfertigen“ und Voraussetzungen und Umfang des Leistungsbestimmungsrechts „tatbestandlich hinreichend konkretisiert sind“. BGH NJW-RR 2005, 1496, 1501. Ähnlich schon BGH NJW 1994, 1060, 1063 (zu § 9 AGBG).

3. Willkürliche Änderungen

Willkürliche Änderungen mit wesentlichen Nachteilen für den Vertragspartner können auch zwischen Unternehmern wegen Verstoßes gegen den Grundsatz der Vertragsbindung nicht zugelassen werden. Ein Vorbehalt, der Änderungen oder Abweichungen aus beliebigen Gründen vorsieht, ist auch zwischen Unternehmern in jedem Fall unwirksam.[1] Unwirksam ist deshalb eine Klausel in einem Bauvertrag, wonach dem Bauherrn ohne weitere Voraussetzungen ein Änderungsvorbehalt eingeräumt wird, den der Unternehmer in den Grenzen von bis zu 10 % ohne Preisausgleich oder ohne Ersatz des entgangenen Gewinns[2] hinnehmen muss. 72

4. Gefährdung des Vertragszwecks

Änderungs- und Abweichungsvorbehalte sind zwischen Unternehmern nach § 307 II Nr. 2 **unwirksam,** wenn mit der Änderung oder Abweichung eine Gefährdung des Vertragszwecks verbunden ist. Es gefährdet den Vertragszweck, wenn der Hersteller oder sonstige Lieferant des Einzelhändlers zu Änderungen berechtigt ist, die dazu führen, dass der Einzelhändler dem Endverbraucher diese Lieferung wegen § 308 Nr. 4 nicht als Erfüllung leisten kann. Änderungsvorbehalte in den Vertragshändler-AGB sind deshalb unwirksam, soweit sie dazu führen, dass der Einzelhändler seine Leistungspflicht gegenüber seinem Kunden nicht mehr erfüllen kann.[3] Gleiches gilt für AGB zwischen Hersteller und Einzelhändler beim Möbelkauf.[4] Zu Änderungsrechten im Vertragshändlervertrag siehe noch Anh. § 310 Rz V 330–332, 343–346, 353, 359. 73

5. Zulässige Vorbehalte

Vorbehalte, die gegenüber Verbrauchern zulässig sind, können grundsätzlich auch gegenüber Unternehmern wirksam vereinbart werden. Dies gilt z. B. für den Vorbehalt ganz geringfügiger Änderungen (s. Rz 29). 74

6. Angabe des Grundes

Zur Angabe des Grundes s. § 308 Nr. 3 Rz 114. 75

7. Beweislast

Für die Darlegungs- und Beweislast gilt Rz 32.[5] 76

---

[1] BGH NJW 1994, 1060, 1064 (zu § 9 AGBG); *Ulmer/H. Schmidt* Rz 12.

[2] OLG Frankfurt NJW-RR 1986, 245, 245 (zu § 9 AGBG).

[3] S. auch OLG Frankfurt BB 1983, 1435, 1437 (zu § 9 AGBG); *von Westphalen* NJW 1982, 2465, 2472 (zu § 9 AGBG).

[4] OLG Hamm NJW 1986, 2582, 2583 (zu § 9 AGBG).

[5] S. auch *Löwe/von Westphalen* § 10 Nr. 4 Rz 29.

§ 308 Klauselverbote mit Wertungsmöglichkeit

In Allgemeinen Geschäftsbedingungen ist insbesondere unwirksam

5. (Fingierte Erklärungen)

eine Bestimmung, wonach eine Erklärung des Vertragspartners des Verwenders bei Vornahme oder Unterlassung einer bestimmten Handlung als von ihm abgegeben oder nicht abgegeben gilt, es sei denn, dass

a) dem Vertragspartner eine angemessene Frist zur Abgabe einer ausdrücklichen Erklärung eingeräumt ist und

b) der Verwender sich verpflichtet, den Vertragspartner bei Beginn der Frist auf die vorgesehene Bedeutung seines Verhaltens besonders hinzuweisen;

dies gilt nicht für Verträge, in die Teil B der Verdingungsordnung für Bauleistungen insgesamt einbezogen ist.

Inhaltsübersicht

Schrifttum: *Abram,* Die Bedingungsanpassungsklausel – Eine Möglichkeit zur Einbeziehung von geänderten Versicherungsbedingungen in laufende Versicherungsverträge?, NVersR 2000, 249; *Bennemann,* Fiktionen u. Beweislastregeln in Allgemeinen Geschäftsbedingungen, 1987; *Canaris,* Die Auswirkungen der Anerkennung eines aktiven Kontokorrentsaldo auf unverbindliche Börsentermingeschäfte, ZIP 1987, 885; *Köndgen/König,* Grenzen zulässiger Konditionenanpassung beim Hypothekenkredit, ZIP 1984, 129; *Peters,* Die vorbehaltlose Annahme der Schlusszahlung und das AGBG, NJW 1983, 798; *Seybold,* Der Austausch einzelner Versicherungsbedingungen im Rahmen des laufenden Vertrags, VersR 1989, 1231; *Strübing,* Tatsachenbestätigungen und Fiktionen in AGB, NJW 1978, 1606.

I. Zweck und Allgemeines

§ 308 Nr. 5 will verhindern, dass der Vertragspartner des Verwenders durch Erklärungsfiktionen mit Rechtsfolgen überrascht wird, die er nicht gewollt hat und auf die er sich auch nicht einstellen konnte. Erklärungsfiktionen in AGB sind aber nicht generell verboten.[1] Auch das BGB, das HGB und andere Gesetze sehen verschiedene Erklärungsfiktionen vor, z. B. dann, wenn Schweigen als Ablehnung[2] oder als Zustimmung angesehen wird,[3] wenn Verträge als verlängert gelten[4] oder wenn Vergütungen als vereinbart anzunehmen sind.[5] Erklärungsfiktionen können der Rechtssicherheit durch Herstellung klarer Rechtsfolgen dienen. Zugleich haben sie das Potential, Transaktionskosten zu senken, indem sie die Abgabe und Übermittlung von Erklärungen überflüssig machen. Vor diesem Hintergrund steht es „Vertragsparteien [...] grundsätzlich frei, Vereinbarungen zu treffen, in denen festgelegt wird, dass ein bestimmtes Verhalten einer Partei rechtlich die Bedeutung der Abgabe oder Nichtabgabe einer bestimmten Willenserklärung haben soll".[6] Auch in AGB können Erklärungsfiktionen bei berechtigtem Interesse grundsätzlich wirksam vorgesehen werden.[7] Der Verwender darf sie aber nicht beliebig vorschreiben, und der Vertragspartner darf ihnen nicht hilf- und schutzlos ausgeliefert sein. Es muss vielmehr gewährleistet werden, dass der Vertragspartner sich die Bedeutung entsprechender Klausel bewusst machen und die damit verbundenen Rechtsfolgen abwenden kann.[8] Deshalb wird die Wirksamkeit der Erklärungsfiktion von einer **Hinweispflicht** (§ 308 Nr. 5 b) und von der Einräumung einer **Erklärungsfrist** zur Abwendung der Erklärungsfiktionsfolgen (§ 308 Nr. 5 a) abhängig gemacht. § 308 Nr. 5 a und b enthalten jedoch nur die generellen Voraus- 1

[1] Vgl. OLG Düsseldorf NJW 2005, 1515, 1516: Parteien innerhalb der Grenzen des § 308 Nr. 5 frei, dass Schweigen als Erklärungszeichen zu vereinbaren.

[2] Z. B. §§ 108 II 2, 177 II 2, 415 II 2 BGB.

[3] Z. B. §§ 416 I 2, 516 II 2, 1943 BGB, §§ 362 I 1, 377 II HGB.

[4] §§ 545 I 1, 625 BGB.

[5] §§ 612 I, 632 I, 653 I, 689 BGB.

[6] BGH NJW-RR 2005, 1555, 1556; BGH NJW-RR 2005, 1557, 1558.

[7] Vgl. auch BGH NJW 1985, 617, 618 (zu § 10 Nr. 5 AGBG): „Vereinbarung einer Annahmefiktion in AGB kann berechtigten Bedürfnissen entsprechen und ist daher nicht von vornherein zu verwerfen."

[8] Vgl. BGH NJW 1985, 617, 618 (zu § 10 Nr. 5 AGBG und zu einer Annahmefiktion in einem Darlehensvertrag): „Fiktion für den Darlehensnehmer nur tragbar, wenn gewährleistet ist, dass er sich ihrer Bedeutung im entscheidenden Zeitpunkt bewusst ist, sich darauf einstellen und ihren Eintritt verhindern kann."

setzungen, die allgemein für jede Art von Erklärungsfiktion gelten. Ob Erklärungsfiktionen der Situation adäquat und ihrem Inhalt nach zulässig sind, kann dagegen nicht nach § 308 Nr. 5 überprüft werden, sondern muss nach §§ 134, 138 und § 307 beurteilt werden, da die Wertungsmöglichkeit in § 308 Nr. 5 nur die Angemessenheit der Frist und die Existenz einer Hinweispflicht, nicht aber die inhaltliche Angemessenheit betrifft.[1] Erklärungsfiktionen sind nach § 307 unwirksam, wenn ein berechtigtes Bedürfnis für sie fehlt.[2]

Die **Klauselrichtlinie** enthält in Anh. Nr. 1 h und Nr. 1 i ebenfalls Verbote von Erklärungsfiktionen. Diese decken sich zwar nur teilweise mit § 308 Nr. 5.[3] Soweit die Richtlinie aber über § 308 Nr. 1 hinausgeht, kann ihren Anforderungen im Rahmen des § 307 genügt werden. Soweit umgekehrt § 308 Nr. 5 weiter reicht als die speziellen Verbote im Anhang der Richtlinie, werden die entsprechenden Klauseln regelmäßig als missbräuchlich im Sinne des Art. 3 I RL einzustufen sein. Sofern dies im Einzelfall nicht der Fall sein sollte, gilt es Art. 8 RL zu berücksichtigen, demzufolge es den Mitgliedstaaten freisteht, ein höheres als das in der Richtlinie vorgesehene Schutzniveau einzuführen.

II. Terminologie

2 § 308 Nr. 5 erfasst Erklärungsfiktionen. Bevor der Bedeutungsgehalt dieser Vorschrift im Einzelnen erläutert wird, seien eine Reihe terminologischer Fragen angesprochen.

1. Fiktionen

3 Eine **Fiktion im engeren Sinne** ist dann gegeben, wenn Tatsachen nach der in der Klausel vorgesehenen Regelung ohne Rücksicht darauf angenommen werden sollen, ob sie wirklich vorliegen. Ob diese Voraussetzung erfüllt ist, muss im Wege der Auslegung geklärt werden. Soll eine Erklärung als abgegeben „gelten", so ist regelmäßig eine Fiktion gewollt. Als Fiktionen im Sinne des § 308 Nr. 5 sowie des § 308 Nr. 6 sind allerdings nicht nur Fiktionen im engeren Sinne, sondern auch **unwiderlegbare Vermutungen** anzusehen. Denn es spielt im praktischen Ergebnis keine Rolle, ob eine Tatsache fingiert oder unwiderleglich vermutet wird. Der Begriff der Fiktion im Sinne des § 308 Nr. 5, 6 ist also wie folgt zu definieren: Eine Fiktion ist gegeben, wenn eine Klausel bestimmt, dass eine Tatsache anzunehmen ist, ohne dass dem Verwendungsgegner der Beweis offen stünde, dass die Tatsache nicht wirklich vorliegt.

2. Vermutungen

4 Wenn eine Regelung die Vermutung einer Tatsache vorsieht, so bedeutet dies, dass vom Vorliegen dieser Tatsache auszugehen ist. **Widerlegbare Vermutungen**

---

[1] Vgl. insbesondere *Staudinger/Coester-Waltjen* Rz 2, die zu Recht betont, dass die vom Verwender beanspruchten Wirkungen der fingierten Erklärung den Kriterien der §§ 307–309 standhalten müssen. Dafür, dass § 308 Nr. 5 nur Mindestvoraussetzungen enthält, auch *Matusche-Beckmann* NJW 1998, 112, 115 (zu § 10 Nr. 5 AGBG); *Bamberger/Becker* Rz 3; *Stübing* NJW 1978, 1606, 1609 (zu § 10 Nr. 5 AGBG); *Ulmer/H. Schmidt* Rz 7. Nicht ganz eindeutig dagegen die Formulierung bei Hk-BGB/*Schulte-Nölke* Rz 20.

[2] Wie hier OLG Düsseldorf NJW-RR 1988, 884, 886 (zu § 9 AGBG); *Ulmer/H. Schmidt* Rz 7; offen gelassen in BGH NJW 1990, 761, 763; da jedenfalls bei massenhaft wiederkehrenden Geschäftsvorgängen ein berechtigtes Interesse zu bejahen sei. *Löwe/von Westphalen* § 10 Nr. 5 Rz 23.

[3] S. Anh. Nr. 1 h RL; Anh. Nr. 1 i RL.

bestehen nur so lange, bis das Gegenteil bewiesen ist. **Unwiderlegbare Vermutungen** können selbst durch einen Gegenbeweis nicht entkräftet werden. Sie gelten ohne Rücksicht auf die wirkliche Lage und führen damit zum gleichen Ergebnis wie Fiktionen im engeren Sinne. Daher finden auch § 308 Nr. 5 und § 308 Nr. 6 auf unwiderlegliche Vermutungen in gleicher Weise wie auf Fiktionen Anwendung (s. Rz 3).[1] Soweit man überhaupt zwischen unwiderleglichen Vermutungen und Fiktionen im engeren Sinne unterscheiden möchte, mag man daran anknüpfen, ob die anzunehmende Tatsache zumindest bei abstrakter Betrachtung tatsächlich überwiegend wahrscheinlich ist oder ob sich keine entsprechende Wahrscheinlichkeitsaussage treffen lässt. Im ersteren Fall wäre eine unwiderlegliche Vermutung anzunehmen, im zweiten Fall eine Fiktion. Als unwiderlegliche Vermutung wäre demnach z. B. § 358 III 2 einzustufen.[2] Die Unterscheidung scheint jedoch letztlich wenig sinnvoll, weil sie erstens ohne praktische Bedeutung ist und zweitens durchaus nicht immer mit der vom Gesetzgeber verwandten Terminologie übereinstimmt. So soll es sich z. B. bei § 310 III Nr. 1 ausweislich des Wortlauts („gilt") um eine Fiktion handeln, obwohl die dort verankerte Annahme tatsächlich in den meisten Fällen zutreffen dürfte.

3. Beweislastregeln

Beweislastregeln sind Normen, die bestimmen, welche Partei im gerichtlichen Verfahren unterliegt, wenn das Vorliegen oder Nichtvorliegen der zur Erfüllung eines Tatbestandsmerkmals notwendigen tatsächlichen Umstände nicht zur Überzeugung des Gerichts festgestellt werden kann. Von **den widerlegbaren Tatsachenvermutungen** unterscheiden sie sich wie folgt: Sowohl Beweislastregeln als auch Tatsachenvermutungen regeln die Verteilung des Risikos der Nichterweislichkeit rechtsrelevanter Umstände. Allerdings ist der Bezugspunkt ein anderer: Beweislastregeln beziehen sich auf die Merkmale einer gesetzlichen oder vertraglichen Regelung. Mit Blick auf jedes Merkmal einer Norm bedarf es nämlich einer Regel dazu, wie zu entscheiden ist, wenn nicht geklärt werden kann, ob das Tatbestandsmerkmal erfüllt ist, und solche Hilfsregeln bezeichnet man als Beweislastregeln. Widerlegbare Tatsachenvermutungen sind dagegen nicht notwendig auf eine bestimmte vertragliche oder gesetzliche Regelung bezogen, sondern ordnen an, dass beim Vorliegen bestimmter, abstrakt umschriebener Tatsachen bestimmte andere Umstände bis zum Beweis des Gegenteils als gegeben anzunehmen sind. 5

III. Anwendungsbereich

§ 308 Nr. 5 findet mit Ausnahme der in § 310 II, IV angeführten Ausnahmen im Grundsatz auf alle Arten von Verträgen Anwendung. 6

1. Verträge, die die VOB/B insgesamt einbeziehen

Hervorzuheben ist aber die in § 308 Nr. 5 ausdrücklich aufgeführte Ausnahme für Verträge, die die VOB/B insgesamt einbeziehen. Die in der VOB/B aufgeführten Erklärungsfiktionen sind also nicht an § 308 Nr. 5 zu messen, soweit die VOB/B als Ganzes einbezogen wird. Nach der zutreffenden Rechtsprechung des 7

---

[1] Ebenso z. B. *Bamberger/Becker* Rz 7.

[2] So in der Tat *Palandt/Grüneberg* § 358 Rz 12. Ebenso (zu § 9 I 2 VerbrKrG) BGH BKR 2003, 795, 800.

BGH ist dabei jedoch restriktiv vorzugehen. Jede inhaltliche Abweichung von der VOB/B führt dazu, dass die VOB/B nicht mehr als Ganzes vereinbart ist.[1] Seine anders lautende Rechtsprechung, nach welcher es darauf ankam, ob die VOB/B „im Kern" Vertragsgrundlage blieb,[2] hat der BGH unter Hinweis[3] auf die mit diesem Kriterium verbundenen Abgrenzungsschwierigkeiten zu Recht aufgegeben.[4] Hervorzuheben ist allerdings, dass zurzeit die Streichung der hier interessierenden Ausnahmebestimmung erwogen wird.[5]

2. Konkludentes Verhalten

8 Gemäß § 307 III 1 sind auch solche Klauseln der Kontrolle nach § 308 Nr. 5 entzogen, die lediglich das geltende Recht wiedergeben, ohne davon abzuweichen oder es zu ergänzen. Relevant wird diese Vorschrift für den Fall, dass die Fiktionsklausel an ein Verhalten anknüpft, dem schon nach allgemeinen Auslegungsgrundsätzen just derjenige Erklärungsgehalt zukommt, den auch die Klausel vorsieht. Richtigerweise ist dann, wenn die Erklärungsfiktion an ein Verhalten anknüpft, das auch als Basis einer konkludenten Erklärung in Betracht kommt, wie folgt zu differenzieren: (1) Denkbar ist zunächst, dass die Klausel lediglich das dispositive Recht wiedergibt. In diesem Fall ist sie der Kontrolle nach § 307 III 1 entzogen. (2) Die Kontrolle nach § 308 Nr. 5 kann jedoch dann stattfinden, wenn die Klausel vom Gesetzestext abweicht und das dispositive Recht hinsichtlich der Deutung eines bestimmten Verhaltens nicht vollständig oder nur vereinfacht wiedergibt. (3) Erst recht kann eine Kontrolle nach § 308 Nr. 5 dann stattfinden, wenn eine Klausel anordnet, dass ein bestimmtes Verhalten, welches nach dispositivem Recht lediglich im Regelfall oder gar nur unter bestimmten Umständen im Sinne einer bestimmten Erklärung gedeutet werden kann, stets im Sinne einer entsprechenden Erklärung zu deuten ist. Ist eine Kontrolle der Klausel gemäß § 308 Nr. 5 nach dem Gesagten möglich, so ist weiter zwischen dem Verfahren nach § 1 UKlaG und einem Individualprozess zu differenzieren. Im Verfahren nach § 1 UKlaG sind Klauseln an den für Fiktionen geltenden Regeln, also auch an § 308 Nr. 5, zu messen, wenn die Klausel zumindest in manchen Fallgestaltungen die Wirkung einer Fiktion hat. Entscheidend ist also, ob die Klausel zumindest in bestimmten Fallgestaltungen dazu führen kann, dass ein bestimmtes Verhalten zwingend in einer bestimmten Weise zu deuten ist, die nicht mit der sich nach dispositivem Recht ergebenden Deutung übereinstimmt. Im Individualprozess liegen die Dinge ähnlich, doch ist das praktische Ergebnis ein anderes. Auch hier ist die Klausel als Fiktion zu behandeln, wenn nach den bei Vertragsschluss gegebenen Umständen realistischerweise die Möglichkeit besteht, dass die Klausel dazu führen wird, dass ein Verhalten zwingend in einem Sinn zu deuten ist, den es nach den gesetzlichen Auslegungsregeln nicht hat. Dies spielt aber praktisch keine Rolle, wenn das Verhalten, auf das es im konkreten Fall ankommt, zumindest im zu entscheidenden Fall auch nach den gesetzlichen Auslegungsregeln in dem Sinne zu verstehen ist, den auch die Klausel vorschreibt. Denn die Unwirksamkeit der Klausel führt nach § 306 II zur Anwendung der gesetzlichen Vorschriften.

---

[1] BGH NJW 2004, 1597, 1597.

[2] Z.B. BGH NJW 1983, 816, 818. Aus dem Schrifttum s. z. B. *Jauernig/Stadler* Rz 7, die darauf abstellt, ob die VOB/B „ohne ins Gewicht fallende Einschränkungen" übernommen werden.

[3] BGH NJW 2004, 1597, 1597.

[4] BGH NJW 2004, 1597, 1597.

[5] S. die Stellungnahme der Bundesregierung zum Entwurf eines Gesetzes zur Sicherung von Werkunternehmeransprüchen und zur verbesserten Durchsetzung von Forderungen (Forderungssicherungsgesetz – FoSiG), BT-Drs. 16/511, S. 31.

III. Der Tatbestand des § 308 Nr. 5

9 § 308 Nr. 5 findet auf solche Klauseln Anwendung, denen zufolge von der Abgabe oder Nichtabgabe einer bestimmten Erklärung durch den Verwender auszugehen sein soll, ohne dass die Möglichkeit des Gegenbeweises eröffnet wird. Außerdem muss hinzukommen, dass die Klausel an ein Verhalten anknüpft, welches der Einbeziehung der AGB in den Vertrag zeitlich nachfolgt (s. Rz 15). Sind die vorgenannten Voraussetzungen gegeben, so ist die Klausel unwirksam, sofern sie dem Verwendungsgegner nicht eine angemessene Frist zur Abgabe einer ausdrücklichen Erklärung einräumt und der Verwender sich darüber hinaus verpflichtet, den Vertragspartner bei Beginn der Frist auf die vorgesehene Bedeutung seines Verhaltens besonders hinzuweisen.

1. Erklärung

10 Die Anwendung des § 308 Nr. 5 setzt zunächst voraus, dass der Klausel zufolge eine Erklärung als abgegeben oder nicht abgegeben gilt. Welchen Inhalt die fingierte Erklärung haben soll, ist gleichgültig. Erfasst werden Willenserklärungen, rechtsgeschäftsähnliche Erklärungen, aber auch Erklärungen jeder anderen Art. Keine Anwendung findet § 308 Nr. 5 dagegen auf Klauseln, die sonstige Tatsachen oder Vorgänge fingieren.[1]

11 **a) Willenserklärungen.** Unter § 308 Nr. 5 fällt zunächst die Fiktion von Willenserklärungen. Ob eine Willenserklärung fingiert werden soll, ist im Wege der Auslegung (§§ 133, 157, 305c II) zu ermitteln. Erfasst werden z. B. Klauseln des Inhalts, dass ein Vertrag bei Nichtausübung des Widerrufsrechts als zustande gekommen gilt[2] oder dass eine Vertragsänderung als Rücktritt zu behandeln ist.[3] Erfasst wird auch Nr. 7 II AGB-Banken, nach der die fehlende Geltendmachung von Einwänden gegen Rechnungsabschlüsse nach Nr. 7 II AGB-Banken als Schuldanerkenntnis nach § 781 zu werten ist.[4] Ebenfalls unter § 308 Nr. 5 fällt eine Klausel in einem Mietvertrag, der zufolge eine Nebenkostenabrechnung als anerkannt gilt, wenn der Mieter nicht innerhalb einer bestimmten Frist Einwendungen geltend macht.[5] Zu weit geht es aber, eine Erklärungsfiktion schon dann anzunehmen, wenn eine Klausel bestimmt, dass „Einwendungen gegen die Rechnung des Verwenders [...] innerhalb eines Monats [...] geltend zu machen [sind]".[6] Diese Klausel sieht eine Ausschlussfrist vor und ist an § 307 zu messen.[7] Eher fern liegend erscheint demgegenüber in Ermangelung entsprechender Anhaltspunkte die Auslegung, dass die Klausel für den Fall der Nichtgeltendmachung von Einwendungen das Einverständnis des Verwendungsgegners mit dem Einwendungsverzicht fingiere.[8]

12 **b) Rechtsgeschäftsähnliche Erklärungen.** Erfasst wird auch die Fiktion rechtsgeschäftsähnlicher Erklärungen. Dazu gehören Fristsetzungen (z. B. § 323 I),

---

[1] *Staudinger/Coester-Waltjen* Rz 12; *Ulmer/Schmidt* Rz 9.

[2] AG Bergisch-Gladbach NJW-RR 1988, 256, 256 (zu § 308 Nr. 5 AGBG).

[3] BGH NJW 1992, 3158, 3161 (zu § 10 Nr. 5 AGBG).

[4] BGH NJW-RR 1999, 844, 844 (zu § 308 Nr. 5 AGBG); BGHZ 73, 207, 210 (zu § 308 Nr. 5 AGBG); OLG Hamm NJW-RR 1986, 791, 792 (zu § 308 Nr. 5 AGBG).

[5] So (zu § 308 Nr. 5 AGBG) OLG Düsseldorf, NZM 2001, 48, 49 (Unwirksamkeit mangels Hinweispflicht).

[6] Für die Annahme einer Erklärungsfiktion und die Unwirksamkeit der Klausel nach § 10 Nr. 5 AGBG (§ 308 Nr. 5) aber OLG Schleswig NJW-RR 1998, 54, 55.

[7] S. § 309 Nr. 7 Rz 56.

[8] So aber OLG Schleswig NJW-RR 1998, 54, 55.

Anzeigen (z. B. § 170[1]) und Mitteilungen (z. B. 171 I[2]), an die das Gesetz unabhängig von einem Rechtsbindungswillen eine Rechtsfolge knüpft.

13 **c) Rein tatsächliche Erklärungen.** Auch rein tatsächliche Erklärungen werden von § 308 Nr. 5 erfasst. So hat die Genehmigungsfiktion nach Nr. 7 II AGB-Banken, soweit sie nicht Rechnungsabschlüsse, sondern Tageskontoauszüge betrifft, lediglich die Bedeutung einer rein tatsächlichen Erklärung, dass z. B. gegen die aus einem Kontoauszug ersichtliche Buchung nichts einzuwenden sei.[3]

14 **d) Keine Anwendung auf Willensinhalte.** Man könnte erwägen, den Erklärungen auch tatsächliche oder mutmaßliche Willensinhalte gleichzustellen, so dass z. B. auch die Fiktion eines bestimmten mutmaßlichen Willens bei der Geschäftsführung ohne Auftrag von § 308 Nr. 5 erfasst würde. Indessen besteht für eine solche Analogie kein Bedürfnis. Zweckmäßiger erscheint es vielmehr, entsprechende Klauseln am schärferen Maßstab des § 309 Nr. 12 zu messen, der nach der hier vertretenen Auffassung nicht nur auf beweislaständernde Klauseln, sondern erst recht auf die noch einschneidenderen unwiderleglichen Vermutungen und Fiktionen Anwendung findet.[4] Die Anlegung des strengeren Maßstabes des § 309 Nr. 12 erscheint in den hier interessierenden Fällen auch in der Sache gerechtfertigt, weil die relevanten Fiktionen noch ungewöhnlicher und in diesem Sinne für den Verwendungsgegner noch belastender sind als die vom Wortlaut des § 308 Nr. 5 erfassten Erklärungsfiktionen.

2. Anknüpfung an ein Verhalten, das der Einbeziehung der AGB nachfolgt

15 Fingiert werden muss die Abgabe einer Erklärung **nach Einbeziehung** der AGB. Das heißt, der Eintritt der Fiktion muss an ein Handeln oder Unterlassen anknüpfen, welches zeitlich nach Einbeziehung der AGB in den Vertrag liegt.[5] Dies folgt nicht aus dem Wortlaut des § 308 Nr. 5, lässt sich aber dogmatisch begründen. Die AGB sind Teil des Vertrages und werden damit von der auf Abschluss des Vertrages gerichteten Willenserklärung des Verwendungsgegners erfasst. Folgerichtig sind in den AGB enthaltene Erklärungsinhalte, soweit sie nicht an ein nach dem Vertragsschluss liegendes Verhalten anknüpfen, keine Fiktionen, sondern Teil der im Rahmen des Vertragsschlusses abgegebenen Willenserklärung des Verwendungsgegners.[6]

16 **a) Antizipierte Erklärungen.** Nicht unter § 308 Nr. 5 fallen daher **antizipierte[7] Erklärungen,** die bereits bei Abschluss des Vertrags für den Fall abgegeben sind, dass bestimmte Voraussetzungen eintreten.[8]

---

[1] Dazu, dass es sich bei der Anzeige nach § 170 um eine rechtsgeschäftsähnliche Handlung handelt, siehe z. B. *Palandt/Grüneberg* § 173 Rz 3.

[2] Dazu, dass es sich bei der Mitteilung nach § 171 I um eine rechtsgeschäftsähnliche Handlung handelt, siehe z. B. *Palandt/Grüneberg* § 173 Rz 4.

[3] BGH NJW 1985, 2326, 2327.

[4] S. § 309 Nr. 12 Rz 20.

[5] OLG Koblenz NJW 1989, 2950, 2951 (zu § 10 Nr. 5 AGBG); *Bamberger/Becker* Rz 10; *Staudinger/Coester-Waltjen* Rz 6.

[6] OLG Koblenz NJW 1989, 2950, 2951 (zu § 10 Nr. 5 AGBG); A.A., aber mit gleichem Ergebnis, Hk-BGB/*Schulte-Nölke* Rz 18, der davon ausgeht, dass § 308 Nr. 5 keine Anwendung auf „direkt in den AGB fingierte Erklärungen" findet.

[7] Gerade weil die Erklärung bereits im Zeitpunkt des Vertragsschlusses abgegeben wird, wäre es an sich glücklicher, von einer „antizipierenden" und nicht von einer „antizpierten" Erklärung zu sprechen. Wenn die vorliegende Kommentierung gleichwohl den Begriff der antizipierten Erklärung verwendet, geschieht dies in Anlehnung an die von der Rechtsprechung verwandte Terminologie. S. z. B. BGH NJW 2002, 363, 364 („antizipierte Annahmeerklärung"); OLG Hamm NJW 2001, 1142, 1144 („antizipierte Annahmeerklärung").

[8] BGH NJW-RR 2001, 1242, 1243 (zu § 10 Nr. 5 AGBG); BGH NJW 2001, 292, 299 (zu § 10 Nr. 5 AGBG); Hk-BGB/*Schulte-Nölke*, § 308 Rz 18.

aa) Verlängerungsklauseln. Nicht an § 308 Nr. 5 zu messen sind daher z. B. Verlängerungsklauseln, die den Vertrag für den Fall der unterlassenen Kündigung fortbestehen lassen.[1] Denn solche Klauseln sehen nicht vor, dass das Schweigen des anderen Teils als Antrag auf Verlängerung des Vertrages gilt. Vielmehr wird die Fortdauer des Vertrages für den Fall, dass keine Kündigung erfolgt, schon bei Vertragsschluss vereinbart.[2] Verlängerungsklauseln sind jedoch an § 309 Nr. 9 b sowie an § 307 zu messen. 17

bb) Änderungsklauseln. Aus den gleichen Gründen ist § 308 Nr. 5 auch nicht auf **Änderungsklauseln** anzuwenden, die vorsehen, dass sich der Inhalt des Vertrages bei Eintritt bestimmter Voraussetzungen verändert.[3] Beispielsweise findet § 308 Nr. 5 keine Anwendung auf eine „Umstellungsklausel" in einem Versicherungsvertrag, die vorsieht, dass der Versicherungsschutz für den Fall der Berufsunfähigkeit ab einem gewissen Zeitpunkt endet.[4] Entsprechende Klauseln sind zwar anhand des § 307 zu überprüfen, können aber durch sachliche Gründe gerechtfertigt sein.[5] Anwendbar ist § 308 Nr. 5 freilich dann, wenn eine Klausel vorsieht, dass das Schweigen des Vertragspartners als Zustimmung zu einer Vertragsänderung gilt, denn dann enthält der ursprüngliche Vertrag gerade noch keine Einigung über die Vertragsänderung. Der Anwendbarkeit des § 308 Nr. 5 steht in diesem Falle auch nicht entgegen, dass lediglich die Zustimmung zur Abänderung der AGB fingiert werden soll.[6] Entgegen einem Teil der Literatur wird man übrigens eine Klausel, die die Zustimmung zur Abänderung der AGB fingiert, nicht als unwirksam nach § 305 II einstufen können,[7] da die letztgenannte Vorschrift nur die erstmalige Einbeziehung von AGB, nicht aber deren Abänderung regelt. 18

cc) Antizipierte Verfügungserklärungen. Als antizipierte Erklärungen können auch Verfügungserklärungen ausgestaltet sein, so wenn der Vertragspartner bei der Einbeziehung sein Einverständnis mit einer künftigen Schuld- oder Vertragsübernahme erklärt oder die antizipierte dingliche Einigung für die Bestellung von Pfand- und Sicherungsrechten abgibt. Die Abgabe solch **antizipierter Verfügungserklärungen** gleichzeitig mit Einbeziehung der AGB fällt nicht unter § 308 Nr. 5.[8] Entsprechende Klauseln können allerdings an § 305c I oder § 307 scheitern, wobei im Rahmen der Kontrolle nach § 307 auch die Wertungen des § 308 Nr. 5 zu berucksichtigen sind. 19

b) Erklärungsverpflichtungen. Nicht an § 308 Nr. 5 zu messen sind auch AGB-Bestimmungen, die den Verwendungsgegner dazu verpflichten, zu einem späteren Zeitpunkt eine bestimmte Erklärung abzugeben.[9] Denn insofern fehlt es an einer Fiktion. Auch eine analoge Anwendung des § 308 Nr. 5 muss in diesem Falle mangels Vergleichbarkeit der Interessenlage ausscheiden. Eine Erklärungsfiktion birgt nämlich das besondere Risiko, dass der Verwendungsgegner glaubt, die Fiktionswirkung durch fristgemäße Abgabe einer Erklärung leicht abwenden zu können, dabei aber das Risiko der Fristversäumnis unterschätzt. Diese Gefahr einer Fehleinschätzung der mit der Klausel verbundenen Belastung besteht bei Er- 20

---

[1] BGH NJW 1987, 2012, 2014 (zu § 10 Nr. 5 AGBG).
[2] BGH NJW 1987, 2012, 2014 (zu § 10 Nr. 5 AGBG).
[3] BGH NJW-RR 2001, 1242, 1243 (zu § 10 Nr. 5 AGBG).
[4] BGH NJW-RR 2001, 1242, 1243 (zu § 10 Nr. 5 AGBG).
[5] BGH NJW-RR 2001, 1242, 1243 (zu § 10 Nr. 5 AGBG).
[6] Insoweit zutreffend *Matusche-Beckmann* NJW 1998, 112, 115 (zu § 10 Nr. 5 AGBG). Siehe auch § 305 Rz 107.
[7] So aber (zu § 2 II AGBG) *Hoeren* NJW 1992, 3263, 3267.
[8] OLG München AGBE II § 3 Nr. 5.
[9] OLG Hamm MMR 2001, 105, 108 (zu § 10 Nr. 5 AGBG).

klärungsverpflichtungen in AGB zumindest nicht in gleicher Weise. Allerdings findet § 307 Anwendung. Auch werden entsprechende Klauseln oftmals überraschend im Sinne des § 305c I sein.

21 **c) Vereinbarungen für den Fall der Ausübung von Gestaltungsrechten.** Erst recht findet § 308 Nr. 5 keine Anwendung auf solche AGB-Klauseln, die Vergütungsabreden im Sinne des § 503 II 4, 2. Alt. vorsehen.[1] Denn erstens wird nicht an ein Verhalten des Verwendungsgegners angeknüpft, und zweitens fehlt es schon an einer Fiktion (s. Rz 15, 16). Man kann die Wertung des § 309 Nr. 5 daher mit Blick auf solche Abreden auch nicht im Rahmen des § 307 heranziehen.[2]

22 **d) Erklärungen bezüglich der Einbeziehung.** Erklärungen, die in den AGB bezüglich der Einbeziehung abgegeben werden, sind echte Willenserklärungen und fallen deshalb nicht unter § 308 Nr. 5. Nicht unter § 308 Nr. 5 fällt deshalb z. B. die Klausel, mit der Geltung der AGB einverstanden zu sein.[3]

3. Erklärung des Verwendungsgegners

23 § 308 Nr. 5 findet seinem Wortlaut nach nur dann Anwendung, wenn eine **Erklärung des Vertragspartners** fingiert werden soll.

24 **a) Fingierte Erklärungen Dritter.** Darunter fallen allerdings auch Erklärungen von Personen, deren Verhalten sich der Vertragspartner, z. B. nach Vertretungsrecht, zurechnen lassen muss. Erklärungen Dritter, deren Verhalten sich der Vertragspartner nicht zurechnen lassen muss, werden von § 308 Nr. 5 dagegen nicht erfasst. Soweit sie für den Vertragspartner faktisch nachteilig sind, auch ohne dass sie ihm als eigene Erklärungen zugerechnet werden, unterliegen entsprechende Klauseln der Kontrolle nach § 307. Außerdem ist § 309 Nr. 12 zu berücksichtigen, der nach richtiger Auffassung auch auf Fiktionen Anwendung findet.[4]

25 **b) Fingierte Erklärungen des Verwenders.** Klauseln, die Erklärungen des Verwenders fingieren, werden nicht von § 308 Nr. 5 erfasst.[5] Soweit sie für den Vertragspartner vorteilhaft sind, besteht für eine Inhaltskontrolle kein Bedürfnis. Soweit sie für den Vertragspartner nachteilig sind, wie dies z. B. bei Rücktritts- oder Kündigungserklärungsfiktionen des Verwenders bei einem bestimmten Verhalten des Vertragspartners der Fall sein mag, können sie nach § 307 überprüft werden.[6] Vor allem aber ist der nach zutreffender Auffassung auch auf Fiktionen anwendbare[7] § 309 Nr. 12 heranzuziehen.[8]

4. Fiktion

26 § 308 Nr. 5 setzt seinem Wortlaut nach voraus, dass nach der Klausel eine Erklärung als abgegeben oder nicht abgegeben gilt.

---

[1] Ebenso i.E. BGH NJW 2001, 292, 299: keine Anwendung des 10 Nr. 5 AGBG (§ 308 Nr. 5) auf eine in AGB enthaltene Vergütungsvereinbarung im Sinne des § 13 III 1, 2. Alt. VerbrKrG (§ 503 II 4, 2. Alt.).

[2] So aber *Pfeiffer,* Neuwagenkauf, Rn 84, in: *v. Westphalen,* Vertragsrecht und AGB-Klauselwerke, der die Wertung des § 308 Nr. 5 im Rahmen der Anwendung des § 307 berücksichtigen und daher Vergütungsabreden im Sinne des § 503 II 4, 2. Alt. als unwirksam einstufen möchte.

[3] S. § 305 Rz 106.

[4] S. § 309 Nr. 12 Rz 20.

[5] Ebenso z. B. *Erman/Roloff* Rz 40; *Ulmer/H. Schmidt* Rz 6.

[6] *Staudinger/Coester-Waltjen* Rz 10; *Ulmer/H. Schmidt* Rz 6.

[7] S. dazu § 309 Nr. 12 Rz 20.

[8] A. A. wohl *Staudinger/Coester-Waltjen* Rz 10, der zufolge „[f]ingierte, den Vertragspartner benachteiligende Erklärungen des Verwenders [. . .] ausschließlich an § 307 Abs. 1, 2 zu messen [sind]".

a) Fiktion im engeren Sinn und unwiderlegliche Vermutungen. Eine Fiktion im Sinne des § 308 Nr. 5 ist immer dann gegeben, wenn von der Abgabe oder Nichtabgabe einer bestimmten Erklärung durch den Verwender nach Einbeziehung der AGB auszugehen sein soll, ohne dass der Verwendungsgegner die Möglichkeit haben soll nachzuweisen, dass er die relevante Erklärung in Wahrheit nicht abgegeben hat. Erfasst werden also sowohl Fiktionen im engeren Sinne (s. Rz 3) als auch unwiderlegliche Vermutungen (s. Rz 4).[1] Entscheidend dafür, ob eine Fiktion im engeren Sinne bzw. eine unwiderlegliche Erklärungsvermutung vorliegt, ist die **Auslegung** der Klausel. Eine Fiktion ist grundsätzlich zu bejahen bei Klauseln des Inhalts „gilt als genehmigt", „gilt als abgegeben", „gilt als nicht abgegeben", „wird fingiert". Von § 308 Nr. 5 erfasst sind auch Klauseln des Inhalts „wird unwiderleglich vermutet" oder „wird ohne Möglichkeit des Gegenbeweises vermutet". 27

b) Widerlegliche Vermutungen. Richtigerweise wird man § 308 Nr. 5 entgegen der überwiegenden Auffassung[2] außerdem auf widerlegliche Erklärungsvermutungen analog anwenden müssen, denn es wäre kaum zu rechtfertigen, entsprechende Klauseln dem strengeren Maßstab des § 309 Nr. 12 zu unterwerfen, obwohl sie den Verwendungsgegner weit weniger belasten als Fiktionen. 28

c) Teleologische Reduktion? Im Schrifttum ist vorgeschlagen worden, solche Fiktionen vom Anwendungsbereich auszunehmen, die lediglich eine Rechtsfolge bewirken sollen, die in den AGB auch ohne eine rechtsgeschäftliche Erklärung des Verwendungsgegners wirksam vorgesehen weren könnten.[3] Sei beispielsweise eine zweijährige Ausschlussfrist für vertragliche Schadensersatzansprüche zulässig, so könne auch eine Klausel nicht zu beanstanden sein, die vorsehe, dass es als Verzicht gelte, wenn der Kunde zwei Jahre lang nach Eintritt des Schadensereignisses keine Ansprüche geltend mache.[4] Dieser Vorschlag, der auf eine teleologische Reduktion des § 308 Nr. 5 hinausläuft, überzeugt jedoch nicht. Denn er macht die Prüfung von Klauseln komplizierter, ohne dass dies durch die Interessen des Verwenders gerechtfertigt wäre. Der Verwender ist in den fraglichen Fällen nicht schutzwürdig, denn er kann sein Regelungsziel gerade auch ohne die Fiktionsklausel erreichen. 28a

5. Abgabe oder Nichtabgabe

Seinem Wortlaut nach findet § 308 Nr. 5 nur dann Anwendung, wenn nach der Klausel eine Erklärung als abgegeben oder nicht abgegeben gilt. 29

a) Implizierte Abgabe. Dabei ist allerdings zunächst zu betonen, dass die Klausel nicht den Begriff der Abgabe verwenden muss. Vielmehr reicht es aus, wenn die Klausel die Fiktion einer Abgabe impliziert. 30

b) Zugangsfiktionen. Besonderes gilt für Klauseln, die den Zugang einer Erklärung des Verwendungsgegners fingieren. Da der Zugang einer Erklärung die vorherige Abgabe derselben voraussetzt, wäre eine solche Klausel an sich an § 308 Nr. 5 zu messen. Diese Privilegierung ist jedoch nicht gerechtfertigt, weil eine Zugangsfiktionsklausel noch weiter reicht als eine bloße Abgabefiktion. Will der Verwender in den Genuss des relativ großzügigen Maßstabes des § 308 Nr. 5 kommen, so mag er sich im Rahmen dessen halten, was diese Bestimmung zulässt. Klauseln, die den Zugang von Erklärungen des Verwendungsgegners fingieren, sind daher an 31

---

[1] Für die Anwendung des § 308 Nr. 5 auf unwiderlegliche Vermutungen z. B. *Bamberger/Becker* Rz 7.

[2] Lediglich die unwiderlegliche Vermutung als Anwendungsfall des § 308 Nr. 5 nennend z. B. *Ulmer/H. Schmidt* Rz 6; *Palandt/Grüneberg* Rz 5.

[3] *Staudinger/Coester-Waltjen* Rz 3.

[4] *Staudinger/Coester-Waltjen* Rz 3.

§ 308 Nr. 12 zu messen.[1] Wollte man die Anwendung des § 309 Nr. 12 auf Fiktionen jedoch entgegen der hier vertretenen Auffassung mit der Rechtsprechung ablehnen,[2] dann müssten Klauseln, die den Zugang von Fiktionen des Verwendungsgegners fingieren, auch an § 308 Nr. 5 gemessen werden. Abgrenzungsbedarf zu § 308 Nr. 6 besteht nicht, da § 308 Nr. 6 lediglich **Erklärungen des Verwenders** betrifft.

32 c) **Willensbetätigungen.** Dort, wo das Gesetz auf die Abgabe einer Erklärung verzichtet und sich stattdessen mit einer Willensbetätigung begnügt (z. B. § 151) muss im Rahmen des § 308 Nr. 5 auch die Fiktion einer solchen Willensbetätigung ausreichen. Zwar könnte man auch daran denken, Klauseln der letztgenannten Art nicht an § 308 Nr. 5, sondern am strengeren § 309 Nr. 12 zu messen. Indessen gilt es zu beachten, dass es wenig Sinn macht, die Fiktion einer Willensbetätigung unter engeren Voraussetzungen zuzulassen als die Fiktion einer Willenserklärung. Denn für den Verwender ist es ein Leichtes, statt der Fiktion einer Willensbetätigung die Fiktion der Abgabe einer Willenserklärung vorzusehen und damit in den Anwendungsbereich der weniger strengen Vorschrift des § 308 Nr. 5 zu gelangen. So ist es aus Sicht des Verwenders unproblematisch, die Fiktion der Betätigung des Annahmewillens (§ 151) durch die Fiktion der Abgabe einer Annahmeerklärung zu ersetzen. Der Maßstab für beide Klauseltypen muss daher der gleiche sein. Daher ist in beiden Fällen § 308 Nr. 5 anzuwenden.

6. Anknüpfung der Fiktion an ein Handeln oder Unterlassen

33 § 308 Nr. 5 betrifft nur Erklärungsfiktionen, die an die **Vornahme** oder Unterlassung **bestimmter Handlungen** anknüpfen.

34-36 a) **Handlungen und Unterlassungen.** Bei den Handlungen kann es sich z. B. um die Entgegennahme oder Benutzung von Sachen oder Leistungen, ein Umbuchungsverlangen[3] oder bloßes Schweigen und sonstige unterlassene Erklärungen und Handlungen, wie z. B. die fehlende Deckung eines (Treuhand-)Kontos handeln. Nach einhelliger Auffassung findet § 308 Nr. 5 jedenfalls dann Anwendung, wenn es sich bei der maßgeblichen Handlung oder Unterlassung um eine solche des **Verwendungsgegners** handelt.[4] Auf Fiktionen, die an Handlungen oder Unterlassungen des **Verwenders oder Dritter** anknüpfen, ist der Wortlaut des § 308 Nr. 5 ersichtlich nicht zugeschnitten.[5] Gleichwohl wird die Anwendung des § 308 Nr. 5 auf entsprechende Klauseln mitunter befürwortet.[6] Zur Begründung lässt sich anführen, dass § 308 Nr. 5 insofern erst recht gelten muss, weil die relevanten Klauseln für den Kunden noch belastender sind als solche Fiktionen, die wenigstens an ein Verhalten des Kunden anknüpfen und dadurch im Grundsatz für diesen kontrollierbar werden. Bei dieser Argumentation wird jedoch übersehen, dass § 308 Nr. 5 eine Privilegierung enthält, nämlich gegenüber § 309 Nr. 12. Gerade weil die hier interessierenden Klauseln besonders belastend sind, erscheint es sinnvoll, auf die Anwendung des § 308 Nr. 5 zu verzichten und stattdessen § 309 Nr. 12 anzuwenden, der nach der hier vertretenen Auffassung nicht nur für widerlegliche Vermutungen, sondern erst recht für unwiderlegliche Vermutungen und Fiktionen gilt.

---

[1] Gegen eine Anwendung des § 308 Nr. 5 wohl auch *Ulmer/H. Schmidt* Rz 9.

[2] S. § 309 Nr. 12 Rz 20.

[3] OLG Hamburg NJW 1985, 3030, 3031 (zu § 10 Nr. 5 AGBG).

[4] S. z. B. *Ulmer/H. Schmidt* Rz 8.

[5] Insoweit ähnlich *Ulmer/H. Schmidt* Rz 8.

[6] So z. B. *Erman/Roloff* Rz 40. Auch *Ulmer/H. Schmidt* meint unter Berufung auf BGH WM 1976, 349, dass die Wertung des § 308 Nr. 5 zumindest im Rahmen des § 307 Berücksichtigung finden muss.

b) Sonstige Ereignisse oder Zustände. In der Literatur wird zudem erwogen, § 308 Nr. 5 über den Wortlaut hinaus auf solche Fiktionen anzuwenden, die an tatsächliche Ereignisse oder Zustände anknüpfen, wie z. B. an die Besitzerlangung oder an den bloßen Zeitablauf.[1] Auch hier erscheint es jedoch aus dem im vorangegangenen Absatz genannten Grund angemessener, auf eine Anwendung des § 308 Nr. 5 zu verzichten und stattdessen den strengeren § 309 Nr. 12 heranzuziehen. **37**

7. Angemessene Frist zur Abgabe einer ausdrücklichen Erklärung

a) Allgemeines. Erklärungsfiktionen sind nicht schlechthin unwirksam. Sie können in AGB vorgesehen werden, wenn dem Vertragspartner die Möglichkeit zur Abgabe einer Erklärung in angemessener Frist offensteht und wenn der Verwender eine Hinweispflicht übernimmt. Die inhaltliche Angemessenheit der fingierten Erklärung und die Angemessenheit des sachlichen Zusammenhangs zwischen der jeweiligen Handlung oder Unterlassung und der fingierten Erklärung können nach § 308 Nr. 5 nicht überprüft werden; insoweit müssen vielmehr die allgemeinen Regeln der §§ 307 ff Anwendung finden (s. Rz 57–59). **38**

b) Ausdrückliche Erklärung. Zur Wirksamkeit der Erklärungsfiktion muss dem Vertragspartner eine angemessene Frist gesetzt werden, die ihm Gelegenheit zu ausdrücklichen Erklärungen belässt. Nach dem Sinn der Vorschrift ist damit gemeint, dass dem Vertragspartner Gelegenheit zur Äußerung seines wirklichen Willens gegeben werden muss. Die Äußerung seines wirklichen Willens muss dem Verwendungsgegner in zumutbarer Weise möglich sein. **39**

c) Angemessene Frist. Die Gelegenheit zur Abgabe einer Erklärung muss **innerhalb angemessener Frist** gegeben sein. § 308 Nr. 5 a betrifft nur die Angemessenheit der Frist. Die Angemessenheit der Erklärungsfiktion als solcher ist nach § 307 zu überprüfen. Die Angemessenheit der Frist hängt von der Angemessenheit ihrer Länge, aber auch von der Angemessenheit ihrer Ausgestaltung ab. **40**

aa) Dauer der Frist. Um angemessen zu sein, darf die Frist nicht unangemessen lang sein. Die Angemessenheit der Frist hängt von der Art des Geschäfts ab. Bei normalen Geschäften ist eine Frist von mindestens **einer Woche** zu verlangen.[2] Bei dringenden Geschäften, insbesondere bei Wertpapiergeschäften, kann auch eine kürzere Frist, auch von einem Tag, ausreichen, sofern wegen berechtigter Interessen des Verwenders unter Berücksichtigung der Verkehrssitte eine rasche Erklärung erwartet werden muss.[3] Klauseln, die eine sofortige oder unverzügliche[4] Erklärung verlangen, sind aber in aller Regel unwirksam. Für schwierige und umfangreiche Geschäfte wird häufig eine über eine Woche hinausreichende Frist erforderlich sein. Für die Umschuldung eines Darlehens von erheblicher Höhe reicht eine Frist von zwei Wochen im Allgemeinen nicht aus.[5] Dies gilt jedenfalls dann, wenn das Darlehen üblicherweise eine grundbuchmäßige Absicherung erfordert. Zu kurz ist auch eine einmonatige Frist im Falle der Genehmigung von Änderungen der gel- **41**

---

[1] Für eine (analoge?) Anwendung des § 308 Nr. 5 z. B. *Erman/Roloff* Rz 40. Vgl. auch *Ulmer/H. Schmidt* Rz 8: Sofern man § 10 Nr. 5 AGB nicht unmittelbar oder analog anwende, seien die Wertungskriterien der Vorschrift jedenfalls bei der Inhaltskontrolle im Rahmen der Generalklausel zu Grunde zu legen.

[2] So auch *Schlosser/Coester-Waltjen* § 10 Nr. 5 Rz 23.

[3] A. A. *Palandt/Grüneberg* Rz 28, dem zufolge die Untergrenze bei ein bis zwei Wochen liegt und Klauseln, die eine sofortige oder unverzügliche Erklärung verlangen, unwirksam sind.

[4] Sehr problematisch daher OLG Koblenz NJOZ 2003, 364, 368 (zu § 10 Nr. 5 AGBG): Wirksamkeit einer Klausel, nach der ein Rechnungsabschluss in Ermangelung unverzüglicher Einwendungen als genehmigt gilt.

[5] So auch LG Dortmund NJW-RR 1986, 1170, 1171 (zu § 10 Nr. 5 AGBG); offen gelassen in BGH NJW 1985, 617, 618 (zu § 10 Nr. 5 AGBG).

tenden Versicherungsbedingungen.[1] Bei Telefonverträgen ist aber eine achtwöchige Frist zur Beanstandung von Rechnungsabschlüssen nicht zu beanstanden.[2] Auch die Nr. 7 III 2 AGB-Sparkassen vorgesehene vierwöchige Frist für die Beanstandung von Rechnungsabschlüssen ist mit § 308 Nr. 5 vereinbar.[3]

42 **bb) Ausgestaltung der Frist.** Um angemessen zu sein, muss die Frist nicht nur eine angemessene Länge haben, sondern auch in ihrer Ausgestaltung angemessen sein. Fristbeginn und Fristende müssen so gelegt sein, dass die an die Vornahme oder Unterlassung der Handlung geknüpfte Fiktion bewusst und gewollt vom Vertragspartner angenommen oder abgewendet werden kann. Daher muss das Fristende für den durchschnittlichen Vertragspartner ohne Schwierigkeiten erkennbar sein.[4] Soll der Fristbeginn z. B. von einer Mitteilung des Verwenders abhängig gemacht werden, so muss die Klausel auf den Zugang der Mitteilung und nicht auf deren Absendung oder gar Abfassung abstellen.[5] Demgegenüber wird man nicht fordern können, dass die Frist stets erst mit der Handlung oder Unterlassung, an welche die Fiktion anknüpft, zu laufen beginnt.[6] Andererseits dürfen die an die Fiktion geknüpften **Rechtsfolgen grundsätzlich nicht vor Fristablauf** eintreten, denn dem Verwendungsgegner soll ja gerade die Möglichkeit offenstehen, die durch die Fiktion bewirkten Rechtsfolgen durch eine fristgemäße Erklärung abzuwenden. Etwas anderes gilt nur dann, wenn die Rechtsfolge durch die Erklärung rückwirkend beseitigt werden kann. In diesem Falle begegnet es jedenfalls unter dem Gesichtspunkt des § 308 Nr. 5 keinen Bedenken, wenn die Rechtsfolgen der Fiktion schon vor Fristablauf eintreten sollen.

43 **cc) Einräumung der Frist in den AGB.** Die Frist muss im Vertrag **selbst** eingeräumt werden, und zwar in deutlichem Zusammenhang mit der Erklärungsfiktion. Die AGB können die Fristdauer, z. B. 1 Woche, bereits festsetzen. Die Angemessenheit unterliegt in diesem Fall der gerichtlichen Inhaltskontrolle. Es genügt aber auch, wenn in den AGB selbst nur eine „angemessene Frist" vorgesehen ist.[7] Die konkrete Frist wird dann außerhalb der AGB gesetzt und vom Gericht von Fall zu Fall geprüft. Sind Fristende und Fristbeginn nicht in den AGB geregelt, so ist als Fristende der Zeitpunkt des Eintritts der fingierten Rechtsfolge anzunehmen. Andere Gestaltungen müssen in AGB ausdrücklich enthalten sein.

8. Hinweispflicht

44 **a) Allgemeines.** Der Verwender muss eine Hinweispflicht übernehmen (Nr. 5 b). Wird die Hinweispflicht nicht übernommen, ist die Klausel unwirksam. Selbst wenn die Hinweispflicht übernommen wird und die Klausel daher wirksam ist, tritt die Fiktionswirkung nicht ein, wenn der Hinweis später nicht oder nicht ordnungsgemäß erfolgt.[8] Denn der Gesetzgeber wollte die Erklärungsfiktion nur für

---

[1] So wohl auch BGH NJW 1999, 1865, 1866, der – allerdings ohne Nennung des § 10 Nr. 5 AGBG – ausführt, dass „[d]ie Widerspruchsfrist von einem Monat [...] bei Ergänzungen und Ersetzungen von Versicherungsbedingungen als zu kurz bemessen [erscheint]."

[2] LG Schwerin NJW-RR 2000, 585, 585 (zu § 10 Nr. 5 AGBG). Vgl. auch OLG Köln MMR 1998, 106, 106: sechswöchige Einwendungsfrist auf Rechnungen der DeTeMobil nicht nach § 10 Nr. 5 AGBG (§ 308 Nr. 5) zu beanstanden.

[3] BGH NJW 2001, 2667, 2668 (zu § 10 Nr. 5 AGBG).

[4] Hk-BGB/*Schulte-Nölke* Rz 19.

[5] LG Dortmund NJW-RR 1986, 1170, 1171 (zu § 10 Nr. 5 AGBG).

[6] A. A. *Soergel/Stein* § 10 Nr. 5 AGBG Rz 58: Frist erst durch Verhalten in Lauf gesetzt.

[7] Ebenso *Ulmer/H. Schmidt* Rz 13; *Staudinger/Coester-Waltjen* Rz 13; a. A. *Koch/Stübing* § 10 Nr. 5 AGBG Rn. 15, die eine genau beschriebene Frist für erforderlich erachten.

[8] *Staudinger/Coester-Waltjen* Rz 14; *Ulmer/H. Schmidt* Rz 12.

den Fall zulassen, dass sich der Vertragspartner darauf einstellen kann. Zum Teil wird das Festschreiben einer Hinweispflicht im Vertrag für entbehrlich gehalten, wenn das die Fiktionswirkung auslösende Verhalten des Verwendungsgegners schon im Zeitpunkt des Vertragsabschlusses beginnt.[1] Denn in diesem Falle sei die Verpflichtung zur Erteilung des Hinweises sinnlos.[2] Dies überzeugt indessen nicht. Erstens macht eine solche Ausnahme den Tatbestand des § 308 Nr. 5 unnötig kompliziert. Zweitens wird der Verwender durch die Anforderung, die Hinweispflicht im Vertrag festzuschreiben, auch in der hier interessierenden Konstellation nur unwesentlich belastet. Und drittens wird der Kunde oftmals nicht wissen, dass der Verwender verpflichtet ist, ihn auf die Fiktionswirkung besonders hinzuweisen. Unterbleibt der Hinweis, so wird der Kunde vielfach nur infolge der im Vertrag vorgesehenen Hinweispflicht erkennen können, dass der Verwender ihn auf die Fiktionswirkung hätte hinweisen müssen.

b) Maßgeblichkeit der Verpflichtung. Die Wirksamkeit der Klausel über die Erklärungsfiktion hängt von der Verpflichtung des Verwenders ab, nicht vom tatsächlichen Hinweis. Die Übernahme der Verpflichtung ist Voraussetzung für die Wirksamkeit der Fiktionsklausel.[3] Ob der Hinweis später tatsächlich erfolgt, ist zwar für den Eintritt der Fiktionswirkung entscheidend, für die Wirksamkeit der Klausel aber ohne Bedeutung. Dass die Fiktionswirkung nur eintritt, wenn der Hinweis erteilt wird, muss in der Klausel nicht besonders hervorgehoben werden.[4] Umgekehrt ist eine Klausel auch dann unwirksam, wenn ein Hinweis später erfolgt, die Klausel jedoch keine entsprechende Verpflichtung vorsieht.[5] Auch ist es grundsätzlich nicht rechtsmissbräuchlich, wenn sich der Verwendungsgegner trotz tatsächlich erfolgtem Hinweis auf die Unwirksamkeit der Klausel mangels dort verankerter Hinweispflicht beruft.[6] Denn das Gesetz begnügt sich gerade nicht mit einem tatsächlichen Hinweis, sondern fordert eine Hinweispflicht in den AGB. Wollte man mittels des Einwands rechtsmissbräuchlichen Verhaltens zu dem Ergebnis gelangen, dass ein tatsächlicher Hinweis selbst bei fehlender Hinweispflicht in den AGB ausreicht, um den Eintritt der Fiktion sicherzustellen, so wäre es für Verwender praktisch risikolos, die Verankerung der Hinweispflicht in den AGB zu „vergessen". Ein solcher Effekt wäre jedoch verheerend, weil viele Kunden sich beim Fehlen einer Hinweispflicht in den AGB mangels entsprechender Rechtskenntnisse nicht auf das Fehlen eines Hinweises berufen werden und die meisten Fälle niemals vor Gericht gelangen dürften. 45

c) Verankerung der Verpflichtung im Vertrag. Die Verpflichtung muss im Vertrag selbst enthalten sein. Entgegen einer zumindest missverständlichen Formulierung des BGH[7] ist aber nicht zu fordern, dass die Verpflichtung Teil der AGB ist. Vielmehr ist kein Grund ersichtlich, eine per Individualvereinbarung verankerte Verpflichtung nicht genügen zu lassen. Freilich greift § 308 Nr. 5 außer in den Fällen des § 310 III Nr. 2 dann nicht mehr ein, wenn auch die Klausel, die die Fiktion anordnet, Teil einer Individualvereinbarung ist. 47

---

1 *Staudinger/Coester-Waltjen* Rz 14.

2 *Staudinger/Coester-Waltjen* Rz 14.

3 BGH NJW 1985, 816, 817 (zu § 10 Nr. 5 AGBG).

4 Wie hier *Ulmer/H. Schmidt* Rz 12. A. A. aber *Bamberger/Roth/Becker* Rz 18.

5 *Staudinger/Coester-Waltjen* Rz 14.

6 Offen gelassen in BGH NJW 1985, 617, 618 (zu § 10 Nr. 5 AGBG).

7 Vgl. BGH NJW 1986, 617, 618 (zu § 10 Nr. 5 AGBG): Eine Fiktionsklausel ist nur wirksam, wenn „in den AGB dem Darlehensnehmer eine angemessene Frist zur Abgabe einer ausdrücklichen Erklärung eingeräumt wird und die Bank als AGB-Verwender sich verpflichtet, ihren Vertragspartner bei [...] auf die vorgesehene Bedeutung seines Schweigens besonders hinzuweisen."

48 **d) Hinweis gegenüber dem Vertragspartner.** Die Verpflichtung muss auf einen Hinweis gegenüber dem **Vertragspartner** gerichtet sein. Wird eine solche Verpflichtung wirksam vorgesehen, so reicht für den Eintritt der Fiktion später auch ein Hinweis gegenüber einem Vertreter des Vertragspartners oder, im Todesfall, gegenüber dem Erben[1] des Vertragspartners. Die Klausel kann dies ergänzend klarstellen, erforderlich ist das aber nicht.

49 **e) Hinweis bei Fristbeginn.** Die Verpflichtung muss auf einen Hinweis bei Fristbeginn gerichtet sein. Die Klausel muss allerdings im Grundsatz nicht ausdrücklich klarstellen, wann die Frist beginnt. Fehlt es nämlich an entsprechenden Angaben, so ist nach §§ 133, 157, 305c II regelmäßig davon auszugehen, dass die Frist erst mit dem Hinweis beginnen soll.

50 **f) Besonderer Hinweis.** Die Verpflichtung muss auf einen besonderen Hinweis gerichtet sein. Dabei genügt es, dass die Klausel den Verwender in Anlehnung an den Gesetzeswortlaut verpflichtet, den Verwendungsgegner bei Beginn der Frist auf die vorgesehene Bedeutung seines Verhaltens „besonders hinzuweisen".[2] Konkretisiert die Klausel aber das Erfordernis eines besonderen Hinweises, so muss sie dies in Einklang mit den gesetzlichen Anforderungen tun. Dabei gelten folgende Grundsätze: Der Hinweis muss in einer Art und Weise erfolgen, die unter normalen Umständen die Kenntnisnahme verbürgt.[3] Dazu muss der Hinweis geeignet sein, die Aufmerksamkeit des Vertragspartners zu erwecken.[4] Ein Hinweis in den AGB selbst reicht keinesfalls aus. Dies gilt auch dann, wenn für den Verwender nicht erkennbar ist, wann das relevante Verhalten des Verwendungsgegners stattfindet.[5] Denn es ist dem Verwender schon aus Transparenzgründen abzuverlangen, die von ihm verwandte Fiktionsklausel so zu gestalten, dass er seiner Hinweispflicht genügen kann. Auch ein Schreiben, welches neben dem Hinweis noch andere Mitteilungen enthält, ist nicht ausreichend, wenn der Hinweis „in einer größeren Summe von Einzelmitteilungen, die üblicherweise nicht allesamt aufmerksam gelesen werden, versteckt" ist.[6] Selbst die Mitteilung in einem besonderen Absatz eines Schreibens genügt nicht, wenn der Hinweis nicht auch auf andere Weise optisch hervorgehoben ist.[7] Zwar kann sich der Verwender beim Geben des Hinweises eines Formulars bedienen.[8] Dieses muss aber auf jeden Fall so deutlich sein, dass es dem Vertragspartner die Folgen der an die Handlung oder Unterlassung geknüpften Erklärungsfiktion bewusst zu machen geeignet ist.

51 **g) Inhalt des Hinweises.** Bezüglich des Inhalts muss auf die **Bedeutung** der Erklärungsfiktion hingewiesen werden, d. h. auf die mit der Erklärungsfiktion verbundenen Rechtsfolgen und auf das Erfordernis eines Widerspruchs.[9] Dabei ist auf die Verständnisfähigkeit des typischen Durchschnittskunden abzustellen. Auch wenn die Erklärungsfiktion nur zu einer Beweislastumkehr führt, muss darauf deutlich hingewiesen werden.[10] Die in Nr. 7 II AGB-Banken übernommene

---

1 OLG Düsseldorf NJW-RR 1988, 864, 867

2 So z. B. Nr. 7 II AGB Banken.

3 BGH NJW 1985, 617, 619 (zu § 10 Nr. 5 AGBG). Ähnlich z. B. Hk-BGB/*Schulte-Nölke* Rz 19: Mit Kenntnisnahme muss zu rechnen sein.

4 BT Drucks 7/5422 S. 7.

5 A.A. *Staudinger/Coester-Waltjen* Rz 14.

6 BGH NJW 1985, 617, 619 (zu § 10 Nr. 5 AGBG).

7 BGH NJW 1985, 617, 619 (zu § 10 Nr. 5 AGBG).

8 Ebenso *Löwe/von Westphalen* § 10 Nr. 5 Rz 21; *Schlosser/Coester-Waltjen* § 10 Nr. 5 Rz 25.

9 *Löwe/von Westphalen* § 10 Nr. 5 Rz 22. Ähnlich auch *Ulmer/H. Schmidt* Rz 12: Hinweis muss dem Vertragspartner klar vor Augen führen, welche Folgen sein Verhalten hat.

10 A. A. *Canaris* ZIP 1987, 885, 888.

Hinweispflicht ist, auch wenn sich der Hinweis auf die Genehmigung und nicht speziell auf die Beweislastumkehr bezieht, dennoch wirksam, weil die Beweislastumkehr als ein minus gegenüber dem Verzicht in der Genehmigung mit enthalten ist. Der Hinweis auf die Genehmigung würde nach dem Verständnis eines Durchschnittskunden auch einen Einwendungsverzicht decken.[1]

9. Beweislast

Die Beweislast für die Einräumung einer angemessenen Erklärungsfrist und für die ordnungsgemäße Übernahme der Hinweispflicht trägt der Verwender. Die Beweislast für den ordnungsgemäß erfolgten Hinweis trägt der Verwender. Soweit Erklärungen von besonderer Bedeutung fingiert werden sollen, kann sich der Verwender der Beweislast für den Zugang des Hinweises wegen § 308 Nr. 5 nicht durch eine Zugangsfiktion entziehen.[2] Soweit die fingierte Erklärung nicht von besonderer Bedeutung ist, kann auch für den nach § 308 Nr. 5 vorgeschriebenen Hinweis nichts anderes gelten.[3] 52

10. Wirksame und unwirksame Klauseln

Nr. 7 II **AGB-Banken** entspricht den Voraussetzungen von § 308 Nr. 5.[4] Auch nach § 307 ist diese Klausel nicht zu beanstanden.[5] Sie hat jedoch keine rechtsgeschäftliche Genehmigung fehlerhafter Überweisungen zur Folge. Die „Genehmigung" von Tagesauszügen ist vielmehr lediglich eine Erklärung tatsächlicher Art und ist daher auch nicht im Sinne eines abstrakten Schuldanerkenntnisses (§ 781) zu deuten. Die Genehmigung von Rechnungsabschlüssen führt zwar zum Abschluss eines Anerkenntnisvertrags.[6] Doch kann das Anerkenntnis bei Nachweis der Unrichtigkeit kondiziert werden (§ 812 I 1 1. Alt.).[7] Eine Genehmigung der fehlerhaften Buchungen ist nicht anzunehmen.[8] Folge der Genehmigungsfiktion ist deshalb lediglich eine Beweislastverschiebung, die auch als solche nicht zu beanstanden ist. Nicht nach § 308 Nr. 5 zu beanstanden ist auch die in Nr. 7 III 3 AGB-Banken enthaltene Genehmigungsfiktion für Belastungsbuchungen aufgrund von Lastschriften, für welche der Kunde dem Gläubiger eine Einzugsermächtigung erteilt hat.[9] Keine Erklärungsfiktion, sondern eine antizipierte Erklärung enthält Nr. 14 AGB-Banken. Diese Klausel ist wirksam. Unwirksam ist aber eine **Abnahmefiktion,** die an die Ingebrauchnahme anknüpft, wenn nicht die Voraussetzungen konkludenten Verhaltens vorliegen. Unwirksam nach § 307 ist die **Fiktion der Ingebrauchnahme** als Tatsachenfiktion.[10] Wirksam ist eine Übereignungsfiktion in **Krankenhaus-AGB** für den Fall, dass Sachen trotz Aufforderung nicht innerhalb 53

---

[1] A. A. *Canaris* ZIP 1987, 885, 888 f.

[2] Ebenso *Löwe/von Westphalen* § 308 Nr. 5 Rz 20.

[3] Nach anderer Auffassung soll es sich beim Hinweis nach § 308 Nr. 5 stets um eine Erklärung von besonderer Bedeutung im Sinne von § 308 Nr. 6 handeln. So z. B. *Palandt/Grüneberg* Rz 33; *Staudinger/Coester-Waltjen* Rz 14 a. E.; *Erman/Roloff* Rz 46. Etwas zurückhaltender *Ulmer/H. Schmidt* Rz 12 „[g]rundsätzlich" eine Erklärung von besonderer Bedeutung. Wie hier aber *Löwe/von Westphalen* § 10 Nr. 5 Rz 20.

[4] BGH NJW 2000, 2667, 2668 (zu § 10 Nr. 5 AGBG); BGH NJW-RR 1999, 844, 844 (zu § 10 Nr. 5 AGBG).

[5] BGH NJW-RR 1999, 844, 844 (zu § 9 AGBG).

[6] BGH NJW 2000, 2667, 2668. In diesem Sinne auch *Staudinger/Coester-Waltjen* Rz 14.

[7] Vgl. BGH NJW 2000, 2667, 2668: Kondiktion nach § 812 I 1, 1. Alt., II BGB.

[8] BGH NJW 2000, 2667, 2668; BGH NJW 1995, 320, 321.

[9] Ebenso *Becher/Gößmann* BKR 2002, 519, 521.

[10] S. auch LG Lübeck AGBE II § 10 Nr. 53 a (zu § 10 Nr. 5 AGBG).

von 12 Wochen abgeholt werden.[1] Unwirksam ist auch eine Klausel in einem **Reparaturkostenversicherungsvertrag,** nach der ein Gerät, das anstelle des schadhaften Geräts mithilfe eines gewährten Neukaufzuschusses angeschafft worden ist, statt des bisherigen Gerätes in den laufenden Vertrag aufgenommen wird.[2] Unwirksam ist die **Fiktion der Vertragsannahme,** falls nach Entgegennahme eines Geschenks ein Widerrufsrecht nicht binnen bestimmter Zeit ausgeübt werde.[3]

V. Folgen einer fristgemäßen tatsächlichen Erklärung

54 § 308 Nr. 5 macht die Wirksamkeit von Klauseln, die die Abgabe oder Nichtabgabe einer Klärung fingieren, davon abhängig, dass dem Vertragspartner eine angemessene Frist zur Abgabe einer ausdrücklichen Erklärung eingeräumt wird. Damit stellt sich die Frage, was passiert, wenn der Verwendungsgegner diese Frist tatsächlich zur Abgabe einer ausdrücklichen oder konkludenten Erklärung nutzt. Dabei ist zu differenzieren.

1. Wirksame Erklärung

55 **Widerspricht** der Vertragspartner mit seiner Erklärung dem Eintritt **der Erklärungsfiktion,** so muss der tatsächlichen Erklärung grundsätzlich Vorrang vor der fingierten Erklärung eingeräumt werden. Ist die tatsächlich abgegebene Erklärung wirksam, so hängt es von der tatsächlich abgegebenen Erklärung ab, ob und gegebenenfalls welche Rechtsfolgen eintreten. Dies gilt unabhängig davon, ob die tatsächliche Erklärung mit der fingierten Erklärung inhaltlich übereinstimmt oder nicht. Die Ausübung des Widerspruchrechts gibt dem Verwender kein Recht zur Kündigung aus wichtigem Grund.[4]

2. Unwirksame Erklärung

56 Ist die tatsächlich abgegebene Erklärung unwirksam, so gilt grundsätzlich das Gleiche, wie wenn keine tatsächliche Erklärung abgegeben wird. Das heißt, die Fiktionswirkung tritt ein, sofern sie auch in Ermangelung jeder tatsächlichen Erklärung eingetreten wäre. Allerdings verdienen im Falle der Unwirksamkeit der tatsächlichen Erklärung zwei Punkte besondere Aufmerksamkeit. So gilt es zunächst zu beachten, dass bei Geschäftsunfähigkeit oder beschränkter Geschäftsfähigkeit mit Blick auf die Fiktion § 210 analog anzuwenden ist, solange ein Mangel in der Vertretung besteht. Darüber hinaus ist hervorzuheben, dass die fingierte Erklärung aus dem gleichen Grund unwirksam sein kann wie die tatsächlich abgegebene Erklärung. Ist die tatsächlich abgegebene Erklärung z. B. wegen ihres Inhalts nach §§ 134, 138 nichtig, und stimmt die fingierte Erklärung inhaltlich mit der tatsächlich abgegebenen Erklärung überein, so ist auch die Fiktionsklausel nach §§ 134, 138 unwirksam. Auch eine fehlende Schriftform kann nicht durch die fingierte Erklärung ersetzt werden; vielmehr gilt § 125.

---

[1] BGH NJW 1990, 761, 763 (zu § 10 Nr. 5 AGBG); OLG Düsseldorf NJW-RR 1988, 884, 886 (zu § 10 Nr. 5 AGBG).

[2] BGH NJW 1995, 2710, 2712 (zu § 10 Nr. 5 AGBG).

[3] AG Bergisch Gladbach NJW-RR 1988, 956, 956 (zu § 10 Nr. 5 AGBG).

[4] Zumindest mit Blick eine Klausel, die das Einverständnis des Kunden mit der Einbeziehung abgeänderter AGB fingiert, ebenso OLG Köln NJW 1996, 1065, 1065; *Heinrichs* NJW 1996, 1381, 1383.

VI. Folgen der Versäumung der Erklärungsfrist

§ 308 Nr. 5 macht die Wirksamkeit von Klauseln, die die Abgabe oder Nichtabgabe einer Klärung fingieren, davon abhängig, dass dem Vertragspartner eine angemessene Frist zur Abgabe einer ausdrücklichen Erklärung eingeräumt wird. Ist die Klausel unwirksam, so tritt selbstverständlich auch die dort vorgesehene Fiktion nicht ein. Ist die Klausel dagegen wirksam und gibt der Verwendungsgegner binnen der dort vorgesehenen Frist keine Erklärung ab, so gilt es zu differenzieren. **Fehlt es an einem ordnungsgemäßen Hinweis,** so tritt die Fiktionswirkung trotz der Fristversäumnis nicht ein. Denn das Erfordernis einer Hinweispflicht wäre zur Bedeutungslosigkeit verdammt, wenn die Fiktionswirkung auch bei fehlendem oder nicht ordnungsgemäßem Hinweis einträte (s. Rz 44). Ist ein **ordnungsgemäßer Hinweis gegeben** und gibt der Verwendungsgegner gleichwohl keine Erklärung ab, auch nicht in Form einer konkludenten Erklärung, so treten grundsätzlich die Wirkungen der Erklärungsfiktion ein. Als nicht abgegeben ist auch eine nichtige oder angefochtene Erklärung anzusehen. Wurde die Widerspruchsfrist versäumt, obwohl der Hinweis ordnungsgemäß erfolgt ist, so tritt grundsätzlich die Fiktionswirkung ein. Allerdings unterliegen Erklärungsfiktion und die daran geknüpften Rechtsfolgen der Inhaltskontrolle. Als Maßstab kommen zunächst die §§ 134, 138 in Betracht. Da die fingierte Erklärung in ihrem Inhalt durch die AGB bestimmt wird, unterliegt sie außerdem der AGB-rechtlichen Inhaltskontrolle. Da § 308 Nr. 5 inhaltliche Maßstäbe für die fingierte Erklärung nicht vorsieht, sind je nach dem Inhalt der fingierten Erklärung die sonstigen Vorschriften der §§ 308, 309 oder die Generalklausel des § 307 heranzuziehen. 57-59

VII. Abgrenzung zu anderen Vorschriften

1. Verhältnis zu § 309 Nr. 12

Sieht eine Klausel vor, dass eine Erklärung fingiert, widerleglich vermutet oder unwiderleglich vermutet wird, so stellt sich insbesondere die Frage nach der Abgrenzung der §§ 308 Nr. 5, 309 Nr. 12. 60

a) Fiktionen i.e.S. und unwiderlegliche Vermutungen. Der Einfachheit sei zunächst mit denjenigen Fällen begonnen, in denen eine Erklärung im engeren Sinne fingiert oder zumindest unwiderleglich vermutet wird, ein Gegenbeweis also nicht offen steht. In diesen Fällen kommt zunächst eine Anwendung des § 308 Nr. 5 in Betracht, der ja gerade für Erklärungsfiktionen gelten soll. Auf der anderen Seite ist auch an die Anwendung des § 309 Nr. 12 zu denken, weil diese Vorschrift schon für widerlegliche Vermutungen gilt und daher entgegen dem BGH[1] erst recht für unwiderlegliche Vermutungen Geltung beanspruch muss. Ein Teil der Literatur möchte deshalb bei unwiderleglichen Vermutungen wie folgt differenzieren: Habe die unwiderlegliche Vermutung nach der konkreten Klauselfassung keinen materiell-rechtlichen, sondern in erster Linie einen beweisrechtlichen Gehalt, so sei sie am Maßstab des § 309 Nr. 12 zu messen.[2] Habe die unwiderlegliche Vermutung des Ergebnisses rechtsgeschäftlichen Handelns dagegen vor allem materiell-rechtliche Bedeutung 61

---

[1] S. BGH NJW 1988, 258, 259 (zu § 11 Nr. 5 AGBG), demzufolge „§ 11 Nr. 15 AGB-Gesetz [...] nur anwendbar [ist], wenn der Inhalt der Klausel noch Raum für eine den Vertragspartner des Verwenders treffende Beweislast lässt."

[2] *Bamberger/Becker* Rz 9.

und stelle sie sich als Ausübung eines im Übrigen belassenen Gestaltungsspielraums dar, so sei ausschließlich § 308 Nr. 5 einschlägig.[1] Dieser Ansatz überzeugt jedoch schon mit Blick auf die damit verbundenen Abgrenzungsschwierigkeiten nicht. Stattdessen wird man § 308 Nr. 5 generell Vorrang vor § 309 Nr. 12 einräumen müssen.[2] Denn § 308 Nr. 5 ist die speziellere Vorschrift,[3] deren großzügigere Anforderungen nicht durch die Heranziehung des strengeren § 309 Nr. 12 ausgehebelt werden dürfen. Dies heißt jedoch nicht, dass § 309 Nr. 12 bei Klauseln, die Erklärungen des Verwendungsgegners fingieren oder vermuten, überhaupt nicht mehr zum Zuge käme. Vielmehr gilt Folgendes:

62 **aa) Fiktionen im Sinne des § 308 Nr. 5.** Denkbar ist zunächst, dass eine Erklärungsfiktion im Sinne des § 308 Nr. 5 gegeben ist. Selbst in diesem Fall ist zu berücksichtigen, dass § 308 Nr. 5 nur die Zulässigkeit der Fiktion bzw. der Vermutung als solcher regelt, nicht dagegen die Zulässigkeit des Inhalts der Erklärung. Insofern finden vielmehr die übrigen Vorschriften des AGB-Rechts, also auch § 309 Nr. 12, Anwendung. Dies wird beispielsweise für den Fall relevant, dass der Vertrag eine Klausel enthält, die eine Tatsachenbestätigung des Verwendungsgegner fingiert. Man denke z. B. an eine Klausel in einem Kaufvertrag, der zufolge dann, wenn der Kunde die Ware nicht binnen einer Woche beanstandet, eine Erklärung des Kunden als abgegeben gilt, dass die Ware mangelfrei ist. Da die Klausel die nach Vertragsschluss erfolgte Abgabe einer Erklärung des Kunden fingiert, ist sie an § 308 Nr. 5 zu messen. Da es sich bei der Erklärung inhaltlich um eine Tatsachenbestätigung (Bestätigung der Mangelfreiheit der Ware) handelt, ist insofern – also hinsichtlich des Inhalt der fingierten Erklärung – § 309 Nr. 12 anwendbar.

63 **bb) Sonstige Fiktionen.** § 309 Nr. 12 ist auch dann heranzuziehen, wenn die Erklärungsfiktion von vornherein nicht in den Anwendungsbereich des § 308 Nr. 5 fällt. Dies kann daran liegen, dass die Fiktion nicht an ein Handeln oder Unterlassen des Verwendungsgegners anknüpft (s. Rz 34–37), oder daran, dass keine Erklärung, sondern eine andere Tatsache fingiert wird.[4] Auch Klauseln, die Erklärungen des Verwenders oder Dritter fingieren, sind nach richtiger Auffassung an § 309 Nr. 12 zu messen.[5]

64 **b) Widerlegliche Vermutungen.** Nach der hier vertretenen Auffassung ist § 308 Nr. 5 auch im Falle widerleglicher Vermutungen anwendbar (s. Rz 28). Auch insofern muss § 308 Nr. 5 also Vorrang eingeräumt werden. Das zu Fiktionen i.e.S. und zu unwiderleglichen Vermutungen Gesagte (s. Rz 60 ff.) gilt also entsprechend.

2. Verhältnis zu den übrigen Regelungen der §§ 307 ff.

65 § 308 Nr. 5 lässt der Anwendung sonstiger in §§ 307 ff enthaltener Regelungen weiten Raum.

66 **a) Der Inhalt der fingierten Erklärung.** So enthält § 308 Nr. 5 keine Maßstäbe für die Kontrolle des Inhalts der fingierten Erklärung. Dieser ist – als Teil von AGB

[1] *Bamberger/Becker* Rz 9. *Becker*, a.a.O., beruft sich auf BGH NJW 1988, 258, doch stützt diese Entscheidung die von ihm vertretene Auffassung nicht.

[2] Für einen Vorrang des § 308 Nr. 5 auch *Ulmer/Hensen* Rz 7; *Staudinger/Coester-Waltjen* Rz 5.

[3] *Staudinger/Coester-Waltjen* Rz 5.

[4] Vgl. auch *Staudinger/Coester-Waltjen* Rz 4, die § 309 Nr. 12 zu Recht dann heranziehen möchte, wenn der Verwendungsgegner im Zeitpunkt des Vertragsschlusses fingiert, sich von der Mangelfreiheit des Mietobjekts überzeugt zu haben.

[5] A. A. wohl *Staudinger/Coester-Waltjen* Rz 10, der zufolge „[f]ingierte, den Vertragspartner benachteiligende Erklärungen des Verwenders [...] ausschließlich an § 307 Abs. 1, 2 zu messen [sind]".

– jedoch ebenfalls der Inhaltskontrolle nach §§ 307 ff unterworfen.[1] Z.B. kann die fingierte Zustimmung zu einem Vertragsstrafeversprechen nach § 309 Nr. 6 unwirksam sein. Besonders hervorzuheben ist, dass die Anwendung der §§ 307 ff auf den Inhalt der fingierten Erklärung in keinem Fall dadurch umgangen werden kann, dass die Abgabe einer auf den Abschluss einer Individualvereinbarung gerichteten Willenserklärung fingiert wird. Dies ergibt sich richtigerweise schon aus der Auslegung des § 305 b und nicht erst aus dem Umgehungsverbot des § 306 a.

b) Das Fehlen eines berechtigten Interesses an der Fiktion. § 308 Nr. 5 enthält auch keinen Maßstab dafür, ob an der Fiktion überhaupt ein berechtigtes Interesse besteht. Insofern findet vielmehr § 307 Anwendung. Fehlt es an einem berechtigten Interesse, so ist die Klausel nach § 307 unwirksam.[2] Ein berechtigtes Interesse kann sich aus dem organisatorischen Bedürfnis nach einfacher Abwicklung von Vorgängen im Massenverkehr ergeben,[3] so z. B. für eine Übereignungsfiktion bei trotz Aufforderung nicht abgeholter Sachen in einem Krankenhausvertrag.[4] **67-69**

IV. Geltung zwischen Unternehmern

1. Allgemeines

§ 308 Nr. 5 gilt nach § 310 I 1 nicht unmittelbar für Unternehmer. Zwar sind **70**
auch Unternehmer gegenüber überraschenden Erklärungsfiktionen schutzbedürftig.[5] Die Unwirksamkeit von Fiktionsklauseln kann jedoch nur aus § 307 hergeleitet werden.[6] Bei der Anwendung des § 307 sind zwar einerseits die Wertungen des § 308 Nr. 5 zu beachten.[7] Anderseits gilt es jedoch, die Geschäftserfahrung und Geschäftsgewandtheit von Unternehmern[8] zu berücksichtigen und auch im Übrigen den Besonderheiten des unternehmerischen Verkehrs Rechnung zu tragen. Insbesondere ist auf die Verkehrssitte und auf einen etwaigen Handelsbrauch zu achten. Eine **Indizwirkung** von § 308 Nr. 5 für den unternehmerischen Verkehr ist deshalb nicht anzunehmen.[9] Sind Erklärungsfiktionen verkehrs- oder handelsüblich, so kann von ihrer Wirksamkeit auszugehen sein, wenn bei Ablehnung der Fiktionsfolgen in bestimmten Situationen eine ausdrückliche Erklärung von selbst erwartet werden darf. Es bedarf dann weder der Einräumung einer angemessenen Erklärungsfrist (Nr. 5 a) noch eines besonderen Hinweises (Nr. 5 b).[10] Es kann aber

---

[1] Ebenso z. B. *Erman/Roloff* Rz 39. In diesem Sinne auch *Staudinger/Coester-Waltjen* Rz 2, die zu Recht betont, dass „die vom Verwender beanspruchten Wirkungen der fingierten Erklärung den Kriterien der §§ 307–309 standhalten [müssen]". Siehe ferner *dies.* Rz 4.

[2] *Löwe/von Westphalen* § 10 Nr. 5 Rz 11; *Ulmer/H. Schmidt* Rz 7; *Erman/Roloff* Rz 39. Für die Notwendigkeit eines berechtigten Interesses auch *Staudinger/Coester-Waltjen* Rz 2. Letztlich offen gelassen aber in BGH NJW 1990, 761, 763 (zu § 10 Nr. 5 AGBG).

[3] BGH NJW 1990, 761, 763 (zu § 10 Nr. 5 AGBG); *Staudinger/Coester-Waltjen* Rz 2.

[4] BGH NJW 1990, 761, 763 (zu § 10 Nr. 5 AGBG).

[5] Vgl. Hk-BGB/*Schulte-Nölke* Rz 21, der den Rechtsgedanken des § 308 Nr. 5 im unternehmerischen Verkehr berücksichtigt wissen will.

[6] BGH NJW 1989, 2124, 2124 (zu § 9 AGBG).

[7] Vgl. BGH NJW 1988, 55, 57, demzufolge Fiktionen im kaufmännischen Verkehr grundsätzlich „denselben Abwägungskriterien im Rahmen des § 9 AGBG unterzogen" werden.

[8] § 307 Rz 121 ff.

[9] S. aber *Jauernig/Stadler* Rz 7, der zufolge „[i]m Verkehr zwischen Unternehmern grundsätzlich dieselbe Wirkung" gilt. A. A. als hier wohl auch BGH NJW 1988, 55, 57 (zu § 9 AGBG).

[10] Unklar *Staudinger/Coester-Waltjen* § 308 Nr. 5 Rz 17, der zufolge die Einräumung einer fristgebundenen Widerspruchsmöglichkeit auch im beiderseits kaufmännischen Verkehr immer zu verlangen ist, wenn die Fiktion Rechtsfolgen auslösen soll, die gegen den Willen des Vertragspartners herbeizuführen nicht gerechtfertigt wäre.

auch lediglich die Übernahme einer Hinweispflicht entfallen, wenn die Erklärungsfiktion im betreffenden Geschäftszweig als bekannt vorausgesetzt werden kann.[1] Eine Erklärungsfiktion, die im Handelsverkehr nicht üblich ist, ist aber auch zwischen Unternehmern grundsätzlich unwirksam, wenn die Voraussetzungen des § 308 Nr. 5 nicht eingehalten sind. Im Übrigen ist auch im unternehmerischen Verkehr ein berechtigtes Interesse an der Fiktion erforderlich.[2]

2. Einzelne Klauseln

71 Die Genehmigungsfiktion für periodische Abrechnungen in einem **Handelsvertretervertrag,** falls nicht binnen 3 Monaten widersprochen wird, ist grundsätzlich wirksam.[3] Unwirksam ist dagegen eine Klausel, wonach die Ausführung von Nachtragsangeboten ohne schriftlichen Auftrag im Rahmen eines laufenden **Werkvertrags,** z. B. mit Bauhandwerkern, einen Verzicht auf Entschädigung enthalte.[4] Unwirksam ist auch die Fiktion eines Einwendungsverzichts gegen eine Rechnung ohne die Möglichkeit zur Abgabe eines Widerspruchs.[5] Gleiches gilt für einen Verzicht bezüglich aller in der Schlussrechnung geltend gemachter Forderungen.[6] Ebenso ist bei einem Automatenaufstellvertrag die mit dem Wunsch nach Austausch einzelner Geräte verbundene Fiktion auf Abgabe eines Angebots zum Neuabschluss eines Vertrags über sämtliche Geräte mit der Folge, dass eine neue Gesamtlaufzeit beginnt, unwirksam.[7]

---

[1] Vgl. auch *Staudinger/Coester-Waltjen* § 308 Nr. 5 Rz 17, die meint, auf den besonderen Hinweis lasse sich „häufig" verzichten. Ähnlich auch *Ulmer/H. Schmidt,* demzufolge die Hinweispflicht im Allgemeinen „jedenfalls dann nicht erforerlich [ist], wenn die Frist an ein Verhalten des Kunden oder an ein für ihn erkennbares Verhalten des Verwenders oder sonstige erkennbare äußere Ereignisse [...] anknüpft".

[2] Wie hier *Ulmer/H. Schmidt* Rz 18.

[3] OLG Oldenburg NJW-RR 1989, 1081, 1082 (zu § 9 AGBG).

[4] OLG Karlsruhe AGBE III, § 9 Nr. 15, S. 194 f; LG Konstanz BB 1981, 1420, 1422 (zu § 9 AGBG).

[5] OLG Karlsruhe AGBE III, § 9 Nr. 15, S. 200 f; LG Konstanz BB 1981, 1420, 1423 (zu § 9 AGBG).

[6] BGH NJW 1989, 2124, 2124 f (zu § 9 AGBG).

[7] BGH NJW 1985, 53, 55 (zu § 9 AGBG).

§ 308 Klauselverbote mit Wertungsmöglichkeit

In Allgemeinen Geschäftsbedingungen ist insbesondere unwirksam

6. (Fiktion des Zugangs)

eine Bestimmung, die vorsieht, dass eine Erklärung des Verwenders von besonderer Bedeutung dem anderen Vertragsteil als zugegangen gilt.

Inhaltsübersicht

Schrifttum: *Bennemann,* Fiktionen u. Beweislastregeln in Allgemeinen Geschäftsbedingungen, 1987.

I. Zweck und Allgemeines

Der Zugang ist vor allem für die Wirksamkeit empfangsbedürftiger Willenserklärungen (§ 130) oder als Voraussetzung für die Erfüllung von Informationspflichten bedeutsam. Kommt es unerwartet zu einem Rechtsstreit, ist der Zugang für den beweisbelasteten Erklärenden oft schwer nachweisbar. Es liegt deshalb für den Verwender nahe, diesem Beweisnotstand durch eine Zugangsfiktion in AGB auszuweichen. Ist dem anderen Vertragsteil die Erklärung aber tatsächlich nicht zugegangen, so kann dieser sich nicht auf die Erklärungsfolgen einstellen und läuft Gefahr, erhebliche Nachteile zu erleiden. Diesen Interessengegensatz will § 308 Nr. 6 dadurch lösen, dass Zugangsfiktionen für Erklärungen des Verwenders von besonderer Bedeutung für unwirksam erklärt werden, während eine Zugangsfiktion für Erklärungen ohne besondere Bedeutung von § 308 Nr. 6 nicht verboten wird. Hervorzuheben ist jedoch, dass auch Zugangsfiktionen für Erklärungen ohne besondere Bedeutung nicht ohne weiteres wirksam, sondern nach § 307 zu überprüfen sind. Mit der Beschränkung des § 308 Nr. 6 auf Erklärungen von besonderer Bedeutung wird eine Wertungsmöglichkeit eröffnet, die zur Einordnung der Nr. 6 in § 308 geführt hat. 1

II. Tatbestand

1. Erklärung des Verwenders oder gleichzustellender Dritter

2 § 308 Nr. 6 setzt seinem Wortlaut nach zunächst voraus, dass die Klausel den Zugang einer Erklärung des Verwenders fingiert. Das Merkmal der Erklärung erfasst **Erklärungen jeder Art,**[1] also z. B. Willenserklärungen, rechtsgeschäftsähnliche Erklärungen und Erklärungen tatsächlicher Art. Handelt es sich bei der Erklärung um eine solche des Verwenders, so greift § 308 Nr. 6 unmittelbar ein. Allerdings wird man diese Vorschrift zumindest analog auf Erklärungen Dritter anwenden müssen, sofern diese Erklärungen dem Verwender wie im Falle der Vertretung zugerechnet werden. Zugangsfiktionen, welche sich auf Erklärungen des Vertragspartners beziehen, werden dagegen nicht von § 308 Nr. 6 erfasst, sondern sind an den §§ 309 Nr. 12, 307 zu messen.

2. Besondere Bedeutung der Erklärung

3 § 308 Nr. 6 kann nur dann Anwendung finden, wenn der Zugang einer Erklärung von besonderer Bedeutung fingiert werden soll. Es ist in diesem Zusammenhang weder nach § 308 Nr. 6 noch nach § 307 I 2 zu beanstanden, wenn der Verwender sich an den Gesetzeswortlaut anlehnt und in seinen AGB ausdrücklich eine Erklärungsfiktion für „Erklärungen ohne besondere Bedeutung" vorsieht.[2] Denn man sollte dem Verwender nicht mehr abverlangen als dem Gesetzgeber.

4 **a) Nachteilige Rechtsfolgen.** Von besonderer Bedeutung ist eine Erklärung **grundsätzlich** dann, wenn sie für den Vertragspartner nachteilige Rechtsfolgen bringt.[3] Nachteilige Rechtsfolgen in diesem Sinne ergeben sich zunächst bei Gestaltungserklärungen, die die Rechtslage unmittelbar zulasten des Verwendungsgegners ändern. Zu denken ist hier z. B. an die in der Gesetzesbegründung zum AGB-Gesetz genannte Kündigung eines Kredits[4] sowie generell an Kündigungen,[5] aber auch an Rücktritts- oder Anfechtungserklärungen. Darüber hinaus entstehen nachteilige Rechtsfolgen in dem oben genannten Sinne auch dann, wenn die Erklärung mittelbar einen Nachteil begründet, indem sie z. B. eine Beweislastverschiebung bewirkt. Erklärungen von besonderer Bedeutung sind auch Mahnungen[6] und Fristsetzungen[7] sowie die Androhung des Pfandverkaufs.[8] Entgegen der ganz überwiegenden Auffassung[9] rechtfertigt jedoch nicht jeder noch so **geringfügige**

---

[1] Ähnlich *Ulmer/H. Schmidt* Rz 4: Mitteilungen jeder Art.

[2] Wie hier *Staudinger/Coester-Waltjen* Rz 6.

[3] Wie hier *Ulmer/H. Schmidt* Rz 7; *Palandt/Grüneberg* Rz 33. Tendenziell auch *Staudinger/Coester-Waltjen* Rz 6: Eine Erklärung ohne besondere Bedeutung sei schwer vorstellbar, wenn die Erklärung den Kunden benachteiligen könne. Allerdings bedient sich *Coester-Waltjen* auch einer von der Möglichkeit eines Nachteils für den Verwendungsgegner unabhängigen Definition, indem sie Erklärungen von besonderer Bedeutung als diejenigen Erklärungen definiert, die „aus dem Rahmen des normalerweise in einer bestimmten Rechtbeziehung Auftretenden fallen".

[4] BT-Drs. 7/5422 S. 7. S. auch (zu § 10 Nr. 6 AGBG) BayObLG BB 1980, 283, 285: Kündigung eines Darlehensvertrages als Erklärung von besonderer Bedeutung.

[5] Ebenso *Palandt/Grüneberg* Rz 33.

[6] *Soergel/Stein,* AGBG, § 10 Nr. 6 Rn 64.

[7] Ebenso *Palandt/Grüneberg* Rz. 33.

[8] *Palandt/Grüneberg* Rz 33.

[9] In der Regel wird ohne Erwähnung der hier angesprochenen Ausnahme betont, dass die besondere Bedeutung einer Erklärung immer dann anzunehmen ist, wenn die Erklärung für den Empfänger mit nachteiligen Rechtsfolgen verbunden ist. S. z. B. *Palandt/Grüneberg* Rz 33, der eine Einschränkung der hier interessierenden Art jedenfalls nicht erwähnt, sondern alle Erklärungen, die für den Empfänger mit nachteiligen Rechtsfolgen verbunden sind, als Erklärungen von besonderer Bedeutung einstuft. Im letzteren Sinne auch *Erman/Roloff* Rz 53.

Nachteil die Annahme einer Erklärung von besonderer Bedeutung. Vielmehr ist zu differenzieren. In aller Regel ist die besondere Bedeutung einer Erklärung zu bejahen, wenn die Erklärung die Rechtsstellung des Empfängers nachteilig verändert.[1] Allerdings gilt dies nicht ohne Ausnahme. Namentlich ist die besondere Bedeutung trotz der mit der Erklärung verbundenen Nachteile zu verneinen, wenn die durch die Klausel bewirkten Rechtsnachteile unter Zugrundelegung der typischen Umstände in aller Regel von ganz geringer wirtschaftlicher Bedeutung sein werden. Sofern die Klausel dann im Einzelfall doch auf eine Erklärung von erheblicher Bedeutung Anwendung findet, wird man die Berufung auf die Klausel allerdings am Einwand des Rechtsmissbrauchs scheitern lassen (§ 242). Auch bei dem Hinweis nach § 308 Nr. 5 handelt es sich nicht in jedem Falle um eine Erklärung von besonderer Bedeutung.[2] Betrifft die Erklärungsfiktion nämlich nur Erklärungen von ganz geringer Bedeutung, so kann auch der von § 308 Nr. 5 geforderte Hinweis nicht als Erklärung von besonderer Bedeutung eingestuft werden.

b) Vorteilhafte oder neutrale Erklärungen. Solchen Erklärungen, die für den Verwendungsgegner rechtlich lediglich vorteilhaft **oder** rechtlich neutral sind, kommt keine besondere Bedeutung im Sinne des § 308 Nr. 6 zu. Dazu gehören im Regelfall Ausführungsanzeigen und die Mitteilung von Tagesauszügen der Banken.[3] Eine Erklärung von besonderer Bedeutung ist jedoch mit Blick auf die Mitteilung des Rechnungsabschlusses anzunehmen,[4] weil und soweit damit eine Genehmigungsfiktion verbunden ist. Ein Antrag auf Abschluss eines Vertrages, dessen Zugang nicht zu einer Genehmigungsfiktion führt, ist dagegen für sich genommen lediglich vorteilhaft und daher nicht an § 308 Nr. 6 zu messen.[5] **5**

3. Zugang

§ 308 Nr. 6 betrifft nur die Fiktion des Zugangs. **6**

a) Begriff. Der Zugang (§ 130) einer Erklärung ist dann anzunehmen, wenn die Erklärung derart in den Machtbereich des Empfängers gelangt, dass dieser unter gewöhnlichen Umständen von ihr Kenntnis nehmen kann.[6] Eine dem § 308 Nr. 6 unterfallende Fiktion ist zum einen dann gegeben, wenn fingiert werden soll, dass der **Zugang überhaupt erfolgt** ist. Darüber hinaus werden aber auch solche Klauseln erfasst, die einen bestimmten **Zeitpunkt des Zugangs** fingieren.[7] Regelmäßig wird die Fiktion beide Aspekte umfassen, doch ist der Anwendungsbereich des § 308 Nr. 5 bereits dann eröffnet, wenn eine Fiktion mit Blick auf eines der beiden genannten Elemente vorgesehen ist. Ob diese Voraussetzung erfüllt ist, kann nur durch Auslegung der jeweiligen Klausel ermittelt werden. **7**

b) Abgrenzung zu Kenntnis- und Abgabefiktionen. Nicht von § 308 Nr. 6 erfasst wird die Fiktion der **Kenntnis** von Erklärungen. Dies wird insbesondere dann relevant, wenn es nach dem Gesetz auf die Kenntnis bestimmter Tatsachen an- **8-9**

---

[1] Vgl. auch *Ulmer/H. Schmidt* Rz 7, der in den relevanten Fällen nur „grundsätzlich" eine Erklärung von besonderer Bedeutung annehmen will. Auch nach OLG Oldenburg NJW 1992, 1839, 1840 (zu § 10 Nr. 6 AGBG), soll es für die Annahme einer Erklärung von besonderer Bedeutung nur „in der Regel" genügen, dass sich die Rechtsstellung des Empfängers nachteilig verändert.

[2] So aber wohl *Palandt/Grüneberg* Rz 33.

[3] Ebenso *Staudinger/Coester-Waltjen* Rz 6; *Palandt/Grüneberg* Rz 33.

[4] Ebenso *Palandt/Grüneberg* Rz 33, allerdings unter Hinweis auf das im Rechnungsabschluss liegende Angebot auf Abschluss eines Feststellungsvertrages.

[5] A.A. *Palandt/Grüneberg* Rz 33 mit Blick auf das im Rechnungsabschluss liegende Angebot auf Abschluss eines Feststellungsvertrages.

[6] S. etwa *Palandt/Grüneberg* § 130 Rz 5.

[7] Ebenso *Soergel/Stein* § 10 Nr. 6 AGBG Rz 66; a. A. *Löwe/von Westphalen* § 10 Nr. 6 Rz 12.

kommt, wie z. B. nach § 892. Über die Wirksamkeit solcher Kenntnisfiktionen ist richtigerweise allein nach §§ 309 Nr. 12, 307 zu befinden.[1] Nicht unter § 308 Nr. 6 fällt auch die Fiktion oder die Vermutung der **Abgabe oder Absendung** von Erklärungen.[2] Dem Verwender stellen sich insofern nicht die gleichen Beweisschwierigkeiten wie beim Zugang, da es sich um ein Ereignis in seinem Herrschaftsbereich handelt, weshalb die von § 308 Nr. 6 vorgesehene Vergünstigung für Erklärungen ohne besondere Bedeutung nicht angebracht ist.[3] Soweit es sich bei der Absendefiktion um eine widerlegbare Vermutung handelt, ist § 309 Nr. 12 als Kontrollmaßstab heranzuziehen.[4] Soweit es sich um eine unwiderlegbare Vermutungen oder um eine Fiktion im engeren Sinne handelt, ist die Unwirksamkeit nach richtiger Auffassung ebenfalls aus § 309 Nr. 12 abzuleiten,[5] da die den Vertragspartner noch stärker belastende unwiderlegbare Vermutung oder Fiktion nicht wirksam sein kann, wenn die weniger belastende widerlegbare Vermutung nach § 309 Nr. 12 unwirksam wäre.

10 **c) Abbedingung des Abgabe- oder Zugangserfordernisses.** Nicht unmittelbar von § 308 Nr. 6 erfasst wird eine Klausel, die das Zugangserfordernis abbedingt[6] oder durch andere Formen, wie Aushang oder Auslegung, ersetzt. Doch sind entsprechende Klauseln an § 307 zu messen.[7] Gleiches gilt für Klauseln, die das Erfordernis der Abgabe einer Erklärung abbedingen.[8]

4. Fiktion

11 Eine Fiktion im Sinne des § 308 Nr. 6 ist zunächst dann gegeben, wenn nach dem im Wege der Auslegung (§§ 133, 157, 305c II) zu ermittelnden Sinn der Klausel von der Tatsache des Zugangs ausgegangen werden soll, ohne dass dem Verwendungsgegner die Möglichkeit eingeräumt wird, nachzuweisen, dass der Zugang in Wahrheit nicht erfolgt ist. Zu den Fiktionen im Sinne des § 308 Nr. 6 zählen also sowohl Fiktionen im engeren Sinne als auch unwiderlegliche Vermutungen.[9] Darüber hinaus wird man § 308 Nr. 6 aber analog auch auf widerlegliche Zugangsvermutungen anwenden müssen.[10] Denn es wäre widersprüchlich, Fiktionen und unwiderlegliche Vermutungen an dem gegenüber § 309 Nr. 12 großzügigeren Maßstab des § 308 Nr. 6 zu messen, die für den Verbraucher jedoch sehr viel weniger belastenden widerleglichen Zugangsvermutungen jedoch vom Anwendungsbereich des § 308 Nr. 6 auszunehmen und damit den strengeren § 309 Nr. 12 zur Anwendung kommen zu lassen.

5. Beweislast

12 Für die Beweislast gelten die allgemeinen Grundsätze.[11]

---

1 S. auch § 308 Nr. 5 Rz 14 (zur Fiktion von Willensinhalten).

2 Wie hier *Staudinger/Coester-Waltjen* Rz 1.

3 Zust. *Soergel/Stein* § 10 Nr. 6 AGBG Rz 66; differenzierend *Löwe/von Westphalen* § 10 Nr. 6 Rz 11 mwN.

4 Ebenso *Palandt/Grüneberg* Rz 32.

5 S. auch § 309 Nr. 12 Rz 20.

6 A. A. wohl *Palandt/Grüneberg* Rz 32.

7 S. noch Rz 21 ff.

8 S. noch Rz 21 ff.

9 S. § 308 Nr. 5 Rz 4, 27 f.

10 Für Anwendung des § 308 Nr. 6 auf widerlegliche Zugangsvermutungen auch *Palandt/Grüneberg* Rz 32; *Staudinger/Coester-Waltjen* Rz 1; *Ulmer/H. Schmidt* Rz 5.

11 S. vor §§ 308, 309 Rz 21.

III. Rechtsfolgen eines Verstoßes

Verstößt die Klausel gegen § 308 Nr. 5, so ist sie unwirksam. 13

1. Umfang der Unwirksamkeit

Nach § 308 Nr. 5 unwirksam sind alle Zugangsfiktionen, die zumindest auch auf 14
einzelne Erklärungen von besonderer Bedeutung Anwendung finden. Erfasst werden also insbesondere auch Klauseln, die eine allgemeine Zugangsfiktion für alle Erklärungen des Verwenders vorsehen. Eine geltungserhaltende Reduktion scheidet aus, wenn die Klausel nicht ausnahmsweise sprachlich und inhaltlich teilbar ist.[1] Werden dagegen von der Zugangsfiktion Erklärungen von besonderer Bedeutung ausgenommen, so ist die Zugangsfiktion wirksam, auch wenn die Erklärungen von besonderer Bedeutung nicht im Einzelnen aufgeführt, sondern der Bestimmung durch das Gericht überlassen werden, da eine Aufzählung der einzelnen Erklärungen ebenso wenig wie vom Gesetzgeber erwartet werden kann (s. Rz 3).

2. Prüfungszuständigkeit

Die Prüfung des Unwirksamkeitsgrundes steht neben dem Gericht auch dem 15
Grundbuchamt zu, soweit das Vorliegen einer Erklärung von besonderer Bedeutung, wie z. B. bei der Kündigung eines Darlehens, eindeutig festgestellt werden kann.[2]

IV. Verhältnis zu anderen Vorschriften

1. Abgrenzung zu § 308 Nr. 5

Klauseln im Sinne des § 308 Nr. 6 fingieren im Gegensatz zu den von § 308 16
Nr. 5 erfassten Klauseln nicht die Abgabe, sondern den Zugang von Erklärungen. Zudem bezieht sich § 308 Nr. 6 auf Erklärungen des Verwenders und nicht wie § 308 Nr. 5 auf Erklärungen des Vertragspartners. Überschneidungen drohen daher nicht.

2. Verhältnis zu § 309 Nr. 12

Die Vorgängerregelung des § 308 Nr. 6, nämlich § 10 Nr. 6 AGBG, wurde im Ge- 17
setzgebungsverfahren aus § 11 Nr. 15, dem heutigen § 309 Nr. 12[3], ausgegliedert, weil das generelle Verbot von Beweiserleichterungen mit Blick auf den Zugang von Erklärungen vor allem im Massengeschäft der Banken wegen der damit verbundenen organisatorischen und kostenmäßigen Belastungen als unangebracht empfunden wurde.[4] Der Gesetzgeber wollte Beweiserleichterungen für den Zugang weniger bedeutsamer Erklärungen generell zulassen. Insofern ist § 308 Nr. 6 als speziellere Regelung einzustufen, die § 309 Nr. 12 verdrängt.[5] Im Einzelnen gilt dabei Folgendes:

---

[1] § 306 Rz 14 ff.

[2] BayObLG BB 1980, 283, 285 (zu § 10 Nr. 6 AGBG). Vgl. auch BayObLG NJOZ 2003, 816, 820 (zu § 309 Nr. 4): Nur Wertungen, die im Einzelfall ohne weitere Ermittlungen und ohne nähere Kenntnis weiterer Umstände lediglich aus den vorgelegten Eintragungsunterlagen ohne Zweifel beurteilt werden können, berechtigen das Grundbuchamt zur Prüfung und Beanstandung.

[3] § 9 Nr. 15 des RegE.

[4] BTDrs. 7/5422 S. 7.

[5] S. z. B. *Erman/Roloff* Rz 52.

18 **a) Zugangsfiktionen.** Lediglich § 308 Nr. 6 und nicht § 309 Nr. 12 gilt für Klauseln, denen zufolge der Zugang einer Erklärung des Verwenders im engeren Sinne fingiert oder unwiderleglich vermutet wird. Dies gilt unabhängig davon, ob es sich bei der Erklärung, deren Zugang fingiert bzw. unwiderleglich vermutet werden soll, um eine Erklärung von besonderer Bedeutung handelt oder nicht.[1] Denn die von § 308 Nr. 6 bezweckte Privilegierung von Zugangsfiktionen erfordert gerade, dass auch Klauseln, die den Zugang von Erklärungen ohne besondere Bedeutung regeln, dem Anwendungsbereich des § 309 Nr. 12 entzogen werden.[2]

19 **b) Widerlegliche Zugangsvermutungen.** Darüber hinaus wird man § 308 Nr. 5 entgegen seinem Wortlaut auch auf solche Klauseln anwenden müssen, die eine widerlegbare Vermutung des Zugangs vorsehen.[3] Auch widerlegbare Zugangsvermutungen sind damit dem Anwendungsbereich des § 309 Nr. 12 entzogen.[4] Zwar scheint § 309 Nr. 12 seinem Wortlaut nach eher auf widerlegbare Zugangsvermutungen zu passen als § 308 Nr. 6. Indessen wäre es widersprüchlich, Zugangsfiktionen in den Genuss des relativ großzügigen Maßstabs des § 308 Nr. 6 kommen zu lassen, die für den Verwendungsgegner sehr viel weniger belastenden Zugangsvermutungen dagegen am strengeren Maßstab des § 309 Nr. 12 zu messen.

3. Verhältnis zu gesetzlichen Zugangsfiktionen

20 Eine gesetzliche Zugangsfiktion ist in § 10 VVG für Erklärungen des Versicherers im Versicherungsverhältnis bei **Wohnsitzwechsel des Versicherungsnehmers** vorgesehen. Eine gesetzliche **Zugangsfiktion durch Zustellung** sieht § 132 vor. Eine Klausel, die den Zugang lediglich in solchen Fällen fingiert, in denen auch das dispositive Recht eine Zugangsfiktion vorsieht, wird schon nach § 307 III Nr. 1 nicht von § 308 Nr. 6 erfasst.

4. Verhältnis zu § 307

21 § 308 Nr. 6 gilt nicht für Erklärungen des Verwendungsgegners, sondern nur für solche des Verwenders. Das Verhältnis des § 308 Nr. 6 zu § 307 wirft daher auch nur für Erklärungen des Verwenders Probleme auf. Insofern gilt Folgendes:

22 **a) Erklärungen ohne besondere Bedeutung.** Soweit eine Fiktion im Sinne des § 307 – also eine Fiktion im engeren Sinne, eine unwiderlegliche Vermutung oder eine widerlegliche Vermutung – deshalb nicht gegen § 308 Nr. 6 verstößt, weil sie sich lediglich auf den Zugang von Erklärungen des Verwenders ohne besondere Bedeutung bezieht, kann die Klausel immer noch nach § 307 unwirksam sein. Namentlich ist dies dann anzunehmen, wenn keinerlei berechtigtes Interesse an der Zugangsfiktion besteht. Regelmäßig werden Zugangsfiktionen für Erklärungen ohne besondere Bedeutung aber nicht nach § 307 unwirksam sein,[5] weil ein berechtigtes Interesse schon aus den mit einem Nachweis des Zugangs verbundenen Schwierigkeiten folgt und weil der Gesetzgeber eine bewusste Ent-

[1] Im Ergebnis ebenso *Löwe/von Westphalen* § 10 Nr. 6 Rz 4, 6: § 10 Nr. 6 AGBG (§ 308 Nr. 6) ist hinsichtlich des Zugangs von Erklärungen Sonderregelung. Vgl. auch *Staudinger/Coester-Waltjen* Rz 2, die zwar den Charakter einer Sonderregelung bestreitet, weil § 11 Nr. 15 AGBG (§ 309 Nr. 12) keine Fiktionen erfasse, aber § 10 Nr. 6 AGBG (§ 308 Nr. 6) auch auf Zugangsvermutungen angewandt wissen will.

[2] Vgl. *Palandt/Grüneberg* Rz 31, der mit Blick auf Erklärung ohne besondere Bedeutung von einem verdeckt in § 308 Nr. 6 enthaltenen Erlaubnistatbestand spricht.

[3] *Erman/Roloff* Rz 54; *Ulmer/H. Schmidt* Rz 5.

[4] *Ulmer/H. Schmidt* Rz 5; *Erman/Roloff* Rz 54.

[5] Wie hier *Ulmer/H. Schmidt* Rz 1, 7.

scheidung für die grundsätzliche Wirksamkeit entsprechender Klauseln getroffen hat.[1]

b) Abgabe- und Zugangsverzicht. Eine Klausel, die mit Blick auf Erklärungen des Verwenders einen Verzicht auf das Abgabe- oder Zugangserfordernis vorsieht, ist nicht an § 308 Nr. 6 zu messen.[2] Grundsätzlich kommt jedoch eine Kontrolle anhand des § 307 in Betracht.[3] Dabei ist zu differenzieren. **23**

aa) Ergibt sich schon unabhängig von den AGB, dass Abgabe und Zugang in allen von der Klausel erfassten Fällen entbehrlich sind, weil nach § 151 nicht einmal die Abgabe einer Erklärung erforderlich ist, dann ist die Klausel schon nach § 307 III 1 nicht zu beanstanden. **24**

bb) Greift aber § 151 zumindest nicht unabhängig von den AGB ein und sind der Zugang beziehungsweise die Abgabe auch nicht nach anderen gesetzlichen Vorschriften entbehrlich, so ist die Klausel an § 307 zu messen. Sie ist jedenfalls dann nach § 307[4] unter Berücksichtigung der Wertung des § 308 Nr. 6 unwirksam, wenn es um **Erklärungen von besonderer Bedeutung** geht.[5] Dies gilt im Falle einer Abbedingung des Zugangserfordernisses selbst dann, wenn die Klausel dem Verwender die Pflicht auferlegt, den Verwendungsgegner unverzüglich über die Abgabe der Erklärung zu informieren.[6] Da die **Annahme eines Angebots** durch den Verwender in aller Regel vertragliche Pflichten für den Verwendungsgegner begründet, ist die besondere Bedeutung insofern meist zu bejahen (s. Rz 4). Etwas anderes gilt dann, wenn der Verwender durch seine Annahmeerklärung einen den Verwender einseitig verpflichtenden Vertrag zustande bringt. Nach der hier vertretenen Auffassung ist die besondere Bedeutung außerdem zu verneinen, wenn die Erklärung zwar für den Verwendungsgegner nachteilige Folgen hat, die relevanten Nachteile jedoch typischerweise von ganz geringem wirtschaftlichem Gewicht sind (s. Rz 4). **25**

cc) Sieht eine Klausel einen Verzicht auf die Abgabe bzw. den Zugang von Erklärungen des Verwenders **ohne besondere Bedeutung** vor, so bedarf es einer Interessenabwägung. Entsprechende Klauseln können z. B. dann gerechtfertigt sein, wenn bei massenweise gleichen Erklärungen, die zu einem einheitlichen Zeitpunkt in Kraft treten sollen, ein gleichzeitiger Zugang nicht gewährleistet werden kann. Dem Verwender muss dann aber eine Pflicht zur Benachrichtigung des Erklärungsempfängers auferlegt werden.[7] Außerdem wird man fordern müssen, dass die Klausel mit Blick auf die Benachrichtigungspflicht ein Unverzüglichkeitserfordernis aufstellt. **26**

c) Empfangsvollmachten. Auch Empfangsvollmachten unterfallen nicht § 308 Nr. 6, sondern sind an § 307 zu messen.[8] Allerdings können Empfangsvoll- **27**

---

[1] *Staudinger/Coester-Waltjen* Rz 7: Im Wege des Umkehrschlusses sei § 308 Nr. 6 die Aussage zu entnehmen, dass Erklärungen ohne besondere Bedeutung zulässigerweise fingiert werden können und wohl nur theoretisch der Kontrolle durch § 307 Abs. 1, 2 unterliegen.

[2] *Erman/Roloff* Rz 55; *Ulmer/H. Schmidt* Rz 1 (zum Zugangsverzicht). A. A. aber *Palandt/Grüneberg* Rz 32.

[3] Für eine Kontrolle von Zugangsverzichtsklauseln anhand des § 307 z. B. *Erman/Roloff* Rz 55.

[4] Für eine unmittelbare Anwendung des § 308 Nr. 6 *Palandt/Grüneberg* Rz 32.

[5] So auch (zu § 9 AGBG) OLG Düsseldorf NJOZ 2001, 2052, 2054 f. (für den Fall einer Klausel, die dem Verwender nicht einmal die Inverkehrbringung der Erklärung abverlangte und auch keine Pflicht zur unverzüglichen Information des Verwendungsgegners vorsah). Für Unwirksamkeit eines Zugangsverzichts bei Erklärungen von besonderer Bedeutung grundsätzlich auch *Ulmer/H. Schmidt* Rz 1.

[6] Offen gelassen in OLG Düsseldorf NJOZ 2001, 2052, 2055 (zu § 9 AGBG).

[7] S. auch RL Anh. Nr. 2 b Rz 259.

[8] BGH NJW 1997, 3437, 3439; *Erman/Roloff* Rz 55; *Staudinger/Coester-Waltjen* Rz 1, 4.

machten wie Zugangsfiktionen wirken, so dass § 308 Nr. 6 mit seinen Wertungen im Rahmen von § 307 zu berücksichtigen ist.[1]

28 **d) Empfangsbotenklauseln.** Ebenfalls an § 307 und nicht an § 308 Nr. 6 zu messen sind so genannte Empfangsbotenklauseln, z. B. eine Klausel in einem Restschuldversicherungsvertrag, durch welche die Bank zum Empfangsboten des Versicherungsnehmers erklärt wird.[2]

29 **e) Sonstige Zugangserleichterungen.** Auch sonstige Klauseln, die den Zugang von Erklärungen des Verwenders erleichtern, mangels einer Zugangsfiktion oder Zugangsvermutung aber nicht an § 308 Nr. 6 zu messen sind, müssen der Kontrolle nach § 307 unterworfen werden. Dabei gilt, dass die Unangemessenheit entsprechender Klauseln jedenfalls dann zu bejahen ist, wenn die Klausel sich auch auf Erklärungen von besonderer Bedeutung bezieht und in ihren Wirkungen einer Zugangsfiktion praktisch gleichkommt. Zugangserleichterungen, die nur für Regelungen ohne besondere Bedeutung gelten sollen, sind dagegen regelmäßig angemessen, weil in den fraglichen Fällen sogar eine Zugangsfiktion zulässig wäre.

30 **f) Fiktion von Verwendererklärungen** Eine Klausel, die die Abgabe einer Erklärung durch den Verwender widerleglich vermutet,[3] unwiderleglich vermutet[4] oder im engeren Sinne fingiert[5], ist nicht an § 308 Nr. 6, sondern an § 309 Nr. 12 zu messen. Soweit eine Abweichung vom dispositiven Recht vorliegt, sind entsprechende Klauseln daher unwirksam.

V. Geltung zwischen Unternehmern

31 § 308 Nr. 6 gilt nach § 310 I 1 nicht unmittelbar zwischen Unternehmern. Die von Zugangsfiktionen ausgehenden Gefahren sind jedoch auch im unternehmerischen Verkehr beachtlich und deshalb im Rahmen von § 307 zu berücksichtigen. Die Zugangsfiktion für Erklärungen von besonderer Bedeutung ist deshalb auch zwischen Unternehmern grundsätzlich unwirksam.[6] Zwar wird im Schrifttum mitunter betont, dass an die Feststellung der besonderen Bedeutung im unternehmerischen Verkehr höhere Anforderungen zu stellen seien als gegenüber Verbrauchern.[7] Nicht jede nachteilige Wirkung könne ausreichen, um die besondere Bedeutung einer Erklärung zu bejahen.[8] Die letztgenannte Einschränkung ist jedoch nach richtiger Auffassung nicht auf den unternehmerischen Verkehr zu beschränken. Vielmehr ist davon auszugehen, dass der Eintritt nachteiliger Rechtsfolgen auch gegenüber Verbrauchern nicht in jedem Falle ausreicht, um eine besondere Bedeutung der Erklärung anzunehmen (s. Rz 4). Zu weit ging es aber, eine Zugangsfiktion mit Blick auf Mahnungen im unternehmerischen Verkehr generell für zu-

[1] Wie hier BGH NJW 1997, 3437, 3439: keine unmittelbare Anwendung des § 10 Nr. 6 AGBG (§ 308 Nr. 6), aber Berücksichtigung im Rahmen des § 307. A.A., nämlich für eine unmittelbare Anwendung des § 308 Nr. 6, *Palandt/Grüneberg* Rz 32.

[2] Ebenso *Erman/Roloff* Rz 55. A. A. aber KG NJW-RR 1992, 859, 861: Anwendung des § 10 Nr. 6 AGBG (§ 308 Nr. 6). Für Anwendung des § 308 Nr. 6 auch *Palandt/Grüneberg* Rz 32.

[3] *Ulmer/H. Schmidt,* § 10 Nr. 6 Rz 6. Insoweit auch *Erman/Roloff* § 308 Rz 55.

[4] Wohl auch *Ulmer/H. Schmidt* Rz 6.

[5] *Ulmer/H. Schmidt* Rz 6.

[6] Allgemeine Meinung, vgl. OLG Hamburg WM 1986, 383, 385 (zu § 9 AGBG); *Löwe/von Westphalen* Rz 14 mwN.; *Staudinger/Coester-Waltjen* Rz 9.

[7] *Erman/Roloff* Rz 57. A. A. aber *Löwe/von Westphalen* Rz 14.

[8] *Erman/Roloff* Rz 57. Ähnlich *Ulmer/H. Schmidt* Rz 9, der den Tatbestand der besonderen Bedeutung im unternehmerischen Verkehr nur dann als erfüllt ansieht, wenn „Nachteile von gewissem Gewicht" gegeben sind. Daran solle es im Falle der Mahnung fehlen.

lässig zu erklären.[1] Denn selbst im unternehmerischen Verkehr kann auf das Erfordernis der Mahnung grundsätzlich nicht verzichtet werden,[2] und folglich ist auch mit Blick auf Zugangsfiktionen Zurückhaltung geboten. Umgekehrt müssen Zugangsfiktionen, welche sich auf Erklärungen ohne besondere Bedeutung beziehen, im unternehmerischen Verkehr erst recht erlaubt sein. § 308 Nr. 6 entfaltet danach **Indizwirkung** im unternehmerischen Verkehr. An die Widerlegung der Indizwirkung dürfen jedoch zumindest insoweit, als es um die Zulässigkeit von Zugangsfiktionen auch mit Blick auf Erklärungen von besonderer Bedeutung geht, keine allzu hohen Anforderungen gestellt werden. Den Bedürfnissen des Handelsverkehrs und dem Handelsbrauch muss in weitem Umfang Rechnung getragen werden können. Insbesondere widerlegbare Zugangsvermutungen können daher wirksam sein, wenn dem Empfänger der Gegenbeweis, dass ihm die Erklärung nicht zugegangen ist, nach den Umständen und unter Berücksichtigung seiner Geschäftsorganisation zuzumuten ist.

---

[1] So aber wohl *Ulmer/H. Schmidt* Rz 9.
[2] S. z. B. *Palandt/Grüneberg* § 309 Rz 23.

§ 308 Klauselverbote mit Wertungsmöglichkeit

In Allgemeinen Geschäftsbedingungen ist insbesondere unwirksam

7. (Abwicklung von Verträgen)

eine Bestimmung, nach der der Verwender für den Fall, dass eine Vertragspartei vom Vertrage zurücktritt oder den Vertrag kündigt,

a) eine unangemessen hohe Vergütung für die Nutzung oder den Gebrauch einer Sache oder eines Rechts oder für erbrachte Leistungen oder

b) einen unangemessen hohen Ersatz von Aufwendungen verlangen kann.

Inhaltsübersicht

I. Zweck und Allgemeines

1 § 308 Nr. 7 sieht eine Angemessenheitskontrolle für die Höhe von Vergütungen und von Aufwendungsersatzansprüchen vor, die für den Fall der Rückabwicklung von Verträgen zugunsten des Verwenders vereinbart werden. § 308 Nr. 7 gilt aber

entgegen der Überschrift nicht allgemein für die Abwicklung von Verträgen. Vielmehr wird nur die von einer Partei durch Rücktritt, Kündigung oder auf vergleichbare Weise herbeigeführte Abwicklung erfasst.[1] Soweit es die Vergütung betrifft (Nr. 7 a), führt § 308 Nr. 7 damit zu einer Kontrolle von einseitigen Preisfestsetzungen. Dadurch soll zum einen verhindert werden, dass die Rückabwicklung des Vertrags für den Verwender vorteilhafter wird als seine Durchführung und dadurch für ihn ein Anreiz zur Abstandnahme vom Vertrag geschaffen wird.[2] Zum anderen soll vermieden werden, dass der Vertragspartner durch unangemessen hohe Vergütungs- und Aufwendungsersatzpflichten schlechter steht als bei Vertragsdurchführung und für ihn die Ausübung von Rücktritts- oder Kündigungsrechten ungerechtfertigt erschwert oder gar faktisch unmöglich wird.[3]

§ 308 Nr. 7 ist gemeinschaftskonform. Zwar enthält der Katalog im Anhang der RL kein entsprechendes Klauselverbot. Doch zum einen werden die von § 308 Nr. 7 erfassten Klauseln in der Regel missbräuchlich im Sinne des Art. 3 I RL sein, und zum anderen stellt Art. 8 RL es den Mitgliedstaaten frei, ein höheres Schutzniveau als das in der Richtlinie vorgegebene vorzusehen.

Das BGB regelt die Vergütung und den Aufwendungsersatz bei der Rückab- 2
wicklung von Verträgen in einer Reihe unterschiedlicher Vorschriften. Allgemeine Regeln für die Rechtsfolgen im Falle des Rücktritts finden sich in den §§ 346 ff. Erfolgt die Rückabwicklung eines Verbrauchervertrags infolge der Ausübung des dem Verbraucher zustehenden Widerrufs- oder Rückgaberechts, so ist § 357 zu beachten. Bei verbundenen Verträgen ist außerdem § 358 IV zu berücksichtigen. Im Falle der Kündigung sind für die einzelnen Vertragsverhältnisse verschiedene Vorschriften vorgesehen; so gilt für den Dienstvertrag § 628, für den Werkvertrag § 649 und für den Auftrag § 670. Soweit diese Vorschriften dispositiv sind und durch AGB abbedungen werden, will § 308 Nr. 7 verhindern, dass vom Leitbild des dort vorgesehenen Interessenausgleichs ungerechtfertigt abgewichen wird.[4] Insofern erweist sich § 308 Nr. 7 als spezielle Ausprägung des § 307 II Nr. 1.

II. Tatbestand

§ 308 Nr. 7 will die für den Fall der Vertragsbeendigung vorgesehenen Vergü- 3
tungs- und Aufwendungsersatzregelungen erfassen, unterwirft sie aber nur mit Blick auf ihre Höhe einer Kontrolle.

1. Anspruch des Verwenders oder Dritter

§ 308 Nr. 7 erfasst nur solche Klauseln, die einen Anspruch des Verwenders vor- 4
sehen. Klauseln, die die Ansprüche des Verwendungsgegners regeln, sind daher nicht an § 308 Nr. 7 zu messen. Sie können jedoch nach § 307 unwirksam sein, wenn sie den Vertragspartner wegen der geringen Höhe der vorgesehenen Ansprü-

---

[1] Nach einem Teil der Rechtsprechung und der Literatur soll § 308 Nr. 7 sogar nur die Abwicklung gestörter Vertragsverhältnisse betreffen. S. z. B. OLG Schleswig, MMR 2002, 174, 175; *Staudinger/Coester-Waltjen* Rz 2 („Störung der Vertragsdurchführung"); *Erman/Roloff* Rz 58 („vorzeitige Beendigung des Vertragsverhältnisses"); *Ulmer/H. Schmidt* Rz 1 („Ansprüche aus gestörten Vertragsverhältnissen"). Zu Recht gegen die Beschränkung auf „gestörte Vertragsverhältnisse" aber *Struck* MMR 2002, 175, 176; i.E. auch OLG Düsseldorf, MMR 2002, 178, 178.

[2] Insoweit ebenso *Erman/Roloff* Rz 58.

[3] Dazu auch BT Drucks 7/3919, E S. 26. Insoweit ebenso *Staudinger/Coester-Waltjen* Rz 1.

[4] Ähnlich *Ulmer/H. Schmidt* Rz 3.

che oder deshalb unangemessen benachteiligen, weil sie die entsprechenden Ansprüche des Verwendungsgegners ganz ausschließen.[1] Demgegenüber wird man § 308 Nr. 7 auf Ansprüche Dritter gegen den Verwendungsgegner analog anwenden müssen. Allerdings ist insoweit zu differenzieren.

5 Soweit der Anspruch einem Dritten zumindest auch für den Fall zustehen soll, dass der Verwendungsgegner ein Rücktritts- oder Kündigungsrecht ausübt, genügt es für die Anwendung des § 308 Nr. 7, dass einem beliebigen Dritten Aufwendungsersatz- beziehungsweise Vergütungsansprüche gegen den Verwendungsgegner zustehen. Denn mit Blick auf die Gefahr, dass der Verwendungsgegner von der Ausübung eines Rücktritts- oder Kündigungsrechts abgehalten wird, spielt die Identität des Dritten, dem die Ansprüche zustehen, keine Rolle.

6 Soweit die Ansprüche dagegen ausschließlich für den Fall einer Kündigung bzw. eines Rücktritts des Verwenders bestehen sollen, ist zurückhaltender zu verfahren. Die für eine Analogie erforderliche Vergleichbarkeit der Interessenlage besteht in diesem Falle nur dann, wenn zu befürchten ist, dass der Verwender durch die Aussicht auf das Entstehen der relevanten Ansprüche zur Ausübung des Rücktritts- beziehungsweise des Kündigungsrechts motiviert wird. Diese Gefahr besteht jedoch in der Regel nur dann, wenn ein wie auch immer geartetes Näheverhältnis zwischen dem Dritten und dem Verwender besteht oder der Verwender auf mittelbare Vorteile hoffen kann.

2. Rücktritt, Kündigung und vergleichbare Tatbestände

7 § 308 Nr. 7 nennt ausdrücklich nur die Vertragsbeendigung durch Rücktritt oder Kündigung. Daneben ist § 309 Nr. 7 aber analog auf vergleichbare Ereignisse anzuwenden. Auch spielt es für die Anwendung des § 308 Nr. 7 keine Rolle, durch welche Vertragspartei die Kündigung, der Rücktritt oder das andere Ereignis ausgelöst oder erklärt wird.[2]

8 **a) Rücktritt.** Der Rücktritt ist eine Gestaltungserklärung, durch die in Ausübung eines gesetzlichen oder vertraglichen Rücktrittsrechts die Leistungspflichten ex nunc beseitigt werden. Auch der nach § 503 II 4 fingierte Rücktritt wird von § 308 Nr. 7 erfasst. Gleichgültig ist, in welchem Vertragsverhältnis der Rücktritt vorgesehen ist. Unerheblich ist auch, ob in den AGB ausdrücklich von Rücktritt oder Kündigung die Rede ist oder ob **andere Formulierungen** wie Widerruf, Auflösung, Stornierung oder Annullierung gebraucht werden, sofern nur der Sache nach ein Rücktritt vorliegt.[3]

9 **b) Kündigung.** Die Kündigung ist eine Gestaltungserklärung, durch die ein Vertragsverhältnis ex nunc beendet wird, ohne dass die bereits erbrachten Leistungen rückabzuwickeln sind.[4] Vom Rücktritt unterscheidet sich die Kündigung dadurch, dass eine Rückabwicklung bereits erbrachter Leistungen nicht vorgesehen ist. Die Kündigung dient regelmäßig der Beendigung von Dauerschuldverhältnissen; als ordentliche Kündigung führt sie zur normalen Beendigung von auf unbestimmte Dauer abgeschlossenen Dauerschuldverhältnissen, als außerordentliche

---

[1] Vgl. auch BGH NJW 1985, 631, 632: Vollständiger Ausschluss des Anspruchs aus § 649 S. 2 gemäß § 9 AGBG (§ 307) unangemessen. Vgl. aber auch *Staudinger/Coester-Waltjen* Rz 17, die eine analoge Anwendung des § 308 Nr. 7 für den Fall befürwortet, dass der Verwendungsgegner nach den AGB bei einer Kündigung oder einem Rücktritt nur eine unangemessen niedrige Vergütung bzw. nur einen unangemessen niedrigen Ersatz von Aufwendungen verlangen kann.

[2] *Palandt/Grüneberg* Rz 35; *Erman/Roloff* Rz 59.

[3] Ebenso z. B. *Erman/Roloff* Rz 59.

[4] In diesem Sinne z. B. auch *Staudinger/Coester-Waltjen* Rz 6.

Kündigung ermöglicht sie die jederzeitige fristlose Beendigung aus wichtigem Grund. Auch die Kündigung nach § 627 wird erfasst.[1] Die Kündigung kann auch bei Verträgen vorkommen, die nicht Dauerschuldverhältnisse sind.[2] Wie beim Rücktritt ist gleichgültig, ob in den AGB ausdrücklich von einer Kündigung die Rede ist oder ob **andere Formulierungen** gebraucht werden, sofern nur der Sache nach eine Kündigung vorliegt.[3]

c) Kein Erfordernis einer vorzeitigen Vertragsbeendigung. Hervorzuheben ist, dass die Anwendbarkeit des § 308 Nr. 7 richtigerweise nicht auf solche Klauseln beschränkt ist, die Aufwendungsersatzansprüche und Vergütungen mit Blick auf die „vorzeitige" Beendigung eines Vertrages regeln.[4] Vielmehr betrifft § 308 Nr. 9 schon dem Wortlaut nach auch diejenigen Ansprüche, die für den Fall der ordentlichen Kündigung eines Dauerschuldverhältnisses vorgesehen sind.[5] Auch der Gesetzeszweck des § 308 Nr. 7 rechtfertigt in diesem Falle eine Anwendung der Vorschrift. Namentlich besteht im Falle überhöhter Ansprüche die Gefahr, dass der Kunde von einer Kündigung abgehalten, der Verwender dagegen zu einer Kündigung motiviert wird. Entscheidend ist lediglich, dass die Beendigung gerade von einer der Parteien herbeigeführt wird, also z. B. nicht durch Zeitablauf erfolgt. 10

d) Andere Formen der Vertragsbeendigung. Seinem Wortlaut gilt § 308 Nr. 7 nur für Rücktritt und Kündigung. Auf andere Formen der Vertragsbeendigung muss diese Vorschrift jedoch analoge Anwendung finden, wenn die Vertragsauflösung vom Willen einer oder beider Vertragsparteien abhängt.[6] Denn auch in diesem Fall besteht die Gefahr, dass die unangemessene Höhe des Aufwendungsersatzanspruchs den Verwender zur einseitigen Vertragsbeendigung bewegt oder den Verwendungsgegner davon abhält, von seinem Recht auf Vertragsbeendigung Gebrauch zu machen. Kein vergleichbares Risiko ist dagegen dann gegeben, wenn die Parteien den Vertrag einverständlich beenden oder wenn die Vertragsbeendigung unabhängig vom Willen beider Beteiligten eintritt. Es geht daher zu weit, die analoge Anwendung des § 308 Nr. 7 immer schon dann zu fordern, wenn ein Vertrag vorzeitig beendet wird[7] oder die Wertungen des § 308 Nr. 7 auch im Rahmen der Angemessenheitsprüfung der Aufwendungsersatzklauseln in einem freiwillig abgeschlossenen Aufhebungsvertrag heranzuziehen.[8] 11

aa) Anspruch Vertragsaufhebung. Vor dem dargestellten Hintergrund ist eine analoge Anwendung des § 308 Nr. 7 aber dann geboten, wenn der Vertrag anstelle 12

---

[1] BGH NJW 1991, 2763, 2763 (zu § 10 Nr. 7 AGBG).

[2] Z. B. § 649 BGB; s. auch § 8 Nr. 1 II VOB/B.

[3] Ebenso z. B. *Erman/Roloff* Rz 59.

[4] A. A. wohl OLG Schleswig MMR 2002, 174, 175, das die Anwendung des § 10 Nr. 7 AGBG (§ 308 Nr. 7) mit Blick auf solche Ansprüche ablehnt, die für die ordentliche Kündigung eines Mobilfunkvertrages vorgesehen sind und daher bei jeder Vertragsbeendigung entstehen. Vgl. auch *Erman/Roloff* Rz 59, demzufolge § 308 Nr. 8 nicht nur auf Rücktritt und Kündigung, sondern auch auf „andere Formen der vorzeitigen Vertragsbeendigung" anwendbar ist. Siehe außerdem *Staudinger/Coester-Waltjen* Rz 2, der zufolge § 308 Nr. 7 „eine Störung der Vertragsdurchführung" voraussetzt. S. ferner BGH NJW 1983, 1491, 1492. Dort führte der BGH mit Blick auf die Höhe des vorgesehenen Anspruchs aus, dass es „auf die typische Sachlage bei vorzeitiger Beendigung derartiger Verträge" ankomme. Allerdings ist diese Aussage wenig aussagekräftig, weil sie sich auch mit den Umständen des konkreten Falls erklären lässt, der eine Rücktrittsregelung in einem Bauvertrag betraf.

[5] Zutreffend *Struck* MMR 2002, 175, 176; i.E. auch OLG Düsseldorf MMR 2002, 178, 178: Anwendung des § 10 Nr. 7 AGBG auf eine Klausel, die Gebühren für die Auflösung des Kundenkontos und die Deaktivierung des Anschlusses bei Kündigung eines Mobilfunkvertrages vorsieht.

[6] Großzügiger, nämlich generell für Anwendung des § 308 Nr. 7 im Falle der Vertragsauflösung, wohl *Staudinger/Coester-Waltjen* Rz 14.

[7] So aber z. B. *Erman/Roloff* Rz 59.

[8] So aber OLG Hamburg NJW-RR 1990, 909, 910 (zu §§ 9, 10 Nr. 7 AGBG).

eines Rücktritts- oder Kündigungsrechts einen schuldrechtlichen Anspruch auf Vertragsaufhebung einräumt. Ein solcher schuldrechtlicher Anspruch lässt sich zwar nicht unter den Wortlaut der Vorschrift subsumieren, da ein Aufhebungsanspruch anders als ein Rücktritts- oder Kündigungsrecht keine Möglichkeit zur Beendigung des Vertrages durch Ausübung eines Gestaltungsrechts ermöglicht. Von der Interessenlage her macht es jedoch keinen Unterschied, ob z. B. der Verwender zurücktritt oder einen Anspruch auf Vertragsaufhebung geltend macht. Fehlt es dagegen an einem schuldrechtlichen Anspruch auf Vertragsaufhebung und entschließt sich der Verwendungsgegner demnach aus freiem Willen, den Vertrag im Zusammenwirken mit dem Verwender aufzuheben, so scheidet eine analoge Anwendung des § 308 Nr. 7 aus.

13 **bb) Auflösende Bedingung.** Auch im Falle einer auflösenden Bedingung wird man § 308 Nr. 7 analog heranziehen müssen, sofern zumindest eine der Parteien die Wahrscheinlichkeit des Eintritts der Bedingung in wesentlichem Maße beeinflussen kann.[1]

14 **cc) Gesetzliche Beendigungsgründe.** Eine analoge Anwendung des § 308 Nr. 7 ist auch mit Blick auf die im Gesetz vorgesehenen Rechte zur Beendigung des Vertrages geboten, die nicht bereits unter die Begriffe des Rücktritts oder der Kündigung subsumierbar sind. So findet § 308 Nr. 7 analoge Anwendung auf andere vertragsauflösende Gestaltungsrechte wie die **Anfechtung** (§§ 119, 123, 142, 143). Auch ist § 308 Nr. 7 bei Ausübung eines **Rückrufrechts nach §§ 41, 42 UrhG** analog anzuwenden.[2] Kein Bedürfnis für eine analoge Anwendung besteht dagegen im Falle des Widerrufs bzw. der Rückgabe nach §§ 355, 356. Denn insoweit ist die gesetzliche Regelung des § 357 zugunsten des Verbrauchers zwingend.[3] Dies sollte man zwar nicht aus § 357 IV ableiten,[4] der sich wohl nur auf das Verhältnis des § 357 zu anderen gesetzlichen Ansprüchen bezieht.[5] Der zugunsten des Verbrauchers zwingende Charakter ergibt sich aber ohne weiteres aus dem Schutzzweck der Vorschrift sowie aus einem Umkehrschluss zu § 357 II 3.

15 **dd) Tod.** Nicht anwendbar ist § 308 Nr. 7, wenn die AGB vorsehen, dass der Vertrag mit dem Tod einer Person endet.[6]

16 **e) Eintritt rücktritts- oder kündigungstypischer Folgen.** Darüber hinaus stellt sich die Frage, ob § 308 Nr. 7 auch dann herangezogen werden kann, wenn eine Klausel den Eintritts rücktritts- oder kündigungstypischer Folgen vorsieht, ohne dass es gleichzeitig zu einer Beendigung des Vertrages kommen soll. Ein Teil des Schrifttums verneint diese Frage generell,[7] doch wird man richtigerweise auf die Umstände des Einzelfalls abstellen müssen. Es ist immerhin denkbar, dass eine Klausel ein Abänderungsrecht des Verwenders vorsieht, welches im praktischen Ergebnis einem Rücktritts- oder Kündigungsrecht gleichkommt. In diesem Falle

---

[1] Großzügiger, nämlich generell für Anwendung des § 308 Nr. 7 im Falle auflösender Bedingungen, wohl *Staudinger/Coester-Waltjen* Rz 14.

[2] S. auch BGH LM Nr. 5 zu § 9 (Cb) AGBG zu II 8.

[3] S. z. B. *Bamberger/Grothe* § 357 Rz 1. S. ferner *Jauernig/Stadler* § 353 Rz 2: §§ 355 ff. teilen den zugunsten des Verbrauchers zwingenden Charakter der auf sie verweisenden Vorschriften.

[4] So z. B. *Erman/Saenger* § 357 Rz 23.

[5] In diesem Sinne *Palandt/Grüneberg* § 357 Rz 16; MünchKomm/*Ulmer* § 357 Rz 45.

[6] AG Sinzig NJW-RR 1987, 498, 498 zu einem Heimvertrag, der mit dem Tod des Heimbewohners enden sollte (zu § 10 Nr. 7 AGBG).

[7] *Staudinger/Coester-Waltjen* Rz 14; *Erman/Roloff* Rz 59. Vgl. auch OLG Koblenz VIZ 2002, 651, 652, welches die Unanwendbarkeit des § 10 Nr. 7 AGBG (§ 308 Nr. 7) damit begründet, dass der Vertrag „zu keiner Zeit rückgängig gemacht oder aufgehoben worden" sei. Allerdings ging es dort nicht um eine Klausel, die zum Eintritt kündigungs- oder rücktrittstypischer Rechtsfolgen führte.

sollte auch § 308 Nr. 7 analog angewendet werden. Allerdings muss diese analoge Anwendung auf Fälle beschränkt werden, in denen sich die Vergleichbarkeit mit dem Fall der Kündigung oder des Rücktritts geradezu aufdrängt. Denn die Rechtssicherheit wäre in unerträglicher Weise gefährdet, wollte man § 308 Nr. 7 immer schon dann heranziehen, wenn eine Klausel einzelne Rechtsfolgen des Rücktritts oder der Kündigung auch ohne eine Vertragsbeendigung eintreten lässt.

3. Anspruch als Folge der Vertragsbeendigung

§ 308 Nr. 7 erfasst schon nach seinem Wortlaut nur solche Klauseln, die „für den Fall" des Rücktritts oder der Kündigung einen Vergütungs- oder Aufwendungsersatzanspruch des Verwenders vorsehen. 17

a) Allgemeines. § 308 Nr. 7 ist daher nur auf solche Vergütungs- und Aufwendungsersatzansprüche anwendbar, die gerade infolge der Vertragsauflösung oder der Aufgabe der Vertragsabwicklung entstehen (s. aber Rz 10, 19). Denn nur bei einer solchen Abhängigkeit des Anspruchs von der Ausübung des Rücktritts-, Kündigungs- oder eines gleichgestellten Rechts besteht die Gefahr, dass der Verwender sich durch die Aussicht auf die Aufwendungsersatz- oder Vergütungsansprüche zur Ausübung der entsprechenden Rechte hinreißen lässt beziehungsweise dass der Verwendungsgegner sich von der Ausübung der relevanten Rechte abschrecken lässt. Handelt es sich daher um Ansprüche, die auch im Rahmen der Durchführung des Vertrages entstehen würden, so kommt eine Anwendung des § 308 Nr. 7 nicht in Betracht. 18

b) Ansprüche nach Kündigung eines Dauerschuldverhältnisses. Allerdings ist die hier interessierende Anforderung entgegen einem Teil der Rechtsprechung[1] auch dann erfüllt, wenn Ansprüche für den Fall der ordentlichen Kündigung eines Dauerschuldverhältnisses vorgesehen sind (s. Rz 10). Zwar würden diese Ansprüche ohnehin früher oder später fällig. In der Lebenswirklichkeit spielt die Frage der Fälligkeit aber nun einmal eine ganz erhebliche Rolle. Insbesondere Verwender, die sich in einem Liquiditätsengpass befinden, mögen versucht sein, diesen durch die Kündigung eines Dauerschuldverhältnisses zu überwinden, wenn diese Beendigung mit überhöhten Ansprüchen gegen den Vertragspartner einhergeht. Umgekehrt mag die Aussicht auf entsprechende Ansprüche auch den Verwendungsgegner von der Kündigung abhalten. 19

c) Nicht erfasste Ansprüche. § 308 Nr. 7 ist nicht auf solche Vergütungs- oder Aufwendungsersatzansprüche anwendbar, die auch unabhängig von der Vertragsbeendigung zu erfüllen sind und deren Fälligkeit sich durch die Kündigung bzw. den Rücktritt nicht ändert. Keine Anwendung findet § 308 Nr. 7 daher auf Klauseln, welche den Aufwendungsersatz nach § 670 oder nach § 652 II näher regeln. Klauseln, die solche Ansprüche zum Gegenstand haben, sind jedoch nach § 307 zu überprüfen. 20

4. Vergütungs- oder Aufwendungsersatzanspruch

Damit § 308 Nr. 7 Anwendung finden kann, muss es sich bei dem vorgesehenen Anspruch um einen Vergütungs- oder Aufwendungsersatzanspruch handeln. 21

a) Gesetzlich und vertraglich begründete Ansprüche. Nach überwiegend vertretener Auffassung soll § 308 Nr. 7 nur dann Anwendung finden können, wenn 22

---

[1] OLG Schleswig, MMR 2002, 174, 175. Wie hier aber *Struck* MMR 2002, 175, 176.

der Anspruch zumindest dem Grunde nach im Gesetze vorgesehen ist. Fehle es daran, so sei der Anspruch sowohl dem Grunde als auch der Höhe nach allein an § 307 zu messen.[1] Dem ist zu widersprechen. Erstens gebietet der Wortlaut des § 308 Nr. 7 keine entsprechende Beschränkung des Anwendungsbereichs dieser Vorschrift. Zweitens ist der Verwendungsgegner erst recht schützenswert, wenn der geregelte Anspruch nicht einmal dem Grunde nach im Gesetz vorgesehen ist. Drittens ist zu betonen, dass sich bei der Anwendung des § 308 Nr. 7 auf vertraglich begründete Ansprüche keine praktischen Probleme ergeben. Denn man kann bei der Überprüfung der Höhe entsprechender Ansprüche den auch sonst maßgeblichen Grundsatz heranziehen, dass es darauf ankommt, ob eine wesentliche oder eine nur unwesentliche Abweichung von der im Gesetz vorgesehenen Anspruchshöhe vorgesehen ist (s. Rz 31). Bei Anwendung dieses Grundsatzes ergibt sich die leicht zu handhabende Regel, dass Klauseln, die für den Fall der Kündigung oder des Rücktritts im Gesetz nicht vorgesehene Vergütungs- oder Aufwendungsersatzansprüche begründen, schon nach § 308 Nr. 7 unwirksam sind, wenn die Ansprüche eine mehr als nur unwesentliche Höhe haben. Demgegenüber sind Abgrenzungsprobleme kaum vermeidbar, wenn man die Anwendung des § 308 Nr. 7 auf vertraglich begründete Ansprüche ablehnt. Insbesondere ist zu beachten, dass auch nach der Rechtsprechung § 308 Nr. 7 Anwendung finden soll, wenn im Rahmen des Aufwendungsersatzes der Kreis der zu ersetzenden Posten über die nach dem Gesetz zu berücksichtigenden Posten hinaus erweitert wird.[2] In der Praxis wird jedoch vielfach nur mit Schwierigkeiten festzustellen sein, ob eine Klausel, die einen pauschalierten Anspruch auf Ersatz bestimmter Aufwendungen vorsieht, einen gesetzlichen Anspruch erweitern oder einen neuen Anspruch schaffen soll.

23 **b) Irrelevanz von Bezeichnung und Festsetzungsart.** Für die Einordnung als Vergütungs- oder Aufwendungsersatzanspruch kommt es nicht auf die vom Verwender gewählte Bezeichnung, sondern auf die durch Auslegung zu ermittelnde Zwecksetzung des Anspruchs an.[3] Auch wenn ein Anspruch z. B. als Bearbeitungsgebühr, Stornogebühr, Abwicklungskosten, Annullierungskosten oder Abschlusszahlung[4] bezeichnet wird, kann er unter § 308 Nr. 7 fallen, so es sich nur der Sache nach um eine Vergütung oder um Aufwendungsersatz handelt. Es wird auch nicht vorausgesetzt, dass die Höhe der Vergütung oder des Aufwendungsersatzes bereits in den AGB prozentual oder betragsmäßig festgesetzt ist. § 308 Nr. 7 ist z. B. auch dann anwendbar, wenn dem Verwender ein Bestimmungsrecht eingeräumt ist, kraft dessen er eine unangemessen hohe Vergütung verlangen kann.[5]

24 **c) Vergütungsanspruch.** Vergütungen sind Entgelte für in Anspruch genommene Nutzungen oder für erbrachte Leistungen.

---

[1] *Staudinger/Coester-Waltjen* Rz 3; *Löwe/von Westphalen* § 10 Nr. 7 Rz 9; *Palandt/Grüneberg* Rz 35. Ebenso OLG Hamburg NJW-RR 1990, 909, 910 (zu § 10 Nr. 7 AGBG). In der letztgenannten Entscheidung geht es allerdings um eine Aufwendungsersatzklausel in einem freiwillig abgeschlossenen Aufhebungsvertrag. § 308 Nr. 7 ist in einer solchen Konstellation auch nach der hier vertretenen Auffassung nicht einschlägig. S. Rz 11. Erwähnt sei ferner, dass das OLG Hamburg, a.a.O., sich zwar für eine Kontrolle anhand des § 9 AGBG (§ 307) ausspricht, dabei jedoch die Wertentscheidung des § 10 Nr. 7 AGBG (§ 308 Nr. 7) berücksichtigen möchte.

[2] OLG Hamm NJW-RR 1987, 311, 314 zu 6 (zu § 10 Nr. 7 AGBG): Pauschale unangemessen hoch im Sinne des § 10 Nr. 7 AGBG (§ 308 Nr. 7), wenn „sie möglicherweise Kostenanteile enthält, die nicht erstattungsfähig sind".

[3] Vgl. auch BGH NJW 2003, 2386, 2388, der zur Abgrenzung vom Aufwendungsersatzklauseln und Entgeltklauseln auf eine Auslegung des Vertrags abstellt.

[4] BGH NJW 1982, 1747, 1748 (zu § 10 Nr. 7 AGBG).

[5] Vgl. *Schlosser/Coester-Waltjen* § 10 Nr. 7 Rz 23.

aa) Nutzung/Gebrauch. Es muss sich um die Vergütung für die Nutzung oder den Gebrauch von Sachen oder Rechten handeln. Da der Nutzungsbegriff (vgl. § 100) auch den Gebrauch umfasst, können mit Nutzungen nur die Sach- und Rechtsfrüchte (§ 99) gemeint sein, z. B. erzielte Miet- oder Pachtzinsen. Nicht als Ansprüche auf Vergütung einzustufen sind Ansprüche auf Ersatz einer Wertminderung, die aber als Ansprüche auf Aufwendungsersatz einzustufen sein können und im Übrigen jedenfalls nach § 307 zu kontrollieren sind. 25

bb) Erbrachte Leistungen sind alle infolge des Vertrags bereits erbrachten Leistungen. Es ist nicht erforderlich, dass die Voraussetzungen des bereicherungsrechtlichen Leistungsbegriffs im Sinne einer zweckgerichteten Vermögensverschiebung erfüllt sind.[1] Vielmehr reicht es aus, dass ein zur Vertragsdurchführung erforderliches Verhalten tatsächlich vorgenommen worden ist. Deshalb können auch **Vorbereitungsarbeiten,** z. B. des Werkunternehmers, Wirtschaftsprüfers oder Maklers[2] Berücksichtigung finden. § 649 S. 2 gewährt dem Unternehmer einen Vergütungsanspruch, der nicht auf „erbrachte Leistungen" beschränkt ist, sondern sich gerade auch auf noch nicht erbrachte Leistungen erstreckt. Vor diesem Hintergrund kann § 308 Nr. 7 auf Klauseln, die den Anspruch nach § 649 S. 2 pauschalieren, keine unmittelbare Anwendung finden. Geboten ist jedoch in Anbetracht der vergleichbaren Interessenlage eine entsprechende Anwendung des § 649 S. 2.[3] 26

d) Aufwendungsersatz. Aufwendungsersatz ist die Erstattung der für eine Sache oder zur Erledigung einer Angelegenheit **freiwillig** übernommenen Kosten. Der Begriff der „Bearbeitungsgebühr" ist im Zweifel als Aufwendungsersatz zu verstehen.[4] Auch ein Anspruch auf Ersatz einer Wertminderung kann als Aufwendungsersatzanspruch einzuordnen sein, nämlich dann, wenn es sich bei der Wertminderung um ein freiwillig übernommenes Vermögensopfer handelt. 27

e) Beispiele. Sieht ein **Mobilfunkvertrag** für den Fall der Kündigung eine **„Deaktivierungsgebühr"** vor, so kann es sich dabei um eine Aufwendungsersatzklausel handeln. Sie ist in diesem Falle nur dann wirksam, wenn sie den Anforderungen des § 308 Nr. 7 genügt, also nicht erheblich über die typischerweise nach dem Gesetz geschuldeten Kosten hinausgeht.[5] Liegt allerdings nach Wortlaut und Sinnzusammenhang nahe, dass die Klausel keinen Ersatz entstandener Aufwendungen bezweckt, sondern lediglich ein zusätzliches Entgelt darstellt, und ist die Klausel als „reine Entgeltklausel" nach § 307 II 1 unwirksam, dann soll nach Auffassung des BGH jedenfalls im Verbandsklageverfahren von der Unwirksamkeit der Klausel nach § 307 II 1 auszugehen sein.[6] Gleiches hat, soweit das Auslegungsergebnis überhaupt zweifelhaft ist, nach § 305c II richtigerweise auch im Individualprozess zu gelten. Letztlich kommt es bei einer mehr als unwesentlichen Höhe der Gebühr nicht darauf an, ob man sie als Aufwendungsersatz oder als Entgeltklausel einordnet, da sie in beiden Fällen unwirksam ist. Siehe noch Anh. § 310 Rz T 96. Zu Klauseln, nach denen ein Restguthaben bei einem „Repaid"-Mobilfunkvertrag im Falle der Vertragsbeendigung verfällt, siehe Anh. § 310 Rz T 98. Eine Klausel in einem Kreditkartenvertrag, die dem Kunden die Haftung für die mit der Zweit- 28

---

[1] *Schlosser/Coester-Waltjen* § 10 Nr. 7 Rz 29.

[2] Dazu § 310 Rz M 17.

[3] Für eine analoge Anwendung des § 308 Nr. 7 auch BGH NJW-RR 2001, 385, 386 (zu § 10 Nr. 7 AGBG); BGH NJW 1997, 259, 260 (zu § 10 Nr. 7 AGBG); OLG Düsseldorf NJOZ 2005, 2658, 2660.

[4] BGH NJW 1983, 1491, 1492 (zu § 10 Nr. 7 AGBG). Ähnlich *Erman/Roloff* § 308 Rz 61: Bezeichnung als Bearbeitungsgebühr weist auf Aufwendungsersatzanspruch hin.

[5] Offen gelassen in BGH NJW 2002, 2386, 2388 (zu § 10 Nr. 7 AGBG).

[6] BGH NJW 2002, 2386, 2388 (zu § 10 Nr. 7 AGBG).

karte (Partnerkarte) getätigten Umsätze aufbürdet, zielt nicht auf Aufwendungsersatz ab und ist daher nicht an § 308 Nr. 7 zu messen.[1]

5. Angemessene Höhe

29 Nach § 308 Nr. 7 unwirksam ist eine Klausel, die für den Fall des Rücktritts oder der Kündigung eine unangemessen hohe Vergütung oder einen unangemessen hohen Aufwendungsersatzanspruch vorsieht.

30 **a) Allgemeine Grundsätze.** Die Frage nach der Angemessenheit der Höhe des Anspruchs lässt sich nur beantworten, indem man die in der Klausel vorgesehene Anspruchshöhe mit der im Gesetz vorgesehenen Anspruchshöhe vergleicht.[2] Dabei gelten folgende Grundsätze:

31 **aa) Notwendigkeit einer wesentlichen Abweichungen vom dispositiven Recht.** Mit Blick auf die Angemessenheit stellt sich die Frage, wie weit sich die Klausel von der gesetzlich vorgesehenen Anspruchshöhe entfernen darf, ohne gegen § 308 Nr. 7 zu verstoßen. Der **BGH** betont, dass dasjenige, was ohne die Klausel geschuldet wäre, „Richtschnur" für die Angemessenheitsprüfung ist.[3] Dabei komme es nicht auf die besonderen Umstände des Einzelfalls, sondern auf die typischen Umstände an.[4] In aller Regel geht der BGH jedoch nicht näher auf die Frage ein, wie genau der in der Klausel vorgesehene Betrag dem nach der gesetzlichen Regelung typischerweise zu zahlenden Betrag entsprechen muss.[5] Immerhin findet sich in einer Entscheidung aus dem Jahre 1996 die Aussage, dass es „[f]ür die Beurteilung der Angemessenheit der Pauschalierung [...] darauf an[komme], ob der auf diese Weise ermittelte Betrag nicht nur unwesentlich von jenem abweich[e], der [...] typischerweise kraft Gesetzes geschuldet würde." Demnach sind wesentliche Abweichungen schädlich, unwesentliche Abweichungen dagegen unschädlich. In der Literatur gehen die Formulierungen auseinander. So wird die Auffassung vertreten, dass eine Klausel dem nach der gesetzlichen Regelung typischerweise geschuldeten Betrag „nahe kommen" muss, um eine Verletzung des § 308 Nr. 7 zu vermeiden.[6] Von anderer Seite wird dagegen betont, dass die rechtsgestaltende Komponente entsprechender Klauseln allein in ihrer typisierenden Bedeutung liege,[7] was wohl dahin gehend zu verstehen ist, dass jede Überschreitung des typischerweise geschuldeten Betrages unzulässig sein soll. Die besseren Argumente

---

[1] OLG Koblenz NJW 2004, 3563, 3564.

[2] S. z. B. BGH NJW-RR 2005, 642, 643; BGH NJW 1985, 632, 632 (zu § 10 Nr. 7 AGBG); BGH NJW 1983, 1491, 1492 (zu § 10 Nr. 7 AGBG); *Erman/Roloff* Rz 63.

[3] BGH NJW-RR 2005, 642, 643.

[4] BGH NJW 1991, 2763, 2764 (zu § 10 Nr. 7 AGBG).

[5] Zwar betont BGH NJW-RR 2005, 642, 643, dass die dort zu beurteilende Klausel dem Verbot des § 10 Nr. 7 AGBG (§ 308 Nr. 7) unterliege, weil sie über das nach dem Gesetz Geschuldete hinausgehe. Dies ist aber wohl nur dahingehend zu verstehen, dass infolge der Abweichung vom dispositiven Recht der Anwendungsbereich des § 10 Nr. 7 (§ 308 Nr. 7) eröffnet ist. Anders ist nicht zu erklären, dass der BGH anschließend im Einzelnen ausführt, warum die Klausel „offensichtlich überhöh[t]" ist. S. BGH, a.a.O. Auch die in anderen Urteilen zu findenden Aussagen des BGH sind nicht ganz eindeutig. S. z. B. BGH NJW 1985, 632, 632 („Prüfungsmaßstab ist jeweils das, was ohne die Klausel geschuldet würde."); BGH NJW 1991, 2763, 2764 („Der Maßstab für die Angemessenheit ist [...] die ohne die Klausel bestehende gesetzliche Lage."); BGH NJW-RR 1995, 749 („Prüfungsmaßstab für die Angemessenheit der Pauschalvergütung ist jeweils das, was ohne Klausel geschuldet würde [...]").

[6] *Ulmer/H. Schmidt* Rz 1.

[7] In diesem Sinne *Staudinger/Coester-Waltjen* Rz 1. Vgl. aber andererseits *Staudinger/Coester-Waltjen* Rz 7: Das Kündigungsrecht des Dienstleistungsempfängers dürfe nicht dadurch entwertet werden, dass er „wesentlich mehr" als die erbrachten Dienstleistungen vergüten muss.

sprechen indessen dafür, die Unwirksamkeit einer Klausel nach § 308 Nr. 7 mit dem BGH grundsätzlich nur dann zu bejahen, wenn eine **wesentliche bzw. erhebliche Überschreitung** des nach dem Gesetz typischerweise geschuldeten Betrages vorliegt. Mit Blick auf die Frage, wann eine wesentliche Überschreitung vorliegt, kann auf die Ausführung unter § 309 Nr. 5 Rz 91 ff. verwiesen werden.

Zwar ließe sich gegen die Forderung nach einer wesentlichen Abweichung von der gesetzlichen Regelung der Rechtsgedanke des § 309 Nr. 5a anführen. Gleichwohl sprechen die besseren Argumente für die Forderung nach einer erheblichen Überschreitung. So ist zunächst der Normzweck des § 308 Nr. 7 zu beachten: Nur solche Klauseln, die erheblich von der gesetzlichen Regelung abweichen, vermögen das Risiko, dass sich der Verwender zu einer Ausübung eines Rücktritts- oder Kündigungsrechts verleiten lassen wird oder dass sich der Verwendungsgegner von der Ausübung des relevanten Rechts abhalten lassen wird, in wesentlichem Maße zu steigern. Zudem stützen auch die Gesetzesmaterialien zum AGB-Gesetz die hier vertretene Auffassung. Namentlich heißt es dort zu der heute in § 308 Nr. 7 enthaltenen Regelung, dass „beispielsweise Klauseln, die bei einer Festsetzung einer Nutzungsvergütung den üblichen Mietzins erheblich überschreiten, regelmäßig unwirksam sein" werden.[1] Auch ist kein allgemeiner Grundsatz des Inhalts anzuerkennen, dass eine Vergütungsklausel gegen § 308 Nr. 7 verstößt, wenn die nach den AGB geschuldete Vergütung höher ist als das Entgelt, welches bei Fortbestehen des Vertrages geschuldet gewesen wäre.[2] Denn die Argumente, die für das Erfordernis einer wesentlichen Abweichung sprechen, sind auch in dieser Konstellation einschlägig. Zu weit geht es dagegen, jeweils zu prüfen, ob die in der Klausel vorgesehene Pauschale hoch genug ist, um mit Blick auf die Wahrnehmung von Lösungsrechten eine **abschreckende Wirkung** zu entfalten.[3] Ein solcher Ansatz ist schon mit Blick auf die Rechtssicherheit wenig sinnvoll. 32

bb) Maßgeblichkeit der typischen Sachlage. Wie sich auch aus den Gesetzgebungsmaterialien zum AGB-Gesetz ergibt, sollte die jetzt in § 308 Nr. 7 enthaltene Regelung die Verwendung von Pauschalen nicht ausschließen.[4] Dementsprechend entspricht es der wohl allgemeinen Auffassung in Rechtsprechung[5] und Lehre[6], bei der Beurteilung der Angemessenheit nicht auf den Einzelfall, sondern auf die typische Sachlage abzustellen. 33

cc) Analoge Anwendung des § 309 Nr. 5 b. Nach dem Gesagten kommt es bei der Beurteilung der Angemessenheit auf die typische Sachlage an. Damit entsteht allerdings das Problem, dass eine mit Blick auf die typische Sachlage angemessene Klausel im Einzelfall zu einem zu hohen Anspruch auf Vergütung oder Aufwendungsersatz führen kann. Um diese Problematik zu lösen, ist bei Klauseln, die eine pauschale oder anderweitig typisierende Berechnung des Anspruchs vorsehen, 34

---

1 BT-Drucks 7/3919, S. 26.

2 S. aber *Erman/Roloff* Rz 63: Pauschalen sind unwirksam, wenn sie zu einer Vergütung führen, die über dem Preis liegt, der bei Erfüllung zu zahlen gewesen wäre. Vgl. auch OLG Hamm NJW-RR 1987, 311, 314 (zu § 10 Nr. 7 AGBG): „Pauschalierte Entschädigungen für Benutzung und Wertminderung, die 100% des Kaufpreises überschreiten, sind [...] unangemessen und damit unzulässig."

3 So aber tendenziell OLG Schleswig MMR 2002, 174, 175 bei Heranziehung des § 10 Nr. 7 AGBG (§ 308 Nr. 7) im Rahmen des § 9 AGBG (§ 307): Nicht allein die Angemessenheit des Entgelts im Verhältnis zu den realen Kosten sei maßgeblich, sondern auch die Frage, ob „die zu kontrollierende Abschreckungsfunktion einigermaßen wahrscheinlich" sei.

4 BT-Drs. 7/3319, S. 26: „Nach § 9 Nr. 5 [§ 308 Nr. 7] ist die Pauschalierung von Ansprüchen [...] nur in bestimmten Grenzen zulässig."

5 BGH NJW 1991, 2763, 2764 (zu § 10 Nr. 7 AGBG); BGH NJW 1983, 1491, 1492 (zu § 10 Nr. 7 AGBG).

6 S. z. B. *Staudinger/Coester-Waltjen* Rz 1; *Ulmer/H. Schmidt* Rz 1.

§ 309 Nr. 5 b analog anzuwenden.[1] Mit anderen Worten, dem anderen Vertragsteil muss ausdrücklich[2] die Möglichkeit eingeräumt werden, den Nachweis eines fehlenden oder wesentlich geringeren Anspruchs zu führen. Dies muss auch im **unternehmerischen Verkehr** gelten,[3] doch bedarf es insofern keiner ausdrücklichen Eröffnung des Gegenbeweises. Vielmehr reicht es aus, dass die Klausel die Möglichkeit des Nachweises eines geringeren Schadens weder ausdrücklich noch konkludent ausschließt.[4] Umgekehrt ist eine Klausel, der zufolge sich der Verwender die Geltendmachung eines im Einzelfall nachweisbar höheren Aufwands offen hält, weder im unternehmerischen Verkehr noch gegenüber Verbrauchern zu beanstanden, da dem Verwender dieses Recht auch nach dem Gesetz zusteht.[5]

35 **b) Leitlinien zu Vergütungsregelungen.** Bei einem **Inkassoauftrag** ist eine Klausel nach § 308 Nr. 7 unwirksam, die im Falle der Kündigung des Vertrages die Zahlung der vollen Vergütung als Bearbeitungsgebühr vorsieht.[6] Bei einem **Kreditvertrag** ist eine Klausel unwirksam, die für den Fall der Kündigung die Zahlung des vollen Jahresentgelts vorsieht, obwohl der Vertrag vierteljährlich gekündigt werden kann.[7] Bei **Partnerschaftsvermittlungsverträgen** kommt es ebenso wie bei anderen Verträgen auf einen Vergleich mit der Höhe der nach dem Gesetz geschuldeten Vergütung an (s. Rz 30 ff). Für den Fall der vorzeitigen Vertragsbeendigung nach § 627 ist damit entscheidend, „wie hoch der Teil der Vergütung ist, der den bisherigen Leistungen des Verpflichteten entspricht".[8] Demnach ist im Allgemeinen auf die **Sicht des Verwenders** abzustellen.[9] Entscheidend ist, welche Aufwendungen der Verwender vernünftigerweise für erforderlich halten durfte, um zur Erbringung der geschuldeten Leistung imstande zu sein.[10] Zu diesen Aufwen-

---

[1] BGH NJW-RR 2001, 385, 386 (zu §§ 10 Nr. 7, 11 Nr. 5 b AGBG); BGH NJW 1992, 3163, 3163 f (zu §§ 10 Nr. 7, 11 Nr. 5 b AGBG); BGH NJW 1985, 632, 632 (zu §§ 10 Nr. 7, 11 Nr. 5 b AGBG); OLG München NJW 2006, 2416, 2418; OLG Düsseldorf NJOZ 2005, 2658, 2663; OLG Rostock, Urt. v. 25. 2. 2003, Az 4 U 27/01, BeckRS 2004, 00247 (zu §§ 10 Nr. 7 AGBG, 11 Nr. 5 b AGBG); OLG Düsseldorf MMR 2002, 178, 178 (zu §§ 10 Nr. 7 AGBG, 11 Nr. 5 b AGBG); OLG Koblenz NJW-RR 2000, 871, 872 (zu §§ 10 Nr. 7 AGBG, 11 Nr. 5 b AGBG); OLG Stuttgart NJW 1981, 1105, 1106 (zu §§ 10 Nr. 7, 11 Nr. 5 AGBG); OLG Hamburg NJW-RR 1990, 909, 909 (zu §§ 10 Nr. 7, 11 Nr. 5 AGBG); AG Bremen NJW-RR 1999, 61, 62 (zu §§ 10 Nr. 7, 11 Nr. 5 AGBG); in der Sache auch *Staudinger/Coester-Waltjen* § 309 Nr. 5 Rz 6; *Staudinger/Coester-Waltjen* Rz 2.

[2] Bisher wurde in der Rechtsprechung die Auffassung vertreten, dass es bei der analogen Anwendung des § 11 Nr. 5 b im Rahmen des § 10 Nr. 7 AGBG (§ 308 Nr. 7) keines ausdrücklichen Hinweises bedürfe. S. z. B. AG Bremen NJW-RR 1999, 61, 62; BGH NJW 1985, 632, 632. Diese Auffassung ist jedoch vor dem Hintergrund zu sehen, dass Entsprechendes auch mit Blick auf die unmittelbare Anwendung des § 11 Nr. 5 b AGBG angenommen wurde, siehe z. B. BGH NJW 1982, 2316, 2317. Da § 309 Nr. 5 b nunmehr explizit eine ausdrückliche Gestattung erfordert, ist die vorgenannte Auffassung sowohl mit Blick auf die unmittelbare als auch mit Blick auf die analoge Anwendung des § 309 Nr. 5 b überholt. Wie hier *Ulmer/H. Schmidt* Rz 4.

[3] A. A. aber wohl BGH NJW 1999, 418, 420, der mit Blick auf eine im kaufmännischen Verkehr verwandte Klausel, die den Anspruch nach § 649 S. 2 mithilfe fester Prozentsätze pauschalisiert, ausführt, dass ein Verstoß gegen § 307 nicht schon daraus folge, dass die Klausel den Nachweis zumindest erschwere, dass eine Einbuße nicht entstanden oder wesentlich niedriger sei als die Pauschale. Ein Verbot von Klauseln derartigen Inhalts ergebe sich nämlich nur aus der Regelung in § 11 Nr. 5 b AGBG (§ 309 Nr. 5 b), deren Anwendung im kaufmännischen Verkehr ausgeschlossen sei.

[4] Vgl. § 309 Nr. 5 Rz 144 f.

[5] Zu einem mit einem Verbraucher abgeschlossenen Fertighausvertrag ebenso BGH NJW 1983, 1491, 1492 (zu § 10 Nr. 7 AGBG).

[6] BGH NJW-RR 2005, 642, 643.

[7] OLG Frankfurt NJW-RR 2001, 1269, 1270 (zu § 10 Nr. 7 AGBG).

[8] BGH NJW 1991, 2763, 2764 (zu § 10 Nr. 7 AGBG).

[9] So BGH NJW 1991, 2763, 2764 (zu § 10 Nr. 7 AGBG).

[10] BGH NJW 1991, 2763, 2764 (zu § 10 Nr. 7 AGBG).

dungen gehören regelmäßig die Kosten für die Anlaufarbeit.[1] Berücksichtigungsfähig sind regelmäßig auch vorbereitende Aufwendungen[2] und anteilige Gemeinkosten.[3] **Gemeinkosten** sind allerdings regelmäßig nur in dem Umfang zu ersetzen, der der tatsächlichen Laufzeit des Vertrages entspricht.[4] Dagegen können die speziell zur Erfüllung des konkreten Vertrages erbrachten Aufwendungen, die weder rückgängig gemacht noch anderweitig verwendet werden können, ungekürzt in Rechnung gestellt werden.[5] Eine Pauschale von 57 % der Jahresvergütung für 12 Tage Laufzeit ist jedoch regelmäßig zu hoch und deshalb nach § 308 Nr. 7 unwirksam.[6] Bei einem **Reisevertrag** ist eine zum Nachteil des Kunden von § 651e oder 651i abweichende Regelung schon nach § 651m S. 1 unwirksam. Sie verstößt außerdem gegen § 307, da ein Verstoß gegen zwingendes Recht vorliegt, sowie gegen § 308 Nr. 7. Eine Klausel, die im Falle eines Rücktritts des Kunden wenige Tage vor Reisebeginn eine Entschädigungspauschale von 80 % vorsieht, ist regelmäßig weder nach §§ 651 II 3, 651m S. 1 noch nach § 308 Nr. 7 zu beanstanden.[7] Sowohl nach §§ 651 II 3, 651 m S. 1 als auch nach § 308 Nr. 7 unwirksam ist dagegen eine allgemeine Stornopauschale von 100 %.[8] Ein Vertrag über die Teilnahme an einem mehrtägigen **Seminar über „Heilung- und Schutzmeditation"**, welches von einer Heilpraktikerin durchgeführt wird und in einem Ferienhaus im Ausland stattfindet, ist kein Reisevertrag, sondern begründet ein Vertrauensdienstverhältnis.[9] Eine Klausel, die für den Fall der Kündigung die Zahlung der vollen Vergütung vorsieht, verstößt daher gegen § 308 Nr. 7,[10] weil sie sich erheblich von der Regelung des § 628 I 1 entfernt. Im Falle eines **Untermietvertrages,** der den Mieter zu einer einmaligen Sonderzahlung verpflichtet, ist eine Klausel, die für den Fall der vorzeitigen Kündigung eine anteilige Rückzahlung der Sonderzahlung ausschließt, auch gegenüber Unternehmern nach § 307 unwirksam.[11] Gegenüber Verbrauchern verstößt sie außerdem gegen § 308 Nr. 7. Im Falle des **Verbrauchsgüterkaufs** (§ 474) darf eine Vergütungsregelung nicht zum Nachteil des Verbrauchers von der gesetzlichen Regelung (§ 346 II Nr. 1) abweichen. Denn das Rücktrittsrecht darf im Falle des Verbrauchsgüterkaufs nach § 475 nicht zulasten des Verbrauchers eingeschränkt werden, und Gleiches muss folglich auch für die Rechtsfolgen des Rücktritts gelten, wenn eine Aushöhlung des § 475 verhindert werden soll.[12]

c) Werkvertrag. Beim Werkvertrag enthalten die AGB des Unternehmers oft AGB, die den Anspruch aus § 649 S. 2 regeln. Derartige Klauseln können zunächst deshalb unwirksam sein, weil sie hinsichtlich des **Anspruchsgrundes** von der gesetzlichen Regelung abweichen. Nach der hier vertretenen Auffassung erfolgt die Kontrolle in diesem Falle anhand des § 308 Nr. 7, während die überwiegende Meinung Regelungen zum Anspruchsgrund lediglich an § 307 messen möchte (s. Rz 22). Hinsichtlich des Anspruchsgrundes ist zu berücksichtigen, dass der An- **35a**

---

[1] BGH NJW 1991, 2763, 2764 (zu § 10 Nr. 7 AGBG).
[2] BGH NJW 1991, 2763, 2764 (zu § 10 Nr. 7 AGBG).
[3] BGH NJW 1991, 2763, 2764 (zu § 10 Nr. 7 AGBG).
[4] BGH NJW 1991, 2763, 2764 (zu § 10 Nr. 7 AGBG).
[5] BGH NJW 1991, 2763, 2764 (zu § 10 Nr. 7 AGBG).
[6] BGH NJW 1991, 2763, 2764 (zu § 10 Nr. 7 AGBG).
[7] LG Köln NJW-RR 2001, 1064, 1066 (zu § 10 Nr. 7 AGBG).
[8] Für Unwirksamkeit nach § 10 Nr. 7 AGBG (§ 308 Nr. 7) wohl LG Köln NJW-RR 2001, 1064, 1066. Für Unwirksamkeit nach 9 AGBG (§ 307) OLG Nürnberg NJW 1999, 3128, 3128.
[9] LG Kassel NJW-RR 1999, 1281, 1282 (zu § 10 Nr. 7 AGBG).
[10] LG Kassel NJW-RR 1999, 1281, 1282 (zu § 10 Nr. 7 AGBG).
[11] Vgl. OLG Hamm, NZM 2001, 709, 710: Unwirksamkeit im kaufmännischen Verkehr nach § 9 AGBG (§ 307) unter Berücksichtigung des § 10 Nr. 7 AGBG (§ 308 Nr. 7).
[12] I.E. ebenso *Erman/Grunewald* § 475 Rz 3; wohl auch *Bamberger/Faust* § 475 Rz 4.

spruch aus § 649 S. 2 nur dann gerechtfertigt ist, wenn die Vertragsauflösung dem Besteller zuzurechnen ist. Unwirksam wäre deshalb eine Klausel, die einen Anspruch auf Zahlung der Vergütung abzüglich ersparter Aufwendungen auch für den Fall vorsieht, dass der Besteller aus wichtigem Grund kündigt.[1] Allerdings dürfen die Anforderungen an die Formulierung der AGB in diesem Zusammenhang nicht überspannt werden. Ausreichend ist es beispielsweise, wenn die Klausel, die einen entsprechenden Vergütungsanspruch vorsieht, ausdrücklich auf die Regelung des § 649 S. 2 Bezug nimmt.[2] Auch muss es genügen, dass die Klausel an eine Kündigung durch den Besteller anknüpft. Dass die Klausel im letztgenannten Fall ausdrücklich klarstellt, dass der Vergütungsanspruch bei einem Kündigungsverschulden des Unternehmers nicht besteht, ist dagegen nicht erforderlich.[3] Klauseln in den AGB des Unternehmers, die den Anspruch aus § 649 S. 2 regeln, können jedoch nicht nur mit Blick auf den Anspruchsgrund, sondern auch mit Blick auf die **Anspruchshöhe** gegen die Vorgaben des AGB-Rechts verstoßen. Wird der Anspruch aus § 649 S. 2 pauschaliert, so ist anerkannt, dass § 308 Nr. 7 zumindest analoge Anwendung findet.[4] Mit Blick auf die Frage, wann die Pauschale überhöht ist, geht die Rechtsprechung zutreffend davon aus, dass bei einem Fertighausvertrag ein Vergütungsanspruch von 5 % der Gesamtauftragssumme für den Fall der Kündigung nicht zu beanstanden ist.[5] Auch eine Vergütungspauschale in Höhe von 7,5 % ist bei einem Fertighausvertrag noch hinnehmbar.[6] Gleiches muss für eine Pauschale von 8 % gelten.[7] Selbst eine Pauschale von 10 % wird man noch als angemessen einstufen müssen,[8] doch ist damit die Obergrenze erreicht.[9] Unwirksam ist bei einem Fertighausvertrag eine Vergütung von 18 % der Auftragssumme bei Kündigung vor Beginn der Bauausführung.[10] Schwierigkeiten bereiten Klauseln, die die **Anrechnungsverpflichtung nach § 649 S. 2** einschränken. Insbesondere mit Blick auf **Architektenverträge** scheint die Rechtsprechung die Wirksamkeit von Klauseln, die den Anspruch aus § 649 S. 2 pauschalieren, von der Klarstellung abhängig machen zu wollen, dass der Unternehmer sich dasjenige anrechnen lassen muss, was er durch anderweitige Verwendung seiner Arbeitskraft erwirbt.[11] Dies

---

[1] Ebenfalls für Unwirksamkeit in diesem Falle, aber unter Heranziehung des § 307, OLG Düsseldorf NJOZ 2005, 2658, 2660.

[2] So i.E. OLG Koblenz NJW-RR 2000, 871, 872 (zu § 10 Nr. 7 AGBG).

[3] Wie hier BGH NJW 1983, 1491, 1492 (zu § 9 AGBG, Fertighausvertrag); OLG Düsseldorf NJOZ 2005, 2658, 2662 (Fertighausvertrag).

[4] Für eine analoge Anwendung des § 308 Nr. 7 auch BGH NJW-RR 2001, 385, 386 (zu § 10 Nr. 7 AGBG); BGH NJW 1997, 259, 260 (zu § 10 Nr. 7 AGBG); OLG Düsseldorf NJOZ 2005, 2658, 2660. Ebenfalls für Anwendung des § 308 Nr. 7 – nicht ganz deutlich ob direkt oder analog – *Staudinger/Coester-Waltjen* Rz 7.

[5] OLG Koblenz NJW-RR 2000, 871, 872 (zu § 10 Nr. 7 AGBG) (selbst für den Fall der Kündigung vor Bemusterung); BGH NJW 1983, 1489, 1491 (zu § 10 Nr. 7 AGBG).

[6] Der BGH scheint im Falle einer Pauschale von 7,5 % jedenfalls einen Verstoß gegen § 307 verneinen zu wollen. S. BGH NJW 2000, 3498, 3499 (zu § 9 AGBG).

[7] Für Wirksamkeit OLG Rostock NJW-RR 1998, 310, 311 (zu Fertighausvertrag und zu § 10 Nr. 7).

[8] Ebenso BGH NJW 2006, 2551, 2552 (zu § 10 Nr. 7 AGBG) zu einem Fertighausvertrag. Wie hier auch OLG Düsseldorf NJW-RR 1995, 1392 (zu § 10 Nr. 7 AGBG); OLG Düsseldorf NJOZ 2005, 2658, 2662. Offen gelassen in BGH NJW-RR 1995, 749, 749 (zu § 10 Nr. 7 AGBG).

[9] OLG Düsseldorf NJW-RR 1995, 1392, 1392f. (zu § 10 Nr. 7 AGBG); OLG Düsseldorf NJOZ 2005, 2658, 2662. Vgl. allerdings auch BGH NJW-RR 1995, 749, 749 (zu § 10 Nr. 7 AGBG): Frage, ob eine Pauschale von 10 % zuzüglich der Kosten für etwaig erstellte Zeichnungen angemessen ist, wird dem Berufungsgericht zur Beantwortung überlassen.

[10] Vgl. BGH NJW 1985, 632, 632 (zu § 10 Nr. 7 AGBG): Wirksamkeit höchst zweifelhaft.

[11] BGH NJW 1997, 259, 260 (zu § 10 Nr. 7 AGBG). Für Unwirksamkeit auch BGH NZBau 2000, 82, 83 (ohne Nennung der relevanten Vorschrift); BGH NJW 1999, 3261, 3261 (zu § 307 AGBG); BGH NJW 1999, 418, 420 (zum kaufm. Verkehr und zu § 9 AGBG); BGH NJW-RR 1998, 1391, 1392 (zu § 9 AGBG).

wird damit begründet, dass Unternehmer anderenfalls eine wesentlich höhere Vergütung erzielen könne, als er bei Durchführung des Vertrags erlangt hätte.[1] Die Notwendigkeit, die Anrechnung eines anderweitigen Erwerbs vorzusehen, soll nach § 307 auch gegenüber Unternehmern gelten.[2] Die genannte Rechtsprechung ist allerdings nicht auf Architektenverträge beschränkt. Vielmehr hat sich der BGH in einem zu einem **Flugbeförderungsvertrag** ergangenen Urteil zu dem Grundsatz bekannt, dass AGB-Klauseln unwirksam sind, „die dem Unternehmer bei vorzeitiger Beendigung des Werkvertrags stets einen Anspruch auf die volle vereinbarte Vergütung einräumen und einen Ausgleich der mit der Auflösung des Vertragsverhältnisses verbundenen Vorteile oder ersparten Aufwendungen ausschließen".[3] Diese Aussage wird man im Grundsatz verallgemeinern können. Doch sollte man nicht davon ausgehen, dass jede Einschränkung der Anrechnungsverpflichtung nach § 649 S. 2 gegen § 308 Nr. 7 oder § 307 verstößt. Vielmehr wird man differenzieren müssen: Gegenüber Verbrauchern ist schon analog § 309 Nr. 5 b ausdrücklich klarzustellen, dass dem Verbraucher der Nachweis offensteht, dass im konkreten Fall eine geringere als die nach der Klausel zu zahlende Vergütung geschuldet ist (s. Rz 34). Dass die geschuldete Vergütung niedriger ist, kann sich dabei auch aus der Anrechnungsverpflichtung nach § 649 S. 2 ergeben, was aber nicht ausdrücklich klargestellt werden muss. Im unternehmerischen Verkehr muss der Gegenbeweis zwar nicht ausdrücklich eröffnet werden, darf aber auch nicht ausdrücklich oder konkludent ausgeschlossen werden (s. Rz 34). Im Übrigen kann das Fehlen einer Anrechnungsverpflichtung unter dem Gesichtspunkt der Überhöhung der Pauschale relevant werden (s. Rz 29 ff). Insofern sollte man im Einklang mit den allgemeinen Grundsätzen darauf abstellen, ob die Klausel – gegebenenfalls gerade wegen der fehlenden Anrechnung des anderweitigen Verdienstes – generell überhöht erscheint.[4] Dies ist bei einer Klausel in einem Architektenvertrag, die die ersparten Aufwendungen auf 40 % der Auftragssumme festsetzt, ohne eine Anrechnung des anderweitigen Erwerbs vorzusehen, im Allgemeinen zu bejahen,[5] und zwar auch im unternehmerischen Verkehr.[6] Unbedenklich ist aber z. B. eine Klausel in einem Fertighausvertrag, nach der der Unternehmer im Falle einer von ihm nicht zu vertretenden Kündigung das Recht hat, „eine pauschale Vergütung bzw. einen pauschalierten Schadensersatz in Höhe von 10 % des [...] Gesamtpreises zu verlangen, sofern nicht der Bauherr oder [der Unternehmer] im Einzelfall andere Nachweise erbringen".[7] Denn diese Klausel erlaubt den Gegenbeweis (§ 309 Nr. 5 b), und eine generelle Überhöhung ist trotz fehlender Anrechnungsverpflichtung nicht zu befürchten. Ob die Klausel eine Anrechnung des anderweitig Erworbenen vorsieht, ist durch Auslegung zu ermitteln, wobei Zweifel wegen § 405 c II zu Lasten der Wirksamkeit zu berücksichtigen sind. Fehlt es also an einem entsprechenden Hinweis, so ist regelmäßig davon auszugehen, dass die Klausel keine Anrechnungspflicht vorsieht, weil und soweit eine solche Auslegung die Klausel unwirksam macht. Allerdings sollte man dann, wenn die Klausel den Nachweis eines höheren Anteils ersparter Aufwendungen vorsieht, nicht zusätzlich die Klarstellung fordern, dass auch ein böswillig unterlassener Erwerb zu

---

[1] S. z. B. BGH NJW 1999, 418, 420 (zu § 9 AGBG).

[2] So, mit Blick auf einen Architektenvertrag, BGH NJW 1999, 418, 420 (zu § 9 AGBG und mit Blick auf den kaufmännischen Verkehr).

[3] BGH NJW 1985, 633, 634 (zu § 10 Nr. 7 AGBG).

[4] So wohl auch BGH NJW 2006, 2551, 2552 (Fertighausvertrag).

[5] Richtig daher BGH NJW-RR 2001, 385, 386 (zu 10 Nr. 7 AGBG); BGH NJW 1997, 259, 260 (§ 10 Nr. 7 AGBG).

[6] Im Ergebnis richtig daher BGH NJW 1999, 418, 420 (zu § 9 AGBG).

[7] Für Wirksamkeit auch BGH NJW 2006, 2551, 2552.

berücksichtigen ist. Denn dann, wenn die Anrechnung des tatsächlich Erworbenen vorgesehen ist, wird man schon im Wege einer an Treu und Glauben orientierten Auslegung zu dem Ergebnis gelangen müssen, dass auch die Anrechnung dessen gewollt ist, was der Unternehmer böswillig zu erwerben unterlassen hat. Erst recht muss die Klausel keine ausdrückliche Sonderregelung für den Fall einer vom Unternehmer zu vertretenden Vertragsbeendigung[1] bzw. einer Kündigung aus wichtigem Grund enthalten. Kein Verstoß gegen § 308 Nr. 7 oder § 307 liegt demgemäß z. B. dann vor, wenn eine Klausel in einem Architektenvertrag die Regelung des § 649 S. 2 wiederholt und diese durch die Bestimmungen ergänzt, dass der Anteil ersparter Aufwendungen 40% des Honorars für die noch nicht erbrachten Leistungen beträgt, sofern der Bauherr im Einzelfall keinen höheren Anteil ersparter Aufwendungen nachweist.[2]

36 **d) Leitlinien zum Aufwendungsersatz.** Mit Blick auf die Angemessenheit der Höhe des Aufwendungsersatzes ist zu differenzieren.

37 **aa) Allgemeine Grundsätze.** Ebenso wie bei Vergütungsregelungen bildet die jeweilige gesetzliche Regelung den Maßstab der Angemessenheitsprüfung. Bei der Frage, welche Aufwendungen gerechtfertigt waren und daher zu ersetzen sind, ist im Allgemeinen auf die **Sicht des Verwenders** abzustellen.[3] Entscheidend ist, welche Aufwendungen der Verwender vernünftigerweise für erforderlich halten durfte, um zur Erbringung der geschuldeten Leistung imstande zu sein.[4] Zu diesen Aufwendungen gehören regelmäßig die Kosten für die Anlaufarbeit.[5] Berücksichtigungsfähig sind regelmäßig auch vorbereitende Aufwendungen[6] und anteilige Gemeinkosten.[7] Gemeinkosten sind allerdings regelmäßig nur in dem Umfang zu ersetzen, der der tatsächlichen Laufzeit des Vertrages entspricht.[8] Dagegen können die speziell zur Erfüllung des konkreten Vertrages erbrachten Aufwendungen, die weder rückgängig gemacht noch anderweitig verwendet werden können, ungekürzt in Rechnung gestellt werden.[9] Erstattungsfähig sind regelmäßig auch die Vertragskosten für das Zustandekommen des Vertrags, einschließlich der allgemeinen Verwaltungsaufwendungen.[10]

38 **bb) Einzelne Vertragstypen.** Eine erfolgsunabhängige Aufwendungspauschale in Höhe eines Anteils der Maklerprovision bei Rücktritt vom **Maklervertrag** ist jedenfalls bei Beträgen von erheblicher Höhe unwirksam.[11] Eine Klausel in einem **Mobilfunkvertrag,** die für den Fall der Kündigung die Zahlung einer Deaktivierungsgebühr und/oder die Zahlung einer Gebühr für die Auflösung des Kunden-

---

[1] Wie hier BGH NJW 1983, 1491, 1492 (zu § 9 AGBG); OLG Düsseldorf NJOZ 2005, 2658, 2662; *Staudinger/Coester-Waltjen* § 308 Nr. 7 Rz 7.

[2] OLG Düsseldorf NZBau 2002, 686, 688 (zu § 10 Nr. 7 AGBG).

[3] So BGH NJW 1991, 2763, 2764 (zu § 10 Nr. 7 AGBG).

[4] So, zu einer Vergütungsregelung in einem Partnerschaftsvermittlungsvertrag, BGH NJW 1991, 2763, 2764 (zu § 10 Nr. 7 AGBG).

[5] So, zu einer Vergütungsregelung in einem Partnerschaftsvermittlungsvertrag, BGH NJW 1991, 2763, 2764 (zu § 10 Nr. 7 AGBG).

[6] So, zu einer Vergütungsregelung in einem Partnerschaftsvermittlungsvertrag, BGH NJW 1991, 2763, 2764 (zu § 10 Nr. 7 AGBG).

[7] So, zu einer Vergütungsregelung in einem Partnerschaftsvermittlungsvertrag, BGH NJW 1991, 2763, 2764 (zu § 10 Nr. 7 AGBG). A. A. aber OLG Hamm NJW-RR 1987, 311, 314 zu 6 (zu § 10 Nr. 7 AGBG).

[8] So, zu einer Vergütungsregelung in einem Partnerschaftsvermittlungsvertrag, BGH NJW 1991, 2763, 2764 (zu § 10 Nr. 7 AGBG).

[9] So, zu einer Vergütungsregelung in einem Partnerschaftsvermittlungsvertrag, BGH NJW 1991, 2763, 2764 (zu § 10 Nr. 7 AGBG).

[10] BGH NJW 1983, 1491, 1492 (zu § 10 Nr. 7 AGBG).

[11] S. Anh. § 310 Rz M 17.

kontos vorsieht, ist nach richtiger Auffassung ebenfalls an § 308 Nr. 7 zu messen (s. Rz 28), auch wenn die Zahlung gerade für den Fall der ordentlichen Kündigung vorgesehen ist.[1] Bleibt allerdings zweifelhaft, ob die Klausel einen Anspruch auf Aufwendungsersatz regeln soll oder ob es sich um eine „reine Entgeltsklausel" handelt, und verstößt die Klausel bei letzterer Deutung gegen § 307, so ist die Klausel schon mit Blick auf § 305 b nach § 307 unwirksam.[2] Auch eine Klausel in einem Mobilfunkvertrag, die für den Fall der Nichtzahlung einer Rechnung die Sperrung des Anschlusses vorsieht und für diesen Fall die Zahlung einer pauschalen Deaktivierungsgebühr gebietet, ist an § 308 Nr. 7 messen und daher unwirksam, wenn sie nicht analog § 309 Nr. 5 b die Möglichkeit des Gegenbeweises eröffnet.[3] Keinen Verstoß gegen § 308 Nr. 7 hat die Rechtsprechung in einer Klausel in einem **Partnerschaftsvermittlungsvertrag** erblickt, die vorsah, dass dem Unternehmer im Falle einer Kündigung durch den Kunden 30% der gesamten Bearbeitungsgebühr für die Anfangskosten bis zur Erstellung des ersten Partnervorschlags zustehen.[4] Dem ist allerdings nur unter der Voraussetzung zuzustimmen, dass die in dem maßgeblichen Zeitraum entstandenen Kosten, z. B. für die elektronische Erfassung der Kundendaten und die Schaltung von Inseraten, tatsächlich typischerweise eine entsprechende Höhe erreichen.[5] Siehe auch die Ausführungen unter Rz 36 ff. Im Falle eines **Teilzahlungsgeschäfts** zwischen einem Unternehmer und einem Verbraucher ist § 503 II zu berücksichtigen, von dem gemäß § 506 S. 1 nicht zulasten des Verbrauchers abgewichen werden darf. Tritt der Unternehmer gemäß §§ 503 II 1, 498 I wegen Zahlungsverzugs des Verbrauchers vom Vertrag zurück, so hat der Verbraucher dem Unternehmer nach § 503 II 2 die infolge des Vertrags gemachten Aufwendungen zu ersetzen. Nach § 308 Nr. 7 unwirksam ist eine Klausel in einem **Umzugsvertrag,** die für den Fall der Kündigung vorsieht, dass dem Unternehmer drei Zehntel des geschuldeten Entgelts zustehen, ohne analog § 309 Nr. 5 b den Nachweis zuzulassen, dass ein erheblich geringerer Aufwand entstanden ist.[6] Wirksam ist die Rückerstattung des Sendehonorars bei Rückruf nach **§§ 41, 42 UrhG,** wenn das Ausarbeitungshonorar dem **Urheber** verbleibt.[7]

6. Beweislast

Der Kunde, der sich für seine Ansicht, die Klausel des Verwenders sei unwirksam, 39
auf die Unangemessenheit der Regelung beruft, trägt die Darlegungs- und Beweislast.[8] Mit Blick auf Aufwendungsersatzansprüche ist jedoch zu beachten, dass der Kunde Anlass und Höhe der Kosten des Verwenders nicht im Einzelnen kennen kann,[9] zumal es auf die typischen Kosten ankommt. Vor diesem Hintergrund ge-

---

1 OLG Düsseldorf, MMR 2002, 178, 178 (zu § 10 Nr. 7 AGBG). A. A. OLG Schleswig, MMR 2002, 174, 175 (zu § 10 Nr. 7 AGBG).

2 Ähnlich BGH NJW 2002, 2386, 2388: Unwirksamkeit nach § 307, falls Auslegung als reine Entgeltklausel naheliegt und Klausel bei dieser Deutung gegen § 307 verstößt.

3 AG Frankfurt a.M., MMR 2000, 120, 120 (zu § 10 Nr. 7 AGBG). Vgl. auch LG München, MMR 2000, 568, 568: Verstoß gegen 10 Nr. 7 AGBG (§ 308 Nr. 7) im Falle einer Klausel, die eine Deaktivierungsgebühr vorsieht, ohne analog § 11 Nr. 5 b (§ 309 Nr. 5 b) die Möglichkeit des Gegenbeweises zu eröffnen.

4 AG Siegburg, Az: 111 C 117/04 v. 23. 7. 2004, BeckRS 2005, 4382.

5 Unklar insoweit AG Siegburg, Az: 111 C 117/04 v. 23. 7. 2004, BeckRS 2005, 4382.

6 AG Bremen NJW-RR 1999, 61, 62 (zu § 10 Nr. 7 AGBG).

7 S. Anh. § 310 Rz U 29.

8 BGH NJW 1991, 2763, 2764 (zu § 10 Nr. 7 AGBG); *Staudinger/Coester-Waltjen* Rz 15. A. A. aber *Palandt/Grüneberg* Rz 40: Der Verwender müsse im Beweislast die Bemessungsgrundlage der Pauschale nachweisen.

9 BGH NJW 1991, 2763, 2764 (zu § 10 Nr. 7 AGBG).

nügt der Verwendungsgegner seiner Darlegungslast jedenfalls zunächst durch einen plausiblen Vortrag, aus dem sich ergibt, dass Kosten in Höhe der nach der Klausel geschuldeten Pauschale bei gewöhnlichem Verlauf der Dinge so hoch nicht angefallen sein können.[1]

7. Unwirksamkeitsfolgen

40-49 Bei Unwirksamkeit der Vergütungs- oder Aufwendungsersatzklausel wird die Höhe nicht vom Gericht auf einen angemessenen Betrag festgesetzt. Vielmehr ist dann die gesetzlich geschuldete Vergütungshöhe bzw. die gesetzliche Höhe des Aufwendungsersatzes zu leisten. Ist im Gesetz eine Vergütung oder ein Aufwendungsersatz nicht vorgesehen, so ist eine Vergütung in der Höhe geschuldet, wie sie sich im Wege der normalen oder ergänzenden Auslegung aus dem Vertrag entnehmen lässt.[2] Scheidet auch dies mangels ausreichender Anhaltspunkte aus, so entfällt eine Vergütung oder ein Aufwendungsersatz.

III. Formularmäßige Beschränkung der Rechte des Verwenders

1. Wirksamkeit

50 Nicht nach § 308 Nr. 7 zu kontrollieren und in Ermangelung einer Benachteiligung des Verwendungsgegners auch nach § 307 nicht zu beanstanden sind solche Klauseln, die die Rechte des Verwenders gegenüber der gesetzlichen Regelung einschränken. Steht dem Verwender eine Vergütung gemäß § 649 zu, so kann er diesen Vergütungsanspruch ohne weiteres auf einen Aufwendungsersatzanspruch beschränken.[3] Wird durch AGB der Anspruch auf einen Aufwendungsersatz beschränkt, so kann daneben grundsätzlich nicht mehr der in der Vergütung nach § 649 enthaltene Gewinnanteil verlangt werden.[4]

2. Auslegung

51 Ob eine Beschränkung der Rechte des Verwenders gewollt ist, muss im Wege der Auslegung ermittelt werden. Dabei gehen verbleibende Zweifel gemäß § 305c II zulasten des Verwenders. Bestimmen die AGB eines Werkunternehmers, dass die vom Auftraggeber zu entrichtende Vergütung im Falle einer Kündigung nach § 649 einen bestimmten Prozentsatz des vereinbarten Gesamtpreises beträgt, „sofern er oder [Auftragnehmer] nicht im Einzelfall andere Nachweise erbringen", so ist diese Klausel wegen der Verwendung des Begriffs „Einzelfall" grundsätzlich dahingehend auszulegen, dass der Unternehmer „nur in einem durch die Besonderheiten der Vertragsgestaltung oder Vertragsdurchführung bedingten Ausnahmefall eine über die Pauschale hinausgehende Vergütung beanspruchen will und er darüber hinaus den entsprechenden Nachweis zu erbringen hat."[5]

---

[1] BGH NJW 1991, 2763, 2764 (zu § 10 Nr. 7 AGBG). In diesem Sinne auch *Staudinger/Coester-Waltjen* Rz 15.

[2] *Ulmer/H. Schmidt* Rz 23. A. A. aber *Löwe/von Westphalen* § 10 Nr. 7 Rz 33. Gegen die Möglichkeit einer ergänzenden Vertragsauslegung im Falle eines Verstoßes gegen § 10 Nr. 7 AGBG (§ 308 Nr. 7) auch BGH NJW 1983, 2817, 2819. Doch ist dieses Urteil wohl überholt.

[3] BGH NJW 1983, 1491, 1492 (zu § 10 Nr. 7 AGBG).

[4] BGH NJW 1983, 1491, 1492.

[5] BGH NJW 2000, 3498, 3500.

3. Unwirksame Beschränkung der Rechte des Verwenders

Denkbar ist, dass eine Klausel nach § 308 Nr. 7 unwirksam ist, obwohl sie im konkreten Fall zu einem geringeren Anspruch des Verwenders führt als die gesetzliche Regelung. In diesem Falle ist der Verwender nach § 242 gehindert, sich auf die Unwirksamkeit der von ihm gestellten Klausel zu berufen und mehr zu verlangen, als ihm nach seinen unwirksamen AGB zustünde.[1] **52–59**

IV. Verhältnis zu anderen Vorschriften

1. Verhältnis zu § 309 Nr. 5

Im Zusammenhang mit der Auflösung von Verträgen und deren Rückabwicklung können auch Schadensersatzansprüche in Betracht kommen (z. B. §§ 628 II). Zum Schaden können auch eine Nutzungs- und Gebrauchsvergütung sowie Aufwendungsersatz gehören. Es stellt sich deshalb die Frage nach dem Verhältnis des § 308 Nr. 7 zur Vorschrift des § 309 Nr. 5, welche die Pauschalierung von Schadensersatzansprüchen regelt. Diese Frage ist schon mit Blick auf den unterschiedlichen Prüfungsmaßstab relevant.[2] Denn im Rahmen des § 308 Nr. 7 kommt es auf eine **nicht unwesentliche** Überschreitung des nach dem dispositiven Recht geschuldeten Betrages an, während § 309 Nr. 5 a die Zulässigkeit einer pauschalierten Schadensersatzregelung davon abhängig macht, dass der nach dem gewöhnlichen Lauf der Dinge zu erwartende Schaden und die zu erwartende Wertminderung überhaupt nicht überstiegen werden. **60**

a) Analogie zu § 309 Nr. 5 b. Vorab ist insofern daran zu erinnern, dass jedenfalls die Regelung des § 309 Nr. 5 b generell analoge Anwendung auf Klauseln finden muss, die einen pauschalierten Ersatz von Aufwendungen oder eine pauschalierte Vergütung vorsehen (s. Rz 34). **61**

b) Unanwendbarkeit des § 309 Nr. 5. Zu beachten ist ferner, dass die Anwendung des § 309 Nr. 5 – vorbehaltlich der analogen Anwendung des § 309 Nr. 5 b – in bestimmten Fällen schon deshalb ausscheiden muss, weil die Pauschale nicht auf Ersatz eines Schadens oder einer Wertminderung gerichtet ist. So ist die Annahme einer Schadenspauschale im Sinne des § 309 Nr. 5 bei rechtmäßigem Verhalten, wie z. B. der einverständlichen Vertragsaufhebung, grundsätzlich ausgeschlossen.[3] Ebenso muss die Annahme einer unmittelbar an § 309 Nr. 5 zu überprüfenden Schadenspauschale ausscheiden, wenn es um die Aufbürdung von Kosten geht, die auch bei vertragsgemäßem Verhalten entstanden wären.[4] Demgegenüber kommt die Anwendung des § 308 Nr. 7 auch dann in Betracht, wenn die relevante Klausel kein pflichtwidriges Verhalten voraussetzt. **62**

c) Abgrenzung von § 308 Nr. 7 und § 309 Nr. 5. Es bleibt die Frage, wie sich das Verhältnis des § 308 Nr. 7 zu § 309 Nr. 5 in den verbleibenden Fällen gestaltet, in denen der Tatbestand beider Vorschriften einschlägig zu sein scheint. Zum Teil wird vorgeschlagen, bei **pauschalierten Beträgen** § 309 Nr. 5, bei konkret für **63**

---

[1] BGH NJW 2000, 205, 205 (zum AGBG); *Staudinger/Coester-Waltjen* Rz 16.

[2] A. A. wohl *Ulmer/H. Schmidt* Rz 4.

[3] OLG Hamburg NJW-RR 1990, 909, 910 (zu § 11 Nr. 5 AGBG): „Der Anwendung des § 11 Nr. 5 AGB-Gesetz steht entgegen, dass die Klausel nicht von einem vertragswidrigen Verhalten des AGB-Kunden ausgeht."

[4] OLG Schleswig MMR 2002, 174, 175 (zu § 11 Nr. 5 AGBG).

einzelne Posten errechneten Beträgen dagegen § 308 Nr. 7 anzuwenden.[1] Daran ist richtig, dass § 309 Nr. 5 bei fehlender Pauschalierung nicht anzuwenden ist. Dagegen ist die Anwendung von § 308 Nr. 7 auf pauschalierte Beträge weder nach dem Wortlaut dieser Vorschrift noch nach ihrem Sinn und Zweck ausgeschlossen.[2] Eine andere Auffassung will darauf abstellen, **welcher Anspruch** den **Schwerpunkt** der Klausel bildet,[3] so dass bei schwerpunktmäßiger Regelung des Schadensersatzes § 309 Nr. 5, bei schwerpunktmäßiger Regelung von Vergütungs- und Aufwendungsersatzansprüchen § 308 Nr. 7 anzuwenden wäre. Diese Auffassung führt jedoch nicht nur zu Abgrenzungsschwierigkeiten im Einzelfall. Sie überzeugt vielmehr auch deshalb nicht, weil § 308 Nr. 7 schon seinem Wortlaut nach keine Einschränkung hinsichtlich der Anspruchsgrundlage vorsieht. Er ist auf die Regelung der Höhe des Vergütungs- und Aufwendungsersatzes anzuwenden, gleichgültig ob diese im Rahmen eines Schadensersatzanspruchs berechnet werden oder nicht. **§ 308 Nr. 7** ist deshalb **neben § 309 Nr. 5 anzuwenden,** wenn in AGB pauschalierte Vergütungs- und Aufwendungsersatzregelungen im Rahmen eines Schadensersatzes geregelt sind.[4]

2. Verhältnis zu § 309 Nr. 6

64 Die Vereinbarung einer unangemessen hohen Vergütungs- und Aufwendungsersatzregelung kann sich gleichzeitig als Vertragsstrafe darstellen. Im Verhältnis zu § 309 Nr. 6 ergeben sich jedoch keine besonderen Abgrenzungsprobleme. Soweit eine Vertragsstrafe anzunehmen ist, muss **neben § 308 Nr. 7** auch **§ 309 Nr. 6** Anwendung finden.[5] Im Regelfall führt dies zum gleichen Ergebnis. Denn bei Annahme einer Vertragsstrafe ist die damit gleichzeitig verbundene Vergütungs- oder Aufwendungsersatzregelung regelmäßig unangemessen hoch, so dass sich die Unwirksamkeit der Klausel sowohl aus § 308 Nr. 7 als auch aus § 309 Nr. 6 ergibt. Umgekehrt wird bei angemessener Höhe der Vergütung oder des Aufwendungsersatzes in aller Regel auch keine Vertragsstrafe anzunehmen sein.

3. Verhältnis zu § 307 I, II

65 § 307 ist generell neben § 308 Nr. 7 anwendbar. Praktisch bedeutsam ist die Anwendbarkeit des § 307 insoweit, als eine Kontrolle nach § 308 Nr. 7 nicht in Betracht kommt.

66 **a) Vergütungs- und Aufwendungsersatzansprüche des Verwendungsgegners.** So ist zunächst zu beachten, dass § 308 Nr. 7 nicht auf solche Klauseln anwendbar ist, die sich darauf beschränken, Vergütungs- und Aufwendungsersatzansprüche des Vertragspartners zu regeln.[6] Solche Klauseln sind jedoch nach § 307

---

[1] *Schlosser/Coester-Waltjen* § 10 Nr. 7 Rz 11: Siehe nunnmehr *Staudinger/Coester-Waltjen* § 309 Nr. 5 Rz 6, 7: § 309 Nr. 7 a knüpfe an tatsächlich erbrachte Leistungen an, für die ein pauschaliertes Entgelt zu zahlen sei, während § 309 Nr. 5 reale Leistungen oder Aufwendungen nicht voraussetze. § 308 Nr. 7 b betreffe nur Fälle, in denen Aufwendungsersatz nicht wegen einer Vertragsverletzung als Schaden geschuldet werde. Daher bleibe § 309 Nr. 5 b anwendbar, wenn im Rahmen von Schadenspauschalierungen nur ein Rechnungsposten pauschaliert werde.

[2] Für Anwendung des § 308 Nr. 7 trotz Vorliegens einer Pauschale auch BGH NJW 1985, 632, 632 (zu § 10 Nr. 7 AGBG).

[3] *Löwe/von Westphalen* § 10 Nr. 7 Rz 4.

[4] Zust. *Soergel/Stein* § 10 Nr. 7 AGBG Rz 70. I.E. wohl auch *Ulmer/H. Schmidt* Rz 4, der aber der Auffassung ist, dass die Abgrenzung der Anwendungsbereiche beider Vorschriften vernachlässigt werden könne.

[5] I. E. auch *Ulmer/H. Schmidt* Rz 5.

[6] *Erman/Roloff* Rz 62.

unwirksam,[1] wenn sie den Vertragspartner wegen der geringen Höhe der vorgesehenen Ansprüche oder durch den Ausschluss von Ansprüchen unangemessen benachteiligen.[2] Unwirksam ist deshalb insbesondere eine Klausel in AGB des Bestellers, wonach der Unternehmer im Falle einer Kündigung nach § 649 S. 1 oder nach § 8 Nr. 1 VOB/B entgegen dem gesetzlichen Grundgedanken des § 649 S. 2 nur Vergütung für bereits erbrachte Leistungen oder Ersatz für entstandene Kosten erhalten soll.[3] Wirksam ist jedoch die Klausel in einem Werkvertrag, wonach im Falle einer (Teil-)Kündigung gemäß § 649 S. 1 die nach § 649 S. 2 geschuldete Vergütung oder ein Schadensersatz für entgangenen Gewinn entfällt, wenn ein gleichwertiger Ersatzauftrag angeboten wird.[4]

b) Andere Ansprüche des Verwendungsgegners. Auch Klauseln, die andere Ansprüche des Verwendungsgegners als Ansprüche auf Vergütung und Aufwendungsersatz beschränken, fallen nicht unter § 308 Nr. 7. Sie sind jedoch an § 307 zu messen. Nicht unter § 308 Nr. 7, sondern unter § 307 fallen z. B. Klauseln, durch die der Verwender einen gegen ihn gerichteten Rückzahlungsanspruch ausschließt oder seine Fälligkeit hinausschiebt.[5] Nach § 307 ist eine solche Klausel jedenfalls dann unangemessen, wenn die Beendigung des Vertrags nicht dem Kunden zuzurechnen ist, weil der Verwender dadurch ein ihn treffendes Risiko auf den anderen Vertragsteil abwälzt.[6] Nach § 307 unwirksam ist deshalb der Ausschluss der Rückerstattung von Eintrittskarten bei Terminverlegung einer Veranstaltung,[7] ebenso eine Ausschlussfrist von 2 Wochen für die Rückerstattung bei Absage einer Veranstaltung. 67

c) Kontrolle des Anspruchsgrundes. Mit Blick auf die Kontrolle des Anspruchsgrundes ergeben sich erhebliche Unterschiede zwischen der hier vertretenen Auslegung des § 308 Nr. 7 und der überwiegend vertretenen Auffassung: 68

Nach der **hier vertretenen Auffassung** findet § 308 Nr. 7 auch auf vertraglich geschaffene Ansprüche Anwendung (s. Rz 22). Dies hat erhebliche Auswirkungen für die Kontrolle solcher Klauseln, die hinsichtlich des Anspruchsgrundes vom Gesetz abweichen, dem Verwender also auch in solchen Fällen einen Anspruch gewähren, in denen das Gesetz keinen Anspruch des Verwenders vorsieht. Da es nämlich für die Frage, ob der in der Klausel eingeräumte Anspruch unangemessen hoch ist, nach allgemeinen Grundsätzen darauf ankommt, ob eine wesentliche Abweichung von dem nach dem Gesetz geschuldeten Betrag vorliegt (s. Rz 31), sind vertraglich geschaffene, im Gesetz nicht vorgesehene Aufwendungsersatz- und Vergütungsansprüche im Sinne des § 308 Nr. 7 nach der hier vertretenen Auffassung stets unwirksam, soweit ihre Höhe nicht unwesentlich sind. 69

Die ganz überwiegende Auffassung will demgegenüber lediglich gesetzliche Ansprüche an § 308 Nr. 7 messen (s. Rz 22). Will man freilich vertragliche Vergütungs- und Aufwendungsersatzansprüche dem Anwendungsbereich des § 308 Nr. 7 entziehen, dann muss dies auch für die vertragliche Abänderung der Tatbestandsvor- 70

---

1 *Erman/Roloff* § 308 Rz 62.

2 Vgl. BGHZ 92, 244, 249 = BGH NJW 1985, 631, 632: Vollständiger Ausschluss des Anspruchs aus § 649 S. 2 gemäß § 9 AGBG (§ 307) unangemessen.

3 BGHZ 92, 244, 248 ff. (zu § 9 AGBG).

4 OLG Koblenz NJW-RR 1992, 850, 851 (zu § 9 AGBG).

5 Für eine Kontrolle anhand von § 307 auch *Ulmer/H. Schmidt* Rz 21; *Erman/Roloff* Rz 61 (mit Blick auf Rückzahlungsaufschubklauseln). Für eine Kontrolle anhand des § 308 Nr. 7 aber *Staudinger/Coester-Waltjen* Rz 4; wohl auch BGH NJW 1983, 2817, 2819 (zu § 10 Nr. 7 AGBG); OLG Koblenz NJW 1987, 74, 74 (zu § 10 Nr. 7 AGBG).

6 Für Unwirksamkeit auch *Ulmer/H. Schmidt* Rz 21.

7 LG München NJW 1991, 1491, 1491 (zu § 9 AGBG).

aussetzungen gesetzlicher Ansprüche gelten, und es ist demgemäß nur konsequent, § 308 Nr. 7 generell außer Acht zu lassen, soweit es um Regelungen des Anspruchsgrundes geht. Ebendies ist das von der überwiegenden Auffassung befürwortete Ergebnis: Die Kontrolle von Regelungen des Anspruchsgrundes soll danach nicht anhand des § 308 Nr. 7, sondern nach § 307 erfolgen.[1] Regelmäßig unangemessen sollen Klauseln sein, die einen gesetzlich nicht vorgesehenen Aufwendungsersatz- oder Vergütungsanspruch des Verwenders (auch) für den Fall anordnen, dass der Rücktritts- oder Kündigungsgrund vom Verwender verschuldet ist oder in seinen Risikobereich fällt.[2] Demgegenüber könne der Anspruch gegen den Kunden auf Vergütung oder Aufwendungsersatz seinem Grunde nach im Allgemeinen als angemessen eingestuft werden, wenn der Rücktritts- oder Kündigungsgrund vom anderen Vertragsteil verschuldet sei[3] oder in dessen Risikobereich falle.[4] Beispielsweise soll es grundsätzlich nicht unangemessen im Sinne des § 307 sein, wenn die AGB des Verkäufers in Anlehnung an § 502 II 2 einen Aufwendungsersatzanspruch zugunsten des Verkäufers vorsehen.[5] Freilich werden auch die Vertreter der überwiegenden Auffassung die Vereinbarung eines Aufwendungsersatzanspruchs des Verkäufers für unzulässig halten müssen, wenn ein Verbrauchsgüterkauf (§ 474) gegeben ist. Denn dann sind Abweichungen von der gesetzlichen Regelung nach § 475 I 1 i.V.m. §§ 437 Nr. 2, 440, 323 grundsätzlich verboten, und dies muss richtigerweise nicht nur für die Voraussetzungen, sondern auch für die Folgen des Rücktritts gelten, wenn eine Aushöhlung des § 475 I 1 vermieden werden soll.

71 **d) Ausschluss von Rücktritts- und Kündigungsrechten.** Nicht nach § 308 Nr. 7, sondern nach §§ 309 Nr. 8 a, 8 b bb, 307 zu beurteilen sind Klauseln, die Rücktritts- und Kündigungsrechte des Verwendungsgegners gänzlich oder teilweise ausschließen. Auch der Ausschluss des Kündigungsrechts aus § 627 ist nicht nach § 308 Nr. 7 beurteilen.[6] Doch ist eine Klausel, die das Kündigungsrecht aus § 627 ausschließt, nach § 307 unwirksam.[7]

4. Verhältnis zu § 307 III

72-79 Schwierigkeiten kann die Frage bereiten, wann eine Klausel, welche sich auf Vergütungs- oder Aufwendungsersatzansprüche bezieht, der Inhaltskontrolle nach § 307 III entzogen ist. Letzteres ist beispielsweise mit Blick auf eine Klausel in einem Versicherungsvertrag anzunehmen, der zufolge ein zunächst gewährter Schadensfreirabatt nachträglich entfällt, wenn der Versicherer während des Versicherungsjahres einen Schaden bezahlt hat und der Vertrag nicht um ein weiteres Jahr verlängert wird.[8]

---

[1] *Staudinger/Coester-Waltjen* Rz 3; *Erman/Roloff* Rz 61; *Löwe/von Westphalen* § 10 Nr. 7 Rz 9; *Palandt/Grüneberg* Rz 35. Ebenso OLG Hamburg NJW-RR 1990, 909, 910 (zu § 10 Nr. 7 AGBG). In der letztgenannten Entscheidung geht es allerdings um eine Aufwendungsersatzklausel in einem freiwillig abgeschlossenen Aufhebungsvertrag. § 10 Nr. 7 AGBG (§ 308 Nr. 7) ist in einer solchen Konstellation auch nach der hier vertretenen Auffassung nicht einschlägig. S. Rz 11. Erwähnt sei ferner, dass das OLG Hamburg, a.a.O., sich zwar für eine Kontrolle anhand des § 9 AGBG (§ 307) ausspricht, dabei jedoch die Wertentscheidung des § 10 Nr. 7 AGBG (§ 308 Nr. 7) berücksichtigen möchte.

[2] *Erman/Roloff* Rz 61.

[3] *Löwe/von Westphalen* § 10 Nr. 6 AGBG Nr. 7 Rz 25; *Erman/Roloff* Rz 61.

[4] *Erman/Roloff* Rz 61.

[5] OLG Hamm NJW-RR 1987, 311, 314 zu 6 (zu §§ 10 Nr. 7 AGBG, 2 I 1 AbzG).

[6] S. Anh. § 310 Rz M 22; a. A. OLG Hamm NJW-RR 1987, 243, 244 (zu § 10 Nr. Nr. 7 AGBG).

[7] BGH NJW 1999, 276, 277 (zu § 9 AGBG).

[8] BGH NJW-RR 2005, 1479, 1480.

V. Geltung zwischen Unternehmern

80 § 308 Nr. 7 gilt nicht unmittelbar zwischen Unternehmern (§ 310 I 1). Auch kommt § 308 Nr. 7 wegen der besonderen Interessenlage im unternehmerischen Verkehr **keine Indizwirkung** zu.[1] Der Grundgedanke des § 308 Nr. 7, dem Verwender keinen Anreiz zur Lösung vom Vertrag zu geben und dem Vertragspartner die Lösung nicht unangemessen zu erschweren (s. Rz 1), trifft aber grundsätzlich auch auf Unternehmer zu und ist deshalb im Rahmen von § 307 zu berücksichtigen.[2] Die Anwendung des § 307 wird dabei praktisch vielfach zu ähnlichen Ergebnissen führen.[3] So ist z. B. eine Klausel in einem Werkvertrag, die für den Fall der Kündigung eine pauschale Vergütung, nicht aber eine Anrechnung der in § 649 S. 2, Hs. 2 genannten Beträge vorsieht, wegen Unvereinbarkeit mit dem wesentlichen Grundgedanken der gesetzlichen Regelung nach § 307 II Nr. 1 unwirksam.[4] Ferner sind **Verfalls- und Rückerstattungsklauseln** auch gegenüber Unternehmern unwirksam, wenn das Prinzip der Wahrung eines angemessenen Verhältnisses von Leistung und Gegenleistung grob verletzt wird.[5] Zudem sollte man auch im unternehmerischen Verkehr die Wirksamkeit der Klausel analog § 309 Nr. 5 b von der Belassung der Möglichkeit des Nachweises abhängig machen, dass eine geringere oder keine Vergütung bzw. ein geringerer oder kein Aufwendungsersatz geschuldet ist.[6] Dementsprechend hat auch der BGH mit Blick auf den Vertragshändlervertrag anerkannt, dass selbst für den Fall einer vom Prinzipal zu vertretenden Vertragsbeendigung eine pauschale Nutzungsvergütung zulässig ist, sofern diese der Höhe nach angemessen ist und die Möglichkeit des Gegenbeweises analog § 309 Nr. 5 b weder ausdrücklich noch konkludent ausschließt.[7] Eines ausdrücklichen Vorbehalts des Gegenbeweises bedarf es im unternehmerischen Verkehr nicht.[8]

---

[1] Wohl großzügiger *Staudinger/Coester-Waltjen* Rz 21: grundsätzliche Geltung im unternehmerischen Verkehr. Für eine durch § 307 vermittelte grundsätzliche Anwendung des § 308 Nr. 7 im unternehmerischen Verkehr wohl auch *Palandt/Grüneberg* Rz 41.

[2] Insoweit zutreffend *Staudinger/Coester-Waltjen* Rz 21. Tendenziell wie hier BGH NJW 1994, 1069, 1070: § 10 Nr. 7 AGBG (§ 308 Nr. 7) stelle eine Ausformung der Generalklausel des § 9 AGBG (§ 307) dar und fließe für den kaufmännischen Verkehr als Wertungsmaßstab in die Inhaltskontrolle nach dieser Vorschrift ein.

[3] Allgemeine Meinung, vgl. *Löwe/von Westphalen* § 10 Nr. 7 Rz 34.

[4] So (zu § 9 AGBG und mit Blick auf den kaufmännischen Verkehr) BGH NJW 1999, 418, 420 (Architektenvertrag).

[5] BGH NJW 1982, 181, 182 für Verfallklausel (zu § 9 AGBG).

[6] Großzügiger aber *Staudinger/Coester-Waltjen,* § 308 Nr. 7 Rz 21, der zufolge das Abschneiden des Gegenbeweises zulässig sein kann.

[7] BGH NJW 1994, 1060, 1067 (zu §§ 9, 10 Nr. 7, 11 Nr. 5 b AGBG).

[8] S. § 309 Nr. 5 Rz 144.

§ 308 Klauselverbote mit Wertungsmöglichkeit

In Allgemeinen Geschäftsbedingungen ist insbesondere unwirksam

8. (Nichtverfügbarkeit der Leistung)

die nach Nummer 3 zulässige Vereinbarung eines Vorbehalts des Verwenders, sich von der Verpflichtung zur Erfüllung des Vertrags bei Nichtverfügbarkeit der Leistung zu lösen, wenn sich der Verwender nicht verpflichtet

a) den Vertragspartner unverzüglich über die Nichtverfügbarkeit zu informieren und

b) Gegenleistungen des Vertragspartners unverzüglich zu erstatten.

Inhaltsübersicht

I. Allgemeines

1. Inhalt und Allgemeines

1 Nach § 308 Nr. 3 ist eine Klausel dann unwirksam, wenn sie dem Verwender das Recht gibt, sich ohne sachlich gerechtfertigten und im Vertrag angegebenen Grund von seiner Leistungspflicht zu lösen. Mit Blick auf Lösungsrechte, die für den Fall der Nichtverfügbarkeit der Leistung vorgesehen sind, ergänzt § 308 Nr. 8 die Vorschrift des § 308 Nr. 3 um eine zusätzliche Wirksamkeitsvoraussetzung. Namentlich ist ein entsprechendes Lösungsrecht auch dann unwirksam, wenn der Verwender sich nicht verpflichtet, den Vertragspartner unverzüglich über die Nichtverfügbarkeit zu informieren (Nr. 8 a) und die Gegenleistung des Vertragspartners unverzüglich zu erstatten (Nr. 8 b). Von dieser Vorschrift betroffen sind vor allem Vorratsklauseln und Selbstbelieferungsvorbehalte.[1] **Vorratsklauseln** sehen eine automatische oder vom Willen des Verwenders abhängige Befreiung des Verwenders von seiner Leistungspflicht für den Fall vor, dass die geschuldete Leistung nicht mehr aus dem Vorrat des Verwenders erbracht werden kann. **Selbstbelieferungsvorbehalte** se-

[1] Ebenso z. B. MünchKomm/*Basedow* Rz 4; *Bamberger/Roth* Rz 2.

hen einen automatischen oder vom Willen des Verwenders abhängigen Wegfall der Leistungspflicht des Verwenders unter der Voraussetzung vor, dass der Verwender selbst von seinem Lieferanten im Stich gelassen wird. Hervorzuheben ist, dass die unter § 308 Nr. 8 fallenden Klauseln sowohl den Anforderungen des § 308 Nr. 8 als auch denen des § 308 Nr. 3 genügen müssen.[1] Dies ergibt sich nicht nur aus dem Wortlaut der Vorschrift, sondern auch aus den Gesetzgebungsmaterialien.[2]

2. Gemeinschaftskonforme Auslegung

§ 308 Nr. 8 stimmt wörtlich mit der Vorschrift des früheren § 10 Nr. 8 AGBG 2
überein, welcher im Jahre 2000 im Zusammenhang mit der Umsetzung des Art. 7 II der **Fernabsatzrichtlinie** in das AGB-Gesetz eingefügt wurde.[3] Dies bedeutet allerdings nicht, dass die Vorgaben des Art. 7 II der Fernabsatzrichtlinie bei der Auslegung des § 308 Nr. 8 **kraft Gemeinschaftsrechts** im Wege der richtlinienkonformen Auslegung zu beachten wären. Denn Art. 7 II regelt lediglich die nach dem Gesetz bestehenden Pflichten des Unternehmers („Lieferers") im Falle der Nichtverfügbarkeit der relevanten Waren oder Dienstleistungen, betrifft also nicht die Anforderungen, die an die Gestaltung der AGB des Unternehmers zu stellen sind.[4] Doch kann sich die Relevanz gemeinschaftsrechtlicher Normen für die Auslegung nationalen Rechts nicht nur kraft Gemeinschaftsrechts, sondern auch **kraft nationalen Rechts** ergeben.[5] Vorliegend gilt es zu beachten, dass der Gesetzgeber bei Schaffung des § 10 Nr. 8 AGBG (308 Nr. 8) ausdrücklich auf die Fernabsatzrichtlinie Bezug genommen hat[6] und dass das Gesetz sich zudem mit dem Begriff der Verfügbarkeit auch der Terminologie der Richtlinie bedient. Dies ist bei der Auslegung des § 308 Nr. 8 in Rechnung zu stellen. Namentlich muss § 308 Nr. 8 zumindest dann Anwendung finden, wenn eine Klausel solche Fälle erfasst, in denen Art. 7 II der Fernabsatzrichtlinie eine Informations- oder Erstattungspflicht des Unternehmers vorsieht.

3. Sinn und Zweck

Dass der Vertragspartner in den von § 308 Nr. 8 erfassten Fällen beim Entfallen 3
der Leistungspflicht ein Recht auf unverzügliche Information sowie auf Rückerstattung erbrachter Leistungen haben muss, liegt auf der Hand. In der Tat ergeben sich entsprechende Rechte in aller Regel bereits aus dem dispositiven Recht.[7]

---

[1] Ebenso z. B. *Palandt/Grüneberg* Rz 42; *Bamberger/Becker* Rz 3; MünchKomm/*Basedow* Rz 3; *Ulmer/H. Schmidt* Rz 1.

[2] Vgl. BT-Drs. 14/2658, S. 51: „Die neue Nummer 8 soll lediglich sicherstellen, dass sich der Verwender von Allgemeinen Geschäftsbedingungen bzw. der Unternehmer bei Verbraucherverträgen die Nichterfüllung eines Vertrages im Falle der Nichtverfügbarkeit der Leistungen vertraglich zulässigerweise über die nach Nr. 3 bestehenden Voraussetzungen hinaus nur dann vorbehalten kann, wenn er sich gleichzeitig verpflichtet, den Verbraucher unverzüglich über die Nichtverfügbarkeit zu unterrichten und schon geleistete Anzahlungen auf den Preis unverzüglich zu erstatten."

[3] Gesetz über Fernabsatzverträge und andere Fragen des Verbraucherrechts sowie zur Umstellung von Vorschriften auf Euro vom 27. 6. 2000, BGBl. I, S. 897.

[4] S. Art. 7 II der RL 97/7/EG: „Wird ein Vertrag vom Lieferer nicht erfüllt, weil die bestellte Ware oder Dienstleistung nicht verfügbar ist, so ist der Verbraucher davon zu unterrichten, und er muss die Möglichkeit haben, sich geleistete Zahlungen möglichst bald, in jedem Fall jedoch binnen 30 Tagen, erstatten zu lassen."

[5] S. z. B. *Dammann,* Die Grenzen zulässiger Diskriminierung im Allgemeinen Zivilrecht, 2005, S. 363.

[6] BT-Drs. 14/2658, S. 51.

[7] Im Falle der Informationspflicht sind die §§ 241 II, 242 einschlägig. Die Pflicht zur Rückerstattung kann sich je nach Ausgestaltung des Leistungsvorbehalts aus unterschiedlichen Vorschriften ergeben, z. B. aus § 346 I.

Auch ist unschwer zu erkennen, dass es dem Schutze des Vertragspartners dient, wenn dieser im Vertrag auf seine Rechte hingewiesen wird. Es bleibt jedoch die Frage, weshalb die Regelung des § 308 Nr. 8 auf solche Lösungsrechte beschränkt ist, die gerade an die Nichtverfügbarkeit der Leistung anknüpfen. Vordergründig lässt sich dies damit erklären, dass die Vorschrift mit Blick auf Art. 7 II der Fernabsatzrichtlinie erlassen wurde (s. Rz 2) und dass Art. 7 II der Fernabsatzrichtlinie an die Nichtverfügbarkeit von Waren oder Dienstleistungen anknüpft. Indessen ist bereits darauf hingewiesen worden, dass § 7 II der Fernabsatzrichtlinie nicht die Gestaltung des Vertrages, sondern die nach dem Gesetz bestehenden Pflichten des Unternehmers bei Abwicklung des Vertrages betrifft (s. Rz 2). Die Schaffung einer dem § 308 Nr. 8 entsprechenden Regelung war also gemeinschaftsrechtlich nicht geboten. Folgerichtig kann man den Anwendungsbereich dieser Vorschrift nicht unter Hinweis darauf rechtfertigen, dass es in anderen Konstellationen an entsprechenden gemeinschaftsrechtlichen Vorgaben fehlt. Erst recht hält die Fernabsatzrichtlinie den deutschen Gesetzgeber nicht davon ab, die vertragliche Verankerung der in § 308 Nr. 8 angesprochenen Pflichten auch in anderen Fällen zur Wirksamkeitsvoraussetzung von Lösungsrechten zu machen.[1] Der Hinweis auf das Gemeinschaftssekundärrecht vermag die Beschränkung des Anwendungsbereichs des § 308 Nr. 8 auf Fälle der Nichtverfügbarkeit der Leistung also nicht hinreichend zu erklären. Verlockender erscheint es auf den ersten Blick, ein Missverständnis auf Seiten des Gesetzgebers für die Ausgestaltung des § 308 Nr. 8 verantwortlich zu machen. So heißt es in der Begründung des einschlägigen Gesetzesentwurfs: „Dies dient der Umsetzung von Artikel 7 Abs. 2 FARL [...].“[2] Doch bezieht sich dieser Hinweis wohl nur auf den unmittelbar vorangegangenen Satz, welcher lautet: „§ 2 Abs. 2 Nr. 4 Fernabsatzgesetz sieht bei Fernabsatzverträgen auch eine zusätzliche Informationspflicht hierüber vor.“[3] Vor dem dargestellten Hintergrund lässt sich die Beschränkung des Anwendungsbereichs des § 308 Nr. 8 auf solche Lösungsrechte, die an die Nichtverfügbarkeit der Leistung anknüpfen, am ehesten wie folgt plausibel machen: Die in § 308 Nr. 8 angesprochenen Erstattungspflichten rechtfertigen sich nicht allein daraus, dass der Verwender ab dem relevanten Zeitpunkt die Möglichkeit hat, sich vom Vertrag zu lösen. Vielmehr kommt hinzu, dass die Erbringung der Leistung selbst dann, wenn das Lösungsrecht nicht ausgeübt wird, entweder ausgeschlossen oder doch sehr unwahrscheinlich ist. Enthält der Vertrag z. B. einen Selbstbelieferungsvorbehalt des Inhalts, dass der Verwender berechtigt ist, vom Vertrag zurückzutreten, wenn sein eigener Lieferant trotz eines sorgfaltsgerecht abgeschlossenen Deckungsgeschäfts nicht liefert, dann besteht zwar die theoretische Möglichkeit, dass der Verwender sich die Ware anderweitig beschafft. Doch in der Praxis dürfte dies eher selten geschehen. Dem entspricht es, dass die Klausel nach dem Wortlaut des § 308 Nr. 8 bereits für den Fall der Nichtverfügbarkeit der Leistung, also nicht erst für den Fall der Ausübung des Rücktrittsrechts, eine Pflicht zur Erstattung der Gegenleistung vorzusehen hat (s. Rz 28).

[1] Dies gilt selbst im Falle von Fernabsatzverträgen, da Art. 14 S. 1 der Richtlinie 97/7/EG den Mitgliedstaaten ausdrücklich die Gewährung eines höheren als des in der Fernabsatzrichtlinie vorgesehenen Schutzniveaus erlaubt.

[2] BT-Drs. 14/2658, S. 51.

[3] BT-Drs. 14/2658, S. 51.

II. Tatbestand

1. Lösungsvorbehalt des Verwenders

§ 308 Nr. 8 setzt zunächst einen Vorbehalt des Verwenders voraus, sich von der Pflicht zur Erfüllung des Vertrags zu lösen. Zur Frage, wann ein Lösungsrecht gegeben ist, kann auf das zu § 308 Nr. 3 Gesagte verwiesen werden (s. § 308 Nr. 3 Rz 14 ff.). Erfasst werden also insbesondere nicht nur Gestaltungsrechte, sondern alle Rechte, die es dem Verwender ermöglichen, sich zumindest für die Zukunft vollständig und ersatzlos von seiner Hauptleistungspflicht zu lösen, ohne dabei auf eine freiwillige Mitwirkung des Verwendungsgegners angewiesen zu sein. In den Anwendungsbereich des § 308 Nr. 8 fallen daher z. B. schuldrechtliche Ansprüche auf die Aufhebung des Vertrags und auflösende Bedingungen. Besonders hervorzuheben ist, dass § 308 Nr. 8 auch dann eingreift, wenn die Klausel keine automatische Beendigung des Vertrages, sondern lediglich ein Recht des Verwenders vorsieht, sich vom Vertrag zu lösen. Zwar scheint die Regelung des § 308 Nr. 8 auf diesen Fall nur eingeschränkt zu passen. Denn wenn die Klausel dem Verwender lediglich ein Recht zur Lösung vom Vertrag gewährt, besteht stets die Möglichkeit, dass der Verwender sich dafür entscheidet, am Vertrag festzuhalten. Und es erscheint auf den ersten Blick wenig plausibel, dass der Verwender, der am Vertrag festhält, trotzdem zur Erstattung etwaiger Gegenleistungen verpflichtet sein soll. Doch lässt sich diese Problematik auch ohne eine teleologische Reduktion des § 308 Nr. 8 bewältigen, nämlich dadurch, dass man dem Verwender, der am Vertrag festhält, die Einrede aus § 242 zubilligt, wenn der Vertragspartner die Erstattung der Gegenleistung verlangt (s. Rz 27). 4

2. Nichtverfügbarkeit der Leistung

a) Allgemeines. § 308 Nr. 8 erfasst nur solche Lösungsrechte, die für den Fall der Nichtverfügbarkeit der Leistung vereinbart werden. Die Anwendung des § 308 N. 8 setzt nicht voraus, dass das Lösungsrecht ausschließlich für den Fall der Nichtverfügbarkeit vereinbart ist. Vielmehr findet § 308 Nr. 8 schon dann Anwendung, wenn **zumindest auch für den Fall der Nichtverfügbarkeit** der Leistung ein Recht des Verwenders vorgesehen ist, sich von der Pflicht zur Erfüllung zu lösen. Anderenfalls könnte die Anwendbarkeit des § 308 Nr. 8 durch eine weite Fassung von Lösungsrechten vermieden werden. Auf der anderen Seite wird man fordern müssen, dass das Lösungsrecht (gerade) auch für solche Fälle vorgesehen ist, in denen die Nichtverfügbarkeit der Leistung gegeben ist. Dazu ist nicht erforderlich, dass die Klausel den Begriff der Nichtverfügbarkeit oder eine Umschreibung desselben verwendet. Vielmehr reicht es aus, dass der von der Klausel umschriebene Lösungstatbestand auch Fälle der Nichtverfügbarkeit der Leistung umfasst,[1] wie z. B. dann, wenn eine Klausel schon für den Fall der Leistungserschwerung ein Lösungsrecht vorsieht. Ebenso ist es ausreichend, wenn die Klausel einzelne Fallgestaltungen nennt, die als Fälle der Nichtverfügbarkeit der Leistung charakterisiert werden können. Erforderlich ist jedoch stets, dass gerade die Umstände, welche die Nichtverfügbarkeit der Leistung begründen, auch allein oder zusammen mit anderen Umständen den Tatbestand des in der Klausel vorgesehenen Lösungsrechts erfüllen. **Anwendbar** ist § 308 Nr. 8 daher z. B. im Falle einer Klausel, die dem Verwender ein Lösungsrecht für den Fall einräumt, dass dieser „nicht in der Lage 5

[1] Enger möglicherweise *Ulmer/H. Schmidt* Rz 4, dem zufolge § 308 Nr. 8 nur dann eingreift, wenn das Lösungsrecht „auf die Nichtverfügbarkeit der Leistung abstell[t]".

ist, seiner Lieferpflicht nachzukommen". Denn die Nichtverfügbarkeit der Leistung kann ohne weiteres ein Umstand sein, der, gegebenenfalls zusammen mit weiteren Umständen, die Unfähigkeit begründet, bestehenden Lieferpflichten nachzukommen. Nicht in Betracht kommt die Anwendung des § 308 Nr. 8 dagegen dann, wenn lediglich die Möglichkeit besteht, dass eine Lösungsklausel möglicherweise auch in solchen Fällen Anwendung finden wird, in denen die Leistung nicht verfügbar ist. Denn die letztgenannte Voraussetzung wird bei nahezu jedem Lösungsrecht erfüllt sein, so dass das Tatbestandsmerkmal der Nichtverfügbarkeit in § 308 Nr. 8 bei einer entsprechenden Auslegung dieser Vorschrift seine beschränkende Wirkung nahezu vollkommen einbüßen würde. **Unanwendbar** ist § 308 Nr. 8 daher beispielsweise dann, wenn die Klausel ein Rücktrittsrecht für den Fall vorsieht, dass der Verwendungsgegner falsche Angaben zu seiner Vermögenslage macht. Zwar mögen die Dinge im Einzelfall so liegen, dass der Verwender von diesem Rücktrittsrecht in einer Situation Gebrauch macht, in welcher die Leistung nicht verfügbar ist. Die Nichtverfügbarkeit gehört aber nicht zu den Faktoren, die den Tatbestand der genannten Klausel erfüllen.

6 **b) Begriff der Nichtverfügbarkeit.** Es bleibt die Frage, was genau unter der Nichtverfügbarkeit der Leistung zu verstehen ist. Richtig erscheint folgende Definition: Eine Leistung ist nicht verfügbar, wenn sie unmöglich ist (§ 275 I), nur mit unverhältnismäßigem Aufwand (§ 275 II) oder nur unter Inkaufnahme der aus einer Doppelverpflichtung resultierenden rechtlichen Nachteile erbracht werden kann, persönlich zu erbringen und unter Berücksichtigung dessen nicht zumutbar ist (§ 275 III) oder wenn der Verwender von seinen eigenen Lieferanten im Stich gelassen worden ist und die Leistung nur dadurch erbringen kann, dass er auf andere Lieferanten zurückgreift. Ausschlaggebend für diese relativ weite Definition sind folgende Erwägungen: Der Begriff der Nichtverfügbarkeit muss hinreichend großzügig definiert werden, um so genannte Vorrats- und Selbstbelieferungsklauseln zu erfassen, denn in diesen hat der Gesetzgeber wohl den hauptsächlichen Anwendungsbereich der Vorschrift gesehen.[1] Ferner sei an die hier vertretene Interpretation der Zwecksetzung des § 308 Nr. 8 erinnert, diejenigen Fälle zu erfassen, in denen eine Erfüllung der Leistungspflicht des Verwenders selbst dann unwahrscheinlich wäre, wenn die Leistungspflicht fortbestünde.

7 **aa) Vorrats- und Selbstbelieferungsklauseln.** In jedem Falle wird man § 308 Nr. 8 auf so genannte Selbstbelieferungs- und Vorratsklauseln anwenden müssen. Vorratsklauseln sehen eine automatische oder vom Willen des Verwenders abhängige Befreiung von der Leistungspflicht für den Fall vor, dass die geschuldete Leistung nicht mehr aus dem Vorrat des Verwenders erbracht werden kann. Selbstbelieferungsvorbehalte sehen einen automatischen oder vom Willen des Verwenders abhängigen Wegfall der Leistungspflicht für den Fall vor, dass der Verwender selbst von seinem Lieferanten im Stich gelassen wird. Die Anwendbarkeit des § 308 Nr. 8 auf solche Klauseln ist schon deshalb zu bejahen, weil der Gesetzgeber hierin anscheinend den hauptsächlichen Anwendungsbereich der Vorschrift gesehen hat.[2] Hervorzuheben ist, dass § 308 Nr. 8 auf Selbstbelieferungs- und Vorratsklauseln auch dann Anwendung finden muss, wenn diese nicht den Anforderungen des § 308 Nr. 3 genügen. Siehe zu diesen Anforderungen § 308 Nr. 3 Rz 47 f.

---

[1] Vgl. BT-Drs. 14/2658, S. 51: „Vereinbarungen, bei Nichtverfügbarkeit nicht leisten zu müssen, sind im deutschen Recht jedenfalls gegenüber Verbrauchern nur in engen Grenzen möglich. Voraussetzung ist stets, dass die Vertragsabrede eine auf einen Vorrat beschränkte Gattungsschuld begründet und die Vorrats- bzw. Selbstbelieferungsklausel nach § 10 Nr. 3 AGB-Gesetz zulässig ist [...]."

[2] Vgl. BT-Drs. 14/2658, S. 51.

bb) Die Fälle des § 275. Im Falle der Unmöglichkeit kann die Nichtverfügbarkeit ohne weiteres bejaht werden, gleich welcher Art die Leistung ist. Gleiches muss für den Fall gelten, dass die Voraussetzungen des § 275 II oder des § 275 III erfüllt sind. Wie nämlich bereits betont, zielt § 308 Nr. 8 darauf ab, solche Fälle zu erfassen, in denen die Erbringung der ursprünglich vorgesehenen Leistung schon im Zeitpunkt des Eintritts der das Lösungsrecht begründenden Umstände ausgeschlossen oder doch in hohem Maße unwahrscheinlich ist (s. Rz 3). Letzteres trifft auf alle von § 275 erfassten Fallgestaltungen zu. 8

cc) Unwahrscheinlichkeit der Leistung. Demgegenüber würde es zu weit gehen, eine zumindest analoge Anwendung des § 308 Nr. 8 immer schon dann zu bejahen, wenn eine Klausel Fälle erfasst, in denen es bei Eintritt der das Lösungsrecht begründenden Umstände zumindest sehr unwahrscheinlich ist, dass der Verwender seine Leistungspflichten noch erfüllen wird. Zwar würde dies dem Zweck des § 308 Nr. 8 am ehesten gerecht. Doch wäre eine solche Interpretation der Rechtssicherheit in hohem Maße abträglich. 9-10

3. Verpflichtung zur Information des Vertragspartners

§ 308 Nr. 8 macht die Wirksamkeit der dort erfassten Klauseln davon abhängig, dass der Verwender sich verpflichtet, den anderen Teil unverzüglich über die Nichtverfügbarkeit zu informieren. 11

a) Kein Erfordernis der Anlehnung an den Gesetzeswortlaut. § 308 Nr. 8 setzt nicht voraus, dass sich der Verwender der Klausel exakt an den Gesetzeswortlaut anlehnt. Eine Verwendung der im Gesetz vorgesehenen Begriffe ist nach richtiger Auffassung nicht mal im Falle des § 309 Nr. 8 b bb erforderlich,[1] obwohl jene Vorschrift einen „ausdrücklich[en]" Vorbehalt fordert. Erst recht kann dem Verwender daher im Falle des § 308 Nr. 8 nicht abverlangt werden, dass die Klausel genau die Worte des Gesetzes benutzt.[2] Unschädlich ist es insbesondere, wenn die Klausel über die Erfordernisse des § 308 Nr. 8 hinausgeht, also z. B. eine unverzügliche Information des Vertragspartners nicht nur bei Nichtverfügbarkeit der Leistung, sondern in allen Fällen vorschreibt, in denen die Voraussetzungen eines Lösungsrechts gegeben sind. Indessen darf die Klausel inhaltlich nicht hinter § 308 Nr. 8 zurückbleiben. Dies ist durch Auslegung zu ermitteln (§§ 133, 157, 305 c II). Außerdem muss die Klausel dem Transparenzgebot (§ 307 I 2) genügen. 12

b) Maßgeblichkeit des Vertragsinhalts. Entscheidend ist, dass die Pflicht im Vertrag vorgesehen ist.[3] Fehlt es daran, so bleibt die Klausel auch dann unwirksam, wenn der Verwender dem anderen Vertragsteil später tatsächlich unverzüglich Mitteilung von der Nichtverfügbarkeit macht.[4] Die Berufung auf § 308 Nr. 8 durch den Verwendungsgegner ist in diesem Falle auch nicht rechtsmissbräuchlich. Wollte man den Verwender nämlich mithilfe des Einwandes rechtsmissbräuchlichen Verhaltens von dem Risiko freistellen, dass die Nichtaufnahme der relevanten Pflichten in den Vertrag das Lösungsrecht unwirksam macht, dann würde § 308 Nr. 8 seine praktische Bedeutung im Wesentlichen verlieren. Denn eine Pflicht zur unverzüglichen Information des Vertragspartners ergibt sich nach richtiger Auffassung ohnehin schon aus dem dispositiven Recht,[5] nämlich aus den §§ 241 II, 13

---

[1] S. § 309 Nr. 8 b bb Rz 40–46.

[2] Gegen eine Pflicht zur Verwendung der in § 308 Nr. 8 verwandten Begriffe auch *Ulmer/H. Schmidt* Rz 5, 6.

[3] Allg. A. S. z. B. Hk-BGB/*Schulte-Nölke* Rz 26.

[4] S. z. B. *Erman/Roloff* Rz 69; *Palandt/Grüneberg* Rz 42; MünchKomm/*Basedow* Rz 4.

[5] S. z. B. MünchKomm/*Basedow* Rz 4; *Bamberger/Becker* Rz 4; *Staudinger/ Coester-Waltjen* Rz 3.

242.[1] Die Bedeutung des § 308 Nr. 8 liegt also gerade darin, dass er den Verwender zwingt, das Bestehen dieser Pflicht offenzulegen. Diese Funktion könnte § 308 Nr. 8 jedoch nicht mehr erfüllen, wenn der Verwender darauf vertrauen könnte, auch bei fehlender Information des Vertragspartners in den Genuss eines Rücktrittsrechts zu gelangen. Auf der anderen Seite wird die Wirksamkeit einer Klausel nicht dadurch infrage gestellt, dass der Verwender einer im Vertrag vorgesehenen Pflicht zur unverzüglichen Information später nicht nachkommt (s. Rz 28).[2]

14 **c) Maßgeblicher Zeitpunkt.** Hervorzuheben ist, dass die Pflicht zur Information des anderen Vertragsteils bereits für den Fall der Nichtverfügbarkeit der Leistung vorgesehen sein muss. Es reicht also z. B. nicht, dass der Verwender sich für den Fall der Ausübung des Lösungsrechts zur Information des anderen Teils verpflichtet. Diese Notwendigkeit einer Anknüpfung der Informationspflicht an die Nichtverfügbarkeit ist leicht zu erklären: Der Verwendungsgegner hat aus zwei Gründen ein Interesse daran, bereits bei Nichtverfügbarkeit der Leistung unverzüglich informiert zu werden. Erstens ist nämlich bereits die Information, dass die Voraussetzungen des Lösungsrechts gegeben sind, für den Verwendungsgegner von erheblicher Bedeutung, muss er doch nunmehr damit rechnen, dass der Verwender von seinem Lösungsrecht Gebrauch machen wird. Und zweitens ist die geplante Vertragsdurchführung bei Nichtverfügbarkeit der Leistung selbst dann gefährdet, wenn der Verwender sich entschließt, von seinem Lösungsrecht keinen Gebrauch zu machen (vgl. Rz 2). Vor diesem Hintergrund muss es auch in denjenigen Fällen, in denen die Klausel das Lösungsrecht an weitere Voraussetzungen knüpft, bei der Pflicht zur unverzüglichen Information ab dem Zeitpunkt der Nichtverfügbarkeit liegen. Zwar mag es in derartigen Fällen so liegen, dass die Voraussetzungen des Lösungsrechts im Zeitpunkt der Nichtverfügbarkeit der Leistung noch nicht gegeben sind und in diesem Zeitpunkt auch noch nicht feststeht, ob diese Voraussetzungen jemals eintreten werden. Doch wäre es verfehlt, die Pflicht zur unverzüglichen Information in derartigen Fällen entgegen dem Wortlaut des § 308 Nr. 8 auf denjenigen Zeitpunkt zu verschieben, in welchem auch die anderen Voraussetzungen des Lösungsrechts gegeben sind. Denn auch dann, wenn eine Ausübung des Lösungsrechts nicht droht, hat der Verwendungsgegner wegen der voraussichtlichen Auswirkungen der Nichtverfügbarkeit der Leistung auf die Durchführung des Vertrages ein schutzwürdiges Interesse daran, unverzüglich von der Nichtverfügbarkeit der Leistung zu erfahren.

15 **c) Unverzüglich.** Der Begriff „unverzüglich" ist im Sinne des § 121 I 1 zu verstehen,[3] bedeutet also ohne schuldhaftes Zögern. Es ist allerdings nicht zu beanstanden, wenn der Verwender auch bei der Formulierung seiner Klausel den Begriff „unverzüglich" verwendet, ohne ihn zu konkretisieren.[4]

4. Verpflichtung zur unverzüglichen Erstattung von Gegenleistungen

16 § 308 Nr. 8 macht die Wirksamkeit der dort erfassten Klauseln außerdem davon abhängig, dass der Verwender sich verpflichtet, Gegenleistungen des Vertragspartners unverzüglich zu erstatten. Entscheidend ist die Verpflichtung zur Erstattung, nicht die Erstattung selbst. Fehlt es an einer Verpflichtung zur Erstattung, so bleibt die Klausel auch dann unwirksam, wenn die Erstattung später tatsächlich erfolgt.[5] Um-

---

[1] Für Ableitung aus § 242 z. B. auch *Staudinger/Coester-Waltjen* Rz 3.
[2] S. z. B. MünchKomm/*Basedow* Rz 4.
[3] *Palandt/Grüneberg* Rz 42.
[4] *Staudinger/Coester-Waltjen* Rz 4.
[5] *Palandt/Grüneberg* Rz 42; *Erman/Roloff* Rz 69; MünchKomm/*Basedow* Rz 4.

gekehrt werden die Wirksamkeit einer Klausel und die Wirksamkeit eines etwaigen Rücktritts nicht dadurch infrage gestellt, dass der Verwender einer im Vertrag vorgesehenen Pflicht zur unverzüglichen Erstattung später nicht nachkommt (s. Rz 29).

a) Unverzüglich bedeutet ohne schuldhaftes Zögern (§ 121 I 1).[1] Es ist nicht zu beanstanden, wenn der Verwender auch bei der Formulierung seiner Klausel den Begriff „unverzüglich" verwendet, ohne ihn zu konkretisieren.[2] 17

b) Gegenleistungen. Der Begriff der Gegenleistung entspricht dem in den §§ 320 ff verwandten. Entscheidend ist, dass es sich um eine Leistung handelt, die im Gegenseitigkeitsverhältnis mit derjenigen des Vertragspartners steht. Die Notwendigkeit, eine Pflicht zur Erstattung von Gegenleistungen des Vertragspartners vorzusehen, hängt nicht davon ab, ob der andere Teil nach dem Vertrag zur Vorleistung verpflichtet ist. Nach § 271 II ist ein Anspruch im Zweifel bereits vor Fälligkeit erfüllbar. Doch ist eine Klausel auch dann unwirksam, wenn sie die Pflicht zur Erstattung von Leistungen des Vertragspartners davon abhängig macht, dass diese nicht vor Fälligkeit des Anspruchs des Verwenders erbracht wurden. 18-20

c) Fehlen einer Erstattungspflicht. In bestimmten Fällen sieht das Gesetz für den Fall des Rücktritts nicht die Erstattung der Gegenleistung, sondern eine bloße Pflicht zum Wertersatz vor, § 346 II. In anderen Konstellationen entfällt selbst die Pflicht zum Wertersatz, § 346 III. Mit Blick auf diese Fälle ist Folgendes hervorzuheben: 21

aa) Unmöglichkeit der Erstattung. Auch wenn bereits bei Vertragsschluss abzusehen ist, dass eine Erstattung wegen Unmöglichkeit nicht in Betracht kommen wird, ist es nicht zu beanstanden, wenn die Klausel gleichwohl im Einklang mit dem Wortlaut des § 308 Nr. 8 eine Erstattungspflicht vorsieht. Dass diese vertraglich vorgesehene Erstattungspflicht nicht erfüllt zu werden braucht, ergibt sich dann zwar nicht aus § 346 II, der lediglich die gesetzliche Erstattungspflicht durch einen Wertersatzanspruch ersetzt, wohl aber aus § 275 I. Dass die Klausel klarstellt, dass bei Unmöglichkeit der Erstattung der Gegenleistung eine Pflicht zum Wertersatz besteht, ist nicht zu fordern, denn der Wortlaut des § 308 Nr. 8 sieht eine solche Klarstellungspflicht gerade nicht vor. 22

bb) Ausschluss der Erstattung. Eine andere Frage ist, ob die Klausel auch dann eine Pflicht zur Erstattung der Gegenleistung vorsehen muss, wenn eine Erstattung zwar möglich, aber nach dispositivem Recht nicht geschuldet ist. Auch diese Frage ist zu bejahen.[3] § 308 Nr. 8 macht die Wirksamkeit einer für den Verwendungsgegner nachteiligen Abweichung vom dispositiven Recht nach seinem klaren Wortlaut davon abhängig, dass zugleich in einer für den Verwendungsgegner vorteilhaften Weise vom dispositiven Recht abgewichen wird. 23

III. Verhältnis zu anderen Vorschriften

1. Verhältnis zu § 308 Nr. 3

§ 308 Nr. 8 ist nach allgemeiner Auffassung neben § 308 Nr. 3 anwendbar.[4] Eine Klausel, die ein Lösungsrecht für den Fall der Nichtverfügbarkeit der Leistung vorsieht, ist also sowohl an § 308 Nr. 3 als auch an § 308 Nr. 8 zu messen. 24

---

[1] *Palandt/Grüneberg* Rz 42; *Jauernig/Stadler* Rz 10.

[2] *Staudinger/Coester-Waltjen* Rz 4.

[3] So tendenziell auch *Staudinger/Coester-Waltjen* Rz 3 („wohl zu bejahen").

[4] S. z. B. *Palandt/Grüneberg* Rz 42; *Bamberger/Becker* Rz 3; MünchKomm/*Basedow* Rz 3; *Ulmer/H. Schmidt* Rz 1; *Staudinger/Coester-Waltjen* Rz 2.

2. Verhältnis zu § 307

25 Auch § 307 bleibt neben § 308 Nr. 8 anwendbar.[1]

3. Verhältnis § 312c II i.V.m. § 1 Nr. 6 BGB-InfoV

26 Mit Blick auf Fernabsatzverträge sieht § 312c II eine Mitteilung der in der Verordnung über Informations- und Nachweispflichten nach bürgerlichem Recht vorgesehenen Informationen vor. Besondere Aufmerksamkeit verdient im vorliegenden Zusammenhang § 1 Nr. 6 BGB-InfoV. Denn nach dieser Vorschrift muss der Unternehmer den Verbraucher über einen Vorbehalt informieren, die versprochene Leistung im Falle ihrer Nichtverfügbarkeit nicht zu erbringen. Diese Vorschrift kommt uneingeschränkt neben § 308 Nr. 8 zur Anwendung. Allerdings ist zu beachten, dass sich die Regelungsgegenstände beider Vorschriften erheblich unterscheiden. So ist darauf hinzuweisen, dass sich die Informationspflicht in § 1 Nr. 6 BGB-InfoV ausdrücklich auf den Vorbehalt selbst und nicht auf die fehlende Verfügbarkeit der Leistung bezieht. Auch führt die Verletzung der in § 1 Nr. 6 BGB-InfoV vorgesehenen Informationspflicht nicht zur Unwirksamkeit des Vorbehalts. Vielmehr kommt ein Schadensersatzanspruch nach § 280 I 1 in Betracht, und gemäß § 312d II verzögert sich der Beginn der Widerrufsfrist. Ferner ist der für die Information maßgebliche Zeitpunkt unterschiedlich. Im Falle des § 308 Nr. 8 ist der Verwendungsgegner unverzüglich nach Eintritt der Nichtverfügbarkeit zu informieren. Demgegenüber schreibt § 312c II 2 vor, dass die Mitteilung alsbald,[2] spätestens aber bis zur vollständigen Erfüllung des Vertrages, bei Waren spätestens bei Lieferung an den Verbraucher gemacht wird.

IV. Die Folgen des § 308 Nr. 8 bei Festhalten am Vertrag

27 Wie oben ausgeführt, setzt § 308 Nr. 8 nicht voraus, dass die Nichtverfügbarkeit der Leistung mit der Unmöglichkeit derselben einhergeht. Dies führt zu folgendem Problem: Treten die Voraussetzungen des Lösungsrechts in Gestalt der Nichtverfügbarkeit der Leistung ein, so greift die gemäß § 308 Nr. 8 im Vertrag verankerte Pflicht, die Gegenleistung zu erstatten. Optiert der Verwender nun aber dafür, am Vertrag festzuhalten und sich z. B. die zu liefernde Ware anderweitig zu beschaffen, so ist die Pflicht zur Erstattung der Gegenleistung wenig angemessen. In der Tat wird man dem Verwender, der auf die Ausübung seines Lösungsrechts verzichtet, gegenüber dem Verlangen auf Erstattung der Gegenleistung die Einrede aus § 242 gewähren müssen.[3] Denn wegen des Fortbestehens der Leistungspflichten wäre der Verwendungsgegner bei Erstattung der Leistung sogleich zur erneuten Zahlung verpflichtet. Etwas anderes gilt lediglich dann, wenn der Verwendungs-

---

[1] Z. B. MünchKomm/*Basedow* Rz 3.

[2] Der Begriff „alsbald" ist wenig klar. Man sollte ihn, um die Anforderungen der Rechtssicherheit mit dem Schutz des Verbrauchers in Einklang zu bringen, grundsätzlich im Sinne der Unverzüglichkeit auslegen (§ 121 I 1), eine Information aber abweichend von § 121 I 1 und in Anlehnung an die in § 355 I 2 vorgesehene Frist immer schon dann als rechtzeitig einstufen, wenn sie binnen zwei Wochen erfolgt. A. A. aber z. B. *Bamberger/Schmidt-Räntsch* § 312 c Rz 24: kein Erfordernis schnellstmöglicher Information, aber vermeidbare Verzögerungen schaden; *Erman/Saenger* § 312 c Rz 36: Information bei Erfüllung regelmäßig ausreichend.

[3] Art. 7 II der Fernabsatzrichtlinie steht der Zulassung der Berufung auf § 242 auch mit Blick auf Fernabsatzverträge nicht entgegen. Denn die in Art. 7 II vorgesehene Erstattungspflicht setzt voraus, dass der Unternehmer den Vertrag aufgrund der Nichtverfügbarkeit der Leistung nicht erfüllt.

gegner seine Leistung vor Fälligkeit erbracht hat. In diesem Falle ist sein Verlangen nach Erstattung auch dann nicht rechtsmissbräuchlich, wenn der Verwender am Vertrag festhalten möchte. Denn in Anbetracht der Nichtverfügbarkeit der Leistung sind die Chancen auf eine reibungslose Durchführung des Vertrages trotz der Entscheidung des Verwenders, am Vertrag festzuhalten, in der Regel zumindest erheblich gesunken. Vor diesem Hintergrund handelt der Verwendungsgegner nicht widersprüchlich, wenn er nun nicht mehr bereit ist, freiwillig in Vorleistung zu treten.

V. Die Nichterfüllung der in § 308 Nr. 8 genannten Pflichten

§ 308 Nr. 8 macht die Wirksamkeit eines Lösungsrechts für den Fall der Nicht- 28
verfügbarkeit der Leistung davon abhängig, dass der Verwender sich zur unverzüglichen Information des Verwendungsgegners sowie zur unverzüglichen Erstattung etwaiger Gegenleistungen verpflichtet. Entscheidend ist allein, dass der Vertrag entsprechende Verpflichtungen vorsieht. Die spätere Nichterfüllung der im Vertrag vorgesehenen Informationspflicht stellt die Wirksamkeit der Klausel nicht in Frage,[1] und Gleiches gilt für die Nichterfüllung der Erstattungspflicht.[2] Ebenso wenig wird die Wirksamkeit eines etwaigen Rücktritts von der Nichterfüllung der Informationspflicht beziehungsweise der Erstattungspflicht berührt. Jedoch kommt bei schuldhafter Nichterfüllung der Informationspflicht ein Schadensersatzanspruch gemäß § 280 I 1 in Betracht.[3] Zu ersetzen ist allein der Schaden, der durch die nicht oder nicht rechtzeitig erfolgte Erfüllung der Informationspflicht entstanden ist.[4] Bei schuldhaft verzögerter Rückerstattung ist ebenfalls ein Schadensersatzanspruch möglich.[5] Auch in diesem Falle ist lediglich der Verzugsschaden zu ersetzen, nicht etwa der infolge des Entfallens der Leistungspflicht des Verwenders entstandene Schaden.

VI. Geltung zwischen Unternehmern

Auch im unternehmerischen Verkehr trifft den Lieferanten im Falle der Nicht- 29
verfügbarkeit der Leistung gemäß § 242 die Pflicht, den anderen Teil unverzüglich auf die Nichtverfügbarkeit hinzuweisen. Ebenso trifft den Unternehmer im Falle einer Lösung vom Vertrag eine Pflicht zur Rückgewähr erbrachter Leistungen. Allein die Grundlage dieser Pflicht hängt von der Ausgestaltung des Lösungsrechts ab. Entfällt der Vertrag durch Rücktritt, ergibt sich diese Pflicht aus § 346 I. Ist eine auflösende Bedingung vereinbart oder heben die Parteien den Vertrag auf, so ist § 812 I 1, 2. Alt. anwendbar.[6] Zumindest der Informationspflicht kommt im unternehmerischen Verkehr in Anbetracht der Leichtigkeit des Handelsverkehrs sogar eine besondere Bedeutung zu.[7] Eine Abbedingung oder Abschwächung der Pflicht zur unverzüglichen Mitteilung ist daher im unternehmerischen Verkehr nach § 307 unwirksam. Auch die Pflicht zur Rückgewähr erbrachter Leistungen kann nach

---

1 MünchKomm/*Basedow* Rz 4; *Bamberger/Becker* Rz 6.

2 MünchKomm/*Basedow* Rz 4; *Bamberger/Becker* Rz 6.

3 Vgl. auch MünchKomm/*Basedow* Rz 4: Schadensersatzanspruch bei Nichterfüllung der Informationspflicht.

4 MünchKomm/*Basedow* Rz 4.

5 *Bamberger/Becker* Rz 6.

6 S. *Palandt/Sprau* § 812 Rz 75.

7 So mit Blick auf die in § 308 Nr. 8 angesprochene Informationspflicht auch *Bamberger/Becker* Rz 4.

§ 307 jedenfalls nicht ersatzlos abbedungen werden. Denkbar ist lediglich, die Modalitäten der Rückgewähr näher zu regeln oder die Pflicht zur Rückgewähr durch eine Pflicht zum Wertersatz zu ersetzen. Trotz der Bedeutung der in § 308 Nr. 8 angesprochenen Pflichten auch für den unternehmerischen Verkehr entfaltet § 308 Nr. 8 **keine Indizwirkung.**[1] Vielmehr erscheint die dort geforderte Verankerung der relevanten Pflichten im Vertragstext wegen der größeren Geschäftsgewandtheit, die im unternehmerischen Verkehr vorausgesetzt werden kann, **gegenüber Unternehmern entbehrlich.**[2]

---

[1] Vgl. BT-Drs. 14/2658, S. 51: Keine Übertragbarkeit der Regelung auf den kaufmännischen Geschäftsverkehr. Gegen eine Indizwirkung z. B. auch *Bamberger/Becker* Rz 11; MünchKomm/*Basedow* Rz 5. Ebenso Hk-BGB/*Schulte-Nölke* Rz 26; *Staudinger/Coester-Waltjen* Rz 6.

[2] Gegen eine Pflicht zur Verankerung der in § 308 Nr. 8 genannten Pflichten im Vertragstext auch *Bamberger/Becker* Rz 11; wohl auch MünchKomm/*Basedow* Rz 5.

§ 309 Klauselverbote ohne Wertungsmöglichkeit

Auch soweit eine Abweichung von den gesetzlichen Vorschriften zulässig ist, ist in Allgemeinen Geschäftsbedingungen unwirksam

1. (Kurzfristige Preiserhöhungen)

eine Bestimmung, welche die Erhöhung des Entgelts für Waren oder Leistungen vorsieht, die innerhalb von vier Monaten nach Vertragsschluss geliefert oder erbracht werden sollen; dies gilt nicht bei Waren oder Leistungen, die im Rahmen von Dauerschuldverhältnissen geliefert oder erbracht werden.

Inhaltsübersicht

Schrifttum: *J. Baur,* Vertragliche Anpassungsregelungen, 1983; *ders.,* Preisänderungsklauseln, Vertragsanpassungsklauseln und Höhere-Gewalt-Klauseln in langfristigen Lieferverträgen über Energie, ZIP 1985, 905; *Bartsch,* Zu Preissteigerungsklauseln in AGB, insbesondere zur Tagespreisklausel, DB 1983, 214; *Beckmann,* Die Zulässigkeit von Preis- und Prämienanpassungs-Klauseln nach dem AGB-Gesetz, 1990; *Bettermann,* Über Flughafengebühren, FS Reimers, 1979, S. 415; *Bruck,* AGBG und Preisänderungsklauseln, DB 1978, 1385; *Führich,* Preisänderungen beim Reisevertrag – Zulässigkeit und Grenzen der Preiserhöhung durch einen Treibstoffzuschlag, NJW 2000, 3672; *Horn,* Vertragsbindung unter veränderten Umständen, NJW 1985, 1118; *Kiethe,* Das Sonderrecht der Treuhandanstalt/BvS – neue Rechtsquelle durch BGH-Rechtsprechung?, VIZ 2001, 345; *Knuth/Wollburg,* Preisanpassungsklauseln in Energielieferungsverträgen und § 9 AGBG, BB 1985, 230; *Langenbucher,* Vereinbarungen über den Zinssatz – zugleich eine Anmerkung zu Nr. 5 und Nr. 6 der neuen Bedingungen für den gewerblichen Musterdarlehensvertrag –, BKR 2005, 134; *Lettl,* Die Anpassung von Verträgen des Privatrechts – 5. Teil. Wirksamkeitsvoraussetzungen für vertragliche Anpassungsregelungen, JuS 2001, 559; *Löwe,* Langfristige Laufzeitklauseln in vorformulierten Verträgen über technische Anlagen, NJW 1995, 1726; *Lübke-Detring,* Preisklauseln in Allgemeinen Geschäftsbedingungen, 1989; *Paulusch,* Vorformulierte Leistungsbestimmungsrechte des Verwenders in: *Heinrichs/Löwe/Ulmer (Hrsg.),* Zehn Jahre AGB-Gesetz, 1987, S. 55; *Reuter,* Zur Zulässigkeit des Preisänderungsvorbehalts in den Neuwagenverkaufsbedingungen, DB 1981, 71; *Salje,* Zur Unwirksamkeit von Tagespreisklauseln in Automobilkaufverträgen und den sich daraus ergebenden Rechtsfolgen, DAR 1982, 88; *Schebesta,* Zinsklauseln im Spiegel der aktuellen Rechtsprechung, BKR 2005, 217; *Ronald Schmid,* Die (intransparenten) Urteile des BGH zu Reisepreisänderungsklauseln – Kerosinzuschlag I und II – Bewertung und Folgerungen, NJW 2003, 947; *Schöne,* Einseitige Preisänderungsklauseln – am Beispiel der Stromversorgungswirtschaft, WM 2004, 262; *Tonner,* Preisklauseln im Kaufrecht, VuR 1988, 14; *ders.,* Preisklauseln im Reiserecht, VuR 1988, 16; *Ulmer,* Der Kaufpreis für Neuwagen bei Unwirksamkeit der Tagespreisklausel, BB 1982, 1125; *R. Wiedemann,* Preisänderungsvorbehalte, 1991; *Witz,* Der unbestimmte Kaufpreis, 1989; *M. Wolf,* Preisanpassungsklauseln in Allgemeinen Geschäftsbedingungen unter Kaufleuten, ZIP 1987, 341.

I. Zweck und Allgemeines

1 § 309 Nr. 1 will Preiserhöhungsklauseln bei kurzfristig abzuwickelnden Verträgen ausschließen. Diese Regelung dient vor allem dem Zweck, dem Kunden Klarheit über den von ihm zu zahlenden Preis zu verschaffen[1] und ihn vor unüberschaubaren Preissteigerungen zu schützen. Zugleich sichert sie die Möglichkeit des Preisvergleichs und gewährleistet dadurch eine wichtige Bedingung für einen funktionierenden Wettbewerb.[2] Soweit es um die Abänderung fest vereinbarter Preise geht, trägt § 309 Nr. 1 auch dem Grundsatz der Vertragsbindung (pacta sunt servanda) Rechnung.[3] Insgesamt dient § 309 Nr. 1 also wichtigen Interessen des

[1] Insoweit auch *Bamberger/Becker* Rz 3.

[2] BT-Drs. 7/3919, S. 27. Ebenso z. B. *Bamberger/Becker* Rz 3.

[3] Vgl. aber auch *Bamberger/Becker* Rz 4: Grundsatz der Vertragsbindung allenfalls bei einer im Kleingedruckten Preisanpassungsklausel berührt.

Verwendungsgegners und der Allgemeinheit. Andererseits muss aber der Verwender die Möglichkeit haben, seine Preise langfristig auftretenden Kostenänderungen anzupassen. § 309 Nr. 1 lässt Preiserhöhungsklauseln deshalb zu, wenn die Lieferung erst vier Monate nach Vertragsschluss oder später vorgesehen ist.

§ 309 Nr. 1 entspricht wörtlich der Vorgängervorschrift des § 11 Nr. 1 AGBG.[1] **2**
Beschränkungen für einseitige Preisfestsetzungs- und Preisänderungsrechte sieht auch die Klauselrichtlinie in Anh. Nr. 11 RL vor wobei allerdings die Ausnahmen in Anh. Nr. 2 b RL, Nr. 2 c RL und Nr. 2 d RL zu beachten sind.

§ 309 Nr. 1 weist erhebliche Parallelen zu § 1 I, V PAngV in der Fassung vom **3–9**
18. 10. 2002 auf.[2] Doch haben die beiden Vorschriften unterschiedliche Rechtsfolgen: Ein Verstoß gegen die PAngV wird als Ordnungswidrigkeit geahndet,[3] berührt die Wirksamkeit der vertraglichen Vereinbarung aber nicht.[4] Demgegenüber sieht § 309 Nr. 1 die Unwirksamkeit der erfassten Klauseln vor.

II. Terminologie

1. Preisklausel als Oberbegriff

Klauseln, die sich auf das vom Verwendungsgegner zu entrichtende Entgelt be- **10**
ziehen, sollen im Folgenden als **Preisklauseln** bezeichnet werden. Der Begriff der Preisklausel ist allerdings für analytische Zwecke noch zu unbestimmt. Im Einzelnen ist daher wie folgt zu differenzieren:

2. Preiserhöhungsklauseln

Eine **Preiserhöhungsklausel** liegt vor, wenn sich ein von der Klausel unabhän- **11**
giger Preis ermitteln lässt, insbesondere durch Auslegung des Vertrages, aber z. B. auch nach § 632 II, und die Klausel die einseitige, also unabhängig vom Einverständnis des Verwendungsgegners erfolgende, Erhöhung dieses Preises ermöglicht. Darauf, ob die AGB dem Ausgangspreis die Verbindlichkeit absprechen, kommt es nicht an. Mit anderen Worten, eine Preiserhöhungsklausel hat zwei Merkmale. Erstens setzt sie voraus, dass ein von der Klausel unabhängiger Ausgangspreis ermittelt werden kann. Zweitens muss die Klausel zumindest auch die Möglichkeit eröffnen, dass es zu einer einseitigen Erhöhung dieses Preises kommt. Zumindest auf den ersten Blick bietet sich eine weitere Unterteilung an. Namentlich kann man zusätzlich zwischen **Preisvorbehalten** und **Preisanpassungsklauseln** unterscheiden:

a) Preisvorbehalte. Ein Preisvorbehalt soll dann gegeben sein, wenn die Klau- **12**
sel dem Ausgangspreis von vornherein die Verbindlichkeit abspricht.[5]

---

1 BT-Drs. 14/6040, S. 155.

2 BGBl I, 4197, geändert durch § 20 Abs. 9 des UWG vom 3. 7. 2004, BGBl. I, 1414.

3 § 10 I Nr. 1 PAngV.

4 MünchKomm/*Basedow* Rz 7; *Ulmer/Hensen* Rz 2.

5 In diesem Sinne z. B. BGH NJW-RR 2004, 263, 265 (zu §§ 8, 9 AGBG): „[D]ie Vertragsparteien [haben sich] hier nicht auf einen Preisvorbehalt geeinigt und den bezifferten Kaufpreis nicht etwa nur als „vorläufigen Wertansatz" gekennzeichnet [...]. Es wurde bei Vertragsschluss nicht auf eine Preisbestimmung (teilweise) verzichtet, sondern [...] der Kaufpreis fest vereinbart. [...] Es handelt sich daher nicht um einen Preisvorbehalt [...]". Vgl. auch BGH NJW 1983, 1603, 1603 (zu § 9 AGBG). Dort wird der Preisvorbehalt dahin gehend definiert, dass „auf eine Preisbestimmung bei Vertragsschluss überhaupt verzichtet wird".

13 **b) Preisanpassungsklauseln.** Eine Preisanpassungsklausel soll demgegenüber vorliegen, wenn die Klausel den Ausgangspreis zwar an sich als verbindlich anerkennt, gleichwohl aber eine Erhöhung desselben zulässt.[1]

14 **c) Unbrauchbarkeit der Unterscheidung.** Wenngleich die vorgenannte Unterscheidung auf den ersten Blick einleuchtend erscheinen mag, ist unschwer zu erkennen, dass sie in Wahrheit wenig plausibel ist. Denn indem Preisanpassungsklauseln eine Änderung des Ausgangspreises zulassen, sprechen sie dem Ausgangspreis in der Sache letztlich ebenfalls die Verbindlichkeit ab, so dass die Abgrenzung zwischen beiden Klauseltypen hinfällig wird. Geht es um die Frage, welche Klauseln der Kontrolle nach § 309 Nr. 1 unterliegen, erweist sich die Unterscheidung zwischen Preisvorbehalten und Preisanpassungsklauseln ebenfalls nicht als weiterführend.[2] Denn auch ein Preisvorbehalt in dem genannten Sinne ist nach richtiger Auffassung an § 309 Nr. 1 zu messen, soweit sich überhaupt ein von der Preisklausel unabhängiger Ausgangspreis ermitteln lässt, mag er auch als vorläufiger oder unverbindlicher Preis bezeichnet sein.[3]

3. Preisberechnungsklauseln

15 Von einer Preisberechnungsklausel (s. Rz 111 ff) sollte sinnvollerweise nur dann die Rede sein, wenn die Klausel die Höhe des Entgelts zumindest teilweise regelt, ein von dieser Klausel unabhängiger Ausgangspreis dagegen nicht zu ermitteln ist. Das Vorliegen einer Preisberechnungsklausel ist also von zwei Voraussetzungen abhängig. Erstens darf kein von dieser Klausel unabhängiger Ausgangspreis zu ermitteln sein. Zweitens muss die Klausel eine zumindest partielle Regelung des Preises enthalten.

4. Preisnebenabreden

16 Der Begriff der Preisnebenabrede stellt keinen Gegenbegriff zu den oben verwandten Begriffen der Preiserhöhungsklausel oder der Preisberechnungsklausel dar,[4] sondern entstammt einem ganz anderen Kontext. Namentlich wird er im Zusammenhang mit der Frage verwandt, ob eine Klausel gemäß § 307 III 1 der Inhaltskontrolle entzogen ist (s. aber § 307 III 2). Eine Preisnebenabrede liegt nach der Rechtsprechung dann vor, wenn eine Klausel den Preis nicht unmittelbar regelt,

---

[1] In diesem Sinne z. B. BGH NJW 1990, 115, 115: „Preisanpassungsklauseln, die es [...] erlauben, den zunächst vereinbarten Preis über eine Neufestsetzung des Listenpreises zu ändern." S. auch BGH NJW 1983, 1603, 1603 (zu § 9 AGBG). Dort wird der Begriff der Preisanpassungsklausel dahingehend definiert, dass „der letztlich zu entrichtende Betrag über ein Preisänderungsrecht des Verkäufers (Preisanpassungsklausel) festgelegt werden soll".

[2] S. aber z. B. BGH NJW-RR 2004, 263, 265 (zu §§ 8, 9 AGBG). Dort begründet der BGH die Möglichkeit der Inhaltskontrolle auch damit, dass es sich bei der zu beurteilenden Klausel um eine Preisanpassungsklausel und nicht um einen Preisvorbehalt handele.

[3] S. Rz 40 ff. Für die Kontrollfähigkeit von Preisvorbehalten auch *Ulmer/Hensen* Rz 4. Vgl. aber auch BGH NJW 1983, 1603, 1605 (zu § 9 AGBG). Dort lässt der BGH offen, „ob auch ein in vorformulierten Erklärungen vorgesehener Preisvorbehalt – ebenso wie eine Preisänderungsklausel – in jedenfalls entsprechender Anwendung des § 9 AGB-Gesetz auf seine Wirksamkeit zu überprüfen ist".

[4] In diese Richtung aber *Ulmer/Hensen* Rz 7. Nach *Hensen*, a.a.O., liegt eine Preisnebenabrede dann vor, wenn eine Klausel dem Vertragspartner Kosten auferlegt, die im Zusammenhang mit der Abwicklung des Vertrages stehen. Eine solche Klausel sei zwar kontrollfähig, stelle aber keine Preiserhöhungsklausel im Sinne des § 309 Nr. 1 dar. Daran ist richtig, dass Klauseln, die bestimmte im Zusammenhang mit Durchführung des Vertrages stehende Kosten dem Verwender auferlegen, dann keine Preiserhöhungsklauseln darstellen, wenn die relevanten Kosten von vornherein feststehen und eine vom Verwender einseitig vorgenommene Erhöhung nicht in Betracht kommt. Anders liegt es jedoch, wenn Kostentragungsklauseln eine Erhöhung des vom Verwender zu zahlenden Entgelts ermöglichen.

sondern sich nur mittelbar auf den Preis auswirkt, mit der Folge, dass bei Unwirksamkeit der Klausel das dispositive Recht an ihre Stelle treten kann.[1] Dies trifft insbesondere auf solche Klauseln zu, die „eine einseitige Änderung [...] eines fest vereinbarten Preises vorsehen"[2], „einem Dritten ein einseitiges [...] Preisbestimmungsrecht einräumen"[3] oder „in einer die Gleichwertigkeit von Leistung und Gegenleistung berührenden Weise die Entstehungsvoraussetzungen für den Vergütungsanspruch regeln".[4] Die zuletzt genannte Fallgruppe erfasst z. B. eine Klausel, die die Zahlung eines Entgelts auch für den Fall vorsieht, dass eine Leistung nicht erbracht wird.[5] Preisnebenabreden in diesem Sinne zeichnen sich dadurch aus, dass sie der AGB-rechtlichen Inhaltskontrolle in vollem Umfang unterworfen sind.[6] Da Preiserhöhungsklauseln die einseitige Erhöhung eines vereinbarten Preises zulassen, handelt es sich bei ihnen per Definition stets um Preisnebenabreden.[7] Besonderheiten sind aber bei Nachbewertungsklauseln in Verträgen der Treuhandanstalt zu beachten (s. Rz 17–19). Auch Preisberechnungsklauseln können im Einzelfall als Preisnebenabreden einzuordnen sein, nämlich dann, wenn sie die Höhe des Entgelts nur mittelbar regeln.[8] Beispielsweise ist eine Klausel in einem Handelsvertretervertrag, die die Höhe der Provision dadurch regelt, dass sie die Außerachtlassung bestimmter Preisanteile vorsieht, als kontrollfähige Preisnebenabrede einzustufen.[9]

5. Preishauptabreden

Das Gegenstück zu den Preisnebenabreden bilden jene Vereinbarungen, die Art und Umfang der Vergütung unmittelbar regeln. Sie sind der AGB-rechtlichen Inhaltskontrolle gemäß § 307 III 1 im Grundsatz entzogen[10] und lediglich gemäß § 307 III 2 am Transparenzprinzip zu messen. Man mag insofern von Preishauptabreden sprechen.[11] Zu den der Inhaltskontrolle entzogenen Preishauptabreden gehören nach der Rechtsprechung aufgrund der Besonderheit der Interessenlage auch Vereinbarungen in Privatisierungsverträgen der Treuhandanstalt, die deshalb, weil zum Zeitpunkt des Vertragsschlusses noch kein funktionsfähiger Grundstücksmarkt besteht, eine Erhöhung des ursprünglich vereinbarten Kaufpreises auf Grund einer Nachbewertung des verkauften Grundstücks vorsehen.[12] Dies ist dogmatisch kaum zu rechtfertigen,[13] der besonderen Situation aber wohl angemessen. Entspre- **17–19**

---

[1] BGH NJW-RR 2004, 1206, 1206; BGH NJW 1997, 2752, 2752. Eine übereinstimmende Definition findet sich auch bei BGH NJW 2002, 2386, 2386, wo der Ausdruck „Preisnebenabrede" allerdings als missverständlich bezeichnet wird.

[2] BGH VIZ 2002, 437, 438 (zum AGBG) = NJW 2002, 3465.

[3] BGH VIZ 2002, 437, 438 (zum AGBG) = NJW 2002, 3465.

[4] BGH VIZ 2002, 437, 438 (zum AGBG) = NJW 2002, 3465.

[5] Für die Kontrollfähigkeit solcher Klauseln z. B. BGH NJW 2002, 2386, 2386 (zu § 9 AGBG).

[6] Für die Zulässigkeit der Inhaltskontrolle bei Preisnebenabreden z. B. BGH NJW-RR 2004, 1206, 1206; BGH NJW 1997, 2752, 2752 (zum AGBG).

[7] So wohl auch *Palandt/Heinrichs* § 307 Rz 60.

[8] BGH NJW 1997, 2752, 2752 (zum AGBG).

[9] BGH NJW-RR 2004, 1206, 1207 („typische Preisnebenabrede").

[10] BGH NJW-RR 2004, 1206, 1206 (zum AGB-Gesetz). Vgl. auch BGH VIZ 2002, 437, 438 (zum AGBG): Keine Inhaltskontrolle von Preisabsprachen, die „Art und Umfang der vertraglichen Hauptleistungspflicht und der hierfür geschuldeten Vergutung unmittelbar bestimmen".

[11] BGH VIZ 2001, 283, 284 (zum AGBG); BGH VIZ 2002, 437, 437 (zum AGBG); *Palandt/Heinrichs* § 307 Rz 59.

[12] BGH VIZ 2001, 283, 284 (zum AGBG); BGH VIZ 2002, 437, 438 (zum AGBG). A.A. noch OLG Karlsruhe VIZ 1998, 535, 536 (zum AGBG); OLG Dresden VIZ 2000, 380, 382 (zum AGBG); OLG Brandenburg VIZ 2000, 689, 690 (zum AGBG).

[13] Nicht ohne Berechtigung, daher die an BGH VIZ 2001, 283, 284 geübte Kritik von *Kiethe VIZ 2001, 345, 353 f.*

chendes gilt für Vereinbarungen in den von der Treuhandanstalt abgeschlossenen Kaufverträgen über Gesellschaftsanteile, die hinsichtlich des Kaufpreises einen besonders ausgewiesenen Teilbetrag als „vorläufigen Wertansatz" vorsehen, der auf den der Gesellschaft gehörenden Grundbesitz entfällt.[1]

III. Anwendungsbereich

1. Allgemeines

20 Da das Entgelt nur im schuldrechtlichen Vertrag und nicht im dinglichen Verfügungsgeschäft vereinbart wird, gilt Nr. 1 nur für Schuldverhältnisse. Es muss sich ferner um vertragliche Schuldverhältnisse handeln, da Nr. 1 auf den Vertragsabschluss Bezug nimmt. Konzentriert man sich auf vertragliche Schuldverhältnisse, so gilt im Grundsatz, dass § 309 Nr. 1 mit Ausnahme der in § 310 II, IV genannten Bereiche auf Verträge aller Art anwendbar ist. Hervorzuheben ist jedoch die in § 309 Nr. 1 Hs. 2 vorgesehene Ausnahme für Dauerschuldverhältnisse. Außerdem verdient die Frage nach der Abgrenzung von AGB und Individualvereinbarungen (§ 305 I) besondere Aufmerksamkeit.

2. Ausnahme für Dauerschuldverhältnisse

21 § 309 Nr. 1 findet nach seinem ausdrücklichen Wortlaut keine Anwendung auf Dauerschuldverhältnisse.

22 **a) Hintergrund.** Diese Regelung hat ihren Grund in wirtschaftlichen Erwägungen: Aus Dauerschuldverhältnissen entstehen länger dauernde Beziehungen. Dabei bestehen im Massenverkehr, wie z. B. bei Versicherungsverträgen oder bei Bankdarlehen, oftmals eine Vielzahl gleichartiger Verträge nebeneinander. Um hier eine gleichmäßige und einheitliche Preisgestaltung gegenüber allen Kunden zu ermöglichen, erlaubt § 309 Nr. 1 auch Preiserhöhungen innerhalb von vier Monaten nach Vertragsschluss. Anderenfalls wäre der Verwender als Unternehmer zu verwaltungsmäßig aufwendigen und Kosten verursachenden Differenzierungen zwischen Verträgen über und unter vier Monaten gezwungen und müsste für jeden Vertrag den Ablauf der Viermonatsfrist überwachen.[2] Bei Dauerschuldverhältnissen ist aber auch wegen der ständig zu erbringenden Leistung eine Anpassung an veränderte Verhältnisse durch sachliche Gründe eher gerechtfertigt. Um diese Anpassung nicht zu erschweren und den mit Änderungskündigungen verbundenen Aufwand zu vermeiden,[3] sind Dauerschuldverhältnisse von § 309 Nr. 1 ausgenommen.

23 **b) Dauerschuldverhältnisse** sind Schuldverhältnisse, bei denen der Leistungsumfang durch den Zeitablauf wesentlich mitbestimmt wird.[4] Dazu gehören etwa Miet-, Pacht- und sonstige Gebrauchsüberlassungsverträge, Leasingverträge, Darlehensverträge,[5] Verwahrungsverträge, Dienstleistungsverträge, Versicherungsverträge[6], etwa eine Wartungsversicherung,[7] aber auch Sukzessivlieferungsverträge,[8]

---

1 BGH VIZ 2002, 647, 647 (zum AGBG).
2 Dazu *Schlosser/Coester-Waltjen* § 11 Nr. 1 Rz 25.
3 BGH NJW 1980, 2518, 2519 (zu § 11 Nr. 1 AGBG).
4 S. z. B. *Miebach/Patt* NJW 2000, 3377, 3383 (zu § 10 Nr. 4 AGBG).
5 S. BGH ZIP 1986, 698 (zu § 11 Nr. 1 AGBG): Zinsanpassungsklauseln.
6 *Ulmer/Hensen* Rz 10.
7 BGH NJW-RR 1988, 819, 821 (zu § 11 Nr. 1 AGBG).
8 BGH NJW-RR 1986, 211, 212 (zu § 11 Nr. 1 AGBG).

insbesondere auch Abonnementverträge[1] oder sonstige langfristige Belieferungsverträge.[2] Der Begriff des Dauerschuldverhältnisses erfasst auch Verträge über den Bezug von Strom[3], Gas und Wasser, wobei außerdem die Ausnahmeregelung des § 310 II 1 zu beachten ist.[4] Die früher übliche Einordnung dieser Verträge als **Wiederkehrschuldverhältnisse** war insolvenzrechlich bedingt und ist mittlerweile überholt.[5] Nicht unter Dauerschuldverhältnisse fallen dagegen Teillieferungsverträge,[6] bei denen die Liefermenge von vornherein feststeht und nur die Lieferung zu verschiedenen Fälligkeitszeitpunkten erbracht wird, denn bei Teillieferungsverträgen wird der Leistungsumfang gerade nicht durch den Zeitablauf bestimmt.

c) Teleologische Reduktion. Problematisch ist, inwiefern die für Dauerschuldverhältnisse geltende Ausnahmeregelung in bestimmten Fällen einer teleologischen Reduktion bedarf. 24

aa) Rückwirkende Erhöhungen. § 309 Nr. 1 findet auf solche Klauseln Anwendung, die die Erhöhung des Entgelts für Waren oder Leistungen betreffen, welche „nach Vertragsschluss" erbracht werden. Dass die Erbringung der Leistung im Zeitpunkt der Ausübung des Preiserhöhungsrechts noch bevorsteht, wird dagegen nicht verlangt. Im Allgemeinen findet § 309 Nr. 1 daher auch dann Anwendung, wenn eine Klausel eine Erhöhung des Preises für solche Leistungen erlaubt, die zwar nach Vertragsschluss, aber noch vor der Ausübung des Preiserhöhungsrechts erbracht worden sind. Darüber hinaus wird man § 309 Nr. 1 auf Klauseln, die eine rückwirkende Preiserhöhung erlauben, entgegen dem Wortlaut des § 309 Nr. 1, Hs. 2 sogar dann anwenden können, wenn es sich bei dem Vertrag um ein Dauerschuldverhältnis handelt.[7] Denn die oben (Rz 22) genannten Besonderheiten von Dauerschuldverhältnissen gebieten es nicht, ein Recht zur rückwirkenden Preiserhöhung zuzulassen. 25

bb) Kurzfristig abzuwickelnde Dauerschuldverhältnisse. Im Schrifttum wird mitunter vorgeschlagen, § 309 Nr. 1 Hs. 2 dann nicht anzuwenden, wenn das Dauerschuldverhältnis in kurzer Zeit abzuwickeln ist, wie z. B. ein Mietvertrag über ein Hotelzimmer für einen Tag oder die Versicherung eines Kfz für einen einzigen Transport.[8] Insofern bedürfe es einer teleologischen Reduktion des § 309 Nr. 1 Hs. 2.[9] Die Schwäche dieser Argumentation liegt jedoch darin, dass es an klaren Maßstäben dafür fehlt, welcher Zeitraum hinreichend kurz ist, um § 309 Nr. 1 zur Anwendung zu bringen. Will man auf eine willkürliche Grenzziehung verzichten, verbleibt nur die Möglichkeit, im Wege einer Abwägung festzustellen, ob der relevante Zeitraum hinreichend kurz ist, um die Außerachtlassung des § 309 Nr. 1, Hs. 2 zu rechtfertigen. Doch würde ein solcher Ansatz den formalen Charakter des § 309 Nr. 1 unterminieren. Ebenso wenig überzeugt der Vorschlag, § 309 Nr. 1 immer dann auf Dauerschuldverhältnisse anzuwenden, wenn diese für eine Zeit von 26

---

1 BGH NJW 1980, 2518, 2519 (zu § 11 Nr. 1 AGBG): Zeitschriftenabonnement als Dauerschuldverhältnis.

2 Vgl. z. B. BGHZ 93, 252, 258 = NJW 1985, 853, 854: Bezugsvertrag eines Kfz-Vertragshändlers als Dauerschuldverhältnis im Sinne des § 11 Nr. 1 AGBG (§ 309 Nr. 1).

3 OLG Brandenburg NJW-RR 2002, 1640, 1641 (zu § 11 Nr. 1 AGBG).

4 Für die Anwendung des § 309 Nr. 1 Hs. 2 auf „Wiederkehrschuldverhältnisse" nach wie vor *Staudinger/Coester-Waltjen* Rz 3.

5 Zutreffend *Palandt/Grüneberg* Überbl. v. § 311 Rz 30. Nach wie vor an der Kategorie des Wiederkehrschuldverhältnisses festhaltend aber z. B. *Staudinger/Coester-Waltjen* Rz 3.

6 Siehe nur *Staudinger/Coester-Waltjen* Rz 3.

7 Vgl. auch *Staudinger/Coester-Waltjen* Rz 3, 9, die zutreffend darauf hinweist, dass entsprechende Klauseln „in aller Regel überraschend" sind.

8 *Bamberger/Roth/Becker* § 309 Nr. 1 Rz 14.

9 *Bamberger/Roth/Becker* § 309 Nr. 1 Rz 14.

vier Monaten oder weniger vereinbart worden sind.[1] Denn die Überlegung, dass es bei Dauerschuldverhältnissen möglich sein muss, trotz einer Vielzahl nebeneinander bestehender Dauerschuldverhältnisse eine einheitliche Preisgestaltung gegenüber unterschiedlichen Verwendern zu ermöglichen (s. Rz 22), greift auch bei viermonatigen Dauerschuldverhältnissen ein. Vorzugswürdig erscheint es daher, entsprechende Klausel nicht an § 309 Nr. 1,[2] sondern an § 307 zu messen. Dabei können die Wertungen des § 309 Nr. 1 berücksichtigt werden.

27 **d) Kontrolle von Dauerschuldverhältnissen nach § 307.** Trotz Befreiung der Dauerschuldverhältnisse von § 309 Nr. 1 unterliegen sie der Inhaltskontrolle nach § 307.[3] Letztere wird auch durch die Möglichkeit der gerichtlichen Kontrolle nach § 315 III nicht ausgeschlossen.[4]

28 **e) Kontrolle nach den §§ 315, 319.** Unangemessenen Preisbestimmungen im Rahmen von Dauerschuldverhältnissen kann auch mit der gerichtlichen Kontrolle nach §§ 315 III, 319 I begegnet werden.

3. Individualvereinbarungen

29 Preiserhöhungsklauseln in Individualvereinbarungen werden nach § 305 I 3 grundsätzlich nicht von § 309 Nr. 1 erfasst. Allerdings sieht § 310 III Nr. 2 die Anwendung des § 309 Nr. 1 auf vorformulierte nicht ausgehandelte Individualvereinbarungen vor. Umgekehrt können aber auch nach § 309 Nr. 1 zulässige Preiserhöhungsklauseln nach § 305 b unbeachtlich sein, weil sie z. B. einer individuell vereinbarten Festpreisgarantie widersprechen (s. Rz 70 ff).

IV. Tatbestand

1. Entgelt

30 Das Entgelt ist die Gegenleistung in gegenseitigen Verträgen. Der Begriff des Entgelts umfasst alles, was der Letztverbraucher als Gegenleistung für den Erwerb aufwenden muss,[5] einschließlich eventueller Nebenleistungen und der Umsatzsteuer.[6] Dass die **Umsatzsteuer** zum Entgelt gehört mit der Folge, dass die Weitergabe von Umsatzsteuererhöhungen an § 309 Nr. 1 zu messen ist, ergibt sich aus § 1 Abs. 1 PAngV, dem zufolge es sich bei der Umsatzsteuer um einen Bestandteil der anzugebenden Endpreise handelt. Als Entgelt ist regelmäßig eine Geldzahlung vorgesehen. Notwendig ist dies aber nicht.[7] Auch die Erhöhung anderer Entgelte als Geldzahlungen, wie z. B. im Falle der Leistung in Naturalien, wird von § 309 Nr. 1 erfasst.[8] Das Entgelt erfasst auch die dem Verwendungsgegner aufgebürdeten Kosten der Vertragsdurchführung, soweit diese nach dem dispositiven Recht vom Ver-

1 So aber *Staudinger/Coester-Waltjen* Rz 3.

2 Gegen die Anwendbarkeit von § 309 Nr. 1 Hs. 2 auch *Ulmer/Hensen* Rz 10.

3 BGH NJW 1980, 2518, 2519 (zu § 9 AGBG).

4 BGH NJW 1980, 2518, 2519 (zu § 9 AGBG); OLG Frankfurt NJW-RR 1987, 1462 (zu § 9 AGBG).

5 *Staudinger/Coester-Waltjen* Rz 9.

6 Dass die Umsatzsteuer zum Entgelt gehört, eine zur Erhöhung der Umsatzsteuer berechtigende Klausel daher an § 309 Nr. 1 zu messen ist, entspricht der allg. Auffassung. S. z. B. BGH NJW 1980, 2133, 2133 (zu § 11 Nr. 1 AGBG); *Bamberger/Becker* Rz 9; *Ulmer/Hensen* Rz 5.

7 *Ulmer/Hensen* Rz 4.

8 *Staudinger/Coester-Waltjen* Rz 9. Vgl. aber BGH NJW 1980, 2133, 2133 (zu § 11 Nr. 1 AGBG): „Unter *Entgelt* i.S. des § 11 Nr. 1 AGB-Gesetz ist alles das zu verstehen, was der Letztverbraucher finanziell für den Erwerb der Kaufsache aufwenden muss."

wender zu tragen sind.[1] Auch die zum Ausgleich dieser Kosten geleisteten Zahlungen werden vom Kunden nämlich geleistet, um in den Genuss der Leistung des Verwenders zu gelangen. Legen die AGB entsprechende Kosten dem Verwendungsgegner auf, so liegt eine kontrollfähige Preisnebenabrede vor (s. Rz 16, 94–99). Auch wird man entsprechende Klauseln, sofern der vom Verwendungsgegner nach der Kostentragungsklausel zu zahlende Betrag nicht von vornherein feststeht, an § 309 Nr. 1 messen müssen.[2] Denn in diesem Falle ermöglicht die Klausel eine Erhöhung des Entgelts, und es ist nicht recht ersichtlich, welche Erwägungen eine bevorzugte Behandlung von Aufwendungsersatzklauseln im Rahmen des § 309 Nr. 1 rechtfertigen können sollen.

2. Entgelt für Waren oder Leistungen

Es muss sich um das Entgelt für Waren oder Leistungen handeln. Stillschweigend vorausgesetzt wird dabei, dass es der Verwender ist, der die Waren zu liefern bzw. die Leistungen zu erbringen hat.[3] 31

a) Waren sind bewegliche Sachen (vgl. § 1 II Nr. 1 HGB a. F.).[4] Keine Waren sind dagegen **Grundstücke.**[5] Der Vorschlag, § 309 Nr. 1 generell analog auf Verträge über Grundstücke anzuwenden[6] bzw. die Übereignung eines Grundstücks als Leistung im Sinne des § 309 Nr. 1 einzustufen,[7] ist schon deshalb wenig überzeugend, weil eine planwidrige Regelungslücke nicht erkennbar ist.[8] Insbesondere ist kein Grund für die Annahme ersichtlich, dass es sich bei der Verwendung des Wortes „Waren" um ein Redaktionsversehen handelt.[9] Dies gilt umso mehr, als der Gesetzgeber die Wortwahl auch im Zuge der Einfügung der hier interessierenden Regelung in das Bürgerliche Gesetzbuch nicht korrigiert hat. Immerhin wird man eine Anwendung des § 309 Nr. 1 auf Verträge über Grundstücke insoweit bejahen können, als der Vertrag auch eine nicht ganz unwesentliche Verpflichtung zur Veränderung des Grundstücks enthält und die Klausel zumindest auch das Entgelt für diese Zusatzverpflichtung betrifft.[10] Die praktische Bedeutung der Tatsache, dass § 309 Nr. 1 nicht direkt oder analog auf Verträge über Grundstücke anwendbar ist, hält sich jedoch in Grenzen. Denn in aller Regel wird man davon ausgehen müssen, dass Klauseln im Sinne des § 309 Nr. 1, auch wenn sie in Grundstücksverträgen enthal- 32

---

1 Vgl. aber MünchKomm/*Basedow* Rz 11, dem zufolge der Begriff des Entgelts einen Aufwendungsersatz nicht erfasst.

2 A. A. *Ulmer/Hensen* Rz 7. Auch *Staudinger/Coester-Waltjen* Rz 18 will § 309 Nr. 1 dann nicht zur Anwendung bringen, „wenn es sich um einen reinen Aufwendungsersatz und nicht um eine Gegenleistung handelt". Nicht ganz eindeutig MünchKomm/*Basedow* Rz 16. *Basedow* betont zwar, dass eine Klausel, die die Erstattung von Aufwendungen für Nebenleistungen vorsieht, nicht an § 309 Nr. 1 zu messen ist. Das von ihm genannte Beispiel – nämlich die Versandkosten des Verkäufers – betrifft jedoch einen Fall, in welchem auch das dispositive Recht regelmäßig eine Kostentragung durch den Verwendungsgegner vorsieht (s. § 448 I), so dass *Basedow* möglicherweise im Einklang mit der hier vertretenen Auffassung nur solche Aufwendungen vom Anwendungsbereich des § 309 Nr. 1 ausnehmen möchte, die schon nach dispositivem Recht vom Verwendungsgegner zu tragen sind.

3 *Staudinger/Coester-Waltjen* Rz 10.

4 Für ein Abstellen auf § 1 II Nr. 1 HGB a.F. auch OLG Dresden VIZ 2000, 380, 382 (zu § 11 Nr. 1 AGBG); *Bamberger/Roth/Becker* § 309 Nr. 1 Rz 6.

5 OLG Dresden VIZ 2000, 380, 382 (zu § 11 Nr. 1 AGBG).

6 So *Ulmer/Hensen* Rz 4. Für eine analoge Anwendung auch *Staudinger/Coester-Waltjen* Rz 9.

7 So MünchKomm/*Basedow* Rn 11.

8 *Bamberger/Roth/Becker* § 309 Nr. 1 Rz 6. Gegen eine analoge Anwendung im Ergebnis auch OLG Dresden VIZ 2000, 380, 382 (zu § 11 Nr. 1 AGBG).

9 So aber *Ulmer/Hensen* Rz 1 Fn 2; MünchKomm/*Basedow* Rn 11.

10 Vgl. auch *Bamberger/Roth/Becker* Rz 6: analoge Anwendung des § 309 Nr. 1 hinsichtlich der Werkleistungen, wenn eine Verpflichtung zur Veränderung des Grundstücks übernommen wird.

ten sind, gegen § 307 verstoßen. Bei Grundstücksverträgen ist freilich zu beachten, dass die von der Treuhandanstalt wegen des Fehlens eines funktionsfähigen Grundstücksmarktes in ihren Privatisierungsverträgen verwandten Nachbewertungsklauseln als Preishauptabreden der Inhaltskontrolle entzogen sind (s. Rz 17).[1]

33 **b) Leistungen** sind nicht nur Dienstleistungen, sondern alle sonstigen Vertragsleistungen, die nicht in der Übereignung von Waren oder Grundstücken liegen,[2] also z. B. Werkleistungen, Gebrauchsüberlassungen oder Geschäftsbesorgungen. § 309 Nr. 1 erfasst deshalb mit Ausnahme von Grundstückskaufverträgen alle entgeltlichen Geschäfte.

34–39 **c) Noch zu liefern/noch zu erbringen.** § 309 Nr. 1 betrifft nur solche Waren und Leistungen, die innerhalb von vier Monaten „nach Vertragsschluss" geliefert bzw. erbracht werden sollen. Daraus folgt, dass Klauseln über die Erhöhung des Entgelts für eine bereits vor Vertragsschluss erbrachte Leistung bzw. eine bereits vor Vertragsschluss gelieferte Ware nicht an § 309 Nr. 1 zu messen sind.[3] Allerdings sind solche Klauseln, sofern sie nicht nach § 309 III 1 der Inhaltskontrolle entzogen sind, unangemessen im Sinne des § 307.[4] Dies folgt aus einem Erst-recht-Schluss zu § 309 Nr. 1.[5]

3. Erhöhung des Entgelts

40 **a) Allgemeines.** Eine Erhöhung liegt vor, wenn der Betrag bzw. die Menge des Entgelts gesteigert wird. Ausreichend für die Anwendung des § 309 Nr. 1 ist, dass die Klausel zumindest auch eine Erhöhung des Entgelts erlaubt. Es spielt also keine Rolle, ob neben der Preiserhöhung auch andere Änderungen möglich sind. Insbesondere ist irrelevant, ob die Klausel neben der Erhöhung des Entgelts auch eine Senkung desselben erlaubt.

41 **b) Erhöhung bei fehlender Festlegung des Entgelts.** Eine Erhöhung des Entgelts setzt nicht voraus, dass der Preis im Vertrag ausdrücklich festgelegt ist. Vielmehr vermag § 309 Nr. 1 auch im Falle eines taxmäßig üblichen oder aus dem Vertrag bestimmbaren Preis einzugreifen.[6] Darüber hinaus kann § 309 Nr. 1 selbst dann anzuwenden sein, wenn es an jeder verbindlichen Festsetzung eines Entgelts fehlt. Namentlich ist in derartigen Fällen wie folgt zu differenzieren:

42 **aa) Freibleibende Preise.** Denkbar ist zunächst, dass die AGB den von den Parteien festgelegten Preis als „unverbindlich" oder „freibleibend" bezeichnen. Ein solcher Vorbehalt ist ohne weiteres nach § 309 Nr. 1 unwirksam;[7] es gilt der als freibleibend bezeichnete Preis ohne den Vorbehalt. Etwas anderes gilt nur dann, wenn die Klausel deutlich macht, dass die Unverbindlichkeit des Preises erst nach vier Monaten eintreten soll. Selbst in diesem Fall ist die Klausel jedoch nur dann wirksam, wenn sie den Anforderungen genügt, welche im Rahmen des § 307 an Klauseln zu stellen sind, die eine Preiserhöhung nach Ablauf von vier Monaten erlauben (s. insbesondere Rz 90 ff).

---

1 BGH VIZ 2002, 437, 438 (zum AGBG).

2 A. A. MünchKomm/*Basedow* Rn 11, der auch in der Übertragung eines Grundstücks eine Leistung im Sinne von § 309 Nr. 1 erblickt.

3 Ebenso z. B. *Bamberger/Roth/Becker* Rz 10; *Staudinger/Coester-Waltjen* Rz 9.

4 *Bamberger/Roth/Becker* Rz 10; *Staudinger/Coester-Waltjen* Rz 9.

5 *Staudinger/Coester-Waltjen* Rz 9.

6 S. z. B. *Ulmer/Hensen* Rz 4.

7 BGH NJW 1985, 855, 856 (zu § 11 Nr. 1 AGBG): Unwirksamkeit einer Klausel, die die Preise als „freibleibend" bezeichnete und zugleich auf die Tagespreise im Zeitpunkt der Lieferung verwies. Für die Anwendbarkeit des § 309 Nr. 1 auf „freibleibende" oder „unverbindliche" Preise z. B. auch *Bamberger/Roth/Becker* § 309 Nr. 1 Rz 8; *Ulmer/Hensen* Rz 5; *Staudinger/Coester-Waltjen* Rz 17.

bb) Einigung unter Vorbehalt. Entsprechendes gilt, wenn die Parteien sich auf einen Preis geeinigt, diesen aber unter den Vorbehalt eines davon abweichenden Listenpreises zum Zeitpunkt der Lieferung beziehungsweise eines abweichenden Tagespreises gestellt haben.[1] Auch in diesem Falle findet § 309 Nr. 1 also ohne weiteres Anwendung. 43

cc) Ausschließlicher Verweis auf Tages- oder Listenpreis. Anders liegen die Dinge lediglich dann, wenn der Vertrag auf den jeweiligen Listen- oder Tagespreis verweist und ein von dieser Klausel unabhängiger Ausgangspreis im Wege der Auslegung (§§ 133, 157, 305 c II) nicht zu ermitteln ist. In dieser Konstellation kann § 309 Nr. 1 nicht zur Anwendung kommen, weil die Klausel keine Erhöhung des Preises erlaubt, sondern den Preis überhaupt erst festlegt.[2] Betont sei aber, dass aus der Verwendung einer Tages- oder Listenpreisklausel noch nicht abgeleitet werden kann, dass es an einem von der Klausel unabhängigen Ausgangspreis fehlt. Vielmehr ist auch eine Listenpreisklausel regelmäßig dahingehend auszulegen, dass die Parteien sich zunächst auf den geltenden Listenpreis einigen und diesen Preis lediglich unter den Vorbehalt einer späteren Änderung der Preisliste stellen.[3] Nur ausnahmsweise kann demgegenüber davon ausgegangen werden, dass ein von der Listenpreisklausel unabhängiger Ausgangspreis nicht zu ermitteln ist. So liegt es z. B. dann, wenn zum Zeitpunkt des Vertragsschlusses noch keine Preisliste vorliegt. Fehlt es an einem von der Listenpreisklausel unabhängigen Ausgangspreis, so stellt sich die Frage, ob die Klausel zumindest nach § 307 unwirksam ist. Entscheidend ist insofern zunächst, ob die Klausel nicht nach § 307 III 1 der Inhaltskontrolle entzogen ist. Wird der Listenpreis vom Verwender festgelegt, so wird man in der Tat von einer Preishauptabrede ausgehen müssen, die lediglich am Transparenzgebot des § 307 I 2 zu messen ist, § 307 III.[4] Demgegenüber liegt eine kontrollfähige Preisnebenabrede vor, wenn einem Dritten ein einseitiges Preisbestimmungsrecht eingeräumt wird.[5] Ist die Kontrollfähigkeit nach dem Gesagten zu bejahen, so ist die Klausel zumindest dann als nach § 307 unwirksam einzustufen, wenn die übrigen Voraussetzungen des § 309 Nr. 1 erfüllt sind. 44

c) Art und Weise der Erhöhung. Die vorgesehene Art und Weise der Erhöhung des Entgelts ist gleichgültig.[6] Insbesondere kommt es nicht darauf an, ob die Anpassungsklausel nur Preiserhöhungen ermöglicht oder ob Anpassungen sowohl nach oben als auch nach unten vorgesehen sind. Zu beachten ist lediglich, dass die Möglichkeit einer Preiserhöhung, welche die freiwillige Mitwirkung des anderen Vertragsteils voraussetzt, nicht von § 309 Nr. 1 erfasst wird (s. Rz 51). 45

---

1 BGH NJW 1985, 855, 856 (zu § 11 Nr. 1 AGBG). Dort ging es um eine Klausel des Inhalts: „Die Preise sind freibleibend. Bei einer Steigerung von Material- und Rohstoffpreisen, Löhnen und Gehältern, Herstellungs- und Transportkosten ist der Lieferer berechtigt, die vom Tage der Lieferung gültigen Preise zu berechnen." Der BGH sah hierin einen Verstoß gegen § 11 Nr. 1 AGBG (§ 309 Nr. 1). Für die Anwendung des § 309 Nr. 1 auf Preisvorbehaltsklauseln auch *Staudinger/Coester-Waltjen* Rz 20.

2 Zutreffend MünchKomm/*Basedow* Rn 14; *Staudinger/Coester-Waltjen* Rz 17. A. A. aber *Ulmer/Hensen* Rz 4, dem zufolge alle Klauseln, die den Preis offen lassen, nach § 11 Nr. 1 AGBG (= § 309 Nr. 1 BGB), unzulässig sind.

3 Vgl. BGH NJW 1985, 853, 853 (zu § 9 AGBG). Dort ging es um eine Klausel des Inhalts „Die Lieferungen [...] erfolgen zu den Preisen der jeweils gültigen Liste [...]." Der BGH führte hierzu aus: „[Die] Vertragsparteien einigen sich zunächst auf den bei Vertragsschluss gültigen Listenpreis, ohne dass der Bekl. insoweit ein Leistungsbestimmungsrecht eingeräumt ist."

4 Der BGH hat die Kontrollfähigkeit entsprechender Klauseln offen gelassen. S. BGH NJW 1983, 1603, 1605 (zu § 9 AGBG). Gegen die Kontrollfähigkeit entsprechender Klauseln z. B. MünchKomm/*Basedow* Rn 15, der § 307 BGB für unanwendbar hält und den Schutz des Verwendungsgegners allein durch 315, 319 BGB, 26 II GWB sicherstellen will.

5 BGH VIZ 2002, 437, 438 (zum AGBG) = NJW 2002, 3465.

6 MünchKomm/*Basedow* Rn 12.

46 **aa) Automatische Preisänderung.** § 309 Nr. 1 erfasst zunächst solche Klauseln, die den Preis automatisch ändern.

47 **bb) Indexklauseln/Preisklauselverordnung.** Automatische Preiserhöhungsklauseln sind etwa sog. Indexklauseln, bei denen die Erhöhung automatisch bei Veränderung einer festgelegten Bezugsgröße, z. B. der Lebenshaltungskosten oder bestimmter Rohstoffpreise, eintritt. Mit Blick auf derartige Klauseln gilt es zunächst § 2 I 1 des Preisangaben- und Preisklauselgesetzes vom 3. 12. 1984[1] zu beachten, dem zufolge der Betrag von Geldschulden nicht unmittelbar und selbsttätig durch den Preis oder Wert von anderen Gütern oder Leistungen bestimmt werden darf, die mit den vereinbarten Gütern oder Leistungen nicht vergleichbar sind. Verstößt eine Klausel gegen dieses Verbot, ergibt sich ihre Unwirksamkeit bereits aus § 134.[2] Sofern eine Indexklausel dagegen § 2 I 1 PAngG nicht verletzt, z. B. weil die Klausel genehmigt wurde, bleibt die Frage nach der Anwendbarkeit von § 309 Nr. 1. Überwiegend wird die Anwendbarkeit bejaht.[3] Dieser Auffassung ist zuzustimmen. Zwar ließe sich argumentieren, dass Indexklauseln, die lediglich eine Absicherung gegen das Risiko der Inflation bezwecken, nur bei formaler Betrachtung zu einer Erhöhung oder Ermäßigung des Preises führen, bei wirtschaftlicher Betrachtung jedoch dazu dienen, das Entgelt konstant zu halten. Indessen hat § 309 Nr. 1 z. B. auch den Zweck, die Vergleichbarkeit der Preise und damit die Funktionsfähigkeit des Preiswettbewerbs zu schützen (s. Rz 1). Diese Funktion wäre jedoch gefährdet, wollte man § 309 Nr. 1 im Falle zulässiger Indexklauseln unangewendet lassen. Der Klarstellung halber sei betont, dass das Verbot des § 2 I 1 PAngG nach § 1 der Preisklauselverordnung (PrKV)[4] v. 23. 9. 1998 auf eine ganze Reihe von Klauseltypen nicht anwendbar ist, nämlich auf so genannte Leistungsvorbehaltsklauseln,[5] Spannungsklauseln[6] und Kostenelementeklauseln.[7] Indessen sind auch solche Klauseln an § 309 Nr. 1 zu messen.[8]

48 **cc) Einseitiges Abänderungsrecht.** § 309 Nr. 1 findet auch auf solche Klauseln Anwendung, die dem Verwender oder einem nicht im Lager des anderen Vertragsteils stehenden Dritten das Recht einräumen, den festgelegten Preis einseitig zu ändern.

49 **dd) Anspruch auf Abänderungsvertrag.** Desgleichen findet § 309 Nr. 1 Anwendung, wenn eine Klausel dem Verwender oder einem nicht im Lager des anderen Vertragsteils stehenden Dritten einen Anspruch auf Mitwirkung des Verwendungsgegners bei der Abänderung des Preises gibt. Dass gegebenenfalls auch dem Verwendungsgegner ein solcher Anspruch eingeräumt wird, ist kein Hindernis für die Anwendung des § 309 Nr. 1.

50 **ee) Verhandlungspflicht.** Möglich sind auch Anpassungsklauseln, die eine Einigung der Parteien verlangen, aber eine Verhandlungspflicht vorsehen und für den Fall des Scheiterns der Verhandlungen eine gerichtliche Bestimmung des Preises

---

1 BGBl. I, 1429.

2 So wohl auch *Staudinger/Coester-Waltjen* Rz 6.

3 MünchKomm/*Basedow* Rz 13; *Ulmer/Hensen* Rz 8; *Staudinger/Coester-Waltjen* Rz 6.

4 BGBl. 1998, I, S. 3043, zuletzt geändert durch Mietrechtsreformgesetz v. 19. 6. 2001.

5 S. § 1 Nr. 1 PrKV („Klauseln, die hinsichtlich des Ausmaßes der Änderung des geschuldeten Betrages einen Ermessensspielraum lassen, der es ermöglicht, die neue Höhe der Geldschuld nach Billigkeitsgrundsätzen zu bestimmen").

6 S. § 1 Nr. 2 PrKV („Klauseln, bei denen die in ein Verhältnis zueinander gesetzten Güter oder Leistungen im Wesentlichen gleichartig oder zumindest vergleichbar sind").

7 S. § 1 Nr. 3 PrKV („Klauseln, nach denen der geschuldete Betrag insoweit von der Entwicklung der Preise oder Werte für Güter oder Leistungen abhängig gemacht wird, als diese die Selbstkosten des Gläubigers bei der Erbringung der Gegenleistung unmittelbar beeinflussen").

8 *Ulmer/Hensen* Rz 8; *Staudinger/Coester-Waltjen* Rz 20.

ermöglichen.[1] Da der Vertragspartner die Preiserhöhung nicht verhindern kann, fallen auch solche Verhandlungsklauseln unter § 309 Nr. 1.[2]

ff) Einverständliche Preiserhöhungen. Eine Klausel, die die Preiserhöhung von der freiwilligen Mitwirkung des Verwendungsgegners abhängig macht, ist nicht an § 309 Nr. 1 zu messen. Denn der Schutzzweck des § 309 Nr. 1 ist in diesem Falle nicht berührt. Dies gilt insbesondere dann, wenn sich der Gehalt der Vorschrift darin erschöpft, auf die Möglichkeit einer einverständlichen Änderung des Preises durch die Parteien hinzuweisen. In diesem Falle findet § 309 Nr. 1 schon nach § 307 III 1 keine Anwendung, denn auch das dispositive Recht erlaubt den Parteien die jederzeitige Abänderung einer einmal getroffenen Vereinbarung. **51**

d) Kostenerhöhungen. Zu den Preiserhöhungsklauseln gehören etwa Klauseln zur Überwälzung nachträglicher Mehrkosten. Der Verwender kann sich also trotz des Risikos von Kostenerhöhungen, z. B. in Gestalt von Erhöhungen der Lohn- und Produktionskosten, in seinen AGB nicht das Recht vorbehalten, diese Kostenerhöhungen an den Kunden weiterzugeben, sofern der Verwender seine Leistung nach dem Vertrag innerhalb von vier Monaten zu erbringen hat.[3] Anders liegt es wegen § 307 III freilich dann, wenn die relevanten Kosten auch nach dispositivem Recht vom Verwendungsgegner zu tragen sind. **52**

e) Preisänderungen bei Leistungsänderungen. Keine Entgelterhöhung im Sinne von Nr. 1 nach richtiger Auffassung liegt dann vor, wenn das Entgelt einer Leistungsänderung angepasst wird. Beruht die Vermehrung der Warenlieferung oder Leistung auf Anweisungen oder Wünschen des Kunden, so ist es angemessen, dass er für die höheren Kosten aufkommt.[4] Beruht die Leistungsänderung dagegen auf Maßnahmen des Verwenders, so ist zunächst zu prüfen, ob der Änderungsvorbehalt nach § 308 Nr. 4 überhaupt wirksam ist. Ist er unwirksam, so ist auch eine Preiserhöhung nicht zulässig. Ist der Änderungsvorbehalt dagegen wirksam, so fällt eine Preiserhöhung wegen veränderter Leistung nicht unter § 309 Nr. 1. Sie ist aber nach § 307 auf ihre Angemessenheit zu prüfen.[5] Ist die Leistungsänderung durch behördliche Auflagen oder Änderung gesetzlicher Vorschriften verursacht, so ist ebenfalls nach § 307 zu prüfen, ob die Kostenüberwälzung auf den Kunden angemessen ist. Dies ist zu bejahen, soweit der Anlass für die Änderungen der Sphäre des Kunden zuzurechnen ist.[6] Auch muss der Umfang der Erhöhung durch Art und Ausmaß der Änderung gerechtfertigt sein. **53**

f) Preisirrtümer. Sieht eine Klausel die Korrektur von Preisirrtümern vor, so ist zu differenzieren. Erfasst die Klausel nur solche Fälle, in denen der Verwendungsgegner den höheren Preis schon nach dem Gesetz gegen sich gelten lassen muss, z. B. nach dem Grundsatz der Unbeachtlichkeit von Falschbezeichnungen („falsa demonstratio non nocet"), so scheitert ein Verstoß gegen § 309 Nr. 1 bereits an § 307 III 1. Sieht die Klausel dagegen eine „Korrektur" unrichtig berechneter Preise vor, obwohl die Falschberechnung den Verwender nach dem Gesetz nicht zu einer Änderung des im Vertragstext festgehaltenen Preises berechtigt, findet § 309 Nr. 1 ohne weiteres Anwendung.[7] Dies gilt auch dann, wenn der Verwender **54–59**

---

1 Dazu auch *Horn* AcP 181, 355. Für die Anwendung des § 309 Nr. 1 auf Preisneuverhandlungsklauseln auch *Staudinger/Coester-Waltjen* Rz 19.

2 MünchKomm/*Basedow* Rn 11.

3 BGH NJW 1985, 855, 856 Gliederungspunkt II 1 a (zu § 11 Nr. 1 AGBG).

4 *Staudinger/Coester-Waltjen* Rz 19.

5 *Staudinger/Coester-Waltjen* Rz 19. Für Anwendung des § 309 Nr. 1 aber wohl *Ulmer/Hensen* Rz 4 ff.

6 *Schlosser/Coester-Waltjen* § 11 Nr. 1 Rz 27; *Staudinger/Coester-Waltjen* Rz 19.

7 Für die Anwendbarkeit des § 309 Nr. 1 im Falle eines Rechts zur Berichtigung von Kalkulationsirrtümern z. B. auch *Staudinger/Coester-Waltjen* Rz 20; *Ulmer/Hensen* Rz 6.

nach dem Gesetz zur Anfechtung des Vertrages berechtigt wäre,[1] denn die Anfechtung führt nur zur Unwirksamkeit, nicht aber zu einer Anpassung des Vertrages (§ 142 I).

4. Viermonatsfrist

60 **a) Allgemeines.** Preiserhöhungsklauseln sind nur dann unwirksam, wenn die vertragliche **Hauptleistung,** für die das Entgelt geschuldet ist, innerhalb von vier Monaten zu erbringen ist. Die Viermonatsfrist wurde in Anlehnung an die mittlerweile in § 1 V 1 PAngV enthaltene Frist vorgesehen. Abzustellen ist auf die vom Verwender zu erbringende Leistung, für die der andere Vertragspartner dem Verwender das Entgelt zu entrichten hat. Unmaßgeblich ist deshalb, wann und wie der Verwendungsgegner sein Entgelt zu entrichten hat, ob also Barzahlung, Vorauszahlung, Ratenzahlung oder eine Stundung vereinbart ist.

61 **b) Fristberechnung.** Die 4-Monats-Frist **beginnt** mit dem Vertragsabschluss,[2] wobei § 187 I zu beachten ist.[3] Die Frist **endet** mit dem Ablauf von 4 Monaten. Das Fristende ist nach § 188 zu bestimmen. Soll die Leistung noch an dem Tag des vierten Monats erfolgen, der nach seiner Zahl dem Tag des Vertragsabschlusses entspricht, so ist die Leistung innerhalb der Viermonatsfrist zu erbringen, und die Preiserhöhungsklausel ist nach Nr. 1 unwirksam. Bei Leistungen, die danach zu erbringen sind, findet § 309 Nr. 1 dagegen keine Anwendung.

62 **c) Maßgeblichkeit der Verpflichtung des Verwenders.** Maßgeblich ist allein, wann der Verwender seine Leistung **spätestens zu erbringen hat.** Dabei kommt es auf die Leistungsbewirkung im Sinne des § 362 an. Abzustellen ist auf die von den Parteien getroffene Vereinbarung,[4] bei Fehlen oder Unwirksamkeit einer solchen auf die gesetzliche Regelung.[5] Wann der Verwender die Leistung tatsächlich erbringt, ist dagegen irrelevant.[6] Wird z. B. Ende Oktober eine Lieferzeit im 1. Quartal des nächsten Jahres vereinbart, so liegt darin eine höchstzulässige Lieferzeit von 5 Monaten. § 309 Nr. 1 ist deshalb nicht anzuwenden.[7] Dies gilt selbst dann, wenn die Leistung tatsächlich bereits im November erbracht wird. Ist dagegen als Leistungszeit eine Frist von 4 Monaten oder weniger vereinbart, so findet § 309 Nr. 1 selbst dann Anwendung, wenn die Leistung tatsächlich erst nach Ablauf von 4 Monaten erbracht wird.[8]

63 **d) Keine Umgehung bei längerer Frist.** Da § 309 Nr. 1 bei Vereinbarung einer Leistungszeit von mehr als 4 Monaten nicht anzuwenden ist, mag es aus Sicht des Verwenders verlockend erscheinen, eine Leistungszeit von mehr als 4 Monaten allein zu dem Zwecke zu vereinbaren, der Anwendung des § 309 Nr. 1 zu entgehen. Im Grundsatz ist ein solches Vorgehen zulässig und stellt auch keine nach § 306a verbotene Gesetzesumgehung dar. Auch wird der Verwendungsgegner nicht schutzlos gestellt. Zu beachten ist nämlich, dass eine in AGB vorgesehene, unangemessen lange Leistungsfrist nach § 308 Nr. 1 unwirksam ist. Ist die in den AGB enthaltene Regelung zur Leistungszeit unwirksam, so greift § 271 I ein mit der Folge,

---

1 Ebenso *Ulmer/Hensen* Rz 6.

2 S. z. B. *Bamberger/Becker* Rz 12; *Ulmer/Hensen* Rz 9.

3 OLG Frankfurt DB 1981, 884.

4 *Ulmer/Hensen* Rz 9; *Staudinger/Coester-Waltjen* Rz 11.

5 So i.E. auch *Staudinger/Coester-Waltjen* Rz 15.

6 Im Grundsatz ebenso *Ulmer/Hensen* Rz 9.

7 OLG Frankfurt NJW 1983, 946 ff., (zu § 11 Nr. 1 AGBG).

8 OLG Stuttgart NJW-RR 1988, 786, 788 (zu § 11 Nr. 1 AGBG); MünchKomm/*Basedow* Rz 17; *Staudinger/Coester-Waltjen* Rz 11.

dass bei Vereinbarung eines Preiserhöhungsrechts auch § 309 Nr. 1 zur Anwendung kommt.

e) Vom anderen Teil zu vertretende Verzögerung. Ein Teil des Schrifttums hält solche Klauseln für zulässig, die eine Preiserhöhung für den Fall vorsehen, dass der Kunde die Verzögerung überwiegend zu vertreten hat oder dass sie allein in seinen Risikobereich fällt.[1] Dem ist nicht zuzustimmen. Denn in derlei Situationen greifen regelmäßig die gesetzlichen Vorschriften über den Annahmeverzug ein. Der Verwender ist daher hinreichend geschützt, ohne dass man § 309 Nr. 1 in einer seinem Wortlaut widersprechenden Weise einschränkt.[2] **64**

f) Nachträgliche Fristverlängerung. Wird eine Leistungszeit von 4 Monaten oder weniger nachträglich durch eine Vereinbarung über 4 Monate hinaus verlängert, so wird dadurch die Anwendung von Nr. 1 nicht ausgeschlossen.[3] Es ist Sache des Verwenders, im Zusammenhang mit der Verlängerung auch gleichzeitig individualvertraglich eine Vereinbarung über die Preisanpassung zu treffen.[4] **65**

g) Besonderheiten bei § 1 UKlaG. Besonderheiten ergeben sich für den Fall der Unterlassungsklage nach § 1 UKlaG, wenn die Leistungszeit nicht durch AGB, sondern jeweils individualvertraglich vereinbart wird. In diesem Falle gelten folgende Grundsätze: Wird die Preiserhöhungsklausel in den AGB selbst auf Leistungsfristen von mehr als 4 Monaten beschränkt, so ist ein Verstoß gegen § 309 Nr. 1 im Verfahren nach § 1 UKlaG zu verneinen. Wird die Preiserhöhungsklausel in den AGB nicht auf Leistungsfristen von mehr als 4 Monaten beschränkt, sondern generell vorgesehen, so ist sie im Verfahren nach § 1 UKlaG gleichwohl nicht zu beanstanden, wenn die Leistungsfrist im betreffenden Geschäftszweig üblicherweise mehr als 4 Monate beträgt. Trifft dies nicht zu, so beansprucht die unbeschränkte Preiserhöhungsklausel auch Geltung für Leistungsfristen von 4 Monaten und weniger und kann deshalb durch die Unterlassungsklage nach § 1 UKlaG untersagt werden, da diese auch gegenüber potenziell unwirksamen Klauseln eingreifen muss.[5] Auch wenn die Leistungszeiten in einer Branche typischerweise mehr als vier Monate betragen, ist eine Preiserhöhungsklausel freilich im Individualprozess als nach § 309 Nr. 1 unwirksam einzustufen, wenn im konkreten Fall eine Leistungszeit von 4 Monaten oder weniger vereinbart ist. **66**

5. Unzulässige Klauseln

Unzulässig sind, wenn die Leistung des Verwenders innerhalb von vier Monaten erbracht werden soll, beispielsweise Klauseln wie „wir sind zur Anpassung unserer **67**

---

[1] S. *Ulmer/Hensen* Rz 9, dem zufolge ein Änderungsvorbehalt für den Fall zulässig sein soll, dass der Kunde die Verzögerung überwiegend zu vertreten hat oder sie allein in seinen Risikobereich fällt. Ebenso *Staudinger/Coester-Waltjen* Rz 11. Enger *Bamberger/Becker* Rz 12: Entgeltserhöhung für den Fall zulässig, dass Verzögerung ausschließlich vom Verwender zu vertreten ist und der Verwendungsgegner eine Mitwirkungshandlung unterlässt, mit der Folge, dass der Verwender kein Angebot im Sinne des § 294 machen kann. Wieder anders MünchKomm/*Basedow* Rz 17: Klausel unwirksam, aber Kunde gegebenenfalls nach Treu und Glauben gehalten, in die nachträgliche Abänderung des Preises einzuwilligen oder den sich aus der Klausel ergebenden Mehrpreis zu zahlen.

[2] Dies gilt entgegen *Bamberger/Becker* Rz 12 auch dann, wenn der Verwendungsgegner eine notwendige Mitwirkungshandlung unterlässt. Denn in diesem Falle greift die Regelung des § 295 S. 1.

[3] *Bamberger/Becker* Rz 12; *Ulmer/Hensen* Rz 9.

[4] So auch *Schlosser/Coester-Waltjen* § 11 Nr. 1 Rz 23.

[5] BGH NJW 1985, 855, 856 zu II 1 a (zu § 11 Nr. 1 AGBG). Noch strenger möglicherweise *Staudinger/Coester-Waltjen* Rz 16, die wohl nicht auf die Üblichkeiten des jeweiligen Geschäftszweigs abstellen, sondern eine Preiserhöhungsklausel schon dann an § 309 Nr. 1 messen möchte, „wenn sie so formuliert ist, dass sie kürzere Leistungsfristen als vier Monate miterfasst".

Preise an die veränderte Situation berechtigt";[1] „Preiserhöhung vorbehalten" oder „dem Preis werden etwaige Preis- und Teuerungszuschläge am Tage der Lieferung zugerechnet". Unwirksam sind auch Klauseln wie „Preise freibleibend"[2] oder „Preise unverbindlich". Unzulässig sind ferner sonstige verdeckte Preisänderungsklauseln, sofern sie nicht nur eine Ermäßigung, sondern auch eine Preiserhöhung ermöglichen, wie z. B. „Preisberichtigung vorbehalten".

6. Beweislast

68–69 Für die Beweislast gelten die allgemeinen Grundsätze.[3] Wer die Unwirksamkeit geltend macht, muss die Voraussetzungen des § 309 Nr. 1 darlegen und beweisen. Hat der Vertragspartner oder Verband allerdings das Vorliegen einer Preiserhöhungsklausel dargetan und bewiesen, so obliegt es dem Verwender, die Ausnahme des 2. HS darzulegen und zu beweisen.

V. Verhältnis zu anderen Regelungen

1. Verhältnis zu § 305 b

70 Preisklauseln können bereits an dem in § 305 b vereinbarten Prinzip des Vorrangs der Individualabrede scheitern. Allerdings ist insofern zu differenzieren.

71 **a) Festpreisabrede.** Bei **individualvertraglichen Festpreisabreden** sind Preiserhöhungsklauseln ohne weiteres nach § 305 b unbeachtlich.[4] Darüber hinaus sind sie in diesem Falle aber auch nach § 307 unwirksam, da der Verwender mit der Festpreisabrede das Risiko von Preisänderungen übernommen hat und die Abwälzung dieses Risikos in den AGB gegen den Grundsatz der Vertragsbindung (§ 307 II Nr. 1) und den Vertragszweck (§ 307 II Nr. 2) verstößt.[5] Auch ist die Klausel zur Täuschung des Verwendungsgegners über den tatsächlichen Vertragsinhalt geeignet und daher unter Transparenzgesichtspunkten (§ 307 I 2) unangemessen (vgl. Rz 100 ff).

72 **b) Preisabrede mit einfacher Verbindlichkeit.** Haben sich die Parteien individualvertraglich auf einen bestimmten Preis geeinigt, so liegt im Regelfall nur eine so genannte Preisabrede mit einfacher Verbindlichkeit[6] vor. Diese steht der wirksamen Einbeziehung einer Preiserhöhungsklausel nicht generell entgegen.[7] Denn eine individualvertragliche Preisabrede mit einfacher Verbindlichkeit steht ihrem Bedeutungsgehalt nach nicht in Widerspruch zu Preiserhöhungsklauseln mit der Folge, dass der Grundsatz vom Vorrang der Individualabrede (§ 305 b) insofern nicht zum Zuge kommt. Auch individualvertragliche Preisabreden mit einfacher Verbindlichkeit sind jedoch für die Wirksamkeit von Preiserhöhungsklauseln relevant. Namentlich ist das von den Parteien vereinbarte Äquivalenzverhältnis bei der

---

1 OLG Frankfurt NJW 1982, 2198, 2198 (zu § 11 Nr. 1 AGBG).

2 BGH NJW 1985, 855, 856 zu II 1 (zu § 11 Nr. 1 AGBG).

3 S. vor §§ 308, 309 Rz 21.

4 *Staudinger/Coester-Waltjen* Rz 7.

5 Für Unangemessenheit auch BGHZ 94, 335, 339 (zu § 9 AGBG) = NJW 1985, 2270; *M. Wolf* ZIP 1987, 341, 345 (zu § 9 AGBG).

6 Vgl. *M. Wolf* ZIP 1987, 341, 345 (zu § 9 AGBG).

7 In diesem Sinne auch *Ulmer/Hensen* Rz 3: Bei „normalen [...] Preisvereinbarungen hindert ihre Individualität nicht, dass daneben Preisänderungsklauseln bestehen, die allerdings auf ihre Wirksamkeit zu prüfen sind". Vgl. ferner *Staudinger/Coester-Waltjen* Rz 7, der zufolge nicht jede individualvertragliche Festlegung eines bestimmten Preises eine Preisänderung ausschließt.

Angemessenheitsprüfung im Rahmen des § 307 zu berücksichtigen. Eine Klausel ist grundsätzlich unwirksam, wenn das Preiserhöhungsrecht das Äquivalenzverhältnis von Leistung und Gegenleistung in Frage stellt.[1]

2. Verhältnis zu § 307

§ 307 ist neben § 309 Nr. 1 anwendbar. Siehe im Einzelnen Rz 90 ff (bei Verbrauchern), Rz 160 ff (bei Unternehmern). **73**

3. Verhältnis zu §§ 315 ff

Eine nach §§ 309 Nr. 1, 307 wirksame Preisänderungsklausel gewährt regelmäßig, wenn auch nicht notwendig (s. Rz 46 ff), ein Bestimmungsrecht, dessen Ausübung den §§ 315 ff unterliegt. Die §§ 315 ff sind neben den §§ 309 Nr. 1, 307 anwendbar und erlauben insbesondere die Überprüfung, ob die Ausübung einer wirksamen Preiserhöhungsklausel im konkreten Fall wirksam ist (§§ 315 III, 319).[2] Die Möglichkeit einer Überprüfung der Preisänderung im Einzelfall nach § 315 III steht aber weder der Klage nach § 1 UKlaG[3] noch der Anwendung der §§ 307[4], 309 Nr. 1[5] im Individualprozess entgegen. **74**

4. Mieterhöhung

Gemäß § 557 I können die Parteien eines Mietvertrages während des Mietverhältnisses eine Erhöhung der Miete vereinbaren. Vereinbarungen über die künftige Erhöhung der Miete sind nach § 557 Abs. 2 als Staffelmiete nach § 557 a oder als Indexmiete nach § 557 b zulässig. Darüber hinaus kann der Vermieter gemäß § 557 III Mieterhöhungen nur nach Maßgabe der §§ 558–560 verlangen, und auch insofern kommt eine Mieterhöhung nicht in Betracht, soweit eine Erhöhung durch Vereinbarung ausgeschlossen ist oder sich der Ausschluss aus den Umständen ergibt. Unabhängig davon, ob die Klausel gegen § 557 verstößt, bleibt eine AGB-rechtliche Kontrolle der Klausel möglich.[6] Auf das Mietverhältnis als Dauerschuldverhältnis kann jedoch, soweit es um künftig zu erbringende Leistungen geht, nicht § 309 Nr. 1, sondern nur § 307 Anwendung finden.[7] **75**

5. Reiseverträge

Im Falle eines Reisevertrages kann der Reiseveranstalter den Preis gemäß § 651a IV 1 nur dann erhöhen, wenn dies mit genauen Angaben zur Berechnung des neuen Preises im Vertrag vorgesehen ist und damit einer Erhöhung der Beförderungskosten, der Abgaben für bestimmte Leistungen, wie Hafen- oder Flughafengebühren oder einer Änderung der für die betreffende Reise geltenden Wechselkurse Rechnung getragen wird. Diesen Anforderungen ist nur dann genügt, wenn die Angaben zur Berechnung der Preiserhöhung im Vertrag enthalten sind.[8] Nicht aus- **76–79**

---

1 Wohl noch strenger *Bamberger/Becker* Rz 18, dem zufolge das Preiserhöhungsrecht die nach den Vorstellungen der Parteien bestehende Gleichwertigkeit von Leistung und Gegenleistung nicht berühren darf.

2 S. z. B. MünchKomm/*Basedow* Rz 10.

3 Zutreffend BGH NJW 1982, 331, 332 (zu § 11 Nr. 1 AGBG).

4 Ebenso BGH NJW 1980, 2518, 2519 (zu § 9 AGBG).

5 Ebenso MünchKomm/*Basedow* Rz 10.

6 I.E. auch *Bamberger/Becker* Rz 40.

7 Missverständlich *Bamberger/Becker* Rz 40. Zutreffend aber MünchKomm/*Basedow* Rz 9.

8 BGH NJW 2003, 507, 508.

reichend ist dagegen eine erst nach Vertragsschluss versandte Information darüber, wie sich die in dem Vertrag vorgesehene Preiserhöhung berechnet.[1] Eine Preiserhöhung, die ab dem 20. Tag vor dem vereinbarten Abreisetermin verlangt wird, ist nach § 651a IV 2 unwirksam. § 651a IV 3 stellt klar, dass die Regelung des § 309 Nr. 1 unberührt bleibt. § 309 Nr. 1 findet also neben § 651a IV Anwendung.[2] Gleiches gilt, auch wenn dies im Gesetz nicht ausdrücklich hervorgehoben wird, für § 307.[3] Die Anwendung des § 307 scheitert insbesondere nicht an 307 III 1.[4] Denn § 651a IV 1 gewährt dem Reiseveranstalter kein Recht auf Vornahme von Preiserhöhungen.[5] Vielmehr beschränkt diese Vorschrift die Freiheit des Reiseveranstalters, Preiserhöhungen zu vereinbaren.[6] Folglich hat eine den Anforderungen des § 651a IV 1 genügende Klausel keineswegs nur deklaratorischen Charakter. Ebenso wenig kann die Anwendung des § 307 unter Berufung auf einen Umkehrschluss zu § 651a IV 3 verneint werden.[7] Denn der Gesetzgeber hätte eine entsprechende Einschränkung des Anwendungsbereichs des § 307 sicher deutlicher zum Ausdruck gebracht. Eine Klausel in einem Reisevertrag, durch welche sich der Reiseveranstalter das Recht vorbehält, „die ausgeschriebenen und mit der Buchung bestätigten Preise im Falle der Erhöhung der Beförderungskosten oder der Abgaben für bestimmte Leistungen, wie Hafen- oder Flughafengebühren oder einer Änderung der für die betreffende Reise geltenden Wechselkurse, in dem Umfang zu ändern, wie sich deren Erhöhung pro Person beziehungsweise pro Sitzplatz auf den Reisepreis auswirkt", verstößt gegen das in § 307 I 2 vorgesehene und in § 651a IV 1 konkretisierte Transparenzgebot.[8] Denn eine solche Klausel macht nicht deutlich, welcher Preis der Forderung nach einem erhöhten Entgelt zugrunde liegt.[9] Ebenfalls unwirksam ist eine in einem Reisevertrag enthaltene Klausel, der zufolge „Preisänderungen [...] nach Abschluss des Reisevertrags im Falle der Erhöhung der Beförderungskosten oder der Angaben für bestimmte Leistungen wie Fluggebühren in dem Umfang möglich [sind], wie sich die Erhöhung pro Kopf bzw. pro Sitzplatz auf den Reisepreis auswirkt".[10] Denn eine solche Klausel kann dahin gehend ausgelegt werden, dass sie Preisänderungen wegen Kostensteigerungen erlaubt, die bereits vor Vertragsschluss eingetreten sind oder zu diesem Zeitpunkt bereits abzusehen waren. Die Klausel macht daher nicht hinreichend klar, welche Kostensteigerungen dem Verlangen nach einem erhöhten Reisepreis zugrunde liegen.[11] Nicht hinreichend transparent ist die zitierte Klausel auch insofern, als sie dem Verwender die Wahl überlässt, Kostenerhöhungen entweder nach dem Maßstab „pro Kopf" oder nach dem Maßstab „pro Sitzplatz" auf die Vertragspartner umzulegen.[12] Denn auch die-

---

1 BGH NJW 2003, 507, 508; BGH NJW 2003, 746, 747.

2 *Bamberger/Becker* Rz 40.

3 BGH NJW 2003, 507, 508; *Palandt/Sprau* § 651a Rz 19; *Bamberger/Becker* Rz 40.

4 BGH NJW 2003, 507, 508; BGH NJW 2003, 746, 747; OLG Düsseldorf NJW 2002, 447 ff. (zu § 8 AGBG).

5 Unnötig gewunden dagegen die Argumentation des BGH NJW 2003, 507, 508, der die Inhaltskontrolle zwar ebenfalls für möglich hält, dies aber mit dem Argument begründet, das Gesetz schreibe keine bestimmte Fassung einer möglichen Preiserhöhungskontrolle vor und eröffne daher dem Reiseveranstalter einen Gestaltungsspielraum für die Fassung von Preiserhöhungsklauseln in AGB.

6 Insoweit zutreffend BGH NJW 2003, 507, 508.

7 Wie hier i.E. BGH NJW 2003, 507, 508; OLG Düsseldorf NJW 2002, 447, 447 (zum AGBG). A. A. aber LG Düsseldorf NJW 2001, 834, 834: 651a III 3 lasse für die Anwendung von anderen Vorschriften des AGB-Rechts neben § 11 Nr. 1 AGBG (§ 309 Nr. 1) keinen Raum.

8 BGH NJW 2003, 507, 509 f.

9 BGH NJW 2003, 507, 510.

10 BGH NJW 2003, 746, 747 f.

11 BGH NJW 2003, 746, 748.

12 BGH NJW 2003, 746, 748.

ses Wahlrecht nimmt dem Verwendungsgegner die Möglichkeit zu erkennen, welche Preisänderungen auf ihn zukommen.[1] Für sich genommen unter dem Gesichtspunkt des Transparenzgebotes nicht zu beanstanden ist dagegen die Verwendung des Ausdrucks „Fluggebühren".[2]

6. Verhältnis zu § 2 PAngG, § 1 PrKV

Indexklauseln bedürfen nach § 2 PAngG der Genehmigung, und zwar ohne Rücksicht darauf, ob sie in AGB oder individualvertraglich vereinbart sind. Dabei werden nur währungspolitische Gesichtspunkte berücksichtigt, nicht aber der gerechte Interessenausgleich zwischen den Vertragsparteien.[3] § 309 Nr. 1 bleibt deshalb neben § 2 PAngG anwendbar. (s. Rz 47).[4] Dies gilt auch für solche Klauseln, die gemäß § 1 PrKV nicht an § 2 PAngG zu messen sind (s. Rz 47). **80**

7. Verhältnis zu § 1 PAngV

§ 1 I 1 PAngV lautet: „Wer Letztverbrauchern gewerbs- oder geschäftsmäßig oder regelmäßig in sonstiger Weise Waren oder Leistungen anbietet oder als Anbieter von Waren oder Leistungen gegenüber Letztverbrauchern unter Angabe von Preisen wirbt, hat die Preise anzugeben, die einschließlich der Umsatzsteuer und sonstiger Preisbestandteile zu zahlen sind (Endpreise)." Und § 1 IV PAngV ergänzt diese Vorschrift wie folgt: „Bestehen für Waren oder Leistungen Liefer- oder Leistungsfristen von mehr als vier Monaten, so können abweichend von Absatz 1 Satz 1 für diese Fälle Preise mit einem Änderungsvorbehalt angegeben werden; dabei sind auch die voraussichtlichen Liefer- und Leistungsfristen anzugeben. Die Angabe von Preisen mit einem Änderungsvorbehalt ist auch zulässig bei Waren oder Leistungen, die im Rahmen von Dauerschuldverhältnissen erbracht werden." Diese Vorschriften verdrängen § 309 Nr. 1 jedoch nicht. Die PAngV will die Lauterkeit des Wettbewerbs bei der Preiswerbung schützen und ist deshalb eine Ordnungsvorschrift. Ein Verstoß gegen § 1 I 1 PAngV stellt nach § 10 I Nr. 1 PAngV eine Ordnungswidrigkeit dar, berührt aber nicht die zivilrechtliche Gültigkeit der Preiserhöhungsklausel.[5] Diese muss deshalb nach § 309 Nr. 1 überprüft werden (s. Rz 2). **81–89**

VI. Inhaltskontrolle nach § 307 bei Verbraucherverträgen

Die Kontrolle von Preisklauseln nach § 307 spielt nicht nur im unternehmerischen Verkehr (s. Rz 160 ff.), sondern auch bei Verbraucherverträgen eine zentrale Rolle. **90**

1. Kontrollfähigkeit

a) Allgemeines. Aus § 309 Nr. 1 ergibt sich grundsätzlich keine Schranke für die Anwendung des § 307. Dies gilt zunächst dann, wenn eine Klausel in den Anwendungsbereich des § 309 Nr. 1 fällt, den Anforderungen des § 309 Nr. 1 aber **91–92**

---

[1] BGH NJW 2003, 746, 748.
[2] Offengelassen in BGH NJW 2003, 746, 747.
[3] Zutreffend *Staudinger/Coester-Waltjen* Rz 6.
[4] *Ulmer/Hensen* Rz 8; *Staudinger/Coester-Waltjen* Rz 6.
[5] *Palandt/Heinrichs* § 134 Rz 26; *Ulmer/Hensen* Rz 2; *Staudinger/Coester-Waltjen* Rz 1.

gerecht wird. In diesem Falle ist § 307 uneingeschränkt neben § 309 Nr. 1 anwendbar.[1] Darüber hinaus sind aber auch solche Preisklauseln anhand des § 307 zu überprüfen, die nicht in den Anwendungsbereich des § 309 Nr. 1 fallen.[2] Dies gilt insbesondere für solche Klauseln, die ein Preiserhöhungsrecht erst nach Ablauf von vier Monaten vorsehen.[3] Zu denken ist aber auch an Preisklauseln in Grundstückskaufverträgen oder Dauerschuldverhältnissen. § 309 Nr. 1 enthält in Bezug auf § 307 ein neutrales Klauselverbot.[4] Zu beachten ist allerdings in jedem Falle die Schranke, die § 307 III 1 der Inhaltskontrolle von Preisklauseln zieht. Nach dieser Vorschrift kann eine Inhaltskontrolle grundsätzlich nur dort in Betracht kommen, wo eine Abweichung vom Gesetz bzw. eine Ergänzung der gesetzlichen Vorschriften vorgesehen ist. Mit Blick auf Preisklauseln bedeutet dies, dass eine allgemeine Preiskontrolle nicht erlaubt ist.[5] Im Einzelnen gilt Folgendes:

93 **b) Transparenzprinzip.** Schon nach § 307 III 2 sind Preisklauseln stets daraufhin zu überprüfen, ob sie dem Transparenzprinzip genügen.

94–99 **c) Inhaltskontrolle bei Preisklauseln.** Eine über das Transparenzprinzip hinausgehende Inhaltskontrolle ist zwar bei so genannten Preishauptabreden, die Art und Umfang des Entgelts unmittelbar regeln, nach § 307 III 1 ausgeschlossen (s. Rz 17–19). Möglich ist eine Inhaltskontrolle jedoch bei so genannten Preisnebenabreden,[6] die Art und Umfang von Leistung und Gegenleistung nicht unmittelbar regeln und an deren Stelle deshalb das dispositive Recht treten kann (s. Rz 16). So ist eine Inhaltskontrolle z. B. dann möglich, wenn die AGB ein Entgelt vorsehen, obwohl eine Leistung nicht erbracht wird[7] (s. Rz 16). Bei Preiserhöhungsklauseln handelt es sich stets um kontrollfähige Nebenabreden (s. Rz 16). Eine Ausnahme gilt lediglich für die von der Treuhandanstalt verwendeten Nachbewertungsklauseln, sofern man diese als Preiserhöhungsklauseln einstufen möchte (vgl. Rz 17).

2. Anforderungen des Transparenzprinzips

100 **a) Allgemeines.** Preiserhöhungsklauseln müssen sowohl mit Blick auf das Ausmaß der Preiserhöhung als auch mit Blick auf ihre Voraussetzungen dem Transparenzprinzip genügen. So muss der andere Vertragsteil grundsätzlich „bereits bei Vertragsschluss aus der Formulierung der Klausel erkennen können, in welchem Umfang Preiserhöhungen auf ihn zukommen können [...]".[8] Auch muss ihm bereits im Zeitpunkt des Vertragsschlusses erkennbar sein, unter welchen Voraussetzungen mit der Preiserhöhung zu rechnen ist. Die Klausel muss zudem so konkret sein, dass der Verwendungsgegner „die Berechtigung einer von dem Klauselverwender vorgenommenen Erhöhung an der Ermächtigungsklausel selbst messen kann".[9] Listet die Klausel beispielsweise **unterschiedliche Kosten** auf, bei deren Erhöhung dem Verwender eine Preiserhöhung möglich sein soll, und ist die relative Bedeutung der einzelnen Kostenelemente dem Verbraucher nicht ohne weiteres er-

---

1 BGH NJW 2003, 507, 508; BGH NJW 1982, 331, 331 (zu § 11 Nr. 1 AGBG).

2 BGH NJW 2003, 507, 508 (zu §§ 9, 11 Nr. 1 AGBG); BGHZ 82, 21, 23 (zu §§ 9, 11 Nr. 1 AGBG); BGHZ 94, 335, 337 f (zu §§ 9, 11 Nr. 1 AGBG); BGH NJW 1990, 115, 115 (zu §§ 9, 11 Nr. 1 AGBG).

3 OLG Frankfurt a. M. NJOZ 2007, 1767, 1771; *Staudinger/Coester-Waltjen* Rz 21.

4 S. vor §§ 308, 309 Rz 20.

5 S. BGHZ 93, 358, 360 (zu § 9 AGBG).

6 BGH NJW-RR 2004, 1206, 1206; BGH NJW 1997, 2752, 2752 (zum AGBG).

7 BGH NJW 2002, 2386, 2386 (zu § 9 AGBG).

8 BGH NJW 1985, 2270, 2270 f. (zu § 9 AGBG). In diesem Sinne auch OLG Düsseldorf NJW-RR 2002, 1716, 1717; OLG Brandenburg NJW-RR 2002, 1640, 1641 (zu § 9 AGBG).

9 BGH NJW 1986, 3134, 3135 (zu § 9 AGBG). In diesem Sinne auch OLG Düsseldorf NJW-RR 2002, 1716, 1717; OLG Brandenburg NJW-RR 2002, 1640, 1641 (zu § 9 AGBG).

kennbar, so müssen die AGB die relevanten Größen gewichten,[1] so dass es dem Verbraucher im Falle einer Kostenerhöhung möglich ist, die Berechtigung der Preiserhöhung zu prüfen. Auch ist eine Klausel dann unangemessen, wenn es sich bei den Kostenelementen, die eine Preissteigerung erlauben sollen, um betriebsinterne Berechnungsgrößen handelt, die der Verwendungsgegner weder kennen noch mit zumutbaren Mitteln in Erfahrung bringen kann.[2] Grundsätzlich unwirksam ist daher beispielsweise eine Klausel, die an eine Preiserhöhung durch den Vorlieferanten anknüpft.[3] Besonderheiten müssen allerdings bei **Marktpreisklauseln** gelten.[4] Diese wird man schon dann als hinreichend transparent einstufen können, wenn hinreichend deutlich wird, wann es zu einer Anpassung des Preises kommen soll und wie der Marktpreis festzustellen ist. Dass auch das Ausmaß der Preiserhöhung für den Verwendungsgegner erkennbar ist, sollte man dagegen im Falle einer Marktpreisklausel nicht fordern, denn es liegt regelmäßig nicht in der Hand des Verwenders, die Entwicklung des Marktes vorherzusehen, und man sollte den Gebrauch der unter Umständen wirtschaftlich sinnvollen Marktpreisklauseln nicht daran scheitern lassen, dass man dem Verwender Unmögliches abverlangt.

Zu beachten ist ferner, dass sich die Anforderungen des Transparenzprinzips **101** (§ 307 I 2) einerseits und die inhaltlichen Anforderungen an die Angemessenheit der Klausel andererseits überschneiden: Begrenzt die Klausel das Ausmaß der Preiserhöhung nicht, so ist sie nicht nur wegen Unverhältnismäßigkeit inhaltlich unangemessen, sondern überdies auch intransparent, weil der Verwendungsgegner weder das Ausmaß der Preiserhöhung vorhersehen, noch eine erfolgte Preiserhöhung auf ihre Berechtigung hin überprüfen kann.

Betont sei auch, dass nach der Rechtsprechung die Einräumung eines Lösungs- **102** rechts für den Fall erheblicher Preissteigerungen einen Ausgleich für die fehlende Konkretheit von Preiserhöhungsklauseln darzustellen vermag.[5] Dem ist freilich nur für den Fall zuzustimmen, dass der Verwender ein gewichtiges, schutzwürdiges Interesse an der Verwendung einer Preiserhöhungsklausel hat, die an sich gebotene Konkretisierung aber nicht möglich oder nicht praktikabel erscheint und die Klausel immerhin so konkret wie möglich formuliert ist.[6] Im Übrigen ist mit dem BGH davon auszugehen, dass ein Kündigungsrecht jedenfalls dann keinen Ausgleich für eine im Übrigen unangemessene Preiserhöhungsklausel darzustellen vermag, wenn dieses Recht dem Kunden nicht die Möglichkeit gibt, sich vom Vertrag zu lösen, **bevor** die Preiserhöhung wirksam wird.[7]

---

1 BGH NJW-RR 2005, 1717, 1718.

2 BGH NJW 2007, 1054, 1055; BGH NJW-RR 2005, 1717, 1717 f.

3 Offen gelassen in BGH NJW 2007, 1054, 1055. Im konkreten Fall ergab sich die Unwirksamkeit der Klausel schon daraus, dass diese zwar an eine Preiserhöhung durch die Vorlieferanten anknüpfte, das Ausmaß der Preiserhöhung jedoch nicht begrenzt. Eine entsprechende Klausel billigend aber BGH NJW-RR 1986, 211, 213 (zu § 9 AGBG).

4 S. noch Rz 119.

5 BGH NJW 1982, 331, 332 (zu § 9 AGBG): „[D]er Verkäufer [ist] in der Lage, die Unangemessenheit eines [...] allgemein formulierten Preisänderungsvorbehalts dadurch zu beseitigen, dass er dem Käufer unter bestimmten Voraussetzungen eine Lösungsmöglichkeit vom Vertrag einräumt." Dafür, dass die Einräumung eines Lösungsrechts einen Ausgleich für die fehlende Konkretisierung des Lösungsrechts darzustellen vermag, auch BGH 1980, 2518, 2519 (zu § 9 AGBG); BGH NJW 1986, 3134, 3135 f (zu § 9 AGBG); OLG Brandenburg NJW-RR 2002, 1640, 1641 (zu § 9 AGBG); wohl auch BGH NJW 2007, 1054, 1056.

6 Ähnlich OLG Düsseldorf NJW-RR 2002, 1716, 1717, dem zufolge eine Preiserhöhungsklausel ohne Angabe von Grund und Höhe der Preiserhöhung ausnahmsweise dann zulässig ist, wenn die Angabe von Grund und Höhe nicht möglich ist, die Preiserhöhung sich in den Grenzen billigen Ermessens hält und der Kunde zum Rücktritt berechtigt ist, wenn die Preise deutlich stärker steigen als die Lebenshaltungskosten.

7 BGH NJW 2007, 1054, 1056.

103 **b) Täuschung.** Zum Gebot der Klarheit und Transparenz gehört auch, dass Preisklauseln nicht zu einer Täuschung führen dürfen.[1] Nach § 307 I unwirksam ist deshalb eine Klausel, die den falschen Eindruck erweckt, eine Preiserhöhung nach Ablauf von 4 Monaten sei ohne weiteres zulässig.[2] Das Gebot der Klarheit und Transparenz ist auch verletzt, wenn der vereinbarte Darlehenszins dadurch eine Erhöhung erfährt, dass geleistete Tilgungsraten bei der Zinsberechnung nicht alsbald, sondern erst später berücksichtigt werden, weil die Klausel z. B. trotz monatlicher Tilgungsraten bei der Zinsberechnung vom Stand des Jahresanfangs ausgeht.[3]

105–109 **c) Beispiele.** Eine Klausel, wonach der Vermieter von Fernsprechnebenstellenanlagen den vereinbarten Mietzins ändern kann, wenn sich „im Zusammenhang mit Lohnänderungen in der Fernmeldeindustrie die bei der Vermieterin übliche listenmäßige Miete erhöht oder ermäßigt", entspricht den oben genannten Anforderungen nicht, da sie nicht gewährleistet, dass nur die lohnkostenabhängigen Preiselemente erhöht werden können und die Erhöhung auch lediglich im Umfang der Lohnänderungen eintritt.[4] Sie lässt daher den Umfang der möglichen Preiserhöhung nicht erkennen. Erst recht intransparent und daher unwirksam ist eine Klausel des Inhalts „Änderungen und Irrtümer vorbehalten".[5] Gemäß § 307 I 2 unwirksam ist auch eine Klausel, der zufolge der Verwender bei „Änderung der Steuersätze und der öffentlich-rechtlichen Abgaben" berechtigt ist, „die vom Kunden zu leistende Vergütung entsprechend zu ändern."[6] Zwar wird durch die Formulierung „entsprechend" sichergestellt, dass eine Preiserhöhung lediglich nach Maßgabe der Steuer- oder Abgabenerhöhung zulässig sein soll.[7] Man wird aber zumindest gegenüber Verbrauchern eine genauere Bezeichnung der Steuern und Abgaben fordern müssen, die als Grund für eine Preiserhöhung in Betracht kommen können.[8] Auch eine Klausel, wonach der Leasinggeber die Leasingraten angemessen ändern darf, „wenn sich Preisfaktoren ändern, auf deren Bildung er keinen Einfluß hat", ist zu unbestimmt und deshalb unwirksam.[9] Gleiches gilt für die Klausel in einem Liefervertrag über Flüssiggas, der zufolge der Verwender dann, „[w]enn sich nach Abschluss des Vertrags die Gestehungspreise für Flüssiggas, die Material-, Lohn-, Transport- und Lagerkosten oder die Mineralöl- bzw. Mehrwertsteuersätze ändern, [...] im Umfang der Veränderung dieser Kostenfaktoren pro Liefereinheit den vorstehend angegebenen derzeitigen Gaspreis ändern" kann.[10] Erst recht unwirksam ist eine Klausel in einem Flüssiggaslieferungsvertrag, nach der der Verwender berechtigt ist, die Preise zu ändern, „wenn eine Preisänderung durch die Vorlieferanten [des Verwenders] erfolgt".[11] Schon aus Transparenzgründen unwirksam ist zudem die Klausel „Preise freibleibend". Zur Transparenz von Preiserhöhungsklauseln in Reiseverträgen siehe bereits Rz 76–79.

---

1 S. § 307 Rz 267 ff.
2 S. OLG Düsseldorf ZIP 1984, 719, 721 (zu § 9 AGBG).
3 S. Anh. § 310 Rz D 17.
4 BGH NJW 1990, 115, 116 (zu § 9 AGBG).
5 OLG Düsseldorf NJW-RR 2002, 1716, 1717: Verstoß gegen § 307 I 2.
6 OLG Brandenburg NJW-RR 2002, 1640, 1641 (zu § 9 AGBG).
7 Wenig einleuchtend daher OLG Brandenburg NJW-RR 2002, 1640, 1641 (zu § 9 AGBG): Die Klausel gebe keinen Aufschluss, „in welchem zahlenmäßigen oder anteiligen Umfang Preisänderungen zulasten des Kunden möglich sein sollen" und verstoße deshalb gegen § 9 AGBG.
8 Im Ergebnis richtig daher OLG Brandenburg NJW-RR 2002, 1640, 1641 (zu § 9 AGBG).
9 S. OLG Hamm NJW-RR 1986, 927, 929 (zu § 9 AGBG).
10 BGH NJW-RR 2005, 1717, 1717 f.
11 BGH NJW 2007, 1054, 1055.

3. Inhaltskontrolle jenseits des Transparenzprinzips

Allgemein gilt, dass der Grundgedanke des Äquivalenzprinzips, dass eine **Gegenleistung ohne Leistung** nicht geschuldet ist, in AGB nicht aufgehoben werden darf.[1] Eine Klausel, wonach eine Vergütung generell auch bei **Nichtinanspruchnahme der Leistung** zu zahlen ist, ist deshalb grundsätzlich nach § 307 unwirksam.[2] Auch Klauseln, die dem Verwender ein Entgelt dafür zusprechen, dass dieser seine eigenen gesetzlichen Pflichten erfüllt, sind nach § 307 II Nr. 1 unwirksam.[3] Gleiches gilt für Klauseln, die Aufwendungen für eigene Zwecke des Verwenders auf den Verwendungsgegner abwälzen.[4] Im Übrigen ist zwischen unterschiedlichen Klauseltypen zu differenzieren. **110**

a) Preisberechnungsklauseln. Eine Preisberechnungsklausel liegt vor, wenn (1) die Klausel eine Regelung von Art oder Höhe des Entgelts enthält und (2) eine von der Klausel trennbare Vereinbarung über den Preis nicht gegeben ist (s. Rz 15). Preisberechnungsklauseln sind gemäß § 307 III 2 in jedem Falle am Transparenzprinzip zu messen. Eine über Transparenzgesichtspunkte hinausgehende Inhaltskontrolle von Preisberechnungsklauseln kommt nur dann in Betracht, wenn die Preisberechnungsklausel eine bloß mittelbare Regelung von Art oder Höhe des Preises enthält, also eine so genannte Preisnebenabrede darstellt. Soweit Preisberechnungskontrollen nach dem Gesagten der Inhaltskontrolle unterliegen, gelten für Preisberechnungsklauseln die gleichen Grundsätze wie für Preiserhöhungsklauseln (s. Rz 115 ff). **Unwirksam** ist beispielsweise eine Klausel „angefangene Stunden werden als volle Stunden berechnet" beim Werkvertrag, da, wenn kein Gesamtpreis vereinbart ist, nur der wahre Aufwand berechnet werden darf.[5] Ist in einem Bauvertrag ein Pauschalpreis vereinbart, so ist eine Klausel, die unter der Bezeichnung zusätzlich anfallender „Aufschließungskosten" auch zur vertraglichen Bauleistung gehörende Teilleistungen wie Aushub und Verfüllen der Baugrube einbezieht, wegen ihres Verheimlichungseffekts auch nach § 307 unwirksam.[6] Die Entgeltklausel in einem privatrechtlichen Vertrag über öffentliche Versorgungsleistungen ist unwirksam, wenn sie Abnehmer von Zusatzmengen mit den entstehenden Vorhaltekosten belasten will, dafür aber einen Maßstab wählt, der eine objektive Verbindung zwischen Zusatzmenge und Vorhaltekosten nicht erkennen lässt.[7] **Wirksam** ist aber nach richtiger Auffassung die Klausel in einem Wartungsvertrag, wonach Fahrtzeiten als Arbeitszeiten gelten und dementsprechend dem Kunden in Rechnung gestellt werden.[8] **111–114**

b) Preiserhöhungsklauseln. Eine Preiserhöhungsklausel liegt vor, wenn sich ein von der Klausel unabhängiger Preis ermitteln lässt und die Klausel eine Erhöhung dieses Preises ermöglicht (s. Rz 11). Preiserhöhungsklauseln sind stets als Preisnebenabreden einzustufen. Sie unterliegen daher in vollem Umfang der Inhaltskontrolle nach den §§ 307 ff (s. Rz 16).[9] Im Rahmen des § 307 kommt es auf die Angemessenheit von Preiserhöhungsklauseln an. Dabei gilt es zunächst zu prü- **115**

---

1 BGH NJW 2002, 2386, 2387 (zu § 9 AGBG).

2 Ebenso BGH NJW 1984, 2162, 2163 für den Fall einer einverständlich nicht in Anspruch genommenen Mietgarantie in einem Baubetreuungsvertrag (zu § 9 AGBG).

3 BGH NJW 2003, 2386, 2387 (zu § 9 AGBG); BGH NJW 2002, 2386, 2387 (zu § 9 AGBG).

4 BGH NJW 2003, 2386, 2387 (zu § 9 AGBG); OLG Düsseldorf NJW-RR 2002, 1716, 1716.

5 BGHZ 91, 316, 317 (zu § 9 AGBG); a. A. OLG Frankfurt ZIP 1983, 702, das § 8 AGBG (§ 307 III 1) anwendet.

6 BGH NJW 1984, 171, 172 f (zu § 9 AGBG).

7 BGH NJW 1985, 3013, 3015 (zu § 9 AGBG).

8 A. A. BGH NJW 1984, 2160, 2160 f (zu § 9 AGBG).

9 So (allerdings nur mit Blick auf Preisanpassungsklauseln) BGH NJW 1990, 115, 115 (zu § 9 AGBG).

fen, ob dem Transparenzprinzip genügt ist (§ 307 I 2).[1] Die Prüfung der Angemessenheit erschöpft sich freilich nicht in einer **Transparenzkontrolle,** sondern setzt außerdem eine **Interessenabwägung** voraus. Diese ist unter Berücksichtigung der individualvertraglichen Preisabrede und der damit zusammenhängenden Regelungen sowie der Interessenlage und der Gesamtumstände vorzunehmen.[2] Dabei ist insbesondere zu prüfen, (1) ob die Klausel die Preiserhöhung vom Vorliegen eines **sachlichen Grundes** abhängig macht (s. Rz 116 ff), (2) ob die Klausel die Preiserhöhung dem **Umfang** nach auf das durch den sachlichen Grund Gebotene beschränkt (s. Rz 125 ff.), (3) ob die Klausel dem Verwender gegebenenfalls noch lange nach dem Auftreten eines sachlichen Grundes das Recht zur Preiserhöhung gewährt (s. Rz 129) und (4) ob die Klausel dem Verwendungsgegner im Falle wesentlicher Preiserhöhungen ein **Rücktrittsrecht** gewährt (s. Rz 130 ff). Grundsätzlich **nicht erforderlich** ist, dass (5) die Preisklausel **beidseitig** wirkt (s. Rz 135), neben Preiserhöhungen also auch zu Preissenkungen führen kann, doch kann im Ausnahmefalle anderes gelten. Besonderheiten gelten bei **Zinsänderungsklauseln** (s. Rz 136 ff).

116 **aa) Sachlicher Grund.** Preiserhöhungsklauseln sind nur dann mit § 307 vereinbar, wenn sie die Zulässigkeit der Preiserhöhung von Umständen abhängig machen, die einen sachlichen Grund für eine Preiserhöhung darstellen. Unwirksam sind dagegen Klauseln, die eine Preisfestsetzung des Verwenders oder Dritter nach freiem Belieben oder Willkür zulassen.[3] Bei der Frage, welche Belange als sachlicher Grund anzuerkennen sind, kommt es insbesondere auch darauf an, ob ein Recht zur nachträglichen Preiserhöhung notwendig ist, um den fraglichen Belangen Rechnung zu tragen. Die Gründe für die Preisanpassung dürfen daher grundsätzlich erst nach Vertragsschluss entstanden[4] und nicht mit hinreichender Bestimmtheit vorhersehbar gewesen sein.[5] Unwirksam ist daher beispielsweise eine Klausel in einem Reisevertrag, der zufolge sich der Reiseveranstalter das Recht vorbehält, „die ausgeschriebenen und mit der Buchung bestätigten Preise im Falle der Erhöhung der Beförderungskosten oder der Abgaben für bestimmte Leistungen [...] in dem Umfang zu ändern, wie sich deren Erhöhung pro Person beziehungsweise pro Sitzplatz auf den Reisepreis auswirkt".[6] Denn eine solche Klausel lässt eine Preiserhöhung ihrem Wortlaut nach auch dann zu, wenn die mit der Klausel erfassten Kostensteigerungen nach Drucklegung der Prospekte, aber bereits vor Vertragsschluss eingetreten sind.[7] Ebenso ist eine in einem Reisevertrag enthaltene Klausel unwirksam, der zufolge „Preisänderungen [...] nach Abschluss des Reisevertrags im Falle der Erhöhung der Beförderungskosten oder der Angaben für bestimmte Leistungen wie Fluggebühren in dem Umfang möglich [sind], wie sich die Erhöhung pro Kopf bzw. pro Sitzplatz auf den Reisepreis auswirkt".[8] Denn eine

---

1 S. Rz 100 ff.

2 BGHZ 82, 21, 24 (zu § 9 AGBG); BGHZ 94, 335, 338 (zu § 9 AGBG).

3 St. Rspr. BGHZ 82, 21, 25 (zu § 9 AGBG); BGHZ 90, 63, 77 (zu § 9 AGBG); 93, 252, 256 (zu § 9 AGBG); 94, 335, 339 f (zu § 9 AGBG); BGH NJW 1985, 855, 856 zu II 1 b (zu § 9 AGBG).

4 BGHZ 83, 252, 256 (zu § 9 AGBG); OLG Brandenburg NJW-RR 2002, 1640, 1641 (zu § 9 AGBG).

5 A. A. *Paulusch*, a.a.O., S. 70 f (zu § 9 AGBG); wie hier aber wohl *Staudinger/Coester-Waltjen* Rz 21, die dem Verwender ein schützenswertes Interesse daran zugesteht, sich vor „ungewissen, nicht vorhersehbaren" Kostensteigerungen zu schützen.

6 Für die Unwirksamkeit einer solchen Klausel auch BGH NJW 2003, 507, 509 f, der allerdings auf eine Verletzung des Transparenzgebotes abstellt.

7 Insoweit zutreffend, allerdings auf das Transparenzgebot abstellend, BGH NJW 2003, 507, 509 f. Verhalten kritisch *Graf v. Westphalen* NJW 2003, 1635, 1640, der die vom BGH gewählte Auslegung der Klausel als „spitzfindig" bezeichnet.

8 Für die Unwirksamkeit einer solchen Klausel auch BGH NJW 2003, 746, 747 f., der allerdings auf die Verletzung des Transparenzgebotes abstellt.

solche Klausel kann dahingehend ausgelegt werden, dass sie Preisänderungen wegen Kostensteigerungen erlaubt, die bereits vor Vertragsschluss eingetreten sind oder zu diesem Zeitpunkt bereits abzusehen waren.[1]

α) **Kostenänderung.** Kostensteigerungen können einen sachlichen Grund für eine Preiserhöhung darstellen.[2] So genannte **Kostenelementeklauseln,** die eine Preiserhöhung bei Erhöhung der dem Verwender entstehenden Kosten erlauben, dienen letztlich den Interessen beider Parteien. Denn einerseits reduzieren sie das den Verwender treffende Risiko langfristiger Kalkulation und sichern ihm seine Gewinnspanne trotz nachträglicher, ihn belastender Kostensteigerung, und andererseits vermögen sie den Vertragspartner davor zu bewahren, dass der Verwender mögliche künftige Kostenerhöhungen vorsorglich schon bei Vertragsschluss durch Risikozuschläge aufzufangen versucht.[3] Bei Verträgen mit langen Lieferfristen ist grundsätzlich ein berechtigtes Bedürfnis anzuerkennen, zwischen Vertragsschluss und tatsächlicher Lieferung eingetretene Kostensteigerungen auf den Abnehmer abwälzen zu können.[4] Kostenelementeklauseln sind daher bei langfristigen Lieferverträgen im Grundsatz nicht zu beanstanden.[5] Auch wird man nicht fordern können, dass die Klausel die Preiserhöhung bei Existenz eines Marktpreises ausdrücklich oder konkludent in der Weise beschränkt, dass der Marktpreis infolge der Kostensteigerung nicht überschritten werden darf.[6] Allerdings dürfen Kostenelementeklauseln grundsätzlich nicht so gestaltet sein, dass sie dem Verwender eine **Erhöhung seines Gewinns** ermöglichen (s. Rz 127–128).[7] Unwirksam ist daher z. B. eine Klausel, die mehrere Kosten auflistet, bei deren Erhöhung eine Preissteigerung erlaubt sein soll, ohne hinreichend deutlich zu machen, dass eine Preissteigerung ausscheiden muss, wenn die Gesamtkosten trotz der Erhöhung einzelner Elemente gleich bleiben oder fallen.[8] Auch kommen Kostensteigerungen, die **vom Verwender zu vertreten** sind, nicht als sachlicher Grund für eine Preissteigerung in Betracht. Gleiches gilt für kostensteigernde Faktoren, die eintreten, während sich der Verwender im Leistungsverzug befindet. Kostensteigerungen aufgrund von Leistungsverzögerungen, die vom Verwender nicht zu vertreten sind, können dagegen grundsätzlich als Grundlage für eine Preiserhöhung herangezogen werden.[9] Als Kostensteigerungen kommen insbesondere Steigerungen von Lohn- und Materialkosten, aber auch die Änderung von Steuern, Zöllen, Abgaben und sonstigen Lasten und Aufwendungen in Betracht. Zu den **Transparenzanforderungen** bei der Festlegung der relevanten Kostenelemente siehe Rz 100 ff. Die Gründe für die Kostensteigerung dürfen aber grundsätzlich **erst nach Vertragsschluss entstanden** und nicht sicher und konkret vorhersehbar gewesen sein.[10] Sieht ein Händler als Verwender in seinen AGB eine Preisanpassung für den Fall vor, dass der Herstel- 117

[1] Die Möglichkeit einer solchen Auslegung bejahend BGH NJW 2003, 746, 748.
[2] BGH NJW-RR 2005, 1717, 1717; OLG Brandenburg NJW-RR 2002, 1640, 1641 (zu § 9 AGBG).
[3] BGH NJW-RR 2005, 1717, 1717.
[4] BGH NJW-RR 2005, 1717, 1717; BGHZ 82, 21, 24 (zu § 9 AGBG); BGHZ 94, 335, 338 (zu § 9 AGBG); BGH NJW 1985, 855, 856 (zu § 9 AGBG).
[5] BGH NJW 2007, 1054, 1055 (Lieferung von Flüssiggas).
[6] A. A. noch *Ulmer/Hensen* 9. Aufl. § 11 Nr. 1 Rz 15. Wie hier aber wohl die Neuauflage. S. *Ulmer/Hensen* Rz 16.
[7] Vorsichtiger allerdings BGH NJW-RR 2005, 1717, 1717, dem zufolge die Schranke des § 307 dann nicht eingehalten wird, wenn die Preisanpassungsklausel „es dem Verwender ermöglicht, über die Abwälzung konkreter Kostensteigerungen hinaus den zunächst vereinbarten Preis ohne jede Begrenzung anzuheben und so nicht nur eine Gewinnschmälerung zu vermeiden, sondern einen zusätzlichen Gewinn zu erzielen". So auch BGH NJW 2007, 1054, 1055; OLG Frankfurt a. M. NJOZ 2007, 1767, 1771.
[8] BGH NJW-RR 2005, 1717, 1718.
[9] *Schlosser/Coester-Waltjen* § 11 Nr. 1 Rz 35.
[10] S. Rz 116.

ler die Preise anhebt, ist dies grundsätzlich nicht zu beanstanden. Der Händler muss die sachliche Berechtigung der Preiserhöhung beim Hersteller oder sonstigen Vorlieferanten auch grundsätzlich nicht prüfen.[1] Unwirksam ist aber eine Klausel, die im Falle einer Kostensteigerung die Berechnung nach Tagespreisen vorsieht, da danach die Kostensteigerung zwar den Grund für die Preiserhöhung bildet, der Umfang der Preiserhöhung aber nicht an das Ausmaß der Kostensteigerung gebunden ist, sondern beliebige Preiserhöhungen ermöglicht (s. Rz 125).[2]

118 β) **Mehrwertsteuererhöhung.** Eine Erhöhung der Mehrwertsteuer kann bei 4 Monate übersteigenden Lieferfristen auf den anderen Vertragsteil abgewälzt werden.[3] Die Erhöhung sonstiger Steuern, Zölle, Abgaben und Lasten kann dem anderen Vertragsteil auferlegt werden, wenn sie von ihm nach dem Sinn der gesetzlichen Regelung zu tragen ist und insbesondere vom Verwender für den Vertragspartner nur verauslagt wird.

119 γ) **Marktpreise.** Auch Klauseln, die nach Ablauf von vier Monaten eine Anpassung des Preises an den jeweiligen Marktpreis vorsehen, wird man als zulässig einstufen müssen, sofern (1) ein Marktpreis feststellbar ist, (2) die Klausel Veränderungen des Marktpreises in beide Richtungen gleichermaßen berücksichtigt, (3) der Verwender und seine Lieferanten auf den Marktpreis keinen Einfluss haben, (4) ein anerkennenswertes Bedürfnis für die Verwendung einer Marktpreisklausel besteht und (5) die Verwendung einer entsprechenden Klausel für den Verwendungsgegner nicht überraschend ist. Zu den Transparenzanforderungen an entsprechende Klauseln siehe Rz 100.

120–124 δ) **Sonstige.** Auch der **Wertverfall der Gegenleistung** kann einen sachlichen Grund bilden. Die **beiderseitige Wirkung** einer Preisanpassungsklausel, d. h. dass sie nicht nur Preiserhöhungen, sondern auch Preisermäßigungen vorsieht, bildet für sich genommen keinen sachlichen Grund.[4]

125 **bb) Umfang der Preiserhöhung.** Die Formulierung der Klausel muss zudem sicherstellen, dass ein Recht zur Preiserhöhung nur im Rahmen dessen gewährt wird, was durch den sachlichen Grund gerechtfertigt ist.[5]

126 α) **Allgemeines.** Unwirksam sind Klauseln, bei denen im Falle zulässiger Änderung eine verhältnismäßige Anpassung unter Berücksichtigung des ursprünglich vereinbarten Preises nicht gewahrt ist. Hervorzuheben ist in diesem Zusammenhang, dass eine einschränkende Auslegung von Preiserhöhungsklauseln schon wegen § 305 c II regelmäßig nicht in Betracht kommt. Insbesondere rechtfertigt die Nennung des Grundes für die Preiserhöhung noch keine Auslegung der Klausel dahingehend, dass der sachliche Grund das Recht zur Preiserhöhung auch umfangmäßig beschränken soll.[6] Nach § 307 unwirksam ist z. B. eine Klausel des Inhalts, dass sich der vom Verwendungsgegner zu zahlende Mietzins „entsprechend“ ändert, wenn „im Zusammenhang mit Lohnänderungen in der Fernmeldeindustrie die bei der Vermieterin übliche listenmäßige Miete erhöht oder ermäßigt [wird]“.[7]

---

1 BGH NJW-RR 1986, 211, 213 (zu § 9 AGBG).

2 BGH NJW 1985, 855, 856 zu II 1 b (zu § 9 AGBG).

3 S. auch *Dittmann* BB 1979, 712 (zu § 9 AGBG).

4 Vgl. BGH NJW 1990, 115, 116 (zu § 9 AGBG): Dort bewahrte die Möglichkeit einer Absenkung des Preises die Klausel nicht vor der Einstufung als unangemessen nach § 9 AGBG (§ 307). Im konkreten Fall kam allerdings hinzu, dass „eine Ermäßigung angesichts mehr oder weniger stetig steigender Löhne und Preise ernsthaft nicht in Betracht zu ziehen“ war.

5 So wohl auch BGH NJW 1990, 115, 116 (zu § 9 AGBG).

6 So zumindest implizit auch BGH NJW 2007, 1054, 1055 f mit Blick auf eine Klausel, die bei Preiserhöhungen durch die Vorlieferanten ein Preiserhöhungsrecht gewährte.

7 BGH NJW 1990, 115, 116 (zu § 9 AGBG).

Zwar wird durch die Formulierung „entsprechend“ deutlich gemacht, dass sich die Mietpreisänderung an die Änderung der Listenpreise anlehnen muss, doch scheint die Klausel dem Verwender das Recht zu geben, bei Lohnänderung die eigenen Listenpreise beliebig zu erhöhen. Mit anderen Worten, die Klausel „gibt lediglich den Anlass einer Listenpreisänderung wieder, bestimmt aber nicht, dass diese nur im Rahmen und zum Ausgleich etwaiger Lohnsteigerungen zulässig ist.“[1] Erst recht intransparent und daher unwirksam ist eine Klausel des Inhalts „Änderungen und Irrtümer vorbehalten“.[2]

β) Gewinnerhöhungen. Da die Preiserhöhungsklausel so formuliert sein muss, dass Preiserhöhungen nur im Rahmen des durch den sachlichen Grund Gerechtfertigten in Betracht kommen, und das Interesse des Verwenders an einer Steigerung seines Gewinns keinen sachlichen Grund darstellt, sind Preisanpassungsklauseln, die über eingetretene Kostensteigerungen hinaus eine Gewinnerhöhung zulassen, grundsätzlich unwirksam.[3] Denn es ist dem Verwender zuzumuten, seinen Gewinn von vornherein richtig zu kalkulieren und sich daran nach dem Grundsatz der Vertragsbindung festhalten zu lassen.[4] Grundsätzlich unwirksam sind daher so genannte Tagespreisklauseln. Unwirksam ist z. B. auch eine Zinsanpassungsklausel in einem Darlehensvertrag, sofern sie nicht auf die Anpassung an Änderungen des Refinanzierungskapitals beschränkt ist, sondern auch die Überwälzung innerbetrieblicher Kosten und die nachträgliche Einbringung der Erhöhung von Risikozuschlägen ermöglicht.[5] Als ausnahmsweise zulässig wird man jedoch trotz der Möglichkeit von Gewinnerhöhungen solche Klauseln einstufen müssen, die eine Anpassung des Preises an den jeweiligen Marktpreis vorsehen, sofern die übrigen an solche Klausel zu stellenden Anforderungen gewahrt sind.[6] 127–128

cc) Notwendigkeit einer zügigen Preisanpassung. Im Rahmen der Angemessenheitsprüfung nach § 307 ist auch zu fragen, wie lange nach seinem Auftreten ein an sich geeigneter Grund für eine Preiserhöhung herangezogen werden darf. Eine Klausel, die es dem Verwender explizit erlaubt, eine Preiserhöhung unter Hinweis auf Änderungen zu rechtfertigen, die bei Ausübung des Änderungsrechts schon längere Zeit zurückliegen, ist in der Regel nicht angemessen, wobei der maßgebliche Zeitrahmen im Regelfall mit einem bis zwei Monaten anzusetzen sein dürfte. Allerdings wird man davon ausgehen müssen, dass auch ohne eine ausdrückliche Klarstellung eine Obliegenheit des Verwenders zur zügigen Ausübung eines etwaigen Preisänderungsrechts besteht und die Berufung auf die Preiserhöhungsklausel lange Zeit nach Auftreten der relevanten Gründe daher rechtsmissbräuchlich ist (§ 242). Allein die Tatsache, dass die Klausel ein Preiserhöhungsrecht einräumt, ohne dies ausdrücklich zu befristen oder dem Verwender eine Obliegenheit aufzuerlegen, dieses Recht binnen angemessener Frist nach Auftreten der relevanten Gründe auszuüben, macht die Klausel mithin noch nicht unangemessen. 129

dd) Gewährung eines Rücktrittsrechts. Mit Blick auf Rücktrittsrechte, die dem Verwendungsgegner für den Fall einer Preiserhöhung gewährt werden, gilt es, zwei Fragen streng zu trennen: Zum einen stellt sich die Frage nach der Notwendigkeit eines solchen Rücktrittsrechts im Falle einer im Übrigen wirksamen Preis- 130

---

[1] BGH NJW 1990, 115, 116 (zu § 9 AGBG).

[2] OLG Düsseldorf NJW-RR 2002, 1716, 1717: Verstoß gegen § 307 I 2.

[3] BGHZ 82, 21, 25, 27 (zu § 9 AGBG); BGHZ 90, 69, 77 (zu § 9 AGBG); BGHZ 93, 252, 256 (zu § 9 AGBG); BGHZ 94, 335, 339 f (zu § 9 AGBG); BGH NJW 1985, 855, 856 zu II 1 b (zu § 9 AGBG). Aus der Literatur siehe z. B. *Ulmer/Hensen* Rz 19; *Staudinger/Coester-Waltjen* Rz 21.

[4] S. auch *M. Wolf* ZIP 1987, 341, 346 (zu § 9 AGBG).

[5] BGH NJW 1986, 1803, 1804 (zu § 9 AGBG).

[6] S. Rz 119.

erhöhungsklausel. Zum anderen mag man fragen, ob die freiwillige Einräumung eines Rücktrittsrechts gegebenenfalls zugunsten der Angemessenheit einer nach allgemeinen Grundsätzen unangemessenen Preiserhöhungsklausel zu berücksichtigen sein kann.

131 α) **Notwendigkeit eines Rücktrittsrechts?** Im Folgenden sei zunächst auf die Frage eingegangen, ob die Einräumung eines Rücktrittsrechts im Falle einer im Übrigen wirksamen Klausel notwendig ist. Der **BGH** hat sich bisher nicht in abschließender Weise mit der hier interessierenden Problematik befasst. Bereits in einem Urteil aus dem Jahre 1981 hat der BGH zwar mit Blick auf eine Preiserhöhungsklausel in einem Neuwagenkaufvertrag ausgeführt, dass die Klausel jedenfalls deshalb unwirksam sei, weil sie „nachträgliche einseitige Preiserhöhungen in beliebiger Höhe ermöglicht, ohne dem Käufer für diesen Fall die Möglichkeit seiner Lösung vom Vertrag einzuräumen."[1] In einer Entscheidung aus dem Jahre 1985 lässt der BGH jedoch erkennen, dass es letztlich auf die Umstände des Einzelfalls ankommt. Denn dort heißt es: „Ob ein einseitiges Preisänderungsrecht, das keine Einschränkungen, insbesondere keine Konkretisierung der Preiserhöhungsfaktoren enthält und dem Partner des Klauselverwenders auch keine Lösungsmöglichkeit einräumt, stets gem. § 9 AGB-Gesetz [§ 307] unzulässig ist, kann nicht ohne Berücksichtigung der Art des konkreten Vertrages, der typischen Interessen der Vertragsschließenden und der die jeweilige Klausel begleitenden Regelung entschieden werden [...]."[2] Das OLG Düsseldorf hat in einem Urteil aus dem Jahre 2002 betont, dass in „Fällen, in denen eine konkrete Festlegung von Grund und Höhe einer Preiserhöhung nicht möglich ist, [...] eine Preiserhöhungsklausel ausnahmsweise zulässig [ist], wenn die Preiserhöhung sich in den Grenzen billigen Ermessens hält und der Kunde zum Rücktritt berechtigt ist, falls der Preis deutlich stärker steigt als die Lebenshaltungskosten [...]".[3] **Richtigerweise** ist zwischen wesentlichen und unwesentlichen Preiserhöhungen zu differenzieren. Grundsätzlich erforderlich ist die Einräumung eines Lösungsrechts nur für den Fall **wesentlicher Preiserhöhungen.**[4] Bei der Beurteilung der Wesentlichkeit kann der Rechtsgedanke des § 651 a V 2 berücksichtigt werden.[5] Das heißt, ein Rücktrittsrecht ist bereits für den Fall einzuräumen, dass die Preiserhöhung mehr als 5 % beträgt. Für den Fall, dass die Preiserhöhung 5 % oder weniger beträgt, muss ein Lösungsrecht dagegen grundsätzlich nicht eingeräumt werden. Allerdings wird man diese Grundsätze nicht ohne Berücksichtigung der jeweiligen Umstände anwenden können. Denn die in § 651 a V 2 geregelten Reiseverträge zeichnen sich dadurch aus, dass die Leistung typischerweise binnen einiger Monate nach Vertragsschluss erbracht wird; nur selten wird die Erfüllung mehr als ein Jahr nach Vertragsschluss stattfinden. Hinzu kommt, dass der Reisende allenfalls in Ausnahmefällen hinreichende Kenntnisse haben wird, um die Berechtigung der Preiserhöhung zu überprüfen. Diese Faktoren machen Preiserhöhungsklauseln in Reiseverträgen besonders riskant und bieten eine Erklärung dafür, weshalb die Schwelle von 5 % relativ niedrig angesetzt ist. Daraus folgt zugleich, dass es umso eher eines großzügigeren Maßstabes bedarf, je mehr der jeweils interessierende Vertrag sich in den genannten Punkten vom Reisevertrag unterscheidet.[6] Bei einem Werkvertrag ist das Kündi-

---

1 BGH NJW 1982, 331, 332 (Neuwagenkaufvertrag) (zu § 9 AGBG). In der Sache ebenso OLG Frankfurt NJW-RR 1987, 1462, 1463 (zu § 9 AGBG). Zustimmend auch *Paulusch* a.a.O., S. 76 (zu § 9 AGBG).

2 BGH NJW 1985, 853, 854 (zu § 9 AGBG).

3 OLG Düsseldorf NJW-RR 2002, 1716, 1717.

4 A. A. möglicherweise *Ulmer/Hensen* Rz 16 ff.

5 *Bamberger/Becker* Rz 28.

6 S. noch Rz 136–139 (zu Zinsänderungsklauseln).

gungsrecht nach § 649 nicht ausreichend, da es den Besteller mit der Vergütung abzüglich ersparter Aufwendungen belastet.[1]

β) Keine Rettung unangemessener Klauseln durch Rücktrittsrecht. Wie **132–134**
vorstehend ausgeführt, kann die Einräumung eines Rücktrittsrechts in bestimmten Fällen geboten sein, um die Angemessenheit der Klausel zu gewährleisten. Eine ganz andere Frage ist jedoch, ob eine nach allgemeinen Grundsätzen unangemessene Klausel durch die Einräumung eines Rücktrittsrechts dem Verdikt der Unangemessenheit entgehen kann. Diese Frage ist grundsätzlich zu verneinen. Würde man eine an sich unangemessene Preiserhöhung nur deswegen wirksam sein lassen, weil dem anderen Vertragsteil ein Rücktritts- oder Kündigungsrecht eingeräumt ist, so könnte sich der Verwender durch eine unangemessene Preiserhöhung die Chance verschaffen, von der Bindung an den Vertrag befreit zu werden.[2] Die Ermächtigung zur Preiserhöhung muss deshalb nach Grund und Umfang unabhängig von einem Rücktritts- oder Kündigungsrecht angemessen sein. Eine unangemessene Preisklausel kann nicht durch Einräumung eines Rücktrittsrechts oder Kündigungsrechts wirksam werden.[3] Dies gilt – entgegen der Rechtsprechung (s. Rz 102) – auch im Hinblick auf das Bestimmtheitserfordernis. Der Verwender kann sich nicht dadurch dem Bestimmtheitsgebot entziehen, dass er ein Rücktritts- oder Kündigungsrecht gewährt.[4] Etwas anderes gilt nur für den Fall, dass der Verwender ein gewichtiges, schutzwürdiges Interesse an der Verwendung einer Preiserhöhungsklausel hat, die an sich gebotene Konkretisierung aber nicht möglich oder nicht praktikabel ist und die Klausel so konkret wie möglich formuliert wird.[5] Außerdem ist mit dem BGH davon auszugehen, dass ein Kündigungsrecht jedenfalls dann unbeachtlich ist, wenn es dem Kunden nicht erlaubt, sich vor Wirksamwerden der Preiserhöhung vom Vertrag zu lösen.[6] Auch darf die Ausübung des Kündigungsrechts nicht an weitere Nachteile geknüpft werden, die den Kunden von der Kündigung abhalten können.[7] Dies gilt selbst dann, wenn die relevanten Nachteile am Ende der regulären Vertragslaufzeit ohnehin eingetreten wären.[8] Ebenso wie vertraglich eingeräumte Rücktritts- oder Kündigungsrechte vermögen auch gesetzliche Rücktritts- oder Kündigungsrechte eine für sich genommen unangemessene Preisklausel nicht grundsätzlich vor der Unwirksamkeit nach § 307 zu bewahren. So ist die Wirksamkeit einer in einem Reisevertrag vorgesehenen Preiserhöhungsklausel nicht schon deshalb zu bejahen,

---

1 Vgl. BGH NJW 1985, 2270, 2271 (zu § 9 AGBG): Das Kündigungsrecht nach § 649 kann die Unangemessenheit einer Preisänderungsklausel nicht beseitigen.

2 Zu Recht zurückhaltend BGHZ 94, 335, 342 (zu § 9 AGBG).

3 So zu Recht BGH NJW 1985, 2328, 2329 (zu § 9 AGBG); BGHZ 136, 394 = NJW 1998, 454 (zu § 9 AGBG). Im Grundsatz auch *Ulmer/Hensen* Rz 18.

4 Insoweit ähnlich *Ulmer/Hensen* Rz 18. A. A. aber BGH NJW 1982, 331, 332 (zu § 9 AGBG): „[D]er Verkäufer [ist] in der Lage, die Unangemessenheit eines [...] allgemein formulierten Preisänderungsvorbehalts dadurch zu beseitigen, dass er dem Käufer unter bestimmten Voraussetzungen eine Lösungsmöglichkeit vom Vertrag einräumt." Dafür, dass die Einräumung eines Lösungsrechts einen Ausgleich für die fehlende Konkretisierung des Lösungsrechts darzustellen vermag, auch BGH 1980, 2518, 2519 (zu § 9 AGBG); BGH NJW 1986, 3134, 3135 f (zu § 9 AGBG); *Paulusch,* a.a.O., S. 76 (zu § 9 AGBG).

5 Ähnlich *Ulmer/Hensen* Rz 18: „Nur wenn dem Verwender verständiger- und ausnahmsweise nicht angesonnen werden kann, die Kostenfaktoren und die Voraussetzungen ihrer Veränderungen in die Klausel aufzunehmen, muss er sich auf das Lösungsrecht zurückziehen dürfen." Vgl. auch *Staudinger/Coester-Waltjen* Rz 21, der zufolge insoweit, als „eine Konkretisierung nicht möglich oder wegen der dadurch entstehenden Unübersichtlichkeit (Intransparenz) nicht sinnvoll ist [...], die begrenzte Kalkulier- und Tragbarkeit für den Kunden durch ein Lösungsrecht kompensiert" werden muss.

6 BGH NJW 2007, 1054, 1056.

7 BGH NJW 2007, 1054, 1056.

8 BGH NJW 2007, 1054, 1056.

weil § 651a V 2 dem Reisenden im Falle einer Preiserhöhung um mehr als 5% ein Rücktrittsrecht einräumt.[1]

135 **ee) Beidseitige Wirkung.** Vielfach werden Klauseln verwandt, die im Falle der Kostenerhöhung oder einer Wertsteigerung des Vertragsgegenstandes eine Erhöhung des Preises vorsehen, ohne aber im umgekehrten Falle der Kostensenkung oder des Wertverlusts zu einer Senkung des Preises zu führen. Grundsätzlich reicht die in diesem Sinne einseitige Stoßrichtung einer Preisänderungsklausel für sich genommen nicht aus, um die Klausel als unangemessen im Sinne des § 307 einzustufen.[2] Die Unwirksamkeit kann sich aber aus besonderen Umständen ergeben. Bei Verträgen, die auf Markt- oder Börsenpreise Bezug nehmen, muss grundsätzlich eine beiderseitige Preisanpassung vorgesehen sein. Darüber hinaus ist auch dann von einem Verstoß gegen § 307 auszugehen, wenn die Einräumung eines einseitigen Preiserhöhungsrechts dazu führt, dass sich das im Vertrag vorgesehene Verhältnis von Leistung und Gegenleistung wesentlich verändert. Unzulässig sind demnach beispielsweise Nachbewertungsklauseln, mit denen der Veräußerer einseitig die Abschöpfung einer Wertsteigerung sichern will, während er sich zugleich von den Lasten einer etwaigen Wertsenkung freizeichnet, beziehungsweise eine Vertragsanpassung im Falle einer Wertsenkung nicht vorsieht.[3] Zu beachten ist freilich, dass die von der Treuhandanstalt in ihren Privatisierungsverträgen verwandten Nachbewertungsklauseln, die das Fehlen eines funktionsfähigen Grundstücksmarkts im Zeitpunkt des Vertragsschlusses ausgleichen sollten, als Preishauptabsprachen der Inhaltskontrolle nach dem AGB-Recht entzogen sind (s. Rz 17–19).[4]

136–139 **ff) Zinsänderungsklauseln.** In Darlehensverträgen sowie auch in Bürgschaftsverträgen finden sich vielfach Klauseln, die die Möglichkeit einer Änderung des Zinssatzes vorsehen. Handelt es sich beim Verwender um den **Darlehensnehmer,** wie dies z. B. bei einem Sparvertrag regelmäßig der Fall ist, so erlauben Zinsänderungsklauseln dem Verwender eine Änderung der eigenen Leistungspflicht, so dass sie an § 308 Nr. 4 zu messen sind. Siehe dazu § 308 Nr. 4 Rz 30. Anders liegen die Dinge, wenn der Verwender als **Darlehensgeber** fungiert. Dann kann § 308 Nr. 4 keine Anwendung finden, weil das Änderungsrecht die Leistung des Verwendungsgegners betrifft. Auch der Rekurs auf § 309 Nr. 1 ist ausgeschlossen. Dies folgt im Falle eines Darlehensvertrages daraus, dass es sich bei diesem um ein vom Anwendungsbereich des § 309 Nr. 1 ausgenommenes Dauerschuldverhältnis handelt.[5] Doch auch wenn die Zinsänderungsklausel in einem Bürgschaftsvertrag enthalten ist, ergibt sich nichts anderes, denn hier scheitert die Anwendung des § 309 Nr. 1 schon daran, dass die Haftung des Bürgen kein Entgelt für eine Leistung des Verwenders darstellt. Anwendbar bleibt jedoch § 307. Dabei gelten folgende Grundsätze. Zinsänderungsklauseln sind wie andere Preiserhöhungsklauseln auch zunächst am **Transparenzgebot** zu messen. Eine Zinserhöhungsklausel in den AGB eines Kreditgebers ist daher entgegen der bisherigen[6] Rechtsprechung

---

1 BGH NJW 2003, 507, 508.

2 S. OLG Düsseldorf NJW 2002, 447, 448 (zur Preiserhöhung im Falle von Kostensteigerungen) (zu § 9 AGBG); S. *M. Wolf* ZIP 1987, 341, 351 (zu § 9 AGBG); *Paulusch,* a.a.O., S. 71 f (zu § 9 AGBG).

3 S. OLG Naumburg VIZ 1998, 412, 414 f (zu § 9 AGBG). Diese Entscheidung ist freilich deshalb unzutreffend, weil sie die besondere Interessenlage bei Privatisierungsverträgen der Treuhandanstalt unberücksichtigt lässt. S. dazu BGH VIZ 2002, 437, 438 (zum AGBG): Keine Inhaltskontrolle bei Nachbewertungsklauseln in Privatisierungsverträgen der Treuhand.

4 BGH VIZ 2002, 437, 438 (zum AGBG).

5 *Heinrichs* NJW 1999, 1596, 1610 (zu § 11 Nr. 1 AGBG).

6 In BGH NJW 2004, 1588, 1589, hat der BGH ausdrücklich offengelassen, ob an der Auffassung der Rechtsprechung, dass unbeschränkte Zinsänderungsklauseln einschränkend ausgelegt werden können, festzuhalten ist.

des BGH[1] nur dann wirksam, wenn sie Voraussetzungen und Umfang einer möglichen Zinserhöhung durch einen transparenten Bezug auf die relevanten Größen deutlich macht.[2] Gleiches gilt im Verhältnis zum Bürgen sowie dann, wenn der Verwender als Darlehensnehmer fungiert. Dem entspricht es, dass der BGH in einem Urteil aus dem Jahre 2004 jedenfalls für den Fall, dass es sich bei der die AGB verwendenden Bank um die Darlehensnehmerin handelt, anerkannt hat, dass jedenfalls ein unbeschränktes Zinsänderungsrecht der Bank unangemessen und daher unwirksam ist. Darüber hinaus hängt die Angemessenheit der Klausel davon ab, dass sie die Zulässigkeit der Zinsänderung vom Vorliegen eines **sachlichen Grundes** abhängig macht. Insofern ist zu berücksichtigen, dass der Verwender grundsätzlich ein schutzwürdiges Interesse daran hat, den Zinssatz wechselnden Finanzierungsmarktverhältnissen anzupassen.[3] Eine entsprechende Änderungsklausel ist daher zumindest dann angemessen, wenn sie eine Berücksichtigung der Finanzierungsmarktverhältnisse nicht nur zulasten des Verwendungsgegners, sondern auch zu seinen Gunsten vorsieht. Dies gilt nach richtiger Auffassung wiederum nicht nur dann, wenn der Verwendungsgegner Kreditnehmer ist,[4] sondern auch dann, der Verwendungsgegner als Darlehensgeber fungiert. Ferner ist eine entsprechende Klausel auch dann wirksam, wenn sie in einen Bürgschaftsvertrag aufgenommen wird.[5] Eine andere Frage ist, ob der Bürge auch dann für die erhöhten Zinsen haftet, wenn der Bürgschaftsvertrag keine entsprechende Klausel enthält. Insofern gilt zunächst, dass der Bürge gemäß § 767 I 1 für die Bürgschaft in ihrem jeweiligen Bestand haftet. Ein Zinsänderungsrecht des Hauptschuldners erweitert also auch die Haftung des Bürgen. Gibt die Klausel dem Kreditgeber lediglich einen Anspruch gegen den Hauptschuldner auf Mitwirkung bei der Abänderung des Vertrages im Sinne einer Zinserhöhung, so scheint § 767 I 3 einer Haftung des Bürgen für die Zinserhöhung zunächst entgegenzustehen. Indessen findet § 767 I 3 keine Anwendung, wenn die zusätzliche Belastung in einer für den Bürgen erkennbaren Weise bereits im ursprünglichen Vertrag angelegt ist,[6] und diese Voraussetzung ist bei einer im ursprünglichen Kreditvertrag enthaltenen Zinsänderungsklausel, die die Mitwirkung des Hauptschuldners vorschreibt, ohne weiteres erfüllt. Im Zusammenhang mit Zinsänderungsklauseln stellt sich außerdem die Frage, ob die **Beidseitigkeit** der Zinsänderungsklausel, also insbesondere die Berücksichtigung wechselnder Finanzmarktverhältnisse, auch zugunsten des Verwendungsgegners eine notwendige Voraussetzung der Angemessenheit ist. Der BGH hat diese Frage jedenfalls für den Fall bejaht, dass der Verwender als Darlehensgeber fungiert.[7] Mit

---

1 S. BGH NJW 1986, 1803, 1804 f (zu § 9 AGBG). Dort hielt der BGH die Zinsänderungsklausel einer kreditgebenden Bank auch ohne Angabe der Voraussetzungen und Grenzen einer Zinsänderung für wirksam. Der BGH begründete dies damit, dass „eine Präzisierung der Voraussetzungen und/oder der Grenzen für Zinsänderungen erheblichen Schwierigkeiten begegnet". S. BGH, a.a.O., S. 1804. „Nach den gesamten Umständen, wie sie für die Zinsbemessung im Kreditgeschäft kennzeichnend sind, könnte eine Konkretisierung der Zinsänderungsklauseln nur so allgemein gehalten sein [...], dass sie dem Bankkunden über seinen im Allgemeinen vorhandenen Wissensstand [...] hinaus keine zusätzlichen Erkenntnisse in diesem Punkte vermitteln würde." S. BGH, a.a.O., S. 1805. Auch in BGH NJW 1992, 1751, 1752 (zu § 9 AGBG), billigte der BGH eine Klausel, die die jeweils geltenden Zinsen für maßgeblich erklärte, und verneinte explizit einen Verstoß gegen das Transparenzgebot.

2 So für den Fall, dass der Verwender als Kreditgeber auftritt, *Palandt/Grüneberg* Rz 10.

3 S. BGH NJW 1986, 1803, 1804 (kreditgebende Bank als Verwender); BGH NJW 1992, 1751, 1752 (Kreditinstitut als Verwender und Darlehensgeber); BGH NJW 2004, 1588, 1589 (Bank als Verwender und Darlehensnehmer).

4 Die Angemessenheit für diesen Fall bejahend BGH NJW 1992, 1751, 1752 (zu § 9 AGBG).

5 Die Angemessenheit für diesen Fall bejahend BGH NJW 2000, 2580, 2582 (zu § 9 AGBG).

6 Zutreffend *Palandt/Sprau* § 767 Rz 3.

7 BGH NJW 1986, 1803, 1804 (zu § 9 AGBG, kreditgebende Bank als Verwender).

Blick auf die beiden anderen hier interessierenden Konstellationen, also zum einen für den Fall, dass der Verwendungsgegner Darlehensnehmer ist, und zum anderen für den Fall, dass der Verwendungsgegner als Bürge fungiert, ist die Rechtsprechung des BGH in diesem Punkte nicht ganz deutlich.[1] Richtigerweise wird man jedoch auch in den beiden zuletzt genannten Fällen davon ausgehen müssen, dass eine Zinsänderungsklausel, die auf wechselnde Finanzierungsmarktverhältnisse abstellt, auch zugunsten des Verwendungsgegners eingreifen muss.[2] Des Weiteren stellt sich die Frage, ob die Klausel dem Verwendungsgegner, wenn dieser Kreditnehmer oder Bürge ist, notwendig ein **Lösungsrecht** für den Fall zubilligen muss, dass sich das für die Überlassung des Geldes gezahlte Entgelt, also in der Regel der Zinssatz, relativ zum bisherigen Entgelt[3] um mehr als 5 % erhöht (s. Rz 131). Diese Frage wird man – trotz der in diesem Punkte nicht ganz eindeutigen Rechtsprechung des BGH[4] – entgegen den oben dargestellten Grundsätzen grundsätzlich verneinen müssen. Denn sonst würden schon minimale Änderungen des Zinssatzes zum Bestehen eines Rücktrittsrechts führen. Die Anlegung eines großzügigeren Maßstabes rechtfertigt sich zum einen daraus, dass die objektive Nachprüfbarkeit der Berechtigung der Zinsänderung typischerweise wohl eher gewährleistet ist als bei anderen Preiserhöhungsklauseln (s. Rz 131). Zum anderen wird man einen umso großzügigeren Maßstab anlegen müssen, je länger die Laufzeit des Vertrages ist (s. Rz 131).

140–149 **c) Festpreisklauseln.** Mitunter stößt man in der Praxis auf Klauseln, die eine nach dem dispositiven Recht oder nach der individualvertraglichen Abrede der Parteien gegebene Möglichkeit zur Anpassung des Preises ausschließen sollen. Man mag insofern von **Festpreisklauseln** sprechen. Solche Klauseln sind nicht an § 309 Nr. 1 zu messen, unterliegen jedoch der Kontrolle nach den §§ 305 b, 305 c I, 307. Haben die Parteien individualvertraglich vereinbart, dass der Preis vom Leistungsumfang abhängen soll, wie dies z. B. bei so genannten Einheitspreisen der Fall ist,[5] so ist eine **Höchstpreisklausel,** die den Gesamtpreis limitiert, jedenfalls überraschend.[6] Man wird sie außerdem an den §§ 305 b, 307 I, II Nr. 2 scheitern lassen müssen.[7] Regelmäßig gemäß § 307 unwirksam sind zudem Klauseln, die eine nach dem Gesetz gegebene Möglichkeit zur Anpassung des Preises – etwa nach den Regeln über den Wegfall der Geschäftsgrundlage oder des Verschuldens bei Vertragsverhandlungen – auszuschließen suchen.[8] Nicht zu beanstanden ist aber eine

---

1 Vgl. aber BGH NJW 2000, 2580, 2582 (zu § 9 AGBG): „Danach wäre eine Klausel nicht zu beanstanden gewesen, nach der die Bürgschaft solche Zinsänderungen umfasst, die dazu dienen, den Zinssatz den wechselnden und bei Vertragsschluss meist nicht überschaubaren künftigen Refinanzierungsmöglichkeiten, die maßgeblich durch den von der Zentralbank festgesetzten, schwankenden Diskontsatz beeinflusst werden, nach oben oder unten in marktkonformer Weise anzupassen."

2 *Palandt/Grüneberg* Rz 10.

3 Wird ein Darlehen zu einem Zinssatz von 5 % gewährt, so liegt eine Erhöhung des Entgelts um 5 % bereits dann vor, wenn der Zinssatz von 5 % auf 5,25 % steigt.

4 Vgl. BGH NJW 1986, 1803, 1805. Dort wurde die Zinsänderungsklausel in den AGB einer kreditgebenden Bank für wirksam befunden, obwohl sie keine Beschränkung hinsichtlich der Höhe enthielt. Der BGH begründete die Wirksamkeit unter anderem damit, dass dem Darlehensnehmer das Recht zustand, die relevanten Darlehensverträge mit dreimonatiger Kündigungsfrist zum Vierteljahresschluss zu kündigen. Die vom BGH gewählte Formulierung spricht aber eher dagegen, dass der BGH in dem Kündigungsrecht eine notwendige Voraussetzung der Angemessenheit sah („Auch dieses Lösungsrecht des Kreditnehmers spricht dagegen, die Zinsklausel als unangemessen [...] anzusehen [...].").

5 S. Anh. § 310 Rz B 185.

6 BGH NJW-RR 2005, 246, 246 (zu 3 AGBG); *von Westphalen* NJW 2005, 1987, 1990.

7 Für Unbeachtlichkeit nach § 305 b und wohl auch für Unangemessenheit *Staudinger/Coester-Waltjen* Rz 25.

8 Offen gelassen in BGH NJW 1993, 2738, 2739 (zu § 9 AGBG).

Klausel in einem VOB/B-Bauvertrag, die im Falle der Vereinbarung von Einheitspreisen die vereinbarten Einheitspreise zu Festpreisen erklärt, sofern damit nur die Möglichkeit einer Veränderung der Einheitspreise bei Massenänderungen § 2 Nr. 3 VOB/B ausgeschlossen, die gesetzlichen Möglichkeiten zur Preisanpassung aber nicht abbedungen werden sollen.[1]

VI. Unwirksamkeitsfolgen

Mit Blick auf die Folgen der Unwirksamkeit ist zu differenzieren. **150**

1. Bei Existenz eines Ausgangspreises

Sofern die gegen § 309 Nr. 1 verstoßende Klausel die Erhöhung eines verbindlich vereinbarten Preises vorsieht, bleibt es bei dem vereinbarten Preis ohne die vorgesehene Erhöhung.[2] **151**

2. Fehlen eines Ausgangspreises

Komplizierter liegen die Dinge, wenn es an einer Preisfestlegung fehlt, die von **152–159** der späteren Erhöhung getrennt werden könnte. Insoweit ist zu beachten, dass bei Unwirksamkeit von AGB nach § 306 II die gesetzlichen Vorschriften eingreifen. Als gesetzliche Vorschriften, die an Stelle der unwirksamen AGB-Klausel treten, können grundsätzlich die §§ 612 II, 632 II in Betracht kommen. Zu den gesetzlichen Vorschriften im Sinne von § 306 II gehören aber auch die §§ 133, 157 als Grundlage einer ergänzenden Vertragsauslegung.[3] Die ergänzende Vertragsauslegung kommt zunächst dann zum Zuge, wenn eine inhaltliche Regelung der durch die Unwirksamkeit entstandenen Lücke aufgrund spezieller Vorschriften des dispositiven Rechts nicht besteht.[4] Auf die ergänzende Vertragsauslegung ist aber grundsätzlich auch dann zurückzugreifen, wenn die Parteien die Geltung des dispositiven Rechts nach ihrem mutmaßlichen Willen nicht wollten,[5] wenn also ein von der dispositiven Rechtslage abweichender mutmaßlicher Parteiwille festzustellen ist. Die ergänzende Vertragsauslegung genießt in diesem Falle Vorrang vor dem dispositiven Recht.[6] So ist z. B. eine taxmäßige Vergütung beim Wegfall von Tagespreisklauseln regelmäßig nicht gewollt.[7] Im Wege der Vertragsauslegung nach §§ 133, 157 ist jeweils zu ermitteln, was die Parteien vernünftigerweise nach Treu und Glauben vereinbart hätten. Dabei kann sich aufgrund der Interessenlage ergeben, dass dem Verkäufer ein Bestimmungsrecht nach §§ 315, 316 gewährt werden sollte[8] oder dass die Parteien die Möglichkeit einer Preiserhöhung im Rahmen der gestiegenen Unkosten oder nach Maßgabe des bei Lieferung gültigen Marktpreises vereinbart hätten.[9] Eine allgemeine Aussage dahingehend, dass eine Lieferung zum Marktpreis

---

1 BGH NJW 1993, 2738, 2738 f (zu § 9 AGBG).

2 *Bamberger/Becker* § 309 Nr. 1 Rz 30; *Ulmer/Hensen* Rz 20.

3 BGH NJW 1984, 1177, 1178 (zu § 6 AGBG). Vgl. aber auch *Ulmer/Hensen* Rz 20: Bei Verstößen gegen § 11 Nr. 1 AGBG (§ 309 Nr. 1) scheide eine ergänzende Vertragsauslegung aus. Lediglich dann, wenn eine Preiserhöhungsklausel gegen § 9 AGBG (§ 307) verstoße, komme eine ergänzende Auslegung in Betracht.

4 BGH NJW 1984, 1177, 1178 (zu § 6 AGBG); BGH 1990, 115, 116 (zu § 6 AGBG).

5 BGH NJW-RR 1990, 817, 818 f; *Palandt/Heinrichs* § 157 Rz 5.

6 *Palandt/Heinrichs* § 157 Rz 5.

7 In diesem Sinne auch BGH NJW 1984, 1177, 1177 (zu § 6 AGBG).

8 So BGH NJW 1984, 1177, 1179 (zu § 6 AGBG).

9 So OLG Frankfurt NJW 1983, 946, 947 (zu § 6 AGBG).

für eine Lieferzeit zwischen 4 und 12 Monaten anzunehmen sei,[1] kann nicht getroffen werden.[2] Auf der anderen Seite kann auch bei einer Lieferzeit von mehr als 12 Monaten im Einzelfall noch eine verbindliche Preisvereinbarung gewollt sein.[3] Bei einer nur geringfügig über 4 Monate hinausgehenden Lieferzeit ist regelmäßig davon auszugehen, dass der ursprünglich vereinbarte Preis gelten soll.[4] Ist im Wege ergänzender Auslegung von der Zulässigkeit einer Preiserhöhung auszugehen, so ist aufgrund ergänzender Auslegung zugleich anzunehmen, dass der Käufer zum **Rücktritt vom Vertrag** berechtigt sein soll, wenn die Preiserhöhung den Anstieg der Lebenshaltungskosten zwischen Bestellung und Lieferung nicht unerheblich übersteigt.[5] Dieses Rücktrittsrecht gilt unabhängig davon, ob die Preiserhöhung z. B. nach § 315 II gerechtfertigt ist oder nicht.[6] Zum Rücktrittsrecht, wenn es in AGB vereinbart wird, s. Rz 130 ff.

VIII. Geltung zwischen Unternehmern

160 § 309 Nr. 1 findet nach § 310 I 1 keine unmittelbare Anwendung auf AGB, die gegenüber einem Unternehmer, einer juristischen Person des öffentlichen Rechts oder einem öffentlich-rechtlichen Sondervermögen verwendet werden.

1. Keine Indizwirkung

161 Die Wertungen des § 309 Nr. 1 können im Rahmen des § 307 Berücksichtigung finden. Die für § 309 Nr. 1 maßgeblichen Ziele des Schutzes vor unüberschaubaren Preisänderungen, der Sicherung der Vertragsbindung und der Garantie eines funktionierenden Preiswettbewerbs greifen jedoch gegenüber Unternehmern nicht in gleichem Maße ein wie gegenüber Verbrauchern.[7] Von einer Indizwirkung ist deshalb nicht auszugehen.[8] Überdies ist zu betonen, dass die Anforderungen, die an Preisklauseln im unternehmerischen Verkehr gestellt werden, bei der Anwendung des § 307 nicht übertrieben werden sollten. Denn vom Unternehmer als Verwendungsgegner kann aufgrund seiner Geschäftsgewandtheit und Geschäftserfahrung auch erwartet werden, dass er gerade beim Preis seine Interessen durch Individualvereinbarungen gemäß § 305 b wahrt und unangemessenen Preisbestimmungen im Einzelfall durch Überprüfung nach §§ 315 III, 319 entgegentritt.

2. Transparenz

162 Der Grundsatz der Bestimmtheit und Klarheit (Rz 100 ff.) gilt auch im unternehmerischen Verkehr.[9] Wegen seiner Geschäftserfahrung und Geschäftsgewandtheit kann vom Unternehmer jedoch eher die Berücksichtigung von Unsicherheiten künftiger Preisentwicklungen erwartet werden. Zwar muss grundsätzlich verlangt werden, dass sich aus der Klausel mit hinreichender Klarheit ergibt, unter welchen

---

1 So aber wohl OLG Frankfurt NJW 1983, 946, 947 (zu § 6 AGBG).

2 Vgl. auch *Bamberger/Becker* Rz 34: Kein Grundsatz, dass die Parteien immer schon dann ein Preisanpassungsrecht vereinbart hätten, wenn erst nach Ablauf von vier Monaten geliefert werden soll.

3 *Bamberger/Becker* Rz 34.

4 So wohl auch BGH NJW 1985, 2270, 2271 (zu § 6 AGBG). Wie hier auch *Bamberger/Becker* Rz 34.

5 BGH NJW 1984, 1177, 1179.

6 BGH NJW 1984, 1177, 1179.

7 S. *M. Wolf* ZIP 1987, 341, 342 f (zu § 9 AGBG).

8 In diesem Sinne auch *Bamberger/Becker* Rz 35; *Staudinger/Coester-Waltjen* Rz 28.

9 Ebenso (mit Blick auf das Transparenzgebot) *Bamberger/Becker* Rz 37.

Voraussetzungen Preiserhöhungen zulässig sind. Doch sind die Anforderungen insofern nicht zu übertreiben. So sind die Anforderungen des Transparenzprinzips z. B. als gewahrt anzusehen, wenn eine Klausel auf die Listenpreise des Verwenders verweist, auch wenn dieser Hinweis lediglich deutlich macht, dass eine Preiserhöhung gegenüber dem Verwendungsgegner nur dann in Betracht kommt, wenn der Verwender seine Listenpreise und damit auch die anderen Kunden regelmäßig abverlangten Preise erhöht. Auch wird man unter dem Gesichtspunkt der Transparenz nicht verlangen können, dass die Klausel ausdrücklich klarstellt, dass Preiserhöhungen nur in dem Ausmaß zulässig sind, wie der sachliche Grund es erfordert. Erst recht ist eine konkrete Angabe der Preiserhöhungsfaktoren gegenüber einem Unternehmer nicht erforderlich, wenn bei Erhöhung des Mietzinses für den Standplatz in einer kommunalen Großmarkthalle die Gemeinde bei der Festsetzung der Miete dem Kostendeckungsprinzip unterliegt.[1]

3. Inhaltliche Angemessenheit

a) Allgemeines. Mit Blick auf die Angemessenheitskontrolle von Preisklauseln im unternehmerischen Verkehr wird in der Literatur mitunter zur Zurückhaltung gemahnt. So meint z. B. *Hensen,* „eine gerichtliche Inhaltskontrolle von Preisklauseln in Verträgen mit Unternehmern [solle] mangels hinreichender Branchenkenntnis äußerste Zurückhaltung an den Tag legen."[2] Indessen wird man diese Aussage nicht in dieser Allgemeinheit billigen können. Auch im unternehmerischen Verkehr können die Kosten einer Lektüre und Überprüfung Allgemeiner Geschäftsbedingungen gemessen am Transaktionsvolumen prohibitiv hoch sein. Müssten Unternehmer mit beliebigen Preiserhöhungsklauseln rechnen, so wären sie gezwungen, auch bei Geschäften mit geringem Volumen die AGB genauestens zu studieren. Unter Effizienzgesichtspunkten erscheint dieses Ergebnis wenig verlockend. Wie gegenüber Verbrauchern gilt auch hier, dass es in aller Regel sehr viel leichter für den Verwender ist, seine Preisvorstellungen mittels einer Individualvereinbarung durchzusetzen, als es für den Verwendungsgegner ist, die AGB genauestens daraufhin zu überprüfen, ob sie Preiserhöhungen vorsehen. Richtigerweise wird man daher Preiserhöhungsklauseln auch im unternehmerischen Verkehr nur innerhalb bestimmter Grenzen als angemessen einstufen können. **163**

b) Sachlicher Grund. Auch Unternehmer müssen sich grundsätzlich auf den Grundsatz der Vertragsbindung verlassen können. Auch im unternehmerischen Verkehr verwandte Klauseln müssen die Zulässigkeit der Preiserhöhung daher grundsätzlich von einem **sachlichen Grund** abhängig machen. Klauseln, die Preiserhöhungen nach dem Belieben des Verwenders zulassen, sind unwirksam. **164**

aa) Ausnahmen. Allerdings gilt dieser Grundsatz im unternehmerischen Verkehr nur mit Einschränkungen: Keinen Bedenken begegnen solche Klauseln, die auf den jeweiligen **Marktpreis** verweisen, soweit sich ein solcher mit hinreichender Sicherheit feststellen lässt und soweit der jeweilige Marktpreis nicht nur zu Lasten, sondern auch zugunsten des Verwendungsgegners Berücksichtigung findet.[3] Keinen Bedenken begegnen auch **Tagespreisklauseln,** soweit der Verwender wie z. B. in langfristigen Geschäftsbeziehungen ein schutzwürdiges Interesse an ihrer Verwendung hat, soweit für den Fall erheblicher Preissteigerungen (mehr als 5%) ein Lösungsrecht gewährt wird oder die Preiserhöhung auf maximal 5% begrenzt wird und soweit nach den Umständen sichergestellt ist, dass die jeweils geltenden **165–169**

---

[1] OLG Köln NJW-RR 1990, 401, 401 f (zu § 9 AGBG).

[2] *Ulmer/Hensen* Rz 21.

[3] S. auch Rz 119.

Listenpreise in gleicher Weise durch Wettbewerb geprägt sind wie die bei Vertragsschluss geltenden Listenpreise. Eine generelle Zulassung von Tagespreisklauseln ist demgegenüber auch im unternehmerischen Verkehr nicht angebracht.[1] Auch überzeugt es nicht, wenn ein Teil der Literatur den Verweis auf die jeweils geltenden Listenpreise zumindest in langfristigen Verträgen generell für zulässig hält.[2] Das dafür vorgebrachte Argument, dass Tagespreise regelmäßig an der Wettbewerbssituation ausgerichtet seien, erscheint in dieser Allgemeinheit wenig verlässlich. Insbesondere dann, wenn für einen bestimmten Verwender die Zahl der bereits bestehenden Verträge sehr viel größer ist als die in einem bestimmten Monat oder Jahr neu abgeschlossenen Verträge, wird der Verwender im Falle der Verwendung von Listenpreisen oftmals einen gewichtigen Anreiz haben, seine Listenpreise mit dem Ziel einer Maximierung der Einnahmen aus den bestehenden Verträgen zu gestalten und das Neukundengeschäft vorübergehend oder gar dauerhaft zu vernachlässigen. Der drohende Verlust von Altkunden mag nicht ausreichen, um solche Strategien auszuschließen, weil die Altkunden entweder aus rechtlichen oder aus tatsächlichen Gründen (hohe Umstellungskosten) nicht ohne weiteres in der Lage sein mögen, auf andere Vertragspartner auszuweichen. **Kostendeckungsprinzip.** Soweit Körperschaften des öffentlichen Rechts an das Kostendeckungsprinzip gebunden sind, begegnet es aufgrund dieser Bindung keinen Bedenken, wenn sie auf die jeweils geltenden Tarife verweisen.[3] In diesem Falle bedarf es auch keiner Einräumung eines Lösungsrechts für den Fall erheblicher Preissteigerungen.[4] Ebenso wenig bedarf es einer über das Kostendeckungsprinzip hinausgehenden Festlegung der Grenzen der Preiserhöhung.[5]

170 **bb) Kostensteigerungen.** Wie gegenüber Verbrauchern können Kostensteigerungen grundsätzlich für Preiserhöhungen herangezogen werden,[6] sofern sie bis zur Lieferung eingetreten und nicht vom Verwender zu vertreten sind. Die Kostenüberwälzung ist insbesondere dann unbedenklich, wenn der andere Vertragsteil seinerseits die erhöhten Einstandspreise in seinen Verkaufspreisen weitergeben kann.[7] Eine Kostenüberwälzung ist aber ausgeschlossen, wenn der andere Vertragsteil als Händler dem Verbraucher gegenüber nach § 309 Nr. 1 gebunden ist und der Verwender auf eine bereits vorliegende Bestellung des Verbrauchers liefert.[8]

171 **cc) Mehrwertsteuer.** Eine Erhöhung der Mehrwertsteuer kann wegen des Rechts zum Vorsteuerabzug (vgl. § 15 UStG) zwischen Unternehmern grundsätz-

---

[1] A. A. *Bartsch* DB 1983, 214, 215 (zu § 9 AGBG). Vgl. auch *Ulmer/Hensen* Rz 22: Tagespreisklauseln haben im unternehmerischen Verkehr „nicht die Vermutung der Unwirksamkeit für sich". Vgl. ferner BGH NJW 1985, 853, 854 (zu § 9 AGBG): Zulässigkeit einer Listenpreisklausel in einem langfristigen Bezugsvertrag eines Kfz-Händlers.

[2] In diesem Sinne aber *Ulmer/Hensen* Rz 22. Vgl. aber auch *ders.*, a.a.O.: Preiserhöhungen müssen „an sinnvolle einschränkende Voraussetzungen geknüpft" werden.

[3] OLG Köln NJW-RR 1990, 401, 401 (zu § 9 AGBG): ausreichender Schutz vor überhöhten Mietzinsänderungen durch Kostendeckungsprinzip. Dieser Entscheidung zustimmend *Ulmer/Hensen* Rz 22.

[4] Unklar OLG Köln NJW-RR 1990, 401, 401 f. (zu § 9 AGBG). Dort war kein Lösungsrecht ersichtlich, das Gericht stellte allerdings auch nicht ausdrücklich fest, dass ein Lösungsrecht entbehrlich sei.

[5] Vgl. OLG Köln NJW-RR 1990, 401, 401 (zu § 9 AGBG): Angemessenheit der Klausel, obwohl diese keine Grenzen für die Mieterhöhung festlegte und obwohl die Standplatzmiete um 40 % erhöht wurde.

[6] Noch großzügiger, allerdings zu einem Fall vor Inkrafttreten des AGB-Gesetzes, BGHZ 92, 200, 206. Dort ließ der BGH eine Klausel unbeanstandet, die es dem Verwender erlaubte, dann, wenn der Verkäufer „seine Preise allgemein [erhöht]", auch die mit dem Verwendungsgegner vereinbarten Preise „in gleicher Weise" zu erhöhen. An dieser Entscheidung sollte nicht festgehalten werden, da sie auf ein praktisch uneingeschränktes Recht zur Gewinnsteigerung hinausläuft.

[7] Die Möglichkeit der Weiterreichung betonend auch OLG Köln NJW-RR 1990, 401, 401 (zu § 9 AGBG).

[8] S. *M. Wolf* ZIP 1987, 341, 348 (zu § 9 AGBG).

lich unbeschränkt auch vor Ablauf einer etwaigen Preisbindungsfrist weitergegeben werden.[1] Anderes gilt im Anwendungsbereich des § 309 Nr. 1.[2]

c) Grenzen der Preiserhöhung. Unwirksam sind Klauseln, die die Zulässigkeit der Preiserhöhung zwar von bestimmten Voraussetzungen abhängig machen, die Preiserhöhung jedoch nicht begrenzen. Vielmehr muss wie gegenüber Verbrauchern sichergestellt sein, dass der sachliche Grund der Preiserhöhung zugleich deren Ausmaß begrenzt. Bei der Auslegung der Klauseln darf insofern aber nicht zu streng vorgegangen werden. Insbesondere ist genau zu prüfen, ob sich nicht bereits aus der Festlegung des Grundes der Preiserhöhung ergibt, dass Preiserhöhungen im Rahmen des Notwendigen zulässig sein sollen. Dies wird – anders als gegenüber Verbrauchern[3] – regelmäßig zu bejahen sein. Ist ausnahmsweise die Verwendung von Tagespreisklauseln zulässig, so ist die Festlegung einer Grenze der Preiserhöhung entbehrlich, sofern dem Verwendungsgegner für den Fall erheblicher Preiserhöhungen (mehr als 5%) ein Lösungsrecht gewährt wird. 172

d) Gewinnerhöhungen. Preisänderungsklauseln dürfen auch zwischen Unternehmern grundsätzlich nicht zu nachträglichen Gewinnerhöhungen benutzt werden.[4] Dies gilt aber nicht ohne Ausnahmen. So sind Gewinnerhöhungen zunächst dann zulässig, wenn sie auch gegenüber Verbrauchern nicht zu beanstanden wären.[5] Darüber hinaus hat der BGH Preiserhöhungsklauseln auch in einem langfristigen Kfz-Vertragshändlervertrag gebilligt, und zwar unter Hinweis darauf, dass der Hersteller bei seiner Preisgestaltung gerade wegen der Langfristigkeit der Vertragsbeziehung darauf bedacht sein müsse, den Absatz des Vertragshändlers nicht zu gefährden.[6] Mit anderen Worten, die Anforderungen des AGB-Rechts sollen zurückgeschraubt werden können, weil das Eigeninteresse des Verwenders einer Übervorteilung des Vertragspartners entgegensteht. Diese Argumentation überzeugt indessen in dieser Allgemeinheit nicht. Denn die Tatsache, dass dem Hersteller auch an dem Absatz seiner Vertragshändler gelegen ist, bietet nur begrenzten Schutz gegen Versuche des Herstellers, die eigene Gewinnmarge zulasten derjenigen des Vertragspartners zu steigern. Unbedenklich ist eine Gewinnerhöhung jedoch für den Fall, dass der Verwendungsgegner die höheren Preise ohne Umsatzeinbußen an seine Abnehmer weitergeben kann.[7] 173

e) Kurzfristig zu erfüllende Verträge. Gegenüber Verbrauchern sind Preiserhöhungsklauseln gemäß § 309 Nr. 1 nur dann zulässig, wenn der Verwender die von ihm geschuldete Leistung nicht binnen von vier Monaten nach Vertragsschluss zu erbringen hat. Diese Frist kann auf den unternehmerischen Verkehr nicht übertragen werden.[8] Denn dem Unternehmer sind Kostenänderungen und die Notwendigkeit zu Kostenanpassungen eher geläufig, und er kann Erhöhungen seiner Einkaufspreise vielfach zumindest teilweise in seinen Verkaufspreisen weiter- 174

---

1 *Bamberger/Becker* Rz 35.

2 BGH NJW 1980, 2133, 2133 (zu § 11 Nr. 1 AGBG).

3 S. Rz 126.

4 Ebenso *Bamberger/Becker* Rz 36. Großzügiger aber wohl *Ulmer/Hensen* Rz 21–22; teilweise a. A. auch *Ulmer* BB 1982, 1125, 1129 (zu § 9 AGBG).

5 S. Rz 127–128.

6 BGH NJW 1985, 853, 854 (zu § 9 AGBG). Diese Entscheidung unter Hinweis auf die besonderen Umstände des damaligen Falles relativierend aber BGH NJW 1994, 1060, 1063 (zu § 9 AGBG).

7 Ähnlich, aber ohne Hinweis auf die Problematik drohender Umsatzeinbußen, *Bamberger/Becker* § 309 Nr. 1 Rz 35. Vgl. auch BGH NJW 1994, 1060, 1063 (zu § 9 AGBG). Dort rechtfertigte der BGH das Verlangen nach einer Konkretisierung der Änderungsgründe in einem Vertragshändlervertrag auch damit, dass eine Weitergabe der Preiserhöhungen an die Endkunden nicht gewährleistet sei.

8 H. M. BGHZ 92, 200, 206 (zu § 242); *Ulmer/Hensen* Rz 22.

geben.[1] Daher ist die angemessene Preisbindungsfrist nach den handels- und branchentypischen Bedürfnissen und Gewohnheiten zu bestimmen, wobei vor allem auch die Überschaubarkeit der Preisentwicklung sowie die Frage zu berücksichtigen sind, ab wann wegen fehlender Überschaubarkeit vom Verwender ein Festhalten am vereinbarten Preis nicht mehr erwartet werden kann.[2] Im Regelfall wird vorbehaltlich besonderer Gründe und branchentypischer Besonderheiten im unternehmerischen Verkehr eine Preisbindungsfrist von 4–6 Wochen als sachgerecht anzusehen sein.[3] Abweichenden Individualbedürfnissen kann und muss der Unternehmer durch Individualvereinbarungen nach § 305b Rechnung tragen.

175 **f) Lösungsrecht.** Die Einräumung eines Rücktritts- oder Kündigungsrechts ist im unternehmerischen Verkehr grundsätzlich entbehrlich.[4] Eine an sich angemessene Preisanpassungsklausel wird in der Regel nicht dadurch unwirksam, dass ein Rücktritts- oder Kündigungsrecht nicht eingeräumt wurde.[5] Bei unangemessener Preisanpassung im Einzelfall steht dem Vertragspartner u. U. ein Recht zur Anpassung wegen Störung der Geschäftsgrundlage (§ 313) oder ein Recht zur außerordentlichen Kündigung zu,[6] oder es kann vom Vertragspartner als Unternehmer erwartet werden, dass er die Preisanpassung nach §§ 315 III, 319 überprüfen lässt.

4. Geltung allgemeiner Grundsätze

176 Dieselben Grundsätze wie im Verkehr mit Verbrauchern gelten für die Kontrollfähigkeit von Preisnebenabreden (Rz 16, 91 ff.), für die Unwirksamkeitsfolgen (Rz 150 ff.) und für die Beweislast (Rz 68–69).

---

1 Die Möglichkeit der Weiterreichung im konkreten Fall bejahend z. B. OLG Köln NJW-RR 1990, 401, 401 (zu § 9 AGBG). Etwas zu optimistisch aber BGH NJW 1985, 426, 427 (zu § 9 AGBG), dem zufolge „kaufmännisch[e] Abnehme[r] [. . .] ihre erhöhten Geschäftsunkosten gewöhnlich auf ihre Kunden abwälzen".

2 *M. Wolf* ZIP 1987, 341, 347 (zu § 9 AGBG).

3 Nach anderer Auffassung soll die Angabe einer allgemeinen Mindestfrist im unternehmerischen Verkehr nicht möglich sein. So z. B. *Staudinger/Coester-Waltjen* Rz 28; *Ulmer/Hensen* Rz 22.

4 Nach anderer Auffassung ist die Einräumung eines Lösungsrechts auch im unternehmerischen Verkehr „nicht generell entbehrlich". So z. B. *Bamberger/Becker* Rz 38; *Staudinger/Coester-Waltjen* § 309 Nr. 1 Rz 28.

5 Die Notwendigkeit eines Lösungsrechts zumindest im konkreten Fall verneinend auch BGHZ 93, 252, 257 (zu § 9 AGBG).

6 *Paulusch,* a.a.O., S. 77 (zu § 9 AGBG); *M. Wolf* ZIP 1987, 341, 351 (zu § 9 AGBG).

§ 309 Klauselverbote ohne Wertungsmöglichkeit

Auch soweit eine Abweichung von den gesetzlichen Vorschriften zulässig ist, ist in Allgemeinen Geschäftsbedingungen unwirksam

2. (Leistungsverweigerungsrechte)
eine Bestimmung, durch die

a) das Leistungsverweigerungsrecht, das dem Vertragspartner des Verwenders nach § 320 zusteht, ausgeschlossen oder eingeschränkt wird, oder

b) ein dem Vertragspartner des Verwenders zustehendes Zurückbehaltungsrecht, soweit es auf demselben Vertragsverhältnis beruht, ausgeschlossen oder eingeschränkt, insbesondere von der Anerkennung von Mängeln durch den Verwender abhängig gemacht wird.

Inhaltsübersicht

Schrifttum: *Löwe/Zoller,* Zur Wirksamkeit von Vorleistungsklauseln im Reisevertrag, BB 1985, 2014; *Seiler,* Die Vorauszahlungspflicht des Reisenden beim Reisevertrag, BB 1986, 1932; *Teichmann,* Zur Inhaltskontrolle der Allgemeinen Geschäftsbedingungen im Reisevertrag, JZ 1987, 751; *Tonner,* Die Vorauszahlungspflicht des Kunden am Beispiel des Reiserechts, DB 1980, 1629; *ders.*, Die Zulässigkeit der Vorauszahlungsklausel im Reiserecht, NJW 1985, 111; *Zoller,* Vorleistungspflicht und AGB-Gesetz, 1986.

I. Zweck und Allgemeines

1–2 Das Leistungsverweigerungsrecht (§ 320) und das Zurückbehaltungsrecht (§ 273) ermöglichen es einer Vertragspartei, durch Zurückhalten der eigenen Leistung den anderen Teil zur Leistung anzuhalten und sich gleichzeitig gegen die Risiken einer Vorleistung abzusichern.[1] § 309 Nr. 2 will verhindern, dass diese Möglichkeiten dem Verwendungsgegner durch AGB[2] entzogen werden. Der Ausschluss des in § 320 vorgesehenen Leistungsverweigerungsrechts ist generell unwirksam, weil die Wahrung des Austauschprinzips bei synallagmatischen Leistungen zum grundlegenden Gebot vertraglicher Abwicklungsgerechtigkeit gehört.[3] Das Zurückbehaltungsrecht nach § 273 erstreckt sich auch auf Leistungen aus anderen Rechtsbeziehungen. § 309 Nr. 2 sieht einen grundlegenden Gerechtigkeitsgehalt für das Zurückbehaltungsrecht nur insoweit gegeben, als es um Leistungen aus demselben Vertragsverhältnis geht, und erklärt deshalb nur insoweit den Ausschluss und die Einschränkung des Zurückbehaltungsrechts für unwirksam. § 309 Nr. 2 entspricht wörtlich der Vorgängervorschrift des § 11 Nr. 2 AGBG.[4] Einen Ausschluss und eine Einschränkung von Zurückbehaltungsrechten will auch Anh. Nr. 1 o RL verhindern. **Arbeitsrechtliche Besonderheiten** (§ 310 IV), die mit Blick auf Arbeitsverträge eine abweichende Handhabung der Vorschrift rechtfertigen könnten, sind nicht ersichtlich.[5]

II. Der Tatbestand des § 309 Nr. 2 a

1. Leistungsverweigerungsrecht nach § 320

3 § 309 Nr. 2 a betrifft seinem Wortlaut nach das Leistungsverweigerungsrecht gemäß § 320. Allerdings wird man die Vorschrift auch mit Blick auf das nach § 348 S. 2 bestehende Leistungsverweigerungsrecht anwenden müssen, da diese Vorschrift auf § 320 verweist.[6] Wollte man anders entscheiden, müsste man jedenfalls § 309 Nr. 2 b zur Anwendung bringen.[7] Zudem wird man § 309 Nr. 2 a auf das Leistungsverweigerungsrecht nach § 641 III analog anwenden müssen. Dass die fehlende Nennung des § 641 III in § 309 Nr. 2 a planwidrig ist, liegt deshalb nahe, weil der Gesetzgeber in § 309 Nr. 2 a lediglich die Regelung des § 11 Nr. 2 a wörtlich wiederholt und die zwischenzeitlich eingefügte Regelung des § 641 III wohl schlicht übersehen hat. Die Vergleichbarkeit der Interessenlage folgt daraus, dass § 641 III keine von § 320 II abweichende Wertung enthält. Vielmehr lehnt sich § 641 III an diejenigen Grundsätze an, die die Rechtsprechung zur Anwendung des § 320 II im Werkvertragsrecht entwickelt hat.[8] Allenfalls mag man argumentieren,

---

1 Vgl. auch die Ausführungen zu Vorleistungsklauseln unter Anh. § 310 Rz 501 ff.

2 § 310 III Nr. 2 sieht darüber hinaus die Anwendung auf vorformulierte, nicht ausgehandelte Individualvereinbarungen vor.

3 S. auch BT-Drs. 7/3919, S. 28. Ähnlich auch *Palandt/Grüneberg* Rz 12.

4 BT-Drs. 14/6040, S. 155.

5 Zutreffend insoweit *Staudinger/Coester-Waltjen* Rz 5.

6 Ebenso *Staudinger/Coester-Waltjen* § 309 Nr. 2 Rz 2.

7 Für die Anwendung des § 309 Nr. 2 (ohne Differenzierung zwischen Nr. 2 a und Nr. 2 b) z. B. *Palandt/Grüneberg* § 348 Rz 1; *Ulmer/Hensen* Rz 4. Für die Unwirksamkeit einer Klausel, die das Leistungsverweigerungsrecht nach § 348 S. 2 ausschließt, allerdings bezogen auf einen vor Inkrafttreten des AGB-Gesetzes abgeschlossenen Vertrag, auch BGH NJW 1980, 1631, 1632.

8 S. nur BGH NJW 1981, 1148, 1449 (zu § 320 II): Zurückbehaltung des dreifachen Betrages trägt den Interessen des Bestellers ausreichend Rechnung. Dazu, dass die Regelung des § 641 III im Wesentlichen die Rechtsprechung kodifiziert, siehe z. B. MünchKomm/*Emmerich* § 320 Rz 14; MünchKomm/*Busche* § 641 Rz 31.

dass keine Regelungslücke besteht, weil Klauseln, die das Recht nach § 641 III ausschlössen, jedenfalls nach § 309 Nr. 2 b unwirksam wären. Doch erscheint eine analoge Anwendung des § 309 Nr. 2 a methodisch vorzugswürdig, weil § 641 III als Konkretisierung des § 320 auch denselben Schutz genießen muss wie § 320.

2. Dem Vertragspartner zustehend

a) Dem Vertragspartner. Erfasst wird nur das Leistungsverweigerungsrecht des Verwendungsgegners. Klauseln, die das Leistungsverweigerungsrecht des Verwenders erweitern, fallen nicht unter § 309 Nr. 2 a, können aber anhand des § 307 überprüft werden (s. Rz 42). 4

b) Gegen den Verwender. 309 Nr. 2 betrifft nach der Rechtsprechung zudem nur das gegenüber dem Verwender bestehende Leistungsverweigerungsrecht. Der Ausschluss oder die Beschränkung von Rechten des Verwendungsgegners gegenüber Dritten soll also nicht an § 309 Nr. 2 a zu messen sein,[1] sondern nur der Kontrolle nach § 307 unterliegen.[2] Dem ist nicht zuzustimmen. Der Wortlaut des § 309 Nr. 2 a stützt die dargestellte Rechtsprechung nicht. Auch ist zu beachten, dass eine Klausel, die „nur" ein gegenüber einem Dritten bestehendes Leistungsverweigerungsrecht ausschließt, für den Verwendungsgegner deshalb nicht minder belastend ist. Auch im letzteren Fall sollte man daher § 309 Nr. 2a heranziehen. 5

c) Zustehend. Das Verbot des § 309 Nr. 2 a greift nur dann, ein, wenn das Leistungsverweigerungsrecht nach § 320 ohne die Klausel bestehen würde („dem Vertragspartner ... zusteht"). Eine Klausel, die lediglich die gesetzlichen Schranken des Leistungsverweigerungsrechts wiedergibt, ist daher nicht nach § 309 Nr. 2 zu beanstanden.[3] Dies ergibt sich auch aus § 307 III 1. Hinsichtlich der Frage nach den Voraussetzungen des Leistungsverweigerungsrechts nach § 320 soll an dieser Stelle grundsätzlich auf die Kommentarliteratur zu § 320 verwiesen werden. Zwei Gesichtspunkte von besonderer Relevanz für das AGB-Recht seien jedoch hervorgehoben: 6

aa) Fehlende Vertragstreue des Vertragspartners. Das Leistungsverweigerungsrecht aus § 320 besteht nicht, wenn der Einredeberechtigte selbst pflichtwidrig und nicht vertragstreu handelt.[4] Nach § 320 II besteht die Einrede außerdem dann nicht, wenn sie wegen verhältnismäßig geringfügiger Restbeträge geltend gemacht wird. Allgemein darf die Ausübung des Leistungsverweigerungsrechts nicht gegen Treu und Glauben verstoßen.[5] Soweit die Einrede aus § 320 nicht besteht oder nicht ausgeübt werden darf, kann sie auch durch AGB ausgeschlossen werden. Durch AGB können dabei insbesondere die unbestimmten Rechtsbegriffe der Geringfügigkeit oder von Treu und Glauben konkretisiert werden. Der Einredeausschluss durch AGB ist allerdings nur insoweit wirksam, als die AGB nicht über diejenigen Beschränkungen des § 320 hinausgehen, die schon nach dispositivem Recht bestehen. Die Zulässigkeit entsprechender AGB ist also nicht schon dann zu bejahen, wenn die Konkretisierung der nach Treu und Glauben bestehenden Beschränkungen der Einrede bloß vertretbar erscheint. 7

---

[1] BGH NJW 1984, 2816, 2816 (zu § 11 Nr. 2 AGBG).

[2] BGH NJW 1984, 2816, 2816 (zu § 9 AGBG).

[3] *Palandt/Grüneberg* Rz 12.

[4] Richtigerweise wird man dabei in systematischer Hinsicht davon ausgehen müssen, dass nicht die Rechtstreue des Vertragspartners eine Voraussetzung der Einrede des nicht erfüllten Vertrages ist, sondern dass die fehlende Vertragstreue die Einrede des nicht erfüllten Vertrages unter dem Gesichtspunkt des Rechtsmissbrauchs ausschließt. S. *Palandt/Grüneberg* § 320 Rz 6.

[5] S. a. BGH BB 1974, 671. Aus der Literatur s. statt aller *Palandt/Grüneberg* § 320 Rz 10.

8 **bb) Vorleistungsklauseln.** Die Einrede aus § 320 entfällt für den Vertragspartner des Verwenders, wenn er vorleistungspflichtig ist. Vor diesem Hintergrund stellt sich die Frage, ob der Verwender die Anwendbarkeit des § 309 Nr. 2 dadurch vermeiden kann, dass er in den AGB eine Vorleistungspflicht des Vertragspartners vorsieht. Dabei sind zwei Fragen zu trennen, nämlich zum einen die, ob § 309 Nr. 2 Anwendung auf Vorleistungsklauseln findet, und zum anderen die, welche Anforderungen im Rahmen des § 307 an Vorleistungsklauseln zu stellen sind.

9 **α) Die Anwendbarkeit des § 309 Nr. 2 auf Vorleistungsklauseln.** Mit Blick auf die Frage nach der Anwendbarkeit des § 309 Nr. 2 auf Vorleistungsklauseln hat die Rechtsprechung nicht immer eine einheitliche Linie verfolgt.

10 **αα) Rechtsprechung.** In einer Entscheidung aus dem Jahre 1984 hat der BGH eine Vorleistungsklausel als unwirksam nach § 11 Nr. 2 AGBG (§ 309 Nr. 2) i.V.m. § 7 AGBG (§ 306 a) eingestuft.[1] In jenem Urteil ging es um eine Klausel in einem Bauvertrag, die den Bauherrn verpflichtete, einen Teil der Gesamtvergütung bereits vor Übergabe des Hauses zu hinterlegen.[2] In späteren Entscheidungen hat der BGH jedoch eine großzügigere Haltung eingenommen. So heißt es in zwei Urteilen aus den Jahren 1998 und 1999 lakonisch, dass eine Anwendung des § 11 Nr. 2 a AGBG (§ 307) ausscheidet, wenn in AGB eine Vorleistungspflicht begründet wird.[3] Zwar hat der BGH in anderen Urteilen betont, dass eine Vorleistungsklausel „ausnahmsweise" nach §§ 309 Nr. 2 i.V.m. 306a unwirksam sein könne.[4] Hierfür sei jedoch erforderlich, dass die Vorleistungspflicht gerade zu dem Zweck der Umgehung des § 309 Nr. 2 begründet werde.[5] Fehle es an Anhaltspunkten für eine Umgehungsabsicht, sei die Wirksamkeit der Vorleistungsklausel allein nach § 307 zu beurteilen.[6] Hinzuweisen ist allerdings auch auf eine Entscheidung des BGH aus dem Jahre 2000. Dort ging es um eine Klausel in einem Grundstückskaufvertrag, mit welcher der Käufer den von den Parteien beauftragten Notar unwiderruflich anwies, einen Teil des Kaufpreises unter bestimmten Voraussetzungen von einem Notaranderkonto an den Verkäufer zu überweisen.[7] Diesbezüglich führte der BGH aus, dass eine entsprechende AGB-Bestimmung nach § 11 Nr. 2 AGBG (§ 309 Nr. 2) nichtig sei, wenn sie nicht den Zweck habe, die Übergabe eines mangelfreien Hauses zu ermöglichen.[8]

11 **ββ) Stellungnahme.** Richtigerweise wird man Vorleistungsklauseln allein an § 307 messen und eine Anwendung des § 309 Nr. 2 selbst dann ablehnen müssen, wenn die Vorleistungspflicht gerade auch zu dem Zweck begründet worden ist, der

---

[1] BGH NJW 1985, 852, 852 (zu §§ 9, 11 Nr. 2 AGBG). Aus jüngerer Zeit siehe OLG Karlsruhe BB 2001, 1325, 1326: Vorleistungsklausel in Bauträgervertrag verstößt gegen § 9 AGBG (§ 307) und gegen § 11 Nr. 2 AGBG (§ 309 Nr. 2).

[2] BGH NJW 1985, 852, 852 (zu §§ 9, 11 Nr. 2 AGBG).

[3] BGH NJW 1998, 3119, 3119 (zu § 11 Nr. 2 AGBG); BGH NJW 1999, 2180, 2182 (zu § 11 Nr. 2 AGBG).

[4] So (zu §§ 11 Nr. 2, 9 AGBG) BGH NJW 1987, 1931, 1931; (zu §§ 11 Nr. 2, 9 AGBG) BGH NJW 2001, 292, 294 (Neuwagenkaufvertrag). Vgl. auch OLG Köln NJW-RR 2005, 992, 992: § 309 Nr. 2 a sei als eng auszulegende Ausnahmevorschrift auf Vorleistungsklauseln „in der Regel nicht anwendbar". Gegen die Anwendung des § 11 Nr. 2 AGBG (§ 309 Nr. 2) auf Vorleistungsklauseln auch OLG Düsseldorf NJW-RR 1999, 1437, 1437.

[5] So (zu §§ 11 Nr. 2 AGBG, 7 AGBG) BGH NJW 1987, 1931, 1931.

[6] So (zu § 9 AGBG) BGH NJW 2001, 292, 294 (Neuwagenkaufvertrag). In diesem Sinne auch *Palandt/Grüneberg* Rz 13.

[7] BGH NJW 2000, 1644, 1644 (zu § 11 Nr. 2 AGBG).

[8] BGH NJW 2000, 1644, 1644 (zu § 11 Nr. 2 AGBG).

Anwendung des § 309 Nr. 2 zu entgehen.[1] Denn die Vermeidung der Anwendbarkeit einer Vorschrift ist nicht mit der Umgehung derselben gleichzustellen. Vielmehr ist eine Umgehung nur dann anzunehmen, wenn die gewählte Konstruktion dem Zweck der vermiedenen Vorschrift zuwiderläuft. Diese Voraussetzung ist aber im Falle einer Vorleistungsklausel nicht erfüllt. Der Gesetzgeber hat die Möglichkeit einer Abbedingung der Vorleistungspflicht bewusst offengelassen,[2] weil für eine Vorleistungspflicht in bestimmten Fällen, z. B. bei Eintrittskarten, bei Fahrkarten oder beim Reisevertrag,[3] ein Bedürfnis besteht. Auch nach der hier vertretenen Auffassung ist die Anwendung des § 309 Nr. 2 freilich nur dann ausgeschlossen, wenn sich die Klausel auf die Anordnung einer Vorleistungspflicht beschränkt und nicht darüber hinaus einen Ausschluss oder eine Beschränkung des Leistungsverweigerungsrechts bzw. bestehender Zurückbehaltungsrechte vorsieht. Nach § 309 Nr. 2 unwirksam ist daher z. B. eine Klausel in einem Bauvertrag, wonach der Erwerber vor Übergabe des Bauwerks die noch nicht fälligen Teile des restlichen Erwerbspreises ohne Rücksicht auf vorhandene Baumängel zu hinterlegen hat.[4] Denn eine solche Klausel sieht nicht nur eine Vorleistungspflicht hinsichtlich der von der Hinterlegungspflicht betroffenen Teile der Vergütung vor, sondern schließt zugleich das Recht des Verwendungsgegners aus, den noch nicht fälligen Teil gemäß § 320 wegen der Mangelhaftigkeit der bereits erbrachten Leistungen zurückzuhalten.

β) Die Wirksamkeit von Vorleistungsklauseln nach § 307. Auch soweit die Anwendung des § 309 Nr. 2 auf Vorleistungsklauseln zu verneinen ist, bleibt eine Kontrolle anhand des § 307 möglich. Siehe hierzu § 310 Rz V 501 ff. 12–13

cc) Teilzahlungsabreden. Besonderheiten ergeben sich bei Teilzahlungsabreden, wonach zumindest ein Teil der Vergütung zu zahlen ist, bevor der Verwender seine Leistung vollständig erbracht hat. Entsprechende Teilzahlungsabreden können unterschiedliche Bedeutung haben.[5] Denkbar ist, dass in der Teilzahlungsabrede die Vereinbarung einer **Vorleistungspflicht** des Verwendungsgegners zu sehen ist. So liegt es grundsätzlich dann, wenn die Abrede vorsieht, dass der Verwendungsgegner einen Teil der Vergütung zu zahlen hat, noch bevor der Verwender einen entsprechenden Teil der Leistung erbracht hat. Entsprechende Vorleistungspflichten unterfallen nach der hier vertretenen Auffassung nicht § 309 Nr. 2, sondern sind nur an § 307 zu messen (s. Rz 9 ff).[6] Darüber hinaus kommt die Möglichkeit in Betracht, dass die Abrede lediglich die im Werkvertragsrecht (§ 641) vorgesehene Vorleistungspflicht[7] des Verwenders einschränkt oder abbedingt. So liegt 14–18

---

[1] Wie hier, aber ohne ausdrückliche Erwähnung der Umgehungsproblematik, auch *Palandt/Grüneberg* Rz 13; Hk-BGB/*Schulte-Nölke* Rz 13. Wie hier wohl auch *Staudinger/Coester-Waltjen* Rz 7; *Ulmer/Hensen* Rz 11. Wohl etwas strenger *Bamberger/Becker* Rz 8: § 309 Nr. 2 finde dann Anwendung, wenn „die Statuierung der Vorleistungspflicht ausnahmsweise einzig der Absicht dient, das Klauselverbot der Nr. 2 zu umgehen".

[2] BT-Drs. 7/3919, S. 28.

[3] S. § 310 Rz R 60.

[4] BGH NJW 1985, 852, 852 (zu § 11 Nr. 2 AGBG).

[5] Vgl. auch BGH NJW 1986, 3199, 3120 (zu § 9 AGBG). Dort ging es um eine Klausel in einem Fertighausvertrag, der zufolge 14 Tage nach der (äußeren) Montage des Hauses 90 % des Werklohns ohne Rücksicht auf den Umfang der tatsächlich erbrachten Bauleistungen fällig sein sollten. Der BGH hielt die Klausel jedenfalls nach § 9 AGBG (§ 307) für unangemessen, betonte aber, es könne dahingestellt bleiben, „ob in Klauseln dieser Art eine Vorleistungspflicht des Bestellers bestimmt oder die dem Werkunternehmer nach § 641 BGB bis zur Abnahme des Werks obliegende Vorleistungspflicht durch Abschlagszahlungen für Teilleistungen gemildert oder schließlich das dem Besteller nach § 320 BGB zustehende Leistungsverweigerungsrecht ausgeschlossen oder eingeschränkt wird".

[6] Wie hier wohl *Ulmer/Hensen* Rz 10.

[7] S. dazu *Palandt/Sprau* § 641 Rz 2.

es in der Regel, wenn die Teilzahlungsabrede den Verwendungsgegner im Falle eines Werkvertrags über die gesetzliche Regelung hinaus (s. §§ 641 I 2, 641 II, 632 a) zur Vergütung bereits erbrachter Teilleistungen verpflichtet.[1] Man kann in diesem Falle von **unechten Vorleistungsklauseln** sprechen. Auch unechte Vorleistungsklauseln müssen durch ein schutzwürdiges Interesse des Verwenders gerechtfertigt sein und dem Grundsatz der Verhältnismäßigkeit genügen.[2] Als zulässig wird man aber eine Klausel einstufen müssen, die – auch in den von § 632 a nicht erfassten Konstellationen – Abschlagszahlungen für erbrachte Leistungen vorsieht, sofern – entsprechend dem Rechtsgedanken des § 632 a S. 3 – sichergestellt ist, dass der Besteller mit Blick auf die erbrachten Leistungen nicht ungesichert bleibt. Fehlt es daran, so ist eine über § 632 a hinausgehende Pflicht zur Leistung von Abschlagszahlungen regelmäßig unwirksam.[3] Denkbar ist schließlich, dass die Klausel ihrem Sinngehalt nach nicht oder nicht nur auf eine Regelung der Fälligkeit der beiderseitigen Leistungen abzielt, sondern vielmehr einen **Ausschluss von Leistungsverweigerungs- oder Zurückbehaltungsrechten** vorsieht. Dies ist z. B. dann der Fall, wenn eine AGB-Bestimmung in einem Bauvertrag die Regelung enthält, dass die Vergütung für erbrachte Teilleistungen trotz der Mangelhaftigkeit der Teilleistungen in vollem Umfang zu zahlen ist. In diesem Falle findet § 309 Nr. 2 ohne weiteres Anwendung.

19 **d) Beispiele.** Eine nach §§ 306 a, 309 Nr. 2 unzulässige Einschränkung des Leistungsverweigerungsrechts und des Zurückbehaltungsrechts ist z. B. dann gegeben, wenn sich der Bauherr in einem Bauauftrag verpflichtet, eine Bank unwiderruflich und vorbehaltlos zu beauftragen, Abschlagszahlungen per unwiderruflicher Banklastschrift an den Unternehmer zu leisten,[4] denn damit wird zugleich das Leistungsverweigerungsrecht wegen etwaiger Mängel ausgeschlossen.

3. Ausschluss und Einschränkung

20–21 **a) Ausschluss.** Die Anwendung des § 309 Nr. 2a setzt voraus, dass die Klausel das Recht des Vertragspartners nach § 320 ausschließt oder einschränkt. Ein Ausschluss ist dann gegeben, wenn die Klausel das Leistungsverweigerungsrecht gänzlich entfallen lässt. Wird in AGB das Zurückbehaltungsrecht ausgeschlossen, so ist damit regelmäßig auch das Recht aus § 320 gemeint.[5]

22 **b) Einschränkung.** Eine Einschränkung ist immer dann gegeben, wenn es aufgrund der Klausel zu Fällen kommen kann, in denen das Leistungsverweigerungsrecht ohne die Klausel bestünde, bei Wirksamkeit der Klausel aber entweder nicht besteht oder weniger weitgehende Rechtsfolgen hat als nach dispositivem Recht.

---

1 Vgl. BGH NJW-RR 1986, 959, 959 (zu §§ 7, 11 Nr. 2 AGBG). Dort war in den AGB eines Bauvertrages vorgesehen, dass der Gesamtpreis in zehn Raten nach Baufortschritt zu zahlen sei. Ferner bestimmten die AGB, die Gesamtfinanzierung sei durch die verbindliche Bereitstellungserklärung einer deutschen Bank mit der Bankbestätigung sicherzustellen, dass die Bank unwiderruflich vom Bauherrn beauftragt sei, die vereinbarte Zahlung per unwiderruflicher Banklastschrift an den Verwender zu leisten. Der BGH, a.a.O., betonte, dass es sich bei den zu zahlenden Raten „nicht um Vorausleistungen der Bauherren, sondern um Abschlagszahlungen für erbrachte Bauleistungen handelt".

2 S. Anh. § 310 Rz V 516.

3 Ähnlich *Ulmer/Hensen* Anh. § 310 BGB Rz 688: Vorformulierte Verpflichtung zu Abschlagszahlungen unwirksam, wenn Reparaturgegenstand im Besitz des Unternehmers verbleibt.

4 BGH NJW-RR 1986, 959, 959 (zu §§ 7, 11 Nr. 2 AGBG).

5 *Ulmer/Hensen* Rz 3. Auch der BGH NJW-RR 2005, 919, 920, geht davon aus, dass eine Klausel, die Zurückbehaltungsrechte des Verwendungsgegners ausschließt, dahin gehend auszulegen ist, dass auch das Leistungsverweigerungsrecht nach §§ 320, 641 III erfasst sein soll. A. A. aber OLG Düsseldorf NJW-RR 1998, 587, 588.

Als Einschränkung des Leistungsverweigerungsrechts ist demnach insbesondere auch eine Klausel einzustufen, die die wirksame Ausübung des Leistungsverweigerungsrechts von Voraussetzungen abhängig macht, die im Gesetz nicht vorgesehen sind.[1] Dies gilt z. B. für das Erfordernis einer schriftlichen Anzeige[2] oder für die Vorgabe einer Anzeigefrist.[3] Ferner liegt eine Einschränkung dann vor, wenn dem Vertragspartner für den Fall der Berufung auf das Leistungsverweigerungsrecht Nachteile auferlegt werden, die im dispositiven Recht nicht vorgesehen sind.

c) Geringfügige Einschränkungen. In der Vorauflage ist die Auffassung vertreten worden, dass eine Einschränkung des Leistungsverweigerungsrechts, die im Rahmen der Konkretisierung unbestimmter Rechtsbegriffe erfolgt, dann nicht gegen § 309 Nr. 2 verstößt, wenn sie geringfügig über die von der Rechtsprechung gezogenen Grenzen hinausgeht.[4] Dies ist damit begründet worden, dass unbestimmte Rechtsbegriffe einen Beurteilungsspielraum ließen. An dieser Auffassung wird nicht festgehalten.[5] Die Konkretisierung unbestimmter Rechtsbegriffe im Zivilrecht ist Aufgabe der Rechtsprechung.[6] Für die Annahme eines Beurteilungsspielraums des Verwenders ist keine Grundlage ersichtlich. 23

d) Beispiele unwirksamer Klauseln. Eine unzulässige Einschränkung liegt z. B. dann vor, wenn die Ausübung des Leistungsverweigerungsrechts von einer vorherigen schriftlichen Anzeige an den Verwender oder einen Dritten abhängig gemacht wird,[7] z. B. auch von einem Reklamationsbericht.[8] Das Leistungsverweigerungsrecht darf nicht auf anerkannte oder rechtskräftig festgestellte Gegenforderungen beschränkt werden.[9] Eine unzulässige Einschränkung liegt auch vor, wenn in einem Bauvertrag eine **Hinterlegungsklausel** enthalten ist, wonach der Erwerber vor Übergabe des Bauwerks die noch nicht fälligen Teile des restlichen Erwerbspreises ohne Rücksicht auf vorhandene Baumängel zu hinterlegen hat.[10] Nach § 309 Nr. 3a unwirksam ist auch eine Klausel, die dem Vertragspartner bei Fehllieferungen die Sperrung von Schecks untersagt.[11] Eine nach den §§ 306 a, 309 Nr. 2 unzulässige Einschränkung des Leistungsverweigerungsrechts und des Zurückbehaltungsrechts wird ferner angenommen, wenn sich der Bauherr in einem **Bauauftrag** verpflichtet, eine Bank unwiderruflich und vorbehaltlos zu beauftragen, Abschlagszahlungen per unwiderruflicher Banklastschrift an den Unternehmer zu leisten.[12] Gemäß § 309 Nr. 2 unwirksam sein soll auch die Klausel eines Bauvertrags, nach der der Auftraggeber zum Nachweis, dass die Finanzierung des Bauvorhabens gesichert ist, eine unwiderrufliche Zahlungsgarantie vorlegen muss.[13] Unwirksam ist auch eine Klausel des Inhalts „Der Rechnungsbetrag ist [...] sofort ohne Abzug zu bezahlen", da durch Verwendung des Wortes „sofort" eine 24

---

1 In diesem Sinne auch *Staudinger/Coester-Waltjen* Rz 6, die die Verschärfung der Ausübungsvoraussetzung als erfasst ansieht.

2 S. Rz 41, 57.

3 *Staudinger/Coester-Waltjen* Rz 6.

4 So *M. Wolf,* Voraufl., § 11 Nr. 2 Rz 8. Ihm zustimmend *Bamberger/Becker* Rz 3, der darauf abstellen will, ob sich die vom Verwender vorgenommene Konkretisierung unbestimmter Rechtsbegriffe „im Rahmen des ‚gut Vertretbaren'" hält.

5 Ohne eine entsprechende Einschränkung z. B. auch *Palandt/Grüneberg* Rz 12.

6 S. vor §§ 308, 309 Rz 7.

7 S. noch Rz 57. Wie hier OLG Celle WuM 1990, 103, 111; *Palandt/Grüneberg* Rz 12; *Staudinger/ Coester-Waltjen* Rz 6; A. A. aber *Ulmer/Hensen* Rz 9.

8 LG Karlsruhe NJW-RR 1991, 124, 126 (zu § 9 AGBG).

9 BGH NJW 1992, 2160, 2163. Zustimmend z. B. *Bamberger/Becker* Rz 4.

10 BGH NJW 1985, 852, 852 (zu § 11 Nr. 2 AGBG). S. schon Rz 11.

11 BGH NJW 1985, 855, 857 (zu § 11 Nr. 2 AGBG).

12 BGH NJW-RR 1986, 959, 959 (zu §§ 7, 11 Nr. 2 AGBG).

13 BGH NJW 1993, 3264, 3265 (zu § 11 Nr. 2 AGBG).

Zahlungspflicht bei Präsentation der Rechnung ohne Rücksicht auf Gegenrechte ausgelöst werden soll.[1]

25 **e) Beispiele wirksamer Klauseln.** Nicht nach § 309 Nr. 2 zu beanstanden ist ein widerruflicher Abbuchungsauftrag oder eine widerrufliche Einziehungsermächtigung, die der Schuldner zugunsten seines Gläubigers erteilt. Nicht gegen § 309 Nr. 2 verstoßen auch Klauseln wie „Zahlung netto Kasse Zug um Zug" oder „cash on delivery (c. o. d.)" oder „Verkauf nur gegen sofortige Barzahlung", da sie nur die für den gegenseitigen Vertrag charakteristische Zug-um-Zug-Leistung (§ 322) zum Ausdruck bringen und weder eine Vorleistungspflicht noch den Ausschluss eines Leistungsverweigerungs- oder Zurückbehaltungsrechts enthalten. Allerdings ist bei Barzahlungsklauseln von einem an § 309 Nr. 3 zu messenden Aufrechnungsausschluss auszugehen.[2]

4. Erweiterungen des Leistungsverweigerungsrechts

26 Eine Erweiterung des Leistungsverweigerungsrechts wird nicht von § 309 Nr. 2 a erfasst, ist aber nach § 307 zu überprüfen (s. schon Rz 4).

5. Beweislast

27–29 Zur Beweislast siehe vor §§ 308, 309 Rz 21.

III. Der Tatbestand des § 309 Nr. 2 b

30 § 309 Nr. 2 b verbietet solche Klauseln, die ein dem Vertragspartner des Verwender zustehendes Zurückbehaltungsrecht ausschließen oder einschränken. Allerdings gilt dies nach dem ausdrücklichen Wortlaut der Vorschrift nur insoweit, als das Zurückbehaltungsrecht auf demselben Vertragsverhältnis beruht.

1. Dem Vertragspartner zustehendes Zurückbehaltungsrecht

31–33 § 309 Nr. 2 b kann nur dann Anwendung finden, wenn dem Verwendungsgegner überhaupt ein Zurückbehaltungsrecht zusteht. Als Zurückbehaltungsrecht ist vor allem das in § 273 geregelte Recht einzustufen. Nr. 2 b beschränkt sich aber nicht auf § 273, sondern erfasst alle Zurückbehaltungsrechte aus Vertragsverhältnissen. Die Richtigkeit dieser Annahme folgt nicht nur aus dem Wortlaut des § 309 Nr. 2 a, der gerade keinen Hinweis auf § 273 enthält, sondern wird auch durch einen Vergleich mit § 309 Nr. 2a bestätigt, der ausdrücklich auf die Vorschrift des § 320 Bezug nimmt. Geschützt ist daher auch das Zurückbehaltungsrecht aus § 321 I 1[3] sowie die Einrede nach § 770.[4] Gleiches gilt für die Rechte nach §§ 438 IV, V, 634a IV, V.[5] Nicht geschützt sind allerdings die Rechte nach 1000, 1160 I, 1161,[6] da diese nicht auf einem Vertragsverhältnis beruhen. Auch soweit die Klausel etwaige Zurückbehaltungsrechte nur in solchen Fällen „ausschließt", in denen ein Zurückbehaltungsrecht auch nach dispositivem Recht nicht besteht, findet § 309

---

1 LG Frankfurt NJW-RR 1987, 1003, 1003 (zu § 11 Nr. 2 AGBG).

2 S. § 309 Nr. 3 Rz 16.

3 A. A. *Löwe/von Westphalen* § 11 Nr. 2 Rz 28; *Staudinger/Coester-Waltjen* § 309 Nr. 2 Rz 2 a.E.; *Schlosser/Coester-Waltjen* Rz 28.

4 A. A. *Staudinger/Coester-Waltjen* Rz 2.

5 Insoweit ebenso *Staudinger/Coester-Waltjen* Rz 2.

6 Insoweit ebenso *Staudinger/Coester-Waltjen* Rz 2; *Ulmer/Hensen* Rz 4..

Nr. 2 b keine Anwendung. Dieses Ergebnis folgt freilich schon aus § 307 III 1. Siehe auch Rz 6 ff.

2. Dasselbe Vertragsverhältnis

Der Ausschluss eines dem Vertragspartner des Verwenders zustehenden Zurückbehaltungsrechts nach § 309 Nr. 2 b ist nur insoweit unwirksam, als die beiden einander gegenüberstehenden Ansprüche aus demselben Vertragsverhältnis herrühren. Zum **Vertragsverhältnis** wird man auch ein dem Vertrag vorangegangenes gesetzliches Schuldverhältnis im Sinne des § 311 II zählen müssen. Eine Klausel, die die Geltendmachung eines Zurückbehaltungsrechts wegen bestehender Schadensersatzansprüche aus culpa in contrahendo ausschließt, verstößt daher gegen § 309 Nr. 2, soweit sie auch solche Schadensersatzansprüche erfasst, die gerade jenem Schuldverhältnis entspringen, welches dem betroffenen Vertrag vorgelagert war. Vom Sonderfall des § 311 II[1] abgesehen findet § 309 Nr. 2 jedoch keine Anwendung auf Zurückbehaltungsrechte, die auf Ansprüche aus gesetzlichen Schuldverhältnissen gegründet werden. Das Zurückbehaltungsrecht des § 273 kann insoweit vorbehaltlich einer Kontrolle nach § 307 wirksam durch AGB ausgeschlossen werden. Auch die Zurückbehaltungsrechte nach §§ 1000, 1160, 1161 fallen nicht unter § 309 Nr. 2[2] und können deshalb ausgeschlossen werden. Aus **demselben** Vertragsverhältnis stammen alle Ansprüche, die ihre rechtliche Grundlage in demselben Vertrag haben, gleichgültig, ob es sich um Haupt- oder Nebenansprüche handelt. Gleichgültig ist auch, ob es sich um einen gegenseitigen Vertrag handelt oder nicht. Aus demselben Vertragsverhältnis stammen auch die Teilleistungen eines Sukzessivlieferungsvertrags.[3] Gleiches gilt allgemein für Dauerschuldverhältnisse.[4] **34–36**

3. Ausschluss oder Einschränkung

a) Ausschluss. Unwirksam ist zunächst der Ausschluss des Leistungsverweigerungsrechts. Ein Ausschluss ist dann gegeben, wenn die Klausel das Zurückbehaltungsrecht gänzlich entfallen lässt. **37**

b) Einschränkung. § 309 Nr. 2 b verbietet nicht nur den Ausschluss von Zurückbehaltungsrechten, sondern auch jede Einschränkung derselben. Eine Einschränkung ist immer dann gegeben, wenn es aufgrund der Klausel zu Fällen kommen kann, in denen das Zurückbehaltungsrecht ohne die Klausel bestünde, bei Wirksamkeit der Klausel aber entweder nicht besteht oder weniger weitgehende Rechtsfolgen hat als nach dispositivem Recht. Die AGB können also die gesetzlichen Schranken eines Zurückbehaltungsrechts konkretisieren,[5] dürfen dabei aber nicht über das Gesetz hinausgehen. Insofern kann auf das unter Rz 23 Gesagte verwiesen werden. **38–39**

c) Keine Beschränkung des Anwendungsbereichs auf unbestrittene und rechtskräftige Forderungen. § 309 Nr. 2 beschränkt die Unwirksamkeit eines Ausschlusses des Zurückbehaltungsrechts im Gegensatz zu § 309 Nr. 3 nicht auf unbestrittene und rechtskräftige Forderungen. Auch mit Blick auf Forderungen, die **40**

---

1 Dazu, dass es sich im Falle des § 311 II um ein gesetzliches Schuldverhältnis handelt, siehe z. B. *Palandt/Heinrichs* § 311 Rz 21.

2 Ebenso z. B. *Ulmer/Hensen* Rz 4.

3 *Staudinger/Coester-Waltjen* Rz 2.

4 *Staudinger/Coester-Waltjen* Rz 2.

5 *Ulmer/Hensen* Rz 8.

weder rechtskräftig noch unbestritten sind, sind Ausschluss und Einschränkungen bestehender Zurückbehaltungsrechte daher unwirksam.[1]

41 **d) Beispiele.** Als unzulässige Einschränkung wird vom Gesetzgeber beispielhaft der Fall genannt, dass eine Klausel das Zurückbehaltungsrecht von der Anerkennung von Mängeln durch den Verwender abhängig macht. Auch eine Klausel, die die Ausübung des Zurückbehaltungsrechts von einer vorherigen Anzeige abhängig macht, ist unwirksam.[2] Eine unzulässige Einschränkung ist aber auch dann gegeben, wenn die Ausübung des Zurückbehaltungsrechts vom außergerichtlichen Nachweis des Anspruchs abhängig gemacht wird. Der Vertragspartner darf auch insoweit nicht schlechter gestellt werden, als in § 273 vorgesehen, und die letztgenannte Vorschrift verlangt einen solchen Nachweis gerade nicht. Die Klauseln „Kasse gegen Faktura" oder „Kasse gegen Dokumente" sind dahingehend auszulegen,[3] dass sie neben der Aufrechnung auch ein Zurückbehaltungsrecht ausschließen. Hält man an dieser Auslegung fest, so sind entsprechende Klauseln nach Nr. 2 b unwirksam.

4. Erweiterungen des Zurückbehaltungsrechts

42 § 309 Nr. 2 b betrifft Zurückbehaltungsrechte des Vertragspartners und will deren Ausschluss oder ungerechtfertigte Beschränkung verhindern. § 309 Nr. 2 b bezieht sich dagegen nicht auf Zurückbehaltungsrechte des Verwenders. Deren Erweiterungen, z. B. durch Verzicht auf das Erfordernis der Fälligkeit, der Gegenseitigkeit oder der Konnexität, sind grundsätzlich nach § 307 zu beurteilen. Eine Erweiterung auf befristete oder bedingte Ansprüche ist grundsätzlich nach § 307 unwirksam.[4] Grundsätzlich nicht zu beanstanden ist dagegen eine Erweiterung auf nicht konnexe Forderungen.[5] Zulässig ist beispielsweise eine Erstreckung auf Forderungen aus einer vorsätzlich unerlaubten Handlung des Kunden.[6] Die Ausübung eines Zurückbehaltungsrechts wegen einer nicht konnexen Forderung kann sich aber im Einzelfall als unzulässige Rechtsausübung nach § 242 darstellen.[7] Dies gilt etwa dann, wenn mit dem Zurückbehaltungsrecht ein Sicherungsrecht über die Zweckbestimmungserklärung in der Sicherungsabrede hinaus zur Sicherung von Ansprüchen dienen soll, indem die Rückgabe der Sicherheit nach § 273 aufgrund solcher Ansprüche verweigert wird, die nicht in die Zweckbestimmungserklärung einbezogen sind.[8]

5. Beweislast

43–49 Zur Beweislast s. vor §§ 308, 309 Rz 21.

---

1 BGH NJW 1992, 2160, 2163 (zu § 11 Nr. 2 AGBG).

2 So auch LG Berlin NZM 2001, 1030, 1030 für eine Klausel in einem Mietvertrag, die die Ausübung des Zurückbehaltungsrechts davon abhängig macht, dass der Mangel dem Vermieter einen Monat zuvor angezeigt wird. A. A. aber *Ulmer/Hensen* Rz 9, demzufolge nicht aus § 309 Nr. 13 ergeben soll, dass es zulässig sei, die Geltendmachung des Zurückbehaltungsrechts von der vorherigen schriftlichen Anzeige der Mängel abhängig zu machen.

3 BGH NJW 1997, 1775, 1777; BGHZ 14, 61, 62; MünchKomm/*Basedow* Rz 20.

4 BGH NJW 1991, 2559, 2563 (zu § 9 AGBG).

5 So wohl auch BGH NJW 1991, 2559, 2563 (zu § 9 AGBG).

6 Offen gelassen in BGH NJW 1985, 849, 850, da es im konkreten Fall bereits an der Gegenseitigkeit fehlte.

7 S. dazu etwa *Soergel/Wolf* § 273 Rz 48 ff.

8 OLG Köln WM 1984, 46, 48.

IV. Verhältnis zu anderen Vorschriften

1. Verhältnis zu § 242

Auch soweit der Ausschluss von Leistungsverweigerungs- und Zurückbehaltungsrechten nicht gegen die §§ 309 Nr. 2, 307 verstößt, kann die Berufung auf die relevanten Klauseln rechtsmissbräuchlich sein.[1] Besondere Relevanz hat der Rekurs auf § 242 im unternehmerischen Verkehr, weil dort der Ausschluss der Rechte aus den §§ 273, 320 grundsätzlich zulässig ist (s. Rz 73, 78). Rechtsmissbräuchlich ist die Berufung auf eine Ausschlussklausel beispielsweise dann, wenn die vom Verwender erbrachte Leistung mangelhaft ist und der Verwender denjenigen Teil der ihm geschuldeten Vergütung, welcher dem Wert der mangelhaften Leistung entspricht, bereits erhalten hat.[2] Ferner ist § 242 dann anwendbar, wenn der Verwender auf der Zahlung der vollen Vergütung besteht, obwohl er ob der Mangelhaftigkeit der Leistung seinerseits gegenüber seinem Subunternehmer dessen Vergütung zurückhält.[3] 50

2. Verhältnis zu § 307

§ 307 ist neben § 309 Nr. 2 anwendbar. Dabei sind allerdings die Wertungen des § 309 Nr. 2 in Rechnung zu stellen. Im Einzelnen gilt Folgendes: Soweit eine Klausel gegen § 309 Nr. 2 verstößt, ist sie gegenüber Verbrauchern auch ohne weiteres unangemessen im Sinne des § 307. Zur Anwendung des § 307 im unternehmerischen Verkehr siehe Rz 70 ff. Mit Blick auf solche Klauseln, die nicht gegen § 309 Nr. 2 verstoßen, ist dagegen zu differenzieren. Denkbar ist zunächst, dass eine Klausel deshalb nicht gegen § 309 Nr. 2 verstößt, weil sie zwar das Zurückbehaltungsrecht des Verwendungsgegners ausschließt, sich dabei allerdings auf solche Fälle beschränkt, in denen das Zurückbehaltungsrecht nicht auf demselben Vertragsverhältnis beruht. Eine solche Klausel verstößt grundsätzlich nicht gegen § 307, weil der Gesetzgeber in § 309 Nr. 2 eine gezielte Entscheidung zugunsten der Zulässigkeit entsprechender Klauseln getroffen hat. Im Übrigen gilt jedoch, dass Klauseln, die § 309 Nr. 2 nicht verletzten, im Rahmen des § 307 einer eigenständigen Angemessenheitskontrolle unterworfen sind. Dies gilt insbesondere für solche Klauseln, die eine Vorleistungspflicht des Verwendungsgegners begründen (s. Rz 9 ff.) oder Leistungsverweigerungs- bzw. Zurückbehaltungsrechte des Verwenders erweitern (s. Rz 42). 51–53

3. Zu § 309 Nr. 3

a) Allgemeines. § 309 Nr. 3 lässt den **Aufrechnungsausschluss in weiterem Umfang** zu, als Nr. 2 a und b den Ausschluss des Leistungsverweigerungs- und des Zurückbehaltungsrechts. Denn nach § 309 Nr. 3 darf nur die Aufrechnung mit einer unbestrittenen oder rechtskräftig festgestellten Forderung nicht ausgeschlossen werden, so dass der Aufrechnungsausschluss bezüglich anderer Forderungen, auch wenn sie auf demselben Vertrag beruhen, vom Verbot des § 309 Nr. 3 nicht erfasst wird. 54

---

1 S. z. B. MünchKomm/*Basedow* Rz 21.
2 *Palandt/Heinrichs* Rz 16.
3 BGH NJW 1978, 634, 635.

55 **b) Vorrang des § 309 Nr. 3.** § 309 Nr. 3 und § 309 Nr. 2 können sich dann **überschneiden,** wenn die relevanten Forderungen gleichartig sind und auf demselben Vertragsverhältnis beruhen. Insoweit gilt, dass **§ 309 Nr. 3 die Regelung der Nr. 2 verdrängt.** Denn wenn sich gleichartige Leistungen gegenüberstehen, liegt in der Geltendmachung des Zurückbehaltungsrechts die Aufrechnungserklärung, und es finden die Vorschriften über die Aufrechnung Anwendung.[1] Bei gleichartigen Leistungen, die auf demselben Vertragsverhältnis beruhen, gilt daher allein § 309 Nr. 3. Dies hat der Gesetzgeber bewusst in Kauf genommen.[2] Es kann deshalb nicht verlangt werden, dass von einem Aufrechnungsverbot neben rechtskräftigen und unbestrittenen Forderungen auch Gegenforderungen aus demselben Vertragsverhältnis ausgenommen werden. Besondere Schwierigkeiten ergeben sich dann, wenn eine Aufrechnungslage dadurch entsteht, dass eine konnexe Forderung des Verwendungsgegners, die zunächst (nur) ein Zurückbehaltungsrecht begründet, später in eine Schadensersatzforderung übergeht und nunmehr zur Aufrechnung geeignet ist. In diesem Falle ergibt sich bei Anwendung der oben dargestellten Grundsätze das zumindest auf den ersten Blick wenig einleuchtende Ergebnis, dass die Umwandlung in eine Schadensersatzforderung dem Verwendungsgegner zum Nachteil gereicht. Denn anders als das Zurückbehaltungsrecht, welches den Schutz des § 309 Nr. 2 genießt, wird das Aufrechnungsrecht nach dem bisher Gesagten nur von § 309 Nr. 3 und damit nur unter der Voraussetzung geschützt, dass die Forderung des Verwendungsgegners unbestritten oder rechtskräftig ist. Vor diesem Hintergrund wollen viele Stimmen in der dargestellten Konstellation ausnahmsweise § 309 Nr. 2 Vorrang vor § 309 Nr. 3 einräumen.[3] Indessen vermag dieser Ansatz nicht zu überzeugen. Denn zum einen würde er wegen der Komplexität der Ausnahme zu einer unnötigen Aufblähung und Unübersichtlichkeit von Aufrechnungsverboten führen. Und zum anderen lässt sich das dargestellte unbillige Ergebnis auch dadurch vermeiden, dass man die Berufung auf ein Aufrechnungsverbot als nach § 242 unzulässig einstuft,[4] wenn der Verwender seine Forderung zunächst wegen eines Zurückbehaltungsrechts nicht durchsetzen konnte, wegen einer nachträglich entstandenen Gleichartigkeit der Forderungen, insbesondere durch Umwandlung einer Sachleistungsforderung in eine Schadensersatzforderung, nunmehr aber seine Forderung unter Berufung auf das Aufrechnungsverbot einseitig durchsetzen will.[5]

4. Zu § 309 Nr. 8 b dd

56 § 309 Nr. 8 b dd betrifft allein Verträge über neu hergestellte Sachen oder über Werkleistungen und verbietet solche Klauseln, mit denen der Verwender die Nach-

---

1 Z. B. BGH JZ 1978, 799, 800.

2 BT-Drs. 7/3919, S. 29; *Staudinger/Coester-Waltjen* Rz 4; A. A. aber *Soergel/Stein* § 11 Nr. 2 AGBG Rz 14: Nr. 2 neben Nr. 3 anwendbar.

3 So aber beispielsweise MünchKomm/*Basedow* Rz 4. Für die Zulässigkeit der Aufrechnung in diesem Falle auch *Erman/Roloff* Rz 31; *Palandt/Grüneberg* Rz 20; LG München NJW-RR 1990, 30, 30 („Anwendung des § 242 BGB im Rahmen der generellen Vorschrift des § 9 AGB-Gesetz"). Ähnlich auch *Ulmer/Hensen* Rz 6, 7, der Nr. 3 wohl generell Vorrang einräumen, jedoch die Wirksamkeit eines Aufrechnungsverbots an § 307 scheitern lassen will, wenn dem Kunden die zur Aufrechnung gestellte Geldforderung aus einem Anspruch erwächst, wegen dessen der Kunde auch zurückhalten könnte oder früher hätte zurückhalten können. Wie hier dagegen *Staudinger/Coester-Waltjen* Rz 4. Zumindest implizit wie hier auch BGH NJW-RR 1989, 481, 481 (zu § 11 Nr. 3 AGBG).

4 S. § 307 Rz 30.

5 Dieser Lösung zuneigend auch OLG Hamm NJW-RR 1993, 710, 711 (zu §§ 9, 11 Nr. 2 AGBG). Ebenfalls gegen eine Anwendung des § 309 Nr. 2, aber wohl zu einer Heranziehung des § 307 neigend *Staudinger/Coester-Waltjen* Rz 4.

erfüllung von der vorherigen Zahlung des vollständigen Entgelts oder eines unter Berücksichtigung des Mangels unverhältnismäßig hohen Teils des Entgelts abhängig macht. Mit § 309 Nr. 2 vermag sich diese Regelung insofern zu überschneiden, als eine Klausel, die die Mängelbeseitigung von der vorherigen Zahlung abhängig macht, auch ein Leistungsverweigerungs- und Zurückbehaltungsrecht ausschließt. Schwierigkeiten ergeben sich dadurch nicht. Vielmehr sind § 309 Nr. 8 b dd und § 309 Nr. 2 uneingeschränkt nebeneinander anwendbar. Die betroffenen Klauseln müssen also den Anforderungen beider Vorschriften genügen.

5. Zu § 309 Nr. 13

§ 309 Nr. 13 erklärt solche Bestimmungen für unwirksam, durch welche Anzeigen, die dem Verwender gegenüber abzugeben sind, an eine strengere Form als die Schriftform gebunden werden. Hierin wird zum Teil eine Spezialvorschrift zu § 309 Nr. 2 gesehen mit der Folge, dass es zulässig sei, die Geltendmachung eines Zurückbehaltungsrechts von der vorherigen Anzeige der Mängel abhängig zu machen.[1] Diese Auffassung vermag indessen nicht zu überzeugen.[2] Denn § 309 Nr. 13 enthält zwar eine bewusste Wertentscheidung zugunsten der Zulässigkeit von Schrifterfordernissen, die für Erklärungen des Verwendungsgegners vorgesehen werden. Eine Wertentscheidung zugunsten der Zulässigkeit von Anzeigeerfordernissen kann § 309 Nr. 13 jedoch nicht entnommen werden. § 309 Nr. 13 setzt die Wirksamkeit des Anzeigeerfordernisses nämlich voraus und regelt lediglich dessen Form. § 309 Nr. 2 verbietet jedoch schon das Anzeigeerfordernis als solches. 57

6. Zu § 556 b II

a) Keine gesetzliche Einschränkung des Zurückbehaltungsrechts. Gemäß § 556 b II 1 kann der Mieter entgegen einer vertraglichen Bestimmung gegen eine Mietforderung mit einer Forderung aufgrund der §§ 536 a, 539 oder aus ungerechtfertigter Bereicherung wegen zu viel gezahlter Miete aufrechnen oder wegen einer solchen Forderung ein Zurückbehaltungsrecht ausüben, wenn er seine Absicht dem Vermieter mindestens einen Monat vor der Fälligkeit der Miete in Textform angezeigt hat. Eine von dieser Vorschrift zum Nachteil des Mieters abweichende Vereinbarung ist nach § 556 b II 2 unwirksam. Mit Blick auf diese Vorschrift ist zunächst hervorzuheben, dass die schriftliche Anzeigeobliegenheit des § 556 b II 1 nur dann eingreift, wenn der Vertrag das Zurückbehaltungsrecht des Mieters überhaupt ausschließt („entgegen einer vertraglichen Bestimmung"). 556b II 1 schränkt das Zurückbehaltungsrecht also nicht ein.[3] 58

b) Verhältnis zu § 556 b II 1. Mit Blick auf das Verhältnis zwischen § 309 Nr. 2 und § 556 b II 1 stellt sich die Frage, wie das Tatbestandsmerkmal „entgegen einer vertraglichen Bestimmung" zu verstehen ist. Wollte man dieses Tatbestandsmerkmal dahingehend auslegen, dass jede vertragliche Bestimmung ausreichen soll, auch wenn sie den Anforderungen des § 309 Nr. 2 nicht genügt, so würde dies bedeuten, dass § 556 b II 1 zugunsten des Verwenders von § 309 Nr. 2 abweichen würde. Versteht man das genannte Tatbestandsmerkmal umgekehrt dahingehend, dass § 556 II 1 nur im Falle einer wirksamen vertraglichen Bestimmung eingreifen soll, so wird § 556 b II 1 überhaupt erst dann relevant, wenn die Ausschlussklausel 59

[1] *Ulmer/Hensen* Rz 9. In der Entscheidung BGH NJW 1999, 1633, findet diese Auffassung entgegen *Hensen,* a.a.O., Fn 13, keine Stütze, da die dort relevante Klausel lediglich Form und Empfängerkreis einer Mitteilung regelte, aber keine Mitteilungsobliegenheit schuf.

[2] Wie hier z. B. OLG Celle WuM 1990, 103, 111; *Palandt/Grüneberg* Rz 12.

[3] A. A. wohl *Ulmer/Hensen* Rz 16.

mit § 309 Nr. 2 vereinbar ist. Richtigerweise wird man von dieser letztgenannten Interpretation ausgehen müssen. Denn hätte der Gesetzgeber in § 556 b II 1 einen Blankoscheck für den Ausschluss von Zurückbehaltungsrechten in Mietverträgen ausstellen wollen, so wäre dies sicher deutlicher zum Ausdruck gebracht worden. Dies gilt umso mehr, als § 556 b II 1 keine spezifisch AGB-rechtliche Zielsetzung hat. Folglich legitimiert § 556 b II 1 auch keine AGB-Klauseln, die die Anforderungen des § 309 Nr. 2 verfehlen.[1]

60 **c) Verhältnis zu § 556 b II 2.** Darüber hinaus enthält § 556 II 2 sogar einen zusätzlichen Unwirksamkeitsgrund für AGB, die Aufrechnungs- oder Zurückbehaltungsrechte in Mietverträgen auszuschließen suchen. Namentlich darf eine Klausel das Aufrechnungs- beziehungsweise Zurückbehaltungsrecht des Mieters unter den in § 556 b II 1 genannten Voraussetzungen nach § 556 b II 2 nicht einschränken. § 556 b II 2 ist in vollem Umfang neben § 309 Nr. 2 anwendbar, eine entsprechende Klausel muss also den Anforderungen beider Vorschriften genügen.

7. Zu § 88a HGB

61 Gemäß § 88a I HGB kann der Handelsvertreter nicht im Voraus auf gesetzliche Zurückbehaltungsrechte verzichten. Zu Überschneidungen mit § 309 Nr. 2 kann diese Vorschrift schon deshalb nicht führen, weil der Handelsvertreter als Unternehmer nicht von § 309 Nr. 2 geschützt wird.

V. Unwirksamkeitsfolgen

62–69 Verstößt eine Klausel gegen § 309 Nr. 2, so fällt sie ersatzlos weg. Die Rückführung auf einen gerade noch zulässigen Inhalt im Wege der geltungserhaltenden Reduktion ist nicht zulässig.[2] Es gilt vielmehr die gesetzliche Regelung, § 306 II.

VI. Geltung zwischen Unternehmern

1. Keine Indizwirkung

70 § 309 Nr. 2 gilt nicht unmittelbar für AGB, die gegenüber Unternehmern verwandt werden (§ 310 I 1). Der Ausschluss des Leistungsverweigerungs- und Zurückbehaltungsrechts zwischen Unternehmern ist deshalb nur insoweit unwirksam, als dieser Ausschluss nach § 307 unangemessen ist. Der Unternehmer ist grundsätzlich geschäftsgewandter und geschäftserfahrener.[3] Er ist deshalb nicht in gleichem Maße wie der Verbraucher auf das Zurückbehaltungsrecht zu seiner Sicherung angewiesen. So kann der Unternehmer die Geschäftsbeziehungen zum Verwender beenden, was diesen oft härter treffen wird als die Geltendmachung eines Zurückbehaltungsrechts. Auch wird es für den Unternehmer oft weniger belastend als für einen Verbraucher sein, seine Rechte gegen den Verwender einzuklagen.[4] § 309 Nr. 2 ist daher als eine vor allem dem Schutze des Verbrauchers dienende Vorschrift anzusehen, die nicht ohne weiteres für Unternehmer gilt. Eine Indizwirkung besteht demgemäß nicht.[5]

---

1 Ebenso i.E. *Schlosser/Coester-Waltjen* § 11 Nr. 2 Rz 17; *Palandt/Weidenkaff* § 556 b Rz 8.
2 BGH NJW 1986, 3199, 3201 (zu § 9 AGBG).
3 S. § 307 Rz 187.
4 BGH WM 1976, 1018; *Ulmer/Hensen* Rz 17.
5 Ebenso *Bamberger/Becker* Rz 17; wohl auch *Staudinger/Coester-Waltjen* Rz 10.

2. Auslegung von Klauseln

Das Gesetz stattet den Unternehmer in §§ 369–372 HGB mit erweiterten Zurückbehaltungsrechten aus, indem es z. B. auch ein Befriedigungsrecht gewährt. Der allgemeine Ausschluss des Zurückbehaltungsrechts erfasst gemäß § 305 c II grundsätzlich nicht das unternehmerische Zurückbehaltungsrecht aus § 369 HGB.[1] **71**

3. Die Wirksamkeit von Klauseln

Die Wirksamkeit einzelner Klauseln richtet sich wegen § 310 I 1 nicht nach § 309 Nr. 2, sondern nach § 307. **72**

a) Zurückbehaltungsrechte. Das Zurückbehaltungsrecht nach § 273 kann im unternehmerischen Verkehr grundsätzlich wirksam eingeschränkt oder ausgeschlossen werden.[2] **73**

aa) Rechtskräftige und unbestrittene Forderungen. Dies gilt allerdings nicht für unbestrittene oder rechtskräftig festgestellte Forderungen.[3] **74**

α) **Ausschluss.** Eine Klausel, die das Zurückbehaltungsrecht nach § 273 ausschließt, ohne eine Ausnahme für rechtskräftig festgestellte und unstreitige Forderungen zu erwähnen, kann nicht in geltungserhaltender Weise einschränkend ausgelegt werden und ist daher auch im unternehmerischen Verkehr nach § 307 unwirksam.[4] Soweit der unbeschränkte Ausschluss des Zurückbehaltungsrechts in einem Handelsvertretervertrag enthalten ist, verstößt die Klausel außerdem gegen § 88a I HGB, denn nach dieser Vorschrift kann der Handelsvertreter nicht im Voraus auf gesetzliche Zurückbehaltungsrechte verzichten.[5] Man sollte aber an die Formulierung der relevanten Klauseln keine übertriebenen Anforderungen stellen. Wie zu § 308 Nr. 3 näher ausgeführt, ist eine ausdrückliche Ausnahme für rechtskräftig festgestellte Forderungen dahingehend auszulegen, dass sie auch unstreitige Forderungen erfasst;[6] und umgekehrt ist eine ausdrückliche Ausnahme für unstreitige Forderungen dahingehend auszulegen, dass sie auch rechtskräftig festgestellte Forderungen abdecken soll (s. § 308 Nr. 3 Rz 50). Der Ausschluss der Mängeleinrede aus § 438 IV, V ist wirksam, wenn die Klausel Mängelrügen, „über deren Berechtigung kein Zweifel besteht", ausnimmt.[7] **75**

β) **Einschränkung.** Fraglich ist, wie im Rahmen der Anwendung des § 307 mit Blick auf die Wirksamkeit solcher Klauseln zu entscheiden ist, die Zurückbehaltungsrechte des Verwendungsgegners hinsichtlich unstreitiger oder rechtskräftig **76**

---

1 *Ulmer/Hensen* Rz 19.

2 BGH NJW 1992, 575, 577 (zu § 9 AGBG); OLG Düsseldorf NJW-RR 1995, 850, 850 (zu § 9 AGBG); *Palandt/Heinrichs* § 309 Rz 13; *Ulmer/Hensen* Rz 17. Vgl. aber auch BGH NJW-RR 2005, 919, 920 (zu § 9 AGBG): Es könne dahingestellt bleiben, ob eine Klausel, die die Leistungsverweigerungs- und Zurückbehaltungsrechte wegen nicht rechtskräftig festgestellter Forderungen ausschließe, wirksam sei.

3 BGH NJW 1992, 575, 577 (zu § 9 AGBG); BGH NJW 1985, 319, 320 (zu § 9 AGBG). In diesem Sinne wohl auch BGH NJW-Spezial 2005, Heft 8, 360, 360.

4 So BGH NJW-RR 2005, 919, 920 (zu § 9 AGBG); BGH NJW 1992, 575, 577 (zu § 9 AGBG); BGH NJW 1985, 319, 320 (zu § 9 AGBG). Kritisch *Ulmer/Hensen* § 11 Nr. 2 Rz 18, der die Sicht des BGH als „sehr stren[g]" bezeichnet. A. A. als der BGH möglicherweise auch *Jauernig/Stadler* Rz 3 („Ausübungsschranken").

5 BGH NJW 1995, 1552, 1554 (zu § 9 AGBG).

6 Vgl. aber auch BGH NJW-RR 2005, 919, 920 (zu § 9 AGBG): Es könne dahingestellt bleiben, ob eine Klausel, die die Leistungsverweigerungs- und Zurückbehaltungsrechte wegen nicht rechtskräftig festgestellter Forderungen ausschließe, wirksam sei.

7 So, allerdings zu §§ 9 AGBG, 478 BGB a.F., OLG Stuttgart NJW-RR 1992, 117, 118.

festgestellter Forderungen zwar nicht gänzlich ausschließen, aber einschränkenden Voraussetzungen unterwerfen. Auch solche Klauseln wird man grundsätzlich als unwirksam einstufen müssen. Anderes muss allerdings dann gelten, wenn die Einschränkung die Ausübung des Zurückbehaltungsrechts nur unwesentlich erschwert und zudem durch ein berechtigtes Interesse des Verwenders gerechtfertigt ist.

77 **bb) Sonstige Forderungen.** Sieht man von der Ausnahme für rechtskräftige und unbestrittene Forderungen ab, ist ein Ausschluss des Zurückbehaltungsrechts nach § 273 nur in besonderen Fällen unwirksam.[1] Unwirksam wäre etwa eine Klausel, die das Zurückbehaltungsrecht ausdrücklich auch für den Fall ausschließt, dass der Verwender sich seinerseits grober Vertragsverletzungen schuldig macht und dennoch auf der Leistung des Vertragspartners besteht.[2] Sieht die Klausel allerdings nur pauschal den Ausschluss des Zurückbehaltungsrechts für Forderungen vor, die weder unstreitig noch rechtskräftig festgestellt sind, ohne eine zusätzliche Ausnahme für den Fall grober Vertragsverletzungen des Verwenders zu erwähnen, ist die Klausel wirksam.[3] Denn im Interesse einer Senkung der Übersichtlichkeit von AGB sollten die Anforderungen an die Formulierung von Klauseln nicht überspannt werden. Ist die Berufung auf den Ausschluss des Zurückbehaltungsrechts im Einzelfall wegen einer groben Pflichtverletzung des Verwenders treuwidrig, hat der Verwendungsgegner die Einrede aus § 242.

78 **b) Leistungsverweigerungsrechte.** Das zu den Zurückbehaltungsrechten Gesagte gilt für das Leistungsverweigerungsrecht aus § 320 entsprechend. Auch das Leistungsverweigerungsrecht kann also im unternehmerischen Verkehr grundsätzlich **wirksam ausgeschlossen** werden.[4]

79 **aa) Rechtskräftige und unbestrittene Forderungen.** Dies gilt allerdings wiederum nicht für unbestrittene oder nicht rechtskräftig festgestellte Forderungen.[5] Eine Klausel, die das Leistungsverweigerungsrecht ausschließt, ohne eine Ausnahme für rechtskräftig festgestellte oder unstreitige Forderungen zu erwähnen, kann nicht in geltungserhaltender Weise einschränkend ausgelegt werden und ist daher auch im unternehmerischen Verkehr nach § 307 unwirksam.[6] Auch hier gilt aber, dass an die Formulierung der relevanten Klauseln keine übertriebenen Anforderungen gestellt werden dürfen. Wie zu § 308 Nr. 3 näher ausgeführt, ist eine ausdrückliche Ausnahme für rechtskräftig festgestellte Forderungen dahingehend auszulegen, dass sie auch unstreitige Forderungen erfasst;[7] und umgekehrt ist eine ausdrückliche Ausnahme für unstreitige Forderungen dahingehend auszu-

---

[1] A. A. *Löwe/von Westphalen* § 11 Nr. 2 Rz 29; einschränkend OLG Karlsruhe BB 1983, 725, 726 für das Baugewerbe. Wie hier dagegen OLG Koblenz AGBE I § 11 Nr. 13; *Ulmer/Hensen* Rz 17. Vgl. auch *Staudinger/Coester-Waltjen* Rz 10, der zufolge man „bei einer Anwendung des Rechtsgedankens von § 309 Nr. 2 über § 307 im unternehmerischen Verkehr zurückhaltend sein" muss.

[2] *Staudinger/Coester-Waltjen* Rz 10.

[3] So wohl auch OLG Frankfurt a.M. NJW-RR 1988, 1458, 1458 (zu § 9 AGBG): Die formularmäßige Abbedingung der §§ 273, 320 BGB sei grundsätzlich zulässig. Nur wenn etwa dem Verwender bei der Rechtsausübung eine grobe Vertragsverletzung zur Last falle, könne er aus der Klausel keine Rechte herleiten.

[4] BGH NJW 1992, 575, 577 (zu § 9 AGBG); *Palandt/Grüneberg* Rz 13; *Ulmer/Hensen* Rz 17. Vgl. aber auch BGH NJW-RR 2005, 919, 920 (zu § 9 AGBG): Es könne dahingestellt bleiben, ob eine Klausel, die die Leistungsverweigerungs- und Zurückbehaltungsrechte wegen nicht rechtskräftig festgestellter Forderungen ausschließe, wirksam sei.

[5] BGH NJW-RR 2005, 919, 920 (zu § 9 AGBG); BGH NJW 1992, 575, 577 (zu § 9 AGBG); BGH NJW 1985, 319, 320 (zu § 9 AGBG).

[6] So (zu § 9 AGBG) BGH NJW 1992, 575, 577; BGH NJW 1985, 319, 320 (zu § 9 AGBG). Vgl. auch (zu § 9 AGBG) OLG Hamm NJW-RR 1989, 274, 275: Unwirksamkeit einer Klausel, die jedes Zurückbehaltungsrecht ausschließt.

[7] S. § 308 Nr. 3 Rz 50.

legen, dass sie auch rechtskräftig festgestellte Forderungen abdecken soll (s. § 308 Nr. 3 Rz 50).

bb) Sonstige Forderungen. Sieht man von der Ausnahme für rechtskräftige und unbestrittene Forderungen ab, ist ein Ausschluss des Leistungsverweigerungsrechts nach § 320 nur in besonderen Fällen unwirksam, z. B. dann, wenn der Ausschluss, anders als dies im Regelfall anzunehmen ist, auch im Falle grober Pflichtverletzungen des Verwenders gelten soll (vgl. Rz 77). 80

§ 309 Klauselverbote ohne Wertungsmöglichkeit

Auch soweit eine Abweichung von den gesetzlichen Vorschriften zulässig ist, ist in Allgemeinen Geschäftsbedingungen unwirksam

3. (Aufrechnungsverbot)

eine Bestimmung, durch die dem Vertragspartner des Verwenders die Befugnis genommen wird, mit einer unbestrittenen oder rechtskräftig festgestellten Forderung aufzurechnen.

Inhaltsübersicht

Schrifttum: *Joussen,* Konzernverrechnungsklauseln, ZIP 1982, 279; *Westermann,* Konzernverrechnungsklauseln, WM Sonderbeilage 2/1986, S. 10; *Kessen,* Das Ende der Verrechnung im Werkvertragsrecht und seine Folgen, BauR 2005, 1691.

I. Zweck und Allgemeines

1 § 309 Nr. 3 lässt den Ausschluss der Aufrechnung in AGB grundsätzlich zu. Dies ist im Gesetzgebungsverfahren zum einen damit gerechtfertigt worden, dass mit dem Ausschluss der Aufrechnung kein endgültiger Rechtsverlust verbunden ist, der Anspruch vielmehr nur eingeklagt werden muss.[1] Zum anderen ist sinngemäß darauf hingewiesen worden, dass das Institut der Aufrechnung missbraucht werden könne, indem mit in Wahrheit nicht bestehenden Gegenforderungen aufgerechnet werde.[2]

1 BT-Drs. 7/3919, S. 29.
2 BT-Drs. 7/3919, S. 29.

Indessen reichen diese Gründe für sich genommen kaum aus, um die Zulässigkeit von Aufrechnungsverboten zu rechtfertigen. Denn sie könnten in gleicher Weise für die Wirksamkeit solcher Klauseln ins Feld geführt werden, die Zurückbehaltungsrechte des Verwendungsgegners ausschließen. Mit Blick auf Zurückbehaltungsrechte hat sich der Gesetzgeber aber in § 309 Nr. 2 für einen sehr viel strengeren Maßstab entschieden. Folglich stellt sich die Frage, ob sich andere Erwägungen finden lassen, die es rechtfertigen, Aufrechnungsverbote in weiterem Umfang zuzulassen als Klauseln, die Zurückbehaltungsrechte des anderen Vertragsteils einschränken. Richtigerweise wird man diese Frage verneinen müssen. Zwar haben die Aufrechnung einerseits und die Geltendmachung eines Zurückbehaltungs- oder Leistungsverweigerungsrechts andererseits ganz unterschiedliche Wirkungen. Die wirksame Aufrechnung führt zum Erlöschen der Forderung (§ 389). Demgegenüber belässt die Geltendmachung eines Zurückbehaltungs- oder Leistungsverweigerungsrechts dem Verwender die Möglichkeit, die Forderung nach Sicherheitsleistung (§ 273 III 1) oder Zug-um-Zug (§§ 274, 322) geltend zu machen. Indessen ist nicht recht ersichtlich, weshalb dieser Unterschied mit Blick auf die AGB-rechtliche Kontrolle von Ausschlussklauseln relevant sein soll. Die vom Gesetzgeber angeordnete unterschiedliche Behandlung von Aufrechnungsverboten einerseits und Klauseln im Sinne des § 309 Nr. 2 andererseits überzeugt demnach nicht. Gleichwohl wird man nicht davon ausgehen können, dass diese Ungleichbehandlung den für einen Verstoß gegen Art. 3 Abs. 1 GG erforderlichen Grad an Willkür erreicht. 2

Im Übrigen sei hervorgehoben, dass der Gesetzgeber den Ausschluss der Aufrechnung nicht uneingeschränkt zugelassen hat. Vielmehr sind Aufrechnungsverbote in AGB[1] unzulässig, soweit die Gegenforderung eindeutig feststeht,[2] weil sie unbestritten oder rechtskräftig festgestellt ist. In diesen Fällen muss der Verwender die Gegenforderung ohnehin erfüllen, so dass ihm insofern auch der Verlust seiner eigenen Forderung durch Aufrechnung ohne weiteres zuzumuten ist. 3

§ 309 Nr. 3 entspricht wörtlich der Vorgängervorschrift des § 11 Nr. 3 AGBG.[3] Die EG-Richtlinie über missbräuchliche Klauseln in Verbraucherverträgen sieht in Anh. Nr. 1b den Ausschluss oder die ungebührliche Einschränkung der Aufrechnung[4] als missbräuchlich an. 4–9

II. Tatbestand

1. Aufrechnung

§ 309 Nr. 3 findet nur dann Anwendung, wenn eine Klausel die Aufrechnung im Sinne der §§ 387 ff verbietet. 10

2. Aufrechnungsbefugnis

a) Allgemeines. § 309 Nr. 3 setzt schon seinem Wortlaut nach voraus, dass die Klausel dem Vertragspartner die Befugnis zur Aufrechnung nimmt, kann also nur dann Anwendung finden, wenn eine Aufrechnungsbefugnis nach dem Gesetz 11

---

1 Das Klauselverbot gilt gemäß § 310 III Nr. 2 auch für vorformulierte, nicht ausgehandelte Individualvereinbarungen.

2 BT-Drs. 7/3919, S. 29.

3 BT-Drs. 14/6040, S. 155.

4 S. Anh. Nr. 1b RL Rz 27.

überhaupt besteht. Gleiches folgt aus § 307 III 1. Ein Verstoß gegen § 309 Nr. 3 ist also ausgeschlossen, soweit ein Aufrechnungsverbot nur solche Fälle erfasst, in denen eine Aufrechnung auch ohne die Klausel nicht in Betracht käme.

12 **b) Aufrechnungslage.** Gemäß § 387 setzt die Zulässigkeit der Aufrechnung eine Aufrechnungslage voraus. Erforderlich ist die Existenz gleichartiger Forderungen im Gegenseitigkeitsverhältnis zwischen Gläubiger und Schuldner. Zur Gleichartigkeit gehört grundsätzlich auch, dass Geldschulden derselben Währung angehören.[1] Ein Aufrechnungsverbot mit Geldforderungen verschiedener Währungen ist deshalb schon wegen § 307 III 1 nicht an § 309 Nr. 3 zu messen.[2]

13 **c) Gesetzlicher Aufrechnungsausschluss.** Auch soweit das Gesetz die Aufrechnung trotz des Bestehens einer Aufrechnungslage ausschließt, haben Aufrechnungsverbote in AGB nur deklatorische Bedeutung mit der Folge, dass ein Verstoß gegen § 309 Nr. 3 ausscheidet. Kraft Gesetzes ist die Aufrechnung z. B. bei einredebehafteten Forderungen ausgeschlossen (§ 390). Auch der Aufrechnung gegen beschlagnahmte Forderungen zieht das Gesetz Schranken (§ 392). Unzulässig ist auch die Aufrechnung gegen Forderungen aus einer vorsätzlichen unerlaubten Handlung (§ 393) und gegen Forderungen öffentlich-rechtlicher Körperschaften (§ 395).

3. Person des Aufrechnungsbefugten

14 Dem Wortlaut des § 309 Nr. 2 zufolge muss die Aufrechnungsbefugnis gerade dem Vertragspartner des Verwenders, also dem Verwendungsgegner, genommen werden. Man wird § 309 Nr. 3 jedoch analog heranziehen können, wenn die Aufrechnungsbefugnis eines aus dem Vertrag nach § 328 berechtigten Dritten ausgeschlossen wird. Soweit der Verwender seine eigene Aufrechnungsbefugnis erweitert, ist § 309 Nr. 3 unanwendbar. Allerdings sind Klauseln der letzteren Art am Maßstab des § 307 zu überprüfen (s. Rz 44 ff).

4. Das Nehmen der Aufrechnungsbefugnis

15 **a) Begriff.** § 309 Nr. 3 findet nur dann Anwendung, wenn dem Vertragspartner seine Aufrechnungsbefugnis „genommen wird“. Diese Voraussetzung ist immer dann erfüllt, wenn die Klausel in wenigstens einer Konstellation dazu führen kann, dass der Vertragspartner nicht zur Aufrechnung befugt ist, obwohl er nach der gesetzlichen Regelung zur Aufrechnung in der Lage wäre.[3] Darüber hinaus wird die Aufrechnungsbefugnis nach richtiger Auffassung aber auch dann im Sinne des § 309 Nr. 3 „genommen“, wenn eine Klausel die Aufrechnung wesentlich erschwert (s. Rz 18) oder wenn sie an die Erklärung der Aufrechnung nachteilige Folgen von erheblichem Gewicht knüpft, die im Gesetz nicht vorgesehen sind.

16 **b) Klauselauslegung.** Ob die Klausel die vorgenannten Voraussetzungen erfüllt, ist im Wege der Auslegung nach den §§ 133, 157, 305c II zu ermitteln. Die Anwendung des § 309 Nr. 3 setzt nicht voraus, dass dem Vertragspartner die Aufrechnungsbefugnis ausdrücklich genommen wird.[4] So ist ein Aufrechnungsausschluss

[1] *Palandt/Grüneberg* § 387 Rz 9; OLG Hamm NJW-RR 1999, 1736, 1736; KG NJW 1988, 2181, 2181; a. A. *Feldmann* JuS 1983, 357, 359.

[2] Ebenso i.E. BGH NJW 1986, 1757, 1757 (zu § 11 Nr. 3 AGBG).

[3] A. A. möglicherweise *Ulmer/Hensen* Rz 8.

[4] BGH NJW 1998, 3119, 3119 (zu § 11 Nr. 3 AGBG); OLG München, Urt. v. 8.10.2004, Az: 1 W 1961/04, unter 2.

regelmäßig auch dann anzunehmen, wenn **Barzahlung** vereinbart wird.[1] „Kasse gegen Faktura", „Kasse gegen Dokumente", „Netto Kasse gegen Rechnung und Verladepapiere" und ähnliche Klauseln sind als Barzahlungsklauseln mit Aufrechnungsausschluss auszulegen.[2] Auch die Klausel „zahlbar netto Kasse sofort nach Rechnungserhalt" enthält einen Aufrechnungsaufschluss[3] und verstößt daher gegen § 309 Nr. 3.[4] Einen Aufrechnungsausschluss enthält auch die Vereinbarung einer **Lieferung gegen Nachnahme**[5], und Gleiches gilt für die Klausel „c. o. d." (cash on delivery), die die Bedeutung einer Zahlung gegen Nachnahme hat.[6] Klauseln „Zahlung ohne Abzug" fallen nicht unter Nr. 3, soweit sie nur als **Skontoregelungen** auszulegen sind; sind sie dagegen im Sinne eines Aufrechnungsausschlusses auszulegen, so ist Nr. 3 anzuwenden.

c) Teilweiser Ausschluss. Nach dem Gesagten wird nicht nur der vollständige, sondern auch ein bloß teilweiser Ausschluss der Aufrechnung von § 309 Nr. 3 erfasst. Demnach findet § 309 Nr. 3 beispielsweise dann Anwendung, wenn die Aufrechnung auf konnexe Forderungen, etwa Forderungen aus demselben Mietverhältnis, begrenzt wird.[7] Unwirksam ist auch eine Klausel, die die Aufrechnung davon abhängig macht, dass der Verwender die Gegenforderung anerkannt hat.[8] **17**

d) Erschwerung der Aufrechnung. Nach dem oben Gesagten fallen auch bloße Erschwerungen der Aufrechnung unter § 309 Nr. 3, allerdings nur dann, wenn es sich um wesentliche Erschwerungen handelt.[9] Von einer bloßen Erschwerung im Gegensatz zu einem Ausschluss der Aufrechnung ist dann auszugehen, wenn die Klausel nicht, auch nicht in bestimmten Konstellationen, einen Verlust der Aufrechnungsmöglichkeit vorsieht, sondern lediglich den Aufwand des Aufrechnenden bei der Wahrnehmung seiner Aufrechnungsbefugnis erhöht. Werden durch AGB zusätzliche Erfordernisse aufgestellt, die unschwer zu erfüllen sind, wie z. B. die schriftliche Mitteilung der Aufrechnung, so liegt darin keine wesentliche Beeinträchtigung der Aufrechnungsbefugnis, so dass dies auch für eindeutig feststehende Forderungen nicht an § 309 Nr. 3 scheitert. Schwer zu erfüllende oder mit erheblichem Aufwand verbundene Erfordernisse wie z. B. ein Erfordernis der notariellen Beurkundung oder öffentlichen Beglaubigung der Aufrechnungserklärung sind dagegen als eine dem Ausschluss vergleichbare Erschwerung der Aufrechnungsbefugnis anzusehen. **18**

e) Anzeigeobliegenheiten. In der Praxis kommt es vielfach vor, dass Klauseln die Zulässigkeit der Aufrechnung davon abhängig machen, dass die entsprechende Absicht dem Verwender unter Einhaltung einer bestimmten Frist angezeigt wird. **19**

---

[1] A. A. *Staudinger/Coester-Waltjen* Rz 10, die Barzahlungsklauseln nur bei besonderen Anhaltspunkten im Sinne eines Aufrechnungsausschlusses auslegen möchte.

[2] BGH NJW 1985, 550, 550. Vgl. auch OLG Düsseldorf NJW-RR 1996, 115, 116: Aufrechnungsausschluss im Falle einer Klausel „innerhalb von sieben Tagen nach Rechnungsdatum, rein netto Kasse ohne Abzug".

[3] OLG Frankfurt, Urt. v. 25. 3. 2004, Az: 1 U 31/03, unter II.B.

[4] OLG Frankfurt, Urt. v. 25. 3. 2004, Az: 1 U 31/03, unter II.B.

[5] BGH NJW 1998, 3119, 3119 (zu § 11 Nr. 3 AGBG). A. A. *Ulmer/Hensen* Rz 9. *Hensen,* a.a.O., sieht in der Nachnahmeklausel keinen Aufrechnungsausschluss, sondern die Vereinbarung einer Vorleistungspflicht, welche nicht an § 309 Nr. 3, sondern an § 307 zu messen sei. Allerdings seien Nachnahmeklauseln nach § 307 unwirksam.

[6] Dazu BGH NJW 1985, 550, 550.

[7] OLG Celle WuM 1990, 103, 111 (zu § 11 Nr. 3 AGBG).

[8] *Palandt/Grüneberg* Rz 17.

[9] Unklar *Ulmer/Hensen* Rz 8, der zwar einerseits betont, Erschwerungen der Aufrechnung seien nach § 309 Nr. 3 unwirksam, andererseits aber nur § 307 zur Anwendung bringen möchte, wenn eine Klausel die Aufrechnung zwar nicht ausschließt, aber von zusätzlichen Voraussetzungen abhängig macht.

Entsprechende Klauseln stellen grundsätzlich eine wesentliche Erschwernis der Aufrechnung dar und sind daher nach § 309 Nr. 3 unwirksam.[1] Unwirksam ist z. B. entgegen der Rechtsprechung eine Klausel, die die Zulässigkeit der Aufrechnung davon abhängig macht, dass der Verwendungsgegner seine entsprechende Absicht dem Verwender einen Monat vor Fälligkeit der Gegenforderung angezeigt hat.[2] Nichts anderes ergibt sich aus § 556b II 1. Nach dieser Vorschrift kann der Mieter nur dann entgegen einer vertraglichen Bestimmung mit einer Forderung aufgrund der §§ 536a, 539 oder aus ungerechtfertigter Bereicherung wegen zu viel gezahlter Miete aufrechnen, wenn er seine Absicht dem Vermieter mindestens einen Monat vor der Fälligkeit der Miete in Textform angezeigt hat. Diese Vorschrift zielt nicht darauf ab, einen nach § 309 Nr. 3 unzulässigen Aufrechnungsausschluss durch den Vermieter zu legitimieren, sondern setzt die Wirksamkeit des Aufrechnungsausschlusses bereits voraus. Ist die Klausel im Mietvertrag nach § 309 Nr. 3 unwirksam, kommt es auf § 556 b II 1 nicht mehr an.[3]

20 **f) Vorleistungsklauseln.** Nicht an § 309 Nr. 3 zu messen sind Vorleistungsklauseln,[4] denn bei mangelnder Fälligkeit der Gegenforderung fehlt es schon nach der gesetzlichen Regelung an einer Aufrechnungslage (s. § 387). Ein bloß mittelbarer Ausschluss der Aufrechnung durch eine Vorleistungsklausel kann dem Verbot des § 309 Nr. 3 nicht unterfallen, denn auch im Rahmen des § 309 Nr. 2 ist mittlerweile weitgehend anerkannt, dass eine Vorleistungsklausel, auch wenn sie mittelbar einen Ausschluss von Leistungsverweigerungs- und Zurückbehaltungsrechten bewirkt, grundsätzlich nicht von § 309 Nr. 2 erfasst wird (s. § 309 Nr. 2 Rz 9 ff). Vorleistungsklauseln sind aber an § 307 zu messen.[5] Gegen § 309 Nr. 3 verstoßen dagegen **Nachnahmeklauseln.**[6] Denn diese ändern nichts an der Verpflichtung zur Erbringung der Leistung Zug-um-Zug gegen Erbringung der Gegenleistung.[7] Vielmehr schließen sie die Aufrechnung dadurch aus, dass die Sendung nur gegen Zahlung ausgehändigt wird.[8]

5. Unbestrittene oder rechtskräftige Forderungen

30 Das Aufrechnungsverbot ist nach Nr. 3 nur dann unwirksam, wenn es die Aufrechnungsbefugnis auch für unbestrittene oder rechtskräftig festgestellte Forderungen nimmt.

---

[1] A. A. *Palandt/Grüneberg* Nr. 18. *Heinrichs,* a.a.O., geht aber davon aus, dass im Falle einer unangemessen langen Frist § 307 verletzt ist. Gegen die Anwendung des § 309 Nr. 3 auch *Ulmer/Hensen* Rz 8, der aber im Falle überlanger Fristen ebenfalls auf § 307 zurückgreifen möchte.

[2] A. A. BGH NJW 1995, 254, 255 (zu § 11 Nr. 3 AGBG).

[3] Zutreffend *Palandt/Weidenkaff* § 556 b Rz 8.

[4] *Staudinger/Coester-Waltjen* Rz 7; wohl auch *Ulmer/Hensen* Rz 9.

[5] S. Anh. § 310 Rz V 501 ff.

[6] BGH NJW 1998, 3119, 3119 (zu § 11 Nr. 3 AGBG). A. A. *Ulmer/Hensen* Rz 9. *Hensen,* a.a.O., sieht in der Nachnahmeklausel keinen Aufrechnungsausschluss, sondern die Vereinbarung einer Vorleistungspflicht, welche nicht an § 309 Nr. 3, sondern an § 307 zu messen sei. Allerdings seien Nachnahmeklauseln nach § 307 unwirksam. Kritisch zur Rechtsprechung des BGH auch *Staudinger/Coester-Waltjen* Rz 9. Ihr zufolge enthalten Nachnahmeklauseln kein Aufrechnungsverbot und scheitern daher nicht an § 309 Nr. 3. Der Verwender verhalte sich treuwidrig, wenn er sich trotz erfolgter Erfüllung auf die Nachnahmeklausel berufe.

[7] A. A. wohl *Ulmer/Hensen* Rz 9, der Nachnahmeklauseln als Vorleistungsklauseln einordnet.

[8] Vgl. BGH NJW 1998, 3119, 3119 (zu § 11 Nr. 3 AGBG): „Mit der Nachnahme wird eine Auslieferung der Sendung dergestalt bezweckt, dass die ausliefernde Stelle gegen Aushändigung der Sendung das Inkasso des Rechnungsbetrags vornehmen soll. Ein Inkasso schließt schon begrifflich die Aufrechnung aus."

a) Unbestrittene Forderungen. Unbestrittene Forderungen sind solche, über 31
die weder dem Grunde noch der Höhe nach Meinungsverschiedenheiten bestehen. Unbestritten im Sinne des § 309 Nr. 3 ist eine Forderung aber auch dann, wenn sie nur mit unschlüssigem Gegenvorbringen bestritten wird.[1] Eine Klausel, die ihrem Wortlaut nach lediglich die Aufrechnung mit rechtskräftigen Forderungen zulässt, ist dahin auszulegen, dass sie auch die Aufrechnung mit unstrittigen Forderungen erlaubt.[2]

b) Rechtskräftige Forderungen sind Forderungen, die formell und materiell 32
in Rechtskraft erwachsen sind. Die rechtskräftige Forderung ist als Unterfall der unbestrittenen Forderung anzusehen, weil sie mit präkludierten Einwendungen nicht mehr bestritten werden kann.[3] Daraus ergibt sich, dass eine Klausel, die nur die Aufrechnung mit unbestrittenen Forderungen erlaubt, dahin ausgelegt werden kann, dass sie auch die Aufrechnung mit rechtskräftigen Forderungen zulässt.[4]

c) Entscheidungsreife Forderungen. Der Gesetzgeber wollte mit Nr. 3 alle 33
eindeutig feststehenden Forderungen bezeichnen, hat dies aber nur unvollständig getan, da außer unbestrittenen und rechtskräftigen Forderungen auch **entscheidungsreife Forderungen** eindeutig feststehen. Entscheidungsreif ist die Forderung, wenn sie ohne weitere Beweiserhebung zugesprochen werden kann. Da der Gesetzgeber den Stand der Rechtsprechung vor Erlass des AGB-Gesetzes übernehmen wollte,[5] diese Rspr. aber auch den Aufrechnungsausschluss bei entscheidungsreifen Forderungen für unwirksam erklärt hat,[6] ist § 309 Nr. 3 dahin auszulegen, dass er auch den Aufrechnungsausschluss mit Blick auf entscheidungsreife Forderungen verbietet.[7] Allerdings sei betont, dass es für die Entscheidungsreife nicht ausreicht, dass der Verwendungsgegner selbst seine Forderung als entscheidungsreif ansieht. Vielmehr ist maßgeblich ob die Forderung gerichtlich geltend gemacht worden ist und von dem mit der Sache befassten Gericht als voll bewiesen angesehen wird.[8] Zudem kann dem Verwender nicht abverlangt werden, dass er entschei-

---

[1] *Ulmer/Hensen* Rz 3. S. ferner *Staudinger/Coester-Waltjen* Rz 5: Unbestritten auch, wenn nur „grundlose oder unsubstantiierte Einwendungen" geltend gemacht werden. Vgl. auch BGH NJW 1985, 1556, 1558. Dort untersagte eine Klausel die Aufrechnung mit Gegenforderungen, die weder unbestritten noch rechtskräftig seien. Im konkreten Fall argumentierte der Verwender, dass die Gegenforderung nicht unbestritten sei. Namentlich trug er vor, die Gegenforderung sei ihrerseits bereits durch Aufrechnung erloschen. Der BGH betonte, dass diese Behauptung allein nicht ausreiche, um die Forderung des Verwendungsgegners als bestritten erscheinen zu lassen. Vielmehr müsse „[h]inzukommen [...], dass die zu der [vom Verwender erklärten] Aufrechnung [...] herangezogenen Forderungen der Kl. schlüssig vorgetragen" seien.

[2] BGH NJW-RR 1993, 519, 520 (zu § 9 AGBG). Dieser Fall betraf zwar den kaufmännischen Verkehr, doch stellte der BGH bei der Auslegung der Klausel nicht auf die Besonderheiten des kaufmännischen Verkehrs ab, so dass die Entscheidung hinsichtlich der Klauselauslegung wohl auch im Rahmen des § 309 Nr. 3 herangezogen werden kann.

[3] S. BGH NJW 1989, 3215, 3216 (zu § 11 Nr. 3 AGBG).

[4] BGH NJW 1989, 3215, 3216 (zu § 11 Nr. 3 AGBG).

[5] BT-Drs. 7/3919 S. 29.

[6] BGH NJW 1960, 859, 859.

[7] Wie hier *Palandt/Grüneberg* Rz 17; *Löwe/von Westphalen* § 11 Nr. 3 Rz 7; *Ulmer/Hensen* Rz 4. Für die Anwendung des § 11 Nr. 3 AGBG (§ 309 Nr. 3) auf entscheidungsreife Forderungen, allerdings ohne nähere Erörterung des Begriffs der Entscheidungsreife, auch OLG Düsseldorf NJW-RR 1997, 757, 758. Nach anderer Auffassung soll ein Aufrechnungsverbot für entscheidungsreife Forderungen zwar nicht nach § 309 Nr. 3, wohl aber nach § 307 unwirksam sein. S. z. B. *Soergel/Stein* § 11 Nr. 3 AGBG Rz 26. *Staudinger/Coester-Waltjen* Rz 6 will entscheidungsreife Forderungen zwar den rechtskräftig festgestellten Forderungen nicht gleichstellen, meint aber, dass bei ihnen die Berufung auf den Ausschluss rechtsmissbräuchlich sein könne. Wie *Coester-Waltjen* wohl auch BGH NJW 2002, 2779, 2779 (zu § 11 Nr. 3 AGBG, Nr. 11 I AGB Sparkassen); BGH NJW 1986, 1757, 1758 (zu § 11 Nr. AGBG, Nr. 2 I AGB Sparkassen 1977).

[8] Nur für diesen Fall eine einschränkende Auslegung eines Aufrechnungsverbots fordernd auch BGH NJW 1960, 859, 859.

dungsreife Forderungen ausdrücklich von einem in seinen AGB enthaltenen Aufrechnungsverbot ausnimmt.[1] Vielmehr reicht es, wenn die AGB eine Ausnahme für unbestrittene oder rechtskräftige Forderungen vorsehen.[2] Ein entsprechendes Aufrechnungsverbot kann dann dahingehend ausgelegt werden, dass auch entscheidungsreife Forderungen nicht vom Aufrechnungsausschluss erfasst sein sollen (vgl. auch Rz 50).[3] Lehnt man dies ab, ohne die Klausel deshalb als unwirksam einzustufen, so kann dem Verwendungsgegner mit dem Einwand rechtmissbräuchlichen Verhaltens (§ 242) geholfen werden, wenn die Forderung im konkreten Fall entscheidungsreif ist, der Verwender sich aber gleichwohl auf den Aufrechnungsausschluss beruft.[4]

34 **d) Forderungen aus demselben Vertragsverhältnis.** Seinem Wortlaut nach verbietet § 309 Nr. 3 nur solche Klauseln, die die Aufrechnung mit rechtskräftigen oder nicht bestrittenen Forderungen untersagen. Demgegenüber findet sich kein Verbot solcher Klauseln, die die Aufrechnung mit Forderungen aus demselben Vertragsverhältnis untersagen. In diesem Punkte unterscheidet sich § 309 Nr. 3 von § 309 Nr. 2. Denn nach der letztgenannten Vorschrift ist der formularmäßige Ausschluss von Leistungsverweigerungs- oder Zurückbehaltungsrechten auch dann unwirksam, wenn die Ansprüche, auf welche die relevanten Rechte gestützt werden, aus demselben Vertragsverhältnis stammen. Diese Differenz ist hinzunehmen. Ein Aufrechnungsverbot kann also zulässigerweise auch auf Forderungen aus demselben Vertragsverhältnis erstreckt werden.[5] Als besonders unbillig werden die unterschiedlichen Wertungen des § 309 Nr. 2 auf der einen und des § 309 Nr. 3 auf der anderen Seite freilich dann empfunden, wenn sich ein Anspruch des Verwendungsgegners, der zunächst mangels Gleichartigkeit (nur) zur Geltendmachung eines Zurückbehaltungs- oder Leistungsverweigerungsrechts berechtigt hätte, später in einen Zahlungsanspruch umwandelt mit der Folge, dass eine Aufrechnungslage entsteht. Denn in diesem Falle kann der Verwender nach dem Wortlaut der §§ 309 Nr. 2, 309 Nr. 3 zwar nicht die Ausübung des Zurückbehaltungs- bzw. des Leistungsverweigerungsrechts ausschließen, wohl aber die Aufrechnung. Die Umwandlung in einen Schadensersatzanspruch würde also den Verwender begünstigen. Um dieses wenig einleuchtende Ergebnis zu vermeiden, wird vielfach vorgeschlagen, der Wertung des § 309 Nr. 2 in der genannten Situation Vorrang zu gewähren.[6] Mit anderen Worten, eine Klausel soll auch dann unwirksam sein, wenn sie die Aufrechnung mit solchen Forderungen ausschließt, die aus demselben Rechtsverhältnis entstammen und darüber hinaus aus einem Anspruch des Ver-

---

[1] Auch in der Rechtsprechung wird vielfach betont, dass Aufrechnungsverbote, die Ausnahmen für unstrittige und rechtskräftige Forderungen enthalten, unbedenklich seien. S. z. B. BGH NJW 2002, 2779, 2779 (zu § 11 Nr. 3 AGBG); OLG Düsseldorf NJW-RR 1999, 244, 244 (zu §§ 9, 11 Nr. 3 AGBG); OLG Schleswig NJW-RR 1999, 420, 420 (zu §§ 11 Nr. 3, 9 AGBG).

[2] Dafür, dass entscheidungsreife Forderungen nicht ausdrücklich vom Aufrechnungsverbot ausgenommen werden müssen, wohl auch BGH NJW 2002, 2779, 2779 (zu § 11 Nr. 3 AGBG, Nr. 11 I AGB Sparkassen); BGH NJW 1986, 1757, 1758 (zu § 11 Nr. AGBG, Nr. 2 I AGB Sparkassen 1977).

[3] Für eine einschränkende Auslegung eines Aufrechnungsausschlusses mit Blick auf entscheidungsreife Forderungen auch BGH NJW 1960, 859, 859, allerdings vor Erlass des AGB-Gesetzes. Wohl gegen eine einschränkende Auslegung und stattdessen für einen Rekurs auf § 242 BGH NJW 1986, 1757, 1758; BGH NJW 2002, 2779, 2779.

[4] Für diesen Lösungsweg BGH NJW 1986, 1757, 1758; *Staudinger/Coester-Waltjen* Rz 2; OLG Düsseldorf NJW-RR 1997, 757, 758 (zu § 11 Nr. 3 AGBG); wohl auch BGH NJW 2002, 2779, 2779, dem zufolge es nach Treu und Glauben geboten sein kann, eine Aufrechnungsbeschränkung „unbeachtet zu lassen, wenn eine zur Aufrechnung gestellte Gegenforderung in dem Sinne entscheidungsreif ist, dass sie sich als begründet erweist".

[5] BGH NJW-RR 1989, 481, 481 (zu §§ 11 Nr. 3 AGBG, 9 AGBG); *Staudinger/Coester-Waltjen* Rz 7.

[6] Vgl. z. B. *Palandt/Grüneberg* Rz 20.

wendungsgegners erwachsen sind, der diesen zur Geltendmachung eines Zurückbehaltungs- oder Leistungsverweigerungsrechts berechtigt hätte.[1] Die Unwirksamkeit ergebe sich in diesem Falle aus § 307.[2] Dieser Argumentation ist indessen nur eingeschränkt zu folgen. Man wird vom Verwender nicht verlangen können, dass er die genannte Sonderkonstellation bei der Formulierung seiner Klausel berücksichtigt. Dies würde zu einer Komplexität von Aufrechnungsverboten führen, die die meisten Verbraucher überfordern würde. Allein die Tatsache, dass eine Klausel die Aufrechnung verbietet, ohne die hier interessierende Fallgestaltung von ihrem Anwendungsbereich auszunehmen, kann also nicht die Unwirksamkeit der Klausel begründen. Richtig ist andererseits, dass die Berufung auf ein an sich wirksames Aufrechnungsverbot in der genannten Situation rechtsmissbräuchlich wäre (§ 242).[3] Dies wiederum hat Folgen für die Inhaltskontrolle. Sollte eine Klausel ausdrücklich auch für die hier interessierenden Sonderfälle Geltung beanspruchen, so wäre sie geeignet, den Verbraucher über die tatsächlich bestehende Rechtslage zu täuschen, und wäre daher in der Tat nach § 307 unwirksam.

6. Beweislast

Die Voraussetzungen für die Unwirksamkeit der Klausel muss darlegen und beweisen, wer sich darauf beruft. 35–39 Insoweit gelten die allgemeinen Grundsätze.[4] Ist im Einzelfall streitig, ob eine Forderung unstreitig oder rechtskräftig ist, so trägt die Beweislast, wer die Aufrechnung vornehmen will. Hinsichtlich einer unstreitigen Forderung genügt der Vortrag, dass keine Einwendungen erhoben sind. Dem Aufrechnungsgegner obliegt es sodann, schlüssige Einwendungen vorzutragen, deren fehlende Grundlagen dann der Aufrechnende beweisen muss.

III. Anwendung von § 307

1. Aufrechnungsverbote

a) Allgemeines. § 307 ist in vollem Umfang neben § 309 Nr. 3 anwendbar. 40
Allerdings ist die Wertung des § 309 Nr. 3 bei der Anwendung des § 307 zu berücksichtigen. Namentlich kann aus § 309 Nr. 3 im Wege eines Umkehrschlusses abgeleitet werden, dass Aufrechnungsverbote, die Ausnahmen für rechtskräftig festgestellte und unbestrittene Forderungen vorsehen, grundsätzlich wirksam sind.[5] Zwar lassen sich, wie im Folgenden darzulegen sein wird, durchaus Fälle finden, in denen ein Aufrechungsverbot zwar den Anforderungen des § 309 Nr. 3 genügt, aber nach § 307 unwirksam ist. Hervorzuheben ist jedoch, dass die relevanten Konstellationen nicht bei der Formulierung der Klausel berücksichtigt werden müssen. Eine Klausel, die lediglich ein Aufrechnungsverbot vorsieht und dieses ausdrücklich um Ausnahmen für rechtskräftig festgestellte und unbestrittene Forderungen ergänzt, ist rechtlich unbedenklich[6] und kann dahingehend ausgelegt werden, dass

---

[1] S. z. B. *Ulmer/Hensen* Rz 7; *Palandt/Grüneberg* Rz 20. A. A. wohl BGH NJW-RR 1989, 481, 481 (zu §§ 11 Nr. 3 AGBG, 9 AGBG).

[2] *Ulmer/Hensen* Rz 7.

[3] Demgegenüber kann bei der Prüfung der Klausel nach § 307 nicht entscheidend sein, ob im konkreten Fall ein Sachleistungsanspruch in einen Schadensersatzanspruch übergegangen ist. Dies übersieht OLG Düsseldorf NJW-RR 1999, 244, 244 (zu § 9 AGBG).

[4] Vor §§ 308, 309 Rz 21.

[5] OLG Schleswig NJW-RR 1999, 420, 420 (zu §§ 11 Nr. 3, 9 AGBG).

[6] S. z. B. BGH NJW 2002, 2779, 2779 (zu § 11 Nr. 3 AGBG); OLG Düsseldorf NJW-RR 1999, 244, 244 (zu §§ 9, 11 Nr. 3 AGBG); OLG Schleswig NJW-RR 1999, 420, 420 (zu §§ 11 Nr. 3, 9 AGBG).

es diejenigen Fälle, in denen ein Aufrechnungsverbot unangemessen wäre, nicht erfasst.

41 **b) Verjährte Forderung.** Unangemessen und daher nach § 307 unwirksam ist z. B. eine Klausel, die die Aufrechnung mit einer verjährten Forderung verbietet.[1] Denn bei Wirksamkeit des Aufrechnungsverbots bliebe dem Verwendungsgegner angesichts der Verjährung keine andere Möglichkeit, seine Forderung durchzusetzen, so dass das Aufrechnungsverbot ihn unangemessen hart trifft. Allerdings müssen Aufrechnungsverbote keinen ausdrücklichen Vorbehalt für verjährte Forderungen enthalten.[2] Vielmehr kann im Regelfall davon ausgegangen werden, dass die Aufrechnung mit verjährten Forderungen trotz des Aufrechnungsverbots zulässig sein soll (s. Rz 50).

42 **c) Vermögensverfall/Insolvenz.** Unangemessen und daher nach § 307 unwirksam ist zudem ein Aufrechnungsverbot, das auch dann wirken soll, wenn der Verwender in Vermögensverfall oder Insolvenz geraten ist und der Vertragspartner seine Forderung nicht mehr anders als durch Aufrechnung realisieren kann.[3] Allerdings ist ein Aufrechnungsverbot in Ermangelung entgegenstehender Anhaltspunkte ohne weiteres dahingehend auszulegen, dass es keine Geltung im Falle der Insolvenz beziehungsweise des Vermögensverfalls des Aufrechnungsgegners beansprucht.[4]

2. Ausschluss des § 770 II

43 Gemäß § 770 II kann der Bürge die Befriedigung des Gläubigers verweigern, solange sich der Gläubiger durch Aufrechnung gegen eine fällige Forderung des Hauptschuldners befriedigen kann. Der Ausschluss dieses Rechts ist grundsätzlich auch in AGB möglich.[5] Unwirksam sind allerdings nach zutreffender neuerer Rechtsprechung solche Klauseln, die die Einrede der Aufrechenbarkeit nach § 770 II ausschließen, ohne eine Ausnahme für rechtskräftige und unstreitige Forderungen zuzulassen.[6] Zwar findet § 309 Nr. 3 keine unmittelbare Anwendung auf entsprechende Klauseln, da dem Bürgen selbst keine Aufrechnungsbefugnis zusteht, die durch den Ausschluss des § 770 II abbedungen würde. Doch ist die Wertung des

---

1 OLG Hamm NJW-RR 1993, 1082, 1083 (zu § 9 AGBG); *Palandt/Grüneberg* Rz 18.

2 Auch in der Rechtsprechung wird vielfach betont, dass Aufrechnungsverbote, die Ausnahmen für unstrittige und rechtskräftige Forderungen enthalten, unbedenklich seien. S. z. B. BGH NJW 2002, 2779, 2779 (zu § 11 Nr. 3 AGBG); OLG Düsseldorf NJW-RR 1999, 244, 244 (zu §§ 9, 11 Nr. 3 AGBG); OLG Schleswig NJW-RR 1999, 420, 420 (zu §§ 11 Nr. 3, 9 AGBG).

3 *Palandt/Grüneberg* Rz 19. Vgl. BGH NJW 1975, 442, 443. In dieser Entscheidung, die noch vor Erlass des AGB-Gesetzes erging, argumentierte der BGH, dass ein Aufrechnungsverbot in Ermangelung entgegenstehender Anhaltspunkte so ausgelegt werden müsse, dass es im Falle des Konkurses des Aufrechnungsgegners keine Geltung beanspruche. An diese Rechtsprechung knüpft BGH NJW 1984, 357, 358, an. Dort stellt der BGH fest, dass „ein – auch ein in AGB enthaltenes – Aufrechnungsverbot regelmäßig nicht für den Fall des Konkurses des Klauselverwenders gilt". In neuerer Zeit scheint der BGH die Problematik allerdings nicht mehr im Wege der Auslegung, sondern auf der Ebene der Ausübungskontrolle lösen zu wollen. Vgl. BGH NJW-RR 1987, 883, 884, der mit Blick auf § 32 ADSp a.F. ausführt, der BGH habe „der Berufung auf ein individuell oder im Rahmen von AGB vereinbartes Aufrechnungsverbot wiederholt die Wirksamkeit versagt, weil es mit Treu und Glauben unvereinbar sei, dem Aufrechnungsgegner, der zur Erfüllung der ihn selber treffenden Verpflichtungen nicht mehr imstande sei, das Recht einzuräumen, unter Berufung auf das vereinbarte Aufrechnungsverbot die ihm geschuldete Leistung zu verlangen".

4 So schon BGH NJW 1975, 442, 443 (zum Falle des Konkurses); BGH NJW 1984, 357, 358 (zum Falle des Konkurses).

5 BGHZ 95, 350, 365 ff = BGH NJW 1986, 43, 45 (zu §§ 9, 11 Nr. 2, 3 AGBG); BGH NJW 1986, 928, 930 (zu § 9 AGBG).

6 BGH NJW 2003, 1521, 1522 (zu § 9 AGBG). A. A. noch BGHZ 95, 350, 365 ff = BGH NJW 1986, 43, 45 (zu §§ 9, 11 Nr. 2, 3 AGBG); BGH NJW 1986, 928, 930 (zu § 9 AGBG).

§ 309 Nr. 3 auch im Rahmen des § 307 zu berücksichtigen. Zur Frage, welche Anforderungen an die Formulierung der Klausel zu stellen sind, kann auf das unter Rz 50 Gesagte verwiesen werden. Es reicht also richtigerweise aus, wenn die Klausel einen ausdrücklichen Vorbehalt für rechtskräftig festgestellte Forderungen oder eine ausdrückliche Ausnahme für unbestrittene Forderungen enthält. Die Klausel kann dann dahingehend ausgelegt werden, dass auch die jeweils andere Fallgruppe unter die Ausnahme fallen soll.[1]

3. Erweiterung der Aufrechnung

a) Allgemeines. Nicht nach § 309 Nr. 3, wohl aber nach § 307 zu überprüfen sind auch Klauseln, die die Möglichkeiten des Verwenders zur Aufrechnung erweitern.[2] Siehe dazu § 310 Rz A 213–220 sowie § 310 Rz K 11 ff. 44

b) Kontokorrent. Eine besondere Form der Verrechnungs- oder Abrechnungsvereinbarung ist die **Kontokorrentabrede** (§ 355 I HGB). Sie besteht aus 3 Bestandteilen: der Vereinbarung, dass und welche Ansprüche und Leistungen in eine Gesamtrechnung eingebracht werden **(Inrechnungsstellungsvereinbarung),** der Vereinbarung über die Verrechnung, d. h. den Ausgleich von Guthaben und Schulden, soweit sie sich höhenmäßig decken **(Verrechnungsvereinbarung),** und der Vereinbarung über die Feststellung des für den einen oder anderen Teil gegebenen Überschusses **(Saldovereinbarung).** Die Verrechnungsvereinbarung ist weitgehend mit einem Aufrechnungsvertrag vergleichbar, von ihm jedoch dadurch zu unterscheiden, dass nicht nur Ansprüche, sondern auch Leistungen, insbesondere Barzahlungen, bei der Abrechnung mit berücksichtigt werden. Eine Kontokorrentabrede kann auch zwischen Verbrauchern nach § 307 grundsätzlich wirksam in AGB getroffen werden,[3] da sie der Vereinfachung des Abrechnungsverkehrs dient. 45–49

IV. Auslegung von Klauseln

1. Keine geltungserhaltende Auslegung

Bei Klauseln, die die Aufrechnung ausschließen, gilt im Grundsatz wie auch sonst das Verbot der geltungserhaltenden Auslegung: Klauseln, die ein generelles Aufrechnungsverbot enthalten, ohne Ausnahmen zu erwähnen, sind unwirksam. Ihre einschränkende Auslegung in Anpassung an die in § 309 Nr. 3 gezogenen Grenzen ist nicht möglich.[4] Allerdings wird das Verbot geltungserhaltender Reduktion im Bereich der Aufrechnungsverbote zu Recht nicht mit übertriebener Strenge gehandhabt. So ist anerkannt, dass eine Klausel, die ihrem Wortlaut nach lediglich die Aufrechnung mit rechtskräftigen Forderungen zulässt, dahin auszulegen ist, dass sie auch die Aufrechnung mit unstrittigen Forderungen erlaubt.[5] Ebenso ist anerkannt, dass eine Klausel, die nur die Aufrechnung mit bestrittenen 50

---

1 A. A. möglicherweise BGH NJW 2003, 1521, 1522 (zu § 9 AGBG): Eine den § 770 II abbedingende Klausel sei „insgesamt unwirksam [...], wenn sie nicht von vornherein eine Ausnahme für die beiden genannten Fälle [, also unstreitige und rechtskräftig festgestellte Forderungen,] vorsieht".

2 *Staudinger/Coester-Waltjen* Rz 7.

3 Wie hier *Ulmer/H. Schmidt* Anh. § 310 BGB Rz 5.

4 BGH NJW 1985, 319, 320 (zu § 9 AGBG); *Staudinger/Coester-Waltjen* Rz 8.

5 BGH NJW-RR 1993, 519, 520 (zu § 9 AGBG). Dieser Fall betraf zwar den kaufmännischen Verkehr, doch stellte der BGH bei der Auslegung der Klausel nicht auf die Besonderheiten des kaufmännischen Verkehrs ab, so dass die Entscheidung hinsichtlich der Klauselauslegung auch im Rahmen des § 309 Nr. 3 herangezogen werden kann.

Forderungen verbietet, dahin ausgelegt werden kann, dass sie auch rechtskräftige Forderungen nicht erfasst.[1] Auch die Ausnahme für entscheidungsreife Forderungen muss in einer Aufrechnungsverbotsklausel nicht gesondert erwähnt werden.[2] Ferner ist ein Aufrechnungsverbot in Ermangelung entgegenstehender Anhaltspunkte ohne weiteres dahingehend auszulegen, dass es keine Geltung im Falle der Insolvenz beziehungsweise des Vermögensverfalls des Aufrechnungsgegners beansprucht.[3] Und Gleiches muss für die Aufrechnung mit verjährten Forderungen gelten, da insofern die Aufrechnung regelmäßig die einzige Möglichkeit für den Verwendungsgegner darstellt, Befriedigung zu erlangen, und er das Aufrechnungsverbot daher nach Treu und Glauben in Ermangelung besonderer Anhaltspunkte nicht dahingehend verstehen muss, dass ihm diese Möglichkeit abgeschnitten werden soll.

2. Sonstiges

51 Ein vertraglich wirksam vereinbartes Aufrechnungsverbot gegenüber Mietzinsansprüchen (vgl. § 556b) wirkt grundsätzlich auch noch nach Beendigung des Mietvertrags,[4] allerdings nur bis zur Rückgabe der Mietsache.[5]

V. Folgen der Wirksamkeit und Unwirksamkeit

1. Unwirksamkeit

52 Verstößt ein pauschal formuliertes Aufrechnungsverbot in AGB gegen § 309 Nr. 3, so ist das Aufrechnungsverbot insgesamt unwirksam.[6] Der Verwendungsgegner kann also auch mit nicht rechtskräftigen sowie mit bestrittenen Forderungen aufrechnen. Etwas anderes gilt allerdings dann, wenn sich die Klausel sprachlich und inhaltlich in einen unwirksamen und einen wirksamen Teil teilen lässt.[7]

2. Wirksamkeit

53 Beruft sich der Verwender im Prozess auf ein wirksames Aufrechnungsverbot, so ist zur Vermeidung der rechtskräftigen Abweisung der Gegenforderung die Aufrechnung als unzulässig und nicht als unbegründet zurückzuweisen, auch wenn die Gegenforderung unsubstantiiert ist.[8] Das wirksame Aufrechnungsverbot hat im Allgemeinen nicht nur zur Folge, dass die Geltendmachung der Aufrechnung im Prozess unzulässig ist, sondern auch, dass bereits keine materiellrechtliche Aufrechnungswirkung eintritt.[9] Greift das Aufrechnungsverbot nachträglich nicht mehr ein, z. B. wegen Insolvenz (Rz 42), so ändert dies nichts an der Unwirksamkeit der ursprünglichen abgegebenen Aufrechnungserklärung.[10] Damit Forderung und Ge-

---

1 BGH NJW 1989, 3215, 3216 (zu § 11 Nr. 3 AGBG); *Staudinger/Coester-Waltjen* Rz 8.

2 Für eine einschränkende Auslegung eines Aufrechnungsausschlusses mit Blick auf entscheidungsreife Forderungen auch BGH NJW 1960, 859, 859, allerdings vor Erlass des AGB-Gesetzes.

3 So schon BGH NJW 1975, 442, 443 (zum Falle des Konkurses); BGH NJW 1984, 357, 358 (zum Falle des Konkurses).

4 So BGH NJW-RR 2000, 530, 530 (individuell ausgehandelter Gewerberaummietvertrag).

5 BGH NJW-RR 1988, 329, 329; BGH NJW-RR 2000, 530, 530.

6 *Ulmer/Hensen* Rz 11.

7 S. dazu § 306 Rz 40 ff.

8 BGH NJW 1986, 1757, 1757.

9 BGH NJW 1984, 357, 358.

10 BGH NJW 1984, 357, 358.

genforderung erlöschen, muss die Aufrechnung also nach Wegfall des Aufrechnungsverbots wiederholt werden.[1]

VI. Verhältnis zu anderen Vorschriften

1. Verhältnis zu § 242

Auch wenn ein Aufrechnungsverbot wirksam vereinbart ist, kann die Berufung auf das Aufrechnungsverbot rechtsmissbräuchlich sein.[2] So ist die Berufung auf ein Aufrechnungsverbot treuwidrig, wenn die Gegenforderung auf einer vorsätzlichen unerlaubten Handlung beruht,[3] es sei denn, die Gegenforderung sei völlig undurchsichtig oder erfordere hinsichtlich des Anspruchsgrunds eine langwierige Beweisaufnahme und eine Verzögerung der Entscheidung.[4] Auch dann, wenn die Gegenforderung entscheidungsreif ist, wird man die Berufung auf ein Aufrechnungsverbot als rechtsmissbräuchlich einstufen müssen,[5] sofern man diese Problematik nicht mit der hier vertretenen Auffassung schon im Wege der Auslegung bzw. der Wirksamkeitskontrolle löst (s. Rz 33). Entsprechendes gilt für Aufrechnungsverbote, die für den Fall der Insolvenz des Verwenders Geltung beanspruchen. Auch insofern muss man den Einwand des Rechtsmissbrauchs gewähren,[6] sofern man das Eingreifen des Aufrechnungsverbotes nicht schon, was vorzugswürdig erscheint, im Wege der Auslegung bzw. der Wirksamkeitskontrolle verhindert (s. Rz 42). Und auch mit Blick auf verjährte Gegenforderungen kann nichts anderes gelten (s. Rz 43).[7] **60**

2. Verhältnis zu § 307

Zum Verhältnis zu § 307 siehe Rz 40 ff. **61**

3. Verhältnis zu § 309 Nr. 2

Zum Verhältnis zu § 309 Nr. 2 siehe § 309 Nr. 2 Rz 54 f. **62**

VII. Arbeitsverträge

Bei der Anwendung des § 309 Nr. 2 auf Arbeitsverträge sind nach § 310 IV 2 die im Arbeitsrecht geltenden Besonderheiten angemessen zu berücksichtigen. Indessen sind mit Blick auf § 309 Nr. 3 keine Besonderheiten des Arbeitsrechts erkennbar, die zu einer von den allgemeinen Grundsätzen abweichenden Anwendung dieser Vorschrift führen könnten.[8] **65–69**

---

1 BGH NJW 1984, 357, 358.
2 *Staudinger/Coester-Waltjen* Rz 2.
3 BGH ZIP 1985, 921, 926.
4 BGH ZIP 1985, 921, 926.
5 *Staudinger/Coester-Waltjen* Rz 2. Vgl. auch BGH NJW 2002, 2779, 2779, dem zufolge es nach Treu und Glauben geboten sein kann, eine Aufrechnungsbeschränkung „unbeachtet zu lassen, wenn eine zur Aufrechnung gestellte Gegenforderung in dem Sinne entscheidungsreif ist, dass sie sich als begründet erweist".
6 *Staudinger/Coester-Waltjen* Rz 2. Wohl auch BGH NJW-RR 1987, 883, 884.
7 Für eine Lösung im Wege der Ausübungskontrolle wiederum *Staudinger/Coester-Waltjen* Rz 2.
8 S. § 310 ArbR Rz 83.

VIII. Geltung zwischen Unternehmern

1. Wirksamkeit

70 a) **Indizwirkung.** § 309 Nr. 3 gilt nicht unmittelbar für AGB, die gegenüber Unternehmern verwandt werden (§ 310 I 1). Die in § 309 Nr. 3 vorgesehene Unwirksamkeit des Aufrechnungsverbots bei unbestrittenen, entscheidungsreifen und rechtskräftig festgestellten Forderungen beruht jedoch auf grundlegenden Gerechtigkeitsvorstellungen, die auch im unternehmerischen Verkehr gelten. Zudem vermeidet das Aufrechnungsverbot im Allgemeininteresse doppelte Prozesse und unter Umständen doppelte Vollstreckungen. § 309 Nr. 3 entfaltet deshalb **Indizwirkung** für den unternehmerischen Verkehr.[1] Ein Aufrechnungsverbot, das rechtskräftig festgestellte oder unbestrittene Gegenforderungen einschließt, ist deshalb auch gegenüber Unternehmern grundsätzlich nach § 307 unwirksam.[2] Gleiches gilt für ein Aufrechnungsverbot, welches dahingehend auszulegen ist, dass es auch auf entscheidungsreife Gegenforderungen Anwendung finden soll, was aber im Regelfall nicht anzunehmen ist.

71 **b) Im Übrigen.** Die im Verkehr mit Verbrauchern geltenden Unwirksamkeitsgründe für Aufrechnungsverbote nach § 307 (s. Rz 40 ff) gelten grundsätzlich auch für Unternehmer. Die Grundsätze über die unzulässige Berufung auf das Aufrechnungsverbot (Rz 60) gelten auch im unternehmerischen Verkehr.

2. Auslegung

72 Eine Klausel, die die Aufrechnung generell ausschließt, kann auch im unternehmerischen Verkehr nicht einschränkend dahin ausgelegt werden, dass sie unbestrittene oder rechtskräftig festgestellte Forderungen nicht erfasst.[3] Demgegenüber kann eine Klausel, die die Aufrechnung für unstreitige Forderungen zulässt, im unternehmerischen Verkehr dahin ausgelegt werden, dass auch die Aufrechnung mit rechtskräftig festgestellten Forderungen zugelassen ist.[4] Umgekehrt ist eine Klausel, die lediglich die Aufrechnung mit rechtskräftigen Forderungen zulässt, dahin auszulegen, dass sie auch die Aufrechnung mit unstrittigen Forderungen erlaubt.[5] Barzahlungsklauseln sind als Aufrechnungsverbote auszulegen (s. Rz 16). Auch im Übrigen gilt das zur Auslegung von Aufrechnungsverboten in Verbraucherverträgen Gesagte entsprechend (s. Rz 50).

---

1 In diesem Sinne auch *Staudinger/Coester-Waltjen* Rz 14.

2 BGH NJW 1985, 319, 320 (zu § 9 AGBG); BGH NJW-RR 1986, 1110, 1111 (zu § 9 AGBG); BGH NJW-RR 1993, 519, 520 (zu § 9 AGBG); *Löwe/von Westphalen* § 11 Nr. 3 Rz 6.

3 BGH NJW 1985, 319, 320 (zu § 9 AGBG); BGH NJW-RR 1986, 1110, 1111 (zu § 9 AGBG); a. A. *Rabe* NJW 1983, 1978, 1984 (zu § 9 AGBG); *Ulmer/Hensen* Rz 12.

4 BGHZ 107, 185, 189 (zu § 9 AGBG) = BGH NJW 1989, 3215, 3216.

5 BGH NJW-RR 1993, 519, 520 (zu § 9 AGBG).

§ 309 Klauselverbote ohne Wertungsmöglichkeit

Auch soweit eine Abweichung von den gesetzlichen Vorschriften zulässig ist, ist in Allgemeinen Geschäftsbedingungen unwirksam

4. (Mahnung, Fristsetzung)

eine Bestimmung, durch die der Verwender von der gesetzlichen Obliegenheit freigestellt wird, den anderen Vertragsteil zu mahnen oder ihm eine Frist für die Leistung oder Nacherfüllung zu setzen.

Inhaltsübersicht

I. Zweck und Allgemeines

§ 309 Nr. 4 macht deutlich, dass die in § 286 I als Verzugsvoraussetzung vorgesehene Mahnung und die in verschiedenen Vorschriften verlangte Setzung einer Frist für die Leistung oder Nacherfüllung nicht nur formalrechtlicher Natur sind. Vielmehr wird einem besonderen Schutzbedürfnis des Schuldners genügt, indem dieser auf die Fälligkeit der Leistung hingewiesen und ihm eine letzte Gelegenheit zur Leistung eingeräumt wird. Diesem Schutzbedürfnis muss der Verwender in seinen AGB trotz der Säumnis des Schuldners Rechnung tragen. Er kann deshalb ohne Mahnung grundsätzlich nicht die Rechtsfolgen des Verzugs und ohne Fristsetzung grundsätzlich nicht die Rechtsfolgen der §§ 250, 281, 323, 637 geltend machen. **1**

§ 309 Nr. 4 entspricht im Wesentlichen der Vorgängervorschrift des § 11 Nr. 4 AGBG. Zwar ist der Begriff der Nachfrist, der in § 11 Nr. 4 AGBG verwandt wurde, durch den der Frist ersetzt worden.[1] Sachliche Änderungen ergeben sich dadurch jedoch nicht.[2] **2–9**

[1] BT-Drs. 14/6040, S. 155.

[2] BT-Drs. 14/6040, S. 155 („Sachliche Änderungen ergeben sich [durch die Änderung des Wortlauts] nicht.").

II. Tatbestand

10 § 309 Nr. 4 findet auf solche Klauseln Anwendung, die den Verwendungsgegner von einer gesetzlichen Obliegenheit zur Mahnung oder zur Setzung einer Frist für die Leistung oder Nacherfüllung freistellen.

1. Gesetzliche Obliegenheit des Verwenders zur Mahnung

11 **a) Allgemeines.** Die Anwendung des § 309 Nr. 4 setzt voraus, dass den Verwender eine gesetzliche Obliegenheit zur Mahnung oder Fristsetzung trifft. Nach § 286 I ist die Mahnung grundsätzlich erforderlich, um den Verzug zu begründen.

12 **b) Entbehrlichkeit der Mahnung.** Zu beachten ist indessen, dass das Gesetz die Mahnung in bestimmten Fällen als entbehrlich ansieht (§ 284 II). Ist die Mahnung nach dem Gesetz entbehrlich, so ist auch eine Klausel, die den Verwender in den relevanten Fallgruppen vom Erfordernis einer Mahnung freistellt, nicht nach § 309 Nr. 4 zu beanstanden. Dies ergibt sich nicht nur aus dem Wortlaut des § 309 Nr. 4, der eine gesetzliche Obliegenheit zur Mahnung voraussetzt, sondern auch aus § 307 III 1. Davon zu trennen ist der Fall, dass eine Klausel, die die Mahnung für entbehrlich erklärt, auch solche Fallgruppen zu erfassen geeignet ist, in denen die Mahnung nach dem Gesetz nicht entbehrlich ist. Eine solche Klausel verstößt gegen § 309 Nr. 4.

13 **c) Gesetzliche Obliegenheit des Verwenders.** § 309 Nr. 4 setzt die Freistellung von einer „gesetzlichen" Obliegenheit voraus. Nicht erfasst sind also solche Fälle, in denen individualvertraglich eine über das Gesetz hinausgehende Mahnungsobliegenheit vereinbart wurde, von der dann in den AGB wieder abgewichen wird. In derartigen Fällen scheitert die Klausel freilich am Vorrang der Individualabrede (§ 305 b). Die Obliegenheit zur Mahnung muss den Verwender im Verhältnis zum Vertragspartner treffen. Die Befreiung des Vertragspartners von der Mahnungsobliegenheit ist dagegen nicht unwirksam. Unwirksam ist aber eine Klausel, durch die beide Parteien vom Mahnungserfordernis freigestellt werden, weil eine solche Regelung auch dem Verwender zugute käme.

14–19 **d) Gesetzliche und vertragliche Ansprüche.** Auch wenn § 309 Nr. 4 von der Mahnung gegenüber dem anderen „Vertragsteil" spricht, bedeutet dies nicht, dass der Ausschluss der Mahnung nur bei vertraglichen Ansprüchen unwirksam ist. Vielmehr wird z. B. auch eine solche Klausel erfasst, nach welcher der andere Vertragsteil mit der Erfüllung eines gesetzlichen Anspruchs in Verzug gerät, ohne dass es einer Mahnung bedürfte. Nr. 4 gilt aber nur dann, wenn eine Mahnung oder Fristsetzung überhaupt erforderlich ist (vgl. Rz 11).[1] Daran fehlt es beispielsweise im Falle eines Anspruchs auf Nutzungsherausgabe gemäß § 818 I.[2] Eine AGB-Klausel, die einen solchen Anspruch ohne vorherige Mahnung oder Fristsetzung einräumt, ist folglich auch nicht nach § 309 Nr. 4 unwirksam.[3] Sie verstößt aber gegen § 307, wenn sie den Anspruch unabhängig davon gewährt, ob Nutzungen tatsächlich gezogen worden sind.[4]

---

1 Vgl. BGHZ 102, 41, 45 = BGH NJW 1988, 258, 258 (zu § 11 Nr. 4 AGBG): § 11 Nr. 4 AGBG (§ 309 Nr. 4) betrifft nur AGB, die von gesetzlichen Vorschriften abweichen, die „eine Mahnung oder Nachfristsetzung als Voraussetzung eines bestimmten Anspruches enthalten".

2 BGHZ 102, 41, 45 = BGH NJW 1988, 258, 258 (zu § 11 Nr. 4 AGBG).

3 BGH NJW 1988, 258, 258 (zu § 11 Nr. 4 AGBG).

4 BGH NJW 1988, 258, 259 (zu § 9 AGBG).

2. Gesetzliche Obliegenheit zur Fristsetzung

a) Allgemeines. § 309 Nr. 4 verbietet nicht nur eine Freistellung von der gesetzlichen Obliegenheit zur Mahnung, sondern auch eine Freistellung von einer gesetzlichen Obliegenheit zur Fristsetzung für die Leistung oder Nacherfüllung. Hervorzuheben ist, dass § 309 Nr. 4 nach richtiger Auffassung jede gesetzliche Obliegenheit zur Fristsetzung für die Leistung oder Nacherfüllung erfasst, also nicht nur in den Fällen der §§ 281 I 1, 323 I anwendbar ist.[1] Zwar wird in der Begründung zum AGBG[2] nur auf § 326 a. F. (§ 323) Bezug genommen. Doch rechtfertigt der Wortlaut des § 309 Nr. 4 keine Beschränkung auf den Fall des § 323 beziehungsweise auf die Fälle der §§ 281 I 1, 323 I. Zudem würde eine in diesem Sinne restriktive Auslegung des § 309 Nr. 4 dem Schutzzweck dieser Vorschrift nicht gerecht. Denn die Fristsetzung hat stets eine den Schuldner schützende Funktion und darf niemals als bloße Formalie abgetan werden. Deshalb fallen neben den §§ 281, 323 auch die Fristsetzungen nach §§ 250 S. 1, 321 II 1, 637 I 1, 651c III 1 und 651e II 1 unter § 309 Nr. 4,[3] wobei allerdings zu beachten ist, dass die Fristsetzung nach §§ 651c III 1, 651e II 1 regelmäßig dem Verbraucher obliegt, so dass § 309 Nr. 4 meist nicht passt.[4] § 309 Nr. 4 gilt z. B. auch dann, wenn der Verwender entgegen § 321 II 1 schon beim bloßen Fehlen oder beim Wegfall der Kreditwürdigkeit zum Rücktritt berechtigt sein soll.[5] 20

b) Entbehrlichkeit der Fristsetzung. Die Obliegenheit zur Fristsetzung entfällt in bestimmten Fällen schon kraft Gesetzes, beispielsweise in den Fällen der §§ 281 II, 323 II, 321 II 3 i.V.m. 323 II, 636, 637 II 1 i.V.m. 323 II, 637 II 2, 651c III 2 und 651e II 2. Eine Klausel, die die Fristsetzung nur mit Blick auf diejenigen Fallkonstellationen als entbehrlich einstuft, in denen die Fristsetzung auch nach dem Gesetz entbehrlich ist, ist nicht nach § 309 Nr. 4 zu beanstanden.[6] Dies ergibt sich sowohl aus § 309 Nr. 4, der das Bestehen einer gesetzlichen Obliegenheit zur Fristsetzung voraussetzt, als auch aus § 307 III 1. Unwirksam sind allerdings all diejenigen Klauseln, die die Fristsetzung im weiterem Umfang als das Gesetz für entbehrlich erklären.[7] Nicht generell entbehrlich ist die Fristsetzung beispielsweise – anders als nach altem Recht (vgl. § 455 I a. F.) – im Falle des Vorbehaltsverkaufs. Daher ist auch eine Klausel, die die Fristsetzung im Falle des Vorbehaltsverkaufs generell für entbehrlich erklärt, nach § 309 Nr. 4 unwirksam.[8] 21

c) Gesetzliche Obliegenheit des Verwenders. § 309 Nr. 4 findet nur dann Anwendung, wenn die Klausel den Verwender von einer gesetzlichen Obliegenheit zur Fristsetzung freistellt. Nicht erfasst sind demgemäß solche Fälle, in denen individualvertraglich eine über das Gesetz hinausgehende Fristsetzungsobliegenheit vereinbart wurde, von der dann in den AGB wieder abgewichen wird. In derartigen 22

---

1 Wie hier wohl *Staudinger/Coester-Waltjen* Rz 4. A. A. aber *Ulmer/Hensen* Rz 7, der wohl nur die in den §§ 281 I 1, 323 I genannten Fristen als von § 309 Nr. 4 erfasst ansieht.

2 BT-Drs. 7/3919, S. 29.

3 Ebenso *Erman/Roloff* Rz 37; *Palandt/Grüneberg* Rz 22 (allerdings ohne Erwähnung des § 250 S. 1 BGB); *Staudinger/Coester-Waltjen* Rz 9 (allerdings ohne Erwähnung des § 281 I 1). Vgl. auch BGH NJW 1988, 258, 258: Betroffen sind solche AGB, „in denen von einer gesetzlichen Vorschrift abgewichen wird, die [...] eine Mahnung oder Nachfristsetzung als Voraussetzung eines bestimmten Anspruches enthalten". Wie der BGH auch *Löwe/von Westphalen* § 11 Nr. 4 Rz 5.

4 Zutreffend *Staudinger/Coester-Waltjen* Rz 9.

5 S. auch OLG Hamm BB 1983, 1304, 1305.

6 *Palandt/Grüneberg* Rz 22; *Staudinger/Coester-Waltjen* Rz 4.

7 So BGH BB 1983, 524, 527 (zur Anwendung des § 11 Nr. 4 AGBG im Verbandsprozess).

8 *Schulze/Kienle* NJW 2002, 2842, 2843; *Palandt/Grüneberg* Rz 22. Zumindest mit Blick auf den Verbandsprozess ebenso *Staudinger/Coester-Waltjen* Rz 4.

Fällen scheitert die Klausel jedoch am Vorrang der Individualabrede (§ 305 b). Die Obliegenheit zur Nachfristsetzung muss den **Verwender** als Gläubiger treffen. Die Freistellung des Vertragspartners von der Fristsetzungsobliegenheit ist wirksam. Eine Klausel, die unterschiedslos den Verwender wie den Vertragspartner von der Nachfristsetzung freistellt, ist dagegen ebenfalls unwirksam. Soweit der Verwender sich als Schuldner unangemessen lange Nachfristen einräumt, gilt § 308 Nr. 2.

3. Freistellung

23–29 § 309 Nr. 4 verbietet Klauseln, die den Verwender von der Obliegenheit zur Mahnung oder Fristsetzung freistellen. Eine Freistellung im Sinne des § 309 Nr. 4 ist immer schon dann gegeben, wenn die Klausel zumindest in bestimmten Fällen dazu führen kann, dass eine Mahnung bzw. Fristsetzung nach dem Inhalt der AGB entbehrlich ist, obwohl sie nach dem Gesetz erforderlich ist.[1] § 309 Nr. 4 findet auch dann Anwendung, wenn die Freistellung nur für Teilleistungen gelten soll.[2] Die Obliegenheit zur Mahnung bzw. Fristsetzung muss auch nicht ausdrücklich ausgeschlossen sein. Vielmehr genügt es, wenn sie **implizit** ausgeschlossen wird. So ist § 309 Nr. 4 schon dann anwendbar, wenn bestimmte Rechtsfolgen, die nach der gesetzlichen Regelung eine Mahnung voraussetzen, der Klausel zufolge ohne vorherige Mahnung eintreten können.[3] Ebenso ist § 309 Nr. 4 dann anwendbar, wenn die Klausel bestimmte Rechtsfolgen, deren Eintritt nach dem Gesetz eine Fristsetzung voraussetzt, ohne eine solche eintreten lässt.[4] Klauseln, nach denen ab Eintritt der Fälligkeit **Fälligkeitszinsen** zu zahlen sind, bedingen nicht nur das Erfordernis des Verschuldens, sondern außerdem das Erfordernis einer Mahnung ab, verstoßen also gegen § 309 Nr. 4.[5] Anderes gilt freilich dann, wenn die Klausel nur in solchen Fällen Geltung beansprucht, in denen auch nach dem Gesetz Zinsen geschuldet sind, wie z. B. nach § 641 IV. Wird nicht eine Freistellung vom Erfordernis der Mahnung vorgesehen, sondern eine **Erschwerung** der Mahnung, so findet § 308 Nr. 4 keine Anwendung, doch ist die relevante Klausel an § 307 zu messen. Ein Schriftformerfordernis für Mahnungen kann jedoch in AGB wirksam vorgeschrieben werden.[6]

4. Beispiele unzulässiger Klauseln

30 **a) Mahnungsobliegenheit.** Eine nach § 309 Nr. 4 unzulässige Freistellung liegt beispielsweise dann vor, wenn AGB einen Anspruch auf Ersatz der Kosten für die

---

1 Vgl. OLG Stuttgart NJW-RR 1988, 786, 788 (zu § 11 Nr. 4 AGBG).

2 OLG Karlsruhe BB 1983, 725, 728 (zu § 11 Nr. 4 AGBG).

3 BGH NJW 1985, 320, 324 (zu § 11 Nr. 4 AGBG); BGH NJW 1988, 258, 258 (zu § 11 Nr. 4 AGBG); *Palandt/Grüneberg* Rz 22; *Ulmer/Hensen* Rz 8; *Staudinger/Coester-Waltjen* Rz 5.

4 BGH BB 1983, 524, 527 (zu § 11 Nr. 4 AGBG); BGH ZIP 1985, 550, 552 (zu § 11 Nr. 4 AGBG); BGHZ 102, 41, 45 = BGH ZIP 1987, 1457, 1458 (zu § 11 Nr. 4 AGBG); OLG Karlsruhe BB 1983, 725, 728 (zu § 11 Nr. 4 AGBG); OLG Frankfurt ZIP 1984, 1363, 1365 (zu § 11 Nr. 4 AGBG) = AGBE V Nr. 46 zu § 11 Nr. 6; OLG Hamm NJW-RR 1987, 311, 312 (zu § 11 Nr. 4 AGBG).

5 *Ulmer/Hensen* Rz 8. A. A. aber BGH NJW 1998, 991, 992: Eine Klausel, die Fälligkeitszinsen vorsehe, sei nicht an § 11 Nr. 4 AGBG (§ 309 Nr. 4) zu messen. Sie verstoße aber im Falle eines Verbrauchervertrages gegen § 9 AGBG (§ 307). Der BGH, a.a.O., lässt ausdrücklich offen, ob neben § 9 AGBG (§ 307) auch § 3 AGBG (§ 305 c I) anwendbar ist. Vgl. auch *Palandt/Grüneberg* Rz 22: Keine Anwendung des § 309 Nr. 4, aber Klauseln können nach § 307 unwirksam sein. Nach *Staudinger/Coester-Waltjen* Rz 4 soll § 309 Nr. 4 nur dann zur Anwendung kommen, wenn es sich bei den Fälligkeitszinsen um „verkappte" Verzugszinsen handelt, wofür die Höhe entscheidend sei, anderenfalls müssten entsprechende Klauseln an § 307 gemessen werden.

6 *Ulmer/Hensen* Rz 5.

erste Mahnung vorsehen.[1] Denn nach dem Gesetz können diese Kosten grundsätzlich erst als Schadensersatz infolge des Verzugs nach vorheriger Mahnung verlangt werden.[2] Gleiches gilt grundsätzlich auch dann, wenn für jede Mahnung eine Gebühr vorgesehen wird, weil dann schon für die erste Mahnung ein Verzugsschaden verlangt wird, obwohl dieser erst nach einer Mahnung gewährt wird.[3] Ferner ist eine unzulässige Freistellung dann gegeben, wenn in AGB sonstige Ansprüche auf Ersatz des Verzugsschadens auch für solche Fälle vorgesehen werden, in denen die Mahnung nicht schon nach dem Gesetz entbehrlich ist.[4]

b) Fristsetzungsobliegenheit. Ein unzulässiger Verzicht auf die Fristsetzung 31
liegt z. B. dann vor, wenn eine Klausel, ohne dass die Entbehrlichkeit der Fristsetzung zu bejahen wäre, vorsieht, dass der Verkäufer bei Verzug das Recht hat, vom Vertrag zurückzutreten.[5] Auch kann ein Vertrag nicht durch AGB zum relativen (§ 323 II Nr. 2) oder gar zum absoluten (§ 275 I) Fixgeschäft erhoben werden, wenn dies im Vertragszweck keine Rechtfertigung findet.[6] Denn dadurch würde zugleich die Obliegenheit zur Fristsetzung aufgehoben. Eine Nachfristsetzung kann auch bei unberechtigtem Rücktritt des Schuldners erforderlich sein, da nicht jeder unberechtigte Rücktritt eine endgültige Erfüllungsverweigerung darstellt. Eine Klausel, die unterschiedslos bei unberechtigtem Rücktritt des Schuldners eine Nachfristsetzung für entbehrlich erklärt, ist deshalb nach § 309 Nr. 4 unwirksam.[7] Unzulässig ist auch eine Klausel, die den Verkäufer zum Rücktritt berechtigen will, wenn der Käufer seine Zahlungen einstellt oder ein Moratorium beantragt.[8] Unzulässig ist ferner eine Klausel, durch welche sich der Verwender das Recht vorbehält, bei einer wesentlichen Vermögensverschlechterung des anderen Teils ohne Fristsetzung vom Vertrag zurückzutreten,[9] weil § 321 II eine Fristsetzung verlangt und die entsprechende Klausel auch über § 323 IV weit hinausgeht.

5. Beispiele zulässiger Klauseln

Wirksam wäre z. B. die Klausel „Mahnung entfällt bei ernsthafter und endgültiger Leistungsverweigerung", denn diese besagt nur, was sich bereits aus § 286 II 32–39
Nr. 3 ergibt. Zu verneinen ist ein Verstoß gegen § 309 Nr. 4 grundsätzlich auch bei Klauseln des Inhalts „Verzug tritt ein bei Nichtzahlung 4 Wochen nach Empfangnahme der Ware" oder „Verzug 14 Tage nach Rechnungsdatum".[10] Zwar ist die Mahnung in den genannten Fällen nicht bereits nach § 286 III 1 entbehrlich. Denn nach dieser Vorschrift tritt der Verzug erst 30 Tage nach Fälligkeit und Zugang einer Rechnung oder gleichwertigen Zahlungsaufforderung ein. Zudem greift § 286 III 1 gegenüber Verbrauchern nur dann ein, wenn der Verbraucher in der Rechnung oder Zahlungsaufstellung auf diese Folgen besonders hingewiesen worden ist.

---

1 BGH NJW 1985, 320, 384 (zu § 11 Nr. 4 AGBG); *Ulmer/Hensen* Rz 8.

2 BGH NJW 1985, 320, 324 (zu § 11 Nr. 4 AGBG); OLG Koblenz AGBE IV, § 11 Nr. 36 (zu § 11 Nr. 4 AGBG).

3 S. auch OLG Hamburg NJW-RR 1989, 881, 883 (zu § 11 Nr. 4 AGBG).

4 BGH NJW 1983, 1320, 1322 (zu § 11 Nr. 4 AGBG).

5 BGH BB 1983, 524 (zu § 11 Nr. 4 AGBG); OLG Hamm BB 1983, 1304, 1306 (zu § 11 Nr. 4 AGBG); BGH NJW 83, 1320, 1322 (zu § 11 Nr. 4 AGBG); BGH NJW 85, 320, 324 (zu § 11 Nr. 4 AGBG); NJW-RR 1987, 311, 312 (zu § 11 Nr. 4 AGBG).

6 S. BGH NJW 1990, 2065, 2067 (zum alten Recht).

7 BGH NJW 1986, 842, 843 (zu § 11 Nr. 4 AGBG).

8 BGH NJW 1995, 1488, 1490 (zu § 11 Nr. 4 AGBG).

9 *Ulmer/Hensen* Rz 8.

10 A. A., allerdings vor Änderung des § 286, OLG Stuttgart NJW-RR 1988, 786, 788 (zu § 11 Nr. 4 AGBG). Auch nach neuem Recht a. A. *Ulmer/Hensen* Rz 5, da die Leistungszeit im Falle einer Anknüpfung an die Zeitpunkte der Lieferung oder Rechnungserteilung nicht aus dem Vertrag ersichtlich sei.

Richtigerweise ist die Mahnung in den genannten Fällen jedoch schon nach § 286 II Nr. 2 entbehrlich. Denn die besagten Klauseln lassen sich im Wege der Auslegung zugleich als Bestimmungen zur Leistungszeit auslegen. Und nach § 286 II Nr. 2 ist die Mahnung entbehrlich, wenn der Leistung ein Ereignis vorauszugehen hat und eine angemessene Zeit für die Leistung der Weise bestimmt ist, dass sie sich von dem Ereignis nach dem Kalender berechnen lässt. Solange die Leistungsfrist angemessen ist, geben die relevanten Klauseln also lediglich die Rechtslage wieder, soweit ihnen zu entnehmen ist, dass der Verzugseintritt keine Mahnung voraussetzt.

6. Ablehnungsandrohung

40 § 309 Nr. 4 gilt nicht für die in § 250 S. 1 verlangte Ablehnungsandrohung. Zudem begegnet eine Klausel, die das Erfordernis einer Ablehnungsandrohung abbedingt, auch im Rahmen des § 307 regelmäßig keinen Bedenken, weil der Schuldner auch ohne die Ablehnungsandrohung durch das Fristsetzungserfordernis hinreichend geschützt wird.[1]

7. Beweislast

41–49 Hinsichtlich der Beweislast gelten die allgemeinen Grundsätze.[2]

III. Verhältnis zu anderen Vorschriften

1. Verhältnis zu § 307

50 § 307 hat neben § 309 Nr. 4 einen breiten Anwendungsbereich.

51 **a) Ausschluss sonstiger Verzugsvoraussetzungen.** § 309 Nr. 4 bezieht sich in der ersten Alternative nur auf die Freistellung von der Mahnung, nicht auf den Ausschluss sonstiger Verzugsvoraussetzungen.[3] Insoweit kann aber nach § 307 Unwirksamkeit anzunehmen sein.[4] Sieht eine Klausel Fälligkeitszinsen ab Eintritt der Fälligkeit vor, so wird damit nach richtiger Auffassung eine Rechtsfolge (Verzinsung) vorgesehen, die nach dem Gesetze erst mit dem Verzug eintritt. Werden also Fälligkeitszinsen vorgesehen, so wird damit sowohl das Erfordernis der Mahnung als auch das Verschuldenserfordernis (§ 286 IV) abbedungen (vgl. Rz 23–29). Auch wenn man es mit der Rechtsprechung ablehnt, § 309 Nr. 4 zur Anwendung zu bringen,[5] ist die Klausel gegenüber Verbrauchern jedenfalls wegen des Verzichts auf das den Verzug prägende Verschuldenserfordernis nach § 307 unwirksam.[6] Anderes gilt im unternehmerischen Verkehr. Gemäß § 353 S. 1 HGB sind Kaufleute untereinander berechtigt, für ihre Forderungen aus beiderseitigen Handelsgeschäften Fälligkeitszinsen zu berechnen. Dies legt es nahe, dass mit Blick auf Fälligkeitszinsen im unternehmerischen Verkehr ein großzügigerer Maßstab angebracht ist als im Falle von Verbraucherverträgen. Handelt es sich beim Verwendungsgegner um einen

---

1 So (allerdings mit Blick auf § 326 a.F.) BGH ZIP 1985, 550 (zum AGBG); OLG Frankfurt NJW 1982, 2564, 2564 (zum AGBG); a. A. *Löwe/von Westphalen* § 11 Nr. 4 Rz 6f.

2 S. vor §§ 308, 309 Rz 21.

3 *Staudinger/Coester-Waltjen* Rz 7.

4 *Palandt/Grüneberg* Rz 22; *Staudinger/Coester-Waltjen* Rz 7.

5 BGH NJW 1998, 991, 992 (zu § 11 Nr. 4 AGBG).

6 BGH NJW 1998, 991, 992 (zu § 9 AGBG). Der BGH, a.a.O., lässt ausdrücklich offen, ob neben § 9 AGBG (§ 307) auch § 3 AGBG (§ 305 c I) anwendbar ist.

Unternehmer, sollte man die AGB-mäßige Vereinbarung von Fälligkeitszinsen daher generell zulassen.[1]

b) Erschwerung des Verzugseintritts. § 309 Nr. 4 findet keine Anwendung auf solche Klauseln, die den Verzugseintritt zugunsten des Verwenders erschweren, indem sie dem Vertragspartner neben der Mahnung zusätzliche Obliegenheiten auferlegen.[2] Solche Klauseln sind an § 307 zu messen. Nach § 307 unwirksam ist z. B. eine Klausel, die den Verzugseintritt davon abhängig macht, dass der Verwendungsgegner den Verwender nicht nur mahnt, sondern auch die Ablehnung der Leistung des Verwenders androht.[3] 52

2. § 308 Nr. 1, 2

§ 309 Nr. 4 erklärt den Verzicht auf Mahnung und Fristsetzung bei Leistungsverzögerungen des Vertragspartners für unwirksam. § 308 Nr. 1 und 2 wollen dagegen verhindern, dass der Verwender zu seinen Gunsten durch unbestimmte Leistungsfristen und unangemessen lange Nachfristen den Verzugsfolgen zu entgehen versucht. 53

IV. Arbeitsverträge

Bei der Anwendung des § 309 Nr. 4 auf Arbeitsverträge sind nach § 310 IV 2 die im Arbeitsrecht geltenden Besonderheiten angemessen zu berücksichtigen. Indessen sind mit Blick auf § 309 Nr. 3 keine Besonderheiten des Arbeitsrechts erkennbar, die zu einer von den allgemeinen Grundsätzen abweichenden Anwendung dieser Vorschrift führen könnten. 54–59

V. Geltung zwischen Unternehmern

§ 309 Nr. 4 gilt nicht unmittelbar für AGB, die gegenüber Unternehmern verwandt werden (§ 310 I 1) Jedoch kann der Ausschluss der Mahnung und der Fristsetzung im unternehmerischen Verkehr nach § 307 unwirksam sein.[4] Die Besonderheiten des unternehmerischen Verkehrs erfordern jedoch eine weitgehend selbstständige Bewertung.[5] Eine Indizwirkung kann deshalb nicht angenommen werden. 60

1. Mahnung

Die Mahnung soll den Schuldner auf die Fälligkeit der Leistung hinweisen. Eine solche Warnung ist bei Unternehmern nicht in gleicher Weise wie bei Verbrauchern erforderlich, da Unternehmern eher als Verbrauchern zuzumuten ist, den Überblick 61

---

[1] Vgl. auch BGH NJW 1998, 991, 992: „Im nichtkaufmännischen Verkehr können im Wege von AGB [...] keine Fälligkeitszinsen vereinbart werden [...]".

[2] *Staudinger/Coester-Waltjen* Rz 3.

[3] BGH NJW 2001, 292, 294 (zu § 9 AGBG).

[4] Strenger *Palandt/Grüneberg* Rz 23: Ausschluss der Mahnungsobliegenheit auch im unternehmerischen Verkehr grundsätzlich unwirksam.

[5] Die im Schrifttum gewählten Formulierungen variieren deutlich. MünchKomm/*Basedow* Rz 11 meint, dass der Rechtsgedanke des § 309 Nr. 4 nur eingeschränkt auf den unternehmerischen Verkehr übertragbar sei. Vgl. ferner *Ulmer/Hensen* Rz 11: Eine entsprechende Anwendung des § 309 Nr. 4 im Geschäftsverkehr mit Unternehmern sei über § 307 in eingeschränkter Weise am Platze. Vgl. aber *von Westphalen* NJW 2005, 121, 122: Vieles spreche für eine parallele Bewertung über § 307 II Nr. 1.

über die gegen sie gerichteten Forderungen zu behalten. Eine Mahnung kann deshalb gegenüber Unternehmern auch durch AGB ausgeschlossen werden, sofern der Zeitpunkt des Verzugseintritts für den Verwendungsgegner nur hinreichend zuverlässig feststellbar ist.[1] Keine Bedenken bestehen auch gegen die formularmäßige Vereinbarung einer Verpflichtung zur Zahlung von Nutzungszinsen im Falle des Unternehmenskaufs.[2]

2. Fristsetzung

62 **a) Allgemeines.** Die Fristsetzung soll dem Schuldner eine letzte Gelegenheit zur Leistungserbringung einräumen. Unternehmer haben grundsätzlich ein schutzwürdiges Interesse auf Gewährung einer letzten Leistungsgelegenheit, bevor sie den Rechtsfolgen des Rücktritts oder des Schadensersatzes statt der Leistung ausgesetzt sind. Der Ausschluss der Nachfristsetzung ist deshalb nach § 307 auch gegenüber Unternehmern grundsätzlich unzulässig.[3]

63 **b) Fixgeschäft.** Allerdings kommt die individualvertragliche oder AGB-mäßige Vereinbarung eines Fixgeschäfts in Betracht. Zwar ist die Vereinbarung eines Fixgeschäfts in AGB grundsätzlich auch im unternehmerischen Verkehr nach § 305c I überraschend[4] und nach § 307 unwirksam.[5] Etwas anderes gilt jedoch richtigerweise dann, wenn die Vereinbarung eines Fixgeschäfts im typischen Vertragszweck begründet liegt.[6] Demgegenüber wird man die bloße Verkehrsüblichkeit entsprechender Klauseln für sich genommen nicht ausreichen lassen können.[7] Sind die Anforderungen an die wirksame Vereinbarung eines Fixgeschäfts gewahrt, so kann der Unternehmer im Ergebnis auch das Erfordernis der Fristsetzung umschiffen:

64 **aa) Fixhandelskauf.** Liegt ein Handelskauf vor, so entfällt das Fristsetzungserfordernis bei Vereinbarung eines Fixgeschäfts bereits nach dispositivem Recht, nämlich nach § 376 HGB.

65 **bb) Sonstige Verträge.** Hervorzuheben ist, dass § 376 HGB nur auf den Handelskauf, nicht aber auf andere Verträge Anwendung findet. Andere relative Fix-

---

1 Vgl. auch BGH NJW-RR 1991, 995, 997 (zur Kontrolle des § 29 S. 2 ADSp anhand des § 9 AGBG): Eine Klausel, nach der die Rechtsfolgen des Verzuges auch ohne Mahnung eintreten sollen, sei im kaufmännischen Verkehr nicht unangemessen. Freilich wäre die Mahnung in dem vom BGH entschiedenen Fall nach heutigem Recht ohnehin nach § 286 II Nr. 2 entbehrlich gewesen, weil die Klausel bestimmte, dass der Verzug 10 Tage nach Zugang der Rechnung über eine fällige Forderung eintreten sollte. Grundsätzlich für die Abdingbarkeit des Mahnungserfordernisses im unternehmerischen Verkehr *Staudinger/Coester-Waltjen* Rz 11; *Schlosser/Coester-Waltjen* § 11 Nr. 4 AGBG Rz 20. Grundsätzlich gegen die Abdingbarkeit des Fristsetzungserfordernisses im unternehmerischen Verkehr dagegen *Soergel/Stein* § 11 Nr. 4 AGBG Rz 33; *Palandt/Grüneberg* Rz 23; *von Westphalen,* AGB, Einkaufsbedingungen Rz 4 (allerdings begrenzt auf Einkaufsbedingungen). Vgl. ferner *Ulmer/Hensen* Rz 11: Mahnung kann nicht AGB-mäßig abbedungen werden, wenn Schadensersatz statt der Leistung geltend gemacht werden können soll.

2 BGH NJW-RR 2000, 1077, 1078 (zu § 9 AGBG).

3 BGH NJW 1986, 842, 843 (zu § 9 AGBG); BGH NJW 1990, 2065, 2067 (zu § 9 AGBG); OLG Köln NJW 1991, 301, 301 (zu § 9 AGBG); *Palandt/Grüneberg* Rz 23; *Löwe/von Westphalen* Rz 25; *Staudinger/Coester-Waltjen* Rz 15.

4 BGH NJW 1990, 2065, 2067 (zu § 3 AGBG); *Ulmer/Hensen* Rz 11; *Staudinger/Coester-Waltjen* Rz 14.

5 BGH NJW 1990, 2065, 2067 (zu § 9 AGBG); *Löwe/von Westphalen* § 11 Nr. 4 Rz 26 f.; *Staudinger/Coester-Waltjen* Rz 14.

6 Offen gelassen in BGH NJW 1990, 2065, 2067 (zu § 9 AGBG).

7 Offen gelassen in BGH NJW 1990, 2065, 2067 (zu § 9 AGBG). A. A. MünchKomm/*Basedow* Rz 12: Zulässigkeit der Vereinbarung eines Fixgeschäfts in AGB gegenüber Unternehmern, soweit dies im Vertragszweck begründet liegt oder branchenüblich ist. Für Zulässigkeit von Fixklauseln bei Branchenüblichkeit tendenziell auch *Staudinger/Coester-Waltjen* Rz 13, allerdings mit der Einschränkung, dass die Fixklausel „in unmittelbarem textlichen Zusammenhang mit der Regelung der Leistungsfrist“ angebracht werden muss.

geschäfte sind nach § 323 II Nr. 3 zu beurteilen. Die letztgenannte Vorschrift lässt bei Vereinbarung eines relativen Fixgeschäfts zwar das Erfordernis einer Fristsetzung als Voraussetzung des **Rücktritts** entfallen. Das Entstehen eines Anspruchs auf **Schadensersatz** statt der Leistung ist jedoch nach §§ 325, 281, 280 unter anderem auch davon abhängig, dass der Verwender als Gläubiger dem Schuldner eine angemessene Frist zur Leistung gesetzt hat. Auf den ersten Blick hilft die Vereinbarung eines Fixgeschäfts dem Verwender in Abwesenheit eines Handelskaufs also nur mit Blick auf das Recht zum Rücktritt, nicht dagegen mit Blick auf den Schadensersatz statt der Leistung weiter. Indessen ist zu berücksichtigen, dass sich die Frage der formularmäßigen Abdingbarkeit der in § 281 vorausgesetzten Fristsetzung nach § 307 richtet und dass die letztgenannte Vorschrift eine Abwägung voraussetzt. Im Rahmen dieser Abwägung wird man aber die Wertung des § 376 HGB auch bei anderen Verträgen als Handelskäufen berücksichtigen müssen. Richtigerweise ist die Abdingbarkeit der in § 281 vorgesehenen Fristsetzung gegenüber einem Unternehmer immer schon dann anzunehmen, wenn wirksam ein relatives Fixgeschäft vereinbart worden ist, also unabhängig davon, ob es sich bei dem Vertrag um einen Handelskauf handelt oder nicht.[1]

c) Vermögensverfall. Die Fristsetzung kann, soweit es allein den **Rücktritt** betrifft, auch ohne das Vorliegen eines Fixgeschäfts ausgeschlossen werden, wenn besondere Gründe dies rechtfertigen. So wird man gegenüber Unternehmern die Abbedingung der in § 321 II geforderten Fristsetzung für zulässig halten müssen. 66

3. Verfallklauseln

Verfallklauseln, die bei unverschuldetem Zahlungsverzug die Restschuld sofort fällig stellen, sind auch im unternehmerischen Verkehr unwirksam.[2] 67

---

[1] Zurückhaltender *Staudinger/Coester-Waltjen* Rz 14, die die Grundsätze über den Fixhandelskauf zwar mit Blick auf andere Vertragsschlüsse im kaufmännischen Verkehr heranziehen, nicht jedoch ohne weiteres auch auf solche Unternehmer übertragen möchte, die nicht auch Kaufleute sind.

[2] BGH NJW 1986, 424, 426 (zu § 9 AGBG).

§ 309 Klauselverbote ohne Wertungsmöglichkeit

Auch soweit eine Abweichung von den gesetzlichen Vorschriften zulässig ist, ist in Allgemeinen Geschäftsbedingungen unwirksam

5. (Pauschalierung von Schadensersatzansprüchen)

die Vereinbarung eines pauschalierten Anspruchs des Verwenders auf Schadensersatz oder Ersatz einer Wertminderung, wenn

a) die Pauschale den in den geregelten Fällen nach dem gewöhnlichen Lauf der Dinge zu erwartenden Schaden oder die gewöhnlich eintretende Wertminderung übersteigt oder

b) dem anderen Vertragsteil nicht ausdrücklich der Nachweis gestattet wird, ein Schaden oder eine Wertminderung sei überhaupt nicht entstanden oder wesentlich niedriger als die Pauschale.

Inhaltsübersicht

Schrifttum: *Beuthien,* Pauschalierter Schadensersatz und Vertragsstrafe, FS für Larenz 1973, 495; *Birkenfeld-Pfeiffer,* Schadensersatzpauschalen zwischen legitimer Rationalisierung des Geschäftsverkehrs und einseitiger Selbstbevorzugung des Verwenders, Diss. 1991; *Brucher,* Die abstrakte Berechnung des Verzugsschadens bei gekündigten Krediten auf der Basis marktüblicher Brutto-Sollzinsen, ZHR 153 (1989), 101; *Casper,* Vorformulierte Verzugszinspauschalierung durch Diskontverweis, NJW 1997, 240; *Fischer,* Vertragsstrafe und vertragliche Schadenspauschalierung, 1981; *Frank/Werner,* Die Pauschalierung von Schadensersatzansprüchen nach dem AGB-Gesetz, DB 1977, 2171; *Gerth/Pauner,* Die Schadenspauschalierung beim Finanzierungsleasing, BB 1984, 813; *Hensen,* Zur Darlegungslast bei der Schadenspauschalierung in AGB, DB 1977, 1689; *Hümmerich,* Gestaltung von Arbeitsverträgen nach der Schuldrechtsreform, NZA 2003, 753; *Kappellmann/Lange/Schiffer,* Bemessung von Vertragsstrafen für verzögerte Baufertigstellung in AGB, BB 1987, 560; *Lindacher,* Phänomenologie der Vertragsstrafe, 1972; *ders.*, Zur Zulässigkeit des formularmäßigen Ausbedingens von Vertragsabwicklungsgebühren bei Dauerschuldverhältnissen im Dienstleistungsbereich, ZIP 2000, 49; *Löwisch,* Inkassokosten als Verzugsschaden, NJW 1986, 1725; *Reich,* Zur Pauschalierung von Schadensersatzansprüchen bei Werkverträgen, NJW 1978, 1570; *Scheelhaas,* Vertragsstrafe und vertraglich vereinbarte Schadenspauschale – Rechtvergleichung der Lösungen in einigen europäischen Rechtsordnungen, ZEuP 2004, 388; *Schwirtzek,* Mankoabreden nach der Schuldrechtsreform – Zurück in die Zukunft!, NZA 2005, 437; *Servatius,* Die AGB-rechtliche Behandlung von Vorschusszinsen im Sparverkehr, BKR 2005, 295; *Wenzel,* Vorzeitige Beendigung langfristiger Hypothekendarlehen, WM 1997, 2340; *Weyer,* Darlegungs- und Beweislast bei Schadenspauschalierungen in Allgemeinen Geschäftsbedingungen, NJW 1977, 2237.

I. Zweck und Allgemeines

§ 309 Nr. 5 will Schadenspauschalierungen zulassen, soweit dafür ein berechtigtes Bedürfnis besteht. Gleichzeitig soll aber der Vertragspartner vor einer übermäßigen Inanspruchnahme geschützt werden.[1] Schadenspauschalierungen sind aus mehreren Gründen sinnvoll. Für den Regelfall, dass die tatsächlich entstandenen Schäden bzw. die tatsächlich entstandene Wertminderung nicht wesentlich von der Pauschale abweichen, kann die Verwendung der Pauschale dazu beitragen, die Kosten einer genauen Feststellung des Schadens sowie einer diesbezüglichen gerichtlichen Auseinandersetzung zu vermeiden. Die Schadenspauschalierung vermag mit der Festlegung der Schadenshöhe auch eine gewisse Warnfunktion auszuüben.[2] Weniger überzeugend erscheint der Hinweis, die Pauschale vermindere die Ungewissheit des Verwendungsgegners über die Konsequenzen vertragswidrigen Verhaltens.[3] Denn es ist dem Verwender im Grundsatz unbenommen, einen höheren Schaden als den in der Klausel angegebenen Pauschalbetrag geltend zu machen (s. Rz 100 ff). Auch lässt die Pauschale nicht notwendig Rückschlüsse auf die Höhe des typischerweise entstehenden Schadens zu. Es steht dem Verwender nämlich frei, die Pauschale sehr viel niedriger anzusetzen. 1

Wenngleich nach dem Gesagten durchaus anerkennenswerte Gründe für die Verwendung von Schadenspauschalierungen bestehen, bergen entsprechende Klauseln für den Vertragspartner ein erhebliches Risiko, nämlich die Gefahr, ungerechtfertigt hohen Ansprüchen ausgesetzt zu sein. Davor soll der Vertragspartner auf zweifache Weise geschützt werden: Nr. 5 a stellt sicher, dass die Pauschale den gewöhnlich zu erwartenden Schaden oder die gewöhnlich zu erwartende Wertminderung nicht übersteigt, und Nr. 5 b ermöglicht dem Vertragspartner auch gegenüber einer generell angemessenen Schadenspauschale noch den Nachweis, dass im konkreten Einzelfall ein Schaden oder eine Wertminderung überhaupt nicht entstanden oder doch wesentlich niedriger ausgefallen ist. Die Orientierung der pauschalen Höhe am gewöhnlichen Lauf der Dinge mit der Möglichkeit des Gegenbeweises lehnt sich an die Regelung in § 252 S. 2 an, worauf auch in der Begründung zum AGB- 2

---

1 BT-Drs. 7/3919, S. 30.

2 *Bamberger/Becker* Rz 3; *Ulmer/Hensen* Rz 10.

3 So aber z. B. *Bamberger/Becker* Rz 3.

Gesetz[1] ausdrücklich hingewiesen wird. § 309 Nr. 5 geht jedoch insofern über § 252 S. 2 hinaus, als er den Rechtsgedanken des § 252 S. 2 nicht nur auf den entgangenen Gewinn, sondern auch auf sonstige Schadensposten sowie auf die Wertminderung bezieht.

3 § 309 Nr. 5 a entspricht wörtlich der Vorgängervorschrift des § 11 Nr. 5 a AGBG.[2] Eine wesentliche Änderung hat der Gesetzgeber jedoch in Hinblick auf die nunmehr in § 309 Nr. 5 b enthaltene Regelung vorgenommen. Anders als § 11 Nr. 5 b AGBG macht § 309 Nr. 5 b die Wirksamkeit der Pauschale explizit davon abhängig, dass dem Verwendungsgegner „ausdrücklich" der Nachweis gestattet wird, dass ein Schaden oder eine Wertminderung überhaupt nicht entstanden oder wesentlich niedriger als die Pauschale sei.[3]

4–9 § 309 Nr. 5 ist **gemeinschaftsrechtskonform.** Schadenspauschalierungen werden von der RL nur teilweise detailliert angesprochen.[4] Doch zum einen werden die von § 309 Nr. 5 erfassten Klauseln regelmäßig missbräuchlich im Sinne des Art. 3 RL sein, und zum anderen steht es den Mitgliedstaaten gemäß Art. 8 RL ohnehin frei, zum Schutze des Verwendungsgegners über die Vorgaben der Richtlinie hinauszugehen.

II. Tatbestand

1. Anspruch auf Schadensersatz oder Ersatz einer Wertminderung

10 § 309 Nr. 5 erfasst nur solche Klauseln, die Ansprüche auf Schadensersatz oder Ersatz einer Wertminderung regeln.

11 **a) Gesetzlich vorgesehene und vertraglich geschaffene Ansprüche.** Erfasst werden sowohl im Gesetz vorgesehene als auch von den Parteien neu geschaffene Ansprüche. Entscheidend ist lediglich, dass die Ansprüche auf Schadensersatz oder Ersatz einer Wertminderung gerichtet sind. Dabei lassen sich folgende Konstellationen unterscheiden:

12 **aa) Pauschalierung eines im Gesetz vorgesehenen Anspruchs.** Denkbar ist zunächst, dass die Parteien einen nach dem Gesetz gegebenen Anspruch lediglich mit Blick auf die Höhe regeln, indem sie eine Pauschale im Sinne des § 309 Nr. 5 vorsehen. In diesem Fall kommt es darauf an, ob der Anspruch, so wie das Gesetz ihn vorgibt, auf die Zahlung von Schadens- oder Wertminderungsersatz gerichtet ist. Diese Frage lässt sich regelmäßig durch einen Blick auf den Wortlaut des Gesetzes beantworten.

13 **bb) Änderung der Tatbestandsvoraussetzungen eines im Gesetz vorgesehenen Anspruchs.** Zweitens kommt die Möglichkeit in Betracht, dass der Vertrag einen im Gesetz vorgesehenen Anspruch nicht nur pauschaliert, sondern auch hinsichtlich seiner Tatbestandsvoraussetzungen modifiziert, den Anspruch also z. B. unter weniger strengen Voraussetzungen gewährt als dies im Gesetz vorgesehen ist. Beispielsweise mag die Klausel eine Pflicht zur Zahlung von Schadensersatz auch bei schuldloser Verletzung bestimmter Nebenpflichten vorsehen. Auch in diesem Falle ergeben sich keine Schwierigkeiten. Entscheidend muss sein, ob der Anspruch, so wie das Gesetz ihn vorsieht, auf Schadensersatz beziehungsweise Ersatz

---

1 BT-Drucks 7/3919 S. 30.
2 BT-Drs. 14/6040, S. 155.
3 S. im Einzelnen Rz 96–99.
4 S. Anh. Nr. 1 e RL Rz 75; Anh. Nr. 1 f RL Rz 90.

einer Wertminderung gerichtet ist. Dass die Parteien die Anspruchsvoraussetzungen geändert haben, ist irrelevant. Denn § 309 Nr. 5 knüpft gerade an den Anspruchsinhalt und nicht an die Anspruchsvoraussetzungen an.

cc) Schaffung neuer Ansprüche. Drittens ist denkbar, dass die Parteien gänzlich neue Ansprüche schaffen, die im Gesetz nicht vorgesehen sind. Grundsätzlich steht es den Parteien frei, zusätzliche Schadens- oder Wertminderungsansprüche zu vereinbaren. In diesem Falle ergibt sich freilich das Problem, dass die Parteien bei der Schaffung neuer Ansprüche keinem Zwang unterliegen, die Zweckbestimmung der zu leistenden Zahlung festzulegen. Mit anderen Worten, die Parteien haben es in der Hand, bei Eintritt bestimmter Ereignisse eine Zahlungspflicht des Verwendungsgegners zu begründen, ohne die Frage anzusprechen, ob der zu zahlende Betrag den Ersatz einer Wertminderung beziehungsweise den Ersatz eines Schadens bezwecken soll oder nicht. In dieser Konstellation sind vor allem zwei Möglichkeiten denkbar. Zum einen kann man, um den Schwierigkeiten der Einordnung zu entgehen, von einer Anwendung des § 309 Nr. 5 auf vertraglich geschaffene Ansprüche absehen.[1] Zum anderen kann man § 309 Nr. 5 in den genannten Fällen immer dann, aber auch nur dann heranziehen, wenn sich im Wege der Auslegung des Vertrages ergibt, dass die relevanten Ansprüche auf den Ersatz eines Schadens beziehungsweise einer Wertminderung gerichtet sind. Nicht behebbare Zweifel würden in diesem Falle nach § 305c II zulasten des Verwenders gehen. Richtigerweise wird man dieser zweiten Möglichkeit den Vorzug geben müssen. Für diesen Ansatz spricht schon der Wortlaut des § 309 Nr. 5, der gerade keine Beschränkung auf gesetzlich vorgesehene Ansprüche enthält. Hinzu kommt, dass sich in der vorliegenden Situation die Notwendigkeit eines Erst-recht-Schlusses geradezu aufdrängt: Wenn § 309 Nr. 5 den Verwendungsgegner selbst vor der unangemessenen Pauschalierung solcher Ansprüche schützt, die das Gesetz selbst vorsieht und in diesem Sinne zumindest dem Grunde nach als gerecht ansieht, dann muss der Verwendungsgegner erst recht vor der Pauschalierung solcher Ansprüche geschützt werden, die im Gesetz nicht einmal dem Grunde nach vorgesehen sind. 14

dd) Modifizierung des Inhalts eines gesetzlichen vorgesehenen Anspruchs über die Pauschalierung hinaus. Viertens kommt die Möglichkeit in Betracht, dass die Parteien den Inhalt eines dem Grunde nach auch im Gesetz vorgesehenen Anspruchs modifizieren, ohne sich auf eine bloße Pauschalierung zu beschränken. In diesem Falle wird man die Frage, ob ein Schadensersatz beziehungsweise Wertminderungsersatzanspruch vorliegt, nicht ohne weiteres davon abhängig machen können, wie der Anspruch in seiner vom Gesetz vorgegebenen Gestalt einzuordnen wäre. Denn § 309 Nr. 5 knüpft an die „Vereinbarung [...] eines Anspruchs“ an, bezieht sich also auf den Anspruch in seiner vertraglich vereinbarten Gestalt. Entscheidend ist also, ob auch unter Berücksichtigung der von den Parteien vorgenommenen Modifikation des Anspruchsinhalts von einem Schadensersatz- beziehungsweise Wertminderungsersatzanspruch auszugehen ist. Insofern gilt im Grundsatz das zu vertraglich neu geschaffenen Ansprüchen Gesagte. Allerdings ergibt sich im Falle eines gesetzlich geregelten und dem Inhalt nach modifizierten Anspruchs gegenüber neu geschaffenen Ansprüchen eine wesentliche Besonderheit. Namentlich wird man bei der Modifikation des Inhalts eines gesetzlichen 15–19

[1] Gegen die Anwendung des § 11 Nr. 5 auf vertraglich geschaffene Ansprüche *M. Wolf* in der Vorauflage, § 11 Nr. 5 Rz 14. Wie hier möglicherweise BGH NJW 1998, 309, 310 (zu § 11 Nr. 5 AGBG), wo aber nicht ganz deutlich wird, ob der BGH § 11 Nr. 5 AGBG (§ 309 Nr. 5) nicht nur für den (unterstellten) Fall heranziehen möchte, dass ein Schadensersatz nach der dispositiven Regelung zumindest dem Grunde nach besteht. Für eine Anwendung des § 309 Nr. 5 auf vertraglich geschaffene Ansprüche auch *Ulmer/Hensen* Rz 11.

Anspruchs im Regelfall davon ausgehen können, dass die grundsätzliche Einordnung als Schadensersatz- oder Aufwendungsersatzanspruch nicht geändert werden sollte.

20 **b) Anspruch auf Schadensersatz.** § 309 Nr. 5 findet zunächst dann Anwendung, wenn ein Schadensersatzanspruch pauschaliert wird. Ein Schadensersatzanspruch ist dann gegeben, wenn der Anspruch auf die Beseitigung oder den Ausgleich eines durch ein Ereignis oder einen Zustand beziehungsweise durch das Ausbleiben eines Ereignisses oder eines Zustandes verursachten Schadens gerichtet ist. Im Einzelnen ist wie folgt zu differenzieren.

21 **aa) Umschreibung des Anspruchsinhalts.** Möglich ist zunächst, dass eine von der Pflicht zur Zahlung des Pauschalbetrages unabhängige abstrakte Umschreibung des Anspruchsinhalts gegeben ist. So liegt es im Falle der gesetzlichen Ansprüche (s. Rz 12). Doch auch die Parteien haben es in der Hand, den Inhalt eines neu geschaffenen Anspruchs (s. Rz 14) in einem ersten Schritt abstrakt zu umschreiben und diesen Anspruch dann erst in einem zweiten Schritt zu pauschalieren. Ist eine abstrakte Umschreibung des Anspruchsinhalts in diesem Sinne gegeben, so lässt sich in der Regel schon aufgrund dieser Umschreibung klären, ob der Anspruch auf Schadensersatz oder Ersatz einer Wertminderung gerichtet ist. Bei gesetzlichen Ansprüchen genügt meist ein Blick auf den Wortlaut. Beispielsweise ist in § 280 vom „Ersatz des [...] Schadens" die Rede. Keine Schadenspauschale liegt demnach z. B. dann vor, wenn die Klausel den Anspruch auf Ersatz von Nutzungen nach § 818 pauschaliert.[1] Eine entsprechende Klausel ist allerdings an § 307 zu messen (s. Rz 47 ff.). Auch bei Ansprüchen, die erst von den Parteien geschaffen worden sind, aber eine abstrakte Umschreibung des Anspruchs vorsehen, lässt sich die Einordnung in der Regel schon anhand des Wortlauts vornehmen. Von einer abstrakten Umschreibung im hier interessierenden Sinne kann aber nur dann die Rede sein, wenn die Umschreibung unabhängig von der Pauschale vorgenommen wird, wenn also in einem ersten Schritt der Anspruchsinhalt umschrieben wird und der Anspruch dann in einem zweiten Schritte pauschalisiert wird. Daran fehlt es, wenn eine Regelung „die Zahlung von Schadensersatz in Höhe von ..." vorsieht. Denn in diesem Falle erlangt der Begriff Schadensersatz keine Bedeutung für die Bestimmung des Anspruchsinhalts, stellt also lediglich eine Bezeichnung des Anspruchs dar. Dem entspricht die Rechtsprechung des BGH zur Sanktionierung von Weiterbeschäftigungszusagen in Privatisierungsverträgen der Treuhand: Eine Klausel des Inhalts, dass der Erwerber eines Betriebs sich verpflichtet, bei Nichteinhaltung der Weiterbeschäftigungszusage für jeden Monat der Nichtbeschäftigung „einen Schadensersatz in Höhe von 2000 DM" zu zahlen, hat der BGH trotz ihres Wortlauts als Vertragsstrafe und nicht als Schadenspauschale ausgelegt.[2]

22 **bb) Zwecksetzung.** Fehlt es an einer abstrakten Umschreibung des Anspruchsinhalts oder lässt diese keine Rückschlüsse darauf zu, ob ein Anspruch auf Schadensersatz oder Wertminderung gegeben ist, so bleibt nur die Möglichkeit, auf die **Zwecksetzung** des Anspruchs abzustellen, wie sie sich im Wege der Auslegung nach den §§ 133, 157, 305c II ergibt. Dabei gelten folgende Grundsätze:

23 **α) Pflichtverletzung.** Das Gesetz sieht einen Anspruch auf Schadensersatz mitunter auch dann vor, wenn keine Pflichtverletzung einer Partei gegeben ist. So liegt es z. B. in § 122 I. In den praktisch bedeutsamsten Fällen sind Schadensersatzansprüche jedoch als Folge von rechtswidrigem oder pflichtwidrigem Verhalten vorgesehen. Dies kann bei der Auslegung von Parteiabreden nicht unberücksichtigt

---

1 BGH NJW 1988, 258, 258 (zu § 11 Nr. 5 AGBG).
2 BGH NJW 1999, 2662, 2663 (zu § 11 Nr. 6 AGBG).

bleiben. Vielmehr wird man in Ermangelung abweichender Anhaltspunkte davon ausgehen müssen, dass ein von den Parteien vereinbarter Anspruch nur dann auf Schadensersatz abzielt, wenn der Anspruch an ein rechtswidriges oder pflichtwidriges Verhalten anknüpft.[1]

β) **Gesetzlich vorgebener Anspruch.** Haben die Parteien sich erkennbar darauf beschränkt, einen gesetzlich geregelten Anspruch zu pauschalieren, so kommt es allein darauf an, ob der Inhalt des gesetzlichen Anspruchs auf Schadens- oder Wertminderungsersatz gerichtet ist (s.o. Rz 13). Davon zu trennen ist der Fall, dass die Parteien auf die Voraussetzungen eines gesetzlichen Anspruchs Bezug nehmen, die Rechtsfolgen aber in abweichender Weise bestimmen. In diesem Falle ist auch dann, wenn die neue Bestimmung des Anspruchsinhalts in dieser Hinsicht nicht ergiebig ist, im Zweifel davon auszugehen, dass an der gesetzlichen Zielrichtung nichts geändert werden sollte (s. Rz 15–19). Sieht also z. B. eine Klausel vor, dass im Falle einer schuldhaften Eigentumsverletzung stets ein Betrag von 100 Euro zu zahlen ist, so ist wegen § 823 im Zweifel davon auszugehen, dass die Parteien einen Schadensersatzanspruch regeln wollten. 24

γ) **Bezeichnung.** Einen wichtigen Anhaltspunkt für die von den Parteien verfolgte Zwecksetzung liefert zudem die Bezeichnung. Ist in der Klausel z. B. von Schaden oder Schadensersatz die Rede, so ist mangels abweichender Anhaltspunkte von einer Schadenspauschale auszugehen.[2] Es sind also zwei Fälle zu trennen: Denkbar ist zum einen, dass die Klausel bestimmt, dass unter bestimmten Voraussetzungen der durch ein Ereignis entstehende Schaden zu ersetzen ist, und diesen Schaden sodann pauschaliert. In diesem Falle ergibt sich die Einordnung als Schadensersatzanspruch schon aus dem Anspruchsinhalt (s. Rz 21), denn der Anspruch wird als Schadensersatzanspruch definiert und nicht nur als solcher bezeichnet. Denkbar ist aber auch, dass die Klausel lediglich die Zahlung eines bestimmten Betrages vorsieht und diesen Betrag als Schadensersatz bezeichnet. In diesem Fall trägt der Begriff Schadensersatz nichts zur Bestimmung des Inhalts des Anspruchs bei, lässt aber – im Regelfall – den Rückschluss zu, dass die vorgesehene Zahlung ihrer Zwecksetzung nach dem Ausgleich von Schäden dient und deshalb als Schadensersatzanspruch im Sinne des § 309 Nr. 5 einzustufen ist. Der Schluss von der Bezeichnung auf die Zwecksetzung ist aber durchaus nicht zwingend.[3] Vielmehr kann sich z. B. ergeben, dass der zu zahlende Betrag trotz der Bezeichnung als Schadensersatz nicht dem Ausgleich von Schäden dient, sondern als Entgelt für die zu erbringende Leistung gewollt ist. So hat der BGH mit Blick auf die bei Erteilung einer Jagderlaubnis vereinbarte Wildschadenspauschale keine Schadenspauschale, sondern einen gemäß § 307 III 1 nicht nach § 309 kontrollierbaren Preisbestandteil angenommen.[4] Auch können die Parteien dann, wenn sie den Begriff Schadensersatz verwenden, in Wirklichkeit das Ziel haben, eine Vertragsstrafe zu vereinbaren.[5] Umgekehrt kann eine Schadenspauschale auch dann anzunehmen sein, wenn 25–32

---

[1] Vgl. auch *Ulmer/Hensen* Rz 12: Ob Ersatzansprüche unter § 309 Nr. 5 oder unter § 308 Nr. 7 fallen, lässt sich „regelmäßig danach abgrenzen, ob der Kunde eine Vertragsverletzung begangen hat; für die daraus erwachsenen Ansprüche gilt § 309 Nr. 5".

[2] A. A. offenbar *Schlosser/Coester-Waltjen* § 11 Nr. 5 Rz 21. Eine noch stärkere Betonung des Wortlauts der Klausel befürwortet *Bamberger/Becker* Rz 7, 9: Unbeachtlichkeit des Wortlauts nur dann, wenn Sinn und Zweck so eindeutig sind, dass an einer Falschbezeichnung keine Zweifel bestehen können. Tendenziell wie hier *Ulmer/Hensen* § 309 Nr. 6 Rz 6: Bezeichnung „muss nicht richtig sein".

[3] BGH NJW 1999, 2662, 2663 (zu § 11 Nr. 6 AGBG).

[4] BGH NJW-RR 1999, 125, 127 (zu § 8 AGBG); BGH NJW-RR 2001, 343, 343 (zu § 8 AGBG). Ebenso OLG Koblenz, Urt. v. 13.5.2004, Az: 5 U 1476/03, BeckRS 2004-04940, unter II (zu § 8 AGBG).

[5] BGH NJW 1999, 2662, 2663 (zu § 11 Nr. 6 AGBG).

die Begriffe Schaden oder Schadensersatz in der Klausel nicht verwandt werden. An § 309 Nr. 5 zu messen ist z. B. eine Klausel in einem Mobilfunkvertrag, der zufolge für jede Rücklastschrift eine „Bearbeitungsgebühr" in bestimmter Höhe zu zahlen ist.[1] Gleiches gilt für eine Klausel in einem Darlehensvertrag, nach welcher bei Nichtabnahme des Darlehens eine „Abstandsprovision" fällig wird.[2]

33 **cc) Im Besonderen: Abgrenzung zur Vertragsstrafe.** Von besonderer praktischer Bedeutung ist die Abgrenzung der Schadenspauschale zur unselbstständigen Vertragsstrafe. Haben die Parteien nämlich für den Fall, dass die vertraglichen Pflichten nicht ordnungsgemäß erfüllt werden, die Zahlung eines bestimmten Betrages vorgesehen, so kann die Klausel statt einer Regelung der Schadenshöhe auch die Vereinbarung einer unselbstständigen (§§ 339 ff.) Vertragsstrafe darstellen.

34 **α) Zweck.** Schadenspauschalen und unselbstständige Vertragsstrafen unterscheiden sich durch ihre Zwecksetzung. Die Schadenspauschale zielt auf eine vereinfachte Abwicklung von Schadensersatzansprüchen ab, während eine unselbstständige Vertragsstrafe vor allem[3] Druck zur ordnungsgemäßen Erfüllung ausüben soll.[4]

35 **β) Bloße Regelung der Anspruchshöhe.** Der BGH betont, dass die Schadenspauschale der vereinfachenden Durchsetzung eines „als bestehend vorausgesetzten Schadensersatzanspruches" dienen soll.[5] Diese Aussage hilft bei der Einordnung von Klauseln nur begrenzt weiter, weil es möglich ist, dass ein und dieselbe Klausel einen Anspruch sowohl schafft als auch pauschaliert. Richtig ist allerdings, dass die Vertragsstrafe – gleichgültig, ob es sich um eine selbstständige Vertragsstrafe (selbstständiges Strafversprechen) oder um eine unselbstständige Vertragsstrafe handelt – einen Zahlungsanspruch erst schafft. Eine Regelung, die den Anspruch bereits voraussetzt und lediglich die Anspruchshöhe regelt, kann daher keine Vertragsstrafe darstellen.

36 **γ) Schaffung neuer Ansprüche.** Umgekehrt wird man es als Indiz für das Vorliegen einer Vertragsstrafe werten können, wenn die AGB-Klausel einen neuen, im Gesetz nicht enthaltenen Anspruch schafft. Zwar kommt in diesem Falle theoretisch auch eine Schadenspauschale in Betracht, denn die Parteien haben es in der Hand, neue Schadensersatzansprüche zu schaffen und diese sodann zu pauschalieren. Allerdings wird man nur im Ausnahmefall davon ausgehen können, dass die Parteien diesen komplizierteren Weg der Vereinbarung einer Vertragstrafe vorziehen wollen.

37 **δ) Kumulation.** Eine Vertragsstrafe ist zudem ohne weiteres dann anzunehmen, wenn sich im Wege der Auslegung der Klausel ergibt, dass die Zahlungspflicht neben und zusätzlich zu einem etwaigen Schadensersatzanspruch bestehen soll. Freilich ist eine entsprechende Klausel unwirksam. Nach §§ 340, 341 hat der Gläubiger nicht die Möglichkeit, die Zahlung der Vertragsstrafe zusätzlich zur Erfüllung eines

---

[1] OLG Düsseldorf NJW-RR 2002, 1716, 1717 (zu § 11 Nr. 5).

[2] OLG Köln, Urt. v. 30.6.2003, Az: 13 U 238/03, BeckRS 2005-04960, unter II.1 (zu § 11 Nr. 5 AGBG).

[3] Nach überwiegender Auffassung soll eine Vertragsstrafe nicht notwendig nur die Erfüllung sichern, sondern kann daneben der vereinfachten Durchsetzung von Ansprüchen dienen. S. z. B. BGH NJW 1975, 163, 164; KG NJW-RR 1999, 1659, 1660; *Staudinger/Coester-Waltjen* § 309 Nr. 6 Rz 3; *Ulmer/Hensen* § 309 Nr. 6 Rz 5.

[4] BGH NJW 1983, 1542, 1542 (zu § 11 Nr. 5 AGBG); BGH NJW-RR 1988, 39, 41 (zu § 9 AGBG); *Bauer/Diller* NJW 2002, 1609, 1614.

[5] So wörtlich BGH NJW 1983, 1542, 1542 (zu § 11 Nr. 5 AGBG); BGH NJW-RR 1988, 39, 41 (zu § 9 AGBG); Ähnlich BGH NJW 1970, 29, 31 (zu § 11 Nr. 5 AGBG): „vereinfachend[e] Durchsetzung eines als bestehend vorausgesetzten Vertragsanspruchs".

etwaigen Schadensersatzanspruches zu verlangen. Dieses so genannte Kumulationsverbot ist zwar nicht zwingendes Recht, kann also im Grundsatz von den Parteien abbedungen werden.[1] Eine Abbedingung in AGB verstößt jedoch gegen § 307 und ist daher unwirksam.[2] Dies gilt sogar im unternehmerischen Verkehr,[3] und zwar selbst dann, wenn die Schadensberechnung Schwierigkeiten bereitet.[4]

ε) **Zweifelsfälle.** Wegen § 305c II ist im Zweifel von derjenigen Auslegung auszugehen, bei der die Klausel unwirksam ist. Ist die Klausel weder als Schadenspauschale noch als Vertragsstrafe unwirksam, so ist nach § 305c II im Zweifel von einer Schadenspauschale auszugehen, da diese im Gegensatz zur Vertragsstrafe keinen neuen Anspruchsgrund schafft.[5] **38**

ζ) **Untaugliche Abgrenzungskriterien.** Für die Annahme einer Vertragsstrafe kann dagegen nicht entscheidend sein, ob die Pauschale über den typischen Schaden hinausgeht[6] oder ob der Betrag unabhängig von der späteren effektiven Schadensentwicklung gelten soll. Denn nach § 309 Nr. 5 führen diese Eigenschaften gerade zur Unwirksamkeit einer Schadenspauschale, so dass es nach der Konzeption des Gesetzes auch Schadenspauschalen mit den genannten Eigenschaften geben muss.[7] Die Abgrenzung danach, dass generell angemessene Klauseln als Schadensersatzpauschalen und unangemessene als Vertragsstrafen zu kennzeichnen seien, ist daher gleichfalls nicht möglich.[8] **39**

η) **Beispiele.** Wird in den AGB eines **Maklervertrags** die volle Gebühr bei Abstandnahme vom Vertrag vorgesehen, so liegt darin eine Vertragsstrafenklausel, weil der Zahlungsanspruch nicht an ein pflichtwidriges Verhalten anknüpft, die Klausel also auch nicht etwa eine Pflicht zum Vertragsabschluss begründen soll. Keine Vertragsstrafe liegt demgegenüber dann vor, wenn in einem Mietvertrag über Nutzfahrzeuge vorgesehen ist, dass der Mieter, der infolge eines schuldhaften Verstoßes gegen die im Vertrag festgelegten Sorgfaltspflichten einen Unfall verursacht, „eine Vertragsstrafe in Höhe des an den Unfallgegner zu erstattenden Schadens, höchstens aber DM 1650 zu entrichten" hat.[9] Zu bejahen ist das Vorliegen einer Vertragsstrafe, wenn eine Bank in ihren AGB eine **Überziehungsprovision** vorsieht, ohne die Pflicht zur Zahlung vom Eintritt des Verzuges abhängig zu machen. Wird dagegen z. B. bei Kündigung eines **Dienstvertrags** aufgrund eines vertragswidrigen Verhaltens des anderen Teils die Bezahlung der vollen Vergutung vereinbart, so **40–42**

---

[1] *Palandt/Grüneberg* § 339 Rz 3.

[2] BGH NJW 1992, 1096, 1097 (zu § 9 AGBG); OLG Bremen NJW-RR 1987, 468, 469 (zu § 9 AGBG); *Palandt/Grüneberg* § 339 Rz 3.

[3] Vgl. BGH NJW 1992, 1096, 1097 (zu § 9 AGBG): Unabdingbarkeit des Kumulationsverbots in Handelsvertreterverträgen.

[4] BGH NJW 1992, 1096, 1097 (zu § 9 AGBG).

[5] Ebenso *Ulmer/Hensen* Rz 8; im Ergebnis wohl auch *Löwe/von Westphalen* § 11 Nr. 5 Rz 7; *Staudinger/Coester-Waltjen* Rz 3.

[6] So aber *Staudinger/Coester-Waltjen* Rz 3; *Beuthien*, Festschrift für Karl Larenz, 1973, S. 495, 500. In diese Richtung auch BGH NJW 1983, 1542, 1542, der mit Blick auf eine Klausel, die bei Nichtrückzahlung eines Darlehensbetrages am Fälligkeitstag einen Zinsaufschlag vorsieht, ausführt, dass „deartige Klauseln [...] jedenfalls der erleichterten Abwicklung eines Anspruchs auf Ersatz des Verzugsschadens dienen [sollen], wenn sich die Höhe des pauschalierten Ersatzes an dem geschätzten Ausmaß des typischerweise entstehenden Schadens orientiert".

[7] Ebenso *Bamberger/Becker* Rz 8.

[8] Wie hier *Löwe/von Westphalen* § 11 Nr. 5 Rz 6. Vgl. aber MünchKomm/*Basedow* Rz 6: Eine Vertragsstrafe sei immer dann anzunehmen, wenn „die streitige Klausel entweder für die durch sie geregelten Fälle als generell unangemessen erscheint oder wenn die Höhe des festgesetzten Betrages von vornherein keine erkennbare Relation zur Höhe des normalerweise eintretenden Schadens aufweist".

[9] A. A. aber KG NJW-RR 1999, 1659, 1660 (zu § 11 Nr. 5 AGBG und zu einer vertraglichen Nebenpflicht, sich beim Zurücksetzen des Fahrzeugs eines Einweisers zu bedienen).

liegt darin mangels anderer Anhaltspunkte eine Schadenspauschale, die den Anspruch aus § 628 II ausfüllt. Eine Schadenspauschale ist im Regelfall auch dann anzunehmen, wenn bei Verzug mit **Darlehenstilgungsraten** eine um einen Prozentpunkt erhöhte Zinspflicht vorgesehen ist, weil sich der in diesem Umfang erhöhte Zinssatz am geschätzten Ausmaß des typischerweise entstehenden Schadens orientiert.[1]

43 **c) Wertminderungsersatz.** § 309 Nr. 5 betrifft nicht nur die Pauschalierung von Schadensersatzansprüchen, sondern auch die Pauschalierung von Wertminderungsersatzansprüchen. Auch insofern kommt es auf den Anspruchsinhalt, hilfsweise auf die von den Parteien verfolgte Zwecksetzung an. Ergänzend ist Folgendes hervorzuheben:

44 **aa) Begriff.** In der Literatur ist vorgeschlagen worden, einen Anspruch auf Wertminderungsersatz nur dann anzunehmen, wenn es um einen Anspruch auf Ersatz der Werteinbuße geht, die eine Sache während der Dauer ihrer Überlassung beim anderen Vertragsteil erfahren hat.[2] Außerdem soll § 309 Nr. 5 nur den Fall betreffen, dass die Wertminderung Gegenstand eines isoliert geltend gemachten Anspruchs ist.[3] Diese enge Definition der Wertminderung hat den Vorzug der Klarheit, lässt sich aber aus dem Gesetz nicht überzeugend begründen. Zwar nennt die Begründung zum AGB-Gesetz[4] den Anspruch aus § 13 II S. 3 VerbrKrG (§ 503 II 3), der die Wertminderung aufgrund einer Gebrauchsüberlassung betrifft, als ein Beispiel der von § 309 Nr. 5 genannten Ansprüche. Doch lässt sich der Gesetzesbegründung nicht entnehmen, dass § 309 Nr. 5 auf die Fälle einer im Rahmen einer Gebrauchsüberlassung eingetretenen Wertminderung beschränkt sein soll. Richtigerweise wird man daher immer schon dann von einem Anspruch auf Ersatz einer Wertminderung ausgehen müssen, wenn der Anspruch an einen Wertverlust anknüpft.

45 **bb) Keine analoge Anwendung in den Fällen der §§ 441, 638.** Von einer Wertminderung kann nur dann die Rede sein, wenn der Wert eines Gegenstandes reduziert worden ist (s. Rz 44). Daran fehlt es bei kauf- und werkvertraglichen Minderungsrechten (§§ 441, 638). Denn bei diesen kommt es nur auf das Vorliegen eines von vornherein gegebenen Minderwerts an.[5] Nun sind freilich AGB in Einkaufs- oder Bestellungsbedingungen denkbar, die mit Blick auf die §§ 441, 638 das Ausmaß der Abweichung des wirklichen Werts zum Werte in mangelfreiem Zustand zu pauschalisieren suchen. Man denke z. B. an eine Klausel in Kfz-Einkaufsbedingungen, der zufolge bestimmte Defekte immer einen Minderwert in bestimmter Höhe begründen. Es stellt sich in diesem Falle die Frage nach der Möglichkeit einer analogen Anwendung des § 309 Nr. 5.[6] Indessen sprechen die besseren Argumente gegen eine solche Analogie. Denn der Verwendungsgegner wird vor entsprechenden Klauseln bereits durch § 309 Nr. 12 geschützt, der nach richtiger Auffassung auch so genannte Tatsachenfiktionen und unwiderlegliche Vermutungen verbietet (zum Verhältnis von § 309 Nr. 5 zu § 309 Nr. 12 s. § 309 Nr. 5 Rz 128, § 309 Nr. 12 Rz 74).

---

1 BGH NJW 1983, 1542, 1542 (zu § 11 Nr. 5 AGBG).

2 So insbesondere *Ulmer/Hensen,* 9. Aufl., § 11 Nr. 5 Rz 12. Anders aber wohl die Neuauflage. Siehe *Ulmer/Hensen* Rz 13.

3 So noch *Ulmer/Hensen,* 9. Aufl., § 11 Nr. 5 Rz 12. Anders wiederum die Neuauflage. Siehe *Ulmer/Hensen* Rz 13.

4 BT-Drs. 7/3919 S. 30, damals noch § 2 I S. 2 AGB.

5 *Staudinger/Coester-Waltjen* § 309 Nr. 5 Rz 13. Gegen die Anwendung des § 309 Nr. 5 auf die Rechte nach §§ 441, 638 auch *Ulmer/Hensen* Rz 13.

6 Für eine analoge Anwendung des § 309 Nr. 5 auf die kaufvertragliche Minderung nach § 441 *Palandt/Grüneberg* Rz 25.

d) Aufwendungsersatz. § 309 Nr. 5 ist **grundsätzlich nicht auf Aufwendungsersatzansprüche anzuwenden.**[1] Dies ist aus mehreren Erwägungen gerechtfertigt: Ansprüche auf Aufwendungsersatz sind in § 309 Nr. 5 nicht genannt. Der Gesetzgeber wollte sie ursprünglich in die Vorgängerregelung des § 309 Nr. 5 einbeziehen,[2] nahm sie dann aber bewusst davon aus. Hinzu kommt, dass der Verwendungsgegner auch bei Unanwendbarkeit des § 309 Nr. 5 nicht schutzlos gestellt wird. Klauseln, welche die Aufwendungsersatzansprüche des Verwenders bei Kündigung des Vertrages oder bei Rücktritt vom Vertrag pauschalieren, sind bereits an § 308 Nr. 7 zu messen. Soweit eine Aufwendungsersatzpauschale weder in den Anwendungsbereich des § 309 Nr. 5 fällt, weil sie keine als Schaden zu ersetzenden Aufwendungen pauschaliert, noch an § 308 Nr. 7 zu messen ist, wird sie meist nach § 309 Nr. 12 unwirksam sein. Denn in aller Regel trägt der Verwender nach dem dispositiven Recht die Beweislast für die Höhe seiner Ansprüche, so dass eine Pauschalierung die Beweislastverteilung zulasten des Verwendungsgegners ändert. Hinzu kommt, dass § 309 Nr. 12 nach richtiger Auffassung auch für unwiderlegliche Vermutungen und Fiktionen gilt (s. § 309 Nr. 12 Rz 20). Auch wenn ausnahmsweise der Verwendungsgegner die Beweislast für die Höhe des Aufwendungsersatzanspruchs des Verwenders tragen sollte, würde § 309 Nr. 12 also zumindest dann eingreifen, wenn die Klausel dem Verwendungsgegner den Nachweis geringerer Aufwendungen abschneidet oder erschwert (s. auch § 309 Nr. 12 Rz 16–19). Schließlich kommt auch eine Kontrolle anhand des § 307 in Betracht, die jedoch in Anbetracht der genannten Vorgaben jedenfalls gegenüber Verbrauchern kaum eine praktische Bedeutung haben sollte. Der Grundsatz, dass § 309 Nr. 5 keine Anwendung auf Aufwendungsersatzansprüche findet, gilt jedoch nur mit zwei wichtigen **Ausnahmen:** So ist zunächst zu beachten, dass Aufwendungen Teil eines zu ersetzenden Schadens sein können. In diesem Falle ändert das Vorliegen einer Aufwendung nichts daran, dass die Pauschalierung des Schadensersatzanspruchs nach § 309 Nr. 5 zu beurteilen ist. Darüber hinaus entspricht es der einhelligen Auffassung in Rechtsprechung und Schrifttum, dass pauschalierte **Aufwendungsersatzansprüche im Sinne des § 308 Nr. 7,** um wirksam zu sein, den Anforderungen des § 309 Nr. 5 b genügen müssen.[3] 46

e) Sonstige pauschalierte Ansprüche. Auf sonstige pauschalierte Ansprüche des Verwenders, bei denen es sich weder um Schadens- bzw. Wertminderungsersatzansprüche im Sinne des § 309 Nr. 5 noch um Aufwendungsersatz- oder Vergütungsansprüche im Sinne des § 308 Nr. 7 handelt, findet § 309 Nr. 5 keine unmittelbare Anwendung. Auch eine analoge Anwendung muss mangels einer planwidrigen Regelungslücke ausscheiden.[4] Stattdessen ist wie folgt zu differenzieren: Mit Blick auf den **Anspruchsgrund** findet ohnehin § 307 Anwendung. Insofern gilt nichts anderes als mit Blick auf die von § 309 Nr. 5 erfassten Ansprüche (vgl. Rz 123). Soweit es um die Festlegung der **Anspruchshöhe** geht, gilt Folgendes: 47

Zielt die relevante Regelung nach ihrer durch Auslegung zu ermittelnden Bedeutung darauf ab, eine bestimmte Tatsache zu fingieren oder widerleglich zu ver- 48

---

1 A. A. wohl *Bamberger/Becker* Rz 15, der „Nr. 5 und insbes. Nr. 5 lit. b [. . .]", wenn auch gegebenenfalls „mediatisiert über § 307" in den durch § 307 III 1 gezogenen Grenzen „auf alle Pauschalierungen des Verwenders" anwenden möchte. Der BGH hat in einem jüngeren Urteil offen gelassen, ob die Pauschalierung eines Anspruchs auf Ersatz von Lagerkosten, der keinen Schadensersatzcharakter hat, an § 309 Nr. 5 zu messen ist. BGH NJW 2007, 1198, 2001.

2 Teilbericht, 1974, S. 28 als § 9 Nr. 5.

3 BGH NJW 1985, 632, 632 (zu § 11 Nr. 5 AGBG); BGH NJW 1985, 633, 634 (zu § 11 Nr. 5 AGBG); BGH NJW 1992, 3163, 3163 (zu § 11 Nr. 5 AGBG); OLG Düsseldorf NJOZ 2005, 2658, 2663; *Schlosser/Coester-Waltjen* § 11 Nr. 5 Rz 36; *Bamberger/Becker* Rz 15.

4 A. A., nämlich für eine analoge Anwendung des § 309 Nr. 5 insgesamt, wohl *Bamberger/Becker* Rz 15.

muten, so ist die richtigerweise als nach § 309 Nr. 12 unwirksam einzustufen (vgl. Rz 45, 128). Dies gilt auch dann, wenn die Klausel nicht die Möglichkeit eines Gegenbeweises eröffnet, weil § 309 Nr. 12 nach richtiger Auffassung auch auf unwiderlegliche Vermutungen und Fiktionen Anwendung findet.[1] Wer freilich mit der Rechtsprechung davon ausgeht, dass § 309 Nr. 12 nur dann Anwendung finden kann, wenn die Klausel überhaupt Raum für die Führung eines Gegenbeweises belässt,[2] sollte § 309 Nr. 5 b auf Pauschalen der letztgenannten Art analog anwenden, weil sonst ausgerechnet bei solchen Pauschalen eine Schutzlücke entsteht, die dem Verwendungsgegner den Nachweis einer geringeren Anspruchshöhe abschneiden.

49 Vielfach wird die „Pauschalregelung" allerdings nicht darauf gerichtet sein, bestimmte Tatsachen zu fingieren, sondern darauf, die Höhe des von ihr erfassten Anspruchs gerade unabhängig von der tatsächlichen Situation, also z. B. den tatsächlich getätigten Aufwendungen, festzusetzen. In diesem Falle findet § 309 Nr. 12 keine Anwendung, da die Klausel auf eine Änderung des materiellen Rechts abzielt. Doch bleibt der Rekurs auf § 307 möglich, und zwar sowohl mit Blick auf die Anspruchshöhe als auch mit Blick auf den Anspruchsgrund. An § 307 scheitert daher z. B. die Einräumung eines pauschalierten Zinsanspruchs bei Überzahlungen, wenn dieser Anspruch nach dem Inhalt der Klausel unabhängig davon bestehen soll, ob Nutzungen gemäß § 818 I gezogen worden sind.[3]

2. Ansprüche des Verwenders

50 § 309 Nr. 5 regelt nur die Pauschalierung von Ansprüchen des Verwenders. Die Pauschalierung von Ansprüchen des Vertragspartners in den AGB des Verwenders wird nicht von § 309 Nr. 5 erfasst. Werden Schadensersatzansprüche des Verwendungsgegners pauschaliert, so kann darin eine nach den §§ 309 Nr. 7, 307 unzulässige Haftungsbeschränkung liegen.[4] Darüber hinaus ist eine Klausel, die zulasten des Verwendungsgegners eine zu geringe Schadenshöhe fingiert oder unwiderleglich vermutet, nach richtiger Auffassung schon gemäß § 309 Nr. 12 unwirksam.[5] Soweit der Verwendungsgegner nach der gesetzlichen Regelung ausnahmsweise nicht die Beweislast für die Höhe des Schadens trägt, verstößt darüber hinaus auch eine solche Klausel gegen § 309 Nr. 12, die zulasten des Verwendungsgegners eine bestimmte Höhe der Ansprüche des Verwendungsgegners vermutet.[6]

3. Pauschale

51–59 § 309 Nr. 5 greift nur dann ein, wenn die Klausel den Schadensersatz- beziehungsweise Wertminderungsersatzanspruch pauschaliert. Eine Pauschale im Sinne des § 309 Nr. 5 ist immer dann anzunehmen, wenn zumindest ein Teil der nach dem Gesetz relevanten konkreten Berechnungsfaktoren bei der Berechnung des nach der Klausel geschuldeten Ersatzes außer Acht gelassen wird. Eine Pauschale im

1 S. § 309 Nr. 12 Rz 20.
2 S. § 309 Nr. 12 Rz 20.
3 BGH NJW 1988, 258, 259 (zu § 9 AGBG).
4 *Ulmer/Hensen* Rz 3.
5 Anders als hier die Rechtsprechung, die § 309 Nr. 12 nur dann heranziehen möchte, wenn die Klausel überhaupt die Möglichkeit eines Gegenbeweises eröffnet. S. dazu § 309 Nr. 12 Rz 20.
6 Teilweise A. A. wohl *Staudinger/Coester-Waltjen* Rz 23; *Ulmer/Hensen* Rz 3, die sich jeweils für eine spiegelbildliche Anwendung des § 309 Nr. 5 aussprechen und damit wohl Klauseln zulassen wollen, die einen zu niedrigen Schaden vermuten, solange nur die Möglichkeit des Gegenbeweises eröffnet ist.

Sinne des § 309 Nr. 5 ist also nicht nur dann gegeben, wenn der Vertrag für alle Schadensfälle einheitlich einen bestimmten Pauschalbetrag festlegt. Vielmehr reicht es aus, dass die Klausel die nach dem Gesetz zu berücksichtigenden Umstände des Einzelfalls zumindest teilweise ausblendet. In Betracht kommt z. B. die Festlegung bestimmter Prozentzahlen, z. B. des Vertragspreises, oder die Bestimmung absoluter Beträge. Die Pauschale betrifft nur die Anspruchshöhe, **nicht** den **Anspruchsgrund.**[1] Soweit die Klausel sich nicht darauf beschränkt, die Schadenshöhe zu regulieren, sondern auch die Tatbestandsvoraussetzungen des Schadensersatzanspruchs modifiziert, findet § 309 Nr. 5 nur insofern Anwendung, als es gerade um die Pauschalierung geht. Hinsichtlich der mit Blick auf die Tatbestandsvoraussetzungen vorgenommenen Änderungen ist die Klausel jedoch an den übrigen Vorschriften des AGB-Rechts, also insbesondere an § 307, zu messen (s. Rz 123).

4. Überhöhung (Nr. 5 a)

a) Allgemeines. Schadens- und Wertminderungspauschalen sind nicht in jedem Falle unwirksam. Ein Unwirksamkeitsgrund liegt aber dann vor, wenn die Pauschale generell überhöht ist. Darin kommt der Gedanke zum Ausdruck, dass die Pauschale dem realen Schaden möglichst nahe kommen muss. Dies gilt auch für kleinere Schadensbeträge wie z. B. Mahnkosten.[2] Da die Schadens- oder Wertminderungspauschale in AGB eine generelle Regelung für typische Fälle anstrebt, kann die generelle Pauschale nicht auf alle Umstände des Einzelfalles Rücksicht nehmen. Die Pauschale kann deshalb im Einzelfall zu hoch oder zu niedrig angesetzt sein. Dieser Fall wird jedoch nicht durch Nr. 5 a, sondern durch Nr. 5 b erfasst, soweit die Pauschale im Einzelfall überhöht ist. Der Unwirksamkeitsgrund in Nr. 5 a greift nur ein, wenn die Pauschale bei **genereller Betrachtung** ohne Berücksichtigung der Umstände des Einzelfalles **überhöht** ist. Maßgeblich ist dabei nicht der tatsächlich verlangte Schadensbetrag, sondern derjenige Betrag, der nach dem Inhalt der Klausel verlangt werden kann.[3] 60

b) Generelle Überhöhung. Als Maßstab für die generelle Überhöhung stellt das Gesetz auf **die dem gewöhnlichen Lauf der Dinge entsprechende Erwartung** ab. Dieser Maßstab, der an die Formulierung des § 252 anknüpft, gilt nicht nur für die Schadenspauschale, sondern gleichermaßen für die Wertminderungspauschale, obwohl das Gesetz insoweit nur von der gewöhnlich eintretenden Wertminderung spricht. 61

aa) Begriff. Mit dem nach dem gewöhnlichen Lauf der Dinge zu erwartenden Schaden ist der **branchentypische Durchschnittschaden** beziehungsweise die **branchentypische durchschnittliche Wertminderung** gemeint.[4] Zum Teil wird es für ausreichend gehalten, dass die Pauschale entweder dem branchentypischen Durchschnittsschaden oder, alternativ, dem typischen Durchschnittsschaden des 62

---

[1] OLG München VersR 1978, 772; OLG Karlsruhe BB 1983, 725, 727; MünchKomm/*Basedow* Rz 8.

[2] OLG Hamburg NJW 1991, 2841, 2841 (zu § 11 Nr. 5 AGBG): Mahnkostenpauschale von 7 DM zu hoch.

[3] OLG Frankfurt NJW 1982, 2564, 2564 (zu § 11 Nr. 5 a AGBG). Vgl. auch BGH NJW 1982, 870, 872 (zu § 9 AGBG): „[E]ine wegen ihres Inhalts unwirksame Bestimmung [wird] nicht dadurch wirksam [...], dass der Berechtigte davon nicht in vollem Umfang Gebrauch macht."

[4] BGH NJW 1996, 1209, 1210 (zu § 9 AGBG): Maßgeblichkeit des „typischen Durchschnittsschaden[s]"; BGH NJW 1984, 2093, 2094 („branchentypische[r] Durchschnittsschaden"); *Ulmer/Hensen* Rz 15 („branchentypische[r] Durchschnittsschaden"). S. auch bereits BGH NJW 1982, 331, 332 (zu § 11 Nr. 5 AGBG), dem zufolge es nicht „auf die besondere Lage im Betrieb des [Verwenders], sondern auf die allgemeinen Verhältnisse in der Branche ankommt".

Verwenders entspricht.[1] Gegen die erstere Auffassung spricht auf den ersten Blick, dass sie den Anreiz für Verwender mit höheren als den in der Branche üblichen Durchschnittskosten zur Verwendung der an sich ökonomisch sinnvollen Schadenspauschalen vermindert. Gleichwohl sprechen im Ergebnis die besseren Argumente dafür, die besondere Lage im Betrieb des Verwenders für unbeachtlich zu erklären. Insbesondere steigert das Abstellen auf die branchentypischen Durchschnittskosten die Chancen auf einen wirksamen Preiswettbewerb, weil dieser Ansatz Verwender mit atypisch hohen Kosten dazu zwingt, entweder den kostspieligen Weg eines Nachweises höherer Kosten im Einzelfall zu gehen oder die höheren Durchschnittskosten in die Preise mit einzukalkulieren. Hinzu kommt, dass sich die ohnehin gegebene Beweisnot des Verwendungsgegners noch vergrößert, wenn man ihm dem Nachweis abverlangt, dass die Pauschale über den Durchschnittskosten des individuellen Verwenders liegt. Diese Problematik lässt sich zwar auf den ersten Blick dadurch entschärfen, dass man dann, wenn die Pauschale nachweislich über dem branchentypischen Durchschnittsschaden liegt, dem Verwender die Beweislast für die Angemessenheit auferlegt.[2] Doch ist diese Option wenig attraktiv. Denn der Verwender könnte diesen Nachweis letztlich nur durch Offenlegung seiner Kalkulationsgrundlagen führen. Damit aber würden solche Unternehmen benachteiligt, die über besonderes Know-how verfügen und ihre Schadenspauschalen aus Angst vor dem Zwang zur Offenlegung desselben an den betriebstypischen Durchschnittskosten ausrichten.

63 **bb) Wahrscheinlichkeitsgewichtung.** Soweit in der relevanten Branche typischerweise unterschiedliche Schadens- beziehungsweise Wertminderungsereignisse in Betracht kommen, sind die entsprechenden Verläufe nach ihrer Wahrscheinlichkeit zu gewichten. Muss ein typischer Betrieb der gleichen Branche beispielsweise in 80 % der Fälle mit einem Schaden in Höhe von € 10 und in 20 % der Fälle mit einem Schaden in Höhe von € 20 rechnen, so beträgt der für § 309 Nr. 5 b maßgebliche branchentypische Durchschnittsschaden € 12, nämlich (80 % × € 10) + (20 % × € 20). Sind Aussagen über zukünftige Entwicklungen notwendig, so sind die unterschiedlichen Szenarien ebenfalls in wahrscheinlichkeitsgewichteter Weise zu berücksichtigen. Unwirksam ist daher z. B. eine Verzugszinsenpauschale, wenn sie typische Fälle mit niedrigerem Schaden nicht berücksichtigt.[3] Unzulässig ist es im Regelfall auch, wenn eine Firma, die Kfz vermietet, bei der Berechnung von Schadenspauschalen von der ständigen Vermietbarkeit eines Fahrzeugs ausgeht.[4]

64 **cc) Typizität.** Stellt man in dem genannten Sinne auf den branchentypischen Durchschnittschaden ab, so kommt es entscheidend darauf an, welche Faktoren bei der Festlegung dessen, was typisch ist, zu berücksichtigen sind. Dabei ist von folgenden Grundsätzen auszugehen: Außer Acht bleiben muss die besondere Lage im Betrieb des Verwenders.[5] Zu berücksichtigen sind dagegen die Art und der Umfang der Leistungspflichten und die Branche, in der das Geschäft abgeschlossen wird.

---

1 So *Bamberger/Becker* Rz 19. *Becker* stützt sich bei seiner Aussage auf BGH NJW 1996, 1209, 1210 (zu § 9 AGBG). M.E. erscheint diese Entscheidung jedoch nicht geeignet, *Beckers* These zu stützen. Zwar ist *Becker* zuzugeben, dass dort nicht vom branchentypischen Durchschnittsschaden, sondern nur vom Durchschnittsschaden die Rede ist. Bei der Beurteilung der Angemessenheit stützt sich der BGH in jener Entscheidung jedoch nicht auf die besonderen Verhältnisse des Verwenders, sondern zieht allgemeine statistische Angaben des Bundeskartellamts heran. S. BGH, a.a.O. Ausdrücklich gegen eine Berücksichtigung der besonderen Umstände im Betrieb des Verwenders zudem BGH NJW 1982, 331, 332 (zu § 11 Nr. 5 AGBG).

2 So in der Tat *Bamberger/Becker* Rz 42.

3 OLG Düsseldorf NJW 1986, 385, 385 (zu § 11 Nr. 5 AGBG).

4 OLG Saarbrücken NJW-RR 1991, 313, 313 (zu § 11 Nr. 5 AGBG).

5 BGH NJW 1982, 331, 332 (zu § 11 Nr. 5 AGBG). S. zu dieser Problematik oben Rz 62.

Auch die Art der Pflichtverletzung beziehungsweise des sonstigen, die Schadensersatzpflicht auslösenden Ereignisses ist zu berücksichtigen. Mit anderen Worten, die Schadenspauschale muss dem Schaden entsprechen, der in der jeweiligen **Branche** bei Verträgen mit **Leistungspflichten gleicher Art und gleichen Umfangs**[1] durchschnittlich entsteht, wenn ein **Vertragsverstoß gleicher Art und gleichen Umfangs** begangen wird bzw. ein anderes, die Schadensersatzpflicht auslösendes Ereignis gleicher Art und gleichen Umfangs eintritt.

dd) Obliegenheit zur Differenzierung. Aus dem vorstehend Gesagten folgt unmittelbar, dass die Verwendung von Einheitspauschalen gewissen Schranken unterliegt. Da es nämlich für die Berechnung des branchentypischen Durchschnittsschadens auf die Art der Vertragsverletzung ankommt, ist beispielsweise eine Pauschale, die Geltung für verschiedene Arten von Vertragsverletzungen beansprucht, schon dann nach § 309 Nr. 5 unwirksam, wenn sie für bestimmte Arten von Pflichtverletzungen überhöht ist.[2] Unwirksam ist daher z. B. eine Schadenspauschale, wonach 1,8 % Verzugszinsen „für jeden angefangenen Monat des Verzugs" zu zahlen sind.[3] Denn diese Pauschale ist zu hoch angesetzt, wenn der Verzug nur wenige Tage oder gar Stunden dauert. Entsprechendes gilt, wenn die Verzugszinspauschale auf den Regelfall des Verzugs mit einer ganzen Rückzahlungsrate abstellt, ohne den Fall eines nur teilweisen Verzugs mit der jeweiligen Rate zu berücksichtigen.[4] Aus dem gleichen Grunde ist eine Einheitspauschale, die für Verträge mit unterschiedlichem Leistungsumfang Geltung beansprucht, nur dann wirksam, wenn sie auch mit Blick auf den im konkreten Vertrag vereinbarten Leistungsumfang nicht überhöht ist. Der Verwender hat demnach zwei Optionen. Er kann entweder eine Pauschale wählen, die selbst für geringfügige Vertragsverstöße sowie bei einem Leistungsumfang, wie er tatsächlich vereinbart ist, noch angemessen ist. Oder er muss eine differenzierende Pauschale wählen, also z. B. eine Pauschale, die den Schaden in Abhängigkeit vom **Umfang der Leistungspflichten** und der **Schwere der Pflichtverletzung** berechnet. Problematisch ist dagegen die Frage, ob die Klausel auch anderen Variablen Rechnung tragen muss, die die Höhe des tatsächlichen Schadens beeinflussen. Man denke z. B. an die Preise, die jeweils auf den für Ersatzbeschaffungen relevanten Märkten gelten. Grundsätzlich ist diese Frage zu verneinen. Der Verwender muss also insofern weder eine differenzierende Klauselgestaltung wählen, noch ist er gezwungen, bei der Berechnung der Pauschale jeweils von derjenigen Entwicklung auszugehen, bei welcher der tatsächlich entstandene Schaden möglichst gering wäre. Denn es ist gerade der Sinn einer Pauschale, den Schadensausgleich durch das Ausblenden der Umstände des Einzelfalls zu vereinfachen. Unbillige Härten werden dadurch vermieden, dass dem Verwendungsgegner gemäß § 309 Nr. 5 b die Möglichkeit des Nachweises offensteht, dass kein oder ein wesentlich geringerer Schaden entstanden ist. 65

α) Die Rechtsprechung. Nach der Rechtsprechung gilt der Grundsatz, dass differenzierende Pauschalen nicht geboten sind, aber nicht ausnahmslos. Vielmehr neigt die Rechtsprechung dazu, eine Obliegenheit zur Verwendung differenzierender Pauschalregelungen anzunehmen, wenn eine Differenzierung relativ leicht 66

---

[1] Für die Berücksichtigung des Geschäftsgegenstands z. B. auch *Staudinger/Coester-Waltjen* Rz 14.

[2] In diesem Sinne auch BGH NJW-RR 1990, 1076, 1077: „[Die Vereinbarung einer] Einheitspauschale [...], [...] die nicht nach den verschiedenen Verstößen differenziert [,] [...] wäre nur wirksam, wenn die Pauschale den typischerweise geringsten Schaden nicht übersteigt."

[3] OLG Düsseldorf NJW 1986, 385, 385 (zu § 11 Nr. 5 AGBG). Vgl. auch OLG Koblenz NJW-RR 1993, 1078, 1080 (zu § 11 Nr. 5 AGBG): Unwirksamkeit einer Klausel des Inhalts „pro angefangenen Monat wird $1/_{12}$ des Jahreszinses fällig".

[4] BayObLG BB 1981, 1418, 1419 (zu § 11 Nr. 5 AGBG).

möglich und darüber hinaus dazu geeignet ist, die Zahl derjenigen Fälle erheblich zu reduzieren, in denen der Pauschalbetrag deutlich von den tatsächlich entstandenen Kosten abweicht. Unzulässig soll es z. B. sein, wenn im Falle eines Abnahmeverzugs 1 % des Kaufpreises zu zahlen ist.[1] Auch soll bei üblicherweise schwankendem Zinsniveau für den Verzugszins kein starrer Zinssatz vorgesehen werden dürfen.[2] Zulässig soll es aber wohl sein, an den Basiszinssatz zuzüglich eines bestimmten Prozentsatzes (z. B. 5 %) oder an einen variablen Vertragszins zuzüglich eines bestimmten Prozentsatzes anzuknüpfen.[3]

67 **ß) Stellungnahme.** Die dargestellte Rechtsprechung überzeugt indessen nicht. Denn es ist gerade Sinn und Zweck einer Pauschale, die Ermittlung des relevanten Betrages zu vereinfachen. Will man die Rechtssicherheit nicht in unerträglichem Maße gefährden, so bedarf es klarer Vorgaben, welche Variablen zu einer Differenzierung zwingen und welche nicht. Die Vorgabe, dass nach der Branche, nach Art und Umfang der beiderseitigen Pflichten sowie nach Art und Umfang der Pflichtverletzung oder des sonstigen die Schadensersatzpflicht auslösenden Ereignisses zu differenzieren ist, ist hinreichend konkret, um dem Verwender handhabbare Maßstäbe an die Hand zu geben. Sofern die Rechtsprechung aber davon ausgeht, dass auch nach weiteren Umständen zu differenzieren ist, z. B. nach der Höhe des jeweiligen Zinsniveaus, kann man der Vertragspraxis keine hinreichend konkrete Antwort mehr auf die Frage geben, in welchen Fällen eine Differenzierung geboten ist und in welchen nicht.

68–69 **ee) Keine wesentliche Überschreitung erforderlich.** Ein wesentliches Übersteigen, wie es der Sache nach Nr. 5 b voraussetzt, wird von § 309 Nr. 5 a nicht verlangt. Es genügt grundsätzlich ein einfaches Übersteigen.[4] Mit anderen Worten, der Verwendungsgegner, der sich im konkreten Fall gegen eine Pauschale zur Wehr setzen möchte, hat zwei Möglichkeiten: Er kann entweder nachweisen, dass die Pauschale zumindest geringfügig höher ist als die branchentypischen Durchschnittskosten (§ 309 Nr. 5a). Oder er kann nachweisen, dass die im konkreten Fall entstandenen Kosten beziehungsweise die im konkreten Fall entstandene Wertminderung deutlich geringer sind als der Pauschalbetrag (§ 309 Nr. 5 b). Siehe zur Beweislast noch unten Rz 82 ff.

70 **ff) Ungeeignete Berechnungsmaßstäbe.** Unwirksam sollen Schadenspauschalen sein, die sich auf ungeeignete Berechnungsgrundlagen stützen, so z. B., wenn Lagerkosten prozentual aus dem Kaufpreis berechnet werden.[5] Richtigerweise ist ein besonderer Grundsatz dieses Inhalts nicht anzuerkennen, doch werden entsprechende Pauschalen vielfach schon nach den oben (Rz 60 ff) dargestellten Grundsätzen unangemessen sein.

71–79 **gg) Einbeziehung nicht ersetzbarer Positionen.** Nach Auffassung mancher verstoßen Pauschalen, die solche Positionen einbeziehen, die nach dem Gesetz nicht ersetzbar sind, gegen § 309 Nr. 5.[6] Indessen erscheint diese These in dieser Allgemeinheit unzutreffend. Soweit eine Klausel den Ersatz von Positionen vorsieht, die nach dem Gesetz nicht ersetzbar sind, und diese Positionen mit einer Pauschale

---

1 OLG Koblenz NJW-RR 1993, 1078, 1081 (zu § 11 Nr. 5 AGBG).

2 BGH NJW 1987, 184, 185 (zu § 11 Nr. 5 AGBG).

3 S. auch BGH LM H.9/1992 § 608 BGB Nr. 6 m. Anm. *M. Wolf.*

4 OLG Frankfurt NJW 1982, 2564, 2564 (zu § 11 Nr. 5a AGBG).

5 OLG Hamm NJW-RR 1987, 311, 313 zu 4 (zu § 11 Nr. 5a AGBG). In diesem Sinne auch *Staudinger/Coester-Waltjen* Rz 14: Wichtig sei, ob ein Zusammenhang zwischen der Bezugsgröße und dem typischen Schaden bestehe.

6 S. z. B. *Palandt/Grüneberg* Rz 26: Einbeziehung nicht ersatzfähiger Positionen macht Klausel unwirksam.

oder als Teil einer Pauschale ansetzt, ist vielmehr zu differenzieren. Die Frage, ob ein Anspruch auf die relevanten Posten zulässigerweise in AGB begründet werden durfte, richtet sich nicht nach § 309 Nr. 5, sondern nach denjenigen Vorschriften, die der Schaffung neuer Ansprüche gegen den Verwender Schranken ziehen, also insbesondere nach § 309 Nr. 4 und § 307. Im Rahmen des § 309 Nr. 5 ist dagegen lediglich zu fragen, ob gerade die Pauschalierung des neu geschaffenen oder in seinem Inhalt modifizierten Anspruchs die Vorgaben des § 309 Nr. 5 beachtet. Sieht eine Klausel z. B. eine pauschale Bearbeitungsgebühr vor, so ist die Frage, ob ein Anspruch auf Ersatz der Bearbeitungsgebühren wirksam geschaffen wurde, nach § 307 zu beurteilen, während im Rahmen des § 309 Nr. 5 nur zu fragen ist, ob die Pauschale höher ist als die branchentypischen Durchschnittskosten der Bearbeitung und ob dem Verwendungsgegner ausdrücklich die Möglichkeit des Nachweises geringerer Bearbeitungskosten eingeräumt ist.[1]

c) Beispiele wirksamer Klauseln. Wirksam ist z. B. eine Pauschalierung des Nichterfüllungsschadens des Verkäufers in Höhe von 15 % des Kaufpreises beim **Neuwagengeschäft**[2] und von 20 % des Kaufpreises im Gebrauchtwagengeschäft.[3] 25 %[4] und 30 %[5] des Kaufpreises sind beim Verkauf **fabrikneuer Möbel** als unbedenklich angesehen worden. Auch 30 % des Preises bei einem **Bauhandwerkervertrag** sollen noch im Bereich des Zulässigen liegen.[6] Wirksam ist auch eine Schadenspauschale von 3 % des Darlehensnennbetrags bei Nichtinanspruchnahme eines **Hypotheken- oder Grundschulddarlehens.**[7] Bei Vorliegen besonderer Umstände kann bei der **Nichtinanspruchnahme** eines Darlehens sogar eine Schadenspauschale in Höhe von 4,5 %[8] oder 5 %[9] wirksam sein. Der Höhe nach nicht zu beanstanden sein soll bei einem Darlehensvertrag auch „eine jährliche Entschädigungspauschale von 0,5 % des [...] Darlehensbetrags bis zum nächstzulässigen Kündigungstermin".[10] Wirksam ist auch eine Klausel, die bei Verzug mit einzelnen Tilgungsraten, eine Pauschale von 1 % der Darlehensrestsumme nach deren 80

---

[1] Vgl. demgegenüber *Bamberger/Becker* Rz 15: Überhöhung der Pauschale, wenn diese Posten einbezieht, die entweder vom Vertrag „nicht (ausdrücklich) ersatzfähig gestellt worden sind oder (in AGB) nicht ersatzfähig gestellt werden können". *Becker* ist zuzustimmen, dass die Klausel unwirksam ist, wenn sie den Ersatz von Schadensposten vorsieht, die zumindest in AGB nicht ersatzfähig gestellt werden können. Allerdings ergibt sich diese Unwirksamkeit nach der hier vertretenen Auffassung nicht aus § 309 Nr. 5, sondern aus derjenigen Norm, die es verbietet, in AGB einen Anspruch auf Ersatz der relevanten Posten zu begründen. S. Rz 124–125. Vor allem aber ist entgegen *Becker* nicht einzusehen, warum es darauf ankommen soll, ob die AGB die relevanten Posten „ausdrücklich" ersatzfähig stellen. Dieses Erfordernis widerspricht nicht nur allgemeinen Auslegungsgrundsätzen, sondern ergibt auch deshalb wenig Sinn, weil zumindest die Pauschalierungsklausel ja durch die ausdrückliche Nennung der relevanten Posten zum Ausdruck bringt, dass ein entsprechender Anspruch begründet werden soll.

[2] BGH NJW 1982, 2316, 2317 (zu § 11 Nr. 5 AGBG); OLG Naumburg NJW-RR 2000, 720, 721 (zu § 11 Nr. 5 a AGBG).

[3] So – allerdings noch vor Inkrafttreten des AGB-Gesetzes und daher zu §§ 138, 242 – BGH NJW 1970, 29, 30; dagegen jedoch (zu § 11 Nr. 5 AGBG) OLG Köln NJW-RR 1993, 1404, 1405, das eine Nichtabnahmepauschale in Höhe von 15 % im Gebrauchtwagengeschäft eines Vertragshändlers als unwirksam ansieht; Bedenken gegen 15 % auch schon bei *Eggert* BB 1980, 1826, 1829.

[4] So – allerdings noch vor Inkrafttreten des AGB-Gesetzes und daher zu §§ 138, 242 – BAG NJW 1967, 751, 752.

[5] So OLG Frankfurt NJW 1982, 2564, 2564 (zu § 11 Nr. 5a AGBG).

[6] OLG Braunschweig BB 1979, 856.

[7] BGH NJW 1985, 1831, 1832 (zu § 11 Nr. 5 AGBG); BGH NJW 1990, 981, 981 f. (zu § 11 Nr. 5 AGBG).

[8] BGH NJW-RR 1986, 467, 469 (zu § 11 Nr. 5 AGBG): Pauschale in Höhe von 4,5 % wirksam in einem Fall, in welchem ein Disagio von 5 % vorgesehen ist.

[9] OLG Düsseldorf NJW-RR 1991, 442, 443 (zu § 11 Nr. 5 AGBG): Wirksamkeit einer Pauschale in Höhe von 5%.

[10] OLG Naumburg NJOZ 2004, 1490, 1493 (zu § 11 Nr. 5 a AGBG).

Kündigung[1] oder einen Zinssatz von 1 % pro Monat auf die ausstehenden Tilgungsraten[2] vorsieht. Verzugszinsen dürfen mit Blick auf die Restschuld jedoch wegen § 289 nur insoweit verlangt werden, als die Restschuld nicht ihrerseits auf Verzugszinsen entfällt. Diese Einschränkung braucht aber nicht ausdrücklich geregelt zu werden.[3] Wirksam ist grundsätzlich auch eine Mahnpauschale von 3 Euro,[4] vorausgesetzt, dass sie nur für solche Mahnungen vorgesehen ist, die nach Verzugseintritt erfolgen, da anderenfalls ein Verstoß gegen § 309 Nr. 4 gegeben ist[5] (s. Rz 123 sowie § 309 Nr. 4 Rz 30).

81 **d) Beispiele unwirksamer Klauseln.** Unwirksam ist z. B. eine Pauschale von € 25 für jede Rückbuchung,[6] und Gleiches gilt für eine Pauschale in Höhe von € 15 für jede Mahnung.[7] Unwirksam ist im Allgemeinen auch eine Nichterfüllungspauschale von 35 %; zumindest muss dies dann gelten, wenn die Handelsspanne im betreffenden Gewerbe niedriger liegt. Auch eine Pauschale von 90 % der Gebühren in einem Internatsschulvertrag ist unwirksam.[8] Unwirksam ist es nach der Rechtsprechung auch, den vereinbarten Zinssatz als starren Zinssatz für Verzugszinsen zu Grunde zu legen (s. aber Rz 67).[9] Freilich gilt dies nur dann, wenn dieser Zinssatz den nach § 288 I, II anwendbaren Zinssatz übersteigt. Sieht eine Klausel lediglich vor, dass im Falle des Verzuges ein Zinssatz von 5 % über dem Basiszinssatz zu zahlen ist, so ist die Klausel wegen § 288 I schon nach § 307 III 1 nicht an § 309 Nr. 5 zu messen.[10] Und aus dem gleichen Grund ist im Anwendungsbereich des § 288 II ein Verzugszins von 8 % über dem Basiszinssatz nicht zu beanstanden. Unwirksam ist auch eine Schadenspauschale, wonach 1,8 % Verzugszinsen „für jeden angefangenen Monat des Verzugs" zu zahlen sind, da dies auch schon bei Verzug für einen Tag gelten und damit den typischen Schaden bei weitem übersteigen würde.[11] Auch ein Verzugszins in Höhe von 1,5 % pro Monat ist unwirksam.[12] Unwirksam sind Verzugszinsen, die bei Verzug mit Teilleistungen in Höhe von 6 % über dem Basiszinssatz aus dem gesamten, noch gar nicht fälligen Restkapital berechnet werden.[13] Wird der Wiederbeschaffungspreis als Schadenspauschale bei Nichtrückgabe von

---

[1] BGH NJW 1983, 1542, 1542 (zu einem Vertrag auf den das AGB-Gesetz noch keine Anwendung fand).

[2] OLG Hamm NJW-RR 1987, 311, 312 zu 2 (zu § 11 Nr. 5 AGBG).

[3] A. A. OLG Hamm BB 1983, 1304, 1307.

[4] Verschiedene Gerichte haben die Wirksamkeit einer Mahngebühr in Höhe von 5 DM bejaht. S. z. B. Hamburg DB 1984, 2504 (zu § 11 Nr. 5 AGBG); OLG Köln WM 1987, 1547, 1550 (zu § 11 Nr. 5 AGBG); OLG Düsseldorf WM 1985, 17, 18. Gegen die Wirksamkeit einer Mahngebühr in Höhe von 5 DM aber OLG Hamm NJW-RR 1992, 242, 242 f. (zu § 11 Nr. 5 AGBG); OLG Karlsruhe ZIP 1985, 603, 607 (zu § 11 Nr. 5 AGBG).

[5] BGH NJW 1985, 320, 324 (zu § 11 Nr. 4 AGBG).

[6] Vgl. BGH NJW-RR 2000, 719, 720 (zu § 11 Nr. 5 AGBG). Dort hat der BGH eine entsprechende Pauschale (50 DM) als „ungewöhnlich hoch" bezeichnet und die Klausel vor diesem Hintergrund mangels schlüssigen Vortrages des Verwenders zur Angemessenheit der Pauschale als unwirksam eingestuft.

[7] Vgl. BGH NJW-RR 2000, 719, 720 (zu § 11 Nr. 5 AGBG), wo eine entsprechende Pauschale (30 DM) als „ungewöhnlich hoch" bezeichnet und die Klausel vor diesem Hintergrund mangels schlüssigen Vortrages des Verwenders zur Angemessenheit der Pauschale als unwirksam eingestuft wird.

[8] S. Anh. § 310 Rz U 10.

[9] BGH, Urt. v. 18. 3. 2003, XI ZR 202/02, BeckRS 2003-03593, unter II.1.b.aa (zu § 11 Nr. 5 a AGBG); BGH NJW 1987, 184, 185 (zu § 11 Nr. 5 AGBG).

[10] Zum alten Recht siehe OLG Koblenz NJW-RR 1993, 1078, 1080 (zu § 11 Nr. 5 AGBG): Klausel, nach welcher im Falle des Verzuges ein Zinssatz von 2 % über dem Diskontsatz der Bundesbank gilt, nicht zu beanstanden.

[11] OLG Düsseldorf NJW 1986, 385, 385 (zu § 11 Nr. 5 AGBG). Vgl. auch OLG Koblenz NJW-RR 1993, 1078, 1080 (zu § 11 Nr. 5 AGBG): Unwirksamkeit einer Klausel des Inhalts „pro angefangenen Monat wird 1/12 des Jahreszinses fällig".

[12] OLG Nürnberg NJOZ 2002, 1890, 1891 (zu § 11 Nr. 5 AGBG).

[13] BGH NJW 1984, 2941, 2941 (zu § 11 Nr. 5 AGBG und zum Diskontsatz).

Leergut im Getränkehandel vorgesehen, so ist dies unwirksam, wenn nicht ein Abzug „neu für alt" stipuliert ist.[1] Unwirksam ist auch die Vereinbarung eines Tagesmietsatzes bei Nichtrückgabe ab einem bestimmten Tag, sofern dies zu Beträgen führen kann, die den Wert des Behältnisses übersteigen.[2] Als Wertminderungspauschale unwirksam ist ein generell festgelegter Wertverlust von 100 % für Matratzen, Bettwäsche, Gardinen und andere Dekorationsstoffe, sofern die Pauschale auch für den Fall Geltung beansprucht, dass die Waren noch unbenutzt sind.[3] In einem **Darlehensvertrag** einer Hypothekenbank, deren Nettozinsmarge 0,63 % beträgt, ist die Pauschalierung einer Vorfälligkeitsentschädigung „von jährlich 1 % des fälligen Darlehensbetrages" unwirksam.[4] Generell ist die Pauschalierung einer Vorfälligkeitsentschädigung in einem Darlehensvertrag nach Auffassung des BGH unwirksam, wenn die Klausel einen die Nettozinsmarge übersteigenden Prozentsatz des Restkapitals zu Grunde legt[5] oder wenn die Klausel keine Abzinsung der für künftige Zeiträume anfallenden Entschädigungsbeträge auf den Zeitpunkt der Entschädigungsregelung enthält.[6]

e) Beweislast. Umstritten ist die Verteilung der Beweislast. 82

aa) Rechtsprechung. In einer Entscheidung aus der Zeit noch vor dem Erlass 83
des AGB-Gesetzes hat der BGH[7] die Behauptungs- und Beweislast für die Angemessenheit der Höhe der Pauschale dem Verwender auferlegt. Diese Entscheidung kann jedoch angesichts des Gesetzeswortlauts nicht ohne weiteres auf § 309 Nr. 5 a übertragen werden. In jüngeren Entscheidungen hat der BGH die Frage, ob der Verwender die Angemessenheit der Schadenspauschale oder sein Vertragspartner die Unangemessenheit beweisen muss, ausdrücklich offen gelassen.[8] Jedenfalls dann, wenn die Schadenspauschale ungewöhnlich hoch sei, könne das Vorbringen des Klauselverwenders nur unter der Voraussetzung als schlüssig eingestuft werden, dass er die Angemessenheit darlege.[9]

bb) Stellungnahme. Richtigerweise wird man wie folgt differenzieren müs- 84
sen: Grundsätzlich trägt der Verwendungsgegner die Darlegungs- und Beweislast für die Umstände, welche die Unangemessenheit der Pauschale begründen.[10] Dies folgt schon aus dem allgemeinen Grundsatz, dass Einwendungen vom Anspruchsgegner darzulegen und zu beweisen sind.[11]

Der Grundsatz, dass der Verwendungsgegner die Unangemessenheit der Pauschale 85
zu beweisen hat, gilt jedoch nicht uneingeschränkt. Zu bedenken ist nämlich, dass der Verwendungsgegner insbesondere bei Schadenspauschalen regelmäßig nicht in

---

[1] OLG Karlsruhe NJW-RR 1988, 370, 372 (zu § 11 Nr. 5 AGBG); OLG Köln NJW-RR 1988, 373, 375 (zu § 11 Nr. 5 AGBG); a. A. *Trinkner* BB 1984, 1455; *Soergel/Stein* § 11 Nr. 6 AGBG Rz 43.

[2] So AG Kenzingen NJW-RR 1988, 952, 952 f. (zu § 9 AGBG) für einen Mietvertrag über Propangasflaschen.

[3] OLG Koblenz NJW-RR 1993, 1078, 1082 (zu § 11 Nr. 5 AGBG).

[4] BGH NJW 1998, 592, 593 (zum kaufm. Verkehr und § 9 AGBG).

[5] BGH NJW-RR 1999, 842, 842: Unwirksamkeit nach § 11 Nr. 5 AGBG gegenüber Verbrauchern und nach § 9 AGBG im kaufmännischen Verkehr.

[6] BGH NJW-RR 1999, 842, 842: Unwirksamkeit nach § 11 Nr. 5 AGBG gegenüber Verbrauchern und nach § 9 AGBG im kaufmännischen Verkehr.

[7] BGH NJW 1977, 381, 382.

[8] Offen gelassen in BGH NJW-RR 2000, 719, 720 (zu § 11 Nr. 5 AGBG); BGH NJW 1982, 331, 333 (zu § 11 Nr. 5 AGBG).

[9] BGH NJW-RR 2000, 719, 720 (zu § 11 Nr. 5 AGBG).

[10] Wie hier OLG Koblenz NJW-RR 1993, 1078, 1080 (zu § 11 Nr. 5 AGBG); *Löwe/von Westphalen* § 11 Nr. 5 Rz 27. A. A., nämlich für Beweislast des Verwenders, z. B. *Schlosser/Coester-Waltjen* § 11 Nr. 5 Rz 38; *Palandt/Grüneberg* Rz 29; MünchKomm/*Basedow* Rz 15.

[11] S. vor §§ 308, 309 Rz 21.

der Lage ist, die Unangemessenheit der Pauschale darzulegen geschweige denn zu beweisen, weil die Berechnungsfaktoren im Herrschafts- und Risikobereich des Verwenders liegen. Entsprechendes kann auch bei Wertminderungspauschalen gelten. Denn wenngleich der Verwendungsgegner die relevante Sache regelmäßig in seinem Besitz hat und daher die bei ihm eingetretene Wertminderung oft relativ gut beurteilen können wird, fehlen ihm doch meist die notwendigen Daten, um die branchentypische Wertminderung einschätzen zu können. Soweit dem anderen Vertragsteil der Zugang zu den Berechnungsfaktoren fehlt, was in Ermangelung anderweitiger Anhaltspunkte anzunehmen ist, kann von ihm kein detaillierter Nachweis des nach dem gewöhnlichen Lauf der Dinge zu erwartenden Schadens verlangt werden. Vielmehr muss bereits eine plausible Darlegung genügen. Hat der andere Vertragsteil im Falle der fehlenden Zugangsmöglichkeit zu den Berechnungsfaktoren die Überhöhung der Pauschale plausibel gemacht, so obliegt es dem Verwender, die gegen eine Überhöhung sprechenden Gründe vorzutragen und zu beweisen.[1]

86–89 Beispielsweise muss es ausreichen, dass der Verwendungsgegner auf niedrigere Pauschalen anderer Wettbewerber derselben oder vergleichbarer Branchen verweist.[2] Ebenso ist es ausreichend, wenn der Verwendungsgegner darauf hinweist, dass die Pauschalhöhe schon nach der Lebenserfahrung nicht dem typischen Schaden entsprechen kann, weil sie z. B. bei einem Verzugsschaden auf 100 % des Vertragspreises festgesetzt ist. Sind die Schadenspauschalen ungewöhnlich hoch, ist der Anspruch des Verwenders auch im Versäumnisverfahren nur dann schlüssig dargelegt, wenn er auch die Angemessenheit der Pauschale darlegt.[3] Ist die übliche Gewinnspanne eines Kfz-Händlers bekannt und ist außerdem unstreitig, dass im konkreten Fall ein bestimmter Nachlass vom Listenpreis gewährt wurde, so kann auf diesem Wege der tatsächlich durch die Nichtabnahme eines Kfz entstandene Schaden berechnet werden.[4]

5. Ausdrückliche Gestattung des Gegenbeweises (Nr. 5 b)

90 **a) Allgemeines.** Gemäß § 309 Nr. 5 b sind Schadensersatz- und Wertminderungsersatzpauschalen nur dann wirksam, wenn dem Verwendungsgegner ausdrücklich die Möglichkeit des Nachweises eingeräumt wird, dass kein oder ein wesentlich niedrigerer Schaden bzw. keine oder eine wesentlich niedrigere Wertminderung eingetreten ist. Dem liegt der Gedanke zugrunde, dass die Möglichkeit zur Pauschalierung in AGB nicht weiter reichen darf als die Schutzwürdigkeit des Verwenders. Für Schadens- und Wertminderungspauschalen in AGB erkennt das Gesetz jedoch nur insofern ein berechtigtes Bedürfnis an, als dem Verwender eine vereinfachte abstrakte Berechnung ohne konkreten Nachweis im Einzelfall zugestanden wird.[5] Eine Bereicherung aufgrund ungerechtfertigter Schadensersatz-

---

[1] Ähnlich *Ulmer/Hensen* Rz 17: Von dem Kunden müsse ein Mindestmaß an Daten zur Untermauerung seines Einwandes der überhöhten Pauschale verlangt werden, wobei an diese Darlegungspflicht aber keine hohen Anforderungen zu stellen seien. Sei der Einwand des Kunden plausibel, müsse der Verwender die fehlende Überhöhung darlegen.

[2] So auch *Ulmer/Hensen* § 11 Nr. 5 Rz 17. Etwas strenger wohl *Bamberger/Becker* Rz 44: Der Verwender trage die Beweislast, wenn er „wesentlich höhere als die branchenüblichen Sätze" fordere.

[3] BHG NJW-RR 2000, 719, 720 (zu § 11 Nr. 5 AGBG). In diesem Urteil bejahte der BGH die ungewöhnliche Höhe der Pauschale und damit die Darlegungslast des Verwenders mit Blick auf eine Rückbuchungspauschale in Höhe von 50 DM und eine Mahnkostenpauschale in Höhe von 30 DM. Ebenfalls für die Unschlüssigkeit des Vortrags bei fehlender Darlegung der Angemessenheit ungewöhnlich hoher Vertragsstrafen z. B. *Bamberger/Becker* Rz 44; *Ulmer/Hensen* Rz 16.

[4] OLG Celle NJW-RR 1996, 50, 50.

[5] Vgl. BGH NJW 1982, 2316, 2317 (zu § 11 Nr. 5 AGBG): Sinn einer Schadenspauschalierung ist es, im Falle einer Vertragsverletzung den Streit über die Höhe des Schadens zu vereinfachen.

oder Wertminderungsansprüche will das Gesetz dagegen nicht zulassen. § 309 Nr. 5 b betrifft die konkreten Umstände beim einzelnen Vertragspartner. Der Vertrag muss dem Verwendungsgegner also den Nachweis gestatten, dass **im konkreten Fall** kein oder ein wesentlich niedrigerer Schaden bzw. keine oder eine wesentlich niedrigere Wertminderung vorliegt.

b) Wesentlich geringer. Trotz des Ausdrücklichkeitsgebots des § 309 Nr. 5 b ist der Verwender nicht dazu verpflichtet, sich an den Wortlaut des § 309 Nr. 5 b anzulehnen (siehe dazu Rz 94 ff). Er kann also insbesondere das Merkmal „wesentlich niedriger" konkretisieren, solange die von ihm gewählte Konkretisierung den Vorgaben des § 309 Nr. 5 b genügt. Vor diesem Hintergrund stellt sich die Frage, unter welchen Voraussetzungen ein Schaden als „wesentlich niedriger" als der tatsächlich entstandene Schaden anzusehen ist. Richtigerweise sind dabei je nach den Umständen sowohl relative, am Gesamtbetrag des Schadens orientierte, als auch absolute Vorgaben[1] zu berücksichtigen: **91**

aa) Absolute Vorgaben. Absolute Vorgaben hinsichtlich der Frage der Wesentlichkeit wird man in zweierlei Hinsicht anerkennen müssen. So wird man zunächst davon ausgehen müssen, dass Beträge von weniger als € 5 stets unwesentlich sind, selbst wenn sie einen erheblichen Teil der verschuldeten Vergütung ausmachen.[2] Die Annahme einer solchen absoluten Geringfügigkeitsgrenze rechtfertigt sich trotz § 287 daraus, dass die Zulassung von Pauschalen gerade auch dem Zweck dient, kostspielige Prozesse zu vermeiden, wenn die relevanten Kosten außer Verhältnis zur Höhe des Schadens stehen. Auf der anderen Seite wird man aus genau demselben Grund davon ausgehen müssen, dass Abweichungen ab einer bestimmten Größenordnung stets wesentlich sind, auch wenn sie einen geringen Prozentsatz des nach der Pauschale zu zahlenden Betrages nicht übersteigen. Schwierigkeiten bereitet es allerdings, eine genaue Grenze festzulegen, ohne sich dem Vorwurf der Willkür auszusetzen. Methodisch verlockend ist eine Festlegung auf € 600 in Anlehnung an § 512 II Nr. 1 ZPO. Dafür spricht, dass die Rechtsordnung diesen Betrag offensichtlich als erheblich ansieht, wenn sie insofern die Berufung für statthaft erklärt. Gegen die Heranziehung des in § 512 II Nr. 1 ZPO genannten Betrages spricht indessen, dass die Kosten der Schadensermittlung oft weit höher als € 600 Euro liegen werden. Eine Festlegung auf diesen Betrag würde daher dem Zwecke des § 309 Nr. 5 b zuwiderlaufen, Schadenspauschalen zum Zwecke der Vermeidung kostspieliger Tatsachenfeststellungen zuzulassen. Sachgerecht erscheint es dagegen, die **Wesentlichkeit** in Anlehnung an § 5 (1) GmbHG jedenfalls bei einem Betrag von **€ 25.000** oder mehr in aller Regel zu bejahen. Ausnahmen wird man dann anerkennen müssen, wenn nach den Umständen von vornherein damit zu rechnen ist, dass die Feststellung des Schadens sehr viel höhere Kosten verursachen wird. **92**

bb) Relative Vorgaben. Über die genannten absoluten Vorgaben hinaus wird man auch relative Vorgaben heranziehen müssen, die darauf abstellen, wie wesentlich die Abweichung des tatsächlichen Schadens von der Pauschale gemessen in Prozent der Pauschale ist. Insofern muss als Faustregel gelten, dass bei Pauschalen bis **€ 100.000** nur Abweichungen **bis einschließlich 10 %**[3] als nicht wesentlich gewertet werden können. Bei Pauschalen ab € 100.000 können dagegen auch geringere Prozentsätze eine mehr als nur geringfügige Abweichung bedeuten. Im Regel- **93**

---

[1] Ohne Erwähnung absoluter Vorgaben *Ulmer/Hensen* Rz 23, der aber zumindest davon ausgeht, dass bei absolut kleinen Beträgen ein höherer Prozentsatz erforderlich ist, während bei absolut gesehen hohen Beträgen ein geringerer Prozentsatz genügen kann.

[2] Ebenso *Bamberger/Roth/Becker* Rz 37, dem zufolge die Abweichung allerdings höher als € 5 liegen muss, um wesentlich zu sein.

[3] Für eine 10 %-Grenze auch *Ulmer/Hensen* Rz 23; *Palandt/Heinrichs* Rz 31.

fall wird man davon ausgehen können, dass eine wesentliche Abweichung bei Beträgen von 100.000 Euro oder mehr dann gegeben ist, wenn die Abweichung größer als die Summe von 10% von € 100.000 zuzüglich 5 % desjenigen Teils der Pauschale ist, welcher den Betrag von € 100.000 übersteigt.[1] Bei einer Pauschale von €160.000 wäre eine Abweichung also regelmäßig dann wesentlich, wenn sie mehr als €13.000,00 (= 10% von €100.000 + 5% von €60.000) beträgt.

94 **c) Ausdrückliche Gestattung des Gegenbeweises.** Nach § 309 Nr. 5 b sind Schadensersatzpauschalen ohne weiteres unwirksam, wenn sie dem Verwendungsgegner nicht ausdrücklich den Nachweis gestatten, dass kein oder ein wesentlich geringerer Schaden entstanden ist, und Entsprechendes gilt für Wertminderungsersatzpauschalen.

95 **aa) Gestattung.** An einer Gestattung des Gegenbeweises fehlt es nicht nur dann, wenn der Gegenbeweis generell verboten ist. Vielmehr ist ein Verstoß gegen § 309 Nr. 5 b auch dann anzunehmen, wenn die Zulässigkeit des Gegenbeweises an bestimmte, im Gesetz nicht vorgesehene Voraussetzungen, wie z. B. die Einhaltung bestimmter Fristen geknüpft ist.[2] Auch ist ein Verstoß gegen § 309 Nr. 5 b dann gegeben, wenn die Führung des Gegenbeweises mit Nachteilen für den Verwendungsgegner verbunden ist, die im Gesetz nicht vorgesehen sind, wie z. B. eine Pflicht zur alleinigen Tragung der Prozesskosten. Erschwerungen der Beweisführung wie z. B. ein Ausschluss bestimmter Beweismittel sind schon nach § 309 Nr. 12 verboten, der § 309 Nr. 5 b insofern als Spezialregelung vorgeht (s. Rz 128).

96–99 **bb) Ausdrücklichkeit.** Eine wesentliche Neuerung, die § 309 Nr. 5 b gegenüber der Vorgängervorschrift des § 11 Nr. 5 b AGBG gebracht hat, liegt darin, dass es nunmehr einer ausdrücklichen Gestattung des Gegenbeweises bedarf.[3] Anders als nach bisherigem Recht wird ein Verstoß gegen § 309 Nr. 5 b also nicht schon dadurch vermieden, dass der Gegenbeweis nicht ausdrücklich oder konkludent ausgeschlossen wird. Ein ausdrücklicher Hinweis auf die Möglichkeit des Gegenbeweises setzt zwar nicht voraus, dass die Klausel sich der Worte des Gesetzes bedient, also z. B. darauf hinweist, dass dem Kunden „der Nachweis gestattet wird, ein Schaden oder eine Wertminderung sei überhaupt nicht entstanden oder wesentlich niedriger als die Pauschale". Denn es wäre unnötig formal, eine Übernahme des Gesetzeswortlauts zu fordern. Erforderlich ist aber ein **unzweideutiger** Hinweis auf die Möglichkeit des Gegenbeweises,[4] der auch für den rechtsunkundigen Kunden ohne weiteres verständlich ist.[5]

---

[1] In der Literatur werden eine Reihe anderer Abgrenzungsvorschläge gemacht. So sollen z. B. nach *Bamberger/Becker* Rz 38 10 % bei Beträgen unter 50.000 Euro, 5 % bei Beträgen über 50.000 wesentlich sein. Diese Formel führt freilich dann, wenn man sie wörtlich nimmt, zu wenig plausiblen Ergebnissen. Beispielsweise wäre nach der von *Becker* verwandten Formel eine Abweichung von 4.000 Euro bei einer Pauschale von 50.000 Euro unwesentlich (da 50.000 × 0,10 = 5.000), bei einer Pauschale von 60.000 dagegen wesentlich (da 60.000 × 0.05 = 3.000). Nach *Palandt/Grüneberg* Rz 31 ist das Merkmal der wesentlichen Abweichung in der Regel bei Abweichungen von ungefähr 10 % erfüllt, doch soll bei niedrigeren Pauschalen eine höhere prozentuale Abweichung erforderlich sein, bei höheren Pauschalen dagegen eine niedrigere prozentuale Abweichung genügen.

[2] Wohl etwas großzügiger *Bamberger/Becker* Rz 36: Führung des Gegenbeweises darf nicht „faktisch ausgeschlossen oder unangemessen beschränkt" werden.

[3] Gegen die Notwendigkeit eines ausdrücklichen Hinweises nach altem Recht z. B. BGH NJW 1982, 2316, 2317 (zu § 11 Nr. 5 b AGBG); BGH 1985, 320, 321 (zu § 11 Nr. 5 b AGBG).

[4] *Palandt/Heinrichs* Rz 30; *Bamberger/Becker* Rz 36.

[5] *Palandt/Heinrichs* Rz 30; *Bamberger/Becker* Rz 36.

6. Möglichkeit der Geltendmachung eines höheren Betrages

a) Zulässigkeit eines entsprechenden Vorbehalts. In der Praxis stößt man oft auf Klauseln, die nicht nur dem Verwendungsgegner die Geltendmachung eines niedrigeren Schadens bzw. einer niedrigeren Wertminderung erlauben, sondern umgekehrt auch dem Verwender das Recht zum Nachweis eines höheren Schadens bzw. einer höheren Wertminderung einräumen. Eine solche Gestaltung stößt nach richtiger, wenngleich umstrittener Auffassung nicht auf Bedenken.[1] § 309 Nr. 5 a will eine Erleichterung bei Ermittlung der Schadenshöhe zulassen, aber nicht den Verwender an die Pauschale als Höchstsumme binden.[2] Eine solche Beschränkung widerspräche der auf vollen Ersatz gerichteten Funktion des Schadensersatzrechts. Auch ist nicht einzusehen, warum § 309 Nr. 5 b dem Vertragspartner den Gegenbeweis erhalten will, wenn dem Verwender selbst der Beweis aber abgeschnitten sein soll.[3] 100

b) Auch bei geringer Überschreitung. Auch erscheint es wenig plausibel, eine Pauschalregelung deshalb als unangemessen im Sinne des § 307 einzustufen, weil sie den Verwender nicht darauf beschränkt, einen *wesentlich* höheren Schaden geltend zu machen, sondern ihm die Geltendmachung *jedes* höheren Schadens vorbehält, während umgekehrt dem Verwendungsgegner nur die Geltendmachung eines *wesentlich* niedrigeren Schadens erlaubt wird.[4] Denn die Verwendung von Pauschalen ist aufgrund ihres Rationalisierungseffekts aus ökonomischer Sicht zu begrüßen. Warum also sollte man einen Anreiz zum Verzicht auf entsprechende Pauschalen schaffen, indem man dem Verwender das Risiko auferlegt, einen unwesentlich höheren Schaden nicht ersetzt zu erhalten? Hinzu kommt, dass für eine entsprechende Vorgabe auch kaum ein praktisches Bedürfnis besteht, denn wenn der tatsächlich entstandene Schaden den Pauschalbetrag nur unwesentlich übersteigt, werden die wenigsten Unternehmer bereit sein, die mit der Geltendmachung des Differenzbetrages verbundenen Unkosten und Unannehmlichkeiten auf sich zu nehmen. 101

c) Klauselauslegung. Ist die Klausel allerdings mit Blick auf die Möglichkeit der Geltendmachung eines die Pauschale übersteigenden Schadens zweideutig, so gehen verbleibende Zweifel wegen § 305c II zulasten des Verwenders.[5] Sehen beispielsweise die AGB eines Bauunternehmers vor, dass die Vergütung im Sinne des § 649 S. 1 mit einer bestimmten Pauschale anzusetzen ist, sofern nicht der Bauherr oder der Bauunternehmer „im Einzelfall andere Nachweise erbringen", so ist diese 102

---

1 Wie hier BGH NJW 1993, 1491, 1492 (zum AGBG); BGH NJW 1982, 2316, 2317 (zum AGBG); OLG Köln, Urt. v. 30. 6. 2003, Az: 13 U 238/03, BeckRS 2005-04960, unter II.1 (zum AGBG); OLG Koblenz NJW-RR 2000, 872, 872 (zum AGBG); OLG Köln NJW-RR 1986, 1434, 1436 (zum AGBG); *Gerth/Panner* BB 1984, 183, 185 (zum AGBG); *Löwe/von Westphalen* § 11 Nr. 5 Rz 39; *Palandt/Grüneberg* Rz 25. A. A. *Ulmer/Hensen* Rz 24; *Fischer* JR 1993, 65, 66 (zum AGBG).

2 A. A. aber *Ulmer/Hensen* Rz 24: Verwender darf sich grundsätzlich nicht die Wahl zwischen der Pauschale und einem höheren Schaden vorbehalten.

3 Im Ergebnis wie hier BGH NJW 1982, 2316, 2317 (zu § 11 Nr. 15 AGBG); OLG Köln NJW-RR 2001, 200, 201 (zu §§ 9, 11 Nr. 5 AGBG); OLG Hamm NJW-RR 1987, 311, 312 (zu § 11 Nr. 5 AGBG); *Staudinger/Coester-Waltjen* Rz 21; *Löwe/von Westphalen* § 11 Nr. 5 Rz 39.

4 So aber *Bamberger/Becker* Rz 33, ähnlich auch *Ulmer/Hensen* Rz 24, demzufolge sich der Unternehmer lediglich vorbehalten dürfe, einen „im Einzelfall ungewöhnlich hohen Schaden" an Stelle der Pauschale geltend zu machen. Für die Möglichkeit, sich auch die Geltendmachung eines geringfügig höheren Schadens vorzubehalten, aber wohl BGH NJW 1982, 2316, 2317 (zu § 11 Nr. 15 AGBG). Dort stufte der BGH eine Klausel als wirksam ein, der zufolge die Möglichkeit zur Einforderung der Pauschale „unbeschadet der Möglichkeit, einen höheren tatsächlichen Schaden geltend zu machen", bestehen sollte.

5 Ebenso *Bamberger/Becker* Rz 33. Vgl. *Palandt/Grüneberg* Rz 25: Verwender muss seine Absicht, gegebenenfalls einen höheren Schaden geltend zu machen, unzweideutig zum Ausdruck bringen.

Klausel wegen der Verwendung des Begriffs „Einzelfall“ dahin gehend auszulegen, dass dem Bauunternehmer nur dann der Nachweis einer höheren Vergütung offenstehen soll, wenn sich die Abweichung von der Pauschale „aus den Besonderheiten der Vertragsgestaltung oder Vertragsdurchführung ergibt“.[1]

III. Auslegung von Klauseln

103–109 Pauschalbeträge sind regelmäßig als Bruttobeträge zu verstehen, umfassen also die Mehrwertsteuer.[2] Zur Frage, ob eine Schadenspauschale so auszulegen ist, dass sie der Geltendmachung eines höheren Schadens entgegensteht, siehe Rz 102.

IV. Folgen der Unwirksamkeit

110–119 Ist die Klausel wegen einer generell überhöhten Pauschale (§ 309 Nr. 5 a) unwirksam, so ist die gesamte Pauschale unwirksam, sie kann also nicht auf ein zulässiges Maß reduziert werden.[3] Gleiches gilt mit Blick auf § 309 Nr. 5 b, so dass die Klausel bei fehlender ausdrücklicher Gestattung des Gegenbeweises im Ganzen nichtig ist.[4] Ist die Schadenspauschalklausel unwirksam, so kann zwar nicht die Schadenspauschale, wohl aber, bei Bestehen eines entsprechenden Anspruchs, der nachgewiesene wirkliche Schaden verlangt werden.[5] Ist der Gegenbeweis in den AGB nicht abgeschnitten, **gelingt** aber **der Gegenbeweis** eines wesentlich niedrigeren Betrags, so ist die AGB-Klausel zwar nicht unwirksam, doch hat sie keine Auswirkungen auf den konkreten Fall.

V. Verhältnis zu anderen Vorschriften

1. Verhältnis zu § 307

120 § 307 ist grundsätzlich neben § 309 Nr. 5 anwendbar.

121 **a) Pauschalen.** Sieht die Klausel eine Pauschale vor, so kommt es zunächst darauf an, ob die Klausel Ansprüche des Verwenders oder solche des Verwendungsgegners pauschaliert. Auf den letzteren Fall ist bereits an anderer Stelle eingegangen worden (s. Rz 50). Werden – wie in den von § 309 Nr. 5 erfassten Fällen – Ansprüche des Verwenders pauschaliert, so ist mit Blick auf das Verhältnis zu § 307 wie folgt zu differenzieren:

122 **aa) Höhe.** Soweit es um die Höhe der Pauschale geht, ist die Wertung des § 309 Nr. 5 a auch im Rahmen des § 307 zu beachten. Eine Schadens- oder Wertminderungspauschale, die den Anforderungen des § 309 Nr. 5 a gerecht wird, kann daher auch nicht aufgrund ihrer Höhe als unangemessen im Sinne des § 307 eingestuft werden. Freilich sind auch andere Pauschalen als Schadensersatz- oder Wertminderungsersatzpauschalen möglich. Auch in solchen Fällen vermag § 307 jedoch gegenüber Verbrauchern kaum eigenständige Bedeutung zu erlangen, soweit es um

---

1 BGH NJW 2000, 3498, 3500.
2 *Palandt/Grüneberg* Rz 26.
3 S. z. B. *Bamberger/Becker* Rz 46.
4 BGH NJW 1986, 376, 378 (zu § 11 Nr. 5 AGBG); *Staudinger/Coester-Waltjen* Rz 22; *Löwe/von Westphalen* § 11 Nr. 5 Rz 40; a. A. offenbar BGH NJW 1985, 320, 326 (zu § 11 Nr. 5 AGBG).
5 BGH NJW 1986, 376, 378 (zu § 11 Nr. 5 AGBG); *Löwe/von Westphalen* § 11 Nr. 5 Rz 40.

die Anspruchshöhe geht. Denn die Pauschalierung von Aufwendungsersatzansprüchen des Verwenders im Falle des Rücktritts vom Vertrag oder Kündigung des Vertrages ist an § 308 Nr. 7 zu messen. Außerdem findet insoweit § 309 Nr. 5 b analoge Anwendung (s. Rz 46). Geht es um Pauschalen, die weder an § 308 Nr. 7 noch an § 309 Nr. 5 zu messen sind, so ergibt sich die Unwirksamkeit der Pauschale in aller Regel aus § 309 Nr. 12 (s. Rz 48).

bb) Anspruchsgrund. § 309 Nr. 5 befasst sich nicht mit der Frage, unter wel- **123**
chen Voraussetzungen ein Anspruch auf Schadens- oder Wertminderungsersatz dem Grunde nach besteht. Demgemäß ist eine Klausel, die einen im Gesetz nicht vorgesehenen Anspruch sowohl schafft als auch pauschaliert, nur hinsichtlich der Pauschalierung an § 309 Nr. 5 zu messen.[1] Unter dem Gesichtspunkt der Schaffung eines neuen Anspruchs ist die Klausel dagegen an den übrigen AGB-rechtlichen Vorgaben, insbesondere an den §§ 307, 308 Nr. 4, zu überprüfen.[2] Entsprechendes gilt, wenn die Klausel einen im Gesetz vorgesehenen Anspruch pauschaliert und zugleich seine Tatbestandsvoraussetzungen zugunsten des Verwenders modifiziert. Wird z. B. für die erste Mahnung eine Mahnpauschale als Verzugsschaden vorgesehen, so ist dies nach § 309 Nr. 4 unwirksam, soweit die Klausel auch solche Fälle erfasst, in denen vor der ersten Mahnung noch kein Verzug gegeben ist.[3] Ist die Mahnpauschale darüber hinaus überhöht, ist die Klausel zusätzlich nach § 309 Nr. 4 unwirksam. Und eine Klausel, „durch die sich der Verwender pauschalen Schadensersatz bei Rückgabe einer Lastschrift mangels Deckung versprechen lässt", ohne dass die Klausel ein Verschulden des Verwendungsgegners fordert, ist „mit wesentlichen Grundgedanken der Rechtsordnung unvereinbar (307 II Nr. 1 BGB) und benachteiligt die betroffenen Bankkunden in unangemessener Weise (§ 307 I BGB)."[4] Darüber hinaus muss die Klausel den Anforderungen des § 309 Nr. 5 genügen, soweit es um die Höhe der Pauschale geht.[5]

cc) Zusätzliche Schadensposten. Schwierigkeiten ergeben sich dann, wenn **124–125**
eine Klausel den Ersatz von Schadensposten vorsieht, die nach dem Gesetz nicht ersatzfähig sind, und diese Schadensposten außerdem pauschaliert. Auch in diesem Falle ist § 309 Nr. 5 richtigerweise nur hinsichtlich der Pauschalierung anzuwenden (s. schon Rz 71–79). Das heißt, bei der Anwendung des § 309 Nr. 5 ist die Zulässigkeit der Einräumung eines Anspruchs auf Ersatz der relevanten Posten zu unterstellen und lediglich zu fragen, ob die Pauschalierung des so geschaffenen Ersatzanspruchs den Anforderungen des § 309 Nr. 5 genügt.[6] Demgegenüber beurteilt sich die Zulässigkeit der Schaffung eines Anspruchs auf Ersatz der relevanten Schadensposten nach den übrigen AGB-rechtlichen Vorgaben, also insbesondere nach § 307.

---

[1] Gegen die Anwendung des § 309 Nr. 5 auf den Anspruchsgrund z. B. auch *Servatius* BKR 2005, 295, 300; *Staudinger/Coester-Waltjen* Rz 11. *Coester-Waltjen,* a.a.O., meint, der BGH habe in BGHZ 162, 294 = NJW 2005, 1645 auch den Anspruchsgrund einer Kontrolle anhand des § 309 Nr. 5 unterworfen, doch ist dieser Auslegung des genannten Urteils nicht zuzustimmen.

[2] So wohl auch BGH NJW 2005, 1645, 1647, dem zufolge eine Klausel in AGB, durch die sich der Verwender pauschalen Schadensersatz bei Rückgabe einer Lastschrift mangels Deckung versprechen lässt, nach § 307 unwirksam ist.

[3] BGH NJW 1985, 320, 324 (zu § 11 Nr. 4 AGBG).

[4] BGH NJW 2005, 1645, 1647.

[5] So möglicherweise auch BGH NJW 1998, 309, 310 (zu § 9 AGBG), wo aber nicht ganz deutlich wird, ob der BGH § 11 Nr. 5 AGBG (§ 309 Nr. 5) nicht nur für den (unterstellten) Fall heranziehen möchte, dass ein Schadensersatz nach der dispositiven Regelung zumindest dem Grunde nach besteht.

[6] Wohl wie hier *Staudinger/Coester-Waltjen* Rz 11, der zufolge die Einbeziehung der nicht von einem Schadensersatzanspruch umfassten Schadensposten an § 307 zu messen ist. Vgl. demgegenüber *Bamberger/Becker* Rz 15: Überhöhung der Pauschale, wenn diese Posten einbezieht, die entweder vom Vertrag „nicht (ausdrücklich) ersatzfähig gestellt worden sind oder (in AGB) nicht ersatzfähig gestellt werden können".

Für diese Lösung spricht schon, dass sie Abgrenzungsschwierigkeiten zu denjenigen Fällen, in denen neue Ansprüche geschaffen werden, vermeidet. Dementsprechend ist beispielsweise eine Klausel, der zufolge der Käufer vor Lieferung eine „Kaufsicherheit" in Höhe von ¼ des Kaufpreises für den Fall der Nichtabnahme zu zahlen hat, schon nach § 307 unwirksam,[1] weil die Schaffung eines solchen Anspruchs auf Sicherheitsleistung auch ohne Rücksicht auf die Höhe der Pauschale unangemessen ist.

126 **b) Klauseln mit ähnlichen Folgen.** Bei Klauseln, deren Folgen denjenigen einer Schadens- oder Wertminderungspauschale vergleichbar sind, können die Wertungen des § 309 Nr. 5 im Rahmen des § 307 herangezogen werden. Heißt es z. B. in den AGB eines Einkaufsmarktes, dass das Aufreißen der Verpackung zum Kauf der Ware verpflichtet, so wirkt sich die Verpflichtung, die Ware abnehmen und kaufen zu müssen, wie die Pauschalierung eines Schadensersatzanspruchs aus.[2] Da der Wert der Verpackung aber insbesondere bei höherwertigen Waren nur einen Bruchteil des Kaufpreises ausmacht, ist die Klausel nach § 307 unter Berücksichtigung der Wertung des § 309 Nr. 5 unwirksam.[3]

2. Verhältnis zu § 308 Nr. 7

127 Siehe § 308 Nr. 7 Rz 60 ff.

3. Verhältnis zu § 309 Nr. 12

128 Nach dispositivem Recht ist es grundsätzlich Sache des Geschädigten, Vorliegen und Ausmaß des Schadens zu beweisen. Da dieser Beweis schwer zu führen ist, sieht § 252 S. 2 eine Beweiserleichterung[4] zugunsten des Geschädigten vor. Namentlich gilt nach § 252 S. 2 derjenige Gewinn als entgangen, der nach dem gewöhnlichen Lauf der Dinge oder nach den besonderen Umständen mit Wahrscheinlichkeit erwartet werden konnte. Allerdings gilt § 252 nur für den entgangenen Gewinn, nicht für sonstige Schadensposten. Auch bleibt es im Falle des § 252 S. 2 Sache des Geschädigten, in den Grenzen des § 287 ZPO nachzuweisen, dass der geltend gemachte Schaden nach dem gewöhnlichen Lauf der Dinge oder nach den besonderen Umständen mit Wahrscheinlichkeit erwartet werden konnte.[5] Vor diesem Hintergrund wird deutlich, dass die in § 309 Nr. 5 angesprochenen Pauschalen das Beweisrisiko im Vergleich mit dem dispositiven Recht deutlich zugunsten des Verwenders verlagern. Denn im Falle der Vereinbarung einer Schadenspauschale kann der Verwender den dort genannten Betrag ohne weiteres einfordern, und es ist grundsätzlich Sache des Verwendungsgegners nachzuweisen, dass kein oder ein wesentlich geringerer Schaden entstanden ist (s. Rz 82 ff). Wegen dieser Auswirkung auf die Beweislastverteilung wären Schadenspauschalen an sich an § 309 Nr. 12 zu messen. Indessen wird man § 309 Nr. 5 gegenüber § 309 Nr. 12 als lex specialis ansehen müssen.[6] Allein die Tatsache, dass eine Klausel eine Schadens- oder Wertminderungspauschale vorsieht und dem anderen Vertragsteil den Nachweis aufbürdet, dass kein oder ein wesentlich niedrigerer Schaden entstanden ist, rechtfertigt es also

---

1 Vgl. auch KG MDR 1984, 405.

2 NJW-RR 2001, 1563, 1564 (zu §§ 9, 11 Nr. 5 AGBG).

3 NJW-RR 2001, 1563, 1564 (zu §§ 9, 11 Nr. 5 AGBG).

4 Dazu, dass es sich bei § 252 S. 2 um eine Beweiserleichterung handelt, siehe z. B. *Palandt/Heinrichs* § 251 Rz 5.

5 *Palandt/Heinrichs* § 251 Rz 5.

6 BGH NJW 1988, 158, 258 (zu §§ 11 Nr. 5, 11 Nr. 15 AGBG); *Ulmer/Hensen* § 309 Nr. 12 Rz 7; *Bamberger/Becker* Rz 12; *Staudinger/Coester-Waltjen* § 309 Nr. 6 Rz 4.

nicht, die Klausel nach § 309 Nr. 12 als unwirksam einzustufen.[1] Enthält die Pauschale allerdings weitere Regelungen beweisrechtlicher Art, indem sie z. B. die Möglichkeit zur Führung des Gegenbeweises einschränkt, so kann ohne weiteres auf § 309 Nr. 12 zurückgegriffen werden. Zudem kann § 309 Nr. 12 dann Anwendung finden, wenn eine Pauschale weder in den Anwendungsbereich des § 309 Nr. 5, noch in den Anwendungsbereich des § 308 Nr. 7 fällt. Dies gilt unabhängig davon, ob die Pauschale nach dem Inhalt der AGB die Möglichkeit eines Gegenbeweises eröffnet, da § 309 Nr. 12 nach richtiger Auffassung entgegen der Rechtsprechung auch auf unwiderlegliche Vermutungen und Fiktionen Anwendung findet (s. § 309 Nr. 12 Rz 20).

4. Sonderregelungen

§ 12 II Nr. 4 BBiG in der Fassung vom 23. 5. 2005[2] enthält ein generelles Verbot von Schadensersatzpauschalen. Daraus folgt zugleich, dass entsprechende Pauschalen stets unangemessen im Sinne des § 307 sind. Zudem bleibt § 309 Nr. 5 neben § 12 II Nr. 4 BBiG anwendbar. **§ 2 V 1 Nr. 2 FernUSG** sieht ein generelles Verbot von Schadenspauschalen zulasten des Kunden bei Fernunterrichtsverträgen vor. Solche Klauseln sind zudem nach § 307 unangemessen, und auch § 309 Nr. 5 bleibt anwendbar. Bei Verbraucherdarlehensverträgen ist **§ 497 I,** bei Reiseverträgen **§ 651 i III** zu beachten. 129

VI. Arbeitsverträge

Bei der Anwendung des § 309 Nr. 5 auf Arbeitsverträge sind nach § 310 IV 2 die im Arbeitsrecht geltenden Besonderheiten angemessen zu berücksichtigen. Indessen sind mit Blick auf § 309 Nr. 5 keine Besonderheiten des Arbeitsrechts erkennbar, die zu einer von den allgemeinen Grundsätzen abweichenden Anwendung dieser Vorschrift führen könnten.[3] Bei Ausbildungsverhältnissen ist § 12 II Nr. 4 BBiG zu beachten (s. Rz 129). Eine Klausel, der zufolge bei Verletzung eines nachvertraglichen Wettbewerbsverbotes ein bestimmter Betrag zu zahlen ist, stellt regelmäßig eine Vertragsstrafe und keine Schadenspauschale dar.[4] 130–139

VII. Geltung zwischen Unternehmen

§ 309 Nr. 5 gilt nicht unmittelbar für AGB, die gegenüber Unternehmern verwandt werden (§ 310 I 1). Vielmehr ist insofern § 307 anzuwenden. Hinsichtlich der Bedeutung des § 309 Nr. 5 für die Angemessenheitsprüfung nach § 307 ist zwischen § 309 Nr. 5 a und § 309 Nr. 5 b zu differenzieren: 140

---

[1] *Ulmer/Hensen* § 309 Nr. 12 Rz 7; implizit auch BGH NJW 1988, 258, 258 (zu §§ 11 Nr. 5, 11 Nr. 15 AGBG); wohl auch *Bamberger/Becker* Rz 12, dem zufolge „die jeder Pauschalierung immanente Beweiserleichterung“ nicht an § 309 Nr. 12 zu messen ist.

[2] BGBl. I, S. 931.

[3] In diesem Sinne auch *Herbert/Oberrath* NJW 2005, 3745, 3752: „§ 309 Nr. 5 gilt im Arbeitsrecht uneingeschränkt.“ Vgl. auch *Staudinger/Coester-Waltjen* Rz 10, der zufolge Besonderheiten des Arbeitsrechts bei echten Schadenspauschalen „kaum relevant“ werden.

[4] So wohl auch *Bauer/Diller* NJW 2002, 1609, 1614 f.

1. § 309 Nr. 5 a

141–143 § 309 Nr. 5 a entfaltet Indizwirkung im unternehmerischen Verkehr. Denn die besonderen Bedürfnisse im unternehmerischen Verkehr rechtfertigen keine im Grundsatz andere Bewertung überhöhter Pauschalen.[1] Die Beschränkung auf eine Sittenwidrigkeitskontrolle, wie sie im Schrifttum vorgeschlagen worden ist,[2] ist mit § 307 unvereinbar. Eine Pauschalierung, die zu einer Bereicherung führt, weil sie den nach dem gewöhnlichen Lauf der Dinge zu erwartenden Schaden übersteigt, widerspricht wesentlichen Grundgedanken des Schadensersatzrechts (§ 307 II Nr. 1) und ist deshalb in sachlicher Übereinstimmung mit § 309 Nr. 5a auch zwischen Unternehmern unwirksam.[3] Bei der Frage, ob eine überhöhte Pauschale gegeben ist, kann auf die zu § 309 Nr. 5a entwickelten Grundsätze zurückgegriffen werden. Wird beispielsweise der Anspruch auf Nichterfüllungsschaden pauschaliert, so ist eine generell überhöhte Pauschale in der Regel auch dann anzunehmen, wenn die Schadenspauschale über dem branchenüblichen Gewinn liegt.[4] Unwirksam ist dementsprechend eine solche Klausel, die als Schadenspauschale 60 % des Bruttoerlöses vorsieht, obwohl der branchenübliche Gewinn nur bei 40 % des Bruttoerlöses liegt.[5] Eine Verzugszinsenpauschale von 6 Prozentpunkten über dem Basiszinssatz ist trotz § 288 II, der unter Unternehmern einen Zinssatz von acht Prozentpunkten über dem Basiszinssatz vorsieht, auch zwischen Unternehmern unwirksam, wenn sie bei Verzug mit Teilleistungen aus dem noch nicht fälligen Gesamtrestkapital errechnet wird.[6] Wirksam ist auch eine Schadenspauschale von 3 % im Falle unzulässiger Absprachen unter Anbietern, die an der Ausschreibung öffentlicher Aufträge teilnehmen.[7]

2. § 309 Nr. 5b

144 **a) Keine Indizwirkung.** Auch im unternehmerischen Verkehr ist der Ausschluss des in § 309 Nr. 5b genannten Gegenbeweises nach richtiger Auffassung des BGH unangemessen und daher unwirksam.[8] Insbesondere erscheint es nicht gerechtfertigt, die Einräumung der Möglichkeit zum Gegenbeweis unter Hinweis auf

---

1 BGH NJW 1994, 1060, 1068 (zu § 9 AGBG); BGH NJW 1996, 1209, 1210 (zu § 9 AGBG). Vgl. auch BGH NJW-RR 2000, 719, 720: Missbilligung überhöhter Schadenspauschalen auch im Rahmen des § 9 AGBG (§ 307) zu berücksichtigen. Wie hier *Ulmer/Hensen* Rz 27.

2 So *Alisch* JZ 1982, 706, 707.

3 BGH NJW 1998, 592, 593 (zu § 9 AGBG); BGH NJW 1984, 2941, 2942 (zu § 9 AGBG). In diesem Sinne auch BGH NJW-RR 2000, 719, 720 (zu § 9 AGBG).

4 BGH NJW-RR 1990, 1076, 1077 (zu § 9 AGBG).

5 BGH NJW 1983, 159, 161 (zu §§ 242, 138). Vgl. auch BGH NJW-RR 1990, 1076, 1077 (zu § 9 AGBG): Unwirksamkeit einer Schadenspauschale, wenn sich der danach zu zahlende Betrag auf 35 % bzw. 42 % des Bruttoerlöses beläuft, obwohl der branchentypische Gewinn nur 30 % des Bruttoerlöses beträgt.

6 S. im Ergebnis BGH NJW 1984, 2941, 2942 (zu § 9 AGBG und zu einer Klausel, die einen Zinssatz von 6 % über dem Diskontsatz vorsah und dabei das Gesamtrestkapital zu Grunde legte).

7 BGH NJW 1996, 1209, 1210 (zu § 9 AGBG).

8 BGH, Urt. v. 20. 3. 1003, Az: I ZR 225/00, unter II.3.c; BGH NJW-RR 2002, 1028, 1029 (zu §§ 9, 11 Nr. 5 AGBG); BGH NJW 1994, 1060, 1068 (zu § 9 AGBG). Wie der BGH z. B. *Bamberger/Becker* Rz 40 f.; *Ulmer/Hensen* Rz 27; *Löwe/von Westphalen* § 11 Nr. 5 Rz 43; *Staudinger/Coester-Waltjen* Rz 26; *Palandt/Grüneberg* Rz 32. A. A. noch *M. Wolf* in der Voraufl. unter § 11 Nr. 5 Rz 40: Abschneiden des Gegenbeweises grundsätzlich wirksam. Vgl. im Übrigen auch BGH NJW 1999, 418, 420, der mit Blick auf eine im kaufmännischen Verkehr verwandte Klausel, die den Anspruch nach § 649 S. 2 mithilfe fester Prozentsätze pauschaliert, ausführt, dass ein Verstoß gegen § 9 AGBG (§ 307) nicht schon daraus folge, dass die Klausel den Nachweis zumindest erschwere, dass eine Einbuße nicht entstanden oder wesentlich niedriger sei als die Pauschale. Ein Verbot von Klauseln derartigen Inhalts ergebe sich nämlich nur aus der Regelung in § 11 Nr. 5 b AGBG (§ 309 Nr. 5 b), deren Anwendung im kaufmännischen Verkehr ausgeschlossen sei.

die Wertung des § 376 II HGB für entbehrlich zu erklären. Denn § 376 II HGB greift nur dann ein, wenn die Ware einen Börsen- oder Marktpreis hat. In diesem Fall kann nach § 376 II HGB die Differenz zwischen dem Kaufpreis einerseits und dem Börsen- oder Marktpreis andererseits als Schadensersatz wegen Nichterfüllung verlangt werden. Zwar nimmt das Gesetz dem anderen Vertragsteil in § 376 II HGB die Möglichkeit des Nachweises eines niedrigeren Schadens. Diese Regelung ist jedoch für den Verwendungsgegner weit weniger gefährlich als es Schadenspauschalen in AGB sein können. Denn erstens wird ein Schaden in der von § 376 II HGB angenommenen Höhe in den allermeisten Fällen tatsächlich gegeben sein, während Divergenzen zwischen dem tatsächlichen Schaden und der in AGB vorgesehenen Pauschale je nach Ausgestaltung der Pauschale die Regel sein können. Und zweitens kann die Kenntnis der in § 376 II HGB enthaltenen Regelung allgemein vorausgesetzt oder doch gefordert werden, so dass Unternehmer sich auf diese Form der Pauschalierung einstellen können, während der Inhalt der AGB nur mit einem entsprechenden Aufwand zur Kenntnis genommen werden kann. Der Grundsatz, dass der Nachweis eines wesentlich niedrigeren oder des Fehlens eines Schadens nicht abgeschnitten werden darf, gilt selbst bei **branchentypischen** Schadenspauschalen.[1] Gleichwohl wird man § 309 Nr. 5 b **keine generelle Indizwirkung** zusprechen können. Denn angesichts der größeren Geschäftsgewandtheit von Unternehmern wäre es verfehlt, den in § 309 Nr. 5 b geforderten ausdrücklichen Hinweis auf die Möglichkeit des Gegenbeweises zu fordern.[2] Auch der BGH ist bisher davon ausgegangen, dass es eines ausdrücklichen Hinweises auf die Möglichkeit des Gegenbeweises nicht bedarf.[3] Zwar entstammt diese Rechtsprechung der Zeit vor der Einführung des Ausdrücklichkeitserfordernisses in § 309 Nr. 5 b. Doch scheint der BGH auch weiterhin an seiner bisherigen Rechtsprechung festhalten zu wollen.[4]

b) Klauselauslegung. Wie bereits erwähnt, muss im unternehmerischen Verkehr nicht ausdrücklich auf die Möglichkeit des Gegenbeweises hingewiesen werden (s. Rz 144). Vielmehr genügt es insofern, dass „die Klausel nach ihrem Wortlaut und erkennbaren Sinn [d]ie Möglichkeit [des Gegenbeweises] belässt".[5] Mit Blick auf Verbraucherverträge war die Rechtsprechung vor der Einfügung des Ausdrücklichkeitserfordernisses unter relativ geringen Voraussetzungen bereit, einen konkludenten Ausschluss des Gegenbeweises anzunehmen. Die relevante Rechtsprechung kann aber jedenfalls auf den unternehmerischen Verkehr nicht übertragen werden. Denn dort können an die Annahme eines Ausschlusses des Gegenbeweises höhere Anforderungen gestellt werden, als die Rechtsprechung sie zu § 11 Nr. 5 b AGB im Verkehr mit Verbrauchern aufgestellt hat.[6] Bei einem in bestimmte Staffelbeträge mit starren Grenzen gegliederten Sanktions- und Entschädigungssystem erscheint 145

---

1 BGH NJW-RR 2002, 1028, 1029 (zu §§ 9, 11 Nr. 5 AGBG).

2 Wie hier *Palandt/Grüneberg* Rz 32; *Bamberger/Becker* Rz 41; *Staudinger/Coester-Waltjen* Rz 26. Möglicherweise anderer Auffassung, aber jeweils nicht ganz eindeutig, MünchKomm/*Basedow* Rz 25; *von Westphalen* NJW 2002, 12, 20.

3 BGH NJW 1994, 1060, 1067 (zu § 9 AGBG).

4 Vgl. BGH, Urt. v. 20. 3. 1003, Az: I ZR 225/00, unter II.3.c., wo darauf hingewiesen wird, dass „dem Vertragspartner des Verwenders, wenn er [...] Unternehmer ist (§ 14 I BGB), der Nachweis eines wesentlich niedrigeren Schadens [...] nicht gem. § 11 Nr. 5 Buchst. b AGBG (nunmehr: § 309 Nr. 5 Buchst. b BGB) ausdrücklich gestattet zu werden [braucht] (§ 24 Satz 1 AGBG und nunmehr § 310 I Satz 1 BGB)".

5 BGH NJW 1996, 1209, 1210 (zu § 9 AGBG).

6 BGH NJW 1994, 1060, 1068, lässt ausdrücklich offen, „ob bei Verwendung einer Pauschalierungsklausel gegenüber einem Kaufmann wegen dessen oft größerer Erfahrung und Geschäftsgewandtheit an die Annahme eines konkludenten Ausschlusses des Gegenbeweises höhere Anforderungen zu stellen sind als im Verkehr mit Nichtkaufleuten".

der Gegenbeweis allerdings auch im unternehmerischen Verkehr als ausgeschlossen.[1] Gleiches gilt, wenn die Klausel unter der Überschrift „Sonstige Preise und Provisionen" bestimmte Beträge auflistet,[2] weil damit der Eindruck erweckt wird, dass es sich um ein Entgelt handele, welches unabhängig vom tatsächlich entstandenen Schaden verlangt werde. Auch wenn dem Verwendungsgegner eine „Bearbeitungsgebühr" oder ein „Entgelt" abverlangt werden, darf er die Klausel dahin gehend verstehen, dass der Gegenbeweis eines niedrigeren Schadens nicht eröffnet sein soll. Demgegenüber wird man eine Klausel, nach welcher der Kunde als Schadensersatz 3 % der Auftragssumme zu zahlen hat, ohne weitere Anhaltspunkte nicht dahin gehend verstehen können, dass der Gegenbeweis ausgeschlossen sein soll.[3] Gleiches gilt für eine Klausel, der zufolge „pauschal folgende Kosten [anfallen]".[4] Verbleibende Zweifel gehen allerdings wegen § 305c II auch im unternehmerischen Verkehr zulasten des Verwenders.[5]

---

1 BGH NJW 1994, 1060, 1068 (zu § 9 AGBG).

2 BGH NJW 1999, 2276, 2277 (zu § 11 Nr. 5 b AGBG und zu einem Verbrauchervertrag).

3 So auch BGH NJW 1996, 1209, 1210 (zu § 9 AGBG).

4 OLG Karlsruhe NJW-RR 1998, 841, 842 (zu § 11 Nr. 5 AGBG und zu einem mit einem Verbraucher abgeschlossenen Reisevertrag).

5 BGH NJW-RR 2002, 1028, 1029 (zu §§ 9, 11 Nr. 5 AGBG).

§ 309 Klauselverbote ohne Wertungsmöglichkeit

Auch soweit eine Abweichung von den gesetzlichen Vorschriften zulässig ist, ist in Allgemeinen Geschäftsbedingungen unwirksam

6. (Vertragsstrafe)

eine Bestimmung, durch die dem Verwender für den Fall der Nichtabnahme oder verspäteten Abnahme der Leistung, des Zahlungsverzugs oder für den Fall, dass der andere Vertragsteil sich vom Vertrag löst, Zahlung einer Vertragsstrafe versprochen wird.

Inhaltsübersicht

Schrifttum: *Bauer/Diller,* Nachvertragliche Wettbewerbsverbote: Änderungen durch die Schuldrechtsreform, NJW 2002, 1609; *Beuthien,* Pauschalierter Schadensersatz und Vertragsstrafe, FS für Larenz 1973, 495 ff.; *Fischer,* Vertragsstrafe und vertragliche Schadenspauschalierung, 1981; *Hümmerich,* Gestaltung von Arbeitsverträgen nach der Schuldrechtsreform, NZA 2003, 753; *Kappellmann/Lange/Schiffer,* Bemessung von Vertragsstrafen für verzögerte Baufertigstellung in AGB, BB 1987, 560; *von Koppenfels,* Vertragsstrafen im Arbeitsrecht nach der Schuldrechtsmodernisierung, NZA 2002, 598; *Leder/Morgenroth,* Die Vertragsstrafe im Formulararbeitsvertrag, NZA 2002, 952; *Lindacher,* Phänomenologie der Vertragsstrafe, 1972; *Schwirtzek,* Mankoabreden nach der Schuldrechtsreform – Zurück in die Zukunft!, NZA 2005, 437; *Reichenbach,* Konventionalstrafe für den vertragsbrüchigen Arbeitnehmer, NZA 2003, 309; *Schrader/Schubert,* AGB-Kontrolle von Arbeitsverträgen – Grundsätze der Inhaltskontrolle arbeitsvertraglicher Vereinbarungen (Teil 2), NZA-RR 2005, 225; *Singer,* Arbeitsvertragsgestaltung nach der Reform des BGB, RdA 2003, 194; *Wächter/Stender,* Die Rechtsprechung zu Investitions- und Beschäftigungszusagen in Treuhandprivatisierungsverträgen, NJW 2000, 395; *Wenzel,* Vorzeitige Beendigung langfristiger Hypothekendarlehen, WM 1997, 2340.

I. Zweck und Allgemeines

1–9 § 309 Nr. 6 enthält ein partielles Verbot von Vertragsstrafeklauseln. Die Gründe für dieses Verbot sind unschwer zu erkennen. Vertragsstrafeklauseln bergen erhebliche Risiken für den anderen Vertragsteil.[1] So mag der Verwender versucht sein, geringe Anforderungen an die Verwirkung der Strafe zu stellen und Vertragsstrafen schon bei leichten Verstößen vorzusehen. Diese Gefahr wiegt umso schwerer, als die Pflicht zur Zahlung einer Vertragsstrafe nicht von der Entstehung eines Schadens abhängig ist. Vertragsstrafeklauseln können daher zu einer Belastung des anderen Vertragsteils führen, die keinen Schadensausgleich, sondern eine Steigerung des vom Verwender erzielten Gewinns bewirkt. Die Möglichkeit einer nachträglichen Herabsetzung der Vertragsstrafe nach § 343 gewährt nach richtiger Einschätzung des Gesetzgebers keinen hinreichenden Schutz. Denn erstens wird der andere Vertragsteil in diesem Falle zur Prozessführung genötigt.[2] Und zweitens bleibt die Gefahr, dass die in § 309 Nr. 5 für die Verwendung von Schadenspauschalen gesetzten Grenzen mittels Vertragsstrafeklauseln vermieden werden.[3] Die Gefährlichkeit von Vertragsstrafeklauseln für den Verwendungsgegner wird auch in aller Regel nicht durch schutzwürdige Interessen des Verwenders aufgewogen. Meist ist eine Vertragsstrafe nämlich nicht notwendig, um den anderen Vertragsteil zu vertragsgemäßem Verhalten zu bewegen. Vielmehr bieten Schadensersatzansprüche, die zudem nach § 309 Nr. 5 pauschaliert werden können, regelmäßig einen hinreichenden Anreiz zu vertragskonformem Verhalten. Vor diesem Hintergrund muss es überraschen, dass der Gesetzgeber sich, übrigens ohne nähere Begründung, entschlossen hat, das Verbot von Vertragsstrafeklauseln auf bestimmte eng umgrenzte Fallgruppen zu begrenzen, nämlich auf die Fälle der Nichtabnahme oder verspäteten Abnahme der Leistung, des Zahlungsverzuges oder der Lösung vom Vertrag. § 309 Nr. 6 entspricht wörtlich der Vorgängervorschrift des § 11 Nr. 6 AGBG.[4] Auch die Klauselrichtlinie enthält vereinzelte Ansatzpunkte für ein Vertragsstrafenverbot im Klauselkatalog des Anhangs.[5]

II. Tatbestand

1. Vertragsstrafe

10 **a) Allgemeines.** § 309 Nr. 6 findet nach seinem Wortlaut nur auf solche Klauseln Anwendung, die die Zahlung einer Vertragsstrafe vorsehen. Allerdings ist der Begriff der Vertragsstrafe in § 309 Nr. 6 weit auszulegen. Er erfasst die Vertragsstrafe

---

1 Ähnlich z. B. *Bamberger/Becker* Rz 1: erhebliche Belastung des Verwendungsgegners.
2 Zum Ganzen BT-Drs. 7/3919 S. 30.
3 Zum Ganzen BT-Drs. 7/3919 S. 30.
4 BT-Drs. 14/6040, S. 155.
5 S. Anh. 1 e RL Rz 75; Anh. Nr. 1 f RL Rz 90.

im engeren Sinn (Rz 11 ff.), das selbstständige Strafgedinge (Rz 15), so genannte Verfallsklauseln (Rz 16 ff.), aber auch das Reugeld (Rz 20).

b) Vertragsstrafe im engen Sinn. Ohne weiteres unter § 309 Nr. 6 fällt die Vertragsstrafe im engeren Sinn.[1] 11

aa) Begriff. Bei der Vertragsstrafe im engeren Sinne handelt es sich um die Vereinbarung einer Geldzahlung (§ 339) oder einer anderen Leistung (§ 342), falls der Schuldner seine Verbindlichkeit nicht oder nicht in gehöriger Weise erfüllt (§ 339) und dies zu vertreten hat.[2] Die Rechtsprechung geht zu Recht davon aus, dass die Vertragsstrafe zwei Funktionen hat.[3] Zum einen soll sie den Schuldner zu gehöriger Erfüllung anhalten.[4] Zum anderen soll sie den Schadensausgleich erleichtern, indem schwierige Schadensberechnungen und ein Einzelnachweis vermieden werden.[5] Da die Vertragsstrafe nach dem Gesagten insbesondere die Funktion hat, zur Erfüllung einer anderen Schuld anzuhalten, wird sie auch als unselbstständige Vertragsstrafe bezeichnet. 12

bb) Auslegung von Klauseln. Ob eine Vertragsstrafe im engeren Sinne gegeben ist, muss im Wege der Auslegung (§§ 133, 157, 305 c II) ermittelt werden. Gleichgültig ist, ob die AGB den Begriff der Vertragsstrafe verwenden.[6] Auch andere Begriffe wie „Abstandssumme"[7] oder einfach „Zahlung" können der Sache nach eine Vertragsstrafe darstellen. Stets zu prüfen ist aber, ob die Klausel nicht bloß als Schadenspauschalierung auszulegen ist. Zur Abgrenzung kann auf die Ausführungen zur Schadenspauschale verwiesen werden (s. § 309 Nr. 5 Rz 33 ff). 13

cc) Beispiele. Eine Vertragsstrafe im engeren Sinn ist z. B. dann anzunehmen, wenn AGB eines Kreditkartenunternehmens eine pauschale „Überziehungsgebühr" von monatlich € 2,50 für den Fall vorsehen, dass bei Überziehung des Kontos der jeweilig fällige Mindestbetrag in Höhe von 10% des Saldos nicht gezahlt wird.[8] Da eine Vertragsstrafe nicht nur Geldzahlungen, sondern auch **sonstige Leistungen** umfasst (§ 342), liegt eine Vertragsstrafe z. B. auch dann vor, wenn für den Fall unpünktlicher Zahlung der Gegenleistung die Herausgabe eines erworbenen oder zu Besitz erlangten Gegenstandes unter Aufrechterhaltung des Vertrags vorgesehen wird (s. aber § 503 II 4). Keine Vertragsstrafe liegt aber z. B. in der Regelung, dass der Inhaber der Hauptkarte bei einem Kreditkartenvertrag das Risiko trägt, dass der Inhaber der Zusatzkarte diese nach Sperrung der Zusatzkarte missbräuchlich weiter verwendet.[9] 14

c) Das **selbstständige Strafgedinge** (§ 343 II) ist im Gegensatz zur unselbstständigen Vertragsstrafe dadurch gekennzeichnet, dass der vereinbarten Strafe keine Leistungsverpflichtung zu Grunde liegt, zu deren Erfüllung angehalten werden soll. Die Strafe dient vielmehr dazu, den Schuldner zu einer Leistung zu bewegen, 15

---

1 S. z. B. *Bamberger/Becker* § 309 Nr. 6 Rz 5.

2 Zum Verschuldenserfordernis s. z. B. *Palandt/Grüneberg* § 339 Rz 2, 3.

3 BGH NJW 1998, 2600, 2602.

4 BGH NJW 1998, 2600, 2602; BGHZ 85, 305, 313 = NJW 1983, 385; BGHZ 63, 256, 259 = NJW 1975, 163; BGHZ 33, 236, 237 = NJW 1961, 115; KG NJW-RR 1989, 1075, 1077; OLG Hamm NJW-RR 2004, 58, 59.

5 BGH NJW 1998, 2600, 2602; BGHZ 85, 305, 313 = NJW 1983, 385; BGHZ 63, 256, 259 f. = NJW 1975, 163; OLG Hamm NJW-RR 2004, 58, 59. Nach a.A. soll die Vertragsstrafe lediglich zu vertragskonformem Verhalten anhalten, zielt aber nicht auf eine Erleichterung des Schadensausgleichs. In diesem Sinne *Lindacher,* Phänomenologie der Vertragsstrafe, S. 57 ff. Ihm zustimmend z. B. *Bamberger/Becker* Rz 3.

6 BGH NJW 1994, 1532, 1533 (zu § 11 Nr. 6 AGBG); *Bamberger/Becker* Rz 9; *Ulmer/Hensen* Rz 6.

7 OLG Frankfurt ZIP 1984, 1363 (zu § 11 Nr. 6 AGBG).

8 BGH NJW 1994, 1532, 1533 (zu § 11 Nr. 6 AGBG und zu einem Betrag von 5 DM).

9 OLG Koblenz NJW 2004, 3563, 3564.

zu der er sich nicht verpflichtet hat. Auch das selbstständige Strafgedinge fällt nach richtiger Auffassung unter § 309 Nr. 6.[1] Dies folgt schon daraus, dass die von § 309 Nr. 6 erfassten Ereignisse der Nichtabnahme, der verspäteten Abnahme und der Lösung vom Vertrag oftmals Anknüpfungspunkt einer Vertragsstrafe sein werden, ohne dass eine Verpflichtung des anderen Teils zur Vornahme dieser Handlungen bestünde. Und außerdem wäre es wenig einleuchtend, dem Verwendungsgegner den Schutz des § 309 Nr. 6 gerade in jenen Fällen zu nehmen, in denen ihn nicht einmal eine Leistungsverpflichtung trifft, er also besonders schutzwürdig ist.

16 **d) Verfallklauseln.** Verfallsklauseln, die man auch als Verwirkungsklauseln bezeichnet, haben mit der Vertragsstrafe im engeren Sinn gemein, dass sie an das Vorliegen einer Vertragsverletzung anknüpfen, unterscheiden sich von der Vertragsstrafe im engeren Sinn jedoch durch die in der Klausel vorgesehene Rechtsfolge. Namentlich sehen Verfallsklauseln keine zur Hauptleistungspflicht hinzutretende Pflicht zur Erbringung einer Geld- oder Sachleistung vor, sondern ordnen an, dass der Schuldner eigene Rechte verliert.[2]

17 **aa) Allgemeines.** Im Grundsatz ist anerkannt, dass die §§ 339 ff auf Verfallsklauseln entsprechende Anwendung finden.[3] Gleiches gilt für § 309 Nr. 6.[4] Allerdings ist sowohl mit Blick auf die §§ 339 ff als auch in Hinsicht auf § 309 Nr. 6 zu fordern, dass der relevante Rechtsverlust nicht schon nach dem Gesetz als Folge des in der Verfallsklausel beschriebenen Verhaltens vom Verwender herbeigeführt werden kann. Denn eine Klausel, die lediglich den automatischen Eintritt dessen vorschreibt, was der Verwender auch nach dispositivem Recht zumindest durch eine entsprechende Willenserklärung herbeiführen kann, hat keine nennenswerte Sanktionsfunktion. Im Übrigen sei auf die **allgemeinen Ausführungen** zu Verfallsklauseln verwiesen.[5]

18 **bb) Vorfälligkeitsklauseln.** Schwierigkeiten ergeben sich bei solchen Verfallsklauseln, deren Wirkung sich darin erschöpft, die vorzeitige Fälligkeit eines ohnehin zu zahlenden Betrages zu bewirken (Vorfälligkeitsklauseln). Eine Verfallsklausel in Form einer Vorfälligkeitsklausel liegt beispielsweise dann vor, wenn der Rechtsverlust im Wegfall einer Stundungsabrede, in der vorzeitigen Fälligstellung von Zinszahlungen oder sonstigen Teilzahlungen, im Verlust des Rechts auf Ratenzahlung wie in § 498 oder in der Pflicht zur vorzeitigen Rückzahlung eines Darlehens liegt. Auch eine Klausel in einem Fitnessvertrag, die vorsieht, dass bei Verzug mit mehr als zwei Beiträgen „alle Beiträge bis zum Ende der Laufzeit sofort fällig werden", stellt eine Vorfälligkeitsklausel dar.[6] Eine Vorfälligkeitsklausel liegt auch vor, wenn bei Nichtabnahme von Teilleistungen eines Sukzessivlieferungsvertrags die sofortige Fälligkeit des Gesamtkaufpreises vorgesehen wird.[7] Beim **Verbraucherdarlehensvertrag** müssen Vorfälligkeitsklauseln jedenfalls der Vorschrift des

---

1 *Bamberger/Becker* Rz 5; *Schlosser/Coester-Waltjen* § 11 Nr. 6 Rz 10; *Staudinger/Coester-Waltjen* Rz 7; a. A. *Löwe/von Westphalen* § 11 Nr. 6 Rz 5: Anwendung von § 9 AGBG (§ 307) mit gleichem Ergebnis.

2 *Palandt/Grüneberg* § 339 Rz 5. Vgl. auch BGH NJW-RR 1991, 1013, 1015 (zu § 9 AGBG): Anordnung des Rechtsverlusts für den Fall einer Vertragsverletzung entspricht dem Vorliegen einer Vertragsstrafe.

3 BGH NJW-RR 1993, 243, 246; *Palandt/Grüneberg* vor § 339 Rz 5. *Bamberger/Becker* Rz 5 geht möglicherweise sogar von einer unmittelbaren Anwendung des § 309 Nr. 6 auf Verfallsklauseln aus.

4 Wie hier *Bamberger/Becker* Rz 5; MünchKomm/*Basedow* Rz 10. Für eine Kontrolle anhand von § 9 AGBG (§ 307), allerdings ohne auf § 11 Nr. 6 AGBG (§ 309 Nr. 6) einzugehen, BGH NJW-RR 1991, 1013, 1015. Differenzierend *Ulmer/Hensen* Rz 7, der § 309 Nr. 6 nur dann auf Verfallsklauseln anwenden möchte, wenn diese „den Kunden zu einer gesondert ausgewiesenen Zahlung verpflichten".

5 S. § 308 Nr. 3 Rz 18, Anh. § 310 Rz V 21–40.

6 OLG Brandenburg NJW-RR 2004, 273, 274.

7 S. zu einer solchen Klausel BGH NJW-RR 1986, 211, 212, wo die Anwendbarkeit des § 11 Nr. 6 AGBG (§ 309 Nr. 6) offen gelassen und stattdessen auf § 9 AGBG (§ 307) zurückgegriffen wird.

§ 498 genügen. Inwiefern darüber hinaus die §§ 339 ff sowie § 309 Nr. 6 anwendbar sind, ist umstritten.[1]

Der **BGH** hat es in einer Entscheidung aus dem Jahre 1985 abgelehnt, eine Vorfälligkeitsklausel im Sinne der Vereinbarung einer Vertragsstrafe zu deuten und an § 11 Nr. 6 AGBG (§ 309 Nr. 6) zu messen.[2] Stattdessen hat der BGH die Klausel allein der Kontrolle nach § 9 AGBG (§ 307) unterworfen. Die vom BGH gewählte Begründung erscheint jedoch nur teilweise überzeugend. Namentlich argumentierte der BGH, dass der Gläubiger im Falle eines Darlehensvertrages ohnehin ein Recht zur Kündigung aus wichtigem Grund habe.[3] Ein solcher Grund könne auch im Zahlungsverzug des Schuldners liegen.[4] Wenn eine AGB-Klausel vorsehe, dass es unter bestimmten Voraussetzungen keiner Kündigungserklärung bedürfe, sondern die vorzeitige Fälligkeit automatisch eintreten solle, so rechtfertige dieser rechtstechnische Unterschied allein nicht das strikte Verbot, welches sich aus einer Anwendung des § 11 Nr. 6 AGBG (§ 309 Nr. 6) ergeben würde.[5] Dem ist zwar ohne weiteres zuzustimmen. Wenn eine Klausel lediglich einen automatischen Eintritt derjenigen Rechtsfolge vorsieht, die nach dem Gesetz ohne weiteres durch Kündigung herbeigeführt werden kann, besteht kein Grund, die Klausel dem Verbot des § 309 Nr. 6 zu unterwerfen (s. Rz 17). In diesem Falle darf die Klausel grundsätzlich auch nicht als unangemessen im Sinne des § 307 eingestuft werden.[6] Eine ganz andere Frage ist jedoch, ob 306 Nr. 6 dann Anwendung finden kann, wenn die Vertragsverletzung, an welche die Vorfälligkeitsklausel anknüpft, für sich genommen nicht ausreicht, um ein Recht zur Kündigung aus wichtigem Grund zu begründen. Und ebendiese Frage stellte sich in dem vom BGH entschiedenen Fall, weil die Klausel die Vorfälligkeit selbst für den Fall anordnete, dass der Schuldner mit zwei aufeinander folgenden Raten auch nur teilweise in Verzug geriet.[7] Richtigerweise wird man die Anwendbarkeit des § 309 Nr. 6 in derartigen Fällen bejahen müssen.[8] Denn es ist nicht einzusehen, weshalb Verfallsklauseln zwar an den §§ 339 ff, aber nicht an § 309 Nr. 6 zu messen sein sollen. Und wenn man die Anwendung des § 309 Nr. 6 auf Verfassklauseln bejaht (s. Rz 17), dann lassen sich auch keine überzeugenden Gründe finden, **Vorfälligkeitsklauseln,** die ja nur einen besonderen Typ der Verfallklausel darstellen, vom Anwendungsbereich des § 309 Nr. 6 auszunehmen. Will man § 309 Nr. 6 entgegen der hier vertretenen Auffassung nicht zur Anwendung bringen, ist die Vorfälligkeitsklausel jedenfalls nach § 307 zu überprüfen.[9] Im Übrigen sei auf die allgemeinen Ausführungen zu Verfallsklauseln verwiesen.[10] 19

---

1 Gegen die (entsprechende) Anwendung der §§ 339 ff. *Palandt/Grüneberg* Rz 5 vor § 339.

2 BGH NJW 1986, 46, 48 (zu § 11 Nr. 6 AGBG). Noch offen gelassen in BGH NJW-RR 1986, 211, 212 (zu § 11 Nr. 6 AGBG).

3 BGH NJW 1986, 46, 48 (zu § 11 Nr. 6 AGBG).

4 BGH NJW 1986, 46, 48 (zu § 11 Nr. 6 AGBG).

5 BGH NJW 1986, 46, 48 (zu § 11 Nr. 6 AGBG).

6 Insoweit zutreffend OLG Brandenburg NJW-RR 2004, 273, 273.

7 BGH NJW 1986, 46, 48 (zu § 11 Nr. 6 AGBG).

8 A. A. wohl OLG Brandenburg NJW-RR 2004, 273, 273. Das Gericht will § 309 Nr. 6 nicht auf Vorfälligkeitsklauseln anwenden, ohne danach zu differenzieren, ob sie nur im Falle solcher Umstände eingreifen, die auch eine außerordentliche Kündigung rechtfertigen. Freilich lag es im konkreten Fall so, dass die Klausel nur solche Fälle erfasste, in denen eine außerordentliche Kündigung möglich gewesen wäre. Auch LG Bielefeld NJOZ 2005, 224, 225, stuft eine an den Zahlungsverzug des Verwendungsgegners anknüpfende Verfallsklausel als unangemessen im Sinne des § 307 ein, ohne § 309 Nr. 6 zu erwähnen. Gegen die Anwendung des § 309 Nr. 6 auf Vorfälligkeitsklauseln auch MünchKomm/*Basedow* Rz 276.

9 BGH NJW 1985, 2329, 3230 (zu § 9 AGBG); BGH NJW-RR 1986, 211, 212 (zu § 9 AGBG); BGH NJW-RR 1991, 1013, 1015 (zu § 9 AGBG).

10 S. § 308 Nr. 3 Rz 18, § 310 Rz V 21–40.

20 **e)** Das **Reugeld** will nicht Vertragsverletzungen sanktionieren, sondern berechtigt einen Vertragsteil, sich durch Geldzahlungen oder andere Leistungen von der Erfüllung zu befreien. Die §§ 339 ff finden auf das Reugeld keine Anwendung.[1] Da § 309 Nr. 6 aber die Zahlung einer Vertragsstrafe für den Fall der Lösung vom Vertrag ausdrücklich erwähnt, fällt das Reugeld nach richtiger Auffassung unter § 309 Nr. 6.[2] Dies gilt nicht nur dann, wenn das Recht auf die Lösung vom Vertrag insgesamt gerichtet ist, sondern auch wenn sich der andere Vertragsteil gegen Entrichtung des Reugeldes nur von der Erfüllung einzelner Leistungspflichten befreien darf, da auch insoweit eine der Vertragsstrafe bei Nichtabnahme der Leistung vergleichbare Situation vorliegt, die den Gesetzgeber zur Einbeziehung der Abstandszahlung in § 309 Nr. 6 bewogen hat.[3]

21–29 **f) Garantieversprechen.** Ein Garantieversprechen zeichnet sich dadurch aus, dass es nicht als sekundäres Versprechen zur Erfüllung einer anderen Leistung anhalten will, sondern die Zusage der unbedingten Haftung für den Erfolg der primär versprochenen Leistung enthält. Garantieversprechen werden als primäre Leistungsversprechen in der Regel individualvertraglich vereinbart und sind dann nicht an § 309 Nr. 6 zu messen. Doch auch wenn Garantieversprechen in AGB enthalten sind, fallen sie nicht unter § 309 Nr. 6, weil und soweit keine der in § 309 Nr. 6 erwähnten Fallgruppen der Nichtabnahme, der verspäteten Abnahme, des Zahlungsverzugs oder der Lösung vom Vertrag einschlägig ist. Garantieversprechen in AGB sind deshalb regelmäßig nur nach § 307 zu überprüfen.[4]

2. Fallgruppen unzulässiger Vertragsstrafe

30 **a) Allgemeines.** § 309 Nr. 6 erklärt Vertragsstrafen nicht generell für unzulässig. Vielmehr verbietet § 309 Nr. 6 nur bestimmte Typen von Vertragsstrafen. Zu beachten ist aber, dass § 309 Nr. 6 schon dann Anwendung findet, wenn die Vertragsstrafe zumindest auch in den dort genannten Fallgruppen verwirkt sein soll.[5] Beispielsweise verstößt auch eine solche Klausel gegen § 309 Nr. 6, der zufolge bei „Nichteinhaltung dieses Vertrages" eine Vertragsstrafe zu zahlen ist.[6] Denn damit wird z. B. auch der in § 309 Nr. 6 ausdrücklich genannte Fall des Zahlungsverzugs erfasst.[7] Überdies ist hervorzuheben, dass von § 309 Nr. 6 nicht erfasste Klauseln nach § 307 unwirksam sein können (s. Rz 61 ff).

31–35 **b) Nichtabnahme oder verspätete Abnahme.** § 309 Nr. 6 greift zunächst dann ein, wenn die Vertragsstrafe für den Fall der Nichtabnahme oder der verspäteten Abnahme der Leistung versprochen wird. Vom Begriff der **Leistung** wird jede vom anderen Vertragsteil abzunehmende Leistung erfasst, gleichgültig ob sich die AGB-Klausel auf Geld-, Sach- oder Dienstleistungen bezieht.[8] Ohne Bedeutung

---

1 MünchKomm/*Gottwald* Vor § 339 Rz 38; *Palandt/Grüneberg* Vor § 339 Rz 6; OLG Köln MDR 1968, 48.

2 Wie hier *Palandt/Grüneberg* Rz 33; *Bamberger/Becker* Rz 5; MünchKomm/*Basedow* Rz 2; wohl auch MünchKomm/*Gottwald* Vor § 339 Rz 38. Gegen die Anwendung des § 309 Nr. 6 auf das Reugeld aber KG NJW-RR 1989, 1075, 1077. Das KG, a.a.O. zieht § 9 AGBG (§ 307) heran, bejaht jedoch die Wirksamkeit der von ihm zu beurteilenden Reugeld-Klausel. Gegen die Anwendung des § 309 Nr. 6 und für Anwendung von § 307 auch *Löwe/Graf von Westphalen* § 11 Nr. 6 Rz 8; *Staudinger/Coester-Waltjen* Rz 9.

3 BT-Drs. 7/3919 S. 30.

4 A. A. *Bamberger/Becker* Rz 6, der Garantieerklärungen wohl nur dann vom Anwendungsbereich des § 309 Nr. 6 ausnehmen will, wenn sie sich auf ein in der Vergangenheit liegendes Verhalten beziehen.

5 Ebenso MünchKomm/*Basedow* Rz 10 für den Fall des Zahlungsverzuges.

6 OLG Hamburg NJW-RR 1988, 651, 651 (zu § 11 Nr. 6 AGBG).

7 OLG Hamburg NJW-RR 1988, 651, 651 (zu § 11 Nr. 6 AGBG).

8 *Bamberger/Becker* Rz 9.

ist auch, ob die Leistung vom Verwender oder von einem Dritten zu erbringen ist. Der Begriff der **Abnahme** in § 309 Nr. 6 betrifft nicht nur die Abnahme im Sinne der §§ 433 II, 640, 641 und 641a, sondern jede Art der Leistungsannahme. Insbesondere spielt es keine Rolle, ob eine Pflicht zur Abnahme besteht. Eine **verspätete** Abnahme liegt vor, wenn die Leistung nicht zu der vertraglich vereinbarten Zeit oder innerhalb der vereinbarten Frist abgenommen wird. Darauf, ob die AGB-Klausel die Vertragsstrafe vom Vorliegen des Schuldnerverzuges abhängig macht, kommt es ebenso wenig an wie darauf, ob die Klausel nur im Falle des Annahmeverzuges eingreift. Die Schutzbedürftigkeit des anderen Vertragsteils besteht in allen diesen Fällen in gleicher Weise und erfordert nach dem Zweck von § 309 Nr. 6 dessen Anwendung. **Nichtabnahme** ist die endgültige oder jedenfalls auf unabsehbare Zeit nicht durchführbare Abnahme, die nicht nur bei objektiver Undurchführbarkeit, sondern auch bei endgültiger Annahmeverweigerung vorliegt. Der Grund für das Unterbleiben der Abnahme spielt keine Rolle.

c) Zahlungsverzug. § 309 Nr. 6 verbietet auch solche Vertragsstrafen, die für den Fall des Zahlungsverzugs vereinbart sind. 36

aa) Zahlungspflicht. § 309 Nr. 6 verwendet den Begriff des Zahlungsverzugs. Bei Vertragsstrafen wegen Leistungspflichten, die nicht auf die Zahlung von Geld gerichtet sind, ist § 309 Nr. 6 daher seinem Wortlaut nach nicht anwendbar. Diese Beschränkung des Anwendungsbereichs lässt sich auch nicht als bloßes Redaktionsversehen abtun. Zu beachten ist nämlich, dass bei anderen als Geldzahlungspflichten ein größeres Bedürfnis nach der Vereinbarung von Vertragsstrafen bestehen kann. Ist die Pflicht des Schuldners nämlich nicht auf eine Geldzahlung gerichtet, so besteht je nach der Art der Verpflichtung die Gefahr, dass ein erstattungsfähiger und messbarer Verzugsschaden typischerweise nicht entsteht, so dass es eines besonderen Druckmittels bedarf, mit dessen Hilfe der andere Teil zur Vertragserfüllung angehalten werden kann. § 309 Nr. 6 ist daher beim Verzug mit anderen Pflichten als Zahlungspflichten nicht anwendbar.[1] Allerdings bleibt die Möglichkeit einer Kontrolle anhand des § 307. Bei der Anwendung des § 307 ist auch die Wertung des § 309 Nr. 6 zu berücksichtigen. Dies wird insbesondere dann relevant, wenn im konkreten Fall kein gegenüber den von § 309 Nr. 6 geregelten Fällen gesteigertes Bedürfnis nach Vereinbarung einer Vertragsstrafe besteht, insbesondere weil Schadenspauschalen im konkreten Fall einen ausreichenden Schutz des Verwenders gewährleisten. In diesem Falle ist die Klausel unter Berücksichtigung der Wertung des § 309 Nr. 6 ohne weiteres als unangemessen einzustufen.[2] 37

bb) Nicht fristgemäße Zahlung. Der Begriff des Zahlungsverzugs darf nicht dahin gehend verstanden werden, dass allein solche Klauseln verboten sind, die die Verwirkung der Vertragsstrafe vom Eintritt des Verzugs abhängig machen. Vielmehr reicht es für die Anwendung des § 309 Nr. 6 aus, dass die Klausel auf eine nicht fristgemäße Zahlung abstellt.[3] Dies folgt schon daraus, dass eine solche Klausel zumindest auch diejenigen Fälle erfasst, in denen der Verwendungsgegner schuldhaft nicht zahlt, so dass der Tatbestand des § 309 Nr. 6 selbst bei formaler Betrachtung erfüllt ist (s. Rz 30). Darüber hinaus sprechen auch Sinn und Zweck des § 309 Nr. 6 für eine Anwendung dieser Vorschrift. Denn zum einen ist eine Vertragsstrafeklausel, die die Vertragsstrafe schon bei bloßer Verspätung verwirkt sein lässt, für den Verwender noch deutlich belastender als eine Klausel, die die Verwir- 38

---

[1] *Bamberger/Becker* Rz 9; wohl auch *Ulmer/Hensen* Rz 9.

[2] *Bamberger/Becker* Rz 11.

[3] BGH NJW 1994, 1532, 1533 (zu § 11 Nr. 6 AGBG); *Bamberger/Becker* Rz 9; wohl auch *Ulmer/Hensen* Rz 9.

kung der Vertragsstrafe vom Eintritt des Verzuges abhängig macht. Und zum anderen könnte § 309 Nr. 6 ohne Schwierigkeiten umgangen werden, wenn man diese Vorschrift in der hier interessierenden Konstellation unangewendet lassen wollte.[1] Unwirksam ist beispielsweise eine Überziehungsprovision von 5 % für den Fall der nicht rechtzeitigen Zurückzahlung des Betrages, um den ein Konto überzogen wurde.[2]

39-40 **cc) Verspätung als eigentlicher Grund.** Der Zahlungsverzug (oder die nicht fristgemäße Zahlung) muss der eigentliche Grund für die Vertragsstrafe sein.[3] Auf andersartig motivierte Vertragsstrafen ist nicht § 309 Nr. 6, sondern § 307 anwendbar. Dies gilt etwa für die Vertragsstrafe, die dem Schwarzfahrer durch Beförderungsbedingungen auferlegt wird.[4] Grund für diese Vertragsstrafe ist nicht der Zahlungsverzug,[5] sondern der Versuch des Erschleichens der Fahrleistung.[6]

41 **d) Lösung vom Vertrag.** § 309 Nr. 6 verbietet außerdem die Vereinbarung einer Vertragsstrafe für den Fall der Lösung vom Vertrag.

42 **aa) Begriff.** Das Tatbestandsmerkmal der Lösung vom Vertrag erfasst alle Fälle, in denen der Verwendungsgegner ausdrücklich oder konkludent zum Ausdruck bringt, dass er nicht mehr an den Vertrag gebunden sein will oder nicht mehr zur Erfüllung des Vertrages bereit ist, sei es, dass er seine vertragliche Bindung durch die einseitige Ausübung von vertraglichen oder gesetzlichen Rechten beseitigt, sei es, dass er ohne Berechtigung zum Ausdruck bringt, nicht mehr zur Erfüllung des Vertrages bereit zu sein.

43 **bb) Berechtigte Lösung.** § 309 Nr. 6 erfasst nach dem Gesagten zunächst solche Klauseln, die die Zahlung einer Vertragsstrafe für den Fall der Ausübung eines Lösungsrechts vorsehen. Man denke beispielsweise an eine Vertragsstrafe für den Fall des Rücktritt, der Kündigung oder des Widerrufs. Ohne Bedeutung ist, ob das Lösungsrecht aufgrund Gesetzes oder kraft vertraglicher Vereinbarung besteht.[7] Dass der Anwendungsbereich des § 309 Nr. 6 nicht auf gesetzliche Lösungsrechte beschränkt ist, ergibt sich bereits aus den Gesetzgebungsmaterialien zum AGB-Gesetz. Der Gesetzgeber hatte nämlich den Fall vor Augen, dass der Kunde gegen Zahlung einer Abstandssumme aus dem Vertrag entlassen wird.[8] Damit ist deutlich ein vertraglich eingeräumtes Lösungsrecht nach Art des Reugelds angesprochen.[9] Erst recht überzeugt es nicht, wenn in der Literatur die Auffassung vertreten wird, dass allein die Fälle der unberechtigten Erfüllungsverweigerung durch den Kunden oder der die Erfüllung unmöglich machenden Vertragsverletzungen des Kunden als „Lösung vom Vertrag" anzusehen seien, die berechtigte Lösung vom Vertrag dagegen nicht erfasst werde.[10] Eine solche Auslegung widerspricht nicht nur den bereits erwähnten Vorstellungen des Gesetzgebers, sondern findet auch keine Stütze im Wortlaut der Vorschrift. Letzteres ist umso bemerkenswerter, als es dem Gesetzgeber unschwer möglich gewesen wäre, die vom Verwendungsgegner verschuldete Unmöglichkeit in § 309 Nr. 6 zu erwähnen. Als unzulässige Vertragsstrafe nach

---

1 S. auch *Schlosser/Coester-Waltjen* § 11 Nr. 6 Rz 15.

2 BGH NJW 1994, 1532, 1533 (zu § 11 Nr. 6 AGBG); LG Verden NJW-RR 1987, 430, 431 (zu § 11 Nr. 6 AGBG).

3 Ebenso *Bamberger/Becker* Rz 8, 10.

4 Wie hier MünchKomm/*Basedow* Rz 10. S. auch Anh. § 310 Rz B 257.

5 So aber *Trittel* BB 1980, 497, 501 (zu § 11 Nr. 6 AGBG).

6 Ebenso *Bamberger/Becker* Rz 10; *Palandt/Heinrichs* Rz 35; *Ulmer/Hensen* Rz 10.

7 *Löwe/von Westphalen* § 11 Nr. 6 Rz 16.

8 BT-Drs. 7/3919 S. 30.

9 A. A. *Staudinger/Coester-Waltjen* Rz 11: Abstandssummen beträfen gesetzliches Rücktrittsrecht.

10 So aber *Staudinger/Coester-Waltjen* Rz 14.

§ 309 Nr. 6 ist es daher insbesondere anzusehen, wenn im Maklervertrag eine Provisionsvereinbarung auch bei Abstandnahme vom Maklerangebot vorgesehen wird.[1] Gleichgültig ist, ob die Provisionszahlung voll oder nur teilweise, z. B. zur Hälfte, fällig werden soll.[2]

cc) Unberechtigte Abstandnahme. § 309 Nr. 6 betrifft nicht nur solche Klauseln, die eine Vertragsstrafe für den Fall der wirksamen Ausübung eines Lösungsrechts vorsehen, sondern findet auch dann Anwendung, wenn eine Vertragsstrafe für den Fall versprochen ist, dass der Verwendungsgegner ausdrücklich oder konkludent zum Ausdruck bringt, nicht mehr zur Erfüllung des Vertrages bereit zu sein.[3] Bei unberechtigter Lösung steht dem Verwender aber nach allgemeinen Grundsätzen (§ 280) regelmäßig ein Schadensersatzanspruch zu, den er in den Grenzen des § 309 Nr. 5 pauschalieren kann. Zum Teil wird vorgeschlagen, dass man eine „Lösung vom Vertrag“ auch dort sehen müsse, wo eine vom Kunden begangene Vertragsverletzung von der Art ist, dass eine weitere Fortsetzung des Vertrages nach Lage des Falles sinnlos wird.[4] Dem ist insoweit zuzustimmen, als die unberechtigte Abstandnahme vom Vertrag nicht nur ausdrücklich, sondern auch konkludent erklärt werden kann. Am Erfordernis einer zumindest konkludenten Erklärung wird man jedoch festhalten müssen, denn die speziellen Klauselverbote sollen durch ihre präzise Abfassung etwaige Abgrenzungsschwierigkeiten gerade vermeiden, und dieses Ziel wäre gefährdet, wollte man je nach der Schwere der Vertragsverletzung auf das Erfordernis der Erklärung der Abstandnahme verzichten. 44–49

3. Kausalität

Die Vertragsstrafe muss für den Fall vorgesehen werden, dass eine der geregelten Fallgruppen verwirklicht ist. Dazu ist grundsätzlich ausreichend, aber auch erforderlich, dass die Vertragsstrafe auch dadurch verwirkt werden kann, dass der Verwendungsgegner in Zahlungsverzug gerät, die Leistung nicht oder verspätet abnimmt oder sich vom Vertrag löst. Dabei ist nicht notwendig, dass die Klausel alle Fälle des Zahlungsverzuges, der Nichtabnahme etc. erfasst. Dementsprechend findet § 309 Nr. 6 beispielsweise auch dann Anwendung, wenn der Verzug allein nicht ausreicht, um die Vertragsstrafe zu verwirken, sondern darüber hinaus weitere Tatbestandsvoraussetzungen erfüllt sein müssen.[5] Umgekehrt ist es unschädlich, dass die Klausel gegebenenfalls noch andere, in § 309 Nr. 6 nicht genannte Fallgestaltungen abdeckt. An § 309 Nr. 6 scheitert also beispielsweise auch eine Klausel, der zufolge die Vertragsstrafe anfällt, wenn der Verwendungsgegner nicht fristgemäß zahlt, ohne dass die Klausel zwischen Zahlungsverzug und schuldloser Nichtzahlung unterscheidet (s. Rz 38). Zu fordern ist aber, dass die Klausel zumindest auch solche Fälle erfasst, in denen einer der in § 309 Nr. 6 umschriebenen Tatbestände bei wertender Betrachtung den **eigentlichen Grund** für die Entstehung des Vertragsstrafeanspruchs bildet. Daran fehlt es z. B. bei Vertragsstrafen im Falle des Schwarz- 50

---

1 Für Unwirksamkeit, die Einordnung als Vertragsstrafe aber offen lassend, BGH NJW 1979, 367, 367 (zum AGBG).

2 Ebenfalls für Unwirksamkeit, BGH NJW 1979, 367, 367 (zum AGBG).

3 Vgl. BGH NJW-RR 1998, 1508, 1508 (zu § 11 Nr. 6 AGBG). Dort sah der BGH eine „Lösung vom Vertrag“ i.S.d. § 309 Nr. 6 darin, dass der Verwendungsgegner durch sein Verhalten „zum Ausdruck gebracht [habe], hinsichtlich [bestimmter] Kunden nicht zur weiteren Erfüllung des Rahmenvertrags bereit zu sein“. Für die Anwendung des § 309 Nr. 6 im Falle der unberechtigten Abstandnahme vom Vertrag auch *Staudinger/Coester-Waltjen* Rz 14; *Bamberger/Becker* Rz 12.

4 MünchKomm/*Basedow* Rz 12. Vgl. auch *Staudinger/Coester-Waltjen* Rz 14, die den Fall der vom Kunden verschuldeten Unmöglichkeit der Vertragserfüllung als von § 309 Nr. 6 erfasst ansieht.

5 Ebenso *Bamberger/Becker* Rz 10.

fahrens, da hier der Zahlungsverzug nicht der eigentlich Grund für die Verwirkung der Vertragsstrafe ist (s. Rz 39–40).

4. Vertragsstrafe des anderen Vertragsteils

51 § 309 Nr. 6 erfasst nur solche Vertragsstrafen, die zumindest auch dem anderen Vertragsteil auferlegt sind. Gleichgültig ist, ob die Vertragsstrafe nur den anderen Teil trifft oder ob sich zusätzlich auch der Verwender einer Vertragsstrafe unterwirft.[1] Legt eine Klausel sowohl dem Verwendungsgegner als auch dem Verwender eine Vertragsstrafe auf, und ist die Klausel nach § 309 Nr. 6 in Hinblick auf die dem Verwendungsgegner auferlegte Vertragsstrafe unwirksam, ändert das nichts daran, dass die Klausel im Übrigen wirksam ist und gemäß § 306 I zum Vertragsinhalt wird.[2] Die Überlegungen, die bei der Teilnichtigkeit einer Klausel grundsätzlich dazu zwingen, von der Gesamtnichtigkeit der Klausel auszugehen (Verbot der geltungserhaltenden Reduktion), greifen nämlich dann nicht ein, wenn der verbleibende Teil der Klausel nicht den Verwendungsgegner, sondern den Verwender belastet.

5. Beweislast

52 Für die Beweislast gelten die allgemeinen Grundsätze.[3] Daran ändert sich auch dann nichts, wenn die Unwirksamkeit einer Vertragsstrafe aus § 307 abgeleitet wird.

III. Verhältnis zu anderen Vorschriften

1. § 305 I 3

60 Gemäß § 305 I 3 liegen Allgemeine Geschäftsbedingungen dann nicht vor, wenn eine Klausel im Einzelnen ausgehandelt ist.[4] Besonders hervorzuheben ist in diesem Zusammenhang, dass eine Vertragstrafeklausel auch **teilweise der Inhaltskontrolle entzogen** sein kann, nämlich dann, wenn sie lediglich zum Teil ausgehandelt worden ist.[5] Dies wird vor allem in denjenigen Konstellationen relevant, in denen eine Vertragsstrafeklausel nur aufgrund ihrer konkreten Ausgestaltung als unangemessen im Sinne des § 307 erscheint. Der BGH unterscheidet in derartigen Fällen zutreffend zwischen dem Kern der Klausel und ihren „Modalitäten".[6] Zu den Modalitäten einer Vertragsstrafe gehören z. B. die Existenz bzw. das Fehlen einer Regelung zur Strafhöhe,[7] aber auch die verschuldensabhängige bzw. -unabhängige Ausgestaltung der Vertragsstrafe.[8] Sofern die relevanten Modalitäten individuell ausgehandelt sind, können sie nicht zur Begründung der Unangemessenheit nach § 307 herangezogen werden, und zwar auch dann nicht, wenn die Klausel im Übrigen vom Verwender nicht zur Disposition gestellt worden ist.[9]

---

1 *Feiber* NJW 1980, 1148 (zu § 9 Nr. 6 AGBG).

2 A. A. *Feiber* NJW 1980, 1148 (zu § 9 AGBG): Anwendung von § 139.

3 Vor §§ 308, 309 Rz 21.

4 Zur Frage, wann eine Vertragsstrafenvereinbarung in einem Bauvertrag als AGB einzuordnen ist, s. auch OLG Köln BauR 2001, 1105.

5 BGH NJW 1998, 3488, 3489 (zu § 9 AGBG).

6 BGH NJW 1998, 3488, 3489 (zu § 9 AGBG).

7 BGH NJW 1998, 3488, 3489 (zu § 9 AGBG).

8 BGH NJW 1998, 3488, 3489 (zu § 9 AGBG).

9 BGH NJW 1998, 3488, 3489 (zu § 9 AGBG).

2. § 307

a) Allgemeines. Neben § 309 Nr. 6 findet § 307 in vollem Umfang Anwendung.[1] Insbesondere wäre es verfehlt, solche Vertragsstrafeklauseln, die nicht gegen das Verbot des § 309 Nr. 6 verstoßen, im Umkehrschluss als zulässig anzusehen. Vielmehr belasten auch solche Vertragsstrafeklauseln, die nicht unter § 309 Nr. 6 fallen, den Verwendungsgegner mit erheblichen Risiken, gegen welche die Möglichkeit der Herabsetzung nach § 343 keinen ausreichenden Schutz bietet. Auch Vertragsstrafeklauseln, die nicht bereits von § 309 Nr. 6 verboten werden, sind zumindest gegenüber Verbrauchern **im Zweifel unangemessen.**[2] Hervorzuheben ist allerdings, dass im Rahmen des § 307 auch auf die Verwenderinteressen Rücksicht zu nehmen ist. Insbesondere dann, wenn die Möglichkeit von Schadenspauschalierungen als Druckmittel für die Erfüllung ausscheidet, weil es an einem messbaren und erstattungsfähigen Schaden fehlt, kann ein berechtigtes Interesse an der Verwendung von Vertragsstrafen nicht ausgeschlossen werden. Gleiches gilt, wenn Schadensersatzansprüche wegen der Geringfügigkeit des Schadens kein ausreichendes Druckmittel darstellen. Bereits an dieser Stelle sei zudem erwähnt, dass im unternehmerischen Verkehr andere Maßstäbe gelten. Dort ist die Verwendung von Vertragsstrafeklauseln in AGB grundsätzlich nicht zu beanstanden.[3] 61

b) Leitlinien für die Angemessenheitsprüfung. Im Einzelnen gelten folgende Grundsätze. 62

aa) Bestimmtheitsgebot. Die Vertragsstrafe muss nach Voraussetzungen und Inhalt dem Bestimmtheitsgebot entsprechen.[4] Die Verstöße, die die Vertragsstrafe auslösen, müssen für den Betroffenen konkret aus den AGB erkennbar sein. Eine Klausel, die pauschal bestimmt, dass bei Nichteinhaltung des Vertrags eine Vertragsstrafe fällig ist, ist daher nicht nur, weil sie den Zahlungsverzug erfasst, nach § 309 Nr. 6,[5] sondern außerdem wegen Unbestimmtheit nach § 307 unwirksam. Wenig überzeugend ist allerdings die Annahme, dass ein Verstoß gegen § 307 wegen Unbestimmtheit auch dann vorliegt, wenn die AGB eines Speditionsunternehmens vorsehen, dass der Fuhrunternehmer eine Vertragsstrafe in Höhe von 3000 Euro zahlt, wenn er „das Fahrzeug der Spedition nicht fristgerecht zur Verfügung [stellt]".[6] 63

bb) Kumulationsverbot. Ohne weiteres unangemessen und daher unwirksam ist eine Klausel, die entgegen der gesetzlichen Regelung eine Kumulierung von Schadensersatz und Vertragsstrafe (§§ 340 II, 341 II) vorsieht.[7] Dies gilt auch im un- 64

---

1 BGH NJW 1988, 1373, 1374 (zu §§ 9, 11 Nr. 6 AGBG).

2 Ohne Erwähnung einer solchen Argumentationslastregel aber z. B. MünchKomm/*Basedow* Rz 6 f.

3 Zumindest mit Blick auf Bauverträge ebenso BGH NJW 1998, 3488, 3489 (zu § 9 AGBG): „grundsätzlichen Zulässigkeit einer Vertragsstrafenklausel auch in AGB".

4 S. auch Rz 97.

5 So OLG Hamburg NJW-RR 1988, 651, 651 (zu § 11 Nr. 6 AGBG).

6 OLG Celle NJOZ 2004, 993, 994. Das OLG Celle, a.a.O., argumentiert, dass diese Formulierung nicht ersichtlich mache, „ob nur das Nichtgestellen des Lkw zum ersten Einsatz überhaupt oder ob z. B. das schuldhafte Nichtgestellen eines Lkw für zwei Stunden schon genügen soll, um die Vertragsstrafe auszulösen, oder ob etwa jede Nichtgestellung eines Lkw für einen ganzen Tag die Vertragsstrafe auslöst, und wie es sein soll, wenn über einen längeren Zeitraum ein Lkw nicht bereit gestellt wird". Diese Fragen lassen sich jedoch ohne weiteres im Wege der Auslegung beantworten.

7 BGH NJW 1992, 1096, 1097 (zu § 9 AGBG und zum kaufm. Verkehr); BGH NJW 1985, 53, 56 (zu § 9 AGBG und zum kaufm. Verkehr); OLG Rostock, Urt. v. 17. 3. 2003, Az: 3 U 107/02, Beck RS 2004-00239 unter II.2.b.bb.aaa (zu § 9 AGBG und zum kaufm. Verkehr); *Bamberger/Becker* Rz 21.

ternehmerischen Verkehr,[1] und zwar selbst dann, wenn die Schadensberechnung Schwierigkeiten bereitet.[2]

65 **cc) Vorbehalt der Vertragsstrafe.** Gemäß § 307 unwirksam ist auch eine Klausel, die in Abweichung von § 341 III auf das Erfordernis des Vorbehalts der Vertragsstrafe völlig verzichtet.[3] Hinsichtlich des Zeitpunkts wird § 341 III vom BGH[4] aber nur als Zweckmäßigkeitsvorschrift angesehen. Deshalb ist eine Regelung in AGB, die den Vorbehalt auch noch nach der Erfüllungsannahme bis zur Schlusszahlung zulässt, nicht nach § 307 unwirksam.[5] Eine Klausel in einem Bauvertrag, nach welcher die Vertragsstrafe noch im Zusammenhang mit der Schlusszahlung geltend gemacht und von der sich aus der Schlusszahlung ergebenden Werklohnforderung des Auftragnehmers in Abzug gebracht werden kann, ist dahin gehend zu verstehen, dass der Auftraggeber die Vertragsstrafe spätestens mit der Schlusszahlung geltend machen muss und bei dieser Auslegung nicht unangemessen.[6] Im Übrigen wird die Regelung zum Vorbehalt der Vertragsstrafe jedoch von der Vertragsstrafe als solcher durch einfaches Wegstreichen trennbar sein, so dass lediglich der Verzicht auf den Vorbehalt der Vertragsstrafe entfällt, die Vertragsstrafeklausel als solche aber nicht unwirksam ist.

66 **dd) Möglichkeit der Schadenspauschalierung.** Ein Unwirksamkeitsgrund für Vertragsstrafeklauseln ist im Regelfall gegeben, wenn dem Verwender die Möglichkeit von Schadenspauschalierungen offensteht. Denn in diesem Falle ist ein Bedürfnis für eine Vertragsstrafe gemeinhin nicht anzuerkennen. So sind beispielsweise Fangprämien bei Ladendiebstahl als Schadensposten anzusehen,[7] so dass eine Schadenspauschalierung möglich ist und eine daneben vereinbarte Vertragsstrafe grundsätzlich nach § 307 unangemessen ist. Im Regelfall wird es auch bereits an einer wirksamen Einbeziehung einer Fangprämienklausel fehlen.[8]

67 **ee) Geringer Schaden.** Eine Vertragsstrafe kann jedoch an Stelle einer Schadenspauschale wirksam sein, wenn z. B. der Schaden zu geringfügig ist, als dass die Drohung mit einem Schadensersatzanspruch als Druckmittel für die Erfüllung ausreichen könnte. Dies trifft etwa für Vertragsstrafen bei Schwarzfahrten in öffentlichen Verkehrsmitteln zu, die deshalb nach richtiger Auffassung bei angemessener Höhe grundsätzlich wirksam sind.[9] Soweit die Vertragsstrafe nicht auf einer gesetzlichen Vorschrift beruht, womit sie der AGB-Kontrolle nach § 307 III 1 entzogen wäre,[10] kann sich ihre Unangemessenheit jedoch beispielsweise daraus ergeben, dass die Klausel auch gegenüber einem schuldlos handelnden Fahrgast gelten soll (vgl. Rz 69). Im Übrigen bedarf es zur Einbeziehung der Klausel eines gültigen Beförderungsvertrages, woran es bei Minderjährigen fehlt, wenn eine Einwilligung oder Genehmigung des gesetzlichen Vertreters nicht erteilt oder auf die Be-

---

1 BGH NJW 1992, 1096, 1097 (zu § 9 AGBG); BGH NJW 1985, 53, 56 (zu § 9 AGBG).

2 BGH NJW 1992, 1096, 1097 (zu § 9 AGBG).

3 BGH NJW 1983, 385, 386 (zu § 9 AGBG); *Bamberger/Becker* Rz 21; *Staudinger/Coester* § 307 Rz 260.

4 BGHZ 72, 222, 227 = NJW 1979, 212, 213 (zu einem noch vor Erlass des AGBG abgeschlossenen Vertrag).

5 BGHZ 72, 222, 227 (zu einem Vertrag vor Erlass des AGB); BGH NJW 1983, 385, 387 (zu § 9 AGBG); *Jagenburg/Reichelt* NJW 2000, 2629, 2637 (zum AGBG); *Staudinger/Coester* § 307 Rz 260.

6 BGH NJW-RR 2000, 1468, 1468 (zu § 9 AGBG).

7 BGH NJW 1980, 119, 119, allerdings ohne Eingehen auf die AGB-rechtliche Behandlung von Fangprämien.

8 *Löwe/Graf von Westphalen* § 11 Nr. 6 Rz 39; a. A. *König* MDR 1980, 637.

9 S. noch Anh. § 310 Rz B 257.

10 Z. B. § 12 EVO; dazu *Trittel* BB 1980, 497.

nutzung von Verkehrsmitteln nach Erwerb einer gültigen Fahrkarte beschränkt war.[1]

ff) Verschulden. Mit Blick auf die Frage des Verschuldens ist zu differenzieren. 68

α) Kein Verschulden. Soll die Vertragsstrafe auch durch schuldloses Verhalten verwirkt werden können, ist die Klausel grundsätzlich unangemessen. Denn eine solche Gestaltung widerspricht dem gesetzlichen Leitbild des § 339. Das Absehen vom Verschuldenserfordernis führt zur Unwirksamkeitsvermutung nach § 307 II Nr. 1, die nur bei Vorliegen eines vom Verwender nachzuweisenden besonderen Bedürfnisses ausgeräumt werden kann.[2] Ein solches Bedürfnis besteht z. B. bei Vertragsstrafen, die Arbeitsplatzsicherungszusagen in Verträgen mit der Treuhandanstalt sichern,[3] weil es sich bei der Sicherung der Arbeitsplätze um eine Hauptleistungspflicht mit „kaufpreisersetzende[r] Funktion" handelt,[4] deren Einhaltung durch Schadensersatzansprüche nicht hinreichend gewährleistet werden kann. Unwirksam ist dagegen eine Vertragsstrafeklausel gegenüber „Schwarzfahrern", wenn sie ohne gesetzliche Grundlage[5] auch für den schuldlos Handelnden gelten will.[6] Das Verschuldenserfordernis muss freilich nicht ausdrücklich in der Klausel genannt sein.[7] Ausreichend ist vielmehr, dass es der Klausel im Wege der Auslegung entnommen werden kann. Für Verbraucher muss jedoch eine deutliche Erkennbarkeit gewährleistet sein. Im Übrigen ist eine dem Grunde nach in AGB zulässige Vertragsstrafe trotz des Verzichts auf das Verschuldenserfordernis wirksam, wenn gerade dieser Verzicht im Einzelnen ausgehandelt ist,[8] mag auch die Klausel im Übrigen nicht zur Disposition gestellt worden sein (s. Rz 60).[9] 69

β) Einfache Fahrlässigkeit. Im Schrifttum wird darüber hinaus zum Teil die Auffassung vertreten, dass Vertragsstrafepauschalen, die gegenüber dem Schuldner der Sachleistung vorgesehen werden, im Regelfall auch dann unangemessen sind, wenn sie sich mit einfacher Fahrlässigkeit des Schuldners begnügen.[10] Diese Auffassung scheint jedoch zu restriktiv. Denn auch solche Pflichtverletzungen, die lediglich mit einfacher Fahrlässigkeit begangen werden, können für den Verwender ein erhebliches Risiko darstellen, gegen welches er sich verständlicherweise absichern will. Siehe aber Rz 71. 70

gg) Verhältnismäßigkeit. Nach § 307 unwirksam ist auch eine **unangemessene,** insbesondere eine **unangemessen hohe** Vertragsstrafe.[11] Unverhältnismäßig sind Vertragsstrafen, wenn sie zum Gewicht der Vertragsverletzung oder zur Höhe des zu erwartenden Schadens nicht in einem vernünftigen Verhältnis ste- 71

---

1 AG Hamburg NJW 1987, 448, 448; *Harder* NJW 1990, 857, 858; a. A. AG Köln NJW 1987, 447, 448: Eine Einschränkung der elterlichen Einwilligung dahin gehend, dass diese sich nicht auf Fahrten ohne Fahrausweis erstrecke, sei unbeachtlich, da sie gegen Treu und Glauben verstoße.

2 BGH NJW 1979, 105, 106 (zu § 9 AGBG); BGH NJW 1985, 57, 58 (zu § 9 AGBG); BGH NJW-RR 1991, 1013, 1015 (zu § 9 AGBG). Aus der Literatur s. z. B. MünchKomm/*Basedow* Rz 19: verschuldensunabhängige Vertragsstrafeklausel nur „ausnahmsweise" zulässig.

3 BGH NJW 1999, 2663, 2663 (zu § 9 AGBG).

4 BGH NJW 1999, 2663, 2664 (zu § 9 AGBG).

5 Dazu *Trittel* BB 1980, 497.

6 Vgl. AG Düsseldorf NJW 1988, 1988, 1988: Anwendung des § 3 AGBG (305 b), wenn eine Klausel in einem Beförderungsvertrag vorsieht, dass ein Fahrgast auch dann ein erhöhtes Beförderungsentgelt zahlen muss, wenn er auf dem Weg zu seinem Ziel einschläft und daher weiter fährt als berechtigt.

7 BGH NJW 1998, 2600, 2601 (zu § 9 AGBG); *Bamberger/Becker* Rz 20; *Ulmer/Hensen* Rz 12.

8 BGH NJW 1998, 3488, 3489 (zu § 9 AGBG).

9 BGH NJW 1998, 3488, 3489 (zu § 9 AGBG).

10 In diesem Sinne *Palandt/Grüneberg* Rz 37.

11 BGH NJW 1988, 1373, 1374 (zu § 9 AGBG); BGH NJW 1998, 2600, 2602 (zu § 9 AGBG); MünchKomm/*Basedow* Rz 7.

hen.[1] Insbesondere gilt es der Gefahr entgegenzuwirken, dass „die ständig wachsende Vertragsstrafe [die] eigenen Vertragsansprüche [des anderen Vertragsteils] aufzehren, außer Verhältnis zum möglichen Schaden des Vertragsstrafengläubigers geraten und diesem sogar eine von seinem Sachinteresse nicht mehr gedeckte Geldquelle eröffnen kann".[2] Einen vergleichbaren Unwirksamkeitsgrund sieht Nr. 1e Anh. RL vor.[3] Im Falle vollkommen geringfügiger und belangloser Pflichtverletzungen ist jede Art von Vertragsstrafe unverhältnismäßig. Und auch bei leicht fahrlässigen Pflichtverletzungen kann die Unverhältnismäßigkeit und damit die Unangemessenheit zu bejahen sein,[4] doch ist zu wiederholen, dass ein Grundsatz der Unangemessenheit von Vertragsstrafen, die bei leichter Fahrlässigkeit eingreifen sollen, nicht anzuerkennen ist (s. Rz 70). Vertragsstrafen sind im Übrigen mit Blick auf ihre Höhe in den Grenzen von § 343 wirksam, wenn sie der Höhe nach im Einzelnen ausgehandelt sind.[5]

72 α) **Notwendigkeit der Verhältnismäßigkeitskontrolle.** Der Unwirksamkeitsgrund der Unverhältnismäßigkeit nach § 307 gilt trotz der in § 343 vorgesehenen Herabsetzungsmöglichkeit.[6] Denn die Möglichkeit der Herabsetzung macht die Notwendigkeit einer Verhältnismäßigkeitskontrolle nicht entbehrlich. Dies folgt schon daraus, dass die von § 343 ausgehende Präventionswirkung weit geringer ist als die einer Unwirksamkeitskontrolle nach § 307. Im Falle des § 343 muss der Verwender nämlich nur mit einer Herabsetzung der Strafe, nicht dagegen mit der Unwirksamkeit der gesamten Klausel rechnen. Hinzu kommt, dass § 343 auf die Berücksichtigung der Umstände des Einzelfalles zugeschnitten ist, während nach § 307 die allgemeinen Verhältnisse der üblicherweise beteiligten Personenkreise zu berücksichtigen sind.[7] Außerdem ist nur bei einer Kontrolle anhand des § 307 die Möglichkeit der Verbandsklage nach § 1 UKlaG eröffnet.

73 β) **Fortsetzungszusammenhang.** Besondere Schwierigkeiten ergeben sich bei solchen Klauseln, denen zufolge eine Vertragsstrafe für jede Zuwiderhandlung unter Ausschluss des Fortsetzungszusammenhangs zu zahlen ist. Nach einem Urteil des BGH aus dem Jahre 1992 sind entsprechende Klauseln grundsätzlich unwirksam, wenn sie nicht durch besondere Interessen gerechtfertigt sind.[8] Ein besonderes Interesse in diesem Sinne soll sich aus dem Bedürfnis nach erleichtertem Ersatz für Schäden durch pauschalierte Beträge[9] sowie dann ergeben können, wenn der Ausschluss des Fortsetzungszusammenhangs ausnahmsweise zur Abwehr einer Wiederholungsgefahr geboten ist.[10] Mittlerweile hat der BGH die Rechtsfigur des Fortsetzungszusammenhangs zwar im Bereich des Strafrechts weitgehend aufgegeben.[11] Allerdings ist bisher nicht abschließend geklärt, welche Folgen diese Rechtsprechungsänderung für das Zivilrecht und insbesondere für das AGB-Recht

---

1 BGH NJW 1997, 3233, 3234 (zu § 9 AGBG); BGH NJW 1998, 2600, 2602 (zu § 9 AGBG).
2 BGH NJW 1997, 3233, 3234 (zu § 9 AGBG).
3 S. dort Rz 73.
4 MünchKomm/*Basedow* Rz 7.
5 BGH NJW 1998, 3488, 3489 (zu § 9 AGBG).
6 S. auch BGHZ 85, 305 = NJW 1983, 385, 387 (zu § 9 AGBG); BGH NJW 1988, 1373, 1374 (zu § 9 AGBG).
7 Vgl. z. B. MünchKomm/*Basedow* Rz 6: Maßgeblichkeit der Interessen der typischerweise an Verträgen gleicher Art Beteiligten.
8 BGH NJW 1993, 721, 722 (zu § 9 AGBG). Dieser Entscheidung zustimmend z. B. *Ulmer/Hensen* Rz 19.
9 BGH NJW 1993, 721, 722 (zu § 9 AGBG).
10 BGH NJW 1993, 721, 723 (zu § 9 AGBG).
11 BGH NJW 1994, 1663, 1667: Anerkennung eines Fortsetzungszusammenhangs nur dann, wenn dies zur sachgerechten Erfassung von Unrecht und Schuld unumgänglich ist.

hat.[1] Der BGH hat die Frage, ob die Rechtsprechungsänderung im Strafrecht Auswirkungen auf das Vertragsrecht hat, ausdrücklich offen gelassen und betont, dass im Wege der Auslegung des Vertrages festzustellen sei, ob die Parteien des Vertragsstrafeversprechens Einzelhandlungen unter dem Gesichtspunkt der Fortsetzungstat zusammenfassen wollen.[2] Die letztgenannte Entscheidung ist zwar richtig in dem Sinne, dass es selbstredend den Parteien überlassen ist, die Voraussetzungen für die Verwirkung der Vertragsstrafe festzulegen. Mit Blick auf die AGB-Kontrolle stellt sich aber gleichwohl die Frage, inwiefern der Rechtsordnung eine grundsätzliche Wertung dahin gehend zu entnehmen ist, dass im Fortsetzungszusammenhang stehende Pflichtverletzungen nur als eine Pflichtverletzung zu werten und zu ahnden sind. Nur wenn man von einer entsprechenden Wertung ausgeht, kann man nämlich einen Grundsatz des Inhalts anerkennen, dass Vertragsstrafeklauseln, die einen tatsächlich bestehenden Fortsetzungszusammenhang unberücksichtigt lassen, unwirksam sind. Nicht umsonst hat der BGH die Unwirksamkeit der den Fortsetzungszusammenhang unberücksichtigt lassenden Klauseln in seiner früheren Rechtsprechung damit begründet, dass die Anerkennung des Fortsetzungszusammenhangs eine „von der Rechtsordnung grundsätzlich gewährte Vergünstigung bei der Strafbemessung" darstelle.[3] Entscheidend ist also, ob die der Rechtsfigur des Fortsetzungszusammenhangs zu Grunde liegenden Wertungen weiterhin bei der AGB-Kontrolle berücksichtigt werden können. Wenngleich der BGH diese Frage bisher nicht entschieden hat, erweisen sich seine im Zusammenhang mit der Auslegung von Verträgen gemachten Ausführungen als aufschlussreich. So betont der BGH zu Recht, dass „[d]ie ausnahmslose Verwirkung weiterer Vertragsstrafen für jeden Einzelakt [...]" die „Aufsummierung von Vertragsstrafen" zur Folge haben könne, was „mit dem Gerechtigkeitsgedanken im Allgemeinen nicht zu vereinbaren [ist], wenn ihr nicht ein entsprechendes Sicherungsbedürfnis des Gläubigers gegenübersteht oder die Wahrscheinlichkeit gegeben ist, dass dem Gläubiger durch die zu unterlassenden Taten ein entsprechend hoher Schaden entstehen könnte".[4] Diese zutreffenden Überlegungen, die auch für den unternehmerischen Verkehr Geltung beanspruchen,[5] müssen zu dem Schluss führen, dass Vertragsstrafeklauseln, die jeden Vertragsverstoß einzeln ahnden, nach wie vor grundsätzlich unwirksam sind.[6] Dafür spricht auch, dass der Verwender es weitgehend in der Hand hat, die Pflichten des Verwendungsgegners zu definieren. Durch eine entsprechende Gestaltung des Vertrages kann er unschwer Einfluss auf die Frage nehmen, ob ein bestimmtes Verhalten als eine oder als mehrere Vertragsverletzungen anzusehen ist. Hierin liegt auch ein entscheidender Unterschied zum Strafrecht. Auf der anderen Seite ist nach zutreffender Auffassung des BGH zu berücksichtigen, dass es den beiderseitigen Interessen in aller Regel nicht entsprechen würde, „Einzeltaten nur deshalb zu einer rechtlichen Einheit zusammenzufassen, weil der Schuldner von vornherein mehrfache Verstöße [...] beabsichtigt hat".[7] Denn dies könnte „eine un-

---

[1] Auch das Urteil BGH NJW 2001, 2622, bringt insofern keine endgültige Klärung. Der BGH betont dort, dass „nur nach einer Vertragsauslegung im Einzelfall entschieden werden" könne, „in welchem Umfang bei mehrfachen Verstößen [...] Vertragsstrafen verwirkt sind". Auf die Frage, unter welchen Voraussetzungen entsprechende Klauseln wirksam sind, geht der BGH bezeichnenderweise nicht ein.

[2] BGH NJW 1998, 1144, 1146.

[3] BGH NJW 1993, 721, 723.

[4] BGH NJW 2001, 2622, 2664 (zur Auslegung von Vertragsstrafebestimmungen).

[5] BGH NJW 2001, 2622, 2664 (für Vertragsstrafeversprechen von Kaufleuten).

[6] So i.E. auch MünchKomm/*Basedow* Rz 19; MünchKomm/*Gottwald* § 339 Rz 39; *Palandt/Grüneberg* § 339 Rz 6. Für ein Festhalten an der Rechtsfigur des Fortsetzungszusammenhangs im Zivilrecht, allerdings ohne auf die besondere Problematik allgemeiner Geschäftsbedingungen einzugehen, auch OLG Celle NJW-RR 1996, 902, 903.

[7] BGH NJW 2001, 2622, 2664 (zur Auslegung von Vertragsstrafebestimmungen).

gerechtfertigte Privilegierung eines besonders hartnäckigen Vertragsverletzers bedeuten" und würde zudem die Gefahr bergen, dass „die Vertragsstrafe bereits nach der ersten Handlung ihre Sicherungsfunktion gegenüber den Folgehandlungen einbüßen" würde.[1] Vor diesem Hintergrund wird man eine Klausel für zulässig halten müssen, die trotz des Bestehens eines einheitlichen Vorsatzes die Ahndung einzelner Vertragsverstöße vorsieht, wenn die Einzeltaten auch bei isolierter Betrachtung von erheblichem wirtschaftlichen Gewicht sind.[2] Auch die Höhe der jeweils verwirkten Vertragsstrafe ist bei der Frage, ob eine einzelne Ahndung von Vertragsstrafen angemessen ist, zu berücksichtigen.[3]

74 γ) **Obergrenze.** Eine unangemessen hohe Vertragsstrafe ist insbesondere auch dann anzunehmen, wenn die Höhe der Vertragsstrafe nicht an das Gewicht des Vertragsverstoßes anknüpft, sich mit fortschreitender Dauer des vertragswidrigen Zustandes kontinuierlich steigert und weder eine zeitliche noch eine summenmäßige Beschränkung vorgesehen ist.[4] Dieser Grundsatz wird insbesondere auch für den unternehmerischen Verkehr praktisch relevant (s. Rz 114 ff).

75 **hh) Umgehung.** Nach § 307 unwirksam sind Vertragsstrafen auch dann, wenn sie in Umgehung anderer Vorschriften zur Erfüllung nicht bestehender Pflichten anhalten sollen.

76–79 **ii) Beispiele.** Grundsätzlich unwirksam ist z. B. eine Vertragsstrafe für die Überschreitung von Zwischenfristen, wenn die einmalige Fristüberschreitung zu einer Kumulierung der Vertragsstrafe bei den nachfolgenden Fristen führen kann und auch dann zu zahlen ist, wenn der Endtermin eingehalten wird.[5] Nach Auffassung des BVerwG[6] soll die Vertragsstrafe in einem öffentlich-rechtlichen Studienförderungsvertrag in Höhe von 50 % eines gewährten Ausbildungsdarlehens für den Fall des Nichteintritts in den öffentlichen Dienst oder bei vorzeitiger Aufgabe des Studiums nicht zu beanstanden sein. Die Klausel erscheint jedoch wegen der Höhe der Vertragsstrafe bedenklich. Unter anderem wegen ihrer Höhe als nach § 307 unwirksam eingestuft worden ist eine Vertragsstrafeklausel in den AGB eines Speditionsunternehmens, der zufolge der Verwendungsgegner eine Vertragsstrafe in Höhe von 3000 Euro zu zahlen hat, wenn der Fuhrunternehmer das Fahrzeug nicht fristgemäß zur Verfügung stellt.[7]

3. Verhältnis zu § 2 V Nr. 1 FernUSG

80 § 2 V Nr. 1 FernUSG verbietet Vertragsstrafen zulasten des Teilnehmers am Fernunterricht. Daneben bleibt § 309 Nr. 6 anwendbar.

---

1 BGH NJW 2001, 2622, 2664 (zur Auslegung von Vertragsstrafebestimmungen).

2 Vgl. BGH NJW 2001, 2622, 2664: Im Rahmen der Auslegung spricht „[e]in größeres wirtschaftliches Gewicht der Einzeltaten [...] gegen eine stärkere Zusammenfassung zu einer rechtlichen Einheit".

3 Vgl. BGH NJW 2001, 2622, 2665: „Die Vereinbarung einer hohen Vertragsstrafe für jede Zuwiderhandlung wird eher die Annahme begründen, dass die Vertragspartner eine weitergehende Zusammenfassung verschiedener Handlungen zu einer rechtlichen Einheit gewollt haben."

4 So BGH NJW 1997, 3233, 3234 (zu § 9 AGBG).

5 OLG Bremen NJW-RR 1987, 468, 469 (zu § 9 AGBG).

6 BVerwG NJW 1986, 2589, 2590 (zur Anwendung des § 9 AGBG im Bereich des Verwaltungsvertrags).

7 OLG Celle NJOZ 2004, 993, 994. Die Entscheidungsbegründung leidet freilich daran, dass das OLG nicht deutlich zwischen Schadenspauschalen auf der einen Seite und Vertragsstrafeklauseln auf der anderen Seite unterscheidet, sondern § 309 Nr. 5 auch auf Vertragsstrafeklauseln anzuwenden gewillt scheint.

4. Verhältnis zu § 12 II Nr. 2 BBiG

Mit Blick auf **Ausbildungsverhältnisse** ist § 12 II Nr. 2 des Berufsbildungsgesetzes (BBiG) in der Fassung vom 23. 5. 2005 zu beachten.[1] Danach ist eine Vereinbarung über Vertragsstrafen nichtig. Diese Vorschrift findet neben den §§ 307, 309 Nr. 6 Anwendung. **81**

5. Verhältnis zu § 242

Auch wenn eine Vertragsstrafe wirksam vereinbart worden ist, kann die Berufung hierauf rechtsmissbräuchlich sein.[2] Mit Blick auf die Abgrenzung der Ausübungs- von der Inhaltskontrolle gilt Folgendes: Soweit eine Vertragsstrafe nur in bestimmten Fällen zu unangemessenen Ergebnissen führt, ist zu differenzieren: Findet eine an sich zulässige Vertragsstrafeklausel auch auf Fälle Anwendung, die nach dem üblichen Geschäftsablauf als gänzlich atypische Einzelfälle gekennzeichnet werden können, und erweist sie sich mit Blick auf diese atypischen Einzelfälle als unangemessen, so macht dies die Klausel nicht generell unwirksam. Vielmehr steht der Berufung auf die Klausel in den relevanten Fällen der Einwand des Rechtsmissbrauchs (§ 242) entgegen. Werden dagegen mit der zu weit gefassten Klausel auch solche Fallgestaltungen erfasst, die im normalen Geschäftsablauf nicht unüblich sind, so führt dies grundsätzlich zur Unwirksamkeit der gesamten Vertragsstrafeklausel. **82–89**

IV. Auslegung

Die Auslegung von Vertragsstrafeklauseln erfolgt nach §§ 133, 157, 305c II. Zur Frage, wann eine Klausel im Sinne einer Vertragsstrafe ausgelegt werden kann, siehe Rz 13 sowie § 309 Nr. 5 Rz 33 ff. Zur Frage, wann einer Vertragsstrafeklausel im Wege der Auslegung ein **Verschuldenserfordernis** entnommen werden kann, siehe Rz 69, 111. Sieht ein Vertragsformular vor, dass im Falle von Terminüberschreitungen eine Vertragsstrafe zu zahlen ist, dann können die AGB gleichwohl dahin gehend auszulegen sein, dass nicht jede Terminüberschreitung, sondern lediglich die Überschreitung der Gesamtfrist zur Verwirkung der Vertragsstrafe führen soll, nämlich dann, wenn die AGB an anderer Stelle ausdrücklich zwischen Vertragsstrafen für die Überschreitung von Einzelfristen und solchen für die Überschreitung von Gesamtfristen unterscheiden und lediglich an letzterer Stelle auf die Vertragsstrafeklausel verwiesen wird.[3] Wenn eine Klausel die Vertragsstrafe an die Überschreitung der Fertigstellungsfrist knüpft, so kommt es darauf an, wann die Fertigstellung erfolgt; eine Anzeige der Fertigstellung ist dafür nicht erforderlich.[4] **90, 91**

---

1 BGBl. I, S. 931.

2 Zur Bedeutung des Einwands rechtsmissbräuchlichen Verhaltens bei Vertragsstrafen s. z. B. OLG Jena BauR 2001, 1446.

3 In diesem Sinne BGH NJW 2001, 1346, 1346.

4 BGH NJW 1999, 1108, 1110; *Jagenburg/Reichelt* NJW 2000, 2629, 2637.

V. Unwirksamkeitsfolgen

92–94 Vertragsstrafen, die gegen § 309 Nr. 6 oder gegen § 307 verstoßen, sind unwirksam.[1] Eine geltungserhaltende Reduktion scheidet grundsätzlich aus.[2] Doch gilt auch hier der allgemeine Grundsatz, dass die Gesamtunwirksamkeit der Klausel ausnahmsweise vermieden wird, wenn die Klausel sprachlich und inhaltlich teilbar ist.[3] Zudem gilt es zu bedenken, dass auch bei Zusammenfassung von Vertragsstrafen in einer Klausel trennbare Vertragsstraferegelungen gegeben sein können, die dann einer eigenen Inhaltskontrolle unterliegen.[4] Allerdings dürfen die vorgenannten Ausnahmen vom Grundsatz der Gesamtunwirksamkeit unangemessener Klauseln nicht zu großzügig gehandhabt werden. Enthält ein Vertrag eine Klausel, die in verschiedenen Absätzen verschiedene Termine nennt, und bestimmt eine davon getrennte Vertragsstrafeklausel sodann, dass der Verwender berechtigt sein soll, für jeden Fall der Überschreitung eines einzelnen Termins eine Vertragsstrafe zu fordern, dann ist es verfehlt anzunehmen, dass mit Blick auf jeden der Termine eine trennbare Vertragsstraferegelung vorliegt.[5] Ist die Vertragsstrafe also mit Blick auf einen der angegebenen Termine unwirksam, so ist die Klausel insgesamt unwirksam,[6] da die Vertragsstrafeklausel gerade nicht zwischen den unterschiedlichen Terminen unterscheidet, also auch nicht sprachlich teilbar ist.[7] Keine Bedenken gegen die Aufrechterhaltung der Vertragsstrafeklausel im Übrigen bestehen allerdings dann, wenn die Klausel einen gesonderten Satz enthält, der das Kumulationsverbot ausschließt,[8] weil dann die sprachliche und inhaltliche Teilbarkeit zu bejahen ist;[9] und Gleiches muss gelten, wenn die Klausel in einem vom Rest der Klausel trennbaren Satz vorsieht, dass die Vertragsstrafe auch noch nach Annahme geltend gemacht werden kann.[10]

VI. Arbeitsverträge

95 Gemäß § 310 IV sind bei der Anwendung des § 309 auf Arbeitsverträge die Besonderheiten des Arbeitsrechts zu berücksichtigen.

---

[1] BGH NJW 1983, 385, 387 (zu § 9 AGBG): Möglichkeit der Herabsetzung nach § 343 steht der Unwirksamkeit nach § 9 AGBG (§ 307) nicht entgegen.

[2] OLG Düsseldorf NJW-RR 2001, 1388, 1389 (zu §§ 6, 9 AGBG); *Morgenroth/Leder* NJW 2004, 2797, 2798.

[3] Dazu, dass eine Klausel auch im Falle eines Verstoßes gegen das AGB-Recht teilweise aufrechterhalten werden kann, wenn sie sprachlich und inhaltlich teilbar ist, siehe z. B. BGH NJW 1994, 1060, 1067 (zum AGBG).

[4] BGH NJW-RR 2001, 738, 738 (LS).

[5] So aber BGH NJW-RR 2001, 738, 739 (zu § 9 AGBG); BGH NJW 1999, 1108, 1109 (zu § 9 AGBG).

[6] A. A. BGH NJW-RR 2001, 738, 739 (zu § 9 AGBG); BGH NJW 1999, 1108, 1109 (zu § 9 AGBG).

[7] Tendenziell wie hier wohl auch OLG Brandenburg NJOZ 2005, 2655, 2657, das aber die Besonderheiten des von ihm zu entscheidenden Falls betont und den seiner Entscheidung zu Grunde liegenden Sachverhalt explizit von dem in BGH NJW 1999, 1108, entschiedenen Fall abgrenzt.

[8] A. A. wohl OLG Düsseldorf NJW-RR 2001, 1388, 1389 (zu §§ 6, 9 AGBG).

[9] Vgl. auch BGH NJW 1992, 1096, 1097 (zu § 9 AGBG). Dort hatte der BGH eine Klausel folgenden Inhalts zu beurteilen: „Bei Kündigung nach § 5 dieses Vertrages ist der Repräsentant der Firma gegenüber schadensersatzpflichtig. Außerdem verliert der Repräsentant bei Kündigung aufgrund dieses Paragraphen (Betrug seitens des Repräsentanten) sämtliche bisher auf seinem Konto aufgelaufenen Stornoreserven." Der BGH, a.a.O., S. 1097, stufte die Klausel zu Recht als insgesamt unwirksam ein. Denn es fehlte an der sprachlichen Teilbarkeit, da bei Streichung des Wortes „außerdem" keine sprachlich verständliche Regelung verbleibt. A. A. aber *Lindacher* ZIP 1986, 817.

[10] A. A. wohl OLG Düsseldorf NJW-RR 2001, 1388, 1389 (zu §§ 6, 9 AGBG).

1. Grundsätzliche Zulässigkeit von Vertragsstrafen

96 Nach umstrittener, aber richtiger Auffassung steht § 309 Nr. 6 der Wirksamkeit formularmäßiger Vertragsstrafeversprechen im Arbeitsvertrag grundsätzlich nicht entgegen.[1] Denn nach § 310 IV sind die Besonderheiten des Arbeitsrechts zu berücksichtigen. Zu diesen Besonderheiten gehört auch § 888 III ZPO, der die Vollstreckbarkeit der Arbeitsleistung ausschließt.[2] In Anbetracht der Unmöglichkeit, die Leistung der Arbeit durchzusetzen, stellt die Vertragsstrafe oftmals die einzig wirksame Möglichkeit dar, um die Erfüllung der vertraglichen Hauptpflicht des Arbeitnehmers zu erreichen.[3] Bei Ausbildungsverhältnissen im Sinne des Berufsbildungsgesetzes ist aber § 12 II Nr. 2 BBiG zu beachten, der ein generelles Verbot von Vertragsstrafen enthält (s. Rz 81). Mangels Rechtsfähigkeit des Betriebsrats unwirksam ist eine Klausel, der zufolge der Arbeitgeber bei der Verletzung von Mitbestimmungsrechten eine Vertragsstrafe an den Betriebsrat zu zaheln hat.[4]

2. Kontrolle nach § 307

97 **a) Transparenz.** Allerdings kann ein Vertragsstrafeversprechen nach § 307 unwirksam sein. Dabei ist insbesondere das Transparenzgebot (§ 307 I 2) zu beachten. Die vereinbarte Vertragsstrafe muss nicht nur die zu leistende Strafe, sondern auch die sie auslösende Pflichtverletzung so klar bezeichnen, dass sich der Versprechende in seinem Verhalten darauf einstellen kann.[5] Daher sind globale Strafversprechen, die auf die Absicherung aller arbeitsvertraglicher Pflichten zielen, schon wegen Verstoßes gegen das Transparenzgebot unwirksam.[6] Erforderlich ist vielmehr, dass die Regelung erkennen lässt, welche konkreten Pflichten durch sie tatsächlich gesichert werden sollen. [7] Unwirksam ist daher z. B. eine Vertragsstrafeklausel, die ohne nähere Konkretisierung vorsieht, dass die Vertragsstrafe „bei schuldhaft vertragswidrigem Verhalten" verwirkt sein soll.[8] Auch die Formulierung, dass die Vertragsstrafeklausel im Falle eines „gravierenden Vertragsverstoßes" Anwendung finden soll, ist für sich genommen nicht hinreichend bestimmt.[9] Ausreichend ist es aber, wenn entsprechende Klauseln durch Beispiele in hinreichendem Maße konkretisiert werden, wie z. B. dann, wenn die Klausel im Falle „gravierenden Vertragsverstoßes (etwa gegen das Wettbewerbsverbot, die Geheimhaltungspflicht oder bei einem Überschreiten der Befugnisse aus [den] Vollmachten [des AN])" verwirkt sein soll.[10] Unter Transparenzgesichtspunkten nicht zu beanstanden ist auch eine Klausel, die eine Vertragsstrafe für den Fall vorsieht, dass der Arbeitnehmer das Arbeitsverhältnis nicht antritt oder unter Vertragsbruch auflöst oder dass der Arbeitgeber durch schuldhaftes vertragswidriges Verhalten zur Kündigung des Arbeitsverhältnisses bewegt wird.[11]

---

[1] BAG NZA 2004, 727, 732. Für die grundsätzliche Zulässigkeit formularmäßiger Vertragsstrafeversprechen im Arbeitsrecht auch *Henssler* RdA 2002, 129, 138; *Ulmer/Hensen* Rz 16; *Hromadka* NJW 2002, 2523, 2528; *Leder/Morgenroth,* NZA 2002, 952, 953–954. Für die Anwendbarkeit des § 309 Nr. 6 auf formularmäßige Vertragsstrafeversprechen in Arbeitsverträgen dagegen beispielsweise *Däubler,* NZA 2001, 1329, 1336; *Lingemann,* NZA 2002, 181, 191; LAG Düsseldorf NZA 2003, 382, 384.

[2] BAG NZA 2004, 727, 732.

[3] BAG NZA 2004, 727, 732.

[4] BAG NZA 2005, 123 unter B. I. 2.

[5] BAG NZA 2006, 34 unter II.3.b.bb; BAG NZA 2005, 1053 unter II.3.d.bb.

[6] BAG NZA 2006, 34 unter II.3.b.bb; BAG NZA 2005, 1053 unter II.3.d.bb.

[7] BAG NZA 2006, 34 unter II.3.b.bb; BAG NZA 2005, 1053 unter II.3.d.bb.

[8] BAG NZA 2006, 34 unter II.3.b.bb; BAG NZA 2005, 1053 unter II.3.d.

[9] In diesem Sinne auch BAG NZA 2006, 34 unter II.3.b.bb.

[10] In diesem Sinne auch BAG NZA 2006, 34 unter II.3.b.bb.

[11] BAG NZA 2004, 727, 733, geht auf diese Problematik nicht ein, erklärt die Vertragsstrafe jedoch im konkreten Fall aufgrund ihrer Höhe für unangemessen.

98, 99 **b) Verhältnismäßigkeit.** Darüber hinaus muss die Vertragsstrafeklausel dem Verhältnismäßigkeitsgrundsatz genügen (s. Rz 71). Die Unangemessenheit der Klausel kann sich in diesem Zusammenhang insbesondere aus der Höhe der Vertragsstrafe ergeben.[1] Wird die Vertragsstrafe für den Fall des Nichtantritts des Arbeitsverhältnisses bzw. für den Fall der vom Arbeitnehmer zu vertretenden Auflösung des Vertragsverhältnisses versprochen, so ist eine Vertragsstrafe in Höhe einer Monatsvergütung grundsätzlich noch angemessen.[2] Etwas anderes gilt allerdings dann, wenn die vom Arbeitnehmer einzuhaltende Kündigungsfrist weniger als einen Monat beträgt, denn eine Vertragsstrafe ist regelmäßig unangemessen, wenn sie höher ist als die Summe der Bezüge, die bei Einhaltung der Kündigungsfrist zu zahlen gewesen wären.[3] Auch unabhängig von der einzuhaltenden Kündigungsfrist ist eine für den Fall des Nichtantritts der Stelle versprochene Vertragsstrafe von mehr als einem Monatsgehalt in der Regel unwirksam. [4] Wegen Unverhältnismäßigkeit unwirksam ist regelmäßig auch eine Klausel, der zufolge für jeden Einzelfall eines Wettbewerbsverstoßes eine Vertragsstrafe in Höhe von ein bis drei Monatsgehältern zu zahlen ist.[5]

VII. Geltung zwischen Unternehmen

100 § 309 Nr. 6 gilt nach § 310 I 1 nicht für AGB, die gegenüber einem Unternehmer verwendet werden. Jedoch kann sich die Unwirksamkeit von Vertragsstrafen im unternehmerischen Verkehr aus § 307 ergeben.[6]

1. Keine Indizwirkung

101 Zwischen Unternehmern besteht ein größeres Bedürfnis für Vertragsstrafen. So ist zu berücksichtigen, dass der Unternehmer, wenn er von seinem Vertragspartner im Stich gelassen wird, oftmals seinerseits gezwungen ist, die von ihm eingegangenen Verpflichtungen zu verletzen, was seinen Ruf in der Geschäftswelt in Mitleidenschaft ziehen kann. Hinzu kommt, dass Unternehmer im Falle einer Vertragsverletzung seitens ihrer Vertragspartner oftmals kurzfristig umdisponieren und Ersatzlösungen finden werden mit der Folge, dass sich der erlittene Schaden, der z. B. aus der Verwendung weniger hochwertiger Ersatzprodukte resultieren kann, nur schwer beziffern lässt. Auch sonst liegt es im unternehmerischen Verkehr häufig so, dass sich die durch Pflichtverletzungen entstehenden Schäden nur schwer berechnen lassen, die Einhaltung der relevanten Pflichten durch den anderen Vertragsteil aber gleichwohl von erheblicher Bedeutung für den Verwender ist. Beispielsweise kann der Unternehmer ein Interesse daran haben, dass bestimmte Informationen nicht unerlaubt weiterverwendet[7] oder dass Ausschließlichkeitsbindungen eingehalten werden.[8] In solchen Fällen treten gerade zwischen Unternehmern häufig

---

1 BAG NZA 2004, 727, 733.

2 BAG NZA 2004, 727, 733.

3 In diesem Sinne BAG NZA 2004, 727, 734: „Eine darüber hinausgehende Vertragsstrafe lässt sich allenfalls rechtfertigen, wenn das Sanktionsinteresse des Arbeitgebers den Wert der Arbeitsleistung auf Grund besonderer Umstände typischerweise und generell übersteigt."

4 So wohl auch BAG NZA 2004, 727, 734.

5 BAG NZA 2006, 34 unter II.3.b.cc.

6 BGH NJW 1981, 1509 (zu § 9 AGBG); BGH NJW 1985, 57 (zu § 9 AGBG); BGH NJW-RR 1988, 39, 41 (zu § 9 AGBG); BGH NJW-RR 1990, 1076 (zu § 9 AGBG); BGH NJW 1993, 64, 66 (zu § 9 AGBG).

7 S. z. B. BGH BB 1982, 1320 (zu § 9 AGBG), Anschriften für Kundenwerbung.

8 BGH NJW-RR 1988, 39, 41 (zu § 9 AGBG); BGH NJW 1993, 64, 66 (zu § 9 AGBG): Bierlieferungsvertrag.

nicht messbare und in Geld nicht erstattungsfähige Schäden auf, die mit Schadenspauschalierungen nicht erfasst werden können. Zudem muss bei schwer kontrollierbaren Verstößen die Abschreckungstauglichkeit der Sanktion sichergestellt sein. Auch vermögen Unternehmer die Risiken von Vertragsstrafen besser zu überblicken, so dass für sie ein Schutz nicht in gleichem Maße erforderlich erscheint. Die in § 309 Nr. 6 genannten Fallgruppen können deshalb auch im Rahmen von § 307 nicht ohne weiteres auf Unternehmer übertragen werden.[1] Eine Indizwirkung ist nicht gegeben.[2]

2. Grundsätze für die Angemessenheitsprüfung

Mit Blick auf die Beurteilung der Angemessenheit von Vertragsstrafeklauseln gegenüber Unternehmern lassen sich eine Reihe von Grundsätzen aufstellen: 102

a) Bestimmtheitsgebot. So ist auch im unternehmerischen Verkehr das Bestimmtheitsgebot zu beachten. Dabei ist allerdings die größere Geschäftsgewandtheit von Kaufleuten zu berücksichtigen. 103

b) Kumulationsverbot. Das Verbot der Kumulierung von Schadensersatz und Vertragsstrafe muss grundsätzlich auch zwischen Unternehmern gelten, da die Kumulierung den Grundgedanken der gesetzlichen Regelung (§§ 340 II, 341 II) widerspricht.[3] Unzulässig ist daher z. B. das Verbot der Kumulierung von Vertragsstrafe und Schadensersatz in einem Handelsvertretervertrag.[4] Nicht ohne weiteres unwirksam ist aber eine Regelung, bei der eine Vertragsstrafe und ein Rücktrittsrecht kumuliert werden.[5] 104

c) Vorbehalt der Vertragsstrafe. Auf den Vorbehalt der Vertragsstrafe (§ 341 III) kann auch zwischen Unternehmern grundsätzlich nicht wirksam verzichtet werden, da gerade auch im unternehmerischen Verkehr ein besonderes Bedürfnis nach Klarheit der Rechtsbeziehungen besteht. Allerdings sind an die Erklärung des Vorbehalts keine übertriebenen Anforderungen zu stellen. Der Vorbehalt kann auch formularmäßig erklärt werden, insbesondere kann er auch generell in ein Abnahmeformular aufgenommen werden.[6] Wird er nicht gestrichen, obwohl deutlich erkennbar, so gilt er als erklärt.[7] Der Vertragsstrafenvorbehalt kann grundsätzlich von einem zur Abnahme bevollmächtigten Vertreter erklärt und einem solchen Vertreter gegenüber auch abgegeben werden.[8] 105

d) Geringer oder kein Schaden. Auch wenn es an einem Schaden von vornherein fehlt oder der Schaden besonders gering ist, kann eine Vertragsstrafe unwirksam sein. Allerdings ist in diesem Falle sorgsam zu prüfen, ob die Vertragsstrafe nicht gerade zu dem Zwecke gerechtfertigt ist, den Verwendungsgegner zur Erfüllung seiner Vertragspflichten anzuhalten. Nicht überzeugend ist es daher, wenn die Rechtsprechung von der Unwirksamkeit einer Klausel ausgeht, der zufolge eine Vertragsstrafe für die Beteiligung an Preisabreden selbst dann zu leisten ist, wenn der Auftrag gar nicht vergeben wird und ein Schaden deshalb von vornherein aus- 106–109

---

1 *Bamberger/Becker* Rz 13; *Palandt/Grüneberg* Rz 38.

2 Wie hier *Ulmer/Hensen* Rz 18. Vgl. auch BGH NJW 2003, 2158, 2161: § 11 Nr. 6 AGBG (§ 309 Nr. 6) sei „auf Verbraucher zugeschnitten" und daher im unternehmerischen Verkehr „nicht anwendbar".

3 BGH NJW 1985, 53, 56 (zu § 9 AGBG); BGH NJW 1992, 1096, 1097 (zu § 9 AGBG).

4 BGH NJW 1992, 1096, 1097 (zu § 9 AGBG).

5 BGH NJW 1998, 2600, 2602 (zu § 9 AGBG).

6 BGH NJW 1987, 380, 381.

7 BGH NJW 1987, 380, 381.

8 BGH NJW 1987, 380, 381. Vgl. allerdings LG Leipzig NJW-RR 1999, 1183, 1183: Originäre Vollmacht des Architekten umfasst keine Vollmacht zur Erklärung des Vorbehalts der Vertragsstrafe.

scheidet.[1] Denn Preisabreden sind in der Praxis nur schwer festzustellen, weshalb eine Vertragsstrafe auch unabhängig von der Entstehung eines Schadens zu Präventionszwecken gerechtfertigt ist.

110 **e) Verschulden.** Eine Vertragsstrafe für den Fall des Vertragsbruches ist zwischen Unternehmern grundsätzlich zulässig.[2] Auch eine leicht fahrlässige Pflichtverletzung kann zwischen Unternehmern mit einer Vertragsstrafe belegt werden. Grundsätzlich unwirksam ist dagegen auch im unternehmerischen Verkehr eine Klausel, die eine verschuldensunabhängige Vertragsstrafe vorsieht.[3] Denn die Verhängung einer Vertragsstrafe ohne schuldhafte Pflichtverletzung widerspricht dem Grundgedanken des § 339.[4] Allerdings kann eine verschuldensunabhängige Vertragsstrafe ausnahmsweise durch gewichtige Interessen des Verwenders gerechtfertigt sein.[5] Dafür genügt allerdings nicht schon das allgemeine Interesse an der Sicherung der Vertragserfüllung.[6]

111 **aa) Allgemeines.** Das Verschuldenserfordernis muss nicht ausdrücklich erwähnt werden, sondern kann sich konkludent aus dem Gesamtzusammenhang ergeben.[7] An die Erkennbarkeit sind dabei im unternehmerischen Verkehr keine überzogenen Anforderungen zu stellen. Vielmehr ist von einer verschuldensunabhängigen Vertragsstrafe grundsätzlich nur dann auszugehen, wenn dies ausdrücklich vorgesehen ist.[8] Verwenden die AGB den Begriff „unverzüglich", so wird damit an die Terminologie des § 121 angeknüpft, so dass die Klausel im Sinne eines Verschuldenserfordernisses auszulegen ist.[9]

112 **bb) Beispiele.** Unwirksam ist z. B. eine verschuldensunabhängige Vertragsstrafeklausel in einem Automatenaufstellvertrag[10] oder in einem Preisbindungsvertrag

---

[1] OLG Frankfurt NJW-RR 1986, 895, 897, bestätigt durch BGH EWiR § 9 AGBG 8/87, 421.

[2] BGH NJW-RR 1988, 33, 41 (zu § 9 AGBG).

[3] BGH NJW 1985, 57, 57 (zu § 9 AGBG); BGH NJW 1998, 2600, 2002 (zu § 9 AGBG); *Ulmer/Hensen* Rz 19. Demgegenüber hält *Bamberger/Becker* Rz 16 die Abbedingung des Verschuldenserfordernisses auf der Grundlage des von ihm vertretenen monofunktionalen Verständnisses der Vertragsstrafe selbst in Individualvereinbarungen für nichtig.

[4] BGH NJW 1985, 57 (zu § 9 AGBG); BGH NJW 1998, 2600, 2002 (zu § 9 AGBG).

[5] BGH NJW-RR 2003, 1056, 1060 (zu § 9 AGBG und zum kaufm. Verkehr). Vgl. ferner BGH NJW 1985, 57, 57 (zu § 9 AGBG und zum kaufm. Verkehr): Zulässigkeit bei Vorliegen „gewichtige[r] Gründe". Für die ausnahmsweise Zulässigkeit verschuldensunabhängiger Vertragsstrafeklauseln nunmehr auch *Ulmer/Hensen* Rz 18 (nur wenn „ausnahmsweise [...] interessengerecht"). Auch BGH NJW 1999, 2662, 2663, 2664 (zum kaufm. Verkehr) betont, dass verschuldensunabhängige Vertragsstrafeklauseln dann wirksam seien, wenn „gewichtige Umstände vorliegen, welche die Vertragsstrafenregelung trotz der Abweichung von dem Verschuldenserfordernis des § 339 BGB mit Recht und Billigkeit noch vereinbar erscheinen lassen, die verschuldensunabhängige Haftung des Vertragspartners also durch sachliche, die Unwirksamkeitsvermutung des § 9 II Nr. 1 AGBG ausräumende Gründe gerechtfertigt ist". S. ferner OLG Nürnberg NJW-RR 2002, 917, 918 (zu § 9 AGBG und zum kaufm. Verkehr): Zulässigkeit nur, „wenn wichtige Gründe dafür vorliegen".

[6] OLG Nürnberg NJW-RR 2002, 917, 918 (zu § 9 AGBG und zum kaufm. Verkehr).

[7] BGH NJW 1988, 2600, 2602 (zu § 9 AGBG).

[8] So ausdrücklich OLG Celle NJW-RR 1988, 946, 947. Zurückhaltender aber BGH NJW 2002, 1274, 1275 (zu § 9 AGBG). Dort legte der BGH zwar eine in einem Bauvertrag vereinbarte Vertragsstrafeklausel, die die Frage des Verschuldens nicht erwähnte, im Sinne einer verschuldensabhängigen Regelung aus. Doch stützte sich der BGH dabei ausdrücklich auf die Tatsache, dass die Parteien die Geltung der VOB/B vereinbart hatten. Die Regelung des § 11 Nr. 2 VOB/B, der zufolge die Vertragsstrafe nur bei Verzug verwirkt wird, ergänze die von den Parteien an anderer Stelle im Vertrag getroffene Vertragsstrafenvereinbarung. Selbst bei Vereinbarung der VOB/B für die Unwirksamkeit einer Klausel, die ihrem Wortlaut nach die Verwirkung einer Vertragsstrafe allein an die Fristüberschreitung anknüpft, OLG Oldenburg BauR 2001, 812 (zu § 9 AGBG).

[9] OLG Hamm NJW-RR 2004, 58, 59.

[10] LG Aachen NJW-RR 1987, 948 (zu § 9 AGBG).

zwischen einem Verlag und einem Buchhändler.[1] Unwirksam ist auch eine Vertragsstrafe für Bauverzögerungen aufgrund schlechten Wetters oder für Verzögerungen, die auf Sonderwünschen des Verwenders beruhen.[2] Demgegenüber ist z. B. eine Straffrachtklausel in einem Konnossement, die den Befrachter/Ablader bei falschen Angaben über die Fracht ohne Rücksicht auf ein Verschulden zur Zahlung der doppelten Fracht verpflichtet, wirksam, da der Verfrachter die Angaben nicht oder nur mit unverhältnismäßigen Schwierigkeiten prüfen kann und der Befrachter/Ablader dieses Risiko tragen muss.[3] Wirksamkeit einer verschuldensabhängigen Klausel ist auch dann anzunehmen, wenn der Verwender dem anderen Teil Rechtsgüter anvertraut und zu deren Schutz einer wirksamen Sanktion bedarf.[4] Wirksam ist eine verschuldensunabhängige Vertragsstrafe selbstredend auch dann, wenn sie ausgehandelt ist, weil es dann bereits am Vorliegen allgemeiner Geschäftsbedingungen fehlt (vgl. Rz 60).

f) Umgehung anderer Vorschriften. Eine Vertragsstrafe zwischen Unterneh- **113**
mern ist auch unwirksam, wenn damit andere Vorschriften umgangen werden sollen (vgl. Rz 75). Unwirksam wäre deshalb zwischen Unternehmern eine Vertragsstrafe, durch die die Ausübung eines AGB-festen Rücktritts- oder Kündigungsrechts erschwert oder gar faktisch unmöglich gemacht werden soll.

g) Unverhältnismäßigkeit. Auch im unternehmerischen Verkehr gilt, dass die **114**
Vertragsstrafe in einem angemessenen Verhältnis zur Schwere des mit ihr geahndeten Verstoßes stehen muss.[5] Eine unangemessen hohe Vertragsstrafe (Rz 71 ff) kann daher auch zwischen Unternehmern nach § 307 zu beanstanden sein.[6] Unangemessen hoch ist eine Vertragsstrafe dann, wenn sie „außer Verhältnis zum Gewicht des Vertragsverstoßes und zu dessen Folgen für den Vertragspartner steht".[7] Dies darf allerdings nicht dahin gehend verstanden werden, dass der Strafbetrag streng auf das wirtschaftliche Interesse des Verwenders an der gesicherten Vertragserfüllung beschränkt werden muss.[8] Vielmehr kann es gerechtfertigt sein, dass die Höhe der Vertragsstrafe über dieses Interesse hinausgeht, um auf diese Weise den gebotenen Erfüllungsanreiz zu schaffen.[9] § 343 kann die AGB-rechtliche Inhaltskontrolle auch zwischen Unternehmen nicht ersetzen.[10] Die Inhaltskontrolle nach § 307 kommt auch dann zum Zuge, wenn die Anwendung von § 343 gemäß § 348 HGB ausgeschlossen ist.

aa) Keine Obergrenze. Eine unangemessen hohe Vertragsstrafe ist insbesondere **115**
dann anzunehmen, wenn die Höhe der Vertragsstrafe nicht an das Gewicht des Vertragsverstoßes anknüpft, sich mit fortschreitender Dauer des vertragswidrigen Zustandes kontinuierlich steigert und weder eine zeitliche noch eine summenmäßige Beschränkung vorgesehen ist.[11] Es bedarf also im Falle einer sich kontinuierlich steigernden Vertragsstrafe einer **Obergrenze.**[12] Diese muss freilich nicht notwendig explizit vorgesehen sein, sondern kann sich auch daraus ergeben, dass der vertrags-

---

1 AG Bremerhaven NJW-RR 1986, 276, 277 (zu § 9 AGBG).

2 OLG Köln NJW-RR 1988, 654, 654 (zu § 9 AGBG).

3 BGH NJW 1979, 105, 106 (zu § 9 AGBG).

4 Vgl. i.E. OLG Frankfurt BB 1985, 1560 (Überlassung von Adressen).

5 BGH NJW 2003, 2158, 2161 (zu § 9 AGBG).

6 S. z. B. BGH NJW 1997, 3233, 3234 (zu § 9 AGBG und zu einem Vertragshändlervertrag).

7 BGH NJW 1998, 2600, 2602 (zu § 9 AGBG). In diesem Sinne auch BGH NJW 1997, 3233, 3234 (zu § 9 AGBG); OLG Hamm NJW-RR 2004, 58, 59.

8 Zutreffend LG Hamburg, Urt. v. 13. 10. 2003, Az: 308 S 7/03, BeckRS 2004, 00577.

9 Zutreffend LG Hamburg, Urt. v. 13. 10. 2003, Az: 308 S 7/03, BeckRS 2004, 00577.

10 BGH NJW 1997, 3233 3234 (zu § 9 AGBG).

11 So BGH NJW 1997, 3233, 3234 (zu § 9 AGBG).

12 OLG Koblenz NJW-RR 2000, 1042, 1042 (zu § 9 AGBG); BGH NJW-RR 1988, 146, 146 (zu § 9 AGBG).

widrige Zustand, dessen Fortbestehen Voraussetzung für die Verwirkung weiterer Vertragsstrafen ist, notwendig zeitlich begrenzt ist. Fehlt es im Falle einer sich kontinuierlich steigernden Vertragsstrafe an einer Obergrenze, so ist ein Verstoß gegen § 307 in aller Regel zu bejahen. Grundsätzlich unwirksam sind dementsprechend Klauseln in Bauverträgen, die ohne zeitliche oder summenmäßige Beschränkung bestimmen, dass im Falle des Verzuges eine Vertragsstrafe von 0,1 %[1] oder gar 1,5 %[2] der Auftragssumme pro Arbeitstag zu zahlen ist. Auch ist die Notwendigkeit einer Obergrenze im Falle einer sich kontinuierlich steigernden Vertragsstrafe nach richtiger Auffassung unabhängig von der Art des Vertragsverhältnisses anzuerkennen. Allerdings sei der Klarstellung halber betont, dass der **BGH** mit Blick auf den Anwendungsbereich des genannten Grundsatzes wohl zu einer restriktiveren Linie neigt. Zwar hat er die Notwendigkeit einer Obergrenze unter den genannten Voraussetzungen mit Blick auf **Vertragshändlerverträge**[3] und **Bauverträge**[4] bejaht. Auch sind die in den relevanten Urteilen zu findenden Aussagen zur Notwendigkeit einer Obergrenze derart allgemein formuliert, dass man annehmen könnte, der BGH wolle seine Rechtsprechung nicht auf Bau- und Vertragshändlerverträge beschränkt wissen.[5] Doch hat der BGH in einer anderen Entscheidung betont, dass seine Rechtsprechung zu Bauverträgen **nicht** auf Dauerschuldverhältnisse, wie **gewerbliche Mietverträge,** übertragen werden könne.[6] Dementsprechend hat der BGH eine Klausel in einem gewerblichen Mietvertrag als angemessen eingestuft, die für den Fall, dass das Mietobjekt nicht fristgemäß zur Verfügung stand, für jeden Tag des Verzugs eine Vertragsstrafe von umgerechnet rund 250 Euro vorsah und keine Obergrenze enthielt.[7] Den Schutz des Verwendungsgegners hielt der BGH in diesem Falle dadurch für gewährleistet, dass dieser in extremen Fällen den Einwand des Rechtsmissbrauchs (§ 242) geltend machen könne.[8] Dem ist jedoch nicht zuzustimmen, denn die Verankerung einer Obergrenze im Vertrag ist dem Verwender ohne weiteres zumutbar; und die mit einer Obergrenze verbundene Gefahr, dass die Vertragsstrafe ihre Eignung als Druckmittel verliert, wenn die Obergrenze erst einmal erreicht ist, besteht bei Bauverträgen in gleicher Weise.[9]

116 **bb) Unangemessene Obergrenze.** Sieht der Vertrag eine Obergrenze vor, muss diese **angemessen** sein. In Bauverträgen ist eine Vertragsstrafeklausel bereits dann unangemessen, wenn sich die für den Fall von Verzögerungen vereinbarte Vertragsstrafe auf mehr als 5 % der Vertragssumme beläuft.[10] 10 % des Auftragswerts sind in diesem Falle also erst recht deutlich zu hoch.[11] Zur Frage des Vertrau-

---

1 BGH NJW-RR 1989, 916, 916 (zu § 9 AGBG).

2 BGH NJW 1981, 1509, 1510 (zu § 9 AGBG).

3 BGH NJW 1997, 3233, 3234 (zu § 9 AGBG).

4 BGH NJW-RR 1988, 146, 146 (zu § 9 AGBG); BGH NJW 2003, 1805, 1808 (zu § 9 AGBG).

5 Vgl. z. B. BGH NJW-RR 1988, 146, 146 (zu § 9 AGBG): „Eine angemessene Begrenzung der Vertragsstrafe nach oben ist in AGB schlechthin unverzichtbar, um der Gefahr vorzubeugen, dass ein von vornherein nicht überschaubarer Teil des Werklohns – in welchem Zeitraum auch immer – durch eine etwa verfallene Vertragsstrafe aufgezehrt werden könnte."

6 BGH NJW 2003, 2158, 2161 (zu § 9 AGBG).

7 BGH NJW 2003, 2158, 2161 (zu § 9 AGBG).

8 BGH NJW 2003, 2158, 2161 (zu § 9 AGBG).

9 Vgl. auch OLG Rostock, Urt. v. 17. 3. 2003, Az: 3 U 107/02, Beck RS 2004, 00239 unter II.2.b.cc.aaa (zu § 9 AGBG und zum kaufm. Verkehr), das die Notwendigkeit einer Obergrenze im Zusammenhang mit einem Automatenaufstellungsvertrag bejaht, ohne dass diese Frage allerdings entscheidungserheblich wäre.

10 BGH NJW 2003, 1805, 1808 (zu § 9 AGBG).

11 A. A. noch BGH NJW 1999, 1108, 1109 (zum AGBG): Keine Bedenken gegen die Wirksamkeit einer Vertragsstrafeklausel, der zufolge eine Vertragsstrafe von 0,3 % pro Werktag bei einer Obergrenze von 10 % der Auftragssumme zu zahlen ist. Für die Wirksamkeit einer Obergrenze in Höhe von 10 % auch noch OLG Jena NJW-RR 2002, 1178, 1179 (zu § 9 AGBG).

ensschutzes bei Verträgen, die mit Blick auf die frühere, abweichende Rechtsprechung des BGH geschlossen wurden, siehe Anh. § 310 Rz B 218. Eine Obergrenze von **genau 5 %** der Bruttoauftragssumme ist dagegen in Bauverträgen nicht zu beanstanden.[1] Soll eine Vertragsstrafe nicht nur bei der Überschreitung des Endtermins, sondern auch bei der Überschreitung von Zwischenterminen verwirkt sein, wobei die Klausel eine Kumulierung der relevanten Beträge vorsieht, und bleibt zweifelhaft, ob die in der Klausel vorgesehene Obergrenze für die einzelnen Vertragsstrafen oder für den Gesamtbetrag gelten soll, so ist wegen § 305c II im Zweifel derjenigen Auslegung der Vorzug zu geben, bei der Klausel unwirksam ist.[2] Im Übrigen sollte die 5 %-Grenze nicht ohne weiteres über den Bereich des Bauvertragsrechts hinaus verallgemeinert werden. Zwar wird man einen Grundsatz des Inhalts formulieren können, dass die Grenze von 5 % generell eine Richtschnur für solche Fälle bietet, in denen eine Vertragsstrafe an die Verzögerung der vertragscharakteristischen Leistung anknüpft und in denen es um Verträge mit erheblichem Auftragsvolumen geht. Doch ist hervorzuheben, dass stets die Besonderheiten des jeweiligen Vertragsverhältnisses in Betracht zu ziehen sind.[3] Ein großzügiger Maßstab ist beispielsweise bei solchen Vertragsstrafeklauseln geboten, mit denen die **Treuhandanstalt** in Grundstückskaufverträgen die vertragliche Verpflichtung zur Tätigung von Investitionen und zur Schaffung von Arbeitsplätzen absichert.[4] Bei derartigen Verträgen stößt selbst eine Vertragsstrafeklausel, die die Obergrenze der Vertragsstrafe lediglich durch den Umfang der geschuldeten Leistung begrenzt, nicht auf Bedenken.[5] Umgekehrt sind ohne weiteres Fälle denkbar, bei denen z. B. wegen der besonderen Höhe des Vertragsvolumens auch eine Obergrenze von 5 % bei Terminüberschreitungen als unangemessen angesehen werden muss.[6] Unwirksam ist nach der allerdings wenig überzeugenden Rechtsprechung des OLG Frankfurt auch eine Vertragsstrafe von bis zur Höhe von 3 % der Auftragssumme, die von Bietern, welche mit anderen Preisabsprachen getroffen haben, bei der Vergabe von Bauleistungen auch dann zu zahlen sein soll, wenn sie den Auftrag nicht erhalten haben.[7]

cc) Verhältnismäßigkeit im Übrigen. Bei Vorliegen einer Obergrenze, die der Höhe nach angemessen ist, muss gleichwohl gefragt werden, ob die Klausel auch im Übrigen dem Grundsatz der Verhältnismäßigkeit genügt. Dazu gehört, wenn die Vertragsstrafe sich auf Terminüberschreitungen bezieht, dass die Höhe der **Vertragsstrafe pro Arbeitstag** nicht unangemessen ist. Noch hinnehmbar ist bei einem Bauvertrag, sofern die Obergrenze der Vertragsstrafe 5 % der Auftragssumme nicht überschreitet, beispielsweise eine Vertragsstrafe von 0,3 % der Auftragssumme pro Arbeitstag.[8] Doch ist damit richtigerweise die Grenze des gerade 117

---

1 Für die Zulässigkeit einer Obergrenze von 5 % wohl auch BGH NJW 2003, 1805, 1809 (zu § 9 AGBG) („Höchstgrenze von 5 % der Auftragssumme").

2 OLG Koblenz NJW-RR 2000, 1042, 1042 (zu § 5 AGBG).

3 Vgl. auch OLG Saarbrücken NJW-RR 2001, 1030, 1031 (zu § 9 AGBG): zulässige Ausgestaltung einer Vertragsstrafeklausel in AGB „allgemeingültig nicht [zu] bestimmen".

4 Eine ausführliche und kritische Darstellung der Rechtsprechung in diesem Bereich findet sich bei *Wächter/Stender,* NJW 2000, 395, 396 ff. Zu Vertragsstrafeklauseln in Treuhandprivatisierungsverträgen siehe ferner *Kiethe,* VIZ 2004, 297, 297 ff.

5 BGH NJW 1998, 2600, 2602 (zu § 9 AGBG).

6 Zurückhaltend gegenüber einer unbedingten Festlegung auf die 5%-Grenze auch *von Westphalen* NJW 2004, 1693, 1996: Es müsse abgewartet werden, ob damit stets eine Obergrenze von 5 % der Auftragssumme für terminliche Verzögerungen zulässig sei.

7 OLG Frankfurt NJW-RR 1986, 895, 896 (zu § 9 AGBG).

8 BGH NJW 1976, 2259, 2259 (LS, vor Erlass des AGB-Gesetzes); OLG Jena NJW-RR 2002, 1178, 1179 (zu § 9 AGBG).

noch Zulässigen erreicht.[1] Zu hoch und daher unabhängig vom Vorliegen einer angemessenen Obergrenze für die Gesamtstrafe ist dementsprechend ein Tagessatz von 0,5 % pro Arbeitstag.[2] Zu beachten ist in diesem Zusammenhang der Unterschied zwischen Kalendertagen und Arbeitstagen: So ist eine Vertragsstrafe in Höhe von 0,3 % pro **Kalendertag** als unwirksam anzusehen.[3] Besondere Aufmerksamkeit ist zudem dann angebracht, wenn Vertragsstrafen schon bei der Überschreitung von **Zwischenterminen** verwirkt sein sollen. Zwar ist die Strafbewehrung der Verpflichtung zur Einhaltung vereinbarter Zwischentermine im Grundsatz nicht zu beanstanden. Entscheidend ist aber, ob die Ausgestaltung der konkreten Klausel die Verhältnismäßigkeit der Sanktion gewährleistet. Unangemessen ist beispielsweise eine Vertragsstrafeklausel in einem Bauvertrag, der zufolge die Überschreitung jedes einzelnen im Bauzeitenplan vereinbarten Zwischentermins mit einer Vertragsstrafe von 0,3 % belegt ist mit der Folge, dass selbst bei Einhaltung des Endtermins geringfügige Verzögerungen während der Bauausführung zur Verwirkung der gesamten Vertragsstrafe führen können.[4] Unwirksam ist auch eine Klausel in einem Bauvertrag, der zufolge die Überschreitung jedes Zwischentermins zu einer Vertragsstrafe in der gleichen Höhe führt, wie sie für die Überschreitung des Endtermins vorgesehen ist.[5] Dies muss selbst dann gelten, wenn die Pflicht zur Zahlung der wegen Überschreitung der Zwischentermine zu zahlenden Beträge zusätzlich davon abhängig gemacht wird, dass außerdem der Endtermin überschritten wird.[6] (Zur Frage, ob die teilweise Unangemessenheit einer Vertragsstraferegelung, die an die Überschreitung verschiedener Termine anknüpft, zur Gesamtunwirksamkeit der Klausel führt, s. Rz 92–94.) Grundsätzlich unbedenklich ist es dagegen, wenn eine Vertragsstrafeklausel die Höhe der Vertragsstrafe bei der Überschreitung von Zwischenterminen in Abhängigkeit von der Bruttoauftragssumme berechnet, anstatt auf den Wert der tatsächlich rückständigen Werkleistung anzuknüpfen.[7] In einem Urteil aus dem Jahre 1994 wurde auch eine in einem Handelsvertretervertrag vereinbarte Vertragsstrafe in Höhe von 10.000 DM für den Fall des Abwerbens anderer Mitarbeiter als mit § 9 AGBG (§ 307) vereinbar angesehen.[8] Unangemessen ist dagegen eine von der Gemeinde gestellte Klausel in einem Grundstückskaufvertrag, der zufolge sich der Erwerber verpflichtet, im Falle des Weiterverkaufs des bebauten Grundstücks binnen sieben Jahren nach Fertigstellung des Wohnhauses 300% des Kaufpreises an die Gemeinde nachzuzahlen.[9]

---

1 Dafür, dass ein Satz von 0,3 % der Auftragssumme die Obergrenze des noch Zulässigen darstellt, wohl auch OLG Jena NJW-RR 2002, 1178, 1179 (zu § 9 AGBG).

2 BGH NJW 2000, 2106, 2107 (zu § 9 AGBG); BGH NJW 2002, 2322, 2323 (zu § 9 AGBG); BGH NJW 2002, 2388, 2388 (LS).

3 Vgl. OLG Dresden, BauR 2001, 949 (zu § 9 AGBG).

4 Vgl. auch BGH NJW 1999, 1108, 1109 (zu § 9 AGBG), der Bedenken gegen die Wirksamkeit einer solchen Klausel als „naheliegend" einstuft.

5 So OLG Jena NJW-RR 2002, 1178, 1179 (zu § 9 AGBG), allerdings für den Fall, dass die Klausel die Verwirkung der Vertragsstrafe für den Fall der Überschreitung von Zwischenterminen sogar dann vorsieht, wenn der Endtermin eingehalten wird.

6 Unklar insofern OLG Jena NJW-RR 2002, 1178, 1179 (zu § 9 AGBG).

7 Tendenziell a.A. aber OLG Jena NJW-RR 2002, 1178, 1179 (zu § 9 AGBG), dem zufolge eine solche Klauselgestaltung Bedenken begegnet.

8 OLG München NJW-RR 1994, 867, 867 f. (zu § 9 AGBG).

9 OLG Celle NJW-RR 2005, 1332, 1334.

§ 309 Klauselverbote ohne Wertungsmöglichkeit

Auch soweit eine Abweichung von den gesetzlichen Vorschriften zulässig ist, ist in Allgemeinen Geschäftsbedingungen unwirksam

7. (Haftungsausschluss bei Verletzung von Leben, Körper, Gesundheit und bei grobem Verschulden)

a) (Verletzung von Leben, Körper, Gesundheit)

ein Ausschluss oder eine Begrenzung der Haftung für Schäden aus der Verletzung des Lebens, des Körpers oder der Gesundheit, die auf einer fahrlässigen Pflichtverletzung des Verwenders oder einer vorsätzlichen oder fahrlässigen Pflichtverletzung eines gesetzlichen Vertreters oder Erfüllungsgehilfen des Verwenders beruhen;

b) (Grobes Verschulden)

ein Ausschluss oder eine Begrenzung der Haftung für sonstige Schäden, die auf einer grob fahrlässigen Pflichtverletzung des Verwenders oder auf einer vorsätzlichen oder grob fahrlässigen Pflichtverletzung eines gesetzlichen Vertreters oder Erfüllungsgehilfen des Verwenders beruhen;

die Buchstaben a und b gelten nicht für Haftungsbeschränkungen in den nach Maßgabe des Personenbeförderungsgesetzes genehmigten Beförderungsbedingungen und Tarifvorschriften der Straßenbahnen, Obusse und Kraftfahrzeuge im Linienverkehr, soweit sie nicht zum Nachteil des Fahrgasts von der Verordnung über die Allgemeinen Beförderungsbedingungen für den Straßenbahn- und Obusverkehr sowie den Linienverkehr mit Kraftfahrzeugen vom 27. Februar 1970 abweichen; Buchstabe b gilt nicht für Haftungsbeschränkungen für staatlich genehmigte Lotterie- oder Ausspielverträge.

Inhaltsübersicht

Schrifttum: *Canaris,* Verstöße gegen das verfassungsrechtliche Übermaßverbot im Recht der Geschäftsfähigkeit und im Schadensersatzrecht, JZ 1987, 993; *Fuchs,* Gewillkürte Haftungsersetzung durch Versicherungsschutz, BB 1992, 1217; *Granzer,* Die Freizeichnung von verschuldensunabhängiger Haftung in Allgemeinen Geschäftsbedingungen, Diss. 1991; *Haas,* Haftungsfreizeichnungsklauseln in Allgemeinen Geschäftsbedingungen, 1991; *Helm,* Auswirkungen des AGB-Gesetzes auf die Leistungspflicht, VersR 1978, 2; *Joachim,* Haftungsfreizeichnung im modernen Mietrecht, NZM 2003, 387; *Kamm,* Freizeichnungsklauseln im deutschen u. schweizerischen Recht – ein Vergleich, 1985; *Koller,* Die Wirksamkeit formularmäßiger Haftungsfreizeichnungsklauseln zwischen Schadensausgleich und Schadensprävention, ZIP 1986, 1089; *ders.,* Die Wirksamkeit formularmäßiger Haftungsfreizeichnungsklauseln zwischen Schadensausgleich und Schadensprävention, ZIP 1986, 1089; *Kötz,* Zur Effizienz von Haftungsausschlussklauseln in *Ott/Schäfer*(Hrsg.): Allokationseffizienz in der Rechtsordnung, 1989, S. 189; *ders.,* Haftungsausschlussklauseln – Eine juristisch-ökonomische Analyse, VersR-Jubiläumsausgabe 1983, 145; *Litzenburger,* Das Ende des vollständigen Gewährleistungsausschlusses beim Kaufvertrag über gebrauchte Immobilien, NJW 2002, 1244; *Roussos,* Freizeichnung von Schadensersatzansprüchen im Recht der AGB, 1982; *Schlosser,* Haftungsgrund, Haftungsmaßstab und AGB-Gesetz, WM 1978, 562; *ders.,* Freizeichnungsklauseln im unternehmerischen Verkehr, in *Heinrichs/Löwe/Ulmer* (Hrsg.): Zehn Jahre AGB-Gesetz, 1987, S. 121; *Schmidt-Salzer,* Produkthaftung, Bd. II: Freizeichnungsklauseln, 2. Aufl. 1985; *J. Schneiders,* Möglichkeiten der Haftungsbegrenzung insbesondere durch Allgemeine Geschäftsbedingungen, in: Haftung für Information, 1989, S. 109; *Sieg,* Die Zulässigkeit von Haftungsüberwälzungen unter Versicherungsaspekten, BB 1993, 149; *von Westphalen,* Eigenschaftszusicherungen, Haftungsbegrenzungen und Haftungsfreizeichnungen in unternehmerischen AGB-Klauseln, DB 1978, 2061; *ders.,* Produkthaftungsfreizeichnung und Haftungsfreistellung nach dem AGB-Gesetz, NJW 1979, 838; *ders.,* Der abhandengekommene Nutzen von AGB-Klauseln, FS *Trinkner* 1995, 441; *ders.,* Die Nutzlosigkeit von Haftungsfreizeichnungs- und Haftungsbegrenzungsklauseln im kaufmännischen Verkehr, DB 1997, 1805; *ders.*, Freizeichnungsklauseln bei leichter Fahrlässigkeit, in: *ders.*, Vertragsrecht und AGB-Klauselwerke, Stand: Juli 2000; *M. Wolf*, Freizeichnungsverbot für leichte Fahrlässigkeit in AGB, NJW 1980, 2433; *Ziegler*, Die Beschränkung der Haftung aus culpa in contrahendo in AGB, BB 1990, 2345.

I. Zweck und Allgemeines

§ 309 Nr. 7 regelt die Zulässigkeit haftungsbeschränkender Klauseln. Die Regelung differenziert dabei nach dem **Haftungsmaßstab,** nach der **Person,** welche die Pflichtverletzung verschuldet hat, sowie nach der **Art der eingetretenen Verletzung.** 1

Inhaltlich steht die Vorschrift des § 309 Nr. 7 in engem Zusammenhang mit derjenigen des § 276 III: Eine vertragliche Regelung, die die Haftung für vorsätzliche Pflichtverletzungen einer Vertragspartei im Voraus ausschließt oder einschränkt, ist bereits nach § 276 III unwirksam. Mit Blick auf AGB ergänzt § 309 Nr. 7 diese Regelung in dreifacher Hinsicht. Erstens bewirkt § 309 Nr. 7 eine Absenkung des für die Unwirksamkeit der Klausel ausreichenden Maßes an Verschulden. Während § 276 III nur dann eingreift, wenn eine vertragliche Regelung die Haftung für das vorsätzliche Handeln einer Vertragspartei erlässt, führt § 309 Nr. 7 schon dann zur Unwirksamkeit einer Klausel, wenn diese die Haftung für ein grob fahrlässiges Verhalten des Verwenders auszuschließen sucht. Zweitens erklärt § 309 Nr. 7 solche Klauseln, die die Haftung für Schäden aus der Verletzung des Lebens, des Körpers oder der Gesundheit ausschließen, schon dann für unwirksam, wenn der Verwender diese Schäden zumindest fahrlässig herbeigeführt hat. Drittens erfasst § 309 Nr. 7 im Gegensatz zu § 276 III auch solche Vertragsbestimmungen, die lediglich die Haftung des Verwenders für die Pflichtverletzungen seiner Vertreter und Erfüllungsgehilfen regeln. Solche Klauseln sind nach § 309 Nr. 7 ebenfalls unwirksam, wenn sie die Haftung für schuldhaft verursachte Schäden aus der Verletzung des Lebens, des Körpers oder der Gesundheit oder für eine zumindest grob fahrlässige Pflichtverletzung ausschließen oder beschränken. 2

Anh. Nr. 1 b RL sieht für das Gemeinschaftsrecht den Haftungsausschluss und die ungebührliche Haftungsbeschränkung in AGB ebenso wie in nicht ausgehandelten Individualvereinbarungen als missbräuchlich an. Darüber hinaus enthält Anh. Nr. 1 a RL ein Freizeichnungsverbot für Schäden an Leben und Körper. Obwohl die Klauselverbote im Anhang der Richtlinie gemäß Art. 3 III RL nicht bindend sind, sind sie als Ausdruck gemeinschaftsrechtlicher Wertungen doch im Rahmen von Art. 3 I RL in Rechnung zu stellen.[1] Zu beachten sind auch die Verbote in Anh. Nr. 1 m und n der RL, die die Aushöhlung von Pflichten als Grundlage von Haftungen verhindern wollen.[2] 3

II. Anwendungsbereich

Von den in § 310 II, IV genannten Bereichen abgesehen, gilt § 309 Nr. 7 grundsätzlich für Verträge aller Art. Indessen gilt dies nicht ohne Ausnahmen. So findet § 309 Nr. 7 nach seinem ausdrücklichen Wortlaut keine Anwendung auf Haftungsbeschränkungen in den nach Maßgabe des Personenbeförderungsgesetzes genehmigten **Beförderungsbedingungen und Tarifvorschriften** der Straßenbahnen, Obusse und Kraftfahrzeuge im Linienverkehr, soweit sie nicht zum Nachteil des 4–9

---

1 S. Art. 3 RL Rz 32.

2 S. Anh. Nr. 1 m RL Rz 175; Anh. Nr. 1 n RL Rz 184.

Fahrgasts von der Verordnung über die Allgemeinen Beförderungsbedingungen für den Straßenbahn- und Obusverkehr sowie den Linienverkehr mit Kraftfahrzeugen vom 27. Februar 1970 abweichen. Diese Ausnahme vor zuvor in § 23 II Nr. 3 AGBG enthalten. Ihre analoge Anwendung auf Luftverkehrsunternehmen kommt nicht in Betracht.[1] § 309 Nr. 7 b gilt außerdem nicht für Haftungsbeschränkungen für **staatliche genehmigte Lotterie- oder Ausspielverträge.** Diese Regelung war bisher in § 23 II Nr. 4 AGBG enthalten. Zweck der Ausnahme ist es, die Lotterie- und Ausspielunternehmen, aber auch die Mitspieler vor betrügerischen Manipulationen beim Vertragsschluss zu schützen.[2] Zwar scheint der Wortlaut eine Auslegung zuzulassen, die deutlich über diese Zielsetzung hinausgeht. Indessen entspricht es dem erklärten Willen des historischen Gesetzgebers, die Ausnahmeregelung ihrem Zweck entsprechend eng auszulegen.[3]

III. Gemeinsame Merkmale beider Tatbestandsalternativen

10 Wenngleich § 309 Nr. 7 a und § 309 Nr. 7 b zwei unterschiedliche Verbote enthalten, kommen eine Reihe von Merkmalen in beiden Tatbeständen vor:

1. Pflichtverletzung

11 Beide Tatbestandsalternativen des § 309 Nr. 7 a greifen nur dann ein, wenn die Haftung für den Fall einer Pflichtverletzung beschränkt wird.

12 **a) Begriff.** Der Begriff der Pflichtverletzung erfasst nicht nur die Verletzung vertraglicher, sondern auch die Verletzung vorvertraglicher und deliktsrechtlicher Pflichten (s. Rz 13, 14).

13 **b) Verschulden bei Vertragsverhandlungen.** Eine Pflichtverletzung im Sinne des § 309 Nr. 7 ist auch im Falle der Verletzung von Pflichten aus den in § 311 II geregelten gesetzlichen Schuldverhältnissen gegeben.[4] Die praktische Bedeutung dieser Aussage ist freilich begrenzt. Soweit der Abschluss eines Vertrages gänzlich ausbleibt, können Ansprüche nicht durch AGB ausgeschlossen werden. § 309 Nr. 7 wird dementsprechend vor allem dann für Ansprüche aus der Verletzung vorvertraglicher Pflichten relevant, wenn diese Ansprüche im nachträglich abgeschlossenen Vertrag rückwirkend ausgeschlossen oder beschränkt werden sollen. Ein rückwirkender Haftungsausschluss beziehungsweise eine rückwirkende Haftungsbegrenzung in AGB ist in den Grenzen des §§ 309 Nr. 7, 307 grundsätzlich möglich. Da es sich bei einer nachträglichen Haftungsbeschränkung aber um einen Verzicht auf bereits entstandene Ansprüche handelt, müssen zudem die Anforderungen an einen Verzicht erfüllt sein.[5] Namentlich ist ein Verzicht wegen der mit ihm verbundenen Gefahren nur dann wirksam, wenn „darauf hingewiesen wird und er deutlich und klar formuliert ist“.[6] Eine Klausel, die lediglich eine Haftungsfreizeichnung vorsieht, die auch für vorvertragliches Verschulden gelten soll, ohne deutlich zu ma-

---

1 BGH NJW 1983, 1323, 1324 (zu § 23 II AGBG): *Palandt/Grüneberg* Rz 45.

2 BT-Drs. 14/6040, S. 156.

3 BT-Drs. 14/6040, S. 156.

4 Für Anwendung des § 309 Nr. 7 auf die Haftung wegen Verschulden bei Vertragsverhandlungen z. B. *Ulmer/Christensen* Rz 13; MünchKomm/*Basedow* Rz 8.

5 So zu Recht OLG Koblenz NJW-RR 1993, 1078, 1080 (zu § 9 AGBG); *Staudinger/Coester* § 307 Rz 431.

6 OLG Koblenz NJW-RR 1993, 1078, 1080 (zu § 9 AGBG). Für die Notwendigkeit eines besonderen Hinweises auch *Staudinger/Coester* § 307 Rz 431. Gegen die Notwendigkeit eines besonderen Hinweises aber wohl *Ulmer/Christensen* Rz 14; KG NJW 1981, 2822, 2822 (zum AGBG).

chen, dass damit zugleich ein Verzicht auf bereits entstandene Ansprüche verbunden sein soll, ist daher nach § 307 unwirksam.[1] Zu beachten ist aber, dass nicht ohne weiteres davon ausgegangen werden kann, dass eine Freizeichnungsklausel auch für vorvertragliche Pflichtverletzungen gelten soll. So gilt z. B. eine Klausel, die eine Haftungsbeschränkung für die Durchführung von Aufträgen enthält, in Ermangelung abweichender Anhaltspunkte nicht für das Verschulden bei Vertragsverhandlungen.[2] Zum Rechtsverhältnis der Vertragsverhandlungen gehört auch das Verhalten von Versicherungsagenten beim Ausfüllen von Versicherungsformularen. Eine Klausel, wonach der Versicherungsagent keine verbindlichen Erklärungen abgeben darf und allein der Versicherungsnehmer verantwortlich ist, schließt jede Haftung der Versicherung für ihren Agenten als Erfüllungsgehilfen bei den Vertragsverhandlungen aus und ist deshalb nach § 309 Nr. 7 b unwirksam.[3] Ein Haftungsausschluss für culpa in contrahendo durch AGB kommt auch in Betracht, wenn in **Rahmen-AGB** nach § 305 III die Freizeichnung bereits für künftige Vertragsverhandlungen vorgesehen ist. Gleiches gilt, wenn die AGB durch einen **Vorvertrag** Geltung erlangen. Die einseitige Absichtserklärung reicht dagegen nicht für einen Haftungsausschluss.[4]

c) Unerlaubte Handlungen. Schadensersatzansprüche aus unerlaubter Handlung werden ohne weiteres von § 309 Nr. 7 erfasst (s. Rz 15, 16). **14**

aa) Unerlaubte Handlungen im Rahmen eines Vertrages. Dies war schon mit Blick auf die Vorgängerregelung in 11 Nr. 7 AGBG, deren Wortlaut auf das Vorliegen einer „Vertragsverletzung“ abstellte, in der Rechtsprechung anerkannt, allerdings nur, soweit es um solche unerlaubten Handlungen ging, die im Rahmen eines Vertrages begangen wurden.[5] Da das Gesetz nunmehr nur noch eine Pflichtverletzung fordert, ist erst recht kein Grund erkennbar, deliktische Pflichten vom Anwendungsbereich dieser Vorschrift auszunehmen.[6] Auch die Tatsache, dass § 309 Nr. 7 lediglich den Erfüllungsgehilfen, nicht aber den Verrichtungsgehilfen (§ 831) erwähnt, spricht nicht gegen die Anwendung dieser Vorschrift auf die Verletzung deliktsrechtlicher Pflichten. Denn die Haftung für Verrichtungsgehilfen ist eine Haftung für eigenes Verschulden, so dass eine Beschränkung der in § 831 vorgesehenen Haftung an den Vorgaben zur Beschränkung der Haftung des Verwenders zu messen ist. **15**

bb) Sonstige unerlaubte Handlungen. Richtigerweise wird man § 309 Nr. 7 darüber hinaus auch dann anwenden müssen, wenn eine Klausel die Haftung für solche unerlaubten Handlungen einschränkt oder ausschließt, die nicht im Zusammenhang mit dem Vertrag stehen.[7] Dagegen spricht zwar die Entstehungsgeschichte der Vorschrift. So wird in der Begründung des Gesetzesentwurfs betont, dass mit der Ersetzung des Begriffs der Vertragsverletzung durch denjenigen der Pflichtverletzung „keine inhaltliche Änderung verbunden“ sei.[8] Auf der anderen **16–19**

---

[1] In diesem Sinne auch *Palandt/Heinrichs* § 307 Rz 44. Vgl. ferner BGH NJW 2004, 3706, 3708, dem zufolge die im konkreten Fall vereinbarte Haftungsbeschränkung dem Verwender „schon deshalb nicht zugute kommen [kann], weil die Beschränkung erst mit Vertragsschluss wirksam werden konnte, das Verschulden bei Vertragsverhandlungen aber schon davor lag [...] und ein nachträglicher Haftungsverzicht des Anlegers der Klausel nicht hinreichend zu entnehmen ist“. Nahezu wortgleich auch OLG Düsseldorf NJOZ 2006, 1566, 1571.

[2] BGH NJW 1984, 866, 867 zu Nr. 4 IV AGB-Banken 1977.

[3] BGH NJW 1992, 828, 829 (zu § 11 Nr. 7 AGBG).

[4] A. A. zu Unrecht KG NJW 1981, 2822, 2822 (zu § 11 Nr. 7 AGBG).

[5] BGH NJW 1979, 2148 (zu § 11 Nr. 7 AGBG); BGH ZIP 1985, 687, 689 (zu § 11 Nr. 7 AGBG); BGH NJW 1986, 1610, 1612 (zu § 11 Nr. 7 AGBG); BGH NJW 1987, 1931, 1938 (zu § 11 Nr. 7 AGBG).

[6] Zutreffend *Bamberger/Becker* Rz 4.

[7] Nicht ganz eindeutig insofern *Ulmer/Christensen* Rz 15.

[8] BT-Drs. 14/6040, S. 156.

Seite mögen die Verfasser des Gesetzesentwurfs das Problem der Haftung für unerlaubte Handlungen nicht mitbedacht haben. Denn wenngleich die Anwendbarkeit des § 11 Nr. 7 auf die Haftung für unerlaubte Handlungen zumindest im gewissen Umfang anerkannt war (s. Rz 15), erwähnt die Gesetzesbegründung diese Ansprüche nicht, sondern führt aus, dass § 11 Nr. 7 AGB „insbesondere die positive Vertragsverletzung, culpa in contrahendo, Verzug und Unmöglichkeit, aber auch auf Verschulden beruhende Schadensersatzansprüche aus Gewährleistung" erfasst habe.[1] Hinzu kommt, dass jedenfalls der Wortlaut des § 309 Nr. 7 dafür spricht, die Haftung aus unerlaubter Handlung uneingeschränkt am Schutze dieser Vorschrift teilhaben zu lassen. Auch ein Erst-recht-Schluss stützt diese Auslegung. Denn eine Einschränkung der Haftung für solche Pflichtverletzungen, die mit dem Vertrag nichts zu tun haben, muss der Verwender noch weniger erwarten als eine Beschränkung der Haftung für die Verletzung vertraglicher oder mit dem Vertrag zusammenhängender Pflichten. Schließlich gilt es zu bedenken, dass § 309 Nr. 7 a gerade deshalb erlassen wurde, um den Anforderungen der Nummer 1a des Anhangs der Richtlinie 93/13/EWG Rechnung zu tragen.[2] Nummer 1 a des Anhangs der Klauselrichtlinie betrifft aber generell den Ausschluss oder die Beschränkung der „gesetzlich[en] Haftung" des Gewerbetreibenden und erfasst damit auch die Haftung wegen solcher unerlaubter Handlungen, die nicht im Zusammenhang mit dem konkreten Vertrag stehen.

2. Pflichtverletzer

20 **a) Allgemeines.** Seinem Wortlaut zufolge setzt § 309 Nr. 7 in beiden Alternativen eine Pflichtverletzung des Verwenders beziehungsweise seiner Erfüllungsgehilfen oder gesetzlichen Vertreter voraus. Der Begriff des **gesetzlichen Vertreters** ist im Sinne des § 278 zu verstehen. Erfasst sind alle Personen, die aufgrund gesetzlicher Vorschriften mit Wirkung für den Verwender handeln können.[3] Auch der Begriff des **Erfüllungsgehilfen** ist im Sinne des § 278 zu verstehen. Erfüllungsgehilfe ist also jeder, der mit Wissen und Wollen des Verwenders in dessen Pflichtenbereich tätig wird.[4] Nicht als Erfüllungsgehilfen sind allerdings **elektronische Hilfsmittel,** z. B. EDV-Anlagen, anzusehen. Auch ginge es zu weit, dem Verwender das Versagen elektronischer Hilfsmittel nach dem Rechtsgedanken des § 278 als Betriebsrisiko zuzurechnen.[5] § 309 Nr. 7 ist nicht nur dann anzuwenden, wenn die Haftungsfreizeichnungsklausel die Tatbestandsmerkmale des Erfüllungsgehilfen oder gesetzlichen Vertreters gebraucht. Vielmehr reicht es für die Anwendung des § 309 Nr. 7 aus, dass die Klausel den Verwender von der Haftung für solche Personen freizeichnet, die **objektiv** als Erfüllungsgehilfen bzw. gesetzliche Vertreter einzuordnen sind.[6] § 309 Nr. 7 gilt daher beispielsweise für eine Klausel, die die Haftung einer Fluggesellschaft für das Verhalten eines Hoteliers beschränkt, dessen sich die Fluggesellschaft zur Abwendung weitergehender Schadensersatzansprüche bedient.[7]

---

1 BT-Drs. 14/6040, S. 156.

2 BT-Drs. 14/6040, S. 156.

3 Ähnlich (zur Definition des gesetzlichen Vertreters im Rahmen des § 278) z. B. *Palandt/Heinrichs* § 278 Rz 5.

4 Ähnlich (zur Definition des Erfüllungsgehilfen im Rahmen des § 278) z. B. *Palandt/Heinrichs* § 278 Rz 7.

5 In diese Richtung aber z. B. *R. Schmidt* AcP 166, 1, 23; *M. Wolf* JuS 1988, 899, 901.

6 So, für den Fall des Erfüllungsgehilfen, BGH NJW 1983, 1322, 1325 (zu § 11 Nr. 7 AGBG); *Bamberger/Becker* Rz 9.

7 BGH NJW 1983, 1322, 1325 (zu § 11 Nr. 7 AGBG).

b) Substituten. Von einer Substitution kann man dann sprechen, wenn der Verwender die Erbringung der Leistung einem Dritten in der Weise überantworten darf, dass der Verwender nur noch für die sorgfältige Übertragung, nicht aber für die Leistungsausführung selbst verantwortlich sein soll.[1] Allerdings sollte der Begriff der Substitution nur dann verwandt werden, wenn der Verwender Vertragspartner bleibt.[2] Die betroffenen Dritten kann man als Substituten bezeichnen, Klauseln, die eine Substitution erlauben, als **Substitutionsklauseln.** Mit Blick auf die Anwendung des § 309 Nr. 7 auf Substitutionsklauseln bedarf es einer differenzierten Betrachtung: Ist die Substitutionsklausel wirksam, so kann eine Vertragsbestimmung, der zufolge der Verwender nicht für das Verhalten des Substituten haftet, nicht gegen § 309 Nr. 7 verstoßen. Da der Verwender dann nämlich nach dem Vertrag gerade nicht die Erbringung der Leistung schuldet, handelt es sich bei dem Substituten auch nicht um einen Erfüllungsgehilfen des Verwenders. An § 309 Nr. 7 zu messen wäre aber auch in diesem Falle eine Klausel, mit der sich der Verwender von der Haftung für ein Verschulden bei der Auswahl des Substituten freizuzeichnen versucht. Davon zu trennen ist die Frage, ob die Substitutionsklausel selbst gegen § 309 Nr. 7 verstößt. Dies ist schon dann zu bejahen, wenn es sich bei der relevanten Klausel nicht um eine Individualvereinbarung, sondern um eine Allgemeine Geschäftsbedingung handelt.[3] Denn § 309 Nr. 7 erfasst grundsätzlich auch solche Klauseln, die die Haftung des Verwenders mittelbar ausschließen, indem sie die der Haftung zu Grunde liegende Pflicht abbedingen (s. Rz 52). Folglich kann der Verwender seiner Haftung daher auch nicht dadurch entgehen, dass er in seinen AGB die Übertragung der ihm obliegenden Pflichten auf einen Substituten vorsieht.[4] Darüber hinaus kommt nach richtiger Auffassung auch ein Verstoß gegen § 309 Nr. 10 in Betracht (s. § 309 Nr. 10 Rz 12–15).[5] 21

c) Verrichtungsgehilfen. Nicht in § 309 Nr. 7 genannt sind Verrichtungsgehilfen des Verwenders. Dies wäre auch unsinnig. Denn die Haftung für Verrichtungsgehilfen ist Haftung für eigenes Verschulden. Klauseln, die die Haftung des Verwenders für Verrichtungsgehilfen (§ 831) auszuschließen oder zu beschränken suchen, begrenzen also die Haftung für eigenes Verschulden des Verwenders und sind schon aus diesem Grunde an § 309 Nr. 7 zu messen.[6] 22–29

3. Verschulden

Beide Tatbestandsalternativen des § 309 Nr. 7 setzen voraus, dass die Pflichtverletzung schuldhaft erfolgt ist. Allerdings ist der Anwendungsbereich des § 309 Nr. 7 b auf mindestens grob fahrlässige Pflichtverletzungen beschränkt, während § 309 Nr. 7 a auch einfach fahrlässige Pflichtverletzungen erfasst. 30

a) Vorsatz und grobe Fahrlässigkeit. Der Begriff des Vorsatzes ist im Sinne des § 276 I zu verstehen. Erforderlich ist also zumindest bedingter Vorsatz im Sinne des bewussten Inkaufnehmens des Erfolges. Der Begriff der groben Fahrlässigkeit in § 309 Nr. 7 ist identisch mit dem in § 277 verwandten. Grobe Fahrlässigkeit ist 31

---

1 Ähnlich, allerdings begrenzt auf den Fall des Auftrags, BGH NJW 1993, 1704, 1705.

2 Für ein umfassenderes Verständnis der Substitution, welches wohl auch den Wechsel des Vertragspartners umfasst, BGH NJW 1993, 1704, 1405 (zu § 664 I).

3 Demgegenüber will MünchKomm/*Basedow* Rz 21 Substitutions-Klauseln wohl nicht an § 309 Nr. 7, sondern nur an § 307 und § 309 Nr. 10 messen, hält sie aber wegen „der Gefahr der Umgehung von § 309 Nr. 7" für unangemessen im Sinne des § 307.

4 Großzügiger noch *M. Wolf* in der Voraufl. zu § 11 Nr. 7 Rz 17: Übertragung auf Substituten in AGB nur unter Beachtung der Grundgedanken des § 664. Wie *Wolf*, a.a.O., auch *Bamberger/Becker* Rz 11.

5 Zutreffend MünchKomm/*Basedow* Rz 21.

6 S. auch Rz 14–19 zur Anwendung des § 309 Nr. 7 auf Ansprüche aus unerlaubter Handlung.

demnach dann gegeben, wenn die im Verkehr erforderliche Sorgfalt in besonders schwerem Maße verletzt wird, schon einfachste, ganz nahe liegende Überlegungen nicht angestellt werden[1] oder das nicht beachtet wird, was im gegebenen Falle jedem hätte einleuchten müssen.[2]

32 **b) Analoge Anwendung auf vorsätzliches Handeln des Verwenders.** Ihrem Wortlaut nach greifen die beiden Verbote des § 309 Nr. 7 zwar bei grob fahrlässigem, nicht aber bei vorsätzlichem Handeln des Verwenders ein. Diese auf den ersten Blick überraschende Regelung beruht auf der Überlegung, dass eine Klausel, die die Haftung für vorsätzliches Handeln des Verwenders selbst ausschließt oder begrenzt, schon an § 276 III scheitert. Indessen ist zu beachten, dass die Möglichkeit der Unterlassungsklage nach § 1 UKlaG nur dann besteht, wenn eine Klausel nach den §§ 307–309 unwirksam ist. Hinzu kommt, dass § 276 III nur solche Klauseln erfasst, durch welche die Haftung für vorsätzliche Pflichtverletzungen **im Voraus** erlassen wird, während § 309 Nr. 7 richtigerweise auch auf einen **ex post** vereinbarten Haftungssausschluss anzuwenden ist. Insofern bleibt der durch § 276 III gewährte Schutz hinter demjenigen des § 309 Nr. 7 zurück. Diese Schutzlücke kann man entweder durch den Rekurs auf § 307 beheben, da entsprechende Klauseln ausweislich der Wertung des § 276 III jedenfalls unangemessen sind, oder man kann § 309 Nr. 7 analog heranziehen. Methodisch erscheint die letztere Alternative – wie auch in anderen Fällen, in denen sich die speziellen Klauselverbote als lückenhaft erweisen – vorzugswürdig (s. dazu vor §§ 308, 309 Rz 19).

33–39 **c) Bezugspunkt des Verschuldens.** Hervorzuheben ist, dass sich das Verschulden des Verwenders beziehungsweise seiner gesetzlichen Vertreter oder Erfüllungsgehilfen sowohl im Falle des § 309 Nr. 7 a als auch im Falle des § 309 Nr. 7 b nur auf die Pflichtverletzung, nicht aber auf die daraus resultierenden Schäden, im Falle des § 309 Nr. 7 a auch nicht auf die durch die Pflichtverletzung verursachte Verletzung der dort genannten Rechtsgüter beziehen muss.

4. Haftung des Verwenders oder Dritter für Schäden

40 **a) Haftung für Schäden.** § 309 Nr. 7 setzt voraus, dass die Haftung des Verwenders für die in § 309 Nr. 7 genannten Schäden ausgeschlossen oder beschränkt wird. Diese Formulierung macht deutlich, dass § 309 Nr. 7 nur den Ausschluss oder die Begrenzung von **Schadensersatzansprüchen** betrifft, nicht dagegen z. B. den Ausschluss des Rechts, sich vom Vertrag zu lösen. Selbst Unterlassungsansprüche zur Abwehr künftiger Schäden werden nicht erfasst, doch sind Klauseln, die entsprechende Abwehransprüche ausschließen, an § 307 zu überprüfen. Fraglich mag auf den ersten Blick auch sein, ob der **Anspruch auf Schmerzensgeld** als Schadensersatzanspruch im Sinne des § 309 Nr. 7 angesehen werden kann, doch ist diese Frage zu bejahen,[3] da § 847 insoweit von einem Schaden ausgeht und § 309 Nr. 7 nicht zwischen Vermögens- und Nichtvermögensschäden trennt.

41 **b) Haftender.** Dass § 309 Nr. 7 auf solche Klauseln Anwendung findet, die die Haftung des Verwenders begrenzen, ist unumstritten. In analoger Anwendung des § 328 kann ein Vertrag jedoch grundsätzlich auch eine Haftungsfreizeichnung zugunsten Dritter vorsehen.[4] Soweit dies in AGB geschieht, ergeben sich eine Reihe von Fragestellungen.

---

[1] BGHZ 95, 170, 177 = NJW 1985, 2258, 2259; NJW 1983, 1322, 1325.
[2] S. statt aller *Palandt/Heinrichs* § 277 Rz 4 (zu § 277).
[3] *Palandt/Grüneberg* Rz 40 („Verträge jeder Art").
[4] BGH ZIP 1985, 687, 689; OLG Karlsruhe NJW-RR 1989, 1333, 1334.

aa) Klauselauslegung. Zunächst gilt es im Wege der Auslegung zu klären, ob die Klausel überhaupt die Haftung Dritter begrenzen soll. Nach verbreiteter Auffassung soll § 305c II dabei keine Anwendung finden, dass diese Vorschrift nur zulasten des Verwenders gelte und es sich bei dem Dritten eben nicht um den Verwender der Klausel handele.[1] Diese Argumentation überzeugt indessen nicht. Der Schutzzweck des § 305c II gebietet vielmehr eine analoge Anwendung dieser Vorschrift. Zwar hat der Dritte es anders als der Verwender nicht in der Hand, eine unklare Formulierung der Klausel zu vermeiden. Doch erstens ändert dies nichts an der Schutzwürdigkeit des Verwendungsgegners, und zweitens muss der Dritte sich insofern das Versäumnis des Verwenders zurechnen lassen, da er diesem auch die Haftungsfreizeichnung verdankt. Es geht nicht an, dass der Dritte zwar die vom Verwender geschaffene Haftungsbefreiung dankbar in Anspruch nimmt, sich die Unklarheit der Klausel aber nicht entgegenhalten lassen will. Freilich sind die Anforderungen an die Annahme eines Haftungsausschlusses beziehungsweise einer Haftungsbeschränkung zugunsten Dritter nicht zu übertreiben. Eine Klausel, die die Haftung einer Vertragspartei begrenzt, ist im Regelfall dahingehend auszulegen, dass sie auch zugunsten der Arbeitnehmer der relevanten Vertragspartei gelten soll.[2] Denn anderenfalls könnte die Partei von ihren Arbeitnehmern in Regress genommen werden, so dass die Haftungsbeschränkung leerlaufen würde.[3] Ferner wird man Haftungsfreizeichnungen zugunsten des Verwenders grundsätzlich dahingehend auslegen können, dass auch Erfüllungsgehilfen geschützt sein sollen, sofern die Einschaltung eines Dritten in die Vertragsabwicklung typisch und für den Vertragspartner erkennbar ist.[4] Eine Haftungsfreizeichnung zugunsten eines Frachtführers erstreckt sich daher z. B. auch auf die von diesem als Erfüllungsgehilfen eingeschalteten Unterfrachtführer.[5] § 305c II steht einer entsprechenden Auslegung nicht entgegen, weil und soweit der Dritte mit der Einschaltung von Arbeitnehmern und anderen Erfüllungsgehilfen rechnen muss und für diesen Fall keine Verbesserung seiner Rechtslage erwarten kann.[6] 42

bb) Wirksamkeit. Mit Blick auf die Wirksamkeit von Haftungsfreizeichnungsklauseln zugunsten Dritter stellt sich vor allem die Frage, ob derartige Klauseln an § 309 Nr. 7 gemessen werden können. Dies ist im Ergebnis uneingeschränkt zu bejahen, wobei folgende Erwägungen ausschlaggebend sind: Denkbar ist zunächst, dass es sich bei dem Dritten um einen **Erfüllungsgehilfen oder gesetzlichen Vertreter des Verwenders** handelt. In diesem Falle ist § 309 Nr. 7 richtigerweise **unmittelbar anwendbar.**[7] Zwar ist § 309 Nr. 7 in erster Linie auf solche Klauseln 43, 44

---

[1] *Blaurock* ZHR 146, 238, 256; *Schreiber* BB 1980, 1698. Zu Recht a. A. *Löwe/von Westphalen* § 11 Nr. 7 Rz 23.

[2] BGH NJW 1995, 2991, 2992: „Erstreckung vertraglicher Haftungsbeschränkungen auf den Arbeitnehmer des Begünstigten [...] allgemein anerkannt [...]." Für eine entsprechende Auslegung auch schon BGH NJW 1962, 388, 389.

[3] BGH NJW 1995, 2991, 2992; BGH NJW 1962, 388, 389.

[4] Tendenziell ebenso, allerdings zusätzlich auf die konkrete Interessenlage und die Schutzwürdigkeit des Erfüllungsgehilfen abstellend BGH NJW 1995, 2991, 2992.

[5] Ebenso BGH NJW 1995, 2991, 2992, der allerdings auch auf die wirtschaftliche Abhängigkeit des Unterfrachtführers vom Frachtführer abstellt.

[6] BGH NJW 1995, 2991, 2992 (zu § 5 AGBG und zur Erstreckung einer Haftungsklausel auf Erfüllungsgehilfen).

[7] Vgl. BGH NJW 1986, 1610, 1611 f: Anwendung des § 11 Nr. 7 AGBG auf eine Klausel, die die Haftung des Erfüllungsgehilfen begrenzte. Gegen eine Anwendung des § 309 Nr. 7 aber z. B. *Palandt/Heinrichs* § 309 Rz 41, der entsprechende Klauseln freilich an § 307 messen möchte. Wie hier dagegen *Staudinger/Coester-Waltjen* Rz 4. Unklar OLG Koblenz NJW-RR 2002, 1252, 1253 (zu § 11 Nr. 7). Dort heißt es zwar, dass „Haftungsbegrenzungen innerhalb der sich aus § 11 Nr. 7 AGBG ergebenden Klauseln grundsätzlich auch im Rahmen von AGB möglich und auch zugunsten Dritter zulässig [sind], doch betrifft das Urteil einen Fall, in dem zumindest auch die Haftung des Verwenders ausgeschlossen wurde.

zugeschnitten, die die Haftung des Verwenders zu begrenzen suchen. Indessen spricht § 309 Nr. 7 die Person des Haftenden gerade nicht an. Vielmehr ist nur von der Haftung für Pflichtverletzungen des Verwenders sowie seiner Erfüllungsgehilfen und Vertreter die Rede. Klauseln, die die Haftung von Erfüllungsgehilfen oder gesetzlichen Vertretern beschränken, lassen sich also ohne Schwierigkeiten unter den Wortlaut des § 309 Nr. 7 subsumieren. Auch der Zweck des § 309 Nr. 7 gebietet die Anwendung dieser Vorschrift. Denn insbesondere in solchen Fällen, in denen der Verwender selbst nicht zahlungsfähig ist, ist eine Klausel, die die Haftung Dritter ausschließt, für den Verwendungsgegner nicht minder gefährlich als eine Klausel, die die Haftung des Verwenders selbst begrenzt. Im Ergebnis nicht anders liegen die Dinge insoweit, als es um Klauseln geht, die die Haftung **sonstiger Dritter** ausschließen oder beschränken. Entsprechende Klauseln wird man zwar nicht unmittelbar an § 309 Nr. 7 messen können, da diese Klausel eben ausdrücklich eine Pflichtverletzung des Verwenders oder seiner Erfüllungsgehilfen oder Vertreter heranzieht.[1] Doch ist eine **analoge Anwendung des § 309 Nr. 7** geboten. Wenn nämlich sogar eine Haftungsfreizeichnung zugunsten des Verwenders oder seiner Erfüllungsgehilfen und gesetzlichen Vertreter unwirksam ist, muss erst recht eine Haftungsfreizeichnung zugunsten eines sonstigen Dritten unwirksam sein. Denn mit einer solchen Haftungsfreizeichnung muss der der Verwendungsgegner erst recht nicht rechnen. Aus dem gleichen Grund wird eine Haftungsbeschränkung zugunsten sonstiger Dritter oft auch an § 305c I scheitern.[2] Analog § 309 Nr. 7 unwirksam ist daher z. B. eine Klausel in den AGB des Veranstalters eines Fahrlehrganges, die die Haftung der anderen Teilnehmer ausschließt. Sofern man eine Analogie zu § 309 Nr. 7 ablehnt, muss man eine entsprechende Klausel jedenfalls nach § 307 als unwirksam einstufen.[3]

5. Haftung gegenüber dem anderen Vertragsteil oder gleichzustellenden Dritten

45–47 Weiter stellt sich die Frage, gegenüber wem die Haftung bestehen muss. Ohne weiteres anwendbar ist § 309 Nr. 7, wenn die Haftung gegenüber dem Verwendungsgegner ausgeschlossen oder beschränkt werden soll. Darüber hinaus sollte man § 309 Nr. 7 aber auch dann zur Anwendung bringen, wenn es um die Haftung gegenüber Dritten geht, die auf Seiten des Verwendungsgegners stehen. Relevant wird dies dann, wenn es dem Verwendungsgegner ausnahmsweise möglich ist, die Haftung des Verwenders gegenüber Dritten zu regeln, z. B. weil der Verwendungsgegner gesetzlicher Vertreter der betroffenen Dritten ist oder weil sich die Haftung – wie im Falle eines Vertrages mit Schutzwirkung zugunsten Dritter – gerade aus dem vom Verwendungsgegner abgeschlossenen Vertrag ergibt. Von § 309 Nr. 7 erfasst werden also insbesondere auch Klauseln, die die Haftung gegenüber solchen Personen auf Seiten des Verwendungsgegners ausschließen oder beschränken, die in den Schutzbereich des Vertrages einbezogen sind.[4] Zwar lässt sich dieser Auslegung des § 309 Nr. 7 entgegenhalten, dass die Grundnorm der Inhaltskontrolle, § 307, grundsätzlich nur Benachteiligungen des Vertragspartners berücksichtigt.

---

[1] Für eine unmittelbare Anwendung des § 309 Nr. 7 aber möglicherweise *Staudinger/Coester-Waltjen* Rz 4.

[2] Vgl. auch BGH NJW-RR 2004, 780, 781: Überraschungscharakter einer Klausel in den AGB eines geschlossenen Immobilienfonds, die die Haftung der beim Vertrieb der Vermögensanlage tätig gewordenen selbstständigen Unternehmer begrenzt. S. ferner *Staudinger/Coester* § 307 Rz 431, dem zufolge „besonders zu prüfen" ist, ob eine zugunsten Dritter vereinbarte Freizeichnung nicht nach § 305c I unbeachtlich ist.

[3] So OLG Karlsruhe NJW-RR 1989, 1333, 1335 (zu § 9 AGBG).

[4] Wie hier *Staudinger/Coester-Waltjen* Rz 4; *Palandt/Heinrichs* Rz 40.

Doch ist auf der anderen Seite zu beachten, dass der Wortlaut des § 309 Nr. 7 gerade keine Beschränkung auf Schadensersatzansprüche des Vertragspartners des Verwenders vorsieht. Für die Einbeziehung der in den Schutzbereich des Vertrages fallenden Dritten sprechen überdies die Interessen des Vertragspartners, da dieser durch eine Schädigung der auf seiner Seite stehenden Dritten mittelbar geschädigt werden kann, insbesondere wenn Fürsorge- und Unterhaltspflichten gegenüber dem Dritten bestehen. Bei der Drittschadensliquidation steht der Anspruch bereits formal dem Vertragspartner zu, so dass § 309 Nr. 7 schon aus diesem Grunde eingreifen kann.

6. Haftungsausschluss oder -beschränkung

§ 309 Nr. 7 verbietet sowohl den Ausschluss als auch die Beschränkung der Haftung. 48

a) Ausschluss. Von einem Ausschluss der Haftung ist immer dann auszugehen, wenn die Klausel dazu führen kann, dass der Verwender in wenigstens einer Fallkonstellation, in welcher er nach dem dispositiven Recht haften würde, nicht haftet. Erfasst werden zunächst solche Klauseln, die die Haftung **unmittelbar** ausschließen. Dabei spielt es keine Rolle, ob die Haftung ausdrücklich ausgeschlossen wird, oder ob sich der Haftungsausschluss erst im Wege der Auslegung (§§ 133, 157, 305c II) ergibt.[1] Nach dem BGH soll es sogar ausreichen, wenn die Klausel „nach ihrem Sinn und Zweck den Eindruck eines Haftungsausschlusses erweckt".[2] Doch erscheint diese Aussage nur dann überzeugend, wenn man sie dahin gehend versteht, dass auf die Verständnismöglichkeiten des durchschnittlichen Kunden abzustellen ist und wegen § 305c II im Zweifel von derjenigen Auslegung auszugehen ist, bei welcher die Klausel unwirksam ist. Ein konkludenter Haftungsausschluss ist beispielsweise dann zu bejahen, wenn die alleinige Haftung des anderen Vertragsteils vorgesehen wird[3] oder wenn dem Vertragspartner alle Kosten auferlegt werden „gleich welchen Grundes", weil dies auch vom Verwender schuldhaft verursachte Schäden einschließt.[4] Ein Ausschluss der Haftung liegt auch vor, wenn die Haftung nur unter im Gesetz nicht vorgesehenen einengenden Voraussetzungen übernommen wird. Unwirksam ist daher z. B. eine Klausel, der zufolge eine Haftung nur für ausdrücklich in Verwahrung genommene Gegenstände besteht.[5] Denn mit dieser Formulierung wird die Haftung für die Fälle, in denen die einengenden Voraussetzungen nicht vorliegen, ausgeschlossen. Dass die Haftung vollständig ausgeschlossen wird, ist nicht erforderlich. Vielmehr findet § 309 Nr. 7 schon dann Anwendung, wenn nur bestimmte Schadensersatzansprüche ausgeschlossen werden.[6] Der Verwender kann die Wirksamkeit seiner Klauseln auch nicht dadurch sicherstellen, dass er den Haftungsausschluss mit einem salvatorischen Zusatz der Art „soweit gesetzlich zulässig" versieht.[7] Wegen Verstoßes gegen § 309 Nr. 7 unwirksam ist daher 49

[1] Gegen die Notwendigkeit eines ausdrücklichen Ausschlusses auch BGH NJW 2001, 751, 752 (zu § 11 Nr. 7 AGBG).

[2] BGH NJW 2001, 751, 752 (zu § 11 Nr. 7 AGBG). Ähnlich schon BGH NJW 1987, 2818, 2820: Unwirksamkeit, wenn Klausel „ihrem Sinn und Zweck nach den Eindruck einer Begrenzung erweckt".

[3] BGH NJW 1985, 914, 915 (zu § 11 Nr. 7 AGBG).

[4] OLG München NJW-RR 1987, 661, 662 (zu § 11 Nr. 7 AGBG): Unwirksamkeit einer Klausel „Folgende besondere Leistungen gehören zu den Vertragsleistungen und werden nicht gesondert vergütet: [...] Vorhaltungs- und Stilllegungskosten der Baustelleneinrichtung incl. Maschinenpark, gleich welchen Grundes".

[5] Vgl. BGH ZIP 1987, 989, 994 (zu § 11 Nr. 7 AGBG).

[6] BayObLG NJW 1985, 1716, 1717 (zu § 11 Nr. 7 AGBG).

[7] Für die Unbeachtlichkeit von salvatorischen Zusätzen dieser Art z. B. BGH NJW 1991, 2630, 2632 (zu § 9 AGBG und zum Ausschluss des Wandlungsrechts).

z. B. eine Klausel in einem Vertrag über einen Tandem-Passagier-Fallschirmsprung, die vorsieht, dass jede Haftung, soweit gesetzlich zulässig, ausgeschlossen ist.[1]

50 **b) Mittelbarer Ausschluss.** Auch ein mittelbarer Haftungsausschluss dadurch, dass bereits das Vorliegen einer Pflichtverletzung ausgeschlossen wird, muss grundsätzlich unter § 309 Nr. 7 fallen.[2] Ein an § 309 Nr. 7 zu messender Ausschluss der Pflichtverletzung kann insbesondere in der Weise erfolgen, dass die **objektive Pflicht,** die Grundlage der Haftung ist, ausdrücklich oder implizit **abbedungen** wird. Nach § 309 Nr. 7 unwirksam ist beispielsweise eine Klausel in den AGB eines Paketbeförderungsdienstes, nach der sich der Verwender damit einverstanden erklärt, dass der Transportweg gänzlich unkontrolliert bleibt.[3] Denn eine solche Klausel läuft auf einen Versuch hinaus, sich grob fahrlässiges Verhalten auszubedingen.[4] Ein die Anwendung des § 309 Nr. 7 begründender Ausschluss vertraglicher Pflichten kann auch durch eine fehlerhafte vertragstypologische Einordnung geschehen.[5] Die Abbedingung vertraglicher Pflichten ist jedoch nicht der einzige Weg, die Haftung mittelbar auszuschließen. An § 309 Nr. 7 zu messen ist vielmehr auch eine Klausel, die die **Erfüllung von Pflichten fingiert.**[6] Gleiches gilt für Klauseln, durch die der andere Vertragsteil zur Genehmigung des Verstoßes oder zum Verzicht auf den Schadensersatzanspruch verpflichtet wird; für Genehmigungs- oder Verzichtsfiktionen käme bereits § 308 Nr. 5 zur Anwendung. Kein Ausschluss liegt aber selbstredend dann vor, wenn eine Pflicht „ausgeschlossen" wird, die ohnehin nicht besteht, so z. B. wenn bei einem Bauvertrag die Haftung für die vom Bauherrn angestrebten steuerlichen Folgen ausgeschlossen wird.[7] Ein gegen § 309 Nr. 7 verstoßender Haftungsausschluss ist aber z. B. dann anzunehmen, wenn eine Klausel in einem Fotoentwicklungsvertrag den Verwender zur Übergabe der Fotos an den Inhaber des Abholausweises berechtigt, weil damit die Haftung auch für den Fall ausgeschlossen wird, dass der Verwender die Nichtberechtigung des Inhabers des Abholausweises kennt oder grob fahrlässig nicht kennt.[8] Nach § 309 Nr. 7 unwirksam ist auch eine Klausel in einem Fotoentwicklungsvertrag mit dem Inhalt: „Rückgabe nur [...] innerhalb von 3 Monaten", weil sie den Verwender implizit berechtigt, die Fotomaterialien nach Ablauf dieser Frist zu vernichten, ohne für diese vorsätzliche Eigentumsverletzung haften zu müssen.[9]

51 **c) Beschränkung.** Eine Beschränkung der Haftung liegt immer dann vor, wenn die Klausel zum Nachteil des Verwendungsgegners von den gesetzlichen Vorschriften über die Haftung abweicht, wobei insbesondere solche Abweichungen erfasst sind, die die Art und das Ausmaß des zu leistenden Schadensersatzes oder die Modalitäten der Inanspruchnahme bzw. der Geltendmachung des Anspruchs, beispielsweise die zu beachtenden Fristen, betreffen. Nicht erfasst werden allerdings Klauseln beweisrechtlicher Natur, da insofern bereits § 309 Nr. 12 Anwendung findet.

52 **aa) Art und Höhe des Ersatzes.** Eine Haftungsbegrenzung liegt zunächst dann vor, wenn die Klausel mit Blick auf den Inhalt des Schadensersatzanspruchs in einer für den Verwendungsgegner nachteiligen Weise vom Gesetz abweicht. Diese Voraus-

---

1 A. A. offenbar LG Neuruppin NJW-RR 2003, 1108, 1109.

2 BGH NJW 2001, 751, 752 (zu § 11 Nr. 7 AGBG); *Bamberger/Becker* Rz 13. Kritisch aber *Staudinger/Coester-Waltjen* Rz 13.

3 OLG München NJW-RR 2004, 1064, 1065.

4 OLG München NJW-RR 2004, 1064, 1065.

5 BGH NJW 1992, 3158, 3161 (zu § 11 Nr. 7 AGBG): Vermittlungsvertrag statt Reisevertrag.

6 OLG Frankfurt NJW 1983, 1681, 1682 (zu Nr. 4 III S. 2 a. F. AGB-Banken, § 9 AGBG).

7 OLG Hamm NJW-RR 1989, 668, 668 (zu § 11 Nr. 7 AGBG).

8 OLG Nürnberg NJW-RR 2000, 436, 436 (zu §§ 9, 11 Nr. 7 AGBG).

9 OLG Nürnberg NJW-RR 2000, 436, 436 (zu §§ 9, 11 Nr. 7 AGBG).

setzung ist insbesondere dann erfüllt, wenn die Klausel die Ansprüche gegen den Verwender der Höhe nach beschränkt. Eine Beschränkung der Höhe nach liegt z. B. dann vor, wenn die Haftung auf einen bestimmten Betrag begrenzt wird.[1] Es darf aber auch nicht die Ersatzfähigkeit einzelner Schadensposten ausgeschlossen werden; insbesondere darf der Ersatz nicht auf den unmittelbaren Schaden begrenzt werden.[2] Darüber hinaus ist eine Haftungsbegrenzung aber auch dann anzunehmen, wenn nur eine bestimmte Art der Schadensersatzleistung zuerkannt wird, z. B. Naturalrestitution, eine andere, z. B. Geldersatz, dagegen ausgeschlossen wird. Gleiches gilt, wenn eine Klausel nur die konkrete Schadensberechnung zulässt, die Möglichkeit der abstrakten Schadensberechnung dagegen abbedingt. Unwirksam ist deshalb z. B. eine Klausel, die bei Ausfall der Nutzung eines Kfz unabhängig vom Verschuldensgrad nur die Stellung eines Ersatzfahrzeugs oder den Ersatz tatsächlicher Mietwagenkosten zugesteht, nicht aber den abstrakten Nutzungsausfallschaden.[3] Entscheidend ist dabei die Auslegung der Klausel (§§ 133, 157, 305c II), wobei es darauf ankommt, welchen Eindruck die Klausel bei verständiger durchschnittlicher Würdigung hinterlässt.[4] Eine Begrenzung ist auch gegeben, wenn bei mitwirkenden Ursachenbeiträgen eine Schadensminderung über § 254 hinaus vorgesehen ist.[5]

bb) Modalitäten der Inanspruchnahme. Eine Begrenzung der Haftung liegt 53
darüber hinaus auch dann vor, wenn die vom dispositiven Recht vorgesehenen Modalitäten der Inanspruchnahme des Schuldners zulasten des Verwendungsgegners abgeändert werden.[6] So ist § 309 Nr. 7 beispielsweise dann anwendbar, wenn bei einer gesamtschuldnerischen Haftung mehrerer dem Gläubiger vorgeschrieben wird, in welcher Rangfolge die Schuldner in Anspruch zu nehmen sind,[7] da sich für ihn hieraus vielfältige Risiken etwa hinsichtlich der Kosten und der Zahlungsfähigkeit des Schuldners und u. U. auch hinsichtlich der Verjährung ergeben können. Auch Subsidiaritätsklauseln, die die Haftung des Verwenders von der vorherigen Inanspruchnahme eines Dritten abhängig machen, stellen eine Beschränkung der Haftung dar.[8]

cc) Fristen. Inwieweit Verjährungs- und Ausschlussfristen an § 309 Nr. 7 zu 54
messen sind, ist umstritten (s. Rz 55, 56). Richtigerweise wird man davon ausgehen müssen, dass § 309 Nr. 7 sowohl auf eine Verkürzung von Verjährungsfristen als auch auf die Vereinbarung von Ausschlussfristen Anwendung findet.

α) Verjährungsfristen. Dass die Verkürzung der für Schadensersatzansprüche 55
geltenden Verjährungsfristen eine Haftungsbegrenzung im Sinne des § 309 Nr. 7 darstellt, ist in der Rechtsprechung anerkannt.[9] Dem ist schon deshalb zuzustim-

---

1 *Ulmer/Christensen* Rz 29.

2 S. ausdrücklich BT-Drs. 7/3919 S. 31.

3 BGH NJW 1987, 2818, 2820 (zu § 11 Nr. 7 AGBG).

4 Noch weitergehend scheint BGH NJW 1987, 2818, 2820 (zu § 11 Nr. 7 AGBG) sich damit begnügen zu wollen, dass „[n]ach der Lebenserfahrung […] ein nicht unerheblicher Teil der betroffenen Verbraucher" die Klausel im Sinne eines Haftungsausschlusses verstehen wird. Ein entsprechendes Verständnis des § 309 Nr. 7 trennt jedoch nicht in hinreichendem Maße zwischen den Vorgaben der speziellen Klauselverbote einerseits und den Anforderungen des Transparenzgebotes (§ 307 I 2) andererseits.

5 Vgl. aber auch BGH NJW 1987, 2818, 2120: Verstoß gegen § 9 II Nr. 1 AGBG (§ 307 II Nr. 1) i.V.m. § 254.

6 Wie hier wohl *Ulmer/Christensen* Rz 28. Dezidiert a.A. aber *Staudinger/Coester-Waltjen* Rz 23: Eine Haftungsbegrenzung liegt nur bei der inhaltlichen Einschränkung von Schadensersatzansprüchen, nicht dagegen schon dann vor, wenn besondere Modalitäten ihrer Geltendmachung vorgesehen werden.

7 *Staudinger/Coester-Waltjen* § 309 Nr. 7 Rz 23. Wie hier wohl *Ulmer/Christensen* Rz 28.

8 *Bamberger/Becker* Rz 13.

9 BGH NJW 2007, 674, 675; BGH NJW-RR 1987, 1252, 1253 (zu § 11 Nr. 7 AGBG); BGH MDR 1983, 552 (zu § 11 Nr. 7 AGBG). Ebenso *Bamberger/Becker* Rz 13; *Staudinger/Coester-Waltjen* Rz 23.

men, weil § 309 Nr. 7 anderenfalls leicht umgangen werden könnte. Überdies entspricht diese Auffassung dem Willen des historischen Gesetzgebers. So heißt es in der Begründung des Gesetzesentwurfs zu § 309 Nr. 7, dass diese Regelung „auch die Verkürzung von Verjährungsfristen" erfasse.[1] Und an anderer Stelle wird betont, „dass die Verkürzung der Verjährungsfristen wegen eines Mangels in Allgemeinen Geschäftsbedingungen auch an den Klauselverboten des § 309 Nr. 7 und 8 a RE zu messen sind."[2] Zwar findet sich in den Gesetzgebungsmaterialien zu § 202 eine scheinbar entgegengesetzte Aussage. Namentlich heißt es dort: „Soweit [Verjährungserleichterungen] in Allgemeinen Geschäftsbedingungen enthalten sind, unterliegen sie den Grenzen der bisherigen §§ 9, 11 Nr. 10 Buchstabe e und f AGBG (jetzt: §§ 307, 309 Nr. 8 Buchstabe c Doppelbuchstaben ee und ff RE)."[3] Doch kann diese Passage im Lichte der zuvor zitierten nicht dahingehend verstanden werden, dass Verjährungsklauseln *ausschließlich* an § 309 Nr. 8 b ee und § 309 Nr. 8 b ff zu messen sind. Auch nach neuem Recht ist mithin davon auszugehen, dass eine Verkürzung der für Schadensersatzansprüche geltenden Verjährungsfristen als Haftungsbegrenzung einzustufen ist.[4]

56 **β) Ausschlussfristen.** Ausschlussfristen unterscheiden sich von Verjährungsfristen dadurch, dass sie entweder den Anspruch entfallen lassen, also nicht nur seine Durchsetzbarkeit hindern, oder zwar nur die Durchsetzbarkeit hindern, im Gegensatz zur Verjährung aber auch dann zu beachten sein sollen, wenn der Verwender sich nicht auf die Ausschlussfrist beruft (s. § 309 Nr. 8 b ee Rz 23). Auch Ausschlussfristen fallen nach richtiger Auffassung unter § 309 Nr. 7.[5] Wenn nämlich selbst Verjährungsklauseln an § 309 Nr. 7 zu messen sind, muss Gleiches erst recht für Ausschlussfristen gelten.[6] Denn die Wirkung der Letzteren ist nach dem Gesagten für den Verwendungsgegner sogar noch einschneidender als die Wirkung von Verjährungsklauseln. Dem entspricht es, dass der Gesetzgeber in § 309 Nr. 8 b ee für nicht offensichtliche Mängel keine milderen Vorgaben gemacht hat, als sie für Verjährungsfristen in § 309 Nr. 8 b ff vorgesehen sind.

57 **dd) Beweisrechtliche Klauseln.** Keine Anwendung findet § 309 Nr. 7 allerdings auf Klauseln beweisrechtlicher Art, da diese bereits nach § 309 Nr. 12 unwirksam sind, so dass kein Bedürfnis für einen Rekurs auf § 309 Nr. 7 besteht.[7]

7. Beweislast

58, 59 Für den Nachweis der Unwirksamkeitsvoraussetzungen gelten die allgemeinen Grundsätze (s. vor §§ 308, 309 Rz 21). Eine Beweislastumkehr ist mit dem wirksamen Haftungsausschluss nicht verbunden.

---

1 BT-Drs. 14/6040, S. 156.

2 BT-Drs. 14/6040, S. 159.

3 BT-Drs. 14/6040, S. 110.

4 Wie hier BGH NJW 2007, 674, 675; *Fischer/Herrlein* NJW 2007, 678, 678; *Ulmer/Christensen* Rz 28; *Preis/Roloff* RdA 2005, 144, 146. A. A. zum neuen Recht aber *Bamberger/Becker* Rz 13.

5 A. A. BAG NJW 2005, 3305, 3306 (zu einer sog. zweistufigen Ausschlussklausel); BAG NJW 2006, 795, 797 (zu einer Klausel, die den Ausschluss für den Fall der Versäumnis einer dreimonatigen Frist zur schriftlichen Geltendmachung anordnete); wie hier dagegen BGH NJW 2007, 674, 677 (Ausschlussfrist von 6 Wochen für schriftliche Geltendmachung von Mängeln); offen gelassen von BGH NJW 1990, 761, 764 (zu § 11 Nr. 7 AGBG); BGH NJW 1991, 2559, 2562 (zu § 11 Nr. 7 AGBG). Wie hier wohl *Ulmer/Christensen* Rz 28.

6 Ähnlich bereits *Preis/Roloff* RdA 2005, 144, 146: Die Verwandtschaft von Ausschlussfristen und Verjährungserleichterungen in ihren Zielen und Wirkungsweisen lege eine einheitliche Lösung nahe.

7 Vgl. auch BGH NJW 1996, 1537, 1538: Anwendung von § 11 Nr. 15 AGBG (309 Nr. 12).

IV. Die besonderen Merkmale des § 309 Nr. 7 a

§ 309 Nr. 7 a betrifft solche Klauseln, die die Haftung für Schäden aus der Verletzung des Lebens, des Körpers oder der Gesundheit ausschließen oder begrenzen. Derartige Klauseln sind unwirksam, soweit die Schäden auf einer fahrlässigen Pflichtverletzung des Verwenders oder auf einer vorsätzlichen oder fahrlässigen Pflichtverletzung eines gesetzlichen Vertreters oder Erfüllungsgehilfen des Verwenders beruhen. Auf Klauseln, die die Haftung für vorsätzliche Pflichtverletzungen des Verwenders ausschließen, ist § 309 Nr. 7 a analog anzuwenden (s. Rz 32). 60

1. Verletzung des Lebens, des Körpers oder der Gesundheit

a) Hintergrund. Die für Schäden aus der Verletzung des Lebens, des Körpers oder der Gesundheit geltende Sonderregelung des § 309 Nr. 7 a geht auf Nummer 1 a des Anhangs der Richtlinie 93/13/EWG zurück.[1] Danach können solche Klauseln für missbräuchlich erklärt werden, die darauf abzielen oder zur Folge haben, dass die gesetzliche Haftung des Gewerbetreibenden ausgeschlossen oder eingeschränkt wird, wenn der Verbraucher aufgrund einer Handlung oder Unterlassung des Gewerbetreibenden sein Leben verliert oder einen Körperschaden erleidet. Wenngleich der Wortlaut des Art. 3 III der Richtlinie („können") suggeriert, dass die Mitgliedstaaten an die im Anhang der Richtlinie genannten Klauselverbote nicht gebunden sind, hat der EuGH deutlich gemacht, dass diese Klauselverbote bei der Auslegung des Art. 3 I der Richtlinie zu berücksichtigen sind.[2] Vermittelt durch Art. 3 I der Richtlinie gewinnen also auch die Klauselverbote im Anhang der Richtlinie Verbindlichkeit. 61

b) Begriffe. Hinsichtlich der Frage, wann eine Verletzung des Lebens, des Körpers oder Gesundheit vorliegt, kann auf die im Rahmen des § 823 entwickelten Grundsätze zurückgegriffen werden.[3] Eine **Verletzung des Lebens** ist dann anzunehmen, wenn der Tod einer Person herbeigeführt wird.[4] Unter einer **Gesundheitsverletzung** ist die Störung der körperlichen, geistigen oder seelischen Lebensvorgänge anzusehen.[5] Ausreichend ist jedes Hervorrufen oder Steigern eines von den normalen körperlichen Funktionen nachteilig abweichenden Zustandes auch ohne Schmerzen oder tief greifende Veränderung der Befindlichkeit.[6] Als Körperverletzung ist jeder Eingriff in die körperliche Integrität anzusehen.[7] Die Tatbestandsmerkmale der Körperverletzung und der Gesundheitsverletzung werden sich häufig überschneiden,[8] was aber wegen der Identität der Rechtsfolge unproblematisch ist. 62

c) Person des Verletzten. Bei dem Inhaber der Rechtsgüter muss es sich um einen geborenen oder noch ungeborenen Menschen handeln. Mit Blick auf den nasciturus wird zwar zu § 823 die Auffassung vertreten, dass Verletzungen im vorgeburtlichen Stadium erst mit Vollendung der Geburt zu Schadensersatzansprüchen führen können.[9] Doch zum einen erscheint diese Auffassung schon mit Blick 63

1 BT-Drs. 14/6040, S. 156.
2 EuGH, Urt. v. 27. 6. 2000, Verb. Rs. 240/98 bis 244/98, Slg. 2000, S. I-4941 Rz 22.
3 Zutreffend *Staudinger/Coester-Waltjen* Rz 9; *Ulmer/Christensen* Rz 23.
4 So (zu § 823) *Palandt/Sprau* § 823 Rz 3.
5 So (zu § 823) *Palandt/Sprau* § 823 Rz 4.
6 So (zu § 823) *Palandt/Sprau* § 823 Rz 4.
7 So (zu § 823) *Palandt/Sprau* § 823 Rz 4.
8 Ähnlich (zu § 823) *Palandt/Sprau* § 823 Rz 4.
9 *Palandt/Sprau* § 823 Rz 88.

auf § 823 als zu restriktiv und lotet die Möglichkeit einer durch Art. 1 GG gebotenen restriktiven Auslegung des § 1 nicht aus.[1] Und zum anderen zwingt § 1, was das ungeborene Leben anbelangt, jedenfalls nicht zu einer restriktiven Auslegung des § 309 Nr. 7. Denn § 309 Nr. 7a setzt lediglich voraus, dass aus der Verletzung der dort genannten Rechtsgüter Schäden entstehen, verlangt also nicht, dass derjenige, der den Schaden erleidet, notwendig mit dem Rechtsgutsinhaber identisch ist. Wenn aber derjenige, dessen Schadensersatzansprüche durch § 309 Nr. 7 geschützt werden, ein anderer sein kann als der Inhaber des betroffenen Rechtsgutes, dann kann die Anwendbarkeit des § 309 Nr. 7 auch nicht von der Zivilrechtsfähigkeit des Rechtsgutinhabers abhängen. Demnach findet § 309 Nr. 7 beispielsweise auf eine Klausel in einem Arztvertrag Anwendung, die die Haftung des Arztes bei Behandlung einer Schwangeren auf grobe Fahrlässigkeit begrenzt, ohne davon den Anspruch der Mutter aus § 844 I auf Ersatz der Beerdigungskosten im Falle der Tötung ihres ungeborenen Kindes auszunehmen.[2] In jedem Fall erforderlich ist aber, dass es sich bei dem Verletzten um einen (geborenen oder ungeborenen) Menschen handelt. Nicht erfasst sind also z. B. Ansprüche, die sich aus der Tötung eines Tieres ergeben. Dies folgt daraus, dass das Eigentum in § 309 Nr. 7 gerade nicht genannt ist. Darüber hinaus wird man davon ausgehen müssen, dass die Person des Verletzten zumindest im Lager des Verwendungsgegners stehen muss. Dies wird z. B. dann relevant, wenn der Verwender sich infolge einer von ihm begangenen Pflichtverletzung selbst verletzt und aus diesem Grunde nicht in der Lage ist, seine vertraglichen Pflichten zu erfüllen mit der Folge, dass dem Verwendungsgegner ein Schaden entsteht. Diese Konstellation scheint zwar auf den ersten Blick vom Wortlaut des § 309 Nr. 7 a erfasst zu sein. Doch besteht für den besonderen Schutz, den § 307a dem Verwendungsgegner gewährt, keine Berechtigung, wenn der Inhaber der verletzten Rechtsgüter nicht einmal im Lager des Verwendungsgegners steht.

2. Verletzungsbedingte Schäden

64–69 § 309 Nr. 7 a greift schon dann ein, wenn die Schäden, für welche die Haftung ausgeschlossen oder begrenzt werden soll, aus der Verletzung entstehen. Erforderlich aber auch ausreichend ist also, dass die Schäden durch die Verletzung in zurechenbarer Weise verursacht sind. Es kann sich also auch um Schäden an anderen als den in § 309 Nr. 7 a genannten Rechtsgütern handeln, und in der Tat wird es meist um Vermögensschäden gehen.

V. Die besonderen Merkmale des § 309 Nr. 7 b

70, 71 § 309 Nr. 7 b betrifft solche Klauseln, die die Haftung für solche Schäden ausschließen oder begrenzen, die auf einer grob fahrlässigen Pflichtverletzung des Verwenders oder auf einer vorsätzlichen oder grob fahrlässigen Pflichtverletzung eines gesetzlichen Vertreters oder Erfüllungsgehilfen des Verwenders beruhen. Auf Klauseln, die die Haftung für vorsätzliche Pflichtverletzungen des Verwenders aus-

---

[1] Zu zurückhaltend auch MünchKomm/*Wagner* § 823 Rz 67, der dem Ungeborenen zwar den Schutz des § 823 I auch mit Blick auf das Rechtsgut Leben zukommen lassen möchte, aber meint, dass dieser Schutz nur im Rahmen des § 844 relevant werden könne. Wenn *Wagner,* a.a.O., betont, dass man die Entscheidung des Gesetzgebers zugunsten der Zulässigkeit von Schwangerschaftsabbrüchen nicht umgehen dürfe, so übersieht er, dass das ungeborene Kind sein Leben nicht nur durch einen von der Schwangeren gewählten Schwangerschaftsabbruch verlieren kann.

[2] Für die Anwendbarkeit des § 844 im Falle der Tötung ungeborenen Lebens z. B. MünchKomm/*Wagner* § 823 Rz 67.

schließen, ist § 309 Nr. 7 b analog anzuwenden (s. Rz 32). Zu den Merkmalen des Vorsatzes und der groben Fahrlässigkeit s. Rz 31.

VI. Unwirksamkeitsfolgen

Verstößt ein Haftungsausschluss gegen § 309 Nr. 7, so kann die Klausel grundsätzlich nicht im Wege der geltungserhaltenden Reduktion auf ein zulässiges Maß reduziert werden.[1] Dies gilt auch im unternehmerischen Verkehr.[2] Zudem wird man am Verbot der geltungserhaltenden Reduktion selbst dann festhalten müssen, wenn die Klausel lediglich deshalb gegen § 309 Nr. 7 verstößt, weil sie mit Blick auf die von § 309 Nr. 7 erfassten Ansprüche eine Verkürzung der gesetzlichen Verjährungsfrist vorsieht.[3] Allerdings ist ausnahmsweise die teilweise Aufrechterhaltung einer gegen § 309 Nr. 7 verstoßenden Klausel möglich und geboten, nämlich dann, wenn die Klausel sprachlich und inhaltlich teilbar ist,[4] doch setzt dies richtigerweise voraus, dass es möglich ist, den unzulässigen Teil durch bloßes Wegstreichen zu eliminieren. Klauseln, die die Haftung „soweit gesetzlich zulässig" ausschließen, sind unwirksam.[5] Im Falle der Unwirksamkeit des Haftungsausschlusses greift gemäß § 306 II der gesetzliche Haftungsmaßstab ein. Dies hat in der Regel zur Folge, dass in Ermangelung besonderer Vorschriften auch für leichte Fahrlässigkeit gehaftet wird (§ 276). Eine Ausnahme kommt in Betracht, wenn die Haftung für leichte Fahrlässigkeit mit dem konkreten Rechtsverhältnis nicht vereinbar ist und deshalb ein Ausschluss der Haftung für leichte Fahrlässigkeit im Wege ergänzender Auslegung (§§ 157, 242) zwingend geboten erscheint.[6] Dies kann für die Teilnahme an gefährlichen Sportwettkämpfen angenommen werden, nicht aber für die Teilnahme an einem Lehrgang zur besseren Beherrschung von Fahrrisiken.[7] **72–79**

VII. Das Verhältnis zu anderen Vorschriften

Neben § 309 Nr. 7 sind eine ganz Reihe anderer Vorschriften bei der Kontrolle von Haftungsklauseln zu beachten. Im Folgenden seien nur einige davon genannt. **80**

1. Verhältnis zu § 276 III

§ 276 III verbietet solche Klauseln, die die Haftung für Vorsatz im Voraus ausschließen. Diese Vorschrift ist in vollem Umfang neben § 309 Nr. 7 anwendbar. Auch ist zu beachten, dass § 309 Nr. 7 analoge Anwendung auf solche Klauseln findet, die die Haftung für vorsätzliche Pflichtverletzungen des Verwenders ausschließt (s. Rz 32). Entsprechende Klauseln verstoßen also sowohl gegen § 276 III als auch gegen § 309 Nr. 7. **81**

---

1 BGH NJW 2007, 674, 675; BGH NJW-RR 2001, 342, 343 (zu § 11 Nr. 7 AGBG).

2 BGH NJW-RR 2001, 342, 343 (zu § 9 AGBG und zum kaufm. Verkehr).

3 BGH NJW 2007, 674, 675. Vgl. aber auch *Mansel* NJW 2002, 89, 96, der zumindest mit Blick auf die Zeit des Übergangs vom alten auf das neue Schuldrecht die Vornahme einer geltungserhaltenden Reduktion befürwortet.

4 Zur Möglichkeit der teilweisen Aufrechterhaltung bei sprachlicher und inhaltlicher Teilbarkeit siehe z. B. BGH NJW 2007, 674, 675; BGH NJW 1998, 3119, 3120 (zu § 11 Nr. 3 AGBG).

5 BGH NJW 1987, 1815, 1818 (zu § 11 Nr. 7 AGBG); BGH BB 1996, 654, 656 (zu § 11 Nr. 7 AGBG); BGH NJW 1996, 1407, 1408 (zu § 11 Nr. 7 AGBG).

6 BGH NJW 1986, 1610, 1612 (zu § 11 Nr. 7 AGBG).

7 BGH NJW 1986, 1610, 1612 (zu § 11 Nr. 7 AGBG).

2. Verhältnis zu § 307

82 Die Vorschrift des § 307 ist in vollem Umfang neben § 309 Nr. 7 anwendbar. Eine Haftungsausschluss bzw. eine Haftungsbeschränkung in AGB muss also sowohl mit § 309 Nr. 7 als auch mit § 307 vereinbar sein. Die Tatsache, dass kein Verstoß gegen § 309 Nr. 7 gegeben ist, indiziert nicht die Angemessenheit der Klausel im Rahmen des § 307,[1] was freilich nichts daran ändert, dass der Ausschluss der Haftung für leichte Fahrlässigkeit innerhalb bestimmter Grenzen regelmäßig zulässig ist. Zur Anwendung des § 307 im Einzelnen s. Rz 90 ff.

3. Verhältnis zu § 309 Nr. 8 a

83 § 309 Nr. 8 a schützt das Recht des Verwendungsgegners, sich bei Pflichtverletzungen, die nicht in einem Mangel der Sache oder des Werkes liegen und vom Verwender zu vertreten sind, vom Vertrag zu lösen. Demgegenüber will § 309 Nr. 7 dem Verwendungsgegner seine Schadensersatzansprüche erhalten. Zu Überschneidungen kommt es daher nicht.

4. Verhältnis zu § 309 Nr. 8 b

84 § 309 Nr. 8 b befasst sich mit solchen Klauseln, die die Mängelrechte des Verwendungsgegners bei Verträgen über die Lieferung neu hergestellter Sachen oder über Werkleistungen einschränken. Die §§ 437 Nr. 3, 634 Nr. 4 sehen bei Verschulden auch Schadensersatzansprüche des Verwendungsgegners vor.

85 **a) Konkurrenz.** Damit stellt sich die Frage, ob Klauseln, die diese Schadensersatzansprüche beschränken oder gar ausschließen, allein an § 309 Nr. 8 b aa bis ff zu messen sind, oder ob § 309 Nr. 7 insofern neben § 309 Nr. 8 b aa bis ff Anwendung finden kann. Richtigerweise ist diese Frage dahin gehend zu beantworten, dass beide Vorschriften in vollem Umfang nebeneinander Anwendung finden können.[2] Dagegen ließe sich zwar einwenden, dass § 309 Nr. 8 b bb von der Zulässigkeit einer Beschränkung der Mängelrechte auf das Recht auf Nacherfüllung auszugehen scheint. Indessen ist zu beachten, dass § 309 Nr. 8 b den Schutz des Verwendungsgegners in den dort geregelten Fällen gerade verstärken soll. Und diese Zielrichtung würde in ihr Gegenteil verkehrt, wollte man § 309 Nr. 8 b bb oder die übrigen Regelungen des § 309 Nr. 8 b zum Anlass nehmen, den Anwendungsbereich des § 309 Nr. 7 zu beschränken.[3] Hinzu kommt, dass der historische Gesetzgeber jedenfalls mit Blick auf § 309 Nr. 8 b ff. davon ausgegangen ist, dass diese Vorschrift neben § 309 Nr. 7 Anwendung findet. So heißt es im Entwurf des Schuldrechtsmodernisierungsgesetzes im Zusammenhang mit der nunmehr in

---

[1] Tendenziell wie hier LG Hamburg NJW-RR 2000, 653, 654 (zu §§ 11 Nr. 7, 9 AGBG), dem zufolge der „aus § 11 Nr. 7 gezogene Umkehrschluss, dass ein Ausschluss der Haftung für leichtes Verschulden zulässig sei, [...] nicht ohne weiteres statthaft" ist. Mit Blick auf die grundsätzliche Zulässigkeit eines Umkehrschlusses wohl a. A. aber BGH NJW-RR 1998, 1426, 1427, dem zufolge die Freizeichnung von der Haftung für einfache Fahrlässigkeit des Erfüllungsgehilfen „gem. § 11 Nr. 7 AGBG grundsätzlich statthaft" sein soll. Vgl. auch BGH NJW 2001, 292, 295 (Neuwagenkaufvertrag). Dort bezieht sich der BGH auf „§ 11 Nr. 8 lit. b AGBG, demzufolge sogar eine Haftungsbeschränkung bei einfacher Fahrlässigkeit zulässig ist". Für die grundsätzliche Zulässigkeit eines Umkehrschlusses auch OLG Karlsruhe NJW-RR 1986, 153, 154 (zu §§ 9, 11 Nr. 7 AGBG). Wie hier jedoch *Bamberger/Becker* Rz 20: § 309 Nr. 7 b erlaube keinen Umkehrschluss, dass ein Haftungsausschluss bei geringerem Verschuldensgrad grundsätzlich zulässig sei.

[2] Wie hier BGH NJW 2007, 674, 676 ff. (zu Ausschlussfristen und Verjährungsfristen); *Staudinger/Coester-Waltjen* Rz 5, Nr. 8 Rz 32. Speziell mit Blick auf § 309 Nr. 8 b ff auch *Mansel* NJW 2002, 89, 96.

[3] Großzügiger wohl *Bamberger/Becker* Rz 30, der den Ausschluss des Schadensersatzes in AGB zumindest dann für zulässig zu halten scheint, wenn die Klausel lediglich den Mangelschaden erfasst.

§ 309 Nr. 8 b ff. enthaltenen Regelung, „dass die Verkürzung der Verjährungsfristen wegen eines Mangels in Allgemeinen Geschäftsbedingungen auch [am] Klauselverbo[t] des § 309 Nr. 7 [...] zu messen" ist.[1]

b) Klauselauslegung. Eine andere Frage ist, ob man eine Klausel, die ihrem Wortlaut nach darauf abzielt, die Mängelrechte des Verwendungsgegners zu beschränken, z. B. auf das Recht auf Nacherfüllung, dahin auslegen muss, dass sie auch die in den §§ 437 Nr. 3, 634 Nr. 4 genannten Schadensersatzansprüche erfassen soll. Dies wird man im Grundsatz bejahen müssen, denn auch bei den Rechten nach §§ 437 Nr. 3, 634 Nr. 4 handelt es sich um Mängelrechte. Unwirksam ist daher z. B. die in einem zwischen zwei Verbrauchern abgeschlossenen Kaufvertrag über ein gebrauchtes Kfz verwandte Klausel „Das Fahrzeug wird unter Ausschluss der Sachmängelhaftung verkauft – soweit nicht nachfolgend eine Garantie übernommen wird".[2] Denn diese Klausel erfasst auch die Haftung wegen grob fahrlässig verschuldeter Mängel sowie die Haftung für Personenschäden. 86

5. § 309 Nr. 12

Klauseln, die den Nachweis der Haftungsvoraussetzungen erschweren, sind nicht an § 309 Nr. 7, sondern nur an § 309 Nr. 12 zu messen (s. Rz 57). Nicht nach § 309 Nr. 7, sondern nach § 309 Nr. 12 unwirksam sind also Klauseln, die mit Blick auf die Geltendmachung von Schadensersatzansprüchen im Sinne des § 309 Nr. 7 die Beweislast verändern, die Benutzung bestimmter Beweismittel ausschließen oder die Benutzung bestimmter Beweismittel zwingend vorschreiben. 87

6. Verhältnis zu § 7 BewachV

Bewachungsverträge unterliegen der Bewachungsverordnung (BewachV) in der Fassung vom 10. 7. 2003.[3] Gemäß § 6 I dieser Verordnung hat der Gewerbetreibende für sich und die in seinem Geschäftsbetrieb beschäftigten Personen zur Deckung der Schäden, die den Auftraggebern oder Dritten bei der Durchführung des Bewachungsvertrages entstehen, eine Haftpflichtversicherung abzuschließen und aufrechtzuerhalten. Nach § 7 S. 1 BewachV kann der Gewerbetreibende die Haftung aus der Bewachungstätigkeit nur bis zu der in § 6 II 1 geregelten Mindesthöhe der Versicherungssumme beschränken. Diese Grenze ist zusätzlich zu den AGB-rechtlichen Grenzen der §§ 307, 309 Nr. 7 zu beachten. 88, 89

VIII. Einzelne Klauseltypen

1. Freizeichnung für leichte Fahrlässigkeit des Verwenders

a) Grundsätzliche Zulässigkeit. Eine Haftungsfreizeichnung oder -begrenzung für leichte Fahrlässigkeit ist nicht generell unzulässig.[4] Doch wäre es verfehlt, von der grundsätzlichen Zulässigkeit einer entsprechenden Haftungsfreizeichnung zu sprechen, denn entsprechende Freizeichnungsklauseln sind zahlreichen Grenzen unterworfen: 90

---

1 BT-Drs. 14/6040, S. 159.

2 OLG Hamm NJW-RR 2005, 1220, 1221.

3 BewachV i.d.F. v. 10. 7. 2003, BGBl. I, S. 547.

4 Vorsichtig auch BGH NJW 2001, 292, 302 (zu §§ 9, 11 Nr. 7 AGBG): Formularmäßige Freizeichnung von der Haftung für einfache Fahrlässigkeit „nicht grundsätzlich ausgeschlossen"; BGH NJW 2002, 673, 674 (zu §§ 9, 11 Nr. 7 AGBG): „nicht von vornherein untersagt".

91 **b) Nachträgliche Freizeichnung.** Eine Haftungsfreizeichnung, die nach Entstehung eines Schadensersatzanspruchs vereinbart wird, stellt in der Sache einen Verzicht dar und muss daher nicht nur den Anforderungen der §§ 309 Nr. 7, 307 genügen, sondern auch die besonderen Wirksamkeitsvoraussetzungen für einen Verzicht erfüllen (s. dazu Rz 13).

92 **c) Spezialregelungen.** Ferner gilt es zu beachten, dass eine ganze Reihe spezieller Vorschriften der Zulässigkeit entsprechender Haftungsausschlüsse und -beschränkungen Grenzen ziehen.

93 **aa) Schäden an Leben, Körper und Gesundheit.** Nach § 309 Nr. 7 a sind solche Klauseln unwirksam, die die Haftung für leichte Fahrlässigkeit des Verwenders oder seiner Erfüllungsgehilfen und gesetzlichen Vertreter ausschließen oder beschränken, wenn sich die Klausel auch auf solche Schäden bezieht, die aus der Verletzung des Lebens, des Körpers oder der Gesundheit resultieren.

94 **bb) Haftung für Mängel bei Verträgen über die Lieferung neu hergestellter Sachen oder über Werkleistungen.** Soweit es um den Ausschluss der Haftung für Mängel bei Verträgen über die Lieferung neu hergestellter Sachen oder über Werkleistungen geht, sind Haftungsklauseln auch an § 309 Nr. 8 b zu messen.

95 **cc) Sonstige.** Auch in einer ganzen Reihe anderer Gesetze finden sich spezielle Regelungen, die der Zulässigkeit von Haftungsbeschränkungen Grenzen ziehen. Diese Regelungen sind grundsätzlich neben den §§ 307, 309 Nr. 7 anwendbar. Mit Blick auf **Ausbildungsverhältnisse** ist § 12 II Nr. 3 des Berufsbildungsgesetzes (BBiG) in der Fassung vom 23. 5. 2005 zu beachten.[1] Bei **Bahnbetriebsunternehmen, Energieanlagen** und anderen Unternehmen im Sinne des §§ 1–3 HPflG ist § 7 HPflG zu berücksichtigen. Bei **Bewachungsverträgen** ist § 7 BewachV zu beachten (s. Rz 88). Bei **Dienstverträgen** ist auf § 619 Rücksicht zu nehmen. Bei Verträgen über die **entgeltliche Beförderung von Personen** zieht § 8a StVG der Zulässigkeit von Haftungsausschlüssen Grenzen. Beim **Frachtvertrag** gilt § 449 HGB. Mit Blick auf die Haftung des **Gastwirts** gilt § 703a. Beim **Girovertrag** gilt § 676g. Beim **Lagervertrag** gilt § 475h. Bei der entgeltlich oder geschäftsmäßigen **Luftbeförderung** gilt § 49 c LuftVG. Mit Blick auf die Haftung nach dem **Produkthaftungsgesetz** ist § 14 ProdHG zu beachten. Bei **Verträgen mit Rechtsanwälten** findet § 51a BRAO Anwendung. Für **Reiseverträge** gelten die §§ 651h, 651m. Für das **Speditionsgeschäft** gilt § 466 HGB. Im Telekommunikationsbereich ist § 7 TKV zu beachten. Beim **Umzugsvertrag** gilt § 451h HGB.

96 **d) Kardinalpflichten.** Auch wenn keine gesetzliche Sonderregelung gegeben ist, kann eine Klausel, die die Haftung für leicht fahrlässiges Verhalten des Verwenders ausschließt, unangemessen und daher nach § 307 unwirksam sein. Namentlich ist die Unwirksamkeit von Freizeichnungsklauseln grundsätzlich dann zu bejahen, wenn die Klausel auch für den Fall der Verletzung **vertragswesentlicher Pflichten (Kardinalpflichten)** Geltung beansprucht. Denn nach § 307 II Nr. 2 ist eine unangemessene Benachteiligung im Zweifel auch dann anzunehmen, wenn wesentliche Rechte oder Pflichten, die sich aus der Natur des Vertrages ergeben, so eingeschränkt werden, dass der Vertragszweck gefährdet wird. Zwar lässt ein Haftungsausschluss die von ihm erfassten Pflichten in der Regel unberührt (s. aber Rz 50). Eine vertragliche Pflicht wird aber auch dann eingeschränkt im Sinne von § 307 II Nr. 2, wenn ihre Verletzung sanktionslos bleibt.[2] Vor diesem Hintergrund ist entscheidend, ob der Haftungsausschluss zu einer Aushöhlung vertragswesent-

---

1 BGBl. I, S. 931.

2 BGH NJW 2002, 673, 675 (zu § 9 AGBG).

licher Pflichten (Kardinalpflichten) führt.[1] Dies ist bei einem Ausschluss der Haftung für einfache Fahrlässigkeit, der sich auch auf Kardinalpflichten erstreckt, in aller Regel zu bejahen.

aa) Begriff. Kardinalpflichten sind die für den Vertrag wesentlichen Pflichten, 97
deren Einschränkung die Erreichung des Vertragszwecks gefährdet.[2] Es geht also insbesondere um diejenigen Pflichten, deren Erfüllung die ordnungsgemäße Durchführung des Vertrags erst ermöglicht, auf deren Erfüllung der Vertragspartner daher vertraut und auch vertrauen darf.[3] Zu den Kardinalpflichten gehören insbesondere die im Gegenseitigkeitsverhältnis stehenden **Hauptpflichten** eines Vertrags.[4] Hervorzuheben ist jedoch, dass als Kardinalpflichten nicht nur Hauptpflichten in Betracht kommen.[5] Vielmehr kann es sich auch um **Nebenpflichten** handeln, sofern „bei diesen eine Freizeichnung die angemessene Risikoverteilung empfindlich stören würde".[6] Auch die Pflicht zur Erfüllung normaler **Verkehrssicherungspflichten** gehört zu den Kardinalpflichten.[7] Betont sei zudem, dass sich die Annahme einer Kardinalpflicht auch daraus ergeben kann, dass im konkreten Fall **besonderes Vertrauen in Anspruch genommen** wird.[8] Denn § 307 II Nr. 2 stellt auf die Natur des Vertrages ab, und diese wird insbesondere auch durch Zweck und Inhalt des Vertrages bestimmt.[9] Die Inanspruchnahme besonderen Vertrauens prägt aber eben auch den Zweck des Vertrages sowie die nach dem Vertrag bestehenden Pflichten. Möchte man in den relevanten Fällen keine Kardinalpflicht annehmen, muss man gleichwohl zu dem Ergebnis kommen, dass die Inanspruchnahme besonderen Vertrauens den Haftungsausschluss unwirksam macht[10] oder zumindest die Berufung auf den Haftungsausschluss als rechtsmissbräuchlich erscheinen lässt.[11]

bb) Transparenzanforderungen. Aus dem Vorgesagten ergibt sich, dass ein 98
Haftungsausschluss für einfache Fahrlässigkeit, soll er wirksam sein, vertragswesentliche Pflichten nicht erfassen darf. Die Freizeichnungsklausel muss also einen entsprechenden Vorbehalt enthalten. Dabei ist nicht erforderlich, dass der Verwender die Kardinalpflichten einzeln aufzählt. Vielmehr kann er den Vorbehalt

---

1 BGH NJW 2002, 673, 675 (zu § 9 AGBG).

2 Ähnlich BGH NJW 1993, 335, 335 (zu § 9 AGBG).

3 S. nur BGH NJW-RR 1996, 783, 786 (zu § 9 AGBG): Der Klauselverwender dürfe sich auch gegenüber einem Kaufmann nicht formularmäßig „von Pflichten freizeichnen, deren Erfüllung die ordnungsgemäße Durchführung des Vertrages überhaupt erst ermöglicht, auf deren Erfüllung der Vertragspartner daher vertraut und auch vertrauen darf". In diesem Sinne auch BGH NJW 1993, 335, 335 (zu § 9 AGBG); BGH NJW 1991, 2559, 2563 (zu § 9 AGBG); BGH NJW 1985, 3016, 3018 (zu § 9 AGBG).

4 BGH NJW 2002, 673, 675 (zu § 9 AGBG). Leicht abweichend z. B. *Bamberger/Becker* Rz 22: Kardinalpflichtcharakter bei im Gegenseitigkeitsverhältnis stehenden Pflichten indiziert.

5 BGH NJW 1992, 2016, 2017 (zu § 9 AGBG).

6 BGH NJW 1992, 2016, 2017 (zu § 9 AGBG).

7 Vgl. auch BGH NJW 1982, 1144, 1144: Von der Haftung für normale Verkehrssicherungspflichten kann sich Veranstalter nicht durch einseitigen Aushang befreien.

8 Vgl. aber auch BGH NJW 1986, 271, 272. Dort ging es um eine Klausel in einem Vertrag über die Herstellung einer Klimaanlage für einen Raum mit hochempfindlichem EDV-Gerät. Die AGB sahen einen Ausschluss der Haftung für Mangelfolgeschäden vor. Der BGH betonte, dass offen bleiben könne, ob es um die Haftung für eine Kardinalpflicht gehe und der Vertrag aus diesem Grunde nach § 9 AGBG (§ 307) unwirksam sei. Denn jedenfalls könne sich der Verwender deshalb nicht auf den Haftungsausschluss berufen, weil er besonderes Vertrauen in Anspruch genommen habe. Für eine Differenzierung zwischen der Annahme von Kardinalpflichten einerseits und der Inanspruchnahme besonderen Vertrauens andererseits z. B. auch *Palandt/Heinrichs* § 307 Rz 46.

9 Insoweit zutreffend *Palandt/Heinrichs* § 307 Rz 32.

10 So *Palandt/Heinrichs* § 307 Rz 46.

11 So wohl BGH NJW 1986, 271, 272, allerdings ohne ganz deutlich zu machen, ob der Haftungsausschluss nach § 9 AGBG (§ 307) unwirksam oder die Berufung darauf rechtsmissbräuchlich sein soll.

auch abstrakt formulieren, beispielsweise dahin gehend, dass sich der Ausschluss der Haftung nicht auf solche Pflichten bezieht, „deren Erfüllung die ordnungsgemäße Durchführung des Vertrags überhaupt erst ermöglicht und auf deren Einhaltung der Vertragspartner regelmäßig vertrauen darf".[1] Nicht hinreichend transparent (§ 307 I 2) ist dagegen der Hinweis, dass die Haftung für die Verletzung von „Kardinalpflichten" unberührt bleibt.[2] Dies gilt selbst im unternehmerischen Verkehr.[3] Auf die Frage, ob auch die Verwendung des nicht näher erläuterten Ausdrucks „vertragswesentliche Pflichten" am Transparenzgebot des § 307 I 2 scheitert, ist der BGH bisher nicht eingegangen.[4] Richtigerweise wird man diese Frage bejahen müssen, weil der Begriff „vertragswesentlich" nicht genügend deutlich macht, ob nur Pflichten von zentraler Bedeutung oder alle nicht ganz unwesentlichen Pflichten erfasst werden sollen.

99 **cc) Beispiele nach Vertragstyp.** Im Einzelnen gilt Folgendes: **Autowaschanlage.** Zu Kardinalpflicht bei Autowaschanlageverträgen siehe Anh. § 310 Rz A 335. **Bankverträge** (siehe auch „Online-Banking"). Beim **Erwerb von Wertpapieren** besteht ohne Abschluss eines besonderen Beratungsvertrags keine generelle Beratungspflicht als Kardinalpflicht.[5] Über eine nicht allgemein bekannte rechtliche Ausstattung von Wertpapieren, so z. B. über Optionsscheinbedingungen, muss die Bank den Kunden jedoch als Kardinalpflicht aufklären und darf insoweit ihre Haftung für leichte Fahrlässigkeit nicht ausschließen.[6] **Bausparvertrag.** Bei einem Bausparvertrag darf der Bausparer darauf vertrauen, dass seine Einzahlungen ordnungsgemäß nach seinen Weisungen verbucht werden und sich die Bausparkasse nicht nur an der Kontonummer orientiert.[7] Ein gegenteiliger Haftungsausschluss für leichte Fahrlässigkeit ist deshalb unwirksam. **Bauvertrag.** Kardinalpflichten bestehen auch für den Auftraggeber bei einem Bauvertrag, z. B. hinsichtlich der Bereitstellung von Plänen und von Leistungsverzeichnissen; die Haftung für leichte Fahrlässigkeit darf insoweit nicht ausgeschlossen werden.[8] **Dokumenten-Akkreditiv.** Unter einem Dokumenten-Akkreditiv wird ein Zahlungsversprechen verstanden, das ein Kreditinstitut auf Veranlassung des Auftraggebers dem Begünstigten gegenüber abgibt und in dem das Kreditinstitut sich verpflichtet, gegen Vorlage bestimmter Dokumente Zahlung zu leisten.[9] Zu den Kardinalpflichten der Bank gehört in diesem Falle die Pflicht, die vorgelegten Dokumente auf ihre formelle Übereinstimmung mit den vom Auftraggeber niedergelegten Akkreditivbedingungen zu überprüfen.[10] Keine Kardinalpflicht stellt dagegen die Pflicht zur Prüfung der Echtheit der Dokumente dar,[11] so dass die Freizeichnung für leichte Fahrlässigkeit insofern zulässig ist.[12] **Gutachtervertrag.** Auch in Gutachterverträgen kann die Haftung für die schuldhafte Verletzung von Kardinalpflichten grundsätzlich nicht ausgeschlossen werden.[13] Anderes muss allerdings im unternehmerischen Verkehr gelten. Denn dort ist der Besteller des Gutachtens oftmals sehr viel eher als der Gut-

---

1 Für die Wirksamkeit einer entsprechenden Formulierung BGH NJW-RR 2005, 1496, 1505.
2 BGH NJW-RR 2005, 1496, 1505.
3 BGH NJW-RR 2005, 1496, 1505.
4 BGH NJW-RR 2005, 1496, 1505.
5 Vgl. auch OLG Frankfurt NJW-RR 1993, 1134, 1135 (zu § 9 AGBG): Beratungspflicht wird bei allgemeinen Effektengeschäften nicht als Kardinalpflicht angesehen.
6 OLG Frankfurt NJW-RR 1993, 1134, 1135 (zu § 9 AGBG).
7 BGH NJW 1991, 2559, 2563 (zu § 9 AGBG).
8 OLG München NJW-RR 1990, 1358, 1358 (zu § 9 AGBG).
9 BGH NJW 1990, 255, 255.
10 BGH NJW 1990, 255, 255 f. (zu § 9 AGBG).
11 BGH NJW 1990, 255, 256 (zu § 9 AGBG).
12 BGH NJW 1990, 255, 256 (zu § 9 AGBG).
13 *Hübner* NJW 1988, 441, 443 f. (zu § 9 AGBG).

achter in der Lage, den drohenden Schaden abzuschätzen und zu minimieren. Vor diesem Hintergrund stößt ein Ausschluss der Haftung des Gutachters für leichte Fahrlässigkeit im unternehmerischen Verkehr nicht auf Bedenken, und je nach den Umständen wird man selbst einen Ausschluss der Haftung für grobe Fahrlässigkeit hinnehmen können. Unwirksam ist aber beispielsweise eine Klausel in einem Vertrag über die gutachterliche Erfassung von Mängeln bei einem **Bauvorhaben,** die die Haftung des Gutachters für „Schadensersatzforderungen jedweder Art infolge nicht erkannter, verdeckter oder sonstiger Mängel" ausschließt.[1] Denn eine solche Formulierung scheint sogar die Haftung für vorsätzliches Verhalten zu erfassen.[2] **Kaufvertrag.** Beim Kaufvertrag gehören jedenfalls die Pflichten des Verkäufers zur Verschaffung des Eigentums sowie des Besitzes zu den vertragswesentlichen Pflichten.[3] Gleiches gilt für die Pflicht, fristgerecht zu liefern.[4] Darüber hinaus soll nach der in einem Urteil zu Neuwagenverkaufsbedingungen geäußerten Auffassung des BGH auch „die Verpflichtung zur Verschaffung einer fehlerfreien Sache" zu den Kardinalpflichten des Verkäufers gehören.[5] Anderes wird man jedoch mit Blick auf den Verkauf gebrauchter Sachen annehmen müssen.[6] **Kommissionsagenturvertrag.** Auch beim Kommissionsagenturvertrag stellt die Pflicht zur rechtzeitigen Leistung eine wesentliche Vertragspflicht dar.[7] **Krankenhausbehandlungsvertrag.** Die bei einem Krankenhausbehandlungsvertrag bestehende Pflicht zur sorgfaltsgemäßen Reinigung, Desinfektion und Entwesung eingebrachter Sachen gehört jedenfalls insofern zu den Kardinalpflichten des Krankenhauses, als die Reinigung etc. aus medizinischen Gründen erfolgt.[8] Eine Klausel, die die Haftung auf Vorsatz oder grobe Fahrlässigkeit beschränkt, ist daher unwirksam.[9] Außerdem verstößt die Klausel gegen § 309 Nr. 7a, soweit sie Schäden aus der Verletzung von Leben, Körper und Gesundheit nicht von ihrem Anwendungsbereich ausnimmt. Nicht zu den Kardinalpflichten gehört dagegen die **Obhutspflicht** des Krankenhauses hinsichtlich eingebrachter Sachen.[10] **Lagervertrag.** Beim Lagervertrag (§ 467 HGB) stellen sowohl die Pflicht zur Auswahl des Lagerorts als auch die Obhutspflicht des Lagerhalters vertragswesentliche Pflichten dar.[11] Die Obhutspflicht umfasst insbesondere auch die Pflicht, das eingelagerte Gut gegen Diebstahl zu sichern.[12] Mit Blick auf die Haftung ist zudem die Sonderregelung des § 475 HGB zu beachten. **Mietvertrag.** Die sich aus § 535 I 2 ergebende Pflicht des Vermieters, die Sache in einem zum vertragsgemäßen Gebrauch geeigneten Zustand zu erhalten, stellt eine Kardinalpflicht des Vermieters dar.[13] Der Ausschluss der Haftung des Vermieters für Schäden durch Mängel der Mietsache, die der Vermieter fahrlässig zu vertreten hat, ist daher unwirksam.[14] **Online-Banking.** Beim so genannten Homebanking mithilfe eines PC kann der

---

1 BGH NJW 2002, 749, 750 (zu § 9 AGBG).

2 Vgl. auch BGH NJW 2002, 749, 750 (zu § 9 AGBG): Klausel beansprucht auch für den Fall Geltung, „dass sich die Bekl. der Aufdeckung von Mängeln bewusst verschließt oder ihre Verpflichtung zur Feststellung erkennbarer Mängel grob vernachlässigt".

3 Zutreffend *Tiedtke/Burgmann* NJW 2005, 1153, 1155.

4 BGH NJW 1994, 1060, 1063 (zu § 9 AGBG); *Staudinger/Coester* § 307 Rz 456.

5 BGH NJW 2001, 292, 302 (zu § 9 AGBG).

6 S. noch § 310 Rz G 101. Demgegenüber will *Staudinger/Coester* § 307 Rz 456 die Pflicht zur Lieferung fehlerfreier Sachen im Kaufrecht generell als Kardinalpflicht einstufen.

7 BGH NJW-RR 2003, 1056, 1060 (zu § 9 AGBG).

8 BGH NJW 1990, 761, 765 (zu § 9 AGBG).

9 BGH NJW 1990, 761, 765 (zu § 9 AGBG).

10 BGH NJW 1990, 761, 764 (zu § 9 AGBG).

11 OLG Köln NJOZ 2006, 1081, 1084. Zur Obhutspflicht ebenso BGH NJW-RR 2006, 267, 270.

12 BGH NJW-RR 2006, 267, 270.

13 In diesem Sinne auch BGH NJW 2002, 673, 675 („wesentliche Vertragspflicht i.S. von § 9 II Nr. 2 AGBG").

14 BGH NJW 2002, 673, 675 (zu § 9 AGBG).

Bankkunde im Wege elektronischer Kommunikation mit dem Rechner der Bank entweder bereitgestellte Informationen abrufen oder bestimmte Transaktionen durchführen.[1] Die Teilnahme am Online-Banking setzt eine regelmäßig in Ergänzung zum Girovertrag getroffene Nebenabrede voraus, die den Kunden berechtigt, Erklärungen gegenüber dem Kreditinstitut online abzugeben.[2] Ergeben sich aus dieser Vereinbarung keine zeitlichen Nutzungsbeschränkungen, steht dem Kunden der Online-Zugriff auf den Rechner der Bank grundsätzlich unbeschränkt zu.[3] Das Kreditinstitut ist auf Grund eines Online-Service-Vertrags verpflichtet, geeignete Vorkehrungen für Funktionsfähigkeit und Betriebssicherheit des eigenen Rechnersystems zu treffen.[4] Ein ohne Rücksicht auf ein Verschulden der Beklagten und den Grad dieses Verschuldens vorgesehener Haftungsausschluss für sämtliche technisch oder betrieblich bedingten zeitweiligen Zugangsstörungen ist schon nach § 309 Nr. 7 unwirksam.[5] Darüber hinaus wird man die Verpflichtung der Bank zur Gewährleistung der Betriebssicherheit als Kardinalpflicht einstufen müssen mit der Folge, dass auch die Freizeichnung für leichte Fahrlässigkeit unwirksam ist. Anderes gilt für die Pflicht zur Gewährleistung des Online-Zugangs.[6] Insofern wird man eine Freizeichnung für den Fall leichter Fahrlässigkeit in den Grenzen des § 11 Nr. 7a für zulässig erachten müssen. **Treuhandvertrag.** Der Grundsatz, dass die Haftung für die fahrlässige Verletzung vertragswesentlicher Pflichten nicht ausgeschlossen werden darf, gilt auch beim Treuhandvertrag. Eine Klausel in einem Treuhandvertrag, der zufolge der Treuhänder nur für Vorsatz und grobe Fahrlässigkeit haftet, ist daher nach § 307 unwirksam.[7] Ist der Treuhänder mit der Anlage von Geldern betreut, so gehört die Einhaltung vereinbarter Anlagegrundsätze zu den Kardinalpflichten.[8] Darüber hinaus wird man ganz allgemein davon ausgehen müssen, dass die Pflicht des Treuhänders zur Wahrung fremder Vermögensinteressen eine vertragswesentliche Pflicht darstellt.[9] **Versicherungsmakler.** Gemäß § 307 unwirksam ist auch eine Klausel in den AGB eines Versicherungsmaklers, mit denen dieser seine gegenüber dem Versicherungsnehmer bestehenden Beratungspflichten vollständig ausschließt.[10] **Werkvertrag** (siehe auch Bauvertrag, Gutachtervertrag). Beim Werkvertrag stellt zunächst die Pflicht zur mangelfreien Herstellung des Werks eine Kardinalpflicht dar,[11] und Gleiches muss für die Pflicht zur Einhaltung der Leistungsfrist gelten.[12] Ferner stellt die Pflicht zur pfleglichen Behandlung zu bearbeitender Sachen eine vertragswesentliche Pflicht dar.[13] Dies sollte allerdings nicht zu der Annahme verleiten, dass Obhutspflichten stets als Kardinalpflichten einzustufen sind. So stellt z. B. die Obhutspflicht eines Krankenhauses hinsichtlich

---

1 BGH NJW 2001, 751, 752.

2 BGH NJW 2001, 751, 752.

3 BGH NJW 2001, 751, 752.

4 BGH NJW 2001, 751, 752.

5 BGH NJW 2001, 751, 752 (zu § 11 Nr. 7 AGBG).

6 A. A. möglicherweise *Bamberger/Becker* Rz 27.

7 OLG Celle NJW 1986, 260, 261 (zu § 9 AGBG, Bauherrenmodell).

8 OLG Düsseldorf NJW-RR 1991, 308, 309 (zu § 9 AGBG).

9 Zutreffend *Staudinger/Coester* § 307 Rz 460. In diesem Sinne auch BGH NJW 1994, 2228, 2229, der mit Blick auf ein Bauherrenmodell betont, dass die vom Treuhänder „im Treuhandvertrag übernommene wesentliche Vertragspflicht [...] in einer umfassenden Wahrung der Vermögensinteressen der Bekl. bestand" und dass die Beschränkung der Haftung auf vorsätzliche und grob fahrlässige Pflichtverletzungen „auf eine Aushöhlung der dem Treuhandvertrag sein Gepräge gebenden Hauptpflicht" hinausliefe.

10 BGH NJW 2005, 1357, 1360 (zu § 9 AGBG).

11 Zutreffend MünchKomm/*Basedow* § 307 Rz 64.

12 Möglicherweise ebenso MünchKomm/*Basedow* § 307 Rz 64, der die Pflicht zur „vertragsgemäßen" Herstellung des Werks als Kardinalpflicht einstuft.

13 BGH NJW 1985, 3016, 3018 (zu § 9 AGBG).

der eingebrachten Sache keine Kardinalpflicht dar (s. Krankenhausbehandlungsvertrag).[1]

dd) Versicherung durch Verwender. Die Tatsache, dass der Verwender bestimmte Schäden versichert hat und die Ansprüche gegen die Versicherung dem Verwendungsgegner abtritt, ist im Rahmen des § 309 Nr. 7 bedeutungslos. Denn die Einräumung von Ansprüchen gegen Dritte ändert nichts am Vorliegen eines Haftungsausschlusses. Aber auch im Rahmen des § 307 führt ein entsprechendes Vorgehen grundsätzlich nicht dazu, dass die nach allgemeinen Grundsätzen gegebene Unangemessenheit eines Haftungsausschlusses entfällt.[2] Denn der Verwendungsgegner hat ein schutzwürdiges Interesse daran, seinen eigenen Vertragspartner in Anspruch nehmen zu können. Allerdings kann sich anderes aus speziellen gesetzlichen Regelungen ergeben (vgl. Rz 95). Beispielsweise sieht § 51a I Nr. 1 BRAO ausdrücklich vor, dass der Anspruch des Auftraggebers aus dem zwischen ihm und dem Rechtsanwalt bestehenden Vertragsverhältnis durch vorformulierte Vertragsbedingungen für Fälle einfacher Fahrlässigkeit auf den vierfachen Betrag der Mindestversicherungssumme beschränkt werden kann, wenn insoweit Versicherungsschutz besteht. Besonderheiten gelten ferner dann, wenn die Klausel vorsieht, dass die Haftung des Verwenders wieder auflebt, falls die Versicherung nicht zahlt. In diesem Falle liegt eine so genannte **Subsidiaritätsklausel** vor. Auch die Verwendung von Subsidiaritätsklauseln ist nur unter engen Voraussetzungen zulässig (s. Rz 309 Nr. 8 b bb Rz 40 ff). **100**

ee) Versicherung/Versicherbarkeit durch Verwendungsgegner. Es bleibt die Frage, wie es sich auf die Zulässigkeit von Freizeichnungs- und Haftungsbegrenzungsklauseln auswirkt, dass dem Verwendungsgegner die Möglichkeit offensteht, die relevanten Schäden zu versichern, und er möglicherweise sogar von dieser Möglichkeit Gebrauch gemacht hat. **101**

α) Rechtsprechung. Nach der Rechtsprechung ist die Versicherbarkeit von Schäden durch den Verwendungsgegner grundsätzlich irrelevant.[3] Allerdings soll dieser Grundsatz nicht ohne Ausnahmen gelten. So soll es nach einem den kaufmännischen Verkehr betreffenden Urteil des BGH aus dem Jahre 1988 zugunsten der Angemessenheit einer Freizeichnungsklausel berücksichtigt werden können, wenn der Abschluss einer Versicherung durch den Kunden nicht nur lückenlos verbreitet, sondern im konkreten Fall auch tatsächlich erfolgt ist.[4] Einen aus Sicht des Verwenders noch großzügigeren Standpunkt hat der BGH in einer Entscheidung aus dem Jahre 1992 eingenommen, die allerdings keine Freizeichnungsklausel, sondern eine Haftungserweiterung zulasten des Verwendungsgegners betraf. Dort hat der BGH sogar die Frage nach dem tatsächlichen Bestehen des Versicherungsschutzes unerwähnt gelassen und lediglich in Anlehnung an das oben genannte Urteil des BGH aus dem Jahre 1988 hervorgehoben, dass der Verwender sich auf die ihm bekannte Üblichkeit eines Versicherungsschutzes einstellen könne und dürfe, wenn die Versicherung der Risiken in der relevanten Branche allgemeine Übung und **102**

---

1 BGH NJW 1990, 761, 764 (zu § 9 AGBG); OLG Düsseldorf NJW-RR 1988, 884, 887 (zu § 9 AGBG).

2 Vgl. *Palandt/Grüneberg* Rz 60: Dritthaftungsklauseln selbst im unternehmerischen Verkehr nur zulässig, wenn sie ausdrücklich eine subsidiäre Eigenhaftung des Verwenders vorsehen.

3 Vgl. ferner BGH NJW 1988, 1785, 1787 (zu § 9 AGBG und zum kaufm. Verkehr): Im Rahmen der AGB eines Vertrages über die Reparatur eines Schiffes könne eine auf Seiten des Verwendungsgegners tatsächlich bestehende und lückenlos übliche Versicherung bei der Beurteilung der Angemessenheit einer Freizeichnungsklausel Berücksichtigung finden. Die „bloße Versicherbarkeit des dem Schiff durch gefahrgeneigte Arbeiten drohenden Schadensrisikos“ sei dagegen „im [A]llgemeinen kritischer zu bewerte[n]“.

4 BGH NJW 1988, 1785, 1787 (zu § 9 AGBG).

praktisch lückenlos verbreitet sei.[1] Sehr viel restriktiver lesen sich indessen die Ausführungen des BGH in einem Urteil aus dem Jahre 1998, in welchem der BGH auch auf seine frühere Entscheidung aus dem Jahre 1988 eingeht. In diesem Urteil, das wiederum den kaufmännischen Verkehr betrifft, betonte der BGH, dass die Freizeichnungsklausel in seiner Entscheidung aus dem Jahre 1988 nur deshalb auf die Billigung der Rechtsprechung gestoßen sei, weil sich der relevante Vertrag, der die Reparatur des Schiffes durch eine Werft betraf, dadurch ausgezeichnet habe, dass die Schiffsmannschaft während der Werftliegezeit in der Regel an Bord bleibe. Dadurch sei die Schiffsleitung und Mannschaft imstande, sich davon zu überzeugen, ob der Verwender seinen Sorgfaltsanforderungen genüge.[2] Da es in dem 1998 zu entscheidenden Fall an einer entsprechenden Möglichkeit der Einflussnahme durch den Verwendungsgegner fehlte, verneinte der BGH die Zulässigkeit einer Freizeichnungsklausel.[3] In einem Urteil aus dem Jahre 2002, welches die Verwendung von AGB gegenüber einem Verbraucher betraf, wählte der BGH dann wiederum eine großzügigere Formulierung. Namentlich hob der BGH hervor, dass „[d]ie Freizeichnung eines Klauselverwenders von der Haftung für einfache Fahrlässigkeit, die den Vertragszweck zu beeinträchtigen geeignet ist, [...] zulässig sein [kann], wenn sich der Vertragspartner [...] üblicherweise dagegen versichern kann".[4] Im konkreten Fall verneinte der BGH aber bereits die Verfügbarkeit von Versicherungsschutz für den Mieter.[5]

103 **β) Stellungnahme.** Richtigerweise wird man davon ausgehen müssen, dass die Verfügbarkeit von Versicherungsschutz grundsätzlich ohne Auswirkungen auf die Wirksamkeit von Klauseln ist, die die Haftung beschränken oder ausschließen. Dies muss auch dann gelten, wenn der Verwendungsgegner im konkreten Fall tatsächlich eine Versicherung abgeschlossen hat.

104 **αα) Effizienz einer Versicherung durch den Verwendungsgegner.** Von dem vorgenannten Grundsatz sollte man nur dann eine Ausnahme zulassen, wenn ein entsprechender Haftungsausschluss bzw. eine entsprechende Haftungsbeschränkung unter Berücksichtigung der Versicherbarkeit des Risikos ausnahmsweise effizient erscheint und wenn außerdem aufgrund eines hinreichend deutlichen Hinweises oder aufgrund der Branchenüblichkeit entsprechender Klauseln davon ausgegangen werden kann, dass der Verwendungsgegner sich über die Notwendigkeit des Abschlusses einer entsprechenden Versicherung in aller Regel im Klaren ist. In den meisten Fällen wird die Effizienz freilich zu verneinen sein. Denn zum einen hat der Verwender es typischerweise eher als der Verwendungsgegner in der Hand, das Risiko eines Schadenseintritts zu minimieren. Und zum anderen ist der Verwender meist auch in der Lage, entsprechende Risiken zu geringeren Preisen und mit geringerem Aufwand zu versichern, als dies dem Verwendungsgegner möglich ist. Daran ändert sich grundsätzlich auch dann nichts, wenn das Verhalten des Verwendungsgegners von maßgeblicher Bedeutung für die Höhe bzw. den Eintritt des Schadens ist, denn ein etwaiges Mitverschulden des Verwendungsgegners ist bereits nach § 254 zu berücksichtigen, so dass die Möglichkeit eines entsprechenden Mitverschuldens keinen über das Gesetz hinausgehenden Haftungsausschluss rechtfer-

---

[1] BGH NJW 1992, 1761, 1762 (zu § 9 AGBG).

[2] BGH NJW-RR 1998, 1426, 1428 (zu § 9 AGBG).

[3] BGH NJW-RR 1998, 1426, 1428 (zu § 9 AGBG). Zustimmend *Erman/Roloff* § 307 Rz 13: Nur wenn eine Selbstversicherung des Kunden üblich und zumutbar sei und das Schadensrisiko im Einflussbereich des Kunden liege, könne das Versicherungsargument eine ansonsten unangemessene Haftungsfreizeichnung rechtfertigen.

[4] BGH NJW 2002, 673, 675 (zu § 9 AGBG).

[5] BGH NJW 2002, 673, 675 (zu § 9 AGBG).

tigt. Ausnahmsweise sind jedoch Fälle denkbar, in denen ein Haftungsausschluss bzw. eine Haftungsbegrenzung wirtschaftlich sinnvoll erscheint. So liegt es z. B. dann, wenn die Möglichkeiten des Verwenders zur Vermeidung der relevanten Schäden gering sind, während gleichzeitig der Verwendungsgegner eher als der Verwender in der Lage ist, die relevanten Risiken kostengünstig zu versichern. In diesen Fällen sollte man die Wirksamkeit eines Haftungssausschlusses bzw. einer Haftungsbeschränkung nicht an § 307 scheitern lassen. Voraussetzung ist aber auch in diesem Fall, dass sich der typische Verwender über die Notwendigkeit eines Abschlusses einer Versicherung im Klaren ist (s.o.).

ββ) **Wahl zwischen verschiedenen Tarifen.** Die Effizienz der Freizeichnung 105
für leichte Fahrlässigkeit kann auch dann zu bejahen sein, wenn der Vertragspartner die Wahl zwischen einem niedrigen Preis mit Freizeichnung und einem höheren Preis mit versicherungsmäßiger Abdeckung des Schadens bzw. voller Haftung hat. Allerdings führt eine entsprechende Wahlmöglichkeit wiederum nur dann zur Wirksamkeit der Klauseln, wenn zwei Voraussetzungen erfüllt sind. Zum einen muss sichergestellt sein, dass der Kunde in aller Regel Kenntnis von der Wahlmöglichkeit hat (s. Rz 104). Daran wird es häufig fehlen, wenn der Kunde bloß durch einen Aushang auf die Möglichkeit des Abschlusses einer Versicherung hingewiesen wird.[1] Zum anderen kommt es darauf an, ob eine Entscheidung zwischen beiden Alternativen durch den Kunden unter Effizienzgesichtspunkten typischerweise die beste Lösung ist. Insofern ist insbesondere zu berücksichtigen, ob vom Verwendungsgegner in Anbetracht der Transaktionskosten eine informierte Entscheidung zwischen beiden Alternativen zu erwarten ist, ob der Verwendungsgegner eher in der Lage ist, das Risiko eines Schadenseintritts korrekt einzuschätzen, und ob der Verwendungsgegner es in stärkerem Maße als der Verwender in der Hand hat, das Risiko eines Schadenseintritts zu minimieren. In der Regel werden diese Voraussetzungen nicht erfüllt sein. Entgegen dem hier vertretenen Ansatz wird in der Literatur vorgeschlagen, dann, wenn der Verwender verschiedene Tarife anbietet, darauf abzustellen, ob die mit voller Haftung verbundene Alternative nicht übermäßig verteuert ist, nicht nur zum Schein angeboten wird oder aus anderen Gründen keine realistische Wahlmöglichkeit darstellt.[2] Dem ist jedoch nicht zuzustimmen. Denn der erste der genannten Faktoren läuft auf eine Preiskontrolle hinaus, der zweite erfordert eine wenig praktikable Motivkontrolle, und der dritte erscheint für eine praktische Anwendung nicht hinreichend konkret.

γγ) **Branchenüblichkeit.** Die Branchenüblichkeit einer Versicherung bestimm- 106
ter Risiken durch den Verwendungsgegner ist nach der hier vertretenen Auffassung insofern relevant, als sie regelmäßig gewährleistet, dass der typische Kunde sich über die Notwendigkeit einer von ihm abzuschließenden Versicherung im Klaren ist (s. Rz 104). Darüber hinaus kann die Branchenüblichkeit eines bestimmten Haftungsausschlusses beziehungsweise einer haftungsbegrenzenden Regelung auch die für die Wirksamkeit relevante Effizienz (s. Rz 104) einer solchen Regelung indizieren. Allerdings gilt dies im Regelfall nur dann, wenn entsprechende Haftungsbestimmungen typischerweise selbst dort anzutreffen sind, wo die Parteien die Form der Individualabrede wählen. Demgegenüber wird man die Verbreitung entsprechender Klauseln in AGB grundsätzlich nicht als Indiz für die Effizienz sol-

---

1 Vgl. auch AG Düsseldorf NJW-RR 1989, 497, 498 (zu § 9 AGBG): Tatsache, dass Kunde lediglich durch Aushang auf fakultative Versicherung hingewiesen wird, spricht gegen Angemessenheit eines Interessenausgleichs durch fakultative Versicherung.

2 So MünchKomm/*Basedow* § 307 Rz 42. Vgl. auch *Erman/Roloff* § 307 Rz 13, dem zufolge die Preisdifferenz die mit dem gewährten Versicherungsschutz verbundenen Kosten nicht wesentlich übersteigen darf.

cher Klauseln werten können.[1] Denn die tatsächliche Verbreitung bestimmter Klauseln kann ohne weiteres auch darauf zurückzuführen sein, dass die Kunden infolge der ihnen entstehenden Transaktionskosten regelmäßig nicht in der Lage sind, vom Inhalt der AGB Kenntnis zu nehmen. In diesem Falle resultiert ein „market for lemons" im Sinne *Akerlofs*[2] und damit genau jene Situation, die das AGB-Recht verhindern soll:[3] Der Kunde, der nicht in der Lage ist, zwischen ihm günstigen und ihm weniger günstigen AGB zu unterscheiden, kann die Verwendung der ihm günstigeren AGB nicht durch einen höheren Preis honorieren, so dass die Verwender kundenfreundlicher AGB vom Markt verdrängt werden. Mit anderen Worten, die tatsächliche Verbreitung einer Übung, der zufolge sich der Kunde selbst versichert, mag nicht auf die Effizienz einer solchen Risikoverteilung zurückzuführen sein, sondern darauf, dass (1) es für den Kunden günstiger ist, eine entsprechende Versicherung abzuschließen als bei jedem von ihm abgeschlossenen Vertrag die AGB auf die Frage der Haftung hin zu studieren, und (2) die Verwender es sich im Wettbewerb mit anderen Verwendern nicht leisten können, auf einen Haftungsausschluss zu verzichten, der zwar ineffizient ist, dessen Vereinbarung auf die Neigung des Kunden zum Vertragsschluss aber keinen Einfluss nimmt.

107 δδ) **Fehlende Branchenüblichkeit.** Fraglich ist, ob umgekehrt die Verlagerung bestimmter Risiken auf den Kunden angemessen sein kann, wenn es an der Branchenüblichkeit entsprechender Klausel fehlt.[4] Dagegen scheint auf den ersten Blick zu sprechen, dass die Effizienz einer Versicherung durch den Kunden kaum gegeben sein kann, wenn nicht auch die Praxis eine entsprechende Risikoverteilung vornimmt. Doch erweist sich dieser Einwand als wenig überzeugend. Die mangelnde Verbreitung entsprechender Klauseln mag nämlich auch auf AGB-rechtliche Bedenken zurückzuführen sein. Fehlt es allerdings an der Branchenüblichkeit, so ist sorgfältig zu prüfen, ob der gewählte Haftungsausschluss tatsächlich effizient ist und auch, ob trotz der fehlenden Branchenüblichkeit davon ausgegangen werden kann, dass der Kunde typischerweise Kenntnis davon hat, dass es seine Aufgabe ist, die entsprechenden Risiken zu versichern (s. Rz 104).

108 **dd) Bloße Haftungsbegrenzung.** Nach dem Gesagten sind solche Klauseln, die die Haftung für einfache Fahrlässigkeit mit Blick auf Kardinalpflichten ausschließen, in aller Regel unwirksam. Dabei spielt es keine Rolle, ob die Haftung generell oder nur unter bestimmten Voraussetzungen ausgeschlossen wird. Auf solche Klauseln, die die Haftung lediglich der Höhe nach oder durch die Beschränkung der Haftung auf bestimmte Schäden[5] begrenzen, kann dies jedoch nicht ohne weiteres übertragen werden. In diesem Zusammenhang sei vorab bemerkt, dass auch die Zulässigkeit von Haftungsbegrenzungen Sonderregelungen unterliegen kann. So regelt beispielsweise § 651h die Voraussetzungen zulässiger Haftungsbeschränkungen in Reiseverträgen. Eine Vertragsbestimmung, die diesen Anforderungen gerecht wird, ist auch dann wirksam, wenn es sich dabei um eine Allge-

---

[1] Großzügiger MünchKomm/*Basedow* § 307 Rz 42, dem zufolge die Branchenüblichkeit von Kaskoversicherungsschutz ein gewichtiges Indiz dafür sein kann, dass diese Form des Versicherungsschutzes im Vergleich zu Haftpflichtversicherungsschutz die billigere Form der Risikoabdeckung sein kann.

[2] Vgl. grundlegend *Akerlof,* Quarterly Journal of Economics, Bd. 84 (1970), S. 488–500.

[3] S. dazu z. B. *Dammann,* Die Grenzen zulässiger Diskriminierung im Allgemeinen Zivilrecht, 2005, S. 166 ff.

[4] So wohl MünchKomm/*Basedow* § 307 Rz 41: Entscheidend sei nicht die Branchenüblichkeit, sondern die Frage, ob das Risiko besser vom Kunden oder besser vom Verwender gedeckt werden könne.

[5] Vgl. *Palandt/Heinrichs* § 307 Rz 43: Haftungsbegrenzung im Falle einer Beschränkung auf Personen- oder Sachschäden.

meine Geschäftsbedingung handelt.[1] Allgemein kann die Haftung des Verwenders für einfache Fahrlässigkeit grundsätzlich auch für den Fall der Verletzung von Kardinalpflichten begrenzt werden. Entscheidend ist dabei, dass trotz der Haftungsbegrenzung eine hinreichende Sanktionierung von Pflichtverletzungen gewährleistet ist, die Aushöhlung vertragswesentlicher Pflichten also vermieden wird. Die Einzelheiten sind allerdings umstritten. Im Einzelnen gilt Folgendes:

α) **Abdeckung typischer Schäden notwendig.** Haftungsbegrenzungen sind in aller Regel jedenfalls dann unzulässig, wenn sie dazu führen, dass die typischerweise zu erwartenden Schäden nicht mehr ersetzt werden.[2] Dementsprechend ist beispielsweise ein Ausschluss der Haftung für leichte Fahrlässigkeit in einem Autowaschanlagenvertrag selbst dann unwirksam, wenn er auf die besonders gefährdeten, außen an der Karosserie angebrachten Zubehörteile wie Scheibenwischer, Spiegel und Antennen beschränkt ist.[3] Allerdings hält der BGH eine Klausel in einem Neuwagenkaufvertrag für wirksam, die die Haftung des Verwenders für Verzugsschäden auf 5 % des vereinbarten Kaufpreises begrenzt.[4] Der Käufer habe es nämlich selbst in der Hand, die Zeitdauer des Verzuges und damit die Höhe des Verzugsschadens vergleichsweise gering zu halten, indem er zeitgleich mit der den Schuldnerverzug begründenden Mahnung eine kurz bemessene Frist (nach altem Recht: mit Ablehnungsandrohung) setze.[5] Dies überzeugt jedoch nicht. Denn es sind unschwer Fälle denkbar, in denen der Rücktritt dem Kunden nicht zumutbar ist, so dass von ihm auch eine Begrenzung des Verzugsschadens durch Rücktritt sinnvollerweise nicht erwartet werden kann. Mit Blick auf den Schadensersatz statt der Leistung geht der BGH demgegenüber zu Recht davon aus, dass eine Haftungsbegrenzung auf 10 % des vereinbarten Kaufpreises schon deshalb unangemessen und daher nach § 307 unangemessen ist, weil sie nicht ausreicht, um den vertragstypischen, vorhersehbaren Schaden zu decken.[6] 109

β) **Abdeckung typischer Schäden hinreichend.** Schwieriger zu beurteilen ist die Frage, ob sich die vorgenannte Aussage auch umkehren lässt, ob also eine Klausel, die die Haftung für die typischerweise entstehenden Schäden unberührt lässt und auch die Grenzen des § 309 Nr. 7 beachtet, in der Regel wirksam ist. Mit Blick auf den unternehmerischen Verkehr geht der BGH zu Recht von der Wirksamkeit entsprechender Klauseln aus.[7] Es bleibt also nur die Frage, ob Gleiches auch gegenüber Verbrauchern gilt. Dies ist umstritten. Zum Teil wird die Wirksamkeit einer Haftungsbeschränkung auf den typischerweise entstehenden Schaden nur unter der zusätzlichen Voraussetzung bejaht, dass der Verwender dem Vertragspartner den Abschluss einer Versicherung für atypisch hohe Schäden anbietet oder sich bereit erklärt, die Haftung bei Zahlung eines höheren Entgelts nicht zu begrenzen 110

---

1 BGHZ 100, 157, 184 (zu § 9 AGBG); *Palandt/Sprau* § 651 h Rz 1.

2 S. nur BGH NJW-RR 1996, 783, 786 (zu § 9 AGBG): „Begrenzung der Haftung für die Verletzung wesentlicher Vertragspflichten auf einen Höchstbetrag [...] auch gegenüber Kaufleuten dann unwirksam, wenn der Höchstbetrag die vertragstypischen, vorhersehbaren Schäden nicht abdeckt"; BGH NJW 1985, 3016, 3018 (zu § 9 AGBG und zum kaufm. Verkehr): Durch eine Haftungsbeschränkung könnten „allenfalls vertragsuntypische und daher kaum vorhersehbare Schäden ausgeschlossen werden".

3 BGH NJW 2005, 422, 424; MünchKomm/*Basedow* § 307 Rz 109. A. A. noch OLG Karlsruhe NJW-RR 1986, 153, 153 (zu § 9 AGBG); OLG Bamberg NJW 1984, 929, 930 (zu § 9 AGBG). Vgl. zum Ganzen auch Anh. § 310 Rz A 335 (Autowaschanlagen-Verträge).

4 BGH NJW 2001, 292, 295 (zu § 9 AGBG).

5 BGH NJW 2001, 292, 295 (zu § 9 AGBG).

6 BGH NJW 2001, 292, 295 (zu § 9 AGBG).

7 BGH NJW 1993, 335, 336 (zu § 9 AGBG): Haftungsbegrenzung wirksam, wenn Höchstsumme die „vertragstypischen, vorhersehbaren Schäden abdeckt". Zurückhaltender noch BGH NJW 1985, 3016, 3018 (zu § 9 AGBG und zum kaufm. Verkehr): Durch eine Haftungsbeschränkung könnten „allenfalls vertragsuntypische und daher kaum vorhersehbare Schäden ausgeschlossen werden".

und den Vertragspartner auf diese Möglichkeit(en) hinreichend deutlich hinweist.[1] Diese Einschränkungen knüpfen an eine Entscheidung des BGH aus dem Jahre 1980 an. Dort hatte der BGH deutlich gemacht, dass eine Beschränkung der Haftung auf das 15fache des Reinigungspreises im Textilreinigungsgewerbe nicht zu beanstanden ist, wenn der Verwender für höherwertige Gegenstände eine Tarifwahl mit höheren Ersatzsummen oder eine Versicherung vorsieht und darauf deutlich hinweist.[2] Indessen wird man diese Entscheidung nicht dahin gehend verstehen dürfen, dass die genannten Voraussetzungen stets oder auch nur regelmäßig erfüllt sein müssen, damit eine Haftungsbegrenzung in Betracht kommt. Eine entsprechende Lösung vermöchte in der Sache nicht zu überzeugen. Vielmehr ist auch gegenüber Verbrauchern bereits dann, wenn die Haftung für den typischerweise zu erwartenden Schaden erhalten bleibt, die Wirksamkeit der Haftungsbegrenzung für leichte Fahrlässigkeit auch bei Kardinalpflichten in den Grenzen des § 309 Nr. 7 a regelmäßig zu bejahen. Denn von der Aushöhlung der vertragswesentlichen Pflichten durch fehlende Sanktionierung von Pflichtverstößen kann in aller Regel nicht mehr die Rede sein, wenn die Haftung für die durch Pflichtverstöße typischerweise entstehenden Schäden bestehen bleibt.

111, 112 **c) Transparenzgebot.** Auch Haftungsfreizeichnungsklauseln müssen dem Transparenzgebot genügen (§ 307 I 2). Wegen Intransparenz unwirksam ist z. B. eine Klausel, der zufolge der Verkäufer eines Neuwagens für leichte Fahrlässigkeit nur insoweit haftet, als „der Schaden Leistungen von Versicherungen übersteigt und Drittschaden nicht im Rahmen des Gesetzes über die Pflichtversicherung für Kfz-Halter ersetzt wird“.[3] Zu den Anforderungen, die an die Transparenz eines Vorbehalts für die Verletzung von Kardinalpflichten zu stellen sind, siehe bereits Rz 98.

2. Freizeichnung von der Haftung für Erfüllungsgehilfen und Vertreter

113 Mit Blick auf den Ausschluss der Haftung für gesetzliche Vertreter und Erfüllungsgehilfen ist zu differenzieren:

114 **a) Spezialregelungen.** Auch insofern sind zunächst etwaige gesetzliche Sonderregelungen außerhalb des AGB-Rechts zu beachten (s. Rz 95). Ferner sind Klauseln in Verbraucherverträgen, die die Haftung für gesetzliche Vertreter oder Erfüllungsgehilfen beschränken, an § 309 Nr. 7 zu messen. Soweit es um den Ausschluss der Haftung für Mängel bei Verträgen über die Lieferung neu hergestellter Sachen oder über Werkleistungen geht, gilt es außerdem, die Vorgaben des § 309 Nr. 8 b zu beachten.

115–119 **b) § 307.** Mit Blick auf die Kontrolle anhand des § 307 gilt Folgendes: Die Haftung für das Verhalten leitender Angestellter ist im Rahmen des § 307 richtigerweise nicht anders zu behandeln als die Haftung für das eigene Verhalten des Verwenders.[4] Doch auch ein Verschulden „einfacher“ Erfüllungsgehilfen und gesetzlicher Vertreter wird man jedenfalls gegenüber Verbrauchern einem Verschulden des Verwenders gleichstellen müssen. Dies bedeutet, dass der Ausschluss der Haftung für leichte Fahrlässigkeit nur in engen Grenzen zulässig ist (s. Rz 90). Namentlich sind nach § 307 grundsätzlich all diejenigen Klauseln unwirksam, die die Haftung für die zumindest fahrlässige Verletzung von Kardinalpflichten durch Erfüllungs-

---

1 *Bamberger/Becker* Rz 29.

2 BGH NJW 1980, 1953, 1955 (zu einem Vertrag, auf den das AGB-Gesetz noch keine Anwendung fand).

3 BGH NJW 2001, 292, 301 f. (zu § 9 AGBG).

4 Ebenso wohl *Bamberger/Becker* Rz 48 für den Fall vorsätzlichen oder grob fahrlässigen Verhaltens.

gehilfen des Verwenders ausschließen.[1] Dabei spielt es keine Rolle, ob es sich um einen vollständigen Ausschluss handelt oder ob der Ausschluss im Sinne eines Teilausschlusses auf bestimmte Sachverhaltskonstellationen beschränkt ist. Auch die Versicherbarkeit des Schadens kann grundsätzlich nichts an der Unwirksamkeit des Haftungsausschlusses ändern. Insoweit kann auf das zur Haftung für das eigene Verschulden des Verwenders Gesagte verwiesen werden (s. Rz 100 ff.). Weniger streng als Haftungsausschlussklauseln sind solche Klauseln zu beurteilen, die die Haftung nur der Höhe nach oder durch die Beschränkung auf bestimmte Schadensposten begrenzen. Auch hier gilt das zur Haftung für das eigene Verschulden des Verwenders Gesagte entsprechend (s. Rz 108 ff).

3. Freizeichnung von Zufallshaftung

Auch die Zufallshaftung des Verwenders kann nicht ohne weiteres ausgeschlos- 120
sen werden. Allerdings ist insofern zu differenzieren:

a) Vertraglich vereinbarte Zufallshaftung. Denkbar ist zunächst, dass die in 121
den AGB geregelte Zufallshaftung im dispositiven Recht nicht vorgesehen, sondern erst vertraglich begründet worden ist. In diesem Falle sind wiederum zwei Konstellationen zu unterscheiden. So kommt zunächst die Möglichkeit in Betracht, dass sich die Vereinbarung der Zufallshaftung in einer Individualvereinbarung findet. Dann kommt einer Beschränkung oder gar einem Ausschluss dieser Zufallshaftung schon nach § 305 b keine Bedeutung zu, und überdies ist eine entsprechende Klausel, weil sie zur Irreführung des Verwendungsgegners geeignet ist, auch nach § 307 unwirksam. Möglich ist freilich auch, dass erst die AGB des Verwenders die Zufallshaftung begründen. In diesem Falle ist die Beschränkung der Zufallshaftung grundsätzlich nicht zu beanstanden, denn genau genommen liegt keine Haftungsbeschränkung, sondern eine eingeschränkte Haftungserweiterung vor. Dies bedeutet allerdings nicht, dass entsprechende Klauseln jeder Kontrolle entzogen wären. Vielmehr können sie an § 305c I scheitern, z. B. dann, wenn eine Klausel eine Zufallshaftung des Verwenders begründet und eine zweite Klausel die gleiche Zufallshaftung sodann wieder ausschließt. Von besonderer Bedeutung ist zudem die Kontrolle anhand des Transparenzprinzips (§ 307 I 2). Schließlich wird man eine Klausel, die eine in den AGB vorgesehene Zufallshaftung beschränkt, ausnahmsweise auch jenseits des Transparenzprinzips als unangemessen einstufen können, nämlich dann, wenn diese Haftungsbeschränkung den berechtigten Erwartungen des Kunden zuwiderläuft. Dies wird insbesondere bei **Garantievereinbarungen** relevant. S. im Einzelnen Anh. § 310 Rz G 26–31.

b) Gesetzliche Zufallshaftung. Das Gesetz sieht eine Haftung für Zufall nur 122
in Einzelfällen vor. Aus § 309 Nr. 7 darf jedoch nicht geschlossen werden, dass eine Freizeichnung von der Zufallshaftung grundsätzlich zulässig wäre. Vielmehr ist nach dem Grundgedanken der jeweiligen die Zufallshaftung begründenden gesetzlichen Regelung zu fragen.

aa) Mängelrechte. Mit Blick auf die Mängelrechte ist hervorzuheben, dass ein 123
Schadensersatzanspruch des Käufers wegen Mängeln der Kaufsache in Ermange-

[1] So wohl auch *Palandt/Grüneberg* Rz 50. Offen gelassen von BGH NJW 1985, 914, 916 (zu § 9 AGBG). In verschiedenen Fällen, in denen es um die Haftung für das fahrlässige Verhalten von Erfüllungsgehilfen ging, hat der BGH Freizeichnungsklauseln, die sich auf Kardinalpflichten erstreckten, für unwirksam erklärt. Allerdings differenzierten die relevanten Klauseln nicht zwischen der Haftung des Vertreters für eigenes Verhalten und der Haftung für das Verhalten von Erfüllungsgehilfen, so dass sich die Unwirksamkeit schon aus den für die Haftung des Verwenders für eigenes Verhalten geltenden Grundsätzen ergab. S. z. B. BGH NJW 1993, 335, 335 (zu § 9 AGBG); NJW-RR 1996, 783, 788 (zu § 9 AGBG); NJW-RR 1988, 559, 561 (zu § 9 AGBG).

lung abweichender Vereinbarungen nur bei einem Verschulden des Verkäufers in Betracht kommt (s. §§ 440, 280, 281, 283, 311a). Entsprechendes gilt nach §§ 636, 280, 281, 283, 311a für den Werkvertrag. Demgegenüber sieht § 536a I einen verschuldensunabhängigen Schadensersatzanspruch des Mieters mit Blick auf die bereits bei Vertragsschluss vorhandenen Mängel der Mietsache vor. Darauf ob der Vermieter den Mangel kannte oder kennen musste, kommt es ebenso wenig an wie auf die Frage, ob eine Beseitigung des Mangels möglich war.[1] Der Schadensersatzanspruch des Mieters aus § 536 a ist durch Individualvereinbarung abdingbar,[2] wobei allerdings die durch § 276 III gezogene Grenze zu beachten ist. Bei einer Abbedingung in AGB ist zunächst darauf zu achten, ob die Klausel allein die Zufallshaftung oder darüber hinaus auch die Haftung für schuldhaftes Verhalten abbedingt. Soweit die Haftung für schuldhaftes Verhalten ausgeschlossen werden soll, gelten die insofern maßgeblichen Grundsätze (s. Rz 90 ff). Der Ausschluss der Zufallshaftung für anfängliche Mängel ist dagegen nicht unangemessen. Dies gilt sowohl bei der Vermietung von Geschäftsräumen[3] als auch bei der Vermietung von Wohnraum.[4] Auch soweit es um die Haftung für Körperschäden geht, ist insofern keine andere Beurteilung gerechtfertigt.[5]

124 **bb) Gefährdungshaftung.** Verschuldensunabhängige Schadensersatzansprüche hat der Gesetzgeber auch in den Fällen der Gefährdungshaftung (z. B. § 833 S. 1, § 7 I StVG) vorgesehen. Die Gefährdungshaftung beruht auf den von einem Gegenstand ausgehenden besonderen Gefahren oder auf einer Risikozurechnung für die Folgen des eigenen Verhaltens. In bestimmten Fällen ist im Gesetz ausdrücklich die Unabdingbarkeit der Gefährdungshaftung vorgesehen, so dass nicht einmal ein Ausschluss durch Individualvereinbarung möglich ist. So liegt es beispielsweise im Falle des **§ 14 ProdHG,** dem zufolge die Haftung nach dem Produkthaftungsgesetz im Voraus weder ausgeschlossen noch beschränkt werden darf. Eine entsprechende Regelung findet sich in **§ 7 HPlG** für die Haftung nach §§ 1–3 HPlG. Gemäß **§ 8a S. 1 StVG** darf im Falle einer entgeltlichen geschäftsmäßigen Personenbeförderung die Verpflichtung des Halters, wegen Tötung oder Verletzung beförderter Personen Schadensersatz nach § 7 StVG zu leisten, weder ausgeschlossen noch beschränkt werden. Zu weiteren spezialgesetzlichen Regelungen vgl. Rz 95. Soweit es an entsprechenden Regelungen fehlt, die Gefährdungshaftung also grundsätzlich abdingbar ist, bleibt die Frage, inwieweit ein AGB-mäßiger Ausschluss zulässig ist. Speziell mit Blick auf **§ 7 StVG** hat der BGH die Frage der Zulässigkeit eines Haftungsausschlusses in AGB offengelassen.[6] Richtigerweise ist im Grundsatz davon auszugehen, dass die der Gefährdungshaftung zu Grunde liegenden Erwägungen zu den **Grundgedanken der gesetzlichen Regelung** im Sinne des § 307 II Nr. 1 gehören, so dass die Gefährdungshaftung nicht wirksam abbedungen werden kann.[7] **Haftungsbegrenzungen** wird man aber im Grundsatz

---

1 *Palandt/Weidenkaff* § 536 a Rz 9.

2 *Palandt/Weidenkaff* § 536 a Rz 7.

3 BGH NJW 2002, 3232, 3232 (zu § 9 AGBG); BGH NJW-RR 1993, 519, 520 (zu § 9 AGBG); OLG Düsseldorf NJW-RR 1999, 735, 735 (zu § 9 AGBG).

4 *Erman/Jendrek* § 536 a Rz 24; *Palandt/Weidenkaff* § 536 a Rz 7; *Heinrichs* NZM 2002, 6, 9.

5 *Erman/Jendrek* § 536 a Rz 24; *Heinrichs* NZM 2002, 6, 9. Auch der BGH erwähnt in den einschlägigen Urteilen keinen Vorbehalt für Schäden an Leib oder Leben. S. BGH NJW 2002, 3232, 3232 (§ 9 AGBG); BGH NJW-RR 1993, 519, 52 (zu § 9 AGBG).

6 BGH NJW 1986, 1610, 1612 (noch zum AGB-Gesetz).

7 Für die grundsätzliche Unwirksamkeit einer die Gefährdungshaftung nach § 7 StVG oder § 833 S. 1 ausschließenden Klausel auch *Staudinger/Coester-Waltjen* Rz 39. Großzügiger MünchKomm/*Basedow* Rz 7: Frage der Zulässigkeit eines Ausschlusses der Gefährdungshaftung in AGB in Hinblick auf Bestimmtheit, Zweck und Eigenart der gesetzlichen Regelung zu ermitteln.

zulassen können, sofern sie einer Haftung für die typischerweise zu befürchtenden Schäden nicht entgegenstehen.

cc) Schuldnerverzug (§ 287 S. 2). Die Möglichkeit einer verschuldensabhängi- **125**
gen Schadensersatzhaftung sieht das Gesetz außerdem für den Fall vor, dass während des Schuldnerverzugs Leistungshindernisse entstehen, § 287 S. 2. Die Vorschrift des § 287 S. 2 kann zumindest in Individualvereinbarungen abbedungen werden.[1] Es bleibt die Frage, ob eine Abweichung von § 287 S. 2 auch in AGB möglich ist. § 287 S. 2 beruht auf der Erwägung, dass das Leistungshindernis ohne den Verzug nicht eingetreten wäre und dass der Schuldner für die Folgen seiner eigenen Pflichtwidrigkeit einzustehen hat. Indessen überzeugt es nicht, hierin einen wesentlichen Grundgedanken der gesetzlichen Regelung zu sehen, von dem nach § 307 II Nr. 1 nicht abgewichen werden darf.[2] Denn auch eine Beschränkung der Haftung für fahrlässiges Verhalten ist nicht generell unzulässig (s. Rz 90). Warum also sollte ein Ausschluss der Zufallshaftung des § 287 S. 2 in AGB generell unwirksam sein? Vielmehr ist zu differenzieren. Zunächst sei betont, dass der Verwender dann, wenn der Schaden eine adäquate Folge des Verzugs ist, schon nach §§ 280 I, III, 283 haftet,[3] ohne dass es des Rückgriffs auf § 287 S. 2 bedürfte. Eine Klausel, die zumindest auch die Haftung des Verwenders für einen durch den Verzug adäquat verursachten Schaden beschränkt, ist also an denjenigen Grundsätzen zu messen, die allgemein für Klauseln gelten, welche die Haftung des Verwenders für schuldhafte Pflichtverletzungen beschränken. Insbesondere sind die §§ 276 III, 307, 309 Nr. 7 zu beachten. Die Zufallshaftung nach § 287 S. 2 ist nur dann einschlägig, wenn die Unmöglichkeit gerade keine adäquate Folge des Verzugs ist, wenngleich sie bei rechtzeitiger Leistung möglicherweise nicht eingetreten wäre. Diese Haftung ist keine Haftung für die adäquaten Folgen schuldhaften Verhaltens. Folglich können die Grundsätze, die für die Freizeichnung für die Haftung von schuldhaftem Verhalten gelten, auch nicht herangezogen werden.[4] Vielmehr wird man die Freizeichnung von der Zufallshaftung nach § 287 S. 2, sofern man diese entsprechend der hier vertretenen Auffassung als Zufallshaftung im eigentlichen Sinn deutet, grundsätzlich als wirksam einstufen müssen. Dies entspricht allerdings wohl nicht der Rechtsprechung des **BGH.** Dieser hat nämlich selbst eine höhenmäßige Beschränkung der Zufallshaftung nur unter der Voraussetzung als angemessen im Sinne des § 307 eingestuft, dass die in der Klausel vorgesehene „Höchstsumme ausreichend bemessen ist, um die vertragstypischen, vorhersehbaren Schäden abzudecken".[5]

dd) Sonstige. Eine Schadenshaftung ohne Verschulden kann sich auch aus **126–129**
§ 830 I 2 ergeben. Ein Ausschluss dieser Haftung in AGB ist unangemessen im Sinne des § 307. Mit Blick auf AGB, die gegenüber Verbrauchern verwendet werden, ergibt sich dies auch aus dem Rechtsgedanken des § 309 Nr. 12, da der Zweck des § 830 I 2 im Wesentlichen daran liegt, Beweisschwierigkeiten des Opfers unerlaubter Handlungen zu vermeiden.[6] Die **Zufallshaftung des Gastwirts** ist in den §§ 701 bis 703 besonders geregelt. Formularmäßige Beschränkungen der Zufallshaftung, die die in den §§ 702, 702 a gezogenen Grenzen beachten, sind auch nicht nach § 307 zu beanstanden.[7]

---

1 S. z. B. *Erman/Hager* § 287 Rz 1; MünchKomm/*Ernst* § 287 Rz 2.

2 So aber *Staudinger/Coester-Waltjen* Rz 39; *M. Wolf* in der Voraufl. unter § 11 Nr. 7 Rz 39.

3 Zutreffend MünchKomm/*Ernst* § 287 Rz 3.

4 A. A. *Erman/Hager* § 287 Rz 1, demzufolge bei der Abbedingung des § 287 S. 2 in AGB „die Grenzen des § 309 Nr. 7, 8 zu beachten" sind.

5 BGH NJW 2001, 292, 295 (zu § 9 AGBG).

6 Zu dieser Zwecksetzung des § 830 I 2 s. z. B. *Palandt/Sprau* § 830 Rz 7.

7 So wohl auch *Staudinger/Coester-Waltjen* Rz 39.

4. Erweiterung der Haftung des anderen Teils

130 Klauseln, die die Haftung des Verwendungsgegners erweitern, sind an § 307 zu messen. Die Begründung einer über die gesetzlichen Vorschriften hinausgehenden **Zufallshaftung** durch AGB ist als Verstoß gegen das Verschuldensprinzip grundsätzlich nach § 307 II Nr. 1 unwirksam.[1] Siehe im Einzelnen Anh. § 310 Rz H 4–32.

IX. Auslegung von Klauseln

131 Ob eine Haftungsfreizeichnungsklausel eine bestimmte Pflichtverletzung bzw. einen bestimmten Schaden erfasst, ist im Wege der Auslegung (§§ 133, 157, 305c II) zu ermitteln. Dabei ist von dem Grundsatz auszugehen, dass Freizeichnungsklauseln, mit denen eine Risikoverlagerung auf den Verwendungsgegner beweckt wird, grundsätzlich eng auszulegen sind.[2]

1. Ausschluss der deliktischen Haftung

132 Bezieht sich die Haftungsregelung auf „alle Schäden" oder „Schäden irgendwelcher Art", so erstreckt sie sich im Regelfall auch auf Ansprüche aus unerlaubter Handlung.[3] Eine Einbeziehung von Ansprüchen aus unerlaubter Handlung ist auch anzunehmen, wenn die Haftungsfreizeichnung oder -begrenzung auf konkrete Verhaltensweisen bezogen ist, die typischerweise zugleich eine unerlaubte Handlung darstellen.[4] Eine Haftungsfreizeichnung oder -begrenzung „für Schäden aus etwaigen Probe- und Übungsfahrten" in Kfz-Reparaturbedingungen erfasst deshalb auch Ansprüche aus unerlaubter Handlung.[5] Anders liegen die Dinge, wenn Anhaltspunkte für eine engere Auslegung der Klausel bestehen. Denn im Zweifel ist nach § 305c II eine Haftung aus unerlaubter Handlung nicht erfasst.[6] Ist eine Freizeichnungsklausel also z. B. in einem Abschnitt mit der Überschrift „Mängel und Gewährleistung" enthalten, kann nicht ohne weiteres davon ausgegangen werden, dass die Klausel auch für deliktische Ansprüche Geltung haben soll.[7]

2. Ausschluss der Zufallshaftung

133 Enthält ein Mietvertrag die Klausel, dass der Vermieter „keinerlei Haftung für Schäden [übernimmt], die an der Einrichtung und dem eingelagerten Gut entstehen können, es sei denn, der Schaden sei durch ihn oder seine Erfüllungsgehilfen vorsätzlich oder grob fahrlässig verursacht worden", dann ist diese Klausel in Ermangelung abweichender Anhaltspunkte dahingehend auszulegen, dass auch die

---

1 BGHZ 114, 238, 242 = BGH NJW 1991, 1886, 1887 (zu § 9 AGBG): Die „formularmäßige Begründung einer verschuldensunabhängigen Risikohaftung [...] [ist] grundsätzlich nach § 9 II Nr. 1 AGB-Gesetz unwirksam".

2 *Bamberger/Becker* Rz 38. Speziell mit Blick auf Kaufverträge ebenso BGH NJW 1992, 2016, 2017.

3 A. A. *Staudinger/Coester* § 307 Rz 431. Tendenziell wie hier aber BGH NJW 1979, 2148, 2149. Dort legte der BGH, allerdings unter Berücksichtigung der Umstände des konkreten Falls, eine Klausel, die ihrem Wortlaut nach „Ersatz von Schäden irgendwelcher Art" betraf, dahingehend aus, dass auch deliktische Ansprüche erfasst seien.

4 Insweit zutreffend *Staudinger/Coester-Waltjen* Rz 19.

5 OLG Köln NJW-RR 1987, 53, 55.

6 In diesem Sinne auch BGH NJW 1992, 2016, 2017. Für die Annahme, dass Freizeichnungsklauseln sich „in der Regel" nicht auf deliktische Ansprüche erstrecken, allerdings ohne Berufung auf § 305 c II MünchKomm/*Basedow* Rz 9.

7 BGH NJW 1992, 2016, 2017.

Zufallshaftung des Vermieters für anfängliche Mängel ausgeschlossen sein soll.[1] Einen Ausschluss der Zufallshaftung enthält auch die Klausel „Der Vermieter haftet nicht für die durch Wasser [...] entstandenen Schäden, es sei denn, dass die Schäden durch grobe Vernachlässigung der Instandhaltungspflicht entstanden sind und der Vermieter es trotz Aufforderung des Mieters unterlassen hat, innerhalb angemessener Frist die Mängel zu beseitigen".[2]

X. Arbeitsverträge

Bei der Anwendung des § 309 Nr. 7 auf Arbeitsverträge sind nach § 310 IV 2 die **134**
im Arbeitsrecht geltenden Besonderheiten angemessen zu berücksichtigen. Indessen sind mit Blick auf § 309 Nr. 7 keine Besonderheiten des Arbeitsrechts erkennbar, die zu einer von den allgemeinen Grundsätzen abweichenden Anwendung dieser Vorschrift führen könnten.[3] Siehe allerdings § 104 SGB VII.

XI. Geltung zwischen Unternehmern

1. Allgemeines

§ 309 Nr. 7 gilt nicht unmittelbar für AGB, die gegenüber Unternehmern ver- **135**
wandt werden (§ 310 I 1). Allerdings sind Haftungsfreizeichnungsklauseln im unternehmerischen Verkehr an § 307 zu messen. Eine Haftungsfreizeichnung ist daher auch gegenüber Unternehmern nur insoweit möglich, als sie nicht den wesentlichen Grundgedanken der gesetzlichen Regelung (§§ 276, 278) widerspricht. Eine Indizwirkung des § 309 Nr. 7 wird man jedoch nicht annehmen können.[4] Denn die im Wirtschaftsleben vorkommenden Vertragsgestaltungen sind so vielfältig, dass eine generelle Indizwirkung des § 309 Nr. 7, wenn man sie ernst nähme, die Gefahr bergen würde, eine effiziente Vertragsgestaltung durch AGB vielfach zu verhindern. Insbesondere wird sich eine Begrenzung der Haftung auf den typischen Schaden selbst in den von § 309 Nr. 7 erfassten Fällen mitunter als interessengerecht erweisen, z. B. deshalb, weil der Verwendungsgegner eher als der Verwender in der Lage ist, die Wahrscheinlichkeit des Eintritts und das Ausmaß von Schäden einzuschätzen, zu beeinflussen oder sich gegen ein entsprechendes Risiko zu versichern.

2. Verschulden des Verwenders

a) Vorsatz. Die Haftung des Verwenders für eigenes vorsätzliches Verhalten kann **136**
in AGB weder ausgeschlossen noch in irgendeiner Weise begrenzt werden.[5] Eine

---

1 OLG Düsseldorf NJW-RR 1999, 735, 736.

2 A. A. OLG Hamburg NJW-RR 1984, 1484, 1485. Allerdings stützt das OLG Hamburg die von ihm befürwortete enge Auslegung auch auf die systematische Stellung der Klausel im Vertragswerk.

3 In diesem Sinne wohl auch *Preis/Roloff* RdA 2005, 144, 147.

4 A. A. *Palandt/Grüneberg* Rz 48; *Bamberger/Becker* Rz 46. Die von *Becker* zitierte Entscheidung BGH NJW 1984, 1750 spricht sich zwar für eine generelle Indizwirkung des § 11 AGBG (§ 309) aus. S. BGH, a.a.O., S. 1751. Indessen hat der BGH später offen gelassen, ob man von einer allgemeinen Indizwirkung des § 11 AGBG (§ 309) ausgehen kann. S. BGH NJW 1985, 2693, 2695. Richtigerweise wird man diese Frage verneinen müssen. S. vor §§ 308, 309 Rz 24. Anders als hier auch *Ulmer/Christensen* Rz 43, dem zufolge § 309 Nr. 7 a auch im unternehmerischen Verkehr zu beachten ist.

5 Großzügiger möglicherweise *Bamberger/Becker* Rz 48: Haftungsausschlüsse für vorsätzliches oder grob fahrlässiges Verhalten des Unternehmers oder seiner leitenden Angestellten „im Regelfall" unwirksam.

Klausel, die die Haftung für eigenes vorsätzliches Verhalten im Voraus abbedingt oder beschränkt, ist auch gegenüber Unternehmern schon nach § 276 III unwirksam.[1] Sie ist außerdem unangemessen im Sinne des § 307.

Wird die Haftung für eigenes vorsätzliches Verhalten nicht im Voraus, sondern im Nachhinein abbedungen oder begrenzt, so ergibt sich die Unwirksamkeit der Klausel zwar nicht aus § 276 III, wohl aber aus § 307. Bei einem Verschulden der Organe juristischer Personen handelt es sich nach richtiger Auffassung gemäß §§ 31, 89 um ein eigenes Verschulden der juristischen Person. Demgemäß ist anerkannt, dass auch gegenüber Unternehmern ein in AGB erfolgter Ausschluss der Haftung für vorsätzliches Verhalten der Organe juristischer Personen unzulässig ist.[2]

137 **b) Grobe Fahrlässigkeit.** Komplizierter liegen die Dinge mit Blick auf grob fahrlässiges Verhalten des Verwenders. Insofern gilt es vorab zu bemerken, dass der Ausschluss der Haftung für grob fahrlässiges Verhalten des Verwenders der Inhaltskontrolle ausnahmsweise entzogen sein kann, nämlich dann, wenn er auf einem Handelsbrauch beruht. Der Haftungsausschluss für grobe Fahrlässigkeit in den „Tegernseer Gebräuchen" für die Vermittlung von Holzgeschäften[3] ist deshalb nicht nach § 307 zu überprüfen und folglich wirksam.[4] Fehlt es, wie in aller Regel, an einem entsprechenden Handelsbrauch, so gilt es weiter zu differenzieren.

138 **aa) Ausschluss.** Auch im unternehmerischen Verkehr ist der vollständige oder auf bestimmte Fallgestaltungen beschränkte Ausschluss der Haftung des Verwenders für sein eigenes, grob fahrlässiges Verhalten grundsätzlich unangemessen und daher nach § 307 unwirksam.[5] Bei einem Verschulden der Organe juristischer Personen handelt es sich nach richtiger Auffassung gemäß §§ 31, 89 um ein eigenes Verschulden der juristischen Person. Demgemäß ist anerkannt, dass auch gegenüber Unternehmern ein in AGB erfolgter Ausschluss der Haftung für grob fahrlässiges Verhalten der Organe juristischer Personen grundsätzlich unzulässig ist.[6] Allerdings sollte man den Grundsatz, dass die Haftung für grob fahrlässiges Verhalten nicht ausgeschlossen werden kann, im unternehmerischen Verkehr nicht verabsolutieren.[7] Vielmehr kann im unternehmerischen Verkehr bei Vorliegen gewichtiger Gründe auch ein Ausschluss der Haftung für grobe Fahrlässigkeit in Betracht kommen. Zwar reicht die **Branchenüblichkeit** eines Haftungsausschlusses nicht aus, um seine Angemessenheit zu bejahen (vgl. Rz 104). Ist jedoch ein Haftungsausschluss in bestimmen Branchen nicht nur in AGB, sondern auch in Individualvereinbarungen allgemein verbreitet, so ist er in aller Regel angemessen. In diesem Sinne (und nur in diesem Sinne) ist auch der Aussage[8] zuzustimmen, dass branchentypische Freizeichnungsklauseln wirksam sind, wenn sie allseits gebilligt und anerkannt werden. Nicht zu beanstanden ist es z. B. auch, wenn Stromversorgungsunternehmen die Haftung gegenüber Sonderkunden in gleicher Weise begrenzen wie gegenüber Tarifkunden.[9] Zur Möglichkeit des Haftungssausschlusses bzw. der

---

1 Dazu, dass § 276 III nicht nur den vollständigen Ausschluss, sondern auch eine Begrenzung der Haftung verbietet, siehe *Palandt/Heinrichs* § 276 Rz 35.

2 BGH NJW 1999, 1031, 1032 (zu § 9 AGBG).

3 S. auch § 305 Rz 147.

4 BGH NJW-RR 1987, 94, 95 (zu § 9 AGBG).

5 S. z. B. BGH NJW 1999, 1031, 1032 (zu § 9 AGBG); BGH NJW-RR 1998, 1426, 1429 (zu § 9 AGBG); BGH NJW 1996, 1407, 1407 (zu § 9 AGBG): „regelmäßig unwirksam". Strenger möglicherweise *Palandt/Grüneberg* Rz 48, der diesen Grundsatz nicht für ausnahmefähig zu halten scheint.

6 BGH NJW 1999, 1031, 1032 (zu § 9 AGBG).

7 Ebenso wohl *Bamberger/Becker* Rz 48 („regelmäßig unwirksam").

8 *Palandt/Grüneberg* Rz 50.

9 BGH NJW 1998, 1640, 1645 (zu § 9 AGBG).

Haftungsbegrenzung bei bestehender Versicherung bzw. bei Versicherbarkeit des Schadens siehe Rz 150 ff.

bb) Begrenzung. Andere Grundsätze gelten für Klauseln, die die Haftung weder allgemein noch für bestimmte Sachverhaltskonstellationen gänzlich ausschließen, sondern lediglich nach der Höhe oder der Art der zu ersetzenden Schäden begrenzen. Anders als gegenüber Verbrauchern (§ 309 Nr. 7 b) wird man es im unternehmerischen Verkehr für zulässig halten müssen, dass die Haftung für grob fahrlässiges Verhalten in AGB begrenzt wird. So ist eine Begrenzung der Haftung für grob fahrlässiges Verhalten zunächst in denjenigen Ausnahmefällen zulässig, in denen sogar ein Ausschluss der Haftung wirksam vorgenommen werden könnte (s. Rz 138). Doch auch dann, wenn ein Ausschluss der Haftung für grob fahrlässiges Verhalten wie im Regelfall unwirksam wäre, kann eine Begrenzung der Haftung hinzunehmen sein. Namentlich kommt es darauf an, ob eine entsprechende Haftungsbegrenzung durch besonders gewichtige Gründe gedeckt ist und daher auch unter Berücksichtigung der Interessen des anderen Vertragsteils ausnahmsweise als angemessen erscheint. Zur Möglichkeit des Haftungssausschlusses bzw. der Haftungsbegrenzung bei bestehender Versicherung bzw. bei Versicherbarkeit des Schadens siehe Rz 157. **139–149**

c) Einfache Fahrlässigkeit. Mit Blick auf den Ausschluss oder die Begrenzung der Haftung für leicht fahrlässiges Verhalten gelten im unternehmerischen Verkehr ähnliche Grundsätze wie gegenüber Verbrauchern.[1] Im Grundsatz ist der Ausschluss der Haftung für einfache Fahrlässigkeit zulässig.[2] Wie gegenüber Verbrauchern gilt dies jedoch nicht ohne Ausnahmen: So kann sich die Unzulässigkeit des Haftungsausschlusses beziehungsweise der Haftungsbegrenzung schon aus gesetzlichen Spezialregelungen ergeben (s. Rz 95). Zudem kann die Haftung für Schäden im Sinne des § 309 Nr. 7 a auch im unternehmerischen Verkehr grundsätzlich nicht ausgeschlossen werden.[3] Ferner sind Haftungsausschlüsse und Haftungsbegrenzungen selbst im unternehmerischen Verkehr nicht ohne weiteres zulässig, soweit es um Kardinalpflichten geht.[4] Vielmehr gilt im Falle von **Kardinalpflichten** Folgendes: **150–154**

aa) Haftungsausschluss. Ein Haftungsausschluss, gleich ob vollständig oder auf bestimmte Sachverhaltskonstellationen beschränkt, muss grundsätzlich ausscheiden, soweit die Aushöhlung vertragswesentlicher Pflichten droht. Haftungsausschlüsse für fahrlässiges Verhalten, die auch für die Verletzung so genannter Kardinalpflichten gelten sollen, sind daher grundsätzlich unwirksam.[5] Allerdings gilt dieser Grundsatz nicht ohne Ausnahmen.[6] Vielmehr kommt es stets auf die Umstände des Einzelfalls an.[7] Ausnahmsweise kommt auch bei Kardinalpflichten ein Haftungsausschluss in Betracht, nämlich dann, wenn dieser nicht die Gefahr einer Aushöhlung dieser Pflichten begründet. **155**

---

[1] Weitergehend, nämlich gegen jegliche Differenzierung zwischen Unternehmern und Verbrauchern bei der Kontrolle von Haftungsklauseln anhand von § 307 *Bamberger/Becker* Rz 46.

[2] BGH NJW-RR 1998, 1426, 1427 (zu § 9 AGBG): Ausschluss der Haftung für einfache Fahrlässigkeit „grundsätzlich statthaft".

[3] *Palandt/Grüneberg* Rz 48.

[4] BGH NJW-RR 1998, 1426, 1427 (zum unternehmerischen Verkehr und zu § 9 AGBG).

[5] S. nur BGH NJW-RR 1996, 783, 786 (zu § 9 AGBG): „Klauselverwender – auch gegenüber einem Kaufmann – nicht formularmäßig von Pflichten freizeichnen, deren Erfüllung die ordnungsgemäße Durchführung des Vertrages überhaupt erst ermöglicht, auf deren Erfüllung der Vertragspartner daher vertraut und auch vertrauen darf"; BGH NJW 1993, 335, 335 (zu § 9 AGBG und zum kaufm. Verkehr).

[6] Gegen jegliche Differenzierung zwischen Unternehmern und Verbrauchern bei der Kontrolle von Haftungsklauseln anhand von § 307 aber z. B. *Bamberger/Becker* Rz 46.

[7] So ausdrücklich BGH NJW-RR 2001, 342, 343 (zu § 9 AGBG).

156 **bb) Haftungsbegrenzung.** Wie gegenüber Verbrauchern ist die Begrenzung der Haftung für einfache Fahrlässigkeit selbst bei Kardinalpflichten grundsätzlich zulässig, wenn der dem Verwender belassene Schadensersatzanspruch in der Regel die entstehenden Schäden abzudecken geeignet ist.[1] Auch wenn diese Voraussetzung nicht erfüllt ist, kann die Begrenzung der Haftung aber im unternehmerischen Verkehr ausnahmsweise zulässig sein.[2]

157 **cc) Versicherbarkeit durch anderen Teil.** Zur Frage, wie es sich auf die Zulässigkeit von Freizeichnungsklauseln bzw. Haftungsbegrenzungsklauseln auswirkt, dass bestimmte Risiken vom Verwendungsgegner versichert werden können bzw. versichert worden sind, kann grundsätzlich auf das zu Verbrauchern Gesagte verwiesen werden (s. Rz 100 ff.). Ein Ausschluss der Haftung für vorsätzliches und grob fahrlässiges Verhalten ist aber auch dann unangemessen, wenn der Schaden versicherbar ist.[3]

158, 159 **dd) Versicherung durch Verwender.** Soweit der Verwender bestimmte Risiken versichert und den Verwendungsgegner sodann auf die Ansprüche gegen die Versicherung verweist, ist zu differenzieren. Sieht die Klausel vor, dass die Eigenhaftung des Verwenders auflebt, weil und soweit die Inanspruchnahme der Versicherung scheitert, so liegt kein Haftungsausschluss im eigentlich Sinn, sondern eine Haftungsbeschränkung in Form einer Subsidiaritätsklausel vor. Subsidiaritätsklauseln sind im unternehmerischen Verkehr grundsätzlich wirksam (s. § 309 Nr. 8 b aa Rz 79). Dies gilt auch dann, wenn das Wiederaufleben der Eigenhaftung des Verwenders nicht ausdrücklich vorgesehen ist, sondern sich erst im Wege der Auslegung (§§ 133, 157, 305c II) ergibt.[4] Sofern die Eigenhaftung des Verwenders nicht wieder aufleben soll, gelten dagegen auch im unternehmerischen Verkehr strengere Maßstäbe. Denn ein Haftungsausschluss gegen Einräumung von Versicherungsschutz bringt den Nachteil mit sich, dass der Geschädigte gegen den Versicherer möglicherweise in einem anderen Gerichtsstand klagen muss und der Schädiger in diesem Prozess als Zeuge auftreten kann. Auch müsste sich der Geschädigte Einwendungen und Einreden aus dem Versicherungsverhältnis entgegenhalten lassen. Sofern die Versicherung nicht volle Deckung gewährt, müsste der Geschädigte u. U. zwei Prozesse, gegen die Versicherung und den Schädiger, führen. Ist der Versicherungsschutz auf Fälle leichter Fahrlässigkeit begrenzt, trägt der Geschädigte zudem das Risiko einer Fehleinschätzung mit den damit verbundenen Prozesskosten. Diese Nachteile führen dazu, dass eine Ersetzung der Haftung durch Versicherungsschutz grundsätzlich nicht als nach § 307 angemessen zugelassen werden kann.[5] Allerdings gilt dies nicht ohne Ausnahme. So hat der BGH richtigerweise § 41 lit. c ADSp a.F. unbeanstandet gelassen, der den Spediteur für jeden durch die Speditionsversicherung gedeckten Schaden von der Haftung freistellte.[6]

---

1 Wie hier *Bamberger/Becker* Rz 47, der aber wohl keine Ausnahmen zulassen möchte. Dem Wortlaut nach strenger, aber wohl nur missverständlich formuliert BGH NJW-RR 1998, 1426, 1427 (zum unternehmerischen Verkehr und zu § 9 AGBG): „[D]ie formularmäßige Begrenzung der Haftung bei Verletzung sog. Kardinalpflichten [wird] im Bereich des [...] Transportrechts grundsätzlich auch dann für unwirksam gehalten, wenn der eingetretene Schaden durch einfache Fahrlässigkeit eines nicht leitenden Angestellten oder Arbeiters des Klauselverwenders entstanden ist [...]."

2 A. A. wohl *Bamberger/Becker* Rz 47.

3 BGH NJW 1999, 1031, 1032 (zu § 9 AGBG).

4 A. A. *Palandt/Grüneberg* Rz 60.

5 A. A. *Fuchs* BB 1992, 1217, 1222.

6 BGH NJW 1986, 1434, 1435 (zu § 9 AGBG).

3. Gesetzliche Vertreter und Erfüllungsgehilfen

Mit Blick auf den Ausschluss der Haftung für gesetzliche Vertreter und Erfüllungsgehilfen ist wie folgt zu differenzieren: 160

a) Leitende Angestellte und Organe juristischer Personen. Bei einem Verschulden der Organe juristischer Personen handelt es sich nach richtiger Auffassung gemäß §§ 31, 89 um ein eigenes Verschulden der juristischen Person (s. Rz 136). Dementsprechend gelten die gleichen Grundsätze, die auch sonst Anwendung finden, wenn der Verwender die Haftung für eigenes Verschulden auszuschließen sucht (s. Rz 136 ff). Aber auch die Haftung für das Verhalten leitender Angestellter ohne Organstellung ist im Rahmen des § 307 nicht anders zu behandeln als die Haftung für das eigene Verhalten des Verwenders.[1] Stets unangemessen und daher nach § 307 unwirksam ist daher insbesondere eine Klausel, die die Haftung für vorsätzliches Verhalten leitender Angestellter ausschließt.[2] Dies gilt auch dann, wenn die versicherungsmäßige Abdeckung der relevanten Risiken durch den Verwendungsgegner möglich oder üblich ist.[3] Auch mit Blick auf grob fahrlässiges Verhalten lassen sich die für das eigene Verhalten des Verwenders geltenden Maßstäbe übertragen. Nach zutreffender Rechtsprechung sind daher Klauseln, die die Haftung für grob fahrlässiges Verhalten leitender Angestellter ausschließen,[4] grundsätzlich unwirksam.[5] Ferner müssen die für eigenes Verschulden des Verwenders geltenden Grundsätze auch dann herangezogen werden, wenn die Haftung für die leicht fahrlässige Verletzung von Kardinalpflichten durch leitende Angestellte ausgeschlossen werden soll. 161

b) Einfache Erfüllungsgehilfen. Komplizierter liegen die Dinge mit Blick auf einfache Erfüllungsgehilfen und solche gesetzlichen Vertreter, deren Vertretungsmacht sich nicht aus einer Organstellung ergibt. Sofern es nicht um Kardinalpflichten geht, wird man einen Haftungsausschluss für das Verhalten einfacher Erfüllungsgehilfen grundsätzlich zulassen können, und zwar anders als gegenüber Verbrauchern (§ 309 Nr. 7 b) auch dann, wenn es um **grob fahrlässige Pflichtverletzungen** geht.[6] Der Ausschluss der Haftung für vorsätzliches Verhalten ist dagegen auch bei einfachen Erfüllungsgehilfen als unangemessen anzusehen. Es bleibt die Frage, ob die Haftung für **fahrlässige Kardinalpflichtverletzungen** durch einfache Erfüllungsgehilfen und gesetzliche Vertreter ausgeschlossen oder begrenzt werden kann. 162

aa) Haftungsausschluss. Diesbezüglich ist zunächst festzuhalten, dass die Rechtsprechung den Ausschluss der Haftung für die schuldhafte Verletzung von Kardinalpflichten durch Erfüllungsgehilfen richtigerweise als **grundsätzlich unwirksam** einstuft.[7] Dies gilt insbesondere dann, wenn der Haftungsausschluss auch die **grob fahrlässige Verletzung von Kardinalpflichten** durch Erfüllungs- 163

---

1 Ebenso wohl *Bamberger/Becker* § 309 Nr. 7 Rz 48 für den Fall vorsätzlichen oder grob fahrlässigen Verhaltens.

2 S. z. B. BGH NJW 1999, 1031, 1032; BGH NJW-RR 1998, 1426, 1429 (ohne Vorbehalt für Handelsbräuche); BGH NJW 1991, 2630, 2632 (ohne Vorbehalt für Handelsbräuche).

3 BGH NJW 1999, 1031, 1032 (zu § 9 AGBG).

4 S. z. B. BGH NJW 1999, 1031, 1032 (zu § 9 AGBG); BGH NJW-RR 1998, 1426, 1429 (ohne Vorbehalt für Handelsbräuche); BGH NJW 1991, 2630, 2632 (ohne Vorbehalt für Handelsbräuche).

5 BGH NJW 1996, 1407, 1407 (zu § 9 AGBG): „regelmäßig unwirksam".

6 A. A. *Ulmer/Christensen* Rz 45, demzufolge eine Freizeichnung für grob fahrlässiges Verhalten einfacher Erfüllungsgehilfen im unternehmerischen Verkehr nur in „seltenen Ausnahmefällen in Betracht kommen" soll. Auch *Palandt/Grüneberg* Rz 48 ff. will entsprechende Klauseln nur ausnahmsweise zulassen, nämlich nur bei branchentypischen Freizeichnungsklauseln, die allseits gebilligt und anerkannt werden.

7 BGH NJW-RR 1998, 1426, 1427 (zu § 9 AGBG).

gehilfen erfasst.[1] Doch soll nach einer Entscheidung aus dem Jahre 1998 wohl auch für Fälle **einfacher Fahrlässigkeit** nichts anderes gelten, [2] und zwar auch im Falle der Pflichtverletzung „eines nicht leitenden Angestellten oder Arbeiters",[3] mit anderen Worten, bei schuldhaftem Verhalten einfacher Erfüllungsgehilfen. Dem ist im Wesentlichen zuzustimmen.[4] Allerdings können die genannten Grundsätze keine absolute Geltung beanspruchen. Soweit es um die einfach fahrlässige Verletzung von Kardinalpflichten geht, folgt dies schon daraus, dass selbst in Verbraucherverträgen ganz ausnahmsweise ein Ausschluss der Haftung für einfach fahrlässige Kardinalpflichtverletzungen in Betracht kommt (vgl. Rz 96). Doch anders als gegenüber Verbrauchern (§ 309 Nr. 7 b) kann in besonderen Ausnahmefällen selbst ein Ausschluss der Haftung für die grob fahrlässige Verletzung von Kardinalpflichten zulässig sein. Dies hat auch der BGH anerkannt. Namentlich hat der BGH die Unwirksamkeit eines auch für grob fahrlässige Kardinalpflichtverletzungen geltenden Haftungsausschlusses davon abhängig gemacht, dass dieser „die Erreichung des Vertragszwecks im Einzelfall auch tatsächlich gefährdet",[5] eine Voraussetzung, die der BGH im konkreten Fall nicht als erfüllt ansah. Namentlich ging es in jenem Fall um einen Schiffsreparaturvertrag, der zumindest auch[6] einen Ausschluss der Haftung für grob fahrlässiges Verhalten einfacher Erfüllungsgehilfen vorsah. Der BGH betonte die branchentypischen Besonderheiten: Dem Werftkunden seien die in Auftrag gegebenen Arbeiten bekannt. Er könne sich durch eigene Überwachung an Bord davon überzeugen, ob den Sorgfaltsanforderungen genügt wird. Auch könnten sie auf Maßnahmen der Werft Einfluss nehmen, z. B. durch Hinweise auf drohende Gefahren.[7] Auch stellte der BGH darauf ab, dass im konkreten Fall ein praktisch lückenloser Versicherungsschutz nicht nur üblich sei, sondern auch bestanden habe.[8] Zwar wird man davon ausgehen müssen, dass diese Entscheidung einen nicht verallgemeinerungsfähigen Sonderfall darstellt. Doch demonstriert sie, dass ein Ausschluss der Haftung bei hinreichend gewichtigen Gründen zumindest im unternehmerischen Verkehr ausnahmsweise in Betracht kommt.

164 **bb) Haftungsbegrenzung.** Weniger streng sind solche Klauseln zu beurteilen, die die Haftung für die Verletzung von Kardinalpflichten nur begrenzen. Solche Klauseln sind zulässig, sofern der typischerweise zu befürchtende Schaden trotz der Haftungsbegrenzung noch von der verbleibenden Haftung abgedeckt wird.[9] Dies gilt selbst dann, wenn es um die **grob fahrlässige** Verletzung von Kardinalpflich-

---

1 BGH NJW-RR 2006, 267, 270 (zu § 9 AGBG), der aus diesem Grunde die Regelung der Nr. 24 ADSp (Fassung 1998) als unwirksam einstuft. Für Unwirksamkeit eines Ausschlusses der Haftung für die fahrlässige Verletzung vertragswesentlicher Pflichten durch Erfüllungsgehilfen *Ulmer/Christensen* Rz 43.

2 BGH NJW-RR 1998, 1426, 1427 f. (zu § 9 AGBG).

3 BGH NJW-RR 1998, 1426, 1427 f. (zu § 9 AGBG).

4 Für die Unwirksamkeit eines umfassenden Ausschlusses der Haftung für die einfach fahrlässige Verletzung von Kardinalpflichten durch Erfüllungsgehilfen auch *Ulmer/Christensen* Rz 43.

5 BGH NJW 1988, 1785, 1787 (zu § 9 AGBG).

6 Im konkreten Fall erfasste die Klausel allerdings wohl auch einen Teil der leitenden Angestellten. Denn der Haftungsausschluss war allgemein formuliert, und eine Ausnahme nur für grobe Pflichtverletzungen („severe faults") der Mitglieder des „board of directors" oder der „executive managers" vorgesehen. S. BGH NJW 1988, 1785, 1785 (zu § 9 AGBG).

7 BGH NJW 1988, 1785, 1787 (zu § 9 AGBG).

8 BGH NJW 1988, 1785, 1787 (zu § 9 AGBG).

9 *Palandt/Grüneberg* Rz 49. Ähnlich BGH NJW 1993, 335, 336 (zu § 9 AGBG): Haftungsbegrenzung wirksam, wenn Höchstsumme die „vertragstypischen, vorhersehbaren Schäden abdeckt". Zurückhaltender noch BGH NJW 1985, 3016, 3018 (zu § 9 AGBG): Durch eine Haftungsbeschränkung könnten „allenfalls vertragsuntypische und daher kaum vorhersehbare Schäden ausgeschlossen werden"; BGH NJW 1998, 1640, 1645 (zu § 9 AGBG): „grundsätzlich nur wirksam, wenn die Höchstsumme die vertragstypischen, vorhersehbaren Schäden abdeckt [...]".

ten geht.[1] Anderes muss allerdings dann gelten, wenn die Klausel auch die vorsätzliche Verletzung von Kardinalpflichten durch einfache Erfüllungsgehilfen erfassen soll. In diesem Fall ist eine Haftungsbegrenzung auch dann grundsätzlich unwirksam, wenn die verbleibende Haftung den typischerweise entstehenden Schaden abdeckt.[2] Nach § 307 unwirksam ist grundsätzlich auch eine Klausel, die die Haftung für die schuldhafte Verletzung von Kardinalpflichten in der Weise begrenzt, dass der Schaden, mit dem typischerweise zu rechnen ist, nicht mehr abgedeckt ist. Dies gilt insbesondere dann, wenn die Klausel auch die grob fahrlässige Verletzung von Kardinalpflichten erfasst.[3] Doch kann auch dann nichts anderes gelten, wenn die Haftungsbegrenzung lediglich einfach fahrlässiges Verhalten erfasst. Denn in diesem Falle begründet die Haftungsbegrenzung die Gefahr einer Aushöhlung vertragswesentlicher Pflichten. Nur ganz ausnahmsweise ist auch bei Kardinalpflichten eine noch weitgehendere Begrenzung der Haftung zulässig.

---

1 *Palandt/Grüneberg* Rz 49; wohl auch *Ulmer/Christensen* Rz 46. Ebenso wohl BGH NJW-RR 2006, 267, 270 (zu § 9 AGBG), demzufolge „formularmäßige Haftungsbegrenzung bei grob fahrlässiger oder vorsätzlicher Schadensverursachung durch Erfüllungsgehilfen des Klauselverwenders [unangemessen sind], sofern es sich um die Verletzung von wesentlichen Vertragspflichten handelt und der Schadensersatzbetrag die voraussehbaren Schäden nicht abdeckt".

2 A. A. möglicherweise BGH NJW-RR 2006, 267, 270 (zu § 9 AGBG).

3 Zumindest insoweit wie hier BGH NJW-RR 2006, 267, 270 (zu § 9 AGBG).

Vorbemerkung zu § 309 Nr. 8

§ 309 Nr. 8 soll verhindern, dass die Rechte des anderen Vertragsteils bei Pflichtverletzungen des Verwenders übermäßig beschränkt werden. Dabei lassen sich zwei Zielsetzungen unterscheiden. Generell soll das Recht des anderen Vertragsteils geschützt werden, sich bei Pflichtverletzungen des Verwenders, die nicht in einem Mangel der Kaufsache oder des Werkes bestehen, vom Vertrag zu lösen (Nr. 8 a). Bei Verträgen über die Lieferung neu hergestellter Sachen und über Werkleistungen wird darüber hinaus ein noch weiter gehender Schutz angestrebt. Namentlich soll eine unangemessene Beschränkung der dem Verwendungsgegner wegen Mängeln der Sache beziehungsweise des Werkes zustehenden Rechte verhindert werden (Nr. 8 b). Hervorzuheben ist, dass die amtliche Überschrift des § 309 Nr. 8 („Sonstige Haftungsausschlüsse bei Pflichtverletzungen") wenig glücklich gewählt ist.[1] Denn der Anwendungsbereich des § 309 Nr. 8 beschränkt sich keineswegs auf Haftungsausschlüsse. Vielmehr befasst sich diese Vorschrift mit der sehr viel allgemeineren Frage, inwieweit die Rechte des Verwendungsgegners bei Pflichtverletzungen des Verwenders beschränkt werden können.

§ 309 Klauselverbote ohne Wertungsmöglichkeit

Auch soweit eine Abweichung von den gesetzlichen Vorschriften zulässig ist, ist in Allgemeinen Geschäftsbedingungen unwirksam

8. (Sonstige Haftungsausschlüsse bei Pflichtverletzung)

a) (Ausschluss des Rechts, sich vom Vertrag zu lösen) eine Bestimmung, die bei einer vom Verwender zu vertretenden, nicht in einem Mangel der Kaufsache oder des Werkes bestehenden Pflichtverletzung das Recht des anderen Vertragsteils, sich vom Vertrag zu lösen, ausschließt oder einschränkt; dies gilt nicht für die in der Nummer 7 bezeichneten Beförderungsbedingungen und Tarifvorschriften unter den dort genannten Voraussetzungen.

Inhaltsübersicht

---

[1] Zu Recht kritisch daher *Palandt/Grüneberg* Rz 51, der die Überschrift als offensichtlich verfehlt bezeichnet.

I. Zweck und Allgemeines

§ 309 Nr. 8 a betrifft nach der amtlichen Überschrift das Recht, sich vom Vertrag zu lösen. Tatsächlich ist der Anwendungsbereich dieser Vorschrift jedoch enger. So wird ein Recht des Verwendungsgegners, sich vom Vertrag zu lösen, nur insoweit geschützt, als es gerade im Falle einer Pflichtverletzung des Verwenders besteht. Hinzu kommt, dass die Pflichtverletzung nicht in einem Mangel der Kaufsache oder des Werkes bestehen darf. Denn das Recht, sich bei Mangelhaftigkeit der Kaufsache oder des Werkes vom Vertrag zu lösen, wird nicht durch § 309 Nr. 8 a, sondern durch § 309 Nr. 8 b geschützt. **1–9**

II. Tatbestand

1. Verträge jeder Art

§ 309 Nr. 8 a gilt vorbehaltlich des § 310 II, IV grundsätzlich für Verträge jeder Art.[1] Eine ausdrückliche Ausnahme ist allerdings für die nach Maßgabe des Personenbeförderungsgesetzes genehmigten Beförderungsbedingungen und Tarifvorschriften der Straßenbahnen, Obusse und Kraftfahrzeuge im Linienverkehr vorgesehen, soweit sie nicht zum Nachteil des Fahrgasts von der Verordnung über die Allgemeinen Beförderungsbedingungen für den Straßenbahn- und Obusverkehr sowie den Linienverkehr mit Kraftfahrzeugen vom 27. Februar 1970 abweichen. **10**

2. Recht zur Lösung vom Vertrag bei Pflichtverletzung des Verwenders

a) Allgemeines. § 309 Nr. 8a will das Recht zur Lösung vom Vertrag auf jeden Fall gewahrt wissen, weil es dem Verwendungsgegner nicht zumutbar ist, sich an einem Vertrag mit einem unzuverlässigen Vertragspartner festhalten zu lassen. Entsprechend dieser Zielsetzung erfasst § 309 Nr. 8 a richtigerweise grundsätzlich nur diejenigen gesetzlichen Rechte, die es dem Verwendungsgegner gerade aufgrund einer Pflichtverletzung des Verwenders erlauben, sich vom Vertrag zu lösen (s. Rz 20 ff.) **11**

b) Lösungsrecht. Um den Schutz des § 309 Nr. 8 a zu genießen, muss das Recht ein solches sein, welches dem Verwendungsgegner die Lösung vom Vertrag ermöglicht. Bloße Leistungsverweigerungs- oder Zurückbehaltungsrechte werden also nicht erfasst. Zudem findet § 309 Nr. 12 a nur auf solche Rechte Anwendung, die die Lösung von einem **Vertrag** ermöglichen. Lösungsrechte von einseitigen Rechtsgeschäften, wie z. B. das Recht zum Widerruf einer Vollmacht (§ 168) oder zum Widerruf einer Willenserklärung (§ 130 I 2), zählen nicht dazu. Zum Schutz solcher Rechte ist auf § 307 zurückzugreifen. Auf der anderen Seite kommt es nicht darauf an, ob die Lösung vom Vertrag mit einer Rückabwicklung der bereits er- **12**

---

1 *Palandt/Grüneberg* Rz 52; *Bamberger/Becker* Rz 4.

brachten Leistungen verbunden ist. Das Rücktrittsrecht nach § 324 wird also z. B. ebenso erfasst wie das Kündigungsrecht nach 341 III.[1]

13 **c) Des anderen Vertragsteils.** § 309 Nr. 8 a betrifft nur Lösungsrechte des anderen Vertragsteils. Klauseln, die dem Verwender zustehende Lösungsrechte einschränken, werden dagegen nicht von § 309 Nr. 8 a geregelt.

14 **d) Gesetzliches Recht.** Erfasst werden zudem nur gesetzliche Lösungsrechte.[2] Bei vertraglich vereinbarten Lösungsrechten wäre ein Schutz nicht angebracht. Denn entweder sind die relevanten Lösungsrechte individualvertraglich vereinbart worden, dann können sie schon nach § 305 b nicht durch AGB abbedungen werden. Oder die vertraglichen Lösungsrechte werden erst durch die AGB des Verwenders gewährt. Dann nimmt eine Klausel, die diese Lösungsrechte einschränkt, dem Verwendungsgegner nichts, was er ohne die AGB hätte, so dass kein Anlass zu einer Inhaltskontrolle besteht. Allerdings kann eine AGB-Klausel, die ein an anderer Stelle in den AGB gewährtes Lösungsrecht ausschließt oder beschneidet, wegen Verstoßes gegen das Transparenzprinzip (§ 307 I 2) unwirksam sein.

15 **e) Pflichtverletzung.** § 309 Nr. 8 a schützt nur solche Rechte, die bei einer vom Verwender zu vertretenden Pflichtverletzung bestehen. Daraus folgt zunächst, dass eine Pflichtverletzung gegeben sein muss.[3] Erforderlich ist ferner, dass es sich bei der verletzten Pflicht um eine solche des Verwenders handelt.

16 **f) Kein bloßer Mangel.** Die Vorschrift des § 309 Nr. 8 a greift nach ihrem ausdrücklichen Wortlaut zudem nur dann ein, wenn die Pflichtverletzung nicht in einem Mangel der Sache oder des Werkes besteht. Der Begriff des Mangels knüpft dabei an die Legaldefinitionen in den §§ 434, 435, 633 an. Erschöpft sich die Pflichtverletzung nicht in der Mangelhaftigkeit der Sache oder des Werkes, so spielt es im Übrigen keine Rolle, welcher Art die Pflichtverletzung ist. Insbesondere werden, das folgt sowohl aus dem Wortlaut als auch aus der Entstehungsgeschichte,[4] auch die Fälle der bisher so genannten positiven Vertragsverletzung erfasst.[5]

17 **g) Vertretenmüssen.** § 309 Nr. 8 a schützt nur solche Rechte, die bei einer vom Verwender zu vertretenden Pflichtverletzung bestehen. Kein Verstoß gegen § 309 Nr. 8 a liegt also z. B. dann vor, wenn der Verwender das Lösungsrecht für von ihm nicht zu vertretende Pflichtverletzungen ausschließt.[6] Freilich kann dann immer noch ein Verstoß gegen § 307 gegeben sein.[7] Schränkt eine Klausel mittelbar das Recht zur Lösung vom Vertrag ein, indem sie bestimmt, dass der Verwender bestimmte Pflichtverletzungen nicht zu vertreten hat, so sollte man § 309 Nr. 8 a nicht zur Anwendung bringen (s. Rz 36).

18 **aa) Allgemeines.** Mit Blick auf den Verschuldensgrad ist hervorzuheben, dass jede Form des Vertretenmüssens ausreicht. Gemäß § 276 I 1 werden also grundsätzlich Vorsatz und Fahrlässigkeit erfasst. Gemäß § 278 S. 1 hat der Verwender zudem ein Verschulden seiner gesetzlichen Vertreter und Erfüllungsgehilfen zu vertreten.

---

1 Für die Anwendung auf Kündigungsrechte z. B. auch MünchKomm/*Basedow* Rz 7; *Ulmer/Hensen* Rz 11.

2 *Bamberger/Becker* Rz 11; *Staudinger/Coester-Waltjen* Rz 6.

3 *Ulmer/Christensen* Rz 9.

4 Vgl. BT-Drs. 14/6040, S. 157: „Die überwiegende Meinung erstreckt das Freizeichnungsverbot bereits nach geltendem Recht trotz des ausdrücklichen Wortlauts des bisherigen § 11 Nr. 8 AGBG auch auf ein aus positiver Vertragsverletzung folgendes Lösungsrecht vom Vertrag [...]. [...] Der Entwurf schließt sich dieser Auffassung, die ganz auf der Linie der vorgeschlagenen Neukonzeption des Leistungsstörungsrechts liegt, an [...]."

5 Für die Erfassung der pVV z. B. auch *Ulmer/Christensen* Rz 6.

6 Ebenso z. B. *Palandt/Grüneberg* Rz 52; *Bamberger/Becker* Rz 3.

7 *Palandt/Grüneberg* Rz 52.

Ein anfängliches Unvermögen hat der Verwender nicht in jedem Falle zu vertreten. Vielmehr kommt es insofern, wie sich aus § 311a II 2 ergibt, auf die allgemeinen Grundsätze an.

bb) Keine teleologische Reduktion. Da § 309 Nr. 8 a bei jeder Form des Verzugs und jeder zu vertretenden Unmöglichkeit, also auch bei leichter Fahrlässigkeit, den Ausschluss des Lösungsrechts für unwirksam erklärt, könnte man versucht sein, einen Wertungswiderspruch zu § 309 Nr. 7 b anzunehmen, der bei Schäden, die nicht aus der Verletzung von Leben, Körper oder Gesundheit resultieren, lediglich einen Haftungsausschluss für vorsätzliches oder grob fahrlässiges Verhalten verhindert. Mit Blick auf die Vorgängervorschrift des § 309 Nr. 8 a, § 11 Nr. 8 a AGBG, ist daher vorgeschlagen worden, einen Ausschluss des Lösungsrechts im Falle einfacher Fahrlässigkeit nicht nach § 11 Nr. 8 a AGBG zu beanstanden.[1] Zumindest nach geltendem Recht besteht jedoch für eine einschränkende Auslegung des § 309 Nr. 8 a kein Anlass.[2] Angesichts der zentralen Bedeutung von Lösungsrechten ist es nicht widersprüchlich, einen Ausschluss der Haftung für Fahrlässigkeit zwar nicht generell für unwirksam zu befinden (vgl. § 309 Nr. 7), die Abbedingung von Lösungsrechten aber zu untersagen. Einer solchen differenzierenden Behandlung von Haftungsausschlüssen entspricht die Regelung des § 309 Nr. 7a, der zufolge der Ausschluss der Haftung für leicht fahrlässiges Verhalten trotz seiner grundsätzlichen Zulässigkeit auch im Falle von Schäden aus der Verletzung von Leben, Körper oder Gesundheit ausscheidet. Gesetzlich vorgesehene Rechte des Verwendungsgegners, sich vom Vertrag zu lösen, dürfen daher auch für den Fall einer bloß fahrlässigen Pflichtverletzung des Verwenders nicht beschränkt werden, soweit der Verwender nach der gesetzlichen Regelung fahrlässiges Verhalten zu vertreten hat. 19

h) Lösung bei Pflichtverletzung. § 309 Nr. 8a schützt das Recht, sich **„bei“** einer vom Verwender zu vertretenden Pflichtverletzung vom Vertrag zu lösen. 20

aa) Kausaler Zusammenhang zwischen Pflichtverletzung und Lösungsrecht. Das Wort „bei“ ist dabei restriktiv zu interpretieren. Es reicht nicht, dass das Recht zur Lösung vom Vertrag zeitgleich mit der Pflichtverletzung besteht. Eine Klausel ist also entgegen einem Teil des Schrifttums nicht schon deshalb unwirksam, weil sie ein nach dispositivem Recht vom Vorliegen einer Pflichtverletzung unabhängiges Lösungsrecht auch für den Fall ausschließt, dass der Verwender in schuldhafter Weise gegen seine Pflichten verstößt.[3] Erforderlich ist vielmehr, dass das Recht zur Lösung vom Vertrag nach dispositivem Recht gerade infolge der Pflichtverletzung besteht.[4] Die Notwendigkeit einer solchen Auslegung der Vorschrift wird zwar nicht zwingend durch den Wortlaut geboten. Sie folgt aber aus dem Gesetzeszusammenhang sowie aus Sinn und Zweck der Vorschrift. Ein Lösungsrecht ohne Pflichtverletzung besteht regelmäßig bei Dauerschuldverhältnissen, nämlich in Gestalt des Rechts zur ordentlichen Kündigung. Die Frage, in welchem Maße dieses Recht ausgeschlossen werden darf, hat der Gesetzgeber schon in § 309 Nr. 9 geregelt. Vor diesem Hintergrund macht es wenig Sinn zu fordern, dass das Recht zur ordentlichen Kündigung wegen § 309 Nr. 8 a auch bei jeder noch so geringen schuldhaften Pflichtverletzung des Verwenders wiederaufleben muss. Denn damit würde die in § 309 Nr. 9 vorausgesetzte Möglichkeit der Vereinbarung einer Mindestdauer von Dauerschuldverhältnissen praktisch illusorisch. Mithin ist 21

[1] *Staudinger/Coester-Waltjen* § 11 Nr. 8 AGBG Rz 3 ff.

[2] So auch *Staudinger/Coester-Waltjen* Rz 8.

[3] So aber *Bamberger/Becker* Rz 11.

[4] Für ein Kausalitätserfordernis wohl auch *Staudinger/Coester-Waltjen* Rz 6, der zufolge auch Kündigungsrechte von § 309 Nr. 8 a erfasst werden, „soweit sie [...] durch vom Verwender zu vertretenden Pflichtverletzungen ausgelöst werden“.

grundsätzlich ein kausaler Zusammenhang zwischen der Pflichtverletzung und dem Recht zur Lösung vom Vertrag zu fordern. Mit anderen Worten, das Recht zur Lösung vom Vertrag muss dem Verwendungsgegner nach der gesetzlichen Regelung gerade wegen der Pflichtverletzung seines Vertragspartners zustehen.

22 **bb) Sonderfall § 671.** Schwierigkeiten ergeben sich bei Zugrundelegung der hier vertretenen Auffassung auf den ersten Blick im Falle des Widerrufsrechts nach § 671. Insofern mag man zu einem argumentum ad absurdum versucht sein: Das jederzeitige Widerrufsrecht des Auftraggebers nach § 671 zeigt die besondere Schutzwürdigkeit des Auftraggebers, doch würde die hier vertretene Auffassung den Auftraggeber scheinbar schutzlos stellen, weil das Widerrufsrecht ja auch unabhängig von einer Pflichtverletzung besteht.[1] Indessen erweisen sich entsprechende Bedenken als unbegründet. Soweit der Auftrag in erster Linie den Interessen des Auftraggebers dient, ist das Widerrufsrecht ohnehin unabdingbar.[2] Dient der Auftrag in gleichem Maße oder sogar überwiegend den Interessen des Beauftragten, so soll das Widerrufsrecht zwar nach der Rechtsprechung abdingbar sein.[3] Auch kann § 324 auf den Auftrag mangels Gegenseitigkeit keine Anwendung finden.[4] Doch wird man, da es sich bei § 671 der Sache nach um ein Kündigungsrecht handelt,[5] bei Abbedingung desselben auch in Ermangelung eines Dauerschuldverhältnisses ein außerordentliches Kündigungsrecht bei Vorliegen eines wichtigen Grundes annehmen müssen, welches selbst in Individualvereinbarungen nicht ausgeschlossen werden kann.[6] Sieht eine AGB-Klausel einen solchen Ausschluss vor, so verstößt sie, da sie über die wahre Rechtslage zu täuschen geeignet ist, gegen § 307 (s. noch Rz 24–29). Soll die Klausel auch solche Fälle erfassen, in denen der wichtige Grund in einer schuldhaften Pflichtverletzung des Verwenders liegt, ist außerdem § 309 Nr. 8 a einschlägig. Es besteht also keine Gefahr, dass der Auftraggeber durch die hier vertretene Auslegung des § 309 Nr. 8 a schutzlos gestellt wird.

23 **cc) Kein Zusammenhang zwischen Verschulden und Lösungsrecht.** Interpretiert man das Wort „bei" im Sinne der grundsätzlichen Notwendigkeit eines kausalen Zusammenhangs (s. Rz 21), dann liegt es an sich nahe, diese Argumentation auch auf den Zusammenhang zwischen Vertretenmüssen und Lösungsrecht auszudehnen. § 309 Nr. 8 a wäre demnach immer dann unanwendbar, wenn das Gesetz dem Verwendungsgegner das jeweilige Lösungsrecht unabhängig davon einräumt, ob die Pflichtverletzung schuldhaft erfolgt ist oder nicht. Indessen ist eine solche Auslegung abzulehnen. Das gesetzliche Lösungsrecht muss also nicht notwendig ein Verschulden des Verwenders voraussetzen, um den Schutz des § 309 Nr. 8 a zu genießen. Vielmehr reicht es aus, dass die Klausel das gesetzliche Lösungsrecht zumindest auch in solchen Fällen ausschließt, in denen der Verwender die Pflichtverletzung, die das Lösungsrecht begründet, tatsächlich zu vertreten hat. Eine solche Interpretation ist mit dem Wortlaut der Vorschrift ohne weiteres vereinbar. Auch würde jede andere Auslegung zu absurden Ergebnissen führen. Denn der Schutz des § 309 Nr. 8 a würde gerade in Fällen besonderer Schutzwürdigkeit entfallen, nämlich in denjenigen Fällen, in denen der Gesetzgeber den Verwendungsgegner als so schutzwürdig ansieht, dass er ihm auch im Falle einer bloß objektiven Pflichtverletzung ein Lösungsrecht einräumt. Auch würde § 309 Nr. 8 a bei einer

---

1 Für die grundsätzliche Möglichkeit der Anwendung des § 309 Nr. 8a auf die Einschränkung von Widerrufsrechten z. B. auch *Palandt/Grüneberg* Rz 52; MünchKomm/*Basedow* Rz 7.

2 *Palandt/Sprau* § 671 Rz 2; MünchKomm/*Seiler* § 671 Rz 2.

3 BGH WM 1971, 956.

4 *Palandt/Grüneberg* § 323 Rz 3; MünchKomm/*Seiler* § 662 Rz 5.

5 MünchKomm/*Seiler* § 671 Rz 1.

6 Ebenso z. B. MünchKomm/*Seiler* § 671 Rz 7.

solchen Interpretation gerade im Kernbereich des Leistungsstörungsrechts leerlaufen. Denn das Rücktrittsrecht nach § 323 n. F. setzt in Abweichung vom alten Recht gerade kein Verschulden mehr voraus.[1] Es liefe auch der im Gesetzgebungsverfahren klar zum Ausdruck gekommenen Intention des historischen Gesetzgebers zuwider, das Rücktrittsrecht nach § 323 dem Schutze des § 309 Nr. 8 a zu entziehen.[2] Hinzu kommt, dass eine entsprechende Interpretation dem Zweck des Tatbestandsmerkmals „zu vertretenden" nicht gerecht würde. Denn dieses Merkmal ist allein deshalb eingefügt worden, um sicherzustellen, dass das Rücktrittsrecht nach § 323 in denjenigen Fällen ausgeschlossen werden kann, in denen es an einem Verschulden fehlt.[3] Es liegt also kein Grund vor, einen kausalen Zusammenhang zwischen dem Verschulden und dem Bestehen des Lösungsrechts zu fordern.

i) Beispiele. Nach § 309 Nr. 8 a unwirksam sind Klauseln, die das Lösungsrecht **24–29**
nach **§ 323** ausschließen[4], sofern der Ausschluss auch für den Fall gelten soll, dass die Pflichtverletzung zu vertreten ist. Entsprechendes gilt für die Lösungsrechte nach **§ 324,**[5] **§ 326 V**[6] und **§ 314 II.**[7] Auch das Widerrufsrecht nach § 671 wird geschützt, soweit es ein Recht zur außerordentlichen Kündigung als Reaktion auf schuldhafte Pflichtverletzungen darstellt (s. Rz 22).[8] Demgegenüber wird das Recht zur außerordentlichen Kündigung nach § 314 in anderen als den in § 314 II geregelten Konstellationen nicht durch § 309 Nr. 8 a geschützt. Freilich ist anerkannt, dass das Recht zur außerordentlichen Kündigung selbst in Individualvereinbarungen nicht gänzlich ausgeschlossen werden kann.[9] Erst recht kann das Recht zur außerordentlichen Kündigung in AGB nicht abbedungen,[10] und nach richtiger Auffassung gegenüber Verbrauchern auch nicht eingeschränkt werden,[11] ohne dass die Klausel zumindest nach § 307 unwirksam ist (s. aber Rz 53). Keine Anwendung findet § 309 Nr. 8 a nach richtiger Auffassung auf das Recht zur ordentlichen Kündigung.[12] Auf Anfechtungsrechte ist § 309 Nr. 8 b nur insofern anwendbar, als das Anfechtungsrecht gerade wegen der Pflichtverletzung besteht, die Pflichtverletzung also den Anfechtungsgrund darstellt.[13] Denn nur in diesem Falle ist die Pflichtverletzung kausal für das in dem Anfechtungsrecht liegende Recht zur Lösung vom Vertrag.

---

1 S. zu dieser Abweichung vom alten Recht z. B. *Bamberger/Grothe* § 323 Rz 1.

2 Vgl. BT-Drs. 14/6040, S. 157: „Die Voraussetzung des Vertretenmüssens war, um den Regelungsgehalt der bisherigen Bestimmung im bisherigen § 11 Nr. 8 Buchstabe a AGBG möglichst zu bewahren, erforderlich, da gemäß § 323 RE bereits jede Pflichtverletzung unabhängig vom Verschulden den Rücktritt eröffnet."

3 Ebenda.

4 *Ulmer/Christensen* Rz 11; *Palandt/Grüneberg* Rz 52; *Bamberger/Becker* Rz 12.

5 *Ulmer/Christensen* Rz 11; *Palandt/Grüneberg* Rz 52.

6 *Ulmer/Christensen* Rz 11; *Bamberger/Becker* Rz 12; *Palandt/Grüneberg* Rz 52.

7 Für die grundsätzliche Möglichkeit der Anwendung des § 309 Nr. 8a auf die Einschränkung von Kündigungsrechten z. B. auch *M. Wolf* JuS 1968, 65, 69; *Palandt/Grüneberg* Rz 52.

8 Für die grundsätzliche Möglichkeit der Anwendung des § 309 Nr. 8 a auf das Widerrufsrecht nach § 671 z. B. auch *Palandt/Grüneberg* Rz 52; *Ulmer/Christensen* Rz 11.

9 *Bamberger/Gehrlein* § 314 Rz 26 („314 in seinem Kern zwingendes Recht". Noch weitergehend *Bamberger/Becker* § 309 Nr. 11 Rz 12, der auch eine bloße Beschränkung des außerordentlichen Kündigungsrechts durch Individualvereinbarung als unwirksam einzustufen scheint.

10 BGH NJW 1986, 3134, 3134 (zu § 9 AGBG); *Bamberger/Becker* Rz 12.

11 *Bamberger/Becker* Rz 12. Für die Unwirksamkeit eines Teilausschlusses des Rechts zur außerordentlichen Kündigung auch BGH NJW 1986, 3134, 3134 (zu § 9 AGBG).

12 Wie hier *Ulmer/Christensen* Rz 11. Nach anderer Ansicht wird das Recht zur Kündigung generell geschützt, soweit es im Falle einer zu vertretenden Pflichtverletzung die Lösung vom Vertrag ermöglicht. S. *Bamberger/Becker* Rz 12.

13 Großzügiger wohl *Bamberger/Becker* Rz 10.

3. Ausschluss oder Einschränkung

30 § 309 Nr. 8 a greift nur dann ein, wenn das Recht, sich vom Vertrag zu lösen, ausgeschlossen oder beschränkt wird.

31 **a) Ausschluss.** Ein Ausschluss ist dann anzunehmen, wenn dem Verwendungsgegner das Recht, sich vom Vertrag zu lösen, entweder generell oder doch in bestimmten Konstellationen (Teilausschluss) genommen wird.[1] Ebenso liegt ein Verstoß gegen § 309 Nr. 8 a z. B. dann vor, wenn ein Lösungsrecht entgegen der gesetzlichen Regelung nur bei höherer Gewalt gewährt wird.[2] Ferner ist ein Ausschluss dann gegeben, wenn das Lösungsrecht nur binnen einer im dispositiven Recht nicht vorgesehenen Ausschlussfrist geltend gemacht werden können soll.[3] Der Ausschluss des Lösungsrechts muss nicht ausdrücklich erfolgen. Entscheidend ist vielmehr, ob er der Klausel im Wege der Auslegung (§§ 133, 157, 305c II) entnommen werden kann. Gemäß § 305c II ist dabei im Zweifel ein Ausschluss anzunehmen, wenn diese Auslegung der Klausel zu ihrer Unwirksamkeit führt. Die bloß mittelbare Erschwerung der Lösung vom Vertrag durch Modifizierung der Haftung oder der Pflichten des Verwenders reicht aber nicht.[4]

32 **b) Einschränkung.** Eine Einschränkung ist immer dann gegeben, wenn die Ausübung des Rechts zur Lösung vom Vertrag erschwert wird.[5]

33 **aa) Zusätzliche Voraussetzungen.** Dies kann insbesondere dadurch geschehen, dass die Ausübung des Lösungsrechts von zusätzlichen Voraussetzungen abhängig gemacht wird, die zwar nicht zu einem Verlust des Lösungsrechts führen – in diesem Falle liegt ein Ausschluss vor – dem Berechtigten aber einen gesteigerten Aufwand abverlangen oder die Lösung vom Vertrag verzögern. Allerdings sollte man, damit die Privilegierung von einfachen Schriftformerfordernissen im Rahmen des § 309 Nr. 13 nicht unterminiert wird, der Vorschrift des § 309 Nr. 13 schon auf Tatbestandsebene Vorrang einräumen.[6] Dementsprechend wird man z. B. davon ausgehen müssen, dass ein Erfordernis der Schriftform bei der Ausübung von Lösungsrechten wegen der Wertung des § 309 Nr. 13 nicht als Einschränkung im Sinne des § 309 Nr. 8 a einzustufen ist (s. Rz 48–54).[7] Gegen § 309 Nr. 8 a verstößt aber z. B. eine Klausel, der zufolge die Rechtsfolgen der Kündigung erst nach Ablauf einer im Gesetz nicht vorgesehenen Frist eintreten.[8]

34 **bb) Nachteilige Rechtsfolgen.** Ferner ist eine Einschränkung dann zu bejahen, wenn die AGB an die Ausübung des Lösungsrechts nachteilige Rechtsfolgen knüpfen, die im Gesetz nicht vorgesehen sind. Daher verstoßen z. B. Abstandszahlungen, die dem Verwendungsgegner auferlegt werden, grundsätzlich gegen § 309 Nr. 8 a.[9]

---

1 Abweichend *Bamberger/Becker* Rz 12, der die letztgenannte Fallgruppe wohl dem Begriff der Beschränkung zuordnet. Wie hier, nämlich für die Annahme der Unwirksamkeit auch bei teilweisem Ausschluss BGH NJW 1984, 3134, 3134 (zu § 9 AGBG, Abonnementvertrag).

2 Ebenso *Bamberger/Becker* Rz 13.

3 Andere wollen in diesem Falle eine (ebenfalls gegen § 309 Nr. 8 a verstoßende) Einschränkung annehmen. S. z. B. BGH NJW-RR 1989, 625, 625 (zu § 11 Nr. 8 a AGBG); *Bamberger/Becker* Rz 13. Ebenfalls für Anwendung des § 309 Nr. 8 a *Staudinger/Coester-Waltjen* Rz 10.

4 A. A. *Erman/Roloff* Rz 82. Wie hier aber *Ulmer/Christensen* Rz 8. Vgl. noch Rz 36.

5 So auch *Staudinger/Coester-Waltjen* Rz 10; *Ulmer/Christensen* Rz 12.

6 So auch *Ulmer/Christensen* Rz 13; *Staudinger/Coester-Waltjen* Rz 10.

7 MünchKomm/*Basedow* Rz 7; BGH NJW-RR 1989, 625, 626 (zu § 11 Nr. 8 a AGBG).

8 BGH NJW-RR 1990, 156, 157 (zu § 11 Nr. 8 a AGBG); MünchKomm/*Basedow* Rz 7.

9 *Palandt/Grüneberg* Rz 52; *Ulmer/Christensen* Rz 13; MünchKomm/*Basedow* Rz 7. Vgl. aber auch *Bamberger/Becker* Rz 13: Abstandszahlungen regelmäßig als Abwicklungsvergütung nach § 308 Nr. 7 zu qualifizieren und daher dem § 309 Nr. 8 a entzogen.

Allerdings ist mit Blick auf Klauseln, die für den Fall der Lösung vom Vertrag nachteilige Rechtsfolgen vorsehen, der Vorrang des § 308 Nr. 7 zu beachten (s. Rz 44). Mit anderen Worten, Ansprüche auf Nutzungsvergütung oder Aufwendungsersatz, die sich infolge der Lösung vom Vertrag ergeben, können niemals als Beschränkungen des Lösungsrechts gemäß § 309 Nr. 8 a angesehen werden. Ihre Zulässigkeit beurteilt sich vielmehr allein nach § 308 Nr. 7, 307. Ebenso gilt es, mit Blick auf Schadens- und Wertminderungspauschalen den Vorrang des § 309 Nr. 5 zu beachten (s. Rz 45).

cc) Beweislast und Beweisführung. An sich könnte man daran denken, auch Beweiserschwerungen hinsichtlich der gesetzlichen Voraussetzungen des Lösungsrechts als Einschränkungen im Sinne des § 309 Nr. 8 a anzusehen. Indessen ist § 309 Nr. 12 insofern die speziellere Regelung. Daher sollte man Regelungen hinsichtlich der Beweislast bzw. hinsichtlich der Beweisführung nicht als Einschränkungen im Sinne des § 309 Nr. 8 a ansehen (s. Rz 47). Anderenfalls würde die von § 309 Nr. 12 intendierte Privilegierung von Empfangsbekenntnissen im Anwendungsbereich des § 309 Nr. 8 a unterlaufen. 35

c) Mittelbare Erschwerung der Lösung vom Vertrag. Schwierigkeiten ergeben sich dann, wenn eine Klausel die Ausübung eines Lösungsrechts lediglich mittelbar erschwert oder unmöglich macht, indem sie eine Beschränkung der Leistungspflichten des Verwenders vorsieht oder den Haftungsmaßstab zugunsten des Verwenders verändert. So hatte der BGH einen Fall zu entscheiden, in welchem sich der Verwender in seinen AGB eine Verschiebung des Leistungstermins um sechs Wochen vorbehalten hatte.[1] Diese Klausel hatte insofern Auswirkungen auf das gesetzliche Rücktrittsrecht des Verwendungsgegners, als sie die Fälligkeit der Leistung und damit den Verzug hinauszögerte. Richtigerweise wird man davon ausgehen müssen, dass eine solche Verzögerung der Leistungszeit allein durch § 308 Nr. 1 erfasst wird,[2] während § 309 Nr. 8 a erst dann eingreift, wenn die im Gesetz vorgesehenen Voraussetzungen des Lösungsrechts erfüllt sind. Der BGH hat demgegenüber betont, dass die genannten Vorschriften beziehungsweise ihre Vorgängerregelungen Wechselwirkung entfalten und sich ergänzen, indem sie darauf abzielen, sowohl mittelbaren als auch unmittelbaren Einschränkungen des Verwendungsgegners im Falle des Leistungsverzuges des Verwenders entgegenzuwirken. Eine AGB-Klausel, die den Verwender in die Lage versetze, durch einseitige Verlängerung der abgesprochenen Lieferfrist bereits den Eintritt des Verzuges zu verhindern und so die Risiken einer verschuldeten Fristüberschreitung von sich abzuwälzen, verstoße daher gegen § 10 Nr. 1 AGBG (§ 308 Nr. 1) i.V.m. § 11 Nr. 8 AGBG (§ 309 Nr. 8 a). Dieser Argumentation ist insofern zuzustimmen, als § 308 Nr. 1 und § 309 Nr. 8 a so auszulegen sind, dass sie zusammen einen lückenlosen Schutz gegen eine Aushöhlung gesetzlicher Lösungsrechte gewährleisten. Die Notwendigkeit einer gemeinsamen Heranziehung beider Vorschriften ist indessen nicht recht ersichtlich. Darüber hinaus hat sich der BGH in einer zum kaufmännischen Verkehr ergangenen Entscheidung auf die Wertung des § 11 Nr. 8 a (§ 309 Nr. 8 a) berufen, um einen Ausschluss der Haftung für die einfach fahrlässige Verletzung der Pflicht zur rechtzeitigen Leistung zu begründen.[3] Dem entspricht es, dass manche einen Verstoß gegen § 309 Nr. 8 a schon dann annehmen wollen, wenn der Verwender seine Haftung auf Vorsatz und grobe Fahrlässigkeit beschränkt.[4] Auch in diesem 36

---

1 BGH NJW 1984, 2468, 2469 (zu §§ 10 Nr. 1, 11 Nr. 8 AGBG).

2 So im Ansatz auch BGH NJW 1984, 2468, 2469 (zu §§ 10 Nr. 1, 11 Nr. 8 AGBG): Während § 10 Nr. 1 AGBG (§ 308 Nr. 1) eine Voraussetzung des Verzuges betreffe, habe § 11 Nr. 8 AGBG allein die Verzugsfolgen zum Gegenstand.

3 BGH NJW-RR 2003, 1056, 1060 (zu §§ 9, 11 Nr. 8 a AGBG).

4 So OLG München NJW-RR 1989, 1499, 1499 (zu § 11 Nr. 8 a AGBG); *Bamberger/Roth/Becker* Rz 13.

Zusammenhang scheint die Berufung auf § 309 Nr. 8 a jedoch verfehlt. Denn die sehr differenzierten gesetzlichen (§ 309 Nr. 7, 8b) und von der Rechtsprechung zu § 307 entwickelten Vorgaben zur Zulässigkeit von Haftungsbeschränkungen würden ausgehebelt, wollte man jede Haftungsbeschränkung, die mittelbar die Möglichkeit des Verwenders zur Lösung vom Vertrag beschränkt, an § 309 Nr. 8 a messen.

4. Beweislast

37–39 Hinsichtlich der Beweislast für die Unwirksamkeit gelten die allgemeinen Grundsätze.[1]

III. Unwirksamkeitsfolgen

40 Ein Verstoß gegen § 309 Nr. 8 a führt zur Gesamtunwirksamkeit der Klausel.[2] Eine geltungserhaltende Reduktion scheidet aus,[3] und zwar auch im unternehmerischen Verkehr.[4]

IV. Verhältnis zu anderen Vorschriften

1. Verhältnis zu § 307

41 § 307 findet uneingeschränkt neben § 309 Nr. 8 a Anwendung. Auch ist § 309 Nr. 8 a keine Wertung des Inhalts zu entnehmen, dass der Ausschluss oder die Einschränkung von Lösungsrechten jenseits des Anwendungsbereichs dieser Vorschrift grundsätzlich erlaubt sei. Vielmehr bedarf es im Rahmen des § 307 stets einer eigenständigen Prüfung der Angemessenheit. An § 307 sind beispielsweise solche Klauseln zu messen, die das Recht des Verwenders zur Lösung vom Vertrag in solchen Fällen einschränken oder ausschließen, in denen es an einer vom Verwender zu vertretenden Pflichtverletzung fehlt.[5] Von der Unangemessenheit solcher Klauseln kann jedoch nicht ohne weiteres ausgegangen werden.

2. Verhältnis zu § 308 Nr. 1

42 Überschneidungen zwischen den §§ 308 Nr. 1, 309 Nr. 8 a sind nach der hier vertretenen Auffassung nicht möglich, weil die bloß mittelbare Erschwerung der Lösung vom Vertrag durch Modifizierung der Leistungspflichten des Verwenders nicht von § 308 Nr. 1 erfasst wird (s. Rz 36). Die Rechtsprechung geht jedoch von einer Wechselwirkung beider Vorschriften aus,[6] ohne dass klar wäre, welche Implikationen sich aus dieser Wechselwirkung im Einzelnen ergeben sollen.

3. Verhältnis zu § 308 Nr. 2

43 Überschneidungen zwischen den §§ 308 Nr. 2 und 309 Nr. 8 a sind nach der hier vertretenen Auffassung ebenfalls ausgeschlossen, wobei der entscheidende Grund wiederum darin liegt, dass die bloß mittelbare Erschwerung der Lösung vom Ver-

[1] S. vor §§ 308, 309 Rz 21.
[2] *Bamberger/Becker* Rz 17.
[3] *Bamberger/Becker* Rz 17.
[4] BGH NJW-RR 1998, 1426, 1427 (zu § 11 Nr. 8 a AGBG).
[5] *Palandt/Grüneberg* Rz 52.
[6] BGH NJW 1984, 2468, 2469 (zu §§ 10 Nr. 1, 11 Nr. 8 AGBG). Zustimmend *Bamberger/Becker* Rz 5.

trag durch Modifizierung der Leistungspflichten des Verwenders nicht von § 309 Nr. 8 a erfasst wird (s. Rz 36). Ein Teil der Literatur möchte jedoch in Anlehnung an die Rechtsprechung zum Verhältnis von § 308 Nr. 1 und § 309 Nr. 8 a[1] eine Wechselwirkung zwischen § 308 Nr. 2 und § 309 Nr. 8 a annehmen.[2] Es ist jedoch nicht ersichtlich, welche Konsequenzen diese Wechselwirkung haben soll.

4. Verhältnis zu § 308 Nr. 7

§ 308 Nr. 7 verbietet solche Bestimmungen, nach denen der Verwender für den Fall des Rücktritts oder der Kündigung eine unangemessen hohe Nutzungsvergütung oder einen unangemessen hohen Aufwendungsersatz bekommen kann. Dieses Klauselverbot kann sich nur dann mit § 308 Nr. 8 a überschneiden, wenn man in entsprechenden Klauseln zugleich eine Erschwerung der Ausübung des Lösungsrechts und mithin eine Beschränkung des Lösungsrechts sieht. Richtigerweise ist dieser Konflikt jedoch schon auf Tatbestandsebene im Sinne eines Vorrangs des § 309 Nr. 7 zu lösen.[3] Denn entsprechende Klauseln fallen in den Kernbereich des § 308 Nr. 7, während § 309 Nr. 8 a ohnehin nur in einem Randbereich, nämlich der Fallgruppe faktischer Erschwerungen des Lösungsrechts, betroffen wäre. Mit anderen Worten, Ansprüche auf Nutzungsvergütung oder Aufwendungsersatz, die sich infolge der Lösung vom Vertrag ergeben, können niemals als Beschränkungen des Lösungsrechts gemäß § 309 Nr. 8 a angesehen werden.[4] Dies gilt gerade auch für den Fall, dass die Klausel den Anforderungen des § 308 Nr. 7 genügt, da die spezielleren Wertungen des § 308 Nr. 7 nicht durch den Rückgriff auf § 309 Nr. 8 a umgangen werden dürfen. 44

5. § 309 Nr. 5

Auch eine Überschneidung zwischen § 309 Nr. 8 a und § 309 Nr. 5 ist nur dann möglich, wenn man in der Vereinbarung einer Schadens- oder Wertminderungspauschale eine mittelbare Einschränkung gesetzlicher Lösungsrechte erblickt. Richtigerweise wird man insofern schon auf Tatbestandsebene von einem Vorrang des § 309 Nr. 5 ausgehen müssen. Denn entsprechende Klauseln fallen in den Kernbereich des § 309 Nr. 5, während § 309 Nr. 8 a ohnehin allenfalls am Rande, nämlich mit Blick auf die Fallgruppe faktischer Erschwerung des Lösungsrechts durch Vereinbarung nachteiliger Rechtsfolgen, betroffen wäre (vgl. Rz 34). Daraus folgt, dass eine Schadens- oder Wertminderungsersatzpauschale niemals als Beschränkung im Sinne des § 309 Nr. 8 a eingestuft werden darf. Dies gilt gerade auch für den Fall, dass die Klausel den Anforderungen des § 309 Nr. 5 genügt, da die spezielleren Wertungen des § 309 Nr. 5 nicht durch den Rückgriff auf § 309 Nr. 8 a umgangen werden dürfen. 45

6. § 309 Nr. 8 b

§ 309 Nr. 8 b regelt solche Klauseln, die die Mängelrechte des Verwendungsgegners einschränken. Soweit die Pflichtverletzung des Verwenders lediglich in einem 46

---

1 BGH NJW 1984, 2468, 2469 (zu §§ 10 Nr. 1, 11 Nr. 8 AGBG).

2 *Bamberger/Becker* Rz 5.

3 Für einen Vorrang des § 308 Nr. 7 auch *Bamberger/Becker* Rz 6.

4 *Bamberger/Becker* Rz 6. Differenzierend *Staudinger/Coester-Waltjen* Rz 7: Soweit das Gesetz infolge der Ausübung des Lösungsrechts entsprechende Leistungen grundsätzlich vorsehe, seien die Regelungen an § 308 Nr. 7 zu messen. Knüpfe der Verwender an die Ausübung des Lösungsrechts jedoch weitere Leistungspflichten des anderen Teils, so scheiterten diese an § 309 Nr. 8 a.

Mangel der Kaufsache oder des Werkes liegt, findet § 309 Nr. 8 b schon nach seinem Wortlaut keine Anwendung.[1] Überschneidungen sind daher ausgeschlossen.

7. § 309 Nr. 12

47 Überschneidungen zwischen § 309 Nr. 12 und § 309 Nr. 8 a sind nach der hier vertretenen Interpretation des § 309 Nr. 8 a schon auf Tatbestandsebene ausgeschlossen (s. Rz 35). Wollte man § 309 Nr. 8 a extensiver auslegen, müsste § 309 Nr. 12 jedenfalls auf Konkurrenzebene als lex specialis angesehen werden.

8. § 309 Nr. 13

48–54 § 309 Nr. 13 beansprucht richtigerweise schon auf Tatbestandsebene Vorrang vor § 309 Nr. 8 a. Daher verstößt eine Klausel, die für Erklärungen des Verwendungsgegners die Schriftform vorsieht, auch dann nicht gegen § 309 Nr. 8 a, wenn sich dieses Schriftformerfordernis auf die in Ausübung eines Lösungsrechts abzugebenden Willenserklärungen erstreckt (s. Rz 33).

V. Arbeitsverträge

55–59 Bei der Anwendung des § 309 Nr. 8 a auf Arbeitsverträge sind nach § 310 IV 2 die im Arbeitsrecht geltenden Besonderheiten angemessen zu berücksichtigen. Indessen sind mit Blick auf § 309 Nr. 8 a keine Besonderheiten des Arbeitsrechts erkennbar, die zu einer von den allgemeinen Grundsätzen abweichenden Anwendung dieser Vorschrift führen könnten.

VI. Geltung gegenüber Unternehmen

1. Keine Indizwirkung

60 § 309 Nr. 8 a gilt nicht unmittelbar für AGB, die gegenüber Unternehmern verwandt werden (§ 310 I 1). Inhaltsschranken ergeben sich insofern jedoch aus § 307. Allerdings sollte man nicht von einer Indizwirkung des § 309 Nr. 8 a ausgehen,[2] sondern auf die jeweilige Klausel abstellen. Insbesondere gilt es, die Schwere der von der Klausel erfassten Pflichtverletzungen und die Natur des Vertragsverhältnisses zu berücksichtigen. Der BGH will möglicherweise abweichend von der hier vertretenen Auffassung eine allgemeine Indizwirkung des § 309 Nr. 8 a bejahen, wenn er formuliert, dass „[d]as Verbot [des § 309 Nr. 8 a] in AGB bei einer vom Verwender zu vertretenden Vertragspflichtverletzung das Recht des anderen Teils zur Vertragslösung auszuschließen oder einzuschränken [...] [gemäß §§ 310 I 1, 307 BGB], auch im Verhältnis zwischen Unternehmern [gilt]".[3] Ganz eindeutig ist die Position der Rechtsprechung aber nicht. Denn zum einen betont der BGH in der zitierten Entscheidung zugleich , dass der Verwender mit der Pflicht zur rechtzeitigen Leistung eine „wesentliche Pflicht" verletzt habe.[4] Und zum anderen war der

---

[1] Vor diesem Hintergrund sollte man nicht davon sprechen, dass § 309 Nr. 8 a von § 309 Nr. 8 b verdrängt wird. So aber z. B. *Bamberger/Becker* Rz 8.

[2] A. A., nämlich für eine Indizwirkung des § 309 Nr. 8 a, dagegen *Staudinger/Coester-Waltjen* Rz 12; *Erman/Roloff* Rz 85.

[3] BGH NJW-RR 2003, 1056, 1060 (zu §§ 9, 11 Nr. 8 a AGBG).

[4] BGH NJW-RR 2003, 1056, 1060 (zu §§ 9, 11 Nr. 8 a AGBG).

Rekurs auf § 309 Nr. 8 a ohnehin überflüssig. Denn die beanstandete Klausel, welche sich in einem Kommissionsvertrag fand, sah vor, dass der Verwender nicht für eine leicht fahrlässige Unterbrechung des Betriebs haften sollte.[1] Diese Klausel war schon als Haftungsfreizeichnungsklausel unwirksam, weil eine Freizeichnung von der Haftung für die fahrlässige Verletzung von Kardinalpflichten auch im unternehmerischen Verkehr grundsätzlich unzulässig ist.[2]

2. Sonstiges

Dass § 309 Nr. 8 a keine Indizwirkung für die Angemessenheitskontrolle im unternehmerischen Verkehr entfaltet, bedeutet nicht, dass die Einschränkung gesetzlicher Lösungsrechte dort uneingeschränkt zulässig wäre. Vielmehr kann sich die Unwirksamkeit entsprechender Klauseln immer noch aufgrund einer Abwägung ergeben. So ist zu Recht weitgehend anerkannt, dass jedenfalls der **kumulierte Ausschluss** von Vertragslösungsrechten und Schadensersatzansprüchen bei zu vertretenden Vertragsverletzungen auch im unternehmerischen Verkehr unangemessen und daher unwirksam ist.[3] Auch für Klauseln, die das Recht zur außerordentlichen Kündigung einzuschränken suchen, gelten strenge Maßstäbe. Ein gänzlicher Ausschluss des Rechts zur **außerordentlichen Kündigung** ist selbst in Individualvereinbarungen nicht möglich[4] und muss daher erst recht in AGB unwirksam sein.[5] Darüber hinaus wird man aber auch eine AGB-Klausel, die das Recht zur außerordentlichen Kündigung nur teilweise, nämlich unter bestimmten Voraussetzungen, ausschließt, als unangemessen einstufen müssen.[6] Allerdings wäre es verfehlt, im unternehmerischen Verkehr bereits jede Erschwerung der Ausübung des Rechts zur außerordentlichen Kündigung vom Vertrag als unangemessen einzustufen. Vielmehr wird man auf die Zumutbarkeit entsprechender Beschränkungen abstellen müssen. Das **Lösungsrecht nach § 324** wird man im unternehmerischen Verkehr weder ausschließen noch in wesentlichem Umfang beschränken dürfen.[7] 61

---

1 BGH NJW-RR 2003, 1056, 1059 (zu §§ 9, 11 Nr. 8 a AGBG).
2 S. § 309 Nr. 7 Rz 155.
3 *Bamberger/Becker* Rz 19; *Ulmer/Christensen* Rz 16; MünchKomm/*Basedow* Rz 9.
4 *Palandt/Grüneberg* § 314 Rz 3.
5 Wie hier *Bamberger/Becker* Rz 19; MünchKomm/*Basedow* Rz 9; *Ulmer/Christensen* Rz 16.
6 *Bamberger/Becker* Rz 19. Dazu, dass ein Teilausschluss des Rechts zur außerordentlichen Kündigung jedenfalls gegenüber Verbrauchern unwirksam ist, BGH NJW 1986, 3134, 3134 (zu § 9 AGBG).
7 Sogar noch strenger *Bamberger/Becker* Rz 19 („§ 324 im unternehmerischen Verkehr klauselfest"). Vgl. auch *Ulmer/Christensen* Rz 16, dem zufolge der Verwender „den Anspruch auf Rücktritt vom Vertrag i. S. der §§ 323 ff." nicht in seinem AGB ausschließen kann. Großzügiger aber MünchKomm/*Basedow* Rz 9, der einen Ausschluss des Rücktrittsrechts dann für zulässig erachtet, wenn sich dafür triftige Gründe anführen lassen.

Vorbemerkung zu § 309 Nr. 8 b

Inhaltsübersicht

Schrifttum: *Brambring,* AGB-Gesetz und Gewährleistungsregelung im Bauträgervertrag, NJW 1978, 777; *ders.;* Sachmängelhaftung beim Bauträgervertrag und bei ähnlichen Verträgen, NJW 1987, 97; *Gerretz,* Erläuterte Entscheidungen – Unwirksamkeit eines formelhaften Gewährleistungsausschlusses für Sachmängel beim Erwerb neu errichteter oder noch zu errichtender Eigentumswohnungen oder Häuser, JA 1988, 100; *Grziwotz,* Vertragliche Gewährleistungsregelungen im Bauträgervertrag, NJW 1989, 193; *Hamann,* Gewährleistungsklauseln und Inhaltskontrolle im kaufmännischen Geschäftsverkehr, 1988; *Kanzleiter,* Die Sachmängelgewährleistung beim Kauf von Häusern und Eigentumswohnungen, DNotZ 1987, 651; *Klumpp,* AGB-Gewährleistungsausschluss für „alte" Neubauten, NJW 1993, 372; *Knoche,* Sachmängelgewährleistung beim Kauf eines Altlastengrundstücks, NJW 1995, 1985; *Kornmeier,* Verjährungs-, Gewährleistungs- und Garantiefristen im Lichte des AGB-Gesetzes, NJW 1982, 793; *Marly,* Die Aufnahme einer Ausschlussfrist für Mängelanzeigen in Allgemeinen Geschäftsbedingungen, NJW 1988, 1184; *Muscheler,* Umtauschausschluss und Mängelgewährleistung, BB 1986, 2279; *K. Schmidt,* Zur rechtlichen Zulässigkeit von Selbstnachbesserungsklauseln in Allgemeinen Einkaufsbedingungen, DB 1987, 2633; *Sturmberg,* Die Veräußerung selbst genutzter oder leerstehender Häuser und Eigentumswohnungen – werkvertragliche Gewährleistung ohne Ende?, NJW 1989, 1832; *Tiedtke/Burgmann,* Gewährleistungs- und Haftungsausschluss beim Verkauf gebrauchter Sachen an und zwischen Verbrauchern, NJW 2005, 1153; *Tonner,* Herstellergarantie und AGB-Gesetz, NJW 1984, 1730; *v. Westphalen,* Eigenschaftszusicherungen – Haftungsbegrenzung und Haftungsfreizeichnung in kaufmännischen AGB-Klauseln, DB 1978, 2061; *ders.,* Garantie- und Gewährleistungsvergütungen im Verhältnis zwischen Hersteller – Handel – Endkunde, NJW 1980, 178; *ders.,* UN-Kaufrecht – Haftungsfreizeichnung im kaufmännischen Verkehr, Wertungskriterien gem. § 9 AGBG, EWS 1990, 105.

I. Allgemeines und Zweck

1 § 309 Nr. 8 b umfasst eine ganze Reihe von Klauselverboten. Ihre Gemeinsamkeit liegt vor allem darin, dass sie allesamt die Rechtsfolgen von Mängeln bei Verträgen über die Lieferung neu hergestellter Sachen oder über Werkleistungen betreffen. § 309 Nr. 8 b will dem anderen Vertragsteil im Falle der Mangelhaftigkeit der Sache oder des Werks einen Grundbestand von Rechten gegen den Verwender erhalten.[1]

2 Infolge des Erlasses der Vorschriften über den Verbrauchsgüterkauf haben die in § 308 b enthaltenen Klauselverbote freilich erheblich an Bedeutung verloren.[2] Kauft ein Verbraucher von einem Unternehmer eine bewegliche Sache, so ist vorbehaltlich des § 474 I 2 ein Verbrauchsgüterkauf gegeben, § 474 I 1. Handelt es sich bei dem Vertrag aber um einen Verbrauchsgüterkauf, so sind wesentliche Vorschriften des Kaufrechts ohnehin zugunsten des Käufers einseitig zwingend: Gemäß § 475 I

---

[1] *Bamberger/Becker* Rz 21.

[2] In diesem Sinne auch BT-Drs. 14/6040, S. 157 („erhebliche[r] Bedeutungsverlust").

kann sich der Unternehmer nicht auf eine vor Mitteilung eines Mangels getroffene Vereinbarung berufen, durch die zum Nachteil des Verbrauchers von den §§ 433 bis 435, 437, 439 bis 343 und 474 bis 479 abgewichen wird. § 309 Nr. 8 b behält seine praktische Bedeutung also vor allem für Verträge über Werkleistungen, die nicht unter § 651 fallen. Für Kaufverträge ist er in erster Linie dann bedeutsam, wenn neu hergestellte unbewegliche Sachen verkauft werden. Ferner bleibt § 309 Nr. 8 b dann für Kaufverträge und Verträge im Sinne des § 651 bedeutsam, wenn auf beiden Seiten des Vertrages Verbraucher stehen.

II. Gemeinsame Tatbestandsmerkmale des § 309 Nr. 8 b

Die einzelnen Tatbestände des § 309 Nr. 8 b haben gemeinsam, dass sie lediglich Verträge über die Lieferung neu hergestellter Sachen und über Werkleistungen betreffen. Der Grund für diese Beschränkung ist traditionell darin gesehen worden, dass bei als neu verkauften Sachen und bei Werkleistungen auf deren volle Gebrauchstauglichkeit vertraut werden darf und der Hersteller oder Händler hierfür die Verantwortung übernehmen muss, während bei gebrauchten Sachen mit Abnutzungserscheinungen zu rechnen ist und dafür zumeist auch Preisabschläge gemacht werden, weshalb der Veräußerer nicht mehr an die volle Haftung gebunden werden muss.[1] Freilich ist nicht zu übersehen, dass die Entwicklung im Verbrauchsgüterkauf über die genannte Überlegung schlicht hinweggegangen ist. Auch beim Verkauf gebrauchter Sachen durch Unternehmer sind die Mängelrechte des Kaufrechts gemäß § 475 weitgehend gegen Abweichungen zulasten des Kunden geschützt. 3

1. Verträge über die Lieferung neu hergestellter Sachen

§ 309 Nr. 8 b gilt zunächst für Verträge über die **Lieferung neu hergestellter Sachen.** Diese Alternative kann im Individualprozess nur dann Anwendung finden, wenn Gegenstand des konkreten Vertrages die Lieferung einer neu hergestellten Sache ist. Es ist also keineswegs ausreichend, dass der Wortlaut der Klausel weit genug ist, um auch auf die Lieferung neu hergestellter Sachen Anwendung zu finden, wenn solche im konkreten Fall nicht Gegenstand des Vertrages sind.[2] Anwendbar ist § 309 Nr. 8 b dagegen dann, wenn im konkreten Fall sowohl neu hergestellte als auch andere Sachen verkauft sind und die Klausel nicht zwischen den unterschiedlichen Kaufsachen differenziert. Im UKlaG reicht es aus, dass der Verwender das gleiche Vertragsmuster sowohl bei Verträgen über die Lieferung neu hergestellter Sachen als auch bei anderen Vertragsgegenständen verwendet. 4

a) Sachen sind in Übereinstimmung mit dem Sachbegriff von § 90 alle körperlichen Gegenstände.[3] Auf Tiere ist § 309 Nr. 10 gemäß § 90 a S. 2 entsprechend anwendbar.[4] Erfasst werden auch Grundstücke. Zwar werden Grundstücke, außer im Falle der Landgewinnung, nicht neu hergestellt. Etwas anderes gilt aber für die auf einem Grundstück errichteten Bauwerke und Anlagen. Diese kommen, auch 5

[1] In diesem Sinne BGH NJW-RR 1986, 52, 53 (zu § 11 Nr. 10 AGBG).

[2] Wohl a.A. OLG Hamm NJW-RR 2002, 415, 417 (zu § 11 Nr. 10 a AGBG).

[3] Für eine großzügigere Definition aber *Staudinger/Coester-Waltjen* Rz 19, die auch Sachgesamtheiten und Sachinbegriffe als erfasst ansieht, soweit diese Gegenstand einer einheitlichen vertraglichen Leistungspflicht sind und demzufolge einheitlicher Anknüpfungspunkt von Gewährleistungsansprüchen sein können.

[4] BGH NJW-RR 1986, 52, 53 (zu § 309 Nr. 10 AGBG); *Staudinger/Coester-Waltjen* Rz 20.

wenn sie wesentliche Bestandteile des Grundstücks werden (§§ 93, 94), als neu hergestellte Sachen im Sinne von § 309 Nr. 8 b in Betracht.[1]

6 **b) Hergestellt.** Der Vertrag muss eine neu hergestellte Sache zum Gegenstand haben. Mit dem Merkmal **hergestellt** wird im Wesentlichen auf die im industriellen oder handwerklichen Produktionsprozess erstellten Sachen Bezug genommen.[2] Als hergestellt sind aber auch die in einem natürlichen Wachstumsprozess entstandenen Sachen, wie z. B. pflanzliche Produkte, anzusehen. Erinnert sei ferner daran, dass § 309 Nr. 8 b wegen der Legalverweisung in § 90 a S. 2 entsprechende Anwendung auf Tiere findet (Rz 5),[3] wobei in diesem Falle der natürliche Wachstums- als Herstellungsprozess anzusehen ist.

7 **c) Neu.** Damit § 309 Nr. 8 b Anwendung finden kann, muss die Kaufsache „neu" hergestellt sein.

8 **aa) Neu/Gebraucht.** Der Begriff „neu" ist nicht im Sinne einer zeitlichen Beschränkung zu verstehen, sondern in Abgrenzung zur Kategorie gebrauchter Sachen zu deuten.[4] Denn gebrauchte Sachen sind „mit einem höheren Sachmängelrisiko behaftet, das im Geschäftsverkehr regelmäßig durch einen entsprechenden Preisabschlag berücksichtigt wird".[5] Neu hergestellt ist eine Sache daher grundsätzlich dann, wenn sie noch nicht in ihren bestimmungsgemäßen oder vom Vertrag vorausgesetzten Gebrauch genommen worden ist.[6] Auch wenn es an einem Gebrauch im dem genannten Sinne fehlt, ist die Neuheit aber zu verneinen, wenn die Sache, z. B. infolge längerer Lagerung, potenziell schädlichen Umwelteinflüssen oder einem schädlichen Alterungsprozess ausgesetzt war, aufgrund dessen der Verkehr einer entsprechenden Sache typischerweise nicht mehr die für neu hergestellte Sachen typische Erwartung der Mangelfreiheit entgegenbringt.[7] Demgegenüber will der BGH den bloßen Zeitablauf jedenfalls dann als unbeachtlich einstufen, wenn das Tier noch „jung" sei, was bei einem sechs Monate alten Fohlen, das sich noch nicht von der Mutterstute abgesetzt habe, „ohne Zweifel" der Fall sei.[8] Doch ist der Begriff „jung" zu unbestimmt, um eine wirkliche Hilfe bei der Abgrenzung von neuen und gebrauchten Sachen zu sein. Anders liegen die Dinge wiederum dann, wenn die Lagerung oder der Gebrauch Teil des Herstellungsprozesses sind und deshalb die Einordnung als neu hergestellte Sache nicht infrage zu stellen vermögen, wie dies z. B. bei der fachgerechten Lagerung von Wein oder beim Zureiten eines Pferdes anzunehmen ist.[9] Neu hergestellt können auch Sachen sein, die aus gebrauchten Stoffen zusammengesetzt sind,[10] so z. B. runderneuerte Reifen oder

---

1 Zutreffend *Ulmer/Christensen* Rz 24.

2 *Bamberger/Becker* Rz 23.

3 BGH NJW-RR 1986, 52, 53 (zu § 309 Nr. 10 AGBG).

4 BGH NJW-RR 1986, 52, 53 (zu § 309 Nr. 10 AGBG).

5 BGH NJW-RR 1986, 52, 53 (zu § 309 Nr. 10 AGBG).

6 Für Gebrauchsgüter wie hier *Staudinger/Coester-Waltjen* § 309 Nr. 8 Rz 22. Ähnlich auch *Ulmer/Christensen* Rz 25, der darauf abstellt, ob die Sache bereits in ihren bestimmungsgemäßen Gebrauch genommen worden ist. Vgl. aber auch OLG Düsseldorf NJOZ 2004, 1935, 1939, das nicht auf die Frage der bereits erfolgten Nutzung, sondern allein darauf abstellen möchte, ob nach der Verkehrsauffassung von einer neu hergestellten Sache auszugehen ist, eine Frage, die es bei einem vierjährigen Pferd verneint.

7 Ähnlich *Staudinger/Coester-Waltjen* Rz 22: Entscheidend ist, ob die Sache in dem Zeitpunkt seit der Herstellung einem besonderen Sachmängelrisiko ausgesetzt gewesen ist. Der BGH hat ausdrücklich offen gelassen, „[o]b und wann ein Tier auch unabhängig von der Frage, welchem Zweck es dienen soll und ob es dafür schon verwendet worden ist, allein durch Ablauf einer gewissen Zeitspanne nach der Geburt zur ‚gebrauchten' Sache wird". BGH NJW 2007, 674, 676 (zu § 474 I 2).

8 BGH NJW 2007, 674, 676 (zu § 474 I 2).

9 Ähnlich *Staudinger/Coester-Waltjen* Rz 24, der zufolge das Alter von Verbrauchsgegenständen der Einstufung als neu dann nicht entgegensteht, wenn das Alter wertsteigernd wirkt.

10 Ebenso *Ulmer/Christensen* Rz 24.

sonstige Sachen, die aus im Wege des Recycling gewonnenen Stoffen stammen. Entscheidend ist aber letztlich auch hier, ob der Sache trotz der Verwendung gebrauchter Teile typischerweise die für neue Sachen typische Erwartung der Mangelfreiheit entgegengebracht wird.[1] Nicht neu hergestellt sind aber Grundstücke,[2] auch wenn Gegenstand des Vertrags eine erst noch zu vermessende Teilfläche ist (s. aber Rz 5).[3] Eine Ausnahme muss im Falle der Landgewinnung gelten. Auch ein Kfz, das bereits auf einen anderen Halter zugelassen war, ist jedenfalls dann nicht mehr neu, wenn es bereits zahlreiche Kilometer gefahren ist und eine Weile im Freien abgestellt war.[4] Weitergehend wird man die Neuheit eines Kfz generell immer schon dann verneinen müssen, wenn es bereits zugelassen und im Straßenverkehr benutzt worden ist.[5] Die bloße Zulassung eines Kfz kann aber für sich genommen nicht ausreichen, um die Neuheit im Sinne des § 309 Nr. 8 b infrage zu stellen.[6] **Möbelstücke,** die bereits als Ausstellungsstücke gedient haben, sind nicht mehr neu hergestellt.[7] **Tiere** sind jedenfalls dann neu hergestellt, wenn sie lediglich dem Konsum dienen und zu diesem Zwecke lebend veräußert werden.[8] Demgegenüber sind Nutztiere, die bereits zu dem im Vertrag vorausgesetzten Zwecke genutzt worden sind, nicht mehr als neu hergestellt einzustufen, sofern die Nutzung nicht mehr als Teil des Herstellungsprozesses angesehen werden kann.[9] Umgekehrt können Nutztiere, die noch nicht genutzt worden sind, als neu angesehen werden, sofern sie noch nicht so alt sind, dass es nach der Verkehrsauffassung an der für neue Sachen typischen Erwartung der Mangelfreiheit fehlt. „Neu" auch ein sechsmonatiges Fohlen, das weder als Reit- noch als Zuchttier benutzt worden ist.[10] Haustiere, die als solche keinem Gebrauch unterliegen, wird man dann als „neu" ansehen können, wenn sie noch sehr jung sind.[11] Diese Voraussetzung ist z. B. bei 9 Wochen alten Hundewelpen erfüllt.[12] Wenn in der Literatur zum Teil befürwortet wird, Tiere generell als gebraucht einzustufen,[13] überzeugt dies nicht.[14] Denn Abgrenzungsschwierigkeiten zwischen neu und alt treten auch bei Sachen auf. Zudem entspricht es auch nicht der Intention des historischen Gesetzgebers, Tiere stets als gebraucht

---

1 Ähnlich schon *Staudinger/Coester-Waltjen* Rz 26, die zu Recht die Bedeutung der Verkehrsanschauung betont.

2 LG Ravensburg NJW-RR 1992, 1277, 1277 (zu § 11 Nr. 10 a AGBG); *Staudinger/Coester-Waltjen* Rz 25.

3 *Staudinger/Coester-Waltjen* Rz 25; *Brambring* NJW 1978, 777.

4 Vgl. aber *Ulmer/Christensen,* dem zufolge Probefahrten die Neuheit nicht notwendig entfallen lassen.

5 Zutreffend OLG Frankfurt a.M. NJW-RR 2001, 780, 780 (zu § 11 Nr. 10 a AGBG).

6 Ebenso, allerdings zu § 459 I a.F. BGH NJW 2005, 1422, 1423: Kurzfristige Zulassung auf den Händler, sog. Tageszulassung, steht Einstufung des Kfz als „fabrikneu" nicht entgegen. In diesem Sinne auch BGH VersR 1980, 159, 160 (zu § 13 AKB). A. A. OLG Naumburg NJW-RR 2001, 461, 461 (mit Blick auf die Gewährleistung nach § 459 a.F.). Anders als hier auch *Staudinger/Coester-Waltjen* Rz 22; *Ulmer/Christensen* Rz 25.

7 Strenger *Ulmer/Christensen* Rz 24, der Tiere nur dann als neu einstufen will, wenn der Alterungsprozess notwendig war, um den vertraggemäßen Zustand herzustellen.

8 Vgl. BGH NJW-RR 1986, 52, 53: Anwendung des § 309 Nr. 10 AGBG auf einen Kaufvertrag über lebend zu liefernde Forellen, die zum Zwecke des Verzehrs veräußert wurden.

9 Offen gelassen von BGH NJW-RR 1986, 52, 53 (zu § 309 Nr. 10 AGBG. Vgl. auch OLG Düsseldorf, NJOZ 2004, 1935, 1939: Keine Anwendung des § 309 Nr. 8 b auf einen Kaufvertrag über ein vierjähriges Pferd. Allerdings spricht sich das OLG Düsseldorf ausdrücklich dagegen aus, darauf abzustellen, ob es bereits zu der bestimmungsgemäßen oder im Vertrag vorausgesetzten Nutzung gekommen ist. Vielmehr soll es nach Auffassung des Gerichts auf die Verkehrsauffassung ankommen.

10 OLG Schleswig, Urt. v. 13. 12. 2005, Az: 3 U 42/05, BeckRS 2006-04395, unter II.1.

11 BT-Drs. 14/6040, S. 245.

12 LG Aschaffenburg NJW 1990, 915, 915 (zu § 11 Nr. 10 a AGBG).

13 *Brückner/Böhme,* MDR 2002, 1406, 1408 f.

14 Wie hier OLG Schleswig, Urt. v. 13. 12. 2005, Az: 3 U 42/05, BeckRS 2006-04395, unter II.1.

einzustufen.[1] Werden in eine gebrauchte Sache neue Teile eingebaut, so kann eine Anwendung des § 309 Nr. 8 b bezüglich der neuen Teile in Betracht kommen, was aber nur dann angenommen werden sollte, wenn die Parteien ersichtlich entscheidendes Gewicht auf das Vorhandensein bestimmter neuer Komponenten gelegt haben.[2]

9 **bb) Vertragliche Beschreibung oder tatsächlicher Zustand.** Weicht die vertragliche Beschreibung der Kaufsache von dem tatsächlichen Zustand ab, so ist wie folgt zu differenzieren: Wird eine in Wahrheit bereits gebrauchte Sache im Rahmen eines Spezieskaufes als neu hergestellt veräußert, so findet § 309 Nr. 8 b ohne weiteres Anwendung.[3] Wird umgekehrt eine objektiv neu hergestellte Sache als gebraucht verkauft, so ist weiter zu unterscheiden. Haben die Parteien individualvertraglich die Lieferung einer gebrauchten Sache vereinbart, muss die Anwendung des § 309 Nr. 8 b ausscheiden.[4] Allerdings dürfte dies nicht der Auffassung des BGH entsprechen. Dieser hat mit Blick auf § 474 I 2 ausgeführt, dass eine objektiv neue Sache jedenfalls bei einem Verbrauchsgüterkauf nicht mit der vereinbarten Beschaffenheit „gebraucht" verkauft werden. Anderenfalls drohe eine Aushöhlung des vom § 475 II beabsichtigten Verbraucherschutzes. Wenngleich dieses Urteil einen Fall betraf, in welchem die Gebrauchtheit der Sache AGB-mäßig vereinbart war, scheint der BGH diesen Ansatz generell – also auch bei einer individual vertraglichen Einstufung der Sache als „gebraucht" – heranziehen zu wollen. Doch verkennt er damit den Schutzzweck der §§ 474 I 2, 475 II. Wenn diese Vorschriften den Ersteigerer neuer Sachen in besonderem Maße schützen, dann deshalb, weil er wegen seiner berechtigten Erwartung der Neuheit der Sache besonders schutzwürdig ist. Wird die Sache aber individualvertraglich (!) als gebraucht verkauft, dann fehlt es an einer berechtigten Erwartung der Neuheit. Von einer Aushöhlung des von §§ 474 I 2, 475 II beabsichtigten Schutzes kann also nicht die Rede sein. Anders liegen die Dinge freilich dann, wenn lediglich die AGB des Verkäufers bestimmen, dass es sich bei dem Kaufgegenstand um eine gebrauchte Sache handelt. In diesem Falle ist § 309 Nr. 8 b ohne weiteres anwendbar.[5] Denn es kann nicht angehen, dass der Verwender mittels entsprechender Klauseln selbst über die Anwendbarkeit des § 309 Nr. 8 b entscheidet.

10 **d) Lieferung.** Eine Lieferung liegt vor, wenn die neu hergestellten Sachen von einem Vertragsteil dem anderen übergeben und übereignet werden. Da § 309 Nr. 8 b nicht Miet- und Pachtverträge erfassen wollte, ist die bloße Besitzübergabe ohne Verpflichtung zur Eigentumsverschaffung keine Lieferung im Sinne der Nr. 8 b. Die

---

[1] S. BT-Drs. 14/6040, S. 245. Dort wird im Zusammenhang mit § 475 II betont, dass Tiere „verjährungsrechtlich nicht generell wie gebrauchte Sachen behandelt werden können". Vielmehr heißt es: „Im bisherigen Recht spielt diese Unterscheidung bei der Anwendung von § 11 Nr. 10 AGBG eine Rolle. Der Entwurf will an der Rechtsprechung zu der Frage, unter welchen Voraussetzungen Tiere als ‚neu' anzusehen sind, nichts ändern. So werden auch künftig und im Zusammenhang mit § 475 Abs. 2 RE etwa junge Haustiere oder lebende Fische als ‚neu' angesehen werden müssen."

[2] Ähnlich *Staudinger/Coester-Waltjen* Rz 26, die die Anwendung des § 309 Nr. 8 davon abhängig macht, dass die Parteien zwischen der alten Sache und den neuen Komponenten unterschieden haben.

[3] Ähnlich *Ulmer/Christensen,* der auf den Vertragsinhalt sowie ergänzend auf den Kenntnisstand des Erwerbers abstellen will. A. A. möglicherweise BGH NJW 2007, 674, 677, der mit Blick auf § 474 I 2 ausführt, dass die Frage, ob ein Tier neu oder gebraucht sei, „nach einem objektiven Maßstab" zu beantworten sei. Gerade für den hier interessierenden Fall einer objektiv gebrauchten, aber als neu verkauften Sache, führt dieser Ansatz des BGH zu einem absurden Ergebnis.

[4] Insoweit ebenso *Staudinger/Coester-Waltjen* Rz 21.

[5] Zumindest im Ergebnis richtig daher BGH NJW 2007, 674, 677 (in § 674 I 2), denn dort war die Vereinbarung der Einstufung als gebrauchte Sache in den AGB zu finden. Ähnlich wie hier auch *Ulmer/Christensen* Rz 26, dem zufolge die vertragliche Einstufung als gebraucht nur dann maßgeblich ist, wenn der Verkäufer tatsächlich mit der Gebrauchtheit der Sache rechnet. A. A. möglicherweise *Staudinger/Coester-Waltjen* Rz 21.

Pflicht zur Lieferung muss sich aber nicht notwendig aus einem Kaufvertrag ergeben, sondern kann z. B. auch im Rahmen eines Tauschvertrags bestehen.[1]

e) Sonderfall Bauwerke. Bei Verträgen über Bauwerke ist zu differenzieren. 11

aa) Bauvertrag. Denkbar ist zunächst, dass ein Bauvertrag geschlossen wird, 12 ohne dass ein Grundstück veräußert wird. In diesem Fall handelt es sich um einen Vertrag über eine Werkleistung, so dass § 309 Nr. 8 b unproblematisch Anwendung finden kann.

bb) Bauträgervertrag. Beim Bauträgervertrag veräußert der Unternehmer ein 13 Grundstück und verpflichtet sich zugleich zur Herstellung eines Bauwerks auf diesem Grundstück.[2] Mit Blick auf die Anwendung des Gewährleistungsrechts ist zu differenzieren: Soweit es um Mängel des Grundstücks geht, müssen die kaufrechtlichen Gewährleistungsvorschriften Anwendung finden.[3] Demgegenüber richtet sich die Haftung wegen Mängeln des Gebäudes nach Werkvertragsrecht.[4] An diesen Grundsätzen ist auch nach der Schuldrechtsreform festzuhalten.[5] Denn beim Bauträgervertrag verpflichtet sich der Bauträger gerade erst zur Herstellung des Bauwerks.[6] Daraus folgt, dass auch mit Blick auf die Anwendung des § 309 Nr. 8 b zu unterscheiden ist: Diese Vorschrift kann auf den Bauträgervertrag insofern Anwendung finden, als es um die Errichtung des Bauwerks geht, denn in dem Maße ist ein Vertrag über eine Werkleistung gegeben. Anders liegen die Dinge, soweit es um die Veräußerung des Grundstücks geht. Denn insofern ist ein Vertrag über die Lieferung einer Sache gegeben, und Grundstücke als solche sind regelmäßig nicht neu hergestellt (s. Rz 5). Sind an einem einheitlichen Bauträgervertrag auf Unternehmerseite zwei Personen beteiligt, von denen die eine nur die Erfüllung der werkvertraglichen, die andere nur die Erfüllung der kaufvertraglichen Pflichten schulden soll, so findet § 309 Nr. 8 b keine Anwendung auf eine Klausel, mit welcher die für die Erfüllung der kaufvertraglichen Pflichten verantwortliche Person ihre Haftung für die Beschaffenheit des von der anderen Person zu errichtenden Bauwerks ausschließt.[7] Richtigerweise folgt dies schon aus § 307 III 1.

cc) Veräußerung bereits hergestellter Bauwerke. Denkbar ist auch, dass ein 14–16 bereits hergestelltes Gebäude veräußert wird. Auch insofern ist die Rechtsprechung traditionell davon ausgegangen, dass sich die Mängelhaftung zumindest hinsichtlich des Bauwerks nach Werkvertragsrecht richtet, wenn ein neu errichtetes Haus

---

1 Vgl. BT-Drs. 7/3919, S. 6.

2 BGH NJW 2001, 70, 72.

3 Wie hier *Palandt/Sprau* Vor § 633 Rz 2. A. A. OLG München NJW-RR 1999, 455, 456, das die werkvertragliche Mängelhaftung auch bei einer Kontamination des Grundstücks anwenden will. Es ist jedoch nicht mit letzter Sicherheit geklärt, ob dies der Auffassung des BGH entspricht. Zwar hat der BGH verschiedentlich die Anwendbarkeit des Werkvertragsrechts auf Verträge über Grundstücke mit einem darauf zu errichtenden Bauwerk betont, ohne eine ausdrückliche Einschränkung für Mängel des Grundstücks zu machen. S. BGH NJW 1977, 1336, 1337; BGH NJW 1979, 1406, 1406; BGH NJW 1985, 1551, 1551. In einer Entscheidung aus dem Jahre 1984 hat er jedoch ausgeführt, dass sich „die Sachmängelansprüche des Erwerbers, soweit sie sich auf die Errichtung des Bauwerks beziehen [!], nach Werkvertragsrecht" richten. S. BGH NJW 1984, 2573, 2574. Und in anderen Urteilen hat der BGH betont, dass sich Ansprüche des Erwerbs aus „Sachmängeln an neuerrichteten Häusern oder Eigentumswohnungen" grundsätzlich nach Werkvertragsrecht richten. S. BGH NJW 1982, 2243, 2243; BGH NJW 1981, 2344, 2345. Unklar auch BGH NJW 2005, 1115, 1118: Bei Veräußerung eines sanierten Altbaus Anwendung von Werkvertragsrecht auch auf solche Anlagen, die zwar nicht unmittelbar dem Gebäude zuzuordnen sind, aber seiner Funktion dienen.

4 In diesem Sinne z. B. BGH NJW-RR 1991, 342, 342.

5 Zutreffend *Palandt/Sprau* Vorb. v. § 633 Rz 3.

6 *Palandt/Sprau* Vorb. v. § 633 Rz 3.

7 OLG Koblenz NJW-RR 2004, 668, 668.

oder eine neu errichtete Wohnung erworben wird.[1] Für eine solche Ausdehnung des Anwendungsbereichs der werkvertraglichen Gewährleistungsvorschriften ist die sachliche Rechtfertigung jedoch mit der weitgehenden Annäherung von Kauf- und Werkvertragsrecht insbesondere auch im Bereich der Verjährung entfallen. In Zukunft wird man daher dann, wenn die relevanten Bauwerke im Zeitpunkt des Vertragsschlusses bereits fertig gestellt worden sind, Kaufrecht anwenden müssen.[2] Dass der BGH in diesem Sinne entscheiden wird, darf aber als unwahrscheinlich gelten.[3] Für die Anwendbarkeit des § 309 Nr. 8 b ist der genannte Wandel freilich ohnehin von geringer Bedeutung. Bisher musste schon bei der Frage nach der Rechtsnatur des Vertrages gefragt werden, ob das Bauwerk hinreichend neu war, um trotz bereits erfolgter Fertigstellung die Anwendung des Werkvertragsrechts zu rechtfertigen. Nach neuem Recht stellt sich diese Frage zwar nicht mehr im Rahmen der vertragstypologischen Einordnung. Doch taucht sie im Rahmen des § 309 Nr. 8 b wieder auf. Denn dort ist zu klären, ob der Vertrag als Vertrag über die Lieferung einer „neu" hergestellten Sache einzustufen ist. Dies ist mit Blick auf das Grundstück, außer im Falle Landgewinnung, stets zu verneinen, denn insofern handelt es sich nicht um eine neu hergestellte Sache. Mit Blick auf das Bauwerk gelten dagegen folgende Grundsätze: Ein Bauwerk, insbesondere ein Einfamilienhaus oder eine Eigentumswohnung, die vom Bauherrn vor Verkauf einem anderen zum Gebrauch und nicht nur zur Besichtigung überlassen worden ist, kann nicht mehr als neu eingestuft werden, wenn diese Nutzung dem Käufer erkennbar war und er mit Abnutzungserscheinungen rechnen musste.[4] Neu hergestellt ist ein Bauwerk dagegen grundsätzlich, solange es noch nicht benutzt wurde. Spätestens nach 5 Jahren ist aber auch bei einem neu errichteten, aber leer stehenden Haus die Eigenschaft als neu zu verneinen.[5] Neu ist dagegen ein Haus, das 6 Monate als Musterhaus zwar besichtigt, aber nicht bewohnt wurde.[6] ebenso ein Haus oder eine Eigentumswohnung, die 2 1/2 Jahre leerstand.[7] Die Grenze, nach welcher ein Haus auch ohne Nutzung nicht mehr als neu angesehen werden kann, dürfte bei 3 Jahren anzusetzen sein. Auch ein Umbau oder die Modernisierung von Altbauten kann als Neuherstellung im Sinne des § 309 Nr. 8 b anzusehen sein.[8] Namentlich gilt dies dann, wenn die Renovierung nach Umfang und Bedeutung mit der Neuherstellung vergleichbar ist.[9]

---

1 S. nur BGH NJW 1985, 1551, 1551; BGH NJW 1982, 2243, 2243; BGH NJW 1981, 2344, 2345.

2 Zutreffend MünchKomm/*Busche* § 631 Rz 227; *Palandt/Sprau* Vor § 633 Rz 3. A. A. aber z. B. MünchKomm/*Heermann* § 675 Rz 98.

3 Auffällig ist, dass der BGH auch in jüngeren Urteilen zum alten Schuldrecht die Anwendbarkeit des Werkvertragsrechts bejaht, ohne anzudeuten, dass nach neuem Recht anders zu entscheiden sein wird. S. z. B. BGH NJW 2005, 1115, 1116.

4 *Löwe/von Westphalen* § 11 Nr. 10 Rz 10. Nach anderer Auffassung steht eine kurzfristige Vermietung der Einstufung als neu nicht entgegen. So z. B. *Palandt/Grüneberg* Rz 55; OLG München NJW 1981, 2472, 2473 (zu § 11 Nr. 10 a AGBG); *Staudinger/Coester-Waltjen* Rz 25. Vgl. ferner *Klumpp* NJW 1993, 372, 373 (zu § 11 Nr. 10 AGBG): neu noch bis zu zwei Jahren trotz Vermietung und in Anlehnung an § 638 BGB bis zu fünf Jahre für leerstehende Gebäude; zur Renovierung von Altbauten s. Rz 5. Eher vage BGH NJW 1996, 1675, 1776, dem zufolge „Eigentumswohnungen, die vor ihrer Veräußerung nicht bereits einige Zeit genutzt worden sind, neu hergestellte Werkleistungen [sind]".

5 S. auch *Klump*, a.a.O.; a. A. *Sturmberg* NJW 1989, 1832, 1837: Fristlauf ab Bezugsfertigkeit.

6 BGH NJW 1982, 2243, 2243, allerdings nicht mit Blick auf die AGB-Kontrolle, sondern in Hinsicht auf die Frage, wann ein Haus neu genug ist, um der werkvertraglichen Gewährleistung zu unterliegen.

7 So BGH NJW 1985, 1551, 1551, allerdings nicht mit Blick auf die AGB-Kontrolle, sondern in Hinsicht auf die Frage, wann ein Haus neu genug ist, um der werkvertraglichen Gewährleistung zu unterliegen.

8 BGH NJW 2005, 1115, 1117 (zu § 11 Nr. 10 a AGBG); BGH NJW-RR 1987, 1406, 1047 (zu § 11 Nr. 10 a AGBG).

9 BGH NJW 1989, 2534, 2536 (zu § 11 Nr. 10 a AGBG und zur Renovierung eines Altbaus).

dd) Baumaterial. Wenn das Baumaterial, etwa die Fertigteile, nur geliefert werden, eine Errichtungspflicht aber nicht besteht, liegt ein Kaufvertrag vor.[1] Es bleibt dann lediglich die Frage, ob die relevanten Teile als neu hergestellt veräußert wurden. 17–19

2. Verträge über Werkleistungen

Neben Verträgen über die Lieferung neu hergestellter Sachen erfasst § 309 Nr. 8 b auch Verträge über Werkleistungen. Bei Verträgen über Werkleistungen stellt sich die Frage nach der **Neuheit** nach dem eindeutigen Wortlaut des § 309 Nr. 8 b nicht. Eine entsprechende Einschränkung würde auch keinen Sinn machen. Ob eine **Werkleistung** geschuldet ist, richtet sich nach den zu § 631 entwickelten Kriterien. Auch Verträge im Sinne des § 651 sind als Verträge über Werkleistungen einzustufen, denn sie betreffen die Lieferung neu herzustellender Sachen, nicht die Lieferung neu hergestellter Sachen. Zumindest entsprechende Anwendung findet § 309 Nr. 8 b auf **Reiseverträge.** Dies ergibt sich zunächst daraus, dass es sich beim Reisevertrag um einen aus dem Werkvertrag entwickelten Vertrag handelt.[2] Darüber hinaus war schon im Rahmen des AGB-Gesetzes anerkannt, dass die Vorgängerregelung des § 309 Nr. 8 b, nämlich § 11 Nr. 10 AGBG, auch auf Reiseverträge Anwendung fand.[3] Dafür, dass der Gesetzgeber den Anwendungsbereich des § 309 Nr. 8 b in diesem Punkte enger fassen wollte, liegen keine Anhaltspunkte vor. Vielmehr findet sich in der Begründung des Gesetzesentwurfs ein ausdrücklicher Hinweis, dass „die Neufassung der bislang in § 11 Nr. 10 AGBG enthaltenen Klauselverbote in § 309 Nr. 8 Buchstabe b RE [...] bis auf Doppelbuchstabe ff im Wesentlichen redaktioneller Art" sei.[4] Zu den Werkleistungen im Sinne von Nr. 8 b gehören daher grundsätzlich auch die Leistungen der Reiseveranstalter nach § 651 a. 20

3. Nicht erfasste Vertragsarten

§ 309 Nr. 8 b erfasst insbesondere Kaufverträge, Werkverträge, Verträge im Sinne des § 651, Reiseverträge und Tauschverträge, aber auch Schenkungsverträge. Nicht erfasst werden dagegen Dienstverträge. Ebenso wenig findet § 309 Nr. 8 b auf Miet- und Pachtverträge Anwendung.[5] Sie sind weder Lieferverträge noch enthalten sie Werkleistungen. Auch Leasingverträge fallen nicht unter § 309 Nr. 8 b.[6] Etwas anderes gilt nur, soweit für sie das Leitbild des Mietkaufes gilt.[7] Soweit § 309 Nr. 8 b nicht anwendbar ist, erfolgt die Inhaltskontrolle nach § 307. 21

---

1 BGHZ 78, 375, 378 = NJW 1981, 453, 454.

2 S. *Palandt/Sprau* Rz 1 vor § 651a.

3 S. *M. Wolf* in der Voraufl. § 11 Nr. 10 Rz 8.

4 BT-Drs. 14/6040, S. 158.

5 OLG Frankfurt NJW-RR 1987, 656, 656 f (zu § 11 Nr. 10 AGBG).

6 BGH NJW 1985, 1547, 1549 f. (zu § 11 Nr. 10 a AGBG); wohl auch OLG Koblenz NJOZ 2001, 219, 220 (zu § 11 Nr. 10 a AGBG).

7 Offen gelassen in BGH NJW 1985, 1547, 1549 f. (zu § 11 Nr. 10 a AGBG).

§ 309 Klauselverbote ohne Wertungsmöglichkeit

Auch soweit eine Abweichung von den gesetzlichen Vorschriften zulässig ist, ist in Allgemeinen Geschäftsbedingungen unwirksam

8.

b) (Mängel)

eine Bestimmung, durch die bei Verträgen über Lieferungen neu hergestellter Sachen und über Werkleistungen

aa) (Ausschluss und Verweisung auf Dritte)

die Ansprüche gegen den Verwender wegen eines Mangels insgesamt oder bezüglich einzelner Teile ausgeschlossen, auf die Einräumung von Ansprüchen gegen Dritte beschränkt oder von der vorherigen gerichtlichen Inanspruchnahme Dritter abhängig gemacht werden.

Inhaltsübersicht

I. Zweck und Allgemeines

Nr. 8 b aa will sicherstellen, dass dem anderen Vertragsteil im Falle der Mangelhaftigkeit der Sache oder des Werks überhaupt Rechte, und sei es auch nur in Gestalt von Nacherfüllungsansprüchen, zur Verfügung stehen. Außerdem soll gewährleistet werden, dass der Verwender dem anderen Vertragsteil auch bezüglich der Mängelhaftung als Schuldner erhalten bleibt. § 309 Nr. 8 b aa konkretisiert das Klauselverbot in Anh. Nr. 1 b RL in zulässiger Weise. 1, 2

II. Tatbestand

1. Verträge über Lieferungen neu hergestellter Sachen oder über Werkleistungen

Dazu, wann ein Vertrag über die Lieferung neu hergestellter Sachen oder über Werkleistungen gegeben ist, siehe Vorbemerkung zu § 309 Nr. 8 b Rz 4 ff. 3

2. Ansprüche wegen eines Mangels

§ 309 Nr. 8 b aa betrifft nur Ansprüche wegen eines Mangels. 4

a) Begriff. Gemeint sind damit die in den §§ 437, 634 genannten Rechte. Diese Aussage ist in zweierlei Hinsicht erläuterungsbedürftig. So gilt es zunächst zu betonen, dass die in den §§ 437, 634 genannten Rechte auch insoweit Ansprüche im Sinne des § 309 Nr. 8 b aa darstellen, als sie nicht der Legaldefinition des § 194 I genügen. Beispielsweise ist das Recht zur Minderung des Kaufpreises kein Recht, von einem anderen ein Tun oder Unterlassen zu verlangen. Es stellt folglich keinen Anspruch im Sinne des § 194 I, sondern ein Gestaltungsrecht dar.[1] Gleichwohl handelt sich bei dem Minderungsrecht um einen auf einem Mangel beruhenden Anspruch im Sinne des § 309 Nr. 8 b aa. Auf der anderen Seite umfasst der Begriff des Anspruchs in § 309 Nr. 8 b aa nur die in den 437, 634 genannten Rechte. Andere Ansprüche, mögen sie ihre Entstehung auch der Existenz eines Mangels verdanken, sind dagegen nicht als „Ansprüche [...] wegen eines Mangels" im Sinne des § 309 Nr. 8 b aa einzustufen. Beispielsweise stellt ein Anspruch aus § 823, der auf die Lieferung einer mangelhaften Sache zurückgeht, keinen Anspruch wegen eines Mangels im Sinne des § 309 Nr. 8 b aa dar. 5

b) Keine Unterscheidung zwischen Sach- und Rechtsmängeln. Demgegenüber spielt es – anders als nach altem Recht[2] – keine Rolle, ob ein Rechts- oder ein Sachmangel gegeben ist.[3] Denn die §§ 437, 634 gelten sowohl für Rechtsmängel als auch für Sachmängel.[4] Diese Entscheidung des Gesetzgebers, die die zum Teil schwierige Entscheidung zwischen Sach- und Rechtsmängeln gerade entbehrlich machen soll, darf nicht dadurch umgangen werden, dass im Rahmen des § 309 Nr. 8 b aa erneut zwischen Sach- und Rechtsmängeln unterschieden wird. 6

c) Nicht erfasste Rechte. Räumt ein Vertrag dem Verwendungsgegner zusätzliche, im Gesetz nicht vorgesehene Mängelrechte ein, so handelt es sich dabei nicht 7

---

[1] Die Einordnung der Minderung als Gestaltungsrecht ist unumstritten. S. z. B. *Palandt/Weidenkaff* § 441 Rz 4.

[2] *Brambring* NJW 1978, 777: Rechtsmängel keine Mängel im Sinne des § 11 Nr. 10 a AGBG.

[3] BT-Drs. 14/6040, S. 158.

[4] S. z. B. *Palandt/Weidenkaff* § 437 Rz 1 (zu § 437); *Palandt/Sprau* § 633 Rz 9 (zur Gleichstellung von Sachmängeln und Rechtsmängeln im Werkvertragsrecht).

um Ansprüche im Sinne des § 309 Nr. 8 b aa. Dies hat zwei Konsequenzen. Zum einen kann das Bestehen entsprechender vertraglich geschaffener Rechte eine Klausel nicht vor einem Verstoß gegen § 309 Nr. 8 b aa bewahren, wenn die Klausel zugleich die gesetzlichen Mängelrechte ausschließt. Zum anderen führt der Ausschluss vertraglich geschaffener Rechte nicht zur Unwirksamkeit der Klausel nach § 309 Nr. 8 b aa, denn diese Vorschrift schützt eben nur die gesetzlichen Mängelrechte. Freilich mag eine Klausel, welche vertraglich geschaffene Mängelrechte ausschließt, aus anderen Gründen unwirksam sein. Wurden die Mängelrechte nämlich durch Individualvereinbarung gewährt, so ist eine AGB-Klausel, die diese Mängelrechte wieder ausschließt, schon nach § 305 b unbeachtlich. Werden die Mängelrechte in den AGB selbst eingeräumt und an anderer Stelle wieder ausgeschlossen, so kann ein Verstoß gegen das Transparenzgebot des § 307 I 2 gegeben sein.

8–10 Nicht zu den Mängelrechten im Sinne des § 309 Nr. 8 b aa zählt auch der **Umtausch,** der ohne Vorliegen eines Mangels bei bloßem Nichtgefallen gewährt wird. Es handelt sich dabei um eine Handhabung, die aus Gründen der Kulanz zur Wahrung der Kundenbeziehungen und zur Absatzförderung ohne rechtliche Bindung durchgeführt wird.

3. Ansprüche gegen den Verwender

11 § 309 Nr. 8 b aa bezieht sich nur auf diejenigen Ansprüche, die wegen eines Mangels gegen den Verwender bestehen. Ansprüche gegen Dritte oder gegen den Verwendungsgegner werden also nicht erfasst. Dementsprechend gilt § 309 Nr. 8 b aa auch nicht für Einkaufsbedingungen.

4. Ausschluss

12 § 309 Nr. 8 b aa verbietet zunächst den Ausschluss der wegen eines Mangels bestehenden Rechte.

13 **a) Begriff.** Ein Ausschluss der wegen eines Mangels bestehenden Rechte ist immer dann anzunehmen, wenn die Klausel dazu führen kann, dass dem Verwendungsgegner zumindest in bestimmten Sachverhaltskonstellationen[1] keines der in den §§ 437, 634 genannten Rechte zusteht, obwohl nach dem Gesetz zumindest eines dieser Rechte verfügbar wäre.[2] Darüber hinaus wird man einen Ausschluss im Sinne des § 309 Nr. 8 b aa grundsätzlich auch dann annehmen müssen, wenn es infolge der Klausel zu Situationen kommen kann, in denen dem Verwender keines der vom Gesetz vorgesehenen Mängelrechte in uneingeschränktem Umfang zur Verfügung steht (s. Rz 17).

---

[1] Auch der BGH hat in der Sache deutlich gemacht, dass § 11 Nr. 10 a AGBG schon dann Anwendung finden muss, wenn die Klausel zumindest in bestimmten Fällen, in denen nach dem Gesetz Gewährleistungsrechte bestehen, zu einem Ausschluss aller Gewährleistungsrechte führt. Denn der BGH stuft auch den bloß bedingten Ausschluss als Ausschluss im Sinne des § 11 Nr. 10 a AGBG ein. S. BGH NJW 1980, 831, 832: Anwendung des § 11 Nr. 10 a AGBG (§ 309 Nr. 8 b aa), wenn die Gewährleistungsrechte des Kunden für den Fall der Beschädigung der Ware ausgeschlossen werden.

[2] Ähnlich schon BGH NJW 1980, 831, 832 (zu § 11 Nr. 10 a AGBG): „Nach [§ 11 Nr. 10 a AGBG (§ 309 Nr. 8 b aa)] können Gewährleistungsansprüche gegen den Verwender [...] nicht insgesamt ausgeschlossen werden. Es muss dem Käufer vielmehr zumindest *ein* derartiger Anspruch verbleiben, wobei es dem Verkäufer gestattet ist, unter Ausschluss der Gewährleistungsansprüche im eigentlichen Sinn [...] den Käufer – jedenfalls zunächst [...] – auf einen Nachbesserungsanspruch zu verweisen." S. ferner OLG München NJW 1994, 1661, 1661: § 11 Nr. 10a AGBG (§ 309 Nr. 8 b aa) verbietet nur den Ausschluss aller, nicht aber die Beschränkung auf einzelne Gewährleistungsrechte.

b) Grundsätzliche Zulässigkeit der Beschränkung auf einzelne Mängelrechte. Nach dem Gesagten greift das Verbot des §§ 437, 634 grundsätzlich dann nicht ein, wenn lediglich einzelne der in den §§ 437, 634 genannten Rechte ausgeschlossen sind. 14

aa) Einschränkung. Allerdings sind insofern bestimmte Einschränkungen zu beachten, die sich unmittelbar aus der obigen (Rz 13) Definition des Begriffs „Ausschluss" ergeben: 15

α) Keine Beschränkung auf Schadensersatz. So ist die Beschränkung auf einzelne der in den §§ 437, 634 definitionsgemäß als Ausschluss einzustufen, wenn sie dazu führt, dass der Verwendungsgegner in einer Situation, in welcher er nach dem Gesetz zumindest einen Teil der in den §§ 437, 634 genannten Rechte geltend machen könnte, auf keines dieser Rechte zurückgreifen kann. Relevant wird dies für solche Klauseln, die dem Kunden lediglich das in §§ 437 Nr. 3, 634 Nr. 4 genannte Recht auf Schadensersatz belassen. Entsprechende Klauseln verstoßen gegen § 309 Nr. 8 b aa.[1] Liegt nämlich ein vom Verwender nicht zu vertretender Mangel vor, so kann der Verwendungsgegner nach der Klausel keines der in den §§ 437, 634 genannten Rechte ausüben, obwohl der Verwendungsgegner nach der gesetzlichen Regelung zwischen Rücktritt, Minderung und Nacherfüllung wählen könnte. 16

β) Belassung wenigstens eines Mängelrechts. Aus der genannten Einschränkung folgt logisch eine weitere Vorgabe. Namentlich verstößt eine Klausel, die den Verwendungsgegner auf eines oder mehrere Mängelrechte beschränkt, dann gegen § 309 Nr. 8 b aa, wenn sie die dem Verwender belassenen Rechte an zusätzliche Voraussetzungen knüpft und damit die Möglichkeit eröffnet, dass dem Verwendungsgegner in bestimmten Fällen keines der nach der gesetzlichen Regelung an sich gegebenen Rechte zusteht. Diese Aussage entspricht im Ergebnis wohl auch der Rechtsprechung des BGH. Denn der BGH ging schon nach altem Recht davon aus, dass ein Verwender, der den Verwendungsgegner auf das Recht auf Nachbesserung beschränkt, dieses Recht nicht von zusätzlichen Voraussetzungen abhängig machen darf: „Eine Beschränkung der Nachbesserungspflicht dahingehend, dass der Verkäufer z. B. lediglich für verschuldete Mängel haftet oder seine Nachbesserungspflicht von einer vorherigen Anerkennung der Mängel abhängig macht", so der BGH, „würde daher den Mindestanforderungen des § 11 Nr. 10 AGB-Gesetz nicht entsprechen."[2] Hervorzuheben ist aber, dass das dem Verwendungsgegner eingeräumte Mangelrecht nicht in allen Fällen dasselbe sein muss. Eine Klausel, die dem Verwendungsgegner in bestimmten Fällen ein Recht auf Nacherfüllung gewährt und ihm in allen anderen Situationen ein Rücktrittsrecht einräumt, verstößt nicht gegen § 309 Nr. 8 b aa. 17

γ) Umfang der verbliebenen Mängelrechte. Darüber hinaus ist grundsätzlich zu fordern, dass dem Verwendungsgegner in jeder Situation, in welcher er nach der gesetzlichen Regelung ein Mängelrecht geltend machen könnte, auch nach den AGB zumindest ein Mängelrecht in seinem vom Gesetz vorgesehenen Umfang zur Verfügung steht. Es reicht also nicht aus, dass dem Verwendungsgegner überhaupt ein Mängelrecht zusteht. Vielmehr darf dies auch inhaltlich nicht zulasten des Verwenders modifiziert werden, indem z. B. die Anspruchshöhe begrenzt wird. Dem entspricht die Rechtsprechung des BGH zur Beschränkung auf den Nachbesserungsanspruch. „Beschränkt der Verkäufer seine Verpflichtung zur Gewährleistung formularmäßig auf einen [...] Nachbesserungsanspruch," so der BGH, „so muss die- 18

---

1 Im Ergebnis auch *Staudinger/Coester-Waltjen* Rz 34.
2 BGH NJW 1980, 831, 832.

ser [...] umfassend sein und darf insbesondere keine Einschränkungen enthalten, die auch die gesetzliche Regelung in §§ 459 ff. BGB nicht kennt".[1] Zwar hatte der BGH an dieser Stelle wohl in erster Linie eine *tatbestandliche* Begrenzung des Nachbesserungsanspruchs im Auge. Richtigerweise wird man jedoch fordern müssen, dass das dem Verwendungsgegner verbliebene Recht auch nicht in anderer Weise eingeschränkt wird. Eine Anwendung des § 309 Nr. 8 b aa muss allerdings in denjenigen Fällen ausscheiden, in denen andere Klauselverbote einen spezielleren Maßstab für die relevanten Einschränkungen bereitstellen. So richtet sich die Wirksamkeit eines Formerfordernisses allein nach § 309 Nr. 13, die Wirksamkeit einer Beweisregelung nach § 309 Nr. 12, die Wirksamkeit einer Verjährungsverkürzung nach § 309 Nr. 8 b ff und die Wirksamkeit einer Ausschlussfrist nach § 309 Nr. 8 b ee. Entsprechende Regelungen sind daher nicht an § 309 Nr. 8 b aa zu messen.

18 **bb) Im Einzelnen** gilt Folgendes:

19 α) **Beschränkung auf Rücktritt.** Nach dem Gesagten fehlt es z. B. dann an einem Ausschluss im Sinne des § 309 Nr. 8 b aa, wenn eine Klausel den Verwendungsgegner unter Ausschluss von Nacherfüllung, Minderung und Schadensersatz auf den Rücktritt beschränkt.[2] Denn im Falle der Mangelhaftigkeit der Sache bleibt dem Kunden immer noch der Rücktritt. Im Falle des Verbrauchsgüterkaufs ist freilich § 475 II zu beachten, der es verbietet, von § 437 zulasten des Verbrauchers abzuweichen. Außerdem sind Klauseln, die den Schadensersatzanspruch nach §§ 437 Nr. 3, 634 Nr. 4 ausschließen, an den Regeln zu messen, die für haftungsbeschränkende Klauseln gelten.[3]

20 β) **Beschränkung auf Minderung.** Umgekehrt wird man auch dann keinen Verstoß gegen § 309 Nr. 8 b aa annehmen können, wenn dem Kunden lediglich das Minderungsrecht belassen wird.[4] Denn auch in diesem Falle werden nicht alle der in §§ 437, 634 genannten Rechte ausgeschlossen. Auch wird der Verwendungsgegner durch eine solche Auslegung des § 309 Nr. 8 b bb nicht schutzlos gestellt. Denn wenn die Sache infolge des Mangels wertlos ist, ist der Kaufpreis nach § 441 III 1 auf null herabzusetzen. Freilich gilt es auch insofern, § 475 II zu beachten. Zudem sind Klauseln, die den Schadensersatzanspruch nach §§ 437 Nr. 3, 634 Nr. 4 ausschließen, an den Regeln zu messen, die für haftungsbeschränkende Klauseln gelten.[5]

21 γ) **Beschränkung auf Nacherfüllung.** Nach dem Gesagten ist auch eine Beschränkung des Kunden auf das Recht auf Nacherfüllung ohne Verstoß gegen § 309

---

[1] BGH NJW 1980, 831, 832 (zu § 11 Nr. 10 a AGBG): „Beschränkt der Verkäufer seine Verpflichtung zur Gewährleistung formularmäßig auf einen derartigen Nachbesserungsanspruch, so muss dieser allerdings umfassend sein und darf insbesondere keine Einschränkungen enthalten, die auch die gesetzliche Regelung in §§ 459 ff. BGB nicht kennt."

[2] OLG München NJW 1994, 1661, 1661: Beschränkung der Gewährleistung auf Wandlung verstößt nicht gegen § 11 Nr. 10 a AGBG (§ 309 Nr. 8 b aa); *Palandt/Grüneberg* § 309 Rz 56. Vgl. auch BGH NJW-RR 1990, 1141, 1141: Keine Entscheidung der Frage, ob § 11 Nr. 10 a AGBG (§ 309 Nr. 8 b bb) den gänzlichen Ausschluss der Minderung verbietet, wenn das Recht auf Wandelung bestehen bleibt. A. A. aber *Staudinger/Coester-Waltjen* Rz 34, der zufolge eine Klausel schon dann nach § 309 Nr. 8 b aa unwirksam ist, wenn sie das Rücktritts- oder das Minderungsrecht ausschließt.

[3] Zur Konkurrenz von § 309 Nr. 7 und § 309 Nr. 8 b siehe § 309 Nr. 7 Rz 85. Allgemein zu den für haftungsbeschränkende Klauseln geltenden Vorgaben siehe § 309 Nr. 7 Rz 90 ff. Vgl. aber auch *Staudinger/Coester-Waltjen* Rz 34, der zufolge der Ausschluss des Schadensersatzes statt der Leistung wirksam vorgenommen werden kann.

[4] A. A. *Palandt/Grüneberg* Rz 56; *Staudinger/Coester-Waltjen* Rz 34.

[5] Zur Konkurrenz von § 309 Nr. 7 und § 309 Nr. 8 b siehe § 309 Nr. 7 Rz 85. Allgemein zu den für haftungsbeschränkende Klauseln geltenden Vorgaben siehe § 309 Nr. 7 Rz 90 ff. Vgl. aber auch *Staudinger/Coester-Waltjen* § 309 Nr. 8 Rz 34, der zufolge der Ausschluss des Schadensersatzes statt der Leistung wirksam vorgenommen werden kann.

Nr. 8 b aa möglich.[1] Man wird es darüber hinaus für zulässig erachten müssen, dass der Verwender dem anderen Vertragsteil nur eines der beiden Nacherfüllungsrechte zugesteht, ihm also entweder nur das Recht auf Mangelbeseitigung (§ 439 I, 1. Alt., § 635 I 1. Alt.) oder nur das Recht auf Lieferung einer mangelfreien Sache (§ 439 I 2. Alt.) bzw. auf Herstellung eines mangelfreien Werkes (§ 635 I, 2. Alt.) zugesteht. Denn zum einen kann auch in diesem Falle schon begrifflich von einem Ausschluss der Mängelrechte nicht die Rede sein, und zum anderen besteht vielfach ein schutzwürdiges Interesse daran, den Käufer auf eines der beiden Nacherfüllungsrechte zu beschränken.[2] Umso strenger ist jedoch darauf zu achten, dass das jeweils gewährte Recht gegenüber seinem gesetzlichen Umfang nicht eingeschränkt wird (s. im Einzelnen Rz 18). Namentlich gilt es insofern zu berücksichtigen, dass das Recht auf Nacherfüllung nur dann in dem gesetzlich bestimmten Umfang belassen wird, wenn die vom Gesetz für den Fall der nicht ordnungsgemäß erfolgten Nacherfüllung vorgesehenen Rechte ebenfalls unangetastet bleiben. Dies bedeutet, dass der Verwender die Rechte des Verwendungsgegners zwar zunächst auf ein Recht auf Mangelbeseitigung beschränken kann.[3] Um einen Verstoß gegen § 309 Nr. 8 b aa zu vermeiden, muss die Klausel in diesem Falle jedoch von jeder Einschränkung des Mangelbeseitigungsrechts Abstand nehmen.[4] Im Übrigen gilt es, § 309 Nr. 8 b bb zu beachten, dem zufolge dem Verwendungsgegner für den Fall des Fehlschlagens der Nachbesserung „ausdrücklich" das Recht offen gelassen werden muss, zu mindern oder, außer im Falle von Bauleistungen, vom Vertrag zurückzutreten. Ferner sei daran erinnert, dass § 475 I 1 die Vorschrift des § 437 im Falle des **Verbrauchsgüterkaufs** jeder Abänderung zu Lasten des Verbrauchers entzieht. Auch muss eine Klausel, die den Schadensersatzanspruch des Verwendungsgegners nach § 437 Nr. 3 bzw. § 634 Nr. 4 ausschließt, den allgemeinen Vorgaben an haftungsbegrenzende Klauseln genügen.[5]

c) Eingeschränkte Zulässigkeit der Verweisung auf Dritte. Wenn § 309 Nr. 8 b aa ausdrücklich solche Klauseln untersagt, die dem Verwendungsgegner die vorherige gerichtliche Geltendmachung von Rechten gegen einen Dritten abverlangen, dann folgt daraus im Umkehrschluss, dass solche Klauseln, die lediglich eine vorherige *außergerichtliche* Geltendmachung von Ansprüchen gegen einen Dritten fordern, so genannte **außergerichtliche Subsidiaritätsklauseln,** grundsätzlich nicht zu beanstanden sind. S. im Einzelnen Rz 42, 47, 49 ff. Folglich darf in entsprechenden Klauseln auch kein Ausschluss im Sinne des § 309 Nr. 8 b aa gesehen werden.[6] 22

d) Ausschluss bezüglich einzelner Teile. Nach dem ausdrücklichen Wortlaut des § 309 Nr. 8 b aa ist der Ausschluss der wegen eines Mangels bestehenden Rechte auch dann unzulässig, wenn er auf einzelne Teile beschränkt ist. Dazu gehört auch der Fall, dass der Ausschluss auf einzelne Mängel begrenzt wird.[7] 23

---

1 A. A. wohl *Staudinger/Coester-Waltjen* Rz 34.

2 Dass die geltenden Regeln zum Verbrauchsgüterkauf sich über diese Einsicht hinwegsetzen, steht auf einem anderen Blatt.

3 Ebenso schon BGH NJW 1980, 831, 832 (zu § 11 Nr. 10 a AGBG).

4 S. BGH NJW 1980, 831, 832 (zu § 11 Nr. 10 a AGBG): „Beschränkt der Verkäufer seine Verpflichtung zur Gewährleistung formularmäßig auf einen [...] Nachbesserungsanspruch, so muss dieser allerdings umfassend sein und darf insbesondere keine Einschränkungen enthalten, die auch die gesetzliche Regelung [...] nicht kennt."

5 Zur Konkurrenz von § 309 Nr. 7 und § 309 Nr. 8 b siehe § 309 Nr. 7 Rz 85. Allgemein zu den für haftungsbeschränkende Klauseln geltenden Vorgaben siehe § 309 Nr. 7 Rz 90 ff.

6 *Palandt/Grüneberg* Rz 58.

7 OLG Karlsruhe ZIP 1983, 1091; *Palandt/Grüneberg* Rz 59. Vgl. aber auch *Staudinger/Coester-Waltjen* Rz 34, der zufolge auch der Ausschluss der Gewährleistung für bestimmte Eigenschaften erfasst wird.

24 **e) Bedingter Ausschluss.** Auch ein bedingter Ausschluss der wegen eines Mangels bestehenden Rechte wird durch § 309 Nr. 8 b aa verboten,[1] weil und soweit eine entsprechende Klausel bei Eintritt der Bedingung dazu führen kann, dass dem Verwendungsgegner keines der in § 437 beziehungsweise § 634 genannten Rechte zusteht, obwohl ihm nach der gesetzlichen Regelung zumindest eines der relevanten Rechte zustehen würde.

25 **f) Art und Weise des Ausschlusses.** Die Art und Weise des Ausschlusses spielt keine Rolle. So muss der Ausschluss nicht ausdrücklich ausgesprochen werden. Er kann vielmehr auch konkludent erfolgen. Entscheidend ist allein, dass er der Klausel im Wege der Auslegung (§§ 133, 157, 305c II) zu entnehmen ist. Dabei ist zu beachten, dass der BGH jedenfalls vor der Schuldrechtsreform teilweise zulasten des Verwenders sehr strenge Maßstäbe angelegt hat. So hatte der BGH über eine Klausel in einem Neuwagenkaufvertrag zu entscheiden, die ein Recht des Käufers zur Ablehnung der Kaufsache nur bei Vorliegen „erheblicher Mängel" vorsah.[2] Nach Auffassung des BGH warf diese Formulierung jedenfalls im Rahmen der objektiven Klauselkontrolle nicht zu behebende Zweifel (vgl. § 305c II) hinsichtlich der Frage auf, ob der Fehlerbegriff des § 459 I a.F., der Fehlerbegriff unter Einschluss zugesicherter Eigenschaften oder ein sonstiger Fehlerbegriff gemeint sei.[3] Ein Verstoß gegen § 309 Nr. 8 b aa ist darüber hinaus z. B. auch dann gegeben, wenn die Klausel beim Klauselgegner den Eindruck erweckt, die Haftung des Klauselverwenders sei lediglich subsidiär und setze eine gerichtliche Inanspruchnahme Dritter voraus.[4]

26 **g) Verkürzung der Verjährungsfrist.** Da es auf die Art und Weise des Ausschlusses nicht ankommt (s. Rz 25), könnte man daran denken, solche Klauseln als mit § 309 Nr. 8 b aa unvereinbar anzusehen, die die für die Geltendmachung von Mängelrechten geltende Verjährungsfrist generell verkürzen. Indessen ist zu bedenken, dass § 309 Nr. 8 b ff in weiten Bereichen eine Verkürzung der für die Geltendmachung von Mängelrechten geltenden Gewährleistungsfristen zulässt. Diese Entscheidung des Gesetzgebers würde unterlaufen, wollte man über § 309 Nr. 8 b aa jede Verkürzung der Gewährleistungsfristen für unzulässig erklären, solange sie nur für alle Mängelrechte gelten soll. Ferner gilt es zu berücksichtigen, dass die § 309 Nr. 8 b aa in der Begründung zum Entwurf des Schuldrechtsmodernisierungsgesetzes gerade nicht als eine der Vorschriften genannt wird, die als Schranken für solche Klauseln wirken, welche die für Mängelrechte geltenden Verjährungsfristen abkürzen.[5] Im Ergebnis wird man § 309 Nr. 8 b aa daher auf solche Klauseln, die lediglich die Verjährungsfristen verkürzen, nicht anwenden können. Auch Ausschlussfristen sind nicht an § 309 Nr. 8 b aa zu messen, da ansonsten die differenzierte Regelung des § 309 Nr. 8 b ee ausgehebelt würde (s. Rz 62).

27 **h) Erschwerungen der Beweisführung.** Klauseln, die mit Blick auf die Geltendmachung von Mängelrechten die Beweisführung erschweren, indem sie z. B. die Beweislastverteilung ändern oder die Nutzung bestimmter Beweismittel vorschreiben, verstoßen nicht gegen § 309 Nr. 8 b aa. Denn die Anwendung des § 309

---

1 Für die Annahme eines Verstoßes gegen § 309 Nr. 8 b aa im Falle eines bedingten Ausschlusses z. B. auch *Palandt/Grüneberg* Rz 56. Ebenso bereits BGH NJW 1980, 831, 832 (zu § 11 Nr. 10 a AGBG).

2 BGH NJW 2001, 292, 292 (zu § 9 AGBG).

3 BGH NJW 2001, 292, 297 (zu § 9 AGBG).

4 BGH NJW 1995, 1675, 1676.

5 Vgl. BT-Drs. 14/6040, S. 159: „[B]ei der Anwendung von Doppelbuchstabe ff [ist] zu beachten, dass die Verkürzung der Verjährungsfristen wegen eines Mangels in Allgemeinen Geschäftsbedingungen auch an den Klauselverboten des § 309 Nr. 7 und 8a RE zu messen sind." § 309 Nr. 8 a RE setzte dem Ausschluss von Schadensersatzansprüchen Grenzen.

Nr. 8 b aa ist überflüssig, da entsprechende Klauseln bereits nach § 309 Nr. 12 unwirksam sind (siehe § 309 Nr. 12 Rz 14, 15, 16–19).

i) Beispiele. Unwirksam ist z. B. eine Klausel, die bestimmte Mangelursachen, wie z. B. Temperatur- und Witterungseinflüsse, von der Gewährleistung ausnimmt.[1] Gemäß § 309 Nr. 8 b aa unwirksam ist auch eine sog. Verpackungsrückgabeklausel, die die Geltendmachung von Gewährleistungsrechten davon abhängig macht, dass die Ware in der Originalverpackung zurückgegeben wird, weil damit die Gewährleistung generell von einer zusätzlichen, im Gesetz nicht vorgesehenen Voraussetzung abhängig gemacht wird. Unzulässig ist es auch, die Haftung des Verwenders allgemein von der Voraussetzung abhängig zu machen, dass der Verwender den Mangel anerkennt.[2] Das Gleiche gilt, wenn die Gewährleistung auf die bei Übergabe oder Abnahme festgestellten Mängel[3] oder auf die von einem benannten Sachverständigen anerkannten Mängel beschränkt wird. Ferner liegt ein gegen § 309 Nr. 8 b aa verstoßender Ausschluss der Gewährleistung dann vor, wenn die Haftung des Verwenders für bestimmte Mängel gänzlich ausgeschlossen werden soll. Unwirksamkeit nach § 309 Nr. 8 b aa ist daher z. B. dann anzunehmen, wenn der Begriff des Sachmangels entgegen § 434 oder der des Rechtsmangels entgegen § 435 eingeschränkt wird.[4] Unwirksam ist auch eine Klausel, die die Mängelrechte im Falle einer Beschädigung der Kaufsache oder bei einem Eingriff durch nicht autorisierte Personen ausschließt.[5] Unzulässig ist auch der Ausschluss aller Mängelrechte für den Fall, dass nicht autorisierte Dritte Reparaturen oder Reparaturversuche an der Sache vorgenommen haben.[6] Denn nach der gesetzlichen Regelung entfallen auch in diesem Falle die Rechte des Verwendungsgegners nicht. 28, 29

5. Beschränkung auf Ansprüche gegen Dritte

Gemäß § 309 Nr. 8 b aa unwirksam ist auch eine Klausel, die die Ansprüche des Verwendungsgegners auf Ansprüche gegen Dritte beschränkt. 30

a) Sinn und Zweck. Diese Variante des § 8 b aa hat letztlich nur klarstellende Bedeutung. Sie macht deutlich, dass eine Klausel, die die Ansprüche des Verwendungsgegners gegen den Verwender ausschließt, nicht dadurch vor der Unwirksamkeit bewahrt wird, dass sie dem Verwendungsgegner anstelle der Ansprüche gegen den Verwender Ansprüche gegen Dritte gewährt. Dem liegt der Gedanke zugrunde, dass sich der andere Vertragsteil wegen seiner Mängelrechte (zumindest nach erfolgloser Geltendmachung der gegen Dritte eingeräumten Rechte) stets an den Verwender als seinen Vertragspartner halten können soll. Auch gilt es den allgemeinen Grundsatz zu berücksichtigen, dass vertraglich eingeräumte Rechte die gesetzlichen Mängelrechte nicht ersetzen können (s. Rz 7). 31

b) Einräumung von Ansprüchen gegen Dritte. Bei der Anwendung der zweiten Variante des § 309 Nr. 8 b aa ist hervorzuheben, dass es nicht die Einräumung von Ansprüchen gegen Dritte ist, die das Gesetz verhindern will, sondern der damit einhergehende Ausschluss von Rechten gegen den Verwender. Dementsprechend ist es im Falle eines Ausschlusses der gegen den Verwender gerichteten Rechte irrelevant, ob zusätzlich Ansprüche gegen den Dritten eingeräumt werden. 32

---

1 S. OLG Koblenz NJW-RR 1993, 1078, 1079 f (zu § 11 Nr. 10 a AGBG).

2 BGH NJW 1994, 1060, 1067 (zu § 9 AGBG); *Ulmer/Christensen* Rz 37.

3 *Ulmer/Christensen* Rz 37.

4 In diesem Sinne (für die Sachmängelhaftung) OLG Karlsruhe ZIP 1983, 1031.

5 BGH NJW 1980, 831, 832 (zu § 11 Nr. 10 a AGBG).

6 Ebenso LG Stuttgart AGBE VI § 11 Nr. 10, 53; offen gelassen in BGH NJW 1980, 831, 832 (zu §§ 9, 11 Nr. 10 a AGBG).

Denn die Unwirksamkeit der Klausel ergibt sich in jedem Falle bereits aus der ersten Variante § 309 Nr. 8 b aa. Auch spielt es für die Anwendung des § 309 Nr. 8 b aa keine Rolle, auf welche Weise und in welchem Umgang Ansprüche gegen die Dritten gewährt werden.

6. Verweis auf die vorherige gerichtliche Inanspruchnahme eines Dritten

33 Nach § 309 Nr. 8 b aa unwirksam ist auch eine Klausel, die die wegen eines Mangels bestehenden Rechte des Verwendungsgegners gegen den Verwender von der vorherigen gerichtlichen Inanspruchnahme eines Dritten abhängig macht. Eine der Einrede der Vorausklage entsprechende Regelung ist deshalb nicht zulässig.

34 **a) Maßgeblichkeit des Klauselinhalts.** Ein ausdrückliches Gebot zur vorherigen Inanspruchnahme des Dritten ist nicht erforderlich. Es genügt vielmehr, dass die Notwendigkeit der vorherigen Inanspruchnahme eines Dritten sich im Wege der Auslegung (§§ 133, 157, 305c II) der Klausel ergibt. Nach Auffassung des BGH soll ein Verstoß gegen § 309 Nr. 8 b aa zudem nicht nur dann gegeben sein, wenn die Klausel die Rechte gegen den Verwender von der vorherigen Inanspruchnahme eines Dritten abhängig macht, „sondern auch dann, wenn die besondere Klauselgestaltung die Gefahr begründet, dass der Klauselgegner die Klausel in diesem Sinne verstehen kann".[1] Diese Rechtsprechung überzeugt indessen nicht. Sofern die Auslegung der Klausel auch unter Berücksichtigung der Verständnismöglichkeiten des Durchschnittskunden sowie der Regelung des § 305c II nicht zu dem Ergebnis führt, dass die Rechte gegen den Verwender von der vorherigen Inanspruchnahme eines Dritten abhängen sollen, kann die dritte Variante des § 309 Nr. 8 b aa keine Anwendung finden. Dies heißt freilich nicht, dass eine missverständliche Klauselgestaltung unbeachtlich wäre. Die Klausel verstößt in diesem Falle jedoch nicht gegen § 309 Nr. 8 b aa, sondern gegen das in § 307 I 2 verankerte Transparenzgebot.

35 **b) Gerichtliche Inanspruchnahme eines Dritten.** Als vorherige gerichtliche Inanspruchnahme ist neben dem normalen Klageverfahren auch das Mahnverfahren oder die Anrufung eines Schiedsgerichts anzusehen. Auch kommt es nicht darauf an, ob die Inanspruchnahme des Dritten nach der Klausel gerade durch den Verwendungsgegner erfolgen muss. Die dritte Variante des § 309 Nr. 8 b aa greift daher z. B. auch dann ein, wenn sich der Verwender dazu bereit erklärt, die Rechte gegen den Dritten gerichtlich geltend zu machen, z. B. aufgrund einer Vollmacht oder aufgrund einer Ermächtigung als Prozessstandschafter.

36 **c) Obliegenheit zur außergerichtlichen Geltendmachung.** Die dritte Variante des § 309 Nr. 8 b aa ist nicht anwendbar, wenn die Klausel die Rechte gegen den Verwender lediglich von einer *außergerichtlichen* Geltendmachung der gegen einen Dritten bestehenden Rechte abhängig macht.

7. Beweislast

37–39 Für die Darlegung und den Nachweis der Unwirksamkeit gelten die allgemeinen Grundsätze (s. vor §§ 308, 309 Rz 21).

---

[1] BGH NJW 1995, 1675, 1676 (zu § 11 Nr. 10 a AGBG).

IV. Subsidiaritätsklauseln

1. Terminologie

40 Unter Subsidiaritätsklauseln versteht man solche Klauseln, die die Geltendmachung der gegen den Verwender bestehenden Mängelrechte von der vorherigen Inanspruchnahme eines Dritten abhängig machen. Entscheidend für das Vorliegen einer Subsidiaritätsklausel ist, dass die Rechte gegen den Verwender wiederaufleben, wenn die Inanspruchnahme des Dritten scheitert. Im Einzelnen ist zwischen außergerichtlichen und gerichtlichen Subsidiaritätsklauseln zu unterscheiden.

41 **a) Gerichtliche Subsidiaritätsklauseln.** Gerichtliche Subsidiaritätsklauseln sind solche Klauseln, die die Geltendmachung der wegen eines Mangels gegen den Verwender bestehenden Rechte von der vorherigen *gerichtlichen* Inanspruchnahme eines Dritten abhängig machen.

42 **b) Außergerichtliche Subsidiaritätsklauseln.** Außergerichtliche Subsidiaritätsklauseln sind solche Klauseln, die die Geltendmachung der wegen eines Mangels gegen den Verwender bestehenden Rechte von der vorherigen *außergerichtlichen* Inanspruchnahme eines Dritten abhängig machen.

2. Klauselauslegung

43 Ob es sich bei einer Klausel um eine Subsidiaritätsklausel handelt, ist im Wege der Auslegung der Klausel gemäß den §§ 133, 157, 305c II zu ermitteln. Eine bloß subsidiäre Verwenderhaftung kann nicht allein deshalb angenommen werden, weil die Gewährleistungsansprüche gegen Bauhandwerker und Architekt abgetreten werden, da dies auch als zusätzliche Sicherung verstanden werden kann.[1]

3. Vereinbarkeit mit den §§ 308, 309

44 Subsidiaritätsklauseln müssen zunächst mit den besonderen Klauselverboten vereinbar sein. Besonders hervorzuheben sind insofern die §§ 309 Nr. 8 b aa, 309 Nr. 7.

45 **a) § 309 Nr. 8 b aa.** Im Rahmen des § 309 Nr. 8 b aa ist zunächst zu fragen, ob die Klausel sich wirklich darauf beschränkt, die Geltendmachung von Ansprüchen gegen den Verwender von der vorherigen Inanspruchnahme eines Dritten abhängig zu machen. Geht die Klausel nämlich darüber hinaus, indem sie die Haftung des Verwenders auch für den Fall verneint, dass die Inanspruchnahme des Dritten dem Verwendungsgegner keine Befriedigung verschafft, so handelt es sich insoweit um einen Ausschluss von Mängelrechten im Sinne des § 309 Nr. 8 b aa. Ohne weiteres unwirksam ist daher z. B. eine Klausel, der zufolge der Verwender nur bei Insolvenz oder Geschäftsaufgabe des Dritten haftet,[2] denn nach dieser Klausel lebt die Haftung des Verwenders dann nicht wieder auf, wenn die Inanspruchnahme des Dritten an anderen als den genannten Faktoren scheitert. Beschränkt sich die Klausel demgegenüber darauf, die Subsidiarität der gegen den Verwender gerichteten Ansprüche anzuordnen, ist mit Blick auf die Anwendung des § 309 Nr. 8 b aa weiter zu differenzieren, nämlich zwischen gerichtlichen und außergerichtlichen Subsidiaritätsklauseln.

---

[1] OLG Frankfurt NJW 1984, 2586, 2587.

[2] So implizit BGH NJW 1995, 1675, 1676 (zu § 11 Nr. 10 a AGBG).

46 **aa) Gerichtliche Subsidiaritätsklauseln.** Nach der dritten Variante des § 309 Nr. 8 b aa sind *gerichtliche* Subsidiaritätsklauseln unter den gleichen Voraussetzungen unwirksam wie ein Ausschluss von Mängelrechten. Auf die entsprechenden Ausführungen zum Tatbestandsmerkmal des Ausschlusses (s. Rz 12 ff) kann an dieser Stelle verwiesen werden.

47 **bb) Außergerichtliche Subsidiaritätsklauseln.** Klauseln, die die Geltendmachung von Mängelrechten gegen den Verwender von der vorherigen außergerichtlichen Inanspruchnahme eines Dritten abhängig machen, verstoßen nicht gegen § 309 Nr. 8 b aa. Dies folgt aus der Tatsache, dass § 309 Nr. 8 b aa ein ausdrückliches Verbot solcher Klauseln enthält, die die Geltendmachung der wegen eines Mangels bestehenden Rechte von der vorherigen *gerichtlichen* Inanspruchnahme eines Dritten abhängig machen. Diese Formulierung kann man nur dahin gehend verstehen, dass eine Obliegenheit zur vorherigen *außergerichtlichen* Inanspruchnahme Dritter jedenfalls im Grundsatz nicht unwirksam sein soll (s. noch Rz 50). Allerdings gilt dies nur für den Fall einer „reinen" Subsidiaritätsklausel, die die Haftung des Verwenders vollständig wieder aufleben lässt. Sieht die Klausel nur ein beschränktes Wiederaufleben der Verwenderhaftung vor, so sind die relevanten Einschränkungen getrennt auf ihre Wirksamkeit zu überprüfen. Beispielsweise verstößt eine Klausel gegen § 309 Nr. 8 b aa, wenn sie vorsieht, dass die Mängelrechte gegen den Verwender auch bei erfolgloser Geltendmachung der gegen Dritte bestehenden Rechte nur mit Blick auf bestimmte Teile der gelieferten Sache wiederaufleben.

48 **b) § 309 Nr. 7.** Gerichtliche Subsidiaritätsklauseln können außerdem gegen § 309 Nr. 7 verstoßen. Denn bei der Anordnung der Subsidiarität eines Anspruchs handelt es sich nach richtiger Auffassung stets um eine Beschränkung der Haftung im Sinne des § 309 Nr. 7 (s. § 309 Nr. 7 Rz 53). § 309 Nr. 7 kann sogar dann zur Kontrolle von Subsidiaritätsklauseln herangezogen werden, wenn diese sich nur auf Mängelrechte beziehen. Denn das Freizeichnungsverbot des § 309 Nr. 7 gilt auch für Schadensersatzansprüche im Sinne der §§ 437, 634.

4. Vereinbarkeit mit § 307

49 **a) Allgemeines.** Grundsätzlich sind gerichtliche und außergerichtliche Subsidiaritätsklauseln, die den Anforderungen des § 309 Nr. 8 b aa genügen, auch nach § 307 nicht zu beanstanden. Allerdings gilt dieser Grundsatz nur mit zahlreichen Ausnahmen. Namentlich kann sich die Unangemessenheit der Klausel aus verschiedenen Gesichtspunkten ergeben.

50 **b) Weitergehende Beschränkungen.** So ist genau zu prüfen, ob tatsächlich eine „reine" Subsidiaritätsklausel gegeben ist, was nur dann der Fall ist, wenn die Eigenhaftung des Verwenders uneingeschränkt wieder aufleben soll, falls die Inanspruchnahme des Dritten scheitert. Sieht die Klausel demgegenüber weitere Beschränkungen der Verwenderhaftung vor, so gelten dafür die allgemeinen Grundsätze. Ist einer Klausel beispielsweise zu entnehmen, dass die Haftung des Verwenders davon abhängen soll, dass die Forderung gegen den Dritten noch nicht verjährt ist, auch wenn die Forderung gegen den Verwender noch nicht verjährt wäre, muss die Klausel nicht nur an den für Subsidiaritätsklauseln, sondern außerdem an den für Verjährungsklauseln geltenden Vorgaben[1] gemessen werden.

51 **c) Intransparenz.** Auch kann die Klausel wegen Intransparenz gemäß § 307 I 1 i.V.m. § 307 I 2 unwirksam sein. Dies ist insbesondere dann der Fall, wenn die Klausel, obwohl sie die von § 309 Nr. 8 b aa verbotenen Regelungen nicht anordnet, in

---

1 S. § 309 Nr. 8 b ff Rz 1 ff, 30 ff.

diesem Sinne missverstanden werden kann. Ist z. B. eine Klausel auch unter Berücksichtigung des § 305 c II dahingehend auszulegen, dass der Verwender in jedem Falle subsidiär haftet, vermag sie aber fälschlicherweise den Eindruck zu erwecken, dass der Verwender nur bei Insolvenz oder Geschäftsaufgabe des Dritten haftbar sein soll, so verstößt sie nicht gegen § 309 Nr. 8 b aa, wohl aber gegen § 307 I 2 (s. Rz 34).[1] Entsprechendes gilt, wenn eine Klausel zwar dahingehend auszulegen ist, dass der Verwender haftet, die Klausel aber fälschlicherweise den Eindruck zu erwecken vermag, dass der Verwender nur dann haften soll, wenn die Ansprüche gegen den Dritten nicht durchsetzbar sind.[2]

d) § 307 II. Darüber hinaus kann die Unangemessenheit der Klausel aus § 307 II folgen. In diesem Zusammenhang könnte man zunächst daran denken, Subsidiaritätsklauseln immer schon dann als unwirksam einzustufen, wenn sie für vertragswesentliche Pflichten (**Kardinalpflichten**) gelten sollen. Denn wie bereits erwähnt (s. Rz 48), stellt die Anordnung der Subsidiarität eine Form der Haftungsbeschränkung dar. Man könnte mithin argumentieren, dass die Subsidiaritätsklausel ebenso wie ein Ausschluss der Haftung die Gefahr einer Aushöhlung vertragswesentlicher Pflichten begründet und schon aus diesem Grunde den Tatbestand des § 307 II Nr. 2 erfüllt. Doch vermag eine solche Argumentation nicht zu überzeugen, weil die Anordnung der Subsidiarität selbst im Falle einer gerichtlichen Subsidiaritätsklausel nicht zum endgültigen Verlust der Rechte gegen den Verwender führt und damit einen zu milden Eingriff darstellt, als dass man ohne weiteres von der Gefahr der Aushöhlung der von der Subsidiaritätsklausel betroffenen Vertragspflichten sprechen könnte. Gleichwohl kann der Tatbestand des § 307 II 2 im Einzelfall erfüllt sein, nämlich dann, wenn gerade die aus der Subsidiaritätsklausel folgende Obliegenheit zur Auseinandersetzung mit einem oder mehreren Dritten die Erreichung des Vertragszwecks gefährdet. So liegt es im Falle einer Klausel in einem **Bauträgervertrag,** die vorsieht, dass der Bauträger erst haftet, wenn sich der Bauherr erfolglos bemüht hat, die ihm abgetretenen Mängelrechte des Bauträgers gegen die anderen am Bau Beteiligten durchzusetzen.[3] Denn der Bauträgervertrag ist gerade dadurch geprägt, dass der Bauherr einen Vertrag mit einem Generalunternehmer abschließt.[4] Damit soll die Durchführung und Abwicklung des Vertrags durch einen Vertragspartner des Erwerbers gewährleistet sein.[5] Dem liefe es zuwider, müsste der Bauherr sich gegenüber den einzelnen am Bau Beteiligten um die Durchsetzung von Mängelrechten bemühen.[6] 52

e) Unzumutbarkeit der Subsidiaritätsklausel. Darüber hinaus kann sich die Unangemessenheit der Subsidiaritätsklausel auch aus dem Gesichtspunkt der Unzumutbarkeit ergeben. Die Zumutbarkeit ist jedenfalls dann zu verneinen, wenn die außergerichtliche Inanspruchnahme des Dritten nicht geeignet erscheint, die Inanspruchnahme des Verwenders entbehrlich zu machen. Im Übrigen lassen sich eine Reihe von Fallgruppen unterscheiden. 53

---

1 A. A. BGH NJW 1995, 1675, 1676: Verstoß gegen § 11 Nr. 10 a AGBG.

2 A. A. BGH NJW 1998, 904, 904, demzufolge „eine Klausel, die den Erwerber an den als gewährleistungspflichtig bezeichneten Dritten verweist, nicht nur dann unwirksam [ist], wenn der Verwender seine Eigenhaftung davon abhängig macht, dass der Erwerber zunächst gegen den Dritten gerichtlich vorgeht, sondern auch dann, wenn die besondere Klauselgestaltung die Gefahr begründet, dass der Klauselgegner die Klausel in diesem Sinn verstehen kann".

3 BGH NJW 2002, 2470, 2471 f. (zu § 9 II 2 AGBG). Zustimmend z. B. *Palandt/Grüneberg* Rz 58.

4 BGH NJW 2002, 2470, 2472 (zu § 9 II 2 AGBG).

5 BGH NJW 2002, 2470, 2472 (zu § 9 II 2 AGBG).

6 In diesem Sinne BGH NJW 2002, 2470, 2472 (zu § 9 II 2 AGBG).

54 **aa) Unzumutbarkeit der außergerichtlichen Geltendmachung.** Soweit es speziell um die Zumutbarkeit außergerichtlicher Subsidiaritätsklauseln geht, liefert der Wortlaut der dritten Variante des § 309 Nr. 8 b aa eine wichtige Hilfe bei der Konkretisierung der Zumutbarkeitsgrenze: Wenn eine Obliegenheit zur vorherigen gerichtlichen Inanspruchnahme eines Dritten generell unwirksam sein soll, dann wird man eine Obliegenheit zu vorgerichtlichen Schritten gegen einen Dritten nur insoweit für wirksam halten können, als sich das abverlangte Verhalten im Rahmen dessen hält, was ein vernünftiger Vertragspartner unternimmt, bevor er zu dem Schluss kommt, dass eine Klage notwendig ist. Der in § 93 ZPO gegebene Maßstab, dass der Beklagte durch sein Verhalten zur Klagerhebung Anlass gegeben hat, kann dabei als Anhaltspunkt dienen. Freilich sind an die Formulierung der Klausel keine überzogenen Anforderungen zu stellen. Sieht eine Klausel z. B. vor, dass dem Verwendungsgegner Mängelrechte nur unter der Voraussetzung zustehen, dass sich die außergerichtliche Inanspruchnahme eines Dritten als erfolglos erwiesen hat, so ist diese Klausel mangels anderweitiger Anhaltspunkte dahingehend auszulegen, dass lediglich zumutbare Schritte geboten sind.

55 **bb) Informationsmangel.** Die Inanspruchnahme eines Dritten verspricht nur dann Erfolg, wenn der Verwender dem Vertragspartner die notwendigen Informationen zum reibungslosen außergerichtlichen Vorgehen gegen den Dritten mitteilt. Daher ist eine Subsidiaritätsklausel grundsätzlich dahingehend auszulegen, dass die Eigenhaftung des Verwenders wiederauflebt, wenn der Verwender dem anderen Vertragsteil nicht die zur Inanspruchnahme des Dritten erforderlichen Informationen zur Verfügung stellt.[1] Auf ein Verschulden kommt es insofern nicht an.[2] Insbesondere müssen Anschrift und Person des Dritten sowie der Inhalt der gegen ihn bestehenden Ansprüche und deren vertragliche Grundlagen mitgeteilt werden. Eine Subsidiaritätsklausel ist daher unangemessen, wenn, was allerdings nur bei entsprechenden Anhaltspunkten angenommen werden kann, die vorherige Inanspruchnahme auch für den Fall geboten sein soll, dass der Verwender die relevanten Informationen nicht mitteilt.

56, 57 **cc) Doppelte Subsidiarität.** Dem anderen Vertragsteil ist es nicht zumutbar, sich Ansprüche des Dritten gegen Subunternehmer abtreten zu lassen und gegen diese vorzugehen.[3] Eine Klausel, die eine solche „doppelte Subsidiarität“ vorsieht, verstößt gegen § 307.

5. Die Folgen wirksamer Subsidiaritätsklauseln

58, 59 Im Falle einer wirksamen Subsidiaritätsklausel sind die Rechte gegen den Verwender aufschiebend bedingt.[4] Der Verwendungsgegner kann jedoch seine Leistungsverweigerungsrechte, insbesondere **Zurückbehaltungsrechte,** gegen den Verwender geltend machen.[5] Der andere Vertragsteil kann auch die zur Rechtsverfolgung gegen den Dritten aufgewendeten **Kosten** nach § 670 ersetzt verlangen,

[1] Vgl. BGH NJW 1980, 282, 283: „Die subsidiäre Eigenhaftung [...] tritt schon dann ein, wenn dieser den [anderen Vertragsteil] bei der Durchsetzung der abgetretenen Ansprüche nicht hinreichend unterstützt, ihm insbesondere nicht mitteilt, dies unter Umständen auch gar nicht kann, *wer* der zunächst Verantwortliche ist.“ Ähnlich *Staudinger/Coester-Waltjen* Rz 45, der zufolge der Verwender sich auf die Subsidiaritätsklausel erst berufen kann, wenn er seine diesbezüglichen Nebenpflichten erfüllt, insbesondere alle zur Inanspruchnahme des Dritten erforderlichen Auskünfte erteilt hat.

[2] Idem.

[3] BGH NJW 1979, 2207, 2210 (zu einem noch vor Erlass des AGBG abgeschlossenen Vertrag).

[4] BGH NJW-RR 1989, 467, 467; BGH NJW-RR 1991, 342, 343; BGH NJW 1981, 2342, 2344.

[5] *Ulmer/Christensen* Rz 41; *Staudinger/Coester-Waltjen* Rz 48. Einschränkend BGH NJW 1978, 634.

wenn er sie vom Dritten nicht erlangen kann.[1] Die Haftung des Verwenders ist nur für den Fall abbedungen, dass sich der Verwendungsgegner aus den ihm gegen den Dritten eingeräumten Rechten auch tatsächlich schadlos halten kann.[2] Die Eigenhaftung des Verwenders lebt dementsprechend wieder auf, wenn die Inanspruchnahme des Dritten fehlschlägt.[3] Dies gilt auch dann, wenn der Verwender das Fehlschlagen der Bemühungen um eine Inanspruchnahme des Dritten nicht verschuldet hat.[4] Ein **Fehlschlag** ist insbesondere auch dann anzunehmen, wenn der Verwender dem anderen Vertragsteil die zur Inanspruchnahme des Dritten erforderlichen Informationen nicht zur Verfügung stellt oder stellen kann.[5] Auch dann, wenn die Inanspruchnahme des Dritten unzumutbar ist, lebt die Eigenhaftung des Verwenders wieder auf. An der Zumutbarkeit der Inanspruchnahme eines Dritten fehlt es, wenn der Dritte z. B. wegen Geschäftsaufgabe oder wegen Vermögenslosigkeit zur Gewährleistung nicht in der Lage ist[6] oder wenn Ansprüche gegen den Dritten nicht oder nicht mehr bestehen oder vom Dritten die Einrede der Verjährung erhoben werden kann.[7] Gleiches gilt, wenn der Verwender den anderen Teil bei der Durchsetzung der Ansprüche nicht hinreichend unterstützt.[8] Allerdings können Ansprüche gegen den Verwender nach der Rechtsprechung entfallen, wenn durch ein Verschulden des anderen Vertragsteils die Ansprüche gegen den Dritten nicht durchgesetzt werden können,[9] insbesondere deren Verjährung schuldhaft nicht verhindert wurde.[10] Richtigerweise geht es in den genannten Fällen um eine Anwendung des § 162 II. Mit Blick auf die Verjährung der Ansprüche gegen den Verwender gilt: Da die Rechte gegen den Verwender bis zum Scheitern der Inanspruchnahme des Dritten aufschiebend bedingt sind, entstehen sie erst in dem Zeitpunkt in welchem die Inanspruchnahme des Dritten fehlschlägt, so dass in diesem Zeitpunkt auch die Verjährung beginnt.[11]

IV. Verhältnis zu anderen Vorschriften

1. § 307

§ 307 ist neben § 309 Nr. 8 b aa anwendbar. Allerdings sind die Wertungen des § 309 Nr. 8 b aa bei der Anwendung des § 307 in Rechnung zu stellen. Eine außergerichtliche Subsidiaritätsklausel ist daher grundsätzlich mit § 307 vereinbar (s. Rz 49 ff.). 60

---

1 BGH NJW 1984, 2573, 2574.

2 BGH NJW 1980, 282, 283, BGH NJW 1984, 2573, 2574.

3 BGH NJW 1980, 282, 283.

4 BGH NJW 1980, 282, 283.

5 BGH NJW 1980, 282, 283.

6 BGH NJW 1979, 2207, 2210.

7 BGH NJW 1982, 169, 170.

8 BGH NJW 1980, 282, 283; BGH NJW-RR 1991, 342, 343.

9 BGH NJW 1979, 2207, 2210; *Staudinger/Coester-Waltjen* Rz 47.

10 BGH NJW-RR 1991, 342, 343: „Die subsidiäre Haftung des Veräußerers lebt nicht wieder auf, wenn die Inanspruchnahme eines Dritten aus Gründen scheitert, die der Erwerber selbst zu vertreten hat." Ebenso *Staudinger/Coester-Waltjen* Rz 47.

11 BGH NJW 1981, 2433, 2434 (zu § 198 BGB a.F.). Der BGH weist allerdings in dieser Entscheidung darauf hin, dass sich auch bei einer Anwendung des § 202 BGB a.F., der zum Teil der Regelung des heutigen § 205 entspricht, kein anderes Ergebnis ergäbe. In der Literatur wird die Auffassung vertreten, dass die Rechte des Anspruchsgegners nur gehemmt seien. S. z. B. *Löwe/von Westphalen* Rz 40; *Staudinger/Coester-Waltjen* Rz 48.

2. § 309 Nr. 7

61 § 309 Nr. 7 ist neben § 309 Nr. 8 b aa anwendbar.

3. § 309 Nr. 8 b ee

62 Ausschlussfristen für die Geltendmachung von Mängelrechten stellen keinen Ausschluss im Sinne des § 309 Nr. 8 b aa dar (s. Rz 17, 26). Sie sind vielmehr an den §§ 307, 309 Nr. 7, 309 Nr. 8 b ee zu messen.

4. § 309 Nr. 8 b ff

63 Die Verkürzung der für Mängelrechte geltenden Verjährungsfristen stellt keinen Ausschluss im Sinne des § 309 Nr. 8 b aa dar (s. Rz 17, 26). Entsprechende Klauseln unterliegen jedoch der Kontrolle nach §§ 307, 309 Nr. 7, 309 Nr. 8 b ff.

5. § 309 Nr. 12

64 Klauseln, die die Beweislast zulasten des Verwendungsgegners verändern, stellen keinen Ausschluss im Sinne des § 309 Nr. 8 b aa dar. Sie sind vielmehr an § 309 Nr. 12 zu messen (s. Rz 27).

6. § 309 Nr. 13

65 Formerfordernisse, die für die Ausübung von Mängelrechten gelten, stellen keinen Ausschluss im Sinne des § 309 Nr. 8 b aa dar. Einschlägig sind vielmehr die §§ 307, 309 Nr. 13 (s. Rz 17).

V. Geltung zwischen Unternehmern

1. Schutz des Verwendungsgegners nach § 478 IV, V

70 Mit Blick auf den unternehmerischen Verkehr ist zunächst auf den Schutz zu verweisen, der dem Verwendungsgegner durch § 478 IV, V zuteil werden kann.

2. Schutz des Verwendungsgegners nach § 307

71 § 309 Nr. 8 b aa gilt nicht unmittelbar für AGB, die gegenüber Unternehmern verwandt werden (§ 310 I 1). Allerdings sind Klauseln, die die in §§ 437, 634 genannten Rechte ausschließen oder beschränken, an § 307 zu messen. Dabei gelten folgende Grundsätze:

72 **a) Keine Indizwirkung.** Eine Indizwirkung des § 309 Nr. 8 a bb ist nicht anzuerkennen. Denn aufgrund ihrer größeren Geschäftsgewandtheit sind Unternehmer eher als Verbraucher in der Lage zu beurteilen, inwiefern sie des Schutzes durch die gesetzlichen Gewährleistungsvorschriften bedürfen. Bedarf es demnach jeweils einer Abwägung, so lassen sich doch eine Reihe genereller Leitlinien aufstellen.

73 **b) Ausschluss von Mängelrechten.** Mit Blick auf den Ausschluss von Gewährleistungsrechten ist zu differenzieren:

74 **aa) Kein genereller Ausschluss.** Auch im unternehmerischen Verkehr ist ein totaler und genereller Ausschluss der in den §§ 437, 634 genannten Rechte unzulässig.[1] Denn die Existenz irgendwelcher Mängelrechte ist zur Wahrung des Gleich-

[1] Ebenso *Staudinger/Coester-Waltjen* Rz 52.

gewichts von Leistung und Gegenleistung und damit zur Wahrung der Vertragsgerechtigkeit unentbehrlich. Das Vorhandensein von Mängelrechten gehört demnach zu den Grundgedanken der gesetzlichen Regelung.[1]

bb) Schadensersatzansprüche. Besonderheiten gelten mit Blick auf solche Klauseln, die den in §§ 437 Nr. 3, 634 Nr. 3 genannten Anspruch auf Schadensersatz ausschließen. Insofern kann auf die Ausführungen zu haftungsbeschränkenden Klauseln verwiesen werden.[2] Der Schadensersatzanspruch bei schuldhaft versäumter Nachbesserung kann grundsätzlich ausgeschlossen werden, wenn dem Besteller stattdessen die Möglichkeit der Minderung oder ein Rücktrittsrecht eingeräumt ist.[3] Dies gilt jedoch nicht, wenn eine Ausübung des Rücktrittsrechts aus praktischen Gründen nicht in Betracht kommt.[4] **75**

cc) Beschränkung auf einzelne Rechte. Nach dem oben Gesagten ist es gegenüber Verbrauchern grundsätzlich zulässig, den Verwendungsgegner auf eines der in den §§ 437, 634 genannten Mängelrechte zu beschränken.[5] Dies gilt aber nur, wenn erstens sichergestellt ist, dass der Verbraucher in allen Fällen, in denen er nach dem Gesetz über ein Mängelrecht verfügt, auch nach der Klausel ein Mängelrecht ausüben kann. Die Beschränkung auf Schadensersatz (§§ 437 Nr. 3, 634 Nr. 4) ist daher gegenüber Verbrauchern unzulässig.[6] Darüber hinaus muss das dem Verwendungsgegner belassene Mängelrecht in seinem gesetzlichen Umfang zur Verfügung stehen, darf also nicht zusätzlich eingeschränkt werden.[7] Auf den unternehmerischen Verkehr sind diese Grundsätze nur zum Teil übertragbar. Auch im unternehmerischen Verkehr unzulässig ist eine Klausel, die die in den §§ 437, 634 genannten Rechte generell von einem Verschulden des Unternehmers abhängig macht. Nach § 307 unwirksam ist daher z. B. eine Klausel, die die Gewährleistung auf einen Nachbesserungsanspruch beschränkt, der nur bei Verschulden gegeben ist.[8] Auf der anderen Seite wird man gegenüber Unternehmern keine generelle Vorgabe des Inhalts anerkennen können, dass das dem Verwendungsgegner belassene Mängelrecht den vom Gesetz vorgegebenen Umfang behält. **76–78**

c) Beschränkung auf Rechte gegen Dritte. Die völlige Freistellung des Verwenders durch Einräumung von Mängelrechten gegen Dritte ist auch gegenüber Unternehmern grundsätzlich nicht wirksam möglich, sofern die Haftung des Verwenders nicht im Falle eines Scheiterns der Inanspruchnahme des Dritten wiederaufleben soll.[9] Allerdings muss es ausreichen, dass sich die subsidiäre Haftung des **79**

---

[1] Vgl. BGH NJW 1981, 1510, 1511 (zu § 9 AGBG und zum kaufm. Verkehr): Unwirksamkeit einer Klausel in einem Werkvertrag, die im Ergebnis dazu führt, dass die Gewährleistungsfrist für Mängel bei Arbeiten an Bauwerken auf sechs Monate ab Erhalt der Leistung verkürzt wird, weil sie „in vielen Fällen zu einer Verjährung des Schadensersatzanspruchs vor Entdeckung des Mangels führen würde".

[2] S. § 309 Nr. 7 Rz 135 ff.

[3] In diesem Sinne BGHZ 70, 240, 242 (zu einem vor Erlass des AGBG abgeschlossenen Vertrag); BGH NJW 1979, 2095, 2095 (zu einem vor Erlass des AGBG abgeschlossenen Vertrag).

[4] Vgl. BGH BB 1980, 13.

[5] S. Rz 14 ff.

[6] S. Rz 16.

[7] S. Rz 18.

[8] Vgl. auch BGH NJW-RR 1993, 560, 561 (zu § 9 AGBG und zum kaufm. Verkehr). Dort ging es zwar um eine Klausel, nach der die Gewährleistungshaftung auf grobe Fahrlässigkeit beschrankt werden sollte. Aufschlussreich ist jedoch die Begründung, mit der der BGH die Wirksamkeit der Klausel verneinte. Namentlich argumentierte der BGH, dass eine solche Regelung „mit den Grundgedanken der gesetzlichen Regelung, die von einer verschuldensunabhängigen Haftung des Unternehmers ausgehen, unvereinbar ist (§ 9 II Nr. 1 AGB-Gesetz)".

[9] *Staudinger/Coester-Waltjen* Rz 53; *Palandt/Grüneberg* Rz 60. Tendenziell großzügiger aber *Ulmer/Hensen* § 11 Nr. 10 Rz 27: Die volle Ersetzung der Eigenhaftung durch Abtretung von Ansprüchen gegen Dritte kann nicht von vornherein als stets unzulässig angesehen werden.

Verwenders der Klausel im Wege der Auslegung entnehmen lässt.[1] Zulässig ist es zudem, den Verwendungsgegner hinsichtlich der Nacherfüllung an einen Dritten zu verweisen, wenn gegen den Verwender subsidiär die Möglichkeit des Rücktritts oder der Minderung erhalten bleibt. Auch die vorherige gerichtliche Inanspruchnahme des Dritten kann zwischen Unternehmern verlangt werden,[2] da von Unternehmern eher der Umgang mit Gerichten erwartet werden kann.

80 **d) Erweiterungen der Gewährleistung.** Dehnt der Verwender z. B. in Einkaufsbedingungen oder in Auftragsbedingungen bei Vergabe von Bauleistungen die Mängelhaftung des anderen Teils über die gesetzlichen Bestimmungen hinaus aus, so ist auch zwischen Unternehmern eine Inhaltskontrolle nach § 307 erforderlich. Zu den Grundgedanken der gesetzlichen Mängelhaftung gehört insbesondere auch, dass der Unternehmer nicht für den Risikobereich des Auftraggebers oder Dritter einzustehen hat. Eine Klausel, durch die der Bauherr dem Unternehmer entgegen § 13 Nr. 3 mit § 4 Nr. 3 VOB/B das Risiko für Fehler des von seinem Architekten vorgeschriebenen Materials auferlegt, ist deshalb nach § 307 unwirksam.[3]

---

[1] A. A. *Palandt/Grüneberg* Rz 60, dem zufolge die Klausel ausdrücklich die subsidiäre Haftung des Verwenders vorsehen muss.

[2] Wie hier *Staudinger/Coester-Waltjen* Rz 54 („nur in Ausnahmefällen eine unangemessene Benachteiligung"); *Ulmer/Christensen* Rz 49; a. A. aber *Löwe/von Westphalen* § 11 Nr. 10 Rz 51.

[3] OLG Düsseldorf BauR 1985, 361 (zu § 9 AGBG).

§ 309 Klauselverbote ohne Wertungsmöglichkeit

Auch soweit eine Abweichung von den gesetzlichen Vorschriften zulässig ist, ist in Allgemeinen Geschäftsbedingungen unwirksam

8. (Sonstige Haftungsausschlüsse bei Pflichtverletzung)

b) (Mängel)

eine Bestimmung, durch die bei Verträgen über Lieferungen neu hergestellter Sachen und über Werkleistungen

bb) (Beschränkung auf Nacherfüllung)

die Ansprüche gegen den Verwender insgesamt oder bezüglich einzelner Teile auf ein Recht auf Nacherfüllung beschränkt werden, sofern dem anderen Vertragsteil nicht ausdrücklich das Recht vorbehalten wird, bei Fehlschlagen der Nacherfüllung zu mindern oder, wenn nicht eine Bauleistung Gegenstand der Mängelhaftung ist, nach seiner Wahl vom Vertrag zurückzutreten.

Inhaltsübersicht

I. Zweck und Allgemeines

§ 309 Nr. 8 b bb gilt für solche Klauseln, die die Mängelrechte des Verwendungsgegners auf ein Nacherfüllungsrecht beschränken. Für diesen Fall zielt die Vorschrift darauf ab, dem Verwendungsgegner mit dem Minderungs- sowie dem Rücktrittsrecht diejenigen Mängelrechte zu erhalten, die bei einem Scheitern der Nachbesserung oder Ersatzlieferung am ehesten geeignet sind, die infolge des Mangels bestehende Störung des Äquivalenzverhältnisses zu beseitigen. Ohne diese Rechtsbehelfe wäre der Kunde unter Umständen rechtlos gestellt.[1] Denn ein Scha- **1, 2**

[1] BT-Drs. 7/3919 S. 34.

densersatzanspruch im Sinne der §§ 437 Nr. 3, 634 Nr. 4 setzt Verschulden auf Seiten des Verwenders voraus, woran es im Einzelfall fehlen mag. Und der Verweis auf weitere Nacherfüllungsbemühungen des Verwenders wird dem Kunden oftmals nicht zumutbar sein. Zur begrenzten praktischen Bedeutung der Vorschrift siehe Vorbemerkung zu § 309 Nr. 8 b Rz 2.[1]

II. Tatbestand

1. Verträge über Lieferung neu hergestellter Sachen und über Werkleistungen

3 § 309 Nr. 8 b bb gilt nur für Verträge über neu hergestellte Sachen und über Werkleistungen. Siehe zu diesen Merkmalen Vorbemerkung zu § 309 Nr. 8 b Rz 4 ff.

2. Beschränkung auf Nacherfüllung

4 Die Anwendung des § 309 Nr. 8 b bb setzt ferner voraus, dass die Ansprüche gegen den Verwender auf ein Recht auf Nacherfüllung beschränkt werden. Diese Formulierung erweist sich in hohem Maße als konkretisierungsbedürftig.

5 **a) Recht auf Nacherfüllung.** Der Wortlaut des § 309 Nr. 8 b bb scheint die Anwendung dieser Vorschrift davon abhängig zu machen, dass dem Verwendungsgegner ein Recht auf Nacherfüllung belassen wird. Mit dem Begriff der Nacherfüllung nimmt die Vorschrift auf die §§ 439, 635 Bezug. Indessen darf § 309 Nr. 8 b bb nicht dahin gehend verstanden werden, dass diese Regelung nur dann Anwendung finden kann, wenn das Nacherfüllungsrecht des Verwendungsgegners unangetastet bleibt. Eine solche Auslegung würde nämlich zu dem absurden Ergebnis führen, dass derjenige Verwender, der alle anderen Rechte des Verwendungsgegners ausschließt und darüber hinaus selbst das Nacherfüllungsrecht noch beschneidet, im Rahmen des § 309 Nr. 8 b bb[2] besser behandelt wird als derjenige Verwender, der zumindest das Nacherfüllungsrecht in keiner Weise einschränkt.[3] Richtigerweise ist daher zu differenzieren: § 309 Nr. 8 b bb kann schon dann Anwendung finden, wenn dem Verwendungsgegner das Recht auf Nacherfüllung zumindest unter bestimmten Voraussetzungen und zumindest teilweise verbleibt. Wird ihm das Recht auf Nacherfüllung gänzlich genommen, ist § 309 Nr. 8 b bb zwar nicht anwendbar. Doch ist eine Klausel, die dem Verwender in einzelnen Situationen nicht nur die anderen Mängelrechte, sondern auch das Nacherfüllungsrecht nimmt, zumindest nach § 309 Nr. 8 b aa unwirksam (s. § 309 Nr. 8 b aa Rz 17). Nach dem Gesagten kann § 309 Nr. 8 b bb beispielsweise dann Anwendung finden, wenn eine Klausel

---

[1] Speziell zu § 309 Nr. 8 b bb siehe außerdem BT-Drs. 14/6040, S. 158: „Die Vorschrift läuft freilich bei allen Verbrauchsgüterkaufverträgen leer [. . .].“

[2] Nach richtiger Auffassung ist die Klausel schon nach § 309 Nr. 8 b aa unwirksam, wenn dem Verwendungsgegner nicht zumindest ein Mangelrecht in seinem gesetzlichen Umfang belassen wird. S. § 309 Nr. 8 b aa Rz 18. Das macht den Rekurs auf § 309 Nr. 8 b bb jedoch nicht überflüssig. Denn § 309 Nr. 8 b bb greift nach richtiger Auffassung schon dann ein, wenn zumindest in bestimmten Konstellationen nur das Nacherfüllungsrecht besteht.

[3] Hinzu kommt, dass § 309 Nr. 8 b bb leicht umgangen werden könnte, wenn man diese Vorschrift nur dann anwenden wollte, wenn dem Verwendungsgegner das Recht auf Nacherfüllung in vollem Umfang belassen wird. Ferner ist zu berücksichtigen, dass § 309 Nr. 8 b bb gerade solche Klauseln verbietet, die die beim Fehlschlagen der Nacherfüllung bestehenden Rechte einschränken. Folglich kann es nicht zu den Anwendungsvoraussetzungen des § 309 Nr. 8 bb gehören, dass das Nacherfüllungsrecht dem Kunden in vollem Umfang erhalten bleibt.

vorsieht, dass der Kunde im Falle eines Mangels eines gekauften Geräts lediglich einen Anspruch auf „Austausch defekter Komponenten" hat.

b) Beschränkung der Ansprüche gegen den Verwendungsgegner. § 309 Nr. 8 b bb setzt außerdem voraus, dass die Ansprüche gegen den Verwendungsgegner auf ein Recht auf Nacherfüllung beschränkt werden. Zum Begriff des **Anspruchs** gilt das zu § 309 Nr. 8 b aa Gesagte.[1] Es bleibt die Frage, was unter einer Beschränkung auf ein Recht auf Nacherfüllung zu verstehen ist. 6–8

aa) Ausschluss der übrigen Rechte in einzelnen Fallgestaltungen ausreichend. Bei der Auslegung dieses Merkmals kommen im Grundsatz zwei Möglichkeiten in Betracht. So ist zunächst denkbar, nur dann von einer Beschränkung auf ein Recht auf Nacherfüllung auszugehen, wenn zumindest bezüglich einzelner Teile alle anderen Mangelrechte generell und vollständig ausgeschlossen sind. Eine solche Interpretation hätte jedoch die wenig plausible Folge, dass der Verwender die Anwendung des § 309 Nr. 8 b bb schon dadurch vermeiden könnte, dass er dem Verwendungsgegner auch ein anderes Recht wie z. B. das Minderungsrecht belässt, dieses aber von sehr engen, im Gesetz nicht vorgesehenen Voraussetzungen abhängig macht und auf diese Weise praktisch entwertet. Vorzugswürdig erscheint es daher, immer schon dann von einer Beschränkung auf ein Recht auf Nacherfüllung auszugehen, wenn die Klausel dazu führen kann, dass der Verwendungsgegner in bestimmten Fallkonstellationen auf ein Recht auf Nacherfüllung beschränkt ist, obwohl ihm nach dispositivem Recht auch andere Rechte zustünden. Für diese zweite Auslegung spricht auch ein weiteres Argument. Namentlich gilt es zu bedenken, dass § 309 Nr. 8 b bb nach seinem Wortlaut schon dann Anwendung finden soll, wenn der Verwendungsgegner „bezüglich einzelner Teile" auf ein Recht auf Nacherfüllung beschränkt wird. Es wäre kaum plausibel, wollte man § 309 Nr. 8 b bb zwar dann anwenden, wenn die übrigen Mängelrechte dem Verwendungsgegner im Wesentlichen belassen und nur mit Blick auf einzelne Teile ausgeschlossen werden, die Vorschrift des § 309 Nr. 8 b bb aber andererseits unangewendet lassen, wenn dem Verwendungsgegner im Wesentlichen nur ein Recht auf Nacherfüllung eingeräumt und ihm daneben z. B. nur ein partielles, kaum relevantes Minderungsrecht belassen wird. Hinzu kommt, dass die §§ 437, 634 auch die dort genannten Schadensersatzansprüche zu den Mängelrechten zählen. Diese Schadensersatzansprüche können aber schon wegen § 309 Nr. 7 niemals generell ausgeschlossen werden. Dementsprechend würde § 309 Nr. 8 b bb leer laufen, wollte man diese Vorschrift nur dann anwenden, wenn der Verwender alle anderen Rechte als das Recht auf Nacherfüllung generell und vollständig ausschließt. Die hier vertretene Auffassung entspricht zudem der Rechtsprechung zu § 11 Nr. 10 a AGBG (§ 309 Nr. 8 b aa). Insofern hat der **BGH** einen Ausschluss der Rechte des Verwendungsgegners schon dann angenommen, wenn diese unter bestimmten Voraussetzungen ausgeschlossen wurden.[2] Entscheidend ist also, ob dem Verwendungsgegner zumindest in bestimmten Situationen von den nach dem Gesetz vorgesehenen Rechten nur das Recht auf Nacherfüllung zur Verfügung steht. Dabei ist zu beachten, dass es allein auf die Mängelrechte im Sinne des Gesetzes ankommt. Die vertragliche Einräumung zusätzlicher Ansprüche steht daher der Anwendung des § 309 Nr. 8 b bb nicht entgegen, wenn dem Verwendungsgegner von den gesetzlichen Ansprüchen nur das Nacherfüllungsrecht belassen wird.[3] 9

---

1 S. § 309 Nr. 8 b aa Rz 5.

2 BGH NJW 1980, 831, 832 (zu § 11 Nr. 10 a AGBG).

3 A. A. OLG Düsseldorf NJW-RR 1992, 824, 825: Auch eine unselbstständige Garantie des Verkäufers, deren Frist über die Verjährungsfrist für die gesetzliche Gewährleistung hinausgehe, müsse dem Maßstab des § 11 Nr. 10 lit. b AGBG (§ 309 Nr. 8 b bb) genügen.

10–19 **bb) Maßgeblichkeit des Klauselinhalts.** Ob die Klausel den Verwendungsgegner in dem genannten Sinne (s Rz 6 ff) auf ein Recht auf Nacherfüllung beschränkt, ist im Wege der Auslegung (§§ 133, 157, 305c II) zu ermitteln. Eine Beschränkung liegt nicht nur vor, wenn die übrigen Mängelrechte in bestimmten Situationen ausdrücklich ausgeschlossen werden, sondern auch dann, wenn dies konkludent geschieht. Kein konkludenter Ausschluss von Rücktritt, Minderung und Schadensersatz kann aber beispielsweise dann angenommen werden, wenn in einem Werkvertrag vorgesehen ist, dass der Unternehmer das Recht hat, die Schadensbeseitigung in Form der Mängelbeseitigung selbst vorzunehmen.[1]

3. Vorbehalt des Minderungs- und Rücktrittsrechts

20 Die Beschränkung auf ein Recht auf Nacherfüllung ist nach § 309 Nr. 8 b bb nur dann wirksam, wenn die Klausel dem Verwender ausdrücklich das Recht vorbehält, bei Fehlschlagen der Nacherfüllung zu mindern oder, wenn nicht eine Bauleistung Gegenstand der Mängelhaftung ist, nach seiner Wahl vom Vertrag zurückzutreten.

21 **a) Fehlschlagen der Nacherfüllung.** Den Begriff des Fehlschlagens wird man weit interpretieren müssen.

22 **aa) Fehlschlagen i. S. der §§ 460, 636.** Ein Fehlschlagen der Nacherfüllung ist zunächst dann anzunehmen, wenn ein Fehlschlagen im Sinne der §§ 440, 636 gegeben ist.

23 **α) Verweigerung.** Fehlgeschlagen ist die Nacherfüllung insbesondere dann, wenn sie **unberechtigt verweigert** wird.[2] Eine unberechtigte Verweigerung der Nachbesserung ist im Regelfall schon dann gegeben, wenn die Mangelhaftigkeit bestritten wird. Die vollständige Ablehnung jeglicher Nacherfüllung ist nicht erforderlich. Vielmehr reicht es für die Annahme einer Nacherfüllungsverweigerung aus, wenn der Verwender nur zu einer Nachbesserung bereit ist, die zum Nachteil des Kunden von den gesetzlichen Vorschriften abweicht, indem der Verwender z. B. nur zur Nachbesserung gegen Kostenerstattung bereit ist. Eine unberechtigte Verweigerung liegt auch vor, wenn die Nachbesserung vom Abschluss eines dem Kunden irgendwie nachteiligen Vertrags, insbesondere auch eines Reparaturvertrags, abhängig gemacht wird.[3] Der Verkäufer eines Neuwagens muss die Weigerung einer anderen Vertragswerkstatt, bei der er den Käufer zur Geltendmachung des Nachbesserungsanspruchs ermächtigt hat, gegen sich gelten lassen.[4]

24 **β) Verzögerung.** Ein Fehlschlagen im Sinne des § 309 Nr. 8 bb ist auch im Falle der **unzumutbaren Verzögerung** oder gänzlichen Unterlassung der Nachbesserung oder Ersatzlieferung zu bejahen.[5] Ob eine unzumutbare Verzögerung gegeben ist, hängt von der Dringlichkeit des Gebrauchs wie von den Schwierigkeiten bei der Organisation und Durchführung der Nachbesserung oder Ersatzlieferung ab. Sofern ein normaler Kundendienst erwartet werden kann, wird im Allgemeinen spätestens nach dreiwöchigem Warten eine unzumutbare Verzögerung gegeben sein. Im Einzelnen können die für unangemessen lange Nachfristen nach § 308 Nr. 2 maßgebenden Gesichtspunkte Berücksichtigung finden.

---

1 OLG Hamm NJW-RR 1992, 467, 467 (zu § 11 Nr. 10 b AGBG).
2 BGH NJW 1994, 1004, 1005 (zu § 11 Nr. 10 b AGBG).
3 OLG Köln NJW-RR 1986, 151, 151 (zu § 11 Nr. 10 b AGBG). Zustimmend *Palandt/Grüneberg* Rz 62.
4 BGH NJW 1991, 1882, 1883.
5 BGH NJW 1994, 1004, 1005 (zu § 11 Nr. 10 b AGBG). Ebenso schon BT-Drs. 7/3919 S. 34.

γ) **Vergeblicher Versuch.** Ein Fehlschlag kann sich auch daraus ergeben, dass der Verwender die Nacherfüllung vergeblich versucht hat.[1] Im Falle eines Kaufvertrags ist insofern gemäß § 440 S. 2 jedenfalls ab dem zweiten vergeblichen Nachbesserungsversuch ein Fehlschlag anzunehmen. Indessen ist diese Aussage nicht umkehrbar. Auch bei weniger als zwei Nachbesserungsversuchen kann ein Fehlschlag gegeben sein.[2] 25

bb) Weitere Fälle des Fehlschlagens. Der Begriff des Fehlschlagens in § 309 Nr. 8 b bb erfasst jedoch auch solche Fälle, die nicht als Fehlschlagen im Sinne der §§ 440, 636 eingestuft werden können. 26

α) **Unzumutbarkeit.** Dies gilt zunächst für den Fall der Unzumutbarkeit der Nacherfüllung. Vor der Schuldrechtsreform hat die Rechtsprechung ein Fehlschlagen im Sinne der Vorgängerregelung (§ 11 Nr. 10 b AGBG) auch dann angenommen, wenn die Nacherfüllung dem Kunden unzumutbar war.[3] Die Konstellation der Unzumutbarkeit der Nacherfüllung kann jedoch nach neuem Recht im Rahmen der §§ 440, 636 nicht mehr unter das Merkmal des Fehlschlagens der Nacherfüllung subsumiert werden. Denn in diesen Normen wird die Unzumutbarkeit ausdrücklich neben dem Fehlschlag als separates Merkmal genannt. Gleichwohl wird man § 309 Nr. 8 b bb dahingehend verstehen müssen, dass ein Fehlschlagen im Sinne dieser Regelung auch bei Unzumutbarkeit der Nacherfüllung vorliegt.[4] Denn wenn die §§ 440, 636 neben dem Fehlschlagen der Nacherfüllung auch die Unzumutbarkeit nennen, dann gerade deshalb, weil diese beiden Fälle gleichgestellt werden sollen. Dass diese Änderung nicht auch im Wortlaut des § 309 Nr. 8 b bb zum Ausdruck gekommen ist, stellt wohl nur ein Formulierungsdefizit dar. Denn es liegen keine Anhaltspunkte dafür vor, dass der Gesetzgeber den Fall der Unzumutbarkeit in § 309 Nr. 8 b bb in Abkehr von der Rechtsprechung zum AGB-Gesetz nicht erfasst wissen wollte.[5] 27

β) **§§ 439 III, 635 III.** Auch die berechtigte Verweigerung der Nacherfüllung gemäß §§ 439 III, 635 III kann nicht als Fehlschlagen im Sinne der §§ 440, 436 interpretiert werden, da sie in diesen Vorschriften gesondert neben dem Merkmal des Fehlschlagens genannt ist. Gleichwohl ist davon auszugehen, dass der Begriff des Fehlschlagens in § 309 Nr. 8 b bb auch die Fälle der berechtigten Verweigerung der Nacherfüllung erfasst. Auch dies lässt sich mit der Wertung der §§ 439 III, 635 III begründen, die die berechtigte Nacherfüllungsverweigerung dem Fehlschlagen gerade gleichstellen. Zudem muss verhindert werden, dass die AGB den Kunden im Falle einer berechtigten Verweigerung der Nacherfüllung rechtlos stellen. 28

γ) **Unmöglichkeit.** Ferner wurde ein Fehlschlagen nach altem Recht auch im Falle der subjektiven oder objektiven Unmöglichkeit der Nacherfüllung angenommen.[6] Auch die Konstellation der Unmöglichkeit der Nacherfüllung lässt sich freilich nicht mehr als Fehlschlagen im Sinne der §§ 440, 636 einstufen. Denn die Unmöglichkeit der Nacherfüllung führt nicht zur Entbehrlichkeit der Fristsetzung nach den §§ 440, 636. Vielmehr richten sich die Rechte des Kunden in diesem Falle nach den §§ 283, 311a, 326. Gleichwohl gilt auch hier, dass dem Kunden zumindest die Rechte auf Minderung oder Rücktritt erhalten werden müssen, soll ein Verstoß gegen § 309 Nr. 8 b bb vermieden werden. 29

---

1 BGH NJW 1994, 1004, 1005 (zu § 11 Nr. 10 b AGBG).
2 Vgl. BGH NJW 1998, 677, 678: Im Einzelfall selbst ein zweiter Nachbesserungsversuch unzumutbar.
3 BGH NJW 1994, 1004, 1005 (zu § 11 Nr. 10 b AGBG).
4 Ebenso i.E. *Palandt/Grüneberg* Rz 62.
5 Der Gesetzesentwurf geht auf die hier diskutierte Problematik nicht ein. S. BT-Drs. 14/6040, S. 158.
6 BGH NJW 1994, 1004, 1005 (zu § 11 Nr. 10 b AGBG).

30 **b) Vorbehalt von Minderungs- und Rücktrittsrecht.** Für den Fall des Fehlschlagens der Nacherfüllung muss die Klausel dem Verwendungsgegner das Minderungs- und grundsätzlich auch das Rücktrittsrecht vorbehalten.

31 **aa) Minderungsrecht.** Das Minderungsrecht muss in jedem Falle, also auch bei Bauleistungen, in seinem gesetzlichen Umfang vorbehalten werden. Versieht die Klausel das für den Fall des Fehlschlagens der Nacherfüllung gewährte Minderungsrecht mit wie auch immer gearteten Einschränkungen oder modifiziert sie es anderweitig zulasten des Verbrauchers, so sind die Anforderungen des §§ 309 Nr. 8 b bb nicht gewahrt. Etwas anderes gilt nur, sofern sich aus dem Vorrang anderer Klauselverbote ergibt, dass die relevanten Beschwernisse nicht als Einschränkungen des Minderungsrechts angesehen werden dürfen. Dies gilt für Ausschlussfristen (wegen § 309 Nr. 8 b ee), Verjährungsfristen (wegen § 309 Nr. 8 b ff), beweisrechtliche Regelungen (wegen § 309 Nr. 12) und Formerfordernisse (wegen § 309 Nr. 13).

32 **bb) Rücktrittsrecht.** Auch das Rücktrittsrecht muss für den Fall des Fehlschlagens der Nacherfüllung in seinem gesetzlichen Umfang vorbehalten werden. Wird es hinsichtlich seiner Voraussetzungen oder Rechtsfolgen zulasten des Kunden modifiziert, wird die Klausel den Vorgaben des § 309 Nr. 8 b bb nicht gerecht. Auch insofern liegt allerdings kein Verstoß gegen § 309 Nr. 8 b bb vor, wenn sich aus dem Vorrang anderer Klauselverbote ergibt, dass die relevanten Beschwernisse nicht als Einschränkungen des Rücktrittsrechts angesehen werden dürfen. Relevant wird dies wiederum für Ausschlussfristen (wegen § 309 Nr. 8 b ee), Verjährungsfristen (wegen § 309 Nr. 8 b ff), beweisrechtliche Regelungen (wegen § 309 Nr. 12) und Formerfordernisse (wegen § 309 Nr. 13). Zudem gilt die Regelung, dass dem Kunden für den Fall des Fehlschlagens das Rücktrittsrecht vorbehalten werden muss, nicht ohne Ausnahmen:

33 **α) Ausnahme für Bauleistungen.** So findet der Grundsatz, dass für den Fall des Fehlschlagens der Nacherfüllung ein Rücktrittsrecht vorzubehalten ist, nach dem ausdrücklichen Wortlaut des § 309 Nr. 8 b bb keine Anwendung, wenn eine Bauleistung Gegenstand der Mängelhaftung ist. Bauleistungen sind alle Arbeiten an einem Bauwerk, wobei ein Bauwerk als eine im Sinne von § 638 mit dem Erdboden verbundene Sache definiert werden kann.[1] Es muss sich um Tätigkeiten handeln, die das Bauwerk unmittelbar schaffen. Die im Rahmen eines Bauträgervertrages erbrachten Leistungen sind daher keine Bauleistungen im Sinne des § 309 Nr. 8 b bb.[2] Wenn in einem Kaufvertrag über eine Eigentumswohnung eine Renovierungspflicht des Verkäufers vorgesehen ist, soll es sich dabei ebenfalls nicht um eine Bauleistung handeln, so dass das Rücktrittsrecht für den Fall des Fehlschlagens der Nachbesserung gemäß § 309 Nr. 8 b bb nicht ausgeschlossen werden können soll.[3] Folgt man demgegenüber der hier vertretenen Auffassung, dass die für Bauleistungen geltende Ausnahmeregelung analog auf andere Werkleistungen anzuwenden ist (s. Rz 35), so kommt man zu dem Schluss, dass das Rücktrittsrecht zumindest insoweit ausgeschlossen werden kann, als es um das Fehlschlagen der Nacherfüllung hinsichtlich der Verpflichtung zur Errichtung des Bauwerks geht.

34 **β) Grund der Ausnahme.** Die für Bauleistungen geltende Ausnahme wird ganz überwiegend damit erklärt, dass eine Zerstörung wirtschaftlicher Werte verhindert[4] und ein wegen § 94 gegebenenfalls erforderlicher Eingriff in fremdes

1 Vgl. BGH NJW 1971, 2219, 2219. Dort begründet der BGH die Einstufung eines Rohrbrunnens als Bauwerk unter Hinweis auf die „innige Verbindung der Rohre mit der Erde".

2 BGH NZBau 2006, 781 unter II. 3 = NZM 2006, 902 (zu § 11 Nr. 10 b); BGH NJW 2002, 511, 511 (zu § 11 Nr. 10 b AGBG); OLG Hamm NJW-RR 1998, 1031, 1032 (zu § 11 Nr. 10 b AGBG).

3 OLG Oldenburg NJW-RR 2004, 1499, 1499.

4 S. z. B. BGH NJW 2002, 511, 511 (zu § 11 Nr. 10 b AGBG); *Bamberger/Becker* Rz 32.

Eigentum vermieden werden soll.[1] Diese Erklärung ist zwar grundsätzlich überzeugend und entspricht auch den Überlegungen des historischen Gesetzgebers,[2] doch vermag sie die Ausnahmeregelung für sich allein nicht hinreichend zu erklären. Oftmals liegt es nämlich gerade bei Bauleistungen so, dass eine Rückgewähr schon nach der Natur des Erlangten ausscheidet[3] mit der Folge, dass gemäß § 346 II Nr. 1 an die Stelle des Anspruchs auf Rückgewähr des Erlangten ein Anspruch auf Wertersatz tritt. So liegt es z. B. bei Architektenleistungen wie der Planung und Bauaufsicht.[4] Besteht aber ohnehin nur ein Anspruch auf Wertersatz, so droht weder eine Zerstörung wirtschaftlicher Werte noch ein Eingriff in fremdes Eigentum. Will man die in § 309 Nr. 8 b bb vorgesehene Ausnahmeregelung für Bauleistungen auch in diesem Fall sinnvoll erklären, so muss man einen weiteren Zweck der Ausnahmeregelung anerkennen. Dieser lässt sich wie folgt beschreiben: Wie bereits erwähnt, entziehen sich Bauleistungen der Rückgewähr, so dass der Verbraucher im Falle eines Rücktritts gemäß §§ 634 Nr. 3, 636, 323 regelmäßig Wertersatz nach § 346 II Nr. 1 zu leisten hat. Dies liefe aber im praktischen Ergebnis auf das Gleiche hinaus wie eine Minderung. Denn nach § 346 II 2 ist bei der Berechnung des Wertersatzes die Gegenleistung zu Grunde zu legen. Und im Falle mangelhafter Leistung ist die Gegenleistung nach ganz überwiegender und richtiger Auffassung entsprechend § 441 zu kürzen, um den Wert der Leistung zu berechnen.[5] Entspricht das Ergebnis des Rücktritts aber ohnehin demjenigen der Minderung, so ist der Kunde durch das Minderungsrecht hinreichend geschützt.

γ) **Analoge Anwendung.** Die vorgenannten Überlegung beansprucht aber nicht nur für Bauleistungen, sondern auch für andere Werkleistungen Geltung. Denn auch insofern liegen die Dinge in der Regel so, dass entweder eine Rückgewähr nur unter Zerstörung wirtschaftlicher Werte möglich ist oder eine Rückgewähr schon nach der Natur des Erlangten ausscheidet. Es ist deshalb sinnvoll, die für Bauleistungen gemachte Ausnahme auch auf alle anderen Werkleistungen analog anzuwenden. Diese analoge Erweiterung ist gerechtfertigt, weil der Gesetzgeber die Vorgängervorschrift des § 309 Nr. 8 b bb zunächst nur für neu hergestellte Sachen gedacht hatte.[6] Später wurde die Vorschrift auf alle Werkleistungen erweitert, ohne aber zu bedenken, dass dadurch auch die Notwendigkeit für eine Erweiterung der hier interessierenden Ausnahmeregelung geschaffen wurde. Keine Anwendung kann die Ausnahmeregelung freilich in den Fallen des § 651 finden, denn ganz abgesehen davon, dass das Gesetz insofern die Anwendung des Kaufrechts vorsieht, droht in den von § 651 geregelten Fällen weder eine Eigentumsverletzung noch eine Zerstörung wirtschaftlicher Werte. **35**

cc) Wahlrecht. Sofern dem Kunden das Minderungs- und das Rücktrittsrecht vorzubehalten sind, der Vorbehalt des Rücktrittsrechts also nicht nach dem Gesagten entbehrlich ist, muss dem Kunden auch das Wahlrecht zwischen beiden Rechten vorbehalten bleiben. Eine Klausel, der zufolge der Verwender entscheiden kann, welches der beiden Rechte der Verwendungsgegner bei Fehlschlagen der Nacherfüllung geltend machen kann, verstößt also gegen § 309 Nr. 8 b bb. **36–39**

---

1 BGH NJW 2002, 511, 511 (zu § 11 Nr. 10 b AGBG).

2 BT-Drs. 7/3919 S. 34.

3 BT-Drs. 7/3919 S. 34.

4 *Bamberger/Grothe* § 346 Rz 16.

5 S. nur *Palandt/Grüneberg* § 346 Rz 10; *Jauernig/Stadler* § 346 Rz 6. Diese Auffassung entspricht auch der Rechtsprechung zum alten Recht. S. nur OLG Köln NJW-RR 1999, 774, 775.

6 BT-Drs. 7/3919, § 9 Nr. 10.

4. Ausdrücklichkeit des Vorbehalts

40–43 § 309 Nr. 8 b bb verlangt, dass das Minderungs- und grundsätzlich auch das Rücktrittsrecht für den Fall des Fehlschlagens der Nachbesserung „ausdrücklich" vorbehalten werden. Ein ausdrücklicher Vorbehalt ist dann gegeben, wenn der andere Vertragsteil in solcher Form auf seine Rechte hingewiesen wird, dass er sich aus der Klausel über seine Rechte informieren kann, ohne eine Rechtsberatung in Anspruch nehmen zu müssen.[1] Die vorstehend genannte Definition der Ausdrücklichkeit erfordert die **Erkennbarkeit** und die **Verständlichkeit** des Hinweises. Das Kriterium der Erkennbarkeit verlangt, dass der Hinweis nicht irgendwo versteckt enthalten ist, sondern in deutlichem Zusammenhang mit der Beschränkung der Gewährleistung auf Nachbesserung oder Ersatzlieferung angebracht wird. Die gewählte Formulierung muss außerdem verständlich sein.

44 **a) Anlehnung an den Gesetzeswortlaut.** Die Verständlichkeit ist ohne weiteres dann gewahrt, wenn der Verwender sich der Worte des Gesetzes bedient,[2] also dem Verwendungsgegner das Recht einräumt, „bei Fehlschlagen der Nacherfüllung zu mindern" oder nach Wahl des Kunden „vom Vertrag zurückzutreten".[3] Zwar mag man Zweifel haben, ob jeder Kunde weiß, was mit dem Begriff „Minderung" gemeint ist.[4] Doch ergibt sich die Zulässigkeit der Verwendung dieses Begriffs aus einem Vergleich mit der Vorgängerregelung des § 309 Nr. 8 b bb, also dem § 11 Nr. 10 b AGBG. Dieser sah vor, dass dem Kunden für den Fall des Fehlschlagens der Nachbesserung das Recht vorbehalten werden müsse, nach seiner Wahl Herabsetzung der Vergütung oder Rückgängigmachung des Vertrages zu verlangen. Aus diesem Wortlaut war zu Recht gefolgert worden, dass das Gesetz die Verwendung verständlicherer Begriffe als der Worte „Wandelung" und „Minderung" verlange.[5] Wenn sich der Gesetzgeber nunmehr dafür entschieden hat, in § 309 Nr. 8 b bb nicht mehr von der Herabsetzung der Vergütung und der Rückgängigmachung des Kaufpreises zu sprechen, sondern die Begriffe Rücktritt und Minderung zu gebrauchen, dann kann dies nur dahin gehend verstanden werden, dass der Gesetzgeber diese Begriffe als hinreichend klar betrachtet. Zwar heißt es in der Gesetzesbegründung, dass die „Ersetzung der Formulierung ‚Herabsetzung der Vergütung verlangen' durch ‚zu mindern' […] lediglich eine redaktionelle Änderung [darstellt]".[6] Doch zeigt eben gerade die Entscheidung für diese redaktionelle Änderung, dass der Gesetzgeber die nunmehr in § 309 Nr. 8 b bb verwandte Formulierung als ausreichend verständlich ansieht.

45 **b) Anlehnung an den früheren Gesetzeswortlaut.** Nach wie vor zulässig ist allerdings auch eine an den bisherigen Wortlaut der Vorschrift angelehnte Formulierung, der zufolge der Verwendungsgegner bei Fehlschlagen der Nachbesserung das Recht hat, „Herabsetzung der Vergütung" oder nach Wahl des Kunden „Rückgängigmachung des Vertrags" zu verlangen. Unzulässig ist demgegenüber eine Klausel, die dem Kunden für den Fall des Fehlschlagens der Nacherfüllung die Wahl zwischen „Wandelung und Minderung" einräumt. Dies war schon nach altem

---

1 In diesem Sinne auch *Staudinger/Coester-Waltjen* Rz 63.

2 Wie hier *Staudinger/Coester-Waltjen* Rz 63.

3 Auch zum alten Recht war die Zulässigkeit einer Anlehnung an den (damals allerdings noch klareren Gesetzeswortlaut) weitgehend anerkannt. S. z. B. BGH NJW 1982, 2380, 2380 (zu § 11 Nr. 10 b AGBG).

4 Vgl. BGH NJW 1982, 2380, 2380 (zu § 11 Nr. 10 b AGBG): Der Begriff Minderung sei dem nicht am kaufmännischen Verkehr teilnehmenden Käufer „weithin unbekannt".

5 BGH NJW 1982, 2380, 2380 (zu § 11 Nr. 10 b AGBG).

6 BT-Drs. 14/6040, S. 158.

Recht anerkannt.[1] Nunmehr, da das Gesetz den Begriff der Wandelung nicht mehr verwendet, muss dies erst recht gelten.

c) Konkretisierung der im Gesetz verwandten Begriffe. Auch eine Klausel, die die im Gesetz verwandten Begriffe konkretisiert, ist im Grundsatz zulässig. Allerdings muss die Konkretisierung in diesem Falle mit hinreichender Vollständigkeit erfolgen. Werden also z. B. einzelne Gründe des Fehlschlagens aufgeführt, so müssen die wesentlichen Gründe vollständig wiedergegeben werden.[2] Unwirksam ist daher eine Klausel, die vorsieht, dass die gesetzlichen Mängelrechte dann wiederaufleben, wenn ein zweiter Nachbesserungsversuch fehlschlägt, ohne klarzustellen, dass auch in anderen Fällen von einem Wiederaufleben der gesetzlichen Mängelrechte auszugehen sein kann.[3] Eine Klausel, die das Recht auf Minderung oder Rücktritt erst bei „endgültigem" Fehlschlagen gewährt, ist unwirksam.[4] Auch ist darauf zu achten, dass die Klausel das Wahlrecht des Kunden hinreichend klar zum Ausdruck bringt.[5] 46

5. Beweislast

Die Darlegungs- und Beweislast für die Unwirksamkeit einer Beschränkung der Mängelrechte auf das Recht auf Nacherfüllung trägt schon nach allgemeinen Grundsätzen[6] der Vertragspartner oder Verband, der sich auf die Unwirksamkeit beruft. Allerdings muss der Verwender darlegen und beweisen, dass die Klausel für den Fall des Fehlschlagens der Nachbesserung den notwendigen ausdrücklichen Vorbehalt enthält. Dem Verwender obliegt auch die Darlegungs- und Beweislast dafür, dass eine Bauleistung oder nicht dem § 651 unterfallende Werkleistung[7] vorliegt und deshalb die Einräumung eines Rücktrittsrechts entbehrlich ist. 47–49

III. Unwirksamkeitsfolgen

Eine gegen § 309 Nr. 8 b bb verstoßende Klausel ist unwirksam. Dem anderen Vertragsteil stehen dann die gesetzlichen Rechte zu, § 306 II. 50

IV. Geltung zwischen Unternehmern

1. Schutz des Verwendungsgegners nach § 478 IV, V

Mit Blick auf den unternehmerischen Verkehr ist zunächst auf den Schutz zu verweisen, der dem Verwendungsgegner durch § 478 IV, V zuteil werden kann. 51

2. Schutz des Verwendungsgegners nach § 307

a) Allgemeines. Daneben wird der Verwendungsgegner auch AGB-rechtlich geschützt. Zwar gilt § 309 Nr. 8 b bb nicht unmittelbar im unternehmerischen Ver- 52

---

1 BGH NJW 1982, 331, 333 (zu § 11 Nr. 10 b AGBG).

2 BGH NJW 1998, 677, 678 (zu § 11 Nr. 10 b AGBG); BGH NJW 1996, 2504, 2506 (zu § 11 Nr. 10 b AGBG); OLG Düsseldorf NJW-RR 2002, 203, 203 (zu § 11 Nr. 10 b AGBG).

3 OLG Düsseldorf NJW-RR 2002, 203, 203 (zu § 11 Nr. 10 b AGBG).

4 OLG Karlsruhe BB 1988, 1209.

5 *Staudinger/Coester-Waltjen* Rz 63.

6 Vor §§ 308, 309 Rz 21.

7 S. Rz 35.

kehr (§ 310 I 1). Jedoch muss nach § 307 auch zwischen Unternehmern das grundlegende Prinzip zur Geltung kommen, dass das Gleichgewicht von Leistung und Gegenleistung nicht durch mangelhafte Leistung nachhaltig gestört werden darf, dass also bei mangelhafter Leistung ein Rechtsbehelf zur Verfügung steht, der bei Scheitern der Nachbesserung oder Ersatzlieferung die Störung des Äquivalenzverhältnisses von Leistung und Gegenleistung beseitigen kann. Der Grundgedanke von Nr. 8 b bb, dass **Rücktritt und Minderung** bei Fehlschlagen von Nachbesserung oder Ersatzlieferung **subsidiär** zur Verfügung stehen müssen, gilt deshalb gemäß § 307 II Nr. 1 auch zwischen Unternehmern.[1] Nur insoweit, als es diesen Grundgedanken betrifft, sollte auch davon gesprochen werden, dass § 309 Nr. 8 b bb im Rahmen des § 307 heranzuziehen ist.[2] Im Einzelnen ist wie folgt zu differenzieren:

53 **b) Ausschluss von Minderung und Rücktritt.** Auch im unternehmerischen Verkehr ist eine Klausel unwirksam, die für den Fall des Fehlschlagens der Nacherfüllung sowohl das Rücktritts- als auch das Minderungsrecht ausschließt.[3] Daran ändert sich auch dann nichts, wenn etwaige Schadensersatzansprüche unberührt bleiben,[4] denn ein Schadensersatzanspruch setzt Verschulden voraus und wird dem Verwendungsgegner daher oftmals nicht zur Verfügung stehen. Aus dem gleichen Grund ist auch eine Klausel unzulässig, die sowohl das Recht zum Rücktritt vom Vertrag als auch das Minderungsrecht von einem Verschulden des Verwenders abhängig macht.[5] Allerdings ist es ausreichend, dass dem Verwendungsgegner anstelle des Rücktrittsrechts nach §§ 437 Nr. 2, 634 Nr. 3 ein vertraglich vereinbartes Rücktrittsrecht eingeräumt wird. Voraussetzung ist, dass das vertragliche geschaffene dem nach §§ 437 Nr. 2, 634 Nr. 3 gegebenen Rücktrittsrecht im Wesentlichen gleichwertig ist.[6] Die Einräumung eines Schadensersatzanspruchs bei schuldhafter Verletzung der Nachbesserungspflicht reicht für sich allein jedoch nicht,[7] da die Störung des Äquivalenzverhältnisses bei nicht zu vertretenden Mängeln dadurch nicht zu beseitigen wäre.[8] Auch darf im unternehmerischen Verkehr das Fehlschlagen grundsätzlich nicht auf einzelne Gründe beschränkt werden, sondern muss alle Gründe erfassen.[9] Rücktritt oder Minderung dürfen nach Scheitern der Nachbesserung oder Ersatzlieferung nicht von zusätzlichen Voraussetzungen abhängig gemacht werden, sondern müssen bei Scheitern der Nacherfüllung ohne weiteres

---

1 S. nur BGH NJW-RR 1986, 52, 53 (zu § 9 AGBG): „Schlägt [die] Mängelbeseitigung jedoch fehl, muss dem Käufer jedenfalls beim Erwerb neu hergestellter Sachen das Recht auf Wandelung oder Minderung erhalten bleiben"; BGH NJW-RR 1993, 560, 561 (zu § 9 AGBG): „Beschränkungen werkvertraglicher Mängelhaftung in Allgemeinen Geschäftsbedingungen nur dann wirksam[...], wenn sie dem Besteller [...] bei verzögerter, verweigerter oder misslungener Nachbesserung ein Recht auf Rücktritt, Wandelung oder Minderung einräumen." Allgemeiner BGH NJW 1996, 2504, 2506 (zu § 9 AGBG): „Die Regelung des § 11 Nr. 10b AGBG gilt auch für den kaufmännischen Geschäftsverkehr gem. § 9 II Nr. 1 AGBG [...]." Der BGH lässt allerdings ausdrücklich offen, ob es eines ausdrücklichen Vorbehalts bedarf.

2 S. dagegen BGH NJW 1998, 677, 678: „Nach gefestigter Rechtsprechung des *Senats* gilt § 11 Nr. 10 b AGBG [§ 309 Nr. 8 b bb] als Prüfungsmaßstab im Rahmen des § 9 AGBG auch für den Geschäftsverkehr unter Kaufleuten."

3 Wie hier *Staudinger/Coester-Waltjen* Rz 67. Vgl. auch BGH NJW 1991, 2630, 2632 (zu § 9 AGBG): Unwirksamkeit des gleichzeitigen Ausschlusses von Wandlungs- und Minderungsrecht im kaufmännischen Verkehr, selbst wenn dem Verwendungsgegner ein vertragliches Rücktrittsrecht eingeräumt wird.

4 *Staudinger/Coester-Waltjen* Rz 67.

5 BGH NJW-RR 1993, 560, 561 (zu § 9 AGBG und zum kaufm. Verkehr).

6 Für ein Gleichwertigkeitserfordernis auch BGH NJW 1991, 2630, 2632 (zu § 9 AGBG und zum Ausschluss des Wandlungsrechts).

7 A. A. aber BGH BB 1978, 325 zum alten Recht.

8 S. zum alten Recht auch BGHZ 62, 323, 325, wonach ein Nachbesserungsanspruch lediglich bei Verschulden unzureichend ist.

9 BGH NJW 1998, 677, 678 (zu § 11 Nr. 10 b AGBG).

möglich sein.[1] Ein Fehlschlagen darf nicht für jeden einzelnen Mangel gesondert verlangt werden, es muss vielmehr auf eine Gesamtbetrachtung der Tauglichkeit des Gegenstandes an sich abgestellt werden.[2] Eine Nachfristsetzung mit Ablehnungsandrohung darf nach feststehendem Scheitern der Nachbesserung nicht verlangt werden.[3] Unwirksam ist auch eine Regelung, wonach der Rücktritt erst bei Scheitern einer Einigung über das Ausmaß der Minderung möglich sein soll.[4]

c) Ausschluss des Rücktritts. Auch zwischen Unternehmern reicht es grundsätzlich nicht aus, wenn dem Käufer für den Fall des Fehlschlagens der Nacherfüllung lediglich ein Minderungsrecht eingeräumt wird.[5] Der Käufer muss auch als Unternehmer das Recht behalten, sich bei einer für ihn unbrauchbaren Sache vom Vertrag endgültig zu lösen, was durch die Minderung nicht ausreichend gewährleistet ist. Etwas anderes gilt freilich bei Bauleistungen sowie bei anderen Werkleistungen, die nicht unter § 651 fallen (s. § 309 Nr. 8 b bb Rz 35). 54

d) Ausschluss der Minderung. Als grundsätzlich zulässig wird man eine Klausel einstufen müssen, die dem Verwender für den Fall des Fehlschlagens der Nacherfüllung lediglich das Rücktritts-, aber kein Minderungsrecht gewährt.[6] Dies gilt freilich nur, sofern eine entsprechende Klausel nicht schon nach § 478 IV, V ausgeschlossen ist. 55

e) Kein Ausdrücklichkeitserfordernis. Wegen der größeren Geschäftserfahrenheit ist gegenüber Unternehmern der ausdrückliche Vorbehalt entbehrlich.[7] Ausreichend, aber auch erforderlich ist vielmehr, dass sich aus dem Vertrag im Wege der Auslegung (§§ 133, 157, 305c II) ergibt, dass dem Verwendungsgegner seine Rechte in dem gebotenen Umfang belassen werden. Daran fehlt es, wenn das Recht zur Minderung und zum Rücktritt nur bei einzelnen Fallgestaltungen, z. B. Unmöglichkeit der Nachbesserung, eingeräumt werden. Denn eine solche Klausel muss dahin gehend verstanden werden, dass das Rücktritts- und das Minderungsrecht in allen anderen Fallgestaltungen ausgeschlossen sein sollen. Umgekehrt ist aber auch eine Klausel wirksam, die das Rücktritts- und das Minderungsrecht im Falle des Fehlschlagens aufleben lässt, ohne die einzelnen Fallgruppen aufzuzählen.[8] 56

---

1 *Ulmer/Christensen* Rz 57.

2 BGH NJW 1998, 677, 678 (zu § 11 Nr. 10 b AGBG).

3 A. A. *Köhler* JZ 1984, 393, 399 (zu § 9 AGBG); *Löwe/von Westphalen* § 11 Nr. 10 b AGBG Rz 36. Wie hier aber *Ulmer/Christensen* Rz 57.

4 BGH NJW 1981, 1501, 1502 (zu § 9 AGBG).

5 BGH NJW 1981, 1501, 1502 (zu § 9 AGBG); BGH BB 1993, 1755, 1757 (zu § 9 AGBG); *Staudinger/Coester-Waltjen* Rz 67. Vgl. ferner *Palandt/Grüneberg* Rz 64, dem zufolge § 309 Nr. 8 b bb im unternehmerischen Verkehr über § 307 Anwendung findet.

6 Wie hier tendenziell *Staudinger/Coester-Waltjen* Rz 67, der zufolge es „eher zweifelhaft" ist, ob dem Unternehmer für den Fall des Fehlschlagens der Nacherfüllung neben dem Rücktritts- auch ein Minderungsrecht eingeräumt werden muss.

7 Offen gelassen in BGH NJW 1998, 677, 678 (zu § 11 Nr. 10 b AGBG); BGH NJW 1996, 2504, 2506 (zu §§ 9, 11 Nr. 10 b AGBG). Für die Notwendigkeit eines ausdrücklichen Vorbehalts z. B. *Staudinger/Coester-Waltjen* Rz 67; *Ulmer/Christensen* Rz 76.

8 BGH NJW 1996, 2504, 2506 (zu §§ 9, 11 Nr. 10 b AGBG). Ebenso für den nichtkaufmännischen Verkehr BGH NJW-RR 1990, 886, 888 (zu § 11 Nr. 10 b AGBG).

§ 309 Klauselverbote ohne Wertungsmöglichkeit

Auch soweit eine Abweichung von den gesetzlichen Vorschriften zulässig ist, ist in Allgemeinen Geschäftsbedingungen unwirksam

8. (Sonstige Haftungsausschlüsse bei Pflichtverletzung)

b) (Mängel)

eine Bestimmung, durch die bei Verträgen über Lieferungen neu hergestellter Sachen und über Werkleistungen

cc) (Aufwendungen bei Nacherfüllung)

die Verpflichtung des Verwenders ausgeschlossen oder beschränkt wird, die zum Zweck der Nacherfüllung erforderlichen Aufwendungen, insbesondere Transport-, Wege-, Arbeits- und Materialkosten, zu tragen.

Inhaltsübersicht

Schrifttum: *Matthes,* Der Herstellerregress nach § 478 BGB in Allgemeinen Geschäftsbedingungen – ausgewählte Probleme, NJW 2002, 2505; *Tröger,* Voraussetzungen des Verkäuferregresses im BGB, AcP 204 (2004), 115; *Tröger,* Aufwendungsersatz nach § 478 Abs. 2 BGB, ZGS 2003, 296.

I. Zweck und Allgemeines

1–3 Die Nacherfüllung ist oftmals, insbesondere wenn sie in der Form der Beseitigung des Mangels erfolgt, eine kostenintensive Leistung. § 309 Nr. 8 b cc zwingt den Verwender nach richtiger Auffassung deshalb nicht dazu, das Recht auf Nacherfüllung bestehen zu lassen. Vielmehr soll verhindert werden, dass ein bestehendes Recht auf Nacherfüllung dadurch ausgehöhlt wird, dass der Verwender die Kosten der Nacherfüllung auf den anderen Vertragsteil abwälzt. Die Vorschrift entspricht im Wesentlichen dem bisherigen § 11 Nr. 10 c AGBG. Die praktische Bedeutung der Regelung hat freilich wegen § 475 I enorm abgenommen. Die Klauselrichtlinie enthält ähnliche Vorgaben in Anh. Nr. 1 b RL.

II. Anwendungsbereich und Unwirksamkeitsgründe

1. Recht auf Nacherfüllung

a) Notwendigkeit eines Rechts auf Nacherfüllung. § 309 Nr. 8 b cc findet nur dann Anwendung, wenn nach dem Vertrag überhaupt ein Recht auf Nacherfüllung besteht. Unanwendbar ist die Vorschrift also z. B. dann, wenn der Verwendungsgegner nach dem Vertrag lediglich ein Recht auf Rücktritt oder Minderung hat. Diese Tatbestandsvoraussetzung des § 309 Nr. 8 b cc mag auf den ersten Blick erstaunen. Namentlich mag man versucht sein zu argumentieren, dass eine Klausel, die nicht nur die Pflicht des Verwenders zur Tragung der Kosten der Nacherfüllung, sondern gleich das gesamte Nacherfüllungsrecht ausschließt, erst recht als unwirksam einzustufen ist. Indessen wäre eine solche Argumentation verfehlt. Denn entgegen der rechtspolitisch verfehlten Regelung des § 475 I ist es wirtschaftlich oftmals sinnvoll, das Nacherfüllungsrecht auszuschließen. Beispielsweise mag die Nacherfüllung nicht praktikabel sein. Die §§ 439 III 1, 635 II bieten in derartigen Fällen oftmals keinen hinreichenden Schutz, setzen sie doch die Unverhältnismäßigkeit der dem Verkäufer/Unternehmer entstehenden Kosten voraus. Hinzu kommt, dass es durchaus Sinn macht, einen gänzlichen Ausschluss des Nacherfüllungsrechts zuzulassen, eine bloße Überwälzung der Kosten der Nacherfüllung aber zu verbieten. Denn die Überwälzung der Kosten ist für den Kunden oftmals gefährlicher als der Ausschluss des Nacherfüllungsrechts: Im Falle des Ausschlusses stellt § 309 Nr. 8 b aa sicher, dass der Kunde auf andere Mängelrechte zurückgreifen kann, er wird also nicht etwa rechtlos gestellt. Gleichzeitig drohen dem Kunden beim Ausschluss des Nacherfüllungsrechts immerhin keine zusätzlichen Kosten, während er bei Bestehen eines Nacherfüllungsrechts oftmals Nacherfüllung verlangen und erst im Nachhinein erfahren wird, dass die AGB eine Kostenüberwälzung vorsehen. Vor diesem Hintergrund wäre es verfehlt, § 309 Nr. 8 b cc auch bei einem vollständigen Ausschluss des Nachbesserungsrechts (entsprechend) anzuwenden. Vielmehr setzt diese Vorschrift voraus, dass zumindest in bestimmten Fällen ein Recht auf Nacherfüllung besteht. Allerdings hängt die Anwendbarkeit der Vorschrift nicht davon ab, dass das nach dem Vertrag bestehende Nacherfüllungsrecht den vom Gesetz vorgesehenen Umfang hat. Ausreichend aber auch erforderlich ist vielmehr, dass zumindest eine Sachverhaltskonstellation denkbar ist, in welcher der Verwendungsgegner ein Recht auf Ersatzlieferung bzw. Neuherstellung oder Beseitigung des Mangels hat. 4

b) Irrelevanz des Bestehens anderer Mängelrechte. Gleichgültig ist, ob das Recht auf Nacherfüllung dem Kunden von vornherein **neben** den anderen Mängelrechten zusteht, oder ob der Vertrag die Rechte gegen den Verwender – wie von § 8 Nr. 8 b bb vorausgesetzt – auf das Recht auf Nacherfüllung beschränkt.[1] Zwar ist denjenigen, die § 8 Nr. 8 bb nur im letztgenannten Fall zur Anwendung bringen wollen, einzuräumen, dass der Ausschluss der Kostentragungspflicht den Kunden sehr viel weniger belastet, wenn dem Kunden neben dem Recht auf Nacherfüllung die anderen Rechte verbleiben. Indessen spricht der Wortlaut des § 309 Nr. 8 b cc gegen eine entsprechende Einschränkung des Anwendungsbereichs dieser Vorschrift. Auch ein Gegenschluss zum Wortlaut des § 308 b bb drängt sich auf. Zudem ist die Überwälzung der Kosten auch dann noch mit erheblichen Risiken für den Kunden verbunden, wenn dieser noch andere Mängelrechte als den Anspruch auf 5

[1] Wie hier *Ulmer/Christensen* Rz 79; *Löwe/von Westphalen* § 11 Nr. 10 c AGBG Rz 4; wohl auch *Staudinger/Coester-Waltjen* Rz 68.

Nacherfüllung hat. Denn der Kunde wird oftmals Nacherfüllung verlangen, ohne sich der Tatsache bewusst zu sein, dass die AGB eine Überwälzung der Kosten vorsehen.

2. Bestehen einer Kostentragungspflicht

6–9 § 309 Nr. 8 b cc greift seinem Wortlaut nach nur dann ein, wenn die Verpflichtung des Verwenders zur Tragung der zum Zwecke der Nacherfüllung erforderlichen Aufwendungen ausgeschlossen oder beschränkt wird. Damit wird das Bestehen einer solchen Verpflichtung vorausgesetzt. Bei dieser Pflicht muss es sich um eine **gesetzliche Pflicht** handeln.[1] So sehen die §§ 439 II, 635 II eine Pflicht zur Tragung der zum Zwecke der Nacherfüllung erforderlichen Aufwendungen vor. Allerdings greift die in §§ 439 II, 635 II verankerte Pflicht zur Kostentragung nur ein, soweit nach dem Gesetz ein Anspruch auf Nacherfüllung besteht. Fehlt es an einem solchen Anspruch, z. B. weil ein Werk zwar verbesserungsfähig, aber nicht mangelhaft im Sinne des Gesetzes ist, besteht auch kein Recht auf Nacherfüllung aus §§ 439 II, 635 II. § 309 Nr. 8 b cc findet dagegen keine Anwendung, wenn die Pflicht zur Tragung der zur Nacherfüllung erforderlichen Aufwendungen nicht im Gesetz vorgesehen, sondern erst durch Vertrag eingeräumt worden ist, es sich also um eine im engeren Sinne vertragliche Pflicht handelt.

3. Ausschluss oder Beschränkung der Kostentragungspflicht

10–12 **a) Allgemeines.** § 309 Nr. 8 b cc greift nur dann ein, wenn die Pflicht des Verwenders zur Kostentragung ausgeschlossen oder beschränkt wird. Ein **Ausschluss** der Kostentragungspflicht ist dann gegeben, wenn die Pflicht zur Kostentragung entweder gänzlich oder doch zumindest in einigen Konstellationen entgegen dem dispositiven Recht beseitigt wird. Eine **Beschränkung** der Kostentragungspflicht liegt vor, wenn der Verwender die nach der gesetzlichen Regelung von ihm zu tragenden Kosten nach der Klausel wenigstens in bestimmten Konstellationen nicht oder nur teilweise tragen soll. Dem gleichzustellen ist der Fall, dass die Geltendmachung des Kostentragungsanspruchs zwar nicht ausgeschlossen, aber doch mit im Gesetz nicht vorgesehenen nachteiligen Rechtsfolgen für den Verwendungsgegner verbunden wird. Allerdings wird man § 309 Nr. 8 b dd als spezielle Regelung ansehen müssen, die § 309 Nr. 8 b cc insoweit verdrängt, als es um Klauseln geht, die die Nacherfüllung oder die Erfüllung der Pflicht zur Tragung der Kosten der Nacherfüllung davon abhängig machen, dass zuvor das Entgelt vollständig oder teilweise gezahlt wird. Andererseits wird man eine Beschränkung der Kostentragungspflicht auch dann annehmen müssen, wenn die Kostentragungspflicht zwar nicht ausgeschlossen wird, dem Verwendungsgegner die Geltendmachung seiner entsprechenden Rechte jedoch erschwert wird, indem z. B. die Verwendung eines bestimmten Formulars gefordert wird. Soweit es allerdings um beweisrechtliche Erschwerungen geht, ist zu beachten, dass § 309 Nr. 12 eine vorrangige Spezialvorschrift darstellt, so dass Beweiserschwerungen allein an § 309 Nr. 12 und nicht an § 309 Nr. 8 b cc zu messen sind.

13 **c) Beispiele.** Die Überwälzung einzelner Kostenteile, z. B. der Versandkosten, ist ebenso unwirksam wie eine Selbstbeteiligung des Kunden in einer bestimmten ziffernmäßigen oder prozentualen Höhe. Ein Ausschluss oder eine Beschränkung der Aufwendung liegt nicht nur vor, wenn dem anderen Vertragsteil Kosten des

---

[1] Vgl. auch *Staudinger/Coester-Waltjen* Rz 68, der zufolge § 309 Nr. 8 b cc nicht für Garantieleistungen des Herstellers gilt.

Verwenders in Rechnung gestellt werden, sondern auch, wenn dem anderen Vertragsteil Naturalleistungen, z. B. die Abholung der Sache, zugemutet werden, die an sich vom Verwender zu erbringen sind. Gleiches gilt, wenn dem Kunden die Kosten auferlegt werden, „falls" er das Gerät transportiert.[1] Eine Beschränkung der Kostentragungspflicht kann auch konkludent erfolgen, z. B. in der Weise, dass der Verwender nur einzelne Kosten ausdrücklich übernimmt. Auch dies verstößt gegen Nr. 8 b cc.[2]

d) Umfang der gesetzlichen Kostentragungspflicht. Um festzustellen, ob eine Beschränkung der Kostentragungspflicht gegeben ist, ist die gesetzliche Kostentragungspflicht nach den §§ 439 II, 635 II mit der in den AGB vorgesehenen Regelung der Kostentragung zu vergleichen. Diesbezüglich gilt Folgendes: 14

aa) Aufwendungen. Als Aufwendungen kommen alle zum Zwecke der Nacherfüllung übernommenen Vermögensopfer in Betracht. Die §§ 439 II, 635 II nennen Transport-, Wege-, Arbeits- und Materialkosten. Doch handelt es sich dabei ausweislich des Wortlauts („insbesondere") nur um eine beispielhafte Aufzählung ohne abschließenden Charakter.[3] Als **Transportkosten** sind zum einen die Kosten des Transports des nachzubessernden oder ersatzweise gelieferten/hergestellten Guts anzusehen. Hierzu rechnen z. B. die Abschleppkosten oder die sonstigen Kosten für das Verbringen und Abholen eines Pkw aus der Werkstatt.[4] Zum anderen fallen unter den Begriff der Transportkosten aber auch die Kosten eines Transports anderer Gegenstände zum Zwecke der Nacherfüllung, z. B. die Kosten des Transports von Ersatzteilen oder Werkzeugen, die für die Nachbesserung benötigt werden. **Wegekosten** sind die Kosten, die im Zuge der Ortsveränderung von Personen entstehen. Dabei kann es sich z. B. um eine Ortsveränderung des Verwenders, seiner Erfüllungsgehilfen oder des Käufers/Bestellers handeln. Erfasst werden z. B. die mit der Ortsveränderung des Bestellers verbundenen Kosten, wenn dieser die Sache zur Nachbesserung überbringt oder sie abholt.[5] **Arbeitskosten** sind insbesondere die für die Nacherfüllung erforderlichen Löhne und Gehälter. Dazu gehören bei einem mangelhaften Autoreifen auch die Kosten der Arbeitszeit für Demontage, Neumontage und Auswuchten ebenso wie die beim Händler entstehenden Kosten für Verwaltungsaufwand.[6] **Materialkosten** sind die Kosten von Ersatzteilen und anderen für die Nacherfüllung verwandten Materialien. Da die Aufzählung in den §§ 439 II, 635 II nicht abschließend ist (s.o.), werden auch alle anderen bei der Durchführung der Nachbesserung entstehenden Kosten erfasst, wie z. B. Aufwendungen zum Zwecke der Auffindung des Mangels als Schadensursache,[7] gleichgültig ob die Untersuchung vom Käufer oder von einem von ihm beauftragten Dritten durchgeführt wird. Dass die relevanten Vermögensopfer **freiwillig** übernommen werden, ist entgegen dem allgemeinen Verständnis des Begriffs der Aufwendung nicht zwingend erforderlich.[8] Ferner zählen zu den vom Besteller/Verkäufer zu tragenden Kosten auch die **Schäden,** die durch die Nachbesserung zwangsläufig an 15

---

1 LG München AGBE VI § 11 Nr. 57 (zu § 11 Nr. 10 c AGBG).
2 BGH NJW 1981, 867, 868 (zu § 11 Nr. 10 c AGBG).
3 In diesem Sinne auch *Staudinger/Coester-Waltjen* Rz 70.
4 S. AG Dülmen NJW 1987, 385, 385 (zu § 476 a BGB a.F.).
5 AG Dülmen NJW 1987, 385, 385 (zu § 476 a BGB a.F.).
6 BGH NJW 1996, 389, 390 (zu §§ 476 a BGB a.F., 11 Nr. 10 c AGBG).
7 BGH NJW 1991, 1604, 1607 (zu § 476 a BGB a.F.).
8 So i.E. auch BGH NJW 1996, 389, 390 (zu §§ 9 AGBG, 476a BGB). Zu den Aufwendungen der Mängelbeseitigung gehören nach dieser Entscheidung auch die beim Kunden des Verwendungsgegners im Nachbesserungsfall entstehenden Aufwendungen, „obwohl der Händler diese Arbeiten nicht freiwillig ausführt".

anderen Sachen entstehen.[1] Die Kosten der **Mängelanzeige** fallen dagegen nicht unter die §§ 439 II, 635 II.

16 **bb) Erforderlichkeit.** Ihrem Wortlaut zufolge betreffen die §§ 439 II, 635 II lediglich die zum Zwecke der Nacherfüllung erforderlichen Aufwendungen. Gemeint sind mit dem Begriff der erforderlichen Aufwendungen solche Aufwendungen, deren Vermeidung dem Kunden nicht möglich oder nicht zumutbar ist, vom Kunden also nach den Umständen nicht erwartet werden darf. Bei der Konkretisierung dieses Maßstabes ist zu differenzieren: Soweit Aufwendungen zum Zwecke der Nacherfüllung vom Kunden oder von solchen Personen getätigt werden, deren Verschulden der Kunde zu vertreten hat (§ 278), sind all diejenigen Aufwendungen erforderlich, von denen ein durchschnittlicher Kunde annehmen darf, dass sie zum Gelingen der Nacherfüllung notwendig sind. Welche Anforderungen insofern zu stellen sind, hängt auch davon ab, an welchen Kundenkreis sich das Angebot des Bestellers richtet. Anders liegen die Dinge, soweit es um Aufwendungen geht, die vom Unternehmer/Verkäufer getätigt werden. Insofern kann es nicht darauf ankommen, ob der Verkäufer/Unternehmer sie für erforderlich halten durfte. Denn wenn selbst die Kosten notwendiger Aufwendungen vom Unternehmer/Verkäufer zu tragen sind, so muss Gleiches erst recht für solche Aufwendungen gelten, die zwar zum Zwecke der Nacherfüllung erfolgt sind, deren Überflüssigkeit und/oder fehlende Eignung aber von vornherein offenkundig war. An dieser Stelle ist entscheidend, dass man den Begriff der Erforderlichkeit dahin gehend definiert, dass die Vermeidung der Kosten vom *Kunden* erwartet werden durfte. Handelt es sich nämlich um Aufwendungen, die vom Verwender getätigt wurden, so sind diese für den Kunden gerade nicht vermeidbar.

17–20 Hervorzuheben ist auch, dass die §§ 439 II, 635 II anders als § 476 a S. 2 a. F. keine Ausnahme von der Kostentragungspflicht für solche Kosten vorsehen, die dadurch entstehen, dass der Käufer die gelieferte Sache bzw. das Werk an einen anderen Ort verbracht hat. Aus diesem Grund wird man davon ausgehen müssen, dass auch solche Kosten zu den Nacherfüllungskosten im Sinne der §§ 439 II, 635 II gehören.[2] Dies gilt umso mehr, als unbillige Härten durch die §§ 439 III 1, 635 III vermieden werden. Und in der Tat entspricht diese Auslegung dem Willen des historischen Gesetzgebers. Namentlich heißt es in der Begründung des Gesetzesentwurfs: „Der Entwurf sieht in § 439 Abs. 3 RE ein Recht des Verkäufers vor, die Nacherfüllung zu verweigern, wenn sie nur mit unverhältnismäßigen Aufwendungen möglich ist. Damit ist eine dem bisherigen § 476a Satz 2 entsprechende Ausnahmeregelung entbehrlich."[3]

III. Unwirksamkeitsfolgen

21 Eine Klausel, die gegen § 309 Nr. 8 b cc verstößt, ist nichtig. An ihre Stelle treten gemäß § 306 II die gesetzlichen Vorschriften.

---

[1] Ebenso wohl BGH NJW 1981, 1510, 1510 (zu §§ 633 II 2 a.F., 476 a a.F.). A. A. aber *Palandt/Weidenkaff* § 439 Rz 11 (zu § 439 II).

[2] Vorsichtiger *Staudinger/Coester-Waltjen* Rz 71: Entsprechende Kosten „fallen nicht mehr automatisch dem Kunden zur Last".

[3] BT-Drs. 14/6040, S. 231.

IV. Verhältnis zu anderen Vorschriften

1. Verhältnis zu § 307

§ 307 ist neben § 309 Nr. 8 b cc anwendbar. 22

2. Verhältnis zu § 309 Nr. 8 b dd

§ 309 Nr. 8 b dd ist lex specialis gegenüber § 309 Nr. 8 b cc, soweit es um Klauseln geht, die die Pflicht zur Tragung der Kosten der Nacherfüllung davon abhängig machen, dass das vollständige Entgelt oder ein unverhältnismäßiger Teil der Vergütung entrichtet worden ist. 23

3. Verhältnis zu § 475 I

Im Bereich des Verbrauchsgüterkaufs (§ 474 I) ist § 475 I zu beachten. Diese Vorschrift ist neben § 309 Nr. 8 b cc anwendbar. 24

4. Verhältnis zu § 478 II, IV

Im unternehmerischen Verkehr ist § 478 II, IV zu berücksichtigen, der neben § 307 anwendbar ist. 25–29

V. Geltung zwischen Unternehmern

§ 309 Nr. 8 b cc gilt nicht unmittelbar für AGB, die gegenüber Unternehmern verwandt werden (§ 310 I 1). Dies bedeutet aber nicht, dass Unternehmer rechtlos gestellt wären. Vielmehr erfährt der Unternehmer weitreichenden Schutz durch § 307, in zentralen Fällen auch nach § 478 IV, V. 30

1. Der gesetzliche Umfang der Kostentragungspflicht

Vorab scheinen einige Bemerkungen zum gesetzlichen Umfang der Kostentragungspflicht angebracht. Da sich diese ebenso wie bei Verbrauchern aus §§ 439 II, 635 II ergibt, kann zwar im Grundsatz auf die obigen Ausführungen verwiesen werden (s. Rz 14 ff). Allerdings ist zusätzlich eine Problematik hervorzuheben, deren Bedeutung sich im Wesentlichen auf den unternehmerischen Verkehr beschränkt, nämlich die Behandlung derjenigen Kosten, die bei den eigenen Abnehmern des Verwendungsgegners entstehen. Nach altem Recht (§ 476 a a. F.) war anerkannt, dass der Anspruch auf Ersatz der Nacherfüllungskosten auch die infolge der Nachbesserung beim Kunden des Verwendungsgegners entstehenden Kosten erfasste.[1] Der Gesetzgeber hat nunmehr in § 478 II eine Spezialregelung geschaffen, der zufolge der Unternehmer beim Verkauf einer neu hergestellten Sache von seinem Lieferanten Ersatz derjenigen Aufwendungen verlangen kann, die er (der Unternehmer) im Verhältnis zum Verbraucher nach § 439 II zu tragen hatte, wenn der vom Verbraucher geltend gemachte Mangel bereits bei Übergang der Gefahr auf den Unternehmer vorhanden war. Der Anwendungsbereich dieser Regelung ist freilich begrenzt. So gilt sie wegen § 474 I 1 nur dann unmittelbar, wenn der Unter- 31

[1] BGH NJW 1996, 389, 390 (zu § 476 a BGB a.F.).

nehmer die Sache im Rahmen eines Verbrauchsgüterkaufs an einen Verbraucher weiterveräußert,[1] und auch § 458 V dehnt ihren Anwendungsbereich nur auf solche Transaktionen aus, die einem Verbrauchsgüterkauf vorgelagert sind und bei denen der Anspruchsberechtigte Unternehmer ist. § 478 II gilt also, von § 651 einmal abgesehen, nicht für Werkverträge oder für Kaufverträge zwischen Verbrauchern. Ebenso wenig gilt diese Vorschrift für Kaufverträge über unbewegliche Sachen (vgl. § 474 I 1). Und nach dem ausdrücklichen Wortlaut des § 478 II sind zudem auch gebrauchte Sachen vom Anwendungsbereich dieser Vorschrift ausgenommen.[2] Umso dringlicher stellt sich die Frage, ob § 478 II als abschließende Regelung zu verstehen ist, oder ob die beim Kunden entstehenden Nacherfüllungskosten weiterhin nach §§ 439 II, 635 II ersetzt verlangt werden können. Richtigerweise wird man diese Frage im letzteren Sinne beantworten müssen. Zwar heißt es in der Begründung des Gesetzesentwurfs: „Diese Kosten hätte ohne den § 478 Abs. 2 RE regelmäßig der Letztverkäufer zu tragen."[3] Doch darf man diese Aussage nicht dahingehend verstehen, dass § 478 II die hier interessierende Problematik abschließend regeln soll. Denn diese Vorschrift soll erkennbar eine Besserstellung desjenigen Unternehmers bewirken, der mangelhafte Ware erwirbt und diese weiterveräußert. Das Gegenteil würde erreicht, wollte man § 478 II als abschließende Regelung betrachten.

2. Der Schutz des Verwendungsgegners nach § 478 IV, V

32 Mit Blick auf die Abdingbarkeit der Kostentragungspflicht sind zunächst die Regelungen in § 478 IV und V zu beachten. § 478 IV betrifft solche Fälle, in denen ein Lieferant eine Sache an einen Unternehmer veräußert, der sie seinerseits im Rahmen eines Verbrauchsgüterkaufs an einen Verbraucher weiterveräußert.[4] Über § 478 V findet die Regelung des § 478 IV zudem auf frühere Transaktionen in der Lieferkette Anwendung. Voraussetzung ist allerdings, dass es sich bei dem Verkäufer jeweils um einen Unternehmer handelt.[5] Nach § 478 IV kann ein Lieferant sich nicht auf eine vor Mitteilung des Mangels getroffene Vereinbarung berufen, durch welche zum Nachteil des Unternehmers von den §§ 439 II, 478 II abgewichen wird, sofern dem Rückgriffsgläubiger kein angemessener Ausgleich eingeräumt wird. Dabei kommt es nicht darauf an, ob die Abweichung als Teil einer Individualvereinbarung oder als Teil von AGB erfolgt. Rechtspolitisch ist diese Regelung überaus problematisch.[6] Es sind nämlich durchaus Fälle denkbar, in denen es am effizientesten ist, wenn die Haftung des Lieferanten für Mängel ausgeschlossen und dem Abnehmer dafür ein Nachlass beim Preis gewährt wird. Will man in einem entsprechenden Preisnachlass einen angemessenen Ausgleich im Sinne des § 478 IV erblicken, läuft diese Regelung praktisch leer. Dieses Ergebnis ist dogmatisch auf den ersten Blick wenig erquicklich, erscheint in Hinblick auf die andernfalls drohenden Effizienzverluste aber gleichwohl vorzugswürdig. In jedem Falle wird man aber

---

1 Zutreffend *Tröger,* AcP 204 (2004), 115, 121.

2 Kritisch zu dieser Ausnahme *Tröger,* AcP 204 (2004), 115, 123.

3 BT-Drs. 14/6040, S. 248. Vgl. auch *Tröger,* ZGS 2003, 296, 297: § 478 II fülle „eine sonst klaffende Lücke im Regress".

4 Keine Anwendung finden § 478 IV, V nach richtiger Auffassung dann, wenn es niemals zum Abschluss eines Vertrages mit einem Verbraucher kommt, z. B. weil der Unternehmer die Mangelhaftigkeit der Sache bereits vorher geltend macht. Wie hier wohl BGH NJW 2006, 47, 49; *Matthes* NJW 2002, 2505, 2506. Für eine analoge Anwendung des § 478 II zumindest in bestimmten Fällen aber *Büdenbender,* in: Dauner-Lieb/Heidel/Lepa/Ring (Hrsg.), Das neue Schuldrecht, 2002, § 8 Rz 100; wohl auch *Tröger,* AcP 204 (2004), 115, 122.

5 *Palandt/Weidenkaff* § 478 Rz 15, 18.

6 Moderater *Bamberger/Faust* § 478 Rz 26 („rechtspolitisch fragwürdig").

einen Ausgleich durch angemessene Pauschalen für zulässig halten müssen, und zwar auch, wenn dieser Ausgleich in AGB vorgesehen ist (dazu noch Rz 35).[1] Hervorzuheben ist im Übrigen, dass § 377 HGB unberührt bleibt (§ 478 VI).

3. Der Schutz des Verwendungsgegners nach § 307

Von § 478 IV, V abgesehen, sind die Rechte nach § 439 II, 478 II, 635 II grundsätzlich dispositiv, können also jedenfalls durch Individualvereinbarung abbedungen werden.[2] Sollen diese Rechte allerdings in AGB beschränkt werden, so sind entsprechende Klauseln an § 307 zu messen. Dabei gelten folgende Grundsätze: 33

a) Allgemeines. Der Grundgedanke des § 309 Nr. 8 b cc, dass das Nacherfüllungsrecht nicht durch Kostenüberwälzung ausgehöhlt werden darf (Rz 1–3), gilt im Rahmen von § 307 auch zwischen Unternehmern.[3] Allerdings sind im unternehmerischen Verkehr weniger strenge Maßstäbe geboten. Eine Indizwirkung ist deshalb abzulehnen. So widerspricht es dem genannten Grundgedanken nicht, wenn dem Kunden Kosten auferlegt werden, die im Verhältnis zur wirtschaftlichen Bedeutung des Vertrages relativ gering sind, ihre Tragung durch den Kunden also das Gleichgewicht von Leistung und Gegenleistung nur in unwesentlichem Maße verändert.[4] Dem entspricht es, dass der BGH einen Verstoß gegen § 9 AGBG (§ 307) mit Blick auf einen Kaufvertrag unter Hinweis darauf bejaht hat, dass die dem Verwendungsgegner auferlegten Kosten bezogen auf den Kaufpreis „nicht unwesentlich" seien.[5] Nicht entscheidend ist dagegen im unternehmerischen Verkehr, ob die dem Kunden auferlegten Kosten im konkreten Fall den Betrag der zur Nacherfüllung erforderlichen Aufwendungen übersteigen. Letzteres ist, da die Höhe der zur Nacherfüllung erforderlichen Kosten ganz unterschiedlich ausfallen kann, kaum zu vermeiden. Zudem ist es in Hinblick auf die Vermeidung von Transaktionskosten wirtschaftlich sinnvoll, die Pflicht des Verkäufers/Unternehmers zur Kostentragung für den Fall unbedeutender Aufwendungen durch den Kunden abzubedingen. 34

b) Pauschalen. Grundsätzlich zulässig sind pauschalierte Kostenerstattungsregelungen, sofern diese der Höhe nach angemessen sind. Auch wenn diese Pauschalen nicht den vollen Kostenbetrag abdecken und bei Zugrundelegung allgemeiner Grundsätze als unangemessen einzustufen wären, können sie doch aufgrund kompensierender anderweitiger Vorteile aufgewogen werden.[6] Dabei ist allerdings einschränkend zu fordern, dass diese Vorteile in einem sachlichen Zusammenhang mit der Einschränkung der Kostentragungspflicht stehen.[7] Ob kompensierende Vorteile die Einschränkung der Kostentragungspflicht rechtfertigen, kann nur mit Blick auf das konkrete Vertragswerk beurteilt werden. Entscheidend ist, ob die Stö- 35

---

[1] Ebenso schon *Matthes* NJW 2002, 2505, 2507 (zu § 478).

[2] So *Palandt/Weidenkaff* § 478 Rz 20 (zum Rückgriff zwischen Unternehmern); *Matthes* NJW 2002, 2505, 2507 (zu § 478).

[3] BGH NJW 1981, 1510, 1510 (zu § 9 AGBG); BGH NJW 1996, 389, 389 (zu § 9 AGBG); *Bamberger/Becker* Rz 39. Wohl noch weitergehend *Palandt/Grüneberg* Rz 66: Grundsätzliche Anwendbarkeit des § 309 Nr. 8 b cc im unternehmerischen Verkehr.

[4] Ähnlich *Bamberger/Becker* Rz 39: Zulässigkeit der Auferlegung von im Vergleich zum Wert der Nacherfüllung unbedeutenden Kosten.

[5] BGH NJW 1996, 389, 390 (zu § 9 AGBG).

[6] I. E. wohl auch BGH NJW 1996, 389, 390 (zu § 9 AGBG). Denn der BGH thematisiert in dieser Entscheidung nur die Frage, ob die kompensierenden Regelungen in einem Sachzusammenhang mit der benachteiligenden Regelung stehen müssen, scheint die grundsätzliche Beachtlichkeit kompensierender Regelungen also vorauszusetzen.

[7] Offen gelassen in BGH NJW 1996, 389, 390 (zu § 9 AGBG).

rung des Gleichgewichts von Leistung und Gegenleistung, die durch die Einschränkung der Kostentragungspflicht erfolgt, durch die kompensierenden Regelungen wieder beseitigt wird. Kein kompensierender Vorteil liegt in einer Klausel, die vorsieht, dass der Verwender die auf seiner Seite angefallenen Kosten auch im Falle eines unberechtigten Verlangens nach Mängelbeseitigung trägt.[1] Denn diese Kosten sind im Grundsatz auch ohne eine solche Klausel nicht trägt, da die Geltendmachung bloß vermeintlicher Rechte nach Auffassung des BGH für sich genommen grundsätzlich keinen Schadensersatzanspruch begründet.[2]

---

1 BGH NJW 1996, 389, 390 (zu § 9 AGBG).
2 BGH NJW 1996, 389, 390 (zu § 9 AGBG).

§ 309 Klauselverbote ohne Wertungsmöglichkeit

Auch soweit eine Abweichung von den gesetzlichen Vorschriften zulässig ist, ist in Allgemeinen Geschäftsbedingungen unwirksam

8. (Sonstige Haftungsausschlüsse bei Pflichtverletzung)

b) (Mängel)

eine Bestimmung, durch die bei Verträgen über Lieferungen neu hergestellter Sachen und über Werkleistungen

dd) (Vorenthalten der Nacherfüllung)

der Verwender die Nacherfüllung von der vorherigen Zahlung des vollständigen Entgelts oder eines unter Berücksichtigung des Mangels unverhältnismäßig hohen Teils des Entgelts abhängig macht.

Inhaltsübersicht

I. Zweck und Allgemeines

Nr. 8 b dd erklärt AGB-Bestimmungen für unwirksam, die die Nacherfüllung von der vorherigen Zahlung des vollständigen Entgelts oder eines unter Berücksichtigung des Mangels unverhältnismäßig hohen Teils des Entgelts abhängig machen. Dem liegt der Gedanke zugrunde, dass der Kunde durch solche Vorleistungspflichten davon abgehalten werden könnte, Nacherfüllungsansprüche durchzusetzen. Denn er müsste vorleisten, ohne sicher sein zu können, dass die Nachbesserung tatsächlich ordnungsgemäß vorgenommen oder die Ersatzlieferung tatsächlich erbracht wird. Nicht von § 8 b dd erfasst werden dagegen solche Klauseln, die das Recht auf Nacherfüllung gänzlich oder teilweise ausschließen. § 309 Nr. 8 b dd entspricht im Wesentlichen dem bisherigen § 11 Nr. 10 d AGBG.[1] Doch hat die praktische Bedeutung der Regelung infolge des § 475 I erheblich abgenommen. **1–9**

II. Anwendungsbereich und Unwirksamkeitsgründe

1. Bestehen eines Nacherfüllungsrechts

Die Anwendung des § 309 Nr. 8 b dd setzt voraus, dass dem Verwendungsgegner ein Nacherfüllungsrecht zusteht. Eine Klausel, die den gänzlichen Ausschluss des Nacherfüllungsrechts vorsieht, ist daher nicht nach § 309 Nr. 8 b dd unwirksam. Zwar liegt es nahe zu argumentieren, dass eine Klausel der letztgenannten Art den **10**

[1] In diesem Sinne auch BT-Drs. 14/6040, S. 158.

Verwendungsgegner noch stärker belastet als eine Klausel, die das Nacherfüllungsrecht grundsätzlich bestehen lässt und den Anspruch auf Nacherfüllung lediglich von der vollständigen oder teilweisen Zahlung des geschuldeten Entgelts abhängig macht. Indessen ist es in vielen Fällen wirtschaftlich sinnvoll, das Nacherfüllungsrecht gänzlich auszuschließen und den Käufer/Besteller auf Minderung und Rücktritt zu verweisen. Ein Klauselverbot, das derartige Gestaltungen untersagt, birgt daher das Risiko erheblicher Effizienzverluste.[1] Nennenswerte Effizienzverluste drohen demgegenüber dann nicht, wenn dem Verkäufer lediglich untersagt wird, die Erfüllung des Nacherfüllungsanspruchs an eine unverhältnismäßige Zahlung zu knüpfen. Denn für eine entsprechende Gestaltung sind keine sinnvollen wirtschaftlichen Gründe erkennbar. Der gänzliche Ausschluss des Nacherfüllungsrechts verstößt daher nicht gegen § 309 Nr. 8 b dd.

2. Zahlung des vollen Entgelts oder eines unverhältnismäßig hohen Teils des Entgelts

11 § 309 Nr. 8 b dd verbietet lediglich solche Klauseln, die die Nacherfüllung von der vorherigen Zahlung des vollständigen Entgelts oder eines unter Berücksichtigung des Mangels unverhältnismäßig hohen Teils des Entgelts abhängig machen.

12 **a) Entgelt.** Der Begriff „Entgelt" meint den vom Käufer zu zahlenden Kaufpreis (§ 433 II) beziehungsweise die vom Besteller zu entrichtende Vergütung (§ 631).

13 **b) Zahlung.** Der Begriff der Zahlung ist richtigerweise eng auszulegen. Zu berücksichtigen sind nicht etwa all diejenigen Beträge, die der Verwendungsgegner entrichten muss, um in den Genuss der Nacherfüllung zu kommen. Denn es ist nicht die Aufgabe des § 309 Nr. 8 b dd, eine für den Verwendungsgegner nachteilige Regelung der Fälligkeit von Leistung und Gegenleistung zu verhindern. Insofern wird der Kunde bereits durch § 308 Nr. 1 und § 308 Nr. 2 geschützt. § 309 Nr. 8 b dd betrifft vielmehr nur den Einfluss, den die Mangelhaftigkeit der Leistung auf das Verhältnis der beiderseitigen Verpflichtungen hat. Es soll verhindert werden, dass sich dieses Verhältnis infolge der Mangelhaftigkeit zu sehr zuungunsten des Verwendungsgegners verschiebt. Daher ist allein auf diejenigen Beträge abzustellen, die der Verwendungsgegner bei störungsfreiem Vertragsablauf (noch) nicht hätte zahlen müssen, um die Leistung zu erhalten, nun aber zahlen soll, damit die Nacherfüllung erfolgt.[2] Zu berücksichtigen sind also zum einen solche Beträge, die bei mangelfreier Erfüllung Zug-um-Zug gegen Erhalt der Leistung hätten gezahlt werden sollen, die aber im Falle der Mangelhaftigkeit der Sache zu leisten sein sollen, noch bevor die Nacherfüllung erfolgt. Ebenso werden solche Beträge erfasst, die der Verwendungsgegner bei Mangelfreiheit der Leistung erst nach Erhalt der Leistung hätte zahlen müssen, die er aber im Falle der Mangelhaftigkeit entweder vor der Nacherfüllung oder Zug-um-Zug gegen Nacherfüllung zahlen soll. Dies mag an zwei Beispielen verdeutlicht werden:

14 **aa) Vorleistungspflicht des Verwendungsgegners.** Denkbar ist, dass der Vertrag in wirksamer Weise eine Vorleistungspflicht des Käufers vorsieht. In diesem

---

1 Dass sich der Gesetzgeber im Bereich der §§ 475 I, 478 IV, V entschlossen hat, entsprechende Effizienzverluste hinzunehmen, ist bedauerlich, sollte aber jedenfalls nicht zum Anlass genommen werden, ein allgemeines Verbot des Ausschlusses von Nacherfüllungsrechten in AGB in die Vorschrift des § 309 Nr. 8 b dd hineinzulesen.

2 A. A. wohl *Bamberger/Becker* Rz 41: War im Zeitpunkt der Nacherfüllung die Leistung des Verkäufers bzw. Bestellers ohnehin fällig, darf der Verwender einen Teil des Entgelts verlangen, sofern der geforderte Betrag nicht unverhältnismäßig hoch ist. Ohne eine Einschränkung der hier vertretenen Art auch MünchKomm/*Basedow* Rz 58.

Falle verstößt eine Klausel, die die Nacherfüllung davon abhängig macht, dass der Kunde zunächst das volle Entgelt zahlt, nicht gegen § 309 Nr. 8 b dd.[1] Dies folgt nach der hier vertretenen Auffassung schon daraus, dass der Kunde, um in den Genuss der Nacherfüllung zu gelangen, keinen Betrag zahlen muss, den er nicht auch hätte zahlen müssen, um die Leistung zu erhalten. Im Übrigen gibt die Klausel nach richtiger Auffassung nur das wieder, was sich für den Fall der wirksamen Vereinbarung einer Vorleistungspflicht des Käufers ohnehin aus dem Gesetz ergibt: Der ursprüngliche Leistungsanspruch des Käufers war erst nach Zahlung des Kaufpreises fällig, und nach richtiger Auffassung ist der Nacherfüllungsanspruch mit Blick auf die Fälligkeit nicht anders zu behandeln als der ursprüngliche Leistungsanspruch, und zwar selbst dann nicht, wenn vor Fälligkeit des Leistungsanspruchs mangelhaft geleistet wurde.[2]

bb) Vorleistungspflicht des Verwenders. Umgekehrt ist denkbar, dass der Vertrag oder das dispositive Recht (vgl. §§ 632, 632a) eine Vorleistungspflicht des Verwenders vorsehen. In diesem Falle verstößt eine Klausel, die die Nacherfüllung von der vorherigen Zahlung des restlichen Entgelts abhängig macht oder vorsieht, dass die Nacherfüllung Zug-um-Zug gegen Zahlung des restlichen Entgelts erfolgen soll, ohne weiteres gegen § 309 Nr. 8 b dd.[3] Denn eine solche Klausel läuft darauf hinaus, das Verhältnis der Fälligkeit von Leistung und Gegenleistung für den Fall der Nacherfüllung zum Nachteil des Verwendungsgegners zu verändern. Besonders hervorzuheben ist dabei, dass eine Klausel, die das Recht auf Nacherfüllung nur Zug-um-Zug gegen Zahlung des Entgelts gewährt, auch dann unwirksam ist, wenn das dispositive Recht grundsätzlich eine Leistungserbringung Zug-um-Zug gegen Erbringung der Gegenleistung vorsieht (s. §§ 433, 320), die Parteien jedoch mit Blick auf die ursprüngliche Leistung eine Vorleistungspflicht des Verwenders vereinbart haben. Denn nach dispositivem Recht richtet sich die Fälligkeit des Nacherfüllungsanspruchs nach der Fälligkeit des ursprünglichen Leistungsanspruchs.[4] 15

c) Volles Entgelt oder unverhältnismäßiger Teil. § 309 Nr. 8 b dd verbietet nur solche Klauseln, die die Nacherfüllung davon abhängig machen, dass der Verwendungsgegner das volle oder einen unverhältnismäßigen Teil des Entgelts zahlt. Welche Beträge dabei zu berücksichtigen sind, ist bereits dargelegt worden.[5] Stellen die zu berücksichtigenden Beträge das volle Entgelt dar, greift § 309 Nr. 8 b dd ohne weiteres ein. Es bleibt die Frage, wann der relevante Betrag als unverhältnismäßig eingestuft werden kann. 16

aa) Möglichkeit der Unverhältnismäßigkeit ausreichend. Insofern sei vorab darauf hingewiesen, dass die Möglichkeit der Unverhältnismäßigkeit ausreicht: Nach § 309 Nr. 8 b dd unwirksam ist eine Klausel schon dann, wenn sie die Nacherfüllung allgemein von einem bestimmten, prozentual oder betragsmäßig definierten Teil des Entgelts abhängig macht und nach den Umständen bei Vertragsschluss zumindest die Möglichkeit besteht, dass Mängel auftreten, mit Blick auf welche die 17

---

1 Ebenso *Ulmer/Christensen* Rz 87.

2 Zutreffend *Huber* NJW 2002, 1004, 1005 Fn 8 (zur Fälligkeit des Nacherfüllungsanspruchs nach § 437 Nr. 1, 439). Zustimmend *Bamberger/Faust* § 439 Rz 12. A. A. aber *Erman/Grunewald* § 439 Rz 12: Fälligkeit des Nacherfüllungsanspruchs ab Gefahrübergang auch bei Lieferung vor Fälligkeit des Erfüllungsanspruchs aus § 433 I 1. Vgl. ferner *Palandt/Weidenkaff* § 439 Rz 3a: Fälligkeit des Nacherfüllungsanspruchs ab Zugang des Nacherfüllungsverlangens (aber ohne ausdrückliche Erwähnung der Möglichkeit einer Lieferung vor Fälligkeit).

3 Möglicherweise a.A. *Bamberger/Becker* Rz 41: Zulässig sind Klauseln, die formularmäßig die Zahlung des Kaufpreises bzw. der Vergütung Zug-um-Zug gegen Vornahme der Nacherfüllung vorschreiben.

4 S. Rz 14.

5 S. Rz 13 ff.

vor der Nacherfüllung zu leistenden Summen unverhältnismäßig sind. Dies gilt auch im Verbandsklageverfahren.[1]

18 **bb) Begriff der Unverhältnismäßigkeit.** Es stellt sich jedoch die Frage, welche Anforderungen an die Unverhältnismäßigkeit zu stellen sind. Insofern ist die Funktion der §§ 305 ff zu beachten, den Verwendungsgegner vor einer Störung des Gleichgewichts von Leistung und Gegenleistung durch nachteilige AGB zu schützen. Vor diesem Hintergrund ist darauf abzustellen, ob die beanstandete Klausel dazu führt, dass der Kunde in wesentlich stärkerem Maße ungesichert bleibt als dies für den Fall eines reibungslosen Vertragsablaufes vorgesehen war.[2] Dies ist wie folgt festzustellen: In einem ersten Schritt ist zu ermitteln, ob und gegebenenfalls in welchem Umfang der Kunde durch die Erbringung der mangelhaften Leistung eine Sicherung erlangt hat, die ihm während der Nacherfüllungsbemühungen erhalten bleibt. Hat der Verkäufer z. B. eine mangelhafte Sache im Werte von € 100 geliefert und kann der Kunde diese bis zum Erhalt der Ersatzlieferung behalten, so hat der Kunde eine zusätzliche Sicherung in Höhe von € 100 erlangt. Solange die Klausel die Nacherfüllung von der vorherigen Zahlung eines Betrages abhängig macht, der den Wert der infolge der mangelhaften Leistung erhaltenen zusätzlichen Sicherung nicht **übersteigt,** ist der zu zahlende Betrag als verhältnismäßig anzusehen. Andernfalls ist er unverhältnismäßig. Ein Beispiel mag dies verdeutlichen. Es sei unterstellt, dass der Kaufpreis € 100 beträgt und erst nach Lieferung zu zahlen ist. Ferner sei unterstellt, dass die gelieferte Sache mangelhaft ist und ihr Wert daher nur € 20 beträgt. Verbleibt die mangelhafte Sache bis zum Abschluss der Nacherfüllung beim Käufer, so kann der Verkäufer die Nachlieferung von der Zahlung eines Betrages abhängig machen, der nicht höher als € 20 liegt. Denn auch bei störungsfreier Abwicklung des Vertrages hätte der Verkäufer das Risiko mangelnder Zahlungsbereitschaft oder -fähigkeit bis zu einem Betrag von € 100 getragen, und dieses Risiko darf er nicht wesentlich verringern. Verbleibt die Sache dagegen nicht beim Käufer, gewinnt dieser also keine zusätzliche Sicherheit, so ist eine Klausel, die die Nacherfüllung von einer weiteren Zahlung abhängig macht, in jedem Falle unwirksam. Vor dem Hintergrund dieses Ansatzes ist auch erklärbar, weshalb nach dem Wortlaut des § 309 Nr. 8 b dd nicht die **Zahlung des vollen Entgelts** verlangt werden kann. Denn der Wert der mangelhaften Sache wird in nahezu allen Fällen hinter dem vollen Entgelt zurückbleiben. Die Tatsache, dass der Kunde infolge der mangelhaften Leistung eine Sicherheit gewonnen hat, vermag also nicht zu rechtfertigen, dass er nunmehr das gesamte Entgelt relativ gesehen früher zahlen muss, als er es bei mangelfreier Leistung hätte zahlen müssen. Auch die Tatsache, dass die Frage der Verhältnismäßigkeit des zu zahlenden Betrages nach dem Wortlaut des § 309 Nr. 8 b dd unter Berücksichtigung des Mangels zu beurteilen ist, widerspricht der hier vertretenen Auffassung nicht. Denn die Frage, in welchem Umfang der Kunde

---

1 Explizit a. A. aber MünchKomm/*Basedow* Rz 58: Weil sich ein Missverhältnis zwischen dem vorgesehenen Umfang der Vorleistungspflicht des Kunden und den Nacherfüllungskunden stets ergeben könne, dürften entsprechende Klauseln im Verbandsklageverfahren nicht an diesem Gesichtspunkte scheitern. Zumindest auf der Grundlage der hier vertretenen Auffassung überzeugt dieser Ansatz nicht. Denn der Verwender hat es in der Hand, die Unverhältnismäßigkeit der Klausel zu verhindern, indem er den eigenen Zahlungsanspruch in angemessener Weise – also auf den tatsächlichen Wert der bereits erbrachten Leistung – begrenzt.

2 Mit anderem Ansatz z. B. *Staudinger/Coester-Waltjen* § 309 Nr. 8 Rz 75: Der Teil des Entgelts, von dem die Mängelbeseitigung abhängig gemacht werde, müsse in einem angemessenen Verhältnis zum Wert der bereits erbrachten, aber mangelhaften Leistung stehen. Keinesfalls dürfe der geforderte Betrag denjenigen Betrag übersteigen, der sich bei Fortbestehen des Mangels im Falle der Minderung ergäbe. Anders als hier wohl auch MünchKomm/*Basedow* Rz 58: Ob der Umfang der Vorleistungspflicht verhältnismäßig sei, beurteile sich danach, wie schwerwiegend der Mangel der gelieferten Sache oder Leistung sei und welche Aufwendungen zu seiner Beseitigung erforderlich sein würden.

durch den Erhalt der mangelhaften Leistung eine Sicherheit erhalten hat, hängt maßgeblich davon ab, in welchem Maße der vorhandene Mangel den Wert der erhaltenen Sache mindert. Da die Klausel schon dann unwirksam ist, wenn bei Vertragsschluss die Möglichkeit der Unverhältnismäßigkeit besteht, ist die Unwirksamkeit entsprechender Klauseln nur dadurch zu vermeiden, dass die Zahlung, von der die Nacherfüllung abhängig gemacht wird, nach oben hin gemäß den hier beschriebenen Grundsätzen beschränkt wird.

d) Andere Vorbedingungen der Nacherfüllung. Macht die Klausel die Nacherfüllung von anderen Umständen als der Zahlung des vollständigen Entgelts oder eines unverhältnismäßigen Teils des Entgelts abhängig, so greift § 309 Nr. 8 b dd nicht ein. Eine Kontrolle entsprechender Klauseln findet vielmehr nach § 307 statt. Nicht nach § 309 Nr. 8 b dd, wohl aber nach § 307 unwirksam und regelmäßig auch überraschend im Sinne des § 305c I wäre z. B. eine Klausel, die die Nacherfüllung davon abhängig macht, dass der Kunde einen weiteren Kauf- oder Werkvertrag mit dem Verwender abschließt. **19**

3. Abhängigmachung

Die Nacherfüllung muss von der Zahlung abhängig gemacht werden. Dies ist dahingehend zu verstehen, dass die Klausel die Zahlung des relevanten Betrages zur Vorbedingung für die Nacherfüllung machen muss. **20–29**

III. Folgen der Unwirksamkeit

Ein Verstoß gegen § 309 Nr. 8 b dd führt zur Unwirksamkeit der Klausel. Eine geltungserhaltende Reduktion der Klausel z. B. dahingehend, dass nur ein verhältnismäßiger Teil des Entgelts zu zahlen ist, scheidet aus.[1] An die Stelle der Klausel treten vielmehr gemäß § 306 II die gesetzlichen Vorschriften. Im Werkvertragsrecht ist insofern § 641 III zu beachten. Danach ist der Besteller berechtigt, bei Bestehen eines Rechts auf Mangelbeseitigung nach Abnahme die Zahlung eines angemessenen Teils der Vergütung zu verweigern, mindestens in Höhe des Dreifachen der für die Beseitigung des Mangels erforderlichen Kosten. Im Kaufvertrag richtet sich das Recht des Käufers, bei Bestehen eines Nacherfüllungsanspruchs die Zahlung des Kaufpreises zu verweigern, nach § 320.[2] Dies bedeutet, dass der Käufer die Zahlung des Entgelts bei erfolgter mangelhafter Leistung in den Grenzen des § 320 II verweigern kann. Maßgeblich ist also, ob die Verweigerung der Zahlung in Anbetracht der Geringfügigkeit des Mangels unverhältnismäßig wäre.[3] Zu berücksichtigen ist allerdings, dass sich die Regelung des § 641 III an diejenigen Grundsätze anlehnt, die die Rechtsprechung zur Anwendung des § 320 II im Werkvertragsrecht entwickelt hat.[4] Vor diesem Hintergrund enthält § 641 III keine von § 320 II abweichende Wertung. Vielmehr konkretisiert § 641 III die allgemeinere Vorschrift des **30**

---

[1] *Staudinger/Coester-Waltjen* Rz 76. Tendenziell a.A. MünchKomm/*Basedow* Rz 59. *Basedow* zufolge soll eine Klausel auch teilweise wirksam sein können, wobei er aber ausdrücklich offen lässt, ob sich dies aus einer geltungserhaltenden Reduktion ergibt.

[2] MünchKomm/*Emmerich* § 320 Rz 6.

[3] I.E. auch MünchKomm/*Basedow* Rz 59, der allerdings zur Annahme einer Teilwirksamkeit der entsprechenden Klausel tendiert.

[4] S. nur BGH NJW 1981, 1148, 1449 (zu § 320 II): Zurückbehaltung des dreifachen Betrages trägt den Interessen des Bestellers ausreichend Rechnung. Dazu, dass die Regelung des § 641 III im Wesentlichen die Rechtsprechung kodifiziert, siehe z. B. MünchKomm/*Emmerich* § 320 Rz 14; MünchKomm/*Busche* § 641 Rz 31.

§ 320 mit Blick auf die besondere Rechtslage, die im Falle eines Rechts auf Mangelbeseitigung besteht. Vor diesem Hintergrund wird man den Rechtsgedanken des § 641 III auch mit Blick auf kaufrechtliche Nachbesserungsansprüche heranziehen können.

IV. Geltung zwischen Unternehmern

31 § 309 Nr. 8 b dd gilt gemäß § 310 I 1 nicht unmittelbar für AGB, die gegenüber Unternehmern verwandt werden. Nr. 8 b dd bringt jedoch einen grundlegenden Gedanken des äquivalenten Austauschverhältnisses zum Ausdruck und gilt daher – vermittelt durch § 307 – grundsätzlich auch zwischen Unternehmern.[1] § 309 Nr. 8 b dd entfaltet mit anderen Worten Indizwirkung. Auch im unternehmerischen Verkehr kann der Unternehmer die Nacherfüllung also grundsätzlich nicht davon abhängig machen, dass der Käufer oder Besteller die volle Vergütung oder einen unverhältnismäßig hohen Teil der Vergütung zahlt.[2] Keinesfalls kann der Lieferant Vorauszahlung verlangen, wenn er die eigene Verpflichtung zur Nachbesserung nicht klar anerkennt.[3] Im Übrigen sei darauf hingewiesen, dass im unternehmerischen Verkehr die Absätze IV und V des § 478 zu beachten sind.

---

[1] *Staudinger/Coester-Waltjen* § 309 Nr. 8 Rz 78; *Palandt/Grüneberg* Rz 70; ähnlich auch *Ulmer/Christensen* Rz 93.

[2] Gegen die Zulässigkeit einer Klausel, der zufolge die Nacherfüllung von der vorherigen Zahlung der vollen Vergütung abhängt, auch *von Westphalen* NJW 2002, 12, 20.

[3] BGH DB 1969, 2270.

§ 309 Klauselverbote ohne Wertungsmöglichkeit

Auch soweit eine Abweichung von den gesetzlichen Vorschriften zulässig ist, ist in Allgemeinen Geschäftsbedingungen unwirksam

8. (Sonstige Haftungsausschlüsse bei Pflichtverletzung)

b) (Mängel)

eine Bestimmung, durch die bei Verträgen über Lieferungen neu hergestellter Sachen und über Werkleistungen

ee) (Ausschlussfrist für Mängelanzeige)

der Verwender dem anderen Vertragsteil für die Anzeige nicht offensichtlicher Mängel eine Ausschlussfrist setzt, die kürzer ist als die nach dem Doppelbuchstaben ff zulässige Frist.

Inhaltsübersicht

Schrifttum: *Marly,* Die Aufnahme einer Ausschlussfrist für Mängelanzeigen in Allgemeinen Geschäftsbedingungen, NJW 1988, 1184, *Preis/Roloff,* Die Inhaltskontrolle vertraglicher Ausschlussfristen, RdA 2005, 144; *Thamm/Möffert,* Die Mängelrüge im Handelsverkehr im Lichte jüngster Rechtsprechung, NJW 2005, 2710.

I. Zweck und Allgemeines

1. Grundlagen

Rügefristen dienen dem Interesse des Verkäufers und Werkunternehmers an rascher Klärung der auf ihn zukommenden Mängelrechte. Sie erschweren aber andererseits dem Kunden die Rechtsverfolgung, weil er infolge der Nichtbeachtung entsprechender Fristen seine Mängelrechte verlieren kann. Mit Blick auf den bei- 1 derseitigen Handelskauf sieht § 377 HGB eine Regelung dieses Konflikts vor, die auf die Interessen des Verkäufers besondere Rücksicht nimmt: Will der Kunde einen Verlust seiner Mängelrechte vermeiden, so muss er erkennbare Mängel unverzüglich rügen (§ 377 I, II HGB), und Gleiches gilt für Mängel, die sich später zeigen (§ 377 III HGB). Diese Regelung beansprucht nach § 478 VI auch dann Geltung gegenüber dem unternehmerischen Käufer, wenn dieser die erworbene Ware seinerseits an Verbraucher weiterveräußert und deshalb im Verhältnis zu seinen eigenen Kunden nicht den Schutz des § 377 HGB genießt. Ganz anders liegen die Dinge, wenn es sich bei dem Geschäft nicht um einen beiderseitigen Handelskauf handelt: Das allgemeine Kaufrecht kennt keine Rügeobliegenheit. Der Käufer verliert seine Mängelrechte vielmehr nur bei Kenntnis oder grob fahrlässiger Unkenntnis bei Vertragsschluss (§ 442). Und im Werkvertragsrecht schadet dem Besteller die vorbehaltlose Abnahme gar nur im Falle der Kenntnis von Mängeln (§ 640 II).[1] Im Bereich des Werkvertragsrechts wie des allgemeinen Kaufrechts wird der oben genannte Konflikt also recht einseitig zugunsten des Kunden entschieden. Im Falle des Verbrauchsgüterkaufs wird diese Entscheidung des Gesetzgebers zugunsten des Kunden sogar durch (einseitig) zwingendes Recht abgesichert. Namentlich kann beim Verbrauchsgüterkauf wegen § 475 II eine Rügeobliegenheit zulasten des Verbrauchers nicht wirksam vereinbart werden, würde es sich dabei doch um eine Einschränkung der Mängelrechte nach § 437 handeln. § 309 Nr. 8 b ee rundet dieses Bild ab, indem er der formularmäßigen Verwendung von Ausschlussfristen gegenüber Verbrauchern ganz unabhängig vom Vorliegen eines Verbrauchsgüterkaufs enge Grenzen zieht: In Verträgen über die Lieferung neu hergestellter Sachen oder über Werkleistungen sind entsprechende Klauseln allenfalls dann wirksam, wenn sie entweder nur für offensichtliche Mängel gelten oder wenn die Anzeigefrist nicht kürzer bemessen ist als eine Verjährungsfrist in AGB bemessen werden könnte.

2. Bedeutung

2–9 Die praktische Bedeutung des § 309 Nr. 8 b ee ist begrenzt. Dies liegt zunächst daran, dass § 475 I die Vereinbarung von Anzeigefristen vor Mitteilung des Mangels im Falle des Verbrauchsgüterkaufs ohnehin verbietet. Auch unabhängig davon fällt auf, dass § 309 Nr. 8 b ee einen überaus engen Regelungsbereich hat. Er gilt nur für Verträge über neu hergestellte Sachen und über Werkleistungen (s. Rz 10). Zudem regelt § 309 Nr. 8 b ee nur Ausschlussfristen für Mängelanzeigen, nicht dagegen sonstige Ausschlussfristen (s. Rz 12). Schließlich erfasst § 309 Nr. 8 b ee nur solche Ausschlussfristen, die zumindest auch für nicht offensichtliche Mängel Geltung beanspruchen (s. Rz 11).

II. Tatbestand

1. Vertrag über die Lieferung neu hergestellter Sachen oder über Werkleistungen

10 § 309 Nr. 8 b ee greift nur bei Verträgen über die Lieferung neu hergestellter Sachen und über Werkleistungen ein. Siehe dazu Vorbemerkung zu § 309 Nr. 8 b Rz 4 ff.

---

[1] Kritisch mit Blick auf diesen Unterschied zwischen Kaufrecht einerseits und Werkvertragsrecht andererseits *Palandt/Sprau* § 640 Rz 14.

2. Nicht offensichtliche Mängel

§ 309 Nr. 8 b ee bezieht sich nur auf solche Klauseln, die eine Frist für die Anzeige nicht offensichtlicher Mängel setzen. Die Unwirksamkeit tritt nicht nur ein, wenn eine kürzere als die zulässige Ausschlussfrist ausdrücklich auf nicht offensichtliche Mängel erstreckt wird, sondern auch dann, wenn sie für Mängel schlechthin vorgesehen wird, ohne zwischen offensichtlichen und nicht offensichtlichen zu unterscheiden.[1] 11

a) Mangel. Der Begriff des Mangels ist im Sinne der §§ 434, 435, 633 zu verstehen. Erfasst werden also Sach- und Rechtsmängel im Sinne des Kauf- und Werkvertragsrechts. Bezieht sich das Anzeigeerfordernis auf andere Eigenschaften der Sache oder des Werks, so ist § 309 Nr. 8 b ee nicht anwendbar. Nicht erfasst werden Ansprüche aus unerlaubter Handlung, mögen sie auch auf einen Mangel der Sache oder der Werkleistung zurückzuführen sein. 12

b) Fehlende Offensichtlichkeit. Die Schutzvorschrift der Nr. 8 b ee gilt nicht für offensichtliche Mängel. Insoweit richtet sich der Schutz des Verwendungsgegners vielmehr allein nach den §§ 309 Nr. 7, 307 (s. Rz 46 ff.). Offensichtlich ist ein Mangel dann, wenn er dem durchschnittlichen Verbraucher, der mit dem Vertragsgegenstand nicht besonders vertraut ist, ohne besondere Prüfung auffallen muss.[2] Ein zunächst, z. B. bei Übergabe, nicht offensichtlicher Mangel kann später offensichtlich werden.[3] Maßgeblich für die Offensichtlichkeit ist nicht der Zeitpunkt der Übergabe, sondern derjenige Zeitpunkt, in welchem die Ausschlussfrist beginnt.[4] Denn der Wortlaut des § 309 Nr. 8 b ee enthält gerade keinen Hinweis darauf, dass die Offensichtlichkeit schon im Zeitpunkt der Übergabe/Abnahme vorliegen muss, und der Kunde ist zudem wenig schutzwürdig, wenn er trotz des Offensichtlichwerdens des Mangels nach Abnahme/Übergabe untätig bleibt. Eine Ausschlussfrist, die erst mit der Offensichtlichkeit des Mangels zu laufen beginnt, fällt daher nicht unter § 309 Nr. 8 b ee. Die Offensichtlichkeit darf nicht mit der Erkennbarkeit im Sinne des § 377 II HGB gleichgestellt werden,[5] denn im Rahmen des § 377 II wird dem Käufer ein höherer Zeit- und Kostenaufwand abverlangt. Offensichtlich sind nur solche Mängel, die auch ohne einen derartigen Aufwand ohne weiteres zutage liegen. Ob der Kunde den Mangel tatsächlich bemerkt, ist mit Blick auf die Frage der Offenkundigkeit gleichgültig.[6] Ein Mangel, den der Kunde nicht erkennen musste, aber tatsächlich erkannt hat, bleibt ein nicht offensichtlicher Mangel.[7] Klauseln, die eine Ausschlussfrist für erkannte Mängel vorschreiben, ohne danach zu differenzieren, ob es sich dabei um offensichtliche oder um nicht offensichtliche Mängel handelt, sind daher an § 309 Nr. 8 b ee zu messen. Umgekehrt ist ein Mangel, der dem Verbraucher ohne besondere Prüfung auffallen musste, auch dann offensichtlich, wenn der Kunde ihn nicht bemerkt. Offensichtlichkeit liegt in der Regel vor, wenn ein Mangel der Ingebrauchnahme eines Gerätes im Wege steht. Kann der Mangel erst mit einem größerem Aufwand an Zeit und Kosten festgestellt werden, so ist er **nicht offensichtlich.** Das **Fehlen von Teilen einer Ware** 13–19

---

1 KG NJOZ 2005, 2570, 2570; BGH NJW 2001, 292, 300 (zu § 11 Nr. 10 lit. e AGBG).

2 *Palandt/Grüneberg* Rz 71, *Staudinger/Coester-Waltjen* Rz 82.

3 A. A. *Staudinger/Coester-Waltjen* Rz 82; *Ulmer/Christensen* Rz 98.

4 A. A. *Staudinger/Coester-Waltjen* Rz 82; *Ulmer/Christensen* Rz 98.

5 Dafür, dass ein erkennbarer Mangel nicht notwendig ein offensichtlicher Mangel im Sinne des § 309 Nr. 8 b ff ist, auch BGH NJW-RR 2005, 247, 248 (zu §§ 9, 11 Nr. 10 e AGBG); *Staudinger/Coester-Waltjen* Rz 82.

6 Anders aber offenbar BT-Drs. 7/3919, S. 35.

7 OLG Köln NJW 1986, 2579, 2581 (zu § 11 Nr. 10 e AGBG); *Staudinger/Coester-Waltjen* Rz 82; *Palandt/Grüneberg* Rz 71; a.A. aber *Marly* NJW 1988, 1184, 1184 ff. (zu § 11 Nr. 10 e).

ist nicht immer offensichtlich. Eine Klausel in den AGB von Möbelhändlern, wonach bei „Mitnahmeartikeln“ das Fehlen von Teilen ohne Einschränkung bei Besitzübergabe geltend gemacht werden muss, ist deshalb unwirksam.[1]

3. Anzeige

20, 21 § 309 Nr. 8 b ee findet nur auf solche Klauseln Anwendung, die dem Verwendungsgegner eine Mängelanzeige abverlangen. Der Begriff der Mängelanzeige ist dabei weit auszulegen. Erfasst wird jedes Erfordernis, dem Verwender eine Mitteilung über das Vorliegen von Mängeln zu machen oder ihm Informationen über diese Mängel zukommen zu lassen. Es spielt also keine Rolle, welche Informationen der Verwendungsgegner dem Verwender zukommen lassen muss, solange diese nur auf die Mängel der Sache bezogen sind. Unerheblich ist auch, in welcher Form die Mängelanzeige nach der Klausel zu erfolgen hat. § 309 Nr. 8 b ee ist also unabhängig davon anzuwenden, ob überhaupt eine bestimmte Form für die Mängelanzeige vorgeschrieben ist oder welcher Art das Formerfordernis ist.

4. Ausschlussfrist

22, 23 **a) Begriff.** Eine Ausschlussfrist ist zunächst dann anzunehmen, wenn der Verbraucher seine Mängelrechte mit Ablauf der Frist ganz oder teilweise verlieren soll. Es spielt dann keine Rolle, ob die Klausel außerdem vorsieht, dass der Verlust der Rechte von Amts wegen zu berücksichtigen ist, denn die Notwendigkeit einer Berücksichtigung von Amts wegen folgt schon aus der vorgesehenen Rechtsfolge, nämlich dem Rechtsverlust.[2] Darüber hinaus genügt es für die Annahme einer Ausschlussfrist aber auch, dass die Mängelrechte mit Ablauf der Frist ganz oder teilweise nicht mehr durchsetzbar sein sollen, solange die Klausel nur dahingehend auszulegen ist, dass die mangelnde Durchsetzbarkeit von Amts wegen berücksichtigt werden soll.[3] Dieses Verständnis des Begriffs der Ausschlussfrist rechtfertigt sich aus dem Zweck des § 309 Nr. 8 b ee, den durch § 309 Nr. 8 b ff gewährten Schutz zu vervollständigen. Die Einrede der Verjährung zeichnet sich dadurch aus, dass sie erstens nicht den Anspruch entfallen lässt, sondern lediglich ein Leistungsverweigerungsrecht gewährt (§ 214), und dass sie zweitens nicht von Amts wegen, sondern nur im Falle ihrer Erhebung zu berücksichtigen ist.

24 **b) Vollständiger oder teilweiser Verlust.** Irrelevant ist, ob die Mängelrechte des Verwendungsgegners mit Fristablauf ganz oder nur teilweise verloren gehen beziehungsweise undurchsetzbar werden sollen. Eine Ausschlussfrist liegt deshalb nicht nur dann vor, wenn die Gewährleistungsrechte nach Fristablauf völlig verloren gehen, sondern auch dann, wenn deren Durchsetzung von zusätzlichen, gesetzlich nicht vorgesehenen Voraussetzungen abhängig gemacht wird.

25 **c) Erschwerungen hinsichtlich des Nachweises.** Klauseln, die nach Ablauf der Frist lediglich die Beweisführung erschweren, indem sie die Beweislast zu Lasten des Verbrauchers ändern oder die Nutzung bestimmter Beweismittel vorschreiben beziehungsweise verbieten, fallen nicht unter § 309 Nr. 8 b ff. Insofern greift vielmehr die speziellere Regelung des § 309 Nr. 12 ein.

---

1 OLG Hamm NJW-RR 1987, 311, 316 (zu § 11 Nr. 10 e AGBG).

2 Vgl. auch *Bamberger/Roth/Wendtland* § 21 Rz 31: Ausschlussfristen sind von Amts wegen zu berücksichtigen.

3 A. A., nämlich im Sinne einer Beschränkung auf Klauseln, die zu einem Rechtsverlust führen, wohl *Ulmer/Christensen* Rz 97.

d) Beispiele. Eine Ausschlussfrist ist z. B. gegeben, wenn die Geltendmachung der Gewährleistungsrechte von einer „unverzüglichen Rüge nach Sichtbarwerden des Mangels" abhängig gemacht wird[1] oder wenn eine sofortige Meldung verlangt wird.[2] 26

e) Anspruchsverlust infolge anderer Ereignisse. Keine Anwendung findet § 309 Nr. 8 b ee dann, wenn der Rechtsverlust bzw. die mangelnde Durchsetzbarkeit an andere Ereignisse als den Ablauf einer Frist geknüpft werden. Vielmehr sind entsprechende Klauseln an § 307 zu messen. Doch kann die Wertung des § 309 Nr. 8 b ee im Rahmen der Angemessenheitskontrolle Berücksichtigung finden.[3] Nicht nach § 309 Nr. 8 b ee, wohl aber nach § 307 unangemessen ist beispielsweise eine Klausel, der zufolge Mängelrechte im Falle einer Be- oder Verarbeitung der Ware nur noch bei nachweislich schuldhaft verursachten Fehlern geltend gemacht werden können.[4] Eine andere Beurteilung ist auch dann nicht gerechtfertigt, wenn die Schadenshöhe als Folge des Arbeitsaufwands und sonstiger Kosten der Verarbeitung den Materialwert deutlich übersteigen kann.[5] 27–29

5. Dauer

a) Allgemeines. Ausschlussfristen für nicht offensichtliche Mängel sind nicht schlechthin verboten, sondern nur insoweit, als sie kürzer sind als die nach § 309 Nr. 8 b ff zulässigen Fristen. Mit anderen Worten, eine Ausschlussfrist verstößt immer dann gegen § 309 Nr. 8 b ff, wenn die Frist zu einem Zeitpunkt ablaufen kann, in welchem der relevante Anspruch selbst bei größtmöglicher AGB-mäßiger Verkürzung der Verjährungsfrist noch nicht verjährt wäre. 30

b) Die nach dem Doppelbuchstaben ff zulässige Frist. Wenn § 309 Nr. 8 b ee auf die nach dem Doppelbuchstaben ff zulässige Frist verweist, so ist damit diejenige Frist gemeint, die gerade noch lang genug ist, um nach § 309 Nr. 8 b ff in AGB wirksam vereinbart zu werden. Die Verweisung auf § 309 Nr. 8 b ff ist dabei so zu verstehen, dass alle Regelungen zu berücksichtigen sind, die auch bei der Anwendung des § 309 Nr. 8 b ff eine Rolle spielen, also z. B. eine Verschiebung des Verjährungsbeginns oder eine vom Gesetz abweichende Regelung der Hemmung[6] oder des Neubeginns der Verjährung (s. § 309 Nr. 8 b ff Rz 14 ff). 31

c) Die zulässige Frist bei Verlängerung der Verjährungsfrist. Eine Verlängerung der Verjährungsfrist ist jedenfalls in Individualvereinbarungen grundsätzlich zulässig, solange sie sich innerhalb der von § 202 II gezogenen Grenze hält. Auch in AGB können Verjährungsfristen verlängert werden (s. § 309 Nr. 8 b ff Rz 35 ff). Im Rahmen des § 309 Nr. 8 b ee ist die Frage, ob die Parteien eine Verlängerung der Verjährungsfrist vertraglich vereinbart haben, jedoch irrelevant.[7] Denn bei der Anwendung des § 309 Nr. 8 b ee kommt es allein auf die nach § 309 Nr. 8 b ff zulässige Frist, also auf diejenige Frist an, die gerade noch lang genug ist, um nach § 309 Nr. 8 b ff in AGB wirksam vereinbart zu werden. Zu beachten ist aller- 32

---

1 BGH NJW 1985, 855, 858 (zu § 11 Nr. 10 e AGBG).

2 LG Düsseldorf AGBE VI § 11 Nr. 60.

3 S. BGH NJW 1996, 1537, 1538 (zu §§ 9, 11 Nr. 10 e AGBG): „Der in [§ 11 Nr. 10 e (§ 309 Nr. 8 b ee)] zum Ausdruck kommende Leitgedanke ist [...] als Maßstab auch für den Verlust des Rügerechts aus anderen Gründen als dem der Fristversäumnis heranzuziehen." Freilich war § 309 Nr. 8 b ee in jenem Falle mangels Verbrauchereigenschaft des Verwendungsgegners ohnehin nicht unmittelbar anwendbar.

4 BGH NJW 1996, 1537, 1538 (zu §§ 9, 11 Nr. 10 e AGBG).

5 BGH NJW 1996, 1537, 1538 (zu § 9 AGBG).

6 Vgl. auch *Bamberger/Becker* Rz 43: analoge Anwendung der Vorschriften über die Hemmung der Verjährung.

7 Insoweit übereinstimmend MünchKomm/*Basedow* Rz 65.

dings, dass Ausschlussfristen auch an § 307 zu messen sind und im Rahmen der Angemessenheitskontrolle dem Transparenzgebot (§ 307 I 2) genügen müssen. Regelt der Vertrag in einer Klausel die für Mängelrechte geltenden Verjährungsfristen, nur um in einer anderen Klausel Ausschlussfristen für Mängelrechte vorzugeben, wird dies jedenfalls gegenüber Verbrauchern regelmäßig zu einer Irreführung über die für die Geltendmachung von Mängelrechten zur Verfügung stehenden Fristen führen. Entsprechende Klauseln verstoßen daher regelmäßig gegen das Transparenzprinzip (§ 307 I 2).[1] Haben die Parteien die für die Mängelrechte geltenden Verjährungsfristen gar individualvertraglich geregelt, so wird man eine solche Vereinbarung oftmals dahingehend auslegen müssen (§§ 133, 157, 305c II), dass die in der Abrede festgelegten Fristen in vollem Umfang für die Überprüfung der Ordnungsgemäßheit der Leistung zur Verfügung stehen sollen. Vor diesem Hintergrund scheitert eine Festlegung von Ausschlussfristen in den AGB bei gleichzeitiger individualvertraglicher Festlegung von Verjährungsfristen für Mängelansprüche regelmäßig am Vorrang der Individualabrede (§ 305b). Überdies ist die Festlegung einer Ausschlussfrist in AGB bei individualvertraglicher Vereinbarung der für die gleichen Ansprüche geltenden Verjährungsfristen regelmäßig überraschend im Sinne des § 305c I.

6. Beweislast

33–39 Für die Beweislast gelten die allgemeinen Grundsätze.[2] Insbesondere trägt der Verwender, der sich auf eine vereinbarte Ausschlussfrist für offensichtliche Mängel beruft, die Beweislast für die Tatsachen, aus denen sich die Offensichtlichkeit des Mangels ergibt.[3] Genügt er dieser Beweislast, so trifft den Kunden die Beweislast dafür, dass er rechtzeitig gerügt hat.[4]

III. Folgen der Wirksamkeit/Unwirksamkeit

40–45 Eine zulässige Ausschlussfrist ist nach allgemeiner Meinung von Amts wegen zu berücksichtigen.[5] Eine unzulässige Ausschlussklausel ist dagegen insgesamt nichtig. Eine geltungserhaltende Reduktion kommt nicht in Betracht.

IV. Verhältnis zu anderen Vorschriften

1. Verhältnis zu § 307

46 § 309 Nr. 8 b ee enthält keine abschließende Regelung der Zulässigkeit von Ausschlussklauseln. Vielmehr bleibt § 307 neben § 309 Nr. 8 b anwendbar. Zwar wird man die Dauer einer in AGB vorgesehenen Ausschlussfrist für nicht offensichtliche Mängel in der Regel nicht beanstanden können, soweit die Klausel den Anforderungen des § 309 Nr. 8 b ee genügt. Gleichwohl verbleibt § 307 ein erheblicher Anwendungsbereich:

47 **a) Frist bei offensichtlichen Mängeln.** So ist zu beachten, dass § 309 Nr. 8 b ee die Dauer der Ausschlussfrist nur mit Blick auf nicht offensichtliche Mängel

1 A. A. wohl MünchKomm/*Basedow* Rz 65.
2 S. vor §§ 308, 309 Rz 21.
3 *Staudinger/Coester-Waltjen* Rz 82.
4 *Staudinger/Coester-Waltjen* Rz 83.
5 RGZ 128, 47; *Löwe/von Westphalen* § 11 Nr. 10 e AGBG Rz 11; *Bamberger/Roth/Wendtland* § 21 Rz 31.

regelt. Die Wirksamkeit von Ausschlussfristen für offensichtliche Mängel richtet sich nach § 307.[1] Dabei lässt sich § 309 Nr. 8 b ee nach der erklärten Auffassung des Gesetzgebers[2] die Wertung entnehmen, dass für offensichtliche Mängel grundsätzlich relativ kurze Ausschlussfristen zulässig sind.[3] Es bleibt freilich die Frage, wie kurz genau eine entsprechende Ausschlussfrist sein darf.

aa) BGH. Nach Auffassung des BGH soll eine allgemeine Aussage über die angemessene Dauer vorformulierter Mängelanzeigefristen nicht möglich sein.[4] Jedenfalls aber müssten derartige Klauseln, um der Inhaltskontrolle standzuhalten, den typischerweise angesprochenen Kunden einen ausreichenden Zeitraum für die Feststellung und Prüfung der Mängel sowie zur Überlegung belassen, ob und gegebenenfalls welche Gewährleistungsansprüche sie geltend machen wollen.[5] Daher sei in Anlehnung an die gesetzliche Regelung der Widerrufsfristen in § 1 b I AbzG, § 7 I VerbrKrG und § 1 HWiG davon auszugehen, dass in Verträgen über die Lieferung neu hergestellter Sachen oder Leistungen eine formularmäßig vereinbarte Anzeigepflicht für offensichtliche Mängel im Regelfall nur dann angemessen sei, wenn sie dem Kunden eine Prüfungs- und Überlegungsfrist von mindestens einer Woche verschaffe.[6] Die Wochenfrist reiche jedoch nicht aus, wenn durch Zusatzregelungen wie beispielsweise ein Erfordernis, dass die Mängelanzeige schriftlich erfolgen und/oder innerhalb der Frist zugehen müsse, die dem Kunden tatsächlich zur Verfügung stehende Prüfungs- und Überlegungsfrist verkürzt werde. Sei Letzteres der Fall, so müsse die Anzeigefrist länger als eine Woche sein.[7] Dies schließe nicht aus, dass aufgrund der durch Besonderheiten des Vertrags geprägten Interessenlage der Beteiligten – etwa bei der Lieferung verderblicher Waren – auch kürzere Anzeigefristen noch angemessen oder aber – etwa bei der Entgegennahme der Leistung im Ausland – auch längere Fristen erforderlich sein könnten.[8] Die in jedem Fall erforderliche ausreichende Prüfungs- und Überlegungszeit für den Kunden setze ferner voraus, „dass der Lauf der Anzeigefrist erst beginnt, sobald der Kunde den – offensichtlichen – Mangel erkennen kann".[9] Eine Klausel dahingehend, dass Mängel innerhalb einer Woche vorzubringen seien, genüge diesen Anforderungen nicht. Denn diese Klausel könne dahingehend verstanden werden, dass die Mängelanzeige dem Verwender innerhalb von einer Woche zugehen müsse.[10] 48

bb) Stellungnahme. Diesen Ausführungen ist im Grundsatz zuzustimmen. Allerdings wird man die maßgebliche Frist nach neuem Recht in Anlehnung an § 355 bestimmen müssen, so dass von einer zweiwöchigen Frist auszugehen ist.[11] Außer- 49

---

1 BGH NJW 1998, 3119, 3120 (zu § 9 AGBG).

2 Vgl. BT-Drs. 14/6040, S. 158: „Wenn nach dieser Vorschrift in Verträgen über neu hergestellte Sachen Klauseln unwirksam sind, die für die Anzeige nicht offensichtlicher Mängel eine kurze Ausschlussfrist bestimmt, so ergibt sich daraus zugleich, dass solche Ausschlussfristen bei offensichtlichen Mängeln grundsätzlich möglich sind."

3 BGH NJW 1998, 3119, 3120 (zu § 9 AGBG): Aus § 11 Nr. 10 e AGBG [§ 309 Nr. 8 b ee] ergebe sich im Umkehrschluss, dass in Verträgen über neu hergestellte Sachen und Leistungen Ausschlussfristen für die Anzeige offensichtlicher Mängel auch in AGB grundsätzlich wirksam vereinbart werden können.

4 BGH NJW 1998, 3119, 3120 (zu § 9 AGBG).

5 BGH NJW 1998, 3119, 3120 (zu § 9 AGBG).

6 BGH NJW 1998, 3119, 3120 (zu § 9 AGBG). Ebenso BGH NJW 2001, 292, 300 (zu § 9 AGBG).

7 BGH NJW 1998, 3119, 3120 (zu § 9 AGBG).

8 BGH NJW 1998, 3119, 3120 (zu § 9 AGBG).

9 BGH NJW 1998, 3119, 3120 (zu § 9 AGBG).

10 BGH NJW 1998, 3119, 3120 (zu § 9 AGBG).

11 Ebenso z. B. *Bamberger/Becker* Rz 43; *Staudinger/Coester-Waltjen* Rz 84. Vgl. aber auch KG NJOZ 2005, 2570, 2570 f: Bei offensichtlichen Mängeln sei jedenfalls eine einwöchige Frist unwirksam, wenn die Mängelanzeige dem Verkäufer innerhalb dieser Frist auch zugegangen sein müsse.

dem ist mit Blick auf die insofern nicht ganz eindeutige Wortwahl des BGH klarstellend zu betonen, dass die zweiwöchige Frist nicht ab Erkennbarkeit, sondern erst ab einer für den Kunden bestehenden Offensichtlichkeit des Mangels zu laufen beginnen kann.

50 **b) Inhalt der Anzeige.** Die Unangemessenheit der Klausel kann sich zudem aus anderen Gründen ergeben. Insbesondere dürfen vom Verwender keine übertriebenen Anforderungen an den Inhalt der Mängelanzeige gestellt werden. Unwirksam ist deshalb eine Klausel in Kfz-Reparaturbedingungen, die eine genaue Mängelbezeichnung verlangt und anderenfalls den Verlust des Anspruchs vorsieht,[1] da der Laie mit einer genauen Mängelbezeichnung häufig überfordert ist. Eine Angabe der erkennbaren Symptome kann dagegen verlangt werden.

51–54 **c) Sonstiges.** Nicht § 309 Nr. 8 b ee, sondern § 307 ist auch dann heranzuziehen, wenn eine Klausel den Rechtsverlust an ein anderes Ereignis als den Ablauf einer Frist knüpft.[2] Nach § 307 unwirksam ist ferner eine Klausel, die den Kunden dazu verpflichtet, die dem Verwender entstehenden Kosten unberechtigter Mängelanzeigen zu tragen, ohne nach dem Verschuldensgrad zu differenzieren.[3] § 307 findet auch insofern Anwendung, als es um den Ausschluss solcher Rechte geht, die nicht als Mängelansprüche im Sinne des § 309 Nr. 8 b ee einzustufen sind, sei es, dass der Vertrag nicht unter § 309 Nr. 8 b ee fällt, sei es, dass der Anspruch nicht wegen eines Mangels besteht. Gemäß § 307 unwirksam ist beispielsweise eine Klausel in einem Reisevertrag, die die Ausschlussfrist des § 651 g BGB auf Ansprüche aus unerlaubter Handlung ausdehnt.[4]

2. Verhältnis zu § 309 Nr. 7

55 Eine Ausschlussfrist, die auch für Schadensersatzansprüche gelten soll, stellt eine Haftungsbegrenzung im Sinne des § 309 Nr. 7 dar.[5] § 309 Nr. 7 findet uneingeschränkt neben § 309 Nr. 8 b ee Anwendung.[6]

3. Verhältnis zu § 309 Nr. 13

56 § 309 Nr. 8 b ee regelt nur die zulässige Länge von Ausschlussfristen. Demgegenüber sind Form- oder Zugangserfordernisse, die die AGB mit Blick auf die Mängelanzeige vorsehen, nach den §§ 307, 309 Nr. 13 zu beurteilen.[7] Eine Schriftformklausel ist nicht zu beanstanden.[8] Allerdings darf dann, wenn die Schriftform nicht gewahrt wurde, ein Schadensersatzanspruch nicht generell ausgeschlossen werden, sondern nur in dem Maße, wie ein mitwirkendes Verschulden nach § 254 zur Schadensentstehung mit beigetragen hat.[9]

---

1 BGH ZIP 1987, 989, 994.

2 S. Rz 27–29.

3 OLG Düsseldorf NJW-RR 2000, 790, 790 (zu § 9 AGBG); OLG Hamm, OLG-Report 2000, 225 (zu § 9 AGBG).

4 BGH NJW 2004, 2965, 2966 (zu § 9 AGBG). A. A. noch OLG Frankfurt a.M. NJW-RR 2003, 348, 348 (zu § 9 AGBG).

5 S. § 309 Nr. 7 Rz 56.

6 S. § 309 Nr. 7 Rz 85. Wie hier BGH NJW 2007, 674, 677.

7 Ebenso, allerdings ohne Erwähnung des § 307, *Staudinger/Coester-Waltjen* Rz 80.

8 So i.E. auch MünchKomm/*Basedow* Rz 66.

9 BGH ZIP 1987, 989, 994.

4. Verhältnis zu § 7 BewachV

Bewachungsverträge unterliegen der Bewachungsverordnung (BewachV).[1] Gemäß § 6 I dieser Verordnung hat der Gewerbetreibende für sich und die in seinem Geschäftsbetrieb beschäftigten Personen zur Deckung der Schäden, die den Auftraggebern oder Dritten bei der Durchführung des Bewachungsvertrages entstehen, eine Haftpflichtversicherung abzuschließen und aufrechtzuerhalten. Nach § 7 S. 1 BewachV kann der Gewerbetreibende die Haftung aus der Bewachungstätigkeit nur bis zu der in § 6 II 1 geregelten Mindesthöhe der Versicherungssumme beschränken. Allerdings können nach § 7 S. 2 Ausschlussfristen für die Geltendmachung von Ansprüchen vereinbart werden. Diese Vorschrift regelt nur die grundsätzliche Zulässigkeit von Ausschlussfristen, geht jedoch nicht auf die besondere Problematik formularmäßiger Vereinbarungen ein und macht auch keine Vorgaben hinsichtlich der Länge der Ausschlussfristen. Daher sind entsprechende Klauseln in Bewachungsverträgen an § 307 zu messen.[2] Eine Klausel, der zufolge der Haftpflichtanspruch „erlischt, wenn ihn der Auftraggeber nicht unverzüglich dem Unternehmer schriftlich anzeigt", verstößt auch im unternehmerischen Verkehr gegen § 307.[3] Denn nach dieser Klausel führen auch kurze, auf leichter Fahrlässigkeit beruhende Verzögerungen zu einem Anspruchsverlust. Demgegenüber kann § 309 Nr. 8 b ee typischerweise keine Anwendung finden.[4] Denn beim Bewachungsvertrag handelt es sich regelmäßig um einen Dienstvertrag.[5] Und auf Dienstverträge findet § 309 Nr. 8 b ee keine Anwendung.[6] **57–59**

IV. Arbeitsrecht

Auch in Arbeitsverträgen werden oftmals Ausschlussfristen vereinbart. Dabei stößt man in der Praxis zum einen auf einstufige Ausschlussfristen, denen zufolge Ansprüche des Arbeitnehmers innerhalb einer bestimmten Zeit gegenüber dem Arbeitgeber geltend gemacht werden müssen. Gebräuchlich sind aber auch so genannte zweistufige Ausschlussklauseln, denen zufolge Ansprüche binnen einer bestimmten Frist gegenüber dem Arbeitgeber geltend zu machen und im Falle ihrer Ablehnung binnen einer weiteren Frist einzuklagen sind. Bei der Kontrolle entsprechender Klauseln sind gemäß § 310 IV 2 die Besonderheiten des Arbeitsrechts in Rechnung zu stellen. Im Einzelnen gilt: **60**

Ausschlussfristen in Arbeitsverträgen sind angesichts ihrer weiten Verbreitung grundsätzlich nicht überraschend im Sinne des § 305c I.[7] Etwas anderes kann sich jedoch richtigerweise aus der ungewöhnlichen Gestaltung der konkreten Klausel ergeben. Ein Verstoß gegen § 309 Nr. 8 b ee kommmt schon deshalb nicht in Betracht, weil Arbeitsverträge weder auf die Lieferung einer neuen Sache noch auf die Erbringung einer Werkleistung gerichtet sind. Mit Blick auf § 309 Nr. 13 ist hervorzuheben, dass das bei einstufigen Ausschlussklauseln vorgesehene Erfordernis einer schriftlichen Geltendmachung schon wegen des in § 309 Nr. 13 vorgesehenen **61**

---

1 BewachV i.d.F. v. 10.7.2003, BGBl. I, S. 547.
2 BGH NJW-RR 2000, 648, 649 (zu § 9 AGBG und zum kaufm. Verkehr).
3 BGH NJW-RR 2000, 648, 649 (zu § 9 AGBG und zum kaufm. Verkehr).
4 Gegen Anwendung im konkreten Fall auch BGH NJW-RR 2000, 648, 649 (zu § 11 Nr. 10 e AGBG).
5 Für Annahme eines Dienstvertrages im konkreten Fall BGH NJW-RR 2000, 648, 649.
6 S. Vorbemerkung zu § 309 Nr. 8 b Rz 21.
7 BAG 2005, 2305, 3306 (zu ein- und zweistufigen Ausschlussfristen); BAG NJW 2006, 795, 797 (zu einstufigen Ausschlussfristen).

Vorbehalts für einfache Schriftformerfordernisse unproblematisch ist. Aber auch zweistufige Ausschlussfristen, die eine gerichtliche Geltendmachung etwaiger Ansprüche voraussetzen, scheitern nicht an § 309 Nr. 13.[1] Allerdings müssen Ausschlussklauseln, gleich ob ein- oder zweistufig, entgegen der Auffassung des BAG[2] die Vorgaben des § 309 Nr. 7 wahren.[3]

62–69 Zudem sind Ausschlussklauseln in Arbeitsverträgen an § 307 zu messen.[4] Zwar sind zweistufige Ausschlussfristen grundsätzlich nicht unangemessen,[5] und Gleiches gilt für einstufige Ausschlussfristen.[6] Doch dürfen die vorgesehenen Fristen nicht unangemessen kurz sein. Unangemessen kurz ist beispielsweise eine einzelvertragliche Ausschlussfrist, die die schriftliche Geltendmachung aller Ansprüche aus dem Arbeitsverhältnis innerhalb einer Frist von weniger als drei Monaten ab Fälligkeit verlangt.[7] Grundsätzlich angemessen soll dagegen nach Auffassung des BAG eine dreimonatige Frist bei einstufigen Ausschlussklauseln sein.[8] Richtiger erscheint es, eine Frist von mindestens sechs Monaten zu fordern. Zu zweistufigen Ausschlussklauseln hat das BAG ausgeführt, dass die Frist für die gerichtliche Geltendmachung mindestens drei Monate betragen müsse.[9] Man wird jedoch richtigerweise davon ausgehen müssen, dass dem Arbeitnehmer im Falle einer zweistufigen Ausschlussklausel sowohl auf der ersten als auch auf der zweiten Stufe jeweils mindestens sechs Monate einzuräumen sind. Siehe zum Ganzen auch § 310 ArbR Rz 85–90 a.

V. Geltung zwischen Unternehmern

70 § 309 Nr. 8 b ee gilt nach § 310 I 1 nicht unmittelbar für AGB, die gegenüber Unternehmern verwandt werden.

1. Ausschlussfristen

71 Die Zulässigkeit von Ausschlussfristen für Mängelanzeigen ist vielmehr nach § 307 zu beurteilen.

72 **a) Kontrollfähigkeit.** § 307 III 1 macht die Zulässigkeit der Inhaltskontrolle davon abhängig, dass vom dispositiven Recht abgewichen wird. Vor diesem Hintergrund ist besonders § 377 HGB zu beachten, der wegen § 378 VI im Verkehr zwischen Unternehmern auch dann seine Bedeutung behält, wenn der Käufer die Sache seinerseits an einen Verbraucher weiterveräußert. Für den internationalen Warenkauf sehen Art. 38, 39 UN-Kaufrecht, sofern dieses nach seinem Art. 1 anwendbar ist, ebenfalls Untersuchungs- und Anzeigepflichten innerhalb angemessener Frist für festgestellte oder feststellbare Mängel vor.[10] AGB, die mit § 377 HGB

---

1 Zu zweistufigen Ausschlussfristen ebenso BAG 2005, 2305, 3306.

2 BAG 2005, 2305, 3306 (zu zweistufigen Ausschlussfristen); BAG NJW 2006, 795, 797 (zu einstufigen Ausschlussfristen).

3 S. § 309 Nr. 7 Rz 56. Wie hier BGH NJW 2007, 674, 677 (Ausschlussfrist für Geltendmachung von Mängeln bei Versteigerung).

4 BAG NJW 2006, 795, 797; BAG 2005, 2305, 3306 f.

5 BAG NJW 2006, 795, 797; BAG 2005, 2305, 3307.

6 So wohl auch BAG NJW 2006, 795, 797.

7 BAG NJW 2006, 795, 798.

8 BAG NJW 2006, 795, 798.

9 BAG 2005, 2305, 3307.

10 S. dazu etwa OLG Düsseldorf NJW-RR 1993, 999, 1000.

oder, die Anwendbarkeit des UN-Kaufrechts vorausgesetzt, mit Art. 38, 39 UN-Kaufrecht übereinstimmen, unterliegen schon nach § 307 III 1 grundsätzlich[1] nicht der Prüfung nach § 307.

b) Keine Indizwirkung. Da sich die an den Kunden im unternehmerischen Verkehr gestellten Anforderungen zum Teil drastisch von dem unterscheiden, was einem Verbraucher abverlangt wird (s. Rz 1), kann § 309 Nr. 8 b ee keine Indizwirkung für den unternehmerischen Verkehr entfalten.[2] Vielmehr bedarf es im Rahmen des § 307 einer eigenständigen Interessenabwägung. 73

c) Leitlinien für die Angemessenheitsprüfung. Dabei gelten folgende Grundsätze: 74

aa) Erkennbare Mängel. § 377 II sieht für erkennbare Mängel eine Obliegenheit zur unverzüglichen Rüge vor. Eine Klausel, die das Erfordernis der Unverzüglichkeit im Anwendungsbereich des § 377 II konkretisiert, wird man jedenfalls dann für zulässig halten müssen, wenn sie eine Frist wählt, bei deren Überschreitung typischerweise nicht mehr von einer unverzüglichen Rüge die Rede sein kann. Ob diese Voraussetzung erfüllt ist, hängt freilich von den Eigenheiten der Branche und insbesondere davon ab, wie zügig eine Untersuchung der gelieferten Ware vernünftigerweise verlangt werden kann.[3] Im Bereich der Textilindustrie ist eine formularmäßige Festlegung der Rügefrist auf zwei Wochen nicht zu beanstanden.[4] Gemäß § 377 IV genügt die rechtzeitige Absendung der Anzeige. Auch insofern wird man eine Abweichung zulasten des Kunden für zulässig halten müssen, vorausgesetzt, dass dem Kunden für die Geltendmachung der Mängel ein Zeitraum verbleibt, der in aller Regel ausreicht, um den Zugang der Mängelanzeige sicherzustellen. Bei Waren, deren Untersuchung innerhalb zwei Wochen möglich und zumutbar ist, wäre z. B. eine Klausel des Inhalts nicht zu beanstanden, dass der Käufer seine Mängelrechte verliert, wenn die Meldung nicht telefonisch oder auf anderem Wege binnen drei Wochen nach Lieferung beim Verkäufer eingeht. Allerdings wird man die vorgenannten Grundsätze nicht ohne weiteres über den Anwendungsbereich des § 377 hinaus auf andere Verträge im unternehmerischen Verkehr anwenden können. Strengere Maßstäbe müssen beispielsweise im Werkvertragsrecht gelten, da die Prüfung der Ordnungsgemäßheit des Werks oftmals aufwendig ist und auch das Gesetz insofern auf eine dem § 377 II entsprechende Rügeobliegenheit verzichtet. Auch im unternehmerischen Verkehr unwirksam ist daher beispielsweise eine Klausel in einem Bauvertrag, der zufolge Gewährleistungsansprüche wegen der bei Abnahme erkennbaren Mängel ausgeschlossen sind, wenn diese Mängel nicht binnen einer Frist von zwei Wochen seit Abnahme schriftlich vorgebracht werden.[5] 75

bb) Nicht erkennbare Mängel. Anderes gilt für solche Ausschlussfristen, die zumindest auch für nicht erkennbare Mängel Geltung beanspruchen. Nach dem Rechtsgedanken des § 309 Nr. 8 b ee wird man insofern darauf abstellen müssen, ob eine Verjährungsfrist gleicher Länge im unternehmerischen Verkehr wirksam 76–79

---

1 S. aber § 307 III 2.

2 *Staudinger/Coester-Waltjen* Rz 86. A. A. aber BGH NJW-RR 2005, 247, 248: Indizwirkung des § 11 Nr. 10 e für den kaufmännischen Verkehr.

3 *Möffert/Thamm* NJW 2004, 2710, 2711 gehen im Sinne eines groben Anhaltspunktes davon aus, dass eine Mängelanzeige binnen vier bis fünf Arbeitstagen erfolgen muss, um noch als unverzüglich angesehen zu werden.

4 OLG München OLG-Report 1998, 298 (zu § 9 AGBG).

5 BGH NJW-RR 2005, 247, 248 (zu § 9 AGBG).

in AGB vereinbart werden könnte.[1] Denn wenn eine Verjährungsverkürzung unwirksam wäre, muss erst recht eine in ihren Rechtsfolgen noch weiter reichende Ausschlussfrist gleicher Länge unwirksam sein. Und umgekehrt muss eine Ausschlussfrist zulässig sein, wenn eine Verjährungsfrist gleicher Länge nicht zu beanstanden wäre. Denn von der Ausschlussfrist unterscheidet sich die Verjährungsfrist in der praktischen Wirkung vor allem dadurch, dass sie nicht von Amts wegen berücksichtigt wird. Es ist dem Unternehmer als Kunden jedoch durchaus zumutbar, sich auf die Verjährung zu berufen, so dass dieser Gesichtspunkt keinen strengeren Maßstab für Ausschlussfristen rechtfertigt. Auf die für Verjährungsfristen im unternehmerischen Verkehr geltenden Grundsätze[2] kann daher an dieser Stelle verwiesen werden. Insbesondere gilt hier wie dort, dass die Frist so bemessen sein muss, dass die typischerweise auftretenden Mängel in aller Regel fristgemäß geltend gemacht werden können. In jedem Falle unwirksam ist daher eine Klausel, die den Verlust der Mängelrechte auch mit Blick auf nicht erkennbare Mängel vorsieht, sofern diese nicht im Zeitpunkt der Ablieferung gerügt werden.[3] Gleiches gilt für eine Klausel, die nicht zwischen offenen und verdeckten Mängeln unterscheidet und vorsieht, dass der Kunde seine Mängelrechte verliert, wenn er Mängel nicht binnen drei Tagen ab Lieferung rügt.[4] Und auch eine Klausel in einem Bauvertrag, die für die bei Abnahme nicht erkennbaren Mängel eine zweiwöchige Rügefrist ab Erkennbarkeit anordnet und für die Verletzung dieser Obliegenheit den Verlust der Mängelrechte vorsieht, ist selbst im unternehmerischen Verkehr nach § 307 unwirksam.[5]

2. Abbedingung von Rügeobliegenheiten

80 In den AGB des Bestellers oder Käufers werden oftmals Klauseln vorkommen, die eine Einschränkung der nach § 377 HGB bestehenden Rügepflicht vorsehen. Auch solche Klauseln sind an § 307 zu messen. Dabei gelten folgende Grundsätze.

81 **a) Ausschluss der Rügeobliegenheit.** Eine Klausel, die die in § 377 vorgesehene Rügeobliegenheit ausschließt, ist grundsätzlich unwirksam, sofern sie auch für offensichtliche Mängel Geltung beansprucht.[6] Auch für leicht erkennbare Män-

---

1 Nach anderer Auffassung sollen Ausschlussfristen für nicht erkennbare Mängel generell unangemessen sein. So z. B. *Löwe/von Westphalen* § 11 Nr. 10 f Rz 15; *Staudinger/Coester-Waltjen* Rz 86. So möglicherweise auch BGH NJW 1992, 576, 576. Dort betont der BGH, dass „[e]in Verlust des Mängelrügerechts mit der Folge des Anspruchsverlustes [...] grundsätzlich nur dann zu rechtfertigen [ist], wenn der Besteller oder Käufer zumutbaren, zur redlichen Abwicklung des Vertrages gebotenen Obliegenheiten nicht nachkommt". Dies spricht dafür, dass der BGH Ausschlussfristen bei nicht erkennbaren Mängeln generell als unzulässig ansieht. Allerdings bestand in der vorstehend zitierten Entscheidung die Besonderheit, dass die Anzeigefrist auch bei nicht erkennbaren Mängeln nur drei Tage betragen sollte. Dafür, dass der BGH Ausschlussfristen bei nicht erkennbaren Mängeln nicht generell als unzulässig ansieht, spricht auch die Entscheidung BGH NJW 1996, 1537, 1538 (zu § 9 AGBG). Dort betont der BGH ebenfalls, dass „ein Verlust des Mängelrügerechts mit der Folge des Anspruchsverlustes grundsätzlich nur dann zu rechtfertigen ist, wenn der Besteller oder Käufer zumutbaren, zur redlichen Abwicklung des Vertrages gebotenen Obliegenheiten – etwa der zur unverzüglichen Untersuchung nach § 377 HGB – nicht nachkommt". Zur Begründung beruft er sich jedoch auf den Rechtsgedanken des § 11 Nr. 10 e AGBG, demzufolge eine Ausschlussfrist für nicht offensichtliche Mängel nicht kürzer sein dürfe als die für den gesetzlichen Gewährleistungsanspruch geltende Verjährungsfrist. Vgl. auch *Ulmer/Christensen*, der Ausschlussfristen für verborgene Sachmängel dann für wirksam hält, wenn der Ausschlusszeitpunkt so gewählt ist, dass die in Betracht konmmenden Mängel bei Fristablauf typischerweise schon sichtbar geworden sind.

2 S. § 309 Nr. 8 b ff Rz 51–54.

3 BGH NJW-RR 1986, 52, 53 (zu § 9 AGBG).

4 BGH NJW 1992, 575, 576 (zu § 9 AGBG).

5 BGH NJW-RR 2005, 247, 248 (zu § 9 AGBG).

6 BGH NJW 1991, 2633, 2634 (zu § 9 AGBG); OLG Karlsruhe, WRP 2000, 565, 571 (zu § 9 AGBG); *Thamm/Möffert* NJW 2004, 2710, 2711; MünchKomm/*Basedow* § 307 Rz 74; *Staudinger/Coester-Waltjen* Rz 100.

gel kann die Rügepflicht grundsätzlich nicht ausgeschlossen werden, soweit sie bei üblichem Gebrauch und verkehrsüblicher Aufmerksamkeit entdeckt werden können. Ob ein Ausschluss der Rügefrist in anderen Fällen angemessen ist, also dann, wenn die Mängel nicht leicht erkennbar waren, ist von Fall zu Fall zu beantworten. Als wirksam wird man eine entsprechende Klausel z. B. dann einstufen müssen, wenn es für den Verkäufer sehr viel leichter ist, die Ordnungsgemäßheit der ausgehenden Ware sicherzustellen, als es für den Käufer ist, die Ordnungsgemäßheit der eingehenden Ware zu überprüfen. Zu den Besonderheiten des Leasingrechts siehe § 310 Rz L 182-185.

b) Verlängerung der Rügefrist. Die Prüfungs- und Rügefristen können jedoch angemessen verlängert werden. Die Verlängerung auf zwei Wochen ist grundsätzlich noch zulässig. **82**

§ 309 Klauselverbote ohne Wertungsmöglichkeit

Auch soweit eine Abweichung von den gesetzlichen Vorschriften zulässig ist, ist in Allgemeinen Geschäftsbedingungen unwirksam

8. (Sonstige Haftungsausschlüsse bei Pflichtverletzung)

b) (Mängel) eine Bestimmung, durch die bei Verträgen über Lieferungen neu hergestellter Sachen und über Werkleistungen

ff) (Erleichterung der Verjährung)

die Verjährung von Ansprüchen gegen den Verwender wegen eines Mangels in den Fällen des § 438 Abs. 1 Nr. 2 und des § 634a Abs. 1 Nr. 2 erleichtert oder in den sonstigen Fällen eine weniger als ein Jahr betragende Verjährungsfrist ab dem gesetzlichen Verjährungsbeginn erreicht wird; dies gilt nicht für Verträge, in die Teil B der Verdingungsordnung für Bauleistungen insgesamt einbezogen ist.

Inhaltsübersicht

Schrifttum: *Fuchs,* Gewährleistungsfristen für Planungsleistungen nach dem geplanten Schuldrechtsmodernisierungsgesetz, NZBau 2001, 465; *Gsell,* Schuldrechtsreform: Die Übergangsregelungen für die Verjährungsfristen; *Heß,* Die Übergangsregelungen zum Schuldrechtsmodernisierungsgesetz, DStR 2002, 455; *Kandelhard,* Die Verlängerung der Verjährung zum Ende des Mietverhältnisses – Klauselvorschlag, NZM 2002, 929; *Mansel,* Die Neuregelung des Verjährungsrechts, NJW 2002, 87.

I. Zweck und Allgemeines

1 Der Vorschrift des § 202 I ist im Wege des Umkehrschlusses zu entnehmen, dass eine Verkürzung von Verjährungsfristen grundsätzlich zulässig ist.[1] § 202 I schränkt die Möglichkeit entsprechender Abreden nur insoweit ein, als die Verjährung bei Haftung wegen Vorsatzes nicht im Voraus erleichtert werden kann. Von dieser relativ großzügigen Regelung weicht § 309 Nr. 8 b ff zugunsten des Verbrauchers ab, soweit

[1] Zur grundsätzlichen Zulässigkeit verjährungsverkürzender Abreden s. z. B. *Palandt/Heinrichs* § 202 Rz 1.

es um die Verjährung von Mängelansprüchen bei Verträgen über die Lieferung neu hergestellter Sachen oder über Werkleistungen geht. Namentlich sieht § 309 Nr. 8 b ff eine Zweiteilung vor: In den Fällen der §§ 438 Abs. 1 Nr. 2, 634 a Abs. 1 Nr. 2 ist jede Erleichterung der Verjährung unzulässig. In allen übrigen Fällen ist die Klausel nur dann nach § 309 Nr. 8 b ff unwirksam, wenn eine weniger als ein Jahr betragende Verjährungsfrist ab dem gesetzlichen Verjährungsbeginn vorgesehen wird.

Die in § 309 Nr. 8 b ff für die VOB/B vorgesehene Ausnahme ist gemeinschafts- 2
rechtskonform. Insbesondere entspricht die Regelung den Wertungen des **Gemeinschaftsrechts** in Anh. Nr. 1 b RL. Zwar ist es mit der Klauselrichtlinie nicht zu vereinbaren, Verjährungsklauseln in Verbraucherverträgen, in welche die VOB/B insgesamt einbezogen ist, von der Inhaltskontrolle auszunehmen.[1] Doch zum einen gilt es zu beachten, dass die entsprechenden Klauseln immer noch an § 307 zu messen sind, so dass keineswegs ein kontrollfreier Raum entsteht. Schon dadurch wird gewährleistet, dass das Schutzniveau im deutschen Recht nicht hinter den Vorgaben der Richtlinie zurückbleibt. Und zum anderen wird man selbst bei isolierter Inhaltskontrolle[2] ohnehin nicht davon ausgehen können, dass die in der VOB/B vorgesehenen Verjährungsregelungen das von § 3 I verlangte erhebliche und ungerechtfertigte Missverhältnis der vertraglichen Rechte und Pflichten der Vertragspartner verursachen.[3] Erst recht erscheint die VOB/B dann nicht als missbräuchlich im Sinne der Richtlinie, wenn man sie als Ganzes der Kontrolle unterzieht. Und nach richtiger Auffassung ist eine solche Gesamtbetrachtung mit der Richtlinie ohne weiteres vereinbar.[4]

Die **praktische Bedeutung** des § 309 Nr. 8 b ff ist jedenfalls bei Kaufverträgen 3–9
über bewegliche Sachen begrenzt. Zu beachten ist nämlich, dass § 475 II eine Sonderregelung für die Verjährung der Mängelrechte beim Verbrauchsgüterkauf (§ 474) vorsieht. Nach dieser Regelung kann die Verjährung der in § 437 genannten Ansprüche vor Mitteilung eines Mangels an den Unternehmer nicht durch Rechtsgeschäft erleichtert werden, wenn die Vereinbarung zu einer Verjährungsfrist ab dem gesetzlichen Verjährungsbeginn von weniger als zwei Jahren, bei gebrauchten Sachen von weniger als einem Jahr führt. Sind also neue Sachen Gegenstand eines Verbrauchsgüterkaufs, so ist die Regelung des § 475 II mit einer Mindestverjährungsfrist von zwei Jahren strenger als diejenige des § 309 Nr. 8 b ff, die lediglich eine Verkürzung der Verjährungsfrist auf weniger als ein Jahr verbietet, und bei gebrauchten Sachen ist der Maßstab des § 475 II immerhin genauso streng wie derjenige des § 309 Nr. 8 b ff.

II. Tatbestand

1. Verträge über neu hergestellte Sachen oder Dienstleistungen

Ebenso wie die übrigen Tatbestände des § 309 Nr. 8 b betrifft § 309 Nr. 8 b ff 10
nur Verträge über die Lieferung neu hergestellter Sachen oder über Werkleistungen.

---

[1] Insoweit zutreffend *Palandt/Grüneberg* Rz 76.

[2] Von einer isolierten Inhaltskontrolle kann dann gesprochen werden, wenn die einzelnen Bestimmungen der VOB/B jeweils für sich betrachtet, also isoliert von den übrigen Vorschriften, einer Inhaltskontrolle unterzogen werden. S. im Einzelnen Anh. § 310 Rz V 406 ff.

[3] In diesem Sinne wohl auch LG Tübingen NJW-RR 2003, 1379, 1379 (zu § 11 Nr. 10 f AGBG). Vgl. auch *Staudinger/Schlosser* Vorbem. zu §§ 305 ff Rz 11: In dem von der Rechtsprechung herausgearbeiteten Anwendungsbereich der Privilegierung des § 309 Nr. 8 b ff liege keine missbräuchliche Verwendung vor.

[4] S. Anh. § 310 Rz V 425.

Auf die entsprechenden Ausführungen vor § 309 Nr. 8 b kann daher verwiesen werden.[1]

2. Keine Einbeziehung der VOB/B insgesamt

11 Nach dem ausdrücklichen Wortlaut des Gesetzes findet § 309 Nr. 8 b ff zudem keine Anwendung auf solche Verträge, in welche die VOB/B insgesamt einbezogen worden ist. Die im Schrifttum[2] geäußerten Bedenken an der Gemeinschaftsrechtskonformität dieser Regelung überzeugen aus den oben[3] genannten Gründen nicht. Allerdings könnte sich diese Frage bald erledigen, weil die Streichung der hier interessierenden Ausnahmeregelung erwogen wird.[4]

12–13 Zur Frage, wann die VOB/B insgesamt einbezogen worden sind, hat der BGH seine Rechtsprechung vor kurzem in grundlegender Weise geändert. Nach der neuen Rechtsprechung führt jede inhaltliche Abweichung von der VOB/B dazu, dass die VOB/B nicht mehr insgesamt vereinbart ist.[5] Seine anders lautende Rechtsprechung, nach welcher es darauf ankam, ob die VOB/B „im Kern" Vertragsgrundlage geblieben war,[6] hat der BGH unter Hinweis auf die mit diesem Kriterium verbundenen Abgrenzungsschwierigkeiten zu Recht aufgegeben.[7] Hervorgehoben sei auch, dass die für die VOB/B geltende Ausnahmeregelung keine Anwendung im Falle von Architektenverträgen, Baubetreuerverträgen oder Bauträgerverträgen finden kann, weil die VOB/B auf diese Verträge inhaltlich nicht passt (s. § 310 Rz A 182, B 107, B 132). Gleiches gilt bei Verträgen über Ingenieurleistungen.[8]

3. Verjährung

14 **a) Begriff.** § 309 Nr. 8 b ff betrifft nur solche Klauseln, die die Verjährung regeln. Die Verjährung zeichnet sich dadurch aus, dass sie nicht von Amts wegen zu beachten ist, sondern einredeweise geltend gemacht werden muss. Außerdem führt die Verjährung nicht zum Verlust der betroffenen Ansprüche, sondern begründet nur ein Leistungsverweigerungsrecht (§ 214 I). Demgegenüber liegt keine Verjährungs-, sondern eine Ausschlussfrist vor, wenn eine Klausel bestimmt, dass das Recht mit Fristablauf erlischt.[9] Die Zulässigkeit von Ausschlussfristen beurteilt sich, soweit es um die Länge von Ausschlussfristen bei nicht offensichtlichen Mängeln geht, nach § 309 Nr. 8 b ee, im Übrigen nach § 307.[10]

15 **b) Unmittelbare oder mittelbare Regelung der Verjährung.** Nicht erforderlich ist, dass die Klausel unmittelbar die Länge der Verjährungsfrist regelt. Vielmehr werden z. B. auch solche Klauseln erfasst, die den erstmaligen Beginn der Verjährungsfrist (§§ 199 ff), den Neubeginn der Verjährung (§ 212) oder die Hemmung der Verjährung (§§ 203 ff) betreffen.

---

1 S. Einl. § 309 Nr. 8 b Rz 4 ff.

2 *Palandt/Grüneberg* Rz 76. So schon *Heinrichs* NJW 1997, 1407, 1415 (zu § 23 AGBG).

3 S. Rz 2.

4 S. die Stellungnahme der Bundesregierung zum Entwurf eines Gesetzes zur Sicherung von Werkunternehmeransprüchen und zur verbesserten Durchsetzung von Forderungen (Forderungssicherungsgesetz – FoSiG), BT-Drs. 16/511, S. 31.

5 BGH NJW 2004, 1597, 1597.

6 Z.B. BGH NJW 1983, 816, 818. Aus dem Schrifttum s. z. B. *Jauernig/Stadler* Rz 7, die darauf abstellt, ob die VOB/B „ohne ins Gewicht fallende Einschränkungen" übernommen werden.

7 BGH NJW 2004, 1597, 1597.

8 *Staudinger/Coester-Waltjen* Rz 93.

9 S. nur *Palandt/Heinrichs* Überbl v. § 194 Rz 13.

10 S. § 309 Nr. 8 b ee Rz 46 ff.

4. Anspruch gegen den Verwender

§ 309 Nr. 8 b ff findet schon seinem Wortlaut nach nur dann Anwendung, wenn sich der Anspruch, dessen Verjährung geregelt wird, gegen den Verwender richtet. 16

5. Anspruch wegen eines Mangels

Der Anspruch muss zudem gerade wegen eines Mangels bestehen. Erfasst werden demnach nur die in den §§ 437, 634 genannten Mängelrechte. Dabei ist allerdings entgegen dem insoweit missverständlichen Wortlaut des § 309 Nr. 8 b ff nicht zu fordern, dass die geregelten Mängelrechte Ansprüche im Sinne der Legaldefinition des § 194 I darstellen, also ein Recht begründen, von einem anderen ein Tun oder Unterlassen zu verlangen. Vielmehr werden auch diejenigen Mängelrechte erfasst, die Gestaltungsrechte darstellen. 17–19

6. Das Verbot der Verjährungserleichterung in den Fällen der §§ 438 Abs. 1 Nr. 2, 634 a Abs. 1 Nr. 2

In den Fällen der §§ 438 Abs. 1 Nr. 2, 634 a Abs. 1 Nr. 2 ist jede Erleichterung der Verjährung unzulässig. 20

a) Begriff. Eine Erleichterung der Verjährung liegt immer dann vor, wenn die Klausel dazu führen kann, dass wenigstens eines der Mängelrechte des Verwendungsgegners ganz oder teilweise verjährt ist, obwohl nach der gesetzlichen Regelung noch keine Verjährung eingetreten wäre. Erfasst wird also jede für den Verwendungsgegner zumindest potenziell nachteilige Abweichung von den gesetzlichen Vorschriften über die Länge, den Beginn[1], die Hemmung[2] oder den Neubeginn der Verjährungsfrist. 21, 22

b) Kombination günstiger mit ungünstigen Abweichungen. In der Praxis kann es vorkommen, dass eine Klausel sowohl zugunsten als auch zulasten des Verwendungsgegners von den gesetzlichen Vorschriften über die Verjährung abweicht. Beispielsweise kann dem Verwendungsgegner einerseits eine längere als die im Gesetz vorgesehene Verjährungsfrist eingeräumt werden (§ 202 II), während andererseits zu seinen Lasten die Möglichkeit einer Hemmung der Verjährung abbedungen ist. In derartigen Fällen kommt es darauf an, ob die relevanten Regelungen in ihrer Gesamtheit zumindest potenziell dazu führen können, dass die sich ergebende Verjährungsfrist im Einzelfall kürzer als die im Gesetz vorgesehene Frist ist. Ist dies der Fall, so ist ein Verstoß gegen § 309 Nr. 8 b ff ohne weiteres zu bejahen. 23

7. Verjährungsfrist von weniger als einem Jahr

§ 309 Nr. 8 b ff, 2. Alt. betrifft die Verjährung in anderen Fällen als denjenigen der §§ 438 Abs. 1 Nr. 2, 634 a Abs. 1 Nr. 2. Nach § 309 Nr. 8 bb ff, 2. Alt. ist eine Klausel immer dann unwirksam, wenn eine Verjährungsfrist von weniger als einem Jahr ab Beginn der gesetzlichen Verjährungsfrist erreicht wird. Die Unwirksamkeit der Klausel tritt bereits dann ein, wenn die Klausel zumindest in einzelnen Fallgestaltungen dazu führen kann, dass eine Verjährungsfrist von weniger als einem Jahr ab Beginn der gesetzlichen Verjährungsfrist erreicht wird. Wie dies geschieht, spielt keine Rolle. Erfasst wird also jede für den Verwendungsgegner zumindest potentiell nachteilige Abweichung von den gesetzlichen Vorschriften über die Länge, den 24

---

[1] Wie hier *Staudinger/Coester-Waltjen* Rz 95.
[2] Wie hier *Staudinger/Coester-Waltjen* Rz 95.

Beginn, die Hemmung oder den Neubeginn der Verjährungsfrist, die dazu führen kann, dass der Anspruch in weniger als einem Jahr ab Beginn der gesetzlichen Verjährungsfrist verjährt.

III. Unwirksamkeitsfolgen

25–29 Soweit die Verkürzung oder Verlängerung der Verjährungsfrist unwirksam ist, gilt die gesetzliche Verjährungsfrist (§ 306 II).[1] Dies gilt auch dann, wenn sich dadurch die Rechtsstellung des Verwenders nicht verschlechtert.[2]

IV. Verhältnis zu anderen Vorschriften

1. Verhältnis zu § 305 b

30 Die Verkürzung individualvertraglich vereinbarter Verjährungsfristen scheitert bereits an § 305 b. Dabei wird man individualvertragliche Vereinbarungen hinsichtlich der Länge der Verjährungsfrist in der Regel dahingehend auslegen müssen (§§ 133, 157, 305c II), dass diese auch die gesetzlichen Vorschriften über Beginn, Neubeginn und Hemmung der Verjährungsfrist einschließen. Haben die Parteien also z. B. individualvertraglich wirksam eine Verjährungsfrist von 5 Jahren vereinbart, so ist auch eine Klausel, die lediglich die Hemmung der Verjährung ausschließt, nach § 305 b unwirksam.

2. Verhältnis zu § 307

31 **a) Allgemeines.** § 307 ist neben § 309 Nr. 8 b ff anwendbar. Allerdings sind Klauseln, die dem Anwendungsbereich des § 309 Nr. 8 b ff unterfallen, den dort formulierten Anforderungen aber gerecht werden, grundsätzlich nicht unangemessen. Praktisch bedeutsam ist die Anwendung des § 307 daher vor allem für solche Klauseln, die dem Anwendungsbereich des § 309 Nr. 8 b ff entzogen sind.

32 **b) Verkürzung anderer Verjährungsfristen.** Verjährungsklauseln, die nicht in den Regelungsbereich des § 309 Nr. 8 b ff fallen, sind zunächst an § 202 I zu messen. Nach dieser Vorschrift kann die Verjährung bei Haftung wegen Vorsatzes nicht im Voraus erleichtert werden. Darüber hinaus kann eine Verkürzung der für Schadensersatzansprüche geltenden Verjährungsfrist als unzulässige Haftungsbegrenzung im Sinne des § 309 Nr. 7 einzustufen sein.[3] Neben diesen Regelungen bleibt jedoch, in Einklang mit dem Verständnis des historischen Gesetzgebers,[4] auch § 307 anwendbar.[5]

33 **aa) Allgemeines.** Bei der Anwendung des § 307 ist zu berücksichtigen, dass die neuen Regelungen der Verjährungsfristen in besonderem Maße auf eine ausgewogene Regelung abzielen und daher eine Leitbildfunktion im Rahmen der AGB-Kontrolle erfüllen.[6] Zwar ist nicht von der Hand zu weisen, dass der Gesetzgeber mit der Einführung des § 202 auch der Vertragsfreiheit im Bereich der Verjährungs-

---

1 Wie hier *Staudinger/Coester-Waltjen* Rz 96.

2 BGH NJW 1986, 924, 925 (zu § 11 Nr. 10 f AGBG).

3 BT-Drs. 14/6040, S. 159. So schon zum alten Recht BGH NJW-RR 1987, 1252, 1253 (zu § 11 Nr. 7 AGBG); BGH MDR 1983, 552 (zu § 11 Nr. 7 AGBG). S. im Einzelnen § 309 Nr. 7 Rz 55.

4 Vgl. BT-Drs. 14/6040, S. 159: „[Es] ist […] zu prüfen, ob der Umfang der Verkürzung nicht den Vertragspartner unangemessen benachteiligt und deshalb gegen den bisherigen § 9 Abs. 1 ABGG verstößt."

5 Ebenso z. B. *Mansel* NJW 2002, 89, 96.

6 Zutreffend *Palandt/Heinrichs* § 202 Rz 8.

regelungen zu größerer Geltung verhelfen wollte.[1] Die durch § 202 herbeigeführte Stärkung der Vertragsfreiheit betrifft jedoch die Freiheit zur Verlängerung der Verjährungsfrist, nicht die Freiheit zur Verkürzung derselben. Aus diesem Grunde wird man Abweichungen von den gesetzlichen Regelungen zwar zulassen können, solange diese sich im Rahmen des Angemessenen halten.[2] Doch sollte die Angemessenheit nicht vorschnell bejaht werden. So ist eine Verkürzung der Verjährungsfrist durch AGB grundsätzlich immer schon dann unangemessen, wenn sie die Durchsetzung von Ansprüchen in einer wesentlichen Anzahl von Fällen praktisch unmöglich macht.[3] Es muss deshalb darauf Rücksicht genommen werden, welche Zeit üblicherweise erforderlich ist, um die von der Klausel betroffenen Ansprüche geltend machen zu können. Darüber hinaus wird man eine Verkürzung von Verjährungsfristen grundsätzlich schon dann als unangemessen einstufen müssen, wenn sich die in den AGB vorgesehenen Fristen ohne hinreichenden Grund deutlich von der gesetzlichen Regelung entfernen.[4]

bb) Einzelne Ansprüche. Als **in der Regel angemessen** wird man in Anlehnung an § 309 Nr. 8 b ff, 2. Alt. solche Klauseln einstufen müssen, die bei vertraglichen Mängelrechten zu einer Verjährungsfrist von nicht weniger als einem Jahr führen.[5] Allerdings gilt dies nicht uneingeschränkt. Eine Verkürzung der in § 438 I Nr. 1 genannten dreißigjährigen Verjährungsfrist auf ein Jahr ist in der Regel unangemessen.[6] Hervorzuheben ist auch, dass die oben genannte Aussage nicht umkehrbar ist: Eine Verjährungsfrist für Mängelrechte, die kürzer als die in § 309 Nr. 8 b ff genannte ist, kann durchaus noch angemessen sein. So macht die Gesetzesbegründung deutlich, dass bei einem nicht den Vorschriften über den Verbrauchsgüterkauf unterfallenden Verkauf gebrauchter Sachen auch eine Verjährungsfrist von weniger als einem Jahr möglich sein soll.[7] Nach § 307 unwirksam ist allerdings eine Klausel in einem **Werkvertrag,** der zufolge die Verjährungsfrist nicht erst mit der Abnahme, sondern bereits mit der Übergabe zu laufen beginnt,[8] „[d]enn nach dem gesetzlichen Leitbild beginnt die Verjährungsfrist nicht mit der Übergabe, sondern mit der **Abnahme**".[9] Gegenüber Verbrauchern verstößt diese Klausel auch gegen § 309 Nr. 8 b ff. Dies folgt im Falle des § 634 I Nr. 2 daraus, dass von dieser Vorschrift gemäß § 309 Nr. 8 b ff nicht zulasten des Verbrauchers abgewichen werden darf, in den Fällen des § 634 I Nr. 1 und 3 daraus, dass das Abstellen auf die Übergabe zu einer Verjährungsfrist von weniger als einem Jahr ab dem gesetzlichen Verjährungsbeginn führen kann. Wirksam ist die Verkürzung der Verjährungsfrist auf 34

---

1 Insoweit zutreffend *Palandt/Heinrichs* § 202 Rz 8 unter Verweis auf BT-Drs. 14/1640, S. 110 f.

2 Insoweit wiederum zutreffend *Palandt/Heinrichs* § 202 Rz 8.

3 Vgl. auch BGHZ 64, 238, 243 = NJW 1975, 1318, 1319. Dort begründet der BGH die Unwirksamkeit einer Verjährungsklausel im Gesellschaftsvertrag einer Publikumsgesellschaft damit, dass sie „die Durchsetzung etwaiger Ersatzansprüche gegen die Geschäftsführungs- und Überwachungsorgane weitgehend unmöglich machen, und [...] praktisch überhaupt ausschließen würde".

4 *Mansel* NJW 2002, 89, 96.

5 *Palandt/Heinrichs* § 202 Rz 10. Vgl. auch OLG Bamberg, Urt. v. 10. 4. 2006, Az: 4 U 295/05, BeckRS 2006, 04936 unter II.4.a., welches die Verkürzung der gesetzlichen Verjährungsfrist auf ein Jahr beim Gebrauchtwagenkauf nicht beanstandet.

6 BT-Drs. 14/6040, S. 159: „In [den Fällen des § 438 I Nr. 1] dürfte die Verjährungsverkürzung auf die in Doppelbuchstabe ff genannte Mindestfrist regelmäßig unangemessen benachteiligend sein."

7 BT-Drs. 14/6040, S. 159: „Beim Verkauf gebrauchter Sachen (außerhalb von Verbrauchsgüterkäufen) ist deshalb eine darüber hinausgehende Verkürzung der Verjährungsfrist ebenso wie sogar ein völliger Gewährleistungsausschluss grundsätzlich zulässig."

8 BGH NJW-RR 2004, 949, 951 (zu § 9 AGBG). Dem BGH zustimmend *Palandt/Heinrichs* § 202 Rz 10, dem zufolge einer solchen Klausel auch im unternehmerischen Verkehr die Wirksamkeit zu versagen sein soll.

9 BGH NJW-RR 2004, 949, 951 (zu § 9 AGBG).

2 Jahre für Ansprüche des Kunden gegen die Bank im Zusammenhang mit Aufträgen im **Giroverkehr.**[1] Besonderheiten gelten bei **Schadensersatzansprüchen,** die auf der Verletzung des Lebens, des Körpers, der Gesundheit oder der Freiheit beruhen. Nach § 199 II verjähren derartige Schadensersatzansprüche in 30 Jahren von der Begehung der Handlung, der Pflichtverletzung oder dem sonstigen, den Schaden auslösenden Ereignis an. Von § 199 II erfasst werden nicht nur gesetzliche, sondern auch vertragliche Ansprüche.[2] Soweit es um die schuldhafte Verletzung des Lebens, des Körpers oder Gesundheit geht, ist eine Verkürzung dieser Frist gegenüber Verbrauchern richtigerweise schon nach § 309 Nr. 7 unwirksam.[3] Entsprechendes gilt im Falle vorsätzlichen oder grob fahrlässigen Handelns (§ 309 Nr. 7 b). Die Freiheit wird in § 309 Nr. 7 a zwar nicht genannt, und auch auf die verschuldensunabhängige Haftung findet § 309 Nr. 7 keine Anwendung. Da der Gesetzgeber sich aber in § 199 II entschlossen hat, die Freiheit mit Blick auf die Verjährungsfrist auf eine Stufe mit den übrigen dort genannten Rechtsgütern zu stellen und zudem nicht zwischen Verschuldens- und Gefährdungshaftung zu differenzieren, wird man § 199 II gegenüber Verbrauchern auch im Übrigen als grundsätzlich AGB-fest einstufen, Abweichungen von dieser Regelung gegenüber Verbrauchern also als unangemessen im Sinne des § 307 bewerten müssen. Und auch soweit die vorgenannten Grundsätze nicht eingreifen, wird man in den AGB allenfalls eine Halbierung der Frist des § 199 IV zulassen können.[4]

35 **c) Verlängerung von Verjährungsfristen.** § 202 II erlaubt auch eine Verlängerung der Verjährungsfrist bis auf 30 Jahre ab dem gesetzlichen Verjährungsbeginn.[5] Klauseln, die die Verjährungsfrist zugunsten des Verwenders verlängern, werden von § 309 Nr. 8 b ff nicht erfasst. Sie sind aber an § 307 zu messen.[6]

36 **aa) Allgemeines.** Eine vertragliche Verlängerung der Verjährungsfrist darf dabei gemäß § 307 II Nr. 1 nicht den Grundgedanken der gesetzlichen Regelung, also der §§ 194 ff widersprechen. Zu den Grundgedanken der gesetzlichen Regelung gehört einerseits, dass der Anspruchsinhaber eine faire Chance erhalten soll, seinen Anspruch durchzusetzen.[7] Andererseits sollen Forderungen im Interesse des Anspruchsgegners sowie der Rechtssicherheit nach einem gewissen Zeitraum auch dann verjähren, wenn der Anspruchsinhaber keine Kenntnis von seinem Anspruch hat oder haben konnte.[8] Entscheidend ist letztlich eine Abwägung der beiderseitigen Interessen. Dabei ist einmal zu fragen, ob der Verwender überhaupt ein rechtliches Interesse an der Verlängerung der Verjährungsfrist hat.[9] Zum anderen kommt es – auch mit Blick auf § 307 II Nr. 1 – darauf an, wie weit sich die AGB-mäßig vorgesehene Verjährungsfrist vom dispositiven Recht entfernt.[10] Erwähnt sei außerdem, dass die vor der Schuldrechtsreform ergangenen Urteile des BGH zu den Grenzen der zulässigen Verjährungsverlängerung nicht mehr ohne weiteres zum geltenden Recht herangezogen werden können.[11] Denn bei der Frage, welche

---

1 BGH ZIP 1988, 360, 363 (zu § 9 AGBG).

2 *Palandt/Heinrichs* § 199 Rz 41.

3 § 309 Nr. 7 Rz 55.

4 Zutreffend *Palandt/Heinrichs* 202 Rz 16.

5 Diese Neuregelung zu Recht als praxisgerecht lobend *Mansel* NJW 2002, 89, 96.

6 BGH NJW 2006, 47, 47; BGH NJW 1990, 2065 (zu § 9 AGBG); BGHZ 132, 383 = LM H.9/1996 § 9 (Bf) AGBG Nr. 28 (zu § 9 AGBG); *Staudinger/Coester-Waltjen* Rz 100.

7 Zutreffend *Palandt/Heinrichs* § 302 Rz 8.

8 Ähnlich *Palandt/Heinrichs* § 302 Rz 8.

9 So wohl auch BGH NJW 2006, 47, 47.

10 BGH NJW 2006, 47, 47.

11 In diesem Sinne auch BGH NJW 2006, 47, 47 (zum unternehmerischen Verkehr).

Regelungen noch angemessen sind, ist auch die Entscheidung des Gesetzgebers zu berücksichtigen, die Verjährungsfristen zum Teil deutlich zu verlängern.[1]

bb) Beispiele. Unwirksam ist daher z. B. eine Klausel in den AGB eines **Autovermieters,** die die Verjährung von Schadensersatzansprüchen gegen den Mieter davon abhängig macht, dass der Vermieter Gelegenheit hatte, Einsicht in die polizeilichen Ermittlungsakten zu nehmen.[2] Zulässig ist eine entsprechende Klausel freilich dann, wenn sie zugleich bestimmt, dass die Verjährung spätestens nach sechs Monaten eintreten soll.[3] **37, 38**

3. Verhältnis zu § 309 Nr. 7

Von besonderer praktischer Relevanz ist das Verhältnis von § 309 Nr. 7 und § 309 Nr. 8 b ff. Denn in der Verkürzung der für Schadensersatzansprüche geltenden Verjährungsfrist liegt zugleich eine Begrenzung der Haftung im Sinne des § 309 Nr. 7.[4] Gerade deshalb ist zu betonen, dass § 309 Nr. 7 in vollem Umfang neben § 309 Nr. 8 b ff anwendbar ist.[5] **39**

4. Verhältnis zu § 475 II

Beim Verbrauchsgüterkauf ist § 475 II zu beachten, der neben § 309 Nr. 8 b ff Anwendung findet. **40**

5. Verhältnis zu den §§ 478, 479

Im unternehmerischen Verkehr sind die §§ 479, 478 zu beachten. **41**

6. Verhältnis zu den §§ 651 g II, 651 m S. 1

Beim Reisevertrag sind die §§ 651g II, 651m S. 1 zu berücksichtigen, die neben § 309 Nr. 8 b ff anzuwenden sind. Zur Anwendung des § 309 Nr. 8 b ff auf Reiseverträge siehe Vorbemerkung zu § 309 Nr. 8 b Rz 20–21. **42–49**

IV. Geltung zwischen Unternehmern

§ 309 Nr. 8 b ff gilt nicht unmittelbar für AGB, die gegenüber Unternehmern verwandt werden (§ 310 I 1). Allerdings findet insofern § 307 Anwendung. **50**

1. Verkürzung der Verjährungsfrist

§ 202 I lässt eine Verkürzung der Gewährleistungsfrist grundsätzlich zu. Zwar haben auch Unternehmer ein legitimes Interesse daran, vor unangemessen kurzen Verjährungsfristen geschützt zu werden, die ihre Gewährleistungsrechte praktisch aushöhlen. Doch gilt es zu beachten, dass das Interesse an der Sicherheit und Schnelligkeit des Handelsverkehrs gerade mit Blick auf die für die Geltendmachung von Rechten zur Verfügung stehenden Fristen strenge Vorgaben an das Ver- **51**

---

1 BGH NJW 2006, 47, 47 (zum unternehmerischen Verkehr).
2 So schon BGH NJW 1994, 1788, 1789 (zu § 9 AGBG).
3 OLG Stuttgart NJW-RR 2002, 1254, 1254 (zu § 9 AGBG).
4 S. 309 Nr. 7 Rz 55.
5 S. § 309 Nr. 7 Rz 85.

halten des Kunden rechtfertigt. Bereits nach dem Gesetz gelten insofern weit striktere Vorgaben als für andere Kunden (§§ 377 HGB, 478 VI BGB). Deshalb kann § 309 Nr. 8 b ff keine Indizwirkung entfalten.[1] Zwar hat der BGH diese Frage mit Blick auf die Vorgängerregelung des § 11 Nr. 10 f AGBG anders beantwortet.[2] Doch ist diese Rechtsprechung vor dem Hintergrund der zum Teil deutlich kürzeren Verjährungsfristen des alten Rechts zu sehen und kann daher nicht unbesehen auf die Rechtslage nach der Schuldrechtsreform übertragen werden. Im Übrigen sei betont, dass Unternehmer gegenüber Verkürzungen der für Mängelrechte geltenden Verjährungsrechte auch nach der hier vertretenen Auffassung nicht schutzlos gestellt werden dürften. Vielmehr ist die Wertung des Gesetzgebers in § 377 HGB zu beachten. Bezeichnenderweise fordert § 377 HGB eine unverzügliche Geltendmachung von Mängeln nur mit Blick auf erkennbare (§ 377 I HGB) bzw. später in Erscheinung getretene Mängel (§ 377 III HGB). Dieser differenzierenden Regelung ist im Gegenschluss die Wertung zu entnehmen, dass eine Verjährungsfrist, welche unabhängig von der Erkennbarkeit des Mangels laufen soll, dem Kunden deutlich mehr Zeit zu belassen hat.

52 **a) Leitlinien.** Wenngleich allgemeine Aussagen zur Mindestdauer von Verjährungsfristen wegen der Vielgestaltigkeit des Wirtschaftslebens mit Vorsicht zu genießen sind, lassen sich doch einige Leitlinien aufstellen. So ist eine Verkürzung der Verjährungsfrist unwirksam, wenn sie auch bei sorgfaltsgemäßem Verhalten des Käufers/Bestellers in vielen Fällen dazu führen würde, dass die Mängelansprüche verjähren, bevor der Mangel entdeckt werden kann. Umgekehrt ist eine Verjährungsfrist in aller Regel wirksam, wenn im Allgemeinen nicht damit zu rechnen ist, dass der Kunde bzw. dessen Abnehmer nach Ablauf der Verjährungsfrist überhaupt noch ein Interesse an der Mangelfreiheit der Sache bzw. des Werkes haben. Ein solches Interesse wird beispielsweise bei typischerweise kurzfristig konsumierten Sachen fehlen. Wird die Gewährleistungsfrist durch den **Umfang der Benutzung** bestimmt, so ist entscheidend, ob nach Art der typischen Benutzung die vorgesehene Laufzeit nicht zu einer wesentlichen Verkürzung der Gewährleistung führt.

53 **b) Bestehendes Fallrecht.** Hervorzuheben ist auch, dass die Rechtsprechung in zahlreichen Entscheidungen zum alten Recht die Anforderungen an die im unternehmerischen Verkehr verwandten Verjährungsfristen präzisiert hat. Angesichts der Tatsache, dass der Gesetzgeber die Fristen für die Geltendmachung von Mängelrechten zum Teil deutlich verlängert hat, wird man vorsichtig formulieren können, dass in den einschlägigen Fällen die schon bisher von der Rechtsprechung geforderten Mindestfristen nunmehr erst recht Geltung verlangen müssen. Ein solcher Erst-recht-Schluss ist freilich nicht gerechtfertigt, sofern die Verjährungsfrist gleich geblieben oder gar verkürzt[3] worden ist.

54 **c) Beispiele.** Eine unabhängig von der Erkennbarkeit des Mangels geltende Verjährungsfrist von weniger als sechs Monaten kann nur aus besonderen Gründen

---

[1] A.A. wohl *Staudinger/Coester-Waltjen* Rz 97, der zufolge § 309 Nr. 8 b ff über § 307 grundsätzlich auch im unternehmerischen Verkehr gilt. Anderseits betont *Coester-Waltjen,* a.a.O., dass sich die Problematik mit der Neuregelung der Verjährungsfristen „verschoben" habe. Zumindest aber müsse man die bisherigen Verjährungsfristen als AGB-fest ansehen.

[2] BGH NJW 1993, 2054, 2055 (zu § 11 Nr. 10 f AGBG): „Die im Handelsverkehr geltenden Gewohnheiten und Gebräuche [...] erlauben grundsätzlich keine von § 11 Nr. 10 f AGB-Gesetz abweichende Beurteilung."). In diesem Sinne auch OLG Düsseldorf NJW-RR 2001, 1531, 1532: § 11 Nr. 10 f AGBG „grundsätzlich auch auf Verträge zwischen Kaufleuten anzuwenden".

[3] So galt z. B. für die Planung von Bauleistungen bisher eine Verjährungsfrist von 5 Jahren (§ 638 a.F.). S. OLG München NJW-RR 88, 85, 86 (zu § 638 BGB a.F.). Mittlerweile gilt eine Verjährungsfrist von 2 Jahren (§ 634a I Nr. 2).

als wirksam eingestuft werden,[1] so insbesondere, wenn nach der Sachlage eine sechsmonatige Zeitdauer zur Entdeckung verborgener Mängel nicht erforderlich ist und deshalb die Interessen des anderen Vertragsteils durch die Verkürzung nicht in einer Weise beeinträchtigt werden, die gegen das Äquivalenzprinzip als Grundgedanken der gesetzlichen Regelung verstößt. **Unwirksam** ist auch die Verkürzung der fünfjährigen Gewährleistungsfrist bei **Bauwerken** (§ 634 a Nr. 2),[2] also z. B. die Verkürzung auf sechs Monate,[3] ebenso die Verkürzung auf zwei Jahre.[4] Unwirksam ist auch eine Verkürzung, die dadurch eintritt, dass beim Architektenvertrag an Stelle der Abnahme des Architektenwerks auf die Abnahme des Bauwerks abgestellt wird.[5] Denn zur Zeit der Abnahme des Bauwerks mag das Architektenwerk noch nicht abnahmereif sein[6] mit der Folge, dass nach der genannten Klausel eine uneingeschränkte Verzögerung der Verjährung möglich ist. Der **Frachtvertrag** stellt einen Sonderfall des Werkvertrags dar.[7] Gegenüber Verbrauchern ist daher gemäß § 309 Nr. 8 b ff eine Mindestverjährungsfrist von einem Jahr ab dem gesetzlichen Verjährungsbeginn geboten. Anderes gilt zwar im unternehmerischen Verkehr. Dort ist die Verkürzung der Verjährungsfrist für Ansprüche aus Frachtvertrag durch § 26 AGNB auf 6 Monate nicht zu beanstanden.[8] Auch im unternehmerischen Verkehr unwirksam ist aber eine Verkürzung auf 3 Monate.[9] Eine Begrenzung der Gewährleistung beim Verkauf von Kraftfahrzeugen auf 10 000 km Laufleistung ist für einen zum ständigen Einsatz vorgesehenen Lkw oder Pkw unwirksam, wenn sich daraus eine erhebliche Verkürzung der Gewährleistung ergibt.[10] Sie wäre allenfalls wirksam, wenn sie bei typischer Benutzung im Wesentlichen mit der gesetzlichen Gewährleistung übereinstimmte.

2. Verlängerungen der Verjährungsfrist

a) Allgemeines. Klauseln, durch welche Verjährungsfristen verlängert werden, **55**
sind nicht nur an § 202 II, sondern auch an § 307 zu messen. Insofern gilt grundsätzlich das zu Verbraucherverträgen Gesagte. So ist einmal zu fragen, ob der Verwender überhaupt ein rechtliches Interesse an der Verlängerung der Verjährungsfrist hat.[11] Ein solches Interesse ist allerdings regelmäßig schon dann zu bejahen,

---

1 Vgl. BGH NJW 1993, 2054, 2056 (zu § 9 AGBG und zu §§ 477, 638 a.F.): „Für eine, auch mittelbare Verkürzung der auf nur sechs Monate bemessenen [gesetzlichen] Verjährungsfrist [. . .] kann deshalb nur aus besonderen Gründen ein Bedürfnis anerkannt werden, wenn diese Zeitdauer nach Lage der Dinge generell zur Entdeckung verborgener Mängel nicht erforderlich ist und deshalb die Interessen des anderen Vertragsteils durch die Verkürzung nicht in einer Weise beeinträchtigt werden, die gegen die Grundgedanken der gesetzlichen Regelung verstößt."

2 BGH NJW 1999, 2434, 2434 (zu §§ 638 I, 9 AGBG). Dort ging es zwar um eine besonders drastische Verkürzung, nämlich auf sechs Monate. Indessen betonte der BGH, dass „[n]ach der Rechtsprechung des Senats [. . .] die Vereinbarung einer verkürzten Verjährung bei Bauwerken nach § 638 I BGB durch AGB des Unternehmers auch im kaufmännischen Verkehr unwirksam [ist]". Ebenso z. B. *Weyer* NZBau 2003, 521, 521; *Palandt/Sprau* § 634a Rz 26. Vorsichtiger noch BGH NJW 1981, 1510, 1511 (zu § 9 AGBG): Unwirksamkeit einer Verkürzung der für Bauwerke geltenden fünfjährigen Gewährleistungsfrist auf 6 Monate.

3 BGH NJW 1981, 1510, 1511 (zu § 9 AGBG).

4 BGHZ 90, 273 = NJW 1984, 1750, 1751 (zu § 9 AGBG).

5 OLG München NJW-RR 1988, 85, 86 (zu § 11 Nr. 10 f AGBG).

6 OLG München NJW-RR 1988, 85, 86 (zu § 11 Nr. 10 f AGBG).

7 BGH NJW-RR 1992, 424, 425.

8 BGH NJW 1994, 2224, 2225 (zu § 9 AGBG); *Palandt/Heinrichs* § 202 Rz 10.

9 *Palandt/Heinrichs* § 202 Rz 10.

10 BGH NJW 1993, 2054, 2055: Unwirksamkeit nach § 9 AGBG (§ 307) in einem Fall, in dem die Klausel eine Verkürzung auf drei Wochen bewirkte.

11 So wohl auch BGH NJW 2006, 47, 47.

wenn der Käufer befürchten muss, seinerseits von seinen eigenen Kunden in Regress genommen zu werden.[1] Zum anderen kommt es – auch mit Blick auf § 307 II Nr. 1 – darauf an, wie weit sich die AGB-mäßig vorgesehene Verjährungsfrist vom dispositiven Recht entfernt.[2] Nicht erheblich ist dagegen, ob die AGB-mäßig bestimmten Gewährleistungsfristen deutlich über denjenigen Zeitraum hinausgehen, in welchem mit dem Auftreten zuvor verborgen gebliebener Mängel typischerweise zu rechnen ist.[3] Zwar ist der Verwender nur in begrenztem Maße schutzwürdig, wenn er ohne die AGB nur einem geringen Risiko ausgesetzt ist. Doch ist andererseits zu berücksichtigen, dass auch die Belastung des Verwendungsgegners gering ist, wenn es durch die Verlängerung der Verjährungsfrist nur in seltenen Fällen zu einer Inanspruchnahme des Verkäufers kommt. Wie gegenüber Verbrauchern gilt zudem, dass die vor der Schuldrechtsreform ergangenen Urteile des BGH zu den Grenzen der zulässigen Verjährungsverlängerung nicht mehr ohne weiteres zum geltenden Recht herangezogen werden können.[4] Denn bei der Frage, welche Regelungen noch angemessen sind, ist auch die Entscheidung des Gesetzgebers zu berücksichtigen, die Verjährungsfristen zum Teil deutlich zu verlängern.[5]

56 **b) Beispiele.** Eine Verjährungsfrist von 7 Jahren ist bei **Bauwerken** im Allgemeinen noch nicht unangemessen lang und deshalb nicht nach § 307 unwirksam.[6] Ebenso ist für Arbeiten an Flachdächern eine Verjährungsfrist von 10 Jahren und einem Monat wirksam, auch wenn im Übrigen die VOB/B vereinbart ist.[7] In jedem Falle unangemessen ist aber eine Regelung, durch die der Beginn der Verjährungsfrist ohne zeitliche Begrenzung in die Zukunft verschoben wird, indem z. B. vorgesehen wird, dass die Gewährleistungsfrist bei einem Vertrag über Teilleistungen am Bau erst mit der „mängelfreien Abnahme des Gesamtbauwerks" beginnt.[8] Ein strenger Maßstab ist nach richtiger Auffassung bei Verlängerung der in § 438 genannten Fristen geboten.[9] Nicht zu beanstanden ist zwar die von einem Händler in **Einkaufsbedingungen** gegenüber seinem Lieferanten verwandte Klausel, dass die Verjährungsfrist für Mängelrechte 36 Monate beträgt.[10] Damit dürfte jedoch im Regelfall die Grenze des gerade noch Zulässigen erreicht sein. Als unwirksam hat der BGH zu Recht eine Klausel eingestuft, der zufolge die wegen Rechtsmängeln bestehenden Mangelansprüche erst zehn Jahre nach Lieferung verjähren sollten.[11] Unwirksam ist auch eine Klausel, der zufolge die Verjährungsfrist für „im Wege der Nachlieferung durch den Lieferanten **neu gelieferte oder nachgebesserte Teile**" neu zu laufen beginnt.[12] Besonderheiten gelten bei Klauseln in **Werkverträgen,** die es dem Besteller erlauben, die Verjährung mittelbar, nämlich durch Verzögerung der Abnahme herauszuzögern.[13]

---

1 BGH NJW 2006, 47, 47.
2 BGH NJW 2006, 47, 47.
3 BGH NJW 2006, 47, 47.
4 In diesem Sinne auch BGH NJW 2006, 47, 47 (zum unternehmerischen Verkehr).
5 BGH NJW 2006, 47, 47 (zum unternehmerischen Verkehr).
6 A. A. OLG München NJW-RR 1987, 661, 663 f (zu § 9 AGBG); LG Frankfurt NJW-RR 1988, 917 (zu § 9 AGBG).
7 BGH NJW 1996, 2155 (zu § 9 AGBG).
8 OLG Karlsruhe BB 1983, 725, 728 f (zu § 9 AGBG); LG Frankfurt NJW-RR 1988, 917 (zu § 9 AGBG).
9 S. Anh. § 310 Rz E 106.
10 Für die Zulässigkeit einer solchen Klausel in den Einkaufsbedingungen eines Baumarkts BGH NJW 2006, 47, 47.
11 BGH NJW 2006, 47, 50.
12 BGH NJW 2006, 47, 48. S. dazu näher Anh. § 310 Rz E 107.
13 Ausführlich dazu § 310 Rz S 294–296.

§ 309 Klauselverbote ohne Wertungsmöglichkeit

Auch soweit eine Abweichung von den gesetzlichen Vorschriften zulässig ist, ist in Allgemeinen Geschäftsbedingungen unwirksam

9. (Laufzeit bei Dauerschuldverhältnissen)

bei einem Vertragsverhältnis, das die regelmäßige Lieferung von Waren oder die regelmäßige Erbringung von Dienst- oder Werkleistungen durch den Verwender zum Gegenstand hat,

a) eine den anderen Vertragsteil länger als zwei Jahre bindende Laufzeit des Vertrags,

b) eine den anderen Vertragsteil bindende stillschweigende Verlängerung des Vertragsverhältnisses um jeweils mehr als ein Jahr oder

c) zulasten des anderen Vertragsteils eine längere Kündigungsfrist als drei Monate vor Ablauf der zunächst vorgesehenen oder stillschweigend verlängerten Vertragsdauer;

dies gilt nicht für Verträge über die Lieferung als zusammengehörig verkaufter Sachen, für Versicherungsverträge sowie für Verträge zwischen den Inhabern urheberrechtlicher Rechte und Ansprüche und Verwertungsgesellschaften im Sinne des Gesetzes über die Wahrnehmung von Urheberrechten und verwandten Schutzrechten.

Inhaltsübersicht

Schrifttum: *Erdmann,* Die Laufzeit von Franchise-Verträgen im Lichte des AGB-Gesetzes, BB 1992, 795; *Horn,* Vertragsdauer, in: Gutachten und Vorschläge zur Überarbeitung des Schuldrechts, I, 1981, 551; *Leverenz,* Zehn- und Fünfjahresverträge bei Unfall- und Schadensversicherungen, NJW 1997, 421; *Löwe,* Langfristige Laufzeitklauseln in vorformulierten Verträgen über technische Anlagen, NJW 1995, 1726; *Martinek,* Langfristige Laufzeitklauseln als Wettbewerbsinstrumente in Gasversorgungsverträgen, BB 1989, 1277; *Nassall,* Ordentliche Kündigung von Direktunterrichtsverträgen, NJW 1984, 711; *Scheffler,* Können in AGB feste Kündigungstermine für Dauerschuldverhältnisse wirksam vereinbart werden?, MDR 1982, 20; *Strauß,* Langfristige Laufzeitklauseln in vorformulierten Verträgen über technische Anlagen, NJW 1995, 697; *Wedel,* Der VIII. Zivilsenat des Bundesgerichtshofes und die Andeutungstheorie, MDR 1989, 29; *Wille,* Langfristige Schadens- und Unfallversicherungsverträge im Lichte des AGBG, VersR 1995, 1404.

I. Zweck und Allgemeines

1 § 309 Nr. 9 will den Vertragspartner des Verwenders vor der überlangen Bindung an Dauerschuldverhältnisse schützen. Regelungen der Laufzeit von Dauerschuldverhältnissen sind deshalb besonders bedeutsam, weil die Laufzeit bei derartigen Schuldverhältnissen zugleich den Leistungsumfang bestimmt.[1] Aus ebendiesem Grunde wird die Laufzeit oftmals bei Vertragsschluss konkret vereinbart.[2] Finden sich die entsprechenden Regelungen aber in AGB, so soll der Vertragspartner des Verwenders nicht durch eine überlange Bindungsdauer überrumpelt und zur Abnahme der Leistung in einem von ihm nicht gewünschten Umfang gezwungen werden können.

2 Im Einzelnen sieht § 309 Nr. 9 eine Höchstdauer von 2 Jahren für die erstmalige Laufzeit (Nr. 9 a), eine Höchstdauer von 1 Jahr für Verlängerungszeiten (Nr. 9 b) sowie eine Begrenzung der zulässigen Kündigungsfrist auf 3 Monate (Nr. 9 c) vor. Die Vorgängerregelung, § 11 Nr. 12 AGBG, war im Gesetzgebungsverfahren mehreren Änderungen unterworfen. Der Teilbericht I hatte zunächst eine erstmalige Höchstlaufzeit von 1 Jahr, eine Höchstdauer der Verlängerungszeit von 3 Monaten und eine Höchstdauer der Kündigungsfrist von 2 Monaten vorgesehen sowie in die Gesamtregelung auch Gebrauchsüberlassungsverträge einbezogen. Der Regierungs-

[1] S. z. B. *Miebach/Patt* NJW 2000, 3377, 3383.
[2] S. auch BT-Drs. 7/3919, S. 37.

entwurf zum AGBG[1] nahm die Gebrauchsüberlassungsverträge, also Miete, Leasing, Pacht, wegen der weitgehend andersartigen Interessenlage von der Regelung aus und sah als Höchstdauer für die Verlängerungszeit 1 Jahr sowie für die Kündigungsfrist 3 Monate vor, wie es der heutigen Regelung entspricht. Die Höchstdauer für die erstmalige Laufzeit ist erst in den abschließenden Beratungen des Rechtsausschusses auf 2 Jahre verlängert worden. § 309 Nr. 9 entspricht nahezu wörtlich dem bisherigen § 11 Nr. 12 AGBG. Allerdings ist die bisher in § 23 II Nr. 6 AGBG enthaltene Ausnahmeregelung in den Text des § 309 Nr. 9 integriert worden. Da der Gesetzgeber die Regelung des § 23 II Nr. 6 AGBG bewusst wörtlich übernommen hat,[2] ergeben sich insofern keine inhaltlichen Änderungen. Aus rechtspolitischer Sicht ist die Regelung des § 309 Nr. 9 nicht unproblematisch. Denn ihre starren Fristsetzungen ermöglichen keine Anpassung an die verschiedenartigen Dauerschuldverhältnisse mit ihren unterschiedlichen Bedürfnissen. Die Einfügung in § 308 als Klausel mit Wertungsmöglichkeit wäre zweckmäßiger gewesen.

Einen Schutz vor einer Kündigung ohne angemessene Frist sieht auch die RL **3–9**
in Anh. Nr. 1 g vor, und Anh. Nr. 1 h RL will vor überraschenden und unbedachten Vertragsverlängerungen schützen, was sich nicht unmittelbar mit § 309 Nr. 9 deckt, aber dessen Schutzanliegen unterstützt.

II. Anwendungsbereich

1. Erfasste Verträge

a) Nur Dauerschuldverhältnisse. § 309 Nr. 9 gilt keineswegs für alle Arten **10–12**
von Verträgen, sondern erfasst nur bestimmte Arten von Dauerschuldverhältnissen.[3] Zwar verwendet der Tatbestand des § 309 Nr. 9 den Begriff des Dauerschuldverhältnisses nicht. Wohl aber kommt dieser Begriff in der ebenfalls zum Gesetzesinhalt gehörenden Überschrift vor. Auf diese Weise wird deutlich, dass nur solche Rechtsverhältnisse an § 309 Nr. 9 zu messen sind, bei denen es sich um Dauerschuldverhältnisse handelt.[4] Dauerschuldverhältnisse sind Rechtsverhältnisse, bei denen der Gesamtumfang der Leistungspflichten von der Laufzeit des Rechtsverhältnisses bestimmt wird, so dass mit der Länge der Zeit auch der Gesamtleistungsumfang zunimmt.[5] Wird der Leistungsumfang zeitunabhängig festgelegt, so fehlt es an einem Dauerschuldverhältnis im Sinne des § 309 Nr. 9. Als Beispiel eines nicht erfassten Rechtsverhältnisses nennt § 309 Nr. 9 ausdrücklich Verträge über die Lieferung als zusammengehörig verkaufter Sachen. Unter diesen Ausnahmetatbestand fällt z. B. der Verkauf eines mehrbändigen Lexikons oder anderer mehrbändiger Werke, deren **Lieferung in Raten** erfolgt.[6]

b) Vertragsgegenstand. § 309 Nr. 9 erfasst nicht alle Arten von Dauerschuld- **13**
verhältnissen, sondern nur solche, die die Lieferung von Waren oder die Erbringung von Dienst- oder Werkleistungen zum Gegenstand haben. Bei **gemischten Verträgen** scheint der BGH § 309 Nr. 9 immer schon dann zur Anwendung bringen zu wollen, wenn der Vertrag „auch ins Gewicht fallende dienstvertragliche Ele-

1 BT-Drs. 7/3919, S. 37.
2 BT-Drs. 14/6040, S. 160.
3 *Ulmer/Christensen* Rz 4.
4 A. A. LG Saarbrücken NJW 1988, 347, 348 (zu § 11 Nr. 12 AGBG).
5 S. z. B. *Miebach/Patt* NJW 2000, 3377, 3383.
6 BGH NJW 1993, 2052, 2053 (zu § 11 Nr. 12 AGBG); *Ulmer/Christensen* Rz 8.

mente hat".[1] § 309 Nr. 9 soll dann bezüglich dieser diensvertraglichen Elemente heranzuziehen sein.[2] Richtigerweise erscheint es jedoch, darauf abstellen, wo der Schwerpunkt des Vertrages liegt.[3] Denn in Anbetracht der Tatsache, dass die Regelung des § 309 Nr. 9 ohnehin tendenziell zu starr ist (s. Rz 2), besteht kein Grund dafür, den Anwendungsbereich der Vorschrift extensiv zu definieren. Anwendbar ist § 309 Nr. 9 danach z. B. bei Verträgen über so genannte **„Mietwäsche"**, weil hier der mietvertraglichen Überlassungspflicht nicht das gleiche Gewicht zukommt wie der Verpflichtung, die relevante Wäsche abzuholen, zu waschen, zu warten und wieder anzuliefern.[4]

14 **aa) Lieferung von Waren.** Als ersten Leistungsinhalt nennt § 309 Nr. 9 Verträge über die Lieferung von Waren. Waren sind bewegliche, körperliche Gegenstände des Handelsverkehrs.[5] Software ist als Sache zu behandeln.[6] Auch die Lieferung von **Wasser, Gas,** insbesondere auch Flüssiggas, wird grundsätzlich erfasst,[7] doch gilt es insofern § 310 II sowie die maßgeblichen Rechtsverordnungen (s. Rz 21) zu beachten. Auf Verträge über die Versorgung mit **elektrischer Energie** oder **Fernwärme** wird man § 309 Nr. 9 zumindest entsprechend anwenden können, doch sind auch insofern § 310 II sowie die maßgeblichen Rechtsverordnungen (s. Rz 21) zu berücksichtigen. **Geldleistungen** fallen nicht unter den Begriff der Ware. Darlehensverträge werden deshalb nicht erfasst. Für sie gilt vielmehr § 608.

15 **bb) Erbringung von Dienst- oder Werkleistungen.** Auch Verträge über die Erbringung von Dienst- oder Werkleistungen sind in § 309 Nr. 9 erwähnt. Ob eine Leistung als Dienst- oder Werkleistung anzusehen ist, bestimmt sich nach Dienst- bzw. Werkvertragsrecht.[8] Der Regierungsentwurf zum AGB-Gesetz nennt als Beispiel private Unterrichtsverträge für Direkt- oder Fernunterricht.[9] In der Tat ist § 309 Nr. 9 auf diese anwendbar, doch gelten bei Fernunterrichtsverträgen daneben die Vorschriften des FernUSG i. d. F. v. 4. 12. 2000. Als weitere Beispiele nennt der Regierungsentwurf die Teilnahme an Veranstaltungen wie Gymnastik-, Schlankheits- oder Bodybuildingkursen, die Mitgliedschaft in Ehevermittlungsinstituten und Wartungsverträge über technische Anlagen.[10] Erfasst wird auch ein Vertrag über die akustische Fernüberwachung von Räumlichkeiten,[11] und Gleiches gilt für einen Vertrag über die Erfassung und Auswertung von Daten bei einem Gerät, welches Heiz- und Warmwasserkosten erfassen soll.[12] Auch ein Vertrag über die Betreuung von Senioren in einer Seniorenwohnanlage fällt unter § 309 Nr. 9 (s. noch Rz 97).[13] Ferner ist § 309 Nr. 9 auf den Girovertrag als Geschäftsbesorgungsdienst-

---

[1] So, für einen Fitnessvertrag, BGH NJW 1997, 739, 740 (zu § 11 Nr. 12 b AGBG).

[2] BGH NJW 1997, 739, 740 (zu § 11 Nr. 12 b AGBG). Vorsichtiger *Staudinger/Coester-Waltjen* Rz 13. Wenn sich der dienstvertragliche Teil des Vertrages von den anderen Teilen in wirtschaftlich sinnvoller Weise trennen lasse, sei § 309 Nr. 9 auf den dienstvertraglichen Teil anzuwenden, soweit dies dem von § 309 Nr. 9 beabsichtigten Kundenschutz nicht zuwiderlaufe.

[3] Zutreffend *Heinrichs* NJW 1999, 1596, 1610 (zu § 11 Nr. 12 AGBG).

[4] LG Offenburg NJW-RR 1999, 495, 496 (zu § 11 Nr. 12 AGBG).

[5] *Palandt/Grüneberg* Rz 80. In diesem Sinne auch *Staudinger/Coester-Waltjen* Rz 12.

[6] *Palandt/Grüneberg* Rz 80.

[7] So wohl auch OLG Frankfurt NJW-RR 1987, 1462, 1463 (zu § 11 Nr. 12 AGBG), das die Anwendbarkeit des § 11 Nr. 12 aber i.E. wegen des Vorliegens einer Individualvereinbarung verneint.

[8] Ebenso AG Brandenburg, NJOZ 2003, 2858, 2861 (zu § 11 Nr. 12 a AGBG).

[9] BGBl I S. 1670.

[10] BT-Drs. 7/3919, S. 37.

[11] AG Brandenburg, NJOZ 2003, 2858, 2861 (zu § 11 Nr. 12 a AGBG).

[12] OLG Frankfurt a.M. NJW-RR 2005, 1170, 1171.

[13] LG Lüneburg NJW-RR 2001, 1637, 1637 (zu § 11 Nr. 12 a AGBG).

vertrag mit Sparkassen oder Banken anwendbar. Und auch der Werbevertrag mit einem Werbeunternehmen fällt in den Anwendungsbereich dieser Vorschrift, sofern er eine Pflicht zur regelmäßigen Leistungserbringung vorsieht.[1] Gleiches gilt für ständige Beratungsverträge, z. B. mit einem Rechtsanwalt oder Steuerberater. Erfasst sind auch Verträge über die Entsorgung von Abwasser, soweit nicht nach Volumen abgerechnet wird. Allerdings ist § 310 II zu beachten, der die Anwendung des § 309 im Regelfall ausschließt. Zu **Fitnessstudioverträgen** siehe Anh. § 310 Rz F 22–27.

cc) Kraft ausdrücklicher Regelung nicht erfasste Vertragsgegenstände. **16–21**
Eine Reihe von Verträgen sind ausdrücklich vom Anwendungsbereich des § 309 Nr. 9 ausgenommen. So findet § 309 Nr. 9 keine Anwendung, wenn Sachen **als zusammengehörig verkauft** werden. Freilich liegt in diesem Falle schon kein Dauerschuldverhältnis vor (s. Rz 10–12), so dass die Ausnahmeregelung bloß klarstellende Bedeutung hat. Dass die Sachen als zusammengehörig verkauft sind, kann sich nach richtiger Auffassung entweder aus den objektiven Umständen oder, alternativ, auch aus dem Parteiwillen ergeben.[2] Insofern gilt Gleiches wie bei § 505 I Nr. 1. Auch **Versicherungsverträge** fallen nicht in den Anwendungsbereich des § 309 Nr. 9. Die Befreiung von Versicherungsverträgen ist nicht verfassungswidrig,[3] zumal auch diese Ausnahme nach richtiger Auffassung ohnehin nur klarstellende Bedeutung hat.[4] Keine Anwendung findet § 309 Nr. 9 ferner auf Verträge zwischen den Inhabern urheberrechtlicher Rechte und Ansprüche und **Verwertungsgesellschaften** im Sinne des Gesetzes über die Wahrnehmung von Urheberrechten und verwandten Schutzrechten. Den nicht unter § 309 Nr. 9 fallenden Gebrauchsüberlassungsverträgen sind darüber hinaus auch Lizenz- und Know-how-Verträge zuzurechnen. Auf Verträge auf dem Gebiet des **Gesellschaftsrechts** ist § 309 Nr. 9 schon nach § 310 IV 1 nicht anwendbar.[5] Dies betrifft auch Leistungen, die unmittelbar auf dem Gesellschaftsvertrag beruhen, mitgliedschaftlicher Natur sind und der Verwirklichung des Gesellschaftszwecks dienen, wie z. B. die Nutzung einer Telefon- und Funkzentrale einer Genossenschaft von Taxiunternehmern[6] oder die Gewährung von Ferienwohnrechten an stille Gesellschafter einer Gesellschaft für Ferienimmobilien.[7] Weder unter § 309 Nr. 9 noch unter § 307 fallen wegen § 310 IV 1 auch die auf der Satzung einer Genossenschaft beruhenden korporationsrechtlichen Leistungs- und Benutzungsverhältnisse.[8] Jedoch ist insoweit eine Inhaltskontrolle nach § 242 möglich.[9] § 309 Nr. 9 ist dagegen auf solche Leistungen anzuwenden, die zu dem Gesellschaftszweck keinen unmittelbaren Bezug haben, wie z. B. die Verschaffung verbilligter Einkaufsmöglichkeiten für verschiedenartige Waren in einer Gesellschaft für Ferienimmobilien.[10] Bei **Verträgen der Elektrizitäts-, Gas-, Fernwärme- und Wasserversorgungsunternehmen** über die Versorgung mit elektrischer Energie, Gas, Fernwärme und Wasser gelten folgende Grundsätze: Soweit es um die Versorgung von Tarifkunden geht, unterliegen die Verträge besonderen Rechtsverordnungen. Hierzu zählen die Allgemeinen

---

1 OLG Hamm BB 1982, 455 (zu § 11 Nr. 12 a AGBG).

2 Ausdrücklich offen gelassen in BGH NJW 1993, 2052, 2053 (zu § 11 Nr. 12 AGBG). Wie hier aber *Palandt/Grüneberg* Rz 83.

3 BVerfG NJW 1986, 243, 243 (zu § 11 Nr. 12 AGBG).

4 *Palandt/Grüneberg* Rz 83.

5 BGH NJW 1988, 1729, 1729 f (zu § 23 I AGBG); BGH NJW-RR 1992, 379, 379 (zu § 23 I AGBG).

6 So (zu § 23 I AGBG) BGH NJW 1988, 1729, 1729 f.

7 So (zu § 23 I AGBG) BGH NJW-RR 1992, 379, 379.

8 BGH NJW 1988, 1729, 1730 (zu §§ 11 Nr. 12, 24 I AGBG).

9 Ausdrücklich offen gelassen von BGH NJW 1988, 1729, 1730 (zu 24 I AGBG).

10 So (zu § 23 I AGBG) BGH NJW-RR 1992, 379, 379.

Bedingungen für die Versorgung mit Fernwärme (AVBFernwärmeV)[1] und über die Versorgung mit Wasser (AVBWasserV) vom 20. 6. 1980.[2] Ferner sind in diesem Zusammenhang die Allgemeinen Bedingungen für die Elektrizitätsversorgung von Tarifkunden (AVBEltV)[3] sowie die Allgemeinen Bedingungen für die Gasversorgung von Tarifkunden (AVBGasV)[4] vom 21. 6. 1979 zu nennen. Die vorgenannten Rechtsverordnungen sind aufgrund ihrer Rechtsnormqualität nicht an den §§ 307 ff. zu messen.[5] Zwar gelten die genannten Rechtsverordnungen nur für Tarifkunden. Auf Verträge mit Sonderabnehmern finden sie nur kraft vertraglicher Verweisung Anwendung. Gleichwohl ist § 309 Nr. 9 auch auf die Verträge mit Sonderabnehmern nur in engen Grenzen anzuwenden. Namentlich sieht § 310 II 1 die Anwendung der §§ 308, 309 auf Verträge der Elektrizitäts-, Gas-, Fernwärme-, und Wasserversorgungsunternehmen über die Versorgung von Sonderabnehmern mit elektrischer Energie, Gas, Fernwärme und Wasser aus dem Versorgungsnetz nur insoweit vor, als die Versorgungsbedingungen zum Nachteil der Abnehmer von Verordnungen über Allgemeine Bedingungen für die Versorgung von Tarifkunden mit elektrischer Energie, Gas, Fernwärme und Wasser abweichen. Entsprechendes gilt nach § 310 II 2 für Verträge über die Entsorgung von Abwasser. Doch fehlt es insofern noch an einer entsprechenden Rechtsverordnung. Darüber hinaus gilt es zu bedenken, dass es sich bei Sonderabnehmern in aller Regel um Unternehmer handelt, so dass die §§ 308, 309 wegen § 310 I 1 meist nicht zur Anwendung kommen, wenn in Verträgen mit Sonderabnehmern von den oben genannten Rechtsverordnungen abgewichen wird.[6]

22 **dd) Andere nicht erfasste Vertragsgegenstände.** Andere Vertragsgegenstände fallen deshalb nicht unter § 309 Nr. 9, weil die jeweiligen Verträge weder auf die Lieferung von Waren noch auf die Erbringung von Dienst- oder Werkleistungen gerichtet sind.

23, 24 **α) Gebrauchsüberlassungsverträge.** Dazu gehören insbesondere Gebrauchsüberlassungsverträge wie Miete, Pacht und Leasing.[7] Allerdings ist darauf zu achten, ob nicht ausnahmsweise ein Verstoß gegen das Umgehungsverbot des § 306 a gegeben ist. Ein solcher Verstoß ist grundsätzlich dann anzunehmen, wenn gleichzeitig mit einem auf zwei Jahre oder weniger angelegten Dauerschuldverhältnis im Sinne des § 309 Nr. 9 ein längerfristiger Gebrauchsüberlassungsvertrag abgeschlossen wird und die Gebrauchsüberlassung ohne eine Verlängerung des kürzeren Vertrages erheblich an Interesse für den Kunden zu verlieren droht. Beispielsweise ist ein Verstoß gegen das Umgehungsverbot des § 306a z. B. dann gegeben, wenn ein zehnjähriger Mietvertrag über ein Gerät zur Erfassung von Heiz- und Warmwasserkosten zugleich mit einem formal getrennten Vertrag über die Auswertung und Erfassung von Daten abgeschlossen wird, für den keine gegen § 309 Nr. 9 a verstoßende Laufzeit vorgesehen ist.[8] Entsprechendes gilt, wenn ein Mietvertrag gleichzeitig mit einem Wartungs- und Abrechnungsvertrag abgeschlossen wird.[9] Ein

---

1 BGBl. 1980 I, 742.

2 BGBl. 1980 I, 750.

3 BGBl. 1979 I, 676.

4 BGBl. 1979 I, 684.

5 MünchKomm/*Basedow* § 310 Rz 14.

6 In diesem Sinne bereits *Palandt/Grüneberg* § 310 Rz 6.

7 BT-Drs. 7/3919, S. 37. S. auch BGH NJW 1985, 2328, 2328: Keine Anwendung des § 11 Nr. 12 AGBG (§ 309 Nr. 9) auf Mietverträge.

8 Zur Annahme eines Verstoßes gegen das Umgehungsverbot tendierend, die Frage jedoch letztlich offen lassend OLG Frankfurt a.M. NJW-RR 2005, 1170, 1171.

9 MünchKomm/*Basedow* Rz 8; wohl auch OLG Frankfurt a.M. NJW-RR 2005, 1170, 1171. *Ulmer/Christensen* Rz 9 will § 309 Nr. 9 unmittelbar anwenden.

Werbeflächenmietvertrag ist selbst dann nicht an § 309 Nr. 9 zu messen, wenn der Vermieter sich zur Anfertigung des Werbeschilds verpflichtet hat.[1]

β) **Sonstige.** Ferner fallen solche Verträge nicht unter § 309 Nr. 9, die dem Kunden gegen ein pauschales Entgelt die Online-Nutzung einer **Datenbank** während eines bestimmten Zeitraums ermöglichen. Denn entsprechende Verträge haben zumindest auch eine pachtrechtliche Komponente.[2] Auf die nicht unter Nr. 9 fallenden Verträge bleibt § 307 anwendbar (s. Rz 91). Nicht unter Nr. 9 fallen auch **Darlehensverträge.** Gleiches gilt für **Automatenaufstellverträge.**[3] **25, 26**

c) Regelmäßigkeit der Lieferung/Leistungserbringung. § 309 Nr. 9 findet nur dann Anwendung, wenn die Lieferung von Waren bzw. die Erbringung von Dienst- oder Werkleistungen regelmäßig erfolgt. **27**

aa) Begriff. Eine regelmäßige Lieferung von Waren bzw. Erbringung von Leistungen ist dann gegeben, wenn die Lieferung bzw. Leistungserbringung entweder dauernd oder mehrfach in bestimmten Zeitabständen erfolgt.[4] Die Zeitabstände müssen nicht notwendig von gleicher Dauer sein.[5] Erforderlich ist aber, dass der Umfang der Lieferung bzw. Leistung in Abhängigkeit von der Zeitdauer bestimmt wird (s. Rz 10–12).[6] Von einer regelmäßigen Leistung kann dann nicht die Rede sein, wenn es vom Zufall abhängt, ob überhaupt je Leistungen erbracht werden.[7] Keine Anwendung findet § 309 Nr. 8 b daher z. B. auf einen Vertrag, der den Ersatz verloren gegangener Schlüssel vorsieht.[8] Soweit entsprechende Verträge eine Versicherungskomponente haben, lässt sich auch diese nicht zur Begründung der Anwendbarkeit des § 309 Nr. 9 heranziehen, da Versicherungsverträge ausdrücklich vom Anwendungsbereich dieser Vorschrift ausgenommen sind. **28**

bb) Beispiele. § 309 Nr. 9 kann nicht auf den Dienstvertrag mit einem allein beauftragten Makler angewandt werden, denn insofern fehlt es an der Regelmäßigkeit der Leistung.[9] Auch wenn ein Baubetreuungsvertrag von vornherein auf die Betreuung einer bestimmten Anzahl von Bauvorhaben gerichtet ist, fehlt es an der Regelmäßigkeit der Leistungserbringung.[10] Gleiches gilt für die Lieferung einer mehrbändigen, in sich abgeschlossenen Buchreihe.[11] Zu bejahen ist die Regelmäßigkeit dagegen bei der Lieferung einer bestimmten Anzahl von Büchern pro Monat ohne feststehender Gesamtbandzahl. Der Regierungsentwurf zum AGB-Gesetz[12] nennt als Beispiele ferner Zeitungs- und Zeitschriftenabonnements sowie die Mitgliedschaft in Buchgemeinschaften, Schallplattenringen und ähnlichen Vertriebsorganisationen. Erfasst werden auch Verträge über die regelmäßige Belieferung mit Druckerzeugnissen zu Werbezwecken.[13] **29**

d) Lieferung/Leistung durch Verwender. Die Warenlieferungen, Dienst- oder Werkleistungen müssen durch den Verwender zu erbringen sein. Entscheidend ist, dass die Pflicht zur Leistungserbringung nach dem Inhalt des Vertrages den Ver- **30–37**

---

1 LG Berlin NJW-RR 1998, 733, 733 (zu § 11 Nr. 12 AGBG); *Palandt/Grüneberg* Rz 79.
2 *Mehrings* NJW 1993, 3102, 3105.
3 Anh. § 310 Rz A 309.
4 So jetzt auch BGH NZBau 2005, 509 unter II.2.b.bb.(1) (zu § 11 Nr. 12 a AGBG) = IBR 2005, 499.
5 BGH NZBau 2005, 509 unter II.2.b.bb.(1); *Palandt/Grüneberg* Rz 79; *Staudinger/Coester-Waltjen* Rz 15.
6 BGH NZBAu 2005, 509 unter II.2.b.bb.(1) (zu § 11 Nr. 12 a AGBG).
7 *Palandt/Grüneberg* Rz 79.
8 KG NJW-RR 1994, 1267, 1268 (zu § 11 Nr. 12 AGBG).
9 So schon *Ulmer/Christensen* Rz 9.
10 BGH NZBau 2005, 509 unter II.2.b.bb.(1) (zu § 11 Nr. 12 a AGBG).
11 So schon zu § 11 Nr. 12 AGBG BGH NJW 1993, 2052, 2053.
12 BT-Drs. 7/3919, S. 37.
13 BGH NJW 1982, 2309, 2310 (zu § 11 Nr. 12 AGBG).

wender trifft, auch wenn dieser sich bei der Erfüllung seiner Pflichten eines Dritten bedient. Werden die Leistungen vom anderen Vertragsteil erbracht, während der Verwender die Gegenleistung durch Geldzahlung erbringt, so ist Nr. 9 nicht anwendbar.

2. Laufzeit von mehr als zwei Jahren (§ 309 Nr. 9 a)

38 Unwirksam sind zunächst solche Klauseln, die eine den anderen Vertragteil länger als zwei Jahre bindende Laufzeit vorsehen (Nr. 9 a). Diese Voraussetzung ist schon dann erfüllt, wenn bei einem Dauerschuldverhältnis das ordentliche Kündigungsrecht ausgeschlossen ist mit der Folge, dass der Vertrag vorbehaltlich des Vorliegens eines besonderen Kündigungsgrundes nicht vor Ablauf von zwei Jahren beendet werden kann.[1]

39 **a) Zweijahresfrist.** Die Laufzeit darf nicht länger als zwei Jahre sein. Eine Laufzeit von genau zwei Jahren verstößt also nicht gegen § 309 Nr. 9 a.

40 **aa) Fristbeginn.** Der Fristbeginn beginnt grundsätzlich mit dem Vertragsschluss.[2]

41 **α) Probezeit.** Eine Probezeit, während der der Kunde ein Kündigungsrecht hat, soll nach der Rechtsprechung allerdings unberücksichtigt bleiben, der Fristbeginn in diesem Falle also erst mit dem Abschluss der Probezeit beginnen.[3] Dies überzeugt nicht. Denn zum einen müsste man konsequenterweise auch die Widerrufsfrist nach § 355 I 2 von der Zweijahresfrist des § 309 Nr. 9 a abziehen, was aber, soweit ersichtlich, von niemandem befürwortet wird. Und zum anderen gilt es zu bedenken, dass der Gesetzgeber die Obergrenze für Erstbindungsfristen (Nr. 9 a) ohnehin schon großzügiger bemessen hat als die Obergrenze für Verlängerungszeiten (Nr. 9 b). Damit trägt das Gesetz auch dem Umstand Rechnung, dass der Austausch der Leistungen dem Kunden zumindest zu Beginn des Vertragsverhältnisses oftmals noch willkommen ist. Dass der Kunde seine Bindung möglicherweise erst nach Ablauf von einigen Monaten als belastend empfindet, ist bei der Wahl des Zweijahreszeitraums also bereits berücksichtigt. Es wäre daher wenig sachgerecht, wollte man bei der Berechnung der Zweijahresfrist just den Zeitraum unberücksichtigt lassen, in welchem der Kunde seine vertragliche Bindung typischerweise noch gar nicht bereut und in welchem der Verwender dem Kunden daher gefahrlos ein Kündigungsrecht einräumen kann.

42–44 **β) Leistung nach Vertragsschluss.** Fraglich ist ferner, ob auch dann auf den Zeitpunkt des Vertragsschlusses abzustellen ist, wenn die Leistungserbringung erst zu einem späteren Zeitpunkt beginnen soll. Der **BGH** bejaht diese Frage. Die „den anderen Vertragsteil bindende Laufzeit" beginne bereits mit dem Vertragsschluss und nicht erst mit einem vereinbarten späteren Zeitpunkt der Leistungserbringung.[4] Dementsprechend hat der BGH eine Klausel in einem Wartungsvertrag, die eine Laufzeit von 2 Jahren vorsah, welche allerdings erst mit dem Ablauf der Gewährleistungsfrist für das zu wartende Gerät beginnen sollte, als nach § 309 Nr. 9 a unwirksam eingestuft.[5] Die Auffassung des BGH, dass es auch im Fall einer zu einem späteren Zeitpunkt beginnenden Leistungserbringung auf den Vertragsschluss

---

1 LG Lüneburg NJW-RR 2001, 1637, 1637 (zu § 11 Nr. 12 a AGBG).
2 BGH NJW 1993, 1651, 1652 (zu § 11 Nr. 12 AGBG).
3 BGH NJW 1993, 326, 327 f (zu § 11 Nr. 12 AGBG). Ebenso *Staudinger/Coester-Waltjen* Rz 17.
4 BGH NJW 1993, 1651, 1652 (zu § 11 Nr. 12 AGBG). In der Sache ebenso AG Aachen NJOZ 2005, 5117, 5119; AG Aachen, Urt. v. 23. 6. 2005, Az: 84 C 2/05, BeckRS 2005, 10690, unter A.II.
5 BGH NJW 1993, 1651, 1652 (zu § 11 Nr. 12 AGBG).

ankommt, überzeugt jedoch nicht. Denn § 309 Nr. 9 soll nicht vor der Vertragsdauer an sich,[1] sondern vor dem damit verbundenen, schwer überschaubaren Leistungsumfang schützen.[2] Wollte man mit dem BGH auch in der vorliegenden Konstellation auf den Vertragsbeginn abstellen,[3] so wäre nicht verständlich, warum nicht auch andere Verträge mit feststehendem Leistungsumfang, z. B. Kaufverträge oder Werkverträge mit längerer Laufzeit, unter § 309 Nr. 9 a fallen, wenn die geschuldete Leistung noch nach Abschluss von 2 Jahren erbracht wird. Im Übrigen ist für unangemessen lange Fristen zwischen Vertragsschluss und Lieferung bereits die Schutzvorschrift des § 308 Nr. 1 vorgesehen. Richtigerweise kommt es daher dann, wenn der Zeitpunkt des Vertragsabschlusses und der Zeitpunkt der Fälligkeit der Leistung des Verwenders auseinanderfallen, auf den letztgenannten Zeitpunkt an. Zu beachten ist aber, dass eine Klausel gegen das in § 307 I 2 verankerte Transparenzgebot verstößt, wenn der Fristbeginn für den Verwendungsgegner nur mit unzumutbarem Aufwand festgestellt werden kann. Daran fehlt es z. B., wenn die Klausel auf das Ende der Gewährleistungsfrist abstellt. Denn die nach der Klausel entscheidende Frage, wann die Mängelrechte verjähren, ist für den Kunden infolge der Möglichkeit einer Hemmung oder eines Neubeginns der Verjährung oftmals nur schwer festzustellen.

bb) Fristberechnung. Auf die Berechnung der Zweijahresfrist sind die §§ 187, 188 anzuwenden. Die Zweijahresfrist braucht nicht notwendig zusammenhängend zu sein. Auch wenn im Vertrag Unterbrechungen vorgesehen sind, die Leistungszeiträume (vgl. § 191) aber insgesamt zwei Jahre überschreiten, ist § 309 Nr. 9 a anzuwenden, sofern es sich um einen einheitlichen Vertrag und nicht um immer wieder neu abzuschließende Verträge handelt. Schwierigkeiten ergeben sich dann, wenn der Vertrag mehrere Leistungszeiträume vorsieht, diese jedoch nicht notwendig aufeinander folgen, sondern sich nach den einschlägigen vertraglichen Regelungen auch überschneiden können. In diesem Falle stellt sich die Frage, ob die Leistungszeiträume zusammenzurechnen sind oder ob von einer Zusammenrechnung mit Blick auf die Möglichkeit einer zeitlichen Überschneidung abgesehen werden kann. Richtigerweise wird man von einer Zusammenrechnung nur dann und nur insoweit absehen können, als die relevanten Leistungszeiträume sich praktisch in aller Regel überschneiden und eine Überschneidung dem typischen Verwendungsgegner auch ohne weiteres zumutbar ist. Umfasst daher ein Heilpraktikervertrag eine zweistufige Ausbildung, so sind die relevanten Zeiträume auch dann zusammenzurechnen, wenn der Vertrag die Möglichkeit einräumt, schon nach Absolvierung eines Teils des ersten Ausbildungsabschnitts mit dem zweiten Ausbildungsabschnitt zu beginnen.[4] Denn viele Teilnehmer werden den Belastungen eines Doppelstudiums wegen anderweitiger beruflicher oder familiärer Verpflichtungen nicht gewachsen sein.[5] 45

cc) Längere Laufzeiten in anderen Gesetzen. Sofern andere Gesetze längere Laufzeiten für Dauerschuldverhältnisse zulassen, gelten diese grundsätzlich nur für Individualverträge.[6] Für AGB verbleibt es bei der kürzeren Laufzeit des § 309 46–49

---

1 Dafür, dass § 309 Nr. 9 a eine übermäßig lange Bindung des Kunden zu verhindern sucht, aber AG Aachen NJOZ 2005, 5117, 5119; AG Aachen, Urt. v. 23. 6. 2005, Az: 84 C 2/05, unter A.II., BeckRS 2005, 10690.

2 Ebenso KG NJW-RR 1989, 1075, 1075 (zu § 11 Nr. 12 AGBG); *Löwe/von Westphalen* § 11 Nr. 12 Rz 20.

3 Wie der BGH z. B. LG Bielefeld NJW-RR 1989, 245, 246 (zu § 11 Nr. 12 AGBG); *Staudinger/Coester-Waltjen* Rz 17; *Ulmer/Christensen* Rz 12.

4 LG Kassel NJW-RR 2001, 425, 426 (zu § 11 Nr. 12 AGBG).

5 LG Kassel NJW-RR 2001, 425, 426 (zu § 11 Nr. 12 AGBG).

6 A. A. *Löwe/von Westphalen* § 11 Nr. 12 Rz 12.

Nr. 9a, sofern sich nicht aus dem betreffenden Gesetz etwas anderes ergibt. Anderes gilt aber für § 26 I 2 WEG.[1]

50 **b) Bindende Laufzeit.** § 309 Nr. 9 a findet nur dann Anwendung, wenn die Laufzeit von mehr als zwei Jahren für den Kunden bindend ist.

51 **aa) Begriff.** Bindend ist eine Laufzeit nur so lange, wie es dem Vertragspartner unmöglich ist, sich vom Vertrag zu lösen. Allerdings steht es der Annahme einer bindenden Laufzeit nach richtiger Auffassung nicht entgegen, dass dem Kunden zunächst noch ein Lösungsrecht zusteht, welches aber später entfällt (vgl. Rz 41). Der bindende Charakter einer Laufzeit entfällt auch dann nicht, wenn dem Kunden zwar ein Lösungsrecht eingeräumt wird, dessen Ausübung jedoch erhebliche Nachteile mit sich bringt, die das Gesetz für den Fall der ordentlichen Kündigung eines Dauerschuldverhältnisses nicht vorsieht. Eine solche Auslegung ist schon deshalb geboten, weil das Gesetz auch an anderer Stelle, nämlich in den §§ 308 Nr. 7, 309 Nr. 6, deutlich macht, dass Klauseln, die die Ausübung von Lösungsrechten mit gesetzlich nicht vorgesehenen rechtlichen Nachteilen verbinden, kritisch zu beurteilen sind.

52 **bb) Beispiele.** Kein Verstoß gegen § 309 Nr. 9 a liegt beispielsweise dann vor, wenn zwar eine Laufzeit von mehr als zwei Jahren vorgesehen ist, dem Kunden jedoch die Möglichkeit eröffnet wird, sich spätestens zum Ablauf des zweiten Jahres durch Kündigung oder auf andere Weise vom Vertrag zu lösen. Unwirksam ist z. B. eine dreijährige Laufzeit in einem Unterrichtsvertrag.[2] Gleiches gilt für ein unbefristetes Dauerschuldverhältnis, wenn die Kündigung nicht zum Ablauf des zweiten Jahres erfolgen kann.[3] Ist die Klausel dagegen auch bei kundenfeindlicher Auslegung (§ 305c II) dahingehend auszulegen, dass zum Ablauf des zweiten Jahres gekündigt werden kann, vermag sie aber infolge ihrer umständlichen Formulierung bei manchen Kunden den Eindruck zu erwecken, der Vertrag könne zum Ablauf des zweiten Jahres noch nicht gekündigt werden, so liegt kein Verstoß gegen § 309 Nr. 9 a, wohl aber ein Verstoß gegen § 307 I 2 vor.[4]

53–59 **c) Wahlrecht.** Die Anwendung von § 309 Nr. 9 a entfällt regelmäßig nicht dadurch, dass dem anderen Vertragsteil durch AGB ein **Wahlrecht** zwischen einer Laufzeit von mehr als zwei Jahren und einer kürzeren Laufzeit eingeräumt wird,[5] denn solche Wahlmöglichkeiten führen grundsätzlich nicht zur Annahme einer Individualvereinbarung.[6] Keine Anwendung findet § 309 Nr. 9 a aber dann, wenn das Vertragsformular die Laufzeit völlig offen lässt und dem Kunden daher „nicht nur rein formal, sondern tatsächlich und unbeeinflusst durch Vorformulierungen die freie Wahl einer ihm richtig erscheinenden Dauer der vertraglichen Verpflichtung" lässt.[7]

---

1 S. § 309 Nr. 9 Rz 96 zum Vorrang des § 26 WEG.

2 OLG Frankfurt NJW-RR 1987, 438, 439 (zu § 11 Nr. 12 AGBG).

3 OLG Frankfurt NJW-RR 1989, 957, 958 (zu § 11 Nr. 12 AGBG).

4 So wohl auch OLG Frankfurt NJW-RR 1989, 957, 958 (zu § 9 AGBG).

5 AG Aachen NJOZ 2005, 5117, 5119; *Palandt/Grüneberg* Rz 84; *Löwe/von Westphalen* § 11 Nr. 12 Rz 11.

6 *M. Wolf* NJW 1977, 1937, 1941. Vgl. auch BGH NJW-RR 1997, 1000, 1000 (zu § 1 AGBG), der mit Blick auf einen Versicherungsvertrag ausführt, dass die „neben dem vorgedruckten Wortlaut ‚10 Jahre' offen gelassene Möglichkeit, im Antragsformular eine andere als diese vorgedruckte Vertragsdauer einzutragen", der Klausel nicht den Charakter als AGB nimmt.

7 BGH NJW 1998, 1066, 1067 (zu § 1 AGBG). Ähnlich BGH NJW 2003, 1313, 1314 (zu § 1 AGBG), demzufolge eine vorformulierte Vertragsbedingung ausgehandelt sein kann, wenn der Verwender sie als „eine von mehreren Alternativen anbietet, zwischen denen der Vertragspartner die Wahl hat" und sofern „Ergänzungen nicht lediglich unselbstständiger Art bleiben (z. B. Anfügen von Namen und Vertragsobjekt), sondern den Gehalt der Regelung mit beeinflussen [...] und die Wahlfreiheit nicht durch Einflussnahme des Verwenders, sei es durch die Gestaltung des Formulars, sei es in anderer Weise, überlagert wird". Auch *Staudinger/Coester-Waltjen* Rz 17 will die Anwendbarkeit des § 309 Nr. 9 bei Vorliegen einer Wahlmöglichkeit wohl nur noch dann verneinen, wenn die Voraussetzungen an das Vorliegen einer Individualvereinbarung gewahrt sind.

3. Stillschweigende Verlängerung um mehr als ein Jahr

a) Allgemeines. Verlängerungsklauseln, die eine Fortsetzung des Vertrages für den Fall vorsehen, dass nicht bis zu einem bestimmten Termin gekündigt wird, sind in AGB grundsätzlich zulässig. § 309 Nr. 9 b zieht der Verwendung entsprechender Klauseln allerdings eine Schranke. Namentlich sieht § 309 Nr. 9 b mit Blick auf die dort erfassten Dauerschuldverhältnisse die Unwirksamkeit solcher Klauseln vor, die eine den anderen Vertragsteil bindende stillschweigende Verlängerung des Vertragsverhältnisses um mehr als ein Jahr anordnen. 60

b) Verlängerung. § 309 Nr. 9 b setzt zunächst voraus, dass die Klausel die Möglichkeit einer Verlängerung des Vertrages vorsieht. Eine Verlängerung in diesem Sinne ist immer dann gegeben, wenn der Zeitpunkt der Fälligkeit der letzten vom Verwender zu erbringenden Leistung nach hinten verschoben oder eine Pflicht zur Erbringung zusätzlicher Leistungen mit späterem Fälligkeitsdatum begründet wird. Dass der Leistungsumfang erhöht wird, ist dagegen weder eine hinreichende noch eine notwendige Voraussetzung für die Annahme einer Vertragsverlängerung. Im Falle einer bloßen Erhöhung des Leistungsumfangs, die nicht mit einer Verlängerung der Laufzeit einhergeht, greift § 309 Nr. 9 b schon nach seinem Wortlaut nicht ein. Zudem wird der Schutz des Verwendungsgegners in dieser Konstellation bereits durch § 308 Nr. 4 in hinreichendem Maße gewährleistet. Umgekehrt lässt sich unschwer begründen, dass eine Erhöhung des Leistungsumfangs keine notwendige Anwendungsvoraussetzung des § 309 Nr. 9 b sein kann: Zwar soll § 309 Nr. 9 den Kunden in erster Linie vor einem unüberschaubaren Leistungsumfang schützen (s. Rz 1). Dies spräche dafür, solche Vertragsverlängerungen vom Anwendungsbereich des § 309 Nr. 9 b auszunehmen, bei denen lediglich der Fälligkeitszeitpunkt verschoben wird, ohne dass der Leistungsumfang anwächst. Indessen würde eine solche Interpretation die Umgehung des § 309 Nr. 9 b ein Leichtes machen. Der Verwender müsste lediglich in einem ersten Schritt mit Hilfe einer entsprechenden Klausel eine Vertragsdauer von bis zu zwei Jahren wählen, um dann in einem zweiten Schritt mithilfe einer entsprechenden Klausel die Daten der Leistungserbringung nach hinten zu verschieben. Dass die Verlängerung nach dem Inhalt des Vertrages automatisch erfolgen soll, ist ebenfalls keine Voraussetzung für die Anwendung des § 309 Nr. 9 b. Vielmehr werden auch solche Klauseln erfasst, die dem Verwender die Möglichkeit einräumen, einseitig über die Verlängerung des Vertrages zu entscheiden.[1] 61

c) Den anderen Vertragsteil bindend. § 309 Nr. 9 b findet nur auf solche Klauseln Anwendung, die eine den anderen Vertragsteil bindende Verlängerung des Vertrages vorsehen. Nicht zu beanstanden sind dagegen solche Klauseln, die lediglich dem Verwendungsgegner die Möglichkeit zur Verlängerung des Vertrages einräumen. Ferner wird man dann keinen Verstoß gegen § 309 Nr. 9 b annehmen können, wenn eine Klausel zwar die Verlängerung des Vertrages vorsieht, dem Kunden jedoch vom Zeitpunkt der Verlängerung an ein Recht zur jederzeitigen Lösung vom Vertrag einräumt. 62

d) Stillschweigend. § 309 Nr. 9 b ist nach seinem Wortlaut nur dann anwendbar, wenn die Klausel eine **stillschweigende** Verlängerung des Vertrages vorsieht. 63

aa) Begriff. Eine stillschweigende Verlängerung im Sinne des § 309 Nr. 9 b ist immer dann gegeben, wenn die Verlängerung eintreten können soll, ohne dass ein Verhalten oder Unterlassen des Verwendungsgegners gegeben ist, welches schon nach allgemeinen Auslegungsgrundsätzen (§§ 133, 157) als Antrag auf Verlänge- 64

[1] *Palandt/Grüneberg* Rz 85.

rung des Vertrages auszulegen ist. § 309 Nr. 9 b erfasst also zum einen diejenigen Fälle, in denen die Abgabe einer auf Verlängerung des Vertrages gerichteten Willenserklärung fingiert oder unwiderleglich vermutet wird. Zum anderen ist § 309 Nr. 9 b auch dann anzuwenden, wenn schon im Zeitpunkt des Vertragsschlusses die Verlängerung des Vertrages – oder ein Recht des Verwenders auf einseitige Verlängerung des Vertrages[1] – für den Fall der Nichtabgabe einer Kündigungserklärung vereinbart wird. Dass die Klausel lediglich den Verlängerungsantrag des Verwendungsgegners fingiert, die Verlängerung also noch eine Annahmeerklärung des Verwenders voraussetzt, steht der Anwendung des § 309 Nr. 9 b nicht entgegen.

65 **bb) Keine Anwendung im Falle konkludenter Erklärungen.** Macht die Klausel die Vertragsverlängerung von einem Verhalten des Kunden abhängig, welches schon nach allgemeinen Grundsätzen als konkludenter Antrag auf Abschluss eines entsprechenden Verlängerungsvertrages zu werten ist, dann scheidet die Anwendung des § 309 Nr. 9 b aus (vgl. allerdings Rz 66–69). Die Richtigkeit dieses Ansatzes lässt sich wie folgt begründen: Wenn die Klausel lediglich vorsieht, dass ein bestimmtes Verhalten des Kunden im Sinne eines Verlängerungsantrages zu verstehen ist und wenn diese Deutung auch nach dispositivem Recht zutrifft, so hat die Klausel ohnehin bloß deklaratorische Bedeutung. Aber auch wenn die Klausel insofern über das dispositive Recht hinausgeht, als sie eine antizipierte Annahmeerklärung des Verwenders enthält, kann § 309 Nr. 9 b keine Anwendung finden. Denn der Kunde hat kein schutzwürdiges Interesse daran, vor antizipierten Annahmeerklärungen des Verwenders geschützt zu werden.

66–69 **cc) Analoge Anwendung.** In der Praxis sind Klauseln denkbar, die keine automatische Verlängerung des Vertrages vorsehen, im Falle eines ausdrücklichen oder konkludenten Antrages des Kunden auf Verlängerung jedoch die Dauer der Vertragsverlängerung regeln. Auch auf solche Klauseln muss § 309 Nr. 9 b Anwendung finden.[2] Denn nach dem Zweck des § 309 Nr. 9 b, den anderen Vertragsteil vor überlanger Bindung zu bewahren, ist der Verwendungsgegner auch in dieser Konstellation zu schützen.

4. Kündigungsfrist von mehr als drei Monaten (§ 309 Nr. 9 c)

70 § 309 Nr. 9 c verbietet Klauseln, die eine Kündigungsfrist von mehr als drei Monaten vor Beendigung der erstmaligen oder einer stillschweigend verlängerten Laufzeit vorsehen. Diese Vorschrift zielt nicht etwa allgemein auf die Verhinderung unangemessen langer Kündigungsfristen ab. Wäre dies der Gesetzeszweck, so hätte der Gesetzgeber die Worte „vor Ablauf der zunächst vorgesehenen oder stillschweigend verlängerten Vertragsdauer" auch weglassen können. Vielmehr ist § 309 Nr. 9 c im Zusammenhang mit § 309 Nr. 9 b zu lesen. § 309 Nr. 9 c soll den Verwendungsgegner davor schützen, eine bis an die Grenze des § 309 Nr. 9 b heranreichende Ausweitung des Leistungsumfangs hinnehmen zu müssen, nur weil er eine unangemessen lange Kündigungsfrist möglicherweise nur knapp verpasst hat (s. noch Rz 75).

71 **a) Kündigung.** Als Kündigung im Sinne des § 309 Nr. 9 c ist nur die ordentliche Kündigung anzusehen. Der Kündigung gleichzustellen ist allerdings der Fall,

[1] Wie hier z. B. *Staudinger/Coester-Waltjen* Rz 19. Vgl. auch BGH NJW 2000, 1110, 1112 (zu § 9 AGBG). In dieser Entscheidung, die den unternehmerischen Verkehr betrifft, geht der BGH bei der Beurteilung der Angemessenheit einer Verlängerungsoptionsklausel von der Vertragsdauer aus, die sich bei wirksamer Ausübung der Option ergeben würde.

[2] Vgl. in diesem Zusammenhang auch *Leonardy* DRiZ 1976, 108, 111.

dass die Klausel einen Widerspruch des Kunden gegen die Vertragsverlängerung fordert.[1]

aa) Als Voraussetzung der Vertragsbeendigung. § 309 Nr. 9 c gilt nur für den Fall, dass der Vertrag sich ohne die Kündigung automatisch verlängert oder vom Verwender einseitig (= ohne freiwillige Mitwirkung des Verwendungsgegners) verlängert werden kann. Erfordert die Vertragsverlängerung eine **positive Erklärung** des Kunden und endet der Vertrag ohne eine solche Erklärung, so ist § 309 Nr. 9 c nicht anzuwenden. 72

bb) Des anderen Vertragsteils. § 309 Nr. 9 c betrifft auch nur den Fall einer Kündigung des anderen Vertragsteils. Für eine Kündigung des Verwenders kann eine längere Kündigungsfrist vereinbart werden. 73

cc) Kündigung vor Ablauf der erstmaligen oder einer verlängerten Laufzeit. Nach seinem Wortlaut findet § 309 Nr. 9 c nur auf solche Klauseln Anwendung, die eine Kündigungsfrist vor Ablauf der zunächst vorgesehenen oder einer stillschweigend verlängerten Laufzeit vorschreiben. Bei der zunächst vorgesehenen Laufzeit im Sinne des § 309 Nr. 9 c kann es sich um eine individual-vertraglich oder um eine AGB-mäßig vereinbarte Laufzeit handeln.[2] Demgegenüber kann § 309 Nr. 9 c angesichts seines Wortlauts („vor Ablauf ... der stillschweigend verlängerten Vertragsdauer") keine unmittelbare Anwendung auf den Fall finden, dass es um die Kündigung vor Ablauf einer ausdrücklich vereinbarten Vertragsverlängerung geht. Doch ist in diesem Falle eine analoge Anwendung des § 309 Nr. 9 c geboten. Denn der Verwendungsgegner ist in diesem Falle nicht weniger schutzwürdig als bei der Kündigungsfrist vor Ablauf der Erstlaufzeit. 74

dd) Unbefristete Verträge. Keine, auch keine analoge Anwendung findet § 309 Nr. 9 c auf Verträge, die jederzeit unter Einhaltung einer bestimmten Kündigungsfrist ordentlich gekündigt werden können.[3] Auch kann § 309 Nr. 9 c insofern keine Indizwirkung im Rahmen der Angemessenheitskontrolle eingeräumt werden.[4] Denn die strenge Dreimonatsfrist des § 309 Nr. 9 c ist allein durch die Erwägung gerechtfertigt, dass der Verwendungsgegner davor geschützt werden muss, eine bis an die Grenze des § 309 Nr. 9 b heranreichende Ausweitung des Leistungsumfangs hinzunehmen, obwohl er die Kündigungsfrist möglicherweise nur knapp verpasst hat. Ein entsprechendes Risiko besteht jedoch bei unbefristeten Verträgen nicht. Denn insofern führt die Versäumung der Kündigungsfrist zwar zu einer Ausweitung des Leistungsumfangs, doch bleibt der Verwendungsgegner dadurch geschützt, dass sich der Leistungsumfang nur nach Maßgabe des Versäumnisses erhöht. Ist z. B. die Möglichkeit vorgesehen, den Vertrag jederzeit unter Einhaltung einer dreimonatigen Frist zu kündigen, und erklärt der Verwendungsgegner die Kündigung eine Woche später als beabsichtigt, so ist er maximal eine Woche länger gebunden als von ihm gewollt. Mangels Vergleichbarkeit der Interessenlage kommt eine analoge Heranziehung des § 309 Nr. 9 c daher nicht in Betracht. Anders liegen die Dinge allerdings dann, wenn die Klausel eine bestimmte Kündigungsfrist mit bestimmten **Kündigungsterminen** kombiniert, also z. B. vorgibt, dass der Vertrag immer nur unter Einhaltung einer dreimonatigen Kündigungsfrist zum Ende des Quartals gekündigt werden kann.[5] Denn in diesem Falle besteht genau das von 75

---

1 *Palandt/Grüneberg* Rz 86.

2 *Staudinger/Coester-Waltjen* Rz 19.

3 *Bamberger/Becker* § 309 Nr. 9 Rz 24. A. A. aber *Staudinger/Coester-Waltjen* Rz 21.

4 Ausdrücklich a.A. *Bamberger/Becker* Rz 24.

5 Die Anwendbarkeit des § 11 Nr. 12 c AGBG (§ 309 Nr. 9 c) bejahend auch AG Hamburg NJW-RR 1998, 1593, 1594.

§ 309 Nr. 9 c ins Auge gefasste Risiko, dass sich der Vertrag bei Versäumung der Kündigung um einen Zeitraum verlängert, welcher über den Umfang des Versäumnisses hinausgeht.

76 **b) Frist von mehr als drei Monaten.** Unzulässig ist eine Kündigungsfrist von mehr als drei Monaten vor Beendigung der erstmaligen oder einer stillschweigend verlängerten Laufzeit. Keine Schwierigkeiten bereitet diese Vorgabe dann, wenn die Klausel, ohne bestimmte Kündigungstermine vorzugeben, lediglich bestimmt, dass die Kündigungsfrist drei Monate beträgt. Eine solche Klausel ist zulässig. Komplizierter liegen die Dinge, wenn die Klausel konkretere Vorgaben macht. Denn man wird bei der Frage, ob der Kunde rechtzeitig gekündigt hat, § 573c I analog anwenden müssen.[1] Es reicht also aus, wenn der Verwendungsgegner die Kündigung am dritten Werktag zu Beginn des auf die Kündigungsfrist entfallenden Zeitraums erklärt, also beispielsweise am dritten Werktag im Oktober, wenn die Erstlaufzeit am 31. 12. endet und die AGB eine dreimonatige Kündigungsfrist vorsehen. Richtigerweise wird man die Heranziehung des Rechtsgedankens des § 573c I auch nicht auf den Fall beschränken können, dass die Vertragslaufzeit zum Ende eines Kalendermonats endet.[2] Endet der Vertrag also beispielsweise mit Ablauf des 15. 1., so reicht es aus, dass der Verwendungsgegner die Kündigung am dritten Werktag ab dem 16. 10. erklärt, wobei der 16. 10., sofern er ein Werktag ist, mitzählt. Die analoge Anwendbarkeit des § 573c I ist mittelbar auch für die Klauselkontrolle von Bedeutung. Denn eine Klausel, die das Tatbestandsmerkmal der dreimonatigen Kündigungsfrist durch Nennung eines bestimmten Datums präzisiert, muss bei der Berechnung dieses Datums auf die analoge Anwendbarkeit des § 573c I Rücksicht nehmen. Läuft der Vertrag z. B. für ein Kalenderjahr, so verstößt eine Klausel gegen § 309 Nr. 9 c, der zufolge die Kündigung bis zum 30. 9. erklärt werden muss,[3] denn nach dem Gesetz reicht es aus, dass die Kündigung am dritten Werktag im Oktober erklärt wird. Demgegenüber ist es trotz der damit für den Verbraucher verbundenen Irreführungsgefahr unschädlich, wenn die AGB von einer Dreimonatsfrist sprechen, ohne auf § 573c I Bezug zu nehmen, denn es darf dem Verwender nicht zum Nachteil gereichen, dass er sich an die Terminologie des Gesetzes hält.

77 **c) Kündigungstermine.** Denkbar ist eine Klausel, die eine dreimonatige Kündigungsfrist mit der Vorgabe von Kündigungsterminen verbindet, also beispielsweise bestimmt, dass der Vertrag jeweils mit dreimonatiger Frist zum Ende des Quartals gekündigt werden kann. In diesen Fällen muss die Bemessung der Kündigungsfrist den Anforderungen des § 309 Nr. 9 c genügen (s. Rz 75).[4] Allerdings liegt kein Verstoß gegen § 309 Nr. 9 c vor, wenn die Klausel den oder die Kündigungstermine so festlegt, dass es ausreicht, wenn der Verwendungsgegner die Kündigung spätestens am dritten Werktag des Dreimonatszeitraums vor Ablauf der Vertragslaufzeit erklärt. Denn das von § 309 Nr. 9 c ins Auge gefasste Risiko, dass der Verwender die Kündigung versäumt, weil er die Kündigung nicht schon zu einem unangemessen frühen Zeitpunkt erklärt, besteht in diesem Falle nicht. Insbesondere ist es nicht gerechtfertigt, einen Verstoß gegen § 309 Nr. 9 c immer schon dann zu bejahen, wenn die AGB zwar eine Dreimonatsfrist vorsehen, die Kündigung aber nur zu vier oder weniger Terminen im Jahr zulassen.[5] Der letztgenannte Stand-

---

1 Ebenso *Staudinger/Coester-Waltjen* Rz 21.

2 Unklar insofern *Staudinger/Coester-Waltjen* Rz 21.

3 Unklar insofern *Ulmer/Christensen* Rz 16 ff.

4 So wohl auch *Ulmer/Christensen* Rz 16.

5 So aber AG Hamburg NJW-RR 1998, 1593, 1594 (zu § 11 Nr. 12 AGBG); *Palandt/Grüneberg* Rz 86. Vgl. auch MünchKomm/*Basedow* Rz 19: Gegen § 309 Nr. 9 verstoße auch „die Verbindung einer dreimonatigen Kündigungsfrist mit der Vorgabe einiger weniger Kündigungstermine".

punkt wird mit der Erwägung gerechtfertigt, dass der Kunde „bei eingetretener Kündigungslage nicht wesentlich länger als noch drei Monate an den Vertrag gebunden sein" soll.[1] Doch verkennt diese Argumentation die oben (s. Rz 70) dargelegte Zielsetzung des § 309 Nr. 9 c.

d) Teleologische Reduktion. Wie oben dargelegt, soll § 309 Nr. 9 c verhindern, dass sich der Leistungsumfang in einem vom Verwender vorgegebenen Maße erhöht, nur weil der Verwendungsgegner die Kündigung nicht mehr als drei Monate vor Ablauf der Vertragslaufzeit erklärt. Diese Voraussetzung ist dann nicht erfüllt, wenn der Vertrag dem Verwendungsgegner das Recht gibt, den Vertrag, gegebenenfalls unter Einhaltung der Kündigungsfrist, zu einem beliebigen Zeitpunkt nach Ablauf der Vertragslaufzeit mit sofortiger Wirkung zu kündigen, was z. B. dann der Fall ist, wenn die AGB bestimmen, dass der zunächst auf eine bestimmte Mindestdauer angelegte Vertrag bei nicht rechtzeitiger Kündigung zum Vertragsende als unbefristeter Vertrag fortgilt. Auf diesen Fall sollte § 309 Nr. 9 c nicht angewandt werden, was methodisch im Wege einer teleologischen Reduktion zu begründen ist. **78**

5. Beweislast

Für die Darlegung und den Nachweis der Unwirksamkeit gelten die allgemeinen Grundsätze.[2] Diese finden grundsätzlich auch dann Anwendung, wenn die Unwirksamkeit aus § 307 oder aus § 138 hergeleitet wird. Siehe aber Rz 112–113. **79**

III. Unwirksamkeitsfolgen

Im Falle der Unwirksamkeit gelten gemäß § 306 II die gesetzlichen Vorschriften. Eine geltungserhaltende Reduktion auf einen gerade noch zulässigen Inhalt kommt also nicht in Betracht.[3] Zwar gehören zu den gesetzlichen Vorschriften im Sinne des § 306 II auch die Grundsätze zur ergänzenden Vertragsauslegung (s. noch Rz 180 ff). Eine ergänzende Vertragsauslegung ist jedoch nur dann möglich, wenn „dispositives Gesetzesrecht zur Füllung der Lücke nicht zur Verfügung steht und die ersatzlose Streichung der unwirksamen Klausel keine angemessene, den typischen Interessen des Verwenders und seines Vertragspartners Rechnung tragende Lösung bietet".[4] So kommt im Falle eines Werkvertrages, wenn die Erstlaufzeit gegen § 309 Nr. 9 a verstößt, grundsätzlich auch § 649 zur Anwendung, der in Ermangelung besonderer Anhaltspunkte nicht im Wege der ergänzenden Vertragsauslegung ausgehebelt werden darf.[5] Demgegenüber gilt bei Kaufverträgen, deren Laufzeitklauseln gegen § 309 Nr. 9 a verstoßen, dass es mangels gesetzlicher Vorschriften zur Laufzeit regelmäßig einer ergänzenden Vertragsauslegung be- **80–89**

---

1 AG Hamburg NJW-RR 1998, 1593, 1594 (zu § 11 Nr. 12 AGBG).

2 Vor §§ 308, 309 Rz 21.

3 BGH NJW 1982, 2309, 2310 (zu § 11 Nr. 12 a AGBG); OLG Köln unter II.4.c. (zu § 11 Nr. 12 a AGBG); AG Aachen NJOZ 2005, 5117, 5119 (zu § 309 Nr. 9 a); AG Aachen, Urt. v. 23. 6. 2005, Az: 84 C 2/05, unter A.III., BeckRS 2005, 10690 (zu § 309 Nr. 9 a). Gleiches gilt dann, wenn eine Laufzeitklausel, die nicht an § 309 Nr. 9 zu messen ist, wegen Verstoßes gegen § 307 unwirksam ist. S. BGH NJW 2000, 1110, 1113 (zu § 9 AGBG).

4 BGH NJW 2000, 1110, 1114 (zu § 6, 9 AGBG, Laufzeitverlängerung bei Tankstellenalleinbezugsverpflichtung).

5 BGH NJW 1982, 2309, 2310 (zu § 11 Nr. 12 AGBG); *Staudinger/Coester-Waltjen* Rz 23. Im Schrifttum wird dagegen bei Werkverträgen zum Teil ein Rekurs auf die ergänzende Vertragsauslegung befürwortet. S. z. B. *Palandt/Grüneberg* Rz 88.

darf.[1] Die ergänzende Vertragsauslegung hat sich freilich nicht am gerade noch Zulässigen, sondern an den Interessen beider Parteien auszurichten.[2]

IV. Verhältnis zu anderen Vorschriften

1. Verhältnis zu § 138

90 § 138 ist uneingeschränkt neben § 309 Nr. 9 anwendbar. Die Tatsache, dass eine Klausel mit § 309 Nr. 9 vereinbar ist, indiziert nicht, dass sie den Anforderungen des § 138 entspricht (vgl. aber Rz 108, 141). Zur Sittenwidrigkeit der Erstbindungsdauer von Verträgen siehe Rz 101. Zur Sittenwidrigkeit von Verlängerungsklauseln siehe Rz 132.

2. Verhältnis zu § 307

91 § 307 ist uneingeschränkt neben § 309 Nr. 9 anwendbar. Auch entfaltet § 309 Nr. 9 entgegen der Rechtsprechung keine Indizwirkung in die eine oder andere Richtung (s. Rz 108, 141, 150). Zur Anwendung des § 307 im Einzelnen siehe die Ausführungen zu Laufzeitklauseln (Rz 100 ff), Verlängerungsklauseln (Rz 130 ff), Kündigungsfristen (Rz 150) und Kündigungsausschlussklauseln (Rz 151 ff).

3. Verhältnis zu § 308 Nr. 5

92–94 § 308 Nr. 5 regelt die Wirksamkeit von Erklärungsfiktionen in AGB und macht diese von der Einhaltung der in § 308 Nr. 5a (angemessene Erklärungsfrist) und § 308 Nr. 5 b (Hinweispflicht des Verwenders) genannten Voraussetzungen abhängig. Zu einer Überschneidung mit § 309 Nr. 9 kann es in den von § 309 Nr. 9 c erfassten Fällen, also mit Blick auf Vertragsverlängerungsklauseln, kommen. Insofern ist zu differenzieren. Soweit die Verlängerung bereits bei Abschluss des Vertrags für den Fall vereinbart ist, dass nicht gekündigt wird, wird die Verlängerungserklärung des anderen Vertragsteils nicht fingiert. § 308 Nr. 5 findet deshalb auf diesen Fall keine Anwendung.[3] Anderes gilt jedoch für § 309 Nr. 9 b, der Klauseln dieser Art ohne weiteres erfasst (s. Rz 64). Denkbar ist auch, dass die Klausel so ausgestaltet ist, dass die Verlängerungserklärung erst nach Vertragsschluss, z. B. bei Unterlassen der Kündigungserklärung, als abgegeben gelten soll. In diesem Falle ist § 308 Nr. 5 zu beachten.[4] Daneben findet aber auch § 309 Nr. 9 b Anwendung, so dass die Klausel im Ergebnis an beiden Vorschriften zu messen ist.

4. Verhältnis zu § 622 VI

95 Bei Arbeitsverträgen ist insbesondere § 622 VI zu beachten. Dieser findet neben § 309 Nr. 9 Anwendung.

---

1 Zutreffend *Palandt/Grüneberg* Rz 88. A. A., nämlich für eine richterliche Rechtsfortbildung, *Staudinger/Coester-Waltjen* Rz 23.

2 Zutreffend *Ulmer/Christensen* Rz 19.

3 BGHZ 100, 373, 380 = NJW 1987, 2012, 2014 (zu § 10 Nr. 5 AGBG); *Staudinger/Coester-Waltjen* Rz 20.

4 So wohl auch AG Kassel NJW-RR 1989, 1525, 1525 (zu § 10 Nr. 5 AGBG).

5. Verhältnis zu § 26 WEG

§ 26 WEG regelt die Bestellung und Abberufung des Verwalters. Ist die Laufzeit des Verwaltervertrags in einem Formularvertrag geregelt, so findet zwar § 307 Anwendung.[1] Doch kann wegen der vorrangigen Spezialregelung des § 26 I WEG nicht auf § 309 Nr. 9 zurückgegriffen werden.[2] **96**

6. Verhältnis zu § 8 II 1 HeimG

Ein Heimvertrag kann gemäß § 8 II 1 des Heimgesetzes (HeimG)[3] durch den Bewohner des Heims spätestens am dritten Werktag eines Kalendermonats für den Ablauf desselben Monats schriftlich gekündigt werden. Eine davon abweichende Vereinbarung ist gemäß § 9 HeimG unwirksam. Sie ist zudem unangemessen im Sinne des § 307, denn eine Klausel, die gegen zwingendes Recht verstößt, ist geeignet, den Verwendungsgegner über die wahre Rechtslage zu täuschen, so dass ein Verstoß gegen das Transparenzprinzip (§ 307 I 2) gegeben ist.[4] Für die Anwendung des § 309 Nr. 9 besteht vor diesem Hintergrund an sich kein praktisches Bedürfnis. Gleichwohl ist § 309 Nr. 9 anwendbar. Insbesondere steht der Vertragsgegenstand einer Anwendung des § 309 Nr. 9 nicht entgegen, denn der Heimvertrag zeichnet sich dadurch aus, dass er nicht nur auf die Überlassung von Wohnraum, sondern auch und vor allem auf die Betreuung und Pflege der Bewohner gerichtet ist (s. § 1 I HeimG). S. auch Rz 15. **97**

7. Verhältnis zu § 5 FernUSG

§ 5 des Gesetzes zum Schutz der Teilnehmer am Fernunterricht (FernUSG) räumt dem Teilnehmer weitgehende Kündigungsrechte ein. So kann der Teilnehmer den Vertrag gemäß § 5 FernUSG erstmals zum Ablauf des ersten Halbjahres nach Vertragsschluss mit einer Frist von sechs Wochen kündigen. Nach Ablauf des ersten Halbjahres kann der Teilnehmer jederzeit mit einer Frist von drei Monaten kündigen. Zudem lässt § 5 FernUSG das Recht zur außerordentlichen Kündigung ausdrücklich unberührt. Abweichungen von § 5 FernUSG zulasten des Teilnehmers werden durch § 10 FernUSG ausgeschlossen. Die §§ 5, 10 FernUSG sind neben § 309 Nr. 9 anwendbar. Zudem ist eine Klausel, die gegen den strengeren Maßstab des § 5 FernUSG verstößt, auch unangemessen im Sinne des § 307. **98, 99**

V. Einzelne Klauseltypen

1. Klauseln zur Erstbindungsdauer

a) Spezialvorschriften. In einigen Gesetzen sind spezielle Vorschriften hinsichtlich der zulässigen Dauer von Verträgen vorgesehen, so z. B. in § 5 I FernUSG. Diese Vorschriften werden durch § 309 Nr. 9 nicht verdrängt, da 309 Nr. 9 einen stärkeren Schutz durch andere Vorschriften nicht aufheben will. Doch findet § 309 Nr. 9 zusätzlich Anwendung. **100**

---

[1] BGH NJW 2002, 3240, 3246 (zu § 11 Nr. 12 AGBG).

[2] BGH NJW 2002, 3240, 3245 (zu § 11 Nr. 12 AGBG); *Staudinger/Coester-Waltjen* Rz 8.

[3] Heimgesetz v. 7. 8. 1974 i.d.F. der Bek. v. 5. 11. 2001, BGBl I, 2970.

[4] Dazu, dass eine Klausel, die die Rechtslage unzutreffend darstellt, unwirksam ist, siehe nur BGH NJW 2001, 292, 296 (zu § 9 AGBG).

101 **b) Sittenwidrigkeit (§ 138).** Ein Vertrag kann wegen langfristiger Bindung auch nach § 138 sittenwidrig sein. Dies trifft zu, wenn durch eine lang andauernde Bindung ohne zumutbare Lösungsmöglichkeit eine übermäßige Beschränkung der persönlichen oder wirtschaftlichen Freiheit eines Beteiligten eintritt. Zu berücksichtigen sind die Gesamtumstände des Einzelfalles, insbesondere auch der Wert einer für die Bindung gewährten Gegenleistung.[1] Die zweijährige Frist in § 309 Nr. 9 a bietet grundsätzlich keinen geeigneten Anhaltspunkt für die Sittenwidrigkeitsbeurteilung. Ein Dauer-Werkvertrag mit 7-jähriger Laufzeit über einen Haarteil-Service ist nicht ohne weiteres sittenwidrig.[2] Zu Bierlieferungsverträgen siehe Anh. § 310 Rz B 328, 333.

102 **d) Klauselverbot des § 309 Nr. 9 a.** Ferner kann § 309 Nr. 9 a Anwendung finden. Siehe Rz 38 ff.

103 **e) Unangemessenheit (§ 307).** Eine Klausel, die die Erstbindungsdauer regelt, kann auch gegen § 307 verstoßen. § 307 ist in vollem Umfang neben § 309 Nr. 9 a anwendbar. An § 307 sind also nicht nur solche Klauseln zu messen, die vom Anwendungsbereich des § 309 Nr. 9 ausgenommen sind.[3] Vielmehr sind auch solche Klauseln auf ihre Angemessenheit hin zu überprüfen, die in den Anwendungsbereich des § 309 Nr. 9 fallen, aber den Anforderungen dieser Vorschrift genügen.[4]

104 **bb) Transparenz (§ 307 I 2).** Die Unwirksamkeit nach § 307 kann sich dabei zunächst aus einem Verstoß gegen das Transparenzgebot[5] ergeben, wenn die Laufzeit des Vertrags nicht überschaubar ist.[6] Hervorzuheben ist aber, dass eine Laufzeitklausel nicht schon deshalb gegen das Transparenzgebot verstößt, weil sie nicht hervorhebt, dass das Recht zur außerordentlichen Kündigung unberührt bleibt, denn dies ist der Klausel grundsätzlich auch im Wege der Auslegung unschwer zu entnehmen.[7] Anders liegen die Dinge mit Blick auf das Kündigungsrecht nach § 627, wenn dieses nach dispositivem Recht gegeben ist. Soll die Laufzeitklausel einen Verstoß gegen das Transparenzgebot vermeiden, so ist regelmäßig ein Hinweis erforderlich, dass das Kündigungsrecht nach § 627 unberührt bleibt.[8]

105 **cc) Überlange Bindung.** Die Unangemessenheit kann sich ferner daraus ergeben, dass die Klausel eine zu lange Bindungsdauer vorsieht, die wirtschaftliche Bewegungsfreiheit des Verwendungsgegners also in unangemessenem Maße beschränkt. Erforderlich ist in diesem Zusammenhang eine „Interessenabwägung, bei der die typischen Belange der beteiligten Kreise zu würdigen sind und zu prüfen ist, ob die Vertragsdauer vor dem Hintergrund dieser Interessenlage im Allgemeinen eine billige und gerechte Regelung darstellt oder ob sie das Gleichgewicht der Rechte und Pflichten zum Nachteil des Vertragspartners des Verwenders erheblich stört".[9]

---

1 BGH NJW 1983, 159; BGH NJW 1985, 2693, 2695; BGH NJW-RR 1986, 982, 983.

2 BGH NJW-RR 1986, 982, 983.

3 BVerfG NJW 1986, 243, 243 (zu § 9 AGBG).

4 BGH NJW 1993, 326, 328 (zu § 9 AGBG); BGHZ 90, 280, 283 f (zu § 9 AGBG); BGH NJW 1985, 2585, 2586 (zu § 9 AGBG); OLG Karlsruhe NJW 1981, 1676 (zu § 9 AGBG); OLG Frankfurt NJW 1981, 2760 (zu § 9 AGBG); OLG Köln NJW 1983, 1002, 1003 (zu § 9 AGBG).

5 S. § 307 Rz 235 ff.

6 OLG Stuttgart NJW-RR 1992, 887, 888 (zu § 9 AGBG).

7 BGH NJW 1993, 1133, 1135 (zu § 9 AGBG). So tendenziell auch BGH NJW 1999, 276, 277 (zu § 9 AGBG): Vieles spreche dafür, dass die Möglichkeit der außerordentlichen Kündigung nicht ausdrücklich vorbehalten werden müsse.

8 BGH NJW 1999, 276, 278 (zu § 9 AGBG).

9 BGH NJW 1997, 3022, 3023 (zu § 9 AGBG). Ähnlich BGH NJW 2003, 1313, 1315 (zu § 9 AGBG); OLG Frankfurt a.M. NJW-RR 2005, 1070, 1071.

α) **Wertungen des § 309 Nr. 9 a.** Problematisch ist, inwiefern im Rahmen des § 307 auf die Wertungen des § 309 Nr. 9 a zurückgegriffen werden kann. Dabei stellt sich zunächst die Frage, unter welchen Voraussetzungen eine Laufzeitklausel, die den Vorgaben des § 309 Nr. 9 a genügt, gleichwohl als unangemessen im Sinne des § 307 eingestuft werden kann. Der BGH vertritt insofern eine restriktive Position. Namentlich hat er mit Blick auf die Vorgängerregelung (§ 11 Nr. 12 a AGBG) ausgeführt, dieser Vorschrift sei „zu entnehmen, dass jedenfalls bei den vom Gesetzgeber erkannten Regelfällen lang andauernder Warenlieferungen eine zweijährige Höchstlaufzeit nicht unzulässig" sei.[1] Dies hat den BGH bewogen, einen Verstoß gegen § 307 zu verneinen, falls „besondere sich aus der Natur des Vertragsverhältnisses ergebende Gesichtspunkte [fehlen], die für die Angemessenheit einer nur kürzeren Laufzeit sprechen".[2] Dem kann jedoch in dieser Allgemeinheit nicht zugestimmt werden. Denn bei der Formulierung des § 309 Nr. 9 hatte der Gesetzgeber zu bedenken, dass die Klauselverbote des § 309 keine Wertungsmöglichkeit eröffnen. Die Beschränkung des § 309 Nr. 9 auf Klauseln, die eine mehr als zweijährige Bindungsdauer vorsehen, besagt daher nur, dass bei anderen Klauseln eine Interessenabwägung vorzunehmen ist, kann aber nicht dahingehend verstanden werden, dass Klauseln, die eine kürzere Erstlaufzeit vorsehen, im Regelfall zulässig seien.[3] Vielmehr bedarf es insofern einer eigenständigen Interessenabwägung.[4] Umgekehrt lässt sich dann, wenn eine Klausel nicht in den Anwendungsbereich des § 309 Nr. 9 a fällt, aus dieser Vorschrift nicht ohne weiteres ableiten, dass eine Erstbindungsdauer von mehr als zwei Jahren grundsätzlich unangemessen sei.[5] Vielmehr bedarf es auch insofern einer eigenständigen Prüfung der Angemessenheit im Rahmen des § 307. **106–108**

β) **Allgemeines zur Interessenabwägung.** Bei der im Rahmen des § 307 erforderlichen Interessenabwägung sind eine ganze Reihe von Faktoren zu berücksichtigen. **109**

αα) **Art des Vertrages.** Beachtlich ist zunächst die Art des Vertrages. So spielt es z. B. bei Unterrichtsverträgen eine Rolle, ob ein langfristiges schulisches oder berufliches Ausbildungsziel angestrebt wird oder ob Gegenstand des Vertrages eine Freizeitbetätigung ohne langfristiges Ausbildungsziel ist.[6] Werden persönliche Fertigkeiten oder Fähigkeiten einer Vertragspartei vorausgesetzt, so muss regelmäßig eine **Probezeit** vorgesehen werden, welche dem Verwendungsgegner die Beantwortung der Frage erlaubt, ob er die relevanten Fähigkeiten überhaupt mitbringt. Bei einem Internatsschulvertrag muss dem Schüler deshalb innerhalb einer Probezeit die Möglichkeit zur ordentlichen Kündigung eingeräumt werden; eine Klausel, die im ersten Vertragsjahr eine Kündigung nur zum Schuljahresende und nicht zum **110**

---

[1] BGH NJW 1987, 2012, 2013 (zu § 11 Nr. 12 a AGBG).

[2] BGH NJW 1987, 2012, 2013 (zu § 11 Nr. 12 a AGBG). Vgl. auch *Palandt/Grüneberg* Rz 87: Klauseln, die in den Anwendungsbereich des § 309 Nr. 9 fallen, können nur aus besonderen, von Nr. 9 nicht erfassten Gründen unwirksam sein.

[3] Vgl. auch BGH NJW 1993, 326, 328 (zu § 9 AGBG): „[D]er Gesetzgeber [wollte] in § 11 Nr. 12a AGB-Gesetz nur Höchstfristen festlegen [...], deren Überschreitung die Klausel stets unwirksam macht." Freilich weist der BGH in dieser Entscheidung auch darauf hin, dass die Zielsetzung des historischen Gesetzgebers den von ihm konkret zu beurteilenden Fall nicht erfasst. S. BGH, a.a.O.

[4] Wie hier wohl *Staudinger/Coester-Waltjen* Rz 18.

[5] OLG Frankfurt NJW-RR 2001, 1350, 1351 (zu § 9 AGBG): „Langfristig bindende Verträge, die [...] außerhalb des Bereichs des § 11 Nr. 12 AGBG [= § 309 Nr. 9] anzusiedeln sind, sind nicht grundsätzlich unangemessen i.S. des § 9 AGBG. Es ist vielmehr stets zwischen den Interessen des Klauselverwenders und denjenigen des Vertragspartners abzuwägen." Vgl. auch BGH NJW-RR 1986, 982, 983: Bei der Beurteilung eines siebenjährigen Haarteil-Service-Vertrags kann die Wertung des § 11 Nr. 12 a (§ 309 Nr. 9 a) nicht herangezogen werden, um die Unwirksamkeit nach § 138 zu begründen.

[6] LG Hamburg NJW-RR 1988, 317, 318 (zu § 9 AGBG).

Schulhalbjahr zulässt, ist deshalb unwirksam.[1] Beim Unterrichtsvertrag über eine Heilpraktikerausbildung ist die Möglichkeit zur Teilnahme am Probeunterricht als Gasthörer ausreichend, wenn dies nach Art und Intensität einer angemessenen Probezeit gleichkommt.[2] Gleiches muss für einen Vertrag über den Besuch eines juristischen Repetitoriums gelten. Eine Kündigungsmöglichkeit während einer Probezeit muss auch bei einer Clubmitgliedschaft für Wochenendaktivitäten vorgesehen werden,[3] ebenso bei der Nutzung eines Fitness-Centers wegen der Abhängigkeit von der Eignung und der körperlichen Konstitution.[4] Soll die Kündigung eines Fitnessvertrages aber erst zum Ende der Probezeit möglich sein oder kann die Klausel in diesem Sinne missverstanden werden, so ist eine Probezeit von 9 Monaten zu lang,[5] und Gleiches muss in diesem Falle für eine sechsmonatige Probezeit gelten.[6]

111 ββ) **Belastung des anderen Teils.** Ferner gilt es, das Ausmaß der Belastung des Verwendungsgegners durch die längerfristige Bindung in Betracht zu ziehen. Dabei geht es zum einen um die finanzielle Belastung des Verwendungsgegners. Namentlich gilt es zu berücksichtigen, wie erheblich die Gegenleistungen sind, die der bindende Teil nach dem Vertrag zu erbringen hat.[7] Je umfangreicher die vom Verwendungsgegner zu erbringenden Gegenleistungen sind, desto belastender ist eine langfristige Bindungsdauer, was gegen die Zulässigkeit der Klausel ins Feld geführt werden kann. Zu berücksichtigen sind aber nicht nur finanzielle Lasten. Vielmehr kommt es auch darauf an, in welchem Umfang der Kunde durch die Entgegennahme der Leistung zeitlich in Anspruch genommen wird. Auch kann eine längerfristige Bindung unzulässig sein, wenn sie den Verwendungsgegner in seiner Berufswahl faktisch wesentlich behindert.[8] Zu berücksichtigen ist zudem, ob die Vertragsleistung Einfluss auf die Gesundheit haben kann, wie z. B. bei Kursen für Sport- und Körperertüchtigung. Ferner gilt es zu beachten, wie schnell die Leistung des Verwenders insbesondere infolge technischen Fortschritts für den Verwendungsgegner an Interesse zu verlieren droht.[9]

112, 113 γγ) **Interessen des Verwenders.** Zu berücksichtigen sind aber auch die organisatorischen und finanziellen Bedürfnisse des Verwenders.[10] Hohe Entwicklungs- oder Vorhaltekosten, die sich nur bei längerer Vertragsdauer amortisieren, rechtfertigen regelmäßig eine längerfristige Bindung des anderen Teils an den Vertrag.[11] Zu beachten ist freilich, dass es dabei nicht auf die Verhältnisse im Betrieb des Verwenders ankommt, sondern darauf, ob sich entsprechende Investitionen in dem jeweiligen Wirtschaftszweig typischerweise erst in der vorgesehenen Laufzeit

---

1 BGH NJW 1985, 2585, 2587 (zu § 9 AGBG).

2 OLG München NJW-RR 1990, 1016, 1017 (zu § 9 AGBG).

3 OLG Frankfurt NJW 1984, 180, 181 (zu § 9 AGBG).

4 S. auch Anh. § 310 Rz 25 ff.

5 OLG Hamm NJW-RR 1992, 243, 243 (zu § 9 AGBG).

6 Für die grundsätzliche Wirksamkeit einer 24-monatigen Erstlaufzeit aber LG Bielefeld NJOZ 2005, 2224, 2225.

7 BGH NJW 2003, 886, 888 (zu § 9 AGBG, Wartung einer Telefonanlage); BGH NJW 2003, 1313, 1315 (zu § 9 AGBG, Gestattungsvertrag über Breitbandkabelanlage); OLG Frankfurt a.M. NJW-RR 2005, 1070, 1071 (Verbrauchserfassungsgerät).

8 BGH NJW 1993, 326, 329 (zu § 9 AGBG).

9 In diesem Sinne auch OLG Frankfurt a.M. NJW-RR 2005, 1070, 1071; MünchKomm/*Basedow* Rz 11.

10 BGH NJW 1993, 326, 329 (zu § 9 AGBG).

11 BGH NJW 2003, 886, 888 (zu § 9 AGBG, Wartung einer Telefonanlage). Ebenso BGH NJW 2000, 1110, 1113 (zu § 9 AGBG, Alleinbezugsverpflichtung in einem Tankstellenvertrag). In diesem Sinne auch OLG Frankfurt a.M. NJW-RR 2005, 1070, 1071 (Verbrauchserfassungsgerät).

amortisieren.[1] Mit Blick auf die Darlegungs- und Beweislast gilt es zu berücksichtigen, dass dem Vertragspartner regelmäßig der Einblick in die Kalkulationsgrundlagen des Verwenders fehlt und ihm deshalb der Vergleich mit den maßgeblichen typischen Verhältnissen am Markt erschwert ist.[2] Daher ist es Sache des Verwenders, die sein Angebot bestimmenden Daten offen zu legen und ihre Marktkonformität darzustellen.[3] Vermag der Verwender darzulegen, dass seine Kalkulation den in der Branche üblichen Verhältnissen entspricht, dann ist es wiederum Sache des Verwendungsgegners darzulegen und zu beweisen, dass diese branchentypische Kalkulation fehlerhaft ist.[4]

γ) **Einzelne Vertragstypen.** Im Einzelnen: **Abonnementvertrag.** Grundsätzlich wirksam ist eine Zweijahresbindung bei Zeitschriftenabonnements.[5] **Automatenaufstellungsvertrag.** Zu Automatenaufstellungsverträgen siehe Anh. § 310 Rz A 310. **Baubetreuung.** Ein mit dem Bauherrn abgeschlossener Dienstvertrag, der auf die wirtschaftliche Betreuung des Bauvorhabens gerichtet ist, hat die Erbringung von Diensten höherer Art im Sinne des § 627 I zum Gegenstand.[6] Das Kündigungsrecht nach § 627 I kann jedoch in AGB grundsätzlich nicht ohne Verstoß gegen § 307 ausgeschlossen werden.[7] Demgegenüber findet § 309 Nr. 9 auf entsprechende Verträge keine Anwendung, wenn diese von vornherein auf die Betreuung einer bestimmten Anzahl von Bauvorhaben gerichtet sind, weil es dann am Merkmal der Regelmäßigkeit fehlt.[8] Zum **Bauvertrag** siehe Rz 126–129 sowie Anh. § 310 Rz B 177 ff. 114

Bewachungsvertrag. Eine Klausel in einem Vertrag über akustische Fernüberwachung von Räumlichkeiten, die eine Erstlaufzeit von 48 Monaten vorsieht, verstößt, wenn sie gegenüber Verbrauchern verwendet wird, gegen § 309 Nr. 9 a.[9] Darüber hinaus ist sie aber auch im unternehmerischen Verkehr nach § 307 unwirksam.[10] 115

Bierlieferungsverträge. Zur Angemessenheit der Laufzeit von Bierlieferungsverträgen siehe § 307 Rz B 329–331. 116

Buchclubs. Grundsätzlich wirksam ist eine Zweijahresbindung bei Mitgliedschaften in Buch- oder Schallplattenclubs.[11] **Dienstvertrag.** Bei einem Dienstvertrag ist der Ausschluss des ordentlichen Kündigungsrechts nicht ohne weiteres nach § 307 unwirksam, da es für einen solchen Ausschluss gute Gründe geben kann.[12] 117

---

1 So ausdrücklich BGH NJW 2003, 1313, 1315 (zu § 9 AGBG): „Bei der gebotenen typisierenden Betrachtungsweise ist allerdings nicht auf den Betrieb des Verwenders, sondern auf die Verhältnisse des Wirtschaftszweigs abzustellen, dem er zugehört." Vgl. auch BGH NJW 1997, 3022, 3023 (zu § 9 AGBG): „Abzustellen ist [...] auf eine Interessenabwägung, bei der die typischen Belange der beteiligten Kreise zu würdigen sind."

2 BGH NJW 2003, 1313, 1315 (zu § 9 AGBG).

3 BGH NJW 2003, 1313, 1315 (zu § 9 AGBG).

4 Anders, aber wenig erhellend BGH NJW 2003, 1313, 1315 (zu § 9 AGBG): Habe der Verwender seiner Darlegungslast genügt, so ist es „Sache [des Verwendungsgegners], darzulegen und im Streitfalle zu beweisen, dass diese Bindung sie unangemessen benachteiligt, weil sie generell für die Vermarktung der Anlage nicht erforderlich ist, die betrieblichen Daten der Bekl. untypisch sind und ihre rechtliche Umsetzung in den Allgemeinen Geschäftsbedingungen gegen Treu und Glauben verstößt".

5 BGH NJW 1987, 2012, 2013 (zu § 9 AGBG).

6 BGH NZBau 2005, 509 unter II.2.b.bb.(2).

7 Die Möglichkeit von Ausnahmen offen lassend dagegen BGH NZBau 2005, 509 unter II.2.b.bb.(2).

8 BGH NZBau 2005, 509 unter II.2.b.bb.(1).

9 AG Brandenburg, NJOZ 2003, 2858, 2861 (zu § 11 Nr. 12 a AGBG).

10 AG Brandenburg, NJOZ 2003, 2858, 2861 (zu § 9 AGBG und zum kaufm. Verkehr); LG Bochum NJW-RR 2002, 1713, 1714 (zu § 9 AGBG und zum kaufm. Verkehr).

11 OLG Frankfurt NJW-RR 1989, 957, 958 (zu §§ 9, 11 Nr. 12 AGBG).

12 BGH NZBau 2005, 509 unter II.2.b.bb.(2).

Allerdings kann ein gegebenenfalls nach § 627 bestehendes Kündigungsrecht grundsätzlich nicht wirksam in AGB ausgeschlossen werden.[1] Ausnahmen sind nur in extremen Ausnahmefällen denkbar.[2]

118 **Duldung von Telekommunikationseinrichtungen.** Schwierigkeiten bereitet die Beurteilung von Laufzeitklauseln in Verträgen, durch welche die Inhaber von Mietshäusern dem Verwender die Installation und das Betreiben von Telekommunikationseinrichtungen, insbesondere Kabelanschlüssen gestatten. Insofern gilt es zugunsten der Zulässigkeit der Klausel zu bedenken, dass die Installation und der Unterhalt entsprechender Anlagen auch für den die Gestattung erteilenden Verwendungsgegner vorteilhaft sein kann, weil die Verfügbarkeit der entsprechenden Anlagen unter Umständen den Wert der relevanten Mietwohnungen steigert.[3] Auch entstehen dem Unternehmer regelmäßig hohe Investitionskosten bei der erstmaligen Installation der Anlage, die sich nur bei längerer Nutzung rentieren.[4] Auf der anderen Seite trägt der Verwendungsgegner bei längerer Laufzeit entsprechender Verträge die Gefahr, dass die relevanten Anlagen lange vor Vertragsende veralten, er also zur Duldung von Anlagen genötigt ist, die die Attraktivität der zu vermietenden Wohnungen in keiner Weise mehr steigern.[5] Vor dem Hintergrund dieser widerstreitenden Belange verbietet sich eine holzschnittartige Betrachtungsweise. Vielmehr ist nach den Umständen des Einzelfalls zu differenzieren.[6] Insbesondere ist danach zu fragen, wie lange die vorgesehene Laufzeit ist, ob die vorgesehene Laufzeit zur Amortisation der getätigten Investitionen typischerweise erforderlich ist (s. Rz 112), welche Vorkehrungen gegen das Risiko der Veraltung der relevanten Geräte im Vertrag getroffen sind, ob der Gestattende neben der Steigerung des Werts seiner Mietobjekte noch andere Vorteile aus dem Vertrag zieht und ob ihm neben der bloßen Duldungspflicht auch weitere Pflichten z. B. zur Wartung der Anlage auferlegt werden. Eine Erstbindungsdauer von 20 Jahren hinsichtlich der **unentgeltlichen Duldung einer Telekommunikationsanlage** ist vom BGH als unwirksam eingestuft worden.[7] Selbst eine Vertragslaufzeit von 25 Jahren muss jedoch nicht notwendig unwirksam sein, wenn diese Laufzeit bei einem Abstellen auf die typischen Verhältnisse zur Amortisation erforderlich ist.[8] Dies gilt selbst dann, wenn dem Verwendungsgegner eine Wartungspflicht auferlegt wird, solange die relevanten Pflichten ihn wenig belasten und er zudem ein, wenn auch nur geringes Entgelt erhält.[9]

119 **Fitnessstudiovertrag.** Bei Fitnessstudioverträgen ist schon eine Erstlaufzeit von mehr als sechs Monaten unwirksam.[10] Denn sie wird nicht durch das Interesse an der Amortisation gerechtfertigt.[11] Erst recht ist eine Klausel, die eine Erstlaufzeit

---

1 Die Möglichkeit von Ausnahmen offen lassend dagegen BGH NZBau 2005, 509 unter II.2.b.bb.(2).

2 Die Möglichkeit von Ausnahmen offen lassend dagegen BGH NZBau 2005, 509 unter II.2.b.bb.(2).

3 BGH NJW 1997, 3022, 3023 (zu § 9 AGBG).

4 BGH NJW 1997, 3022, 3023 (zu § 9 AGBG).

5 In diesem Sinne BGH NJW 1997, 3022, 3023 (zu § 9 AGBG).

6 In diesem Sinne auch BGH NJW 2003, 1313, 1314 f. (zu § 9 AGBG): „Ob der Gestattungsvertrag den Partner des Verwenders entgegen Treu und Glauben unangemessen benachteiligt, ist [...] nur anhand einer Gesamtwürdigung von Leistungen, Rechten und Pflichten möglich."

7 BGH NJW 1997, 3022, 2023 f (zu § 9 AGBG). Vgl. aber auch die bei ähnlichem Sachverhalt im Ergebnis abweichende Entscheidung KG VIZ 2001, 274, 275 (zu § 9 AGBG): Wirksamkeit einer Laufzeit von fünfzehn Jahren bei gleichzeitiger Einräumung einer Option zur Verlängerung um weitere fünf Jahre.

8 So i.E. BGH NJW 2003, 1313, 1315 (zu § 9 AGBG).

9 So i.E. BGH NJW 2003, 1313, 1315 (zu § 9 AGBG): Übernahme des Inkasso gegen ein Entgelt von 1 DM je Wohneinheit und Monat.

10 AG Brandenburg, NJOZ 2003, 3374, 3375. S. noch Anh. § 310 Rz F 25. Für die grundsätzliche Wirksamkeit einer 24-monatigen Erstlaufzeit aber LG Bielefeld NJOZ 2005, 2224, 2225.

11 AG Brandenburg, NJOZ 2003, 3374, 3375.

von 12 Monaten vorsieht, unangemessen und daher gemäß § 307 unwirksam.[1] Dem steht nicht entgegen, dass § 309 Nr. 9 a selbst mit Blick auf die dort genannten Dauerschuldverhältnisse lediglich eine Erstlaufzeit von mehr als zwei Jahren für unwirksam erklärt.[2] Denn der Gesetzgeber wollte in § 307 Nr. 9 a nur Höchstfristen festlegen, deren Überschreitung die Klausel stets unwirksam macht.[3]

Miete. Speziell bei Mietverträgen über **Wohnraum** ist zunächst hervorzuheben, 120
dass die Vereinbarung eines zeitlich begrenzten Ausschlusses des Kündigungsrechts durch Individualvereinbarung weder gegen § 573c IV noch gegen § 575 IV verstößt.[4] Ferner kann ein zeitlich begrenzter Ausschluss der Kündigung grundsätzlich auch in AGB wirksam vereinbart werden.[5] Insbesondere ist es grundsätzlich nicht nach § 307 zu beanstanden, wenn die ordentliche Kündigung innerhalb der ersten zwei Jahre nach Vertragsschluss für beide Seiten ausgeschlossen wird.[6] Auch einen beidseitigen Ausschluss des Kündigungsrechts für die Dauer von vier Jahren wird man grundsätzlich noch hinnehmen können.[7] Gleiches gilt sogar für einen in den AGB des Vermieters von Wohnraum enthaltenen einseitigen Kündigungsausschluss, wenn dieser zusammen mit einer nach § 557a zulässigen Staffelmiete vereinbart wird und seine Dauer nicht mehr als vier Jahre seit Abschluss des Vertrages beträgt.[8] Gemäß § 557a III 1 kann das Kündigungsrecht des Mieters allerdings für höchstens vier Jahre seit Abschluss der Staffelmietvereinbarung ausgeschlossen werden. Sehen die AGB im Falle des Abschlusses einer Staffelmietvereinbarung einen längeren Ausschluss des Kündigungsrechts vor, so ist die Vereinbarung nicht nur nach § 557a III 1, IV sondern auch nach § 307 unwirksam.[9] Jedenfalls bei einem Verstoß gegen § 307 kann der Ausschluss des Kündigungsrechts wegen des Verbots der geltungserhaltenden Reduktion auch nicht teilweise aufrechterhalten werden;[10] Gleiches wird man in Anbetracht des Schutzzwecks des § 557a IV auch bei einer Individualvereinbarung annehmen müssen.[11] Darüber hinaus wird man einen **einseitigen** Ausschluss des Kündigungsrechts in AGB, **der keine Staffelmietvereinbarung absichert,** grundsätzlich als unangemessen einstufen müssen,[12] und zwar unabhängig davon, für welchen Zeitraum die Kündigung ausgeschlossen wird. Und selbst ein beidseitig wirkender Ausschluss der Kündigung eines Mietvertrages über Wohnraum ist grundsätzlich unangemessen, wenn er sich über einen Zeitraum von mehr als vier Jahren ab Vertragsschluss erstrecken soll.[13] Hervorzuheben ist in diesem Zusammenhang, dass die Klausel nur insoweit unwirksam ist, als sie das Kündigungsrecht des Verwendungsgegners ausschließt. Und selbst wenn man anders entscheiden wollte, könnte sich der Verwender jedenfalls nach § 242 nicht auf die Unwirksamkeit der von ihm gestellten Klausel berufen. Ein großzügigerer Maßstab ist demgegenüber bei Mietverträgen über andere Gegenstände angebracht.

---

1 AG Brandenburg, NJOZ 2003, 3374, 3375.

2 AG Brandenburg, NJOZ 2003, 3374, 3375.

3 AG Brandenburg, NJOZ 2003, 3374, 3375. In diesem Sinne auch bereits BGH NJW 1984, 1531, 1532 (zu einem Fernunterrichtsvertrag): Laufzeitklausel kann unangemessen sein, auch wenn die Zweijahresfrist des § 11 Nr. 12 a AGBG (§ 309 Nr. 9 a) nicht erreicht wird.

4 BGH NJW 2005, 1574, 1575; BGH NJW 2004, 1448, 1448 f.

5 BGH NJW 2006, 1056, 1057. Für den Fall eines beidseitig wirkenden Ausschlusses schon BGH NJW 2004, 3117, 3117 f.

6 BGH NJW 2004, 3117, 3117 f.

7 So wohl auch BGH NJW 2005, 1574, 1576.

8 BGH NJW 2006, 1056, 1057.

9 BGH NJW-RR 2006, 1236, 1237 f.

10 BGH NJW-RR 2006, 1236, 1238.

11 Offen gelassen von BGH NJW-RR 2006, 1236, 1237.

12 Offen gelassen von BGH NJW 2006, 1056, 1057.

13 BGH NJW 2006, 1056, 1057; BGH NJW 2005, 1574, 1576.

Insofern kann auch eine Erstlaufzeit von zehn oder gar zwanzig Jahren angemessen sein. Genau zu prüfen ist aber, ob eine entsprechend lange Erstlaufzeit den Mieter nicht deshalb unangemessen belastet, weil die zu überlassenden Gegenstände rasch zu veralten drohen. Dies wird insbesondere bei Geräten im Bereich der Datenverarbeitung und Telekommunikation regelmäßig zu bejahen sein, weshalb hier regelmäßig von einer Obergrenze von vier Jahren auszugehen sein dürfte. Ohne weiteres unwirksam ist daher entgegen einer älteren Entscheidung des BGH[1] eine Laufzeit von 12 Jahren bei der Miete eines Breitbandkabelanschlusses. Auch eine zehnjährige Erstlaufzeit in einem Mietvertrag über eine Fernsprechnebenstellenanlage kann heute nicht mehr hingenommen werden.[2] Vielmehr ist eine zehnjährige Erstlaufzeit bei Mietverträgen über Telefonanlagen auch im unternehmerischen Verkehr unwirksam,[3] und Gleiches gilt für die Miete eines Anrufbeantworters[4] sowie für die Miete eines Geräts zur Erfassung von Heiz- und Warmwasserkosten.[5]

121 **Partnerschaftsvermittlungsverträge.** Partnerschaftsvermittlungsverträge sind an § 309 Nr. 9 zu messen.[6] Daneben ist aber auch eine Kontrolle nach § 307 vorzunehmen. Ein Ausschluss des jederzeitigen Rechts zur fristlosen Kündigung nach § 627 ist bei einem Partnerschaftsvermittlungsvertrag unangemessen und daher unwirksam.[7]

122 **Unterrichtsvertrag.** In einem Vertrag über eine zweijährige Ausbildung zum **Tanzlehrer** verstößt eine Klausel, die eine Kündigung nur während der dreimonatigen Probezeit erlaubt, gegen § 307.[8] Allerdings kann sich im Wege der ergänzenden Vertragsauslegung eine Kündigung zum Schuljahresende als interessengerecht erweisen.[9] Nicht gegen § 307 verstoßen soll dagegen eine Klausel in einem Vertrag über die 30-monatige Ausbildung als „Psychologischer Berater/Psychotherapeut", der zufolge eine ordentliche Kündigung nur „nach 12 Monaten zum Ablauf des 14. Monats, und nach 22 Monaten zum Ablauf des 24. Monats möglich" ist.[10] Dem ist jedoch nur für den Fall zuzustimmen, dass der Vertrag eine Probezeit von wenigstens drei Monaten vorsieht, in welcher der Vertrag ohne Weiteres gekündigt werden kann.

123 **Versicherungsverträge.** Laufzeitklauseln in Versicherungsverträgen können wegen der in § 309 Nr. 9 enthaltenen Ausnahmeregelung nicht an § 309 Nr. 9 a gemessen werden. Zu beachten ist aber § 8 III VVG, dem zufolge ein Versicherungsverhältnis, welches für die Dauer von mehr als fünf Jahren eingegangen worden ist, zum Ende des fünften oder jedes darauf folgenden Jahres unter Einhaltung einer Frist von drei Monaten gekündigt werden kann, sofern es sich nicht um eine Lebens- oder Krankenversicherung handelt. Von dieser Vorschrift kann gemäß § 15a VVG nicht zum Nachteil des Versicherungsnehmers abgewichen werden. Auch von der Vorschrift des § 31 VVG, die ein Kündigungsrecht für den Fall der Prämienerhöhung bei gleich bleibendem Leistungsumfang vorsieht, kann gemäß § 34 a VVG nicht zum

---

1 BGH NJW 1993, 1133, 1134 (zu § 9 AGBG).

2 So aber noch BGH NJW 1985, 2328 ff. (zu § 9 AGBG und mit Blick auf den kaufmännischen Verkehr).

3 AG Bremen NJW-RR 2000, 1585, 1586 (zu § 9 AGBG und zum kaufm. Verkehr).

4 LG Hildesheim NJW-RR 1989, 56, 56 f (zu § 9 AGBG).

5 OLG Frankfurt a.M. NJW-RR 2005, 1170, 1171.

6 Vgl. *Palandt/Grüneberg* Rz 81: Anwendung des § 309 Nr. 9 auf Verträge mit Ehevermittlungsinstituten.

7 BGH NJW 1989, 1479, 1480 (zu § 9 AGBG); *Palandt/Weidenkaff* Rz 5.

8 BGH NJW 1993, 326, 330 (zu § 9 AGBG).

9 BGH NJW 1993, 326, 330 (zu § 9 AGBG).

10 OLG Dresden NJW 2000, 3432, 3433 (zu § 9 AGBG).

Nachteil des Versicherungsnehmers abgewichen werden. Darüber hinaus sind die in Versicherungsverträgen verwandten Klauseln anhand des § 307 zu überprüfen.[1]

Wartungsvertrag. Zur Angemessenheit der Laufzeit von Wartungsverträgen, also z. B. Verträgen über die Wartung von EDV oder Telefonanlagen, siehe Anh. § 310 Rz W 19–22. 124

Werbeflächenmietvertrag. Bei einem Werbeflächenmietvertrag ist eine Erstlaufzeit von 30 Jahren nicht ohne weiteres angemessen.[2] Auch eine Verlängerung um 3 Jahre ist nicht ohne weiteres wirksam,[3] insbesondere bei Fehlen jeglichen Investitionsaufwands für die Verlängerung. Nicht zu beanstanden ist aber eine Erstlaufzeit von zehn Jahren.[4] 125

Werkvertrag. Beim Werkvertrag ist der AGB-mäßige Ausschluss des Kündigungsrechts nach § 649 S. 1 gemäß § 307 unwirksam, und zwar auch dann, wenn die Klausel das Recht zur Kündigung aus wichtigem Grund ausdrücklich vorbehält. Dies hat der BGH mit Blick auf einen Bauvertrag ausgesprochen und dabei betont, dass die in § 649 S. 1 zum Ausdruck kommende Wertung des Gesetzgebers „vor allem auch bei langfristig angelegten Werkverträgen, wie bei Bau- oder Architektenverträgen, ihre Berechtigung" hat.[5] Doch wird man den Grundsatz, dass das Kündigungsrecht nach § 649 S. 2 in AGB nicht wirksam ausgeschlossen werden kann, verallgemeinern müssen. Denn das vom BGH[6] zutreffend herausgestellte Risiko, dass sich nachträglich Umstände ergeben, die die Entscheidung des Auftraggebers für die Erteilung des Auftrags infrage stellen, besteht auch bei Werkverträgen kürzerer Dauer. Und auch das vom BGH[7] vorgebrachte Argument, dass der Auftragnehmer durch § 649 S. 2 einen hinreichenden Schutz erfährt, ist nicht auf langfristige Werkverträge beschränkt. 126–129

2. Verlängerungsklauseln

a) Allgemeines. In der Praxis stößt man vielfach auf so genannte Verlängerungsklauseln, die bei fehlender Kündigung durch den Kunden eine Verlängerung des Vertrages vorsehen. Dabei kann die Verlängerungsklausel zum einen so gestaltet sein, dass die Verlängerung schon bei Vertragsschluss für den Fall der Nichtkündigung durch den Kunden bindend vereinbart wird. Zum anderen kann die Klausel aber auch vorsehen, dass bei Nichtkündigung eine Zustimmung des Kunden zur Verlängerung des Vertrages fingiert wird. Grundsätzlich sind Verlängerungsklauseln zulässig, gleich welcher der beiden genannten Formen sich der Verwender bedient. Allerdings sind eine Reihe von Schranken zu beachten. 130

b) Spezialvorschriften. Auch in diesem Falle ist vorrangig auf Spezialvorschriften zu achten. Beispielsweise sieht § 8 I VVG vor, dass eine Vereinbarung, nach welcher ein Versicherungsverhältnis als stillschweigend verlängert gilt, wenn es nicht vor dem Ablauf der Vertragszeit gekündigt wird, insoweit nichtig ist, als sich die Verlängerung auf mehr als ein Jahr erstrecken soll. § 5 I FernUSG verbietet eine mehr als dreimonatige Verlängerung. 131

---

1 BVerfG NJW 1986, 243, 243 f (zu § 9 AGBG). Allgemein zur AGB-rechtlichen Kontrolle von Versicherungs-AGB s. § 310 Rz V 61 ff.

2 OLG Celle NdsRpfl 1990, 10 (zu § 9 AGBG); a. A. OLG Hamm NJW-RR 1992, 270, 271 (zu § 9 AGBG).

3 LG Frankfurt NJW-RR 1989, 888, 888 (zu § 9 AGBG); AG Göppingen NJW-RR 1992, 1084, 1084 (zu § 9 AGBG); a. A. LG Trier NJW-RR 1993, 564, 564 (zu § 9 AGBG).

4 OLG Frankfurt NJW-RR 2001, 1350, 1351 (zu § 9 AGBG).

5 BGH NJW 1999, 3261, 3262 (zu § 9 AGBG).

6 BGH NJW 1999, 3261, 3262 (zu § 9 AGBG).

7 BGH NJW 1999, 3261, 3262 (zu § 9 AGBG).

132 **c) Sittenwidrigkeit (§ 138).** Auch Verlängerungsklauseln können sittenwidrig sein, insbesondere im Zusammenhang mit einer langen Erstbindungsfrist.

133 **d) Rechtsmissbrauch (§ 242).** Die Berufung auf eine Verlängerungsklausel kann im Einzelfall rechtsmissbräuchlich sein. So liegt es z. B. dann, wenn die Fortdauer des Vertrages – und damit auch die Notwendigkeit einer Kündigung – objektiv verschleiert wird. Dies kann insbesondere dann anzunehmen sein, wenn aufgrund einer einmal erteilten Einzugsermächtigung laufend geringere Beträge vom Konto des Kunden abgebucht werden, ohne dass die Zweckbestimmung ersichtlich gemacht wird. Denn gerade bei geringeren Beträgen unterlässt der Verbraucher oft eine genauere Überprüfung seiner Kontoauszüge. Verlängerungsklauseln führen in diesem Falle dazu, dass über erhebliche Zeiträume hinweg für sich genommen unscheinbare Beträge gezahlt werden, die sich auf die Dauer gerechnet zu größeren Summen addieren.

134 **e) Überraschungscharakter (§ 305c I).** Verlängerungsklauseln können je nach Lage der Dinge überraschend im Sinne des § 305c I sein. Objektiv überraschend ist eine Verlängerungsklausel insbesondere dann, wenn der Kunde typischerweise kein Interesse an einer über den ursprünglichen Leistungszeitraum hinausgehenden Leistungserbringung hat. Darüber hinaus ist eine Verlängerungsklausel in aller Regel objektiv überraschend, wenn dem Kunden die Wahl zwischen zwei oder mehr unterschiedlichen Vertragszeiträumen gegeben wird, also z. B. zwischen einer Vertragsdauer von einem halben Jahr und einer Vertragsdauer von einem Jahr, und der Kunde sich für die kürzere Vertragsdauer entscheidet. Denn in diesem Falle hat der Kunde bereits zum Ausdruck gebracht, dass er an einer längeren Vertragsdauer nicht interessiert ist, und muss daher auch nicht mit einer automatischen Verlängerung des Vertrages rechnen. Darüber wird man den überraschenden Charakter einer Verlängerungsklausel grundsätzlich schon dann bejahen können, wenn das Vertragsformular eine hervorgehobene Angabe zur Vertragsdauer enthält und keine Anhaltspunkte dafür gegeben sind, dass eine Verlängerung des Vertrages typischerweise vom Durchschnittskunden gewollt ist. Überraschend ist nach der Rspr. z. B. eine Verlängerungsklausel bei einem Anzeigenvertrag, wenn sich auf dem Vertrag zugleich die hervorgehobene Angabe findet, dass die Auftragsdauer „jeweils 1 Jahr = 12 Ausgaben" betrage.[1]

135, 136 **f) Spezielle Klauselverbote.** Soweit die Verlängerungsklausel eine Erklärung des Kunden nach Vertragsabschluss fingiert oder unwiderleglich vermutet, muss sie den Anforderungen des § 308 Nr. 5 genügen (s. Rz 92–94). Ferner kann § 309 Nr. 9 b Anwendung finden (s. Rz 60 ff.)

137, 138 **g) Unangemessenheit (§ 307).** Zudem sind Verlängerungsklauseln daraufhin zu überprüfen, ob sie gegen § 307 verstoßen. § 307 ist in vollem Umfang neben § 309 Nr. 9 b anwendbar. An § 307 sind also nicht nur solche Klauseln zu messen, die vom Anwendungsbereich des § 309 Nr. 9 b ausgenommen sind, sondern auch solche Klauseln, die in den Anwendungsbereich des § 309 Nr. 9 b fallen, aber den Anforderungen dieser Vorschrift genügen. Im Rahmen der Kontrolle nach § 307 ist zunächst zu fragen, ob die Klausel dem Transparenzgebot (§ 307 I 2) gerecht wird. Darüber hinaus kann sich die Unangemessenheit jedoch auch infolge einer Abwägung der beiderseitigen Interessen ergeben:

139 **aa) Unangemessenheit der Verlängerung als solcher.** So kann schon die Verlängerung als solche eine unangemessene Benachteiligung des Verwendungsgegners bedeuten, so dass eine Verlängerungsklausel ohne Rücksicht auf das Ausmaß der Verlängerung gegen § 307 verstößt. Dies ist insbesondere dann der Fall, wenn

---

1 BGH NJW 1989, 2255, 2256 (zu § 3 AGBG).

es sich bei den vom Verwender erbrachten Leistungen um solche handelt, an deren über den ursprünglichen Vertragszeitraum hinausreichenden Erbringung der Kunde typischerweise kein Interesse hat. In diesem Falle wird die Klausel vielfach auch überraschend im Sinne des § 305c I sein (s. Rz 134). Unangemessen ist daher beispielsweise eine Klausel in den Nutzungsbedingungen einer Online-Babysitter-vermittlung, der zufolge sich der Vertrag immer wieder um einen Monat selbst verlängert. Denn der Kunde einer solchen Vermittlung ist in aller Regel nur daran interessiert, eine bestimmte Stelle zu besetzen, nicht aber daran, über Monate hinweg immer neue Babysitter einzustellen.

bb) Unangemessene Länge. Vor allem aber können Verlängerungsklauseln deshalb als unangemessen einzustufen sein, weil sie die Vertragsdauer um einen unangemessenen Zeitraum verlängern. **140**

α) Keine Indizwirkung. Die Tatsache, dass eine Klausel den Anforderungen des § 309 Nr. 9 b genügt, indiziert nach richtiger Auffassung nicht, dass die Klausel auch angemessen im Sinne des § 307 ist.[1] Dies entspricht allerdings nicht der Rechtsprechung des **BGH.** Vielmehr hat der BGH angedeutet, dass eine Verlängerung um nicht mehr als ein Jahr nur dann unangemessen lang ist, wenn sich die Unangemessenheit aus fallspezifischen Gesichtspunkten ergibt, die der Gesetzgeber bei der Formulierung des § 309 Nr. 9 b nicht bedacht hat.[2] Dies entspricht im Wesentlichen seiner Position zum Verhältnis von § 309 Nr. 9 a und § 307 (s. Rz 106–108). Doch kann dem BGH aus dem oben (Rz 106–108) genannten Grund nicht zugestimmt werden. Vielmehr bedarf es jeweils einer eigenständigen Abwägung. **141**

β) Leitlinien. Ob der Verlängerungszeitraum unangemessen lang ist, muss im Wege einer Abwägung der beiderseitigen Interessen entschieden werden. Die Angemessenheit der Verlängerung darf dabei allerdings nicht isoliert betrachtet werden. Vielmehr sind an die Verlängerungsklausel umso höhere Anforderungen zu stellen, je länger die Erstbindungsdauer des Vertrages war. Bei der Überprüfung der Verlängerungsklausel nach § 307 sind zunächst die Art der Vertragsleistung und die Umstände der Leistungserbringung und Vertragsabwicklung zu berücksichtigen.[3] Zu beachten sind auch etwaige gesundheitliche Auswirkungen, z. B. bei einem Bodybuildingvertrag. Im Übrigen gilt wie bei solchen Klauseln, die die Erstbindung regeln, dass umso höhere Anforderungen an die Angemessenheit der Klausel zu stellen sind, je stärker der typische Verwendungsgegner durch den Vertrag finanziell belastet wird. Auch die Frage, in welchem Maße die Entgegennahme der Leistung des Verwenders den Kunden persönlich in Anspruch nimmt, ist zu berücksichtigen. Andererseits rechtfertigen hohe Entwicklungs- oder Vorhaltekosten, die sich nur bei längerer Vertragsdauer amortisieren, anders als bei Klauseln, die die Erstlaufzeit betreffen, keine besonders lange Dauer der Verlängerungsfrist. Denn der Verwender kann ohnehin nicht sicher sein, ob es zu einer Verlängerung des Vertrages kommen wird, kann den entsprechenden Zeitraum also auch vernünftigerweise nicht bei seinen Kalkulationen zu Grunde legen. Im Verkehr zwischen Unternehmern kann außerdem dem Umstand Bedeutung zukommen, dass zwischen den am Vertrag beteiligten Unternehmen ein Erfahrungsgefälle besteht, wie es sonst für das Verhältnis von Unternehmern und Verbrauchern typisch ist.[4] **142**

---

[1] Wie hier wohl *Staudinger/Coester-Waltjen* Rz 20, der zufolge die Jahresfrist des § 309 Nr. 9 b nur die äußerste Grenze für stillschweigende Verlängerungsregelungen darstellt. A. A. *Palandt/Grüneberg* Rz 87: Klauseln, die in den Anwendungsbereich des § 309 Nr. 9 fallen, können nur aus besonderen, von Nr. 9 nicht erfassten Gründen unwirksam sein.

[2] BGH NJW 1997, 739, 740 (zu § 11 Nr. 12 b AGBG).

[3] BGH NJW 1997, 739, 740 (zu § 11 Nr. 12 b AGBG).

[4] LG Itzehoe NJW 2000, 2479, 2479 (zu § 9 AGBG und zum kaufm. Verkehr).

143–149 γ) **Beispiele.** Bei **Zeitschriftenabonnements** ist die Verlängerung um ein Jahr grundsätzlich nicht zu beanstanden.[1] Zur Angemessenheit von Verlängerungsklauseln in **Fitnessverträgen** siehe Anh. § 310 Rz F 26.

3. Kündigungsfristen

150 Klauseln, die eine Kündigungsfrist vorsehen, können bereits nach § 309 Nr. 9 c unwirksam sein. Daneben kommt eine Anwendung des § 307 in Betracht. Allerdings ist eine dreimonatige Kündigungsfrist auch im Rahmen des § 307 in aller Regel nicht zu beanstanden. Dies folgt nach Auffassung des BGH daraus, dass § 309 Nr. 9 c eine Wertentscheidung des Gesetzgebers zugunsten der Zulässigkeit dreimonatiger Kündigungsfristen enthält, von welcher nur dann abgewichen werden kann, wenn besondere, sich aus der Natur des Vertragsverhältnisses ergebende Gesichtspunkte vorliegen, die für die Angemessenheit einer nur kürzeren Frist sprechen.[2] Doch ist die Angemessenheit dreimonatiger Kündigungsfristen auch dann anzuerkennen, wenn man – wie hier – davon ausgeht, dass § 309 Nr. 9 einer unabhängigen Interessenabwägung im Rahmen des § 307 nicht entgegensteht (s. Rz 91). Es bleibt die Frage, unter welchen Umständen ausnahmsweise nur eine kürzere Kündigungsfrist zulässig ist. Besondere Umstände in diesem Sinne können z. B. in einer ganz besonderen persönlichen Einbindung in den Vertrag liegen oder bei besonderen Vertrauensverhältnissen oder bei gesundheitlichen Gefahren gegeben sein. **Unangemessen** lang ist eine Kündigungsfrist von 3 Monaten, wenn sie auch für eine 6-monatige Probezeit gelten soll, mit anschließender Verlängerung um ein Jahr, weil dann die Kündigung bereits innerhalb der ersten 3 Monate erfolgen muss und die Probezeit nur teilweise genutzt werden kann.[3] Wirksam ist dagegen eine dreimonatige Kündigungsfrist in einem Fitnessvertrag.[4]

4. Ausschluss der Kündigung aus wichtigem Grund

151 Nach § 314 können Dauerschuldverhältnisse von jeder Vertragspartei aus wichtigem Grund ohne Einhaltung einer Kündigungsfrist gekündigt werden. Mit Blick auf die Möglichkeit zur Beschränkung dieses Rechts ist zu differenzieren:

152 **a) In Individualabreden.** Das Recht zur Kündigung aus wichtigem Grund kann nicht einmal durch Individualvereinbarung gänzlich ausgeschlossen werden.[5] Richtigerweise wird man gegenüber Verbrauchern auch einen auf bestimmte Fallkonstellationen beschränkten Ausschluss grundsätzlich für unwirksam halten müssen. Bloße Erschwerungen des Rechts zur außerordentlichen Kündigung, z. B. das Erfordernis, die Kündigung in bestimmter Form zu erklären, sind dagegen in Individualvereinbarungen grundsätzlich zulässig, sofern sie das Recht zur außerordentlichen Kündigung nicht auszuhöhlen drohen.

153–159 **b) In AGB.** Mit Blick auf AGB ist zunächst sorgfältig zu prüfen, ob eine Klausel überhaupt darauf abzielt, das Recht zur außerordentlichen Kündigung auszuschließen oder zu beschränken. Eine Klausel, die lediglich die Laufzeit regelt, kann man auch unter Berücksichtigung des § 305c II grundsätzlich nicht dahingehend verste-

---

[1] BGH NJW 1987, 2012, 2013 (zu §§ 9, 11 Nr. 12 AGBG); *M. Wolf* JZ 1987, 833 (zu § 9 AGBG).

[2] BGH NJW 1987, 2012, 2013, 2014 (zu §§ 9, 11 Nr. 12 AGBG). Der BGH verweist hinsichtlich der für die Kündigungsfrist geltenden Maßstäbe ausdrücklich auf seine Ausführungen zur Erstlaufzeit.

[3] LG Hamburg DB 1987, 1482, 1482 (zu § 9 AGBG).

[4] A. A. LG Hamburg NJW-RR 1988, 317, 318 (zu § 9 AGBG).

[5] BGH NJW 1986, 3134, 3134 (zu § 9 AGBG).

hen, dass sie das Recht zur außerordentlichen Kündigung regeln soll.[1] Demgegenüber liegt ein konkludenter Ausschluss des Rechts zur außerordentlichen Kündigung z. B. dann vor, wenn in einem Fitnessvertrag vorgesehen ist, dass der Vertrag bei Einberufung zum Wehrdienst während des Wehrdienstes ruht.[2] Ergibt sich jedoch im Wege der Auslegung, dass eine Beschränkung oder ein Ausschluss des Rechts zur außerordentlichen Kündigung gewollt ist, so gelten folgende Grundsätze: Eine Klausel, die das Recht zur außerordentlichen Kündigung ganz oder doch in bestimmten Fallkonstellationen ausschließt, ist in aller Regel gemäß § 307 unwirksam.[3] Darüber hinaus wird man auch bloße Erschwerungen des Rechts zur außerordentlichen Kündigung grundsätzlich als unangemessen einstufen müssen, sofern sie eine mehr als bloß unwesentliche Belastung des Verwendungsgegners mit sich bringen. Unwirksam ist z. B. die Vorgabe einer Kündigungsfrist von 4 Wochen trotz Vorliegen eines wichtigen Grundes.[4] Dies gilt erst recht, wenn die Kündigungsfrist nur einseitig dem Verwendungsgegner auferlegt wird.[5] Hinzunehmen ist jedoch wegen § 309 Nr. 13 ein Schriftformerfordernis, und in Anbetracht des § 308 Nr. 7 wird man auch eine Abwicklungsregelung nicht beanstanden können, die den dort genannten Erfordernissen gerecht wird.

VI. Arbeitsverträge

§ 309 Nr. 9 gilt grundsätzlich auch für Arbeitsverträge, doch sind insofern nach **160–169**
§ 310 IV 2 die Besonderheiten des Arbeitsrechts angemessen zu berücksichtigen.[6] Neben § 309 Nr. 9 sind bei Arbeitsverträgen insbesondere auch die §§ 622, 624, 625 zu beachten.

VII. Geltung zwischen Unternehmern

1. Allgemeines

§ 309 Nr. 9 gilt nicht unmittelbar für AGB, die gegenüber Unternehmern ver- **170**
wandt werden (§ 310 I 1). Die Laufzeit von Verträgen lässt sich gerade im unternehmerischen Geschäftsverkehr kaum für alle Fälle und Vertragsarten generell bestimmen. § 309 Nr. 9 enthält deshalb auch kein Unwirksamkeitsindiz für den unternehmerischen Verkehr.[7] Dies hat der BGH wohl nur mit Blick auf § 309 Nr. 9 a ausdrücklich anerkannt,[8] doch kann für § 309 Nr. 9 b und § 309 Nr. 9 c nichts anderes gelten. Vielmehr ist im Einzelfall zu prüfen, ob die Klausel den Anforderungen des § 307 genügt.[9] Immerhin wird man § 309 Nr. 9 b die Wertung ent-

---

1 BGH NJW 1993, 1133, 1135 (zu § 9 AGBG): „Die Annahme, dass durch die [...] Laufzeitklausel mit der Möglichkeit zur ordentlichen Kündigung [...] zugleich das außerordentliche Kündigungsrecht aus wichtigem Grund geregelt werden sollte, und zwar, da es in der Klausel nicht erwähnt wird, in dem Sinn, dass es ausgeschlossen sein sollte, kommt ernstlich nicht in Betracht."

2 OLG Hamm NJW-RR 1992, 242, 242 (zu § 9 AGBG).

3 In diesem Sinne auch BGH NJW 1986, 3134, 3134 (zu § 9 AGBG): Unwirksamkeit einer Klausel, die das Recht zur außerordentlichen Kündigung „für bestimmte – nämlich von der Bekl. nicht zu vertretende – Umstände ausschließt".

4 Nicht entschieden in BGH NJW-RR 1990, 156, 157 (zu § 9 AGBG).

5 BGH NJW-RR 1990, 156, 157 (zu § 9 AGBG).

6 Vgl. auch *Staudinger/Coester-Waltjen* Rz 6, der zufolge § 309 Nr. 9 nicht auf Arbeitsverträge passt.

7 *Staudinger/Coester-Waltjen* Rz 25.

8 BGH NJW 2003, 886, 887 (zu §§ 9, 11 Nr. 12 a AGBG); BGH NJW-RR 1997, 942, 942 (zu §§ 9, 11 Nr. 12 a AGBG). Noch offen gelassen in BGH NJW 1985, 2328, 2328 (zu §§ 9, 11 Nr. 12 a AGBG); BGH NJW 1985, 2693, 2695 (zu §§ 9, 11 Nr. 12 a AGBG).

9 So, mit Blick auf § 11 Nr. 12a (§ 309 Nr. 9 a), BGH NJW 2003, 886, 887.

nehmen können, dass der Verlängerungszeitraum im Regelfall nur dann angemessen ist, wenn er nicht mehr als die Hälfte der Erstlaufzeit beträgt.

2. Erstbindungsdauer

171 Klauseln zur Erstbindungsdauer sind im unternehmerischen Verkehr zum einen an § 138, zum anderen an § 307 zu messen.

172 **a) § 138.** Mit Blick auf die Erstbindungsdauer wird man davon ausgehen müssen, dass bei Verträgen, die den anderen Vertragsteil erheblich belasten, eine Vertragszeit von 20 Jahren auch im unternehmerischen Verkehr grundsätzlich an die Grenze des noch Zulässigen geht. Dies hat die Rechtsprechung beispielsweise mit Blick auf Bierlieferungsverträge anerkannt.[1] Zu beachten ist auch, dass mehrere aufeinander folgende Verträge je nach den Umständen als Einheit zu verstehen sein können mit der Folge, dass es auf die Gesamtdauer der Verträge ankommt.[2] Dabei ist nicht entscheidend, ob die Verträge äußerlich Teil eines einheitlichen Geschäftsabschlusses waren.[3] Vielmehr wird man vor allem berücksichtigen müssen, ob der Kunde nach oder kurz vor Ablauf des ersten Vertrages eine freie Entscheidung über den Abschluss eines neuen Vertrages gefällt hat, oder ob der Folgevertrag abgeschlossen wurde, als der Kunde das Ende des ersten Vertrages noch nicht absehen konnte und daher weniger gut in der Lage war, sich der mit einer weiteren Bindung verbundenen wirtschaftlichen Belastung voll bewusst zu werden.[4] Aber auch eine zwanzigjährige Bindung wird man nur dann als nicht sittenwidrig einstufen können, wenn der Verwender ein anerkennenswertes Interesse an einer derartig langfristigen Bindung hat, z. B. weil er erhebliche Investitionen getätigt hat, die er nicht anderweitig verwerten kann (sog. transaktionsspezifische Investitionen) und die sich typischerweise erst bei einer entsprechend langen Laufzeit amortisieren.

173 **b) § 307.** Im Rahmen des § 307 gelten strengere Maßstäbe. Zwar sind die Abwägungsfaktoren hier die gleichen wie bei § 138. Es kommt also insbesondere darauf an, wie sehr der Vertrag den Verwendungsgegner belastet und ob der Verwender erhebliche transaktionsspezifische Investitionen getätigt hat, die sich erst nach langer Laufzeit amortisieren. Doch wird man eine zwanzigjährige Laufzeit in AGB in der Regel nicht hinnehmen können. Vielmehr wird man davon ausgehen müssen, dass eine Vertragsdauer von zehn Jahren bei erheblich belastenden Verträgen grundsätzlich die Grenze des noch Zulässigen darstellt und dass eine längere Bindungsfrist nur dann formularmäßig vereinbart werden kann, wenn besondere Umstände gegeben sind, die eine Bindungsfrist von zehn Jahren als nicht unangemessen erscheinen lassen.[5] Umgekehrt sollte eine zehnjährige Laufzeit aber grundsätzlich

---

[1] BGH NJW 1988, 2362, 2362. I.E. ebenso BGH NJW 1985, 2693, 2695.

[2] BGH NJW-RR 1990, 816, 817 (zu § 138 und zu einem Bierlieferungsvertrag).

[3] BGH NJW-RR 1990, 816, 817 (zu § 138 und zu einem Bierlieferungsvertrag).

[4] In BGH NJW-RR 1990, 816, 817 (zu § 138 und zu einem Bierlieferungsvertrag) bejahte der BGH die Notwendigkeit einer einheitlichen Betrachtung in einem Fall, in welchem die Parteien „bereits verhältnismäßig kurze Zeit nach Beginn der Laufzeit des [ursprünglichen] Vertrages [...] von einer weiteren Bezugsbindung des Bekl. von insgesamt – zumindest – rund 30 Jahre [...] ausgingen".

[5] Noch strenger wohl BGH NJW-RR 1997, 942, 943 (zu § 9 AGBG), dem zufolge „eine vertragliche Bindung von zehn Jahren (und mehr) [...] [in der Rechtsprechung] als kritisch angesehen [wird]" und „besondere Umstände auf der Seite des Klauselverwenders gegeben sein [müssen], die eine Bindungsfrist von zehn Jahren als nicht unangemessen erscheinen lassen". Der Fall betrifft einen Telekommunikationsanlagenwartungsvertrag, doch geht der BGH, a.a.O., wohl von einem allgemeinen Grundsatz aus. Demgegenüber lässt BGH NJW 2000, 1110, 1112 (zu § 9 AGBG und zu einer Tankstellen-Alleinbezugsverpflichtung) ausdrücklich offen, „[o]b vertragliche Bindungen von zehn oder jedenfalls von mehr als zehn Jahren Dauer allgemein als kritisch zu beurteilen und nur beim Vorliegen besonderer Umstände auf Seiten des Klauselverwenders als nicht unangemessen zu werten sind".

noch als angemessen eingestuft werden, sofern der Verwender ein schutzwürdiges Interesse an einer entsprechenden Bindung hat. Je nach Art des Vertrages können allerdings **längere** oder auch **kürzere Erstlaufzeiten** geboten sein. Zum Bierlieferungsvertrag siehe Anh. § 310 Rz B 327–331. Zur Miete von Werbeflächen siehe Rz 125. Allgemein zur **Miete** siehe § 310 Rz M 57–59. Zum **Tankstellenstationärvertrag** siehe Anh. § 310 Rz T 4. Zum **Wartungsvertrag** siehe Anh. § 310 Rz W 19–22.

Enthalten die AGB eine Klausel, die dem Verwender die **Option** gibt, den Vertrag um einen bestimmten Zeitraum zu verlängern, so kommt es für die Inhaltskontrolle der Optionsklausel auf die Gesamtdauer des Vertrages an, die sich bei Wirksamkeit der Option im Falle ihrer Ausübung ergäbe.[1] Dies gilt auch dann, wenn die Erstlaufzeit individuell ausgehandelt worden ist.[2] Denn die durch die Optionsklausel bewirkte Belastung des Verwendungsgegners liegt gerade in der Tatsache, dass sich Erst- und Verlängerungslaufzeit summieren.[3] **174–179**

3. Rechtsfolgen unwirksamer Laufzeitklauseln

Besondere Aufmerksamkeit gebührt der Frage nach den Rechtsfolgen der Sittenwidrigkeit (§ 138) oder Unangemessenheit (§ 307). **180**

aa) § 138. Im Rahmen des § 138 führt die Sittenwidrigkeit einer Vereinbarung zur Erstlaufzeit nicht dazu, dass die Klausel ersatzlos entfällt. Vielmehr ist die Laufzeit auf ein zulässiges Maß zu reduzieren,[4] sofern dies dem tatsächlichen oder mutmaßlichen Parteiwillen entspricht.[5] Dogmatisch geht es um eine entsprechende Anwendung des § 139.[6] Bei der Anwendung des § 139 finden nach richtiger Auffassung die gleichen Grundsätze Anwendung wie bei der ergänzenden Vertragsauslegung.[7] Entscheidend ist also, was die Parteien nach Treu und Glauben und unter Berücksichtigung der Verkehrssitte vereinbart hätten.[8] Dem widerspricht es, einseitig auf die Interessen des Verwenders abzustellen und die Vertragsdauer auf das gerade noch zulässige Maß zu reduzieren. Ist daher im konkreten Fall von einer zulässigen Höchstdauer von 20 Jahren auszugehen und haben die Parteien stattdessen eine dreißigjährige Bindung vereinbart, so wird man unter Anwendung des § 139 typischerweise eher zu einer zehn- als zu einer zwanzigjährigen Bindung gelangen müssen. Gleichwohl ist nicht zu übersehen, dass die Rechtsprechung in der Praxis großzügiger verfährt und sich mitunter nicht scheut, die Vertragsdauer auf das gerade noch zulässige Maß zu begrenzen, solange nur zu vermuten ist, dass die Parteien den Vertrag auch mit einer solchen Laufzeit abgeschlossen hätten.[9] Zuzustimmen ist dem freilich nicht. Keine Aufrechterhaltung des Vertrages kommt im Übrigen dann in Betracht, wenn der Verwendungsgegner durch eine Vielzahl von **181**

---

[1] BGH NJW 2000, 1110, 1112 (zu § 9 AGBG).

[2] BGH NJW 2000, 1110, 1112 (zu § 9 AGBG).

[3] Ähnlich BGH NJW 2000, 1110, 1112 (zu § 9 AGBG).

[4] BGH NJW 1972, 1459, 1459 (zu § 138 und zu einem Bierbezugsvertrag).

[5] BGH NJW 1972, 1459, 1460 (zu § 138 und zu einem Bierbezugsvertrag).

[6] BGH NJW 1992, 2145, 2146 (zu § 138 und zu einem Bierbezugsvertrag).

[7] *Palandt/Heinrichs* Rz 14.

[8] S. nur *Palandt/Heinrichs* Rz 14.

[9] In diesem Sinne wohl BGH NJW 1972, 1459, 1459 f (zu einem Bierbezugsvertrag): Die Sittenwidrigkeit einer unter Umständen über 20 Jahre hinausreichenden Bindung schließe nicht aus, dass der Getränkelieferungsvertrag mit einer auf 20 Jahre begrenzten Dauer und damit einem in Hinblick auf § 138 Abs. 1 nicht zu beanstandenden Inhalt aufrechterhalten bleibe. Voraussetzung für eine unmittelbare oder entsprechende Anwendung des § 139 sei allerdings, dass „eine Aufrechterhaltung des Getränkelieferungsvertrages mit einer kürzeren Laufzeit dem tatsächlichen oder vermuteten Parteiwillen entsprechen würde".

Vertragsbedingungen so unbillig benachteiligt wird, dass der Vertrag insgesamt sittenwidrig (§ 138) und daher nichtig ist.[1]

182 **bb) § 307.** Im Rahmen des § 307 ist eine geltungserhaltende Reduktion unangemessener Laufzeitklauseln nicht möglich.[2] Vielmehr tritt gemäß § 306 II das dispositive Recht an die Stelle der unwirksamen Klausel. Dies bedeutet allerdings nicht notwendig, dass das Dauerschuldverhältnis unbefristet und deshalb ordentlich kündbar ist.[3] Vielmehr gilt es zu beachten, dass zu den gesetzlichen Vorschriften im Sinne des § 306 II auch die §§ 133, 157 gehören. Nach den §§ 133, 157 kann jedoch im Wege ergänzender Vertragsauslegung die Aufrechterhaltung einer angemessenen Befristung anzunehmen sein, um schutzwürdige Belange des Verwenders zu wahren. Gerade im unternehmerischen Verkehr kommt es daher auch bei Unwirksamkeit der Laufzeitklausel vielfach dazu, dass an die Stelle der unangemessenen Klausel nicht das Recht zur ordentlichen Kündigung, sondern eine kürzere Laufzeit tritt. So liegt es vielfach insbesondere dann, wenn der Verwender im Vertrauen auf die Dauer des Vertrages erhebliche Investitionen getätigt hat, die sich erfahrungsgemäß erst nach erheblicher Zeit amortisieren und die nicht anderweitig verwendet werden können (so genannte transaktionsspezifische Investitionen). Allerdings sind dabei eine Reihe von Grenzen zu beachten.

183 So kommt eine ergänzende Vertragsauslegung im Falle unzulässiger Laufzeitklauseln wie auch sonst nur dann in Betracht, wenn „der Regelungsplan der Parteien infolge der **Lücke** einer Vervollständigung bedarf". Dies soll nach einer in der Rechtsprechung verwandten Formulierung nur dann anzunehmen sein, „wenn dispositives Gesetzesrecht zur Füllung der Lücke nicht zur Verfügung steht und die ersatzlose Streichung der unwirksamen Klausel keine angemessene, den typischen Interessen des Verwenders und seines Vertragspartners Rechnung tragende Lösung bietet".[4] Richtigerweise wird man allerdings davon ausgehen müssen, dass selbst die Verfügbarkeit dispositiven Rechts einer ergänzenden Vertragsauslegung nicht entgegensteht, wenn das dispositive Recht keine den typischen Interessen der Parteien angemessene Regelung darstellt.

184 Die Zulässigkeit einer ergänzenden Vertragsauslegung ist zudem dann zu verneinen, „wenn zur Ausfüllung einer vertraglichen Regelungslücke verschiedene Gestaltungsmöglichkeiten in Betracht kommen und kein Anhaltspunkt dafür besteht, welche Regelung die Parteien getroffen hätten".[5] Demnach muss eine ergänzende Vertragsauslegung z. B. dann ausscheiden, wenn die Parteien eine Erstlaufzeit von fünf Jahren und daneben AGB-mäßig eine nach § 307 unangemessene Option zur Verlängerung auf insgesamt mehr als zehn Jahre vereinbart haben, wenn nicht feststeht, ob die Parteien bei Kenntnis der Unwirksamkeit überhaupt eine Verlängerungsoption vorgesehen hätten.[6]

185 Auch sofern eine ergänzende Vertragsauslegung nach dem Gesagten zulässig ist, ist diese nicht gleichbedeutend mit einer geltungserhaltenden Reduktion. Es geht also – wohl entgegen einem Teil der Rechtsprechung[7] – nicht an, ohne weiteres die

---

1 BGH NJW 1985, 2693, 2695 (Bierlieferungsvertrag); OLG Koblenz NJOZ 2002, 837, 841 (Bierbezugsverpflichtung).

2 BGH NJW 2000, 1110, 1113 f. (zu § 9 AGBG und zu einer Tankstellen-Alleinbezugsverpflichtung).

3 BGH NJW 1985, 2693, 2695 (zu § 9 AGBG und zu einer Bierbezugsverpflichtung).

4 BGH NJW 2000, 1110, 1114 (zu § 9 AGBG und zu einer Tankstellen-Alleinbezugsverpflichtung).

5 BGH NJW 2000, 1110, 1114 (zu § 9 AGBG und zu einer Tankstellen-Alleinbezugsverpflichtung).

6 BGH NJW 2000, 1110, 1114 (zu § 9 AGBG und zu einer Tankstellen-Alleinbezugsverpflichtung).

7 OLG Koblenz, NJOZ 2002, 837, 840 (Bierbezugsverpflichtung), das – auch im Rahmen des § 9 AGBG (§ 307) – im Falle einer zu langen Vertragsdauer von einer „geltungserhaltenden Reduktion" auf eine Vertragsdauer von 10 Jahren ausgeht.

gerade noch zulässige Dauer zu wählen.[1] Vielmehr sind die Interessen beider Parteien zu berücksichtigen, was dafür spricht, im Falle einer unangemessenen Laufzeitvereinbarung von einer Laufzeit auszugehen, die etwa halb so lang wie diejenige Laufzeit ist, die AGB-rechtlich wirksam hätte vereinbart werden können. Ferner ist zu beachten, dass die dem Verwender zugeflossenen Vorteile bei Herabsetzung der Laufzeit nicht entsprechend gekürzt werden dürfen.[2] Denn damit würde die in der zu langen Laufzeit liegende Störung des Gleichgewichts von Leistung und Gegenleistung nicht beseitigt, sondern perpetuiert.[3] Zur Miete von Werbeflächen s. Rz 125. Zum Tankstellenstationärvertrag s. Anh. § 310 Rz T 5.

---

[1] Erfrischend deutlich BGH NJW 2000, 1110, 1114 (zu § 9 AGBG und zu einer Tankstellen-Alleinbezugsverpflichtung), dem zufolge die Gerichte auch im Falle der ergänzenden Vertragsauslegung nicht berechtigt sind, „an die Stelle einer unzulässigen Klausel die zulässige Klausel zu setzen, die der Verwender der AGB voraussichtlich gewählt haben würde, wenn ihm die Unzulässigkeit der beanstandeten Klausel bekannt gewesen wäre".

[2] BGH NJW 1992, 2145, 2146 (zu § 138 und zu einer Bierbezugsverpflichtung).

[3] In diesem Sinne auch BGH NJW 1992, 2145, 2146 (zu § 138 und zu einer Bierbezugsverpflichtung).

§ 309 Klauselverbote ohne Wertungsmöglichkeit

Auch soweit eine Abweichung von den gesetzlichen Vorschriften zulässig ist, ist in Allgemeinen Geschäftsbedingungen unwirksam

10. (Wechsel des Vertragspartners)

eine Bestimmung, wonach bei Kauf-, Dienst- oder Werkverträgen ein Dritter anstelle des Verwenders in die sich aus dem Vertrag ergebenden Rechte und Pflichten eintritt oder eintreten kann, es sei denn, in der Bestimmung wird

a) der Dritte namentlich bezeichnet oder

b) dem anderen Vertragsteil das Recht eingeräumt, sich vom Vertrag zu lösen.

Inhaltsübersicht

Schrifttum: *Lingemann,* Allgemeine Geschäftsbedingungen und Arbeitsvertrag, NZA 2002, 181; *Thüsing/Leder,* Gestaltungsspielräume bei der Verwendung vorformulierter Arbeitsbedingungen – Besondere Klauseln, BB 2005, 1563.

I. Zweck und Allgemeines

1 § 309 Nr. 10 will den Kunden davor bewahren, dass ihm ein neuer Vertragspartner aufgedrängt wird,[1] dessen Leistungsfähigkeit und Zuverlässigkeit er bei Vertragsschluss nicht beurteilen und bei seiner Entscheidung nicht berücksichtigen konnte. Anlass für die Bestimmung waren schlechte Erfahrungen bei Bezugsverträgen über Zeitschriften, Buchreihen und Fernkurse.[2] Unzuverlässige Firmen verbargen sich beim Vertragsschluss hinter neuen Firmen, nur um nachträglich mithilfe des Eintrittsrechts doch wieder in den Vertrag einzutreten.[3] Der Überraschungs- und Verheimlichungseffekt verliert an Bedeutung, wenn der Dritte bei Vertragsschluss namentlich bezeichnet wird (Nr. 10 a) oder wenn dem Kunden ein Recht zur Lösung vom Vertrag eingeräumt wird (Nr. 10 b), weil dem Kunden dann wieder die Entscheidung möglich ist, ob er sich auf den neuen Vertragspartner einlassen will oder nicht.

---

1 *Bamberger/Becker* Rz 1.

2 BT-Drs. 7/3919, S. 38.

3 BT-Drs. 7/3919, S. 38.

§ 309 Nr. 10 entspricht wörtlich dem bisherigen § 11 Nr. 13 AGBG. Ein mit **2–9**
§ 309 Nr. 10 vergleichbares Anliegen verfolgt die RL mit dem Klauselverbot in Anh. Nr. 1 p. § 309 Nr. 10 bleibt zwar hinter den Anforderungen der RL in Anh. Nr. 1 p zurück, weil er eine Zustimmung nicht voraussetzt und die Einräumung eines Lösungsrechts genügen lässt. Doch kann insofern auf § 307 zurückgegriffen werden, dem deshalb bei Klauseln der hier interessierenden Art besondere Bedeutung zukommt (s. Rz 42, 43).

II. Tatbestand

1. Erfasste Vertragstypen

§ 309 Nr. 10 nennt nur Kauf-, Dienst- und Werkverträge. Ebenfalls erfasst wer- **10**
den damit auch Verträge im Sinne des § 651[1] sowie solche Dienst- oder Werkverträge, die eine Geschäftsbesorgung zum Gegenstand haben (§ 675).[2] Bei der Anwendung des § 309 Nr. 10 auf Dienstverträge ist zu beachten, dass das AGB-Recht auf Arbeitsverträge lediglich nach Maßgabe des § 310 IV 2, also unter Berücksichtigung der Besonderheiten des Arbeitsrechts Anwendung findet (s. Rz 50). Bei Leasingverträgen hängt die Zuordnung davon ab, ob im Einzelfall die Einordnung als Kaufvertrag oder als Mietvertrag überwiegt. Nur im ersteren Fall ist § 309 Nr. 10 in direkter oder analoger Anwendung heranzuziehen.[3] Ist ein Vertrag als Dienst-, Kauf- oder Werkvertrag im Sinne des § 309 Nr. 10 einzuordnen, so findet § 309 Nr. 10 uneingeschränkt Anwendung. Eine Klausel ist also auch insofern an § 309 Nr. 10 zu messen, als sie den Wechsel des Vertragspartners nur bezüglich atypischer Nebenpflichten vorsieht.[4] Keine, auch keine analoge Anwendung findet § 309 Nr. 10 auf Gebrauchsüberlassungsverträge[5] wie Miete[6] oder Pacht. Auch Fitnessverträge fallen nicht unter § 309 Nr. 10, sofern, wie in der Regel, das mietvertragliche Element dominiert.[7] Auch die Anwendung auf Darlehensverträge ist ausgeschlossen.[8] Bei Verträgen, die nicht unter Nr. 10 fallen, ist jedoch nach § 307 zu prüfen, ob der Eintritt eines neuen Vertragspartners als angemessene Vertragsgestaltung wirksam ist oder nicht (s. Rz 42, 43).[9] Der Abgrenzung, ob z. B. Miet- oder Kaufvertrag vorliegt, kommt deshalb letztlich nicht entscheidende Bedeutung zu. Bei Grundstücksmiet- und -pachtverträgen ist jedoch zu beachten, dass der Wechsel des Vermieters oder Verpächters bei Grundstücksveräußerungen sogar vom Gesetz (§§ 566 I, 581 II) vorgesehen wird. Mit Blick auf Versicherungsverträge siehe §§ 69 ff. VVG.

---

1 Allgemeine Meinung zu § 11 Nr. 13 AGBG, 651 BGB a.F. S. z. B. *Löwe/von Westphalen* § 11 Nr. 13 Rz 8. Zu § 309 Nr. 10 z. B. *Ulmer/Hensen* Rz 4.

2 Vgl. OLG Saarbrücken NJW-RR 1999, 1397, 1397 (zu § 11 Nr. 13 AGBG): wenigstens analoge Anwendung des § 11 Nr. 13 AGBG auf Substitutionsklausel in Geschäftsbesorgungsvertrag.

3 *Schlosser/Coester-Waltjen* § 11 Nr. 13 Rz 7; *Staudinger/Coester-Waltjen* Rz 9. Vgl. auch *Bamberger/Becker* Rz 3: analoge Anwendung auf Finanzierungsleasingverträge. Gänzlich gegen eine Anwendung des § 309 Nr. 10 auf Leasingverträge aber z. B. *Palandt/Grüneberg* Rz 90; MünchKomm/*Basedow* Rz 5.

4 A. A. *Bauer/Diller* NJW 2002, 1609, 1615 (mit Blick auf nachvertragliche Wettbewerbsverbote in Arbeitsverträgen).

5 *Bamberger/Becker* § 309 Nr. 10 Rz 3.

6 *Palandt/Grüneberg* Rz 90.

7 MünchKomm/*Basedow* Rz 5.

8 *Bamberger/Becker* Rz 3.

9 LG Köln NJW 1988, 1084, 1085 (zu § 11 Nr. 13 AGBG).

2. Wechsel des Vertragspartners

11 § 309 Nr. 10 findet nur dann Anwendung, wenn die Klausel die Möglichkeit eröffnet, dass ein Dritter an Stelle des Verwenders in die sich aus dem Vertrag ergebenden Rechte eintritt.

12–15 **a) Eintritt in Rechte und Pflichten.** § 309 Nr. 10 verlangt damit zunächst einen Eintritt des Dritten in die sich aus dem Vertrag ergebenden Rechte und Pflichten. Die **Vertragsübernahme** als Eintritt in alle Rechte und Pflichten aus dem Vertrag fällt deshalb auf jeden Fall in den Anwendungsbereich der Nr. 10. Ferner muss § 309 Nr. 10 auch auf die **befreiende Schuldübernahme** angewandt werden.[1] Denn § 309 Nr. 10 will in erster Linie den Verwender an den übernommenen Pflichten festhalten und dem Kunden Gewissheit über die Person des Schuldners verschaffen. Aus dem gleichen Grund muss § 309 Nr. 10 zumindest analoge Anwendung auf **Substitutionsklauseln**[2] finden, die dazu führen sollen, dass der Verwender nur noch für die sorgfältige Auswahl des von ihm ausgewählten Dritten haften soll.[3] Denn der Zweck des § 309 Nr. 10, den Verwendungsgegner vor einem überraschenden Wechsel des Vertragspartners zu bewahren, greift auch dann ein, wenn der Vertragspartner zwar formal der gleiche bleibt, tatsächlich aber eine andere Person die Verantwortung für die ordnungsgemäße Leistungserbringung trägt und der Verwender sich dieser Verantwortung entzieht. Zudem können Substitutionsklauseln gegen § 307[4] und gegen § 309 Nr. 7[5] verstoßen. **Nicht** von § 309 Nr. 10 erfasst wird dagegen die **Abtretung der dem Verwender zustehenden Rechte,**[6] denn diese wollte der Gesetzgeber erklärterweise zulassen.[7] Deshalb ist auch die Weitergabe urheberrechtlicher Nutzungsrechte nicht zu beanstanden.[8] § 309 Nr. 10 findet auch keine Anwendung auf die **Erfüllungsübernahme**[9] nach §§ 329, 415 III und auf den **Schuldbeitritt.**[10] Auch dann, wenn sich der Verwender von vornherein zum Stellvertreter eines Dritten erklärt und auf diese Weise der eigenen Haftung entgehen möchte, ist § 309 Nr. 10 unanwendbar.[11] Doch sind entsprechende Klauseln an § 307 zu messen.[12] Gleiches gilt für eine Klausel, die es dem Verwender erlaubt, seine Pflicht durch einen **Erfüllungsgehilfen** erfüllen zu lassen.[13] Soweit hierin überhaupt eine Abweichung vom dispositiven Recht liegt, welches die Einschaltung von Erfüllungsgehilfen regelmäßig erlaubt, ist eine entsprechende Klausel jedenfalls nicht an § 309 Nr. 10 zu messen, da der Verwender durch die Einschaltung von Erfüllungsgehilfen nicht von seiner Verantwortlichkeit befreit wird, sondern dem Kunden gegenüber haftbar bleibt (§ 278).

16 **b) Eintritt eines Dritten.** § 309 Nr. 10 ist nur dann anwendbar, wenn ein Dritter in die sich aus dem Vertrag ergebenden Rechte und Pflichten eintritt. Dritter ist

---

1 Ebenso z. B. *Bamberger/Becker* Rz 6; *Palandt/Grüneberg* Rz 91; *Staudinger/Coester-Waltjen* Rz 12.

2 S. § 309 Nr. 7 Rz 21.

3 Für eine direkte oder analoge Anwendung in diesem Falle auch *Staudinger/Coester-Waltjen* Rz 12; OLG Saarbrücken NJW-RR 1999, 1397, 1397 (zu § 11 Nr. 13 AGBG); *Ulmer/Hensen* Rz 5.

4 Für die Unangemessenheit einer Substitutionsklausel in einem Baubetreuungsvertrag OLG Saarbrücken NJW-RR 1999, 1397, 1398 (zu § 9 AGBG).

5 S. § 309 Nr. 7 Rz 21.

6 Allgemeine Auffassung. S. z. B. *Palandt/Grüneberg* Rz 91; *Bamberger/Becker* Rz 7; *Staudinger/Coester-Waltjen* Rz 12.

7 BT-Drs. 7/3919, S. 38.

8 BGH LM Nr. 5 zu § 9 C (b) AGBG; dazu auch § 310 Rz U 28.

9 *Bamberger/Becker* Rz 7; *Staudinger/Coester-Waltjen* Rz 12.

10 *Löwe/von Westphalen* § 11 Nr. 13 Rz 13; *Bamberger/Becker* Rz 7; *Staudinger/Coester-Waltjen* Rz 12.

11 MünchKomm/*Basedow* Rz 5. A. A. wohl *Staudinger/Coester-Waltjen* Rz 13.

12 MünchKomm/*Basedow* Rz 5.

13 Ebenso z. B. *Bamberger/Becker* Rz 7; *Palandt/Grüneberg* Rz 91; *Staudinger/Coester-Waltjen* Rz 12.

jeder, der nicht mit dem Verwender identisch ist. Dass das eintretende Unternehmen zum gleichen Konzern gehört wie der Verwender ändert nichts an seiner Einordnung als Dritter im Sinne des § 309 Nr. 10. Nicht anwendbar ist § 309 Nr. 10 dagegen im Falle eines identitätswahrenden Formwechsels.[1] Dies gilt unabhängig davon, ob es sich um einen Formwechsel im Sinne des Umwandlungsgesetzes oder um einen Wechsel der Rechtsform durch Umwandlung einer Gesellschaft bürgerlichen Rechts in eine OGH oder umgekehrt handelt. Erst recht ist ein bloßer Wechsel in der personellen Besetzung der Organe einer AG oder GmbH kein Wechsel der Identität. Auch die Verschmelzung zweier Unternehmen oder die Spaltung eines Unternehmens nach dem Umwandlungsgesetz führt nicht zu einem Identitätswechsel im Sinne des § 309 Nr. 10.[2]

c) Möglichkeit des Eintritts ausreichend. Neben dem vollzogenen Eintritt genügt auch die **Möglichkeit des Eintritts.**[3] Die AGB-Klausel ist bereits dann an § 309 Nr. 10 zu messen, wenn darin der Eintritt durch einen Dritten gestattet ist, und nicht erst dann, wenn es tatsächlich zu einem solchen Eintritt kommt. Das Recht zur Lösung vom Vertrag muss jedoch lediglich für den Fall eingeräumt werden, dass der Wechsel des Vertragspartners tatsächlich vollzogen wird.[4] Demgegenüber ist nicht erforderlich, dass dem Kunden das Recht eingeräumt wird, sich auch unabhängig von einem tatsächlich erfolgten Wechsel **jederzeit** vom Vertrag zu lösen, nur weil die AGB des Verwenders die Möglichkeit eines Wechsels des Vertragspartners vorsehen.[5] 17

d) Eintritt an Stelle des Verwenders. Der Dritte muss an die Stelle des Verwenders treten. Dabei spielt es keine Rolle, ob der Verwender Schuldner der Leistung oder der Gegenleistung ist. So findet § 309 Nr. 10 z. B. im Falle des Kaufvertrages unabhängig davon Anwendung, ob der Verwender der Käufer oder der Verkäufer ist.[6] Denn das Aufdrängen eines unzuverlässigen Käufers, Bestellers, etc. ist nicht minder belastend als das Aufdrängen eines unzuverlässigen Verkäufers, etc. Ein Wechsel auf der Seite des Verwendungsgegners wird allerdings von § 309 Nr. 10 nicht erfasst. Auch so genannte **Nachfolgeklauseln,** die den Verwendungsgegner dazu verpflichten, einen Dritten dazu zu bewegen, in die Stellung des Verwendungsgegners einzutreten, sind nicht an § 309 Nr. 10, sondern an § 307 zu messen (s. Rz 11). 18

e) Eintritt kraft Vertrages. § 309 Nr. 10 ist nur dann anwendbar, wenn der Wechsel des Vertragspartners auf dem Vertrag beruht. Ist der Wechsel des Vertragspartners dagegen schon im Gesetz vorgesehen, wie es z. B. in § 613a I 1 der Fall ist, und beschränkt sich die Klausel darauf, dieses Recht zu wiederholen, so kann § 309 Nr. 10 schon nach § 307 III 1 keine Anwendung finden.[7] Erweitert eine Klausel allerdings die gesetzlich vorgesehene Möglichkeit zum Wechsel des Vertragspartners, indem z. B. die Anforderungen an die Annahme eines Betriebsübergangs im Sinne des § 613 a I 1 gesenkt werden, muss auch § 309 Nr. 10 Anwendung finden. 19

f) Vor oder nach Verwenderleistung. Dass eine Klausel den Eintritt des Dritten erst zu einem Zeitpunkt ermöglicht, in welchem der Verwender seine nach dem 20–29

---

1 So auch *Bamberger/Becker* Rz 7; *Ulmer/Hensen* Rz 6.

2 So auch *Bamberger/Becker* Rz 7.

3 MünchKomm/*Basedow* Rz 7. Allerdings muss das Lösungsrecht nur für den Fall eingeräumt werden, dass der Wechsel tatsächlich stattfindet. S. Rz 35.

4 *Staudinger/Coester-Waltjen* Rz 15. In diesem Sinne auch BT-Drs. 7/3919, S. 38.

5 *Ulmer/Hensen* Rz 9.

6 A. A. wohl *Bauer/Diller* NJW 2002, 1609, 1615, die § 309 Nr. 10 wohl nur dann heranziehen wollen, wenn es der Verwender ist, der die Erbringung der vertragscharakteristischen Leistung schuldet.

7 *Bamberger/Becker* Rz 5; *Staudinger/Coester-Waltjen* Rz 10.

Vertrag geschuldete Leistung bereits erbracht hat, steht der Anwendung des § 309 Nr. 10 nicht entgegen. Denn zum einen enden die Nebenpflichten des Verwenders nicht mit der Leistungserbringung. Und zum anderen gilt es zu bedenken, dass es auch im Falle bereits erbrachter Leistungen noch zu einer Rückabwicklung des Vertrages kommen kann. Es kann also nicht die Rede davon sein, dass dem Verwendungsgegner gleichgültig ist, wer sein Vertragspartner wird, nachdem die Leistung des Verwenders erbracht worden ist. Außerdem ist der Verwender, der lediglich seine Rechte gegen den Verwendungsgegner weiterreichen möchte, regelmäßig schon durch die Möglichkeit der Abtretung hinreichend geschützt. Sofern diese im Einzelfall ausgeschlossen ist (z. B. nach § 399, 1. Alt.), hat der Verwendungsgegner erst recht ein schutzwürdiges Interesse daran, dass ein Wechsel des Vertragspartners nicht ohne Beachtung der Anforderungen des § 309 Nr. 10 stattfindet.

3. Namentliche Bezeichnung des Dritten oder Einräumung eines Lösungsrechts

30 **a) Allgemeines.** Eine Klausel, die den Wechsel des Vertragspartners vorsieht, verstößt nur dann nicht gegen § 309 Nr. 10, wenn dem Verwendungsgegner entweder der Vertragspartner bekannt gemacht (Nr. 10 a) oder ihm das Recht eingeräumt wird, sich im Falle eines Wechsels des Vertragspartners vom Vertrag zu lösen (Nr. 10 b). Ausreichend ist, dass eine der beiden genannten Voraussetzungen erfüllt ist. § 309 Nr. 10 bleibt damit hinter den Anforderungen der Klauselrichtlinie in Anh. Nr. 1 p zurück, denn diese Regelung greift immer schon dann ein, wenn die Klausel einen Wechsel des Vertragspartners auf Seiten des Verwenders ohne Zustimmung des Verbrauchers ermöglicht, sofern dies möglicherweise eine Verringerung der Sicherheiten für den Verbrauch bewirkt. Diese Divergenz zwischen Anh. Nr. 1 p RL einerseits und § 309 Nr. 10 andererseits ist jedoch gemeinschaftsrechtlich unbedenklich, weil entsprechende Klauseln immer noch an § 308 Nr. 3 und an § 307 zu messen sind. S. Rz 42, 43.

31 **b) Maßgeblichkeit des Vertragsinhalts.** Hervorzuheben ist, dass der Vertrag selbst den Namen des neuen Vertragspartners beziehungsweise das Recht zur Lösung vom Vertrag enthalten muss. Nicht erforderlich ist demgegenüber, dass die Voraussetzungen eines zulässigen Vertragswechsels im gleichen Absatz wie das Eintrittsrecht geregelt sind. Zudem muss es ausreichen, dass das Eintrittsrecht in den AGB, die Zulässigkeitsvoraussetzungen der Nr. 10 a und b dagegen in einer Individualvereinbarung enthalten sind. Entscheidend ist allein, dass dem Kunden die Person des Dritten bzw. sein Recht auf Vertragslösung deutlich vor Augen geführt wird. Daran wird es vor allem in zwei Fällen fehlen. So wird man die Anforderungen des § 309 Nr. 10 dann nicht als erfüllt ansehen können, wenn die Möglichkeit des Wechsels des Vertragspartners in schriftlichen AGB vorgesehen ist, das Recht zur Lösung vom Vertrag beziehungsweise der Name des zukünftigen Vertragspartners dagegen nur Gegenstand einer mündlichen Vereinbarung war. Denn in diesem Falle hat der Verwendungsgegner nicht nur Beweisschwierigkeiten, sondern steht auch vor der Herausforderung, seine Rechte nicht zu vergessen. Darüber hinaus ist den Anforderungen des § 309 Nr. 10 auch dann nicht genügt, wenn die AGB zwar den Namen des neuen Vertragspartners oder ein Lösungsrecht des Kunden vorsehen, die entsprechende Bestimmung nach ihrem Standort im Vertrag aber so sehr von der Klausel zum Wechsel des Vertragspartners getrennt ist, dass ein Zusammenhang zwischen beiden Bestimmungen nicht mehr ohne weiteres erkennbar ist.

c) Namentliche Bezeichnung. Die namentliche Bezeichnung des Dritten (Nr. 10 a) erfordert die Angaben von Daten, die die Feststellung der Identität des Dritten ohne Schwierigkeiten erlauben.[1] Dazu gehört neben einer Namens- oder Firmenangabe auch die Angabe der Anschrift.[2] Entsprechend dem Schutzzweck des § 309 Nr. 10 muss die Namensangabe so deutlich erfolgen, dass sie auch dem durchschnittlichen Kunden ohne besonderes Nachforschen auffällt. Die namentliche Bezeichnung des Dritten muss mindestens ebenso deutlich erkennbar sein wie die Eintrittsklausel selbst. Sie muss zudem unabhängig davon erfolgen, ob der Eintritt des Dritten gewiss oder nur rechtlich möglich ist. 32

d) Das **Recht zur Lösung vom Vertrag** (Nr. 10 b) muss dem Verwendungsgegner eingeräumt werden. Ausreichend ist, dass das Lösungsrecht für den Fall eingeräumt wird, dass es tatsächlich zu einem Wechsel des Vertragspartners kommt (s. Rz 17). Bei dem Recht zur Lösung vom Vertrag handelt sich um ein vertraglich vereinbartes Rücktrittsrecht nach §§ 346 ff bzw. bei Dauerschuldverhältnissen um ein Kündigungsrecht. 33

aa) Keine Nachteile. An die Ausübung des Rechts zur Lösung vom Vertrag dürfen keine Nachteile geknüpft werden.[3] Selbst Klauseln im Sinne der §§ 308 Nr. 7, 309 Nr. 5 wird man in diesem Zusammenhang als nach § 309 Nr. 10 unzulässig einstufen müssen, weil und soweit sie zulasten des Verwendungsgegners vom dispositiven Recht abweichen. Denn im Falle des § 309 Nr. 10 rechtfertigt die besondere Schutzwürdigkeit des Verwendungsgegners die Stellung hoher Anforderungen an das Lösungsrecht. Es geht nicht an, dass der Verwendungsgegner sich gezwungen sieht, einen ihm an sich nicht genehmen Vertragspartner hinzunehmen, nur weil er die nachteiligen Rechtsfolgen des Lösungsrechts fürchtet. Die Ausübung des Lösungsrechts darf auch nicht so geregelt sein, dass der Verwendungsgegner selbst bei Ausübung des Lösungsrechts (vorübergehend) in vertragliche Beziehungen mit dem Dritten gezwungen werden kann. Nicht zu beanstanden ist demnach zwar ein Recht zur fristlosen Kündigung. Die Möglichkeit, den Vertrag erst nach Ablauf einer Frist zu beenden, reicht aber nur dann aus, wenn auch der Eintritt des Dritten nicht sofort, sondern erst nach Ablauf der gleichen oder einer längeren Frist erfolgen soll.[4] Unwirksam ist dagegen eine Klausel, die nach Eintritt des Dritten eine Kündigungsfrist von einem Monat vorsieht.[5] 34

bb) Keine einschränkenden Voraussetzungen. Auch darf das Lösungsrecht neben dem Wechsel des Vertragspartners nicht an zusätzliche Voraussetzungen geknüpft werden.[6] Dementsprechend liegt z. B. dann ein Verstoß gegen § 309 Nr. 10 vor, wenn ein Lösungsrecht nur für den Fall des Vorliegens eines wichtigen Grundes eingeräumt wird.[7] Zulässig ist es freilich, das Recht zur Lösung vom Vertrag davon abhängig zu machen, dass ein Dritter tatsächlich an Stelle des Verwenders in den Vertrag eintritt.[8] 35

---

1 *Staudinger/Coester-Waltjen* Rz 14.

2 BGH NJW 1980, 2518, 2518 (zu § 11 Nr. 13 AGBG); *Bamberger/Becker* Rz 8; *Palandt/Grüneberg* Rz 92; MünchKomm/*Basedow* Rz 7; für den Regelfall zustimmend auch *Staudinger/Coester-Waltjen* Rz 14.

3 *Palandt/Grüneberg* Rz 92; *Ulmer/Hensen* Rz 8; *Staudinger/Coester-Waltjen* Rz 15.

4 Strenger wohl *Bamberger/Becker* Rz 9, der die Einräumung eines Rechts zur „sofortigen Lösung" für erforderlich hält.

5 LG Köln NJW-RR 1987, 885, 886 (zu § 11 Nr. 13 AGBG).

6 In diesem Sinne auch *Bamberger/Becker* Rz 9: Einräumung eines Rechts „zur voraussetzungslosen Lösung".

7 *Bamberger/Becker* Rz 9.

8 *Ulmer/Hensen* Rz 9; *Bamberger/Becker* Rz 9; *Palandt/Grüneberg* Rz 92; *Staudinger/Coester-Waltjen* Rz 14.

4. Beweislast

36–39 Wer sich auf die Unwirksamkeit beruft, muss nur das Eintrittsrecht des Dritten darlegen und beweisen. Dem Verwender obliegt es, die für die Wirksamkeit maßgeblichen Voraussetzungen in lit. a und b darzulegen und zu beweisen. Soll die Unwirksamkeit der Klausel auf § 307 gestützt werden, so gelten die allgemeinen Grundsätze (s. vor §§ 308, 309 Rz 21).

III. Verhältnis zu anderen Vorschriften

1. Verhältnis zu § 305 b

40 § 305 b ist neben § 309 Nr. 10 anwendbar. Allerdings besteht grundsätzlich kein Widerspruch zwischen der Vereinbarung eines Vertragspartners und der weiteren Vereinbarung, dass es unter bestimmten Voraussetzungen zum Eintritt eines Dritten in den Vertrag kommen kann.[1] Dies folgt auch daraus, dass § 309 Nr. 10 nahezu gänzlich bedeutungslos wäre, wenn man Klauseln im Sinne dieser Vorschrift schon deshalb als bedeutungslos ansehen wollte, weil die Vertragsparteien individualvertraglich festgelegt wurden. Demgegenüber ist § 305 b dann anwendbar, wenn die Individualabrede dahingehend ausgelegt werden muss, dass der Verwender Vertragspartner bleiben sollte. Dies wird man grundsätzlich dann annehmen können, wenn dem Verwendungsgegner erkennbar an einer Leistungserbringung gerade durch die Person des Verwenders gelegen war.

2. Verhältnis zu § 305c I

41 § 305c I ist neben § 309 Nr. 10 anwendbar. Dabei ist es durchaus möglich, dass eine Klausel zwar den Anforderungen des § 309 Nr. 10 genügt, gleichwohl aber an § 305c I scheitert. Beispielsweise mag die Klausel den zum Eintritt berechtigten Dritten namentlich bezeichnen, gleichwohl aber überraschend im Sinne des § 305c I sein. Unter welchen Voraussetzungen eine Klausel, die den Wechsel des Vertragspartners unter namentlicher Bezeichnung des neuen Vertragspartners vorsieht, als überraschend einzustufen ist, hängt entscheidend von den Üblichkeiten der Branche ab. Zumindest dann, wenn es an der Branchenüblichkeit fehlt, wird man den Überraschungscharakter aber in aller Regel bejahen können, sofern die Klausel nicht besonders hervorgehoben ist.[2]

3. Verhältnis zu § 307

42, 43 **a) Anwendbarkeit des § 307.** Die Regelung des § 307 ist in vollem Umfang neben derjenigen des § 309 Nr. 10 anwendbar.[3] Dies gilt ohne weiteres für den Fall, dass die Klausel von vornherein außerhalb des Anwendungsbereichs der letztgenannten Vorschrift liegt. Doch auch eine Klausel, die an § 309 Nr. 10 zu messen ist, dem Verbot aber standhält, weil sie den Anforderungen der lit. a oder der lit. b genügt, ist immer noch an § 307 zu überprüfen. Dabei kann § 309 Nr. 10 auch keine Wertung des Inhalts entnommen werden, dass Klauseln, die den An-

---

1 Wie hier wohl *Staudinger/Coester-Waltjen* Rz 3.

2 Generell für die Notwendigkeit einer besonderen Hervorhebung und ohne Nennung einer Ausnahme in Fällen der Branchenüblichkeit z. B. *Bamberger/Becker* Rz 1.

3 *Bamberger/Becker* Rz 2.

forderungen des § 309 Nr. 10 genügen, in der Regel auch nach § 307 nicht zu beanstanden seien.[1] Dies folgt schon aus dem Erfordernis einer **richtlinienkonformen Auslegung** des nationalen Rechts. Denn Nr. 1 p des Anhangs der Klauselrichtlinie erfasst über § 309 Nr. 10 hinaus all diejenigen Klauseln, in denen vorgesehen ist, dass der Vertrag ohne Zustimmung des Verbrauchers vom Gewerbetreibenden abgetreten werden kann, sofern dies möglicherweise eine Verringerung der Sicherheiten für den Verbrauch bewirkt. Dass die Richtlinie das Verb „abtreten" verwendet, darf nicht dahin gehend verstanden werden, dass die Abtretung im Sinne der §§ 398 ff gemeint sei. Erfasst werden soll vielmehr der auch in § 309 Nr. 10 geregelte Wechsel des Vertragspartners auf Verwenderseite.[2] Es bedarf also einer eigenständigen Prüfung dahin gehend, ob die Klausel angemessen im Sinne des § 307 ist, wobei insbesondere den Anforderungen der Nr. 1 p des Anhangs der Klauselrichtlinie Rechnung getragen werden muss.[3] Dabei ist zu beachten, dass die von Nr. 1 p RL geforderte Zustimmung nicht schon in der auf den Abschluss des Vertrages gerichteten Willenserklärung des Verwendungsgegners erblickt werden kann.[4] Dies gilt auch dann, wenn die Klausel den Dritten genau bezeichnet.[5] Denn bei einer solchen Auslegung würde das in Nr. 1 p aufgestellte Zustimmungserfordernis nahezu jede praktische Relevanz einbüßen. Eine Klausel in einem Verbrauchervertrag, die einen Wechsel des Vertragspartners auf Seiten des Verwenders erlaubt, kann der Einstufung als unangemessen daher nach richtiger Auffassung nur dann entgehen, wenn (a) die Klausel die Zulässigkeit des Wechsels von der noch zu erfolgenden **Erteilung der Zustimmung** des anderen Vertragsteils abhängig macht **oder** wenn (b) keine Gefahr besteht, dass die Klausel eine **Verringerung der Sicherheiten** für den Verbrauch bewirkt. Eine solche Gefahr ist dann zu verneinen, wenn es dem Verbraucher in aller Regel möglich ist, einen Vertrag gleichen Inhalts zu gleichen Konditionen mit einem anderen Anbieter abzuschließen. Doch selbst wenn eine Klausel den vorgenannten Anforderungen genügt, ist sie damit nicht ohne weiteres angemessen. Vielmehr gilt darüber hinaus, dass Klauseln, die einen Wechsel des Vertragspartners im Sinne des § 309 Nr. 10 vorsehen, nur dann mit § 307 vereinbar sind, wenn ihnen ein **schutzwürdiges Interesse des Verwenders** zu Grunde liegt.[6] Auch ist die Klausel trotz eines schutzwürdigen Interesses unwirksam, wenn sie den Kunden unverhältnismäßig belastet oder wenn der Eintritt des Dritten der Natur des Vertrags widerspricht.[7]

b) Nachfolgeklauseln. Eine erhebliche Belastung für den Verwendungsgegner 44
geht von so genannten Nachfolgeklauseln aus, die den Verwendungsgegner dazu verpflichten, einen Dritten zum Eintritt in den Vertrag anstelle des Verwendungsgegners zu bewegen. Gleichwohl sind solche Klauseln nicht notwendig unwirksam. Vielmehr kommt es darauf an, ob sie durch ein hinreichend gewichtiges Interesse des Verwenders gerechtfertigt sind. So kann es beispielsweise bei einem Wärmelieferungsvertrag liegen, bei dem erhebliche Investitionen des Verwenders auf dem Spiel stehen.[8] Wirksam ist auch die Nachfolgeklausel in einem Vertrag

[1] Ähnlich *Bamberger/Becker* Rz 2: Kein Umkehrschluss aus § 309 Nr. 10, dass Vertragsübertragungen nur an dieser Vorschrift zu messen seien.

[2] Restriktiver z. B. *Ulmer/Hensen* Rz 13: Auslegung im Sinne einer befreienden Schuldübernahme.

[3] So wohl auch *Palandt/Grüneberg* § 310 Rz 44. A. A. *Ulmer/Hensen* Rz 14, der die Divergenz zwischen RL Anh. Nr. 1 p einerseits und dem deutschen Recht andererseits hinnehmen möchte.

[4] Insoweit zutreffend *Ulmer/Hensen* Rz 14.

[5] Großzügiger aber *M. Wolf* zu RL Rz 205.

[6] *Bamberger/Becker* Rz 2.

[7] Für Unwirksamkeit bei Widerspruch zur Natur des Vertrages z. B. auch *Bamberger/Becker* Rz 2.

[8] S. auch BGH NJW 1981, 1361 (zu § 9 AGBG).

über die Lieferung von Flüssiggas, wenn dem Vertragspartner die Kündigung aus wichtigem Grund erhalten bleibt.[1] Zu Nachfolgeklauseln in Bierlieferungsverträgen s. Anh. § 310 Rz B 336–340.

4. Verhältnis zu § 308 Nr. 3, 4, 5

45–49 § 308 Nr. 3 ist neben § 309 Nr. 10 anwendbar. Dies ist von erheblicher praktischer Bedeutung. Denn das Ausscheiden des Verwenders aus dem Vertrag kommt in seiner Person einem Lösungsrecht gleich. Daher sind entsprechende Klauseln nicht nur dann an § 309 Nr. 10, sondern zusätzlich an § 308 Nr. 3 zu messen. Auch § 308 Nr. 4 kann neben § 309 Nr. 10 anwendbar sein, nämlich in denjenigen Fällen, in denen der Wechsel des Vertragspartners mit einer Änderung des Leistungsinhalts verbunden ist.[2] Demgegenüber findet § 308 Nr. 5 auf die von § 309 Nr. 10 erfassten Klauseln keine Anwendung, weil diese sich gerade dadurch auszeichnen, dass der Verwendungsgegner sein Einverständnis mit dem Wechsel bereits im Zeitpunkt des Vertragsschlusses erklärt.[3]

IV. Arbeitsverträge

50 § 309 Nr. 10 ist grundsätzlich auch auf Arbeitsverträge anwendbar, wobei allerdings nach § 310 IV zwei Besonderheiten des Arbeitsrechts zu beachten sind. Die Besonderheiten des Arbeitsrechts rechtfertigen jedoch keine Abweichungen von § 309 Nr. 10. Denn soweit der Arbeitgeber ausnahmsweise ein schutzwürdiges Interesse an einem Wechsel im Sinne des § 309 Nr. 10 hat, mag er dem Arbeitnehmer ein Kündigungsrecht einräumen. Aus diesem Grunde ist auch eine Klausel, die es erlaubt, dass an die Stelle des Unternehmens ein anderes zum gleichen Konzern gehörendes Unternehmen tritt, ohne weiteres nach § 309 Nr. 10 unwirksam, wenn das eintretende Unternehmen in der Klausel nicht namentlich bezeichnet oder dem Arbeitnehmer ein Kündigungsrecht eingeräumt wird.[4] Darüber hinaus wird man grundsätzlich davon ausgehen müssen, dass eine Klausel, die über das dispositive Recht hinaus (s. § 613a) einen Wechsel des Arbeitgebers erlaubt, grundsätzlich als unangemessen im Sinne des § 307 einzustufen ist.[5] Siehe auch Rz 19.

51–59 Besonderheiten gelten mit Blick auf nachvertragliche Wettbewerbsverbote, die in Arbeitsverträgen vereinbart werden. Diese gehen im Falle eines Betriebsübergangs nicht gemäß § 613 a auf den Erwerber über, soweit der Arbeitnehmer im Zeitpunkt des Betriebsübergangs bereits ausgeschieden war.[6] Damit stellt sich die Frage, ob die AGB des Arbeitgebers einen Übergang des Wettbewerbsverbots auf den Erwerber vorsehen können, ohne den Anforderungen des § 309 Nr. 10 genügen zu müssen. Dies wird in der Literatur zum Teil bejaht.[7] Zum einen handele es sich bei dem Wettbewerbsverbot nicht um einen Dienstvertrag,[8] und zum anderen sei § 309 Nr. 10 schon deshalb nicht einschlägig, weil es im Falle eines Wettbewerbsverbots der Verwendungsgegner sei, der zur Leistung verpflichtet bleibe. In-

---

1 OLG Frankfurt NJW-RR 1987, 1462 (zu § 9 AGBG).
2 Zutreffend *Staudinger/Coester-Waltjen* Rz 4.
3 Zutreffend *Staudinger/Coester-Waltjen* Rz 5.
4 A. A. wohl *Lingemann* NZA 2002, 181, 191 Fn 45.
5 A. A. wohl *Lingemann,* NZA 2002, 181, 191 Fn 45.
6 *Bauer/Diller* NJW 2002, 1609, 1615.
7 *Bauer/Diller* NJW 2002, 1609, 1615.
8 *Bauer/Diller* NJW 2002, 1609, 1615.

dessen überzeugt diese Argumentation nicht. Für die Anwendung des § 309 Nr. 10 ist die Einordnung des Vertragsverhältnisses, nicht die Einordnung der einzelnen Pflicht entscheidend (s. Rz 10).[1] Auch differenziert § 309 Nr. 10 gerade nicht danach, wer die Leistung und wer die Gegenleistung zu erbringen hat (s. Rz 18). Ferner sind keine Besonderheiten des Arbeitsrechts erkennbar, die es rechtfertigen könnten, § 309 Nr. 10 nicht zur Anwendung zu bringen.

IV. Geltung zwischen Unternehmern

§ 309 Nr. 10 gilt nicht unmittelbar für AGB, die gegenüber Unternehmern verwandt werden (§ 310 I 1). Das Verbot, einen anderen Vertragspartner oder Schuldner aufzudrängen, beruht jedoch auf einem wesentlichen Grundgedanken der gesetzlichen Regelung, insbesondere der §§ 414, 415. Klauseln, die einen Wechsel des Vertragspartners vorsehen, ohne den Dritten zu benennen oder ein Lösungsrecht einzuräumen, sind deshalb nach richtiger Auffassung auch im unternehmerischen Verkehr grundsätzlich unwirksam.[2] § 309 Nr. 10 entfaltet mit anderen Worten Indizwirkung für den unternehmerischen Verkehr. Der BGH hat sich bisher allerdings etwas zurückhaltender geäußert. Ihm zufolge ist „eine Vertragsabschlussklausel, die formularmäßig das Genehmigungserfordernis des § 415 I BGB ersetzen soll, jedenfalls dann zu beanstanden, wenn dem Kunden des Klauselverwenders nach der Art des geschlossenen Vertrages die Person seines Vertragspartners typischerweise nicht gleichgültig sein kann, er vielmehr daran interessiert sein muss, sich über Zuverlässigkeit und Solvenz des Dritten Gewissheit zu verschaffen."[3] Unwirksam soll eine entsprechende Klausel daher z. B. in einem auf mehrere Jahre abgeschlossenen Automatenaufstellvertrag sein.[4] Allerdings hat der BGH ausdrücklich offen gelassen, ob „ein zustimmungsfreies Übertragungsrecht [...] hingenommen werden könnte, wenn es auf Fälle beschränkt wäre, in denen der AGB-Verwender hierfür ein berechtigtes Interesse geltend machen kann".[5] Diese Frage wird man bejahen müssen, allerdings nur dann, wenn das Interesse des Verwenders im Vergleich mit den entgegenstehenden Interessen des Verwendungsgegners hinreichend schwerwiegend erscheint, um die Indizwirkung des § 309 Nr. 10 zu entkräften. **60**

Im Übrigen gilt es zu beachten, dass Klauseln, die einen Wechsel des Vertragspartners vorsehen, auch im unternehmerischen Verkehr nicht schon deshalb wirksam sind, weil sie ein Lösungsrecht einräumen oder den Dritten namentlich bezeichnen. Vielmehr kommt es auch im unternehmerischen Verkehr darauf an, ob die Klausel durch ein schutzwürdiges Interesse des Verwenders gerechtfertigt ist und den Verwendungsgegner nicht in unverhältnismäßiger Weise belastet oder gar der Natur des Vertrages widerspricht. Demgegenüber ist im unternehmerischen Verkehr grundsätzlich nicht erforderlich, dass die Klausel, sofern sie eine Verringerung der Sicherheiten des Verwendungsgegners bewirken kann, die Zulässigkeit des Wechsels von der noch zu erteilenden Zustimmung des Verwendungsgegners **61**

---

[1] A. A. *Bauer/Diller* NJW 2002, 1609, 1615.

[2] Streitig. Wie hier *Bamberger/Becker* Rz 12. Für „eine gewisse Indizwirkung" auch *Staudinger/Coester-Waltjen* Rz 18. *Palandt/Grüneberg* Rz 92 stellt darauf ab, ob der Wechsel des Vertragspartners berechtigte Interessen des anderen Teils beeinträchtigt. *Ulmer/Hensen* Rz 11 betont, dass entsprechende Klauseln jedenfalls nicht generell unwirksam seien. Vgl. auch MünchKomm/*Basedow* Rz 9: Notwendigkeit einer Abwägung der beteiligten Interessen.

[3] BGH NJW 1985, 53, 54 (zu § 9 AGBG).

[4] BGH NJW 1985, 53, 54 (zu § 9 AGBG).

[5] BGH NJW 1985, 53, 55 (zu § 9 AGBG).

abhängig macht (s. Rz 42, 43). Denn dieses mit Blick auf Verbraucherverträge aufgestellte Erfordernis rechtfertigt sich nur unter dem Gesichtspunkt der richtlinienkonformen Auslegung des § 307, und die Klauselrichtlinie beansprucht gerade keine Geltung für den unternehmerischen Verkehr.

§ 309 Klauselverbote ohne Wertungsmöglichkeit

Auch soweit eine Abweichung von den gesetzlichen Vorschriften zulässig ist, ist in Allgemeinen Geschäftsbedingungen unwirksam

11. (Haftung des Abschlussvertreters)

eine Bestimmung, durch die der Verwender einem Vertreter, der den Vertrag für den anderen Vertragsteil abschließt,

a) ohne hierauf gerichtete ausdrückliche und gesonderte Erklärung eine eigene Haftung oder Einstandspflicht oder

b) im Falle vollmachtsloser Vertretung eine über § 179 hinausgehende Haftung

auferlegt.

Inhaltsübersicht

I. Zweck und Allgemeines

§ 309 Nr. 11 will den Vertreter vor einer überraschenden und ungerechtfertigten Inanspruchnahme schützen. Die Vorschrift enthält zwei Alternativen. Die erste Alternative, § 309 Nr. 11 a, betrifft den mit Vertretungsmacht ausgestatteten Vertreter, der neben dem Vertretenen in die Haftung aus dem Vertrag einbezogen werden soll. Eine solche Mithaftung wird durch Nr. 11 a nicht als solche verboten. Denn insbesondere bei minderjährigen oder vermögenslosen Hauptschuldnern kann im Einzelfall durchaus ein berechtigtes Interesse des Verwenders an der Mithaftung des Vertreters bestehen.[1] Wohl aber soll der Vertreter vor versteckten und überraschenden Mithaftungsklauseln bewahrt werden. Die Regelung des § 309 Nr. 11 a sieht damit einen Unwirksamkeitsgrund für Klauseln vor, die vielfach bereits nach § 305 b oder nach § 305c I nicht Vertragsbestandteil werden.[2] Dies entspricht ihrem 1

[1] In diesem Sinne auch MünchKomm/*Basedow* Rz 1; *Bamberger/Becker* Rz 1.

[2] *Palandt/Grüneberg* Rz 94. Ähnlich auch *Bamberger/Becker* Rz 1: § 309 Nr. 11 sei Ausprägung des Verbots überraschender Klauseln.

Normzweck. Denn § 309 Nr. 11 a stellt in der Sache eine besondere Ausprägung des Verbots überraschender Klauseln dar.[1] Daraus sollte freilich nicht geschlossen werden, dass der Vorschrift des § 309 Nr. 11 keine eigenständige Bedeutung zukäme. Vielmehr sieht § 309 Nr. 11a die Unwirksamkeit der Klausel grundsätzlich auch dann vor, wenn es im konkreten Fall an einem Überraschungseffekt fehlt. Dies entspricht der Funktion des § 309, formale und in diesem Sinne leicht zu handhabende Vorgaben für die Beurteilung von Klauseln zur Verfügung zu stellen.

2, 3 Die zweite Alternative, § 309 Nr. 11 b, geht vom Fall des vollmachtlosen Vertreters aus und will verhindern, dass dieser über § 179 hinaus zur Haftung herangezogen wird.[2] Unzulässig ist danach insbesondere eine über die Vertrauenshaftung hinausgehende Ersatzpflicht, wenn der Vertreter den Mangel der Vertretungsmacht nicht gekannt hat (§ 179 II). Unwirksam ist aber z. B. auch die Begründung einer Haftung entgegen § 179 III 1, wenn der Verwender den Mangel der Vertretungsmacht kannte oder kennen musste. Richtigerweise ist auch § 309 Nr. 11 b als besondere Ausprägung des Verbots überraschender Klauseln anzusehen (vgl. Rz 44–49).

4–9 § 309 Nr. 11 entspricht fast wörtlich dem bisherigen § 11 Nr. 14 AGBG.[3] Nur die Worte „des Bürgerlichen Gesetzbuchs" nach § 179 konnten mit der Eingliederung in das BGB entfallen. Im Gegensatz zu § 309 Nr. 11 schützt die RL in Anh. Nr. 1 n nicht den Vertreter, sondern den Verbraucher dagegen, dass die Vertretungswirkungen beim Vertretenen nicht eintreten.[4]

II. Mithaftung des Vertreters mit Vertretungsmacht (Nr. 11 a)

1. Auftreten als Vertreter für den anderen Vertragsteil

10 § 309 Nr. 11 a schützt den Vertreter des anderen Vertragsteils vor einer Eigenhaftung durch einen zweiten Vertrag, der neben dem Hauptvertrag zustande kommt, allerdings nicht mit dem Vertretenen, sondern mit dem Vertreter selbst.

11 **a) Auftreten als Vertreter für den anderen Vertragsteil.** § 309 Nr. 11 a findet nur dann Anwendung, wenn die Klausel die Haftung solcher Personen regelt, die als Vertreter auftreten, also erkennbar in fremdem Namen handeln. Wer nicht erkennbar in fremdem Namen handelt, hat am Schutz des § 309 Nr. 11 a nicht teil.[5] Eine Eigenhaftung ergibt sich in diesem Falle bereits aus § 164 II. Nicht anwendbar ist § 309 Nr. 11 a daher z. B. auf eine Klausel in einem auch mit einer GmbH abgeschlossenen Vertrag, die die Mithaftung des den Vertrag unterzeichnenden Gesellschafters vorsieht, sofern keine Anhaltspunkte dafür vorliegen, dass ein Handeln im Namen der GmbH gewollt war.[6] Schwierigkeiten ergeben sich dann, wenn die AGB des Verwenders bestimmen, dass der Unterzeichnende im eigenen Namen handelt. In diesem Falle ist zunächst zu klären, ob die Erklärung des Unterzeichnenden unter Berücksichtigung aller Umstände den Willen, ausschließlich in fremdem Namen zu handeln, hinreichend deutlich erkennen ließ. Bei der Beantwortung dieser Frage können grundsätzlich auch vorformulierte Erklärungen auf der

---

1 BGH NJW 2006, 996, 997.

2 Generell kritisch zu § 309 Nr. 11 b MünchKomm/*Basedow* Rz 8.

3 Vgl. auch BT-Drs. 14/6040, S. 160: „Die Nummern 10 bis 13 entsprechen fast wörtlich dem bisherigen § 11 Nr. 13 bis 16 AGBG."

4 S. Anh. Nr. 1 n RL Rz 184.

5 So wohl auch *Staudinger/Coester-Waltjen* Rz 5.

6 BGH NJW 2006, 996, 997.

Vertragsurkunde berücksichtigt werden.[1] Zu beachten ist jedoch, dass der Inhalt der Vertragsurkunde seine Bedeutung in diesem Falle nicht kraft vertraglicher Regelungswirkung, sondern in seiner Eigenschaft als Auslegungsgesichtspunkt erhält. Daraus folgt zugleich, dass bei der Berücksichtigung des Inhalts der AGB Zurückhaltung geboten ist. Entscheidend ist, ob der Verwender das Verhalten seines Gegenübers nach Treu und Glauben dahingehend verstehen darf, dass dieser im eigenen Namen handeln will. AGB-Klauseln, die ein Handeln im eigenen Namen vorsehen, können demgemäß überhaupt nur dann Relevanz erlangen, wenn der Verwender davon ausgehen darf, dass der Unterzeichnende mit dem Inhalt der relevanten Klausel vertraut ist. Dies wird im Regelfall nur dann anzunehmen sein, wenn die relevante Klausel nicht zu übersehen ist.

aa) Handeln im eigenen Namen. Soweit sich nach dem Gesagten ergibt, dass 12
der Handelnde den Vertrag in eigenem Namen abgeschlossen hat, findet § 309 Nr. 11 a grundsätzlich keine Anwendung.[2] Besonderheiten gelten allerdings dann, wenn der Verwendungsgegner sowohl in eigenem als auch in fremdem Namen handelt. In diesem Falle ist zu differenzieren. Gemäß § 427 haften mehrere, die sich durch Vertrag zu einer teilbaren Leistung verpflichten, im Zweifel als Gesamtschuldner. Liegt ein solcher Regelfall vor, so kann der Schutz des § 309 Nr. 11 a selbst dann nicht eingreifen, wenn der Handelnde sowohl in eigenem als auch in fremdem Namen handelt. Denn eine Klausel, die die Haftung des Handelnden anordnet, bestätigt in diesem Fall ohnehin nur, was sich schon aus dem Gesetz ergibt, ist also gemäß § 307 III 1 der Inhaltskontrolle entzogen. Aus ebendiesem Grunde kann die Klausel, vorbehaltlich des § 307 I 2, auch nicht unangemessen im Sinne des § 307 sein.[3] Hat z. B. der Geschäftsführer einer GmbH im eigenen Namen ohne Angabe seines Vertretungsverhältnisses unterschrieben und ist der Vertrag deutlich erkennbar auch mit ihm geschlossen, so haftet er aus dieser Unterschrift.[4] Dies gilt erst recht, wenn die Mithaftung in einem vom übrigen Vertragstext getrennten Teil unter die Vertragsunterschrift gesetzt wird und dieser die Mithaftung enthaltende Teil noch einmal unterschrieben wird.[5] Gleiches gilt, wenn der Handelnde zwar nicht zusammen mit dem Vertreter Vertragspartner geworden ist, gleichwohl aber aus dem im eigenen Namen abgeschlossenen Vertrag, z. B. einem Garantievertrag, in vollem Umfang für die Verbindlichkeit des Vertretenen haftet.[6] Komplizierter liegen die Dinge dann, wenn ausnahmsweise entgegen der Regelung des § 427 davon auszugehen ist, dass jede der Vertragsparteien nur für einen Teil der Verbindlichkeit haften soll.[7] In diesem Fall sollte man § 309 Nr. 11 a insoweit anwenden, als der Vertrag die Haftung des Handelnden auf die Verbindlichkeit des Vertretenen auszudehnen sucht. Denn der Schutzzweck des § 309 Nr. 11 a, den Vertretenen vor einer für ihn überraschenden und im Gesetz nicht vorgesehenen Haftungserweiterung zu schützen, ist dann ohne weiteres einschlägig. Beispielsweise ist Nr. 11 a an-

---

1 So i.E. BGHZ 104, 95, 100 = BGH NJW 1988, 1908, 1909 (zu § 11 Nr. 14 a AGBG); *Staudinger/Coester-Waltjen* Rz 6.

2 BGH NJW 2006, 996, 997; BGHZ 104, 95, 100 = BGH NJW 1988, 1908, 1909 (zu § 11 Nr. a 14 AGBG).

3 Gegen eine Anwendung des § 9 AGBG (§ 307) auch, allerdings bezogen auf den konkreten Fall, BGHZ 104, 95, 100 (zu § 11 Nr. 14 AGBG) = BGH NJW 1988, 1908, 1909.

4 So i.E. BGH NJW 2006, 996, 997; BGHZ 104, 95, 100 = BGH NJW 1988, 1908, 1909 (zu § 11 Nr. a 14 AGBG).

5 BGHZ 104, 232, 237 (zu § 11 Nr. 14 AGBG) = NJW 1988, 2465, 2466.

6 BGH NJW 2006, 996, 997. Die dort verwandte Klausel ließ der BGH allerdings im Ergebnis zu Recht am Transparenzprinzip scheitern. S. BGH, a.a.O., S. 997.

7 Ohne die hier vorgeschlagene Differenzierung aber z. B. MünchKomm/*Basedow* Rz 5: § 309 Nr. 11a gelte nicht für Personen, die einen Vertrag im eigenen Namen „(mit-)unterzeichnen".

zuwenden, wenn ein Reisender eine Reise für sich und gleichzeitig als Vertreter für andere Mitreisende bestellt, wobei erkennbar jeder Reisende nur für seinen Reisepreis haften soll.[1] Hervorzuheben ist allerdings, dass der **BGH** möglicherweise eine andere Auffassung vertritt. Das Gesetz, so der BGH, „beschränkt [...] seinen Schutz auf denjenigen, der nur als Vertreter auftritt, bezieht denjenigen also nicht mit ein, der seinerseits selbst als Vertragspartner im eigenen Namen, wenn auch neben dem Vertretenen, mit dem Verwender abschließt".[2] Da die zitierte BGH-Entscheidung indessen einen Fall betraf, in dem der Handelnde, da er jedenfalls auch in eigenem Namen gehandelt hatte, nach den §§ 427, 421 als Gesamtschuldner haftete, erscheint es aber zumindest unklar, ob die Aussage des BGH entgegen der hier vertretenen Auffassung auch auf den Fall zu beziehen ist, in welchem ohne die Klausel trotz des Handelns im eigenen Namen gerade keine gesamtschuldnerische Haftung besteht.

13 **bb) Handeln als Vertreter.** Soweit sich nach den dargestellten Grundsätzen ergibt, dass der Handelnde nicht in eigenem Namen gehandelt hat, fällt eine Klausel, die eine Eigenhaftung als Vertragspartner vorsieht, ohne weiteres unter § 309 Nr. 11 a. Denn Nr. 11 a setzt lediglich voraus, dass der Handelnde als Vertreter auftritt. In welcher Form seine Haftung erweitert wird, ist ohne Belang, so dass Nr. 11 a auch dann eingreift, wenn die Haftung des Vertreters im Sinne einer Eigenhaftung als Vertragspartner erweitert werden soll. Eine Klausel, wonach die Zustimmungserklärung der Eltern als gesetzliche Vertreter deren Eigenhaftung als Mitbesteller begründet, ist deshalb nach § 309 Nr. 11 a (und nicht erst nach § 307) unwirksam, wenn keine ausdrückliche und gesonderte Erklärung im Sinne dieser Vorschrift gegeben ist.[3]

14 **b) Des anderen Vertragsteils.** § 309 Nr. 11 a findet nur dann Anwendung, wenn die Klausel die Haftung eines Vertreters des anderen Vertragsteils regelt. Nicht unter § 309 Nr. 11 a fällt daher z. B. der Vertreter des Verwenders. Begründet der Verwender gegenüber seinem Vertreter eine Haftung durch AGB im Innenverhältnis, z. B. bei Vollmachtsüberschreitung, so kann eine Kontrolle jedoch nach § 307 erfolgen.

15 **c) Bote.** § 309 Nr. 11 a ist **nicht anzuwenden,** wenn der Dritte nicht als Vertreter, sondern bloß als Bote auftritt. Die Einbeziehung des Boten in die Vertragshaftung ist jedoch nach § 307 unwirksam.

2. Vertragsabschluss

16 Nr. 11 spricht davon, dass der Vertreter den **Vertrag abschließt.** Damit werden allerdings **nicht nur die Fälle des wirksamen Vertragsschlusses** erfasst. Denn der Begriff Vertragsabschluss ist nicht im Sinne des Abschlusserfolgs, sondern im Sinne einer auf den Vertragsabschluss zielenden Tätigkeit zu verstehen. Daher ist Nr. 11 a z. B. auch dann anzuwenden, wenn eine Haftung des Vertreters für den Fall einer Anfechtung durch den anderen Vertragsteil vorgesehen ist. Auch wenn der Vertrag nach Vertragsverhandlungen nicht zustande kommt, ist § 309 Nr. 11 a anzuwenden, soweit die Klausel eine über das dispositive Recht hinausgehende (§ 307 III 1) Haftung des Vertreters zu begründen sucht.

---

1 OLG Frankfurt NJW 1986, 1941, 1943 (zu § 11 Nr. 14 AGBG).

2 BGHZ 104, 95, 100 (zu § 11 Nr. 14 AGBG) = BGH NJW 1988, 1908, 1909. Nahezu wortgleich auch BGH NJW 2006, 996, 997.

3 So wohl auch *Ulmer/Hensen* Rz 4.

3. Vertretungsmacht

§ 309 Nr. 11 a schützt nur den Vertreter mit Vertretungsmacht. Dies ergibt sich schon daraus, dass eine Eigenhaftung des vollmachtlosen Vertreters durch § 179 I schon gesetzlich vorgesehen und eine Klausel, die diese Haftung klarstellt, bereits nach § 307 III 1 nicht an § 309 Nr. 11 a zu messen ist. Gleichgültig ist, ob der Vertreter aufgrund gesetzlicher Vertretungsmacht oder aufgrund Vollmacht zur Vertretung berechtigt ist. 17

4. Eigene Haftung oder Einstandspflicht

Der vertretungsberechtigte Vertreter verpflichtet nach dispositivem Recht den Vertretenen, haftet aber seinerseits aus dem Vertrag des Vertretenen nicht selbst. Eine **eigene Haftung** wird begründet, wenn der Vertreter allein oder gesamtschuldnerisch neben dem Vertretenen für die Erfüllung der Vertragspflichten einstehen soll, ohne dass eine individualvertragliche Grundlage für die Eigenhaftung besteht. Mit dem Begriff **Einstandspflicht** will der Gesetzgeber jede Inanspruchnahme des Vertreters erfassen, gleichgültig ob sie der eigentlichen Vertragshaftung gleichgestellt ist oder nicht. Es spielt also keine Rolle, ob die Inanspruchnahme des Vertreters z. B. nur subsidiär neben der Hauptvertragspartei oder nur in Form von Garantiezahlungen oder Schadensersatzpflichten vorgesehen ist. Erfasst wird daher beispielsweise die Übernahme einer Bürgschaft durch den Vertreter.[1] 18–20

5. Ausdrückliche und gesonderte Erklärung

Die Haftung des Vertreters ist als solche nicht verboten, sie soll nur nicht heimlich auferlegt werden können (Rz 1). Nr. 11 a lässt die Eigenhaftung oder die Einstandspflicht des Vertreters deshalb zu, wenn sie ausdrücklich durch gesonderte Erklärung übernommen wird. 21

a) Ausdrücklich. Die Erklärung ist ausdrücklich, wenn sie **unzweideutig und deutlich erkennbar** die Eigenhaftung oder Einstandspflicht des Vertreters vorsieht. Die Verwendung des Wortes ausdrücklich in der AGB-Klausel genügt nicht. Die Ausdrücklichkeit muss vielmehr durch die Gestaltung und die Fassung der Klausel zum Ausdruck kommen. Die Verwendung der Worte „gesamtschuldnerische Mithaftung" oder „Bürgschaftsübernahme" ist aber in der Regel ausreichend.[2] 22

b) Gesondert. Das Tatbestandsmerkmal der gesonderten Erklärung ist grundsätzlich ebenso zu interpretieren wie dasjenige der gesonderten Unterschrift bzw. gesonderten qualifizierten elektronischen Signatur in § 309 Nr. 12.[3] Die gesonderte Erklärung muss, damit die Warnfunktion gewährleistet ist, schriftlich abgegeben werden.[4] Die Abgabe einer gesonderten Erklärung verlangt, dass der Text der Haftungserklärung sowie die sich darauf beziehende Unterschrift deutlich vom Wortlaut des Vertrags abgesetzt sind, um dem Vertreter Inhalt und Wirkung seiner eigenen Erklärung deutlich zu machen.[5] Die Urkunde ist demnach äußerlich so zu gestalten, dass sie dem Vertreter die Rechtslage **unübersehbar** vor Augen 23

---

[1] BGH NJW 2001, 3186, 3186 (zu § 11 Nr. 14 AGBG); *Kohte* JZ 1990, 997, 1003 (zu § 11 Nr. 14 AGBG); *Palandt/Grüneberg* Rz 95; *Bamberger/Becker* Rz 2; *Staudinger/Coester-Waltjen* Rz 8.

[2] Zutreffend *Bamberger/Becker* Rz 3.

[3] BGH NJW 2001, 3186, 3186 (zu §§ 11 Nr. 14 u. Nr. 15 AGBG).

[4] MünchKomm/*Basedow* Rz 7.

[5] BGH NJW 2001, 3186, 3186 (zu § 11 Nr. 14 AGBG).

führt.[1] Zwar ist nicht erforderlich, dass die Erklärung in einer vom Hauptvertrag getrennten Urkunde erteilt wird.[2] Erst recht muss es sich nicht um eine Individualvereinbarung handeln.[3] Ebenso wenig ist eine besondere Hervorhebung durch größeren oder verstärkten Druck in jedem Falle zwingend erforderlich.[4] Für den Vertreter muss der Doppelcharakter seiner Verpflichtung jedoch schon aus dem äußeren Aufbau der Urkunde klar hervortreten.[5] In diesem Zusammenhang kann auch die drucktechnische Gestaltung der Urkunde relevant werden, z. B. ob das Schriftbild der Haftungserklärung sich von den übrigen in der Urkunde festgehaltenen Bestimmungen abhebt.[6]

24 Die handschriftliche Eintragung des Namens der haftenden Person reicht dagegen nicht aus, um einen auf den ersten Blick hervorgerufenen Anschein, die Urkunde betreffe nur den Abschluss eines Vertrages zwischen Verwender und Verwendungsgegner, nachhaltig zu beseitigen.[7] Vielmehr bedarf es einer **gesonderten Unterschrift** unter die Klausel, die zur Haftung des Vertreters führen soll.[8] Dem gleichzustellen ist, wie § 309 Nr. 11 zum Ausdruck bringt, eine gesonderte qualifizierte elektronische Signatur. Der Text, den der Verbraucher unterschreibt bzw. mit einer qualifizierten elektronischen Signatur versieht, darf dabei grundsätzlich keine weiteren Erklärungen neben der auf die Mithaftung gerichteten Erklärung enthalten.[9] Unwirksam ist dementsprechend eine Klausel in einem Leasingvertrag, die die Mithaftung des Geschäftsführers einer GmbH begründen soll, wenn der Text, der gesondert unterschrieben wird, nicht nur die Mithaftung des Unterzeichnenden vorsieht, sondern darüber hinaus bestimmt, dass mehrere Leasingnehmer als Gesamtschuldner haften.[10] Allerdings sollte der Grundsatz, dass der gesondert zu unterschreibende Text keine weiteren Erklärungen enthalten darf, nicht verabsolutiert werden. Entscheidend ist vielmehr, dass die Warnfunktion des Erfordernisses einer gesonderten Erklärung nicht beeinträchtigt wird. Dies wird besonders dann relevant, wenn der Verbraucher aufgrund entsprechender gesetzlicher Vorschriften verschiedene gesonderte Erklärungen abzugeben hat, z. B. nach § 309 Nr. 11a und nach § 309 Nr. 12 (Empfangsbekenntnis). In diesem Fall wäre dem Verbraucherschutz nicht gedient, wollte man mehrere Unterschriften fordern. Vielmehr wäre der Verbraucher wohl geneigt, dann, wenn ihm eine Vielzahl von Unterschriften abverlangt werden, der einzelnen Unterschrift weniger Bedeutung beizumessen, womit

---

1 BGH NJW 2002, 3464, 3464 (zu § 11 Nr. 14 AGBG); BGH NJW 2001, 3186, 3186 (zu § 11 Nr. 14 AGBG), *v. Westphalen* NJW 2002, 1688, 1696.

2 BGH NJW 2002, 3464, 3464 (zu § 11 Nr. 14 AGBG); BGH NJW 2001, 3186, 3186 (zu § 11 Nr. 14 AGBG); BGH NJW 1988, 2465, 2466 (zu § 11 Nr. 14 AGBG); MünchKomm/*Basedow* Rz 7; MünchKomm/*Habersack* § 765 Rz 35; *Staudinger/Coester-Waltjen* Rz 10.

3 BGH NJW 1988, 2465, 2466 (zu § 11 Nr. 14 AGBG); *Staudinger/Coester-Waltjen* Rz 10.

4 BGH NJW 1988, 2465, 2466 (zu § 11 Nr. 14 AGBG); *Staudinger/Coester-Waltjen* Rz 10.

5 BGH NJW 2002, 3464, 3464 (zu § 11 Nr. 14 AGBG); BGH NJW 2001, 3186, 3186 (zu § 11 Nr. 14 AGBG). Vgl. auch OLG Brandenburg NJW-RR 2002, 685, 685 (zu § 11 Nr. 14 AGBG): Unwirksamkeit einer Mithaftungsklausel, die in den einheitlich durchgestalteten Text eines Formulars eingefügt ist, ohne in irgendeiner Form besonders hervorgehoben zu sein.

6 So im Ergebnis auch BGH NJW 2001, 3186, 3187 (zu § 11 Nr. 14 AGBG).

7 BGH NJW 2001, 3186, 3187 (zu § 11 Nr. 14 AGBG).

8 OLG Frankfurt a.M. NJW 1986, 1941, 1043 (zu § 11 Nr. 14 AGBG); MünchKomm/*Basedow* Rz 7. Ebenso wohl auch BGH NJW 2001, 3186, 3186 (zu § 11 Nr. 14 AGBG), der betont, dass das Tatbestandsmerkmal der gesonderten Erklärung mit demjenigen einer gesonderten Unterschrift gleichzustellen sei.

9 Vgl. aber BGH NJW 2002, 3464, 3465 (zu § 11 Nr. 14 AGBG). Dort stellt der BGH nicht auf das hier befürwortete formale Kriterium ab, sondern begründet den Verstoß gegen § 11 Nr. 14 AGBG (§ 309 Nr. 11) mit der Unübersichtlichkeit der Klausel.

10 Ebenso i.E. BGH NJW 2002, 3464, 3465 (zu § 11 Nr. 14 AGBG), wo allerdings auf die Unübersichtlichkeit der Klausel abgestellt wird.

die Warnfunktion der einzelnen Unterschrift gefährdet würde. Daher muss es ausreichen, dass die gesondert abzugebenden Erklärungen zusammen unterschrieben werden, solange die Gestaltung der Urkunde sicherstellt, dass der Verbraucher sich über das Vorhandensein mehrerer Erklärungen im Klaren ist. Auf die tatsächliche Kenntnisnahme kommt es allerdings nicht an.[1]

Fehlt es nach dem Gesagten an einer gesonderten Erklärung, so entgeht die Klausel der Unwirksamkeit auch nicht dadurch, dass der Vertreter in der Urkunde namentlich genannt wird.[2] Ebenso wenig steht es der Unwirksamkeit der Klausel entgegen, dass der Vertreter eine Widerrufsbelehrung unterzeichnet.[3] **25–29**

6. Unwirksame Wirksame Klauseln

a) Unwirksam, wenn nicht durch gesonderte und ausdrückliche Erklärung vom Vertreter anerkannt, sind beispielsweise folgende Klauseln: „Zahlungspflichtig ist der Auftraggeber sowie gesamtschuldnerisch derjenige, der den Auftragsschein im eigenen oder fremden Namen unterzeichnet"; „Der Vertreter haftet als Mitbesteller für die Vertragserfüllung des Vertretenen"; „Bei Unterschriftsleistung eines minderjährigen Bestellers tritt der Mitbesteller ausdrücklich voll in die Rechte und Pflichten des Vertrags ein."[4] Gleiches gilt für eine Klausel in einem Automietvertrag, wonach neben dem Vertretenen auch der als Vertreter haftende Abholer wie ein Mieter haften soll.[5] Soweit der Abholer haften soll, auch wenn er nicht Vertreter ist, ergibt sich die Unwirksamkeit aus § 307. **30**

b) Wirksam, weil mit § 1357 I übereinstimmend, ist die Klausel „Die Unterschrift der Ehefrau wird abgegeben im Rahmen der Schlüsselgewalt und zugleich im eigenen Namen".[6] Wirksam ist sie allerdings nur insoweit, als das Geschäft tatsächlich im Rahmen der Schlüsselgewalt liegt. Trifft dies nicht zu, so fällt die Klausel unter § 309 Nr. 11a.[7] Sie genügt in diesem Falle auch nicht den Anforderungen an die ausdrückliche Erklärung, da die Klausel „zugleich im eigenen Namen" dem juristischen Laien seine Eigenhaftung nicht auf den ersten Blick deutlich macht. **31**

7. Beweislast

Die Darlegungs- und Beweislast trägt sich im Wesentlichen nach den allgemeinen Grundsätzen (s. vor §§ 308, 309 Rz 21). Im Falle des § 309 Nr. 11 a muss allerdings der Verwender darlegen und beweisen, dass eine auf die eigene Haftung oder Einstandspflicht des Vertreters gerichtete ausdrückliche und gesonderte Erklärung vorliegt. **32–39**

---

[1] BGH NJW 2001, 3186, 3187 (zu § 11 Nr. 14 AGBG). Für einen besonderen Fall auch MünchKomm/*Basedow* Rz 7.

[2] BGH NJW 2001, 3186, 3187 (zu § 11 Nr. 14 AGBG).

[3] BGH NJW 1988, 2465, 2466 (zu § 11 Nr. 14 AGBG).

[4] S. BT-Drs. 7/3919, S. 38.

[5] S. LG Frankfurt NJW-RR 1987, 828, das § 9 AGBG (§ 307) anwendet.

[6] BT-Drs. 7/3919, S. 38.

[7] So auch *Ulmer/Hensen* Rz 10; *Löwe/von Westphalen* § 11 Nr. 14 Rz 16.

III. Haftung des vollmachtlosen Vertreters (Nr. 11 b)

1. Auftreten als Vertreter

40 § 309 Nr. 11 b findet nur dann Anwendung, wenn die Klausel die Haftung solcher Personen regelt, die als Vertreter auftreten. Der Wortlaut des § 309 Nr. 11 b legt darüber hinaus nahe, dass nur solche Personen geschützt werden sollen, die als Bevollmächtige auftreten, spricht § 309 Nr. 11 b doch von „vollmachtloser Vertretung". Indessen ist kein Grund ersichtlich, denjenigen, der sich einer Vollmacht berühmt, in weiterem Umfang zu schützen als denjenigen, der über eine gesetzliche Vertretungsmacht zu verfügen vorgibt. § 309 Nr. 11 b kann daher nicht auf den vollmachtlosen Vertreter beschränkt werden, sondern muss analog auf solche Personen angewandt werden, die als gesetzliche Vertreter auftreten, ohne dass ihnen eine entsprechende Vertretungsmacht zukommt.[1]

2. Vertragsschluss

41 Zum Merkmal des Vertragsschlusses siehe Rz 16.

3. Über § 179 hinausgehende Haftung

42 **a) Haftungserweiterung.** Das Verbot des § 309 Nr. 11 b greift nur dann ein, wenn die Klausel eine über § 179 hinausgehende Haftung des Vertreters ohne Vertretungsmacht begründet. Dies ergibt sich nicht nur aus dem Wortlaut der Vorschrift, sondern zusätzlich auch aus § 307 III 1. Eine über § 179 hinausgehende Haftung liegt z. B. dann vor, wenn im Falle des § 179 II eine den Ersatz des Vertrauensschadens übersteigende Haftung vorgesehen wird.

43 **b) Tatsachenfiktionen.** Man könnte daran denken, § 309 Nr. 11 b auch dann zur Anwendung zu bringen, wenn die Klausel solche Tatsachen fingiert oder vermutet, die für das Ausmaß der Haftung des vollmachtlosen Vertreters relevant sind. Man denke z. B. an eine Klausel des Inhalts „Ein als Vertreter des Gebäudeeigentümers unterzeichnender Besteller versichert seine rechtmäßige Bevollmächtigung durch diesen. Auf seine Haftpflicht gemäß § 179 wird hingewiesen."[2] Indessen werden widerlegliche Tatsachenvermutungen bereits von § 309 Nr. 12 verboten, und Gleiches gilt nach richtiger Auffassung für Fiktionen und unwiderlegliche Tatsachenvermutungen (s. § 309 Nr. 12 Rz 20). Ein Rekurs auf § 309 Nr. 11 ist daher weder dogmatisch überzeugend noch rechtspolitisch notwendig.

4. Keine ausdrückliche und gesonderte Erklärung

44–49 Wenngleich § 309 Nr. 11 b dies nicht erwähnt, muss eine über § 179 hinausgehende Haftung dann wirksam in AGB vereinbart werden können, wenn eine ausdrückliche und gesonderte Erklärung im Sinne des § 309 Nr. 11 a gegeben ist.[3] Denn es ist kein Grund ersichtlich, den ohne Vertretungsmacht handelnden Vertreter in stärkerem Maße gegen eine Ausweitung seiner Haftung zu schützen als der mit Vertretungsmacht handelnde Vertreter gegen die Begründung seiner Mithaftung geschützt wird. Dem kann man auch nicht entgegenhalten, dass der voll-

---

1 *Bamberger/Becker* Rz 8 (ohne Klarstellung, ob analoge oder direkte Anwendung).

2 Für Unbeachtlichkeit einer solchen Klausel OLG Nürnberg/Fürth NJW 1962, 1513, 1514 (vor Inkrafttreten des AGBG).

3 Zutreffend *Bamberger/Becker* Rz 10.

machtlose Vertreter schon nach der gesetzlichen Regelung haftet und deshalb ein Interesse des Verwenders an einer Ausweitung der Haftung im Falle des vollmachtlosen Vertreters in geringerem Umfang anzuerkennen ist als bei einem Vertreter mit Vertretungsmacht, der nach der gesetzlichen Regelung grundsätzlich[1] nicht haftet. Denn gerade die Tatsache, dass der mit Vertretungsmacht handelnde Vertreter nach der gesetzlichen Regelung überhaupt nicht haftet, spricht für eine besonders strenge Kontrolle solcher Klauseln, die seine Haftung erst begründen. Denn zum einen werden diese für ihn besonders oft überraschend sein, und zum anderen entfernen sich solche Klauseln besonders weit von der gesetzlichen Regelung, was nach § 307 II Nr. 1 gegen die Angemessenheit entsprechender Klauseln spricht.

IV. Folgen der Unwirksamkeit

Verstößt eine Klausel gegen § 309 Nr. 11, so ist die Klausel vorbehaltlich des Sonderfalls sprachlicher und inhaltlicher Teilbarkeit im Ganzen unwirksam. An ihre Stelle treten gemäß § 306 II[2] die gesetzlichen Vorschriften, was aber im Falle des § 309 Nr. 11 a regelmäßig bedeutet, dass keine Haftung besteht, weil das dispositive Recht den Vertreter mit Vertretungsmacht grundsätzlich[3] nicht haften lässt. Im Falle des § 309 Nr. 11 a tritt regelmäßig § 179 an die Stelle der unwirksamen Klausel. 50–59

V. Verhältnis zu anderen Vorschriften

1. Verhältnis zu § 305 II

Im Falle einer formularmäßigen Mithaftungserklärung ist auch darauf zu achten, ob die Erklärung zum Gegenstand einer vertraglichen Vereinbarung geworden ist. Damit die Mithaftungserklärung Teil der AGB wird, müssen die Voraussetzungen von § 305 II erfüllt sein.[4] Das Erfordernis der ausdrücklichen und gesonderten Erklärung ist freilich so beschaffen, dass den Anforderungen des § 305 II regelmäßig genügt ist. Da sich das Erfordernis der ausdrücklichen Erklärung auch auf die Erklärung des Vertreters bezieht, wird regelmäßig auch das Einverständnis nach § 305 II vorliegen. 51

2. Verhältnis zu § 305b

§ 305 b sieht den Vorrang von Individualvereinbarungen vor, soweit diese in Widerspruch zu AGB-Bestimmungen stehen. Eine Haftung des Vertreters in AGB widerspricht allerdings nicht einer gleichzeitigen Haftung des Vertretenen. **Mithaftungsklauseln** zulasten des Vertreters werden daher nicht nach § 305 b durch Individualvereinbarungen verdrängt, die eine Haftung des Vertretenen vorsehen.[5] 52

1 Vgl. aber § 311 III.

2 In dogmatischer Hinsicht abweichend aber MünchKomm/*Basedow* § 306 Rz 11, der einen Rekurs auf § 306 II für entbehrlich hält, wenn die Klausel ersatzlos entfällt.

3 S. aber § 311 III.

4 Nicht ganz eindeutig BGH NJW 1988, 2465, 2466 (zu § 11 Nr. 14 AGBG), dem zufolge es einer „besonderen Einbeziehungsvereinbarung" im Sinne des § 2 AGBG a.F. (§ 305 II) nicht bedarf.

5 Vgl. aber *Palandt/Grüneberg* Rz 94: Klauseln, die eine Mithaftung des Vertreters vorsehen, sind in der Regel schon wegen Verstoßes gegen § 305b unwirksam.

3. Verhältnis zu § 305c I

53 § 305c I ist neben § 309 Nr. 11 a anwendbar.[1] Regelmäßig überraschend ist z. B. eine Klausel in einem Krankenhausaufnahmevertrag, der zufolge die Begleitperson des Patienten formularmäßig eine gesamtschuldnerische Haftung übernimmt.[2] Objektiv überraschend ist ferner eine Klausel in einem Kontoeröffnungsantrag, in welcher der Gesellschafter einer Vorgesellschaft die Haftung für alle künftigen Verbindlichkeiten aus der Kontoverbindung sowohl der Vorgesellschaft als auch der später entstehenden GmbH übernimmt.[3]

4. Verhältnis zu § 305c II

54 Auch § 305c II bleibt neben § 309 Nr. 11 a anwendbar.[4]

5. Verhältnis zu § 307

55–57 § 307 ist in vollem Umfang neben § 309 Nr. 11 a anwendbar. Klauseln, die in den Anwendungsbereich des § 309 Nr. 11 a fallen und den Anforderungen dieser Vorschrift genügen, sind also immer noch anhand des § 307 zu überprüfen.[5] Umgekehrt sind auch solche Klauseln an § 307 zu messen, die von vornherein außerhalb des Anwendungsbereichs von § 309 Nr. 11 a liegen.[6] Sorgfältig zu prüfen sind zunächst die Anforderungen des **Transparenzprinzips** (§ 307 I 2). Sieht der Vertrag z. B. vor, dass alle Gesellschafter einer als Vertragspartner agierenden GmbH „garantiemäßig" für die vollständige und rechtzeitige Erfüllung aller Zahlungsverpflichtungen einstehen, so ist diese Klausel nicht nach § 309 Nr. 11 a zu beanstanden, wenn ein Handeln im eigenen Namen vorliegt (s. Rz 11 f). Die Klausel verstößt aber gegen § 307 I 2, da sie Art und Umfang der übernommenen Verpflichtungen nicht hinreichend klar beschreibt.[7] Die Angemessenheitskontrolle erschöpft sich zudem nicht in einer Transparenzkontrolle. Vielmehr ist selbst bei hinreichender Transparenz der Klausel eine **Abwägung der beiderseitigen Interessen** vorzunehmen. Dabei wird man davon ausgehen müssen, dass **Mithaftungsklauseln** nur dann mit § 307 vereinbar sind, wenn ein schutzwürdiges Interesse des Verwenders an der Haftung des Betroffenen anzuerkennen ist. Klauseln, die eine Mithaftung bloßer Boten oder nicht als Vertreter auftretender Erfüllungsgehilfen vorsehen, sind in der Regel mangels eines schutzwürdigen Interesses nach § 307 unwirksam. Nach § 307 I unwirksam sind auch solche Klauseln, denen zufolge der im eigenen Namen handelnde Verwendungsgegner **zugleich als Vertreter** eines Dritten agiert.[8]

4. Verhältnis zu § 309 Nr. 12

58, 59 Zum Verhältnis zwischen § 309 Nr. 12 und § 309 Nr. 11 siehe Rz 43.

---

1 BGHZ 104, 232, 239 (zu § 11 Nr. 14 AGBG). Vgl. auch *Palandt/Grüneberg* Rz 94, dem zufolge Mithaftungserklärungen in der Regel nach § 305 c I unwirksam sind.

2 OLG Düsseldorf NJW 1995, 3062, 3063 (zu § 3 AGBG).

3 OLG Brandenburg NJW-RR 2002, 685, 685 (zu § 3 AGBG).

4 BHGZ 104, 232, 239 (zu § 11 Nr. 14 AGBG).

5 Ebenso z. B. *Ulmer/Hensen* Rz 12; *Bamberger/Becker* Rz 8.

6 BGH NJW 1988, 2465, 2467 (zu § 11 Nr. 14 AGBG); BGH NJW 2006, 996, 997.

7 BGH NJW 2006, 996, 997.

8 Nach *Ulmer/Hensen* Rz 6 führen solche Klauseln „durchweg" zur Nichtigkeit nach § 307. *Staudinger/Coester-Waltjen* Rz 12 plädiert für eine analoge Anwendung des § 309 Nr. 11.

VI. Arbeitsverträge

§ 309 Nr. 11 gilt im Grundsatz auch beim Abschluss von Arbeitsverträgen. Dabei sind nach § 310 IV 2 zwar die Besonderheiten des Arbeitsrechts zu beachten. Doch sind keine Besonderheiten ersichtlich, die eine gegenüber § 309 Nr. 11 großzügigere Betrachtung gebieten könnten. 60–69

VII. Geltung zwischen Unternehmern

§ 309 Nr. 11 gilt nicht unmittelbar für AGB, die gegenüber Unternehmern verwandt werden (§ 310 I 1). Zu beachten ist allerdings, dass der Geschäftsführer einer GmbH durch seine Geschäftsführerstellung nicht zum Unternehmer wird.[1] Dies gilt selbst dann, wenn der Geschäftsführer alle Geschäftsanteile hält.[2] Unternehmer ist auch in diesem Falle lediglich die GmbH.[3] Erst recht genügt die bloße Stellung als Gesellschafter nicht, um eine Person zum Unternehmer zu machen.[4] § 309 Nr. 11 ist daher insoweit ohne weiteres anwendbar. Gegenüber Unternehmern sind entsprechende Klauseln immerhin an § 307 zu messen. 70

§ 309 Nr. 11 a entfaltet dabei jedoch keine Indizwirkung.[5] Vielmehr sollte die Anwendung des § 305c I in aller Regel einen ausreichenden Schutz gewährleisten. Für die Delkredere-Haftung des Handelsvertreters nach § 86 b HGB kommt es auf die Frage nach der Indizwirkung des § 309 Nr. 11 a übrigens nicht an, da sie den Handelsvertreter, anders als von § 309 Nr. 11 a vorausgesetzt, nicht nach außen in seiner Vertretereigenschaft trifft, sondern im Innenverhältnis zu seinem Auftraggeber.[6] 71

Auch **§ 309 Nr. 11 b** wird man keine Indizwirkung zugestehen können.[7] Geht man nämlich mit der hier vertretenen Auffassung davon aus, dass auch § 309 Nr. 11 b nur die heimliche Auferlegung einer Haftung verhindern soll, so ist es nur konsequent, auch insofern im unternehmerischen Verkehr wie bei § 309 Nr. 11 a den Verwendungsgegner auf den Schutz des § 305c I zu verweisen (s. Rz 44). 72

---

1 BGH NJW 2006, 431, 432; MünchKomm/*Basedow* Rz 9.

2 BGH NJW 2006, 431, 432.

3 BGH NJW 2006, 431, 432.

4 BGH NJW 2006, 996, 998; BGH NJW 2006, 431, 432. In diesem Sinne schon BGHZ 133, 71, 78 = BGH NJW 1996, 2156, 2158: Einstufung der Mehrheitsgesellschafterin einer GmbH als Verbraucherin im Rahmen des § 1 I VerbrKrG.

5 A. A. aber *Löwe/von Westphalen* § 11 Nr. 14 Rz 37; *Bamberger/Becker* Rz 11; *Palandt/Grüneberg* Rz 98; *Ulmer/Hensen* Rz 13; wohl auch *Staudinger/Coester-Waltjen* Rz 14.

6 So ausdrücklich BT-Drs. 7/3919, S. 38. Im Schrifttum siehe z. B. MünchKomm/*Basedow* Rz 9.

7 A. A. aber *Bamberger/Becker* Rz 11; *Palandt/Grüneberg* Rz 98; *Ulmer/Hensen* Rz 13.

§ 309 Klauselverbote ohne Wertungsmöglichkeit

Auch soweit eine Abweichung von den gesetzlichen Vorschriften zulässig ist, ist in Allgemeinen Geschäftsbedingungen unwirksam

12. (Beweislast)

eine Bestimmung, durch die der Verwender die Beweislast zum Nachteil des anderen Vertragsteils ändert, insbesondere indem er

a) diesem die Beweislast für Umstände auferlegt, die im Verantwortungsbereich des Verwenders liegen, oder

b) den anderen Vertragsteil bestimmte Tatsachen bestätigen lässt.

Buchstabe b gilt nicht für Empfangsbekenntnisse, die gesondert unterschrieben oder mit einer gesonderten qualifizierten elektronischen Signatur versehen sind.

Inhaltsübersicht

Schrifttum: *Bennemann,* Fiktionen und Beweislastregelungen in allgemeinen Geschäftsbedingungen, 1987; *Biebelheimer,* Die Darlegungs- und Beweislast bei Anwendung des § 641 III BGB, NZBau 2004, 124; *Gounalakis,* Die formularmäßige ärztliche Aufklärung im Lichte des AGB-Gesetzes, NJW 1990, 752; *Halbgewachs,* Der Kfz-Ankauf mit Schätzwertklausel, NZV 2004, 115; *Hahn,* Grundschuld und abstraktes Schuldversprechen, ZIP 1996, 1233; *Jungbecker,* Die formularmäßige Operationsaufklärung und Einwilligung, MedR 1990, 173; *Liu,* Fiktionen und Vermutungen im Recht der Allgemeinen Geschäftsbedingungen, 2002, *Münch,* Die Beweislastverteilung bei der Vollstreckungsgegenklage, NJW 1991, 795; *Orbach,* Beweislastklauseln in Allgemeinen Geschäftsbedingungen, 1984; *Rastätter,* Zur Zulässigkeit des Verzichts auf den Nachweis der die Fälligkeit begründenden Tatsachen bei notariellen Vollstreckungsunterwerfungsklauseln, NJW 1991, 392; *Schwirtzek,* Mankoabreden nach der Schuldrechtsreform – Zurück in die Zukunft!, NZA 2005, 437; *Stübing,* Tatsachenbestätigungen und Fiktionen in AGB, NJW 1978, 1606; *Voosen,* Zulässigkeit einer Beweislastumkehr in den AVB bei vertragswidrigem Verhalten des Versicherungsnehmers, VersR 1977, 895.

I. Zweck und Allgemeines

Die Grundsätze über die Beweislastverteilung entscheiden über das Prozessergebnis, wenn bestritten gebliebene Tatsachen nicht bewiesen werden können. Sie beruhen nicht nur auf Zweckmäßigkeitserwägungen, sondern bringen zugleich grundlegende Gerechtigkeitsvorstellungen zum Ausdruck.[1] § 309 Nr. 12 enthält ein allgemeines Verbot, die Beweisposition des Vertragspartners zu verschlechtern.[2] Verhindert werden soll, dass das Vorbringen des Verwendungsgegners „erschwert oder unmöglich gemacht" wird.[3] In Nr. 12 a und b werden nur einzelne Beispiele hervorgehoben.[4] Im Gesetzgebungsverfahren zum Erlass des AGB-Gesetzes war zunächst umstritten, ob ein generelles Verbot der Beweislaständerung oder nur ein beschränktes Verbot für die im Verantwortungsbereich des Verwenders liegenden Umstände vorgesehen werden sollte.[5] Das generelle Verbot hat sich wegen des grundlegenden Gerechtigkeitsgehalts aller Beweislastgrundsätze zu Recht im Regierungsentwurf durchgesetzt und ist Gesetz geworden. § 309 Nr. 12 entspricht nahezu wörtlich dem bisherigen § 11 Nr. 15 AGBG.[6] Nach § 309 Nr. 12 gilt Buchstabe b nicht für „Empfangsbekenntnisse, die gesondert unterschrieben oder mit einer gesonderten qualifizierten elektronischen Signatur versehen sind". Damit weicht § 309 Nr. 12 zwar geringfügig vom § 11 Nr. 15 AGBG ab. Doch sind inhaltliche Änderungen mit dieser Umformulierung nicht verbunden.[7] Ein umfassendes Beweisänderungsverbot sieht auch das Klauselverbot in Anh. Nr. 1 q RL vor. 1–9

II. Tatbestand

1. Änderung der Beweislast

a) Begriff. § 309 Nr. 12 setzt eine Änderung der Beweislast voraus. Der Begriff der Änderung der Beweislast ist weit zu verstehen. Erfasst werden nicht nur alle Abweichungen von den gesetzlichen und den von der Rechtsprechung entwickel- 10

[1] BGH NJW 2006, 47, 49; *Bamberger/Becker* Rz 1; *Palandt/Grüneberg* Rz 99. In diesem Sinne auch *M. Wolf,* Gerichtliches Verfahrensrecht, 1978, S. 230 ff.

[2] BGH NJW 1987, 1634, 1635 (zu § 11 Nr. 15 AGBG).

[3] BT-Drs. 7/3919, S. 39; BGH ZIP 1987, 448, 450 (zu § 11 Nr. 15 AGBG).

[4] BGH NJW 1987, 1634, 1635 (zu § 11 Nr. 15 AGBG).

[5] So der 1. RefE in § 8 Nr. 16.

[6] Lediglich die Formulierung ist einer geringfügigen Änderung unterworfen worden. So hieß es in § 11 Nr. 15 AGBG noch: „Buchstabe b gilt nicht für gesondert unterschriebene oder gesondert qualifiziert elektronisch signierte Empfangsbekenntnisse." Vgl. auch BT-Drs. 14/6040, S. 160.

[7] Vgl. auch BT-Drs. 14/6040, S. 160: „In der Nummer 12 ist gegenüber dem bisherigen § 11 Nr. 16 AGBG nur eine sprachliche Bereinigung vorgenommen worden; inhaltliche Änderungen ergeben sich daraus nicht." Die Bezugnahme auf § 11 Nr. 16 AGBG ist wohl ein Versehen, da die Vorgängerregelung in § 11 Nr. 15 AGBG zu finden war.

ten[1] Regeln zur Verteilung der objektiven (Rz 11) und subjektiven (Rz 12) Beweislast. Vielmehr genügt für die Anwendung des § 309 Nr. 12 schon „der Versuch des Verwenders, die Beweisposition des Kunden zu verschlechtern".[2] Demgemäß findet § 309 Nr. 12 auch auf solche Klauseln Anwendung, die die Anforderungen an die Beweisführung verschärfen (Rz 14), die Beweisführung faktisch – z. B. durch Tatsachenbestätigungen mit Indizwirkung – erschweren (Rz 16 ff) oder dem Verwendungsgegner den Nachweis einer ihm günstigen Tatsache durch unwiderlegliche Vermutungen oder Fiktionen im engeren Sinne gänzlich versperren (Rz 20). Der Begriff der Änderung setzt allerdings eine Abweichung von denjenigen Regeln voraus, die ohne die Klausel gelten würden. Keine Änderung der Beweislast liegt demgemäß dann vor, wenn die Klausel nur das dispositive Recht wiedergibt.[3] Allerdings ist bei der Anwendung dieses Grundsatzes mit Vorsicht zu verfahren. Wie erwähnt, ist eine Änderung der Beweislast schon dann anzunehmen, wenn die Beweisführung erschwert wird. Eine Klausel, durch die der Verwendungsgegner eine Tatsache bestätigt, deren Beweis ihm ohnehin obliegt, ist daher nach § 309 Nr. 12 unwirksam. Denn die Klausel belässt es nicht beim Status quo, sondern erschwert dem Verwendungsgegner die Beweisführung über die gesetzliche Beweislastverteilung hinaus durch eine Tatsachenbestätigung, die potenziell Indizwirkung zulasten des Verwendungsgegners entfaltet. Entgegen der Rechtsprechung ist daher z. B. auch eine Klausel, der zufolge mündliche Nebenabreden nicht getroffen wurden, unwirksam (s. Rz 53).

11 **b) Objektive Beweislast.** Von § 309 Nr. 12 erfasst werden nach dem Gesagten zunächst solche Klauseln, die die Regeln zur objektiven Beweislast ändern. Darunter versteht man jene Regeln, die festlegen, zu wessen Nachteil im Prozess zu entscheiden ist, wenn die zur Erfüllung eines Tatbestandsmerkmals erforderlichen Tatsachen nicht mit der erforderlichen Sicherheit festgestellt werden können. § 309 Nr. 12 findet allerdings nicht nur auf solche Vorschriften Anwendung, die die Beweislast mit Blick auf ein bestimmtes Tatbestandsmerkmal regeln (Beweislastregeln im engeren Sinn), sondern auch auf solche Vorschriften, nach denen beim Nachweis bestimmter Tatsachen von bestimmten anderen Tatsachen auszugehen ist (tatsächliche Vermutungen).[4]

12 **c) Beweisführungslast.** In Verfahren, in denen der Verhandlungsgrundsatz gilt, ist es Sache der Parteien, Beweise anzubieten, um ihrer objektiven Beweislast zu genügen. Diese Obliegenheit bezeichnet man als subjektive Beweislast (Beweisführungslast).[5] In der Literatur wird zu Recht betont, dass § 309 Nr. 12 sich auch auf solche Klauseln bezieht, die die Beweisführungslast zulasten des Vertragspartners verändern.[6] Die praktische Relevanz dieser Aussage dürfte sich freilich in Grenzen halten. Denn eine Klausel, die die objektive Beweislast unverändert lässt, die subjektive Beweislast dagegen modifiziert, dürfte kaum jemals vorkommen.

13 **d) Darlegungslast.** Auch solche Klauseln, die lediglich eine Änderung der Darlegungslast vorsehen, sind an § 309 Nr. 12 zu messen.[7] Denn eine Änderung der Darlegungslast ist für den Verwendungsgegner nahezu genauso gefährlich wie eine

---

1 Dass auch die von der Rechtsprechung entwickelten Regeln zur Beweislastverteilung erfasst werden, ist allgemein anerkannt. S. z. B. BGH NJW 1988, 258, 258 (zu § 11 Nr. 15 AGBG), *Bamberger/Becker* Rz 2.

2 BGH NJW 1987, 1634, 1635 (zu § 11 Nr. 15 AGBG). A. A. aber *Staudinger/Coester-Waltjen* Rz 8.

3 *Bamberger/Becker* Rz 4.

4 Zur begrifflichen Unterscheidung zwischen Beweislastnormen und Vermutungen s. § 308 Nr. 5 Rz 5.

5 S. etwa *Stein/Jonas/Leipold*, ZPO, § 286 Rz 26, 29.

6 S. z. B. MünchKomm/*Basedow* Rz 9.

7 Zutreffend *Bamberger/Becker* Rz 2.

Änderung der objektiven Beweislast. Der von § 309 Nr. 12 gewährte Schutz würde ausgehöhlt, wollte man Änderungen der Darlegungslast einem weniger strikten Maßstab unterwerfen.

e) Anforderungen an die Beweisführung. Praktisch relevant sind auch Klauseln, die die Anforderungen an die Beweisführung durch den Verwendungsgegner verschärfen oder die Anforderungen an die Beweisführung durch den Verwender reduzieren. Auch solche Klauseln unterfallen § 309 Nr. 12.[1] Denn es kann keinen Unterschied machen, ob z. B. die Beweislast vom Verwender auf den Verwendungsgegner verlagert wird oder ob der Vertrag die Beweislast zwar beim Verwender belässt, diesem aber die Beweisführung erleichtert. Hinzu kommt, dass im Regierungsentwurf zum AGB-Gesetz[2] ausdrücklich unzumutbare Beweisanforderungen für die Geltendmachung von Schadensersatzansprüchen als Grund für das heute in § 309 Nr. 12 a enthaltene Verbot genannt werden. Nach § 309 Nr. 12 unwirksam sind daher beispielsweise solche Klauseln, denen zufolge die Beweisanträge einer Partei unbeachtlich sein sollen. Eine Änderung der Beweislast kann auch dadurch erfolgen, dass bestimmte Beweismittel ausgeschlossen werden. Ebenso findet § 309 Nr. 12 dann Anwendung, wenn die Klausel den Beweis von der Benutzung bestimmter Beweismittel abhängig macht, z. B. von der Bestätigung einer Tatsache durch zwei Zeugen.[3] Ferner ist eine Beweislaständerung im Sinne des § 309 Nr. 12 dann zu bejahen, wenn das **Beweismaß** zugunsten des Verwenders geändert wird. Erforderlich für die Anwendung des § 309 Nr. 12 ist aber, dass zumindest auch die Beweisposition des Verwendungsgegners **im gerichtlichen oder schiedsgerichtlichen Verfahren** verschlechtert wird. Nicht an § 309 Nr. 12 zu messen ist daher z. B. eine Klausel in den AGB eines Fotolabors, nach welcher die Rückgabe des entwickelten Films nur gegen Vorlage des Abholausweises erfolgt.[4] Denn diese Klausel soll ersichtlich nicht die Anforderungen an den Nachweis der Identität in einem etwaigen gerichtlichen oder schiedsgerichtlichen Verfahren regeln. Keine Veränderung der Beweislast liegt auch dann vor, wenn eine Klausel regelt, unter welchen Voraussetzungen der Verwender mit befreiender Wirkung leisten kann, denn in diesem Falle werden nicht die Anforderungen an den vom Verwendungsgegner zu erbringenden Nachweis, sondern vielmehr die Frage geregelt, unter welchen Voraussetzungen der Verwender einer Haftung entgeht. Kein Verstoß gegen § 309 Nr. 12 ist deshalb in Nr. 5 S. 2 AGB-Banken zu sehen, der zufolge die Bank auch dann mit befreiender Wirkung an den vermeintlichen Erben leisten kann, wenn dieser keinen Erbschein vorlegt.[5] 14

f) Anscheinsbeweis. Eine Änderung der Beweislast liegt nach umstrittener, aber richtiger Auffassung auch bei einer Änderung der Grundsätze des Anscheins- 15

---

1 BGH NJW 1987, 1634, 1635 (zu § 11 Nr. 15 AGBG); BGH NJW 1990, 761, 765 (zu § 11 Nr. 15 AGBG); OLG Hamburg NJW 1989, 882, 882 (zu § 11 Nr. 15 AGBG); *Löwe/von Westphalen* § 11 Nr. 15 Rz 12; *Ulmer/Hensen* Rz 8; *Bamberger/Becker* Rz 2; *Soergel/Stein* § 11 Nr. 15 AGBG Rz 162; a. A. aber *Staudinger/Coester-Waltjen* Rz 8; *Schlosser/Coester-Waltjen* § 11 Nr. 15 Rz 12; MünchKomm/*Basedow* Rz 5. Wollte man die Anwendbarkeit des § 309 Nr. 12 verneinen, müsste aber auf jeden Fall eine Kontrolle nach § 307 stattfinden. In diesem Sinne auch BGH NJW 1985, 2329, 2331 (zum AGBG).

2 BT-Drs. 7/3919, S. 38.

3 Vgl. auch OLG Oldenburg NJW-RR 1992, 1527, 1527. Dort erklärt das Gericht eine Klausel, die den Käufer zur unverzüglichen Mitteilung unter Einschaltung zweier Zeugen verpflichtet, für unwirksam, stützt sich allerdings auf § 9 AGBG (§ 307). Dem ist zuzustimmen, weil die Klausel nicht den gerichtlichen Nachweis, sondern die Form der Mängelanzeige betrifft.

4 A. A. OLG Nürnberg NJW-RR 2000, 436, 437, das die Klausel als nach § 11 Nr. 15 AGBG (§ 309 Nr. 12) unwirksam einstuft.

5 S. auch OLG Celle NJW 1998, 82, 83. Dort bejaht das Gericht die Wirksamkeit im Rahmen des § 9 AGBG (§ 307), ohne auf § 309 Nr. 12 einzugehen.

beweises vor,[1] so etwa, wenn zugunsten des Verwenders ein sonst nicht zugelassener Anscheinsbeweis vorgesehen wird oder zulasten des anderen Vertragsteils ein zulässiger Anscheinsbeweis ausgeschlossen wird.

16–19 **g) Faktische Erschwerungen der Beweisführung.** Eine Änderung der Beweislast im Sinne des § 309 Nr. 12 liegt ferner dann vor, wenn die Beweisführung faktisch zugunsten des Verwenders erleichtert oder zu Lasten des Verwendungsgegners erschwert wird.[2] So nennt Nr. **12 b** als Mittel für Beweislaständerungen die **Tatsachenbestätigungen,** deren Wirkung darin besteht, dass sich der Verwender für eine von ihm zu beweisende Tatsache auf die Bestätigung des Kunden berufen kann. Auch Tatsachenbestätigungen, die nur als Indiz wirken sollen, fallen unter Nr. 12,[3] da sie sich zumindest potenziell zulasten des Verwendungsgegners auswirken können (s. Rz 50 ff). Ausdrücklich zulässig sind aber **Empfangsbekenntnisse,** die gesondert unterschrieben oder mit einer gesonderten qualifizierten elektronischen Unterschrift versehen sind (s. Rz 60 ff). Tatsachenbestätigungen im Sinne des § 309 Nr. 12 b sind freilich nicht die einzige Variante einer die Beweisführung erschwerenden Klausel. Denkbar ist z. B. auch eine Klausel, die den Verwendungsgegner verpflichtet, bestimmte für die Beweisführung unerlässliche Urkunden zu zerstören. Auch eine solche Klausel wäre nach § 309 Nr. 12 unwirksam.

20 **h) Unwiderlegliche Vermutungen und Fiktionen.** Ebenfalls von § 309 Nr. 12 erfasst werden **entgegen** einem älteren Urteil des **BGH** solche Klauseln, die zu Gunsten des Verwenders bestimmte Tatsachen fingieren oder nach denen bestimmte dem Verwender günstige Tatsachen unwiderleglich vermutet werden.[4] Denn derartige Klauseln belasten den Verwendungsgegner sogar noch stärker als eine bloße Beweislastumkehr, so dass die Anwendbarkeit des § 309 Nr. 12 aus einem Erst-recht-Schluss folgt. Gemäß § 309 Nr. 12 unwirksam ist daher eine Klausel in einem Partnerschaftsvertrag, der zufolge „Partnervorschläge, die vom Kunden nicht binnen einer Woche nach Erhalt [...] schriftlich beanstandet werden, [...] als vertragsgerecht [gelten]".[5] Zu beachten ist allerdings der Vorrang des § 308 Nr. 5, der nach richtiger Auffassung freilich nicht nur bei widerleglichen und unwiderleglichen Vermutungen, sondern auch bei widerleglichen Vermutungen anzuerkennen ist (s. § 308 Nr. 5 Rz 60 ff.).

21 **i) Keine Ausnahme bei Zulässigkeit materiellrechtlicher Änderungen.** Nach verbreiteter Auffassung soll eine Beweislaständerung zulasten des Verwendungsgegners entgegen dem Wortlaut des § 309 Nr. 12 dann zulässig sein, wenn der Verwender das von der Beweislaständerung betroffene Recht auch materiellrechtlich hätte ausschließen können.[6] Dem ist jedoch nicht zuzustimmen.[7] Zu einer

---

1 BGH ZIP 1987, 1457, 1459 = NJW 1988, 258 (zu § 11 Nr. 15 AGBG); *Löwe/von Westphalen* § 11 Nr. 15 Rz 12, 13; *Ulmer/Hensen* Rz 12; *Bamberger/Becker* Rz 2; *Palandt/Grüneberg* Rz 100; A. A. MünchKomm/*Basedow* Rz 5.

2 Vgl. BGH NJW 1987, 1634, 1635 (zu § 11 Nr. 15 AGBG), dem zufolge „schon der Versuch des Verwenders, die Beweisposition des Kunden zu verschlechtern", erfasst wird.

3 Ausdrücklich a.A. BGH NJW 1985, 2329, 2332 (zu § 11 Nr. 15 AGBG). Wie hier aber BGH NJW 1987, 1634, 1635 (zu § 11 Nr. 15 AGBG); OLG Stuttgart NJW-RR 1986, 275, 276 (zu § 11 Nr. 15 AGBG); *Palandt/Grüneberg* Rz 101.

4 A. A. BGH NJW 1988, 258, 259: „§ 11 Nr. 15 AGB-Gesetz [§ 309 Nr. 12] ist [...] nur anwendbar, wenn der Inhalt der Klausel noch Raum für eine den Vertragspartner des Verwenders treffende Beweislast lässt." Wie der BGH z. B. *Staudinger/Coester-Waltjen* Rz 4. Wie hier aber im Ergebnis OLG Koblenz NJW-RR 2006, 419, 420, das § 309 Nr. 12 auf eine Tatsachenfiktion anwendet.

5 OLG Koblenz NJW-RR 2006, 419, 420.

6 In diesem Sinne z. B. *Staudinger/Coester-Waltjen* Rz 7; *Palandt/Grüneberg* Rz 100; offen gelassen in BGH NJW 1985, 3016, 3017 (zu § 11 Nr. 15 AGBG).

7 Wie hier *Bamberger/Becker* Rz 7; *Löwe/von Westphalen* § 11 Nr. 15 Rz 38; *Ulmer/Hensen* Rz 6.

einschränkenden Auslegung des § 309 Nr. 12 besteht kein Anlass. Denn die Risiken, die mit einer Änderung der Beweislast einhergehen, sind für den Verwendungsgegner bei Vertragsschluss oftmals schwerer einzuschätzen als die Gefahren, die mit einer Änderung des im engeren Sinne materiellen Rechts verbunden sind.[1] Hinzu kommt, dass Klauseln, die die Beweislast ändern, auch bei der späteren Geltendmachung von Rechten mit besonderen Risiken verbunden sind. Namentlich besteht die Gefahr, dass sich der Verwendungsgegner bei Geltung einer Klausel, die „nur" die Beweislast ändert, eher als bei Geltung einer im engeren Sinn materiellrechtlichen Klausel zu einem erfolglosen und daher kostspieligen Prozess hinreißen lässt. Deshalb darf z. B. die Beweislastverteilung für das Vorliegen leichter Fahrlässigkeit auch insoweit nicht zum Nachteil des Kunden geändert werden, als die Freizeichnung von der Haftung für leichte Fahrlässigkeit möglich ist.[2]

j) Änderung von gesetzlichen Anspruchsvoraussetzungen nicht ausreichend. Keine Beweislaständerung ist die Veränderung der gesetzlichen Anspruchsvoraussetzungen, wie z. B. eine Haftungsfreizeichnung für leichte Fahrlässigkeit oder die Gewährung eines Anspruchs auf Nutzungsherausgabe unter Verzicht auf die Voraussetzung des § 818 I, dass die Nutzung wirklich gezogen sein muss.[3] Die Regelung der materiell-rechtlichen Voraussetzungen von Ansprüchen darf schon deshalb nicht an § 309 Nr. 12 gemessen werden, weil sonst im Ergebnis jede Änderung des materiellen Rechts zulasten des Verwendungsgegners an § 309 Nr. 12 scheitern würde. § 309 Nr. 12 ist keine materiell-rechtliche Generalklausel neben § 307, sondern nur eine beweisrechtliche Generalklausel. 22

k) Abstraktes Schuldversprechen/Schuldanerkenntnis. Eine Verschiebung des Beweisrisikos kann auch durch ein **abstraktes Schuldanerkenntnis** (§ 781) oder durch ein **abstraktes Schuldversprechen** (§ 780) erreicht werden. § 309 Nr. 12 will aber den Gebrauch gesetzlicher Rechtsinstitute wie des abstrakten Schuldanerkenntnisses und des **abstrakten Schuldversprechens** nicht generell verbieten.[4] Zwar ist das Gebrauchmachen von gesetzlichen Instituten in AGB nicht generell der Inhaltskontrolle entzogen. Indessen ist zu berücksichtigen, dass eine Anwendung des § 309 Nr. 12 auf diese Rechtsinstitute dazu führen würde, dass formularmäßige abstrakte Schuldversprechen und Schuldanerkenntnisse gegenüber Verbrauchern außer in denjenigen Fällen, in denen die Beweislast ohnehin beim Verbraucher liegt, überhaupt nicht mehr verwandt werden könnten. Dass der Gesetzgeber dieses Ergebnis gebilligt hat, muss jedoch bezweifelt werden. Denn zum einen fehlt es in den Gesetzgebungsmaterialien an entsprechenden Anhaltspunkten. Und zum anderen ist nicht zu leugnen, dass in der Praxis ein schutzwürdiges Interesse an der Verwendung abstrakter Schuldversprechen bzw. Schuldanerkenntnisse bestehen kann. Daher erscheint es sachgerechter, § 309 Nr. 12 auf diese Rechtsinstitute nicht anzuwenden.[5] Ebenso wenig ist auf das Umgehungsverbot nach § 306 a zurückzugreifen. 23

---

[1] Kritisch zu diesem Argument *Staudinger/Coester-Waltjen* Rz 7.

[2] Ebenso *Löwe/von Westphalen* § 11 Nr. 15 Rz 38; a. A. *Staudinger/Coester-Waltjen* § 309 Nr. 7 Rz 7; offen gelassen in BGH NJW 1985, 3016, 3017 (zu § 11 Nr. 15 AGBG).

[3] BGH ZIP 1987, 1457, 1459 (zu § 11 Nr. 15 AGBG).

[4] BGH NJW 2003, 2386, 2388 (zu § 11 Nr. 15 AGBG); BGHZ 99, 274, 284 f = NJW 1987, 904 (zu § 11 Nr. 15 AGBG); BGHZ 114, 9, 12 = BGH NJW 1991, 1677, 1677 (zu § 11 Nr. 15 AGBG); MünchKomm/*Basedow* Rz 8; *Wolfsteiner* NJW 1982, 2851, 2853 (zu § 11 Nr. 15 AGBG).

[5] So auch BGHZ 99, 274, 284 f = NJW 1987, 904, 907 (zu § 11 Nr. 15 AGBG); BGH NJW 1991, 1677, 1677 (zu § 11 Nr. 15 AGBG); OLG Düsseldorf NJW-RR 1986, 1312, 1313 (zu § 9 AGBG); *Löwe/von Westphalen* § 11 Nr. 15 Rz 7; *Bamberger/Becker* Rz 5 (zum abstrakten Schuldanerkenntnis); *Staudinger/Coester-Waltjen* Rz 5.

24 Vielmehr ist eine Kontrolle anhand des § 307 vorzunehmen.[1] Dabei sind aber die **Grenzen des § 307 III 1** zu beachten. Eine Kontrolle muss grundsätzlich ausscheiden, soweit das abstrakte Schuldanerkenntnis bzw. Schuldversprechen „nicht als vorformulierte Nebenabrede zum Grundgeschäft" erfolgt, sondern dem Grundgeschäft zeitlich nachfolgt und sich als Hauptleistung eines neuen Geschäfts darstellt.[2] Auch in der zuletzt beschriebenen Konstellation ist die AGB-rechtliche Inhaltskontrolle jedoch insoweit geboten, als bei der **Ausgestaltung** des Schuldversprechens bzw. Schuldanerkenntnisses vom dispositiven Recht abgewichen wird.[3] So liegt ein Verstoß gegen § 307 dann vor, wenn ein selbstständiges Schuldversprechen mit einem umfassenden **Einwendungsverzicht** verbunden wird,[4] dem zufolge der Versprechende auf „Einwendungen jeder Art zu Grund und Höhe dieser Forderungen [verzichtet]".[5] Gleiches muss für ein abstraktes Schuldanerkenntnis gelten. Ob das abstrakte Schuldversprechen bzw. das abstrakte Schuldanerkenntnis ohne den unwirksamen Einwendungsverzicht aufrechterhalten werden kann, richtet sich nach den allgemeinen Kriterien; es kommt also auf die sprachliche und inhaltliche Teilbarkeit an.[6] Ein abstraktes Schuldanerkenntnis kann zudem, auch wenn es nicht der AGB-rechtlichen Inhaltskontrolle unterliegt, nach § 138 sittenwidrig sein.[7]

25 Soweit das abstrakte Schuldversprechen oder Schuldanerkenntnis als vorformulierte Nebenabrede zum Grundgeschäft erfolgt und deshalb auch als solches der Angemessenheitskontrolle nach § 307 unterliegt, gelten folgende Grundsätze: Abstrakte Schuldanerkenntnisse und Schuldversprechen können nur dann als angemessen eingestuft werden, wenn ihnen ein schutzwürdiges Interesse zu Grunde liegt. Diese Voraussetzung ist bei Darlehen von Banken grundsätzlich erfüllt, da diese ein anerkennenswertes Interesse an einer Sicherung der Rückzahlungsforderung haben[8] und der Beweis der unterbliebenen Auszahlung leicht durch Kontoauszüge geführt werden kann. Es ist daher auch nicht unangemessen, wenn sich der mit dem persönlichen Kreditschuldner identische **Grundschuldbesteller** der Zwangsvollstreckung in sein gesamtes Vermögen unterwerfen und zu diesem Zwecke auch ein abstraktes Schuldanerkenntnis abgeben muss (s. noch Rz 29, 30).[9] Dies gilt jedoch nur für ein abstraktes Schuldversprechen des Darlehensschuldners, nicht für Dritte als Sicherungsgeber.[10] In jedem Falle unangemessen ist eine generelle Bestimmung, der zufolge alle Ansprüche des Verwenders als abstrakte Schuldanerkenntnisse zu behandeln sind. Ferner gilt das oben (Rz 24) zur Notwendigkeit einer angemessenen Ausgestaltung des Schuldanerkenntnisses bzw. Schuldversprechens erst recht dann, wenn das abstrakte Schuldanerkenntnis bzw. -versprechen als

1 MünchKomm/*Basedow* Rz 8.

2 BGH NJW 1987, 2014, 2015 (zu § 9 AGBG). In diesem Sinne und unter ausdrücklicher Berufung auf das vorstehend zitierte Urteil des BGH auch BAG NJW 2005, 3164, 3165, dem zufolge eine AGB-rechtliche Inhaltskontrolle ausscheiden muss, soweit sich der andere Vertragsteil „durch das von [ihm] unterzeichnete Schuldversprechen selbstständig und unabhängig vom zu Grunde liegenden Rechtsverhältnis zu Zahlungen verpflichtet hat".

3 In diesem Sinne auch BAG NJW 2005, 3164, 3165 (zu § 9 AGBG).

4 BAG NJW 2005, 3164, 3165 (zu § 9 AGBG).

5 BAG NJW 2005, 3164, 3165.

6 Ebenso BAG NJW 2005, 3164, 3165 (zu § 9 AGBG).

7 BGH NJW 1987, 2014, 2015 („Chateau d'amour").

8 Zumindest mit Blick auf den konkreten Fall ebenso BGHZ 99, 274, 284 = NJW 1987, 904, 907 (zu § 9 AGBG).

9 BGH NJW-RR 2006, 490, 490 (zu § 9 AGBG).

10 BGH NJW 1991, 1677, 1678 (zu § 9 AGBG); a. A. BGH NJW-RR 1990, 246, 247 (zu § 9 AGBG); OLG Düsseldorf NJW-RR 1986, 1312, 1313 (zu § 9 AGBG). Offen gelassen in BGH NJW 1987, 904, 907 (zu § 9 AGBG).

Nebenabrede in vollem Umfang der AGB-Kontrolle unterliegt. Zudem kann die Klausel an § 305c I scheitern. Zwar ist eine AGB-Bestimmung in einem Kreditvertrag, durch die sich der mit dem persönlichen Kreditschuldner identische **Grundschuldbesteller** verpflichtet, ein abstraktes Schuldversprechen abzugeben und sich gleichzeitig der Zwangsvollstreckung in sein gesamtes Vermögen zu unterwerfen, grundsätzlich nicht überraschend.[1] Auf das Vorliegen einer notariellen Belehrung kommt es insofern nicht an.[2] Allerdings kann sich anderes aus dem ungewöhnlichen äußeren Erscheinungsbild des Vertrags oder durch die einem Verstecken gleichkommende Unterbringung der Klausel an unerwarteter Stelle ergeben.[3] Bejaht worden ist der Überraschungseffekt z. B. in einem Fall, in dem der Erwerber einer Eigentumswohnung einem Angestellten des Veräußerers eine vorformulierte Vollmacht erteilte, die die Abgabe eines abstrakten Schuldanerkenntnisses sowie die Unterwerfung unter die sofortige Zwangsvollstreckung gegenüber der darlehensgebenden Bank erlaubte, wobei eine notarielle Belehrung über die Tragweite dieser Bestimmung unterblieben war.[4]

l) Deklaratorische Schuldanerkenntnisse. Auch deklaratorische Schuldanerkenntnisse sind nicht an § 309 Nr. 12 zu messen.[5] Denn beim deklaratorischen Schuldanerkenntnis, bei dem die Feststellungswirkung in der Anerkenntnis des Ausgangsschuldverhältnisses liegt,[6] werden mögliche Beweisfragen durch das materielle Recht beseitigt.[7] Grundsätzlich möglich ist die Kontrolle nach § 307. Insofern sind aber wiederum die Grenzen der Inhaltskontrolle nach § 307 III 1 zu beachten. Insofern gelten die gleichen Grundsätze wie bei abstrakten Schuldversprechen und Schuldanerkenntnissen (s. Rz 24 f).[8] Ist das Schuldanerkenntnis danach als solches der Inhaltskontrolle entzogen, kann es immer noch wegen seiner vom Gesetz abweichenden Ausgestaltung als unangemessen einzustufen sein. Zu beachten ist aber, dass ein deklaratorisches Schuldanerkenntnis schon nach dispositivem Recht dazu führt, dass Einwendungen hinsichtlich des anerkannten Anspruchs ausgeschlossen sind.[9] Aus einem Einwendungsverzicht hinsichtlich des anerkannten Anspruchs kann die Unangemessenheit daher grundsätzlich nicht abgeleitet werden.[10] Handelt es sich bei dem deklaratorischen Schuldanerkenntnis um eine bloße Nebenabrede eines anderen Vertrages, unterliegt es in vollem Umfang der Inhaltskontrolle (vgl. Rz 25). Auch wird man es in diesem Falle wegen des mit ihm verbundenen Verlusts von Einwendungen grundsätzlich als unangemessen einstufen müssen. 26

---

1 BGH NJW-RR 2006, 490, 490 (zu § 3 AGBG).

2 BGH NJW-RR 2006, 490, 490 (zu § 3 AGBG). Wohl a.A. OLG Koblenz NJOZ 2003, 899, 903 (zu § 3 AGBG).

3 So BGH NJW-RR 2006, 490, 490 (zu § 3 AGBG), der das Vorliegen dieser Voraussetzungen allerdings im konkreten Fall verneint.

4 S. OLG Koblenz NJOZ 2003, 899, 903 (zu § 3 AGBG), das allerdings weitere Besonderheiten des Falls betont.

5 BGH NJW 2003, 2386, 2388 (zu § 11 Nr. 15 AGBG).

6 BGH NJW 2003, 2386, 2388 (zu § 11 Nr. 15 AGBG).

7 BGH NJW 2003, 2386, 2388 (zu § 11 Nr. 15 AGBG).

8 Unklar BGH NJW 2003, 2386, 2388 (zu § 9 AGBG), der auf die Grenzen der Inhaltskontrolle nicht eingeht, obwohl das deklaratorische Schuldanerkenntnis dem Grundgeschäft zeitlich nachgelagert war und die Gegenleistung für eine annähernd einjährige Zinsstundung darstellte.

9 S. z. B. *Palandt/Sprau* § 781 Rz 4.

10 I.E. ebenso BGH NJW 2003, 2386, 2388 (zu § 9 AGBG): Der Einwendungsverzicht sei zwar keine bloße Leistungsbeschreibung, widerspreche aber nicht dem in der Rechtsprechung anerkannten Leitbild des deklaratorischen Schuldanerkenntnisses und sei daher nicht unangemessen.

27 **m) Vollstreckbare Urkunden.** Die formularmäßige Erstellung einer **vollstreckbaren Urkunde** unterliegt auch als einseitige prozessuale Erklärung der AGB-rechtlichen Kontrolle.[1]

28 **aa) § 309 Nr. 12.** Allerdings verstößt die Verwendung vollstreckbarer Urkunden für sich allein nicht gegen § 309 Nr. 12.[2] Diese Vorschrift ist schon deshalb nicht einschlägig, weil die Unterwerfung unter die Zwangsvollstreckung in einer vollstreckbaren Urkunde (§ 794 I Nr. 5 ZPO) als solche keine Veränderung der Beweislast bewirkt.[3] Der Gläubiger hat nämlich im Verfahren der Vollstreckungsgegenklage nach § 797 IV mit § 767 ZPO wie bei einer Leistungsklage den Nachweis der Anspruchsvoraussetzungen zu führen.[4] Doch auch wenn man die Beweislastverteilung im Rahmen der Vollstreckungsgegenklage anders sehen wollte,[5] würde das nichts an der Unanwendbarkeit des § 309 Nr. 12 ändern.[6] Denn ebenso wie mit Blick auf das abstrakte Schuldanerkenntnis und das abstrakte Schuldversprechen muss auch hier gelten, dass die Anwendung des § 309 Nr. 12 ausscheiden muss, wenn die Änderung der Beweislast lediglich mittelbare Folge der Gebrauchmachung von einem Rechtsinstitut ist, dem das AGB-Recht ersichtlich keinen Riegel vorschieben soll.

29, 30 **bb) § 307.** Auch § 307 steht der Zulässigkeit einer formularmäßig vereinbarten vollstreckbaren Urkunde grundsätzlich nicht entgegen, sofern ein schutzwürdiges Interesse des Verwenders zu bejahen ist.[7] Auch ein mit der vollstreckbaren Urkunde verbundenes abstraktes Schuldversprechen ist bei Bestehen eines schutzwürdigen Interesses des Verwenders grundsätzlich nicht nach § 307 unwirksam (s. Rz 25).[8] Es ist daher auch nicht unangemessen, wenn sich der mit dem persönlichen Kreditschuldner identische **Grundschuldbesteller** nach den AGB des Darlehensvertrages der Zwangsvollstreckung in sein gesamtes Vermögen unterwerfen muss.[9] Ebenso wenig liegt ein Verstoß gegen § 307 dann vor, wenn die Gesellschafter einer GbR für die Realkreditverbindlichkeit der GbR gegenüber der Gläubigerbank ein Anerkenntnis in Höhe eines ihrer Beteiligung am Gesellschaftsvermögen entsprechenden Teils ihrer Schuld abzugeben und sich insoweit der sofortigen Zwangsvollstreckung in ihr Privatvermögen zu unterwerfen haben.[10] Nichts anderes würde dann gelten, wenn das Anerkenntnis nicht auf einen der Höhe der eigenen Beteiligung an der Gesellschaft entsprechenden Anteil der Gesellschaftsverbindlichkeit beschränkt wäre.

31 **cc) § 305c I.** Eine Klausel, mit der sich der mit dem persönlichen Kreditschuldner identische **Grundschuldbesteller** der Zwangsvollstreckung in sein gesamtes Vermögen unterwerfen muss, ist auch grundsätzlich nicht überraschend im Sinne

---

1 § 305 Rz 11.

2 BGH NJW 1987, 904, 906 (zu § 11 Nr. 15 AGBG); MünchKomm/*Basedow* Rz 9; *Bamberger/Becker* Rz 5.

3 Zutreffend BGH NJW 2002, 138, 139; *Staudinger/Coester-Waltjen* Rz 5.

4 Zutreffend OLG Celle NJW-RR 1991, 667, 667; *Zöller/Herget* § 767 Rz 11; A. A. OLG München NJW-RR 1992, 125, 126. Vgl. auch BGH NJW 1981, 2756, 2756, dem zufolge bei der Vollstreckungsgegenklage grundsätzlich den Kläger die Beweislast für das Bestehen von Einwendungen trifft.

5 So OLG München NJW-RR 1992, 125, 125.

6 Für Unanwendbarkeit des § 309 Nr. 12 in der Tat OLG München NJW-RR 1992, 125, 125 (zu § 11 Nr. 15 AGBG).

7 Die Angemessenheit zumindest im konkreten Fall bejahend auch BGH NJW 1987, 904, 906 (zu § 9 AGBG). Vgl. auch OLG Koblenz NJOZ 2003, 899, 901 (zu § 9 AGBG), dem zufolge „die formularmäßige Unterwerfung für sich genommen auch nicht gegen § 9 IAGB" verstößt.

8 Zumindest mit Blick auf den konkreten Fall ebenso BGH NJW 1987, 904, 906 (zu § 9 AGBG).

9 BGH NJW-RR 2006, 490, 490 (zu § 9 AGBG); BGH NJW 2004, 839, 840 (zu § 9 AGBG).

10 BGH NJW 2004, 839, 840 (zu § 9 AGBG).

des § 305c I.[1] Auf das Vorliegen einer notariellen Belehrung kommt es insofern grundsätzlich nicht an.[2] Allerdings kann die Klausel einen solchen Überraschungscharakter im Einzelfall „auf Grund eines ungewöhnlichen äußeren Erscheinungsbilds des Vertrags [. . .] oder ihrer Unterbringung an unerwarteter Stelle im Vertrag, die einem Verstecken gleichkommt, erhalten".[3] Aufmerksam zu prüfen sind Klauseln, die über das gesetzlich geregelte Institut der vollstreckbaren Urkunde hinaus **weitere Lasten** für den Schuldner vorsehen. Zu Klauseln, die eine Unterwerfung unter die sofortige Zwangsvollstreckung mit einem Verzicht auf den Nachweis der Fälligkeit verbinden, siehe Rz 32.

dd) Verzicht auf Fälligkeitsnachweis. Umstritten ist, ob der formularmäßige Verzicht auf den Nachweis der Fälligkeit wirksam vereinbart werden kann. Nach der zutreffenden Rechtsprechung des BGH liegt insofern kein Verstoß gegen § 309 Nr. 12 vor, weil keine Änderung der Beweislast bewirkt wird.[4] Es soll nämlich gerade ein Titel geschaffen werden, der nicht vom Nachweis der Fälligkeit abhängt.[5] Es wird mit anderen Worten nicht die Beweislast verändert, sondern das Tatbestandsmerkmal der Fälligkeit mit Blick auf die Erteilung der Vollstreckungsklausel für irrelevant erklärt. Es bleibt jedoch die Frage, ob eine entsprechende Klausel gegen **§ 307** verstößt. Der BGH hat diese Frage in einem Urteil aus dem Jahre 2001 jedenfalls insoweit zutreffend bejaht, als die Klausel gegenüber **Verbrauchern** verwandt wird.[6] Darauf, ob Gleiches für den unternehmerischen Verkehr gilt, geht der BGH in der relevanten Entscheidung nicht ein.[7] Immerhin findet sich jedoch kein Hinweis darauf, dass die Einstufung der Vollstreckungsunterwerfungsklausel mit Nachweisverzicht als unwirksam auf Verbraucherverträge beschränkt sein soll.[8] Richtigerweise wird man davon ausgehen müssen, dass entsprechende Klauseln auch im **unternehmerischen Verkehr** in aller Regel unwirksam sind. Zwar hat ein Teil der vom BGH für die Unwirksamkeit angeführten Argumente im unternehmerischen Verkehr weniger Gewicht als mit Blick auf Verbraucherverträge. So ist es für einen Unternehmer regelmäßig weniger belastend als für einen Verbraucher, in die Rolle eines Verteidigers gedrängt zu werden, der aktiv werden muss, um die Vollstreckung zu verhindern. Auch wird der Unternehmer regelmäßig eher als ein Verbraucher in der Lage sein, die in § 798 ZPO vorgesehene Mindestfrist zwischen Zustellung und Vollstreckung zur Ergreifung der ihm zur Verfügung stehenden Verteidigungsmöglichkeiten zu nutzen. Indessen hat der BGH zu Recht betont, dass kein berechtigtes Interesse an der Verwendung der mit einem Nachweisverzicht verbundenen Unterwerfungsklausel besteht.[9] Diese Feststellung ist ohne weiteres auf den unternehmerischen Verkehr übertragbar. Auch reicht der Gesichtspunkt, dass es an einem schutzwürdigen Interesse fehlt, schon für sich genommen 32

[1] BGH NJW-RR 2006, 490, 490 (zu § 3 AGBG).

[2] BGH NJW-RR 2006, 490, 490 (zu § 3 AGBG).

[3] So BGH NJW-RR 2006, 490, 490 (zu § 3 AGBG), der das Vorliegen dieser Voraussetzungen allerdings im konkreten Fall verneint.

[4] BGH NJW 2002, 138, 139 (zu § 11 Nr. 15 AGBG). Ebenso schon OLG Celle NJW-RR 1991, 667, 667 (zu § 11 Nr. 15 AGBG); OLG München NJW-RR 1992, 125, 125 f (zu § 11 Nr. 15 AGBG); a. A. LG Schwerin NJW-RR 2005, 747, 748; OLG München NJW-RR 2001, 130, 131 (zu § 11 Nr. 15 AGBG); OLG Nürnberg NJW-RR 1990, 1467, 1468 (zu § 11 Nr. 15 AGBG); OLG Düsseldorf NJW-RR 1996, 148, 148 (zu § 11 Nr. 15 AGBG); offen gelassen in BGH NJW 1992, 2160, 2161 (zu § 11 Nr. 15 AGBG).

[5] BGH NJW 2002, 138, 139 (zu § 11 Nr. 15 AGBG).

[6] BGH NJW 2002, 138, 139 (zu § 9 AGBG). Ebenso auch *Bamberger/Becker* Rz 6. Für Unwirksamkeit auch OLG Stuttgart NJW-RR 1993, 1535, 1536, das dieses Ergebnis allerdings auf § 11 Nr. 15 AGBG (§ 309 Nr. 12) stützt.

[7] BGH NJW 2002, 138, 139 (zu § 9 AGBG).

[8] BGH NJW 2002, 138, 139 (zu § 9 AGBG).

[9] BGH NJW 2002, 138, 139 (zu § 9 AGBG).

aus, um die Unangemessenheit der Klausel zu begründen. Denn es widerspricht dem Grundgedanken des § 307, der auf einen angemessenen Ausgleich der beiderseitigen Interessen abzielt, eine Klausel zuzulassen, die den Verwendungsgegner erheblich belastet, an deren Gebrauch der Verwender aber kein anerkennenswertes Interesse hat. In einem **Bauträgervertrag** ist die Unterwerfungserklärung zudem wegen Verstoßes gegen §§ 3, 12 MaBV nach § 134 nichtig, wenn die Vollstreckungsklausel vom Notar ohne Nachweis der Fälligkeit erteilt werden können soll.[1] Sieht eine Klausel vor, dass eine vollstreckbare Ausfertigung erteilt wird, wenn die **Mangelfreiheit** durch die privatschriftliche Fertigstellungsbescheinigung eines Gutachters nachgewiesen ist, soll mangels eines völligen Nachweisverzichts kein Verstoß gegen § 307 anzunehmen sein.[2]

33 **ee) Teilbarkeit.** Ist eine mit einem Nachweisverzicht verbundene Vollstreckungsklausel nach dem Gesagten unwirksam, so stellt sich die Frage, ob die Unwirksamkeit die gesamte Klausel erfasst oder nur den Nachweisverzicht. Dies beurteilt sich grundsätzlich nach den allgemeinen Kriterien.[3] Es kommt also auf die sprachliche und inhaltliche Teilbarkeit der Klausel an,[4] die vielfach zu bejahen sein wird, z. B. dann, wenn lediglich die Worte „ohne Nachweis der Fälligkeit" oder „ohne besonderen Nachweis" gestrichen werden müssen. Anderes kann auch nicht bei einem Verstoß gegen §§ 3, 12 MaBV gelten,[5] da nicht recht ersichtlich ist, weshalb insofern ein strengerer Maßstab als im Rahmen des § 307 geboten sein soll.

34 **n) Ausschlussfristen.** Klauseln, die die Geltendmachung der Rechte des Verwendungsgegners nach Ablauf bestimmter Fristen gänzlich ausschließen, sind nicht an § 309 Nr. 12 zu messen,[6] da es sich hierbei in der Sache um materiell-rechtliche Regelungen handelt. Spezielle Vorgaben für Ausschlussfristen finden sich in § 309 Nr. 8 b ee. Soll die Ausschlussfrist für Schadensersatzansprüche gelten, so ist außerdem § 309 Nr. 7 zu beachten, da es sich bei der Ausschlussfrist um eine Form der Haftungsbegrenzung handelt (s. § 309 Nr. 7 Rz 56). Im Übrigen sind Ausschlussfristen an § 307 zu messen. Dies gilt auch für Ausschlussfristen in Arbeitsverträgen (s. § 310 ArbR Rz 85 ff.).

35–39 **o) Verweisung auf Rückforderungsprozess.** Kein Verstoß gegen § 309 Nr. 12 liegt dann vor, wenn eine Klausel in den AGB eines Versorgungsunternehmens vorsieht, dass der Kunde trotz rechtzeitiger Mitteilung von Einwendungen zur Zahlung der Entgelte verpflichtet bleibt und dass die Einwendungen im Rahmen eines Rückforderungsprozesses geltend zu machen sind.[7] Denn die Klausel sieht keine Beweislastumkehr vor, und eine solche ergibt sich auch nicht indirekt aus dem Verweis auf den Rückforderungsprozess.[8] Vielmehr trägt der Verwender auch im Rückforderungsprozess die Beweislast für das Bestehen seiner Forderung

---

1 BGH NJW 1999, 51, 52. Kritisch zu dieser Entscheidung *Wolfsteiner* NJW DNotZ 1999, 99.

2 LG Schwerin NJW-RR 2005, 747, 748.

3 Unklar in diesem Punkte aber BGH NJW 2002, 138, 139 (zu § 9 AGBG). Die Unwirksamkeit einer mit einem Nachweisverzicht verbundenen Vollstreckungsklausel bejahend, ohne auf die Frage der Teilbarkeit einzugehen, dagegen OLG Stuttgart NJW-RR 1993, 1535, 1536 (zu § 11 Nr. 15 AGBG).

4 Zu den Anforderungen der Teilbarkeit s. im Einzelnen § 306 Rz 40 ff.

5 Anders möglicherweise BGH NJW 1999, 51, 52, der die Frage der Teilbarkeit nicht thematisiert, sonder betont, dass „[d]ie mit dem Nachweisverzicht versehene Unterwerfungserklärung [...] wegen des Verstoßes gegen § 12 MaBV gem. § 134 BGB unwirksam [ist]."

6 Insoweit zutreffend BGH NJW 1988, 258, 259; MünchKomm/*Basedow* Rz 9.

7 BGH NJW 2005, 2919, 2921 f.

8 Der BGH lässt – unter Verweis auf seine Rechtsprechung zur Nichtanwendung des § 309 Nr. 12 auf abstrakte Schuldanerkenntnisse – ausdrücklich offen, ob § 309 Nr. 12 anwendbar wäre, wenn sich die Beweislastumkehr allein aus dem Verweis auf den Rückforderungsprozess ergäbe. S. BGH NJW 2005, 2919, 2921 f. Richtigerweise wird man diese Frage verneinen müssen.

und damit für die fehlende Berechtigung der Einwendungen.[1] Erfolgt eine Zahlung nämlich lediglich als Abschlag oder Vorauszahlung in Erwartung einer noch festzustellenden Schuld, so hat bei einer Rückforderung der Empfänger das Bestehen der Forderung zu beweisen.[2] Indessen ist die Klausel nach § 307 unwirksam, weil es dem Verwendungsgegner nicht zumutbar ist, trotz Nichtbestehens der Forderung zu leisten.[3] Träte durch die Verweisung auf den Rückforderungsprozess eine Verlagerung der Beweislast ein, so wäre die entsprechende Klausel gleichwohl nicht an § 309 Nr. 12, sondern an § 307 zu messen.[4]

2. Zum Nachteil des anderen Vertragsteils

a) Allgemeines. § 309 Nr. 12 setzt voraus, dass die Beweislast zulasten des Verwendungsgegners verändert wird. Ausreichend ist bereits ein **potenzieller Nachteil** im Sinne des Versuchs einer Verschlechterung der Beweisposition.[5] Dies ist insbesondere von Bedeutung für Tatsachenbestätigungen (Rz 50 ff.), deren Würdigung als volles Beweismittel, als Anscheinsbeweis, als beschränktes Indiz oder als reine Beschreibung ohne Beweiswert nach § 286 ZPO dem Richter überlassen ist. Eine Tatsachenbestätigung ist hier unabhängig davon, wie der Richter sie im Ergebnis bewertet, allein schon deshalb unwirksam, weil sie die Gefahr einer Verschlechterung der Beweisposition des Kunden mit sich bringt.[6] Kein Nachteil liegt dagegen dann vor, wenn die Klausel die Beweislast im Einklang mit dem dispositiven Recht regelt,[7] ohne dem Verwender zusätzliche Beweismittel oder Indizien in die Hand zu geben. 40

b) Zugunsten Dritter. Die Veränderung muss zwar zum Nachteil des Verwendungsgegners erfolgen. Ein Vorteil des Verwenders muss dem nicht notwendig entsprechen. Vielmehr ist auch die zugunsten eines Dritten, z. B. des Herstellers, vorgesehene Beweislaständerung an § 309 Nr. 12 zu messen. 41

3. Der Sonderfall des § 309 Nr. 12 a

a) Allgemeines. Neben dem generellen Verbot der Beweislaständerung enthält § 309 Nr. 12 in lit. a ein Verbot der Beweislastverteilung in Widerspruch zum Verantwortungsbereich des Verwenders. Durch die Verwendung des Begriffs „insbesondere" macht Nr. 12 deutlich, dass es sich nur um eine beispielhafte Konkretisierung handelt, die das generelle Verbot der Beweislaständerung zum Nachteil des Kunden weder einschränkt noch erweitert.[8] Daraus und aus § 307 III 1 folgt, dass eine Klausel, die dem Verwendungsgegner die Beweislast für eine Tatsache im Verantwortungsbereich des Verwenders zuweist, dann nicht zu beanstanden ist, wenn diese Beweislastverteilung ausnahmsweise lediglich das dispositive Recht wiedergibt. 42

b) Hintergrund. Aus rechtspolitischer Sicht ist es vielfach zweckmäßig, demjenigen die Beweislast für ein Tatbestandsmerkmal aufzuerlegen, in dessen Verantwortungsbereich sich die relevanten Tatsachen typischerweise abspielen. Der Grund 43

---

1 BGH NJW 2005, 2919, 2922.
2 BGH NJW 2005, 2919, 2922.
3 BGH NJW 2005, 2919, 2922 f.
4 Offen gelassen von BGH NJW 2005, 2919, 2921 f.
5 BGH NJW 1987, 1634, 1635 (zu § 11 Nr. 15 AGBG).
6 S. auch *M. Wolf* JZ 1987, 727, 728 (zu § 11 Nr. 15 AGBG).
7 BGH NJW 1998, 3114, 3115 (zu § 11 Nr. 15 AGBG).
8 In diesem Sinne auch *Palandt/Grüneberg* Rz 99.

ist denkbar einfach: Der Betroffene ist oft am ehesten in der Lage, den Nachweis des Vorliegens dieser Tatsache zu führen. Legt das Recht ihm die entsprechende Beweislast auf, so wird damit zweierlei erreicht. Erstens wird das Risiko minimiert, dass eine Partei einen Beweis führen muss, den sie in der Praxis gar nicht führen kann. Zweitens wird die Zahl der Beweislastentscheidungen reduziert. Denn wenn die Partei, die den Beweis am ehesten führen kann, die Beweislast trägt, dann ist ein Nachweis der relevanten Tatsachen am ehesten zu erwarten. Es kann daher nicht überraschen, dass das geschriebene und ungeschriebene Recht oftmals demjenigen die Beweislast auferlegt, in dessen Verantwortungsbereich die relevanten Umstände liegen. Das Verbot des § 309 Nr. 12 a greift unabhängig davon ein, ob das geschriebene und ungeschriebene Recht die Beweislast ausdrücklich nach Verantwortungsbereichen verteilt oder ob es dem Verwender nur im Ergebnis die Beweislast für solche Umstände auferlegt, die in seinem Verantwortungsbereich liegen.

44–49 **c) Beispiele unwirksamer Klauseln.** Als unwirksam wurde schon vor Erlass des AGB-Gesetzes eine Klausel eingestuft, wonach der Einlagerer von Möbeln zu beweisen hatte, dass eine Beschädigung während des Einlagerns vom Lagerhalter oder seinem Beauftragten verschuldet war.[1] Unwirksam ist ferner eine Klausel in den Bedingungen für Sparkonten, wonach allein der Kontostand in den Geschäftsbüchern maßgebend ist, wenn eine Abweichung zum Eintrag im Sparbuch besteht, da dies von der Beweislastregel der Vermutung für die Vollständigkeit und Richtigkeit des Sparbucheintrags als Urkunde abweicht[2] und dem Sparer die Beweislast für Fehler im Risikobereich der Sparkasse auferlegt.

4. Der Sonderfall des § 309 Nr. 12 b

50 **a) Allgemeines.** Ebenso wie § 309 Nr. 12 a nennt auch § 309 Nr. 12 b ein besonderes Beispiel für eine dem Verbot des § 309 Nr. 12 unterfallende Klausel. Durch die Verwendung des Wortes „insbesondere" macht Nr. 12 deutlich, dass es sich nur um eine Konkretisierung handelt, die das generelle Verbot der Beweislaständerung weder einschränkt noch erweitert. Die Berechtigung für das Verbot des § 309 Nr. 12 b ist unschwer erkennbar. § 309 Nr. 12 soll jede Verschlechterung der Beweisposition des Verwendungsgegners verhindern.[3] Eine solche Verschlechterung droht aber auch dann, wenn der Verwender sich zusätzliche Beweismittel[4] in Form von Tatsachenbestätigungen verschafft. Dass es infolge der Tatsachenerklärung nicht nur zur Schaffung von Indizien, sondern darüber hinaus zu einer Verschiebung der Beweislast kommt, ist also nicht erforderlich.[5] Der Klarheit halber sei betont, dass Tatsachenbestätigungen mit Beweismittelcharakter ihrer Rechtsnatur nach keine

---

1 BGH NJW 1964, 1123, 1123 f. = BGHZ 41, 151.

2 AG Hamburg NJW 1987, 2022, 2023 (zu § 11 Nr. 15 AGBG).

3 Vgl. BGH NJW 1987, 1634, 1635 (zu § 11 Nr. 15 AGBG): Ausreichend ist „der Versuch des Verwenders, die Beweisposition des Kunden zu verschlechtern, indem der Verwender z. B. durch eine vom Kunden gegen sich selbst ausgestellte Bestätigung seiner Beweislast zu ‚genügen', genauer zu entgehen sich bemüht". Vgl. auch OLG Stuttgart NJW-RR 1986, 275, 276 (zu § 11 Nr. 15 AGBG), dem zufolge § 11 Nr. 15 b AGBG (§ 309 Nr. 12 b) schon dann anwendbar sein muss, wenn eine Bestimmung eine „Erleichterung" der Beweislast herbeiführt, „selbst wenn sie lediglich in der Schaffung eines vom Gericht frei zu würdigenden Beweisanzeichens besteht".

4 Vgl. auch BGH NJW 1987, 2012, 2014 (zu § 11 Nr. 15 AGBG): Eine Klausel, mit der der andere Vertragsteil den Erhalt einer Durchschrift bestätigt, verschaffe dem Verwender ein „gegen den Kunden gerichtetes Beweismittel, mit dem [der Verwender die ihm] obliegende Beweislast so lange erfüllen könnte, bis der Kunde die Unrichtigkeit seiner Erklärung bewiesen hätte".

5 Dezidiert a.A. *Staudinger/Coester-Waltjen* Rz 11, der zufolge „nur solche Tatsachenbestätigungen [unter § 309 Nr. 12 b fallen], die die Beweislast verschieben".

rechtsgeschäftlichen Erklärungen sind,[1] sondern außerprozessuale Erklärungen mit Beweiswert.[2]

b) Tatsachen. Gleichgültig ist, ob die bestätigte Tatsache bei Abgabe der Bestätigung bereits existiert oder nicht. Auch im Voraus abgegebene Bestätigungen werden von Nr. 12 b erfasst. Ohne Bedeutung ist ferner, ob die Bestätigung bereits im Augenblick des Vertragsschlusses abgegeben wird oder ob die Klausel im Wege der Fiktion die Abgabe der Bestätigung zu einem späteren Zeitpunkt vorsieht. Als Tatsachenbestätigungen sind z. B. solche Klauseln einzustufen, mit denen der Verwendungsgegner den Empfang von Waren, Geld, Unterlagen oder anderen Leistungen bestätigt, wobei aber die für gesonderte Empfangsbestätigungen geltende Ausnahme zu beachten ist (s. Rz 60 ff). Als Tatsachenbestätigung einzustufen ist auch die Genehmigung von Tagesauszügen. Denn dabei handelt es sich nicht um ein Schuldanerkenntnis, sondern um eine rein tatsächliche Erklärung der Richtigkeit.[3] Eine Tatsachenbestätigung liegt auch in der Bestätigung der Mangelfreiheit einer Ware[4] oder Werkleistung sowie in der Bestätigung der Ordnungsmäßigkeit sonstiger Leistungen. Ebenso wird die Bestätigung der Richtigkeit von Skizzen und Maßen erfasst.[5] In Mietverträgen sind Klauseln unwirksam, die den Mieter bestätigen lassen, dass „die Mieträume [...] in renoviertem Zustand übergeben" werden,[6] oder dass der Mieter „die Mietsräume in dem vorhandenen und ihm bekannten Zustand nach eingehender Besichtigung ... als vertragsgemäß, insbesondere als in jeder Hinsicht bezugsfertig und unbeschädigt [übernimmt]".[7] Auch die Klausel in einem Mietvertrag über ein Kfz, mit welcher der Mieter bestätigt, über eine kostengünstigere Alternative aufgeklärt worden zu sein, verstößt gegen § 309 Nr. 12 b.[8] Unwirksam sind ferner die Bestätigung des Vorliegens eines Aushandlungsprozesses[9] und – entgegen der Rechtsprechung – die Bestätigung des Fehlens von Nebenabreden.[10] Gemäß § 309 Nr. 12 unwirksam ist auch eine Klausel, der zufolge der andere Vertragspartner bestätigt, volljährig und geschäftsfähig zu sein.[11] Dem kann nicht entgegengehalten werden, dass keine Verschlechterung der Beweisposition drohe.[12] Denn der Nachweis der Volljährigkeit und Geschäftsfähigkeit kann durchaus auch in anderen Fällen als dem des § 104 Nr. 2 Schwierigkeiten bereiten, nämlich dann, wenn das Datum des Vertragsschlusses streitig ist. Gegen § 309 Nr. 12 verstößt ferner eine Klausel, dass die AGB Gegenstand eines Hinweises gewesen 53

---

[1] So aber wohl OLG Stuttgart NJW-RR 1986, 275, 276 (zu § 11 Nr. 15 AGBG).

[2] Vgl. zur Quittung als praktisch wichtigster Tatsachenbestätigung z. B. RGZ 108, 55; BGH WM 1979, 1158.

[3] Zur Bedeutung der Genehmigung des Tagesauszuges als rein tatsächlicher Erklärung siehe z. B. BGH NJW 1979, 1964, 1965; BGH NJW 1985, 3007, 3009.

[4] S. etwa LG Frankfurt NJW-RR 1986, 1055, 1055 (zu § 11 Nr. 15 AGBG).

[5] BGH NJW 1986, 2574, 2575 (zu § 11 Nr. 15 AGBG); OLG Frankfurt NJW-RR 1986, 274 (zu § 11 Nr. 15 AGBG).

[6] OLG Düsseldorf, Urt. v. 7. 4. 2005, Az: 10 U 191/04, BeckRS 2005-07150 unter II.2. (zu § 11 Nr. 15 AGBG).

[7] OLG Düsseldorf NJOZ 2004, 35, 39 (zu § 11 Nr. 15 AGBG).

[8] LG Mainz, Urt. v. 25. 8. 2004, Az: 3 S 216/03, BeckRS 2005-08422.

[9] BGH NJW 1987, 1634, 1635 (zu § 11 Nr. 15 AGBG); OLG Stuttgart NJW-RR 1987, 143, 144 (zu § 11 Nr. 15 AGBG); *Palandt/Grüneberg* Rz 101; a. A. OLG Karlsruhe BB 1983, 725 (zu § 11 Nr. 15 AGBG).

[10] Nach Auffassung des BGH ist eine Klausel, der zufolge mündliche Nebenabreden nicht bestehen, nicht an § 309 Nr. 12 zu messen. Denn eine solche Klausel bewirke wegen der ohnehin geltenden Richtigkeit und Vollständigkeit von Urkunden keine Änderung der Beweislast. So z. B. BGH NJW 1985, 2329, 2332 (zu § 11 Nr. 15 AGBG); BGH NJW 2000, 207, 207 f. (zu § 11 Nr. 15 AGBG). Tendenziell wie hier aber wohl BGH NJW 1987, 1634, 1635 (zu § 11 Nr. 15 AGBG) mit Blick auf eine Bestätigung, dass der Inhalt der AGB ausgehandelt worden ist.

[11] A. A. OLG Brandenburg, Urt. v. 11. 1. 2006, Az: 7 U 52/05, BeckRS 2006-00869 unter II.1.

[12] So aber OLG Brandenburg, Urt. v. 11. 1. 2006, Az: 7 U 52/05, BeckRS 2006-00869 unter II.1.

und ausdrücklich besprochen worden seien,[1] dass die AGB gelesen und verstanden worden seien,[2] dass die AGB oder andere Unterlagen ausgehändigt worden seien[3] oder dass von ihnen Kenntnis genommen worden sei.[4] Auch die Bestätigung, die Möglichkeit gehabt zu haben, in zumutbarer Weise vom Inhalt der AGB Kenntnis zu nehmen, stellt eine von § 319 Nr. 12 b erfasste Tatsachenbestätigung dar (s. aber Rz 54).[5] Gleiches gilt für sog. Wissenserklärungen, die sich auf Kenntnisse und Einstellungen der Vertragsparteien oder Dritter beziehen.[6] **Nicht** zu den Tatsachenbestätigungen gehören Willenserklärungen des Verwendungsgegners bzw. der für ihn bei Vertragsschluss handelnden Vertreter wie z. B. die Erklärung, mit der Geltung der AGB einverstanden zu sein.[7] Erfasst werden aber wiederum Klauseln, denen zufolge der Verwendungsgegner oder ein für ihn handelnder Vertreter erklärt, eine andere Person habe eine bestimmte Erklärung abgegeben. Eine Klausel, der zufolge der Verwendungsgegner die AGB anerkennt, verstößt nicht gegen § 309 Nr. 12, doch greift § 309 Nr. 12 dann ein, wenn die AGB die Erklärung enthalten, der andere Vertragsteil habe die AGB „gelesen und anerkannt",[8] denn das Lesen der AGB ist anders als die Anerkennung derselben keine Willenserklärung.

54 **c) Tatsachenbestätigung durch Beweisbelasteten.** Nr. 12 b setzt eine Verschlechterung der Beweisposition des Verwendungsgegners voraus. Daraus sollte indessen entgegen der Rechtsprechung nicht gefolgert werden, dass § 309 Nr. 12 b nicht anwendbar ist, wenn die Tatsachenbestätigung mit einer ohnehin bestehenden Beweislastregel übereinstimmt.[9] Denn auch wenn der Verwendungsgegner ohnehin die Beweislast trägt, ist zu beachten, dass die Abgabe einer Tatsachenbestätigung als Indiztatsache zu seinen Lasten berücksichtigt werden kann und ihm die Erbringung des relevanten Nachweises daher potenziell erschwert. Auch diese faktische Erschwerung der Beweisführung ist als Beweislaständerung im Sinne des § 309 Nr. 12 anzusehen (s. Rz 16–19).[10] Unwirksam ist daher z. B. trotz der ohnehin geltenden Vermutung der Richtigkeit und Vollständigkeit von Urkunden eine Klausel, der zufolge mündliche Nebenabreden nicht getroffen worden sind.[11]

55 **d) Unwiderlegbare Bestätigungen.** Tatsachenbestätigungen mit Beweismittelcharakter sind widerlegbar. Wenn aber widerlegbare Tatsachenbestätigungen nach § 309 Nr. 12 unwirksam sind, so muss dies im Grundsatz erst recht für unwiderlegbare Tatsachenbestätigungen,[12] unwiderlegbare Vermutungen und Fiktionen

---

[1] OLG Stuttgart NJW-RR 1987, 143, 144 (zu § 11 Nr. 15 AGBG).

[2] OLG Saarbrücken, 1 U 578 /03 v. 23. 6. 2004, BeckRs 2005, 359.

[3] BGH NJW 1988, 2106, 2108 (zu § 11 Nr. 15 AGBG).

[4] BGH NJW 1991, 1750, 1753 (zu § 11 Nr. 15 AGBG).

[5] BGH NJW 1990, 761, 765 (zu § 11 Nr. 15 AGBG). Für die Wirksamkeit einer formularmäßigen Bestätigung der Einbeziehungsvoraussetzungen auch *Palandt/Grüneberg* Rz 101.

[6] So jetzt auch *Ulmer/Hensen* Rz 20.

[7] BGH NJW 1990, 761, 765 (zu § 11 Nr. 15 AGBG). Für die Wirksamkeit einer formularmäßigen Bestätigung der Einbeziehungsvoraussetzungen auch *Palandt/Grüneberg* Rz 101.

[8] Richtig deshalb OLG Saarbrücken, Urt. v. 23. 6. 2004, Az: 1 U 578/03, BeckRS 2005-00359 unter II: Klausel, der zufolge die AGB „gelesen und anerkannt" wurden, verstoße gegen § 11 Nr. 15 AGBG (§ 309 Nr. 12).

[9] So aber BGH NJW 1985, 2329, 2331, 2332 (zu § 11 Nr. 15 AGBG); BGH NJW 1986, 2574, 2575 (zu § 11 Nr. 15 AGBG); BGH NJW 2000, 207, 207 f. (zu § 11 Nr. 15 AGBG). Gegen die Anwendbarkeit des § 309 Nr. 12 auch *Staudinger/Coester-Waltjen* Rz 11, deren Standpunkt allerdings konsequent ist, da sie § 309 Nr. 12 bei bloßen Erschwerungen der Beweisführung generell nicht anwenden möchte.

[10] Ausdrücklich a. A. BGH NJW 1985, 2329, 2332 (zu § 11 Nr. 15 AGBG). Wie hier jedoch BGH NJW 1987, 1634, 1635 (zu § 11 Nr. 15 AGBG).

[11] A. A. BGH NJW 1985, 2329, 2332 (zu § 11 Nr. 15 AGBG); BGH NJW 2000, 207, 207 f. (zu § 11 Nr. 15 AGBG); *Bamberger/Becker* Rz 4.

[12] *Löwe/von Westphalen* § 11 Nr. 15 Rz 7; *Ulmer/Hensen* Rz 18.

gelten (Rz 20). Insoweit kann auf den allgemeinen Verbotstatbestand des § 309 Nr. 12 zurückgegriffen werden (s. Rz 20). Geht es um den Sonderfall einer Tatsachenfiktion und fingiert die Klausel eine nach Vertragsschluss abgegebene Erklärung, so ist der Vorrang des § 308 Nr. 5 zu beachten.[1] Hervorzuheben ist aber, dass § 308 Nr. 5 lediglich die Zulässigkeit einer Fiktion oder Vermutung als solcher betrifft, nicht dagegen die Zulässigkeit des Inhalts der Erklärung, deren Abgabe vermutet oder fingiert wird. Dies wird gerade mit Blick auf das Verhältnis zu § 309 Nr. 12 b relevant. Man denke beispielsweise an eine Klausel in einem Kaufvertrag, der zufolge dann, wenn der Kunde die Ware nicht binnen einer Woche beanstandet, eine Erklärung des Kunden als abgegeben gilt, dass die Ware mangelfrei ist. Da die Klausel die nach Vertragsschluss erfolgte Abgabe einer Erklärung des Kunden fingiert, ist sie an § 308 Nr. 5 zu messen. Soweit es jedoch um den Inhalt der fingierten Erklärung, also um die Bestätigung der Mangelfreiheit, geht, ist die Klausel an § 309 Nr. 12 b zu messen. Vgl. auch § 308 Nr. 5 Rz 60 ff.

e) Ausnahme für zweifelsfreie Tatsachen. § 309 Nr. 12 b ist nur ein Unterfall **56–57**
des Verbots beweislaständernder Klauseln. Vor diesem Hintergrund ist es konsequent und richtig, diese Vorschrift dann nicht anzuwenden, wenn eine Verschlechterung der Beweisposition des Verwendungsgegners deshalb nicht droht, weil eine Klausel nur das bestätigt, was sich zweifelsfrei aus der Unterschrift des Kunden ergibt.[2] Indessen hat diese Ausnahme, wenn man sie im Einklang mit der dargelegten Zielsetzung versteht, praktisch keinen Anwendungsbereich. Denn es ist kaum ein Fall denkbar, in welchem sich die Richtigkeit des von der Klausel Bestätigten tatsächlich zweifelsfrei aus der Unterschrift des Verwendungsgegners ergibt. Wenig überzeugend ist beispielsweise die Auffassung des BGH, dass eine Klausel, mit welcher der Verwendungsgegner bestätigt, von den AGB Kenntnis genommen zu haben, bei umseitigem Abdruck der AGB auf der Vertragsurkunde nicht zu beanstanden sei.[3] Denn nach den Umständen des Vertragsschlusses, die durch besondere Hast oder durch einen dem Verwender bekannten Mangel an Sprachkenntnissen[4] des anderen Teils geprägt sein mögen, mag eine ernstzunehmende Möglichkeit fehlender Kenntnisnahme bestehen. Erst recht ist eine Klausel, die die Möglichkeit der Kenntnisnahme bestätigt, dann als unwirksam einzustufen, wenn die AGB nicht auf dem Vertragsformular abgedruckt sind, so dass nicht einmal gewährleistet ist, dass der Verwendungsgegner in jedem Fall Zugang zu den AGB gehabt hat.[5]

e) Beispiele unwirksamer Klauseln. Als Tatsachenbestätigung unwirksam **58, 59**
sind auch Klauseln wie „Ware in einwandfreiem Zustand erhalten"[6] oder „Der Mie-

---

[1] S. § 308 Nr. 5 Rz 60 ff.

[2] So in der Tat (für die Bestätigung der Kenntnisnahme) BGH NJW 1982, 1388, 1389 (zu § 11 Nr. 15 AGBG). Zurückhaltender freilich BGH NJW 1990, 761, 765 f (zu § 11 Nr. 15 AGBG): „Es mag zutreffen, dass die formularmäßige Erklärung, von den AGB Kenntnis genommen zu haben, in den Fällen, in denen diese auf der Rückseite des formularmäßigen Vertrages abgedruckt sind, unbedenklich ist, weil außer Zweifel steht, dass nur eine für die Einbeziehung erforderliche Tatsache bestätigt wird, deren Vorliegen nicht zweifelhaft sein kann."

[3] BGH NJW 1982, 1388, 1389 (zu § 11 Nr. 15 AGBG).

[4] Insbesondere in Großstädten wie Frankfurt am Main oder Berlin wird man hierin keinen bloß theoretischen Ausnahmefall erblicken können.

[5] BGH NJW 1990, 761, 765 (zu § 11 Nr. 15 AGBG): „Selbst wenn in der Regel die AGB im Krankenhaus vorhanden sind und [. . .] dem Patienten Einsicht gewähren wird, bleiben nicht nur theoretische Fälle übrig, in denen der Krankenhausbenutzer bei Vertragsschluss nicht die Möglichkeit erhält, in zumutbarer Weise Kenntnis zu nehmen, etwa weil das bereitgehaltene Exemplar gerade von einem anderen Krankenhausbenutzer gelesen wird oder bei der Aufnahme dem Patienten nicht die notwendige Zeit eingeräumt wird, das umfangreiche Klauselwerk, das in der bekanntgemachten Fassung immerhin 23 Schreibmaschinenseiten umfasst, vor der Unterschriftsleistung durchzulesen."

[6] OLG Koblenz NJW 1995, 3392, 3392 (zu § 11 Nr. 15 AGBG).

ter erkennt mit der Übernahme des Wagens an, dass dieser sich in verkehrssicherem und fahrbereitem Zustand befindet und keinerlei Mängel aufweist".[1] Unwirksam ist auch die Bestätigung ordnungsgemäßer Nachweistätigkeit des Maklers oder die Bestätigung ausreichender Information über Kaufobjekt und Kaufbedingungen.[2] Unwirksam ist auch eine Klausel, wonach Jugendliche unter 18 Jahren mit ihrer Unterschrift das Einverständnis der Eltern bestätigen.[3] Insbesondere handelt es sich im letztgenannten Fall nicht um eine vom Anwendungsbereich des § 309 Nr. 12 ausgenommene[4] Willenserklärung, da der andere Vertragsteil nicht das eigene Einverständnis erklärt, sondern die Tatsache bestätigt, ein Dritter habe sein Einverständnis erteilt. Gleiches gilt für die Bestätigung, die zumutbare Möglichkeit der Kenntnisnahme gehabt zu haben (s. aber Rz 56, 57).[5] Unwirksam ist auch die Klausel im Vertrag mit einem Fitness- oder einem Sport-Center, wonach der Teilnehmer erklärt, gesund und in guter körperlicher Verfassung zu sein, derart, dass er an einem normalen Training teilnehmen kann, da dadurch die Anforderungen an den Beweis des Gegenteils erhöht werden.[6]

III. Gesonderte Empfangsbekenntnisse

60 § 309 Nr. 12 lässt gesondert unterschriebene oder mit einer gesonderten qualifizierten elektronischen Signatur versehene Empfangsbekenntnisse zu, weil dafür ein anerkennenswertes Bedürfnis besteht und formularmäßige Quittungen nicht allein deshalb, weil sie unter den AGB-Begriff des § 305 I fallen, unwirksam sein sollen.

1. Empfangsbekenntnis

61 Das Empfangsbekenntnis ist eine besondere Art der Tatsachenbestätigung, wobei die bestätigte Tatsache im Empfang einer Leistung besteht.[7] Das Empfangsbekenntnis deckt sich mit der Legaldefinition der **Quittung** in § 368,[8] betrifft also nicht nur die Quittierung von Geldzahlungen, sondern auch andere Liefer- und Leistungsbestätigungen oder die Bestätigung, eine Vertragsabschrift erhalten zu haben. Die Bestätigung der Abnahme beim Werkvertrag geht an sich über ein bloßes Empfangsbekenntnis hinaus. Denn mit der Abnahme wird auch zum Ausdruck gebracht, dass das Werk als im Wesentlichen vertragsgemäß anerkannt wird.[9] Gleichwohl ist die Bestätigung der werkvertraglichen Abnahme dem Empfangsbekenntnis im Sinne des § 309 Nr. 12 gleichzustellen.[10] Dafür spricht zum einen, dass für die Verwendung vorformulierter Abnahmebestätigungen im Werkvertragsrecht ein praktisches Bedürfnis besteht. Zum anderen ist zu beachten, dass der Wortlaut des § 309 Nr. 12 gerade nicht auf Waren und Geldzahlungen beschränkt

---

1 BT-Drs. 7/3919, S. 39.

2 LG Frankfurt NJW 1988, 499, 499 (zu § 11 Nr. 15 AGBG).

3 LG Kiel AGBE VI § 11 Nr. 75 (zu § 11 Nr. 15 AGBG); LG Berlin AGBE VI § 11 Nr. 77 (zu § 11 Nr. 15 AGBG).

4 S. Rz 53.

5 BGH NJW 1990, 761, 765 (zu § 11 Nr. 15 AGBG).

6 BGH NJW-RR 1989, 817, 817 (zu § 11 Nr. 15 AGBG).

7 BGH NJW 1990, 761, 766 (zu § 11 Nr. 15 AGBG); OLG Koblenz NJW 1995, 3392, 3392 (zu § 11 Nr. 15 AGBG).

8 Wie hier z. B. BGH NJW 1990, 761, 766 (zu § 11 Nr. 15 AGBG); OLG Koblenz NJW 1995, 3392, 3392 (zu § 11 Nr. 15 AGBG). Vgl. aber BGHZ 100, 373, 383 (zu § 11 Nr. 15 AGBG) = NJW 1987, 2012, 2014 (zu § 309 Nr. 15 AGBG), der ausdrücklich offenlässt, ob unter einem Empfangsbekenntnis „allein eine Quittung i.S.d. § 368 BGB zu verstehen ist".

9 BGHZ 48, 257, 262; *Palandt/Sprau* § 640 Rz 3.

10 A. A. OLG Koblenz NJW 1995, 3392, 3392 (zu § 11 Nr. 15 AGBG).

ist, sondern mit dem Begriff des Empfangsbekenntnisses auch die Bestätigung des Empfangs anderer Leistungen betrifft. Die darin zum Ausdruck kommende Entscheidung des Gesetzgebers, Empfangsbekenntnisse auch im Bereich des Werkvertragsrechts zuzulassen, würde weitgehend unterlaufen, wollte man nicht auch vorformulierte Abnahmebestätigungen zulassen. Der Grundsatz, dass Abnahmebestätigungen unter die für Empfangsbekenntnisse geltende Sonderregelung fallen, kann aber nur dort Geltung beanspruchen, wo das dispositive Recht eine Abnahme im Sinne einer Billigung der Leistung als im Wesentlichen vertragsgemäß vorsieht. Anders liegen die Dinge also z. B. im Falle des Kaufvertrages. Eine vorformulierte Klausel in den AGB eines Verkäufers, der zufolge der Kunde bestätigt, die „Ware in einwandfreiem Zustand erhalten" zu haben, verstößt daher gegen § 309 Nr. 12.[1]

2. Gesonderte Unterschrift oder qualifizierte elektronische Signatur

Empfangsbekenntnisse in AGB sind grundsätzlich unwirksam. Eine Ausnahme 62
gilt jedoch für gesondert unterschriebene oder mit einer gesonderten qualifizierten elektronischen Signatur versehene Empfangsbekenntnisse, weil dadurch der andere Vertragsteil auf ihre Bedeutung besonders hingewiesen wird. Das Tatbestandsmerkmal der gesonderten Unterschrift oder gesonderten elektronischen Signatur ist grundsätzlich ebenso zu interpretieren wie dasjenige der gesonderten Unterschrift bzw. gesonderten qualifizierten elektronischen Signatur in § 309 Nr. 11.[2] Daher kann auf die dortigen Ausführungen verwiesen werden.[3] Besonders sei betont, dass das Empfangsbekenntnis vom übrigen Inhalt der AGB so deutlich abgesetzt sein muss, dass sich die Unterschrift erkennbar nur auf das Empfangsbekenntnis bezieht.[4] Auch die elektronische Signatur muss sich erkennbar nur auf das Empfangsbekenntnis beziehen.[5] Denn nur auf diese Weise kann der vom Gesetz beabsichtigte eindringliche Warn- und Hinweiszweck erfüllt werden. Nicht mit § 309 Nr. 12 vereinbar ist demgemäß eine Klausel am Ende des Formulartextes, auch wenn sie sich unmittelbar über der Unterschriftenzeile befindet und drucktechnisch hervorgehoben ist, wenn dafür nicht eine gesonderte Unterschrift neben der allgemeinen Vertragsunterschrift vorgesehen ist.[6] Erklärungen anderen Inhalts in vorgedruckter Form dürfen mit dem Text des Empfangsbekenntnisses grundsätzlich nicht verbunden werden.[7] Nicht zu beanstanden ist aber, dass mehrere gesondert abzugebende Erklärungen „gebündelt" werden, soweit aufgrund der Gestaltung der Urkunde hinreichend deutlich wird, dass es sich um mehrere Erklärungen handelt (s. § 309 Nr. 11 Rz 24).[8]

---

1 Insoweit zutreffend Koblenz NJW 1995, 3392, 3392 (zu § 11 Nr. 15 AGBG).

2 BGH NJW 2001, 3186, 3186 (zu §§ 11 Nr. 14 u. Nr. 15 AGBG).

3 S. § 309 Nr. 11 Rz 23 ff.

4 Tendenziell ebenso, die Frage aber letztlich offen lassend, BGHZ 100, 373, 382 = NJW 1987, 2012, 2014 (zu § 11 Nr. 15 AGBG). Wie hier dagegen BGH NJW 2001, 3186, 3186 (zu § 11 Nr. 14 AGBG). Der Text der Erklärung und die sich darauf beziehende Unterschrift müssten „deutlich von dem Wortlaut des Vertrags abgesetzt sein", um Inhalt und Wirkung der Erklärung deutlich zu machen. Diese Entscheidung kann auch auf § 309 Nr. 12 übertragen werden, weil der BGH, a.a.O., die Notwendigkeit einer einheitlichen Auslegung der hier relevanten Merkmale beider Tatbestände betont.

5 *Palandt/Grüneberg* Rz 102.

6 BGHZ 100, 373, 383 (zu § 11 Nr. 15 AGBG) = NJW 1987, 2012, 2014 (zu § 309 Nr. 15 AGBG).

7 BGHZ 100, 373, 383 (zu § 11 Nr. 15 AGBG) = NJW 1987, 2012, 2014 (zu § 309 Nr. 15 AGBG); *Löwe/von Westphalen* § 11 Nr. 15 Rz 34; *Staudinger/Coester-Waltjen* Rz 13. Ebenso *Palandt/Grüneberg* Rz 103.

8 Ohne Erwähnung einer solchen Ausnahme aber BGHZ 100, 373, 383 (zu § 11 Nr. 15 AGBG) = NJW 1987, 2012, 2014 (zu § 309 Nr. 15 AGBG).

IV. Auslegung von Klauseln

63 Das Verbot des § 309 Nr. 12 greift nicht nur dann ein, wenn eine Klausel ausdrücklich auf eine Änderung der Beweislast, eine Änderung der Darlegungslast, eine Beschränkung der Beweismittel etc. abzielt, sondern auch dann, wenn sich dies erst im Wege der Auslegung nach §§ 133, 157, 305c II ergibt. Ist die Klausel trotz § 305c II dahin gehend auszulegen, dass eine Änderung der Beweislastverteilung etc. nicht gewollt ist, begründet die unzumutbar unübersichtliche Gestaltung der AGB jedoch insofern die Gefahr eines Missverständnisses, so liegt kein Verstoß gegen § 309 Nr. 12, wohl aber ein Verstoß gegen § 307 I 2 vor. Die Einschränkung einer unzulässigen Beweislaständerung in den allgemeinen Bedingungen durch eine Klausel in besonderen Zusatzbedingungen begegnet daher nicht unter dem Gesichtspunkt des § 309 Nr. 12, wohl aber wegen § 307 I 2 Bedenken.[1] Indessen dürfen an die Formulierungen in AGB hinsichtlich der Beweislastverteilung keine übertriebenen Anforderungen gestellt werden. Zwar kann sich eine Beweislaständerung zulasten des Verwendungsgegners auch daraus ergeben, dass der Verwender eine Formulierung heranzieht, wie sie auch der Gesetzgeber zur Beweislastverteilung gebraucht.[2] Bei Anwendung dieses Grundsatzes ist allerdings behutsam zu verfahren. Allein die Tatsache, dass ein bestimmter Satz der AGB den Eintritt einer dem Verwendungsgegner günstigen Rechtsfolge vom Vorliegen bestimmter Umstände abhängig macht, lässt nicht den Schluss zu, dass der Verwendungsgegner nach der Klausel die Beweislast für diese Umstände tragen soll.[3] Die Formulierung „Bei Vorsatz und grober Fahrlässigkeit wird Schadensersatz geleistet" ist deshalb nicht im Sinne einer Regelung der Beweislastverteilung zu verstehen. Vielmehr handelt es sich um eine Haftungsbeschränkung, die nicht erkennbar macht, dass sie die gesetzliche Beweislastverteilung verändern will. Auch eine am Wortlaut von § 309 Nr. 7 ausgerichtete Freizeichnungsklausel enthält grundsätzlich keine Beweislaständerung.[4] Keine Beweislaständerung ist auch im Falle einer Klausel in einem EC-Kartenvertrag gewollt, der zufolge der Kartenherausgeber die bis zur Verlustanzeige entstehenden Schäden nur dann übernimmt, wenn „der Karteninhaber die ihm nach diesen Bedingungen obliegenden Pflichten erfüllt hatte", insbesondere die Karte nicht zusammen mit der PIN aufbewahrt hat.[5] Die Formulierung „Bei nachgewiesenem Vorsatz oder grober Fahrlässigkeit wird Schadensersatz geleistet" scheitert dagegen als erkennbar gewollte Beweislaständerung an § 309 Nr. 12. Gleiches gilt für eine Klausel „Für Schäden wird nicht gehaftet, es sei denn, dass von Seiten des Kunden ein Verschulden nachgewiesen wird", da aufgrund dieser Formulierung der Geschädigte entgegen dem dispositiven Recht das Verschulden des Schädigers beweisen müsste.[6]

---

1 Vgl. aber BGH BB 1983, 527, 531 (zum AGBG).

2 BGH NJW 2001, 292, 296 (zu § 11 Nr. 15 AGBG).

3 Vgl. auch BGH NJW 2001, 292, 296 (zu § 11 Nr. 15 AGBG). Dort lag dem BGH eine Klausel des Inhalts vor: „Weist der Kaufgegenstand erhebliche Mängel auf, die nach Rüge während der Frist nach Nr. 1 nicht innerhalb von acht Tagen vollständig beseitigt werden, kann der Kunde die Abnahme ablehnen." Der BGH ließ ausdrücklich offen, ob diese Klausel im Sinne einer Regelung der Beweislast ausgelegt werden könne. Richtigerweise wird man diese Frage verneinen müssen.

4 BGH ZIP 1985, 687 = BB 1985, 2008 (zum AGBG).

5 OLG Köln WM 2003, 124, 125. S. zu diesem Urteil auch *v. Westphalen* *NJW* 2003, 1635, 1641.

6 BGH BB 1983, 527, 531 (zu § 11 Nr. 15 AGBG); BGH NJW 1996, 1537, 1538 (zu § 11 Nr. 15 AGBG); OLG Köln NJW 1986, 2579, 2581 (zu § 11 Nr. 15 AGBG).

V. Unwirksamkeitsfolgen

Bei einem Verstoß gegen § 309 Nr. 12 ist die Klausel unwirksam. An ihre Stelle treten gemäß § 306 II die gesetzlichen Vorschriften. 64

VI. Verhältnis zu anderen Vorschriften

Da § 309 Nr. 12, von der für Empfangsbestätigungen geltenden Sonderregelung einmal abgesehen, keine Ausnahmen enthält, erweist sich diese Vorschrift im Vergleich mit anderen Bestimmungen der §§ 308, 309 häufig als besonders streng. Daher stellt sich im Verhältnis zu anderen Vorschriften vor allem die Frage, inwiefern Klauseln, die mit anderen Vorschriften übereinstimmen, der in § 309 Nr. 12 vorgesehenen Nichtigkeitsfolge entgehen. 70

1. Verhältnis zu § 307

Unproblematisch ist freilich das Verhältnis zu § 307. Diese Vorschrift findet uneingeschränkt neben § 309 Nr. 12 Anwendung. Auch Empfangsbestätigungen, die von der Kontrolle nach § 309 Nr. 12 ausgenommen sind, unterliegen der Kontrolle nach § 307. 71

2. Verhältnis zu § 308 Nr. 5

Zum Verhältnis von § 309 Nr. 12 zu § 308 Nr. 5 siehe § 308 Nr. 5 Rz 60ff. 72

3. Verhältnis zu § 308 Nr. 6

§ 308 Nr. 6 gilt seinem Wortlaut nach nur für Zugangsfiktionen. Doch muss diese Vorschrift nicht nur auf Fiktionen im engeren Sinne, sondern auch auf widerlegliche und unwiderlegliche Vermutungen Anwendung finden.[1] § 308 Nr. 6 verbietet Zugangsfiktionen nicht generell, sondern nur dann, wenn die relevanten Klauseln auch für Erklärungen von besonderer Bedeutung Geltung beanspruchen. Damit diese differenzierte Regelung ihre praktische Bedeutung behalten kann, muss § 308 Nr. 6 Vorrang vor § 309 Nr. 12 eingeräumt werden,[2] und zwar gerade auch dann, wenn es im konkreten Fall um eine Erklärung ohne besondere Bedeutung geht. Klauseln, die den Zugang einer Erklärung fingieren oder vermuten, sei es widerleglich oder unwiderleglich, sind daher nicht an § 309 Nr. 12 zu messen. 73

4. Verhältnis zu § 309 Nr. 5

§ 305 Nr. 5 b schreibt vor, dass Schadenspauschalen nur dann zulässig sind, wenn dem Verwendungsgegner die Möglichkeit des Gegenbeweises ausdrücklich offen gelassen wird. Damit diese Regelung sich nicht als irrelevant erweist, muss § 309 Nr. 5 gegenüber § 308 Nr. 12 Vorrang eingeräumt werden,[3] und zwar in dem Sinne, dass eine Schadenspauschale, die den Vorgaben des § 309 Nr. 5 entspricht, nicht mit Blick auf die Verteilung der Beweislast für den Nachweis eines fehlenden 74

---

1 S. § 308 Nr. 6 Rz 11.

2 I.E. ebenso *Ulmer/Hensen* Rz 7; *Bamberger/Becker* Rz 5; *Staudinger/Coester-Waltjen* § 309 Nr. 11 Rz 2.

3 BGH NJW 1988, 258, 259 (zu § 11 Nr. 5 u. Nr. 15 AGBG); MünchKomm/*Basedow* § 309 Nr. 5 Rz 7, § 309 Nr. 12 Rz 5; *Ulmer/Hensen* Rz 7; *Bamberger/Becker* Rz 5; *Staudinger/Coester-Waltjen* Rz 3.

oder eines geringeren Schadens als nach § 309 Nr. 12 unwirksam eingestuft werden darf. Sieht die Pauschalierungsklausel freilich darüber hinaus weitere Abweichungen von der gesetzlichen Beweislastverteilung vor, kann § 309 Nr. 12 ohne weiteres angewandt werden. Siehe auch § 309 Nr. 5 Rz 128.

5. Verhältnis zu § 309 Nr. 7

75–79 Zum Verhältnis zwischen § 309 Nr. 12 und § 309 Nr. 7 siehe § 309 Nr. 7 Rz 87.

VII. Arbeitsverträge

80 Auch Arbeitnehmer genießen weitreichenden Schutz vor Beweislastveränderungen zu ihren Lasten.

1. Schutz des Arbeitnehmers nach § 619 a

81 Insofern gilt es zunächst darauf hinzuweisen, dass im Arbeitsrecht auch § 619 a Geltung beansprucht, dem zufolge der Arbeitnehmer abweichend von § 280 I nur dann Schadensersatz für die Verletzung der sich aus dem Arbeitsverhältnis ergebenden Pflichten zu leisten hat, wenn er die Pflichtverletzung zu vertreten hat. Damit wird dem Arbeitgeber die Beweislast für das Verschulden auferlegt.[1] § 619 a ist jedoch nach richtiger Auffassung individualvertraglich abdingbar, denn insofern ist ein Umkehrschluss aus § 619 geboten.[2] Mit Blick auf den zeitlichen Anwendungsbereich des § 309 Nr. 12 ist grundsätzlich Art. 229 § 5 EGBGB zu beachten. Doch selbst wenn danach gemäß altem Recht zu entscheiden ist, gilt es zu beachten, dass die für das Arbeitsrecht geltende Bereichsausnahme des § 23 I AGBG a.F. keine Anwendung auf Verträge zwischen Arbeitnehmer und Arbeitgeber findet, die rechtlich selbstständig sind und ihre Grundlage in den Bestimmungen über andere Verträge haben.[3] Diese Voraussetzung ist auch bei Schuldversprechen und Schuldanerkenntnissen im Sinne der §§ 780, 781 erfüllt.[4] Entsprechende AGB unterliegen also auch dann der AGB-rechtlichen Inhaltskontrolle, wenn sie ausnahmsweise nach altem Recht zu beurteilen sind.[5] Zu den insofern maßgeblichen Anforderungen siehe Rz 23 f.

2. Schutz des Arbeitnehmers nach § 309 Nr. 12

82 § 309 Nr. 12 gilt grundsätzlich auch im Arbeitsrecht, wobei nach § 310 IV 2 die im Arbeitsrecht geltenden Besonderheiten zu berücksichtigen sind. Solche Besonderheiten sind jedoch nicht zu erkennen, soweit es um die Beweislastverteilung geht. Denn Beweislastnormen sind in besonderem Maße Ausprägungen des Gerechtigkeitsgebots;[6] und dies gilt für das Arbeitsrecht in gleicher Weise wie für das sonstige Zivilrecht.

---

1 *Palandt/Weidenkaff* § 619 a Rz 6.

2 Nach anderer Auffassung soll § 619 a zumindest in dem Sinne zwingend sein, dass dem Arbeitnehmer ein angemessener Ausgleich zugebilligt werden müsse, wenn die Beweislast zu seinem Nachteil verändert werde. So z. B. *Palandt/Weidenkaff* § 619 a Rz 6. Unklar *Schwirtzek* NZA 2005, 437, 442: § 619 a könne nur insoweit zwingenden Charakter beanspruchen, als hierzu keine vertragliche Regelung existiere.

3 BAG NJW 2005, 3164, 3165.

4 BAG NJW 2005, 3164, 3165.

5 So im Ergebnis auch BAG NJW 2005, 3164, 3165, das die Anwendbarkeit alten Rechts daher offenlässt.

6 BGH NJW 2006, 47, 49 (zum unternehmerischen Verkehr).

a) Mankoklauseln. In der Literatur wird abweichend von der hier vertretenen Auffassung angenommen, dass eine Abänderung der Beweislastverteilung zumindest bei so genannten Mankoklauseln zulässig sei, die mit Blick auf die Haftung für Fehlbestände die Beweislast zum Nachteil des Arbeitnehmers verändern.[1] Denn bei Mankoklauseln handele es sich um eine arbeitsrechtliche Besonderheit.[2] Dem ist jedoch zu widersprechen. Die Tatsache, dass eine Klausel vor allem im Arbeitsrecht verwendet wird, rechtfertigt die Annahme einer arbeitsrechtlichen Besonderheit für sich genommen nicht. Auch kann dem Interesse des Arbeitgebers dadurch Rechnung getragen werden, dass eine Zufallshaftung des Arbeitnehmers für Fehlbestände auf der Ebene des materiellen Rechts begründet wird,[3] denn Änderungen des materiellen Rechts sind nicht an § 309 Nr. 12 zu messen (s. Rz 22). Mankoklauseln, die die Beweislast zulasten des Arbeitnehmers verändern, sind daher nach § 309 Nr. 12 unwirksam.[4] Dies gilt nach der hier vertretenen Auffassung selbst und gerade dann, wenn dem Arbeitnehmer eine Zufallshaftung für die entsprechenden Beträge hätte auferlegt werden können (vgl. Rz 21). 83

b) Empfangsbekenntnisse. Auch von dem Erfordernis, dass Empfangsbekenntnisse gesondert unterschrieben werden müssen, um der Unwirksamkeit nach § 309 Nr. 12 zu entgehen, sollte man im Arbeitsrecht keine Ausnahme machen.[5] 84-89

VIII. Geltung zwischen Unternehmern

1. Allgemeines

§ 309 Nr. 12 gilt nicht unmittelbar für AGB, die gegenüber Unternehmern verwandt werden (§ 310 I 1). Gleichwohl sind Klauseln, die zulasten des Verwendungsgegners eine Abweichung von den gesetzlichen Beweislastregeln vorsehen, auch im unternehmerischen Verkehr grundsätzlich unwirksam.[6] Denn Beweislastregeln sind in besonderem Maße Ausprägungen des Gerechtigkeitsgebots.[7] § 309 Nr. 12 entfaltet mit anderen Worten Indizwirkung für den unternehmerischen Verkehr. 90

2. Klauseln im Sinne des § 309 Nr. 12 a

Der Grundsatz, dass Beweislaständerungsklauseln auch im unternehmerischen Verkehr grundsätzlich unwirksam sind (s. Rz 90), beansprucht erst recht dann Geltung, wenn die Änderung der Beweislast den Gefahr- und Risikobereichen widerspricht. Klauseln im Sinne des § 309 Nr. 12 a sind daher auch gegenüber Unternehmern grundsätzlich unangemessen.[8] Unwirksam ist z. B. eine Klausel in einem **Bauvertrag,** die den am Bau tätigen Firmen entgegen der Regelung des § 830 I 2 91

---

1 *Schwirtzek* NZA 2005, 437, 442.

2 *Schwirtzek* NZA 2005, 437, 442.

3 Zur Zulässigkeit einer solchen Haftungserweiterung s. § 310 Rz H 7.

4 Ebenso möglicherweise *Hümmerich* NZA 2003, 753, 764: Mankoklauseln müssten wegen § 309 Nr. 12 neu formuliert werden.

5 Ebenso wohl *Lingemann* NZA 2002, 181, 192.

6 OLG Düsseldorf, Urt. v. 2. 11. 2005, Az: 15 U 117/04, BeckRS 2006-02127 in einem Fall, der eine Tatsachenbestätigung im Sinne des § 309 Nr. 12 b betraf. Wie hier auch *Palandt/Grüneberg* Rz 103; *Ulmer/Hensen* Rz 25. *Staudinger/Coester-Waltjen* § 309 Nr. 12 Rz 16 meint zwar, dass § 309 Nr. 12 über § 307 auch im unternehmerischen Verkehr gelten müsse, geht dabei aber von einem engeren Verständnis der Vorschrift aus.

7 BGH NJW 2006, 47, 49.

8 BGH NJW 2006, 47, 49; BGH NJW 1996, 1537, 1538 (zu § 9 AGBG); BGH NJW 1988, 640, 643 (zu § 9 AGBG); *Palandt/Grüneberg* Rz 103.

die Beweislast für Schäden am Bau auferlegt.[1] Auch im Falle eines **Kaufvertrags** sind an die Zulässigkeit von Beweislastklauseln strenge Anforderungen zu stellen. Unwirksam ist z. B. eine Klausel in Einkaufsbedingungen, der zufolge vermutet wird, dass ein Mangel bereits bei Gefahrübergang vorhanden war, und zwar auch dann, wenn die Klausel nur für den Fall Geltung beansprucht, dass seit dem Gefahrübergang nicht mehr als zwei Monate vergangen sind.[2] Etwas anderes kann auch nicht aus der Wertung des § 476 abgeleitet werden, da diese Vorschrift allein auf den Schutz von Verbrauchern zugeschnitten ist und dem Umstand Rechnung trägt, dass Unternehmen in der Regel bessere Erkenntnismöglichkeiten haben als Verbraucher.[3] Unwirksam ist auch eine Regelung in den AGB des Verkäufers, die dem Kunden nach Be- oder Verarbeitung der Ware die Beweislast für ein Verschulden aus dem Verantwortungsbereich des Verwenders auferlegt[4] oder die die Beweislast bei der Haftung für Mangelfolgeschäden zum Nachteil des anderen Vertragsteils umkehrt.[5] Allerdings sollte man den Grundsatz, dass die Beweislast für Umstände im Gefahr- und Risikobereich des Verwenders nicht dem Verwendungsgegner auferlegt werden dürfen, nicht verabsolutieren. Bei hinreichend gewichtigen Gründen sind Ausnahmen denkbar.[6]

3. Klauseln im Sinne des § 309 Nr. 12 b

92 Auch Tatsachenbestätigungen zwischen Unternehmern unterliegen der Inhaltskontrolle. Dabei muss wie bei anderen Klauseln im Sinne des § 11 Nr. 12 gelten, dass Tatsachenbestätigungen auch im unternehmerischen Verkehr grundsätzlich unwirksam sind.[7] Ein Teil des Schrifttums schlägt vor, solche Tatsachenbestätigungen im unternehmerischen Verkehr als wirksam anzusehen, die sich auf rein tatsächliche Vorgänge und Zustände beziehen und denen es infolge einer Absetzung vom Text und einer gesonderten Unterschrift des anderen Teils am Überraschungs- und Verheimlichungseffekt fehlt.[8] Indessen ist nicht ersichtlich, was eine solche Sonderbehandlung von Tatsachenbestätigungen rechtfertigen könnte. Als Tatsachenbestätigung unwirksam ist etwa eine Klausel, wonach der Unternehmer bei einem Bauvertrag erklärt, dass ihm die örtlichen Verhältnisse bekannt sind.[9] Gleiches gilt für eine Klausel, der zufolge der andere Vertragsteil das Vorliegen einer ausgehandelten Individualvereinbarung bestätigt.[10]

---

1 OLG Karlsruhe BB 1983, 725, 727 f (zu § 9 AGBG).

2 BGH NJW 2006, 47, 49.

3 BGH NJW 2006, 47, 49 unter Berufung auf BT-Drs. 14/6040, S. 245.

4 BGH NJW 1985, 3016, 3017 (zu § 9 AGBG).

5 BGH NJW 1996, 1537, 1538 (zu § 9 AGBG).

6 Offen gelassen von BGH NJW 1985, 3016, 3017 (zu § 9 AGBG). Strenger als hier *Ulmer/Hensen* Rz 25, der bei Klauseln, die unter § 309 Nr. 12a fallen, wohl stets einen Verstoß gegen § 9 AGBG (§ 307) bejahen möchte. Wie *Hensen* wohl auch BGH NJW 1996, 1537, 1538 (zu § 9 AGBG): „[Eine Klausel, die dem Vertragspartner die Beweislast für Vorgänge auferlegt], die sich im Verantwortungsbereich des Verwenders abgespielt haben [. . .] hat der BGH [. . .] als unwirksam angesehen [. . .]. [. . .] [D]aran [ist] festzuhalten [. . .]." Gegen die Zulassung von Ausnahmen wohl auch BGH NJW 2006, 47, 49: „Klauseln, die dem Gegner des Verwenders die Beweislast für Umstände auferlegen, die dem Verantwortungsbereich des Verwenders zuzurechnen sind, benachteiligen den Gegner des Klauselverwenders unangemessen und sind daher unwirksam."

7 OLG Düsseldorf, Urt. v. 2.11. 2005, Az: 15 U 117/04, BeckRS 2006-02127.

8 So z. B. *Bamberger/Becker* Rz 13.

9 OLG Frankfurt NJW-RR 1986, 245, 246 (zu § 9 AGBG).

10 Ebenso *Bamberger/Becker* Rz 13.

§ 309 Klauselverbote ohne Wertungsmöglichkeit

Auch soweit eine Abweichung von den gesetzlichen Vorschriften zulässig ist, ist in Allgemeinen Geschäftsbedingungen unwirksam

13. (Form von Anzeigen und Erklärungen)

eine Bestimmung, durch die Anzeigen oder Erklärungen, die dem Verwender oder einem Dritten gegenüber abzugeben sind, an eine strengere Form als die Schriftform oder an besondere Zugangserfordernisse gebunden werden.

Inhaltsübersicht

Schrifttum: *Basedow,* Risikobeschreibung und Beschränkung der Empfangsvollmacht in der AGB-Kontrolle privater Arbeitslosigkeitsversicherungen, NVersZ 1999, 349; *Beckmann,* Auswirkungen der Auge- und Ohr-Rechtsprechung auf die Beurteilung von Vollmachtsbeschränkungen; *Dürr,* Thesen zu Schriftform und Zugangserfordernissen i. S. von § 11 Nr. 16 AGB-Gesetz, BB 1978, 1546; *Flatow,* Typische Fehler bei der Kündigungserklärung, NZM 2004, 281; *Hümmerich,* Gestaltung von Arbeitsverträgen nach der Schuldrechtsreform, NZA 2003, 753; *Thamm/Möffert,* Die Mängelrüge im Handelsverkehr im Lichte jüngster Rechtsprechung, NJW 2004, 2710.

I. Zweck und Allgemeines

§ 309 Nr. 13, der dem bisherigen § 11 Nr. 16 AGBG wörtlich entspricht, soll verhindern, dass dem Kunden bei der Ausübung seiner Rechte durch übersteigerte Form oder Zugangserfordernisse Rechtsnachteile entstehen.[1] Eine solche Gefahr ist besonders groß, weil derartige Form- und Zugangserfordernisse in AGB häufig übersehen werden oder bei der späteren Rechtsausübung nicht mehr in Erinnerung sind. Die Hinnahme von Rechtsnachteilen wegen solcher Form- und Zugangsfehler hat der Gesetzgeber als unverhältnismäßig harte Sanktion vermeiden wollen.[2] Daher erklärt das Gesetz über die Schriftform hinausgehende Formerfordernisse und besondere Zugangserfordernisse in AGB für unwirksam. Die Vereinbarung der Schriftform für Erklärungen des Verwendungsgegners in AGB bleibt nach § 307 überprüfbar, ist aber grundsätzlich zulässig.[3] Davon zu trennen ist die Frage, ob **1–9**

[1] OLG Stuttgart NJW-RR 1999, 1576, 1577 (zu § 11 Nr. 16 AGBG). In diesem Sinne auch BGH NJW 1999, 2279, 2283 (zu § 11 Nr. 16 AGBG).

[2] BT-Drs. 7/3919, S. 39.

[3] S. Rz 21, 52.

Schriftformerfordernisse für vertragliche Abreden wirksam sind, was grundsätzlich zu verneinen ist.[1]

II. Tatbestand

1. Anzeigen und Erklärungen

10 **a) Begriff.** Als Anzeigen oder Erklärungen sind alle Äußerungen einzustufen, sei es rechtsgeschäftlicher, geschäftsähnlicher[2] oder rein tatsächlicher Art, die für die Rechtsausübung oder für die Rechtswahrnehmung bedeutsam sind.[3] Eine Unterscheidung zwischen Anzeigen und Erklärungen ist kaum sinnvoll zu treffen, wegen der Gleichstellung beider Merkmale aber ohnehin entbehrlich. Anzeigen sind zugleich auch Erklärungen. Ob die Anzeige oder Erklärung im Gesetz oder nur im Vertrag vorgesehen ist, spielt ebenfalls keine Rolle. In Betracht kommen vor allem Mahnungen, Mängelanzeigen, Tatsachenmitteilungen, Anfechtungs-, Kündigungs-, Rücktritts- und Minderungserklärungen und Fristsetzungen. Erfasst werden auch die Erklärung der Minderung, das Nachlieferungsverlangen und generell die Ausübung von Wahlrechten.

11 **b) Vertragliche Abreden.** § 309 Nr. 13 gilt nur für Anzeigen oder Erklärungen des Verwendungsgegners, grundsätzlich nicht jedoch für solche Formerfordernisse, die sich auf vertragliche Abreden zwischen den Parteien beziehen.[4] Dies mag auf den ersten Blick überraschen, weil eine vertragliche Abrede eine Willenserklärung des Kunden voraussetzt. Zu beachten ist indessen, dass § 309 Nr. 13 schon seinem Wortlaut nach nur auf solche Erklärungen Anwendung findet, die „abzugeben [...] sind". Damit wird zum Ausdruck gebracht, dass die Erklärung zur Rechtswahrung oder Rechtswahrnehmung erforderlich sein muss. Daran fehlt es bei einer Willenserklärung, die auf den Abschluss eines Vertrages gerichtet ist. Bei ihr handelt es sich nämlich grundsätzlich um einen rein freiwilligen Akt. Hinzu kommt, dass ein im Regierungsentwurf zum AGB-Gesetz[5] noch vorgesehenes Verbot des Schriftformerfordernisses für alle vertraglichen Abreden nicht Gesetz geworden ist. Formerfordernisse für vertragliche Abreden werden daher von § 309 Nr. 13 nicht erfasst. Vielmehr ist ihre Zulässigkeit nach § 307 zu überprüfen.[6] Etwas anderes gilt richtigerweise dann, wenn der Abschluss eines zusätzlichen Vertrages im Einzelfall kein freiwilliger Akt ist, sondern der Verwendungsgegner nach dem ursprünglichen Vertrag zum Vertragsschluss verpflichtet ist.

2. Erklärender

12 Als Erklärende kommen nach Sinn und Zweck des § 309 Nr. 13 nur der Verwendungsgegner sowie solche Personen in Betracht, deren Willenserklärungen dem Verwendungsgegner zurechenbar sind. Nicht erfasst werden dagegen Erklärungen des Verwenders.[7] Doch sind Formerfordernisse für Erklärungen des Verwenders an § 307 zu messen. Siehe dazu Anh. § 310 Rz S 75.

---

1 S. Anh. § 310 Rz S 90–111.
2 Allgemeine Auffassung. S. nur *Palandt/Grüneberg* Rz 104; *Lakies* NZA 2004, 569, 574.
3 Zustimmend *Bamberger/Becker* Rz 2.
4 Ebenso z. B. *Bamberger/Becker* Rz 2; *Palandt/Grüneberg* Rz 104; *Staudinger/Coester-Waltjen* Rz 2.
5 BT-Drs. 7/3919, § 9 Nr. 17.
6 Zur Kontrolle von Schriftformerfordernissen für vertragliche Abreden s. § 310 Rz S 90–110.
7 Ebenso z. B. *Bamberger/Becker* Rz 2.

3. Erklärungsempfänger

Als Erklärungsempfänger kommen nicht nur der Verwender und seine Vertreter und anderen Hilfspersonen, sondern auch **Dritte** in Betracht. Praktisch bedeutsam wird die Abgabe von Anzeigen oder Erklärungen gegenüber Dritten insbesondere dann, wenn ein Dritter den Vertrag übernimmt oder wenn der Verwender z. B. als Hersteller durch seine Garantiebedingungen zugleich zugunsten des Verkäufers als Drittem die Form der diesem gegenüber abzugebenden Anzeigen und Erklärungen regelt. Sieht allerdings eine Klausel die Notwendigkeit der gerichtlichen Geltendmachung eines Anspruchs vor, wie dies z. B. bei einer so genannten zweistufigen Ausschlussklausel in Arbeitsverträgen der Fall ist (s. Rz 60–69), so kann das Gericht nicht als Erklärungsempfänger im Sinne des § 309 Nr. 13 angesehen werden (s. Rz 60–69). **13–19**

4. Strengere Form als Schriftform

a) Allgemeines. Nr. 13 erklärt eine strengere Form als die Schriftform für unwirksam. Ein einfaches Schriftformerfordernis verstößt also nicht gegen § 309 Nr. 13. Auch ein Verstoß gegen § 307 kann bei einem einfachen Schriftformerfordernis für Erklärungen des Verwendungsgegners nur ganz ausnahmsweise in Betracht kommen.[1] Denn die in § 309 Nr. 13 zum Ausdruck kommende Wertung des Gesetzgebers, dass Schriftformklauseln grundsätzlich nicht unangemessen sind,[2] muss auch im Rahmen des § 307 Beachtung finden. In aller Regel ist daher von der Wirksamkeit des Schriftformerfordernisses auszugehen.[3] Nicht zu beanstanden ist daher z. B. ein einfaches Schriftformerfordernis für Kündigungserklärungen[4] oder Mitteilungen des Versicherungsnehmers an die Versicherung.[5] Allerdings kann die Berufung auf ein Schriftformerfordernis rechtsmissbräuchlich (§ 242) sein, wenn die Erklärung dem Verwender nachweislich zugegangen ist.[6] Um dem Transparenzgebot gerecht zu werden, muss bei der Formulierung von Schriftformklauseln im Übrigen sichergestellt werden, dass der Kunde nicht den Eindruck gewinnt, die Wahl einer strengeren als der in der Klausel vorgesehenen Form sei ausgeschlossen. Eine Klausel, die lediglich die „Einhaltung der Schriftform" fordert oder bestimmt, dass bestimmte Erklärungen „schriftlich" abzugeben sind, begegnet in dieser Hinsicht jedoch keinen Bedenken. **20, 21**

b) Die Anforderungen der Schriftform. Die für die Schriftform einzuhaltenden Erfordernisse ergeben sich aus den §§ 126, 126a, 127. Danach muss die Erklärung eigenhändig durch Namensunterschrift oder mittels notariell beglaubigtem Handzeichen unterzeichnet werden. § 126 III erlaubt es grundsätzlich, die gesetzlich vorgeschriebene Schriftform durch die elektronische Form (§ 126a) zu ersetzen. Nach § 127 genügt zur Wahrung der rechtsgeschäftlich vereinbarten Schriftform im Zweifel auch die telekommunikative Übermittlung, doch bezieht sich **22**

---

1 BVerwG NJW 1998, 3216, 3220: grundsätzliche Zulässigkeit von Schriftformklauseln in Versicherungsverträgen. Für die grundsätzliche Angemessenheit von einfachen Schriftformerfordernissen für Erklärungen des Verwendungsgegners auch *Staudinger/Coester-Waltjen* Rz 5; *Palandt/Grüneberg* Rz 104; speziell mit Blick auf Mängelrügen auch *Thamm/Möffert* NJW 2004, 2710, 2711.

2 In diesem Sinne auch BGH NJW-RR 1989, 625, 626 (zu §§ 11 Nr. 16, 9 AGBG): Mit Rücksicht auf die in § 11 Nr. 16 AGBG (§ 309 Nr. 13) getroffene Wertentscheidung könne nicht angenommen werden, dass der Käufer durch ein für Rücktrittserklärungen geltendes Schriftformerfordernis unangemessen benachteiligt werde.

3 S. z. B. *Lakies* NZA 2004, 569, 574 f.

4 BGH NJW-RR 1989, 625, 626 (zu §§ 11 Nr. 16, 9 AGBG).

5 BGH NJW 1999, 1633, 1634 (zu § 9 AGBG).

6 So auch *Staudinger/Coester-Waltjen* Rz 5.

diese Erleichterung allein auf das Unterschriftserfordernis, so dass die fernmündliche Übermittlung der Erklärung nicht genügt.[1]

23, 24 **c) Strengere Form.** Das Erfordernis einer strengeren Form als der Schriftform ist immer schon dann gegeben, wenn eine Klausel mit Blick auf die Form der Erklärung die Wahlmöglichkeit des Verwendungsgegners in höherem Maße einschränkt als dies der Fall wäre, sähe die Klausel lediglich die Einhaltung der Schriftform vor. So verstößt eine Klausel ohne weiteres dann gegen § 309 Nr. 13, wenn dem Kunden von der gesetzlichen Regelung die notarielle Beurkundung (§ 128) oder die öffentliche Beglaubigung (§ 129) seiner Erklärung vorgeschrieben wird.[2]

25 **aa) Kombination der Schriftform mit zusätzlichen Erfordernissen.** Ebenso führt § 309 Nr. 13 dann zur Unwirksamkeit, wenn der Vertrag zwar im Grundsatz lediglich ein Schriftformerfordernis vorschreibt, dabei jedoch zulasten des Kunden weitergehende Anforderungen stellt als die in den §§ 126 ff. vorgesehenen. So ist das Tatbestandsmerkmal einer strengeren Form als der Schriftform bereits dann erfüllt, wenn die Klausel die **Wahl einer bestimmten Variante der Schriftform** vorschreibt,[3] also z. B. dann, wenn die Klausel die telegrafische Übermittlung (§ 127) oder die Wahl der elektronischen Form (§ 126a) gebietet.[4] Unwirksam ist auch eine Klausel des Inhalts, dass Erklärungen zur Niederschrift bestimmter Personen oder Institutionen abgegeben werden müssen, da auch hiermit eine besondere Art der Schriftform vorgeschrieben wird, die die in den §§ 126 ff. vorgesehene Wahlfreiheit beseitigt. Gleiches gilt im Grundsatz dann, wenn die Klausel in einem ersten Schritt die Schriftform vorschreibt und in einem zweiten Schritt bestimmt, dass einzelne der in den §§ 126 ff genannten Möglichkeiten zur Wahrung der Schriftform nicht zur Verfügung stehen sollen. Voraussetzung der Anwendung des § 309 Nr. 13 ist freilich, dass die relevante Form nach dem Gesetz gewählt werden kann. Dies wird vor allem für die elektronische Form relevant. Nach richtiger Auffassung ist die Wahl der elektronischen Form generell nur dann zulässig, wenn der andere Teil ausdrücklich oder schlüssig sein Einverständnis erklärt hat.[5] Darf der Kunde also nach den konkreten Umständen davon ausgehen, dass der Verwender mit der Wahl der elektronischen Form einverstanden ist, dann ist eine Klausel, die die Schriftform vorschreibt, die Wahl der elektronischen Erklärung aber ausschließt, nach § 309 Nr. 13 unwirksam. Nicht zu beanstanden ist die relevante Klausel jedoch dann, wenn der Verwendungsgegner nach den konkreten Umständen ohnehin nicht vom Einverständnis des Verwenders mit der elektronischen Form ausgehen durfte. Bei der Frage, ob nach den konkreten Umständen das Einverständnis des Verwenders mit der elektronischen Form angenommen werden kann, darf der Inhalt der AGB nur insofern berücksichtigt werden, als die Klausel nicht zu übersehen ist mit der Folge, dass die Kenntnis des Verwendungsgegners von ihrem Inhalt vorausgesetzt werden darf. Unzulässig sind auch Klauseln, die ein Schriftformerfordernis vorsehen und die Wahl der nach dem Gesetz eröffneten Möglichkeiten in anderer Weise einschränken. Gegen § 309 Nr. 13 verstößt also z. B. eine Klausel, die die Übermittlung durch ein besonderes Schreiben gebietet, insbesondere durch **Einschreiben.**[6] Gemäß § 309 Nr. 13 unwirksam ist nach rich-

---

1 Zutreffend *Bamberger/Wendtland* § 126 Rz 4.
2 S. z. B. *Bamberger/Becker* Rz 3.
3 Zutreffend *Staudinger/Coester-Waltjen* Rz 5.
4 Vgl. auch *Bamberger/Becker* Rz 3: Vorschreiben der elektronischen Form unzulässig.
5 S. BT-Drs. 14/4987; *Palandt/Heinrichs* § 126a Rz 6. Strittig.
6 SchiedsG Hamburg NJOZ 2001, 1073, 1083 (zu § 11 Nr. 16 AGBG); *Ulmer/Hensen* Rz 10; *Bamberger/Becker* Rz 4. Ebenso auch das vorinstanzliche Urteil in OLG Düsseldorf NJW-RR 1992, 55, 55 (zu § 11 Nr. 16 AGBG).

tiger, wenngleich umstrittener Auffassung auch eine Klausel, die die **Benutzung von Formularen**[1] verlangt. Zwar ist die Formulierung im Regierungsentwurf[2] zum AGBG insoweit geändert worden, als statt von einfacher Schriftform in § 309 Nr. 13 nur noch von Schriftform die Rede ist. Doch verweist § 309 Nr. 13 mit der Bezugnahme auf die Schriftform auf § 126, der keineswegs die Verwendung bestimmter Formulare vorschreibt. Auch widerspricht es dem Zweck des § 309 Nr. 13, die formularmäßige Vorgabe eines Formularzwangs zuzulassen. Denn entsprechende Klauseln begründen die Gefahr, dass der Verwendungsgegner mangels Vertrautheit mit der ihm abverlangten Form die Einhaltung des relevanten Formerfordernisses versäumt und auf diese Weise Rechtsnachteile erleidet (vgl. Rz 1). Das Anliegen des BT-Rechtsausschusses, mit der Ersetzung des Begriffs der einfachen Schriftform durch denjenigen der Schriftform den Benutzungszwang für Formulare zuzulassen, hat im Gesetzgebungsverfahren keine weitere Beachtung erfahren und ist deshalb nicht als Gesetzesinhalt anzuerkennen.

bb) Abschwächung des § 126. Keine Anwendung findet § 309 Nr. 13 dann, 26
wenn die Klausel eine mildere Form als die Schriftform vorsieht. Dies ist zunächst dann der Fall, wenn der Vertrag eine bestimmte Form vorschreibt, die als minus in der Schriftform enthalten ist. Zulässig ist daher z. B. eine Klausel, die die Einhaltung der Textform nach § 126 b vorsieht.[3] Denn eine Erklärung, die der Schriftform des § 126 genügt, erfüllt zugleich die Anforderungen des § 126b.[4] Keine Anwendung findet § 309 Nr. 13 aber auch auf solche Klauseln, die dem Verwendungsgegner die Wahl der Schriftform nach § 126 ermöglicht und ihm zusätzlich weitere Optionen eröffnet. Kein Verstoß gegen § 309 Nr. 13 liegt also z. B. dann vor, wenn eine Klausel vorsieht, dass der Kunde entweder die Schriftform einhalten oder seine Erklärung fernmündlich abgeben kann.

cc) Festlegung auf eine andere Form als die Schriftform. Schwierigkeiten 27
bereiten demgegenüber solche Fälle, in denen eine Klausel zwar einerseits auf einzelne oder alle der gesetzlichen Anforderungen an die Schriftform verzichtet, andererseits jedoch Erfordernisse vorsieht, die in § 126 nicht erwähnt sind. Richtigerweise wird man in solchen Fällen davon ausgehen müssen, dass die Klausel eine strengere Form als die Schriftform vorsieht und daher unwirksam ist. Dies gilt selbst dann, wenn dem in den AGB vorgesehenen Erfordernis scheinbar mit geringerem Aufwand genügt werden kann als einem Schriftformerfordernis. Denn der Verwendungsgegner wird die AGB vor der Abgabe von Anzeigen und Erklärungen vielfach nicht studieren. Aus diesem Grunde ist ein Formerfordernis generell **nur dann milder** als ein Schriftformerfordernis, wenn es dem Kunden zugleich die **Freiheit zur Wahl der Schriftform** belässt. In der Lebenswirklichkeit geht der Kunde nämlich regelmäßig davon aus, dass jedenfalls die Wahrung der Schriftform genügt, um etwaigen Formerfordernissen Rechnung zu tragen, und läuft daher Gefahr, einem davon abweichenden, wenn auch scheinbar weniger aufwendigen Formerfordernis nicht zu genügen. Fordert eine Klausel also z. B. eine mündliche oder telefonische Abgabe von Erklärungen, ohne zugleich die Abgabe schriftlicher Erklärungen zuzulassen, so ist ein Verstoß gegen § 309 Nr. 13 zu bejahen.

---

[1] Das ist mittlerweile nahezu einhellig anerkannt. S. z. B. OLG München NJW-RR 1987, 661, 664 (zu § 11 Nr. 16 AGBG); *Staudinger/Coester-Waltjen* Rz 5; *Palandt/Grüneberg* Rz 105; *Ulmer/Hensen* Rz 5; MünchKomm/*Basedow* Rz 4; *Bamberger/Becker* Rz 3. A. A. aber noch *Helm* NJW 1978, 129, 131. Nach OLG Schleswig NJW-RR 2001, 818, 819, soll eine Klausel, die für die Abtretungsanzeige die Verwendung eines bestimmten Formblatts vorsieht, sogar im kaufmännischen Verkehr kaum zu rechtfertigen sein.

[2] BT-Drs. 7/3919, S. 39.

[3] *Palandt/Grüneberg* Rz 105; *Ulmer/Hensen* Rz 5.

[4] *Palandt/Heinrichs* § 126 b Rz 2.

28, 29 **dd) Klageerhebung.** Das Erfordernis der Klageerhebung stellt nach richtiger Auffassung kein Formerfordernis im Sinne des § 309 Nr. 13 dar (s. Rz 60–69).

5. Besondere Zugangserfordernisse

30 **a) Zugang.** Eine Willenserklärung ist dann im Sinne des § 130 zugegangen, wenn sie derart in den Machtbereich des Empfängers gelangt ist, dass dieser normalerweise davon Kenntnis nehmen kann.[1] Dies gilt für andere Erklärungen und Anzeigen entsprechend. Obwohl § 130 das Zugangserfordernis nur für Willenserklärungen vorsieht, gilt § 309 Nr. 13 auch für Anzeigen und Erklärungen, die nicht als Willenserklärungen anzusehen sind.

31-39 **b) Besondere Erfordernisse** für den Zugang liegen vor, wenn die Anforderungen an den Zugang zum Nachteil des Verwendungsgegners vom Gesetz abweichen.[2] Eine Abweichung zum Nachteil des Verwendungsgegners ist immer schon dann anzunehmen, wenn es zu Konstellationen kommen kann, in welchen der Zugang nach dem Gesetz zu bejahen wäre, nach dem Inhalt der Klausel jedoch zu verneinen ist. Ein besonderes Zugangserfordernis liegt also insbesondere dann vor, wenn abweichend vom Gesetz eine bestimmte **Art und Weise des Zugangs** vorgeschrieben wird,[3] z. B. gegen Quittung,[4] durch Einschreiben,[5] allgemein durch Post,[6] telegraphisch[7] oder auf elektronischem Wege. Ein unwirksames besonderes Zugangserfordernis ist ferner dann gegeben, wenn bestimmte **Zeitvorgaben** für den Zugang gemacht werden und dadurch der normale Zeitrahmen für den Zugang von Erklärungen eingeengt wird. Dass die Notwendigkeit der Abgabe einer Erklärung erst durch den Vertrag begründet wird, kann die Klausel ebenfalls nicht vor der Unwirksamkeit bewahren. Nicht von § 309 Nr. 13 erfasst wird aber das Erfordernis der **Klageerhebung** binnen bestimmter Frist (s. Rz 60–69). Ein besonderes Zugangserfordernis liegt auch dann vor, wenn der **Kreis der Erklärungsempfänger** abweichend vom Gesetz definiert und dadurch im Gesetz nicht vorgesehene Zugangsvoraussetzungen geschaffen werden. Eine Klausel, die den Zugang bei einem Dritten vorschreibt, den Zugang beim Verwender also nicht genügen lässt, verstößt mithin auch dann gegen § 309 Nr. 13, wenn die Klausel mit Blick auf den Zugang der Erklärung beim Dritten die gesetzlichen Zugangsvoraussetzungen absenkt.[8] Unter § 309 Nr. 13 fällt daher z. B. eine Klausel, die den Zugang bei einer besonderen Stelle wie der Kundendienststelle, der Geschäftsleitung[9] oder dem Vorstand einer Firma fordert.[10] Demgegenüber geht der BGH davon aus, dass Klauseln, die „den Zugangsbereich des Adressaten [bestimmen] [...] grund-

---

1 S. z. B. BGH NJW 1999, 2279, 2283; BGH NJW 1999, 1633, 1635; *Palandt/Heinrichs* § 130 Rz 5; *Larenz/Wolf* AT, § 26 Rz 17.

2 Ähnlich *Bamberger/Becker* Rz 6: Besonderes Zugangserfordernis, wenn Klausel über die allgemeinen Zugangsvoraussetzungen hinausgeht.

3 Ebenso *Bamberger/Becker* Rz 6.

4 *Bamberger/Becker* Rz 6.

5 BGH NJW 1985, 2585, 2587 (zu § 11 Nr. 16 AGBG); *Bamberger/Becker* § 309 Nr. 13 Rz 6; *Palandt/Grüneberg* Rz 106; *Preis/Roloff* RdA 2005, 144, 147.

6 Für Anwendung des § 309 Nr. 13 auch *Preis/Roloff* RdA 2005, 144, 147. Ebenso *Palandt/Grüneberg* Rz 105, der allerdings insofern von einem (ebenfalls unzulässigen) besonderen Formerfordernis ausgeht.

7 *Palandt/Grüneberg* Rz 105.

8 Anderer Auffassung wohl *Preis/Roloff* RdA 2005, 144, 149. Freilich ist *Preis/Roloff* darin zuzustimmen, dass das Erfordernis der Klageerhebung kein besonderes Zugangserfordernis im Sinne des § 309 Nr. 13 darstellt. S. Rz 35.

9 S. OLG Celle AGBE VI § 11 Nr. 78 (zu § 11 Nr. 16 AGBG).

10 MünchKomm/*Basedow* Rz 5.

sätzlich noch kein ‚besonderes' Zugangserfordernis i.S.d. [§ 309 Nr. 13] [schaffen]".[1] Dies überzeugt jedoch schon deshalb nicht, weil Regelungen, die den Zugang einer Anzeige oder Erklärung gegenüber der gesetzlichen Regelung erschweren, auch sonst ausreichen, um einen Verstoß gegen § 309 Nr. 13 zu begründen. Wird von diesem allgemeinen Ansatz abgewichen, so ist nicht recht ersichtlich, weshalb er in anderen Fällen Geltung beanspruchen soll. Man gelangt dann letztlich zu einer einzelfallbezogenen Betrachtung, wie sie durch den formalen Charakter des § 309 Nr. 11 ja gerade verhindert werden soll. Entgegen der Auffassung des BGH[2] verstößt daher auch eine Klausel in Versicherungs-AGB, die die Empfangsvollmacht des Versicherungsvertreters ausschließt, gegen § 309 Nr. 13 AGBG.[3] Denn nach richtiger Auffassung besteht diese Empfangsvollmacht kraft dispositiven Rechts, so dass ihr Ausschluss den Kreis der für den Zugang maßgeblichen Personen entgegen dem Gesetz einengt. Zu Klauseln in Widerrufsbelehrungen gemäß § 355 I s. Rz 40.

6. Klauselauslegung

Wenn eine Belehrung über das Widerrufsrecht bei Verbraucherverträgen, die nach **40** § 355 II 1 auch die Anschrift des Empfängers der Widerrufserklärung enthalten muss, lediglich die Angabe eines Postfachs enthält, so kann diese Klausel nicht dahingehend verstanden werden, dass eine Übersendung an die Hausanschrift ausgeschlossen werden soll. Vielmehr will der Verwender ersichtlich nur den Anforderungen an die Belehrung über das Widerrufsrecht gerecht werden, indem er eine Anschrift mitteilt. Die Klausel schränkt die Möglichkeit zur Übermittlung der Widerrufserklärung also nur insofern ein, als sie dem Verwendungsgegner keine Information über die Hausanschrift zur Verfügung stellt. § 309 Nr. 13 erfasst die bloße Vorenthaltung nützlicher Informationen jedoch nicht.[4] Eine andere Frage ist, ob den Anforderungen an eine ordnungsgemäße Widerrufsbelehrung genügt ist, wenn die Belehrung lediglich eine Postfachanschrift des Verwenders nennt. Dies hatte der BGH noch im Jahre 2002 bejaht.[5] Mittlerweile gebietet jedoch § 14 IV BGB-InfoV die Nennung einer ladungsfähigen Anschrift in der Widerrufsbelehrung.

7. Beweislast

Für die Darlegungs- und Beweislast hinsichtlich der Unwirksamkeit gelten die **41–49** allgemeinen Grundsätze.[6]

III. Unwirksamkeitsfolgen

Im Falle der Unwirksamkeit einer AGB-Klausel, die eine strengere Form als die **50, 51** Schriftform vorsieht, gelten nach § 306 II die gesetzlichen Vorschriften, d. h. die

---

1 Wortgleich (jeweils zu § 11 Nr. 16 AGBG und mit Blick auf Klauseln, die Empfangsvollmachten regeln) BGH NJW 1999, 1633, 1635; BGH NJW 1999, 2279, 2283.

2 BGH NJW 1999, 1633, 1635 (zu § 11 Nr. 16 AGBG); BGH NJW 1999, 2279, 2283 (zu § 11 Nr. 16 AGBG).

3 *Staudinger/Coester-Waltjen* Rz 6; MünchKomm/*Basedow* Rz 5. Dem BGH zustimmend und gegen die Anwendung des § 309 Nr. 13 auf Klauseln zu Empfangsvollmachten dagegen *Palandt/Grüneberg* Rz 106. Gegen die Anwendung des § 309 Nr. 13 auch *Ulmer/Hensen* Rz 9, der aber einen Vorstoß gegen § 307 bejaht.

4 BGH NJW 2002, 2391, 2392.

5 BGH NJW 2002, 2391, 2392 f.

6 Vor §§ 308, 309 Rz 21.

Anzeigen und Erklärungen können regelmäßig **formlos** abgegeben werden. Es gilt also vorbehaltlich eines entsprechenden Formerfordernisses im dispositiven Recht nicht etwa die Schriftform des § 126.[1] Allerdings ist sorgfältig zu prüfen, ob eine teilweise Aufrechterhaltung der Klausel in Betracht kommt. Insofern kommt es auf die allgemeinen Grundsätze an, also darauf, ob die Klausel sprachlich und inhaltlich teilbar ist.[2] Voraussetzung hierfür ist, dass man den unzulässigen Teil der Klausel einfach wegstreichen kann.[3] Sieht eine Klausel z. B. eine Vertragsverlängerung für den Fall vor, dass der Vertrag „nicht mindestens 3 Monate vor Ablauf der [Kündigungsfrist] [...] durch Einschreibebrief gekündigt" wird, so kann die Klausel durch Streichen der Worte „durch Einschreiben" als Verlängerungsklausel aufrechterhalten werden, wenn eine Verlängerungsklausel entsprechenden Inhalts zulässig ist.[4] Demgegenüber ist die Reduzierung des Formerfordernisses auf ein einfaches Schriftformerfordernis schon mangels sprachlicher Teilbarkeit nicht möglich.[5] Anders liegen die Dinge, wenn die Klausel bestimmt, dass der Vertrag sich automatisch verlängert, „wenn er nicht schriftlich per Einschreiben fünf Wochen vor Ablauf gekündigt wird".[6] Auch in diesem Falle können die Worte „durch Einschreiben" gestrichen werden, doch verbleibt ein einfaches Schriftformerfordernis, das sprachlich und inhaltlich von dem Erfordernis einer Kündigung durch Einschreiben trennbar ist.[7] Erst recht führt der Verstoß gegen § 309 Nr. 13 im letztgenannten Fall nicht dazu, dass die Verlängerungsklausel als solche ersatzlos entfällt.[8]

IV. Verhältnis zu anderen Vorschriften

1. Verhältnis zu § 307

52 § 307 ist im Grundsatz neben § 309 Nr. 13 anwendbar. Allerdings ist die Wertung des § 309 Nr. 13 bei der Anwendung des § 307 in Rechnung zu stellen. Schriftformklauseln, die in den Anwendungsbereich des § 309 Nr. 13 fallen und den Anforderungen dieser Vorschrift genügen, sind daher in aller Regel auch nach § 307 nicht zu beanstanden (s. Rz 20–21). Anderes gilt für Schriftformerfordernisse, die für vertragliche Abreden der Parteien gelten sollen.[9]

2. Verhältnis zu § 309 Nr. 2

53 Zum Verhältnis zwischen § 309 Nr. 13 und § 309 Nr. 2 siehe § 309 Nr. 2 Rz 57.

3. Verhältnis zu § 309 Nr. 8 a

54–59 § 309 Nr. 8a verbietet solche Klauseln, die bei einer vom Verwender zu vertretenden, nicht in einem Mangel der Kaufsache oder des Werkes bestehenden Pflichtverletzung das Recht des anderen Vertragteils, sich vom Vertrag zu lösen, ausschließen oder beschränken. Um Wertungswidersprüche zu vermeiden, wird man davon aus-

---

1 *Bamberger/Becker* Rz 5.
2 Zutreffend OLG Schleswig NJW-RR 2001, 818, 819 (zu § 9 AGBG).
3 OLG Schleswig NJW-RR 2001, 818, 819 (zu § 9 AGBG).
4 Die Angemessenheit im konkreten Fall verneinend und deshalb nicht auf die Frage der Teilbarkeit eingehend OLG Düsseldorf NJW-RR 1992, 55, 55 (zu § 11 Nr. 16 AGBG).
5 So i.E. auch OLG Düsseldorf NJW-RR 1992, 55, 55 (zu § 11 Nr. 16 AGBG).
6 So die Klausel in AG Kerpen NJW-RR 2006, 702, 703.
7 A. A. AG Kerpen NJW-RR 2006, 702, 703.
8 So aber AG Kerpen NJW-RR 2006, 702, 703.
9 S. § 310 Rz S 90–111.

gehen müssen, dass ein den Anforderungen des § 309 Nr. 13 genügendes Erfordernis der Schriftform bei der Ausübung von Lösungsrechten nicht als Einschränkung im Sinne des § 309 Nr. 8 a einzustufen ist.[1]

V. Arbeitsverträge

Auf Arbeitsverträge findet § 309 Nr. 13 gemäß § 310 IV 2 nur unter Berücksichtigung der im Arbeitsrecht geltenden Besonderheiten Anwendung. Relevant wird die Frage nach der Anwendbarkeit des § 309 Nr. 13 für so genannte zweistufige Ausschlussklauseln. Diese sehen vor, dass etwaige Ansprüche des Arbeitnehmers innerhalb einer ersten Frist schriftlich oder mündlich geltend zu machen sind und im Falle ihrer Ablehnung innerhalb einer zweiten Frist einzuklagen sind. In diesem Falle stellt sich die Frage, ob die Klageerhebung ein besonderes Form- und Zugangserfordernis im Sinne des § 309 Nr. 13 darstellt.[2] Das BAG hat diese Frage in einer Entscheidung aus dem Jahre 2005 ausdrücklich offen gelassen.[3] Jedenfalls stünden der Anwendung des § 309 Nr. 13 auf zweistufige Ausschlussklauseln die Besonderheiten des Arbeitsrechts entgegen, da zweistufige Ausschlussfristen der im Arbeitsleben besonders gebotenen raschen Klärung von Ansprüchen und der Bereinigung offener Streitpunkte dienten.[4] Richtigerweise wird man jedoch davon ausgehen müssen, dass ein Erfordernis der Klageerhebung bereits nicht unter § 309 Nr. 13 fällt.[5] Zu bedenken ist nämlich, dass der Verwendungsgegner stets gezwungen sein kann, seine Rechte gerichtlich geltend zu machen. Wollte man eine Klausel nur deshalb an § 309 Nr. 13 messen, weil sie den Verwendungsgegner zwingt, Klage zu erheben, obwohl dies nach dispositivem Recht (noch) nicht geboten ist, so müsste man konsequenterweise auch jede Form der Verjährungsverkürzung als mit § 309 Nr. 13 unvereinbar ansehen. Damit würde § 309 Nr. 8 b ff. irrelevant, was vom Gesetzgeber nicht gewollt sein kann. Zu den sonstigen Anforderungen an die Zulässigkeit von ein- und zweistufigen Ausschlussklauseln in Arbeitsverträgen s. § 309 Nr. 8 Nr. 8 b ee. Rz 60 ff. **60–69**

VI. Geltung zwischen Unternehmern

§ 309 Nr. 13 gilt nicht unmittelbar für AGB, die gegenüber Unternehmern verwandt werden (§ 310 I 1). Auch eine Indizwirkung von § 309 Nr. 13 ist nicht anzuerkennen.[6] **70**

1. Formerfordernisse

Die Wirksamkeit von Formerfordernissen nach § 307 hängt im unternehmerischen Verkehr entscheidend davon ab, inwieweit ein anerkennenswertes Interesse an dem vorgesehenen Formerfordernis besteht und ob die Verwendung des Formerfor- **71**

---

[1] BGH NJW-RR 1989, 625, 626 (zu § 11 Nr. 8 a AGBG).

[2] Für die Einordnung als besonderes Zugangserfordernis z. B. *Lakies* NZA 2004, 569, 575. Für die Einordnung als ein über die Schriftform hinausgehendes Formerfordernis *Singer,* RdA 2003, 194, 201.

[3] S. z. B. BAG NJW 2005, 3305, 3306.

[4] S. z. B. BAG NJW 2005, 3305, 3306. Für eine Berufung auf die Besonderheiten des Arbeitsrechts in diesem Falle auch *Staudinger/Coester-Waltjen* § 309 Nr. 13 Rz 3; *Schrader/Schubert* NZA-RR 2005, 225, 235. Für einen Verstoß gegen § 309 Nr. 13 aber z. B. *Lakies,* NZA 2004, 569, 575; *Singer,* RdA 2003, 194, 201.

[5] I.E. ebenso und mit ausführlicher Begründung *Preis/Roloff* RdA 2005, 144, 148 ff.

[6] Ebenso z. B. *Ulmer/Hensen* § 11 Nr. 16 Rz 12; *Palandt/Grüneberg* Rz 107; *Bamberger/Becker* § 309 Nr. 13 Rz 11; *Staudinger/Coester-Waltjen* § 309 Nr. 13 Rz 9.

dernisses auch unter Berücksichtigung der Belange des Verwendungsgegners nicht unangemessen erscheint (§ 307). Bei der insofern gebotenen Abwägung ist zwar einerseits der Tendenz des unternehmerischen Verkehrs Rechnung zu tragen, Rechte nicht an bloßen Förmlichkeiten scheitern zu lassen. Andererseits ist das im unternehmerischen Verkehr besonders ausgeprägte Bedürfnis zu berücksichtigen, durch Einhaltung von Formen klare Rechtsverhältnisse zu schaffen.[1] Auch müssen Unternehmer aufgrund ihrer Erfahrung mit Schriftformklauseln rechnen. Von ihnen ist auch die erforderliche Gewandtheit zur schriftlichen Formulierung zu erwarten. Das **Schriftformerfordernis** für Anzeigen und Erklärungen ist deshalb auch zwischen Unternehmern grundsätzlich wirksam. Besondere Formerfordernisse, für die kein anerkennenswertes Bedürfnis besteht oder Klauseln, die dem anderen Teil unangemessene Nachteile in Form von Zeitaufwand und Kosten auferlegen, sind auch zwischen Unternehmern nach § 307 unwirksam.[2] In aller Regel unwirksam ist eine Klausel, die die Verwendung eines bestimmten **Formulars** vorsieht.[3] In aller Regel wirksam ist dagegen eine Klausel, die den Zugang per Einschreiben verlangt.[4]

2. Zugangserfordernisse

72 Soweit für Anzeigen und Erklärungen **besondere Zugangserfordernisse,** wie z. B. Zugang an eine bestimmte Stelle, vorgesehen sind, ist dies wirksam, wenn ein entsprechendes Erfordernis geschäftsüblich ist oder dafür ein besonderes Bedürfnis besteht.[5] Dies ist etwa zu bejahen, wenn aus Gründen der betrieblichen Organisation der Zugang von Mängelrügen an eine bestimmte Stelle vorgesehen ist.

---

[1] S. auch *Alisch* JZ 1982, 706, 708 (zu § 9 AGBG).

[2] Ähnlich *Ulmer/Hensen* Rz 12: Unwirksamkeit von „Auswüchsen in der Gestaltung der Formerfordernisse" sowie von Formerfordernissen, die in der Sache nicht gerechtfertigt sind. Enger aber wohl MünchKomm/*Basedow* Rz 6, der Verstöße gegen § 307 in „Ausnahmefällen" für möglich hält.

[3] Ebenso tendenziell OLG Schleswig NJW-RR 2001, 818, 819 (zu § 9 AGBG und zum kaufm. Verkehr), dem zufolge das Erfordernis der Verwendung eines Formblatts für die Abtretungsanzeige sich kaum rechtfertigen lasse. Allerdings lässt das OLG Schleswig die Frage nach der Wirksamkeit letztlich offen.

[4] A. A. *Staudinger/Coester-Waltjen* Rz 9: Auch bei Kaufleuten lasse sich die Form des eingeschriebenen Briefes regelmäßig nicht für gewöhnliche Mängelrügen und -anzeigen rechtfertigen.

[5] Noch großzügiger wohl *Bamberger/Becker* Rz 11, der die Stipulierung besonderer Zugangserfordernisse für zulässig hält und lediglich „Auswüchsen" im Rahmen von § 307 begegnen will.

§ 310 Anwendungsbereich

(1) § 305 Abs. 2 und 3 und die §§ 308 und 309 finden keine Anwendung auf AGB, die gegenüber einem Unternehmer, einer juristischen Person des öffentlichen Rechts oder einem öffentlichen Sondervermögen verwendet werden. § 307 Abs. 1 und 2 findet in den Fällen des Satzes 1 auch insoweit Anwendung, als dies zur Unwirksamkeit von in den §§ 308 und 309 genannten Vertragsbestimmungen führt; auf die im Handelsverkehr geltenden Gewohnheiten und Gebräuche ist angemessen Rücksicht zu nehmen.

Verwendung von AGB gegenüber Unternehmern

Schrifttum: *Fischer,* Praktische Probleme der Einbeziehung von AGB unter Kaufleuten, insbesondere bei laufenden Geschäftsverbindungen, BB 1995, 2491; *Henseler,* Beispiele zur Haftung und Haftungsbegrenzung im Kaufmännischen Geschäftsverkehr – § 24 AGB-Gesetz, DZWiR 1992, 192; *Hommelhoff/Wiedenmann,* Allgemeine Geschäftsbedingungen gegenüber Kaufleuten und unausgehandelte Klauseln in Verbraucherverträgen, ZIP 1993, 562; *Paulusch,* Haftung und Haftungsbegrenzung im kaufmännischen Geschäftsverkehr, DZWiR 1992, 182; *Pfeiffer,* Vom kaufmännischen Verkehr zum Unternehmensverkehr, NJW 1999, 169; *Vorderobermeier,* Die Einbeziehung Allgemeiner Geschäftsbedingungen im kaufmännischen Geschäftsverkehr, 1992.

Inhaltsübersicht

I. Zweck und Allgemeines

1. Modifizierte Anwendung des AGB-Rechts

1 Das **AGB-Recht des BGB** ist im Gegensatz zur EG-Richtlinie 93/13/EWG über missbräuchliche Klauseln kein bloßes Verbraucherschutzrecht, sondern **beansprucht grundsätzlich allgemeine Geltung.** Dies war vor dem Erlass des AGB-Gesetzes Gegenstand heftiger Diskussionen.[1] Als reines Verbraucherschutzrecht gilt die EG-Richtlinie nur für Verträge zwischen einem Unternehmer als Verwender und einem Verbraucher als dem anderen Vertragsteil. Der Anwendungsbereich des deutschen AGB-Rechts ist demgegenüber weiter. Es findet grundsätzlich auch Anwendung auf Verträge zwischen Unternehmern untereinander sowie zwischen Verbrauchern untereinander (s. Art. 1 RL Rz 24), z. B. auf einen Formularmietver-

[1] S. dazu Voraufl. § 24 Rz 2 ff.

trag zwischen einem privaten Vermieter und einem Wohnungsmieter.[1] Selbst auf einen Vertrag zwischen einem Verbraucher als Verwender und einem Unternehmer als anderem Vertragsteil ist das AGB-Recht anwendbar. Lediglich § 310 Abs. 3 begrenzt seinen Anwendungsbereich auf Verträge zwischen einem Unternehmer als Verwender und einem Verbraucher.

2 § 310 Abs. 1 modifiziert die Anwendung des AGB-Rechts bei Verträgen, an denen als **Vertragspartner des Verwenders** entweder ein **Unternehmer,** einschließlich einer juristischen Person des privaten Rechts, eine **juristische Person des öffentlichen Rechts sowie ein öffentlich-rechtliches Sondervermögen** beteiligt ist. Auch wenn bei solchen Verträgen zumeist ein Unternehmer auf beiden Seiten des Vertrags beteiligt sein wird, so setzt § 310 Abs. 1 doch nicht einen bestimmten Verwender voraus, sondern ist auch anzuwenden, wenn ein Verbraucher einen Formularvertrag oder sonstige AGB gegenüber einem Unternehmer, einer juristischen Person des öffentlichen Rechts oder einem öffentlich-rechtlichen Sondervermögen verwendet,[2] wie z. B. bei Verwendung eines Formularmietvertrags über einen Gewerberaum durch einen privaten Vermieter gegenüber einem Unternehmer oder beim Verkauf eines Gebrauchtwagens mit formularmäßigem Gewährleistungsausschluss durch einen Privatmann zur Nutzung durch einen Handwerker.

2. Berücksichtigung besonderer Bedürfnisse

3 **a)** § 310 Abs. 1, der zuvor in § 24 AGB-Gesetz enthalten war, **begrenzt die Anwendung einzelner Vorschriften** des AGB-Rechts bei Verträgen zwischen Unternehmern, weil der Gesetzgeber bei Unternehmern von einem **geringeren Schutzbedürfnis** als bei Verbrauchern ausgeht. Das geringere Schutzbedürfnis ergibt sich aus der typischerweise größeren Geschäftsgewandtheit und Erfahrung sowie aus den besseren Möglichkeiten zur Vermeidung von Nachteilen, wie insbesondere der Möglichkeit zur Abdeckung und Überwälzung von Kosten und Lasten (s. dazu im Einzelnen § 307 Rz 186 ff.). Das geringere Schutzbedürfnis lässt sowohl eine Abschwächung des Schutzes bei der Einbeziehung als auch bei den speziellen Klauselverboten der §§ 308, 309 zu. Der Schutz von Treu und Glauben durch die Generalklausel des § 307 soll jedoch auch dem Unternehmer zuteil werden. Dabei können auch die Wertungen der §§ 308, 309 zum Tragen kommen, jedoch nicht zwingend und starr, sondern den jeweiligen Bedürfnissen angepasst (§ 307 Rz 185).

4 **b)** Ein weiterer Grund für die begrenzte Anwendung der AGB-Vorschriften ergibt sich aus dem **Bedürfnis nach größerer Flexibilität und Gestaltungsfreiheit** im Verkehr zwischen Unternehmern. Das Bedürfnis nach größerer Flexibilität ergibt sich zunächst bei der Einbeziehung der AGB, wobei die § 305 Abs. 2 und 3 im Verkehr zwischen Unternehmern eher hinderlich sind. Im Hinblick auf die Klauselinhalte werden die §§ 308, 309 mit ihrem zwingenden Geltungsanspruch und den unveränderlich festgelegten Klauselverboten dem unternehmerischen Geschäftsverkehr nicht immer gerecht. Dies gilt auch für § 308. Dessen Klauselverbote enthalten zwar Wertungsmöglichkeiten und ermöglichen damit eine gewisse Anpassungsfähigkeit. Die Wertungsmöglichkeiten sind jedoch auf einzelne Tatbestandsmerkmale begrenzt und eröffnen damit nur einen beschränkten Gestaltungsspielraum. § 307 gewährt demgegenüber einen größeren Freiraum und genügt im Regelfall deshalb den Bedürfnissen des geschäftlichen Verkehrs zwischen Unternehmern. Im Rahmen der Anwendung von § 307 können auch die

---

[1] MünchKomm/*Basedow*, § 310 Rz 4.
[2] S. auch schon BGH NJW 1981, 1509 = LM AGBG Nr. 13.

Schutzgedanken der §§ 308, 309 mit der durch § 307 gewährleisteten Flexibilität zur Anwendung kommen.

3. Fehlende Harmonisierung

Nicht alle EG-Mitgliedstaaten haben die Anwendung des AGB-Rechts auf Verträge zwischen Unternehmern ausgedehnt. Niederlande (Einl. Rz 66); Österreich (Einl. Rz 67), Portugal (Einl. Rz 72), Spanien (Einl. Rz 78) wenden ihre AGB-Vorschriften auch auf Verträge zwischen Unternehmern an. Frankreich (Einl. Rz 54), Polen (Einl. Rz 70) haben von einer solchen Ausdehnung dagegen abgesehen. Die EG-Richtlinie 93/13/EWG erreicht wegen ihres auf Verbraucherverträge beschränkten Anwendungsbereichs **keine Rechtsharmonisierung** im Bereich des grenzüberschreitenden Geschäftsverkehrs zwischen Unternehmern. Durch die ungleiche Anwendung des AGB-Rechts droht eine Wettbewerbsverzerrung durch ungleiche Behandlung der Unternehmen in den verschiedenen Mitgliedstaaten und eine Behinderung des grenzüberschreitenden Handelsverkehrs zwischen den Unternehmen. 5

II. Personeller Anwendungsbereich

1. Unternehmer als Vertragspartner

a) Unternehmer, Kaufleute und Nichtunternehmer. Der Begriff des Unternehmers in § 310 wird durch § 14 bestimmt. Der Begriff des Unternehmers ist seit dem Handelsrechtsreformgesetz[1] mit Wirkung vom 1. 7. 1998 an die Stelle des Kaufmannsbegriffs im früheren AGB-Gesetz getreten. Da der Begriff des **Unternehmers weiter ist als der Kaufmannsbegriff,** weil Unternehmer ohne Eintragung im Handelsregister auch der Kleingewerbetreibende und der Freiberufler ist, ist damit zugleich auch der Anwendungsbereich des § 305 Abs. 2 und 3 und der §§ 308, 309 enger geworden, weil sie nur noch auf **Nichtunternehmer** und nicht mehr auf alle Nichtkaufleute anzuwenden sind.[2] Nichtunternehmer sind im Wesentlichen die **Verbraucher.** Da Verbraucher gemäß § 13 nur natürliche Personen sein können, scheiden sie an sich aus. Nichtunternehmer sind aber auch Stiftungen und **Idealvereine,** die bei Geschäften kleineren Umfangs noch keine gewerbliche Tätigkeit ausüben. Da sie deshalb keine Unternehmer sind (s. aber auch Rz 7), gibt es mit den Idealvereinen neben den Verbrauchern eine weitere Gruppe, die als Nichtunternehmer nicht unter § 310 Abs. 1 fällt und auf die deshalb das AGB-Gesetz in vollem Umfang anwendbar ist. 6

b) Natürliche und juristische Personen. Unternehmer können sowohl natürliche wie juristische Personen sein. Zu den natürlichen Personen zählen **Einzelunternehmer,** insbesondere auch Kleingewerbetreibende, Handwerker oder Landwirte. Eine Eintragung im Handelsregister ist nicht erforderlich. **Gesetzliche Vertreter,** die für ein Unternehmen handeln, wie Vorstandsmitglieder einer AG oder Geschäftsführer einer GmbH, werden bei dieser Tätigkeit ebenso wie ein Unternehmer behandelt, nicht aber, wenn sie für sich persönlich handeln. Gesetzliche Vermögensverwalter, wie Insolvenzverwalter, Nachlassverwalter, Testamentsvollstrecker oder Zwangsverwalter, werden unternehmerisch tätig, sofern das verwaltete Vermögen einem Unternehmen zuzurechnen ist. Unternehmer ist auch der für 7

---

[1] Vom 22. 6. 1998, BGBl. I S. 1474 Art. 2.
[2] S. dazu auch *Pfeiffer* NJW 1999, 169.

einen anderen Unternehmer handelnde Strohmann.[1] Unter die natürlichen Personen fallen auch **Personengesellschaften,** insbesondere die OHG und KG als Handelsgesellschaften, aber auch die GbR, soweit sie kein Handelsgewerbe betreibt, wie etwa eine GbR von Ärzten, Rechtsanwälten, Steuerberatern und anderen freiberuflich Tätigen.

8 Als **juristische Personen** können nicht nur AG, GmbH und Genossenschaften Unternehmer sein, sondern auch Vereine. Dies gilt nicht nur für wirtschaftliche Vereine, sondern auch für Idealvereine, sofern sie ihre Tätigkeiten gewerblich ausüben, ohne wirtschaftliche Vereine zu sein. Dies trifft in Fällen, in denen das so genannte Nebenzweckprivileg gilt,[2] so etwa auf einen Sportverein zu, wenn er mit der Absicht, dauernde Einnahmen zu erzielen, Eintrittsgelder für seine Veranstaltungen erhebt. Er ist dann wegen des Nebenzweckprivilegs nicht wirtschaftlicher Verein im Sinne von § 22, wohl aber ist er wegen der auf Dauer angelegten Einnahmen aus Sportveranstaltungen insoweit gewerblich tätig und damit Unternehmer gemäß § 14.[3] Gleiches gilt für Stiftungen. Juristische Personen des öffentlichen Rechts gehören jedoch nicht zu den Unternehmern im Sinne des § 310 Abs. 1, da sie in § 310 Abs. 1 selbstständig aufgeführt sind. Davon zu unterscheiden sind jedoch juristische Personen des privaten Rechts, die von juristischen Personen des öffentlichen Rechts gegründet und betrieben werden, wie etwa die so genannten Eigenbetriebe von Gemeinden, die als AG oder GmbH Verkehrs- und Versorgungsbetriebe tätig sind. Sie fallen unter den Unternehmerbegriff.

9 **c) Ausübung einer gewerblichen Tätigkeit.** Unternehmer ist, wer eine gewerbliche Tätigkeit ausübt. Gewerblich ist jede Tätigkeit, die planmäßig **dauerhaft** darauf angelegt ist, Waren oder sonstige Leistungen gegen Entgelt anzubieten. Während das Verbraucherhandeln Augenblickshandeln sein kann, setzt die gewerbliche Tätigkeit des Unternehmers eine zumindest geplant dauerhafte Konstanz voraus. Wer nur einmalig oder unregelmäßig ab und zu seinen Gebrauchtwagen verkauft, handelt nicht auf Dauer angelegt und ist damit nicht gewerblich als Unternehmer tätig, sondern bleibt Verbraucher. Gleiches gilt für die Vermietung von Wohnungen, aber auch von Gewerberäumen oder für die Veräußerung von Immobilien. Die Anlage und Verwaltung eigenen Vermögens begründet grundsätzlich keine gewerbliche Tätigkeit und erfüllt nicht den Unternehmerbegriff.[4] Dies gilt grundsätzlich sowohl für die Anbieter- wie für die Nachfrageseite.[5] Etwas anderes gilt nur, wenn z. B. Vermietungen in größerem Umfang durchgeführt werden,[6] so dass daraus eine auf Dauer angelegte Tätigkeit wird, die einer kaufmännischen Tätigkeit entspricht. Bei der Veräußerung von Immobilien geht das Steuerrecht von einer gewerblichen Tätigkeit aus, wenn innerhalb von 5 Jahren 4 Objekte oder mehr verkauft werden. Für die gewerbliche Tätigkeit im Sinne von § 14 kann dies kein Maßstab sein. Als gewerbliche Tätigkeit kommt aber auch eine **nebenberufliche Tätigkeit** in Betracht, z. B. als Nebenerwerbslandwirt, als Kunsthändler oder Makler.

10 Das Entgelt muss so bemessen sein, dass es grundsätzlich insgesamt auf **Gewinnerzielung** angelegt ist.[7] Wer zu wohltätigen Zwecken verbilligt Speisen an Obdachlose abgibt, ist nicht unternehmerisch tätig, wohl aber ein Supermarkt, der

---

1 BGH NJW 2002, 2030.
2 S. dazu *Larenz/Wolf,* Allg. Teil, § 10 Rz 45.
3 A.A offenbar MünchKomm/*Basedow* § 310 Rz 4, aber auch Rz 38.
4 BGH NJW 2002, 368; *Pfeiffer* NJW 1999, 169, 172.
5 A.A. *Palandt/Heinrichs/Ellenberger* § 14 Rz 2: nur bei Nachfrage.
6 MünchKomm/*Basedow* § 310 Rz 39.
7 So zu Recht MünchKomm/*Basedow* § 310 Rz 39.

einzelne Waren unter Einstandspreis verkauft, um damit Kunden anzulocken und insgesamt Gewinn zu machen. Es reicht aus, dass aus der Tätigkeit möglichst viel an **Ertrag zur Kostendeckung** erzielt werden soll. Auch eine gemeinnützige Tätigkeit kann deshalb eine gewerbliche Tätigkeit begründen.[1] Nicht entscheidend ist, dass tatsächlich ein Gewinn erzielt wird. Eigenbetriebe der öffentlichen Hand, die als Verkehrs- oder Versorgungsbetriebe tatsächlich keinen Gewinn erzielen, sondern von ihren Trägern, z. B. den Gemeinden, bezuschusst werden, sind trotzdem gewerblich tätig, weil ihre Tätigkeit darauf ausgerichtet ist, möglichst viel Ertrag zu erzielen.[2] Bei gesetzlichen Vertretern und Vermögensverwaltern (Rz 7) ist auf die Ertragssituation des vertretenen bzw. verwalteten Unternehmens abzustellen.

Bei Geschäften mit **doppelter Zwecksetzung,** die sowohl dem privaten als auch dem gewerblichen Gebrauch dienen (dual use), ist grundsätzlich von einer gewerblichen Tätigkeit auszugehen, da die vorhandene geschäftliche Erfahrung sich auf den privaten Verwendungszweck erstreckt.[3] Lediglich wenn das Geschäft gewöhnlicherweise für private Zwecke geplant ist und der Gegenstand später ungeplant auch für geschäftliche Zwecke eingesetzt wird, ist von einem Verbrauchergeschäft auszugehen.[4] Sind auf einer Vertragsseite, z. B. als Käufer, **mehrere Personen** beteiligt, so ist für jede Person auf ihren eigenen Verwendungszweck abzustellen. Nimmt ein Ehepartner ein Darlehen für seinen Gewerbebetrieb auf, dem der andere nicht gewerblich tätige Ehegatte zum Zwecke der gesamtschuldnerischen Haftung beitreten muss, so handelt nur der gewerblich tätige Ehegatte als Unternehmer, der nicht gewerblich tätige handelt als Verbraucher[5] mit der Konsequenz, dass für ihn § 310 Abs. 1 nicht zur Anwendung kommt. **11**

Ist zweifelhaft, ob eine Person überhaupt als Unternehmer anzusehen ist, so kann zum **Beweis** der gewerblichen Tätigkeit in Abgrenzung zum Verbraucherhandeln (§ 13) die Vermutung des § 344 HGB nicht analog herangezogen werden. Eine entsprechende Anwendung des § 344 HGB ist jedoch zu befürworten, wenn feststeht, dass es um die Person eines Unternehmers geht, und nur zu klären ist, ob dieser Unternehmer im Einzelfall zu gewerblichen Zwecken als Unternehmer oder zu privaten Zwecken als Verbraucher gehandelt hat.[6] Art. 2b der Richtlinie steht dieser Anwendung nicht entgegen.[7] **12**

d) Selbständige berufliche Tätigkeit. Unternehmer ist gemäß § 14 auch der freiberuflich Tätige, wie z. B. selbstständig tätige Architekten, Ärzte, Rechtsanwälte, Steuerberater, Wirtschaftsprüfer. Arbeitnehmer sind als unselbstständig beruflich Tätige, nicht Gewerbetreibende. Dies ist mit der Richtlinie vereinbar, denn, obwohl die Richtlinie in Art. 2 lit. c generell von beruflicher Tätigkeit spricht, sind von der Richtlinie nur die selbstständig beruflich Tätigen erfasst und nicht die unselbstständig Tätigen (s. Art. 2 RL Rz 15). Auf Arbeitnehmer und deren Arbeitsverträge sind daher die Vorschriften des AGB-Rechts unter Berücksichtigung der Besonderheiten des Arbeitsrechts in vollem Umfang anwendbar. Lediglich § 305 Abs. 2 und 3 sind gemäß § 310 Abs. 4 ausgenommen. Hinsichtlich der Frage einer **13**

---

[1] S. *Larenz/Wolf,* Allg. Teil, § 42 Rz 43.

[2] Im Ergebnis auch *Palandt/Heinrichs/Ellenberger* § 14 Rz 2; *Faber* ZEuP 1998, 854, 869.

[3] *Bamberger/Roth/Bamberger* § 13 Rn. 7; *Palandt/Heinrichs/Ellenberger* § 13 Rn. 3; *Soergel/Pfeiffer,* Bd. 2 a, § 13 Rn. 38; EuGH EuZW 2005, 241 Tz 41 f zum Verbrauchergerichtsstand des Art. 13 EuGVÜ, jetzt Art. 15 EuGVVO.

[4] Vgl. auch § 1 Abs. 1 Satz 2 ProdHaftG.

[5] BGH NJW 1996, 2156; *Soergel/Pfeiffer,* Bd. 2 a, § 13 Rn. 49; *Bamberger/Roth/Bamberger,* § 13 Rn. 8.

[6] Generell für die entsprechende Anwendung von § 344 HGB *Palandt/Heinrichs/Ellenberger* § 14 Rz 2.

[7] S. RL Art. 2 Rn 8 und 14; anders *Pfeiffer* NJW 1999, 169, 173 f.

doppelten Zwecksetzung und der Anwendung von § 344 HGB gelten Rz 11 und 12 entsprechend (s. auch Art. 2 RL Rz 9).

14 **e) Existenzgründer.** § 14 verlangt ein Handeln „in Ausübung" der gewerblichen oder selbstständigen beruflichen Tätigkeit. Vorbereitungshandlungen, die vor dem Beginn der Existenzgründung liegen, können noch nicht der Ausübung der unternehmerischen Tätigkeit zugerechnet werden. Dies zeigt sich gerade auch dann, wenn die Vorbereitungshandlungen erfolglos bleiben und eine unternehmerische Tätigkeit gar nicht begonnen wird. Dann wird nicht „in Ausübung" der unternehmerischen Tätigkeit gehandelt. Dafür spricht auch der Zweck des Verbraucherschutzes, geschäftlich (noch) unerfahrene Personen zu schützen. § 507 greift diesen Gedanken für Existenzgründungsdarlehen auf, jedoch mit einer Begrenzung auf 50.000 €. Die Abgrenzung muss nach dem jeweiligen Zweck der verbraucherschützenden Norm getroffen werden. Der EuGH verneint bei vorbereitenden Verträgen ein Verbraucherhandeln.[1] Der BGH bejaht ein unternehmerisches Handeln bei Anwendung von § 1031 Abs. 5 ZPO bereits bei einem Vertrag vor Aufnahme der freiberuflichen Tätigkeit.[2] Der Entscheidung kann im Ergebnis, nicht aber mit der gegebenen Begründung zugestimmt werden. Insbesondere verliert eine Person den Verbraucherschutz nicht schon dadurch, dass sie sich für die Aufnahme einer unternehmerischen Tätigkeit entschieden hat und dafür vorbereitende Geschäfte abschließt.[3] Zwar können unmittelbar eröffnende Geschäfte schon zur Ausübung der unternehmerischen Tätigkeit gerechnet werden, davorliegende Geschäfte aber kaum. Möglich ist es aber, dass noch als Verbraucher geschlossene Verträge nachträglich im Rahmen der unternehmerischen Tätigkeit genehmigt werden. Dies kann insbesondere angenommen werden, wenn ein Vertrag praktisch durchgeführt und seine Vorteile in Anspruch genommen werden. Es kann auch als treuwidrig und als widersprüchliches Verhalten gewertet werden, einen Vertrag insgesamt durchzuführen und sich später ohne berechtigtes Interesse auf die Unwirksamkeit einzelner Klauseln zu berufen.

2. Juristische Personen und Sondervermögen des öffentlichen Rechts

15 Eine beschränkte Anwendung der AGB-rechtlichen Vorschriften ist auch gegenüber juristischen Personen des öffentlichen Rechts und für öffentlich-rechtliche Sondervermögen vorgesehen. Diese besitzen in ihrem Geschäftsbereich in ähnlicher Weise wie Unternehmer spezielle Kenntnisse und Erfahrungen im Vertragsrecht wie ein Unternehmer. Sie sind deshalb nicht schutzbedürftig. § 310 Abs. 1 gilt nur, soweit AGB gegenüber den öffentlich-rechtlichen Vertragspartnern verwendet werden. Soweit diese AGB selbst verwenden, ist in privatrechtlichen Verträgen das AGB-Recht in vollem Umfang anwendbar. Für öffentlich-rechtliche Verträge ist eine AGB-Kontrolle gemäß §§ 56, 59, 62 VwVfG zu bejahen.[4] Soweit öffentlich-rechtliche Beziehungen durch Verordnung oder Satzung geregelt werden, scheidet eine unmittelbare Anwendung des AGB-Rechts aus. Die Grundgedanken von Treu und Glauben mit ihrer Ausprägung in § 307 sind jedoch auch hier zu beachten.

16 **a) Juristische Personen des öffentlichen Rechts.** Juristische Personen des öffentlichen Rechts sind die Gebietskörperschaften, wie Bund, Länder, Kreise, Städte und Gemeinden, ferner Universitäten und Hochschulen, die öffentlich-rechtlichen Rundfunkanstalten, die Industrie- und Handelskammern sowie die

---

[1] EuGH RIW 1997, 775; s. auch Art. 2 RL Rz 7.
[2] BGH v. 24. 2. 2005 III ZB 36/04 = NJW 2005, 1273 m. Anm. *Artz* LMK 2005, 82.
[3] So aber BGH v. 24. 2. 2005 III ZB 36/04 = NJW 2005, 1273 = DB 2005, 1375.
[4] Vgl. auch BVerwG NJW 1986, 2589, 2590; s. auch § 307 Rz 5.

Kammern des Handwerks, der Ärzte, der Rechtsanwälte, Steuerberater, Wirtschaftsprüfer, Architekten und anderer freier Berufe. Unter § 310 Abs. 1 fallen auch Soziaversicherungsträger, die Bundesbank, die Landesbanken und Sparkassen, die Kirchen und öffentlich-rechtliche Religionsgesellschaften sowie sonstige Körperschaften, Anstalten und Stiftungen des öffentlichen Rechts.

b) Öffentlich-rechtliche Sondervermögen. Öffentlich-rechtliche Sondervermögen sind verselbstständigte Vermögen mit selbstständiger Verwaltung, ohne eigene Rechtspersönlichkeit als juristische Personen zu besitzen.[1] Früher waren die Bundespost und die Bundesbahn solche Sondervermögen, sie sind inzwischen aber als Aktiengesellschaften juristische Personen des Privatrechts. Öffentliches Sondervermögen ist aber noch das Bundeseisenbahnvermögen,[2] der LAG-Ausgleichsfonds, das ERP-Sondervermögen sowie Sondervermögen nach Maßgabe des Art. 13 des Reichskonkordats vom 20. 7. 1933.[3] 17

III. Anwendbare Vorschriften

1. Grundsätzliche Anwendbarkeit

Grundsätzlich sind die Vorschriften des AGB-Rechts auch auf Unternehmer anwendbar und können damit dem **Schutz des Unternehmers als dem Vertragspartner des Verwenders** dienen. **Anwendbar** sind deshalb § 305 Abs. 1, §§ 305a bis 306a, vor allem aber auch die Generalklausel des § 307. Diese ist in vollem Umfang auch zum Schutz der Unternehmer anwendbar. Maßgebend sind dabei auch für Unternehmer die allgemeinen Grundlagen der Inhaltskontrolle (§ 307 Rz 74 ff) mit dem generellen Prüfungsmaßstab (§ 307 Rz 77 ff) sowie die Unwirksamkeitsvermutungen des § 307 II (s. § 307 Rz 96 bis 156) und der allgemeine Unwirksamkeitsgrund des § 307 I (s. § 307 Rz 157 bis 180) mit seiner umfassenden Interessenabwägung (§ 307 Rz 174 ff) und den einzelnen Gesichtspunkten der Interessenabwägung (§ 307 Rz 181 bis 234). Im Verkehr zwischen Unternehmern gilt auch das Transparenzgebot (§ 307 Rz 235 bis 274). Ebenso sind die Schranken der Inhaltskontrolle des § 307 III zu beachten (§ 307 Rz 275 bis 343). Insgesamt sind dabei die im Handelsverkehr geltenden Gewohnheiten und Gebräuche angemessen zu berücksichtigen (s. unten Rz 24 ff). In Bezug auf § 310 ist aus den Tatbestandsmerkmalen der einzelnen Absätze sowie aus Sinn und Zweck zu entnehmen, inwieweit sie auch auf Unternehmer als Vertragspartner des Verwenders anzuwenden sind. § 310 Abs. 1 ist sicher anwendbar ebenso Abs. 2. Auch § 310 Abs. 4 Satz 1 ist anwendbar, soweit es das Familien- und Erbrecht und das Gesellschaftsrecht betrifft. **Nicht anwendbar** ist aber § 310 Abs. 3 und § 310 Abs. 4, soweit es das Arbeitsrecht betrifft. Aus der Anwendbarkeit von § 305 Abs. 1 Satz 3 kann sich insbesondere auch im Verhältnis zwischen Unternehmern ergeben, dass die Vertragsbedingungen ausgehandelt wurden und eine AGB-Kontrolle deshalb nicht stattfindet.[4] 18

2. Ausdrücklich ausgenommene Vorschriften

a) § 305 Abs. 2 und 3. Nach der ausdrücklichen Regelung des § 310 Abs. 1 sind nicht anwendbar § 305 Abs. 2 und 3. Die Nichtanwendbarkeit von § 305 Abs. 2 er- 19

---

[1] Zu Sondervermögen allgemein s. *Larenz/Wolf*, Allg. Teil, § 21 Rz 31 ff.

[2] Gesetz vom 27. 12. 1991, BGBl. I, S. 2378, berichtigt BGBl. I 1994, 2439; s. auch *Heinze* NVwZ 1994, 748.

[3] Dazu BVerfGE 6, 334.

[4] S. dazu auch *M. Wolf* WPK-Mitt. 1998, 197.

leichtert die Einbeziehung im Geschäftsverkehr mit einem Unternehmer.[1] Die Nichtanwendbarkeit von § 305 Abs. 3 macht aber nur insoweit Sinn, als darin auf Abs. 2 Bezug genommen wird, denn Rahmen-AGB im Sinne von § 305 Abs. 3 können selbstverständlich auch zwischen Unternehmern vereinbart werden. Es müssen nur die Voraussetzungen von § 305 Ab. 2 nicht beachtet werden.

20 **b) §§ 308 und 309.** Ausdrücklich von der Anwendung ausgenommen sind die §§ 308 und 309. Der **Grund** für die Ausnahme erklärt sich aus dem **geringeren Schutzbedürfnis** sowie aus der Starrheit und **mangelnden Flexibilität,** die sich aus dem zwingenden Charakter dieser Vorschriften ergibt (s. oben Rz 3 und 4). Dies gilt auch für § 308.[2] Die auf einzelne Tatbestandsmerkmale beschränkten Wertungsmöglichkeiten in § 308 werden den Bedürfnissen des Geschäftsverkehrs zwischen Unternehmern nicht gerecht. Es muss auch die Möglichkeit bestehen, ganze Klauselverbote nicht anzuwenden, so widerspräche z. B. die Anwendung des § 308 Nr. 5 generell den Grundsätzen des kaufmännischen Bestätigungsschreibens unabhängig von einer nach kaufmännischen Gepflogenheiten angemessenen Frist. § 308 ist deshalb ebenso wie § 309 nicht unmittelbar gegenüber Unternehmern anwendbar.

21 § 310 Abs. 1 schließt lediglich die zwingende Anwendung der Klauselverbote in §§ 308 und 309 aus. Die dort enthaltenen **Klauseln** sind aber damit **nicht generell erlaubt**[3]. Deshalb sieht § 310 Abs. 1 ausdrücklich vor, dass die in §§ 308 und 309 genannten Klauseln auch im Verkehr zwischen Unternehmern für unwirksam erklärt werden können. Die Unwirksamkeit ergibt sich aber nicht zwingend und sie ist auch nicht aus §§ 308 und 309 direkt zu entnehmen, sondern allein aus § 307 Abs. 1 und 2. Dadurch wird die im unternehmerischen Geschäftsverkehr gewünschte Flexibilität erreicht.

22 Die Klauselverbote der §§ 308 und 309 haben **keine generelle Indizwirkung** des Inhalts, dass ihre Nichtbeachtung auch zwischen Unternehmern grundsätzlich zur Unwirksamkeit führe, sofern nicht berechtigte Gründe eine Ausnahme erlauben. Eine Unwirksamkeitsvermutung besteht nicht.[4] Es gibt auch keine vom Gesetz vorgeschriebene „Parallelwertung in der Unternehmersphäre".[5] Vielmehr sind der Zweck und die geschützten Interessen der einzelnen Klauselverbote je für sich zu ermitteln und die Einbeziehung der kaufmännischen Interessen in den jeweiligen Schutzbereich unabhängig von einer Indizwirkung zu ermitteln.[6] Dabei können im Rahmen von § 307 insbesondere auch die Schutzbedürftigkeit eines Unternehmers wegen seiner wirtschaftlichen Abhängigkeit vom Verwender oder wegen seiner mangelnden Erfahrung und Vertrautheit mit einzelnen Geschäften Berücksichtigung finden.[7]

23 Unter Berücksichtigung sowohl der **Schutzzwecke** der einzelnen Klauselverbote als auch der **Schutzbedürfnisse** der Beteiligten kann sich aus einzelnen Klauselverboten die Unwirksamkeit auch im Verkehr zwischen Unternehmern er-

---

[1] S. dazu im Einzelnen § 305 Rz 120 ff.

[2] A. A. *Ulmer* § 310 Rz 31; zum früheren § 10 AGBG *Koch/Stübing* Rz 4 vor §§ 8–11.

[3] S. BT-Drs. 7/3919, S. 43 ff; BT-Drs. 7/ 5422, S. 14.

[4] S. auch *Helm* BB 1977, 1109; *Alisch* JZ 1982, 706; *Rabe* NJW 1987, 1978, 1982; *Hensen* NJW 1987, 1986, 1987; *Lutz*, AGB-Kontrolle im Handelsverkehr unter Berücksichtigung der Klauselverbote, 1991, S. 32; a. A. insbesondere BGHZ 90, 273, 278 = NJW 1984, 1750, 2941; beschränkt auf Bauverträge OLG Karlsruhe AGBE III, § 9 Nr. 15; a. A. auch MünchKomm/*Basedow* § 310 Rz 8; *Ulmer* § 310 Rz 27; offen gelassen in BGH NJW 1985, 2328; 1985, 2693, 2695.

[5] S. MünchKomm/*Basedow* § 310 Rz 7.

[6] S. auch *M. Wolf* ZIP 1987, 341, 342.

[7] MünchKomm/*Basedow* § 310 Rz 8; s. auch oben § 307 Rz 185 ff.

geben.[1] Aus Klauselverboten mit einem eng umschriebenen Verbotsbereich, wie z. B. § 309 Nr. 3, können eher Anhaltspunkte für eine Unwirksamkeit zwischen Unternehmern abgeleitet werden als aus Klauseln mit einem weiten Verbotsbereich, wie etwa § 309 Nr. 2, da in einem weiten Verbotsbereich eher ein Bedürfnis für die Berücksichtigung von Besonderheiten des unternehmerischen Verkehrs besteht. Jedoch sind trotz solcher Anhaltspunkte letztlich allein der jeweilige Schutzzweck eines Klauselverbots und sein Geltungsanspruch im unternehmerischen Verkehr maßgebend. Für § 308 Nr. 6 kann eine Indizwirkung angenommen werden.[2] Im Zweifel ist eine Indizwirkung jedoch abzulehnen, da § 310 I eine **selbstständige Bewertung nach § 307** bezweckt. Dabei können sich für kleine und mittlere Unternehmen einerseits und Großunternehmen andererseits unterschiedliche Ergebnisse zeigen.[3] Die Indizwirkung darf nicht dazu dienen, auf notwendige Begründungen für die Erstreckung einzelner Klauselverbote auf Kaufleute zu verzichten. Der Kontrollmaßstab ist derselbe wie in § 307.[4] Zu berücksichtigen sind neben den in § 310 I S. 2 genannten Gewohnheiten und Gebräuchen des Handelsverkehrs im Rahmen von § 307 die besonderen Bedürfnisse des unternehmerischen Geschäftsverkehrs und die größere Geschäftserfahrung von Unternehmern.[5] Der Kontrollmaßstab des § 307 kann wegen der besonderen Bedürfnisse des unternehmerischen Verkehrs auch zu einer verstärkten Inhaltskontrolle führen.[6] Zur Anwendbarkeit der einzelnen Klauselverbote auf Kaufleute und zu etwaigen Modifizierungen s. die Anm. bei den einzelnen Klauselverboten.

IV. Gewohnheiten und Gebräuche im Handelsverkehr

1. Bedeutung der Vorschrift

Die Bedeutung des § 310 I Satz 2 HS 2, der die angemessene Rücksichtnahme auf die im Handelsverkehr geltenden Gewohnheiten und Gebräuche vorsieht, liegt zunächst darin, dass damit der **Geltungsbereich** dieser Gewohnheiten und Gebräuche über den nur für Kaufleute geltenden Bereich des § 346 HGB hinaus **auf alle Unternehmer,** also auf Gewerbetreibende und Freiberufler, **ausgedehnt** wird.[7] Den Bedürfnissen der unterschiedlichen Unternehmergruppen vom Kleingewerbetreibenden und Freiberufler bis zum Großunternehmen kann dabei durchaus Rechnung getragen werden, da § 310 I Satz 2 HS 2 die angemessene Rücksichtnahme im Rahmen der umfassenden Interessenabwägung des § 307 vorsieht. 24

Gewohnheiten und Gebräuche sind nach § 346 HGB nur bei der **Auslegung** des Inhalts und der Folgen von rechtlich relevanten Handlungen und Unterlassungen zu berücksichtigen. Sie können sich damit wie alle Handlungen und Unterlassungen nur gegenüber dem dispositiven Recht, nicht aber gegenüber zwingendem Recht durchsetzen.[8] In dieser Funktion haben die Gewohnheiten und Gebräuche auch Bedeutung im Zusammenhang mit der Inhaltskontrolle, indem sie die Bestimmtheit und Transparenz von Handelsklauseln herstellen können (s. auch § 307 Rz 194). Die Besonderheit von § 310 I Satz 2 HS 2 liegt jedoch zusätzlich darin, dass 25

[1] Gegen jede Indizwirkung *Ohlendorf/von Hertel* S. 112 ff, s. Schrifttum bei § 307.
[2] S. § 308 Nr. 6 Rz 31.
[3] S. § 307 Rz 186.
[4] S. § 307 Rz 74 ff.
[5] S. grundsätzlich auch § 307 Rz 185 ff.
[6] S. § 307 Rz 190.
[7] MünchKomm/*Basedow* § 310 Rz 9.
[8] BGH NJW 1974, 852, 855; *Baumbach/Hopt,* HGB, § 346 Rz 10.

er die **Berücksichtigung** der Gewohnheiten und Gebräuche im Handelsverkehr nicht nur bei der Auslegung, sondern auch bei der Interessenabwägung **im Rahmen der zwingenden Vorschrift des § 307** anordnet. Dies ermöglicht es, Klauseln, die nach § 307 in Verbraucherverträgen unwirksam sind, bei der Verwendung gegenüber einem Unternehmer bei Geltung entsprechender Gewohnheiten oder Gebräuche für wirksam zu erachten. Der Gesetzgeber macht damit deutlich, dass er mit der Inhaltskontrolle nach § 307 nicht den Geschäftsverkehr behindern und z. B. nicht allgemein übliche Handelsklauseln verbieten will. Eine Klausel, die mit den Gewohnheiten und Gebräuchen im Handelsverkehr übereinstimmt, **indiziert** aber **nicht** die **Wirksamkeit** dieser Klausel,[1] denn solche Gewohnheiten und Gebräuche können nicht die in Treu und Glauben verkörperten Grundwerte beseitigen.[2] Dies gilt erst recht, wenn die Klausel in einem dem Handelsbrauch fremden Zusammenhang verwendet wird.

2. Entstehung und Feststellung anerkannter Gewohnheiten und Gebräuche

26 Die Entstehung verbindlicher Gewohnheiten und Gebräuche im Handelsverkehr beruht auf den drei Elementen der **tatsächlichen Übung,** der **Zeit** und der **Zustimmung.**[3] Sie setzt dementsprechend eine freiwillig gehandhabte, gleichmäßig und einheitlich für vergleichbare Geschäftsvorgänge akzeptierte tatsächliche Übung über einen längeren Zeitraum voraus.[4] Unter diesen Voraussetzungen können auch AGB-Klauseln selbst zum Handelsbrauch werden, sofern sie freiwillig ohne besondere Vereinbarung oder Empfehlung befolgt werden und mit Treu und Glauben übereinstimmen.[5]

27 Das Bestehen eines Handelsbrauchs ist von demjenigen zu behaupten und zu **beweisen,** der sich darauf beruft. § 114 GVG erlaubt der KfH, das Bestehen von Handelsbräuchen aus eigener Sachkunde festzustellen. Ist diese Sachkunde nicht vorhanden, so kann ein Gutachten der Industrie- und Handelskammer eingeholt werden. Bestehen und Inhalt eines Handelsbrauchs sind Tatfrage und deshalb nicht reversibel, wohl aber die verfahrensmäßig richtige Ermittlung.[6]

28 Bezüglich des Inhalts einzelner Handelsklauseln ist zu unterscheiden, ob sie das Zustandekommen und die Einbeziehung von AGB in den Vertrag regeln, wie z. B. das kaufmännische Bestätigungsschreiben,[7] oder ob sie den Inhalt einzelner Klauseln betreffen, wie z. B. die Incoterms und die Handelsklauseln.[8]

---

1 So aber MünchKomm/*Basedow* § 310 Rz 10.
2 *Baumbach/Hopt,* HGB, § 346 Rz 10; *K. Schmidt,* Handelsrecht, § 1 III 3 e bb.
3 BGH NJW 1952, 257; RGZ 110, 48; *Baumbach/Hopt,* HGB, § 346 Rz 12.
4 BGH NJW 1994, 659, 660; BGH NJW 2001, 2331; MünchKomm/*Basedow* § 310 Rz 11.
5 BGH BB 1980, 1552; s. auch § 305 Rz 147.
6 BGH NJW 1966, 502; BGH WM 1973, 363; BGH LM § 346 (F) HGB Nr. 1.
7 Dazu § 305 Rz 135; *Baumbach/Hopt,* HGB, § 346 Rz 16 ff; *Larenz/Wolf,* Allg. Teil, § 30 Rz 28 ff.
8 Dazu An. § 310 Rz 61.

§ 310 Anwendungsbereich

(2) Die §§ 308 und 309 finden keine Anwendung auf Verträge der Elektrizitäts-, Gas-, Fernwärme- und Wasserversorgungsunternehmen über die Versorgung von Sonderabnehmern mit elektrischer Energie, Gas, Fernwärme und Wasser aus dem Versorgungsnetz, soweit die Versorgungsbedingungen nicht zum Nachteil der Abnehmer von Verordnungen über Allgemeine Bedingungen für die Versorgung von Tarifkunden mit elektrischer Energie, Gas, Fernwärme und Wasser abweichen. Satz 1 gilt entsprechend für Verträge über die Entsorgung von Abwasser.

Inhaltsübersicht

Schrifttum: Siehe die Nachweise vor Rz V 231.

1. Allgemeines

a) Anwendbarkeit des AGB-Rechts. Die Verträge zwischen Versorgungsunternehmen und ihren Tarifkunden in den Bereichen der Elektrizitäts-, Gas-, Fernwärme und Wasserversorgung sind Gegenstand besonderer Rechtsverordnungen, die die Vertragsbedingungen im Einzelnen festlegen. Auch im Bereich der Abwasserentsorgung ist früher oder später der Erlass einer solchen Verordnung zu erwarten. Die entsprechenden Rechtsverordnungen unterliegen schon aufgrund ihrer Rechtsnormqualität nicht der AGB-rechtlichen Inhaltskontrolle.[1] Keine Anwendung finden die in § 310 II in Bezug genommenen Verordnungen aber auf die mit Sonderabnehmern geschlossenen Versorgungsverträge. Diese unterliegen folglich, soweit sie AGB enthalten, der AGB-rechtlichen Inhaltskontrolle. Dies gilt auch dann, wenn die Vorschriften der einschlägigen Rechtsverordnungen kraft vertraglicher Abrede in den Versorgungsvertrag einbezogen werden,[2] denn in diesem Falle gelten die einschlägigen Regelungen gerade nicht mehr als Rechtsnormen, sondern als Vertragsbedingungen. 1

b) Inhalt. Allerdings schränkt § 310 II die Anwendbarkeit des AGB-Rechts ein. Namentlich erklärt § 310 II die §§ 308, 309 für unanwendbar, soweit Versorgungsunternehmen gegenüber ihren Sonderabnehmern AGB-mäßig die gleichen Regelungen verwenden, die kraft Rechtsverordnung für das Verhältnis der Versorgungsunternehmen zu ihren Tarifkunden gelten. Dahinter steht der Gedanke, so die Begründung des Gesetzesentwurfs, „dass Sonderabnehmer, auch wenn sie Verbraucher sind, keines stärkeren Schutzes bedürfen als Tarifabnehmer".[3] Es müsse den Versorgungsunternehmen daher frei stehen, „ihre Allgemeinen Geschäftsbedingungen mit Sonderabnehmern entsprechend den Allgemeinen Versorgungsbedingungen auszugestalten."[4] 2

[1] S. z. B. *Palandt/Grüneberg* Rz 6; MünchKomm/*Basedow* Rz 14.
[2] *Palandt/Grüneberg* Rz 6.
[3] BT-Drs. 14/6040, S. 160.
[4] BT-Drs. 14/6040, S. 160.

3 **c) Vergleich zum alten Recht.** § 310 II 1 ersetzt § 23 II Nr. 2 AGBG.[1] Eine wesentliche Neuerung im Vergleich zum früheren Gesetzestext liegt darin, dass § 310 II 1 auch Verträge über die Versorgung mit Wasser und Fernwärme erwähnt und dass § 310 II 2 darüber hinaus die entsprechende Anwendung des § 310 I 1 auf Verträge über die Entsorgung von Abwasser anordnet. Dass § 23 II Nr. 2 AGBG Verträge über Wasser und Fernwärme nicht berücksichtigt hatte, war im Schrifttum zum Teil als planwidrige Regelungslücke eingestuft worden,[2] die eine analoge Anwendung des § 23 II Nr. 2 rechtfertige.[3] Andere Stimmen, insbesondere auch *Horn*[4] in der Vorauflage des vorliegenden Werkes, hatten die Möglichkeit einer analogen Anwendung verneint. Der Gesetzgeber hat die Frage nunmehr ausdrücklich im Sinne einer Ausdehnung des Anwendungsbereichs der Vorschrift entschieden. „Gründe, die für eine divergierende Regelung sprechen", so die Begründung des Gesetzesentwurfs, „[seien] nicht ersichtlich".[5]

4 **d) Praktische Bedeutung.** Die praktische Bedeutung des § 310 II ist allerdings begrenzt. Denn in der Regel handelt es sich bei den in § 310 II genannten Sonderabnehmern um Unternehmer, juristische Personen des öffentlichen Rechts oder öffentlich-rechtliche Sondervermögen, so dass die Anwendung der §§ 308, 309 schon nach § 310 I 1 ausscheidet.[6] Darüber hinaus ist zu beachten, dass die Relevanz des § 310 II selbst in denjenigen Fällen beschränkt ist, in denen es sich beim Sonderabnehmer ausnahmsweise um einen Verbraucher handelt. Dies hat zwei Gründe. So gilt es zunächst zu beachten, dass § 307 anwendbar bleibt (s. Rz 5) und dass die §§ 308, 309 in vielen Fällen nur das verbieten, was sich zumindest gegenüber Verbrauchern schon aus § 307 ergibt. Hinzu kommt, dass die Klauselrichtlinie eine dem § 310 II entsprechende Ausnahme nicht kennt.[7] Soweit die in den §§ 308, 309 enthaltenen Verbote erforderlich sind, um die Vorgaben der Klauselrichtlinie zu erfüllen, müssen sie gegenüber Verbrauchern folglich bei Unanwendbarkeit der §§ 308, 309 notfalls im Wege der richtlinienkonformen Auslegung aus § 307 abgeleitet werden.[8]

5 **e) Die Kontrolle anhand von § 307.** Die Regelung des § 310 II betrifft lediglich die Kontrolle anhand der §§ 308, 309, ändert also nichts an der Anwendbarkeit des § 307.[9] Allerdings hat der BGH den Allgemeinen Bedingungen für die Elektrizitätsversorgung von Tarifkunden (AVBEltV) schon vor einigen Jahren eine „Leitbildfunktion" für die im Verhältnis zu Sonderabnehmern gebotene AGB-Kontrolle beigemessen.[10] Namentlich enthalte diese Verordnung „einen gewichtigen Hinweis auf das, was auch im Vertragsverhältnis mit Sonderabnehmern als angemessen zu betrachten" sei.[11] In einer jüngeren Entscheidung hat der BGH klargestellt, dass diese Leitbildfunktion auch den Rechtsverordnungen über die Versorgung von

---

[1] Vgl. BT-Drs. 14/6040, S. 160: „Absatz 2 übernimmt die bisherige Ausnahme des § 23 Abs. 2 Nr. 3 AGBG." Dazu, dass § 310 an die Stelle des früheren § 23 II Nr. 2 getreten ist, siehe auch MünchKomm/*Basedow* § 310 Rz 12; *Palandt/Grüneberg* Rz 6.

[2] Die Annahme einer planwidrigen Regelungslücke bejahend auch BT-Drs. 14/6040, S. 160, unter ausdrücklicher Berufung auf *Ulmer*, 9. Aufl., § 23 AGBG Rz 39.

[3] S. nur *Ulmer*, 9. Aufl., § 23 AGBG Rz 39.

[4] S. *Horn* in der Voraufl., § 27 Rz 4.

[5] BT-Drs. 14/6040, S. 160.

[6] Zutreffend MünchKomm/*Basedow* Rz 14 („in den meisten Fällen überflüssig"); *Palandt/Grüneberg* Rz 6: Die praktische Bedeutung von § 310 II tendiert gegen 0.

[7] Die zu Recht betonend MünchKomm/*Basedow* Rz 14.

[8] Zutreffend MünchKomm/*Basedow* Rz 14.

[9] Zutreffend MünchKomm/*Basedow* § 310 Rz 14.

[10] BGH NJW 1998, 1640, 1642 (zu § 23 Nr. 2 AGBG).

[11] BGH NJW 1998, 1640, 1642 (zu § 23 Nr. 2 AGBG).

Tarifkunden mit Fernwärme, Gas und Wasser zukommt.[1] Zudem darf man wohl davon ausgehen, dass der BGH Gleiches mit Blick auf eine entsprechende Rechtsverordnung über die Entsorgung von Abwasser annehmen wird, sobald eine solche erlassen wird und in Kraft tritt. Hierzu und zu weiteren Fragen der Anwendung des § 307 auf Versorgungsverträge siehe § 307 Rz V 231–250.

2. Die relevanten Rechtsverordnungen

a) § 310 II 1. Die Regelung des § 310 II 1 betrifft die Verordnungen über Allge- 6
meine Bedingungen für die Versorgung von Tarifkunden mit elektrischer Energie, Gas, Fernwärme und Wasser. Im Bereich der elektrischen Energie bezieht sich § 310 II 1 auf die am 21. 6. 1979 erlassene und am 1. 4. 1980 in Kraft getretene Verordnung über Allgemeine Bedingungen für die Elektrizitätsversorgung von Tarifkunden (AVBEltV).[2] Auch die Verordnung über Allgemeine Bedingungen für die Gasversorgung von Tarifkunden (AVBGasV)[3] ist am 21. 6. 1979 erlassen worden und am 1. 4. 1980 in Kraft getreten. Erst am 20. 6. 1980 erlassen worden ist die Verordnung über Allgemeine Bedingungen für die Versorgung mit Fernwärme (AVBFernwärmeV).[4] Sie beansprucht jedoch rückwirkende Geltung ab dem 1. 4. 1980,[5] was der BGH als verfassungsgemäß eingestuft hat.[6] Im Bereich der Wasserversorgung bezieht sich § 310 II 1 auf die Verordnung über Allgemeine Bedingungen für die Versorgung mit Wasser (AVBWasserV).[7] Diese gleicht der AVBFernwärmeV darin, dass sie erst am 20. 6. 1980 erlassen worden ist, Geltung aber schon ab dem 1. 4. 1980 beansprucht.

b) § 310 II 2. Die Regelung des § 310 II 2 erklärt § 310 II 1 auf Verträge im Be- 7
reich der Entsorgung von Abwasser für entsprechend anwendbar. Dem lag unter anderem die Annahme des Gesetzgebers zugrunde, „[d]er Erlass einer entsprechenden Rechtsverordnung über Allgemeine Entsorgungsbedingungen für Abwasser stehe bevor".[8] Diese Erwartung hat sich allerdings bisher nicht erfüllt, so dass § 310 II 2 zurzeit noch ohne unmittelbaren Anwendungsbereich ist.

3. Nachteilige Abweichungen

§ 310 II erklärt die §§ 308, 309 nur insoweit für unanwendbar, als die gegenüber 8
Sonderabnehmern verwandten AGB nicht zum Nachteil der Abnehmer von den für Tarifkunden einschlägigen Rechtsverordnungen abweichen.

a) Abweichung. Mit Blick auf den Begriff der Abweichung stellt sich zunächst 9
die Frage, ob eine Abweichung schon dann anzunehmen ist, wenn der Wortlaut der AGB vom Inhalt der jeweils einschlägigen Rechtsverordnung abweicht oder ob auch eine Abweichung im Bedeutungsgehalt gegeben sein muss. Richtigerweise ist

---

[1] BGH NJW 2005, 2919, 2922: Der Verordnungsgeber habe „mit dem jeweiligen § 30 der Verordnungen über die AVB der Elektrizitäts-, Fernwärme-, Gas- und Wasserversorgungsunternehmen unter Abwägung der gegenläufigen Interessen von Versorgungsunternehmen und Kunden ein normatives Leitbild geschaffen".

[2] AVBEltV, BGBl. 1979 I, S. 676, zuletzt geändert durch Art. 17, G. v. 19. 12. 2004, BGBl. I, 3214.

[3] AVBGas, BGBl. 1979 I, S. 684, zuletzt geändert durch Art. 17, G. v. 19. 12. 2004, BGBl. I, 3214.

[4] AVBFernwärmeV, BGBl. I, 1980, S. 742, zuletzt geändert durch Art. 17, G. v. 19. 12. 2004, BGBl. I, 3214.

[5] S. § 37 I AVBWasserV.

[6] BGH NJW 1987, 1622, 1623.

[7] AVBFernwärmeV, BGBl. I, 1980, S. 750, 1067, zuletzt geändert durch Art. 17, G. v. 19. 12. 2004, BGBl. I, 3214.

[8] BT-Drs. 14/6040, S. 160.

diese Frage im letzteren Sinne zu beantworten. Denn in § 310 II 1 heißt es gerade nicht, dass der Wortlaut der AGB nicht von demjenigen der relevanten Verordnungen abweichen dürfe. Vielmehr kommt es nach dieser Auffassung darauf an, ob die Versorgungsbedingungen von den einschlägigen Verordnungen abweichen. Schon diese Formulierung spricht dafür, dass es im Rahmen des § 310 II auf die Norm und nicht auf deren sprachliche Fixierung, den Normsatz, ankommt.[1] Hinzu kommt, dass der Verwendungsgegner bei einer bloß semantischen Abweichung von der relevanten Rechtsordnung nicht des Schutzes der §§ 308, 309 bedarf. Im Übrigen gilt es zu beachten, dass § 310 II 1 die Unanwendbarkeit der §§ 308, 309 nur davon abhängig macht, dass Abweichungen „zulasten" der Abnehmer vermieden werden. Da Abweichungen zugunsten der Abnehmer demnach unerheblich sind, ist eine sprachliche Übereinstimmung der einschlägigen AGB mit den hier interessierenden Rechtsverordnungen ohnehin nicht gewährleistet.

10 **b) Zum Nachteil des Abnehmers.** Nach § 310 II 1 sind die §§ 308, 309 so lange unanwendbar, als nicht „zum Nachteil der Abnehmer" von den einschlägigen Rechtsverordnungen abgewichen wird. Abweichungen zugunsten des Abnehmers führen also nicht zur Anwendbarkeit der §§ 308, 309. Hervorzuheben ist allerdings, dass die Vorteilhaftigkeit bzw. Nachteiligkeit im Wege einer abstrakten Betrachtungsweise zu beurteilen ist. Von der Nachteiligkeit der Abweichung ist also dann auszugehen, wenn überhaupt die Möglichkeit besteht, dass eine entsprechende Klausel sich nachteiliger auswirken wird als die relevante Rechtsverordnung.

4. „Soweit"

11 Nach § 310 II 1 sind die §§ 308, 309 unanwendbar, „soweit" die Versorgungsbedingungen nicht zum Nachteil der Abnehmer von den einschlägigen Rechtsverordnungen abweichen. Damit stellt sich folgende Frage: Sind die §§ 308, 309 schon dann auf ein Klauselwerk insgesamt anwendbar, wenn auch nur eine einzige Klausel von der jeweils relevanten Rechtsverordnung abweicht? Oder kommt eine Anwendung der §§ 308, 309 nur mit Blick auf die jeweilige, von der relevanten Rechtsverordnung abweichende Bestimmung in Betracht. Richtigerweise wird man diese Frage im letzteren Sinne beantworten müssen. Dafür spricht schon der Wortlaut („soweit"). Zudem drängt sich ein Umkehrschluss zu denjenigen Vorschriften auf, die auf die VOB/B Bezug nehmen (§§ 308 Nr. 5, 309 Nr. 8 b ff). Denn insoweit wird jeweils gefordert, dass die VOB/B „insgesamt" in den Vertrag einbezogen sein müsse.

5. Sonderabnehmer

12 § 310 II 1 betrifft die mit Sonderabnehmern abgeschlossenen Verträge. Sonderabnehmer ist jeder Kunde eines Versorgungsunternehmens, der nicht Tarifabnehmer ist.[2] Tarifabnehmer ist nur derjenige, auf dessen Vertrag die in der jeweils einschlägigen Rechtsverordnung vorgesehenen Vertragsbedingungen unmittelbare Anwendung finden.

---

[1] Zur Unterscheidung von Norm und Normsatz siehe z. B. *Alexy*, Theorie der Grundrechte, 1. Aufl., 1986, S. 42.

[2] Ähnlich *Ulmer* Rz 99.

6. Die bloß entsprechende Anwendung auf Abwasserentsorgungsverträge

§ 310 II 1 gilt nach § 310 II 2 „entsprechend" für Verträge über die Entsorgung von Abwasser. Man mag insofern die Frage stellen, ob sich die entsprechende Anwendung des § 310 I 1 in irgendeiner Weise von der unmittelbaren Anwendung desselben unterscheidet, ob die Anordnung einer bloß entsprechenden Geltung also Abweichungen zur Folge hat, die über die Maßgeblichkeit einer anderen Rechtsverordnung, sofern sie denn erlassen wird, hinausgehen. Richtigerweise ist diese Frage zu verneinen. Dass der Gesetzgeber sich überhaupt für die wenig elegante Lösung entschieden hat, Verträge über die Abwasserentsorgung nicht in § 310 II 1 zu erwähnen, sondern in § 310 II 2 eine entsprechende Anwendung anzuordnen, ist wohl nur der Tatsache geschuldet, dass eine Verordnung über Entsorgungsbedingungen für Abwasser noch nicht erlassen worden ist. Inhaltliche Abweichungen sollten mit der Schaffung eines zweiten Absatzes also wohl nicht erreicht werden. Dafür spricht die sich zumindest auch auf die Abwasserentsorgung beziehende Aussage in der Begründung des Gesetzesentwurfs, dass „Gründe, die für eine divergierende Regelung sprechen könnten, [...] nicht ersichtlich [sind]".[1] 13

---

[1] BT-Drs. 14/6040, S. 160.

§ 310 Anwendungsbereich

(3) Bei Verträgen zwischen einem Unternehmer und einem Verbraucher (Verbraucherverträge) finden die Vorschriften dieses Abschnitts mit folgenden Maßgaben Anwendung:

1. Allgemeine Geschäftsbedingungen gelten als vom Unternehmer gestellt, es sei denn, dass sie durch den Verbraucher in den Vertrag eingeführt wurden;

2. § 305 c Abs. 2 und die §§ 306 und 307 bis 309 dieses Gesetzes sowie Artikel 29 a des Einführungsgesetzes zum Bürgerlichen Gesetzbuch finden auf vorformulierte Vertragsbedingungen auch dann Anwendung, wenn diese nur zur einmaligen Verwendung bestimmt sind und soweit der Verbraucher auf Grund der Vorformulierung auf ihren Inhalt keinen Einfluss nehmen konnte;

3. bei der Beurteilung der unangemssenen Benachteiligung nach § 307 Abs. 1 und 2 sind auch die den Vertragsschluss begleitenden Umstände zu berücksichtigen.

Literatur: *Böhr,* Verbraucher und Unternehmer in der notariellen Praxis, RhNotZ 2003, 277; *Braunfels,* Der neue § 24a AGBG und seine Auswirkungen auf die Inhaltskontrolle, DNotZ 1997, 356; *Bülow/Artz,* Verbraucherprivatrecht, 2003; *Bunte,* Gedanken zur Rechtsharmonisierung in der EG auf dem Gebiet der missbräuchlichen Klauseln in Verbraucherverträgen, Fs für Locher, 1990, S. 324; *ders.*, Die EG-Richtlinie über missbräuchliche Klauseln in Verbraucherverträgen und ihre Umsetzung durch das Gesetz zur Änderung des AGB-Gesetzes, Betr. 1996, 1389; *Damm,* Europäisches Verbrauchervertragsrecht und AGB-Recht, JZ 1994, 161; *Deimel,* Notarielle Verbraucherverträge, 2003; *Eckert,* Die EG-Richtlinie über missbräuchliche Klauseln in Verbraucherverträgen und ihre Auswirkungen auf das deutsche Recht, WM 1993, 1070; *ders.*, Das neue Recht der allgemeinen Geschäftsbedingungen, ZIP 1996, 1238; *Frey,* Wie ändert sich das AGB-Gesetz?, ZIP 1993, 572; *Habersack/Kleindiek/Wiedenmann,* Die EG-Richtlinie über missbräuchliche Klauseln in Verbraucherverträgen und das künftige AGB-Gesetz, ZIP 1993, 1670; *Heinrichs,* Das Gesetz zur Änderung des AGB-Gesetzes, NJW 1996, 2190; *Hommelhoff,* Zivilrecht unter dem Einfluss europäischer Rechtsangleichung, AcP 192 (1992), 71; *ders.*, Verbraucherschutz im System des deutschen und europäischen Privatrechts, 1996; *Kapnopoulou,* Das Recht der missbräuchlichen Klauseln in der Europäischen Union, 1997; *Kappus,* EG-Richtlinie über missbräuchliche Vertragsklauseln und notarielle Verträge, NJW 1994, 1847; *Michalski,* Änderung des AGB-Gesetzes durch die EG-Richtlinie über missbräuchliche Klauseln in Verbraucherverträgen, Betr 1994, 665; *ders.*, Die Berücksichtigung von vertragsschlußbegleitenden Umständen nach § 24a Nr. 3 AGB-Gesetz; DB 1999, 677; *Micklitz,* AGB-Gesetz und die EG-Richtlinie über missbräuchliche Vertragsklauseln in Verbraucherverträgen, ZEuP 1993, 522; *Nassall,* Die Auswirkungen der EU-Richtlinie über missbräuchliche Klauseln in Verbraucherverträgen auf nationale Individualverträge, WM 1994, 1645; *ders.*, Die Anwendung der EU-Richtlinie über missbräuchliche Klauseln in Verbraucherverträgen, JZ 1995, 689; *Pfeiffer,* Das Verhältnis zwischen dem Europäischen Gerichtshof und den nationalen Gerichten bei der Kontrolle missbräuchlicher Vertragsklauseln, FS Thode, 2005, S. 615; *Reich,* Zur Umsetzung der EG-Richtlinie über missbräuchliche Klauseln in Verbraucherverträgen 93/13/EWG vom 5. 4. 1993 in deutsches Recht, VuR 1995, 1; *Remien,* AGB-Gesetz und Richtlinie über missbräuchliche Verbrauchervertragsklauseln in ihrem europäischen Umfeld, ZEuP 1994, 34; *Schmidt-Salzer,* Transformation der EG-Richtlinie über missbräuchliche Klauseln in Verbraucherverträgen in deutsches Recht und AGB-Gesetz, BB 1995, 733; *ders.*, Transformation der EG-Richtlinie über missbräuchliche Klauseln in Verbraucherverträgen vom 5. 4. 1993 in deutsches Recht und AGB-Gesetz: Einzelfragen, BB 1995, 1493; *ders.*, Recht der AGB und der missbräuchlichen Klauseln, JZ 1995, 223; *ders.*, Leistungsbeschreibungen in Versicherungsverträgen und Schranken der Inhaltskontrolle, FS Brandner, 1996, S. 259; *Steinringer,* Beweisrechtliche Aspekte des Verbraucherschutzes bei allgemeinen oder für den Einzelfall vorformulierten Vertragsbedingungen im italienischen und im deutschen Recht, Diss. Regensburg 2003; *Schumann,* Die „vorformulierte" Vertragsbedingung im Lichte der AGB-Novelle 1996, JR 2000, 441 *Tenreiro,* Les clauses abusives dans les contrats conclus avec consommateurs, Juris Classeur Periodique 1993, Ed. Techniques No. 7, S. 1; *Tonner,* Die Rolle des Verbraucherrechts bei der Entwicklung des Europäischen Zivilrechts, JZ 1996, 533; *Ulmer,* Vom deutschen zum europäischen Privatrecht?, JZ 1992, 1; *ders.*, Zur Anpassung des AGB-Gesetzes an die EG-Richtlinie über missbräuchliche Klauseln in Verbraucherverträgen, EuZW 1993, 337; *Wackerbarth,* Unternehmer, Verbraucher und die Rechtfertigung der Inhaltskontrolle vorformulierter Verträge, AcP 200 (2000), 45; *Wolf,* Vorformulierung als Voraussetzung der Inhaltskontrolle, FS Brandner, 1996, S. 299.

Inhaltsübersicht

I. Grundlagen

1. Zweck der Vorschrift

1 Die Vorschrift entspricht dem früheren § 24a AGBG. Sie wurde seinerzeit nachträglich in das AGBG eingefügt, um die **Klauselrichtlinie 93/13/EWG** in das deutsche Recht **umzusetzen.** Deren Konzept unterschied sich von den Regelungen der Ursprungsfassung des AGBG insbesondere dadurch, dass dieses keine Inhaltskontrolle vorformulierter Individualklauseln kannte und stets von einem abstrakt-generellen Kontrollmaßstab ausging, bei dessen Anwendung die Berücksichtigung individueller Umstände nicht vorgesehen war. Außerdem soll die Vorschrift die Beweislastregelung in Art. 3 Abs. 2 RL umsetzen. Als Umsetzungsvorschrift ist die Regelung Bestandteil des Gemeinschaftsprivatrechts. Sie ist in besonderem Maße den methodischen Maßgaben dieses Rechtsgebiets, namentlich den Geboten der richtlinienkonformen Auslegung unterworfen.[1]

2 Ihrem Anwendungsbereich nach erfasst sie lediglich **Verbraucherverträge,** d.h. solche, die zwischen einem Unternehmer (§ 14) und einem Verbraucher (§ 13) geschlossen wurden. Anders als das AGB-Recht im Allgemeinen ist die Vorschrift damit als spezifisches Verbraucherrecht einzuordnen.

3 Den Unterschieden zwischen dem ursprünglichen Regelungskonzept des deutschen AGBG und der Klausel-RL 93/13/EWG entsprechend, ist § 310 III darauf ausgerichtet, das deutsche AGB-Recht durch ergänzende Regelungen an den Standard der Richtlinie anzupassen. Demgemäß enthält die Vorschrift im **Überblick** drei Maßgaben, welche die AGB-Kontrolle ausweiten oder modifizieren. Erstens begründet sie eine Vermutung, dass AGB vom Unternehmer i.S.d. § 305 I gestellt wurden, es sei denn, dass sie vom Verbraucher in den Vertrag eingeführt wurden (Nr. 1). Zweitens führt sie zur Anwendung bestimmter AGB-rechtlicher Vorschriften auf vorformulierte Individualklauseln (Nr. 2). Drittens ordnet sie die Berücksichtigung der den Vertragsschluss begleitenden Umstände bei der Feststellung einer unangemessenen Benachteiligung an (Nr. 3).

[1] Rz 4 ff.

2. § 310 Abs. 3 als Gemeinschaftsprivatrecht

4 **a) Richtlinienkonforme Auslegung.** Als Umsetzungsvorschrift zur Klausel-RL 93/13/EWG gelten für die Anwendung des § 310 III in besonderem Maße die allgemeinen Grundsätze des **Gemeinschaftsprivatrechts.** Damit sind zunächst die Regeln über die **richtlinienkonforme Auslegung** zu beachten. Wie alle nationalen Vorschriften, insbesondere aber die Umsetzungsvorschriften zum europäischen Richtlinienrecht, ist § 310 III aufgrund der auch für die Gerichte geltenden Umsetzungspflicht (Art. 249 III EGV) und aufgrund des Grundsatzes der Gemeinschaftstreue (Art. 10 EGV) soweit möglich im Einklang mit dem EG-Recht und namentlich mit der Klausel-RL auszulegen. Dabei haben die Gerichte von Amts wegen alle Auslegungsspielräume, die das deutsche Recht eröffnet, zugunsten einer richtlinienkonformen Auslegung auszuschöpfen.[1] Soweit die nationale Methodenlehre dies zulässt, ist der richtlinienkonformen Auslegung der Vorrang vor anderen Auslegungsmethoden einzuräumen.

5 **b) Funktion des Europäischen Gerichtshofes.** Für die Funktionsverteilung zwischen dem Europäischen Gerichtshof und den nationalen Gerichten sind, soweit es um das hier allein in Betracht kommende Vorabentscheidungsverfahren nach Art. 234 EGV geht, in rechtlicher Hinsicht zweierlei Aspekte maßgebend. Erstens ordnet Art. 234 EGV im Hinblick auf die Kognitionskompetenz des EuGH an, dass diesem insbesondere die Entscheidung über die Gültigkeit und die Auslegung des sekundären Gemeinschaftsrechts übertragen ist. Zweitens ist von der Auslegung des Gemeinschaftsrechts dessen Anwendung zu unterscheiden; diese fällt in den Aufgabenbereich der mitgliedstaatlichen Gerichte. Auslegungszuständig ist der EuGH nach Art. 234 EGV lediglich für das EG-Recht, nicht aber für das nationale Recht. Damit bedarf es zur Bestimmung der Aufgabenverteilung zwischen dem EuGH und den nationalen Gerichten stets gleichermaßen der Abgrenzung zwischen der Auslegung einerseits und der Anwendung andererseits sowie zweitens einer Begrenzung auf die EG-rechtlich und nicht durch autonome Entscheidung des nationalen Rechts geregelten Rechtsfragen. Gerade der letztgenannte Aspekt erweist sich bei der Klausel-RL als problematisch. weil zwar die Rechtsbegriffe der RL selbst europäisch zu deuten sind, aber andererseits die Anwendung dieser Rechtsbegriffe im Zusammenwirken mit dem jeweiligen nationalen Zivilrecht erfolgt.[2] Vor diesem Hintergrund geht der EuGH davon aus, dass es grundsätzlich die **Aufgabe der nationalen Gerichte** ist, die Missbräuchlichkeit einer Vertragsklausel zu beurteilen.[3] Anders liegt es, wenn sich die Missbräuchlichkeit einer Klausel schon aus europäisch-autonomen Wertungen ergibt; dies hat der EuGH bei einer Gerichtsstandsklausel zur Bestimmung der örtlichen Zuständigkeit bejaht.[4] Außerdem muss es als zulässig angesehen werden, den EuGH nach einer Konkretisierung der europäisch vorgegebenen Kontrollkriterien zu befragen.[5] Zulässig bleiben schließlich Vorlagen, welche die Rahmenbedingungen für die Ausübung der Klauselkontrolle[6] oder andere Tatbestandsmerkmale außerhalb der Missbräuchlichkeit einer Klausel betreffen.[7]

---

[1] EuGHE 1996, I-4705; EuGHE 1990, I-4135; EuGHE 1984, 1891; eingehend auch AnwKomm/*Pfeiffer*, Gemeinschaftsprivatrecht und Zivilrechtspraxis, Rz 55 ff.

[2] Eingehend *Pfeiffer* FS *Thode*, S. 616 ff.

[3] EuGH NJW 2004, 1647.

[4] EuGHE 2000, I-4941.

[5] *Pfeiffer* FS *Thode*, S. 616 ff.

[6] EuGHE 2002, I-10875.

[7] EuGHE 2001, I-9049.

II. Verbraucherverträge

6 Dem **Anwendungsbereich** nach erfasst die Vorschrift Verbraucherverträge. Diese sind dadurch gekennzeichnet, dass auf der einen Seite ein Unternehmer i.S.d. § 14, auf der anderen Seite ein Verbraucher i.S.d. § 13 kontrahiert. Das entspricht dem generellen Regelungskonzept des europäischen Verbrauchervertragsrechts. Danach soll das Verbrauchervertrauen in den Binnenmarkt gestärkt werden, damit auch die Nachfragerseite von den Binnenmarktfreiheiten aktiv Gebrauch macht. Dieser Schutzrichtung gemäß ist lediglich eine erweiterte AGB-Kontrolle von Klauseln vorgesehen, die der Unternehmer gestellt (Nr. 1) oder vorformuliert hat (Nr. 2). Die Regelung greift nicht bei der Kontrolle von Klauseln ein, die ein Verbraucher gegenüber einem Unternehmer verwendet, also beispielsweise dann nicht, wenn ein privater Vermieter das zu seinem Mietshaus gehörende Ladenlokal an einen Unternehmer vermietet und dabei vorformulierte Klauseln verwendet. Ebenso wie beim AGB-Begriff kommen aber auch einseitige Rechtsgeschäfte wie eine Bevollmächtigung in Betracht, soweit auf der Gegenseite ein Unternehmer steht.[1]

7 Der **Verbraucherbegriff** ist in § 13 legal definiert und grundsätzlich nach Maßgabe des EG-Rechts zu konkretisieren. Er erfasst natürliche Personen, die den jeweiligen Vertrag zu einem Zweck schließen, der nicht ihrer selbstständigen beruflichen oder gewerblichen Tätigkeit zuzurechnen ist. Ausschlaggebend ist damit die **private Zwecksetzung** zum Zeitpunkt des Vertragsschlusses.[2] Spätere Änderungen sind ohne Bedeutung. Dabei gilt die sog. Einzelbetrachtung, nach der es auf den Zweck des konkreten Geschäfts ankommt, auch wenn es eine Verbindung zur Berufstätigkeit aufweist. Deshalb werden Bürgschaften oder Schuldbeitritte eines GmbH-Geschäftsführers oder Gesellschafters als Verbrauchergeschäfte behandelt.[3] Maßgebend ist der objektive Zweck, nicht die subjektive Vorstellung der Parteien. Die Verbrauchereigenschaft ist nicht dispositiv. Geriert sich allerdings ein Verbraucher als Unternehmer, so muss er sich aber daran festhalten lassen.[4] Zur privaten Zwecksetzung gehört neben den Geschäften des persönlichen oder familiären Bedarfs auch die private Vermögensverwaltung oder Kapitalanlage.[5] Existenzgründungsgeschäfte werden nach Auffassung der Rechtsprechung grundsätzlich nicht erfasst;[6] anders kann es bei der Vorbereitung der Existenzgründung (z. B. Besuch eines Existenzgründungsseminars) liegen, zumal hier die Existenzgründung noch unsicher ist. Branchenfremde Nebengeschäfte einschließlich der Existenzaufgabe

---

[1] OLG Jena ZIP 1999, 1554, 1555.

[2] BGH WM 2000, 1799.

[3] St. Rspr., etwa BGHZ 144, 370 = NJW 2000, 3133; BGHZ 133, 220 = NJW 1996, 2865 = LM H. 1/1997 § 1 VerbrKrG Nr. 6 m. Anm. *Ungeheuer;* BGHZ 133, 71 = NJW 1996, 2156 = LM H. 10/1996 § 1 VerbrKrG Nr 5 m. Anm. *Pfeiffer;* zur Maßgeblichkeit der Einzelbetrachtung noch BGHZ 134, 94 = NJW 1997, 654; str., wie der BGH etwa *Auer* ZBB 1999, 166; *Pfeiffer* ZIP 1998, 1137; *Zahn* DB 1992, 1031; a. A. (= Befürwortung der so genannten Gesamtbetrachtung) insbesondere *Canaris* AcP 200 (2000), 355; s. auch *Kurz* NJW 1998, 1828; einschränkend *Ulmer* Rz 6, Rz 65 ff.; differenzierend (kein Schutz des Alleingesellschafter-Geschäftsführers) *Ungeheuer* LM H. 1/1997 § 1 VerbrKrG Nr. 6; weitergehend *Godefroid* BB 1994, Beil. 6, S. 16; *Wackerbarth* DB 1998, 1950 (Leitungsmacht durch Mehrheitsbeteiligung reicht). Eine Differenzierung nach Umfang der Beteiligung ausdrücklich ablehnend BGH NJW 1997, 1443. Das deutsche Recht geht mit dem Merkmal „selbstständig" dabei weiter als die RL. Diese lässt jede berufliche Zwecksetzung ausreichen, um die Verbrauchereigenschaft auszuschließen.

[4] BGH NJW 2005, 1045.

[5] BGH NJW 2002, 368; *Soergel/Pfeiffer* § 13 Rz 32; *Staudinger/Weick* § 13 Rz 51.

[6] EuGHE 1997, I-3767; BGH NJW 2005, 1273; BGH NJW 1994, 2759 f = LM 11/1994 HWiG Nr. 15 m Anm *Pfeiffer; Staudinger/Weick* § 13 Rz 60; str., a. A. MünchKomm/*Micklitz* § 13 Rz 54 f.; *Palandt/Heinrichs/Ellenberger* § 13 Rz 3; auch OLG Nürnberg, OLGR 2003, 335.

zählen ebenfalls nicht zum Verbraucherhandeln.[1] Bei doppelter Zwecksetzung ist die Rechtslage umstritten. Nach der Präponderanztheorie kommt es auf die überwiegende Zuordnung zum privaten oder selbstständigen beruflichen Bereich an. Demgegenüber spricht in europäisch-autonomer Perspektive mehr dafür, dass ein Verbraucherhandeln bei gemischter Zwecksetzung nur vorliegt, wenn der Vertragszweck im Wesentlichen außerhalb der beruflichen Sphäre liegt.[2] Vom Wortlaut des § 13 wird auch der Arbeitnehmer erfasst, der etwa beim Vertrag über ein Arbeitgeberdarlehen oder beim Bezug eines Werkswagens privat kontrahiert. Umstritten ist die Verbrauchereigenschaft beim Abschluss, der Änderung oder der Aufhebung des Arbeitsvertrags.[3] Nach dem wertungssystematischen Standort des § 13 sprechen zwar stärkere Argumente gegen eine Erstreckung des Verbraucherbegriffs auf die Fälle des Abschlusses, der Änderung oder der Aufhebung von Arbeitsverträgen.[4] Gleichwohl ist das Bundesarbeitsgericht jüngst von der Geltung des § 13 für diese Fälle ausgegangen.[5]

8 Unabhängig von der privaten Zwecksetzung kommen nach der insoweit eindeutigen Gesetzeslage nur **natürliche Personen** als Verbraucher in Betracht. Das schließt alle Kapitalgesellschaften (auch Gründungsgesellschaften) aus, auch soweit sie private, etwa gemeinnützige Zwecke betreiben. Wie Mehrheiten natürlicher Personen zu behandeln sind, ist umstritten, weil manche Rechtsordnungen solche Zusammenschlüsse (etwa die französische societé civile) stets als juristische Person behandeln. Da es keinen gemeinschaftsrechtlich vorgeprägten Begriff der juristischen Person gibt, ist vom jeweiligen nationalen Recht auszugehen.

9 Als Vertragspartner des Verbrauchers muss ein **Unternehmer** i.S.d. § 14 BGB beteiligt sein. Dieses auch in § 310 I in Bezug genommene Merkmal ist nicht mit der Kaufmannseigenschaft nach § 1 ff. HGB gleichzusetzen. Vielmehr gelten – abgesehen davon, dass es auf die Eigenschaft als natürliche oder juristische Person nicht ankommt – die zum Verbraucherbegriff erläuterten Maßgaben grundsätzlich mit umgekehrten Vorzeichen entsprechend. Allerdings können juristische Personen des Handelsrechts grundsätzlich nur innerhalb ihrer gewerblichen Sphäre handeln.

III. Vermutung des Stellens (Nr. 1)

10 Die Vorschrift erweitert den **Anwendungsbereich des AGB-Begriffs** des § 305 I, indem sie für Verbraucherverträge das Stellen der AGB durch den Unternehmer fingiert. Liegt ein Vertrag zwischen einem Unternehmer und einem Verbraucher vor, so reicht es mithin für die AGB-Eigenschaft aus, wenn die Klausel zur mehrfachen Verwendung vorformuliert wurde. Ob die Klausel durch den Unternehmer gestellt wurde, ist in diesem Fall – anders als nach § 305 I – unerheblich. Ebenso ist nicht erforderlich, dass die AGB sonst durch den Unternehmer in die Vertragsverhandlungen eingebracht wurden. Damit wird die Diskrepanz zwischen

---

[1] EuGHE 1991, I-1189.

[2] *Soergel/Pfeiffer* § 13 Rz 120; so jetzt auch die zutreffende Rechtsprechung des EuGH zu Art. 13 EuGVÜ, EuGH, NJW 2005, 653.

[3] Im Ergebnis insbesondere die Rechtsprechung des BAG zum früheren § 6 Nr. 1 HWiG aF: BAG NJW 1996, 2593; BAG NJW 1994, 1021; ferner *Joussen* NZA 2001, 749; *Löwisch* NZA 2001, 465; dem tendenziell zustimmend *Willingmann/Hirse,* in: *Micklitz/Pfeiffer/Tonner/Willingmann,* Schuldrechtsreform und Verbraucherschutz, S. 94, Fußn. 163; a. F. insbesondere *Boemke* BB 2002, 96; *Däubler* NZA 2001, 1332; *Gotthard* ZIP 2002, 278; *Hümmerich/Holthausen* NZA 2002, 173; vgl. auch *Lorenz* JZ 1997, 277 (zu § 6 HWiG a. F.).

[4] Umfassende Stellungnahme bei *Soergel/Pfeiffer* § 13 Rz 44.

[5] BAG NJW 2005, 3305, 3308 f.

§ 305 I und der alle vorformulierten Klauseln erfassenden Regelung des Art. 3 I RL weitgehend überbrückt.[1]

11 Das Merkmal „Allgemeine Geschäftsbedingungen" des § 310 III Nr. 1 ist nach dem Sinn und Zweck der Regelung so zu verstehen, dass es sämtliche **Merkmale des § 305 I** – allerdings mit Ausnahme des Stellens durch den Verwender – umfasst. Die Vorschrift setzt also nicht etwa das Vorliegen von AGB bereits voraus.[2] Erforderlich ist vielmehr lediglich, dass es sich um eine vorformulierte und zur mehrfachen Verwendung vorgesehene Vertragsklausel handelt. Die Vorschrift ist insofern indes wenig glücklich formuliert und vermengt durch die Bezugnahme auf AGB auf der Tatbestandsseite der Norm die tatbestandlichen Voraussetzungen und mit den gewollten Rechtsfolgen. Gemeint ist nämlich: „Für eine Vielzahl von Verträgen vorformulierte Vertragsbedingungen gelten als vom Unternehmer gestellt (und damit als Allgemeine Geschäftsbedingungen im Sinne des § 305 I S. 1), es sei denn, dass sie durch den Verbraucher in den Vertrag eingeführt wurden."

12 Erfasst werden zunächst Fälle, in denen der **Unternehmer** die Klausel individuell **vorformuliert.** Zwar werden in den Materialien Drittklauseln besonders hervorgehoben. Das beruht jedoch nicht auf einer Beschränkung der Vorschrift auf solche Drittklauseln.[3] Vielmehr erklärt sich diese Hervorhebung daraus, dass gerade dieser Fall der Drittklauseln sonst zweifelhaft sein könnte. Eine individuelle Vorformulierung kann auch dann vorliegen, wenn der Unternehmer ein Formular vorlegt und dem Verbraucher vorformulierte Individualklauseln zur Ausfüllung anträgt.[4] Ein solcher Fall liegt auch dann vor, wenn ein Mitarbeiter des Unternehmers auf Weisung einen bestimmten vorgegebenen Vertragsinhalt zum Ausfüllen der Lücken eines Vertragsformulars verwendet.

13 Da es nicht auf das Stellen durch den Unternehmer ankommt, erfasst die Vorschrift auch Fälle, in denen die Einbeziehung der Klausel auf Vorschlag eines Dritten erfolgt. Sie gilt also auch für so genannte **Drittbedingungen.** Das umfasst auch solche Vertragsbedingungen, die ein neutraler Dritter, etwa ein Rechtsanwalt oder Notar, verfasst hat.[5] Nichts anderes gilt, wenn der Dritte die Klausel nicht selbst verfasst, sondern einem Formularbuch entnommen hat. Zwar mag für die Nichtanwendung der Vorschrift auf von Dritten verfasste Klauseln der Gesichtspunkt sprechen, dass es in solchen Fällen an einem missbräuchlichen Verhalten des Unternehmers beim Vertragsschluss fehlen kann. Demgegenüber ist jedoch nach dem Zweck der Vorschrift in Übereinstimmung mit Art. 3 RL auf die Einschränkung der rechtgeschäftlichen Entscheidungsfreiheit des Verbrauchers abzustellen, die bei von Dritten gestellten Klauseln in gleicher Weise wie bei vom Unternehmer verfassten Klauseln fehlen kann. Auf ein „Stellen" der Klausel durch den Gewerbetreibenden kommt es also nicht an. Zwar ist anzuerkennen, dass Art. 7 Abs. 1 RL von der Verwendung der Klausel durch den Gewerbetreibenden spricht und insofern eine Zurechenbarkeit voraussetzt. Diese Zurechnung wird jedoch nach § 310 lediglich im Rahmen von dessen Nr. 2 relevant. Diese wiederum setzt nur voraus, dass die Vorformulierung für das Fehlen des Verbrauchereinflusses kausal wird. All dies gilt im Übrigen auch für Richtlinie und entspricht dort einem breiten europäischen Meinungsspektrum.[6]

---

[1] Vgl. BT-Drs. 13/2713, S. 5.
[2] BGHZ 141, 108 = NJW 1999, 2180 = LM AGBGB § 1 Nr. 33 (7/1999) mit Anm. *Pfeiffer.*
[3] Zutreffend BGHZ 141, 108 = NJW 1999, 2180.
[4] BGHZ 141, 108 = NJW 1999, 2180.
[5] BT-Drs. 13/2713, S. 5; eingehend *Deimel,* Notarielle Verbraucherverträge, passim.
[6] *Pfeiffer,* in: GH II/*Wolf* EG-VerbrR A 05, Art. 4 Rz 9.

14 Die vorstehenden Grundsätze gelten auch für **Grundstücksgeschäfte.** Zwar sieht § 17 IIa BeurkG für Verbraucherverträge besondere Anforderungen an das Beurkundungsverfahren vor. Namentlich soll der Notar bei Verbrauchern über seine allgemeinen Pflichten hinaus darauf hinwirken, dass der Verbraucher seine Erklärungen persönlich oder durch eine Vertrauensperson abgibt. Außerdem soll dem Verbraucher Gelegenheit gegeben werden, sich mit den Bestimmungen des Rechtsgeschäfts vorab vertraut zu machen (im Regelfall durch Zurverfügungstellung des Textes zwei Wochen vor Beurkundung). Diese besonderen Pflichten des Notars bei der Beurkundung von Verbraucherverträgen ändern allerdings an der Geltung des AGB-Rechts nichts, wenn der Verbraucher infolge der Vorformulierung den Text nicht sinnvoll beeinflussen kann.[1]

15 Der **Rechtsnatur** nach handelt es sich bei Nr. 1 um eine Fiktion und nicht lediglich um eine tatsächliche Vermutung. Eine Widerlegung ist grundsätzlich nicht möglich, soweit die Fiktion eingreift. Auf sonstige Umstände, die den Verbraucher zur Zustimmung zur Klausel veranlasst haben, kommt es – soweit nicht § 305 I S. 3 (Aushandlung im Einzelnen) eingreift – nicht an.

16 Eine **Ausnahme** gilt, wenn der Verbraucher die Klausel in den Vertrag eingeführt hat. Der Begriff des Einführens weicht von demjenigen des „Stellens" (auf der Seite des Verwenders) in § 305 I ab. Während ein „Stellen" voraussetzt, dass der Verwender die Einbeziehung verlangt, reicht es hier aus, wenn die Klausel auf einen zielgerichteten Vorschlag des Verbrauchers hin zum Vertragsbestandteil wurde. Der Vorschlag des Verbrauchers muss die maßgebliche Ursache für die Einbeziehung der Klausel gewesen sein. Das kommt etwa dann in Betracht, wenn der Verbraucher die Verwendung eines bestimmten Formulars, beispielsweise eines ADAC-Formulars für einen Autokauf oder eines bestimmten Mietvertragsformulars, vorschlägt.[2] Nichts anderes kann gelten, wenn der Verbraucher den Dritten, der die Klausel vorformuliert hat, selbst beauftragt hat. Hierfür trägt jeweils der Unternehmer die **Beweislast.**[3] Hingegen stellt der Vorschlag der Klausel oder des Klauselwerks durch den Verbraucher dann nicht die maßgebende Ursache dar, wenn der Verbraucher ohnehin weiß, dass der verhandlungsstarke Gewerbetreibende nur zu seinen Bedingungen abschließt und daher dessen Klausel oder Klauseln seiner eigenen Erklärung in „vorauseilendem Gehorsam" zu Grunde legt.[4]

17 Da § 310 III Nr. 1 lediglich das Vorliegen des Stellens fingiert, beschränkt sich die Wirkung darauf, für eine Vielzahl von Verträgen vorformulierte Klauseln den AGB i.S.d. § 305 I S.1 gleichzustellen. Den **Rechtsfolgen** nach führt Nr. 1 zu einer vollen Anwendbarkeit sämtlicher AGB-rechtlichen Regelungen. Eine Beschränkung auf einzelne Vorschriften ist nicht vorgesehen. So bleibt auch § 305 I S. 3 anwendbar. Das Vorliegen von AGB kann daher trotz Vorformulierung für eine Vielzahl von Verträgen noch daran scheitern, dass die Klausel alsdann Gegenstand einer **Aushandlung im Einzelnen** war. Ob dies der Fall ist, bestimmt sich nach § 305 I S. 3. Aufgrund der uneingeschränkten Gleichsetzung mit AGB ist im Anwendungsbereich des § 310 III Nr. 1 auch eine **Verbandsklage** nach § 1 UKlaG möglich.[5]

[1] *Böhr* RhNotZ 2003, 277, 288.
[2] BT-Drs. 13/2713, S. 7.
[3] BGHZ 141, 108 = NJW 1999, 2180.
[4] BGH LM AGBG § 1 Nr. 28 (8/1997) m. Anm. *Pfeiffer.*
[5] BGHZ 141, 108 = NJW 1999, 2180.

IV. Vorformulierte Individualklauseln (Nr. 2)

1. Zweck

Im Einklang mit Art. 3 Abs. 1 RL erweitert Nr. 2 der Vorschrift den Anwendungsbereich bestimmter Vorschriften des AGB-Rechts. Anders als § 305 III Nr. 1 enthält Nr. 2 der Regelungstechnik nach keine Erweiterung des AGB-Begriffs, sondern lediglich auf der Rechtsfolgenseite die Anordnung, dass bestimmte Vorschriften des AGB-Rechts gelten. Über den in § 305 Abs. 1 geregelten und durch die Vermutungswirkung des § 310 Abs. 3 Nr. 1 ausgeweiteten AGB-Begriff hinaus werden auch vorformulierte Individualklauseln erfasst, sofern der Verbraucher aufgrund ihrer Vorformulierung auf den Inhalt keinen Einfluss nehmen konnte. Darin liegt gegenüber dem hergebrachten Konzept des deutschen AGB-Rechts eine europäisch inspirierte, deutliche **Ausweitung.** Während der hergebrachte deutsche AGB-Begriff eine das Eingreifen des AGB-Rechts rechtfertigende Störung der rechtsgeschäftlichen Entscheidungsfreiheit unter der Voraussetzung annimmt, dass der Verwender die Klausel für eine Vielzahl von Verwendungen vorformuliert und alsdann im Vertrag gestellt und damit durchgesetzt hat, reicht für Nr. 2 aus, dass die Klausel vorformuliert und dadurch die Verbraucherentscheidungsfreiheit gestört wurde. 18

2. Individualklauseln

Das Merkmal soll Individualklauseln erfassen. Ihre Anordnung, dass die in ihr aufgeführten AGB-Vorschriften auch dann Anwendung finden, wenn die Klausel nur zur einmaligen Verwendung vorgesehen ist, darf nicht in dem Sinne missverstanden werden, dass sie Fälle ausschließt, in denen eine Klausel zur **zweifachen Verwendung** bestimmt ist (wohingegen § 305 Abs. 1 erst ab der Bestimmung zur dreifachen Verwendung eingreift). Vielmehr erfasst dieses Merkmal alle vorformulierten Klauseln, die nicht die für AGB geltende Voraussetzung erfüllen, dass die Klausel zur mehrfachen Verwendung bestimmt ist. 19

3. Vorformulierung

a) Allgemeines. Die Klausel muss vorformuliert gewesen sein. Der **Anlass** der Vorformulierung ist gleichgültig. Die Vorschrift erfasst gleichermaßen Klauseln, die als Individualklauseln in einem Einzelfall innerhalb eines AGB-Klauselwerks eine nicht passende, aber sonst verwandte AGB-Klausel ersetzen sollen, wie Klauseln in gänzlich individuell vorformulierten Vertragswerken.[1] Das Merkmal der Vorformulierung ist § 305 I entlehnt und mit diesem grundsätzlich inhaltsgleich,[2] so dass auf die dort geltenden Maßgaben zu verweisen ist.[3] Das Tatbestandsmerkmal der Vorformulierung ist ferner in Art. 3 II RL genannt. Der entscheidende Grund für die Inhaltskontrolle ist nach Art. 3 I RL aber das fehlende Aushandeln, das umfassender ist und auch ohne eine Vorformulierung gegeben sein kann. Ohne Belang ist ferner der **Zeitpunkt** der Vorformulierung. Auch nach Beginn der Vertragsverhandlungen können Klauseln vorformuliert werden. „Im voraus" bezieht sich nicht auf einen Zeitpunkt vor Beginn der Vertragsverhand- 20

[1] Vgl. BGH ZIP 2003, 1290 mit Anm. *Olrik* (Erörterung der Problematik in der Anm.).
[2] *Schumann* JR 2000, 441 ff.
[3] § 305 Rz 14.

lungen.[1] Vielmehr genügt jeder Zeitpunkt vor Vertragsabschluss. Insbesondere genügt es, wenn nach anfänglicher Verhandlung über die Hauptleistung erst später zum Abschluss der Verhandlungen die vorformulierten weiteren Vertragsbedingungen vorgelegt werden.[2] Da im Grunde jedes Angebot die Vertragsbedingungen vorformuliert enthält, bevor sie angenommen werden, kommt der Vorformulierung bei den Einzelfallbedingungen im Gegensatz zur Vorformulierung für eine Vielzahl von Verträgen bei den AGB **keine aussagekräftige Bedeutung** zu.[3] Die weite Fassung des Begriffs der Vorformulierung ist auch im Hinblick auf die richtlinienkonforme Auslegung von Nr. 2 geboten, damit möglichst alle Umstände, die die Einflussmöglichkeit des Verbrauchers und ein Aushandeln verhindern, im Rahmen von Nr. 2 Berücksichtigung finden können. Allerdings verlangt die Vorformulierung mehr als eine bloße Formulierung durch eine Seite. Vorformuliert ist eine Klausel deswegen nur dann, wenn sie erstens allein von einer Seite entworfen wurde und zweitens dem Vertragspartner erst vorgelegt wird, wenn der Prozess der Formulierung dieser Klausel abgeschlossen ist. Allerdings werden nicht alle Fälle von § 310 III Nr. 2 erfasst, in denen beispielsweise etwa ein Notar während eines Vertragsgesprächs eine Klausel erst gedanklich formuliert und diese Formulierung erst als fertige den Parteien mitteilt. Eine sachgerechte Begrenzung wird in solchen Fällen durch das zusätzliche Merkmal der fehlenden Einflussmöglichkeit des Verbrauchers erreicht. Bei alledem kommt es auch nicht auf ein bestimmtes **Medium** oder eine bestimmte **Form** bei der Vorformulierung an, so dass etwa auch die elektronische oder gedankliche Vorformulierung ausreichen kann. Die Einzelfallbedingungen müssen ebensowenig wie AGB gedruckt oder schriftlich abgefasst sein. Es genügen auch gedanklich vorformulierte und im Einzelfall mündlich vorgetragene Bedingungen.[4] Auch der Umfang ist gleichgültig.

21 **b) Kausalität der Vorformulierung.** Erforderlich ist nach dem Wortlaut ferner, dass der Verbraucher infolge der Vorformulierung **keinen Einfluss** auf den Inhalt nehmen konnte. Damit wird verlangt, dass die Vorformulierung **kausal** für den mangelnden Einfluss des Verbrauchers auf die Klausel – namentlich also die fehlende Aushandlung derselben – ist. Die sich in einer unveränderten Übernahme der Klausel manifestierende fehlende Einflussmöglichkeit des Verbrauchers muss nach diesem Wortlaut ihre Ursache in deren Vorformulierung haben.[5] Legt man diesen Wortlaut zugrunde, kann es nicht auf äquivalente oder adäquate Kausalität ankommen, da diese Formen der Kausalität stets gegeben sind, wenn eine vorformulierte Klausel unverändert übernommen wird. Ausschlaggebend ist nach dem Sinn des Kausalitätserfordernisses eine bei wertender Betrachtung relevante Kausalität. Die Vorformulierung muss eine wesentliche Ursache für die unveränderte Übernahme gewesen sein. Dies ist beispielsweise dann zu verneinen, wenn der Gewerbetreibende eine Klausel zwar vorformuliert, aber im Laufe der Verhandlungen selbst eine gesetzesnähere Klausel anbietet, deren Übernahme in den Vertrag der Verbraucher aber ablehnt. Die Vorformulierung ist ferner dann nicht die wesentliche Ursache für die Einbeziehung in den Vertrag, wenn der Verbraucher einen gängigen Formularvertrag besorgt und vorschlägt und der Gewerbetreibende aus diesem Grund eine weitere Aushandlung ablehnt.[6] Ebenso kann es liegen, wenn die vorformulierte Erklärung sich auf einen einzelnen Punkt beschränkt und es dem

---

1 So aber offenbar *Graf von Westphalen* BB 1996, 2101, 2102.
2 *M. Wolf* FS *Brandner*, S. 299, 302 f; *Ulmer* Rz 83.
3 Im Ergebnis auch *Ulmer* Rz 86.
4 BGHZ 141, 108; BGH NJW 1988, 410; BGH NJW 1998, 1066, 1068.
5 *Eckert* ZIP 1996, 1238, 1240.
6 A.A. *Kapnopoulou*, Das Recht der missbräuchlichen Klauseln, S. 88 f.

Verbraucher freisteht, ob er diesem zustimmt oder nicht. Aus diesem Grunde fehlt es etwa bei vorformulierten, aber gesondert unterschriebenen Empfangsbekenntnissen regelmäßig an der Kausalität der Vorformulierung für die Einflusslosigkeit des Verbrauchers auf die Erklärung. Durch das Kriterium des mangelnden Einflusses des Verbrauchers auf die Klausel wird auch ein Verweis auf § 305 I S. 3 (keine AGB bei Aushandlung im Einzelnen) überflüssig. Konnte der Verbraucher infolge einer Vorformulierung auf die Klausel keinen Einfluss nehmen, so fehlt es stets zugleich an einer Aushandlung im Einzelnen.[1] Denn diese setzt gerade voraus, dass der Verwender den gesetzesfremden Kerngehalt seiner Klausel zur Disposition stellt.

Umstritten ist die Frage, ob es in den Fällen der **individuellen Vorformulierung durch einen Dritten,** etwa einen neutralen Notar, an der Kausalität für die fehlende Einflussnahmemöglichkeit mangeln kann.[2] Inwieweit dies der Fall ist, stellt indes eine Frage des Einzelfalls dar, bei der eine generalisierende Betrachtung nur schwer möglich ist. Fehlende Kausalität setzt allerdings in solchen Fällen regelmäßig voraus, dass der neutrale Dritte, der die Klausel – etwa als Notar – kraft überlegener Sachkenntnis formuliert hat, den Klauselinhalt ernsthaft zur Disposition stellt. Dies kann z. B. dadurch geschehen, dass er etwaige Gestaltungsalternativen (bzw. deren Untauglichkeit) aufzeigt. Kann der Dritte, beispielsweise ein Notar, auf diese Weise die Vertragspartner von der Sachgerechtigkeit einer Regelung überzeugen, so dürfte es an der Kausalität fehlen. Im Übrigen kann es darauf ankommen, ob der Gewerbetreibende selbst bereit ist, die Klausel zur Disposition zu stellen, oder ob er sie sich ohne praktische Dispositionsmöglichkeit für den Verbraucher zu Eigen macht. Soweit Letzteres der Fall ist, könnte es zwar an der für Nr. 2 erforderlichen Voraussetzung der Kausalität der Vorformulierung für die mangelnde Einflussmöglichkeit fehlen. Jedenfalls aber liegt keine Aushandlung im Einzelnen i. S. d. Art 3 I RL 93/13/EWG vor. 22

Die **Beweislast** für die Kausalität der Vorformulierung für die fehlende Einflussmöglichkeit trägt nach § 310 III der Verbraucher. Hierin liegt zugleich ein wesentlicher Unterschied gegenüber den für eine Vielzahl von Fällen formulierten Drittbedingungen. Allerdings kann die Vorformulierung im Zusammenwirken mit weiteren Umständen, etwa nach den Regeln des Anscheinsbeweises, einen Rückschluss auf die fehlende Einflussmöglichkeit erlauben. Dies dürfte auch Art. 3 RL entsprechen, der nur für Standardvertragsklauseln dem Unternehmer die Beweislast für die Aushandlung auferlegt. 23

c) Mangelnde Aushandlung aus anderen Gründen. Die Beschränkung der Nr. 2 auf Fälle der mangelnden Einflussnahme des Verbrauchers aufgrund ihrer Vorformulierung entspricht zwar Art. 3 II RL 93/13/EWG. Anders als die unwiderlegliche Vermutung des 3 II RL 93/13/EWG greift die Generalklausel des Art. 3 I RL 93/13/EWG stets ein, wenn die Klausel nicht im Einzelnen ausgehandelt wurde. Das führt zu der Frage, inwieweit die Richtlinie auch **Fälle fehlender Aushandlung außerhalb der Vorformulierung** erfassen will. Allerdings wird teilweise in Zweifel gezogen, dass es überhaupt Fälle fehlender Aushandlung im Einzelnen außerhalb des 3 II RL 93/13/EWG geben könne. Nach der Systematik des Art. 3 RL sei streng zwischen dem in Abs. I geregelten Maßstab der Missbräuchlichkeit und der Regelung des sachlichen Anwendungsbereichs der RL durch Abs. II zu unterscheiden. Demzufolge könne Art. 3 I RL keinen über Abs. II 24

[1] A.A. *Wackerbarth* AcP 200 (2000), 45, 89.

[2] *Braunfels* DNotZ 1997, 356, 367; *Klaas* FS *Brandner*, S. 247, 254; vgl. ferner *Habersack/Kleindiek/Wiedenmann* ZIP 1993, 1670, 1672.

hinausgehenden sachlichen Anwendungsbereich begründen.[1] Diesen Standpunkt teilt auch der deutsche Transformationsgesetzgeber, da § 310 III Nr. 2 stets eine Vorformulierung voraussetzt. Eine solche Regelung erscheint nur sinnvoll, wenn man meint, zwischen der Vorformulierung i. S. d. § 310 III und dem Begriff der fehlenden Aushandlung bestehe kein Unterschied.[2] Das ist auch insofern sicherlich zutreffend, als eine fehlende Aushandlungsmöglichkeit für die eine Seite regelmäßig mit der Vorformulierung durch den anderen Vertragspartner oder einen Dritten einhergeht.[3] In tatsächlicher Hinsicht nicht zwingend ist es hingegen, dass in allen Fällen – wie vom Wortlaut des § 310 III Nr. 2 vorausgesetzt – gerade die Vorformulierung auch den Grund für die mangelnde Aushandlungsgelegenheit darstellt.

25 Art. 3 Abs. 2 RL 93/13/EWG enthält indessen keine abschließende Definition der nicht ausgehandelten Klausel. Zunächst widerspricht jeder andere Standpunkt dem Wortlaut der RL, die mit dem Merkmal „immer“ zu erkennen gibt, dass die Voraussetzungen des Abs. 2 zum Fehlen einer Aushandlung im Einzelnen zwar hinreichend, aber nicht notwendig sind. Auch wertungssystematisch überzeugt die Gegenansicht nicht. Denn zentrales Einstiegsmerkmal und Anlass der Inhaltskontrolle ist das Fehlen der Aushandlung.[4] Hielte man die Definition des Abs. 2 entgegen ihrem Wortlaut für abschließend, so würde diese zentrale Funktion des Merkmals der Aushandlung im Einzelnen ausgehebelt. Deshalb muss es im Ergebnis entscheidend auf das Fehlen der Aushandlung und damit das Fehlen einer Einflussnahmemöglichkeit ankommen, wohingegen Abs. 2 nicht abschließend sein kann.[5]

Die Regelung des § 310 III Nr. 2 ist damit nicht hinreichend, um alle Fälle des Fehlens einer Aushandlung im Einzelnen zu erfassen. Sie erfasst nicht die Fälle, in denen das Fehlen einer Aushandlung im Einzelnen auf anderen Umständen als der Vorformulierung beruht. Deshalb ist mit Recht formuliert worden, dass im Rahmen des § 310 III Nr. 2 BGB das Erfordernis der fehlenden Einflussmöglichkeit als das für die Anwendung der Vorschrift letztlich auschlaggebende Wertungskriterium anzusehen ist. Hier ist zunächst an eine **mangelnde Aushandlungsgelegenheit** infolge eines besonders eiligen Geschäfts oder eines flüchtigen Alltagsgeschäfts zu denken; häufig besteht auch deshalb keine Aushandlungsgelegenheit, weil der dem Verbraucher gegenübertretende Vertreter des Gewerbetreibenden durch **interne Anweisungen** gehalten ist, von bestimmten Vertragsinhalten nicht abzuweichen und eine Einschaltung weiterer Personen auf der Seite des Gewerbetreibenden zu **unverhältnismäßigem Aufwand** führte. Damit einher kann es gehen, dass ein umfängliches Vertragswerk schon aufgrund seiner Länge einen **Ablenkungseffekt** entfaltet, der trotz fehlender Vorformulierung den Umständen nach eine Aushandlung einer problematischen Klausel verhindert. Im Einzelfall kann der Verbraucher aber auch durch eine überlegene Marktmacht des Gewerbetreibenden oder durch **subjektive Umstände** wie Unerfahrenheit, Unkenntnis, ausnahmsweise auch durch eine Zwangslage oder Willensschwäche an der Aushandlung gehindert sein. Insbesondere Angebote oder Klauselvorschläge eines Ge-

---

[1] Vgl. *Habersack/Kleindiek/Wiedenmann* ZIP 1993, 1670, 1671; *Klaas* FS *Brandner*, S. 247, 253; wohl auch *Ulmer* EuZW 1993, 337, 342; *Tenreiro* JCP 1993, Ed. T, No. 7, S. 2.

[2] So konsequenterweise *Palandt/Heinrichs* § 310 BGB Rz 17.

[3] *Schumann* JR 2000, 441, 444.

[4] Vgl. die Stellungnahme des Wirtschafts- und Sozialausschusses, EG-Abl. C-159 v. 17. 6. 1991, S. 34, 36; *Graf v. Westphalen* BB 1996, 2101, 2102; *Remien* ZEuP 1994, 34, 48.

[5] *Kapnopoulou*, Das Recht der missbräuchlichen Klauseln, S. 86; *Wolf* FS *Brandner*, S. 299, 307 f.; *ders.*, Art. 3 RL Rdnr. 21 u. 24.

werbetreibenden auf einer take it or leave it-Basis fallen unabhängig von einer kausalen Vorformulierung unter Art. 3 Abs. 1 RL.[1]

Das Merkmal der Vorformulierung in Verbindung mit dem allein hieran anknüpfenden Kausalitätserfordernis ist mithin nicht geeignet, alle Fallgestaltungen einer fehlenden Einflussmöglichkeit ausreichend zu erfassen.[2] § 310 II Nr. 2 greift deshalb zu kurz, wenn er nur die fehlende Einflussmöglichkeit „aufgrund der Vorformulierung" nennt. Entscheidend für die gerichtliche Kontrolle ist nach Inhalt und Zweck der RL wie nach § 305 I S. 3 allein die fehlende Einflussmöglichkeit, gleichgültig ob sie auf einer Vorformulierung oder auf anderen Gründen beruht. Deshalb muss das Merkmal der Vorformulierung im Wege der **richtlinienkonformen Auslegung** an der fehlenden Einflussmöglichkeit ausgerichtet werden und, soweit man § 310 III Nr. 2 wegen seines eingeengten Wortlauts nicht für anwendbar hält, muss für nicht ausgehandelte Individualvereinbarungen eine Inhaltskontrolle im Wege richtlinienkonformer Auslegung von § 242 BGB durchgeführt werden.[3] Entscheidend für den Verzicht auf die richterliche Kontrolle ist deshalb sowohl bei AGB wie bei Individualvereinbarungen, ob ein Aushandeln gegeben ist oder nicht. Neuere gesetzliche Bestimmungen wie §§ 439 III, 449 II, 451h II, 452d I, 466 II, 475a HGB sowie § 51a I Nr. 2 BRAO, § 67a I Nr. 2 StBerG, § 54a I Nr. 2 WPO und § 45a PatAnwO lassen Abweichungen von sonst zwingenden Bestimmungen durch ausgehandelte Individualvereinbarungen ausdrücklich zu. Die Festlegung der Voraussetzungen des Aushandelns wird deshalb in Zukunft stärkere Bedeutung erlangen. 26

4. Rechtsfolgen

Die Vorschrift ordnet die Geltung derjenigen Regelungen des AGB-Rechts an, welche von der RL zwingend verlangt werden. Damit gilt auch für vorformulierte Individualklauseln zunächst das Prinzip der **Zweifelsfallauslegung gegen den Unternehmer** (§ 305c II, Art. 5 S. 2 RL). Auch die weiteren Anforderungen des EG-rechtlichen **Transparenzgebots** müssen im Wege der richtlinienkonformen Auslegung (insbesondere bei § 307 BGB) berücksichtigt werden. Ferner gelten die Vorschriften über die **Inhaltskontrolle** (§§ 307–309), womit Individualklauseln (abgesehen von Nr. 3) denselben Kriterien unterliegen wie AGB. Das schließt die Transparenzkontrolle individueller vorformulierter Preisklauseln ein.[4] Der Verweis auf § 306 bewirkt, dass die AGB-rechtlichen Rechtsfolgen der Klauselunwirksamkeit (Unwirksamkeit der Klausel bei Fortbestehen des Vertrags) auch für unwirksame vorformulierte Individualklauseln gelten. 27

In der Literatur wurde kritisiert, dass die Verweisung auf die §§ 305c II und 307–309 insofern unzureichend sei, als es um das **Transparenzgebot** der Richtlinie gehe. Denn das Transparenzgebot wurzele im deutschen Recht auch in §§ 305 II und 305c I.[5] Die Richtlinie lässt indessen als Rechtsfolge der mangelnden Klarheit die Auslegung gegen den Anbieter ausreichen (Art. 5 S. 1 RL) und verlangt darüber hinaus lediglich, dass intransparente Klauseln unwirksam sind,[6] was auch die derzeitige Gesetzesfassung mit § 307 I S.2 u. III S.2 gewährleistet.[7] Eines Verweises auf 28

---

[1] *Wackerbarth* AcP 200 (2000), 45, 87; *Wolf,* Art. 3 RL Rdnr. 25 ff.; zum Ganzen auch *ders.* FS *Brandner,* S. 299, 305 ff.

[2] S. *M. Wolf* FS *Brandner,* S. 299 ff.

[3] S. auch *Larenz/Wolf,* Allg. Teil, § 42 Rz 34; *M. Wolf* FS *Brandner,* S. 299 ff.

[4] BGH NJW-RR 2000, 1367.

[5] *Heinrichs* NJW 1996, 2190.

[6] EuGHE 2001, I-3541.

[7] Eine richtlinienkonforme Auslegung für möglich haltend auch *Heinrichs* NJW 1996, 2190.

§ 305b bedarf es ebenfalls nicht, da sich der Vorrang einer Individualklausel in der Regel schon aus §§ 133, 157 ergeben wird.

V. Berücksichtigung vertragsschlussbegleitender Umstände (Nr. 3)

1. Überblick

29 Während der Kontrollmaßstab der §§ 307–309 auf eine abstrakt-generelle Beurteilung der Klausel abstellt, welche die Angemessenheit der jeweiligen Regelung unabhängig vom Einzelfall beurteilt, verlangt § 310 Abs. 1 Nr. 3 eine Berücksichtigung der den Vertragsschluss begleitenden Umstände. In Abweichung vom abstrakt-generellen Maßstab der §§ 307–309 kommt es im Rahmen von Nr. 3 also auch auf **konkret-individuelle Umstände** an. Diese Regelung zielt auf eine Umsetzung der gleich lautenden Anordnung in Art. 4 Abs. 1 Klausel-RL 93/13/EWG. Sie ist im Einklang mit den Maßgaben dieser Richtlinienregelung auszulegen.

2. Anwendungsbereich

30 Die Regelung steht im Zusammenhang mit der in Nr. 2 (und Art. 3 RL) angeordneten Erstreckung der Inhaltskontrolle auf vorformulierte Individualklauseln. Das Berücksichtigungsgebot ist aber umfassend gefasst und gilt daher für sämtliche vorformulierten Verbrauchervertragsklauseln. Erfasst werden also gleichermaßen gegenüber einem Verbraucher verwandte **AGB** wie **vorformulierte Individualklauseln.**

31 Nr. 3 kann nur gelten, soweit es individuelle Umstände gibt, die in die Angemessenheitsbeurteilung einfließen. Das ist lediglich im **Individualprozess,** nicht aber in dem auf einer abstrakt generellen Beurteilung beruhenden **Verbandsklageverfahren** nach dem UKlaG der Fall. Im Verbandsklageverfahren ist Nr. 3 daher nicht anwendbar.[1]

32 Dem Wortlaut nach erstreckt sich die Vorschrift nur auf die Angemessenheitsbeurteilung nach **§ 307 I.** Das schließt ohne weiteres Fälle ein, in denen § 307 I i.V.m. den Vermutungsregelungen in § 307 II angewandt wird. Die Klauselverbote der **§§ 308, 309** werden in § 310 III Nr. 3 nicht aufgeführt, sind aber besondere Ausprägungen des § 307 I. Bei den Klauselverboten ohne Wertungsmöglichkeit in § 309 ist bereits tatbestandlich für eine zusätzliche Berücksichtigung von Einzelfallumständen kein Raum. Ergibt sich ihre Unwirksamkeit aus § 309, so kann die Anwendung des § 310 III Nr. 3 hieran nichts ändern. Eine Unwirksamkeit von an sich nicht von § 309 erfassten, aber deren Tatbeständen „nahen" Klauseln kann sich aufgrund des § 307 i.V.m. § 310 III Nr. 3 ergeben. Nicht anders ist bei der Anwendung des § 308 zu verfahren. Eine Berücksichtigung von Einzelfallumständen zugunsten des Verbrauchers kann über § 307 I erfolgen; eine Berücksichtigung zuungunsten des Verbrauchers ist, ohne dass diese Einschätzung abschließend gesichert wäre, durch den Pauschalierungszweck des § 308 und den Wortlaut des § 310 III Nr. 3 gesperrt. Bei der **Einbeziehungskontrolle** erfolgt eine Berücksichtigung von Individualumständen nach Maßgabe der gesetzlichen Regelungen: Handelt es sich um vorformulierte Individualklauseln, gelten ohnehin die Regelungen der allgemeinen Rechtsgeschäftslehre (und nicht die §§ 305 II u. III, 305, 305b, 305c I). Liegen AGB vor, sind individuelle Umstände nach Maßgabe der §§ 305–305c zu beachten. Für die **Auslegung** gilt § 310 III Nr. 3 ebenfalls nicht; auch hier kann sich

---

[1] BGHZ 141, 108 = NJW 1999, 2180; BGH NJW 2001, 2971, 2973; *Heinrichs* NJW 1996, 2190, 2194.

die Berücksichtigung von Einzelfallumständen bei Individualklauseln aber aus der allgemeinen Rechtsgeschäftslehre ergeben. Für die AGB-Auslegung bei Verbraucherverträgen bleibt es bei der auch sonst geltenden abstrakt-generellen Beurteilung.[1]

3. Verhältnis des konkret-individuellen zum abstrakt-generellen Maßstab

Die Abweichung des konkret-individuellen Maßstabs der Nr. 3 von den ab- **33**
strakt-generellen Maßgaben in den §§ 307–309 wirft die Frage nach dem Verhältnis dieser beiden Kriterien auf. Ausgangspunkt der Beurteilung muss dabei sein, dass Nr. 3 nicht die ausschließliche Geltung, sondern lediglich eine **Berücksichtigung der den Vertragsschluss begleitenden Umstände** anordnet. Nach dieser gesetzlichen Vorgabe wird der abstrakt-generelle Kontrollmaßstab des allgemeinen AGB-Rechts nicht verdrängt. Vielmehr fließen in die grundsätzlich abstrakt-generellen Beurteilungskriterien zusätzlich konkret-individuelle Gesichtspunkte mit ein. Das steht im Einklang mit Art. 4 RL und ist für eine richtlinien-konforme Auslegung im Zweifel auch hinreichend offen.

Nicht abschließend (durch Rechtsprechung des EuGH) geklärt ist, ob konkret- **34**
individuelle Umstände nur **zugunsten** des Verbrauchers zu berücksichtigen sind oder auch eine Berücksichtigung **zuungunsten des Verbrauchers** möglich ist. Dabei spricht der offene Wortlaut in Art. 4 RL wie in § 310 III Nr. 3 für eine Berücksichtigung in „beide Richtungen".[2] Allerdings dürfte eine gewisse Vorsicht geboten sein: In aller Regel wird die Unwirksamkeit aufgrund abstrakt-genereller Umstände abschließend Maß geben. Eine Berücksichtigung individueller Umstände wird dann in Betracht kommen, wenn schon nach einer abstrakt-generellen Beurteilung ein Grenzfall vorliegt, so z. B. wenn ein „praktisch neues" Gebrauchtfahrzeug verkauft wird und ein (früher zulässiger) gebrauchtwagentypischer Ausschluss der Mangelhaftung vereinbart wird.[3]

Aus der Richtlinie ergeben sich weitere **normative Anhaltspunkte,** aus denen **35**
das Zusammenwirken dieser abstrakt-generellen Beurteilung mit der Berücksichtigung konkret-individueller Umstände zu ersehen ist. Art. 7 RL, der die Schaffung überindividueller Rechtsbehelfe, z. B. eine Verbandsklage, anordnet, zeigt, dass auch das § 310 III Nr. 1 zu Grunde gelegte Richtlinienkonzept eine abstrakt-generelle Beurteilung kennt. Danach kann sich die Unwirksamkeit einer Klausel unabhängig von weiteren Umständen unmittelbar aus dem Klauselinhalt ergeben. Hieran ändert also auch § 310 III Nr. 3 nichts. Damit stimmt zudem die Klauselliste des RL-Anhangs überein, die ebenfalls von der Möglichkeit einer abstrakt-generell feststellbaren Klauselunwirksamkeit ausgeht. Schließlich entspricht dem die Rechtsprechung des EuGH, der in der *Oceano Grupo*-Entscheidung die dort zu beurteilende Gerichtsstandsklausel als missbräuchlich eingeordnet hat, ohne hierzu konkret-individuelle Umstände außerhalb des Klauselinhalts heranzuziehen.[4]

In der praktischen Durchführung empfiehlt sich daher für **AGB** ein **dreistufiges** **36**
Vorgehen.[5] Zunächst ist abstrakt-generell zu fragen, ob die Klausel ihrem eigentlichen Inhalt nach einen unangemessenen Regelungsgehalt aufweist. Alsdann ist in einer zweiten Stufe zu fragen, ob besondere konkret-individuelle Umstände vor-

[1] *Michalski* DB 1999, 677, 679.

[2] OLG Frankfurt NJW-RR 2001, 780; *Brandner* MDR 1997, 312, 314; *Bunte* DB 1996, 1389, 1390; *Heinrichs* NJW 1993, 1820; a. A. *Michalski* DB 1999, 677, 679.

[3] OLG Frankfurt NJW-RR 2001, 780.

[4] EuGHE 2000, I-4941.

[5] *Michalski* DB 1999, 677 ff.

liegen, die zu einer Abweichung von den abstrakt-generell begründeten Ergebnissen veranlassen. Dies wird allerdings allenfalls bei besonders gewichtigen Umständen der Fall sein. Das ist im Rahmen einer als dritte Stufe zu fassenden Gesamtabwägung zu entscheiden. In aller Regel wird es auch im Anwendungsbereich des § 310 III Nr. 3 bei der aus der ersten Stufe folgenden Beurteilung bleiben. Zum Teil anders liegt es bei **vorformulierten Individualklauseln** (Nr. 2). Da diese nicht für eine Vielzahl von Verträgen vorformuliert sind, ist grundsätzlich von den Umständen des einzelnen Rechtsgeschäfts auszugehen.[1] Abstrakt-generell bleiben aber auch hier allgemeine rechtliche Erwägungen wie etwa das Ausmaß der Abweichung einer Klausel vom Leitbild der gesetzlichen Regelung, die alsdann aber nach Maßgabe der Einzelfallumstände in die Angemessenheitsbeurteilung einfließen.

4. Ausprägungen konkret-individueller Umstände

37 Nach Nr. 3 sind alle den Vertragsschluss begleitenden Umstände bei der Durchführung der Inhaltskontrolle zu berücksichtigen. Damit gemeint sind **sämtliche Umstände außerhalb des Klauselinhalts** selbst, unter denen der Vertragsschluss erfolgt ist oder die mit dem Vertrag, wie auch immer, in Zusammenhang stehen. Als den Vertragsschluss begleitende Umstände kommen damit rechtliche, situative und persönliche Umstände in Betracht.

38 Als **rechtlicher Umstand** kommt die Gestaltung des Vertragswerks als Ganzes oder sein (auch wirtschaftliches) Zusammenwirken mit anderen Verträgen in Betracht. Das betrifft zunächst die inhaltliche Gestaltung. So kann zunächst berücksichtigt werden, welche sonstigen Vor- und Nachteile der Vertrag für beide Seiten vorsieht.[2] Auch die formale und systematische Gestaltung spielt eine Rolle: Ist das Vertragswerk insgesamt durch mangelnde Übersichtlichkeit gekennzeichnet, so kann dies die Feststellung der Intransparenz einer Klausel befördern.[3]

39 In **situativer Hinsicht** können alle Umstände von Bedeutung sein, welche die Entschließungsfreiheit des Verbrauchers beeinträchtigen. Darunter kann eine unangemessene Einwirkung auf den Verbraucher („Überrumpelungssituation") oder eine – etwa infolge des Kräfteverhältnisses zwischen den Parteien – ungünstige Verhandlungsposition[4] und das Stattfinden belangreicher Verhandlungen fallen.[5] Ebenso ist – trotz der fehlenden Verweisung auf § 305b I – der Überraschungs- oder Überrumpelungseffekt einer Klausel zu berücksichtigen.[6]

40 Als **persönlicher Umstand** kann in Betracht kommen, ob ein Verbraucher eine bestimmte Klausel ihrer Bedeutung nach verstanden hat[7] und sonst geschäftsgewandt oder geschäftlich unerfahren ist.[8]

---

[1] *Michalski* DB 1999, 677, 679.
[2] OLG Frankfurt NJW-RR 2001, 780.
[3] LG Bonn, NJW-RR 1999, 1361, 1362.
[4] BT-Drs. 13/2713, S. 5.
[5] OLG Frankfurt NJW-RR 2001, 780.
[6] LG Bonn NJW-RR 1999, 1361, 1362.
[7] LG Bonn NJW-RR 1999, 1361, 1363.
[8] OLG Frankfurt NJW-RR 2001, 780.

§ 310 Anwendungsbereich

(4) [1]Dieser Abschnitt findet keine Anwendung bei Verträgen auf dem Gebiet des Erb-, Familien- und Gesellschaftsrechts sowie auf Tarifverträge, Betriebs- und Dienstvereinbarungen. [2]Bei der Anwendung auf Arbeitsverträge sind die im Arbeitsrecht geltenden Besonderheiten angemessen zu berücksichtigen; § 305 Abs. 2 und 3 ist nicht anzuwenden. [3]Tarifverträge, Betriebs- und Dienstvereinbarungen stehen Rechtsvorschriften im Sinne von § 307 Abs. 3 BGB gleich.

Inhaltsübersicht

Schrifttum: *Armbrüster,* Kapitalanleger als Verbraucher? Zur Reichweite europäischen Verbraucherschutzrechts, ZIP 2006, 406; *Assmann,* Anleihebedingungen und AGB-Recht, WM 2005, 1053; *Behr,* Neue Tendenzen im Recht der Ausschließung aus der Personengesellschaft, ZGR 1990, 370; *Benecke,* Inhaltskontrolle im Gesellschaftsrecht oder: „Hinauskündigung" und das Anstandsgefühl aller billig und gerecht Denkenden, ZIP 2005, 1437; *Bergschneider,* Zur Inhaltskontrolle bei Eheverträgen, FamRZ 2001, 1337; *Brambruig,* Teil- oder Gesamtenichtigkeit beim Ehevertrag, NJW 2007, 865; *Coester-Waltjen,* Die Inhaltskontrolle von Verträgen außerhalb des AGBG, AcP 190 (1990), 1; *dies.,* Liebe- Freiheit- gute Sitten, Grenzen autonomer Gestaltung der Ehe und ihrer Folgen in der Rechtsprechung des Bundesgerichtshofs, 50 Jahre Bundesgerichtshof, Festgabe der Wissenschaft, 2000, 985; *Dauner-Lieb,* Reichweite und Grenzen der Privatautonomie im Ehevertragsrecht, AcP 201 (2001), 296; *Drygala,* Anwendbarkeit des AGB-Gesetzes auch auf Gesellschaftsverträge – eine Nebenwirkung der Richtlinie über missbräuchliche Klauseln in Verbraucherverträgen, ZIP 1997, 968; *Eiselt,* Zum Ausschluss des Gesellschafters minderen Rechts unter Buchwertabfindung, Festschrift für Ulrich von Lübtow, 1980, 643; *Ekkenga,* Wertpapier-Bedingungen als Gegenstand richterlicher AGB-Kontrolle, ZHR 160 (1996), 59; *Fastrich,* Richterliche Inhaltskontrolle im Privatrecht, München 1992; *Fischer,* Neue Wege im Recht der Personengesellschaften?, ZGR 1979, 251; *Flume,* Allgemeiner Teil des Bürgerlichen Rechts, Teil 1, Teilband 1, Die Personengesellschaft, Berlin u. a. 1977; *Grundmann,* EG-Richtlinie und nationales Privatrecht, JZ 1996, 274; *Gottschalk,* Emmissionsbedingungen und AGB-Recht, ZIP 2006, 1121; *Grunewald,* Der Ausschluss aus Gesellschaft und Verein, Köln 1987; *dies.,* Die in § 23 AGBG vorgesehene Bereichsausnahme für Gesellschaftsrecht, Festschrift für Semler, 1993, 179; *Grziwotz,* Ehevertragsranking oder Ehevertragsgerechtigkeit? – Umsetzung der BGH-Entscheidungen zu Eheverträgen durch die Instanzgerichte, MDR 2005, 73; *ders.,* Eheverträge von Unternehmen, ZIP 2006, 9; *Gutmann,* Der Erbe und seine Freiheit, NJW 2004, 2347; *Hahne,* Grenzen ehevertraglicher Gestaltungsfreiheit, DNotZ 2004, 84; *Heermann,* Die Geltung von Verbandssatzungen gegenüber mittelbaren Mitgliedern und Nichtmitgliedern, NZG 1999, 325; *Heid,* Die Inhaltskontrolle des Vertrages der Publikumspersonengesellschaft nach AGB-Grundsätzen, DB 1985, Beilage Nr. 7, 1; *Heinrichs,* Das Gesetz zur Änderung des AGB-Gesetzes Umsetzung der EG-Richtlinie über missbräuchliche Klauseln in Verbraucherverträgen durch den Bundesgesetzgeber, NJW 1996, 2190; *ders.,* Die Entwicklung des Rechts der Allgemeinen Geschäftsbedingungen im Jahre 1996, NJW 1997, 1407, 1420; *Hey,* Freie Gestaltung in Gesellschaftsverträgen und ihre Schranken, München 2004; *Honsell,* Ambiguitas contra stipulatorem, 2. Festschrift für Kaser, 1986, 73; *Joussen,* Die Inhaltskontrolle von Wertpapierbedingungen nach dem AGBG, WOI 1995, 1861; *Kroppenberg,* Die unterhaltsrechtliche Eigenverantwortung des geschiedenen Ehegatten, JZ 2006, 439; *Loritz,* Vertragsfreiheit und Individualschutz im Gesellschaftsrecht, JZ 1986, 1073;

Munich, Inhaltskontrolle von Eheverträgen, DNotZ 2005, 819; *ders.*, Inhaltskontrolle von Eheverträgen FamRZ 2005, 570; *Nassall,* Die Inhaltskontrolle des Gesellschaftsvertrags der „kupierten" Publikums-Kommanditgesellschaft, BB 1988, 286; *Niepmann,* Aktuelle Entwicklungen im Familienrecht, MDR 2004, 969; *Rakete-Dombek,* Das Ehevertragsurteil des BGH – Oder: Nach dem Urteil ist vor dem Urteil, NJW 2004, 1273; *Reichert,* Handbuch des Vereins- und Verbandsrechts, 10. Auflage, 2005; *Remien,* AGB-Gesetz und Richtlinie über missbräuchliche Verbrauchervertragsklauseln in ihrem europäischen Umfeld, ZEuP 1994, 34; *Reuter,* Möglichkeiten und Grenzen gesellschaftsrechtlicher und kapitalmarktrechtlicher Maßnahmen mit dem Ziel einer verbesserten Eigenkapitalversorgung der deutschen Wirtschaft, Festschrift für Himpel, 1985, 645; *ders.*, Verbesserung der Risikokapitalausstattung der Unternehmen durch Mitarbeiterbeteiligung? NJW 1984, 1849; *Röckrath,* Die Haftung des Sportvereins als Veranstalter unter besonderer Berücksichtigung des Bergsports, SpoRt 2003, 189; *Roßmann-Gläser/Roßmann,* Aus der Praxis: Die neue Rechtsprechung des BGH zur Inhaltskontrolle von Eheverträgen – Anlass zur Klage?, JuS 2005, 425; *Röthel,* Richterliche Inhaltskontrolle von Eheverträgen, NJW 2001, 1334; *Harry Schmidt,* Stille Gesellschaft und AGB-Gesetz, ZHR 159 (1995), 734; *K. Schmidt,* Die Kreditfunktion der stillen Einlage, ZHR 140 (1976), 475; *Schneider,* Die Inhaltskontrolle von Gesellschaftsverträgen, ZGR 1978, 1; *Stoffels,* AGB-Recht, München 2003; *Vieweg,* Zur Inhaltskontrolle von Verbandsnormen, Festschrift für Lukes, 1989, 809; *Vollmer,* Der Genussschein – ein Instrument für mittelständische Unternehmen zur Eigenkapitalbeschaffung an der Börse, ZGR 1984, 445; *H. P. Westermann,* Die Gestaltungsfreiheit im Personengesellschaftsrecht in den Händen des Bundesgerichtshofs, 50 Jahre Bundesgerichtshof, Festgabe der Wissenschaft, 2000, Band II, S. 235; *Wolf,* Anlegerschutz durch Inhaltskontrolle von Emissionsbedingungen bei Kapitalmarkttiteln, Festschrift für Zöllner, Band 1, 1998, 651.

I. Allgemeines

1. Generell-sachgebietsbezogene Bereichsausnahmen

1 Die schon in § 23 I AGBG a.F. enthaltenen Bereichsausnahmen des Arbeits-, Erb- und Familienrechts sowie des Gesellschaftsrechts sind durch das Schuldrechtsmodernisierungsgesetz nur im Bereich des Arbeitsrechts verändert worden. Waren nach § 23 I AGBG a.F. Verträge auf dem Gebiet des Arbeitsrechts formell aus dem Anwendungsbereich der AGB-Kontrolle herausgelöst, so sind in der Neufassung nur noch die Kollektivverträge, also Tarifverträge, die Betriebs- und die Dienstvereinbarungen ausgenommen, während nach § 310 IV 2 bei den Individualarbeitsverträgen die Besonderheiten des Arbeitsrechts angemessen zu berücksichtigen sind, ähnlich also der Situation in § 310 I 2 bei der Berücksichtigung der im Handelsverkehr geltenden Gewohnheiten. Die Erweiterung der AGB-Kontrolle auf den Bereich des Individualarbeitsrechts war in dem Entwurf des Gesetzes zur Modernisierung des Schuldrechts[1] zunächst nicht vorgesehen. Erst auf den Vorstoß des Bundesrates in seiner Stellungnahme zum Gesetzentwurf zu prüfen, ob die Totalausnahme des Arbeitsrechts „noch zeitgemäß" sei,[2] wurde die Bereichsausnahme in der Gegenäußerung der Bundesregierung „im Grundsatz" aufgegeben. Zur Begründung wurde angeführt, dass im Hinblick auf die nicht einheitliche BAG-Rechtsprechungspraxis zur AGB-Kontrolle im Arbeitsrecht anhand von Vorschriften außerhalb des ehemaligen AGBG und weiter wegen des Schutzbedürfnisses des Arbeitnehmers die Klauselkontrolle nach dem 2. Abschnitt erforderlich sei.[3] Anknüpfungspunkt der Bereichsausnahmen ist kein persönlicher, sondern ein sachlicher: Anders als bei der Einschränkung der Kontrolldichte in Verträgen mit Unternehmern und öffentlich-rechtlichen juristischen Personen oder Sondervermögen kommt es bei den Bereichsausnahmen nach § 310 IV nicht auf die persönlichen Eigenschaften des Verwendungsgegners an, sondern auf die Zugehörigkeit des Vertrags zu einer der Rechtsmaterien, die in § 310 IV genannt sind.

[1] BT-Drs. 14/6040, S. 12.
[2] BT-Drs. 14/6857, S. 17.
[3] Ebd. S. 53 f.

2. Entstehungsgeschichte und Zweck

2 Die generellen sachgebietsbezogenen Bereichsausnahmen waren von Anfang an im Gesetzgebungsverfahren noch zum AGBG außerhalb der Diskussion, weil der Schutz des Gesetzes in diesen Bereichen als nicht erforderlich, angemessen oder als nicht systemgerecht angesehen wurde.[1] Erst das Schuldrechtsmodernisierungsgesetz hat hinsichtlich des Arbeitsrechts den damaligen Standpunkt revidiert und im Individualarbeitsrecht eine die Besonderheiten des Rechtsgebietes berücksichtigende Klauselkontrolle eröffnet. Der gesetzgeberische Hintergrund für die Exemtion der Verträge auf dem Gebiet des Erb- und Familienrechts sowie des Gesellschaftsrechts war derjenige, dass in den Verträgen dieser Rechtsgebiete die Verwendung von AGB selten vorkommen werde, so dass ein Bedürfnis für die Klauselkontrolle demzufolge nicht anzuerkennen sei, im Übrigen die auf schuldrechtliche Austauschverträge zugeschnittenen AGB-Regelungen sich nicht zur Anwendung in den ausgenommenen Bereichen eigneten.[2] Ausdrücklich vorbehalten blieb nach der Gesetzesbegründung die Inhaltskontrolle vorformulierter Vertragsbedingungen nach den bisher geltenden Vorschriften,[3] also insbesondere nach den §§ 138, 242.

3 **3.** Die Bereichsausnahmen gelten grundsätzlich auch bei **Verbraucherverträgen.** Das erscheint für die Gebiete des Familien- und Erbrechts unproblematisch, da sich hier wenn überhaupt selten Verbrauchervertragssituationen ergeben werden.[4] Problematisch erscheint das dagegen im Gesellschaftsrecht: Nicht selten werden zu Zwecken privater Vermögensanlage oder der Erlangung einer Ersparnis von Steuern Beteiligungen an Gesellschaften meist in der Rechtsform der Publikums-KG, der GbR oder auch der stillen Gesellschaft gezeichnet, ohne dass mit dieser Zeichnung irgendeine unternehmerische Verantwortung oder über die bloße Gesellschafterstellung hinausgehende gesellschaftsrechtliche Funktion verbunden wäre.[5] Diese Beteiligungen fallen grundsätzlich[6] als Verträge auf dem Gebiet des Gesellschaftsrechts unter die Bereichsausnahme sowohl des § 310 IV 1 als auch unter die 10. Begründungserwägung der Richtlinie über missbräuchliche Klauseln in Verbraucherverträgen,[7] nach der die Richtlinie der Verbesserung des Verbraucherschutzes durch die Aufstellung einheitlicher Rechtsvorschriften zur Vermeidung missbräuchlicher Klauseln dienen soll. Dabei soll die Richtlinie nach dieser Begründungserwägung auf Verträge zwischen einem Unternehmer und einem Verbraucher anzuwenden sein, weswegen („daher")[8] Verträge unter anderem auf dem Gebiet des Gesellschaftsrechts nicht unter die Richtlinie fallen sollen. In diesem Zusammenhang sind auch die Begründungserwägungen Nr. 2, 5 ff., 9 der Richtlinie zu nennen, aus denen deutlich wird, dass ihre Regelungen (allein) auf Verträge mit Verbrauchern zielen, die die Veräußerung von Waren oder die Erbringung von Dienstleistungen zum Gegenstand haben. Aus diesen Begründungserwägungen

---

1 Siehe schon BT-Drs. 7/3919 S. 41.

2 BT-Drs. 7/3919 S. 41.

3 BT-Drs. 7/3919, S. 41.

4 Vgl. aber dass Fallbeispiel bei *Hau* im jurisPk-BGB § 2376 Rz 4.

5 Vgl. dazu auch schon *Fastrich* S. 124.

6 Zur Abgrenzung von rein schuldrechtlichen Verhältnissen insbesondere von der stillen Gesellschaft siehe noch unten Rz 10.

7 Richtlinie 93/13/EWG des Rates vom 5. April 1993 über missbräuchliche Klauseln in Verbraucherverträgen, Abl. EG 1993, L 95, S. 29.

8 Auch die englische, die französische und die italienische Textfassung machen deutlich, dass der Anwendungsausschluss auf den dort genannten Gebieten Folge der vorangegangenen Zielrichtung auf Verträge zwischen Unternehmer und Verbraucher ist.

und aus Kompetenzgründen[1] wird denn auch teilweise angenommen, dass die gesellschaftsrechtliche Bereichsausnahme des § 310 IV 1 ohne weiteres die allein der Geldanlage oder der Steuerersparnis dienenden Beteiligungsverträge erfasst.[2] Demgegenüber wird angenommen, dass die Bereichsausnahme richtlinienkonform einschränkend auszulegen sei mit dem Ergebnis, dass die Bereichsausnahme solche Beitrittsverträge, die allein auf eine „Anlagebeteiligung" gerichtet sind, nicht erfasst.[3] Argumentiert wird dabei zum Teil dahin, die 10. Begründungserwägung gehe bei ihrer Gleichung, nur Verträge zwischen Unternehmer und Verbraucher erfassen zu wollen und „daher" nicht auf gesellschaftsrechtliche Verträge anwendbar zu sein, jedenfalls bei den in Rede stehenden Verträgen von falschen Voraussetzungen aus; im Übrigen wird darauf hingewiesen, dass die Begründungserwägungen zwar Anhaltspunkte für die Auslegung der Richtlinie darstellten, deren Anwendungsbereich indes nicht zwingend begrenzten.[4]

4 Richtigerweise fallen die allein der privaten Vermögensanlage oder der Steuerersparnis dienenden Beitrittsvereinbarungen zu Gesellschaften nicht unter die Bereichsausnahme, wenn sie keine über die bloße Stellung eines Gesellschafters hinausgehenden Mitgestaltungsbefugnisse in der Gesellschaft vermitteln und solche nach dem Willen der Parteien auch gar nicht vermitteln sollen, weil die Beteiligung nicht auf gesellschaftsrechtliche Mitsprache, sondern auf finanziell-steuerliche Folgen abzielt:[5] Dabei wird man zunächst das scheinbar schlüssige Argument, die Richtlinie könne aus Kompetenzgründen nicht zu gesellschaftsrechtlichen Regelungen herangezogen werden, deswegen kritisch zu bewerten haben, da es letztlich eine petitio principii formuliert: Da die Beitrittsvereinbarung gesellschaftsrechtlicher Natur ist, fällt sie nicht unter die Richtlinie, die gesellschaftsrechtliche Vereinbarungen nicht regeln will. Ob der Beitritt zu einer Gesellschaft indes materiell (und nicht nur formell) Gesellschaftsrecht darstellt, ist eine ganz andere Frage. Denn auch im sicher erreichten Bereich des Gesellschaftsrechts kann es Regelungen geben, die mit der Gesellschafterstellung nur in einem eher zufälligen Zusammenhang stehen und daher der Bereichsausnahme schon nach nationalem Recht nicht unterfallen (siehe dazu unten Rz 11). Ausgangspunkt muss der Verbraucherbegriff der Richtlinie sowie deren Schutzzweck sein. Verbraucher ist nach Art. 2 lit. b der Richtlinie bekanntlich die natürliche Person, die bei einem unter die Richtlinie fallenden Vertrag zu einem Zweck handelt, der nicht ihrer gewerblichen oder beruflichen Tätigkeit zugerechnet werden kann. Dabei scheint der EuGH eher zu einer engen Auslegung des Verbraucherbegriffs zu tendieren, was sich etwa der Versagung der Verbrauchereigenschaft von juristischen Personen mit ideeller Zwecksetzung[6] oder der allerdings dem prozessualen Regel-Ausnahmeverhältnis der Gerichtsstandsnormen verpflichteten Entscheidung im Verfahren Benincasa/Den-

---

[1] *Drygala* ZIP 1997, 968, 970 f; dem folgend *Staudinger/Schlosser* Rz 44.

[2] Neben den in der vorigen FN genannten noch *Ulmer* Rz 120; *Stoffels* AGB-Recht, Rz 170; im Grundsatz auch *Horn* in der Vorauf1. § 23 Rz 70, allerdings mit vorsichtigen Zweifeln an der Begründbarkeit der Bereichsausnahme bei Publikums-Gesellschaften und dem Hinweis auf die entsprechende Anwendung von Rechtsgedanken des AGB-Rechts; ähnlich KG NZG 1999, 199; *Michalski/Schuldenburg* NZG 1999, 898 in der Anm. zu OLG Oldenburg NZG 1999, 896 = DB 2000, 2418.

[3] OLG Frankfurt NJW-RR 2004, 991, 992; OLG Oldenburg NZG 1999, 896, 897 (mit abl. Anm. *Michalski/Schuldenburg*) = DB 2000, 2418, 2419 (ohne Begründung); KG WM 1999, 731, 733 = WuB IV C § 23 AGBG 2.99 mit insoweit abl. Anm. *Drygala;* OLG Hamburg WM 1994, 499, 501; MünchKomm/*Basedow* Rz 86; *Erman/Roloff* Rz 27; *Palandt/Heinrichs* Rz 50; *ders.* NJW 1996, 2190, 2192 und in NJW 1997, 1407, 1420; *Grundmann* JZ 1996, 274, 284; allgemeiner *Remien* ZEuP 1994, 34, 44.

[4] *Armbrüster* ZIP 2006, 406, 413 mit konsequentem Plädoyer für die Klauselkontrolle in Fondsbeitrittsverträgen.

[5] Vgl. *dens.* ebd.

[6] EuGH, Urt. v. 22. 11. 2001, verb. Rs. C 541/99 u. 542/99, Slg. 2001, I, 9049 = NJW 2002, 205.

talkit[1] entnehmen lässt, den Existenzgründer als (schon) nicht mehr Verbraucher anzusehen, andererseits etwa der Entscheidung zur (noch) Unternehmereigenschaft des sein Geschäft Abwickelnden in der di Pinto-Entscheidung.[2] Insbesondere in der zuletzt genannten Entscheidung hat der EuGH auf eine bereichsspezifische Geschäftskompetenz abgestellt.[3] Nimmt man das als entscheidendes Auslegungskriterium, spricht auch bei grundsätzlich enger Auslegung nichts dafür, den (bloßen) Anleger oder Steuersparer aus dem Anwendungsbereich der Richtlinie herauszulösen, auch wenn das Gewand seiner Anlage ein gesellschaftsrechtliches ist. Denn das Vorhandensein einer besonderen Geschäftserfahrung ist bei den in Rede stehenden Anlagen wenigstens nicht typisch und letztlich sind die Anlageformen auch austauschbar: Maßgeblich ist nicht die konkrete Struktur der Anlage, sondern Fragen des Risikos oder der Lukrativität oder der Effektivität. Bei austauschbarer Anlageform erscheint es aber nicht gerechtfertigt, aus Gründen formeller Anknüpfung die eine aus dem Anwendungsbereich der Richtlinie herauszunehmen, während man die Kapitalanlage ohne gesellschaftsrechtliche Einordnung der Richtlinie unterfallen lässt.[4] Fehlt danach ein Bezug der Anlage zur beruflichen oder gewerblichen Tätigkeit des Anlegenden und ist er danach als Verbraucher anzusehen, erfordert der Zweck der Richtlinie, einen effektiven Verbraucherschutz sicherzustellen, deren Anwendung. Damit ist dann auch § 310 IV 1 im Sinne dieser Richtlinienauslegung zu reduzieren.[5] Selbst wenn man dem nicht folgt, würde das die Anwendung nationaler AGB-rechtlicher Schutznormen auf die Anlagebeitritte nicht ausschließen, da Art. 8 der Richtlinie zum Schutz der Verbraucher erlassene schärfere Regelungen zulässt.

4. Bedeutung der AGB-rechtlichen Vorschriften für die Bereichsausnahmen

Inwieweit innerhalb der Inhaltskontrolle nach allgemeinen Vorschriften die nor- 5
mativen Wertungen der AGB-rechtlichen Vorschriften herangezogen werden können,[6] erscheint keine ausgemachte Sache: Einerseits spiegeln nicht alle Vorschriften des 2. Abschnitts allgemeine Prinzipien der Rechtsgeschäftslehre, sondern regeln Besonderheiten gerade der Klauselgestaltung. Denn während es allgemein im Zweifel zur Totalnichtigkeit eines Rechtsgeschäfts führt, wenn auch nur eine Teil regelung unwirksam ist (§ 139),[7] beschreitet § 306 etwa gerade den umgekehrten Weg der Aufrechterhaltung des Vertrags im Übrigen bei Ersetzung der kassierten Klausel durch das dispositive Gesetzesrecht. Andererseits stammt der in § 305c II übernommene Auslegungssatz, wonach Zweifel gegen den Verwender aufzulösen sind, aus unvordenklichen Zeiten,[8] ist damit keine Erfindung des AGB-Rechts und muss schon deswegen nicht erst aus ihm abgeleitet werden, wenn es um die Prüfung formularmäßiger Vertragsbedingungen geht.[9] Angesichts der weiten Mög-

---

[1] EuGH, Urt. v. 3.7.1998, Rs. C 269/95, Slg. 1997, I, 3767 = JZ 1998, 896 mit zust. Anm. *Mankowski;* vgl. *Pfeiffer* in GH II/*Wolf* EG-VbR A 05, Art. 2 Rz 3.

[2] EuGH, Urt. v. 14.3.1991, Rs. C-361/89, Slg. 1991, I, 1189.

[3] Dazu *Pfeiffer* in GH II/*Wolf* EG-VbR A 05, Art. 2 Rz 8.

[4] Im Urteil vom 19.1.1993, Rs. C 89/91, Slg. 1993 I, 139, 181 ff. (Shearson Lehman Hutton./.TVB) geht der EuGH ohne weiteres von der Verbrauchereigenschaft eines Kapitalanlegers aus; dazu auch *Pfeiffer* in GH II/*Wolf* EG-VbR A 05, Art. 2 Rz 11.

[5] So auch *Pfeiffer* in GH II/*Wolf* EG-VbR A 05, Art. 2 Rz 18 f.

[6] *Schneider* ZGR 1978, 1, 7 für gesellschaftsrechtliche Verträge; vgl. auch BGHZ 136, 394, 399 = NJW 1998, 454, 455.

[7] *Erman/Palm* § 139 Rz 1; *Staudinger/Roth* (2003) § 139 Rz 2: Nichtigkeitsvermutung, sofern die Feststellung des hypothetischen Parteiwillens nicht zu einem Ergebnis führt.

[8] *Honsell* 2. FS Kaser, S. 73.

[9] Siehe schon BGH NJW 1967, 1022, 1025; *Stoffels* AGB-Recht, Rz 366.

lichkeiten, die §§ 242 oder 138 im Ernstfall geben, erscheint eine Anleihe bei den AGB-rechtlichen Vorschriften, die gegen den ausdrücklichen Willen des Gesetzgebers erfolgen müsste, nicht angezeigt.

II. Erbrecht

1. Erfasste Verträge

6 Die von der Bereichsausnahme sicher erfassten Verträge sind der **Erbvertrag** (§§ 1941, 2274 ff), der **Erbverzichtsvertrag** (§ 2346), der Vertrag über den **vorzeitigen Ausgleich zwischen Miterben** (§ 311 b V). Bei diesen Verträgen liegt es auf der Hand, dass für eine AGB-rechtliche Kontrolle kein Raum ist, sei es, dass individuelle Regelungen getroffen werden,[1] sei es, dass die für die AGB-Verwendung typische Massengeschäftssituation ebenso fehlt wie ein strukturelles Ungleichgewicht zwischen den Vertragspartnern.[2] Soweit die Nachlassbeteiligten untereinander Regelungen zur Nachlassverwaltung oder -teilung treffen, fallen auch diese Verträge unter die Bereichsausnahme.[3] Ob auch der **Erbschaftskaufvertrag** (§ 2371) von der Bereichsausnahme erfasst wird, ist umstritten.[4] Legt man die Erwägungen zugrunde, die zur Herausnahme der Verträge auf dem Gebiet des Erbrechts führten, spricht außer der formalen Zuordnung des Erbschaftskaufvertrags zum Erbrecht wenig dafür, diese Verträge aus dem Schutzbereich der AGB-Kontrolle herauszunehmen: Wenn die Gesetzesbegründung darauf hinweist, dass die auf schuldrechtliche Austauschverträge zugeschnittenen AGB-Regeln nicht auf das Erbrecht passten, trifft diese Begründung hier gerade nicht, denn die Regelungen in den §§ 2371 ff. stellen materiellschuldrechtliche dar, die ergänzt werden durch die kaufrechtlichen Vorschriften.[5] Trotz der formalen Zuweisung der Verträge zum Erbrecht geht es überhaupt nicht um das Erbrecht als solches oder die Erbenstellung. Denn diese werden durch den Erbschaftskauf und seine Erfüllung nicht berührt.[6] Durch den Erbschaftskaufvertrag verpflichtet sich der Erbe lediglich, den Nachlass, seinen Anteil daran oder Bruchteile davon zu übertragen.[7] Angesichts dieser schuldrechtlichen Determination erfasst die Bereichsausnahme den Erbschaftskauf nicht.[8] Das gilt unabhängig davon, ob dem Erbschaftskauf im Einzelfall ein „spezifisch erbrechtlicher Gehalt" beizumessen ist[9] oder ob es sich um Regelungen im Erbschaftskauf mit einem solchen Gehalt handelt,[10] weil dies als Abgrenzungskriterium wenig griffig ist und damit zu Wertungsrisiken führen könnte. Damit ist

---

1 Dagegen spricht regelmäßig nicht, dass die Verträge notariell zu beurkunden sind und der von beiden Parteien einvernehmlich gewählte Notar Formulare verwendet, vgl. MünchKomm/*Basedow* Rz 79 und *Erman/Roloff* Rz 13.

2 Vgl. dazu und beachtlich zugleich zur Kritik an diesem Kriterium *Coester-Waltjen* AcP 190 (1990), 1, 18 ff.

3 *Staudinger/Schlosser* Rz 74; *Erman/Roloff* Rz 26.

4 Verneinend *Ulmer* Rz 13; *Staudinger/Schlosser* Rz 74; *Horn* in der Vorauflage § 23 Rz 52, soweit der Vertrag nicht einen spezifisch erbrechtlichen Gehalt aufweist; MünchKomm/*Basedow* Rz 79; *Erman/Roloff* Rz 26; PWW/*Berger* Rz 14; bejahend *Palandt/Heinrichs* Rz 49; *Bamberger/Roth/Becker* Rz 26.

5 *Schlüter* Erbrecht, 15. Aufl., München 2004, Rz 1232; *Erman/Schlüter* Vor §§ 2371 Rz 4; *Palandt/Edenhofer* Vor § 2371 Rz 1 und 3.

6 *Staudinger/Olshausen* (2004) Einl. zu §§ 2371 ff. Rz 17; *Hau* in jurisPk-BGB § 2371 Rz 1.

7 *Staudinger/Olshausen* ebd. Rz 19; MünchKomm/*Musielak* § 2371 Rz 3 ff; *Hau* in jurisPk-BGB § 2371 Rz 2.

8 So auch *Stoffels* Rz 154.

9 Anders *Horn* in der Voraufl., § 23 Rz 52.

10 So *Koch/Stübing* § 23 Rz 6.

die Bereichsausnahme zugleich auch auf die Austauschverträge,[1] die nach § 2385 den Regelungen über den Erbschaftskauf unterworfen sind, nicht anzuwenden. Die **Schenkung auf den Todesfall** unterfällt dann der Bereichsausnahme nicht, wenn der Schenker sich zu Lebzeiten bindet und so den geschenkten Gegenstand aus der Erbmasse herauslöst.[2]

2. Inhaltskontrolle bei den erfassten Verträgen

Soweit die Bereichsausnahme greift, unterliegen die Verträge nicht der AGB-rechtlichen Kontrolle nach den Vorschriften des 2. Abschnitts. Schon nach der Gesetzesbegründung sollte das aber nicht die vollkommene Freistellung einer Inhaltskontrolle nach sich ziehen, vielmehr sollte es bei der Inhaltskontrolle nach allgemeinen Regeln bleiben.[3] Das gilt entgegen der Formulierung in den Materialien nicht nur für vorformulierte Vertragsbedingungen, sondern für den Vertragsinhalt schlechthin. Auch die individuellen Regelungen müssen sich natürlich an den allgemeinen Vorschriften des BGB, also insbesondere an den §§ 138, 242, sowie erbrechtlichen Spezialregelungen messen lassen.[4] In der gerichtlichen Praxis spielte bisher bei den Erbverträgen der Kontrollmaßstab des § 242 keine entscheidende Rolle, wohl aber derjenige des § 138,[5] teils auch als Norm zur Vermittlung der Grundrechtswirkungen im Zivilrecht.[6] Zu berücksichtigen ist bei der Prüfung anhand des § 138 allerdings stets die – grundrechtsgeschützte – Testierfreiheit des Erblassers.[7] 7

III. Familienrecht

1. Erfasste Verträge

Familienrechtliche Verträge, die unter die Bereichsausnahme fallen, sind neben den Statusverträgen des Verlöbnisses und der Eheschließung[8] selbst der **Ehevertrag** (§ 1408), der **Vertrag über die Unterhaltspflicht** (§ 1585c) und der **Vertrag über den Versorgungsausgleich** (§ 1587o). Vereinbarungen zur Regelung des **Zugewinnausgleichs** bedürfen vor der Beendigung des Güterstandes eines Ehevertrages, nach dessen Beendigung können die Parteien Vereinbarungen über die bereits entstandene Zugewinnausgleichsforderung nach allgemeinen Regelungen treffen.[9] Unabhängig vom gewählten Zeitpunkt der Regelungen unterfallen auch diese Vereinbarungen der Bereichsausnahme. In der Regel wird es in diesem Bereich allerdings ohnedies keine Formularregelungen geben;[10] als Formularverträge, die nicht 8

---

[1] Nicht aber solche Verträge, die lediglich die Rechtsbeziehungen oder Unsicherheiten oder Streitigkeiten zwischen Nachlassbeteiligten regeln sollen, soweit sie unter § 2385 gefasst werden, siehe dazu *Staudinger/Olshausen* (2004) § 2385 Rz 7 bis 12; MünchKomm/*Musielak* § 2385 Rz 2; *Hau* in jurisPk-BGB § 2385 Rz 2.

[2] *Staudinger/Schlosser* Rz 74.

[3] BT-Drs. 7/3919 S. 41.

[4] Vgl. auch *Fastrich* S. 238.

[5] Z.B. BGH NJW 1999, 566, 568 – beachte dazu die in diesem Verfahren ergangene Entscheidung des BVerfG (hier folgende FN); BayObLGZ 1996, 204, 225; FamRZ 2000, 380, 386 (auch unter Verweis auf § 242).

[6] Z.B. BVerfG NJW 2004, 2008, 2009; dazu kritisch *Gutmann* NJW 2004, 2347.

[7] Siehe dazu die Nachweise in den voranstehenden FN.

[8] Zur streitigen Rechtsnatur des Verlöbnisses *Erman/Heckelmann* Vor § 1297 Rz 4 ff.; zur Ehe *dies.* § 1312 Rz 3; MünchKomm/*Müller-Gindulis* § 1310 Rz 2.

[9] MünchKomm/*Müller-Gindulis* § 1372 Rz 10.

[10] Vgl. dazu schon *Coester-Waltjen* AcP 190 (1990), 1, 28.

nach den Regeln des 2. Abschnitts zu prüfen sind, erscheinen die von den Jugendämtern zur Vaterschaftsanerkennung oder zum Unterhaltsanerkenntnis vorgelegten Formulare.[1] Nicht unter die Bereichsausnahme fallen sonstige Verträge zwischen Familienangehörigen, die einen anderen als den Zweck der benannten familienrechtlichen Verträge verfolgen, also insbesondere Austauschverträge zwischen Familienangehörigen und Arbeitsverträge. Zu Letzteren zählen wiederum nicht die Regelungen, die § 1356 im Hinblick auf die Arbeitsteilung zwischen den Eheleuten in Haushalt und Erwerbstätigkeit vorsieht, ebenso wenig Abreden zwischen Eltern und Kindern, die die Mitarbeit der Kinder in Haus und Geschäft der Eltern regeln sollen. In beiden Fällen können die Grenzen zwischen den die familienrechtlichen Beziehungen ausfüllenden und den neben diese Beziehungen tretenden Vereinbarungen fließend sein. Auch können die Parteien gesellschaftsrechtliche Konstruktionen wählen, die dann freilich unter diese Bereichsausnahme fallen. Soweit die Parteien im Rahmen geringfügiger Beschäftigung oder auch außerhalb dieses Bereichs Arbeitsverhältnisse begründen, werden diese schon aus steuer- und sozialversicherungsrechtlichen Gründen schriftlich niedergelegt und so abgewickelt sein, wie das im Verhältnis zu Nichtfamilienangehörigen auch durchgeführt würde. In diesen Fällen unterliegen Formularklauseln der AGB-Kontrolle unter Berücksichtigung der arbeitsrechtlichen Besonderheiten. Haben die Parteien lediglich mündliche Vereinbarungen getroffen, spricht dies in der Regel gegen den Willen, ein „reguläres" Arbeitsverhältnis zu gründen und für die Absicht der Parteien, familienrechtliche Regelungen im Sinn des § 1356 oder des § 1619 zu treffen, die dann unter die Bereichsausnahme fallen. Im Übrigen wird es in den Fällen nur mündlicher Abmachungen an der Verwendung von AGB fehlen, obwohl auch dies etwa bei der Anstellung mehrer Familienangehörigen zu übereinstimmenden Bedingungen oder der mündlichen Abrede unter Hinweis auf Musterklauseln[2] nicht per se ausgeschlossen ist. Verträge zwischen Partnern einer nichtehelichen Lebensgemeinschaft fallen nicht unter das Familienrecht und damit nicht unter diese Bereichsausnahme; soweit die Parteien eine gesellschaftsrechtliche Gestaltung wählen, ist diese Bereichsausnahme angesprochen.[3]

2. Inhaltskontrolle bei den erfassten Verträgen

9 Auch bei den Verträgen, die unter die familienrechtliche Bereichsausnahme fallen, ist die Kontrolle nach allgemeinen oder auch nach speziellen familienrechtlichen Vorschriften nicht nur nicht ausgeschlossen, sondern zum Teil sogar gesetzlich vorgesehen. So unterliegen Regelungen über die Versorgungsausgleichsforderung nach § 1587o der wenn auch eingeschränkten materiellen richterlichen Kontrolle nach § 1587o II 3.[4] Seit langer Zeit werden auch Unterhaltsvereinbarungen, die erkennbar zur Folge haben müssen, dass der eine Teil der Sozialhilfe anheimfällt, der Sittenwidrigkeitskontrolle nach § 138 unterworfen[5] oder immerhin der Kontrolle, ob die Berufung auf einen Unterhaltsverzicht zeitlich befristet nach § 242 unzulässig ist, weil mangels anderweitiger Einkünfte etwa in Zeiten der Kindesbetreuung Sozialhilfe in Anspruch genommen werden müsste.[6] In jüngster Zeit hat der BGH

---

1 *Staudinger/Schlosser* Rz 75.

2 Vgl. BGH ZIP 2005, 1604.

3 *Staudinger/Schlosser* Rz 75.

4 Dazu MünchKomm/*Strobel* § 1587o Rz 21 ff, 38 ff.

5 BGH NJW 1983, 1851, 1852; NJW 1992, 3164; BGH FamRZ 2007, 197 mit Anm. *Bergschneider* = DNotZ 2007, 128 mit Anm. *Grziwotz*.

6 BGH NJW 1991, 913, 914; siehe auch *Coester-Waltjen* FS 50 Jahre BGH, I, S. 985, 998.

allerdings, angestoßen von 2 Entscheidungen des Bundesverfassungsgerichts,[1] familienrechtliche Verträge einer zweistufigen Inhalts- und Ausübungskontrolle unterworfen, so dass der bisher zu erhebende Befund richterlicher Kontrollzurückhaltung im Familienrecht überholt ist.[2] Ausgangspunkt des BGH[3] ist die Überlegung, dass bei grundsätzlicher Dispositionsbefugnis der Ehegatten über die Scheidungsfolgen ein „Kernbereich des Scheidungsfolgenrechts" besteht, der nur eingeschränkter Disposition durch die Eheleute unterliegt.[4] Innerhalb dieses Kernbereichs erkennt der BGH Abstufungen der Bedeutung von Rechten für den durch die Vereinbarung betroffenen Ehegatten. Die Wertigkeitsskala reicht dabei vom Betreuungsunterhalt nach § 1570 mit geringer Disponibilität bis hin zum Zugewinnausgleich mit verhältnismäßig hoher Disponibilität.[5] Der Versorgungsausgleich ist in Grenzen disponibel. Wegen seiner Nähe zu einem vorweggenommenen Altersunterhalt unterliegen Vereinbarungen über den Versorgungsausgleich denselben Prüfungskriterien wie ein Unterhaltsverzicht.[6] Nach Ansicht des BGH hat der Tatrichter zu prüfen, inwieweit die von den Ehegatten getroffene Regelung eine nicht hinzunehmende einseitige Lastenverteilung darstellt, wobei er zweistufig vorzugehen hat.[7] Zunächst hat eine Wirksamkeitskontrolle bezogen auf den Zeitpunkt des Abschlusses der Vereinbarung zu erfolgen. Vereinbarungen, die bereits in diesem Zeitpunkt offenkundig zu einer krass einseitigen Lastenverteilung im Scheidungsfall führen, ohne den die dem benachteiligten Partner erwachsenen Einschränkungen durch konkrete Kompensation, etwa eigene gesicherte Einkünfte oder Alterssicherung, aufgefangen würde.[8] Ssollen nach § 138 unwirksam sein. Dabei führt die Teilnichtigkeit wegen § 139 grundsätzlich zur Gesamtnichtigkeit des Vertrages, wenn sich nicht der Wille der Parteien insbesondere anhand der Parteivereinbarungen feststellen lässt, dass der Vertrag auch ohne die nichtige Klausel geschlossen worden wäre. Zur Aufrechterhaltung sollen auch hier salvatorische Klauseln ein geeignetes Mittel darstellen; auf eine geltungserhaltende Reduktion ist nicht zu hoffen.[9] Freilich sollte der Hinweis auf die (aus Sicht des „dominanten" Teils) „Schadensbegrenzung" via salvatorische Klausel nicht zu vorschneller Kühnheit bei der Einschränkung von Rechten des schwächeren Teils führen: Nichtigkeit kann auch aus einer Zusammenschau für sich genommen und isoliert betrachtet „noch verträglicher" Klauseln folgen.[10] Hier sollte trotz einer salvatorischen Klausel nicht der Vertrag mit den gerade noch zulässigen Einschränkungen aufrechterhalten werden. Denn einerseits läge darin doch wieder eine geltungserhaltende Reduk-

[1] NJW 2001, 957, dazu etwa *Bergschneider* FamRZ 2001, 1337; *Dauner-Lieb* AcP 201 (2001), 296; *Röthel* NJW 2001, 1334, und NJW 2001, 2248; schon vor dem BGH an diese Rev. anknüpfend OLG Koblenz FamRZ 2004, 805 m. Anm. *Bergnschneider.*

[2] *Ulmer* Rz 11; vgl. auch *Coester-Waltjen* FS 50 Jahre BGH, I, S. 985, 999 mit kritischer Distanz zur Inhaltskontrolle nach den Maßstäben von Treu und Glauben, S. 1003.

[3] BGHZ 158, 81, 96 = NJW 2004, 930, 934 mit Anm. u.a. von *Finger* LMK 2005, 108 und kritisch *Dauner-Lieb* JZ 2004, 1027.

[4] BGH NJW 2004, 930, 934 = BGHZ 158, 81, 96.

[5] BGH NJW 2004, 930, 934 = BGHZ 158, 81, 97 f.; Einzelheiten der Abstufung bei *Grziwotz* ZIP 2006, 9, 11 und im Vorgriff auf die Entscheidung *Hahne* DNotZ 2004, 84, 91 f.; per Zulässigkeit der Vereinbarung der Gütertrennung ohne Verzicht auf Unterhalt oder Versorgungsausgleich OLG Hamm NJW-RR 2006, 793.

[6] BGH NJW 2005, 137, 138; NJW 2005, 139, 141 mit Anm. *Bergschneider* FamRZ 2005, 188; per diesen Entscheidungen auch *Münch* FamRZ 2005, 570; BGH NJW 2007, 907; siehe auch OLG Düsseldorf NJW 2006, 2049.

[7] Zu möglichen Auswirkungen des Entwurfs der Bundesregierung zu einem Gesetz zur Änderung des Unterhaltsrechts vom 5. April 2006 (BR-Drs. 253/06): *Kroppenberg* JZ 2006, 439, 444.

[8] Dazu schon *Hahne* DNotZ 2004, 84, 90.

[9] BGH NJW 2005, 2386, 2388; dazu *Münch* DNotZ 2005, 819, 822.

[10] *Staudinger/Sack* § 138 Rz 58.

tion, gegen die hier wie auch sonst spricht, dass es nicht Aufgabe des Richters ist, durch Festlegung des gerade noch Zulässigen die Formulierungsverantwortung zu übernehmen. Weiterhin wird gerade der aus dem Vertrag begünstigte Partner zur Widerlegung der Nichtigkeitsvermutung[1] kaum ohne Bruch der eigenen Verhaltenslinie behaupten können, er hätte den Ehevertrag auch ohne die (allzu) rigorosen Einschränkungen abgeschlossen, wenn er zuvor den unterlegenen Partner vor die Wahl gestellt hat: Entweder Ehe mit vertraglichem Verzicht auf wesentliche Rechte oder Verzicht auf Ehe.[2] Soweit im Einzelfall die Gesamtnichtigkeit dem unterlegenen Ehegatten weniger geben würde als mit dem teilweise aufrechterhaltenen Ehevertrag zu erreichen wäre, sollte die Teilsalvierung in Betracht gezogen werden.[3] Hält der Vertrag der Prüfung nach § 138 stand, hat der Tatrichter in einen zweiten Schritt zu prüfen, ob die wirksame Regelung vom Begünstigten ohne Verstoß gegen Treu und Glauben tatsächlich dem Belasteten im Scheidungsfall entgegengehalten werden kann.[4]

IV. Gesellschaftsrecht

1. Allgemeines

10 AGB-Kontrolle hat die Korrektur von Vertragsregelungen im Blick, die (nur) deswegen Vertragsbestandteil geworden sind, weil die eine Seite (Verwender) strukturell überlegen und (daher) im konkreten Einzelfall in der Lage war, die Vertragsklausel dem anderen Teil zu präsentieren, ohne dass dieser Einfluss auf die inhaltliche Gestaltung hätte nehmen können. Die Ausgangslage setzt damit im Grundsatz gegenläufige Interessen voraus, wie sie für den Austauschvertrag typisch sind.[5] Dagegen ist die gemeinsame Zweckverfolgung Spezifikum der eine Gemeinschaft begründenden[6] Gesellschaftsverträge, so dass die Annahme der ansonsten etwas spärlichen Gesetzesbegründung zu den Bereichsausnahmen zutrifft, dass die auf Austauschsituationen zugeschnittenen AGB-Bestimmungen auf diese Art von Verträgen nicht passen. Ob damit der Wille des Gesetzgebers zum Ausdruck kommt, die Klauselkontrolle sei mangels Schutzwürdigkeit[7] im Gesellschaftsrecht nicht erforderlich, erscheint angesichts des Hinweises auf die weiterhin bestehende Kontrolle nach allgemeinen Maßstäben nicht zwingend.[8] Wenn man aus der zurückhaltenden Gesetzesbegründung etwas für die Auslegung der Bereichsausnahme des Gesellschaftsrechts herleiten will, dann wohl nur soviel, dass der Gesetzgeber einerseits die Bereichsausnahme auf alle gesellschaftsrechtlichen Gestaltun-

---

1 *Dies.* aaO. Rz 2.

2 Vgl. schon *Münch* DNotZ 2005, 819, 831, der zutreffend auf die Wirkungslosigkeit einer salvatorischen Klausel in den Fällen verweist, in denen sich die Nichtigkeit aus einer Gesamtschau ergibt.

3 Dazu *Brambring* NJW 2007, 865, 867 ff.

4 BGH NJW 2004, 930, 935 = BGHZ 158, 81, 100 f.; BGH NJW 2005, 137, 138 f.; NJW 2005, 139 f.; NJW 2005, 2386, 2388; NJW 2005, 2391 f.; NJW 2006, 2331; NJW 2006, 3142; dem Ansatz des BGH folgend beispielhaft aus der Fülle zwischenzeitlich ergangener Entscheidungen OLG Karlsruhe NJW 2004, 3431 f.; OLG Zweibrücken NJW-RR 2007, 73; OLG Dresden FamRZ 2006, 1546; OLG Karlsruhe OLGR 2007, 89 (zur Sitenwidrigkeit bei Überforderung des Unterhaltsschuldners); ebenso *Rossmann-Gläser/Rossmann* JuS 2005, 425, 426; *Niepmann* MDR 2004, 969, 970; siehe auch *Rakete-Dombeck* NJW 2004, 1273; *Grziwotz* MDR 2005, 73.

5 Ausgehend von den Gesetzesmaterialien in BT-Drs. 7/3919, S. 41, allg. Meinung, statt vieler BGH NJW 1995, 583, 585; *Schneider* ZGR 1978, 1, 12; *Grunewald* FS Semler, S. 179.

6 *Schneider* ZGR 1978, 1, 10.

7 Ausdrücklich *Erman/Roloff* Rz 27; fehlendes Schutzbedürfnis als eine Erklärung für die Bereichsausnahme annehmend die Voraufl., § 23 Rz 70.

8 Zweifelnd insofern auch *Stoffels* Rz 156.

gen unter Einschluss des Genossenschafts- und Vereinsrechts bezogen wissen wollte, andererseits in diesem Bereich diejenigen Verträge herausnehmen und damit der Klauselkontrolle unterwerfen wollte, die als schuldrechtliche zu qualifizieren sind, wie den in der Gesetzesbegründung beispielhaft genannten Depotstimmrechtsvertrag. Damit ist eine in Teilen wenig trennscharfe Ausgangssituation für die Abgrenzung vorgegeben. Es kann insofern nicht wundern, dass schon die Frage, ob die Bereichsausnahme eng[1] oder weit[2] auszulegen ist, nicht einheitlich beantwortet wird. Dabei erscheint allerdings zweifelhaft, ob sich im konkreten Auslegungsfall hinreichende Klärung durch die Entscheidung für die eine oder andere Ansicht herbeiführen lässt.

2. Erfasste Verträge

a) Gesellschaftsformen. Sicherlich in den Bereich der AGB-rechtlich kontroll- 11
freien Regelungen gehören die Gesellschaftsverträge, Satzungen oder Statuten der **bürgerlich-rechtlichen Gesellschaft,** der **oHG,** der **KG,** der **AG** einschließlich der **KGaA** sowie der **SE,** der **GmbH** ebenso nach der ausdrücklichen gesetzgeberischen Klarstellung auch der **Genossenschaft** und des **Vereins** einschließlich des **VVaG**[3] (siehe dazu noch Rz 12 a.E.). Auch die Gesellschaftsverträge der **Partenreederei,** die **Partnerschaftsgesellschaftsverträge** und die **EWIV-Verträge**[4] unterfallen der Bereichsausnahme. Von der Bereichsausnahme werden dabei nicht nur die Gesellschaftsverträge als solche erfasst, sondern auch solche das Gesellschaftsvertragsverhältnis anbahnenden Erklärungen, die sich auf den Vertragsinhalt beziehen.[5] Umstritten ist die Behandlung der **stillen Gesellschaft,** die die Rechtsprechung und der überwiegende Teil der Literatur unter die Bereichsausnahme fassen,[6] andere Literaturstimmen heben den schuldrechtlichen Charakter der typischen stillen Gesellschaft hervor, plädieren für eine teleologische Reduktion der Bereichsausnahme und nehmen die stille Gesellschaft von der Bereichsausnahme aus.[7] Richtigerweise wird man die Bereichsausnahme grundsätzlich auch auf die **typische stille Gesellschaft** anzuwenden haben, wenn und soweit sie als Gesellschaft im Sinn der §§ 705 ff. ausgestaltet ist. Der Gesetzgeber wollte das Gesellschaftsrecht in einem umfassenden Sinne verstanden und der Bereichsausnahme des § 310 IV 1 (ehedem § 23 I AGBG) unterworfen wissen. Selbst wenn bei der stillen Gesellschaft der schuldrechtliche Aspekt erhebliches Gewicht hat, hebt sich die stille Gesellschaft durch die gemeinsame Zweckverfolgung doch vom bloßen Austauschverhältnis ab. Dabei mag das eher programmatische Kriterium der gemeinsamen Zweckverfolgung für sich genommen kein allzu klares sein.[8] Die Trennlinie

---

1 Dafür etwa die Voraufl. § 23 Rz 3; *Grunewald* FS Semler, 179, 193; *Heermann* NZG 1999, 325, 328.

2 BGHZ 103, 219, 224 = NJW 1988, 1729, 1730.

3 BGH NJW 1998, 454.

4 *Harry Schmidt* ZHR 159 (1995), 734, 735.

5 BGH NJW 1995, 192, 194; vgl. dagegen aber BGH NJW-RR 2004, 780, 781, wo eine im Prospekt enthaltene und in der Zeichnungserklärung zu einem als KG strukturierten Immobilienfonds in Bezug genommene Haftungsregelung ohne weiteres an AGB-rechtlichen Vorschriften geprüft wird.

6 BGH NJW 1995, 192, 193; vgl. auch BGH NJW 2001, 1270, 1271; OLG Hamburg WM 1994, 499, 501; *Stoffels* Rz 158; *Baumbach/Hopt* § 230 Rz 9; *Bamberger/Roth/Becker* Rz 28; *Palandt/Heinrichs* Rz 50; *Staudinger/Schlosser* Rz 76, *Erman/Roloff* Rz 27; *Grunewald* FS Semler, S. 179, 187 f. Zur gesellschaftsrechtlichen Bereichsausnahme in Art. 37 Nr. 2 EGBGB nimmt den gegensätzlichen Standpunkt ein (stille Gesellschaft als nur „interne Beteiligung" fällt nicht in die Bereichsausnahme) BGH NJW 2004, 3706, 3708; ebenso *Bamberger/Roth/Spickhoff* Art. 37 EGBGB Rz 4.

7 *Harry Schmidt* ZHR 159 (1995), 734, 744; *Ulmer* Rz 128; MünchKommHGB/*K. Schmidt* § 230 Rz 124; vgl. auch *K. Schmidt* ZHR 140 (1976), 475, 477, der zwischen der stillen Gesellschaft als „vielgestaltige(r) Rechtsform" (S. 493) und der Einlage des Stillen als Kredit an den Unternehmer unterscheidet.

8 So zutreffend *K. Schmidt* Gesellschaftsrecht, 4. Aufl., 2002, § 62 II 1. c) bb), S. 1843.

zwischen stiller Gesellschaft als Gesellschaft und als (bloßes) Schuldverhältnis wird dabei zu derjenigen zwischen stiller Gesellschaft und partiarischem Schuldrechtsverhältnis parallel laufen.[1] Die Kriterien für die Abgrenzung mögen, da stark einzelfallbezogen, wiederum nicht trennscharf sein, die Abgrenzung ist aber aufgrund äußerer Merkmale durchaus zu treffen.[2] Dabei sollte insbesondere dem Umstand, dass der Unternehmer bei bestehender stiller Gesellschaft Grundlagenänderungen in seinem Unternehmen nur mit Zustimmung des Stillen vornehmen kann,[3] besonderes Gewicht für die Abgrenzung vom Austauschgeschäft beigemessen werden, dem solche Bindung grundsätzlich fremd ist.[4] Da allerdings, wo in einem Formularvertrag gerade diese Bindung gelockert werden soll, bleibt so wenig vom Gesellschaftstypus übrig, dass die Kontrolle des Vertrags anhand der §§ 305 ff. vorzunehmen ist. Allerdings sollte der Streit in seinen Auswirkungen nicht überbewertet werden, denn die Alternative unter der Geltung des § 310 IV 1 lautet ja nicht Kontrolle oder Nicht-Kontrolle, sondern Kontrolle anhand der §§ 305 ff. oder der §§ 242, 315 oder sonstiger allgemeiner Vorschriften.[5] Die **atypische stille Gesellschaft** unterliegt der Bereichsausnahme.[6] Die **Bruchteilsgemeinschaft** (§§ 741 ff.) unterliegt ebenso wenig der Bereichsausnahme wie die Binnenregeln der **Wohnungseigentümergemeinschaften.**[7]

12 **b) Reichweite der Bereichsausnahme.** Auch soweit die Bereichsausnahme reicht, werden nicht alle Regelungen zwischen den Beteiligten aus der AGB-rechtlichen Kontrolle herausgenommen. Die verbands- oder organisationsrechtlichen Regelungen der Verträge unterliegen keiner AGB-rechtlichen Kontrolle, doch beschränken sich auch Gesellschaftsverträge, Satzungen und Statuten oft nicht auf diesen Bereich. Vielmehr enthalten auch sie häufig Regelungen, die ein Austauschverhältnis zwischen Verband und Mitglied betreffen. Solche Regelungen allein wegen ihrer Aufnahme in den Gesellschaftsvertrag aus dem Anwendungsbereich der AGB-Kontrolle auszunehmen, würde dem Schutzanliegen der AGB-rechtlichen Vorschriften nicht gerecht und würde der Bereichsausnahme eine Weite geben, die ihr angesichts der Gesetzesbegründung nicht zukommt.[8] Denn dort ist die Bereichsausnahme knapp damit begründet, dass die AGB-rechtlichen Kontrollnormen Austauschverhältnisse vor Augen haben, weswegen sie auf gesellschaftsrechtliche Regelungen nicht passen. Wo danach die gesellschaftsrechtlichen Regelungen letztlich von der Gesellschafterstellung nicht abhängige oder mit ihr eher in einem einander nicht notwendig bedingenden Zusammenhang stehende Austauschverhältnisse betreffen, passen die Kontrollvorschriften. Darüber besteht im Grundsatz auch kein Streit. Abzugrenzen sind danach materielles Satzungsrecht darstellende Austauschregelungen von den übrigen Austauschregelungen. Nach der von der Rechtsprechung verwendeten Formel sind kontrollfrei die Regeln eines Austauschrechtsverhältnisses zwischen dem Verband und seinem Mitglied, die unmittelbar auf dem Gesellschaftsvertrag beruhen, mitgliedschaftlicher Natur sind und dazu dienen, den Gesellschaftszweck zu verwirklichen,[9] wobei alle drei Kriterien kumu-

---

[1] A.A. *Harry Schmidt* ZHR 159 (1995), 734, 740; ähnlich auch schon *Horn* in der Voraufl. § 23 Rz 75.

[2] Wiederum zutreffend *K. Schmidt,* Gesellschaftsrecht, § 62 II 1. c) bb), S. 1843; kritischer dagegen *ders.* in MünchKommHGB § 230 Rz 59, 124.

[3] BGH BB 1963, 1277; *K. Schmidt* Gesellschaftsrecht § 62 III. 2. b), S. 1854.

[4] A.A. *Harry Schmidt* ZHR 159 (1995), 734, 742 f.

[5] Dazu wiederum die Begründung in BT-Drs. 7/3919, S. 41.

[6] MünchKommHGB/*K. Schmidt* § 230 Rz 123.

[7] MünchKomm/*Basedow* Rz 85.

[8] Ebenso *Grunewald* FS Semler, 179, 183; a.A. *Vieweg* FS Lukes, 809, 813.

[9] BGH NJW 1998, 454, 455; NJW-RR 1992, 379; dazu *Grunewald* FS Semler, 179, 182; BGH NJW 1988, 1729.

lativ erfüllt sein müssen. Daran scheiterte der Versuch eines Verwenders, kontrollfreie Austauschverhältnisse zu begründen, indem er automatisch mit dem Abschluss eines stillen Gesellschaftsvertrags die „stillen Gesellschafter" eine Mitgliedschaft in einem „Club" formularmäßig begründen ließ, dessen Leistungen (verbilligter Einkauf von Waren jeder Art) mit der Zweckverwirklichung der stillen Gesellschaft (Begründung von Ferienrechten) nicht in einem sachlichen Zusammenhang standen.[1] Zutreffend wurde die in einem Gewerbemietvertrag enthaltene formularmäßige Verpflichtung des Mieters, einer **Werbegemeinschaft** in Form einer Gesellschaft des bürgerlichen Rechts beizutreten, der AGB-rechtlichen Inhaltskontrolle unterworfen, ohne dass dies durch § 310 IV 1 gehindert gewesen wäre.[2] Denn es ging dort nicht um die inhaltliche Ausgestaltung des Gesellschaftsverhältnisses, sondern um die Stipulierung einer Rechtspflicht im Rahmen eines Mietvertrages, die zwar wegen Branchenübung nicht überraschend ist, wegen der Haftungsrisiken und intransparenter Gestaltung aber an § 307 I scheitert.[3] Ebenfalls werden Versicherungsbedingungen eines VVaG, die in die Satzung aufgenommen sind und sowohl das mitgliedschaftsrechtliche wie das versicherungsrechtliche Verhältnis zwischen dem Verein und dem Mitglied regeln, der Inhaltskontrolle unterworfen.[4] Bei dem Versicherungsverein auf Gegenseitigkeit sind jedenfalls die AVB der Klauselkontrolle unterworfen, auch wenn es sich um Versicherungsverträge mit seinen Mitgliedern handelt; ebenso sind die Satzungsbestandteile, die die Funktion von AVB haben, der Klauselkontrolle unterworfen, weil es hier gerade nicht um die Regelung der Mitgliedschaft als solcher geht, sondern um die Gestaltung des Versicherungsverhältnisses.[5]

c) Umgehungen. Bisweilen sind Gestaltungen anzutreffen, die letztlich nur Austauschverhältnisse in das Gewand einer gesellschaftsrechtlichen Regelung kleiden und dann als „Club" oder ähnlich bezeichnet am Markt erscheinen.[6] Schon nach dem zuvor Dargestellten wird man ohne weiteres die die Austauschbeziehungen regelnden AGB der Klauselkontrolle nach den §§ 305 ff. zu unterwerfen haben. Soweit dies tatsächlich durch die Bereichsausnahme einmal ausgeschlossen sein sollte, weil die Regelung der Austauschbeziehung als materielles Satzungsrecht anzusehen wäre, kommt immer noch in Betracht, dass der Verwender die Klauselkontrolle umgehen will, so dass dann die Kontrollvorschriften über den ansonsten eher ein Schattendasein führenden § 306a möglich ist.[7] Das wurde in der Literatur etwa für die der Entscheidung des BGH zur Anwendung der Bereichsausnahme auf die stille Gesellschaft[8] zu Grunde liegende Konstruktion erwogen, wonach der Verwender, der als Immobilien- und Finanzmakler handelt, nicht Geschäftsbesorgungsverträge abschließt, sondern Interessenten zu stillen Gesellschaftern seines Unternehmens macht.[9] Die Mitgliedschaft in einem „Club für Wochenendaktivitäten alleinstehender Menschen" wurde ohne weiteres und insbesondere ohne Abgrenzung nach § 23 a. F. als Dienstvertrag eingestuft und die Vertragsklauseln damit nach den AGB-rechtlichen Vorschriften kontrolliert.[10] 13

---

1 BGH NJW-RR 1992, 379 = ZIP 1992, 326.

2 BG NJW 2006, 3057 mit insoweit zust. Anm. *Hau* LMK 2006, 196761; der BGH spricht hier § 310 IV 1 nicht einmal an.

3 BGH NJW 2006, 3057, 3058.

4 BGH NJW 1998, 454, 455.

5 BGH NJW 1998, 454.

6 Wiederum BGH NJW-RR 1992, 379 = ZIP 1992, 326.

7 Enger *Erman/Roloff* Rz 28; zurückhaltender auch *Grunewald* FS Semler, 179, 189.

8 BGH NJW 1995, 192, 193.

9 *Basedow* in der Anmerkung zu BGH LM § 23 AGBG Nr. 13.

10 OLG Frankfurt NJW 1984, 180; dazu schon *Grunewald* FS Semler, 179, 188.

14 **d) Nicht erfasste Verträge.** Per se nicht unter die Bereichsausnahme fallen solche Verträge, die zwar einen gesellschaftsrechtlichen Bezug oder Ausgangspunkt haben, jedoch lediglich einen schuldrechtlichen Anspruch und kein mitgliedschaftliches Recht begründen. Hierzu gehören etwa die in der Regierungsbegründung schon beispielhaft genannten **Depotstimmrechtsverträge,**[1] die lediglich die Wahrnehmung mitgliedschaftlicher Rechte durch die verwahrende Bank regeln, die Rechte als solche aber unberührt lassen. Auch formularmäßige Verträge, in denen sich ein Gesellschafter zur **Verfügung über seinen Anteil,** sei es zur **Veräußerung, sei es zur Belastung,** verpflichtet sowie die Abtretungsverträge fallen als bloße Austauschverträge nicht unter die Bereichsausnahme.[2] Die Differenzierung danach, ob der jeweilige Vertrag dem Nichtgesellschafter einen gesellschafterähnlichen Einfluss auf die Gesellschaft einräumt und dann der Bereichsausnahme unterfallen soll,[3] sollte nicht unternommen werden. Einerseits erscheint schon die Abgrenzung der Bereiche nicht mit der hinreichenden Klarheit möglich, andererseits müsste dieses Kriterium bei der Anteilsabtretung per se zur Kontrollfreiheit führen, denn der Empfänger erwirbt mit dem Anteil das Gesellschafterrecht und damit einen nicht mehr nur gesellschafterähnlichen Einfluss. Soweit in diesem Zusammenhang vom Schutz der anderen Gesellschafter gesprochen wird, steht der bei der Klauselkontrolle ohnedies nicht oder bestenfalls mittelbar zur Diskussion. Auch **Treuhandverträge** über Gesellschaftsanteile unterfallen regelmäßig nicht der Bereichsausnahme.

15 **Emissionsbedingungen von Kapitalmarktpapieren** markieren eine Schnittlinie zwischen Schuldrecht und Gesellschaftsrecht. Ihre Prüfung steht vor dem Problem, ganz unterschiedliche rechtliche Regelungskomplexe zu berühren, die man einerseits mit Verbraucher- und Anlegerschutz, andererseits mit der Sicherstellung eines funktionierenden Kapitalmarkts begrifflich und damit schlagwortartig kennzeichnen kann.[4] Anzusprechen sind in diesem Zusammenhang die **Gewinnschuldverschreibungen,** die dem Berechtigten einen Anspruch auf eine gewinnabhängige Dividende, ggf. mit einem garantierten Festzins, verschaffen. Daneben die **Wandelanleihe** mit dem Inhalt, dass der Inhaber sein Forderungsrecht gegen den Emittenten umwandeln kann in Aktien der Gesellschaft. Daneben stehen die **Optionsanleihen,** die ähnlich der Wandelanleihe ein Umtauschrecht von Anleihe in Aktie gewähren, ohne dass allerdings der Zahlungsanspruch durch das Umtauschrecht ersetzt würde. Beide stehen also nebeneinander. **Genussrechte** gewähren ihrem Inhaber eine nicht durch die Mitgliedschaft, sondern durch eine schuldrechtliche Vereinbarung vermittelte Rechtsposition, die insoweit mitgliedschaftsrechtliche Einschläge hat, als das vermittelte Recht vermögensrechtlich sozusagen einen Ausschnitt der ansonsten Mitgliedern zukommenden Rechte darstellt. Dazu gehören nicht mitgliedschaftliche Mitwirkungsrechte, insbesondere das Stimmrecht; aber der Inhaber des Genussrechts erhält geldwerte Ansprüche etwa auf Gewinn oder Liquidationserlös, worin sich dann die Reichweite der Genussrechte erschöpft.[5]

16 Die Prüfung der Emissionsbedingungen anhand AGB-rechtlicher Vorschriften ist nicht durch die **gesellschaftsrechtliche Bereichsausnahme** ausgeschlossen.[6]

---

[1] BT-Drs. 7/3919, S. 41.

[2] *Ulmer* Rz 123; MünchKomm/*Basedow* Rz 83.

[3] So die Voraufl. § 23 Rz 74 a.

[4] Siehe schon *Ulmer* Anh. § 310 Rz 1038.

[5] BGHZ 119, 305, 309.

[6] BGHZ 163, 311, 315; auch schon *Horn* Vorauflage § 23 Rz 75 c; *Gottschalk* ZIP 2006, 1121, 1122; *Joussen* WM 1995, 1861, 1862 (Eigenemission), 1865 (Fremdemission); übereinstimmend insoweit auch noch *Assmann* WM 2005, 1053, 1057.

Trotz des jeweils vorhandenen mitgliedschaftsrechtlichen Bezuges bleibt es dabei, dass die genannten Rechte eben keine Mitgliedschaft unmittelbar begründen, sondern sich auf die Gewährung eines schuldrechtlichen Anspruchs beschränken. Das erscheint bei den Gewinnschuldverschreibungen und Genussrechten von vornherein kaum zweifelhaft, gilt aber nicht anders bei den Rechten, die die Umwandlung des Zahlungs- in einen Bezugsanspruch vorsehen oder beide nebeneinander bestehen lassen, also den Wandel- und Optionsanleihen. Denn auch hier entsteht die sicher der Bereichsausnahme des § 310 IV 1 unterliegende Mitgliedschaft erst mit der Umwandlung in das Mitgliedschaftsrecht. Damit unterliegen die Emissionsbedingungen der AGB-Kontrolle. Bei der Emission von Genussrechten, die aktienähnlich ausgestaltet sind, unterliegen die Bedingungen auch einer Inhaltskontrolle anhand aktienrechtlicher Vorschriften und Grundsätze.[1]

Der **AGB-Charakter** von Anleihebedingungen wurde lange Zeit als gesicherte **17**
Ausgangsbasis nicht angezweifelt, nicht zuletzt auch auf der Grundlage der Regierungsbegründung zum AGBG, wonach die Einbeziehung von Anleihebedingungen nicht der besonderen Voraussetzungen nach (ehedem) § 2 AGBG bedürfe, ohne dass dort die Frage nach der AGB-Eigenschaft als solche aufgeworfen worden wäre.[2] Wegen der unterschiedlichen Ausgestaltung des Emissionsvorganges wird begrifflich unterschieden, ob es sich um eine unmittelbare, d.h. Eigenemission, oder eine mittelbare, also Fremdemission unter Einschaltung einer Bank bzw. eines Bankenkonsortiums, handelt. Bei der Eigenemission tritt der Emittent einer Vielzahl von Anlegern gegenüber, deren Rechtspositionen einheitlichen und nicht verhandelbaren Anleihebedingungen unterliegen sollen. Damit kommt man an der Annahme, die Bedingungen stellten AGB im Sinn des § 305 I dar, nicht vorbei. So nimmt denn auch die zutreffende hM bei der Eigenemission den AGB-Charakter der Anleihebedingungen an.[3] Aber auch bei der Fremdemission sieht die hM die Emissionsbedingungen als AGB an,[4] wobei zum Teil als Begründung dieses Ergebnisses auf § 306 a verwiesen wird,[5] zum Teil wird die Anwendung der AGB-Kontrolle aus einer teleologischen Betrachtung der verschiedenen Rechtsverhältnisse hergeleitet und auf das entscheidende Verhältnis zwischen Emittent und Anleger abgestellt.[6] Daneben wird, in eine ähnliche Richtung, auf die Richtlinie 93/13 (EWG) verwiesen, für die es weniger darauf ankomme, ob der Verbraucher am (ursprünglichen) Vertragsschluss selbst beteiligt gewesen sei als vielmehr darauf, dass er planmäßig später in das Rechtsverhältnis eintrete und dann keine Möglichkeit zur Gestaltung des Rechtsverhältnisses habe.[7] Die in der abweichenden Literatur erhobenen Einwendungen sowohl bei der Eigen- wie bei der Fremdemission gegen die Einordnung der Emissionsbedingungen als AGB haben teils systematischen Ansatz, teils wird die Eignung und der Bedarf nach AGB-rechtlicher Prüfung bezweifelt, da der Schutz des Anlegers anderweit sichergestellt werden könne. Die Begründung, die Emissionsbedingungen stellten bei der Fremdemission deswegen keine AGB dar, weil bei dieser der Emittent nur einem Abnehmer (Bank oder Bankenkonsortium) gegenübertrete, so dass es an dem Erfordernis einer Vielzahl von

---

1 BGHZ 119, 305, 312; *Reuter* NJW 1984, 1849, 1853; *ders.* FS Stimpel, 645, 655.

2 BT-Drs. 7/3919, 18.

3 BGHZ 119, 305, 312 (Genussrechtsbedingungen); dem folgend etwa PWW/*Berger* Rz 16; siehe auch schon *Wolf* FS Zöllner, 651, 652; *Staudinger/Schlosser* § 305 Rz 9; *Gottschalk* ZIP 2006, 1121, 1123; *Joussen* WM 1995, 1861, 1864; *Schwintowski/Schäfer* Bankrecht, 2. Aufl. 2004, § 23 Rz 103 mwN.

4 BGHZ 163, 311, 314 = EWiR 2005, 853 *(Reiff)* = LMK 2005, Nr. 159621 *(Pfeiffer); Ulmer* § 305 Rz 71 ff; hier§ 305 Rz 15, 26.

5 So etwa hier in § 305 Rz 15, 26; *Wolf* FS Zöllner, 651, 660 f.

6 *Ulmer* § 305 Rz 72.

7 *Wolf* FS Zöllner, 651, 656 f.

Verträgen fehle,[1] verkennt, dass auch gegenüber einem Vertragspartner Mehrfachverwendung vorliegen kann.[2] Das ist auch hier jedenfalls nicht per se ausgeschlossen, wenn die Emissionsbedingungen in inhaltsgleicher Form nicht nur für den konkreten Emissionsfall verwendet werden sollen. Ob man freilich dann, wenn nur eine Einmalverwendungsabsicht vorliegt, wegen der Vielzahl der vertragsgegenständlichen Wertpapiere schon die Mehrfachverwendungsabsicht annehmen kann,[3] erscheint zweifelhaft. Indes ist aber auch in diesen und in den Fällen, in denen im Verhältnis zwischen Emittent und Bank die Bedingungen ausgehandelt wurden, nicht auf dieses Verhältnis abzustellen, sondern auf dasjenige zum (späteren) Anleger, der – ganz AGB-typisch – keinerlei Möglichkeiten hat, auf das zwischen ihm und dem Emittenten entstehende Rechtsverhältnis Einfluss zu nehmen.[4] Soweit daneben unter Verweis auf wertpapierrechtliche Überlegungen schon bezweifelt wird, ob überhaupt AGB vorliegen,[5] kann das nicht überzeugen,[6] denn wie auch immer man die Entstehung des verbrieften Rechtes versteht, haben die Emissionsbedingungen doch den Sinn, gerade Inhalt und Reichweite dieses Rechtes festzulegen, und zwar für jeden Einzelfall und ohne dass diese inhaltliche Ausgestaltung zur Disposition gestellt würde. Es würde dem Schutzanliegen der AGB-rechtlichen Vorschriften – und bei Beteiligung eines Verbrauchers auf Anlegerseite der Richtlinie 93/13 (EWG) – zuwiderlaufen, wollte man den rechtskonstruktiv sicher ausdifferenzierten, aus der Sicht des Anlegers aber einheitlichen Emissionsvorgang aufspalten und daraus eine Einschränkung des Vertragspartnerschutzes ableiten. Für die Reichweite des Anlegerschutzes kann es keinen Unterschied machen, ob eine Eigenemission oder eine Fremdemission vorliegt und bei Letzterer die Bank die Papiere auf ihr volles Risiko zur Weiterveräußerung übernimmt oder nur eine Vermittlertätigkeit ausübt. Neben den wertpapierrechtlichen Bedenken wird ein Bedürfnis für die Anwendung der AGB-rechtlichen Schutzbestimmungen in Abrede gestellt, weil der Anlegerschutz schon anderweit gesichert sei.[7] *Wolf* hat bereits nachgewiesen, dass dieser Einwand gegen die AGB-Kontrolle der Sache nach schon nicht berechtigt ist[8] und dass vor allem das eher rechts- oder wirtschaftspolitisch motivierte als systematisch stimmige „Standort Deutschland" – Argument, die AGB-Kontrolle führe zur einer Beeinträchtigung des Finanzplatzes Deutschland,[9] nicht überzeugt, weil es keinen Erwerbsanreiz für den Anleger darstellt, geringerem Schutzniveau zu begegnen und im Übrigen durch die Richtlinie 93/13 (EWG) eine EU-weite Vereinheitlichung eingetreten ist. Gerade auch die Richtlinie erfordert den Schutz der Anleger-Verbraucher durch Inhaltskontrolle der Emissionsbedingungen, denn sie fordert, dass benachteiligende Klauseln für den Verbraucher unverbindlich sind bei Aufrechterhaltung des Vertrags im Übrigen (Art. 6 I); dass der Schutz der Verbraucher durch andere Mechanismen erreicht werden könnte, reicht unter dem Blickwinkel der Richtlinie und auch sonst nicht. Hinzu kommt, dass auch in anderen Bereichen (etwa inzwischen dem Arbeitsrecht) der Schutz des „Schwächeren" aus vielen Quellen gespeist wird, ohne dass deswegen die AGB-Kontrolle ausgeschlossen wäre; sie muss eben nur die Besonderheiten des Rechts-

---

1 *Joussen* WM 1995, 1861, 1865 f.

2 BGH NJW 2004, 1454.

3 So *Gottschalk* ZIP 2006, 1121, 1124.

4 A.A. bei zwischen Emittent und Bank ausgehandelten Bedingungen *Gottschalk* ZIP 2006, 1121, 1127.

5 So etwa Assmann WM 2005, 1053, 1057 f.

6 Dagegen schon zutreffend *Gottschalk* ZIP 2006, 1121, 1122 f.

7 *Ekkenga* ZHR 160 (1996), 59, 62 ff; *Assmann* WM 2005. 1053, 1066 f.

8 FS Zöllner, 651, 653 ff.

9 Siehe den einleitenden Hinweis bei *Gottschalk* ZIP 2006. 1121.

gebietes wahren (§ 310 IV 2). Das erfolgt auch hier, wenn es etwa um die Frage der **Einbeziehung von Emissionsbedingungen** geht. Diese soll sich nicht nach § 305 II, sondern nach §§ 145 ff. richten, weil erstere Norm im Hinblick einerseits auf die Absicht des AGB-Gesetzgebers, den Rechtsverkehr nicht unnötig zu behindern, und andererseits wegen der Fungibilität der Schuldverschreibungen eine funktionale Reduktion erfährt.[1]

Die **Auslegung** hat auch bei Emissionsbedingungen der Inhaltskontrolle vorauszugehen. Als AGB unterliegen sie den allgemeinen Auslegungsregeln, die auch sonst bei AGB angewendet werden.[2] Damit würde sich im Grundsatz auch hier der Methodenstreit zur Auslegung von AGB fortsetzen,[3] jedoch wird man auch bei ansonsten skeptischer Distanz zu einer „objektiven" Auslegung von AGB wegen der Besonderheiten der Emissionsbedingungen im Hinblick auf die Fungibilität der Wertpapiere kaum zur Beachtlichkeit von Einzelumständen gelangen können.[4] Soweit etwa Genussrechtsbedingungen als aktienähnlich anzusehen sind und deswegen nach der bereits zitierten *Klöckner*-Entscheidung einer aktienrechtlichen Inhaltskontrolle unterliegen,[5] kann dieser Ansatz in der Auslegung sozusagen fortgesetzt werden: Ebenso, wie die Satzung der AG objektiv auszulegen ist,[6] können dann auch die Emissionsbedingungen nur objektiv ausgelegt werden, wenn sie zu Rechten führen, die denjenigen der Mitglieder aufgrund der Satzung wenigstens in vermögensrechtlicher Hinsicht ähneln. Was den Verständnishorizont anbelangt, von dem aus die Auslegung zu erfolgen hat, kann dieser ebenfalls nur einheitlich festgelegt werden. Maßgeblich ist danach der Verständnishorizont des durchschnittlichen Anlegers ohne Rücksicht auf besonders (un-)ausgeprägte Kenntnisse oder Erfahrungen im Einzelfall.[7] 18

Zur **Inhaltskontrolle** der Emissionsbedingungen siehe § 307 Rz 85, 95, 166, und zu deren Schranken § 307 Rz 296. 19

3. Inhaltskontrolle von Gesellschaftsverträgen und Satzungen

Da, wo wegen der Bereichsausnahme keine Kontrolle nach den AGB-rechtlichen Vorschriften erfolgt, bleibt es bei der Inhaltskontrolle nach allgemeinen Vorschriften, wie dies schon die Regierungsbegründung festgehalten hat.[8] 20

a) Ausgangspunkt und Gründe der Inhaltskontrolle. Gesellschafter oder Vereinsmitglieder können sehr unterschiedliche Einwirkungsmöglichkeiten bei der Gestaltung der Verbandsverfassung haben: Während die am Gründungsakt beteiligten Mitglieder alle Möglichkeiten haben, in den Grenzen etwaiger gesetzlicher Vorgaben den Inhalt der Verbandsverfassung festzulegen, schwindet die Einwirkungsmöglichkeit des Hinzutretenden.[9] In dieser Situation bleibt dem Interessierten lediglich die Entscheidung, dem Verband beizutreten oder es zu lassen, wenn und soweit ihm die Verbandsregelungen als unangemessen erscheinen. Allerdings wird die Entscheidung „ob" oder „ob nicht" zum wenigsten an der Prüfung der Verbandsnormen festgemacht. Entscheidend ist vielmehr regelmäßig die Frage des 21

---

1 BGHZ 163, 311, 313 ff., 315.
2 *Ulmer* Anh. § 310 Rz 1036; vgl. auch BGH DStR 2007, 539, 540.
3 Siehe dazu hier § 305 c Rz 105 ff. und *Bamberger/Roth/Hubert Schmidt* § 305 c Rz 38 ff.
4 *Ulmer* Anh. § 310 Rz 1036; vgl. auch BGHZ 163, 311, 317.
5 BGHZ 119, 305, 312.
6 Statt aller *Hüffer* AktG, 7. Aufl. 2006, § 23 Rz 39.
7 BGHZ 163, 311, 317; *Ulmer* § 310 Rz 1036; vgl. auch schon § 305 c Rz 106 bei Fn 4.
8 BT-Drucks 7/3919, S. 41.
9 Davon geht etwa auch BGHZ 105, 306, 318 aus; siehe auch *Fastrich* S. 125.

„Preises“ und der daraus gezogenen Vorteile auf der einen Seite und andererseits die Frage, wie hoch das Interesse an der Mitgliedschaft ist. Je höher das Interesse am Verbandsbeitritt ist, desto geringer wird das Maß der Aufmerksamkeit sein, die der Beitrittswillige den Verbandsregeln widmet. Schlimmstenfalls würde er sehenden Auges auch unangemessene Regelungen hinnehmen. Insofern er dies tut, könnte für eine Inhaltskontrolle etwa gar das Schutzbedürfnis und damit die Legitimation fehlen. Das wäre indes nur dann richtig, wenn tatsächlich die Inhaltskontrolle ausschließlich oder doch in erster Linie vom Schutzbedürfnis des Beitrittswilligen abhinge. Anders gewendet: Hat der Gesellschafter all das hinzunehmen, was im Gesellschaftsvertrag steht, zu dem er freiwillig sein Einverständnis gegeben hat? Die Frage wird zutreffend verneint.[1] Gilt dies schon bei der Inhaltskontrolle bestimmter Regeln eines individuellen und auf einen personalistischen Verband hinzielenden Gesellschaftsvertrages, so muss dies umso mehr gelten bei Verträgen von Massengesellschaften. Hier werden von durchaus eigene und nicht mit denen der Anleger übereinstimmende Ziele verfolgenden Initiatoren Vertragsregelungen vorgegeben,[2] die alles andere als ausgewogen sein können. Ziel der Inhaltskontrolle ist es, die Vertragsparität wieder herzustellen, die durch Inanspruchnahme einseitiger Gestaltungsmacht infrage gestellt, oft gestört wird.[3] Damit dient die Inhaltskontrolle (auch hier) letztlich der Sicherung der Vertragsfreiheit.

22 **b) Verein und Genossenschaft. aa) Verein.** Regelungen des Mitgliedschaftsverhältnisses im Verein unterfallen wegen der Bereichsausnahme nicht der AGB-Kontrolle. Dagegen spricht hier wie sonst nichts gegen eine AGB-rechtliche Kontrolle von Regelungen, die ein bloßes Austauschverhältnis von Verein und Mitgliedern oder Nichtmitgliedern betreffen, wobei die Abgrenzung zwischen materiellen Satzungsregelungen und solchen u. U. formell in die Satzung aufgenommenen Regelungen von Austauschbeziehungen nach den oben dargestellten Kriterien erfolgt (s.o. Rz 12). Soweit die Inhaltskontrolle nicht nach den AGB-rechtlichen Vorschriften erfolgen kann, bleibt diejenige nach den allgemeinen Regeln, also insbesondere nach § 242. Zum Teil wird unter Verweis auf die verfassungsrechtlich garantierte Vereinigungsfreiheit (Art. 9 GG) für eine Begrenzung der Inhaltskontrolle auf Extremfälle[4] plädiert. Das von dem Grundrecht erfasste Selbstbestimmungsrecht bezüglich der Organisation, der Verfahrensregelungen zur Willensbildung innerhalb des Vereins und der Geschäftsführung stelle einen Kernbereich dar, in den nicht eingegriffen werden dürfe.[5] Das mag für sich betrachtet etwa bei der Frage, ob das Vereinsregister im Rahmen der Anmeldung Satzungsbestimmungen aus diesem Kernbereich einer Inhaltskontrolle unterziehen darf, sicher zutreffen. Allerdings wird übersehen, dass die Vereinigungsfreiheit nicht allein den Verband als solchen schützt, sondern auch und gerade das einzelne Individuum, das dem Verein beitreten und dort seine Rechte ausüben will.[6] Dessen Rechte können durch unangemessene Satzungsbestimmungen beeinträchtigt werden, so dass die Inhaltskontrolle durchaus auch als Mittel angesehen werden könnte, die verfassungsrechtliche Balance zwischen Verband und Mitglied zu sichern.[7] Gerade bei den Vereinigungen, die im wirtschaftlichen und sozialen Bereich eine Machtposition hatten

---

[1] *Fischer* ZGR 1979, 252, 263, und *Flume* Personengesellschaft, S. 138, gegen BGH NJW 1973, 1606.

[2] Siehe schon *H.P. Westermann* FS 50 Jahre BGH, Bd. II, 245, 252.

[3] *H.P. Westermann* FS 50 Jahre BGH, Bd. II, 245, 249 f; *Heid* DB 1985, Beil. Nr. 4, 4.

[4] *Reichert* Rz 3063; zurückhaltend auch *Hey* Freie Gestaltung in Gesellschaftsverträgen und ihre Schranken, S. 299.

[5] *Reichert* Rz 3065 unter Verweis auf die Mitbestimmungsentscheidung des BVerfG NJW 1979, 699, 704, und BVerfG NJW 1990, 37, 38.

[6] Darauf weist deutlich BVerfG NJW 1979, 699, 704 hin.

[7] Siehe auch schon *Vieweg* FS Lukes, 809, 811.

(siehe dazu sogleich in der nächsten Rz), weswegen dort eine Inhaltskontrolle durchgeführt wurde, kann der verfassungsrechtliche Schutz des Einzelnen nicht im Entweder – Oder des Vereinsbeitritts oder dessen Unterlassen gesehen werden. Zu beachten ist freilich, dass die Inhaltskontrolle gerade bei weltanschaulich ausgerichteten und allein ideellen Zwecken dienenden Vereinen auch dann nur in engen Grenzen zulässig sein kann, wenn der Verein im sozialen Bereich durchaus eine Machtposition innehat. Eine auch nur mittelbare Kontrolle des Vereinsziels ist nicht zulässig.[1]

In der Rechtsprechung wurden Satzungen von Vereinen der Inhaltskontrolle unterzogen. Zunächst wurden die Aufnahmebestimmungen eines Monopolvereins (DSB) der Inhaltskontrolle unterzogen und geprüft, inwieweit satzungsmäßige Aufnahmebeschränkungen sachlich berechtigt und notwendig, also zur Erreichung des an sich billigenswerten Zieles das mildeste Mittel waren.[2] Bereits hier wurde dann in einer zweiten Ebene die Möglichkeit angenommen, dass trotz etwa anzuerkennender Satzungsregelung deren Anwendung im Einzelfall unzulässig sein könne.[3] Bei grundsätzlicher Anerkennung einer die Aufnahme einschränkenden Satzungsregelung wurde ein Aufnahmezwang bei einer Gewerkschaft (IG Metall) sodann mit der Begründung angenommen, die Monopolstellung sei nicht der entscheidende Grund für den Aufnahmezwang, sondern die überragende Machtstellung des Vereins im sozialen oder wirtschaftlichen Bereich bei gleichzeitigem grundlegendem Interesse des Beitrittswilligen an der Mitgliedschaft.[4] Von hier aus wurde dann auch der Ausschluss aus einer Gewerkschaft, der die überragende Machtstellung eignete, der Billigkeitskontrolle unterzogen.[5] In einem weiteren Schritt hat der BGH dann die Inhaltskontrolle auf alle die Rechtsstellung der Mitglieder betreffenden Satzungsregelungen eines Vereins mit überragender Machtposition im wirtschaftlichen oder sozialen Bereich ausgedehnt.[6] Satzungsbestimmungen der Vereine wurden aber nicht nur insoweit der Inhaltskontrolle unterzogen, als es das Verhältnis des Vereins zu seinen Mitgliedern betrifft, sondern auch insoweit, als es um Regelungen über das Verhältnis zwischen Verein und Nichtmitgliedern ging.[7] Die Rechtfertigung der Inhaltskontrolle wird abgeleitet einerseits aus der fehlenden Einflussmöglichkeit von Mitgliedern auf die Satzungsgestaltung, soweit sie nicht bereits an der Vereinsgründung beteiligt waren, andererseits an der faktischen Beschränkung der Mitwirkungsmöglichkeiten gerade bei größeren Verbänden sowie der im wesentlichen dispositiven Gesetzeslage im Bereich der mitgliedschaftlichen Mitwirkungsbefugnisse (vgl. §§ 32, 33, 40).[8] Auch **sportliche Regelwerke** unterliegen der Inhaltskontrolle, die allerdings auch insoweit am Maßstab des § 242 erfolgen soll, als es das Verhältnis zu Nichtmitgliedern des regelsetzenden Verbandes anbelangt.[9] Die AGB-rechtliche Kontrolle wurde vom BGH mit der Begründung verworfen, es fehle an dem für diese Kontrolle wesentlichen Interessengegensatz zwischen Verband und Sporttreibenden.[10] Der Ansicht des **23**

[1] *Grunewald* Der Ausschluss aus Gesellschaft und Verein, S. 143.

[2] BGH NJW 1975, 771, 773, 775.

[3] BGH NJW 1975, 771, 775; vgl. schon vorher BGH NJW 1969, 316, 317 zu einem aus §§ 826, 249 abgeleiteten Schadensersatzanspruch auf Aufnahme in einen Monopolverein, ohne dass die Wirksamkeit einer aufnahmebeschränkenden Satzungsregelung geprüft worden wäre.

[4] BGH NJW 1985, 1216.

[5] BGH NJW 1988, 552, 555.

[6] Etwa BGHZ 105, 306, 318.

[7] BGH WM 1972, 1249.

[8] BGHZ 105, 306, 318; vgl. auch den von *Grunewald* Der Ausschluss aus Gesellschaft und Verein, S. 142, zu Recht als „dreist" bezeichneten Extremfall in OLG Frankfurt OLGZ 81, 391.

[9] BGH NJW 1995, 583, 585; vgl. auch OLG Koblenz NJW-RR 2002, 1251.

[10] BGH NJW 1995, 583, 585.

BGH ist nicht zu folgen: Zunächst fehlt eine klare Abgrenzung, was unter sportlichen Regelwerken zu verstehen ist. Sicherlich kann die Spielregel im engeren Sinn darunter gefasst werden, und es wäre abwegig zu fordern, dass sie der AGB-Kontrolle unterliegen müsse. Andererseits können gerade auch im kommerzialisierten Sportbereich[1] in „sportlichen Regelwerken" solche Regelungen enthalten sein, die, wie etwa Teilnahmebedingungen für Wettkampfveranstaltungen, erhebliche wirtschaftliche Folgen auslösen können. Dass in diesem Bereich ein Interessengegensatz per se ausscheide, das im weiteren, ist mehr als fraglich. Deswegen sollte man sportliche Regelwerke außerhalb des engen Bereichs der Spielregeln wie auch sonstige gesellschaftsrechtliche Regelungen behandeln. Das hätte dann zur Folge, dass hinsichtlich der Prüfung im Verhältnis zu Mitgliedern zu unterscheiden ist, ob das Verbandsmitgliedsverhältnis oder eine bloße Austauschbeziehung geregelt ist. Im Verhältnis zu Nichtmitgliedern hat die Kontrolle nach den §§ 305 ff. zu erfolgen.[2]

24 **bb) Genossenschaft.** Bei Genossenschaften hat die Rechtsprechung sich bisher zur Inhaltskontrolle von Verbandsregeln eher zurückhaltend geäußert. Auch hier wurde schon früh nach Regelungen individualrechtlicher oder genossenschaftsrechtlicher Art unterschieden.[3] Soweit es sich um genossenschaftsrechtliche Regelungen der Mitgliedschaftspflichten handelt, die ihre Grundlage ausschließlich in der Satzung haben, werden diese unter die Bereichsausnahme des § 310 IV gefasst und unterliegen damit keiner AGB-rechtlichen Kontrolle.[4] Dies gilt auch dann, wenn die betreffende Regelung eine Austauschbeziehung mitgliedschaftlicher Natur zum Gegenstand hat. Das wurde etwa angenommen für die entgeltliche Pflicht der Mitglieder einer Taxigenossenschaft, sämtliche Fahrzeuge anzumelden und die Entgelte für die Benutzung der Einrichtungen der Genossenschaft bis zum Ende der Mitgliedschaft zu entrichten.[5] Ob die der Bereichsausnahme unterfallenden mitgliedschaftlichen Regelungen der Inhaltskontrolle nach § 242 unterworfen werden, wurde bisher in der Rechtsprechung aber offengelassen.[6] Teilweise wurde ohne jede Diskussion die Prüfung anhand der AGB-rechtlichen Vorschriften vorgenommen[7] oder es wurde unter Verweis auf die Bereichsausnahme die AGB-Kontrolle abgelehnt, ohne eine Inhaltskontrolle nach § 242 in Erwägung zu ziehen.[8] Richtigerweise wird man zu differenzieren haben: Die mitgliedschaftlichen Regeln, also das materielle Satzungsrecht der Genossenschaft, das der Bereichsausnahme unterliegt, ist der Inhaltskontrolle nach § 242 zu unterwerfen. Zwar mag das grundsätzlich zwingende Genossenschaftsrecht (§ 18 S. 2 GenG) einen gewissen Schutz der Genossen bewirken. Es ist aber anerkannt, dass eben nicht die gesamten Rechtsbeziehungen zwischen Genossen und Verband eine gesetzliche Regelung erfahren haben,[9] im Übrigen lässt das GenG an etlichen Stellen eben auch Abweichungen von der gesetzlichen Regelung zu. Auch der Gesichtspunkt, dass ein einzelnes hinzutretendes Mitglied in einer großen Genossenschaft nur sehr geringe, teils durch Vertreterversammlungen mediatisierte Mitwirkungsmöglichkeiten bei der Willensbildung oder Einwirkungsmöglichkeiten auf die Satzungsgestaltung hat, spricht dafür, die Genossenschaft nicht anders zu behandeln als etwa Verein

[1] Diese Dimension spricht schon *Heermann* NZG 1999, 325, 329 an; vgl. auch *Röckfall* SpuRt 2003, 189, 193 f.

[2] Im Ergebnis ebenso *Heermann* NZG 1999, 325, 328.

[3] BGH NJW 1960, 1858, 1859; NJW 1988, 1729 f.

[4] BGH NJW 1988, 1729, 1730; Vorinstanz OLG Köln NJW-RR 1987, 1116.

[5] BGH NJW 1988, 1729.

[6] BGH NJW 1988, 1729, 1730; OLG Frankfurt NZG 2001, 904.

[7] OLG Koblenz OLGR 2003, 371, 372.

[8] OLG Naumburg OLG-NL 2002, 111, 113.

[9] BGH NJW 1988, 1729 f.

oder Publikumsgesellschaft. Da, wo das Genossenschaftsrecht selbst aufgrund seiner zwingenden Natur gilt, ohne dass die Satzung hiervon abweichen würde (dann sind die Regeln ohnedies schon unwirksam), findet keine Inhaltskontrolle statt. Außerhalb des Bereichs des materiellen Satzungsrechts, also im Bereich rein schuldrechtlicher Beziehungen, findet wie gewöhnlich die Inhaltskontrolle nach den §§ 305 ff. statt. Gleiches gilt, wenn die Genossenschaft zu Dritten in Rechtsbeziehungen tritt, wie z. B. als Verpächterin eines Jagdbezirkes, und in dem zu Grunde liegenden Vertrag vorformulierte Klauseln verwendet.[1]

c) Gesellschaften. aa) Publikumsgesellschaften. Die Rechtsprechung unter- 25
wirft die Verträge von Publikumsgesellschaften einer Inhaltskontrolle[2] nach § 242. Ausgangspunkt ist zunächst die Struktur dieser Gesellschaften, die durch rein kapitalistische Beteiligung ohne persönliche Beziehungen unter den am Anlagemarkt geworbenen Gesellschaftern, Kommanditisten, BGB-Gesellschafter oder auch stille Gesellschafter[3] und GmbH-Gesellschafter,[4] gekennzeichnet ist. Daraus resultiert u. a., dass die so geworbenen Gesellschafter praktisch keinen Einfluss auf die Vertragsgestaltung nehmen können.[5] Vielmehr wird ihnen der Vertrag durch die Initiatoren vorgegeben; teilweise werden ihre Rechte durch obligatorische Treuhänder ausgeübt,[6] ohne dass sich durch diese Zwischenschaltung Nachteile für die Anleger ergeben dürften.[7] Die bloße Entscheidungsalternative, den Vertrag abzuschließen oder es zu lassen, birgt keine hinreichende Chance, die eigenen Interessen zu wahren. Das ist nicht anders als bei sonstigen Verträgen, die von einer Seite unter alleiniger Inanspruchnahme der Vertragsinhaltsbestimmung vorgegeben werden.[8] Maßstab der Inhaltskontrolle ist § 242, wobei es der BGH in der Ausgangsentscheidung bei der Prüfung, ob die im Gesellschaftsvertrag der Publikums-GmbH & Co. KG enthaltene – nur noch als ruppig zu bezeichnende – Haftungs- und Verjährungsregel für Schadensersatzansprüche gegen Mitglieder des Aufsichtsrates (Haftungsbeschränkung auf das in der Gesellschaft angelegte Vermögen; Verjährungsfrist von 3 Monaten) zulässig war, hierbei einerseits sein Bewenden gelassen hat, ohne einen weiteren Vergleichsmaßstab zu wählen, andererseits aber ausdrücklich die Grenze zulässiger Gestaltung der Verjährungsfristen im Gesellschaftsvertrag aus den einschlägigen gesellschaftsrechtlichen Vorschriften für die AG, GmbH und die Genossenschaft abgeleitet hat.[9] Als unwirksam wurde etwa angesehen die Berechtigung des persönlich haftenden Gesellschafters einer Publikums-KG, treuhänderisch gehaltene Kommanditbeteiligungen nach freiem Ermessen[10] ohne oder mit einem festgelegten Ausübungszeitraum des Rechts zu übernehmen.[11] Unwirksam ist auch eine Regelung, die die Abberufung des Gesellschafter-Geschäftsführers von der Zustimmung aller Gesellschafter abhängig gemacht hat.[12] Die in einem Gesellschaftsvertrag einer Auslandskapitalanlagegesellschaft vorgesehene 2-jährige Verjährungsfrist für Prospekthaftungsansprüche wurde ebenfalls als unwirksam

---

[1] BGH NJW-RR 2001, 343.

[2] Skeptisch zum Nutzen der Inhaltskontrolle im Gesellschaftsrecht *Stoffels* AGB-Recht Rz 164 f.

[3] Vgl. etwa BGH NJW 2001, 1270; NJW 2004, 3706; allgemein dazu *K. Schmidt* Gesellschaftsrecht, §§ 57 I, 62 II 2 d).

[4] LG Münster NJW-RR 1996, 676, 677.

[5] OLG Dresden DStZ 2003, 743; *Heid* DB 1985, Beilage Nr. 4, S. 2.

[6] Dazu etwa *Nassall* BB 1988, 286.

[7] BGH NJW 1988, 1903, 1904.

[8] BGH NJW 1975, 1318, 1319 = BGHZ 64, 238, 241.

[9] BGH NJW 1975, 1318, 1320.

[10] BGH NJW 1982, 2303.

[11] BGH NJW 1988, 1903,

[12] BGH NJW 1988, 969, 971.

angesehen.[1] Ein 30-jähriger Ausschluss des ordentlichen Kündigungsrechts in einem geschlossenen Immobilienfonds wurde als wirksam angesehen, u. a. mit der Begründung, der Anleger könne nach der Satzung jeweils zu Beginn eines Geschäftsjahres ohne weiteres seinen Anteil veräußern.[2] Als wirksam wurde auch angesehen eine Regelung in dem Gesellschaftsvertrag einer Publikums-GmbH & Co. KG, der einen Ausschluss eines Kommanditisten aus wichtigem Grund vorsah, wenn der Kommanditist Anmeldungen zum Handelsregister auf Anforderung des Komplementärs nicht unterzeichnete oder Vollmachten dazu nicht erteilte.[3] Flankiert wird die Inhaltskontrolle durch eine zum Schutz der Anlegergesellschafter objektivierte Auslegung.[4] Dabei erscheint es allerdings fraglich, ob dies auf die Ähnlichkeit der Rechtslage bei AGB zurückgeführt werden kann, denn bei AGB ist es gerade streitig und richtigerweise abzulehnen, dass für deren Auslegung ein besonderer Auslegungsmaßstab anzulegen ist.[5] Jedenfalls werden Satzungen von Körperschaften objektiv ausgelegt.[6] Da die Struktur der Publikumsgesellschaften ungeachtet ihrer regelmäßigen formellen Zugehörigkeit zu den Personengesellschaften kapitalistisch-körperschaftlich ist, erscheint es schon nach den allgemeinen gesellschaftsrechtlichen Vorgaben angebracht, die Verträge nur anhand der objektiv erkennbaren Umstände auszulegen.

26 **bb) Sonstige Gesellschaften.** Eine systematische Inhaltskontrolle am Maßstab des § 242 wird bei anderen Gesellschaften nicht vorgenommen. Das gilt angesichts der zwingenden Regelungen des Aktienrechts bei der AG (§ 23 V AktG), aber auch bei den auf individuellen Verträgen beruhenden GmbH oder Personengesellschaften. Das bedeutet aber nicht, dass dort alles erlaubt ist. Auch hier werden Vertragsregelungen einer Inhalts- und Ausübungskontrolle darauf unterzogen, ob die einzelne Regelung oder deren Anwendung dem Maßstab des § 138 genügt.[7] Das gilt etwa für Ausschlussklauseln oder Regelungen über Abfindungen beim Ausscheiden aus der Gesellschaft. In jüngster Zeit hat der BGH seine Rechtsprechung bekräftigt, nach der die freie Hinauskündigungsklausel in einem Personengesellschafts- oder GmbH-Vertrag grundsätzlich als nichtig anzusehen ist,[8] dabei allerdings Ausnahmen zugelassen, wenn Umstände vorliegen, die die Ausschließung des Gesellschafters sachlich rechtfertigen. Als Ausnahmesituation wurde es etwa anerkannt, wenn der Minderheitsgesellschafter seinen Gesellschaftsanteil zusammen mit seiner Geschäftsführerstellung zum Nennbetrag erworben hat und die Gesellschafterstellung zeitlich an die Geschäftsführerstellung gebunden war.[9] Gleiches gilt für die an einen Anstellungsvertrag unterhalb der Geschäftsführungsebene geknüpfte Gesellschafterstellung, die teilweise ohne Zahlung eines Entgeltes erworben wurde.[10]

---

1 BGH NJW 2004, 3706, 3709.

2 OLG Dresden DStZ 2003, 743 (zweifelhaft).

3 OLG Düsseldorf DB 2004, 2685.

4 Etwa BGH NJW 2001, 1270, 1271.

5 *Bamberger/Roth/Hubert Schmidt* § 305c Rz 38 ff., 40.

6 Allgemein dazu *K. Schmidt* Gesellschaftsrecht, § 5 I 4 a).

7 Für eine Kontrolle lediglich der Einzelmaßnahme statt der zu Grunde liegenden Vertragsbestimmung am Maßstab des § 138 plädiert *Benecke* ZIP 2005, 1437, 1440 f.

8 Aus neuerer Zeit etwa BGH ZIP 2005, 706; 2004, 903, 904 je mwN.; den gegenläufigen Standpunkt nahm der BGH bis zur Entscheidung NJW 1973, 1606 ein. Eingeschränkt wurde dieser Standpunkt erstmals mit der Entscheidung BGHZ 68, 212 = NJW 1977, 1292. Zur Entwicklung der Rspr. aus der älteren Literatur etwa *Eiselt* FS von Lübtow, S. 643; *Behr* ZGR 1990, 370; *Loritz* JZ 1986, 1073.

9 BGH ZIP 2005, 1917, 1918.

10 BGH ZIP 2005, 1920, 1921.

4. Teil. Anhang zu § 310 BGB
(AGB-Kontrolle im Arbeitsrecht)

Inhaltsübersicht

Schrifttum: *Annuß,* AGB-Kontrolle im Arbeitsrecht: Wo geht die Reise hin?, BB 2002, 458; *ders.,* Grundstrukturen der AGB-Kontrolle von Arbeitsverträgen, BB 2006, 1333; *Aretz,* Allgemeine Geschäftsbedingungen im Arbeitsvertrag, 2006; *Coester,* Das AGB-Recht in den Händen des BAG, in: FS für Löwisch, 2007, S. 57; *ders.,* Inhaltskontrolle von Arbeitsverträgen, Jura 2005, 251; *Däubler,* Die Auswirkungen der Schuldrechtsmodernisierung auf das Arbeitsrecht, NZA 2001, 1329; *Däubler,* Aktuelle Fragen der AGB-Kontrolle im Arbeitsrecht, NZA Beilage 3/2006, 133; *Däubler/Dorndorf/Bonin/Deinert,* AGB-Kontrolle im Arbeitsrecht, Kommentar, 2. Aufl. 2008 (zitiert: *Däubler/Dorndorf/Bonin/Deinert,* § Rz); *Dauner-Lieb/Henssler/Preis* (Hrsg.), Inhaltskontrolle im Arbeitsrecht, 2006; *Deinert,* Fünf Jahre AGB-Kontrolle im Arbeitsrecht, AiB 2008, 217; *Ebeling,* AGB-Kontrolle von Arbeitsverträgen: Gegenstand und Maßstab, 2006; *Eckert/Wallstein,* Das neue Arbeitsvertragsrecht nach der Schuldrechtsreform, 2002; Erfurter Kommentar zum Arbeitsrecht-*Preis,* 8. Aufl. 2008, Kommentierung der §§ 305–310; *Fenn,* Formulararbeitsverträge, gesamteinheitliche Arbeitsbedingungen und das AGBG, in: FS für Söllner, 2000, S. 333 ff.; *Gotthardt,* Arbeitsrecht nach der Schuldrechtsreform, 2. Aufl. 2003 (zitiert: *Gotthardt,* Rz); *ders.,* Der Arbeitsvertrag auf dem AGB-rechtlichen Prüfstand, ZIP 2002, 277; *Grobys,* AGB-Kontrolle von Arbeits- und Dienstverträgen nach dem Schuldrechtsmodernisierungsgesetz, DStR 2002, 1002; *Günther,* AGB-Kontrolle von Arbeitsverträgen, 2007; *Hansen,* Problematische Klauseln in vorformulierten Arbeitsverträgen, ZGS 2004, 377; *Hennigfeld,* Auswirkungen der neuen §§ 305 ff. auf die Arbeitsvertragskontrolle, Diss. Bonn 2005; *Henssler,* Arbeitsrecht und Schuldrechtsreform, RdA 2002, 129; *ders.,* Die Auswirkungen der Schuldrechtsreform auf das Arbeitsrecht, in: Das neue Schuldrecht in der Praxis, 2003, S. 615; *Henssler/Willemsen/Kalb* (Hrsg.) Arbeitsrecht Kommentar, 3. Aufl. 2008, (zitiert HWK/*Bearbeiter*), Kommentierung der §§ 305-310; *Herbert/Oberrath,* Arbeitsrecht nach der Schuldrechtsreform – eine Zwischenbilanz, NJW 2005, 3745; *Hildebrand,* Disparität und Inhaltskontrolle im Arbeitsrecht, 1987; *Hofmann,* Die Kontrolle von Arbeitsverträgen nach der Schuldrechtsreform, Auswirkungen der Schuldrechtsmodernisierung auf die gerichtliche Überprüfung arbeitsvertraglicher Vereinbarungen, 2005; *von Hoyningen-Huene,* Die Billigkeit im Arbeitsrecht, 1978, S. 127 ff.; *Hromadka,* Inhaltskontrolle von Arbeitsverträgen, in: FS für Dieterich, 1999, S. 251; *ders.,* Schuldrechtsmodernisierung und Vertragskontrolle im Arbeitsrecht, NJW 2002, 2523; *Hromadka/Schmitt-Rolfes,* Der unbefristete Arbeitsvertrag, Musterklauseln mit Erläuterungen, 2006; *Hümmerich,* Gestaltung von Arbeitsverträgen, 2006; *ders.,* Gestaltung von Arbeitsverträgen nach der Schuldrechtsreform, NZA 2003, 753; *Hunold,* Kontrolle arbeitsrechtlicher Absprachen nach der Schuldrechtsreform, NZA-RR 2006, 113; *Jabornegg/Resch/Stoffels* (Hrsg.), Rechtswirksame und nichtige Vereinbarungen im Arbeitsrecht, 2007; *Joost,* Allgemeine Geschäftsbedingungen und Arbeitsvertrag, in: FS für Ulmer, 2003, S. 1199; *ders.,* Betrachtungen zur Inhaltskontrolle vorformulierter Arbeitsverträge, in: 50 Jahre Bundesarbeitsgericht, 2004, S. 49; *Joussen,* Arbeitsrecht und Schuldrechtsreform, NZA 2001, 745; *Junker,* AGB-Kontrolle von Arbeitsvertragsklauseln in der neueren Rechtsprechung des Bundesarbeitsgerichts, BB 2007, 1274; *Konzen,* Die AGB-Kontrolle im Arbeitsvertragsrecht, in: FS für Hadding, 2004, S. 145; *Lakies,* AGB-Kontrolle im Arbeitsrecht, in: AR-Blattei SD 35, Stand 2004; *ders.,* AGB im Arbeitsrecht, 2006; *Lieb,* AGB-Recht und Arbeitsrecht nach der Schuldrechtsmodernisierung, in: FS für Ulmer, 2003, S. 1231; *ders.,* Grundfragen der arbeitsrechtlichen Angemessenheitskontrolle gemäß §§ 305 ff. BGB nach Aufhebung der Bereichsausnahme, in: FS für Konzen, 2007, S. 501; *Lindemann,* Neuerungen im Arbeitsrecht durch die Schuldrechtsreform, AuR 2002, 81; *dies.,* Flexible Gestaltung von Arbeitsbedingungen nach der Schuldrechtsreform, 2003 (zitiert: *Lindemann,* S.); *Lingemann,* Allgemeine Geschäftsbedingungen und Arbeitsvertrag, NZA 2002, 181; *Linnemannstöns,* Die Auswirkungen des § 310 III, IV BGB auf das Arbeitsrecht, 2005; *Löwisch,* Auswirkungen der Schuldrechtsreform auf das Recht des Arbeitsverhältnisses, in: FS für Wiedemann, 2002, S. 311; *Pauly,* Analoge Anwendung des AGB-Gesetzes auf Formulararbeitsverträge?, NZA 1997, 1030; *Preis,* Grundfragen der Vertragsgestaltung im Arbeitsrecht, 1993, S. 216 ff. (zitiert: Preis, Vertragsgestaltung); *ders.,* Arbeitsrecht, Verbraucherschutz und Inhaltskontrolle, NZA 2003, Sonderbeil. zu Heft 16, S. 19; *ders.,* (Hrsg.), Der Arbeitsvertrag, 2. Aufl. 2005; *ders.,* Ausgewählte Fragen der AGB-Kontrolle im Arbeitsrecht, in: Inhaltskontrolle im Arbeitsrecht, 2006, hrsg. von Dauner-Lieb/Henssler/Preis, S. 64 ff.; *ders.,* AGB-Recht und Arbeitsrecht, NZA Beilage 3/2006, 115; *ders.,* Privatautonomie und das Recht der Allgemeinen Geschäftsbedingungen, in: FS für Richardi, 2007, S. 339; *Preis/Roloff,* Die neueste Entwicklung der Vertragsinhaltskontrolle im Arbeitsrecht – Zwischenbilanz und Ausblick – ZfA 2007, 43; *Preis/Stoffels,* Die Inhaltskontrolle der Verträge selbstständiger und unselbstständiger Handelsvertreter, ZHR 160 (1996), 442; *Przytulla,* Formulararbeitsverträge, AGB-Gesetz und das Rechtsstaatsgebot, NZA 1998, 521; *Reichold,* Anmerkungen zum Arbeitsrecht im neuen Schuldrecht, ZTR 2002, 202; *Reim,* Wirksamkeit von Vertragsklauseln in Formulararbeitsverträgen, JuS 2006, 120; *Reinecke,* Vertragskontrolle im Arbeitsverhältnis, NZA 2000, Sonderbeil. zu Heft 3, S. 23; *ders.,* Kontrolle Allgemeiner Arbeitsbedingungen nach dem Schuldrechtsmodernisierungsgesetz, DB 2002, 583; *ders.,* Vertragskontrolle im Arbeitsrecht nach der Schuldrechtsreform, NZA 2004, Sonderbeil. zu Heft 18, S. 27; *ders.,* Vertragskontrolle im Arbeitsrecht nach dem Schuldrechtsmodernisierungsgesetz in der Rechtsprechung des Bundesarbeitsgerichts, in: Jahrbuch des Arbeitsrechts (hrsg. von I. Schmidt), Bd. 43, 2006, S. 23; *Reim,* Wirksamkeit von Vertragsklauseln in Formulararbeitsverträgen, JuS 2006, 120; *Richardi,* Gestaltung der Arbeitsverträge durch Allgemeine Geschäftsbedingungen nach dem Schuldrechtsmodernisierungsgesetz, NZA 2002, 1057; *Rolfs,* Arbeitsrechtliche Vertragsgestaltung nach der Schuldrechtsreform, ZGS 2002, 409; *ders.,* Die Inhaltskontrolle arbeitsrechtlicher Individual- und Betriebsvereinbarungen, RdA 2006, 349; *Schlodder,* Der Arbeitsvertrag im neuen Schuldrecht, 2004; *Schnitker/Grau,* Klauselkontrolle im Arbeitsvertrag, BB 2002, 2120; *Schrader/Schubert,* AGB-Kontrolle von Arbeitsverträgen – (Teil 1): Tätigkeit, Arbeitszeit und Vergütung, NZA-RR 2005, 169; *dies.,* AGB-Kontrolle von Arbeitsverträgen – Grundsätze der Inhaltskontrolle arbeitsvertraglicher Vereinbarungen (Teil 2): Gestaltung von Arbeitsverhältnissen, Vertragsstrafe und Ausschlussfristen, NZA-RR 2005, 225; *Singer,* Arbeitsvertragsgestaltung nach der Reform des BGB, RdA 2003, 194; *ders.,* Inhaltskontrolle von Arbeitsverträgen, 2007; *Soiné,* Die arbeitsvertragliche Klauselkontrolle nach der Schuldrechtsreform unter besonderer Betrachtung der im Arbeitsrecht geltenden Besonderheiten, 2005; *Söllner,* Zur Anwendung der gesetzlichen Vorschriften über Allgemeine Geschäftsbedingungen im Arbeitsrecht, ZfA 2003, 145; *von Steinau-Steinrück/Hurek,* Arbeitsvertragsgestaltung, 2007; *Stoffels,* Vertragsgestaltung nach der Schuldrechtsreform – eine Zwischenbilanz, NZA 2004, Sonderbeil. 1/2004, S. 19; *Thüsing,* AGB-Kontrolle im Arbeitsrecht, 2007; *ders.,* Inhaltskontrolle von Formulararbeitsverträgen nach neuem Recht, BB 2002, 2666; *ders.,* Arbeitsverträge, in: Graf von Westphalen (Hrsg.), Vertragsrecht und ABG-Klauselwerke, Stand 2007; *ders.,* Angemessenheit durch Konsens, Zu den Grenzen der Richtigkeitsgewähr arbeitsvertraglicher Vereinbarungen, RdA 2005, 257 ff.; *Thüsing/Leder,* Neues zur Inhaltskontrolle von Formulararbeitsverträgen, BB 2004, 42; *dies.,* Gestaltungsspielräume bei der Verwendung vorformulierter Arbeitsvertragsbedingungen – Allgemeine Grundsätze, BB 2005, 938; *dies.,* Gestaltungsspielräume bei der Verwendung vorformulierter Arbeitsvertragsbedingungen – Besondere Klauseln, BB 2005, 1536; *Tomandl/Schrammel* (Hrsg.), Grenzen der Gestaltungsfreiheit der Arbeitsvertragsparteien, 2006; *Ulmer/Brandner/Hensen,* AGB-Recht, 10. Aufl. 2006, § 307 BGB Rz 414–487 (Kommentierung durch *A. Fuchs*); *Westhoff,* Die Inhaltskontrolle von Arbeitsverträgen, 1975; *Wolf,* Inhaltskontrolle von Arbeitsverträgen, RdA 1988, 270; *ders.,* Entwicklungen im AGB-Recht und ihr Einfluß auf das Arbeitsrecht, in: Inhaltskontrolle im Arbeitsrecht, 2006, hrsg. von Dauner-Lieb/Henssler/Preis, S. 11 ff.; *Versteyl,* Die Obergrenze arbeitsrechtlichen Schutzes, 2005; *Worzalla,* Die Wirksamkeit einzelner Arbeitsvertragsklauseln nach der Schuldrechtsreform, NZA Beilage 3/2006, 122; *Zeller-Müller,* Auswirkungen der Schuldrechtsreform auf die Inhaltskontrolle von Arbeitsverträgen und auf Aufhebungsverträge, 2004; *Ziemann,* Auswirkungen auf das Arbeitsrecht, in: Frankfurter Handbuch zum neuen Schuldrecht, 2002, S. 675; *Zöllner,* Immanente Grenzen arbeitsvertraglicher Regelungen, RdA 1989, 152; *ders.,* Vertragskontrolle und Gerechtigkeit, NZA Beilage 3/2006, 99; *Zundel,* Wirksamkeit arbeitsvertraglicher Klauseln, insbesondere unter dem Aspekt der AGB-Kontrolle, NJW 2006, 1237.

I. Die Erstreckung der AGB-Kontrolle auf das Arbeitsrecht

1. Bisherige Rechtslage

a) Die Bereichsausnahme für Verträge auf dem Gebiet des Arbeitsrechts in § 23 Abs. 1 AGBG

Im Arbeitsrecht sind vorformulierte Vertragsbedingungen ein weit verbreitetes Phänomen. Kaum ein Arbeitsvertrag wird heutzutage noch individuell ausgehandelt.[1] Vorherrschend sind vorformulierte Arbeitsbedingungen, meist als Bestandteil 1

[1] *Preis,* Vertragsgestaltung, S. 54 ff.

von Formulararbeitsverträgen, daneben aber auch in Form von Gesamtzusagen und arbeitsvertraglichen Einheitsbedingungen.

2 Gleichwohl nahm bislang § 23 Abs. 1 AGBG die Verträge auf dem Gebiet des Arbeitsrechts von der Anwendung des AGB-Gesetzes aus. In der Begründung des Regierungsentwurfs zum AGB-Gesetz fand sich die Aussage, dass auf dem Gebiete des Arbeitsrechts ein Schutz des schwächeren Vertragspartners vor unangemessenen Vertragsbedingungen schon durch ein dichtes Netz von zwingenden Vorschriften und durch das besondere System der kollektiv-rechtlichen Vereinbarungen verwirklicht werde.[1] Diese Begründung für die Ausklammerung des Arbeitsrechts aus dem sachlichen Anwendungsbereich des AGB-Gesetzes ist zu Recht auf Kritik gestoßen.[2] Sie ließ insbesondere unerwähnt, dass auch auf dem Gebiete des Arbeitsvertragsrechts die Arbeitsgerichte von Anfang an die Kompetenz in Anspruch nahmen, arbeitsvertragliche Abreden einer intensiven Inhaltskontrolle, mitunter auch Billigkeitskontrolle genannt, zu unterziehen. Gegenstände der Kontrolle waren (und sind) insbesondere Befristungsabreden, Wettbewerbsverbote, Vertragsstrafenvereinbarungen und Rückzahlungsabreden. Als Kontrollmaßstäbe dienten den Arbeitsgerichten die Grundsätze von Treu und Glauben (§ 242), der Maßstab der Billigkeit (§ 315), der Gedanke des Umgehungsschutzes und die Grundrechte. Hier hätte es dringend einer normativen Anleitung bedurft. Ganz allgemein ließ sich kritisch fragen, ob die Bereichsausnahme nicht einen aus privatrechtsdogmatischer Sicht unerwünschten Sonderweg der arbeitsgerichtlichen Inhaltskontrolle ebnete. In verschiedenen Punkten zeigten sich jedenfalls kaum zu rechtfertigende Systemwidersprüche.[3]

b) Die vormalige Rechtsprechung der Gerichte für Arbeitssachen

3 Vor diesem Hintergrund verwundert es nicht, dass die Arbeitsgerichte die Bereichsausnahme für Verträge auf dem Gebiete des Arbeitsvertragsrechts eng auslegten und gerade in den letzten Jahren eine Annäherung der Beurteilungsmaßstäbe an diejenigen des AGB-Rechts zu verzeichnen war. Die arbeitsgerichtliche Rechtsprechung stand zuletzt einer Übertragung einzelner Wertungen des AGB-Gesetzes auf die Kontrolle arbeitsvertraglicher Abreden durchaus aufgeschlossen gegenüber, wenngleich eine einheitliche Linie nicht auszumachen war. In einem Urteil wurde beispielsweise eine Vertragsklausel wegen „unangemessener und sachlich nicht gerechtfertigter Benachteiligung des Arbeitnehmers" für nichtig erklärt.[4] Ferner hieß es in diesem Urteil: „Die Bereichsausnahme des § 23 Abs. 1 AGBG lässt die arbeitsrechtliche Inhaltskontrolle unberührt. Der Arbeitgeber, der vorformulierte Arbeitsvertragstexte verwendet, hat diese Formulierung wegen seiner stärkeren Verhandlungsmacht einseitig durchsetzen können. Aus dieser einseitigen Vertragsgestaltung resultiert seine Pflicht, bei der Abfassung die Interessen des Vertragspartners angemessen zu berücksichtigen." In einem weiteren Urteil rekurrierte das BAG sogar auf das besondere Klauselverbot des § 11 Nr. 15 Buchst. b) AGBG (jetzt § 309 Nr. 12 Buchst. b).[5] Auch das AGB-rechtliche Überraschungsverbot hatte Eingang in die arbeitsgerichtliche Rechtsprechung gefunden.[6] In die entgegengesetzte Richtung wies hingegen zuletzt eine Entscheidung des 10. Senats zu einer arbeitsvertraglichen Verfallklausel, in der es geradezu herausfordernd hieß, die eindeutige

---

[1] BT-Drucks. 7/3919, S. 41.

[2] *Preis,* Vertragsgestaltung, S. 241 ff.; *Fenn,* in: FS für Söllner, S. 333 ff.

[3] Anschaulich am Beispiel der selbstständigen und unselbstständigen Handelsvertreter *Preis/Stoffels,* ZHR 160 (1996), S. 451 ff.

[4] BAG 24. 11. 1993, NZA 1994, 759.

[5] BAG 16. 3. 1994, NZA 1994, 937.

[6] BAG 29. 11. 1995, NZA 1996, 702.

gesetzliche Regelung des § 23 Abs. 1 AGBG verbiete es, die Frage der wirksamen Vereinbarung und die der Wirksamkeit einer Vertragsklausel in formularmäßigen Arbeitsverträgen mittels einer entsprechenden Anwendung der Bestimmungen des AGB-Gesetzes zu überprüfen.[1]

2. Partielle Streichung der Bereichsausnahme durch das Schuldrechtsmodernisierungsgesetz

a) Begründung

Alarmiert durch diese Entscheidung und angeregt durch verschiedene Stellungnahmen aus den Reihen der Wissenschaft kam es auf Initiative des Bundesrates[2] gleichsam in letzter Minute zu einer Teilaufgabe der Bereichsausnahme für das Arbeitsrecht. In der Gegenäußerung der Bundesregierung[3] wird dieser Schritt wie folgt begründet: „Trotz des Schutzes durch zwingende gesetzliche Vorschriften und kollektive Vereinbarungen besteht auch im Arbeitsrecht ein Bedürfnis nach richterlicher Kontrolle der einseitig vom Arbeitgeber festgesetzten Arbeitsbedingungen; dies ist gerade vor dem Hintergrund des existenziellen Angewiesenseins auf einen Arbeitsplatz von besonderer Bedeutung." Nach einem Hinweis auf divergierende Entscheidungen des BAG heißt es sodann, „die aus dieser uneinheitlichen Rechtsprechung entstehende Rechtsunsicherheit sollte durch die Streichung der Bereichsausnahme beseitigt werden. Dadurch wird auch dafür gesorgt, dass das Schutzniveau der Vertragsinhaltskontrolle im Arbeitsrecht nicht hinter demjenigen des Zivilrechts zurückbleibt".[4] 4

b) Folgen für die Vertragskontrolle im Arbeitsrecht

Die Erstreckung des AGB-Rechts auf Arbeitsverträge wird zu einer Neubestimmung der methodischen Grundlagen der Vertragskontrolle im Arbeitsrecht führen müssen.[5] Bisherige Kontrollansätze, wie beispielsweise der Maßstab von Treu und Glauben (§ 242) oder der Billigkeit, der Umgehungsgedanke oder aber die korrigierende Auslegung, gehen nunmehr – jedenfalls, insoweit Allgemeine Geschäftsbedingungen betroffen sind – in einer offenen Inhaltskontrolle am Maßstab der Angemessenheit auf. Hinzu kommen die formellen Anforderungen des AGB-Rechts, also beispielsweise das Transparenzgebot und die Einbeziehungsvoraussetzungen samt Überraschungsverbot. Ferner müsste die Kontrollfreiheit ausgehandelter Individualvereinbarungen künftig in der arbeitsgerichtlichen Rechtsprechung deutlicher akzentuiert werden. Vor diesem Hintergrund wird man prognostizieren dürfen, dass die zivilgerichtliche Rechtsprechung für das Arbeitsrecht deutlich an Gewicht gewinnen wird. 5

Diese veränderte Weichenstellung dürfte aber auch praktische Konsequenzen zeitigen. Für vorformulierte Arbeitsvertragsbedingungen gilt beispielsweise nunmehr das AGB-rechtliche Transparenzgebot. Nicht wenige bisher übliche arbeitsvertragliche Regelungen lassen es an der notwendigen Klarheit bzw. Konkretheit fehlen. Ferner gelten grundsätzlich auch die besonderen Klauselverbote der §§ 308 und 309 sowie das Rechtsfolgenkonzept des § 306. Letzteres beinhaltet das Verbot der geltungserhaltenden Reduktion. Dies alles wird Korrekturen der bisherigen Ver- 6

---

1 BAG 13. 12. 2000, NZA 2001, 723, 724 = RdA 2002, 38 mit krit. Anm. *Preis*.
2 Vgl. die Prüfbitte in der Stellungnahme des Bundesrates, BR-Drucks. 338/01, S. 28.
3 BT-Drucks. 14/6857, S. 54.
4 Kritisch hierzu *Richardi* NZA 2002, 1060.
5 Vgl. hierzu *Preis,* in: Arbeitsvertrag, I C Rz 50.

tragspraxis unumgänglich machen. Erste Entscheidungen haben diese Einschätzung bereits bestätigt.[1]

3. Der neu gestaltete Ausnahmebereich

Schrifttum: *Bayreuther,* Die Rolle des Tarifvertrages bei der AGB-Kontrolle von Arbeitsverträgen, RdA 2003, 81; *von Hoyningen-Huene,* Inhaltskontrolle von kirchlichen Arbeitsvertragsbedingungen, in: FS für Richardi, 2007, S. 909; *Ritter,* AGB-Kontrolle kirchlicher Arbeitsvertragsrichtlinien?, NZA 2005, 447; *Thüsing,* Inhaltskontrolle kirchlicher Arbeitsvertragsrichtlinien, ZTR 2005, 507; *Witt,* AGB-Kontrolle tariflicher Regelungen?, NZA 2004, 135.

7 Weiterhin keine Anwendung finden die AGB-rechtlichen Vorschriften (§§ 305 ff.) auf die arbeitsrechtlichen Kollektivvereinbarungen. § 310 Abs. 4 S. 1 nennt hier Tarifverträge sowie Betriebs- und Dienstvereinbarungen. Insoweit wird also die bisherige Bereichsausnahme für Verträge auf dem Gebiete des Arbeitsrechts fortgeschrieben.

a) Tarifverträge

8 Tarifverträge werden zwischen Arbeitgeberverbänden bzw. einzelnen Arbeitgebern auf der einen und Gewerkschaften auf der anderen Seite abgeschlossen. Liegen die Voraussetzungen nach dem Tarifvertragsgesetz (TVG) vor, so gelten die tariflichen Regelungen zwischen den tarifgebundenen Arbeitsvertragsparteien unmittelbar und zwingend. Das Kontrollbedürfnis ist hier schwächer ausgeprägt, da es in aller Regel an der für Allgemeine Geschäftsbedingungen typischen Überlegenheit des Verwenders fehlen wird. Weder der Arbeitgeberverband bzw. der einzelne Arbeitgeber noch die Gewerkschaft nimmt die Rolle eines „Verwenders" ein. Wegen der Gleichgewichtigkeit der Tarifvertragsparteien ist davon auszugehen, dass bei einer Gesamtbetrachtung der tariflichen Regelungen die Arbeitnehmerinteressen angemessen berücksichtigt werden. Es besteht insoweit eine materielle Richtigkeitsgewähr für die tariflichen Regelungen.[2] Hinzu kommt – und hierauf hebt die Gesetzesbegründung in erster Linie ab –,[3] dass es sich um einen verfassungsrechtlich (Art. 9 Abs. 3 GG) den Koalitionsparteien eingeräumten Gestaltungsspielraum handelt, der über eine intensive Angemessenheitskontrolle nicht über Gebühr eingeengt werden darf. Wie die Gegenäußerung der Bundesregierung auf die Stellungnahme des Bundesrates erkennen lässt, befürchtete man, mit einer Öffnung dieses „normsetzenden" Bereichs für die AGB-Kontrolle, „das System der Tarifautonomie" zu konterkarieren.[4] Dies erhellt zugleich, dass Tarifverträge nur insoweit der AGB-Kontrolle entzogen sein sollen, als sie die Arbeitsbedingungen mit normativer Wirkung gestalten. Das setzt insbesondere beiderseitige Tarifgebundenheit voraus. Gilt eine kollektive Regelung (nur) kraft **einzelvertraglicher Inbezugnahme,** so folgt die Freistellung nicht schon aus § 310 Abs. 4 S. 1.[5] Wohl aber ist Satz 4 der Vorschrift zu beachten (näher hierzu unter dem Stichwort „Bezugnahmeklauseln" unter Rz 100 ff.).

---

[1] Vgl. etwa BAG 12. 1. 2005, NZA 2005, 465 zu einem unbeschränkten Widerrufsvorbehalt oder BAG 4. 3. 2004, NZA 2004, 727 hinsichtlich des Verbots der geltungserhaltenden Reduktion; BAG 25. 5. 2005, NZA 2005, 1111 zu vertraglich vereinbarten Ausschlussfristen; BAG 25. 4. 2007, NZA 2007, 853 zu Freiwilligkeitsvorbehalten; BAG 21. 4. 2005, NZA 2005, 1053 (Vertragsstrafe für den Fall der schuldhaften Veranlassung der fristlosen Kündigung).

[2] BAG 6. 9. 1995, AP Nr. 22 zu § 611 BGB Ausbildungsbeihilfe; *Gamillscheg,* Kollektives Arbeitsrecht I, S. 695 ff. m.w.N.

[3] BT-Drucks. 14/6857, S. 54.

[4] BT-Drucks. 14/6857, S. 54.

[5] *Ulmer/Fuchs* § 307 Rz 420.

Für normativ geltende Tarifverträge muss es also bei einer Kontrolle anhand der Verfassung, anderer zwingender Normen des höherrangigen Rechts und – so jedenfalls das BAG - am Maßstab der guten Sitten verbleiben. In dem danach verbleibenden Gestaltungsspielraum kann einer Tarifnorm erst dann die Anerkennung versagt werden, wenn sie zu einer grundlegenden Schlechterstellung von Arbeitnehmern im Vergleich zu einer sachlich vertretbaren Lösung führt. Wegen der generellen Tarifwirkung ist dabei eine generelle und nicht eine individuelle Betrachtungsweise geboten.[1] **9**

b) Betriebs- und Dienstvereinbarungen

§ 310 Abs. 4 S. 1 nimmt weiterhin Betriebsvereinbarungen (vgl. § 77 BetrVG) und ihr Pendant im öffentlichen Dienst, die Dienstvereinbarungen, von der Anwendung der §§ 305 ff. aus,[2] stellt sie also insoweit auf eine Stufe mit den Tarifverträgen. Zwar ist die Gestaltungskompetenz der Betriebspartner nicht Ausfluss der Tarifautonomie,[3] wohl aber spricht der normative Charakter der Betriebs- und Dienstvereinbarungen für eine Gleichstellung. Ebenfalls vom Ausschlusstatbestand des § 310 Abs. 4 S. 1 erfasst werden Gesamt- und Konzernbetriebsvereinbarungen, nicht hingegen Vereinbarungen zwischen Sprecherausschuss und Arbeitgeber.[4] **10**

Betriebs- und Dienstvereinbarungen hat die Rechtsprechung in der Vergangenheit allerdings einer allgemeinen Billigkeitskontrolle unterzogen.[5] Dies ist vielfach kritisiert worden.[6] Eine wertungskonsistente Interpretation des § 310 Abs. 4 gebietet nunmehr, Betriebs- und Dienstvereinbarungen ebenso wie Tarifverträge nur noch einer **Rechtskontrolle anhand höherrangiger Normen** zu unterziehen. Eine auf einen angemessenen Interessenausgleich zielende Angemessenheitskontrolle und erst recht eine an Zweckmäßigkeitsgesichtspunkten orientierte Billigkeitskontrolle dürfte nunmehr ausgeschlossen sein.[7] Freilich dürfte sich die praktische Bedeutung dieser Korrektur in Grenzen halten, ist doch die arbeitsgerichtliche Rechtsprechung nur in vergleichsweise wenigen Fällen über eine Rechtskontrolle hinausgegangen.[8] **11**

c) Kirchliche Arbeitsvertragsrichtlinien

Was für die Regelungen gilt, die nach dem Beteiligungsmodell des „Dritten Weges" in kircheneigenen Arbeitsrechtsregelungsverfahren erlassen werden, lässt der Gesetzeswortlaut offen. Die kirchlichen Arbeitsvertragsrichtlinien werden von paritätisch besetzten Kommissionen mit Mehrheit festgesetzt und unterscheiden sich schon hierdurch von Tarifverträgen und Betriebsvereinbarungen. Ihnen kommt auch keine normative Wirkung im engeren Sinne zu. Vielmehr müssen sie – ähnlich wie allgemeine Arbeitsbedingungen – in die Arbeitsverträge übernommen **12**

---

[1] So ausdrücklich BAG 6. 9. 1995, AP Nr. 22 zu § 611 BGB Ausbildungsbeihilfe; ferner BAG 6. 11. 1996, AP Nr. 1 zu § 10a AVR Caritasverband.

[2] Daher keine Anwendung des § 308 Nr. 4 auf in Betriebsvereinbarungen geregelte Widerrufsvorbehalte, so folgerichtig BAG 1. 2. 2006, NZA 2006, 563, 565.

[3] Fehlgehend insoweit die Gesetzesbegründung, zu Recht kritisch insoweit *Annuß* BB 2002, 459 und *Gotthardt,* Rz 337.

[4] *Löwisch,* in: FS für Wiedemann, S. 319 f.; *Däubler/Dorndorf/Bonin/Deinert* § 310 Rz 32 und 36.

[5] Grundlegend BAG v. 30. 1. 1970, AP Nr. 142 zu § 242 BGB Ruhegehalt, sodann z. B. BAG 1. 12. 1992, AP Nr. 3 zu § 77 BetrVG 1972 Tarifvorbehalt.

[6] MünchArbR/*Matthes,* 2. Aufl. 2000, § 328 Rz 83 ff.; *Fitting* 23. Aufl. 2006, § 77 BetrVG Rz 233; *Richardi* § 77 BetrVG Rz 117 ff.; *von Hoyningen-Huene* BB 1992, 1642.

[7] Deutlich *Lieb,* in: FS für Ulmer, S. 1241 f.; *Annuß* BB 2002, 459; *Konzen,* in: FS für Hadding, S. 159; ferner ErfK/*Preis* §§ 305–310 Rz 9; *Gotthardt,* Rz 296; *Rolfs* RdA 2006, 354 ff.; für Beibehaltung der Billigkeitskontrolle *Däubler* NZA 2001, 1334.

[8] *Fitting* § 77 BetrVG Rz 232; ErfK/*Preis* §§ 305–310 Rz 9; *Gotthardt,* Rz 337.

werden.[1] In der Literatur ist gleichwohl unter Hinweis auf das kirchliche Selbstbestimmungsrecht die Erstreckung der Bereichsausnahmen des § 310 Abs. 4 auf kirchliche Arbeitsvertragsrichtlinien gefordert worden.[2] Die Annahme einer planwidrigen Regelungslücke ist jedoch nicht überzeugend, da der Gesetzgeber bei der Neuregelung des Rechts der Allgemeinen Geschäftsbedingungen kirchliche Arbeitsvertragsrichtlinien in Kenntnis deren Rechtsqualität gerade nicht in die Formulierung des § 310 Abs. 4 aufgenommen und auf die Statuierung einer besonderen Kirchenklausel (etwa nach dem Vorbild des § 7 Abs. 4 ArbZG und des § 21a Abs. 3 JArbSchG) verzichtet hat.[3] Auch lässt sich dem kirchlichen Selbstbestimmungsrecht in der Weise Rechnung tragen, dass für die Inhaltskontrolle im Rahmen der §§ 305 ff. die für Tarifverträge anzuwendenden Maßstäbe herangezogen werden, zumindest soweit die kirchlichen Richtlinien einschlägige tarifvertragliche Regelungen ganz oder mit im Wesentlichen gleichen Inhalten übernehmen.[4] Im Übrigen bleibt die Möglichkeit, die Eigentümlichkeiten kirchlicher Arbeitsverhältnisse als arbeitsrechtliche Besonderheiten im Sinne des § 310 Abs. 4 S. 2 zu qualifizieren und sie bei der Anwendung der §§ 305 ff. angemessen zu berücksichtigen. Schon der Gesetzgeber hatte in seiner Beschlussempfehlung hierauf explizit hingewiesen.[5]

4. Kontrolle von Arbeitsverträgen unter angemessener Berücksichtigung der im Arbeitsrecht geltenden Besonderheiten

Schrifttum: *Birnbaum*, Was sind die „im Arbeitsrecht geltenden Besonderheiten"?, NZA 2003, 944; *Dorndorf*, Besonderheiten des Arbeitsrechts nach § 310 Abs. 4, in: 50 Jahre Bundesarbeitsgericht, 2004, S. 19; *Hönn*, Zu den „Besonderheiten" des Arbeitsrechts, ZfA 2003, 325; *Morgenroth/Leder*, Die Besonderheiten des Arbeitsrechts im allgemeinen Zivilrecht, NJW 2004, 2797; *Soiné*, Die arbeitsvertragliche Klauselkontrolle nach der Schuldrechtsreform unter besonderer Betrachtung der im Arbeitsrecht geltenden Besonderheiten, 2005; *Steinau-Steinrück/Hurek*, Die im Arbeitsrecht geltenden Besonderheiten – Der Nebel lichtet sich!, NZA 2004, 965; *Thüsing*, Was sind die Besonderheiten des Arbeitsrechts?, NZA 2002, 591.

a) Ausgangspositionen

13 Nach § 310 Abs. 4 S. 2 sind bei Anwendung auf Arbeitsverträge[6] „die im Arbeitsrecht geltenden Besonderheiten angemessen zu berücksichtigen". Der normative Aussagegehalt dieses relativierenden Vorbehalts ist zweifelhaft. Die Materialien zur Gesetzgebungsgeschichte sind wenig ergiebig. In der Gegenäußerung der Bundesregierung[7] auf die Vorschläge des Bundesrates heißt es lapidar, vor allem die besonderen Klauselverbote ohne Wertungsmöglichkeit sollten im Arbeitsrecht nicht zwingend uneingeschränkt zur Anwendung kommen. Im nächsten Satz wird der Gesetzeswortlaut noch dahingehend paraphrasiert, es sollten hier die besonderen Bedürfnisse eines Arbeitsverhältnisses berücksichtigt werden können. Vor diesem Hintergrund verwundert es kaum, dass im Schrifttum bereits ein breites Meinungsspektrum zur Bedeutung der „im Arbeitsrecht geltenden Besonderheiten" erkennbar geworden ist. Dieses reicht von der Ansicht, dass man jegliche arbeitsrechtlichen Besonderheiten, die sich gegen das zwingende Recht der §§ 307 ff. durchsetzen

---

[1] BAG 20. 3. 2002, NZA 2002, 1402, 1404.

[2] *Richardi* NZA 2002, 1062 f.; *ders.*, Arbeitsrecht in der Kirche, 4. Aufl. 2003, § 15 Rz 42 f.; *Thüsing* ZTR 2005, 507 ff.; *ders.* NZA 2002, 310; *Ritter* NZA 2005, 447 ff.; mit Einschränkungen auch *von Hoyningen-Huene*, in: FS für Richardi, S. 918 ff.

[3] So überzeugend BAG 17. 11. 2005, NZA 2006 872, 873. Für Inhaltskontrolle kirchlicher Arbeitsvertragsrichtlinien anhand der §§ 305 ff. auch LAG Köln 8. 5. 2006, NZA-RR 2006, 570, 571 und wohl auch LAG Rheinland-Pfalz 11. 11. 2004, ZTR 2005, 541.

[4] BAG 17. 11. 2005, NZA 2006, 872, 874.

[5] BT-Drucks. 14/7052, S. 189.

[6] Zur Anwendbarkeit auf Aufhebungs- und Abwicklungsverträge vgl. Rz 85.

[7] BT-Drucks. 14/6857, S. 54.

können, als Missbräuche bezeichnen müsste, sodass dieser Vorbehalt im Ergebnis leerlaufe,[1] bis hin zu der entgegengesetzten Position, dass durch diesen Vorbehalt die Anwendbarkeit der §§ 308 und 309 insgesamt ausgeschlossen werde.[2]

Durchzusetzen scheinen sich vermittelnde Ansätze, die grundsätzlich von der Anwendbarkeit der §§ 305 ff. ausgehen und für die Begründung einer Ausnahme vor allem auf die dem Arbeitsverhältnis innewohnenden Besonderheiten abstellen (Regel-Ausnahme-Prinzip). Eine angemessene Berücksichtigung verlange einen Vergleich der Interessenlage der Arbeitsvertragsparteien mit derjenigen im allgemeinen Zivilrecht.[3] In der Tat verfehlen beide genannten Extrempositionen das gesetzgeberische Grundanliegen. Der Normgeber hat durch die Streichung der Bereichsausnahme zu erkennen gegeben, dass er die damalige Begründung für die Ausklammerung der Arbeitsverträge nicht mehr für überzeugend erachtet und ein Bedürfnis für die Anwendbarkeit des AGB-Rechts nunmehr anerkennt. Die vom Gesetzgeber erstrebte Annäherung der arbeits- an die zivilrechtlichen Bewertungsmaßstäbe wäre anderenfalls ernsthaft infrage gestellt. Auf der anderen Seite war dem Gesetzgeber offenbar daran gelegen, jedenfalls punktuell ein Korrektiv zur Verfügung zu stellen, um dem Arbeitsrecht angepasste Lösungen zu verwirklichen. **14**

Bei der Konkretisierung des relativierenden Vorbehalts müssen vor allem zwei Aspekte bedacht werden, denen in der bisherigen Diskussion nicht hinreichend Beachtung geschenkt worden ist. **15**

b) Der Merkmalsbegriff der „im Arbeitsrecht geltenden Besonderheiten"

Die erste Überlegung nimmt ihren Ausgang vom Merkmalsbegriff der „Besonderheiten". Eine Besonderheit kann nur dann konstatiert werden, wenn es gelingt, eine Abweichung von einem Vergleichsfall darzutun. Auf § 310 Abs. 4 bezogen bedeutet dies, dass zunächst die Typizität der den §§ 305 ff. im Allgemeinen und den einzelnen Verbotstatbeständen im Besonderen zu Grunde liegenden Fallkonstellationen herauszuarbeiten ist. Es ist also zu fragen, auf welche Fälle und Interessenlagen die Bestimmungen des AGB-Rechts in erster Linie zugeschnitten sind. Im nächsten Schritt ist zu prüfen, ob für den arbeitsrechtlichen Anwendungsfall infolge anderer rechtlicher oder auch tatsächlicher Ausgangsbedingungen eine andere Bewertung geboten ist. **16**

Einigkeit besteht – soweit ersichtlich – dahingehend, dass die **bisherigen Gepflogenheiten der arbeitsvertraglichen Praxis,** also beispielsweise die weite Verbreitung einer Arbeitsvertragsklausel, für sich allein **keine berücksichtigungsfähigen Besonderheiten** darstellen.[4] Zumindest unglücklich nimmt sich allerdings die Formulierung des BAG aus, **Anrechnungsvorbehalte** seien in arbeitsvertraglichen Vergütungsabreden seit Jahrzehnten gang und gäbe und stellten demgemäß eine Besonderheit des Arbeitsrechts dar, die gem. § 310 Abs. 4 S. 2 angemessen zu berücksichtigen sei.[5] Ebenso wenig wird man in den **bisher ergangenen (höchstrichterlichen) Entscheidungen** und in den in ihnen aufgestellten richterrechtlichen Regeln Besonderheiten des Arbeitsrechts erblicken können. Die Intention des Gesetzgebers ging dahin, den Richter zunächst auf die Anwendung des **17**

---

[1] *Graf von Westphalen,* in: Henssler/Graf von Westphalen, Praxis der Schuldrechtsreform, 1. Aufl. 2002, § 310 Rz 7.

[2] *Lingemann* NZA 2002, 183; sehr weitgehend auch die Beschreibung der „Besonderheiten des Arbeitsrechts" bei *Hromadka* NJW 2002, 2528.

[3] Mit zahlreichen Abweichungen in den Nuancen *Thüsing* NZA 2002, 591 ff.; ErfK/*Preis,* §§ 305–310 Rz 11; HWK/*Gotthardt* § 310 Rz 22 f.; *Lakies* AGB im Arbeitsrecht Rz 341 ff.; *Lindemann,* S. 139 ff. Auf mittlerer Linie liegend auch BAG 4. 3. 2004, NZA 2004, 727, 731.

[4] Vgl. nur HWK/*Gotthardt* § 310 Rz 22 und *Däubler/Dorndorf/Bonin/Deinert* § 310 Rz 77.

[5] BAG 1. 3. 2006, NZA 2006, 746, 749.

neuen Rechts, also der §§ 305 ff., zu verpflichten, also die Rechtsprechung auf eine neue Grundlage zu stellen. Aus diesem Grunde kann dem in § 310 Abs. 4 S. 2 niedergelegten Vorbehalt auch kein Kontinuitätsgebot des Inhalts entnommen werden, die Inhaltskontrolle auf der Linie der bisherigen Rechtsprechung fortzuschreiben.[1] Das schließt es nicht aus, dass eine richterrechtlich aufgestellte Rechtsregel im Einzelfall Ausdruck einer im Arbeitsrecht geltenden Besonderheit ist. Das mag Veranlassung geben, die Anwendung der AGB-rechtlichen Vorschrift im Lichte des § 310 Abs. 4 S. 2 kritisch zu überprüfen. Eine Vermutung für die Anwendung des Vorbehalts zugunsten der im Arbeitsrecht geltenden Besonderheiten besteht allerdings nicht.

18 Umstritten ist, ob der Vorbehalt der im Arbeitsrecht geltenden Besonderheiten auf *rechtliche* Besonderheiten zu beschränken ist.[2] Der diesbezügliche Interpretationsvorschlag gründet auf einer semantischen Spitzfindigkeit („geltenden"), die auch in der Sache nicht überzeugt, da wesentliche das Arbeitsrecht prägende Vorbedingungen bzw. tatsächliche Gegebenheiten ansonsten ausgeblendet werden müssten und eine trennscharfe Abgrenzung ohnehin nicht vorgenommen werden kann. Auch die Gesetzesbegründung, in der allgemein von den „besonderen Bedürfnissen eines Arbeitsverhältnisses" die Rede ist, spricht gegen die Ausklammerung der tatsächlichen Momente.[3] Das BAG hat sich jüngst zu Recht für die Berücksichtigung **auch tatsächlicher Besonderheiten des Arbeitslebens** ausgesprochen.[4] Der Anwendbarkeit des **§ 309 Nr. 13** auf zweistufige Ausschlussfristen konnte es dementsprechend entgegenhalten, diese dienten der **im Arbeitsleben anerkanntermaßen besonders gebotenen raschen Klärung von Ansprüchen** und der Bereinigung offener Streitpunkte.[5]

19 Zu Recht abgelehnt hat das BAG ein (zu) enges Verständnis der im Arbeitsrecht geltenden Besonderheiten, demzufolge es nur auf spezielle Gegebenheiten innerhalb des Arbeitsrechts[6] oder der Sonderarbeitsrechtsbeziehungen wie Arbeitsverträge im kirchlichen Bereich, befristete Verträge, Tendenzunternehmen etc. ankomme solle.[7] Soweit die Gesetzesbegründung auf diese Fälle hinweist, handele es sich lediglich um Beispiele. Für ausreichend hat es das BAG erachtet, dass es sich um **Besonderheiten des Rechtsgebietes Arbeitsrecht im Ganzen** handelt. Es geht – wie das BAG wiederum zu Recht klarstellt - auch nicht allein um Besonderheiten, die nur im Arbeitsrecht gelten.[8] Es genüge, dass sich die **Abweichung von typischen Regelungslagen insbesondere im Arbeitsverhältnis auswirke.** Auf der Grundlage dieser Prämissen hat das BAG folgerichtig den **Ausschluss der Vollstreckbarkeit der Arbeitsleistung nach § 888 Abs. 2 ZPO** als eine im Arbeitsrecht geltende Besonderheit gewertet, die der **Anwendung des Klauselverbots des § 309 Nr. 6 auf Vertragsstrafenversprechen in Arbeitsverträgen entgegenstehe.**[9]

---

1 So aber *Thüsing* NZA 2002, 593; wie hier *Preis* NZA 2003, Sonderbeil. zu Heft 16, S. 26.

2 So dezidiert *Thüsing* NZA 2002, 592; ihm folgend *Preis* NZA 2003, Sonderbeil. zu Heft 16, S. 26; *Lakies,* AR-Blattei SD 35 Rz 201; *Hönn* ZfA 2003, 331 ff.; Däubler/*Dorndorf/Bonin/Deinert* § 310 Rz 64; LAG Hamm 24. 1. 2003, NZA 2003, 499, 501; ArbG Bochum 8. 7. 2002, NZA 2002, 978, 979.

3 Wie hier für Einbeziehung auch tatsächlicher Besonderheiten *v. Steinau-Steinrück/Hurek* NZA 2004, 967; *Joost,* in: FS für Ulmer, S. 1203; *Henssler,* in: Das neue Schuldrecht in der Praxis, S. 636; *Birnbaum* NZA 2003, 946; *Singer* RdA 2003, 199.

4 BAG 25. 5. 2005, NZA 2005, 1111, 1113; BAG 11. 4. 2006, NZA 2006, 1149, 1151; BAG 14. 8. 2007, NZA-RR 2008, 129, 133.

5 BAG 25. 5. 2005, NZA 2005, 1111, 1113.

6 Beispiel: Die in § 106 S. 1 GewO bestätigte Besonderheit, dass in Arbeitsverträgen die Leistungspflicht des Arbeitnehmers regelmäßig nur rahmenmäßig beschrieben wird; vgl. hierzu BAG 11. 4. 2006, NZA 2006, 1149.

7 BAG 4. 3. 2004, NZA 2004, 727, 731.

8 BAG 4. 3. 2004, NZA 2004, 727, 732.

9 BAG 4. 3. 2004, NZA 2004, 727, 731 ff.

In methodischer Hinsicht bleibt festzuhalten, dass die Überlegungen ihren Ausgang im AGB-Recht nehmen. Die Besonderheiten des Arbeitsrechts müssen mit Bezug auf das AGB-Recht formuliert werden. Von daher hätte die Vertragsstrafenentscheidung des BAG an Überzeugungskraft gewonnen, wenn das Regelungsanliegen des § 309 Nr. 6 mit ins Auge gefasst worden wäre. Dann wäre deutlich geworden, dass sich das Klauselverbot – wie insbesondere die Aufführung der Fallgruppen „Nichtabnahme", „verspätete Abnahme" und „Zahlungsverzug" zeigt – am Erscheinungsbild des zahlungspflichtigen Kunden orientiert.[1] Hier wird eine Ausgangslage vorausgesetzt, wie sie sich im Arbeitsrecht nicht findet. 20

c) Grundsätzliche Wertungsoffenheit der AGB-rechtlichen Kontrollmaßstäbe

Der zweite Gesichtspunkt gründet ebenfalls im AGB-Recht. Die nähere Befassung mit dem AGB-Recht erweist, dass die dort versammelten Vorschriften – einmal abgesehen von § 309 – ohnehin erhebliche Wertungsspielräume eröffnen. Diese dürften es dem Rechtsanwender im Allgemeinen erlauben, den besonderen Gegebenheiten des Arbeitsrechts Rechnung zu tragen. Eines Rückgriffs auf § 310 Abs. 4 bedarf es hierfür nicht. Für den allgemeinen Angemessenheitsmaßstab der Generalklausel des § 307 versteht sich dies von selbst.[2] Aber auch das Transparenzgebot lässt Raum für situationsabhängige, dem Arbeitsrecht angepasste Bewertungen. Dasselbe gilt für die Überraschungskontrolle. Überhaupt ist es im AGB-Recht seit jeher eine Selbstverständlichkeit, die in den jeweiligen Rechtsgebieten geltenden Besonderheiten im Rahmen der vom AGB-Recht eröffneten Wertungsspielräume angemessen zur Geltung zu bringen. Von daher wird das in § 310 Abs. 4 S. 1 im Wesentlichen lediglich bekräftigend niedergelegte Gebot der angemessenen Berücksichtigung der im Arbeitsrecht geltenden Besonderheiten praktische Bedeutung allein im Bereich der Klauselverbote ohne Wertungsmöglichkeit gewinnen.[3] Dass die amtliche Überschrift des § 309 von Klauselverboten „ohne Wertungsmöglichkeit" spricht, steht dem nicht entgegen. Das BAG beruft sich hierfür zu Recht auf die Gesetzgebungsgeschichte, konkret auf die Gegenäußerung der Bundesregierung, derzufolge „vor allem die besonderen Klauselverbote ohne Wertungsmöglichkeit nicht zwingend uneingeschränkt zur Anwendung kommen" sollen.[4] Hinzu kommt ein systematisches Argument: Nähme man § 309 von der Berücksichtigung der arbeitsrechtlichen Besonderheiten aus, so verlöre, da die §§ 307 f. ohnehin Spielräume für richterliche Wertung ließen, der Vorbehalt des § 310 Abs. 1 S. 2 nahezu jeglichen Regelungsgehalt.[5] 21

5. Modifikationen des § 310 Abs. 3

Schrifttum: *Benecke/Pils,* Der Arbeitsvertrag als Verbrauchervertrag, ZIP 2005, 1956; *Mohr,* Der Begriff des Verbrauchers und seine Auswirkungen auf das neu geschaffene Kaufrecht und das Arbeitsrecht, AcP 204 (2004), S. 660.

a) Der Arbeitnehmer als Verbraucher

Für die AGB-Kontrolle vorformulierter Arbeitsvertragsbedingungen ist es sodann in mehrfacher Hinsicht wichtig zu klären, ob die **in § 310 Abs. 3 für Verbrau-** 22

[1] *Preis,* Vertragsgestaltung, S. 472.

[2] *Hromadka* NJW 2002, 2528 will hingegen auch im Rahmen des § 307 den Vorbehalt des § 310 Abs. 4 Satz 2 zur Anwendung bringen.

[3] Auch *Morgenroth/Leder* NJW 2004, 2797 sehen hier den „Hauptwirkungsbereich der arbeitsrechtlichen Besonderheiten"; ähnlich *Birnbaum* NZA 2003, 949.

[4] BAG 4. 3. 2004, NZA 2004, 729, 731.

[5] BAG 4. 3. 2004, NZA 2004, 729, 731.

cherverträge vorgesehenen Modifikationen zu beachten sind. Das Eingreifen dieser Vorschrift hätte zur Folge, dass der sachliche Anwendungsbereich der §§ 305 ff. punktuell erweitert (§ 310 Abs. 3 Nr. 1 und 2) und der Kontrollmaßstab durch die Berücksichtigung individueller vertragsschlussbegleitender Umstände (§ 310 Abs. 3 Nr. 3) angereichert würde. Da die Unternehmereigenschaft des Arbeitgebers in aller Regel vorliegen dürfte, liegt der Fokus auf der Frage, ob der Arbeitnehmer im Verhältnis zum Arbeitgeber Verbraucher im Sinne des § 13 ist. **Verbraucher** ist hiernach jede natürliche Person, die ein Rechtsgeschäft zu einem Zwecke abschließt, der weder ihrer gewerblichen noch ihrer selbstständigen beruflichen Tätigkeit zugerechnet werden kann. Ob der Arbeitnehmer im Verhältnis zum Arbeitgeber von dieser Begriffsbestimmung erfasst wird, ist außerordentlich umstritten.[1]

23 Das **BAG hat** die **Verbrauchereigenschaft des Arbeitnehmers** jüngst **bejaht** und dies ausführlich begründet.[2] Dieser Entscheidung ist zuzustimmen. Denn bei der Einfügung des § 13 in das BGB durch das Fernabsatzgesetz hat der Gesetzgeber bewusst davon abgesehen, den engeren Verbraucherbegriff des europäischen Richtlinienrechts für das deutsche Recht zu übernehmen. Dass er dabei die Konsequenzen für das Arbeitsrecht nicht bedacht hat, mag richtig sein, dürfte aber kein durchschlagendes Gegenargument darstellen, zumal verschiedene Äußerungen im Gesetzgebungsverfahren der Schuldrechtsmodernisierung in die gegenteilige Richtung deuten.[3] Der jetzt in § 13 verankerte Verbraucherbegriff ist ein hochabstrakter Rechtsbegriff, der allein durch die Merkmale des § 13 bestimmt wird. Weder lässt sich dieser Definition eine konsumtive noch eine generell nicht-berufliche Zwecksetzung des rechtsgeschäftlichen Agierens als Voraussetzung entnehmen. Allein die selbstständige berufliche Tätigkeit ist ausgeklammert.[4] Man kann diese Vermischung zweier Schutzsysteme mit guten Gründen kritisieren.[5] Dies ändert jedoch nichts daran, dass eine sachgerechte, teleologisch fundierte **Eingrenzung** nach der Systematik des deutschen Verbraucherschutzrechts **nicht auf der Statusebene** vorzunehmen ist, **sondern bei den Normenkomplexen, die an die Verbrauchereigenschaft anknüpfen;**[6] das ist häufig besonderes Vertragstypenrecht oder vertriebsformabhängiges Recht.[7] Das AGB-Recht hingegen stellt sich als ein vertragstypübergreifendes Schutzrecht dar, so dass hier auch die Modifikationen des § 310 Abs. 3 zum Zuge kommen.[8] Das ist auch in der Sache gerechtfertigt, da das Schutzbedürfnis des auf den Arbeitsplatz angewiesenen Arbeitneh-

---

[1] **Dafür** u.a. *Boemke* BB 2002, 97; *Canaris,* in: Lorenz (Hrsg.), Karlsruher Forum 2002, S. 179; *Däubler* NZA 2001, 1332 ff.; *Däubler/Dorndorf/Bonin/Deinert* Einl. Rz 60 ff.; *Gotthardt,* Rz 8 ff.; HWK/*Gotthardt* § 310 Rz 2 ff.; *Hanau,* Anm. AP Nr. 4 zu § 288 BGB; *Hümmerich/Holthausen* NZA 2002, 173 ff.; *Lakies* AGB im Arbeitsrecht Rz 94 f.; *Lindemann,* S. 93 f.; ErfK/*Müller-Glöge* § 620 Rz 14; ErfK/*Preis* § 611 Rz 182; *Reinecke* DB 2002, 587; *Thüsing,* AGB-Kontrolle im Arbeitsrecht, Rz 46 ff.; **dagegen** u.a. *Annuß* NJW 2002, 2844 ff.; *Bauer/Kock* DB 2002, 43 f.; *Henssler* RdA 2002, 133 f.; *Hromadka* NJW 2002, 2524; *Lingemann* NZA 2002, 183 f.; *Löwisch,* S. 315 f.; *Natzel* NZA 2002, 595 ff.; *Lieb,* in: FS für Ulmer, S. 1233 f.; *Soergel/Pfeiffer* § 13 Rz 44; *Reichold* ZTR 2002, 204; *Mankowski* SAE 2005, 70 ff.; *Rieble/Klumpp* ZIP 2002, 2153; *Tschöpe/Pirscher* RdA 2004, 358; *Ulmer/Fuchs* § 307 Rz 441.

[2] BAG 25. 5. 2005, NZA 2005, 1111, 1115; ebenso BVerfG (2. Kammer des Ersten Senats) 23. 11. 2006, NZA 2007, 85, 86.

[3] Vgl. z.B. Bericht des Rechtsausschusses BT-Drucks. 14/7052, S. 190.

[4] Dass sich dem Wortsinn des § 13 keine Auslegungsdirektive entnehmen lässt, zeigt übrigens die Einbeziehung von Bürgschaftsverträgen und Beitrittserklärungen zu Vereinen durch die Rechtsprechung (vgl. BGH 14. 5. 1998, NJW 1998, 2356 und OLG München 18. 5. 1995, NJW 1996, 263).

[5] Vgl. *Lieb,* in: FS für Ulmer, S. 1233; *K. Schmidt,* in: FS für Konzen, S. 879.

[6] BAG 25. 5. 2005, NZA 2005, 1111, 1115.

[7] Zur Nichtanwendbarkeit der §§ 312, 355 auf arbeitsrechtliche Aufhebungsverträge vgl. BAG 27. 11. 2003, NZA 2004, 597; kritisch insoweit *Singer,* Inhaltskontrolle von Arbeitsverträgen, S. 7 ff.

[8] So im Übrigen bemerkenswerterweise auch *Lieb,* in: FS für Ulmer, S. 1237 trotz seiner Grundsatzkritik an der Gleichstellung von Arbeitnehmer und Verbraucher; ebenso *Ulmer/Fuchs* § 307 Rz 442.

mers vor unangemessenen Vertragsbedingungen sicherlich nicht geringer einzustufen ist als dasjenige eines klassischen Verbrauchers, der eine vertragliche Bindung zur Befriedigung konsumtiver Bedürfnisse eingeht.[1]

b) Konsequenzen für die AGB-Kontrolle

Die Konsequenzen der Qualifikation des Arbeitnehmers als Verbraucher für die Anwendung der §§ 305 ff. auf Arbeitsvertragsbedingungen werden im Rahmen des Gliederungspunkts II. (der Prüfungsgang der AGB-Kontrolle von Arbeitsverträgen) erörtert. Zur Modifikation des Merkmals „Stellen" (§ 310 Abs. 3 Nr. 1) und zum Verzicht auf das Vielzahlkriterium (Nr. 2) vgl. Rz 36, zum veränderten Kontrollmaßstab vgl. Rz 22. **24**

6. Kein Verbandsklageverfahren

Die AGB-Rechtskonformität vorformulierter Arbeitsvertragsbedingungen ist im Individualprozess zwischen Arbeitgeber und Arbeitnehmer zu klären. Ein auf Unterlassung oder Widerruf gerichtetes **Verbandsklageverfahren ist ausgeschlossen,** da § 15 UKlaG das Arbeitsrecht insgesamt aus dem Anwendungsbereich des Unterlassungsklagengesetzes herausnimmt.[2] Dem **Betriebsrat** ist allerdings nach § 80 Abs. 1 Nr. 1 BetrVG die Aufgabe zugewiesen, die in Formulararbeitsverträgen enthaltenen Bestimmungen auf ihre Vereinbarkeit mit den Vorgaben des Nachweisgesetzes sowie mit dem Recht der Allgemeinen Geschäftsbedingungen zu **überwachen.**[3] **25**

7. Nichtarbeitsrechtliche Vertragsbeziehungen zwischen Arbeitgeber und Arbeitnehmer

Schrifttum: *Kania,* Nichtarbeitsrechtliche Beziehungen zwischen Arbeitgeber und Arbeitnehmer, 1990; *Nicolai,* Anwendbarkeit des AGB-Gesetzes auf „nichtarbeitsrechtliche Beziehungen" zwischen Arbeitgeber und Arbeitnehmer, ZIP 1995, 359.

a) Allgemeines

Arbeitgeber und Arbeitnehmer können auch außerhalb des Arbeitsvertrages in vertragliche Beziehungen treten. Der Arbeitnehmer kann beispielsweise ein zinsgünstiges Darlehen in Anspruch nehmen, eine Werkswohnung anmieten, Waren (von Lebensmitteln bis hin zum Pkw) zum Mitarbeiterpreis erwerben, sich für seinen Arbeitgeber verbürgen, ihm gegenüber ein Schuldanerkenntnis oder ein Schuldversprechen abgeben[4] oder mit ihm einen Leasingvertrag abschließen[5]. Diese Verträge stehen zwar in einem gewissen Zusammenhang mit dem Arbeitsvertrag, sind jedoch rechtlich von diesem zu trennen. Folgerichtig wurden sie nach h. M. bereits von der Bereichsausnahme des § 23 Abs. 1 nicht erfasst.[6] Insoweit kann an die bisherige Rechtsprechung angeknüpft werden. Auch nach neuem Recht **unterliegen** diese Verträge **in vollem Umfang der Inhaltskontrolle.** Der relativierende Vorbehalt des § 310 Abs. 4 S. 2 gelangt nicht zur Anwendung **26**

---

[1] *Thüsing,* AGB-Kontrolle im Arbeitsrecht, Rz 47; *Preis* NZA 2003, Sonderbeil. zu Heft 16, S. 24

[2] Zum Hintergrund dieser Ausnahme vgl. *Ulmer/Hensen* § 15 UKlaG Rz 1.

[3] Näher hierzu BAG 16. 11. 2005, NZA 2006, 553.

[4] Hierzu jüngst BAG 15. 3. 2005, NZA 2005, 682.

[5] Zum Leasingvertrag mit Arbeitnehmern vgl. LAG Düsseldorf 18. 5. 1995, LAGE § 611 Inhaltskontrolle Nr. 1.

[6] BAG 23. 9. 1992, AP Nr. 1 zu § 611 BGB Arbeitnehmerdarlehen; BAG 26. 5. 1993, AP Nr. 3 zu § 23 AGB-Gesetz; BAG 15. 3. 2005, NZA 2005, 682, 684; LAG Saarland 29. 4. 1987, NZA 1988, 164; *Ulmer,* 9. Aufl. 2001 § 23 AGBG Rz 5a; a.A. *Nicolai* ZIP 1995, 359.

und die besonderen Einbeziehungsvoraussetzungen nach § 305 Abs. 2 und 3 sind zu beachten.[1]

b) Darlehen

Schrifttum: *Berger-Delhey,* Arbeitsrechtliche Probleme des Arbeitgeberdarlehens, DB 1990, 837; *Kania,* Darlehen, AR-Blattei SD 570; *Stoffels,* Darlehen, in: Der Arbeitsvertrag, hrsg. von Preis, 2. Aufl. 2005, II D 10.

27 Darlehen der Arbeitnehmer an ihre Arbeitgeber (sog. **Arbeitnehmerdarlehen)** sind wegen der Kumulierung von Arbeitsplatzrisiko und Sparguthabenrisiko und wegen der Abhängigkeit des Arbeitnehmers problematisch. Der Gesetzgeber hat aus diesem Grunde in § 3 Nr. 1 KWG den Betrieb des Einlagengeschäfts für den Fall verboten, dass der Kreis der Einleger überwiegend aus Betriebsangehörigen des Unternehmens besteht und nicht sonstige Bankgeschäfte betrieben werden, die den Umfang dieses Einlagegeschäfts übersteigen. Soweit nicht schon die Verbotsnorm des § 3 Nr. 1 KWG eingreift, müssen sich die vom Arbeitgeber vorformulierten Bedingungen für Arbeitnehmerdarlehen einer Inhaltskontrolle nach §§ 305 ff. stellen. Für zulässig hat es das BAG erachtet, dass der Arbeitnehmer auf die Auszahlung einer freiwilligen Sonderleistung verzichtet und diesen Betrag dem Arbeitgeber langfristig als verzinsliches Darlehen zur Verfügung stellt. Selbst die Festsetzung einer 15-jährigen Laufzeit, unabhängig von der Beendigung des Arbeitsverhältnisses, wurde in diesem Fall nicht beanstandet.[2]

28 Ein **Arbeitgeberdarlehen** liegt vor, wenn der Arbeitgeber mit Rücksicht auf das Arbeitsverhältnis einem Arbeitnehmer Kapital zur vorübergehenden Nutzung überlässt. Der Zusammenhang der Darlehensvergabe mit dem Arbeitsverhältnis zeigt sich regelmäßig darin, dass dem Arbeitnehmer das Darlehen zu günstigeren als den marktüblichen Konditionen überlassen wird.

29 Das Arbeitgeberdarlehen ist zunächst ein „normales" Gelddarlehen im Sinne von § 488. Das bedeutet, dass sich auch bei der Gestaltung von Arbeitgeberdarlehensverträgen dieselben Probleme ergeben können wie bei sonstigen Darlehen, etwa die Problematik der Sittenwidrigkeit von Ratenkreditverträgen. Darüber hinaus ist das Arbeitgeberdarlehen grundsätzlich ein Verbraucherdarlehensvertrag im Sinne von § 491.[3] Das ergibt sich aus § 491 Abs. 2 Nr. 2, wonach die §§ 492 ff. keine Anwendung auf Verbraucherdarlehensverträge finden, die ein Arbeitgeber mit seinem Arbeitnehmer zu Zinsen abschließt, die unter den marktüblichen Sätzen liegen.[4] Nimmt der Arbeitnehmer von seinem Arbeitgeber ein Darlehen zu mindestens marktüblichen Zinsen in Anspruch, gelten für den Darlehensvertrag besondere Form- und Wirksamkeitserfordernisse (§§ 492, 494) und der Arbeitnehmer hat ein Widerrufsrecht (§ 495).

30 Soweit Arbeitgeberdarlehen auf der Grundlage von vorformulierten Darlehensbedingungen gewährt werden, unterliegen sie der Inhaltskontrolle nach den §§ 305 ff. Problematisch sind hier vor allem vertragliche Bestimmungen, die sich mit dem Schicksal des Darlehens bei Beendigung des Arbeitsverhältnisses beschäftigen. Zu beachten ist hier, dass nach der Rechtsprechung[5] Darlehen bei Be-

---

[1] MünchKomm/*Basedow* § 310 Rz 97; *Däubler/Dorndorf/Bonin/Deinert* Einl. Rz 41; *Birnbaum* NZA 2003, 949; *Thüsing,* AGB-Kontrolle im Arbeitsrecht, Rz 58.

[2] BAG 23. 9. 1992, AP Nr. 1 zu § 611 BGB Arbeitnehmerdarlehen.

[3] *Schaub/Linck,* Arbeitsrechts-Handbuch, 12. Aufl. 2007, § 70 Rz 20.

[4] *Däubler* NZA 2001, 1329, 1333; *Bauer/Kock* DB 2002, 42, 45; *Hümmerich/Holthausen* NZA 2002, 173, 174; *Holtkamp* AuA 2002, 250, 254.

[5] BAG 23. 9. 1992, AP Nr. 1 zu § 611 BGB Arbeitnehmerdarlehen; LAG Baden-Württemberg 15. 7. 1969, AP Nr. 3 zu § 607 BGB.

endigung des Arbeitsverhältnisses nicht automatisch sofort und in voller Höhe zur Rückzahlung fällig werden. Aber auch die Vereinbarung eines **jederzeitigen Kündigungsrechts** ist problematisch. Im Hinblick auf eine ebenfalls in den Vertrag aufgenommene langfristige Tilgungsvereinbarung wurde ein jederzeitiges Kündigungsrecht als unangemessene Benachteiligung des Darlehensnehmers/Arbeitnehmers (§ 307 Abs. 2) eingestuft.[1] Vertragliche **Vereinbarungen über die sofortige Rückzahlung** des Darlehens bei Beendigung des Arbeitsverhältnisses sind ebenfalls nicht unproblematisch, insbesondere wenn das Darlehen für eine größere Anschaffung, z.B. den Erwerb einer Immobilie, gewährt wurde.[2] Bedeutung erlangt hier vor allem der Beendigungsgrund. Für zulässig wird beispielsweise eine Gesamtfälligkeitsregelung gehalten, die für den Fall einer vom Arbeitnehmer verursachten und verschuldeten außerordentlichen Arbeitgeberkündigung getroffen wird,[3] während an eine betriebsbedingte Kündigung[4] oder eine außerordentliche Arbeitnehmerkündigung, für die der Arbeitgeber einen wichtigen Grund gesetzt hat,[5] nicht angeknüpft werden dürfe. Mitunter sehen die Darlehensbedingungen des Arbeitgebers eine **Zinsanpassungsklausel** vor, wonach bei Beendigung des Arbeitsverhältnisses die bislang gewährten Sonderkonditionen, insbesondere Zinsvergünstigungen, entfallen und der Arbeitnehmer nunmehr den Marktzins zu entrichten hat. Hinsichtlich der Zulässigkeit solcher Zinsanpassungsklauseln ist zu unterscheiden: Unzulässig ist eine Zinsanpassungsklausel dann, wenn der Arbeitnehmer verpflichtet wird, ein Arbeitgeberdarlehen nach Beendigung des Arbeitsverhältnisses **rückwirkend** zu Marktkonditionen zu verzinsen. Eine solche Vertragsgestaltung verstößt gegen das Verbot der unzulässigen Kündigungserschwerung. Grundsätzlich zulässig ist es dagegen, wenn der Arbeitnehmer in einer Zinsanpassungsklausel verpflichtet wird, nach Beendigung des Arbeitsverhältnisses **für die Zukunft statt der vereinbarten Sonderkonditionen einen im Vorhinein festgelegten höheren Zinssatz** zu entrichten.[6] Eine solche Klausel führe – so das BAG – nicht zu einer unangemessenen Benachteiligung des Darlehensnehmers. Denn die vereinbarte Klausel berechtige den Darlehensgeber nicht, den Zinssatz bei Beendigung des Arbeitsverhältnisses an den für den Tag des Ausscheidens noch zu ermittelnden marktüblichen Zinssatz anzupassen. Für den Fall des Ausscheidens sei der anzuwendende Zinssatz bereits bei Abschluss des Darlehensvertrages konkret vertraglich festgesetzt worden. Freilich ist darauf zu achten, dass der für den Fall der Beendigung des Arbeitsverhältnisses festgesetzte Zinssatz den ermäßigten nur maßvoll übersteigt, also nicht Züge eines „Strafzinses“ annimmt. Generell problematisch sind nach der Rechtsprechung solche Klauseln, die dem Darlehensnehmer das Zinsveränderungsrisiko aufbürden, etwa indem sie den Darlehensgeber berechtigen, bei Ausscheiden eines Mitarbeiters dessen Darlehenszinssatz der dann geltenden Effektivverzinsung anzupassen, den Zinssatz also nicht im Vorhinein beziffern.[7]

---

[1] LAG Hamm 19. 2. 1993, DB 1994, 1243.

[2] Näher hierzu *Stoffels,* in: Arbeitsvertrag, hrsg. von Preis, II D 10 Rz 16 ff.

[3] *Küttner/Griese,* Personalbuch 2008, Arbeitgeberdarlehen, Rz 9.

[4] *Küttner/Griese,* Personalbuch 2008, Arbeitgeberdarlehen, Rz 8 unter Hinweis auf die Rechtsprechung zur Rückzahlung von Ausbildungskosten nach betriebsbedingter Kündigung (BAG 6. 5. 1998, AP Nr. 28 zu § 611 BGB Ausbildungsbeihilfe); ebenso unter Hinweis auf § 162 *Schaub/Linck,* Arbeitsrechts-Handbuch, § 70 Rz 21. Kritisch zu dieser Parallele *Stoffels,* in: Arbeitsvertrag, hrsg. von Preis, II D 10 Rz 16; *Preis,* Grundfragen der Vertragsgestaltung im Arbeitsrecht, S. 558.

[5] BAG 24. 2. 1964, AP Nr. 1 zu § 607 BGB.

[6] BAG 23. 2. 1999, NZA 1999, 1212.

[7] Vgl. insofern den allerdings besonders gelagerten Fall der Entscheidung LAG Saarbrücken 29. 4. 1987, LAGE § 9 AGBG Nr. 1; andeutungsweise auch BAG 23. 2. 1999, NZA 1999, 1212.

c) Arbeitnehmerbürgschaft

Schrifttum: *Seifert,* Zur Zulässigkeit von Arbeitnehmerbürgschaften, NJW 2004, 1707.

31 In einer gewissen Nähe zu Arbeitnehmerdarlehen stehen Bürgschaften von Arbeitnehmern für Verbindlichkeiten ihres Arbeitgebers gegenüber externen Gläubigern (Banken, Lieferanten etc.). Sie sind ebenfalls hochproblematisch, da sie darauf zielen, das wirtschaftliche Unternehmerrisiko auf die Arbeitnehmer zu überwälzen.[1] Ferner kann der Gesichtspunkt der finanziellen Überforderung des Arbeitnehmers einer solchen Arbeitnehmerbürgschaft entgegenstehen. So hat der BGH jüngst entschieden, dass eine von einem Arbeitnehmer mit mäßigem Einkommen aus Sorge um den Erhalt seines Arbeitsplatzes für einen Bankkredit des Arbeitgebers übernommene Bürgschaft sittenwidrig sei, wenn sie den Arbeitnehmer finanziell krass überfordere und sich der Arbeitgeber in einer wirtschaftlichen Notlage befinde.[2] Zu den Anforderungen an formularmäßige Bürgschaftserklärungen vgl. im Übrigen Anh. § 310 Rz B 355 ff. Von einer Arbeitnehmerbürgschaft abzugrenzen sind Bürgschaften Dritter (z.B. Familienangehöriger) für Forderungen des Arbeitgebers gegen den Arbeitnehmer aus dem Arbeitsverhältnis. Eine solche Bürgschaft benachteiligt die bürgende Privatperson jedenfalls dann unangemessen entgegen den Geboten von Treu und Glauben (§ 307), wenn die Einstandspflicht global alle bestehenden und künftig entstehenden Forderungen erfassen soll.[3]

d) Personalkäufe

32 Verbreitet räumen Unternehmen ihren Mitarbeitern die Möglichkeit ein, Produkte des Unternehmens zu besonders günstigen Konditionen zu erwerben. Die Beispielsfälle sind vielgestaltig und reichen vom Kantinenessen über das Einkaufen von Lebensmitteln, Kosmetika etc. mit Personalrabatt bis zum Erwerb von Jahreswagen zu deutlich erniedrigten Preisen. Der von der Automobilindustrie ihren Mitarbeitern gewährte Nachlass beträgt bis zu 25%. Anlass zu Streitigkeiten geben mitunter die sog. **Nachzahlungsklauseln,** in denen sich der Arbeitnehmer verpflichtet, bei Ausscheiden vor einem bestimmten Zeitpunkt die Differenz zum vollen Kaufpreis nachzuentrichten. Bei einer solchen Nachzahlungsklausel handelt es sich um eine Preisnebenabrede, die der Inhaltskontrolle nach den §§ 307 ff. unterliegt. Eine unangemessene Benachteiligung im Sinne des § 307 wäre gegeben, wenn die Nachzahlungsverpflichtung den Fall der vom Arbeitgeber schuldhaft veranlassten außerordentlichen Arbeitnehmerkündigung nicht ausnimmt. Das BAG hat ferner entschieden, dass eine Nachzahlungsklausel in einem Kfz-Kaufvertrag mit einem Werksangehörigen wegen Verstoßes gegen das Transparenzgebot unwirksam ist, wenn die Höhe des Preisnachlasses im Vertrag nicht angegeben wird. Der Arbeitnehmer habe ein schutzwertes Interesse, dass der ggf. zu zahlende Geldbetrag bereits bei Vertragsschluss beziffert wird, und der Arbeitgeber sei hierzu auch ohne weiteres in der Lage.[4]

e) Mietverträge über Werkwohnungen

33 In die Reihe der „Parallelverträge“[5] lassen sich schließlich noch Mietverträge über Werkwohnungen einordnen. Hierbei geht es um Wohnraum, der „mit Rücksicht auf das Bestehen eines Dienstverhältnisses vermietet“ wird (vgl. § 576).[6] Für die

---

[1] *Seifert* NJW 2004, 1709.

[2] BGH 14. 10. 2003, NJW 2004, 161; KG 25. 4. 1997, MDR 1998, 234.

[3] BAG 27. 4. 2000, NJW 2000, 3299 und BAG 27. 4. 2000 – 8 AZR 301/99, n.v.

[4] BAG 26. 5. 1993, AP Nr. 3 zu § 23 AGBG; kritisch *Nicolai* ZIP 1995, 359 ff. Vgl. ferner LAG Düsseldorf 4. 3. 2005, BB 2005, 1576.

[5] Zur Terminologie *Däubler/Dorndorf/Bonin/Deinert,* Einl. Rz 37.

Vermietung solcher Werkmietwohnungen gelten zum einen die mietrechtlichen Vorschriften (insbes. 573, 573c und 573d) sowie, wenn es sich – wie meist – um einen Formularvertrag handelt, die §§ 305 ff.[7] Besondere und zwingend ausgestaltete Vorschriften enthalten die §§ 576 und 576a. Wichtig ist hier vor allem § 576, der bei Beendigung des Dienstverhältnisses durch verkürzte Kündigungsfristen eine schnellere Beendigung des Mietverhältnisses erlaubt. Zu beachten ist, dass Aufrechnungsvereinbarungen, nach denen die Miete bei der Auszahlung der Vergütung einbehalten wird, üblich und zulässig sind.

8. Vertragsbeziehungen arbeitnehmerähnlicher Personen

Auf die Vertragsbeziehungen der arbeitnehmerähnlichen Personen, also derjenigen, die zwar wirtschaftlich unselbstständig Dienste für einen anderen erbringen und daher einem Arbeitnehmer vergleichbar schutzbedürftig, aber nicht persönlich abhängig sind,[8] fand das AGB-Recht schon bislang uneingeschränkt Anwendung.[9] Dies hatte zu gewissen Wertungswidersprüchen zur Inhaltskontrollrechtsprechung der Arbeitsgerichte geführt.[10] Mit der Aufhebung der Bereichsausnahme für Arbeitsverträge sollte es hier zu einer Harmonisierung der Kontrollmaßstäbe kommen. Der einzig verbleibende Unterschied besteht künftig darin, dass auf die Vertragsbeziehungen der arbeitnehmerähnlichen Personen der Vorbehalt der im Arbeitsrecht geltenden Besonderheiten (§ 310 Abs. 4 S. 2) keine Anwendung findet.[11] **34**

II. Der Prüfungsgang der AGB-Kontrolle von Arbeitsvertragsbedingungen

1. Vorliegen Allgemeiner Geschäftsbedingungen

a) Allgemeines

Voraussetzung für das Eingreifen der §§ 305 ff. ist zunächst, dass es sich bei den zu überprüfenden arbeitsvertraglichen Abreden um Allgemeine Geschäftsbedingungen im Sinne des § 305 Abs. 1 handelt. Hiernach setzt die **AGB-Qualität** voraus, dass es sich um für eine Vielzahl von Verträgen vorformulierter Vertragsbedingungen handelt, die eine Vertragspartei der anderen Vertragspartei bei Abschluss eines Vertrags stellt.[12] Schon das äußere Erscheinungsbild des Vertrages kann eine entsprechende Vermutung begründen.[13] Im heutigen Arbeitsleben ist es in aller Regel der Arbeitgeber, der standardisierte Arbeitsvertragsbedingungen vorgibt, so dass die Merkmale des § 305 Abs. 1 meist erfüllt sein werden.[14] Die AGB-Definition des § 305 Abs. 1 verlangt nicht, dass der Verwender die Bedingungen selbst formuliert hat. Es genügt daher beispielsweise, dass sich der Arbeitgeber eines Vertrags- **35**

[6] Ausführlich hierzu *Staudinger/Rolfs,* (2006) Kommentierung zu §§ 576 und 576a; unter § 576b auch näheres zur Abgrenzung zu Werkdienstwohnungen, deren praktische Bedeutung hinter derjenigen von Werkmietwohnungen zurückbleibt.

[7] Für Anwendung des AGB-Rechts bereits vor der teilweisen Streichung der Bereichsausnahme *Preis,* Vertragsgestaltung, S. 565 ff.

[8] Vgl. die Legaldefinition in § 12a TVG. Genauer zum Begriff der „arbeitnehmerähnlichen Person" *Hromadka* NZA 1997, 1249 und ErfK/*Preis,* § 611 Rz 110 ff.

[9] Aus der Rechtsprechung etwa BAG 24. 10. 2002, NZA 2003, 668; OLG Düsseldorf 11. 6. 1999, OLGR 1999, 468; LAG Hamm 15. 5. 1998, NZA-RR 1999, 405; *Ulmer,* 9. Aufl. 2001, § 23 AGBG Rz 7.

[10] Ausführlich hierzu *Preis/Stoffels* ZHR 160 (1996), 442.

[11] ErfK/*Preis* §§ 305–310 Rz 10; *Ulmer/Fuchs* § 307 Rz 422; *Ulmer* § 310 Rz 146.

[12] Ausführlich zu den einzelnen Merkmalen des AGB-Begriffs § 305 Rz 7 ff.

[13] BAG 1. 3. 2006, NZA 2006, 746, 748; BAG 14. 8. 2007, NZA 2008, 170, 171.

formulars bedient, das von einem Dritten – etwa einem Arbeitgeberverband oder einem Rechtsanwalt – ausgearbeitet und ihm zur Verwendung empfohlen worden ist. Auch die Übernahme von Vertragsmustern aus einem arbeitsrechtlichen Vertragshandbuch erfüllt den Tatbestand des § 305 Abs. 1.

36 Die Anforderungen an den AGB-Begriff werden zudem noch herabgesetzt durch die in § 310 Abs. 3 Nr. 1 und 2 für Verbraucherverträge vorgesehenen Modifikationen.[15] Nach § 310 Abs. 3 Nr. 1 gelten Allgemeine Geschäftsbedingungen als vom Unternehmer, also vom Arbeitgeber, gestellt, es sei denn, dass sie durch den Verbraucher, also den Arbeitnehmer, in den Vertrag eingeführt wurden. Die Inhaltskontrolle wird somit auch für solche Vertragsbedingungen eröffnet, die von einer neutralen dritten Person in den Vertrag eingeführt werden. Für das Arbeitsrecht noch bedeutsamer dürfte § 310 Abs. 3 Nr. 2 sein. Wesentliche Schutzvorschriften des AGB-Rechts gelten hiernach auch dann, wenn die vorformulierten Vertragsbedingungen nur zur einmaligen Verwendung bestimmt sind, vorausgesetzt, der Arbeitnehmer konnte auf Grund der Vorformulierung auf ihren Inhalt keinen Einfluss nehmen. Der Verzicht auf das Vielzahlkriterium hat zur Folge, dass auch ein vom Arbeitgeber für einen einzelnen Fall – z.B. für die Einstellung eines leitenden Angestellten – vorformulierter Arbeitsvertrag der AGB-rechtlichen Inhaltskontrolle unterliegt, es sei denn, die Bedingungen wären im Verhandlungswege zu Individualvereinbarungen geworden.[16]

37 An das **Vorliegen einer Individualabrede** im Sinne von § 305 Abs. 1 S. 3 (und § 310 Abs. 3 Nr. 1 a.E.) werden strenge Anforderungen gestellt. Allein die Tatsache, dass die Arbeitsvertragsparteien über einzelne Punkte des Arbeitsvertrages sprechen, genügt für die Annahme einer Individualvereinbarung nicht. Ausgehandelt im Sinne von § 305 Abs. 1 Satz 3 ist eine Vertragsbedingung nur, wenn der Verwender die betreffende Klausel inhaltlich ernsthaft zur Disposition stellt und dem Verhandlungspartner Gestaltungsfreiheit zur Wahrung eigener Interessen einräumt, mit der realen Möglichkeit, die inhaltliche Ausgestaltung der Vertragsbedingungen zu beeinflussen.[17] Es muss die ernsthafte Abänderungsbereitschaft des Arbeitgebers erkennbar geworden sein.[18] Eine Aushandlungsklausel, wonach die Bedingungen im Einzelnen ausgehandelt seien, ist unwirksam (§ 309 Nr. 12 Buchst. b) und für sich allein kein ausreichendes Indiz für ein tatsächlich erfolgtes Aushandeln.[19] Hingewiesen sei noch darauf, dass unter Umständen jede Klausel gesondert zu untersuchen ist. Es ist ohne weiteres denkbar, dass sich in einem ansonsten den §§ 305 ff. unterstehenden Formulararbeitsvertrag einzelne Klauseln befinden, die durch Aushandeln zu Individualvereinbarungen geworden sind.[20]

b) Formulararbeitsvertrag

38 Den wohl häufigsten Fall stellt in der Praxis der arbeitgeberseitig[21] vorformulierte (Formular-)Arbeitsvertrag dar. Typischerweise werden in dieses Formular nur

---

[14] *Preis,* in: Der Arbeitsvertrag, I B Rz 3; *Gotthardt,* Rz 240. Schon *Sinzheimer* bemerkte, dass „der Arbeitgeber das Normalschema bestimmt und der Einzelne sich diesem unterwirft oder auf Arbeit in diesem Bereich verzichtet". (Der korporative Arbeitsnormenvertrag, 1907 I, S. 10).

[15] Zum Arbeitsvertrag als Verbrauchervertrag und zur umstr. Verbrauchereigenschaft des Arbeitnehmers siehe oben Rz 22 f.

[16] BAG 8. 8. 2007, NZA 2008, 229.

[17] BAG 27. 7. 2005, NZA 2006, 40, 44; BAG 1. 3. 2006, NZA 2006, 746, 748.

[18] LAG Schleswig-Holstein 23. 5. 2007, NZA-RR 2007, 514.

[19] BGH NJW 28. 1. 1987, 1987, 1634; *Stoffels* AGB-Recht Rz 686.

[20] *Lakies,* AGB im Arbeitsrecht Rz 81; BGH 5. 12. 1995, NJW-RR 1996, 783, 787 f.

[21] Zur Rolle des Betriebsrats bei der Gestaltung von Formulararbeitsverträgen vgl. BAG 16. 11. 2005, NZA 2006, 553 und *Bachner* NZA 2007, 536.

noch einige wenige Angaben, wie z.B. Name des Arbeitnehmers, Beginn des Arbeitsverhältnisses, Stellenbeschreibung, Arbeitszeit und Vergütung, eingetragen. Ein solcher Formulararbeitsvertrag unterliegt grundsätzlich dem AGB-Recht, wobei der AGB-Charakter einer Regelung durch unselbstständige Ergänzungen (z.B. Name des Arbeitnehmers, Arbeitsbeginn, Arbeitsaufgabe) nicht infrage gestellt wird.[1]

c) Allgemeine Arbeitsbedingungen

Auch allgemeine Arbeitsbedingungen (arbeitsvertragliche Einheitsregelungen) **39**
werden nicht individuell mit dem einzelnen Arbeitnehmer ausgehandelt, sondern einheitlich allen Arbeitsverhältnissen zu Grunde gelegt.[2] Dies geschieht im Regelfall durch Verweisung im Arbeitsvertrag auf eine vom Arbeitgeber – ggf. unter Mitwirkung des Betriebsrates – gesetzte Ordnung. Solche nicht in den Text des Arbeitsvertrages übernommenen Bedingungswerke befassen sich beispielsweise mit dem Urlaubsgeld, mit der betrieblichen Altersversorgung oder mit der Ordnung im Betrieb. Sie können sowohl für den Arbeitnehmer vorteilhafte als auch ihm nachteilige Bestimmungen enthalten. Auch diese Ordnungen stehen auf der Ebene des Arbeitsvertrages[3] und erfüllen die Voraussetzungen des AGB-Begriffs nach § 305 Abs. 1.[4]

d) Gesamtzusagen

Unter einer Gesamtzusage versteht man im Arbeitsrecht eine an alle Arbeitneh- **40**
mer oder an einen nach abstrakten Merkmalen bestimmten Teil von ihnen in allgemeiner Form gerichtete Erklärung des Arbeitgebers, zusätzliche Leistungen (z.B. eine Weihnachtsgratifikation) erbringen zu wollen.[5] Die Bekanntgabe kann z.B. per Brief oder E-Mail, durch Aushang am Schwarzen Brett oder im Rahmen einer Belegschaftsversammlung mündlich erfolgen. Auch hier ist die Bindungswirkung vertragsrechtlich zu begründen. Die Arbeitnehmer nehmen das ihnen unterbreitete Angebot (§ 145) konkludent an, wobei es nach § 151 eines Zugangs der Annahmeerklärung nicht bedarf.[6] Der AGB-Charakter einer Gesamtzusage ist daher zu bejahen.[7] Wegen der dem Arbeitnehmer zusätzlich versprochenen Leistung ist das Kontrollbedürfnis zwar eher schwach ausgeprägt.[8] Denkbar ist aber immerhin, dass die Modalitäten der Leistungsgewährung, insbesondere die Einschränkungen, Ausnahmen und Rückzahlungsvorbehalte, unangemessen benachteiligende Wirkung entfalten.

e) Betriebliche Übung

Schrifttum: *Ricken,* Betriebliche Übung und Vertragskontrolle im Arbeitsrecht, DB 2006, 1372; *Ulrici,* Betriebliche Übung und AGB-Kontrolle, BB 2005, 1902.

---

[1] Däubler/*Dorndorf/Bonin/Deinert* § 305 Rz 11; *Lakies,* AGB im Arbeitsrecht Rz 58; *Thüsing,* AGB-Kontrolle im Arbeitsrecht, Rz 51; vgl. auch § 305 Rz 43; BGH NJW 1996, 1676, 1677; 1998, 1066, 1067; 1998, 2815, 2816; 1999, 1105, 1106; 1999, 3260.

[2] Näher zu den Allgemeinen Arbeitsbedingungen MünchArbR/*Richardi,* 2. Aufl. 2000, § 12 Rz 33 ff.

[3] MünchArbR/*Richardi,* 2. Aufl. 2000, § 12 Rz 37; *Junker,* Grundkurs Arbeitsrecht, 6. Aufl. 2007, Rz 77.

[4] *Lakies,* AGB im Arbeitsrecht, Rz 71. Vgl. auch *Säcker* (Gruppenautonomie und Übermachtkontrolle im Arbeitsrecht, 1972, S. 85), der schon früh in Allgemeinen Arbeitsbedingungen eine „spezielle Spielart der Allgemeinen Geschäftsbedingungen" erblickte.

[5] BAG 19. 5. 2005, NZA 2005, 889 (890); MünchArbR/*Richardi,* 2. Aufl. 2000, § 12 Rz 38.

[6] BAG 10. 12. 2002, NZA 2004, 271; *Dütz,* Arbeitsrecht, 12. Aufl. 2007, Rz 56.

[7] LAG Köln 16. 10. 2006, NZA-RR 2007, 120, 121; *Hennigfeld,* Auswirkungen der neuen §§ 305 ff. auf die Arbeitsvertragskontrolle, S. 64 ff.; *Däubler/Dorndorf/Bonin/Deinert* § 310 Rz 35.

[8] *Junker,* Grundkurs Arbeitsrecht, Rz 78.

41 Klärungsbedürftig ist schließlich, ob auch Regelungen, die im Wege betrieblicher Übung im Verhältnis von Arbeitgeber und Arbeitnehmer verbindlich werden, einer Inhaltskontrolle nach den §§ 305 ff. zugänglich sind. Unter einer betrieblichen Übung wird die regelmäßige Wiederholung bestimmter Verhaltensweisen durch den Arbeitgeber verstanden, aus denen der Arbeitnehmer schließen kann, ihm solle eine Leistung oder Vergünstigung auf Dauer eingeräumt werden.[1] AGB-rechtlich interessant wird dieses Institut, wenn man bedenkt, dass auch Regelungen, die grundsätzlich vorteilhaft für den Arbeitnehmer sind, nachteilige Bestandteile aufweisen können und nach – allerdings umstrittener – Ansicht auch verschlechternde, insbesondere gegenläufige Übungen denkbar sind.[2] Unabhängig von der dogmatischen Begründung der Bindungswirkung[3] spricht der Schutzzweck der §§ 305 ff. für deren Anwendbarkeit auf Regelungen, die im Wege betrieblicher Übung verbindlich geworden sind.[4] Den Arbeitnehmer hier schlechter zu stellen als im Falle Allgemeiner Arbeitsbedingungen und einer Gesamtzusage, würde wertungsmäßig nicht überzeugen; zumal die Übergänge fließend sind und der Arbeitnehmer angesichts der mangelnden Greifbarkeit des Regelungsinhalts bei einer betrieblichen Übung eher noch schutzbedürftiger ist.

f) Keine intensivierte Kontrolle von Individualvereinbarungen

42 Das BAG hat der Frage nach dem Zustandekommen der vertraglichen Abrede bislang kaum je eine gesteigerte Bedeutung beigemessen und auch Individualvereinbarungen einer Inhaltskontrolle unterworfen. Hier dürfte künftig konsequenter zu unterscheiden sein.[5] Besteht für die Vertragspartner die Möglichkeit, die Vertragsbedingungen im Einzelnen auszuhandeln, ist im Grundsatz davon auszugehen, dass sie ihre Interessen selbst angemessen vertreten können. Das sich hieraus ergebende Mehr an Vertragsfreiheit darf nicht durch Ausweichen auf Ersatzinstrumente, wie den Maßstab der Billigkeit (§ 315) oder der guten Sitten (§ 138), wieder zunichte gemacht werden.[6] Davon geht jetzt auch das BAG aus.[7] Zu Recht führt es, Urteil vom 25. 5. 2005, aus, eine Billigkeitskontrolle im Sinne einer allgemeinen, nicht auf die Besonderheiten des Falles bezogenen Angemessenheitsprüfung finde nach § 242 bei ausgehandelten Vertragsbedingungen nicht (mehr) statt. Die §§ 305 ff. stellten eine abschließende Konkretisierung des Gebots von Treu und Glauben hinsichtlich des allgemeinen, allein den Inhalt der Regelung überprüfenden Angemessenheitskontrolle dar. Ausgehandelte Vertragsbedingungen mit Führungskräften unterliegen nach den Wertungen der §§ 305 ff. beispielsweise ebenso wenig einer intensivierten Inhaltskontrolle wie nachträglich ausgehandelte Änderungen des laufenden Arbeitsvertrages. Ausnahmsweise bleibt eine richterliche Kontrolle bei strukturellen Störungen der Vertragsparität erforderlich. Dieser Tatbestand hat allerdings auch im Arbeitsrecht Ausnahmecharakter.[8] Es handelt sich

---

[1] BAG 16. 1. 2002, AP Nr. 56 zu § 242 BGB Betriebliche Übung; BAG 19. 5. 2005, NZA 2005, 889, 890.

[2] BAG 26. 3. 1997, NZA 1997, 1007 mit kritischer Anm. *Franzen*, SAE 1997, 344 ff.

[3] Eingehend MünchArbR/*Richardi*, 2. Aufl. 2000, § 13.

[4] So im Ergebnis auch HWK/*Gotthardt* § 305 Rz 7; *Däubler/Dorndorf/Bonin/Deinert* § 310 Rz 35; *Ulrici* BB 2005, 1904; *Ricken* DB 2006, 1375 f.; *Hennigfeld*, Auswirkungen der neuen §§ 305 ff. auf die Arbeitsvertragskontrolle, S. 69 ff.; nicht überzeugend *Ulmer/Fuchs* § 307 Rz 425.

[5] *Gotthardt*, Rz 234; *Hanau* NJW 2002, 1242; ErfK/*Preis* §§ 305–310 Rz 27; für eine Fortführung der Inhaltskontrolle individuell ausgehandelter Arbeitsbedingungen bei strukturellem Ungleichgewicht hingegen *Hromadka* NJW 2002, 2524 f.; ähnlich auch *Maschmann* RdA 2005, 217.

[6] So zutreffend *Thüsing*, AGB-Kontrolle im Arbeitsrecht, Rz 43 f.; *Thüsing/Leder* BB 2005, 940; ErfK/*Preis* §§ 305–310 Rz 24; zu den verbleibenden Schranken der Vertragsgestaltung *Rolfs* RdA 2006, 352 f.

[7] BAG 25. 5. 2005, NZA 2005, 1111, 1116.

[8] *Thüsing*, AGB-Kontrolle im Arbeitsrecht, Rz 44.

um Fälle, in denen der Inhalt des Vertrages eine Seite ungewöhnlich belastet und als Interessenausgleich offensichtlich ungeeignet ist.[1]

2. Einbeziehung der Arbeitsvertragsbedingungen

a) Keine Anwendung von § 305 Abs. 2, 3

Mit der Aufhebung der Bereichsausnahme für das Arbeitsvertragsrecht hat sich der Gesetzgeber zwar für eine Inhaltskontrolle vorformulierter Arbeitsvertragsbedingungen nach AGB-rechtlichen Maßstäben entschieden, das Schutzinstrument der Einbeziehungskontrolle jedoch ausdrücklich ausgenommen. **§ 305 Abs. 2 und 3** findet **gemäß § 310 Abs. 4 Satz 2 Halbs. 2 keine Anwendung.** Dies erstaunt, hatten sich doch schon vor der Aufhebung der Bereichsausnahme namhafte Autoren für eine analoge Anwendung des § 2 AGBG auf Arbeitsverträge ausgesprochen.[2] Der Gesetzgeber hat sich für die Ausklammerung des § 305 Abs. 2 und 3 auf das **Nachweisgesetz**[3] berufen.[4] Hiernach sei der Arbeitgeber ohnehin verpflichtet, dem Arbeitnehmer die wesentlichen Vertragsbestimmungen auszuhändigen oder dies durch einen Hinweis auf eine einschlägige Kollektivvereinbarung zu ersetzen. Hierbei hat der Gesetzgeber jedoch offenkundig den Regelungsgehalt des Nachweisgesetzes verkannt.[5] Das Nachweisgesetz begründet eine Verpflichtung des Arbeitgebers, dem Arbeitnehmer die für sein Arbeitsverhältnis wesentlichen Arbeitsbedingungen schriftlich nachzuweisen. Damit soll mehr Rechtssicherheit und Rechtsklarheit im Arbeitsverhältnis geschaffen werden. Eine Verpflichtung, dem Arbeitnehmer die schriftlich niedergelegten Arbeitsbedingungen bereits im Zeitpunkt des Vertragsschlusses auszuhändigen, besteht hingegen nicht (vgl. § 2 Abs. 1 Satz 1 NachwG). Es geht mithin nicht wie bei § 305 Abs. 2 um die Etablierung rechtsgeschäftlicher Schutzstandards in Form erhöhter Transparenzanforderungen im Zeitpunkt des Vertragsschlusses. Im Übrigen ahndet das Nachweisgesetz die Nichteinhaltung der Nachweispflicht auch nicht mit der Sanktion der Nichtgeltung.[6] Es kann daher schon aus diesem Grunde nicht an die Stelle des § 305 Abs. 2 treten. Trotz dieser Fehlbewertung des Nachweisgesetzes wird man die eindeutige gesetzgeberische Entscheidung nicht im Wege der analogen Anwendung des § 305 Abs. 2 korrigieren dürfen.[7] Es verbleibt insoweit bei den allgemeinen rechtsgeschäftlichen Regeln (§§ 145 ff). Das bedeutet, dass eine zumindest konkludente Willensübereinstimmung der Vertragspartner hinsichtlich der Geltung der Allgemeinen Geschäftsbedingungen unverzichtbar ist. Wie im unternehmerischen Verkehr ist hierfür erforderlich, dass der eine Teil (Arbeitgeber) zum Ausdruck bringt, neben dem individual-vertraglich Vereinbarten sollten auch bestimmte Allgemeine Geschäftsbedingungen Vertragsinhalt werden, und der andere Teil (Arbeitnehmer) damit einverstanden ist.[8] **43**

---

[1] BAG 25. 5. 2005, NZA 2005, 1111, 1116 unter Hinweis auf BVerfG 19. 10. 1993, NJW 1994, 36.

[2] *Staudinger/Schlosser,* 13. Bearb. 1998, § 23 AGBG Rz 1c; MünchKomm/*Basedow,* 4. Aufl. 2001, § 23 AGBG Rz 3; *Pauly* NZA 1997, 1031; *Fenski* AuR 1989, 169; abl. *M. Wolf* RdA 1988, 275; *Wiedemann/Oetker,* 6. Aufl. 1999, § 3 TVG Rz 235.

[3] Gesetz vom 20. 7. 1995, I. I S. 946.

[4] BT-Drucks. 14/6857, S. 54.

[5] Kritisch zu Recht *Annuß* BB 2002, 460; *Richardi* NZA 2002, 1058 f.; *Thüsing,* AGB-Kontrolle im Arbeitsrecht, Rz 84.

[6] BAG 27. 7. 2005, NZA 2006, 37, 38; zu den Rechtsfolgen der Nichteinhaltung der Nachweispflicht *Bergwitz* BB 2001, 2316.

[7] In diesem Sinne auch BAG 14. 3. 2007, NZA 2008, 45, 47; ErfK/*Preis* §§ 305–310 Rz 26; *Thüsing,* AGB-Kontrolle im Arbeitsrecht, Rz 84; *Lakies,* AGB im Arbeitsrecht, Rz 212.

[8] BGH 12. 2. 1992, NJW 1992, 1232.

43a Weiterhin für zulässig gehalten wird die konkludente Einbeziehung (einschlägiger) Tarifverträge.[1] Auch Verweisungen auf ein Klauselwerk in seiner jeweiligen Fassung (sog. **Jeweiligkeitsklausel)** sollen weiterhin in Grenzen zulässig sein.[2] Soweit hingegen dynamische Verweisungen auf allgemeine Arbeitsbedingungen für zulässig erachtet oder gar empfohlen werden (z.B. „Im Übrigen gelten die als Anlage zu diesem Vertrag beigefügten allgemeinen Arbeitsbedingungen des Unternehmens in ihrer jeweils gültigen Fassung ...“),[3] ist dem entschieden zu widersprechen. Es handelt sich hier weniger um ein Einbeziehungsproblem als um eine Frage der Inhalts- und Transparenzkontrolle. Eine solche Verweisungsklausel statuiert ein uneingeschränktes einseitiges Änderungsrecht des Verwenders, setzt also das rechtsgeschäftliche Konsensprinzip außer Kraft.[4] Dies unter Hinweis auf die Nichtgeltung des § 305 Abs. 2 für Arbeitsverträge zu rechtfertigen, ist nicht angängig. Da es für die Einbeziehung nicht darauf ankommt, dem Arbeitnehmer die Möglichkeit zu verschaffen, in zumutbarer Weise vom Inhalt der Vertragsbedingungen Kenntnis zu nehmen, muss einem **ausländischen Arbeitnehmer** auch keine Übersetzung des deutschen Formulararbeitsvertrages an die Hand gegeben werden.[5]

b) Überraschungskontrolle

44 Eine eher bescheidene und im Verhältnis zur Inhaltskontrolle klar untergeordnete Rolle wird im Arbeitsrecht das sog. Überraschungsverbot spielen. Dies schon deshalb, weil der Arbeitnehmer dem Inhalt eines Arbeitsvertrages anders als den sonstigen täglichen Massengeschäften regelmäßig größere Aufmerksamkeit widmen wird.[6] Das Überraschungsverbot ist in **§ 305c Abs. 1** niedergelegt und besagt, dass Klauseln, die so ungewöhnlich sind, dass der Vertragspartner nicht mit ihnen zu rechnen braucht, auch dann nicht Vertragsbestandteil werden, wenn in Bezug auf das Klauselwerk als Ganzes die Einbeziehung wirksam erfolgt ist. Dem Vertragspartner des Verwenders, hier dem Arbeitnehmer, wird es also ermöglicht, sich von einer überraschenden Klausel zu distanzieren, ohne ihre inhaltliche Unangemessenheit dartun zu müssen.[7] Im Überraschungsverbot, wie es in § 305c Abs. 1 seinen gesetzlichen Niederschlag gefunden hat, verkörpert sich ein allgemeiner Rechtsgedanke des Vertragsrechts, der im Gebot von Treu und Glauben verankert ist. Folgerichtig griff das BAG schon vor Aufhebung der Bereichsausnahme für Verträge auf dem Gebiete des Arbeitsrechts auf diesen Gedanken zurück.[8] Dies belegt, dass „im Arbeitsrecht geltende Besonderheiten“ im Sinne des § 310 Abs. 4 S. 2 der

---

1 *Thüsing,* AGB-Kontrolle im Arbeitsrecht, Rz 200; ErfK/*Preis* §§ 305–310 Rz 26; *Lakies,* AGB im Arbeitsrecht Rz 224.

2 *Gotthardt,* Rz 246.

3 *Preis,* in: Der Arbeitsvertrag, II V 40 Rz 93; zu unkritisch auch *Thüsing,* in: *von Westphalen,* AGB, Arbeitsverträge, Bearbeit. 2002, Rz 102 unter Hinweis auf BAG 14. 3. 1961, AP Nr. 78 zu § 242 BGB Ruhegehalt.

4 LAG Nürnberg 22. 2. 2008 – 3 Sa 333/07, n. v. Die Unzulässigkeit einer solchen Vertragsgestaltung ist im allgemeinen Zivilrecht unstreitig, vgl. *Palandt/Heinrichs* § 305 Rz 48; *Locher,* Recht der Allgemeinen Geschäftsbedingungen, 3. Aufl. 1997, S. 50; aus der Rechtsprechung BGH 8. 10. 1997, BGHZ 136, 394, 402; BGH 17. 3. 1999, NJW 1999, 1865. Zulässig ist allenfalls eine auf einer Genehmigungfiktion basierende Änderungsklausel nach Art von Nr. 1 Abs. 2 der AGB-Banken 2000.

5 LAG Niedersachsen 18. 3. 2005, NZA-RR 2005, 401, 402.

6 So auch die Einschätzung von ErfK/*Preis* §§ 305–310 Rz 29; ebenso BAG 27. 4. 2000 – 8 AZR 301/99, n.v.

7 So die Begründung des Regierungsentwurfs zum AGB-Gesetz, BT-Drucks. 7/3919, S. 19.

8 Vgl. BAG 29. 11. 1995, NZA 1996, 702 und BAG 27. 4. 2000 – 8 AZR 301/99 – n.v., wobei offen gelassen wurde, ob es sich um eine analoge Anwendung des § 3 AGBG oder um den Rückgriff auf § 242 in Verbindung mit einem allgemeinen Rechtsgedanken handelte. Auf § 242 abstellend BAG 13. 12. 2000, NZA 2001, 723, 724 und BAG 6. 8. 2003, NZA 2004, 96, 97 f.; für analoge Anwendung des § 3 AGBG ArbG Berlin 1. 9. 1980, NJW 1981, 479.

Anwendung des Überraschungsverbots im Rahmen der Kontrolle vorformulierter Arbeitsvertragsbedingungen nicht entgegenstehen.[1]

Der **Tatbestand des Überraschungsverbots** setzt nach h. M. voraus, dass die zu beurteilende Klausel zum einen objektiv ungewöhnlich und zum anderen in subjektiver Hinsicht für den Vertragspartner überraschend ist.[2] Das Ungewöhnliche einer Klausel bestimme sich nach dem Gesamtbild des konkreten Vertrages und nach den Erwartungen, die der redliche Verkehr typischerweise oder auf Grund des Verhaltens des Verwenders bei Vertragsschluss an den Vertragsinhalt knüpfe. Zwischen den durch die Umstände bei Vertragsschluss begründeten Erwartungen und dem tatsächlichen Vertragsinhalt müsse ein deutlicher Widerspruch bestehen.[3] Die Erwartungen des Vertragspartners würden von allgemeinen und individuellen Begleitumständen des Vertragsschlusses bestimmt. Hierzu zählten u.a. der Gang und der Inhalt der Vertragsverhandlungen einerseits sowie der äußere Zuschnitt des Vertrags andererseits.[4] In subjektiver Hinsicht müsse der Klausel ein Überrumpelungs- oder Übertölpelungseffekt innewohnen.[5] Das Überraschungsmoment sei umso eher zu bejahen, je belastender die Bestimmung sei.[6] **45**

Im Folgenden sollen unter besonderer Berücksichtigung der bisher ergangenen Rechtsprechung einige typische **Anwendungsfälle** der Überraschungskontrolle im Arbeitsrecht vorgestellt werden. **46**

Ins Blickfeld der Rechtsprechung sind beispielsweise **Ausschlussfristen** in Arbeitsverträgen geraten. Diese sind zwar keineswegs generell überraschend, da im Arbeitsleben weit verbreitet.[7] Eine Ausschlussfrist wird jedoch dann nicht Vertragsinhalt, wenn sie der Verwender ohne besonderen Hinweis und ohne drucktechnische Hervorhebung unter falscher oder missverständlicher Überschrift in den Arbeitsvertrag einordnet.[8] Der Überraschungseffekt ergab sich hier mithin aus der äußeren Gestaltung des Arbeitsvertrages (formale Überraschung). **47**

Auch **Ausgleichsquittungen** können für den Arbeitnehmer überraschende Wirkung entfalten, wenn der Arbeitgeber sie in eine Erklärung mit falscher oder missverständlicher Überschrift ohne besonderen Hinweis oder drucktechnische Hervorhebung einfügt.[9] **48**

---

[1] *Däubler/Dorndorf/Bonin/Deinert* § 305c Rz 6; *Gotthardt,* Rz 255; *Thüsing,* AGB-Kontrolle im Arbeitsrecht, Rz 85.

[2] *Ulmer* § 305c Rz 11 ff.; *Palandt/Heinrichs* § 305c Rz 3 f.; *Däubler/Dorndorf/Bonin/Deinert* § 305c Rz 8 ff.; *Lakies,* AGB im Arbeitsrecht, Rz 228; eingehend zu den Voraussetzungen § 305c Rz 18 ff.; abweichende Konzeption bei *Stoffels,* AGB-Recht, 235 ff.

[3] BAG 23. 2. 2005, NZA 2005, 1193, 1198; BAG 27. 7. 2005, NZA 2006, 37, 38; BAG 8. 8. 2007, DB 2008, 133, 134.

[4] BAG 8. 8. 2007, DB 2008, 133, 134.

[5] BGH 17. 5. 1982, BGHZ 84, 109, 112; BGH 26. 1. 2001; BGHZ 146, 331, 336; BAG 14. 8. 2007, NZA 2008, 170, 171; BAG 27. 7. 2005, NZA 2006, 37, 38; BAG 6. 8. 2003, NZA 2004, 96, 98; *Palandt/Heinrichs* § 305c Rz 4.

[6] BAG 6. 8. 2003, NZA 2004, 96, 98; BAG 23. 2. 2005, NZA 2005, 1193, 1198; BAG 14. 8. 2007, NZA 2008, 170, 171.

[7] BAG 13. 12. 2000, NZA 2001, 723, 724; BAG 25. 5. 2005, NZA 2005, 1111, 1113; LAG Berlin 17. 5. 1999, AR-Blattei ES 350 Nr. 163; LAG Niedersachsen 18. 3. 2005, NZA-RR 2005, 401, 403; ErfK/*Preis* §§ 305–310 Rz 29; *Däubler/Dorndorf/Bonin/Deinert* § 305c Rz 18.

[8] BAG 31. 8. 2005, NZA 2006, 324, 326; BAG 29. 11. 1995, NZA 1996, 702; vgl. auch LAG Köln 18. 11. 1996, AR-Blattei ES 350 Nr. 153.

[9] BAG 23. 2. 2005, NZA 2005, 1193, 1198 f.; BAG 6. 9. 2007, NZA 2008, 219, 220; LAG Berlin 18. 1. 1993, LAGE § 4 KSchG Ausgleichsquittung Nr. 3; LAG Düsseldorf 13. 4. 2005, DB 2005, 1463, 1464 f. *Preis/Bleser/Rauf,* DB 2006, 2812 f. sehen in allgemein gehaltenen Ausgleichsklauseln, die die Empfangsbestätigung mit dem Rechtsverzicht verknüpfen, sogar im Regelfall eine Überraschungsklausel i.S. von § 305c Abs. 1.

49 Gleichfalls wurde in einem instanzgerichtlichen Urteil eine versteckt unter der Überschrift „Arbeitsverhinderung" untergebrachte **Vertragsstrafenklausel** als überraschend erachtet und die Regel aufgestellt: Der Verwender solle sich nicht auf Vertragsbestimmungen berufen können, die er selbst so „versteckt" habe, dass ihre Gültigkeit den Vertragspartner überraschen würde.[1] Kann hingegen im Ergebnis nicht festgestellt werden, dass die Vertragsstrafenabrede zielgerichtet der Aufmerksamkeit des Lesers entzogen wird, etwa weil sie immerhin unter einem eigenen Gliederungspunkt – wenn auch unter der Überschrift „Schlussbestimmungen" – in das Arbeitsvertragsformular eingestellt wurde, scheidet ein Verstoß gegen das Überraschungsverbot aus.[2] Auch für Vertragsstrafenvereinbarungen gilt im Übrigen, dass sie in vielen Arbeitsverträgen vorkommen und keinesfalls generell überraschend sind.[3]

50 Ein Anwendungsfeld für die Überraschungskontrolle kann sich bei **Bezugnahmeklauseln** ergeben. Die Inbezugnahme des einschlägigen Tarifvertrages stellt den Normalfall dar. Ungewöhnlich und überraschend wäre hier beispielsweise der Verweis auf einen branchen- oder ortsfremden Tarifvertrag.[4] Näher zu Bezugnahmeklauseln unter Rz 100 ff.

51 Nachvertragliche **Wettbewerbsverbote** sind in den Arbeitsverträgen von Führungskräften und besonderen Know-How-Trägern weit verbreitet. Die betroffenen Arbeitnehmer müssen hier damit rechnen, dass sich ihr derzeitiger Arbeitgeber für die Zeit nach Vertragsende vor gravierenden wirtschaftlichen Nachteilen eines Wechsels zur Konkurrenz schützen will.[5]

52 In der Vereinbarung einer **Altersgrenze,** die das Ausscheiden des Arbeitnehmers an die Vollendung des 65. Lebensjahres knüpft, sieht das BAG auch dann keine überraschende Klausel, wenn diese sich nicht im Arbeitsvertrag, sondern in einer vorformulierten Versorgungszusage[6] oder in einem in Bezug genommenen Hausbrauch[7] findet.[8] Hingegen muss ein Arbeitnehmer nicht damit rechnen, dass in den Text einer Nebenabrede als einer Versorgungszusage ein weitreichender Reduzierungsvorbehalt zugunsten des zusagenden Arbeitgebers eingebaut ist; dies jedenfalls dann, wenn zusätzlich die drucktechnische Gestaltung die Wahrnehmung erschwert.[9]

c) Vorrang der Individualabrede

53 Auch im Arbeitsrecht kann es zu einem Nebeneinander vorformulierter Vertragsbedingungen und individueller Absprachen zwischen Arbeitgeber und Arbeitnehmer kommen. Es greift dann § 305b ein, der den Regelungskonflikt zugunsten

---

[1] ArbG Berlin 1. 9. 1980, NJW 1981, 479; auf derselben Linie liegend ArbG Bremen 30. 1. 2003, LAGE § 309 2002 Nr. 3.

[2] BAG 27. 4. 2000 – 8 AZR 301/99, n.v.

[3] BAG 14. 8. 2007, NZA 2008, 170, 171; BAG 27. 4. 2000 – 8 AZR 301/99, n.v.; LAG Schleswig-Holstein 2. 2. 2005, NZA-RR 2005, 351, 352.

[4] *Gotthardt,* Rz 258; ErfK/*Preis* §§ 305–310 Rz 30, *Däubler/Dorndorf/Bonin/Deinert* § 305c Rz 22; *Diehn* NZA 2004, 132 f.

[5] *Däubler/Dorndorf/Bonin/Deinert* § 305c Rz 20; *Diller* NZA 2005, 251.

[6] BAG 6. 8. 2003, NZA 2004, 96; vgl. ferner LAG Hamburg 29. 7. 2004, NZA-RR 2005, 206, 207 f.

[7] BAG 27. 7. 2005, NZA 2006, 37, 39.

[8] Zur Wirksamkeit von Altersgrenzenregelungen in Arbeitsverträgen, die sich als Befristungsabreden nicht nach § 307 richtet, vgl. im Übrigen BAG 27. 7. 2005, NZA 2006, 37, 39 f. Zum Problem der Altersdiskriminierung vgl. *Kamanabrou,* NZA 2006, Beil. 3, S. 139 ff. und *Lingemann,* BB 2007, 2009 (beide auch allgemein zu den Auswirkungen des Allgemeinen Gleichbehandlungsgesetzes auf die Arbeitsvertragsgestaltung). Wichtig ferner EuGH 16. 10. 2007, NZA 2007, 1219 – Palacios.

[9] BAG 23. 9. 2003, AP Nr. 93 zu § 77 BetrVG 1972.

der individuell getroffenen Vertragsabrede auflöst.[1] Der Vorrang der Individualabrede wurde schon bislang vom BAG unter Zustimmung weiter Teile des Schrifttums[2] als allgemeiner Rechtsgrundsatz qualifiziert und im Arbeitsvertragsrecht angewendet.[3] „Im Arbeitsrecht geltende Besonderheiten“ im Sinne des § 310 Abs. 4 S. 2 sind dabei bislang nicht zu Tage getreten.[4] Es ergibt sich im Arbeitsrecht ein gewisser Gleichlauf mit dem Günstigkeitsprinzip, nach dem einer besonderen, den Arbeitnehmer begünstigenden Abrede ebenfalls der Vorrang (vor der allerdings ranghöheren Rechtsquelle) zukommt.[5] Allerdings sind auch individuell vereinbarte Abweichungen zulasten des Arbeitnehmers denkbar, die dann ebenfalls Vorrang genießen.[6] Den Rechtsgedanken des § 305b wird man auch für die Auflösung des Konflikts zwischen Allgemeinen Arbeitsbedingungen und einer hiervon abweichenden arbeitsvertraglichen Regelung fruchtbar machen können.[7] Durch betriebliche Übung wird keine individuell ausgehandelte Verpflichtung begründet.[8] Zur Problematik der **Schriftformklauseln** siehe unten Rz 170 ff.

3. Auslegung von Arbeitsvertragsbedingungen

Schrifttum: *Reinecke,* Arbeitnehmerfreundlichste oder arbeitnehmerfeindlichste Auslegung Allgemeiner Arbeitsbedingungen? AuR 2003, 414.

a) Trennung von Auslegung und Inhaltskontrolle

Vorformulierte Arbeitsvertragsbedingungen lassen es mitunter an der gebotenen Eindeutigkeit fehlen und bedürfen dann der Auslegung. Diese ist allerdings strikt von der Inhaltskontrolle zu trennen.[9] Über dieses Gebot hat sich gerade die arbeitsgerichtliche Rechtsprechung in der Vergangenheit mitunter hinweggesetzt und der Auslegung auch eine korrektivische Funktion zuerkannt. So wurden beispielsweise Widerrufsvorbehalte bei Versorgungszusagen in solche aus sachlichem Grund umgedeutet.[10] Eine solche im Wege der Auslegung betriebene (kaschierte) Vertragskontrolle läuft Gefahr, die tragenden Wertungen zu verdecken. Die Rechtsprechung der Arbeitsgerichte sah sich in diesem Punkt daher auch scharfer Kritik ausgesetzt.[11] Jedenfalls steht mit den §§ 307 ff. jetzt auch im Arbeitsrecht ein Instrumentarium zur Verfügung, das eine offene Inhaltskontrolle erlaubt. Die Auslegung kann sich wieder auf ihre eigentliche Aufgabe besinnen, den Inhalt der Allgemeinen Geschäftsbedingungen zu ermitteln.[12] **54**

b) Objektive Auslegung

Für die Auslegung vorformulierter Arbeitsvertragsbedingungen gilt nunmehr die vom BGH[13] in ständiger Rechtsprechung zu Allgemeinen Geschäftsbedingun- **55**

---

[1] BAG 23. 5. 2007, NZA 2007, 940; näher zum Vorrang der Individualabrede § 305b Rz 1 ff.

[2] Z.B. *Reinecke* NZA 2000, Beil. 3, S. 27; *Pauly* NZA 1997, 1032; *M. Wolf* RdA 1988, 276.

[3] BAG 30. 11. 1994, AP Nr. 16 zu § 4 TVG; offen gelassen zuletzt noch von BAG 24. 6. 2003, NZA 2003, 1145, 1147 f.

[4] Für uneingeschränkte Anwendung des Vorrangsprinzips daher zu Recht *Gotthardt,* Rz 253; *Lakies,* AR-Blattei SD 35 Rz 64.

[5] *Gotthardt,* Rz 252.

[6] *Däubler/Dorndorf/Bonin/Deinert* § 305b Rz 9; *Richardi* NZA 2002, 1059.

[7] So schon *Preis,* Vertragsgestaltung, S. 265; *Gotthardt,* Rz 252.

[8] BAG 24. 6. 2003, NZA 2003, 1145, 1148.

[9] *Fastrich,* Inhaltskontrolle, 1992, S. 21 ff.; s. § 307 Rz 7.

[10] Z.B. BAG 13. 5. 1987, AP Nr. 4 zu § 305 BGB Billigkeitskontrolle.

[11] *Preis,* Vertragsgestaltung, S. 153 ff.

[12] In diesem Sinne auch *Lakies,* AGB im Arbeitsrecht Rz 247 f.

[13] Vgl. z.B. BGH 25. 9. 2001, NJW 2002, 285, 286; BGH 21. 9. 2005, NJW 2005, 3567; ausführlich zur Auslegung Allgemeiner Geschäftsbedingungen s. § 305c Rz 101 ff.

gen aufgestellte Maxime der objektiven Auslegung.[1] Hiernach sind die Vertragsbedingungen nach ihrem objektiven Inhalt und typischen Sinn einheitlich so auszulegen, wie sie von verständigen und redlichen Vertragspartnern unter Abwägung der Interessen der normalerweise beteiligten Verkehrskreise verstanden werden, wobei die Verständnismöglichkeiten des durchschnittlichen Vertragspartners des Verwenders zu Grunde zu legen sind. Ansatzpunkt für die nicht am Willen der konkreten Vertragspartner zu orientierende Auslegung Allgemeiner Geschäftsbedingungen ist in erster Linie der Vertragswortlaut. Ist der Wortlaut eines Formularvertrags nicht eindeutig, kommt es für die Auslegung entscheidend darauf an, wie der Vertragstext aus der Sicht der typischerweise an Geschäften dieser Art beteiligten Verkehrskreise zu verstehen ist, wobei der Vertragswille verständiger und redlicher Vertragspartner beachtet werden muss. Soweit auch der mit dem Vertrag verfolgte Zweck einzubeziehen ist, kann das nur in Bezug auf typische und von redlichen Geschäftspartnern verfolgte Ziele gelten. Die Auslegung vollzieht sich losgelöst von der zufälligen Gestaltung des Einzelfalles und den individuellen Vorstellungen der Vertragsparteien.

c) Unklarheitenregel

56 Bleibt nach Ausschöpfung der in Betracht kommenden Auslegungsmethoden ein nicht behebbarer Zweifel und sind mindestens zwei Auslegungsvarianten rechtlich vertretbar,[2] so greift die Unklarheitenregel **(§ 305c Abs. 2)**, wonach Zweifel bei der Auslegung Allgemeiner Geschäftsbedingungen zulasten des Verwenders gehen. Die Unklarheitenregel beruht auf dem Gedanken, dass es Sache des Verwenders ist, die von ihm vorgegebenen Vertragsbedingungen klar und unmissverständlich zu formulieren.[3] Der in dieser Regel verkörperte Grundgedanke ist von der arbeitsgerichtlichen Rechtsprechung schon vor der Aufhebung der Bereichsausnahme für Verträge auf dem Gebiete des Arbeitsrechts aufgegriffen worden.[4] Nicht ganz leicht ist die Abgrenzung zum Transparenzgebot. Jedenfalls lässt sich sagen, dass sich inhaltlich widersprechende Klauseln nicht zur Anwendung des § 305c Abs. 2 führen, sondern als nicht klar und verständlich und damit nach § 307 Abs. 1 S. 2 BGB unwirksam eingestuft werden müssen.[5]

57 Besondere Bedeutung hat die Unklarheitenregel bei der Auslegung von **freiwilligen Zusagen** erlangt. Werden beispielsweise in einer Gesamtzusage von Jubiläumszuwendungen diese als „freiwillige Sozialleistungen" bezeichnet, so lässt dies für sich genommen weder auf einen fehlenden Rechtsbindungswillen noch auf den Willen des Arbeitgebers schließen, sich den Widerruf der Zusage vorzubehalten.[6] Zum Geltungsbereich arbeitgeberseitig aufgestellter Versorgungsrichtlinien hat das BAG entschieden, dass sich der Arbeitgeber im Falle eines disparaten Auslegungsergebnisses an der für ihn ungünstigen Auslegung festhalten müsse, soweit er nicht

---

[1] BAG 31. 8. 2005, NZA 2006, 324, 327; BAG 7. 12. 2005, NZA 2006, 423, 425; BAG 11. 4. 2006, NZA 2006, 1149, 1150; BAG 15. 2. 2007, NZA 2007, 614, 615 f.; BAG 24. 10. 2007, NZA 2008, 40, 41; für Übertragung auf vorformulierte Arbeitsvertragsbedingungen auch *Däubler*/Dorndorf/Bonin/Deinert § 305c Rz 29 und HWK/*Gotthardt* § 305c Rz 8.

[2] Zu dieser Voraussetzung BAG 17. 1. 2006, NZA 2006, 923, 926 und BAG 24. 10. 2007, NZA 2008, 40, 41.

[3] BAG 26. 9. 2007, NZA 2008, 179, 180. Bezugspunkt der Unklarheitenregel sind nach dieser Entscheidung nur die AGB, nicht jedoch die für die Auslegung relevanten Begleitumstände des Vertragsschlusses.

[4] BAG 12. 2. 1985, AP Nr. 12 zu § 1 BetrAVG; BAG 18. 9. 1991, NZA 1992, 215; BAG 27. 1. 1998, NZA 1999, 267; LAG Baden-Württemberg 27. 10. 2004, AuR 2005, 462.

[5] BAG 24. 10. 2007, NZA 2008, 40, 41.

[6] BAG 23. 10. 2002, NZA 2003, 557.

die Betroffenen über einen hiervon abweichenden Inhalt belehrt habe.[1] Die Unklarheitenregel gilt auch für den Fall, dass die Tragweite einer **arbeitsvertraglichen Verweisung auf Tarifnormen** zweifelhaft ist.[2] Im Zweifel ist eine entsprechende Vertragsklausel als zeitdynamische Verweisung auszulegen, denn in der Regel wird die Vergütung in Entgelttarifverträgen für den Arbeitnehmer verbessert und nicht verschlechtert.[3] Die Bezugnahme in einem von einem tarifgebundenen Arbeitgeber vorformulierten Arbeitsvertrag auf die für das Arbeitsverhältnis einschlägigen Tarifverträge will das BAG in Abkehr von seiner bisherigen Rechtsprechung unter Berufung auf die Unklarheitenregel nicht mehr nur im Sinne einer Gleichstellungsabrede verstanden wissen.[4] Ferner wurde die Unklarheitenregel u.a. bei Wettbewerbsverboten[5] und Vertragsstrafen[6] zur Geltung gebracht.

Zu beachten ist allerdings, dass sich im allgemeinen AGB-Recht mittlerweile die Meinung durchgesetzt hat, dass die Unklarheitenregel differenziert gehandhabt werden muss (sog. **gespaltene Lösung**).[7] Demgemäß ist auch im Arbeitsrecht zunächst zu untersuchen, ob die streitbefangene Klausel bei Zugrundelegung der kundenfeindlichsten (also arbeitnehmerfeindlichsten) Auslegung einer Inhaltskontrolle nach den §§ 307 bis 309 stand zu halten vermag. Erweist sich die Klausel hiernach als unwirksam, so hat es damit auch sein Bewenden. Ist die Klausel dagegen auch in ihrem arbeitnehmerfeindlichsten Sinnverständnis mit den Inhaltskontrollvorschriften zu vereinbaren, so steht ihre Gültigkeit nicht mehr in Frage. Die nunmehr verbleibende Inhaltsdeutung kann im Sinne des herkömmlichen Verständnisses der Unklarheitenregel, also kunden- bzw. arbeitnehmerfreundlich, vorgenommen werden. Auf diese Weise wird auch im Arbeitsvertragsrecht die offene Inhaltskontrolle gefördert und der Schutz des Arbeitnehmers optimiert.[8] **58**

4. Inhaltskontrolle Allgemeiner Arbeitsvertragsbedingungen

a) Schranken der Inhaltskontrolle

Soweit es um die Kontrolle vorformulierter Arbeitsvertragsbedingungen geht, **59**
darf der **Schrankenvorbehalt des § 307 Abs. 3 S. 1** nicht übersehen werden.[9] Der Inhaltskontrolle nach § 307 Abs. 1 und 2 sowie der §§ 308 und 309 unterliegen hiernach nur solche Bestimmungen in Allgemeinen Geschäftsbedingungen, durch die von Rechtsvorschriften abweichende oder diese ergänzende Regelungen vereinbart

---

[1] BAG 27. 1. 1998, NZA 1999, 267, 268; zur Unklarheitenregel im Betriebsrentenrecht zuletzt BAG 23. 9. 2003, AP Nr. 93 zu § 77 BetrVG 1972; vgl. aus der älteren Rechtsprechung zu Versorgungszusagen ferner BAG 24. 6. 1986, AP Nr. 12 zu § 6 BetrAVG; BAG 12. 2. 1985, AP Nr. 12 zu § 1 BetrAVG; BAG 25. 5. 1973, AP Nr. 160 zu § 242 BGB Ruhegehalt. Ferner *Reinecke* DB 2006, 556 f.

[2] BAG 17. 11. 1998, NZA 1999, 938, 939; BAG 9. 11. 2005, NZA 2006, 202; BAG 26. 9. 2007, NZA 2008, 179, 180.

[3] BAG 9. 11. 2005, NZA 2006.

[4] Angekündigt in BAG 14. 12. 2005, NZA 2006, 607; hierzu *Klebeck,* NZA 2006, 15; umgesetzt in BAG 18. 4. 2007, NZA 2007, 965.

[5] BAG 5. 9. 1995, NZA 1996, 700, 701.

[6] BAG 18. 9. 1991, AP Nr. 14 zu § 339 BGB.

[7] OLG Schleswig 23. 3. 1995, ZIP 1995, 759, 762; OLG München 22. 1. 1997, NJW-RR 1998, 393; tendenziell auch BGH 11. 2. 1992, NJW 1992, 1097, 1099 und BGH 10. 5. 1994, NJW 1994, 1798, 1799; *Ulmer* § 305c Rz 91.

[8] Für diese Vorgehensweise auch im Arbeitsrecht wie hier LAG Brandenburg 13. 10. 2005, DB 2006, 160, 161 sowie *Reinecke* AuR 2003, 415 f.; HWK/*Gotthardt* § 305c Rz 9; *Hromadka* NJW 2002, 2526.

[9] Ausführlich hierzu *Billing,* Die Bedeutung von § 307 III BGB im System der AGB-rechtlichen Inhaltskontrolle, 2006; die S. 140–148 befassen sich mit der Relevanz der Vorschrift im Arbeitsrecht; instruktiv ferner *Preis,* in: FS für Richardi, S. 345 ff.

werden. Die Durchführung der **Transparenzkontrolle** ist allerdings nicht an die Voraussetzungen des § 307 Abs. 3 S. 1 gebunden (§ 307 Abs. 3 S. 2).

60 Von der Inhaltskontrolle ausgenommen sind damit zunächst solche Klauseln, die mit Rechtsvorschriften übereinstimmen **(deklaratorische Klauseln).**[1] Für das Arbeitsrecht bedeutsam ist hier, dass die Rechtsprechung den Begriff „Rechtsvorschriften" sehr weit auslegt. Hierunter sollen nicht nur Gesetze im materiellen Sinn, sondern auch die dem Gerechtigkeitsgebot entsprechenden allgemein anerkannten Rechtsgrundsätze, die Regeln des Richterrechts oder die auf Grund ergänzender Auslegung nach den §§ 157, 242 BGB und aus der Natur des jeweiligen Schuldverhältnisses zu entnehmenden Rechte und Pflichten fallen.[2] Lediglich nachwirkende Tarifverträge (§ 4 Abs. 5 TVG) zählt das BAG nicht zu den Rechtsvorschriften im Sinne des § 307 Abs. 3 S. 1 BGB.[3]

60a Würde also beispielsweise in einem vorformulierten Arbeitsvertrag die Haftung der Arbeitsvertragsparteien untereinander abweichend von den richterrechtlich entwickelten Grundsätzen der privilegierten Arbeitnehmerhaftung geregelt, so würde dies die Kontrollfähigkeit auch dann begründen, wenn eine Abweichung vom geschriebenen Gesetzesrecht nicht konstatiert werden könnte. Werden hingegen die richterlichen Haftungsgrundsätze im Arbeitsvertrag nur wiederholt, ist die Abrede der Inhaltskontrolle entzogen.[4] Nach **§ 310 Abs. 4 S. 3** stehen Tarifverträge, Betriebs- und Dienstvereinbarungen Rechtsvorschriften im Sinne von § 307 Abs. 3 gleich. Dies ist dem normativen Charakter der genannten Kollektivvereinbarungen geschuldet und insofern lediglich eine Klarstellung.[5] Damit ist gewährleistet, dass sich die durch § 310 Abs. 4 S. 1 ausdrücklich verfügte Kontrollfreiheit von Tarifverträgen, Betriebs- und Dienstvereinbarungen auch bei arbeitsvertraglicher Inbezugnahme behauptet. Zu Bezugnahmeklauseln vgl. im Übrigen Rz 100 ff.

60b Ein Beispiel für eine deklaratorische Abrede in einem Arbeitsvertrag stellt die **Vereinbarung einer bis zu sechsmonatigen Probezeit** dar. § 622 Abs. 3 macht die Vereinbarung einer Probezeit, die sich in dem vorgegebenen Rahmen hält, nur von dem übereinstimmenden Willen der Parteien abhängig und ordnet nicht darüber hinaus eine einzelfallbezogene Angemessenheitsprüfung an. Die Parteien nutzen also lediglich die gesetzlich zur Verfügung gestellten Möglichkeiten und weichen hiervon nicht ab.[6]

61 Ferner folgt aus dem Schrankenvorbehalt des § 307 Abs. 3, dass Klauseln, die den Umfang der von den Parteien geschuldeten Vertragsleistung festlegen, nicht der materiellen Inhaltskontrolle unterliegen. Im Arbeitsverhältnis sind das vor allem die **Arbeitsleistung** und das **Arbeitsentgelt.** Der inhaltlichen Überprüfung entzogen ist der Bereich der Leistungsbezeichnungen, ohne deren Vorliegen mangels Bestimmtheit oder Bestimmbarkeit des wesentlichen Vertragsinhalts ein wirksamer Vertrag nicht angenommen werden kann. Um eine kontrollfreie Leistungsbeschreibung handelt es sich insbesondere bei der Tätigkeitsbeschreibung des Arbeitnehmers;[7] ebenso aber auch die Festlegung des geschuldeten Volumens in Form der Arbeitszeit.[8] Auf der anderen Seite unterliegt die Festsetzung des geschuldeten

---

1 Ausführlich hierzu s. § 307 Rz 331 ff.

2 BGH 9. 4. 2002, NJW 2002, 1950, 1951; BAG 24. 10. 2007, NZA 2008, 40, 42; kritisch insoweit *Stoffels* JZ 2001, 846 f.

3 BAG 3. 4. 2007, NZA 2007, 1045, 1047.

4 HWK/*Gotthardt* § 307 Rz 9.

5 Zutreffend insoweit *Lakies,* AGB im Arbeitsrecht, Rz 136.

6 BAG 24. 1. 2008, NZA 2008, 521, 522; 16. 12. 2004, NJW 2005, 1678, 1679.

7 BAG 13. 6. 2007, NZA 2007, 974, 975; *Preis,* NZA Beil. 3/2006, 120.

8 BAG 14. 3. 2007, NZA 2008, 45 (auch in Form einer dynamischen Verweisung auf die für Beamte geltende Arbeitszeit).

Arbeitsentgelts als Preisabrede grundsätzlich nicht der Angemessenheitskontrolle. Kontrollfähig sind hingegen sog. Preisnebenabreden. Dies wird hier näher unter dem Stichwort „Entgeltabreden" (Rz 118) erörtert. Zum Aufhebungsvertrag vgl. Rz 84, zur Ausgleichsquittung vgl. Rz 87f.

b) Die besonderen Klauselverbote der §§ 308 und 309

Ist die Kontrollfähigkeit allgemeiner Arbeitsvertragsbedingungen gegeben, so **62** sind im Rahmen der Inhaltskontrolle zunächst die Katalogtatbestände der §§ 308 und 309 in den Blick zu nehmen.[1] Allerdings finden einige der dort aufgeführten Klauselverbote im Arbeitsrecht von vornherein keine Anwendung, etwa weil sie wie § 308 Nr. 3 (Rücktrittsvorbehalt) oder Nr. 8 (Nichtverfügbarkeit der Leistung) nicht für Dauerschuldverhältnisse gelten.[2] Für andere Klauselverbote lässt sich im Arbeitsrecht kaum ein praktischer Anwendungsfall ausmachen, so etwa für § 309 Nr. 1, 8, 9 und 11.[3] Im Übrigen sind insbesondere bei den Klauselverboten ohne Wertungsmöglichkeit (§ 309) die **im Arbeitsrecht geltenden Besonderheiten** angemessen zu berücksichtigen, was im Einzelfall zur Unanwendbarkeit eines bestimmten Verbotstatbestandes führen kann.[4] Dies hat das BAG jüngst überzeugend für § 309 Nr. 6 in Bezug auf vorformulierte Vertragsstrafenabreden für den Fall des Vertragsbruchs dargelegt.[5] Die Entscheidung führt zugleich vor Augen, dass als Auffangnorm noch die Generalklausel des § 307 bereitsteht, anhand derer überprüft werden muss, ob die Vertragsbestimmung den Mindestanforderungen an einen beiderseitigen Interessenausgleich gerecht wird. Auf die Bedeutung der besonderen Klauselverbote wird im Rahmen dieser Darstellung bei den ausgewählten Vertragsklauseln (Rz 80ff.) eingegangen.

c) Der Maßstab der unangemessenen Benachteiligung

Ob eine vorformulierte Klausel in einem Arbeitsvertrag nach § 307 zu beanstan- **63** den ist, ergibt sich auf Grund einer **überindividuell-generalisierenden und typisierenden,** von den konkreten Umständen des Einzelfalles absehenden **Betrachtungsweise.**[6] Die Abwägung ist ggf. in Vertrags- und Fallgruppen vorzunehmen, die durch die am Sachgegenstand orientierte typische Interessenlage gebildet werden.[7] Sie kann dabei auch zu gruppentypisch unterschiedlichen Ergebnissen führen. So liegt es nahe, in bestimmten Fragen zwischen verschiedenen Arbeitnehmergruppen, etwa den AT-Angestellten und den tariflich geführten Arbeitnehmern, zu unterscheiden.[8] So kann man erwägen, die Grenzen für formularmäßig vereinbarte Wettbewerbsverbote, Verschwiegenheitspflichten und Über-

---

[1] Eingehend zu den besonderen Klauselverboten und ihren Auswirkungen im Arbeitsrecht *Däubler/Dorndorf/Bonin/Deinert* Kommentierung zu §§ 308 und 309; HWK/*Gotthardt* Kommentierung zu §§ 308 und 309; *Hennigfeld,* Auswirkungen der neuen §§ 305ff. auf die Arbeitsvertragskontrolle, S. 86ff.

[2] Wohl erfasst § 308 Nr. 3 eine zugunsten des Arbeitgebers vorgesehene Lösungsmöglichkeit in einem Vorvertrag zu einem Arbeitsvertrag. Denn dieser begründet – anders als der Arbeitsvertrag – kein Dauerschuldverhältnis; so BAG 27. 7. 2005, NZA 2006, 539.

[3] *Thüsing,* AGB-Kontrolle im Arbeitsrecht, Rz 91.

[4] Vgl. Gegenäußerung der Bundesregierung, BT-Drucks. 14/6857, S. 54.

[5] BAG 4. 3. 2004, NZA 2004, 727, 729ff.

[6] BAG 4. 3. 2004, NZA 2004, 727, 733; BAG 25. 4. 2007, NZA 2007, 853, 854; BAG 24. 10. 2007, NZA 2008, 40, 44; BGH 13. 12. 2001, NJW 2002, 1713, 1715; LAG München 7. 5. 2003, LAGE § 307 BGB Nr. 2; LAG Schleswig-Holstein 2. 2. 2005, NZA-RR 2005, 351, 352; *Staudinger/Coester* § 307 Rz 109ff.; Ulmer/*Fuchs* § 307 Rz 110.

[7] BAG 4. 3. 2004, NZA 2004, 727, 733; BAG 27. 4. 2004, NZA 2000, 940, 942f.; BGH 28. 10. 1999, NJW 2000, 658, 660.

[8] *Hromadka,* NJW 2002, 2528.

stundenpauschalierungen bei Führungskräften weiter abzustecken als bei Arbeitnehmern unterer Hierarchiegruppen.[1] Ob der zeitliche Umfang der geschuldeten Tätigkeit und die in Aussicht genommene Dauer der Vertragsbeziehung berücksichtigungsfähig sind, erscheint schon im Hinblick auf die entsprechenden Diskriminierungsverbote (§ 4 Abs. 1 und 2 TzBfG) zweifelhaft. Darüber hinaus stellen sich die Interessenlage und die Schutzbedürftigkeit des Arbeitnehmers bei befristeten oder Teilzeitarbeitsverhältnissen keineswegs typischerweise anders dar als bei Normalarbeitsverhältnissen.[2]

64 Schließt man sich der hier vertretenen Meinung (Rz 23) an, derzufolge der Arbeitnehmer bei Abschluss des Arbeitsvertrages gegenüber dem Arbeitgeber als Verbraucher handelt, so muss der generalisierende Prüfungsmaßstab noch im Hinblick auf **§ 310 Abs. 3 Nr. 3** ergänzt werden.[3] Diese Vorschrift verlangt die **Berücksichtigung vertragsschlussbegleitender Umstände.** Zu den konkreten individuellen Begleitumständen gehören insbesondere:[4] erstens persönliche Eigenschaften der Vertragspartner (z. B. die Marktmacht des Arbeitnehmers[5]), zweitens Besonderheiten der konkreten Vertragsabschlusssituation (z. B. Überrumpelungssituation, Bagatellisierung der Rechtsfolgen einzelner Klauseln, erfolgte Belehrung oder Erläuterung[6]), drittens untypische Sonderinteressen des Verbrauchers. Methodisch ist dem Gebot des § 310 Abs. 3 Nr. 3 bei Verbraucherverträgen im Wege einer Kombination aus Inhalts- und Umstandskontrolle Rechnung zu tragen,[7] wobei die nachgelagerte Berücksichtigung der den Vertragsschluss begleitenden Umstände das Ergebnis nach beiden Richtungen beeinflussen kann.[8] Für das Arbeitsrecht ist dieser Gewinn an Flexibilität bei der Vertragskontrolle zu begrüßen. Im Übrigen verdeutlicht § 310 Abs. 3 Nr. 3 zugleich, dass für die Vertragskontrolle auf die im **Zeitpunkt des Vertragsabschlusses** erkennbaren Verhältnisse und Entwicklungen des konkreten Vertragsverhältnisses abzustellen ist.[9] Gravierenden Änderungen tatsächlicher Natur kann im Übrigen in engen Grenzen durch die Ausübungskontrolle nach § 242 Rechnung getragen werden.[10]

65 Eine **unangemessene Benachteiligung des Arbeitnehmers** entgegen Treu und Glauben liegt vor, wenn der Arbeitgeber missbräuchlich eigene Interessen auf Kosten seines Vertragspartners durchzusetzen sucht, ohne von vornherein auch dessen Belange hinreichend zu berücksichtigen und ihm einen angemessenen Ausgleich zuzugestehen.[11] Oder anders ausgedrückt: Unangemessen ist jede Beeinträchtigung eines rechtlich anerkannten Interesses des Arbeitnehmers, die nicht durch begründete und billigenswerte Interessen des Arbeitgebers gerechtfertigt oder durch gleichwertige Vorteile ausgeglichen wird.[12] Die Feststellung einer unangemessenen Benachteiligung setzt eine wechselseitige Berücksichtigung und Bewertung recht-

---

[1] *Thüsing,* AGB-Kontrolle im Arbeitsrecht Rz 99; ErfK/*Preis* §§ 305–310 Rz 46.

[2] Wie hier im Ergebnis *Lakies,* AGB im Arbeitsrecht Rz 311.

[3] BAG 31. 8. 2005, NZA 2006, 324, 328; BAG 25. 4. 2005, BeckRS 2007, 46522.

[4] BAG 31. 8. 2005, NZA 2006, 324, 328; *Ulmer/Fuchs,* § 307 Rz 406 ff.; zust. auch *Michalski* DB 1999, 677.

[5] So schon *Hromadka,* in: FS für Dieterich, 1999, S. 258.

[6] BAG 10. 1. 2007, NZA 2007, 384, 385; BAG 25. 4. 2005, BeckRS 2007, 46522.

[7] *Palandt/Grüneberg* § 310 Rz 19 („Kombinationslösung"); *Michalski* DB 1999, 677. S. 310 Rz 36.

[8] BAG 31. 8. 2005, NZA 2006, 324, 328; BAG 14. 8. 2007, NZA 2008, 170, 172; s. § 310 Rz 34; *Ulmer/Fuchs* § 307 Rz 410; MünchKomm/*Basedow,* § 310 Rz 75; *Däubler/Dorndorf/Bonin/Deinert* § 307 Rz 92.

[9] Ausführlich zum maßgeblichen Beurteilungszeitpunkt *Däubler/Dorndorf/Bonin/Deinert* § 307 Rz 66 ff.

[10] *Staudinger/Coester* § 307 Rz 103; *Palandt/Grüneberg* § 307 Rz 3.

[11] So zuletzt BGH 3. 11. 1999, NJW 2000, 1110, 1112; BAG 31. 8. 2005, NZA 2006, 324, 326; sich anschließend *Wolf/Lindacher,* § 307 Rz 158.

[12] BAG 4. 3. 2004, NZA 2004, 727, 732; BAG 21. 4. 2005, NZA 2005, 1053, 1055; BAG 18. 8. 2005, NZA 2006, 34, 36.

lich anzuerkennender Interessen der Vertragspartner voraus.[1] **Gesetzliche Orientierungskriterien,** anhand derer sich typischerweise unangemessen benachteiligende Vertragsgestaltungen identifizieren lassen, finden sich in **§ 307 Abs. 2.** Eine unangemessene Benachteiligung ist danach dann anzunehmen, wenn die AGB-Bestimmung mit wesentlichen Grundgedanken der gesetzlichen Regelung, von der abgewichen wird, nicht vereinbar ist (Nr. 1) oder wesentliche Rechte oder Pflichten, die sich aus der Natur des Vertrages ergeben, so einschränkt, dass die Erreichung des Vertragszwecks gefährdet ist (Nr. 2). Zwar besteht das Arbeitsrecht zu einem Großteil aus zwingendem Arbeitnehmerschutzrecht. Da aber auch allgemeine Rechtsgrundsätze[2] und die richterrechtlich entwickelten Regeln das Leitbild des dispositiven Rechts formen können, kommt Ziffer 1 im Arbeitsrecht durchaus Bedeutung zu. Erinnert sei z.B. an die Rechtsprechung zur privilegierten Arbeitnehmerhaftung,[3] zum Weiterbeschäftigungsanspruch und zum Betriebsrisiko (vgl. § 615 S. 3). So verstößt es gegen das Leitbild des Arbeitsvertrages, das vom Arbeitgeber zu tragende Betriebs- und Wirtschaftsrisiko auf den Arbeitnehmer zu verlagern.[4] Keine Leitbildfunktion kommt Tarifverträgen zu (hierzu eingehend Rz 118).

Hinsichtlich der **Kriterien der Angemessenheitskontrolle** kann auf die Kom- **66**
mentierung zu § 307 (Rz 181 ff.) verwiesen werden. Wichtig ist insbesondere, dass die betreffende Klausel in ihrem Zusammenspiel mit anderen Bedingungen des Arbeitsvertrages und bezogen auf den Zweck des Gesamtvertrages gewürdigt wird. **Kompensierende oder summierende Effekte** sind dabei zu berücksichtigen.[5] Ein Beispiel für die Berücksichtigung kompensatorischer Effekte bilden Mankogeldzusagen im Zusammenhang mit Vereinbarungen über die Haftung des Arbeitnehmers für Kassen- oder Warenfehlbestände. Schließlich muss bei der Anwendung der Generalklausel des § 307 gerade im grundrechtssensiblen Bereich des Arbeitsrechts auch **verfassungsrechtlichen Wertungen** gebührende Beachtung zuteil werden.[6] Prägnante Beispiele sind insoweit die Entscheidungen zu Rückzahlungsklauseln in Bezug auf vom Arbeitgeber übernommene **Ausbildungskosten**[7] oder **Gratifikationen**[8] und zu **Wettbewerbsverboten;**[9] in diesen Konstellationen spielt die **Berufsfreiheit des Arbeitnehmers (Art. 12 GG)** eine gewichtige Rolle. In Ansehung von Art. 12 GG stellt sich auch ein absolutes **Nebentätigkeitsverbot** als unangemessene Benachteiligung des Arbeitnehmers im Sinne des § 307 Abs. 1 dar.[10] Die berechtigten Interessen des Arbeitgebers können auch durch ein Nebentätigkeitsverbot mit Erlaubnisvorbehalt in einer den Arbeitnehmer schonenderen Weise zur Geltung gebracht werden.[11]

---

[1] BAG 24. 10. 2002, NZA 2003, 668, 669 f.; BAG 4. 3. 2004, NZA 2004, 727, 733; BAG 21. 4. 2005, NZA 2005, 1053, 1055; BAG 18. 8. 2005, NZA 2006, 34, 36; BAG 11. 4. 2006, NZA 2006, 1149, 1151.

[2] Z.B. der Grundsatz „pacta sunt servanda", so jedenfalls BAG 25. 4. 2007, NZA 2007, 853, 854.

[3] Die Rechtsprechung (vgl. zuletzt BAG 5. 2. 2004, NZA 2004, 649) misst ihnen allerdings zwingenden Charakter bei (zweifelhaft, vgl. hierzu noch unten Rz 137 ff.).

[4] ErfK/*Preis* §§ 305–310 Rz 49.

[5] BAG 4. 3. 2004, NZA 2004, 727, 733; BAG 11. 4. 2006, NZA 2006, 1149, 1151; BAG 10. 1. 2007, NZA 2007, 384, 386; *Thüsing,* AGB-Kontrolle im Arbeitsrecht, Rz 100.

[6] BAG 21. 4. 2005, NZA 2005, 1053, 1055; *Thüsing,* AGB-Kontrolle im Arbeitsrecht, Rz 101.

[7] Vgl. etwa BAG 16. 3. 1994, SAE 1995, 167 mit Anm. *Stoffels.*

[8] Zu Art. 12 GG in diesem Zusammenhang zuletzt BAG 24. 10. 2007, NZA 2008, 40, 43.

[9] BVerfG 7. 2. 1990, AP Nr. 65 zu Art. 12 GG.

[10] OLG Naumburg 9. 10. 2006, NZA-RR 2007, 521; *Hromadka/Schmitt-Rolfes,* Der unbefristete Arbeitsvertrag, S. 117 ff.; *Lakies,* AGB im Arbeitsrecht Rz 690; *Rolfs,* in: Der Arbeitsvertrag, hrsg. von Preis, II N 10 Rz 28.

[11] Für Wirksamkeit BAG 11. 12. 2001, AP Nr. 8 zu § 611 BGB Nebentätigkeit. Der Arbeitnehmer hat nach dieser Entscheidung einen Anspruch auf Einwilligung, wenn die Nebentätigkeit keine Arbeitgeberinteressen beeinträchtigt; zust. HWK/*Thüsing* § 611 BGB Rz 371; für Unwirksamkeit hingegen *Lakies,* AGB im Arbeitsrecht Rz 696 und *Däubler/Dorndorf/Bonin/Deinert* Anhang zu § 307 Rz 61a. Ausführlich

67 Die Inhaltskontrolle einer Formularklausel bezweckt einen Ausgleich für die einseitige Inanspruchnahme der Vertragsfreiheit durch den Verwender, sie dient aber **nicht** dem **Schutz des Klauselverwenders vor** den **von ihm selbst eingeführten Formularbestimmungen.**[1] Sind daher nach einer vom Arbeitgeber verwendeten Formularklausel Schadensersatzansprüche des Arbeitgebers gegen den Arbeitnehmer verfallen, so bedarf es grundsätzlich keiner Inhaltskontrolle der Klausel.[2] Ebenso kann der Arbeitgeber einen Zahlungsanspruch nicht unter Hinweis auf die Intransparenz einer von ihm formulierten Karenzentschädigungszusage abwehren.[3]

d) Transparenzgebot

68 Für vorformulierte Arbeitsvertragsbedingungen gilt darüber hinaus nunmehr das Transparenzgebot **(§ 307 Abs. 1 S. 2),** d.h. die Bestimmungen müssen für den durchschnittlichen Arbeitnehmer[4] **klar und verständlich** formuliert sein. Die arbeitsgerichtliche Rechtsprechung hat diesen Gedanken auch schon bislang punktuell zur Geltung gebracht, so etwa, wenn für eine auflösende Bedingung hinreichende Bestimmtheit des Auflösungszeitpunkts gefordert wurde.[5] Das Bestimmtheitserfordernis als Ausprägung des Transparenzgebots[6] ist auch bei freiwilligen Sonderzuwendungen[7] und Vertragsstrafenabreden[8] in Stellung gebracht worden.[9] Insoweit kann sich die Rechtsprechung durch den Gesetzgeber bestätigt sehen. Das Transparenzgebot könnte aber auch zu einer Neubewertung einiger weiterer typischer arbeitsvertraglicher Abreden führen.[10] Denn der Geltungsanspruch des Transparenzgebots reicht weit und erfasst **auch den der materiellen Inhaltskontrolle verschlossenen Bereich** der preis- und leistungsbestimmenden sowie der deklaratorischen Klauseln (vgl. **§ 307 Abs. 3 S. 2).** Das Transparenzgebot gilt also auch für Vergütungsregelungen, Tätigkeitsbeschreibungen, Arbeitszeitregelungen, Leistungsbestimmungsrechte und Änderungsvorbehalte. Das Transparenzgebot verlangt hier, dass Allgemeine Geschäftsbedingungen wirtschaftliche Nachteile und Belastungen soweit erkennen lassen, wie dies nach den Umständen gefordert werden kann. Einseitige Bestimmungsrechte können nur hingenommen werden, so weit sie bei unsicherer Entwicklung der Verhältnisse als Instrument der Anpassung notwendig sind und den Anlass, aus dem das Bestimmungsrecht entsteht, sowie die Richtlinien und Grenzen seiner Anwendung möglichst konkret angeben.[11] Abzustellen ist bei der Bewertung der Transparenz auf die Erwartungen und Erkenntnismöglichkeiten eines **durchschnittlichen Vertragspartners** des Verwenders im Zeitpunkt des Vertragsschlusses.[12] Allerdings dürfen hier die **Transparenz-**

---

jüngst zur Zulässigkeit und Grenzen arbeitsrechtlicher Regelungen zur Beschränkung von Nebentätigkeiten *Gaul/Khanian* MDR 2006, 68.

1 BGH NJW 1987, 837, 838; BGH NJW 1998, 2280; 2281; BAG 27. 10. 2005, NZA 2006, 257, 258; BAG 28. 3. 2007, NZA 2007, 687, 690; *Stoffels,* AGB-Recht, Rz 89.

2 So zutreffend BAG 27. 10. 2005, NZA 2006, 257, 258.

3 BAG 28. 6. 2006, NJW 2006, 3659, 3660.

4 BAG 25. 5. 2005, NZA 2005, 1111, 1113.

5 BAG 27. 10. 1988, AP Nr. 16 zu § 620 BGB-Bedingung.

6 So ausdrücklich BAG 31. 8. 2005, NZA 2006, 324, 328.

7 Vgl. etwa BAG 22. 12. 1970, DB 1971, 729.

8 BAG 14. 12. 1988 – 5 AZR 10/88, n.v.; LAG Berlin 22. 5. 1997, NZA-RR 1998, 53, 55; grundlegend jetzt BAG 21. 4. 2005, NZA 2005, 1053.

9 Vgl. ferner BAG 26. 5. 1993, AP Nr. 3 zu § 23 AGBG zu – bereits damals dem AGB-Recht unterliegenden – Kaufverträgen mit Arbeitnehmern.

10 Hierzu eingehend *Stoffels* NZA 2004, Sonderbeil. 1, S. 23 ff.

11 BAG 11. 4. 2006, NZA 2006, 1149, 1152; BAG 14. 8. 2007, NZA-RR 2008, 129, 133.

12 BAG 8. 8. 2007, DB 2008, 133, 134.

anforderungen nicht überspannt werden.[1] Zu berücksichtigen ist insbesondere, dass Arbeitsverhältnisse langfristig angelegt sind und mit der Änderung der personellen, technischen und wirtschaftlichen Situation im Betrieb ständiger Anpassung bedürfen, ohne dass sich bereits bei Vertragsschluss die künftige Entwicklung genau vorhersagen ließe. Ein Verstoß gegen das Transparenzgebot liegt des Weiteren nicht schon dann vor, wenn der Arbeitnehmer keine oder nur eine erschwerte Möglichkeit hat, die betreffende Regelung zu verstehen. Erst in der Gefahr, dass der Vertragspartner des Klauselverwenders wegen unklar abgefasster Vertragsbedingungen seine Rechte nicht wahrnimmt, liegt eine unangemessene Benachteiligung i.S. von § 307 Abs. 1.[2] Ferner trifft den Arbeitgeber als Verwender aufgrund des Transparenzgebots auch keine allgemeine Rechtsbelehrungspflicht.[3] Zu den Transparenzanforderungen bei arbeitsvertraglicher Bezugnahme auf Tarifverträge vgl. Rz 101 ff., und zu Vertragsstrafenvereinbarungen siehe Rz 179.

5. Rechtsfolgen der Nichteinbeziehung und Unwirksamkeit

Schrifttum: *Bayreuther,* Das Verbot der geltungserhaltenden Reduktion im Arbeitsrecht, NZA 2004, 953; *Mückl,* Die nachträgliche Gesetzwidrigkeit von Widerrufsvorbehalten. Zur Anwendung der §§ 305 ff. BGB auf (Alt-)Arbeitsverträge, Jura 2005, 688; *Ohlendorf/Salamon,* Die Aufrechterhaltung unwirksamer Formulararbeitsbedingungen – das Verhältnis des Verbots geltungserhaltender Reduktion zur ergänzenden Vertragsauslegung im Arbeitsrecht, RdA 2006, 281; *Rolfs,* Das Verbot geltungserhaltender Reduktion im Arbeitsvertragsrecht, in: FS für Schwerdtner, 2003, S. 151; *Stoffels,* Altverträge nach der Schuldrechtsreform – Überlegungen zum Vertrauensschutz im Arbeitsvertragsrecht, NZA 2005, 726; *Thüsing,* Unwirksamkeit und Teilbarkeit unangemessener AGB, BB 2006, 661; *Willemsen/Grau,* Geltungserhaltende Reduktion und „Besonderheiten des Arbeitsrechts", RdA 2003, 321; *Wisskirchen/Stühm,* Anspruch des Arbeitgebers auf Änderung von unwirksamen Klauseln in alten Arbeitsverträgen?, DB 2003, 2225.

a) Wirksamkeit des Arbeitsvertrages

Sind allgemeine Arbeitsvertragsbedingungen nicht Vertragsinhalt geworden, **69**
etwa weil sie überraschenden Charakter hatten, oder sind sie wegen eines Verstoßes gegen die Inhaltskontrollvorschriften der §§ 307 ff. unwirksam, so bleibt der **Arbeitsvertrag** als solcher hiervon gem. § 306 Abs. 1 in seiner Wirksamkeit regelmäßig unberührt. Das entspricht der bisherigen Sichtweise im Arbeitsrecht. In Umkehrung der Zweifelsregelung des § 139 hat man bei einer Missachtung arbeitsrechtlicher Schutzbestimmungen die Unwirksamkeitsfolge schon bislang grundsätzlich auf die inkriminierte Vertragsbestimmung beschränkt.[4]

b) Verbot der geltungserhaltenden Reduktion

Die arbeitsgerichtliche Rechtsprechung hat vor der Aufhebung der Bereichs- **70**
ausnahme überschießende arbeitsvertragliche Regelungen immer wieder in begrenztem Umfang aufrechterhalten, der Sache nach also eine geltungserhaltende Reduktion praktiziert. So sollten etwa unvertretbar hohe Rückzahlungsbeträge, die für den Fall des Ausscheidens nach einer vom Arbeitgeber finanzierten Aus- oder Fortbildung der Reduzierung auf eine noch zulässige Höhe unterliegen.[5] Auch die übermäßige Länge der vom Arbeitgeber verlangten Betriebstreue hatte

[1] BAG 31. 8. 2005, NZA 2006, 324, 328; BAG 13. 6. 2007, NZA 2007, 974, 975 f. mit der Feststellung, das Transparenzgebot verlange vom Arbeitgeber nicht, alle möglichen Konkretisierungen der Arbeitspflicht und des Weisungsrechts ausdrücklich zu regeln.

[2] BAG 24. 10. 2007, NZA 2008, 40, 41.

[3] HWK/*Gotthardt* § 307 Rz 20; ErfK/*Preis* §§ 305–310 Rz 44.

[4] BAG 21. 10. 1954, AP Nr. 1 zu § 620 BGB Befristeter Vertrag; BAG 13. 3. 1975, AP Nr. 2 zu § 5 BBiG; BAG 9. 9. 1981, AP Nr. 117 zu Art. 3 GG; *Zöllner/Loritz,* Arbeitsrecht, 5. Aufl. 1998, S. 153.

[5] BAG 12. 12. 1979, EzA § 70 BAT Nr. 11; LAG Frankfurt 27. 4. 1987, ARSt 1988, 19 Nr. 13.

hier nur die gerichtliche Abkürzung der Bindungsfrist zur Folge.[1] Das BAG sah sich in diesem Falle sogar zur Neuordnung der Staffelungsregelung in der Lage.[2] Ähnlich verfuhr das BAG bei zu weitreichenden Wettbewerbsverboten,[3] bei übermäßigen Kürzungsvereinbarungen für den Fall der Nichtleistung der Arbeit,[4] bei Rückzahlungsabreden über Sondergratifikationen[5] und überhöhten Vertragsstrafen.[6]

71 Hier deutete sich ein Konflikt zur h. M. im allgemeinen Zivilrecht an, lehnt doch die zivilgerichtliche Rechtsprechung, gefolgt von der überwiegenden Ansicht im Schrifttum, eine solche geltungserhaltende Reduktion im Grundsatz ab.[7] Dahinter steht vor allem der Präventionsgedanke: Die geltungserhaltende Reduktion würde dem Klauselverwender die Möglichkeit eröffnen, bei der Aufstellung seiner Konditionen unbedenklich über die Grenze des Zulässigen hinauszugehen, ohne mehr befürchten zu müssen, als dass die Benachteiligung seines Geschäftspartners durch das Gericht auf ein gerade noch zulässiges Maß zurückgeführt werde. Ferner liefe eine geltungserhaltende Reduktion der durch § 307 Abs. 1 S. 2 nachdrücklich bestätigten Forderung zuwider, die Allgemeinen Geschäftsbedingungen so abzufassen, dass der Vertragspartner seine Rechte und Pflichten klar erkennen kann. Der BGH hat an seinem Standpunkt auch insoweit festgehalten, als er mit arbeitsrechtlichen Sachverhalten konfrontiert war.[8]

72 Die Streichung der Bereichsausnahme hat das BAG zu Recht zum Anlass genommen, dem **Verbot der geltungserhaltenden Reduktion auch im Arbeitsrecht** zur Geltung zu verhelfen.[9] Arbeitsrechtliche Besonderheiten, die eine abweichende Beurteilung erzwingen, sind nicht erkennbar. Langfristig angelegte Formularverträge kommen regelmäßig im gesamten Vertragsrecht vor. Den Arbeitgeber gegenüber anderen Verwendern Allgemeiner Geschäftsbedingungen zu privilegieren, besteht kein Anlass. Auch er muss sich seiner Formulierungsverantwortung stellen. Im Vertragsstrafenurteil vom 4. 3. 2004 hat das BAG es allerdings noch unentschieden gelassen, ob es Fälle gibt, in denen das „Alles-oder-Nichts-Prinzip" dem Charakter des Arbeitsverhältnisses als einem auf lange Dauer angelegten Schuldverhältnis mit der für den Verwender eingeschränkten Kündigungsmöglichkeit nicht gerecht wird.[10] Auf diesen Vorbehalt ist es in den darauf folgenden Urteilen aller-

---

[1] BAG 24. 1. 1963, AP Nr. 29 zu Art. 12 GG; BAG 20. 2. 1975, EzA Art. 12 GG Nr. 12; BAG 12. 12. 1979, EzA § 70 BAT Nr. 11; BAG 11. 4. 1984, EzA § 611 BGB Nr. 4 Ausbildungsbeihilfe; BAG 15. 5. 1985, AP Nr. 9 zu § 611 BGB Ausbildungsbeihilfe.

[2] BAG 24. 1. 1963, AP Nr. 29 zu Art. 12 GG; BAG 11. 4. 1984, EzA § 611 Nr. 4 Ausbildungsbeihilfe.

[3] BAG 2. 2. 1968, AP Nr. 22 zu § 74 HGB (allerdings gestützt auf § 74a Abs. 1 HGB).

[4] BAG 5. 2. 1990, EzA § 611 BGB Nr. 9 Anwesenheitsprämie.

[5] BAG 27. 11. 1959, AP Nr. 1 zu § 611 BGB Urlaub und Gratifikation; BAG 13. 11. 1969, AP Nr. 27 zu § 611 BGB Gratifikation; BAG 20. 3. 1974, EzA § 611 BGB Nr. 41 Gratifikation, Prämie.

[6] BAG 26. 9. 1963, AP Nr. 1 zu § 74a HGB; BAG 30. 11. 1994, EzA § 4 TVG Nr. 43; LAG Baden-Württemberg 14. 5. 1963, AP Nr. 2 zu § 339 BGB; LAG Düsseldorf 20. 9. 1972, DB 1973, 85; LAG Berlin 19. 5. 1980, AP Nr. 8 zu § 339 BGB; anders jetzt BAG 4. 3. 2004, NZA 2004, 727, 734.

[7] Grundlegend BGH 27. 5. 1982, NJW 1982, 2309, 2310; umfangreiche Nachweise des Schrifttums § 306 Rz 26 ff. und bei *Stoffels* NZA 2004, Sonderbeil. 1, S. 26.

[8] Hingewiesen sei auf die Rechtsprechung des BGH zum Handelsvertreterrecht: BGH 28. 1. 1993, NJW 1993, 1786, 1787; BGH 12. 1. 1994, NJW 1994, 1060; BGH 3. 3. 1996, DB 1996, 1279; OLG Hamm 1. 12. 1983, MDR 1984, 404; hierzu *Preis/Stoffels* ZHR 160 (1996), S. 488 ff.; vgl. ferner zu Versorgungsbedingungen BGH 30. 9. 1998, BGH 30. 9. 1998, BGHZ 139, 333, 339 f.; BGH 23. 6. 1999, NZA 1999, 1164, 1166; LG Karlsruhe 9. 3. 2001, NJW 2001, 1655, 1657 f.

[9] Weiterhin für geltungserhaltende Reduktion im Arbeitsrecht *Konzen* in: FS für Hadding, S. 162; jedenfalls „partiell" auch *Bayreuther* NZA 2004, 953 ff.

[10] BAG 4. 3. 2004, NZA 2004, 727, 734; gegen geltungserhaltende Reduktion bei zu kurz bemessenen Ausschlussfristen jetzt auch BAG 25. 5. 2005, NZA 2005, 1111, 1114; auf dieser Linie ferner LAG Hamm 11. 5. 2004, NZA-RR 2004, 515, 519; LAG Köln 27. 8. 2004, BB 2005, 672; LAG Niedersachsen 23. 1. 2004, NZA-RR 2005, 65, 66; ArbG Stralsund 27. 4. 2004, DB 2004, 1368, 1369.

dings nicht mehr zurückgekommen. Für insgesamt unwirksam wurden erklärt: eine überhöhte Vertragsstrafenregelung,[1] eine zu weit gefasste Änderungsklausel,[2] eine zu kurz bemessene Ausschlussfrist,[3] eine zu weit ausgreifende Rückzahlungsklausel betreffend Ausbildungskosten,[4] eine unwirksame Stichtagsklausel.[5]

Das Verbot geltungserhaltender Reduktion ist nicht berührt, wenn die arbeitsvertragliche Abrede neben dem unwirksamen Teil auch inhaltlich unbedenkliche, sachlich und sprachlich abtrennbare Bestimmungen enthält **(Teilbarkeit)**. Eine sprachlich abtrennbare Bestimmung liegt dann vor, wenn der unwirksame Teil ohne weiteres gestrichen werden kann, ohne dass der Sinn des anderen Teils darunter leidet (sog. blue-pencil-Test).[6] Gegenstand der Inhaltskontrolle sind dann für sich jeweils verschiedene, nur formal verbundene AGB-Bestimmungen.[7] So verhält es sich beispielsweise bei einer Kombination von Widerrufs- und Anrechnungsvorbehalt.[8] **73**

c) Lückenfüllung durch dispositives Recht

An die Stelle der nicht einbezogenen oder unwirksamen Bestimmung treten nach § 306 Abs. 2 die einschlägigen Vorschriften der gesetzlichen Dispositivordnung. An die Stelle der nach § 307 Abs. 2 Nr. 1 unwirksamen Formularbestimmung „Lohn wird nur für geleistete Arbeit bezahlt“[9] tritt beispielsweise die verdrängte und grundsätzlich dispositive Gesetzesvorschrift des § 616, nach der unter bestimmten Voraussetzungen bei vorübergehender Verhinderung der Lohnanspruch erhalten bleibt. Richterrechtlich aufgestellte Rechtsregeln zählen nur dann zu den gesetzlichen Vorschriften i.S.d. § 306 Abs. 2, wenn sie nicht zwingende Höchstgrenzen statuieren, sondern ähnlich wie das dispositive Gesetzesrecht einen angemessenen Interessenausgleich beschreiben.[10] **74**

d) Lückenfüllung im Wege ergänzender Vertragsauslegung

Auch in der arbeitsgerichtlichen Kontrollpraxis steht für Fallgestaltungen, in denen die Streichung der Klausel zu unannehmbaren Ergebnissen führen würde, das Institut der ergänzenden Vertragsauslegung zur Verfügung. Es tritt dann diejenige Gestaltungsmöglichkeit ein, die die Parteien bei sachgerechter Abwägung ihrer beiderseitigen Interessen nach Treu und Glauben redlicherweise vereinbart hätten, wenn ihnen die Unwirksamkeit der Klausel bekannt gewesen wäre.[11] Aufschluss über den mutmaßlichen Parteiwillen kann die tatsächliche Vertragsdurchführung geben.[12] Diesen Weg der ergänzenden Vertragsauslegung ist das BAG zuletzt bei einer unwirksamen Vereinbarung von Abrufarbeit gegangen.[13] **75**

---

[1] BAG 4. 3. 2004, NZA 2004, 727, 734.

[2] BAG 9. 5. 2006, NZA 2007, 145, 147; 19. 12. 2006, NZA 2007, 809, 811.

[3] BAG 25. 5. 2005, NZA 2005, 1111, 1114; BAG 28. 11. 2007, NZA 2008, 293, 294.

[4] BAG 11. 4. 2006, NZA 2006, 1042, 1045 f.

[5] BAG 24. 10. 2007, NZA 2008, 40, 44.

[6] BAG 21. 4. 2005, NZA 2005, 1053, 1056; BAG 12. 3. 2008, NZA 2008, 699, 701; kritisch zum „blue-pencil-Test“ *Thüsing* BB 2006, 661 ff.

[7] BAG 11. 4. 2006, NZA 2006, 1042, 1045.

[8] BAG 1. 3. 2006, NZA 2006, 746, 748.

[9] Für Unwirksamkeit der formularmäßigen Abbedingung des § 616 ErfK/*Preis* §§ 305–310 Rz 82; MünchArbR/*Boewer,* 2. Aufl. 2000, § 80 Rz 9; offen lassend BAG 20. 6. 1979, AP Nr. 49 zu § 616 BGB.

[10] Siehe hierzu bereits oben Rz 72.

[11] BGH 1. 2. 1984, NJW 1984, 1177, 1178; BGH 12. 7. 1989, NJW 1990, 115, 116; BGH 4. 11. 1992, NJW 1993, 326, 330; BAG 24. 10. 2007, NZA 2008, 40, 44; *Staudinger/Schlosser* § 306 Rz 12; *Palandt/Heinrichs* § 306 Rz 7.

[12] BAG 7. 12. 2005, NZA 2006, 423, 428.

[13] BAG 7. 12. 2005, NZA 2006, 423, 428.

75a Allerdings wird die ergänzende Vertragsauslegung **nur in Ausnahmefällen** zum Zuge kommen.[1] Denn nicht jede Verschiebung der Gewichte zulasten des Arbeitgebers rechtfertigt bereits die Annahme einer ergänzungsbedürftigen Lücke. Um den Präventionszweck der Inhaltskontrolle zu wahren, wird man eine krasse Störung des Gleichgewichts verlangen müssen.[2] Die Inkorporation des Maßstabs der Angemessenheit, also des Gebots von Treu und Glauben, rechtfertigt es überdies, arglistig agierende Arbeitgeber, die bewusst unwirksame Geschäftsbedingungen in ihre Vertragswerke aufnehmen, von der ergänzenden Vertragsauslegung auszunehmen, sie also dem ersatzlosen Wegfall der Klausel auszusetzen.[3] Schließlich muss beachtet werden, dass es grundsätzlich nicht die Aufgabe des Richters sein kann, bei Wegfall unwirksamer Allgemeiner Geschäftsbedingungen gestaltend in Arbeitsverträge einzugreifen, wenn ausreichende Anhaltspunkte dafür fehlen, was die Parteien bei angemessener Abwägung ihrer berechtigten Interessen nach Treu und Glauben als redliche Vertragspartner vereinbart hätten.[4]

e) Vertrauensschutz bei Altverträgen

76 Für Altverträge, welche vor dem 31. 12. 2001 geschlossen worden sind, gilt das modernisierte Schuldrecht seit Anfang des Jahres 2003 (Art. 229 § 5 EGBGB). Die Erstreckung des neuen Rechts auf laufende Dauerschuldverhältnisse kann somit die Unwirksamkeit bislang gesetzeskonformer Abreden in Altverträgen zur Folge haben. Dies führt im Ergebnis zu einer verfassungsrechtlich nicht unproblematischen Rückwirkung.[5] Zwar handelt es sich nach gängiger Einteilung um einen Fall der sog. unechten Rückwirkung (tatbestandliche Rückanknüpfung),[6] aber auch diese ist unzulässig, wenn das Gesetz einen entwertenden Eingriff vornimmt, mit dem der Berechtigte nicht zu rechnen brauchte, den er also bei seinen Dispositionen nicht berücksichtigen konnte, und sein Vertrauen schutzwürdiger ist als die mit dem Gesetz verfolgten Anliegen.[7]

77 Der verfassungsrechtlich gebotene Vertrauensschutz lässt sich durch Korrekturen auf der Rechtsfolgenseite bewerkstelligen.[8] Das geltende Recht bietet hierfür durchaus geeignete Ansatzpunkte. Hier lässt sich zum einen an die Rechtsprechung des BGH zur entsprechenden Problematik bei Inkrafttreten des AGB-Gesetzes anknüpfen.[9] Der BGH hatte sich in mehreren Urteilen für eine verfassungskonforme Auslegung der damaligen Übergangsregelung (§ 28 Abs. 2 AGBG) ausgesprochen und Eingriffe in Altverträge nur insoweit zugelassen, als ihr unveränderter Fortbe-

---

[1] Den Ausnahmecharakter betonend auch *Lakies,* AGB im Arbeitsrecht 35 Rz 377. Lückenfüllung mittels ergänzender Vertragsauslegung wurde z.B. zutreffend abgelehnt von BAG 25. 5. 2005, NZA 2005, 1111, 1115 und BAG 28. 11. 2007, NZA 2008, 293, 295 bei unwirksamer Ausschlussfrist; von BAG 25. 4. 2007, NZA 2007, 853 für einen unwirksamen Freiwilligkeitsvorbehalt; von BAG 19. 12. 2006, NZA 2007, 809, 811f. für einen unwirksamen Widerrufsvorbehalt. Für ein weiteres Anwendungsfeld der ergänzenden Vertragsauslegung im Arbeitsrecht plädieren hingegen *Ohlendorf/Salamon,* RdA 2006, 281ff.

[2] BAG 11. 4. 2006, NZA 2006, 1042, 1045f.

[3] Die Aufgreifkriterien schwanken: *Ulmer/H. Schmidt* § 306 Rz 37 („offensichtlich", „bewusst" oder „vorwerfbar").

[4] BAG 24. 10. 2007, NZA 2008, 40, 45.

[5] Zu unkritisch insoweit *Palandt/Heinrichs* Art. 229 § 5 EGBGB Rz 7 und *ders.* NZM 2003, 9.

[6] *Wisskirchen/Stühm* DB 2003, 2226; *Däubler/Dorndorf* (1. Aufl. 2004) § 307 Rz 138.

[7] BVerfG 28. 11. 1984; 3. 12. 1997; 5. 2. 2004 BVerfGE 68, 287, 307; 97, 67; 109, 133.

[8] *Mückl,* Jura 2005, 692ff. Eine teleologische Reduktion des Art. 229 § 5 S. 2 EGBGB erwägen demgegenüber *Hanau/Hromadka* NZA 2005, 78. Zu sonstigen Möglichkeiten des Arbeitgebers, die Anpassung zu vollziehen, *Wisskirchen/Stühm* DB 2003, 2225ff. Allgemein zur Einschränkung der Rückwirkungsfolgen *Medicus* NJW 1995, 2582ff.

[9] Hierauf weisen auch *Gotthardt,* Rz 353, *Preis* NZA 2003, Sonderbeil. zu Heft 16, S. 28f. und *Rolfs,* in: FS für Schwerdtner, 2003, S. 166f. hin.

stand „in unerträglichem Widerspruch“ zu den grundlegenden Wertungsmaßstäben des AGB-Gesetzes stand.[1] Einen auf 20 Jahre abgeschlossenen Bierlieferungsvertrag hat er auf dieser Grundlage mit eingeschränkter Laufzeit aufrechterhalten.[2] Zum anderen bietet die sog. „Anlassrechtsprechung“ des BGH einen weiteren Anknüpfungspunkt. Die formularmäßige Ausdehnung einer Bürgschaft auf alle bestehenden und künftigen Ansprüche des Gläubigers gegen den Hauptschuldner wird von der Rechtsprechung seit 1994 als Verstoß gegen §§ 305c Abs. 1 und 307 gewertet. Jedenfalls für Verträge, die vor diesem Zeitpunkt abgeschlossen worden sind, vermeidet der BGH die mangels sprachlicher Teilbarkeit naheliegende Rechtsfolge der Gesamtnichtigkeit. Die Bürgschaftsverpflichtung wird stattdessen hinsichtlich derjenigen Forderung aufrechterhalten, die den Anlass für die Verbürgung gab.[3] Dies entspricht dann genau dem Leistungsinhalt, den sich der Bürge bei Abschluss des Bürgschaftsvertrages vorgestellt hatte. Im Schrifttum ist vorgeschlagen worden, diesen Ansatz der Rechtsprechung zu einem allgemeinen Rechtsgrundsatz des Inhalts zu erweitern, dass eine Klausel, deren Unwirksamkeit sich erst im Zuge einer weiteren Perfektionierung erweist, aus Gründen des Vertrauensschutzes mit ihrem angemessenen Teil aufrechtzuerhalten ist.[4] Beide Ansatzpunkte zeigen, dass eine begrenzte Fortführung der geltungserhaltenden Reduktion bei Altverträgen dogmatisch gerechtfertigt werden kann.

Freilich lässt sich der gebotene Vertrauensschutz nicht immer über das Institut 78
der geltungserhaltenden Reduktion gewährleisten. Die geltungserhaltende Reduktion kommt nur in den Fällen in Betracht, in denen sich die unangemessene Benachteiligung in einem Übermaßverstoß manifestiert.[5] In anderen Konstellationen muss auf das Institut der **ergänzenden Vertragsauslegung** zurückgegriffen werden, um dem Vertrauensschutzgedanken zur Geltung zu verhelfen. Dogmatischer Ausgangspunkt hierfür dürfte das objektiv-normative, mit Treu und Glauben in Verbindung stehende Element der ergänzenden Vertragsauslegung sein. Über dieses Einfallstor wird man das verfassungsrechtliche Gebot, schutzwürdiges Vertrauen der Vertragsparteien bei der tatbestandlichen Rückanknüpfung zu berücksichtigen und eine Entwertung begründeter Vertragsrechte zu vermeiden, einfließen lassen müssen. Tendenziell äußert sich dies in einer vorsichtigen Auflockerung der tatbestandlichen Voraussetzungen der ergänzenden Vertragsauslegung und einer gewissen Ausweitung der richterlichen Gestaltungsbefugnisse. Vor allem muss in die gebotene Suche nach einer interessengerechten Ersatzlösung der Vertrauensschutz des Verwenders eingebracht werden. In diese Richtung tendiert auch das BAG. Im Urteil vom 12. 1. 2005,[6] betreffend einen Widerrufsvorbehalt in einem Altvertrag, wird darauf hingewiesen, dass die Unwirksamkeit allein auf förmlichen Anforderungen beruht, die die Parteien bei Vertragsabschluss nicht kennen konnten. Wollte man auch in solchen Fällen an der Unwirksamkeitsfolge festhalten, würde eine Bindung der Arbeitgeberin an die vereinbarte Leistung ohne Widerrufsmöglichkeit unverhältnismäßig in die Privatautonomie eingreifen. Deshalb sei die entstandene Lücke durch eine ergänzende Vertragsauslegung in der Weise zu schließen, dass jedenfalls wirtschaftliche Gründe als Voraussetzung des Widerrufs gegeben sein müssten. Mit der hier für die Altarbeitsverträge propagierten großzügigen Anwendung der ergänzenden

---

[1] BGH 20. 6. 1984, NJW 1984, 2404, 2406; BGH 27. 2. 1985, NJW 1985, 2693, 2695.

[2] BGH 27. 2. 1985, NJW 1985, 2693, 2695.

[3] BGH 18. 5. 1995, NJW 1995, 2553, 2556 f.; BGH 2. 7. 1998, NJW 1998, 2815, 2816; BGH 15. 7. 1999, NJW 1999, 3195, 3196; BGH 28. 10. 1999, NJW 2000, 658, 660; BGH 2. 3. 2000, NJW 2000, 1566, 1567; BGH 6. 4. 2000, NJW 2000, 2580, 2581; BGH 29. 3. 2001, NJW-RR 2002, 343, 344.

[4] *Palandt/Grüneberg* Vorb. v. §§ 307–309 Rz 10.

[5] S. 306 Rz 26.

[6] BAG v. 12. 1. 2005, NZA 2005, 465, 468 f.

Vertragsauslegung wäre auch der Anschluss an die neuere Rechtsprechung des BGH zum Vertrauensschutz durch ergänzende Vertragsauslegung bei Änderung der Rechtsprechung hergestellt.[1] Nicht zu folgen ist der neuerdings (nur) vom 9. Senat vertretenen Ansicht, das Vertrauen des Arbeitgebers auf die teilweise Aufrechterhaltung eines Widerrufsvorbehalts in einem Altvertrag mittels ergänzender Vertragsauslegung komme nur in Betracht, wenn er während der einjährigen Übergangsfrist des Art. 229 § 5 S. 2 EGBGB erfolglos einen Versuch unternommen habe, den Vertrag den neuen Vorgaben anzupassen.[2]

III. Ausgewählte Vertragsklauseln (alphabetisch)

1. Abtretungsverbote und Lohnpfändung

Schrifttum: *Schielke,* Kostentragung bei der Lohnpfändung, BB 2007, 378.

79 Die Abtretung und Verpfändung von Gehaltsansprüchen kann nach bisher nahezu unangefochtener Meinung durch Vereinbarung der Arbeitsvertragsparteien ausgeschlossen oder – argumentum a fortiori – von der Zustimmung des Arbeitgebers abhängig gemacht werden.[3] Hiergegen ist allerdings der Einwand erhoben worden, für den Arbeitnehmer ergebe sich aus solcher Regelung der Nachteil, dass er den pfändbaren Teil seines Entgeltanspruchs nicht als Sicherheit bei der Aufnahme eines Kredits anbieten könne. Habe er keine anderen Sicherheiten anzubieten, werde er entweder auf den Kredit verzichten oder höhere Zinsen bezahlen müssen. Demgegenüber sei der dem Arbeitgeber entstehende Vorteil relativ geringfügig.[4] Dieser Argumentation ist entgegenzuhalten, dass in der Praxis der Kreditvergabe der Lohnabtretung keineswegs eine entscheidende Bedeutung für Kreditwürdigkeit des Kunden zukommt.[5] Außerdem ist das Interesse des Arbeitgebers anerkennenswert, sich Kosten und Mühe zu ersparen, die im Falle der Abtretung und Verpfändung auf sein Lohnbüro zukommen würden. Auch träfe ihn das Risiko der irrtümlichen Auszahlung an den Arbeitnehmer, die – nach Offenlegung – keine befreiende Wirkung mehr hätte. Kommt es in der betrieblichen Praxis zu Lohnpfändungen, so hat der Arbeitgeber nach allgemeiner Ansicht keinen gesetzlichen Anspruch auf Erstattung der Bearbeitungskosten.[6] Ob ein solcher Anspruch im Arbeitsvertrag wirksam begründet werden könnte, ist vor dem Hintergrund einer neueren Entscheidung des BAG zur Unzulässigkeit einer entsprechenden Regelung in einer Betriebsvereinbarung[7] und der Judikatur des BGH zur Unwirksamkeit von Kostenerstattungsklauseln in den Bedingungen der Kreditinstitute[8] sehr zweifelhaft.[9]

---

[1] Beachtenswert in diesem Zusammenhang insbesondere BGH 4.7.2002, NJW 2002, 3098; ebenso schon kurz zuvor BGH 18.4.2002, NJW 2002, 2388; ferner BGH 23.1.2003, NJW 2003, 1805; näher dargelegt bei *Stoffels* NZA 2005, 726.

[2] BAG 19.12.2006, NZA 2007, 809, 812.

[3] Vgl. etwa MünchArbR-*Hanau,* § 73 Rz 9; *Preis,* in: Arbeitsvertrag, II A 10 Rz 4 ff.; *Küttner-Griese,* Personalbuch 2008, Entgeltabtretung Rz 9; *Hromadka/Schmitt-Rolfes,* Der unbefristete Arbeitsvertrag, S. 123; ebenso für Ausschluss durch Betriebsvereinbarung BAG 20.12.1957, AP Nr. 1 zu § 399 BGB und LAG Frankfurt 2.3.1971, DB 1972, 243 für Tarifvertrag; a.A. ArbG Hamburg 6.1.1977 – 12 Ca 203/76 n.v.

[4] *Däubler/Dorndorf/Bonin/Deinert,* Anh. zu § 307 BGB Rz 3 f.; ebenso *Lakies,* AGB im Arbeitsrecht Rz 394.

[5] So überzeugend dargelegt bei *Preis,* in: Arbeitsvertrag, II A 10 Rz 8.

[6] BAG 18.7.2006, NZA 2007, 462 f.; *Schielke,* BB 2007, 378 f.; *Stöber,* Forderungspfändung, 14. Aufl. 2005, Rz 647.

[7] BAG 18.7.2006, NZA 2007, 462.

[8] BGH 18.5.1999, NJW 1999, 2276 (2277); 19.10.1999, NJW 2000, 651 (651).

[9] *Schielke,* BB 2007, 379; *Däubler/Dorndorf/Bonin/Deinert,* AGB-Kontrolle im Arbeitsrecht, Anhang zu § 307 BGB Rz 63; für Zulässigkeit hingegen *Hromadka/Schmitt-Rolfes,* Der unbefristete Arbeitsvertrag, S. 124.

2. Anrechnungsvorbehalte

Schrifttum: *Natzel,* Neues zur AGB-Kontrolle von Vorbehaltsklauseln, SAE 2006, 225; *Preis,* Vorbehalte und Teilbefristung, in: Der Arbeitsvertrag, hrsg. von Preis, 2. Aufl. 2005, II V 70.

In der Praxis wird das Tarifgehalt oftmals durch eine sog. übertarifliche Zulage **80**
aufgestockt. In Arbeitsverträgen finden sich in diesem Zusammenhang mitunter Klauseln, die sich zum Schicksal der Zulage im Falle einer künftigen Erhöhung der tariflichen Grundvergütung verhalten. Denkbar ist zum einen, dass der Arbeitsvertrag die für den Arbeitnehmer günstige Festlegung enthält, dass eine Anrechnung nicht stattfindet (z.B. Bezeichnungen wie „tariffest" oder „nicht anrechenbar").[1] Der Arbeitnehmer erhält dann auch weiterhin die (erhöhte) tarifliche Vergütung zuzüglich der ungeschmälerten Zulage. Die für den Arbeitnehmer günstige Verpflichtung, die vertragliche Vergütung entsprechend der Erhöhung der tariflichen Entgelte zu erhöhen, kann von Bedingungen abhängig gemacht werden, wie z.B., dass die tariflichen Entgelterhöhungen keine „strukturelle Änderung" des Tarifwerks darstellen.[2]

Will der Arbeitgeber sich hingegen Flexibilisierungsreserven sichern, so wird **81**
er eher einen Anrechnungsvorbehalt in den Arbeitsvertrag aufnehmen, etwa des Inhalts, dass die gewährte übertarifliche Zulage auf eine Erhöhung des Tariflohns und/oder eine Verkürzung der tariflichen Arbeitszeit ganz oder teilweise angerechnet wird bzw. angerechnet werden kann.[3] Nach der bisherigen Rechtsprechung bedurfte es solcher ausdrücklicher Anrechnungsvorbehalte nicht unbedingt. Denn im Zweifel sei von einer Anrechnungsbefugnis auszugehen.[4] Dafür genügte dem BAG insbesondere schon die Bezeichnung der Zulage als „übertariflich".[5] Auch die neuere Rechtsprechung erblickt in einer solchen Vertragsgestaltung keinen Verstoß gegen das Transparenzgebot. Dieses verlange von dem Verwender nicht, alle gesetzlichen Folgen einer Vereinbarung ausdrücklich zu regeln.[6] Ob für einen verständigen Arbeitnehmer ohne weiteres erkennbar ist, dass aus der Bezeichnung als übertariflich die Befugnis des Arbeitgebers resultiert, künftige Tariflohnerhöhungen anzurechnen, darf indes bezweifelt werden.[7] Ein **ausdrücklicher Anrechnungsvorbehalt** ist daher im Sinne einer möglichst transparenten Vertragsgestaltung zu empfehlen.

Die Angemessenheit des Anrechnungsvorbehalts bzw. seine Zumutbarkeit i.S.d. **82**
§ 308 Nr. 4 ist allerdings dann nicht mehr gegeben, wenn sich der Anrechnungsvorbehalt (auch) auf **Funktions-, Leistungs- und Erschwerniszulagen** bezieht. Denn der Grund für diese Zulagen steht in keinem sachlichen Zusammenhang zur Entwicklung des Tariflohns.[8]

---

1 BAG 19.7.1978, AP Nr. 10 zu § 4 TVG Übertariflicher Lohn und Tariflohnerhöhung; *Küttner/Kreitner,* Personalbuch 2008, 15. Aufl. Anrechnung übertariflicher Entgelte, Rz 2.

2 BAG 9.11.2005, DB 2006, 1061.

3 Formulierungsbeispiele bei *Preis,* Vorbehalte und Teilbefristung, in: Der Arbeitsvertrag, hrsg. von Preis, 2. Aufl. 2005, II V 70 Rz 114.

4 BAG 7.2.1996, NZA 1996, 832, 833; BAG 3.6.1998, NZA 1999, 208, 209.

5 BAG 8.12.1982, AP Nr. 15 zu § 4 TVG Übertariflicher Lohn und Tariflohnerhöhung; BAG 11.8.1992, AP Nr. 53 zu § 87 BetrVG Betriebliche Lohngestaltung.

6 BAG 1.3.2006, NZA 2006, 688, 689; BAG 1.3.2006, NZA 2006, 746, 748.

7 ErfK/*Preis* §§ 305–310 Rz 65; *Lindemann,* S. 329; *Lakies,* AR-Blattei SD 35 Rz 262.

8 *Lindemann,* S. 328f.; weniger streng offenbar BAG 1.3.2006, NZA 2006, 746, 748.

3. Aufhebungsverträge

Schrifttum: *Bauer,* Arbeitsrechtliche Aufhebungsverträge, 8. Aufl. 2007; *Giesing,* Inhaltskontrolle und Abschlusskontrolle arbeitsrechtlicher Aufhebungsverträge, 2008; *Preis,* Aufhebungsvertrag, in: Der Arbeitsvertrag, hrsg. von Preis, 2. Aufl. 2005, II A 100; *Reinecke,* Zur Kontrolle von Aufhebungsverträgen nach der Schuldrechtsreform, in: FS für Küttner, 2006, S. 327; *Seel,* Beendigung von Arbeitsverhältnissen durch Aufhebungsverträge – typische Klauseln und rechtliche Risiken, JA 2006, 366.

83 Der **Aufhebungsvertrag** – § 623 spricht gleichbedeutend von Auflösungsvertrag – ist ein Vertrag zwischen Arbeitgeber und Arbeitnehmer über das vorzeitige Ausscheiden des Arbeitnehmers aus dem Dauerarbeitsverhältnis.[1] Er ist abzugrenzen vom Abwicklungsvertrag, der das Arbeitsverhältnis selbst nicht beendet, sondern lediglich die Modalitäten der Auflösung nach einer Kündigung regelt.[2] Der Abschluss von Aufhebungsverträgen trägt leider heutzutage nicht selten Züge eines Massengeschäfts, so dass sich die Kautelarpraxis auch hier häufig bewährter Muster bedient. Der Anwendungsbereich der §§ 305 ff. wird daher vielfach eröffnet sein, dies zumal angesichts der Verbrauchereigenschaft des Arbeitnehmers auch vom Arbeitgeber für den einzelnen Fall vorformulierte Vereinbarungen erfasst werden (§ 310 Abs. 3 Nr. 2).

84 Die **Aufhebungsvereinbarung als solche** unterfällt richtiger Ansicht nach schon gar nicht dem AGB-Recht, da sie im Regelfall[3] eine Individualabrede im Sinne des § 305 Abs. 1 S. 3 darstellt. Die Rechtsfolgenanordnung „*Der Arbeitsvertrag wird aufgehoben*" wird nämlich regelmäßig zum Gegenstand des Mitarbeitergesprächs gemacht. Der Arbeitgeber stellt diese Abrede auch durchaus zur Disposition, da er meist auf die Alternative der Kündigung verweisen wird und der Arbeitnehmer hier wählen kann, für welchen Weg er sich entscheidet.[4] Abgesehen davon ist diese Abrede nach § 307 Abs. 3 der Inhaltskontrolle entzogen. Dies hat jüngst auch das BAG zu Recht hervorgehoben.[5] Die Beendigungsvereinbarung ist – so das BAG – ein selbstständiges Rechtsgeschäft, bei dem die Hauptleistung der Beendigung des Arbeitsverhältnisses keiner Angemessenheitsprüfung unterzogen werden kann. Hinzuzufügen ist, dass das Recht für die Beurteilung dieser privatautonomen Abschlussentscheidung auch keine inhaltlichen Maßstäbe bereit hält. Die Abrede „Die Parteien kommen überein, den Vertrag aufzuheben", ist weder gut noch böse. Auch das Fehlen einer Abfindungszusage ist insoweit kein taugliches Aufgreifkriterium.[6] Einem zum Aufhebungsvertrag gedrängten Arbeitnehmer steht nach neuester Rechtsprechung auch kein Widerrufsrecht nach §§ 312, 355 zu.[7] In gravierenden Fällen kann Abhilfe unter engen Voraussetzungen über das Institut der Anfechtung wegen widerrechtlicher Drohung oder über einen Schadensersatzanspruch unter dem Gesichtspunkt der culpa in contrahendo (§§ 280, 241, 312) erreicht werden.[8]

85 Oftmals enthalten Aufhebungsverträge über die eigentliche Auflösungsvereinbarung hinaus noch **weitere Absprachen,** die sich **über weitere regelungsbedürftige Fragen im Zusammenhang mit der Beendigung des Arbeits-**

1 BAG 12. 1. 2000, AP Nr. 16 zu § 620 BGB Aufhebungsvertrag.

2 Hierzu zuletzt *Hümmerich* NJW 2004, 2921.

3 Zu einem Sonderfall BAG 15. 2. 2007, NZA 2007, 614 (Beendigungsvereinbarung als Überraschungsklausel).

4 *Stoffels* NZA 2004, Sonderbeil. 1, S. 23; dem folgend *Preis,* in: Der Arbeitsvertrag, Aufhebungsvertrag, II A 100 Rz 22 und *Coester,* in: FS für Löwisch, S. 62.

5 BAG 27. 11. 2003, NZA 2004, 598, 603 f.

6 Anders *Däubler/Dorndorf/Bonin/Deinert* Einl. Rz 158, der unter bestimmten Voraussetzungen von einer AGB-festen Verpflichtung des Arbeitgebers zum finanziellen Ausgleich ausgehen.

7 BAG 27. 11. 2003, NZA 2004, 597, 600 ff.

8 *Däubler/Dorndorf/Bonin/Deinert* Einl. Rz 141 ff.; weiterführend *Thüsing* RdA 2005, 268 ff.

verhältnisses verhalten. So finden sich Abreden über die Ausgestaltung einer Abfindung,[1] über die Freistellung des Arbeitnehmers, über die Abgeltung von Urlaubsansprüchen, über den Verzicht auf noch offene Ansprüche etc. (vgl. hierzu auch Rz 87 und 48). Soweit diese Regelungen vom Arbeitgeber vorformuliert worden sind, unterliegen sie in vollem Umfang der Inhaltskontrolle.[2] Die Inhaltskontrolle erfolgt in diesen Fällen unter Berücksichtigung der im Arbeitsrecht geltenden Besonderheiten (§ 310 Abs. 4 S. 2). Das gesetzgeberische Anliegen geht dahin, alle arbeitsrechtlich geprägten Verträge – also auch Aufhebungs- und Abwicklungsverträge – unter diesen Vorbehalt zu stellen. Der Wortlaut des § 310 Abs. 4 S. 2 („Arbeitsverträge") ist insoweit zu eng gefasst.[3]

4. Aufrechnungsverbote

Schrifttum: *Mikosch,* Aufrechnung im Arbeitsverhältnis, AR-Blattei SD 270; *Stoffels,* Aufrechnung, in: Der Arbeitsvertrag, hrsg. von Preis, 2. Aufl. 2005, II A 110.

Im laufenden Arbeitsverhältnis kommt es mitunter dazu, dass dem Entgelt- **86**
zahlungsanspruch des Arbeitnehmers ein ebenfalls auf Geldzahlung gerichteter Anspruch des Arbeitgebers (z.B. Schadensersatz- oder Rückzahlungsanspruch) gegenübersteht, sich also eine Aufrechnungslage ergibt. Mitunter wird in Arbeitsverträgen die Aufrechnungsmöglichkeit des Arbeitnehmers beschnitten oder vollkommen ausgeschlossen. Verbreitet sind solche Klauseln vor allem in den Arbeitsverträgen mit Verkaufsreisenden, die auch zum Inkasso berechtigt sind.[4] Ihnen soll die Befugnis genommen werden, mit ihrem Vergütungsanspruch gegen den Anspruch des Arbeitgebers auf Herausgabe der vereinnahmten Geldbeträge aufzurechnen. Für Aufrechnungsverbote ist im Arbeitsrecht – ohne dass hier spezifische Besonderheiten ins Auge fallen – nunmehr das Klauselverbot des § 309 Nr. 3 zu beachten.[5] Aufrechnungsverbote sind hiernach nicht generell untersagt. Unwirksam sind lediglich solche Klauseln, die dem Vertragspartner – hier dem Arbeitnehmer – die Befugnis nehmen, mit einer unbestrittenen oder rechtskräftig festgestellten Forderung aufzurechnen. Auf entscheidungsreife Forderungen darf sich der Aufrechnungsausschluss nach ganz h. M. ebenfalls nicht erstrecken.[6] Zu beachten ist, dass die Rechtsprechung zu weit reichende Aufrechnungsverbote in mehreren Fällen durch eine restriktive Auslegung vor der nicht immer angemessenen Rechtsfolge der Gesamtnichtigkeit bewahrt hat.[7]

5. Ausgleichsquittungen

Schrifttum: *Preis,* Abschied von der Ausgleichsquittung, AuR 1979, 97; *Preis/Bleser/Rauf,* Die Inhaltskontrolle von Ausgleichsquittungen und Verzichtserklärungen, DB 2006, 2812; *Rolfs,* Verzicht und Ausgleichsquittung, in: Der Arbeitsvertrag, hrsg. von Preis, 2. Aufl. 2005, II V 50; *Schütt,* Die Vertragskontrolle von Ausgleichquittungen, 2008.

---

[1] Das „Ob" der Gewährung einer Abfindung und deren Höhe sind allerdings kontrollfrei, so zutreffend HWK/*Gotthardt* § 307 Rz 6.

[2] *Preis,* in: Der Arbeitsvertrag, Aufhebungsvertrag, II A 100 Rz 23, *Lakies,* AGB im Arbeitsrecht Rz 131.

[3] So zutreffend *Ulmer/Fuchs* § 307 Rz 423.

[4] *Däubler/Dorndorf/Bonin/Deinert* § 309 Nr. 3 Rz 2; Klauselbeispiel bei *Stoffels,* in: Der Arbeitsvertrag, Aufrechnung, II A 110, Rz 12.

[5] HWK/*Gotthardt* § 309 Rz 4; *Lakies,* AGB-Kontrolle, AGB im Arbeitsrecht Rz 493 ff.

[6] BGH WM 1978, 620, 621; s. § 309 Nr. 3 Rz 33; AGB-Klauselwerke *Graf von Westphalen,* Aufrechnungsklauseln Rz 7; kritisch MünchKomm/*Kieninger* § 309 Nr. 3 Rz 7.

[7] Vgl. hierzu *Stoffels,* AGB-Recht, Rz 853.

87 In der arbeitsrechtlichen Praxis kommt es bei der Beendigung des Arbeitsverhältnisses häufig vor, dass der Arbeitgeber dem ausscheidenden Arbeitnehmer ein Formular zur Unterschrift vorlegt, aus dem hervorgeht, der Arbeitnehmer erkläre, keine Ansprüche mehr aus dem Arbeitsverhältnis gegen den Arbeitgeber zu haben (sog. **Ausgleichsquittung).**[1] Die Rechtsprechung war schon in der Vergangenheit insofern relativ streng, als sie die Verzichtswirkung nur eintreten ließ, wenn der Verzicht qualifiziert, d.h. ausdrücklich und unmissverständlich erklärt wurde.[2] Ist dies der Fall, so soll die Verzichtserklärung allerdings im Interesse klarer Verhältnisse weit auszulegen sein.[3] Das dürfte mit der Unklarheitenregel allerdings kaum in Einklang zu bringen sein. Ein unzulässiger Verzicht auf tarifliche Ansprüche (§ 4 Abs. 4 S. 1 TVG) oder solche aus einer Betriebsvereinbarung (§ 77 Abs. 4 S. 2 BetrVG) ist regelmäßig nicht anzunehmen. Ausgleichsquittungen können im Einzelfall überraschenden Charakter haben.[4] Handelt es sich nicht gerade um den eher seltenen Fall einer isolierten, also mit keiner weiteren Erklärung verbundenen Verzichtserklärung,[5] ist die in der Ausgleichsquittung enthaltene oder angehängte oder gar im Arbeitsvertrag untergebrachte Verzichtserklärung einer Inhaltskontrolle nach § 307 zu unterziehen. Der verfügende Charakter dieses Rechtsgeschäfts steht dem nicht entgegen.[6] Gegen solche Verzichtserklärungen bestehen dann keine grundsätzlichen Bedenken, wenn sich der Arbeitgeber im Gegenzug ebenfalls zu einem Anspruchsverzicht bereit erklärt oder eine Abfindung zusagt. **Fehlt** es an solchen **kompensatorischen Elementen,** belastet also die Ausgleichsquittung einseitig den Arbeitnehmer, so liegt eine **unangemessene Benachteiligung** im Sinne des § 307 nahe.[7] Allein der Umstand, dass Ausgleichsquittungen im Arbeitsleben weit verbreitet sind, rechtfertigt es nicht, sie unter Berufung auf § 310 Abs. 4 S. 2 von der Inhaltskontrolle auszunehmen.[8]

87a Eine unangemessene Benachteiligung des Arbeitnehmers ist nach der Rechtsprechung des BAG ferner regelmäßig dann anzunehmen, wenn der Arbeitnehmer im unmittelbaren Anschluss an eine Arbeitgeberkündigung ohne Gegenleistung in einem ihm vom Arbeitgeber vorgelegten Formular **auf die Erhebung einer**

---

[1] Zu der im Wege der Auslegung zu bestimmenden Rechtsqualität einer Ausgleichsklausel vgl. BAG 23. 2. 2005, NZA 2005, 1193, 1197; im konkreten Fall ging der Senat von einem konstitutiven negativen Schuldanerkenntnis aus.

[2] Vgl. z.B. BAG 7. 11. 2007, NZA 2008, 355, 356 f.; BAG 20. 10. 1981, BB 1982, 861 (für Rechte aus vertraglichem Wettbewerbsverbot); BAG 9. 11. 1973, AP Nr. 163 zu § 242 BGB Ruhegehalt (für Ansprüche aus betrieblicher Altersversorgung).

[3] BAG 28. 7. 2004, NZA 2004, 1097; BAG 7. 11. 2007, NZA 2008, 355, 356 f.; LAG Berlin 26. 8. 2005, NZA-RR 2006, 67, 68; a.A. ErfK/Preis, § 611 BGB Rz 404.

[4] Vgl. hierzu Rz 48.

[5] Der Verzicht stellt hier den Hauptgegenstand des Rechtsgeschäfts dar, der nach § 307 Abs. 3 BGB nicht der Inhaltskontrolle unterfällt. Es bleibt allerdings die Transparenzkontrolle, so zutreffend *Preis/Bleser/Rauf,* DB 2006, 2813.

[6] Dass sich die Inhaltskontrolle auch auf vorformulierte Verfügungsgeschäfte erstreckt, ist nahezu unbestritten, vgl. statt vieler BGH 20. 3. 1985, NJW 1985, 1836; § 305 Rz 9. Speziell zur Kontrolle vorgedruckter Verzichtserklärungen OLG Karlsruhe 24. 10. 1990, NJW 1991, 112 und Anh. 310 Rz V 391 ff.

[7] LAG Schleswig-Holstein 24. 9. 2003, BB 2004, 608 mit Anm. *v. Steinau-Steinrück;* LAG Düsseldorf 13. 4. 2005, DB 2005, 1463, 1465; ArbG Berlin 14. 10. 2005, AuR 2006, 36; *Ulmer/Fuchs* § 307 Rz 477; Arbeitsvertrag-*Rolfs,* II V 50 Rz 7; *Däubler/Dorndorf/Bonin/Deinert* Einl. Rz 168; *Lakies,* AGB im Arbeitsrecht Rz 507 gegen die Anerkennung der Beidseitigkeit des Anspruchsverzichts als kompensatorisches Element *Preis/Bleser/Rauf* DB 2006, 2816; differenzierend nach der Rechtsnatur der Ausgleichsquittung *Thüsing,* AGB-Kontrolle im Arbeitsrecht, Rz 141 ff.; sehr streng jetzt *Reinecke* DB 2002, 586; deutlich großzügiger HWK/*Gotthardt* Anh. §§ 305–310 Rz 54; unkritisch zuletzt BAG 28. 7. 2004, NZA 2004, 1097 und LAG Berlin 26. 8. 2005, NZA-RR 2006, 67, 68.

[8] LAG Schleswig-Holstein 24. 9. 2003, BB 2004, 608, 610; LAG Düsseldorf 13. 4. 2005, DB 2005, 1463, 1465 f.; *Preis/Bleser/Rauf* DB 2006, 2818.

Kündigungsschutzklage verzichtet. Durch einen solchen kompensationslosen Klageverzicht werde von der gesetzlichen Regelung des § 4 S. 1 KSchG abgewichen.[1]

6. Ausschlussfristen

Schrifttum: *Bayreuther,* Vertragskontrolle im Arbeitsrecht nach der Entscheidung des BAG zur Zulässigkeit zweistufiger Ausschlussklauseln, NZA 2005, 1337; *Fromm,* Zweistufige Ausschlussfristen nach der Schuldrechtsreform, ZTR 2003, 70; *Krause,* Vereinbarte Ausschlussfristen, RdA 2004, 36 und 106; *Kraushaar,* Zulässigkeit und Länge einzelvertraglicher Ausschlussfristen nach der Reform des Schuldrechts, AuR 2004, 374; *ders.*, Noch einmal: Zulässigkeit und Länge einzelvertraglicher Ausschlussfristen nach der Reform des Schuldrechts, AuR 2006, 386; *Lakies,* Ausschlussfristen vor dem Aus?, NZA 2004, 569; *Matthiessen,* Arbeitsvertragliche Ausschlussfristen und das Klauselverbot des § 309 Nr. 7 BGB, NZA 2007, 361; *Mohr,* Neue Rechtsprechung des BAG zur AGB-Kontrolle von Ausschlussfristen in Formulararbeitsverträgen, SAE 2006, 156; *H.-P. Müller,* Noch einmal: AGB-Kontrolle von vertraglichen Ausschlussfristen nach der Schuldrechtsreform, BB 2005, 1333; *Nägele/Chwalisz,* Schuldrechtsreform – Das Ende arbeitsvertraglicher Ausschlussfristen, MDR 2002, 1341; *Preis,* Ausschlußfristen, in: Der Arbeitsvertrag, hrsg. von Preis, 2. Aufl. 2005, II V 50; *Preis/Roloff,* Die Inhaltskontrolle vertraglicher Ausschlussfristen, RdA 2005, 144; *Reinecke,* Die gerichtliche Kontrolle von Ausschlussfristen nach dem Schuldrechtsmodernisierungsgesetz, AuR 2005, 378; *ders.*, Die gerichtliche Kontrolle von Ausschlussfristen nach dem Schuldrechtsmondernisierungsgesetz, BB 2005, 1388; *Reinhard,* Inhaltskontrolle vertraglicher Ausschlussfristen im Arbeitsrecht, 2004; *Schrader,* Neues zu Ausschlussfristen, NZA 2003, 345.

a) Allgemeines

Ausschlussfristen (Verfallfristen) sind im Arbeitsrecht weit verbreitet. Sie finden sich insbesondere in Tarifverträgen, kommen aber auch in Betriebsvereinbarungen und Arbeitsverträgen vor.[2] Es handelt sich dabei um Fristen, innerhalb derer ein Recht geltend gemacht werden muss. Geschieht dies nicht, **erlischt das Recht eo ipso.** Darin zeigt sich ein wesentlicher Unterschied zur Verjährung, die den Anspruch lediglich in seiner Durchsetzbarkeit hindert und im Übrigen nur auf Einrede des Schuldners berücksichtigt wird (§ 214 Abs. 1). Der Ablauf der Ausschlussfrist begründet hingegen eine rechtsvernichtende Einwendung, die das Gericht von Amts wegen beachten muss.[3] Mit den gesetzlichen Verjährungsvorschriften und den vereinbarten Ausschlussfristen wird allerdings dasselbe Ziel verfolgt, nämlich Rechtssicherheit und Rechtsfrieden alsbald eintreten zu lassen. Als Wertungshintergrund können daher die **Verjährungsbestimmungen** der §§ 194 ff. bei der Inhaltskontrolle von Ausschlussfristen durchaus herangezogen werden.[4] 88

Arbeitsvertragliche Ausschlussfristen sind trotz ihrer einschneidenden Wirkung – insbesondere wenn es um Lohnansprüche des Arbeitnehmers geht – **grundsätzlich zulässig.**[5] Die Unabdingbarkeit verschiedener gesetzlicher Ansprüche des Arbeitnehmers (z.B. § 12 EFZG) steht einem vertraglich vereinbarten Verfall nicht entgegen, da nicht die Entstehung und der Inhalt von Rechten des Arbeitnehmers, sondern nur der zeitliche Bestand betroffen ist.[6] Tarifliche Ansprüche werden jedoch bei beiderseitiger Tarifbindung wegen § 4 Abs. 1 S. 3 TVG von arbeitsvertrag- 89

---

[1] BAG 6. 9. 2007, NZA 2008, 219; ebenso *Preis/Bleser/Rauf,* DB 2006, 2817 für einen in einer Ausgleichsquittung zusammen mit anderen Erklärungen enthaltenen Klageverzicht; kritisch *Bauer/Günther,* NJW 2008, 1617. Für Kontrollfreiheit nach § 307 Abs. 3 BGB jedoch *Lakies,* AGB im Arbeitsrecht Rz 507; dies lässt sich allenfalls für isolierte Klageverzichtsvereinbarungen in Betracht ziehen. In solchen Fällen liegt dann aber eine Umgehung (§ 306a BGB) nahe (vgl. *Preis/Bleser/Rauf,* DB 2006, 2817 f.). Zu anderen Aspekten eines Verzichts auf Kündigungsschutzklage vgl. BAG 19. 4. 2007, NZA 2007, 1227.

[2] *Thüsing,* AGB-Kontrolle im Arbeitsrecht, Rz 155.

[3] BAG 27. 3. 1963, AP Nr. 9 zu § 59 BetrVG.

[4] BAG 25. 5. 2005, NZA 2005, 1111, 1113; BAG 28. 9. 2005, NZA 2006, 149, 152.

[5] BAG 13. 12. 2000, AP Nr. 2 zu § 241 BGB; BAG 2. 3. 2004, NZA 2004, 852, 857; BAG 25. 5. 2005, NZA 2005, 1111, 1112; BAG 28. 9. 2005, NZA 2006, 149, 151; HWK/*Gotthardt* Anh. §§ 305–310 Rz 7.

[6] BAG 25. 5. 2005, NZA 2005, 1111, 1112.

lichen Ausschlussfristen nicht erfasst. Dasselbe gilt im Hinblick auf § 77 Abs. 4 S. 4 BetrVG für Ansprüche aus Betriebsvereinbarungen.[1] Ist die Ausschlussfrist Bestandteil eines vorformulierten Standardvertrages, so sind die Vorgaben der §§ 305 ff. zu beachten. Es gelten insbesondere die **Unklarheitenregel** (§ 305 Abs. 2),[2] was eine enge Auslegung der Ausschlussfrist zur Folge hat,[3] und das **Überraschungsverbot** (§ 305c Abs. 1).[4] Das **Transparenzgebot** verlangt einen Hinweis auf die Rechtsfolge des Verfalls der Ansprüche bei nicht fristgerechter Geltendmachung. Dafür soll allerdings die optische Hervorhebung der entsprechenden Klausel durch die Überschrift „Ausschlussfrist" genügen.[5] Ferner muss sich die Verfallklausel einer **Inhaltskontrolle** anhand der §§ 307 bis 309 stellen. Dasselbe gilt auch, wenn eine tarifvertragliche Ausschlussfrist durch eine vorformulierte Einzelverweisung in den Arbeitsvertrag inkorporiert wird.[6]

b) Erfordernis gerichtlicher Geltendmachung

90 Die arbeitsrechtliche Praxis kennt einstufige und zweistufige Ausschlussfristen. Erstere sehen das Erlöschen des Rechts vor, wenn es nicht innerhalb einer bestimmten Frist (schriftlich) gegenüber dem Arbeitgeber geltend gemacht wird. **Zweistufige Ausschlussfristen** verlangen nach erfolgloser Geltendmachung des Anspruchs zusätzlich noch die Erhebung einer entsprechenden Klage.[7] Nach Inkrafttreten des Schuldrechtsmodernisierungsgesetzes[8] sind Zweifel geäußert worden, ob die Bindung an die gerichtliche Geltendmachung auf der zweiten Stufe mit dem besonderen Klauselverbot des **§ 309 Nr. 13** im Einklang steht.[9] Richtiger Ansicht nach ist bereits der **Tatbestand dieses Klauselverbots nicht erfüllt;**[10] eines Rekurses auf die im Arbeitsrecht geltenden Besonderheiten bedarf es daher nicht.[11] Für diese Sichtweise spricht, dass dem anderen Teil keine besondere Handlung oder Erklärung abverlangt wird, die über das hinausgeht, was ohnehin zu tun wäre, um die Rechte im Weigerungsfall durchzusetzen. Eine zweistufige Verfallklausel enthält also genau genommen nur eine zeitliche Komponente.[12] Ein besonderes Form- oder Zugangserfordernis, das die Rechtsdurchsetzung erschweren könnte, wird durch die zweite Stufe einer solchen Ausschlussklausel nicht statuiert.

c) Länge der Ausschlussfrist

91 Allerdings müssen sich Ausschlussfristen in Formulararbeitsverträgen einer Inhaltskontrolle nach **§ 307** stellen. Im Vordergrund steht dabei die Frage nach der

---

1 *Thüsing,* AGB-Kontrolle im Arbeitsrecht, Rz 163.

2 *Krause* RdA 2004, 39.

3 BAG 4. 9. 1991, AP Nr. 113 zu § 4 TVG Ausschlussfristen.

4 Vgl. insoweit BAG 31. 8. 2005, NZA 2006, 324, 326; zur Bedeutung des Überraschungsverbots für Ausschlussfristen siehe bereits oben Rz 47.

5 BAG 31. 8. 2005, NZA 2006, 324, 326.

6 HWK/*Gotthardt* Anh. §§ 305–310 Rz 8.

7 Klauselbeispiele bei *Preis,* in: Arbeitsvertrag, II A 150 vor Rz 51.

8 Die bisherige Rechtsprechung hatte zweistufige Ausschlussfristen in Arbeitsverträgen grundsätzlich gebilligt, so zuletzt – noch zum alten Recht – BAG 18. 11. 2004, NZA 2004, 516, 518.

9 LAG Rheinland-Pfalz 17. 8. 2004, NZA-RR 2005, 242, 243; ArbG Frankfurt a.M. 13. 8. 2003, NZA-RR 2004, 238, 240; *Däubler/Dorndorf/Bonin/Deinert* § 309 Nr. 13 Rz 6; *Annuß* BB 2002, 463; *Lakies* NZA 2004, 573 f.; *Reinecke* BB 2005, 382; *Nägele/Chwalisz* MDR 2002, 1341; *Singer* RdA 2003, 201.

10 ArbG Stralsund 27. 4. 2004, DB 2004, 1368, 1369 f.; ErfK/*Preis* §§ 194–218 Rz 45; *Preis/Roloff* RdA 2005, 147 ff.; *Gotthardt,* Rz 289; *Thüsing,* AGB-Kontrolle im Arbeitsrecht, Rz 160.

11 So aber BAG 25. 5. 2005, NZA 2005, 1111, 1113 f. unter Hinweis auf die im Arbeitsleben anerkanntermaßen besonders gebotene rasche Klärung von Ansprüchen und Bereinigung offener Streitpunkte; ebenso ArbG Halle 20. 11. 2003, NZA-RR 2004, 188, 189.

12 So zutreffend ArbG Stralsund 27. 4. 2004, DB 2004, 1368, 1370.

zulässigen Länge der Ausschlussfrist. Entscheidend ist hier, ob die abgekürzte Frist das berechtigte Anliegen des Arbeitnehmers, die Sach- und Rechtslage abschließend prüfen zu können und nicht zu voreiliger Geltendmachung und Klageerhebung gezwungen zu sein, unvertretbar verkürzt.[1] Die bisherige Rechtsprechung war in diesem Punkt außerordentlich großzügig. Tariflich nachgebildete Verfallklauseln mit einer Frist von zwei Monaten[2] und – zuletzt – von sogar nur einem Monat[3] hat das BAG für zulässig erachtet. Allein die Anlehnung an tarifvertragliche Ausschlussfristen vermag jedoch solche knapp bemessenen Fristen nicht zu rechtfertigen. Das Kontrollprivileg gilt nur für normativ geltende Tarifverträge und solche, die kraft einzelvertraglicher Globalverweisung Bestandteil des Arbeitsvertrages geworden sind. Die isolierte Inbezugnahme dispensiert hingegen ebenso wenig wie die Wiedergabe der Ausschlussfrist im Text des Arbeitsvertrages von der Inhaltskontrolle nach § 307. Auch stellt die bloße (Tarif-)Üblichkeit keine im Arbeitsrecht geltende Besonderheit dar, der es Rechnung zu tragen gälte.[4] Vielmehr muss auch hier das Bestreben dahin gehen, den Anschluss an die zivilgerichtliche Rechtsprechung herzustellen.[5] Soweit der BGH mit Ausschlussfristen befasst war, hat er die Angemessenheit der Fristlänge regelmäßig in Abhängigkeit zu den einschlägigen Verjährungsbestimmungen beurteilt.[6] Den Leitbildcharakter des Verjährungsrechts gilt es auch im Hinblick auf arbeitsvertragliche Ausschlussfristen fruchtbar zu machen.[7] „Ganz erhebliche“[8] Unterschreitungen der gesetzlichen Verjährungsfristen sind nicht mehr tolerabel.[9] Angesichts der im Zuge der Schuldrechtsmodernisierung erfolgten Heraufsetzung der Verjährung arbeitsvertraglicher Ansprüche von zwei auf drei Jahre erscheinen Ausschlussfristen für die gerichtliche Geltendmachung **auf der zweiten Stufe** von **weniger als drei Monaten nicht mehr hinnehmbar.**[10] Für diese Grenzziehung lässt sich auch der normative Maßstab des § 61b Abs. 1 ArbGG anführen. Die von dieser Vorschrift statuierte dreimonatige Frist für die Geltendmachung von Schadensersatzansprüchen bei Geschlechtsdiskriminierung liegt zudem im Bereich des Durchschnitts von üblichen tariflichen Ausschlussfristen. Die Drei-Monats-Grenze hat das BAG sodann auch auf **einstufige Ausschlussfristen** erstreckt.[11]

Gebilligt hat das BAG die **Anknüpfung des Fristlaufs an die Fälligkeit** des Anspruchs.[12] Der Arbeitnehmer wird hierdurch nicht unangemessen benachteiligt, da die Rechtsprechung den Begriff der Fälligkeit unter Einbeziehung des Kennt- **92**

---

[1] So zutreffend *Gotthardt,* Rz 311.

[2] BAG 17. 6. 1997, AP Nr. 2 zu § 74b HGB; BAG 27. 2. 2002, AP Nr. 162 zu § 4 TVG Ausschlussfristen.

[3] BAG 13. 12. 2000, AP Nr. 2 zu § 241 BGB.

[4] *Däubler/Dorndorf/Bonin/Deinert* § 310 Rz 98.

[5] Der Bundesregierung diente die BAG-Rechtsprechung in diesem Punkt als Beleg für die Notwendigkeit einer Harmonisierung im Wege der Öffnung des Arbeitsrechts für die AGB-Kontrolle (vgl. BT-Drucks. 14/6857, S. 54).

[6] Vgl. etwa BGH 20. 3. 1978, BGHZ 71, 167, 169 ff.; BGH 9. 4. 1981, NJW 1981, 1510; BGH 19. 5. 1988, NJW 1988, 2888, 2889.

[7] BAG 25. 5. 2005, NZA 2005, 1111, 1114; BAG 28. 9. 2005, NZA 2006, 149, 152; *Preis* RdA 2002, 42 ff.; in diesem Sinne auch LAG Köln 27. 8. 2004, BB 2005, 672.

[8] Selbst dies noch zulassend BAG 13. 12. 2000, AP Nr. 2 zu § 241 BGB.

[9] Keinen Änderungsbedarf sieht hingegen *Lingemann* NZA 2002, 190.

[10] BAG 25. 5. 2005, NZA 2005, 1111, 1114; BAG 28. 11. 2007, NZA 2008, 293, 294; *Singer* RdA 2003, 201; *Henssler* RdA 2002, 138; HWK/*Gotthardt* Anh. §§ 305–310 Rz 10. Für eine Untergrenze von sechs Monaten: *Preis/Roloff* RdA 2005, 156 ff.; *Lakies,* AGB im Arbeitsrecht Rz 541; *Reinecke* BB 2005, 380; dagegen *Müller* BB 2005, 1333 ff.

[11] BAG 28. 9. 2005, NZA 2006, 149, 153.

[12] BAG 28. 9. 2005, NZA 2006, 149, 153; ebenso schon zuvor ArbG Frankfurt a.M. 13. 8. 2003, NZA-RR 2004, 238, 240.

nisstandes des Gläubigers und subjektiver Zurechnungsgesichtspunkte interessengemäß auslegt. Ein Anspruch ist regelmäßig erst dann im Sinne der Ausschlussfrist fällig, wenn der Gläubiger ihn annähernd beziffern kann.[1] Das bedurfte der Klarstellung, da das neue Verjährungsrecht gerade nicht auf die Fälligkeit, sondern auf die Kenntnis bzw. grob fahrlässige Unkenntnis von den anspruchsbegründenden Umständen abstellt.[2] Nicht hinnehmbar ist vor diesem Hintergrund eine Klausel, die für den Beginn der Ausschlussfrist nicht die Fälligkeit der Ansprüche berücksichtigt, sondern allein auf die Beendigung des Arbeitsverhältnisses abstellt.[3]

93 Ist nach diesen Grundsätzen eine im Arbeitsvertrag enthaltene Ausschlussfrist unangemessen kurz, so ist die entsprechende Klausel **insgesamt unwirksam,** und der Arbeitnehmer kann seine Ansprüche innerhalb der gesetzlichen Verjährungsfrist geltend machen.[4] Ist bei einer **zweistufigen Ausschlussklausel** lediglich die Frist der zweiten Stufe zu beanstanden, so bleibt allerdings die – abtrennbare – Frist zur Geltendmachung gegenüber dem Arbeitgeber auf der ersten Stufe hiervon unberührt.[5]

d) Mangelnde Gegenseitigkeit

94 Unabhängig von dem zuvor Gesagten stellen **einseitig zulasten des Arbeitnehmers wirkende Ausschlussfristen** eine **unangemessene Benachteiligung** i.S.d. § 307 Abs. 1 dar.[6] Gegen die Zulässigkeit solcher den Arbeitnehmer einseitig belastender Ausschlussfristen in Arbeitsverträgen spricht der in der Regelung des § 622 Abs. 6 und in den gesetzlichen Verjährungsvorschriften zum Ausdruck kommende Rechtsgedanke.[7] Damit wird der Gleichklang zur Rechtsprechung des BGH hergestellt. Dieser hatte in mehreren Urteilen eine vertragliche Regelung, durch die die Verjährungsfrist des § 88 HGB einseitig zulasten des Handelsvertreters abgekürzt wurde, für unwirksam erklärt.[8]

e) Gegenständliche Reichweite

95 Arbeitsvertragliche Ausschlussfristen dürfen schließlich die **Haftung für schuldhaft herbeigeführte Schäden aus der Verletzung des Lebens, des Körpers oder der Gesundheit sowie für grob fahrlässige oder vorsätzliche Pflichtverletzungen** nicht erfassen. Denn eine durch **§ 309 Nr. 7** verbotene Begrenzung der Haftung kann auch in einer zeitlichen Limitierung möglicher Schadensersatzansprüche liegen,[9] auch wenn die Anwendungsfälle im Arbeitsrecht im Hinblick auf § 104 SGB VII von vornherein begrenzt sind; für die verbleibenden Fälle sollten mögliche Schadensersatzansprüche in dem in § 309 Nr. 7 genannten Umfang von der Ausschlussfrist ausdrücklich ausgenommen werden.[10] Geschieht

---

[1] BAG 27. 10. 2005, NJW 2006, 257, 258.

[2] Gegen die Wirksamkeit von Verfallklauseln, die unabhängig von der Kenntnis des Anspruchsinhabers zu laufen beginnen *Henssler* RdA 2002, 138; kritisch auch ErfK/*Preis* §§ 194–218 Rz 52.

[3] BAG 1. 3. 2006, NZA 2006, 783, 784.

[4] BAG 25. 5. 2005, NZA 2005, 1111, 1114 (keine geltungserhaltende Reduktion); BAG 28. 9. 2005, NZA 2006, 149, 153; BAG 28. 11. 2007, NZA 2008, 293, 294; *Krause* RdA 2004, 112; *Lakies,* AGB im Arbeitsrecht Rz 554; *Reinecke* BB 2005, 381.

[5] BAG 12. 3. 2008, NZA 2008, 699, 701.

[6] BAG 31. 8. 2005, NZA 2006, 324, 326; ebenso im Grundsatz bereits BAG 2. 3. 2004, NZA 2004, 852, 857 ff., gleichfalls *Krause* RdA 2004, 47; *Lakies* NZA 2004, 574; *Reinecke* BB 2005, 381; *Däubler/Dorndorf/Bonin/Deinert* § 310 Rz 103.

[7] BAG 2. 3. 2004, NZA 2004, 852, 857 f.

[8] BGH 12. 10. 1979, NJW 1980, 286; BGH 12. 2. 2003, BB 2003, 919.

[9] BGH 25. 11. 2006, NJW 2007, 674, 675; § 309 Nr. 7 Rz 56. Die entgegengesetzte Auffassung des *Verf.,* in: AGB-Recht Rz 955 und 975 wird aufgegeben.

[10] *Bayreuther* NZA 2005, 1337.

dies nicht, ist die Klausel allerdings nach Ansicht des BAG nur teilnichtig.[1] Ebenso verhält es sich nach Ansicht des BAG hinsichtlich der Vorschrift des **§ 202 Abs. 1,** nach der die Verjährung bei Haftung wegen Vorsatzes nicht im Voraus durch Rechtsgeschäft erleichtert werden kann.[2]

7. Betriebliche Altersversorgung

Schrifttum: *Reinecke,* Schutz des Arbeitnehmers im Betriebsrentenrecht: Informationspflichten des Arbeitgebers und Kontrolle von Versorgungsvereinbarungen, DB 2006, 555; *Schaub,* AGB-Kontrolle der betrieblichen Altersversorgung, in: Altersgrenzen und Alterssicherung im Arbeitsrecht, Wolfgang Blomeyer zum Gedenken, hrsg. von Richardi und Reichold, 2003, S. 335.

Das Betriebsrentenrecht hat im **Gesetz zur Verbesserung der betrieblichen Altersversorgung** (BetrAVG) eine gesetzliche Regelung erfahren. Den dort niedergelegten Vorgaben muss die Ausgestaltung der zugesagten Versorgung entsprechen. Soweit die betriebliche Altersversorgung auf vom Arbeitgeber erlassenen Versorgungsordnungen, arbeitsvertraglichen Einheitsregelungen oder Gesamtzusagen beruht, unterliegen die Regelungen darüber hinaus auch der **AGB-Kontrolle**. Das „Ob" der Zusage und ihre Höhe bleiben allerdings kontrollfrei, so dass sich die Inhaltskontrolle auf die Ausgestaltung der einzelnen Versorgungsbedingungen konzentrieren wird. Hier kann beispielsweise bei nicht eindeutigen formulierten Versorgungszusagen, etwa soweit es um die Anrechnung von Vordienstzeiten geht,[3] die **Unklarheitenregel** (§ 305c Abs. 2) zur Anwendung gelangen (vgl. hierzu auch Rz 57). Im Übrigen werden vor allem die **Änderungs- und Widerrufsvorbehalte** bei Direktzusagen und der Unterstützungskassenversorgung auf den Prüfstand gestellt werden müssen.[4] Problematisch sind insbesondere allgemein gefasste – und damit auch aus steuerrechtlichen Gründen nicht empfehlenswerte – Widerrufsvorbehalte, die den Widerruf schlicht nach freiem Belieben oder billigem Ermessen erlauben. Solche Vorbehalte sind intransparent und verstoßen gegen § 308 Nr. 4.[5] Die vormalige, korrigierende Rechtsprechung kann allenfalls noch für Altverträge fortgeführt werden. Im Übrigen dürften sich aber die Konsequenzen der Ausdehnung der AGB-Kontrolle auf arbeitsvertragliche Vereinbarungen für das Recht der betrieblichen Altersversorgung in überschaubaren Grenzen halten.[6] **Entgeltumwandlungsvereinbarungen** müssen unabhängig von Zusageart und Durchführungsweg dem Gebot der Wertgleichheit Rechnung tragen. Verstöße gegen dieses Gebot führen zur Unwirksamkeit der Umwandlungsvereinbarung. Dies gilt insbesondere für sog. gezillmerte Tarife.[7] 96

8. Beweislastabreden

Vorformulierte Beweislastregelungen, durch die der Arbeitgeber als Verwender die Beweislast zum Nachteil seines Vertragspartners, des Arbeitnehmers, verändert, scheitern an dem auch im Arbeitsrecht uneingeschränkt geltenden Klauselverbot 97

---

[1] BAG 25. 5. 2005, NZA 2005, 1111, 1112 f.; zu Recht kritisch *Matthiessen* NZA 2007, 361 ff. unter Hinweis auf die entgegenstehende Rechtsprechung des BGH.

[2] BAG 25. 5. 2005, NZA 2005, 1111, 1112; BAG 28. 9. 2005, NZA 2006, 149, 151.

[3] BAG 16. 3. 1982, AP Nr. 6 zu § 1 BetrAVG.

[4] So auch *Schaub,* in: Altersgrenzen und Alterssicherung im Arbeitsrecht, S. 350.

[5] Vgl. insoweit BAG 12. 1. 2005, NZA 2005, 465.

[6] So auch die Erkenntnis von *Schaub,* in: Altersgrenzen und Alterssicherung im Arbeitsrecht, S. 354.

[7] LAG München 15. 3. 2007, NZA 2007, 813; a.A. offenbar LAG München 11. 7. 2007, NZA 2008, 362; zu beiden Entscheidungen *Diller,* NZA 2008, 338; vgl. hierzu im Einzelnen *Reinecke* DB 2006, 562.

des **§ 309 Nr. 12.**[1] Dessen Geltungsanspruch reicht sehr weit. Erfasst werden alle beweisrechtlichen Abreden, die den Arbeitnehmer im Vergleich zur gesetzlichen oder richterrechtlich entwickelten Beweislastverteilung schlechter stellen.[2] Bestätigende Schuldanerkenntnisse verschieben hingegen nicht die Beweislast, sondern gestalten die materielle Rechtslage. Ihre Unwirksamkeit kann sich jedoch aus der Generalklausel des § 307 ergeben.[3]

98 Auch dieser Kontrollansatz ist der bisherigen arbeitsgerichtlichen Rechtsprechung nicht fremd. So hat das BAG die in einer Rückzahlungsvereinbarung enthaltene Klausel, dem Mitarbeiter sei bekannt, dass die tatsächlichen Kosten der Weiterbildung die festgelegten Kosten überstiegen, für unwirksam erklärt und in diesem Zusammenhang auf das damals noch in § 11 Nr. 15b AGBG enthaltene **Verbot der Tatsachenbestätigung** hingewiesen.[4] Dieser – heute in § 309 Nr. 12 Buchst. b verankerte – Verbotstatbestand steht beispielsweise folgenden in Arbeitsverträgen mitunter anzutreffenden Klauseln entgegen:[5] „Die Vertragsparteien bekennen, eine schriftliche Ausfertigung dieses Vertrages erhalten zu haben“ oder „Der Arbeitnehmer erklärt, dass er an keiner ansteckenden Krankheit leidet, keine körperlichen oder gesundheitlichen Mängel verschwiegen hat, die der Verrichtung der geschuldeten Leistung entgegenstehen, ...“. Zu beanstanden ist ferner eine Klausel, wonach ein ausländischer Mitarbeiter versichert, den deutschsprachigen Einstellungsvertrag verstanden zu haben. Unwirksam sind richtiger Ansicht nach auch sog. **Vollständigkeitsklauseln** in Arbeitsverträgen (Beispiel: „Mündliche Nebenabreden sind nicht getroffen“), da diese geeignet sind, den Arbeitnehmer davon abzuhalten, sich auf eine etwaige mündliche Nebenabrede zu berufen.[6] Ausgenommen vom Verbot der Beweislastveränderung zum Nachteil des anderen Vertragsteils sind **Empfangsbekenntnisse**, die gesondert unterschrieben sind (§ 309 Nr. 12 Buchst. b HS. 2). Arbeitsrechtlich bedeutsam ist diese Regelung vor allem im Hinblick auf **nachvertragliche Wettbewerbsverbote**, die zu ihrer Wirksamkeit der Aushändigung der Urkunde an den Arbeitnehmer bedürfen (vgl. § 74 HGB). Will sich der Arbeitgeber die Aushändigung im Formulararbeitsvertrag bestätigen lassen, so muss er darauf achten, dass diese Empfangsbestätigung vom übrigen Vertragstext deutlich abgesetzt ist und vom Arbeitnehmer gesondert unterschrieben wird.[7]

99 Auch die Verlagerung der Beweislast für das Vertretenmüssen einer Pflichtverletzung des Arbeitnehmers als Tatbestandsvoraussetzung eines gegen ihn gerichteten Schadensersatzanspruchs ist in allgemeinen Arbeitsvertragsbedingungen nicht möglich. Dies folgt unmittelbar aus **§ 619a**, so man diese Norm für zwingend hält,[8] anderenfalls aus § 309 Nr. 12.[9] Zu Mankoabreden vgl. noch Rz 141 ff.

9. Bezugnahmeklauseln

Schrifttum: *Bayreuther,* Sanierungs- und Insolvenzklauseln im Arbeitsverhältnis, ZiP 2008, 573; *Diehn,* AGB-Kontrolle von arbeitsrechtlichen Verweisklauseln, NZA 2004, 129; *Ernst,* Tarifverträge und Transparenzkontrolle bei arbeitsvertraglichen dynamischen Globalverweisungen, NZA 2007, 1405; *Gaul,* Bezug-

[1] Arbeitsrechtliche Besonderheiten, die der Anwendung entgegenstehen könnten, sind nicht auszumachen; wie hier ErfK/*Preis* §§ 305–310 Rz 80; *Thüsing,* AGB-Kontrolle im Arbeitsrecht, Rz 173.

[2] S. § 309 Nr. 12 Rz 10.

[3] BAG 15. 3. 2005, NZA 2005, 682, 685.

[4] BAG 16. 3. 1994, AP Nr. 18 zu § 611 BGB Ausbildungsbeihilfe.

[5] Zum Folgenden *Preis,* in: Der Arbeitsvertrag, hrsg. von Preis, II B 30 Rz 18 ff.

[6] Näher *Stoffels,* AGB-Recht, Rz 683 m.w.N.; wie hier *Lakies,* AGB im Arbeitsrecht Rz 576; a.A. ErfK/*Preis* §§ 305–310 Rz 80 unter Berufung auf BGH 19. 6. 1985, NJW 1985, 2329, 2331.

[7] *Thüsing,* AGB-Kontrolle im Arbeitsrecht, Rz 174.

[8] *Däubler* NZA 2001, 1332.

[9] *Gotthardt,* Rz 286.

nahmeklauseln – zwischen Inhaltskontrolle und Nachweisgesetz, ZfA 2003, 75; *Klebeck,* Unklarheiten bei arbeitsvertraglicher Bezugnahmeklausel, NZA 2006, 15; *Oetker,* Arbeitsvertragliche Bezugnahme auf Tarifverträge und AGB-Kontrolle, in: FS für Wiedemann, 2002, S. 383; *Preis,* Arbeitsvertragliche Verweisungen auf Tarifverträge, in: FS für Wiedemann, 2002, 425; *ders.,* Verweisungsklauseln, in: Der Arbeitsvertrag, hrsg. von Preis, 2. Aufl. 2005, II V 40; *Preis/Greiner,* Vertragsgestaltung bei Bezugnahmeklauseln nach der Rechtsprechungsänderung des BAG, NZA 2007, 1073; *Schwab,* Auslegung und Inhaltskontrolle arbeitsvertraglicher Bezugnahmen auf Tarifverträge, 2007; *Thüsing/Lambrich,* AGB-Kontrolle arbeitsvertraglicher Bezugnahmeklauseln, NZA 2002, 1361.

a) Grundgedanke der gesetzlichen Regelung (§ 310 Abs. 4 S. 3)

Arbeitsverträge nehmen in der Praxis sehr häufig auf die einschlägigen Tarifverträge Bezug. Hiervon zu unterscheiden sind Klauseln in Arbeitsverträgen, wonach anstelle der Arbeitsvertragsbedingungen die Tarifbedingungen gelten sollen, wenn für den Arbeitgeber Tarifbindung eintreten sollte.[1] Damit wird bezweckt, auch denjenigen Arbeitnehmern die tarifvertraglichen Ansprüche einzuräumen, deren Arbeitsverhältnisse mangels Tarifbindung von dem Tarifvertrag nicht normativ erfasst werden. Durch die arbeitsvertragliche Inbezugnahme des Tarifvertrages wird dieser zum Inhalt des individuellen Arbeitsvertrages gemacht.[2] Diese Praxis wollte der Gesetzgeber unangetastet lassen. **§ 310 Abs. 4 Satz 3** bringt dies etwas umständlich zum Ausdruck. Tarifverträge, Betriebs- und Dienstvereinbarungen stehen hiernach Rechtsvorschriften im Sinne von § 307 Abs. 3 gleich. Arbeitsvertragliche Klauseln, die einen einschlägigen Tarifvertrag insgesamt in Bezug nehmen, weisen daher nur deklaratorischen Charakter auf und unterliegen gem. § 307 Abs. 3 nicht einer materiellen Inhaltskontrolle nach den §§ 307 bis 309.[3] Auf diese Weise verhindert der Gesetzgeber, dass es über die Kontrolle arbeitsvertraglicher Bezugnahmeklauseln oder in den Arbeitsvertrag inkorporierter Regelungskomplexe aus dem Tarifvertrag mittelbar doch zu einer nicht erwünschten Tarifzensur kommt. **100**

b) Global-, Einzel- und Teilverweisungen

Fraglich ist, inwieweit ein kollektivvertragliches Regelwerk durch die Arbeitsvertragsparteien übernommen werden muss, damit dessen Regelungen nicht der Inhaltskontrolle nach dem AGB-Recht unterfallen. Dem Gesetzgeber stand offenbar der Fall der **Globalverweisung** vor Augen.[4] Eine Globalverweisung nimmt den gesamten Tarifvertrag in Bezug. Einzelne Abweichungen zugunsten des Arbeitnehmers und lückenfüllende Regelungen im Arbeitsvertrag stellen die Globalverweisung noch nicht in Frage. Aber selbst bei Globalverweisung ist eine Freistellung von der Inhaltskontrolle nur dann gerechtfertigt, wenn der Arbeitsvertrag auf einen **einschlägigen Tarifvertrag** verweist.[5] Das ist der Tarifvertrag, der bei unterstellter Tarifbindung das Arbeitsverhältnis normativ erfassen würde. Einem branchen- oder ortsfremden Tarifvertrag liegen häufig andere Rahmenbedingungen zugrunde, so dass es an der Basis für die Richtigkeitsgewähr fehlt.[6] Wird im Arbeitsvertrag auf einen bei Abschluss bereits abgelaufenen und nicht nachwirkenden Tarifvertrag verwiesen, so kann auch dieser nicht (mehr) die die Freistellung **101**

---

[1] Zu solchen Vereinbarungen über die Tarifvertragsoffenheit *Hromadka,* in FS für Richardi, S. 257 ff.

[2] Zur Bestimmung der Reichweite des Verweisungsumfangs unter Rückgriff auf die Unklarheitenregel vgl. Rz 57. Wichtig insoweit zuletzt vor allem BAG 18. 4. 2007, NZA 2007, 965.

[3] Diese Sichtweise bestätigend BAG 25. 4. 2005, BeckRS 2007, 46522.

[4] Vgl. Gegenäußerung der Bundesregierung (BT-Drucks. 14/6857, S. 54): „... und lediglich deren gesamten Inhalt wiedergeben ... nicht der Inhaltskontrolle unterliegen".

[5] Ulmer/*Fuchs* § 307 Rz 433; gegen die pauschale Freistellung von Globalverweisungen auf einen sachlich einschlägigen Tarifvertrag allerdings *Annuß* BB 2006, 1333 f.

[6] ErfK/*Preis* §§ 305–310 Rz 14; *Diehn* NZA 2004, 131; *Däubler/Dorndorf/Bonin/Deinert* § 310 Rz 49 f.; ein solcher Verweis auf einen nicht einschlägigen Tarifvertrag kann im Übrigen überraschend sein mit der Folge, dass die Inbezugnahme scheitert (vgl. hierzu Rz 327).

rechtfertigende Richtigkeitsgewähr für sich beanspruchen, wohl aber ein noch nachwirkender Tarifvertrag.[1]

102 Fraglich ist, ob sich das tarifliche Regelwerk – auch bei Inbezugnahme des einschlägigen und noch in Geltung befindlichen Tarifvertrages – einer **Transparenzkontrolle** stellen muss. Die Systematik der Gesetzesvorschriften (§ 310 Abs. 4 S. 3 verweist vollständig auf § 307 Abs. 3 und damit auch auf dessen S. 2) und die Gegenäußerung der Bundesregierung im Gesetzgebungsverfahren sprechen eindeutig dafür.[2] Gleichwohl hat das BAG[3] jüngst eine Transparenzkontrolle eines arbeitsvertraglich in Bezug genommenen Tarifvertrages abgelehnt, der für den Arbeitgeber kraft seiner Tarifbindung galt. Denn anderenfalls – so das BAG – wäre die Folge, dass einzelne Vorschriften desselben Tarifvertrages bei demselben tarifgebundenen Arbeitgeber, je nachdem, ob der Arbeitnehmer Mitglied der tarifschließenden Gewerkschaft sei oder nicht, zur Anwendung gelangten oder wegen fehlender Transparenz unwirksam seien.

103 Tarifvertragliche Passagen oder Bestimmungen, die nur punktuell in den Arbeitsvertrag übernommen werden (sog. **Einzelverweisung**), verdienen hingegen keine privilegierte Beurteilung. Denn hier besteht die Gefahr, dass der Arbeitgeber selektiv nur die ihm günstig erscheinenden Regelungen in den Arbeitsvertrag inkorporiert. Die dem Tarifvertrag innewohnende Richtigkeitsgewähr resultiert aber gerade aus der Ausgewogenheit begünstigender und belastender Regelungen. Werden sie isoliert einbezogen, unterliegen sie in vollem Umfang der Angemessenheitskontrolle nach den §§ 307 bis 309.[4]

104 Es bleiben die Fälle, in denen auf bestimmte Regelungskomplexe eines Tarifvertrages verwiesen wird (sog. **Teilverweisungen**). Auch hier wird der Tarifvertrag nicht in toto in Bezug genommen, so dass im Grundsatz keine Freistellung von der Inhaltskontrolle geboten ist.[5] Anders ist nur zu entscheiden, wenn ein abgeschlossener Regelungskomplex eines einschlägigen Tarifvertrages in Bezug genommen wird, man sich also vorstellen könnte, dass die Tarifvertragsparteien diesen Regelungskomplex auch als isolierten Tarifvertrag abgeschlossen hätten.[6] Hierfür spricht, dass auch der Gesetzgeber verschiedentlich Teilverweisungen auf Tarifnormkomplexe ermöglicht (z.B. § 622 Abs. 4 S. 2, § 13 Abs. 1 S. 2 BUrlG, § 7 Abs. 3 ArbZG).[7] Eine Transparenzkontrolle findet allerdings auch in diesen Fällen statt.

c) Statische und dynamische Bezugnahmeklauseln

105 Bezugnahmeklauseln lassen sich ferner nach ihrem Flexibilitätspotential unterscheiden. Denkbar ist zunächst, dass nur auf einen bestimmten Tarifvertrag in der zur Zeit der Bezugnahme geltenden Fassung verwiesen wird. Spätere Änderungen der tariflichen Lage schlagen dann auf die einzelnen Arbeitsverhältnisse nur durch,

---

[1] *Thüsing/Lambrich* NZA 2002, 1363; *Löwisch/Rieble* § 3 TVG Rz 264; *Däubler/Dorndorf/Bonin/Deinert* § 310 Rz 47.

[2] BT-Drucks. 14/6857, S. 54. Für Transparenzkontrolle daher *Lakies,* AGB im Arbeitsrecht Rz 165 ff.; BeckOK-*Jacobs* § 307 Rz 28; ErfK/*Preis* §§ 305–310 Rz 15; *Witt* NZA 2004, 138; einschränkend jedoch *Ernst* NZA 2007, 1405.

[3] BAG 28. 6. 2007, NZA 2007, 1049, 1051; vgl. auch BAG 25. 4. 2007, BeckRS 2007, 46522.

[4] Allgemeine Ansicht, vgl. statt vieler ErfK/*Preis* §§ 305–310 Rz 16 m.w.N.; ebenso wohl BAG 25. 4. 2007, NJW 2007, 2279.

[5] *Gotthardt* Rz 268.

[6] *Diehn* NZA 2004, 131; *Lindemann* AuR 2002, 86; ähnlich *Henssler* RdA 2002, 136; gegen jegliche Privilegierung von Teilverweisungen jedoch *Däubler/Dorndorf/Bonin/Deinert* § 310 Rz 52; *Lakies,* AGB im Arbeitsrecht Rz 198 ff.; *Thüsing/Lambrich* NZA 2002, 1363; *Reinecke* BB 2005, 378; *Rieble/Löwisch* § 3 TVG Rz 264.

[7] A.A. *Ulmer/Fuchs* § 307 Rz 435.

wenn die Voraussetzungen der normativen Geltung erfüllt sind, also insbesondere beiderseitige Tarifbindung gegeben ist. Solche sog. **statischen Bezugnahmeklauseln** sind AGB-rechtlich eher unproblematisch. Für den Arbeitgeber haben sie den Nachteil, dass eine automatische Anpassung nicht stattfindet, es vielmehr einer – umständlichen – Änderung des Arbeitsvertrages bedarf.[1]

Gebräuchlicher sind daher sog. **dynamische Bezugnahmeklauseln**, die auf einen bestimmten Tarifvertrag in seiner jeweils geltenden Fassung oder – noch weiter – auf den jeweils einschlägigen Tarifvertrag in seiner jeweils geltenden Fassung verweisen.[2] Eine solche dynamische Verweisung ist für den nicht gewerkschaftlich organisierten Arbeitnehmer jedenfalls in Zeiten einer günstigen Tarifentwicklung insoweit von Vorteil, als er – wie die tarifgebundenen Arbeitnehmer – automatisch in den Genuss der Verbesserungen kommt. Immer öfter kommt es auf tariflicher Ebene aber auch zu einem Abbau bisher erreichter Standards (Abbau von Sonderleistungen, Anhebung der Arbeitszeit ohne entsprechenden Lohnausgleich etc.), so dass durchaus zu erwarten ist, dass die Frage nach der AGB-rechtlichen Zulässigkeit einer dynamischen Bezugnahmeklausel gestellt werden wird. Einer Inhaltskontrolle im Sinne einer Angemessenheitskontrolle unterliegen auch dynamische Bezugnahmen nach § 307 Abs. 3 i.V.m. § 310 Abs. 4 Satz 3 jedenfalls dann nicht, wenn sie in vollem Umfang auf den einschlägigen Tarifvertrag verweisen.[3] Umso drängender stellt sich die Frage, ob und – wenn ja – mit welchem Ergebnis auf das Transparenzgebot und das Überraschungsverbot zurückgegriffen werden kann (Gegenstand der Prüfung ist hier die Verweisungsklausel selbst; zur Kontrolle der in Bezug genommenen Regelung vgl. oben Rz 102). **106**

Sub specie **Transparenzgebot** ist die Frage aufgeworfen worden, ob die Rechte und Pflichten des Arbeitnehmers durch eine solche Gestaltung noch hinreichend deutlich bezeichnet sind.[4] Die arbeitsgerichtliche Rechtsprechung hat bislang keinen Zweifel aufkommen lassen, dass auch der jeweilige Inhalt des Tarifvertrages in Bezug genommen werden darf.[5] Dies wird man auch unter der Geltung des Transparenzgebots für ausreichend halten müssen.[6] Dem Bestimmtheitsgebot ist entsprochen, wenn im Zeitpunkt der jeweiligen Anwendung die in Bezug genommenen Regelungen bestimmbar sind.[7] Normativ bestätigt wird diese Einschätzung durch das Nachweisgesetz, das lediglich einen in allgemeiner Form gehaltenen Hinweis auf die Tarifverträge verlangt, die auf das Arbeitsverhältnis anzuwenden sind (§ 2 Abs. 1 Nr. 10 und Abs. 3 NachwG) und den Arbeitgeber sogar von der Pflicht dispensiert, Änderungen des Tarifvertrages dem Arbeitnehmer mitzuteilen (§ 3 Satz 2 NachwG).[8] Arbeitsvertragliche Bezugnahmen auf Tarifverträge werden darüber hinaus ausdrücklich in arbeitsrechtlichen Gesetzen erlaubt, vgl. z.B. § 622 **107**

---

[1] *Preis,* in: Arbeitsvertrag, II V 40 Rz 9.

[2] Klauselbeispiele bei *Preis,* in: Arbeitsvertrag, II V 40 Rz 11ff.

[3] Siehe oben Rz 100.

[4] Bedenken äußern *Lakies,* AGB im Arbeitsrecht Rz 168ff.; *Oetker,* in: FS für Wiedemann, S. 384 diagnostiziert immerhin ein „Transparenzdefizit". Von der Zulässigkeit dynamischer Verweisungen auf den Tarifvertrag gehen auch nach der Schuldrechtsreform *Thüsing/Lambrich* NZA 2002, 1364; *Diehn* NZA 2004, 134f. und *Däubler/Dorndorf/Bonin/Deinert* § 307 Rz 292 aus.

[5] Vgl. zuletzt die Urteile BAG 26. 9. 2001, AP Nr. 21 zu § 1 TVG Bezugnahme auf Tarifvertrag und BAG 19. 3. 2003, AP Nr. 33 zu § 1 TVG Bezugnahme auf Tarifvertrag, die von der Zulässigkeit ohne Weiteres ausgehen.

[6] So jetzt auch BAG 14. 3. 2007, NZA 2008, 45, 47. Dass der Verweis auf Vorschriften eines anderen Regelwerks keineswegs generell zur Intransparenz führt, zeigt exemplarisch BGH 8. 11. 2001, NJW 2002, 507.

[7] BAG 14. 3. 2007, NZA 2008, 45, 47; *Thüsing/Lambrich* NZA 2002, 1364.

[8] BAG 14. 3. 2007, NZA 2008, 45, 47; *Däubler* NZA 2001, 1336; *Däubler/Dorndorf/Bonin/Deinert* § 307 Rz 292; *Reichold* ZTR 2002, 205; *Oetker,* in: FS für Wiedemann, S. 397; *Diehn* NZA 2004, 134.

Abs. 4 S. 2 BGB, § 13 Abs. 1 S. 2 BUrlG.[1] Auch dynamische Bezugnahmeklauseln entsprechen einer üblichen Regelungstechnik in der arbeitsvertraglichen Praxis. Sie tragen arbeitsrechtlichen Besonderheiten Rechnung (§ 310 Abs. 4 S. 2), nämlich zum einen der Zukunftsgerichtetheit von Arbeitsverhältnissen und dem daraus resultierenden Bedürfnis flexibler Anpassung[2] und zum anderen dem Erfordernis, für betriebseinheitliche Arbeitsbedingungen unabhängig von der Gewerkschaftszugehörigkeit zu sorgen. Das BAG legt eine Bezugnahme auf einen genau bestimmten Tarifvertrag sogar ohne ausdrückliche Regelung als dynamische Bezugnahme aus, wenn keine Anhaltspunkte für eine abweichende Absicht der Parteien bestehen.[3]

108 Dynamische Verweisungen auf einen einschlägigen Tarifvertrag in seiner jeweils geltenden Fassung wird man schon angesichts der weiten Verbreitung dieser Konstruktion **nicht** für **überraschend im Sinne des § 305c Abs. 1** erachten können.[4] Es bleibt dann aber die Frage zu stellen, ob die Arbeitsvertragsparteien an schlechthin jede Änderung des in Bezug genommenen Tarifvertrages gebunden sind. Diese Problematik wird schon seit geraumer Zeit diskutiert.[5] Den gesetzlichen Bewertungsmaßstab muss man jetzt wohl dem Überraschungsverbot des § 305c Abs. 1 entnehmen.[6] Zwar ist der maßgebliche Beurteilungszeitpunkt im AGB-Recht derjenige des Vertragsschlusses.[7] Im Falle einer dynamischen Verweisung wird man jedenfalls insoweit eine Ausnahme machen müssen, als es um die Frage geht, ob die Verweisungsklausel alle auch noch so ungewöhnlichen Tarifbestimmungen in den Arbeitsvertrag integriert. Die Anforderungen an das Überraschungsverdikt müssen jedoch hoch geschraubt werden, will man nicht in eine mittelbare Tarifzensur abgleiten. Gerade dieser Gefahr wollte der Gesetzgeber mit § 310 Abs. 4 Satz 3 entgegenwirken. Die Billigung einer dynamischen Verweisung geschieht grundsätzlich auch auf die Gefahr hin, dass sich die Rechtsposition des Außenseiters durch spätere Veränderungen des Tarifvertrages verschlechtert.[8] Die **neue Tarifnorm muss sich als schlechterdings nicht vorhersehbar und zugleich als ungewöhnlich belastend** erweisen, wobei in letzterer Hinsicht auch mögliche Kompensationen an anderer Stelle des Tarifvertrages zu berücksichtigen sind.[9]

10. Direktionsrechtsklauseln

Schrifttum: *Arnold,* Änderungsvorbehalt zur Arbeitszeitdauer, in: FS für Löwisch, 2007, S. 1; *Bayreuther,* Was schuldet der Arbeitnehmer? – Möglichkeiten und Grenzen einer vertraglichen Ausgestaltung der Leistungspflicht des Arbeitnehmers, NZA Beil. 1/2006, 3; *Hanau,* Möglichkeiten und Grenzen der Ver-

---

[1] Hierauf verweist zu Recht BAG 14. 3. 2007, NZA 2008, 45, 47.

[2] *Diehn* NZA 2004, 134 f.

[3] BAG 5. 4. 2006, AP Nr. 3 zu § 1 AVR Diakonisches Werk.

[4] Anders kann sich dies bei Einzelverweisungen oder bei Globalverweisungen auf branchen- oder ortsfremde Tarifverträge darstellen; hierzu Rz 101.

[5] *Gamillscheg,* Kollektives Arbeitsrecht I, 1997, S. 736 f. jeweils m.w.N.; ausführlich auch *Reichel,* Die arbeitsvertragliche Bezugnahme auf den Tarifvertrag, 2001, S. 62 ff.

[6] *Thüsing/Lambrich* NZA 2002, 1364 ff.; HWK/*Henssler* § 3 TVG Rz 18; *Lakies,* AGB im Arbeitsrecht Rz 177 ff.; *Däubler/Dorndorf/Bonin/Deinert* § 305c Rz 22. Einen anderen Lösungsansatz favorisiert u.a. *Preis* (in: Arbeitsvertrag, II 40 Rz 67). Seiner Ansicht nach können im Wege der Auslegung der Verweisungsklausel extreme Fälle unvorhersehbarer Änderungen ausgegrenzt werden. Ähnlich schon zuvor *Löwisch* NZA 1985, 317, und *Nömeier,* Bezugnahme auf Tarifinhalte im Einzelarbeitsverhältnis, 1990, S. 121 f.

[7] *Stoffels,* AGB-Recht, Rz 472.

[8] *Gamillscheg,* Kollektives Arbeitsrecht I, S. 736, der auch ungewöhnlich belastende Normen für mitergriffen hält.

[9] Ausführlich, im Ergebnis jedoch weniger streng *Thüsing/Lambrich* NZA 2002, 1364 ff.; *Däubler/Dorndorf/Bonin/Deinert* § 305c Rz 22 sieht die Grenze bei einer Verringerung der Vergütung um mehr als 20%. Generell kritisch zu diesem Lösungsweg *Löwisch/Rieble* § 3 TVG Rz 268.

einbarungen zur Dauer der Arbeitszeit, NZA Beil. 1/2006, 34; *Hromadka/Schmitt-Rolfes,* Die AGB-Rechtsprechung des BAG zu Tätigkeit, Entgelt und Arbeitszeit, NJW 2007, 1777; *Hunold,* AGB-Kontrolle einer Versetzungsklausel, NZA 2007, 19; *Lindemann,* Flexible Gestaltung von Arbeitsbedingungen nach der Schuldrechtsreform, 2003; *Mühlmann,* Flexible Arbeitsvertragsgestaltung – Die Arbeit auf Abruf, RdA 2006, 356; *Preis,* Arbeitszeit, in: Der Arbeitsvertrag, hrsg. von Preis, 2. Aufl. 2005, II A 90; *ders.,* Direktionsrecht und Tätigkeitsbeschreibung, in: Der Arbeitsvertrag, hrsg. von Preis, 2. Aufl. 2005, II D 30; *Preis/Lindemann,* Änderungsvorbehalte – Das BAG durchschlägt den gordischen Knoten, NZA 2006, 632; *Reinecke,* Flexibilisierung der Arbeitszeit im Arbeitgeber- und Arbeitnehmerinteresse – ein Rechtsprechungsbericht, BB 2008, Beil. Nr. 4, S. 21; *Schramm,* Versetzungsklauseln: mehr Flexibilität für den Arbeitgeber, mehr Kündigungsschutz für den Arbeitnehmer, BB 2007, 1221; *Stamm,* Arbeitszeitregelungen in Allgemeinen Geschäftsbedingungen: Reglementierung oder Flexibilisierung im Gefolge der Schuldrechtsreform?, RdA 2006, 288; *Wisskirchen/Bissels,* Arbeiten, wenn Arbeit da ist – Möglichkeiten und Grenzen der Vereinbarungsbefugnis zur Lage der Arbeitszeit, NZA Beil. 1/2006, 24.

a) Allgemeines

Durch das auf dem Arbeitsvertrag beruhende **Direktionsrecht** kann der Arbeitgeber im laufenden Arbeitsverhältnis die Leistungspflicht des Arbeitnehmers im Einzelnen nach Zeit, Art und Ort näher bestimmen (vgl. § 106 GewO) und damit die Dienste des Arbeitnehmers in einer der konkreten Situation angepassten Weise abfragen.[1] Die Reichweite des Direktionsrechts hängt dabei maßgeblich von den **vertraglichen Vereinbarungen** ab. Je konkreter und enger die Tätigkeit des Arbeitnehmers im **Arbeitsvertrag** festgelegt ist, desto geringer ist der Spielraum des Arbeitgebers bei der Ausübung seines Direktionsrechts. Höhere Flexibilität verheißt hingegen eine allgemein gehaltene Beschreibung des Einsatzfeldes des Arbeitnehmers. Darüber hinaus kennt die arbeitsvertragliche Praxis sog. **direktionsrechtserweiternde Klauseln,** durch die dem Arbeitgeber in bestimmten Bereichen das Recht zugestanden wird, dem Arbeitnehmer Leistungspflichten aufzuerlegen, die vom allgemeinen Direktionsrecht nicht umfasst sind. Solche Klauseln, um die es im Folgenden in erster Linie gehen wird, unterliegen, wenn sie sich in einem vorformulierten Arbeitsvertrag finden, der AGB-Kontrolle nach den §§ 305 ff. Hinzuweisen ist noch auf die **Wechselwirkungen zum Kündigungsrecht.**[2] Je weiter das Direktionsrecht, desto größer ist der Kreis der in die Sozialauswahl einzubeziehenden, vergleichbaren Arbeitnehmer[3] und desto schwieriger kann sich demzufolge eine Entlassung gestalten. Dies gilt es schon bei der Vertragsgestaltung, also vor dem eigentlichen Vertragsbeginn, zu bedenken. **109**

b) Art der Arbeit

Die Art der vom Arbeitnehmer zu erbringenden Arbeitsleistung lässt sich der **Tätigkeitsbeschreibung** im Arbeitsvertrag entnehmen. Bei einer allgemein gehaltenen Umschreibung des Tätigkeitsbereichs ist der Arbeitgeber aufgrund seines Direktionsrechts – von Not- und Ausnahmefällen abgesehen – nicht befugt, dem Arbeitnehmer **geringwertigere Arbeiten** zuzuweisen, selbst wenn die vereinbarte Vergütung unangetastet bleibt.[4] Fraglich ist, in welchem Umfang der Arbeitgeber seine Direktionsbefugnis hinsichtlich der Art der Arbeit vertraglich erweitern kann. Die neuere Rechtsprechung unterscheidet danach, in welchem Umfang das **110**

---

[1] Einführend *Hromadka/Maschmann,* Arbeitsrecht 1, 3. Aufl. 2005, § 6.

[2] *Preis,* in: Arbeitsvertrag, D 30 Rz 6 ff.

[3] Einschränkend jetzt allerdings BAG 2. 6. 2005, NZA 2005, 1175 für einen betriebsübergreifenden Versetzungsvorbehalt, bestätigt durch BAG 15. 12. 2005, NJW 2006, 1757 und BAG 18. 10. 2006, NZA 2007, 798; diese Einschränkung nicht erwähnend hingegen BAG 11. 4. 2006, NZA 2006, 1149, 1152; hierzu *Gaul/Bonanni* NZA 2006, 289 ff.

[4] BAG 8. 10. 1962, AP Nr. 18 zu § 611 BGB Direktionsrecht; BAG 14. 7. 1965, AP Nr. 19 zu § 611 BGB Direktionsrecht; BAG 30. 8. 1995, AP Nr. 44 zu § 611 BGB Direktionsrecht; BAG 24. 4. 1996, AP Nr. 49 zu § 611 BGB Direktionsrecht; LAG Köln 22. 12. 2004, BeckRS 2005, 42316 = BB 2005, 2196 (LS); zur Frage der Arbeitswertigkeit *Preis,* in: Arbeitsvertrag II D 30 Rz 45 ff.

Direktionsrecht erweitert werden soll. Eine Klausel, nach welcher der Arbeitgeber eine **andere als die vertraglich vereinbarte Tätigkeit** einem Arbeitnehmer „falls erforderlich" und nach „Abstimmung der beiderseitigen Interessen" einseitig zuweisen kann, sei jedenfalls dann eine unangemessene Benachteiligung i.S. von § 307 BGB, wenn nicht gewährleistet sei, dass die Zuweisung eine mindestens gleichwertige Tätigkeit zum Gegenstand haben müsse.[1] Eine andere Frage ist die, ob der Arbeitgeber **im Rahmen der vertraglich geschuldeten Tätigkeit** eine Konkretisierung der Arbeitspflichten durch Zuweisung eines anderen Aufgabengebietes vornehmen darf. Ein entsprechender Vorbehalt stellt, wenn er materiell der Regelung des § 106 S. 1 GewO nachgebildet ist, weder eine unangemessene Benachteiligung des Arbeitnehmers nach § 307 Abs. 1 S. 1 dar, noch verstößt er allein deshalb gegen das Transparenzgebot des § 307 Abs. 1 S. 2 BGB, weil keine konkreten Versetzungsgründe genannt sind.[2] Ganz allgemein verlangt das Transparenzgebot vom Arbeitgeber nicht, alle möglichen Konkretisierungen der Arbeitspflicht und des Weisungsrechts ausdrücklich zu regeln.[3] Eine unangemessene Benachteiligung kann im Übrigen auch von Klauseln ausgehen, die es dem Arbeitgeber erlauben, auf Dauer eine **höherwertige Tätigkeit zuzuweisen,** ohne die Vergütung entsprechend anzupassen.[4]

c) Ort der Arbeit

111 Der Ort und die organisatorische Einheit, an dem und innerhalb deren der Arbeitnehmer seine Dienste zu leisten hat, bestimmen sich nach dem Arbeitsvertrag. Den konkreten Arbeitsplatz im Betrieb kann der Arbeitgeber grundsätzlich **aufgrund seines Direktionsrechts** im Rahmen billigen Ermessens zuweisen. Auch ein Wechsel dieses Arbeitsplatzes innerhalb des Betriebes kann dem Arbeitnehmer durch Weisung auferlegt werden.[5] Geht mit einer solchen **innerbetrieblichen Versetzung** (Umsetzung) allerdings eine Änderung des sachlichen Tätigkeitsbereichs einher, sind hierfür die soeben (Rz 110) dargestellten Grundsätze zu beachten.[6]

112 Dagegen braucht der Arbeitnehmer nicht ohne sein Einverständnis in einen anderen Betrieb seines Arbeitgebers überzuwechseln.[7] Eine Verpflichtung des Arbeitnehmers, einem entsprechenden Verlangen des Arbeitgebers nachzukommen, kann sich allerdings aus einer im Arbeitsvertrag vereinbarten **„Unternehmensversetzungsklausel"** ergeben, mit der sich der Arbeitgeber die Versetzung in einen anderen Betrieb des Unternehmens ausbedungen hat. Soweit keine Änderung des sachlichen Tätigkeitsbereichs vorgesehen ist, bestehen gegen solche Klauseln keine grundsätzlichen Bedenken.[8] Die Ausübung dieses erweiterten Weisungsrechts muss allerdings wiederum billigem Ermessen entsprechen.

---

1 BAG 9. 5. 2006, NZA 2007, 145; ebenso LAG Köln 9. 1. 2007, NZA-RR 2007, 343, wonach eine Klausel unwirksam sein soll, die den Arbeitgeber berechtigt, einer Filialleiterin eine andere Tätigkeit im Betrieb zuzuweisen, die ihren Kenntnissen und Fähigkeiten entspricht, wenn sie keine Einschränkung dahin enthält, dass es sich um eine gleichwertige Tätigkeit handeln muss.

2 BAG 11. 4. 2006, NZA 2006, 1149.

3 BAG 13. 6. 2007, NZA 2007, 974, 975 f.

4 Hierzu *Preis,* in: Arbeitsvertrag, II D 30 Rz 195 ff. und Däubler/*Dorndorf*/*Bonin*/Deinert § 307 Rz 191.

5 HWK/*Thüsing* § 611 Rz 339; *Preis,* in: Arbeitsvertrag, II D 30 Rz 108; *Hromadka/Maschmann,* Arbeitsrecht 1, 3. Aufl. 2005, § 6 Rz 91.

6 *Preis,* in: Arbeitsvertrag, II D 30 Rz 108.

7 *Hromadka/Maschmann,* Arbeitsrecht 1, 3. Aufl. 2005, § 6 Rz 92.

8 Däubler/*Dorndorf*/*Bonin*/Deinert § 307 Rz 193.

Bilden mehrere Unternehmen einen Konzern, so stellt sich schließlich die Frage, ob Arbeitnehmer auch über die Unternehmensgrenzen hinweg versetzt werden können. Aufgrund des allgemeinen Direktionsrechts ist dies nicht möglich.[1] Um konzerndimensionale Arbeitnehmermobilität zu erreichen, bedarf es also entsprechender Vereinbarungen im Arbeitsvertrag. Solche **Konzernversetzungsklauseln** finden sich in der Praxis in unterschiedlicher Ausgestaltung.[2] Eher unkritisch sind solche Klauseln, die nur eine vorübergehende Entsendung bzw. Abordnung vorsehen.[3] Problematischer sind solche Vertragsklauseln, die eine dauerhafte Versetzung innerhalb des Konzerns erlauben. In dem besonderen Klauselverbot des § 309 Nr. 10, das einen Wechsel des Vertragspartners auf der Grundlage einer entsprechenden AGB-Klausel (nur dann) für unzulässig erklärt, wenn der Dritte nicht namentlich bezeichnet wird oder dem anderen Teil nicht das Recht eingeräumt wird, sich vom Vertrag zu lösen, wird man im Arbeitsrecht nicht die maßgebliche Beurteilungsgrundlage sehen können.[4] Diese ergibt sich vielmehr aus der Generalklausel des § 307,[5] die insoweit durch spezifisch arbeitsrechtliche Wertungen angereichert wird. Im Ergebnis bestehen angesichts der Intensität des Eingriffs (in den Kernbereich) und wegen der Umgehung kündigungsschutzrechtlicher Vorschriften erhebliche Bedenken, auf die aktuelle Zustimmung des Arbeitnehmers zu einer unternehmensübergreifenden Versetzung zu verzichten.[6] 113

d) Arbeitszeit

Arbeitsvertragliche Vereinbarungen zur Arbeitszeit (zum Begriff vgl. § 2 Abs. 1 ArbZG) müssen zunächst die Vorgaben des **öffentlich-rechtlichen Arbeitszeitrechts** beachten. Zu nennen sind hier insbesondere das Arbeitszeitgesetz, das Jugendarbeitsschutzgesetz, das Mutterschutzgesetz, das Sozialgesetzbuch IX, das Teilzeit- und Befristungsgesetz sowie das Ladenschlussgesetz. Ferner finden sich Regelungen zur Arbeitszeit häufig in **Kollektivvereinbarungen.** Innerhalb der hierdurch gezogenen Grenzen können auf arbeitsvertraglicher Grundlage feste oder flexible Arbeitszeitmodelle vereinbart werden.[7] 114

Fraglich ist, ob sich der Arbeitgeber im Arbeitsvertrag das Recht ausbedingen kann, unter bestimmten Voraussetzungen die **Dauer der Arbeitszeit** einseitig zu verändern und dementsprechend die Vergütung proportional abzusenken. Das BAG[8] sieht in der Vereinbarung von Abrufarbeit zwar eine Abweichung von der in § 615 geregelten Verteilung des Wirtschaftsrisikos (§ 307 Abs. 2 Nr. 1), doch ergebe sich die Bewertung als unangemessene Benachteiligung erst nach einer umfassenden Abwägung der berechtigten Interessen der Beteiligten. Insoweit sei zu berücksichtigen, dass der Arbeitgeber ein berechtigtes Interesse an einer gewissen Flexibilität der Arbeitsbedingungen habe. Bei einem Dauerschuldverhältnis wie dem Arbeitsverhältnis müsse der Arbeitgeber die Möglichkeit haben, auf unterschiedlichen Arbeitsanfall rasch und angemessen reagieren zu können. Das (Änderungs-) 115

---

[1] *Maschmann* RdA 1996, 30; *v. Hoyningen-Huene/Boemke,* Die Versetzung, 1991, S. 216.

[2] Überblick bei *Preis,* in: Arbeitsvertrag, II D 30 Rz 250 ff.

[3] *Hromadka/Schmitt-Rolfes,* Der unbefristete Arbeitsvertrag, S. 67.

[4] Sogar für generelle Unanwendbarkeit des § 309 Nr. 10 wegen entgegenstehender arbeitsrechtlicher Besonderheiten *Gotthardt,* Rz 285; ErfK/*Preis* §§ 305–310 Rz 86; *Däubler/Dorndorf/Bonin/Deinert* § 309 Nr. 10 Rz 2; *Lakies,* AGB im Arbeitsrecht Rz 820; a.A. *Hümmerich* NZA 2003, 758.

[5] So zutreffend *Däubler/Dorndorf/Bonin/Deinert* § 309 Nr. 10 Rz 2.

[6] Wie hier ablehnend *v. Hoyningen-Huene/Boemke,* Die Versetzung, S. 218; *Windbichler,* Arbeitsrechtliche Vertragsgestaltung im Konzern, S. 114 f.; ausführlich zum Meinungsstand *Preis,* in: Arbeitsvertrag, II D 30 Rz 264 ff.

[7] Ausführlich hierzu *Preis,* in: Arbeitsvertrag, II A 90 Rz 5 ff.

[8] BAG 7. 12. 2005, NZA 2006, 423; deutlich restriktiver noch BAG 12. 12. 1984, AP Nr. 6 zu § 2 KSchG 1969.

Kündigungsrecht sei hierzu nicht geeignet. Das Interesse des Arbeitgebers an einer Flexibilisierung der Arbeitszeitdauer und das Interesse des Arbeitnehmers an einer festen Regelung der Dauer der Arbeitszeit und der sich hieraus ergebenden Arbeitsvergütung seien angemessen zum Ausgleich zu bringen. Hierzu greift das BAG auf seine Grundsätze zurück, die es zur Wirksamkeit von Widerrufsvorbehalten aufgestellt hat. Daraus folgt, dass die vom Arbeitgeber **abrufbare über die vereinbarte Mindestarbeitszeit hinausgehende Arbeitsleistung des Arbeitnehmers nicht mehr als 25% der vereinbarten wöchentlichen Mindestarbeitszeit** betragen darf.[1] Unabhängig davon wird man den Vorbehalt der **Einführung von Kurzarbeit** anerkennen müssen, wenn auf die Voraussetzungen für die Zahlung von Kurzarbeitergeld nach § 169 SGB III Bezug genommen wird.[2]

116 Von der Dauer der Arbeitszeit ist die Bestimmung ihrer **Lage** zu unterscheiden. Letztere ist vom Direktionsrecht des Arbeitgebers umfasst. Moderate Erweiterungen durch eine entsprechende Änderungsklausel werden für **zulässig** erachtet, da der Kernbereich des Arbeitsvertrages nicht berührt wird.[3] Immerhin gilt auch hier, dass sich die konkrete Ausübung des (erweiterten) Direktionsrechts in den Grenzen des billigen Ermessens halten muss. Ferner unterliegen Festlegungen hinsichtlich der Lage der Arbeitszeit der Mitbestimmung des Betriebsrats (§ 87 Abs. 1 Nr. 2 BetrVG).

117 In der arbeitsvertraglichen Praxis – etwa im Reinigungsgewerbe – begegnet man mitunter Klauseln, die das Ruhen des Arbeitsverhältnisses für einige Wochen vorsehen. Im Grunde handelt es sich hierbei um eine besondere Form der Teilzeitarbeit mit unregelmäßig auf das Kalenderjahr verteilter Arbeitszeit. Das BAG hat kürzlich eine **Ruhensvereinbarung** für die Dauer der Schulferien im Formulararbeitsvertrag einer Reinigungskraft gebilligt, wenn das Reinigungsobjekt geschlossen ist und Reinigungsarbeiten nicht anfallen.[4]

11. Entgeltabreden

Schrifttum: *Kleinebrink,* Vertragliche Regelungen zur Vergütung von Überstunden nach der Reform des Schuldrechts, ArbRB 2006, 21; *Lakies,* Inhaltskontrolle von Vergütungsvereinbarungen im Arbeitsrecht, NZA-RR 2002, 337; *Lindemann,* Entgeltpauschalierungsabreden für geleistete Überstunden, BB 2006, 826; *Preis,* Arbeitsentgelt, in: Der Arbeitsvertrag, hrsg. von Preis, 2. Aufl. 2005, II A 70; *Preis,* Arbeitsentgelt, leistungs- und erfolgsbezogenes, in: Der Arbeitsvertrag, hrsg. von Preis, 2. Aufl. 2005, II A 75; *Preis,* Mehrarbeits- und Überstundenvergütung, in: Der Arbeitsvertrag, hrsg. von Preis, 2. Aufl. 2005, II M 20; *Seel,* Wirksamkeit von Überstundenregelungen in Formulararbeitsverträgen, DB 2005, 1330; *Tschöpe,* Sind Entgeltabreden der Inhaltskontrolle nach §§ 305 ff. unterworfen?, DB 2002, 1830; *Ziemann,* AGB-Kontrolle von vorformulierten Entgeltklauseln im Arbeitsrecht?, FA 2002, 312.

a) Kontrollfähigkeit

118 Im Arbeitsrecht bestand vor In-Kraft-Treten der Schuldrechtsreform weitgehend Einigkeit darüber, dass die **Höhe der Vergütung,** also die eigentliche Gegenleistung des Arbeitgebers für die ihm erbrachten Dienste, keiner Billigkeits- oder Angemessenheitskontrolle unterzogen werden durfte.[5] Eine Änderung dieser Rechtslage ist durch die teilweise Aufhebung der Bereichsausnahme für das Arbeitsrecht

---

[1] BAG 7. 12. 2005, NZA 2006, 423, Verfassungsmäßigkeit bestätigt durch BVerfG (2. Kammer des Ersten Senats) 23. 11. 2006, NZA 2007, 85.

[2] *Däubler/Dorndorf/Bonin/Deinert* § 307 Rz 181; ebenso für eine entsprechende tarifvertragliche Klausel BAG 15. 12. 1961, AP Nr. 2 zu § 56 BetrVG Arbeitszeit und BAG 15. 12. 1961, AP Nr. 1 zu § 615 BGB Kurzarbeit.

[3] *Däubler/Dorndorf/Bonin/Deinert* § 307 Rz 194 f.

[4] BAG 10. 1. 2007, NZA 2007, 384.

[5] Vgl. statt vieler MünchArbR/*Hanau,* 2. Aufl. 2000, § 63 Rz 3 ff m. w. N.

nicht eingetreten. Insbesondere darf aus der Tatsache, dass tarifvertragliche Regelungen der Inhaltskontrolle entzogen sind, nicht der Umkehrschluss gezogen werden, dass ihnen für die Inhaltskontrolle eine normative Richtlinienfunktion zukäme.[1] Abgesehen davon, dass eine solche Aufwertung der Tarifverträge mit der negativen Koalitionsfreiheit der Außenseiter schwerlich zu vereinbaren wäre,[2] wollte der Gesetzgeber mit § 310 Abs. 4 Satz 3 ausweislich der Materialien lediglich sicherstellen, dass Tarifverträge bei einzelvertraglicher Bezugnahme keiner indirekten Inhaltskontrolle unterliegen. Dies hat er durch die Verweisungsvorschrift des § 310 Abs. 4 Satz 3 auch exakt zum Ausdruck gebracht. Diese bezieht sich nämlich nur auf § 307 Abs. 3 und gerade nicht auf § 307 Abs. 1 und 2, der den Maßstab für die Inhaltskontrolle formuliert. Vielmehr sprechen die Gründe, die ganz allgemein für die **Kontrollfreiheit der Hauptleistungspflichten** eines Austauschvertrages ins Feld geführt werden, auch für die Ausklammerung arbeitsvertraglicher Vergütungsabreden. Etwas anderes ergibt sich schließlich auch nicht aus § 612 Abs. 2. Zwar ist die tarifliche Entlohnung die „übliche". Die Vorschrift setzt jedoch gerade das Fehlen einer Vergütungsabrede voraus. Ihr kommt eine Ergänzungsfunktion, nicht hingegen eine normative Richtlinienfunktion zu.[3] Die Kontrolle der Entgelthöhe erfolgt damit weiterhin in erster Linie am **Sittenwidrigkeitsmaßstab des § 138**[4] und am Straftatbestand des Lohnwuchers, der über § 134 auch in das Zivilrecht ausstrahlt.[5] Die Schuldrechtsreform hat nur insoweit eine Verschärfung des bisherigen Prüfungsmaßstabs zur Folge, als für die Festlegung der Hauptkonditionen nunmehr das **Transparenzgebot** gilt (§ 307 Abs. 3 S. 2). Die Bestimmung der Vergütungshöhe ist zwar von einer materiellen Angemessenheitskontrolle ausgenommen, muss aber – um wirksam zu sein – für einen durchschnittlichen Arbeitnehmer klar und verständlich formuliert sein.[6]

Der **Inhaltskontrolle nach den §§ 307 bis 309 unterliegen** hingegen auch **119** im Arbeitsrecht solche entgeltbezogenen Abreden, die sich der Aufmerksamkeit des Arbeitnehmers im Allgemeinen entziehen und daher auch nicht von den Kontrollmechanismen des Marktes und des Wettbewerbs erfasst werden. In der Terminologie der Rechtsprechung geht es hierbei vor allem um **Preisnebenabreden,** also um Klauseln, die sich zwar mittelbar auf den Preis auswirken, an deren Stelle aber dispositives Gesetzesrecht treten könnte. Hierunter fallen beispielsweise Klauseln zur Höhe der Verzugszinsen und zur Art und Weise der Auszahlung des Entgelts.[7] Vor allem ist in diesem Zusammenhang an einseitige Leistungsbestimmungsrechte

---

[1] So aber *Däubler,* NZA 2001, 1334 f., *Däubler/Dorndorf/Bonin/Deinert* § 307 Rz 272 ff.; *Lakies,* AGB im Arbeitsrecht Rz 270 ff.; die allesamt bei einer Unterschreitung des Tariflohns um mehr als 20% in Anlehnung an die Rechtsprechung zu § 17 BBiG von Unangemessenheit i.S. von § 307 Abs. 1 ausgehen; ebenfalls auf dieser Linie *Reinecke* DB 2002, 585. Wie hier dagegen die h. M. ErfK/*Preis,* §§ 305–310 Rz 39; *Gotthardt,* Rz 269; *Lingemann* NZA 2002, 188 f.; *Henssler* RdA 2002, 136; *Lindemann* AuR 2002, 86 f.; *Hromadka,* NJW 2002, 2526 f.; *Richardi,* NZA 2002, 1061; *Lieb,* in: FS Ulmer, 2003, S. 1242 f.; *Bayreuther* RdA 2003, 87 ff.; *Ziemann* FA 2002, 314 f.; Ulmer/*Fuchs* § 307 Rz 451.

[2] *Lingemann,* NZA 2002, 189; *Henssler* RdA 2002, 136.

[3] *Gotthardt,* Rz 270; ErfK/*Preis* §§ 305–310 Rz 39; *Ulmer/Fuchs* § 307 Rz 19; ebenso BGH 19. 11. 1991, NJW 1992, 688, 689 zu § 632 Abs. 2; zweifelnd *Däubler/Dorndorf/Bonin/Deinert* § 307 Rz 266.

[4] BAG 11. 1. 1973, DB 1973, 727, 728; ArbG Hagen 24. 6. 1987, NZA 1987, 610; LAG Düsseldorf 23. 8. 1977, DB 1978, 165, 166; LAG Bremen 5. 1. 1995, AP Nr. 3 zu § 611 BGB Lohnanspruch; AnwGH NW 2. 11. 2007, NJW 2008, 668. Grobe Faustregel: Unterschreitung der Hälfte des Tariflohnes spricht für Sittenwidrigkeit; vgl. MünchArbR/*Hanau,* 2. Aufl. 2000, § 63 Rz 6. Vgl. ferner BAG 10. 10. 1990, AP Nr. 47 zu § 138 BGB zur Sittenwidrigkeit einer Verlustbeteiligung des Arbeitnehmers.

[5] BGH NJW 1997, 2689, 2690 f.

[6] Beispiele für intransparente Vergütungsregelungen bei *Däubler/Dorndorf/Bonin/Deinert* § 307 Rz 290 f.

[7] BGH 31. 1. 1985, NJW 1986, 376 f.

zu denken.[1] Der Inhaltskontrolle unterliegen daher z.B. Widerrufsvorbehalte, Anrechnungsvorbehalte, Teilkündigungsklauseln, Direktionsrechtsklauseln, vertragliche Befristungen von Zulagen, vertragliche Stichtagsregelungen etc. Hinzuweisen ist ferner auf eine vor kurzem ergangene Entscheidung des BAG, in der die Kontrollfähigkeit einer Erstattungsabrede über Ausbildungskosten in einem Handelsvertretervertrag bejaht wurde.[2] Zu Rückzahlungsklauseln im Hinblick auf überzahltes Arbeitsentgelt vgl. Rz 153.

b) Mehrarbeits- und Überstundenvergütung, Nachtarbeitszuschläge

120 Als kontrollfähige Nebenabreden sind auch solche Klauseln einzustufen, nach denen etwaige **Über- oder Mehrarbeit** mit dem vereinbarten Gehalt oder mit einer konkreten Überstundenpauschale **abgegolten** ist, bzw. durch Freizeitgewährung ausgeglichen wird.[3] Die bisherige Rechtsprechung hat solche Regelungen bislang lediglich am Maßstab der guten Sitten gemessen (§ 138) und es genügen lassen, dass der Arbeitgeber den Arbeitnehmer ausdrücklich darauf hinweist, dass Mehrarbeit nicht gesondert vergütet werde.[4] Den sich aus dem AGB-Recht ergebenden Anforderungen an eine transparente, die Interessen des Arbeitnehmers berücksichtigende Vertragsgestaltung dürfte eine solche Praxis allerdings kaum länger standhalten. Besonders problematisch sind Klauseln, die eine Pauschalabgeltung durch die vereinbarte Vergütung vorsehen.[5] Insbesondere in der Kombination mit einer formularvertraglichen Verpflichtung des Arbeitnehmers, auf Anforderung Überstunden zu leisten, erlauben sie massive Eingriffe in das vertragliche Äquivalenzverhältnis.[6] Hier empfiehlt es sich, entweder Obergrenzen für die Anordnung von Mehr- und Überarbeit zu fixieren oder offenzulegen, welcher Teil der Vergütung als Pauschale die Mehr- und Überarbeit abdecken soll. Die vertragliche Pauschalierung der Vergütung für geleistete Mehr- und Überarbeit lässt sich im Übrigen eher halten, wenn sie mit einer (Teil-)Kündigungsmöglichkeit zugunsten des Arbeitnehmers versehen ist.[7] Zulässig wäre im Übrigen auch die Vereinbarung eines beiderseitigen Lösungsrechts. Für den Arbeitgeber kann sich dies empfehlen, um sich die Möglichkeit offenzuhalten, von der Pauschalierungsabrede zur Spitzabrechnung oder zur Abgeltung durch Freizeitausgleich überzugehen.[8] Anderenfalls bliebe ihm nur die Änderungskündigung.[9] Im Falle der Unwirksamkeit einer Pauschalierungsabrede greift als Grundnorm des dispositiven Rechts § 612 Abs. 2 ein, wonach die übliche Vergütung, das bedeutet die anteilige Grundvergütung ohne Mehrarbeitszuschlag, geschuldet ist.[10] Bei **leitenden Angestellten** gelten Überstunden grundsätzlich mit der vereinbarten Vergütung als abgegolten.[11] Ent-

---

[1] BAG 7. 12. 2005, NZA 2006, 423, 426; *Gotthardt,* Rz 271; ErfK/*Preis* §§ 305–310 Rz 40; *Lakies,* AGB im Arbeitsrecht Rz 280.

[2] BAG 24. 10. 2002, NZA 2003, 668.

[3] ErfK/*Preis* §§ 305–310 Rz 91; *Lakies,* AGB im Arbeitsrecht Rz 702; *Seel,* DB 2005, 1331.

[4] BAG 26. 1. 1956, AP Nr. 1 zu § 15 AZO.

[5] Eine solche Abgeltungsklausel erfasst jedenfalls von vornherein nur die im Rahmen des § 3 ArbZG liegende zulässige Mehrarbeit; so BAG 28. 9. 2005, NZA 2006, 149, 150. Nicht entschieden wurde in diesem Urteil die Frage, ob eine solche Abgeltungsvereinbarung überhaupt rechtswirksam ist. Vgl. auch die Besprechung dieser Entscheidung durch *Lindemann,* BB 2006, 826 ff.

[6] Für Unwirksamkeit ErfK/*Preis* §§ 305–310 Rz 92; ihm folgend LAG Köln 20. 12. 2001, AuR 2002, 193; zustimmend auch *Lakies,* AGB im Arbeitsrecht Rz 706 ff.; vgl. auch LAG Schleswig-Holstein 22. 9. 2004, AuA 2005, 46 = BeckRS 2004, 41792 zur pauschalen Abgeltung von Nachtarbeitszuschlägen.

[7] *Preis,* in: Arbeitsvertrag, II M 20 Rz 47.

[8] *Kleinebrink,* ArbRB 2006, 24.

[9] Hierzu BAG 23. 11. 2000, NZA 2001, 492.

[10] *Preis,* in: Arbeitsvertrag, II M 20 Rz 42 ff.; *Lakies,* AGB im Arbeitsrecht Rz 713.

[11] BAG 17. 11. 1966, AP Nr. 1 zu § 611 BGB Leitende Angestellte.

sprechende vertragliche Regelungen sind daher nicht zu beanstanden. Zum vertraglich vorbehaltenen Recht, Kurzarbeit anzuordnen, vgl. Rz 115.

Die vereinbarte pauschale Abgeltung der **Nachtarbeitszuschläge** hält das BAG[1] zwar – entgegen der hier vertretenen Ansicht (Rz 120) – grundsätzlich für eine Bestimmung der Hauptleistungspflicht, die grundsätzlich nur der Transparenzkontrolle unterliege. Allerdings beruft sich das BAG auf die Rechtsprechung des BGH,[2] wonach auch vertraglich fixierte Hauptleistungspflichten ausnahmsweise einer Angemessenheitskontrolle nach § 307 Abs. 1 S. 1 zu unterziehen sind, wenn sie durch Rechtsvorschriften bestimmt werden. Da mit **§ 6 Abs. 5 ArbZG** eine gesetzliche Regelung des Nachtarbeitszuschlags bestehe, sei durch die Gerichte zu prüfen, ob die Höhe des vertraglich vereinbarten Zuschlags den gesetzlichen Anforderungen entspreche.[3] **121**

12. Flexibilierungsklauseln im Hinblick auf Arbeitgeberleistungen

Schrifttum: *Bauer/Chwalisz,* Instrumente zur Entgeltflexibilisierung, ZfA 2007, 339; *Bayreuther,* Widerrufs-, Freiwilligkeits- und Anrechnungsvorbehalte – geklärte und ungeklärte Fragen der aktuellen Rechtsprechung des BAG zu arbeitsvertraglichen Vorbehalten, ZIP 2007, 2009; *Benecke,* Flexibilisierungsklauseln im Arbeitsrecht und AGB-Kontrolle, AuR 2006, 337; *Bergwitz,* Zur Wirksamkeit von Widerrufsvorbehalten in Formulararbeitsverträgen, AuR 2005, 210; *Bieder,* Arbeitsvertragliche Gestaltungsspielräume für die Entgeltflexibilisierung, NZA 2007, 1135; *Diekmann/Bieder* Wirksamkeit von Widerrufsvorbehalten in Formulararbeitsverträgen bei der Gewährung freiwilliger Leistungen, DB 2005, 722; *Freihube,* Neue Spielregeln für arbeitsvertragliche Vereinbarungen von Sonderzahlungen, DB 2008, 124; *Gaul,* Der Abschied vom Freiwilligkeitsvorbehalt, in: FS für Hromadka, 2008, S. 99; *Gaul/Naumann,* Hinweise zur Vertragsgestaltung: Widerrufs- und Anrechnungsvorbehalte im Lichte der AGB-Kontrolle, ArbRB 2005, 146; *Hanau,* Neueste Rechtsprechung zum flexiblen Arbeitsverhältnis: Erfurter Allerlei oder neues Rezept?, ZIP 2005, 1661; *Hanau/Hromadka,* Richterliche Kontrolle flexibler Entgeltregelungen in Allgemeinen Arbeitsbedingungen, NZA 2005, 73; *Hromadka,* „Pacta sunt servanda" und „Gesetzesumgehung", AGB-Kontrolle von Leistungsbestimmungsrechten im Arbeitsvertrag, in: FS für Konzen, 2007, S. 321; *Hümmerich,* Widerrufsvorbehalte in Formulararbeitsverträgen, NJW 2005, 1759; *ders.,* Anwendbarkeit des § 308 Nr. 4 BGB auch bei freiwilligen Leistungen?, BB 2007, 1498; *Hümmerich/Bergwitz,* Entwicklungsklauseln in Chefarztverträgen, BB 2005, 997; *Hunold,* Inhaltskontrolle einer Widerrufsklausel, AuA 2005, 179; *Isenhardt,* Individualrechtliche Flexibilisierung von Arbeitsbedingungen, FS Hanau, 1999, S. 221; *Lindemann,* Einseitige Leistungsbestimmungsrechte auf dem Prüfstand, AuR 2004, 201; *Lunk/Leder,* Teilbefristungen – Neues Recht und alte Regeln?, NZA 2008, 504; *Maschmann,* Die Befristung einzelner Arbeitsbedingungen, RdA 2005, 212; *Mathies,* Freiwilligkeits- und Widerrufsvorbehalte in Arbeitsverträgen und bei der betrieblichen Übung, DB 2005, 2689; *Moll,* AGB-Kontrolle von Änderungs- und Bestimmungsklauseln in Entgeltregelungen, in: Arbeitsgemeinschaft Arbeitsrecht im Deutschen Anwaltverein, FS zum 25-jährigen Bestehen, 2006, S. 91; *Nebendahl,* Die Zulässigkeit von Entwicklungsklauseln in Chefarztverträgen nach dem Schuldrechtsmodernisierungsgesetz, in: Arbeitsgemeinschaft Arbeitsrecht im Deutschen Anwaltverein, FS zum 25-jährigen Bestehen, 2006, S. 113; *Preis,* Widerrufsvorbehalte auf dem höchstrichterlichen Prüfstand, NZA 2004, 1014; *Preis,* Vorbehalte und Teilbefristung, in: Der Arbeitsvertrag, hrsg. von Preis, 2. Aufl. 2005, II V 70; *Preis/Bender,* Die Befristung einzelner Arbeitsbedingungen – Kontrolle durch Gesetz oder Richterrecht?, NZA-RR 2005, 337; *Preis/Lindemann,* Änderungsvorbehalte – Das BAG durchschlägt den gordischen Knoten, NZA 2006, 632; *Reichold,* Grundlagen und Grenzen der Flexibilisierung im Arbeitsvertrag, RdA 2002, 321; *Reinecke,* Gerichtliche Kontrolle von Chefarztverträgen, NJW 2005, 3383; *ders.,* Flexibilisierung von Arbeitsentgelt und Arbeitsbedingungen nach dem Schuldrechtsmodernisierungsgesetz, NZA 2005, 953; *Reinecke,* Zur AGB-Kontrolle von Arbeitsentgeltvereinbarungen, BB 2008, 554; *Rieble,* Flexible Gestaltung von Entgelt und Arbeitszeit im Arbeitsvertrag, NZA Sonderbeil. 3/2000, S. 34; *Schimmelpfennig,* Inhaltskontrolle eines formularmäßigen Änderungsvorbehalts – zum Widerrufsvorbehalt in Arbeitsverträgen nach der Schuldrechtsreform, NZA 2005, 603; *Schmalenberg,* Befristung von einzelnen Vertragsbedingungen, in: Arbeitsgemeinschaft Arbeitsrecht im Deutschen Anwaltverein, FS zum 25-jährigen Bestehen, 2006, S. 155; *Schmiedl,* Freiwilligkeits- und Widerrufsvorbehalte – überkommene Rechtsinstitute?, NZA 2006, 1195; *Schnitker/Grau,* Klauselkontrolle im Arbeitsvertrag – Zur Vereinbarkeit von Änderungs-, Anpassungs- und Widerrufsvorbehalten mit dem Recht der Allgemeinen Geschäftsbedingungen, BB

[1] BAG 31. 8. 2005, NZA 2006, 324, 328.
[2] BGH 30. 10. 1991, BGHZ 115, 391, 395.
[3] BAG 31. 8. 2005, NZA 2006, 324, 328.

2002, 2120; *Schrader/Müller,* Flexible Vergütungsvereinbarungen, RdA 2007, 145; *Schramm,* Die Zulässigkeit von Freiwilligkeitsvorbehalten in Arbeitsverträgen, NZA 2007, 1325; *Seel,* Freiwilligkeits- und Widerrufsvorbehalte im Arbeitsvertrag, MDR 2004, 1393; *ders.,* Arbeitsvertrag – Wirksamkeit eines Widerrufsvorbehalts, MDR 2005, 724; *Sievers,* Individualrechtliche Möglichkeiten und Grenzen einer Entgeltreduzierung, NZA 2002, 1183; *Singer,* Flexible Gestaltung von Arbeitsverträgen, RdA 2006, 362; *Strick,* Freiwilligkeitsvorbehalt und Widerrufsvorbehalt – Der Wille als Bedingungen, NZA 2005, 723; *Thüsing/Mengel,* Flexibilisierung von Arbeitsbedingungen und Entgelt, 2005; *Willemsen/Grau,* Alternative Instrumente zur Entgeltflexibilisierung im Standardarbeitsvertrag, NZA 2005, 1137; *Zöllner,* Vorsorgende Flexibilisierung durch Vertragsklauseln, NZA 1997, 121.

a) Allgemeines

122 In einem Arbeitsverhältnis als einem auf längere Zeit hin angelegten Dauerschuldverhältnis entstehen – heute mehr als früher – infolge sich mitunter rasch verändernder externer und interner Rahmenbedingungen Anpassungsnotwendigkeiten, denen durch Weisung auf der Grundlage des Direktionsrechts allein nicht Rechnung getragen werden kann. Auf welchem Wege und innerhalb welcher Grenzen dem grundsätzlich anerkennenswerten Flexibilisierungsbedürfnis entsprochen werden kann, ist eines der großen Themen im Arbeitsrecht. Die Diskussion ist vor dem Hintergrund zu sehen, dass die Änderungskündigung strengen Anforderungen unterliegt und in der Praxis kaum als gangbarer Weg betrachtet wird.[1] Im Individualarbeitsrecht konzentrieren sich die Überlegungen daher auf die Möglichkeit vorsorgender Flexibilisierung durch entsprechende Vertragsklauseln. Insoweit gilt es allerdings stets zu beachten, dass kollektivrechtlich begründete und damit grundsätzlich unabdingbare Rechtspositionen nicht tangiert werden dürfen. Vorsorgender vertraglicher Flexibilisierung sind also nur übertarifliche Leistungen bzw. kollektivvertraglich nicht geregelte oder durch Öffnungsklausel freigegebene Materien zugänglich. Die folgenden Ausführungen behandeln einen Ausschnitt der Flexibilisierung von Arbeitsbedingungen, nämlich die Flexibilisierung von Arbeitgeberleistungen (zur Flexibilisierung der Arbeitszeit und zu direktionsrechtserweiternden Klauseln siehe Rz 109 und 114 ff.; zu Anrechnungsklauseln bei Tariflohnerhöhungen siehe oben Rz 118). Praxisrelevante Instrumente sind insoweit Widerrufs- und Freiwilligkeitsvorbehalte, die Befristung einzelner Arbeitsbedingungen und Teilkündigungsklauseln. Der Maßstab des AGB-Rechts könnte hier einen Beitrag zur Harmonisierung der Wirksamkeitsanforderungen leisten. Ein wichtiger übergreifender Gesichtspunkt dürfte in diesem Zusammenhang sein, wie wesentlich die flexibilisierte Leistung für die Austauschbeziehung ist, also wie intensiv in eine schutzwerte Position des Arbeitnehmers eingegriffen wird. Ferner wird man dem Umstand Bedeutung beizumessen haben, ob der Arbeitnehmer den Eintritt der Änderungsgründe zu beeinflussen vermag.[2]

b) Widerrufsvorbehalte

123 Unter einen Widerrufsvorbehalt werden solche Leistungen gestellt, die dem Arbeitnehmer rechtsverbindlich für die Zukunft zugesagt sind, auf die er also grundsätzlich einen Rechtsanspruch hat. Durch Ausübung des Widerrufsrechts soll der Arbeitgeber dem Arbeitnehmer diese Rechtsposition jedoch wieder entziehen, die Weitergewährung der Leistung also beenden können.[3] Typischer Gegenstand solcher Widerrufsvorbehalte sind übertarifliche Zulagen und Sonderzuwendungen, wie etwa Weihnachtsgratifikationen.

---

1 Eindringlich *Stoffels,* ZfA 2002, 401 ff.
2 Hierzu *Lindemann,* S. 198 ff.
3 MünchArbR/*Richardi,* 2. Aufl. 2000, § 14 Rz 80.

Das BAG hat solche Vertragsgestaltungen schon bislang einer Kontrolle unterzogen. Dabei ist es – wie in vergleichbaren Fällen auch der BGH –[1] von einer prinzipiell **zweigeteilten Prüfung** ausgegangen, nämlich einer **Inhaltskontrolle** der Abrede und einer **Ausübungskontrolle** anhand des Maßstabs des § 315, auf die sich häufig der Schwerpunkt der Überlegungen verlagerte.[2] Der neue AGB-rechtliche Prüfungsansatz führt hier zu einer **Akzentverschiebung hin zur Inhaltskontrolle** des Vorbehalts.[3] Schon der Klauselinhalt muss die Interessen des Arbeitnehmers angemessen berücksichtigen. Die Ausübungskontrolle kann sich dann auf die Feststellung der tatbestandlichen Voraussetzungen des Widerrufs und die Beachtung des Gleichbehandlungsgrundsatzes beschränken. Im Übrigen kann sie auf ein Korrektiv für Ausnahmekonstellationen zurückgeführt werden. 124

Die Wirksamkeit eines formularmäßig ausbedungenen Widerrufsrechts richtet sich nunmehr nach **§ 308 Nr. 4,**[4] das heißt, es kommt darauf an, dass die Vereinbarung der Änderung, hier also des Widerrufs, unter Berücksichtigung der Interessen des Verwenders für den anderen Vertragsteil zumutbar ist. Dabei sind nach Ansicht des BAG auch die **Wertungen des § 307** heranzuziehen. Die Klausel muss insbesondere auch den Anforderungen des Transparenzgebots genügen.[5] 125

Daraus folgert das BAG[6] zum einen: **„Voraussetzungen und Umfang** der vorbehaltenen Änderungen müssen **möglichst konkretisiert** werden. Die **widerrufliche Leistung** müsse nach Art und Höhe eindeutig sein, damit der Arbeitnehmer weiß, was ggf. auf ihn zukommt. Bei den **Voraussetzungen der Änderung,** also den Widerrufsgründen, müsse zumindest die Richtung angegeben werden, aus der der Widerruf möglich sein soll. Das BAG nennt hier beispielhaft wirtschaftliche Gründe sowie die Leistung und das Verhalten des Arbeitnehmers. Auch müsse grundsätzlich der Grad der Störung konkretisiert werden. Das BAG zählt diesbezüglich einige Beispiele auf, nämlich eine wirtschaftliche Notlage des Unternehmens, ein negatives wirtschaftliches Ergebnis der Betriebsabteilung, einen nicht ausreichenden Gewinn, einen Rückgang bzw. das Nichterreichen der erwarteten wirtschaftlichen Entwicklung, unterdurchschnittliche Leistung des Arbeitnehmers oder eine schwerwiegende Pflichtverletzung. Eine Klausel, die keine Widerrufsgründe aufführt und übertarifliche Leistungen für jederzeit und unbeschränkt widerrufbar erklärt, ist schon mangels hinreichender Konkretisierung für den Arbeitnehmer unzumutbar. Unwirksam ist daher beispielsweise auch die Klausel in einem Dienstwagenvertrag, derzufolge der Arbeitgeber die Überlassung des Fahrzeugs an den Mitarbeiter jederzeit widerrufen können soll.[7] Im Übrigen wird man die **Anforderungen an den Widerrufsgrund** in Abhängigkeit zur flexibilisierten Leistung formulieren müssen. Für Widerrufsvorbehalte, die sich auf nicht im Synallagma stehende Leistungspflichten (z.B. Jubiläumszuwendungen, Beihilfen zu bestimmten Familienereignissen) beziehen, genügt die Nennung sachlicher, d.h. 126

---

[1] Z.B. BGH 26. 11. 1984, NJW 1985, 623, 624.

[2] Exemplarisch BAG 7. 10. 1982, AP Nr. 5 zu § 620 BGB Teilkündigung.

[3] So auch *Preis,* Arbeitsvertrag, II V 70 Rz 30; *Lakies,* AGB im Arbeitsrecht Rz 426; *Bergwitz,* AuR 2005, 211.

[4] BAG 12. 1. 2005, NZA 2005, 465, 467; 11. 10. 2006, NZA 2007, 87, 88f.; 19. 12. 2006, NZA 2007, 809, 810; insoweit zustimmend *Diekmann/Bieder,* DB 2005, 724; *Bergwitz,* AuR 2005, 212.

[5] BAG 12. 1. 2005, NZA 2005, 465, 467; BAG 11. 10. 2006, NZA 2007, 87, 89; ebenso LAG Köln 16. 10. 2006, NZA-RR 2007, 120 zum Widerruf von Jubiläumszuwendungen; vgl. auch BGH 5. 11. 2007, NJW 2008, 360, 361f.

[6] BAG 12. 1. 2005, NZA 2005, 465, 468 mit Anm. *Kort* SAE 2005, 310ff.; BAG 11. 10. 2006, NZA 2007, 87, 89f.; die Angabe von Widerrufsgründen verlangt LAG Niedersachsen 17. 1. 2006, NZA-RR 2006, 289 auch für einen Widerrufsvorbehalt betreffend die Privatnutzung eines Dienstwagens.

[7] BAG 19. 12. 2006, NZA 2007, 809, 810.

willkürfreier und nachvollziehbarer Gründe, die auch allgemein beschrieben sein können (z.B. „aus wirtschaftlichen Gründen").[1] Strenger sind die Anforderungen, wenn im Gegenseitigkeitsverhältnis stehende Leistungspflichten des Arbeitgebers unter einen Widerrufsvorbehalt gestellt werden. Hier bedarf es eines (näher zu umschreibenden) schwerwiegenden Grundes[2] (z.B. „zur Behebung einer akuten wirtschaftlichen Notlage des Betriebes/Unternehmens"), der auch die Erhaltungsinteressen des Arbeitnehmers berücksichtigt.[3] Dieser muss allerdings nicht das Gewicht dringender betrieblicher Erfordernisse im Sinne der §§ 1 und 2 KSchG erreichen. Denn dies würde den Unterschied zwischen der Ausübung des vertraglich vorbehaltenen Widerrufsrechts und dem Ausspruch einer Änderungskündigung nivellieren und den Widerrufsvorbehalt als eigenständiges Flexibilisierungsinstrument entwerten.[4]

127 Zum anderen verlangt das BAG,[5] dass die gebotene Interessenabwägung zu einer Zumutbarkeit der Klausel für den Arbeitnehmer führt. Das richte sich insbesondere nach der Art und Höhe der Leistung, die widerrufen werden soll, nach der Höhe des verbleibenden Verdienstes und der Stellung des Arbeitnehmers im Unternehmen. Unter Berücksichtigung aller Gesichtspunkte müsse der Widerrufsgrund den Widerruf typischerweise rechtfertigen. Im Grundsatz geht das BAG wegen der Ungewissheit der wirtschaftlichen Entwicklung des Unternehmens und der allgemeinen Entwicklung des Arbeitsverhältnisses von einem anerkennenswerten Interesse daran aus, bestimmte Leistungen, insbesondere Zusatzleistungen, flexibel auszugestalten. Dadurch dürfe aber nicht das Wirtschaftsrisiko des Unternehmers auf den Arbeitnehmer verlagert werden. **Eingriffe in den Kernbereich des Arbeitsvertrages** hält das BAG für **unzulässig.**[6] Die bisherige, auf den Gedanken der Umgehung des Vertragsinhaltsschutzes gem. § 2 KSchG[7] gestützte Rechtsprechung wird nur noch in abstrakter und damit abgeschwächter Form fortgeführt. Auf eine konkrete Umgehung des Schutzes vor Änderungskündigungen, also u.a. auf die Anwendbarkeit des Kündigungsschutzgesetzes, soll es nicht mehr ankommen. Für die Ermittlung des geschützten Kernbereichs wird nach der Art der Leistung zu differenzieren sein, auf die sich der Widerrufsvorbehalt bezieht.[8] Die Anforderungen sind höher, wenn die **Leistung im Gegenseitigkeitsverhältnis** steht, wie es bei der Vergütungspflicht der Fall ist.[9] **Sonstige Leistungen** – wie Beihilfen zu Familienereignissen, Jubiläumszuwendungen etc. – verdienen hingegen regelmäßig einen geringen Vertrauens- und Bestandsschutz. Die Richtschnur des BAG lautet: Die Vereinbarung eines Widerrufsvorbehalts ist zulässig, soweit der im Gegenseitigkeitsverhältnis stehende widerrufliche Teil des Gesamtverdienstes unter 25% liegt und der Tariflohn nicht unterschritten wird.[10] Sind darüber hinaus Zahlungen des

---

[1] *Preis,* in: Arbeitsvertrag II V 70 Rz 58; *Lindemann,* AuR 2004, 206; *Bergwitz,* AuR 2005, 216. Nicht ausreichend hingegen „wenn es die Geschäftslage erfordert", so LAG Köln 16.10.2006, NZA-RR 2007, 120, 121 zum Widerruf von Jubiläumszuwendungen.

[2] Vgl. insoweit auch die zivilgerichtliche Rechtsprechung etwa BGH 21.12.1983, BGHZ 89, 206, 211f.; BGH 12.1.1994, NJW 1994, 1060, 1063; BGH 6.10.1999, NJW 2000, 515, 521 („schwerwiegende Änderungsgründe").

[3] *Däubler/Dorndorf/Bonin/Deinert* § 308 Rz 36.

[4] So zutreffend *Bergwitz,* AuR 2005, 216 gegen ErfK/*Preis,* §§ 305–310 Rz 61; *Lindemann,* S. 201.

[5] BAG 12.1.2005, NZA 2005, 465, 467; BAG 11.10.2006, NZA 2007, 87, 89.

[6] Für Fortführung der „Kernbereichslehre" auch ErfK/*Preis* §§ 305–310 Rz 58; *Lakies,* AGB im Arbeitsrecht Rz 433.

[7] Berechtigte Kritik gegen die Maßstabsfunktion des § 2 KSchG bei Widerrufsvorbehalten zuletzt bei *Hanau/Hromadka,* NZA 2005, 74.

[8] *Preis,* in: Arbeitsvertrag, II V 70 Rz 48ff.; *Lindemann,* S. 198ff.; abl. *Singer* RdA 2006, 365f.

[9] Kritisch insoweit allerdings *Hanau/Hromadka,* NZA 2005, 77.

[10] Kritisch zum Verbot der Tariflohnunterschreitung *Bayreuther,* ZIP 2007, 2009f.

Arbeitgebers widerruflich, die nicht eine unmittelbare Gegenleistung für die Arbeitsleistung darstellen, sondern Ersatz für Aufwendungen, die an sich der Arbeitnehmer selbst tragen muss, erhöht sich der widerrufliche Teil der Arbeitsvergütung auf bis zu 30% des Gesamtverdienstes.[1] Bemerkenswert weitgehende gestalterische Spielräume gesteht die Rechtsprechung im Übrigen den Krankenhausträgern aufgrund sog. **Entwicklungsklauseln in Chefarztverträgen** zu. Diese sollen selbst dann nicht den Kernbestand des Arbeitsvertrages antasten, wenn die Einnahmen für die Tätigkeit im dienstlichen Aufgabenbereich auf etwa 75% und die Gesamteinnahmen aus dienstlicher und genehmigter Nebentätigkeit auf 60 bis 65% der bisherigen Einnahmen sinken.[2] Hervorzuheben ist abschließend, dass den genannten Anforderungen (insbesondere den Limitierungen) künftig bereits im Klauseltext entsprochen werden muss, es also nicht genügt, dass die konkrete Handhabung zu keiner Beeinträchtigung des Kernbestandes führt.

Eine nach diesen Grundsätzen unwirksame Widerrufsklausel ist (abgesehen von Altfällen vgl. Rz 76f.) **in vollem Umfang unwirksam.** Sie ist nicht etwa im Wege der geltungserhaltenden Reduktion oder der ergänzenden Vertragsauslegung auf die Fälle zu beschränken, in denen der Arbeitgeber zum Widerruf berechtigt wäre.[3] **127a**

c) Freiwilligkeitsvorbehalte

Durch einen Freiwilligkeitsvorbehalt wird klargestellt, dass dem Arbeitgeber für die Erbringung einer Leistung der Verpflichtungswille fehlt. Ein Rechtsanspruch auf erneute Gewährung oder auf Weitergewährung für die Zukunft soll ausgeschlossen sein.[4] Der Arbeitgeber will jedes Jahr neu darüber entscheiden können, ob er die Leistung gewährt. Freiwilligkeitsvorbehalte dienen damit insbesondere der Verhinderung einer betrieblichen Übung. Dafür genügt, dass der Vorbehalt der Freiwilligkeit im Arbeitsvertrag verankert wird; er muss dann nicht stets mit jeder Auszahlung erneut bekräftigt werden.[5] Der Freiwilligkeitsvorbehalt entfaltet die intendierte Wirkung allerdings nur, wenn sich der mangelnde Verpflichtungswille dem Adressaten, also dem Arbeitnehmer, mit hinreichender Deutlichkeit aus der Formulierung erschließt. Spricht der Arbeitsvertrag beispielsweise im Hinblick auf eine Gruppe von zugesagten Leistungen von „freiwilligen sozialen Leistungen", so muss ein Arbeitnehmer allein aus diesem Grunde noch nicht davon ausgehen, dass damit ein Rechtsanspruch ausgeschlossen sein soll.[6] Ein Arbeitgeber, der sich den Widerruf derartiger Zusagen vorbehalten will, muss dies in seiner Erklärung gegenüber den Arbeitnehmern unmissverständlich deutlich machen, etwa indem er die Leistungen „ohne Anerkennung einer Rechtspflicht" in Aussicht stellt.[7] Widersprüchlich und im Hinblick auf das in § 307 Abs. 1 S. 2 verankerte Transparenzgebot problematisch ist die in der Praxis[8] verbreitete Formulierung, derzufolge die Leis- **128**

---

[1] So zuletzt BAG 11.10.2006, NZA 2007, 87, 89.

[2] BAG 22.1.1997, AP Nr. 33 zu § 611 BGB Arzt-Krankenhaus-Vertrag; BAG 13.3.2003, AP Nr. 47 zu § 611 BGB Arzt-Krankenhaus-Vertrag; zu Recht kritisch *Hümmerich/Bergwitz,* BB 2005, 997ff.; vgl. auch *Reinecke,* NJW 2005, 3386ff.; allgemein zur gerichtlichen Kontrolle von Chefarztverträgen *Reinecke,* NJW 2007, 3383.

[3] BAG 19.12.2006, NZA 2007, 809, 811.

[4] *Hanau/Hromadka,* NZA 2005, 73; *Schaub/Linck,* Arbeitsrechts-Handbuch, § 78 Rz 35; *Seel* MDR 2004, 1393.

[5] Zuletzt BAG 12.1.2000, AP Nr. 223 zu § 611 BGB Gratifikation.

[6] BAG 11.4.2000, NZA 2001, 24; BAG 19.5.2005, NZA 2005, 889, 891f.

[7] BAG 23.10.2002, AP Nr. 243 zu § 611 BGB Gratifikation.

[8] Vgl. den diesbezüglichen Formulierungsvorschlag bei *Schaub/Neef/Schrader,* Arbeitsrechtliche Formularsammlung, 8. Aufl. 2004, § 2 Rz 78.

tung „freiwillig und unter dem Vorbehalt jederzeitigen Widerrufs" gewährt wird, setzt doch ein solcher Vorbehalt denknotwendig das Bestehen des Anspruchs voraus, auf den er sich bezieht und den er durch seine Ausübung zu Fall bringen soll.[1] Verpflichtet sich der Arbeitgeber in einem von ihm vorformulierten Arbeitsvertrag gegenüber einem Arbeitnehmer zu einer Bonuszahlung, benachteiligt eine andere Vertragsklausel, wonach der Bonus freiwillig gezahlt wird und kein Rechtsanspruch auf eine Bonuszahlung besteht, den Arbeitnehmer unangemessen, weil die Gefahr besteht, dass der Arbeitnehmer auf Grund dieser Vertragsklausel seinen Anspruch auf die Bonuszahlung nicht geltend macht.[2]

129 Ist ein Freiwilligkeitsvorbehalt allerdings hinreichend klar und verständlich formuliert, so **unterliegt er** richtiger Ansicht nach **keiner materiellen Inhaltskontrolle.**[3] Die Voraussetzungen der Inhaltskontrolle nach § 307 Abs. 3 sind in einem solchen Fall nicht gegeben, da die privatautonome Entscheidung des Verwenders, eine rechtsgeschäftliche Bindung eingehen zu wollen, respektiert werden muss. Die Frage der Bindung ist dem AGB-Recht gleichsam vorgelagert. Im Übrigen wäre ein Verstoß gegen § 308 Nr. 4 oder die Generalklausel des § 307 Abs. 1 nicht begründbar, da ein Freiwilligkeitsvorbehalt – anders als ein Widerrufsvorbehalt – nicht etwa eine versprochene Leistung unangemessen verkürzt oder infrage stellt.

129a Dies gilt uneingeschränkt für **Leistungen, die nicht in einem synallagmatischen Verhältnis zur Gegenleistung des Arbeitnehmers stehen,** also z.B. für Jubiläumszuwendungen, das Vorhalten einer Kindertagesstätte, für einen Bustransfer zur Arbeitsstätte oder einen Zuschuss zum Kantinenessen. Die Einstellung solcher Leistungen kann ohne Bindung an einen sachlichen oder nachvollziehbaren Grund erfolgen.[4] Das deckt sich mit der Rechtsprechung des BGH, der einen Zulassungsbonus in einem Vertragshändlervertrag als nicht zu beanstandende Erfolgsprämierung qualifiziert, die nicht im Gegenseitigkeitsverhältnis steht.[5] Ebenso, wie das Versprechen einer freiwilligen Leistung ganz hätte unterlassen werden können, könne der Verwender auch Inhalt und Umfang dieses Versprechens von vornherein ausgestalten.

130 Bezieht sich ein Freiwilligkeitsvorbehalt auf **Vergütungsbestandteile, die in einem Gegenseitigkeitsverhältnis** (Weihnachtsgratifikationen, 13. Monatsgehalt, Leistungszulagen, Gewinnbeteiligungen, Urlaubsgelder) zur Arbeitsleistung des Arbeitnehmers **stehen,** so plädiert die wohl h. M.[6] für eine Synchronisierung der

---

[1] Für mehrdeutig und im Ergebnis sogar unwirksam halten eine solche Klausel LAG Brandenburg 13. 10. 2005, DB 2006, 160 und LAG Hamm 27. 7. 2005, NZA-RR 2006, 125. LAG Berlin 19. 8. 2005, NZA-RR 2006, 68 geht in diesem Fall hingegen von einem Widerrufsvorbehalt aus; vgl. ferner *Preis,* in: Arbeitsvertrag, II V 70 Rz 113; *Thüsing/Mengel,* Flexibilisierung von Arbeitsbedingungen und Entgelt, S. 19.

[2] BAG 24. 10. 2007, NZA 2008, 40, 42.

[3] Zutreffend *Hanau/Hromadka* NZA 2005, 74 und *Thüsing,* AGB-Kontrolle im Arbeitsrecht, Rz 268; ebenso im Ergebnis *Ulrici* BB 2005, 1903 f und *Ricken* DB 2006, 1374 mit dem Argument, es handele sich um keine „Vertragsbedingung" im Sinne des § 305 Abs. 1; a. A. BAG 25. 4. 2007, NZA 2007, 853, 854 mit dem Argument, solche Klauseln wichen vom Grundsatz pacta sunt servanda ab; zu Recht kritisch hierzu *Bieder,* NZA 2007, 1137 und *Thüsing,* AGB-Kontrolle im Arbeitsrecht, Rz 268.

[4] So im Ergebnis auch die bisherige arbeitsgerichtliche Rechtsprechung BAG 5. 6. 1996, AP Nr. 193 zu § 611 BGB Gratifikation; BAG 12. 1. 2000, AP Nr. 223 zu § 611 BGB Gratifikation; für Fortführung dieser Rechtsprechung LAG Hamm 9. 6. 2005, NZA-RR 2005, 624; a. A. ErfK/*Preis* §§ 305–310 Rz 70 ff. Von dieser Position weicht das BAG auf dem Gebiete der betrieblichen Altersversorgung ab. Der Vorbehalt der Freiwilligkeit wird hier in einen Widerrufsvorbehalt umgedeutet, BAG 4. 8. 1955, DB 1955, 876; 4. 8. 1955, NJW 1955, 1574; 30. 11. 1955, DB 1956, 186; 28. 4. 1977, AP Nr. 7 zu § 242 BGB Ruhegehalt – Unterstützungskassen; 5. 6. 1984, AP Nr. 3 zu § 1 BetrAVG Unterstützungskassen.

[5] BGH 12. 1. 1994, NJW 1994, 1060, 1065.

[6] *Däubler/Dorndorf/Bonin/Deinert* § 307 Rz 199; *Lindemann,* S. 324 ff.; *Preis* NZA Beilage 3/2006, 120 ff.

Anforderungen an Freiwilligkeits- und Widerrufsvorbehalte. Die Einstellung einer unter einen Freiwilligkeitsvorbehalt gestellten – im Gegenseitigkeitsverhältnis stehenden – Leistung bedürfe ebenfalls eines sachlichen Grundes, der bereits in der Klausel selbst genannt sein müsse. Dem kann so jedoch nicht gefolgt werden. Freiwilligkeitsvorbehalte begründen nicht etwa ein Leistungsbestimmungsrecht des Arbeitgebers, sondern schließen einen Anspruch des Arbeitnehmers von vornherein aus. In Bezug auf im Gegenseitigkeitsverhältnis stehende Vergütungsbestandteile lässt sie zwar in der Tat – vergleichbar mit Widerrufsvorbehalten – die Gefahr einer Störung der Äquivalenz von Leistung und Gegenleistung besorgen. Der Kern des Vorwurfs besteht dann aber darin, dass die rechtsverbindlich zugesagte Gegenleistung des Arbeitgebers zu gering bemessen ist. Das ist jedoch nicht nach AGB-rechtlichen Maßstäben zu beurteilen, sondern nach den allgemeinen Vorschriften (§§ 134, 138) unter Berücksichtigung des arbeitsrechtlichen Gleichbehandlungsgrundsatzes. Dort, wo der Arbeitgeber mit Freiwilligkeitsvorbehalten systematisch das Vertrauen auf eine angemessene Honorierung erbrachter Leistungen infrage stellt, kommt eine Rechtsmissbrauchskontrolle nach § 242 in Betracht.[1] Auf dieser Grundlage kann man der jüngsten Entscheidung des BAG beitreten, derzufolge eine **Klausel unwirksam** ist, **die eine monatlich zu zahlende Leistungszulage als freiwillige Leistung ohne Anerkennung einer Rechtspflicht bezeichnet.**[2] Im Übrigen aber ist daran festzuhalten, dass es nicht angängig ist, den grundlegenden rechtsdogmatischen Unterschied zwischen Freiwilligkeits- und Widerrufsvorbehalten[3] mit dem Hinweis zu nivellieren, dass dieser dem durchschnittlichen Arbeitnehmer nicht bewusst sei. Dies ist jedenfalls kein durchschlagendes Argument für eine rechtliche Gleichbehandlung beider Institute.[4]

d) Teilkündigungsklauseln

Ein vertraglich vorgesehenes Teilkündigungsrecht in Bezug auf einzelne Arbeits- **131**
bedingungen wird allgemein einem **Widerrufsvorbehalt (mit Ankündigungsfrist)** gleichgestellt.[5] Das ist der Sache nach im Grundsatz gerechtfertigt. Für die Beurteilung von Teilkündigungsklauseln kann daher auf die Erläuterungen zu Widerrufsvorbehalten (Rz 123 ff.) verwiesen werden. Allerdings ist zu berücksichtigen, dass eine an Kündigungsfristen gebundene Teilkündigung schonender wirkt als der regelmäßig fristlos wirkende Widerruf.[6]

e) Befristung einzelner Arbeitsbedingungen

Eine Flexibilisierung der Arbeitsbedingungen kann schließlich auch mit der **132**
Befristung einzelner Arbeitsbedingungen erstrebt werden. Dabei kann es sich beispielsweise um die befristete Übertragung einer bestimmten höherwertigen Tätigkeit, aber auch um befristet zugesagte Vergütungsbestandteile, wie etwa die Gewährung einer übertariflichen Zulage, handeln. Mit Ablauf der Frist entfällt der

---

[1] Ähnlich *Hanau/Hromadka* NZA 2005, 74 und *Thüsing,* AGB-Kontrolle im Arbeitsrecht, Rz 268.

[2] BAG 25. 4. 2007, NZA 2007, 853 (Verstoß gegen § 307).

[3] Es handelt sich gerade nicht um eine nur „hauchdünne rechtskonstruktive Differenzierung", so aber *Strick,* NZA 2005, 725.

[4] In diesem Sinne auch HWK-*Thüsing,* § 611 Rz 509 f. Das neueste Urteil des BAG (24. 10. 2007, NZA 2008, 40, 42) deutet an, dass Freiwilligkeitsvorbehalte als eigenständiges und grundsätzlich zulässiges Flexibilisierungsinstrument auch weiterhin anzuerkennen ist. Hierzu auch *Lindemann,* Anm. AP Nr. 32 zu § 307 BGB.

[5] BAG 14. 11. 1990, AP Nr. 25 zu § 611 BGB Arzt-Krankenhaus-Vertrag; KR-*Rost,* § 2 KSchG Rz 51; *Däubler/Dorndorf/Bonin/Deinert* § 307 Rz 209; kritisch *Preis/Stoffels* ZHR 160 (1996), S. 484 f.; ebenso *Lindemann,* S. 66.

[6] ErfK/*Preis* §§ 305–310 Rz 63.

entsprechende Vertragsbestandteil eo ipso. Das BAG hat solche Teilbefristungen bislang im Grundsatz anerkannt.[1]

133 In Anlehnung an das für die Befristung von Arbeitsverträgen entwickelte Sachgrunderfordernis verlangte das BAG bislang allerdings für die Befristung von einzelnen Arbeitsbedingungen einen sachlichen Grund, wenn bei unbefristeter Änderung die neuen Arbeitsbedingungen dem Änderungsschutz des Kündigungsschutzgesetzes (§ 2 i.V.m. § 1 KSchG) unterliegen würden.[2] Dies sei jedenfalls dann der Fall, wenn die Befristungsregelung die Arbeitspflicht nach Inhalt und Umfang in einer Weise ändere, die sich unmittelbar auf die Vergütung auswirke, und damit das Verhältnis von Leistung und Gegenleistung maßgeblich beeinflusse.[3]

134 In seiner jüngsten **Entscheidung vom 27. 7. 2005** hat sich das **BAG** nun in der Tat von seinem vom Umgehungsgedanken getragenen, auf die Rechtfertigung durch einen sachlichen Grund konzentrierten Rechtsprechung gelöst und auch die Befristung einzelner Arbeitsbedingungen der **AGB-Kontrolle nach den §§ 305 ff.** unterworfen.[4] Die Kontrollfähigkeit nach § 307 Abs. 3 hat es – jedenfalls soweit es um die befristete Änderung der synallagmatischen Pflichten aus dem Arbeitsverhältnis geht – bejaht.[5] Die Angemessenheit der Befristungsabrede will das BAG im Rahmen des § 307 Abs. 1 im Wege einer **Abwägung der Interessen beider Vertragsparteien** ermitteln. Dabei sei die dem Teilzeit- und Befristungsgesetz zu Grunde liegende Wertung zu berücksichtigen, dass der unbefristete Vertrag der Normalfall und der befristete Vertrag die Ausnahme sei. Das Interesse des Arbeitnehmers an einer längerfristigen Planungssicherheit im Hinblick auf den (einkommensrelevanten) Umfang der Arbeitszeit hält es daher grundsätzlich für anerkennenswert. Eine Teilbefristung könne aber im Einzelfall durch billigenswerte Interessen des Arbeitgebers gerechtfertigt sein. Im Hinblick auf die streitgegenständliche befristete Erhöhung der regelmäßigen Arbeitszeit ließ das BAG allein die Ungewissheit über den künftigen Arbeitskräftebedarf allerdings nicht ausreichen, da diese Ungewissheit zum unternehmerischen Risiko gehöre, das nicht auf Arbeitnehmer verlagert werden dürfe.[6] Die befristete Erhöhung der Arbeitszeit eines unbefristet teilzeitbeschäftigten Arbeitnehmers ist regelmäßig dann nicht unangemessen benachteiligend, wenn die Befristung auf Umständen beruht, die die Befristung eines Arbeitsvertrages insgesamt nach § 14 Abs. 1 S. 2 Nr. 3 TzBfG (zur Vertretung eines anderen Arbeitnehmers) sachlich rechtfertigen könnte.[7]

135 Der Beurteilungsmaßstab muss künftig noch deutlicher konturiert werden. Auch hier bietet es sich an, danach zu unterscheiden, ob synallagmatische Vertragsbestandteile oder sonstige Leistungen befristet werden.[8] Dabei wäre dann zu beachten, dass die Befristung von Vertragsbedingungen gegenüber dem Widerrufsvorbehalt die den Arbeitnehmer weniger belastendere Vertragsgestaltung ist, da der Arbeitnehmer über den Endzeitpunkt der ihm vorteilhaften Regelung nicht im Unklaren gelassen wird, er sich – anders als bei bloßer Widerrufbarkeit – hierauf

---

[1] BAG 13. 6. 1986, AP Nr. 19 zu § 2 KSchG 1969; BAG 21. 4. 1993, AP Nr. 34 zu § 2 KSchG 1969; BAG 23. 1. 2002, AP Nr. 12 zu § 1 BeschFG 1996; BAG 4. 6. 2003, AP Nr. 1 zu § 17 TzBfG.

[2] Zuletzt bestätigt durch BAG 14. 1. 2004, NZA 2004, 719, 721.

[3] So zuletzt BAG 23. 1. 2002, AP Nr. 12 zu § 1 BeschFG 1996; BAG 4. 6. 2003, AP Nr. 1 zu § 17 TzBfG.

[4] BAG 27. 7. 2005, NZA 2006, 40, 45 ff.; ebenso LAG Düsseldorf 28. 9. 2006, NZA-RR 2007, 238 (befristete Arbeitszeiterhöhung).

[5] Die Kontrollunterworfenheit von Befristungsregelungen bejahend auch *Maschmann* RdA 2005, 220 ff.; *Preis/Bender* NZA-RR 2005, 340; ablehnend hingegen *Thüsing* RdA 2005, 265.

[6] BAG 27. 7. 2005, NZA 2006, 40, 47; BAG 14. 8. 2007, NZA-RR 2008, 129, 135.

[7] BAG 8. 8. 2007, NZA 2008, 229.

[8] *Preis,* in: Arbeitsvertrag, II V 70 Rz 79 ff.

also einstellen kann.[1] Die Anforderungen an Teilbefristungen können also tendenziell etwas niedriger angesetzt werden als an Widerrufsvorbehalte. Auch lässt sich sicher sagen, dass eine Teilbefristung immer dann zulässig ist, wenn auch ein entsprechender Widerrufsvorbehalt zulässig ist.[2] Unter der Geltung des AGB-Rechts wird man künftig auch genauer nach dem Charakter der Abrede differenzieren müssen.[3] Keiner Angemessenheitskontrolle unterliegen künftig individuell vereinbarte Teilbefristungen. Um solche wird es sich regelmäßig handeln, wenn in einem bestehenden und bestandsgeschützten Arbeitsverhältnis die befristete Übertragung einer höherwertigen Tätigkeit oder die befristete Zuwendung einer besonderen Leistung vereinbart wird.[4] Erweist sich die Befristung einer Arbeitsbedingung wegen eines zu intensiven oder nicht sachlich gerechtfertigten Eingriffs in den Kernbereich des Arbeitsverhältnisses als unwirksam, so bleibt der Arbeitsvertrag als solcher hiervon unberührt. Die Vertragsbedingung gilt als auf unbestimmte Zeit vereinbart.[5]

13. Freistellungsklauseln

Schrifttum: *Fischer,* Die formularmäßige Abbedingung des Beschäftigungsanspruchs des Arbeitnehmers während der Kündigungsfrist, NZA 2004, 233; *Leßmann,* Die Abdingbarkeit des Beschäftigungsanspruchs im unstreitigen und streitigen Arbeitsverhältnis, RdA 1988, 149; *Lindemann/Simon,* Die Freistellung von der Arbeitspflicht – neue Risiken und Nebenwirkungen, BB 2005, 2462; *Preis,* Freistellung des Arbeitnehmers, in: Der Arbeitsvertrag, hrsg. von Preis, 2. Aufl. 2005, II F 10.

Freistellungsklauseln erlauben es dem Arbeitgeber, einen Mitarbeiter – unter **136**
Fortzahlung seiner Bezüge – vom Dienst zu suspendieren. Dabei geht es vor allem um die Zeit nach Ausspruch einer Kündigung bis zum Ablauf der Kündigungsfrist bzw. bis zum rechtskräftigen Abschluss des Kündigungsschutzprozesses. Solche Klauseln sind problematisch, da sie den vom BAG[6] aus den Grundrechten (Art. 1 und 2 GG) abgeleiteten (Weiter-)Beschäftigungsanspruch des Arbeitnehmers beeinträchtigen. Zwar verlagern sich nach Ausspruch einer Kündigung und insbesondere nach Ablauf der Kündigungsfrist die Gewichte zugunsten des Arbeitgebers. Aber auch in dieser Situation genießt das Interesse des Arbeitgebers an der Nichtbeschäftigung des Arbeitnehmers keinen unbedingten Vorrang. Dies dokumentieren § 102 Abs. 5 BetrVG und die Rechtsprechung zum allgemeinen Weiterbeschäftigungsanspruch. Die hierin zum Ausdruck kommende Interessenbewertung darf durch vorformulierte Freistellungsklauseln nicht unterlaufen werden.[7] Es liegt nahe, jedenfalls in der undifferenzierten, weit ausgreifenden Freistellungsabrede, wie sie in der Praxis noch häufig anzutreffen ist, eine Leitbildabweichung nach § 307 Abs. 2 Nr. 1 zu sehen.[8] In einem solchen Fall treten an die Stelle der unwirk-

---

[1] *Preis,* in: Arbeitsvertrag, II V 70 Rz 84.

[2] *Preis,* in: Arbeitsvertrag, II V 70 Rz 89.

[3] Die Bedeutung dieser Differenzierung relativierend *Maschmann* RdA 2005, 216 ff.

[4] *Preis/Bender* NZA-RR 2005, 339 und 344 f.; zurückhaltender *Däubler/Dorndorf/Bonin/Deinert* § 307 Rz 205 und *Lakies,* AR-Blattei SD 35 Rz 267.

[5] LAG Brandenburg 27. 7. 2004, NZA-RR 2005, 180, 182; *Lakies,* AR-Blattei SD 35 Rz 267.

[6] Grundl. BAG 10. 11. 1955, AP Nr. 2 zu § 611 BGB Beschäftigungspflicht; BAG GS 27. 2. 1985, AP Nr. 14 zu § 611 BGB Beschäftigungspflicht.

[7] So im Ergebnis auch ErfK/*Preis* § 611 Rz 568 ff.

[8] LAG München 7. 5. 2003, LAGE § 307 BGB Nr. 2; ArbG Berlin 4. 2. 2005, BB 2006, 559; ArbG Frankfurt a.M. 19. 11. 2003, NZA-RR 2004, 409, 410 („Zumindest dann, wenn es sich nicht nur um kurze Kündigungsfristen handelt"); a.A. LAG Köln 20. 2. 2006, NZA-RR 2006, 342; ArbG Stralsund 11. 8. 2004, NZA-RR 2005, 23, 24. Wie hier kritisch gegenüber pauschalen Freistellungsklauseln *Fischer* NZA 2004, 234 f.; ErfK/*Preis* § 611 Rz 568 ff.; *ders.*, in: Arbeitsvertrag, Freistellung des Arbeitnehmers, II F 10 Rz 9; *Thüsing,* AGB-Kontrolle im Arbeitsrecht, Rz 307; *Däubler/Dorndorf/Bonin/Deinert* Anhang zu

samen Freistellungsklausel die allgemeinen Regeln der Rechtsprechung zur Möglichkeit der Suspendierung.[9] Eine solche (bezahlte) Entbindung von der Arbeitspflicht kann der Arbeitgeber nur verfügen, wenn besondere schutzwürdige und überwiegende Interessen dies rechtfertigen. Das ist insbesondere dann der Fall, wenn ein wichtiger Grund für eine außerordentliche Kündigung vorliegt (§ 626). Nach Ablauf der Kündigungsfrist sind die Voraussetzungen des Weiterbeschäftigungsanspruchs zu beachten. Zulässig könnten vor diesem Gesamthintergrund allenfalls differenzierte, auf sachliche und gewichtige Gründe abstellende Freistellungsklauseln sein. Sie müssten von den Grundsätzen der Rechtsprechung ausgehen, dürften diese aber im Hinblick auf das konkrete Arbeitsverhältnis präzisieren.[10] In diesem Fall stellt es keine unangemessene Benachteiligung des Arbeitnehmers dar, dass die Klausel eine Anrechnung der (unwiderruflichen) Freistellung auf noch offene Urlaubsansprüche vorsieht.[11] Erweiterte Freistellungsmöglichkeiten wird man im Hinblick auf § 14 Abs. 2 KSchG bei Führungskräften anerkennen müssen, soweit es um die Weiterbeschäftigung nach erfolgter Kündigung geht.[12] Eine Freistellung kraft individueller Vereinbarung ist im Übrigen angesichts der Dispositivität des Beschäftigungsanspruchs grundsätzlich zulässig.[13]

14. Haftungsabreden

Schrifttum: *Krause,* Geklärte und ungeklärte Probleme der Arbeitnehmerhaftung, NZA 2003, 577; *Otto/Schwarze,* Die Haftung des Arbeitnehmers, 3. Aufl. 1998; *Schwirtzek,* Mankoabreden nach der Schuldrechtsreform – Zurück in die Zukunft!, NZA 2005, 437; *Stoffels,* Haftung des Arbeitnehmers, in: Der Arbeitsvertrag, hrsg. von Preis, 2. Aufl. 2005, II H 20; *ders.,* Haftung des Arbeitgebers, in: Der Arbeitsvertrag, hrsg. von Preis, 2. Aufl. 2005, II H 10; *ders.,* Mankohaftung, in: Der Arbeitsvertrag, hrsg. von Preis, 2. Aufl. 2005, II M 10; *Walker,* Die eingeschränkte Haftung des Arbeitnehmers unter Berücksichtigung der Schuldrechtsreform, JuS 2002, 736; *Waltermann,* Risikozuweisung nach den Grundsätzen der beschränkten Arbeitnehmerhaftung, RdA 2005, 98.

a) Arbeitnehmerhaftung

137 Haftungsfragen stellen sich erfahrungsgemäß recht häufig im Verhältnis zwischen Arbeitgeber und Arbeitnehmer. Der Arbeitnehmer kommt in der fremdbestimmten Arbeitswelt oftmals mit erheblichen Vermögenswerten in Berührung. Um den Arbeitnehmer nicht mit einem mitunter existenzgefährdenden Haftungsrisiko zu belasten, hat die arbeitsgerichtliche Rechtsprechung seit langem **Grundsätze einer privilegierten Haftung des Arbeitnehmers** entwickelt, die an den Verschuldensgrad anknüpfen.[14]

138 In diesem Zusammenhang stellt sich die Frage nach der **Dispositivität der Haftungsgrundsätze** der Rechtsprechung. Jedenfalls soweit es um anerkannte Kernpunkte der Haftungsprivilegierung geht – wie z. B. die Haftungsfreistellung bei leichtester Fahrlässigkeit – wird die Rechtsprechung in der Literatur für zwingend

---

§ 307 Rz 45; *Schaub/Koch,* Arbeitsrechts-Handbuch, § 110 Rz 9 (anders allerdings für die Zeit nach einer Kündigung unter Rz 11). Ausführlich zuletzt *Krause* NZA 2005, Beil. 1, S. 61 ff.

[9] BAG 15. 6. 1972, AP Nr. 7 zu § 628 BGB; vgl. im Übrigen HWK/*Thüsing* § 611 Rz 173 m.w.N.

[10] *Preis,* in: Arbeitsvertrag, II F 10 Rz 17; *Däubler/Dorndorf/Bonin/Deinert* Anhang zu § 307 Rz 45.

[11] BAG 14. 8. 2007, NZA 2008, 473, 474 f.; LAG Köln 20. 2. 2006, NZA-RR 2006, 342; *Thüsing,* AGB-Kontrolle im Arbeitsrecht, Rz 308; näher *Bauer,* NZA 2007, 409.

[12] So tendenziell ArbG Frankfurt a.M. 22. 9. 2005, BB 2006, 1915; ebenso *Preis,* in: Arbeitsvertrag, Freistellung des Arbeitnehmers, II F 10 Rz 9; dagegen jedoch *Fischer* NZA 2004, 236.

[13] LAG Köln 20. 8. 1998, RzK I 2 a Nr. 20; ErfK/*Preis* § 611 Rz 568; HWK/*Thüsing* § 611 Rz 176; *Krause* NZA 2005, Beil. 1, S. 61.

[14] Grundl. BAG GS 27. 9. 1994, AP Nr. 103 zu § 611 BGB Haftung des Arbeitnehmers; zusammenfassend zuletzt BAG 18. 4. 2002, AP Nr. 122 zu § 611 BGB Haftung des Arbeitnehmers.

erachtet.[1] Das BAG hat zuletzt judiziert, die aus einer entsprechenden Anwendung des § 254 folgenden Regeln über die Haftung im Arbeitsverhältnis seien einseitig zwingendes Arbeitnehmerschutzrecht. Von ihnen könne weder einzel- noch kollektivvertraglich zulasten der Arbeitnehmer abgewichen werden.[2] Eine unzulässige Abweichung wäre offensichtlich, wenn eine Haftung des Arbeitnehmers für jede Fahrlässigkeit oder sogar ohne Verschulden vereinbart würde. Eine Abweichung zulasten des Arbeitnehmers läge aber auch vor, wenn dem Arbeitnehmer Verhaltenspflichten auferlegt würden, die dazu führten, dass der für eine Haftung erforderliche Verschuldensgrad sich nur noch auf die Verletzung der Verhaltenspflicht und nicht mehr auf die Schädigung und damit den Handlungserfolg bezöge.

Allerdings wird man das BAG nicht so verstehen dürfen, dass Modifikationen der Haftungslage des Arbeitnehmers a priori ausgeschlossen sein sollen. Vielmehr kommt es – wie die neuere Rechtsprechung zur Mankohaftung zeigt – darauf an, ob die jeweilige Haftungsregelung das generelle Schutzniveau des innerbetrieblichen Schadensausgleichs nicht unterschreitet.[3] Der Blick darf also nicht auf punktuelle, für den Arbeitnehmer nachteilige Abweichungen von den Grundsätzen des innerbetrieblichen Schadensausgleichs verengt werden. Vielmehr bedarf es einer Gesamtbetrachtung, die auch etwaige **kompensatorische Elemente** der Regelung einbezieht. Entscheidend ist, dass im wirtschaftlichen Ergebnis keine Verschärfung der beschränkten Arbeitnehmerhaftung eintritt.[4] Auch die Rechtsprechung zur Haftung des Arbeitgebers legt ein solches Verständnis nahe. Das BAG hat hier den Rechtssatz aufgestellt, dass eine Verschiebung des Haftungsrisikos zulasten des Arbeitnehmers dann zulässig ist, wenn dem Arbeitnehmer im Gegenzug ein entsprechender und als solcher klar ausgewiesener Risikoausgleich gewährt wird.[5] Nicht konnexe Vergünstigungen – z. B. zusätzliche Urlaubstage – bleiben hierbei jedoch außer Betracht. Die Möglichkeit, einen Dienstwagen im Rahmen des Arbeitsverhältnisses auch für Privatfahrten nutzen zu können, rechtfertigt es nach einer neueren Entscheidung des BAG nicht, den Arbeitnehmer bei Beschädigung des Wagens im Rahmen betrieblich veranlasster Fahrten für jede Form der Fahrlässigkeit haften zu lassen.[6] Die private Nutzungsmöglichkeit sei vielmehr grundsätzlich eine zusätzliche Gegenleistung für die geschuldete Arbeitsleistung. **139**

Im Übrigen sollte die Schuldrechtsreform zum Anlass genommen werden, über die Qualifizierung der Grundsätze der privilegierten Arbeitnehmerhaftung als zwingendes Recht nochmals nachzudenken. Denn bei diesen Grundsätzen handelt es sich um eine **Fortbildung des dispositiven Privatrechts hin zu einem arbeitsrechtlichen Haftungsmodell.** Dieses muss dann aber auch – in Grenzen – von den Parteien des Arbeitsvertrages verändert werden können.[7] Die Frage der zulässigen Abweichung sollte man künftig bei Formularverträgen **im Rahmen des § 307** klären. Damit verbände sich die Chance, dass dann die freiheitlichen Komponenten des Rechts der Allgemeinen Geschäftsbedingungen im Arbeitsrecht stärker als im bisherigen Richterrecht hervortreten, dass zwingendes, also schlechthin un- **140**

---

[1] *Söllner* ArbuR 1981, 104; *Schwerdtner,* in Festschrift für Hilger/Stumpf, 1983, S. 644; *Schaub/Linck,* Arbeitsrechts-Handbuch, 12. Aufl. 2007, § 53 Rz 67; *Waltermann* RdA 2005, 108 f.

[2] BAG 17. 9. 1998, NZA 1999, 141, 144; BAG 2. 12. 1999, NZA 2000, 715, 716; BAG 5. 2. 2004, NZA 2004, 649.

[3] In diesem Sinne auch *Krause,* Anm. AP Nr. 3 zu § 611 BGB Mankohaftung; *ders.* NZA 2003, 585; *Deinert* RdA 2000, 33.

[4] *Krause,* Anm. AP Nr. 3 zu § 611 BGB Mankohaftung; *Lakies,* AGB im Arbeitsrecht Rz 654; strenger hingegen *Däubler/Dorndorf/Bonin/Deinert* Einl. Rz 106 f.

[5] BAG 8. 5. 1980, EzA Nr. 14 zu § 670; zuletzt BAG 17. 7. 1997, NZA 1997, 1346.

[6] BAG 5. 2. 2004, NZA 2004, 649 f.

[7] Wie hier *Gotthardt,* Rz 185; *Preis,* Vertragsgestaltung, 1993, S. 464 f.

abdingbares Arbeitsrecht, durch die flexiblere Inhaltskontrolle ersetzt wird.[1] So sollte es beispielsweise zulässig sein, eine Haftung des Arbeitnehmers auch für fahrlässig verursachte Schäden vorzusehen, wenn dies mit der Statuierung von Haftungshöchstgrenzen zugunsten des Arbeitnehmers einhergeht.[2]

b) Mankohaftung

141 Die Haftung des Arbeitnehmers für ihm anvertraute Warenbestände oder Geldbeträge in einer von ihm verwalteten Kasse wird in der Praxis häufig zum Gegenstand besonderer vertraglicher Vereinbarungen gemacht. Derartige Abreden sind nicht unbedenklich, da sie in einschneidender Weise die Existenzgrundlage des Arbeitnehmers berühren können. Die neuere Rechtsprechung steht denn auch – auf der Grundlage der nicht unumstrittenen These vom zwingenden Charakter der privilegierten Arbeitnehmerhaftung (vgl. Rz 137f.) – Mankoabreden sehr zurückhaltend gegenüber.[3] Die Begründung einer Erfolgshaftung durch Mankoabrede sei nur dann zulässig, wenn der Arbeitnehmer hiernach lediglich bis zur Höhe einer vereinbarten Mankovergütung haften solle und daher im Ergebnis allein die Chance einer zusätzlichen Vergütung für die erfolgreiche Verwaltung eines Waren- oder Kassenbestandes erhalte. Eine Verschärfung der auf Gesetz beruhenden beschränkten Arbeitnehmerhaftung trete dann nicht ein. Die Mankoabrede könne auch nicht voll beherrschbare Umstände und Risiken, wie die Beaufsichtigung von Mitarbeitern und Hilfskräften, einschließen. Denn der Arbeitnehmer werde keiner gesetzlich nicht vorgesehenen Haftung ausgesetzt, sondern verliere allenfalls die „Erfolgsprämie" der Mankovergütung. Dagegen komme die Begründung einer Erfolgshaftung durch Vertrag nicht in Betracht, soweit sie über das Mankogeld hinausgehe. Dabei könnten die Vertragsparteien auf einen längeren Zeitraum von z.B. einem Jahr abstellen.

142 Mitunter verzichten Mankovereinbarungen auch auf eine generelle Haftungsüberwälzung, unterwerfen den Arbeitnehmer dafür aber hohen Beweislastanforderungen. Das BAG hält solche Abreden prinzipiell für zulässig, wenn sie eine sinnvolle, den Eigenarten des Betriebes und der Beschäftigung angepasste Beweislastverteilung enthalten.[4] Diese Rechtsprechung bedarf jedoch der Überprüfung im Lichte des AGB-Rechts. Eine Abweichung von der durch § 619a vorgegebenen Beweislastverteilung verstößt jetzt gegen das Klauselverbot des § 309 Nr. 12, dessen Anwendung keine arbeitsrechtlichen Besonderheiten entgegenstehen. **Mankoabreden, die die Beweislast zuungunsten des Arbeitnehmers verschieben,** sind selbst dann **unwirksam,** wenn sie ihm auf der anderen Seite einen wirtschaftlichen Ausgleich bieten. Dass damit die gänzliche Haftungsüberwälzung, nicht aber die Beweislastverschlechterung, Bestand hat, mag als Widerspruch empfunden werden.[5] Zu bedenken ist jedoch, dass in diesem Bereich klaren Regelungen der Vorzug gebührt, während sich die Auswirkungen von Beweislastvereinbarungen für den Arbeitnehmer oftmals nur schwer beurteilen lassen.[6]

---

[1] In diesem Sinne *Hanau* NJW 2002, 1242.

[2] So schon LAG Düsseldorf 24.11.1965, BB 1966, 80; ErfK/*Preis* §§ 305–310 Rz 85; *Stoffels,* in: Arbeitsvertrag, II H 20 Rz 21.

[3] Zuletzt BAG 2.12.1999, AP Nr. 3 zu § 611 Mankohaftung.

[4] So zuletzt BAG 29.1.1985, EzA § 611 BGB Arbeitnehmerhaftung Nr. 41.

[5] Hierzu aus der AGB-rechtlichen Diskussion *Stoffels* AGB-Recht, Rz 1045; § 309 Nr. 12 Rz 22.

[6] Anders *Otto/Schwarze,* Haftung des Arbeitnehmers, Rz 302, die einen Verstoß gegen den Kerngehalt des § 11 Nr. 15 AGBG (= 309 Nr. 12 n. F.) verneinen, wenn die vorformulierte Beweislastverschiebung zum Nachteil des Arbeitnehmers an die Voraussetzung knüpft, dass der Schaden nachweislich aus einem Bereich herrührt, der zumindest grundsätzlich vom Beschäftigten beherrscht werden kann.

Hält eine Mankoabrede den soeben skizzierten Anforderungen nicht stand, gerät sie in toto in Wegfall. Es gelten dann die vor allem auf der Schadensersatzhaftung für Pflichtverletzungen (§ 280) basierenden **Regeln der allgemeinen Mankohaftung.**[1] 143

c) Arbeitgeberhaftung

Der Inanspruchnahme des Arbeitgebers durch den Arbeitnehmer können die unterschiedlichsten Sachverhalte zu Grunde liegen. Die **Haftung** kann zunächst an eine **schuldhafte Handlung** anknüpfen. Insoweit ist es fraglich, ob sich der Arbeitgeber der vertraglichen oder deliktischen Schadensersatzhaftung (insbes. §§ 280 und 823) durch entsprechende Haftungsabreden entziehen kann. Eine wichtige Grenze markiert insoweit **§ 309 Nr. 7.** Buchst. a dieser Bestimmung, wonach in Allgemeinen Geschäftsbedingungen ein Ausschluss oder eine Begrenzung der Haftung für Schäden aus der Verletzung des Lebens, des Körpers oder der Gesundheit, die auf einer fahrlässigen Pflichtverletzung beruhen, unwirksam ist, hat hingegen nur geringe praktische Bedeutung, da der Arbeitgeber bei Personenschäden regelmäßig schon nach § 104 SGB VII von der Haftung freigestellt ist.[2] Bedeutsamer ist insofern § 309 Nr. 7 Buchst. b, der den Gestaltungsspielraum bei Sachschäden insoweit verengt, als die Haftung für grob fahrlässige Pflichtverletzungen nicht ausgeschlossen werden kann. Und selbst im verbleibenden Bereich der einfachen Fahrlässigkeit kann die Haftung nicht ohne weiteres ausgeschlossen werden. Nach **§ 307** unwirksam ist ein Haftungsausschluss z.B. dann, wenn für den Arbeitgeber eine zumutbare Möglichkeit besteht, die eingebrachten Sachen des Arbeitnehmers unter Versicherungsschutz zu stellen.[3] 144

Für bestimmte, dem Arbeitnehmer im Zusammenhang mit seiner betrieblichen Tätigkeit entstehende Schäden ist in der Rechtsprechung gestützt auf eine Analogie zu § 670 im Grundsatz auch eine **verschuldensunabhängige Haftung des Arbeitgebers** anerkannt.[4] Bedeutung erlangt diese Rechtsprechung insbesondere bei der Verwendung eines privateigenen Fahrzeuges des Arbeitnehmers zu dienstlichen Zwecken.[5] Ob die unter bestimmten Voraussetzungen (arbeitstypischer und nicht abgegoltener Eigenschaden) sich aktualisierende verschuldensunabhängige Einstandspflicht vertraglich abbedungen oder zumindest modifiziert werden kann, ist bislang kaum erörtert worden.[6] Die Grenze markiert bei vorformulierten Haftungseinschränkungen § 307. Auszugehen ist von der Erkenntnis, dass sich diese Haftungsgrundsätze ebenso wie diejenigen der privilegierten Arbeitnehmerhaftung als Ergebnis einer Risikozurechnung darstellen.[7] Für die Einschränkung der Arbeitnehmerhaftung entspricht es allgemeiner Ansicht, dass die Gewichte nicht einseitig zulasten des Arbeitnehmers verschoben werden können (vgl. Rz 139). Für die letztlich auf demselben Gedanken beruhende Arbeitgeberhaftung für Eigen- 145

---

[1] Hierzu *Stoffels,* in: Arbeitsvertrag, II M Rz 2 ff.

[2] ErfK/*Preis* §§ 305–310 Rz 84; *Lakies,* AGB im Arbeitsrecht Rz 648; *Thüsing,* AGB-Kontrolle im Arbeitsrecht, Rz 311; vgl. aber auch *Däubler/Dorndorf/Bonin/Deinert* § 309 Nr. 7 Rz 5.

[3] *Stoffels,* in: Arbeitsvertrag II H 10 Rz 6; *Däubler/Dorndorf/Bonin/Deinert* § 309 Nr. 7 Rz 9; *Thüsing,* AGB-Kontrolle im Arbeitsrecht, Rz 312.

[4] Grundl. BAG GS 10. 11. 1961, AP Nr. 2 zu § 611 BGB Gefährdungshaftung des Arbeitgebers; BAG 8. 5. 1980, EzA § 670 Nr. 14; BAG 17. 7. 1997, NZA 1997, 1346; BAG 25. 5. 2000, NZA 2000, 1052.

[5] Hierzu zuletzt BAG 23. 11. 2006, NZA 2007, 870; näher *Stoffels,* in: Arbeitsvertrag, II H 30 Haftung für Kfz-Schäden.

[6] Aus dem älteren Schrifttum bejahend einerseits *Joachim,* AR-Blattei, Haftung des Arbeitgebers für eingebrachte Sachen und zurückhaltend *Mayer-Maly* NZA 1991, Beil. 3, S. 16.

[7] So zutreffend *Brox,* Anm. AP Nr. 6 zu § 611 BGB Gefährdungshaftung des Arbeitgebers und *Gamillscheg,* Arbeitsrecht I, 2000, S. 396.

schäden des Arbeitnehmers wird nichts anderes gelten können.[1] Zulässig sind auf dieser Basis beispielsweise Pauschalabgeltungen, die den Arbeitnehmer jedenfalls nicht schlechter stellen.[2]

15. Rückzahlungsklauseln

Schrifttum: *Bieder,* Überzahlung von Arbeitsentgelt und formularvertraglicher Ausschluss des Entreicherungseinwandes, DB 2006, 1318; *Düwell/Ebeling,* Rückzahlung von verauslagten Bildungsinvestitionen, DB 2008, 406; *Hanau/Stoffels,* Beteiligung von Arbeitnehmern an den Kosten der betrieblichen Fortbildung, 1992; *Lakies,* AGB-Kontrolle von Rückzahlungsvereinbarungen über Weiterbildungskosten, BB 2004, 1903; *Mummenhoff,* Rückzahlung, AR-Blattei SD 1340; *Peters-Lange,* Sonderzahlungen, in: Der Arbeitsvertrag, hrsg. von Preis, 2. Aufl. 2005, II S 40; *Preis,* Arbeitsentgelt, überzahltes, in: Der Arbeitsvertrag, hrsg. von Preis, 2. Aufl. 2005, II A 80; *Rischar,* Arbeitsrechtliche Klauseln zur Rückzahlung von Fortbildungskosten, BB 2002, 2550; *I. Schmidt,* Die Beteiligung der Arbeitnehmer an den Kosten der beruflichen Bildung, NZA 2004, 1002; *Stoffels,* Umzugskosten, in: Der Arbeitsvertrag, hrsg. von Preis, 2. Aufl. 2005, II U 10; *ders.,* Ausbildungskosten, in: Der Arbeitsvertrag, hrsg. von Preis, 2. Aufl. 2005, II A 120; *Waas,* Ausbildungskosten – Erstattung bei Arbeitgeberkündigung, RdA 2005, 120.

a) Ausbildungskosten

146 In der arbeitsvertraglichen Praxis wird die Übernahme von Ausbildungs- oder Fortbildungskosten durch den Arbeitgeber nicht selten mit der Vereinbarung einer **Rückzahlungsklausel** verbunden. Der Arbeitnehmer verpflichtet sich hierbei für den Fall seines Ausscheidens vor einem bestimmten Zeitpunkt zur (teilweisen) Rückzahlung der für seine Fortbildung aufgewandten Kosten. Der Arbeitgeber will damit sicherstellen, dass die durch die Fortbildung erworbenen Fähigkeiten und Kenntnisse des Arbeitnehmers dem Betrieb jedenfalls für eine gewisse Zeit zugute kommen, die Investition sich also amortisiert. Solche Rückzahlungsklauseln sind im Arbeitsrecht – abgesehen von Berufsausbildungsverhältnissen (§ 12 BBiG) – **grundsätzlich zulässig,**[3] unterliegen aber, wenn sie vom Arbeitgeber vorformuliert werden, der Inhaltskontrolle nach § 307. Die Kontrollfähigkeit nach § 307 Abs. 3 steht außer Zweifel.[4]

147 Das **BAG** hat schon bislang solche Erstattungsabreden einer **Inhaltskontrolle auf der Grundlage des § 242** unterzogen.[5] Für entscheidend hielt es stets, ob die Rückzahlungsverpflichtung dem Arbeitnehmer nach Treu und Glauben zuzumuten ist und vom Standpunkt eines verständigen Betrachters aus einem begründeten und zu billigenden Interesse des Arbeitgebers entspricht. Der Arbeitnehmer müsse insbesondere mit der Ausbildungsmaßnahme eine angemessene Gegenleistung für die Rückzahlungsverpflichtung erhalten. Darüber hinaus komme es u.a. auf die Dauer der Bindung, den Umfang der Fortbildungsmaßnahme, die Höhe des Rückzahlungsbetrages und seine Abwicklung an. Dieser Ansatz deckt sich weitestgehend mit dem in **§ 307** formulierten Maßstab der unangemessenen Benachteiligung; er kann also im Grundsatz weiter fortgeführt werden.[6]

---

[1] Wie hier *Otto/Schwarze,* Die Haftung des Arbeitnehmers, Rz 638; *Müller-Glöge,* in: FS Dieterich, 1999, S. 411; ErfK/*Preis* § 619a Rz 94; sehr streng *Däubler/Dorndorf/Bonin/Deinert* § 309 Nr. 7 Rz 11.

[2] *Mayer-Maly* NZA 1991, Beil. 3, S. 16 und ErfK/*Preis* § 619a Rz 94.

[3] BAG 11. 4. 2006, NZA 2006, 1042, 1044.

[4] Vgl. BAG 24. 10. 2002, NZA 2003, 668 zu einer entsprechenden Abrede in einem Handelsvertretervertrag; HWK/*Gotthardt* Anh. §§ 305–310 Rz 41.

[5] BAG 24. 7. 1991, AP Nr. 15 zu § 611 BGB Ausbildungsbeihilfe; BAG 16. 3. 1994, AP Nr. 18 zu § 611 BGB Ausbildungsbeihilfe; BAG 6. 9. 1995, AP Nr. 23 zu § 611 BGB Ausbildungsbeihilfe; BAG 24. 6. 2004, NZA 2004, 1035, 1036; BAG 21. 7. 2005, NZA 2006, 542. Die gleichen Grundsätze gelten für funktionsgleiche Darlehenskonstruktionen: BAG 26. 10. 1994, AP Nr. 3 zu § 611 BGB Arbeitnehmerdarlehen.

[6] So jetzt auch BAG 11. 4. 2006, NZA 2006, 1042; LAG Köln 6. 3. 2006, NZA-RR 2006, 404; *Däubler/Dorndorf/Bonin/Deinert* § 307 Rz 106; *Lakies* BB 2004, 1906.

Für die Frage nach der Zulässigkeit einer Rückzahlungsklausel dem Grunde nach („Ob") stellt das BAG auf Seiten des Arbeitnehmers entscheidend darauf ab, ob und inwieweit er mit der Bildungsmaßnahme einen **geldwerten Vorteil im Sinne einer Verbesserung seiner beruflichen Möglichkeiten** erlangt.[1] Dieser Vorteil könne zum einen darin liegen, dass er eine Qualifikation erhalte, die ihm auf dem allgemeinen Arbeitsmarkt oder bei seinem gegenwärtigen Arbeitgeber berufliche Möglichkeiten eröffne, die ihm zuvor verschlossen gewesen seien. Hiernach scheidet eine Kostenbeteiligung beispielsweise aus, wenn es lediglich um das Vertrautmachen mit den spezifischen Anforderungen des (neuen) Arbeitsplatzes geht (Einarbeitung, Auffrischung, Vertiefung etc.).[2] **148**

Das BAG hat ferner einen **Zusammenhang zwischen der Dauer der Bildungsmaßnahme und der Dauer der festgelegten Bindung** aufgestellt.[3] Beide müssten in einem angemessenen Verhältnis zueinanderstehen. Bei einer Lehrgangsdauer von bis zu zwei Monaten ohne Verpflichtung zur Arbeitsleistung könne im Regelfall höchstens eine einjährige Bindung vereinbart werden. Eine Lehrgangsdauer von sechs Monaten bis zu einem Jahr ohne Arbeitsverpflichtung rechtfertige in der Regel keine längere Bindung als drei Jahre. Bei einer mehr als zweijährigen Dauer der Fortbildungsmaßnahme ohne Arbeitsleistung wird eine Bindungsdauer von fünf Jahren für zulässig gehalten. Da erfahrungsgemäß eine lange Fortbildungsphase auch zum Erwerb einer entsprechend hohen Qualifikation des Arbeitnehmers führt, ist die Aufstellung einer tabellarischen Richtschnur durchaus gerechtfertigt. Positiv zu vermerken ist auch, dass das BAG der Länge der Fortbildung nur eine Indizwirkung beimisst und sich eine Abweichung vom Schema in Einzelfällen ausdrücklich vorbehält. Ein solcher Ausnahmefall liegt insbesondere dann nahe, wenn eine recht kurze, dafür aber sehr kostenaufwändige und intensive Fortbildung den Qualifikationsgrad des Arbeitnehmers wesentlich anhebt.[4] **149**

Um die Bindungsintensität in Grenzen zu halten, wird in der Praxis üblicherweise eine **Staffelung des Rückzahlungsbetrages** zeitanteilig zur Bindungsdauer vereinbart. Die Rechtsprechung hat mehrfach zu erkennen gegeben, dass sie hierin gleichsam eine Zulässigkeitsvoraussetzung sieht.[5] In der Praxis trifft man am häufigsten auf eine Kürzung des Rückzahlungsbetrages um $^1/_{36}$ pro Monat. Das BAG ließ allerdings auch eine Kürzung um $^1/_3$ pro Jahr unbeanstandet.[6] **150**

Voraussetzung für die Wirksamkeit einer Rückzahlungsvereinbarung ist schließlich, dass der die **Erstattungspflicht auslösende Tatbestand** aus der Sphäre des Arbeitnehmers rührt und von ihm auch beeinflusst werden kann.[7] Als solcher ist vor allem die arbeitnehmerseitige Kündigung zu nennen, so sie nicht ausnahmsweise auf vom Arbeitgeber gesetzte Umstände zurückzuführen ist, welche die Fortsetzung **151**

---

[1] BAG 11. 4. 2006, NZA 2006, 1042, 1044; ebenso *Lakies* BB 2004, 1907.

[2] BAG 3. 7. 1985 – 5 AZR 573/84 n.V.; BAG 5. 12. 2002, AP Nr. 32 zu § 611 BGB Ausbildungsbeihilfe; LAG Bremen 25. 1. 1984, AP Nr. 7 zu § 611 BGB Ausbildungsbeihilfe; LAG Hamm 15. 5. 1998, NZA-RR 1999, 405; *Schaub,* Arbeitsrechts-Handbuch, § 176 Rz 21.

[3] BAG 16. 3. 1994, AP Nr. 18 zu § 611 BGB Ausbildungsbeihilfe; BAG 6. 9. 1995, AP Nr. 23 zu § 611 BGB Ausbildungsbeihilfe; für Fortführung dieser Rechtsprechung unter der Ägide des § 307 BGB LAG Köln 6. 3. 2006, NZA-RR 2006, 404, 405; *Düwell/Ebeling,* DB 2008, 409 f.

[4] BAG 21. 7. 2005, NZA 2006, 542, 544.

[5] BAG 29. 6. 1962, AP Nr. 25 zu Art. 12 GG; LAG Bremen 25. 1. 1984, AP Nr. 7 zu § 611 BGB Ausbildungsbeihilfe; BGH 5. 6. 1984, AP Nr. 11 zu § 611 BGB Ausbildungsbeihilfe; LAG Schleswig-Holstein 25. 5. 2005, BeckRS 2005, 42214 = AuR 2005, 423 (LS).

[6] BAG 23. 4. 1986, AP Nr. 10 zu § 611 BGB Ausbildungsbeihilfe.

[7] BAG 11. 4. 2006, NZA 2006, 1042, 1044 f.; LAG Schleswig-Holstein 25. 5. 2005, BeckRS 2005, 42214 = AuR 2005, 423 (LS); *Thüsing,* AGB-Kontrolle im Arbeitsrecht, Rz 347.

des Arbeitsverhältnisses unzumutbar machen.[1] Ebenso verhält es sich mit einer einvernehmlichen Aufhebung des Arbeitsvertrages, wenn diese auf Veranlassung des Arbeitnehmers und in seinem Interesse vorgenommen wird.[2] Auch an eine vom Arbeitgeber ausgesprochene Kündigung kann eine Rückzahlungspflicht geknüpft werden. Dies liegt auf der Hand für eine verhaltensbedingte Kündigung.[3] Anders wird man hingegen für eine betriebsbedingte[4] und eine im Hinblick auf eine unverschuldete Krankheit[5] des Arbeitnehmers ausgesprochene Kündigung entscheiden müssen. Eine Vereinbarung in einem Formulararbeitsvertrag, die nicht in der gebotenen Weise nach Verantwortungs- und Risikosphären differenziert, sondern den Arbeitnehmer in jedem Fall zur (anteiligen) Rückerstattung der vom Arbeitgeber übernommenen Ausbildungskosten verpflichtet, stellt eine unangemessene Benachteiligung i.S. des § 307 BGB dar.[6] Dies gilt im Übrigen auch dann, wenn im Formulararbeitsvertrag unter Voranstellung des Wortes „insbesondere" zwei Beispielsfälle genannt sind, für welche wirksam eine Rückzahlungsverpflichtung begründet werden könnte (Eigenkündigung des Arbeitnehmers und Kündigung durch den Arbeitgeber aus einem vom Arbeitnehmer zu vertretenden Grund).[7] An die Nichterreichung des Fortbildungsziels kann eine Rückzahlungspflicht nicht ohne weiteres geknüpft werden. Als unzulässig wird man es jedenfalls erachten müssen, denjenigen Arbeitnehmer einer Rückzahlungspflicht auszusetzen, der trotz aller Anstrengung den Anforderungen nicht zu entsprechen vermag.[8]

151a Vorformulierte Rückzahlungsklauseln unterliegen nicht nur einer materiellen Inhaltskontrolle. Sie müssen darüber hinaus auch **klar und verständlich** formuliert sein. Schon nach bisheriger Rechtsprechung musste eine Rückzahlungsabrede hinreichend bestimmt sein.[9] Diese Anforderung lässt sich heute als Ausfluss des Transparenzgebots begreifen. Der Arbeitnehmer muss demnach in die Lage versetzt werden, abzuwägen, ob die mit der Teilnahme an der Aus- oder Fortbildung verbundenen beruflichen Vorteile die finanziellen Belastungen im Falle einer vorzeitigen Beendigung des Vertragsverhältnisses rechtfertigen.[10] So ist eine Rückzahlungsklausel wegen Unbestimmtheit unwirksam, wenn der Arbeitnehmer verpflichtet ist, an allen Fortbildungen teilzunehmen, die der Erfüllung seiner Aufgaben dienlich sind, jedoch weder die Dauer noch der konkrete Inhalt der Fortbildungsmaßnahmen und die damit verbundenen Kosten und Vorteile feststellbar sind.[11] Ein Verstoß gegen das Transparenzgebot ist ferner in dem Fall angenommen worden, dass der Rückzahlungsvorbehalt Angaben zur etwaigen Größenordnung der auflaufenden Kosten vermissen lässt.[12] Schließlich ist es unter dem Gesichtspunkt des Transparenzgebots beanstandet worden, dass für den Rückzahlungsbe-

---

[1] LAG Bremen 25. 2. 1994, LAGE § 611 BGB Ausbildungsbeihilfe Nr. 9.

[2] LAG Köln 10. 9. 1992, LAGE § 611 BGB Ausbildungsbeihilfe Nr. 8.

[3] BAG 24. 6. 2004, NZA 2004, 1035, 1036; *Thüsing,* AGB-Kontrolle im Arbeitsrecht, Rz 348.

[4] BAG 6. 5. 1998, AP Nr. 28 zu § 611 BGB Ausbildungsbeihilfe; LAG Niedersachsen 20. 2. 2001, ZTR 2001, 331; *Thüsing,* AGB-Kontrolle im Arbeitsrecht, Rz 348.

[5] BAG 14. 12. 1983 – 5 AZR 174/82, n.v.

[6] BAG 11. 4. 2006, NZA 2006, 1042, 1045; BAG 23. 1. 2007, NZA 2007, 748, 749; ebenso LAG Schleswig-Holstein 23. 5. 2007, BeckRS 2005, 42214 = AuR 2005, 423 (LS); LAG Schleswig-Holstein 23. 5. 2007, NZA-RR 2007, 514, 516 f.; *Thüsing,* AGB-Kontrolle im Arbeitsrecht, Rz 348; *Lakies,* AGB im Arbeitsrecht, Rz 747.

[7] So BAG 23. 1. 2007, NZA 2007, 748, 750.

[8] BAG 11. 4. 2006, NZA 2006, 1042, 1045.

[9] Vgl. ArbG Passau v. 6. 3. 2001, NZA-RR 2002, 50.

[10] BAG 21. 11. 2002, EzA Nr. 2 zu § 611 BGB 2002 Ausbildungsbeihilfe.

[11] LAG Sachsen-Anhalt v. 17. 11. 2000 – 2 Sa 281/00, n. v.

[12] LAG Schleswig-Holstein v. 23. 5. 2007, NZA-RR 2007, 514.

lasteten bei Vertragsschluss nicht erkennbar war, was für ein Einstellungsangebot ihm der Arbeitgeber im Falle des erfolgreichen Abschlusses des Studiums unterbreiten werde.[1]

Genügte im Einzelfall eine Rückzahlungsklausel den an sie zu stellenden inhaltlichen Anforderungen nicht, so hatte dies in der Vergangenheit nicht ihre Nichtigkeit zur Folge. Vielmehr nahmen die Gerichte die Befugnis in Anspruch, derartige Klauseln auf das noch vertretbare Maß zurückzuführen.[2] Dies stellt in der Sache nichts anderes dar als eine **geltungserhaltende Reduktion,** für die das Recht der Allgemeinen Geschäftsbedingungen (§ 306) **keinen Raum** mehr lässt (vgl. Rz 670 ff.).[3] Die allfällige Korrektur dieser Rechtsprechung hat das BAG jüngst eingeleitet. Grundsätzlich seien die Gerichte – so das BAG – weder zu einer geltungserhaltenden Reduktion unwirksamer Klauseln berechtigt noch dazu, durch ergänzende Vertragsauslegung an die Stelle einer unzulässigen Klausel die zulässige Klauselfassung zu setzen, die der Verwender der Allgemeinen Geschäftsbedingungen voraussichtlich gewählt haben würde, wenn ihm die Unzulässigkeit der beanstandeten Klausel bekannt gewesen wäre.[4] **152**

b) Gratifikationen

Unter Gratifikationen versteht man Sonderleistungen des Arbeitgebers, die keinen reinen Entgeltcharakter aufweisen, sondern der Honorierung vergangener und/oder zukünftiger Betriebstreue dienen.[5] Das bekannteste Beispiel ist die sog. Weihnachtsgratifikation. Der Arbeitgeber kann eine solche Gratifikation nicht nur an den (ungekündigten) Bestand des Arbeitsverhältnisses zum Zeitpunkt der Auszahlung knüpfen (sog. **Stichtagsregelung),**[6] sondern darüber hinaus grundsätzlich auch für das Ausscheiden vor einem außerhalb des Bezugszeitraums liegenden Datum eine Rückzahlungspflicht vorgeben. Eine solche Rückzahlungsverpflichtung setzt zunächst stets eine ausdrückliche und eindeutige Vereinbarung voraus (jetzt § 307 Abs. 1 S. 2).[7] **153**

Für die Wirksamkeit von einzelvertraglichen Rückzahlungsklauseln hat die Rechtsprechung **Grenzwerte** entwickelt, bei deren Überschreitung anzunehmen ist, dass der Arbeitnehmer durch die vereinbarte Rückzahlung in unzulässiger Weise in seiner durch Art. 12 Abs. 1 GG garantierten Berufsausübung behindert wird, er mithin in „goldene Fesseln" gelegt wird.[8] Diese Rechtsprechung kann auf der Basis der Generalklausel des § 307 fortgeführt werden.[9] Gratifikationen bis zu **154**

---

[1] LAG Baden-Württemberg v. 15. 2. 2007, AuA 2007, 304; auf dieser Linie auch LAG Schleswig-Holstein v. 23. 5. 2007, NZA-RR 2007, 514, 517.

[2] BAG 24. 1. 1963, AP Nr. 29 zu Art. 12 GG; BAG 20. 2. 1975, AP Nr. 2 zu § 611 BGB Ausbildungsbeihilfe; BAG 12. 12. 1979, AP Nr. 4 zu § 611 BGB Ausbildungsbeihilfe; BAG 11. 4. 1984, AP Nr. 8 zu § 611 BGB Ausbildungsbeihilfe; BAG 15. 5. 1985, AP Nr. 9 zu § 611 BGB Ausbildungsbeihilfe; LAG Niedersachsen 20. 2. 2001, ZTR 2001, 331.

[3] In diesem Sinne auch *Lakies* BB 2004, 1908 f. und *Düwell/Ebeling,* DB 2008, 410

[4] BAG 11. 4. 2006, NZA 2006, 1042, 1046; BAG 23. 1. 2007, NZA 2007, 748, 750 f.; gegen teilweise Aufrechterhaltung auch *Thüsing,* AGB-Kontrolle im Arbeitsrecht, Rz 352; a.A. *Hümmerich,* Gestaltung von Arbeitsverträgen, § 1 Rz 605.

[5] *Preis,* Arbeitsrecht I, 2. Aufl. 2003, S. 337.

[6] Vgl. insbesondere BAG 19. 11. 1992, AP Nr. 147 zu § 611 BGB Gratifikation (Stichtagsregelung entfaltet Wirkung auch bei betriebsbedingter Kündigung); BAG 28. 3. 2007, NZA 2007, 687, 688; BAG 24. 10. 2007, BB 2008, 166 mit Anm. *Lembke.* Ausführlich hierzu *Peters-Lange,* in: Arbeitsvertrag, II S 40 Rz 23 ff.

[7] BAG 14. 6. 1995, AP Nr. 176 zu § 611 BGB Gratifikation.

[8] BAG 9. 6. 1993, AP § 611 BGB Gratifikation Nr. 150; BAG 21. 5. 2003, AP Nr. 250 zu § 611 BGB Gratifikation.

[9] BAG 25. 4. 2007, NJW 2007, 2279, 2281; BAG 28. 3. 2007, NZA 2007, 687, 689.

einem Betrag von 100 Euro (früher 200 DM) können hiernach überhaupt nicht mit einem Rückzahlungsvorbehalt versehen werden.[1] Eine am Jahresende zu zahlende Gratifikation, die über 100 Euro, aber unter einem Monatsbezug liegt, kann den Arbeitnehmer bis zum Ablauf des 31. 3. des Folgejahres binden.[2] Nur wenn die Gratifikation einen Monatsbezug erreicht, ist eine Bindung des Arbeitnehmers über diesen Termin hinaus (bis zum nächstmöglichen Kündigungstermin) zulässig.[3] Hierbei ist für die grundsätzlich drei Monate betragende Bindungsfrist unschädlich, wenn eine Weihnachtsgratifikation bereits im November ausgezahlt wird.[4] Bei einer Gratifikationszahlung, die zwischen einem und zwei Monatsverdiensten liegt, ist eine Bindungsfrist von sechs Monaten (also bis zum 30. 6.) grundsätzlich zulässig.[5] Eine noch längere Bindungsfrist ist nur in Ausnahmefällen zulässig, etwa wenn die Gratifikation eine „eindrucksvolle und beachtliche" Sonderzuwendung darstellt, also mindestens den Betrag von zwei Monatsgehältern erreicht.[6] Wird eine Sonderzuwendung in zwei Teilleistungen (z.B. Urlaubsgratifikation Mitte des Jahres und Weihnachtsgratifikation Ende des Jahres) ausgezahlt, so richtet sich die zulässige Bindungsdauer nach der Höhe und dem Zeitpunkt der vereinbarten Fälligkeit der jeweiligen Leistung.[7] Beide Zahlungen können also ggf. mit einer dreimonatigen Rückzahlungsfrist belegt werden.

155 Die Rückzahlungspflicht dürfte in der Praxis regelmäßig mit Blick auf einen in der Sphäre des Arbeitnehmers liegenden Beendigungstatbestand (Eigenkündigung bzw. Veranlassung einer Kündigung duch den Arbeitgeber) vereinbart werden. Rechtlich ist eine solche Beschränkung – anders als im Bereich der Rückzahlung von Ausbildungskosten (siehe Rz 151) – nach der Rechtsprechung des BAG allerdings nicht erforderlich. Im Hinblick auf Jahressonderzuwendungen (Weihnachtsgratifikationen) sollen Rückzahlungsklauseln selbst dann zulässig sein, wenn der von ihnen angegebene **Grund für die Beendigung des Arbeitsverhältnisses** vor Ablauf der Bindungsfrist nicht in der Sphäre des Arbeitnehmers liegt. Sie gelten damit grundsätzlich auch bei einer betriebsbedingten Kündigung des Arbeitgebers.[8] Bei hohen Sonderzahlungen, die mindestens 25% der Gesamtvergütung ausmachen, tritt die mit dieser Zahlung verfolgte Zielsetzung, künftige Betriebstreue zu belohnen und den Arbeitnehmer zu reger und engagierter Mitarbeit zu motivieren, hinter dem weiteren Zweck einer zusätzlichen Vergütung zurück. Das BAG hat zuletzt angedeutet, dass in einer solchen Konstellation kaum interessengerecht sein könne, dem Arbeitnehmer im Falle einer nicht in seinen Verantwor-

---

[1] BAG 17. 3. 1982, AP Nr. 110 zu § 611 BGB Gratifikation.

[2] BAG 24. 10. 2007, NZA 2008, 40, 43. Eine Kündigung zum 31. 3. löst richtiger Ansicht nach die Rückzahlungspflicht nicht aus, so jetzt auch BAG 21. 5. 2003, AP Nr. 250 zu § 611 BGB Gratifikation; zuvor schon LAG Düsseldorf 28. 1. 1998, LAGE § 611 BGB Gratifikation Nr. 40; anders noch LAG Düsseldorf 25. 3. 1997, NZA-RR 1997, 457.

[3] BAG 10. 5. 1962, AP § 611 BGB Gratifikation Nr. 22; BAG 21. 5. 2003, AP Nr. 250 zu § 611 BGB Gratifikation; BAG 28. 4. 2004, NZA 2004, 924; BAG 28. 3. 2007, NZA 2007, 687, 689; BAG 24. 10. 2007, NZA 2008, 40, 43.

[4] BAG 15. 3. 1973, AP § 611 BGB Gratifikation Nr. 78; BAG 21. 5. 2003, AP Nr. 250 zu § 611 BGB Gratifikation.

[5] BAG 27. 10. 1978, AP Nr. 99 zu § 611 BGB Gratifikation; BAG 24. 10. 2007, NZA 2008, 40, 43.

[6] BAG 13. 11. 1969, AP Nr. 69 zu § 611 BGB Gratifikation; einschränkend nunmehr BAG 24. 10. 2007, BB 2008, 166.

[7] BAG 21. 5. 2003, AP Nr. 250 zu § 611 BGB Gratifikation; LAG Schleswig-Holstein 8. 2. 2005, NZA-RR 2005, 290.

[8] BAG 28. 3. 2007, NZA 2007, 687, 688; ebenso bereits BAG 19. 11. 1992, AP Nr. 147 zu § 611 Gratifikation zu einer entsprechenden Stichtagsregelung; *Schaub/Linck*, Arbeitsrechts-Handbuch, § 78 Rz 64 a.A. wohl *Peters-Lange*, in: Arbeitsvertrag II S 40 Rz 112.

tungsbereich fallenden, z.B. betriebsbedingten Kündigung, einen derart wesentlichen Teil seiner Vergütung vorzuenthalten.[1]

Werden die o.g. Grenzen für Rückzahlungsklauseln überschritten, ist der Rückzahlungsvorbehalt **in toto unwirksam.** Die bisherige entgegengesetzte Rechtsprechung, die hier zu einer begrenzten Aufrechterhaltung tendierte,[2] kann nicht weiter fortgesetzt werden.[3] **156**

c) Umzugskosten

Abgesehen von den Fällen einer dienstlichen Versetzung (§ 670) hat der Arbeitnehmer Anspruch auf Ersatz der Kosten für einen Umzug nur, wenn der Arbeitgeber ihm die Kostenerstattung vertraglich zusagt. Eine vertragliche Kostenübernahme wird in der Praxis häufig mit einer Rückerstattungspflicht für den Fall der vorzeitigen Beendigung des Arbeitsverhältnisses verbunden. Solche Rückzahlungsklauseln sind zwar – abgesehen von den o.g. Fällen, in denen der Arbeitnehmer einen Anspruch auf Kostenübernahme unabhängig von einer entsprechenden arbeitsvertraglichen Abrede hat – grundsätzlich zulässig,[4] sie unterliegen jedoch nach der Generalklausel des § 307, in die die grundrechtliche Wertung aus Art. 12 GG einfließt, Beschränkungen hinsichtlich des auslösenden Tatbestandes, der zeitlichen Dauer und des Umfangs. **157**

In tatbestandlicher Hinsicht kann eine Rückzahlungspflicht an eine Kündigung des Arbeitnehmers, an einen auf dessen Veranlassung geschlossenen Aufhebungsvertrag sowie an eine arbeitgeberseitige verhaltens- oder personenbedingte Kündigung geknüpft werden. Dagegen kommen eine betriebsbedingte[5] sowie eine vom Arbeitgeber zu vertretende arbeitnehmerseitige Kündigung[6] als auslösender Tatbestand nicht in Betracht. **158**

Für den Regelfall, in dem die Umzugskosten einen Monatsverdienst nicht überschreiten und der Umzug auch im Interesse des Arbeitnehmers liegt, sieht die Rechtsprechung eine dreijährige Bindungsfrist als zulässig an.[7] Eine über drei Jahre hinausgehende Bindung soll nur für besondere Ausnahmefälle zugelassen werden.[8] Unter Umständen beträgt die Höchstgrenze sogar nur zwei Jahre.[9] **159**

Der Rückzahlungsbetrag darf keinesfalls über den tatsächlich erstatteten Kosten liegen, da anderenfalls die Erstattungsabrede Züge einer wegen § 622 Abs. 6 unzulässigen Vertragsstrafe annehmen würde. Im Übrigen wird die Bindungsintensität durch eine zeitabhängige ratierliche Minderung des Erstattungsbetrages gemildert. Anders als im Bereich der Rückzahlung von Ausbildungskosten sieht die Rechtsprechung in der Staffelung des Rückforderungsbetrages jedoch keine Wirksamkeitsvoraussetzung. Der Verzicht hierauf sei jedenfalls bei einer dreijährigen Bindungsfrist nicht zu beanstanden, wenn der Erstattungsbetrag etwa einem Monatsverdienst des **160**

---

1 BAG 24. 10. 2007, NZA 2008, 40, 43.

2 Besonders deutlich BAG 3. 10. 1963, AP Nr. 27 zu § 611 BGB Gratifikation; BAG 3. 10. 1963, AP Nr. 1 zu § 611 BGB Urlaub und Gratifikation.

3 Wie hier *Peters-Lange,* in: Arbeitsvertrag II S 40 Rz 115.

4 BAG 24. 2. 1975, AP Nr. 50 zu Art. 12 GG.

5 LAG Düsseldorf 1. 4. 1975, EzA § 157 BGB Nr. 1.

6 *Stoffels,* in: Arbeitsvertrag, II U 10 Rz 12.

7 BAG 24. 2. 1975, AP Nr. 50 zu Art. 12 GG; LAG Kiel 15. 12. 1972, AP Nr. 1 zu § 611 BGB Umzugskosten; LAG Düsseldorf 23. 12. 1972, DB 1972, 979 und 3. 12. 1971, DB 1972, 1587; LAG Frankfurt 29. 3. 1993, Mitbestimmung 1994, Nr. 2, 59.

8 LAG Düsseldorf 23. 12. 1972, DB 1972, 979 und 3. 12. 1971, DB 1972, 1587.

9 LAG Düsseldorf 3. 12. 1971, DB 1972, 97.

Arbeitnehmers entspreche und der Stellungs- und Wohnungswechsel auch dessen Interesse diene.[1]

161 Genügte im Einzelfall eine Rückzahlungspflicht den Anforderungen an eine angemessene inhaltliche Ausgestaltung nicht, so sahen sich die Gerichte bislang in der Lage, die Rückzahlungsverpflichtung auf das eben noch zulässige Maß zurückzuführen.[2] Daran wird man unter der Geltung des in § 306 niedergelegten Rechtsfolgenkonzepts nicht mehr festhalten können.[3]

d) Überzahltes Entgelt

162 Klauseln, die den Arbeitnehmer für den Fall, dass ihm irrtümlich eine zu hohe Vergütung ausgezahlt wird, einschränkungslos zur Rückzahlung des Differenzbetrages verpflichten, sind bislang unter Hinweis auf die Dispositivität der §§ 812, 818 für zulässig erachtet worden.[4] Nach der Erstreckung des AGB-Rechts auf Arbeitsverträge wird man diese großzügige Sichtweise auf individuell vereinbarte Rückzahlungsabreden beschränken müssen. Für Rückzahlungsklauseln in vorformulierten Arbeitsverträgen muss hingegen dem Umstand Rechnung getragen werden, dass die in § 818 Abs. 3 angeordnete Beschränkung der Herausgabepflicht auf die Bereicherung einen Grundgedanken des Bereicherungsrechts darstellt, der dem Schutz des gutgläubigen Empfängers dient.[5] Diesen durch vorformulierte Rückzahlungsklauseln pauschal außer Kraft zu setzen, ist nicht zu rechtfertigen und verstößt gegen § 307 Abs. 2 Nr. 1.[6] Wirksam sind hingegen auch in Formulararbeitsverträgen qualifizierte Rückzahlungsklauseln, die den Erstattungsanspruch davon abhängig machen, dass der Arbeitnehmer positive Kenntnis von der Überzahlung besitzt oder die Ursache für die Überzahlung selbst gesetzt hat.[7]

16. Salvatorische Klauseln

Schrifttum: *Preis*, Salvatorische Klauseln, in: Der Arbeitsvertrag, hrsg. von Preis, 2. Aufl. 2005, II S 10.

163 Zum weit verbreiteten Inhalt der üblichen Arbeitsverträge zählen sog. salvatorische Klauseln. Mit ihnen will der Arbeitgeber Vorsorge für den Fall treffen, dass Teile seines Klauselwerks im Rahmen der gerichtlichen Kontrolle als mit dem Gesetz unvereinbar erkannt werden. Salvatorische Klauseln können zum einen so angelegt sein, dass sie von vornherein ein etwaiges Übermaß der Klausel dadurch abzufangen suchen, dass sie ihren Regelungsgehalt unter den Vorbehalt des rechtlich Zulässigen stellen („soweit gesetzlich zulässig"). Zum anderen finden sich Klauseln, wonach an die Stelle unwirksamer Bestimmungen eine Regelung treten soll, deren wirtschaftlicher Erfolg dem der unwirksamen soweit wie möglich entspricht. Die bisherige arbeitsgerichtliche Rechtsprechung war gegenüber solchen salvatorischen Klauseln relativ großzügig.[8] Unter der Herrschaft des AGB-Rechts wird sich diese Rechtsprechung nicht mehr fortsetzen lassen.[9] Salvatorische Klauseln zielen unverhohlen darauf ab, das nach § 306 Abs. 1 und 2 den Verwender treffende

---

1 BAG 24. 2. 1975, AP Nr. 50 zu Art. 12 GG; LAG Kiel 15. 12. 1972, AP Nr. 1 zu § 611 BGB Umzugskosten; kritisch ErfK/*Preis* § 611 Rz 432.

2 LAG Kiel 15. 12. 1972, AP Nr. 1 zu § 611 BGB Umzugskosten; LAG Düsseldorf 3. 12. 1971, DB 1972, 97.

3 ErfK/*Preis* § 611 Rz 434; HWK/*Thüsing* § 611 Rz 483, *Schaub/Koch*, Arbeitsrechts-Handbuch, § 86 Rz 14.

4 BAG 8. 2. 1964, AP Nr. 2 zu § 611 BGB Lohnrückzahlung; *Hromadka/Maschmann*, Arbeitsrecht I, 3. Aufl. 2005, § 7 Rz 72; *Palandt/Weidenkaff* § 611 Rz 68; HWK/*Thüsing* § 611 Rz 163.

5 So beispielsweise *Palandt/Sprau* § 818 Rz 27.

6 Wie hier *Preis*, in Arbeitsvertrag, II A 80 Rz 8 ff.; *Gotthardt*, Rz 323; *Bieder*, DB 2006, 1318 ff.

7 So zutreffend *Bieder*, DB 2006, 1320 ff.

8 Der Sache nach beispielsweise BAG 5. 12. 2002, AP Nr. 32 zu § 611 BGB.

und zum Eingreifen des dispositiven Rechts führende Risiko der Unwirksamkeit vorformulierter Vertragsbedingungen zum Nachteil des Kunden einzuschränken und sich über das Verbot der geltungserhaltenden Reduktion hinwegzusetzen. Mit ihnen missachtet der AGB-Verwender zugleich die gesetzliche Verpflichtung, die Rechte und Pflichten seines Vertragspartners klar und durchschaubar darzustellen (§ 307 Abs. 1 S. 2). Die ganz herrschende Meinung im allgemeinen Zivilrecht versagt deshalb salvatorischen Klauseln grundsätzlich ihre Wirksamkeit.[10] Gründe, die es nahelegen, hiervon im Arbeitsrecht abzuweichen, sind nicht ersichtlich.[11]

17. Schadenspauschalierung

Schrifttum: *Stoffels,* Schadenspauschalierungsabreden, in: Der Arbeitsvertrag, hrsg. von Preis, 2. Aufl. 2005, II S 20.

a) Abgrenzung zur Vertragsstrafe

Bei der vertraglichen Schadenspauschalierung handelt es sich – wie das BAG[12] **164**
zutreffend hervorhebt – um ein **eigenständiges, wenngleich „der Vertragsstrafe ähnliches Rechtsinstitut"**.[13] Die Abgrenzung bereitet auch im Arbeitsrecht Schwierigkeiten.[14] Auch hier gilt: Soll sie in erster Linie die Erfüllung des Hauptanspruchs sichern und auf den Vertragsgegner einen möglichst wirkungsvollen Druck ausüben, so liegt der Sache nach eine Vertragsstrafenvereinbarung vor. Um eine Schadenspauschalabrede handelt es sich dagegen, wenn sie der vereinfachenden Durchsetzung eines als bestehend vorausgesetzten Vertragsanspruchs dienen soll. Den von den Vertragsschließenden gewählten Bezeichnungen kommt allenfalls ein schwacher Indizwert zu.[15] Aus der arbeitsgerichtlichen Rechtsprechung lassen sich eine Reihe von Beispielen nachweisen, die zeigen, dass im Klauseltext enthaltene Formulierungen wie „Entschädigung" oder „Schadensersatz" das Auslegungsergebnis in keiner Weise präjudizieren.[16]

b) Wirksamkeitsgrenzen

Schadenspauschalierungsabreden sind entsprechend dem Grundsatz der Ver- **165**
tragsfreiheit auch in Arbeitsvertragsbedingungen in den sogleich näher zu beschreibenden Grenzen **grundsätzlich zulässig**.

Ein gesetzliches Verbot vertraglicher Schadensersatzpauschalen findet sich in **166**
§ 12 Abs. 2 Nr. 4 BBiG. Nichtig sind hiernach im Rahmen von Berufsausbildungsverhältnissen getroffene Vereinbarungen über die Festsetzung der Höhe eines Schadensersatzes in Pauschbeträgen. Der Gesetzgeber wollte mit dieser Verbotsvor-

---

9 Diese Konsequenz zieht jetzt BAG 25. 5. 2005, NZA 2005, 1111, 1115; ebenso schon zuvor ArbG Stralsund 27. 4. 2004, DB 2004, 1368, 1369.

10 BGH 6. 10. 1982, NJW 1983, 159, 162; BGH 22. 11. 2001, NJW 2002, 894, 895; BGH 5. 12. 1995, NJW-RR 1996, 783, 789; KG 28. 5. 1997, NJW 1998, 829, 831; *Ulmer/H. Schmidt* § 6 Rz 39; *Stoffels,* AGB-Recht, Rz 625 f.; *Palandt/Grüneberg* Vorb. v. § 307 Rz 13; § 306 Rz 47 ff.

11 Wie hier *Däubler/Dorndorf/Bonin/Deinert* § 306 Rz 26; *Däubler* NZA Beilage 3/2006, 136 f.; *Lakies,* AGB im Arbeitsrecht Rz 759 ff.; ErfK/*Preis* §§ 305–310 Rz 95; ausführlich *Preis,* in: Der Arbeitsvertrag, hrsg. von Preis, II S 10.

12 BAG 14. 12. 1966, AP Nr. 26 zu § 138 BGB. Aus der Rechtsprechung des BGH vgl. BGH 6. 11. 1967, BGH 6. 11. 1964, BGHZ 49, 84, 89; BGH 8. 10. 1969, NJW 1970, 29.

13 Ebenso ErfK/*Müller-Glöge* §§ 339–345 Rz 4; *Bötticher* ZfA 1970, 35 ff.; *Beuthien,* in FS Larenz, S. 495 ff.; *Gessert,* Schadensersatz nach Kündigung, S. 110 ff.; *Engel,* Konventionalstrafen, S. 12 f.

14 Allgemein zur Abgrenzung beider Institute § 309 Nr. 5 Rz 33 ff.; *Stoffels,* Vertragsbruch des Arbeitnehmers, S. 237 ff.

15 *Palandt/Heinrichs* § 276 Rz 26; *Schwerdtner,* in FS Hilger/Stumpf, 1983, S. 634.

16 BAG 16. 5. 1984 – 7 AZR 162/81, n. v.; ArbG Herford v. 2. 7. 1981, NJW 1982, 1550.

schrift der besonderen Schutzbedürftigkeit des Auszubildenden Rechnung tragen; eine verallgemeinernde Anwendung über Berufsausbildungsverhältnisse hinaus kommt daher nicht in Betracht.[1]

167 Angesichts der zu konstatierenden Neigung der arbeitsgerichtlichen Rechtsprechung, die vertraglichen Festsetzungen eines im Schadensfall zu zahlenden Geldbetrages als Vertragsstrafe zu qualifizieren, brauchte sich die arbeitsgerichtliche Rechtsprechung bislang nicht mit den Zulässigkeitsgrenzen vertraglicher Schadenspauschalen zu befassen. Erwähnenswert ist lediglich ein obiter dictum des Landesarbeitsgerichts Düsseldorf, dem zufolge die Vorschriften der §§ 339ff. zumindest entsprechend angewendet werden müssten.[2] Schon der überwiegende Teil des bisherigen Schrifttums[3] sprach sich für eine differenzierende Sichtweise je nach Art des Zustandekommens der Regelung aus. Beruhe die Pauschalierungsregelung auf einer formularmäßigen Vereinbarung oder sei sie Bestandteil allgemeiner Arbeitsbedingungen, so müsse der Grundgedanke des § 11 Nr. 7 AGBG (jetzt § 309 Nr. 5) auch für sie gelten. In der Tat geht mit vorformulierten Schadenspauschalen ganz allgemein eine erhöhte Gefahr unausgewogener Vertragsgestaltung – sprich einseitiger Selbstbevorzugung des Klauselverwenders durch überhöhte Pauschalen – einher. Dies spricht dafür, § 309 Nr. 5 AGBG auch im Arbeitsrecht uneingeschränkt zur Geltung zu bringen; arbeitsrechtliche Besonderheiten, die der Anwendung dieses Klauselverbots entgegenstehen könnten, sind nicht ersichtlich.[4] Eine unangemessene Benachteiligung des Arbeitnehmers geht von Schadenspauschalierungsabreden gem. **§ 309 Nr. 5** somit dann aus, wenn die Pauschale den nach dem gewöhnlichen Lauf der Dinge zu erwartenden Schaden übersteigt[5] oder dem Arbeitnehmer nicht ausdrücklich der Nachweis gestattet wird, ein Schaden sei überhaupt nicht entstanden oder wesentlich niedriger als die Pauschale.

168 Die Unwirksamkeit formularmäßiger Schadenspauschalen kann sich trotz Beachtung der in § 309 Nr. 5 niedergelegten Zulässigkeitsgrenzen noch aus anderen Erwägungen ergeben. Problematisch ist der Einsatz von Schadenspauschalen beispielsweise im **Bereich der Arbeitnehmerhaftung** für Schlechtleistungen, da die Grundsätze der privilegierten Arbeitnehmerhaftung und die in § 619a niedergelegte Beweislastverteilung nicht konterkariert werden dürfen.[6] Von daher werden Schadenspauschalen eher im Bereich der Nichtleistung in Betracht kommen, wobei sich auch hier meist eine Vertragsstrafenregelung empfehlen wird.[7]

c) Rechtsfolgen eines Verstoßes

169 Die Überschreitung der aufgezeigten Zulässigkeitsschranken hat zur Folge, dass die vorformulierte Pauschale **in toto** wegfällt.[8] Eine geltungserhaltende Reduktion

---

[1] MünchArbR/*Blomeyer,* 2. Aufl. 2000, § 57 Rz 68; *Däubler/Dorndorf/Bonin/Deinert* § 309 Nr. 5 Rz 3.

[2] LAG Düsseldorf v. 15. 11. 1972, DB 1973, 84.

[3] *Koch/Stübing,* § 23 AGBG Rz 2; *Hildebrandt,* Disparität und Inhaltskontrolle im Arbeitsrecht, 1987, S. 60; *Stein,* Anm. AP Nr. 8 zu § 339 BGB; RGRK-*Corts,* § 628 Rz 53; dagegen *Wolf/Horn/Lindacher,* 4. Aufl. 1999 § 23 Rz 43; ausführlich zum Meinungsstand *Stoffels,* Vertragsbruch des Arbeitnehmers, S. 252 ff.

[4] *Däubler/Dorndorf/Bonin/Deinert* § 309 Nr.5 Rz 3.

[5] Einzelheiten zur Durchführung dieser Vertretbarkeitskontrolle bei *Soergel/Lindacher* Vor § 339 Rz 32 und 34 und speziell mit Blick auf den Arbeitsvertragsbruch bei RGRK/*Corts* § 628 Rz 53 (Obergrenze: Monatseinkommen bzw. bei kürzerer Kündigungsfrist das in dieser Zeit erzielbare Einkommen).

[6] Näher *Däubler/Dorndorf/Bonin/Deinert* § 309 Nr. 5 Rz 6 f.

[7] Generell skeptisch zum Nutzen von Schadenspauschalen für den Arbeitgeber *Thüsing,* AGB-Kontrolle im Arbeitsrecht, Rz 367; *Beuthien* BB 1973, 93 und *Bengelsdorf* BB 1989, 2392.

[8] BGH 8. 11. 1984, NJW 1985, 632; OLG Frankfurt 15. 6. 1982, NJW 1982, 2564; *Palandt/Grüneberg* § 309 Rz 26 und 30; für das Arbeitsrecht *Lakies,* AGB im Arbeitsrecht Rz 775.

etwa dergestalt, dass die Pauschale mit einem niedrigeren Satz aufrechterhalten oder die Unwirksamkeit auf den Gegenbeweisausschluss beschränkt wird, findet also nicht statt. Der Arbeitgeber muss vielmehr in diesem Falle seinen Schaden nach den gesetzlichen Vorschriften (§§ 249 ff.) konkret berechnen und nachweisen.

18. Schriftformklauseln

Schrifttum: *Bieder,* Zur Verwendung „qualifizierter" Schriftformklauseln in Formulararbeitsverträgen, SAE 2007, 379; *Hromadka,* Schriftformklauseln in Arbeitsverträgen, DB 2004, 1261; *Preis,* Schriftformklauseln, in: Der Arbeitsvertrag, hrsg. von Preis, 2. Aufl. 2005, II S 30; *Roloff,* Vertragsänderungen und Schriftformklauseln, NZA 2004, 1191.

Schriftformklauseln, nach denen Änderungen und Ergänzungen des Arbeitsvertrages der Schriftform bedürfen, sind in der arbeitsrechtlichen Vertragspraxis sehr häufig anzutreffen. Jedenfalls in dieser einfachen Ausgestaltung hat das BAG[1] ihnen keine Wirkung beigemessen, da nach allgemeinen Grundsätzen eine so vereinbarte Schriftform auch ohne Einhaltung der Schriftform abbedungen werden könne und im Übrigen individuelle Abreden Vorrang vor Allgemeinen Geschäftsbedingungen hätten (§ 305b). Das gelte sogar dann, wenn die Parteien bei Abschluss der an sich formbedürftigen Vereinbarung nicht an die Schriftform gedacht hätten bzw. sich der Kollision mit den Allgemeinen Geschäftsbedingungen nicht bewusst gewesen wären. Eine solche **einfache Schriftformklausel** verhindere auch nicht das Entstehen einer betrieblichen Übung. 170

Anders hat das BAG zuletzt für eine sog. **doppelte (verstärkte) Schriftformklausel** entschieden, die zusätzlich auch eine mündliche Aufhebung der Schriftformklausel ausschloss.[2] Da in der Verwendung einer solchen Schriftformabrede deutlich werde, dass die Vertragsparteien auf die Wirksamkeit ihrer Schriftformklausel besonderen Wert legten, sei eine Abbedingung durch eine die Schriftform nicht wahrende Vereinbarung ausgeschlossen. Sähe man dies anders, liefe § 125 S. 2 ins Leere. Eine doppelte Schriftformklausel ist damit nach Ansicht des BAG auch geeignet, eine Vertragsänderung durch betriebliche Übung zu verhindern.[3] 171

Diese Rechtsprechung bedarf nach der Erstreckung des AGB-Rechts auf das Arbeitsvertragsrecht der Revision.[4] Es gilt nicht nur den **Vorrang der Individualabrede (§ 305b)** zu beachten, mit der Folge, dass sich das zuletzt individuell (mündlich) Vereinbarte (auch gegenüber einer doppelten Schriftformklausel) immer durchsetzt.[5] Schriftformklauseln müssen auch der **Inhaltskontrolle nach § 307** unterzogen werden. Ihre Wirksamkeit hängt danach zwar von ihrer Ausgestaltung und ihrem Anwendungsbereich ab.[6] Besondere Aufmerksamkeit verdient aber der Satz des BGH, dem zufolge solche Schriftformklauseln unwirksam sind, die dazu 172

---

[1] BAG 28.10.1987, AP Nr. 1 zu § 7 AVR Caritasverband; BAG 24.6.2003, NZA 2003, 1145, 1147; BAG 25.4.2007, NZA 2007, 801, 803; BAG 17.7.2007, NZA 2008, 118, 120; *Hromadka* DB 2004, 1265: „rechtlich bedeutungslos".

[2] BAG 24.6.2003, NZA 2003, 1145, 1147, allerdings ohne Auseinandersetzung mit der entgegenstehenden Entscheidung BAG 25.6.1985, AP Nr. 11 zu § 74c HGB; ebenfalls auf dieser Linie BGH 2.6.1976, BGHZ 66, 378 (382) für einen Individualvertrag im kaufmännischen Verkehr; zust. *Palandt/Heinrichs/Ellenberger* § 125 Rz 14; a.A. *Kliemt,* Formerfordernisse im Arbeitsverhältnis, 1995, S. 474 f.; *Preis,* in: Arbeitsvertrag, II S. 30 Rz 9; *Roloff,* NZA 2004, 1194 f.; *Staudinger/Schlosser* § 305b Rz 40. BAG 20.5.2008 9 AZR 382/07, Pressemittteilung Nr. 39/08 vollzieht jetzt offenbar den Wandel und geht von der Unwirksamkeit der doppelten Schriftformklausel aus.

[3] BAG 24.6.2003, NZA 2003, 1145, 1147.

[4] *Hromadka* DB 2004, 1261 ff.; *Roloff* NZA 2004, 1191 ff.; *Ulrici* BB 2005, 1903.

[5] So zuletzt auch BGH 21.9.2005, NJW 2006, 138 und BGH 20.10.1994, NJW-RR 1995, 179, 180; *Lakies,* AGB im Arbeitsrecht Rz 113; *Roloff* NZA 2004, 1196; *Gotthardt* ZIP 2002, 279.

[6] BGH 15.2.1995, NJW 1995, 1488, 1489; BGH 27.9.2000, NJW 2001, 292.

dienen, insbesondere nach Vertragsschluß getroffene Individualvereinbarungen zu unterlaufen, indem sie beim anderen Vertragsteil den Eindruck erwecken, eine (lediglich) mündliche Abrede sei entgegen allgemeinen Rechtsgrundsätzen unwirksam.[1] Dem Unwirksamkeitsverdikt unterfallen dann auch doppelte Schriftformklauseln.[2] Mit § 307 vereinbar sind Schriftformklauseln allenfalls dann, wenn sie in erster Linie mündlichen Vereinbarungen gelten, die vor oder bei Vertragsschluss getroffen werden.[3] In Arbeitsverträgen ist dies sicherlich nicht die primäre Zielrichtung solcher Klauseln.

172a Anders zu beurteilen sind sog. **Vollständigkeitsklauseln**, in denen es heißt, mündliche Abreden seien nicht getroffen worden. Nach der allerdings nicht unbestrittenen Rechtsprechung des BGH sind solche Klauseln nicht zu beanstanden.[4] Sie sollen insbesondere nicht gegen § 309 Nr. 12 Buchst. b verstoßen.

19. Vertragsänderung – Schweigen als Zustimmung

Schrifttum: *Hromadka,* Änderung von Arbeitsbedingungen und Schutz gegen Änderungen – Klauseln in Allgemeinen Arbeitsbedingungen, in: FS für Richardi, 2007, S. 257

173 In der arbeitsvertraglichen Praxis ergibt sich mitunter die Notwendigkeit, die Allgemeinen Arbeitsbedingungen den veränderten Umständen oder den neuen rechtlichen Anforderungen anzupassen. Hier bietet es sich in Anlehnung an die übliche Praxis im Bereich der Banken und Versicherungen an, bereits in den Arbeitsverträgen eine Klausel zu implementieren, die das Schweigen des Arbeitnehmers auf ein entsprechendes Angebotsschreiben des Arbeitgebers als Zustimmung zu den angetragenen Änderungen wertet.[5] Im Hinblick auf § 308 Nr. 5 BGB dürfte folgende Klausel nicht zu beanstanden sein: „Bietet der Arbeitgeber dem Arbeitnehmer eine Änderung des Arbeitsvertrags an und lehnt der Arbeitnehmer dieses Angebot nicht innerhalb der vom Arbeitgeber bestimmten Frist ab, so gilt das Angebot als angenommen; der Arbeitsvertrag ändert sich entsprechend. Der Arbeitgeber wird den Arbeitnehmer bei Beginn der Frist besonders darauf hinweisen, dass Schweigen die Änderung des Arbeitsvertrags zur Folge hat."[6] Selbstverständlich unterliegen die auf diese Weise in den Vertrag eingeführten geänderten Vertragsbedingungen ihrerseits der Inhaltskontrolle nach dem AGB-Recht.

20. Vertragsstrafenvereinbarungen

Schrifttum: *Brors,* „Neue" Probleme bei arbeitsvertraglichen Vertragsstrafeklauseln?, DB 2004, 1778; *Conein-Eickelmann,* Erste Rechtsprechung zur Wirksamkeit von Vertragsstrafenabreden nach der Schuldrechtsreform, DB 2003, 2546; *Gross,* Vertragsstrafen des Arbeitnehmers und Grenzen ihrer Vereinbarungsfähigkeit, 2004; *Hauck,* Die Vertragsstrafe im Lichte der Schuldrechtsreform, NZA 2006, 816; *Hoß,* Zulässigkeit von Vertragsstrafen im Arbeitsrecht, AuR 2002, 138; *Joost,*Vertragsstrafen im Arbeitsrecht – Zur Inhaltskontrolle von Formulararbeitsverträgen im Arbeitsrecht, ZIP 2004, 1981; *v. Koppenfels,* Vertragsstrafen im Arbeitsrecht nach der Schuldrechtsmodernisierung, NZA 2002, 598; *Leder/Morgenroth,* Die Vertragsstrafe im Formulararbeitsvertrag, NZA 2002, 952; *Nicolai,* Die Gestaltung arbeitsvertraglicher Vertragsstrafenversprechen, FA 2006, 76; *Reichenbach,* Konventionalstrafen für den vertragsbrüchigen Arbeitnehmer, NZA 2003, 309; *Schöne,* Die Zulässigkeit von Vertragsstrafenabreden in Formulararbeits-

---

[1] BGH 27.9.2000, NJW 2001, 292; BGH 15.2.1995, NJW 1995, 1488, 1489.

[2] So zutreffend jetzt LAG Düsseldorf 13.4.2007, NZA-RR 2007, 455; ihm folgend jetzt offenbar BAG 20.5.2008 – 9 AZR 382/07, Pressemitteilung Nr. 39/08; *Hromadka* DB 2004, 1264; *Michalski* DStR 1998, 778; *Preis,* in: Arbeitsvertrag, II S. 30 Rz 14; *Roloff,* NZA 2004, 1197; a.A. *Bieder,* SAE 2007, 379ff.

[3] MünchKomm/*Basedow* § 305b Rz 12.

[4] BGH 19.6.1985, NJW 1985, 2329, 2331; BGH 14.10.1999, NJW 2000, 207f.; *Preis,* in: Arbeitsvertrag II V 60 Rz 7; kritisch *Stoffels,* AGB-Recht, Rz 683.

[5] Zu den Grenzen der Vereinbarungsbefugnis im Zivilrecht BGH 11.10.2007, NJW 2008, 365.

[6] *Hromadka/Schmitt-Rolfes,* Der unbefristete Arbeitsvertrag, S. 128.

verträgen, SAE 2006, 272; *Schramm,* Neue Herausforderungen bei der Gestaltung von Vertragsstrafenklauseln, NJW 2008, 1494; *Stoffels,* Vertragsstrafen, in: Der Arbeitsvertrag, hrsg. von Preis, 2. Aufl. 2005, II V 30; *Thüsing/Bodenstedt,* Vertragsstrafen im Profifußball, AuR 2004, 369; *Wensing/Niemann,* Vertragsstrafen in Formulararbeitsverträgen: § 307 BGB neben § 343 BGB?, NJW 2007, 401.

a) Allgemeines

Vertragsstrafenversprechen sind **in Arbeitsverträgen weit verbreitet.**[1] Ganz überwiegend wird die Vertragsstrafe für die Fälle des Vertragsbruchs, der fristlosen Entlassung durch den Arbeitgeber sowie des Verstoßes gegen ein Wettbewerbsverbot eingesetzt. Vertragsstrafen sind von **Betriebsbußen**[2] und **Schadenspauschalierungen** (vgl. Rz 164) abzugrenzen. **174**

Gegen Vertragsstrafen in Arbeitsverträgen, mit denen der Arbeitgeber die Einhaltung der vertraglichen Pflichten durch den Arbeitnehmer absichern will, bestehen nach zutreffender Ansicht des BAG[3] **keine grundsätzlichen rechtlichen Bedenken.** Die Vertragsstrafe ist – so das BAG – ein vom Gesetzgeber zur Verfügung gestelltes Rechtsinstitut des bürgerlichen Rechts für Schuldverhältnisse und könne demgemäß auch in Arbeitsverhältnissen als privatrechtliche Schuldverhältnisse vereinbart werden. Im Einzelfall könnten Abreden über Vertragsstrafen jedoch gegen arbeitsrechtliche Gesetze oder arbeitsrechtliche Rechtsgrundsätze und Schutzprinzipien verstoßen und deshalb unwirksam sein. Als spezielle gesetzliche Schranke ist insbesondere **§ 12 Abs. 2 Nr. 2 BBiG** zu erwähnen, dem zufolge im Rahmen eines Berufsausbildungsverhältnisses getroffene Vereinbarungen über vom Auszubildenden zu zahlende Vertragsstrafen nichtig sind.[4] Unzulässig sind nach der Rechtsprechung des BAG ferner Vertragsstrafenvereinbarungen, die das **Kündigungsrecht des Arbeitnehmers einseitig beeinträchtigen** (arg. e § 622 Abs. 6), also insbesondere die Ausübung des Rechts zur ordentlichen fristgemäßen Kündigung mit einer Vertragsstrafe ahnden.[5] Vorformulierte Vertragsstrafenversprechen müssen sich im Übrigen nunmehr auch einer **Kontrolle anhand der §§ 305 ff.** stellen. Hiermit befassen sich die nachstehenden Erläuterungen. **175**

b) Keine Anwendung von § 309 Nr. 6

Umstritten ist, ob Vertragsstrafenvereinbarungen, die den **Vertragsbruch** des Arbeitnehmers sanktionieren, am Klauselverbot des § 309 Nr. 6 zu messen sind. Mit dem BAG[6] und der h.M. im Schrifttum[7] ist der **Rückgriff auf § 309 Nr. 6 abzulehnen.** Dies gebietet der Vorbehalt des § 310 Abs. 4 Satz 2, dem zufolge bei **176**

---

[1] Sie ist daher im Allgemeinen auch nicht überraschend, vgl. hierzu oben Rz 49.

[2] Zum Verhältnis der Betriebsjustiz zur Vertragsstrafe *Löwisch/Würtenberger* JuS 1970, 261 ff.; *Stoffels,* in: Arbeitsvertrag, II V 30 Rz 3 m.w.N.

[3] BAG 27. 5. 1992, EzA § 339 Nr. 8.

[4] Näher hierzu *Stoffels,* in: Arbeitsvertrag, II V 30 Rz 13.

[5] BAG 11. 3. 1971, AP Nr. 9 zu § 622 BGB; BAG 9. 3. 1972, AP Nr. 12 zu § 622 BGB.

[6] BAG 4. 3. 2004, NZA 2004, 727; 21. 4. 2005, NZA 2005, 1053; ihm folgend LAG Schleswig-Holstein 2. 2. 2005, NZA-RR 2005, 351, 352; ebenso bereits zuvor ArbG Duisburg 14. 8. 2002, NZA 2002, 1038; abweichend hingegen noch ArbG Bochum 8. 7. 2002, NZA 2002, 978; LAG Hamm 24. 1. 2003, NZA 2003, 499; LAG Düsseldorf 8. 1. 2003, NZA 2003, 382.
Gegen eine Übertragung des Rechtsgedankens des damaligen § 11 Nr. 6 AGBG bereits BAG 27. 5. 1992, EzA § 339 BGB Nr. 8.

[7] *Annuß* BB 2002, 463; *Hromadka* NJW 2002, 2528; ErfK/*Preis* §§ 305–310 Rz 97; ErfK/*Müller-Glöge* §§ 339–345 Rz 8; *Palandt/Grüneberg* § 309 Rz 33; *Gotthardt,* Rz 277 ff.; *Henssler* RdA 2002, 138; *Lingemann* NZA 2002, 191 f.; *Rolfs* ZGS 2002, 411; *Leder/Morgenroth* NZA 2002, 952 ff.; *Reichenbach* NZA 2003, 309 ff. (jedenfalls für Arbeitsverträge über Dienste höherer Art); a. A. *von Koppenfels* NZA 2002, 599; *Aretz,* Allgemeine Geschäftsbedingungen im Arbeitsvertrag, S. 164 ff.; *Lakies,* AGB im Arbeitsrecht Rz 828; *Reinecke* DB 2002, 586; *ders.* NZA 2004, Sonderbeil. zu Heft 18, S. 32 f.; *Thüsing* NZA 2002, 594; *Däubler* NZA 2001, 1336; *Däubler/Dorndorf/Bonin/Deinert* § 309 Nr. 6 Rz 5 ff.

der Anwendung der AGB-rechtlichen Vorschriften auf Arbeitsverträge die **im Arbeitsrecht geltenden Besonderheiten angemessen zu berücksichtigen** sind. § 309 Nr. 6 ist, wie insbesondere die Aufführung der Fallgruppen „Nichtabnahme", „verspätete Abnahme" und „Zahlungsverzug" zeigen, am Erscheinungsbild des zahlungspflichtigen Kunden orientiert.[1] Das Vertragsstrafenverbot des § 309 Nr. 6 ist zudem auf solche Konstellationen zugeschnitten, bei denen dem Verwender der Nachweis etwa eingetretener Vermögensschäden typischerweise nicht schwer fallen wird, es ihm mithin zugemutet werden kann, sich auf die Geltendmachung seiner Schadensersatzforderung zu beschränken. Bei einem Vertragsbruch des Arbeitnehmers sieht sich der geschädigte Arbeitgeber aber zumeist ganz erheblichen Beweisschwierigkeiten ausgesetzt.[2] Anders als bei der Verletzung eines Kauf- oder Werkvertrages – auf solche Austauschbeziehungen zielen die §§ 305 ff. in erster Linie –, stellt der Schadensersatzanspruch hier regelmäßig kein adäquates Sanktionsinstrument dar.[3] Hinzu kommt, dass ein Arbeitnehmer zur Erbringung der Arbeitsleistung gemäß § 888 Abs. 3 ZPO nicht durch Zwangsgeld oder Zwangshaft angehalten werden kann – auch dies ist eine Besonderheit des Arbeitsrechts, die es umso dringlicher erscheinen lässt, dem Arbeitgeber die Möglichkeit der Sanktionierung des Vertragsbruchs mittels Vertragsstrafe offenzuhalten.[4] **Vertragsstrafenabreden, die nicht an die Lösung des Vertragsverhältnisses anknüpfen,** unterfallen bereits tatbestandlich nicht dem Vertragsstrafenverbot des § 309 Nr. 6. Dies gilt etwa für Klauseln, die den Arbeitnehmer für den Fall einer Schlechtleistung oder ganz allgemein bei einem „gravierenden Vertragsverstoß" zur Zahlung einer Vertragsstrafe verpflichten.[5]

c) Angemessenheits- und Transparenzkontrolle (§ 307)

177 Vorformulierte Vertragsstrafenversprechen in Arbeitsverträgen unterfallen zwar – wie dargelegt – nicht dem Verbotstatbestand des § 309 Nr. 6, wohl aber müssen sie sich der **Angemessenheitskontrolle nach § 307** stellen.[6] Zur Beurteilung der Angemessenheit eines formularvertraglich vereinbarten Strafversprechens bedarf es nach AGB-rechtlichen Maßstäben einer umfassenden Würdigung der Interessen der Arbeitsvertragsparteien unter Berücksichtigung des Grundsatzes von Treu und Glauben. Eine unangemessene Benachteiligung des Vertragspartners ist insbesondere anzunehmen, wenn die einseitige Auferlegung eines Nachteils nicht durch ein dahingehendes berechtigtes Interesse des Verwenders begründet ist. Ein solches „berechtigtes Interesse" wird man im Hinblick auf den bifunktionalen Charakter der Vertragsstrafe dort nicht anerkennen können, wo die Vertragsstrafe in erster Linie zur bloßen Schöpfung neuer, vom Sachinteresse des Verwenders losgelöster Geldforderungen eingesetzt wird.[7] Der schadensersatzrechtliche Bezug der Vertragsstrafe darf mithin nicht verloren gehen. Dies gilt sowohl hinsichtlich der sanktionierten Tatbestände als auch im Hinblick auf die Höhe der Vertragsstrafe.

178 Ein **berechtigtes Interesse** des Arbeitgebers an der Sanktionierung bestimmter Verhaltensweisen des Arbeitnehmers durch eine Vertragsstrafe wird man grundsätzlich unter zwei Voraussetzungen bejahen können:

---

[1] *Preis,* Vertragsgestaltung, S. 472.

[2] *Stoffels,* Vertragsbruch des Arbeitnehmers, S. 162 f.

[3] Statt vieler *Brox,* Anm. AP Nr. 9 zu § 339 BGB.

[4] Hierauf hebt vor allem BAG 4. 3. 2004, NZA 2004, 727, 731 f. ab.

[5] BAG 18. 8. 2005, NZA 2006, 34, 36; für entsprechende Anwendung des § 309 Nr. 6 auf sämtliche arbeitsvertraglichen Vertragsstrafen hingegen *v. Koppenfels* NZA 2002, 602.

[6] BAG 4. 3. 2004, NZA 2004, 727, 732 f.

[7] BAG 21. 4. 2005, NZA 2005, 1053, 1055.

- Durch das strafbewehrte Verhalten entsteht dem Arbeitgeber typischerweise ein nicht unerheblicher Schaden.
- Der Nachweis der Entstehung dieses Schadens bzw. seiner Höhe ist typischerweise nicht oder nur mit unverhältnismäßigem Aufwand zu erbringen.

Dies trifft auf den **Arbeitsvertragsbruch** ohne weiteres zu.[1] Auch gegen die **179**
Sicherung vertraglich verlängerter Kündigungsfristen bestehen nach Ansicht des BAG[2] keine Bedenken. Weitere anerkannte Sanktionstatbestände sind Verstöße gegen **Wettbewerbsverbote** (arg. e § 75c HGB)[3] und die Verletzung von **Geheimhaltungspflichten.** Gegen Strafklauseln, die sich gegen **Schlechtleistungen** des Arbeitnehmers richten, bestehen hingegen erhebliche Bedenken. Abgesehen davon, dass sie Gefahr laufen, die von der Rechtsprechung statuierten Haftungsbeschränkungen zugunsten des Arbeitnehmers zu durchkreuzen, wird man ein berechtigtes Interesse des Arbeitgebers kaum dartun können, da der Schadensnachweis hier nicht etwa typischerweise schwerfällt oder unmöglich ist. Im Übrigen dürften sich als adäquate Reaktionen auf derartige Pflichtverletzungen wohl eher die Abmahnung, die Versetzung oder als ultima ratio die Kündigung (unbeschadet etwaiger Schadensersatzansprüche) anbieten.[4] Bei einem schuldhaft vertragswidrigen Verhalten, das den Arbeitgeber zu einer **fristlosen Kündigung veranlasst,** wird der Interessenausgleich nach Ansicht des BAG in erster Linie durch die Möglichkeit der fristlosen Kündigung des Arbeitgebers herbeigeführt.[5] Für eine darüber hinausgehende Sanktionierung fehle es an einem berechtigten Interesse des Arbeitgebers („unangemessene Übersicherung").

Vertragsstrafenvereinbarungen in Arbeitsverträgen müssen sowohl hinsichtlich **180**
des Verwirkungstatbestandes als auch im Hinblick auf die Höhe der Strafsumme **eindeutig und klar** formuliert sein, sodass der Vertragspartner unschwer erkennen kann, welches Verhalten in welcher Weise sanktioniert ist.[6] Dieses Bestimmtheitserfordernis ist eine Ausprägung des **Transparenzgebots** (§ 307 Abs. 1 S. 2). Als ausreichend wird es erachtet, dass der Verwirkungstatbestand bestimmbar ist, also im Wege der Auslegung gem. §§ 133, 157 und ggf. unter entsprechender Heranziehung der Unklarheitenregel ermittelt werden kann.[7] Das BAG hält zwar die Absicherung vertraglicher Nebenpflichten durch ein Strafversprechen für zulässig,[8] verlangt aber eine eindeutige Vereinbarung, d.h. die Benennung der zu sichernden Nebenpflichten. Vertragsstrafenregelungen, die global sämtliche Vertragspflichten sanktionieren, sind unwirksam.[9] Die Verwirkung der vereinbarten Vertragsstrafe durch „schuldhaft vertragswidriges Verhalten des Arbeitnehmers, das den **Arbeitgeber zur fristlosen Kündigung** des Arbeitsverhältnisses **veranlasst"**, hat das BAG jüngst als nicht klar und verständlich beanstandet.[10] Die Formulierung „schuldhaft vertragswidriges Verhalten" ohne nähere Konkretisierung entfalte nicht die nötige

---

[1] BAG 21. 4. 2005, NZA 2005, 1053, 1055.

[2] BAG 27. 5. 1992, EzA § 339 Nr. 8; ebenso ArbG Frankfurt 20. 4. 1999, NZA-RR 2000, 82.

[3] Näher hierzu *Stoffels,* in: Arbeitsvertrag, II V 30 Rz 47 ff.

[4] Näher hierzu *Stoffels,* in: Arbeitsvertrag, II V 30 Rz 33 ff.

[5] BAG 21. 4. 2005, NZA 2005, 1053, 1055 f.

[6] BAG 21. 4. 2005, NZA 2005, 1053, 1055; BAG 18. 8. 2005, NZA 2006, 34, 36; BAG 14. 12. 1988 – 5 AZR 10/88, n. v., LAG Berlin 22. 5. 1997, NZA-RR 1998, 53, 55; ErfK/*Müller-Glöge* §§ 339–345 Rz 12; MünchArbR/*Blomeyer*, 2. Aufl. 2000, § 57 Rz 56.

[7] BAG 5. 2. 1986, AP Nr. 12 zu § 339 BGB.

[8] BAG 4. 9. 1964, AP Nr. 3 zu § 339 BGB.

[9] BAG 21. 4. 2005, NZA 2005, 1053, 1055; BAG 18. 8. 2005, NZA 2006, 34, 36; LAG Stuttgart 5. 1. 2005, ZIP 2005, 1292; ErfK/*Müller-Glöge* §§ 339–345 Rz 12; anschaulich auch LAG Frankfurt 4. 9. 1967, DB 1968, 987.

[10] BAG 21. 4. 2005, NZA 2005, 1053, 1055.

Warnfunktion und entspreche wegen des Strafcharakters der Vertragsstrafe auch nicht rechtsstaatlichen Grundsätzen. Dies darf bezweifelt werden.[1] Jeder Arbeitnehmer kennt die Arten von „schuldhaft vertragswidrigem Verhalten", die eine außerordentliche Kündigung nach sich ziehen können. Es werden nicht global sämtliche Pflichtverletzungen sanktioniert, sondern nur solche, die eine wirksame außerordentliche Kündigung zur Folge haben. Der Gesetzgeber selbst knüpft an diesen Tatbestand das außerordentliche Kündigungsrecht (§ 626) und einen Schadensersatzanspruch (§ 628 Abs. 2).

d) Angemessene Höhe der Vertragsstrafe

181 Soweit es sich um formularmäßige Strafabreden handelt, muss auch die festgesetzte Höhe der Strafe der **Angemessenheitsprüfung nach § 307** unterzogen werden.[2] Gerade bei formularmäßigen Strafabreden besteht ein gesteigertes Bedürfnis nach einer generellen Obergrenze, deren Überschreitung im Regelfall die Unwirksamkeit der Klausel zur Folge hat.[3] Diese Grenze wird wiederum durch das berechtigte Interesse des Arbeitgebers an einer effektiven Absicherung markiert. Das bedeutet: Eine fühlbare, gleichwohl aber den zu erwartenden typischen Schaden nicht aus den Augen verlierende Sanktion muss gewährleistet sein. Als generell überhöht zu betrachten sind Vertragsstrafen, die zum möglichen Schaden außer Verhältnis stehen.[4] Als geeigneter, einer generalisierenden Betrachtungsweise zugänglicher Bewertungsmaßstab bietet sich der Bruttoverdienst des Arbeitnehmers an. Dieses Kriterium lehnt sich zum einen an der finanziellen Leistungsfähigkeit des Arbeitnehmers an (Zumutbarkeitsaspekt), hat daneben aber auch schadensrechtliche Bezüge, lässt der Verdienst doch häufig Rückschlüsse auf den Stellenwert des Arbeitnehmers im Betrieb zu. Im **Falle des Vertragsbruchs** ist weiterhin zu beachten, dass der Wert der nicht erbrachten Arbeitsleistung im Wesentlichen durch den Wegfall der Entgeltzahlungspflicht ausgeglichen wird, es also nicht um einen vermögensmäßigen Ausgleich der nicht erbrachten Vertragsleistung geht.[5] In Anbetracht dessen dürfte es schwierig sein, eine Strafsumme von mehr als einem Monatsverdienst noch als angemessen zu rechtfertigen. Den schon in der bisherigen Rechtsprechung[6] immer wieder genannten **Betrag von einem Monatsgehalt** sollte man deswegen, aber auch mit Rücksicht auf die Vertragspraxis, die sich ganz überwiegend auf diese Rechtsprechung eingerichtet hat, als generelle Höchstgrenze akzeptieren.[7] Höhere Vertragsstrafen können allerdings im Einzelfall auf Grund besonderer Umstände zulässig sein, insbesondere, wenn es um die Sicherung einer langfristigen Bindung[8] geht. Umgekehrt spricht eine **kurz bemessene Kündigungsfrist** für eine niedrigere Vertragsstrafenhöhe. So hat das BAG jüngst eine für den Fall des Nichtantritts der Arbeit vorgesehene Vertragsstrafe in Höhe von einem vollen Bruttomonatsgehalt angesichts einer nur zweiwöchigen Kündigungsfrist während einer vereinbarten Probezeit für unangemessen hoch erachtet und für ins-

---

1 Kritisch auch *Bayreuther* NZA 2005, 1338 und *Bauer/Krieger* SAE 2006, 11 ff.

2 So jetzt auch BAG 4. 3. 2004, NZA 2004, 727; allgemeine Ansicht im AGB-Recht vgl. BGH 21. 3. 1990, DB 1990, 1323; § 309 Rz 71 ff.; *Ulmer/Hensen*, § 309 Nr. 6 Rz 13.

3 LAG Köln 26. 9. 1989, LAGE § 339 Nr. 4; *Preis*, Vertragsgestaltung, S. 478 ff.

4 LAG Niedersachsen 23. 1. 2004, NZA-RR 2005, 65, 66.

5 So aber *Preis*, Vertragsgestaltung, S. 480 unter Hinweis auf *Brox*, Anm. AP Nr. 9 zu § 339 BGB.

6 BAG 27. 4. 2000 – 8 AZR 301/99, n.v.; LAG Berlin 19. 5. 1980, AP Nr. 8 zu § 339 BGB; LAG Baden-Württemberg 30. 7. 1985, LAGE § 339 BGB Nr. 1.

7 So jetzt auch BAG 4. 3. 2004, NZA 2004, 727, 733 und LAG Schleswig-Holstein 2. 2. 2005, NZA-RR 2005, 351, 352; anders für einen Sonderfall LAG Hamm 7. 5. 2004, NZA-RR 2005, 128.

8 ArbG Dortmund 9. 10. 1992, BB 1993, 1591; ArbG Frankfurt a. M. 20. 4. 1999, NZA-RR 2000, 82 (Vertragsstrafe in Höhe von zwei Bruttomonatsgehältern zur Sicherung einer tarifvertraglich auf sechs Monate angehobenen Kündigungsfrist); *Lakies*, AGB im Arbeitsrecht Rz 853.

gesamt unwirksam erklärt.[1] Offengelassen wurde allerdings, wie zu entscheiden ist, wenn die kurze Kündigungsfrist, die die Vertragsstrafe in Höhe eines Monatsverdienstes als unangemessen erscheinen lässt, nach Ablauf der Probezeit nicht mehr gilt.[2] Die „Wiederauferstehung" der (zunächst) unwirksamen Vertragsstrafenklausel wird man dogmatisch nicht begründen können.

Hinsichtlich der Vertragsstrafenhöhe **bei Wettbewerbsverboten** legt § 75 b Abs. 1 HGB den Vertragsparteien keinerlei Beschränkungen auf. Das BAG[3] hat entschieden, dass es keinen Rechtssatz gäbe, der ein angemessenes Verhältnis zwischen Vertragsstrafe und Karenzentschädigung fordere. Des Weiteren gäbe es keinen Rechtssatz, dass eine Vertragsstrafe die Höhe des für die Kündigungsfrist zu zahlenden Gehalts nicht übersteigen dürfe.[4] Der Arbeitgeber müsse die Möglichkeit haben, dem Arbeitnehmer eine fühlbare Strafe für den Fall des Verstoßes aufzuerlegen. Im Übrigen stellt das BAG stark auf die Umstände des Einzelfalles ab. Eine absolute Obergrenze wird man allerdings in Anlehnung an § 12 Abs. 3 Satz 3 des Entwurfs der AGB-Kommission von 1977 bei einem Jahresbruttoentgelt ansetzen können. Die Überschreitung dieses Höchstbetrages zieht regelmäßig die Nichtigkeit der entsprechenden Abrede nach sich. Bedenken bestehen allerdings gegen Klauseln, die pauschal ein Jahresgehalt als Vertragsstrafe für einen Wettbewerbsverstoß ansetzen. Das BAG[5] hält eine solche Gleichbehandlung eines Dauerverstoßes einerseits und eines einmaligen Verstoßes andererseits für nicht gerechtfertigt. Unwirksam ist nach Ansicht des BAG allerdings auch eine Vertragsstrafenklausel, die für jeden Fall der Zuwiderhandlung des Arbeitnehmers gegen das Wettbewerbsverbot eine Vertragsstrafe in bestimmter Höhe vorsieht und gleichzeitig bestimmt, dass im Falle einer dauerhaften Verletzung des Wettbewerbsverbots jeder angebrochene Monat als eine erneute Verletzungshandlung gilt.[6] Das BAG sieht in einer solchen Formulierung einen Verstoß gegen das Transparenzgebot (§ 307 Abs. 1 S. 2 BGB), da nicht erkennbar werde, wann eine dauerhafte Verletzung und wann ein einmaliger Verstoß gegeben sein soll. Ferner hat das BAG jüngst eine Klausel als unangemessene Benachteiligung qualifiziert, wonach für jeden Einzelfall eines Wettbewerbsverstoßes eine Vertragsstrafe in Höhe von ein bis drei Monatsgehältern (nach Festsetzung durch den Arbeitgeber) vorgesehen war.[7] Hier ist nicht nur das ausbedungene Leistungsbestimmungsrecht zu beanstanden, sondern auch die Möglichkeit, jeden Einzelverstoß separat mit einer Vertragsstrafe zu belegen.[8] 182

e) Rechtsfolgen der Überschreitung der Angemessenheitsgrenzen

Eine Überschreitung der skizzierten Angemessenheitsgrenzen für vorformulierte Strafabreden in Arbeitsverträgen hat ausnahmslos die **Nichtigkeit der gesamten Strafklausel** zur Folge. Eine geltungserhaltende Reduktion ist ebenso wie jede sonstige auf teilweise Aufrechterhaltung gerichtete dogmatische Konstruktion – z. B. Umdeutung in eine Schadenspauschale[9] – abzulehnen.[10] Möglich ist eine 183

---

[1] BAG 4. 3. 2004, NZA 2004, 727, 733 f.

[2] BAG 21. 4. 2005, NZA 2005, 1053, 1055.

[3] BAG 21. 5. 1971, AP Nr. 5 zu § 339 BGB.

[4] BAG 25. 10. 1994 – 9 AZR 265/93, n. v.

[5] BAG 30. 4. 1971, EzA § 340 BGB Nr. 1.

[6] BAG 14. 8. 2007, NZA 2008, 170.

[7] BAG 18. 8. 2005, NZA 2006, 34, 37.

[8] So LAG Köln 13.7. 2006, BB 2007, 333 für eine Vertragsstrafe von zwei Bruttomonatseinkommen für jeden Fall der Zuwiderhandlung.

[9] Hiergegen zutreffend *Stein,* Anm. AP Nr. 8 zu § 339 BGB.

[10] Für generelle Unwirksamkeit wegen unverhältnismäßiger Höhe jetzt auch BAG 4. 3. 2004, NZA 2004, 727 (734); speziell für Vertragsstrafen BGH 18. 11. 1982, NJW 1983, 385, 388. Gegen eine vorbehalt-

begrenzte Aufrechterhaltung allenfalls bei **Teilbarkeit** der Vertragsstrafenvereinbarung, etwa bei Aufzählung mehrerer Sanktionstatbestände.[11] Eine Reduktion der Vertragsstrafe durch Urteil nach **§ 343 Abs. 1** kommt nur bei einer „verwirkten" Vertragsstrafe in Betracht. Das setzt voraus, dass die Vertragsstrafenabrede der Inhaltskontrolle zwar standgehalten hat, die verwirkte Strafsumme sich jedoch auf Grund besonderer Umstände des Einzelfalles als unbillig erweist.[12] Ein gem. § 307 BGB unwirksames Strafversprechen kann hingegen nicht unter Rückgriff auf § 343 BGB in einem angemessenen Umfang aufrechterhalten werden.

21. Wettbewerbsverbote

Schrifttum: *Bauer/Diller,* Wettbewerbsverbote, 4. Aufl. 2006; *dies.,* Nachvertragliche Wettbewerbsverbote: Änderungen durch die Schuldrechtsreform, NJW 2002, 1609 ff.; *dies.,* Allgemeine Erledigungsklausel und nachvertragliches Wettbewerbsverbot – eine unendliche Geschichte, BB 2004, 1274; *Diller* Nachvertragliche Wettbewerbsverbote und AGB-Recht, NZA 2005, 250 ff.; *Gaul/Khanian,* Zulässigkeit und Grenzen arbeitsrechtlicher Regelungen zu Wettbwerbsverboten, MDR 2006, 181; *Koch,* Das nachvertragliche Wettbewerbsverbot im einseitig vorformulierten Arbeitsvertrag, RdA 2006, 28; *Stoffels,* Wettbewerbsverbote, in: Der Arbeitsvertrag, hrsg. von Preis, 2. Aufl. 2005, II W 10.

184 Solange das Arbeitsverhältnis besteht, ist es dem Arbeitnehmer schon aufgrund seiner allgemeinen Treuepflicht, die in § 60 HGB für Handlungsgehilfen ihren gesetzlichen Niederschlag gefunden hat, untersagt, seinem Arbeitgeber Konkurrenz zu machen.[13] Diese **Wettbewerbsenthaltungspflicht** besteht **so lange, wie das Arbeitsverhältnis rechtlich**[14] **Bestand** hat. Nach Beendigung unterliegt der Arbeitnehmer grundsätzlich keinen Wettbewerbsbeschränkungen mehr. Eine Wettbewerbstätigkeit ist ihm in dieser nachvertraglichen Phase nur dann verboten, wenn dies besonders vereinbart wurde. Ein solches **nachvertragliches Wettbewerbsverbot** kann bereits im Arbeitsvertrag verankert sein. Auch die Vereinbarung einer aufschiebenden Bedingung für das In-Kraft-Treten kann vereinbart werden. Eine solche Gestaltung ist grundsätzlich nicht überraschend i.S.d. § 305c Abs. 1.[15] Das nachvertragliche Wettbewerbsverbot kann jedoch auch später – etwa anlässlich des Ausscheidens des Arbeitnehmers – in einer gesonderten Urkunde vereinbart werden.

185 Für nachvertragliche Wettbewerbsverbote mit Handlungsgehilfen bzw. mit Handelsvertretern enthalten die **§§ 74 ff. HGB** sowie **§ 90 a HGB** gesetzgeberische Vorgaben, von denen weder formularvertraglich noch per Individualabrede zu Ungunsten der Beschäftigten abgewichen werden kann (§ 75 d Satz 1 HGB, § 90 a Abs. 4 HGB). Durch **§ 110 GewO** werden die §§ 74 ff. HGB auf alle Arbeitnehmer ausgedehnt. Diese Normen garantieren ein **Mindestmaß an beruflicher Bewe-**

---

lose Implementierung des Verbots der geltungserhaltenden Reduktion in das Arbeitsrecht unter besonderer Berücksichtigung der Vertragsstrafenproblematik *Bayreuther* NZA 2004, 953 ff.

[11] BAG 21. 4. 2005, NZA 2005, 1053, 1056; vgl. im Übrigen die Ausführungen unter Rz 73.

[12] Für ein Nebeneinander von Inhaltskontrolle nach § 307 BGB und richterlichem Ermäßigungsrecht LAG Köln LAGE Nr. 4 zu § 339 BGB; *Reichenbach,* NZA 2003, 313 und *Wensing/Niemann,* NJW 2007, 401 ff.; keinen Raum geben § 343 BGB neben § 307 BGB offenbar LAG Niedersachsen 23. 1. 2004, NZA-RR 2005, 65, 66; BGH 18. 11. 1982, NJW 1983, 385, 387 jeweils mit dem Hinweis, die Vorschrift des § 343 sei auf Individualvereinbarungen zugeschnitten; wohl auch *Leder/Morgenroth,* NZA 2002, 956. Für die Einstufung des § 343 BGB als lex specialis *von Hoyningen-Huene* Anm. SAE 2005, 156 f.; hiergegen zutreffend *Aretz,* Allgemeine Geschäftsbedingungen im Arbeitsvertrag, S. 169 ff.

[13] Zu Vereinbarungen, welche die während des Arbeitsverhältnisses bestehende Wettbewerbsenthaltungspflicht näher konkretisieren, verschärfen etc. vgl. ausführlich *Stoffels,* in: Arbeitsvertrag, II W 10 Rz 2 ff.

[14] BGH 16. 11. 1954, AP Nr. 1 zu §60 HGB; BAG 25. 4. 1991, AP Nr. 104 zu § 626 BGB; *Schaub,* Arbeitsrechts-Handbuch, § 57 Rz 3; MünchArbR/*Blomeyer,* 2. Aufl. 2000, § 52 Rz 7; a.A. *Nikisch* Arbeitsrecht I, 3. Aufl. 1961, S. 453.

[15] BAG 13. 7. 2005, AP Nr. 78 zu § 74 HGB mit Anm. *M. Schmidt* JR 2006, 87 f.

gungsfreiheit nach Vertragsende. Sie liefern den Rahmen, innerhalb dessen ein sachgerechter Ausgleich der gegenläufigen Interessen der ehemaligen Vertragspartner zu suchen ist. Die Angemessenheitskontrolle nach § 307 ist damit vorweggenommen; sie ist obsolet.[1] Eine formale Anforderung an Wettbewerbsabreden statuiert zunächst § 74 Abs. 1 HGB. Die Abrede bedarf zu ihrer Wirksamkeit der **Schriftform** und der Aushändigung einer vom Arbeitgeber unterzeichneten, die vereinbarten Bestimmungen enthaltenden Urkunde.[2] Eine weitere absolute Wirksamkeitsschranke für Konkurrenzverbote enthält § 74 Abs. 2 HGB, der zur Gewährung einer **Karenzentschädigung** verpflichtet. Die Entschädigungsverpflichtung muss in den Vertragstext aufgenommen werden, wobei allerdings ein Verweis auf die §§ 74 ff. HGB ausreichen soll.[3] Das Wettbewerbsverbot muss ferner dem Schutz eines **berechtigten geschäftlichen Interesses des Arbeitgebers** dienen, darf unter Berücksichtigung der gewährten Entschädigung nach Ort, Zeit oder Gegenstand **keine unbillige Erschwerung des Fortkommens des Arbeitnehmers** enthalten und kann nicht auf einen längeren Zeitraum als **zwei Jahre** nach Beendigung des Dienstverhältnisses erstreckt werden (§ 74 a Abs. 1 HGB). Ein berechtigtes geschäftliches Interesse des Arbeitgebers besteht, wenn das Wettbewerbsverbot dem Schutz von Betriebsgeheimnissen dient oder den Einbruch in den Kunden- oder Lieferantenkreis verhindern soll. Das bloße Interesse, Konkurrenz einzuschränken, genügt dagegen nicht.[4]

Das Wettbewerbsverbot ist insoweit unverbindlich, als es den Anforderungen **186** des § 74 a Abs. 1 Sätze 1 und 2 HGB nicht entspricht. Diese Formulierung umschreibt einen der (seltenen) Fälle einer gesetzlich angeordneten sog. geltungserhaltenden Reduktion. So heißt es etwa in einer älteren Entscheidung des BAG[5], das Überschreiten der gesetzlichen Grenzen in § 74 a Abs. 1 HGB habe „nicht die Nichtigkeit des Verbots zur Folge, sondern lediglich die Zurückführung auf das erlaubte Maß". Daran wird man auch für nach Inkrafttreten der Schuldrechtsreform abgeschlossene Verträge festhalten müssen.[6] Denn § 74a HGB ist keineswegs nur auf individuell vereinbarte Wettbewerbsverbote zugeschnitten. Vielmehr stellt die Aufrechterhaltung der Klausel in eingeschränktem Umfang ganz allgemein eine im Hinblick auf die schwer zu überblickende Eingriffsintensität von Wettbewerbsverboten gebotene Rechtsfolge dar.[7] Das hier unpassende „Alles oder Nichts-Prinzip" hat der Gesetzgeber bewusst ausgeschlossen. Von daher sollte man § 74a HGB im Verhältnis zu den §§ 307–309 sowie zu § 306 als lex specialis betrachten.[8]

---

[1] LAG Hamm 14. 4. 2003, NZA-RR 2003, 513 (515); *Lakies,* AGB im Arbeitsrecht Rz 887; vgl. auch *Preis,* Vertragsgestaltung, S. 531 („§ 74a Abs. 1 HGB als Fall gesetzlicher Inhaltskontrolle"); a. A. *Koch* RdA 2006, 30 f. Zu beachten sind allerdings das Überraschungsverbot (hierzu im Zusammenhang mit Wettbewerbsverboten Rz 51) und die Unklarheitenregel (zu möglichen Anwendungsfällen bei Wettbewerbsverboten vgl. *Bauer/Diller* NJW 2002, 1613).

[2] Hierzu zuletzt BAG 23. 11. 2004, AP Nr. 53 zu § 611 BGB Konkurrenzklausel mit Anm. *Diller* RdA 2006, 45 ff.

[3] BAG 28. 6. 2006, NJW 2006, 3659 (3660); ebenso bereits vor der Schuldrechtsreform BAG 14. 8. 1975, AP Nr. 35 zu § 74 HGB und BAG 31. 7. 2002, AP Nr. 74 zu § 74 HGB.

[4] BAG 24. 6. 1966, AP Nr. 2 zu § 74 a HGB; BAG 1. 8. 1995, AP Nr. 5 zu § 74 a HGB.

[5] BAG 2. 2. 1968, AP Nr. 22 zu § 74 HGB.

[6] *Ulmer/Fuchs* § 307 Rz 479; *Thüsing/Leder* BB 2004, 47; *Diller* NZA 2005, 251 f.; ErfK/*Schaub/Oetker* § 74a HGB Rz 9; *Gaul/Khanian* MDR 2006, 182 f.; LAG Hamm 14. 4. 2003, NZA-RR 2003, 513 (515); a. A. *Däubler/Dorndorf/Bonin/Deinert* Anhang zu § 307 Rz 74.

[7] *Diller* NZA 2005, 251.

[8] *Thüsing,* AGB-Kontrolle im Arbeitsrecht, Rz 458.

22. Zielvereinbarungen

Schrifttum: *Brors,* Die individualarbeitsrechtliche Zulässigkeit von Zielvereinbarungen, RdA 2004, 273; *Bergwanger,* Noch einmal: Zielvereinbarungen auf dem Prüfstand, BB 2004, 551; *Däubler,* Zielvereinbarungen und AGB-Kontrolle, ZIP 2004, 2209; *Horcher,* Inhaltskontrolle von Zielvereinbarungen, BB 2007, 2065; *Lingemann/Gotham,* Freiwilligkeits-, Stichtags- und Rückzahlungsvereinbarungen bei Bonusvereinbarungen – was geht noch?, NZA 2008, 509; *Plander,* Zustandekommen, Wirksamkeit und Rechtsfolgen arbeitsrechtlicher Zielvereinbarungen, ZTR 2002, 402; *Portz,* Hinweise zur Gestaltung von Zielvereinbarungen in Arbeitsverträgen, ArbRB 2005, 374; *Preis,* Zielvereinbarungen, in: Der Arbeitsvertrag, hrsg. von Preis, 2. Aufl. 2005, II Z 5.

187 Zielvereinbarungen haben in der arbeitsrechtlichen Praxis in letzter Zeit erheblich an Bedeutung gewonnen. Man versteht hierunter Abreden zwischen Arbeitgeber und Arbeitnehmer, wonach der Arbeitnehmer innerhalb eines bestimmten Zeitraums (regelmäßig eines Jahres) näher umschriebene Ziele[1] erreicht haben soll. Für den Fall, dass der Arbeitnehmer die ihm gesetzten Ziele (teilweise) erreicht, wird ihm ein zusätzliches Entgelt in Aussicht gestellt (sog. Bonus). Derartige Zielvereinbarungen werfen eine Fülle von Rechtsfragen auf.[2] In der Praxis werden häufig die allgemeinen Modalitäten in einer Rahmenvereinbarung niedergelegt, die dann durch die Festsetzung konkreter Ziele für die jeweiligen Mitarbeiter in Einzelvereinbarungen ausgefüllt wird. Sowohl die Rahmenvereinbarung (so sie nicht auf einer Kollektivvereinbarung beruht) als auch die Einzelvereinbarungen werden in der Regel vom Arbeitgeber vorformuliert und dem Arbeitnehmer sodann präsentiert. Häufig werden inhaltsgleiche bzw. -ähnliche Zielvereinbarungen auch mit zahlreichen weiteren Mitarbeitern abgeschlossen. Zwar ist nicht ausgeschlossen, dass im Zielvereinbarungsgespräch bestimmte Inhalte individuell ausgehandelt werden und insoweit eine nicht der AGB-Kontrolle unterworfene Individualabrede vorliegt (§ 305 Abs. 1 S. 3). Doch dürfte es dazu in der Praxis eher selten kommen.[3] Somit eröffnet sich auch hier ein **Anwendungsfeld für die §§ 305 ff.** Zielvereinbarungen lassen es mitunter an der gebotenen Klarheit fehlen. Solche **Unklarheiten gehen nach § 305c Abs. 2 im Zweifel zulasten des Arbeitgebers.**[4] Wird dem Arbeitnehmer nicht ausdrücklich eine Garantie abverlangt, so ist in Anwendung der Unklarheitenregel lediglich ein bloßes Bemühen, das gesteckte Ziel zu erreichen, geschuldet.[5] Auch das **Transparenzgebot** (§ 307 Abs. 1 S. 2) kann verletzt sein. Dies ist der Fall, wenn ein durchschnittlicher Arbeitnehmer nicht erkennen kann, was mit den Abmachungen gemeint ist, ihm insbesondere verborgen bleibt, dass die gesteckten Ziele nur mit einem erheblichen höheren Zeitaufwand erreicht werden können.[6] Eine unangemessene Benachteiligung liegt vor, wenn die zusätzliche Vergütung für die laufende Zielvereinbarungsperiode unter einen **Freiwilligkeits- oder Widerrufsvorbehalt** gestellt wird.[7] Ferner ist zu beachten, dass der Arbeitnehmer sich den Bonus, bei dem es sich um eine arbeitsleistungsbezogene Sonderzuwendung handelt, kontinuierlich durch stete Planerfüllung während des ganzen Jahres verdient. Scheidet er im Laufe des Jahres aus, so hat er **Anspruch auf**

---

[1] Zum Prämienanspruch bei fehlender Zielvorgabe LAG Köln 23. 5. 2002, NZA-RR 2002, 305 einerseits und LAG Hamm 24. 11. 2004, AuA 2005, 236 andererseits.

[2] Näher zum Begriff der Zielvereinbarung und zu den durch sie aufgeworfenen Rechtsfragen *Bauer/Diller/Göpfert* BB 2002, 882; *C.S. Hergenröder,* AR-Blattei SD 1855; *Deich,* in: Innovative Arbeitsformen, hrsg. von *Preis,* 2005, S. 581 ff.

[3] Ebenso die Einschätzung von *Däubler* ZIP 2004, 2211; *Portz* ArbRB 2005, 375; *Horcher,* BB 2007, 2066.

[4] LAG Frankfurt AiB 2002, 575; ErfK/*Preis* § 611 Rz 505.

[5] *Däubler* ZIP 2004, 2211.

[6] *Däubler* ZIP 2004, 2212.

[7] *Däubler* ZIP 2004, 2214; ErfK/*Preis* § 611 Rz 504; a.A. offenbar *Maurer* NZA 2002, 548. BAG 24. 10. 2007, NZA 2008, 40, 42 nimmt jetzt einen Transparenzverstoß an.

zeitanteilige Auszahlung des Bonus, soweit er sich dem gesteckten Ziel bereits genähert hatte.[1] Klauseln, die den Anspruch auf den Bonus bei Ausscheiden im laufenden Jahr gänzlich entfallen lassen, verstoßen gegen das Äquivalenzprinzip und stellen eine unangemessene Benachteiligung dar.[2] Die **Höhe der zusätzlichen Sonderzuwendung** bleibt hingegen nach § 307 Abs. 3 kontrollfrei.[3]

23. Zugangsfiktionen

Schrifttum: *Mauer,* Zugangsfiktion für Kündigungserklärungen in Arbeitsverträgen, DB 2002, 1442; *Preis,* Zugangsfiktionen, in: Der Arbeitsvertrag, hrsg. von Preis, 2. Aufl. 2005, II Z 10.

In vorformulierten Arbeitsvertragsbedingungen finden sich bisweilen Klauseln, **188** nach denen Mitteilungen und Erklärungen dem Arbeitnehmer unter bestimmten Voraussetzungen als zugegangen gelten.[4] Solche Zugangsfiktionen zielen vor allem auf Kündigungserklärungen. Die Praxis zeigt hier, dass der sichere Nachweis des Zugangs nicht selten Schwierigkeiten bereitet. Dem Versuch des insoweit beweisbelasteten Arbeitgebers, das Problem durch Aufnahme einer Zugangsfiktion in den Arbeitsvertrag zu lösen, setzt das AGB-Recht allerdings enge Grenzen. Nach **§ 308 Nr. 6** ist eine Bestimmung in Allgemeinen Geschäftsbedingungen unwirksam, die vorsieht, dass eine Erklärung von besonderer Bedeutung dem anderen Vertragsteil als zugegangen gilt. Mangels entgegenstehender, im Arbeitsrecht geltender Besonderheiten, findet die Vorschrift nunmehr auch auf Arbeitsvertragsbedingungen uneingeschränkt Anwendung.[5] Der Verbotstatbestand reicht weit, erfasst das Merkmal „Erklärungen von besonderer Bedeutung" doch alle Erklärungen, die für den Vertragspartner mit nachteiligen Folgen verbunden sind.[6] Rechtliche Nachteile erwachsen dem Arbeitnehmer nicht nur aus der Ausübung von Gestaltungsrechten (z.B. Kündigung), sondern auch aus Mahnungen und Nachfristsetzungen. Unwirksam sind daher Klauseln, die eine Erklärung als zugegangen fingieren oder – rechtlich gleichbedeutend – den Zugang unwiderlegbar vermuten,[7] wenn sie an die letzte bekannte Adresse des Empfängers versandt wurde.[8] Nach § 307 ist auch eine Klausel unwirksam, wonach auf das Zugangserfordernis ganz verzichtet wird und an seine Stelle ein Aushang am Schwarzen Brett treten soll.[9]

24. Zurückbehaltungsrechte

Schrifttum: *Henkel,* Der Ausschluss des Zurückhaltungsrechts (§ 273 BGB) nach Beendigung des Arbeitsverhältnisses, ZGS 2004, 170; *Otto,* Zurückbehaltungsrecht, in: AR-Blattei SD 1880; *Preis,* Zurückbehaltungsrechte, in: Der Arbeitsvertrag, 2. Aufl. 2005, hrsg. von Preis, II Z 20.

In Arbeitsverträgen finden sich mitunter Klauseln, die das unter bestimmten **189** Voraussetzungen bestehende Recht des Arbeitnehmers, seine Arbeitsleistung zurückzuhalten, einschränken oder ausschließen. Solche Klauseln sind nunmehr an

---

[1] ArbG Wiesbaden 19. 12. 2000, NZA-RR 2001, 80.

[2] ArbG Wiesbaden 19. 12. 2000, NZA-RR 2001, 80. So im Ergebnis auch *Däubler* ZIP 2004, 2213 und *Preis,* in: Der Arbeitsvertrag, II Z Rz 28.

[3] *Horcher,* BB 2007, 2066.

[4] Klauselbeispiele bei *Preis,* Der Arbeitsvertrag, II Z 10 und *Mauer* DB 2003, 1442.

[5] *Preis,* in: Der Arbeitsvertrag, II Z Rz 14; ebenso schon zum alten Recht *Reinecke* NZA 2000, Beil. 3, S. 27.

[6] S. 308 Nr. 6 Rz 4.

[7] § 308 Nr. 6 Rz 11; *Däubler/Dorndorf/Bonin/Deinert* § 308 Nr. 6 Rz 5.

[8] *Gotthardt,* Rz 294; *Lakies,* AGB im Arbeitsrecht Rz 898; *Däubler/Dorndorf/Bonin/Deinert* § 308 Nr. 6 Rz 4.

[9] ErfK/*Preis* §§ 305–310 Rz 101; *Gotthardt,* Rz 294; *Lakies,* AGB im Arbeitsrecht Rz 899; *Däubler/Dorndorf/Bonin/Deinert* § 308 Nr. 6 Rz 6.

§ 309 Nr. 2 zu messen. Hiernach sind Bestimmungen in Allgemeinen Geschäftsbedingungen unwirksam, die das dem Vertragspartner zustehende Leistungsverweigerungsrecht nach § 320 (Buchst. a) oder ein Zurückbehaltungsrecht (Buchst. b) einschränken oder ausschließen. Die Vorschrift ist Ausdruck eines Redlichkeitsgedankens, der auch im Arbeitsrecht uneingeschränkte Geltung beansprucht.[1] Wegen der im Arbeitsvertragsrecht bestehenden Vorleistungspflicht des Arbeitnehmers (§ 614) erlangt regelmäßig allein die Regelung zum Zurückbehaltungsrecht (§ 309 Nr. 2 Buchst. b) praktische Bedeutung. Ein nicht verkürzbares Zurückbehaltungsrecht des Arbeitnehmers kommt beispielsweise in Betracht, wenn der Arbeitgeber die geschuldete Arbeitsvergütung nicht zahlt[2] oder den Arbeitnehmer unter Verstoß gegen das Arbeitsschutzrecht vermeidbaren Gesundheitsgefahren aussetzt.[3] Nicht zu beanstanden sein dürfte hingegen die mitunter anzutreffende Klausel, derzufolge der Arbeitnehmer bei Beendigung des Arbeitsverhältnisses kein Zurückbehaltungsrecht hinsichtlich der ihm vom Arbeitgeber überlassenen Gegenstände (z.B. Dienstwagen, Laptop, Handy, Werkzeuge, Arbeitsunterlagen etc.) zusteht.[4] Denn in dieser Fallkonstellation ist ein Zurückbehaltungsrecht des nach § 855 als Besitzdiener einzustufenden Arbeitnehmers ohnehin nach § 242 ausgeschlossen. Anders stellt sich die Lage hier nur dann dar, wenn es um Gegenstände geht, die dem Arbeitnehmer auch zu privatem Gebrauch überlassen werden.[5]

---

1 *Gotthardt,* Rz 274; ErfK/*Preis,* §§ 305–310 Rz 102; *Däubler/Dorndorf/Bonin/Deinert* § 309 Nr. 2 Rz 9.

2 BAG 25. 10. 1984, NZA 1985, 355 und BAG 9. 5. 1996, NZA 1996, 1085.

3 BAG 8. 5. 1996, NZA 1997, 86 und BAG 19. 2. 1997, NZA 1997, 821 jeweils zu Asbestbelastung am Arbeitsplatz.

4 *Däubler/Dorndorf/Bonin/Deinert* § 309 Nr. 2 Rz 7; im Ergebnis auch *Annuß* BB 2002, 463.

5 *Däubler/Dorndorf/Bonin/Deinert,* § 309 Nr. 2 Rz 7; für Zulässigkeit des Ausschlusses auch in diesem Fall *Preis,* in: Der Arbeitsvertrag, II Z 20 Rz 25.

5. Teil
ABC der Klauseln und Vertragstypen

Inhaltsübersicht

(angegeben ist die jeweils erste Rz zu einem Hauptstichwort)

*

Abonnementvertrag

Schrifttum: *Kappus,* Abonnementvertrag und Druckschriftenvertrag, in: von Westphalen, Vertragsrecht und AGB-Klauselwerke, Stand: Nov. 2004.

Inhaltsübersicht

1. Allgemeines

A 1 Der Begriff des Abonnementvertrags soll hier für solche Verträge verwandt werden, die die regelmäßige Lieferung von Waren, insbesondere Büchern oder Zeitschriften, gegen Geld zum Gegenstand haben, wobei der Gesamtumfang der Leistung durch die Dauer des Vertrages bestimmt wird.[1] Der Abonnementvertrag in diesem Sinne ist ein Kaufvertrag in Form eines Dauerschuldverhältnisses.

2. Schriftform

A 2 Ein Schriftformerfordernis kann sich insbesondere aus § 505 II 1 ergeben, doch greift diese Vorschrift dann nicht ein, wenn der Vertrag gemäß §§ 505 I 2, 491 II, III vom Anwendungsbereich des § 505 I 1 ausgenommen ist.[2] Sehen die AGB ein Schriftformerfordernis für vertragliche Abreden vor, ohne dass die Schriftform vom dispositiven Recht vorgeschrieben wäre, so gilt das zu Schriftformklauseln Gesagte.[3] Machen die AGB die Wirksamkeit von Erklärungen des Verwendungsgegners, z. B. von Kündigungserklärungen, von der Einhaltung der einfachen Schriftform abhängig, ist dies weder nach § 309 Nr. 13 noch nach § 307 zu beanstanden.[4]

3. Widerrufsrecht

A 3 Sofern der Kunde Verbraucher ist, steht ihm bei Abonnementverträgen gemäß § 505 I 1 Nr. 2 meist ein Widerrufsrecht nach § 355 zu. Zwar setzt § 505 I 1 Nr. 2 voraus, dass der Vertrag die regelmäßige Lieferung von Sachen gleicher Art zum Ge-

---

[1] Für ein umfassenderes Verständnis des Begriffs „Abonnementvertrag", welches insbesondere auch Verträge über die Erbringung von Dienstleistungen einschließt, z. B. *Kappus,* a.a.O., Rz 1; OLG München NJW-RR 1997, 1146, 1146.

[2] *Palandt/Weidenkaff* § 505 Rz 10. Ebenso, speziell zu §§ 505 I 2, 491 II Nr. 1, BGH NJW-RR 2004, 841, 842; OLG Oldenburg NJW-RR 2004, 701, 702.

[3] S. Anh. § 310 Rz S 71ff.

[4] S. § 309 Nr. 13 Rz 20–21.

genstand hat. Doch ist diese Voraussetzung bei Abonnementverträgen in aller Regel erfüllt. Insbesondere handelt es sich beim Zeitschriftenabonnementvertrag um einen Vertrag über die regelmäßige Lieferung gleichartiger Sachen,[1] so dass § 505 I 1 Nr. 2 grundsätzlich Anwendung findet.[2]

Zu beachten ist aber, dass das Widerrufsrecht nach § 505 I 2 entfällt, wenn die Voraussetzungen des § 491 II oder III gegeben sind. Insbesondere besteht gemäß § 505 I 2, 3 i.V.m. § 491 II Nr. 1 dann kein Widerrufsrecht, wenn die Summe aller bis zum frühestmöglichen Kündigungszeitpunkt zu entrichtenden Teilzahlungen 200 Euro nicht übersteigt. Dementsprechend ist das Widerrufsrecht nach § 505 I Nr. 2 z. B. dann nicht gegeben, wenn ein siebenmonatiges Zeitschriftenabonnement für einen Pauschalbetrag von weniger als 200 Euro angeboten wird und nach Ablauf der siebenmonatigen Frist jederzeit mit sofortiger Wirkung gekündigt werden kann.[3] Greift einer der Ausnahmetatbestände des § 505 I 2 ein, so entfällt auch das Schriftformerfordernis nach § 505 II 1.[4] **A 4**

Hervorzuheben ist auch, dass § 505 I Nr. 2 nur dann Anwendung findet, wenn die regelmäßige Lieferung gleichartiger **Waren** geschuldet ist. Auf einen Pay-TV-Vertrag ist § 505 I Nr. 2 nicht anwendbar, weil bei diesem eine Dienstleistung geschuldet ist.[5] An der Unanwendbarkeit des § 505 I Nr. 2 ändert sich auch im Falle der regelmäßigen Übersendung einer Programmzeitschrift nichts, weil insofern nur eine typische Nebenleistung gegeben ist.[6] **A 5**

4. Preisanpassungsklausel

Definiert man den Begriff des Abonnementvertrages entsprechend der hier verwandten Terminologie dahingehend, dass nur Dauerschuldverhältnisse erfasst werden, weil der Leistungsumfang von der Laufzeit des Vertrages bestimmt wird, so können Preisanpassungsklauseln grundsätzlich nicht an § 309 Nr. 1 gemessen werden. Nach richtiger Auffassung ist § 309 Nr. 1 jedoch entgegen seinem Wortlaut ausnahmsweise auch auf Dauerschuldverhältnisse anwendbar, nämlich insoweit, als eine Klausel die Erhöhung der Preise für Waren erlaubt, die bereits vor Ausübung des Preiserhöhungsrechts geliefert worden sind.[7] Im Übrigen sind Preiserhöhungsklauseln, unabhängig davon, ob sie unter § 309 Nr. 1 fallen, jedenfalls an § 307 zu messen.[8] Siehe dazu im Einzelnen § 309 Nr. 1 Rz 90 ff. **A 6**

5. Vertragsdauer und Vertragsbeendigung

a) Laufzeitklauseln. Eine mehr als zweijährige Erstlaufzeit ist gegenüber Verbrauchern nach § 309 Nr. 9 a unwirksam. Demgegenüber verstößt eine zweijährige Erstlaufzeit nicht gegen § 309 Nr. 9 a. Ob sie gegen § 307 verstößt, ist im Wege einer Abwägung festzustellen. Zwar erscheint es entgegen dem BGH[9] dogmatisch **A 7**

---

[1] OLG Oldenburg NJW-RR 2004, 701, 701.

[2] BGH NJW-RR 2004, 841, 842; OLG Oldenburg NJW-RR 2004, 701, 701.

[3] OLG Oldenburg NJW-RR 2004, 701, 701.

[4] *Palandt/Weidenkaff* § 505 Rz 10. Ebenso, speziell zu §§ 505 I 2, 491 II Nr. 1, BGH NJW-RR 2004, 841, 842; OLG Oldenburg NJW-RR 2004, 701, 702.

[5] BGH NJW 2003, 1932, 1932.

[6] BGH NJW 2003, 1932, 1932. Wie der BGH auch *Kappus,* a.a.O., Rz 2.

[7] S. § 309 Nr. 1 Rz 25.

[8] S. § 309 Nr. 1 Rz 73.

[9] Speziell zum Zeitschriftenabonnement siehe BGH NJW 1987, 2012, 2012: Der Regelung des § 11 Nr. 12 a AGBG (§ 309 Nr. 9 a) sei zu entnehmen, dass jedenfalls bei den vom Gesetzgeber erkannten Regelfällen lang andauernder Warenlieferungen eine zweijährige Höchstlaufzeit nicht unzulässig sei.

wenig überzeugend, § 309 Nr. 9 a die Wertung zu entnehmen, dass eine Laufzeit von bis zu zwei Jahren grundsätzlich angemessen ist.[1] Doch wird auch die nach richtiger Auffassung gebotene eigenständige Abwägung in der Regel zu dem Ergebnis führen, dass eine zweijährige Erstlaufzeit bei einem Abonnementvertrag nicht nach § 307 zu beanstanden ist.[2] Insbesondere bei einem Zeitungs- oder Zeitschriftenabonnement erscheint eine zweijährige Erstlaufzeit grundsätzlich hinnehmbar.[3] Denn der Kunden wird über die Zahlungspflicht hinaus nicht in Anspruch genommen und auch die finanzielle Belastung ist bei einem Zeitschriftenabonnement regelmäßig gering.[4]

A 8 **b) Verlängerungsklauseln.** Sofern die AGB eine automatische Verlängerung des Vertrages vorsehen ist zu differenzieren:

A 9 **aa) Die Dauer der Verlängerung.** Eine entsprechende Klausel ist zunächst daraufhin zu prüfen, ob die vorgesehene Dauer des Verlängerungszeitraums, also des Zeitraums, um den sich die Laufzeit nach der Klausel verlängert, zulässig ist. Insofern finden die §§ 307, 309 Nr. 9 b Anwendung. Eine Verlängerung um ein Jahr verstößt nicht gegen § 309 Nr. 9 b. Zumindest bei einem Zeitschriftenabonnement ist sie auch nach § 307 grundsätzlich nicht zu beanstanden.[5] Zwar ist § 309 Nr. 9 b entgegen der Auffassung des BGH[6] keine Wertung des Inhalts zu entnehmen, dass eine Verlängerung um bis zu einem Jahr grundsätzlich zulässig ist.[7] Vielmehr bedarf es im Rahmen des § 307 einer eigenständigen Abwägung.[8] Im Falle des Abonnementvertrags folgt die Angemessenheit einer entsprechenden Regelung aber daraus, dass die finanzielle Belastung des Verbrauchers gering ist und eine über die Zahlungspflicht hinausgehende persönliche Inanspruchnahme nicht erfolgt. Auch ist zu berücksichtigen, dass der Kunde durch die Übersendung der Zeitschriften konstant an das Bestehen der Verpflichtung erinnert wird, also nicht Gefahr läuft, über Jahre hinweg Zahlungen zu leisten, nur weil er den Vertrag schlicht vergessen hat.

A 10 **bb) Die Art der Verlängerung.** Darüber hinaus ist darauf zu achten, auf welche Art und Weise die Verlängerung herbeigeführt wird. Sofern die automatische Verlängerung von vornherein für den Fall der Nichtkündigung vereinbart ist, ergeben sich keine Schwierigkeiten. Eine solche Klauselgestaltung ist an § 307 zu messen, stößt aber grundsätzlich nicht auf Bedenken. Eine Anwendung des § 308 Nr. 5 kommt in diesem Falle nicht in Betracht.[9] Davon zu trennen ist der Fall, dass die Klausel die Abgabe eines Verlängerungsantrags durch den Kunden fingiert. Entsprechende Klauseln sind an § 308 Nr. 5 zu messen. Ihre Wirksamkeit setzt also voraus, dass dem Kunden ein angemessener Zeitraum für die Abgabe einer ausdrücklichen Erklärung eingeräumt wird und der Verwender sich im Vertrag verpflichtet, den Verwendungsgegner bei Beginn der Frist auf die Bedeutung seines Verhaltens besonders hinzuweisen.

A 11 **c) Kündigungsfrist.** Eine Kündigungsfrist von 3 Monaten ist nicht zu beanstanden. Eine solche Regelung steht in Einklang mit § 309 Nr. 9 c. Sie verstößt auch nicht gegen § 307. Zwar erscheint es entgegen der Auffassung des BGH[10] we-

---

1 Siehe auch zur entgegengesetzten Auffassung des BGH, § 309 Nr. 9 Rz 108.
2 Zur Kontrolle der Erstlaufzeit von Dauerschuldverhältnissen an § 307 s. § 309 Nr. 9 Rz 103 ff.
3 BGH NJW 1987, 2012, 2013 (zu § 9 AGBG). Kritisch aber *Ulmer/Christensen* Anh. § 310 Rz 1067.
4 Zur Relevanz dieser Kriterien siehe § 309 Nr. 9 Rz 111.
5 I.E. ebenso BGH NJW 1987, 2012, 2013 (zu §§ 9, 11 Nr. 12 c AGBG).
6 BGH NJW 1987, 2012, 2012 (zu §§ 9, 11 Nr. 12 b AGBG).
7 S. § 309 Nr. 9 Rz 141.
8 S. § 309 Nr. 9 Rz 141.
9 S. § 308 Nr. 5 Rz 16 f.
10 BGH NJW 1987, 2012, 2013 (zu §§ 9, 11 Nr. 12 c AGBG).

nig überzeugend, § 309 Nr. 9 c die Wertung zu entnehmen, dass eine dreimonatige Kündigungsfrist grundsätzlich angemessen ist. Doch auch wenn man im Rahmen des § 307 eine eigenständige Abwägung vornimmt, wird man in aller Regel zu dem Ergebnis kommen müssen, dass eine dreimonatige Kündigungsfrist noch angemessen ist.[1] Insbesondere ist eine dreimonatige Kündigungsfrist bei einem Zeitschriftenabonnement nicht zu beanstanden.[2]

d) Außerordentliche Kündigung. Das Recht zur außerordentlichen Kündi- **A 12–20**
gung darf nicht ausgeschlossen werden.[3] Eine Klausel, wonach Lieferstörungen infolge höherer Gewalt nicht vom Vertrag entbinden, ist unwirksam, da sie das Recht zur Kündigung aus wichtigem Grund ausschließt.

*

Abstraktes Schuldversprechen

Abstrakte Schuldversprechen verstoßen nicht gegen § 309 Nr. 12, sind aber an § 307 zu messen. Siehe im Einzelnen § 309 Nr. 12 Rz 23 ff.

*

Abtretungsverbote

Inhaltsübersicht

Schrifttum: *Baukelmann,* Der Ausschluß der Abtretbarkeit von Geldforderungen in AGB – Fragen zu § 354 a HGB, FS Brandner, 1996, S. 185; *Berger,* Die Abtretung ärztlicher Honorarforderungen, NJW 1995, 1584; *von Bernstorff,* Die Forderungsabtretung in den EU-Staaten, RIW 1994, 542; *Bette,* Vertraglicher Abtretungsausschluß im deutschen und grenzüberschreitenden Geschäftsverkehr, WM 1994, 1909; *Burger,* Probleme der Vereinbarung eines Abtretungsverbots beim Wareneinkauf, NJW 1982, 80; *Eckert,* Teilweise

---

[1] S. § 309 Nr. 9 Rz 150.

[2] I.E. ebenso BGH NJW 1987, 2012, 2012 (zu §§ 9 , 11 Nr. 12 c AGBG).

[3] S. im Einzelnen § 309 Nr. 9 Rz 151 ff.

Unwirksamkeit von Abtretungsverboten: der neue § 354a HGB, DStR 1995, 851; *Ernsthaler/Zech,* Verkehrsfähigkeit von Inhaberkarten nach § 807 BGB für Fußball-Bundesliga-Karten, NJW 2005, 3389; *Grub,* Der neue § 354a HGB ein Vorgriff auf die Insolvenzrechtsreform, ZIP 1994, 1649 (mit Abdruck der Begründung des Rechtsausschusses = BT-Drs. 12/7912 vom 15. Juni 1994); *Hadding/van Look,* Vertraglicher Abtretungsausschluß: Überlegungen de lege lata und de lege ferenda, WM 1988, Sonderbeilage 7; *Henssler,* Die Neuregelung des Abtretungsverbots, BB 1995, 5; *Lüke,* Das rechtsgeschäftliche Abtretungsverbot, JuS 1992, 114; *Oefner,* Abtretungsverbote in allgemeinen Geschäftsbedingungen, 1988; *K. Schmidt,* Zur Rechtsfolgenseite des § 354a HGB, in FS Schimansky, 1999, S. 503; *Wagner,* Vertragliche Abtretungsverbote im System zivilrechtlicher Verfügungshindernisse, 1994; *ders.,* Neue Rechtslage bei vertraglichen Abtretungsverboten im kaufmännischen Geschäftsverkehr, WM 1994, 2093; *ders.,* Materiell-rechtliche und prozessuale Probleme des § 354a HGB, WM Sonderbeilage Nr. 1/1996; *Weller,* Das Übertragungsverbot der Fußball-WM-Tickets – eine angreifbare Vinkulierung durch den DFB, NJW 2005, 934; *von Westphalen,* Abtretungsausschluß, in: *ders.,* Vertragsrecht und AGB-Klauselwerke.

1. Einführung

A 21 **a) Begriff.** Abtretungsverbote kommen in unterschiedlichen Varianten vor. Häufig werden Klauseln verwandt, die jede Abtretung ausschließen. Doch stößt man ebenso auf Klauseln, die die Freiheit zur Abtretung nur beschränken, z. B. indem die Teilabtretung von Forderungen oder die Abtretung an bestimmte Personen ausgeschlossen wird. Denkbar sind auch Klauseln, die die Abtretung von der Zustimmung des Schuldners oder von der Einhaltung bestimmter Förmlichkeiten abhängig machen.

A 22 **b) Dispositives Recht.** Forderungen können grundsätzlich frei abgetreten werden. Es gibt nur wenige gesetzliche Beschränkungen der Abtretung, so z. B. für Gebührenforderungen von Ärzten[1] und Rechtsanwälten.[2]

A 23 **c) Kontrollfähigkeit.** § 399 gestattet ausdrücklich die Vereinbarung eines rechtsgeschäftlichen Abtretungsverbots. Trotz dieser Gestattung ist das vereinbarte Abtretungsverbot nicht nach § 307 III 1 der Inhaltskontrolle entzogen, da es ohne Vereinbarung allein von Gesetzes wegen nicht gelten würde.[3]

A 24 **d) Folgen eines wirksamen Abtretungsverbots.** Ein wirksames Abtretungsverbot führt grundsätzlich dazu, dass Abtretungsvereinbarungen, die gegen dieses Verbot verstoßen, mit Wirkung für und gegen alle unwirksam sind.[4] Allerdings gilt dies nicht ohne Ausnahmen:

A 25 **aa) § 354 a HGB.** Eine Sonderregelung findet sich in § 354 a HGB. Nach dieser Vorschrift ist die Abtretung trotz eines vertraglich vereinbarten Abtretungsverbots wirksam, wenn die abgetretene Forderung einem beiderseitigen Handelsgeschäft entstammt. Allerdings kann der Gläubiger mit befreiender Wirkung an den bisherigen Schuldner leisten. § 354 a HGB ist nach seinem ausdrücklichen Wortlaut zwingend. Einem Abtretungsverbot im Sinne des § 354a HGB steht es gleich, wenn die Abtretung von der Zustimmung des Gläubigers abhängig gemacht wird.[5] Als Leistung im Sinne des § 354a S. 2 HGB ist insbesondere auch die Aufrechung mit einer dem Schuldner gegen den Zedenten zustehenden Forderung anzusehen,[6] so dass diese trotz der Abtretung möglich bleibt. Dies gilt unabhängig davon, ob und wann der Schuldner von der Abtretung Kenntnis erlangt hat.[7] Die Aufrechnung gegenüber dem Zedenten ist sogar dann möglich, wenn der Schuldner seine

---

[1] S. dazu BGHZ 115, 123, 127.

[2] S. dazu § 49 b IV 2 BRAO und BGHZ 122, 115, 117. Zu Ausnahmen für Rechtsanwälte siehe z. B. *von Westphalen,* AGB, Abtretungsausschluß, Rz 3.

[3] *Staudinger/Coester* § 307 Rz 350.

[4] KG NJOZ 2004, 2934, 2936 f.

[5] BGH NJW-RR 2005, 624, 626.

[6] BGH NJW-RR 2005, 624, 626.

[7] BGH NJW-RR 2005, 624, 626.

Forderung gegen den Zedenten in Kenntnis der Abtretung erworben hat.[1] Etwas anderes gilt selbst dann nicht, wenn die Forderung des Schuldners erst nach der abgetretenen Forderung fällig geworden ist,[2] solange sie nur im Zeitpunkt der Aufrechnung fällig war. Gleichzeitig ändert § 354 a HGB jedoch nichts daran, dass der Schuldner auch gegenüber dem Zessionar mit einer ihm gegen diesen zustehenden Forderung aufrechnen kann.[3] Zu beachten ist, dass eine analoge Anwendung des § 354 a HGB auf Rechtsgeschäfte, die nicht für beide Partner ein Handelsgeschäft darstellen, ausscheiden muss.[4]

bb) Rechtsmissbrauch. Ein an sich wirksames Abtretungsverbot kann zudem im Einzelfall wegen unzulässiger Rechtsausübung unbeachtlich sein.[5] Dies ist insbesondere dann anzunehmen, wenn der Schuldner kein schutzwürdiges Interesse an der Verweigerung der Zustimmung hat.[6] Beispielsweise handelt ein privater Krankenversicherer regelmäßig rechtsmissbräuchlich, wenn ein nur subsidiär leistungspflichtiger Reiseversicherer in Vorleistung tritt und der private Krankenversicherer sich dann dem Reiseversicherer gegenüber auf ein im Krankversicherungsvertrag vereinbartes Abtretungsverbot beruft.[7] Denn das Abtretungsverbot im Krankenversicherungsvertrag hat in erster Linie den Zweck zu verhindern, dass der in Anspruch genommene Versicherer statt von seinem Versicherungsnehmer von einem oder mehreren anderen Gläubigern in Anspruch genommen werden kann, er also im Schadensfall das Vertragsverhältnis mit Dritten abwickeln und es im Fall eines Prozesses hinnehmen muss, dass sein Versicherungsnehmer die Stellung eines Zeugen erhalten und der Versicherer dadurch in seiner Beweisführung benachteiligt werden kann.[8] Diesem Zweck widerspricht die Berufung auf das Abtretungsverbot in solchen Fällen, in denen der Anspruch gegen den Krankenversicherer lediglich an einen in Vorleistung getretenen subsidiär leistungspflichtigen Versicherer abgetreten werden soll.[9] **A 26**

2. Verbot überraschender Klauseln

Abtretungsverbote stellen in der Regel keine überraschenden Klauseln im Sinne des § 305 c I dar. Insbesondere fehlt es bei einem Abtretungsverbot in Einkaufsbedingungen am überraschenden Charakter der Klausel.[10] **A 27**

3. Kontrolle uneingeschränkter Abtretungsverbote nach § 307

a) Allgemeines. Abtretungsverbote sind an § 307 zu messen. Sie sind jedoch grundsätzlich zulässig.[11] Zwar ist auf Seiten des Verwendungsgegners dessen Inter- **A 28**

---

[1] BGH NJW-RR 2005, 624, 626.
[2] BGH NJW-RR 2005, 624, 626.
[3] BGH NJW-RR 2005, 624, 626.
[4] So richtig BGH NJW 2006, 3486, 3487. A. A. z. B. *Baumbach/Hopt,* HGB, 32. Aufl., § 354 a Rz I.
[5] BGH NJW-RR 2004, 1100, 1102; BGH NJW-RR 2000, 1220, 1221; *Staudinger/Coester* § 307 Rz 353.
[6] BGH NJW-RR 2004, 1100, 1102; BGH NJW-RR 2000, 1220, 1221.
[7] BGH NJW-RR 2004, 1100, 1102; *Staudinger/Coester* § 307 Rz 353.
[8] BGH NJW-RR 2004, 1100, 1102.
[9] In diesem Sinne auch BGH NJW-RR 2004, 1100, 1102.
[10] BGH NJW-RR 1991, 763, 763 (zu § 3 AGBG); MünchKomm/*Basedow* § 305 c Rz 12.
[11] Wie hier BGH NJW 2006, 3486, 3487; BGH NJW-RR 2000, 1220, 1221 (zum AGB-Gesetz); BGH NJW 1981, 117, 118 (zum AGB-Gesetz); BGH NJW 1980, 2245, 2245 (zu § 9 AGBG); BGH NJW 1989, 2750, 2750 (zu § 9 AGBG). Demgegenüber spricht sich *Staudinger/Coester* § 307 Rz 353 für eine „offene, durch keine Regelwertung abgekürzte Interessenabwägung" aus. Gegen die Annahme, dass Abtretungsverbote grundsätzlich wirksam sind, auch *von Westphalen,* AGB, Abtretungsausschluß, Rz 7; *M. Wolf* in der Vorauflage, Rz A 13.

esse an der Freiheit zur Verfügung über erworbene Forderungen anzuerkennen. Doch gilt es andererseits zu berücksichtigen, dass der Verwender ein schutzwürdiges Interesse daran hat, zu verhindern, dass ihm ein oder gar mehrere nicht genehme Gläubiger aufgezwungen werden. Dieses Interesse hat der Gesetzgeber in § 399 Hs. 2 auch anerkannt, denn diese Vorschrift lässt im Gegensatz zu § 137 S. 1 ein absolut wirkendes Abtretungsverbot gerade zu. Abtretungsklauseln sind daher nur dann unwirksam, wenn „wenn ein schützenswertes Interesse des Verwenders an einem Abtretungsverbot nicht besteht oder die berechtigten Belange des Vertragspartners an der Abtretbarkeit vertraglicher Forderungen das entgegenstehende Interesse des Verwenders überwiegen".[1] Auch der Regelung des § 354 a HGB ist nichts Gegenteiliges zu entnehmen,[2] zumal diese Regelung im Wesentlichen leer laufen würde, wollte man formularmäßige Abtretungsverbote bereits als nach § 307 unwirksam einstufen. Bei der Anwendung des § 307 ist ferner zu beachten, dass an das schutzwürdige Interesse des Verwenders keine übertriebenen Anforderungen gestellt werden dürfen. Vielmehr lässt in der Regel schon das Interesse des Verwenders an der reibungslosen Vertragsabwicklung die Vereinbarung eines Abtretungsverbots als angemessen erscheinen.[3] Auch überwiegen die Interessen des Verwendungsgegners nicht schon deshalb, weil das Abtretungsverbot einen **verlängerten Eigentumsvorbehalt vereitelt.**[4]

A 29 **b) Beispiele wirksamer Abtretungsverbote.** Wie bereits erwähnt, sind Abtretungsverbote in AGB grundsätzlich wirksam. Lediglich beispielhaft seien daher im Folgenden eine Reihe von Abtretungsverboten genannt, die rechtlich nicht zu beanstanden sind.

A 30 **aa) Kontokorrent.** Besteht im Rahmen einer laufenden Geschäftsverbindung eine Kontokorrentabrede gemäß § 355 HGB, wonach eine Mehrzahl von Ansprüchen und Leistungen innerhalb eines bestimmten Zeitraums miteinander verrechnet werden und ein Saldo festgestellt wird, so verlieren die einzelnen Ansprüche weitgehend ihre Selbstständigkeit: Sie gelten als gestundet und können nicht selbstständig geltend gemacht werden.[5] Da dieser Abrechnungsverkehr durch Abtretungen an Dritte außerhalb der laufenden Geschäftsverbindungen gestört würde, wird mit der Kontokorrentabrede auch stillschweigend ein Abtretungsverbot vereinbart.[6] Dieses rechtsgeschäftlich vereinbarte Abtretungsverbot hat zudem besonders weitreichende Folgen. Denn sofern das Kontokorrentverhältnis den §§ 355 ff. HGB unterliegt, wird das entsprechende Abtretungsverbot sogar von § 354 a HGB nicht erfasst.[7] Dennoch ist die AGB-mäßige Vereinbarung einer Kontokorrentabrede nach § 355 HGB einschließlich des damit verbundenen Abtretungsverbots nicht unangemessen. Auch ein Abtretungsverbot hinsichtlich des Schlusssaldos kann wirksam in AGB vereinbart werden.

---

1 BGH NJW-RR 1991, 763, 763 (zu § 9 AGBG). In diesem Sinne auch BGH NJW 1997, 3434, 3436 (zu § 9 AGBG); BGH NJW 2006, 2486, 3487.

2 So i.E. auch BGH NJW-RR 2000, 1220, 1221 (zum AGB-Gesetz). A.A. *von Westphalen,* AGB, Abtretungsausschluß, Rz 7.

3 In diesem Sinne auch BGH NJW 1981, 117, 119 (zu § 9 AGBG). Vgl. auch BGH NJW 1997, 3434, 3436 (zu § 9 AGBG), demzufolge es „dem Verwender von AGB grundsätzlich nicht verwehrt werden kann, durch Vereinbarung eines Ausschlusses oder zumindest einer Beschränkung der Abtretungsmöglichkeit die Vertragsentwicklung übersichtlich zu gestalten und damit zu verhindern, dass ihm eine im Voraus nicht übersehbare Vielzahl von Gläubigern entgegentritt".

4 So richtig BGH NJW 2006, 3486, 3487. Kritisch aber z.B. *Ulmer/H. Schmidt* Anh. § 310 Rz 3.

5 BGH NJW 1980, 2131, 2132.

6 BGH NJW 2002, 2865, 2866; MünchKomm/*Roth* § 399 Rz 31.

7 BGH NJW 2002, 2865, 2866.

bb) Teilabtretungen. Teilabtretungen bringen über den Wechsel des Gläubigers hinaus für den Schuldner zusätzliche Belastungen vor allem prozessualer Art mit sich. Insbesondere läuft der Schuldner Gefahr, in mehrere Prozesse verwickelt zu werden.[1] Hinzukommen können organisatorische Schwierigkeiten durch die Vermehrung der Zahl der Gläubiger und die Aufteilung der Forderung unter ihnen.[2] Schon vor diesem Hintergrund ist ein Teilabtretungsverbot in AGB in aller Regel wirksam. **A 31**

cc) Mehrfachabtretungen. Bei Mehrfachabtretungen können sich für den Schuldner Schwierigkeiten daraus ergeben, dass er beurteilen muss, welche Abtretung wirksam ist. § 408 gewährt gegenüber Mehrfachabtretungen nur einen begrenzten Schutz, weil er von der Unkenntnis der Mehrfachabtretung ausgeht. Bei Kenntnis der Mehrfachabtretung und Zweifeln über deren Wirksamkeit kann der Schuldner zwar nach §§ 372 ff. hinterlegen. Doch wird ihm in diesem Falle der zusätzliche Aufwand des Hinterlegungsverfahrens zugemutet. Verbote der Mehrfachabtretung sind schon aus diesem Grunde in aller Regel wirksam. **A 32**

dd) Ratenkauf. Auch beim Ratenkauf ist ein Abtretungsverbot wirksam.[3] Der Schuldner vertraut hier unter Verzicht auf sofortige Zahlung durch die Lieferung seine Sache einem anderen an und muss deshalb die Vertrauenswürdigkeit des Käufers, etwa im Hinblick auf eine pflegliche Behandlung der Kaufsache, beurteilen können. Bei einer Abtretung des Leistungsanspruchs müsste er die Sache einem anderen liefern, dessen Vertrauenswürdigkeit er nicht prüfen könnte. Das Sacherhaltungsinteresse des Verkäufers ist ein besonders schützenswertes Interesse, das die Einschränkung der Abtretungsfreiheit im Sinne eines Zustimmungsvorbehalts, aber auch im Sinne eines uneingeschränkten Abtretungsverbots rechtfertigt.[4] Höherwertigen Interessen des Gläubigers kann im Einzelfall dadurch Rechnung getragen werden, dass die Berufung auf das Abtretungsverbot wegen unzulässiger Rechtsausübung nach § 242 unbeachtlich ist.[5] **A 33**

ee) Sonstige. Auch Abtretungsverbote, die der Erhaltung und Sicherung rechtmäßiger **Vertriebsbindungen** dienen, sind ohne weiteres gerechtfertigt.[6] In Vertriebssystemen ist der Lieferant gehalten, nicht gebundene Händler und Personen nicht zu beliefern. Daneben hat er ein Interesse, dass der Ruf seiner Marke nicht durch vertriebsfremde Personen und deren nicht voll gewährleistete fachliche Qualität beeinträchtigt wird. Diese Interessen rechtfertigen eine Einschränkung der Abtretungsfreiheit und lassen ein Abtretungsverbot in AGB nach § 307 wirksam sein. Zu beachten ist aber, dass ein Abtretungsverbot dann nicht angemessen sein kann, wenn es der Sicherung einer – insbesondere kartellrechtlich – unzulässigen Vertriebsbindung dient. Wirksam ist ein in den AGB eines Kreditinstituts enthaltenes Abtretungsverbot für **Sparguthaben.**[7] **A 34**

c) Unwirksame Abtretungsverbote. Sehr viel seltener ist der Fall, dass Abtretungsverbote in Ermangelung eines schutzwürdigen Interesses des Verwenders oder **A 35**

---

[1] *Kogel* NJW 1975, 2063, 2063.

[2] S. auch BGH NJW 1990, 1601, 1602: Zustimmungsvorbehalt schützt vor der sich aus Teilabtretungen ergebenden Unübersichtlichkeit.

[3] BGH NJW 1981, 117, 118 (zu § 9 AGBG).

[4] A. A. *Oefner* a.a.O., S. 166.

[5] BGH NJW 1981, 117, 119 (zu § 9 AGBG).

[6] Offen gelassen in BGH NJW 1981, 117, 119 (zu § 9 AGBG), da der BGH das Abtretungsverbot schon mit Blick auf das Interesse des Verkäufers an einer reibungslosen Vertragsabwicklung als angemessen einstufte.

[7] KG NJOZ 2004, 2934, 2936 (zu § 9 AGBG).

wegen überwiegender Interessen des Verwendungsgegners als unangemessen einzustufen sind. Auch insofern lassen sich jedoch unschwer Beispiele finden:

A 36 **aa) Grundschuld.** Grundsätzlich unwirksam ist das Abtretungsverbot, das den Grundstückseigentümer daran hindert, den Anspruch auf Rückübertragung der Grundschuld an nachrangige Grundschuldgläubiger abzutreten.[1] Dies lässt sich jedoch nicht auf solche Fälle übertragen, in denen die Sicherheit nicht vom Eigentümer sondern von einem Dritten gestellt worden ist. Nach § 307 nicht zu beanstanden ist daher z. B. eine Klausel, die die Abtretung des Anspruchs auf Rückgewähr der Grundschuld von der Zustimmung des Rückgewährschuldners abhängig macht, wenn es sich bei dem Inhaber des Rückgewähranspruchs nicht um den Eigentümer handelt.[2]

A 37 **bb) Versicherung.** Der gesetzliche **Forderungsübergang** einer Schadensersatzforderung nach § 67 VVG auf den Versicherer kann in AGB nicht wirksam ausgeschlossen werden.[3] Und ebenso wenig kann die Abtretung entsprechender Schadensersatzansprüche an den Versicherer in AGB wirksam vereinbart werden.[4] Denn ein solches Abtretungsverbot zwingt den Geschädigten, den Schadensersatz gegen den Schädiger selbst zu verfolgen, und bringt den Geschädigten auf diese Weise um einen wesentlichen Teil der Versicherungsleistung. Dies bedeutet aber nicht, dass Abtretungsverbote, die keinen ausdrücklichen Vorbehalt für die Abtretung von Schadensersatzansprüchen an Versicherungen enthalten, ohne weiteres unangemessen wären. Vielmehr wird man pauschale Abtretungsverbote in Ermangelung abweichender Anhaltspunkte nach Treu und Glauben dahingehend auslegen müssen, dass sie den atypischen Fall einer Abtretung von Schadensersatzansprüchen an den Versicherer nicht erfassen sollen.[5]

A 38 **cc) Reisevertrag.** Unangemessen ist auch das Abtretungsverbot in einem Reisevertrag, das allein den Reiseanmelder als Vertragspartner berechtigt, Ansprüche auch der anderen Teilnehmer geltend zu machen, und es ihm gleichzeitig untersagt, Ansprüche aus der Verletzung des Reisevertrags an den geschädigten Teilnehmer abzutreten.[6] Denn eine solche Regelung erschwert die Rechtsdurchsetzung unangemessen, weil der Anmelder die Ansprüche der anderen als gewillkürter Prozessstandschafter mangels Eigeninteresses vielfach prozessual nicht durchsetzen kann und die Mitreisenden in ihrer Anspruchsdurchsetzung andererseits auf den Anmelder angewiesen sind. So kommt es zu einer Rechtsbehinderung, die nach § 307 unangemessen ist. An der Unangemessenheit einer solchen Klausel ändert sich aber auch dann nichts, wenn zugleich eine Einstandspflicht des Anmeldenden für die vertraglichen Verpflichtungen der Mitreisenden vereinbart wird.[7] Denn auch diese Gestaltung belastet den Anmeldenden erheblich, ohne dass sie durch ein entsprechend schwerwiegendes Interesse des Verwenders gerechtfertigt wäre.

---

[1] Offen gelassen in BGH NJW 1990, 1601, 1602 (zu § 9 AGBG).

[2] BGH NJW 1990, 1601, 1602 (zu § 9 AGBG).

[3] Zumindest mit Blick auf die AGB eines Frachtführers ebenso BGH NJW 1982, 992, 994 (zu § 9 AGBG); *Staudinger/Coester* § 307 Rz 372.

[4] Zumindest mit Blick auf die AGB eines Frachtführers ebenso BGH NJW 1982, 992, 994 (zu § 9 AGBG); *Staudinger/Coester* § 307 Rz 372.

[5] A.A. wohl BGH NJW 1982, 992, 994 (zu § 9 AGBG). Allerdings scheint auch der BGH, a.a.O., das Abtretungsverbot nicht gänzlich verwerfen zu wollen, führt er doch aus, die Klausel sei „unwirksam, soweit [!] sie den Rechtsübergang von Schadensersatzansprüchen [...] auf den Transportversicherer von der Zustimmung des Frachtführers [...] abhängig macht".

[6] BGH NJW 1989, 2750, 2751 (zu § 9 AGBG); *Staudinger/Coester* § 307 Rz 373.

[7] A.A. *Staudinger/Coester* § 307 Rz 373.

d) Auslegung. Nach der – allerdings wenig überzeugenden – Auffassung des OLG Frankfurt enthält die in 2 I AGB-Banken[1] enthaltene Verschwiegenheitsabrede ein stillschweigendes Abtretungsverbot im Sinne des § 399.[2] Demgegenüber hat der BGH ein solches Abtretungsrecht zu Recht verneint.[3] **A 39**

4. Abtretungsverbote mit Zustimmungsvorbehalt

a) Grundsätzliche Wirksamkeit. Da selbst uneingeschränkte Abtretungsverbote grundsätzlich wirksam sind,[4] muss Gleiches erst recht für Abtretungsverbote gelten, die die Abtretung nicht generell verbieten, sondern nur von der Zustimmung des Schuldners abhängig machen. Dementsprechend ist auch in der Rechtsprechung anerkannt, dass Abtretungsverbote mit Zustimmungsvorbehalt grundsätzlich wirksam sind. [5] Wirksam ist z. B. ein Abtretungsverbot mit Zustimmungsvorbehalt in den Sparvertrags-AGB eines Kreditinstituts.[6] **A 40**

b) Ausnahmen. Die entscheidende Frage ist freilich, ob Abtretungsverbote mit Zustimmungsvorbehalt auch in solchen Fällen als wirksam eingestuft werden können, in denen uneingeschränkte Abtretungsverbote als unangemessen einzustufen wären. Dies wird man verneinen müssen. Denn der Zustimmungsvorbehalt bringt keine spürbare Verbesserung der Rechtsstellung des Verwendungsgegners. Zwar mag argumentieren, dass ein uneingeschränktes Abtretungsverbot für den Verwendungsgegner noch belastender ist als ein Zustimmungsvorbehalt. Denn nach richtiger Auffassung genügt die einseitige Zustimmung des Schuldners im Falle eines unbeschränkten Abtretungsverbots anders als bei einem Zustimmungsvorbehalt nicht, um die Wirksamkeit einer Abtretung zu begründen.[7] Doch ist der Schuldner auch ohne den Zustimmungsvorbehalt nicht gehindert, das Abtretungsverbot durch einen Aufhebungsvertrag mit dem Gläubiger aufzuheben.[8] Dem kann auch nicht entgegengehalten werden, dass eine zuvor erfolgte Abtretung in diesem Falle erst mit dem Abschluss des Aufhebungsvertrags wirksam wird.[9] Denn auch im Falle eines Abtretungsverbots mit Zustimmungsvorbehalt entfaltet die die nach der Abtretung erteilte Zustimmung keine Rückwirkung.[10] **A 41**

c) Folgen erteilter Zustimmung. Wird die Zustimmung im Falle eines Abtretungsverbots mit Zustimmungsvorbehalt erteilt, so erlangt eine zuvor erfolgte Abtretung nicht rückwirkend, sondern erst ab dem Zeitpunkt der Zustimmung Wirksamkeit.[11] Auch ist ein Zustimmungsvorbehalt in der Regel nicht dahingehend auszulegen, dass spätere Abtretungen unabhängig von einer Zustimmung **A 42**

---

[1] Die relevante Klausel lautet: „Die Bank ist zur Verschwiegenheit über alle kundenbezogenen Tatsachen und Wertungen verpflichtet, von denen sie Kenntnis erlangt (Bankgeheimnis). Informationen über den Kunden darf die Bank nur weitergeben, wenn gesetzliche Bestimmungen dies gebieten oder der Kunde eingewilligt hat oder die Bank zur Erteilung einer Bankauskunft befugt ist."

[2] OLG Frankfurt NJW 2004, 3266, 3267. Zu Recht kritisch *Rögner* NJW 2004, 3230, 3232.

[3] BGH, Urt. v. 27. 2. 2007, Az.: XI ZR 195/05, BeckRS 2007 – 04946 unter II. 1) b). Ebenso schon KG, Urt. v. 6. 6. 2006, Az.: 4 U 115/05 unter B. I. 1. a) bb); OLG Stuttgart NJOZ 2007, 1211, 1218; OLG Köln NJW-RR 2006, 263, 265.

[4] BGH NJW-RR 2000, 1220, 1221 (zum AGB-Gesetz); BGH NJW 1981, 117, 118 (zum AGB-Gesetz); BGH NJW 1980, 2245, 2245 (zu § 9 AGBG); BGH NJW 1989, 2750, 2750 (zu § 9 AGBG).

[5] BGH NJW-RR 1989, 1104, 1104 (zum AGBG); BGH NJW 1990, 1601, 1062 (zu § 9 AGBG).

[6] KG NJOZ 2004, 2934, 2936 (zu § 9 AGBG): Postbank.

[7] *Palandt/Grüneberg* § 399 Rz 11. A.A. (einseitige Zustimmung ausreichend) aber BGH NJW-RR 1991, 763, 764; *von Westphalen,* AGB, Abtretungsausschluß, Rz 1.

[8] Dass diese Möglichkeit besteht, ist allgemein anerkannt. S. nur BGH NJW 1990, 109, 110.

[9] BGH NJW 1990, 109, 110.

[10] BGH NJW 1990, 109, 110; *Palandt/Grüneberg* § 399 Rz 11.

[11] BGH NJW 1990, 109, 110.

möglich sein sollen. Auch eine Abtretung durch den Zessionar bedarf also der Zustimmung.[1]

5. Formerfordernisse

A 43 **a) Grundsätzliche Wirksamkeit.** Besonderheiten gelten bei solchen Klauseln, die die Abtretung nicht verbieten, sondern von der Einhaltung bestimmter Formerfordernisse abhängig machen. Grundsätzlich ist von der Wirksamkeit entsprechender Klauseln auszugehen. Doch gilt dies nicht uneingeschränkt:

A 44 **b) Kontrolle nach § 309 Nr. 13.** So ist zu beachten, dass Klauseln, die die Abtretung nicht nur von einer Anzeige abhängig machen, sondern für diese Anzeige auch eine bestimmte Form vorschreiben, an § 309 Nr. 13 zu messen sind. Unzulässig ist daher z. B. eine gegenüber einem Verbraucher verwandte Klausel, die die Wirksamkeit der Abtretung von einer Abtretungsanzeige abhängig macht und darüber hinaus fordert, dass die Anzeige mithilfe eines bestimmten **Formulars** erfolgen muss.[2] Allerdings ist sorgfältig zu prüfen, ob die Klausel nicht inhaltlich und sprachlich teilbar ist, so dass eine teilweise Aufrechterhaltung in Betracht kommt.[3] Wirksam ist das Erfordernis einer **schriftlichen Abtretungsanzeige.** Wirksam ist auch eine Klausel, welche eine **genaue Bezeichnung der abgetretenen Forderung** gebietet.[4] Denn dabei handelt es sich nicht um ein Formerfordernis im Sinne des § 309 Nr. 13, weil nicht die Form, sondern der Inhalt der Erklärung geregelt wird. Eine entsprechende Vorgabe ist auch angemessen. Auch findet § 309 Nr. 13 keine Anwendung, wenn die Klausel lediglich die Form des zwischen dem Zedenten und dem Zessionar abgeschlossenen Abtretungsvertrag regelt, denn die auf den Abschluss eines Vertrages gerichtete Willenserklärung des Verwendungsgegners wird von § 309 Nr. 13 grundsätzlich nicht erfasst.[5]

A 45 **c) Kontrolle nach § 307.** Im Rahmen des § 307 ist bei Klauseln, die die Abtretung lediglich von der Einhaltung bestimmter Formalien abhängig machen, in der Regel ein (noch) großzügigerer Maßstab angebracht als bei der Kontrolle uneingeschränkter Abtretungsverbote. Denn die Auferlegung bloßer Formerfordernisse ist für den abtretungswilligen Gläubiger in aller Regel weniger belastend als ein uneingeschränktes Abtretungsverbot. Bloße Formerfordernisse sind in der Regel selbst in solchen Fällen wirksam, in denen ein uneingeschränktes Abtretungsverbot unwirksam wäre. Regelmäßig unbedenklich ist insbesondere das Erfordernis einer schriftlichen Abtretungsanzeige.[6] Freilich kann man nicht davon ausgehen, dass Formerfordernisse im Rahmen des § 307 in jedem Falle großzügiger zu beurteilen sind als uneingeschränkte Abtretungsverbote. Denn es sind durchaus Fälle denkbar, in denen ein unbeschränktes Abtretungsverbot durch schutzwürdige Interessen des Verwenders gerechtfertigt wäre, ein Formerfordernis jedoch als unangemessen eingestuft werden muss, weil es bloß schikanöser Natur ist, also den Schuldner belastet, ohne den Interessen des Verwenders in nennenswertem Maße dienlich zu sein.

---

[1] BGH LM H.10/1997 § 399 BGB Nr. 36 m. krit. Anm. *M. Wolf.*

[2] Dass ein Erfordernis der Benutzung von Formularen gegen § 309 Nr. 13 verstößt, ist mittlerweile weitgehend anerkannt. S. OLG München NJW-RR 1987, 661, 664 (zu § 11 Nr. 16 AGBG); *Dürr* BB 1978, 1546 (zu § 11 Nr. 16 AGBG); *Staudinger/Coester-Waltjen* § 309 Nr. 13 Rz 5; *Palandt/Grüneberg* § 309 Rz 105; *Ulmer/Hensen* § 309 Nr. 13 Rz 5; MünchKomm/*Basedow* § 309 Nr. 13 Rz 4; *Bamberger/Becker* § 309 Nr. 13 Rz 3. A.A. aber noch *Helm* NJW 1978, 129, 131.

[3] Die Teilbarkeit im konkreten Fall bejahend OLG Schleswig NJW-RR 2001, 818, 819 (zu § 9 AGBG).

[4] OLG Hamm ZIP 1985, 951.

[5] S. § 309 Nr. 13 Rz 11.

[6] Tendenziell wie hier, allerdings zum kaufm. Verkehr, OLG Schleswig NJW-RR 2001, 818, 819 (zu § 9 AGBG): Formblatterfordernis kaum zu rechtfertigen.

So ist eine Klausel, die die Wirksamkeit der Abtretung von einer Anzeige unter Verwendung eines Formblatts abhängig macht, nach richtiger Auffassung selbst im unternehmerischen Verkehr unzulässig.[1] Doch ist sorgfältig zu prüfen, ob die Klausel nicht sprachlich und inhaltlich teilbar ist mit der Folge, dass lediglich die Verpflichtung zur Verwendung eines Formblatts, nicht aber das Erfordernis zur schriftlichen Anzeige entfällt.[2]

6. Koppelung der Abtretbarkeit an Gestattung der Zahlung an den Altgläubiger

In der Praxis stößt man mitunter auf solche Klauseln, die die Wirksamkeit der Abtretung davon abhängig machen, dass der Zessionar die Zahlung an den Altgläubiger gestattet. Solche Klauseln sind grundsätzlich zulässig. Denn sie stellen ein Weniger gegenüber den ebenfalls grundsätzlich zulässigen ungeschränkten Abtretungsverboten dar. **A 46**

7. Schuldrechtliche Abtretungsverbote

Schuldrechtliche Abtretungsverbote, wonach der Gläubiger sich verpflichtet, eine Abtretung zu unterlassen oder nur mit Zustimmung des Schuldners vorzunehmen, sind nach § 137 S. 2 grundsätzlich möglich, unterliegen aber gleichwohl der Kontrolle nach § 307. Da der Schuldner als Gläubiger des schuldrechtlichen Abtretungsverbots mit gerichtlicher Hilfe gemäß § 938 II ZPO mit §§ 135, 136 ein dem dinglich wirkenden Abtretungsverbot vergleichbares Veräußerungsverbot erlangen kann,[3] müssen für das schuldrechtliche Abtretungsverbot im Grundsatz die gleichen Maßstäbe gelten wie für das dingliche Abtretungsverbot. Eine Klausel, in der die Bank versichert, „Grund- und Rentenschulden wird die Bank freihändig mangels Zustimmung des Sicherungsbestellers nur zusammen mit der gesicherten Forderung ... verkaufen", enthält eine schuldrechtliche Verpflichtung, deren Verletzung zum Schadensersatz verpflichten kann, aber kein dinglich wirkendes Abtretungsverbot nach § 399.[4] **A 47**

8. Übertragungsverbote bei Eintrittskarten

Besonderheiten ergeben sich bei Eintrittskarten, z. B. Tickets zu Fußballspielen. Bei Eintrittskarten handelt es sich regelmäßig um so genannte kleine Inhaberpapiere im Sinne des § 807.[5] Das heißt, das verbriefte Recht kann nicht nur durch Abtretung gemäß § 398, sondern außerdem durch Übereignung der Urkunde nach den §§ 929 ff. übertragen werden.[6] Wollen die Veranstalter eine Weiterübertragung durch die Käufer der Karten verhindern, können sie sich also nicht mit der Vereinbarung eines dinglichen Abtretungsverbots begnügen.[7] Denn dieses könnte die Übertragung durch Übereignung der Urkunde wegen § 137 S. 1 nicht verhindern. **A 48–60**

---

[1] Tendenziell wie hier OLG Schleswig NJW-RR 2001, 818, 819 (zum kaufm. Verkehr und zu § 9 AGBG): Formblatterfordernis kaum zu rechtfertigen. A. A. aber OLG Hamm ZIP 1985, 951 (zum AGBG).

[2] So lag es in OLG Schleswig NJW-RR 2001, 818, 819 (zu § 9 AGBG).

[3] Vgl. auch *Baukelmann* FS Brandner, S. 185, 198.

[4] BGH NJW 1982, 2768, 2769.

[5] OLG Köln NJW-RR 1994, 687, 687; *Palandt/Sprau* § 807 Rz 3. Speziell mit Blick auf Eintrittskarten für Fußballspiele ebenso OLG Hamburg NJW 2005, 3003, 3003.

[6] *Weller* NJW 2005, 934, 935.

[7] Zur Beurteilung nach dem UWG siehe OLG Hamburg NJW 2005, 3003, 3003 f.

Vielmehr bedarf es außerdem eines schuldrechtlichen Übertragungsverbots, dass gemäß § 137 S. 2 auch bei beweglichen Sachen möglich ist. Anders liegen die Dinge dann, wenn die Eintrittskarte den Berechtigten namentlich nennt, weil in diesem Falle von einem Namenspapier im Sinne des § 808 auszugehen ist[1] mit der Folge, dass der Anspruch auf Erbringung der versprochenen Leistung nur durch Abtretung gemäß § 398 übertragen werden kann.[2] Unabhängig davon, ob das Übertragungsverbot bei Eintrittskarten in Gestalt eines schuldrechtlichen Übertragungsverbots im Sinne des § 137 S. 2 oder in Form eines dinglich wirkenden Abtretungsverbots vereinbart wird, richtet sich die Kontrolle der relevanten Klauseln nach § 307. Dabei ist regelmäßig von der Wirksamkeit entsprechender Klauseln auszugehen.[3] Dies ergibt sich aus folgender Erwägung: Um die Popularität der relevanten Sportart etc. auch langfristig zu gewährleisten, haben die Veranstalter ein schützenswertes Interesse daran, breiten Kreisen der Bevölkerung zu bezahlbaren Preisen Zugang zu entsprechenden Veranstaltungen zu verschaffen. Dieses Ziel würde bei freier Übertragbarkeit verfehlt. Denn in diesem Falle müssten von vornherein marktgerechte Preise angesetzt werden, oder man müsste hinnehmen, dass sich ein Sekundärmarkt für Karten entwickelt. Im ersteren Falle würde einkommensschwachen Personen der Zugang von vornherein unmöglich gemacht. Und im letzteren Falle würden sich auch Personen mit rein finanziellen Interessen um die Zuteilung von Karten bemühen, so dass die Chancen von Personen, die an der Veranstaltung selbst interessiert sind, aber über begrenzte finanzielle Mittel verfügen, drastisch senken.

*

Adressenüberlassungsvertrag

Inhaltsübersicht

1. Allgemeines

A 61 Der Adressenüberlassungsvertrag dient dazu, einem Unternehmer oder Gewerbetreibenden für Verkaufs- oder Werbeaktionen Adressen möglicher Interessenten und Kunden zur Verfügung zu stellen. Der Adressenüberlassungsvertrag kann Kaufvertrag sein, wenn die Adressen dem Erwerber zu Eigentum und zur endgültigen unbeschränkten Benutzung überlassen werden. Werden sie nur zu beschränktem Gebrauch überlassen, so handelt es sich um eine besondere Art des Nutzungsvertrags, wenn die Adressen nicht zurückgegeben werden müssen, sondern als Aufklebeadressen versandt werden oder als Listen beim Besteller verbleiben. Er ist Mietvertrag, wenn die Adressen wieder zurückgegeben werden müssen.

---

[1] S. z. B. *Palandt/Sprau* § 808 Rz 3; *Weller* NJW 2005, 934, 935.

[2] S. z. B. *Palandt/Sprau* § 808 Rz 2; *Weller* NJW 2005, 934, 935.

[3] A.A. für den Fall eines Abtretungsverbots *Weller* NJW 2005, 934, 937; *Ernsthaler/Zech* NJW 2005, 3389, 3390. Differenzierend OLG Hamburg NJOZ 2007, 1588, 1592: Angemessenheit eines Abtretungs- und Übertragungsverbots, welches lediglich den gewerblichen/kommerziellen Weiterverkauf der Karten untersage.

2. Leistungsgegenstand

Leistungsgegenstand ist die Verschaffung von Adressen für bestimmte Zwecke und von bestimmten Adressatengruppen. Ob die Adressen nur einmal oder mehrmals verwendet werden dürfen, und wie sie verwendet werden dürfen, ob sie z. B. vervielfältigt oder auf Datenträger übernommen werden dürfen, gehört grundsätzlich zur Leistungsbeschreibung, die nach § 307 III nicht der Inhaltskontrolle unterfällt.[1] Der Inhaltskontrolle unterliegt aber eine Beschränkung, die den vereinbarten Vertragszweck gefährdet (§ 307 II Nr. 2). Das Verbot der Mehrfachbenutzung ohne zusätzliche Entgeltzahlung oder das Verbot der Vervielfältigung ist, wenn es ausnahmslos gelten soll, nach § 307 II Nr. 2 zu beanstanden, da es auch Erinnerungsschreiben, Falschsendungen oder die Korrespondenz mit antwortenden Kunden untersagen würde, was im Regelfall dem Vertragszweck widerspricht. Die Mehrfachverwendung kann aber verboten werden, soweit sie eine neue Aktion betrifft. Bei einem Nutzungsvertrag kann auch die Veräußerung an Dritte verboten werden. Soweit Verwendungsbeschränkungen vorgesehen waren, unterlagen sie bis zur grundlegenden GWB-Novelle vom 15.07.2005 auch § 16 Nr. 1 GWB a.F..[2] Dabei war jedoch zu beachten, dass im Einzelfall die Verwendungsbeschränkung dem Vertrag immanent war, womit der Anwendungsbereich des § 16 Nr. 1 GWB a.F. nicht eröffnet war.[3] **A 62**

3. Haftung

Eine Haftung des Bestellers auf Schadensersatz für Pflichtverletzungen kann vorgesehen werden, darf aber nicht als verschuldensunabhängige Haftung ausgestaltet sein (s. Rz H 2). Eine Klausel, wonach im Falle einer bei einer Adresse festgestellten Zuwiderhandlung Schadensersatz in einem Umfang zu leisten ist, wie wenn der Auftraggeber das gesamte Adressenmaterial unbefugt genutzt hätte,[4] ist jedenfalls insoweit unwirksam, als sie dem Besteller die Möglichkeit des Gegenbeweises abschneidet und nicht die Gewähr gegeben ist, dass der wirkliche Schaden in jedem Fall angemessen eingegrenzt ist.[5] **A 63**

4. Vertragsstrafe

Eine verschuldensunabhängige Vertragsstrafe[6] kann zwischen Unternehmern wirksam sein, wenn der Verwender die Verletzung seiner dem anderen Teil anvertrauten Rechtsgüter nur schwer überprüfen kann und deshalb einer wirksamen Sanktion in besonderem Maße bedarf. Dies trifft bei der Überlassung von Adressen zur einmaligen Benutzung zu. Eine verschuldensunabhängige Vertragsstrafe ist deshalb zulässig.[7] Ob eine Vertragsstrafe in Höhe des zwanzigfachen Mietpreises angemessen ist, hängt von der Höhe des Mietpreises ab, ist im Zweifel aber bedenklich.[8] **A 64–70**

*

---

[1] S. § 307 III Rz 280.
[2] BGH NJW 1986, 2435.
[3] OLG Stuttgart WuW/E DE-R 437.
[4] S. bei BGH NJW 1986, 2435.
[5] S. auch § 309 Nr. 5 Rz 144; ohne Berücksichtigung dieses Gesichtspunkts OLG Frankfurt BB 1985, 1560.
[6] S. BGH NJW 1986, 2435.
[7] Im Ergebnis auch OLG Frankfurt BB 1985, 1560.
[8] Für Unwirksamkeit OLG München BB 1993, 1687 = NJW-RR 1993, 1334; *Ulmer/Hensen* § 309 Nr. 6 Rz 20; für Wirksamkeit OLG Frankfurt BB 1985, 1560.

ADSp

Inhaltsübersicht

Schrifttum: *Basedow,* Die Tragweite des zwingenden Rechts im neuen deutschen Gütertransportrecht, TranspR 1998, 58; *Falke,* Im Korridor ist Leben – Neue Geschäftsbedingungen für Kfz-Speditionen, TranspR 2000, 230; *Gran,* Die Rechtsprechung zum Transportrecht in den Jahren 2002 bis 2004, NJW 2004, 2064; *ders.,* Einfluss von „Logistik-AGB" auf Konfliktvermeidung und Unternehmenswert, TranspR 2006, 91; *Helm,* AGB-Gesetz und ADSp, VersR 1977, 585; *ders.,* Probleme der Anwendung des AGB-Gesetzes auf das Transportrecht im Besonderen, in: Transportrecht und Gesetz über Allgemeine Geschäftsbedingungen, Symposium der Dt. Ges. für Transportrecht, 1988, 44; *Herber,* Die Neuregelung des deutschen Transportrechts, NJW 1998, 3297; *ders.,* Transportrechtsreformgesetz und AGB-Kontrolle, TranspR 1998, 344; *ders.,* Besondere Problembereiche des neuen Transportrechts: Anwendungsbereich, ADSp-Einbeziehung und Multimodalvertrag, TranspR 1999, 89; *Heuer,* Einige kritische Anmerkungen zu den ADSp 1998, TranspR, 1998, 333; *ders.,* Die Allgemeinen Deutschen Spediteurbedingungen nach dem Ableben der Speditionsversicherung gemäß Ziff. 29 ADSp, TranspR 2003, 1; *ders.,* Haftungsbegrenzungen und deren Durchbrechung nach den ADSp 2003, TranspR 2004, 114; *ders.,* Brauchen wir Logistik-AGB für die Spedition?, TranspR 2006, 89; *Koller,* Transportrecht, 5. Aufl. 2004; *ders.,* ADSp'99 – Bedenken gegen Einbeziehung und Wirksamkeit nach AGBG, TranspR 2000, 1; *Müller,* Logistik-AGB: Opus magnum oder Makulatur?, TranspR 2006, 227; *Ramming,* Zur Abbedingung des Höchstbetrages der Haftung des Frachtführers nach neuem Frachtrecht – unter besonderer Berücksichtigung multimodaler Beförderungen, die eine Seeteilstrecke umfassen, VersR 1999, 1177; *Schindler,* Neue Vertragsbedingungen für den Güterkraftverkehrs-, Speditions- und Logistikunternehmer, TranspR 2003, 194; *Schmidt/Lonberg,* Die ADSp neu gefasst, MDR 1979, 452; *Schott,* Die ADSp als „Ganzes" und das AGB-Gesetz, FS Piper, 1996, 1027; *Starosta,* Zur Auslegung und Reichweite der Ziff. 23.3 ADSp, TranspR 2003, 55; *Stoffels,* AGB-Recht 2003; *Valder,* Die ADSp '93: Einführung schadensverhütender Verhaltensvorschriften, TranspR 1993, 81; *ders.,* Stillschweigende Einbeziehung der ADSp, TranspR Sonderbeilage 2004, 42; *ders.,* Logistik AGB: ein neues Klauselwerk, TranspR 2006, 221; *Vogt* in *von Westphalen,* Vertragsrecht und AGB-Klauselwerke, Transportrecht, Oktober 2006; *von Westphalen,* ADSp und AGB-Gesetz, ZIP 1981, 119; *Wieske,* Rechtliche Probleme bei Logistikverträgen, TranspR 2002, 177.

I. Anwendungsbereich

A 71 **1. Zeitlich.** Die ADSp als AGB[1] beruhen auf Empfehlungen von Wirtschaftsverbänden beider Marktseiten, namentlich des BDI, des Bundesverbandes des Deutschen Groß- und Außenhandels, des DIHT, des Bundesverbandes Spedition und Logistik sowie des Hauptverbandes des Deutschen Einzelhandels. Erstmals 1926/1927 verfasst,[2] erfolgten im Lauf der Jahre bis zuletzt etliche Überarbeitungen. Hervorzuheben ist dabei etwa die Überarbeitung im Hinblick auf das Inkrafttreten des AGBG im Jahre 1978; zu nennen ist auch die Fassung vom 1. 2. 1993. Die Transportrechtsnovelle von 1998[3] führte zu einer umfassenden Revision der Bedingungen, die letztlich (über eine „Zwischenfassung" im Jahr 1998) in die Fassung vom 1. 1. 1999[4] mündete mit Wirkung für alle Verträge ab diesem Tag. Jeweils zum 1. 1. 2002 und 2003 erschienen neue Fassungen, die sich bis auf Ziff. 21, der in der Fassung 2002 derjenigen der Fassung 1999 entspricht, und Ziff. 29 nur wenig unterscheiden. Diese rasche Abfolge

[1] S. § 305 Rz 14.
[2] *K. Schmidt,* Handelsrecht, § 33 I 3.
[3] Gesetz zur Neuregelung des Fracht-, Speditions- und Lagerrechts, (Transportrechtsreformgesetz), BGBl. 1998 I S. 1588.
[4] Zu einer Zwischenversion von 1998 siehe *Ebenroth/Boujong/Joost/Gass* Vor Ziff. 1 ADSp Rz 3.

von Überarbeitungen[1] führt zu einem bedauerlichen Nebeneinander verschiedener Fassungen, weil diese nur für solche Verträge gelten, die während ihrer Wirkungsdauer geschlossen wurden und bei denen die jeweilige Fassung Vertragsbestandteil geworden ist. Neben die ADSp sind die vom Bundesverband Güterkraftverkehr Logistik und Entsorgung (BGL e.V.) empfohlenen **Vertragsbedingungen für den Güterkraftverkehrs-, Speditions- und Logistikunternehmer (VBGL)** in der derzeit geltenden Fassung vom 27. Januar 2003[2] getreten, die zwar in einer anderen Systematik erscheinen (Unterteilung in Regelungen für das Frachtgeschäft in Abschnitt I, §§ 2–10, für das Speditions-, Logistik- und Lagergeschäft in Abschnitt II, §§ 11–26, Regelungen zur Haftung und Haftungseinschränkung in Abschnitt III, §§ 27–32, zur Versicherung in Abschnitt IV, §§ 33 f., und sonstige Bestimmungen in Abschnitt V, §§ 35–43), im Überschneidungsbereich aber häufig mit den ADSp inhaltsgleiche Regelungen enthalten. Auf einzelne Regelungen der VBGL wird jeweils im Zusammenhang mit den ADSp-Regelungen hingewiesen.

2. Persönlich. Die ADSp gelten in allen Fassungen nicht gegenüber Verbrauchern (Nr. 2.4 ADSp 2003; ebenso in der Nr. 2.4 der vorangegangenen Fassungen bis 1999 und in § 2 a ADSp a.F. sowie auch § 1 IV 2 VBGL). Auf Verwenderseite haben die ADSp den Wechsel des Blickwinkels, den die Transportrechtsnovelle in § 453 HGB n.F. vollzogen hat, ansatzweise nachgezeichnet: definierte § 407 HGB a.F. das Speditionsgeschäft als dasjenige eines bestimmten Kaufmannstypus, nämlich des Spediteurs im Sinne des § 1 II Nr. 6 HGB a.F.,[3] stellt § 453 HGB n.F. auf den Speditionsvertrag als solchen ab; die ADSp knüpfen ihren Geltungsbereich immerhin an die Verkehrsverträge.[4] Ungeachtet der Änderung der gesetzlichen Anknüpfung bleibt es in den **VBGL** (§ 1 I) bei einem berufsständischen Verständnis.

3. Sachlich gelten die ADSp für alle Verkehrsverträge des Spediteurs,[5] gleichgültig ob sie Speditions-, Fracht-, Lager-, Kommissions- oder sonstige mit dem Speditionsgewerbe zusammenhängende Geschäfte betreffen (Nr. 2.1 ADSp ab 1999). Entscheidend ist, dass vom Spediteur die Organisation des Transportablaufs geschuldet ist[6] und er die vertragscharakteristische Dienst- oder Werkleistung zu erbringen hat.[7] Die ADSp finden dagegen, falls nichts anderes besonders vereinbart ist, keine Anwendung, wenn der Spediteur bei einem Ausführungsgeschäft lediglich Absender des Guts ist.[8] Ausgenommen sind auch Verpackungsarbeiten, Umzugsgeschäfte (ebenso in den VBGL § 1 IV) sowie Kran- oder Montagearbeiten und Schwer- oder Großraumtransporte (Nr. 2.3 ADSp ab 1999); ab der Fassung 2003 sind in Nr. 2.3 auch die Beförderung und Lagerung abzuschleppender oder zu bergender Gegenstände in den Katalog der ausgenommenen Geschäfte aufgenommen.[9] Führt der Spediteur die Beförderung des Gutes gemäß §§ 458–460 HGB selbst aus, so kommen mit der Übernahme des Gutes die Vorschriften des Transportrechts, wie das GüKG oder die CMR[10], unter Ausschluss der ADSp zur Anwendung. Auch im Luftfrachtverkehr wird, soweit das Montrealer Übereinkommen (MÜ), das Warschauer

---

[1] *Heuer* TranspR 2003, 1, 5 spricht von „fast schon inflationären ADSp-Änderungen".

[2] BAnz 2003, 2.133; zur Vorgängerfassung der VBGL vom 17. 12. 2002 ausführlich *Koller* Transportrecht, 935.

[3] *K. Schmidt*, Handelsrecht, § 33 I 2.

[4] Vgl. *Koller* Transportrecht, Vor Ziff. 1 ADSp Rz 3.

[5] S. zum Speditionsvertrag Rz S 251 ff.

[6] S. BGH NJW-RR 1991, 570.

[7] *Koller* Transportrecht, vor § 1 ADSp Rz 3; MünchKommHGB-Aktualisierungsbd. TranspR/*Bydlinski* vor § 1 Rz 9.

[8] BGHZ 136, 147 = NJW 1998, 1075 = LM H.5/1998 KraftverkehrsO Nr. 67/68 m. Anm. *Dubischar.*

[9] S. dazu Vorauflage Rz F 54.

[10] BGHZ 65, 340, 344; BGH NJW-RR 1989, 992.

Abkommen (WA) und das LuftVG gilt, die Anwendung der ADSp verdrängt.[1] Die ADSp können jedoch wirksam vereinbart werden, wenn das LuftVG oder die genannten Abkommen keine Regelung enthalten (s. auch Rz F 43), so etwa hinsichtlich der Weisung zum Abschluss einer Transportversicherung gemäß Nr. 21.1 ADSp ab 1999.[2] Im Übrigen lässt Nr. 2.5 II ADSp ab 1999 bei den dort genannten Verkehrsverträgen über Luft-, See-, Binnenschiffs- oder multimodale Transporte die Vereinbarung besonderer Bedingungen zu, und Nr. 2.6 ADSp ab 1999 ermöglicht es dem Spediteur ausdrücklich, „übliche" Geschäftsbedingungen Dritter zu vereinbaren (was angesichts der Unverbindlichkeit der ADSp-Empfehlung nicht überraschen kann).[3] Gegenüber Handelsbräuchen und (AGB-)dispositivem Recht kommt den ADSp selbstverständlich Vorrang zu (Nr. 2.5. I ADSp ab 1998), falls sie wirksam einbezogen sind. Für „logistische Zusatzleistungen" die zwar im „wirtschaftlichen" Zusammenhang mit einem unter die ADSp fallenden Verkehrsvertrag stehen, aber nicht von ihm erfasst werden, sollen die vom Deutschen Speditions- und Logistikverband (DSLV) und dem Institut für Logistikrecht und Riskmanagement der Hochschule Bremerhaven vorgestellten **Logistik-AGB**[4] vereinbart werden können. Ob das Nebeneinander zweier Regelwerke sich bewähren wird, bleibt abzuwarten.[5]

II. Einbeziehung – Auslegung – geltungserhaltende Reduktion

A 72 Die ADSp gelten in allen Fassungen nicht kraft Handelsbrauchs, sondern bedürfen der **rechtsgeschäftlichen Einbeziehung** in den Vertrag.[6] Da die ADSp kraft ihrer eigenen Geltungsanordnung nur im Geschäftsverkehr zwischen Unternehmern wirken, brauchen nach § 310 I 1 die Voraussetzungen des § 305 II im Ausgangspunkt nicht beachtet zu werden. Allerdings ist auch bei einem Vertrag mit einem unternehmerischen Vertragspartner des AGB-Verwenders eine zumindest stillschweigende Einbeziehungsvereinbarung erforderlich, die grundsätzlich voraussetzt, dass die eine Seite (Verwender) zu erkennen gibt, den Vertrag unter Geltung ihrer AGB abschließen zu wollen und die andere Seite das Einverständnis damit zumindest schlüssig erklärt.[7] Von einer Einbeziehungsvereinbarung im Einzelfall kann abgesehen werden, wenn es eine Übung zwischen den konkreten Vertragsparteien gibt, nach der die AGB bisher immer Vertragsbestandteil sein sollten, oder auch im Rahmen einer Branchenübung. In diesen Fällen soll (umgekehrt) dem branchenkundigen inländischen Verwendungsgegner die Obliegenheit zum Widerspruch gegen die AGB erwachsen.[8] Danach mag im Grundsatz in Übereinstimmung mit der Rspr. schon vor dem AGB-Gesetz eine stillschweigende Einbeziehung möglich sein.[9] Bei den ADSp wurde eine solche stillschweigende

---

[1] BGH NJW 1986, 1434; OLG Frankfurt NJW 1980, 2649; s. dazu auch Rz F 43.

[2] BGH NJW 1986, 1434.

[3] Vgl. etwa *Falke* TranspR 2000, 230 zu AGB der Kfz-Speditionen; zu den VBGL siehe *Koller* Transportrecht 4. Abschnitt, 2. Unterabschnitt; *Schindler* TranspR 2003, 194.

[4] Abgedruckt in TranspR 2006, 260.

[5] Kritisch zu dem Erfordernis von AGB für den – rechtlich – unspezifischen „Logistikbereich" *Heuer* TranspR 2006, 89 gegen *Wieske* TranspR 2002, 177; siehe auch *Gran* TranspR 2006, 91; *Valder* TranspR 2006, 221; *Müller* TranspR 2006, 227.

[6] Zur Einbeziehung gestaffelter AGB (ADSp und Besondere Bedingungen für den Schwer- und Spezialtransport) BGH NJW-RR 2006, 1350 = TranspR 2006, 359, und zuvor OLG Nürnberg TranspR 2003, 349 f.

[7] *Bamberger/Roth/J. Becker* § 305 Rz 80; *Stoffels* AGB-Recht, Rz 304.

[8] *Stoffels* AGB-Recht, Rz 305; vgl. auch BGH NJW 1986, 1434 = BGHZ 96, 136, 138.

[9] S. BGHZ 9, 1, 3; BGHZ 18, 98, 99; BGH NJW 1976, 2076; BGH NJW-RR 1991, 570; zu Bedenken für die ADSp'98 *Heuer* TranspR 1998, 333, 334; auch bei den Fassungen ab 1998 eine stillschweigende Einbeziehung annehmend MünchKommHGB-Aktualisierungsbd. TranspR/*Bydlinski* Vor Ziff. 1 Rz 9.

Einbeziehung angenommen, da sie als „fertig bereitliegende Rechtsordnung kraft stillschweigender Unterwerfung Anwendung finden"[1] sollen. Die stillschweigende Einbeziehung setzte nach dieser Rechtsprechung voraus, dass der Auftraggeber weiß oder wissen muss, dass der beauftragte Spediteur seine Geschäfte nach den ADSp ausführen werde.[2] Ob dies bei einem Speditionsgeschäft und einem damit zusammenhängenden Lagergeschäft zwischen im Inland ansässigen Unternehmern regelmäßig anzunehmen ist, wie das noch in älterer Rechtsprechung angenommen wurde[3] erscheint zwischenzeitlich zumindest angesichts der „Konkurrenzregelung" in den „Vertragsbedingungen für den Güterkraftverkehrs- und Logistikunternehmer"- VBGL schon fraglich.[4] Die Existenz der Konkurrenzregelung weckt Zweifel an der Branchenübung und entzieht diesem Argumentationsstrang damit den Boden. Auch der Gesichtspunkt der „fertig bereitliegenden Rechtsordnung" sozusagen als (ohnedies bedenkliche) Zwischenkategorie zwischen Handelsbrauch und „gewöhnlichen" AGB verliert an Argumentationskraft, wenn deren essentiale, nämlich die damalige Haftungs- und Versicherungsregelung, aufgrund der deutlich eingeschränkten Dispositivität der gesetzlichen Haftungsnormen weggefallen ist.[5] Systematisch stimmiger ist es, die ADSp als das zu behandeln, was sie nun einmal sind, nämlich AGB, die eben grundsätzlich nur kraft rechtsgeschäftlicher Einbeziehungsvereinbarung gelten. Der diese bei widerspruchsloser Hinnahme durch den Verwendungsgegner sicher herbeiführende Hinweis auf die ADSp in der Auftragsbestätigung überfordert den Logistikunternehmer nicht. Selbst wenn man grundsätzlich die stillschweigende Unterwerfung fortschreiben[6] wollte, kann von ihr nicht ausgegangen werden, wenn der Verwendungsgegner seinerseits AGB in Bezug nimmt. Denn dann kann mindestens in den Fällen, in denen die AGB des Vertragspartners eine Abwehrklausel enthalten, nicht mehr von seinem Einverständnis ausgegangen werden, soweit die AGB kollidieren.[7] Das Geschäft, für welches die ADSp gelten sollen, muss in jedem Fall dem Tätigkeitsbereich des Spediteurs sachlich typischerweise zuzuordnen sein. Für besondere Vereinbarungen, die, wie die Rechnungsstellung und Einziehung des Kaufpreises bei den Kunden aufgrund eines entgeltlichen Geschäftsbesorgungsvertrags, nicht zu den typischen Aufgaben des Spediteurs gehören und die deshalb individuell vereinbart werden, kommt eine stillschweigende Unterwerfung unter die ADSp nicht in Betracht.[8] Auch sonst kann für Verträge, die aufgrund umfangreicher besonderer Einzelvorschriften, etwa im Zusammenhang mit Ausschreibungsbedingungen, abgeschlossen werden, nicht davon ausgegangen werden, dass die ADSp ohne einen ausdrücklichen Hinweis Vertragsinhalt werden.[9] Ebenso wenig kann man

---

[1] Ständige Rechtsprechung des BGH, etwa in BGH NJW 1986, 1434 = BGHZ 96, 136, 138 m.w.N. aus der älteren Rspr. des BGH; so auch noch OLG Brandenburg TranspR 2001, 474.

[2] BGH NJW 1973, 2154; BGHZ 96, 138 = NJW 1986, 1434; den Grund für die stillschweigende Einbeziehung aus einer Verkehrssitte und damit einer Auslegung der Vertragserklärung (§ 157) herleitend *Koller* TranspR 2000, 1; *Striewe* BB 1981, 1919.

[3] BGH NJW 1985, 2411, 2412; BGHZ 96, 136 = NJW 1986, 1434; OLG Düsseldorf NJW-RR 1993, 1190; vgl. auch *Heil/Bayer* TranspR 1987, 1 ff.

[4] Darauf zu Recht hinweisend *Ulmer/Hensen* Anh. § 310 Rz 386; offen lassend MünchKommHGB-Aktualisierungsbd. TranspR/*Bydlinski* Vor Ziff. 1 Rz 9; insofern hält *Koller* TranspR 2000, 1, eine Änderung der Verkehrssitte für denkbar, die einer stillschweigenden Einbeziehung entgegenstehen könnte. Zu weiteren Klauselwerken *Ebenroth/Boujong/Joost/Gass* Vor Ziff. 1 ADSp Rz 17.

[5] Dazu etwa *Herber* TranspR 1999, 89, 91 f; *Heuer* TranspR 2003, 1, 2, 3 f.

[6] Dazu *Valder* TranspR Sonderbeilage 2004, 42.

[7] S. *Herber* TranspR 1999, 89, 91.

[8] BGH NJW 1980, 1275.

[9] BGH NJW 1981, 1905.

ein stillschweigendes Einverständnis annehmen, wenn der Verwendungsgegner nicht in der Bundesrepublik ansässig ist.[1]

A 73 Die Einbeziehungsfrage dürfte sich indes dadurch erledigen, dass die **Haftungsregelungen in AGB** nach §§ 449 II 2 Nr. 1, 466 II 2 Nr. 1 HGB über die vom Frachtführer/Spediteur im Fall des Verlustes oder der Beschädigung des Gutes zu leistende Entschädigung nur dann wirksam ist, wenn sie in drucktechnisch deutlicher Gestaltung besonders hervorgehoben ist.[2] Diese nach der Gesetzesbegründung[3] ausdrücklich an den verbraucherschützenden Vorschriften der ehemaligen §§ 7 II, 8 II VerbrKrG und des § 2 I HaustürWG orientierte „Gestaltungsanforderung" soll zwar die Einbeziehungsfrage der AGB nicht berühren. Gleichzeitig wird aber im Hinblick auf das von der Gesetzesbegründung erwähnte „erhebliche Marktmachtgefälle" der Schutz der Verwendungsgegner vor Überraschungen hinsichtlich der Haftungshöhe als gesetzgeberischer Zweck der Regelung vorgestellt. Damit ist die Gesetzesbegründung perplex[4] (was angesichts der Heranziehung von verbraucherschützenden Vorgaben zur Begründung handelsrechtlicher – professioneller – Regelungen fast unausweichlich ist), denn der mit der Regelung offenbar intendierte Schutz durch Information (und nicht Schutz durch Verbot oder Unzulässigerklärung) setzt nun einmal voraus, dass die Information auch erfolgt.[5] Dazu reicht es gewiss nicht, dass das gesetzesgemäß gestaltete Formular in der Schublade des Verwenders auf Abruf bereit liegt.[6] Deswegen wird zumindest die die Haftungsregelung beinhaltende Klausel dem Vertragspartner bei (dem ersten) Vertragsschluss vorgelegt werden müssen, es sei denn, der Verwendungsgegner hätte ohnedies Kenntnis vom Inhalt der Haftungsregelung.[7] Da der Verwender sich im Streitfall auf die Haftungsbeschränkung berufen wird, hat er deren Voraussetzungen zu beweisen, was bei der positiven Kenntnis des Vertragspartners zu Schwierigkeiten führen kann. Deswegen sollte er den „sicheren Weg" gehen und die Haftungsregelung nachweislich übermitteln. Ist man aber so weit, wird zumindest in der auszugsweisen Wiedergabe der ADSp zugleich auch der Hinweis auf deren Geltung also solche zu sehen sein, so dass sich dann die Einbeziehungsfrage nach allgemeinen Regeln löst. Es steht dem Verwender frei, ob er die ADSp als Gesamtheit oder in einzelnen Punkten in Bezug nimmt. Soweit der Verwender sich auf einzelne isolierte Regelungen beschränkt, unterliegen diese der vollen AGB-Kontrolle (außer §§ 308 f), und zwar auch dann, wenn man die ADSp als Ganzes nach wie vor im Sinne einer fertig bereitliegenden Vertragsordnung ansehen wollte.

A 74 Fasst man die ADSp (nur noch) als AGB wie alle anderen auch auf, so ist die Antwort auf die Frage vorgezeichnet, wie die ADSp ansonsten zu behandeln sind.[8] Das gilt einerseits für die Frage der **Auslegung,** die nach allgemeinen Grundsätzen über

---

[1] So auch OLG Köln TranspR 2003, 125, 126; ebenso wohl OLG Karlsruhe TranspR 2002, 344, 345; siehe dazu auch *Gran* NJW 2004, 2064, 2067; anders noch OLG Frankfurt RIW/AWD 1980, 666; OLG Schleswig NJW-RR 1988, 283.

[2] Das Gesetz spricht von der Hervorhebung des Haftungsbetrages; dazu, dass dies zu knapp gegriffen ist und die gesamte Regelung des Haftungshöchstbetrages drucktechnisch hervorzuheben ist, *Koller* Transportrecht § 449 Rz 60.

[3] BT-Drs. 13/8445 S. 88.

[4] *Koller* EWiR 2003, 375, 376 spricht zu 4. von einer „rechtspolitisch kaum einleuchtende(n) Norm"; ein Standpunkt, dem man viel Sympathie entgegenbringen kann.

[5] BGH TranspR 2003, 119, 120 mit Anm. *Herber* = ZIP 2003, 576 = EWiR 2003, 375 m. Anm. *Koller,* spricht ohne nähere Erläuterung, wie dies zu bewerkstelligen sei, von „qualifizierter Information".

[6] *Koller* Transportrecht § 449 Rz 61; a.A. offenbar OLG Brandenburg TranspR 2001, 474; ebenso wohl auch *Ramming* VersR 1999, 1177, 1182.

[7] So ausdrücklich OLG Hamburg TranspR 2003, 72, 73 mit zust. Anm. *Bästlein/Bästlein* TranspR 2003, 61.

[8] S. auch *Gran* NJW 2004, 2064, 2067.

die Auslegung von Willenserklärungen zu erfolgen hat, wobei freilich zu berücksichtigen ist, dass bei der Auslegung im Grundsatz Umstände des Einzelfalles deswegen nicht zu berücksichtigen sind, weil sie fehlen. Ein Anlass, eine besondere Auslegungsmethode für AGB zu postulieren, besteht hier so wenig wie allgemein.[1] Bei der Auslegung von ADSp kann auch nicht im Hinblick auf deren Genese als von Verbänden beider Marktseiten ausgehandeltes Klauselwerk vom Grundsatz kundenfreundlicher und damit verwenderfeindlicher Auslegung im nicht zu behebenden Zweifelsfall abgewichen werden. Die Hoffnung, die Verbände würden eine ausgewogene Regelung im Einzelfall treffen, scheint angesichts der nicht abnehmenden Kritik an etlichen Einzelregelungen nicht gerechtfertigt, so dass auch bei der Auslegung dem Verwender nicht mehr an guter Absicht unterstellt werden kann als dem Verwender anderer AGB. Schlussendlich verbietet sich wegen des Charakters als AGB auch die Einschränkung des **Verbotes der geltungserhaltenden Reduktion** übermäßiger Klauseln in den ADSp. Hier wie allgemein hat der Klauselverwender die Verantwortung für seine AGB, wo auch immer er sie sich beschafft hat. Ihm diese Verantwortung zu nehmen und statt dessen dem Richter die Verantwortung zulässiger Vertragsgestaltung aufzubürden, ist verfehlt.[2]

III. ADSp 1999, 2002, 2003[3]

Soweit die ADSp in den verschiedenen Fassungen inhaltlich identisch sind, wird jeweils nur die Fassung aus dem Jahr 1999 zitiert. Ansonsten, also bei abweichenden Textfassungen, erfolgt ein Hinweis.

1. Form und Inhalt von Erklärungen

Nr. 3.1. ADSp'99 lässt Aufträge, Weisungen und Mitteilungen grundsätzlich **A 75** formlos wirksam sein. Da das Gesetz keine Form vorsieht, ist das nicht zu beanstanden. Die damit verbundene Beweislastregelung, dass derjenige die Beweislast trägt, der sich auf den Inhalt und die richtige und vollständige Übermittlung beruft, lässt die schriftliche, elektronische oder sonstige Fixierung aber angebracht erscheinen. Inhaltlich stimmt diese Beweislastverteilung im Grundsatz zwar mit der gesetzlichen Regelung überein. Sie berücksichtigt aber nicht die Beweislastverteilung nach Gefahr- und Risikobereichen, so z. B. wenn übergebene Dokumente oder Daten verlorengehen. Auch lässt sich nicht befriedigend klären, was zu gelten hat, wenn jeder Teil die von ihm vorgetragene Übermittlung für richtig erklärt und sich keine als richtig feststellen lässt oder wenn ein Teil die Übermittlung für vollständig, der andere sie für unvollständig erklärt. Da in diesen Fällen beide sich auf einen bestimmten Inhalt als richtig und vollständig berufen, ergibt sich aus Nr. 3.1 ADSp'99 keine Lösung. Es müssen deshalb die gesetzlichen Beweislastgrundsätze gelten. **Nr. 3.2** stellt klar, dass Schriftform keine eigenhändige Unterschrift im Sinne von § 126 verlangt, sondern jede lesbare Form genügt, die den Aussteller erkennbar macht. Dies ist nicht zu beanstanden. **Nr. 3.3, 3.4** verlangen bestimmte Angaben bei Auftragserteilung, etwa über gefährliche und besonders wertvolle Güter. Die gesondert in Ziff. 3.3 ADSp'99 für Geld, Wertpapiere oder Urkunden geregelte Hinweispflicht ist in der Fassung von 2003 entfallen; sie geht in derjenigen über die besonders wertvollen Güter auf. Die Angaben über gefährliche Güter bedürfen

---

[1] *Bamberger/Roth/Hubert Schmidt* § 305 c Rz 38, 40.

[2] *Ulmer/Harry Schmidt* § 306 Rz 15 a; *Bamberger/Roth/Hubert Schmidt* § 306 Rz 15; a.A. BGHZ 129, 345, 349; OLG Brandenburg TranspR 2001, 474, 478.

[3] Text der ADSp'03 auch in TranspR 2003, 40.

nach **Nr. 3.5** der Schriftform mit genauen Angaben zur Gefahr und zu Vorsichtsmaßnahmen, einschließlich bestehender rechtlicher Bestimmungen. **Nr. 3.6** ergänzt in der Fassung von 2003 die Informationspflichten des Auftraggebers hinsichtlich der besonders wertvollen oder diebstahlsgefährdeten Güter, die in dieser Nr. beispielhaft aufgeführt sind (z. B. Geld, Edelmetalle, Kunstgegenstände und grundsätzlich alle Güter, die einen Wert von 50,00 € oder mehr pro kg haben). Ziel der Information ist es, den Spediteur in die Lage zu versetzen, die erforderlichen Dispositionen für einen sicheren Transport zu treffen; mit diesem Inhalt ist die Klausel sicher nicht zu beanstanden, denn sie entspricht insoweit letztlich auch dem Interesse des Auftraggebers an einem reibungs- und schadlosen sicheren Transport des Gutes. Nach der Formulierung soll allerdings im weiteren der Spediteur nicht erst über die Annahme des Auftrags entscheiden können (das wäre ebenfalls nicht zu beanstanden), sondern er soll entscheiden können, ob er das Gut annehme. Das setzt einen schon bindend geschlossenen Vertrag voraus, so dass ihm die Klausel ein Rücktrittsrecht einräumt.[1] Da die ADSp nicht im Verhältnis zum Verbraucher gelten, scheitert die Klausel nicht bereits an § 308 Nr. 3. Aber auch im unternehmerischen Verkehr kann der Verwender keine beliebigen Lösungsrechte stipulieren.[2] Soweit danach die Klausel auch dann dem Verwender ein Rücktrittsrecht gewährt, wenn er schon vor der Auftragsannahme von der besonderen Werthaltigkeit der Güter Kenntnis erlangt hat oder doch bei Beobachtung der von ihm zu erwartenden Sorgfalt (§ 426 HGB) hätte erlangen können, wäre dies nach § 307 II Nr. 2 zu beanstanden.[3] Die in den ADSp'03 ebenfalls neu formulierte **Nr. 3.7** enthält die Regelung über die Konsequenzen, die ein nicht den Nrn. 3.3–3.6 entsprechender Auftrag nach sich zieht. Das auch in dieser Vorschrift vorgesehene Rücktrittsrecht (in Form der Verweigerung der Annahme oder der Rückgabe des bereits angenommenen Gutes) unterliegt der zuvor gemachten Einschränkung. Die dritte Variante von Nr. 3.7 sieht vor, dass der Spediteur (auch) ohne Benachrichtigung des Auftraggebers das Gut versenden, befördern oder einlagern und eine angemessene Vergütung fordern kann, wenn die sachgerechte Ausführung des Auftrags mit erhöhten Kosten verbunden ist. Die Regelung ist insofern nicht klar, als dort unterschiedliche Dinge miteinander vermengt werden. Es geht offenbar einerseits um Kosten, die durch die Besonderheiten des transportierten Gutes entstehen, andererseits um die Vergütung des Spediteurs für die Ausführung des Auftrags.[4] Da anzunehmen ist, dass der Auftraggeber im Falle anfänglicher zutreffender Angaben die erhöhten Kosten und eine erhöhte Vergütung auch hätte zahlen müssen, ist die Regelung nicht zu beanstanden (für die Erstattung von Aufwendungen schon § 414 I HGB). **Nr. 3.8** ADSp'03 (entspricht der Nr. 3.6 in den ADSp'99 u. '02) befreit den Spediteur von der Pflicht, die Angaben gemäß Nr. 3.3–3.5 (3.6 in der Fassung '03) nachzuprüfen und zu ergänzen. Dies kann und darf aber den Spediteur nicht von der grundsätzlichen Interessenwahrnehmungs- und Sorgfaltspflicht gemäß Nr. 1 ADSp'99 freistellen, wenn an der Richtigkeit und Vollständigkeit begründete Zweifel bestehen. Nr. 3.8 erscheint insoweit intransparent und ist deshalb bedenklich. In **Nr. 3.9 ADSp'03** (Nr. 3.7 ADSp'99) wird die Prüfungspflicht dagegen zu Recht hervorgehoben, wenn begründete Zweifel bestehen, soweit es die Echtheit der Unterschrift oder die Befugnis des Unterzeichners betrifft.

---

[1] S. auch *Koller* Transportrecht Ziff. 3 ADSp Rz 14 a.

[2] S. dazu § 308 Nr. 3 Rz 110.

[3] Im Ergebnis ebenso *Koller* Transportrecht Ziff. 3 ADSp Rz 14 a; zum Mitverschulden bei unterlassener Wertdeklaration BGH TranspR 2006, 214; TranspR 2006, 205; OLG Stuttgart OLGR 2007, 216; OLG Düsseldorf TranspR 2007, 23, 25; siehe auch Anh. § 310 Rz F 53.

[4] *Koller* Transportrecht Ziff. 3 ADSp Rz 15 c.

2. Verpackung, Verwiegung und Untersuchung des Guts

Nr. 4.1 ADSp'99 sieht den Spediteur mangels besonderer Vereinbarung nicht als zur Verpackung beauftragt an. Dies stimmt mit den speditionstypischen Pflichten überein. Verwiegung, Untersuchung sowie Erhaltungs- und Besserungsmaßnahmen schuldet der Spediteur nur, soweit dies geschäftsüblich ist. Die Geschäftsüblichkeit kann und darf aber nicht von der Interessenwahrungs- und Sorgfaltspflicht aus Nr. 1 ADSp'99 entbinden. Dies schließt eine Schadensverhütungspflicht unabhängig von der Geschäftsüblichkeit ein. Auch die Kontrollpflichten gemäß Nr. 7 ADSp'99 bleiben unberührt. Nach **Nr. 4.1.3** sind Paletten oder sonstige Ladehilfs- und Packmittel nicht zu stellen und ihr Tausch nicht zu bewerkstelligen. Eine Abholung erfolgt ohne besonderen Auftrag nur bei Austausch Zug-um-Zug oder wenn der Tausch auf Veranlassung des Spediteurs unterbleibt. Gemäß **Nr. 4.2** sind die in Nr. 4.1 genannten Tätigkeiten gesondert zu vergüten. Dies kann aber nicht gelten, soweit es sich um vertragliche etwa nach Nr. 1 und 3 oder gesetzlich ohnehin bestehende Pflichten handelt. Diese sind nicht besonders zu vergüten. **A 76**

3. Zollamtliche Abfertigung

Nr. 5 ADSp'99 (ebenso § 15 VBGL) regelt die zollamtliche Abfertigung und sieht diese bei Versendung ins Ausland als Auftragsbestandteil an (Nr. 5.1), wofür aber neben den anfallenden Kosten nach **Nr. 5.2** eine besondere Vergütung verlangt werden kann. Dies ist ebenso wenig zu beanstanden wie die in **Nr. 5.3** enthaltene Ermächtigung zur Erledigung der erforderlichen Zollförmlichkeiten und zur Verauslagung der zollamtlich festgelegten Abgaben. Dies gilt jedoch nicht für unberechtigt erhobene Abgaben.[1] **A 77**

4. Verpackungs- und Kennzeichnungspflichten des Auftraggebers

Nr. 6 ADSp'99 (bis auf Abs. 4 wortgleiche Regelung in § 16 VBGL) umschreibt die Verpackungs- und Kennzeichnungspflichten des Auftraggebers im Einzelnen. Diese Pflichten entsprechen der vom Absender üblicherweise zu verlangenden Sorgfalt. Die Regelung ist nicht zu beanstanden. In der Fassung von 2003 wurde neu eingefügt ein Abs. 4, der die Regelung in Nr. 3.7 ADSp'03 für entsprechend anwendbar erklärt, wenn die Packstücke nicht den Vorgaben von Nr. 6.1 und 6.2 entsprechen. Auf die dortigen Ausführungen kann verwiesen werden (Rz A 75). Die in **§ 2 I VBGL** enthaltenen Unterrichtungspflichten des Auftraggebers, die sich auch auf die „wesentlichen, die Durchführung des Vertrages beeinflussenden Faktoren" erstrecken sollen und auch „besondere technische Anforderungen an das Fahrzeug und erforderliches Zubehör" erfassen, erscheint in dieser Weite nicht hinnehmbar.[2] Hinsichtlich Fahrzeuganforderungen erscheint die Regel schon überraschend (§ 305c I), da der Durchschnittskunde nicht damit rechnen muss, dem Fachmann in dessen Aufgabenkreis Entscheidungen förmlich abzunehmen. Allenfalls kann der Absender verpflichtet sein, Angaben zu den Gütern zu machen; die notwendigen Schlussfolgerungen hat dann der Spediteur/Frachtführer zu ziehen; diese Einschränkung ist aber in der Klausel nicht angelegt. Jedenfalls verstoßt die Klausel gegen § 307 II Nr. 1, da die Regelung offenkundig Pflichten des Spediteurs auf den Absender überwälzen soll. Der Spediteur wird wohl am besten wissen, welches Fahrzeug und Material er für welchen Transport am besten einsetzt. Deswegen gehört **A 78**

---

[1] S. auch *Vogt* in *von Westphalen* Vertragsrecht und AGB-Klauselwerke, Transportrecht Rz 209.

[2] Ebenso *Ulmer/Hensen* Anh. § 310 Rz 393; *Koller* Transportrecht § 2 VBGL Rz 6 f.

die mangels einer Parteivereinbarung über das Fahrzeug zu treffende ermessensgemäße Auswahl eines Fahrzeugs zu den Hauptpflichten des Frachtführers aus § 407 HGB.[1] Die die Vertragsdurchführung beeinflussenden Faktoren sind so wenig eingrenzbar (und können wiederum Pflichten des Frachtführers treffen), dass hierunter alles Mögliche zu verstehen ist. Bedenken bestehen auch gegen die Regelung in **§ 3 I, II VBGL.** Danach hat der Absender das Gut in beförderungsfähigem Zustand zu übergeben (I), was für sich genommen nicht zu beanstanden ist. Einen Verstoß gegen die in § 414 I 2 HGB enthaltene Haftungsbegrenzung (vgl. auch § 449 II 3 HGB) auf 8,33 SZR pro Kilogramm des Sendungsrohgewichtes stellt es aber dar, wenn in § 3 II VBGL eine (unbegrenzte) Haftung des Absenders für alle Schäden vorgesehen ist, die dem Frachtführer aus dem Mangel entstehen.[2]

5. Kontrollpflichten des Spediteurs

A 79 **Nr. 7 ADSp'99** enthält eine Konkretisierung der Kontrollpflichten des Spediteurs an sog. Schnittstellen (dazu Nr. 7.2 ADSp; siehe auch Rz F 53). Diese Pflicht besteht in jedem Fall, ohne dass es auf besondere Auffälligkeiten ankommt. Festgestellte Unregelmäßigkeiten sind zu dokumentieren. Darüber hinaus können sich Kontroll- und Dokumentationspflichten aus Nr. 1 ADSp'99 ergeben, wenn aufgrund von Auffälligkeiten oder aus sonstigen Umständen dazu ein begründeter Anlass besteht. Nr. 7 schließt solche weiteren Kontrollpflichten nicht aus; damit ist die Klausel nicht zu beanstanden.[3] Inhaltsgleiche Regelungen enthalten die VBGL in § 17.

6. Quittung

A 80 **Nr. 8.1 ADSp'99** enthält die Pflicht des Spediteurs, auf Verlangen des Auftraggebers diesem eine Empfangsbescheinigung zu erteilen, und regelt die Angaben zum Inhalt der Empfangsbescheinigung (ebenso § 18 I VBGL). Die Empfangsbescheinigung ist im Regelfall bei Übergabe des Transportguts an den Spediteur auszustellen. **Nr. 8.2.1** betrifft die Empfangsbescheinigung, die der Spediteur als Ablieferungsnachweis vom Empfänger zu besorgen hat. Bei Weigerung des Empfängers ist der Spediteur nach **Nr. 8.2.2** zur Einholung einer Weisung des Auftraggebers verpflichtet. Das ist bis dahin nicht zu beanstanden. Bedenken bestehen indes gegenüber **Nr. 8.2.3,** da hier Rechte gegenüber einem Dritten, der nicht Vertragspartei ist, begründet werden sollen: die Regelung gestattet dem Spediteur, das bereits ausgeladene Gut wieder an sich zu nehmen (ebenso § 18 II 3 VBGL). Damit wird er unter Umständen in Konflikt mit dem Empfänger des Gutes gelangen, der den Besitz bereits begründet hat. Von der Beachtung der Vorschriften über verbotene Eigenmacht (§§ 858 ff.) kann der Spediteur durch die Regelung nicht befreit werden. Die Klausel stellt letztlich eine Vertragsregelung zulasten Dritter dar, die unabhängig von einem Rückgriff auf § 307 unwirksam ist. Da die Klausel im Verhältnis zum Auftraggeber keine Wirkung hat, ist es im Übrigen fraglich, ob überhaupt ein Verstoß gegen § 307 vorliegt, weil die Interessen des Auftraggebers nicht berührt und Drittinteressen im Grundsatz durch § 307 nicht geschützt werden.[4]

---

[1] *Koller* Transportrecht § 407 HGB Rz 46 f.

[2] Ebenso *Ulmer/Hensen* Anh. § 310 Rz 393.

[3] S. auch *Koller* Transportrecht Ziff. 7 ADSp Rz. 4.

[4] *Bamberger/Roth/Hubert Schmidt* § 307 Rz 24; einen Verstoß gegen § 307 nehmen an *Koller* Transportrecht Ziff. 8 ADSp Rz 6 und *Vogt* in *von Westphalen* Vertragsrecht und AGB-Klauselwerke, Transportrecht Rz 212.

7. Weisungen

Nr. 9.1 ADSp'99 bindet den Spediteur an die Weisungen des Auftraggebers bis zu dessen Widerruf. Nach ihrem Wortlaut wäre es danach dem Spediteur gestattet, sehenden Auges aber im Gehorsam gegenüber einer Weisung den Interessen des Absenders zuwider zu handeln. Damit würde der Spediteur seiner Kardinalpflicht zur Interessenwahrung (§ 454 IV HGB, vgl. auch Nr. 1 ADSp'99) nicht entsprechen, so dass die Klausel deswegen gegen § 307 II Nr. 2 verstößt.[1] **Nr. 9.2** gestattet dem Spediteur ein Handeln nach pflichtgemäßem Ermessen, wenn Weisungen nicht ausreichend oder nicht ausführbar sind. Dies steht in Widerspruch zu § 665 S. 2, der vor der Abweichung von Weisungen eine Anzeige an den Auftraggeber und die Pflicht vorsieht, dessen Entschließung abzuwarten. Ein Verzicht hierauf ist nur bei Gefahr im Verzug zulässig. Wenn Nr. 9.2 eine Abweichung von Weisungen ohne Rücksicht auf diese einschränkenden Voraussetzungen gestattet, so weicht er ohne Not von wesentlichen Grundgedanken der gesetzlichen Regelung ab und ist deshalb nach § 307 II Nr. 1 unwirksam.[2] **Nr. 9.3** schließt den Widerruf des Auftrags, das Gut zur Verfügung eines Dritten zu halten, ab dem Zeitpunkt aus, sobald die Verfügung des Dritten beim Spediteur eingegangen ist. Eine Kündigung aus wichtigem Grund und ein damit verbundener Widerruf kann dadurch jedoch nicht ausgeschlossen werden. Wird die Klausel dahin ausgelegt, dass sie auch diesen Fall erfasst, so ist sie nach § 307 II Nr. 1 unwirksam.[3] Eine wortlautidentische Regelung enthält § 19 VBGL. **A 81**

8. Frachtüberweisung, Nachnahme

Die Regelung in **Nr. 10.1 ADSp'99** entspricht den vertraglichen Pflichten des Auftraggebers, die nicht dadurch aufgehoben werden, dass der Spediteur Beträge beim Empfänger oder sonstigen Dritten einziehen darf. Darin liegt im Regelfall eine Einziehungsermächtigung. Eine Pflicht des Empfängers oder sonstigen Dritten zur Zahlung an den Spediteur als Gläubiger wird dadurch nicht begründet. **Nr. 10.2** enthält lediglich die Klarstellung, dass der Spediteur nicht verpflichtet ist, die Fracht beim Empfänger einzuziehen. Die VBGL enthalten in § 20 übereinstimmende Regeln. **A 82**

9. Fristen

Eine „Gewährleistung" von Verlade- und Lieferfristen ist gesetzlich nicht vorgesehen. **Nr. 11.1 ADSp'99** stimmt damit überein. Auch eine bestimmte Reihenfolge ist nicht vorgeschrieben. Eine Gewährleistung im Sinne einer Garantie für die Einhaltung von Fristen durch eine Vereinbarung lässt Nr. 11.1 zu. Da **Nr. 11.2** die gesetzliche Haftung für Lieferfristenüberschreitung, die sich hauptsächlich aus Verzug ergibt, ausdrücklich als fortbestehend ausweist, liegt auch kein Verstoß gegen § 307 vor. Bedenklich ist daher § 21 VBGL, der eine Nr. 11.2 ADSp entsprechende Regel nicht enthält. **A 83**

---

[1] Ebenso *Koller* Transportrecht Ziff. 9 ADSp Rz 4; einschränkend *Vogt* in *von Westphalen* Vertragsrecht und AGB-Klauselwerke, Transportrecht Rz 213.

[2] A.A. *Koller* Transportrecht Ziff. 9 ADSp Rz 4 und *Vogt* in *von Westphalen* Vertragsrecht und AGB-Klauselwerke, Transportrecht Rz 214, die aber eine Einschränkung in die Klausel hineinlesen, die in ihr keinen verbalen Anklang findet.

[3] A.A. *Koller* Transportrecht Ziff. 9 ADSp Rz 6.

10. Hindernisse

A 84 **Nr. 12.1 ADSp'99** ist im Grundsatz nicht zu beanstanden. Eine Verpflichtung des Spediteurs entfällt, soweit und solange ihre Erfüllung im Sinne des § 275 unmöglich ist und soweit der Grund für diese Unmöglichkeit nicht der Sphäre des Spediteurs entspringt. Das Rücktrittsrecht in **Nr. 12.1.2** darf jedenfalls vom Spediteur nur ausgeübt werden, wenn ein berechtigter Grund im Sinne eines Interessenwegfalls oder der Unzumutbarkeit weiterer Erfüllung gegeben ist. Dies ergibt sich aus § 308 Nr. 3, dessen Wertung insoweit auch zwischen Unternehmern gilt.[1] Eine detaillierte Angabe der Rücktrittsgründe ist zwischen Unternehmern nicht erforderlich.[2] **Nr. 12.1.3** lässt ausdrücklich nur den Kostenerstattungsanspruch, nicht aber einen Vergütungsanspruch zu, und zwar auch nur insoweit, als der Spediteur die Kosten für erforderlich halten durfte oder deren Aufbringung im Interesse des Auftraggebers lag. Damit ist die Klausel nicht zu beanstanden.[3] **Nr. 12.2** nimmt auf die Sorgfaltspflicht gemäß Nr. 1 Bezug und begründet darüber hinaus eine weitergehende Vertrauenshaftung, die rechtlichen Grundsätzen entspricht. **Nr. 12.3** enthält eine Haftung des Auftraggebers für die Folgen aus allen vom Spediteur nicht zu vertretenden öffentlich-rechtlichen Akten. Darin könnte eine Schadensersatzpflicht des Auftraggebers ohne Verschulden gesehen werden. Eine solche Zufallshaftung ist jedoch mit § 307 nicht vereinbar.[4] Ein am Rechtsgedanken von § 645 ausgerichteter Vergütungsanspruch ist jedoch zulässig. Übereinstimmende Regelungen enthält § 22 VBGL.

11. Ablieferung

A 85 **Nr. 13 ADSp'99** begründet eine umfassende Empfangszuständigkeit für alle im Geschäft oder Haushalt anwesenden Personen, jedoch mit der Einschränkung, falls nicht begründete Zweifel bestehen. Das Vorliegen begründeter Zweifel muss mit den Sorgfaltspflichten aus Nr. 1 ADSp'99 in Einklang gebracht werden, woraus sich auch Nachfrage- und Erkundigungspflichten für den Spediteur und seine Hilfspersonen im verkehrsüblichen Umfang ergeben. In diesem Sinne ist Nr. 13 ADSp ebenso wenig zu beanstanden wie der wortgleiche § 23 VBGL.

12. Auskunfts- und Herausgabepflichten des Spediteurs

A 86 **Nr. 14.1 ADSp'99** gibt den Pflichtgehalt von § 666 wieder. **Nr. 14.2** entspricht § 667. Beide Bestimmungen sind demgemäß nicht zu beanstanden (ebenso § 25 VBGL). Dies gilt auch, wenn im Einzelfall statt eines Werkvertrags ein Dienstvertrag anzunehmen sein sollte.

13. Lagerung

A 87 **Nr. 15 ADSp'99** enthält Regelungen für den Fall, dass der Spediteur als Lagerhalter tätig wird. Damit sind nicht die transportbedingten Vor-, Zwischen- oder

---

[1] S. § 308 Nr. 3 Rz 110.

[2] S. § 308 Nr. 3 Rz 114.

[3] Wie hier *Koller* Transportrecht Ziff. 12 ADSp Rz 7; *Vogt* in *von Westphalen* Vertragsrecht und AGB-Klauselwerke, Transportrecht Rz 219; *Ebenroth/Boujong/Joost/Gass* Ziff. 12 ADSp Rz 7; anders noch die Voraufl.

[4] *Koller* Transportrecht Ziff. 12 ADSp Rz 14; *Ebenroth/Boujong/Joost/Gass* Ziff. 12 ADSp Rz 8; a.A. *Vogt* in *von Westphalen* Vertragsrecht und AGB-Klauselwerke, Transportrecht Rz 221 nach unzulässiger geltungserhaltender Auslegung.

Nachlagerungen gemeint.[1] In **Nr. 15.1 ADSp'99** ist dem Spediteur ein Wahlrecht eingeräumt, das Gut entweder in eigenen oder in fremden Räumen einzulagern; letzterenfalls hat der Spediteur den Auftraggeber über die Identität des fremden Lagerhalters und über den Lagerort zu informieren (ebenso § 24 I VBGL). Die Klausel ist bedenklich, da sie vom Grundsatz der Eigeneinlagerung abweicht, von dem der Lagerhalter nur nach vorherigem Einverständnis des Einlagerers befreit ist, § 472 II HGB (siehe dazu Rz L 4). Das Besichtigungsrecht gemäß **Nr. 15.1** begünstigt den Auftraggeber. Der Verlust von Einwendungen bei Unterlassen einer Besichtigung (ebenso in § 24 II VBGL vorgesehen) ist nicht hinzunehmen (siehe auch dazu Rz L 4).[2] Problematisch erscheint es auch, wenn **Nr. 15.3** dem Auftraggeber das Betreten des Lagers nur in Begleitung des Spediteurs erlaubt. Selbst wenn man, wie es vernünftiger Auslegung entspricht, nicht auf den Spediteur in Person abstellt, sondern seine Leute als Begleitpersonen mit einbezieht, kann ein wichtiger Grund vorliegen, der das Betreten auch ohne den Spediteur und außerhalb der Geschäftsstunden erforderlich macht. Handelt es sich um ein eigenes Lager des Spediteurs, so ist zwar dessen Hausrecht zu beachten. Ist das Gut aber in fremden Lagerräumen eingelagert, so kann der Spediteur dem Auftraggeber das Betreten nicht untersagen. Die Gefahr von Manipulationen am Gut kann auch auf andere Weise, z. B. durch eine neutrale Begleitperson, ausgeschlossen werden. Nr. 15.3 ist deshalb wegen seiner weiten und undifferenzierten Fassung bedenklich; Gleiches gilt für § 24 III VBGL. **Nr. 15.4** enthält eine im Grundsatz angemessene Regelung. Die gemeinsame Feststellung des Zustandes des Gutes entspricht dem Interesse des Spediteurs und stellt ein grundsätzlich berechtigtes Verlangen dar. Der Spediteur darf aber nicht durch eine unberechtigte Verzögerung der Mitwirkung Feststellungen vereiteln oder unnötig erschweren. Im Falle seiner Verhinderung muss er Ersatzpersonen, insbesondere die Feststellung durch einen neutralen Dritten, zulassen. Unter dieser Voraussetzung ist auch die Haftungsbefreiung mit Umkehr der Beweislast hinsichtlich der Kausalität für den Schaden nicht zu beanstanden (ebenso bei § 24 IV VBGL). **Nr. 15.5** (ebenso § 24 V VBGL) sieht eine Haftung des Auftraggebers für von ihm oder seinen Leuten verursachte Schäden vor, falls dem Auftraggeber nicht die Exkulpation gelingt. Diese Beweislastregelung ist nicht zu beanstanden, soweit es sich um vertragliche Verhältnisse handelt. Mit Dritten bestehen solche aber nicht ohne weiteres. Ein Vertrag zugunsten Dritter kann nicht ohne weiteres als gewollt angesehen werden, insbesondere soweit es sich um fremde Lagerräume und solche Dritte handelt, die zum Spediteur in keiner Beziehung stehen. Nr. 15.5 ist deshalb einschränkend dahin zu interpretieren, dass nur solche Dritte geschützt sind, denen gegenüber der Spediteur seinerseits vertragliche Sorgfaltspflichten hat. Die Saldierung gemäß **Nr. 15.6** ADSp und § 24 VI VBGL bei Inventurdifferenzen begegnet den in Rz L 13 geäußerten Bedenken. Das Recht auf Sicherstellung bzw. fristlose Kündigung gemäß **Nr. 15.7** ADSp/§ 24 VII VBGL knüpft an die gesetzlichen Pfandrechte in §§ 441, 465, 475 b HGB an, die den Sicherungsinteressen grundsätzlich Rechnung tragen, allerdings weder das Interesse an voller Sicherung noch das Interesse an Nachbesserung und Vertragsbeendigung bei fehlender Sicherheit schützen. Nr. 15.7 geht hier um einiges über das gesetzlich anerkannte Sicherungsinteresse hinaus. Zunächst wird nur auf den Wert des Gutes abgestellt. Es müssen aber auch andere Sicherheiten einschließlich der generellen Kreditwürdigkeit des Auftraggebers beachtet werden. Das Anerbieten zur Stellung weiterer Sicherheiten oder zur anderweitigen Unterbringung ist ohne Rücksicht auf die Zumutbarkeit vorgesehen und berechtigt den Spediteur damit zur fristlosen Kündigung, ohne

[1] *Koller* Transportrecht Ziff. 15 ADSp Rz 1; s. a. Rz L 1.
[2] Anders noch die Voraufl.

dass ein wichtiger Grund vorliegen muss. Dies widerspricht der Vertragsbindung und ist nach § 307 unangemessen. Die zuvor gesetzte Frist ersetzt nicht das Vorliegen eines wichtigen Grundes, weil der Speditionsvertrag nicht als unbefristetes Dauerschuldverhältnis mit der Möglichkeit zur ordentlichen Kündigung anzusehen ist.

14. Angebot und Vergütung

A 88 **Nr. 16.1 ADSp'99** enthält genaue Bestimmungen über den Inhalt und die Bedeutung von Preis- und Leistungsbestimmungen im Angebot des Spediteurs wie in abgeschlossenen Vereinbarungen. Es ist grundsätzlich nicht zu beanstanden, dass die Geltung solcher Preis- und Leistungsabreden auf die namentlich aufgeführten eigenen Leistungen und Leistungen Dritter begrenzt wird und nur für normal beschaffenes Gut gilt. Die vorrangige Geltung von Individualabreden gemäß § 305 b wird dadurch nicht aufgehoben. Die Beschreibung näherer Umstände wie unveränderte Beförderungsverhältnisse u. a. kennzeichnet die Geschäftsgrundlage für die Preis- und Leistungsvereinbarungen, bei deren Wegfall nach allgemeinen Regeln eine Anpassung erfolgen müsste. Die Konkretisierung und Präzisierung der Geschäftsgrundlage in diesem Sinne ist grundsätzlich nicht zu beanstanden. Es darf aber von den Grundgedanken des Instituts der Geschäftsgrundlage nicht abgewichen werden, weil sonst die Vertragsbindung beeinträchtigt und entgegen den Grundgedanken von § 309 Nr. 1[1] ein allzu weitgehendes Preisänderungsrecht vorgesehen werden könnte. Voraussetzung einer wirksamen Vereinbarung über die Geschäftsgrundlage in AGB ist deshalb, dass darin keine sachfremden und unangemessenen Risikoabwälzungen enthalten sind. Nr. 16.1 trägt dem insoweit Rechnung, als vorhersehbare Risiken nicht in die Geschäftsgrundlage einbezogen sind. Sonstige Risiken, die der Spediteur unabhängig von der Vorhersehbarkeit zu tragen hat, sind aber nicht genannt. Die Klauselunwirksamkeit könnte allenfalls vermieden werden durch eine durchaus problematische[2] einschränkende Interpretation dahin, dass nach dem Vertragszweck vom Spediteur zu tragende Risiken unberührt bleiben. Die Berechnung zusätzlicher Sondergebühren und Sonderauslagen gemäß Nr. 16.1.2 ist nur zulässig, soweit es sich um übliche Nebenspesen handelt.[3] **Nr. 16.2** beschränkt die Geltung des Angebots in der Weise, dass eine unverzügliche Annahme mit sofortiger Auftragsausführung erforderlich ist. Die unverzügliche Annahme ist im Sinne von § 147 II zu interpretieren. Dies muss entgegen § 147 I auch bei einem Angebot unter Anwesenden gelten, wobei zwar die Versendezeit, nicht aber die Überlegungszeit entfällt. Das Erfordernis, auf das Angebot Bezug zu nehmen, ist auch erfüllt, wenn sich die Bezugnahme aus den Umständen ergibt. Der Verweis in **Nr. 16.3** auf die Geltung der §§ 415, 417 HGB bei Kündigung oder Entziehung des Auftrags erstreckt Regelungen des Frachtvertrags auf den Speditionsvertrag. Dies ist nicht zu beanstanden, wenn sich der Spediteur auch zur Beförderung verpflichtet. **Nr. 16.4** sieht einen Provisionsanspruch auch bei Rücknahme eines Einziehungsauftrags vor. Der ungekürzte Provisionsanspruch widerspricht dem Grundgedanken von § 649 S. 2, wonach ersparte Aufwendungen zu berücksichtigen sind. Auch ist die Provision ohne Rücksicht auf den Grund für den Auftragsentzug zu zahlen. Dies würde z. B. auch die Kündigung aus wichtigem Grund umfassen. In dieser weiten Fassung ist **Nr. 16.4** nach § 307 unwirksam. **Nr. 16.5**

---

[1] S. zur Geltung im unternehmerischen Verkehr § 309 Nr. 1 Rz 161.

[2] S. dazu § 307 Rz 36 ff.; dagegen aber *Bamberger/Roth/Hubert Schmidt* § 305c Rz 46.

[3] Wie hier *Koller* Transportrecht Ziff. 16 ADSp Rz 5; a.A. (Unwirksamkeit) *Ebenroth/Boujong/Joost/Gass* Ziff. 16 ADSp Rz 7 und *Ulmer/Hensen* Anh. § 310 Rz 390.

kann nur unter der einschränkenden Voraussetzung als gültig angesehen werden, dass der Spediteur zuvor Weisungen des Auftraggebers eingeholt und diesen Weisungen gemäß bzw. unter Beachtung von § 665 gehandelt hat.

15. Aufwendungen des Spediteurs, Freistellungsanspruch

Nr. 17.1 ADSp'99 entspricht der Regelung des § 670 und ist grundsätzlich nicht zu beanstanden. Voraussetzung des Aufwendungsersatzanspruchs ist allerdings, dass die Aufwendungen nicht schon als durch die Vergütung abgegolten anzusehen sind. Nr. 17.1 ist in diesem Sinne auszulegen. **Nr. 17.2** ist wirksam unter der Voraussetzung, dass der Spediteur unter Beachtung der Interessenwahrnehmungs- und Sorgfaltspflicht in Nr. 1 nur solche Auslagen tätigt, die den Auftraggeber auch wirklich treffen. Gegebenenfalls hat er mit dem Auftraggeber Rücksprache zu nehmen.[1] Der in **Nr. 17.3** enthaltene Freistellungsanspruch besteht nur, wenn die Abgaben dem Auftraggeber auch wirklich zur Last fallen. Die dem Spediteur durch Nr. 17.3.2 eingeräumte Befugnis, nach pflichtgemäßem Ermessen geeignete Maßnahmen zu seiner Sicherung und Befreiung zu treffen, ist zu weit und unbestimmt und kann deshalb nicht als wirksam angesehen werden.[2] Auch ist ein Sicherungsbedürfnis neben dem Recht zur Aufrechnung (Nr. 19 ADSp'99) und dem Pfand- und Zurückbehaltungsrecht in Nr. 20 ADSp'99 nicht ohne weiteres anzuerkennen. Nr. 17.3.3 stimmt mit § 665 S. 2 dem Sinne nach überein. Die in **Nr. 17.4** geregelte Mitteilungspflicht ist unter der Überschrift zu Nr. 17 nicht zu erwarten. Sie ist andererseits aber auch dem Speditionsvertrag nicht so wesensfremd, dass sie als überraschend im Sinne von § 305 c I eingestuft werden müsste. Inhaltlich entspricht die Mitteilungspflicht den Anforderungen von Treu und Glauben. Wortgleiche Regelungen enthält § 26 VBGL. **A 89**

16. Rechnungen, Verzug, fremde Währungen

Nr. 18.1 ADSp'99 enthält eine mit § 271 übereinstimmende Regelung. **Nr. 18.2 und 18.3 ADSp'99** sind in der Fassung von 2003 nicht mehr enthalten. Nach Nr. 18.2 trat der Zahlungsverzug ohne Mahnung oder das Vorliegen sonstiger Voraussetzungen spätestens 10 Tage nach dem Zugang der Rechnung ein, sofern nicht aufgrund Gesetzes der Verzug früher eintrat (so jetzt noch § 39 I 1 VBGL). Der Verzicht auf das Mahnungserfordernis wurde, wie zuvor zu § 29 S. 2 ADSp a. F., als wirksam angesehen.[3] Auch **Nr. 18.3** ist wie schon zuvor § 29 S. 3 ADSp a. F. nicht zu beanstanden, auch wenn er mit 3 % statt zuvor 2 % über dem zum Zeitpunkt des Verzugseintritts geltenden Basiszinssatz der Deutschen Bundesbank einen höheren Verzugszins festlegt. Die darin liegende Pauschalierung des Verzugszinses eröffnet zwar nicht den Gegenbeweis, was bei einer Verwendung nach dem 1. 1. 2002 wegen der Neuformulierung des § 309 Nr. 5 b zu Bedenken führen könnte, da die Wertung des § 309 Nr. 5 b auch im unternehmerischen Rechtsverkehr über § 307 zu beachten ist.[4] Das führt aber nicht zur Unwirksamkeit der Klausel, denn nach § 288 II in der ab dem 1. 1. 2002 geltenden Fassung kann im Verzugsfall ein Zins von 8 Prozentpunkten über dem Basiszins verlangt werden, ohne dass dem Schuldner eine Möglichkeit des Gegenbeweises eingeräumt wäre; vielmehr kann der Gläubiger seinerseits nach anderen Rechtsgrundlagen höhere Zinsen (§ 288 III) oder auch **A 90**

---

[1] Unwirksamkeit der Klausel nehmen an *Koller* Transportrecht Ziff. 17 ADSp Rz 4; *Vogt* in *von Westphalen* Vertragsrecht und AGB-Klauselwerke, Transportrecht Rz 235.

[2] S. dazu § 310 Rz L 213.

[3] S. dazu BGH NJW-RR 1991, 995, 997.

[4] *Bamberger/Roth/Becker* § 309 Nr. 5 Rz 40.

einen höheren Schaden geltend machen (§ 288 IV). Damit begegnet es keinen Bedenken, wenn die Klausel 3 Prozentpunkte über dem Basiszins als Verzugszins annimmt.[1] In der Fassung von 2003 entsprechen **Nr. 18.2 und Nr. 18.3** den Nrn. **18.4** und **18.5 ADSp'99.** Die jetzige Nr. 18.2 entspricht § 27 ADSp a. F. und ist wirksam, solange beachtet wird, dass die in der Preisvereinbarung festgelegte Währung grundsätzlich den Charakter einer Individualvereinbarung hat, der nach § 305 b Vorrang zukommt.[2] Auch für **Nr. 18.3,** der § 28 ADSp a. F. entspricht, gilt der Vorrang der Individualabrede gemäß § 305 b. Allerdings wird eine Individualvereinbarung bei dem in Nr. 18.3 angesprochenen Auslagenersatz seltener als bei einer Preisvereinbarung anzunehmen sein. Nr. 18.3.2 bestimmt nicht ganz eindeutig, ob der Zeitpunkt der Zahlung des Spediteurs oder der Zahlung des Auftraggebers oder Empfängers gemeint ist. Nach dem Zusammenhang ist jedoch davon auszugehen, dass die Zahlung durch den Auftraggeber oder Empfänger gemeint ist. In jedem Fall muss eine Bereicherung des Spediteurs vermieden werden, was durch die Möglichkeit zum Nachweis der realen Belastung gewährleistet erscheint.

17. Aufrechnung, Zurückbehaltung

A 91 **Nr. 19 ADSp'99** macht die Aufrechnung oder Zurückbehaltung davon abhängig, dass ein fälliger Gegenanspruch vorliegt, dem kein Einwand entgegensteht (klarer die Formulierung in § 39 III VBGL). Da unbestrittenen und rechtskräftig festgestellten Forderungen kein Einwand entgegensteht, liegt ein Verstoß gegen § 309 Nr. 3 nicht vor. Da ein Einwand zudem nur „entgegensteht", wenn er wirklich besteht, und nicht schon, wenn er behauptet wird, ist auch § 309 Nr. 2 nicht verletzt, so dass die Klausel nicht zu beanstanden ist.[3]

18. Pfand- und Zurückbehaltungsrecht

A 92 **Nr. 20.1 ADSp'99** sieht ein Pfandrecht wegen aller fälligen und nicht fälligen Ansprüche vor, die aus Geschäften gemäß Nr. 2.1 ADSp'99 stammen. Das Pfandrecht besteht an allen Gütern oder sonstigen Werten, die sich in der Verfügungsgewalt des Spediteurs befinden. Die Verfügungsgewalt muss aber befugtermaßen erlangt sein. Mit dieser Beschränkung ist Nr. 20.1 nicht zu beanstanden,[4] da Nr. 20.1.2 darüber hinaus auch ausdrücklich vorsieht, dass das Pfand- und Zurückbehaltungsrecht nicht über das Gesetz hinaus bestehen soll. Nach **Nr. 20.2** darf das Pfand- und Zurückbehaltungsrecht wegen Forderungen aus anderen Verkehrsverträgen mit dem Auftraggeber (inkonnexe Forderungen) nur ausgeübt werden, wenn diese Forderungen unbestritten sind. Dies stimmt mit § 441 HGB überein. Darüber hinaus ist das Pfandrecht vorgesehen für Forderungen, die im Hinblick auf die Vermögenslage des Schuldners gefährdet sind. Daraus ergibt sich eine eingeschränkte Sicherungszweckerklärung des Inhabers, dass das Pfand- und Zurückbehaltungsrecht grundsätzlich nur an solchen Gütern und Werten ausgeübt werden darf, die im Zusammenhang mit dem Verkehrsvertrag stehen, aus dem die gesicherte Forderung entspringt. Nur ausnahmsweise darf das Pfandrecht an diesen Gütern und Werten für Forderungen aus anderen Verkehrsverträgen ausgeübt werden. Die in Nr. 20.2 vorgesehenen Ausnahmen (unbestrittene oder gefährdete Forderungen) sind, soweit es die Gefährdung der Forderung betrifft, wegen Unbestimmtheit und deswegen zu beanstanden, weil sie vom Leitbild der §§ 441 I, 464

[1] *Ebenroth/Boujong/Joost/Gass* Ziff. 18 ADSp Rz 4.
[2] S. auch *Koller* Transportrecht, § 27 ADSp Rz 1.
[3] BGH NJW-RR 2006, 1350, 1351; zuvor OLG Nürnberg TranspR 2003, 349 f.
[4] S. auch Rz P 6 ff.

S. 1 und 475 b I HGB unangemessen zulasten des Vertragspartners abweichen und deswegen gegen § 307 II Nr. 1 verstoßen.[1] Die in **Nr. 20.3** enthaltene Verkürzung der Androhungsfrist des § 1234 II von 1 Monat auf 2 Wochen ist im Verkehr mit Unternehmern nicht zu beanstanden. **Nr. 20.4** erlaubt den freihändigen Verkauf über § 1221 hinaus, eingeschränkt durch das Erfordernis des Verzugs und die vorausgegangene Verkaufsandrohung. Die Verkaufsbefugnis ist entgegen § 1228 II 2 aber nicht davon abhängig, dass die gesicherte Forderung in eine Geldforderung übergegangen ist. Diese Erweiterungen der Verkaufsbefugnis über die gesetzliche Regelung hinaus sind nicht nach § 307 unangemessen. Die Befugnis zum freihändigen Verkauf steht unter der Interessenwahrnehmungs- und Sorgfaltspflicht in Nr. 1 ADSp'99. Der Spediteur haftet deshalb, wenn der Verkaufserlös bei freihändigem Verkauf geringer ist, als er bei Einhaltung der gesetzlichen Bestimmungen zu erzielen gewesen wäre. **Nr. 20.5** sieht für den Spediteur eine Verkaufsprovision vor. Die Provisionspflicht erscheint bedenklich. § 354 HGB kann dafür nicht herangezogen werden, da der Spediteur in Ausübung und zwecks Wahrnehmung eines eigenen Rechts handelt. Dafür kann er keine Provision verlangen. Der Ersatz der Verwertungskosten kann dagegen in Einklang mit § 307 vorgesehen werden.[2] Inhaltsgleiche Regeln enthält § 36 VBGL.

19. Versicherung des Gutes

Nr. 21 hat in der Fassung von 2003 bis auf Absatz 21.5, der wortgleich dem Absatz 21.3 der Fassung von 1999 entspricht, eine wesentliche Änderung erfahren, die auf den Paradigmenwechsel im Haftungs- und Versicherungssystem zurückzuführen ist.[3] Die Auslegungsregel in Nr. 21.1.2 wurde in Nr. 21.3 ADSp'03 zu einer Verpflichtung zur ermessensgemäßen Entscheidung über Art und Umfang der Versicherungseindeckung unter dem Vorbehalt einer dieses Ermessen einschränkenden oder gar aufhebenden schriftlichen Weisung des Auftraggebers. **Nr. 21.1** ADSp'99 legte dem Spediteur eine über Nr. 29 ADSp'99 hinausgehende Versicherungspflicht nur auf, wenn dies schriftlich unter Angabe der Versicherungssumme und der zu deckenden Gefahren vereinbart war. Dies ist nicht zu beanstanden, da der Spediteur auch nach Nr. 1 ADSp'99 nicht ohne weiteres zum Abschluss einer Versicherung verpflichtet ist. Es genügt, wenn er auf ein entsprechendes Bedürfnis hinweist und die Weisung des Kunden erbittet. Während Nr. 21.1.1 über das Ob entscheidet, regelt Nr. 21.1.2 die Art und den Umfang der Versicherung und gibt dem Spediteur eine Entscheidungsbefugnis, die nach pflichtgemäßem Ermessen auszuüben ist und marktübliche Bedingungen zu wahren hat. Die Entscheidungsbefugnis umschließt auch die Frage, ob der Spediteur selbst als Versicherungsnehmer auftritt oder hierfür den Auftraggeber vorsieht. Ist der Spediteur selbst Versicherungsnehmer, so ermächtigt er nach **Nr. 21.2 ADSp'99** auf Wunsch den Auftraggeber zur Geltendmachung der Versicherungsansprüche. Eine Pflicht zur Geltendmachung durch den Spediteur besteht nur aufgrund besonderen Auftrags, dann aber für Rechnung und Gefahr des Auftraggebers. Die Regelung ist nicht zu beanstanden. Der Spediteur ist aber im Rahmen von Nr. 1 ADSp'99 verpflichtet, den Auftraggeber auf die Notwendigkeit der Geltendmachung hinzuweisen und ihm die erforderlichen Auskünfte und Unterlagen zu geben. **Nr. 21.1 ADSp'03** vereinfacht in formeller Hinsicht die Auftragserteilung an den Spediteur zur Besorgung des Versicherungsschutzes, da nicht mehr eine schriftliche Vereinbarung gefordert ist, sondern ledig- A 93

[1] S. auch *Koller* Transportrecht Ziff. 20 ADSp Rz 13.

[2] *Ebenroth/Boujong/Joost/Gass* Ziff. 20 ADSp Rz 20; s. auch § 307 Rz S 111; a.A. (angemessene Erweiterung des § 354 HGB) *Koller* Transportrecht Ziff. 20 ADSp Rz 10.

[3] *Koller* Transportrecht Ziff. 21 ADSp Rz 1.

lich ein formloser (Nr. 3.1 ADSp'03) Auftrag. Die Auswahl des Versicherers ist Sache des Spediteurs, der sich dieser Pflicht unter Beachtung seiner grundsätzlich gegebenen Interessenwahrungs- und Sorgfaltspflicht (Nr. 1 ADSp) zu entledigen hat.[1] Ergänzt wurde die Klausel durch eine Hinweispflicht des Spediteurs an den Auftraggeber, wenn der Spediteur den Versicherungsschutz nicht besorgen kann. Bedenken bestehen gegen diese Klausel nicht. Das ist anders bei **Nr. 21.2 ADSp'03.** Danach kann der Spediteur auch ohne Auftrag des Vertragspartners auf dessen Kosten eine Versicherung abschließen, wenn sie im Interesse des Auftraggebers liegt. Das Interesse an einer Versicherung kann der Spediteur nach Nr. 21.2.2 vermuten, insbesondere in den dort genannten 2 Beispielsfällen, während es in zwei genannten Gegenvermutungsfällen, die ebenfalls wieder als Regelbeispiele genannt sind, widerlegt ist. Der Spediteur darf das Interesse des Auftraggebers an einer Versicherung jedenfalls dann annehmen, wenn er bei einem früheren Verkehrsvertrag mit demselben Auftraggeber bereits eine Versicherung besorgt hat oder wenn der Auftraggeber einen Warenwert im Auftrag angegeben hat. Die Vermutung ist widerlegt in den Fällen, in denen der Auftraggeber die Besorgung einer Versicherung schriftlich untersagt hat oder wenn er selbst „vom Fach", also Spediteur, Frachtführer oder Lagerhalter ist. Schon die Regelungssystematik als solche erscheint in sich nicht bruchfrei: Einerseits wird das Interesse an dem Versicherungsschutz grundsätzlich vermutet, andererseits wird die Vermutung widerlegt, wofür auch wiederum die beiden Regelbeispiele genannt werden. Gibt es aber Regelbeispiele, kann die Palette der Vermutungswiderlegungen natürlich darüber hinausgehen. Dann ist aber das Gewicht der Vermutungsregelung in Nr. 21.2.2 ADSp'03 nicht mehr recht festzustellen, deren weitere Voraussetzungen sind es ohnedies nicht, weil dazu nichts in der Klausel steht.[2] Das lässt bereits Zweifel an der Transparenz der Klausel entstehen. Ob dies schon zur Unwirksamkeit ausreicht, kann dahin stehen, denn die Klausel ist unter anderem Aspekt nach § 307 II Nr. 1, I unwirksam: Nach dem ersten Regelbeispiel kann der Spediteur eine Versicherung besorgen, wenn er früher schon einmal in einem Verkehrsvertrag für denselben Auftraggeber eine Versicherung besorgt hat. In der Literatur wurde bereits zutreffend darauf hingewiesen, dass darunter auch solche Fälle zu fassen sind, in denen der Spediteur das auf eigene Faust und ohne Weisung des Auftraggebers getan hat, weswegen die Klausel insoweit zurecht als willkürlich bezeichnet wurde.[3] Unabhängig davon gibt es aber auch keinerlei zeitliche Eingrenzung, bis wann sich denn sozusagen die Erfahrung aus einem Vorgängervertrag noch fortsetzen darf. Soll der Spediteur tatsächlich aus einem Jahre zurückliegenden Vertrag Schlüsse auf einen neuen Vertrag ziehen können? Und selbst wenn der Vorgängervertrag noch recht jung ist, können sich die Verhältnisse beim Auftraggeber verändert haben, indem er selbst für hinreichenden Versicherungsschutz gesorgt hat. Die teilweise zur Rettung der Klausel angenommene Rückfrageverpflichtung[4] findet in dem Geflecht von Vermutungs- und Gegenvermutungsregeln keinen Anhalt und ist deswegen nicht geeignet, die Klausel aufrechtzuerhalten. Auch die an die Wertangabe knüpfende Vermutungsregelung ist unangemessen, da der Auftraggeber zur Wertangabe nach Nr. 3.4 ADSp'03 verpflichtet ist (will er nicht die Folgen der Nr. 3.7 ADSp'03 auslösen). Damit schafft sich der Klauselverwender eine „sichere Basis" für die Anwendung der Vermutung, auch wieder ohne Rücksicht darauf, ob tatsächlich das Interesse des Auftraggebers den Versicherungsschutz gebietet. Letztlich führt die zwar als Vermutung formu-

---

[1] *Koller* Transportrecht Ziff. 21 ADSp Rz 2.

[2] Darauf weist zutreffend bereits *Heuer* TranspR 2003, 1, 6, hin.

[3] *Heuer* TranspR 2003, 1, 6.

[4] *Koller* Transportrecht Ziff. 21 ADSp Rz 6f.

lierte Regelung, mag sie auch widerleglich ausgestaltet sein, wofür die Gegenvermutungen sprechen,[1] zu einer Fiktion[2] einer Willenserklärung (Auftrag zur Besorgung der Versicherung, obwohl der Auftraggeber dazu gerade nichts sagt), was gegen den wesentlichen Grundgedanken der Vertragslehre verstößt, wonach eben mangels Sonderlagen Schweigen keinen Erklärungsgehalt hat und sich auch an § 454 II HGB bricht, weil der nur dann den Abschluss von Verträgen für die dort genannten Nebenleistungen einschließlich der Versicherung vorsieht, wenn es eine dahingehende Vereinbarung der Parteien gibt. Viel enger ist die Regelung in § 34 I VBGL, die einen Versicherungsabschluss von der Weisung des Auftraggebers abhängig macht. **Nr. 21.3 ADSp'03** unterscheidet zwei Fälle: Hat der Auftraggeber eine schriftliche Weisung zur Versicherung erteilt, ist der Spediteur selbstverständlich an diese gebunden. Fehlt eine solche schriftliche Weisung, liegt die Entscheidung über Art und Umfang der Versicherung im pflichtgemäßen Ermessen des Spediteurs, der dann auch auf der Kehrseite bei Ermessensfehlgebrauch haftet, sofern er sich nicht exkulpieren kann. Fraglich ist, was gilt, wenn nur eine nicht schriftliche Weisung (vgl. Nr. 3.2 ADSp'03) vorliegt. Wenn der Spediteur diese nicht als formwidrig zurückgewiesen hat, wird man schon nach § 305 b eine vorrangige und die Form abbedingende Abrede anzunehmen haben.[3] **Nr. 21.4 ADSp'03** hat allenfalls klarstellende Funktion, da sie lediglich das wiedergibt, was sich aus dem zu Grunde liegenden Rechtsverhältnis ohnedies ergibt: Wer im Auftrag und für Rechnung eines anderen tätig wird, hat dem Rechnung zu legen (siehe schon § 666). Dass die Versicherungsprämie, die der Spediteur einzieht, zweckgebunden und vollständig weiterzuleiten ist, kann auch schwerlich in Zweifel gezogen werden. Einen über Selbstverständlichkeiten hinausgehenden Sinn könnte man der Klausel insoweit beimessen, wenn man in ihr zugleich den Ausschluss eines Zurückbehaltungsrechts sieht, der den Spediteur hindert, die Versicherungsprämie solange zurückzuhalten, bis etwa fällige und angemahnte Verbindlichkeiten des Vertragspartners gegenüber dem Spediteur beglichen sind. **Nr. 21.5 ADSp'03** hat ebenfalls nur klarstellende Funktion dahin, dass dem Spediteur für die dort genannten Tätigkeiten ein Vergütungs- und Auslagenerstattungsanspruch zusteht. Das wird aber nur in den Fällen gelten, in denen der Spediteur die Versicherung entweder aufgrund einer tatsächlich vorliegenden Weisung abgeschlossen hat oder der Abschluss tatsächlich dem Interesse des Auftraggebers entsprach.

20. Haftung des Spediteurs, Abtretung von Ersatzansprüchen

Nr. 22.1 ADSp'99 geht vom Grundsatz der Haftung nach den gesetzlichen Vorschriften aus und verzichtet damit auf eine Freizeichnung für leichte Fahrlässigkeit. **A 94**
Die nachfolgenden Haftungsklauseln stehen unter dem Vorbehalt, dass zwingende oder AGB-feste Rechtsvorschriften nicht entgegenstehen. Ein solcher „salvatorischer" Vorbehalt ist unzulässig, da er sich letztlich nicht auf die deklaratorische Wiedergabe von ohnehin Selbstverständlichem reduzieren lässt (dann wäre er überflüssig). Vielmehr soll der Vorbehalt, wie durch die Wendung „soweit" deutlich wird, im Ergebnis die geltungserhaltende Reduktion auf das „noch" zulässige und gesetzeskonforme Maß in die Klauselkontrolle hineinbringen, was an § 306 II scheitert.[4] Die Regelung scheitert aber auch an § 307, und zwar wegen unangemessener Benachteiligung des Verwendungsgegners und wegen Intransparenz. Erste-

---

[1] *Koller* Transportrecht Ziff. 21 ADSp Rz 5.

[2] So auch *Heuer* TranspR 2003, 1, 6.

[3] So auch *Koller* Transportrecht Ziff. 21 ADSp Rz 9.

[4] *Ulmer/Harry Schmidt* § 306 Rz 39; *Bamberger/Roth/Hubert Schmidt* § 306 Rz 17; siehe auch § 306 Rz 47 ff.; anders noch die Vorauflage und § 307 Rz 266 sowie *Koller* Transportrecht Ziff. 22 ADSp Rz 3.

res, weil es neben der Klauselunwirksamkeit aufgrund Verstoßes gegen zwingende Regeln und gegen solche, die nur durch Individualvereinbarungen abzuändern sind, auch bekanntlich die Unwirksamkeit deswegen gibt, weil der Rahmen (auch AGB-)dispositiver Vorschriften durch AGB schlicht unangemessen ausgefüllt wird. Wenn dieser Bereich gänzlich ausgenommen werden soll, wird der Verwendungsgegner unangemessen benachteiligt. Intransparent ist die Regelung, weil aus ihr gerade nicht klar hervorgeht, welche Rechte der Vertragspartner hat, das vielmehr nur durch Prüfung der Klausel anhand der gesetzlichen Bestimmungen zu ermitteln wäre. Das ist nicht Aufgabe des Verwendungsgegners.[1] Zur Haftung bei qualifiziertem Verschulden s. Nr. 27 ADSp'99. **Nr. 22.2** stellt für den reinen Organisations-Spediteur, der selbst keine Beförderungs- oder sonstigen Ausführungspflichten übernimmt, in Übereinstimmung mit der Rechtsprechung[2] klar, dass die die Ausführungsgeschäfte übernehmenden Dritten nicht Erfüllungsgehilfen des Spediteurs sind. Der Spediteur haftet deshalb nur für sorgfältige Auswahl. **Nr. 22.3** sieht die generelle Geltung der §§ 429, 430 HGB für alle Fälle des Verlusts oder der Beschädigung des Gutes vor. Diese Vorschriften gelten über den reinen Frachtvertrag hinaus gemäß § 461 HGB ohnehin auch für den Speditionsvertrag. § 432 HGB gilt gemäß Nr. 22.1, auch wenn er nicht ausdrücklich erwähnt ist. Eine Abweichung von der gesetzlichen Regelung ergibt sich dagegen für den Lagervertrag, wo in § 475 HGB nicht auf §§ 429, 430 HGB verwiesen wird. An Stelle der Haftung auf den vollen Schaden gemäß § 475 HGB tritt deshalb der Wert- und Kostenersatz gemäß §§ 429, 430 HGB. Da § 475 HGB dispositiv ist[3] und durch §§ 429, 430 HGB der im Wesentlichen vorhersehbare Schaden ersetzt wird, ist Nr. 22.3 nicht zu beanstanden. Nr. 22.3 regelt nur den Haftungsumfang, nicht den Haftungsgrund. Bei qualifiziertem Verschulden gilt Nr. 27 ADSp'99. **Nr. 22.4** enthält eine Beweislastregelung, deren Wirksamkeit durchaus differenziert zu beurteilen ist. Sie setzt voraus, dass die §§ 425 ff., 461 I HGB nicht gelten. Die ungenaue Verweisung auf die §§ 425 ff. HGB ist dahin zu präzisieren, dass die in § 461 I HGB im Einzelnen aufgeführten Bestimmungen gemeint sind. Nr. 22.4 betrifft deshalb hauptsächlich den Lagervertrag (siehe dazu noch Rz L 9). Die Beweislast wird dadurch entgegen § 475 HGB zugunsten des Lagerhalter-Spediteurs umgekehrt. Eine solche Beweislastumkehr ist mit § 307 nur vereinbar, soweit es sich um Umstände handelt, die dem Risikobereich des Auftraggebers zuzurechnen sind.[4] Davon kann für die in Nr. 22.4.1 und 2 (wegen des anzunehmenden Einverständnisses des Vertragspartners) genannten Fallgruppen im Regelfall ausgegangen werden, nicht aber ohne weiteres bei den in Nr. 22.4.3 und 4 genannten Umständen. Die Regelung ist insoweit bedenklich.[5] Nr. 22.4.2 enthält noch eine Vermutung für das Vorliegen der in Nr. 22.4.1–4 genannten Schadensursachen, wenn der Schaden hieraus entstehen konnte. Die Regelung deckt sich nur teilweise mit § 427 II HGB, da die Anknüpfungstatsachen in § 427 I Nr. 1–6 deutlich differenzierter sind und im Wesentlichen auf Umstände Bezug nehmen, die entweder unmittelbar vom Auftraggeber zu beherrschen sind, in der Besonderheit des Gutes liegen oder mit denen der Auftraggeber, wie bei der Aufbewahrung im Freien entsprechend vertraglicher Vereinbarung oder Übung, einverstanden war. Deshalb ist auch diese Regelung unwirksam; soweit die Beweislastumkehr sich auf die Ziffern 22.4.3 und 22.4.4 bezieht, liegen diese Umstände zwar in der Sphäre zumindest auch des Auftraggebers.[6] Gleichwohl

[1] Im Ergebnis hier ebenso *Ulmer/Hensen* Anh. § 310 Rz 388.
[2] S. BGH NJW 1988, 640.
[3] S. § 310 Rz L 5.
[4] S. § 309 Nr. 12 Rz 90 f.
[5] S. auch § 309 Nr. 12 Rz 91.
[6] Anders noch die Voraufl.; vgl. auch *Koller* Transportrecht Ziff. 22 ADSp Rz 7 ff.

kann die Klausel nur dann Bestand haben, wenn sie dahin ausgelegt wird, dass nicht schon die fern liegende Möglichkeit der Verursachung ausreicht, vielmehr müssen für das Eingreifen dieser Vermutung greifbare und aussagekräftige und vom Spediteur darzulegende Anhaltspunkte bestehen. **Nr. 22.5** enthält die Verpflichtung des Spediteurs zur Abtretung von Ersatzansprüchen, die ihm gegen Dritte zustehen, soweit sie seine eigene Haftung übersteigen und er nicht die Geltendmachung dieser Ansprüche für Rechnung und Gefahr des Auftraggebers übernommen hat. Die Regelung in Nr. 22 ADSp entspricht bis hierher der Regelung in § 28 VBGL. Der Auftraggeber kann darüber hinaus die Abtretung aller Ansprüche gegen Dritte erfüllungshalber verlangen, auch soweit sie neben Ansprüchen gegen den Spediteur bestehen. Des weiteren wird klargestellt, dass die Abtretung nicht verlangt werden kann, soweit der Spediteur oder eine Versicherung[1] Leistungen an den Auftraggeber erbringen. Diese Abtretungsregelung ist insgesamt wirksam.

21. Haftungsbegrenzungen

Nr. 23 hat von der Fassung der ADSp'99 bis zu derjenigen von 2003 ebenfalls nicht nur redaktionelle Änderungen im Hinblick auf die €-Umstellung erfahren. Die Regelung enthält Bestimmungen über die Haftungsbegrenzung; sie ist im Druckbild besonders hervorgehoben und genügt damit ebenso wie § 29 VBGL den Anforderungen, die §§ 449, 466 jeweils in II 2 Nr. 1 HGB an die drucktechnisch deutliche und hervorgehobene Gestaltung stellen (zur Frage der stillschweigenden Einbeziehung s. Rz A 72 f.). Zur Haftung bei qualifiziertem Verschulden beachte Nr. 27 ADSp'99. **A 95**

Fassung ADSp'99. Nr. 23.1 bezieht sich auf Güterschäden, soweit nicht eine verfügte Lagerung vorliegt, für die Nr. 24 ADSp'99 gilt. Im Einzelnen wird nach der Art des Schadensfalls differenziert. **Nr. 23.1.1** enthält als Grundsatz eine Begrenzung auf 5,– € für jedes Kilogramm des Rohgewichts der Sendung. Damit ist zunächst das Gesamtgewicht der Sendung und nicht das Gesamtgewicht der beschädigten oder verlorengegangenen Güter gemeint. Eine Regelung über Schäden an Teilen der Sendung enthält Nr. 23.2. Der in Nr. 23.1.1 niedergelegte Grundsatz wird aber ergänzt und modifiziert durch Bestimmungen in Nr. 23.1.2–4. Nach **Nr. 23.1.2** gilt für den Güterschaden während des Transports mit einem Beförderungsmittel der gesetzlich festgelegte Haftungshöchstbetrag, der sich aus § 431 HGB mit insgesamt 8,33 Sonderziehungsrechten als Rechnungseinheit je Kilogramm ergibt (ebenso § 29 I Nr. 1 VBGL). Zur Beweislast s. Nr. 25.2 ADSp'99. **Nr. 23.1.3** sieht für Schäden aus einer Beförderung mit verschiedenartigen Beförderungsmitteln unter Einschluss einer Seebeförderung eine Haftungsbegrenzung auf 2 Sonderziehungsrechte vor (ebenso § 29 I Nr. 2 VBGL). Diese Regelung ist durch §§ 449, 466 jeweils II 2 Nr. 1 mit § 452 d II HGB als dem dort genannten Mindestbetrag gedeckt, unabhängig davon, ob der Schadensort im Sinne von § 452 a HGB bekannt ist oder nicht. **Nr. 23.1.4** sieht einen Haftungshöchstbetrag für alle in Nr. 23.1 genannten Schadensfälle von 1 Mio € oder 2 Sonderziehungsrechten je Kilogramm vor, je nachdem, welcher Betrag höher ist; in § 29 I VBGL ist als Haftungshöchstbetrag nur 1 Mio € genannt. Da danach der Betrag von 2 Sonderziehungsrechten je Kilogramm auf jeden Fall erreicht wird, ist die Regelung gemäß §§ 449, 466 jeweils II 2 Nr. 1 HGB an sich wirksam. § 432 HGB bleibt unberührt, da von ihm gemäß § 449 II 2 HGB nicht abgewichen werden kann. Dies wird aber nicht genügend transparent dargestellt. Nr. 22.1 ADSp'99 kann nicht auf Nr. 23 ADSp'99 erstreckt werden. **Nr. 23.2** ADSp/§ 29 II VBGL enthält eine Rege- **A 96**

[1] S. dazu *Koller* Transportrecht Ziff. 22 ADSp Rz 14.

lung für Teilgüterschäden und sieht in Anlehnung an § 431 II HGB das Rohgewicht der Gesamtsendung als maßgeblich an, wenn die gesamte Sendung entwertet ist, bei Teilentwertung dagegen nur das Rohgewicht des entwerteten Teils. Bezüglich der Schadensbeträge je Kilogramm gelten aber die in Nr. 23.1.1–4 genannten Berechnungsgrößen und nicht der in § 431 II HGB genannte Betrag. **Nr. 23.3** enthält für andere als Güterschäden eine Haftungsbegrenzung auf das Dreifache des Spediteurentgelts je Schadensfall. Darin liegt eine Abweichung von § 433 HGB, die nicht durch §§ 449, 466 jeweils II 2 HGB gedeckt ist. Zudem werden durch die negative Fassung „andere als Güterschäden" auch Personenschäden der Haftungsbegrenzung unterworfen. Die Regelung ist damit auch insgesamt unwirksam.[1] **Nr. 23.4** sieht bei Erhebung mehrerer Ansprüche aus einem Schadensereignis, insbesondere bei Ansprüchen mehrerer Geschädigter, eine Gesamtbegrenzung auf 5 Mio € oder 2 Sonderziehungsrechten je Kilogramm der verlorenen oder beschädigten Güter vor. Da jeweils der höhere Betrag gilt und gemäß § 449 II 2 HGB auch von § 431 II Nr. 1 HGB abgewichen werden kann, ist die Mindestgrenze von 2 Sonderziehungsrechten je Kilogramm gewahrt. Die gleichzeitig vorgesehene anteilige Haftung bei mehreren Geschädigten entsprechend dem Verhältnis ihrer Ansprüche ist eine sachgerechte Konsequenz aus der Haftungshöchstgrenze. Jedem Geschädigten muss aber auf jeden Fall der Mindestbetrag von 2 Sonderziehungsrechten je Kilogramm seines verlorenen oder beschädigten Gutes verbleiben. **Nr. 23.5** verweist für die Berechnung des Sonderziehungsrechtes auf § 431 IV HGB.

A 97 **Fassung ADSp'03.** Die Absätze 23.1 (mit Unterabsätzen) und 23.2 entsprechen der Fassung von 1999, so dass wegen der inhaltlichen Beschreibung auf die Ausführungen in der vorherigen Randnummer verwiesen werden kann. Zur Haftung bei qualifiziertem Verschulden und bei Verletzung von Kardinalpflichten siehe Nr. 27 ADSp'03. Problematisch ist, ob die Haftungsbegrenzungen auch noch nach Wegfall der herkömmlichen, an die ADSp gekoppelten Schadenversicherungskomponente der Speditionsversicherung seit dem 1. 1. 2003 Bestand haben.[2] Dabei stellt sich die Vorfrage, ob die sich im Korridor der §§ 449 II 2 und 466 II 2 HGB bewegenden Pauschalierungen überhaupt AGB-rechtlicher Kontrolle, insbesondere der Inhaltskontrolle nach § 307, unterliegen. Das ist umstritten. Einerseits wird aus der Gesetzesbegründung[3] zur Ursprungsfassung des jetzigen § 449 HGB (§ 448 E) hergeleitet, eine Inhaltskontrolle innerhalb des gesetzlichen Korridors finde nicht statt.[4] Andererseits wird die Inhaltskontrolle auch innerhalb des Korridors befürwortet.[5] In der Tat stellt die Begründung zum Gesetzesentwurf, der eine Margenlösung zunächst nicht vorsah, die Überlegung in den Raum, gegen die Margenlösung spreche, dass bei ihr unangemessen niedrige, sich gleichwohl in der Marge haltende Schadenshöchstbeträge „einer AGB-Kontrolle angesichts der vom Gesetzgeber getroffenen Grundentscheidung für eine solche Haftungsmarge wohl nicht mehr zugänglich" wären. Das kann aber nicht als hinreichende Begründung dafür angesehen werden, die AGB-Kontrollvorschriften zur Gänze auszublenden. Denn einerseits ist der zitierte Passus in der Gesetzesbegründung recht vage formuliert und durchaus mit spekulativem Vorbehalt („wohl") versehen. Andererseits mögen Vorstellungen, die im Gesetzgebungsverfahren zu Einzelregelungen geäußert worden sind, „erhellend ... im Einzelfall für die Sinnermittlung" sein, eine Bindung an sie

---

1 *Ebenroth/Boujong/Joost/Gass* Ziff. 24 ADSp Rz 15; a.A. OLG Brandenburg TranspR 2001, 474.

2 Siehe dazu *Heuer* TranspR 2004, 114, 116 f.

3 BT-Drs. 13/8445 S. 88.

4 *Koller* Transportrecht § 449 Rz 64.

5 S. hier Rz F 52; *Ebenroth/Boujong/Joost/Gass* § 449 Rz 19; MünchKommHGB-Aktualisierungsbd. TranspR/*Dubischar* § 449 Rz 15; *Baumbach/Hopt/Merkt* HGB § 449 Rz.2 a.E; *Herber* TranspR 1998, 344, 345; *Ramming* VersR 1999, 1177, 1183 ff.; offenbar auch *Heuer* TranspR 2003, 1, 2.

ergibt sich aber in der Gesetzesanwendung nicht.[1] Ziel des Schadensersatzes muss es sein, den wirtschaftlichen Verlust zu kompensieren; Pauschalierungen haben dabei auf fairen Schadensschätzungen zu beruhen.[2] Es erscheint durchaus fraglich, ob dies mit der Festschreibung einer Haftung auf den gesetzlich vorgesehenen untersten Wert des Korridors erreicht werden kann, wie dies in Nr. 23.1.3, 23.1.4 und 23.4 ADSp'03 geschehen ist. Der Hinweis darauf, dass nach den Klauseln daneben ein absoluter Haftungsbetrag von 1 Mio € (Nr. 23.1.4) oder 2 Mio € (Nr. 23.4) genannt ist, wobei der jeweils höhere der dort genannten Beträge gelte, hilft auch nicht weiter, denn wenn der Betrag in absoluten Zahlen die Summe der Rechnungseinheiten pro Kilo unterschreitet, ist die Regelung ohnedies unwirksam. Ob die Haftungsbegrenzung auf 5 €/pro Kilo in 23.1.1 mit der Obergrenze in 23.1.4 schadensdeckend ist, erscheint ebenso fraglich, denn die Abweichung von den gesetzlich vorgesehenen 8,33 SZR ist nicht so gering, dass sie zu vernachlässigen wäre.[3] Daneben sehen die Klauseln keine Möglichkeit des Auftraggebers vor, im Einzelfall einen höheren Schaden nachzuweisen. Zwar ist hier § 309 Nr. 5 a und b nicht unmittelbar anzuwenden, weil sie einerseits im unternehmerischen Rechtsverkehr nicht gelten, andererseits vom Wortlaut her ja die umgekehrte Anspruchssituation vor Augen haben, nämlich die zu hoch und apodiktisch gehaltene Schadensersatzpauschale zugunsten des Verwenders. Indes wird man hier zumindest vermittelt über § 307 die Wertungen von § 309 Nr. 5[4] in spiegelbildlicher Anwendung[5] heranziehen können, mit der Folge, dass die genannten Haftungsbeschränkungen insgesamt bedenklich sind. Die Regelung in **Nr. 23.2 ADSp'03** ist für sich genommen nicht zu beanstanden. **Nr. 23.3 ADSp'03/§ 29 III 2 VBGL,** die die Haftung für andere als Güterschäden ohne Personenschäden oder Schäden an Drittgut auf den dreifachen Entschädigungsbetrag bei Verlust, höchstens aber 100.000 € begrenzt, begegnet im Grunde genommen denselben Bedenken wie Nr. 23.1.[6] **Nr. 23.4 ADSp'03** legt als absolute Obergrenze der Haftung unabhängig von der Anzahl der erhobenen Ansprüche insgesamt den jeweils höheren Betrag von 2 Mio € (§ 29 IV VBGL sieht bei ansonsten übereinstimmender Regelung 2,5 Mio € vor) oder 2 SZR je Kilo der verlorenen oder beschädigten Güter fest, wobei den Geschädigten jeweils anteilig im Verhältnis ihrer Ansprüche gehaftet wird. Dabei wird nicht zwischen Sach- und Personenschäden unterschieden, so dass die Klausel schon deswegen zutreffend als unwirksam angesehen wird.[7] Die lediglich deklaratorische Verweisung auf § 431 IV HGB zur Berechnung des SZR in **Nr. 23.5 ADSp'03** ist nicht zu beanstanden.

22. Haftungsbegrenzung bei verfügter Lagerung

Nr. 24 ADSp'03 ist gegenüber der Fassung der **ADSp'99** im Wesentlichen nur redaktionell im Hinblick auf die Euroumstellung geändert worden. Inhaltliche Änderungen hat lediglich Nr. 24.3 ADSp'03 insoweit erhalten, also dort jetzt ausdrücklich Personen- und Sachschäden an Drittgut von der Haftungsbeschränkung **A 98**

---

[1] BVerfG NJW 1981, 39, 42 = BVerfGE 54, 277, 298.

[2] *Bamberger/Roth/Becker* § 309 Nr. 5 Rz 16.

[3] A.A. etwa *Heuer* TranspR 2003, 1, 2; bei einem Wert eines SZR am 13.4.2007 von 1,12477 € entspr. 8.33 SZR 9,369 € und damit fasst das Doppelte des ADSp-Haftungshöchstbetrages.

[4] Zur Berücksichtigung der Wertungen des § 309 Nr. 5 im unternehmerischen Geschäftsverkehr siehe *Bamberger/Roth/Becker* § 309 Nr. 5 Rz 39; speziell zu § 309 Nr. 5 b BGH NJW 1994, 1060, 1068.

[5] *Staudinger/Coester-Waltjen* § 11 Nr. 5 Rz 23; *Ulmer/Hensen* § 309 Nr. 5 Rz 3.

[6] Für Unwirksamkeit auch *Heuer* TranspR 2003, 1, 7; a.A. *Starosta* TranspR 2003, 55, 57; *Koller* Transportrecht Ziff. 23 ADSp Rz 22f.

[7] *Koller* Transportrecht Ziff. 23 ADSp Rz 24; a.A. OLG Brandenburg TranspR 2001, 474, 478.

ausgenommen sind; in Nr. 24.4 ADSp'03 wurde der Haftungshöchstbetrag von 10 Mio DM auf 2 Mio € vermindert. Die Klausel enthält Sonderbestimmungen hinsichtlich der Haftungsbegrenzung für die verfügte Lagerung. Da für den Lagervertrag nicht die engen Vorschriften von §§ 449, 466 HGB gelten und abweichende Regelungen in AGB auch für Haftungsbegrenzungen nicht besonders eingegrenzt sind, sieht Nr. 24 hierfür eine von Nr. 23 ADSp'99 abweichende Regelung vor. Zur Haftung bei qualifiziertem Verschulden und bei Kardinalpflichten[1] s. Nr. 27 ADSp'03. **Nr. 24.1 ADSp'99** gilt nur für Güterschäden und sieht in Nr. 24.1.1 eine mit Nr. 23.1.1. ADSp übereinstimmende Regelung vor. Nr. 24.1.2 begrenzt die Haftung auf 5000 € (§ 30 I Nr. 1 VBGL: 25.000 €) je Schadensfall und bei einer Inventurdifferenz auf insgesamt 25 000 € unabhängig von der Zahl der Schadensfälle. Die Haftungshöchstsumme von 5 € je Kilogramm der Sendung gemäß Nr. 24.1.1 ADSp bleibt unberührt. Aus den Gründen der Rz A 97 bestehen auch hier Bedenken gegen die Wirksamkeit der Haftungsbeschränkungen.[2] **Nr. 24.2** verweist auf Nr. 23.2. **Nr. 24.3** sieht „für andere als Güterschäden" eine Haftungsbegrenzung auf 5000 € (§ 30 II VBGL: 25.000 €) je Schadensfall vor, von der nun Personen- und Schäden an Drittgut ausdrücklich ausgenommen sind. Das war in der Fassung von 1999 noch anders, so dass die Regelung nach § 307 unwirksam war.[3] Gegenüber der neuen Regelung bestehen dieselben Bedenken wie gegen die Regelung in Nr. 23.3.[4] **Nr. 24.4** entspricht sinngemäß Nr. 23.4 ADSp'99, enthält aber eine Haftungsbegrenzung auf 2 Mio € (§ 30 III VBGL: 1 Mio €) je Schadensereignis. Auf die dortigen Ausführungen kann verwiesen werden. Die anteilige Haftung bei mehreren Schädigern entsprechend dem Verhältnis ihrer Ansprüche ist für sich genommen nicht zu beanstanden.

23. Beweislast

A 99 **Nr. 25.1 ADSp'99** enthält eine Beweislastregelung, die einerseits mit § 438 HGB vereinbar ist, soweit der Auftraggeber die Übergabe eines unbeschädigten Gutes an den Spediteur beweisen muss, andererseits aber auch allgemeinen Beweislastgrundsätzen entspricht, soweit es die Rückgabe in unbeschädigtem Zustand durch den Spediteur betrifft. **Nr. 25.2 ADSp'99** verlagert in S. 1 die Beweisführung dafür, dass ein Güterschaden während des Transports mit einem Beförderungsmittel eingetreten ist, auf denjenigen, der dies behauptet. Damit bleibt die Beweislastverteilung nach Verantwortungs- und Risikobereichen, die vor allem den Spediteur trifft, unbeachtet. Die Regelung ist daher nach § 307 II Nr. 1 unwirksam.[5] **Nr. 25.2.2** gibt dem Auftraggeber oder Empfänger einen Anspruch auf Darlegung des Beförderungsablaufs an Hand der Schnittstellendokumentation im Sinne von Nr. 7 ADSp'99. Weitergehende Auskunftsansprüche werden dadurch nicht ausgeschlossen. S. 3 enthält eine Vermutung für den Schadenseintritt auf der Beförderungsstrecke, für die eine vorbehaltlose Quittung nicht vorliegt. Eine daneben und darüber hinaus den Spediteur treffende Beweislast bleibt unberührt. **Nr. 25.3** sieht eine Aufklärungspflicht des Spediteurs in Form der Einholung von Auskünften und Beweismitteln vor, um den Schadensort festzustellen. Dies entspricht der Verantwortungssphäre des Spediteurs.

---

[1] Siehe dazu BGH TranspR 2006, 42; TranspR 2006, 38 = NJW-RR 2006, 267, 269.

[2] Ebenso im Erg. *Heuer* TranspR 2003, 1,7 f; a.A. *Koller* Transportrecht Ziff. 24 ADSp Rz 10.

[3] S. § 309 Nr. 7 Rz 60.

[4] A.A. *Koller* Transportrecht Ziff. 24 ADSp Rz 11.

[5] *Heuer* TranspR 1998, 333, 335; *Vogt* in *von Westphalen* Vertragsrecht und AGB-Klauselwerke, Transportrecht Rz 259; *Koller* Transportrecht Ziff. 25 ADSp Rz 3 ff.

24. Außervertragliche Ansprüche

Nr. 26 ADSp'99 verweist auf die Geltung der §§ 434, 436 HGB, die neben dem Frachtvertrag auch für den Speditionsvertrag anwendbar sind (§ 461 I HGB). Die Klausel ist unbedenklich wirksam, auch soweit es den Lagervertrag betrifft. **A 100**

25. Qualifiziertes Verschulden

Nr. 27 ADSp'99/§ 31 VBGL trägt den normativen Vorgaben der AGB-rechtlichen Vorschriften, die auch für das Transportrecht gelten, dadurch Rechnung, dass es die Haftungsbefreiungen und Haftungsbegrenzungen für Fälle schweren Verschuldens nicht gelten lässt.[1] Die Regelung muss bei den Bestimmungen der Nr. 22–26 jeweils mitberücksichtigt werden. Da insoweit kein Hinweis, insbesondere nicht in Nr. 23 und 24 erfolgt, ist die Haftungsregelung insgesamt nicht sehr übersichtlich, ist aber nicht so undurchsichtig, dass sie wegen Intransparenz unwirksam wäre. Zu den Haftungsbefreiungen und Haftungsbegrenzungen im Sinne der Nr. 27 zählen auch die vom Gesetz abweichenden Beweislastregeln. Die Beweislast für das Eingreifen der unbeschränkten Haftung gemäß Nr. 27 trägt der Geschädigte. Dies ist nicht zu beanstanden.[2] **Nr. 27.1** ist in der Fassung von 2003 gegenüber derjenigen von 1999 um die Regelung ergänzt worden, dass die Haftungsprivilegierungen dann, wenn vertragswesentliche Pflichten verletzt wurden, nur mit der Maßgabe gelten, dass der vertragstypische vorhersehbare Schaden zu ersetzen sei.[3] Damit knüpft die Regelung an die Rechtsprechung zur Haftungsfreizeichnung im kaufmännischen Verkehr an, die die gleiche Regelung in § 51 b S. 2 ADSp a. F. als grundsätzlich wirksam anerkannt hat,[4] und auch die Vorgaben für Haftungsregelungen bei der Verletzung von Kardinalpflichten werden beachtet.[5] **Nr. 27.2** übernimmt die in §§ 435, 436 HGB enthaltenen Haftungsfreizeichnungsverbote für vorsätzliches und leichtfertiges Verhalten. **A 101**

26. Schadensanzeige

Nr. 28 ADSp'99 erklärt für die Schadensanzeige § 438 HGB für anwendbar. Danach ist die Schadensanzeige bei Güterschäden zwar nicht Voraussetzung für das Entstehen von Ersatzansprüchen. Ihr Unterlassen begründet aber die Vermutung vertragsgemäßer Ablieferung und beeinträchtigt über die damit verbundenen Beweiserschwerungen die Anspruchsdurchsetzung. Ansprüche wegen Überschreitung der Lieferfrist erlöschen dagegen gemäß § 438 III HGB. § 438 IV und V HGB enthalten Vorschriften zur Art und Weise der Schadensanzeige, die nach Nr. 28 auch für die ADSp'99 gelten. **A 102**

---

[1] S. auch *Heuer* TranspR 2004, 114, 117 ff.

[2] S. BGH NJW 1982, 1820; 1995, 1490 = LM H.7/1995 § 51 ADSp Nr. 7 m. Anm. *Koller* zu § 51 b ADSp a. F.

[3] Zur Unwirksamkeit der Haftungsbegrenzung in Ziff. 24 mit Ziff. 27 ADSp 1998 in Fällen der Verletzung vertragswesentlicher Pflichten BGH TranspR 2006, 38, 41 f; BGH TranspR 2006, 42, 44 (redaktioneller Verweis auf die vorstehend zitierte Entscheidung); OLG Hamburg TranspR 2003, 404 f.; OLG Köln TranspR 2006, 401.

[4] S. etwa BGH VersR 1981, 30; BGH NJW 1982, 1820.

[5] Allgemein dazu § 309 Nr. 7 Rz 96 ff.; *Bamberger/Roth/Becker* § 309 Nr. 7 Rz 29. Zur unzulässigen Haftungsfreizeichnung bei anfänglicher Ungeeignetheit des Lagerraumes OLG Frankfurt OLGR 2002, 262.

27. Speditionsversicherung

A 103 A 104 **Nr. 29 ADSp'99, 02. Nr. 29.1** begründet für den Spediteur eine Versicherungspflicht, die sowohl eine Haftungsversicherung (Nr. 29.1.1) wie eine Schadensversicherung (Nr. 29.1.2) umfasst. Die Pflicht zur Schadensversicherung besteht nur, sofern nach den den ADSp als Anlage beigefügten Mindestbedingungen für die Speditionsversicherung Versicherungsschutz besteht. Die Pflicht zur Schadensversicherung entfällt nach **Nr. 29.2.1** aber, wenn der Auftraggeber schriftlich darauf verzichtet. Dies ist nicht nach § 307 II Nr. 1 wegen Verstoßes gegen § 454 II HGB unwirksam.[1] Die Pflicht entfällt nach **Nr. 29.2.2** auch, wenn zwischen Auftraggeber und Spediteur eine schriftliche Einzelvereinbarung über eine ersatzweise Schadensversicherung geschlossen wird, die zum Nachteil des Auftraggebers von den Mindestbedingungen für die Speditionsversicherung im Anhang zu den ADSp abweicht, oder gemäß **Nr. 29.2.3,** wenn der Auftraggeber als Spediteur nach den ADSp arbeitet. Bei Verstoß gegen die Versicherungspflicht greift die Sanktion gemäß Nr. 29.4 ein, wonach der Spediteur sich gegenüber dem Auftraggeber nicht auf die ADSp berufen darf. **Nr. 29.3** schreibt für den Inhalt des jeweiligen Versicherungsvertrags bindend vor, dass er nicht zum Nachteil des Auftraggebers von den Mindestbedingungen für die Speditionsversicherung im Anhang zu den ADSp abweichen darf, außer wenn es sich um Regelungen in der Haftungsversicherung im Zusammenhang mit dem Einsatz elektronischer Systeme beim Jahreswechsel 1999/2000 handelt. **Nr. 29.4** versagt dem Spediteur in Satz 1 ohne Einschränkung die Berufung auf die ADSp, wenn er die Haftungsversicherung nicht abgeschlossen hat. Dies gilt für die ADSp insgesamt, und nicht nur für die Regelungen über Haftungsbefreiung und Haftungsbegrenzung. Die ADSp bleiben bei wirksamer Einbeziehung gleichwohl Vertragsinhalt, so dass sich der Auftraggeber auf die Geltung der ADSp ohne weiteres berufen kann. Die einseitige relative Unwirksamkeit der ADSp zulasten des Spediteurs gilt auch bei Nichtabschluss der Schadensversicherung. Die relative Unwirksamkeit entfällt jedoch, wenn die Pflicht aufgrund der in Nr. 29.2.1–3 genannten Fallgestaltungen nicht besteht. **Nr. 29.5** verpflichtet den Spediteur, dem Auftraggeber den Versicherer der jeweiligen Speditionsversicherung anzuzeigen. Hinsichtlich der Kostentragung sieht **Nr. 29.6** im Verhältnis zum Versicherer die Haftung des Spediteurs als Versicherungsnehmer hinsichtlich der Gesamtprämie vor, die sowohl die Haftungs- wie die Schadensversicherung umfasst. Während der Spediteur die Prämie für die Haftungsversicherung auch im Innenverhältnis zum Auftraggeber selbst tragen muss, kann er die Kosten der Schadensversicherung vom Auftraggeber erstattet verlangen, aber jeweils nur für den einzelnen Verkehrsvertrag verbunden mit der Pflicht, diese Kosten ausschließlich zur Versicherungsdeckung an den Versicherer abzuführen und dies auch zu dokumentieren. **Nr. 29.7** beschränkt die Ersatzpflicht des Auftraggebers für die Prämie zur Schadensversicherung auf den Prämienanteil, der eine über die Haftung des Spediteurs hinausgehende Deckung begründet, weil der Auftraggeber nicht die Prämie für die dem Spediteur zur Last fallenden Schäden tragen soll. Die den Auftraggeber betreffende Prämie muss zudem marktüblich und risikogerecht kalkuliert sein. Übersteigt die Prämie für die Mindestbedingungen im Anhang zu den ADSp das marktübliche Niveau, so besteht nach **Nr. 29.8** ein Erstattungsanspruch nur, wenn die höhere Prämie auf einem erweiterten Deckungsumfang beruht und dieser dem Interesse des Auftraggebers entspricht. Nach **Nr. 29.9** obliegt dem Spediteur die Beweislast für die Marktüblichkeit nach Nr. 29.7 und für die Interessengerechtheit nach Nr. 29.8. Nach **Nr. 29.10**

---

[1] A. A. *Heuer* TranspR 1998, 333, 335.

können Spediteur oder Auftraggeber bei begründeten Zweifeln an der Marktüblichkeit eine Schiedsstelle anrufen. **Nr. 29.11** sieht für die Schadensversicherung im Falle eines Sanierungsbedarfs einen Anspruch des Spediteurs auf Prämienzuschlag gegen den Auftraggeber oder auf eine andere Sanierungsmaßnahme vor. Kommt darüber keine Vereinbarung zustande, so kann der Spediteur den Auftraggeber durch schriftliche Erklärung nach Ablauf eines Monats vom Deckungsschutz der Schadensversicherung ausschließen (sog. reziprokes Verbot). Gemäß **Nr. 29.12** unterwirft sich der Auftraggeber für sich und alle Personen, in deren Interesse oder für deren Rechnung er handelt, den Bedingungen der gemäß Nr. 29 vom Spediteur abgeschlossenen Schadensversicherung, sofern diese den Mindestbedingungen im Anhang zu den ADSp entsprechen. Die Bedingungen des Versicherungsscheins gelten insoweit nicht nur zwischen dem Versicherer und dem Spediteur als Versicherungsnehmer, sondern auch zwischen dem Spediteur und dem Auftraggeber. Diese Unterwerfung ist wirksam, weil die Versicherungsbedingungen den ADSp'99 als Anlage beigefügt sind. Nr. 29.12.2 unterstreicht die Pflichten des Auftraggebers zur rechtzeitigen Schadensmeldung entweder direkt an den Versicherer oder an den Spediteur, der sie unverzüglich an den Versicherer weiterzuleiten hat.

ADSp'03. Nach **Nr. 29.1 ADSp/§ 33 VBGL** muss der Spediteur eine Haftungsversicherung bei einem Versicherer seiner Wahl abschließen und aufrechterhalten. Mindestbedingungen sind nicht mehr vorgesehen, vielmehr hat der Spediteur die Versicherung zu marktüblichen Bedingungen abzuschließen. Vom Umfang her hat die Versicherung die verkehrsvertragliche Haftung des Spediteurs nach den ADSp und nach den gesetzlichen Regelhaftungssummen abzudecken. Soweit die ADSp in ihren Haftungsbegrenzungen unwirksam sind, kann sich für den dann nach den gesetzlichen Bestimmungen haftenden Spediteur eine Deckungslücke ergeben, die er selbst gegenüber seinem Vertragspartner auszugleichen hat.[1] Da die Haftung gegenüber dem Vertragspartner durch den Versicherungsschutz nicht beeinflusst wird, können im Verhältnis zwischen Spediteur und Versicherung Haftungsobergrenzen je Schadensfall und Versicherungsjahr ebenso vorgesehen werden wie eine Selbstbeteiligung des Spediteurs. Das stellt **Nr. 29.2** klar. Ebenso wie schon in den Vorgängerfassungen kann der Spediteur sich nach **Nr. 29.3** nur dann auf die ADSp insgesamt, also nicht nur hinsichtlich der Haftungsbeschränkungen (s. schon oben Rz 103 f. zur gleichsinnigen Regelung in Nr. 29.4 ADSp.'99), berufen, wenn er einen im konkreten Einzelfall[2] auskömmlichen Versicherungsschutz vorhält. Daraus wird man aber nicht zu einer eigentümlichen „Sondereinbeziehungskontrolle" der ADSp in dem Sinn kommen, dass der Vertragspartner in jedem Fall zuerst einmal gegenüber der Berufung des Spediteurs auf eine ADSp-Regelung einwendet, der Spediteur müsse zunächst den auskömmlichen Versicherungsschutz nachweisen. Umgekehrt bleibt es auch unter der neuen Fassung dabei, dass der Vertragspartner sich auch dann auf die ADSp berufen kann, wenn es der Spediteur wegen Nr. 29.3 nicht kann. **Nr. 29.4** gibt dem Vertragspartner einen Anspruch darauf, dass ihm der Spediteur auf Verlangen den Versicherungsschutz durch eine Bestätigung des Versicherers nachweist. A 105

---

[1] Vgl. auch schon *Heuer* TranspR 2004, 114, 119 f., der die Spediteure auf einem „Pulverfass" mit „seit Anfang 2003 ... hellauf brennender Lunte" sitzen sieht.

[2] *Koller* Transportrecht Ziff. 29 ADSp Rz 3.

28. Erfüllungsort, Gerichtsstand, anzuwendendes Recht

A 106 **Nr. 30.1 ADSp'99** sieht für alle Beteiligten den Ort der beauftragten Niederlassung des Spediteurs als Erfüllungsort an (inhaltsgleich § 40 VBGL). Der Erfüllungsort gilt demgemäß nicht nur für die Pflichten des Spediteurs, sondern auch für die Pflichten des Auftraggebers. Diese Regelung ist grundsätzlich nicht zu beanstanden. Es muss aber Raum bleiben für sachgerechte Abweichungen, so z. B. wenn der Lagerort sich nicht am Ort der Niederlassung befindet. Dann kann durch konkludente Abrede eine Individualvereinbarung mit Vorrang gemäß § 305 b anzunehmen sein. **Nr. 30.2** sieht als Gerichtsstand den Ort der beauftragten Niederlassung vor (inhaltsgleich § 41 VBGL). Da dies nur für Kaufleute gilt, liegt kein Verstoß gegen § 38 ZPO vor. Der Gerichtsstand ist ein Wahlgerichtsstand im Sinne von § 35 ZPO, sofern es sich um Ansprüche des Spediteurs handelt. Dagegen ist der Gerichtsstand als ausschließlicher vorgesehen, wenn Ansprüche gegen den Spediteur geltend gemacht werden (dieser Zusatz ist in § 41 VBGL nicht enthalten). Die Regelung ist bedenklich, weil sie gegen den Grundsatz der Waffengleichheit verstößt.[1] Die Rechtsfolgen, die sich für den ausschließlichen Gerichtsstand aus § 40 II ZPO ergeben, können nicht gelten, da dies § 305 b widersprechen würde.[2] Der Wahlgerichtsstand aus Nr. 30.2, 1. HS kollidiert nicht mit Gerichtsstandsregelungen der EuGVVO oder mit Art. 31 CMR.[3] Der Gerichtsstand gilt für Ansprüche aus dem Auftragsverhältnis sowie damit im Zusammenhang stehende Ansprüche, z. B. aus § 823, aber auch aus § 812 und §§ 677 ff., wenn ein sachlicher Zusammenhang gegeben ist.[4] **Nr. 30.3 ADSp/§ 42 VBGL** enthält eine Rechtswahlklausel für das deutsche Recht. Die Klausel ist auf der Grundlage von § 452 d HGB mit Art. 27 EGBGB zulässig und auch nicht nach § 307 unangemessen.[5] **Nr. 30.4** führt auch dann zur Anwendung deutschen Rechts auf die Vertragsbeziehungen von in Deutschland domizilierenden Transportunternehmen, wenn der Transport als solcher ausschließlich in einem anderen Land durchgeführt wird und dort zwingende Regelungen für den Straßentransport gelten (Niederlande).[6] Die in **§ 43 VBGL** enthaltene salvatorische Klausel mit dem Inhalt, dass im Fall der Unwirksamkeit einer Regelung die Vertragsparteien verpflichtet seien, eine Regelung zu treffen, die dem wirtschaftlichen Ergebnis der unwirksamen Teile am nächsten kommt, ist unwirksam[7] und kann auch nicht unter restriktiver Auslegung dahin verstanden werden, dass nur etwaige Individualvereinbarungen von ihr betroffen seien,[8] denn für eine solche Auslegung enthält die Klausel keinerlei Anhaltspunkte.

IV. Auslegung und Inhaltskontrolle bei Altverträgen

A 107–120 Siehe dazu die Vorauflage in Rz A 82.1 bis A 82.27

*

---

1 S. § 307 Rz 222.
2 S. auch *Koller* Transportrecht § 65 ADSp Rz 2.
3 OLG Karlsruhe TranspR 2005, 362, 363; OLG Hamburg, TranspR 2001, 300, 301 zu § 65 b ADSp a.F.
4 A. A. *Koller* Transportrecht § 65 ADSp Rz 2.
5 LG Hamburg Urt. v. 2. 5. 2005, 415 O 184/04; BGH VersR 1985, 56 zu § 65 c ADSp a.F.
6 OLG Köln OLGR 2004, 304 f.
7 BGH NJW 2002, 894, 895; *Bamberger/Roth/Hubert Schmidt* 306 Rz 17.
8 A. A. *Koller* Transportrecht § 43 VBGL Rz 1.

Akkreditivbedingungen

Schrifttum: *Nielsen,* Neue Richtlinien für Dokumenten-Akkreditive, 1994; *ders.,* Die Revision der Einheitlichen Richtlinien und Gebräuche für Dokumenten-Akkreditive (ERA 500) zum 1. Januar 1994, WM-Sonderbeilage Nr. 2/94); *ders.,* Internationale Bankgarantie, Akkreditiv und anglo-amerikanische Standby nach Inkrafttreten der ISP 98, Teil 1, WM 1999, 2005; Teil 2, WM 1999, 2049; *ders.,* Auswirkungen der Transportrechtsreform auf die Andienungsfähigkeit von Transportdokumenten bei der Im- und Exportfinanzierung, TranspR 1999, 424; *von Westphalen,* Die Einheitlichen Richtlinien und Gebräuche für Dokumenten-Akkreditive (1974) und die Einheitlichen Richtlinien für Inkassi im Lichte des AGB-Gesetzes, WM 1980, 178; *ders.,* AGB-rechtliche Erwägungen zu den neuen Einheitlichen Richtlinien und Gebräuchen für Dokumenten-Akkreditive Revision 1993, RiW 1994, 453; *ders.,* Vertragsrecht und AGB-Klauselwerke, Dokumenten-Akkreditive, Stand Januar 1995; *M. Wolf,* Auslegung und Inhaltskontrolle von AGB im internationalen unternehmerischen Verkehr; ZHR 153 (1989), 300; *Zahn,* Auswirkungen eines politischen Umsturzes auf schwebende Akkreditive und Bankgarantien, die zugunsten von staatlichen Stellen oder in deren Auftrag eröffnet sind, ZIP 1984, 1303.

Inhaltsübersicht

1. Allgemeines

Das Akkreditiv ist ein Rechtsinstitut zur Sicherung und Abwicklung von Zahlungen bei Distanzgeschäften, insbesondere beim Export und Import von Waren. **A 121** Aufgrund des Akkreditivs verpflichtet sich eine Bank, auf Anweisung des Käufers dem Verkäufer (Exporteur) mittels eines abstrakten Schuldversprechens gemäß § 780 den Kaufpreis gegen Aushändigung der Warendokumente zu zahlen.[1] Am Akkreditiv sind danach mindestens drei Personen beteiligt, die unter sich durch verschiedene Rechtsverhältnisse verbunden sind. Aufgrund des Kaufvertrags über die Ware zwischen Käufer und Verkäufer oder aufgrund eines sonstigen Vertrags, z. B. über Werk- oder Dienstleistungen,[2] in dem die Stellung des Akkreditivs vereinbart wird, schließt der Käufer (Akkreditivgeber) mit einer Bank (Akkreditivbank oder Eröffnungsbank) einen Akkreditivvertrag, aufgrund dessen er die Bank anweist, dem Verkäufer (Begünstigter, Akkreditierter) das Akkreditiv im Sinne eines abstrakten Zahlungsversprechens zu stellen. Der Akkreditivvertrag zwischen Käufer und Bank ist im Regelfall ein Geschäftsbesorgungswerkvertrag (§§ 675, 631), der die Bank berechtigt, die an den Verkäufer aufgrund des Akkreditivs geleisteten Zahlungen nach § 670 erstattet zu verlangen, sie aber auch zur Prüfung der Dokumente verpflichtet. Der Verkäufer erwirbt aufgrund des von der Bank gestellten Akkreditivs einen selbstständigen Anspruch aus dem abstrakten Zahlungsversprechen auf Zahlung des Kaufpreises gegen Aushändigung der Warendokumente (z. B. Transportschein, Lagerschein u. a.) oder, insbesondere bei Werk- oder Dienstleistungen, sonstiger Dokumente, wie Handelsrechnungen.[3] Der Verkäufer kann seinerseits eine Bank mit dem Einzug beauftragen. Eine Bank, die im Besitz der Dokumente ist, gilt kraft Handelsbrauchs als zum Einzug legitimiert.[4] Der Verkäufer oder sonst Einzugsberechtigte muss sich etwaige Einwendungen aus dem Kaufvertrag nicht entgegenhalten lassen.[5] Eine Ausnahme gilt nur bei einem offensicht-

[1] S. auch BGH NJW 1990, 255; OLG Düsseldorf ZIP 2003, 1785.
[2] BGH NJW-RR 1987, 924.
[3] S. BGH NJW-RR 1987, 924.
[4] BGH NJW 1989, 159, 161.
[5] S. auch BGH NJW 1987, 2578; 1989, 159.

lichen und liquide beweisbaren rechtsmissbräuchlichen Verhalten.[1] Der Käufer kann wegen bestehender Einwendungen rechtsgrundlos geleistete Zahlungen aus dem Akkreditiv vom Verkäufer anderenfalls nur nach § 812 zurückverlangen. Dies gilt auch für ein Akkreditiv mit hinausgeschobener Zahlung (deferred payment).[2] Wegen der damit verbundenen Risikoverlagerung auf den Käufer darf die Bank den Akkreditivauftrag an den Verkäufer nur auszahlen, wenn die Warendokumente ordnungsgemäß ausgehändigt werden und mit den Akkreditivbedingungen zwischen Käufer und Verkäufer genau übereinstimmen **(Grundsatz der Dokumentenstrenge).**[3] Dies gilt auch für Dokumente über nicht „schiffbare" Leistungen, wie Dienst- und Werkleistungen.[4] Die Auszahlung an den Verkäufer kann der Bank durch einstweilige Verfügung nur untersagt werden, wenn ordnungsgemäße Dokumente nicht vorliegen oder offensichtliche und liquide beweisbare sonstige Einwendungen des Käufers gegen den Verkäufer bestehen, sofern diese auf Umständen beruhen, die das Zahlungsbegehren des Begünstigten als unzulässige Rechtsausübung erscheinen lassen.[5] Übernimmt eine Bank die Prüfung von Dokumenten als Vorbedingung für Zahlungen aus dem Konto ihres Kunden an dessen Gläubiger, ohne dass sie ein eigenes abstraktes Schuldversprechen gegenüber dem Gläubiger abgibt, so liegt kein Akkreditiv vor, sondern ein einfacher Geschäftsbesorgungsvertrag mit dem Kunden.[6]

A 122 Für die Abwicklung des Akkreditivs werden häufig weitere Banken eingeschaltet, insbesondere neben der Inlandsbank des Käufers (Akkreditivbank oder Eröffnungsbank) als zweite Bank eine Auslandsbank im Land des Verkäufers **(Korrespondenzbank).** Die Korrespondenzbank hat entweder nur die Aufgabe, den Verkäufer von der Stellung des Akkreditivs zu unterrichten (Funktion der Avisbank),[7] oder sie übernimmt es, nach Überprüfung und Aushändigung der Dokumente dem Verkäufer den Akkreditivbetrag auszuzahlen (Funktion der Zahlstelle oder Abwicklungsbank)[8] oder sie bestätigt das Akkreditiv dem Verkäufer gegenüber und begründet dadurch zugunsten des Verkäufers einen weiteren vom Grundgeschäft unabhängigen Zahlungsanspruch, aus dem sie gesamtschuldnerisch neben der ersten Akkreditivbank haftet (Funktion der Bestätigungsbank).[9] Die Korrespondenzbank wird aufgrund eines Geschäftsbesorgungswerkvertrags mit der Akkreditivbank (§§ 675, 631) tätig, der gegenüber sie verpflichtet ist und Erstattung verlangen kann.

2. ERA

A 123 Die Akkreditivbedingungen werden durch **Einheitliche Richtlinien und Gebräuche für Dokumenten-Akkreditive (ERA)** geregelt, die seit 1933 von der Internationalen Handelskammer aufgrund einer Vereinbarung der Bankenvereinigung veröffentlicht werden. Vom 1. 1. 1994 bis zum 30.6.2007 gelten die Richtlinien in der Fassung ihrer 5. Revision **(ERA 500),**[10] mit einem ab dem 1. 1. 2002 geltenden Anhang (el.ERA), der Richtlinien betreffend die Präsentation von elek-

---

1 BGH NJW 1987, 2578; 1989, 159.
2 S. BGH NJW 1987, 2578.
3 S. etwa BGH ZIP 1984, 1194; *Koller* WM 1990, 293.
4 BGH NJW-RR 1987, 924.
5 S. BGH NJW 1987, 2578, 2579; *Canaris,* Bankvertragsrecht, Rz 1025; LG Aachen NJW-RR 1987, 1207.
6 BGH NJW 1990, 255.
7 S. Art. 7 ERA 500.
8 S. etwa BGH ZIP 1987, 1038.
9 S. Art. 9 b ERA 500.
10 Abgedruckt etwa bei *Ebenroth/Boujong/Joost/Hakenberg* HGB Anh. C II.

tronischen Dokumenten enthält.[1] Ab dem 1.7.2007 gelten sie in der Fassung der 6. Revision als **ERA 600.** Zutreffenderweise werden die ERA in ihrer jeweiligen Fassung als **Allgemeine Geschäftsbedingungen** angesehen,[2] nicht, zumindest nicht als Ganzes,[3] als Handelsbrauch[4] oder als „lex mercatoria".[5] Die Rechtsprechung hat bisher keinen Anlass zur abschließenden Klärung der Frage gesehen,[6] scheint aber immerhin *obiter* keine Bedenken zu haben, AGB-rechtliche Erwägungen im Hinblick auf die ERA anzustellen.[7] Die besseren Gründe sprechen auch und insbesondere angesichts des Wortlautes der ERA für den AGB-Charakter.[8] Sowohl in den ERA 500 wie in den ERA 600 ist ihre Geltung nicht per se vorgesehen, sondern vom Einbeziehungswillen der Parteien abhängig gemacht (dazu sogleich noch in Rz A 124). Dann spricht aber alles dafür, dass die ERA als Vertragsbedingungen verstanden werden sollen. Der bisweilen erhobene Einwand, dass die ERA (schon) deswegen nicht als „bloße" AGB gewertet werden könnten, weil die „ERA stets aus einer Zusammenarbeit aller am Außenhandel Beteiligten in den Gremien der Internationalen Handelskammer" hervorgehen, weswegen keine einseitige Vertragsgestaltungsmacht in Anspruch genommen werde,[9] verkennt, dass es auf den einzelnen Vertragsschluss ankommt, in dessen Rahmen eine Partei der anderen die Bedingungen stellt, nicht auf die Genese der Bedingungen. Neben die ERA wurden für den Standby letter of credit eigenständige Regeln, die **Rules of International Standby Practises (ISP),** gestellt.[10]

a) Einbeziehung. Als Vertragsbedingungen bedürfen die ERA der Einbeziehung in den Vertrag. In den ERA 500 ist das mit der Formulierung ausgedrückt, dass sie für alle Dokumenten-Akkreditive gelten, „in deren Akkreditivtext sie einbezogen sind" (Art. 1 S. 1 ERA 500). Dann sollen sie alle Beteiligten binden, sofern nicht ausdrücklich anderes vorgeschrieben sei (Art. 1 S. 2 ERA 500). Die ERA 600 formulieren textlich anders. Nach Art. 1 S. 1 RA 600 gelten sie für das Dokumenten-Akkreditiv dann, „wenn der Wortlaut des Akkreditivs ausdrücklich besagt, dass es diesen Regeln unterliegt". Die Möglichkeit der Abweichung wird hier, klarer als noch in den ERA 500, dahin ausgedrückt, dass sie für alle Beteiligten bindend sind, „soweit sie im Akkreditiv nicht ausdrücklich geändert oder ausgeschlossen sind" (Art. 1 S. 2 ERA 600). Erforderlich ist also jedenfalls eine Einbeziehungsvereinbarung; im Fall der ERA 500 mag eine stillschweigende Einbeziehung nach §§ 145 ff BGB bei Beteiligung eines Unternehmers auf der Gegenseite des Verwenders mög- **A 124**

---

[1] Abgedruckt etwa bei *Baumbach/Hopt* HGB, 32. Aufl., Anh. 11.

[2] *Wolf in* der Vorauflage § 9 Rz A 93; *von Westphalen* WM 1980, 178, 179; *ders.*, Vertragsrecht und AGB-Klauselwerke, Dokumentenakkreditiv Rz 5 f.; wohl auch *Ulmer/Harry Schmidt* Anh. § 310 Rz 301. Ebenso etwa *Freitag* in *Derleder/Knops/Bamberger* Handbuch zum deutschen und europäischen Bankrecht, § 54 Rz 13; *Heymann/Horn* HGB, 2. Aufl., Anh. § 372 Rz VI/24; *Baumbach/Hopt* HGB, 32. Aufl., Anh. 11 Einl. Rz 6; *Ebenroth/Boujong/Joost/Hakenberg* HGB, BankR II Rz II 461, jeweils mit Hinweis darauf, dass die ERA auch Handelsbrauch in einzelnen Regelungen wiedergeben; kritisch gegen AGB-Charakter etwa *Nielsen* WM 1999, 2005, 2011.

[3] Zu einzelnen Regelungen, die Handelsbrauch widerspiegeln, etwa *von Westphalen* Vertragsrecht und AGB-Klauselwerke, Dokumentenakkreditiv, Rz 3; *Baumbach/Hopt* HGB, 32. Aufl., Anh. 11 Einl. Rz 5.

[4] Vgl. dazu § 307 Rz 283.

[5] Übersicht zum Streitstand bei *von Westphalen* Vertragsrecht und AGB-Klauselwerke, Dokumentenakkreditiv Rz 1 ff.

[6] Siehe einerseits BGH WM 1960, 38, 40 (AGB), andererseits aber WM 1958, 456, 458 (Handelsbrauch) und WM 1984, 1443 (offen gelassen).

[7] BGH NJW 1990, 255 = BGHZ 108, 348.

[8] Darauf weist schon zutreffend *von Westphalen* Vertragsrecht und AGB-Klauselwerke, Dokumentenakkreditiv Rz 6 für die ERA 500 hin.

[9] So wörtlich *Nielsen* WM 1999, 2005, 2011.

[10] ICC Publikation 590; dazu ausführlich (und schon zum Erfordernis dieser Regeln kritisch) *Nielsen* WM 1999, 2005 und 2049.

lich sein.[1] Aufgrund des geänderten Wortlautes der ERA 600 spricht unter deren Geltung Einiges gegen die Möglichkeit der stillschweigenden Einbeziehung. Ausreichend sein muss aber auch hier nach wie vor ein (Staffel-)Verweis in den AGB, wenn Verwendungsgegner ein Unternehmer ist. Durch ERA 600 klarer ausgedrückt als durch die Vorgängerfassung haben die Parteien nicht nur das Ob der Einbeziehung in Händen, sondern auch das Wie, denn die Parteien können die ERA ausdrücklich auch in geänderter Fassung zum Vertragsgegenstand machen. Im Hinblick auf § 305 b gilt das aber, sofern im Übrigen deutsches Sachrecht auf das Akkreditivrechtsverhältnis Anwendung findet, bei Individualvereinbarungen ohnedies.

A 125 **b) Auslegung und Inhaltskontrolle.** Als AGB unterliegen die Akkreditivbedingungen einerseits den allgemeinen Auslegungsregeln für Allgemeine Geschäftsbedingungen.[2] Dabei ist aber zu berücksichtigen, dass die ERA zu einer auch im grenzüberschreitenden Geschäftsverkehr einheitlichen Handhabung führen sollen, so dass zwar auch bei Anwendung deutschen Sachrechts über Art. 32 I Nr. 1 EGBGB sich auch die Auslegung grundsätzlich nach deutschen Regeln vollzieht, nicht jedoch nur und ausschließlich nach deutschem Rechtsverständnis.[3] Die ERA selbst enthalten Begriffsbestimmungen und Auslegungen der dort verwendeten Begriffe, die jetzt in den ERA 600 in Art. 2 (Definitionen) und Art. 3 (Auslegungen) enthalten sind.

Trotz des Grundsatzes, dass bei Akkreditiven Einwendungen aus dem Valutaverhältnis nicht möglich und Akkreditivbestimmungen aus sich heraus auszulegen sind, ist bei ihrer Auslegung nicht allein auf den Wortlaut abzustellen. Vielmehr sind auch Sinn und Zweck der Bestimmungen zu berücksichtigen. Sinn und Zweck sind dann wiederum, soweit auch das Grundgeschäft in der Urkunde erkennbar ist, unter dessen Einbeziehung zu ergründen.[4] Nach Art. 6 ERA 500 kann ein Akkreditiv **widerruflich oder unwiderruflich** erteilt werden, was im Akkreditiv selbst deutlich zu machen ist. Fehlt ein Hinweis, ist das Akkreditiv unwiderruflich (Art. 6 c ERA 500). Nach Art. 8 a ERA 500 kann ein widerrufliches Akkreditiv jederzeit und ohne Nachricht an den Begünstigten geändert oder annulliert werden. Die jederzeitige freie Widerruflichkeit widerspricht zwar § 308 Nr. 3, dessen Grundgedanken auch zwischen Unternehmern gelten.[5] Nach internationalen Rechtsstandards, die auch bei Anwendung von § 307 zu berücksichtigen sind, ist der freie Widerruf nicht zu beanstanden, wenn für den Fall des unberechtigten Widerrufs Schadensersatzansprüche bestehen, die durch die ERA 500 nicht ausgeschlossen sind.[6] Daneben wird man Art. 8 a ERA 500 dahin auslegen können, dass die Ausübung des Widerrufsrechts unter dem Gebot von Treu und Glauben steht und ein treuwidrig, ohne berechtigtes Interesse ausgeübter Widerruf unbeachtlich ist. Der in Art. 8 a ERA 500 vorgesehene Verzicht auf die Benachrichtigung des Begünstigten vom Widerruf ist zwar nach § 307 bedenklich, wenn dem Begünstigten die Akkreditiveröffnung mitgeteilt ist, weil der Begünstigte auf das Akkreditiv bis zur Mitteilung von dessen Widerruf vertrauen darf. Da er jedoch bei unterlassener Mitteilung Ersatz des Vertrauensschadens verlangen kann, ist die Regelung nicht unwirksam.[7] Art. 9 ERA 500 schließt nur die Pflichten zu vorheriger, nicht

---

[1] Für die ERA 500 *Heymann/Horn* HGB, 2. Aufl., Anh. § 372 Rz VI/24; *Baumbach/Hopt* HGB, 32. Aufl., Anh. 11 Einl. Rz 6; *von Westphalen* Vertragsrecht und AGB-Klauselwerke, Dokumentenakkreditiv Rz 8.

[2] Dazu § 305 c Rz 105 ff. und *Bamberger/Roth/Hubert Schmidt* § 305 c Rz 37 ff.

[3] S. im Einzelnen oben 2. Teil Rz 63; siehe auch *Ebenroth/Boujong/Joost/Hakenberg* HGB, BankR II Rz II 463; *Heymann/Horn* HGB, 2. Aufl., Anh. § 372 Rz W26, str.

[4] BGH NJW 1994, 2018.

[5] S. § 308 Nr. 3 Rz 110, 112.

[6] S. *M. Wolf* ZHR 153, 300, 315 f.

[7] S. auch *Baumbach/Hopt* HGB, 32. Aufl., Anh. 11 Nr. 8 Rz 1; *M. Wolf* ZHR 153, 300, 316.

zu einer nachträglichen Nachricht aus. Andernfalls wäre eine solche Freizeichnung auch zwischen Unternehmern nach § 307 unwirksam.[1] In den ERA 600 sind die Akkreditive nur noch als **unwiderrufliche** vorgesehen; alle Regelungen, die in der Vorgängerfassung zur Widerruflichkeit enthalten waren, sind entfallen.

Nach Art. 13 ERA 500 müssen die Banken die **Ordnungsmäßigkeit der Dokumente** innerhalb angemessener Zeit, die 7 Banktage nach dem Tag des Dokumentenerhalts nicht überschreiten darf (Art. 13 b ERA 500), prüfen und Beanstandungen der Korrespondenzbank oder dem Begünstigten mitteilen und die Dokumente zur Verfügung halten oder zurücksenden, anderenfalls sie die fehlende Übereinstimmung der Dokumente mit den Akkreditivbedingungen nach Art. 14 e ERA 500 nicht geltend machen kann.[2] In Art 14 b ERA 600 ist der Prüfungszeitraum auf 5 Arbeitstage verkürzt. Die Prüfung bezieht sich auf die äußerliche Ordnungsmäßigkeit und Vollständigkeit der Dokumente sowie darauf, ob zwischen den einzelnen Dokumenten Widersprüche bestehen, Art. 13 a ERA 500/Art. 14 a, d ERA 600. Maßstab für die Prüfung sind die Standards internationaler Bankpraxis (vgl. jetzt Art. 2 ERA 600, konforme Dokumentenvorlage): Entscheidend ist, ob sich aus der Prüfung für die Bank ohne Hinzuziehung fremden Sachverstandes ergibt, dass die Abweichung der Dokumente von den Bedingungen für den Auftraggeber unerheblich ist.[3] Die inhaltliche Richtigkeit der Dokumente ist dagegen nicht Gegenstand der Prüfungspflicht.[4] Die Akkreditivbank darf nur die Dokumente als Treuhänder des Begünstigten prüfen, nicht dagegen die Ware besichtigen oder prüfen, auch nicht durch den Käufer prüfen oder besichtigen lassen.[5] Händigt sie die Dokumente dem Käufer zwecks Besichtigung aus, so liegt darin eine vorbehaltlose Aufnahme der Dokumente, die eine Berufung auf Mängel der Dokumente ausschließt,[6] um nicht den Einwendungsausschluss aus dem Grundgeschäft (s. Rz A 121) zu gefährden. Die eröffnende Bank darf eine dem Begünstigten zugeflossene Zahlung auch nicht gemäß § 670 dem Akkreditivsteller belasten, wenn sie die Zahlung an den Begünstigten trotz fehlender Ordnungsmäßigkeit der Dokumente erbracht hat.[7] **A 126**

Nach Art. 15 S. 1 ERA 500/Art. 34 ERA 600 übernehmen die Banken keine **Haftung** oder Verantwortung **für Vollständigkeit,** Form, Genauigkeit, Echtheit, Verfälschung oder Rechtswirksamkeit irgendwelcher Dokumente oder für die den Dokumenten hinzugefügten allgemeinen oder besonderen Bedingungen. Neben der Mitteilungs- und Eröffnungspflicht und der Zahlungspflicht besteht aber eine Hauptpflicht der Akkreditivbank in der Prüfung der Ordnungsmäßigkeit und Vollständigkeit der Dokumente sowie ihrer Übereinstimmung mit den Akkreditivbedingungen. Diese Prüfungspflicht sieht auch Art. 13 a ERA 500/Art. 14 a ERA 600 ausdrücklich vor. Art. 15 S. 1 ERA 500/Art. 34 ERA 600 kann deshalb nicht dahin verstanden werden, dass diese Pflicht zur Prüfung mit angemessener Sorgfalt ausgeschlossen wird.[8] Art. 13 ERA 500/Art. 14 a ERA 600 betrifft aber nur die Prüfung der Dokumente auf ihre äußere formelle Übereinstimmung mit den Akkreditivbedingungen.[9] Nur insoweit handelt es sich um eine Kardinalpflicht, auf deren Einhaltung durch die Akkreditivbank unter Beachtung des Grundsatzes der Dokumentenstrenge (s. Rz A 121) der Akkreditivsteller angewie- **A 127**

---

[1] S. § 309 Nr. 7 Rz 135 mit Rz 50.
[2] OLG Düsseldorf ZIP 2003, 1785.
[3] OLG Düsseldorf ZIP 2003, 1785.
[4] OLG Düsseldorf ZIP 2003, 1785; *Ebenroth/Boujong/Joost/Hakenberg* HGB, BankR Rz II 479.
[5] BGH NJW 1987, 2578.
[6] BGH NJW 1987, 2578.
[7] S. BGH NJW 1985, 550 zu Nr. 8 ERA 1974.
[8] S. auch *M. Wolf* ZHR 153, 300, 307 f.
[9] BGH NJW 1990, 255.

sen ist und für die auch die Haftung für leichte Fahrlässigkeit nach § 307 II Nr. 2 nicht ausgeschlossen werden darf.[1] Art. 15 S. 1 ERA 500/Art. 34 ERA 600 darf daher insoweit nicht als Haftungsausschluss herangezogen werden. Art. 13 a ERA 500/Art. 14 a ERA 600 bezieht sich dagegen nicht auf die Prüfung der Echtheit der Dokumente,[2] so dass eine Haftungsfreizeichnung für leichte Fahrlässigkeit insoweit möglich ist.[3] Art. 15 S. 1 ERA 500/Art. 34 ERA 600 kann daher das Risiko einer Fälschung und sonstiger Unregelmäßigkeiten auf den Akkreditivsteller wirksam abwälzen.[4] Die Haftung kann jedoch für Vorsatz nach § 276 III und bei grobem Verschulden nach § 307 II Nr. 1 auch zwischen Unternehmern nicht ausgeschlossen werden.[5]

A 128 Nach Art. 16 ERA 500/Art. 35 S. 1 ERA 600 übernehmen die Banken keine **Haftung** oder Verantwortung **für die Folgen von Verzögerungen** und/oder Verlusten bei Übermittlung irgendwelcher Nachrichten, Briefe oder Dokumente. Da Mitteilungspflichten über die Akkreditiveröffnung zu den wesentlichen Hauptpflichten der Akkreditivbank gehören, kann Art. 16 S. 1 ERA 500/Art. 35 S. 1 ERA 600 von dieser Pflicht nicht entbinden und zwischen Unternehmern gemäß § 307 II Nr. 1 auch keine Freistellung der Haftung für Verschulden herbeiführen, da der Akkreditivsteller auf die Erfüllung der für ihn bedeutsamen Mitteilungspflicht vertrauen darf.[6] Art. 16 S. 1 ERA 500/Art. 35 S. 1 ERA 600 betrifft deshalb nur solche Mitteilungsfehler und -verzögerungen, die außerhalb des Verantwortungsbereichs der Bank liegen, z. B. weil sie Fehler in den Übertragungssystemen öffentlicher Einrichtungen betreffen oder sonst unverschuldet sind.[7] Art. 16 S. 2 ERA 500/Art. 35 S. 3 ERA 600 will die Haftung für Irrtümer bei der Übersetzung oder Auslegung von technischen Ausdrücken ausschließen. Dies bedarf jedoch der Einschränkung dahin, dass die Pflichten aus Art. 13 ERA 500/Art. 14 ERA 600 nicht berührt werden.[8]

A 129 Die in Art. 17 ERA 500/Art. 36 ERA 600 enthaltene Freizeichnung für höhere Gewalt und andere Ursachen außerhalb der Kontrolle der Bank ist nicht zu beanstanden.[9] Für die Folgen von Arbeitskämpfen kann sich die Bank dagegen nicht generell freizeichnen (s. Rz A 161 ff.).

A 130–140 Nach Art. 18 a ERA 500/Art. 37 a ERA 600 handeln **weitere Banken,** derer sich die Akkreditivbank bedient, für Rechnung und Gefahr des Auftraggebers, und Art 18 b ERA 500/Art. 37 b ERA 600 sieht eine **Haftungsfreizeichnung** vor, wenn die weiteren Banken die Weisungen nicht ausführen, selbst wenn die Akkreditivbank die weiteren Banken ausgewählt hat. Die in Art. 18 a ERA 500/Art. 37 a ERA 600 vorgesehene Einschaltung weiterer Banken als Substituten ist nur in Übereinstimmung mit den Grundgedanken von § 664 wirksam (s. dazu Rz G 204 f). Die Freizeichnung für jedes eigene Auswahlverschulden ist mit § 309 Nr. 7 b nicht vereinbar, dem im unternehmerischen Verkehr bei der Prüfung der Unwirksamkeit nach § 307 Indizwirkung zukommt.[10] Art. 18 b ERA 500/Art. 37 b ERA 600 ist schon

---

1 Vgl. auch BGH NJW 1990, 255; § 11 Nr. 7 Rz 51; *Ebenroth/Boujong/Joost/Hakenberg* HGB BankR Rz II 468.

2 BGH NJW 1990, 255.

3 BGH NJW 1990, 255.

4 S. auch *von Westphalen* WM 1980, 178, 180 zu Art. 9 ERA a. F.

5 S. § 309 Nr. 7 Rz 135.

6 *M. Wolf* ZHR 153, 300, 308; s. auch *von Westphalen* WM 1980, 178, 182 zu Art. 10 ERA a. F.; *Ebenroth/Boujong/Joost/Hakenberg* HGB, BankR Rz II 479.

7 S. *M. Wolf* ZHR 153, 300, 308.

8 S. *M. Wolf* ZHR 153, 300, 309.

9 *Ebenroth/Boujong/Joost/Hakenberg* HGB, BankR Rz II 468.

10 *Bamberger/Roth/J.Becker* § 309 Rz 46.

nach seinem Wortlaut nicht dahin auszulegen, dass er die Haftung der Bank für Auswahlverschulden ausschließen will, da mit den Worten „auch wenn sie selbst die Auswahl dieser anderen Bank getroffen haben" nur die Bank umschrieben wird, für deren weisungswidriges Handeln nicht gehaftet werden soll, nicht aber das Auswahlverschulden als solches geregelt ist.[1] Die Freizeichnung für Fremdverschulden, sei es für Substituten,[2] sei es für andere Banken als Erfüllungsgehilfen, ist wirksam, weil im internationalen Handelsverkehr im Rahmen von § 307 internationale Gerechtigkeitsstandards zu berücksichtigen sind[3] und die Bank für eigenes Ausführungs- und Überwachungsverschulden nach wie vor haftet.[4] Allerdings kann die Regelung in Art. 18 b ERA 500/Art. 37 b ERA 600 nicht dahin ausgelegt werden, dass sie einen Haftungsausschluss auch in den Fällen begründet, in denen die Zweitbank im Ausland eine Filiale der Akkreditivbank ist, die nach Art. 2 ERA 500/Art. 3 ERA 600 als „andere Bank" gilt; ansonsten wäre die Klausel wegen Verstoßes gegen § 307 unwirksam. Die generelle Überwälzung aller Verantwortlichkeiten aus der Anwendung ausländischer Gesetze und Gebräuche auf den Akkreditivsteller durch Art. 18 c ERA 500/Art. 37 d ERA 600 ist mit § 307 nicht zu vereinbaren. Wenn die Bank den Akkreditivauftrag für ein bestimmtes Land übernimmt, ist sie grundsätzlich zur Beachtung des anwendbaren ausländischen Rechts verpflichtet und haftet für Verschulden vor allem auch deshalb, weil sie sich einer ausländischen Zweitbank mit der erforderlichen Vertrautheit im Auslandsrecht bedienen kann.[5]

*

Annahmeverzug

Inhaltsübersicht

1. Folgen des Annahmeverzugs

A 141 Die Folgen des Annahmeverzugs (§§ 293 ff.) treten unabhängig von einem Verschulden ein. Den in Annahmeverzug befindlichen Gläubiger trifft zwar keine Schadensersatzpflicht, aber er hat dem Schuldner entstehende Mehraufwendungen zu ersetzen (§ 304) und hat einzelne Haftungserleichterungen des Schuldners (§§ 300 bis 303) hinzunehmen.

2. Annahmeverzug des Verwenders

A 142 § 309 Nr. 7 kann auf den Annahmeverzug nicht derart analog angewandt werden, dass die für den Verwender als Gläubiger nachteiligen Folgen erst bei vorsätzlich oder grob fahrlässig verursachtem Annahmeverzug eintreten. Der Verwender muss als Gläubiger die Folgen des seinem Risikobereich zuzurechnenden Annahmeverzugs selbst tragen und darf sie grundsätzlich nicht auf den Schuldner abwäl-

---

[1] S. auch *M. Wolf* ZHR 153, 300, 309.

[2] S. § 309 Nr. 7 Rz 17.

[3] *M. Wolf* ZHR 153, 300, 313 f.

[4] S. auch *von Westphalen* WM 1980, 178, 186 zu Art. 12 ERA 1974; siehe auch *Ebenroth/Boujong/Joost/Hakenberg* HGB, BankR Rz II 471.

[5] S. auch *von Westphalen* WM 1980, 178, 188 zu Art. 12 c ERA 1974.

zen.[1] Die Tragung der durch den Annahmeverzug verursachten Mehraufwendungen (§ 304) entspringt einem grundlegenden Gerechtigkeitsgedanken, der nach § 307 II Nr. 1 nicht abbedungen werden kann. Die Einführung einer Verzinsungspflicht bei Annahmeverzug entgegen § 301 ist jedoch nicht zu beanstanden, soweit sie dem üblichen Zins entspricht, der dem Schuldner während des Annahmeverzugs zufließt;[2] dies entspricht der in § 302 getroffenen Regelung. Es widerspricht auch nicht dem Grundgedanken der gesetzlichen Regelung, wenn der Schuldner entgegen § 300 I für jedes Verschulden während des Annahmeverzugs einzustehen hat, da er etwa erforderliche Mehraufwendungen nach § 304 ersetzt erhält. Möglich ist auch, dass dem Schuldner bei Annahmeverzug des Gläubigers ein Rücktrittsrecht eingeräumt wird.[3]

3. Annahmeverzug des Vertragspartners

A 143 Die Rechtsfolgen des Annahmeverzugs dürfen zum Nachteil des Vertragspartners nicht vorgesehen werden, ohne dass die **wesentlichen gesetzlichen Voraussetzungen erfüllt** sind. Eine Klausel, die den Gefahrübergang allein bei Ablauf des vereinbarten Liefertermins vorsieht, ist deshalb unwirksam, weil sie auf das Erfordernis des ordnungsgemäßen tatsächlichen (§ 294) oder ausnahmsweise mündlichen (§ 295) Angebots verzichtet und auch eine vorübergehende Annahmeverhinderung (§ 299) nicht beachtet.[4]

A 144-150 Befindet sich der Vertragspartner des Verwenders in Annahmeverzug, so dürfen ihm nicht ohne berechtigten Grund von der gesetzlichen Regelung abweichende **wesentliche Nachteile** auferlegt werden. Eine Klausel, wonach alle Rechte an einer im Besitz des Verwenders befindlichen, dem anderen Vertragsteil gehörenden Sache, auch aus Eigentum, erlöschen, wenn sie nicht innerhalb einer bestimmten Frist (z. B. 1 Jahr) abgeholt wird, ist unwirksam, da sie gegen die Grundgedanken der §§ 372 S. 1, 383 I verstößt und kein Grund ersichtlich ist, warum der Verwender die Sache nicht herausgeben soll, wenn er sie nach Ablauf der Frist noch besitzt.[5] Wirksam ist aber die Klausel in einem Flugbeförderungsvertrag, wonach der Luftfrachtführer zur Ablehnung der Beförderung berechtigt ist, wenn der Fluggast nicht rechtzeitig zur angegebenen Zeit an der Abfertigung erscheint oder unzureichende Papiere vorlegt.[6] Das Ablehnungsrecht darf aber nur ausgeübt werden, wenn die Beförderung, z. B. wegen berechtigter Vergabe des Platzes an Passagiere einer Warteliste, nicht mehr möglich ist.[7] Wirksam ist auch eine Klausel, wonach im Falle des Annahmeverzuges ein pauschaler Schadensersatz in Höhe von 15% des Kaufpreises zu zahlen ist.[8] Dabei ist zu beachten, dass nicht unter Verstoß gegen § 309 Nr. 5 b dem Vertragspartner der Nachweis eines geringeren Schadens abgeschnitten wird. Unzulässig ist auch die Aufrechterhaltung des Vergütungsanspruchs für einen nicht wahrgenommenen Behandlungstermin.[9]

*

---

[1] S. auch *Schlosser/Coester-Waltjen* Rz 74; zustimmend *von Westphalen,* AGB, Annahmeverzug Rz 2.
[2] A. A. *von Westphalen,* AGB, Annahmeverzug Rz 11.
[3] *Löwisch* BB 1974, 1498.
[4] BGH NJW 1985, 320, 323.
[5] S. OLG Köln BB 1982, 638, 639.
[6] OLG Düsseldorf NJW-RR 1993, 823.
[7] OLG Düsseldorf NJW-RR 1993, 823.
[8] OLG Köln VRS 96 (1999), 348; OLG Sachsen-Anhalt NJW-RR 2000, 720.
[9] A. A. AG Fulda ArztuR 2003, 167.

Anzeigenauftrag

Schrifttum: *von Westphalen,* Die Allgemeinen Geschäftsbedingungen für Anzeigen in Zeitungen und Zeitschriften im Lichte des neuen AGB-Gesetzes, BB 1977, 423; *Hörbe,* Allgemeine Geschäftsbedingungen für das Anzeigenwesen nach dem neuen AGB-Gesetz, AfP 1977, 266; *Rath-Glawatz,* Das Recht der Anzeige, 1989; *Schneider,* Allgemeine Geschäftsbedingungen für Anzeigen und Fremdbeilagen in Zeitungen und Zeitschriften, WRI 1977, 382; *Wronka,* AGB-Anzeigenwesen, 1980.

Inhaltsübersicht

1. Allgemeines

Der Anzeigenvertrag, durch den sich ein Zeitungs- oder Zeitschriftenverlag oder ein sonstiges Publikationsorgan, wie z. B. auch Hör- und Fernsehfunk, zur Veröffentlichung und Verbreitung einer Anzeige verpflichten, ist ein Werkvertrag.[1] Der Vertrag ist zugleich Geschäftsbesorgungsvertrag (§ 675), wenn bei Chiffre-Anzeigen eingehende Angebote dem Auftraggeber auszuhändigen sind.[2] Der Anzeigenvertrag über die Veröffentlichung von sog. Kontaktanzeigen kann wegen Verstoßes gegen § 120 I Nr. 2 OWiG gemäß § 134 nichtig sein.[3] **A 151**

2. Inhaltskontrolle

a) Allgemeines. Für die Inhaltskontrolle gelten die allgemeinen Vorschriften. Insbesondere ist § 309 Nr. 8 b anwendbar, weil ein Vertrag über eine Werkleistung gegeben ist. Zahlreiche der in Anzeigeverträgen vorkommenden Klauseln sind im vorliegenden Werk an anderer Stelle kommentiert, so dass auf die relevanten Ausführungen verwiesen werden kann. Dies gilt z. B. für **Haftungsausschlüsse und -beschränkungen**[4] sowie für **Vorleistungsklauseln.**[5] Im Folgenden seien daher lediglich einige Besonderheiten hervorgehoben. **Gerichtsstandsklauseln** unter Kaufleuten sind in einem Abonnementvertrag grundsätzlich nicht nach § 307 zu beanstanden, und zwar auch dann nicht, wenn der jeweilige Sitz des Verlags für maßgeblich erklärt wird.[6] **A 152**

b) Laufzeit. Ist der Anzeigenvertrag als Dauerauftrag im hervorgehobenen Vertragstext **für ein Jahr** vereinbart, so ist eine Verlängerungsklausel auch für gewerbliche Auftraggeber nach § 305 c I überraschend.[7] In diesem Falle wird man ferner einen Verstoß gegen das Transparenzgebot (§ 307 I 2) bejahen müssen. Auch eine Regelung, der zufolge der Kunde gleich zwölf Anzeigen in Auftrag gibt und die im Fließtext zwischen allgemeinen Produktangaben versteckt ist, muss als überraschend (§ 305 c I) sowie als unangemessen (§ 307 I 2) eingestuft werden.[8] Daran **A 153**

---

1 BGH NJW 1992, 1450, 1451; MünchKomm/*Busche* § 631 Rz 236; *Palandt/Sprau* Einf. vor § 631 Rz 18.
2 BGH NJW 1992, 1450, 1451.
3 BGH NJW 1992, 2557, 2558 = LM § 134 BGB Nr. 141 m. Anm. *Pfeiffer.*
4 S. dazu § 309 Nr. 7 Rz 1 ff., 90 ff.
5 Zu Vorleistungsklauseln s. § 309 Nr. 2 Rz 8 ff., § 309 Nr. 3 Rz 20, § 310 Rz V 501 ff.
6 OLG Schleswig NJW 2006, 3361, 3361.
7 BGH NJW 1989, 2255, 2255 (zu § 3 AGBG).
8 LG Saarbrücken NJW-RR 2002, 915, 916 (zu §§ 3, 9 AGBG).

ändert sich auch dann nichts, wenn die Vertragsurkunde mit dem Begriff „Anzeigenaboauftrag" überschrieben ist.[1]

A 154 **c) Fälligkeit.** Eine Klausel, die hinsichtlich der Erfüllung des Anzeigenauftrags vorsieht, dass diese im Zweifel innerhalb eines Jahres nach Vertragsschluss zu erfolgen hat, ist wegen unbestimmter und zugleich unangemessen langer Leistungsfrist nach § 308 Nr. 1 unwirksam.[2]

A 155 **d) Chiffreanzeigen.** Die in den AGB eines Zeitungs- und Zeitschriftenverlags verwendete **Öffnungsklausel,** wonach sich der Verlag das Recht vorbehält, beim Chiffre-Dienst eingehende Angebote zur Ausschaltung von Missbräuchen für Prüfzwecke zu öffnen, ist wegen Verletzung der mit dem Persönlichkeitsrecht geschützten Privatsphäre des Absenders wie des Adressaten nach § 307 unwirksam.[3] Unangemessen ist auch eine **Weiterleitungsklausel,** durch die sich der Verlag vorbehält, auf die Chiffre-Anzeige eingehende geschäftliche Anpreisungen und Vermittlungsangebote nicht weiterzuleiten, weil dies gegen das gesetzliche Leitbild der Weiterleitungspflicht nach § 675 mit § 667 verstößt[4] und im Regelfall zugleich das Persönlichkeitsrecht von Absender und Adressat durch Abschneiden der Kontaktaufnahme verletzt.[5]

A 156–160 **e) Haftung.** Die Haftung für Satz- und Druckfehler kann auch gegenüber Unternehmern nicht gänzlich ausgeschlossen werden,[6] da es sich bei der Pflicht zur korrekten Widergabe der Anzeige um eine Kardinalpflicht handelt.

*

Arbeitskampfklauseln

Inhaltsübersicht

Schrifttum: *Berger,* Schadensverteilung bei Bankbetriebsstörungen, Diss. Frankfurt, 1980; *Löwisch,* Arbeitskampfklauseln in AGB, BB 1974, 1493; *Schmid,* Arbeitskampfklauseln in den AGB des Zeitungsbezugsvertrages, NJW 1979, 15; *von Westphalen,* AGB, Vertragsrecht Arbeitskampfklauseln, 1995, 17.

1. Erscheinungsformen und Auslegungsfragen

A 161 Mit Hilfe von Arbeitskampfklauseln, die häufig mit Höhere-Gewalt-Klauseln verbunden sind, versuchen Verwender, die Folgen der mit einem Arbeitskampf verbundenen Vertragsstörungen auf den anderen Vertragspartner als Kunden abzuwälzen. Die Klauseln können je nach Formulierung verschiedene Tragweite haben. Arbeitskampfklauseln in Arbeitsverträgen unterliegen nunmehr unter Berücksichtigung der Besonderheiten des Arbeitsrechts der AGB-Kontrolle, § 310 IV 2.

---

[1] LG Saarbrücken NJW-RR 2002, 915, 916 (zu §§ 3, 9 AGBG).
[2] LG München AGBE I § 10 Nr. 8.
[3] BGH NJW 1992, 1450, 1451 (zu § 9 AGBG).
[4] BGH NJW 1992, 1450, 1451 (zu § 9 AGBG).
[5] *Grunewald* Anm. zu BGH LM H.5/1992 § 9 (Cl) AGBG Nr. 48; OLG Hamm NJW-RR 1991, 250, 250 (zu § 9 AGBG).
[6] S. nur MünchKomm/*Kieninger* § 309 Nr. 8 Rz 32.

a) Erfasste Arbeitskämpfe. Als Grund für Vertragsstörungen können verschiedenartige Arbeitskämpfe in Betracht kommen. Es kann sich um Streiks oder um Aussperrungen handeln, es kann sich um rechtmäßige oder um rechtswidrige Arbeitskämpfe handeln und die Arbeitskämpfe können sich auf den eigenen Betrieb des Verwenders oder auf Betriebe Dritter beziehen, von denen die reibungslose Leistungserbringung abhängig ist. Wird in einer Klausel die Haftung für bestimmte Folgen aus Arbeitskämpfen oder von Streik und Aussperrung ausgeschlossen, so werden damit grundsätzlich alle Erscheinungsformen des Arbeitskampfes im eigenen Betrieb erfasst, gleichgültig, ob es sich um Streik oder um Aussperrung handelt, ob der Arbeitskampf rechtmäßig oder rechtswidrig ist. Die einfache Arbeitskampfklausel erfasst aber nach § 305c II nicht Arbeitskämpfe in Drittbetrieben.[1] Dafür bedarf es vielmehr einer zweifelsfreien Erwähnung. Enthalten die AGB lediglich eine Streikklausel, die sich nur auf die Folgen von Streiks bezieht, so können gemäß § 305c II nicht auch die Folgen von Aussperrungen darauf bezogen werden. Eine Streik- oder Arbeitskampfklausel ist nicht dahin auszulegen, dass sie auch die Rechtsfolgen eines Übernahme- oder Vorsorgeverschuldens (Rz A 167) ausschließt.[2] Die **Ausübung von Zurückbehaltungsrechten,** auch wenn sie kollektiv erfolgt, ist keine Arbeitskampfmaßnahme und wird deshalb von der normalen Arbeitskampfklausel nicht erfasst. Findet sich in den AGB nur eine **Höhere-Gewalt-Klausel** ohne Erwähnung von Arbeitskämpfen, so fallen darunter nur Arbeitskämpfe in Drittbetrieben, nicht dagegen Arbeitskämpfe im Betrieb des Verwenders, weil diese Arbeitskämpfe zu den Betriebsrisiken des Verwenders gehören[3] und deshalb nicht unter die Höhere-Gewalt-Klausel fallen, die nach § 305c II im Zweifel einengend zugunsten des anderen Vertragsteils auszulegen ist. **A 162**

b) Regelung der Rechtsfolgen. Zu seinen Gunsten kann der Verwender als Folge von Arbeitskampfmaßnahmen die Verlängerung von Lieferfristen vorsehen; er kann bei arbeitskampfbedingter Unmöglichkeit seine Befreiung von der Leistungspflicht oder ein Rücktrittsrecht vorsehen; es kann daneben oder ausschließlich die Haftung für Schäden[4] oder ein Anspruch auf Entschädigung ausgeschlossen sein. Die vorgesehenen Rechtsfolgen müssen konkret bezeichnet sein. Eine ausdehnende Auslegung verbietet sich im Hinblick auf § 305c II. Wird allgemein die Haftung ausgeschlossen, so ist dies im Zweifel nur als Ausschluss von Schadensersatzansprüchen wegen Verzugs oder Unmöglichkeit zu verstehen. Wird eine Entschädigung versagt, so ist damit ebenfalls nur der Ausschluss von Schadensersatz gemeint und nicht der Ausschluss des Rückzahlungsanspruchs aus § 326 IV.[5] **A 163**

2. Wirksamkeit von Arbeitskampfklauseln

Die Wirksamkeit von Arbeitskampfklauseln hängt neben der Art der erfassten Arbeitskämpfe in erster Linie von den darin vorgesehenen Rechtsfolgen ab. **A 164**

a) Der Ausschluss von Schadensersatzansprüchen wegen Verzugs (§§ 280 I, II, 286, 323) oder wegen Unmöglichkeit (§§ 280 I, III, 283, 326) ist **wirksam,** soweit es sich um einen rechtmäßigen Streik oder eine rechtmäßige Aussperrung handelt, da der **rechtmäßige Arbeitskampf** als institutionell anerkanntes Instrument zur Gestaltung der Arbeits- und Wirtschaftsbedingungen auch von den Kunden des **A 165**

---

[1] *Löwisch* BB 1974, 1499; *Ulmer/Schmidt* Anh. § 310 Rz 27; *von Westphalen,* AGB, Arbeitskampfklauseln Rz 6.

[2] *Ulmer/Schmidt* Anh. § 310 Rz 27; *Löwisch* BB 1974, 1497.

[3] *Ulmer/Schmidt* Anh. § 310 Rz 27.

[4] So Nr. 25 II a. F. AGB-Banken.

[5] *Ulmer/Schmidt* Anh. § 310 Rz 27.

Verwenders hingenommen werden muss und in seiner Rechtmäßigkeit im Geschäftsverkehr nach außen nicht anders beurteilt werden kann als zwischen Arbeitgeber und Arbeitnehmer.[1] Es besteht deshalb, abgesehen von einem Vorsorge- oder Übernahmeverschulden (Rz A 167), bereits nach den gesetzlichen Regeln insoweit keine Schadensersatzpflicht des Verwenders.[2] Unabhängig von der Rechtmäßigkeit haftet der Verwender aber auch nicht für **Streiks und Aussperrungen in Drittbetrieben,** weil er darauf keinen Einfluss nehmen kann und er dem damit verbundenen Risiko nicht näher steht als seine Kunden.[3] Dementsprechend ist auch ein Haftungsausschluss in AGB wirksam. Zum Übernahme-, Vorsorge- und Abwendungsverschulden s. Rz A 167.

A 166 Für die Folgen **rechtswidriger Arbeitskämpfe** haftet der Verwender, sofern er die Arbeitskampfmaßnahmen zu vertreten hat. Dies ist bei einer rechtswidrigen Aussperrung durch den Verwender nach § 276 in aller Regel zu bejahen. Aber auch bei einem rechtswidrigen Streik seiner Arbeitnehmer hat der Verwender dafür nach § 278 einzustehen.[4] Der Ausschluss des Rechts, sich im Falle von Verzug oder Unmöglichkeit vom Vertrag zu lösen, ist nach § 309 Nr. 8 a für jedes Verschulden **unwirksam.**[5] Dagegen kann ein Ausschluss oder eine Begrenzung des Schadensersatzes in den Grenzen des § 309 Nr. 7 vorgenommen werden. S. zur Klauselauslegung Rz A 162. Für rechtswidrige Arbeitskämpfe, die vom anderen Vertragsteil schuldhaft verursacht sind, kann auch dessen Haftung wirksam vorgesehen werden. § 12 Nr. 1 VOC/BVB-Miete ist deshalb wirksam.

A 167 Auch bei rechtmäßigen Arbeitskämpfen oder bei Arbeitskämpfen in Drittbetrieben, für die der Schuldner als solche nicht einzustehen hat, kann sich eine Haftung aus einem **Übernahme-, Vorsorge-** oder **Abwendungsverschulden** ergeben. Ein Übernahmeverschulden liegt vor, wenn der Verwender trotz Erkennbarkeit eines künftigen Arbeitskampfes mit Abschluss des Vertrags Leistungspflichten eingeht, die er dann nicht einhalten und rechtzeitig erfüllen kann. Ein Vorsorgeverschulden ist gegeben, wenn der Verwender ihm mögliche und zumutbare Maßnahmen zur Verhinderung von Leistungsstörungen infolge eines Arbeitskampfes vorausplanend unterlässt, z. B. nicht ausreichend auf Vorrat produziert. Ein Abwendungsverschulden ist anzunehmen, wenn der Verwender beim Auftreten des Arbeitskampfes nicht alle ihm zumutbaren Maßnahmen zur Verhinderung von Leistungsstörungen ergreift, z. B. sich bei anderen Lieferanten, u. U. auch im Ausland eindeckt.[6] Bei Vorliegen eines Übernahme-, Vorsorge- oder Abwendungsverschuldens hat der Verwender auch den infolge von rechtmäßigen Arbeitskampfmaßnahmen eintretenden Verzug oder die Unmöglichkeit nach § 276 oder § 278 zu vertreten und kann die **Haftung** für Schäden daraus gegenüber Verbrauchern nur im Rahmen von § 309 Nr. 7 begrenzen.[7]

A 168 **b)** Die Zulässigkeit der **Verlängerung von Lieferfristen** richtet sich in erster Linie nach § 308 Nr. 1. Die Verlängerung kann wegen unangemessener Dauer[8] oder wegen Unbestimmtheit[9] unwirksam sein. Einer Anwendung von § 309 Nr. 8 a bedarf es daneben für die Frist nicht. Die Verlängerung von Lieferfristen kommt je-

---

[1] a. A. *Bulla* DB 1963, 755; *Hohn* DB 1965, 501; LG Frankfurt NJW-RR 1987, 823.
[2] *Löwisch* AcP 174, 202 ff.; *Berger* aaO S. 199 ff.
[3] S. auch *Berger* aaO S. 192.
[4] *Berger* aaO S. 193 ff.; a. A. *Staudinger/Löwisch* § 278 Rz 33; MünchKomm/*Grundmann* § 278 Rz 14.
[5] § 309 Nr. 8 a Rz 17 ff.; s. auch LG Frankfurt NJW-RR 1987, 823, 825; *Ulmer/Schmidt* Anh. § 310 Rz 28; *von Westphalen,* AGB, Arbeitskampfklauseln Rz 12.
[6] S. *Löwisch* AcP 174, 237 ff.
[7] S. auch *Ulmer/Schmidt* Anh. § 310 Rz 29.
[8] § 308 Nr. 1 Rz 10 ff.
[9] § 308 Nr. 1 Rz 18 ff.

doch nur bei rechtmäßigen Arbeitskämpfen in Betracht, für rechtswidrige Arbeitskämpfe dagegen nur insofern, als es sich um vom Verwender unabhängige Drittbetriebe handelt, deren Verhalten sich der Verwender im Verhältnis zum Kunden nicht zurechnen lassen muss. Handelt es sich dagegen um eine rechtswidrige Aussperrung durch den Verwender oder um einen rechtswidrigen Streik seiner Arbeitnehmer, wofür der Verwender in aller Regel nach § 276 oder § 278 einzustehen hat, so besteht eine Haftung für Verzug und Unmöglichkeit, die nicht durch eine Fristverlängerung vereitelt werden darf. Fristverlängerungen für vom Verwender zu vertretende Arbeitskampfmaßnahmen sind deshalb nach § 308 Nr. 1 gegenüber Verbrauchern und nach § 307 grundsätzlich auch gegenüber Unternehmern unwirksam. Eine Klausel, die eine Fristverlängerung für die Dauer nicht zu vertretender Störungen des Geschäftsbetriebs vorsieht und dafür beispielhaft Arbeitsausstände und Aussperrungen nennt, ist nicht dahin auszulegen, dass sie auch für zu vertretende Arbeitskämpfe gelten will,[1] da das Beispiel nur konkretisieren, aber die Voraussetzung der nicht zu vertretenden Störung nicht aufheben will. Diese Haftung tritt auch ein, wenn die Verlängerungsfrist hinreichend bestimmt und von angemessener Dauer ist, denn eine Verlängerungsfrist kann nicht ein schuldhaftes Verhalten ungeschehen machen. Will die Verlängerungsklausel auch diese Haftung ausschließen, so geht sie über die bloße Verlängerung von Lieferfristen hinaus und muss deshalb an § 309 Nr. 7 gemessen werden. Im Zweifel ist aber eine Verlängerungsklausel nicht dahin auszulegen. Gleiches gilt im Falle eines Übernahme-, Vorsorge- und Abwendungsverschuldens (Rz A 167), das zu einer Haftung aus Verzug oder Unmöglichkeit unabhängig von einer Verlängerungsfrist führt. Eine Verlängerungsklausel erstreckt sich im Zweifel nicht auf ein Übernahme-, Vorsorge- und Abwendungsverschulden; will sie eine Haftung aus diesem Grund ausschließen, so liegt ein Verstoß gegen §§ 309 Nr. 8 a, 309 Nr. 7 vor (Rz A 166).

c) Wird für den Fall der Leistungsstörungen aus Arbeitskämpfen zugunsten des Verwenders ein **Rücktrittsrecht** vorgesehen, so ist dessen Wirksamkeit an § 308 Nr. 3 zu messen. Die Einräumung eines Rücktrittsrechts ist unwirksam, soweit der Verwender für die Arbeitskampffolgen wegen der Rechtswidrigkeit des Arbeitskampfes (Rz A 166) oder wegen eines Übernahme-, Vorsorge- oder Abwendungsverschuldens (Rz A 167) einzustehen hat.[2] Auch soweit es sich um Leistungsstörungen aufgrund rechtmäßiger Arbeitskampfmaßnahmen handelt, darf der Verwender nicht ohne weiteres ein Rücktrittsrecht vorsehen. Vielmehr muss er zumutbare Leistungserschwerungen hinnehmen, so dass ein Rücktrittsrecht nur bei nicht mehr zumutbaren Leistungserschwerungen als sachlich gerechtfertigt anzusehen ist.[3] Gegen ein Rücktrittsrecht zugunsten des anderen Vertragsteils bestehen keine Bedenken. **A 169**

d) Der **Rückzahlungsanspruch** aus § 326 IV kann gemäß § 307 II Nr. 1 nicht durch AGB wirksam ausgeschlossen werden. Die Rückzahlung eines Entgelts, für das keine Leistung erbracht worden ist, entspricht einem wesentlichen Grundgedanken der gesetzlichen Regelung, zumal der Verwender nur nach Bereicherungsgrundsätzen haften muss. Zur Klauselauslegung s. Rz A 163. Kündigt der Besteller beim Werkvertrag, so kann der Unternehmer die in § 649 S. 2 vorgesehene Vergütung nur verlangen, soweit er für die Folgen des Arbeitskampfes nicht einzustehen hat. Eine darüber hinausgehende Vergütungsregelung in AGB wäre nach § 307 II Nr. 1 unwirksam. **A 170–180**

*

[1] A.A. OLG Hamm NJW-RR 1987, 311, 315 zu 10.
[2] § 308 Nr. 3 Rz 32.
[3] S. auch § 308 Nr. 3 Rz 51.

Architektenvertrag

Inhaltsübersicht

Schrifttum: *Bartsch,* Der kommende Einheitsarchitektenvertrag für Gebäude, BauR 1994, 314; *Bridts,* Der Architektenvertrag, in: *Chiotellis/Fikentscher,* Rechtstatsachenforschung, 1985, 365; *Bormann/Graßnack/Kessen,* Die Rechtsprechung des VII. Zivilsenats zum Bankvertrags- und Architektenrecht in den Jahren 2003 und 2004, BauR 2005, 463 ff., 636 ff., 793 ff.; *dies.,* Die Rechtsprechung des VII. Zivilsenats zum Bauvertrags- und Architektenrecht im Jahre 2005, BauR 2006, 286 ff., 446 ff.; *Bormann/Graßnack/Flury,* Die Rechtsprechung des VII. Zivilsenats zum Bauvertrags- und Architektenrecht im Jahre 2006, BauR 2007, 304 ff., 463 ff.; *Brück/Reichelt,* Die Entwicklung des privaten Bauvertragsrechts seit 2002: VOB/B, NJW 2005, 2273; *Dörr,* Die HOAI und das EG-Vergaberecht, EuZW 1997, 37; *Hilka,* Aktuelle Haftungsfragen für Architekten und Ingenieure – Wie weit geht der Leistungs- und Pflichtenkatalog nach Einführung der Schuldrechtsmodernisierung? – Teil 2: Haftung für die Einhaltung von Kosten und Terminen, DS 2004, 219; *Jagenburg/Kesselring,* Die Entwicklung des Architekten- und Ingenieurrechts seit 1997, NJW 1999, 2628; *Jagenburg/Kesselring,* Die Entwicklung des Architekten- und Ingenieurrechts seit 1999, NJW 2001, 3302; *Kesselring/Hennig,* Die Entwicklung des Architekten- und Ingenieurrechts in den Jahren 2001 bis 2004, NJW 2004, 3535; *Knipp,* Architekten und Ingenieurverträge, 2. Aufl., 2005; *Löffelmann,* Architektenrecht, 4. Aufl., 2000; *Motzke,* Architektenvertrag, in: von Westphalen, Vertragsrecht und AGB-Klauselwerke, Stand: Januar 2002; *Neuenfeld,* Die Rechtsprechung der Jahre 2002 und 2003 zum Architekten- und Ingenieurvertragsrecht – Teil 1, NZBau 2004, 633.

I. Allgemeines

A 181 Beim Architektenvertrag handelt es sich um einen Werkvertrag.[1] Davon geht ausweislich des § 634 a I Nr. 2 auch der Gesetzgeber aus.[2] Mit Blick auf die Kontrolle der im Rahmen des Architektenvertrags verwandten AGB ist streng danach zu unterscheiden, ob diese vom Architekten oder von dessen Vertragspartner, also vom Besteller, gestellt werden.

II. VOB/B

A 182 In der Praxis wird Architektenverträgen vielfach zumindest in Teilen die VOB/B zu Grunde gelegt. Zu beachten ist jedoch, dass die in den §§ 308 Nr. 5, 309 Nr. 8 b ff.

---

[1] S. nur BGH NJW 2000, 133, 134; *Palandt/Sprau,* Einf. v. § 631 Rz 17; *Motzke,* a.a.O., Rz 7. Vgl. aber auch *Motzke,* a.a.O., Rz 17: Bei der AGB-Kontrolle dürfe nicht von der im Allgemeinen zutreffenden Klassifizierung des Architektenvertrages als Werkvertrag ausgegangen werden. Vielmehr sei maßgeblich, welche Rechtsnatur der konkret zu überprüfende Vertrag angesichts des Gegenstandes und des Umfangs der beauftragten Leistungen habe.

[2] In diesem Sinne auch *Palandt/Sprau,* Einf. v. § 631 Rz 17; *Motzke,* a.a.O., Rz 7.

zurzeit noch[1] vorgesehene Privilegierung der VOB/B als Ganzes im Falle von Architektenleistungen keine Anwendung finden kann.[2] Denn auch die früher in 23 II Nr. 5 AGBG vorgesehene Privilegierung der VOB/B sollte nach dem Willen des Gesetzgebers nicht für Architektenleistungen gelten.[3] Und in der Begründung zum Schuldrechtsmodernisierungsgesetz findet sich kein Anhaltspunkt, dass insofern eine Erweiterung des Anwendungsbereichs der nunmehr in den Text der §§ 308 Nr. 5, 309 Nr. 8 b ff. integrierten Privilegierung gewollt wäre.[4] Von der Unanwendbarkeit der VOB/B auf Architektenleistungen ist selbst dann auszugehen, wenn im Falle eines **Generalunternehmervertrages** neben Architekten- auch Bauleistungen geschuldet sind.[5] Die Sonderregelungen der §§ 308 Nr. 5, 309 Nr. 8 b ff. gelten in diesem Falle also nur für die Bauleistungen, nicht auch für die Architektenleistungen.[6] Auch eine Privilegierung im Rahmen des § 307, wie sie bei Bauverträgen anzunehmen ist, wenn diese die VOB/B als Ganzes einbeziehen,[7] kommt mit Blick auf Architektenleistungen nach richtiger Auffassung nicht in Betracht.

III. HOAI

1. Allgemeines

Die Honorarordnung für Architekten und Ingenieure (HOAI)[8] vom 1. 1. 1977 **A 183** regelt die Vergütung von Architekten. Soweit bei Auftragserteilung nicht schriftlich etwas anderes vereinbart wird, gelten nach § 4 IV HOAI die in der HOAI vorgesehenen Mindestsätze als vereinbart. Eine Unterschreitung der in der HOAI vorgegebenen Mindestsätze kann gemäß § 4 II nur in Ausnahmefällen und nur schriftlich vereinbart werden.[9] Aber auch eine Überschreitung der in der HOAI vorgesehenen Höchstsätze darf gemäß § 4 III 1 HOAI nur bei außergewöhnlichen oder ungewöhnlich lange dauernden Leistungen durch schriftliche Vereinbarung vorgesehen werden. Die HOAI regelt also „den preisrechtlichen Rahmen, in dem Honorarvereinbarungen zulässig sind".[10] Zu beachten ist allerdings § 4 a S. 1 HOAI. Danach können die Parteien abweichend von den in der HOAI vorgegebenen Regeln schriftlich bei Auftragserteilung vereinbaren, dass das Honorar auf der Grundlage einer nachprüfbaren Ermittlung der voraussichtlichen Herstellungskosten nach Kostenberechnung oder nach Kostenanschlag berechnet wird.

---

1 Derzeit wird die Streichung dieser Regelungen erwogen. S. die Stellungnahme der Bundesregierung zum Entwurf eines Gesetzes zur Sicherung von Werkunternehmeransprüchen und zur verbesserten Durchsetzung von Forderungen (Forderungssicherungsgesetz – FoSiG), BT-Drs. 16/511, S. 31.

2 Zutreffend BGH NJW 1988, 142, 143 (zu § 23 II Nr. 5 AGB).

3 BT-Drs. 7/5422 S. 14. S. dazu BGHZ 101, 369, 375 = NJW 1988, 142, 143 (zu § 23 II Nr. 5 AGBG).

4 S. BT-Drs. 14/6040, S. 154, 159 f.

5 BGHZ 101, 369, 374 = NJW 1988, 142, 143 f. (zu § 23 II Nr. 5 AGBG).

6 BGH NJW 2000, 2991, 2992 (zu § 11 Nr. 10 a AGBG); BGHZ 101, 369, 374 = NJW 1988, 142, 143 f. (zu § 23 II Nr. 5 AGBG); OLG Bamberg NJW-RR 1999, 962, 962 (zu § 23 II Nr. 5 AGBG).

7 S. dazu § 310 Rz V 419–425.

8 Neugef. durch Bek. v. 4. 3. 1991, BGBl. I, S. 533, zuletzt geändert d. G. v. 10. 11. 2001, BGBl. I, S. 2992.

9 Diese Regelung war vom Bundesverfassungsgericht zunächst insofern als unvereinbar mit Art. 12 I GG eingestuft worden, „als die Vorschrift eine Unterschreitung der in der Honorarordnung festgesetzten Mindestsätzen nur in Ausnahmefällen" zuließ. S. BVerfG NJW 1981, 373, 373. Namentlich nahm das Bundesverfassungsgericht. a.a.O., an, dass die HOAI in diesem Punkte den Rahmen der gesetzlichen Ermächtigung überschreite. Dem Urteil des Bundesverfassungsgerichts wurde durch das Änderungsgesetz v. 12. 11. 1984, BGBl. I, S. 1337, Rechnung getragen. S. dazu *Motzke,* a.a.O., Rz 115. Durch die Erste Verordnung zur Änderung der HOAI ist der so genannte relative Mindestsatzcharakter des § 4 II wiederhergestellt worden. S. *Jagenburg* NJW 1985, 2797, 2802.

10 BGH NJW 2005, 669, 671.

2. Zwingende Bestimmungen der HOAI

A 184 **a) Unwirksamkeit nach HOAI.** Vielfach ergibt sich die Unwirksamkeit einer gegen die Vorgaben der HOAI verstoßenden Abrede, ohne dass es eines Rekurses auf § 307 bedürfte. So bringen zahlreiche Vorschriften durch die Formulierung, dass bestimmte Abreden nicht getroffen werden „können" zum Ausdruck, dass eine Beschränkung der rechtlichen Gestaltungsmacht der Parteien gewollt ist. Dies gilt z. B. für § 4 II HOAI.[1] In diesen Fällen bedarf es auch keiner Anwendung des § 134,[2] vielmehr ergibt sich die Unwirksamkeit unmittelbar aus der relevanten Vorschrift der HOAI. In anderen Bestimmungen gibt die HOAI vor, dass die Parteien bestimmte Vereinbarungen nicht treffen „dürfen". Diese Vorschriften beschränken zwar nicht unmittelbar die rechtsgeschäftliche Gestaltungsmacht, sind aber grundsätzlich als Verbotsgesetze im Sinne des § 134 auszulegen, so dass abweichende Vereinbarungen ebenfalls unwirksam sind. Dies gilt z. B. für § 4 III 1 HOAI.[3]

A 185 **b) Unwirksamkeit nach § 307.** Soweit AGB-Klauseln bindende Vorgaben der HOAI verletzen, kommt zugleich eine Inhaltskontrolle nach § 307 in Betracht.[4] Dem steht nicht entgegen, dass es um die Regelung der Vergütung geht. Denn bei einer Abweichung von bindenden rechtlichen Vorgaben sind auch die Anwendungsvoraussetzungen des § 307 III 1 erfüllt.[5] Auch wird man Klauseln, die die zwingenden Vorgaben der HOAI verletzen, als nach § 307 II Nr. 1 unangemessen einstufen müssen.[6] Zudem wird man die Unangemessenheit auch aus § 307 I 2 ableiten können.[7] Intransparent ist nämlich auch eine Klausel, die die Rechtslage unzutreffend darstellt und auf diese Weise dem Verwender die Möglichkeit eröffnet, begründete Ansprüche unter Hinweis auf die Klauselgestaltung abzuwehren.[8]

3. Abweichungen von sonstigen Bestimmungen der HOAI

A 186 Nicht alle Bestimmungen der HOAI stellen zwingendes Recht dar. Soweit es sich bei den relevanten Vorschriften um dispositives Recht handelt, stellt sich die Frage, inwiefern eine Abweichung auch in AGB möglich ist. Diesbezüglich ist zunächst hervorzuheben, dass eine Inhaltskontrolle auch dort in Betracht kommt, wo von nicht zwingenden Preisvorschriften der HOAI abgewichen wird. § 307 III 1 steht einer Kontrolle nicht entgegen.[9] Denn „[d]er Gesetzgeber hat in der Honorarordnung Preisrecht geschaffen, an dem [...] AGB ohne weiteres zu messen sind",[10] und „auch preisrechtliche Vorschriften sind Rechtsvorschriften", von denen nur im Rahmen des Angemessenen abgewichen werden darf.[11] Eine andere Frage ist, in welchem Umfang AGB-mäßige Abweichungen von nicht zwingenden Vorschriften der HOAI als unangemessen einzustufen sind. Diesbezüglich wird zum Teil angenom-

---

1 Mit Blick auf § 4 II ebenso *Motzke,* a.a.O., Rz 121.

2 Dazu, dass im Falle einer Beschränkung der rechtlichen Gestaltungsmacht kein Rückgriff auf § 134 erforderlich ist, siehe z. B. *Palandt/Heinrichs* § 134 Rz 5.

3 A.A., nämlich für eine Beschränkung der rechtlichen Gestaltungsmacht auch in diesem Falle, *Motzke,* a.a.O., Rz 121.

4 Zutreffend *Ulmer/Christensen* Anh. § 310 Rz 38.

5 BGH NJW 1981, 2351, 2354 (zu § 9 AGBG); *Ulmer/Christensen* Anh. § 310 Rz 38.

6 *Ulmer/Christensen* Anh. § 310 Rz 38.

7 In diesem Sinne, allerdings ohne ausdrückliche Bezugnahme auf § 307 I 2, wohl auch BGH GRUR 2005, 62, 64: „Allgemeine Geschäftsbedingungen, die gegen zwingendes Recht verstoßen und aus diesem Grunde unwirksam nichtig sind, [benachteiligen] den Verwendungsgegner unangemessen [...]."

8 BGH NJW 2001, 292, 296 (zu § 9 AGBG).

9 BGH NJW 1981, 2351, 2354 (zu § 8 AGBG).

10 BGH NJW 1981, 2351, 2354 (zu § 8 AGBG).

11 BGH NJW 1981, 2351, 2354 (zu § 9 AGBG).

men, dass jede Klausel, die zum Nachteil des Architekten von der HOAI abweicht, unwirksam sei.[1] Richtigerweise wird man die Frage nach der Unangemessenheit jedoch nicht allgemein, sondern nur mit Blick auf den jeweiligen Fall beantworten können.[2] Unangemessen ist eine von der HOAI abweichende Klausel aber jedenfalls dann, wenn sie die Gefahr birgt, „dass der beauftragte Architekt nicht die seinen Leistungen entsprechende, nach Art und Umfang der ihm übertragenen Aufgaben angemessene Vergütung erhält, wie sie ihm nach dem Grundgedanken der Honorarordnung [...] zustehen soll."[3] Dies gilt auch dann, wenn eine Unterschreitung der nach der HOAI geschuldeten Mindestsätze nicht zu erwarten ist.[4]

IV. Architekt als Verwender

Im Folgenden soll zunächst auf den Fall eingegangen werden, dass der Architekt als Verwender auftritt. **A 187**

1. Fälligkeit der Vergütung

Gemäß § 8 I HOAI wird das Honorar fällig, wenn die Leistungen vertragsgemäß erbracht und eine prüffähige Honorarschlussrechnung überreicht worden ist. Nach § 8 II HOAI können Abschlagszahlungen in angemessenen zeitlichen Abständen für nachgewiesene Leistungen gefordert werden. Nebenkosten sind nach § 8 III HOAI auf Nachweis fällig, sofern nicht bei Auftragserteilung etwas anderes schriftlich vereinbart worden ist. Diese Regelungen sind allerdings nicht zwingend. Vielmehr bestimmt 8 IV HOAI ausdrücklich, dass andere Zahlungsweisen schriftlich vereinbart werden können. Solche Abweichungen sind grundsätzlich auch in AGB möglich.[5] **A 188**

2. Höhe der Vergütung

Zur Kontrollfähigkeit von Klauseln, die die Höhe der Vergütung regeln siehe § 310 Rz A 185. Mit Blick auf Klauseln, die eine Anpassung des Honorars bei **Bauzeitverlängerungen** vorsehen, gilt es Folgendes zu beachten: Im Regelfall ist es den Parteien möglich, die Länge der Bauzeiten bereits bei der Auftragserteilung zu berücksichtigen, nämlich dadurch, dass sie das Honorar bis zum Höchstsatz anheben oder, bei ungewöhnlich lange dauernden Leistungen, gemäß § 4 III HOAI die Höchstsätze durch schriftliche Vereinbarung überschreiten.[6] Demgegenüber hindert § 4 Nr. 4 HOAI die Parteien grundsätzlich daran, das bei Auftragserteilung zu vereinbarende Honorar offen zu lassen.[7] Zwar erlaubt § 4 a S. 3 HOAI es den Parteien ausdrücklich, ein zusätzliches Honorar für die durch eine vom Auftragnehmer nicht zu vertretende wesentliche Verlängerung der Bauzeit entstandenen Mehraufwendungen zu vereinbaren. Doch findet § 4 a S. 3 HOAI gerade nur dann Anwendung, wenn die Parteien eine Honorarvereinbarung gemäß § 4 a S. 1 HOAI **A 189**

[1] S. z. B. *Palandt/Heinrichs* § 307 Rz 74; Vorsichtiger *Ulmer/Christensen* Anh. § 310 Rz 38, dem zufolge Klauseln, die „eine von der Struktur der HOAI wesentlich abweichende Honorarbemessung vorsehen", in der Regel gegen § 307 verstoßen.

[2] Nach dem Inhalt der jeweiligen Klausel differenzierend wohl auch BGH NJW 1981, 2351, 2353 (zu § 9 AGBG).

[3] BGH NJW 1981, 2351, 2353 (zu § 9 AGBG).

[4] BGH NJW 1981, 2351, 2353 (zu § 9 AGBG).

[5] OLG Düsseldorf NJW-RR 1995, 1361, 1363 (zu § 9 AGBG).

[6] BGH NJW-RR 2005, 322, 324.

[7] BGH NJW-RR 2005, 322, 324.

getroffen haben.[1] Zu berücksichtigen ist indessen, dass die HOAI keine Regelung für den Fall trifft, dass sich die Bauzeit infolge unvorhersehbarer Ereignisse verlängert.[2] Die HOAI regelt lediglich das Preisrecht, nicht aber die Grundsätze über den Wegfall der Geschäftsgrundlage.[3] Vor diesem Hintergrund kann es den Parteien nicht verwehrt sein, einzelne Kriterien für einen sich aus § 313 I ohnehin ergebenden gesetzlichen Preisanpassungsanspruch im Vertrag zu umschreiben und damit einen vertraglichen Anspruch zu begründen.[4] Dies kann auch in der Weise geschehen, dass ein Mindestanspruch auf Ersatz von Mehraufwendungen festgesetzt und der Anspruch im Übrigen von dem Ergebnis der vertraglich vereinbarten Verhandlung abhängig gemacht wird.[5] Eine solche Regelung kann grundsätzlich auch ohne Verstoß gegen § 307 in AGB vorgesehen werden.[6] Allerdings ist streng darauf zu achten, dass eine Verletzung des § 309 Nr. 1 vermieden wird, was allerdings nicht zu befürchten ist, wenn die Klausel nicht über das hinausgeht, was sich ohnehin aus § 313 ergibt. Eine Abrede über die Dauer der Bauzeit als Geschäftsgrundlage eines Architektenvertrags und die Folgen ihres Wegfalls darf im Übrigen nicht zu einer Umgehung des Preisrechts der HOAI führen.[7] Wird eine bestimmte Bauzeit zu Grunde gelegt, muss diese für das konkrete Vorhaben realistisch bemessen sein und übliche Störungen berücksichtigen.[8] Bei der Beurteilung der Frage, welche Bauzeit bei Vertragsschluss zu erwarten ist, steht den Parteien allerdings, ähnlich wie bei der Festlegung einer bestimmten Honorarzone, ein gewisser Beurteilungsspielraum zu.[9]

Umfasst ein Auftrag **mehrere Gebäude,** so sind die Honorare gemäß § 22 I HOAI grundsätzlich für jedes Gebäude getrennt zu berechnen. Eine AGB-Bestimmung, die in Abweichung davon eine gemeinsame Berechnung vorsieht, ist grundsätzlich unangemessen, weil wegen der degressiven Berechnung der Gesamtsumme eine erhebliche Verkürzung des Honorars droht.[10] Werden **mehrere Leistungen** bei Wiederaufbauten, Erweiterungsbauten, Umbauten oder raumbildenden Ausbauten gleichzeitig durchgeführt, so sind die anrechenbaren Kosten gemäß § 23 I HOAI für jede einzelne Leistung festzustellen und das Honorar danach getrennt zu bezeichnen. Eine Klausel, die in Abweichung von § 23 I HOAI eine Zusammenberechnung vorsieht, ist in aller Regel gemäß § 307 I, II Nr. 1 unwirksam.[11]

3. Kündigungsrecht des Bestellers

A 190 **a) Kündigungsrecht.** Beim Werkvertrag ist der AGB-mäßige Ausschluss des Kündigungsrechts nach § 649 S. 1 gemäß § 307 unwirksam, und zwar selbst dann, wenn die Klausel das Recht zur Kündigung aus wichtigem Grund ausdrücklich vorbehält (s. § 309 Nr. 9 Rz 126–129). Dies hat auch der BGH mit Blick auf einen

---

[1] BGH NJW-RR 2005, 322, 324; *Weise* NJW-Spezial 2005 Heft 1, S. 21, 21.
[2] BGH NJW-RR 2005, 322, 324.
[3] BGH NJW-RR 2005, 322, 324.
[4] Ebenso, allerdings noch zur Rechtslage vor Inkrafttreten des § 313 n.F. BGH NJW-RR 2005, 322, 324.
[5] Ebenso, allerdings noch zur Rechtslage vor Inkrafttreten des § 313 n.F. BGH NJW-RR 2005, 322, 324.
[6] Möglicherweise a. A. *Ulmer/Christensen* Anh. § 310 Rz 38.
[7] So wörtlich BGH NJW-RR 2005, 322, 324.
[8] So wörtlich BGH NJW-RR 2005, 322, 324.
[9] So wörtlich BGH NJW-RR 2005, 322, 324.
[10] So wohl auch BGH NJW 1981, 2351, 2354 (zu § 9 AGBG). A.A. aber *Motzke,* a.a.O., Rz 330, der eine entsprechende Klausel nur dann als unangemessen einstufen will, wenn sie zu einer unzulässigen Überschreitung der Höchstsätze führt.
[11] Zutreffend *Motzke,* a.a.O., Rz 331.

Bauvertrag ausgesprochen und dabei betont, dass die in § 649 S. 1 zum Ausdruck kommende Wertung des Gesetzgebers „vor allem auch bei langfristig angelegten Werkverträgen, wie bei Bau- oder Architektenverträgen, ihre Berechtigung" hat.[1] Demgegenüber steht § 309 Nr. 8 a einer solchen Klausel nicht entgegen, weil § 309 Nr. 8 a nach richtiger Auffassung grundsätzlich nur solche Lösungsrechte betrifft, die an das Vorliegen einer Pflichtverletzung anknüpfen,[2] was beim Kündigungsrecht nach § 649 S. 1 nicht der Fall ist.

b) Vergütungsanspruch. Klauseln, die zugunsten des Architekten von der Regelung des § 649 S. 2 abweichen, sind an den §§ 307, 308 Nr. 7 messen. Außerdem findet § 309 Nr. 5 b analoge Anwendung.[3] Gegenüber Verbrauchern unwirksam sind also Klauseln, die eine generell überhöhte Pauschale vorsehen (§ 308 Nr. 7) oder nicht ausdrücklich den Nachweis erlauben, dass nach dispositivem Recht eine wesentlich niedrigere Vergütung geschuldet ist (§ 309 Nr. 5 b analog). Auch gegenüber Unternehmern sind Vergütungspauschalen unwirksam, wenn sie deutlich überhöht sind[4] oder den Beweis eines niedrigeren Vergütungsanspruchs ausschließen, wobei im unternehmerischen Verkehr allerdings nicht zu fordern ist, dass der Gegenbeweis ausdrücklich eröffnet wird.[5] Besondere Schwierigkeiten ergeben sich dann, wenn die Klausel die **Anrechnungspflicht nach § 649 S. 2** einschränkt (s. dazu allgemein § 308 Nr. 7 Rz 35 a). Entsprechende Klauseln sind richtigerweise unmittelbar an § 308 Nr. 7 zu messen, während nach überwiegender Auffassung nur eine Kontrolle anhand des § 307 in Betracht kommt (s. § 308 Nr. 7 Rz 35a). Gerade im Bereich der Architektenverträge hat der BGH die Unangemessenheit von Vergütungspauschalen für den Fall bejaht, dass diese entgegen § 649 S. 2 keine Anrechnung des anderweitigen Erwerbs vorsehen.[6] Dies soll selbst im unternehmerischen Verkehr gelten.[7] Anderenfalls bestehe nämlich die Gefahr, dass der Unternehmer eine wesentlich höhere Vergütung als bei Durchführung des Vertrags erlangen könne.[8] Unwirksam soll demnach eine Pauschale sein, die die ersparten Aufwendungen pauschal mit 10 % der Vertragssumme festsetzt.[9] Gleiches soll für den Fall gelten, dass eine Pauschale für ersparte Aufwendungen in Höhe von 40 % des geschuldeten Honorars vorgesehen ist.[10] Zur hier vertretenen Auffassung s. § 308 Nr. 7 Rz 35a. **A 191**

4. Verjährung und Abnahme

a) Verjährungsfrist. Die Verkürzung der Verjährungsfrist des § 634 a I Nr. 2 verstößt gegenüber Verbrauchern gegen § 309 Nr. 8 b ff. Aber auch gegenüber Un- **A 192**

1 BGH NJW 1999, 3261, 3262 (zu § 9 AGBG).

2 S. § 309 Nr. 8 a Rz 21 mit Nachweisen zur Gegenauffassung.

3 BGH NJW 1985, 632, 632 (zu § 10 Nr. 7 AGBG); BGH NJW 1992, 3163 (zu § 10 Nr. 7 AGBG); OLG Rostock, Urt. v. 25. 2. 2003, Az: 4 U 27/01, BeckRS 2004, 00247 (zu § 10 Nr. 7 AGBG); OLG Düsseldorf, MMR 2002, 178, 178 (zu § 10 Nr. 7 AGBG); OLG Koblenz NJW-RR 2000, 871, 872 (zu § 10 Nr. 7 AGBG); OLG Stuttgart NJW 1981, 1105, 1106 (zu § 10 Nr. 7 AGBG); OLG Hamburg NJW-RR 1990, 909 (zu § 10 Nr. 7 AGBG); AG Bremen NJW-RR 1999, 61, 62 (zu § 10 Nr. 7 AGBG); *Staudinger/Coester-Waltjen* § 308 Nr. 7 Rz 2.

4 Ähnlich *Ulmer/Schmidt* § 308 Nr. 7 Rz 24: Unwirksamkeit unangemessen weitgehender Vergütungs- und Aufwendungsersatzklauseln auch im unternehmerischen Verkehr.

5 S. im Einzelnen § 309 Nr. 5 Rz 144 f.

6 BGH NJW-RR 2001, 385, 386 (zu §§ 11 Nr. 5 b, 10 Nr. 7 AGBG); BGH NZBau 2000, 82, 83 (ohne Nennung der relevanten Vorschrift); BGH NJW 1997, 259, 260 (zu § 10 Nr. 7 AGBG); BGH NJW 1999, 418, 420 (zu § 9 AGBG).

7 BGH NJW 1999, 418, 420 (zu § 9 AGBG).

8 S. z. B. BGH NJW 1999, 418, 420 (zu § 9 AGBG).

9 BGH NJW 1999, 418, 419 (zu § 9 AGBG).

10 So z. B. in BGH NJW 1999, 418, 420 (zu § 9 AGBG und mit Blick auf den kaufmännischen Verkehr).

ternehmern ist eine Verkürzung der fünfjährigen Verjährungsfrist des § 634 a I Nr. 2 unangemessen und damit nach § 307 unwirksam.[1] Gemäß §§ 309 Nr. 8 b ff., 307 unwirksam ist daher z. B. eine Klausel in den AGB eines Architekten, der zufolge die Verjährungsfrist bereits mit der Bezugsfertigkeit beginnt.[2] Auch ist zu beachten, dass die Verjährungsfrist für Ansprüche gegen einen Architekten wegen Verletzung seiner Überwachungspflichten bei Übertragung einer Vollarchitektur (Leistungsphasen 1–9 des § 15 HOAI) grundsätzlich erst mit Abschluss der Leistungsphase 9, also kurz vor Ablauf der Gewährleistungsfrist wegen mangelhafter Leistungen des Bauunternehmers, zu laufen beginnt.[3] Eine Regelung, der zufolge die Verjährung für die entsprechenden Ansprüche gegen den Architekten schon mit der Abnahme beginnt, verstößt daher grundsätzlich gegen § 309 Nr. 8 b ff.[4] Gegenüber Unternehmern ist sie grundsätzlich nach § 307 unwirksam.[5]

A 193 **b) Abnahme.** Vom Verbot des § 309 Nr. 8 b ff. werden nach richtiger Auffassung auch solche Klauseln erfasst, die die Verjährung nur mittelbar erleichtern. Unwirksam ist daher nach richtiger Auffassung auch eine Klausel, die die Abnahme gegenüber dem gesetzlich vorgesehenen Zeitpunkt vorverlegt.[6] Werden Klauseln, die die Abnahme vorverlegen, gegenüber Unternehmern verwandt, so können sie wegen § 310 I 1 nicht anhand von § 309 Nr. 8 b ff. überprüft werden. Doch müssen sie grundsätzlich als unangemessen im Sinne des § 307 eingestuft werden. Allerdings kann eine Teilabnahme nach der Leistungsphase 8 des § 15 HOAI im unternehmerischen Verkehr[7] auch in AGB wirksam vereinbart werden.[8] Zu beachten ist in diesem Zusammenhang, dass eine Klausel, die dem Architekten eine Abnahme in Teilen ermöglichen soll, „unmissverständlich gefasst" sein muss.[9] Die unter der Überschrift „Gewährleistungs- und Haftungsdauer" stehende Klausel 6.2 der Allgemeinen Vertragsbestimmungen zum Einheitsarchitektenvertrag für Gebäude (AVA), welche lautet: „Die Verjährung beginnt mit der Abnahme der letzten nach diesem Vertrag zu erbringenden Leistung (Teilabnahme). Für Leistungen, die danach noch zu erbringen sind, beginnt die Verjährung mit Abnahme der letzten Leistung." enthält keine Vereinbarung einer Teilabnahme.[10]

5. Haftung des Architekten

A 194 Zur Zulässigkeit von haftungsbeschränkenden Klauseln siehe allgemein § 309 Nr. 7 Rz 90 ff. Ohne weiteres unwirksam ist z. B. eine Klausel, die die Haftung des Architekten auf Vorsatz und grobe Fahrlässigkeit beschränkt.[11] Generell ist der

---

[1] BGH NJW 1999, 2434, 2434 (zu §§ 638 I, 9 AGBG). Dort ging es zwar um eine besonders drastische Verkürzung, nämlich auf sechs Monate. Indessen betonte der BGH, dass „[n]ach der Rechtsprechung des Senats [...] die Vereinbarung einer verkürzten Verjährung bei Bauwerken nach § 638 I BGB durch AGB des Unternehmers auch im kaufmännischen Verkehr unwirksam [ist]". Ebenso z. B. *Weyer* NZBau 2003, 521, 521; *Palandt/Sprau* § 634a Rz 26.

[2] Ebenso, allerdings zu § 9 AGBG, BGH NJW-RR 2004, 954, 955 (Architektenvertrag).

[3] KG NZBau 2004, 337, 337.

[4] KG NZBau 2004, 337, 337 (zu § 11 Nr. 10 f. AGBG). Dort auch zu Ausnahmen.

[5] KG NZBau 2004, 337, 337 (zu § 9 AGBG). Dort auch zu Ausnahmen.

[6] In diesem Sinne auch *Ulmer/Christensen* Anh. § 310 Rz 39: Vorverlegung des Verjährungsbeginns durch Teilabnahme gemäß § 309 Nr. 8 b f unwirksam.

[7] Gegenüber Verbrauchern wäre eine entsprechende Klausel nach § 306 Nr. 8 b ff unwirksam. So auch *Ulmer/Christensen* Anh. § 310 Rz 39; OLG Naumburg, Urt. v. 1. 3. 2000, Az.: 12 U 63/98 unter II. 2. d); a. A. wohl KG NZBau 2004, 337, 337.

[8] BGH BauR 2001, 1928, 1928 (zu § 9 AGBG).

[9] BGH NJW-RR 2006, 1248, 1248.

[10] BGH NJW-RR 2006, 1248, 1248.

[11] *Ulmer/Christensen* Anh. § 310 Rz 40.

Ausschluss der Haftung für einfache Fahrlässigkeit unwirksam, sofern er auch die Verletzung vertragswesentlicher Pflichten („Kardinalpflichten") betrifft, zu denen insbesondere auch die Pflicht zur Erbringung einer mangelfreien Werkleistung gehört.[1] Auch eine **Beschränkung der Haftung** für vertragswesentliche Pflichten kommt nur unter der Voraussetzung in Betracht, dass die Haftungsgrenze so bemessen ist, dass die vertragstypischen, vorhersehbaren Schäden abgedeckt werden.[2] Der Frage, welche Pflichten im Einzelnen als Kardinalpflichten einzustufen sind, kann der Verwender zumindest bei der Formulierung der AGB noch entgehen, indem er klarstellt, dass sich der Ausschluss der Haftung nicht auf solche Pflichten bezieht, „deren Erfüllung die ordnungsgemäße Durchführung des Vertrags überhaupt erst ermöglicht und auf deren Einhaltung der Vertragspartner regelmäßig vertrauen darf".[3] Nicht hinreichend transparent (§ 307 I 2) ist dagegen der Hinweis, dass die Haftung für die Verletzung von „Kardinalpflichten" unberührt bleibt.[4] Dies gilt selbst im unternehmerischen Verkehr.[5] S. § 309 Nr. 7 Rz 98.

6. Sonstige Klauseln

Zu **Aufrechnungsverboten** siehe allgemein § 309 Nr. 3 Rz 1ff. Eine Klausel, der zufolge eine Aufrechnung nur mit einer unbestrittenen oder rechtskräftig festgestellten Forderung zulässig ist, verstößt nicht gegen § 309 Nr. 3 und ist grundsätzlich auch mit § 307 vereinbar. Dies gilt auch im Falle eines Architektenvertrages.[6] Zu **Vollmachtsklauseln** siehe § 310 Rz V 471–500. Eine Klausel, der zufolge der Architekt finanzielle Verpflichtungen für den Bauherrn dann eingehen darf, wenn „Gefahr im Verzug und das Einverständnis des Bauherrn nicht rechtzeitig zu erlangen ist", ist wohl noch angemessen.[7] **A 195**

V. Besteller als Verwender

Andere als die oben dargestellten Probleme treten dann auf, wenn nicht der Architekt, sondern der Besteller, also z. B. der Bauherr, als Verwender auftritt. **A 196**

1. Fälligkeit

Gemäß 8 II HOAI können Abschlagszahlungen in angemessenen zeitlichen Abständen für nachgewiesene Leistungen gefordert werden. Eine Klausel, die in Abweichung davon die Fälligkeit der letzten Abschlagszahlung vom Eingang der amtlichen Gebrauchsabnahmebescheinigung beim Verwender abhängig macht, ist nach § 307 unwirksam.[8] Eine Vereinbarung, nach der dem Auftragnehmer Abschlagszahlungen nur in Höhe von 95 % des Wertes der erbrachten Leistungen zustehen, ist jedenfalls dann wegen Unvereinbarkeit mit dem Leitbild des § 8 II HOAI unan- **A 197**

[1] Zutreffend MünchKomm/*Basedow* § 307 Rz 64. S. auch § 309 Nr. 7 Rz 99.
[2] S. § 309 Nr. 7 Rz 108ff. (Verbraucher), 156 (Unternehmer).
[3] Für die Wirksamkeit einer entsprechenden Formulierung BGH NJW-RR 2005, 1496, 1505 (Vertragshändlervertrag).
[4] BGH NJW-RR 2005, 1496, 1505 (Vertragshändlervertrag).
[5] BGH NJW-RR 2005, 1496, 1505 (Vertragshändlervertrag).
[6] OLG Hamm MDR 2004, 30 (zu §§ 9, 11 Nr. 3 AGBG); OLG Frankfurt a.M. BauR 2000, 435 (Architektenvertrag, §§ 9, 11 Nr. 3 AGBG); OLG Düsseldorf NJW-RR 1999, 244, 244 (Architektenvertrag, §§ 9, 11 Nr. 3 AGBG); LG Oldenburg, BauR 2000, 764 (zu §§ 9, 11 Nr. 3 AGBG). S. hierzu auch *Jagenburg/Kesselring* NJW 2001, 3302, 3303.
[7] *Motzke*, a.a.O., Rz 346.
[8] BGH NJW 1981, 2351, 2355 (zu § 9 AGBG).

gemessen, wenn die Klausel in einem Vertrag verwendet wird, der die Leistungen aller Leistungsphasen des § 15 II HOAI enthält, eine Teilschlusszahlung lediglich nach Genehmigung der bis zur Leistungsphase 4 erbrachten Leistungen vereinbart ist und die Schlusszahlung für die Leistungsphasen 5 bis 9 erst fällig wird, wenn der Auftragnehmer sämtliche Leistungen aus dem Vertrag erfüllt hat.[1] Denn in diesem Fall kann der Auftragnehmer Schlusszahlung erst dann verlangen, wenn er neben den Leistungen aus den vorhergehenden Leistungsphasen auch alle Leistungen aus der Leistungsphase 9 erbracht hat.[2] Ob eine Klausel entsprechenden Inhalts generell unwirksam ist, hat der BGH ausdrücklich offen gelassen.[3] Doch wird man diese Frage zumindest in dieser Allgemeinheit nicht bejahen können. Wirksam ist eine Klausel des Inhalts: „Der Bauherr ist auf Anforderung des Architekten zu Abschlagszahlungen verpflichtet, die dem jeweiligen Stand der erbrachten Leistungen oder dem gesondert aufgestellten Zahlungsplan entsprechen."[4]

2. Rücktrittsrecht des Bestellers

A 198 Gemäß § 649 S. 1 kann der Besteller den Vertrag bis zur Vollendung zwar jederzeit kündigen. Doch ist der Unternehmer in diesem Falle berechtigt, nach Maßgabe des § 649 S. 2 die Vergütung zu verlangen. Eine Klausel, die das Vergütungsrecht nach § 649 S. 2 gänzlich oder doch weitgehend ausschließt, ist unangemessen und daher nach § 307 unwirksam.[5] Auch die Tatsache, dass der Besteller als Hauptunternehmer den mit dem Architekten als Subunternehmer abgeschlossenen Vertrag deshalb nach § 649 S. 1 kündigt, weil der Vertrag zwischen dem Unternehmer und dem Kunden vorzeitig beendet worden ist, rechtfertigt den Ausschluss des Vergütungsanspruchs nach § 649 S. 2 nicht.[6] Speziell zur Abänderung des § 649 im Falle des **Subunternehmervertrages** siehe noch Anh. § 310 Rz S 300.

3. Verjährung

A 199–210 Zu Klauseln, die die Verjährungsfrist zulasten des Verwendungsgegners verlängern, kann grundsätzlich auf die an anderer Stelle erfolgten Ausführungen verwiesen werden.[7] Eine Klausel in den AGB eines als Auftraggeber agierenden Landes, der zufolge die Verjährung „mit der letzten nach dem Vertrag zu erbringenden Leistung, spätestens jedoch bei Übergabe der baulichen Anlage an die nutzende Verwaltung" beginnt, ist in einem Falle, in welchem das Land Baumaßnahmen zum Schutz des Grundstücks eines Dritten in Auftrag gegeben hatte, dahingehend ausgelegt worden, dass mit der Übergabe „ein innerdienstlicher Vorgang [gemeint ist, durch den die Betreuung durch die Bauverwaltung abgeschlossen wird]".[8] Demgegenüber soll die tatsächliche Ingebrauchnahme durch den betroffenen Hauseigentümer ohne Belang sein.[9]

---

1 BGH NJW-RR 2006, 597, 599 (zu einem Fall vor Inkrafttreten des § 632a).

2 So wörtlich und zutreffend BGH NJW-RR 2006, 597, 599.

3 BGH NJW-RR 2006, 597, 599 (zu einem Fall vor Inkrafttreten des § 632a).

4 Für Wirksamkeit auch *Motzke*, a.a.O., Rz 230. A.A. aber *Löffelmann*, BauR 1994, 563, 566; *Bartsch* BauR 1994, 314, 317.

5 S. auch BGH NJW 1985, 631, 632 (zu § 9 AGBG): Unwirksamkeit einer Klausel, die dem Unternehmer für den Fall einer freien Kündigung des Bestellers entgegen § 649 S. 2 jeden Ausgleich für den entgangenen Vertrag versagt.

6 Ebenda.

7 S. § 309 Nr. 8 b ff. Rz 35 ff. (Verbraucher), 55 (Unternehmer).

8 BGH NJW-RR 2000, 164, 164.

9 BGH NJW-RR 2000, 164, 164.

*

Arztvertrag

Zu AGB in Arztverträgen s. Rz K 51ff., zu Gebührenvereinbarungen s. Rz K 56ff.

*

Aufrechnungs- und Verrechnungsklauseln

Schrifttum: *Graf v. Westphalen,* Aufrechnungsklauseln, in: *ders.*, Vertragsgestaltung und AGB-Klauselwerke, Stand: Juli 2000 m. Erg. Januar 2002.

Inhaltsübersicht

a) Allgemeines. Die Aufrechnung (§ 387) kann in AGB in zweierlei Hinsicht thematisiert werden: **A 211**

b) Aufrechnungsverbote. Denkbar sind zum einen Klauseln, die die nach dem dispositiven Recht gegebenen Möglichkeiten des Verwendungsgegners zur Aufrechnung ausschließen oder beschränken. In diesem Fall kann man von Aufrechnungsverboten sprechen. Siehe hierzu die Ausführungen zu § 309 Nr. 3. **A 212**

c) Verrechnungsklauseln. Zum anderen stößt man vielfach auf Klauseln, die die Möglichkeiten des Verwenders oder Dritter zur Aufrechnung erweitern. Klauseln, die zugunsten des Verwenders auf das Erfordernis der **Fälligkeit** der Gegenforderung (§ 387) verzichten, sind unangemessen und daher nach § 307 unwirksam. Dies gilt selbst dann, wenn die angestrebte vorzeitige Erfüllung der Gegenforderung zinsmäßig berücksichtigt wird.[1] Denkbar ist auch, dass die AGB des Verwenders zugunsten des Verwenders das Erfordernis der **Gegenseitigkeit** (§ 387) ganz oder teilweise abbedingen. Diese Problematik wird im Zusammenhang mit so genannten **Konzernverrechnungsklauseln** behandelt (s. Anh. § 310 Rz K 11ff.). **A 213–220**

*

Auktionsbedingungen

Inhaltsübersicht

[1] Zumindest für Konzernverrechnungsklauseln ebenso *v. Westphalen,* a.a.O., Rz 19.

Schrifttum: *Braunfels,* Die Haftung für Fehler und zugesicherte Eigenschaften bei Kunstauktionen, 1993; *Hoeren,* E-Commerce-Verträge, Stand: Januar 2002, in: *von Westphalen,* Vertragsrecht und AGB-Klauselwerke; *Kappus,* Auktionsbedingungen, in: *von Westphalen,* Vertragsrecht und AGB-Klauselwerke; *Schrader,* Die Haftung des Versteigerers für seine Katalogangaben, FS Kirchner, 1986, 343; *Thomsen,* Käuferschutz bei Kunstauktionen, 1989; *Ulrici,* Zum Vertragsschluss bei Internet-Auktionen, NJW 2001, 1112; *Wenzel,* Vertragsabschluss bei Internet-Auktion – ricardo.de, NJW 2002, 1550; *Wertenbruch,* Gewährleistung beim Kauf von Kunstgegenständen nach neuem Schuldrecht, NJW 2004, 1977.

1. Allgemeines

A 221–222 **a) Rechtsnatur der relevanten Verträge.** Wird eine Sache versteigert, so sind an den resultierenden Verträgen mehrere Personen beteiligt, nämlich der **Einlieferer,** der die zu versteigernde Sache zur Verfügung stellt, der **Auktionator,** der mit der Versteigerung betraut ist, und der **Ersteigerer,** der die Sache erwirbt. Dementsprechend ist auch mit Blick auf die Rechtsverhältnisse zu differenzieren:

A 223 **aa) Auktionator-Einlieferer.** Mit Blick auf das Vertragsverhältnis zwischen Einlieferer und Auktionator kommen unterschiedliche Möglichkeiten in Betracht. Denkbar ist, dass der Auktionator gegenüber dem Ersteigerer in eigenem Namen auftritt und lediglich für Rechnung des Einlieferers handelt. Bei dem Vertrag zwischen dem Auktionator und dem Eigentümer handelt es sich in diesem Falle um einen Kommissionsvertrag.[1] Handelt der Auktionator wie im Regelfall gewerbsmäßig, so sind auf diesen Kommissionsvertrag die §§ 383 ff. HGB anwendbar. Häufig tritt der Auktionator (Versteigerer) aber auch als Vertreter des Einlieferers auf, für den er den Vertrag mit dem Ersteigerer abschließt.[2] In diesem Fall handelt es sich bei dem Vertrag zwischen dem Auktionator und dem Einlieferer um einen Dienstvertrag mit Geschäftsbesorgungscharakter (§ 675).[3]

A 224 **bb) Auktionator-Ersteigerer.** Tritt der Auktionator gegenüber dem Ersteigerer in eigenem Namen auf, so kommt zwischen dem Ersteigerer und dem Auktionator ein Kaufvertrag zustande, und zwar durch den Zuschlag (§ 156). Handelt der Auktionator als Vertreter des Einlieferers, so entsteht der Kaufvertrag zwar nicht zwischen dem Ersteigerer und dem Auktionator, sondern zwischen dem Ersteigerer und dem Einlieferer. Doch auch in diesem Falle kommen regelmäßig vertragliche

---

1 S. nur MünchKomm/*Heermann* § 675 Rz 3.
2 BGH NJW 1985, 850, 851.
3 *Palandt/Sprau* § 675 Rz 25.

Beziehungen zwischen dem Auktionator und dem Ersteigerer zustande. Namentlich wird in der Regel ein **Versteigerungsvertrag** geschlossen, der die Teilnahme an der Versteigerung regelt und insbesondere die Geltung der AGB des Auktionators vorsieht. Unabhängig davon, ob der Auktionator in eigenem Namen oder als Vertreter des Einlieferers auftritt, gilt, dass der Auktionator gegenüber dem Ersteigerer eine Treue- und Sorgfaltspflichten auslösende besondere Vertrauensstellung einnimmt.[1] Denkbar ist auch, dass der Ersteigerer dem Auktionator einen Ersteigerungsauftrag erteilt. Dieser ist grundsätzlich nicht als Gebot auszulegen, sondern als Auftrag und Vollmacht für den Versteigerer, in der Versteigerung als Vertreter des Käufers Gebote abzugeben, verbunden mit einer stillschweigend erklärten Befreiung von dem Verbot des Selbstkontrahierens nach § 181.[2]

cc) Ersteigerer-Einlieferer. Handelt der Auktionator im eigenen Namen, so entstehen zwischen dem Einlieferer und dem Ersteigerer keine vertraglichen Beziehungen. Handelt der Auktionator dagegen im Namen des Einlieferers, so kommt zwischen Letzteren und dem Ersteigerer mit dem Zuschlag (§ 156) ein Kaufvertrag zustande. **A 225**

b) AGB. Mit Blick auf die Kontrolle von AGB ist streng zu unterscheiden, welches Vertragsverhältnis betroffen ist. Sofern es um den Vertrag zwischen Auktionator und Einlieferer geht, sollte von Auftragsbedingungen gesprochen werden.[3] Die im Verhältnis von Auktionator und Ersteigerer verwandten AGB kann man als Versteigerungs- oder Auktionsbedingungen bezeichnen. **A 226**

2. Auftragsbedingungen

a) Begriff. Als Auftragsbedingungen sollen hier, wie schon erwähnt, diejenigen AGB bezeichnet werden, die im Vertrag zwischen dem Einlieferer und dem Auktionator vereinbart werden. **A 227**

b) Mängelhaftung. Die Auftragsbedingungen des als Kommissionär tätigen Auktionators soll ohne Verstoß gegen § 307 vorsehen können, dass im Verhältnis zwischen dem Einlieferer und dem Auktionator die kaufrechtlichen Gewährleistungsvorschriften Anwendung finden sollen.[4] Ein schutzwürdiges Interesse an einer solchen Regelung ist jedoch grundsätzlich zu verneinen, da der Auktionator in der Regel weder als Vertreter des Einlieferers noch bei Handeln in eigenem Namen die wirtschaftlichen Folgen der Mangelhaftigkeit der eingelieferten und versteigerten Ware tragen muss. Daher wird man eine entsprechende Klausel als unangemessen einstufen müssen.[5] Demgegenüber bestehen grundsätzlich keine Bedenken gegen eine Klausel, die dem Auktionator bei Mangelhaftigkeit der zu versteigernden Ware die Lösung vom Vertrag erlaubt. So steht auch dem als Kommissionär agierenden Auktionator nach richtiger Auffassung ein Lösungsrecht nach § 627 zu,[6] mit der Folge, dass die Klausel gemäß § 307 III 1 der Inhaltskontrolle entzogen ist. Selbst wenn die Klausel die mit Blick auf das Recht nach § 627 bestehenden Schranken des § 627 II nicht wiedergibt, ist sie in aller Regel nicht zu beanstanden. **A 228**

---

1 BGH NJW 1996, 527, 528.

2 BGH NJW 1983, 1186, 1187.

3 So z. B. *Ulmer/Hensen* Anh. § 310 Rz 925.

4 OLG Zweibrücken NJW 1998, 1409, 1411 (zu § 9 AGBG); OLG Frankfurt NJW 1993, 1477, 1477 (zu § 9 AGBG).

5 Wie hier schon *Ulmer/Hensen* Anh. § 310 Rz 926.

6 S. *Palandt/Weidenkaff* § 627 Rz 2, dem zufolge § 627 auf den Kommissionsvertrag Anwendung findet. Restriktiver LG Baden-Baden NJW 2003, 3714, 3715: Bei erheblichen Zweifeln an der Echtheit eines Kunstwerks habe der Auktionator das Recht, sich vom Vertrag zu lösen.

Der Auktionator hat nämlich regelmäßig um seines guten Rufes willen ein schützenswertes Interesse daran, von der Versteigerung qualitativ minderwertiger Ware abzusehen. Die Möglichkeit der Offenlegung des Mangels gegenüber den Teilnehmern an der Auktion wird vielfach nicht ausreichen, um diesem Interesse gerecht zu werden.

A 229 **c) Kündigung.** Bei den vom Auktionator gegenüber dem Auftraggeber erbrachten Leistungen handelt es sich um Dienste höherer Art, die aufgrund eines besonderen Vertrauensverhältnisses erbracht werden. Dementsprechend steht nicht nur dem Auktionator, sondern auch dem Einlieferer ein Kündigungsrecht nach § 627 zu.[1] Eine Klausel, die dieses Kündigungsrecht ausschließt, indem sie z. B. bestimmt, dass der Einlieferer bis zur Durchführung der Auktion an den Auftrag gebunden bleibt, ist daher nach § 307 unwirksam.[2]

A 230 **d) Freihändiger Verkauf.** Eine Klausel, nach welcher der Auktionator nicht ersteigerte Gegenstände innerhalb einer bestimmten Frist freihändig verkaufen darf, ist regelmäßig überraschend, § 305 c I.[3] In Betracht kommt außerdem ein Verstoß gegen § 308 Nr. 5,[4] nämlich dann, wenn die Zustimmung des Einlieferers zum freihändigen Verkauf fingiert werden soll. Zudem ist die Klausel regelmäßig unangemessen im Sinne des § 307.

A 231 **e) Verfügungsberechtigung.** Eine Klausel, der zufolge der Einlieferer erklärt, verfügungsberechtigt zu sein, ist wegen § 307 III 1 dann nicht zu beanstanden, wenn das Verhalten des Einlieferers ohnehin in diesem Sinne zu deuten wäre.[5]

A 232 **f) Form.** Nach § 1 S. 1 der Verordnung über gewerbsmäßige Versteigerungen (VerstV)[6] darf der Versteigerer nur aufgrund eines schriftlichen Vertrages versteigern. Dabei handelt es sich jedoch nicht um ein Wirksamkeitserfordernis im Sinne von § 125.[7]

3. Versteigerungsbedingungen

A 233 **a) Begriff.** Der Begriff der Versteigerungsbedingungen soll hier mit Blick auf diejenigen AGB verwandt werden, die der Auktionator als Verwender gegenüber dem Ersteigerer als Verwendungsgegner stellt.

A 234 **b) Einbeziehung.** Für die Einbeziehung der Versteigerungsbedingungen genügt regelmäßig deren Aushang im Versteigerungslokal.[8]

A 235 **c) Untersuchungspflichten.** Den Auktionator von Kunstgegenständen trifft im Hinblick auf die Echtheit der von ihm versteigerten Gegenstände zumindest eine beschränkte Prüfungspflicht. Namentlich muss er Untersuchungen anstellen, soweit die ihm bekannt gewordenen oder erkennbaren Umstände Zweifel an der Echtheit zu wecken geeignet sind. Die Beweislast für ein fehlendes Verschulden trägt der Auktionator analog § 282; der BGH weist die Beweislast dem Auktionator jedenfalls dann zu, wenn er im Katalog oder sonst versichert, seine Angaben nach

[1] *Ulmer/Hensen* Anh. § 310 Rz 926. S. auch *Palandt/Weidenkaff* § 627 Rz 2, dem zufolge § 627 auf den Kommissionsvertrag Anwendung findet. Möglicherweise gegen die Anwendung des § 627 auf den Versteigerungsvertrag aber LG Baden-Baden NJW 2003, 3714, 3715, welches ausführt, dass der Auktionator bei erheblichen Zweifeln an der Echtheit eines Kunstwerks das Recht habe, sich vom Vertrag zu lösen.

[2] Wie hier *Ulmer/Hensen* Anh. § 310 Rz 926.

[3] *Ulmer/Hensen* Anh. § 310 Rz 926.

[4] *Ulmer/Hensen* Anh. § 310 Rz 926.

[5] Insoweit zutreffend *Ulmer/Hensen* Anh. § 310 Rz 926.

[6] Verordnung über gewerbsmäßige Versteigerungen i.d.F. v. 24. 4. 03, BGBl. I 3547.

[7] BGH NJW 2001, 600, 601 f.

[8] BGH NJW 1985, 850, 850 (zu § 2 AGBG).

bestem Wissen und Gewissen vorgenommen zu haben.[1] Eine Klausel, die die Untersuchungspflichten des Auktionators gänzlich abbedingt, ist nach § 309 Nr. 7 unwirksam, weil diese Bestimmung auch einen mittelbaren Ausschluss der Haftung für grob fahrlässiges Verhalten verbietet.[2] Im unternehmerischen Verkehr ergibt sich die Unwirksamkeit einer entsprechenden Klausel aus § 307.

d) Haftungsbeschränkungen. Wie bereits dargelegt, führt der Zuschlag zum Abschluss eines Kaufvertrages. Verkäufer ist der Einlieferer oder, wenn der Auktionator als Kommissionär tätig ist, der Auktionator. Damit finden die kaufrechtlichen Vorschriften über die Mängelhaftung Anwendung. **A 236**

aa) Auktionator als Kommissionär. Tritt der Auktionator als Kommissionär auf, so haftet er gegenüber dem Ersteigerer als Verkäufer. Soweit die AGB die Haftung des Auktionators zu begrenzen suchen, gilt Folgendes: **A 237**

α) § 475. Im Falle eines Verbrauchsgüterkaufs kann die Mängelhaftung des Verkäufers nur in den Grenzen des § 475 abbedungen werden. Allerdings setzt ein Verbrauchsgüterkauf voraus, dass der Verkäufer Unternehmer ist (§ 474 I 1). Zudem liegt ein Verbrauchsgüterkauf nach § 474 I 2 dann nicht vor, wenn gebrauchte Sachen in einer öffentlichen Versteigerung verkauft werden, an welcher der Verbraucher persönlich teilnehmen kann. Der Begriff der öffentlichen Versteigerung ist in § 383 III legaldefiniert, und diese Definition beansprucht auch im Rahmen des § 475 Geltung.[3] Dass die Veranstaltung frei zugänglich ist, also jeder teilnehmen kann, reicht also nicht aus.[4] Vielmehr müssen auch die in § 383 III niedergelegten Anforderungen an den Auktionator erfüllt sein, denn anderenfalls ist es nicht gerechtfertigt, dem Ersteigerer den Schutz des § 475 zu entziehen.[5] Dass Art. 1 III der Verbrauchsgüterkaufrichtlinie ein engerer Begriff der öffentlichen Versteigerung zu Grunde liegt, steht der hier vertretenen Auffassung nicht entgegen, da es dem deutschen Gesetzgeber frei steht, insofern über die Mindestvorgaben der Richtlinie hinauszugehen.[6] Sofern der Auktionator die rechtspolitisch in der Tat wenig gelungenen Vorschriften über den Verbrauchsgüterkauf als zu belastend empfindet, mag er als Vertreter des Einlieferers auftreten. Mit Blick auf die Frage, ob eine gebrauchte Sache im Sinne des § 474 I 2 gegeben ist, wird man die gleichen Grundsätze wie zu § 309 Nr. 8 b heranziehen können.[7] **A 238**

β) § 307 ff. Darüber hinaus kommt eine Kontrolle anhand der §§ 307 ff. in Betracht. Insofern ist allerdings zunächst zu fragen, ob nicht ausdrücklich oder konkludent ein **individualvertraglicher Haftungsausschluss** vereinbart worden ist. Allein die Tatsache, dass die Bieter vor der Auktion zur Inspektion der zu versteigernden Gegenstände aufgefordert sind, rechtfertigt die Annahme eines konkludenten Haftungsausschlusses jedoch nicht.[8] Handelt es sich um AGB – oder liegt eine nach § 310 III Nr. 2 der Inhaltskontrolle unterliegende Individualvereinbarung vor –, so finden die gleichen Grundsätze Anwendung, die auch sonst für Haftungsausschlüsse und -beschränkungen des Verkäufers gelten. Die Anwendung des § 309 Nr. 8 b scheitert bei Auktionen in der Regel daran, dass kein Vertrag über eine neu hergestellte Sache gegeben ist. Entscheidend ist damit regelmäßig die Kontrolle **A 239**

---

[1] BGH NJW 1980, 1619, 1622; OLG Hamm NJW 1994, 1967.

[2] Vgl. § 309 Nr. 7 Rz 50.

[3] Zutreffend BGH NJW 2006, 613, 614; *Palandt/Grüneberg* § 383 Rz 4. Ebenso wohl auch *Bamberger/Faust* § 474 Rz 16.

[4] BGH NJW 2006, 613, 614. Ausdrücklich a.A. aber *Wertenbruch* NJW 2004, 1977, 1981.

[5] In diesem Sinne auch BGH NJW 2006, 613, 614.

[6] In diesem Sinne auch BGH NJW 2006, 613, 614.

[7] S. Einleitung § 309 Nr. 8 b Rz 7 ff.

[8] A.A. möglicherweise MünchKomm/*Basedow* § 309 Nr. 8 Rz 30.

nach § 307. Dabei gelten im Wesentlichen die gleichen Grundsätze, wie sie auch sonst beim Verkauf gebrauchter Sachen gelten.[1] Hervorzuben ist, dass der Ausschluss der verschuldensunabhängigen Mängelhaftung jedenfalls dann nicht als unangemessen im Sinne des § 307 eingestuft werden kann, wenn den Bietern vorab ausreichend Gelegenheit zur Besichtigung und Prüfung der Versteigerungsobjekte gegeben worden ist.[2] Denn der Auktionator ist vielfach nicht in der Lage, umfassende Nachforschungen über den Zustand der Sache anzustellen. Zulässig ist daher z. B. der Ausschluss der verschuldensunabhängigen Mängelhaftung für die Echtheit eines Kunstgegenstandes, wenn dem Bieter eigene Nachforschungen in hinreichendem Maße möglich waren.[3] Soweit der Auktionator individualvertraglich eine Garantie für das Vorliegen bestimmter Eigenschaften übernimmt, ist eine Haftungsbeschränkung schon nach § 305 c I unbeachtlich. Allerdings ist bei der Annahme einer Garantie Vorsicht geboten. Insbesondere kann die Beschreibung in einem Katalog regelmäßig nicht im Sinne der Übernahme einer verschuldensunabhängigen Einstandspflicht verstanden werden. Zumindest mit Blick auf die Echtheit versteigerter Bildet hat dies (noch zur Problematik der Zusicherung nach altem Recht) auch der BGH klargestellt.[4] Bei der Frage, ob ausnahmsweise die Übernahme einer Garantie gewollt ist, kommt es vorrangig auf die konkreten Umstände an. Den Inhalt der AGB wird man nur insofern zugunsten des Auktionators berücksichtigen können, als dieser die Kenntnis derselben auf Seiten des Ersteigerers voraussetzen durfte, was selten der Fall sein wird. Ist demnach davon auszugehen, dass eine Garantie hinsichtlich der Angaben im Katalog gewollt ist, so stellt eine Klausel, die bestimmt, dass Katalogbeschreibungen keine zugesicherten Eigenschaften darstellen, einen Haftungsausschluss dar, der nach § 305 b unbeachtlich und zudem unangemessen ist.[5]

A 240 **bb) Bei Handeln als Vertreter.** Handelt der Auktionator als Vertreter, so treffen die Wirkungen des im Namen des Einlieferers abgeschlossenen Rechtsgeschäfts allein den Einlieferer. Dementsprechend stehen dem Ersteigerer gegen den Auktionator als Vertreter auch die kaufrechtlichen Mängelrechte nicht zu. Dessen ungeachtet können Haftungsausschlüsse und -beschränkungen in den Versteigerungsbedingungen unwirksam sein, und zwar aus zwei Gründen.

A 241 **α) Beschränkung der Eigenhaftung des Auktionators.** Wie oben betont (s. Rz A 224), kommt zwischen dem Auktionator und dem Ersteigerer regelmäßig auch dann ein Vertrag zustande, wenn der Auktionator als Vertreter des Einlieferers auftritt. Aber selbst dann, wenn es an einem solchen Vertrag fehlt, ändert das nichts daran, dass den Auktionator Sorgfaltspflichten gegenüber dem Ersteigerer treffen. Dies folgt aus § 311 III S. 1 u. 2, denn wie der BGH zu Recht betont, nimmt der Auktionator „gegenüber dem Ersteigerer eine Treue- und Sorgfaltspflichten auslösende besondere Vertrauensstellung [ein]".[6] Mit Blick auf den Ausschluss der Haftung für die Verletzung dieser Pflichten gilt Folgendes: Gegenüber Verbrauchern ist der Ausschluss der Haftung für **grobe Fahrlässigkeit** schon nach § 309 Nr. 7 unwirksam. Daneben findet § 307 Anwendung. Der Ausschluss der Haftung für grobe Fahrläs-

---

1 S. Anh. § 310 Rz G 92–102.

2 BGH NJW 1980, 1619, 1621 (zu § 9 AGBG).

3 BGH NJW 1980, 1619, 1621 (zu § 9 AGBG): Zulässigkeit einer umfassenden Freizeichnung des Auktionators bei Fälschungen (einschließlich des Ausschlusses der Wandlungsbefugnis) unter der Voraussetzung, dass der Auktionator seine Sorgfaltspflicht nicht verletzt hat.

4 BGH NJW 1980, 1619, 1620: „Im Regelfall [...] kann daher der Bieter redlicherweise nicht damit rechnen, dass der Auktionator mit der Bildbeschreibung zugleich die Garantie für die Echtheit des Bildes übernehmen will [...]."

5 Offen gelassen in BGH NJW 1980, 1619, 1620 (zu § 9 AGBG).

6 BGH NJW 1996, 527, 528.

sigkeit ist auch gegenüber Unternehmern regelmäßig unangemessen.[1] Aber auch der Ausschluss für **leichte Fahrlässigkeit** ist nicht uneingeschränkt zulässig. So sind gegenüber Verbrauchern die Grenzen des § 309 Nr. 7 a zu beachten. Darüber hinaus ist ein Haftungsausschluss gegenüber Unternehmern wie gegenüber Verbrauchern unangemessen (§ 307), wenn er auch für Kardinalpflichten gelten soll.[2] Als Kardinalpflicht ist beispielsweise die Sorgfaltspflicht hinsichtlich der Echtheit eines Kunstwerkes einzustufen, soweit der Auktionator als Sachkenner auftritt und das damit verbundene Vertrauen bei den Käufern in Anspruch nimmt.[3] Unangemessen und daher unwirksam ist dementsprechend z. B. eine Klausel, die die Haftung des als Sackkenners auftretenden Auktionators für die Echtheit eines Bildes ausschließt, ohne deutlich zu machen, dass sie bei einem Sorgfaltsverstoß nicht eingreifen soll.[4]

β) Beschränkung der Haftung des Einlieferers. Darüber hinaus ist denkbar, dass die Versteigerungsbedingungen Klauseln enthalten, die im Wege eines Vertrages zugunsten Dritter die Haftung des Einlieferers beschränken sollen. Insoweit gelten im Wesentlichen die gleichen Grundsätze, wie wenn ein Verkäufer seine eigene Haftung einzuschränken versucht. Die Unwirksamkeit der Klausel kann sich also insbesondere aus den §§ 309 Nr. 7, 307, 475 ergeben. Keine Anwendung findet allerdings § 309 Nr. 8 b, da dieser nur die Haftung des Verwenders betrifft. **A 242**

e) Fälligkeit des Kaufpreises. Eine Klausel, nach welcher für anwesende Bieter der Kaufpreis sofort mit dem Zuschlag fällig wird, ist nicht zu beanstanden.[5] Sie verstößt weder gegen § 309 Nr. 2, noch gegen § 307.[6] Eine unangemessene Benachteiligung liegt in der Regel schon deshalb nicht vor, weil der Einlieferer bzw. der Auktionator als Kommissionär seinerseits über die ihm nach dem dispositiven Recht obliegenden Pflichten hinausgegangen ist, indem er die Möglichkeit zur Vorbesichtigung eingeräumt hat.[7] **A 243**

f) Provision. Eine Klausel des Inhalts, dass der Auktionator vom Ersteigerer ein Entgelt in Höhe von 15 % des Zuschlagspreises erhält, ist regelmäßig schon wegen § 307 III 1 nicht nach § 307 zu beanstanden.[8] Darüber hinaus ist sie in Ermangelung abweichender Anhaltspunkte auch nicht etwa einschränkend dahingehend einzulegen, dass die Provision dann nicht fällig wird, wenn der Einlieferer die Sache selbst ersteigert.[9] Auch handelt der Auktionator, der sich bei einer Ersteigerung durch den Einlieferer auf seinen Provisionsanspruch beruft, nicht rechtsmissbräuchlich.[10] **A 244**

g) Gefahrtragung. Nach § 307 unwirksam ist eine Klausel des Inhalts, dass die Gefahr schon mit dem Zuschlag auf den Ersteigerer übergeht.[11] **A 245**

---

1 S. § 309 Nr. 7 Rz 138. Besonderheiten gelten allerdings, wenn die Klausel nur die Haftung für Erfüllungsgehilfen betrifft. S. § 309 Nr. 7 Rz 162.

2 S § 309 Nr. 7 Rz 96 ff. (Verbraucher) 155 (Unternehmer).

3 Vgl. auch BGH NJW 1980, 1619, 1621 (zu § 242): Berufung auf formularmäßigen Ausschlusses der Haftung für die Echtheit eines Bildes bei leicht fahrlässiger Verletzung von Sorgfaltspflichten unzulässig.

4 A.A. wohl BGH NJW 1980, 1619, 1622 (zu §§ 9 AGBG, 242 BGB), der eine entsprechende Klausel anscheinend als wirksam einstufen und lediglich die Berufung auf die Klausel im Falle einer Sorgfaltspflichtverletzung als rechtsmissbräuchlich ansehen möchte.

5 BGH ZIP 1985, 550, 552.

6 BGH NJW 1985, 850, 851 (zu §§ 9, 11 Nr. 2 AGBG).

7 Diesen Gesichtspunkt betonend auch BGH NJW 1985, 850, 851 (zu § 9 AGBG).

8 Ebenso i.E. BGH NJW 2001, 600, 602, wo die Wirksamkeit der Klausel lediglich mit Blick auf § 1 S. 1 VerstV problematisiert wird.

9 BGH NJW 2001, 600, 602.

10 BGH NJW 2001, 600, 602.

11 Ebenso *Ulmer/Hensen* Anh. § 310 Rz 928.

A 246 **h) Zuschlagsverweigerung.** Zwischen den Teilnehmern an der Auktion und dem Auktionator kommt regelmäßig ein Versteigerungsvertrag zustande. Dabei verpflichtet sich der Auktionator zumindest stillschweigend, dem Meistbietenden den Zuschlag zu erteilen. Eine Klausel, der zufolge der Auktionator den Zuschlag ohne Angabe von Gründen verweigern kann, ist daher schon nach § 305 c unbeachtlich. Sie ist außerdem unangemessen im Sinne des § 307.[1]

4. Ersteigerungsauftrag

A 247 Eine Klausel in einem Ersteigerungsauftrag über die Ermächtigung zur Abgabe höherer Gebote, wonach der Bieter mit seinem schriftlichen Auftrag den Versteigerer ermächtigt, das schriftlich abgegebene Höchstgebot im Bedarfsfall um 5 bis 10% zu überschreiten, ist nicht nach § 307 unangemessen, da es den berechtigten Interessen des nicht anwesenden Bieters entsprechen kann, durch eine geringfügige Erhöhung seines Gebotes den in Aussicht genommenen Gegenstand doch noch erwerben zu können.[2] Man wird eine entsprechende Klausel auch grundsätzlich nicht als überraschend einstufen können. Nach Auffassung des BGH entfällt der Überraschungscharakter jedenfalls dann, wenn die Klausel sich als zweiter formularmäßig vorgedruckter Satz in der Auftragsliste unmittelbar vor der Spalte befindet, in die der Bieter seinen Namen einzutragen hat, klar formuliert und auch in ihrem Erscheinungsbild nicht zu übersehen ist.[3]

5. Versteigerungen im Internet

A 248 Bei Versteigerungen im Internet sind eine Reihe von Besonderheiten zu beachten.

A 249 **a) Rechtsverhältnisse.** Bedienen sich die zwei Parteien einer Versteigerungsplattform im Internet, so entstehen verschiedene Rechtsverhältnisse. Einlieferer und Ersteigerer schließen regelmäßig einen Kaufvertrag. Der Vertrag zwischen dem Einlieferer und dem Betreiber der Website über die Einstellung der relevanten Daten ist in der Regel als Dienstvertrag einzuordnen, der eine Geschäftsbesorgung zum Gegenstand hat (§ 675).[4] Der Vertrag zwischen dem Websitebetreiber und dem Ersteigerer ist regelmäßig als Dienstvertrag einzustufen.[5]

A 250 **b) Abgrenzung tatsächlicher Erklärungen/Erklärungsfiktion.** Im Zusammenhang mit Online-Auktionen besteht mitunter Uneinigkeit darüber, wann von einer tatsächlichen im Gegensatz zu einer fingierten Erklärung auszugehen ist. Insofern ist Zweierlei hervorzuheben:

A 251 **aa) Vorformulierte Erklärungen.** In der Praxis kommt es häufig vor, dass Ersteigerer und Einlieferer im Rahmen der Benutzung einer Website durch „Anklicken" vorgesehener Felder bestimmte vorformulierte Erklärungen abgeben. So liegt es z. B., wenn der Benutzer einer Website für Online-Auktionen auf ein Feld klickt, das folgende Erklärung vorsieht: „Bereits zu diesem Zeitpunkt erkläre ich die Annahme des höchsten, wirksam abgegebenen Kaufangebots".[6] In diesem Falle

---

1 Für Unwirksamkeit auch *Ulmer/Hensen* Anh. §§ 310 Rz 928.

2 BGH NJW 1980, 1619, 1620 (zu § 9 AGBG).

3 BGH NJW 1980, 1619, 1620 (zu § 3 AGBG).

4 Ähnlich *Hoeren,* a.a.O., Rz 114: Geschäftsbesorgungs- bzw. Dienstvertrag mit mietvertraglichen Elementen

5 *Hoeren,* a.a.O., Rz 114.

6 So der Sachverhalt in BGH NJW 2002, 363, 363.

kann man nicht argumentieren, dass die vorformulierte Erklärung „fingiert" sei.[1] Dass eine Erklärung von dritter Seite oder vom Vertragspartner vorformuliert worden ist, macht sie nicht zu einer Fiktion. Der Annahme einer tatsächlichen Willenserklärung steht auch nicht entgegen, dass der Erklärende keine Möglichkeit hatte, auf die Formulierung seiner Erklärung Einfluss zu nehmen. Entscheidend ist allein, dass er in zurechenbarer Weise einen Erklärungstatbestand gesetzt hat.

bb) Übereinstimmung mit fingierter Erklärung. Mitunter liegt es so, dass die AGB des Website-Betreibers einem bestimmten Verhalten des Einlieferers bzw. des Ersteigerers, welches der Einbeziehung der AGB nachfolgt, einen bestimmten Erklärungsgehalt beimessen. So liegt es beispielsweise, wenn es in den AGB eines Website-Betreibers heißt, dass der „anbietende Teilnehmer bereits mit der Freischaltung seiner Angebotsseite [...] die Annahme des höchsten [...] wirksam abgegebenen Kaufangebots [erklärt]".[2] In diesem Falle liegt grundsätzlich eine Erklärungsfiktion vor. Etwas anderes gilt nur dann, wenn das relevante Verhalten schon nach allgemeinen Auslegungsregeln (§§ 133, 157) **stets** in dem von der Klausel beschriebenen Sinne gedeutet werden muss, die Klausel also lediglich deklaratorische Bedeutung hat und damit der Klauselkontrolle nach § 307 III 1 entzogen ist.[3] Wäre das relevante Verhalten nur **im Regelfall** in dem von der Klausel bestimmten Sinne zu deuten, so handelt es sich bei der Klausel zwar um eine Fiktionsklausel, die demgemäß an § 308 Nr. 5 zu messen sein kann. Zu bedenken ist jedoch, dass der Wegfall der Klausel sich im Individualprozess als bedeutungslos erweist, wenn das Verhalten, an welches die Klausel anknüpft, zumindest im konkreten Fall tatsächlich in dem von der Klausel beschriebenen Sinne zu deuten ist. Vor allem aber gilt es Folgendes zu beachten: Auch wenn eine Erklärungsfiktion in AGB gegeben ist, bedeutet dies nicht, dass eine später vom Einlieferer oder Ersteigerer abgegebene, vom Website-Betreiber vorformulierte Erklärung ebenfalls als Fiktion einzustufen ist.[4] A 252

c) Auslegung von Erklärungen. Schwierigkeiten kann im Zusammenhang mit Online-Auktionen die Auslegung der von den Beteiligten abgegebenen Erklärung bereiten. Namentlich stellt sich die Frage, inwiefern die AGB des Website-Betreibers bei der Auslegung der Erklärungen zu berücksichtigen sind, die der Einlieferer gegenüber dem Ersteigerer und der Ersteigerer gegenüber dem Einlieferer abgibt. Keine Schwierigkeiten bereitet die Beantwortung dieser Frage dann, wenn der Erklärende ausdrücklich auf die AGB des Website-Betreibers Bezug nimmt. In diesem Fall muss der Erklärende es sich nach Treu und Glauben gefallen lassen, dass seine Erklärung unter Berücksichtigung der AGB des Website-Betreibers ausgelegt werden. Als komplizierter erweist sich die Frage, ob Gleiches auch dann gilt, wenn es an einer **ausdrücklichen Bezugnahme** fehlt. In der Rechtsprechung werden die AGB des Betreibers vielfach auch in diesem Falle ohne weiteres zur Auslegung der Erklärungen der Beteiligten herangezogen.[5] Dies erscheint jedoch zu weit- A 253

---

[1] So aber *Wenzel* NJW 2002, 1550, 1550.

[2] So die Klausel in BGH NJW 2002, 363, 363.

[3] Vgl. § 308 Nr. 5 Rz 8.

[4] So aber wohl *Wenzel* NJW 2002, 1550, 1550.

[5] Insbesondere neigt die Rechtsprechung dazu, die AGB des Website-Betreibers zur Auslegung der Erklärung des Einlieferers heranzuziehen, ohne danach zu differenzieren, ob die relevanten Klauseln im Verhältnis zwischen Betreiber und Einlieferer wirksam vereinbart worden sind. S. z. B. AG Kehl NJW-RR 2003, 1060, 1061; AG Menden NJW 2004, 1329, 1329; AG Waldbröl, Urt. v. 15. 7. 2005, BeckRS 2005, 10696 (unter 1.). Wohl ohne Berücksichtigung der Wirksamkeit der einschlägigen AGB auch AG Augsburg NJOZ 2004, 3115, 3116: „Allgemeine Geschäftsbedingungen für Internetauktionen können als Auslegungsgrundlage herangezogen werden, wenn Erklärungen der Auktionsteilnehmer aus sich heraus nicht verständlich sind."

gehend. Richtigerweise wird man eine **konkludente Bezugnahme** des Erklärenden auf die AGB des Website-Betreibers grundsätzlich nur unter den folgenden zwei Voraussetzungen annehmen können.

A 254 **aa)** Erstens müssen die relevanten AGB-Klauseln im Verhältnis von Website-Betreiber und Erklärendem wirksam vereinbart sein. Denn soweit die relevanten Klauseln überraschend (§ 305 c I) oder unwirksam sind, kann der Erklärungsempfänger, also z. B. der Ersteigerer, nach Treu und Glauben in Ermangelung einer ausdrücklichen Bezugnahme nicht ernsthaft davon ausgehen, dass der Erklärende, also z. B. der Einlieferer, seine Erklärung vor dem Hintergrund der relevanten Klausel verstanden wissen will. Bei der Prüfung der Wirksamkeit sind logische Zirkelschlüsse zu vermeiden: Soweit die AGB des Betreibers einem bestimmten, der Einbeziehung nachfolgendem Verhalten z. B. des Einlieferers einen bestimmten Erklärungsgehalt beimessen, handelt es sich bei der relevanten Regelung um eine Erklärungsfiktion im Sinne des § 308 Nr. 5. Man kann in diesem Falle nicht argumentieren, dass die Erklärung keine Fiktion darstelle, sondern bloß deklaratorische Bedeutung habe, weil die Erklärung schon nach allgemeinen Regeln unter Berücksichtigung der AGB und damit gemäß der ihr in den AGB zugemessenen Bedeutung ausgelegt werden müsse. Denn die Berücksichtigung der AGB bei der Auslegung setzt nach richtiger Auffassung ihrerseits die Wirksamkeit der relevanten Klausel voraus.

A 255 **bb)** Zweitens muss auch der Erklärungsempfänger in zumutbarer Weise vom Inhalt der AGB Kenntnis nehmen können, und dies muss wiederum dem Erklärenden erkennbar sein. Diese beiden letztgenannten Voraussetzungen sind freilich ohne weiteres erfüllt, wenn die relevanten AGB-des Betreibers Gegenstand der Rahmenverträge mit Einlieferer und Ersteigerer sind, die im Rahmen der Anmeldung auf der Website mit dem Betreiber abgeschlossen worden sind.

A 256 **d) Kontrollfähigkeit.** Auch mit Blick auf die Kontrollfähigkeit der vom Website-Betreiber verwandten AGB ist zu differenzieren:

A 257 **aa) Das Verhältnis zum Website-Betreiber.** Die vom Website-Betreiber gegenüber dem Einlieferer und/oder dem Ersteigerer gestellten AGB unterliegen ohne weiteres der Inhaltskontrolle, soweit sie die Rechte und Pflichten des Verwendungsgegners gegenüber dem Website-Betreiber regeln.

A 258 **bb) Der Vertrag mit dem Betreiber als Vertrag zugunsten Dritter.** Denkbar ist auch, dass die AGB des Website-Betreibers Regelungen zugunsten eines Dritten vorsehen. Beispielsweise kommt die Möglichkeit in Betracht, dass der Website-Betreiber seine AGB in den von ihm geschlossenen Vertrag mit dem Einlieferer einbezieht und in diesen AGB bestimmte Rechte des Ersteigerers gegenüber dem Einlieferer vorsieht. Auch insofern lässt sich die Kontrollfähigkeit bejahen. Denn in diesem Falle ist zwar nicht der Einlieferer oder der Ersteigerer, wohl aber der Website-Betreiber als Verwender anzusehen.

A 259 **cc) Einbeziehung der AGB des Website-Betreibers in den Kaufvertrag.** In der Praxis liegt es häufig so, dass Ersteigerer und Einlieferer die AGB des Website-Betreibers in ihren Kaufvertrag einbeziehen. Auch wenn eine der beiden Parteien früher als die andere eine Erklärung abgibt, die den Einbeziehungswunsch zum Ausdruck bringt, handelt es sich hierbei doch um eine derjenigen Situationen, in denen die AGB auf Veranlassung beider Parteien in den Vertrag einbezogen werden. Es wäre in diesem Falle also nicht interessengerecht, darauf abzustellen, wer zuerst auf die relevanten AGB Bezug genommen hat. Vielmehr haben beide Parteien in gleichem Maße Einfluss auf die AGB genommen, indem sie sich für den konkreten Website-Betreiber entschieden haben. Richtigerweise hat daher weder der Einlieferer noch der Ersteigerer die AGB gestellt.[1] Dementsprechend kommt auch weder der Einlieferer noch der Ersteigerer als Verwender in Betracht.[2] Anderes muss allerdings dann gelten, wenn eine der Parteien Unternehmer und die andere Verbraucher ist. In diesem Falle greift nämlich die Fiktion des § 310 III Nr. 1 ein, welche richtigerweise auch dann anwendbar ist, wenn die AGB auf Vorschlag eines neutralen Dritten in den Vertrag einbezogen worden sind,[3] eine Voraussetzung, die mit Blick auf die vom Website-Betreiber vorgegebenen AGB wohl bejaht werden muss. Zwar hat der BGH betont, dass die AGB des Betreibers einer Internet-Website von keiner Seite gestellt waren.[4] Doch ging es dort gerade nicht um die hier interessierende Konstellation, dass Ersteigerer und Einlieferer die AGB des Website-Betreibers zum Inhalt des zwischen ihnen abgeschlossenen Vertrages machen. Im Übrigen gilt es zu beachten, dass auch dann, wenn nach dem Gesagten keine der Parteien als Verwender anzusehen ist, weil beide Parteien Unternehmer oder beide Parteien Verbraucher sind, dies einer AGB-rechtlichen Inhaltskontrolle nicht entgegensteht. Vielmehr sind die §§ 305 b, 305 c I, 306, 307, 308, 309 im Falle eines beiderseitigen Einbeziehungsvorschlags grundsätzlich analog anzuwenden.[5] Kein Raum besteht dagegen für die Anwendung des § 305 c II.

dd) Kontrollfähigkeit des Angebots/der Annahme. In der Praxis kommt **A 260** es häufig vor, dass Ersteigerer und Einlieferer im Rahmen der Benutzung einer Website durch „Anklicken“ vorgesehener Felder bestimmte vorformulierte Erklärungen abgeben. In diesem Falle liegen tatsächliche Erklärungen vor, keine Erklärungsfiktionen.[6] Davon zu trennen ist die Frage, ob eine Kontrolle nicht nach § 307 III 1 ausscheidet. Insoweit gilt, dass die bloße Abgabe eines Angebots oder einer Annahme keine Abweichung von den §§ 145 ff. enthält und damit auch nicht der Inhaltskontrolle unterliegt.[7] Der Grundsatz, dass die bloße Abgabe oder Annahme eines Angebots keine Abweichung vom dispositiven Recht enthält, ist jedoch eng zu verstehen. Sehr wohl Gegenstand der Inhaltskontrolle sind z. B. Klauseln in einem Vertrag, die die Abgabe eines Angebots oder einer Annahmeerklärung fingieren.[8] Das Gleiche gilt für so genannte Auslegungsklauseln,[9] die festlegen, wie eine bestimmte Erklärung einer Vertragspartei zu verstehen ist. Auch bleibt der Inhalt des Vertrages, der infolge der vorformulierten Erklärung abgeschlossen wird, der Inhaltskontrolle unterworfen.

ee) Beispiel. Illustriert wird die hier interessierende Problematik durch eine **A 261** Entscheidung des BGH aus dem Jahre 2001. Dort ging es um eine Website für Internet-Auktionen, und in den AGB des Website-Betreibers hieß es, dass der „anbietende Teilnehmer bereits mit der Freischaltung seiner Angebotsseite [. . .] die

[1] Gegen die Annahme eines Stellens im Verhältnis von Käufer und Verkäufer auch BGH NJW 2002, 363, 365 (zu § 1 AGBG) für den Fall, dass sowohl der Käufer als auch der Verkäufer als Nutzer einer Internetplattform die Geltung der AGB bei der Anmeldung anerkannt haben. Dem BGH zustimmend z. B. *Hoffmann* NJW 2004, 2569, 2570. Allerdings ist die dem Urteil zu Grunde liegende Konstellation der hier interessierenden nur bedingt vergleichbar, denn vorliegend interessiert der Fall, dass die Parteien die vom Website-Betreiber gestellten AGB zum Inhalt ihres Kaufvertrages gemacht haben.

[2] Ebenso BGH NJW 2002, 363, 365 (zu § 1 AGBG) für den Fall, dass sowohl der Käufer als auch der Verkäufer als Nutzer einer Internetplattform die Geltung der AGB bei der Anmeldung anerkannt haben. Dem BGH zustimmend z. B. *Hoffmann* NJW 2004, 2569, 2570.

[3] S. z. B. *Palandt/Grüneberg* § 310 Rz 12; *Bamberger/Becker* § 310 Rz 16; *Staudinger/Schlosser* § 310 Rz 54 a.E., 55.

[4] BGH NJW 2002, 363, 365 (zu § 1 AGBG).

[5] Für die analoge Anwendung der §§ 307–309 auch *Wenzel* NJW 2002, 1550, 1550.

[6] S. Rz A 251.

[7] A. A. *Wenzel* NJW 2002, 1550, 1550, mit der Begründung, dass eine Erklärungsfiktion gegeben sei.

[8] Offen gelassen in BGH NJW 2002, 363, 365.

[9] Zu Auslegungsklauseln s. noch Anh. § 310 Rz V 264–267, § 308 Nr. 5 Rz 8.

Annahme des höchsten [...] wirksam abgegebenen Kaufangebots [erklärt]". Die relevanten AGB wurden im Rahmen der Anmeldung in den Vertrag zwischen Einlieferer und Website-Betreiber einbezogen. Im Zuge der Freischaltung gab der Einlieferer dann zusätzlich eine vorformulierte Erklärung gegenüber dem Website-Betreiber als Empfangsbevollmächtigten der Ersteigerer ab, die lautete: „Bereits zu diesem Zeitpunkt erkläre ich die Annahme des höchsten, wirksam abgegebenen Kaufangebots." Richtigerweise unterliegt die Klausel in den AGB, der zufolge bereits in der Freischaltung die Annahme des Angebots liegt, der Inhaltskontrolle. Namentlich handelt es sich um eine Erklärungsfiktion, die an § 308 Nr. 5 zu messen ist. Denn anders als eine nicht an § 308 Nr. 5 zu messende antizipierte Erklärung[1] soll die Annahmeerklärung nach dem deutlichen Wortlaut der Klausel nicht bereits im Zeitpunkt der Einbeziehung der AGB, sondern erst mit der Freischaltung der Angebotsseite abgegeben werden. Auch wenn die Klausel nach § 308 Nr. 5 unwirksam ist, weil die dort genannten Voraussetzungen nicht erfüllt sind, ändert dies jedoch nichts daran, dass der Einlieferer im Zeitpunkt der Freischaltung eine wirksame antizipierte Annahmeerklärung tatsächlich abgegeben hat.[2] Denn diese Erklärung, mag sie auch vorformuliert gewesen sein, enthält keine Abweichung von den §§ 145 ff.[3] und unterliegt daher nach § 307 III 1 nicht der Inhaltskontrolle.[4]

A 262 **e) Inhaltskontrolle nach den §§ 307 ff.** Soweit die Kontrollfähigkeit nach dem oben Gesagten zu bejahen ist, gelten folgende Grundsätze:

A 263 **aa) Annahmefiktion.** Eine Klausel in den Anmeldebedingungen eines Website-Betreibers, der zufolge bereits die Freischaltung einer Seite durch den Einlieferer die Annahme des höchsten Angebots bedeutet, stellt eine Annahmefiktion gemäß § 308 Nr. 5 dar. Sie ist demnach unwirksam, wenn sie den dort genannten Voraussetzungen nicht genügt.[5] Demgegenüber verstößt die Klausel grundsätzlich nicht gegen § 307.[6] Etwas anderes muss jedoch dann gelten, wenn dem Einlieferer weder die Angabe eines Mindestgebotes erlaubt noch die Möglichkeit eingeräumt wird, selbst mitzubieten.[7]

A 264 **bb) Automatischer Vertragsschluss.** Eine Klausel, nach welcher mit dem Ablauf der für die Auktion festgelegten Zeit automatisch ein Vertrag mit dem Höchstbietenden zustande kommt, ist dahin zu verstehen, dass der Einlieferer bereits im Zeitpunkt der Einbeziehung antizipierend die Annahme des höchsten Angebots erklärt. Eine solche antizipierte Annahmeerklärung fällt – anders als eine Annahmefiktion – nicht unter § 308 Nr. 5. Die Klausel verstößt grundsätzlich auch nicht gegen § 307.[8] Etwas anderes muss allerdings wiederum dann gelten, wenn es dem Einlieferer nicht möglich ist, selbst mitzubieten oder ein Mindestgebot festzulegen.[9]

---

[1] S. dazu § 308 Nr. 5 Rz 16 ff.

[2] Dazu, das eine auf den Vertragsabschluss gerichtete Erklärung in dem geschilderten Fall tatsächlich abgegeben wird, siehe BGH NJW 2002, 363, 365. Der BGH, a.a.O., lässt allerdings ausdrücklich offen, ob es sich bei der Erklärung um ein Angebot oder um eine antizipierte Annahmeerklärung handelt.

[3] BGH NJW 2002, 363, 365: „keine von §§ 145 ff. BGB abweichende rechtliche Wirkung".

[4] A.A. *Wenzel* NJW 2002, 1550, 1550, mit der Begründung, dass eine Erklärungsfiktion gegeben sei.

[5] Demgegenüber werden entsprechende Klauseln in der Rechtsprechung typischerweise zumindest im Rahmen der Auslegung des Verhaltens des Einlieferers herangezogen, ohne ihre Wirksamkeit zu problematisieren. S. z. B. AG Kehl NJW-RR 2003, 1060, 1061; AG Menden NJW 2004, 1329, 1329.

[6] *Hoeren,* E-Commerce-Verträge, Rz 111, in: *von Westphalen,* Vertragsrecht und AGB-Klauselwerke; *Ulrici* NJW 2001, 1112, 1112; *Wiebe* MMR 2000, 323, 327.

[7] Unklar insoweit *Hoeren,* a.a.O., Rz 111.

[8] KG NJW 2002, 1582, 1583 (zu § 9 AGBG).

[9] Insoweit unklar KG NJW 2002, 1582, 1583 (zu § 9 AGBG), das auf diesen Sonderfall nicht eingeht, sondern die Wirksamkeit entsprechender Klauseln generell bejaht.

f) Inhaltskontrolle nach § 475. Ein Verbrauchsgüterkauf im Sinne des § 474 I 2 liegt nicht vor, wenn gebrauchte Sachen in einer öffentlichen Versteigerung verkauft werden, an welcher der Verbraucher persönlich teilnehmen kann. Mit Blick auf Internetauktionen sind insofern mehrere Gesichtspunkte zu beachten: **A 265**

aa) Öffentlichkeit. Nach der hier vertretenen Auffassung ist die Öffentlichkeit einer Versteigerung nur dann zu bejahen, wenn die Anforderungen des § 383 III gewahrt sind.[1] Schon aus diesem Grunde fehlt es bei einer Internetauktion typischerweise an den Voraussetzungen des § 474 I 2. **A 266**

bb) Versteigerung (Zuschlag). Davon zu trennen ist die Frage, ob die Annahme einer Versteigerung im Sinne des § 474 I 2 auch am Fehlen eines Zuschlages im Sinne des § 156 scheitert. **A 267**

Insofern gilt es zunächst hervorzuheben, dass Kaufverträge im Falle von Internet-Auktionen in der Regel nicht durch Zuschlag zustande kommen. Denn in der Praxis erklärt der Einlieferer oftmals ausdrücklich oder konkludent bereits durch Freischaltung der einschlägigen Seite antizipierend die Annahme des höchsten Angebots, das bei Ablauf der für Angebote bestimmten Frist eingegangen ist. Der Vertrag kommt dann, wenn zumindest ein den Mindestpreis erreichendes Angebot gemacht wurde, mit Ablauf der für Angebote bestimmten Frist und nicht durch Zuschlag zustande.[2] Insbesondere kann in der antizipierten Annahmeerklärung kein antizipierter Zuschlag erblickt werden.[3] Denn der Zuschlag im Sinne des § 156 zeichnet sich dadurch aus, dass er nicht empfangsbedürftig ist.[4] Damit schränkt der abdingbare[5] § 156 den Schutz der anderen Partei ein. Diese Einschränkung ist gerechtfertigt, wenn der Zuschlag dem Angebot nachfolgt, weil es in diesem Fall der ersteigernden Partei nicht ermöglicht werden darf, durch das Verlassen des Versteigerungsortes nach Abgabe ihres Gebots das Zustandekommen des Vertrages zu verhindern. Wird die Annahme jedoch ohnehin antizipierend erklärt, so ist nicht erkennbar, dass der Verkäufer ein schutzwürdiges Interesse daran hat, sich der besonderen Form der Annahme durch Zuschlag zu bedienen. Eine antizipierte Annahmerklärung kann daher niemals einen Zuschlag darstellen. Fehlt es aber an einem Zuschlag, so muss auch das Vorliegen einer Versteigerung im Sinne des § 156 verneint werden.[6] **A 268**

Kann demnach keine Versteigerung im Sinne des § 156 angenommen werden, so muss – wegen der Verweisung in § 312 d IV Nr. 5 – Gleiches auch für § 312 d IV Nr. 5 gelten.[7] Angesichts der Tatsache, dass es sowohl in § 312 d IV Nr. 5 als auch in § 474 I 2 um eine Einschränkung des dem Verbraucher gewährten Schutzes geht, liegt es nämlich nahe, das Merkmal der Versteigerung in identischer Weise zu deuten. **A 269**

---

[1] S. schon oben § 310 Rz A 238. Wie hier BGH NJW 2006, 613, 614; *Palandt/Heinrichs* § 383 Rz 4; wohl auch *Bamberger/Faust* § 474 Rz 16.

[2] BGH NJW 2002, 363, 364; AG Menden NJW 2004, 1329, 1329. Der BGH, a.a.O., hat allerdings ausdrücklich offen gelassen, ob § 156 wirksam abbedungen wird, wenn die AGB vorsehen, dass der Verkäufer antizipierend die Annahme des höchsten Angebots erklärt. Gemeint ist damit wohl, dass der BGH nicht zur Wirksamkeit der relevanten AGB-Klausel Stellung nehmen wollte, worauf es freilich auch nicht ankam, weil der Einlieferer zusätzlich (per vorformulierter Erklärung) antizipierend die Annahme erklärt hatte.

[3] Im Ergebnis ebenso BGH NJW 2005, 53, 54.

[4] BGH NJW 1998, 2350, 2350; *Palandt/Heinrichs* § 156 Rz 1.

[5] BGH NJW 2002, 363, 364.

[6] BGH NJW 2005, 53, 54. Ebenso wohl schon LG Konstanz NJW-RR 2004, 1635, 1636. Ausdrücklich offen gelassen in BGH NJW 2002, 363, 364.

[7] Ebenso z. B. BGH NJW 2005, 53, 54; *Palandt/Heinrichs* § 156 Rz 3.

A 270 **cc) Persönliche Teilnahme.** Allerdings wird man das Tatbestandsmerkmal der persönlichen Teilnahme in § 474 I 2 nicht im Sinne eines Erfordernisses physischer Präsenz auslegen dürfen, sondern es dahingehend verstehen müssen, dass es darauf ankommt, ob der Ersteigerer selbst und nicht durch einen Vertreter handelt. Das Erfordernis der persönlichen Teilnahme steht daher der Anwendung des § 474 I 2 auf Versteigerungen im Internet, die den Anforderungen des § 383 III gerecht werden, regelmäßig nicht entgegen.[1]

A 271–280 **g) Widerrufs-/Rückgaberecht nach § 312 d.** Bei Online-Auktionen kommt auch ein Widerrufs- und Rückgaberecht nach § 312 d in Betracht. Zwar sieht § 312 d IV Nr. 5 eine Ausnahme für solche Verträge vor, die in Form von Versteigerungen geschlossen werden. Der Begriff der Versteigerung in § 312 d IV Nr. 5 ist aber identisch mit demjenigen in § 156.[2] Fehlt es also an einem Zuschlag, so greift auch die Ausnahmeregelung des § 312 d IV Nr. 5 nicht ein.[3]

*

Auskunftsklauseln und -verträge

Inhaltsübersicht

A 281 Auskunftsklauseln können Auskunftspflichten begründen, bestehende Auskunftspflichten ändern oder ausschließen, oder sie können Berechtigungen zur Auskunftserteilung vor allem im Hinblick auf Bestimmungen des Datenschutzes regeln.

1. Vertragstypische Auskunftspflichten

A 282 Vertragstypische Auskunftspflichten finden sich vor allem in Verträgen zur Wahrnehmung fremder Interessen, wie in §§ 675, 666. Mit der Auskunft kann auch die umfassendere Pflicht zur Rechenschaftslegung verbunden sein.[4] Der Ausschluss der gesetzlich vorgesehenen Auskunfts- und Rechenschaftslegungspflichten in AGB ist grundsätzlich nach § 307 II Nr. 1 unwirksam, da bei Verträgen zur Wahrnehmung fremder Interessen die Auskunft und Rechnungslegung zu den wesentlichen Rechten des Geschäftsherrn zählt. Darüber hinaus kann ein solcher Ausschluss auch gegen gesetzliche Vorschriften, wie in § 8 MaBV, verstoßen.

2. Auskunft und Datenschutz

A 283 Durch das BDSG vom 14. 1. 2003[5] wird der Einzelne vor einer Beeinträchtigung seines Persönlichkeitsrechts durch die Erhebung, Verarbeitung und Nutzung seiner personenbezogenen Daten geschützt (§ 1 BDSG), soweit die Verarbeitung dieser

[1] A.A. *Bamberger/Faust* § 474 Rz 16.

[2] So wohl auch BGH NJW 2005, 53, 54; AG Kehl NJW-RR 2003, 1060, 1061 (zu § 3 II Nr. 5 FernAbsG); LG Konstanz NJW-RR 2004, 1635, 1636; *Palandt/Grüneberg* § 312 d Rz 13.

[3] *Bamberger/Schmidt-Ränsch* § 312 d Rz 33; *Palandt/Grüneberg* § 312 d Rz 13; *Hoffmann* NJW 2004, 2569, 2570; AG Kehl NJW-RR 2003, 1060, 1061 (zu § 3 II Nr. 5 FernAbsG); LG Konstanz NJW-RR 2004, 1635, 1636. A.A. AG Bad Hersfeld MMR 2004, 500, 500.

[4] Zur Unterscheidung s. *Soergel/M. Wolf*, BGB, § 259 Rz 3.

[5] BGBl. I, 2954.

Daten nicht gesetzlich erlaubt oder durch Einwilligung des Geschützten gerechtfertigt ist (§ 4 BDSG). **Datenschutzklauseln,** die die Einwilligung zur Weitergabe von Daten vorsehen oder die gesetzlichen Voraussetzungen des Datenschutzes ändern oder konkretisieren, finden sich vor allem in Bankverträgen, in Kredit- und Bürgschaftsverträgen sowie in Versicherungsverträgen,[1] aber auch in Krankenhausverträgen, Leasingverträgen,[2] Mietwagenverträgen, Reiseverträgen, Mobilfunkverträgen[3] oder Zeitschriftenverträgen.[4] Soweit die Klauseln formularmäßig benutzt werden, sind sie AGB gemäß § 305 I. Für die Einbeziehung gelten die §§ 305 II, III, 305c I neben der Sondervorschrift des § 4a BDSG für die Einwilligung.

Für den Bereich der Mobilfunkverträge sind daneben § 89 TKG sowie die Bestimmungen der Telekommunikations-Datenschutzverordnung (TDSV) maßgeblich, wonach neben dem Grundsatz der Verhältnismäßigkeit auch die Beschränkung der Erhebung, Verarbeitung und Nutzung von Daten auf das Erforderliche, Grundsatz der Zweckbindung unter Berücksichtigung der berechtigten Interessen der Unternehmen und der Kunden zu beachten ist.[5]

a) Auskunfts- und Datenschutzklauseln, die die **Berechtigung zur Auskunftserteilung an Dritte** regeln, sind, soweit es Bankauskünfte betrifft, im Regelfall nicht nach § 305c I überraschend[6] Sie sind auch nicht als bloße Hinweise nach § 307 III der **Inhaltskontrolle** entzogen,[7] sondern unterliegen der Überprüfung nach §§ 307 I, II, 309. **A 284**

Eine **Einwilligungserklärung,** durch die der Geschützte die Verarbeitung seiner Daten gemäß § 4 Abs. 1 BDSG erlaubt, ist nur wirksam, wenn sie, sofern nicht wegen besonderer Umstände eine andere Form angemessen ist (§ 4a Abs. 1 S. 3 BDSG), schriftlich erteilt und gemäß § 4a Abs. 1 S. 4 BDSG im äußeren Erscheinungsbild der Erklärung hervorgehoben ist. Darüber hinaus ist der Betroffene bei Einholung der Einwilligung auf den Zweck der Speicherung und einer vorgesehenen Übermittlung sowie auf Verlangen auf die Folgen der Verweigerung der Einwilligung hinzuweisen (§ 4a Abs. 1 S. 2 BDSG). Ist die Form nicht gewahrt, so ist die Einwilligungserklärung als Willenserklärung[8] nach § 125 unwirksam, unterliegt daneben aber auch als AGB[9] der Inhaltskontrolle nach § 307 I, II.[10] Dies gilt auch, wenn die Einwilligung nicht nach dem BDSG, sondern wegen eines Eingriffs in das Persönlichkeitsrecht[11] oder im Zusammenhang mit der ärztlichen Schweigepflicht z. B. bei Inkasso von Honoraren erforderlich ist. Eine Einwilligung kann nicht aus einer Klausel abgeleitet werden, in der lediglich die Weiterleitung von Daten[12] oder die Befugnis hierzu angesprochen wird.[13] Eine Cross-default-Klausel[14] kann deshalb nicht im Sinne einer Einwilligung zur Weitergabe **A 285**

---

[1] S. Bundesbeauftragter für Datenschutz, BT-Drs. 10/4690, S. 54; *Simitis* VersR 1981, 204.

[2] OLG Hamm NJW-RR 1986, 927, 931.

[3] BGH NJW 2003, 237.

[4] S. *Ulmer/Schmidt* Anh. § 310 Rz 290 f.

[5] *Beck'scher TKG-Kommentar/Büchner,* § 89 Rz 21.

[6] *Kirchherr/Stühle* ZIP 1984, 515, 517.

[7] Dazu § 307 Rz 292 ff.

[8] *Simitis/Dammann/Geiger/Mallmann,* BDSG, 4. Aufl. 1992, § 4 Rz 39.

[9] S. § 305 Rz 11.

[10] BGHZ 95, 362, 366 = NJW 1986, 46; JZ 1986, 185 mit Anm. *Simitis.*

[11] OLG Karlsruhe NJW-RR 1988, 302, 303.

[12] S. BGH NJW 1992, 2348, 2350; OLG München ZIP 1985, 344.

[13] S. auch *Kirchherr/Stützle* ZIP 1984, 515, 517.

[14] S. D 43.

der Kündigungsdaten an Dritte oder als Verzicht auf ein Widerspruchsrecht ausgelegt werden.[1]

A 286 Die **Unwirksamkeit der Einwilligung nach § 307 I, II** ist insbesondere gegeben, wenn die Einwilligungserklärung sich pauschal auf alle Daten erstreckt[2] und sich nicht auf die nach einer Interessenabwägung berechtigten Fallgestaltungen beschränkt. Auch muss erkennbar sein, auf welche Daten sich die Einwilligung bezieht und an wen sie übermittelt werden dürfen.[3] Zwar kann grundsätzlich davon ausgegangen werden, dass die Einwilligung zur Weitergabe positiver, d. h. günstiger Daten, eher anzuerkennen ist als die Einwilligung zur Weitergabe negativer Daten.[4] Dies gilt jedoch nicht uneingeschränkt. Vielmehr ist auch bei positiven Daten zu prüfen, ob ihre Weitergabe nicht zu einer ungerechtfertigten Beeinträchtigung der dem jeweiligen Vertrag immanenten Verschwiegenheitspflicht führen kann, was insbesondere für Bankverträge zutrifft[5] Darüber hinaus muss auch erkennbar sein, was positive Daten sind und an wen sie weitergegeben werden. Von einer mutmaßlichen Einwilligung kann jedenfalls nicht ohne weiteres ausgegangen werden.[6] Unwirksam ist insbesondere auch die pauschale Einwilligung zur Weitergabe von Daten über einseitige Maßnahmen des Verwenders zur Durchsetzung angeblicher Ansprüche, wie Mahnungen, Kündigungen oder Mahnbescheide.[7] Die nach §§ 28, 29 BDSG gebotene Interessenabwägung kann durch eine pauschale Einwilligungserklärung nicht außer Kraft gesetzt werden.[8] Daran ändert auch nichts, dass der Kunde die Einwilligung jederzeit widerrufen kann,[9] da der Widerruf nicht rückwirkt. Unwirksam ist auch eine Einwilligung zur Veröffentlichung persönlicher Daten, wenn darauf nicht besonders hingewiesen wird, da die Einwilligung bewusst gegeben sein muss und nicht erschlichen werden darf.[10]

A 287 Einwilligungsklauseln, die sich auf konkrete Fallgestaltungen beziehen, können jedoch **wirksam** sein, indem sie die Interessenabwägung in gewisser Weise schematisieren und ändern, solange nicht wesentliche Interessen des Vertragspartners unberücksichtigt bleiben. Die Tatsache einer Kreditkündigung[11] oder eines Lohnabzugs[12] darf der Schufa nach § 28 BDSG mitgeteilt werden. Zulässig ist auch eine Klausel in Telekommunikationsverträgen in denen sich der Verwender die Einwilligung hinsichtlich einer Bonitätsprüfung durch die Schufa geben lässt, da die Anbieter von Telekommunikationsleistungen in der Regel vorleistungspflichtig sind und der Verwender damit ein berechtigtes Interesse im Sinne des § 28 I Nr. 2 BDSG an der Bonität seiner Kunden hat.[13]

A 288 **b)** Diese Grundsätze gelten **über** den **Anwendungsbereich des BDSG hinaus,** insbesondere auch grundsätzlich für juristische Personen[14] oder für die Weiter-

---

[1] A. A. *Gruber* NJW 1991, 1099.

[2] BGHZ 95, 362, 368; OLG Celle NJW 1980, 347; OLG München BB 1984, 365; ZIP 1985, 344; *Simitis/Dammann/Geiger/Mallmann,* BDSG, 4. Aufl. 1992, § 4 Rz 55.

[3] S. auch OLG Hamm NJW-RR 1986, 927, 931; OLG Karlsruhe NJW-RR 1988, 302, 304.

[4] S. zu dieser Unterscheidung die Schufa-Klausel ZIP 1986, 469; s. auch BGHZ 95, 362, 368.

[5] Dazu auch *Thilo* NJW 1984, 582, 584.

[6] S. auch *Thilo* NJW 1984, 583, 584.

[7] BGHZ 95, 362, 368; OLG München BB 1984, 1965; ZIP 1985, 344.

[8] Vgl. auch zur a. F. des BDSG *Dammann/Stange* ZIP 1986, 488, 493; *Ulmer/Schmidt* Anh. § 310 Rz 292.

[9] A. A. *Kirchherr/Stützle* ZIP 1984, 515, 518.

[10] Vgl. auch OLG Karlsruhe NJW-RR 1988, 302.

[11] OLG München ZIP 1985, 344; einschränkend LG Bonn NJW-RR 1994, 1392.

[12] OLG Köln ZIP 1984, 1340.

[13] BGH NJW 2003, 1237, 1240; OLG Köln KR 2002, 556.

[14] S. auch BGHZ 95, 362, 369.

gabe nicht gespeicherter Daten. Fingierte Einwilligungserklärungen sind gemäß § 308 Nr. 5 unwirksam. Die wirksame Einwilligung kann nicht rückwirkend widerrufen werden.[1]

c) Von der Datenschutzklausel im Verhältnis zwischen dem Betroffenen und dem auskunftgebenden Verwender ist zu unterscheiden das **Auskunftsverhältnis zwischen** dem **Anfragenden** und dem **Auskunftgebenden.** Auskünfte werden nach Nr. 2 IV AGB-Banken, Nr. 3 I AGB-Spark. nur eigenen Kunden oder anderen Kreditinstituten, nicht aber anderen erteilt.[2] Sofern es sich um die Auskunft im Rahmen eines Vertragsverhältnisses handelt, kann die Art und Weise der Auskunfterteilung ebenfalls durch AGB geregelt werden. Dies ist z. B. durch die Grundsätze für die Durchführung des Bankauskunftsverfahrens zwischen Kreditinstituten geschehen.[3] Diese Grundsätze sind AGB. Sie geben zu Beanstandungen keinen Anlass. **A 289**

3. Haftung für Auskunft

Die Pflicht zu sorgfältiger Auskunft kann nicht ausgeschlossen werden, wenn die Auskunft für den Empfänger erkennbar von erheblicher Bedeutung ist und ihm als Grundlage für wesentliche Entscheidungen dient. **Unwirksam** ist etwa die Haftungsbeschränkung einer Wirtschaftsauskunftei auf Vorsatz und grobe Fahrlässigkeit der gesetzlichen Vertreter und leitenden Angestellten.[4] **Wirksam** ist die Haftungsfreizeichnung in Nr. 2 II IV AGB-Banken n. F., da sie neben einer Haftung für grobes Verschulden auch eine Haftung für leichte Fahrlässigkeit bei vertragswesentlichen Pflichten von besonderer Bedeutung im Einzelfall umfasst. **A 290**

Wissen, das die Bank im Rahmen ihrer Geschäftstätigkeit, z. B. durch die Führung von Kundenkonten, erlangt hat, braucht sie nicht vor sich selbst geheim zu halten, sondern darf es **für berechtigte eigene Interessen** verwerten. Es verstößt deshalb auch nicht gegen die guten Sitten nach § 1 UWG, wenn die Bank ihr Wissen aus der Kontoführung eines Kunden benutzt, um diesen zur Auflösung von Vermögensanlagen bei Konkurrenten zu veranlassen.[5] **A 291–300**

Ausschlussfristen

Zu Ausschlussfristen allgemein s. § 309 Nr. 8 b ff.; zu Ausschlussfristen für Mängelanzeigen s. § 309 Nr. 8 b ee; zu arbeitsvertraglichen Ausschlussfristen s. § 310 AGR Rz 88 ff.

*

[1] OLG Düsseldorf ZIP 1985, 1319.
[2] Vgl. auch BGH NJW-RR 1991, 1265.
[3] S. dazu *Weber,* Die Bank, 1987, 324.
[4] OLG Frankfurt ZIP 1984, 976, 977; s. auch § 309 Nr. 7 Rz 161; zur Haftung von Rechtsanwälten, Steuerberatern und Wirtschaftsprüfern s. Rz R 11.
[5] OLG Köln ZIP 1985, 209.

Automatenaufstellvertrag

Inhaltsübersicht

Schrifttum: *von Westphalen,* AGB, Automatenaufstellvertrag, 1994; *Weyland,* Automatenaufstellung, 1989; *Ziebe,* Automatenaufstellvertrag, 1988.

1. Allgemeines

A 301 **a) Rechtsnatur.** Der Automatenaufstellvertrag, durch den sich eine Partei, in der Regel ein Gastwirt, verpflichtet, einer anderen die Aufstellung eines Automaten gegen Beteiligung am Einspielergebnis zu gestatten, ist ein **Vertrag eigener Art,** den der BGH als Gestattungsvertrag mit mietvertraglichen Elementen bezeichnet hat,[1] dem wegen der Eingliederung in den Gewerbebetrieb am Aufstellort und wegen des gemeinsamen Interesses am Einspielergebnis aber auch personenbezogene Elemente innewohnen.[2]

A 302 **b) Inhaltskontrolle nach § 307.** Da es sich bei Gastwirten um Unternehmer im Sinne des § 14 I handelt, erfolgt die Inhaltskontrolle von AGB nach § 307. Bei der Interessenabwägung ist auch im Rahmen von § 307 zu berücksichtigen, dass für Aufsteller und Gastwirte eine unterschiedliche Risikoverteilung gegeben ist. Während die Geräteaufstellung für den Aufsteller eigentlicher Inhalt seiner Unternehmertätigkeit ist, stellt sie für den Gastwirt nur eine Nebenerwerbschance dar.[3]

A 303 **c) Inhaltskontrolle nach** § 138. Automatenaufstellverträge können insgesamt nach § 138 nichtig sein.[4] So kann es insbesondere dann liegen, wenn eine Vielzahl von Klauseln zu beanstanden ist und ihre Streichung oder Reduktion zu einem neuen, vom Parteiwillen in seinen wesentlichen Teilen nicht mehr getragenen Vertragsinhalt führen würde.[5] Beispielsweise kann die Sittenwidrigkeit des Gesamtvertrages nach richtiger Auffassung des BGH[6] bei einer Kumulation von Nachfolgeklausel, Rentabilitätsklausel,[7] Erweiterungsklausel[8] und überlanger Kündigungsfrist[9] gegeben sein. Demgegenüber ist die Gesamtnichtigkeit zu verneinen,

---

1 BGH NJW 1978, 1155, 1156; BGH 1983, 159, 160; BGH NJW 1967, 1414, 1415. Vgl. auch *Staudinger/Coester* § 307 Rz 538: Mischvertrag mit dominierenden mietvertraglichen Elementen.

2 BGH NJW 1985, 53, 54.

3 BGH NJW 1983, 159, 160 (zu § 138).

4 BGH NJW 1983, 159, 160; *Staudinger/Coester* § 307 Rz 538.

5 BGH NJW 1983, 159, 162.

6 BGH NJW 1983, 159, 160 f.

7 S. dazu Rz A 313.

8 S. dazu Rz A 315.

9 Dazu BGH NJW 1983, 159, 161 (zu § 138).

wenn die wesentlichen Rechte und Pflichten der Parteien auch bei Wegfall der unwirksamen Klauseln erhalten bleiben.[1]

2. Diverse Rechte und Pflichten

a) Aufstellbefugnis. Eine Klausel, die es dem Aufsteller erlaubt, bis zu zwei Spielautomaten mit Gewinnmöglichkeiten und darüber hinaus nach Bedarf Musikautomaten, Unterhaltungsautomaten und Billiardgeräte aufzustellen, ist nach § 307 nicht zu beanstanden.[2] Dem Aufsteller kann zudem die Auswahl der Marken der Automaten übertragen werden, solange die Geräte nach ihrer Spielart festgelegt sind.[3] Eine Auswechslung von Gerätetypen kann ebenfalls vorgesehen werden, wenn die Klausel, wie normalerweise anzunehmen, dahin zu verstehen ist, dass sich der Austausch auf ein gleichartiges Gerät beziehen muss.[4] **A 304**

b) Betriebspflicht. Wirksam ist auch die dem Gastwirt auferlegte Betriebspflicht, die Geräte während der gesamten Öffnungszeiten spielbereit zu halten und Störungen dem Aufsteller mitzuteilen.[5] **A 305**

c) Sachgefahr. Die Sachgefahr für die Automaten, z. B. für Diebstahl oder Beschädigung durch Gäste, kann nicht ohne weiteres auf den Gastwirt übertragen werden, da der Aufsteller die Bestimmung über den Aufstellort trifft und er das Risiko seiner Entscheidung tragen muss. Ebenso wenig kann dem Gastwirt ohne Ersatz seiner Auslagen eine Versicherungspflicht auferlegt werden.[6] Der Aufsteller hat im Regelfall mit seiner Vielzahl von Geräten bessere Möglichkeiten zur Versicherung als der Gastwirt. **A 306**

d) Garantierte Einspielergebnisse. Eine Klausel, der zufolge der Gastwirt bestimmte Einspielergebnisse garantiert beziehungsweise unabhängig vom Einspielergebnis einen bestimmten Mindestbetrag zu zahlen verspricht, scheitert regelmäßig schon an § 305 c I. Sie verstößt aber auch gegen § 307 I,[7] weil sie den Gastwirt mit allen Unternehmerrisiken des Aufstellers belastet und damit dem von der Rspr. formulierten Leitbild des Automatenaufstellvertrags widerspricht.[8] Die Kontrolle solcher Garantieklauseln wird auch nicht durch § 307 III ausgeschlossen.[9] **A 307**

e) Abrechnung. Eine Abrechnungsklausel, die es dem Aufsteller als Verwender überlässt, die Zeitabstände für die Abrechnung zu bestimmen, ist unwirksam, weil sie die Interessen des auf seinen Anteil an den Einspielergebnissen angewiesenen Gastwirts nicht berücksichtigt.[10] Die durch die Unwirksamkeit entstandene Lücke kann im Wege ergänzender Vertragsauslegung dahin ausgefüllt werden, dass eine monatliche Abrechnung stattfinden soll.[11] **A 308**

3. Vertragsdauer und Kündigung

a) Allgemeines. Der Automatenaufstellvertrag ist ein Dauerschuldverhältnis, das, soweit es auf bestimmte Zeit befristet ist, durch Zeitablauf endet, falls nicht **A 309**

---

1 BGH NJW 1985, 53, 56; BGH NJW-RR 1990, 1076, 1077.
2 BGH NJW-RR 1990, 1076, 1078 (zu § 9 AGBG).
3 BGH NJW-RR 1990, 1076, 1078 (zu § 9 AGBG).
4 BGH NJW 1985, 53, 55 (zu § 9 AGBG).
5 BGH NJW-RR 1990, 1076, 1078 (zu § 9 AGBG).
6 OLG Braunschweig VersR 1990, 426; a. A. *Sieg* BB 1993, 149, 152.
7 OLG Hamburg NJW 1983, 1502, 1502 (zu § 9 AGBG). Ebenso *Ulmer/Hensen* Anh. § 310 Rz 64.
8 OLG Hamburg NJW 1983, 1502, 1502 (zu § 9 AGBG).
9 OLG Hamburg NJW 1983, 1502, 1502 (zu § 8 AGBG).
10 BGH NJW 1985, 53, 56 (zu § 9 AGBG).
11 BGH NJW 1985, 53, 56.

eine Verlängerungsklausel vorgesehen ist. § 309 Nr. 9 ist auf Automatenaufstellverträge nicht anwendbar.[1] Doch sind Klauseln zur Erstlaufzeit des Vertrages, zur Verlängerung des Vertrages und zur Kündigungsfrist an § 307 zu messen. Bei Verlängerungsklauseln käme an sich je nach ihrer Ausgestaltung auch die Anwendung des § 308 Nr. 5 in Betracht, doch scheitert eine Heranziehung dieser Vorschrift regelmäßig daran, dass es sich beim Gastwirt um einen Unternehmer handelt.

A 310 **b) Erstlaufzeit.** Eine Erstlaufzeit von 3 Jahren ist grundsätzlich nicht unangemessen nach § 307.[2] Selbst eine zehnjährige Erstlaufzeit ist nach richtiger Auffassung grundsätzlich wirksam.[3] Dies gilt umso mehr dann, wenn der Gastwirt mit 30 bis 40 % an den Einspielergebnissen beteiligt ist.[4] Die Zulässigkeit einer zehnjährigen Laufzeit hängt auch nicht davon ab, dass der Aufsteller dem Gastwirt im Zusammenhang mit dem Abschluss des Aufstellvertrages ein Darlehen einräumt.[5] Umgekehrt kann die Einräumung eines Darlehens nicht ohne weiteres eine längere Laufzeit als zehn Jahre rechtfertigen. Der Automatenaufsteller hat zwar ein schutzwürdiges Interesse daran, dass die Rückzahlung des Darlehens nicht durch eine frühzeitige Beendigung des Automatenaufstellvertrages gefährdet wird. Indessen vermag dieses Interesse eine mehr als zehnjährige Erstlaufzeit höchstens insoweit zu rechtfertigen, als eine frühere Tilgung des Darlehens unterbleibt. Eine mehr als zehnjährige Erstlaufzeit kann daher auch im Falle der Darlehensgewährung allenfalls mit der Maßgabe als wirksam eingestuft werden, dass dem Verwendungsgegner für den Fall der vorzeitigen Tilgung des Darlehens auch ein spätestens nach zehn Jahren eingreifendes Kündigungsrecht eingeräumt wird. Ist eine Laufzeitklausel nach § 307 unwirksam, so soll an ihre Stelle die im Wege ergänzender Auslegung zu ermittelnde angemessene Laufzeit treten.[6] Richtigerweise kann dies jedoch nur im Rahmen der Grenzen gelten, die auch sonst für die ergänzende Vertragsauslegung im Falle unwirksamer Laufzeitklauseln gelten.[7]

A 311 **c) Verlängerungsklausel.** Grundsätzlich zulässig sind Verlängerungsklauseln, wonach sich der Vertrag nach Ablauf seiner Laufzeit automatisch verlängert. Das Ausmaß der Vertragsverlängerung muss aber angemessen sein. Dabei ist § 309 Nr. 9 b die Wertung zu entnehmen, dass der Verlängerungszeitraum nur dann angemessen ist, wenn er nicht mehr als die Hälfte der Erstlaufzeit beträgt (s. § 309 Rz 170).[8] Unwirksam ist auch eine Verlängerungsklausel des Inhalts, dass bei gewünschtem Austausch auch nur eines Geräts die zehnjährige Laufzeit des Gesamt-

---

[1] S. § 309 Nr. 9 Rz 25–26. Wie hier *Palandt/Grüneberg* § 309 Rz 79; *Staudinger/Coester* § 307 Rz 538.

[2] Ebenso wohl implizit auch BGH NJW-RR 1990, 1076, 1077. Dort sieht der BGH davon ab, Bedenken an der Wirksamkeit einer Erstlaufzeit von 36 Monaten zu äußern.

[3] Vorsichtiger BGH NJW 1985, 53, 55 (zu § 9 AGBG). Dort wird eine zehnjährige Erstlaufzeit zwar nicht beanstandet. Doch betont der BGH die 30- bis 40%ige Beteiligung des Gastwirts an den Einspielergebnissen. Vgl. auch BGH NJW 1983, 159, 161: Keine Sittenwidrigkeit einer zehnjährigen Erstlaufzeit. S. ferner LG Konstanz NJW-RR 2005, 991, 992. Dort wird eine neunjährige Erstbindungsdauer in einem Automatenaufstellungsvertrag mit nur geringer Gewinnbeteiligung unter Hinweis darauf für unangemessen befunden, dass „die klauselartig vereinbarte Bindungsfrist eines Automatenaufstellvertrags in angemessenem Verhältnis zur Tilgungszeit der Darlehen stehen" muss. Zugleich betont das LG Konstanz, a.a.O., dass Automatenaufstellungsverträge als angemessen gelten, „wenn sie das Doppelte der vorgesehenen Tilgungsfrist, nicht aber mehr als fünf Jahre betragen".

[4] Insoweit ebenso BGH NJW 1985, 53, 55 (zu § 9 AGBG).

[5] A.A. *Staudinger/Coester* § 307 Rz 538: Obergrenze ohne Darlehensgewährung bei drei Jahren. Wie *Coester* auch *Palandt/Heinrichs* § 307 Rz 75.

[6] BGH BB 1983, 662, 663; *Ulmer* NJW 1981, 2025, 2027.

[7] S. dazu § 309 Nr. 9 Rz 182 ff. Zu streng *Staudinger/Coester* § 307 Rz 538, dem zufolge bei einem Verstoß der Laufzeitklausel gegen § 307 von einem Kündigungsrecht nach § 580a I Nr. 3 auszugehen sein soll.

[8] Vorsichtiger *Staudinger/Coester* § 307 Rz 538, dem zufolge eine Verlängerung um ein Jahr regelmäßig mit § 307 vereinbar sein soll.

vertrags von neuem beginnt.[1] Eine solche Verlängerungsklausel ist nicht nur überraschend im Sinne des § 305 c I, sondern auch unangemessen im Sinne des § 307 I.[2] Dies gilt selbst dann, wenn die Verlängerung nur mit Blick auf diejenigen Geräte vorgesehen ist, deren Austausch der Verwendungsgegner gefordert hat.[3]

d) Kündigungsfrist. Die Verhältnisse erfordern regelmäßig keine längere als eine 3-monatige **Kündigungsfrist,** da diese ausreichend Zeit zur Anpassung lässt. Eine darüber hinausgehende Kündigungsfrist, insbesondere eine 2jährige Frist,[4] ist bei Fehlen besonderer Gründe regelmäßig als unangemessene Benachteiligung nach § 307 anzusehen und deshalb unwirksam. Dies gilt nicht nur für die Kündigung im Rahmen einer Verlängerungsklausel, sondern allgemein für die ordentliche Kündigung bei unbefristeten Automatenaufstellverträgen. **A 312**

e) Kündigungsrechte. Ein jederzeitiges Abholungsrecht des Aufstellers bei Unrentabilität **(Rentabilitätsklausel)** ist als außerordentliches Kündigungsrecht wegen Unbestimmtheit unwirksam.[5] Gleiches gilt für eine Klausel, nach der bei ungünstigen Auskünften über den Gastwirt oder in ähnlichen Fällen jederzeit gekündigt oder ein gewährtes Darlehen fällig gestellt werden kann.[6] Zulässig ist aber eine Kündigung für den Fall der Insolvenz des Gastwirts oder für den Fall der Beendigung des Nutzungsvertrags über die Gastwirtschaft.[7] **A 313**

4. Ausschließlichkeitsklauseln

Die Ausschließlichkeitsklausel verpflichtet den Gastwirt, keine anderen Automaten aufzustellen. Die Ausschließlichkeitsklausel kann nicht generell als nach § 307 unwirksam angesehen werden, da der Aufsteller ein berechtigtes Interesse am rentablen Einsatz teurer Geräte haben kann.[8] Unangemessen und daher unwirksam ist eine solche Klausel aber dann, wenn sie auch das Aufstellen von Geräten mit völlig anderen Funktionen verhindert. Demgemäß ist beispielsweise eine Ausschließlichkeitsklausel in einem Vertrag über die Aufstellung von Musikautomaten nach § 307 unwirksam, wenn sie dem Gastwirt die Aufstellung von Zigarettenautomaten verbietet. Ferner ist die Ausschließlichkeitsklausel dann unwirksam, wenn sie den Gastwirt an der anderweitigen Beschaffung solcher Geräte hindert, die der Unternehmer wegen Unrentabilität abgeräumt hat.[9] **A 314**

5. Erweiterungsklausel

Unwirksam ist auch eine Klausel, die den Gastwirt auch bei Eröffnung weiterer Lokale an den Automatenaufsteller bindet (sog. Erweiterungsklausel), weil dann in unangemessener Weise in die unternehmerische Entscheidungsfreiheit des Gastwirts eingegriffen wird.[10] **A 315**

---

1 BGH NJW 1985, 53, 55 (zu § 9 AGBG).
2 BGH NJW 1985, 53, 55 f. (zu § 9 AGBG).
3 Unklar insofern BGH NJW 1985, 53, 55 (zu § 9 AGBG).
4 BGH NJW 1983, 159, 161 (zu § 9 AGBG).
5 BGH NJW 1985, 53, 55 (zu § 9 AGBG).
6 BGH NJW 1985, 53, 56 (zu § 9 AGBG).
7 BGH NJW 1985, 53, 56 (zu § 9 AGBG).
8 *Ulmer/Hensen* Anh. § 310 Rz 61.
9 So wohl auch BGH NJW 1983, 159, 161 (zu § 9 AGBG).
10 BGH NJW 1983, 159, 160 (zu § 9 AGBG).

6. Nachfolgeklauseln

A 316 Durch die **Nachfolgeklausel** wird der Gastwirt verpflichtet, bei Übernahme seiner Gastwirtschaft durch einen Nachfolger diesen in den Automatenaufstellvertrag eintreten zu lassen. Eine solche Klausel ist nach § 307 zwar nicht ohne weiteres zu beanstanden.[1] Ihre Wirksamkeit hängt aber davon ab, dass „der Wirt jedenfalls für den Fall entpflichtet wird, dass er die Gastwirtschaft infolge außergewöhnlicher und nicht in seinen Risikobereich fallender Umstände aufgibt."[2] Eine Nachfolgeklausel, die nur bei freiwilliger Überlassung der Gastwirtschaft an Dritte gelten will, ist dahin auszulegen, dass der Gastwirt zur außerordentlichen Kündigung aus wichtigem Grund berechtigt bleiben soll, und deshalb wirksam.[3] Unwirksam ist aber eine Klausel, die den Gastwirt im Falle einer erfolgten Nachfolge als Gesamtschuldner neben dem Nachfolger haften lässt.[4]

7. Vertragsübertragungsklausel

A 317 Eine so genannte Vertragsübertragungsklausel zeichnet sich dadurch aus, dass sie einen Wechsel des Vertragspartners auf Seiten des Verwenders ermöglicht. § 309 Nr. 10 ist nicht anwendbar, da der Automatenaufstellvertrag nicht zu den dort aufgezählten Vertragstypen zählt[5] und es sich beim Gastwirt zudem um einen Unternehmer handelt. In Anbetracht der Tatsache, dass der Automatenaufstellvertrag auch durch personenbezogene Merkmale gekennzeichnet ist, müssen Vertragsübertragungsklauseln regelmäßig als unangemessen im Sinne des § 307 eingestuft werden.[6] Etwas anderes gilt allerdings dann, wenn die Übertragung auf Fälle eines berechtigten Interesses beschränkt wird.[7] Doch wird man die Wirksamkeit auch in diesem Falle in Anlehnung an den Rechtsgedanken des § 309 Nr. 10 davon abhängig machen müssen, dass der Dritte im Vertrag namentlich bezeichnet oder dem Gastwirt ein Kündigungsrecht eingeräumt wird.

8. Vertragsstrafen und Schadenspauschalen

A 318 **a) Vertragsstrafen.** Mit Blick auf Vertragsstrafeklauseln kann grundsätzlich auf die an anderer Stelle gemachten Ausführungen verwiesen werden.[8] Besonders hervorzuheben ist, dass § 309 Nr. 6 wegen der Unternehmereigenschaft des Gastwirts keine Anwendung findet; vielmehr sind Vertragsstrafeklauseln an § 307 zu messen. Die Unangemessenheit der Klausel kann sich unter anderem aus der Höhe der vorgesehenen Vertragsstrafe ergeben. Eine in einem Automatenaufstellvertrag vorgesehene Vertragsstrafe in Höhe von € 3000 kann je nach den Umständen angemessen sein,[9] doch ist ihre Angemessenheit zu verneinen, wenn sie nur wenig geringer als die Gewinnerwartungen ist und kein Bedürfnis für einen derartigen Ausgleich besteht.[10]

---

[1] BGH NJW 1983, 159, 160 (zu § 9 AGBG).
[2] BGH NJW 1983, 159, 160 (zu § 9 AGBG).
[3] BGH NJW 1985, 53, 54 (zu § 9 AGBG).
[4] BGH NJW 1985, 53, 54 (zu § 9 AGBG); *Ulmer/Hensen* Anh. § 310 Rz 63.
[5] BGH NJW 1985, 53, 54 (zu § 11 Nr. 13 AGBG).
[6] So wohl auch BGH NJW 1985, 53, 54 (zu § 9 AGBG).
[7] Offen gelassen in BGH NJW 1985, 53, 54 f.
[8] S. § 309 Nr. 6 Rz 100 ff.
[9] Vgl. BGH NJW 1978, 1155: keine generelle Unwirksamkeit einer Vertragsstrafe in Höhe von 5.000 DM. Vgl. allerdings auch *Ulmer/Hensen* Anh. § 310 Rz 64: Grenze von 1000 Euro.
[10] BGH NJW-RR 1990, 1076 (zu einer Vertragsstrafe in Höhe von 5000 DM).

b) Schadenspauschalen. Schadenspauschalen in Automatenaufstellverträgen sind wegen der Unternehmereigenschaft des Verwendungsgegners regelmäßig nicht an § 309 Nr. 5 zu messen. Doch unterliegen sie der Inhaltskontrolle anhand des § 307. Insofern gilt, dass generell überhöhte Schadenspauschalen (§ 309 Nr. 5 a) auch im unternehmerischen Verkehr unangemessen und daher nach § 307 unwirksam sind.[1] Ferner muss die Möglichkeit des Nachweises eines geringeren Schadens zwar im unternehmerischen Verkehr nicht ausdrücklich eingeräumt werden, doch darf der entsprechende Nachweis auch nicht konkludent oder gar ausdrücklich ausgeschlossen werden.[2] Unangemessen nach § 307 ist es auch, wenn die Schadenspauschale in Abhängigkeit vom Bruttoerlös berechnet und es dem Aufsteller gestattet wird, den Zeitraum für die Berechnung des Bruttoerlöses weitgehend beliebig festzulegen.[3] **A 319**

9. Sonstiges

Die Haftung des Gastwirts für **Instandsetzungskosten** beschädigter Geräte, ohne dass ihn an der Beschädigung oder an der fehlenden Feststellung der Täter ein Verschulden trifft, ist unwirksam.[4] Ein **Verbot anderweitiger Musikdarbietungen** ist bei Aufstellung von Musikautomaten nicht ohne weiteres zu beanstanden.[5] **A 320–330**

Automietvertrag

Zu AGB in Automietverträgen s. Rz M 131–138.

*

Autowaschanlagen

Inhaltsübersicht

1. Allgemeines

Der Vertrag über die Autowäsche ist ein Werkvertrag.[6] Der Bundesverband des Deutschen Tankstellen- und Garagengewerbes e.V. hat AGB für Autowaschanlagen als Konditionenempfehlungen herausgegeben.[7] **A 331**

2. Haftung

a) Allgemeines. Für den Reinigungsvertrag gilt die werkvertragliche Mängelhaftung. Auch findet § 309 Nr. 8 b Anwendung. Darüber hinaus sind Haftungs- **A 332**

---

1 § 309 Nr. 5 Rz 141–143.
2 § 309 Nr. 5 Rz 144.
3 BGH NJW 1983, 159, 161 (zu § 9 AGBG).
4 BGH NJW 1983, 159, 162 (zu § 9 AGBG).
5 BGH NJW 1983, 159, 161 (zu § 9 AGBG).
6 BGH NJW 2005, 422, 423.
7 S. „Allgemeine Geschäftsbedingungen für Autowaschanlagen (Autowaschstraßen/Portalwaschanlagen)", BAnz Nr. 177 v. 20. 9. 1979.

beschränkungen und -ausschlüsse an den allgemein für solche Klauseln geltenden Vorschriften zu messen, also insbesondere an § 309 Nr. 7 sowie an § 307.[1] Auf die Ausführungen zu diesen Vorschriften kann grundsätzlich verwiesen werden. Im Folgenden seien daher nur einige besonders bedeutsame Punkte hervorgehoben:

A 333 **b) Ausschlussfristen.** Eine Ausschlussklausel, wonach Nachbesserungsansprüche wegen unzureichender Reinigung unverzüglich noch vor Verlassen der Waschanlage geltend zu machen sind, verstößt gegen § 309 Nr. 8 b ee, wenn sie nicht hinreichend deutlich auf offensichtliche Mängel beschränkt wird.[2] Sofern auch grob fahrlässig verursachte Schäden erfasst werden, liegt außerdem ein Verstoß gegen § 309 Nr. 7 b vor.[3] Darüber hinaus ist eine Klausel der genannten Art auch nach § 307 unwirksam, weil der Kunde die Waschanlage selbst oft nicht betreten kann oder darf und deshalb zur Überprüfung seines Fahrzeugs nur außerhalb der Waschanlage in der Lage ist.[4] Eine Freizeichnung für Schäden am Kfz kann jedoch für den Fall vorgesehen werden, dass offensichtliche Schäden nicht alsbald nach Beendigung des Waschvorgangs angezeigt werden.[5] Dies gilt allerdings wegen § 309 Nr. 7 b nur, wenn die Klausel hinreichend deutlich macht, dass grob fahrlässig verursachte Schäden von der Ausschlussfrist nicht erfasst sein sollen.[6]

A 334 **c) Grobe Fahrlässigkeit.** Die Haftungsfreizeichnung für Vorsatz und grobe Fahrlässigkeit ist nach § 309 Nr. 7 b unwirksam.[7] Sie ist darüber hinaus grundsätzlich unangemessen im Sinne des § 307, und zwar auch im unternehmerischen Verkehr. Darüber hinaus ist § 276 III zu beachten, der auch für Individualvereinbarungen gilt.

A 335 **d) Leichte Fahrlässigkeit.** Die Bewahrung des Kfz vor Schäden gehört zu den Kardinalpflichten des Waschanlagenbetreibers, weil der Kunde beim heutigen Stand der Technik auf einen schadensfreien Waschvorgang vertrauen darf.[8] Eine völlige Freizeichnung für leichte Fahrlässigkeit ist schon nach § 309 Nr. 7 a unwirksam. Doch auch eine Klausel, die lediglich die Haftung für leicht fahrlässig verursachte **Schäden am Kraftfahrzeug** ausschließt, ist unangemessen und daher nach § 307 I unwirksam.[9] Die Unangemessenheit eines Haftungsausschlusses für leichte Fahrlässigkeit ist selbst dann anzunehmen, wenn die Freizeichnung gegenständlich auf die besonders gefährdeten, außen an der Karosserie angebrachten Zubehörteile wie Scheibenwischer, Spiegel und Antennen beschränkt ist.[10] Haftungsausschlussklauseln der genannten Art widersprechen dem berechtigten Vertrauen des Kunden darauf, dass sein Fahrzeug so, wie es ist, also mitsamt den außen angebrachten Teilen, unbeschädigt aus dem Waschvorgang hervorgehen wird und seiner korrespon-

---

1 S. im Einzelnen § 309 Nr. 7 Rz 90 ff.

2 So auch KG NJW-RR 1991, 698, 699 (zu § 11 Nr. 10 e AGBG). Für Unwirksamkeit auch *Staudinger/Coester* § 307 Rz 422, der allerdings einen Verstoß gegen § 307 annimmt.

3 MünchKomm/*Basedow* § 309 Nr. 12 Rz 9.

4 Ebenso (zu § 9 AGBG) KG NJW-RR 1991, 698, 699 (für den Fall, dass die Klausel auch nicht offensichtliche Mängel erfasst). S. ferner MünchKomm/*Basedow* § 307 Rz 109: Unangemessenheit einer Klausel, die alle Schadensersatzansprüche mit Blick auf Schäden ausschließt, die nicht vor Verlassen des Geländes angezeigt wurden.

5 *Staudinger/Coester* § 307 Rz 422; LG Hannover DAR 1988, 423; a. A. *Padeck* VersR 1989, 552.

6 Ohne diese Einschränkung *Staudinger/Coester* § 307 Rz 422.

7 OLG Düsseldorf BB 1980, 388 (zu § 11 Nr. 7 AGBG).

8 KG NJW-RR 1991, 698, 698 f (zu § 9 AGBG).

9 BGH NJW 2005, 422, 424; im Ergebnis auch *Staudinger/Coester* § 307 Rz 420. Ähnlich bereits KG NJW-RR 1991, 698, 699: Unangemessenheit jedenfalls dann, wenn Schaden versicherbar und oberhalb der üblichen Selbstbehaltssumme.

10 BGH NJW 2005, 422, 424; MünchKomm/*Basedow* § 307 Rz 109. A. A. noch OLG Karlsruhe NJW-RR 1986, 153, 153 (zu § 9 AGBG); OLG Bamberg NJW 1984, 929, 930 (zu § 9 AGBG); OLG Düsseldorf WM 1980, 1126 (zu § 9 AGBG).

dierenden Erwartung, dass er Schadensersatz erhalten wird, sollte doch einmal ein vom Waschanlagenbetreiber verschuldeter Schaden auftreten.[1] Zudem ist der Waschanlagenbetreiber eher in der Lage, das Risiko einer Beschädigung abzuwenden[2] und/oder zu versichern.[3] Aus dem genannten Grunde ist auch ein Haftungsausschluss für fahrlässig verursachte **Lackschäden** unangemessen.[4] Ein Ausschluss der Haftung für die aus der leicht fahrlässig verursachten Beschädigung des Kfz resultierenden **Folgeschäden** ist zumindest dann unangemessen, wenn diese wie ein entstehender Nutzungsausfall und die Unkostenpauschale typisch und vorhersehbar sind.[5] Mit Blick auf atypische und unvorhersehbare Folgeschäden wird man die Zulässigkeit eines Haftungsausschlusses für leichte Fahrlässigkeit dagegen bejahen müssen,[6] da der Verwendungsgegner entsprechende Risiken in der Regel besser einschätzen kann als der Verwender. Eine **Haftungsbegrenzung** für leicht fahrlässig verursachte Schäden am **Kfz** ist unwirksam, wenn sie nicht die typischen Schäden einschließlich des merkantilen Minderwerts abdeckt.[7] Unwirksam ist deshalb eine Klausel, wonach für Folgeschäden wie Nutzungsausfall, Wertminderung oder Mietwagenkosten keine Haftung übernommen wird.[8]

3. Beweislast

a) Allgemeines. Will der Kunde gegenüber dem Betreiber einer Autowaschanlage vertragliche Schadensersatzansprüche geltend machen, so obliegt es grundsätzlich dem Kunden, eine objektive Pflichtverletzung durch den Betreiber beziehungsweise dessen Vertreter und Hilfspersonen nachzuweisen. Allerdings ist anerkannt, dass vom Eintritt eines Schadens auf das Vorliegen einer Pflichtverletzung geschlossen werden kann, wenn die Beschädigung allein im Verantwortungsbereich des Schuldners auftritt, alle anderen Schadensursachen also ausgeschlossen werden können.[9] Bei der Beschädigung eines Kfz in einer Autowaschanlage tritt eine solche **Beweislastumkehr** zugunsten des Geschädigten jedenfalls dann ein, wenn feststeht, dass der Schaden durch die Waschanlage selbst verursacht worden ist und eine fehlerhafte Handhabung des Wagens durch den Geschädigten entweder nicht als Schadensursache in Betracht kommt oder vom Anlagenbetreiber infolge mangelhafter Aufklärung zu vertreten ist.[10] Keine Beweislastumkehr zugunsten des Kunden soll dagegen dann anzunehmen sein, wenn nicht auszuschließen ist, dass der Schaden durch ein anderes Kfz in der Waschstraße verursacht wurde.[11] Diese Einschränkung ist jedoch zumindest dann abzulehnen, wenn das etwaige Fehlverhalten des anderen Kfz-Führers vorhersehbar war, weil den Waschanlagenbetreiber auch die Pflicht trifft, seine Kunden vor einem entsprechenden Fehlverhalten anderer Kunden durch zumutbare Sorgfaltsmaßnahmen zu schützen. Nach einer Ent- **A 336**

---

[1] BGH NJW 2005, 422, 424.

[2] Zur Möglichkeit der Schadensprävention durch den Betreiber s. z. B. BGH NJW 2005, 422, 424; MünchKomm/*Basedow* § 307 Rz 109; *Palandt/Heinrichs* § 307 Rz 76.

[3] Die Stellung des Verwenders als bester Versicherer betont auch MünchKomm/*Basedow* § 307 Rz 109; *Staudinger/Coester* § 307 Rz 420.

[4] KG NJW-RR 1991, 698, 698 f (zu § 9 AGBG); MünchKomm/*Basedow* § 307 Rz 109; *Palandt/Heinrichs* § 307 Rz 76; *Ulmer/H. Schmidt* Anh. § 310 Rz 70; a. A. OLG Karlsruhe NJW-RR 1986, 153, 153 (zu § 9 AGBG). In BGH NJW 2005, 422, 424, werden Lackschäden nicht erwähnt.

[5] BGH NJW 2005, 422, 424; *Staudinger/Coester* § 307 Rz 421.

[6] Offen gelassen in BGH NJW 2005, 422, 424. Wie hier aber i.E. *Staudinger/Coester* § 307 Rz 421.

[7] S. allgemein § 309 Nr. 7 Rz 108 ff.

[8] KG NJW-RR 1991, 698, 699 (zu § 9 AGBG).

[9] BGH NJW-RR 1993, 795, 795. Speziell zu Unfällen in Autowaschanlagen ebenso OLG Hamm NJW-RR 2002, 1459, 1459.

[10] OLG Hamm NJW-RR 2002, 1459, 1459.

[11] OLG Hamm NJW-RR 2002, 1459, 1459.

scheidung des LG Bochum soll der Kunde außerdem dann die volle Beweislast tragen, wenn eine Beschädigung durch die technischen Gegebenheiten der Anlage ausscheidet und die Beschädigung stattdessen bei der manuellen Vorreinigung des Kfz durch die Mitarbeiter des Unternehmens verursacht worden sein soll.[1] Auch dieser Entscheidung kann nicht zugestimmt werden, denn der Grund für die Beweislastumkehr liegt nicht in der technischen Natur des Risikos, sondern darin, dass das Risiko dem Verantwortungsbereich des Schuldners zuzuordnen ist, und diese Voraussetzung ist auch mit Blick auf die manuelle Vorreinigung eines Kfz auf dem Gelände des Schuldners gegeben, sofern diese Vorreinigung durch dessen Mitarbeiter erfolgt und ein Fehlverhalten des Geschädigten als Schadensursache nicht in Betracht kommt.

A 337–340 **b) Beweislastklauseln.** Beweislastklauseln, die die dargestellte Beweislastverteilung zulasten des Kunden abändern, sind nach § 309 Nr. 12 unwirksam. Auch im unternehmerischen Verkehr sind entsprechende Klauseln grundsätzlich als unangemessen einzustufen.[2]

*

AGB der Banken

Inhaltsübersicht

[1] LG Bochum NJW-RR 2004, 963, 964.
[2] Vgl. § 309 Nr. 12 Rz 90.

Schrifttum: *Aden,* Die neuen AGB-Sparkassen 1993, NJW 1993, 832; *Ahrendts,* Das Stornorecht der Kreditinstitute nach den neugefassten Allgemeinen Geschäftsbedingungen, ZBB 1994, 303; *Baumbach/Hopt,* HGB 32. Aufl. 2006, (8) AGB-Banken; *Becher/Gößmann,* Die Änderungen der Allgemeinen Geschäftsbedingungen der privaten Banken, Sparkassen und Landesbanken, BKR 2002, 519; *Borges,* Die Wertstellung im Giroverhältnis, WM 1998, 105; *Brandner,* Auslegungszuständigkeit des EuGH bei der Inhaltskontrolle von Entgeltklauseln der Banken bei Verbraucherverträgen, MDR 1999, 6; *Bruchner,* Die grundlegende Neugestaltung der AGB-Banken, DZWir 1993, 89; *Bub/Treier,* AGB der Sparkassen, 1999; *Bülow,* Sicherungstreuhand im Inkassogeschäft nach AGB-Banken und AGB-Sparkassen, BB 1995, 2485; *Bungert,* Wertpapierbedingungen und Inhaltskontrolle nach dem AGB-Gesetz, DZWir 1996, 185; *Bunte,* AGB-Banken und Sonderbedingungen, Kommentar, 2007; *Bunte,* Die allgemeinen Geschäftsbedingungen der deutschen Banken, in: *Schimansky/Bunte/Lwowski,* Bankrechts-Handbuch, Bd. I, 2. Kapitel 2. Aufl. 1999; *ders.*, Das Transparenzgebot in der Rechtsprechung des XI. Zivilsenats, in: FS für Herbert Schimansky, 1999, 19; *ders.*, Die Auswirkungen der 6. GWB-Novelle auf die Kreditwirtschaft, WM 1998, 2305; *Canaris,* Bankvertragsrecht, 2. Aufl. 1981, 3. Aufl. Bd. I 1988 (= Staub, GroßKommHGB 4. Aufl.); *ders.*, Die Problematik der AGB-Kontrolle von Postenpreisen für Buchungsvorgänge auf Girokonten, WM 1996, 237; *ders.*, Voraussetzungen und Inhalt des Anspruchs auf Freigabe von Globalsicherheiten gem. § 242 BGB, ZIP 1997, 813; *Casper,* Allgemeine Geschäftsbedingungen (AGB-Banken/AGB-Sparkassen), in: *Derleder/Knops/Bamberger,* Handbuch zum deutschen und europäischen Bankrecht, 2004, § 3; *Claussen,* Bank- und Börsenrecht, 3. Aufl. 2003; *Danco,* Neue AGB der Sparkassen und Landesbanken/Girozentralen, ZBB 2002, 136; *Derleder/Metz,* Die Nebenentgelte der Banken, ZIP 1996, 573, 621; *Eckert,* Das neue Recht der Allgemeinen Geschäftsbedingungen, ZIP 1996, 1238; *Ekkenga,* Wertpapier-Bedingungen als Gegenstand richterlicher AGB-Kontrolle?, ZHR 160 (1996), 59; *Fischer/Klanten,* Bankrecht, Grundlagen der Rechtspraxis, 3. Aufl. 2000; *Fuchs,* in: *Ulmer/Brandner/Hensen,* AGB-Recht, 10. Aufl. 2006, Anh. § 310 Rz 75–138; *Gehring/Schwander,* Banken und Bankrecht im Wandel, FS für Kleiner 1993; *Gößmann/Sonnenhol/Weber,* Allgemeine Geschäftsbedingungen der Banken, in: *Hellner/Steuer* (Hrsg.), Bankrecht und Bankpraxis, Stand April 2005; *Grimm,* Die neuen Sonderbedingungen der Banken für Wertpapiergeschäfte, WiB 1995, 96; *Gruber,* Vertragsschluss im Internet unter kollisionsrechtlichen Aspekten, DB 1999, 1439; *Hadding,* Besondere Bedingungen der Deutschen Postbank AG für Anderkonten (Fassung 1. Januar 1995), FS für Schippel 1996, 163; *Haertlein,* Der Rückzahlungsanspruch der Inkassobank nach Verfügungen über vorläufige Scheckgutschriften, ZBB 1996, 368; *Harbeke,* Neue Bedingungen für die Verwendung der ec-Karte, ZIP 1995, 250; *Hartmann/Höche/Wand/Weber,* Kurzkommentar Bankvordrucke, Stand März 2003, 40 000; *Haupt,* Die allgemeinen Geschäftsbedingungen der Deutschen Banken, 1937; *Hettig/Thieves/Timmermann/Windhöfel,* Die AGB der Banken auf dem Prüfstand des AGB-Gesetzes, BB 1990, 2347; *Hoeren,* Die neuen AGB-Banken, NJW 1992, 3263; *Horn* (Hrsg.), Die AGB-Banken 1993 (Bankrechtliche Vereinigung Bd. 4) 1994; *ders.*, Die AGB-Banken als Grundlage des Bankprivatrechts, in: *Horn* aaO, S. 65; *ders.*, Die Rechtsbeziehung Bank – Kunde, insbesondere die neuen AGB der deutschen Banken, in: *Wiegand* (Hrsg.), Aktuelle Probleme im Bankrecht (Berner Bankrechtstag) 1994, S. 87; *ders.*, The Bank/Customer Relationship in German and European Law, Butterworths Journal of International Banking and Financial Law 1995/3, S. 116; *ders.*, Die richterliche Kontrolle von Entgeltklauseln nach dem AGB-Gesetz am Beispiel der Kreditwirtschaft, WM-Sonderbeil. 1/1997; *ders.*, Die Aufklärungs- und Beratungspflichten der Banken ZBB 1997, 139; *ders.*, Anlageberatung im Privatkundengeschäft der Banken – Rechtsgrundlagen und Anforderungsprofil –, WM 1999, 1; *Horn/Schimansky* (Hrsg.), Bankrecht 1998, 1998; *v. Hoyningen-Huene,* Unwirksamkeit von AGB bei bloßer Intransparenz? FS für Trinkner 1995, S. 79; *Joussen,* Die Inhaltskontrolle von Wertpapierbedingungen nach dem AGBG, WM 1995, 1861; *Joost,* Der Ausschluss der Inhaltskontrolle bei Entgeltregelungen in Allgemeinen Geschäftsbedingungen, ZIP 1996, 1685; *C. Junker,* Aktuelle Rechtsfragen zum Bankgeheimnis und zur Bankauskunft, DStR 1996, 224; *Kallrath,* Die Inhaltskontrolle der Wertpapierbedingungen von Wandel- und Optionsanleihen, Gewinnschuldverschreibungen und Genussscheinen, 1994; *Kieninger,* in: Münchener Kommentar zum BGB, Bd. 2 5. Aufl. 2007, § 307 Rz 198–222; *Klamt/Koch,* Das neue Überweisungsgesetz, DB 1999, 943; *Koch,* Neue AGB für Überweisungen, ZBB 2002, 57; *Köndgen,* Die Entwicklung des privaten Bankrechts in den Jahren 1990/91, NJW 1992, 2263; *ders.*, Die Entwicklung des Bankkreditrechts in den Jahren 1991–1993, NJW 1994, 1508; *ders.*, Die Entwicklung des privaten Bankrechts in den Jahren 1992–1995, NJW 1996, 558; *ders.*, Die Entwicklung des privaten Bankrechts in den Jahren 1999–2003, NJW 2004, 1288; *ders.*, Bankgebühren – Ökonomie und Recht kreditwirtschaftlicher Entgeltgestaltung, ZBB 1997, 117; *ders.*, Das neue Recht der Banküberweisung – und die heimliche Aushöhlung des AGB-Gesetzes, ZBB 1999, 103; *Krebs,* Kommentar zu den AGB der Sparkassen und privaten Banken, 3. Aufl. 1989; *Krings,* Die Neufassung der AGB-Banken, ZBB 1992, 326; *Kümpel,* Sonderbedingungen für Börsentermingeschäfte, WM-Sonderbeil. 1/1991; *ders.*, Bank- und Kapitalmarktrecht, 3. Aufl. 2004; *ders.*, Die neuen Sonderbedingungen für Wertpapiergeschäfte, WM 1995, 137; *ders.*, Die begrenzte Haftung der Bank bei weitergeleiteten Kundenaufträgen, WM 1996, 1893; *Langbein,* Die neuen Allgemeinen Geschäftsbedingungen der Volksbanken und Raiffeisenbanken, 2. Aufl. 1993; *Löwe,* Weniger Verbraucherschutz durch neue ec-Bedingungen, ZIP 1995, 259; *ders.*, Wie Banken und Sparkassen mit ihren Kunden umgehen, ZIP 1995, 611; *Matusche-Beckmann,* Die Bedingungsanpassungsklausel – Zulässiges Instrument für den Fall der Unwirksamkeit allgemeiner Versicherungsbedingungen?, NJW 1998, 112; *Meincke,* Geheimhaltungspflichten im Wirtschaftsrecht, WM 1998, 749; *Merkel,* Die neuen Allgemeinen Geschäftsbedingungen der Banken, Teil II (Nr. 11–20), WM 1993, 725; *ders.*, Erläuterung der neuen

Allgemeinen Geschäftsbedingungen der Banken, Teil II (Nr. 11–20), in: *Horn,* Die AGB-Banken 1993, aaO, S. 15; *Nobbe,* Bankrecht 1999; *ders.,* Aktuelle Entwicklungen zu Sicherungsübereignung und Globalzession im Lichte des AGB-Gesetzes, ZIP 1996, 657; *ders.,* Bankgeheimnis, Datenschutz und Abtretung von Darlehensforderungen, WM 2005, 1537; *ders.,* Konsequenzen aus dem Beschluss des Großen Senats für Zivilsachen des Bundesgerichtshofs zur Sicherheitenfreigabe, FS für Herbert Schimansky, 1999, 433; *Nuissl,* Allgemeiner Geschäftsbedingungen der Banken, Fassung Januar 1993, in: *Ensthaler,* Gemeinschaftskommentar zum Handelsgesetzbuch (begr. *Bandasch*), 5. Aufl. 1996, S. 1722; *Pamp,* Entgeltklauseln für die Ausstellung einer Ersatzkarte bei Beschädigung oder Verlust der Kreditkarte, WM 2002, S. 573; *Pohlmann,* Neufassung der AGB-Sparkassen, ZIP 1992, 1811; *Raeschke-Kessler,* Grenzen der Dokumentationspflicht nach § 31 Abs. 2 Nr. 1 WpHG – Anmerkungen zum Bankgeheimnis und informationellen Selbstbestimmungsrecht der Kunden –, WM 1996, 1764; *v. Randow,* Anleihebedingungen und Anwendbarkeit des AGB-Gesetzes, ZBB 1994, 23; *Reich,* Verbraucherschutzaspekte der AGB-Banken, in: *Horn,* Die AGB-Banken 1993, aaO, S. 43; *Roth, Markus,* Der allgemeine Bankvertrag, WM 2003, 480; *Schebesta,* Die AGB der Volksbanken und Raiffeisenbanken 2002; *Schebesta/Vortmann,* Die neuen AGB-Banken (RWS-Skript 246) 1992; *Schimansky/Bunte/Lwowski,* Bankrechts-Handbuch Bd. I–III 2. Aufl. 1999; *Schimansky,* Zinsanpassungsklauseln in AGB, WM 2001, 1169; *ders.,* Inhaltskontrolle von Allgemeinen Geschäftsbedingungen der Kreditinstitute, Festschrift aus Anlass des fünfzigjährigen Bestehens von Bundesgerichtshof, Bundesanwaltschaft und Rechtsanwaltschaft beim Bundesgerichtshof, 2000, 3; *Schulz,* Das neue Recht der Banküberweisung, ZBB 1999, 287; *Schwintowski/Schäfer,* Bankrecht, 2. Aufl. 2004; *Serick,* Nachträgliche Übersicherung eines Kredits – Freigabeklauseln und das Warten auf den Spruch des Großen Senats für Zivilsachen, ZIP 1995, 789; *ders.,* Der Beschluss des Großen Senats vom 27. 1. 1997 am Pranger höchstrichterlicher Rechtsfortbildungsblockade, BB 1998, 801; *Sichtermann,* Bankgeheimnis und Bankauskunft, 3. Aufl. 1984, bearb. *Feuerborn/Kirchherr/Terdenge; Sonnenhol,* Die Allgemeinen Geschäftsbedingungen der Banken Teil I (Nr. 1–10), WM 1993, 677; *ders.,* Änderungen der AGB-Banken zum 1. 4. 2002 – auch im Hinblick auf das Schuldrechtsmodernisierungsgesetz –, WM 2002, 1259; *Stuhlfaut,* Zur Neufassung der Allgemeinen Geschäftsbedingungen der Deutschen Kassenverein AG, WM 1994, 96; *Thessinga,* Bank- und Börsenrecht, in: *Ebenroth/Boujong/Joost,* Handelsgesetzbuch, 2001; *Tigges,* Ende der Verunsicherung im Recht der Sicherungsgeschäfte?, DStR 1998, 724; *van Gelder,* Fragen des sogenannten Widerspruchs und des Rückgabeentgelts im Einzugsermächtigungsverfahren, WM 2000, 101; *Wagner-Wieduwilt,* Die neuen Allgemeinen Geschäftsbedingungen der Banken (Nr. 1–10), in: *Horn,* Die neuen AGB-Banken, aaO, 1993, S. 1; *Wallach,* Die Befugnis der Banken zur Stornierung von Überweisungsgutschriften 1992; *Weller,* Stillschweigende Einbeziehung der AGB-Banken im internationalen Geschäftsverkehr?, IPrax 2005, 428; *Wenzel,* Der Anspruch des Kreditgebers auf Verstärkung von Sicherheiten, WiB 1994, 596; *Werhahn/Schebesta,* AGB der Privatbanken und Kreditgenossenschaften und Sonderbedingungen der Banken 1995; *dies.,* AGB und Sonderbedingungen der Banken, Loseblatt-Kommentar; *Wessels,* Die Saldoklage, WM 1997, 1509; *Westermann,* Fortschritte durch die neuen AGB der Banken und Sparkassen, WM 1993, 1865; *Graf v. Westphalen,* Die neuen Sparkassen-AGB unter der Lupe des AGB-Gesetzes, BB 1993, 8; *ders.,* Vertragsrecht und AGB-Klauselwerke, Banken- und Sparkassen-AGB; *ders.,* Rechtmäßigkeit der Entgelte im Privatkundengeschäft der Banken, WM 1995, 1209; *Wittig,* Freizeichnungsklauseln in Banken-AGB 1994; *Zietsch,* Die Haftung im Telefon-Banking-Verkehr 1997.

1. Allgemeines

a) Geschichte und Aufgaben der AGB-Banken. Die nahezu vollständig textgleichen Allgemeinen Geschäftsbedingungen der privaten Banken bzw. der Genossenschaftsbanken (AGB-Banken) gehen auf die Ende des 19. Jahrhunderts von verschiedenen Großbanken für häufig vorkommende Geschäftsvorfälle entwickelten sog. Regulative zurück.[1] Eine grundlegende einheitliche Fassung erfuhren sie im Jahre 1937, die seinerzeit gewissermaßen als eine „Kodifikation" des deutschen Bankprivatrechts angesehen wurde.[2] Die heute geltenden Regelungen beruhen auf der zum 1. 1. 1993 in Kraft getretenen Neufassung,[3] die wiederum in den Jahren 1998 und 2000 sowie zuletzt zum 1. 4. 2002[4] mehrere Änderungen erfahren hat. Die letzte Überarbeitung im Jahre 2002 diente vor allem der Umsetzung **B 1**

[1] Zur Geschichte der AGB-Banken vgl. *Bunte,* in: *Schimansky/Bunte/Lwowski* Bd. I § 4 Rz 2 ff. m.w.N.; *ders.,* AGB-Banken Rz 17.

[2] Vgl. *Haupt* S. 188.

[3] Synopse der alten Fassung aus dem Jahre 1937 mit der Neufassung 1993 bei *Bunte,* in: *Schimansky/Bunte/Lwowski* Bd. I § 4 Rz 7.

[4] Zu den letzten Änderungen vgl. *Bunte,* in: *Schimansky/Bunte/Lwowski* Bd. I § 4 Rz 7; *Becher/Gößmann* BKR 2002, 519; *Sonnenhol* WM 2002, 1259; Synopse der Fassungen 2000 und 2002 in WM 2002, 1303.

des zum 1. 1. 2002 in Kraft getretenen Schuldrechtsmodernisierungsgesetzes und des Überweisungsgesetzes für den Inlandszahlungsverkehrs sowie der Entscheidung des Bundesgerichtshofs zur Widerspruchsmöglichkeit des Kontoinhabers gegen Belastungsbuchungen aufgrund von Einzugsermächtigungslastschriften;[1] darüber hinaus erfolgte sie mit Rücksicht auf die Einführung des EURO. Die insgesamt 20 Bestimmungen der AGB-Banken gliedern sich in folgende Komplexe:
- Grundregeln für die Beziehung zwischen Kunde und Bank (Nrn. 1–6),
- Kontoführung (Nrn. 7–10),
- Mitwirkungspflichten des Kunden (Nr. 11),
- Kosten der Bankdienstleistungen (Nr. 12),
- Sicherheiten für die Ansprüche der Bank gegen den Kunden (Nrn. 13–17)
- Kündigung (Nrn. 18 und 19),
- Schutz der Einlagen (Nr. 20).

Die Aufgaben der AGB-Banken liegen zum einen in der Konkretisierung, Rationalisierung und Standardisierung der privatrechtlichen Beziehungen zwischen der Bank und dem Kunden; zum anderen zielen sie auf eine Verteilung bzw. Begrenzung der banktypischen sowie der kundenbezogenen Risiken ab. Die wirtschaftliche Bedeutung der AGB-Banken, die i. d. R. bei allen Leistungen und Geschäften der Banken zu Grunde gelegt werden, ist erheblich. Sie finden grundsätzlich gegenüber kaufmännischen Kunden sowie im Verhältnis zu Privatkunden gleichermaßen Anwendung; freilich wird z. T. zwischen beiden Geschäftsarten unterschieden, vgl. Nr. 2 (3), Nr. 6 Abs. (2). Darüber hinaus gelten sie im Interbankenverhältnis, wobei dort grundsätzlich die AGB desjenigen Kreditinstituts anzuwenden sind, das dem anderen seine Dienste zur Verfügung stellt.[2] Als Empfehlungen der kreditwirtschaftlichen Spitzenverbände unterliegen sie im Rahmen des § 29 GWB der Missbrauchskontrolle des Bundeskartellamts.[3] Meinungsverschiedenheiten über die Geschäftsbedingungen können zum Zwecke der Schlichtung vor einen Ombudsmann gebracht werden.[4]

B 2 Neben den AGB-Banken als allgemeinem Regelwerk bestehen für bestimmte Geschäftsvorgänge die nachfolgenden, als spezielle Regelungen vorrangig geltenden **Sonderbedingungen:**[5]
- Bedingungen für den Scheckverkehr,
- Bedingungen für den ec-/Maestro-Service,
- Bedingungen für den Sparverkehr,
- Bedingungen für den Überweisungsverkehr,
- Sonderbedingungen für das Online-Banking und das Homebanking,
- Sonderbedingungen für Wertpapiergeschäfte,
- Sonderbedingungen für Termingeschäfte,
- Wichtige Informationen für Verlustrisiken bei Finanztermingeschäften,
- Rahmenvereinbarung zum Abschluss von Termingeschäften,
- Bedingungen für die Annahme von Verwahrstücken,
- Bedingungen für die Vermietung von Schrankfächern,
- Einheitliche Richtlinien für Inkassi,
- Einheitliche Richtlinien und Gebräuche für Dokumenten-Akkreditive,

---

[1] Vgl. BGHZ 144, 349.

[2] Vgl. *Baumbach/Hop* (8), AGB-Banken Nr. 1 Rz 4.

[3] Vgl. dazu eingehend *Bunte*, in. *Schimansky/Bunte/Lwowski* Bd. I § 4 Rz 33 f.

[4] Vgl. näher *Baumbach/Hopt* (8), AGB-Banken Einl. Rz 3 (7), BankGesch Rz A/56.

[5] Vgl. näher BuB/*Sonnenhol* Rz 1/19 ff.; eingehende Kommentierung der Sonderbedingungen bei *Bunte,* AGB-Banken S. 275 ff.

- Bedingungen für Anderkonten und Anderdepots von Rechtsanwälten und Gesellschaften von Rechtsanwälten,
- Bedingungen für Anderkonten und Anderdepots von Notaren,
- Bedingungen für Anderkonten und Anderdepots von Angehörigen der öffentlich bestellten wirtschaftsprüfenden und wirtschafts- und steuerberatenden Berufe,
- Bedingungen für Anderkonten und Anderdepots von Patentanwälten und Gesellschaften von Patentanwälten.

Auch diese Sonderbedingungen sind, wie die allgemeinen Regelungen der AGB-Banken, Allgemeine Geschäftsbedingungen im Sinne des § 305 I, bedürfen also wie diese der besonderen vertraglichen Einbeziehung (§ 305 II) und unterliegen der gerichtlichen Inhaltskontrolle (§§ 307 ff.). Für die immer bedeutsamer werdenden Bereiche des Telefon-Banking-Geschäfts oder auch des Online-Bankings liegen noch keine vereinheitlichten besonderen Geschäftsbedingungen vor.

Die Neufassung der **AGB-Sparkassen** 1993 erfolgte zeitlich parallel zur Überarbeitung der AGB-Banken zum 1. 1. 1993. Eine vollkommene Übereinstimmung beider Regelwerke wurde dabei allerdings nicht erreicht. Die Unterschiede bestehen in der Nummerierung wie auch in einzelnen inhaltlichen Abweichungen.[1] Die AGB-Sparkassen wurden ebenfalls – aus den gleichen Gründen wie die AGB-Banken – zuletzt zum 1. 4. 2002 einer Änderung unterzogen.[2] Von den AGB- Banken sind die zahlreichen **Bankenabkommen** zu unterscheiden, die die Spitzenverbände des Kreditgewerbes namens der ihnen angeschlossenen Institute abgeschlossen haben. Diese Abkommen gelten lediglich zwischen den Banken und begründen nur unmittelbar zwischen ihnen Rechte und Pflichten. Aufgrund ihres Regelungsgehalts und ihrer Rechtsnatur wirken sie sich allein mittelbar auf die Rechtsbeziehungen zwischen den Kreditinstituten und ihren Kunden aus. Zu erwähnen sind hier das Abkommen über den Überweisungsverkehr (Überweisungsabkommen),[3] das Abkommen über den Lastschriftverkehr (Lastschriftabkommen), das Abkommen über den Einzug von Schecks (Scheckabkommen), das Scheckrückgabe- und Ersatzscheckabkommen, das Wechselrückgabeabkommen, das Orderscheckabkommen und das Wechseleinzugsabkommen. **B 3**

Für die **Auslegung** der AGB-Banken gelten die allgemeinen, insbesondere zu § 305 c II (§ 5 AGBG) entwickelten Grundsätze. Von besonderer Bedeutung ist dabei der im Individualprozess geltende Grundsatz der kundenfeindlichen Auslegung,[4] wonach bei gleichgewichtigen Auslegungsalternativen im Zweifel die gesetzwidrige und damit zur Unwirksamkeit führende zu Grunde zu legen ist.[5] Die Rechtsfolgen der – regelmäßig ex tunc eintretenden – Unwirksamkeit einer Klausel bestimmen sich nach § 306. Die entstehende Lücke ist durch das dispositive Gesetzesrecht bzw. durch ergänzende Vertragsauslegung oder auch durch eine subsidiäre allgemeine Klausel zu schließen.[6] Eine unwirksame Klausel kann nach ständiger Rechtsprechung des BGH[7] nicht im Wege geltungserhaltender Reduktion auf einen noch zulässigen Inhalt zurückgeführt werden. Im Rahmen der Inhalts- **B 4**

---

[1] Vgl. *Bunte,* in: *Schimansky/Bunte/Lwowski* Bd. I § 4 Rz 8 ff. mit Synopse AGB-Banken neu/AGB-Sparkassen neu.

[2] Besonderheiten der AGB-Sparkassen werden nachfolgend im Zusammenhang mit der Kommentierung der jeweils entsprechenden Klausel in den AGB-Banken dargestellt.

[3] Vgl. hierzu auch OLG Düsseldorf WM 1999, 1363.

[4] S. dazu näher § 305c Rz 131 ff.; vgl. auch *Ulmer* § 5 Rz 31.

[5] Zur Anwendung dieses Grundsatzes auch im Verbandsprozess vgl. *Bunte,* in: *Schimansky/Bunte/Lwowski* Bd. I § 5 Rz 49 m. w. N.

[6] Vgl. BGH WM 1995, 375; *Casper,* in: *Derleder/Knops/Bamberger* § 3 Rz 5.

[7] Vgl. BGHZ 91, 375; weitere Nachw. bei *Pamp,* WM 2002, 573, 577.

kontrolle (§§ 307 ff.) kommt unter dem Aspekt der unangemessenen Benachteiligung (§ 307 II) regelmäßig der Interessenwahrungspflicht der Bank gegenüber den Belangen des Kunden eine herausgehobene Rolle zu. Das aus § 305 II, 305c sowie § 307 I 2 herzuleitende Transparenzgebot[1] verpflichtet den Verwender, seine Klauseln möglichst klar, durchschaubar und bestimmt zu gestalten.[2] Ausgehend von § 307 III (§ 8 AGBG) liegen zur Inhaltskontrolle von Bankentgelten zahlreiche Entscheidungen insbesondere des BGH[3] vor, die die Abgrenzung kontrollfreier von kontrollfähigen Vergütungsregelungen zum Gegenstand haben.

B 5 **b) Geltungsbereich der AGB und der Sonderbedingungen (Nr. 1 (1) AGB-Banken).** Nach Nr. 1 (1) AGB-Banken gelten die Allgemeinen Geschäftsbedingungen für die gesamte Geschäftsverbindung zwischen dem Kunden und der Bank. Daneben gelten für einzelne Geschäftsbeziehungen die jeweiligen Sonderbedingungen, die Abweichungen oder Ergänzungen zu den allgemeinen Regelungen enthalten können und die dann insoweit Vorrang genießen. Die Klausel differenziert mithin zwischen der Geschäfts*verbindung* als solcher auf der und den Geschäfts*beziehungen* als den einzelnen Geschäftsarten auf der anderen Seite. Im Abschluss eines Dauerschuldverhältnisses unter Einbeziehung der AGB-Banken liegt zugleich eine Abrede im Sinne des § 305 III. Schließt also der Kunde mit dem Kreditinstitut (zunächst nur) einen Girovertrag unter Einbeziehung der AGB-Banken, so müssen diese, wenn der Kunde später einen Ratenkredit vereinbart, nicht nochmals vereinbart werden.[4]

B 6 **aa) Für die Einbeziehung der AGB-Banken in die Geschäftsverbindung** gelten die allgemeinen Regeln (§ 305 Abs. 2, 3), d. h. der Kunde muss ausdrücklich auf ihre Geltung hingewiesen[5] und es muss ihm die Möglichkeit, in zumutbarer Weise von ihrem Inhalt Kenntnis zu nehmen, verschafft werden; zudem muss der Kunde – zumindest stillschweigend – mit der Einbeziehung einverstanden sein.[6] Der Vorrang der Individualabrede (§ 305 b) ist zu beachten. Einer erneuten Einbeziehung in jeden später abgeschlossenen Einzelvertrag bedarf es nicht (§ 305 III). Der Rückgriff auf die – in der Bankrechtsdogmatik seit langem umstrittene – Figur des allgemeinen Bankvertrags, der als übergreifender Grundlagen- oder Rahmenvertrag die gesamte Geschäftsbeziehung regeln soll,[7] ist hierfür nicht erforderlich.[8] Besondere Fragen der Einbeziehung von AGB ergeben sich für das sog. Direktbanking, sei es etwa in der Form des Onlinebankings via Internet oder als Telefon- bzw. Telefaxbanking. Hier ist den Anforderungen des § 305 vor allem

---

[1] S. dazu näher § 307 Rz 235 ff.

[2] Zum Transparenzgebot in der bankrechtlichen Judikatur s. eingehend *Bunte,* FS Schimansky, 19 ff.: zur Intransparenz bei Zinsberechnungsklauseln s. BGHZ 106, 42, 47; 106, 259, 265; 112, 115, 117.

[3] Eingehende Darstellung bei *Bunte,* in: *Schimansky/Bunte/Lwowski* Bd. I § 5 Rz 52 ff.; *Schimansky,* FS 50 Jahre BGH, 3; Überblick bei *Pamp,* WM 2002, 573; s. auch unten Rz B 53.

[4] Vgl. *Casper,* in: *Derleder/Knops/Bamberger* § 3 Rz 7.

[5] Der Hinweis auf der Rückseite eines Antragsformulars genügt hierfür freilich nicht; vgl. *Voraufl.,* § 23 AGBG Rz 622; *Casper,* in: *Derleder/Knops/Bamberger* § 3 Rz 4; s. auch OLG Nürnberg WM 1990, 1370.

[6] Vgl. näher *Bunte,* in: *Schimansky/Bunte/Lwowski* Bd. I § 5 Rz 15 ff.; insb. zum kaufm. Verkehr s. auch MünchKommBGB/*Kieninger,* 5. Aufl. § 307 Rz 200.

[7] Vgl. grundlegend *Baumbach/Hopt* (7) BankGesch Rz A/6; ablehnend BGHZ 152, 114 mit umfangreichen Nachweisen zum Streitstand. Soweit in der Entscheidung BGH (II. ZS) WM 2004, 1237 auf die Verletzung von Schutzpflichten aus dem „Bankvertrag" abgestellt wird, erscheint zumindest zweifelhaft, ob damit – über das konkret betroffene Kontokorrentverhältnis hinaus – ein allgemeiner Bankvertrag gemeint ist (so offenbar *Baumbach/Hopt* aaO).

[8] Vgl. ebenso *Casper,* in: *Derleder/Knops/Bamberger* § 3 Rz 4. Überhaupt ist die praktische Bedeutung des Meinungsstreits um die Rechtsfigur des allgemeinen Bankvertrags wohl eher gering; vgl. *Thessinga,* in: *Ebenroth/Boujong/Joost,* HGB, Bank- und Börsenrecht Rz 12; s. dazu auch *Köndgen,* NJW 2004, 1288, 1289 f.

durch eine entsprechende Gestaltung der Kommunikation zwischen Bank und Kunde beispielsweise bei der Kontoeröffnung Rechnung zu tragen.[1] Die Geltung von **Sonderbedingungen** wird bei der Kontoeröffnung oder bei Erteilung eines Auftrags vereinbart (Nr. 1 (1) 2, 2. Hs.), wobei auch diese Vereinbarung den Anforderungen des § 305 II genügen muss. Widersprechen sich allgemeine und besondere Bedingungen, geht die – speziellere – Regelung in den Sonderbedingungen vor.

bb) Kunde im Sinne der Nr. 1 ist jeder, der mit der Bank durch Inanspruchnahme bankmäßiger Leistungen in rechtsgeschäftlichen Kontakt tritt, also ggf. auch ein anderes Kreditinstitut. Für den Interbankenverkehr bedarf es dabei nach deutschem Recht keiner ausdrücklichen Einbeziehungserklärung als Voraussetzung für die Geltung von Allgemeinen Geschäftsbedingungen. In Deutschland ist allgemein bekannt, dass Banken gemäß ihren AGB tätig werden. Dies gilt auch im internationalen Verkehr für ausländische Banken, die häufig geschäftliche Kontakte mit deutschen Banken unterhalten; sie erklären damit stillschweigend ihr Einverständnis, dass die verkehrsüblichen AGB der Banken in die Geschäftsbeziehungen einbezogen sind. Ob das Heimatrecht der ausländischen Bank für die Frage der Einbeziehung von AGB eine entsprechende Rechtsregel kennt, ist unerheblich.[2] **B 7**

cc) Nr. 1 (1) 1 definiert den Bankbegriff grundsätzlich in dem Sinne, dass – nur – die inländischen Geschäftsstellen der Bank gemeint sind. Nach S. 3 der Klausel sichert das Pfandrecht der Bank (Nr. 14 AGB-Banken) jedoch auch die Ansprüche ausländischer Geschäftsstellen der Bank, sofern der Kunde Geschäftsverbindungen zu ihnen unterhält. **B 8**

c) Änderungen der AGB-Banken und der Sonderbedingungen (Nr. 1 (2) AGB-Banken). Die AGB-Banken bzw. die Sonderbedingungen werden in ihrer zum Zeitpunkt des Vertragsschlusses geltenden Fassung Bestandteil des Vertrages mit dem Kunden. Änderungen der allgemeinen oder besonderen Bedingungen werden gegenüber dem Kunden nur wirksam, wenn sie ihrerseits in einer den Anforderungen des § 305 II genügenden Weise in den Vertrag einbezogen. Die Einbeziehung geänderter AGB ist eine Vertragsänderung, die denselben Regeln unterliegt, wie der Vertragsschluss selbst. Nr. 1 (2) AGB-Banken gewährt den Kreditinstituten kein einseitiges Vertragsabänderungsrecht, sondern erleichtert nur den konkludenten Abschluss einer Änderungsvereinbarung, indem das Schweigen auf die Bekanntgabe geänderter AGB nach Ablauf von sechs Wochen als Zustimmung des Kunden fingiert wird. Die Rechtsprechung des BGH zur Unwirksamkeit von Anpassungsklauseln in Versicherungsbedingungen ist deshalb für Nr. 1 (2) AGB-Banken nicht einschlägig.[3] Ebenso wenig ließe die Geltung neuer AGB sich etwa durch eine Klausel im Voraus vereinbaren, wonach die AGB „in ihrer jeweils gültigen Fassung" vereinbart sind.[4] **B 9**

Die Neufassung der AGB-Banken zum 1. 4. 2000 hat die schriftliche Übermittlung der geänderten AGB um die Möglichkeit der elektronischen Übermittlung erweitert, sofern der Kunde mit der Bank im Rahmen der Geschäftsbeziehung einen elektronischen Kommunikationsweg (z. B. das in S. 2 ausdrücklich genannte Homebanking) vereinbart hat und die Art der Übermittlung es dem Kunden erlaubt, die Änderungen in lesbarer Form zu speichern oder auszudrucken. Der Text der geänderten AGB muss dem Kunden dabei jedoch in elektronischer Form, etwa als E-Mail, zugehen. Eine E-Mail mit einem bloßen Link auf die Internetseite der

---

[1] Vgl. hierzu eingehend *Bunte,* in: *Schimansky/Bunte/Lwowski* Bd. I § 5 Rz 18a ff.
[2] Vgl. BGHZ 108, 353; BGH WM 2004, 1177 (zu § 24 AGBG); NJW 1971, 2126.
[3] Vgl. *Bunte,* in: *Schimansky/Bunte/Lwowski* Bd. I § 6 Rz 11.
[4] Vgl. *Bunte,* in: *Schimansky/Bunte/Lwowski* Bd. I § 6 Rz 10; *Ulmer* § 2 Rz 65.

Bank genügt hierfür freilich ebenso wenig wie es ausreicht, dass die geänderten AGB auf der Homepage der Bank eingestellt sind.[1]

Nach Nr. 1 (2) 3 AGB-Banken gelten Änderungen der AGB als genehmigt, wenn der Kunde nicht auf dem vereinbarten schriftlichen oder elektronischen Wege widerspricht, wobei er auf diese Folge besonders hinzuweisen ist. Den Widerspruch muss der Kunde innerhalb von sechs Wochen nach Bekanntgabe der Änderungen an die Bank absenden. Die Verlängerung der früheren Monatsfrist für den Widerspruch auf sechs Wochen ist auf eine Entscheidung aus dem Jahre 1999 zurückzuführen, mit der der BGH für die Änderung von Versicherungsbedingungen eine Widerspruchsfrist von einem Monat für unzureichend erachtete.[2] Die Sechs-Wochen-Frist orientiert sich an der Entscheidung des BGH zur Wirksamkeit von Kündigungsklauseln in Kreditkartenverträgen, in der diese Frist, ausgehend vom Leitbild des § 621 Nr. 4, für solche Verträge als in Betracht kommend bezeichnet wurde.[3] Die an den Ablauf der Widerspruchsfrist geknüpfte Genehmigungsfiktion ist im Hinblick auf die nach Nr. 1 (2) 4 AGB-Banken bestehende Hinweispflicht der Bank mit § 308 Nr. 5 vereinbar.[4] Ebenso wenig begegnet die grundsätzliche Anordnung der Schriftform für den Widerspruch Wirksamkeitsbedenken im Hinblick auf § 309 Nr. 13.[5]

B 10 **d) Nr. 2 (1) 1 AGB-Sparkassen** sieht zwar ebenfalls vor, dass die Sparkasse den Kunden auf eine Änderung der AGB oder der besonderen Bedingungen oder die Einführung zusätzlicher Bedingungen unmittelbar hinweisen wird. Abweichend von Nr. 1 (2) AGB-Banken regelt die Bestimmung jedoch in S. 2 weiter, dass die Sparkasse durch deutlich sichtbaren Aushang oder durch Auslegung in ihren Kassenräumen auf die Änderung hinweisen darf, wenn ein unmittelbarer Hinweis nur unter unverhältnismäßigen Schwierigkeiten möglich ist. Auch ein Hinweis durch Aushang oder Auslegung soll sodann die Genehmigungsfiktion gemäß Nr. 2 (2) AGB-Sparkassen auslösen. Das wird für mit § 308 Nr. 5 unvereinbar erachtet, weil ein ausdrücklicher Hinweis unverzichtbar sei.[6] Allerdings eröffnet § 305 II Nr. 1 die Möglichkeit der Kenntnisverschaffung durch deutlich sichtbaren Aushang, sofern ein ausdrücklicher Hinweis wegen der Art des Vertragsschlusses nur unter unverhältnismäßigen Schwierigkeiten möglich ist. Daraus wird hergeleitet, Nr. 2 (1) 2 AGB-Sparkassen nehme nur auf die bestehende Rechtslage Bezug.[7] Indes knüpft § 305 II Nr. 1, soweit hierdurch die Möglichkeit der Bekanntgabe durch Aushang eröffnet wird, an die „Art des Vertragsschlusses“ an, der einen ausdrücklichen Hinweis unverhältnismäßig schwierig mache. Es erscheint indes auch unter Berücksichtigung der Eigenarten des Massengeschäfts schwer vorstellbar, weshalb die Änderung von AGB bzw. die hierauf beruhende inhaltliche Änderung des Rechtsbeziehung zwischen Kreditinstitut und Kunde „ihrer Art nach“ unverhältnismäßige Schwierigkeiten machen soll. Die Bestimmung dürfte deshalb wohl ohnehin allenfalls einer äußerst restriktiven Anwendung zugänglich sein.

---

1 Vgl. Casper, in: *Derleder/Knops/Bamberger,* § 3 Rz 7; *Becher/Göβmann,* BKR 2002, 519, 520; *Sonnenhol,* WM 2002, 1259, 1261.

2 Vgl. BGH WM 1999, 1367, 1369.

3 Vgl. BGH WM 1994, 832, 834.

4 H.M., vgl. *Bunte,* in: *Schimansky/Bunte/Lwowski* Bd. I § 6 Rz 11; *Baumbach/Hopt,* (8) AGB-Banken Nr. 1 Rz 7; *Casper,* in: *Derleder/Knops/Bamberger,* § 3 Rz 8; *Ulmer* § 2 Rz 65; a. A. *Matusche-Beckmann,* NJW 1998, 115.

5 Vgl. *Bunte,* in: *Schimansky/Bunte/Lwowski* Bd. I § 6 Rz 11 m.w.N.

6 Vgl. *Casper,* in: *Derleder/Knops/Bamberger,* § 3 Rz 9.

7 Vgl. BuB/*Sonnenhol,* Rz 1/26.

2. Bankgeheimnis und Bankauskunft (Nr. 2 AGB-Banken)

a) Nach Nr. 2 (1) AGB-Banken ist die Bank zur Verschwiegenheit über alle kundenbezogenen Tatsachen und Wertungen verpflichtet, von denen sie Kenntnis erlangt **(Bankgeheimnis)**. Informationen über den Kunden darf sie nur weitergeben, wenn gesetzliche Bestimmungen dies gebieten oder der Kunde eingewilligt hat oder die Bank zur Erteilung einer Bankauskunft befugt ist. Diese Begriffsbestimmung folgt der heute allgemein üblichen Definition des Bankgeheimnisses; eine Legaldefinition besteht indes nicht.[1] Über die Rechtsgrundlagen des Bankgeheimnisses besteht Unsicherheit.[2] Gleichwohl wird allgemein angenommen, die Bank sei auch ohne die Regelung in Nr. 2 (1) AGB-Banken allein schon aufgrund ihres Vertragsverhältnisses zum Kunden zu umfassender Verschwiegenheit über die persönlichen und wirtschaftlichen Verhältnisse ihres Vertragspartners verpflichtet, weshalb der Klausel auch lediglich deklaratorische Bedeutung zukomme.[3] **B 11**

Im Grundsatz unterliegt danach alles, was ein Kreditinstitut im Zusammenhang mit der Geschäftsverbindung über den Kunden erfährt, einschränkungslos der Geheimhaltungspflicht. In Bezug auf das Bankgeheimnis kann insbesondere nicht zwischen Tatsachen und Wertungen – etwa Beurteilungen über Bonität und Geschäftsverhältnisse des Kunden – differenziert werden.[4] Auch Informationen über innere Tatsachen oder solche, die offenkundig bzw. allgemein bekannt sind, darf die Bank nicht unberechtigt weitergeben.[5] Nach ganz h. M. in Rechtsprechung und Literatur muss es sich allerdings um kundenbezogene Tatsachen und Wertungen handeln, die einem Kreditinstitut auf Grund, aus Anlass bzw. im Rahmen der Geschäftsverbindung zum Kunden bekannt geworden sind. Erforderlich ist daher ein innerer Zusammenhang zwischen der Kenntniserlangung durch das Kreditinstitut und dem Bestehen der Geschäftsverbindung.[6] Die Verschwiegenheitspflicht nach Nr. 2 (1) besteht gegenüber jedem Dritten, also auch im Verhältnis zu den Angehörigen des Kunden.[7] Bereits das Bestehen der Geschäftsverbindung wird von der Geheimhaltungspflicht umfasst.[8] **B 12**

b) Die Grenzen des Bankgeheimnisses ergeben sich aus gesetzlichen Vorgaben, die die Bank zur Auskunftserteilung verpflichten (insbesondere § 161 a StPO, § 33 ErbStG, § 93 I 3 i. V. m. § 30 a V AO), einer Einwilligung (§ 183 S. 1) des Kunden oder aus einer Befugnis der Bank zur Erteilung einer Bankauskunft nach Nr. 2 III 1 AGB-Banken. Auch diese Aufzählung in Nr. 2 (1) 2 AGB-Banken ist lediglich deklaratorischer Natur.[9] Ein Auskunftsanspruch Privater kann sich auch aus einer rechtlichen Sonderverbindung ergeben, die nicht vertraglicher Art sein muss.[10] Eine vom Kreditinstitut zu vertretende Verletzung des Bankgeheimnisses, die zu einem Schaden des Kunden führt, begründet für den Kunden einen Schadensersatzanspruch aus § 280 I.[11] Daneben steht dem Kunden ein Unterlassungsanspruch zu, **B 13**

---

[1] Vgl. *Nobbe,* WM 2005, 1537, 1538.

[2] Vgl. hierzu grundlegend *Nobbe,* WM 2005, 1537, 1538 ff.

[3] Vgl. *Bunte,* in: *Schimansky/Bunte/Lwowski* Bd. I § 7 Rz 1; *Baumbach/Hopt,* (8) AGB-Banken Nr. 2 Rz 1; *Casper,* in: *Derleder/Knops/Bamberger,* § 3 Rz 10.

[4] Vgl. *Casper,* in: *Derleder/Knops/Bamberger,* § 3 Rz 10.

[5] Vgl. *Bunte,* in: *Schimansky/Bunte/Lwowski* Bd. I § 7 Rz 8.

[6] Vgl. BGH NJW 2006, 830, 833 m.w.N.

[7] Vgl. *Bunte,* in: *Schimansky/Bunte/Lwowski* Bd. I § 7 Rz 9.

[8] Vgl. *Nobbe,* WM 2005, 1537, 1538 m.w.N.

[9] Vgl. *Baumbach/Hopt* (8), AGB-Banken Nr. 2 Rz 2.

[10] Vgl. *Casper,* in: *Derleder/Knops/Bamberger,* § 3 Rz 11; BGHZ 95, 274, 278 f; BGH NJW 1978, 1978, 1002.

[11] Vgl. *Nobbe,* WM 2005, 1537, 1545; s. auch BGH NJW 2006, 830, 833.

der Gegenstand eines Antrags auf Erlass einer einstweiligen Verfügung sein kann, und der Kunde ist berechtigt, den Vertrag mit der Bank aus wichtigem Grunde zu kündigen.[1]

B 14 **c) Die Bankauskunft** wird in Nr. 2 (2) AGB-Banken dahingehend umschrieben, dass sie *allgemein* gehaltene Feststellungen und Bemerkungen über die wirtschaftlichen Verhältnisse des Kunden, seine Kreditwürdigkeit und Zahlungsfähigkeit enthält; *konkrete* betragsmäßige Angaben über Kontostände, Sparguthaben, Depot- oder sonstige der Bank anvertraute Vermögenswerte sowie Angaben über die Höhe von Kreditinanspruchnahmen werden nicht gemacht. Sie ist von besonderen Auskünften wie z. B. der Scheck-Auskunft oder der Schufa-Auskunft – bei der konkrete Kreditlinien und Kontensalden mitgeteilt werden, die aber auf einer durch Unterzeichnung der sog. Schufa-Klausel erteilten gesonderten Einwilligung des Kunden beruht – zu unterscheiden.[2]

B 15 **aa) Bei den Voraussetzungen für die Erteilung einer Bankauskunft** unterscheidet Nr. 2 (3) AGB-Banken zwischen verschiedenen Personengruppen bzw. Kundenarten. In Bezug auf juristische Personen und im Handelsregister eingetragene Kaufleute ist die Bank nach Nr. 2 (2) S. 1, 2 AGB-Banken zur Auskunftserteilung befugt, sofern die Anfrage sich auf deren geschäftliche Tätigkeit bezieht und ihr keine anders lautende Weisung des Kunden vorliegt. Danach ist bei diesen Kunden i.d.R. keine vorherige Rückfrage der Bank notwendig. Dem liegt die Erwägung zugrunde, dass bei diesen sog. Geschäftskunden – zu denen nach Sinn und Zweck der Klausel auch die unternehmerisch tätige GbR, die Partnerschaft sowie die EWIV zu zählen sind[3] – die Auskunftserteilung im Regelfall in deren Eigeninteresse liegt.[4] Auch Geschäftskunden können jedoch durch generelle oder einzelfallbezogene Weisung der Bank jederzeit die Auskunfterteilung bindend untersagen. Insgesamt ist die Geschäftskunden-Regelung in Nr. 2 (3) 1, 2 AGB-Banken unter dem Gesichtspunkt der unangemessenen Benachteiligung unbedenklich, da sie den wechselseitigen Interessen der Beteiligten hinreichend Rechnung trägt.[5] Sie hat nach überwiegender Meinung konstitutive, nicht bloß deklaratorische Bedeutung,[6] weil ein Handelsbrauch oder eine Verkehrssitte, wonach Geschäftskunden mit im Rahmen des Üblichen liegenden Auskünften über sich stillschweigend einverstanden seien, selbst wenn sie bestünden, nicht für ausreichend erachtet werden, ein so fundamentales Gebot wie das Bankgeheimnis außer Kraft zu setzen. Bankauskünfte über andere Personen als Geschäftskunden, insbesondere über Privatkunden und Vereinigungen, erteilt die Bank demgegenüber nur aufgrund generell oder im Einzelfall vorliegender Einwilligung (Nr. 2 (3) 3 AGB-Banken). Zu den Vereinigungen dürften – wiederum nach Sinn und Zweck der Klausel – die nicht rechtsfähigen Vereine sowie die nicht unternehmerisch tätige Außen-GbR zu zählen sein.[7] Für sämtliche Auskünfte, d. h. über Geschäfts- wie Privatkunden gleichermaßen, gilt, dass der Anfragende ein berechtigtes Interesse an der gewünschten

---

[1] Vgl. *Casper,* in: *Derleder/Knops/Bamberger,* § 3 Rz 12.

[2] Vgl. *Bunte,* in: *Schimansky/Bunte/Lwowski* Bd. I § 7 Rz 12, 15.

[3] Vgl. *Casper,* in: *Derleder/Knops/Bamberger,* § 3 Rz 14.

[4] Vgl. *Baumbach/Hopt* (8), AGB-Banken Nr. 2 Rz 4, dort auch zu der Frage, ob Nr. 2 (3) 1 im Wege der Auslegung dahingehend einzuschränken ist, dass klar negative Auskünfte von der Regelung ausgeschlossen sind.

[5] Vgl. *Bunte,* in: *Schimansky/Bunte/Lwowski* Bd. I § 7 Rz 18.

[6] Vgl. *Bunte,* in: *Schimansky/Bunte/Lwowski* Bd. I § 7 Rz 18; *Casper,* in: *Derleder/Knops/Bamberger,* § 3 Rz 14; *Canaris* Rz 56; a. A. BuB/*Sonnenhol* Rz 1/64; *Kümpel* Rz 2.194; LG Mönchengladbach WM 1981, 288, 289.

[7] Vgl. *Casper,* in: *Derleder/Knops/Bamberger,* § 3 Rz 15; zu Wirksamkeitsbedenken in Bezug auf Nr. 2 (3) 3 vgl. MünchKommBGB/*Kieninger,* 5. Aufl. § 307 Rz 220.

Auskunft glaubhaft darlegen muss und ferner kein Grund zur Annahme bestehen darf, dass der Auskunftserteilung berechtigte Interessen des Kunden entgegen stehen (Nr. 2 (3) 4 AGB-Banken).

bb) Bankauskünfte erteilt die Bank nur eigenen Kunden sowie anderen Kreditinstituten (sog. Bank-an-Bank-Auskunft) für deren Zwecke oder die ihrer Kunden (Nr. 2 (4) AGB-Banken). Diese **Beschränkung des Adressatenkreises** soll der Vermeidung einer Kommerzialisierung des Auskunftswesens dienen. Einen Anspruch der anderen Bank oder von deren Kunden auf Auskunftserteilung begründet die Klausel nicht; dieser Anspruch kann sich vielmehr nur aus einer Nebenpflicht zu einem anderen Vertrag oder aus einem besonderen Auskunftsvertrag ergeben.[1] Die Haftung der Bank für fehlerhafte Auskünfte richtet sich nach allgemeinem Zivilrecht. Als Anspruchsgrundlagen kommen die Verletzung eines Auskunftsvertrags oder einer Nebenpflicht zur jeweiligen Geschäftsverbindung, ggf. auch Normen des Deliktsrechts in Betracht.[2] Die frühere Haftungsfreizeichnung für leicht fahrlässige Auskunftsfehler ist 1993 entfallen; insoweit gilt heute allein Nr. 3 AGB-Banken. **B 16**

d) Nr. 3 AGB-Sparkassen stimmt ungeachtet sprachlicher Abweichungen der Sache nach weitgehend mit Nr. 2 AGB-Banken überein. Eine Definition des Bankgeheimnisses fehlt dort. Ungeachtet der in Nr. 3 (3) AGB-Sparkassen vorbehaltenen schriftlichen Bestätigung haftet die Sparkasse ihren Kunden auch für eine fehlerhaft erteilte mündliche Auskunft. Das gilt grundsätzlich selbst dann, wenn später eine abweichende schriftliche Bestätigung nachgereicht wird.[3] **B 17**

3. Haftung der Bank; Mitverschulden des Kunden (Nr. 3 AGB-Banken)

a) Nr. 3 (1) AGB-Banken regelt zusammenfassend die **Grundsätze der Haftung der Bank.** Nach S. 1 haftet die Bank bei Erfüllung ihrer Verpflichtungen für jedes Verschulden ihrer Mitarbeiter und der Personen, die sie zur Erfüllung ihrer Verpflichtungen hinzuzieht. Gemäß S. 2 gehen die Sonderbedingungen für einzelne Geschäftsbeziehungen oder sonstige Vereinbarungen vor, soweit sie abweichende Regelungen enthalten. Für den Fall, dass der Kunde durch ein schuldhaftes Verhalten (z. B. durch Verletzung der in Nr. 11 AGB-Banken aufgeführten Mitwirkungspflichten) zur Entstehung des Schadens beigetragen hat, legt S. 3 fest, dass nach den Grundsätzen des Mitverschuldens zu bestimmen ist, in welchem Umfang Bank und Kunde den Schaden zu tragen haben. Alle drei Bestimmungen haben im Wesentlichen nur klarstellende Funktion. Der in Nr. 3 (1) 1 AGB-Banken genannte Haftungsmaßstab ergibt sich schon aus dem Gesetz, nämlich aus §§ 276, 278 bzw. etwaigen Sondervorschriften wie den §§ 31, 32 WpHG oder etwa aus den Grundsätzen über die Vertrauenshaftung. Für die in den jeweiligen Haftungsfällen anzulegenden Sorgfaltsmaßstäbe, die sich aus der Art des Geschäfts und seinen typischen Risiken ergeben, ist auf die insbesondere von der Rechtsprechung entwickelten Fallgruppen[4] etwa zur Verletzung von Beratungs-, Aufklärungs- und Warnpflichten oder zur Pflichtverletzung bei der Ausführung von Kundenaufträgen oder sonstiger Pflichten zu verweisen. Nr. 3 (1) 1 AGB-Banken betrifft allerdings nur die Haftung für Erfüllungs-, nicht auch für Verrichtungsgehilfen. Im letzteren Falle gelten für die Haftung der Bank ausschließlich §§ 823, 831.[5] S. 2 bringt lediglich **B 18**

---

[1] Vgl. *Casper,* in: *Derleder/Knops/Bamberger,* § 3 Rz 17 m.w.N.

[2] Vgl. *Casper,* in: *Derleder/Knops/Bamberger,* § 3 Rz 17; BGH WM 1976, 498.

[3] Vgl. *Ulmer/Fuchs* Anh. § 310 Rz 84.

[4] Vgl. etwa den Überblick bei *Bunte,* in: *Schimansky/Bunte/Lwowski* Bd. I § 8 Rz 14 ff.; BuB/*Sonnenhol* Rz 1/87 ff.

[5] Vgl. *Bunte,* in: *Schimansky/Bunte/Lwowski* Bd. I § 8 Rz 12; BuB/*Sonnenhol* Rz 1/84 a f.

den – auch schon aus Nr. 1 (1) 2 AGB-Banken folgenden – selbstverständlichen Vorrang von Spezialregelungen zum Ausdruck. S. 3 schließlich gibt im Grunde nur den Regelungsgehalt des § 254 wieder und hat lediglich insoweit einen eigenständigen Inhalt, als den Kundenobliegenheiten in Nr. 11 AGB-Banken Bedeutung für die Qualifizierung als mitwirkendes Verschulden beigemessen wird.

B 19 **b)** Nr. 3 (2) 1 AGB-Banken („weitergeleiteter Auftrag") erlaubt entgegen § 613 S. 1, § 664 I 1, § 691 S. 1 die **Substitution.** Wenn ein Auftrag seinem Inhalt nach typischerweise in der Form ausgeführt wird, dass die Bank einen Dritten mit der weiteren Erledigung betraut, erfüllt sie den Auftrag dadurch, dass sie ihn im eigenen Namen an den Dritten weiterleitet (weitergeleiteter Auftrag). Sie ist danach aber nicht mehr allgemein (so noch Nr. 9 AGB-Banken in der bis 1993 geltenden Fassung), sondern nur noch dann erlaubt, wenn ein Auftrag seinem Inhalt nach typischerweise – d. h. also auch: objektiv[1] – in der Form ausgeführt wird, dass die Bank einen Dritten einschaltet. Beispielhaft ist in Nr. 3 (2) 2 AGB-Banken die Einholung von Bankauskünften bei anderen Kreditinstituten oder die Verwahrung und Verwaltung von Wertpapieren im Ausland genannt.[2] In diesen Fällen beschränkt sich die Haftung der Bank auf die sorgfältige Auswahl und Unterweisung des Dritten (S. 3). Die Haftung der Bank hängt also in den hier betroffenen Fällen im Grundsatz wesentlich davon ab, ob ein Fall von Erfüllungsgehilfeneigenschaft oder ein weitergeleiteter Auftrag bzw. eine Substitution vorliegt. Eine schuldhafte Pflichtverletzung eines Erfüllungsgehilfen hat die Bank im gleichen Umfange zu vertreten wie eigenes Verschulden (§ 278 I). Nur im Falle des weitergeleiteten Auftrags bzw. der erlaubten Substitution (§ 664 I 1) haftet die Bank lediglich für die sorgfältige Auswahl und Unterweisung sowie ggf. noch Überwachung des Dritten. Zu berücksichtigen ist freilich, dass Angestellte der Bank, die bei der Ausführung eines dieser erteilten Auftrags tätig werden, stets Erfüllungsgehilfen des Kreditinstituts sind.[3] Da die Bank allerdings bei der Ausführung von Kundenaufträgen auch selbstständige Dritte, vor allem andere Banken, als Erfüllungsgehilfen einsetzen kann, muss dieser Fall von dem der gestatteten Substitution abgegrenzt werden.[4] Insgesamt dürfte für die Fallgruppe der weitergeleiteten Aufträge als eigenem Auftragstyp nur ein eher begrenzter Anwendungsbereich verbleiben. Mit Rücksicht auf die besondere Vertrauensbeziehung zwischen dem Kunden und dem Kreditinstitut kommt die Annahme eines weitergeleiteten Auftrags i.d.R. nur dann in Betracht, wenn aus objektiver Kundensicht ein Wille der Bank zur Übernahme einer eigenen Verpflichtung nicht zu erwarten ist. Das wird regelmäßig nur zu erwarten sein, wenn die Bank im Wesentlichen die Funktion übernimmt, für ihren Kunden den eigentlichen Geschäftsbesorger zu suchen.[5] Für den insoweit häufig diskutierten Überweisungsverkehr ist Nr. 3 (2) AGB-Banken letztlich ohne Bedeutung, sei es, dass man in der Überweisung schon keine von der Klausel vorausgesetzte auftragsrechtliche Weisung sieht,[6] sei es dass jedenfalls nach vorrangig geltenden Sonderbedingungen (hier: Nr. 4.2 (1) der Bedingungen für den Überweisungsverkehr, Fassung 2002) bzw. nach ausdrücklicher gesetzlicher Anordnung (§ 676 c I 3, § 676 g IV 3) die Bank für das Verschulden eines von ihr zwischengeschalteten Kreditinstituts wie für eigens Verschulden haftet.

---

[1] Vgl. *Voraufl.* § 23 Rz 658.

[2] Zweifelnd, ob hier überhaupt Fälle der Substitution angesprochen sind, *Ulmer/Brandner* 9. Aufl. Anh. §§ 9–11 Rz 155; s. auch *Voraufl.* § 23 Rz 659.

[3] Vgl. *Bunte,* in: *Schimansky/Bunte/Lwowski* Bd. I § 8 Rz 37.

[4] Vgl. *Voraufl.* § 23 Rz 656.

[5] Vgl. *Casper,* in: *Derleder/Knops/Bamberger,* § 3 Rz 23.

[6] Vgl. *Baumbach/Hopt* (8), AGB-Banken Nr. 3 Rz 5.

c) Nr. 3 (3) betrifft die **Haftung bei Störungen des Betriebs** und stellt insoweit klar, dass die Bank nicht für Zufallsschäden wie die dort beispielhaft aufgezählten Fälle der höheren Gewalt, des Aufruhrs, Krieges oder sonstiger von ihr nicht zu vertretender Vorkommnisse (etwa Streik, Aussperrung, Verkehrsstörungen, Verfügungen von hoher Hand) haftet. Die Klausel hat insoweit lediglich klarstellende Funktion im Hinblick auf die §§ 275 – 278.[1] Nach Wortlaut und Zweck der Vorschrift gilt sie – ohne dass darin eine (unzulässige) geltungserhaltende Reduktion läge – nicht, soweit die Bank etwa aus Gefährdungshaftung verschuldensunabhängig haftet oder sonst ein Betriebsrisiko zu tragen hat.[2] **B 20**

d) **Nr. 19 AGB-Sparkassen** regelt in Abs. 2 die Haftung der Sparkasse abweichend von Nr. 3 (2) AGB-Banken. Danach darf die Sparkasse Aufträge bei Fehlen einer gegenteiligen Weisung ganz oder teilweise auf Dritte zur selbstständigen Erledigung übertragen, soweit dies unter Berücksichtigung der Art des Auftrags und der Interessen von Sparkasse und Kunde erforderlich erscheint. Die Folge soll die Haftungsbeschränkung im Sinne von § 664 I 2 sein. Diese – unklare – Formulierung läuft bei kundenfeindlicher Auslegung auf ein Ermessen der Sparkasse, Kundenaufträge zu substituieren, hinaus. Das widerspricht dem gesetzlichen Leitbild des § 664 I 1. Nr. 19 AGB-Sparkassen hält deshalb einer Inhaltskontrolle nach § 309 Nr. 7 b bzw. § 307 II Nr. 1 nicht stand.[3] **B 21**

4. Grenzen der Aufrechnungsbefugnis des Kunden (Nr. 4 AGB-Banken)

a) Nach Nr. 4 AGB-Banken kann der Kunde gegen Forderungen der Bank nur aufrechnen, wenn seine Forderungen unbestritten oder rechtskräftig festgestellt sind. Die darin liegende **Beschränkung der Aufrechnungsbefugnis** ist mit Blick auf § 309 Nr. 3 rechtlich unbedenklich.[4] Als vertraglich vereinbartes Aufrechnungsverbot, dass die materiellrechtliche Wirksamkeit einer Aufrechnung und nicht nur deren Geltendmachung im Rechtsstreit ausschließt, haben die Gerichte einen solchen Aufrechnungsausschluss von Amts wegen zu beachten.[5] Unbestrittene Forderungen sind solche, über die nach Grund und Höhe keine Meinungsverschiedenheiten zwischen der Bank und dem Kunden bestehen. Auf ein bloß „formelles" Bestreiten kann es nicht ankommen. Willkürliches, unhaltbares Bestreiten der Bank gegenüber eindeutigen und zweifelsfreien Forderungen muss deshalb unberücksichtigt bleiben. Rechnet der Kunde mit begründeten entscheidungsreifen Gegenforderungen auf, die noch nicht rechtskräftig festgestellt sind, kann das Bestreiten der Bank treuwidrig (§ 242) und daher unbeachtlich sein.[6] Dasselbe gilt, wenn die Gegenforderung des Kunden auf einer vorsätzlichen unerlaubten Handlung der Bank beruht.[7] Das Aufrechnungsverbot gilt nicht, wenn die Bank im Insolvenzverfahren oder im Liquidationsstadium ist.[8] Nr. 4 AGB-Banken erfasst keine Zurückbehaltungsrechte.[9] **B 22**

---

[1] Vgl. *Casper,* in: *Derleder/Knops/Bamberger,* § 3 Rz 25.
[2] Vgl. *Baumbach/Hopt* (8), AGB-Banken Nr. 3 Rz 8.
[3] Vgl. *Ulmer/Fuchs* Anh. § 310 Rz 87; *Bunte,* in: *Schimansky/Bunte/Lwowski* Bd. I § 8 Rz 37; *Casper,* in: *Derleder/Knops/Bamberger,* § 3 Rz 26; *v. Westphalen,* AGB-Klauselwerke, Rz 17; *ders.,* BB 1993, 8, 9; a.A. *Aden,* NJW 1993, 832, 837; *Westermann,* WM 1993, 1865, 1867 f.; offen BuB/*Sonnenhol* Rz 1/112.
[4] Vgl. BGH NJW 1986, 1757; NJW 2002, 2779; MünchKommBGB/*Kieninger,* 5. Aufl. § 307 Rz 220; *Casper,* in: *Derleder/Knops/Bamberger,* § 3 Rz 27; *Ulmer/Fuchs* Anh. § 310 Rz 89; BuB/*Sonnenhol* Rz 1/122.
[5] Vgl. BGH NJW 2002, 2779; MünchKommBGB/*Schlüter,* 4. Aufl. § 387 Rz 58.
[6] Vgl. *Bunte,* in: *Schimansky/Bunte/Lwowski* Bd. I § 9 Rz 18.
[7] Vgl. *Bunte,* in: *Schimansky/Bunte/Lwowski* Bd. I § 9 Rz 20.
[8] Vgl. *Baumbach/Hopt* (8), AGB-Banken Nr. 4 Rz 1; *Ulmer/Fuchs* Anh. § 310 Rz 89.
[9] Vgl. *Baumbach/Hopt* (8), AGB-Banken Nr. 4 Rz 1; *Casper,* in: *Derleder/Knops/Bamberger,* § 3 Rz 27.

B 23 b) **Nr. 11 (1) AGB-Sparkassen** enthält hinsichtlich der Beschränkung der Aufrechnungsbefugnis des Kunden eine Nr. 4 AGB-Banken vergleichbare Regelung. Darüber hinaus enthält die Klausel in Abs. 2 ein Bestimmungsrecht der Sparkasse hinsichtlich der Anrechnung der vom Kunden geleisteten Zahlungen, soweit eine Weisung des Kunden oder eine zwingende gesetzliche Anrechnungsregelung (vgl. § 366) fehlen und die Zahlungseingänge nicht zur Begleichung sämtlicher Forderungen ausreichen.

5. Verfügungsberechtigung nach dem Tod des Kunden (Nr. 5 AGB-Banken)

B 24 a) Nr. 5 AGB-Banken betrifft die **Legitimation der Erben oder des Testamentsvollstreckers nach dem Tod des Kunden.** Gemäß S. 1 ist die Bank grundsätzlich berechtigt, einen Erbschein oder ein Testamentsvollstreckerzeugnis oder die Vorlage weiterer Unterlagen zu verlangen; bei fremdsprachigen Urkunden kann sie auf einer deutschen Übersetzung bestehen. An Personen mit geringerer Legitimation braucht die Bank danach im Grundsatz nicht zu leisten.[1] Sie kann aber auch auf die Vorlage von Erbschein bzw. Testamentsvollstreckerzeugnis verzichten und sich eine Ausfertigung oder eine beglaubigte Abschrift der letztwilligen Verfügung (Testament, Erbvertrag) nebst zugehöriger Eröffnungsniederschrift vorlegen lassen. Auch derart legitimierte Personen kann die Bank als Berechtigte ansehen und sie verfügen lassen sowie mit schuldbefreiender Wirkung an sie leisten, sofern ihr nicht ausnahmsweise ein Widerspruch zur wirklichen Rechtslage bekannt oder infolge Fahrlässigkeit unbekannt ist (S. 3, 4). Nr. 5 S. 3 AGB-Banken ist keine überraschende Klausel und hält auch der Inhaltskontrolle stand.[2]

B 25 b) **Nr. 5 (1) und (2) AGB-Sparkassen** entsprechen Nr. 5 AGB-Banken. Nr. 5 (3) AGB-Sparkassen enthält eine besondere Regelung für ausländische Urkunden, die als Ausweis der Person oder zum Nachweis der Berechtigung vorgelegt werden. Die Sparkasse prüft danach zunächst die Eignung der Urkunden zu dem mit ihnen zu führenden Nachweis. Sie haftet für die Eignung, Wirksamkeit und Vollständigkeit der Urkunden sowie für deren richtige Übersetzung und Auslegung nur bei Fahrlässigkeit oder – dann verschuldensunabhängig – wenn die Urkunde insgesamt gefälscht ist. „In diesem Rahmen" kann die Sparkasse nach Nr. 5 (3) 3 AGB-Sparkassen die in den Urkunden als Berechtigte bezeichneten Personen als solche ansehen, insbesondere sie verfügen lassen und mit befreiender Wirkung an sie leisten.

6. Maßgebliches Recht und Gerichtsstand bei kaufmännischen und öffentlich-rechtlichen Kunden (Nr. 6 AGB-Banken)

B 26 a) Das auf den Bankvertrag und die einzelnen Bankgeschäfte **anwendbare Recht** kann ausdrücklich oder stillschweigend frei gewählt werden (Art. 27 I EGBGB). In Ermangelung einer solchen Rechtswahl unterliegt der Vertrag dem Recht des Staates, mit dem er die engsten Verbindungen aufweist (Art. 28 I EGBGB). Das ist i.d.R. das Recht des Ortes, an dem die vertragscharakteristische Leistung erbracht wird (Art. 28 II 1 EGBGB), regelmäßig also der Ort der gewerblichen Niederlassung bzw. des Geschäftssitzes der Bank (Art. 28 II 2 EGBGB).[3]

---

[1] Ein Sich-Berufen auf Nr. 5 S. 1 AGB-Banken kann im Einzelfall allerdings rechtsmissbräuchlich sein, vgl. *Bunte,* in: *Schimansky/Bunte/Lwowski* Bd. I § 10 Rz 7; s. auch *Baumbach/Hopt* (8), AGB-Banken Nr. 5 Rz 1.

[2] Vgl. OLG Celle NJW 1998, 82.

[3] Vgl. *Baumbach/Hopt,* (7) BankGesch Rz A/60.

b) Ausgehend von diesen allgemeinen Regeln enthält Nr. 6 (1) AGB-Banken eine – wirksame – **Rechtswahl zugunsten des deutschen Rechts**[1]; Art. 28 EGBGB (engste Verbindung) dürfte regelmäßig zum selben Ergebnis führen. Die Klausel gilt jedoch nur für die Geschäftsverbindungen (inländischer und ausländischer Kunden) mit inländischen Geschäftsstellen der Bank; s. Nr. 1 (1) 1 AGB-Banken. Für Verbraucherverträge ist die zwingende Schutznorm des Art. 29 EGBGB zu beachten.[2] Jedoch kann auch hier über die Rechtswahlklausel des Nr. 6 (1) deutsches Recht zur Anwendung gelangen, sofern nicht Art 29 I Nrn. 1 – 3 EGBGB entgegenstehen.[3] **B 27**

c) Nr. 6 (2) AGB-Banken begründet für (inländische) Kaufleute – allerdings nicht für deren Privatgeschäfte – und für juristische Personen des öffentlichen Rechts und öffentlich-rechtliche Sondervermögen eine **Gerichtsstandsvereinbarung,** wonach für die Bank wahlweise, für den Kunden dagegen ausschließlich der Gerichtsstand der kontoführenden Stelle gilt. Die Klausel entspricht § 38 I ZPO und ist mit § 305 c I, § 307 vereinbar.[4] Nach Nr. 6 (3) gilt die Vereinbarung auch für Kunden, die im Ausland eine dem Kaufmann vergleichbare gewerbliche Tätigkeit ausüben, sowie für den in Abs. 2 genannten deutschen öffentlich-rechtlichen Einrichtungen vergleichbare ausländische Institutionen. Hierbei muss indes Art. 17 EuGVÜ beachtet werden, wonach Absprachen, denen zufolge ein Gericht grenzüberschreitend zuständig sein soll, im Geltungsbereich des Abkommens der in Art. 17 EuGVÜ bezeichneten Form bedürfen.[5] In Prozessen der Banken mit Privatkunden gelten regelmäßig die allgemeinen Gerichtsstände (§ 13 ZPO – Wohnsitzzuständigkeit – für Klagen der Bank gegen den Kunden; § 17 ZPO bzw. § 21 ZPO – Sitz der Bank bzw. der kontoführenden Stelle – für Klagen des Kunden gegen die Bank).[6] **B 28**

d) Nr. 6 AGB-Banken entspricht im Wesentlichen **Nr. 6 AGB-Sparkassen.** Nr. 6 I AGB-Sparkassen enthält bei der Rechtswahlklausel allerdings einen Vorbehalt in Bezug auf Art. 29 EGBGB. Nach Abs. 2 der Bestimmung ist Erfüllungsort für die Sparkasse und den Kunden der Sitz der Sparkasse. Abs. 3 unterscheidet nicht ausdrücklich zwischen Inlands- und Auslandskunden, hat aber denselben Regelungsgehalt wie Nr. 6 (2) und (3) AGB-Banken.[7] **B 29**

7. Rechnungsabschlüsse bei Kontokorrentkonten (Konten in laufender Rechnung); Genehmigung von Belastungen aus Lastschriften (Nr. 7 AGB-Banken)

a) Nr. 7 (1) AGB-Banken gibt bei Kontokorrentkonten (Konten in laufender Rechnung) – also insbesondere beim Girokonto, das nach h. M. als Periodenkontokorrent geführt wird[8] – dem Kunden abweichend von der Grundregel des § 355 II HGB einen **Anspruch auf Erteilung eines Rechnungsabschlusses** jeweils zum Ende eines Kalenderquartals. Das steht in Übereinstimmung mit der Regelabrechnungsperiode nach § 493.[9] Abweichende Vereinbarungen kürzerer oder längerer als **B 30**

---

1 Vgl. *Baumbach/Hopt* (8), AGB-Banken Nr. 6 Rz 1; BGH WM 2004, 1177.

2 Vgl. dazu *Bunte,* in: *Schimansky/Bunte/Lwowski* Bd. I § 11 Rz 5 f.

3 Vgl. *Casper,* in: *Derleder/Knops/Bamberger,* § 3 Rz 29.

4 Vgl. *Baumbach/Hopt*(8), AGB-Banken Nr. 6 Rz 2.

5 Vgl. dazu näher BuB/*Sonnenhol,* Rz 1/184b.

6 Vgl. *Bunte,* in: *Schimansky/Bunte/Lwowski* Bd. I § 11 Rz 19.

7 Vgl. *Bunte,* in: *Schimansky/Bunte/Lwowski* Bd. I § 11 Rz 19.

8 Vgl. *Schimansky,* in: *Schimansky/Bunte/Lwowski,* Bd. I § 47 Rz 20; *Heymann/Horn,* § 355 Rz 3, 29.

9 Zum Hintergrund dieser Regelung vgl. BuB/*Sonnenhol,* Rz 1/194 m.w.N.; s. auch *Bunte,* in: *Schimansky/Bunte/Lwowski* Bd. I § 12 Rz 8.

vierteljährlicher Rechnungsperioden sind möglich und dann auch vorrangig (Nr. 7 (1) 1 AGB-Banken: „sofern nicht etwas anderes vereinbart ist"). Die Kontokorrentabrede wird üblicherweise im Kontoeröffnungsvertrag getroffen. Nr. 7 (1) 1, 2. Hs. AGB-Banken weist auf die Verrechnung der beiderseitigen Ansprüche im Rahmen des Kontokorrents hin, die eine der Aufrechnung ähnliche Tilgungswirkung hat. Durch die Verrechnung entsteht eine kausale Saldoforderung, die auf den in das Kontokorrent eingestellten Ansprüchen beruht, soweit diese nicht durch die Verrechnung erloschen sind. Bei Abschluss der Rechnungsperiode werden die Einzelansprüche unter Anrechnung der in der Periode erbrachten Leistungen durch den Saldoanspruch ersetzt („noviert"), und zwar durch abstrakten Schuldanerkenntnisvertrag (§§ 780, 781), der durch die Saldomitteilung der Bank und das Saldoanerkenntnis des Kunden zustande kommt.[1] Im Einzelnen ist hier vieles umstritten und die Novationstheorie stößt im Schrifttum auf grundsätzliche Ablehnung, weil sie weder mit § 356 HGB noch mit der Auslegungsregel des § 364 II vereinbar sein soll.[2] In der Übersendung von Kontoauszügen (Tagesauszügen) liegt kein Rechnungsabschluss mit schuldumschaffender Wirkung, weil der Tagesauszug einen reinen Postensaldo darstellt, der rein tatsächlichen Zwecken dient.[3]

B 31 b) Auf den aus der Verrechnung sich ergebenden (Perioden-)Saldo kann die Bank **Zinsen** berechnen, worauf Nr. 7 (1) 2 AGB-Banken ebenso klarstellend hinweist wie auf den weiteren Umstand, dass es sich dabei um Zinseszinsen handelt. Für Kontokorrentkredite gilt das Zinseszinsverbot (§ 248) gemäß § 355 I HGB nicht. Der Anwendungsbereich der nur subsidiär eingreifenden Regelung ist gering. Beim Kontokorrent wird regelmäßig eine taggenaue Verzinsung vereinbart.

B 32 c) Nach Nr. 7 (2) 1 AGB-Banken hat der Kunde **Einwendungen** gegen die Richtigkeit oder Vollständigkeit des Rechnungsabschlusses spätestens vor Ablauf von sechs Wochen nach Zugang[4] des Abschlusses zu erheben; macht er die Einwendungen schriftlich geltend, genügt die Absendung innerhalb der Frist. Nach S. 2 gilt das Unterlassen rechtzeitiger Einwendungen als **Genehmigung,** worauf der Kunde besonders hinzuweisen ist (S. 3). Auch nach Fristablauf kann der Kunde eine Berichtigung des Rechnungsabschlusses verlangen, muss dann aber beweisen, dass sein Konto zu Unrecht belastet oder eine ihm zustehende Gutschrift nicht erteilt wurde (S. 4).

Die Klausel betrifft nur Rechnungsabschlüsse bei Kontokorrentkonten. Die Einwendungen kann der Kunde formlos, also auch mündlich erheben. Rechtlich stellt die Übersendung des Rechnungsabschlusses durch die Bank ein Angebot auf Abschluss eines abstrakten Schuldanerkenntnisvertrages (§§ 780, 781) dar; Nr. 7 (2) 2 AGB-Banken fingiert die Annahmeerklärung des Kunden. Das ist mit Rücksicht auf die Hinweispflicht der Bank AGB-rechtlich (§ 308 Nr. 5) unbedenklich.[5] Die Beweislast für den Zugang des Rechnungsabschlusses trägt die Bank.[6] Die rechtzeitige Geltendmachung der Einwendungen muss der Kunde beweisen,[7] weshalb

---

[1] Vgl. BGHZ 93, 307, 313; 140, 116, 120; s. auch *Bunte,* in: *Schimansky/Bunte/Lwowski* Bd. I § 12 Rz 6 m.w.N.

[2] Vgl. *Baumbach/Hopt,* § 355 HGB Rz 7 m.w.N.; zum Streitstand s. auch *Schimansky,* in: *Schimansky/Bunte/Lwowski* Bd. I § 47 Rz 52ff. sowie *Voraufl.* § 23 Rz 672.

[3] Vgl. *Bunte,* in: *Schimansky/Bunte/Lwowski* Bd. I § 12 Rz 7.

[4] Zur Frage des Zugangs, wenn der Kunde den Rechnungsabschluss, wie in der Praxis häufig, per Kontoauszugsdrucker erhält, vgl. *Baumbach/Hopt* (8), AGB-Banken Nr. 7 Rz 2 sowie – in Bezug auf Nr. 7 (3) AGB-Banken – *Casper,* in: *Derleder/Knops/Bamberger,* § 3 Rz 35.

[5] Vgl. *Casper,* in: *Derleder/Knops/Bamberger,* § 3 Rz 32; *Bunte,* in: *Schimansky/Bunte/Lwowski* Bd. I § 12 Rz 25; *Baumbach/Hopt* (8), AGB-Banken Nr. 7 Rz 3.

[6] Vgl. *Bunte,* in: *Schimansky/Bunte/Lwowski* Bd. I § 12 Rz 15.

[7] Vgl. *Bunte,* in: *Schimansky/Bunte/Lwowski* Bd. I § 12 Rz 12.

er bei schriftlicher Remonstration das Verlust-, nicht aber das Verzögerungsrisiko auf dem Postwege trägt; Letzteres folgt aus der Regelung, wonach bei schriftlicher Geltendmachung die Absendung der Einwendungen „innerhalb der Sechs-Wochen-Frist" genügt.[1] Auch die Bestimmung der Sechs-Wochen-Frist ist ebenso rechtswirksam[2] wie die Regelung in Nr. 7 (2) 4 AGB-Banken.[3]

d) Nr. 7 (3) AGB-Banken betreffend die **Genehmigung von Belastungen aus Lastschriften** ist zum 1. 4. 2003 neu in die AGB-Banken aufgenommen worden. Anlass hierfür war die Entscheidung des BGH zum Widerspruchsrecht des Schuldners bei Einziehungsermächtigungslastschriften.[4] Die Klausel gilt allein für Belastungen aus Lastschriften, für die der Kunde dem Gläubiger eine Einzugsermächtigung erteilt hat, also für berechtigt eingereichte Lastschriften. Die Bankpraxis hatte in der Vergangenheit angenommen, der Kunde könne nur innerhalb von sechs Wochen widersprechen, da nach dem Lastschriftabkommen die Zahlstelle die Lastschrift nur innerhalb dieses Zeitraums an die Bank des Gläubigers zurückgeben konnte. Der BGH hat demgegenüber dem Schuldner im Lastschriftverfahren aufgrund einer Einzugsermächtigung ein grundsätzlich unbefristetes Widerspruchsrecht aufgrund einer Einzugsermächtigung zuerkannt, das erst durch Genehmigung gegenüber der Zahlstelle, also dem Kreditinstitut des Schuldners, ende. Die nach dieser Entscheidung offene Frage, wann spätestens eine solche Genehmigung (konkludent) vorliegt, soll durch Nr. 7 (3) entschieden werden. Danach gilt die Belastungsbuchung spätestens dann als genehmigt, wenn der Kunde nicht sechs Wochen nach Zugang des auf die Belastungsbuchung folgenden Rechnungsabschlusses widerspricht. Die Fiktion greift freilich nur ein, wenn der Kunde die Belastungsbuchung nicht bereits zuvor ausdrücklich oder konkludent genehmigt hat. Die Sechs-Wochen-Frist stellt also eine Maximalfrist dar.[5] Unterlässt der Kunde einen unverzüglichen Widerspruch, erwirbt die Bank einen Schadensersatzanspruch (§ 280 I), wenn er von seinem Widerspruchsrecht nach Nr. 7 (3) erst zu einem Zeitpunkt Gebrauch macht, zu welchem die Zahlstelle – die mithin insoweit das Zahlungsrisiko trägt – die Lastschrift nach Maßgabe des Lastschriftabkommens nicht mehr an die Inkassobank zurückgeben kann.[6] Im Übrigen ist auf die Ausführungen zu Nr. 7 (2) AGB-Banken zu verweisen; insbesondere begegnen auch im Rahmen von Abs. 3 sowohl die Sechs-Wochen-Frist als auch die Genehmigungsfiktion keinen AGB-rechtlichen Bedenken.[7] B 33

e) Die in **Nr. 7 (3) AGB-Sparkassen** getroffene Regelung, wonach der Sparkasse Einwendungen gegen Rechnungsabschlüsse schriftlich oder – falls dieser Kommunikationsweg mit dem Kunden vereinbart ist – auf elektronischem Wege zugehen müssen, wird in der Literatur als unangemessene Benachteiligung des Kunden angesehen.[8] Allerdings ist bei der Abwägung zu bedenken, dass die Einhaltung der Schriftform sich für die Geltendmachung von Einwendungen allein schon aus Beweisgründen ohnehin empfiehlt und deshalb jedenfalls auch im Interesse des Kunden liegt.[9] Darüber hinaus wird Nr. 7 (3) 4 AGB-Sparkassen, wonach B 34

---

[1] Vgl. *Casper,* in: *Derleder/Knops/Bamberger,* § 3 Rz 32.

[2] Vgl. *Baumbach/Hopt* (8), AGB-Banken Nr. 7 Rz 2.

[3] Vgl. *Ulmer/Fuchs* Anh. § 310 Rz 94.

[4] Vgl. BGHZ 144, 349; krit. zu den Konsequenzen dieser Entscheidung *Casper,* in: *Derleder/Knops/Bamberger,* § 3 Rz 37.

[5] Vgl. *Casper,* in: *Derleder/Knops/Bamberger,* § 3 Rz 35; *Danco,* ZBB 2002, 136, 138.

[6] Vgl. BGHZ 144, 349, 356; *Casper,* in: *Derleder/Knops/Bamberger,* § 3 Rz 36.

[7] Vgl. *van Gelder,* WM 2000, 106; *Baumbach/Hopt* (8), AGB-Banken Nr. 7 Rz 8.

[8] Vgl. *Ulmer/Fuchs* Anh. § 310 Rz 95; *Casper,* in: *Derleder/Knops/Bamberger,* § 3 Rz 32; *Hettich/Thieves/Timmann/Windhöfel,* BB 1990, 2347, 2351.

[9] Vgl. *Bunte,* in: *Schimansky/Bunte/Lwowski* Bd. I § 12 Rz 12.

auch die Sparkasse eine Richtigstellung verlangen kann, für systemwidrig erachtet, weil Abs. 3 grundsätzlich nur die Kundenrechte regle und demgegenüber die Rechte der Sparkasse in Nr. 8 niedergelegt seien.[1]

8. Storno- und Berichtigungsbuchungen der Bank (Nr. 8 AGB-Banken)

B 35 a) Das in Nr. 8 (1) AGB-Banken – ausschließlich für Kontokorrentkonten[2] – geregelte **Stornorecht der Bank** ist ein eigenständiges, vom Bereicherungsrecht unabhängiges girovertragliches Rückbuchungsrecht, das rechtlich als Widerrufs- oder Anfechtungsrecht qualifiziert werden kann.[3] Seine Ausübung kann das Konto auch ins Debet führen.[4] Nach Nr. 8 (1) darf die Bank fehlerhafte Gutschriften auf Kontokorrentkonten (z. B. wegen einer falschen Kontonummer) bis zum nächsten Rechnungsabschluss durch eine Belastungsbuchung rückgängig machen, soweit ihr ein Rückzahlungsanspruch gegen den Kunden zusteht (Stornobuchung); der Kunde kann in diesem Fall gegen die Belastungsbuchung nicht einwenden, dass er in Höhe der Gutschrift bereits verfügt hat. Mit der Regelung werden zwei Ziele verfolgt: Zum einen soll der i.d.R. aus § 812 I 1 folgende Berichtigunganspruch auf eine vertragliche Ebene „gehoben“ und zum anderen dem Kunden der Entreicherungseinwand aus § 818 III abgeschnitten werden.[5] Das Stornorecht ist auf „fehlerhafte Gutschriften“ beschränkt und darf nicht als Haftungsfreizeichnungstatbestand zugunsten der Bank interpretiert werden.[6] Allerdings muss in diesem Zusammenhang berücksichtigt werden, dass das Stornorecht der Bank von vornherein durch einen ihr gegen den Kunden zustehenden Rückzahlungsanspruch limitiert ist.[7] Mit dem Begriff der „fehlerhaften Gutschrift“ sind unzweifelhaft Gutschriften aufgrund technischer Buchungsfehler – wie etwa der beispielhaft genannten Angabe einer falschen Kontonummer oder auch einer unzutreffenden Bankleitzahl – erfasst. Ob die Klausel zudem auf weitere Fehler wie etwa das Fehlen eines wirksamen Überweisungsvertrags zu erstrecken ist, ist streitig. Die wohl h. M. geht dahin, auch in anderen Fällen, in denen von Anfang an eine wirksame Überweisung (zum Überweisungsvertrag s. § 676a) fehlt, ein Stornorecht zuzubilligen.[8]

B 36 b) Nach Rechnungsabschluss hat die Bank das Recht zur **Berichtigungsbuchung,** Nr. 8 (2) 1 AGB-Banken. Sie kann danach in Höhe des ihr zustehenden Rückzahlungsanspruchs das Kundenkonto belasten. Rechtsgrundlage dieser Berechtigung ist der Bereicherungsanspruch der Bank gegen den Kunden. Der Abschlussaldo, der infolge fehlerhafter Gutschrift unzutreffend ist, kann gemäß § 812 I 1, II kondiziert werden, ebenso die falsche Gutschrift nach § 812 I 1. Nr. 8 (2) 1 AGB-Banken beschreibt deshalb – nur – die Art und Weise, wie die Bank den ihr zustehenden Bereicherungsanspruch geltend machen kann. Darin liegt keine unan-

---

[1] Vgl. *Ulmer/Fuchs* Anh. § 310 Rz 95, dort auch m.w.N. zu Bedenken gegen Nr. 7 (2) AGB-Sparkassen.

[2] Zu Korrekturen bei anderen Konten vgl. BuB/*Sonnenhol* Rz 1/214b.

[3] Vgl. näher *Baumbach/Hopt* (8), AGB-Banken Nr. 8 Rz 1; BuB/*Sonnenhol* Rz 1/213a f.

[4] Vgl. *Baumbach/Hopt* (8), AGB-Banken Nr. 8 Rz 2.

[5] Vgl. *Casper,* in: *Derleder/Knops/Bamberger,* § 3 Rz 38.

[6] *Bunte,* in: *Schimansky/Bunte/Lwowski* Bd. I § 13 Rz 9; *Ulmer/Fuchs* Anh. § 310 Rz 99; *Krings,* ZBB 1992, 326.

[7] Auch bei kundenfeindlicher Auslegung ist Nr. 8 (1) mit § 307 vereinbar; vgl. *Casper,* in: *Derleder/Knops/Bamberger,* § 3 Rz 39.

[8] Vgl. *Baumbach/Hopt* (8), AGB-Banken Nr. 8 Rz 2; *BuB/Sonnenhol* Rz 1/217; *Bunte,* in: *Schimansky/Bunte/Lwowski* Bd. I § 13 Rz 9; *Voraufl.,* § 23 Rz 676; a. A. *Casper,* in: *Derleder/Knops/Bamberger,* § 3 Rz 40, wonach Nr. 8 (1) AGB-Banken wegen unklarer Formulierung auf technische Buchungsfehler zu begrenzen sei.

gemessene Benachteiligung des Kunden im Sinne von § 307.[1] Erhebt der Kunde gegen die Berichtigungsbuchung Einwendungen,[2] ist der Bank ein Vorgehen nach S. 1 verwehrt (Nr. 8 (2) 2 AGB-Banken). Sie muss in diesem Falle den Betrag dem Konto wieder gutschreiben und ihren Rückzahlungsanspruch „gesondert" – d. h. ggf. im Wege der Bereicherungsklage gegen den Kunden – geltend machen. Trotz Rückgutschrift kann der Kunde in dieser Situation nicht über den Betrag verfügen, wenn die Bank dies verweigert (§ 821).[3] Der Wortlaut von Nr. 8 (2) 2 AGB-Banken enthält zwar keine zeitliche Begrenzung des Widerspruchsrechts des Kunden; es gilt aber die Verpflichtung zum unverzüglichen Widerspruch nach Nr. 11 IV AGB-Banken wenn nicht unmittelbar, so doch mindestens entsprechend.[4] Die Regelung in Nr. 8 (2) AGB-Banken ist im Ganzen AGB-rechtlich undenklich, weil die Interessen des Kunden durch die Rückbuchungspflicht der Bank und deren aus Abs. 3 folgende Benachrichtigungspflicht hinreichend berücksichtigt werden.[5]

c) Nach Nr. 8 (3) 1 AGB-Banken hat die Bank den Kunden über Storno- und Berichtigungsbuchungen unverzüglich zu **unterrichten.** I. d. R. wird die Mitteilung im Kontoauszug (Tagesauszug) ausreichen; bei länger zurück liegenden Vorgängen, die der Kunde nicht mehr ohne weiteres nachvollziehen kann, wird man eine gesonderte Mitteilung erwarten können.[6] Führt die Buchung ins Debet, ist auf die Zinsfolgen hinzuweisen. Ein Verstoß gegen die Unterrichtungspflicht kann die Bank schadensersatzpflichtig (§ 280 I) machen.[7] **B 37**

d) Nr. 8 (3) 2 AGB-Banken regelt die **Zinsberechnung** bei Storno- und Berichtigungsbuchungen. Danach nimmt die Bank die Zinsberechnung rückwirkend zu dem Tag vor, an dem die fehlerhafte Buchung vorgenommen wurde (valutagerechte Buchung). Das begegnet jedenfalls dann Bedenken, wenn die Stornierung auf einem aus der Sphäre der Bank stammenden Fehler beruht und sie das Konto ins Debet führt. Jedenfalls in diesem Fall wird man die Klausel mit Blick auf § 307 I kaum damit rechtfertigen können, sie gebe nur die Rechtslage wieder, weil das betreffende Guthaben dem Kunden nicht zustehe.[8] Auch der Hinweis, der Kunde habe zwischenzeitlich mit dem gutgeschriebenen Betrag „gearbeitet",[9] überzeugt für sich gesehen nicht, weil bei debitorisch werdendem Kontostand nicht ohne weiteres davon ausgegangen werden kann, die Nutzungsvorteile überstiegen die rückwirkend anfallenden Kreditzinsen. Soweit schließlich Nr. 8 (3) 2 AGB-Banken nur dann für akzeptabel erachtet wird, wenn die Zinsberechnung erst ab der Benachrichtigung gemäß S. 1 erfolgt,[10] läuft das auf eine unzulässige geltungserhaltende Reduktion der Klausel hinaus. **B 38**

e) **Nr. 8 (1) AGB-Sparkassen** unterscheidet sich von Nr. 8 (1) AGB-Banken zum einen dadurch, das dem Kunden nicht der Einwand aus § 818 III abgeschnitten und zum anderen der Sparkasse die Möglichkeit zur Stornobuchung auch für Gutschriften eröffnet wird, die ohne verpflichtenden Überweisungsvertrag im Verhält- **B 39**

---

1 Vgl. *Bunte,* in: *Schimansky/Bunte/Lwowski* Bd. I § 13 Rz 17f.

2 Zum Begriff der „Einwendungen" in diesem Zusammenhang vgl. näher *Bunte,* in: *Schimansky/Bunte/Lwowski* Bd. I § 13 Rz 21.

3 Vgl. *Baumbach/Hopt* (8), AGB-Banken Nr. 8 Rz 4.

4 Vgl. *Casper,* in: *Derleder/Knops/Bamberger,* § 3 Rz 42.

5 Vgl. *Ulmer/Fuchs* Anh. § 310 Rz 100; MünchKommBGB/*Kieninger,* 5. Aufl. § 307 Rz 205.

6 BuB/*Sonnenhol* Rz 1/230a; *Baumbach/Hopt* (8), AGB-Banken Nr. 8 Rz 6.

7 Vgl. *Baumbach/Hopt* (8), AGB-Banken Nr. 8 Rz 6.

8 So aber BuB/*Sonnenhol* Rz 1/231f.; Voraufl. § 23 Rz 681; hiergegen mit Recht *Ulmer/Fuchs* Anh. § 310 Rz 101; *Casper,* in: *Derleder/Knops/Bamberger,* § 3 Rz 43; *v. Westphalen* AGB-Klauselwerke Rz 45f; *Krings,* ZBB 1992, 326, 329.

9 Vgl. *Bunte,* in: *Schimansky/Bunte/Lwowski* Bd. I § 13 Rz 26.

10 Vgl. *Baumbach/Hopt* (8), AGB-Banken Nr. 8 Rz 7.

nis zwischen Überweisendem und überweisender Bank gebucht worden sind, erfasst also in jedem Falle nicht nur technische Buchungsfehler,[1] wie dies teilweise für Nr. 8 AGB-Banken vertreten wird. Entgegen im Schrifttum vorgetragenen Bedenken[2] ist mit der Vorschrift kein Verstoß gegen das Transparenzgebot verbunden.[3] Das gilt auch, soweit in Nr. 8 (1) AGB-Sparkassen nicht ausdrücklich erwähnt ist, dass allein das Kreditinstitut das Fälschungsrisiko trägt.[4] Streitig ist, ob Nr. 8 (3) AGB-Sparkassen, soweit darin abweichend von Nr. 8 (3) 1 AGB-Banken keine Pflicht zur „unverzüglichen" Kundenbenachrichtigung vorgesehen ist, sondern die Kennzeichnung im Kontoauszug ausreichen soll, unwirksam ist.[5] Letztlich dürften sich die Wirksamkeitsbedenken nicht generell unter Hinweis darauf entkräften lassen, zumindest ein drucktechnisch hervorgehobener Ausdruck im Auszug sei ebenso effizient wie eine gesonderte Mitteilung.[6] Denn nicht alle Kunden rufen ihre Kontoauszüge regelmäßig bei der Bank ab[7] und jedenfalls in komplexeren oder länger zurückliegenden Fällen wird eine bloße Hervorhebung im Kontoauszug für den Kunden auch nicht hinreichend aussagekräftig sein.

9. Einzugsaufträge (Nr. 9 AGB-Banken)

B 40 a) Nr. 9 (1) AGB-Banken betrifft die **Erteilung von Vorbehaltsgutschriften** bei der Einreichung von Schecks, Lastschriften und anderen Papieren. Nach S. 1 schreibt die Bank den Gegenwert von Schecks und Lastschriften, auch wenn diese Papiere bei ihr selbst zu zahlen sind, nur unter dem Vorbehalt ihrer Einlösung, d. h. des tatsächlichen Eingangs des Gegenwerts gut (Vorbehaltsgutschrift). Dasselbe gilt gemäß S. 2, 3 für andere Einzugspapiere, etwa Zinsscheine.[8] Der „Einzugsauftrag" i. S. d. Nr. 9 (1) ist eine den Girovertrag ergänzende Geschäftsbesorgungsvereinbarung nach §§ 675, 611 zwischen der Bank und ihrem Kunden. Gemäß § 667 ist die Bank verpflichtet, die aus der Geschäftsbesorgung erlangte Deckung an den Kunden herauszugeben, wobei dieser Anspruch des Kunden allerdings erst mit der erfolgreichen Beendigung des Auftrags entsteht. Vorbehaltsgutschriften werden daher freiwillig erteilt.[9] Rechtstechnisch handelt es sich bei der Gutschrift unter Vorbehalt um eine Bedingung des mit der Gutschrift verbundenen abstrakten Schuldversprechens der Bank,[10] wobei in Rechtsprechung und Literatur über die Einordnung der Bedingung als auflösend[11] oder aufschiebend[12] gestritten wird. Mit der Einlösung des Papiers entfällt der Vorbehalt.

---

[1] Vgl. *Casper,* in: *Derleder/Knops/Bamberger,* § 3 Rz 45, wonach die Regelung auch insoweit bedenkenfrei ist.

[2] Vgl. *v. Westphalen,* AGB-Klauselwerke Rz 49.

[3] Vgl. *Ulmer/Brandner* Anh. § 310 Rz 102; *Bunte,* in: *Schimansky/Bunte/Lwowski* Bd. I § 13 Rz 28; *Casper,* in: *Derleder/Knops/Bamberger,* § 3 Rz 44.

[4] Vgl. BGH ZIP 1990, 1126.

[5] Bejahend *Ulmer/Fuchs* Anh. § 310 Rz 102 m.w.N.; wohl auch *Bunte,* in: *Schimansky/Bunte/Lwowski* Bd. I § 13 Rz 30; verneinend *Casper,* in: *Derleder/Knops/Bamberger,* § 3 Rz 45; *Westermann,* WM 1993, 1865, 1870.

[6] Vgl. *Casper,* in: *Derleder/Knops/Bamberger,* § 3 Rz 45.

[7] So auch – in anderem Zusammenhang – *Casper,* in: *Derleder/Knops/Bamberger,* § 3 Rz 57.

[8] Wechsel werden nur erfasst, soweit sie ausnahmsweise „E.v." gutgeschrieben werden, vgl. *Baumbach/Hopt* (8), AGB-Banken Nr. 9 Rz 1.

[9] Vgl. zusammenfassend *Bunte,* in: *Schimansky/Bunte/Lwowski* Bd. I § 14 Rz 9, 11, 16.

[10] Vgl. BGHZ 103, 143, 146; 105, 263, 269; *Schimansky,* in: *Schimansky/Bunte/Lwowski* Bd. I § 47 Rz 29; s. auch *Bunte,* in: *Schimansky/Bunte/Lwowski* Bd. I § 14 Rz 17.

[11] BGHZ 74, 309, 315; *Schimansky,* in: *Schimansky/Bunte/Lwowski* Bd. I § 47 Rz 31; *Nobbe,* in: *Schimansky/Bunte/Lwowski* Bd. I § 61 Rz 38; *Casper,* in: *Derleder/Knops/Bamberger,* § 3 Rz 47.

[12] BGHZ 118, 171, 177; *Bunte,* in: *Schimansky/Bunte/Lwowski* Bd. I § 14 Rz 24.

Die Gutschrift „E. v." ist aus der Sicht des AGB-Rechts schon deshalb undenklich, weil die Bank mit ihr mehr leistet, als es ihrer Verpflichtung Kraft Auftragsrechts entspricht.[1] Die in Nr. 9 (1) 4 AGB-Banken vorgesehene Möglichkeit, die Vorbehaltsgutschrift – unabhängig davon, ob zwischenzeitlich ein Rechnungsabschluss erteilt wurde (S. 5) – beim Ausbleiben der Einlösung rückgängig zu machen, verstößt nicht gegen § 305 c I, § 307.[2] Infolge des Vermerks „Eingang vorbehalten" muss der Kunde jederzeit mit der Stornierung rechnen.

b) Nr. 9 (2) AGB-Banken betrifft die **Einlösung von Lastschriften und vom Kunden ausgestellter Schecks,** also – im Gegensatz zu Abs. 1 – das Konto des Kunden als Schuldner[3] und regelt insofern den Einlösungszeitpunkt. Nach S. 1 sind Lastschriften und Schecks eingelöst, wenn die Belastungsbuchung nicht spätestens am zweiten Bankarbeitstag nach ihrer Vornahme rückgängig gemacht wird. Das beruht auf dem Umstand, dass Banken die Prüfung von Lastschriften und Schecks häufig nicht vor der Belastungsbuchung durchführen (sog. Vordisposition), sondern erst hinterher (sog. Nachdisposition); Buchung und Tagesauszug sind in diesem Falle nicht Ausdruck eines Einlösungswillens des Kreditinstituts.[4] Barschecks sind bereits mit Zahlung an den Scheckvorleger eingelöst (S. 2); s. bereits Art. 28 I 1 ScheckG. Abweichend vom Grundsatz des S. 1 sind nach S. 3 Schecks auch schon dann eingelöst, wenn die Bank im Einzelfall eine Bezahltmeldung absendet; mit dieser bringt sie ihren unbedingten Einlösungswillen zum Ausdruck.[5] Für den typischerweise eintretenden Fall, dass Lastschriften und Schecks über die Abrechnungsstelle einer LZB vorgelegt werden, ordnet S. 4 an, dass sie eingelöst sind, wenn sie nicht bis zu dem von der LZB festgesetzten Zeitpunkt an die Abrechnungsstelle zurückgegeben werden. AGB-rechtliche Bedenken unter dem Gesichtspunkt der unangemessenen Benachteiligung könnten sich allenfalls in Bezug auf S. 1 stellen, soweit danach der Einlösungszeitpunkt vom tatsächlichen Zeitpunkt der Belastungsbuchung abweicht. Indes bildet die Nachdisposition erst die Voraussetzung für die „E. v."-Buchung beim Empfänger, was insgesamt dem Zahlungsmittel Scheck bzw. Lastschrift zugute kommt.[6] **B 41**

c) **Nr. 9 AGB-Sparkassen** stimmt mit Nr. 9 AGB-Banken im Wesentlichen sachlich überein.[7] **B 42**

10. Fremdwährungsgeschäfte und Risiken bei Fremdwährungskonten (Nr. 10 AGB-Banken)

a) Nr. 10 (1) AGB-Banken beschreibt die **Auftragsausführung bei Fremdwährungskonten,** Abs. 2 die **Gutschrift bei Fremdwährungsgeschäften** mit dem Kunden. Verfügungen über Fremdwährungskonten erfolgen grundsätzlich nur bargeldlos, Nr. 10 (1) 1. Soweit S. 2 darauf verweist, dass Verfügungen über Guthaben auf Fremdwährungskonten unter Einschaltung von Banken im Heimatland der Währung abgewickelt werden können, liegt darin keine Vereinbarung einer Substitution (§ 664 I 1).[8] Die zentrale Bestimmung der – AGB-rechtlich im Ganzen unbedenklichen[9] – Klausel enthält Nr. 10 (3), wonach die Bank für das **politische** **B 43**

---

1 Vgl. *Casper,* in: *Derleder/Knops/Bamberger,* § 3 Rz 48.
2 Vgl. BGHZ 135, 307, 314 f.; MünchKommBGB/*Kieninger,* 5. Aufl. § 307 Rz 206.
3 Vgl. *Casper,* in: *Derleder/Knops/Bamberger,* § 3 Rz 49.
4 S. *Vorauf.* § 23 Rz 688.
5 Vgl. *Nobbe,* in: *Schimansky/Bunte/Lwowski* Bd. II § 60 Rz 196.
6 Vgl. *Casper,* in: *Derleder/Knops/Bamberger,* § 3 Rz 49; vgl. auch BGH ZIP 1988, 1105.
7 Zu Einzelheiten s. *Bunte,* in: *Schimansky/Bunte/Lwowski* Bd. I § 14 Rz 49.
8 Vgl. *Casper,* in: *Derleder/Knops/Bamberger,* § 3 Rz 50.
9 Vgl. *Casper,* in: *Derleder/Knops/Bamberger,* § 3 Rz 51.

Währungsrisiko nicht einsteht. Abs. 4 schließlich legt fest, das die Bestimmung des Kurses bei Fremdwährungsgeschäften sich aus dem „Preis- und Leistungsverzeichnis" ergibt.

B 44 b) **Nr. 12 – 15 AGB-Sparkassen** enthalten – bei abweichender Bezifferung – der Sache nach durchweg gleichlautende Regelungen. Früheren Bedenken in Bezug auf Nr. 12 AGB-Sparkassen[1] ist durch die Neufassung im Jahre 2002 die Grundlage genommen worden.[2]

11. Mitwirkungspflichten des Kunden (Nr. 11 AGB-Banken)

B 45 a) Nr. 11 AGB-Banken regelt im Interesse eines reibungslosen Geschäftsverkehrs verschiedene typische Mitwirkungspflichten des Kunden. Ein abschließender Charakter kann der Vorschrift nicht beigemessen werden,[3] insbesondere ist der Kunde auch über Nr. 11 (1) hinaus verpflichtet, der Bank zur Vermeidung von Schäden alle für die Geschäftsverbindung wesentlichen Tatsachen mitzuteilen.[4]

B 46 b) Nach Nr. 11 (1) 1 AGB-Banken ist es zur ordnungsgemäßen Abwicklung des Geschäftsverkehrs erforderlich, dass der Kunde der Bank **Änderungen** seines Namens und seiner Anschrift sowie das Erlöschen oder die Änderung einer gegenüber der Bank erteilten Vertretungsmacht (insbesondere einer Vollmacht) unverzüglich **mitteilt.** Die bloße kommentarlose Verwendung der neuen Adresse in einem Schreiben an die Bank genügt hierfür nicht.[5] Die Mitteilungspflicht besteht auch dann, wenn die Vertretungsmacht in ein öffentliches Register (z. B. das Handelsregister) eingetragen ist und ihr Erlöschen oder ihre Änderung in dieses Register eingetragen wird (S. 2). Bei der Benachrichtigungspflicht handelt es sich nach überwiegend vertretener Auffassung nicht lediglich um eine bloße – nur im Rahmen mitwirkenden Verschuldens des Kunden (§ 254) beachtliche – Obliegenheit, sondern um eine echte Rechtspflicht,[6] deren schuldhafte Missachtung einen Schadensersatzanspruch der Bank (§ 280 I) auslösen kann.[7] Sie wäre auch ohne ausdrückliche Regelung in den AGB-Banken als Ausdruck des Gebots vertrauensvoller Zusammenarbeit aus einer Nebenpflicht des Kontovertrags herzuleiten.[8]

B 47 c) Nr. 11 (2) AGB-Banken bestimmt, dass **Aufträge und Überweisungen ihren Inhalt zweifelsfrei erkennen** lassen müssen. S. 3 hebt beispielhaft die Verpflichtung des Kunden hervor, bei Aufträgen zur Gutschrift auf einem Konto, etwa bei Lastschrift- und Scheckeinreichungen, und bei Überweisungen auf die Richtigkeit und Vollständigkeit des Namens des Zahlungsempfängers, der angegebenen Kontonummer und Bankleitzahl sowie der angegebenen Währung zu achten. Änderungen, Bestätigungen oder Wiederholungen von Aufträgen müssen als solche gekennzeichnet sein (S. 4). Wenn die Bank nach den Grundsätzen der objektiven Auslegung von Erklärungen (§§ 133, 157) einen konkreten Auftrag oder eine sonstige Mitteilung in einem bestimmten Sinne verstehen durfte, muss der Kunde dies grundsätzlich gegen sich gelten lassen.[9] Im Überweisungsverkehr etwa ist die Emp-

---

[1] Vgl. *Ulmer/Brandner,* 9. Aufl. Anh. §§ 9–11 Rz 163; s. jetzt *Ulmer/Fuchs* § 310 Rz 109.

[2] Vgl. *Casper,* in: *Derleder/Knops/Bamberger,* § 3 Rz 51.

[3] Vgl. *Bunte,* in: *Schimansky/Bunte/Lwowski* Bd. I § 16 Rz 1.

[4] Vgl. *Baumbach/Hopt* (8), AGB-Banken Nr. 11 Rz 2.

[5] Vgl. *Bunte,* in: *Schimansky/Bunte/Lwowski* Bd. I § 16 Rz 5.

[6] Vgl. *Baumbach/Hopt* (8), AGB-Banken Nr. 11 Rz 2; BuB/*Sonnenhol* Rz 1/292; *Bunte,* in: *Schimansky/Bunte/Lwowski* Bd. I § 16 Rz 4; auch *Voraufl.* § 23 Rz 695: Obliegenheit und Pflicht; a. A. wohl *Casper,* in: *Derleder/Knops/Bamberger,* § 3 Rz 53.

[7] Vgl. KG WM 1985, 714, 716.

[8] Vgl. *Casper,* in: *Derleder/Knops/Bamberger,* § 3 Rz 53.

[9] Vgl. BuB/*Sonnenhol* Rz 1/301.

fängerbank verpflichtet, den Auftrag der Überweisungsbank zur Gutschrift des Geldbetrages auf dem Konto des Empfängers auszuführen. Dabei bestimmen grundsätzlich die Angaben im Überweisungsformular, von denen nicht abgewichen werden darf, den Inhalt des erteilten Auftrags. Abweichungen können zu Rückerstattungsansprüchen der Überweisungsbank nach §§ 675, 667 führen. Die Empfängerbank ist deshalb schon im eigenen Interesse – unabhängig von der Mitwirkungspflicht des überweisenden Kunden – gehalten, die Angaben in den Kundenaufträgen sorgfältig zu prüfen.[1] Hinsichtlich der Prüfpflichten der Bank wird gemeinhin zwischen dem beleggebundenen (beleghaften) und dem beleglosen Überweisungsverkehr unterschieden.[2] Nr. 11 (2) AGB-Banken vollzieht diese Unterscheidung freilich nicht nach; es ist deshalb jeweils im Einzelfall unter dem Gesichtspunkt mitwirkenden Verschuldens zu prüfen, inwiefern ein Schaden auf einem Pflichtenverstoß der Bank beruht bzw. eine Verletzung des „Klarheitsgebots" aus Nr. 11 (2) auf Seiten des Kunden den Schaden – mit – verursacht hat.[3]

d) Gemäß Nr. 11 (3) 1 AGB-Banken hat der Kunde, wenn er die bei der Ausführung eines Auftrags oder einer Überweisung **besondere Eile** für nötig hält, dies der Bank gesondert mitzuteilen. Bei formularmäßig erteilten Aufträgen oder Überweisungen muss dies außerhalb des Formulars erfolgen (S. 2). Die Bestimmung des Abs. 3 bringt lediglich eine – wenn auch als Verpflichtung formulierte – Obliegenheit des Kunden zum Ausdruck.[4] Die Vorschrift befreit die Bank nicht von der Pflicht, Kundenaufträge in der banküblichen Eile auszuführen, sondern betrifft nur Fälle besonderer Eile, die über das übliche Maß hinausgehen.[5] Eine Haftungsfreizeichnung ist mit ihr ebenso wenig verbunden wie sich – jedenfalls nach Inkrafttreten von § 676 a – heute noch annehmen lässt, der Kunde kenne die üblichen Ausführungsfristen gar nicht.[6] Mit diesen Maßgaben ist die Klausel AGB-rechtlich bedenkenfrei. „Außerhalb des Formulars" bedeutet nicht zwangsläufig in schriftlicher Form.[7] **B 48**

e) Nr. 11 (4) AGB-Banken, wonach der Kunde die dort näher aufgeführten Mitteilungen der Bank auf ihre **Richtigkeit und Vollständigkeit unverzüglich zu überprüfen** und **etwaige Einwendungen unverzüglich zu erheben** hat, gibt lediglich in deklaratorischer Form eine gemäß § 242 ohnehin schon bestehende Pflicht des Bankkunden wieder. Ob die Verletzung der Prüf- und Reklamationspflicht einen Fall positiver Vertragsverletzung oder nur eine bloße Obliegenheitsverletzung darstellt, ist umstritten.[8] Sowohl die in Nr. 11 (4) statuierte Kontroll- als auch die Rügepflicht verstoßen nicht gegen § 307.[9] Bei der Bestimmung der Unverzüglichkeit wird zwischen Geschäftsleuten als Bankkunden, die i.d.R. täglich Bankgeschäfte abwickeln bzw. ihre Kontoauszüge überprüfen, und Verbrauchern zu differenzieren sein.[10] **B 49**

f) Nr. 11 (5) AGB-Banken regelt die **Mitteilungspflicht des Kunden beim Ausbleiben von Mitteilungen.** Gehen dem Kunden Rechnungsabschlüsse und **B 50**

---

[1] Vgl. *Bunte,* in: *Schimansky/Bunte/Lwowski* Bd. I § 16 Rz 14.
[2] Vgl. näher BGH BKR 2003, 215; *Bunte,* in: *Schimansky/Bunte/Lwowski* Bd. I § 16 Rz 15 f; *Casper,* in: *Derleder/Knops/Bamberger,* § 3 Rz 55.
[3] Vgl. *Bunte,* in: *Schimansky/Bunte/Lwowski* Bd. I § 16 Rz 17.
[4] Vgl. *Bunte,* in: *Schimansky/Bunte/Lwowski* Bd. I § 16 Rz 23.
[5] Vgl. *Casper,* in: *Derleder/Knops/Bamberger,* § 3 Rz 56.
[6] Vgl. *Ulmer/Fuchs* Anh. § 310 Rz 106; *Casper,* in: *Derleder/Knops/Bamberger,* § 3 Rz 56; *Bunte,* in: *Schimansky/Bunte/Lwowski* Bd. I § 16 Rz 23.
[7] Vgl. *Bunte,* in: *Schimansky/Bunte/Lwowski* Bd. I § 16 Rz 27.
[8] Vgl. *Bunte,* in: *Schimansky/Bunte/Lwowski* Bd. I § 16 Rz 28; *Kümpel* Rz 2.264.
[9] Vgl. *Casper,* in: *Derleder/Knops/Bamberger,* § 3 Rz 57.
[10] Vgl. *Casper,* in: *Derleder/Knops/Bamberger,* § 3 Rz 57; Voraufl. § 23 Rz 707.

Depotaufstellungen nicht zu, muss er die Bank unverzüglich benachrichtigen (S. 1). Diese Benachrichtigungspflicht besteht auch beim Ausbleiben anderer Mitteilungen, deren Eingang der Kunde erwartet. S. 2 führt insoweit beispielhaft Wertpapierrechnungen, Kontoauszüge nach der Ausführung von Aufträgen und Überweisungen des Kunden oder über erwartete Zahlungen auf. Eine Verletzung dieser Mitwirkungspflicht kann – wie im Falle von Nr. 1 (4) – eine Schadensersatzpflicht des Kunden aus positiver Vertragsverletzung oder den Mitverschuldensvorwurf begründen. AGB-rechtliche Bedenken stellen sich hier nicht.[1] Bei der Auslegung des Merkmals „unverzüglich" wird man wiederum die Anforderungen an Verbraucher im Vergleich zu Geschäftskunden niedriger einstufen müssen.[2]

B 51 g) Die **AGB-Sparkassen** enthalten in Nrn. 4, 10, 20 und 24 z.T. von den AGB-Banken deutlich abweichende und insgesamt sehr umfangreiche Bestimmungen zu Mitteilungs- und Rügepflichten.[3] Nr. 20 (1) Buchst. c) AGB-Sparkassen über die „Sorgfalt bei besonderer Auftrags-Übermittlung" findet seinerseits in den AGB-Banken keine Entsprechung. Diese sehr weitgehend formulierte Klausel, nach der der Kunde bei telefonischen oder auf anderen technischen Wegen erteilten Aufträgen „dafür zu sorgen" hat, „dass sich keine Übermittlungsfehler, Missverständnisse, Missbräuche und Irrtümer geben", begegnet erheblichen Bedenken. Man wird kaum dem Kunden das Risiko aufbürden können, dass es selbst bei noch so sorgfältiger Vorgehensweise auf seiner Seite in der von ihm nicht zu beeinflussenden Sphäre der Bank zu einem Fehlverständnis oder gar zu einem Missbrauch kommt. Bei kundenfeindlicher Auslegung könnte in der Klausel eine Haftungsfreizeichnung zu sehen sein. Zudem soll mit ihr eine nach § 307 II Nr. 1 unzulässige Beschränkung des verschuldensunabhängigen Anfechtungsrechts gemäß §§ 119ff. verbunden sein.[4]

12. Zinsen, Entgelte und Auslagen (Nr. 12 AGB-Banken)

B 52 a) Nr. 12 AGB-Banken regelt eingehend die Berechnungsgrundlagen von Zinsen, Entgelten und Auslagen der Bank, ohne freilich selbst konkrete Entgelte oder Zinsen festzusetzen. Rechtsgrundlage des Vergütungsanspruch der Bank ist der jeweilige konkrete Bankvertrag (§ 611 I). Individuelle Vergütungsabreden gegen danach vor; bei fehlender ausdrücklicher Vereinbarung folgt der Anspruch dem Grunde nach aus § 612 I, wonach die Vergütung der Dienstleistung als stillschweigend vereinbart gilt, wenn die Leistung den Umständen nach nur gegen eine Vergütung zu erwarten ist, bzw. aus § 488 I 2. Im Geschäftsverkehr mit Banken ist zudem § 354 HGB zu beachten.

B 53 b) Nr. 12 (1) AGB-Banken betrifft die **Zinsen und Entgelte im Privatkundengeschäft.** Der Begriff des Privatkunden stimmt hier mit demjenigen des privaten Letztverbrauchers im Sinne von § 1 I PAngVO überein.[5] „Privatkunde" ist danach jede natürliche Person, die die Dienstleistungen einer Bank für ihre privaten Zwecke, also nicht für ihre gewerbliche oder selbstständige berufliche Tätigkeit (§ 7 I Nr. 1 PAngVO) in Anspruch nimmt. Nach Nr. 12 (1) 1 AGB-Banken ergibt sich die Höhe der Zinsen und Entgelte für die im Privatkundengeschäft üblichen Kredite und Leistungen aus dem „Preisaushang – Regelsätze im standardisierten Privatkundengeschäft" und ergänzend aus dem „Preis- und Leistungsverzeichnis" (zu

---

1 Vgl. *Casper*, in: *Derleder/Knops/Bamberger*, § 3 Rz 58.

2 Vgl. *Casper*, in: *Derleder/Knops/Bamberger*, § 3 Rz 58.

3 Vgl. *Bunte*, in: *Schimansky/Bunte/Lwowski* Bd. I § 16 Rz 35; s. auch *Ulmer/Fuchs* Anh § 310 Rz 107ff.

4 Vgl. *Ulmer/Fuchs* Anh. § 310 Rz 108; *Casper*, in: *Derleder/Knops/Bamberger*, § 3 Rz 59.

5 Vgl. *Bunte*, in: *Schimansky/Bunte/Lwowski* Bd. I § 17 Rz 9.

diesem Begriff s. § 675 a I). Wenn ein Kunde einen dort aufgeführten Kredit oder eine dort aufgeführte Leistung in Anspruch nimmt, gelten die zu diesem Zeitpunkt im Preisaushang oder Preis- und Leistungsverzeichnis angegebenen Zinsen und Entgelte (S. 2). Aus dem Zusammenspiel von S. 1 und S. 2 ergibt sich zum einen der Vorrang von Individualabreden über den Preis, zum anderen eine Selbstbindung der Bank an ihre jeweils aktuelle Preisliste.[1] Preisaushang sowie Preis- und Leistungsverzeichnis sind selbst AGB im Sinne von § 305 I, müssen also wirksam in den Vertrag einbezogen sein. Hierzu muss der Kunde auf sie hingewiesen werden, in zumutbarer Weise von ihnen Kenntnis nehmen können und (ausdrücklich oder stillschweigend) mit ihrer Geltung einverstanden sein.[2] Danach wirksam einbezogene Preisangaben sind allerdings nur unter einschränkenden Voraussetzungen AGB-rechtlich kontrollfähig. § 307 III beschränkt die Inhaltskontrolle nach §§ 307 ff. auf Klauseln, die von Rechtsvorschriften abweichen oder diese ergänzen. Regelungen, die die Art und den Umfang der vertraglichen Hauptleistungspflicht oder den dafür zu zahlenden Preis unmittelbar festlegen, gehören nicht dazu, weil die freie Bestimmung von Leistung und Gegenleistung nach dem Grundsatz der Privatautonomie den Vertragsparteien obliegt. Nach ständiger höchstrichterlicher Rechtsprechung sind deshalb lediglich (Preis-)Nebenabreden der AGB-rechtlichen Überprüfung zugänglich, d. h. Abreden, die zwar mittelbare Auswirkungen auf den Preis haben, an deren Stelle jedoch bei Fehlen einer wirksamen vertraglichen Regelung dispositives Gesetzesrecht treten kann. Ob im Sinne dieser Differenzierung eine (kontrollfähige) Preisnebenabrede oder eine (kontrollfreie) Preisabrede, hängt allerdings nicht davon ab, ob die Entgeltklausel in einem Preisaushang enthalten ist.[3] Auf die umfangreiche Judikatur zur Abgrenzung beider Arten von Abreden sowie zur Inhaltskontrolle von Preisnebenabreden kann an dieser Stelle nicht eingegangen werden; es muss vielmehr auf die zahlreichen Rechtsprechungsüberblicke verwiesen werden.[4] Nimmt der Privatkunde eine Leistung in Anspruch, die weder im Peisaushang noch im Preis- und Leistungsverzeichnis aufgeführt ist, oder erbringt die Bank solche Leistungen im mutmaßlichen Kundeninteresse, steht ihr gemäß Nr. 12 (1) 3 insoweit hinsichtlich des Entgelts grundsätzlich ein einseitiges Leistungsbestimmungsrecht (§ 315) zu.

c) Nach Nr. 12 (2) AGB-Banken bestimmt die Bank die **Höhe von Zinsen und Entgelten außerhalb des Privatkundengeschäfts,** also im sog. Firmenkundengeschäft, nach billigem Ermessen (§ 315), sofern keine andere Vereinbarung getroffen ist. In der Praxis kommt allerdings auch hier dem Preisaushang bzw. dem Preis- und Leistungsverzeichnis eine wichtige Funktion zu. Zumindest hat ihr Inhalt indizielle Bedeutung für die Billigkeitskontrolle gemäß § 315.[5] **B 54**

d) Nr. 12 (3) AGB-Banken betrifft die **Änderung von Zinsen und Entgelten.** **B 55**
S. 1 bestimmt, dass die Änderung aufgrund der jeweiligen Kreditvereinbarung mit dem Kunden erfolgt. Dieser Hinweis auf die Maßgeblichkeit des konkreten Kreditvertrags hat letztlich nur klarstellende Bedeutung.[6] Eine Zinsanpassungsregelung trifft Nr. 12 (3) 1 selbst nicht; sie wäre als solche auch mit Rücksicht auf §§ 492, 493 entbehrlich, weil ohnehin nicht ausreichend. Soweit Kreditverträge Zinsanpas-

---

[1] *Wehrhahn/Schebesta,* § 12 Rz 215; *Bruchner/Bunte* S. 52; *Bunte,* in: *Schimansky/Bunte/Lwowski* Bd. I § 17 Rz 13.

[2] Vgl. *Bunte,* in: *Schimansky/Bunte/Lwowski* Bd. I § 17 Rz 16; *Derleder/Metz,* ZIP 1996, 53, 579 ff.

[3] Vgl. *Bunte,* in: *Schimansky/Bunte/Lwowski* Bd. I § 17 Rz 16.

[4] Vgl. etwa BuB/*Sonnenhol* Rz 1/327 ff.; *Bunte,* in: *Schimansky/Bunte/Lwowski* Bd. I § 17 Rz 25 ff.; s. auch *Schimansky,* FS 50 Jahre BGH, 3; *Pamp,* WM 2002, 573 ff.

[5] Vgl. *Casper,* in: *Derleder/Knops/Bamberger,* § 3 Rz 63.

[6] Zum Hintergrund vgl. *Bunte,* in: *Schimansky/Bunte/Lwowski* Bd. I § 17 Rz 49.

sungsklauseln enthalten, unterliegen diese ihrerseits der Inhaltskontrolle.[1] Für solche Änderungs- oder Anpassungsklauseln besteht angesichts der wechselnden Refinanzierungsgegebenheiten auf den Märkten grundsätzlich ein sachliches Bedürfnis. Sie müssen allerdings genaue Anpassungsmaßstäbe enthalten und reziprok ausgestaltet sein, d. h. nicht nur die Möglichkeit der Erhöhung zugunsten der Bank, sondern auch ein mögliches Herabsetzen zugunsten des Kunden vorsehen, wenn die Refinanzierungskosten der Bank sinken.[2] Entgelte für Leistungen, die vom Kunden im Rahmen der Geschäftsverbindung typischerweise dauerhaft in Anspruch genommen werden (z. B. Konto- und Depotführung), kann die Bank gemäß § 315 nach billigem Ermessen ändern, Nr. 12 (3) 2 AGB-Banken. Diese Regelung ist – nicht zuletzt mit Blick auf das dem Kunden in Nr. 12 (4) eingeräumte Kündigungsrecht – wirksam.[3]

B 56 e) Nr. 12 (4) AGB-Banken räumt dem Kunden ein **Kündigungsrecht bei der Erhöhung von Zinsen und Entgelten** ein, das er mangels anderweitiger Vereinbarung innerhalb von sechs Wochen nach Bekanntgabe der Änderung durch die Bank mit sofortiger Wirkung ausüben kann. Für die Mitteilung der Bank (S. 1) ist keine besondere Form vorgesehen; es genügt daher insbesondere der Aufdruck auf dem Kontoauszug. Das Kündigungsrecht bezieht sich auf die von der Änderung betroffene Geschäftsbeziehung, also die konkrete Leistungsbeziehung, nicht etwa die Geschäftsverbindung als solche. Kündigt der Kunde, werden die erhöhten Zinsen oder Entgelte für die gekündigte Geschäftsbeziehung nicht zu Grunde gelegt. Darüber hinaus hat die Bank dem Kunden eine angemessene Abwicklungsfrist einzuräumen, deren Dauer sich nach den konkreten Umständen des Falles, insbesondere der Notwendigkeit und der etwaigen Schwierigkeiten für den Kunden, eine neue Finanzierung zu beschaffen, richtet. Nr. 12 (4) bewirkt keine Erschwerungen des allgemeinen Kündigungsrechts beim Darlehen und ist deshalb mit § 489 BGB vereinbar.

B 57 f) Der in Nr. 12 (5) AGB-Banken geregelte **Anspruch der Bank auf Auslagenerstattung** – beispielhaft genannt sind Telefon- und Porto-, aber auch Notar-, Lager- und Bewachungskosten) – wirft keine Probleme auf, weil sich ein Aufwendungsersatzanspruch der Bank schon aus dem Gesetz (§§ 675, 670) ergibt.[4] Rein kalkulatorische Kosten können allerdings ebenso wenig verlangt werden wie die Kosten eines Rechtsstreits, den die Bank vorrangig in ihrem eigenen Interesse führt.[5]

B 58 g) Nr. 12 (6) AGB-Banken betreffend die **Besonderheiten bei Verbraucherkreditverträgen** hat rein deklaratorische Bedeutung. S. 3 stellt klar, dass sich bei Überziehungskrediten im Sinne des § 493 der maßgebliche Zinssatz nach dem Preisaushang und den seitens der Bank dem Kunden übermittelten „Informationen" richtet.

B 59 h) Die **AGB-Sparkassen** treffen Regelungen zu Zinsen und Entgelten in Nrn. 17 und 18. Die Abweichungen zu den AGB-Banken sind überschaubar. Im Schrifttum wird teilweise ihre undeutliche Terminologie beanstandet.[6] Rechtlich bedenklich ist Nr. 17 (2) 1 AGB-Sparkassen, soweit die Anpassung der Entgelte sich danach nicht nur unter Berücksichtigung der Marktlage, sondern auch des „Aufwandes" vollzieht. Eine Abwälzung des innerbetrieblichen Kostenrisikos der Spar-

---

1 Vgl. zu Zinsanpassungsklauseln *Schimansky,* WM 2001, 1169.

2 Vgl. BGHZ 97, 212; *Casper,* in: *Derleder/Knops/Bamberger,* § 3 Rz 64.

3 Krit. *Derleder/Metz,* ZIP 1996, 573, 582 ff.; s. aber *Ulmer/Fuchs* Anh. § 310 Rz 111.

4 Vgl. BGH WM 1989, 129; vgl. auch *Ulmer/Fuchs* Anh. § 310 Rz 111; *Kümpel* Rz 2.329.

5 Vgl. BGH WM 1989, 129; *Casper,* in: *Derleder/Knops/Bamberger,* § 3 Rz 66.

6 Vgl. *Ulmer/Fuchs* Anh. § 310 Rz 117; *Casper,* in: *Derleder/Knops/Bamberger,* § 3 Rz 68.

kasse auf den Kunden im Wege der Entgeltänderung ist mit § 307 unvereinbar.[1] Die Klausel soll aber nur insoweit unwirksam sein als der Aufwand nicht berücksichtigt werden dürfe.[2] Zweifelhaft ist auch die Wirksamkeit von Nr. 17 (2) 7 AGB-Sparkassen, wonach die vom Kunden nach einer Konditionenänderung ausgesprochene Kreditkündigung als nicht erfolgt gilt, wenn der Kunde einen geschuldeten Betrag nicht binnen zwei Wochen nach Wirksamwerden der Kündigung zurückzahlt. Die Klausel greift allerdings die Vorschriften der § 489 III, § 609 a III auf.

13. Bestellung oder Verstärkung von Sicherheiten (Nr. 13 AGB-Banken)

a) Nr. 13 AGB-Banken gewährt der Bank gegen den Kunden einen Anspruch **B 60** auf Bestellung von Sicherheiten, wobei zwischen dem originären (Abs. 1) und dem nachträglichen Besicherungsanspruch (Abs. 2), dem Nachsicherungsanspruch, zu differenzieren ist. Der Anspruch besteht nur bis zu der durch Nr. 16 AGB-Banken definierten Deckungsgrenze.

b) Nach Nr. 13 (1) 1 AGB-Banken kann die Bank für alle – auch bedingte – An- **B 61** sprüche aus der bankmäßigen Geschäftsverbindung die Bestellung bankmäßiger Sicherheiten verlangen **(originärer Besicherungsanspruch).** Hat der Kunde gegenüber der Bank z. B. als Bürge eine Haftung für Verbindlichkeiten eines anderen Kunden der Bank übernommen, besteht für die Bank ein Anspruch auf Bestellung oder Verstärkung von Sicherheiten im Hinblick auf die aus der Haftungsübernahme folgende Schuld erst ab deren Fälligkeit (S. 2). Der Sicherungszweck knüpft danach an alle Ansprüche aus der bankmäßigen Geschäftsverbindung an, also nicht an solche, die die Bank ohne inneren Zusammenhang mit der Kundenbeziehung erwirbt.[3] Der Besicherungsanspruch der Bank besteht ohne weiteres, d. h. auch ohne besonderen Anlass, und grundsätzlich sofort, dies unabhängig davon, ob die zu sichernden Ansprüche bedingt sind oder nicht.[4] Zu den „bankmäßigen Sicherheiten" zählen alle im Bankgeschäft nicht ganz unüblichen oder ungeeigneten Sicherungsmittel, die rasch und leicht zu verwerten sind.[5] Keine bankmäßige Sicherheiten sind danach etwa das Faustpfand, nicht marktgängige Waren oder Rechte bzw. Ansprüche, deren Durchsetzbarkeit zweifelhaft ist; nicht zu den bankmäßigen Sicherheiten zählen auch Steuerforderungen, Gesellschaftsanteile oder Urheberrechte.[6] Im Übrigen ist der auf Usancen bzw. allgemeiner Anschauung beruhende Begriff der bankmäßigen Sicherheit auch Veränderungen in Bezug auf sich gleichfalls ändernde wirtschaftliche Gegebenheiten ausgesetzt. Das mag dazu führen können, schon heute, jedenfalls aber künftig Sicherheiten zu akzeptieren, die früher als nicht bankmäßig angesehen wurden.[7]

c) Nr. 13 (2) AGB-Banken regeln den Fall einer **Veränderung des Risikos.** Hat **B 62** die Bank bei der Entstehung von Ansprüchen gegen den Kunden zunächst ganz oder teilweise davon abgesehen, auf der Bestellung oder Verstärkung von Sicherheiten zu bestehen, kann sie auch später noch die Bestellung von Sicherheiten verlangen (S. 1). Dies setzt jedoch voraus, dass Umstände eintreten oder bekannt werden, die eine erhöhte Risikobewertung der Ansprüche gegen den Kunden rechtfertigen, was insbesondere bei einer eingetretenen oder drohenden Veränderung der wirt-

---

1 Vgl. *Ulmer/Fuchs* Anh. § 310 Rz 117.

2 Vgl. *Casper,* in: *Derleder/Knops/Bamberger,* § 3 Rz 68.

3 Vgl. *Casper,* in: *Derleder/Knops/Bamberger,* § 3 Rz 71; BGHZ 101, 29, 34; s. aber auch BGHZ 128, 295; dazu krit. *Köndgen,* NJW 1996, 558, 564.

4 Vgl. *Baumbach/Hopt* (8), AGB-Banken Br. 13 Rz 4.

5 Vgl. BGHZ 33, 389, 394; BGH NJW 1990, 1356, 1358.

6 Vgl. BuB/*Sonnenhol* Rz 1/368.

7 Vgl. BuB/*Sonnenhol* Rz 1/368.

schaftlichen Verhältnisse des Kunden oder erfolgten oder drohenden wertmäßigen Verschlechterung der vorhandenen Sicherheiten der Fall ist (S. 2, 3). Außerdem ist zu verlangen, dass keine vorherige grob fahrlässige Fehleinschätzung einer schon bei Vertragsschluss absehbaren negativen Veränderung der Risikosituation durch die Bank vorliegt.[1] Die wertmäßige Veränderung nach Abs. 2 S. 3 braucht keine wesentliche zu sein[2] und die Verschlechterung der wirtschaftlichen Verhältnisse ist nicht mit derjenigen in Nr. 19 (3) AGB-Banken, die zur außerordentlichen Kündigung berechtigt, identisch.[3] Der Nachsicherungsanspruch entfällt nach Abs. 2 S. 4 bei ausdrücklicher[4] anderweitiger Vereinbarung, wonach der Kunde keine Sicherheiten beibringen muss („Blankokredit")[5] oder diese im Kreditvertrag abschließend aufgezählt und vom Kunden schon erbracht sind. Die Beweislast für die Voraussetzungen eines Ausschlusses nach Nr. 13 (2) 4 AGB-Banken trägt grundsätzlich der Kunde.[6] S. 5 enthält besondere Voraussetzungen für Verbraucherkreditverträge. Dem liegt der nach § 506 zwingende Vorrang von § 492 I Nr. 7 zugrunde.

B 63 d) Gemäß Nr. 13 (3) AGB-Banken muss die Bank für die Bestellung oder Verstärkung von Sicherheiten eine angemessene **Frist** einräumen (S. 1). Das entspricht schon der allgemeinen vertraglichen Rücksichtnahmepflicht der Bank (§ 242). Kommt der Kunde seiner Verpflichtung zur Bestellung oder Verstärkung von Sicherheiten nicht fristgerecht nach und beabsichtigt die Bank deshalb, von ihrem Kündigungsrecht nach Nr. 19 (3) AGB-Banken Gebrach zu machen, muss sie den Kunden zuvor hierauf hinwesen (S. 2). Bereits die Fristsetzung nach S. 1 ist mit dem Rechtsfolgenhinweis zu verknüpfen (vgl. auch § 498 I Nr. 2). Fehlt er und damit die von ihm ausgehende Warnwirkung, wird die Kündigungsmöglichkeit nicht eröffnet. Es ist dann eine erneute Fristsetzung gemäß S. 1 erforderlich.[7] Die Bestimmung der angemessenen Frist hängt von den Umständen des Einzelfalls ab, insbesondere von der Situation, in der der Kunde sich befindet, aber auch von der Risikosituation der Bank und ihrem Sicherungsbedürfnis. Teilweise wird eine Frist von acht bis 14 Tagen als absolute Untergrenze angesehen.[8] Nach anderer Ansicht ist zwischen dem Geschäfts- und dem Privatkundengeschäft zu unterscheiden. Im kaufmännischen Verkehr soll die Frist mindestens eine Woche, im Verkehr mit Privatkunden i.d.R. einen Monat betragen.[9]

B 64 e) **Nr. 22 AGB-Sparkassen** enthält einen – knapper gefassten – einheitlichen Anspruch auf Bestellung und Verstärkung von Sicherheiten. Gesichert werden die „Kreditverbindlichkeiten", was aber keinen sachlichen Unterschied zur „bankmäßigen Geschäftsverbindung" darstellt. Der fehlende Hinweis auf den Vorrang der Individualabrede und die Besonderheiten bei Verbraucherkreditverträgen dürfte wohl unbedenklich sein, weil es sich um Vorbehalte handelt, die schon aus allgemeinen Grundsätzen bzw. dem Gesetz folgen. Nach a. A. soll die Klausel aber deshalb unwirksam sein.[10]

---

1 Vgl. *Ulmer/Fuchs* Anh. § 310 Rz 119; *Casper,* in: *Derleder/Knops/Bamberger,* § 3 Rz 74.

2 Vgl. *Baumbach/Hopt* (8), AGB-Banken Nr. 13 Rz 7.

3 Vgl. *Casper,* in: *Derleder/Knops/Bamberger,* § 3 Rz 73.

4 Die Beschränkung auf ausdrückliche Vereinbarungen sieht *Ulmer/Fuchs* Anh. § 310 Rz 119 als problematisch an, da auch konkludente Absprachen genügen müssten.

5 Vgl. *Bunte,* in: *Schimansky/Bunte/Lwowski* Bd. I § 18 Rz 22, 26.

6 Vgl. *Bunte,* in: *Schimansky/Bunte/Lwowski* Bd. I § 18 Rz 25.

7 Vgl. BuB/*Sonnenhol* Rz 1/379; *Baumbach/Hopt* (8), AGB-Banken Nr. 13 Rz 8.

8 Vgl. *Bunte,* in: *Schimansky/Bunte/Lwowski* Bd. I § 18 Rz 29; *Casper,* in: *Derleder/Knops/Bamberger,* § 3 Rz 75.

9 Vgl. BuB/*Sonnenhol* Rz 1/377.

10 Vgl. *v. Westphalen,* AGB-Klauselwerke Rz 127 f.; *Bunte,* in: *Schimansky/Bunte/Lwowski* Bd. I § 18 Rz 34; wie hier dagegen nunmehr *Ulmer/Fuchs* Anh. § 310 Rz 120.

14. Vereinbarung eines Pfandrechts zugunsten der Bank (Nr. 14 AGB-Banken)

a) Nr. 14 AGB-Banken enthält die Regelung eines vertraglichen Pfandrechts im Sinne der §§ 1204 ff. durch Vereinbarung in AGB. Die Klausel bzw. die entsprechende Geltungsvereinbarung der Parteien[1] stellt bereits die dingliche Einigung der Parteien über ein Pfandrecht an den darin aufgeführten Werten und Sachen dar, so dass es weiterer Willenserklärungen nicht mehr bedarf. Ein solches AGB-Pfandrecht ist wirksam.[2] **B 65**

b) Nr. 14 (1) regelt die **Einigung** der Parteien **über das Pfandrecht.** In S. 1 ist die antizipierte Einigung des Kunden und der Bank über die Bestellung eines Pfandrechts (§§ 1205, 1275) an den Wertpapieren und Sachen, die im bankmäßigen Geschäftsverkehr in den – unmittelbaren oder mittelbaren – Besitz[3] einer inländischen Geschäftsstelle gelangen oder noch gelangen werden, erklärt. Diese Einigung muss bis zur Entstehung des Pfandrechts (Besitzerlangung) fortbestehen, sofern die Bank nicht schon im Besitz der Sache ist oder ein Übergabesurrogat hinzukommt (§ 1205). Durch das Merkmal des bankmäßigen Geschäftsverkehrs ist sichergestellt, dass das Pfandrecht, um dessen vorweggenommene Bestellung es geht, nur an Sachen entsteht, die mit dem Willen des Kunden in den Besitz der Bank gelangt sind.[4] S. 1 erstreckt sich auf bewegliche wie unbewegliche Sachen, nicht jedoch auf Forderungen.[5] Nach S. 2 erwirbt die Bank ein Pfandrecht auch an den Ansprüchen, die dem Kunden gegen die Bank aus der bankmäßigen Geschäftsverbindung zustehen oder künftig zustehen werden, z. B. aus Kontoguthaben oder einem Erlösauszahlungsanspruch nach Wertpapierverkauf.[6] Ein solches Pfandrecht an eigener Schuld ist möglich.[7] Es hat für den Bank den Vorteil, dass ein Drittgläubiger des Kunden allenfalls ein dem vertraglichen Pfandrecht der Bank nachrangiges Pfändungspfandrecht erwerben kann. **B 66**

c) Nach Nr. 14 (2) 1 AGB-Banken dient das Pfandrecht der **Sicherung** aller bestehenden, künftigen und bedingten Ansprüche, die der Bank mit ihren sämtlichen in- und ausländischen Geschäftsstellen aus der bankmäßigen Geschäftsverbindung gegen den Kunden zustehen. Künftige Ansprüche müssen mindestens bestimmbar sein.[8]Hat der Kunde – z. B. als Bürge – gegenüber der Bank die Haftung für einen anderen Kunden übernommen, so sichert das Pfandrecht die aus der Haftungsübernahme folgende Schuld jedoch erst ab ihrer Fälligkeit. S. 2 entspricht insoweit Nr. 13 (1) 2 AGB-Banken. Nr. 14 (2) ist mit § 305 c I, § 307 vereinbar.[9] Das gilt insbesondere auch für die sog. Filialklausel des Abs. 2 S. 1, wonach auch die Ansprüche ausländischer Geschäftsstellen gesichert werden.[10] Im Gegensatz zu Nr. 14 (2) 2 AGB-Banken, wonach das Pfandrecht die aus einer Haftungsübernahme folgende Schuld erst ab deren Fälligkeit sichert, folgt aus dem Wortlaut des S. 1 nicht, dass dem Bankkunden bis zum Eintritt der Pfandreife die volle Verfügungsfreiheit über sein Kontoguthaben erhalten bleiben muss. Wenn es dort heißt, das Pfandrecht **B 67**

---

[1] Vgl. BGH NJW 1997, 400.

[2] Vgl. BGH WM 1995, 375; s. auch *Fischer/Klanten* Rz 3122.

[3] Kein Pfandrecht daher an Sachen im Schließfach des Kunden, da die Bank an dessen Inhalt keinen Besitz erlangt; *Canaris* Rz 2228; *Voraufl.* § 23 Rz 736.

[4] Vgl. dazu BGHZ 93, 75; 128, 295, 300.

[5] Vgl. *Baumbach/Hopt* (8), AGB-Banken Nr. 14 Rz 2.

[6] Vgl. *Baumbach/Hopt* (8), AGB-Banken Nr. 14 Rz 7.

[7] Vgl. BGHZ 93, 71, 76; *Casper,* in: *Derleder/Knops/Bamberger,* § 3 Rz 78.

[8] Vgl. *Baumbach/Hopt* (8), AGB-Banken Nr. 14 Rz 8.

[9] Vgl. BGHZ 93, 71, 75; *Baumbach/Hopt* (8), AGB-Banken Nr. 14 Rz 1.

[10] Vgl. *Voraufl.* § 23 Rz 738.

diene der Sicherung aller bestehenden, künftigen und bedingten Ansprüche, die der Bank gegen den Kunden „zustehen", bedeutet dies nicht, dass die Sicherung der Bank nur dann eingreift, wenn der Sicherungsfall eingetreten ist. Andernfalls wäre die Erwähnung der künftigen und bedingten Ansprüche nicht verständlich. Eine solche Auslegung vertrüge sich zudem nicht mit Sinn und Zweck des AGB-Pfandrechts. Wenn die Bank bis zur Pfandreife nichts unternehmen könnte, um ihr Pfandrecht zu sichern, wäre dieses weitgehend im Wert gemindert. Auch soweit die Bank nach Nr. 16 Abs. 2 Satz 2 AGB-Banken verpflichtet ist, dem Pfandrecht unterliegende Gegenstände freizugeben, soweit der realisierbare Wert aller Sicherheiten die Deckungsgrenze nicht nur vorübergehend übersteigt, und sie in diesem Rahmen auch Aufträge des Kunden über die dem Pfandrecht unterliegenden Werte auszuführen hat, folgt daraus umgekehrt, dass unterhalb der Deckungsgrenze ein Freigabeanspruch nicht besteht. Insoweit wird also das Sicherungsbedürfnis der Bank anerkannt, dem sie auch schon vor Pfandreife Geltung verschaffen kann.[1]

B 68 d) Nr. 14 (3) AGB-Banken betrifft **Ausnahmen vom Pfandrecht.** Abgesehen davon, dass das Pfandrecht nach Nr. 14 durch gesonderte individuelle Abrede ausgeschlossen werden kann,[2] enthält Abs. 3 fünf Ausnahmetatbestände: Gemäß S. 1 sind Gelder oder andere Werte ausgenommen, die der Kunde der Bank mit einer bestimmten Zweckbindung, z. B. als Bareinzahlung zur Einlösung eines Wechsels, zugeleitet hat.[3] Darüber hinaus erstreckt das Pfandrecht sich nicht auf eigene Aktien der Bank, die diese für den Kunden verwaltet (s. dazu § 71 e AktG). Des Weiteren sind Wertpapiere ausgenommen, die die Bank im Ausland für den Kunden verwahrt. Ferner erstreckt das Pfandrecht sich nicht auf von der Bank ausgegebene eigene Genussrechte oder -scheine sowie schließlich nicht auf nachrangige Verbindlichkeiten der Bank (vgl. zu beidem § 10 V, V a KWG).

B 69 e) Gemäß Nr. 14 (4) AGB-Banken ist der Kunde, wenn dem Pfandrecht der Bank Wertpapiere unterliegen, nicht berechtigt, die Herausgabe der zu diesen Papieren gehörenden Zins- und Gewinnanteilscheine zu verlangen. Darin liegt ein Ausschluss des gesetzlichen Herausgabeanspruchs aus § 1296 S. 2,[4] der die Bank sichern soll.[5]

B 70 f) Die **AGB-Sparkassen** regeln das Pfandrecht in Nr. 21. Die Bestimmung enthält insbesondere gegenüber Nr. 14 AGB-Banken insofern eine Erweiterung, als Forderungen gegen Dritte antizipiert an die Sparkasse abgetreten werden, wenn die für die Forderung ausgestellte Urkunde in die Verfügungsmacht der Bank gelangt ist. Umstritten ist, ob das – in den AGB-Banken ebenfalls keine Entsprechung findende – Zurückbehaltungsrecht an verpfändeten Sachen, das Nr. 21 (4) AGB-Sparkassen dem Institut bei berechtigtem Sicherungsinteresse einräumt, wirksam ist.[6]

---

[1] Vgl. BGH NJW 2004, 1660, 1661.

[2] Vgl. BGH WM 1974, 155, 157.

[3] Vgl. dazu BGHZ 74, 129, 132; BGH WM 1973, 167. Weitere Fallgruppen hierzu bei *Bunte,* in: *Schimansky/Bunte/Lwowski* Bd. I § 19 Rz 42 ff.

[4] A. A. *Voraufl.* § 23 Rz 744, wonach die Einschränkung des § 1296 S. 2 auch im Rahmen von Nr. 14 (4) AGB-Banken zu machen sein soll; zustimmend *Ulmer/Fuchs* Anh. § 310 Rz 123; *Casper,* in: *Derleder/Knops/Bamberger,* § 3 Rz 81.

[5] Vgl. dazu *Bunte,* in: *Schimansky/Bunte/Lwowski* Bd. I § 19 Rz 57, wonach es mit Rücksicht auf Nr. 14 (1) 2 AGB-Banken dieser Sicherung gar nicht bedarf. Zu Abs. 4 s. auch *Casper,* in: *Derleder/Knops/Bamberger,* § 3 Rz 81.

[6] Vgl. *Casper,* in: *Derleder/Knops/Bamberger,* § 3 Rz 82 m. Nachw. zum Streitstand.

15. Sicherungsrechte bei Einzugspapieren und diskontierten Wechseln (Nr. 15 AGB-Banken)

Nr. 15 AGB-Banken bezweckt eine dem Bestimmtheitsgrundsatz Rechnung tragende Übertragung des Eigentums an Wechseln und Einzugspapieren sowie der zu Grunde liegenden Forderungen auf die Bank.[1] B 71

a) Nach Nr. 15 (1) 1 AGB-Banken erwirbt die Bank **Sicherungseigentum** an den ihr zum Einzug eingereichten Schecks und Wechseln im Zeitpunkt der Einreichung, gemäß S. 2 an diskontierten Wechseln im Zeitpunkt des Wechselankaufs. In der Klausel ist die antizipierte Einigung über den Eigentumswechsel zu sehen.[2] Die Vorschrift hat auf sachenrechtlicher Ebene im Wesentlichen klarstellende Funktion, da die Bank auch anderweitig bei der Einreichung eine formale Eigentümerstellung erwerben würde.[3] Belastet die Bank diskontierte Wechsel zurück, so verbleibt ihr gemäß S. 2, Hs. 2 das Sicherungseigentum. Diese Klausel ist auch dann weder überraschend im Sinne von § 305 c I noch unangemessen im Sinne von § 307 II Nr. 1, wenn das Konto des Kunden im Zeitpunkt der Einreichung bzw. der Rückbuchung Guthaben aufweist.[4] B 72

b) Nr. 15 (2) AGB-Banken enthält eine antizipierte **Forderungszession** im Sinne des § 398 für die Kausalforderungen, die auch AGB-mäßig erfolgen kann.[5] Die Kausalforderung tritt so als weitere Sicherheit neben das nach Abs. 1 übertragene Sicherungseigentum am Wertpapier. Akzessorische Sicherheiten gehen mit über (§ 401), nicht von § 401 erfasste Nebenrechte und selbstständige Sicherheiten verbleiben beim Kunden und müssen ggf. eigenständig übertragen werden. Ähnlich wie Nr. 14 (3) AGB-Banken enthält auch Nr. 15 (3) eine Ausnahmeregelung, wonach Scherungsübereignung und Sicherungsabtretung sich nicht auf solche Einzugspapiere erstrecken, die der Bank zweckgebunden eingereicht werden. B 73

c) Abs. 4 S. 1 umschreibt den **Sicherungszweck** von Nr. 15 AGB-Banken dahin, dass Sicherungseigentum und Sicherungsabtretung der Sicherung aller Ansprüche dienen, die der Bank gegen den Kunden bei Einreichung von Einzugspapieren aus seinen Konokorrentkonten zustehen oder die infolge der Rückbelastung nicht eingelöster Einzugspapiere oder diskontierter Wechsel entstehen. Das ist AGB-rechtlich bedenkenfrei.[6] Dem lässt sich mit Rücksicht auf den in Abs. 4 S. 2 angeordneten, unabhängig von der allgemeinen Freigabeverpflichtung in Nr. 16 II bestehenden Freigabeanspruch letztlich auch nicht entgegenhalten, Abs. 4 S. 1 lasse unberücksichtigt, ob das Kundenkonto im Debet geführt werde oder nicht.[7] B 74

d) Nr. 25 AGB-Sparkassen enthält keine wesentlichen Abweichungen.[8] B 75

---

[1] Vgl. *Merkel,* WM 1993, 731.

[2] Vgl. *Bunte,* in: *Schimansky/Bunte/Lwowski* Bd. I § 20 Rz 13.

[3] Vgl. *Casper,* in: *Derleder/Knops/Bamberger,* § 3 Rz 83; *Bunte,* in: *Schimansky/Bunte/Lwowski* Bd. I § 20 Rz 13, 17 f.

[4] Vgl. *Bunte,* in: *Schimansky/Bunte/Lwowski* Bd. I § 20 Rz 22; s. auch *Casper,* in: *Derleder/Knops/Bamberger,* § 3 Rz 84.

[5] Vgl. BGH WM 1988, 859.

[6] Vgl. BGHZ 95, 149; BGH NJW-RR 1990, 366; WM 1984, 1073, 1074.

[7] So aber *Ulmer/Brandner,* 9. Aufl. Anh. §§ 9–11 Rz 174; *v. Westphalen,* AGB-Klauselwerke Rz 145; hiergegen mit Recht *Casper,* in: *Derleder/Knops/Bamberger,* § 3 Rz 83; s. auch *Voraufl.* § 3 Rz 752 f. Wie hier nunmehr *Ulmer/Fuchs* Anh. § 310 Rz 125.

[8] Vgl. im Einzelnen *Bunte,* in: *Schimansky/Bunte/Lwowski* Bd. I § 20 Rz 44 ff.

16. Begrenzung des Besicherungsanspruchs und Freigabeverpflichtung

B 76 a) Nach dem Grundsatzbeschluss des Großen Senats für Zivilsachen des BGH vom 27. 11. 1997[1] hat der Sicherungsgeber (Kunde) bei formularmäßig bestellten, revolvierenden Globalsicherheiten im Falle nachträglicher Übersicherung einen ermessensunabhängigen Freigabeanspruch auch dann, wenn der Sicherungsvertrag keine oder eine ermessensabhängig ausgestaltete Freigabeklausel enthält. An die Stelle einer ermessensabhängigen oder sonst unangemessenen und deshalb nach § 307 I unwirksamen Freigaberegelung tritt der sich aus dem Sicherungsvertrag ergebende Freigabeanspruch. Einen Ermessensspielraum hat der Sicherungsnehmer (Bank) entsprechend § 1230 S. 1 lediglich bei der Entscheidung, welche von mehreren Sicherheiten er freigeben will. Eine den Freigabeanspruch des Sicherungsnehmers auslösende Übersicherung liegt vor, wenn die abstrakt-generell festzulegende Deckungsgrenze überschritten ist. Das ist der Fall wenn der realisierbare Wert der Sicherheit mehr als 110 % der gesicherten Forderung beträgt. Für die Bewertung der Sicherungsgegenstände hat der Große Senat als Orientierungshilfe aus §§ 232 ff., insbesondere aus § 237 S. 1 die widerlegliche Vermutung entwickelt, dass der Erlös aus der Verwertung sicherungsübereigneter Waren und aus der Einziehung abgetretener Forderungen des Schuldners in der Insolvenz des Sicherungsgebers und Schuldners nur zwei Drittel des geschätzten aktuellen Verkehrswerts beträgt. Der Bewertungsabschlag führt dazu, dass ein Freigabeanspruch regelmäßig erst dann besteht, wenn der Nennwert abgetretener Forderungen und der Schätzwert sicherungsübereigneter Waren 150 % der gesicherten Forderungen übersteigt. Dabei sind etwa anfallende Feststellungs-, Verwertungs- und Rechtsverfolgungskosten bereits berücksichtigt, nicht aber vom Sicherungsgeber zu tragende Mehrwertsteuer.[2] Nach der Grundsatzentscheidung des BGH hängt die Wirksamkeit einer Sicherungsabrede nicht davon ab, ob sie eine prozentuale Deckungsgrenze oder Bewertungsgrundsätze enthält. Will eine Partei geltend machen, dass der generelle Bewertungsabschlag von einem Drittel im Einzelfall unzureichend ist, trägt sie die Darlegungs- und Beweislast.[3] Nr. 16 AGB-Banken ist nach der BGH-Entscheidung nicht angepasst worden. Das wird im Schrifttum für unbedenklich erachtet, weil die heutige, auf der Novellierung im Jahre 1993 beruhende Fassung den vom Großen Senat entwickelten Anforderungen genüge und daher wirksam sei.[4]

B 77 b) Nach Nr. 16 (1) AGB-Banken kann die Bank ihren Anspruch auf Bestellung oder Verstärkung von Sicherheiten – s. Nr. 13 AGB-Banken – so lange geltend machen, bis der realisierbare Wert aller Sicherheiten dem Gesamtbetrag aller Ansprüche aus der bankmäßigen Geschäftsverbindung **(Deckungsgrenze)** entspricht. Soweit die Vorschrift keine prozentuale Festsetzung der Deckungsgrenze und keine Regeln zur Ermittlung des realisierbaren Werts enthält, ist das unschädlich. Zum einen sind diese Angaben auf der Grundlage der Entscheidung des Großen Senats entbehrlich; zum anderen können die Lücken nach Maßgabe der dargestellten Rechtsprechungsgrundsätze aufgefüllt werden.[5] Ein Abstellen auf

---

[1] Vgl. BGHZ 137, 212; zu den Konsequenzen dieser Entscheidung eingehend *Nobbe*, FS *Schimansky*, 433 ff.

[2] Vgl. *Nobbe*, FS Schimansky, 433, 439; zur 150%-Grenze s. auch *Casper*, in: *Derleder/Knops/Bamberger*, § 3 Rz 87.

[3] Vgl. BGHZ 137, 212, 236.

[4] Vgl. *Casper*, in: *Derleder/Knops/Bamberger*, § 3 Rz 88. Demgegenüber beanstandet *Ulmer/Fuchs* Anh. § 310 Rz 126, dass der vom Großen Senat gebilligte Aufschlag von 10 % für Feststellungs-, Verwertungs- und Rechtsverfolgungskosten in Nr. 16 (1) und (2) nicht enthalten sei, die Klauseln damit hinter den in BGHZ 137, 212 entwickelten Kriterien zurückblieben.

[5] Vgl. *Casper*, in: *Derleder/Knops/Bamberger*, § 3 Rz 89.

den Zeitwert kommt grundsätzlich nicht in Betracht, da sonst die Durchsetzung des Freigabeanspruchs ohne zeitraubende Einholung eines Sachverständigengutachtens regelmäßig nicht möglich wäre.[1] Der Rückgriff auf den Zeitwert ist nur möglich, wenn er – wie für gebrauchte Kfz – anhand öffentlich zugänglicher Listen einfach und schnell ermittelt werden kann.[2]

c) Nr. 16 (2) AGB-Banken enthält einen ermessensunabhängigen **Freigabeanspruch** bei Überschreiten der Deckungsgrenze. Überschreitet der realisierbare Wert aller Sicherheiten die Deckungsgrenze nicht nur vorübergehend, hat die Bank auf Verlangen des Kunden in Höhe des die Deckungsgrenze übersteigenden Betrages Sicherheiten nach ihrer Wahl freizugeben (S. 1 Hs. 1). Sie muss bei der Auswahl der freizugebenden Sicherheiten auf die berechtigten Belange ihres Kunden und eines dritten Sicherungsgebers, der für die Verbindlichkeiten des Kunden Sicherheiten bestellt hat, Rücksicht nehmen (Hs. 2). Die Regelung ist bloß deklaratorischer Natur; der Freigabeanspruch folgt schon aus der Sicherungsabrede. Die Darlegungs- und Beweislast für die Voraussetzungen des Freigabeanspruchs liegt nach allgemeinen Grundsätzen beim Sicherungsgeber.[3] Die normierte Rücksichtnahmepflicht auf die Belange auch eines Dritt-Sicherungsgebers bedeutet nicht, dass dessen Sicherheit i.d.R. zuerst freizugeben wäre.[4] Die Bestimmung in Abs. 2 S. 2, wonach die Bank in dem durch S. 1 vorgegebenen Rahmen auch verpflichtet ist, Aufträge des Kunden über die dem Pfandrecht unterliegenden Werte auszuführen (ausdrücklich sind der Verkauf von Wertpapieren oder die Auszahlung von Sparguthaben als Beispiele genannt), ist gleichfalls Ausfluss des Rücksichtnahmegebots.[5] **B 78**

d) Nr. 16 (3) enthält die selbstverständliche (§ 305 b) Klarstellung, dass **Individualabreden** über den Bewertungsmaßstab oder die Deckungsgrenze, mit denen etwa brachenspezifischen Besonderheiten Rechnung getragen werden kann,[6] Vorrang genießen. **B 79**

e) Die **AGB-Sparkassen** regeln den Freigabeanspruch in Nr. 22 (2). Danach muss sich die Deckungsgrenze auf den Gesamtbetrag der Forderung zuzüglich 10 % beziehen (S. 1), was keinen Bedenken begegnet.[7] Über die AGB-Banken hinausgehend regelt Nr. 22 (2) 2 AGB-Sparkassen, dass die Deckungsgrenze sich um die aktuelle Mehrwertsteuer erhöht, sofern die Sparkasse im Verwertungsfall damit belastet wird. Das ist gleichfalls unbedenklich.[8] **B 80**

17. Verwertung von Sicherheiten (Nr. 17 AGB-Banken)

a) Nr. 17 AGB-Banken beschränkt sich auf eher allgemein gehaltene Anordnungen zur Verwertung von Sicherheiten und trifft keine Regelungen zu den Verfahren, in denen die Verwertung erfolgt. In der Praxis wird dieser Bereich, abgesehen von den gesetzlichen Regeln,[9] näher in den Klauseln des Sicherungsvertrags geregelt sein.[10] **B 81**

---

1 Vgl. BGHZ 137, 212, 234, 236.
2 Vgl. *Bunte,* in: *Schimansky/Bunte/Lwowski* Bd. I § 21 Rz 17.
3 Vgl. BuB/*Gößmann* Rz 1/484.
4 Vgl. *Baumbach/Hopt* (8), AGB-Banken Nr. 16 Rz 2.
5 Vgl. *Casper,* in: *Derleder/Knops/Bamberger,* § 3 Rz 91.
6 Vgl. *Casper,* in: *Derleder/Knops/Bamberger,* § 3 Rz 92.
7 Vgl. *Ulmer/Fuchs* Anh. § 310 Rz 127, dort auch zu Wirksamkeitsbedenken in Bezug auf den allgemein gehaltenen Wortlaut der Bestimmung („tunlichst").
8 Vgl. schon BGHZ 137, 212, 229 f., 235.
9 Vgl. *Baumbach/Hopt* (8), AGB-Banken Nr. 17 Rz 1.
10 Vgl. *Bunte,* in: *Schimansky/Bunte/Lwowski* Bd. I § 22 Rz 1.

B 82 b) Gemäß Nr. 17 (1) 1 AGB-Banken hat die Bank im Verwertungsfalle unter mehreren Sicherheiten die **Wahl.** Das ist mit Rücksicht auf die gesetzlichen Wertungen aus §§ 262, 1230 bedenkenfrei. Sie muss – entsprechend der Anordnung in Nr. 16 (2) 2 AGB-Banken – bei der Verwertung und der Auswahl der zu verwertenden Sicherheiten auf die berechtigten Belange des Kunden und eines dritten Sicherungsgebers Rücksicht nehmen, ist also insbesondere auch zur bestmöglichen Verwertung verpflichtet.[1] Allein die bloße Behauptung des Sicherungsgebers, er habe eine bessere Verwertungsmöglichkeit, muss die Bank indes nicht berücksichtigen.[2]

B 83 c) **Nr. 21 AGB-Sparkassen** betrifft nur die Verwertung verpfändeter Sicherheiten. Die in Abs. 5 S. 1 enthaltene Regelung, wonach die Verwertung neben der Nichtleistung trotz Fälligkeit noch das Setzen einer Nachfrist sowie die Androhung der Verwertung entsprechend § 1234 I voraussetzt, steht im Einklang mit der Rechtsprechung.[3] Im Bankenbereich sind solche Bestimmungen in die Verwertungsklauseln der Sicherungsverträge aufzunehmen. Sehr bedenklich[4] ist die in Nr. 21 (5) 4 AGB-Sparkassen vorgesehene Abweichung von § 366, wonach die Sparkasse das Recht hat, Verwertungserlöse, die nicht zur Befriedigung sämtlicher Forderungen ausreichen, nach ihrem billigen Ermessen zu verrechnen.[5] Grundsätzlich kann allerdings auch in Allgemeinen Geschäftsbedingungen die Tilgungsbestimmungsregelung des § 366 abbedungen werden. Wirksam ist das jedoch nur dann, wenn in der an die Stelle des Gesetzes tretenden Regelung die Belange auch des Schuldners in angemessener Weise berücksichtigt werden. Es darf nicht übersehen werden, dass das Zahlungsgeschäft vom Schuldner ausgeht, dass er insbesondere die Darlegungs- und Beweislast für die Erfüllung einer Schuld trägt. Er muss, wenn er die Tilgung schon nicht selbst bestimmen und demgemäß sie auch nicht darlegen und beweisen kann, bei der Erfüllung wissen, auf welche Schuld er leistet. Dem Verwender von Allgemeinen Geschäftsbedingungen, der sich als Gläubiger das Erfüllungsbestimmungsrecht einräumen lässt, ist deshalb zuzumuten, sich bei Vertragsschluss auf eine bestimmte Tilgungsfolge für mehrere Forderungen festzulegen.[6] Ob allein das – allgemeine – Rücksichtnahmegebot in Abs. 5 S. 3 ausreicht, der von der höchstrichterlichen Rechtsprechung geforderten Beachtung der Belange des Schuldners Rechnung zu tragen,[7] muss bezweifelt werden.

Nr. 18 Kündigungsrechte des Kunden

B 84 a) Nach Nr. 18 (1) AGB-Banken kann der Kunde die gesamte Geschäftsverbindung oder einzelne Geschäftsbeziehungen wie z. B. den Scheckvertrag, für die weder eine Laufzeit noch eine abweichende Kündigungsregelung vereinbart ist, jederzeit ohne Einhaltung einer Kündigungsfrist kündigen. Andernfalls ist für die ord(entliche) Kündigung die jeweilige Laufzeit bzw. die jeweilige vertragliche Kündigungsklausel maßgebend. Die in Abs. 1 geregelte fristlose Kündigungsmöglichkeit ist ein **ordentliches Kündigungsrecht;** das außerordentliche fristlose Kündigungsrecht regelt Abs. 2. Die Vorschrift des § 676 S. 3 für den Überweisungsvertrag wird durch Nr. 18 (1) AGB-Banken nicht abbedungen.[8]

---

[1] Vgl. BGH WM 1991, 846 zum Rechtsmissbrauch.
[2] Vgl. OLG Frankfurt WM 1991, 930.
[3] Vgl. BGH WM 1992, 1359, 1361.
[4] S. auch *Ulmer/Fuchs* Anh. § 310 Rz 129; a. A. *Bunte,* in: *Schimansky/Bunte/Lwowski* Bd. I § 22 Rz 40.
[5] Vgl. BGH NJW 1999, 2043, 2044 zu einer Tilgungsklausel für Grundschulden.
[6] Vgl. BGHZ 91, 379, 380 f.
[7] In diesem Sinne *Casper,* in: *Derleder/Knops/Bamberger,* § 3 Rz 96.
[8] Vgl. *Casper,* in: *Derleder/Knops/Bamberger,* § 3 Rz 98.

b) Gemäß Nr. 18 (2) steht dem Kunden ein **fristloses außerordentliches Kündigungsrecht aus wichtigem Grunde** auch dann zu, wenn er infolge Laufzeit des Vertrags oder Kündigungsvereinbarung nicht zur Kündigung berechtigt ist. Entscheidend hierfür ist, ob es dem Kunden – auch unter Berücksichtigung der berechtigten Belange der Bank – nicht mehr zuzumuten ist, die Geschäftsbeziehung fortzusetzen. Die Regelung ist insoweit deklaratorisch, als sie die gesetzliche Kündigungsvorschrift des § 314 für Dauerschuldverhältnisse wiedergibt. Soweit abweichend von § 314 II die Zulässigkeit der Kündigung nicht an den erfolglosen Ablauf einer zur Abhilfe bestimmten Frist oder an eine erfolglose Abmahnung geknüpft ist, liegt darin eine – zulässige[1] – Abbedingung der Vorschrift und eine unter dem Aspekt des § 307 I BGB unbedenkliche Erleichterung der Kündigungsmöglichkeit des Kunden. Hinsichtlich der in Nr. 18 (1) fehlenden Definition des wichtigen Grundes ist § 314 I 2 heranzuziehen. § 314 III und IV finden als allgemeine Bestimmungen auch im Rahmen von Nr. 18 II Anwendung. Die Rechtsfolgen einer Kündigung sind in Nr. 18 AGB-Banken nicht geregelt; sie ergeben sich aus allgemeinen Rechtsgrundsätzen.[2] **B 85**

c) Nach Nr. 18 (3) bleiben **gesetzliche Kündigungsrechte** unberührt. Da § 314 durch Nr. 18 AGB-Banken bereits näher ausgestaltet ist, dürften vor allem die darlehensrechtlichen Bestimmungen der § 489, § 490 II gemeint sein. **B 86**

d) **Nr. 26 AGB-Sparkassen** entspricht Nr. 18 AGB-Banken, enthält darüber hinaus aber auch eine Regelung der Abwicklung gekündigter Rechtsbeziehungen. **B 87**

19. Kündigungsrechte der Bank (Nr. 19 AGB-Banken)

a) Nr. 19 AGB-Banken regelt die in der Praxis gegenüber der entsprechenden Befugnis des Kunden wichtigeren Kündigungsrechte der Bank. Gemäß Abs. 1 S. 1 kann die Bank die gesamte Geschäftsverbindung oder einzelne Geschäftsbeziehungen, für die weder eine Laufzeit noch eine abweichende Kündigungsregelung vereinbart ist, jederzeit unter Einhaltung einer angemessenen **Kündigungsfrist,** bei deren Bemessung auf die berechtigten Belange des Kunden Rücksicht zu nehmen ist (S. 2), kündigen. S. 1 nennt beispielhaft als Geschäftsbeziehung den Scheckvertrag, der zur Nutzung von Scheckvordrucken berechtigt. Nach S. 3 beträgt die Kündigungsfrist für die Kündigung der Führung laufender Konten und Depots mindestens sechs Wochen. Abs. 1 ist eine Auffangregelung für die ordentliche Kündigung beim Fehlen besonderer Vereinbarungen. Sie verstößt nicht gegen das Transparenzgebot[3] und ist auch im Übrigen mit § 307 vereinbar. Für unbefristete Kredite ist in Abs. 2 eine Sonderregelung vorgesehen. **B 88**

b) Nr. 19 (2) stellt für die **ordentliche Kündigung unbefristeter Kredite und für Kreditzusagen** ebenfalls eine Auffangregelung dar. Die Kündigung ist hier jederzeit ohne Einhaltung einer Frist möglich; die berechtigten Belange des Kunden sind bei der Ausübung zu berücksichtigen. Eine sog. Kündigung zur Unzeit wird hierdurch, wie in Abs. 1, ausgeschlossen. Mit der unbegrenzten Offenhaltung einmal gewährter Kredite kann der Kunde freilich nicht rechnen.[4] Andererseits darf die Bank, wenn sie zuvor höhere, inzwischen zurückgezahlte Überziehungen geduldet und der Kunde auch ausreichende Sicherheiten gestellt hat, den **B 89**

---

[1] Vgl. *Casper,* in: *Derleder/Knops/Bamberger,* § 3 Rz 99.

[2] Vgl. *Bunte,* in: *Schimansky/Bunte/Lwowski* Bd. I § 22 Rz 40; *Baumbach/Hopt* (8), AGB-Banken Nr. 19 Rz 9 ff.

[3] Vgl. *Voraufl.* § 23 Rz 769.

[4] Vgl. OLG Köln WM 1985, 1128; s. auch BGH WM 1985, 769.

von ihr abhängigen Kreditnehmer auch nicht überraschen.[1] Für die Abwicklung nach einer Kündigung ohne Kündigungsfrist ist Nr. 19 (5) AGB-Banken zu beachten.

B 90 c) Nr. 19 (3) AGB-Banken eröffnet der Bank die Möglichkeit zur **außerordentlichen Kündigung aus wichtigem Grund** ohne Einhaltung einer Kündigungsfrist. Sie ist zulässig, wenn ein wichtiger Grund vorliegt, der der Bank, auch unter Berücksichtigung der berechtigten Belange des Kunden, die Fortsetzung der gesamten Geschäftsverbindung oder einer einzelnen Geschäftsbeziehung unzumutbar werden lässt. Ein solcher wichtiger Grund liegt insbesondere vor, wenn der Kunde unrichtige, für die Entscheidung der Bank über eine Kreditgewährung oder andere risikobehaftete Geschäfte besonders bedeutsame und vertragserhebliche[2] Angaben über seine Vermögensverhältnisse gemacht hat, oder wenn – objektiv[3] – eine wesentliche Verschlechterung der Vermögensverhältnisse des Kunden oder der Werthaltigkeit einer Sicherung eintritt oder einzutreten droht und dadurch die Rückzahlung eines Darlehens oder die Erfüllung einer sonstigen Verbindlichkeit des Kunden gegenüber der Bank – auch unter Verwertung einer hierfür bestehenden Sicherheit – gefährdet ist, oder wenn der Kunde seiner aus Nr. 13 bzw. einer sonstigen Vereinbarung folgenden Verpflichtung zur Bestellung oder Verstärkung von Sicherheiten innerhalb der von der Bank gesetzten angemessenen Frist nicht nachkommt. Besteht der wichtige Grund in der Verletzung einer Vertragspflicht, ist nach Abs. 3 S. 3 die Kündigung erst nach erfolglosem Ablauf einer zur Abhilfe bestimmten angemessenen Frist oder nach erfolgloser Abmahnung zulässig, es sei denn, dies ist wegen der Besonderheiten des Einzelfalls (§ 323 II, III) entbehrlich. Die Verweisung auf § 323 in Abs. 3 S. 3 dürfte wegen § 314 II 2 überflüssig sein.[4] Insgesamt ist die Regelung an die gesetzlichen Vorgaben der §§ 314, 490, 323 angepasst. Die Kündigungserklärung muss klar und eindeutig[5] sein.

Die Regelung des Abs. 3 ist nicht abschließend. Die sonstigen in Betracht kommenden Gründe müssen den ausdrücklich genannten Regelbeispielen an Schwere und Erheblichkeit gleichkommen. Ein außerordentliches Kündigungsrecht der Bank besteht etwa, wenn der Kunde über das Kreditinstitut solche Transaktionen vornimmt, die auch zu einer Rufschädigung der Bank führen können,[6] bei maßloser bzw. querulatorischer Kritik des Kunden am Verhalten der Bank[7] oder im Falle der Beleidigung von Bankmitarbeitern.[8] Ein Verhalten des Kunden, mit dem dieser lediglich seine vertraglichen Rechte wahrnimmt, kann demgegenüber keinen wichtigen Grund zur fristlosen Kündigung darstellen.[9] Die behauptete rechtsradikale Betätigung einer Partei berechtigt mit Blick auf Art. 21 II GG die Bank erst dann zur fristlosen Kündigung des Girovertrags, wenn das BVerfG die Verfassungswidrigkeit festgestellt hat; das ordentliche Kündigungsrecht nach Abs. 1 bleibt der Bank dabei jedoch unbenommen.[10]

B 91 d) Die **AGB-Sparkassen** enthalten eine einheitliche Regelung der Kündigungsrechte von Kreditinstitut und Kunde in Nr. 26. Die Sparkasse ist danach bei der ordentlichen Kündigung an keine Frist gebunden. Das ist bedenklich und wird durch

---

1 Vgl. OLG Hamm WM 1985, 1411.
2 Vgl. dazu *Bunte,* in: *Schimansky/Bunte/Lwowski* Bd. I § 24 Rz 29.
3 Vgl. BGH WM 1986, 605; s. auch BGH WM 1985, 1493.
4 A. A. *Becher/Gößmann,* BKR 2002, 519, 525.
5 Vgl. *Casper,* in: *Derleder/Knops/Bamberger,* § 3 Rz 104.
6 Vgl. OLG München WM 1996, 1623.
7 Vgl. OLG Köln NJW-RR 1992, 1522.
8 Vgl. AG Arnstadt WM 2000, 2097; s. auch LG Berlin WM 2003, 1895.
9 Vgl. *Bunte,* in: *Schimansky/Bunte/Lwowski* Bd. I § 24 Rz 42.
10 Vgl. BGH WM 2003, 823; dort auch zur Situation für Sparkassen.

die Verpflichtung, den berechtigten Belangen des Kunden angemessen Rechnung zu tragen, wohl nicht hinreichend ausgeglichen. Einer Inhaltskontrolle (§ 307) dürften auch die in Nr. 26 (2) Buchst. c), d), und e) geregelten wichtigen Gründe für die außerordentliche Kündigung nicht standhalten:[1] Nach Buchst. c) soll die Bank schon zur Kündigung berechtigt sein, wenn der Kunde unrichtige Angaben über seine Vermögensverhältnisse macht, ohne dass es danach überhaupt auf die Relevanz dieser Falschangaben, insbesondere auf deren Vertragserheblichkeit ankommt. Gemäß Buchst d) soll allein die Einleitung einer Zwangsvollstreckung gegen den Kunden – also unabhängig von deren Umfang oder Bedeutung – ein Kündigungsrecht auslösen. Buchst e) schließlich bietet der Sparkasse ein Kündigungsrecht u. a. beim Tod oder Wechsel des persönlich haftenden Gesellschafters. Das erscheint ebenfalls als zu weitgehend, weil hieraus allein nicht ohne weiteres auf die Unzumutbarkeit der Geschäftsverbindung bzw. -beziehung geschlossen werden kann. Die – erheblichen – Bedenken gegen diese Bestimmungen lassen sich nicht durch den Hinweis darauf ausräumen, die Aufzählung sei zur beispielhaft und die genannten Fälle seien auf den eigentlichen Grund der Kündigung, die Unzumutbarkeit der Fortsetzung der Geschäftsbeziehung zurückzuführen.[2] Eine inhaltlich zu weit gehende Regelung wird nicht dadurch hinnehmbar, dass sie nur beispielhaft aufgezählt ist; ob die aufgeführten Situationen die Annahme von Unzumutbarkeit rechtfertigen, ist gerade die Frage. Zu berücksichtigen ist in diesem Zusammenhang auch die herausgehobene Bedeutung der Sparkassen zur Erfüllung von Aufgaben der öffentlichen Daseinsvorsorge, die derart weitreichende Kündigungsmöglichkeiten erst recht als unangemessene Kundenbenachteiligung erscheinen lässt.

20. Einlagensicherungsfonds

Nr. 20 AGB-Banken dient vorrangig der Kundeninformation. Die diesbezügliche Verpflichtung folgt aus § 23 a I 2 KWG. Alle Banken sind, wie Abs. 1 S. 1 klarstellt, dem Einlagensicherungsfonds des Bundesverbandes deutscher Banken e. V. angeschlossen. Dieser Fonds, ein unselbstständiges Sondervermögen des Verbandes, sichert sämtliche Verbindlichkeiten, die in der Bilanzposition „Verbindlichkeiten gegenüber Kunden" auszuweisen sind. Dazu zählen Sicht-, Termin- und Spareinlagen einschließlich der auf den Namen lautenden Sparbriefe (S. 3). Die Sicherungsgrenze (S. 4 und 5) wird dem Kunden auf Verlangen bekannt gegeben und kann auch unter der in S. 6 genannten Internetadresse abgefragt werden. Abs. 3 verweist wegen weiterer, über Nr. 20 (1) und (2) AGB-Banken hinausgehender Informationen auf § 6 des Statuts des Einlagensicherungsfonds,[3] das dem Kunden auf Verlangen zur Verfügung gestellt wird. § 6 (10) des Statuts stellt klar, dass der Bankkunde gegen den Bundesverband keinen vertraglichen Anspruch auf ein Eingreifen oder auf Leistungen des Einlagensicherungsfonds erwirbt. Für den Fonds gilt im Verhältnis zu den Kunden das Gleichbehandlungsgebot.[4] Nr. 20 (4) eine aufschiebend bedingte antizipierte Forderungsabtretung (§ 398), soweit der Einlagensicherungsfonds oder ein von ihm Beauftragter Zahlungen an einen Kunden leistet. In entsprechender Höhe gehen in diesem Falle die Forderungen des Kunden gegen die Bank mit allen Nebenrechten (§ 401) Zug um Zug auf den Fonds über. Nr. 28 GB-Sparkassen enthält ausschließlich den Hinweis darauf, dass die Sparkasse dem Si- **B 92–100**

---

[1] Vgl. *Ulmer/Fuchs* Anh. § 310 Rz 134; *Casper,* in: *Derleder/Knops/Bamberger,* § 3 Rz 107.

[2] So aber *Bunte,* in: *Schimansky/Bunte/Lwowski* Bd. I § 24 Rz 62 unter Hinweis auf *Aden,* NJW 1993, 832, 839.

[3] Abgedruckt bei *Bunte,* in: *Schimansky/Bunte/Lwowski* Bd. I Anh. 4 zu §§ 4–25.

[4] Vgl. *Bunte,* in: *Schimansky/Bunte/Lwowski* Bd. I § 25 Rz 21.

cherungssystem der Deutschen Sparkassen-Finanzgruppe angeschlossen ist und außerdem für Verbindlichkeiten der Sparkasse ihr Gewährträger nach Maßgabe der gesetzlichen Bestimmungen haftet; der letztgenannte Hinweis entfällt in den AGB von Sparkassen ohne Gewährträger.

*

Baubetreuervertrag

Inhaltsübersicht

Schrifttum: *Franke, (Hrsg.),* VOB-Kommentar Bauvergaberecht, Bauvertragsrecht, Bauprozessrecht, 2. Aufl., 2005; *Jagenburg/Kesselring,* Die Entwicklung des privaten Bauvertragsrechts seit 1998: BGB- und Werkvertragsfragen – Teil 1, NJW 2000, 3243; *Leinemann,* VOB/B, Kommentar, 2. Aufl. 2004; *Jagenburg/Reichelt,* Die Entwicklung des Privaten Bauvertragsrechts seit 1999: Bauprozessrecht und Verfahrensfragen, NJW 2001, 2439; *Jagenburg/Weber,* Die Entwicklung des privaten Bauvertragsrechts seit 1998: BGB- und Werkvertragsfragen – Teil 2, NJW 2001, 191; *Jagenburg/Weber,* Die Entwicklung des Baubetreuungs-, Bauträger- und Wohnungseigentumsrechts seit 1999, NJW 2001, 3453; *Weber/Kesselring,* Die Entwicklung des BGB-Werkvertrags- und Bauträgerrechts in den Jahren 2001 bis 2004, NJW 2004, 3469.

1. Begriff und Rechtsnatur

B 101 **a) Begriff.** Beim Baubetreuervertrag verpflichtet sich der Betreuer, im Namen und für Rechnung des Betreuten die Errichtung eines Bauwerkes vorzubereiten oder durchzuführen.[1] Schließt der Baubetreuer Verträge, so berechtigt und verpflichtet er unmittelbar den Betreuten.[2]

B 102 **b) Rechtsnatur.** Wird dem Betreuer, wie im Regelfall, „die wirtschaftliche und technische Durchführung des Bauvorhabens im Namen und auf Rechnung des Bauherrn übertragen, so liegt im Verhältnis zum Bauherrn ein Werkvertrag vor, der eine Geschäftsbesorgung zum Gegenstand hat".[3] Ebenso kommt aber die Möglichkeit in Betracht, dass sich die geschuldete Leistung lediglich auf die organisatorische und wirtschaftliche Betreuung, nicht aber die technische Planung und Bauleitung bezieht. In diesem Falle liegt ein Dienstvertrag vor, der eine Geschäftsbesorgung zum Gegenstand hat.[4]

---

[1] BGH NJW 1981, 757, 757. Der BGH, a.a.O., nennt außerdem unter Berufung auf § 34 c I Nr. 2 b GewO die Gewerbsmäßigkeit des Handelns als Merkmal des Baubetreuers. Ebenso z. B. OLG Saarbrücken, Urt. v. 13. 1. 2004, Az: 4 U 276/03, BeckRS unter I.1.a.bb; *Ulmer/Christensen* Anh. § 310 Rz 150. Indessen enthält § 34 c I Nr. 2 b GewO keine Definition des Baubetreuers, sondern regelt die Frage, wann sein Handeln erlaubnispflichtig ist.

[2] BGH NJW 1981, 757, 757; *Ulmer/Christensen* Anh. § 310 Rz 150.

[3] BGH NJW 1994, 2825, 2825.

[4] Im Einzelnen str. Wie hier z. B. *Palandt/Sprau* § 675 Rz 15. Ausführlich zum Meinungsstand OLG Saarbrücken, Urt. v. 13. 1. 2004, Az: 4 U 276/03, BeckRS unter I.1.a.bb.

c) Abgrenzung. Vom Bauträgervertrag unterscheidet sich der Baubetreuervertrag dadurch, dass der Baubetreuer im Namen des Bauherrn, der Bauträger dagegen im eigenen Namen handelt.[1] **B 103**

2. Anwendbares Recht und VOB/B

a) AGB-Recht. Regelmäßig stellt der Baubetreuer seine AGB, so dass die §§ 305 ff. Anwendung finden. **B 104**

b) MaBV. Von wesentlicher Bedeutung ist zudem die Makler- und Bauträgerverordnung (MaBV)[2] vom 11. 6. 1974. Verstöße gegen die MaBV werden nach § 18 MaBV als Ordnungswidrigkeiten geahndet. Zwar führt nicht jeder Verstoß gegen die MaBV zur Unwirksamkeit der relevanten Klausel nach § 134.[3] Etwas anderes gilt jedoch für die §§ 2–8 MaBV.[4] Diese enthalten verschiedene Regelungen zum Schutz des Bauinteressenten bei der Vertragsgestaltung und -durchführung. Nach § 12 MaBV dürfen diese (öffentlich-rechtlichen) Pflichten vertraglich nicht ausgeschlossen werden, und § 12 MaBV ist als Verbotsgesetz im Sinne des § 134 einzustufen.[5] Auf das Gleiche läuft es hinaus, wenn man aus § 12 MaBV ableitet, dass es sich bei den §§ 2–8 um Verbotsgesetze im Sinne des § 134 handelt.[6] Zu beachten ist allerdings, dass der Verstoß gegen die MaBV grundsätzlich nicht den ganzen Vertrag unwirksam macht.[7] Zwar bestimmt § 139, dass die Teilnichtigkeit eines Rechtsgeschäfts zur Gesamtnichtigkeit führt, wenn nicht anzunehmen ist, dass es auch ohne den nichtigen Teil vorgenommen worden wäre. Doch liefe eine solche Rechtsfolge dem von den §§ 2–8 bezweckten Schutze des Bauherrn zuwider. Denn der Bauherr wäre mit der aus der Nichtigkeit des Baubetreuungsvertrages folgenden Situation regelmäßig überfordert.[8] Daher gilt der Rest des Vertrages entgegen der Auslegungsregel des § 139 weiter. Verstößt also eine Klausel z. B. gegen § 3 II MaBV, so ist zwar die gesamte Zahlungsvereinbarung nach § 134 nichtig.[9] Doch bleibt der Vertrag im Übrigen wirksam.[10] Darüber hinaus sind AGB-Klauseln, die gegen die §§ 2–8 MaBV verstoßen, auch unangemessen im Sinne des § 307.[11] Dies folgt nicht nur daraus, dass die Verletzung der §§ 2–8 eine nicht hinzunehmende Benachteiligung impliziert. Vielmehr ist auch an den allgemeinen Grundsatz zu erinnern, dass eine Klausel, die zwingendem Recht zuwiderläuft, stets gemäß § 307 I 2 wegen Intransparenz unangemessen ist, weil sie geeignet ist, den Verwendungsgegner über die Rechtslage zu täuschen und ihn von der Geltendmachung seiner Rechte abzuhalten.[12] Zu beachten ist ferner, dass im Falle eines Verstoßes gegen die §§ 2–8 MaBV **keine geltungserhaltende Reduktion** der relevanten Abrede in Betracht **B 105**

---

[1] BGH NJW 1981, 757, 757.

[2] Verordnung über die Pflichten der Makler, Darlehens- und Anlagenvermittler, Bauträger und Baubetreuer v. 20. 6. 1974, BGBl. I, S. 1314; neugef. durch Bek. v. 7. 11. 1990, BGBl. I, 2479, zuletzt geändert durch G. v. 21. 6. 2005, BGBl. I, S. 1666.

[3] OLG Frankfurt NJW 1979, 878, 879 betr. Mangel bei der Schriftform der in der MaBV vorgeschriebenen Informationen.

[4] Für Unwirksamkeit einer Klausel gemäß § 134 im Falle eines Verstoßes gegen § 3 II MaBV z. B. BGH, Urt. v. 22. 3. 2007, Az.: VII ZR 268/05, unter II.2.b).

[5] Zutreffend BGH NJW 2001, 818, 819; BGH NJW 1999, 51, 52.

[6] S. z. B. *Ulmer/Christensen* Anh. § 310 Rz 152.

[7] Ebenso BGH NJW 2001, 818, 819 für den Fall eines Verstoßes gegen § 3 II MaBV.

[8] In diesem Sinne auch BGH NJW 2001, 818, 819 für den Fall eines Verstoßes gegen § 3 II MaBV.

[9] BGH, Urt. v. 22. 3. 2007, Az.: VII ZR 268/05 unter II. 2. b.

[10] So implizit BGH, Urt. v. 22. 3. 2007, Az.: VII ZR 268/05 unter II. 2. c).

[11] Zutreffend *Ulmer/Christensen* Anh. § 310 Rz 152.

[12] Vgl. BGH GRUR 2005, 62, 64, dem zufolge AGB, die gegen zwingendes Recht verstoßen und aus diesem Grunde unwirksam nichtig sind, den Verwendungsgegner unangemessen benachteiligen.

kommt. Dies ergibt sich im Falle einer ABG-mäßigen Vereinbarung schon aus dem AGB-rechtlichen Verbot der geltungserhaltenden Reduktion. Doch auch im Rahmen des § 134 gilt nicht anderes.[1] Ist eine Regelung unwirksam, weil sie gegen die §§ 2–8 MaBV verstößt, so treten an ihre Stelle die Vorschriften des BGB.[2] S. noch Anh. § 310 Rz B 137 ff.

B 106 **c) RBerG.** Zur Frage, unter welchen Voraussetzungen die geschuldete Leistung sich als erlaubnispflichtige Rechtsberatung darstellt, siehe ausführlich unter Anh. § 310 Rz B 135 (Bauträgervertrag).

B 107 **d) VOB/B.** Der Baubetreuer erbringt keine Bauleistung im Sinne der VOB/B.[3] Die Ausnahmeregelungen in den §§ 308 Nr. 5, 309 Nr. 8 b finden also keine Anwendung.[4] Gleiches muss für den an anderer Stelle diskutierten[5] Grundsatz gelten, dass die VOB/B als insgesamt einigermaßen ausgewogene Regelung im Falle ihrer Vereinbarung als Ganzes der Inhaltskontrolle nach § 307 standhält.

3. Haftung

B 108 **a) Gesetzliche Ausgangslage.** Da der Baubetreuer als Vertreter des Bauherrn agiert, sind die Unternehmer, mit denen der Baubetreuer im Namen des Bauherrn Verträge abschließt, keine Erfüllungsgehilfen (§ 278) des Baubetreuers. Der Baubetreuer haftet jedoch für eigene Pflichtverletzungen. Insofern gilt vorbehaltlich der konkreten Vertragsgestaltung, dass der Baubetreuer ebenso wenig wie der Architekt verpflichtet ist, „das Bauwerk als körperliche Sache herzustellen, sondern er [...] nur die ordnungsgemäße Erbringung der in den Bereichen Planung, Vergabe und Überwachung übernommenen Leistungen [schuldet]".[6] Demgemäß „haftet der Baubetreuer [...] nur, wenn seine Leistung mangelhaft ist und dieser Mangel zu einem Fehler des Bauwerks führt".[7] Dabei ist allerdings zu berücksichtigen, dass es grundsätzlich zur Überwachungspflicht des Baubetreuers gehört, die Leistungen der beauftragen Unternehmer auf ihre Mangelfreiheit hin zu überprüfen.[8] Übernimmt der Baubetreuer über die Betreuung hinaus die Aufgabe eines Architekten, so treffen ihn auch die von einem Architekten zu erfüllenden Pflichten.[9]

B 109 **b) Haftungsbeschränkungen.** Zu AGB-Klauseln, die die Haftung des Baubetreuers beschränken, kann grundsätzlich auf das an anderer Stelle zu Haftungsausschlüssen und Haftungsbeschränkungen Gesagte verwiesen werden.[10] Besonders zu beachten ist, dass die Abbedingung von Überwachungspflichten ebenfalls einen Haftungsausschluss bewirkt und damit gegenüber Verbrauchern richtigerweise schon nach § 309 Nr. 7 unwirksam ist.[11]

B 110 **c) Beispiele.** Gemäß § 307 III 1 unbedenklich ist eine Klausel, der zufolge der Bauherr nicht für das Verschulden der von ihm im Namen des Bauherrn beauftrag-

---

1 Ebenso BGH NJW 2001, 818, 820 für den Fall eines Verstoßes gegen § 3 II MaBV.

2 Ebenso BGH NJW 2001, 818, 820 für den Fall eines Verstoßes gegen § 3 II MaBV.

3 I. E. wohl auch *Ulmer/Christensen* Anh. § 310 Rz 153.

4 Wie hier *Ulmer/Christensen* Anh. § 310 Rz 153.

5 S. § 310 Rz V 419–425.

6 BGH NJW 1994, 2825, 2825.

7 BGH NJW 1994, 2825, 2825.

8 Vgl. BGH NJW 1994, 2825, 2826: Pflicht eines mit der technischen Betreuung des Bauvorhabens betrauten Baubetreuers, „die dem Architekten übertragene Planung auf ihre Mangelfreiheit zu prüfen und dafür zu sorgen, dass vorhandene Planungsmängel nachgebessert werden".

9 BGH NJW-RR 2000, 1547, 1547.

10 S. insbesondere § 309 Nr. 7 Rz 90 ff.

11 Dazu, dass die Abbedingung vertraglicher Pflichten einen Haftungsausschluss im Sinne des § 309 Nr. 7 darstellen kann, siehe § 309 Nr. 7 Rz 50.

ten Unternehmer haftet. Ebenso nach § 307 III 1 der Inhaltskontrolle entzogen ist eine Klausel des Inhalts: „Eine Gewährleistung des Betreuers für Bauleistungen besteht nicht."[1] Nach § 309 Nr. 8 b aa sowie nach § 307 unwirksam ist aber z. B. eine Klausel, die die Haftung des Betreuers generell auf fahrlässige Pflichtverletzungen beschränken will, weil damit die bei fehlendem Verschulden bestehenden werkvertraglichen Mängelrechte ausgeschlossen werden.[2]

d) Substitutionsklauseln. Substitutionsklauseln, die die Abwälzung von Pflichten auf Dritte vorsehen, führen dazu, dass der Verwender sich selbst von den relevanten Pflichten freizeichnet. Darin liegt zugleich ein mittelbarer Haftungsausschluss, so dass die für Haftungsausschlüsse geltenden Grundsätze Anwendung finden müssen. Gegenüber Verbrauchern verstoßen Substitutionsklauseln demgemäß gegen § 309 Nr. 7.[3] Darüber hinaus werden Substitutionsklauseln nach richtiger Auffassung auch von § 309 Nr. 10 erfasst.[4] Da § 309 Nr. 10 auch auf Geschäftsbesorgungsverträge anwendbar ist,[5] ist eine Substitutionsklausel in einem Baubetreuervertrag also auch an § 309 Nr. 10 zu messen.[6] **B 111**

e) Klauselauslegung. Bei der Überwachung der Leistungen der eingeschalteten Unternehmer handelt es sich um eine wesentliche Pflicht des Verwenders. Bestimmen die AGB des Baubetreuers, dass der Baubetreuer „[d]ie [...] technischen Betreuungsleistungen [...] selbst oder durch Dritte, insbesondere dadurch erbringen [kann], dass er den bauausführenden Architekten oder Unternehmer mit der Wahrnehmung der [im Vertrag] aufgeführten Betreuungsleistungen im Namen und für Rechnung [des Betreuten] betraut", so kann diese Klausel jedenfalls im Rahmen der kundenfreundlichen Auslegung nicht dahingehend verstanden werden, dass im Falle der Hinzuziehung eines Dritten „die Verantwortung auf den Dritten übergehen soll".[7] Vielmehr erlaubt die Klausel mit Blick auf die Betreuungsleistung lediglich die Hinzuziehung von Gehilfen.[8] **B 112**

4. Vertragsbeendigung

a) Allgemeines. Mit Blick auf Klauseln, die das Recht zur Vertragsbeendigung sowie die Folgen der Vertragsbeendigung regeln, ist danach zu differenzieren, ob im konkreten Fall ein Werk- oder ein Dienstvertrag gegeben ist. **B 113**

b) Werkvertrag. Handelt es sich bei dem Baubetreuungsvertrag wie in der Regel um einen Werkvertrag, der eine Geschäftsbesorgung zum Gegenstand hat, so steht dem Betreuten ein Kündigungsrecht nach § 649 S. 1 zu. **B 114**

aa) Erweiterung des Kündigungsrechts. Behält sich der Betreuer als Verwender formularmäßig ein Rücktritts- oder Kündigungsrecht vor, so muss dieses den Anforderungen des § 308 Nr. 3 genügen, wenn der Bauherr Verbraucher ist. Erforderlich ist also ein im Vertrag angegebener sachlicher Grund. Ein uneingeschränktes Rücktrittsrecht verstößt außerdem gegen § 307, weil der Bauherr regelmäßig **B 115**

---

[1] Ebenso i. E. OLG Saarbücken NJW-RR 1999, 1397, 1398 (zu § 9 AGBG).

[2] Für Unwirksamkeit auch OLG Saarbücken NJW-RR 1999, 1397, 1398 (zu § 11 Nr. 10 a AGBG).

[3] S. § 309 Nr. 7 Rz 21 (str.). Für die Unwirksamkeit von Substitutionsklauseln in Baubetreuungsverträgen auch *Ulmer/Christensen* Anh. § 310 Rz 151.

[4] S. § 309 Nr. 10 Rz 12–15. Wie hier OLG Saarbücken NJW-RR 1999, 1397, 1398 (zu § 11 Nr. 11 AGBG).

[5] S. § 309 Nr. 10 Rz 10. Wie hier auch OLG Saarbücken NJW-RR 1999, 1397, 1398 (zu § 11 Nr. 11 AGBG).

[6] Ebenso OLG Saarbücken NJW-RR 1999, 1397, 1398 (zu § 11 Nr. 11 AGBG).

[7] OLG Saarbücken NJW-RR 1999, 1397, 1397 (zu § 5 AGBG).

[8] OLG Saarbücken NJW-RR 1999, 1397, 1397 (zu § 5 AGBG).

mit der resultierenden Situation überfordert wäre.[1] Die Unangemessenheit einer solchen Klausel folgt schon aus § 307 II Nr. 1 i.V.m. §§ 675 I, 671 II.

B 116 **bb) Rechtsfolgen der Kündigung.** Im Fall einer Kündigung nach § 649 S. 1 hat der Unternehmer im Grundsatz einen Vergütungsanspruch nach § 649 S. 2. Sofern ausnahmsweise der Bauherr seine AGB gestellt hat, sind Klauseln, die den Vergütungsanspruch nach § 649 S. 2 ausschließen oder beschränken, anhand des § 307 zu kontrollieren.[2] Wird der Vergütungsanspruch dagegen in den AGB des Betreuers modifiziert, so sind die entsprechenden Klauseln an den §§ 307, 308 Nr. 7 sowie an dem analog anzuwendenden § 309 Nr. 5 b zu messen.[3] Als gerade noch angemessen wird man im Regelfall eine pauschale Vergütung von 5 % für den Fall anerkennen können, dass die Kündigung vor Beginn der Betreuertätigkeit erfolgt.[4] Dass die Höhe der Pauschale am Baufortschritt orientiert wird, ist nicht zu fordern.[5] Der Verwendungsgegner ist bereits durch das Verbot überhöhter Pauschalen (§ 308 Nr. 7) sowie durch die Möglichkeit des Gegenbeweises (§ 309 Nr. 5 b) hinreichend geschützt. Nach der Rechtsprechung des BGH zum Architektenvertrag mag aber je nach den Umständen außerdem erforderlich sein, dass die Vergütungspauschale die **Anrechnung des anderweitig Erworbenen** vorsieht.[6]

B 117 **c) Dienstvertrag.** Wie oben erwähnt kann der Baubetreuungsvertrag auch als Dienstvertrag ausgestaltet sein. In diesem Falle steht den Parteien in aller Regel ein Kündigungsrecht nach § 627 zu, denn bei den vom Baubetreuer erbrachten Dienstleistungen handelt sich um solche höherer Art, die üblicherweise aufgrund besonderen Vertrauens übertragen werden.[7] Außerdem besteht die Möglichkeit, aus wichtigem Grund nach § 626 oder ordentlich nach § 621 zu kündigen. Zu beachten ist aber § 671 II, der über § 675 I Anwendung findet. AGB-mäßige Regelungen über die Kündigung bzw. über die Laufzeit können regelmäßig nicht an § 309 Nr. 9 gemessen werden.[8] Denn diese Vorschrift setzt die regelmäßige Erbringung von Dienstleistungen voraus. Zwar reicht es für das Merkmal der Regelmäßigkeit aus, dass der Dienstberechtigte verpflichtet ist, die Leistungen immer wieder zu beziehen, wie dies z. B. bei Steuerberatungsverträgen und sonstigen vergleichbaren Betreuungsverträgen der Fall ist.[9] Selbst daran fehlt es jedoch bei Baubetreuungsverträgen, wenn „die [...] zu erbringenden Leistungen allein mit dem jeweils betroffenen Bauvorhaben verknüpft und insoweit nur auf einen einmaligen ‚Erfolg' ausgerichtet" sind.[10] Möglich bleibt jedoch eine Kontrolle nach § 307. Nach § 307 I, II Nr. 1 unwirksam ist der Ausschluss des Kündigungsrechts nach § 627.[11] Demgegenüber geht der BGH zu Recht davon aus, dass der Ausschluss der ordentlichen Kündigung nach § 621 für sich genommen grundsätzlich nicht unangemessen ist.[12] Dies gilt allerdings grundsätzlich nur dann, wenn die ordentliche Kündigung für

---

1 Überzeugend *Ulmer/Christensen* Anh. § 310 Rz 154.

2 S. dazu Anh. § 310 Rz S 300.

3 S. hierzu § 308 Nr. 7 Rz 35 a.

4 Ebenso wohl *Palandt/Heinrichs* § 307 Rz 85; großzügiger aber *Ulmer/Christensen* Anh. § 310 Rz 154: 10% des Festpreises nicht zu beanstanden.

5 A.A. wohl *Ulmer/Christensen* Anh. § 310 Rz 154.

6 S. hierzu § 308 Nr. 7 Rz 35a.

7 Ebenfalls für ein Kündigungsrecht nach § 627, allerdings unter Hinweis auf die Tatsachenfeststellungen der Vorinstanz, BGH NZBau 2005, 509 unter II a bb (2).

8 BGH NZBau 2005, 509, 510.

9 BGH NZBau 2005, 509, 510 f.

10 BGH NZBau 2005, 509, 511.

11 BGH NZBau 2005, 509, 511. Der BGH, a.a.O., lässt ausdrücklich offen, ob es sich hier um einen ausnahmefähigen Grundsatz handelt, betont aber, dass jedenfalls im Falle des Baubetreuungsvertrages keine Gründe ersichtlich seien, die eine Ausnahme rechtfertigen könnten.

12 BGH NZBau 2005, 509, 511.

beide Seiten gleichermaßen ausgeschlossen wird.[1] Denn es ist dem Verwendungsgegner grundsätzlich nicht zumutbar, für die gesamte Dauer des Projekts gebunden zu sein und entsprechen disponieren zu müssen, während der Verwender sich jederzeit (§ 621 Nr. 5) durch Kündigung vom Vertrag lösen kann.

6. Sonstige Klauseln

Mietgarantie. Gemäß § 307 unwirksam ist eine Klausel, der zufolge dem Baubetreuer eine für die Vermietung des Bauobjekts und die Übernahme der Mietgarantie vereinbarte Vergütung auch dann zusteht, wenn der Bauherr diese Leistung einverständlich nicht in Anspruch nimmt.[2] **Musterprozessklauseln.** Wie bereits dargelegt, schließt der Baubetreuer im Namen des Bauherrn Verträge mit Unternehmern ab. In diesen Verträgen darf das Klagerecht der Unternehmer gegen die Bauherren aus dem Bauvertrag nicht unbillig eingeschränkt werden. Gemäß § 307 unwirksam ist daher eine so genannte Musterprozessklausel, der zufolge der Auftragnehmer bei mehreren in einer GbR zusammengeschlossenen Bauherren zur Kostenersparnis nur einen vom Baubetreuer benannten Bauherrn verklagen darf.[3] Die Verjährung des Werklohnanspruchs wird durch die unwirksame Klausel allerdings nicht gehemmt.[4] Zu **Vollmachtsklauseln** siehe allgemein Anh. § 310 Rz V 471–500. Die Erteilung einer Vollmacht an den Betreuer, namens des Betreuten (Bauherrn) Verträge mit den Bauhandwerkern abzuschließen, entspricht der Zielsetzung des Baubetreuungsvertrages. Eine entsprechende Klausel verstößt daher grundsätzlich nicht gegen § 307.[5] Dies gilt auch dann, wenn der Baubetreuer dem Bauherrn einen Festpreis zusichert.[6] Gemäß § 307 unwirksam ist aber eine Klausel, die eine generelle Befreiung vom Verbot des Selbstkontrahierens vorsieht. Zudem ist stets genau zu prüfen, ob tatsächlich ein Baubetreuervertrag gegeben ist. Schuldet der Verwender die schlüsselfertige Errichtung eines Bauwerks, so liegt kein Baubetreuungsvertrag, sondern ein gewöhnlicher Bauvertrag bzw. ein Generalübernehmervertrag[7] vor.[8] Eine Klausel, der zufolge der Bauherr den Unternehmer bevollmächtigt, „in seinem Namen alle Handwerker zu beauftragen, die zur Fertigstellung des Bauwerkes gem. dieses Vertrages erforderlich sind", ist dann gemäß § 305 c I überraschend[9] und zudem unwirksam im Sinne des § 307.[10] **B 118–130**

*

---

[1] Wohl a.A. insofern BGH NZBau 2005, 509, 511. Immerhin begründet der BGH die Wirksamkeit des Ausschlusses der ordentlichen Kündigung damit, dass „gute Gründe für eine Regelung im Rahmen von [Baubetreuungsdienstverträgen] denkbar [sind], durch die bei umfangreichen Projekten – wie hier – zur Sicherung beider Vertragspartner die (jederzeitige) ordentliche Kündigung für beide Seiten ausgeschlossen wird".

[2] BGH NJW 1984, 2162, 2163 (zu § 9 AGBG). Zustimmend z. B. *Palandt/Heinrichs* § 307 Rz 85.

[3] BGHZ 92, 13 = NJW 1984, 2408, 2409 (zu § 9 AGBG); MünchKomm/*Basedow* § 307 Rz 122.

[4] BGH NJW 1988, 197, 197.

[5] OLG München NJW 1984, 63, 64 (zu § 9 ABGG); *Palandt/Heinrichs* § 307 Rz 84.

[6] OLG München NJW 1984, 63, 64 (zu § 9 ABGG); BGHZ 67, 334, 336 (vor Erlass des AGBG); *Palandt/Heinrichs* § 307 Rz 84.

[7] Der Generalübernehmervertrag zeichnet sich dadurch aus, dass die Parteien sich darüber klar sind, dass der Generalübernehmer die Errichtung des Bauwerks nicht durch den eigenen Betrieb, sondern durch Einschaltung Dritter erreichen soll. Ähnlich z. B. MünchKomm/*Busche* § 631 Rz 234. Ungeachtet der Tatsache, dass die Parteien von vornherein die Einschaltung Dritter ins Auge fassen, soll sich der Besteller beim Generalübernehmervertrag nur einem Vertragspartner gegenübersehen und keinem zusätzlichen Preisrisiko ausgesetzt sein. BGH NJW-RR 2002, 1312, 1313.

[8] Gegen die Annahme eines Baubetreuungsvertrags auch BGH NJW-RR 2002, 1312, 1312: Gegeben sei ein Generalübernehmervertrag.

[9] Ebenso, bei Annahme eines Generalübernehmervertrags, BGH NJW-RR 2002, 1312, 1312 (zu § 3 AGBG).

[10] Für Unwirksamkeit wohl auch *Palandt/Heinrichs* § 307 Rz 84.

Bauträgervertrag

Inhaltsübersicht

Schrifttum: *Albrecht,* Der Tausch mit dem Bauträger, DNotZ 1997, 269; *Basty,* Der Bauträgervertrag: Schwerpunkte der Vertragsgestaltung, 5. Aufl., 2006; *Auktor,* Zwang zur Geltendmachung des Nachbesserungsanspruchs des Wohnungseigentümers gegen den Bauträger, NZM 2002, 239; *Blank,* Zulässigkeit einer Notaranderkontenregelung für die letzte Kaufpreisrate im Bauträgervertrag, DNotZ 1997, 298; *Brambring,* AGB-Gesetz und Gewährleistungsregelung im Bauträgervertrag, NJW 1978, 777; *ders.*, Sachmängelhaftung beim Bauträgervertrag und bei ähnlichen Verträgen, NJW 1987, 97; *Brandhofer,* Nachträgliche Kaufpreisanpassung wegen gemeinschaftlichen Irrtums über den Ertragswert einer vom Bauträger erworbenen Immobilie in den neuen Bundesländern, NZBau 2002, 78; *Brück/Reichelt,* Die Entwicklung des privaten Bauvertragsrechts seit 2002: VOB/B, NJW 2005, 2273; *Brych,* VOB-Gewährleistung im Bauträgervertrag, NJW 1986, 302; *Brych/Pause,* Bauträgerkauf und Baumodelle, 4. Aufl., 2004; *Derleder,* Der Bauträgervertrag nach der Schuldrechtsmodernisierung – Die Auswirkungen auf die Sachmängelgewährleistung, NZBau 2004, 237; *Franke (Hrsg.),* VOB-Kommentar Bauvergaberecht, Bauvertragsrecht, Bauprozessrecht, 2. Aufl., 2005; *Grziwotz/Koeble,* Handbuch Bauträgerrecht, 2004; *Grziwotz,* MaBV-Bürgschaft und Vorleistungspflicht im Bauträgervertrag, NJW 1994, 2745; *Jagenburg/Kesselring,* Die Entwicklung des privaten Bauvertragsrechts seit 1998: BGB- und Werkvertragsfragen – Teil 1, NJW 2000, 3243; *Jagenburg/Weber,* Die Entwicklung des privaten Bauvertragsrechts seit 1998: BGB- und Werkvertragsfragen – Teil 2, NJW 2001, 191; *Jagenburg/Weber,* Die Entwicklung des Baubetreuungs-, Bauträger- und Wohnungseigentumsrechts seit 1999, NJW 2001, 3453; *Kaiser,* Nochmals: VOB/B und Bauträgervertrag, BauR 1984, 227; *Kniffka,* Zur Zulässigkeit der Zwangsvollstreckung aus Unterwerfungserklärungen in Bauträgerverträgen, ZfBR 1992, 195; *ders.*, Verbotswidriger Einzug von Raten durch Bauträger, NZBau 2000, 552; *Locher/Koeble,* Baubetreuungs- und Bauträgerrecht, 4. Aufl., 1985; *Mehrings,* Einbeziehung der VOB/B in den Bauträgervertrag, NJW 1998, 2357; *Pause,* Erwerb modernisierter, sanierter und ausgebauter Altbauten vom Bauträger, NZBau 2000, 234; *Reithmann,* Erwerber, Bauträger, Bank – Interessenausgleich im Bauträgervertrag, NJW 1997, 1816; *Reithmann/Meichssner/von Heymann,* Kauf vom Bauträger, 7. Aufl. 1995; *Reski,* Der Bauträgervertrag vor und nach der Schuldrechtsmodernisierung, 2005; *Schubert,* „Private" Bauträger und gewerblicher Grundstückshandel, DStR 2003, 573; *Sorge/Vollrath,* Das Ende vom Ende des Bauträgervertrages – Bericht über die Tagung des DAI vom 24. 3. 2001 in München, DnotZ 2001, 261; *Ullmann,* Der Bauträgervertrag – quo vadit, NJW 2002, 1073; *Usinger,* Fälligkeits- und Hinterlegungsvereinbarungen in Bauträgerverträgen, NJW 1987, 934; *Weber/Kesselring,* Die Entwicklung des BGB-Werkvertrags- und Bauträgerrechts in den Jahren 2001 bis 2004, NJW 2004, 3469.

1. Begriff und Rechtsnatur

B 131 Beim Bauträgervertrag übernimmt der Bauträger die Planung und Errichtung eines Bauwerkes in eigenem Namen[1] für einen Erwerber, der noch nicht Eigentümer des Baugrundstücks ist, dieses aber erwerben soll. Die Errichtung erfolgt entweder auf Rechnung des Erwerbers, oder es wird ein Festpreis vereinbart, so dass der Bauträger auf eigene Rechnung den Bau durchführt.[2] Der Bauträgerver-

[1] BGH NJW 1981, 757, 757.
[2] BGH NJW 1981, 757, 757.

trag ist ein Vertrag eigener Art, der wichtige Elemente des Werkvertrags (Errichtung eines Bauwerks), zugleich aber auch des Kaufvertrags (Verschaffung des Allein- oder Miteigentums am Baugrundstück) und meist auch der Geschäftsbesorgung enthält.[1] Vom Baubetreuervertrag unterscheidet sich der Bauträgervertrag dadurch, dass der Bauträger im eigenen Namen handelt.[2]

2. VOB/B

Die VOB/B passt auf den Bauträgervertrag nicht. Denn der Bauträger erbringt nach richtiger Auffassung keine Bauleistung im Sinne der VOB/B.[3] Unter Bauleistungen sind nämlich lediglich solche Maßnahmen zu verstehen, mit denen Bauwerke unmittelbar geschaffen, erhalten oder verändert werden.[4] Erfasst sind also z. B. bei Maurer-, Putzer- oder Tischlerarbeiten.[5] Schon Vorbereitungsmaßnahmen wie die Einrichtung der Baustelle, die Aufstellung von Baumaschinen oder die Lagerung von Baustoffen gehören aber nicht mehr zu den Bauleistungen.[6] Erst recht daher kann die Tätigkeit des nicht selbst bei der unmittelbaren Errichtung des Bauwerks mitwirkenden Bauträgers nicht als Bauleistung angesehen werden.[7] Demgemäß kann die VOB/B auch nicht ohne Abänderung in einen Bauträgervertrag und damit auch niemals als Ganzes in einen Bauträgervertrag einbezogen werden.[8] Die in den §§ 308 Nr. 5, 309 Nr. 8 b ff. vorgesehenen Ausnahmeregelungen finden also keine Anwendung;[9] und auch eine Privilegierung der VOB/B als Ganzes im Rahmen der Angemessenheitskontrolle nach § 307 scheidet aus.[10] **B 132**

3. Anwendbares Recht

a) AGB-Recht. Regelmäßig stellt der Bauträger seine AGB, die dann der Kontrolle anhand der §§ 305 ff unterliegen. Dabei ist mit Blick auf das Vorliegen von AGB eine Besonderheit hinsichtlich der **Darlegungslast** zu beachten. Grundsätzlich muss die sich auf den Schutz des AGB-Rechts berufende Partei darlegen und beweisen, dass die Voraussetzungen für das Vorliegen von AGB erfüllt sind.[11] Im Falle eines Bauträgervertrages genügt der Erwerber seiner Darlegungslast jedoch schon durch Vorlage eines Bauträgervertrages, der seiner inhaltlichen Gestaltung nach für eine mehrfache Verwendung entworfen zu sein scheint und vom Bauträger gestellt wurde.[12] **B 133**

b) MaBV. Von zentraler Bedeutung ist zudem die Makler- und Bauträgerverordnung (MaBV). Siehe hierzu schon § 310 Rz B 105. Klauseln, die gegen die §§ 2 bis 8 **B 134**

---

[1] BGHZ 92, 123, 126. Ähnlich *Ullmann* NJW 2002, 1073, 1074: Kauf- und werkvertragliche Elemente.

[2] BGH NJW 1981, 757, 757.

[3] Vgl. BGH NJW 2002, 511, 511: keine Bauleistung im Sinne des § 11 Nr. 10 b AGBG.

[4] OLG Köln NJW 1986, 330, 330 (zu § 11 Nr. 10 AGBG).

[5] OLG Köln NJW 1986, 330, 330 (zu § 11 Nr. 10 AGBG).

[6] OLG Köln NJW 1986, 330, 330 (zu § 11 Nr. 10 AGBG).

[7] OLG Köln NJW 1986, 330, 330 (zu § 11 Nr. 10 AGBG).

[8] Insoweit wohl a.A. OLG Köln NJW 1986, 330, 330 (zu § 11 Nr. 10 AGBG).

[9] Ebenso BGH NJW 2002, 511, 511 (zu § 11 Nr. 10 b AGBG); OLG Köln NJW 1986, 330, 330 (zu § 11 Nr. 10 b AGBG); MünchKomm/*Basedow* § 307 Rz 76 (zu § 309 Nr. 8 b ff).

[10] Insoweit wohl a.A. OLG Köln NJW 1986, 330, 330 (zu § 9 AGBG).

[11] BGH NJW-RR 2002, 13, 14 (zum AGBG).

[12] BGH NJW 1992, 2160, 2162 (zum AGBG). Ähnlich BGH NJW-RR 2002, 13, 14 (zum AGBG): Ausreichend sei die Vorlage des mit dem Bauträger abgeschlossenen Vertrages, wenn der Vertragspartner gewerblich als Bauträger tätig ist und der Vertrag „Klauseln enthält, die typischerweise in Bauträgerverträgen verwendet werden." Hervorzuheben ist, dass beide Entscheidungen materielle Verträge betrafen.

MaBV verstoßen, sind nach § 134 sowie nach § 307 unwirksam.[1] Eine geltungserhaltende Reduktion der Klausel kommt weder im Rahmen des § 307 noch im Rahmen des § 134 in Betracht.[2] Allerdings bleibt der Vertrag im Übrigen wirksam.[3] An die Stelle der unwirksamen Klausel tritt das dispositive Recht.[4] Speziell zu § 3 II MaBV siehe noch Rz B 137–142.

B 135 **c) RBerG.** Gemäß Art. 1 § 1 I RBerG ist die geschäftsmäßige Besorgung fremder Rechtsangelegenheiten erlaubnispflichtig. Fehlt es an der relevanten Erlaubnis, so ist der auf die Besorgung fremder Rechtsangelegenheiten gerichtete Vertrag gemäß § 134 unwirksam.[5] Der gewöhnliche Bauträgervertrag ist hiervon nicht betroffen. Denn gemäß Art. 1 § 5 Nr. 1 RBerG greift die Erlaubnispflicht nicht ein, wenn gewerbliche Unternehmer für ihre Kunden rechtliche Angelegenheiten erledigen, die mit einem Geschäft ihres Gewerbebetriebs in unmittelbarem Zusammenhang stehen. Auch der Baubetreuer im engeren Sinne, der „im Namen, in Vollmacht und für Rechnung des Betreuten das Bauvorhaben durchführt und die Verträge mit den am Bau Beteiligten abschließt", fällt unter die Ausnahmeregelung des Art. 1 § 5 Nr. 1 RBerG.[6] Allerdings sind der Ausnahmebestimmung des Art. 1 § 5 Nr. 1 RBerG Grenzen gezogen. Namentlich muss es sich bei der rechtlichen Tätigkeit um eine „Hilfs- oder Nebentätigkeit handeln, die sich im Rahmen der eigentlichen Berufsaufgabe vollzieht und deren Zweck dient, ohne dass sie untergeordnet zu sein braucht."[7] Ausgeschlossen ist die Anwendbarkeit des Art. 1 § 5 Nr. 1 RBerG demgegenüber dann, wenn die Rechtsbesorgung selbstständig neben die anderen Berufsaufgaben tritt oder gar im Vordergrund steht.[8] Erst recht kommt eine Anwendung dieser Bestimmung dann nicht in Betracht, wenn die Besorgung fremder Rechtsangelegenheiten als Hauptgeschäft oder einziges Geschäft betrieben wird.[9] Einer Erlaubnis bedarf daher insbesondere derjenige, der im Rahmen eines Bauträgermodells ausschließlich oder hauptsächlich die rechtliche Abwicklung eines Grundstückserwerbs für den Erwerber besorgt.[10] Fehlt es an der Erlaubnis, so ist ein solcher Geschäftsbesorgungsvertrag nichtig.[11] Nach dem Schutzzweck des Art. 1 § 1 I RBerG erfasst die Nichtigkeit des Geschäftsbesorgungsvertrags auch die dem Geschäftsbesorger erteilte umfassende Abschlussvollmacht,[12] und Gleiches gilt für eine zur Abgabe von Vollstreckungsunterwerfungserklärungen erteilte Prozessvollmacht.[13] Zur Frage, unter welchen Voraussetzungen die Annahme einer Rechtsscheinhaftung des Vollmachtgebers in Betracht kommt, siehe BGH NJOZ 2004, 1499, 1501.

---

1 S. Anh. § 310 Rz B 105.
2 S. Anh. § 310 Rz B 105.
3 S. Anh. § 310 Rz B 105. A.A. möglicherweise *Drasdo* NJW-Spezial 2005, 481, 482: Verstöße können zur Nichtigkeit des gesamten Vertrages führen.
4 S. Anh. § 310 Rz B 105.
5 BGH NJW 2001, 70, 71.
6 BGH NJOZ 2004, 1499, 1500.
7 BGH NJW 2001, 70, 71.
8 BGH NJW 2001, 70, 71.
9 BGH NJW 2001, 70, 71.
10 BGH NJW 2004, 839, 839; BGH NJW 2001, 70, 70 (LS).
11 BGH NJW 2004, 839, 839; BGH NJW 2001, 70, 70 (LS).
12 BGH NJOZ 2004, 1499, 1500.
13 BGH NJOZ 2004, 1499, 1500.

4. Vertragsschluss und Preis

Annahmefristen sind gegenüber Verbrauchern an § 308 Nr. 1 zu messen. Bedarf es noch der Klärung von Finanzierungsfragen oder der Prüfung der Verfügbarkeit von Subunternehmern und Lieferanten, so muss eine vierwöchige Angebotsfrist noch als angemessen eingestuft werden.[1] Anderenfalls sind allerhöchstens zwei Wochen hinnehmbar.[2] Zu **Preiserhöhungsklauseln** siehe die Ausführungen zu § 309 Nr. 1 Rz 1 ff. Zum Ausschluss der **Irrtumsanfechtung** siehe § 310 Rz V 268-271. **B 136**

5. Abschlagszahlungen und Vorleistungsklauseln

a) Allgemeines. Gemäß § 632 a kann der Unternehmer von dem Besteller für in sich abgeschlossene Teile des Werks Abschlagszahlungen für die erbrachten vertragsgemäßen Leistungen verlangen. Diese Regelung findet allerdings auf Verträge, die in den Anwendungsbereich der MaBV fallen, keine Anwendung.[3] Zwar ermächtigt Art. 244 EGBGB das BMJ, durch Rechtsverordnung auch unter Abweichung von § 632 a zu regeln, welche Abschlagszahlungen bei Verträgen über die Errichtung eines Hauses oder eines vergleichbaren Bauwerks verlangt werden können. Auch ist auf dieser Grundlage mittlerweile die Verordnung über Abschlagszahlungen bei Bauträgerverträgen (VAB)[4] erlassen worden, die auch als **Hausbauverordnung** bezeichnet wird.[5] Doch sieht der hier interessierende § 1 S. 1 VAB gerade keine Änderung des dispositiven Rechts vor, sondern beschränkt sich darauf, vertragliche Abweichungen von den §§ 641, 632 a zu erlauben. Namentlich kann der Besteller in Bauträgerverträgen gemäß § 1 S. 1 VAB zur Leistung von Abschlagszahlungen entsprechend § 3 II MaBV verpflichtet werden. Da § 3 MaBV als gewerberechtliche Vorschrift keine zivilrechtliche Wirkung hat[6] und da § 632 a auf Verträge, die in den Anwendungsbereich der MaBV fallen, keine Anwendung findet (s. o.), muss es folgerichtig bei der Geltung des § 641 I als dispositives Recht bleiben.[7] Die Richtigkeit dieser Auffassung findet ihre Bestätigung darin, dass auch der Gesetzgeber bei der Schaffung der nahezu gleich lautenden Vorgängerregelung des § 244 EGBGB, nämlich des § 27a AGBG, davon ausging, dass eine Verpflichtung zu Abschlagszahlungen im Falle von Verträgen über die Errichtung von Häusern nur nach Maßgabe des § 3 II MaBV in Betracht kommen solle.[8] Zwar hat diese Ziel- **B 137**

---

[1] Vgl. § 308 Nr. 1 Rz 15–16. In diesem Sinne auch *Ulmer/Christensen* Anh. § 310 Rz 181: Obergrenze von einem Monat. A.A. *Locher/Koeble* Rz 339: Obergrenze von 2 Monaten.

[2] Wohl stets für eine Obergrenze von einem Monat dagegen *Ulmer/Christensen* Anh. § 310 Rz 181.

[3] BGH, Urt. v. 22. 3. 2007, Az.: VII ZR 268/05 unter II. 2. c) bb) (2); OLG Celle NJW-RR 2004, 592, 593.

[4] Verordnung über Abschlagszahlungen bei Bauträgerverträgen v. 23. 5. 2001, BGBl. I, 981.

[5] S. z. B. BGH, Urt. v. 22. 3. 2007, Az.: VII ZR 268/05 unter II. 2. c) bb).

[6] So auch BGH NJW 2001, 818, 820.

[7] So auch BGH, Urt. v. 22. 3. 2007, Az.: VII ZR 268/05 unter II. 2. c).

[8] S. den Bericht des Ausschusses in BT-Drs. 14/2752, S. 14: „Mit dem neuen § 632a wird der Anspruch auf Abschlagszahlung in das Leitbild des Bürgerlichen Gesetzbuchs für den Werkvertrag eingefügt. Insbesondere der Anspruch auf Abschlagszahlungen wegen vertragsgemäß abgeschlossener Teile bedarf aber beim Vertrag über die Herstellung eines Hauses einer differenzierten Ausgestaltung, um die widerstreitenden Interessen hier auch im Hinblick auf die hohen Zahlungen zu einem gerechten Ausgleich zu bringen. Eine solche differenzierte Regelung [...] besteht für einen Teilbereich solcher Verträge, nämlich für Bauträgerverträge schon jetzt in den §§ 3 und 7 der Makler- und Bauträgerverordnung. Diese Regelung soll auf alle anderen Verträge über den Bau von Häusern ausgedehnt werden. [...] [Die neue Ermächtigung] lehnt sich an den Inhalt der §§ 3 und 7 [MaBV] an und soll damit sicherstellen, dass die zu schaffende Rechtsverordnung diesem Modell folgt. Dazu gehört in erster Linie, dass Abschlagszahlungen nur für abgeschlossene Gewerke verlangt werden."

setzung in der tatsächlichen erlassenen Verordnung keinen Ausdruck gefunden. Der Erlass der VAB bezweckte nämlich entgegen der bei der Schaffung des § 27a AGBG verfolgten Zielsetzung keine Beschränkung des Rechts auf Abschlagszahlungen mehr. Vielmehr sollten die infolge des Urteils des BGH[1] vom 22. 12. 2000 geweckten Zweifel[2] an der Wirksamkeit einer dem § 3 II MaBV entsprechenden Abschlagszahlungsklausel ausgeräumt werden.[3] Der Erlass der Verordnung diente also dem Schutz des Bauträgers, nicht der Beschneidung seiner nach dem BGB gegebenen Rechte. Dem genannten Schutzzweck der VAB läuft es auf den ersten Blick zuwider, diese Verordnung als Rechtfertigung dafür heranzuziehen, den Bauträgervertrag vom Anwendungsbereich des § 632 a auszunehmen. Doch muss die Zwecksetzung der Verordnungsermächtigung maßgeblich sein, da von einer Verordnungsermächtigung schon aus verfassungsrechtlichen Gründen (Art. 80 I GG) nur nach Maßgabe ihrer Zwecksetzung Gebrauch gemacht werden kann.

B 138 **b) Die Vorgaben des § 3 II MaBV.** § 641 I ist abdingbar.[4] Der Bauträger kann sich also vertraglich ein Recht auf Abschlagszahlungen ausbedingen.[5] Dabei muss er allerdings die Grenzen des § 3 II MaBV sowie des § 307 beachten.

B 139 **aa) § 134.** Vereinbarungen, die gegen die §§ 3 II, 12 MaBV verstoßen sind nach § 134 unwirksam.[6] Handelt es sich bei den relevanten Vertragsbestimmungen um AGB, so ergibt sich ihre Unwirksamkeit außerdem aus § 307.[7] Allerdings bleibt der Vertrag trotz des Verstoßes gegen § 134 und entgegen der Auslegungsregel des § 139 im Übrigen wirksam.[8] Unwirksam ist lediglich die Zahlungsvereinbarung.[9] Schwierigkeiten bereitet aber die Frage, welche Regelung an die Stelle der wegen Verstoßes gegen § 3 II MaBV unwirksamen Regelung treten soll. Der BGH hatte in einer Entscheidung aus dem Jahre 2000 betont, eine geltungserhaltende Reduktion der Klausel müsse selbst im Rahmen des § 134 ausscheiden.[10] Auch könne § 3 II MaBV nicht ersatzweise herangezogen werden, da diese Vorschrift als gewerberechtliche Regelung gerade keine Norm des Zivilrechts darstelle.[11] Und auch eine ergänzende Vertragsauslegung mit dem Ergebnis einer dem § 3 II MaBV entsprechenden Regelung komme nicht in Betracht.[12] Denn eine ergänzende Vertragsauslegung müsse ausscheiden, wenn sich die Regelungslücke aus der Unwirksamkeit einzelner Vertragsbestimmungen ergebe und dispositives Recht zur Verfügung stehe, das die Lücke schließe.[13] Es gelte also Werkvertragsrecht.[14] Dem ist voll und ganz zuzustimmen. Fraglich kann allenfalls sein, ob an dieser Rechtsprechung auch heute noch festzuhalten ist. Dem mag auf den ersten Blick der zwischenzeitliche Erlass der Verordnung über Abschlagszahlungen bei Bauträgerverträgen (VAB)[15] entgegenstehen. Gemäß § 1 S. 1 VAB kann der Besteller in Bauträgerverträgen zur

---

[1] BGH NJW 2001, 818.

[2] S. insbesondere *Thode* ZfIR 2001, 345, 345 ff.; *Pause* NZBau 2001, 181, 181 ff.; *Quack* BauR 2001, 507, 507 ff; *Glöckner* BauR 2001, 535, 535 ff.

[3] S. nur *Ullmann* NJW 2002, 1073, 1073; *Jagenburg/Weber* NJW 2001, 3453, 3456.

[4] S. nur *Palandt/Sprau* § 641 Rz 9.

[5] MünchKomm/*Busche* § 632a Rz 49.

[6] S. § 310 Rz B 105.

[7] S. § 310 Rz B 105.

[8] S. § 310 Rz B 105. Allgemein zu Vorleistungsklauseln s. § 309 Nr. 2 Rz 8 ff, § 309 Nr. 3 Rz 20, § 310 Rz V 491 ff.

[9] BGH, Urt. v. 22. 3. 2007, Az.: VII ZR 268/05 unter II. 2. b).

[10] BGH NJW 2001, 818, 820.

[11] BGH NJW 2001, 818, 820.

[12] BGH NJW 2001, 818, 820.

[13] BGH NJW 2001, 818, 820.

[14] BGH NJW 2001, 818, 820.

[15] Verordnung über Abschlagszahlungen bei Bauträgerverträgen v. 23. 5. 2001, BGBl. I, 981.

Leistung von Abschlagszahlungen entsprechend § 3 II MaBV verpflichtet werden. Die zum Teil geäußerten Zweifel an der Wirksamkeit dieser Verordnung sind unbegründet.[1] Vor diesem Hintergrund wird in der Literatur teilweise angenommen, dass eine gegen § 3 II verstoßende Regelung nunmehr auf das nach der MaBV zulässige Maß zu beschränken sei.[2] Dem ist jedoch mit dem **BGH** zu widersprechen.[3] Denn § 1 S. 1 VAB bestimmt nur, dass eine dem § 3 II MaBV entsprechende Regelung wirksam ist. Die Rechtsfolgen eines Verstoßes gegen § 3 II MaBV sind in § 1 S. 1 VAB gerade nicht geregelt. Auch sieht § 1 S. 1 VAB nicht etwa eine dem § 3 II MaBV entsprechende Regelung als dispositives Recht vor.[4] Vor diesem Hintergrund ist nicht recht erkennbar, weshalb nunmehr anders als nach früherem Recht im Rahmen des § 134 eine geltungserhaltende Reduktion zulässig sein soll, und erst recht ist kein Grund erkennbar, das im Rahmen des § 307 geltende Verbot der geltungserhaltenden Reduktion zu durchbrechen.[5] Vielmehr findet im Falle eines Verstoßes gegen § 3 II MaBV § 641 I Anwendung.[6]

bb) § 307. Da § 3 II MaBV keine Zivilrechtsnorm ist, sind Klauseln, welche dem § 3 II MaBV entsprechen, mit Blick auf die Abweichung von § 632 a gemäß § 307 III 1 der Inhaltskontrolle unterworfen.[7] Allerdings wird man davon ausgehen müssen, dass Klauseln, die dem § 3 II MaBV entsprechen, auch nach § 307 nicht zu beanstanden sind.[8] Dies ergibt sich schon aus § 1 S. 1 VAB. Denn angesichts der Tatsache, dass Abreden im Sinne des § 3 II MaBV typischerweise formularmäßig vereinbart werden, würde § 1 S. 1 VAB leerlaufen, wollte man diese Vorschrift nicht auch auf AGB anwenden. Doch selbst wenn man die VAB als unwirksam einstufen wollte,[9] könnte nichts anderes gelten. Auch nach den sonst für Abschlagszahlungsklauseln geltenden Grundsätzen[10] ist eine dem § 3 II MaBV entsprechende Regelung nämlich nicht zu beanstanden. Umgekehrt sind Klauseln, die hinter den Vorgaben des § 3 II MaBV zurückbleiben, schon nach §§ 12 MaBV, 134 unwirksam und zudem unangemessen im Sinne des § 307. Eine geltungserhaltende Reduktion scheidet nach der hier vertretenen Auffassung ebenso aus wie die Heranziehung der Regelung des § 3 II MaBV im Rahmen des § 306 II.[11] **B 140**

c) Die Ausnahmeregelung des § 7 MaBV. Gemäß § 7 I 1 MaBV ist der Bauträger von den Verpflichtungen des § 3 II MaBV freigestellt, sofern er Sicherheit für alle etwaigen Ansprüche des Auftraggebers auf Rückgewähr oder Auszahlung seiner Vermögenswerte geleistet hat. Damit stellt sich die Frage, welche Maßstäbe für **B 141**

---

[1] Offen gelassen in BGH, Urt. v. 22. 3. 2007, Az.: VII ZR 268/05 unter II. 2. c) bb) (1). Doch weist der VII. Zivilsenat in dieser Entscheidung ausdrücklich darauf hin, dass er zu der Auffassung neigt, dass die verfassungsrechtlichen Bedenken unbegründet sind. Zu dieser Problematik und m.w.N. z.B. *Ullmann* NJW 2002, 1073, 1077 f., der die Verordnung ebenfalls für wirksam hält. Zumindest hinsichtlich der in § 2 S. 1 VAB angeordneten Rückwirkung kritisch MünchKomm/*Busche* § 632 a Rz 16.

[2] So z.B. *Palandt/Grüneberg* Rz 87.

[3] Gegen den Rekurs auf die VAB dezidiert BGH, Urt. v. 22. 3. 2007, Az.: VII ZR 268/05 unter II. 2. c) bb) (1).

[4] Vgl. aber MünchKomm/*Busche* § 632a Rz 16: Die VAB transponiere die Regelung der §§ 3, 7 MaBV praktisch in das Zivilrecht.

[5] Wie hier wohl auch *Jagenburg/Kessel* NJW 2004, 3469, 3473. S. ferner OLG Celle NJW-RR 2004, 592, 593: Bei einem Verstoß gegen § 3 MaBV habe der Erwerber keine Abschlagszahlungen zu leisten.

[6] BGH, Urt. v. 22. 3. 2007, Az.: VII ZR 268/05 unter II. 2. c); OLG Celle NJW-RR 2004, 592, 593.

[7] Wie hier *Ullmann* NJW 2002, 1073, 1076. A.A. aber wohl *Schmidt-Räntsch* NZBau 2001, 356, 357.

[8] Ebenso wohl BGH NJW 1986, 3199, 3201 (zum AGBG); *Palandt/Sprau* § 632a Rz 3; *Palandt/Heinrichs* § 307 Rz 87; *Ullmann* NJW 2002, 1073, 1074 f.; *Brambring* ZfIR 2001, 257 (258); *Jagenburg/Weber* NJW 2001, 3453, 3456. Für die Unangemessenheit entsprechender Klauseln aber wohl *Schmidt-Räntsch* NZBau 2001, 356, 357.

[9] Vgl. § 310 Rz B 139.

[10] S. § 310 Rz B 166, V 516 ff.

[11] S. § 310 Rz B 105, 139.

Abschlagszahlungen und Vorleistungsklauseln[1] gelten sollen, wenn die Voraussetzungen des § 7 MaBV erfüllt sind. Die Rechtsprechung hat diese Frage noch nicht endgültig klären können. Der BGH hatte sich im Jahre 2002 mit einer Klausel zu befassen, deren hier relevanter Teil vorsah, dass der gesamte Erwerbspreis „nach Übergabe einer Sicherheit gemäß § 7 Abs. 1 Satz 1 MaBV (Bürgschaft)" fällig werden sollte.[2] Er wandte sich daraufhin mit einem Vorabentscheidungsersuchen an den EuGH, um die Frage klären zu lassen, ob eine entsprechende Klausel als missbräuchlich im Sinne von Art. 3 Abs. 1 der Richtlinie 93/13/EWG eingestuft werden müsse.[3] Dabei stellte der BGH klar, dass er zur Annahme der Angemessenheit der Klausel und zur Verneinung der Missbräuchlichkeit neige.[4] Der EuGH beantwortete die Vorlagefrage jedoch nicht direkt, sondern führte stattdessen aus, dass „es Sache des nationalen Gerichts ist, festzustellen, ob eine Vertragsklausel wie die, die Gegenstand des Ausgangsverfahrens ist, die Kriterien erfüllt, um als missbräuchlich im Sinne von Artikel 3 Absatz 1 der Richtlinie qualifiziert zu werden".[5] Der mit dem Fall befasste VII. Zivilsenat änderte daraufhin jedoch seine Auffassung und wies die Parteien darauf hin, dass er die Klausel nunmehr für unangemessen halte.[6] Daraufhin wurde die Revision zurückgenommen, so dass der BGH nicht mehr über die Wirksamkeit der Klausel zu entscheiden hatte.[7] Richtigerweise wird man von folgenden Grundsätzen ausgehen müssen: Die Tatsache, dass die Voraussetzungen des § 7 I 1 MaBV erfüllt sind, der Bauträger also von den Anforderungen des § 3 II freigestellt ist, besagt noch nicht, dass die Klausel wirksam ist. Vielmehr ist zu differenzieren: Sind die Anforderungen des § 3 II erfüllt, so ist die Klausel angemessen. Sind die Voraussetzungen des § 3 II nicht erfüllt, so kann die Klausel immer noch angemessen sein, nämlich dann, wenn sie den Grundsätzen genügt, die allgemein an die Zulässigkeit von Abschlagszahlungs- bzw. Vorleistungsklauseln zu stellen sind.[8] Sind diese Voraussetzungen nicht erfüllt, so ist die Klausel unangemessen.

B 142 **d) Beispiele.** Unwirksam ist nach der hier vertretenen Auffassung eine Klausel, der zufolge der gesamte Erwerbspreis nach Übergabe einer Sicherheit gemäß § 7 Abs. 1 Satz 1 MaBV fällig wird.[9] Unwirksam ist aber z.B. auch eine Klausel des Inhalts: „Der amtierende Notar wird angewiesen, den Antrag auf Umschreibung des Eigentums erst zu stellen, wenn der in bar zu entrichtende Kaufpreis [...] voll gezahlt ist."[10] Denn die letztgenannte Klausel vereitelt die Geltung des Leistungsverweigerungsrechts nach § 320, ohne dass dafür ein sachlicher Grund ersichtlich wäre.[11]

6. Kostenabwälzung

B 143 Klauseln, mit denen der Verwender versucht, Aufwendungen für die Erfüllung eigener Pflichten oder für eigene Zwecke auf den Verwendungsgegner abzuwälzen,

---

[1] Zur Unterscheidung von Abschlagszahlungsklauseln und Vorleistungsklauseln s. § 310 Rz B 166. Allgemein zu Vorleistungsklauseln s. § 309 Nr. 2 Rz 8 ff, § 309 Nr. 3 Rz 20, § 310 Rz V 501 ff.

[2] BGH NZBau 2002, 499 unter I.1

[3] BGH NZBau 2002, 499.

[4] BGH NZBau 2002, 499 unter II.2.c.

[5] EuGH, Urt. v. 1.4.2004, Rs. C-237/02, Freiburger Kommunalbauten/Hofstetter, Slg. 2004, S. I-3403 Rz 25.

[6] S. die Anmerkung der Schriftleitung in NJW 2005, 2032.

[7] S. die Anmerkung der Schriftleitung in NJW 2005, 2032.

[8] S. dazu § 310 Rz V 501–540.

[9] Vgl. auch *Jagenburg/Kessel* NJW 2004, 3469, 3474, die eine entsprechende Klausel als problematisch einstufen.

[10] BGH NJW 2002, 140, 141 (zu § 9 AGBG).

[11] BGH NJW 2002, 140, 141 (zu § 9 AGBG).

unterliegen der Inhaltskontrolle und sind nach § 307 II Nr. 1 unangemessen.[1] Will der Bauträger z.B. von den in § 3 II MaBV vorgeschriebenen Zahlungsmodalitäten abweichen, indem er gemäß § 7 I, § 2 II MaBV die dort für Vorausleistungen vorgeschriebene Sicherheit in Form einer Bürgschaft stellt, so kann er die Bürgschaftskosten nicht AGB-mäßig auf den Erwerber abwälzen.[2] Vgl. § 310 Rz B 223-229 zur Kostenabwälzung beim Bauvertrag.

7. Änderung der Teilungserklärung

Eine Vollmacht an den Bauträger im Vertrag über die Veräußerung von Eigentumswohnungen, die ihn zur Änderung oder Ergänzung der Teilungserklärung berechtigt, muss hinreichend bestimmt sein; ist nur ein Teil davon unbestimmt, so hat dies die Unwirksamkeit der ganzen Vollmacht zur Folge.[3] Eine Vollmacht mit der Einschränkung, „soweit das Sondereigentum des Käufers nicht unmittelbar betroffen ist", ist ausreichend bestimmt.[4] Gleiches gilt für eine Vollmacht, „die Teilungserklärung samt Gemeinschaftsordnung in jeder Weise zu ändern", mag der Bevollmächtigte auch im Innenverhältnis Beschränkungen unterworfen sein.[5] Davon zu trennen ist die Frage nach der AGB-rechtlichen Zulässigkeit von Vollmachtsklauseln, die den Bauträger zur Änderung oder Ergänzung der Teilungserklärung berechtigen. Entsprechende Klauseln enthalten ein Recht zur Leistungsänderung i. S. § 308 Nr. 4 und sind daher nur von Bestand, wenn dies dem Erwerber zumutbar ist.[6] Die Zumutbarkeit ist aber grundsätzlich zu bejahen, wenn der Umfang der Eigentumswohnung mit Nebenräumen unangetastet bleibt und lediglich weitere Miteigentümer an Wohneinheiten, die noch dem Bauträger gehören, hinzutreten sollen. Im Übrigen ist zu berücksichtigen, dass es nur in begrenztem Maße Sache des Grundbuchamtes ist, die AGB-rechtliche Wirksamkeit von Vollmachten zu überprüfen.[7] **B 144**

8. Mängelhaftung

a) Gesetzliche Ausgangslage. Mit Blick auf die Mängelhaftung beim Bauträgervertrag ist zu differenzieren. Soweit es um Mängel des Grundstücks geht, müssen die kaufrechtlichen Gewährleistungsvorschriften Anwendung finden.[8] **B 145**

---

[1] BGH NJW 2003, 2386, 2387 (zu § 9 und zu einem Telefondienstvertrag).

[2] LG Bremen NJW-RR 1994, 476, 476 (zu § 9 AGBG); *Palandt/Heinrichs* § 307 Rz 87; *Ulmer/Christensen* Anh. § 310 Rz 183.

[3] BayObLG NJW-RR 1995, 209, 211.

[4] BayObLG NJW-RR 1995, 208, 209.

[5] BayObLG NJOZ 2003, 816, 818.

[6] BGH WM 1984, 243, 246 = AGBE IV, 261, 268.

[7] S. im Einzelnen BayObLG NJOZ 2003, 816, 819.

[8] Wie hier *Palandt/Sprau* § 675 Rz 14. A. A. OLG München NJW-RR 1999, 455, 456, das die werkvertragliche Mängelhaftung auch bei einer Kontamination des Grundstücks anwenden will. Es ist jedoch nicht mit letzter Sicherheit geklärt, ob die Anwendung des Werkvertragsrechts auf Mängel des Grundstücks der Auffassung des BGH entspricht. Zwar hat der BGH verschiedentlich die Anwendbarkeit des Werkvertragsrechts auf Verträge über Grundstücke mit einem darauf zu errichtenden Bauwerk betont, ohne eine ausdrückliche Einschränkung für Mängel des Grundstücks zu machen. S. z.B. BGH NJW 1977, 1336, 1337; BGH NJW 1979, 1406, 1406; BGH NJW 1985, 1551, 1551. In einer Entscheidung aus dem Jahre 1984 hat er jedoch ausgeführt, dass sich „die Sachmängelansprüche des Erwerbers, soweit sie sich auf die Errichtung des Bauwerks beziehen [!], nach Werkvertragsrecht" richten. S. BGH NJW 1984, 2573, 2574. Und in anderen Urteilen hat der BGH betont, dass sich Ansprüche des Erwerbs aus „Sachmängeln an neuerrichteten Häusern oder Eigentumswohnungen" grundsätzlich nach Werkvertragsrecht richten. S. BGH NJW 1982, 2243, 2243; BGH NJW 1981, 2344, 2345. Vgl. ferner BGH NJW 2005, 1115, 1118. Dort betont der BGH, dass bei Veräußerung eines sanierten Altbaus Werkvertragsrecht auch mit Blick auf solche auf dem Grundstück befindliche Anlagen Anwendung finden muss, die zwar nicht unmittelbar dem Gebäude zuzuordnen sind, aber seiner Funktion dienen.

Demgegenüber richtet sich die Haftung wegen Mängeln des Gebäudes nach Werkvertragsrecht.[1] An diesen Grundsätzen ist auch nach der Schuldrechtsreform festzuhalten.[2] Denn beim Bauträgervertrag verpflichtet sich der Bauträger gerade erst zur Herstellung des Bauwerks.[3] Damit ist die Situation beim Bauträgervertrag von jenen Fällen abzugrenzen, in denen das Bauwerk bei Vertragsschluss bereits fertiggestellt worden ist. Auch in der letztgenannten Konstellation ist die Rechtsprechung traditionell davon ausgegangen, dass sich die Mängelhaftung zumindest hinsichtlich des Bauwerks nach Werkvertragsrecht richtet.[4] Für eine solche Ausdehnung des Anwendungsbereichs der werkvertraglichen Gewährleistungsvorschriften ist die sachliche Rechtfertigung jedoch mit der weitgehenden Annäherung von Kauf- und Werkvertragsrecht, insbesondere auch im Bereich der Verjährung, entfallen. In Zukunft wird man daher dann, wenn die relevanten Bauwerke im Zeitpunkt des Vertragsschlusses bereits fertiggestellt worden sind, Kaufrecht anwenden müssen.[5] Ob freilich auch der BGH zu einer entsprechenden Anpassung seiner Rechtsprechung bereit ist, wird man bezweifeln dürfen. Denn noch in einem Urteil aus dem Jahre 2004 hat der BGH seine Position zum alten Recht bekräftigt, ohne anzudeuten, dass mit Inkrafttreten des neuen Rechts eine Änderung geboten sein könne.[6]

B 146 **b) Keine Anwendung der §§ 474 I, 475.** Mit Blick auf Vertragsbestimmungen, die die Haftung des Unternehmers für Mängel einschränken, finden die §§ 474 I, 475 selbst dann keine Anwendung, wenn es sich beim Kunden um einen Verbraucher und bei den Mängeln um solche des Grundstücks handelt. Denn es fehlt jedenfalls am Verkauf einer *beweglichen* Sache.

B 147 **c) AGB-Recht.** Mit Blick auf das AGB-Recht ist zu beachten, dass Klauseln, die die Mängelhaftung des Bauträgers einschränken, nicht nur an § 307, sondern, soweit es sich beim Kunden um einen Verbraucher handelt, auch an den § 309 Nr. 7 sowie an § 309 Nr. 8 b[7] zu messen sind. Auch § 309 Nr. 8 b ff ist anwendbar, da der Bauträger keine Bauleistung im Sinne der VOB erbringt.[8] Zu beachten ist allerdings, dass § 309 Nr. 8 b regelmäßig nur insoweit angewandt werden kann, als es um die Errichtung des Bauwerks geht. Denn ein Grundstück stellt in aller Regel keine neu hergestellte Sache im Sinne des § 309 Nr. 8 b dar.[9] Zu Klauseln, die die Verschuldenshaftung des Verwenders beschränken, siehe insbesondere § 309 Nr. 7 Rz 90 ff., 135 ff.

B 148 **aa) Subsidiaritätsklauseln.** Oftmals sehen Bauträgerverträge so genannte Subsidiaritätsklauseln vor, denen zufolge sich der Bauherr mit seinen Mängelansprüchen zunächst an die Bauhandwerker halten muss, bevor er den Bauträger in Anspruch nehmen kann. Insofern sei vorab auf die allgemeinen Ausführungen zu Subsidiaritätsklauseln verwiesen.[10] Entsprechende Klauseln sind schon nach § 309 Nr. 8 b aa unwirksam, wenn sie die Haftung des Bauträgers von der vorherigen gerichtlichen Inanspruchnahme Dritter abhängig machen. Gemäß § 309 Nr. 8 b aa unwirksam ist z.B. eine Klausel, nach welcher der Bauträger nur dann „hilfsweise

---

[1] In diesem Sinne z.B. BGH NJW-RR 1991, 342, 342.

[2] Zutreffend *Palandt/Sprau* Vorb. v. § 633 Rz 3.

[3] *Palandt/Sprau* Vorb. v. § 633 Rz 3.

[4] S. nur BGH NJW 1985, 1551, 1551; BGH NJW 1982, 2243, 2243; BGH NJW 1981, 2344, 2345.

[5] Zutreffend MünchKomm/*Busche* § 631 Rz 227; *Palandt/Sprau* Vor § 633 Rz 3. A.A. aber z.B. MünchKomm/*Heermann* § 675 Rz 98.

[6] S. BGH NJW 2005, 1115, 1116 (zu §§ 631, 635 a.F.).

[7] Vgl. OLG Hamm NJW-RR 2002, 415, 416: Anwendbarkeit des § 11 Nr. 10 a AGBG.

[8] Vgl. BGH NJW 2002, 511, 511 (Bauträgervertrag): keine Bauleistung im Sinne des § 11 Nr. 10 b AGBG.

[9] S. Vorbemerkung zu § 309 Nr. 8 b Rz 5.

[10] S. § 309 Nr. 8 b aa Rz 40–59.

auf Gewährleistung" haftet, wenn „der Käufer die ihm abgetretenen Ansprüche aus tatsächlichen Gründen (z.B. Insolvenz oder Geschäftsaufgabe des Drittschuldners) nicht durchsetzen kann".[1] Darüber hinaus hat der BGH nunmehr zu Recht klargestellt, dass Subsidiaritätsklauseln auch dann, wenn nur die außergerichtliche Geltendmachung der Mängelrechte gegenüber Dritten verlangt wird, im Falle eines Bauträgervertrages jedenfalls nach § 307 I, II Nr. 2 unwirksam sind.[2] Denn der Bauträgervertrag ist gerade dadurch geprägt, dass der Bauherr einen Vertrag mit einem Generalunternehmer abschließt.[3] Damit soll die Durchführung und Abwicklung des Vertrags durch einen Vertragspartner des Erwerbers gewährleistet sein.[4] Dem liefe es zuwider, müsste der Bauherr sich gegenüber den einzelnen am Bau Beteiligten um die Durchsetzung von Mängelrechten bemühen.[5]

bb) Verjährung. Die Verkürzung der Verjährungsfrist des § 634 a I Nr. 2 verstößt gegenüber Verbrauchern gegen § 309 Nr. 8 b ff. Aber auch gegenüber Unternehmern ist eine Verkürzung der fünfjährigen Verjährungsfrist des § 634 a I Nr. 2 unangemessen und damit nach § 307 unwirksam.[6] Zu beachten ist ferner, dass das Verbot des § 309 Nr. 8 b ff auch im Falle mittelbarer Verkürzungen der Verjährungsfrist eingreift. Nach § 309 Nr. 8 b ff unwirksam ist daher z.B. eine Klausel, der zufolge die Verjährungsfrist im Falle eines Werkvertrags entgegen § 634 a II schon mit der Übergabe und nicht erst mit der Abnahme beginnt.[7] Eine solche Klausel ist auch im unternehmerischen Verkehr nach § 307 I, II Nr. 1 unwirksam.[8] **B 149**

9. Vollmachtsklauseln

Mit Blick auf Vollmachtsklauseln sei vorab auf die an anderer Stelle[9] zu solchen Klauseln gemachten Ausführungen verwiesen. Anders als der Baubetreuer bedarf der Bauträger nach dem Sinn und Zweck des Vertrages keiner Bevollmächtigung durch den Bauinteressenten, weil der Bauträger mit den Bauhandwerkern im eigenen Namen abschließen soll. Ein Vollmachtsklauseltext in AGB des Bauträgers ist daher regelmäßig überraschend i. S. § 305 c I.[10] Außerdem soll der Bauherr, der mit dem Bauträger typischerweise zu einem festen Pauschalpreis abschließt, gerade vor dem Risiko (ggf. insgesamt höherer) Forderungen der Bauhandwerker geschützt werden, so dass die Klausel auch eine unbillige Benachteiligung i. S. d. § 307 darstellt.[11] Gleiches muss selbst dann gelten, wenn im konkreten Fall kein Festpreis ver- **B 150**

---

1 BGH NJW 1995, 1675, 1676 (zu § 11 Nr. 10 a AGBG). Dem BGH zustimmend z.B. *Ulmer/Hensen* Anh. §§ 9–11 Rz 197.

2 BGH NJW 2002, 2470, 2471 f. (zu § 9 II 2 AGBG). Zustimmend z.B. *Palandt/Heinrichs* § 309 Rz 58.

3 BGH NJW 2002, 2470, 2472 (zu § 9 II 2 AGBG).

4 BGH NJW 2002, 2470, 2472 (zu § 9 II 2 AGBG).

5 In diesem Sinne BGH NJW 2002, 2470, 2472 (zu § 9 II 2 AGBG).

6 BGH NJW 1999, 2434, 2434 (zu §§ 638 I, 9 AGBG). Dort ging es zwar um eine besonders drastische Verkürzung, nämlich auf sechs Monate. Indessen betonte der BGH, dass „[n]ach der Rechtsprechung des Senats [...] die Vereinbarung einer verkürzten Verjährung bei Bauwerken nach§ 638 I BGB durch AGB des Unternehmers auch im kaufmännischen Verkehr unwirksam [ist]". Ebenso z. B. *Weyer* NZBau 2003, 521, 521; *Palandt/Sprau* § 634 a Rz 26.

7 Für Unwirksamkeit nach § 9 AGBG (§ 307) im kaufmännischen Verkehr und zu einem Bauträgervertrag BGH NJW-RR 2004, 949, 951. Für Unwirksamkeit auch *von Westphalen* NJW 2005, 1987, 1990.

8 BGH NJW-RR 2004, 949, 951 (zu § 9 AGBG, Bauträgervertrag). Zustimmend *von Westphalen* NJW 2005, 1987, 1990.

9 Allgemein zu Vollmachtsklauseln siehe § 310 Rz V 471–500.

10 Vgl. auch *Ulmer/Hensen* Anh. § 310 Rz 1019, dem zufolge der Bauträgervertrag keine Vollmachtklausel zur Vergabe von Bauaufträgen an die Bauunternehmer enthalten darf.

11 OLG Nürnberg NJW 1982, 2326, 2326 (zu § 9 AGBG). Vgl. auch BGH NJW-RR 2002, 1312, 1313, dem zufolge eine Vollmachtsklausel im Falle eines zu einem Festpreis abgeschlossenen Generalübernehmervertrages überraschend im Sinne des § 3 AGBG (§ 305 c I) ist.

einbart ist.[1] Denn die Unbilligkeit folgt nicht aus der Existenz einer Festpreisvereinbarung, sondern aus dem Vertragszweck.[2] Eine Festpreisgarantie kann nämlich auch beim Baubetreuervertrag auftreten, was aber der Zulässigkeit von Vollmachtsklauseln in Baubetreuerverträgen nicht entgegensteht.[3] Im Übrigen gilt es zu beachten, dass **begrenzte Vollmachten** z. B. zur Bestellung von Grundpfandrechten auch in Bauträgerverträgen sachlich gerechtfertigt sein und in diesem Falle auch formularmäßig wirksam erteilt werden können.[4] Die nachträgliche Abänderung des Bauträgervertrags dahin, dass dem Unternehmer Vollmacht erteilt wird, alle Aufträge im Namen des Bauherrn zu vergeben, ist ein so wichtiger Teil des Grundstücksveräußerungsgeschäfts und verändert den Charakter des Bauträgervertrags, dass diese Abänderung der notariellen Beurkundung gem. § 311 b I 1 bedarf.[5]

10. Abnahme

B 151 Zu AGB-Bestimmungen, die die Abnahme **vorverlegen** bzw. fingieren, siehe die Ausführungen zum Bauvertrag unter § 310 Rz B 173–176. Gemäß § 641 a steht eine Fertigstellungsbescheinigung im Sinne dieser Vorschrift der Abnahme gleich. Voraussetzung hierfür ist jedoch gemäß § 641 a I 2 unter anderem, dass das Verfahren nach § 641 a II bis IV eingehalten wird. Eine Klausel, der zufolge die Abnahme durch einen im Auftrag des Verwendungsgegners vom Verwender zu bestimmenden Sachverständigen erfolgt, ist im Sinne einer Beauftragung des Verwenders durch den Verwendungsgegner auszulegen.[6] Richtigerweise ist eine solche Klausel, wenn sie sich auf den genannten Inhalt beschränkt, als unangemessen im Sinne des § 307 II Nr. 1 einzustufen. Denn sie kann dahingehend verstanden werden, dass die Abnahme durch einen Sachverständigen erfolgen soll, ohne dass dabei den Anforderungen des § 641 a zu genügen ist. Zwar ist § 641 a grundsätzlich abdingbar.[7] Doch sind Klauseln, die die Abnahme durch die Einschaltung eines Sachverständigen ersetzen wollen, am Leitbild des § 641 a zu messen. Eine Klausel, die die zum Schutz des Bestellers vorgesehenen Anforderungen des § 641 a in nennenswertem Umfang eliminiert, ist unangemessen, und zwar auch gegenüber Unternehmern. Selbst wenn man von der Wirksamkeit der Klausel ausgehen wollte,[8] stünde dem Besteller jedenfalls das Widerrufsrecht nach § 671 I zu. Eine Einschränkung dieses Widerrufsrechts wäre in der hier interessierenden Konstellation nach § 307 unwirksam.[9]

11. Sonstige Klauseln

B 152-160 **Rücktritt/Kündigung.** Zu Klauseln, die den Vergütungsanspruch des Unternehmers gemäß § 649 S. 2 modifizieren, siehe § 308 Nr. 7 35 a. Zu Klauseln, welche das Kündigungsrecht nach § 649 S. 1 ausschließen oder einschränken, siehe § 310

[1] Ebenso wohl *Staudinger/Coester* § 307 Rz 684.

[2] Vgl. auch BGH NJW-RR 2002, 1312, 1313, der mit Blick auf den zu beurteilenden Generalübernehmervertrag zwar das Vorliegen einer Festpreisabrede erwähnt, andererseits jedoch betont, die infolge der Bevollmächtigung drohende zusätzliche Verpflichtung widerspreche „eklatant dem Wesen des Generalübernehmervertrages, nach dessen Inhalt der Auftraggeber sich nur einem Vertragspartner gegenübersieht und keinem zusätzlichen Preisrisiko ausgesetzt sein will".

[3] S. § 310 Rz B 118–130.

[4] *Reithmann/Meichssner/von Heymann*, 7. Aufl., K Rz 56; *Ulmer/Hensen* Anh. § 310 Rz 1019.

[5] OLG Hamm NJW-RR 1994, 1296, 1297.

[6] OLG Koblenz NJOZ 2002, 2732, 2734.

[7] *Palandt/Sprau* § 641 a Rz 2.

[8] So möglicherweise OLG Koblenz in NJOZ 2002, 2732, 2734, allerdings zur Rechtslage vor der Einfügung des § 641 a.

[9] OLG Koblenz in NJOZ 2002, 2732, 2734 (zu § 9 AGBG).

Rz B 178. Zu Klauseln, die die Möglichkeiten des Unternehmers zum Rücktritt erweitern, siehe die Ausführungen zu § 308 Nr. 3. Mit Blick auf Klauseln, die dem Bauträger ein Rücktrittsrecht vorbehalten, gilt es zudem § 3 I Nr. 1 MaBV zu beachten. Danach darf der Bauträger Vermögenswerte des Auftraggebers zur Ausführung des Auftrages nur entgegennehmen oder sich zu deren Verwendung ermächtigen lassen, wenn dem Bauträger keine vertraglichen Rücktrittsrechte eingeräumt sind. Hervorzuheben ist allerdings, dass § 3 I Nr. 1 MaBV nicht etwa die Einräumung des Rücktrittsrechts, sondern nur die Entgegennahme von Vermögenswerten verbietet.[1] Daher führt ein Verstoß gegen § 3 I Nr. 1 MaBV nicht zur Unwirksamkeit der Rücktrittsklausel.[2] **Schiedsgutachtenklausel.** Zu Schiedsgutachtenklauseln siehe allgemein Anh. § 310 Rz S 21 ff. Die formularmäßige Vereinbarung einer obligatorischen Schiedsgutachterklausel in einem notariellen Bauträgervertrag ist gemäß § 307 unwirksam, weil sie den Rückgriff auf den staatlichen Rechtsschutz weitgehend ausschließt und damit erhebliche Risiken für den Kunden mit sich bringt.[3] Zu **Vorleistungsklauseln** siehe § 309 Nr. 2 Rz 8 ff., § 309 Nr. 3 Rz 20, § 310 Rz V 501 ff. Zu Klauseln, durch die sich der Schuldner der **sofortigen Vollstreckung** unterwirft, siehe § 309 Nr. 12 Rz 27 ff. In einem Bauträgervertrag ist selbst eine individualvertragliche Unterwerfungserklärung wegen Verstoßes gegen §§ 3, 12 MaBV nach § 134 nichtig, wenn die Vollstreckungsklausel vom Notar ohne Nachweis der Fälligkeit erteilt werden können soll.[4] Darüber hinaus verstößt der AGB-mäßige Verzicht auf den Nachweis der Fälligkeit gegenüber Verbrauchern gegen § 307.[5] Auch gegenüber Verbrauchern nicht zu beanstanden, und zwar weder nach den §§ 3, 12 MaBV, 134 noch nach den §§ 307, 309 Nr. 12, soll eine Klausel sein, der zufolge die vollstreckbare Ausfertigung dann zu erteilen ist, wenn „Bautenstand und Mangelfreiheit durch eine privatschriftliche Fertigstellungsbescheinigung eines Gutachters nach § 641 a BGB nachgewiesen" sind.[6]

*

Bauvertrag

Inhaltsübersicht

[1] Zutreffend BGH NJW 1985, 438, 438.

[2] BGH NJW 1985, 438, 438.

[3] OLG Düsseldorf, BauR 1995, 559, 561 (zu § 9 AGBG); ebenso zum Fertighausvertrag BGH NJW 1992, 433, 434 (zu § 9 AGBG).

[4] BGH NJW 1999, 51, 52. Kritisch zu dieser Entscheidung *Wolfsteiner* DNotZ 1999, 99.

[5] In diesem Sinne auch BGH NJW 2002, 138, 139: Unwirksamkeit einer Klausel nach § 9 AGBG (§ 307), mit der sich der Erwerber eines noch zu errichtenden Hauses der sofortigen Zwangsvollstreckung in sein gesamtes Vermögen unterwirft und der Unternehmer berechtigt ist, sich ohne weitere Nachweise eine vollstreckbare Ausfertigung erteilen zu lassen.

[6] LG Schwerin NJW-RR 2005, 747, 748.

Schrifttum: *Boldt,* Die Kündigung des Bauvertrags aus wichtigem Grund durch den Auftraggeber nach neuem Recht, NZBau 2002, 655; *ders.,* Der neue Bauvertrag: Schuldrechtsreform und Werkvertrag in der Praxis, 2005; *Bosse,* Das Baugrundrisiko im Bauvertrag, 2005; *Brück/Reichelt,* Die Entwicklung des privaten Bauvertragsrechts seit 2002: VOB/B, NJW 2005, 2273; *Bschorr/Zanner,* Die Vertragsstrafe im Bauwesen, 2003; *Franke (Hrsg.),* VOB-Kommentar Bauvergaberecht, Bauvertragsrecht, Bauprozessrecht, 2. Aufl., 2005; *Frieling,* Klauseln im Bauvertrag, 1993; *Hartung,* Vereinbarung der VOB/B als Ganzes – klarer, aber noch nicht ganz klar, NJW 2004, 2139; *Jagenburg/Kesselring,* Die Entwicklung des privaten Bauvertragsrechts seit 1998: BGB- und Werkvertragsfragen – Teil 1, NJW 2000, 3243; *Jagenburg/Reichelt,* Die Entwicklung des privaten Bauvertragsrechts seit 1998: VOB/B, NJW 2000, 2629; *dies.,* Die Entwicklung des privaten Bauvertragsrechts seit 2000: VOB/B, NJW 2003, 102; *dies.,* Die Entwicklung des Privaten Bauvertragsrechts seit 1999: Bauprozessrecht und Verfahrensfragen, NJW 2001, 2439; *Jagenburg/Weber,* Die Entwicklung des privaten Bauvertragsrechts seit 1998: BGB- und Werkvertragsfragen – Teil 2, NJW 2001, 191; *dies.,* Die Entwicklung des Baubetreuungs-, Bauträger- und Wohnungseigentumsrechts seit 1999, NJW 2001, 3453; *Jasper,* Die Kardinalpflichten im Bauwerkvertrag, 1999; *Kemper,* Mängelhaftung bei Bauverträgen, 2005; *Korbion/Locher,* AGB-Gesetz und Bauerrichtungsverträge, 3. Aufl., 1997; *Kratzenberg,* Der Beschluss des DVA-Hauptausschusses zur Neuherausgabe der VOB 2002 (Teile A und B), NZBau 2002, 177; *Kretschmann,* Der Vergütungsanspruch des Unternehmers für im Vertrag nicht vorgesehene Werkleistungen und dessen Ankündigung gegenüber dem Besteller, 2005; *Kuffer,* Baugrundrisiko und Systemrisiko, NZBau 2006, 1; *Lauer/Klein/Fink,* Die Auswirkungen des neuen Schuldrechts auf das private Baurecht, 2003; *Micklitz,* Bauverträge mit Verbrauchern und die VOB Teil B: zur Bedeutung der Richtlinie 93/13/EWG über missbräuchliche Klauseln in Verbraucherverträgen, 2005; *Minuth,* Bürgschaft – Vertragsstrafe – AGB: 5% als maximale Obergrenze in Bauverträgen, NZBau 2003, 315; *Schliemann,* Mängelansprüche im Bauvertrag: Durchsetzung und Abwehr nach VOB und BGB, 2003; *C. Schmitz,* Sicherheiten für die Bauvertragsparteien, 2005; *Stickler/Fehrenbach,* Die Kündigung von Bauverträgen, 2. Aufl., 2004; *Wahl,* Die Haftung des Auftraggebers im Bauwerkvertrag bei verzögerter, unterlassener und fehlerhafter Mitwirkung nach BGB und VOB/B, 2004; *Weber/Kesselring,* Die Entwicklung des BGB-Werkvertrags- und Bauträgerrechts in den Jahren 2001 bis 2004, NJW 2004, 3469; *Werner/Pastor,* Der Bauprozess, 11. Aufl., 2005; *Weyer,* Hält § 13 VOB/B 2002 der isolierten Inhaltskontrolle stand?, NZBau 2003, 521.

I. Allgemeines

Beim Bauvertrag verpflichtet sich der Bauunternehmer zur Errichtung eines Bauwerks. Der Rechtsnatur nach handelt es sich um einen Werkvertrag.[1] Zur Frage, ob AGB vorliegen, wenn eine Klausel durch den Notar in den Vertrags eingeführt worden ist, siehe § 305 Rz 31. **B 161**

II. VOB

In der Praxis wird Bauverträgen oft die VOB/B in unveränderter oder modifizierter Form zu Grunde gelegt. Auf die VOB/B und die bei ihrer Verwendung zu beachtenden Besonderheiten wird im Rahmen der vorliegenden Kommentierung bereits an anderer Stelle eingegangen. Siehe § 310 Rz V 401 ff. **B 162**

III. Bauunternehmer als Verwender

Im Folgenden soll es zunächst um solche AGB gehen, die vom Bauunternehmer gestellt werden. **B 163**

1. Preis

Die Vereinbarung eines Pauschalpreises soll den Besteller (oder Erwerber eines zu errichtenden Hauses) vor unvorhergesehenen Kosten schützen. Den Parteien steht es frei, bei Abschluss des Vertrags oder zu einem späteren Zeitpunkt bestimmte einzelne Leistungen aus der Pauschalpreisregelung herauszunehmen.[2] Werden aber bei einem Formularvertrag mit Pauschalpreis in einer Liste zusätzlich anfallender Erschließungskosten, die mit der Errichtung des Bauwerks nichts zu tun haben, auch Posten versteckt, die zur vertraglichen Bauleistung gehören, so ist die Klausel gemäß § 307 I 2 unwirksam.[3] Haben sich die Parteien individualvertraglich auf einen Pauschalpreis geeinigt und sehen die AGB Ausnahmen von dieser Regelung vorsehen, sind die entsprechenden Klauseln zudem nach § 305 b unbeachtlich und, wegen ihrer Eignung zur Täuschung über die wahre Rechtslage, gemäß § 307 I 2 unwirksam. Bei Vereinbarung eines Pauschalpreises nach §§ 305 b, 307 unbeachtlich ist z. B. eine Klausel, die den Endpreis an den tatsächlichen Material- und Arbeitsaufwand bindet.[4] Zu **Preiserhöhungsklauseln** siehe § 309 Nr. 1 Rz 1 ff. **B 164**

2. Vorleistungsklauseln

Eine Vorleistungsklausel ist gegeben, wenn der Besteller verpflichtet wird, die Vergütung ganz oder teilweise zu zahlen, bevor der Unternehmer die von ihm geschuldete Werkleistung bzw. den entsprechenden Teil der Werkleistung erbracht hat. In Hinblick auf die Inhaltskontrolle von Vorleistungsklauseln kann grundsätzlich auf die allgemeinen Ausführungen zu entsprechenden Klauseln verwiesen werden.[5] Bei Bauverträgen ist die AGB-mäßige Vereinbarung einer Vorleistungspflicht **B 165**

---

[1] BGH NJW 2005, 1650, 1650; BGH NJW 1983, 1489, 1490.

[2] BGH NJW-RR 1995, 722, 723.

[3] BGH NJW 1984, 171, 172 (zu § 9 AGBG). Dort heißt es „Aufschließungskosten", was aber wohl ein Redaktionsversehen ist.

[4] OLG Stuttgart AGBE IV, 279 = WRP 1984, 354.

[5] S. § 309 Nr. 2 Rz 8 ff., § 309 Nr. 3 Rz 20, § 310 Rz V 501 ff.

des Bauherrn über den Baufortschrift hinaus[1] nur in sehr engen Grenzen zulässig.[2] Namentlich wird man davon ausgehen müssen, dass eine Klausel grundsätzlich nach § 307 unangemessen ist, wenn mehr als **5 % der Auftragssumme** vorzuleisten, also vor Erbringung eines entsprechenden Teils der Bauleistung zu zahlen sind.[3] Erst recht unwirksam ist eine Klausel, der zufolge der Bauherr schon vor Baubeginn eine nicht durch Einreden und Einwendungen beschränkbare, unwiderrufliche Zahlungsgarantie einer Bank vorlegen muss.[4] Unwirksam ist auch eine Klausel in einem Fertighausvertrag, der zufolge 14 Tage nach der (äußeren) Montage des Hauses 90 % des Werklohns ohne Rücksicht auf den Umfang der tatsächlich erbrachten Bauleistungen zur Zahlung fällig sind.[5]

3. Abschlagszahlungen

B 166 **a) Allgemeines.** Nach § 640 I 1 ist der Vergütungsanspruch grundsätzlich erst mit der Abnahme fällig. Allerdings sieht § 632 a eine gerade für den Bauvertrag bedeutsame Ausnahme von diesem Grundsatz vor. Namentlich gibt § 632 a S. 1 dem Unternehmer das Recht, von dem Besteller für in sich abgeschlossene Teile des Werks Abschlagszahlungen für die erbrachten vertragsgemäßen Leistungen zu verlangen. § 632 a ist jedoch abdingbar.[6] Insbesondere kann der Bauunternehmer sich ein über § 632 a hinausgehendes Recht auf Abschlagszahlungen ausbedingen.[7] Dies kann auch AGB-mäßig geschehen. Da es sich insofern um Klauseln handelt, die eine Vorleistungspflicht des Verwenders einschränken, ohne aber eine Vorleistungspflicht des Verwenders zu begründen, kann man von „unechten" Vorleistungsklauseln sprechen.[8] Entsprechende Klauseln sind an § 307 zu messen.[9] So bedarf es zunächst eines sachlichen Grundes um die Abweichung von einer im Gesetz vorgesehenen Vorleistungspflicht des Verwenders zu rechtfertigen.[10] Ein sachlicher Grund ist jedoch regelmäßig zu bejahen, wenn die Abschlagszahlung lediglich der Vergütung bereits erbrachter Leistungen dient.[11] Darüber hinaus muss die Klausel in Bezug auf die Höhe der verlangten Zahlung und den Zeitpunkt der Zahlung den Grundsatz der Verhältnismäßigkeit wahren.[12] Die AGB-mäßige Vereinbarung einer übermäßig hohen Abschlagszahlung ist nach § 307 unwirksam.[13] Insofern wird man annehmen müssen,

---

[1] Sieht eine Klausel lediglich eine Pflicht zur Zahlung nach Maßgabe des Baufortschritts vor, so liegt richtigerweise schon keine echte Vorleistungsklausel vor. In diesem Falle ist vielmehr eine so genannte „unechte" Vorleistungsklausel gegeben, die die gesetzliche vorgesehene Vorleistungspflicht des Bauunternehmers (s. aber § 632a) ganz oder teilweise beseitigt.

[2] Zutreffend OLG Hamm NJW-RR 1989, 274, 275 (zu § 9 AGBG), das diese Feststellung allerdings mit einem rechtsmethodisch wenig überzeugenden Hinweis auf die „Natur der Sache" zu untermauern sucht.

[3] Vgl. auch OLG Hamm NJW-RR 1989, 274, 275 (zu § 9 AGBG), dem zufolge jede Klausel, die zu einer Vorauszahlung von mehr als 5 % der Auftragssumme „bedenklich" erscheint. Nur auf den ersten Blick strenger *Ulmer/Christensen* Anh. § 310 Rz 193, der zwar reine Vorleistungsklauseln in der Baubranche grundsätzlich als unwirksam einstuft, jedoch eine Anzahlung in Höhe von 5 % der Auftragssumme, mit der regelmäßig die Planungsrate abgedeckt werde, für unbedenklich hält.

[4] BGH NJW 1993, 3264, 3264 f.: Unwirksamkeit nach § 11 Nr. 2 AGBG und nach § 9 AGBG.

[5] BGH NJW 1986, 3200, 3201 (zu § 9 AGBG). Der BGH lässt in dieser Entscheidung offen, ob auch ein Verstoß gegen § 11 Nr. 2 AGBG (§ 309 Nr. 2) anzunehmen ist, da die Klausel jedenfalls unangemessen sei.

[6] S. nur MünchKomm/*Busche* § 632a Rz 49.

[7] MünchKomm/*Busche* § 632a Rz 49.

[8] S. Anh. § 310 Rz V 516.

[9] A. A. LG Konstanz BB 1981, 1420, 1421: Anwendung von § 8 AGBG (§ 307 III 1).

[10] S. § 310 Rz V 516.

[11] S. § 310 Rz V 517.

[12] S. § 310 Rz V 516.

[13] OLG Hamm NJW-RR 1989, 274, 275 (zu § 9 AGBG).

dass Klauseln, welche eine Staffelung der Abschlagszahlungen anhand des Baufortschritts vorsehen, grundsätzlich zulässig sind. Dies kann sich schon aus § 307 III 1 ergeben, wenn nämlich lediglich die Regelung des § 632 a wiedergegeben wird. Nichts anderes kann jedoch dann gelten, wenn die Klausel die Orientierung am Baufortschritt beibehält und lediglich insofern über § 632 a hinausgeht, als Abschlagszahlungen auch für solche Leistungen vorgesehen werden, die keine abgeschlossenen Teile des Werkes darstellen. Allerdings wird man die Zulässigkeit von Abschlagszahlungsklauseln unter Berücksichtigung des Rechtsgedankens des § 632 a S. 3 davon abhängig machen müssen, dass der Besteller entweder Eigentümer des Bauwerks wird oder der Besteller aus anderen Gründen hinreichend gesichert erscheint, z. B. weil die Klausel einen Anspruch auf Abschlagszahlung nur gegen Sicherheitsleistung einräumt.[1] Demgegenüber sollte man an der Annahme, dass bis zur Abnahme des Werkes nur Abschlagszahlungen von maximal 95 % vorgesehen werden können,[2] in Anbetracht der Wertung des § 632 a nicht mehr festhalten.

b) Abgrenzung zu Vorleistungsklauseln. Hervorzuheben ist auch, dass unter Abschlagszahlungen nur Zahlungen auf bereits erbrachte Teilleistungen zu verstehen sind.[3] Soll der Bauherr einen den Baufortschritt übersteigenden Teil der Vergütung leisten, so liegt keine unechte, sondern eine echte Vorleistungsklausel vor. Zu echten Vorleistungsklauseln siehe Rz § 309 Nr. 2 Rz 8 ff., § 309 Nr. 3 Rz 20, § 310 Rz V 501 ff. **B 167**

4. Leistungsänderungsrechte

Klauseln, die den Unternehmer zu einer Änderung der von ihm zu erbringenden Leistung berechtigen, sind an den §§ 307, 308 Nr. 4 zu messen. § 308 Nr. 3 vermag dagegen nach richtiger Auffassung keine Anwendung zu finden, sofern die Klausel dem Verwender nicht die Möglichkeit einräumt, sich vollständig von seiner Hauptleistungspflicht zu lösen.[4] Von der Unzumutbarkeit eines Leistungsänderungsrechts im Sinne des § 308 Nr. 4 ist insbesondere dann auszugehen, wenn ein Leistungsänderungsrecht dem Bauunternehmer die Möglichkeit verschafft, das **Gleichgewicht von Leistung und Gegenleistung** wesentlich zu seinen Gunsten zu verschieben.[5] In diesem Falle ist außerdem ein Verstoß gegen § 307 gegeben. Unwirksam sind demnach insbesondere Klauseln, die die Aushöhlung einer **Festpreisabrede** ermöglichen.[6] Grundsätzlich zulässig ist dagegen der Vorbehalt vergütungsneutraler Abweichungen, welche sich auf technische Verbesserungen beschränken. Eine solche Klausel kann auch gegenüber Verbrauchern verwandt werden und verstößt insbesondere nicht gegen § 308 Nr. 4. Gemäß § 308 Nr. 4 unzulässig ist dagegen eine Klausel, der zufolge eine abweichende Ausführung schon dann zulässig ist, wenn sie den Wert des Objekts nicht beeinträchtigt.[7] Eine solche **B 168**

---

[1] S. § 310 Rz V 517. Anders aber wohl *Ulmer/Christensen* Anh. § 310 Rz 193.

[2] So bisher *Ulmer/Hensen* Anh. §§ 9–11 Rz 211. Anders aber nunmehr *Ulmer/Christensen* Anh. § 310 Rz 193, der eine solche Einschränkung nicht erwähnt.

[3] In diesem Sinne auch *Palandt/Sprau* § 632 a Rz 4.

[4] § 308 Nr. 3 Rz 12. Demgegenüber wird überwiegend angenommen, dass § 308 Nr. 3 generell auch etwaige Rechte zur teilweisen Lösung vom Vertrag erfasse. So z. B. LG Nürnberg-Fürth bei *Schäfer/Finnern/Hochstein* § 10 Nr. 1 AGB-Gesetz Nr. 2; *Palandt/Grüneberg* Rz 14; *Erman/Roloff* § 308 Rz 17.

[5] S. § 308 Nr. 4 Rz 24.

[6] Vgl. *Ulmer/Hensen* Anh. § 310 Rz 192: Unzulässigkeit der Aushöhlung einer Festpreisabrede durch Einschränkung der Leistungspflicht in AGB.

[7] In diesem Sinne auch OLG Hamm NJOZ 2005, 1661, 1662 (zu § 10 Nr. 4 AGBG): Unwirksamkeit einer Klausel, die eine abweichende Ausführung unter anderem für den Fall vorsieht, dass „der Gesamtwert des Objekts nicht wesentlich beeinträchtigt" wird.

Klausel ist nach § 307 selbst gegenüber Unternehmern unwirksam. Denn sie erlaubt es dem Verwender ihrem Wortlaut nach, sich über solche vertraglich vorgesehenen Eigenschaften des Werkes hinwegzusetzen, die nicht objektiv werterhöhend, aber für den Verwendungsgegner von zentraler Bedeutung sind. Gemäß §§ 308 Nr. 4, 307 unwirksam ist daher z. B. eine Klausel, nach welcher von der Leistungsbeschreibung abweichende Ausführungen vorbehalten bleiben, „soweit damit technische Verbesserungen verbunden und/oder der Gesamtwert des Objekts nicht wesentlich beeinträchtigt werden".[1] Denn die Begriffskombination „und/oder" ist dahingehend auszulegen, dass eine Abweichung zulässig sein soll, wenn entweder beide oder nur eine der aufgeführten Voraussetzungen erfüllt sind.[2] Zudem begründet die Verwendung der wenig klaren Begriffskombination „und/oder" schon für sich genommen einen Verstoß gegen das Transparenzprinzip (§ 307 I 2).[3] Einen solchen Transparenzverstoß wird man selbst dann bejahen müssen, wenn die Klausel im unternehmerischen Verkehr verwendet wird. Nach § 308 Nr. 4 unwirksam ist auch eine Klausel, nach der „Änderungen der Bauausführung, der Material- bzw. Baustoffauswahl, soweit sie gleichwertig sind", vorbehalten bleiben.[4] Und selbst gegenüber Unternehmern ist ein pauschaler Vorbehalt „gleichwertiger" Änderungen als unwirksam anzusehen.

5. Haftung des Bauunternehmers

B 169 **a) Allgemeines.** Klauseln, die die Haftung des Bauunternehmers ausschließen oder beschränken, sind an den §§ 307, 309 Nr. 7, 309 Nr. 8 b zu messen.[5] Für Klauseln, die die Beweislast zulasten des Verwendungsgegners modifizieren, gilt § 309 Nr. 12. Auf die Kommentierung der vorgenannten Vorschriften kann an dieser Stelle verwiesen werden. Im Folgenden seien daher nur eine Reihe von Beispielen und Besonderheiten hervorgehoben.

B 170 **b) Steuerliche Effekte.** Eine Freizeichnungsklausel in AGB eines Bauvertrages, wonach der Unternehmer nicht für die vom Besteller angestrebten steuerlichen Effekte haftet, ist grundsätzlich schon nach § 307 III 1 nicht zu beanstanden, weil der Unternehmer beim Bauvertrag auch nach dispositivem Recht nicht für bestimmte steuerliche Erfolge beim Bauherrn einzustehen hat.[6]

B 171 **c) Verjährung.** Die Verkürzung der Verjährungsfrist des § 634 a I Nr. 2 verstößt gegenüber Verbrauchern gegen § 309 Nr. 8 b ff. Aber auch gegenüber Unternehmern ist eine Verkürzung der fünfjährigen Verjährungsfrist des § 634a I Nr. 2 grundsätzlich unangemessen und damit nach § 307 unwirksam.[7] Auch eine bloß mittelbare Verkürzung der Verjährungsfrist wird vom Verbot des § 309 Nr. 8 b ff. erfasst. Nach § 309 Nr. 8 b ff. unwirksam ist daher z. B. eine Klausel, der zufolge die Verjährungsfrist im Falle eines Werkvertrags entgegen § 634 a II schon mit der

---

[1] OLG Hamm NJOZ 2005, 1661, 1662 f. (zu §§ 9, 10 Nr. 4 AGBG).

[2] OLG Hamm NJOZ 2005, 1661, 1662.

[3] OLG Hamm NJOZ 2005, 1661, 1663 (zu § 9 AGBG).

[4] BGH NJW 2005, 3420, 3421.

[5] S. insbesondere die allgemeinen Ausführungen zu haftungsbeschränkenden Klauseln unter § 309 Nr. 7 Rz 90 ff.

[6] OLG Hamm NJW-RR 1989, 668, 668 (zu § 9 AGBG).

[7] S. BGH NJW 1999, 2434, 2434 (zu §§ 638 I, 9 AGBG). Dort ging es zwar um eine besonders drastische Verkürzung, nämlich auf sechs Monate. Indessen betonte der BGH, dass „[n]ach der Rechtsprechung des Senats [...] die Vereinbarung einer verkürzten Verjährung bei Bauwerken nach § 638 I BGB durch AGB des Unternehmers auch im kaufmännischen Verkehr unwirksam [ist]". Unangemessenheit einer Verkürzung der fünfjährigen Verjährungsfrist für Bauwerke auch im kaufmännischen Verkehr. Ebenso z. B. *Weyer* NZBau 2003, 521, 521; *Palandt/Sprau* § 634a Rz 26; *Ulmer/Christensen* Anh. § 310 Rz 194.

Übergabe und nicht erst mit der Abnahme beginnt.[1] Eine solche Klausel ist auch im unternehmerischen Verkehr nach § 307 I, II Nr. 1 unwirksam.[2]

d) Rügeobliegenheit. Eine Klausel, der zufolge „Gewährleistungsansprüche […] wegen bei Abnahme erkennbarer Mängel […] ausgeschlossen [sind], wenn diese Mängel nicht binnen einer Frist von zwei Wochen seit Abnahme […] schriftlich vorgebracht werden", ist unwirksam. Gegenüber Verbrauchern ergibt sich die Unwirksamkeit aus § 309 Nr. 8 b ee.[3] Aber auch im unternehmerischen Verkehr ist eine entsprechende Klausel nach § 307 unwirksam.[4] Auch eine Klausel, nach welcher „Gewährleistungsansprüche wegen Mängeln, die bei der Abnahme nicht erkennbar waren, […] ausgeschlossen [sind], wenn sie vom Auftraggeber nicht binnen einer Frist von zwei Wochen nach Erkennbarkeit schriftlich […] vorgebracht werden", ist gegenüber Verbrauchern nach § 309 Nr. 8 b ee,[5] und gegenüber Unternehmern nach § 307 unwirksam.[6] **B 172**

6. Abnahme

a) Allgemeines. Die Abnahme begründet die Fälligkeit des Vergütungsanspruchs (§ 641 I 1, s. aber § 632a), führt zum Gefahrübergang (§ 644 I 1) und markiert den Beginn der Verjährungsfrist für Mängelansprüche (§ 634a II). Der Unternehmer hat daher ein erhebliches – aber nur selten schutzwürdiges – Interesse daran, den Zeitpunkt der Abnahme vorzuverlegen. **B 173**

b) Wirksamkeit. Mit Blick auf die Wirksamkeit entsprechender Klausel ist zwischen der Verwendung im unternehmerischen Verkehr und der Verwendung gegenüber Verbrauchern zu differenzieren. **B 174**

aa) Verbraucher. Gegenüber Verbrauchern sind Klauseln, die eine Abnahme fingieren, zunächst an § 308 Nr. 5 zu messen. Wichtiger noch ist § 309 Nr. 8 b ff. Diese Vorschrift verbietet im Falle des § 634 a I Nr. 2 jede Erleichterung der gesetzlichen Verjährung. Von diesem Verbot werden nach richtiger Auffassung auch solche Klauseln erfasst, die die Verjährung mittelbar erleichtern.[7] Unwirksam ist daher auch eine Klausel, die die Abnahme gegenüber dem gesetzlich vorgesehenen Zeitpunkt vorverlegt, so dass entsprechende Klauseln gegenüber Verbrauchern stets gegen § 309 Nr. 8 b ff. verstoßen. **B 175**

bb) Unternehmer. Werden Klauseln, die die Abnahme vorverlegen, gegenüber Unternehmern verwandt, so können sie wegen § 310 I 1 nicht anhand der §§ 308 Nr. 5, 309 Nr. 8 b ff. überprüft werden, doch sind sie an § 307 zu messen. Dabei ist zu berücksichtigen, dass eine Verkürzung der Verjährungsfrist des § 309 Nr. 8 b ff. nach zutreffender Auffassung des BGH auch gegenüber Unternehmern grundsätzlich unwirksam ist.[8] Vor diesem Hintergrund müssen Klauseln, die die Abnahme **B 176**

---

[1] Für Unwirksamkeit nach § 9 AGBG (307) im kaufmännischen Verkehr und zu einem Bauträgervertrag BGH NJW-RR 2004, 949, 951. Für Unwirksamkeit auch *von Westphalen* NJW 2005, 1987, 1990.

[2] BGH NJW-RR 2004, 949, 951 (zu § 9 AGBG, Bauträgervertrag). Zustimmend *von Westphalen* NJW 2005, 1987, 1990.

[3] BGH NJW-RR 2005, 247, 248 (zu § 11 Nr. 10 e AGBG).

[4] BGH NJW-RR 2005, 247, 248 (zu § 9 AGBG).

[5] BGH NJW-RR 2005, 247, 248 (zu § 11 Nr. 10 e AGBG).

[6] BGH NJW-RR 2005, 247, 248 (zu § 9 AGBG).

[7] S. § 309 Nr. 8 b ff. Rz 22–23.

[8] BGH NJW 1999, 2434, 2434 (zu §§ 638 I, 9 AGBG). Dort ging es zwar um eine besonders drastische Verkürzung, nämlich auf sechs Monate. Indessen betonte der BGH, dass „[n]ach der Rechtsprechung des Senats […] die Vereinbarung einer verkürzten Verjährung bei Bauwerken nach § 638 I BGB durch AGB des Unternehmers auch im kaufmännischen Verkehr unwirksam [ist]". Für Unangemessenheit auch *Weyer* NZBau 2003, 521, 521; *Palandt/Sprau* § 634a Rz 26.

fingieren, auch im unternehmerischen Verkehr grundsätzlich als unwirksam eingestuft werden. Dies gilt umso mehr, als der Unternehmer nur begrenzt schutzbedürftig ist. Denn nach § 640 I 3 steht es der Abnahme gleich, wenn der Besteller das Werk nicht innerhalb einer ihm vom Unternehmer bestimmten angemessenen Frist abnimmt, obwohl er dazu verpflichtet ist.

7. Kündigung durch Besteller

B 177 **a) Kündigung nach § 649.** Mit Blick auf Klauseln, die das **Kündigungsrecht** nach § 649 S. 1 modifizieren, gilt es zu differenzieren.

B 178 **aa) Recht zur Kündigung.** Das Kündigungsrecht des Bestellers nach § 649 S. 1 kann grundsätzlich auch AGB-mäßig auf ein Recht zur Kündigung aus wichtigem Grund beschränkt werden.[1] § 309 Nr. 8 a steht einer solchen Klausel nicht entgegen, weil § 309 Nr. 8 a nach richtiger Auffassung grundsätzlich nur solche Lösungsrechte betrifft, die an das Vorliegen einer Pflichtverletzung anknüpfen,[2] was beim Kündigungsrecht nach § 649 S. 1 nicht der Fall ist. Allerdings muss eine Klausel, die das Bestehen des Kündigungsrechts nach § 649 S. 1 vom Vorliegen wichtiger Gründe abhängig macht, zumindest bei längerfristigen Verträgen als unangemessen eingestuft werden.[3] Eine entsprechende Klausel ist daher insbesondere auch bei Bauverträgen unwirksam.[4]

B 179 **bb) Vergütungsanspruch.** Gemäß § 649 S. 2 hat der Unternehmer im Falle einer Kündigung durch den Besteller das Recht, die vereinbarte Vergütung zu verlangen. Er muss sich jedoch das anrechnen lassen, was er infolge der Aufhebung des Vertrages an Aufwendungen erspart oder durch anderweitige Verwendung seiner Arbeitskraft erwirbt oder böswillig zu erwerben unterlässt.

B 180 **α) Wirksamkeit von Pauschalen.** Wird der Anspruch aus § 649 S. 2 pauschaliert, so ist anerkannt, dass § 308 Nr. 7 zumindest analoge Anwendung findet.[5] Mit Blick auf die Frage, wann die Pauschale überhöht ist, geht die Rechtsprechung zutreffend davon aus, dass bei einem **Fertighausvertrag** ein Vergütungsanspruch von 5 % der Gesamtauftragssumme für den Fall der Kündigung nicht zu beanstanden ist.[6] Auch eine Vergütungspauschale in Höhe von 7,5 % ist bei einem Fertighausvertrag noch hinnehmbar.[7] Gleiches muss für eine Pauschale von 8 % gelten.[8] Selbst eine Pauschale von 10 % wird man noch als angemessen einstufen müssen,[9] doch ist damit die Obergrenze erreicht.[10] Erst recht unwirksam ist bei einem Fertighausvertrag eine Vergütung von 18 % der Auftragssumme bei Kündigung vor Beginn der

---

[1] *Palandt/Sprau* § 649 Rz 12. Möglicherweise a.A. aber BGH NJW 1999, 3261, 3262 (zu § 9 AGBG).

[2] S. § 309 Nr. 8 a Rz 21 mit Nachweisen zur Gegenauffassung.

[3] BGH NJW 1999, 3261, 3262 (zu § 9 AGBG).

[4] BGH NJW 1999, 3261, 3262 (zu § 9 AGBG); *Ulmer/Christensen* Anh. § 310 Rz 195.

[5] Für eine analoge Anwendung des § 308 Nr. 7 auch BGH NJW-RR 2001, 385, 386 (zu § 10 Nr. 7 AGBG); BGH NJW 1997, 259, 260 (zu § 10 Nr. 7 AGBG); OLG Düsseldorf NJOZ 2005, 2658, 2660.

[6] OLG Koblenz NJW-RR 2000, 871, 872 (zu § 10 Nr. 7 AGBG) (selbst für den Fall der Kündigung vor Bemusterung); BGH NJW 1983, 1489, 1491 (zu § 10 Nr. 7 AGBG).

[7] S. BGH NJW 2000, 3498, 3499 (zu § 9 AGBG).

[8] Für Wirksamkeit OLG Rostock NJW-RR 1998, 310, 311 (zu Fertighausvertrag und zu § 10 Nr. 7). Ohne Festlegung insoweit *Ulmer/Christensen* Anh. § 310 Rz 195.

[9] BGH NZBau 2006, 435 unter II.2.c. zu einem Fertighausvertrag. Wie hier auch OLG Düsseldorf NJW-RR 1995, 1392 (zu § 10 Nr. 7 AGBG); OLG Düsseldorf NJOZ 2005, 2658, 2662. Offen gelassen in BGH NJW-RR 1995, 749, 749 (zu § 10 Nr. 7 AGBG).

[10] OLG Düsseldorf NJW-RR 1995, 1392 (zu § 10 Nr. 7 AGBG); OLG Düsseldorf NJOZ 2005, 2658, 2662. Vgl. allerdings auch BGH NJW-RR 1995, 749, 749 (zu § 10 Nr. 7 AGBG): Frage, ob eine Pauschale von 10 % zuzüglich der Kosten für etwaig erstellte Zeichnungen angemessen ist, wird dem Berufungsgericht zur Beantwortung überlassen.

Bauausführung.[1] Darüber hinaus findet § 309 Nr. 5 b analoge Anwendung auf Klauseln, die den Anspruch aus § 649 S. 2 pauschalieren, wobei es aber im unternehmerischen Verkehr anders als in Verbraucherverträgen keiner ausdrücklichen Klarstellung bedarf, dass die Möglichkeit des Gegenbeweise erhalten bleibt.[2] Zu Klauseln, die die **Anrechnungsverpflichtung** nach § 649 S. 2 modifizieren, siehe § 308 Nr. 7 Rz 35a.

β) Forderung einer höheren Vergütung. Die Vereinbarung einer Pauschale kann sich auch zulasten des Verwenders auswirken. Zwar steht es dem Verwender nach richtiger Auffassung grundsätzlich frei, eine die Pauschale übersteigende Vergütung geltend zu machen.[3] Etwas anderes kann sich jedoch im Wege der Auslegung der Klausel ergeben, wobei Zweifel gemäß § 305 c II zulasten des Verwenders gehen.[4] Bestimmt eine Klausel, dass die Vergütung sich auf den Pauschalbetrag beläuft, „sofern [der Auftraggeber] oder der Auftragnehmer nicht im Einzelfall andere Nachweise erbringen", so darf der Verwendungsgegner diese Klausel dahingehend verstehen, dass der Verwender „nur in einem durch die Besonderheiten der Vertragsgestaltung oder Vertragsdurchführung bedingten Ausnahmefall eine über die Pauschale hinausgehende Vergütung beanspruchen will".[5] Auf die Unwirksamkeit der von ihm gestellten Pauschale kann sich der eine höhere Vergütung fordernde Unternehmer nach § 242 nicht berufen.[6] **B 181**

b) Außerordentliche Kündigung. Werkverträge sind in aller Regel nicht als Dauerschuldverhältnisse einzustufen. Dies gilt auch dann, wenn sich die Vertragsdurchführung über einen längeren Zeitraum erstreckt. Denn ein Dauerschuldverhältnis liegt nur dann vor, wenn der Leistungsumfang durch die Dauer des Vertrages bestimmt wird.[7] Ist ein Werkvertrag aber auf eine längere Zusammenarbeit angelegt, so steht dem Besteller ebenso wie bei einem Dauerschuldverhältnis ein Recht zur Kündigung aus wichtigem Grund zu.[8] Insbesondere auch im Falle des Bauvertrages hat der Auftraggeber ein solches Recht zur Kündigung aus wichtigem Grund, „wenn Vertragsverletzungen des Auftragnehmers von solchem Gewicht vorliegen, dass eine Fortsetzung des Vertrags für ihn unzumutbar ist".[9] Das Kündigungsrecht kann nach zutreffender Auffassung des BGH auch dann bestehen, wenn die schwerwiegende Vertragsverletzung zwar noch nicht eingetreten, ihr Eintritt jedoch sicher ist.[10] Das Recht zur außerordentlichen Kündigung kann in AGB weder ausgeschlossen noch beschränkt werden.[11] Gemäß § 307 unwirksam ist auch eine Klausel, die den Vergütungsanspruch nach § 649 S. 2 auf den Fall erstreckt, dass der Auftragnehmer aus wichtigem Grund kündigt.[12] **B 182**

---

[1] Vgl. BGH NJW 1985, 632, 632 (zu § 10 Nr. 7 AGBG): Wirksamkeit höchst zweifelhaft.

[2] S. § 308 Nr. 7 Rz 35a.

[3] A.A. *Palandt/Sprau* § 649 Rz 13: Pauschale begrenze „für den Regelfall" auch den Anspruch des Verwenders. Anders als hier wohl auch BGH NJW-RR 1998, 594, 595 (Architektenvertrag).

[4] S. § 308 Nr. 7 Rz 51.

[5] BGH NJW 2000, 3498, 3500. Der Verwender könne z. B. dann eine die Pauschale übersteigende Vergütung fordern, wenn sich die Kalkulationsgrundlagen nachträglich unvorhersehbar ändere, nicht aber schon dann, wenn er nachweise, dass nach der gesetzlichen Regelung (§ 649 S. 2) eine höhere Vergütung geschuldet wäre.

[6] BGH NJW-RR 1998, 594, 595 (Architektenvertrag).

[7] S. § 309 Nr. 1 Rz 23.

[8] S. nur *Palandt/Sprau* § 649 Rz 10. A.A. z. B. *Boldt* NZBau 2002, 655.

[9] BGH NJW 2003, 1600, 1601. In diesem Sinne auch BGH NJW-RR 1996, 1108, 1108.

[10] BGH NJW 2003, 1600, 1601.

[11] S. § 309 Nr. 9 Rz 153–159.

[12] OLG Düsseldorf NJOZ 2005, 2658, 2660.

8. Sonstige Klauseln

B 183 **Annahmefristen** sind gegenüber Verbrauchern an § 308 Nr. 1 zu messen. Bedarf es noch der Klärung von Finanzierungsfragen oder der Prüfung der Verfügbarkeit von Subunternehmern und Lieferanten, so muss eine vierwöchige Angebotsfrist im Falle des Bauvertrages noch als angemessen eingestuft werden.[1] Anderenfalls sind allerhöchstens zwei Wochen hinnehmbar.[2] Ein Ausschluss der **Verzinsung von Guthaben** des Auftragnehmers ist nur wirksam, wenn er dahin auszulegen ist, dass Verzugszinsen unberührt bleiben und nur die nicht fälligen Ansprüche einschließlich des vereinbarten Garantieeinbehaltes nicht zu verzinsen sind.[3] Unzulässig ist eine Klausel, die dem Bauunternehmer das **Hausrecht** auf dem Baugrundstück überträgt mit der Wirkung, dass dies auch gegenüber dem Bauherrn gelten soll und dieser nicht zum Bezug seines Hauses vor vollständiger Bezahlung berechtigt ist.[4] Zu Klauseln, denen zufolge ein vom Bauunternehmer erstellter **Kostenvoranschlag** zu vergüten ist, siehe § 307 Rz K 32–36. Zu **Schiedsgutachtenklauseln** siehe § 310 Rz S 21 ff.

IV. Bauherr als Verwender

B 184 Oft ist es in der Praxis auch der Bauherr, der die Verwendung seiner AGB durchsetzt. Auf einige der dabei verwandten Klauseln soll im Folgenden näher eingegangen werden. Ergänzend sei auf die Ausführungen zum **Subunternehmervertrag** unter § 307 Rz S 271–310 verwiesen.

1. Vergütung

B 185 **a) Einheitspreise.** Gerade bei größeren Bauvorhaben ist der genaue Umfang der für die Errichtung des Bauwerks erforderlichen Leistungen oftmals nur schwer genau vorherzusehen. Vor diesem Hintergrund werden in der Praxis häufig **Einheitspreise pro Leistungseinheit** vereinbart. Der Gesamtpreis ergibt sich dann erst aus dem Zusammenspiel der festgelegten Einheitspreise und des Umfangs der erbrachten Leistung.

B 186 **aa) Wirksamkeit.** Die Vereinbarung entsprechender Einheitspreise ist regelmäßig schon nach § 307 III 1 der Inhaltskontrolle entzogen. Dementsprechend hat auch die Rechtsprechung eine Klausel nicht beanstandet, der zufolge „die Einheitspreise [...] Festpreise für die Dauer der Bauzeit [sind] und [...] auch dann ihre Gültigkeit [behalten], wenn Massenänderungen [...] eintreten".[5] Allerdings ist diese Klausel dahingehend auszulegen, dass sie „weder den Einwand des Wegfalls der Geschäftsgrundlage noch etwaige Ansprüche des Auftragnehmers aus dem Gesichtspunkt des Verschuldens bei Vertragsschluss [ausschließt]".[6] Eine Klausel, die generell die Berufung auf ein Verschulden bei Vertragsschluss ausschließt, wäre nach § 309 Nr. 7 sowie nach § 307 unwirksam.[7] Gemäß § 307 I, II Nr. 1 unwirksam wäre auch

---

1 Vgl. § 308 Nr. 1 Rz 15–16. Ähnlich *Ulmer/Christensen* Anh. § 310 Rz 192: „maximal vier Wochen".
2 A.A. möglicherweise *Ulmer/Christensen* Anh. § 310 Rz 192.
3 Anders, allerdings noch vor Erlass des AGBG, BGH WM 1976, 638: geltungserhaltende Reduktion.
4 *Ulmer/Christensen* Anh. § 310 Rz 193.
5 BGH NJW 1993, 2738, 2739 (zu § 9 AGBG).
6 Vgl. BGH NJW 1993, 2738, 2739, das eine entsprechende Auslegung des Berufungsgerichts als rechtsfehlerfrei einstuft.
7 Offen gelassen in BGH NJW 1993, 2738, 2739 (zu § 9 AGBG).

eine Klausel, die eine Berufung auf den Wegfall der Geschäftsgrundlage (§ 313) ausschließt.[1]

bb) Höchstpreisklauseln. Haben die Parteien Einheitspreise vereinbart, so soll damit die Festlegung auf einen bestimmten Gesamtpreis gerade vermieden werden. Überraschend (§ 305 c I) ist daher eine Höchstpreisklausel des Inhalts: „Auch bei einem Einheitspreisvertrag ist die Auftragssumme limitiert."[2] Richtigerweise wird man die Klausel auch als unangemessen einstufen müssen. Wurden die Einheitspreise individualvertraglich vereinbart, ist die Höchstpreisklausel außerdem gemäß § 305 b unbeachtlich. **B 187**

b) Einheitspreise und Masseänderungen. Bei Einheitspreisen trägt grundsätzlich der Bauherr das Risiko so genannter Masseänderungen.[3] Dieser Grundsatz ist auch bei der Klauselauslegung zu berücksichtigen. Eine Klausel der zufolge der Auftragnehmer „die Verpflichtung der Vollständigkeit" übernimmt, der Bieter angehalten wird, sich vor Kalkulation des Angebots von der Situation an Ort und Stelle zu informieren und Nachforderungen aufgrund unberücksichtiger Schwierigkeiten nicht anerkannt werden, kann daher regelmäßig nicht dahingehend ausgelegt werden, dass das Risiko von Masseänderungen auf den Unternehmer übertragen werden soll.[4] Eine Klausel, die das Risiko von Massenänderungen bei der Vereinbarung von Einheitspreisen auf den Unternehmer überwälzt, müsste regelmäßig auch als unangemessen eingestuft werden (s. schon Rz B 187).[5] **B 188**

c) Kürzung des Pauschalpreises. Eine Pauschalpreisabrede hat gerade den Sinn und Zweck, dass die einzelnen Positionen nicht abgerechnet werden sollen.[6] Vor diesem Hintergrund kann eine Klausel, die in Widerspruch zu einer individualvertraglichen Pauschalpreisabrede eine Anpassung des Preises zulässt, schon nach § 305 b unbeachtlich sein.[7] Darüber hinaus unterliegen Klauseln, die eine Kürzung des vereinbarten Pauschalpreises erlauben, jedenfalls der Kontrolle anhand des § 307 und sind regelmäßig unangemessen. Gemäß § 307 unwirksam ist im Falle der individualvertraglichen Vereinbarung eines Pauschalpreises beispielsweise eine Klausel, nach welcher der Bauherr bei Nichtausführung einzelner Positionen des Leistungsverzeichnisses „die Preise nach den bürgerlich-rechtlichen Regeln der Billigkeit im Rahmen der angemessenen Vergütung in Relation zu den vertraglich kalkulierten Preisen oder – soweit dies nicht möglich ist – zur verkehrsüblichen Bezahlung fest[setzt]".[8] Auch im Falle einer Pauschalpreisabrede ist es jedoch nicht zu beanstanden, wenn die AGB die Folgen einer vom Auftragnehmer verschuldeten Vertragsbeendigung in Anlehnung an § 649 S. 2 regeln.[9] Eine solche Klausel ist auch nicht als unzulässige Haftungsbeschränkung unwirksam. Denn auch im Rahmen des § 249 wäre zu berücksichtigen, dass der Auftragsnehmer den Vertrag jederzeit mit den Rechtsfolgen des § 649 S. 2 kündigen kann. **B 189**

---

[1] Offen gelassen in BGH NJW 1993, 2738, 2739 (zu § 9 AGBG).

[2] BGH NJW-RR 2005, 246, 246 (zu 3 AGBG); *von Westphalen* NJW 2005, 1987, 1990.

[3] BGH NJW-RR 2004, 880, 880.

[4] BGH NJW-RR 2004, 880, 880.

[5] Offen gelassen BGH NJW-RR 2004, 880, 880. Siehe aber BGH NJW-RR 2005, 246, 246 (zu 3 AGBG), wo eine Höchstpreisklausel im Falle der Vereinbarung von Einheitspreisen als überraschend eingestuft wird.

[6] Zutreffend OLG Frankfurt a.M. NJW-RR 1998, 311, 312.

[7] Zutreffend OLG Frankfurt a.M. NJW-RR 1998, 311, 312 (zu § 4 AGBG).

[8] Für Unbeachtlichkeit nach § 4 AGGB (§ 305 b) OLG Frankfurt a.M. NJW-RR 1998, 311, 312. Für Unwirksamkeit *Palandt/Heinrichs* § 307 Rz 88.

[9] Vgl. BGH NJW 1996, 3270, 3271, der eine solche Klausel anwendet, ohne ihre Wirksamkeit infrage zu stellen.

B 190 **d) Lohngleitklauseln.** Eine Lohngleitklausel des Inhalts, dass Mehr- und Minderbeträge nur erstattet werden, „soweit [sie] 0,5 % der Abrechnungssumme überschreit[en]", ist angesichts der Verwendung des Wortes „soweit" dahingehend auszulegen, dass auch im Falle einer Überschreitung „nur die über 0,5% hinausgehenden Mehrkosten erstattet" werden müssen.[1] Die Klausel ist also nicht dahingehend zu verstehen, dass die Überschreitung der dort angegebenen 0,5 %-Schwelle eine Pflicht zur Erstattung *aller* Mehrkosten zur Folge hat.[2] (Eine andere Auslegung, nämlich dahingehend, dass bei Überschreitung der 0,5 %-Schwelle die gesamten Mehrkosten erstattet werden müssen, ist aber dann geboten, wenn anstelle des Begriffes „soweit" das Wort „wenn" verwandt wird.[3] Zumindest im Falle einer Vereinbarung von Einheitspreisen ist die Klausel auch wirksam.[4] Nichts anderes gilt bei Stellung durch den Bauherrn als Verwender im Fall einer Pauschalpreisvereinbarung. Zwar zielt eine Pauschalvereinbarung darauf ab, auch bei Veränderungen hinsichtlich der einzelnen Posten eine Anpassung des Preises im Grundsatz auszuschließen. Aber es steht dem Bauherrn als Verwender frei, von diesem Grundsatz zu Gunsten des anderen Teils abzuweichen.[5]

B 191 **e) Überzahlungen.** Gemäß § 307 unwirksam ist eine Klausel, die dem Auftragnehmer unterschiedslos die Verzinsung von Überzahlungen auferlegt, die er nach Bereicherungsrecht zurückzugewähren hat; die Klausel widerspricht, da sie auch bei Gutgläubigkeit des Empfängers gilt und wenn dieser keine Nutzungen aus dem Geld gezogen hat, den Wertungen der §§ 818 I, IV, 819.[6]

B 192 **f) Fälligkeit.** Gemäß § 16 III 1 S. 1 VOB/B wird der Anspruch auf die Schlusszahlung spätestens innerhalb von zwei Monaten nach Zugang der Schlussrechnung fällig. Man wird davon ausgehen müssen, dass diese Vorschrift auch im Falle einer isolierten Inhaltskontrolle noch dem Angemessenheitsgebot des § 307 genügt, doch dürfte damit zugleich die Grenze des gerade noch Zulässigen erreicht sein.[7]

2. Veränderung des Leistungsumfangs

B 193 **a) Allgemeines.** Klauseln, die es dem Bauherrn erlauben, den Umfang der vom Unternehmer zu erbringenden Leistungen bei gleichzeitiger Kürzung des Gesamtentgelts zu reduzieren, sind an § 307 zu messen. So darf der Bauunternehmer nicht zu Mehrleistungen, die in dem mehrdeutigen Wort „Änderungen" miterfasst sein können, verpflichtet werden, ohne dass er hierfür eine Vergütung erhält. Ebenso wenig darf der Bauunternehmer um die Vergütung für bereits gemachte Aufwendungen gebracht werden.[8] Insbesondere gilt es zu beachten, dass der Bauherr zwar gemäß § 647 S. 1 kündigen kann, im Falle der Ausübung dieses Rechts aber gemäß § 649 S. 2 einem Vergütungsanspruch des Bauunternehmers ausgesetzt ist. Soweit sich der entsprechende Vergütungsanspruch des Bauunternehmers als AGB-fest erweist,[9] darf es dem Bauherrn nicht möglich sein, die Regelung des

---

[1] BGH NJW 2002, 441, 441.
[2] BGH NJW 2002, 441, 441.
[3] So wohl auch, allerdings nicht ganz eindeutig, BGH NJW 2002, 441, 441.
[4] Für Wirksamkeit wohl auch BGH NJW 2002, 441, 442 (zu § 9 AGBG). Der abgedruckte Teil des Urteils lässt allerdings nicht ganz klar erkennen, welche Art der Preisvereinbarung vorlag.
[5] Richtig daher BGH NJW 2002, 441, 442 (zu § 9 AGBG).
[6] BGH NJW 1988, 258, 259 (zu § 9 AGBG).
[7] S. im Einzelnen Anh. § 310 Rz V 455.
[8] OLG Nürnberg Urt. v. 29. 1. 1980, AGBE I, 552; LG Frankfurt Urt. v. 6. 2. 1980, AGBE I, 899; OLG Frankfurt BauR 1986, 124.
[9] S. dazu Anh. § 310 Rz S 300.

§ 649 S. 2 mittels eines Rechts zur einseitigen Reduktion des Leistungs- und Vergütungsumfangs zu umgehen.

b) Beispiele. Gemäß § 307 unwirksam ist beispielsweise eine Klausel, die das einseitige Recht des Bauherrn zur nachträglichen Reduzierung des Leistungsumfangs unter proportionaler Kürzung des Entgeltes vorsieht, wenn damit jeder weitere Ersatz für Aufwendungen (vor allem im Hinblick auf künftige Teilleistungen) und für entgangenen Gewinn ausgeschlossen wird.[1] **B 194**

3. Vergütung zusätzlicher Leistungen

Eine Klausel, die Ansprüche aus Geschäftsführung ohne Auftrag generell ausschließt, wenn die relevanten Leistungen nicht unverzüglich angezeigt werden, ist unwirksam.[2] Denn das Interesse des Auftraggebers an frühzeitiger Information rechtfertigt zwar eine Anzeigepflicht, nicht jedoch die Versagung gesetzlicher Ansprüche.[3] Erst recht unangemessen ist eine Klausel, der zufolge Nachforderungen ausgeschlossen sind, wenn der Auftraggeber nicht ein vom Auftragnehmer unterbreitetes „Nachtragsangebot angenommen und schriftlich bestätigt hat".[4] Dies folgt zum einen daraus, dass die genannte Klausel die gesetzlichen Ansprüche ausschließt,[5] deren uneingeschränkte Abbedingung aber nach § 307 II Nr. 1 unangemessen ist.[6] Darüber hinaus versagt die genannte Klausel dem Unternehmer sogar für den Fall einen Anspruch auf Vergütung, dass die Parteien ein etwaiges Schriftformerfordernis abbedungen[7] und den Vertrag wirksam abgeändert haben. **B 195**

4. Abnahme

a) Hinausschieben der Abnahme. Die Abnahme begründet die Fälligkeit des Vergütungsanspruchs (§ 641 I 1, s. aber § 632a), führt zum Gefahrübergang (§ 644 I 1) und markiert den Beginn der Verjährungsfrist für Mängelansprüche (§ 634a II). Es liegt daher im Interesse des Bestellers, den Abnahmezeitpunkt hinauszuschieben. Sind entsprechende Klauseln allerdings Teil der AGB des Verwenders, so müssen sie an § 307 gemessen werden. Zwar kann dem Besteller ein schutzwürdiges Interesse an einer Verzögerung der Abnahme nicht gänzlich abgesprochen werden, zumal oftmals Vorkehrungen für die Abnahme getroffen werden müssen. Allerdings hat der BGH entsprechenden Klauseln insbesondere im Bereich der Subunternehmerverträge enge Grenzen gezogen. Namentlich soll eine Regelung der Abnahme in den AGB des Hauptunternehmers nach § 307 unwirksam sein, „wenn sie den Zeitpunkt der Abnahme für den Subunternehmer nicht eindeutig erkennen lässt, dieser Zeitpunkt also ungewiss bleibt, oder wenn sie die Abnahme auf einen nicht mehr angemessenen Zeitpunkt nach Fertigstellung der Subunternehmerleis- **B 196**

---

1 In diesem Sinne OLG Düsseldorf NJW-RR 1992, 216, 217 (zu § 9 AGBG): Unwirksamkeit einer Klausel, der zufolge der Bauherr berechtigt ist, „einzelne Positionen des Angebots zurückzuziehen, zu streichen, in den Massenansätzen zu vermindern oder zu vermehren, ohne dass der Auftragnehmer durch Minderleistungen Ersatzansprüche stellen kann", und die ausdrücklich bestimmt: „Eine Preisänderung tritt dadurch bei solchen oder anderen Positionen nicht ein."

2 BGH NJW 1991, 1812, 1814 (zu § 9 ABGG).

3 BGH NJW 1991, 1812, 1814 (zu § 9 ABGG).

4 BGH NJW 2004, 502, 504 (zu § 9 AGBG). S. ferner BGH NJW-RR 2005, 246, 246: Unangemessenheit der Klausel: „Zusätzliche Leistungen werden nur nach schriftlich erteiltem Auftrag bezahlt." Dieser Rechtsprechung zustimmend z. B. *von Westphalen* NJW 2005, 1987, 1990.

5 BGH NJW 2004, 502, 504.

6 BGH NJW 2004, 502, 504 (zu § 9 II Nr. 1 AGBG).

7 Zur Abbedingung von Schriftformerfordernissen s. § 310 Rz S 119–127.

tung hinausschiebt."[1] Ungewiss ist der Abnahmezeitpunkt dann, „wenn er vom Subunternehmer nicht herbeigeführt oder nicht berechnet werden kann".[2] Unangemessen hinausgeschoben ist der Zeitpunkt der Abnahme dann, wenn „die Leistung des Subunternehmers erst erhebliche Zeit nach ihrer Fertigstellung abgenommen werden soll."[3] Die vorgenannten Grundsätze, auf die im Rahmen der Kommentierung des Subunternehmervertrages näher eingegangen wird,[4] sollte man auch außerhalb des Subunternehmervertrages heranziehen.

B 197 **b) Beispiele.** Ist in einer Klausel die Frist zwischen Fertigstellung und Abnahmewirkung nicht hinreichend bestimmt („mit Eingang der letzten ... bestätigten Mängelanzeige ... gilt die Leistung ... als abgenommen"), so ist die Klausel wegen Unbestimmtheit unwirksam.[5] Die Klausel, dass die Gewährleistung erst „am Tag der mängelfreien Abnahme des Gesamtbauwerkes" beginnt, verschiebt die gesetzlich vorgesehene Abnahmewirkung zulasten des Bauunternehmers ohne zeitliche Begrenzung und verstößt gegen § 307 II Nr. 1.[6] Eine maßvolle Verlängerung der 12–Tage-Frist der VOB/B durch Zusatzbedingungen auf 24 Tage ist unbedenklich.[7] Regelmäßig unbedenklich ist auch eine vier- bis sechswöchige Frist.[8] Eine Verschiebung der Abnahme um zwei Monate oder mehr ist jedoch unangemessen und daher nach § 307 unwirksam.[9]

B 198 **c) § 640 I 3.** Gemäß § 640 I 3 steht es der Abnahme gleich, wenn der Besteller das Werk nicht innerhalb einer ihm vom Unternehmer bestimmten angemessenen Frist abnimmt, obwohl er dazu verpflichtet ist. Eine Klausel, die die Regelung des § 640 I 3 gänzlich ausschließt und nur eine ausdrückliche Abnahme oder eine Abnahme durch schlüssiges Verhalten fordert, ist nach § 307 unwirksam.[10] Zwar hat der BGH den AGB-mäßigen Ausschluss der in der VOB/B vorgesehenen fiktiven Abnahme gebilligt.[11] Doch hat er diese Rechtsprechung unter anderem damit begründet, dass „die fiktive Abnahme [keinem] gesetzlichen Leitbild [entspricht]".[12] Mit der Einführung des § 640 I 3 ist diese Argumentation überholt.

5. Haftungserweiterungen

B 199 **a) Allgemeines.** Der Bauherr hat naturgemäß ein Interesse daran, die Haftung des Unternehmers soweit wie möglich auszudehnen. Allerdings sind entsprechende Regelungen an § 307 zu messen. Dabei sind eine Reihe von Grundsätzen zu beachten:

B 200 **aa) Versteckte Beschränkung der Verwenderhaftung?** So gilt es bei der Analyse entsprechender Klauseln streng darauf zu achten, ob diese allein die Haftung

---

[1] BGH NJW 1989, 1602, 1603 (zu § 9 AGBG).
[2] BGH NJW 1989, 1602, 1603 (zu § 9 AGBG).
[3] BGH NJW 1989, 1602, 1603 (zu § 9 AGBG).
[4] Anh. § 310 Rz S. 294–296.
[5] OLG Nürnberg BB 1980, 179 = AGBE I, 522.
[6] OLG Karlsruhe BB 1983, 725, 728 (zu § 9 AGBG).
[7] So auch BGH NJW 1983, 816, 818 (zu § 9 AGBG), allerdings auf der Grundlage der mittlerweile aufgegebenen Kernbereichsrechtsprechung (s. Anh. § 310 Rz V 408) und vor dem Hintergrund der Annahme, dass eine Verlängerung um 12 Tage die Vereinbarung der VOB/B als Ganzes nicht infrage stellt.
[8] In diesem Sinne, allerdings zum Subunternehmervertrag, auch BGH NJW 1989, 1602, 1603 (zu § 9 AGBG): Frist „kann [...] durchaus vier bis sechs Wochen betragen".
[9] BGH NJW 1989, 1602, 1603 (zu § 9 AGBG und zum Subunternehmervertrag).
[10] *Kniffka* ZfBR 2000, 227, 231. Ebenso wohl OLG Frankfurt, Urt. v. 15. 6. 2005, Az: 7 U 185/04, BeckRS 2006–01200. Tendenziell auch *Palandt/Sprau* § 640 Rz 12.
[11] BGH NJW 1997, 394, 395 (zu § 9 AGBG).
[12] BGH NJW 1997, 394, 395 (zu § 9 AGBG).

des Unternehmers ausweiten, oder ob zugleich die Haftung des Verwenders beschränkt wird.[1] Im letzteren Falle ist die relevante Klausel auch an den für haftungsbeschränkenden Klauseln geltenden Grundsätzen[2] zu messen. Unwirksam ist daher z. B. eine Klausel, der zufolge der Auftragnehmer Bedenken gegen die Pläne und das Leistungsverzeichnis noch vor Vertragsschluss mitzuteilen hat und nach Vertragsschluss mitgeteilte Bedenken den Auftragnehmer nicht berechtigten, andere Preise oder zusätzliche Leistungen für die bedenkensfreie Art der Ausführung in Rechnung zu stellen.[3] Denn diese Klausel läuft auf eine Haftungsfreizeichnung zugunsten des Auftraggebers hinaus, und zwar auch in Fällen vorsätzlich oder grob fahrlässigen Handelns.[4]

bb) Keine verschuldensunabhängige Haftung. Nach zutreffender Auffassung des BGH ist es „ein wesentlicher Grundgedanke der gesetzlichen Regelung i.S. von § 307 II Nr. 1, dass eine Verpflichtung zum Schadensersatz regelmäßig nur bei schuldhaftem Verhalten besteht".[5] Dies gilt für vertragliche ebenso wie für gesetzliche Ansprüche.[6] Die Begründung einer über die gesetzlichen Vorschriften hinausgehenden verschuldensunabhängigen Haftung des anderen Teils ist dementsprechend grundsätzlich nach § 307 II Nr. 1 unangemessen.[7] Dies gilt auch im unternehmerischen Verkehr.[8] Selbst der Gedanke der Haftung für die eigene Risikosphäre rechtfertigt für sich genommen nicht die Auferlegung einer uneingeschränkten Zufallshaftung.[9] Unwirksam ist daher z. B. eine Klausel, die eine verschuldensunabhängige Haftung für **Baustellenschäden** begründet.[10] **B 201**

cc) Kein Ausschluss des Mitverschuldens. Generell nach § 307 unwirksam sind Regelungen, welche die Berücksichtigung eines Mitverschuldens des Bauherrn ausschließen.[11] **B 202**

c) Im Einzelnen. Auf der Grundlage des oben Gesagten lassen sich mit Blick auf den Bauvertrag folgende Grundsätze aufstellen. **B 203**

aa) Haftung für Planungsfehler. Dem Bauunternehmer kann formularmäßig die Pflicht auferlegt werden, vom Bauherrn gestellte Pläne auf Fehler und Unstimmigkeiten zu überprüfen und diese dem Bauherrn mitzuteilen. Gleiches gilt für eine Pflicht zur Feststellung der Beschaffenheit der Baustelle.[12] Verletzt der Bauunternehmer diese ihm wirksam auferlegten Pflichten, so haftet er gemäß § 280 I. Allerdings dürfen Klauseln nicht die Verantwortlichkeit des Bauherrn für die von ihm oder seinen Erfüllungsgehilfen verschuldeten Planungsfehler ausschließen. **B 204**

---

[1] S. zu dieser Problematik auch Anh. § 310 Rz H 3.

[2] S. insbesondere die Ausführungen zu haftungsbeschränkenden Klauseln unter § 309 Nr. 7 Rz 90 ff. (Verbraucher), 135 ff. (Unternehmer).

[3] OLG München NJW-RR 1986, 382, 382 (zu § 9 AGBG).

[4] OLG München NJW-RR 1986, 382, 382 (zu § 9 AGBG).

[5] BGH NJW 2006, 47, 49. Ebenso schon BGH NJW 1991, 2414, 2415 (zu § 9 AGBG); BGH NJW 1991, 1886, 1887 (zu § 9 AGBG). Siehe im Einzelnen § 310 Rz H 4–32.

[6] BGH NJW 2006, 47, 49; BGH NJW 1991, 2414, 2416 (zu § 9 AGBG); BGH NJW 1991, 1886, 1887 (zu § 9 AGBG).

[7] BGHZ 114, 238, 242 = BGH NJW 1991, 1886, 1887 (zu § 9 AGBG): Die „formularmäßige Begründung einer verschuldensunabhängigen Risikohaftung [...] [ist] grundsätzlich nach § 9 II Nr. 1 AGB-Gesetz unwirksam". S. auch § 309 Nr. 7 Rz 130.

[8] Ebenso i.E. BGH NJW 2006, 47, 49.

[9] BGH NJW 1991, 2414, 2416 (zu § 9 AGBG): Schaden durch Geschäftsunfähigkeit des Kunden; BGH NJW 1992, 1761, 1762 (zu § 9 AGBG): Zufallshaftung für die an einer Mietsache (Fernschreibanlage) entstehenden Schäden; BGH NJW 1992, 3158, 3161 (zu § 9 AGBG): Zufallshaftung für Schäden an Mietschäden.

[10] *Palandt/Heinrichs* § 307 Rz 88.

[11] Vgl. § 310 Rz H 46.

[12] OLG Karlsruhe BB 1983, 725, 727.

Unwirksam ist daher eine Klausel, die dahingehend verstanden werden kann, dass ausschließlich der Bauunternehmer für Planungsfehler des Bauherrn haftet.[1] Der Bauherr kann seine Haftung auch nicht generell auf Vorsatz und grobe Fahrlässigkeit beschränken.[2]

B 205 **bb) Haftung für andere Unternehmer.** Soweit der Bauunternehmer bei der Erfüllung der ihm obliegenden Pflichten andere Unternehmer einschaltet, haftet er für deren Verschulden schon nach § 278, und eine Klausel, die dies zum Ausdruck bringt, ist nach § 307 III 1 nicht zu beanstanden. Grundsätzlich nach § 307 unwirksam sind aber Klauseln, die dem Unternehmer die Haftung für das Verschulden dritter Unternehmer auferlegen, für deren Fehlverhalten er nach dem Gesetz nicht einzustehen hat. Die Unwirksamkeit entsprechender Klauseln folgt dabei aus dem Grundsatz, dass die Begründung einer verschuldensunabhängigen Haftung unangemessen ist.[3] Gemäß § 307 unwirksam ist z. B. die Auferlegung einer generellen und verschuldensunabhängigen Haftung für die Vorleistungen anderer vom Verwender beauftragter Unternehmer.[4] Gleiches gilt für Klauseln, die eine gemeinsame Haftung mehrerer Unternehmer für nicht aufklärbare Schäden vorsehen.[5] Auch eine Klausel des Inhalts, dass der Unternehmer für solche Mängel seiner Arbeit haftet, die auf erkennbare Mängel der Vorleistungen anderer vom Auftraggeber eingeschalteter Unternehmer zurückzuführen sind, ist nicht ohne weiteres wirksam.[6] Zu beachten ist nämlich, dass sich der Auftraggeber das Verschulden anderer von ihm eingeschalteter Unternehmer nach § 278 zurechnen lassen muss. Diese Haftung kann der Auftraggeber nur in den Grenzen der Grundsätze ausschließen, die allgemein für Haftungsausschlüsse und -begrenzungen gelten.[7]

B 206 **cc) Sonstiges.** § 309 Nr. 12 gilt nicht unmittelbar für AGB, die gegenüber Unternehmern verwandt werden (§ 310 I 1). Gleichwohl wird man davon ausgehen müssen, dass Klauseln, die zulasten des Verwendungsgegners eine Abweichung von den gesetzlichen **Beweislastregeln** vorsehen, auch im unternehmerischen Verkehr grundsätzlich unwirksam sind.[8] Dies gilt nach richtiger Auffassung auch für **Tatsachenbestätigungen.**[9] Als Tatsachenbestätigung unwirksam ist etwa eine Klausel, wonach der Bauunternehmer erklärt, dass ihm die örtlichen Verhältnisse bekannt sind.[10] Unangemessen und daher nach § 307 unwirksam ist auch eine Klausel, die dem Besteller bei jeder Über- oder Unterschreitung vereinbarter Grenzwerte ein Recht zur Minderung einräumt, obwohl **kein Mangel** im Sinne des dispositiven Rechts gegeben ist.[11]

6. Verlängerung von Verjährungsfristen

B 207 Wie sich im Umkehrschluss aus § 202 II ergibt, können die gesetzlichen Verjährungsfristen grundsätzlich verlängert werden. § 202 II begrenzt die Vertragsfreiheit

---

[1] So wohl auch *Palandt/Heinrichs* § 307 Rz 88. In diesem Sinne auch OLG München NJW-RR 1986, 382, 382 (zu § 9 AGBG).

[2] OLG München NJW-RR 1990, 1358, 1348 (zu § 9 AGBG). S. auch § 309 Nr. 7 Rz 150–154.

[3] S. § 310 Rz H 4.

[4] *Ulmer/Hensen* Anh. § 310 Rz 199.

[5] OLG Düsseldorf, Urt. v. 22. 7. 1982, AGBE III, 205, 215 (zum AGB-Gesetz und zum Subunternehmervertrag).

[6] A.A. wohl *Ulmer/Christensen* Anh. § 310 Rz 199.

[7] S. insbesondere die Ausführungen zu haftungsbeschränkenden Klauseln unter § 309 Nr. 7 Rz 90 ff. Im Falle des Werkvertrags sind außerdem die Regelungen des § 309 Nr. 8 b zu berücksichtigen.

[8] In diesem Sinne auch *Palandt/Grüneberg* Rz 103.

[9] S. § 309 Nr. 12 Rz 92.

[10] OLG Frankfurt NJW-RR 1986, 245, 246 (zu § 9 AGBG).

[11] Ähnlich auch BGH NJW-RR 2004, 1022, 1022 (zu § 9 AGBG).

in diesem Punkte nur insofern, als die Verjährung nicht über eine Verjährungsfrist von 30 Jahren ab dem gesetzlichen Verjährungsbeginn hinaus erschwert werden kann. Soll die Verlängerung der Gewährleistungsfrist freilich in AGB erfolgen, so sind entsprechende Klauseln an § 307 zu messen. Dabei ist zum einen zu fragen, ob der Verwender überhaupt ein rechtliches Interesse an der Verlängerung der Verjährungsfrist hat.[1] Zum anderen kommt es – auch mit Blick auf § 307 II Nr. 1 – darauf an, wie weit sich die AGB-mäßig vorgesehene Verjährungsfrist vom dispositiven Recht entfernt.[2] Nicht erheblich ist dagegen, ob die AGB-mäßig bestimmten Gewährleistungsfristen deutlich über denjenigen Zeitraum hinausgehen, in welchem mit dem Auftreten zuvor verborgen gebliebener Mängel typischerweise zu rechnen ist.[3] Zwar ist der Bauherr nur in begrenztem Maße schutzbedürftig, wenn Mängel nur selten zu erwarten sind. Doch ist andererseits zu berücksichtigen, dass auch die Belastung des Unternehmers gering ist, wenn es durch die Verlängerung der Verjährungsfrist nur in seltenen Fällen zu einer Inanspruchnahme kommt.

7. Abweichungen von den §§ 648, 648 a

a) Gesetzliche Ausgangslage. § 648 gewährt dem Unternehmer einen Anspruch auf Einräumung einer Sicherungshypothek am Baugrundstück des Bestellers. Daneben gewährt auch § 648a dem Unternehmer einen Anspruch auf Sicherheitsleistung. Das Verhältnis beider Ansprüche ist in § 648 a IV dahingehend geregelt, dass der Anspruch aus § 648 ausgeschlossen ist, wenn der Unternehmer für seinen Vergütungsanspruch eine Sicherheit nach § 648 a I oder II erlangt hat. Auch ist zu beachten, dass der Anspruch nach § 648a gemäß § 648a VI in den dort genannten Fällen ausgeschlossen ist. **B 208**

b) AGB. Soweit Klauseln von den §§ 648, 648 a abweichen, gilt es zunächst zu berücksichtigen, dass § 648 a VII eine von § 648a I bis V abweichende Vereinbarung für unwirksam erklärt. Ist eine Klausel nach § 648a VII unwirksam, so folgt ihre Unwirksamkeit zugleich aus § 307 I 1, 2, denn eine gegen zwingendes Recht verstoßende Klausel verstößt stets auch gegen das Transparenzprinzip.[4] Die Tatsache, dass eine Klausel nach § 648a VII unwirksam ist, lässt nach dem Schutzzweck des § 648a VII die Wirksamkeit des Vertrages im Übrigen unberührt. Eine Klausel, die das Recht aus § 648 ausschließt, dem Unternehmer aber das Recht nach § 648 a belässt, ist schon in Hinblick auf § 648a IV nicht zu beanstanden. Anderes gilt aber dann, wenn § 648 a nach § 648 a VI keine Anwendung findet. In diesem Falle sind Klauseln, die das Recht auf Einräumung einer Sicherungshypothek ausschließen, enge Grenzen gezogen. Grundsätzlich ist der AGB-mäßige Ausschluss des Rechts aus § 648 in diesen Fällen nach § 307 unwirksam, falls nicht andere, gleichwertige Sicherungen eingeräumt werden.[5] **B 209**

8. Sicherheitsleistung durch Bauunternehmer

a) Sicherheitseinbehalt. Eine AGB-Klausel, der zufolge der Besteller nach Abnahme des Bauwerks 5 % der Auftragssumme für die Dauer der fünfjährigen Ge- **B 210**

---

[1] So wohl auch BGH NJW 2006, 47, 47.

[2] BGH NJW 2006, 47, 47.

[3] BGH NJW 2006, 47, 47.

[4] In diesem Sinne wohl auch BGH GRUR 2005, 62, 64: „Allgemeine Geschäftsbedingungen, die gegen zwingendes Recht verstoßen und aus diesem Grunde unwirksam nichtig sind, [benachteiligen] den Verwendungsgegner unangemessen [...]."

[5] BGH NJW 1984, 2100, 2100 (zu § 9 AGBG): Unwirksamkeit einer Regelung die den Anspruch gemäß § 648 ausschließt und „andere Sicherheiten nicht gewährt".

währleistungsfrist als Sicherheit einbehalten darf, verstößt gegen § 307, wenn dem Unternehmer kein angemessener Ausgleich dafür zugestanden wird.[1]

B 211 **aa) Angemessener Ausgleich.** Zulässig ist eine entsprechende Klausel grundsätzlich dann, wenn sie es dem Unternehmer erlaubt, den Sicherheitseinbehalt durch Stellung einer **unbefristeten selbstschuldnerischen Bürgschaft** abzulösen.[2] Denn „die in der Zinsbelastung und der Einschränkung der Kreditlinie liegenden Nachteile bei Bereitstellung einer Bürgschaft [sind] in Anbetracht der berechtigten Sicherungsinteressen des Auftraggebers nicht [...] so gewichtig [...], dass ihretwegen die Unwirksamkeit der Klausel angenommen werden müsste".[3] Allerdings ist auch bei einem solchen Ablösungsrecht von der Unangemessenheit und damit von der Unwirksamkeit der Klausel zum Sicherheitseinbehalt auszugehen, wenn die Klausel das Ablösungsrecht zusätzlich davon abhängig macht, dass **Mängel nicht vorhanden** sind.[4] Unwirksam wäre auch eine Klausel, die die Ablösung des Sicherheitseinbehalts davon abhängig macht, dass der Bauunternehmer eine **Bürgschaft auf erstes Anfordern** stellt.[5] Dies gilt auch dann, wenn sich die entsprechende Klausel in den AGB eines öffentlichen Auftraggebers findet.[6] Sieht eine Klausel in unzulässiger Weise vor, dass der Sicherheitseinbehalt nur durch eine Bürgschaft auf erstes Anfordern abgelöst werden kann, so kann diese Klausel auch nicht im Wege der ergänzenden Vertragsauslegung durch eine Regelung des Inhalts ersetzt werden, dass eine selbstschuldnerische Bürgschaft ohne das Merkmal des ersten Anforderns zu stellen ist.[7] Dies gilt selbst für Verträge, die vor dem Bekanntwerden der Entscheidung des BGH vom 5. 6. 1997 zur Unwirksamkeit so genannter Vertragserfüllungsbürgschaften auf erstes Anfordern geschlossen worden sind.[8] Unwirksam ist auch eine Klausel, die die Ablösung des Sicherheitseinbehalts durch eine selbstschuldnerische Bürgschaft von der **Zustimmung des Auftraggebers** abhängig macht.[9] In einem solchen Fall kann man wegen des für die Wirksamkeitskontrolle maßgeblichen Prinzips der kundenfeindlichen Auslegung (§ 305 c II) auch nicht davon ausgehen, dass die Erteilung der Zustimmung schon darin liegt, dass der Vertrag die Ablösungsmöglichkeit überhaupt vorsieht.[10] Selbst wenn man dies anders beurteilen wollte, würde die Kombination eines Zustimmungsvorbehalts mit einer lediglich in der Gewährung der Ablösungsmöglichkeit zum Ausdruck kommenden Zustimmung jedenfalls das Transparenzgebot (§ 307 I 2) verletzen.[11] Ferner ist eine Klausel, die einen Sicherheitseinbehalt vorsieht, auch dann

---

1 BGH NJW 2004, 443, 443 (zu § 9 AGBG); BGH NJW-RR 2000, 1331, 1332 (zu § 9 AGBG); BGH NJW 1997, 2598, 2599 (zu § 9 AGBG).

2 BGH NJW-RR 2004, 814, 815 (zu § 9 AGBG); BGH NJW 2004, 443, 443 (zu § 9 AGBG); OLG Frankfurt a.M. NJW-RR 2005, 1476, 1476 (zu § 9 AGBG). Strenger hinsichtlich der Höhe des Betrages möglicherweise *von Westphalen* NJW 2005, 1987, 1990: Es sei nicht zu beanstanden, wenn ein Bareinbehalt für Gewährleistungsansprüche „in Höhe von 3% der Auftragssumme, einschließlich der Nachträge", durch eine selbstschuldnerische Bürgschaft abgesichert werde.

3 BGH NJW-RR 2004, 814, 815 (zu § 9 AGBG).

4 BGH NJW 2004, 443, 443 (zu § 9 AGBG); *von Westphalen* NJW 2004, 1993, 1995.

5 BGH NJW 1997, 2598, 2599 (zu § 9 AGBG); OLG Frankfurt a.M. NJW-RR 2005, 1476, 1476 (zu § 9 AGBG); *Leinemann/Leinemann*, VOB/B, 2. Aufl. 2005, § 17 Rz 24.

6 BGH NJW-RR 2005, 458, 459 (zu § 9 AGBG).

7 BGH NJW-RR 2005, 458, 460 (zu § 9 AGBG).

8 BGH NJW-RR 2005, 458, 460 (zu § 9 AGBG).

9 A.A. möglicherweise OLG Frankfurt a.M. NJW-RR 2005, 1476, 1476 (zu § 9 AGBG). Dort ist der Text der Klausel allerdings nicht abgedruckt. Möglicherweise ist das OLG Frankfurt, a.a.O., also nur dahingehend zu verstehen, dass allgemein die Ablösung eines Sicherheitseinbehalts von der Zustimmung des Gläubigers abhängig ist.

10 A.A. möglicherweise OLG Frankfurt a.M. NJW-RR 2005, 1476, 1476 (zu § 9 AGBG).

11 A.A. möglicherweise OLG Frankfurt a.M. NJW-RR 2005, 1476, 1476 (zu § 9 AGBG).

unwirksam, wenn sie zwar die Möglichkeit der Ablösung durch eine selbstschuldnerische Bürgschaft vorsieht, diese Ablösungsmöglichkeit jedoch dahingehend einschränkt, dass „nur die Bürgschaft eines dem Auftraggeber zusagenden Instituts“ zugelassen wird.[1] Denn eine solche Klausel scheint es dem Auftraggeber zu erlauben, die in Betracht kommenden Kreditinstitute willkürlich festzulegen, ohne dass die relevanten Einschränkungen durch sein Interesse an einem kreditwürdigen Bürgen gerechtfertigt wären.[2] Dass sich eine entsprechende Regelung in § 17 Nr. 4 S. 1 VOB/B findet, steht der hier vertretenen Auffassung nicht entgegen. Vielmehr wird man davon ausgehen müssen, dass § 17 Nr. 4 S. 1 VOB/B einer isolierten Inhaltskontrolle nicht standhält.[3]

bb) Fehlende Befristung. Demgegenüber wird man die Wirksamkeit der Klausel über den Sicherheitseinbehalt grundsätzlich nicht davon abhängig machen können, dass die Klausel den Sicherheitseinbehalt ausdrücklich auf die Dauer der Gewährleistungsfrist (§ 634 a I Nr. 2) befristet.[4] Vielmehr reicht es aus, dass sich aus der Klausel hinreichend deutlich ergibt, dass die Bürgschaft, mit der der Sicherheitseinbehalt abgelöst werden kann, gerade die Gewährleistungsansprüche des Verwenders sichern soll. In diesem Falle droht dem Unternehmer kein Risiko, auch nach Ablauf der für die Mängelrechte des Bestellers geltenden Verjährungsfrist auf seine Vergütung verzichten zu müssen. Denn die Einrede der Verjährung der Hauptschuld steht gemäß § 768 I 1 auch dem Bürgen zu. § 216, der die Befriedigung aus bestimmten Sicherheiten auch nach Eintritt der Verjährung zulässt, findet auf die Bürgschaft weder direkte noch analoge Anwendung.[5] Der Verwendungsgegner kann also spätestens nach Eintritt der Verjährung den Sicherheitseinbehalt durch eine Bürgschaft ablösen, ohne dass eine Inanspruchnahme des Bürgen zu befürchten wäre. Anders liegen die Dinge wiederum dann, wenn entgegen § 768 I 1 vorgesehen ist, dass sich der Unternehmer auch nach Ablauf der Verjährungsfrist aus der Bürgschaft befriedigen können soll. In diesem Falle ist eine Klausel, die den Sicherheitseinbehalt in Höhe von 5 % nicht mit hinreichender Deutlichkeit auf die Dauer der Gewährleistungsfrist begrenzt, nach § 307 unangemessen. Bei Vereinbarung eines Rechts, sich auch nach Ablauf der Gewährleistungsfrist aus der Bürgschaft zu befriedigen, ist z. B. folgende Klausel unwirksam: „Zahlungen auf Schlussrechnungen werden bis zu 95% des Nettowerts geleistet. Der Rest ist durch eine kostenlose und befristete Gewährleistungsbürgschaft (Vorgabe der Befristung durch den Auftraggeber) ablösbar.“[6] Denn diese Klausel „ermöglicht [es] dem Auftraggeber, die Bürgschaft nach seinem Belieben zu befristen [...]“ und gibt „[f]ür eine Begrenzung des Bestimmungsrechts auf die Dauer der Gewährleistungsfrist [...] nichts her“.[7] B 212

---

[1] A.A. OLG Frankfurt a.M. NJW-RR 2005, 1476, 1476 (zu § 9 AGBG).

[2] Eine solche Auslegung ist im Rahmen der Wirksamkeitskontrolle wegen des insofern nach richtiger Auffassung geltenden Prinzips der kundenfeindlichen Auslegung (§ 305 c II) geboten. Dem steht nicht entgegen, dass § 17 Nr. 4 S. 1 VOB einschränkend dahingehend ausgelegt wird, dass das Ablehnungsrecht keine willkürliche Ablehnung erlaubt, sondern nur nach objektiven Tauglichkeitskriterien erfolgen kann. S. dazu *Leinemann/Leinemann*, VOB/B, 2. Aufl., 2005, § 17 Rz 53.

[3] A.A. offenbar *Ulmer/Christensen* Anh. § 310 Rz 1003.

[4] A.A. möglicherweise BGH NJW 2003, 2605, 2607 (zu § 9 AGBG); *von Westphalen* NJW 2004, 1993, 1995.

[5] S. nur BGH NJW 1998, 981, 981 (zu § 223 a.F.); *Palandt/Heinrichs* § 216 Rz 5.

[6] Für Unwirksamkeit auch BGH NJW 2003, 2605, 2607 (zu § 9 AGBG). In den Entscheidungsgründen geht der BGH nicht darauf ein, ob ein Recht des Auftragnehmers, sich auch nach Verjährung der Mängelansprüche aus der Bürgschaft zu befriedigen, vereinbart war.

[7] BGH NJW 2003, 2605, 2607 (zu § 9 AGBG).

B 213 **b) Gewährleistungsbürgschaft.** Grundsätzlich nicht nach § 307 zu beanstanden ist eine Klausel, nach welcher der Auftragnehmer zur Sicherung der Gewährleistungsansprüche eine **unbefristete, unwiderrufliche und selbstschuldnerische Bürgschaft** zu stellen hat.[1] Die Wirksamkeit einer solchen Klausel wird auch nicht dadurch infrage gestellt, dass die Bürgschaft „gemäß Muster des Auftraggebers" zu stellen ist.[2] Insbesondere begründet diese Formulierung keinen Verstoß gegen das Transparenzprinzip (§ 307 I 2).[3] Denn schon durch die Vorgaben, dass die Bürgschaft unwiderruflich, unbefristet und selbstschuldnerisch sein muss, wird die Ausgestaltung der Bürgschaft abschließend geregelt.[4] Mit der Bezugnahme auf das Muster des Auftraggebers wird erkennbar lediglich zum Ausdruck gebracht, dass die Bürgschaften in Anlehnung an § 17 Nr. 4 S. 2 VOB/B nach Vorschrift des Auftraggebers auszustellen sind.[5] Eine Berechtigung des Verwenders zur Änderung des Inhalts der Sicherheitsabrede ist demgegenüber erkennbar nicht gewollt.[6] Allerdings kann nicht die die Stellung einer **Bürgschaft auf erstes Anfordern** verlangt werden.[7] Mangels hinreichender Transparenz unwirksam ist eine Klausel, die auf das Muster des Auftraggebers Bezug nimmt, zudem dann, wenn dort nicht von einer unbefristeten, unwiderruflichen und selbstschuldnerischen Bürgschaft, sondern lediglich von einer „Bürgschaft" die Rede ist. Denn in diesem Falle ist die Ersetzungsalternative nicht hinreichend deutlich, sondern kann z. B. auch dahingehend verstanden werden, dass eine Bürgschaft auf erstes Anfordern zu erbringen ist.[8] Verhindert werden muss allerdings eine Klauselgestaltung, die es dem Auftraggeber erlaubt, auch nach Ablauf der Gewährleistungsfrist neue Mängel geltend zu machen und sich diesbezüglich aus der Bürgschaft zu befriedigen. Als unwirksam wird man eine Gewährleistungsbürgschaftsklausel daher dann einstufen müssen, wenn diese nicht befristet ist, die AGB auch sonst kein Recht auf Rückgabe der Sicherheit (spätestens) nach Ablauf der Verjährungsfrist vorsehen[9] und die Parteien vereinbart haben, dass eine Inanspruchnahme des Bürgen auch nach Verjährung der Mängelansprüche noch möglich sein soll.[10]

B 214 **c) Vertragserfüllungsbürgschaft.** Das dispositive Recht gewährt dem Bauherrn „keinen vertraglichen Anspruch auf Leistung einer Sicherheit für noch zu erbringende Leistungen".[11] Ein solcher muss vielmehr ausdrücklich oder schlüssig vereinbart werden.[12]

---

[1] BGH NJW-RR 2004, 814, 815 (zu § 9 AGBG); *von Westphalen* NJW 2005, 1987, 1990.

[2] BGH NJW-RR 2004, 814, 815 (zu § 9 AGBG).

[3] BGH NJW-RR 2004, 814, 815 (zu § 9 AGBG).

[4] BGH NJW-RR 2004, 814, 815 (zu § 9 AGBG).

[5] BGH NJW-RR 2004, 814, 815.

[6] BGH NJW-RR 2004, 814, 815.

[7] Dies hat der BGH jedenfalls mit Blick auf die Vertragserfüllungsbürgschaft klargestellt. S. BGH NJW 2002, 3098, 3098.

[8] Dies hat auch der BGH für den Falle einer Klausel anerkannt, die einen fünfprozentiger Sicherheitseinbehalt und dessen Ablösung durch eine nur unter Bezug auf das Muster des Auftraggebers bestimmte Bürgschaft erlaubte. S. BGH NJW 2000, 1863, 1864 (zu § 9 AGBG).

[9] Ein solches Recht kann sich z. B. aus § 17 Nr. 8 II 1 VOB/B ergeben.

[10] Vgl. auch BGH NJW-RR 2004, 814, 815 (zu § 9 AGBG). Dort billigte der BGH eine Klausel, die die Stellung einer unbefristeten Bürgschaft vorsah. Gleichwohl ist diese Entscheidung mit der hier vertretenen Auffassung vereinbar, denn die Bürgschaft war nach der Klausel lediglich „für die Dauer der Gewährleistungsfrist" zu stellen. Unbefristet war also nur die Bürgschaft, nicht die Verpflichtung zur Stellung der Bürgschaft.

[11] BGH NJW-RR 2000, 1331, 1332.

[12] Zumindest missverständlich insofern BGH NJW-RR 2000, 1331, 1332, der eine ausdrückliche Vereinbarung zu fordern scheint.

aa) Allgemeines. Dies kann allerdings auch AGB-mäßig geschehen. Zwar sind entsprechende Klauseln an § 307 zu messen. Bei angemessener Ausgestaltung sind sie jedoch nicht zu beanstanden. Unbedenklich ist beispielsweise eine Klausel des Inhalts, dass der Unternehmer „[a]ls Sicherheit für die Erfüllung sämtlicher Verpflichtungen aus diesem Vertrag [. . .] eine unbefristete Vertragserfüllungsbürgschaft in Höhe von 10% der Bruttoauftragssumme zu stellen [hat]".[1] Allerdings muss sichergestellt sein, dass der Auftraggeber nicht noch nach Ablauf der Gewährleistungsfrist neue Mängel geltend machen und sich diesbezüglich aus der Bürgschaft befriedigen kann (vgl. Rz B 213). **B 215**

bb) Bürgschaft auf erstes Anfordern. Nach § 307 unwirksam ist aber eine Klausel, der zufolge eine Vertragserfüllungsbürgschaft auf erstes Anfordern zu stellen ist.[2] Dies gilt selbst dann, wenn der Bauherr der **öffentlichen Hand** angehört.[3] Denn eine unberechtigte Inanspruchnahme der Bürgschaft auf erstes Anfordern durch die öffentliche Hand ist nicht von vornherein ausgeschlossen.[4] Klauseln, die unter Verstoß gegen § 307 die Stellung einer **Vertragserfüllungsbürgschaft auf erstens Anfordern** vorsehen, sind unwirksam. Aus Gründen des Vertrauensschutzes geht der BGH allerdings im Falle von AGB der öffentlichen Hand davon aus, dass der Vertrag, sofern er vor dem 1. 1. 2003 geschlossen worden ist, dahingehend auszulegen ist, dass der Auftragnehmer eine unbefristete, selbstschuldnerische Bürgschaft schuldet.[5] Ein Herausgabeanspruch des Auftragnehmers soll daher in den relevanten Fällen nicht bestehen.[6] Vielmehr soll der Auftragnehmer lediglich verlangen können, „dass sich der Auftraggeber gegenüber dem Auftragnehmer und dem Bürgen schriftlich verpflichtet, die Bürgschaft nicht auf erstes Anfordern, sondern nur als selbstschuldnerische Bürgschaft geltend zu machen".[7] Dieser Standpunkt, der das Risiko einer sich ändernden Rechtsprechung auf den Verwendungsgegner verlagert, verdient allerdings keine Zustimmung. In jedem Falle wird man für seit dem 1. 1. 2003 abgeschlossene Verträge davon ausgehen müssen, dass eine Klausel, die unter Verstoß gegen § 307 die Stellung einer Vertragserfüllungsbürgschaft auf erstes Anfordern vorsieht, ersatzlos wegfällt.[8] Die teilweise Aufrechterhaltung im Wege der geltungserhaltenden Reduktion kommt grundsätzlich ebenso wenig in Betracht wie eine ergänzende Vertragsauslegung dahingehend, dass eine gewöhnliche Bürgschaft zu stellen ist. **B 216**

9. Vertragsstrafen

a) Allgemeines. Zu Vertragsstrafenklauseln kann grundsätzlich auf die Ausführungen zu § 309 Nr. 6 verwiesen werden. **B 217**

aa) Obergrenze. Eine unangemessen hohe Vertragsstrafe ist insbesondere dann anzunehmen, wenn die Höhe der Vertragsstrafe nicht an das Gewicht des Vertragsverstoßes anknüpft, sich mit fortschreitender Dauer des vertragswidrigen Zu- **B 218**

---

[1] BGH NJW-RR 2000, 1331, 1332 (zu § 9 AGBG und zum Subunternehmervertrag).

[2] BGH NJW-RR 2004, 880, 881 (zu § 9 AGBG). Ebenso schon OLG Dresden NJOZ 2002, 2079 (zu § 9 AGBG) für den Fall einer Bürgschaft in Höhe von 10% der Bruttoauftragssumme.

[3] BGH NJW-RR 2004, 880, 881 (zu § 9 AGBG).

[4] BGH NJW-RR 2004, 880, 881 (zu § 9 AGBG).

[5] BGH NJW-RR 2004, 880, 881 (zu § 9 AGBG). A.A. möglicherweise *von Westphalen* NJW 2004, 1993, 1995, der auf das „vor dem 4. 7. 2002 anzuwendenden Instruments der ergänzenden Vertragsauslegung" Bezug nimmt.

[6] BGH NJW-RR 2004, 880, 881 (zu § 9 AGBG).

[7] BGH NJW-RR 2004, 880, 881 (zu § 9 AGBG).

[8] So wohl auch BGH NJW-RR 2004, 880, 881, dem zufolge das Vertrauen der öffentlichen Auftraggeber im Falle von Verträgen, die ab dem 1. 1. 2003 abgeschlossen worden sind, „nicht mehr schützenswert" ist.

standes kontinuierlich steigert und weder eine zeitliche noch eine summenmäßige Beschränkung vorgesehen ist.[1] Sieht der Vertrag eine Obergrenze vor, muss diese angemessen sein. In Bauverträgen ist eine Vertragsstrafenklausel bereits dann unangemessen, wenn sich die Obergrenze bzw. die Höhe der Vertragsstrafe auf mehr als **5 % der Vertragssumme** beläuft.[2] Ohne weiteres unangemessen ist daher eine Obergrenze von 10 % der Auftragssumme.[3] Allerdings soll unter Hinblick darauf, dass der BGH eine Obergrenze von 10% für Verträge mit Auftragsvolumen mit bis zu ca. 13 Millionen DM bis zu seiner Entscheidung vom 23. 1. 2003 nicht beanstandet hatte, gegebenenfalls Vertrauensschutz zu gewähren sein.[4] In einer Entscheidung aus dem Jahre 2004 hat der BGH die insofern maßgeblichen Voraussetzungen präzisiert: Vertrauensschutz soll nur für solche Verträge gewährt werden, die bis zum 30. 6. 2003 abgeschlossen worden sind.[5] Außerdem ist Vertrauensschutz „ab einem Abrechnungsvolumen von 15 Mio. DM [nicht Euro] [...] nicht mehr gerechtfertigt", wobei „die für die Berechnung der Vertragsstrafe vertraglich zu Grunde zu legende Abrechnungssumme" maßgeblich sein soll.[6]

B 219 **bb) Tagessatz.** Auch die Höhe der pro Kalendertag festgesetzten Strafe muss angemessen sein. Wirksam sind bei entsprechenden Obergrenzen 0,2 % der Auftragssumme je Werktag.[7] Auch ein Tagessatz von 0,3 % ist noch hinnehmbar.[8] Ein Wert von 0,3 % pro Kalendertag dürfte aber auch die Obergrenze des gerade noch Zulässigen darstellen.[9] Zu hoch ist jedenfalls ein Tagessatz von 0,5 %.[10]

B 220 **b) Verschulden.** Der Grundsatz, dass eine verschuldensabhängige Vertragsstrafe nicht wirksam vereinbart werde kann, gilt grundsätzlich auch im Bauvertragsrecht.[11] Allerdings kann dies nicht ohne Ausnahme gelten. Vielmehr wird man im unternehmerischen Verkehr davon ausgehen müssen, dass eine verschuldensunabhängige Ausgestaltung von Vertragsstrafen ganz ausnahmsweise zulässig ist, wenn ein hinreichend gewichtiger Grund besteht.[12]

B 221 **c) Zwischentermine.** Gemäß § 307 unwirksam ist eine Klausel, der zufolge jede Überschreitung eines verbindlichen Zwischentermins zur Verwirkung einer Vertragsstrafe in der gleichen Höhe führt, wie sie für die Nichteinhaltung des Endtermins vorgesehen wird.[13] Erst recht ist eine Klausel, nach der eine Vertragsstrafe auch bei der Überschreitung von Zwischenterminen zu zahlen ist, dann unwirksam, wenn die Vertragsstrafe für jeden Tag der Fristüberschreitung gelten soll und nicht festgestellt werden kann, ob die im Vertrag angegebene – und für die Angemessenheit der Klausel erforderliche[14] – Obergrenze für alle Strafen insgesamt oder nur für jede einzelne Strafe gelten soll.[15] Auch das Abstellen auf die Nichteinhal-

---

1 So BGH NJW 1997, 3233, 3234 (zu § 9 AGBG).

2 BGH NJW 2003, 1805, 1808 (zu § 9 AGBG).

3 OLG Oldenburg NJOZ 2005, 897, 901 (zu § 9 AGBG).

4 BGH NJW 2003, 1805, 1809 (zu § 9 AGBG).

5 BGH NJW-RR 2004, 1463, 1464.

6 BGH NJW-RR 2004, 1463, 1464. S. auch OLG Oldenburg NJOZ 2005, 897, 901 (zu § 9 AGBG): Kein Vertrauensschutz bei einer Auftragssumme von rund 29 Millionen DM.

7 BGH NJW 1979, 212, 213 (vor Erlass des AGB-Gesetz).

8 BGH NJW 1976, 2259, 2259 (L, vor Erlass des AGB-Gesetzes).

9 So wohl auch OLG Jena NJOZ 2002, 2639, 2641 (zu § 9 AGBG).

10 BGH NJW 2000, 2106, 2107 (zu § 9 AGBG); BGH NJW-RR 2002, 806, 807 (zu § 9 AGBG).

11 OLG Hamm NJW-RR 1997, 1042, 1043 (zu § 9 AGBG).

12 So wohl auch OLG Hamm NJW-RR 1997, 1042, 1043 (zu § 9 AGBG). S. schon § 309 Nr. 6 Rz 110.

13 OLG Jena NJOZ 2002, 2639, 2641 (zu § 9 AGBG).

14 S. dazu § 309 Nr. 6 Rz 74 (Verbraucher), 115 (Unternehmer).

15 OLG Koblenz NJW-RR 2000, 1042, 1042 (zu § 9 AGBG). So wohl auch OLG Hamm NJW-RR 2000, 1042, 1042 (zu § 9 AGBG).

tung von Zwischentermeinen ist aber hinzunehmen, wenn ein besonderes Interesse an bestimmten Zwischenterminen besteht (z. B. wegen Anschlussarbeiten zu Teilleistungen) und unbillige Kumulierungseffekte durch die Fassung der Klausel ausgeschlossen sind.

d) Vorbehalt der Vertragsstrafe. Auf den Vorbehalt der Vertragsstrafe (§ 341 III) kann auch zwischen Unternehmern grundsätzlich nicht wirksam verzichtet werden.[1] Eine Klausel, der zufolge „die Vertragsstrafe auch noch im Zusammenhang mit der Schlusszahlung geltend gemacht und von der sich aus der Schlussrechnung ergebenden Werklohnforderung des Auftragnehmers in Abzug gebracht werden kann, ist so zu verstehen, dass der Auftraggeber die Vertragsstrafe spätestens mit der Schlusszahlung geltend machen muss".[2] Bei dieser Auslegung ist die Klausel nicht nach § 307 zu beanstanden.[3] **B 222**

10. Kostenabwälzung

a) Allgemeines. Klauseln, die dem Verwender eine Vergütung oder einen Aufwendungsersatz für solche Leistungen oder Aufwendungen zusprechen, die er für seine eigenen Zwecke oder zur Erfüllung seiner eigenen Pflichten tätigt, sind kontrollfähig und in aller Regel gemäß § 307 II Nr. 1 unangemessen.[4] Anders liegt es dann, wenn es um Leistungen des Verwenders geht, die dieser auch nach dispositivem Recht nicht unentgeltlich zu erbringen hat, wie z. B. die Lieferung von Bauwasser. Klauseln, die Entgelte für solche Leistungen festlegen, sind der Inhaltskontrolle grundsätzlich nach § 307 III 1 entzogen.[5] Daran ändert sich auch dann nichts, wenn das Entgelt pauschal im Sinne eines Prozentsatzes des Werklohns berechnet wird.[6] **B 223**

b) Wirksame Klauseln. Gemäß § 307 III der Kontrolle entzogen ist daher z. B. eine Klausel des Inhalts dass die Kosten des Bauwassers und etwaiger Messer und Zähler in Höhe von 1,2 % des Endbetrags der Schlussrechnung abgesetzt werden.[7] Eine Klausel, der zufolge der Unternehmer den von ihm verursachten Bauschutt zu beseitigen oder die entsprechenden Kosten zu erstatten hat, ist ebenfalls nicht zu beanstanden.[8] Denn die Beseitigung des mit der Werkleistung verbundenen Abfalls gehört ohnehin zum geschuldeten Werkerfolg des Unternehmers.[9] Auch kann der Unternehmer nach dispositivem Recht keine besondere Vergütung für die Beseitigung des von ihm verursachten Abfalls verlangen.[10] **B 224**

c) Unwirksame Klauseln. Grundsätzlich unwirksam sind Klauseln, die dem Unternehmer die Kosten so genannter Baunebenleistungen auferlegen, obwohl diese weder vom Unternehmer geschuldet noch in seinem Interesse erbracht werden. Unwirksam sind daher insbesondere solche Klauseln, denen zufolge der Bau- **B 225**

---

[1] § 309 Nr. 6 Rz 105.

[2] BGH NJW-RR 2000, 1468, 1468.

[3] BGH NJW-RR 2000, 1468, 1468 (zum AGBG).

[4] BGH NJW 2003, 2386, 2387 (Telefondienstvertrag).

[5] BGH NJW-RR 1998, 1661, 1661 (zu § 8 AGBG): Kontrollfreiheit der Entgelte für nicht geschuldete Sonderleistungen. Speziell gegen die Kontrollfähigkeit des für Bauwasser zu zahlenden Entgelts BGH NJW 1999, 3260, 3261 (zu § 8 AGBG).

[6] So, zu einer Klausel über die entgeltliche Lieferung von Bauwasser durch den Bauherrn, BGH NJW 1999, 3260, 3261 (zu § 8 AGBG).

[7] BGH NJW 1999, 3260, 3261 (zu § 8 AGBG).

[8] S. auch Rz B 225.

[9] BGH NJW 2000, 3348, 3349. In diesem Sinne auch OLG Stuttgart NJW-RR 1998, 312, 314.

[10] BGH NJW 2000, 3348, 3349. In diesem Sinne auch OLG Stuttgart NJW-RR 1998, 312, 314.

unternehmer die Kosten solcher Baunebenleistungen zu tragen hat, die von Dritten in Anspruch genommen werden. Gleiches gilt für andere Klauseln, die darauf abzielen, dem Bauunternehmer die von Dritten verursachten Kosten aufzubürden. Gemäß § 307 unwirksam ist beispielsweise eine Klausel, die den Rohbauunternehmer verpflichtet, bis zur Schlüsselübergabe an einen möglicherweise erst zu findenden Kunden für die Feinreinigung der Baumaßnahmen zu sorgen.[1] Unangemessen ist auch eine gegenüber dem Robhauunternehmer verwendete Klausel, der zufolge „alle von Baubeginn bis zur Übergabe des Hauses an den [Kunden des Verwenders] entstehenden Energie-, Wasser- und Kanalbenutzungskosten" zu den Vertragsleistungen gehören und nicht gesondert vergütet werden.[2] Denn diese Klausel scheint dem Unternehmer die von beliebigen Dritten verursachten Kosten aufzuerlegen, und zwar selbst dann, wenn das Haus erst lange Zeit nach Fertigstellung an einen Kunden des Verwenders veräußert wird.[3] Schon nach § 307 I 2 unangemessen ist eine **Umlageklausel,** die dem Unternehmer die Kosten nicht geschuldeter Baunebenleistungen auferlegt, dabei aber nach ihrer Formulierung den Anschein erweckt, der Unternehmer zahle für von ihm geschuldete Leistungen.[4] Unangemessen ist auch eine Klausel, die dem Unternehmer erstens eine Verpflichtung zur Beseitigung des Bauschutts auferlegt und ihm zusätzlich noch die Pflicht zur Zahlung eines Entgelts für diese (von ihm selbst zu erbringende) Arbeit auferlegt.[5] Unwirksam ist nach Auffassung des BGH auch eine Klausel des Inhalts, dass dem Unternehmer „[f]ür anteilige Baureinigung [...] 0,5% von der Schlusssumme in Abzug gebracht" werden.[6] Dem ist für den Fall zuzustimmen, dass der Vertrag bei kundenfeindlicher Auslegung dahingehend auszulegen ist, dass der Unternehmer trotz der genannten Klausel außerdem die Beseitigung der von ihm verschuldeten Verunreinigung schuldet.[7]

B 226 **d) Entgeltliche Übernahme von Pflichten durch Verwender.** Besondere Schwierigkeiten ergeben sich dann, wenn eine Klausel vorsieht, dass bestimmte Leistungen wie z. B. Baunebenleistungen, die nach dispositivem Recht vom Unternehmer zu erbringen sind, stattdessen vom Verwender erbracht werden, der Verwendungsgegner hierfür aber ein bestimmtes Entgelt zu zahlen hat. Eine solche Klausel ist nicht schon als unzulässige Kostenabwälzung zu beanstanden, da es ja um Leistungen geht, die nach dispositivem Recht vom Verwendungsgegner geschuldet wären. Gleichwohl ergeben sich zwei Probleme:

B 227 **aa) Zulässigkeit der Übernahme von Pflichten.** So stellt sich zunächst die Frage, ob der Unternehmer nicht schon dadurch benachteiligt wird, dass der Verwender die relevanten Pflichten übernimmt und damit dem Unternehmer die Möglichkeit nimmt, diese Pflichten selbst zu erfüllen. Richtigerweise wird man diese Frage verneinen müssen, denn eine entsprechende Vereinbarung ist der Inhaltskontrolle schon nach § 307 III 1 entzogen. Der BGH ist aber möglicherweise anderer Auffassung. So hat er eine Klausel des Inhalts, dass dem Unternehmer „[f]ür anteilige Baureinigung [...] 0,5% von der Schlusssumme in Abzug gebracht" werden, unter anderem unter Hinweis darauf als unwirksam eingestuft,[8] dass der Auf-

---

1 OLG München NJW-RR 1987, 661, 662f. (zu § 9 AGBG).
2 OLG München NJW-RR 1987, 661, 663 (zu § 9 AGBG).
3 In diesem Sinne auch OLG München NJW-RR 1987, 661, 663 (zu § 9 AGBG).
4 In diesem Sinne auch OLG Hamm NJW-RR 1997, 1042, 1043 (zu § 9 AGBG).
5 OLG Stuttgart NJW-RR 1998, 312, 314 (zu § 9 AGBG).
6 BGH NJW 2000, 3348, 3349 (zu § 9 AGBG).
7 Von einer solchen Auslegung scheint auch BGH NJW 2000, 3348, 3349 (zu § 9 AGBG) auszugehen, ohne dass dies der genannten Entscheidung allerdings klar entnommen werden könnte.
8 BGH NJW 2000, 3348, 3349 (zu § 9 AGBG).

tragnehmer dann, wenn er „seinen vertraglichen Verpflichtungen zur Beseitigung des Abfalls nachgekommen [ist] [...] nach der Klausel dazu verpflichtet [bleibt], die pauschalierten Beseitigungskosten zu beachten".[1] Möglicherweise sind diese Ausführungen nur dahingehend zu verstehen, dass es unzulässig ist, den Bauunternehmer sowohl zur Beseitigung des von ihm verursachten Abfalls als auch zusätzlich zur Zahlung eines entsprechenden Entgelts zu verpflichten. Denkbar ist aber auch, dass der BGH schon die kostenpflichtige Übernahme der Reinigungspflicht durch den Verwender für unangemessen hält.

bb) Nachweis geringerer Kosten. Geht man davon aus, dass der Verwender zulässigerweise bestimmte Pflichten des Verwendungsgegners in seinen AGB übernehmen kann, so stellt sich weiter die Frage, ob das dafür berechnete Entgelt der Kontrolle nach § 307 unterliegt. Insbesondere mag man fragen, ob dem Verwendungsgegner analog § 309 Nr. 5 b der Nachweis geringerer Kosten offenstehen muss. Richtigerweise sind auch diese Fragen zu verneinen. Die Höhe des Entgelts ist nach § 307 III 1 der Kontrolle entzogen. Auch hat der BGH zu Recht betont, dass der Grundsatz der mangelnden Kontrollfähigkeit von Preisabreden auch dann eingreift, wenn es um das für die Erfüllung von Nebenpflichten geschuldete Entgelt geht.[2] Gleichwohl ist die bereits zitierte Entscheidung des BGH zur Überwälzung pauschaler Abfallbeseitigungskosten auch in diesem Punkte zumindest nicht ganz eindeutig.[3] **B 228**

e) Bauversicherung. Eine Klausel des Inhalts, dass der „Auftraggeber eine Bauwesenversicherung ab[schließt] [...] [und] [d]ie anteilige Prämie [...] mit 2,5% von der Schlusssumme in Abzug gebracht [wird]", ist der Inhaltskontrolle gemäß § 307 III 1 entzogen.[4] **B 229**

11. Schlussrechnung

Gemäß § 16 Nr. 3 II VOB/B schließt die vorbehaltlose Annahme der Schlusszahlung Nachforderungen aus, wenn der Auftragnehmer über die Schlusszahlung schriftlich unterrichtet und auf die Ausschlusswirkung hingewiesen wurde. Soweit die VOB/B als Ganzes vereinbart wird, bestehen gegen diese Regelung keine Bedenken.[5] Fehlt es jedoch an einer Vereinbarung der VOB/B als Ganzes, so benachteiligt eine dem § 16 Nr. 3 II VOB/B entsprechende AGB-Bestimmung den Verwendungsgegner unangemessen und ist daher unwirksam.[6] **B 230–240**

*

---

[1] BGH NJW 2000, 3348, 3349 (zu § 9 AGBG).
[2] BGH GRUR 2005, 62, 69; BGH NJW 1992, 688, 689 (zu § 8 AGBG).
[3] S. BGH NJW 2000, 3348, 3349 (zu § 9 AGBG). Dort führt der BGH aus: „Wenn der Auftragnehmer keinen Abfall verursacht hat, wird er durch die Klausel mit den pauschalen Beseitigungskosten belastet, obwohl Kosten für die Beseitigung von Abfall, für den er verantwortlich ist, nicht entstehen können."
[4] BGH NJW 2000, 3348, 3349 (zu § 9 AGBG).
[5] BGH NJW 1983, 816, 817 (noch um AGBG). Vgl. auch § 310 Rz V 422.
[6] BGH NJW 1988, 55, 56f. (zu § 9 AGBG); OLG Dresden NJW-RR 1999, 1399, 1399 (zu § 9 AGBG); *Palandt/Heinrichs* § 307 Rz 88.

Beförderungsvertrag

Inhaltsübersicht

Schrifttum: *Saenger,* Harmonisierung des internationalen Luftprivatrechts – Vom IATA-Intercarrier Agreement zur Neufassung des Warschauer Abkommens in der Montrealer Konvention vom Mai 1999, NJW 2000, 169; *Schmidt,* Rechtsprobleme bei der Luftbeförderung im Rahmen von Flugpauschalreisen-Ein Überblick über die Rechtsprechung in den Jahren 2002 bis 2004, NJW 2005, 1168; *Giemulla/Schmidt,* Die Einbeziehung von Allgemeinen Beförderungsbedingungen in Luftbeförderungsverträge im Rahmen von Passagierflügen, NJW 1999, 1057; *Staudinger/Schmidt-Bendun,* Haftung der Bahn für Verspätungsschäden: de lege lata – de lege ferenda, NJW 2004, 646; *Staudinger,* Verspätungsschäden nach Eisenbahnverkehrsordnung: Ein europarechtswidriger Anachronismus?, NJW 1999, 3664.

1. Allgemeines

B 241 **a) Terminologie.** Der Begriff des Beförderungsvertrages soll vorliegend eng definiert werden, nämlich im Sinne eines auf die Beförderung von Personen gerichteten Vertrages.[1] In Hinblick auf Verträge über den Transport von Gütern muss auf die Kommentierung der ADSp in diesem Werk[2] sowie auf die einschlägige Spezialliteratur verwiesen werden.

B 242 **b) Rechtsnatur und Abgrenzung.** Der Beförderungsvertrag ist regelmäßig auf einen Erfolg gerichtet,[3] nämlich auf die Verbringung einer Person vom Ausgangsort zum Zielort. Es handelt sich daher in der Regel um einen Werkvertrag.[4] Vom **Reisevertrag** unterscheidet er sich dadurch, dass er lediglich auf die Beförderung und nicht auf die Erbringung einer Gesamtheit von Reiseleistungen abzielt.

B 243 **c) Anwendbares Recht.** Auf den Beförderungsvertrag findet grundsätzlich Werkvertragsrecht Anwendung. Allerdings existieren zahlreiche gesetzliche Sondervorschriften, deren jeweiliger Anwendungsbereich sich nach der Art der Beförderung richtet.

B 244–251 **aa) Sondervorschriften außerhalb des BGB.** Ein Großteil der einschlägigen Sondervorschriften findet sich außerhalb des BGB: **Das Personenbeförderungsgesetz (PBefG)**[5] vom 21. 3. 1961 beansprucht nach seinem § 1 I Geltung für die entgeltliche oder geschäftsmäßige Beförderung von Personen mit Straßenbahnen, mit Oberleitungsomnibussen (Obussen) und mit Kraftfahrzeugen. Zu Ausnahmen siehe § 1 II PBefG. Aus Sicht des Vertragsrechts sind besonders die §§ 22, 23 PPefG relevant. § 22 PBefG begründet einen allgemeinen **Kontrahierungszwang.** Nach

---

[1] Für ein weiteres Verständnis z. B. *Palandt/Sprau,* Einf. v. § 631 Rz 19.

[2] Siehe Anh. § 310 Rz A 71 ff.

[3] BGH NJW 2007, 997, 998 (zum Luftverkehr).

[4] S. z. B. *Palandt/Sprau,* Einf. v. § 631 Rz 19; MünchKomm/*Busche* § 631 Rz 248.

[5] BGBl. I, S. 241, zuletzt geändert durch G v. 7. 7. 2005, BGBl. I, S. 1954.

dieser Vorschrift ist der Unternehmer zur Beförderung verpflichtet, wenn die Beförderungsbedingungen eingehalten werden, die Beförderung mit den regelmäßig eingesetzten Beförderungsmitteln möglich ist und die Beförderung nicht durch Umstände verhindert wird, die der Unternehmer nicht abwenden und denen er auch nicht abhelfen kann. § 23 PBefG betrifft die Haftung für Sachschäden. Danach kann der Unternehmer die **Haftung für Sachschäden** gegenüber jeder beförderten Person nur insoweit ausschließen, als der Schaden 1.000 Euro übersteigt und nicht auf Vorsatz oder grober Fahrlässigkeit beruht. Hervorgehoben sei an dieser Stelle, dass § 23 PBefG anders als § 276 III nicht zwischen einen im Voraus und einem im Nachhinein erfolgten Haftungsausschluss unterscheidet. Zumindest mittelbar von zentraler Bedeutung ist zudem § 57 I Nr. 5 PBefG. Dieser enthält eine Ermächtigung zum Erlass einer **Rechtsverordnung** über einheitliche Allgemeine Beförderungsbedingungen für den Straßenbahn und Obusverkehr sowie für den Linienverkehr mit Kraftfahrzeugen und, im Grundsatz, für den Gelegenheitsverkehr mit Kraftfahrzeugen. Auf der Grundlage des § 57 I Nr. 5 PBefG ist die Verordnung über die **Allgemeinen Beförderungsbedingungen für den Straßen- und Obusverkehr sowie den Linienverkehr mit Kraftfahrzeugen (BefBedV)**[1] v. 27. 2. 1970 erlassen worden. Besonders hervorzuheben ist die Regelung der Haftung in § 14 BefBedV. Das **Haftpflichtgesetz (HaftPflG)**[2] vom 4. 7. 1978 sieht unter anderem eine grundsätzliche Ersatzpflicht für den Fall vor, dass beim Betrieb einer Schienenbahn oder einer Schwebebahn ein Mensch getötet oder an der Gesundheit verletzt oder eine Sache beschädigt wird. Das Gesetz betreffend die privatrechtlichen Verhältnisse der Binnenschifffahrt **(Binnenschifffahrtsgesetz-BinSchPrG)**[3] vom 15. 6. 1895 regelt unter anderem die Haftung des Schiffseigners für Ansprüche wegen Personen- und Sachschäden, die an Bord oder in unmittelbarem Zusammenhang mit dem Betrieb des Schiffes entstanden sind. § 3 BinSchPrG ergänzt die allgemeinen Vorschriften um eine besondere Haftungsgrundlage. Im Gegenzug sehen die §§ 4 ff. BinSchPrG weitreichende Möglichkeiten der **Haftungsbeschränkung** vor. Besonders hervorzuheben ist, dass § 4 I 2 BinSchPrG explizit auch eine Einschränkung der nach den allgemeinen Vorschriften bestehenden Haftung erlaubt. Von Bedeutung ist auch, dass die nach dem Binnenschifffahrtsgesetz erlaubten Haftungsbeschränkungen nicht nur zugunsten des Schiffseigners eingreifen. Vielmehr legt § 5 c BinSchPrG einen Kreis von Personen fest, die dem Schiffseigner insofern gleichstehen. § 77 BinSchPrG sieht vor, dass auf die Beförderung von Reisenden und ihrem Gepäck auf Flüssen und sonstigen Binnengewässern § 664 I 1, II HGB entsprechende Anwendung findet. Das Recht, eine Beschränkung der Haftung nach den §§ 4 ff. BinSchPrG geltend zu machen, bleibt jedoch gemäß § 77 I 2 BinSchPrG unberührt. Die **Eisenbahn-Verkehrsordnung (EVO)**[4] vom 8. 9. 1938 findet gemäß ihrem § 1 auf die Beförderung von Personen und Gepäck durch öffentliche Eisenbahnen Anwendung. § 17 EVO regelt die Haftung der Bahn im Falle des Ausfalls oder der Verspätung von Zügen. Die §§ 31 ff. regeln die Haftung im Falle des Verlusts von Reisegepäck. Mit Blick auf den Luftverkehr ist das **Luftverkehrsgesetz**[5] (LuftVG) in der Fassung der Bekanntmachung vom 10. 5. 2007 zu nennen. Dieses regelt in seinen §§ 44 ff. die Haftung für Personen und Gepäck, die im Luftfahrzeug befördert werden, sowie die Haftung

---

[1] BGBl. I, S. 230, zuletzt geändert durch G. v. 19. 12. 2004, BGBl. I, 3214.

[2] BGBl. I, S. 145, zuletzt geändert durch G. v. 19. 7. 1002, BGBl. I, S. 2674, 2677.

[3] RGBl., S. 301, i.d.F. der Bekanntmachung v. 20. 5. 1898, RGBl., S. 369, zuletzt geändert durch G. v. 16. 5. 2001, BGBl. I, S. 898.

[4] RGBl. II, S. 663, i.d.F. d. Bekanntmachung v. 20. 4. 1999, BGBl. I, S. 782, zuletzt geändert d. VO v. 15. 10. 2002, BGBl. I, S. 782.

[5] BGBl. I, S. 698, geändert durch Gesetz v. 1. 6. 2007, BGBl. I, S. 986.

für verspätete Beförderung. Allerdings gelten die relevanten Vorschriften, was in § 44 ausdrücklich klargestellt ist, nur subsidiär. Vorrangig sind die dort genannten Abkommen und EG-Verordnungen, insbesondere also das sogenannte **Montrealer Übereinkommen,**[1] anzuwenden. Die Beförderung von Personen und ihrem Gepäck im Wege der **Seeschifffahrt** ist im **Handelsgesetzbuch,** und zwar in den §§ 664 ff. HGB, geregelt. Besonders hervorzuheben ist § 664, der die Haftung für Schäden regelt.

B 252 **bb) Sondervorschriften im BGB.** Sondervorschriften für die Personenbeförderung finden sich freilich nicht nur außerhalb, sondern auch innerhalb des Bürgerlichen Gesetzbuches. Namentlich gilt es, die §§ 305 a Nr. 1, 309 Nr. 7 sowie 309 Nr. 8 a zu berücksichtigen.

2. Personenbeförderung mit Straßenbahnen, Obussen und Kraftfahrzeugen

B 253 **a) Allgemeines.** Die in der Verordnung über die Allgemeinen Beförderungsbedingungen für den Straßen- und Obusverkehr sowie den Linienverkehr mit Kraftfahrzeugen (BefBedV) enthaltenen **Allgemeinen Beförderungsbedingungen (ABB)** gelten aufgrund ihrer Rechtsnormqualität unabhängig von jeder Einbeziehung.[2] Auch sind sie der Inhaltskontrolle entzogen. Zu beachten ist aber, dass die Beförderungsunternehmen mit ihren Kunden Abweichungen von den ABB vereinbaren können. Diese werden als Besondere Beförderungsbedingungen bezeichnet, §§ 39 VI PBefG, 1 I BefBedV. Bei den **Besonderen Beförderungsbedingungen (BBB)** handelt es sich anders als bei den ABB um Allgemeine Geschäftsbedingungen, die nur kraft vertraglicher Einbeziehung gelten.[3]

B 254 **b) Einbeziehung.** Für die Einbeziehung der BBB gelten grundsätzlich die allgemeinen Vorschriften. Doch ist § 305 a Nr. 1 zu beachten. Danach werden die nach Maßgabe des Personenbeförderungsgesetzes genehmigten Beförderungsbedingungen der Straßenbahnen, Obusse und Kraftfahrzeuge im Linienverkehr auch ohne Einhaltung der Voraussetzungen des § 305 II in den Beförderungsvertrag einbezogen, wenn die andere Vertragspartei mit ihrer Geltung einverstanden ist. Hintergrund dieser Bestimmung sind die Regelungen in § 39 VI, VII PBefG. § 39 VI PBefG sieht eine Pflicht der betroffenen Unternehmen vor, die BBB der Genehmigungsbehörde zur Zustimmung vorzulegen. Darüber hinaus enthält § 39 VII eine Verpflichtung des Unternehmers zur ortsüblichen Bekanntmachung. Die Publizität der BBB ist also auch ohne Einhaltung der Voraussetzungen des § 305 II sichergestellt.[4] Hervorzuheben ist, dass § 305 a Nr. 1 nur dann eingreift, wenn die BBB tatsächlich genehmigt worden sind.

B 255 **c) Kontrollfähigkeit.** Als AGB unterliegen die BBB anders als die ABB grundsätzlich der AGB-rechtlichen Inhaltskontrolle.[5] Die Möglichkeit der Inhaltskontrolle wird auch durch die Genehmigung nach § 39 VI PBefG nicht ausgeschlossen,[6] wie sich schon im Umkehrschluss aus § 309 Nr. 7, 8 a ergibt. Allerdings findet § 309 Nr. 7 und § 309 Nr. 8 a keine Anwendung auf BBB, soweit diese nicht zum Nachteil des Fahrgasts von den genehmigten ABB abweichen.

---

[1] Übereinkommen vom 28. Mai 1999 zur Vereinheitlichung bestimmter Vorschriften über die Beförderung im internationalen Luftverkehr, BGBl. 2004 II, S. 458.

[2] *Ulmer* § 305a Rz 11.

[3] *Ulmer* § 305 a Rz 11. Für die Einstufung der BBB als AGB auch BGH NJW 2005, 1774, 1774.

[4] MünchKomm/*Basedow* § 305a Rz 8.

[5] BGH NJW 2005, 1774, 1774.

[6] BGH NJW 2005, 1774, 1774.

d) Angemessenheit einzelner Klauseln. Im Einzelnen: **B 256**

aa) Schwarzfahrten. Mit Blick auf die Pflicht zur Entrichtung eines erhöhten Beförderungsentgelts ist danach zu differenzieren, ob diese sich bereits aus der BefBedV ergibt oder ob sie nur in AGB vorgesehen ist. § 9 BefBedV sieht für den Fall, dass der Fahrgast keinen gültigen und ordnungsgemäß entwerteten Fahrschein vorzeigen kann, die Möglichkeit zur Erhebung eines erhöhten Beförderungsentgelts vor. Da § 9 BefBedV Teil einer Rechtsverordnung ist, unterliegt diese Bestimmung nicht der AGB-rechtlichen Inhaltskontrolle. Komplizierter liegen die Dinge, soweit die Verpflichtung zur Zahlung eines erhöhten Beförderungsentgelts ihre Geltungsgrundlage allein in einer vertraglichen Vereinbarung findet. Die Pflicht zur Zahlung des erhöhten Beförderungsentgelts ist in diesem Falle als **Vertragsstrafe** anzusehen, weil nicht eine Schadenspauschalierung, sondern eine Sanktion zur Erzwingung der Fahrgeldentrichtung im Vordergrund steht.[1] Im konkreten Fall ist dabei zunächst zu prüfen, ob die AGB überhaupt wirksam vereinbart worden sind. Hierzu bedarf es eines gültigen Beförderungsvertrages, woran es bei **Minderjährigen** fehlt, wenn eine Einwilligung oder Genehmigung des gesetzlichen Vertreters nicht erteilt oder, was zulässig und im Regelfall anzunehmen ist,[2] auf die Benutzung von Verkehrsmitteln nach Erwerb einer gültigen Fahrkarte beschränkt worden ist.[3] Mit Blick auf die Wirksamkeit der Vertragsstrafe ist hervorzuheben, dass § 309 Nr. 6 keine Anwendung findet. Denn der eigentliche Grund für die Verhängung der Vertragsstrafe ist nicht der Zahlungsverzug,[4] sondern der Versuch des Erschleichens der Fahrleistung.[5] Die Klausel unterliegt jedoch der Kontrolle anhand des § 307. Das schutzwürdige Interesse des Verwenders an der Vereinbarung einer Vertragsstrafe kann sich grundsätzlich auch daraus ergeben, dass der Schaden zu geringfügig ist, als dass die Drohung mit einem Schadensersatzanspruch als Druckmittel für die Erfüllung ausreichen könnte. Dies trifft gerade für Vertragsstrafen bei **Schwarzfahrten** in öffentlichen Verkehrsmitteln zu, die deshalb bei angemessener Höhe wirksam sind.[6] Die Klausel ist aber unangemessen, wenn sie auch bei schuldlosem Verhalten eingreifen soll.[7] **B 257**

bb) Sonstiges. Eine Klausel, der zufolge für **verlorene oder gestohlene Fahrausweise** kein Ersatz gewährt werden kann und auch eine Erstattung in diesem Falle ausscheidet, unterliegt der AGB-rechtlichen Inhaltskontrolle. Die Klausel ist gemäß § 307 I, II Nr. 2 unwirksam, wenn der Name des Fahrgasts im Fahrschein eingetragen ist und das Beförderungsunternehmen zudem über eine Liste der Namen der Berechtigten verfügt. Der Inhaltskontrolle steht insbesondere nicht § 307 III 1 entgegen. Zwar sieht § 8 I Nr. 3 BefBedV vor, dass Fahrausweise ohne Erstattung des Fahrgeldes eingezogen werden, wenn sie zerrissen, zerschnitten oder sonst stark beschädigt, stark beschmutzt oder unleserlich sind, so dass sie nicht mehr geprüft werden können. Eine analoge Anwendung dieser Vorschrift auf den Fall des Abhandenkommens muss jedoch ausscheiden.[8] Auch § 10 I BefBedV, der eine Erstattung des Beförderungsentgelts bei Nichtbenutzung des Fahrausweises von der Vorlage des Fahrausweises abhängig macht, ist nicht einschlägig, weil diese Vor- **B 258**

---

[1] *Bartl* BB 1978, 1446; *Hensen* BB 1979, 499; *Trittel* BB 1980, 497, 501.

[2] Ähnlich AG Jena NJW-RR 2001, 1469, 1469.

[3] AG Hamburg NJW 1987, 448, 448; *Harder* NJW 1990, 857, 858; a. A. AG Köln NJW 1987, 447, 448: Eine Einschränkung der elterlichen Einwilligung dahingehend, dass diese sich nicht auf Fahrten ohne Fahrausweis erstrecke, sei unbeachtlich, da sie gegen Treu und Glauben verstoße.

[4] So aber *Trittel* BB 1980, 497, 501 (zu § 11 Nr. 6 AGBG).

[5] Ebenso *Bamberger/Becker* § 309 Nr. 6 Rz 10; *Palandt/Grüneberg* Rz 35; *Ulmer/Hensen* Rz 10.

[6] *Hensen* BB 1979, 489; a. A. *Bartl* BB 1978, 1446.

[7] S. § 309 Nr. 6 Rz 69.

[8] BGH NJW 2005, 1774, 1774.

schrift den Fall des Verlusts gerade nicht regeln will.[1] Wirksam ist eine Klausel der hier interessierenden Art dagegen dann, wenn „die reale Gefahr einer [...] Doppelleistung besteht, diese Gefahr nicht verschwindend gering ist und sie auch nicht durch zumutbare Maßnahmen abgewendet werden kann".[2] So liegt es insbesondere dann, wenn der Verwender keine Namensliste der Berechtigten führt und dementsprechend auch nicht überprüfen kann, ob er die als abhanden gekommen gemeldete Fahrkarte überhaupt verkauft hat.

Sehen die Beförderungsbedingungen eines Verkehrsverbundes vor, dass ein Fahrausweis nur in Verbindung mit einer bestimmten Urkunde, z. B. dem Personalausweis des Kunden zur Beförderung berechtigt und dass der Fahrausweis ungültig ist und eingezogen werden kann, wenn die Urkunde auf Verlangen nicht vorgezeigt wird, so sind Klauseln, denen zufolge das Fahrgeld für eingezogene Fahrausweise nicht erstattet wird bzw. ein Anspruch auf Erstattung bei als ungültig eingezogenen Fahrausweisen nicht besteht, unangemessen (§ 307). BGH, Urt. v. 23. 11. 2006, Az.: X ZR 16/05, unter III. 5.

3. Luftverkehr

B 259 **a) Allgemeines.** Bei den von Luftverkehrsunternehmern vorformulierten Vertragsbedingungen handelt es sich um AGB.[3] Dem steht nicht entgegen, dass die relevanten Vertragsbedingungen gegebenenfalls inhaltlich den zwingenden Vorschriften des Montrealer Übereinkommens entsprechen;[4] dies bedeutet lediglich, dass dann, wenn die relevanten Regelungen des Montrealer Übereinkommens auch ohne vertragliche Vereinbarung anwendbar wären, eine Inhaltskontrolle grundsätzlich an § 307 III 1 scheitert (siehe aber § 307 III 2). Ebenso wenig lässt sich gegen eine Einordnung als AGB anführen, dass die relevanten Vertragsbedingungen gegebenenfalls einer Empfehlung der International Air Transport Association (IATA) entsprechen.[5]

B 260 **b) Einbeziehung.** Hinsichtlich der Einbeziehung gelten die allgemeinen Grundsätze. Eine analoge Anwendung des § 305 a Nr. 2 scheidet in Ermangelung einer planwidrigen Regelungslücke aus

B 261 **c) Kontrollfähigkeit.** Sofern deutsches Recht anwendbar ist, unterliegen die AGB der Luftverkehrsunternehmen im Grundsatz der AGB-rechtlichen Inhaltskontrolle. Auch die Tatsache, dass die Beförderungsbedingungen nach § 21 II 1 LuftVG der zuständigen Behörde auf Verlangen vorzulegen sind und von dieser gemäß § 21 II 2 LuftVG untersagt werden können, steht einer Inhaltskontrolle nicht entgegen.[6] Gleiches gilt, wenn gemäß § 21a LuftVG eine Genehmigung erteilt worden ist.[7] Dies folgt zum einen im Wege eines Umkehrschlusses aus § 309 Nr. 7, 8 a. Zum anderen gilt es zu bedenken, dass die Untersagung nach § 21 II 2 LuftVG ebenso wenig wie die Genehmigungspflicht nach § 21a LuftVG einen der AGB-rechtlichen Inhaltskontrolle vergleichbaren Schutz bietet. Denn die Untersagung nach § 21 II 2 LuftVG und die Verweigerung der Genehmigung setzen eine nachhaltige Beeinträchtigung der öffentlichen Verkehrsinteressen voraus, woran es bei einzelnen unangemessenen Klauseln regelmäßig fehlen wird.

---

1 BGH NJW 2005, 1774, 1774.
2 BGH NJW 2005, 1774, 1775.
3 BGH NJW 1983, 1322, 1323 (zu den AGB der Lufthansa); *Giemulla/Schmidt* NJW 1999, 1057, 1058.
4 BGH NJW 1983, 1322, 1323 (zu den AGB der Lufthansa und zum Warschauer Abkommen).
5 BGH NJW 1983, 1322, 1323 (zu den AGB der Lufthansa); *Giemulla/Schmidt* NJW 1999, 1057, 1058.
6 Ebenso, zur Genehmigungspflicht nach § 21 I 2 LuftVG a.F., BGH NJW 1983, 1322, 1323.
7 BGH NJW 2007, 997, 998. *Giemulla/Schmidt* NJW 1999, 1057, 1058.

aa) § 307 III 1. Schon nach § 307 III nicht zu beanstanden sind allerdings solche Vorschriften, die lediglich die einschlägigen Rechtsvorschriften, insbesondere die Bestimmungen des Warschauer Abkommens wiedergeben. Bei der Frage, welche Rechte dem Fluggast nach dem Gesetz zustehen, ist auf die Ausgleichsverordnung 2004 zu achten.[1] Die dort vorgesehenen Pflichten gegenüber Fluggästen können nach Art. 15 (I) der Verordnung vertraglich nicht beschränkt oder ausgeschlossen werden. Entsprechende Klauseln wären also erst recht unangemessen. Keine Rechtsvorschriften stellen jedoch die Empfehlungen der International Air Transport Association (IATA) dar. [2] Auch liegt insofern kein Handelsbrauch vor.[3] Die Übereinstimmung der AGB mit den Empfehlungen der IATA steht also der AGB-rechtlichen Inhaltskontrolle nicht entgegen.[4] Der Inhaltskontrolle unterliegen insbesondere auch Klauseln, die regeln, welche Gegenstände im Gepäck des Kunden enthalten sein dürfen und dem Luftfrachtführer das Recht geben, die Beförderung bestimmter Gegenstände zu verweigern.[5] **B 262**

bb) §§ 309 Nr. 7, 8a. Die in § 309 Nr. 7, 8 a für Beförderungsbedingungen vorgesehenen Ausnahmen finden auf die AGB von Luftverkehrsunternehmen weder direkte noch analoge Anwendung.[6] Denn insofern fehlt es an einer planwidrigen Regelungslücke. **B 263**

d) Wirksamkeit. Die AGB der Luftverkehrsunternehmen sind sowohl an § 307 als auch an den §§ 308, 309 zu messen. **Verspätungen.** Unwirksam ist z. B. eine Klausel, der zufolge die im Flugschein, Flugplan oder anderenorts angegebenen Verkehrzeiten nicht garantiert werden und nicht Bestandteil des Beförderungsvertrages sind.[7] Die Unwirksamkeit einer solchen Klausel folgt bereits aus § 309 Nr. 8 b aa,[8] weil es sich beim Personenbeförderungsvertrag um einen Werkvertrag handelt. Sie ergibt sich außerdem aus § 307 Nr. 7 b und § 307, weil die Haftung für grobe Fahrlässigkeit ausgeschlossen wird. Aus den gleichen Gründen ist eine Klausel unwirksam, nach welcher für **verpasste Anschlüsse** keine Haftung übernommen wird.[9] **Flugplanänderungen.** Ebenfalls unwirksam ist eine Klausel des Inhalts „Flugpläne unterliegen Änderungen ohne Vorankündigung. Der Luftfrachtführer kann, wenn die Umstände es erfordern, im Flugschein oder Flugplan genannte Zwischenlandepunkte ändern oder auslassen und kann ohne Vorankündigung andere Luftfrachtführer mit der Beförderung betrauen oder anderes Fluggerät einsetzen". Eine entsprechende Klausel verstößt gegen § 308 Nr. 4,[10] aber auch gegen § 307. Eine Klausel, die jede Haftung der Fluggesellschaft für eine dem Kunden **vermittelte Unterkunft** ausschließt, verstößt gegen § 309 Nr. 7,[11] im unternehmerischen Verkehr gegen § 307. Wird das vom Fluggast aufgegebene **Gepäck des Fluggasts** beschädigt oder entwendet, so trägt die Fluggesellschaft die **Beweislast** dafür, dass die Beschädigung nicht auf ein Verschulden ihrer Angestellten zurückzuführen ist.[12] Eine Klausel, die diese Beweislastverteilung zum Nachteil des Fluggasts verändert, ist schon nach § 309 Nr. 12 unwirksam. Gegenüber Unternehmern **B 264–280**

---

[1] VO 261/2004/EG v. 11. 2. 2004, ABl. Nr. L 46/I v. 17. 2. 2004.

[2] BGH NJW 1983, 1322, 1323 f. (zu den AGB der Lufthansa); *Giemulla/Schmidt* NJW 1999, 1057, 1058.

[3] OLG Köln VersR 1982, 401; *Giemulla/Schmidt* NJW 1999, 1057, 1058.

[4] BGH NJW 1983, 1322, 1323 f. (zu den AGB der Lufthansa); *Giemulla/Schmidt* NJW 1999, 1057, 1058.

[5] BGH NJW 2007, 997, 998.

[6] Ebenso BGH NJW 1983, 1322, 1323 (zu § 23 II AGBG); *Palandt/Grüneberg* Rz 45.

[7] Ebenso wohl BGH NJW 1983, 1322, 1324.

[8] Für Unwirksamkeit nach § 11 Nr. 8 b AGBG (§ 309 Nr. 8 b) wohl auch BGH NJW 1983, 1322, 1324.

[9] Für Unwirksamkeit nach § 11 Nr. 8 b AGBG (§ 309 Nr. 8 b) wohl auch BGH NJW 1983, 1322, 1324.

[10] So zumindest für den Linienverkehr, BGH NJW 1983, 1322, 1324 (zu § 10 Nr. 4 AGBG).

[11] BGH NJW 1983, 1322, 1325 (zu § 11 Nr. 7 AGBG).

[12] OLG Köln NJW-RR 2005, 1060, 1061.

ergibt sich ihre Unwirksamkeit aus § 307 I, II Nr. 1. Unwirksam ist demnach z. B. eine Klausel des Inhalts „Bei der Beförderung von Personen sowie von aufgegebenem Gepäck ist der Luftfrachtführer zum Schadensersatz nur dann verpflichtet, wenn ihm nachweislich Fahrlässigkeit zur Last fällt".[1] Gemäß § 307 unangemessen ist auch eine Klausel, die im Anwendungsbereich des Montrealer Übereinkommens (MÜ) von den nach Art. 26 MÜ zwingenden Vorgaben des Art. 17 II 1 MÜ abweicht.[2] Unangemessen ist daher z. B. eine Klausel, der zufolge der Luftfrachtführer für Schäden an bestimmten Gegenständen im aufgegebenen Reisegepäck nur für Vorsatz und grobe Fahrlässigkeit haftet.[3] Nichts anderes könnte dann gelten, wenn die Klausel nur solche Gegenstände erfassen würde, die ohne Wissen des Luftfrachtführers im Gepäck des Fluggasts enthalten sind.[4] Zwar macht Art. 17 II 1 MÜ die dort vorgesehene Haftung davon abhängig, dass sich die Sachen in der Obhut des Luftfrachtführers befanden. Doch würde man die Haftungsregelung in Art. 17 II 1 MÜ in unzulässiger Weise aushöhlen, wollte man den Begriff der Obhut dahingehend auslegen, dass dieser Kenntnis vom Inhalt des Gepäcks voraussetzt.[5] Unwirksam ist auch eine Klausel, der zufolge das aufzugebende Gepäck des Fluggasts „zerbrechliche oder verderbliche Gegenstände, Computer oder sonstige elektrische Geräte, Geld, Juwelen, Edelmetalle, Wertpapiere, Effekten und andere Wertsachen und ferner Geschäftspapiere und Muster" nicht enthalten darf und der Luftfrachtführer die Beförderung als aufzugebendes Gepäck verweigern darf.[6] Denn diese Klausel erfasst auch Gegenstände von geringem Wert, so dass kein schutzwürdiges Interesse an einer so weiten Formulierung anzuerkennen ist. Im Übrigen kann sich die Unwirksamkeit der Klausel daraus ergeben, dass sie in Wechselwirkung mit einer unangemessenen Haftungsfreizeichnung steht.[7] Nach § 308 Nr. 3 unwirksam ist eine Klausel, der zufolge die **Beförderung unterbleiben** kann, „wenn die Umstände es erfordern",[8] weil damit den Anforderungen des § 308 Nr. 3 an die Angabe des sachlichen Grundes nicht genügt ist. Gleiches gilt für eine Klausel des Inhalts „Wenn es die Umstände erfordern, kann der Luftfrachtführer ohne Ankündigung einen Flug absagen [...]".[9] Ein **Nachforderungsrecht** des Luftfrachtführers in dem Fall, dass der gezahlte Flugpreis nicht dem (tariflich) „anwendbaren Flugpreis" entspricht, ist unklar und verletzt den Vorrang der Individualabrede über den Preis bei Erwerb des Flugscheins.[10] Unwirksam ist auch eine Klausel, wonach die Fluggesellschaft bei Nichtantreten des Hinflugs den noch geschuldeten Rückflug ersatzlos stornieren kann.[11]

*

---

[1] BGH NJW 1983, 1322, 1325: Unwirksamkeit nach § 11 Nr. 15 a AGBG.
[2] BGH NJW 2007, 997, 999.
[3] BGH NJW 2007, 997, 999.
[4] Insofern BGH NJW 2007, 997, 999.
[5] Offen gelassen von BGH NJW 2007, 997, 999.
[6] Die Frage der Wirksamkeit bei isolierter Verwendung offen lassend aber BGH NJW 2007, 997, 999.
[7] Insofern auch BGH NJW 2007, 997, 999.
[8] Vgl. BGH NJW 1983, 1322, 1325 (zu § 10 Nr. 4 AGBG): Unwirksamkeit einer Klausel, die es der Fluggesellschaft erlaubt, einen Flug abzusagen, wenn die Umstände es erfordern.
[9] BGH NJW 1983, 1322, 1325 (zu § 10 Nr. 4 AGBG).
[10] LG Essen NJW 1979, 555, 555 (zu einem Fall vor Erlass des AGB-Gesetzes); MünchKomm/*Basedow* § 307 Rz 67.
[11] AG Frankfurt a. M. NJW 2006, 3010, 3011 f.

Bekanntschafts- bzw. Partnerschaftsvermittlungsvertrag

Inhaltsübersicht

Schrifttum: *Peters,* Der Vergütungsanspruch des Partnervermittlers, NJW 1986, 2676; *Peters,* Aktuelle Rechtsfragen des Rechts der Partnerschaftsvermittlung, NJW 1989, 2793; *Börstinghaus,* Das Recht der Partnerschaftsvermittlung, 1995, mit Besprechung durch *v. Westphalen,* NJW 1996, 503.

1. Allgemeines

a) Begriff. Beim Partnerschaftsvermittlungsvertrag, der in den einschlägigen Vertragswerken auch als „Bekanntschaftsvermittlungsvertrag", „Partnervermittlungsvertrag" oder „Partnerschaftsservicevertrag" bezeichnet wird,[1] liegt die vertragscharakteristische Leistung in der Erbringung einer partnerschaftsfördernden Tätigkeit. Worin genau diese Tätigkeit liegt, hängt von der konkreten Vereinbarung ab. Denkbar ist, dass lediglich die Zurverfügungstellung von Adressen potenziell geeigneter Partner als Leistung versprochen wird. Dies ist schon nach § 307 III 1 nicht zu beanstanden.[2] Ebenso kommen jedoch Vertragsgestaltungen vor, bei denen eine über die Überlassung von Adressen hinausgehende bekanntschafts- beziehungsweise partnerschaftsfördernde Tätigkeit versprochen wird, z. B. die Veranstaltung von Wochenend-Aktivitäten.[3] **B 281**

b) Rechtsnatur. Solange kein Erfolg, sondern lediglich die Erbringung einer partnerschaftsfördernden Tätigkeit versprochen wird, liegt ein Dienstvertrag vor.[4] **B 282**

c) Anwendbares Recht. Grundsätzlich unterliegt der Bekanntschafts- beziehungsweise Partnerschaftsvermittlungsvertrag dem Recht des Dienstvertrages. Allerdings ist § 656 entsprechend anwendbar.[5] Auch findet § 627 Anwendung.[6] Denn die geschuldeten Dienste sind solche höherer Art.[7] Beim Tod des Kunden erlischt der Partnerschaftsvermittlungsvertrag analog § 672.[8] Eine Klausel, die davon abweicht, ist nach § 307 unwirksam.[9] **B 283**

---

[1] S. zu den in der Praxis anzutreffenden Bezeichnungen *Peters* NJW 1986, 2676, 2677.

[2] A.A. *Palandt/Heinrichs* § 307 Rz 98, der eine entsprechende Klausel für bedenklich hält.

[3] *Palandt/Sprau* § 656 Rz 7.

[4] BGH NJW 2005, 2543, 2543 (Partnerschaftsvermittlungsvertrag); BGH NJW 1999, 276, 277 (Partnerschaftsvermittlungsvertrag). Offen gelassen in OLG Hamm NJW 1987, 243, 243 f. (Partnerschaftsvermittlungsvertrag).

[5] BGH NJW 1990, 2550, 2551.

[6] BGH NJW 2005, 2543, 2543 (Partnerschaftsvermittlungsvertrag); BGH NJW 1999, 276, 277 (Partnerschaftsvermittlungsvertrag); BGH NJW 1989, 1479, 1480 (Partnerschaftsvermittlungsvertrag); BGH NJW 1987, 2808, 2808 (Eheanbahnungsvertrag); *Staudinger/Coester* § 307 Rz 547 (Partnerschaftsvermittlungsvertrag).

[7] BGH NJW 2005, 2543, 2543 (Partnerschaftsvermittlungsvertrag); BGH NJW 1999, 276, 277 (Partnerschaftsvermittlungsvertrag); BGH NJW 1989, 1479, 1480 (Partnerschaftsvermittlungsvertrag).

[8] AG Dortmund NJW-RR 1991, 689, 689; *Staudinger/Coester* § 307 Rz 549.

[9] *Staudinger/Coester* § 307 Rz 549.

2. Vorliegen von AGB

B 284 Das Vorliegen von AGB ist nach § 305 I 3 zu verneinen, soweit die Vertragsbedingungen individuell ausgehandelt worden sind. Allerdings ist die für das Aushandeln erforderliche reale Möglichkeit der Einflussnahme auf den Vertragsinhalt „jedenfalls bei umfangreichen bzw. nicht leicht verständlichen Klauseln" von der zusätzlichen Voraussetzung abhängig, „dass der Verwender die andere Vertragspartei über den Inhalt und die Tragweite der Klause[ln] im Einzelnen belehrt hat [...] oder sonstwie erkennbar geworden ist, dass der andere Vertragspartner deren Sinn wirklich erfasst hat".[1] An diesem Erfordernis hat der BGH die Anwendung des § 305 I 3 zu Recht in einem im Jahre 2005 entschiedenen Fall scheitern lassen. Dort hatten die Parteien eines Partnerschaftsvertrages zusätzlich ein vom Verwender vorbereitetes weiteres Schriftstück unterzeichnet. Dieses wies auf die Möglichkeit des Ausschlusses der Kündigung nach § 627 hin. Darüber hinaus hatten beide Parteien handschriftlich jeweils einen Satz auf im Formular dafür vorgesehene Linien gesetzt, mit dem sie ihr Einverständnis mit dem Ausschluss des Kündigungsrechts nach § 627 erklärten.[2]

3. Kündigungsrecht Laufzeit

B 285 **a) Kündigungsrecht.** Auf den Partnerschaftsvermittlungsvertrag findet § 627 Anwendung.[3] § 627 kann zwar durch Individualvereinbarung wirksam abbedungen werden.[4] Auch kann einer entsprechenden Individualvereinbarung im Falle des Partnerschafsvermittlungsvertrages nicht § 138 entgegengehalten werden.[5] Eine AGB-mäßige Abbedingung scheidet aber aus. Dies gilt gerade auch im Falle des Partnerschaftsvermittlungsvertrags.[6]

B 286 **b) Laufzeit.** Da es sich beim Bekanntschafts- beziehungsweise Partnerschaftsvermittlungsvertrag um einen Dienstvertrag handelt, sind Laufzeit-, Verlängerungs- und Kündigungsklauseln an § 309 Nr. 9 zu messen. Daneben findet § 307 Anwendung.[7] Eine Laufzeit von 6 Monaten ist bei einem Partnerschaftsvermittlungsvertrag nicht unangemessen lang.[8] Doch ist eine Laufzeitklausel nach § 307 unwirksam, wenn sie das Kündigungsrecht nach § 627 nicht hinreichend deutlich vorbehält.[9] Die Unwirksamkeit folgt dabei jedenfalls aus einem Verstoß gegen das Transparenzprinzip (§ 307 I 2). Die Auffassung, dass ein „ausdrücklicher" Vorbehalt des Kündigungsrechts erforderlich ist,[10] lässt sich allerdings nicht zufriedenstellend

---

[1] BGH NJW 2005, 2543, 2544.

[2] BGH NJW 2005, 2543, 2544.

[3] S. Anh. § 310 Rz B 283.

[4] BGH NJW 2005, 2543, 2543 (Partnerschaftsvermittlungsvertrag).

[5] BGH NJW 2005, 2543, 2543 (Partnerschaftsvermittlungsvertrag). A.A., nämlich für Unwirksamkeit einer entsprechenden Individualvereinbarung nach § 138, OLG Düsseldorf NJW-RR 1987, 691, 693; *Peters* NJW 1989, 2793, 2796.

[6] BGH NJW 1999, 276, 277 (§ 9 AGBG); BGH NJW 1989, 1479, 1480 (§ 9 AGBG); *Palandt/Weidenkaff* § 627 Rz 5; *Palandt/Heinrichs* § 307 Rz 98; *Staudinger/Coester* § 307 Rz 547.

[7] Zum Verhältnis von § 307 zu § 309 Nr. 9 siehe § 309 Nr. 9 Rz 91, 103 ff. (Erstbindungsdauer), 137 ff. (Verlängerungsklauseln), 150 (Kündigungsfristen).

[8] LG Hamburg NJW-RR 1993, 759, 760 (zu § 9 AGBG).

[9] Insoweit auch BGH NJW 1999, 276, 278 (zu § 9 AGBG). Für Unwirksamkeit (allerdings nach § 307 II Nr. 1) auch *Heinrichs* NJW 1999, 1596, 1600.

[10] So *Palandt/Heinrichs* § 307 Rz 98. Nicht ganz eindeutig BGH NJW 1999, 276, 278 (zu § 9 AGBG). Dort ging es um eine Klausel des Inhalts „Sollte [...] in der normalen Vermittlungszeit das gewünschte Ergebnis nicht eintreten, so verpflichte ich [den Verwender] jetzt schon, mich für die noch einmal zu zahlende [...] Gesamtvergütung und für [...] längstens die doppelte Laufzeit wie im Erstvertrag zu vermitteln". Der BGH bejahte einen Verstoß gegen § 307, weil sich die beanstandete Klausel „ohne näheren Hinweis auf das jederzeitige Kündigungsrecht nach § 627 BGB als unklar bzw. intransparent" erweise.

begründen. Erst recht ist nicht erforderlich, dass die Möglichkeit der außerordentlichen Kündigung nach § 626 ausdrücklich vorbehalten wird.[1] Unangemessen ist aber eine Klausel, die die Möglichkeit zur außerordentlichen Kündigung ausdrücklich oder konkludent ausschließt, denn § 626 ist zwingendes Recht, kann also nicht einmal durch Individualvereinbarung abbedungen werden.[2]

4. Teilvergütung bei Kündigung

Im Falle der Kündigung nach § 627 hat der Kündigende, sofern er die Vergütung im Voraus gezahlt hat, einen Rückerstattungsanspruch nach § 628 I 3. Allerdings steht dem Unternehmer grundsätzlich ein Teilvergütungsanspruch gemäß § 628 I 1 zu. Klauseln, die die Höhe dieses Vergütungsanspruchs regeln, sind an § 308 Nr. 7a zu messen.[3] Daneben findet § 307 Anwendung. Dabei ist in Rechnung zu stellen, dass Klauseln, die den Rückerstattungsanspruch nach § 628 I 3 unangemessen kürzen oder einschränken, z. B. in Form einer besonders hohen Kostenpauschale, eine nach § 307 II Nr. 1 unangemessene Einschränkung des außerordentlichen Kündigungsrechts nach § 627 bewirken.[4] **B 287**

a) Angemessene Höhe. Unangemessen hoch im Sinne des § 308 Nr. 7 a ist eine AGB-mäßig festgesetzte Teilvergütung dann, wenn sie wesentlich von der Höhe abweicht, die typischerweise nach dem Gesetz geschuldet ist.[5] Nach dem Gesetz hat der zur Erbringung der Dienstleistung Verpflichtete einen Anspruch auf einen seinen bisherigen Leistungen entsprechenden Teil der Vergütung. Bei der Beantwortung der Frage, wie hoch derjenige Teil der Vergütung ist, der den bisherigen Leistungen des Verpflichteten entspricht, muss jedenfalls dann, wenn es um einen auf Partnerschaftsvermittlung spezialisierten Betrieb geht, auf dessen Perspektive abgestellt werden:[6] Entscheidend ist, welche Aufwendungen der Verwender vernünftigerweise für erforderlich halten durfte, um zur Erbringung der geschuldeten Leistung imstande zu sein.[7] Zu diesen Aufwendungen gehören regelmäßig die Kosten für die Anlaufarbeit.[8] Berücksichtigungsfähig sind grundsätzlich auch vorbereitende Aufwendungen[9] und anteilige Gemeinkosten.[10] **Gemeinkosten** sind allerdings regelmäßig nur in dem Umfang zu ersetzen, der der tatsächlichen Laufzeit des Vertrages entspricht.[11] Dagegen können die speziell zur Erfüllung des konkreten Vertrages erbrachten Aufwendungen, die weder rückgängig gemacht noch anderweitig verwendet werden können, ungekürzt in Rechnung gestellt werden.[12] **B 288**

b) Gegenbeweis. Außerdem findet § 309 Nr. 5 b entsprechende Anwendung; erforderlich ist also der ausdrückliche Vorbehalt des Nachweises, dass keine oder eine wesentlich geringere Vergütung geschuldet ist.[13] **B 289**

---

[1] Insoweit wie hier auch BGH NJW 1993, 1133, 1135 (zu § 9 AGBG). So tendenziell auch BGH NJW 1999, 276, 277 (zu § 9 AGBG): Vieles spreche dafür, dass die Möglichkeit der außerordentlich Kündigung nicht ausdrücklich vorbehalten werden müsse.

[2] S. nur *Palandt/Weidenkaff* § 626 Rz 2.

[3] BGH NJW 1999, 276, 277 (zu § 10 Nr. 7 AGBG). S. außerdem § 308 Nr. 7 Rz 9.

[4] BGH NJW 1999, 276, 277 (zu § 9 AGBG).

[5] S. § 308 Nr. 7 Rz 31–32.

[6] So BGH NJW 1991, 2763, 2764 (zu § 10 Nr. 7 AGBG).

[7] BGH NJW 1991, 2763, 2764 (zu § 10 Nr. 7 AGBG).

[8] BGH NJW 1991, 2763, 2764 (zu § 10 Nr. 7 AGBG).

[9] BGH NJW 1991, 2763, 2764 (zu § 10 Nr. 7 AGBG).

[10] BGH NJW 1991, 2763, 2764 (zu § 10 Nr. 7 AGBG).

[11] BGH NJW 1991, 2763, 2764 (zu § 10 Nr. 7 AGBG).

[12] BGH NJW 1991, 2763, 2764 (zu § 10 Nr. 7 AGBG).

[13] S. § 308 Nr. 7 Rz 34.

B 290 **c) Beispiele.** Unwirksam ist insbesondere die Aufrechterhaltung der vollen Zahlungspflicht bei vorzeitiger Beendigung eines Bekanntschafts- oder Partnerschaftsvermittlungsvertrages. Unwirksam ist auch eine Regelung, der zufolge der Verwender im Falle einer Kündigung nach § 627 in jedem Falle einen Anteil von 75 % der Gesamtvergütung behalten darf.[1] Keinen Verstoß gegen § 308 Nr. 7 hat die Rechtsprechung demgegenüber in einer Klausel erblickt, die vorsah, dass dem Unternehmer im Falle einer Kündigung durch den Kunden 30% der gesamten Bearbeitungsgebühr für die Anfangskosten bis zur Erstellung des ersten Partnervorschlags zustehen.[2] Dem ist allerdings nur unter der Voraussetzung zuzustimmen, dass die in dem maßgeblichen Zeitraum entstandenen Kosten, z. B. für die elektronische Erfassung der Kundendaten und die Schaltung von Inseraten, tatsächlich typischerweise eine entsprechende Höhe erreichen.[3]

B 291 **d) § 628 I 2.** Unwirksam ist eine Klausel, die eine Vergütung für erbrachte Teilleistungen vorsieht, ohne eine Ausnahme für den Fall vorzusehen, dass die Kündigung durch ein vertragswidriges Verhalten des Verwenders veranlasst worden und die bereits erbrachten Teilleistungen gemäß § 628 I 2 ohne Interesse für den anderen Teil sind.[4]

5. Vorleistungsklauseln

B 292 Vorleistungsklauseln in AGB sind nicht an § 309 Nr. 2 oder § 309 Nr. 3, wohl aber an § 307 zu messen.[5] Die Angemessenheit von Vorleistungsklauseln setzt voraus, dass ein schutzwürdiges Interesse an der Vereinbarung einer Vorleistungspflicht besteht.[6] Bei Partnerschaftsvermittlungsverträgen ist ein solches nicht erkennbar. Vorleistungsklauseln in entsprechenden Verträgen sind daher grundsätzlich unangemessen.[7] Ein schutzwürdiges Interesse an der Vereinbarung einer Vorleistungsklausel lässt sich im Falle des Partnerschaftsvermittlungsvertrages auch nicht unter Hinweis auf die richtigerweise analoge Anwendbarkeit des § 656[8] begründen.[9] Nicht zu beanstanden ist nämlich nach richtiger Auffassung eine Klausel, wonach der Verwender vor Bezahlung der Bearbeitungsgebühr nicht zu einer Tätigkeit verpflichtet ist.[10] Die Zulässigkeit dieser Klausel folgt schon daraus, dass § 656 eine klagbare Verpflichtung ebenfalls nicht vorsieht. Die Interessen des Unternehmers lassen sich demnach auch ohne Vereinbarung einer Vorleistungspflicht waren.

---

[1] So tendenziell auch BGH NJW 2005, 2543, 2544.

[2] AG Siegburg, Az: 111 C 117/04 v. 23. 7. 2004, BeckRS 2005, 4382.

[3] Unklar insoweit AG Siegburg, Az: 111 C 117/04 v. 23. 7. 2004, BeckRS 2005, 4382.

[4] OLG München NJW-RR 1992, 1205, 1205 f. (zu § 9 AGBG).

[5] S. § 309 Nr. 2 Rz 8 ff., § 309 Nr. 3 Rz 20, § 310 Rz V 501 ff.

[6] S. § 310 Rz V 496–498.

[7] A.A., speziell zum Partnerschaftsvermittlungsvertrag, BGH NJW 1999, 276, 277 (zu § 9 AGBG): Es könne ohne Verstoß gegen das AGB-Gesetz vereinbart werden, dass bereits zu Beginn des Vertragsverhältnisses die volle Vergütung gezahlt werden müsse. Für die Zulässigkeit von Vorleistungsklauseln beim Partnerschaftsvermittlungsvertrag auch *Staudinger/Coester* § 307 Rz 547. Wie hier dagegen OLG Hamburg NJW 1986, 325, 326 (zu § 9 AGBG).

[8] S. dazu Anh. § 310 Rz B 283.

[9] So aber *Staudinger/Coester* § 307 Rz 547.

[10] Insoweit zutreffend *Staudinger/Coester* § 307 Rz 547. Ebenso, allerdings zu einem Eheanbahnungsdienstvertrag, BGH NJW 1986, 926, 927 (zu § 9 AGBG).

6. Datenweitergabe

Eine Klausel, die die Weitergabe persönlicher Daten vorsieht, ist an den besonderen Kriterien zu messen, die für Datenschutzklauseln gelten.[1] Unangemessen und daher nach § 307 unwirksam ist beispielsweise eine in einem Partnerschaftsvermittlungsvertrag enthaltene Klausel, der zufolge die persönlichen Daten des Verwendungsgegners „an Dritte weitergegeben werden können, die an einer Kontaktaufnahme mit [dem Verwendungsgegner] interessiert sind".[2] Die Unwirksamkeit folgt in diesem Falle schon daraus, dass der Kreis der Dritten praktisch nicht eingegrenzt ist und auch der Zweck der Weitergabe offenbleibt. Ebenfalls unwirksam ist eine entsprechende Klausel dann, wenn ausdrücklich bestimmt wird, dass eine Weitergabe an andere Partnerschaftsvermittlungsinstitute zwecks Vermittlung möglich sein soll.[3] Denn diese Klausel ist nicht nur überraschend im Sinne des § 305 c I. Vielmehr ist auch ein schutzwürdiges Interesse des Verwenders an der Weitergabe der Daten nicht erkennbar. **B 293–300**

*

Beraterverträge

1. Allgemeines

Aufgrund von Beraterverträgen machen sich Unternehmen oder sonstige Kunden das spezifische Wissen der Berater und deren Fähigkeiten zunutze. Der Beratervertrag ist im Allgemeinen Dienstvertrag,[4] kann bei Übernahme einer Erfolgsgarantie aber auch Werkvertrag sein. Beraterverträge können zwischen einem Beratungsunternehmen, häufig einer Unternehmensberatungsgesellschaft, und deren Kunden, oder von Seiten eines privaten Beraters mit einem Unternehmer geschlossen werden. Ein (Unter-)Beratungsvertrag liegt vor, wenn ein Beratungsunternehmen einen freien Mitarbeiter als Berater anstellt, um mit dessen Hilfe seine Pflichten aus dem (Haupt-)Beratungsvertrag gegenüber seinen Kunden zu erfüllen.[5] Auch dieser (Unter-)Beratungsvertrag ist grundsätzlich Dienstvertrag. Er kann nicht dadurch zum erfolgsbezogenen Werkvertrag gemacht werden, dass vom (Unter-)Berater als Erfolg seiner Tätigkeit verlangt wird, der Kunde müsse die dem (Haupt-)Berater geschuldete Vergütung bezahlen, denn für einen solchen Erfolg fehlt es an einem inneren Bezug zur Tätigkeit, da die Nichtzahlung z. B. auch auf der Zahlungsunfähigkeit des Kunden beruhen kann.[6] Zu den speziellen Beraterverträgen der Rechtsanwälte, Steuerberater und Wirtschaftsprüfer s. Rz R 1ff. Ein Vertrag über eine Sexualberatung verstößt nicht als sittenwidrig gegen § 138, wenn er psychologisch qualifizierte Inhalte aufweist, wohl aber wenn er der sexuellen Stimulation dient.[7] **B 301**

---

[1] Vgl. auch Anh. § 310 Rz A 281ff.
[2] OLG Düsseldorf NJW-RR 1995, 369, 369 (zu § 9 AGBG).
[3] OLG Düsseldorf NJW-RR 1995, 369, 369 (zu § 9 AGBG).
[4] BGH NJW-RR 1996, 1009 = LM H.10/1996 § 9 (Bc) AGBG Nr. 6 m. Anm. *Fastrich.*
[5] BGH NJW-RR 1996, 1009 = LM H.10/1996 § 9 (Bc) AGBG Nr. 6 m. Anm. *Fastrich.*
[6] BGH NJW-RR 1996, 1009 = LM H.10/1996 § 9 (Bc) AGBG Nr. 6 m. Anm. *Fastrich.*
[7] S. AG Halle NJW-RR 1993, 1016; AG Düsseldorf NJW 1990, 1856; *Behm* NJW 1990, 1822.

2. Einzelne Klauseln

B 302 Eine **Vergütungsklausel,** die die Honorierung des als freier Mitarbeiter für ein Beratungsunternehmen tätigen Beraters davon abhängig macht, dass die von ihm betreuten Kunden ihre dem Beratungsunternehmen als Dienstherrn geschuldete Vergütung zahlen, widerspricht sowohl dem gesetzlichen Leitbild des Dienstvertrags wie des Werkvertrags. Sie ist nach § 307 I, II unwirksam, weil das Beratungsunternehmen als Dienstherr das Zahlungsrisiko des von ihm ausgesuchten Kunden grundsätzlich nicht auf seinen als freier Mitarbeiter tätigen (Unter-)Berater abwälzen darf, wenn sich dieser seinerseits dagegen nicht in angemessener und zumutbarer Weise sichern kann.[1] Die dem Mitarbeiter eingeräumten Verdienstchancen rechtfertigen eine solche Klausel nicht.[2] Die Unwirksamkeit einer solchen Klausel macht den (Unter-)Beratungsvertrag nicht insgesamt nach § 306 III unwirksam. Wird in einem Beratungsvertrag dem Vertragspartner vom Beratungsunternehmen ein gesetzlich nicht vorgesehenes Sonderkündigungsrecht eingeräumt, so verstößt im unternehmerischen Verkehr eine Vergütungsregelung, nach der der Kunde im Falle der Ausübung desselben, die auf die restliche fest vereinbarte Vertragslaufzeit entfallende Vergütung unter Abzug ersparter Aufwendungen und infolge frei gewordener Kapazitäten erzielter oder böswillig nicht erzielter Einkünfte zu entrichten hat, nicht gegen § 307 I, II.[3]

B 303 Eine **Mandantenschutzklausel,** in der sich der Berater gegenüber dem ihn beauftragenden Beratungsunternehmen verpflichtet, mit den Klienten des Beratungsunternehmens keine vertraglichen Vereinbarungen über den Gegenstand der Beratung oder ein ähnliches Projekt zu treffen, ist wegen unangemessener Beeinträchtigung der Vertragsfreiheit und der Berufsfreiheit nach § 307 I, II, aber auch nach § 138 BGB[4] unwirksam.

B 304–310 Die Klausel über eine **Sperrabrede** in einem Beratervertrag, wonach der Auftraggeber die Einstellung und sonstige Beschäftigung von Mitarbeitern des Beraters zu unterlassen hat, ist nach dem entsprechend anwendbaren § 75 f HGB nicht gerichtlich durchsetzbar. Auch entstehen bei Verletzung keine Schadensersatzansprüche. Dies gilt nicht nur, wenn ehemalige Mitarbeiter des Beraters vom Auftraggeber als Arbeitnehmer eingestellt werden, sondern auch, wenn mit ihnen als selbstständige Unternehmer neue Beraterverträge geschlossen werden.[5]

*

Bestellerbedingungen

Zu den Bestellerbedingungen sei auf die Ausführungen zum Bauvertrag (Anh. § 310 Rz B 161–240), zum Subunternehmervertrag (Anh. § 310 Rz S 271–310) sowie zum Architektenvertrag (Anh. § 310 Rz A 181–199) verwiesen.

*

---

1 BGH NJW-RR 1996, 1009 = LM H.10/1996 § 9 (Bc) AGBG Nr. 6 m. Anm. *Fastrich.*
2 § 307 Rz 224.
3 BGH NJW 1994, 1069.
4 Dazu LG Frankfurt BB 1992, 2459 = NJW-RR 1993, 803.
5 BGH NJW 1984, 116.

Bewachungsverträge

Schrifttum: *Dubischar,* Inhalt und Schutzbereich von Bewachungsverträgen, NJW 1989, 3242.

Bewachungsverträge sind in der Regel **Dienstverträge.** Es kann aber auch ein Werkvertrag vorliegen, wenn die Übernahme einer Erfolgsgarantie vereinbart wurde. Das Lösen eines Parkscheins im Parkhaus oder die Überlassung eines Parkplatzes in einem Hotel ist in der Regel aber kein Bewachungsvertrag, sondern ein Mietvertrag.[1] **B 311**

Zur Abdeckung seiner **Haftung** ist der gewerbliche Bewacher verpflichtet, gemäß § 6 I VO über das Bewachungsgewerbe v. 10. 6. 2003, BGBl I, 1378 (BewachV) eine Haftpflichtversicherung abzuschließen mit den in § 6 II BewachV genannten Mindestversicherungssummen. § 6 BewachV erlaubt jedoch keine Ausnahme von § 309 Nr. 7,[2] denn § 7 S. 1 BewachV lässt andere Vorschriften ausdrücklich unberührt und der gewerbliche Bewacher kann nicht besser gestellt werden als der nicht gewerbliche Bewacher, für den die BewachV nicht gilt. Für Vorsatz und grobe Fahrlässigkeit können deshalb gegenüber Verbrauchern gemäß § 309 Nr. 7 weder die nichtgewerblichen noch die gewerblichen Bewacher ihre Haftung ausschließen oder auf die Mindestsumme nach § 6 II BewachV begrenzen. Im Unternehmerverkehr gilt dasselbe gem. § 307 für Eigenverschulden, aber auch für grobes Verschulden von Erfüllungsgehilfen,[3] da die Bewachungspflicht regelmäßig eine Kardinalpflicht darstellt. Ein Haftungsausschluss selbst für einfache Fahrlässigkeit soll aus diesem Grund ebenfalls nicht möglich sein; jedoch kommt eine summenmäßige Beschränkung der Haftung in Betracht. Die Wirksamkeit der AGB-Klausel hängt dann davon ab, ob die vertragstypischen Schäden abgedeckt werden.[4] **B 312**

Die in § 7 S. 2 BewachV vorgesehene **Ausschlussfrist** kann ohne Verstoß gegen § 309 Nr. 8 b ee vereinbart werden, da es sich normalerweise um einen Dienstleistungsvertrag handelt (s. Rz B 311), für den keine Gewährleistungsvorschriften bestehen, und § 309 Nr. 8 b ee deshalb nicht gilt.[5] Eine Ausschlussfrist von 3 Monaten kann im Massengeschäft und wegen Erschwerung der Beweislage ohne Verstoß gegen § 307 I, II vereinbart werden.[6] Dagegen ist eine Klausel, wonach die Geltendmachung des Schadens unverzüglich zu erfolgen hat, auch im unternehmerischen Rechtsverkehr unwirksam, da bei einer derartigen Klausel jede noch so kurzfristige Verspätung, auch wenn diese nur auf leichter Fahrlässigkeit beruht, zu einem vollständigen Erlöschen des Anspruchs führt.[7] Ein derartiger Rechtsverlust stellt auch unter Berücksichtigung der Interessen des Bewachungsgewerbes an einer raschen Klärung und Abwicklung von Schadensfällen eine unangemessene Benachteiligung des Vertragspartners dar. **B 313–320**

*

---

1 LG Köln VersR 1983, 69.

2 Dubischar NJW 1989, 3241, 3245; *Ulmer/Hensen* Anh. § 310 Rz 215; *Palandt/Heinrichs* § 307 Rz 90.

3 Vgl. BGH NJW 1985, 914.

4 OLG Hamm, VersR 2005, 1074, 1077; vorher schon BGH NJW 1993, 335; für eine Zulässigkeit der Haftungsbegrenzung auf die Mindestversicherungsbeträge nach § 6 II BewachV: OLG Düsseldorf VersR 1980, 1073.

5 BGH NJW-RR 2000, 648, 649; s. auch § 309 Nr. 8 cc Rz 57 ff.

6 LG Hannover NJW-RR 1988, 505; LG Bremen NJW-RR 1989, 1080; OLG Zweibrücken OLGR 2001, 373; *Ulmer/Hensen* Anh. § 310 Rz 215; a. A. *Palandt/Heinrichs* § 307 Rz 90.

7 BGH NJW 1999, 1031; NJW-RR 2000, 648.

Bier- und Getränkebezugsverträge

Inhaltsübersicht

Schrifttum: *Hiddemann,* Die Rechtsprechung des BGH zum Bierlieferungsvertrag, WM 1975, 942; *Götz,* Der Anschluss-Bierlieferungsvertrag, BB 1990, 1217; *Paulusch,* Höchstrichterliche Rechtsprechung zum Brauerei- und Gaststättenrecht, 3. Aufl. 1986; *Riegel,* Die Rechtsnatur des Bierlieferungs- und Vorteilsgewährungsvertrages, 1999; *Sedemund,* Bierlieferungsverträge und EG-Kartellrecht, NJW 1988, 3069; *Streit,* Die Nichtigkeit, Sittenwidrigkeit und Aufhebbarkeit von Bierlieferungsverträgen unter Berücksichtigung des deutschen und europäischen Kartellrechts, 2002; *Wahl,* Der Bierlieferungsvertrag, 3. Aufl. 1993; *ders.,* Der Bierlieferungsvertrag nach EG-Kartellrecht in der deutschen Rechtsprechung, NJW 1988, 1431.

1. Allgemeines

B 321 **a) Rechtsnatur.** Bier- und Getränkebezugsverträge sind Kaufverträge. Sie können als echte oder unechte Sukzessivlieferungsverträge ausgestaltet sein. Sie sind unechte Sukzessivlieferungsverträge mit dem Charakter eines echten Dauerschuldverhältnisses, wenn die Gesamtmenge bei Vertragsschluss offen bleibt. Sie sind echte Sukzessivlieferungsverträge (Ratenlieferungsverträge) ohne Dauerschuldcharakter, wenn die Gesamtmenge von vornherein bestimmt ist.[1]

B 322 **b) Schutz des Verwendungsgegners.** Mit Blick auf den Schutz des Verwendungsgegners ist zu differenzieren. Die AGB-rechtliche Inhaltskontrolle nach den §§ 308, 309 scheitert in der Praxis regelmäßig an § 310 I 1. Möglich bleibt aber die Inhaltskontrolle nach § 307. Darüber hinaus kommt die Anwendung des **§ 138** in Betracht, insbesondere mit Blick auf die Dauer der vertraglichen Bindung. Ist der Getränkebezugsvertrag als echter Sukzessivlieferungsvertrag ausgestaltet, so steht dem Kunden, wenn es sich bei ihm ausnahmsweise um einen Verbraucher handelt und wenn der Lieferant Unternehmer ist, ein **Widerrufsrecht nach §§ 505 I Nr. 2, 355** zu. In der Regel wird es sich freilich bei beiden Parteien des Getränkebezugsvertrages um Unternehmer handeln, so dass die Anwendung des § 505 ausscheidet.

2. Ausschließlichkeitsbindung

B 323 **a) Zulässigkeit.** Bierbezugsverträge enthalten regelmäßig eine Bezugsbindung mit einem Verkaufs- und Vertriebsverbot für Konkurrenzprodukte. Ganz unabhängig von der Frage nach der zulässige Höchstdauer der vertraglichen Bindung, auf die weiter unten einzugehen sein wird,[2] stellt sich die Frage nach der Zulässigkeit

---

[1] Zu dieser Definition des Sukzessivlieferungsvertrages siehe *Palandt/Heinrichs* vor § 305 Rz 27.

[2] S. § 310 Rz B 327–334.

solcher Ausschließlichkeitsklauseln. Diese können schon aus Gründen des Kartellrechts unzulässig sein.[1] Sollen solche Ausschließlichkeitsbindungen dinglich durch Dienstbarkeiten abgesichert werden, so ist dies nach der Rspr. nur als generelles Verkaufs- und Vertriebsverbot zulässig, von dem jedoch durch besondere Gestaltung außerhalb der Dienstbarkeit Ausnahmen gemacht werden können.[2] Werden Bezugs- und Ausschließlichkeitsbindungen formularmäßig vereinbart, so unterliegen sie der Inhaltskontrolle nach § 307. Die Rspr. hat vor Erlass des AGB-Gesetzes eine Kontrolle nur nach § 138 vorgenommen und Ausschließlichkeitsbindungen, abgesehen von übermäßiger Dauer, grundsätzlich als zulässig angesehen. Mit § 307 kann die wirtschaftliche Entscheidungs- und Bewegungsfreiheit des Gastwirts besser geschützt werden. Gleichwohl dürfen die AGB-rechtlichen Anforderungen an kartellrechtlich zulässige Ausschließlichkeitsbindungen nicht überspannt werden. Vielmehr sollte man diese grundsätzlich als wirksam ansehen.

b) Vertragsstrafen. Eine Klausel, die bei einem schuldhaften Verstoß gegen eine zulässige Bezugs- und Ausschließlichkeitsbindung eine Vertragsstrafe vorsieht, ist dem Grunde nach grundsätzlich nicht nach § 307 zu beanstanden.[3] Auch unter dem Gesichtspunkt der Verhältnismäßigkeit begegnet sie jedenfalls dann keinen Bedenken, wenn die Vertragsstrafe den Gewinn bei vertragsgemäßem Verhalten nicht übersteigt.[4] Eine Klausel ist aber nach § 307 unwirksam und nach § 138 sittenwidrig,[5] wenn in allen Fällen unpünktlicher Zahlung ein Rücktrittsrecht in Verbindung mit dem Einbehalt des bis dahin gezahlten Kaufpreises vorgesehen ist, weil dies weder der Druckfunktion noch der erleichterten Schadensausgleichsfunktion gerecht wird und den eher vertragstreuen Vertragspartner stärker belastet als den weniger pünktlichen.[6] Die Erhöhung des Pachtzinses bei Minderabnahme ist jedoch grundsätzlich nicht als Vertragsstrafe einzuordnen.[7] **B 324**

3. Vorbehalt der Lieferung anderer Produkte

Der formularmäßige Vorbehalt, Produkte anderer Brauereien liefern zu dürfen, ist ausnahmsweise dann wirksam, wenn er auf extreme Ausnahmesituationen beschränkt ist.[8] Selbst bei Wirksamkeit des Vorbehalts steht dem Gastwirt aber ein Recht zur fristlosen Kündigung nach § 314 zu, wenn sich die ersatzweise gelieferten Produkte in erheblichem Maße von den eigentlich vorgesehenen unterscheiden oder wenn infolge der Ersatzlieferung ein Umsatzrückgang eintritt oder droht. **B 325**

4. Rechtsfolgen bei Abnahme geringerer Mengen

Vielfach enthaltenen Bierlieferungsverträge Klauseln, die die Rechtsfolgen bei Abnahme einer geringeren als der vereinbarten Menge regeln. Wird eine Bezugsbindung an die Zahlung des Pachtzinses in der Weise gekoppelt, dass sich bei Abnahme unterhalb einer vertraglich festgesetzten Menge der Pachtzins in Abhängig- **B 326**

---

[1] Mit Blick auf die gemeinschaftsrechtliche Beurteilung entsprechender Verträge siehe insbesondere Verordnung (EG) Nr. 2790/1999 der Kommission vom 22. 12. 1999 über die Anwendung von Artikel 81 Absatz 3 des Vertrages auf Gruppen von vertikalen Vereinbarungen und aufeinander abgestimmten Verhaltensweisen, ABl. 1983, Nr. L 173/5.

[2] BGH NJW 1981, 343, 344.

[3] BGH NJW 1993, 64, 66 (zu § 9 AGBG).

[4] BGH NJW 1993, 64, 66 (zu § 9 AGBG).

[5] Für Sittenwidrigkeit nach § 138 auch BGH NJW-RR 1993, 243, 347.

[6] BGH NJW-RR 1993, 243, 247.

[7] BGH NJW 1990, 567, 568.

[8] OLG Koblenz NJOZ 2002, 837, 842.

keit zur Mindestabnahme erhöht, so ist dies weder nach § 138 noch nach § 307 zu beanstanden.[1] Die Erhöhung des Pachtzinses bei Minderabnahme ist auch nicht als Schadenspauschale anzusehen.[2] Eine solche Klausel unterliegt der Inhaltskontrolle nach § 307 grundsätzlich nur, soweit es die Kopplung von Abnahme und Pachtzins betrifft. Dagegen ist eine Kontrolle nach § 307 III 1 vorbehaltlich des § 307 III 2 ausgeschlossen, soweit es um die Höhe des Pachtzinses geht.[3]

5. Dauer des Vertrages

B 327 **a) Allgemeines.** Neben der Zulässigkeit der Bezugs- und Ausschließlichkeitsbindungen an sich ist vor allem die **übermäßig lange Dauer** solcher Bindungen Gegenstand gerichtlicher Kontrolle gewesen. Die Dauer einer Bezugsbindung kann zunächst für die kartellrechtliche Beurteilung von Bedeutung sein.[4] Ferner sind Klauseln zur Dauer der Bindung an § 138 zu messen. Darüber hinaus hat jedoch bei formularmäßigen Laufzeitvereinbarungen eine AGB-rechtliche Kontrolle stattzufinden. Zwar kann § 309 Nr. 9 auf Verträge mit Gastwirten wegen § 310 I 1 nicht angewandt werden.[5] Doch sind Klauseln zur Laufzeit des Vertrages anhand von § 307 zu überprüfen.

B 328 **b) Kontrolle nach § 138.** Mit Blick auf § 138 geht die Rechtsprechung zu Recht davon aus, dass „eine Bezugsbindung von 20 Jahren grundsätzlich bis an die äußerste Grenze des in Ausnahmefällen noch Zulässigen geht".[6] Zu beachten ist auch, dass mehrere aufeinander folgende Verträge je nach den Umständen als Einheit zu verstehen sein können mit der Folge, dass es auf die Gesamtdauer der Verträge ankommt.[7] Dabei ist nicht entscheidend, ob die Verträge äußerlich Teil eines einheitlichen Geschäftsabschlusses waren.[8] Vielmehr wird man vor allem berücksichtigen müssen, ob der Kunde nach oder kurz vor Ablauf des ersten Vertrages eine freie Entscheidung über den Abschluss eines neuen Vertrages gefällt hat oder ob der Folgevertrag abgeschlossen wurde, als der Kunde das Ende des ersten Vertrages noch nicht absehen konnte und daher weniger gut in der Lage war, sich der mit einer weiteren Bindung verbundenen wirtschaftlichen Belastung voll bewusst zu werden.[9]

B 329 **c) Abwägung im Rahmen des § 307.** Die Frage, ob die Bindungsdauer unangemessen im Sinne des § 307 ist, kann nur im Wege einer Abwägung beurteilt werden.

B 330 **aa) Abwägungsfaktoren.** Dabei sind der Zweck und der Gesamtcharakter des jeweiligen Vertrags zu berücksichtigen.[10] Darüber hinaus ist bei der Inhaltskontrolle nach § 307 zu erwägen, welche Vorteile dem Gastwirt zufließen. Werden im Zu-

---

1 BGH NJW 1990, 567, 568 f.

2 BGH NJW 1990, 567, 569.

3 Offen gelassen in BGH NJW 1990, 567, 569.

4 S. Art. 5 der Verordnung (EG) Nr. 2790/1999 der Kommission vom 22. 12. 1999 über die Anwendung von Artikel 81 Absatz 3 des Vertrages auf Gruppen von vertikalen Vereinbarungen und aufeinander abgestimmte Verhaltensweisen, ABl. 1983, Nr. L 173/5.

5 BGH NJW 1985, 2693, 2695 (zu § 11 Nr. 12 AGBG).

6 BGH NJW 1988, 2362, 2362. I.E. ebenso BGH NJW 1985, 2693, 2695.

7 BGH NJW-RR 1990, 816, 817 (zu § 138).

8 BGH NJW-RR 1990, 816, 817 (zu § 138).

9 In BGH NJW-RR 1990, 816, 817 bejahte der BGH die Notwendigkeit einer einheitlichen Betrachtung in einem Fall, in welchem die Parteien „bereits verhältnismäßig kurze Zeit nach Beginn der Laufzeit des [ursprünglichen] Vertrages [...] von einer weiteren Bezugsbindung des Bekl. von insgesamt – zumindest – rund 30 Jahre [...] ausgingen".

10 Ähnlich BGH NJW 1985, 2693, 2694, wo aber mit der Formel von Inhalt, Motiv und Zweck des Vertrags eine allzu enge Anlehnung an § 138 gesucht wird.

sammenhang mit dem Bierbezugsvertrag Darlehen, vor allem zum Aufbau der Gastwirtschaft, zur Verfügung gestellt, so ist im Interesse der Brauerei als Verwender eine längere Bindungsdauer hinzunehmen als ohne Darlehensgewährung.

bb) Konkrete Leitlinien. Nach Auffassung des **BGH** ist eine **zehnjährige Laufzeit** im Falle eines Bierbezugsvertrages mit einem Gastwirt regelmäßig **noch angemessen.**[1] Der BGH hat diese Einschätzung allerdings damit gerechtfertigt, dass dem Gastwirt im Zusammenhang mit einem derartigen Bierlieferungsvertrag regelmäßig ein Darlehen zur Verfügung gestellt werde, welches dem Aufbau oder der Fortführung der Gastwirtschaft diene und das durch den kontinuierlichen Getränkebezug amortisiert werde.[2] Auch war eine entsprechende Darlehensgewährung in dem vom BGH entschiedenen Fall tatsächlich gegeben.[3] Dem BGH ist daher mit Blick auf den Fall einer mit einer substanziellen Darlehensgewährung verbundenen Bierbezugsverpflichtung hinsichtlich der Zulässigkeit einer zehnjährigen Laufzeit zuzustimmen. Doch sollte der vom BGH aufgestellte Grundsatz nicht auf solche Fälle erstreckt werden, in denen es an einer entsprechenden Darlehensgewährung fehlt. Vielmehr wird man beim Fehlen einer Darlehensgewährung oder sonstigen Leistung der Brauerei in Anlehnung an § 624 bereits eine **Bindungsdauer von mehr als 5 Jahren** nur aus besonderen Gründen als angemessen einstufen können.[4] In Verbindung mit einer Darlehensgewährung ist entsprechend der Darlehenshöhe eine längere Bindungsdauer hinnehmbar. Eine 10 Jahre übersteigende Dauer der Bezugspflicht wird jedoch auch im Falle einer Darlehensgewährung im Allgemeinen als unangemessen im Sinne des § 307 einzustufen sein, wenn nicht besondere Gründe ausnahmsweise eine abweichende Beurteilung rechtfertigen.[5] Eine Bindung von 20 Jahren stellt die äußerste Grenze des in Ausnahmefällen gerade noch Zulässigen dar.[6] Unwirksam ist grundsätzlich eine Klausel, wonach sich der Vertrag um diejenige Zeit verlängert, in der bei Lieferungsunvermögen der Brauerei an ihrer Stelle ein Dritter liefert.[7] Bei vorzeitiger Rückzahlung des Darlehens braucht die vereinbarte Bezugspflicht nicht ohne weiteres zu enden;[8] dies gilt jedenfalls dann, wenn die Rückzahlung vor Ablauf von 5 Jahren erfolgt. B 331

d) Rechtsfolgen unwirksamer Laufzeitklauseln. Mit Blick auf die Rechtsfolgen, die sich aus der Unwirksamkeit von Laufzeitvereinbarungen ergeben, ergeben sich wichtige Besonderheiten. B 332

aa) § 138. Im Rahmen des § 138 führt die Sittenwidrigkeit einer Laufzeitvereinbarung nicht dazu, dass die Klausel ersatzlos entfällt. Vielmehr ist die Laufzeit auf ein zulässiges Maß zu reduzieren,[9] sofern dies dem tatsächlichen oder mutmaßlichen Parteiwillen entspricht.[10] Dogmatisch geht es um eine entsprechende An- B 333

---

[1] BGH NJW 2001, 2331, 2331. Für die Angemessenheit einer zehnjährigen Laufzeit auch OLG Koblenz, NJOZ 2002, 837, 840; *von Westphalen* NJW 2002, 1688, 1696.

[2] BGH NJW 2001, 2331, 2331.

[3] BGH NJW 2001, 2331, 2331.

[4] Tendenziell ebenso *Ulmer/Hensen* Anh. § 310 Rz 222: Die Laufzeit dürfe zukünftig möglicherweise 5 Jahre nicht überschreiten.

[5] Vgl. auch *Ulmer/Hensen* Rz 222, dem zufolge eine vorformulierte Vertragsdauer von zehn Jahren in einem Bierlieferungsvertrag die Grenze des redlicherweise im Wege von AGB zu Regelnden erreicht. Großzügiger wohl OLG Koblenz, NJOZ 2002, 837, 840: Eine vor dem Hintergrund der §§ 9 I AGBG, 138 I unangemessene Benachteiligung des Gaststättenbetreibers könne ohne weiteres nur dann angenommen werden, wenn ein Zeitraum von 20 Jahren überschritten werde. A. A. als hier auch *Löwe/von Westphalen* III 36.1 Rz 2: 15 Jahre.

[6] BGH NJW 1985, 2693, 2695.

[7] BGH NJW 1985, 2693, 2696 (zu § 9 AGBG) hält eine solche Klausel für bedenklich.

[8] a. A. OLG Düsseldorf MDR 1980, 1072.

[9] BGH NJW 1972, 1459, 1459 (zu § 138).

[10] BGH NJW 1972, 1459, 1460 (zu § 138).

wendung des § 139.[1] Bei der Anwendung des § 139 finden nach richtiger Auffassung die gleichen Grundsätze Anwendung wie bei der ergänzenden Vertragsauslegung.[2] Entscheidend ist also, was die Parteien nach Treu und Glauben und unter Berücksichtigung der Verkehrssitte vereinbart hätten.[3] Dem widerspricht es, einseitig auf die Interessen des Verwenders abzustellen und die Vertragsdauer auf das gerade noch zulässige Maß zu reduzieren. Vielmehr wird man im Sinne einer groben Leitlinie auf die Hälfte der gerade noch zulässigen Laufzeit abstellen können. Ist daher im konkreten Fall von einer zulässigen Höchstdauer von 20 Jahren auszugehen und haben die Parteien stattdessen eine dreißigjährige Bindung vereinbart, so wird man unter Anwendung des § 139 typischerweise eher zu einer zehn- als zu einer zwanzigjährigen Bindung gelangen müssen. Gleichwohl ist nicht zu übersehen, dass die Rechtsprechung in der Praxis großzügiger verfährt und sich mitunter nicht scheut, die Vertragsdauer auf das gerade noch zulässige Maß zu begrenzen, solange nur zu vermuten ist, dass die Parteien den Vertrag auch mit einer solchen Laufzeit abgeschlossen hätten.[4] Zuzustimmen ist dem nicht. Keine Aufrecherhaltung des Vertrages kommt im Übrigen dann in Betracht, wenn der Verwendungsgegner durch eine Vielzahl von Vertragsbedingungen so unbillig benachteiligt, dass der Vertrag insgesamt sittenwidrig (§ 138) und daher nichtig ist.[5]

B 334 **bb) § 307.** Auch wenn sich die Unwirksamkeit der Laufzeitvereinbarung aus § 307 ergibt, führt die Anwendung des § 306 II nicht notwendig zu dem Ergebnis, dass ein Bierlieferungsvertrag, bei dem die gelieferte Menge in Unabhängigkeit von der Vertragsdauer bestimmt wird, als Dauerschuldverhältnis (Rz B 321) unbefristet und deshalb ordentlich kündbar ist.[6] Vielmehr gilt es zu beachten, dass zu den gesetzlichen Vorschriften im Sinne des § 306 II auch die §§ 133, 157 gehören. Nach §§ 133, 157 kann jedoch im Wege ergänzender Vertragsauslegung die Aufrechterhaltung einer angemessenen Befristung anzunehmen sein, um schutzwürdige Belange der Brauerei zu wahren. Gerade bei Bierlieferungsverträgen wird eine ergänzende Vertragsauslegung oftmals in Betracht kommen, weil es mit Blick auf das dem Gastwirt typischerweise eingeräumte Darlehen unbillig wäre, dem Gastwirt ein jederzeitiges Recht zur ordentlichen Kündigung einzuräumen. Im Ergebnis wird der Vertrag also auch bei einem Verstoß gegen § 307 mit einer zulässigen Laufzeit aufrechterhalten. Dabei gilt auch hier, dass eine teilweise Aufrechterhaltung ausscheidet, wenn der Vertrag „aufgrund zahlreicher zu beanstandender Klauseln insgesamt überzogen ist".[7] Auch im Rahmen der ergänzenden Vertragsauslegung kommt es zudem nicht nur auf den hypothetischen Parteiwillen, sondern auch auf Treu und Glauben sowie auf die Verkehrssitte an.[8] Es geht also – wohl entgegen einem Teil der Rechtsprechung[9] – nicht an, ohne weiteres die gerade noch

---

[1] BGH NJW 1992, 2145, 2146.

[2] *Palandt/Heinrichs* § 139 Rz 14.

[3] *Palandt/Heinrichs* § 139 Rz 14.

[4] In diesem Sinne wohl BGH NJW 1972, 1459, 1459 f: Die Sittenwidrigkeit einer unter Umständen über 20 Jahre hinausreichenden Bindung schließe nicht aus, dass der Getränkelieferungsvertrag mit einer auf 20 Jahre begrenzten Dauer und damit einem in Hinblick auf § 138 Abs. 1 nicht zu beanstandenden Inhalt aufrechterhalten bleibe. Voraussetzung für eine unmittelbare oder entsprechende Anwendung des § 139 sei allerdings, dass „eine Aufrecherhaltung des Getränkelieferungsvertrages mit einer kürzeren Laufzeit dem tatsächlichen oder vermuteten Parteiwillen entsprechen würde".

[5] BGH NJW 1985, 2693, 2695; OLG Koblenz NJOZ 2002, 837, 841.

[6] BGH NJW 1985, 2693, 2695 (zu § 9 AGBG).

[7] BGH NJW 1985, 2693, 2695 (zu § 9 AGBG).

[8] *Palandt/Heinrichs* vor § 157 Rz 7.

[9] OLG Koblenz NJOZ 2002, 837, 840, das – auch im Rahmen des § 9 AGBG – im Falle einer zu langen Vertragsdauer von einer „geltungserhaltenden Reduktion" auf eine Vertragsdauer von 10 Jahren ausgeht.

zulässige Dauer zu wählen. Vielmehr sind die Interessen beider Parteien zu berücksichtigen, was dafür spricht, im Falle einer unangemessenen Laufzeitvereinbarung von einer Laufzeit auszugehen, die etwa halb so lang wie diejenige Laufzeit ist, die AGB-rechtlich wirksam hätte vereinbart werden können. Ferner ist zu beachten, dass die dem Gastwirt zugeflossenen Vorteile bei Herabsetzung der Laufzeit nicht entsprechend gekürzt werden dürfen.[1] Denn damit würde die in der zu langen Laufzeit liegende Störung des Gleichgewichts von Leistung und Gegenleistung nicht beseitigt, sondern perpetuiert.[2]

6. Kündigungsklauseln

Beendigungsklauseln, z. B. Kündigungsklauseln, sind ebenfalls nach § 307 zu überprüfen. Wird dem Abnehmer ein Kündigungsrecht nach Ablauf der Höchstlaufzeit nur eingeräumt, falls eine bestimmte Gesamtmenge abgenommen ist, so ist dies nach § 307 unwirksam.[3] Ein außerordentliches Kündigungsrecht darf der Brauerei nur bei Vorliegen eines wichtigen Grundes eingeräumt werden. Umgekehrt ist zu beachten, dass das Recht zur Kündigung aus wichtigem Grund (§ 314) selbst in Individualvereinbarungen nicht vollkommen ausgeschlossen werden darf.[4] In AGB ist nicht nur ein gänzlicher, sondern auch ein teilweiser Ausschluss des Rechts zur Kündigung aus wesentlichem Grund nach § 307 unwirksam, und Gleiches gilt für Klauseln, die die Ausübung des Rechts zur außerordentlichen Kündigung mehr als nur unwesentlich erschweren.[5] Die Erhaltung des Nutzungsverhältnisses zwischen Gastwirt und einem Dritten fällt aber in den Risikobereich des Gastwirts[6] und berechtigt ihn grundsätzlich nicht zur außerordentlichen Kündigung.[7] Wird bei Vertragsverletzungen des Gastwirts an Stelle einer Kündigung ein einseitiger Herausgabeanspruch hinsichtlich der von der Brauerei dem Gastwirt überlassenen Gegenstände, insbesondere eines Inventars, vorgesehen, so ist dies grundsätzlich nach § 307 unwirksam, wenn der Gastwirt gleichzeitig an seine Pflichten, insbesondere seine Bezugspflicht, gebunden bleiben soll.[8] **B 335**

7. Nachfolgeklauseln

Vielfach enthaltenen Bierlieferungsverträge so genannte Nachfolgeklauseln. **B 336**
Hinter diesem Begriff verbergen sich Klauseln unterschiedlicher Art, deren Gemeinsamkeit darin liegt, dass sie die Frage betreffen, unter welchen Voraussetzungen eine der Vertragsparteien durch einen Dritten ersetzt werden kann bzw. muss. Bei der Analyse solcher Klauseln ist streng danach zu unterscheiden, auf welcher Seite der Wechsel stattfinden soll.

a) Ausscheiden des Gastwirts. Aus Sicht der Brauerei stellt sich insbesondere **B 337**
die Frage, wie zu verfahren ist, wenn der Gastwirt die Gaststätte an einen Dritten veräußert. Um auch für diesen Fall den Absatz ihrer Produkte zu gewährleisten werden vielfach Klauseln verwandt, denen zufolge sich der Gastwirt verpflichtet sicherzustellen, dass der Nachfolger auch den Bierlieferungsvertrag übernimmt. In diesem Zusammenhang sind mehrere Fragen zu unterscheiden.

---

[1] BGH NJW 1992, 2145, 2146 (zu § 138).
[2] In diesem Sinne auch BGH NJW 1992, 2145, 2146 (zu § 138).
[3] Vgl. auch BGH ZIP 1984, 335, 339 (zu § 138).
[4] S. im Einzelnen § 309 Nr. 9 Rz 152.
[5] S. im Einzelnen § 309 Nr. 9 Rz 153–159.
[6] BGH NJW 1985, 2693, 2694.
[7] BGH NJW 1985, 2693, 2694: Wegfall des Nutzungsverhältnisses grundsätzlich nicht ausreichend für Kündigung aus wichtigem Grund oder Wegfall der Geschäftsgrundlage.
[8] BGH NJW 1985, 2693, 2694 (zu § 9 AGBG).

B 338 **aa) Klauselauslegung.** So ist zunächst zu ermitteln, ob eine solche Verpflichtung des Gastwirts überhaupt gewollt ist. Geht der Gastwirt gegenüber einer Brauerei die Verpflichtung ein „ausschließlich Biere über die [fragliche Brauerei] zu beziehen und auszuschenken bzw. ausschenken zu lassen", so erledigt sich diese Verpflichtung, wenn der Gastwirt die Gaststätte veräußert.[1] Der Gastwirt hat also nicht dafür zu sorgen, dass sich auch sein Nachfolger an die relevante Vereinbarung hält. Dies gilt selbst dann, wenn es im Kopf der Vereinbarung heißt, die Abrede werde zwischen der Bekl. „bzw. deren Rechtsnachfolger" und der Kl. „bzw. deren Rechtsnachfolger" getroffen.[2] Denn angesichts der besonderen wirtschaftlichen Bedeutung einer Ausschließlichkeitsbindung kann der Brauerei zugemutet werden, eine Verpflichtung des Gastwirts zur Erstreckung der Bindung auf seinen Nachfolger eindeutig klarzustellen.[3] Unklarheiten gehen schon nach § 305 c II zulasten des Verwenders.

B 339 **bb) Wirksamkeit.** Ist eine Verpflichtung zur Bindung des Erwerbers an den Bierlieferungsvertrag hinreichend deutlich vorgesehen, so stellt sich die Frage nach der Wirksamkeit der Klausel. Dabei ist wiederum zu differenzieren. Eine **Pflicht zur Bindung des Nachfolgers** ist für sich genommen nicht unangemessen. Vielmehr ist sie zulässig, soweit das Recht zur außerordentlichen Kündigung unberührt bleibt und soweit die sonstige Vertragsgestaltung dem Gastwirt einen ausreichenden Freiheitsraum belässt.[4] Nicht nach § 307 zu beanstanden ist daher z. B. eine Klausel des Inhalts, dass der Gastwirt bei einer „Besitz- oder Rechtsnachfolge irgendwelcher Art" seine Verpflichtungen aus dem Vertrag seinem Rechtsnachfolger auferlegen wird.[5] Dies kann aber nur für die Bezugsverpflichtung gelten. Sieht eine Klausel dagegen vor, dass der Gastwirt auch seine Darlehensverbindlichkeiten gegenüber der Brauerei an den Nachfolger weiterzugeben hat, ist die Klausel regelmäßig unangemessen.[6] Hervorzuheben ist ferner, dass im Zusammenhang mit der Nachfolge vielfach auch die **Haftung des Gastwirts für die Verbindlichkeiten des Nachfolgers** geregelt wird. Insofern gilt Folgendes: Nicht nach § 307 zu beanstanden ist eine Klausel, die den Gastwirt gesamtschuldnerisch neben seinem Nachfolger haften lässt, sofern dem Gastwirt die Übertragung seiner Bezugsverpflichtung auf einen Dritten ohne Zustimmung der Brauerei möglich ist.[7] Denn in diesem Falle ist die gesamtschuldnerische Haftung erforderlich, um das Erfüllungsinteresse der Brauerei zu sichern.[8] Allerdings ist nach der Rechtsprechung des BGH eine Klausel in einem Automatenaufstellungsvertrag unwirksam, die eine gesamtschuldnerische Haftung des Gastwirts neben seinem Nachfolger vorsieht, obwohl der Automatenaufsteller der Nachfolge zugestimmt hat.[9] Diese Entscheidung lässt sich auf die vorliegende Problematik übertragen. Um einen Widerspruch zu vermeiden, wird man daher wie folgt differenzieren müssen: Grundsätzlich ist es nicht unangemessen, eine gesamtschuldnerische Haftung neben dem Nachfolger vorzusehen, wenn die Übertragung der Bezugsverpflichtung auf den Nachfolger ohne Zustimmung der Brauerei möglich ist. Eine Inanspruchnahme des Gastwirts aus einer von seinem Nachfolger begründeten Verbindlichkeit ist jedoch rechtsmiss-

[1] OLG Düsseldorf, NJOZ 2003, 2554, 2555.
[2] OLG Düsseldorf, NJOZ 2003, 2554, 2555.
[3] In diesem Sinne OLG Düsseldorf, NJOZ 2003, 2554, 2555.
[4] BGH NJW 1985, 2693, 2695 (zu § 9 AGBG).
[5] BGH NJW 1985, 2693, 2695 (zu § 9 AGBG).
[6] Vgl. OLG Köln NJW-RR 2007, 498, 499, das die Kontrollfähigkeit nach § 307 zwar verneint, im konkreten Fall aber sogar einen Verstoß gegen § 138 bejaht.
[7] BGH NJW 2001, 2331, 2332 (zu § 9 AGBG).
[8] BGH NJW 2001, 2331, 2332 (zu § 9 AGBG).
[9] BGH NJW 1985, 53, 54 (zu § 9 AGBG).

bräuchlich, soweit die Brauerei der Nachfolge zugestimmt oder ihre Zustimmung in rechtsmissbräuchlicher Weise verweigert hat.

b) Ausscheiden der Brauerei. Eine der Brauerei in einer Nachfolgeklausel eingeräumte Befugnis, ihre Rechte und Pflichten auf Dritte zu übertragen, ist nicht generell unwirksam. So ist eine solche Klausel grundsätzlich dann nicht zu beanstanden, wenn sie den Wechsel des Lieferanten auf sachlich begründete Fälle beschränkt und wenn zusätzlich ein Kündigungsrecht eingeräumt oder der neue Vertragspartner im Vertrag bereits genannt ist.[1] Ferner begegnet eine Klausel, die es der Brauerei erlaubt, ihre Rechte und Pflichten auf einen Dritten zu übertragen, dann keinen Bedenken, wenn sie auf den Fall der Betriebsveräußerung beschränkt ist und wenn der Vertragsinhalt, insbesondere auch mit Blick auf die zu liefernden Biersorten, unberührt bleibt.[2] Unangemessen ist eine solche Klausel jedoch dann, wenn sie keine Ausnahme für den Fall macht, dass die Übertragung mit einem Wechsel der Biersorten verbunden ist.[3] **B 340–350**

*

Bürgschaft

Inhaltsübersicht

Schrifttum: *Aden,* Bürgschaft vermögensloser Nahbereichspersonen versus insolvenzbedingte Restschuldbefreiung, NJW 1999, 3763; *Becker/Dietrich,* Verbraucherkreditrichtlinie und Bürgschaften, NJW 2000, 2798; *Berninghaus,* Der Umfang der Haftung aus formularmäßigen Bankbürgschaften, BB 1986, 206; *Cordes,* Telefax und Übereilungsschutz, NJW 1993, 2427; *Derleder,* Die unbegrenzte Kreditbürgschaft, NJW 1986, 97; *Derleder/Knops/Bamberger,* Handbuch zum deutschen und europäischen Bankrecht, 2004; *Fischer,* Bürgschaft und Verbraucherkreditgesetz, ZIP 2000, 828; *ders.,* Aktuelle höchstrichterliche Rechtsprechung zur Bürgschaft und zum Schuldbeitritt, WM 2001, 1049 und 1093; *Fullenkamp,* Die erweiterte

[1] Vgl. BGH NJW 1985, 2693, 2695 (zu § 9 AGBG). Dort führte der BGH aus, dass die zu beurteilende Klausel Bedenken begegne, weil sie nicht auf den Fall einer Betriebsveräußerung der Brauerei beschränkt sei und beim Wechsel der Biersorten keine Ausnahme mache. Vgl. auch BGH NJW 1998, 2286.

[2] So i.E. auch BGH LM § 242 [Bc] BGB Nr. 23, allerdings in einer vor Erlass des AGB-Gesetzes ergangenen Entscheidung.

[3] BGH NJW 1998, 2286, 2288 (zu § 9 AGBG).

Zweckerklärung bei Bürgschaft und Grundschuld, Diss. 1989; *ders.*, Die Globalbürgschaft des Geschäftsführers und Gesellschafters der GmbH, GmbHR 2003, 654; *Habersack/Giglio*, Sittenwidrigkeit der Bürgschaft wegen krasser finanzieller Überforderung des Bürgen?, WM 2001, 1100; *Hammen*, Zur Wirksamkeit des klauselmäßigen Verzichts auf die Rechtsfolgen nach § 776 BGB, WM 1988, 1809; *Horn*, Bürgschaften und Garantien zur Zahlung auf erstes Anfordern, NJW 1980, 2153; *ders.*, Bürgschaftsrecht 2000, ZIP 2001, 93; *ders.*, Globalbürgschaft und Bestimmtheitsgrundsatz, Festschrift für Franz Merz, Köln 1992, 217; *Kulke*, Widerrufsrechte beim Sicherungsgeschäft, NJW 2006, 2223; *Lambsdorff/Skora*, Handbuch des Bürgschaftsrechts, 1994; *Masuch*, Formularvertragliche Globalbürgschaft für einen unlimitierten Kontokorrentkredit, BB 1998, 2590; *Medicus*, Entwicklungen im Bürgschaftsrecht – Gefahren für die Bürgschaft als Mittel der Kredisicherung?, JuS 1999, 835; *Merz*, Die Rechtsprechung des Bundesgerichtshofs zur Bürgschaft, WM 1988, 241; *Nobbe*, Die Sicherungszweckerklärung bei Bürgschaft und Mithaftung in der Rechtsprechung des Bundesgerichtshofs, BKR 2002, 747; *Reifner*, Die Mithaftung der Ehefrau im Bankkredit Bürgschaft und Gesamtschuld im Kreditsicherungsrecht, ZIP 1990, 427; *Scharnbacher*, Bürgschaft und Erbschaft – Zur Sittenwidrigkeit von Bürgschaften finanziell überforderter Personen, WM 2001, 74; *Hubert Schmidt*, Zur Vollbeendigung juristischer Personen, 1989; *Schreiner*, Die Kreditbürgschaft in der Formularpraxis der Banken und Sparkassen, Diss. 1989; *Seifert*, Zur Zulässigkeit von Arbeitnehmerbürgschaften, NJW 2004, 1707; *Schmitz-Herscheidt*, Ergänzende Vertragsauslegung eines unwirksamen Bürgschaftsvertrages?, ZIP 1998, 1218; *Stoffels*, AGB-Recht, 2003; *Tiedtke*, Ausgleichsansprüche zwischen dem Eigentümer des mit einer Grundschuld belasteten Grundstücks und dem Bürgen, BB 1984, 19; *ders.*, Die Rechtsprechung des Bundesgerichtshofs zur Anwendung des AGB-Gesetzes im Bürgschaftsrecht seit 1980, ZIP 1986, 150; *ders.*, Der Verzicht des Zeitbürgen auf die Anzeige seiner Inanspruchnahme, DB 1990, 411; *ders.*, Zur Rechtsprechung des Bundesgerichtshofs auf dem Gebiet des Bürgschaftsrechts seit dem 1. Januar 1986, ZIP 1990, 413; *ders.*, Ausgleichsansprüche zwischen dem Bürgen und dem Besteller einer Grundschuld, WM 1990, 1270; *ders.*, Die Rechtsprechung des BGH auf dem Gebiet des Bürgschaftsrechts in den Jahren 2001 und 2002, NJW 2003, 1359; *ders.*, Die Rechtsprechung des BGH auf dem Gebiet des Bürgschaftsrechts seit 2003, NJW 2005, 2498; *ders./Holthusen*, Auswirkungen eines Anerkenntnisses der Hauptschuld durch den Hauptschuldner auf die Haftung des Bürgen, WM 2007, 93; *Voss*, Zeitlich oder gegenständlich begrenzte Bürgschaft, MDR 1990, 495; *Vogt* in *von Westphalen*, Vertragsrecht und AGB-Klauselwerke, Bürgschaft, 2002; *von Westphalen*, AGB-Recht im Jahr 2001, NJW 2002, 1688; *ders.*, AGB-Recht im Jahr 2002, NJW 2003, 1635; *ders.*, AGB-Recht im Jahr 2003, NJW 2004, 1993; *ders.*, Unwirksamkeit der Bürgschaft auf erstes Anfordern – Wirksamkeit der Bankgarantie?, ZIP 2004, 1433; *ders.*, AGB-Recht im Jahr 2004, NJW 2005, 1987; *Wolf*, Mitbürgen als Gesamtschuldner und Nebenschuldner, NJW 1987, 2472; *Zahn*, Die Bürgschaft des Verbrauchers bei Haustürgeschäften und Kreditverträgen, ZIP 2006, 1069.

I. Allgemeines

1. Vereinbarungen zwischen den Beteiligten

B 351 Die Bürgschaft (§ 765) gehört zu den Personalsicherheiten und ist dadurch gekennzeichnet, dass sich der Bürge durch **Vertrag mit dem Gläubiger** verpflichtet, als Dritter für die Verbindlichkeit des Hauptschuldners einzustehen, falls dieser nicht zahlt. Die Bank ist bei Abschluss des Bürgschaftsvertrags grundsätzlich nicht verpflichtet, den Bürgen auf die (mangelnde) Kreditwürdigkeit des Schuldners hinzuweisen,[1] außer wenn sie von dessen betrügerischem Verhalten oder einer bevorstehenden Zahlungsunfähigkeit Kenntnis hat.[2] Eine Hinweispflicht kann sich auch daraus ergeben, dass der Gläubiger für ihn erkennbar einen Irrtum des Bürgen über ein erhöhtes Bürgschaftsrisiko veranlasst hat oder wenn der Gläubiger unter den besonderen Umständen des Einzelfalls davon ausgehen muss, dass der Bürge über die Verhältnisse des Hauptschuldners nicht unterrichtet ist und sie nicht durchschaut.[3] Die Bürgschaft wird vom Bürgen im Regelfall aufgrund einer **Absprache mit dem Hauptschuldner** übernommen. Diese Absprache stellt bei Bürgschaftsübernahme durch eine Bank einen Avalkreditvertrag in Form eines entgeltlichen Geschäftsbesorgungsvertrags dar. Dieser betrifft jedoch nur das Innenverhältnis zwischen Hauptschuldner und Bürgen, stellt aber nicht selbst die Bürg-

---

[1] BGH NJW 1997, 3230, 3231.
[2] OLG Köln NJW-RR 1990, 753.
[3] BGH NJW 1997, 3230, 3231.

schaft dar, sondern begründet nur die Pflicht des Bürgen zur Übernahme der Bürgschaft.[1] Verpflichtet sich der Hauptschuldner gegenüber dem Gläubiger zur Stellung einer Bürgschaft, so begründet dies im Regelfall einen Sicherungsvertrag.[2] Hat sich der Sicherungszweck erledigt, so kann der Hauptschuldner vom Gläubiger aus dem Sicherungsvertrag die Rückgabe der Bürgschaftsurkunde verlangen.[3]

Da die AGB-rechtlichen Vorschriften nur den Schutz des Vertragspartners des Verwenders bezwecken und Bürgschaftsformulare oft unterschiedlich ausgestaltet sind, je nachdem ob sie vom Gläubiger oder vom Bürgen verwendet werden, ist bei der Kontrolle danach zu unterscheiden, ob der Gläubiger oder der Bürge als Verwender[4] auftritt. **B 352**

2. Allgemeine Unwirksamkeitsgründe

Neben der Unwirksamkeit nach den Vorschriften des 2. Abschnitts, die im Regelfall nur einzelne Klauseln (s. § 306 I), nicht aber die Bürgschaft insgesamt erfasst, kommen auch die allgemeinen Unwirksamkeitsgründe in Betracht, die grundsätzlich zur Unwirksamkeit der Bürgschaft insgesamt führen.[5] **B 353**

a) § 125. Für das Zustandekommen des Bürgschaftsvertrags ist nach § 766 die schriftliche Erklärung des Bürgen erforderlich, sofern der Bürge nicht die Bürgschaft als Kaufmann im Betrieb seines Handelsunternehmens übernimmt, § 350 HGB. Dafür genügt ein vom Bürgen unterschriebenes **Formular,** das aber die wesentlichen Elemente der Bürgschaft, also die verbürgte Hauptschuld, die Angabe des Gläubigers und des Hauptschuldners sowie den Verbürgungswillen bestimmt erkennen lassen muss, wenn nicht Nichtigkeit nach § 125 eintreten soll.[6] Eine zwar unterschriebene, aber nicht im Original, sondern nur per Telefax übermittelte Bürgschaftserklärung genügt dem Schriftformerfordernis des § 766 nicht.[7] Ebenso wenig kann die schriftliche Form der Bürgschaft durch die elektronische Form nach § 126 a ersetzt werden, da § 766 S. 2 dies ausschließt. Nachdem der BGH in der älteren Rechtsprechung ein blanko unterzeichnetes Formular als der Schriftform genügend anerkannt hatte, wenn es abredegemäß ausgefüllt wurde,[8] sieht er in neuerer Zeit die Blankounterzeichnung nicht als ausreichend an, wenn die Urkunde bei Unterzeichnung keine Angaben zum Hauptschuldner, zum Gläubiger oder zur verbürgten Schuld enthält oder wenn sich aus der Urkunde – auch durch Auslegung – nicht der Verbürgungswille herauslesen lässt.[9] Eine blanko erteilte Unterschrift auf einer Bürgschaftsurkunde ist nach § 125 unwirksam.[10] Allerdings wird der dadurch gewonnene Schutz des Bürgen entgegen des Zwecks des § 766 in den Fällen wieder aufgehoben, in denen der gutgläubige Empfänger eine vollständig ausgefüllte Bürgschaftserklärung erhält, der man nicht ansehen kann, dass sie durch den Dritten komplettiert wurde, weil zu seinen Gunsten § 172 II analog angewendet **B 354**

---

[1] BGH NJW 1984, 2088.

[2] S. auch *Pfeiffer* ZBB 1992, 1 ff.

[3] BGH NJW 1989, 1482.

[4] S. § 305 Rz 25 ff.

[5] S. auch BGHZ 136, 347 = NJW 1997, 3372.

[6] BGH NJW 1989, 1484; BGH NJW 1996, 1467, 1468.

[7] BGH NJW 1993, 1126 = LM H.7/1993 § 766 BGB Nr. 26 m. Anm. *Pecher;* a.A. *Cordes* NJW 1993, 2427, 2428.

[8] BGH NJW 1984, 798; BGH NJW 1992, 1448, 1449.

[9] BGHZ 132, 119 = LM H.9/1996 § 765 BGB Nr. 107 m. Anm. *von Westphalen;* BGH NJW 1997, 1779 = LM H.8/1997 § 344 HGB Nr. 2 m. Anm. *Roth;* BGH NJW 2000, 1179, 1180 = WM 2000, 514, 515.

[10] BGH LM H.9/1996 § 765 BGB Nr. 107 m. Anm. *von Westphalen.*

wird.[1] Zutreffend nicht als Formproblem wird der Fall angesehen, dass ein Ausländer in Unkenntnis der deutschen Sprache eine vollständige Bürgschaftsurkunde unterzeichnet, weil und sofern er die Möglichkeit hat, sich den Inhalt der Urkunde übersetzen zu lassen.[2] Durch formularmäßige Vereinbarung zwischen Gläubiger und Hauptschuldner, ein besonderes Formular für die Bürgschaftserklärung zu benutzen, kann die Form des § 766, die nur den Anforderungen des § 126 genügen muss, nicht mit Wirkung für den Bürgen aufgehoben werden. Eine solche Vereinbarung wirkt nur im Verhältnis zwischen Gläubiger und Hauptschuldner und berechtigt den Gläubiger, eine Bürgschaftserklärung in anderer Form zurückzuweisen,[3] macht aber nicht die der Form des § 766 entsprechende Bürgschaft unwirksam.

B 355 **b) § 138.** Die Bürgschaft kann nicht nur nach § 125, sondern auch nach § 138 nichtig sein.

aa) Soweit die Bürgschaft für ein aufgrund von § 138 sittenwidriges und damit nichtiges Darlehen begeben wurde, wird der Bürge durch den Akzessorietätsgrundsatz geschützt. Mangels wirksamer Hauptschuld haftet der Bürge dann nicht aus der Bürgschaft, vorbehaltlich einer etwaigen Haftung für den Bereicherungsanspruch gegen den Hauptschuldner (siehe dazu Rz B 361). Daneben ist es denkbar, dass die Bürgschaft selbst unter § 138 fällt; bei der nach den Grundsätzen des § 138 vorzunehmenden Gesamtwürdigung der vertraglichen Abreden[4] sind auch die nach den AGB-rechtlichen Vorschriften **unwirksamen Abreden einzubeziehen.** Die Sittenwidrigkeit des Gesamtvertrags kann nicht dadurch verhindert werden, dass bei der Beurteilung nur der nach § 306 I, II verbleibende Vertragstext zu Grunde gelegt wird.[5]

bb) Breiten Raum in der juristischen Auseinandersetzung und in der Judikatur bis hin zum Bundesverfassungsgericht[6] hat die Frage eingenommen, wieweit der Bürge durch die Anwendung des § 138[7] gegen die Folgen einer Bürgschaftsübernahme geschützt werden kann, die seine wirtschaftliche Leistungsfähigkeit übersteigt. Entsprechend der Grundkonstellation der Bürgschaft sind die rechtlichen und wirtschaftlichen Positionen der drei beteiligten Personen zu berücksichtigen. Die Entscheidung des **Bürgen** zur Übernahme einer Bürgschaft entspringt idealtypisch der privatautonomen Selbstbestimmung. In deren Rahmen kann der Bürge selbst entscheiden, wie weit er sich verpflichten will/ kann.[8] Diese privatautonome Entscheidung zu respektieren, heißt den Bürgen als Privatrechtssubjekt zu respektieren. Die Kehrseite dieses Rechts zur privatautonomen Gestaltung der eigenen Rechtsverhältnisse ist die Übernahme der Verantwortung für die eigene Entscheidung, die eben auch einschneidende wirtschaftliche Folgen nach sich ziehen kann. Dieser Position gegenüber steht diejenige des **Gläubigers,** der das rechtlich beachtliche Interesse daran hat, im Falle der Kreditgewährung valide Sicherheiten für seinen Rückzahlungsanspruch zu erlangen. Sozusagen dazwischen steht der **Schuldner,** der von der Austarierung der Positionen des Gläubigers und des Schuldners nicht unberührt bleibt: Wird der Schutz des Bürgen so weit gefasst, dass der Gläubiger sich des Siche-

---

[1] BGH NJW 1996, 1467, 1469; zu Recht ablehnend *Bülow* ZIP 1996, 1694; *Knops* in *Derleder/Knops/Bamberger,* § 20 Rz 12.

[2] BGH LM H.8/1997 § 276 (Fb) BGB Nr. 78.

[3] BGH NJW 1986, 1681, 1682.

[4] Siehe allgemein dazu *Palandt/Heinrichs* § 138 Rz 24 ff.

[5] BGHZ 136, 347 = NJW 1997, 3372; bedenklich insoweit BGH NJW 2001, 2466, 2468.

[6] BVerfG NJW 1994, 36.

[7] Grundsätzlich kritisch zu diesem Anknüpfungspunkt *Medicus* JuS 1999, 835, der Lösungsansätze im Vollstreckungsrecht, im Recht der Restschuldbefreiung und im Schadensersatzrecht gegenüber dem Gläubiger sieht.

[8] Vgl. auch schon *Bamberger/Roth/Rohe* § 765 Rz 48.

rungsmittels der Bürgschaft bei bestimmten Personengruppen als Bürgen nicht mehr ansatzweise sicher sein kann, wendet sich der Schutz des Bürgen letztlich gegen den Schuldner als Kreditantragsteller. Kann der eben nur eine Sicherheit in Form einer Bürgschaft aus dem betroffenen Personenkreis stellen, wird der Gläubiger diese nicht akzeptieren mit der Folge, dass die Kreditgewährung scheitert.[1] Mit umgekehrtem Vorzeichen führt es zum selben Ergebnis, wenn der Bürge weitgehend schutzlos gestellt würde, so dass dann kaum die Bereitschaft zur Übernahme einer Bürgschaft mehr besteht mit eben der Folge scheiternder Kreditvergabe mangels verfügbarer Sicherheiten.[2]

cc) Nach jahrelangen Auseinandersetzungen in der Rechtsprechung insbesondere zwischen dem IX. und XI. Zivilsenat des BGH können nunmehr weitgehend einheitliche Linien der Rechtsprechung[3] nachgezeichnet werden: Danach ist **notwendiges, aber nicht ausreichendes** Kriterium, das zur Annahme einer sittenwidrigen Bürgschaft führen kann, das objektiv-wirtschaftliche Moment der **„krassen finanziellen Überforderung"** des Bürgen durch die Bürgschaftsinanspruchnahme im für die Beurteilung maßgeblichen Zeitpunkt des Vertragsabschlusses.[4] Die krasse finanzielle Überforderung wird nach nunmehr ständiger Rechtsprechung des BGH dann angenommen, wenn der pfändbare Teil des Bürgen-Einkommens und sein Vermögen nicht ausreichen, schon die von den Parteien des verbürgten Darlehens vereinbarten Zinsen laufend zu bedienen.[5] Besondere Schwierigkeiten bereitet die Situation, in der der Bürge im Unternehmen des Hauptschuldners seine (mäßigen) Einkünfte bezieht. Hier kann der Gläubiger schon im Zeitpunkt der Bürgschaftsübernahme absehen, dass diese Einkünfte aller Voraussicht nach wegfallen, wenn der Bürgschaftsfall eintritt, der Hauptschuldner also seinen Rückzahlungsverpflichtungen nicht mehr nachkommen kann. Die Konstellation läuft letztlich darauf hinaus, dass der Hauptschuldner jedenfalls in den Fällen die wirtschaftliche Grundlage der Sicherheit selbst liefert, in der der Bürge allein über Einkünfte beim Hauptschuldner verfügt. Diese Sicherheitenlage ist weder seriös noch wirtschaftlich vernünftig; Einkünfte des Bürgen beim Hauptschuldner sollten deswegen bei der Feststellung der Leistungsfähigkeit ganz unberücksichtigt bleiben.[6] Soweit der Bürge auch noch verfügbares Vermögen besitzt, wird dies nach Bereinigung um darauf lastende Verbindlichkeiten[7] von der verbürgten Schuld abgerechnet und sodann geprüft, ob das pfändbare Einkommen die Zinsen aus der „Restschuld" laufend deckt.[8] Verbesserungen der wirtschaftlichen Leistungsfähigkeit des Bürgen sind nur dann zu berücksichtigen, wenn sie aus der Sicht eines seriösen und wirtschaftlich verständig denkenden Gläubigers in absehbarer Zeit zu erwarten sind.[9] **B 356**

[1] Dazu auch schon *Medicus* JuS 1999, 835, 839.

[2] Siehe auch schon *Bamberger/Roth/Rohe* BGB § 765 Rz 47 ff.

[3] Kritisch zum grundsätzlichen Ansatz unter Verweis auf die Restschuldbefreiung *Aden* NJW 1999, 3763 f.; damit sympathisierend, die Frage letztlich aber offen lassend *Bamberger/Roth/Rohe* § 765 Rz 51 f.; gegen diesen Ansatz ausdrücklich OLG Frankfurt NJW 2004, 2392, 2393; dem folgend Tiedtke, NJW 2005, 2498 m.w.N.

[4] BGH ZIP 2003, 2193, 2194 (XI. ZS); BGH NJW 2000, 1182, 1183 (IX. ZS); kritisch zu diesem Ansatz und für die stärkere Inblicknahme der Vertragsschlussumstände plädierend *Habersack/Giglio* WM 2001, 1100, 1105.

[5] BGH ZIP 2003, 2193, 2194; BGH NJW 2000, 1182, 1183; ebenso OLG Köln WM 2003, 280, 282.

[6] Der BGH hat in der Entscheidung ZIP 2003, 2193, 2195 auf diesen Gesichtspunkt nur hingewiesen, ohne die hier gezogene Konsequenz zu ziehen; für eine Bürgin, die als leitende Angestellte eines fremdfinanzierten, „aber offenbar von vornherein nicht lebensfähige(n)" Unternehmens vorgesehen war, ebenso BGH ZIP 2005, 432, 433.

[7] BGH NJW 2002, 2228, 2229.

[8] BGH WM 2002, 1647, 1648 = NJW 2002, 2634, 2635.

[9] BGH NJW 2002, 2705, 2706.

Einkommen des (Ehe-) Partners, dessen Schuld der Bürge besichert, kann nicht bei der Feststellung der Leistungsfähigkeit des Bürgen berücksichtigt werden.[1] Da die Bürgschaft keine punktuelle, sondern eine länger andauernde Sicherung geben soll, ist bei der Prüfung der krassen Überforderung auch zu berücksichtigen, ob der nahe stehende Bürge aus der Sicht im Zeitpunkt der Bürgschaftsübernahme hinreichend gesicherte Aussichten hatte, aufgrund der bei ihm vorliegenden Gegebenheiten ausreichende Einkünfte oder Mittel zu erwerben.[2] Zu dem objektiv-wirtschaftlichen Kriterium kommt das **subjektive Moment** hinzu, dass der Bürge dem Hauptschuldner **„persönlich nahesteht"**, ihm **emotional verbunden** ist.[3] Das wird über den familiären Bereich der Ehepartner und nahen Verwandten auch bei den nicht ehelichen Lebenspartnern angenommen.[4] Grund für das Erfordernis einer persönlichen Nähebeziehung ist die Annahme, dass in solchen Konstellationen die Entscheidung für eine Bürgschaftsübernahme eher der persönlichen Verbundenheit geschuldet ist denn rationaler wirtschaftlicher Abwägung eigener Interessen des Sicherungsgebers. Diese rationale wirtschaftliche Abwägung kann weitergehend auch jenseits des Bereichs emotionaler Bindung aus anderen Umständen fehlen. Das wurde etwa bei einer krass überfordernden und zur Vermeidung der Insolvenz des Arbeitgebers **vom Arbeitnehmer übernommenen Bürgschaft** angenommen und die Bürgschaft als sittenwidrig angesehen, weil die Bürgschaftsübernahme der Angst um den eigenen Arbeitsplatz entsprang, was in Zeiten hoher Arbeitslosigkeit widerleglich zu vermuten ist.[5] Tritt eine **Gesellschaft** (wenigstens aus dem Bereich kleiner und mittlerer Unternehmen) an eine Bank mit einem Finanzierungswunsch heran, ist es üblich, dass Personalsicherheiten verlangt und auch begeben werden. Inwieweit auch hier vergleichbare Nähesituationen auftreten und daraus rechtliche Folgen für die Wirksamkeit von Bürgschaften gezogen werden können, bedarf differenzierter Betrachtung. Grundsätzlich hat der Gläubiger an Bürgschaften von Gesellschaftern oder Geschäftsführern einer GmbH ein berechtigtes Interesse;[6] das Gleiche gilt für Gesellschafterdarlehen im Rahmen von Personen(handels-)gesellschaften,[7] weil hier im Falle eines Insolvenzplans zwar die akzessorische Haftung der Gesellschafter den Regelungen des Insolvenzplans folgt, davon aber deren Haftung aus sonstigen Gründen unberührt bleibt, §§ 227 II, 245 II InsO. Die Bankenpraxis, bei Gesellschaftsdarlehen Personalsicherheiten aus dem Kreis der Gesellschafter oder der Geschäftsführer zu fordern, wird zutreffend als rechtlich nicht zu beanstanden angesehen, solange nicht Einzelfallumstände den Vorwurf der Sittenwidrigkeit rechtfertigen.[8] Solange nicht unbedeutende Splitter- oder Bagatellbeteiligungen gehalten werden, spielt es nach der Rechtsprechung für die grundsätzliche Annahme der Wirksamkeit von ruinösen Gesellschafterbürgschaften keine Rolle, wie hoch der Anteil des bürgenden Gesellschafters am Kapital der Gesellschaft ist.[9] Das steht in gewissem Gegensatz zur Rechtsprechung des BGH betreffend die über

[1] BGH NJW 2001, 815, 816; BGH NJW 2000, 1182, 1183 f.

[2] BGH NJW 2005, 971, 973 = ZIP 2005, 432, 433; die Aussicht auf eine Erbschaft reicht dazu nicht, vgl. BGH NJW 1997, 1003, dazu *Scharnbacher* WM 2001, 74.

[3] BGH NJW 2005, 971.

[4] BGH NJW-RR 2004, 337, 338 (IX. ZS); BGH NJW 2002, 744, 745 m.w.N. (XI. ZS).

[5] BGH ZIP 2003, 2193, 2195 = NJW 2004, 161, 162, dazu *Seifert* NJW 2004, 1707.

[6] BGH NJW 2003, 967, 968 m.w.N.; BGH NJW 1998, 597 = LM H.5/1998 § 765 BGB Nr. 121 m. Anm. *Bülow;* OLG Köln WM 2003, 280; *Fullenkamp* GmbHR 2003, 654.

[7] BGH NJW 2002, 2634, 2635 (KG); finden Kommanditisten einer Publikums-KG OLG München WM 2006, 684.

[8] BGH NJW 2003, 967, 968; BGH NJW 1998, 894; OLG Düsseldorf Urt. v. 18. 10. 2006, I-15 U 155/05; OLG Brandenburg, Beschl. v. 4. 10. 2006, 3 W 28/06.

[9] BGH NJW 2003, 967, 968 m.w.N. (10 %ige Beteiligung des nicht geschäftsführenden Gesellschafterbürgen); OLG Köln WM 2003, 280, 283 (25 %ige Beteiligung).

den Anlass der Verbürgung hinausreichenden weiten Zweckerklärungen.[1] Wenn diese gegenüber einem Gesellschafterbürgen, der eine Minderbeteiligung hält, als Verstoß gegen § 767 I 3 und § 307 II 1 angesehen wird, sollte auch bei der Prüfung der Sittenwidrigkeit darauf abgestellt werden, ob denn tatsächlich der Bürge als Gesellschafter Einfluss auf die Hauptschuld nehmen kann. Das wird bei Minderbeteiligungen allenfalls unter besonderen Bedingungen anzunehmen sein. Das wirtschaftliche Eigeninteresse eines solchen Minderheitsbeteiligten tritt dann hinter dem von ihm nicht sicher zu steuernden Risiko zurück.[2] Auch im Bereich von Gesellschaftersicherheiten kann die Entscheidungsfreiheit des Bürgen, eine ruinöse Bürgschaft zu übernehmen, so von emotionalen Zwängen beeinträchtigt sein, dass der Sittenwidrigkeitsvorwurf deswegen gerechtfertigt ist. Das kann im Bereich unmittelbarer Gesellschaftersicherheiten für den lediglich als Strohmann auftretenden Gesellschafter ohne eigenes wirtschaftliches Interesse am Ergebnis der Gesellschaftstätigkeit der Fall sein, sofern er sich allein aus emotionaler Verbundenheit mit dem hinter ihm stehenden Gesellschafter verbürgt und dies für den Gläubiger erkennbar war.[3] Wenn schon der immerhin formell beteiligte Strohmann bei ruinösen Bürgschaften geschützt werden kann, muss dies ebenso gelten bei Personen, die sich für die Schuld einer Gesellschaft verbürgen, an der nicht sie, sondern eine ihnen nahestehende Person beteiligt ist, sofern die Bürgschaftsübernahme ohne wirtschaftliches Eigeninteresse allein aus emotionaler Verbundenheit erfolgt.[4]Auch wenn die Grundsätze über die Nahbereichspersonen grundsätzlich nicht zur Sittenwidrigkeit der Gesellschafterbürgschaften führen, können Umstände des Einzelfalls die Sittenwidrigkeit begründen, wenn etwa die Bank die erkennbare geschäftliche Unerfahrenheit des Gesellschafterbürgen ausgenutzt oder eine seelische Zwangslage geschaffen hat, im Falle einer Täuschung oder einer bewussten Verharmlosung des Bürgschaftsrisikos.[5]

dd) Liegen subjektives wie objektiv-wirtschaftliches Kriterium vor, soll ohne Hinzutreten weiterer Umstände – durch den Gläubiger – widerleglich vermutet werden, dass die Bürgschaft allein der Nähebeziehung zum Hauptschuldner wegen übernommen wurde **und** dass der Gläubiger sich dies in sittlich anstößiger Weise zu Nutze gemacht hat,[6]so dass die Bürgschaft wegen Verstoßes gegen § 138 nichtig ist. Welche Umstände in Betracht kommen, die widerlegliche Vermutung zu entkräften, kann nicht einheitlich beurteilt werden. Allgemeiner Anknüpfungspunkt kann dabei der folgende sein: Wenn das Unwerturteil der Sittenwidrigkeit daran anknüpft, dass die Selbstbestimmung des Bürgen durch eine emotionale Sonderlage beeinträchtigt wird, so muss im Umkehrschluss auch in Sonderlagen der Sittenwidrigkeitsvorwurf zurücktreten, wenn dem Bürgen noch so viel an wirtschaftlich-rationaler Entscheidungsfreiheit verblieb, dass er letztlich nicht anders als ein „unbeteiligter Dritter" handelte. Das ist sicherlich in den Fällen anzunehmen, in denen der Bürge ein eigenes und unmittelbares rechtliches oder wirtschaftliches Interesse am Abschluss des besicherten Geschäfts hatte, etwa weil er Miteigentümer des finanzierten Kaufgegenstandes werden sollte, auch wenn dies nicht rechtlich abgesichert ist, sondern „nur" eine realistische Aussicht darauf besteht.[7] Demgegen- **B 357**

[1] BGH NJW-RR 2002, 343, 344; siehe auch unten Rz B 361.

[2] Kritisch zur Rspr. auch *Tiedtke* NJW 2003, 1359, 1361, der auch bei Gesellschafterbürgen Schutzbedürftigkeit sieht.

[3] BGH NJW 1998, 597,

[4] BGH NJW 2005, 973, 975.

[5] BGH NJW 2002, 956,957; NJW-RR 2002, 1130, NJW 2002, 2634, 2635 f.

[6] ZB BGH WM 2002, 1647, 1648 = NJW 2002, 2634, 2635 (XI. ZS); BGH NJW-RR 2004, 337, 338 (IX. ZS); s. auch OLG Brandenburg WM 2006, 101.

[7] BGH NJW-RR 2004, 337, 338.

über sind lediglich im Reflex dem Bürgen zugute kommende Umstände nicht geeignet, den Sittenwidrigkeitsvorwurf zu nehmen, wie etwa die Annahme, die Bürgschaft sichere eine Schuld aus dem Unternehmen des Partners, das die Existenzgrundlage der Familie darstelle,[1] auch wenn der Bürge später (leitender) Angestellter in diesem Unternehmen werden sollte.[2] Neben der Bürgschaft zugunsten des Gläubigers bestehende sonstige Sicherheiten hindern nur dann den Sittenwidrigkeitsvorwurf, wenn sie rechtlich gesichert zu einer Verminderung des Haftungsrisikos des Bürgen führen. Das ist dann nicht der Fall, wenn etwa der Gläubiger durch Formularabrede sicherstellt, dass er nicht andere Sicherheiten vor der Bürgschaft in Anspruch nehmen muss oder sich formularmäßig das Recht vorbehält, andere Sicherheiten aufzugeben, ohne dass der Bürge seinerseits daraus Rechte herleiten könnte.[3] Kein die Annahme einer krass überfordernden sittenwidrigen Bürgschaft hinderndes Interesse des Gläubigers ist im **Schutz vor Vermögensverlagerungen** zu sehen, es sei denn, die Parteien des Bürgschaftsvertrags hätten eine ausdrückliche Zweckbestimmung dieses Inhaltes in die Bürgschaft aufgenommen.[4] Fällt die bei Vertragsabschluss bestehende Gefahr von Vermögensverlagerungen z. B. wegen Auflösung der Lebensgemeinschaft nachträglich weg, so entfällt in der Regel der Anspruch des Gläubigers gegen den Bürgen wegen Wegfalls der Geschäftsgrundlage.[5]

B 358 **c) Sonstige Unwirksamkeitsgründe.** Die vor der Schuldrechtsreform im **VerbrKrG** und im **HwiG** geregelten und nunmehr ins BGB überführten Schutzmechanismen bei bestimmten Arten von Verbrauchergeschäften werden in ihrer Anwendung auf Bürgschaften unterschiedlich behandelt. Die Schutzregelungen bei **Verbraucherdarlehen,** §§ 491 ff., werden weder unmittelbar noch mittelbar auf Bürgschaften angewandt, da die Bürgschaft keine Darlehensgewährung oder Finanzierungshilfe des Gläubigers an den Bürgen darstellt.[6] Der Bürge ist einerseits durch das Schriftformerfordernis des § 766, andererseits durch die Akzessorietät der Bürgschaft geschützt. Diese Erwägungen, mit denen der IX. Senat das damalige VerbrKrG auf die Bürgschaft für einen gewerblichen Kredit für unanwendbar erklärt und eine richterliche Rechtsfortbildung wie beim Schuldbeitritt abgelehnt hat,[7] lassen sich nicht auf Bürgschaften in Haustürsitationen übertragen. Die Anwendbarkeit des Widerrufsrechts nach § 312 bei **Haustürgeschäften** auf die Bürgschaft hatte der IX. Senat abgelehnt, weil die Bürgschaft kein entgeltliches Geschäft, sondern eine einseitige, von der Schuld des Hauptschuldners verschiedene eigenständige Verpflichtung des Bürgen sei.[8] Der EuGH hat auf Vorlage gemäß Art. 234 EGV[9] entschieden, dass die Richtlinie 85/577/EWG über außerhalb von Geschäftsräumen geschlossene Verträge Bürgschaften von Verbrauchern nur erfasst, wenn die gesicherte Hauptforderung aus dem Haustürgeschäft eines Verbrauchers stammt, nicht dagegen, wenn die Hauptforderung einem gewerblichen Geschäft

---

[1] BGH ZIP 2003, 796.

[2] BGH ZIP 2005, 432, 434 = EWiR 2005, 299 m. Anm. *Simon* = NJW 2005, 971.

[3] BGH NJOZ 2003, 359 m.w.N.

[4] BGH NJW 2002, 2230, 2231; ZIP 2003, 796, 798; krit. dazu *Tiedtke* NJW 2003, 1359, 1362.

[5] BGH NJW 1996, 2088 = LM H.9/1996 § 765 Nr. 108 m. Anm. *Bülow.*

[6] EuGH NJW 2000, 1323, 1324 = ZIP 2000, 574 zur Richtlinie 87/102 (EWG) des Rates vom 22.12. 1986 zur Angleichung der Rechts- und Verwaltungsvorschriften der Mitgliedstaaten über den Verbraucherkredit, die den §§ 491 ff. zu Grunde liegt; dazu *Fischer* ZIP 2000, 828; *Becker/Dietrich* NJW 2000, 2798.

[7] BGH NJW 1998, 1939 = BGHZ 138, 321 = LM H.9/1998 § 765 BGB Nr. 126 m. Anm. *Schmidt-Lademann;* OLG Köln WM 2003, 280.

[8] BGHZ 113, 287 = NJW 1991, 975; BGH NJW 1991, 2905 = LM HWiG Nr. 8 m. Anm. *Grunewald.* Anders der XI. Senat in BGH NJW 1993, 1594.

[9] S. BGH NJW 1996, 930.

entspringt.[1] Das ist in der Literatur auf berechtigte Kritik gestoßen.[2] Wenn die Haustürwiderrufsrichtlinie[3] und wegen des Erfordernisses der richtlinienkonformen Auslegung das dazu ergangene nationale Umsetzungsrecht den Schutz des Bürgen mit umfassen soll, kann der Schutz nicht als bloßer Reflex des Schutzes zugunsten des Hauptschuldners verstanden werden, vielmehr muss jeder Vertrag gesondert betrachtet werden. Ist der Vertragspartner des Unternehmers schutzwürdig im Sinne der Regeln über das Haustürgeschäft, sind deren Schutzmechanismen anzuwenden. Ebenso wenig wie der Privatbürge, der für eine kaufmännische Schuld bürgt, aus dem Formerfordernis des § 766 fällt, weil der Hauptschuldner ausweislich des § 350 HGB nicht als schutzbedürftig angesehen wird, fällt der „Haustürbürge" aus der Schutzbedürftigkeit, weil der Hauptschuldner keines Schutzes bedarf. Umgekehrt kann sich der kaufmännische Bürge nicht auf § 312 berufen, weil er eine Schuld verbürgt, die nach dieser Vorschrift ein Widerrufsrecht gewährt. Im Ergebnis ist also anzunehmen, dass die Bürgschaft dann unter den Schutz der Vorschriften über Haustürgeschäfte fällt, wenn die Bürgschaft nach den objektiven wie subjektiven Voraussetzungen ein Haustürgeschäft darstellt, ohne Rücksicht darauf, was für die Hauptschuld gilt. § 312 ist deshalb auch anzuwenden, wenn nur die Bürgschaft als Haustürgeschäft mit einem Verbraucher geschlossen ist, die Hauptforderung dagegen auf einem gewerblichen Geschäft beruht.[4] Nach Inkrafttreten des Haustürwiderrufsgesetzes zum 1. 1. 1991 und der in diesem Rahmen erfolgten Änderung des § 56 I Nr. 6 GewO hat diese Vorschrift ihre Bedeutung für die Bürgschaft eingebüßt.[5]

II. Der Gläubiger als Verwender

1. Gesicherte Forderung

a) Bestimmung des Umfangs. Die Parteien des Bürgschaftsvertrages sind **B 359**
grundsätzlich frei hinsichtlich der Bestimmung des Umfangs der Hauptschuld, die durch die Bürgschaft gesichert werden soll. Vorgaben enthalten die §§ 765 ff. nur insofern, als die Bürgschaft überhaupt an die Hauptforderung in Bestand und Umfang gebunden ist (Akzessorietät, § 767), dass diese Hauptforderung eine künftige oder bedingte sein kann (§ 765 II), dass die Bürgschaft zwar durch verschuldetes Verhalten des Hauptschuldners und durch Kosten der Durchsetzung der Hauptforderung (§ 767 I 2, II), nicht aber durch ein nach der Bürgschaftsübernahme erfolgtes Rechtsgeschäft des Hauptschuldners erweitert werden kann (§ 767 I 3). Die Definition der Hauptschuld, für die die Bürgschaft übernommen wird, ist Leistungsbeschreibung im Bürgschaftsvertrag, die als solche wegen § 307 III nicht der Inhaltskontrolle (wohl aber der Einbeziehungs- und der Transparenzkontrolle) unterliegt.[6] Damit ist aber für die Kontrolldichte im weiteren wenig gesagt, denn regelmäßig enthalten Bürgschaftsformulare Zweckbestimmungen, die über die bloße Anknüpfung der Bürgschaft an eine bestimmte Hauptforderung hinausgehen. Die

---

[1] EuGH NJW 1998, 1295, 1296.

[2] Statt vieler und je m.w.N.: *Erman/Herrmann* § 765 Rz 12; *Bamberger/Roth/Rohe* § 765 Rz 24; MünchKomm/*Habersack* § 765 Rz 9.

[3] Richtlinie 85/577 (EWG) des Rates v. 20. 12. 1985 betreffend den Verbraucherschutz im Falle von außerhalb von Geschäftsräumen geschlossenen Verträgen, ABl. EG L 372, S. 31.

[4] So jetzt BGH NJW 2006, 845, 846 (XI. ZS); zustimmend *Zahn* ZIP 2006, 1069, 1071, und im Grundsatz ebenso *Kulke* NJW 2006, 2223, mit kritischen Ausführungen zum Einzelfall.

[5] Zur Frage der Nichtigkeit nach § 134 wegen Verstoßes gegen § 56 I Nr. 6 GewO a.F. OLG München ZIP 1985, 858; vgl. auch OLG Saarbrücken NJW 1988, 214.

[6] BGH NJW 1985, 848, 849.

Kontrolle, ob die Bürgschaftsvereinbarung im Hinblick auf die Bestimmung der verbürgten Hauptschuld wirksam ist, kennt verschiedene Anknüpfungspunkte: So muss die Hauptschuld als ein essentiale des Bürgschaftsvertrages (neben der Festlegung des Gläubigers und des Hauptschuldners und dem Erkennbarwerden des Verbürgungswillens) **hinreichend bestimmt** im Sinn von **bestimmbar**[1] sein. Ob dem Bestimmtheitserfordernis genügt ist, kann jenseits der Frage der AGB-Kontrolle zunächst eine solche der Auslegung (§§ 133, 157) sein, sofern die Bestimmung auslegungsbedürftig ist; im Formularbereich ist bei der Auslegung § 305 c II zu beachten. Da die Bürgschaftserklärung im nicht kaufmännischen Bereich formbedürftig ist (§ 766), sind die Grundsätze über die Auslegung formbedürftiger Willenserklärungen zu beachten.[2] Ist die Bestimmung der Hauptschuld unklar und lässt sie sich auch durch Auslegung nicht klären oder fehlt sie, ist die Bürgschaft wegen Verstoßes gegen § 766 nach § 125 nichtig.[3] Fraglich kann sein, ob die Bürgschaft auch für Ansprüche herangezogen werden kann, die an die Stelle des ursprünglich gesicherten treten (Schadensersatz-, Bereicherungs- oder Ansprüche nach einem Rücktritt) oder auch für Nebenforderungen des Gläubigers. Wo solche Ansprüche nicht durch ausdrückliche Vereinbarung der Parteien zum Gegenstand der Leistungsbeschreibung im Bürgschaftsvertrag gemacht werden (zur Frage deren Wirksamkeit nachfolgend Rz B 360), kann durch Auslegung zu ermitteln sein, ob diese Ansprüche Gegenstand der Sicherung sind. Bei formularmäßiger Umschreibung des Sicherungsumfangs ist § 305 c II zu beachten, so dass eher Zurückhaltung bei der Erfassung solcher Ansprüche geboten ist. Die Formulierung, die Bürgschaft werde für alle Ansprüche aus einer bestimmten Geschäftsverbindung übernommen, reicht für sich allein nicht, Neben- oder Ersatzansprüche im zuvor beschriebenen Sinn in den Sicherungsumfang aufzunehmen.[4] Auch und gerade bei dem Bereicherungsanspruch, der an die Stelle des Rückzahlungsanspruchs bei nichtigem Darlehen tritt, kann nicht angenommen werden, dass dieser von der Übernahme der Bürgschaft für Ansprüche „aus gewährtem Darlehen oder später eingegangener Schuldverpflichtung" erfasst wird.[5] Bei der **Kündigung** des der Bürgschaft zu Grunde liegenden Rechtsverhältnisses ist zu unterscheiden: Da die Kündigung stets ex nunc wirkt, ändert sie an einmal und vor ihrer Wirksamkeit entstandenen Ansprüchen nichts. Die Bürgschaft erfasst damit auch diese.[6] Ansprüche, die sich erst nach der Kündigung des Vertrags ergeben, werden hingegen per se nicht erfasst.[7] Die für einen bestimmten Kreditvertrag übernommene Bürgschaft erfasst die gesicherte Forderung nicht mehr, wenn der Kreditvertrag in einen Kontokorrentkredit umgewandelt wird, bei dem das Schicksal der einzelnen Forderungen nicht mehr festgestellt werden kann.[8] Auch kann die Bürgschaft zugunsten eines bestimmten Gläubigers, z. B. für Bund und Länder, nicht auf andere Gläubiger, z. B. andere Körperschaften des öffentlichen Rechts wie Gemeinden, im Wege der Auslegung ausgedehnt werden.[9] Eine Auslegung dahin, dass eine einer Bank gegenüber erteilte Bürgschaft stets nur die aus der Geschäftsverbindung des Hauptschuldners mit der Bank herrührenden Forderungen sichere, ist nicht möglich.[10]

---

1 BGH NJW 1992, 896, 897; BGHZ 25, 318, 320.

2 Palandt/Heinrichs § 133 Rn. 19; *Bamberger/Roth/Wendtland* § 133 Rz 26; *Larenz/Wolf* BGB AT Rz 85 ff.

3 OLG Koblenz NJW-RR 1997, 880; OLG Hamm NJW-RR 1992, 754.

4 OLG Hamm NJW 1987, 2521, 2522.

5 OLG Stuttgart NJW 1985, 498 mit zust. Anm. *Lindacher;* siehe auch B 360.

6 BGH WM 1990, 1410, 1412; OLG Hamm NJW 1991, 110, 111; *Horn* FS Merz, 217, 224.

7 BGH NJW 1989, 27, 28.

8 OLG Hamm NJW-RR 1992, 815, 816.

9 OLG Hamm NJW-RR 1992, 754.

10 BGH NJW 1990, 1909, 1910.

Die Übernahme einer Bürgschaft durch den Hauptschuldner als Bürge für die Darlehensschuld eines Dritten gehört nicht zu der Geschäftsverbindung des Hauptschuldners mit der Bank, weshalb der Bürge nicht als Nachbürge für die Bürgschaftsschuld des Hauptschuldners haftet.[1] Die **Gewährleistungsbürgschaft** deckt bei einem Bauvertrag grundsätzlich nur die auf Mängel am Bauwerk beruhenden Ansprüche. Dazu gehören die nach der Abnahme bestehenden Ansprüche aus § 13 VOB/B sowie die in § 634 genannten Ansprüche, nicht jedoch sonstige Ansprüche wie z. B. Erfüllungsansprüche oder Schadensersatzansprüche, die nicht aus Mängeln der Werkleistung herrühren.[2] Ob eine zeitlich befristete Bürgschaft als **Zeitbürgschaft** oder als gegenständlich beschränkte Bürgschaft für die in dieser Zeit entstandenen Verbindlichkeiten anzusehen ist, ist durch Auslegung zu ermitteln.[3]

b) Klauselkontrolle. Problematisch sind im **Formularbereich** Regelungen, die im Ergebnis dem Interesse des Bürgen, klar eingrenzen zu können, für welche Schuld die nicht ungefährliche[4] Bürgschaft übernommen wird, zuwiderlaufen. Das kann in verschiedenen Erscheinungsweisen auftreten: So kann die Bürgschaft formularmäßig bestimmt sein, alle (denkbaren) gegenwärtigen oder künftigen Ansprüche des Gläubigers gegen den Schuldner gleich aus welchem Rechtsgrund zu sichern. In diesen Fällen wird zurecht angenommen, dass es schon an der hinreichenden Bestimmbarkeit der durch die Bürgschaft gesicherten Hauptschuld fehle.[5] Hinreichende Bestimmbarkeit wird hingegen angenommen, wenn die Bürgschaft etwa gegenwärtige und künftige Ansprüche der Bank gegen den Hauptschuldner aus der bestehenden Bankverbindung absichern soll, da dann wenigstens die Forderung als aus einem festgelegten Kreis von Rechtsbeziehungen stammend definiert wird.[6] Mit der Feststellung, dass diese Art der Festlegung der gesicherten Forderung hinreichend bestimmt ist, wird die Frage der AGB-rechtlichen Wirksamkeit indes noch nicht beantwortet. Soweit eine ausdrückliche individuelle Zweckbestimmung vorliegt, geht diese nach § 305 b jeder formularmäßigen Bestimmung vor. Die Zweckbestimmung kann als **überraschende Klausel** nicht Vertragsbestandteil werden oder als inhaltlich unangemessene oder intransparente nach § 307 unwirksam sein (dazu nachf. Rz B 361). Das Überraschungsmoment kann sich wie stets aus den besonderen Begleitumständen des einzelnen Vertragsschlusses ergeben aber auch unabhängig davon. Wurde die Bürgschaft aus **Anlass eines bestimmten Geschäfts,** auch im Rahmen eines Kontokorrents, übernommen, so ist eine Klausel, die den Sicherungsumfang der Bürgschaft auf andere Geschäfte erstreckt, regelmäßig überraschend. Die Klausel wird nicht Vertragsbestandteil nach § 305 c I.[7] Der Bürge, dessen Erwartungshorizont durch den Geschäftsvorfall bestimmt wird, den er mit seiner Bürgschaft sichern wollte, muss nicht damit rechnen, dass über B 360

---

1 BGH NJW 1990, 1909, 1910.

2 BGH NJW 1998, 1140 = LM H.5/1998 § 765 BGB Nr. 123 m. Anm. *Peters.*

3 Vgl. auch BGH NJW 1988, 908; OLG Hamm NJW 1990, 54; OLG Koblenz OLGR Koblenz 2006, 303, 304 f.

4 Knops in *Derleder/Knops/Bamberger* § 20 Rz 5; *Horn* in Festschrift für Merz, 217, weist zutreffend auf die besondere Gefährlichkeit der Globalbürgschaft angesichts der Unübersehbarkeit der gesicherten Forderung hin.

5 BGH NJW 1992, 896, 897; nach BGHZ 130, 19, 22 stellt das allerdings keine Frage der Bestimmtheit dar.

6 Wiederum BGH NJW 1992, 896, 897; BGH NJW 1994, 1341, 1342; *Bamberger/Roth/Rohe* § 765 Rz 17.

7 BGH NJW-RR 2002, 1130, 1131; BGHZ 130, 19, 26 = NJW 1995, 2553, 2554 mit Nachweisen zu seiner in dieser Entscheidung aufgegebenen abweichenden vorherigen Rechtsprechung sowie dem Meinungsstand in der Literatur; OLG Nürnberg NJW 1991, 232, 233; *Bamberger/Roth/Hubert Schmidt* § 305c Rz 25; *Knops* in *Derleder/Knops/Bamberger* § 20 Rz 23; PWW/*Berger* § 305c Rz 10; vgl. auch *Coester* in Staudinger/Eckpfeiler (2005) S. 163.

diesen Anlass hinaus die Bürgschaft weitere Ansprüche sichern soll. Der Bürge wird in seiner berechtigten Erwartung geschützt, nicht für Fremddispositionen zwischen Gläubiger und Hauptschuldner einstehen zu müssen, die er bei Übernahme der Bürgschaft nicht in seinen Verbürgungswillen einbezogen hatte.[1] Fehlte es an einem bestimmten Anlass für die Übernahme der Bürgschaft, kann es zwar durch eine weite Zweckerklärung nicht zu einer Überraschung des Bürgen kommen, so dass hier regelmäßig keine Unwirksamkeit nach § 305 c I eintreten wird (sofern nicht aus individuellen Begleitumständen bei der Bürgschaftsübernahme ein bestimmter Erwartungshorizont des Bürgen begründet wurde), die Klausel kann aber dann an der Inhalts- oder Transparenzkontrolle scheitern.[2] Besteht über diesen Ausgangspunkt im Wesentlichen Einigkeit, wird bei bestimmten Personen der Überraschungscharakter verneint: Nach wohl überwiegender Meinung soll bei Personen, die kraft ihrer Stellung beim Hauptschuldner die Entwicklung dessen Schuldenstandes maßgeblich beeinflussen können, der Überraschungscharakter einer weiten Zweckbestimmung fehlen. Das wird bei **Geschäftsführern** des Hauptschuldners ebenso angenommen wir bei **Allein- oder Mehrheitsgesellschaftern** oder auch beim **Handlungsbevollmächtigten,** der den Geschäftsführer vertritt[3] oder beim Kommanditisten, der zugleich Prokurist der Hauptschuldnerin war.[4] Richtigerweise wird man auch bei diesem Personenkreis das Überraschungsmoment schwerlich verneinen können.[5] Denn auch bei diesen wird der Erwartungshorizont im Zeitpunkt der Bürgschaftsübernahme durch die Überzeugung geprägt sein, dass die Bürgschaft an das zu sichernde Geschäft anknüpft. Diesen Erwartungshorizont kann der Gläubiger unschwer durch einen deutlichen – individuellen – Hinweis korrigieren. Gleiches kann gegen die Überlegung eingewandt werden, bei Bürgschaften aus dem genannten Personenkreis stehe im Allgemeinen nicht die Besicherung einer isolierten Anlassforderung im Blickpunkt, sondern diejenige des Gesamtengagements.[6] Wenn dem so ist, ist es am Klauselverwender, durch eindeutige Zweckbestimmungen Klarheit über den von ihm geforderten weiten Umfang der Bürgschaft zu schaffen. Dies über das Kleingedruckte eher zu kaschieren denn zu deklarieren, kann nicht zum Risiko des Bürgen werden. Wenn der Gläubiger durch die Forderung einer Sicherheit aus Anlass eines bestimmten Kredits einen Konnex zwischen Kredit und Bürgschaft schafft, muss er ihn durch einen hinreichend deutlichen Hinweis auch wieder auflösen. Weiter: Darauf abzustellen, der Bürge könne kraft seiner eigenen Stellung beim Hauptschuldner die weitere Kreditaufnahme steuern und ggf. die Bürgschaft kündigen,[7] setzt voraus, dass dem Bürgen gerade die erweiternde Sicherungszweckklausel bekannt war. Dies ist aber nur der Fall, wenn es einen individuellen Hinweis des Gläubigers gab (dann entfällt das Überraschungsmoment ohnedies) oder wenn der Bürge die AGB sinnerfassend zur Kenntnis nimmt, was nun gerade auch vom vernünftig-umsichtigen AGB-Gegner im Allgemeinen nicht verlangt wird;[8] es hier zu tun, erscheint nicht systemgerecht.[9] Auch bei einer **Höchstbetragsbürgschaft** ist eine Klausel, die die Sicherung über die den Anlass der Verbürgung hinausgehenden Forde-

---

[1] BGHZ 130, 19, 26 f.; *Horn* FS Merz, 217, 224 f.

[2] BGHZ 132, 6, 8.

[3] BGH NJW 2000, 1179, 1182; NJW 1996, 3205; BGHZ 130, 19, 29; OLG Koblenz OLGR 2001, 138; *Palandt/Sprau* § 765 Rz 20.

[4] OLG Jena OLGR 2001, 505, 507; nicht aber beim Kommanditisten, dessen Stellung dem gesetzlichen Leitbild entspricht, OLG München WM 2006, 684.

[5] Für den Nur-Geschäftsführer übereinstimmend *Knops* in *Derleder/Knops/Bamberger* § 20 Rz 28.

[6] Nobbe BKR 2002, 747, 753.

[7] BGH NJW 1996, 3205; *Horn* ZIP 2001, 93, 96.

[8] Siehe dazu schon bei § 305 c Rz 1.

[9] *Bamberger/Roth/Hubert Schmidt* § 305 c Rz 25.

rungen auf künftige Ansprüche erstreckt, überraschend.[1] Klauseln, die die Bürgenhaftung auf den an die Stelle des vertraglichen Anspruchs tretenden **Bereicherungsanspruch** erstrecken, sind überraschend und werden damit nicht Vertragsbestandteil.[2] Die akzessorische Verknüpfung der Bürgschaft mit der ihr zu Grunde liegenden Forderung ist essentielles Merkmal der Bürgschaft. Diese zu durchbrechen, bedürfte besonderer Begründung, die sich etwa aus einem besonderen Schutzbedürfnis des Gläubigers ergeben könnte. Das ist gesichert nicht festzustellen in den Fällen der Nichtigkeit des Grundgeschäfts nach § 138: Der Wucherer verdient nicht die Sicherung seines Bereicherungsanspruchs durch den Bürgen. Aber auch in anderen Fällen der Nichtigkeit kann nicht der Erwartungshorizont des Bürgen festgestellt werden, er werde statt des Hauptanspruchs auch einen an seine Stelle tretenden Bereicherungsanspruch nach Scheitern des Hauptrechtsverhältnisses sichern wollen. Ob der umgekehrte Gesichtspunkt, der Bürge sei seinerseits nicht besonders schutzwürdig, wenn der von ihm gesicherte Hauptanspruch sich in einen betragsmäßig gleichen Bereicherungsanspruch umwandele, eine hinreichende Begründung für die Durchbrechung des Akzessorietätsgrundsatzes darstellt, erscheint zweifelhaft. Es macht aus der Sicht des Bürgen schon einen Unterschied, ob er dem Schuldner bei der Sicherung eines Vertragsanspruchs behilflich ist oder bei der bereicherungsrechtlichen Korrektur missglückter Vertragsbeziehungen. Nicht zu einer Durchbrechung der Akzessorietät führt es, wenn die Bürgschaft auch für **Schadensersatzansprüche** haftet, die an die Stelle des ursprünglichen Primäranspruchs treten, oder für **Ansprüche nach einem Rücktritt vom Vertrag** durch eine der Parteien. Hinsichtlich des Schadensersatzanspruchs ergibt sich das einerseits schon aus § 767 I 2 und teilweise aus dem Zweck der Bürgschaft: Wer eine Vertragserfüllungsbürgschaft übernimmt, wird nicht auf die Vertragserfüllung in Anspruch genommen, sondern auf das wirtschaftliche Surrogat, wenn die Vertragserfüllung ausbleibt. Was die Ansprüche aus dem Rückabwicklungsverhältnis nach Rücktritt anbelangt, gilt der Hinweis auf § 767 I 2 in den Fällen, in denen der Schuldner den Rücktrittsgrund zu vertreten hat. Aber auch da, wo dies nicht der Fall ist, bleibt es bei der Wertung, dass auch hier der Anspruch aus dem Rückabwicklungsverhältnis einen solchen aus dem – umgewandelten – Vertragsverhältnis darstellt. Deswegen sind Klauseln, die die Bürgschaft auch auf solche Ansprüche erstrecken, nicht zu beanstanden. Im Einzelfall kann aber, wenn der Gläubiger treuwidrig die Rücktrittssituation herbeigeführt hat, mit einer Ausübungskontrolle nach § 242 geholfen werden.

Da die Zweckbestimmungsklauseln in aller Regel nicht lediglich die zu besi- **B 361**
chernde Hauptschuld im Sinn einer kontrollfesten Leistungsbestimmung definieren, unterliegen die Zweckbestimmungsklauseln der **Inhaltskontrolle** (siehe schon oben Rz B 360). Soweit tatsächlich einmal eine inhaltskontrollfeste Leistungsbestimmung vorläge, bleibt die Einbeziehungs- und Transparenzkontrolle. Ob nun die Bürgschaft aus konkretem Sicherungsanlass übernommen wurde oder ohne einen solchen, werden weite Zweckbestimmungsklauseln von Sonderlagen abgesehen nach nunmehr gefestigter Rechtsprechung als unwirksam angesehen. Lediglich die Begründung variiert: Sofern der Bürgschaft ein bestimmter Sicherungsanlass zu Grunde lag, scheitert die weite Bürgschaftszweckbestimmung an der Einbezie-

[1] BGH NJW 1996, 1470,

[2] Str., wie hier OLG Schleswig NJW 1991, 986, 988; OLG Stuttgart NJW 1995, 498; *Lindacher* NJW 1995, 498, 499; § 305 c Rz 55; *Bamberger/Roth/Hubert Schmidt* § 305 c Rz 23; aA BGH NJW 1992, 1234, 1235; OLG Koblenz OLGR 2001, 138, 139 im Fall der Bürgschaft eines Geschäftsführers, der auch eigene Interessen bei der Darlehensaufnahme verfolgt hatte; *Nobbe* BKR 2002, 747, 753; *Staudinger/Schlosser* § 305 c Rz 39; *Ulmer* § 305c Rz 38; *Erman/Roloff* § 305 c Rz 14; *Vogt* in *von Westphalen* Vertragsrecht und AGB-Klauselwerke, Bürgschaft Rz 36.

hungskontrolle nach § 305 c I und im Rahmen der Inhaltskontrolle an § 307 II Nr. 1 und 2; wo kein Anlass zu konkretisieren ist, bleibt es bei der Unwirksamkeit nach § 307 II Nr. 1 und 2. Dies wird einerseits hergeleitet aus § 767 I 3, aus dem herausgelesen wird, das Gesetz setze eine summenmäßige Begrenzung der Bürgschaft voraus.[1] Das spricht gegen die Zulässigkeit von Klauseln, die den Umfang der Bürgschaft letztlich auch von Dispositionen des Hauptschuldners abhängig macht, die erst nach Übernahme der Bürgschaft erfolgten, die also der Bürge nicht absehen konnte. Soweit es andererseits nicht um die Erweiterung der Bürgenhaftung durch Geschäfte geht, die nach der Bürgschaftsübernahme geschlossen wurde, greift der Hinweis auf § 767 I 3 nicht. Das sind die Fälle, in denen die Zweckbestimmung weit gefasst ist und auf alle Ansprüche aus der Geschäftsbeziehung zielt, unabhängig von dem Anlass, der zur Verbürgung führte. Hier wird zutreffend nach der neueren Rechtsprechung des BGH[2] ein Verstoß gegen das Transparenzgebot angenommen, weil und sofern die Zweckbestimmungsklausel den Umfang des im Zeitpunkt der Bürgschaftsübernahme gegebenen Sicherungsinteresses des Gläubigers nicht deutlich macht und deswegen der Bürge sein Risiko nicht richtig einschätzen kann. Ebenso wie bei der Frage der Einbeziehungskontrolle nach § 305 c I ist auch im Rahmen der Inhaltskontrolle anzunehmen, dass Klauseln, die eine **Höchstbetragsbürgschaft** über den Anlass der Verbürgung hinausgehend auf später entstandene Ansprüche erstrecken, nach § 307 II Nr. 1 und 2 unwirksam sind.[3] Anders als bei der Prüfung nach § 305 c I fällt bei der Inhaltskontrolle ins Gewicht, dass der Bürge durch seine Stellung bei der Hauptschuldnerin die Entwicklung der verbürgten Verbindlichkeiten beeinflussen kann, so dass insoweit seinem Interesse an einer Begrenzung seines Risikos oder doch der Verhinderung dessen übermäßigen Erhöhung genüge getan ist. Soweit also Zweckerweiterungsklauseln Vertragsbestandteil werden (regelmäßig aufgrund eines individuellen Hinweises, der den Überraschungscharakter entfallen lässt), ist ein solcher Bürge aus dem Gesellschafter- oder Geschäftsführerkreis durch die Haftungserweiterung nicht unangemessen benachteiligt.[4] Umgekehrt ist bei einer Bürgschaft der Gesellschaft für Verbindlichkeiten des Gesellschafters die Einflussmöglichkeit der ersteren auf die Entwicklung der Verbindlichkeiten des Schuldner-Gesellschafters nicht gegeben (der Geschäftsführer, der gegenüber den Gesellschaftern weisungsgebunden ist, könnte schwerlich maßgeblichen Einfluss nehmen), so dass weite Zweckbestimmungsklauseln in Bürgschaften von Gesellschaften ebenfalls der Inhaltskontrolle nach § 307 II Nr. 1 und 2 nicht standhalten.[5]

B 362 Ist eine weite Zweckbestimmung als überraschende Klausel anzusehen oder hält sie der Inhaltskontrolle nicht stand, weil sie die Bürgschaft über ihren Anlass hinaus erweitert, wird nach überwiegender Ansicht nicht die Gesamtunwirksamkeit der Bürgschaft angenommen, sondern nur soweit eben das Überraschungsmoment reicht. Die Bürgschaft besteht also für den ihren Anlass bildenden Geschäftsvorfall, nicht aber darüber hinaus; im Fall der Verbürgung eines Kontokorrentkredits bestimmt sich der Umfang der Bürgschaft nach dem im Zeitpunkt ihrer Übernahme bestehenden Kreditlimit.[6] Das Ergebnis wird aus einer ergänzenden Vertragsaus-

---

[1] BGHZ 130, 19, 27; BGHZ 132, 6, 8.

[2] BGH NJW 2000, 658, 659 = BGHZ 143, 95, 98.

[3] BGH NJW 1996, 1470, 1472.

[4] BGH NJW 2002, 3167, 3168; NJW 1999, 3195.

[5] BGH NJW 2002, 3167, 3168; NJW-RR 2002, 343, 344.

[6] BGH NJW-RR 2002, 343, 344; BGH NJW 1998, 450, 451; BGHZ 130, 19, 34; *Vogt* in *von Westphalen* Vertragsrecht und AGB-Klauselwerke, Bürgschaft Rz 38; *Bamberger/Roth/Hubert Schmidt* § 305c Rz 25; a.A. *Schmitz-Herscheidt* ZIP 1998, 1218, 1219; *Knops* in *Derleder/Knops/Bamberger* § 20 Rz 31 mit Nachweisen zum teils kritischen Schrifttum.

legung hergeleitet.[1] Beim Kontokorrent ist hinsichtlich der Bürgschaft danach zu unterscheiden, ob die Bürgschaft für eine ins Kontokorrent einfließende Einzelforderung übernommen wurde oder für den Kontokorrentkredit bzw. -saldo selbst. Ersterenfalls gilt nach § 356 HGB, dass die Bürgschaft sich bis zur Höhe der besicherten Einzelforderung am anerkannten Saldo fortsetzt, allerdings nicht über den Betrag folgender Rechnungsabschlüsse hinaus, die womöglich niedriger sind als die ursprünglich besicherte Einzelforderung.[2] Im zweiten Fall bezieht sich die Haftung des Bürgen der Höhe nach auf den Saldo der Hauptschuld am Tage der Abgabe der Bürgschaftserklärung.[3] Die Haftungshöhe verringert sich nicht dadurch, dass der nachfolgende Rechnungsabschluss einen geringeren Betrag ausweist.[4] Bis zur Höhe des am Tage der Bürgschaftserklärung bestehenden Saldos haftet die Bürgschaft für alle Forderungen des Gläubigers aus dem Kontokorrentkredit, für den die Bürgschaft bestellt wurde. Sind neben unbestimmten auch bestimmte Forderungen in die Bürgenhaftung einbezogen, so ist die Bürgschaft bezüglich der abtrennbaren bestimmten Forderungen wirksam.[5]

c) Die Haftung für Nebenforderungen aus der Hauptforderung, die Siche- **B 363**
rungsanlass war, trifft den Bürgen grundsätzlich, sowohl bei einer der Höhe nach unbeschränkten Bürgschaft wie bei einer Höchstbetragsbürgschaft. Dies gilt insbesondere für Nebenforderungen aus § 767, soweit es sich z. B. um Verzugszinsen (§ 767 I 2), aber auch um übliche Vertragszinsen, Zinseszinsen,[6] Kosten, Provisionen und Spesen handelt, mit denen der Bürge rechnen muss.[7] Hierauf kann die Bürgenhaftung auch in AGB wirksam erstreckt werden, jedoch nicht über den Höchstbetrag hinaus.[8] Derartige Klauseln können bereits nach § 305 b unbeachtlich sein, wenn die Höchstbetragsregelung individualvertraglich vereinbart ist; sie können aber auch nach § 305 c I nicht Vertragsbestandteil werden, weil sie überraschenden Charakter haben und eine Haftungserweiterung enthalten, mit denen der durchschnittliche Verwendungsgegner, insbesondere ein Verbraucher,[9] nicht zu rechnen braucht. Jedenfalls verstoßen sie gegen § 307 II Nr. 2, da der mit der Höchstbetragsabrede verfolgte Zweck der Haftungsbegrenzung durch die Klausel konterkariert würde. Unwirksam ist nach dem Grundgedanken von § 767 I 3 auch die Erstreckung der Bürgenhaftung auf eine nachträglich erweiterte Kreditlinie.

2. Verzicht auf Einreden und Einwendungen

a) Einwendungen gegen die Bürgschaft beseitigen nur die Bürgschaftsforde- **B 364**
rung. Einwendungen gegen die Hauptforderung heben nicht nur die Hauptforderung auf, sondern machen wegen der Akzessorietät auch die Bürgschaft hinfällig. Der Bürge muss vor Zahlung mögliche Einwendungen oder Einreden prüfen.

---

1 BGHZ 137, 153, 156 = NJW 1998, 450, 451.

2 Baumbach/Hopt HGB § 356 Rz 2 (str.), a.A. MünchKomm/*Habersack* § 765 Rz 113.

3 BGH NJW 1998, 450, 452.

4 BGH NJW 1998, 450, 452.

5 BGH NJW 1986, 928, 929; 1992, 896.

6 BGH BB 1980, 1294; *Derleder* NJW 1986, 97, 100; *Staudinger/Horn* § 765 Rz 10.

7 S. BGH WM 1984, 198, 199; BGH NJW 1986, 1986, 2308; OLG Koblenz NJW-RR 1993, 175; *Soergel/Stein* § 9 Rz 67.

8 Anders noch die Voraufl. für Bürgschaften, die nicht von einem Verbraucher übernommen wurden, sowie die ältere Rechtsprechung des BGH, bspw. WM 1984, 198f.; ebenso etwa OLG Koblenz NJW-RR 1993, 175; wie hier die nunmehr hM in der Rspr. (BGH ZIP 2002, 1611, 1613 = NJW 2002, 3167, 3169; OLG Stuttgart ZIP 1996, 1508, 1510; OLG Hamm, WM 1995, 1872, 1874) und Literatur (*Bamberger/Roth/Rohe* § 765 Rz 97; MünchKomm/*Habersack* § 765 Rz 111; mindestens in der Tendenz auch *Palandt/Sprau* § 765 Rz 23).

9 OLG Nürnberg NJW 1991, 232; *Derleder* NJW 1986, 97.

Übersieht er schuldhaft bestehende Einwendungen oder Einreden, so kann sein Regressanspruch gegen den Hauptschuldner entfallen.[1] Die **Akzessorietät** der Bürgschaft kann grundsätzlich nicht durch AGB aufgehoben werden, da dies entgegen der Rechtsnatur der Bürgschaft eine Garantieverpflichtung begründen würde, was einen Verstoß gegen § 307 II Nr. 1 und 2 darstellt. Dies gilt grundsätzlich auch für die Einrede der Verjährung (s. Rz B 369). Jedoch räumt das Gesetz in verschiedenen Vorschriften wie § 768 I 2, §§ 254 II 1, 301 II 1 InsO dem **Sicherungszweck der Bürgschaft** bei Vermögenslosigkeit des Hauptschuldners Vorrang vor der Akzessorietät ein.[2] Diese gesetzliche Wertung ist bei der Inhaltskontrolle nach § 307 zu berücksichtigen. Klauseln, die z. B. bei einem durch Vermögensverfall veranlassten Teilerlass in einem Vergleich oder bei Stundung der Hauptforderung im Vermögensverfall einen Verzicht auf diese Einwendungen und den Fortbestand der Bürgschaft gemäß der ursprünglichen Hauptforderung vorsehen, sind deshalb wegen des Vorrangs des Sicherungszwecks nicht nach § 307 unwirksam. Nach der Rechtsprechung soll auch bei dem Erlöschen einer juristischen Person infolge Vermögensverfalls die Bürgschaft bestehen bleiben.[3] Dabei bedient sich die Rechtsprechung der Figur eines nicht (mehr) akzessorischen, also selbstständigen Anspruchs gegen den Bürgen, während die Hauptforderung aufgrund des Wegfalls des Hauptschuldners ebenfalls untergegangen sei.[4] Das erscheint weder systematisch überzeugend noch ist die Durchbrechung der Akzessorietät erforderlich: Ersichtlich stellen die § 768 I 2 und §§ 254 II 1, 301 II 1 InsO Ausnahmevorschriften dar, die wie stets bei Ausnahmevorschriften eng auszulegen und im Allgemeinen keiner Erweiterung auf andere Sachverhalte zugänglich sind. Die Argumentation ist aber auch von ihrem Ausgangspunkt unrichtig, nämlich der These, die juristische Person erlösche, wenn kein Aktivvermögen mehr vorhanden sei, auch wenn noch Verbindlichkeiten bestehen. Es mag dabei sein, dass § 141 a FGG die Löschung im Register wegen Vermögenslosigkeit zulässt. Dass damit aber auch die Existenz der Gesellschaft beseitigt wird, ist nicht richtig. Diese besteht vielmehr so lange fort, als noch Abwicklungsbedarf besteht.[5] Dieser Abwicklungsbedarf liegt hier deswegen vor, weil der Gläubiger seine Forderung noch gegen den Bürgen geltend macht.[6]

B 365 **b)** Eine Klausel, wonach die Bürgschaft auch dann zu erfüllen ist, wenn die Hauptforderung wegen Anfechtung nichtig ist, verstößt gegen die Akzessorietät und ist deshalb unwirksam.[7] Ein Verzicht auf die **Einrede der Anfechtbarkeit** (§ 770 I) soll dagegen möglich sein, da dies die Akzessorietät nicht berühre und der Bürge nur eine geringfügige Rechtsposition aufgebe.[8] Die Einrede aus §§ 853, 768 I 1 im Falle eines auf einer unerlaubten Handlung beruhenden Anfechtungsrechts nach § 123 soll dem Bürgen jedenfalls zustehen. In der Literatur ist umstritten, ob dem zu folgen ist.[9] Zunächst ist sicher richtig, dass die Anfechtbarkeit wegen eines Irrtums im Sinn des § 119 regelmäßig keine Rolle spielen wird, da der Anfechtungs-

---

1 Palandt/Sprau § 768 Rz 8 a.

2 BGH NJW 2003, 59, 60; NJW 2003, 1250, 1251.

3 BGHZ 82, 323 = NJW 1982, 875; NJW 2003, 1250, 1251; NJW 2003, 59, 60; OLG Schleswig NJW-RR 1993, 754.

4 BGH NJW 1982, 875, 876.

5 Ausführlich dazu *Hubert Schmidt* Zur Vollbeendigung juristischer Personen, S. 125 ff., 184.

6 Im Ergebnis ebenso *Erman/Herrmann* § 768 Rz 7.

7 BGHZ 95, 350, 356 = NJW 1986, 43, 44; OLG Schleswig NJW 1991, 986.

8 BGHZ 95, 350, 357; im Ergebnis ebenso *Schreiner,* Die Kreditbürgschaft in der Formularpraxis, 110.

9 Dieser Rechtsprechung zustimmend die Vorauflage Rz B 220 sowie *Staudinger/Horn* § 770 Rz 17; *Palandt/Heinrichs* § 307 Rz 93; *Erman/Herrmann* § 770 Rz 1; BGH NJW 2001, 2466, 2468 sieht den Verzicht als „nicht unbedenklich" an; ablehnend MünchKomm/*Habersack* § 770 Rz 3; *Vogt* in *von Westphalen* Vertragsrecht und AGB-Klauselwerke, Bürgschaft Rz 44; *Reinicke/Tiedtke* Rz 557.

berechtigte von seinem Recht unverzüglich Gebrauch machen müsste. Unterlässt er das, ist die Einrede per se erledigt; ficht der Anfechtungsberechtigte an, ist die Einrede ebenfalls erledigt, denn dann fehlt es an der wirksamen Hauptschuld. Theoretisch denkbar mag es sein, dass der Bürge in dem kurzen Zeitfenster, das das Erfordernis unverzüglicher Anfechtung lässt, die Einrede erheben könnte. Das für sich genommen würde aber wohl nicht ausreichen, eine unangemessene Benachteiligung des Bürgen im Verzicht auf die Einrede zu sehen. Es bleiben die Fälle der Arglist, § 123. Gerade bei diesen fragt sich dann allerdings, woraus das Schutzbedürfnis zugunsten des Gläubigers dafür herzuleiten sein soll, die sich aus dem Schwebezustand zwischen dem anfechtbaren Rechtsgeschäft und der Anfechtungserklärung ergebenden Nachteile[1] auf den Bürgen abzuwälzen. Schutzbedürftig ist in der Situation des § 123 sicher nicht der Täuschende. Auch der Hinweis auf die fortbestehende und vom Verzicht auf die Einrede der Anfechtbarkeit (selbstverständlich, § 305 c II) nicht erfasste Einrede nach §§ 853, 768 I 1 spricht letztlich eher für die Unzulässigkeit der Klausel: Wenn die Klausel dem Verwender im Ergebnis keine Vorteile bringt, gibt es keinen Grund, sie bei bedenklicher Schutzwürdigkeit zuzulassen. Damit ist der Verzicht auf die Einrede der Anfechtbarkeit unangemessen. Der Ausschluss der **Einrede der Aufrechenbarkeit** (§ 770 II) in AGB wurde vom BGH auch bei unbestrittenen oder rechtskräftigen Forderungen zunächst grundsätzlich als wirksam angesehen, da der Bürge die Aufrechnung nicht erzwingen könne und nach erfolgter Aufrechnung durch den Grundsatz der Akzessorietät geschützt werde.[2] Davon ist der BGH in jüngerer Zeit abgerückt und nimmt die Unwirksamkeit des Einredeverzichts in den Fällen an, in denen der Verzicht auch unbestrittene oder festgestellte Forderungen umfasst und zwar auch dann, wenn der Hauptschuldner selbst die Aufrechnung nicht mehr erklären könnte.[3] Unter dem Gesichtspunkt der Subsidiarität der Bürgschaft ist dem zuzustimmen.[4] Da es um die Wahrung grundsätzlicher Subsidiarität der Bürgenhaftung geht, ergibt sich auch bei einer unternehmerischen Bürgschaft nichts anderes.[5]

c) Einen Sonderfall des zumindest einstweiligen Ausschlusses von Einwendungen und Einreden mit der Möglichkeit nachgelagerter Richtigkeitskontrolle in einem etwaigen Rückforderungsprozess stellt die **Bürgschaft „auf erstes Anfordern"** dar. Die Bürgschaft „auf erstes Anfordern" unterscheidet sich von der „gewöhnlichen" Bürgschaft nicht hinsichtlich des Sicherungszwecks.[6] Vielmehr soll sie dem Gläubiger durch den Einwendungsverzicht des Bürgen eine leicht durchsetzbare liquide Sicherheit verschaffen.[7] Dabei verpflichtet sich der Bürge, an den Gläubiger auf dessen Verlangen,[8] ggf. nach Erfüllung im Vertrag festgelegter formaler Kriterien durch den Gläubiger[9] ohne Erhebung von Einwendungen und Einreden sofort zu zahlen.[10] Formulierungen wie „Zahlungen sind auf Anforde- **B 366**

---

1 So ausdrücklich BGH NJW 1986, 43, 44.

2 BGHZ 95, 350, 359; einschränkend BGH NJW 1981, 761, 762.

3 BGH NJW 2003, 1521, 1522 f = WM 2003, 669, 671 mit Anm. *Habersack/Schürnbrand* JZ 2003, 848; so auch KG KGR 2006, 285f.; ebenso *Ulmer/Fuchs* Anh. § 310 Rz 239; *Erman/Roloff* § 307 Rz 98; *Vogt* in *von Westphalen* Vertragsrecht und AGB-Klauselwerke, Bürgschaft, Rz 46.

4 Anders noch die Vorauflage.

5 A. A. *Vogt* in *von Westphalen* Vertragsrecht und AGB-Klauselwerke, Bürgschaft, Rz 46.

6 BGH NJW 1984, 2456.

7 BGH NJW 1984, 923.

8 Die schlüssige Darlegung des Sicherungsfalls ist nicht erforderlich, BGH NJW 2002, 2388, 2389; MünchKomm/*Habersack* § 765 Rz 102.

9 Z.B. BGH NJW 2001, 3616, 3617 (Bestätigung des Empfangs von Leistungen durch den – zwischenzeitlich im Handelsregister gelöschten – Hauptschuldner).

10 BGH NJW-RR 1990, 1265; BGH NJW 1992, 1446; 1997, 255; BGH NJW 1997, 1435 = LM H.6/1997 § 765 BGB Nr. 115 m. Anm. *Pfeiffer*.

rung bzw. erster Vorlage der Urkunde sofort zu erbringen“[1] oder „Zahlungen haben auf Anforderung zu erfolgen, als Nachweis der Hauptschuld genügt der Buchauszug (Kontostand)“[2] oder „einredefreie“ Bürgschaft[3] sind im geschäftlichen Verkehr als Bürgschaft auf erstes Anfordern anzusehen. Der Anwendungsbereich der Bürgschaft auf erstes Anfordern ist, auch wenn sie ein typisches Sicherungsinstrument von Banken und Versicherungen ist,[4] nicht auf den Bankverkehr, den internationalen Handelsverkehr und die Konzernfinanzierung[5] beschränkt,[6] sondern auch im Baubereich weit verbreitet.[7] Sie ist in Individualvereinbarungen[8] oder, wenn der Bürge selbst das Bürgschaftsformular in den Vertrag einbringt,[9] im Rahmen der gewerblichen oder beruflichen Tätigkeit einer Person grundsätzlich zulässig. Ein Verstoß gegen § 1 I 2 Nr. 8 KWG liegt darin nicht.[10] Aber auch in AGB ist eine Bürgschaft auf erstes Anfordern nicht nur für Kreditinstitute oder Versicherer als Bürgen zulässig.[11] Die Bürgschaft „auf erstes Anfordern“ kann jedenfalls im Verkehr unter Großunternehmen auch in AGB wirksam vereinbart werden,[12] sofern § 305 c I und II nicht entgegenstehen.[13] Die formularmäßige Übernahme einer Bürgschaft „auf erstes Anfordern“ durch einen Verbraucher ist unzulässig.[14] Voraussetzung ist in jedem Fall, dass der Gläubiger davon ausgehen kann, dass der Bürge die Besonderheiten der Bürgschaft „auf erstes Anfordern“ kennt. Andernfalls ist die Erklärung des Bürgen als einfache Bürgschaft auszulegen.[15] Ein geschäftlich erfahrener Gläubiger hat zudem einen unerfahrenen Bürgen über die Risiken der Bürgschaft „auf erstes Anfordern“ aufzuklären. Bei Verletzung dieser Pflicht ist von einer einfachen Bürgschaft auszugehen.[16] Dies gilt auch, wenn beiden Parteien die notwendige Rechtskenntnis fehlt.[17] Weite Verbreitung hatte die Bürgschaft „auf erstes Anfordern“ im **Bauvertragsrecht** gefunden. Klauseln, die vom Vertragspartner die Gestellung einer Bürgschaft „auf erstes Anfordern“ verlangen, werden allerdings zu Recht als unangemessene Benachteiligung angesehen, und zwar sowohl dann, wenn der Bauunternehmer in einem Vertrag mit einem privaten Auftraggeber formularmäßig zur Gestellung einer Vertragserfüllungsbürgschaft „auf erstes Anfordern“ verpflichtet wird,[18] als auch im Falle der Vertragserfüllungsbürgschaft „auf erstes Anfordern“ in einem Vertrag mit einem öffentlichen Auftraggeber.[19] Auch

---

[1] BGH NJW 1992, 1446.

[2] Vgl. BGH NJW-RR 1990, 1265.

[3] BGH NJW 1998, 2280 = LM H.10/1998 § 765 BGB Nr. 127 m. Anm. *Sprau.*

[4] BGH NJW 1992, 1446; MünchKomm/*Habersack* § 765 Rz 100.

[5] Heinsius, FS Merz, 177, 181.

[6] S. insoweit BGH NJW 1992, 1446 = LM H.8/1992 § 765 BGB Nr. 81; BGH NJW 1997, 1435.

[7] Vgl. auch BGH NJW 1989, 1480; BGH NJW 1998, 2280 = LM H.10/1998 § 765 BGB Nr. 127 m. Anm. *Sprau.*

[8] BGH NJW 1997, 1435 = LM H.6/1997 § 765 BGB Nr. 115 m. Anm. *Pfeiffer;* BGH NJW 2003, 352, 353.

[9] BGH NJW 1998, 2280 = LM H.10/1998 § 765 BGB Nr. 127 m. Anm. *Sprau.*

[10] BGH NJW 1997, 1435.

[11] So aber BGH NJW-RR 1990, 1265; distanzierend BGH NJW 1998, 2280 = LM H.10/1998 § 765 BGB Nr. 127 m. Anm. *Sprau.*

[12] Koppmann BauR 1992, 235, 237; siehe auch *Vogt* in *von Westphalen* Vertragsrecht und AGB-Klauselwerke, Bürgschaft Rz 16.

[13] Differenzierend *Ulmer/Fuchs* Anh. § 310, Rz 248 a; a. A. OLG München NJW-RR 1992, 218.

[14] OLG München, MDR 2004, 1308; OLG Zweibrücken, NJW-RR 2005, 1652, 1653.

[15] BGH NJW 1992, 1446 = LM H.8/1992 § 765 BGB Nr. 81.

[16] BGH NJW 1998, 2280 = LM H.10/1998 § 765 BGB Nr. 127 m. Anm. *Sprau;* BGH NJW 2001, 3116, 3117 f.

[17] BGH NJW 1998, 2280 = LM H.10/1998 § 765 BGB Nr. 127 m. Anm. *Sprau.*

[18] BGH NJW 2002, 2388, 2389; NJW 2002, 3098, 3099; OLG München, WM 2005, 931 f.; OLG Düsseldorf BauR 2005, 1819; OLG Dresden BB 2001, 1495, 1497.

[19] BGH NJW-RR 2004, 880, 881 = ZIP 2004, 1004, 1005 mit Übersicht über den Streitstand.

die Ablösung des Gewährleistungseinbehaltes wird in AGB häufig allein an die Gestellung einer Bürgschaft „auf erstes Anfordern" geknüpft, was ebenfalls sowohl im Bauvertrag mit dem privaten[1] wie dem öffentlichen[2] Auftraggeber unzulässig ist. Im Wege ergänzender Vertragsauslegung[3] wird die Klausel über die Vertragserfüllungsbürgschaft „auf erstes Anfordern" insoweit „gehalten", als der Vertragspartner zur Stellung einer einfachen selbstschuldnerischen Bürgschaft verpflichtet sein soll; dies soll allerdings nur für Verträge gelten, die vor Bekanntwerden der Entscheidung des BGH vom 4. 7. 2002 geschlossen wurden.[4] Das läuft letztlich auf eine geltungserhaltende Reduktion hinaus,[5] zumal nach der Begründung des BGH die Bürgschaft „auf erstes Anfordern" nur eine den Gläubiger besonders privilegierende Form des Bürgschaftsversprechens, nicht aber ein Sicherungsinstrument eigener Art ist.[6] Damit ist die „normale" Bürgschaft sozusagen als minus in der Bürgschaft „auf erstes Anfordern" enthalten. Hier wie sonst auch sollte dem Klauselverwender dann nicht das Risiko übermäßiger Klauselgestaltung genommen werden. Ein Vertrauenstatbestand, der es eventuell rechtfertigen würde, auch nur für eine Übergangszeit die Klausel auf das in ihr enthaltene noch zulässige Maß zurück zu schneiden, ist nicht ersichtlich.[7] Angesichts der Offenheit möglicher anderer Gestaltungen wird die Aufrechterhaltung als „einfache" Bürgschaft im Fall der Ablösung des Gewährleistungseinbehaltes überwiegend abgelehnt.[8] Nunmehr[9] stellt denn auch § 17 Nr. 4 Satz 3 VOB/B klar, dass eine Bürgschaft „auf erstes Anfordern" nicht verlangt werden kann.

Die Bürgschaft „auf erstes Anfordern" enthält keinen endgültigen Ausschluss **B 367**
von Einwendungen und Einreden, sondern verweist den Bürgen darauf, etwaige nicht offensichtliche Einwendungen oder Einreden mit einem **Rückforderungsanspruch** aus §§ 812, 813 geltend zu machen.[10] Für den Rückforderungsanspruch ist es aber nicht ausreichend, dass das Verlangen aus der Bürgschaft „auf erstes Anfordern" nach den **formellen** Bedingungen der Bürgschaftsabsprache nicht zu erfüllen war; vielmehr darf der Gläubiger **materiell** keinen Anspruch gegen den Bürgen gehabt haben.[11] Für die **Inanspruchnahme des Bürgen** genügt, dass die Leistung des Bürgen in Übereinstimmung mit den formellen Voraussetzungen des Bürgschaftsvertrags verlangt und ihre Fälligkeit behauptet wird.[12] Ist mit der Bürgschaft „auf erstes Anfordern" eine sog. **Effektivklausel** verbunden, z. B. „falls eine Gewährleistung besteht", so darf der Bürge zahlen, wenn das Bestehen eines Gewährleistungsanspruchs vom Gläubiger formell bestätigt wird.[13] Bei Zweifeln ist

---

[1] BGH ZIP 2005, 1604f.; BGH NJW-RR 2002, 1311; OLG Hamburg BauR 2000, 445, 446; OLG Frankfurt BauR 2006, 1797; OLG Hamburg OLGR Hamburg 2006, 366.

[2] BGH NJW-RR 2005, 458, 459; BGH WM 2006, 122.

[3] Kritisch dazu *von Westphalen* NJW 2004, 1993, 1995 („die Grundsätze der ergänzenden Vertragsauslegung reichlich strapazierend"); *Bamberger/Roth/Hubert Schmidt* § 307 Rz 106.

[4] BGH NJW 2002, 3098, 3099; zustimmend *Stoffels* AGB-Recht Rz 620.

[5] So auch *von Westphalen* ZIP 2004, 1433, 1437.

[6] BGH NJW 2002, 3098, 3099; NJW 2003, 2605, 2607.

[7] Anders *von Westphalen* ZIP 2004, 1433, 1437, der einen „auch nur halbwegs gerade zu nennenden Weg" der Rechtsprechung des BGH nicht zu erkennen vermag; dann fehlt es aber wieder an einer Vertrauensbasis.

[8] BGH NJW-RR 2005, 1040, 1041; BGH NJW-RR 2005, 458, 460 mit Nachweisen zum Streitstand; mit anderem Begründungsansatz (geschlossene Konzeption, aus der eine einzelne Regelung nicht herausgelöst werden kann) BGH NJW 2002, 894, 895; OLG Hamburg OLGR 2006, 366; a.A. offenbar (allerdings in einem einstweiligen Verfügungsverfahren) OLG Rostock BauR 2003, 928, 929.

[9] In der Fassung der Bekanntmachung vom 12. 9. 2002, BAnz. Nr. 202 a vom 29. 10. 2002.

[10] BGH NJW 1984, 923; 1992, 1446; OLG Hamburg NJW 1986, 1691.

[11] BGH NJW 2003, 352, 353.

[12] BGH NJW 1998, 2280 = LM H.10/1998 § 765 BGB Nr. 127 m. Anm. *Sprau.*

[13] BGH WM 1979, 457.

der Bürge jedoch zu Rückfragen verpflichtet und muss Glaubhaftmachung[1] und u. U. vollen Nachweis des Bestehens eines Gewährleistungsanspruchs verlangen. Das Verlangen muss nach dem Grundsatz der formellen Dokumentenstrenge das Vorliegen der in der Urkunde genannten Voraussetzungen eindeutig erkennbar machen. Eine wörtliche Übereinstimmung mit der Urkunde ist nur erforderlich, wenn dies ausdrücklich vereinbart ist.[2] Die Bürgschaft „auf erstes Anfordern" will danach eine beschleunigte Durchsetzung des Bürgschaftsanspruchs ermöglichen und verweist Einwendungen und Einreden des Bürgen in ein selbstständiges Rückforderungsverfahren. Dies ist mit dem Wesen der Bürgschaft vereinbar;[3] die Akzessorietät wird dadurch nicht aufgehoben.[4] Auch die Darlegungs- und Beweislast wird im Rückforderungsprozess nicht umgekehrt. Vielmehr muss der Gläubiger auch dort das Entstehen und die Fälligkeit der Hauptforderung beweisen.[5] Die formularmäßige Klausel, „auf erste Anforderung zu zahlen, ungeachtet aller Einwendungen und Einreden auch von dritter Seite", ist deshalb grundsätzlich wirksam.[6] Dadurch, dass der Bürge auf die Einwendungen und Einreden nicht endgültig verzichtet, sondern sich, wenn auch nachträglich, auf das Nichtbestehen der Hauptforderung berufen kann, ist die Akzessorietät der Bürgschaft gewahrt[7] und unterscheidet sich die Bürgschaft „auf erstes Anfordern" von der Garantie „auf erstes Anfordern", bei der die Garantie selbstständig ohne Rücksicht auf den Bestand einer anderen Forderung gegeben wird.[8] Die Bürgschaft „auf erstes Anfordern" verschiebt aber das Insolvenzrisiko vom Gläubiger auf den Hauptschuldner. Ein wegen Verlagerung des Insolvenzrisikos vom Besteller auf den Unternehmer unwirksamer Gewährleistungseinbehalt in einem Bauvertrag kann deshalb „auf erstes Anfordern" zugunsten des Bestellers wirksam gemacht werden.[9] **Offensichtliche (= liquide) Einwendungen** und Einreden können bereits der Bürgschaftsklage mit dem Einwand der unzulässigen Berufung auf den Einwendungsverzicht entgegengehalten werden.[10] Der Ausschluss dieses Einwands wäre nach § 307 unwirksam. Als liquide Einwendung kann etwa geltend gemacht werden die mangelnde Fälligkeit des Werklohnanspruchs bei einer Bürgschaft „auf erstes Anfordern" zur Sicherung des Vergütungsanspruchs,[11] die Einrede der Verjährung,[12] das Fehlen der vereinbarten formalen Voraussetzungen,[13] auch wenn dies mit Schwierigkeiten für den Bürgschaftsgläubiger verbunden ist,[14] das offensichtliche Fehlen der Hauptforderung oder auch der offensichtliche Rechtsmissbrauch bei der Geltendmachung der Bürgschaft,[15] wozu auch gehört, dass die Bürgschaft „auf erstes Anfordern" im Vertrag zwischen Gläubiger und Schuldner nicht wirksam vereinbart ist.[16] Im Falle der **Abtretung** der gesicherten Forderung geht auch die Bürgschaft „auf erstes Anfordern"

---

1 S. auch *Finger* BB 1969, 206, 208.

2 BGH NJW 1997, 1435.

3 BGHZ 74, 244; BGH NJW 1985, 1694.

4 A. A. offenbar OLG München NJW-RR 1992, 218.

5 BGH NJW 1997, 1435; MünchKomm/*Habersack* § 765 Rz 104.

6 BGH NJW 1985, 1694; für Bürgen als Verwender s. auch Rz B 378.

7 S. auch BGH NJW-RR 1989, 1324; OLG Hamm NJW-RR 1987, 686, *Horn* ZIP 2001, 93, 97.

8 *Staudinger/Horn* vor § 765 Rz 13.

9 BGH NJW 1997, 2598.

10 BGH NJW 1985, 1694; 1988, 2610; 1997, 255; 2002, 1493; NJW-RR 2003, 14; *Horn* NJW 1980, 2156.

11 BGH NJW-RR 2003, 14.

12 KG NJW 1987, 1774.

13 BGH NJW-RR 1989, 1324.

14 BGH NJW 2001, 3616, 3617.

15 BGH NJW 2002, 1493.

16 BGH NJW 2001, 1857.

nach § 401 auf den neuen Gläubiger über und damit auch das Recht, die zur Fälligstellung erforderlichen Erklärungen abzugeben.[1]

d) Nach § 776 wird der Bürge dann und soweit von seiner Verpflichtung frei, wenn der Gläubiger eine der dort genannten anderen Sicherheiten freigegeben hat und der Bürge ohne diese Freigabe nach dem Übergang der Forderung und der für sie bestellten akzessorischen Sicherungsmittel nach §§ 774 I 1, 412, 401 hätte aus dem Recht Befriedigung erlangen können. Verzichtet der Gläubiger auf ein Sicherungsrecht, wird die Regressmöglichkeit des Bürgen in dem Fall, in dem er den Gläubiger befriedigt, beeinträchtigt. Der **generelle Verzicht auf die Rechte aus** § 776 ist in AGB unwirksam.[2] Zulässig wäre der Verzicht insoweit, als es um Sicherungsrechte geht, die dem Kreditinstitut aufgrund von Nr. 14 der Banken AGB oder entsprechender Klauseln zustehen. Denn insoweit würden die Interessen des Hauptschuldners und damit zugleich auch die Interessen des Bürgen gefördert.[3] Denn ohne den Ausschluss der Rechte des Bürgen aus § 776 müssten diese Sicherheiten von der Bank blockiert bleiben. Dadurch würde dem Hauptschuldner jede Möglichkeit der Freigabe und der wirtschaftlichen Verwendung dieser Sicherheiten genommen.[4] Ohne ein solches Bedürfnis, also in den Fällen, in denen die Bank aufgrund besonderer Vereinbarung die Sicherheit erhalten hat, ist der Ausschluss des Rechts aus § 776 aber grundsätzlich nach § 307 II Nr. 1 unwirksam. Soweit die Einschränkung der Rechte aus § 776 zulässig ist, darf sie aber vom Gläubiger **nicht zu willkürlichen Freigaben** benutzt werden, durch die die Interessen des Bürgen beeinträchtigt werden, ohne zugleich den wirtschaftlichen Interessen des Hauptschuldners zu dienen. Für willkürliche Freigaben haftet der Gläubiger dem Bürgen aus dem Bürgschaftsvertrag, auch wenn § 776 wirksam ausgeschlossen ist.[5] Die Haftung für willkürliche Freigaben kann nicht durch AGB ausgeschlossen werden. Eine willkürliche Freigabe liegt nicht vor, wenn der Gläubiger über die Sicherheit eine vergleichsweise Regelung trifft, die wegen einer Unklarheit der Rechtslage geboten ist.[6] Keine unzulässige Freigabe liegt auch vor, wenn der Gläubiger gegen Zahlung eines Abfindungsbetrags auf ein Grundpfandrecht verzichtet, um eine wirtschaftlich vernünftige Verwertung des Grundstücks zu ermöglichen, und wenn der Abfindungsbetrag zu dem bei Verwertung der Sicherheit zu erwartenden Erlös in einem angemessenen Verhältnis steht.[7] **B 368**

e) Der Bürge ist nach den Grundgedanken der §§ 767, 768 nicht zur Vorleistung vor dem Hauptschuldner verpflichtet. Vielmehr setzt die Zahlungspflicht des Bürgen grundsätzlich die Fälligkeit der Hauptforderung voraus. Der generelle Verzicht des Bürgen auf die Einreden aus § 768 ist auch in einer Bürgschaft „auf erstes Anfordern" unzulässig.[8] Der Verzicht auf die **Einrede der Stundung** der Hauptforderung widerspricht deshalb im Allgemeinen dem Schutzzweck der Akzessorietät und ist nach § 307 II Nr. 1 unwirksam.[9] Eine Ausnahme gilt wegen des Vorrangs des **B 369**

---

[1] BGH NJW 1987, 2075.

[2] BGH NJW 2000, 1566, 1568 unter Aufgabe seiner früheren Rechtsprechung etwa in BGHZ 95, 350, 358; BGH NJW 2002, 295; zustimmend *Fischer* WM 2001, 1049, 1055.

[3] A. A. *Hammen,* WM 1988, 1809, 1811, der das Interesse des Bürgen am Erhalt der Sicherheit beim Gläubiger in den Vordergrund stellt.

[4] BGH NJW 1981, 748; BGHZ 95, 350, 358; BGH NJW 1989, 2530, 2531; a. A. *Tiedtke* BB 1984, 24; *ders.* ZIP 1986, 150, 155; *ders.* WM 1990, 1270, 1273; *Bayer/Wandt* JuS 1987, 271, 275; Zweifel klingen an in BGHZ 136, 347 = NJW 1997, 3372.

[5] BGHZ 78, 137, 143 = NJW 1981, 748; BGH NJW-RR 1986, 518, 519.

[6] BGH NJW 1981, 748.

[7] BGH NJW 1981, 761, 762; BGH NJW-RR 1986, 518, 519.

[8] BGH NJW 2001, 1857, 1858.

[9] S. auch OLG Düsseldorf WM 1984, 1185, 1186; *von Westphalen* WM 1984, 1589, 1593.

Sicherungszwecks bei Stundung wegen Vermögenslosigkeit des Hauptschuldners. Wegen Verstoßes gegen den Grundgedanken der §§ 273, 320 ist grundsätzlich auch der Verzicht auf die **Einrede des Zurückbehaltungsrechts** nach § 307 unwirksam.[1] Auf die **Einrede der Verjährung** der Hauptforderung kann auch unter Geltung des neuen § 202 formularmäßig grundsätzlich nicht ohne weiteres wirksam verzichtet werden.[2] Die Bürgschaft ist nicht nur im Bestand, sondern auch in der Durchsetzbarkeit der Hauptforderung akzessorisch. Diese Akzessorietät, die das Leitbild der Bürgschaft entscheidend prägt, würde regelmäßig ohne Not durchbrochen, wenn der Bürge auf die Einrede, die Hauptforderung sei verjährt, verzichtet. Der Gläubiger kann hinreichende Vorsorge treffen, dass die Hauptforderung nicht verjährt, wie er das auch tun müsste, wenn es keine Sicherung gäbe. Auch die formularmäßige Vereinbarung der Verlängerung der Verjährungsfrist oder der formularmäßige Verzicht auf die Einrede der Verjährung der **Bürgschaftsforderung** selbst ist regelmäßig nicht wirksam.[3] Durch die Neufassung des ehemaligen § 225 in § 202 sind zwar verjährungsmodifizierende Vereinbarungen in den Grenzen des § 202 individualvertraglich zulässig. Daraus kann aber hier wie auch sonst nicht der Schluss auf die AGB-rechtliche Unbedenklichkeit gezogen werden. Die aufs Ganze gesehene Verkürzung der Verjährungsfristen macht deutlich, dass bei der Bemessung der Fristen nicht nur der Gläubiger in den Blick zu nehmen ist, der vor allzu schnellem Rechtsverlust durch Zeitablauf geschützt werden muss, sondern auch der Schuldner, der durch überlange Verjährungsfristen jedenfalls insofern belastet wird, als er Beweismittel auf lange Frist sichern muss;[4] im Übrigen sieht sich der Schuldner bei langen Verjährungsfristen der Ungewissheit ausgesetzt, ob der Gläubiger den Anspruch geltend macht oder nicht. Diesen Zustand der Rechtsunsicherheit („Rechtsunfriede") könnte der Schuldner nur durch den eher ausnahmsweise beschrittenen Weg der negativen Feststellungsklage beenden. Gegen das Interesse des Bürgen als Schuldner an der Beibehaltung der gesetzlichen Verjährungsfrist steht kein äquivalentes Interesse des Gläubigers an der Verlängerung der Bürgschaftsverjährung. Wo der Bürge auf die Einrede der Vorausklage verzichtet hat, ist der Gläubiger ohnedies nicht gehindert, die Bürgschaft frühzeitig „zu ziehen"; erhebt der Bürge die Einrede der Vorausklage, weil sie nicht ausgeschlossen ist, hilft dem Gläubiger § 771 S. 2. Sieht der Gläubiger ansonsten gerichtlichen Klärungsbedarf hinsichtlich der Hauptforderung, kann er dem Bürgen den Streit verkünden (§ 204 I Nr. 6). § 216 I gilt nicht für die Bürgschaft.[5] Dient die Bürgschaft nach ihrem Sicherungszweck jedoch der Sicherung verjährter Gewährleistungsansprüche, so ist der Verzicht des Bürgen auf die Einrede der Verjährung aus der Hauptforderung wirksam.[6]

B 370 **f)** Wirksam ist der formularmäßige Verzicht auf die **Einrede der Vorausklage,** sofern er nicht nach § 305 c I überraschend ist. Nicht zu beanstanden ist auch eine Klausel, wonach der Bürge trotz der Haftung weiterer Gesamtschuldner in Anspruch genommen werden kann, da der Bürge nach § 774 I gegen den Gesamtschuldner Rückgriff nehmen kann und es deshalb an einer unangemessenen Benachteiligung fehlt.[7] Gegen eine im Einzelfall missbräuchliche Inanspruchnahme

---

[1] S. auch *von Westphalen* WM 1984, 1589, 1593.
[2] von Westphalen WM 1984, 1589, 1593; MünchKomm/*Habersack* § 768 Rz 3.
[3] Bedenklich weit zur Bindungswirkung eines Anerkenntnises des Hauptschuldners OLG München WM 2006, 684; dagegen *Tiedke/Holthusen* WM 2007, 93.
[4] BT-Drs. 14/6040, S. 91.
[5] BGH NJW 1998, 981.
[6] S. auch BGH NJW 1993, 1131 und 1132 = LM H.7/1993 § 17 VOB/B 1973 Nr. 6 und 7 m. Anm. *Koeble.*
[7] BGH NJW 1986, 43, 46.

ist der Bürge durch den Einwand der unzulässigen Rechtsausübung nach § 242 geschützt. Die Einrede steht ihm bei nachgewiesener Hauptschuld jedoch nur unter ganz außergewöhnlichen Umständen zu, nicht schon, wenn eine Kaufpreisforderung wegen nicht rechtzeitiger Sachmängelrüge durchsetzbar wird.[1] Eine **Ausfallbürgschaft** ist dadurch gekennzeichnet, dass der Bürge nur für das haftet, was der Gläubiger trotz Anwendung gehöriger Sorgfalt auch durch Zwangsvollstreckung und Verwertung anderer Sicherheiten vom Hauptschuldner nicht zu erlangen vermag.[2] Die Ausfallbürgschaft ist damit die mildeste Form der Bürgschaft als Gegenteil der selbstschuldnerischen Bürgschaft.[3] Eine Klausel, wonach der Ausfall 6 Monate nach Anzeige des Gläubigers in Höhe der dann noch rückständigen Beträge automatisch als festgestellt gilt, steht im Widerspruch zur Beitreibungsobliegenheit des Gläubigers und ist demgemäß als überraschende Klausel nach § 305 c I nicht Vertragsinhalt,[4] ist aber auch nach § 307 II Nr. 2 unwirksam, weil hierdurch die sich aus dem Vertrag ergebenden Obliegenheiten (s. zuvor) umgekehrt und der Schutz des Bürgen aufgehoben wird.

g) Bei einer **Zeitbürgschaft** ist der **Verzicht auf die Anzeige** nach § 777 I 1 und 2 oder der Verzicht auf Einwendungen aus dem Unterlassen einer solchen Anzeige unwirksam. Die Unbeachtlichkeit ergibt sich im Regelfall bereits aus § 305 b, weil mit einem solchen Verzicht die Inanspruchnahme aus der Bürgschaft auf unbestimmte Zeit nach Fristablauf ermöglicht werden soll, wogegen sich der Bürge nach dem Sinn der Befristung bei der Zeitbürgschaft gerade schützen will. Die Unwirksamkeit[5] ergibt sich aber auch aus § 307 II Nr. 1 und 2, weil der Anzeigeverzicht der wesentlichen Natur der Zeitbürgschaft widerspricht und deren gesetzliche Regelung aufhebt.[6] Der Gläubiger ist auch nicht schützenswert, weil er an Stelle einer Zeitbürgschaft eine gegenständlich beschränkte Bürgschaft für alle in einer bestimmten Zeit entstandenen Verbindlichkeiten vereinbaren kann, ohne dass ein Freiwerden nach § 777 eintritt.[7] Es muss nur klar erkennbar sein, dass es sich um eine gegenständlich beschränkte Bürgschaft und nicht um eine Zeitbürgschaft handelt. Eine Inanspruchnahme aus der Zeitbürgschaft setzt grundsätzlich voraus, dass zusätzlich zur Anzeige die Hauptforderung während des Laufs der Zeitbürgschaft fällig wird.[8] **B 371**

3. Regelungen des Forderungsübergangs

Bei **Abtretung** der Hauptforderung geht nach § 401 die Bürgschaft kraft Gesetzes mit auf den Zessionar als neuen Gläubiger über. § 401 ist dispositiv.[9] Die Vereinbarung getrennter Abtretung von Hauptforderung und Bürgschaft in AGB ist jedoch nach § 307 unwirksam, weil dadurch der Forderungsübergang auf den Bürgen nach § 774 I 1 unangemessen behindert wird und der Gläubiger kein schützenswertes Interesse an einer getrennten Abtretung von Hauptforderung und Bürgschaft hat (s. zum Ausschluss der Abtretung der Bürgschaft Rz B 379). Nach dem **B 372**

---

1 BGH ZIP 1987, 1035.

2 BGH NJW 1992, 2629; NJW 1998, 2138 = LM H.9/1998 § 765 BGB Nr. 125.

3 S. *Staudinger/Horn* vor §§ 765 ff. Rz 36.

4 BGH NJW 1998, 2138 = LM H.9/1998 § 765 BGB Nr. 125.

5 BGH NJW 2004, 2232, 2234 nimmt Unwirksamkeit nach § 305c I an; dem folgend *v. Wesphalen* NJW 2005, 1987, 1989.

6 S. OLG Köln NJW 1985, 2722; ebenso *Tiedtke* DB 1990, 411, 413; *ders.* ZIP 1990, 413, 422; *Voss* MDR 1990, 495, 497 f.; a. A. OLG Hamm NJW 1990, 54; *Schröter* WM 1986, 17.

7 BGH NJW 1988, 908.

8 BGH NJW 1984, 2461.

9 S. *Soergel/Zeiss* § 401 Rz 1; *Bamberger/Roth/Rohe* § 401 Rz 12.

von § 774 I 1 angeordneten **gesetzlichen Forderungsübergang** geht die Forderung des Gläubigers gegen den Hauptschuldner auf den Bürgen über, soweit dieser den Gläubiger befriedigt. Durch AGB wird der teilweise Forderungsübergang zuweilen aufgeschoben und der volle Forderungsübergang erst vorgesehen, wenn der Gläubiger voll befriedigt ist. Dadurch soll dem Sicherungsinteresse des Gläubigers in weitest möglichem Umfang Rechnung getragen werden, insbesondere soll eine durch den Übergang nach §§ 401, 412 drohende Schmälerung der Sicherheiten für den Gläubiger verhindert werden.[1] Da der Bürge bereits nach § 774 I 2 den Übergang nicht zum Nachteil des Gläubigers geltend machen kann, ist das Sicherungsinteresse des Gläubigers gesetzlich anerkannt und es stellt deshalb auch der Ausschluss des Forderungsübergangs bis zur vollständigen Befriedigung des Gläubigers nicht ohne weiteres eine unangemessene Regelung nach § 307 dar.[2] Der Ausschluss von § 774 I 1 bis zur Tilgung aller Ansprüche einer Bank oder Sparkasse gegen den Hauptschuldner ist insbesondere wirksam, wenn die Bürgschaft, und sei es auch nur zu einem Teilbetrag, sämtliche Forderungen aus der bankmäßigen Geschäftsverbindung mit dem Hauptschuldner sichert.[3] § 774 I 1 wird dadurch auch nicht vollständig, sondern nur zeitweilig bis zur Tilgung aller Ansprüche ausgeschlossen. Der Ausschluss des Forderungsübergangs nach § 774 I 1 setzt aber grundsätzlich voraus, dass Zahlungen des Bürgen als Sicherheiten behandelt werden und dem Bürgen bei anderweitiger Befriedigung der Hauptforderung zurückerstattet werden.[4]

4. Mitbürgen und Bestellung zusätzlicher Sicherheiten

B 373 Sieht der Gläubiger als Verwender vor, dass mehrere Mitbürgen, die eine Höchstbetragsbürgschaft übernommen haben, nicht nach § 769 als Gesamtschuldner, sondern als **Nebenschuldner** haften, so verstößt dies nicht gegen § 307,[5] wirkt aber nach Auffassung des BGH nur im Verhältnis zwischen Gläubiger und Bürgen, nicht aber im Verhältnis der Bürgen untereinander, so dass der an den Gläubiger leistende Bürge vom weiteren Bürgen nach § 774 mit § 426 I Ausgleichung verlangen kann.[6] Diese Auffassung wird dem Sinn der vom Gläubiger gewollten Nebenschuldnerschaft der Bürgen nicht gerecht. Gesamtschuldnerschaft tritt nach § 769 nur ein, wenn sich mehrere Bürgen „für dieselbe Verbindlichkeit" verbürgen. Das will der Gläubiger gerade ausschließen, indem jeder Bürge für einen anderen Teil der Hauptschuld haften soll. Zwar hat der Gläubiger nicht bestimmt, für welchen Teilbetrag welcher Bürge haften soll. Er hat sich dafür jedoch erkennbar ein Bestimmungsrecht nach § 315 gegenüber jedem Bürgen vorbehalten.[7] Ein solches Bestimmungsrecht kann wirksam vorgesehen werden, da § 765 II die Bestellung der Bürgschaft auch für künftige und bedingte Forderungen zulässt. Zwar sind die gesicherten Forderungen selbst nicht bedingt. Jedoch ist ihre Zuordnung zur jeweiligen Bürgschaft noch offen und wird erst mit der Bestimmung durch den Gläubiger

---

1 S. dazu ausführlich BGH NJW 1985, 614, 615.

2 BGH NJW 2001, 2327, 2330; BGH NJW 1985, 614; OLG Celle ZIP 1980, 1077; enger *Ulmer/Fuchs* Anh. § 310 Rz 242; *Vogt* in *von Westphalen* Vertragsrecht und AGB-Klauselwerke, Bürgschaft Rz 50; ablehnend *Tiedtke* NJW 2003, 1359, 1366.

3 BGH NJW 1985, 614, 616 zum Recht vor dem AGB-Gesetz.

4 BGH NJW 1985, 614, 616; a.A. *Vogt* in *von Westphalen* Vertragsrecht und AGB-Klauselwerke, Bürgschaft Rz 51.

5 BGH NJW 1986, 3131, 3132; a. A. OLG Celle NJW-RR 1990, 1006f.: Unwirksamkeit bereits nach § 305c I.

6 BGH NJW 1986, 3131, 3132; 1987, 374; 1987, 3126; ebenso *Ulmer/Fuchs* Anh. § 310 Rz 243; a. A. *Tiedtke* ZIP 1990, 411, 424.

7 S. *M. Wolf* NJW 1987, 2472.

vorgenommen. Eine solche spätere Konkretisierung der Bürgenhaftung durch ein Bestimmungsrecht nach § 315 ist nach dem Sinn von § 765 II mit dem Wesen der Bürgschaft vereinbar. Die Bürgenhaftung entfällt nicht dadurch, dass eine vorgesehene Mitbürgschaft nicht zustande kommt, falls nicht ausdrücklich etwas anderes vereinbart ist.[1]

Eine in AGB vorgesehene Verpflichtung des Bürgen, dem Gläubiger auf Verlangen **zusätzliche Sicherheiten** für die Hauptforderung oder Sicherheiten für die Bürgschaft zu bestellen, ist grundsätzlich nach § 307 II Nr. 1 unwirksam,[2] da dadurch die Pflichten des Bürgen über das Leitbild der Bürgschaft hinaus einseitig zugunsten des Gläubigers als Verwender erweitert werden. Vor Fälligkeit der Bürgschaftsschuld besteht deshalb kein Pfandrecht nach den Banken AGB an Gegenständen des Bürgen.[3] Ebenso wenig kann zur Sicherung einer noch nicht fälligen Bürgschaftsschuld eine Sicherungsabtretung oder eine Verpflichtung hierzu formularmäßig vereinbart werden.[4] **B 374**

5. Tilgung und Beendigung der Bürgschaft

a) Die Bürgschaft erlischt mit Erlöschen der Hauptforderung, insbesondere wenn diese getilgt wird, aber auch durch **Tilgung** der Bürgschaft als solcher. Eine hinsichtlich der Hauptforderung getroffene Tilgungsvereinbarung, dass Zahlung des Hauptschuldners und ein Erlös von Sicherheiten zunächst auf den nicht durch Bürgschaft gedeckten Forderungsteil zu verrechnen sei, ist nicht nach § 307 zu beanstanden.[5] Auch eine Klausel, wonach Leistungen des Bürgen bis zur vollen Befriedigung des Gläubigers nur als Sicherheit gelten, ist wirksam,[6] auch wenn dadurch der Forderungsübergang auf den Bürgen nach § 774 I hinausgeschoben wird. Erstattungsansprüche des Bürgen gegen den Hauptschuldner aus dem Innenverhältnis werden dadurch aber nicht berührt.[7] **B 375**

b) Eine **Kündigung** der Bürgschaft ist im Gesetz nicht vorgesehen. Ist die Bürgschaft aber zeitlich und betragsmäßig unbegrenzt, etwa als Kontokorrentkreditbürgschaft, so hat sie den Charakter eines Dauerschuldverhältnisses und kann deshalb mit ordentlicher Kündigung nach Ablauf einer Mindestlaufzeit gekündigt werden.[8] Die Mindestlaufzeit richtet sich nach dem Zweck der Bürgschaft, umfasst aber mindestens die Dauer der Kündigungsfrist. Bei einer Höchstbetragsbürgschaft ist von einer höheren Mindestlaufzeit auszugehen.[9] Die Kündigungsfrist für die Bürgschaft ist unter Berücksichtigung der berechtigten Interessen von Gläubiger und Hauptschuldner zu bestimmen.[10] Sie richtet sich im Regelfall nach der Kündigungsfrist für die gesicherte Hauptschuld. Eine Frist unter 3 Monaten ist in der Regel angemessen.[11] Das Recht zur ordentlichen Kündigung einer zeitlich unbegrenzten Bürgschaft kann nicht durch AGB ausgeschlossen werden. Auch das Recht zur fristlosen Kündigung aus wichtigem Grund darf dem Bürgen nicht genommen **B 376**

---

[1] OLG Frankfurt NJW-RR 1988, 436.
[2] BGHZ 92, 295, 300 = NJW 1985, 45, 46 f.; s. auch *Ulmer/Fuchs* Anh. § 310 Rz 245.
[3] BGH NJW 1989, 1284.
[4] BGH NJW 1991, 100; s. auch LG Düsseldorf NJW-RR 1989, 756.
[5] BGH NJW-RR 1986, 518, 520.
[6] BGHZ 92, 374 = NJW 1985, 614; BGH NJW 1986, 928; 1987, 374, 375.
[7] OLG Köln NJW-RR 1989, 1266, 1268.
[8] BGH NJW 1985, 3007, 3008; BGH NJW 1986, 252, 253; 1986, 2308, 2309; *Derleder* NJW 1986, 97, 102; vgl. auch *Fullenkamp,* aaO, S. 124 ff.; siehe auch MünchKomm/*Habersack* § 765 Rz 55 m. w. N.
[9] 5 Jahre: *Derleder* NJW 1986, 97, 103.
[10] BGH NJW 1986, 252, 253; s. auch OLG Celle NJW-RR 1989, 548.
[11] Vgl. auch BGH NJW 1986, 252, 253; enger *Staudinger/Horn* § 765 Rz 80.

werden. Das Ausscheiden des Bürgen aus der als Hauptschuldner haftenden Gesellschaft ist jedoch kein wichtiger Grund.[1] Auch führt dies nicht zum Wegfall der Geschäftsgrundlage für die Bürgschaft.[2] Als wichtiger Grund kommt aber in Betracht, wenn der Bürge als Komplementär in die als Hauptschuldnerin haftende OHG oder KG eintritt[3] oder wenn das Konto des Hauptschuldners über längere Zeit keinen Schuldenstand aufweist. Die Beendigungswirkung tritt jedoch in diesen Fällen nicht von selbst, sondern durch Kündigung ein.[4] Die Kündigung hat zur Folge, dass sich die Bürgenhaftung auf die bei Eintritt der Kündigungswirkung bestehende Hauptforderung begrenzt,[5] nicht dagegen, dass mit diesem Zeitpunkt die Bürgenhaftung erlischt.

B 377 Eine Klausel, wonach die Bürgschaft bei **Rückgabe der Bürgschaftsurkunde** erlischt, braucht nicht dahin ausgelegt zu werden, dass damit neben dem Erlöschen der Hauptforderung, der Kündigung oder dem Erlassvertrag ein selbstständiger Beendigungsgrund geschaffen werde, sondern nur dahin, dass dies als Beweiserleichterung und Indiz für den auf Erlass gerichteten Willen dient.[6] Mit dieser Auslegung ist die Klausel nicht zu beanstanden, sofern die Widerlegung der Indizwirkung zugelassen wird.[7] Bei kundenfeindlicher Auslegung hat die Klausel jedoch die Bedeutung einer Verzichtsfiktion und ist dann nach § 308 Nr. 5 und gemäß § 307 grundsätzlich auch zwischen Unternehmern unwirksam.[8]

III. Der Bürge als Verwender

1. Zahlungsrecht und Zahlungspflicht des Bürgen

B 378 Der **Umfang der Bürgschaft** ist durch Auslegung zu ermitteln. „Eine Bürgschaft für Vertragserfüllung" umfasst auch den Schadensersatz wegen Nichterfüllung, einschließlich des Verlustes geleisteter Vorauszahlungen.[9] Eine Abschlagszahlungsbürgschaft sichert aber nicht einen bereicherungsrechtlichen Rückforderungsanspruch aus Überzahlungen des Auftraggebers.[10] Sehen die AGB einer Ausfallbürgschaft vor, dass nicht mehr valutierte Sicherheiten des Gläubigers zur Tilgung des verbürgten Kredits herangezogen werden müssen, so ist dies weder nach § 305 c I noch nach § 307 unwirksam.[11] Eine Bürgschaft „auf erstes Anfordern" ist zulässig, wenn der Bürge selbst das Bürgschaftsformular verwendet.[12] Soweit Banken als Bürgen eintreten, findet sich in ihren AGB, die das **Innenverhältnis zum Hauptschuldner** regeln, die Klausel, dass sie auch ohne gerichtliches Verfahren auf einseitiges Anfordern des Gläubigers zur Zahlung berechtigt sind. Eine solche Klausel ist bei der gebotenen Auslegung dahin zu verstehen, dass sich die bürgende Bank im Verhältnis zum Hauptschuldner als ihrem Kunden auf dieses Zahlungsrecht nur berufen kann, wenn sie den Hauptschuldner vor der Zahlung anhört und ihm Ge-

---

1 S. auch BGH NJW 1986, 252, 253; a. A. OLG Celle NJW-RR 1989, 548.
2 OLG Zweibrücken NJW 1986, 258.
3 BGH NJW 1986, 2308, 2309.
4 BGH NJW 1986, 2308.
5 BGH NJW 1986, 2308, 2309.
6 OLG Hamburg NJW 1986, 1691.
7 S. § 309 Nr. 12 Rz 50ff.
8 S. § 308 Nr. 5 Rz 70.
9 BGH ZIP 1988, 222; NJW 2006, 3275, 3278.
10 BGH NJW-RR 1992, 1044.
11 OLG Düsseldorf NJW-RR 1992, 1324.
12 BGH NJW 1998, 2280 = LM H.10/1998 § 765 BGB Nr. 127 m. Anm. *Sprau;* dazu im Einzelnen noch Rz B 366f.

legenheit gibt, offensichtliche Einwendungen und Einreden vorzubringen.[1] Mit diesem Inhalt ist die Klausel weder nach § 305 c II unklar noch nach § 307 unwirksam. Aus der allein das Innenverhältnis zwischen Bürgen und Hauptschuldner regelnden Klausel ergeben sich jedoch keine Rechte für den Gläubiger.[2] Die Bank kann vom Hauptschuldner keinen Regress verlangen, wenn sie trotz begründeter Einwendungen des Hauptschuldners an den Gläubiger bezahlt hat.[3] Der Verzicht auf die Einrede der Anfechtbarkeit und Aufrechenbarkeit (§ 770) durch den Bürgen als Verwender ist ohne weiteres zulässig. In einer nach §§ 7 II, 2 II 2 MaBV zu stellenden Bürgschaft wurde zu Recht die Klausel als überraschend im Sinn des § 305c I angesehen, nach der zwar die Bürgschaft eine selbstschuldnerische sein sollte, deren Inanspruchnahme aber an die Voraussetzung geknüpft war, dass die Fälligkeit und Höhe der gesicherten Forderung durch ein rechtskräftiges Urteil oder einen „rechtskräftigen" Vergleich oder eine übereinstimmende Erklärung vom Käufer und Verkäufer nachgewiesen werden. Dadurch wurde letztlich doch die Einrede der Vorausklage zugelassen.[4] Als Verstoß gegen § 307 I wurde es angesehen, dass die Inanspruchnahme derselben Bürgschaft zusätzlich von einem vorherigen Verzicht auf eine Pfandfreigabeerklärung der bürgenden Bank abhängig gemacht wurde.[5]

2. Befreiungen des Bürgen

Der Bürge kann in AGB eine Befreiung von der Bürgschaft vorsehen, wenn **B 379**
der Gläubiger ihm gegenüber schuldhaft falsche Erklärungen abgegeben hat. Diese Befreiung ist jedoch dahin auszulegen, dass sie nur Platz greift, wenn die unrichtige Erklärung für die Bürgschaftsübernahme ursächlich war oder die Haftung des Bürgen nachteilig berührt.[6] Die Übernahme der Bürgschaft kann auf einen bestimmten Gläubiger begrenzt und es kann im Falle der Abtretung das Erlöschen der Bürgschaft vorgesehen werden. Eine Klausel, wonach die Ansprüche aus der Bürgschaft nicht abtretbar sind, ist jedoch wegen Verstoßes gegen das Richtigkeitsgebot unwirksam,[7] weil im Falle der Abtretung der Hauptforderung ohne Übergang der Bürgschaftsforderung die Bürgschaft analog § 1250 II erlischt, dieses Erlöschen dem Vertragspartner aus der Klausel aber nicht erkennbar wird.[8] Eine Klausel, wonach der selbstschuldnerische Bürge berechtigt ist, sich von der Bürgschaft durch Hinterlegung des Bürgschaftsbetrags bei der zuständigen Hinterlegungsstelle nach §§ 232, 233 zu befreien, ist dahin auszulegen, dass der Bürge den zu hinterlegenden Betrag als Sicherheit für den Anspruch gegen den Hauptschuldner hinterlegen soll.[9] Mit dieser Auslegung ist die Klausel für einen Kaufmann nicht nach § 305 c I überraschend. Sie ist auch nicht nach § 307 zu beanstanden, da dem Gläubiger eine vergleichbar sichere Rechtsstellung wie bei einer selbstschuldnerischen Bürgschaft verbleibt.[10]

---

[1] BGHZ 95, 375, 390 f. = NJW 1986, 310.
[2] BGHZ 95, 375, 387; zum Außenverhältnis s. Rz B 366.
[3] S. auch *Canaris* Bankvertragsrecht, Rz 2 624 ff.
[4] BGH NJW 2006, 3275, 3278.
[5] BGH NJW 2006, 3275, 3279.
[6] BGH NJW 1980, 2412.
[7] S. § 307 Rz 267.
[8] BGH NJW 1991, 3025.
[9] BGH NJW 1986, 1038, 1039.
[10] BGH NJW 1986, 1038, 1039.

3. Gesamtschuldnerische Haftung von Mitbürgen

B 380–400 In Bankbürgschaftsformularen wird in der Regel die gesamtschuldnerische Haftung unter mehreren Mitbürgen ausgeschlossen. Stimmt der Gläubiger gegenüber einem der Mitbürgen einer solchen Klausel zu, so bedeutet dies nach der Rspr. nicht, dass die gesamtschuldnerische Haftung nach §§ 774 II, 426 im Innenverhältnis unter den Mitbürgen ausgeschlossen ist.[1]

*

Chemischreiniger

Zu den AGB der Chemischreiniger im Textilreinigungsgewerbe s. Rz T 111 ff.

*

Darlehensverträge

Inhaltsübersicht

Schrifttum: *Bachmann,* Die Restforderung der Teilzahlungsbank gegen den säumigen Schuldner, NJW 1978, 865; *Bartels,* Eingriffe in die Vertragsbeteiligung durch Auslegung, Typenlehre und Umgehungsverbot, WM 2002, 1905; *Becher/Lauterbach,* Darlehenskündigung nach § 490 Abs. 2 BGB wegen günstigerer Zinskonditionen, WM 2004, 1163; *Beise,* Zur Wirksamkeit der Stornoklausel in Ratenkreditbedingungen, BB 1986, 1175; *Bruchner,* Zinsberechnungsmethode bei Annuitätendarlehen im Lichte der BGH-Urteile vom 24. November 1988, WM 1988, 1873; *Bruse,* Zur Berücksichtigung Allgemeiner Geschäftsbedingungen bei der Sittenwidrigkeitskontrolle von Konsumentenkreditverträgen, BB 1986, 478; *Bunte,* Rechtsfin-

[1] BGHZ 88, 185 = ZIP 1983, 1042; dazu auch Rz B 373.

dungsprobleme im Bereich des Konsumentenkredits, ZIP 1985, 1; *ders.*, Probleme der Ratenkreditverträge, WM 1984, Sonderbeilage Nr. 1; *Casper,* Vorformulierte Verzugszinspauschalierung durch Diskontsatzverweis, NJW 1997, 240; *Canaris,* Der Zinsbegriff und seine rechtliche Bedeutung, NJW 1978, 1891; *ders.*, Schranken der Privatautonomie zum Schutze des Kreditnehmers, ZIP 1980, 709; *Derleder/Knops/Bamberger,* Handbuch zum deutschen und europäischen Bankrecht, 2004; *Derleder,* Der Marktvergleich beim Konsumentenratenkredit als Mittel der Sittenwidrigkeitsprüfung, NJW 1982, 2401; *ders.*, Schadensersatzansprüche der Banken bei Nichtabnahme der Darlehensvaluta, JZ 1989, 165; *ders.*, Transparenz und Äquivalenz bei bankvertragsrechtlicher Zinsanpassung, WM 2001, 2029; *Fandrich* in: *von Westphalen,* Vertragsrecht und AGB-Klauselwerke, Darlehensvertrag, 2005; *Habersack,* Zinsänderungsklauseln im Lichte des AGBG und des VerbrKrG, WM 2001, 753; *Hackl,* Die guten Sitten als Kontrollinstrument für Kreditgeschäfte, DB 1985, 1327; *Hadding,* Welche Maßnahmen empfehlen sich zum Schutz des Verbrauchers auf dem Gebiet des Konsumentenkredits, Gutachten 53. DJT 1980, 229 ff.; *Halstenberg,* Die neuere Rechtsprechung des Bundesgerichtshofs zum Darlehensrecht, WM 1988, Sonderbeilage Nr. 4; *Hau,* Vertragsanpassung und Anpassungsvertrag, 2003; *Hopt/Mülbert,* Die Darlehenskündigung nach § 609 a BGB, WM 1990, Sonderbeilage Nr. 3; *Hunecke,* Zinsberechnungs- und Tilgungsverrechnungsklauseln im Lichte der BGH-Urteile vom 24. November 1988, WM 1989, 553; *Jacobi,* Konditionenanpassungsklauseln beim Hypothekarkredit, Diss. Frankfurt 1988; *Koller,* Die Erstattung des Disagios bei vorzeitiger Rückzahlung subventionierter Kredite, DB 1992, 1125; *Kollhosser,* Zur Tilgungsverrechnung bei Amortisationsdarlehen, ZIP 1986, 1429; *Köndgen/König,* Grenzen zulässiger Konditionenanpassung beim Hypothekenkredit, ZIP 1984, 129; *Krüger/Bütter,* Recht der Bankentgelte: Nebenentgelte im Kreditgeschäft, WM 2005, 673; *Lammel,* Probleme des Ratenbarkredits, BB 1980, Beil. 8; *Löwe,* Verschleierte Verzinsung trotz Tilgung, BB 1988, 1902; *Madaus,* Mithaftung für die Darlehensrückzahlung – Schuldbeitritt oder Vertragspartnerschaft?, WM 2003, 1705; *Mülbert,* Das verzinsliche Darlehen, AcP 192 (1992), 447; *ders.*, Die Auswirkungen der Schuldrechtsmodernisierung im Recht des „bürgerlichen" Darlehensvertrags, WM 2002, 465; *S. Müller,* AGB-rechtliche Zulässigkeit von Diskont-Verzugszinsklauseln, NJW 1996, 1520; *Nüssgens,* Zum Verhältnis zwischen § 138 I BGB und den Regelungen des AGBG im Bereich des sog. Konsumentenkredits, FS Werner 1984, 591; *Metz,* Tilgungsverrechnung: Transparenz durch AGB-Recht und Preisangabenverordnung, NJW 1991, 668; *Ott,* Zur Sittenwidrigkeit von Konsumentenkreditverträgen, BB 1981, 937; *Otto,* Neue Tendenzen in der Interpretation der Tatbestandsmerkmale des Wuchers beim Kreditwucher, NJW 1982, 2745; *Reifner,* Zinsfiktionen und AGB-Gesetz, NJW 1989, 952; *ders.*, Die Anpassung variabler Zinssätze im Kreditverhältnis, JZ 1995, 866; *ders.*, Rechtliche Grundlagen der Vorfälligkeitsentschädigung beim Hypothekenkredit, NJW 1995, 86; *ders.*, Schadensbegriff und Berechnung der Vorfälligkeitsentschädigung beim Hypothekenkredit, NJW 1995, 2945; *Rösler,* Vorfälligkeitsentgelt bei Festzinskrediten, NJW 1997, 1369; *Schebesta,* Zinsklauseln im Spiegel der aktuellen Rechtsprechung, BKR 2005, 217; *Schimansky/Bunte/Lwoski,* Bankrechtshandbuch, 2. Aufl. 2001; *Schimansky,* Zinsanpassungsklauseln in AGB, WM 2001, 1169; *ders.*, Aktuelle Rechtsprechung des BGH zur krassen Überforderung von Mithaftenden bei der Kreditgewährung, WM 2002, 2437; *ders.*, Zinsanpassung im Aktivgeschäft, WM 2003, 1449; *Schmuck,* Auswirkungen des AGB-Gesetzes auf Darlehensverträge und Anleihebedingungen der Realkreditinstitute, Der langfristige Kredit, 1977, 195; *Schwarz,* Der variable Zins, Diss. Berlin 1989; *Schwintowski/Schäfer,* Bankrecht, 2. Aufl. 2004; *Sonnenhol,* Änderungen der AGB-Banken zum 1. April 2002, WM 2002, 1259; *Steinmetz,* Sittenwidrige Ratenkreditverträge in der Rechtspraxis, 1985; *Stoffels,* AGB-Recht, 2003; *Taupitz,* Unwirksamkeit der sogenannten nachträglichen Tilgungsverrechnung bei Annuitätendarlehen, JuS 1989, 520; *ders.*, Zinsberechnungsklauseln dritter Akt, NJW 1989, 2242; *Weber,* Das Vorfälligkeitsentgelt bei vorzeitiger Rückzahlung eines Hypothekendarlehens, NJW 1995, 2951; *von Westphalen,* Grundschulddarlehen-Kontrollkriterien des AGBG, ZIP 1984, 1; *ders.*, Vertragsrecht und AGB-Klauselwerke, Vertragsrecht 2005; *Eckhard Wolf,* Die neuere Rechtsprechung des BGH zum Kreditgeschäft, WM 1981, 110.

I. Gemeinsame Grundlagen des Darlehens

Die Geldkreditvergabe erfolgt trotz vielfacher Differenzierungen in der Praxis, z. B. in Form des kurz-, mittel- oder langfristigen Darlehens, des Personal- oder Realkredits, auf der einheitlichen Basis des schuldrechtlichen Darlehensvertrags. Daraus ergeben sich viele gemeinsame Regelungsprobleme, die unter dem Blickwinkel Regelungen über die AGB-Klauselkontrolle eine einheitliche Darstellung der Darlehensverträge erlauben. Dies schließt nicht aus, auf unterschiedliche Interessenlagen, z. B. beim Verbraucherdarlehen und beim Investitionskredit oder beim Personalkredit und Realkredit, einzugehen. Vielmehr schärft die gemeinsame Darstellung den Blick für die Unterschiede, macht aber auch Gemeinsamkeiten eher deutlich. Neben den AGB, die die Banken und Sparkassen als Kreditgeber den Darlehensverträgen im Realkreditgeschäft zu Grunde legen, werden deshalb auch die **D 1** beim Personalkredit, insbesondere von Teilzahlungsbanken, verwendeten AGB berücksichtigt. Für Darlehensverträge eines Unternehmers mit einem Verbraucher sind die aus dem Verbraucherkreditgesetz durch das Schuldrechtsmodernisierungsgesetz in das BGB eingefügten besonderen Vorschriften über den Verbraucherdarlehensvertrag, §§ 491 ff., zu beachten, von denen zulasten des Verbrauchers nicht abgewichen werden darf, § 506. Im Falle eines Arbeitgeberdarlehens gelten die §§ 305 ff. unmittelbar und ohne die Einschränkungen des § 310 IV.[1] Darlehensrecht kommt auch zur Anwendung, wenn beim Sparvertrag oder bei der sonstigen Festlegung von (Termin-) Geldern die Bank oder Sparkasse als Darlehensnehmer beteiligt ist.[2]

II. Sittenwidrigkeit (§ 138)

D 2 Bei Darlehensverträgen, insbesondere im Zusammenhang mit Teilzahlungs- und Ratenkreditverträgen, ergibt sich häufig die Sittenwidrigkeit nach § 138, die im Gegensatz zu § 306 in der Regel zur Nichtigkeit des Darlehensvertrags insgesamt führt. Denkbar ist aber auch die Nichtigkeit nach § 134. Beim **Darlehensvertrag** wurde die Nichtigkeit bis zum Inkrafttreten des HWiG[3] aus einem Verstoß gegen das Verbot des Abschlusses und der Vermittlung im Reisegewerbe gemäß § 56 I Nr. 6 GewO a.F. mit § 134 hergeleitet.[4] Nach dem Inkrafttreten des jetzt als §§ 312 ff. in das BGB überführten HWiG tritt der Schutz des Darlehensnehmers durch den Widerruf an die Stelle des Schutzes durch die Nichtigkeit des Vertrages.[5] Für den **Darlehensvermittlungsvertrag** bleibt es bei der Nichtigkeit nach § 56 I Nr. 6 GewO mit § 134.[6] Im Falle der Nichtigkeit kann der Darlehensgeber zwar Rückzahlung nach § 812 I 1, 1. Alt. verlangen, jedoch nur in Raten gemäß der im Darlehensvertrag vereinbarten Zeitfolge und mit Zinsen erst ab Fälligkeit der einzelnen Raten in Höhe von 4 % gemäß § 246,[7] wenn er sich des Gesetzesverstoßes bewusst war oder sich leichtfertig darüber hinweggesetzt hat. Auch ein Verstoß gegen die aufgrund von § 46 KWG erlassenen Anordnungen macht den Darlehensvertrag nicht nach § 134 nichtig, kann aber bei einem bewussten Zusammenwirken beider Parteien gegen das Verbot zur Nichtigkeit gemäß § 138 führen.[8] Wird der Titel über eine unwirksame Darlehensforderung vollstreckt, so ist die Vollstreckung nach § 826 unzulässig, wenn der Gläubiger den Titel im Mahnverfahren erwirkt hat, obwohl er erkennen konnte, dass bereits die Schlüssigkeitsprüfung zu einer Ablehnung des Anspruchs führen müsste[9] oder wenn er den Schuldner in sittenwidriger Weise vom Widerspruch oder Einspruch abgehalten hat[10] oder wenn

---

[1] MünchKomm/*Basedow* § 310 Rz 97; zur entsprechenden Rechtslage unter Geltung des § 23 AGBG s. BAG EzA § 117 GewO Nr. 1; BAG DB 1993, 1779 = NJW 1994, 214; LAG Saarland NJW-RR 1988, 1008.

[2] S. BGH WM 1965, 897, 900; *Soergel/Häuser* vor § 607 Rz 58.

[3] Gesetz über den Widerruf von Haustürgeschäften und ähnlichen Geschäften vom 16. 1. 1986, BGBl. I S. 122; nach dessen § 9 in Kraft getreten am 1. 5. 1986.

[4] S. BGHZ 71, 358; BGH NJW 1985, 1020; dazu auch *Hopt* NJW 1985, 1665; *Teske* ZIP 1985, 649.

[5] BGH NJW 1996, 926, 928.

[6] BGH NJW 1999, 1636, 1637.

[7] BGH NJW 1989, 3217.

[8] BGH NJW 1990, 1356, 1357.

[9] BGHZ 101, 380 = NJW 1987, 3256; BGH NJW-RR 1990, 303 und 434; BGH NJW 2003, 1934, 1935 s. auch OLG Karlsruhe NJW 1985, 744; OLG Bremen NJW 1986, 1499; a. A. OLG Köln NJW 1986, 1350: § 767 ZPO statt § 826.

[10] Grunsky ZIP 1986, 1361, 1373; *Geißler* NJW 1987, 166, 171.

er in sittenwidriger Weise vollstreckt.[1] Der Anspruch auf Rückzahlung bereits gezahlter oder vollstreckter Beträge, die den empfangenen Nettobetrag übersteigen, besteht aufgrund von § 812 I 1, 1. Alt. und verjährt gemäß § 195 grundsätzlich in 3 Jahren; ebenso, soweit er die Rückzahlung sittenwidriger Zinsen[2] oder sonstiger ratenweise gezahlter Tilgungs- oder Kostenanteile[3] betrifft. Bei fehlender Sittenwidrigkeit kann dennoch ein Schadensersatzanspruch aus Verschulden bei Vertragsschluss (§ 311 II) wegen unterlassener Aufklärung über erhebliche Nachteile in Betracht kommen.[4]

1. Missverhältnis von Leistung und Gegenleistung

Die Sittenwidrigkeit eines Darlehens ergibt sich in erster Linie aufgrund eines **D 3** Missverhältnisses von Leistung und Gegenleistung, das nach § 307 III zwar der Inhaltskontrolle entzogen ist,[5] aber nach § 138 sittenwidrig sein kann. Dies gilt für Verbraucherdarlehen wie für gewerbliche Kredite.[6] Das als objektive Voraussetzung der Sittenwidrigkeit zu fordernde Missverhältnis von Leistung und Gegenleistung[7] ist in der Regel gegeben, wenn der marktübliche Zins um 100% überschritten wird,[8] mag dies für sich allein auch noch nicht ausreichen, die Sittenwidrigkeit anzunehmen.[9] Vielmehr muss hinzukommen, dass der Darlehensgeber die schwächere wirtschaftliche Lage des Darlehensnehmers oder dessen Unerfahrenheit in verwerflicher Gesinnung ausnutzt, sei es, dass er in Kenntnis dieser Umstände bewusst zu seinem Vorteil handelt oder sich doch leichtfertig der Erkenntnis verschließt, dass das Missverhältnis auf der schwächeren wirtschaftlichen Lage oder der Unerfahrenheit des Darlehensnehmers beruht.[10] Bei Verbrauchern wird die Schutzbedürftigkeit jedoch vermutet (zu Unternehmern s. Rz D 9). Ebenso wird die verwerfliche Gesinnung bzw. leichtfertiges Handeln vermutet, wenn ein Konsument bei einer Teilzahlungsbank einen Kredit zu objektiv sittenwidrigen Bedingungen aufnimmt.[11] Bei nicht gewerbsmäßig handelnden Darlehensgebern gilt die Vermutung nur, wenn ein besonders grobes Missverhältnis vorliegt.[12] Das auffällige Missverhältnis von Leistung und Gegenleistung ergibt sich aus der Gegenüberstellung zwischen der zeitweisen Überlassung der Kapitalnutzung als Leistung des Darlehensgebers und dem Darlehensentgelt als Leistung des Darlehensnehmers. Dabei kann auf den effektiven Jahreszins[13] als absolute Größe abgestellt werden. Soweit auf den **effektiven Jahreszins** als absolute Größe abgestellt wird, können bei gewerblichen Krediten Zinsen von 40 oder 50% die Sittenwidrigkeit indizieren,[14] bei Konsumentenkrediten reichen Zinsen von 30 bis 35%.[15] Statt nur auf den effektiven Jahreszins als solchen abzustellen, kann sich das Missverhältnis von Leis-

---

[1] OLG Frankfurt NJW 1985, 745; OLG Stuttgart NJW 1985, 2272; zum Ganzen *Kohte* NJW 1985, 2217; dazu *Münzberg* NJW 1986, 361.

[2] BGH NJW 1986, 2564, 2566.

[3] BGH NJW 1986, 2568, 2569.

[4] BGH NJW 1991, 832, 834.

[5] BGH NJW 1986, 2564, 2565; § 307 Rz 292 ff.

[6] BGH NJW 1991, 1810.

[7] BGH NJW 1990, 1169.

[8] BGHZ 104, 102, 105 = NJW 1988, 2049; BGH NJW-RR 2000, 1431, 1432.

[9] BGHZ 80, 153 = NJW 1981, 1206.

[10] S. etwa BGH NJW 1980, 1155; BGH NJW 1980, 2074 und 2076; BGH WM 1981, 353; BGH NJW 1982, 2433; BGH NJW-RR 1990, 1199; *Soergel/Hefermehl* § 138 Rz 99.

[11] BGH NJW 1986, 2564, 2565.

[12] BGH NJW-RR 1990, 1199.

[13] Dazu *Steinmetz* aaO S. 25 ff.; *Bartsch* NJW 1983, 1651.

[14] S. auch BGH NJW 1981, 1206, 1207.

[15] S. auch *Hadding* aaO S. 216 f.

tung und Gegenleistung auch aus einem **Marktvergleich** ergeben. Entscheidend für den Marktvergleich ist, welchen Preis ein Kreditnehmer für ein vergleichbares Darlehen bei einer Mehrzahl der übrigen Anbieter hätte zahlen müssen.[1] Als wichtiges Indiz für diesen Marktvergleich kann eine **vergleichende Betrachtung** des Vertragszinses mit dem **marktüblichen Schwerpunktzins,** wie er in den Monatsberichten der Deutschen Bundesbank ausgewiesen ist, dienen.[2] Dies gilt nicht nur für übliche Ratenkredite, sondern auch für einen Kontokorrentkredit mit variablem Zinssatz und festen Rückzahlungsraten, dessen anfängliche Sittenwidrigkeit nicht aufgrund der Zinsanpassungsklausel gemäß § 315 III korrigiert werden kann.[3] Auch eine Vertragskombination aus Festkredit und Kapitallebensversicherung ist an den marktüblichen Belastungen eines Ratenkredits zu messen.[4] Bei einem grundpfandrechtlich gesicherten Ratenkredit ist als vergleichbarer Schwerpunktzins der übliche Zins für Hypothekenkredite auf Wohngrundstücke ohne Zinsbindung zu Grunde zu legen,[5] jedoch nur, wenn das Darlehen nicht mehr als 80 % des sorgfältig ermittelten Verkehrswertes des belasteten Grundstücks ausmacht.[6] Die Sittenwidrigkeit kann sich bei einem hypothekarisch und zusätzlich durch umfassende Gehaltsabtretungen gesicherten Darlehen auch daraus ergeben, dass der Darlehensgeber nicht auf einen das allgemeine Zinsniveau deutlich (relativ um mind. 130 % und absolut um mindestens 11,5 Prozentpunkte) übersteigenden Vertragszins hinweist.[7] Entscheidend ist jeweils eine Gesamtwürdigung aller objektiven und subjektiven Umstände,[8] die dem Darlehensgeber bei Vertragsschluss bekannt sind.[9] Dabei ist die **Gesamtkostenbelastung** für den Darlehensnehmer zu berücksichtigen, wobei neben den Zinsen auch Kreditgebühren und die laufzeitunabhängigen Kreditkosten, wie z. B. die Kosten für die Beschaffung des Darlehens, Kreditvermittlungskosten[10] und die Kosten einer Restschuldversicherung einzubeziehen sind,[11] um auf dieser Basis den effektiven Jahreszins zu berechnen. Dabei ist die sog. Annuitätenmethode anzuwenden.[12] Bei kurzfristigen Darlehen ist auch die sog. Uniformmethode zulässig.[13] Entscheidend ist, welche Gebühren der Darlehensgeber nach dem Vertrag verlangen kann, nicht aber, was er an geringeren Gebühren in Rechnung stellt.[14] Als Indiz für die Sittenwidrigkeit ist auch zu berücksichtigen, wenn neben einer einmaligen Maklergebühr in den Zinssatz noch eine laufende Gebühr für den Makler einbezogen wird (sog. Packing).[15] Bei Ermittlung des Vertragszinses sind die Vermittlerkosten einzubeziehen, beim Marktzins als Schwerpunktzins jedoch grundsätzlich nicht.[16] Die Kosten einer Restschuldversicherung sind weder beim Vertragszins noch beim zum Vergleich herangezogenen Schwerpunktzins einzubeziehen.[17] Ein **grobes Missverhältnis** ist anzunehmen,

---

1 BGHZ 98, 174, 176 = NJW 1986, 2564; BGH NJW 1990, 1169.
2 BGH NJW 1983, 1420, 1421; 1986, 2564; krit. zu dieser Rspr. *Bunte* ZIP 1985, 1, 3 ff.
3 BGH NJW 1991, 832.
4 BGH NJW 1990, 1844.
5 OLG Köln NJW-RR 1986, 1052.
6 BGH NJW-RR 2000, 1431, 1432.
7 OLG Bamberg NJW-RR 2002, 264, 265.
8 BGH NJW 1988, 696.
9 BGH NJW-RR 1988, 236.
10 S. BGH NJW 1991, 1810.
11 S. z. B. BGH NJW 1980, 2074, 2076, 2301; 1981, 1206, 1208; 1982, 2433; *Soergel/Hefermehl* § 138 Rz 88 ff., 90.
12 BGH NJW 1987, 2220; OLG Frankfurt NJW-RR 1988, 305.
13 BGH NJW 1983, 2692; 1987, 2220.
14 BGH NJW 1982, 2433.
15 BGH NJW 1980, 2074, 2076; 1986, 376.
16 BGH NJW 1987, 181.
17 BGH NJW 1988, 161.

wenn der effektive Jahreszins den Schwerpunktzins um 91 %,[1] um 94 %,[2] um 96 %,[3] um 120 %[4] übersteigt. Bei einem hohen Marktzins während einer Hochzinsphase kann auch schon eine Zinsdifferenz von 12 % und ein Übersteigen um 84 % die Sittenwidrigkeit begründen.[5] Dies gilt jedenfalls, wenn der Kredit der Ablösung eines zinsgünstigen Vorkredits dient.[6] Als Indiz für die Sittenwidrigkeit von Bankkrediten, nicht aber für Gelegenheitskredite, die Private gewähren,[7] dient regelmäßig die 100 %-Marke. Ohne diese führen auch zusätzliche Belastungen in den AGB grundsätzlich nicht zur Sittenwidrigkeit.[8] Dies gilt grundsätzlich auch für Kredite an Gewerbetreibende.[9] Eine ähnliche Indizfunktion für die Sittenwidrigkeit ergibt sich aus einem absoluten Zinsunterschied von 12 Prozentpunkten.[10] In einer Niedrigzinsphase führt ein geringfügiges Übersteigen um 100 % zur Sittenwidrigkeit erst, wenn die sonstigen Vertragsbedingungen bei einer Gesamtwürdigung schwerwiegende Belastungen erbringen.[11] Eine Sittenwidrigkeit liegt in einem solchen Fall nicht vor, wenn eine langfristige Zinsbindung ohne Anpassungsmöglichkeit besteht und der Zins die 100 %-Marke nur geringfügig übersteigt.[12] Keine Sittenwidrigkeit liegt im Regelfall vor, wenn der Vertragszins den Marktzins nur um 50 %,[13] um 80,5 %[14] oder um 88,6 %[15] übersteigt.

2. Sittenwidrigkeit aufgrund sonstiger Regelungen

Unabhängig von überhöhten Zinsen kann sich ein selbstständiger Sittenwidrigkeitsgrund auch aus knebelnden Vertragsklauseln ergeben, durch die der Darlehensnehmer aufgrund von umfassenden Entscheidungs-, Zustimmungs- und Kontrollrechten des Darlehensgebers seine eigene Selbständigkeit und wirtschaftliche Entscheidungsfreiheit ganz oder zu wesentlichen Teilen aufgibt.[16] Neben der eigenständigen Sittenwidrigkeit einzelner Klauseln können diese auch bei einer Gesamtwürdigung zur Sittenwidrigkeit des Preis-Leistungsverhältnisses beitragen, ohne per se sittenwidrig zu sein. Bei der Gesamtwürdigung sind danach neben der effektiven finanziellen Belastung auch die sonstigen vertraglichen Regelungen, insbesondere auch die sich aus den **AGB ergebenden Belastungen** für den Darlehensnehmer zu beachten.[17] Im Regelfall sind in die Gesamtwertung jedoch nur solche Klauseln einzubeziehen, die sich wirtschaftlich belastend für den Darlehensnehmer auswirken (s. Rz D 5). **D 4**

---

[1] BGH NJW 1982, 2433.
[2] BGH NJW 1988, 696.
[3] BGH NJW 1987, 183.
[4] BGH NJW 1987, 181.
[5] OLG Köln NJW-RR 1986, 1494; s. auch OLG Frankfurt NJW-RR 1987, 304.
[6] BGH NJW 1988, 1659.
[7] BGH NJW-RR 1990, 1199, 1200; BGH NJW 1994, 1056, 1057; BGH NJW 1994, 1275 m. Anm. *Grunewald* LM H7/1994 § 138 (Ba) BGB Nr. 13.
[8] BGH BB 1988, 432, 433.
[9] BGH NJW-RR 1989, 1068.
[10] BGH NJW 1990, 1595.
[11] OLG Köln NJW-RR 1988, 935.
[12] BGH NJW 1990, 1169.
[13] BGH NJW 1987, 184, 185.
[14] BGH NJW 1987, 944, 945.
[15] BGH BB 1988, 432, 433.
[16] S. etwa BGH NJW 1993, 1587.
[17] So der BGH in st. Rspr., s. etwa BGH NJW 1979, 805; 1986, 2564, 2565; BGH BB 1987, 2262, 2263; BGH NJW 1988, 696; ferner *Nüßgen* FS Werner, 1984, S. 591 ff.; *Kothe* JuS 1984, 511; s. auch § 307 Rz 26; a. A. OLG Hamburg ZIP 1984, 1332, 1333; *Bunte* ZIP 1985, 1, 10.

D 5 **a)** Die Sittenwidrigkeit kann sich insbesondere in Verbindung mit **unwirksamen AGB** ergeben und ist dann unter Einbeziehung der unwirksamen AGB festzustellen.[1] **Zur Sittenwidrigkeit führt** etwa das einseitige Recht zur Zinserhöhung ohne Recht des Kreditnehmers auf Zinsermäßigung,[2] ebenso das Recht zur einseitigen Änderung der Kreditkonditionen ohne besondere Voraussetzungen,[3] zusätzliche Belastungen bei vorzeitiger Rückzahlung, wie z. B. eine hohe Vorfälligkeitsgebühr oder Ablösegebühr[4] oder eine unangemessen niedrige Zinsrückvergütung,[5] im Falle rückständiger Ratenzahlung hohe Mahn- und Verzugskosten,[6] eine unangemessene Verfallklausel,[7] eine von rechtlichen Grundsätzen abweichende Verrechnung von Zahlungen,[8] die Auferlegung pauschalierter Unkosten für die gerichtliche Beitreibung neben und ohne Rücksicht auf die tatsächlichen Kosten[9] oder unangemessene Schadenspauschalen für Verzugszinsen[10] und Vertragsstrafen.[11] Zu berücksichtigen ist auch die fehlende Gestattung des Gegenbeweises nach § 309 Nr. 5 b, ebenso ein unwirksames Aufrechnungsverbot, der Ausschluss eines Zurückbehaltungsrechts oder die ungerechtfertigte Auferlegung einer gesamtschuldnerischen Haftung.[12] Belastend fällt auch die Fälligstellung des Gesamtbetrags nach auffallend kurzer Verzugsfrist, z. B. 3 Wochen, ins Gewicht.[13] Bei Heranziehung einer einzelnen Klausel zur Begründung der Sittenwidrigkeit ist jedoch im Allgemeinen ein besonders grober Verstoß gegen die Angemessenheit erforderlich. Ist der Vertragszins nicht wesentlich überhöht, weil er z. B. den Marktzins um weniger als 50 % übersteigt, so reicht die Unwirksamkeit mehrerer AGB-Klauseln grundsätzlich nicht aus, die Sittenwidrigkeit und Nichtigkeit des Gesamtvertrags zu begründen.[14] Aus den Klauseln muss sich grundsätzlich eine **wirtschaftlich schwerwiegende Belastung** ergeben. Im Falle eines verbundenen Geschäfts im Sinn des § 358 sind Kauf- und Darlehensvertrag nicht isoliert, sondern entsprechend ihrer wirtschaftlichen Einheit zusammen zu würdigen.[15] Die Sittenwidrigkeit kann sich auch aus einem unangemessenen Zins im Zusammenwirken mit Klauseln ergeben, die **für sich allein nicht unwirksam** sind.[16] Als die Sittenwidrigkeit begründender Umstand kommt auch die **Unübersichtlichkeit der Vertragsgestaltung** in Betracht,[17] insbesondere auch wenn die Belastungen im Falle des Verzugs nicht zuverlässig zu beurteilen sind.[18] **Zur Sittenwidrigkeit führt nicht** eine wirksame Vollmachtsklausel,[19] ebenso wenig die Verletzung des Persönlichkeitsrechts durch eine Schufa-Klausel.[20]

---

[1] A. A. offenbar OLG Köln NJW-RR 1988, 935, 936.

[2] BGH NJW 1988, 696; OLG Frankfurt NJW-RR 1993, 879; s. auch Rz D 21 allgemein zu Zinserhöhungsklauseln.

[3] OLG Hamm NJW-RR 1988, 937, 938; s. auch Rz D 21.

[4] BGH NJW 1988, 696; OLG Frankfurt NJW-RR 1993, 879; s. auch Rz D 30.

[5] BGH NJW 1986, 2568, 2569.

[6] BGH NJW 1980, 2074, 2076; BGH WM 1981, 516, 518; BGH NJW 1982, 2433; 1983, 1420, 1421.

[7] BGH NJW 1986, 46; BGH NJW 1986, 2564, 2565; BGH NJW 1988, 696, 697; OLG Hamm NJW-RR 1987, 1330; OLG Saarbrücken NJW-RR 1987, 1333.

[8] OLG Düsseldorf NJW-RR 1987, 108, 110; dazu auch Rz D 29.

[9] BGH NJW 1983, 1420, 1421; OLG Frankfurt/M NJW-RR 1993, 879.

[10] OLG Saarbrücken NJW-RR 1987, 1333.

[11] BGH NJW 1980, 2076, 2078; BGH WM 1981, 353, 357; OLG Hamm NJW-RR 1987, 1330.

[12] OLG Hamm NJW-RR 1987, 1330.

[13] BGH NJW 1983, 1420, 1421.

[14] BGH NJW 1987, 184, 185.

[15] BGH NJW 1980, 1155.

[16] BGH NJW 1982, 2433, 2435; OLG Bamberg NJW-RR 1987, 1334.

[17] BGH NJW 1979, 803; 1982, 2433; zu den Erfordernissen des Transparenzgebots im Rahmen des § 307 s. Rz 235 ff.

[18] BGH NJW 1980, 2301, 2302.

[19] OLG Köln NJW-RR 1988, 935, 935.

[20] OLG Köln NJW-RR 1988, 935, 936; s. auch Rz D 10.

b) Die Sittenwidrigkeit eines früheren Darlehensvertrags führt bei **Kettenkreditverträgen** nicht automatisch zur Sittenwidrigkeit der nachfolgenden Darlehensverträge.[1] Aus dem neuen Darlehensvertrag kann der Darlehensgeber aber nach § 242 keine Ansprüche herleiten, wenn dem Darlehensnehmer daraus keine zusätzlichen Vorteile zufließen, die ihm nicht bereits aus der Nichtigkeit der Vorverträge ohnehin zustehen.[2] Sittenwidrig ist es aber, wenn die Bank die Darlehensvergabe von der Ablösung eines anderen, viel günstigeren Darlehens abhängig macht.[3] D 6

c) Die Sittenwidrigkeit kann sich auch aus der **Art der Rückzahlung** ergeben. Ein Ratenkredit mit einer sog. Block- oder Ballonrate, d. h. einer zwischendurch oder am Ende sehr hohen Restrate nach anfänglich niedrigen Raten, ist nicht ohne weiteres sittenwidrig.[4] Etwas anderes gilt aber, wenn dadurch der Darlehensnehmer zur Darlehensaufnahme verführt wird, obwohl sich für den Darlehensgeber Zweifel an der ordnungsgemäßen Rückzahlbarkeit aufdrängen müssen,[5] oder wenn sonst die Rückzahlungsraten zu einer deutlich erkennbaren Überforderung des Darlehensnehmers und zu einer Gefährdung des Existenzminimums führen.[6] D 7

d) Die Sittenwidrigkeit kann sich auch aus der **Mitverpflichtung nahestehender Personen,** insbesondere von Ehegatten und Kindern, ergeben. Auszugehen ist jedoch von der auch diesen Personen zustehenden Vertragsfreiheit. Nichtigkeit wegen Sittenwidrigkeit tritt deshalb ähnlich wie bei der Bürgschaft (s. Rz B 355 ff.) nur bei besonderen Umständen ein.[7] Erforderlich ist für die Annahme der Sittenwidrigkeit, dass die nahestehende Person bei nicht ganz geringen Bankschulden voraussichtlich nicht in der Lage ist, im Sicherungsfall die Vertragszinsen aus seinem pfändbaren Einkommen und Vermögen zu zahlen. In einem solchen Fall krasser Überforderung wird vermutet, dass die Haftungsübernahme allein aus emotionaler Verbundenheit, nicht aber aus freier, rational-wirtschaftlicher Entscheidung erfolgt und dass sich der Darlehensgeber dies in sittlich anstößiger Weise zunutze gemacht hat,[8] was den Sittenwidrigkeitsvorwurf trägt.[9] Trotz vorstehender Umstände kann die Sittenwidrigkeit dann nicht angenommen werden, wenn der Mitverpflichtete als „echter" Mitdarlehensnehmer ein eigenes sachliches oder persönliches Interesse an dem Darlehen hat und über die Verwendung des Darlehens gleichberechtigt mitentscheiden kann,[10] wie z. B. der Erwerb von Miteigentum an einem Grundstück; die bloße Mitnutzung eines Grundstücks, das allein dem Ehegatten gehört, reicht dafür aber nicht.[11] Maßgeblich für die Abgrenzung zwischen der echten Darlehensnehmerstellung und einer Mitverpflichtung ist nicht die regelmäßig vom Darlehensgeber stammende Vertragsformulierung, sondern, wie stets (§ 133), der wirkliche Wille der Parteien unter Berücksichtigung der Verhältnisse auf der D 8

---

[1] BGH NJW 1987, 944; BGH ZIP 1988, 226.

[2] BGH ZIP 1987, 504, 508.

[3] BGH BB 1988, 432, 433.

[4] BGH NJW 1989, 829.

[5] S. OLG Köln ZIP 1985, 22; OLG Karlsruhe NJW-RR 1987, 299; Sittenwidrigkeit verneint von OLG Düsseldorf ZIP 1987, 1311.

[6] OLG Düsseldorf ZIP 1984, 166; OLG Frankfurt ZIP 1984, 1465; OLG Bamberg NJW-RR 1987, 1334.

[7] BVerfG NJW 1994, 36.

[8] BGH NJW 2001, 815, 816; NJW 2002, 2705, 2706.

[9] Schimansky WM 2002, 2437, 2438.

[10] BGH NJW 2002, 2705, 2706. Überblick über die Rechtsprechungsentwicklung bei *Madaus* WM 2003, 1705, der dem Konzept als solchem, nicht aber in den Einzelheiten der Abgrenzungskriterien und der Darlegungs- und Beweislast zustimmt.

[11] BGH NJW 2002, 2705, 2706; ebenso OLG Naumburg EWiR 2004, 165 m. Anm. *Unger.*

Darlehensnehmerseite.[1] Die Sittenwidrigkeit entfällt auch, wenn die Mitarbeit des Mitverpflichteten für den geschäftlichen Erfolg von entscheidender Bedeutung ist.[2] Mittelbare Vorteile in Form von Unterhaltsleistungen des Hauptdarlehensnehmers, in Form vermehrter Vermögensbildung oder eines eventuell höheren Zugewinns reichen nicht.[3] Nicht zum Ausschluss der Sittenwidrigkeit führt auch die Zielsetzung, Vermögensverschiebungen zwischen den Ehegatten oder sonst nahestehenden Personen entgegenwirken zu können. Dies rechtfertigt nicht eine allgemeine Mitverpflichtung, kann aber durch eine auf diese Fallgestaltung beschränkte Mithaftungsvereinbarung gerechtfertigt werden.[4] Diese Grundsätze gelten auch für öffentlich geförderte Eigenkapitalhilfedarlehen.[5]

D 9 **e)** Bei der Gesamtwürdigung ist zu berücksichtigen, dass im Geschäftsverkehr **zwischen Unternehmern** ein Schutzbedürfnis nur in geringerem Maße anzuerkennen ist.[6] Dies gilt jedoch für Kleinunternehmer nicht uneingeschränkt. Während bei Unternehmern grundsätzlich vom Fehlen einer Schutzbedürftigkeit ausgegangen werden kann, ist bei Kleingewerbetreibenden eine Prüfung im Einzelfall erforderlich,[7] ebenso bei einem Betriebskredit an einen Landwirt.[8] Bei Verbrauchern wird die Schutzbedürftigkeit vermutet (Rz D 3).

3. Verhältnis von Sittenwidrigkeit und Inhaltskontrolle

D 10 Während die unangemessenen sonstigen vertraglichen Regelungen auch einer Inhaltskontrolle nach §§ 307–309 unterfallen, kann die preisliche Äquivalenz von Leistung und Gesamtkostenbelastung des Darlehensnehmers (Rz D 3), auch wenn sie formularmäßig festgelegt sein sollte, wegen § 307 III nicht der Inhaltskontrolle unterzogen werden;[9] eine Ausnahme bilden jedoch die Vertragsabwicklungskosten nach § 308 Nr. 7, Schadenspauschalierungen nach § 309 Nr. 5 und Vertragsstrafen nach § 309 Nr. 6. Die Unangemessenheit der AGB führt jedoch im Rahmen der Gesamtwürdigung zur Sittenwidrigkeit und Nichtigkeit des ganzen Vertrags, während die Unwirksamkeitsgründe der §§ 307–309, die daneben anwendbar bleiben, grundsätzlich für sich allein nur zur Unwirksamkeit der betreffenden Klausel nach § 306 I führen.[10] In jedem Fall ist entscheidend, welche Rechte sich aus dem Vertrag herleiten lassen, nicht dagegen, welche Rechte der Darlehensgeber regelmäßig oder im Einzelfall tatsächlich geltend macht.[11] Bei der Gesamtwürdigung nach § 138 sind aber alle Bedingungen zu berücksichtigen ohne Rücksicht darauf, ob sie einer gerichtlichen Überprüfung standhalten oder nicht.[12]

---

[1] BGH NJW 2002, 744; 2005, 973, 974; kritisch *Bartels* WM 2002, 1905; siehe auch *Schimansky* WM 2002, 2437, 2438.

[2] OLG Hamburg FamRZ 1993, 956.

[3] BGH NJW 1993, 322; 1997, 257, 259.

[4] Andeutungsweise in BGH NJW 1993, 322, 324; ausdrücklich BGH NJW 1997, 257, 259 gegen die frühere Auffassung des IX. Zivilsenates in BGHZ 134, 325, 327 f., aufgegeben für „Neubürgschaften" ab dem 1. 1. 1999 in BGH NJW 1999, 58; s. auch *Schlachter* BB 1993, 802; *H. Honsell* JuS 1993, 817; *Schimansky* WM 2002, 2437, 2440.

[5] BGH NJW 1997, 257, 259.

[6] BGH NJW 1980, 445, 446.

[7] BGH NJW 1983, 1420, 1421 f.

[8] S. auch BGH NJW 1991, 1810.

[9] § 307 Rz 293 ff.

[10] S. auch BGH NJW 1979, 805.

[11] BGH NJW 1982, 2433, 2435.

[12] BGH NJW 1982, 2433, 2435; 1991, 832.

III. Überprüfung nach den AGB-rechtlichen Vorschriften

1. Antragsbindungsklauseln

Die **Bindung an** einen **Darlehensantrag** ist nach § 145 grundsätzlich zulässig. Eine in den AGB enthaltene Frist für die Annahme des Angebots ist nach § 308 Nr. 1 zu beurteilen.[1] Unwirksam ist eine unbestimmte Frist,[2] so etwa eine Bindungsfrist von 2 Wochen nach Eingang der Unterlagen beim Verwender, weil der Kunde den Eingang nicht feststellen kann und nicht klar ist, wann welche Unterlagen verlangt werden können.[3] Eine Annahmefrist von 6 Wochen für die Annahme eines Darlehensantrags in den AGB einer Hypothekenbank ist als zu lang angesehen worden, womit der Verstoß gegen § 308 Nr. 1 angenommen wurde.[4] Ebenso wurde eine Regelung wegen Verstoßes gegen § 308 Nr. 1 als unwirksam angesehen, nach der die Bindungsfrist von 1 Monat für den Kunden ab Zugang des Angebotes bei der Bank gelten sollte (und damit für ihn nicht hinreichend bestimmt ist) und gleichzeitig festgelegt war, dass der Vertrag schon mit der Unterschrift des Kunden und der Bank geschlossen sein sollte, ohne dass es also des Zugangs der Vertragserklärung der Bank beim Kunden bedurft hätte.[5] Im letzteren Teil der Regelung verstößt die Klausel damit auch gegen wesentliche Grundgedanken der Vorschriften über die Wirksamkeit von Willenserklärungen und das Zustandekommen von Verträgen, nach denen nun einmal grundsätzlich der Zugang der Willenserklärungen erforderlich ist.[6] Bei Verbraucherdarlehen ist das **Widerrufsrecht** nach § 495 zu beachten. Bindungsklauseln, die dieses Widerrufsrecht beeinträchtigen, sind nach § 506, aber auch nach § 307 unwirksam. **D 11**

Eine Klausel, wonach der Darlehensnehmer vor Annahme oder Ablehnung des Vertrags **keine anderen Darlehensanträge** stellen darf, anderenfalls er 25 % Schadensersatz zahlen muss,[7] ist grundsätzlich unwirksam. Die Unwirksamkeit ergibt sich aus § 307 I, soweit dem Darlehensnehmer die Pflicht auferlegt wird, keine anderen Darlehensanträge zu stellen. Dadurch wird der Darlehensnehmer unangemessen in seiner wirtschaftlichen Entscheidungsfreiheit beeinträchtigt, ohne dass dafür ein ausreichendes Interesse des Darlehensgebers besteht. Solange der Darlehensnehmer den Kredit zurückzahlen kann, kann es dem Darlehensgeber gleichgültig sein, ob der Darlehensnehmer weitere Kredite aufgenommen hat. Die Zahlungsfähigkeit des Darlehensnehmers muss der Darlehensgeber auf eigene Verantwortung prüfen und kann, wenn es daran fehlt, entweder Sicherheiten verlangen oder den Kredit kündigen. Unwirksam ist auch eine Schadenspauschale von 25 %. Sie widerspricht § 309 Nr. 5 a, weil sie die Möglichkeit anderweitiger Darlehensvergabe nicht berücksichtigt. Ebenso widerspricht sie § 309 Nr. 5 b, weil ein Gegenbeweis nicht ausdrücklich zugelassen ist. Aus den gleichen Gründen unwirksam ist auch eine Schadenspauschale von 20 % im Falle unrichtiger Angaben des Darlehensnehmers.[8] **D 12**

---

[1] S. § 308 Nr. 1 Rz 5 ff.
[2] S. § 308 Nr. 1 Rz 18 ff.
[3] OLG Hamm NJW-RR 1992, 1075.
[4] BGH NJW 1986, 1807.
[5] OLG München ZIP 2005, 160, 161.
[6] S Rz V 286.
[7] S. BGH NJW 1980, 2076, 2078.
[8] S. zu einer solchen Klausel BGH NJW 1980, 2076, 2078.

D 13 Eine Erklärung, dass ein **blanko unterschriebener Darlehensantrag** gültig sei,[1] ist nach § 307 I unwirksam, da der Darlehensnehmer damit dem Darlehensgeber das Recht zur einseitigen Bestimmung des Darlehensvertrags einräumt und sich jeder Kontrollmöglichkeit begibt. Unwirksam ist auch eine Klausel in einem Darlehensantrag, wonach alle weiteren Einzelheiten bei der Annahme dieses Antrags im banküblichen Rahmen festgelegt werden.[2] Die Summierung dieser Klauseln mit anderen Klauseln kann zur Sittenwidrigkeit führen.[3]

2. Leistungsentgelte

D 14 **a)** Die Vereinbarung eines **Disagios** in AGB ist **nicht** nach § 307 III der Inhaltskontrolle entzogen, da es sich regelmäßig um eine Art vorweggenommener Zinszahlung[4] und damit um eine Vorleistung handelt, die vom gesetzlichen Prinzip der Gleichzeitigkeit des Leistungsaustauschs (§ 320) abweicht. Ein solches laufzeitabhängiges Disagio unterfällt der Inhaltskontrolle. Das Disagio kann auch als laufzeitunabhängige Entschädigung für Aufwand sowie als Ausgleich für das Rückzahlungsrisiko[5] dienen. Dies muss aber ausdrücklich festgelegt werden.[6] Auch als Aufwandsentschädigung und Risikoausgleich ist das Disagio nicht nach § 307 III der Inhaltskontrolle entzogen. Ein Disagio kann nach § 307 grundsätzlich wirksam vorgesehen werden, da es sowohl als Gegenleistung für die Zurverfügungstellung des Darlehens wie als Aufwandsentschädigung oder Ausgleich für das Rückzahlungsrisiko einem berechtigten Bedürfnis entspricht. Das Disagio kann sowohl für Darlehen mit festem Zinssatz als auch mit variablem Zinssatz vereinbart werden.[7] Die Höhe des Disagios muss jedoch angemessen sein. 3 % sind nicht zu beanstanden.[8] Auch 4,5 %, wenn sie aus steuerlichen Gründen vorgesehen sind, sind nicht zu beanstanden.[9] Wenn nichts anderes vereinbart ist, kann das Disagio erst berechnet werden, wenn der Darlehensnehmer das Darlehen ausbezahlt erhalten hat. Die Auszahlung auf ein Notartreuhandkonto reicht dafür nicht.[10] Ein der Höhe nach angemessenes Disagio, das schon bei Auszahlung auf ein Treuhandkonto entsteht, kann jedoch in AGB vorgesehen werden und ist grundsätzlich nicht nach § 307 zu beanstanden. Ein laufzeitabhängiges Disagio, das eine vorweggenommene Zinszahlung enthält, muss bei vorzeitiger Beendigung des Darlehensvertrags nach § 812 I 1, 1. Alt. zurückbezahlt werden. Der Rückzahlungsanspruch entsteht im Zeitpunkt der vorzeitigen Darlehensbeendigung in Höhe des unverbrauchten Teils in vollem Umfang. Er ist gemäß § 355 HGB ohne unterjährige Zinseszinsen zu berechnen.[11] Eine Klausel, die diesen Rückzahlungsanspruch generell ausschließt, ist nach § 307 unwirksam.[12] Der Rückzahlungsanspruch kann jedoch für einen Zeitraum ausgeschlossen werden, in dem das Darlehen nach § 489 I unkündbar ist.[13]

---

1 BGH NJW 1980, 2076, 2078.

2 A. A. OLG Koblenz ZIP 1983, 557.

3 BGH NJW 1980, 2076, 2078 und Rz D 4.

4 S. auch BGH NJW-RR 1989, 947; BGH NJW 1990, 2250.

5 BGH NJW 1985, 1831.

6 S. BGH NJW 1990, 2250; vgl. auch *Koller* DB 1992, 1125, 1129, der die AGB-rechtliche Einstufung des Disagios als laufzeitunabhängige Risikoprämie als überraschend auffasst und sie gemäß § 305 c I für unwirksam hält.

7 OLG Köln NJW-RR 1992, 375.

8 Vgl. auch BGH NJW 1985, 1831.

9 BGH NJW-RR 1986, 467, 468.

10 BGH NJW 1985, 1831.

11 BGH NJW 1998, 1062.

12 BGH NJW 1990, 2250.

13 OLG Köln NJW-RR 1992, 681.

Auch kann für das Disagio eine Laufzeit vorgesehen werden, die kürzer ist als die Gesamtlaufzeit für das Darlehen.[1] Im Falle einer zeitlich begrenzten Zinsfestschreibung ist das Disagio regelmäßig nur dem Zinsfestschreibungszeitraum zuzuordnen, so dass bei anteiliger Erstattung des Disagios wegen vorzeitiger Darlehensrückzahlung der zu erstattende Betrag nicht auf Grundlage der Gesamtlaufzeit, sondern dieses Zinsfestschreibungszeitraums zu berechnen ist.[2] Soweit das Disagio eine laufzeitunabhängige Aufwandsentschädigung darstellt, kann seine Rückzahlung ausgeschlossen werden. Dies ist jedoch bei einem Disagio von 10 % im Regelfall nicht anzunehmen.[3] Haftet ein Bürge für ein Darlehen mit einer Zinsvorauszahlungsvereinbarung, so kann er im Falle einer vorzeitigen Kündigung des Darlehens nur auf den um den nicht verbrauchten Teil der Zinsvorauszahlung verringerten Betrag in Anspruch genommen werden, da die gegenseitigen Leistungspflichten im Rahmen der Abwicklung des Darlehensverhältnisses lediglich unselbstständige Rechnungsposten darstellen, so dass auch der Hauptschuldner von vornherein nur auf einen solchermaßen gekürzten Betrag in Anspruch genommen werden könnte.[4]

b) Die **Zinshöhe** unterliegt als Preis für die Nutzungsüberlassung des Darlehens nach § 307 III grundsätzlich nicht der Inhaltskontrolle,[5] auch wenn die Zinshöhe variabel ausgestaltet ist.[6] Die Grundsätze der **Zinsberechnung** beeinflussen zwar die Zinshöhe, unterliegen aber der Inhaltskontrolle nach § 307, soweit sie von gesetzlichen Vorschriften und allgemein von rechtlichen Maßstäben abweichen (§ 307 II Nr. 1) oder dem Vertragszweck widersprechen (§ 307 II Nr. 2). Zu den ungeschriebenen gesetzlichen Grundsätzen der Zinsberechnung gehört, dass Zinsen nur während der Zeit der Nutzungsüberlassung für die jeweils noch offene Darlehenssumme zu zahlen sind.[7] In Darlehensbedingungen ist statt dessen häufig vorgesehen, dass Zinsen trotz zwischenzeitlich erbrachter Tilgungsleistungen „jeweils nach dem Stand des Kapitals am Schluss des vergangenen Tilgungsjahres berechnet" werden (**Zinsberechnungsklausel nach Jahresstand)** oder dass „die Tilgungsleistungen jährlich am Schluss des Kalenderjahres verrechnet" werden (sog. Tilgungsklausel).[8] Sieht man in der Tilgungsklausel richtigerweise keine Abweichung von § 362 I, sondern lediglich eine andere Umschreibung der Zinsberechnungsklausel nach Jahresstand (s. Rz D 29), so haben beide Klauseln dieselbe Folge, dass der Zinsberechnung auch bereits getilgte Darlehensteile zu Grunde gelegt werden und dass sie damit vom Grundsatz der Zinsberechnung entsprechend dem jeweiligen Tilgungsstand abweichen. Wegen dieser Abweichung von rechtlichen Maßstäben sind die Zinsberechnungsklauseln nicht nach § 307 III der Inhaltskontrolle entzogen, auch wenn sie die Zinshöhe und damit Preisbestandteile beeinflussen.[9] Die Inhalts- **D 15**

---

[1] OLG Köln NJW-RR 1992, 375.

[2] BGH NJW 1995, 2778.

[3] A. A. offenbar OLG Hamm NJW-RR 1990, 437.

[4] BGH NJW 1994, 1790.

[5] S. § 307 Rz 293 ff.

[6] BGH NJW 2004, 1588; *Schimansky* WM 2001, 1169, 1175.

[7] S. LG Stuttgart NJW 1987, 657, 658; *Köndgen* NJW 1987, 160, 163; *Canaris* NJW 1987, 609, 613; *M. Wolf* WuB I E 416.91; a. A. BGHZ 106, 42, 47; 112, 115; BGH NJW 1991, 2559, 2560 f.; 1992, 503, 504; zurückhaltender BGH NJW 1992, 179.

[8] S. *Canaris* NJW 1987, 609.

[9] S. § 307 Rz 286; im Ergebnis ebenso BGHZ 106, 42, 46 = NJW 1989, 222; BGHZ 112, 115, 117 = NJW 1990, 2383; *Köndgen* NJW 1987, 160, 162; *Löwe* NJW 1987, 937, 939; *Niebling* ZIP 1987, 1433; a. A. LG Frankfurt NJW 1987, 2090; *Canaris* NJW 1987, 609, 613; *ders.* NJW 1987, 2407; *Hadding/Welter* WuB I E 4487; *Bruckner* WM 1987, 458.

kontrolle der Zinsberechnungsregeln ist nicht nur bei Sollzinsen, sondern auch bei Guthabenzinsen zulässig.[1]

D 16 **aa)** Die Zinsberechnungsklausel nach Jahresstand widerspricht nicht dem Grundgedanken des § 362 I, da die Tilgungszahlungen Erfüllungswirkung haben.[2] Die Zinsberechnung nach Jahresstand weicht aber vom gesetzlichen **Grundsatz der taggenauen Zinsberechnung entsprechend dem jeweiligen Kontostand** ab (s. auch § 6 II PAngV).[3] Die Abweichung von der taggenauen Zinsberechnung führt dazu, dass Zinsen aus bereits getilgten Darlehensteilen berechnet werden, da die Tilgung für die Zwecke der Zinsberechnung nicht sofort (taggenau), sondern erst nach Ablauf eines Monats, Vierteljahres oder Kalenderjahres berücksichtigt wird. Dies widerspricht dem **Äquivalenzprinzip** „keine Leistung ohne Gegenleistung" als einem wesentlichen Grundgedanken der gesetzlichen Regelung,[4] der auch für Teilleistungen gilt. Darin liegt entgegen der Rspr. des BGH[5] sowohl bei Sollzinsen wie bei den Guthabenzinsen[6] eine wesentliche Benachteiligung, da das Äquivalenzprinzip bei allen verkehrstypischerweise entgeltlichen Verträgen zu den Grundgedanken der gesetzlichen Regelung zählt.[7] Außerdem führt die zunehmende Tilgungsprogression zu einer ständig steigenden Zinsprogression bei den Sollzinsen, die bei üblichen Darlehensbedingungen ohne weiteres über 50 % des ursprünglichen Jahreszinses betragen kann.[8] Da dem Durchschnittskunden diese Zinsprogression nicht bewusst ist, kann er ihr auch nicht gezielt durch Kündigung nach § 489 ausweichen. Eine solche Kündigung zwecks vorzeitiger Rückzahlung ist keinesfalls treuwidrig.[9] Wegen der Benachteiligung in Widerspruch zu Grundgedanken der gesetzlichen Regelung ist die nur jahresgenaue Zinsberechnung grundsätzlich nach § 307 unwirksam.[10] Dies gilt erst recht, wenn die jahresgenaue Zinsberechnung auch auf außergewöhnliche, vorzeitige Tilgungsleistungen anzuwenden ist.[11] Der außer Kraft getretene[12] § 20 II HypbankG konnte diese Benachteiligung nicht rechtfertigen. Ihm kam wegen seines überholten Regelungszwecks (Vermeidung von Berechnungsschwierigkeiten) keine wesentliche Bedeutung für die Bestimmung der wesentlichen Grundgedanken im Sinne von § 307 II Nr. 1 mehr zu.[13] Er trat auch gegenüber den Wertungen des späteren und durch die Schuldrechtsnovelle ins BGB überführten AGB-Gesetzes und der in § 6 II PAngV vorgesehenen taggenauen Zins-

---

[1] BGH NJW 1991, 2559, 2560.

[2] BGHZ 106, 42 = NJW 1989, 222; BGHZ 112, 115 = NJW 1990, 2383; *Schmuck* BB 1986, 1795; *Köndgen* NJW 1987, 160, 163; *Canaris* NJW 1987, 609, 610; *Hunecke* WM 1989, 553, 555; s. auch Rz D 29; a. A. LG Stuttgart NJW 1987, 193; *Bader* BB 1986, 544 und 1797; *ders.* BB 1987, 348; *Löwe* NJW 1987, 937, 939.

[3] Vgl. auch *Ulmer/Fuchs* Anh. § 310 Rz 269.

[4] S. auch § 307 Rz 121.

[5] S. etwa BGHZ 106, 42, 47 = NJW 1989, 222; BGHZ 112, 115 = NJW 1990, 2383; BGH NJW 1991, 2559, 2560; 1992, 503, 504; etwas zurückhaltender BGH NJW 1992, 179; der Rsp. folgend etwa *Fandrich* in: *von Westphalen,* Vertragsrecht und AGB-Klauselwerke, Darlehensvertrag, Rz 79 m.w.N.

[6] A. A. BGH NJW 1991, 2559, 2560; s. aber auch OLG Karlsruhe NJW 1991, 362.

[7] S. Rz D 15; s. auch BGH NJW 1989, 582 zur Wertstellung; ferner OLG Karlsruhe NJW-RR 1991, 625.

[8] M. Wolf zu OLG Stuttgart EWiR § 9 AGBG 11/87, 635.

[9] A. A. *Canaris* NJW 1987, 2407, 2409.

[10] So auch OLG Bremen NJW 1991, 1837; MünchKomm/*Kieninger* § 307 Rz 226; *Ulmer/Fuchs* Anh. § 310 Rz 270; *Niebling* ZIP 1987, 1433; a. A. der BGH, der die Unwirksamkeit nur aus einem Verstoß gegen das Transparenzgebot ableitet, s. Rz D 17; kritisch zur BGH-Rspr. auch *Stoffels* AGB-Recht Rz 521 (4).

[11] A. A. BGH NJW 1991, 2559, 2561 für vierteljahresgenaue Berechnung von Sonderzahlungen bei Bausparverträgen; MünchKomm/*Berger* § 488 Rz 201 ebenfalls nur einen Transparenzverstoß annehmend.

[12] Auf Grund des eine vergleichbare Regelung nicht enthaltenden PfandBG v. 22. 5. 2005 (BGBl I S. 1373) ist die Norm mit Wirkung vom 19. 7. 2005 außer Kraft getreten.

[13] Köndgen NJW 1987, 160, 162; *Löwe* NJW 1987, 937, 938; *Trinkner/Wolfer* BB 1987, 425, 426; a. A. OLG Stuttgart ZIP 1987, 837, 840; *Kollhosser* ZIP 1986, 1429, 1437; *Baums* WM 1987, Sonderbeilage Nr. 2.

berechnung zurück. § 20 HypbankG war auch im Ausnahmekatalog des § 310 nicht erwähnt. Keine Rechtfertigung ergibt sich auch aus § 6 II PAngV,[1] da darin gerade die taggenaue Verrechnung verlangt wird. Die jahresgenaue Zinsberechnung kann ausnahmsweise wirksam sein, wenn die Zinsberechnung nach Jahresstand wegen Geringfügigkeit nicht zu beanstanden ist,[2] jedoch ist hier Zurückhaltung geboten. Die Abweichung von der taggenauen Zinsberechnung wurde in einem Darlehensvertrag mit einer Genossenschaft nicht als unwirksam angesehen, da die Darlehensnehmerin kraft zu erwartender Geschäftsgewandtheit als Formkaufmann nicht schutzwürdig und für sie die Regelung zur Zinsberechnung hinreichend deutlich sei.[3] Dies erscheint bedenklich, da zwar die höhere Professionalität im Rahmen der Transparenzkontrolle (dazu nachfolgend Rz D 17) zu einer Milderung der Anforderungen führen mag, der Verstoß gegen das Äquivalenzprinzip jedoch auch beim unternehmerischen Darlehensnehmer nicht mit höherer Professionalität gerechtfertigt werden kann. Eine Vereinbarung, dass die Jahresleistungen in vierteljährlichen Raten zu entrichten sind, und zwar für die laufenden Kalendervierteljahre jeweils am 5. des letzten Quartalsmonats, soll nicht so ausgelegt werden können, dass der Zins nicht nur bis zum 5. auf den vollen Betrag, sondern bis zum Monatsende zu zahlen ist.[4] Eine nur vierteljahresgenaue Zinsberechnung bedarf zu ihrer Wirksamkeit besonderer Rechtfertigung. Diese kann sich bei Bausparverträgen aus den Vorteilen für die Sparergemeinschaft ergeben, an denen auch der einzelne Kunde teilnimmt.[5] Wirksam ist auch die Klausel in Bausparbedingungen, wonach Kosten und Gebühren in die Zinsberechnung einbezogen werden.[6]

bb) Die Zinsberechnungsklausel nach Jahresstand verstößt neben dem Äquivalenzprinzip (Rz D 16) auch gegen das **Transparenzgebot,**[7] wenn sie den Zinssteigerungseffekt dem Durchschnittskunden nicht erkennbar macht.[8] Maßgebend sind die Erwartungen und Erkenntnismöglichkeiten eines Durchschnittskreditnehmers ohne Unterscheidung nach Groß- und Kleinkreditnehmern.[9] Unerheblich ist es auch, wenn der Darlehensnehmer Geschäftsführer einer GmbH ist.[10] Jedoch kann zwischen erst- oder einmalig Darlehensnehmenden und Dauerkreditnehmern unterschieden werden.[11] Auch bei mit Darlehensgeschäften vertrauten Unternehmern ist die Transparenz eher gewährleistet[12] als bei kreditunerfahrenen Nicht- oder Kleinunternehmern.[13] Die Transparenz muss umso größer sein, je weniger ein Durchschnittskunde mit der beanstandeten Regelung rechnen muss.[14] Insbesondere muss bei Preisnebenabreden mit unmittelbar preiserhöhender Wirkung wie bei nicht taggenauen Tilgungsverrechnungsklauseln gerade auch im Interesse der **D 17**

---

[1] Köndgen NJW 1987, 160, 162; a. A. *Schmuck* BB 1986, 1795.

[2] S. dazu auch LG Stuttgart NJW 1987, 193, 195; zu weitgehend *Canaris* NJW 1987, 609, 616 mit der Annahme genereller Geringfügigkeit.

[3] OLG Hamm NJW-RR 1990, 497, 498.

[4] OLG Frankfurt/M. ZIP 1993, 1225; zustimmend *Hahn* BB 1994, 1236; ablehnend *Wenzel* EWiR § 608 BGB 3/93.

[5] Im Ergebnis deshalb haltbar BGH NJW 1991, 2559, 2561.

[6] BGH NJW 1991, 2559, 2561.

[7] Köndgen NJW 1987, 160, 164; s. auch § 307 Rz 235 ff.

[8] BGHZ 106, 42, 49 = NJW 1989, 222; 1997, 1068; BGHZ 112, 115 = NJW 1990, 2383; BGH NJW 1991, 1889; BGH NJW 1992, 179 und 503; BGH NJW 1995, 2286; vgl. auch *Fandrich* in *von Westphalen,* Vertragsrecht und AGB-Klauselwerke, Darlehensvertrag Rz 80.

[9] BGH NJW 1992, 1097.

[10] BGH NJW 1995, 2286.

[11] BGHZ 106, 42 = NJW 1989, 222; OLG Celle NJW 1989, 2267.

[12] S. auch OLG Hamm NJW-RR 1990, 497, 498.

[13] S. auch § 307 Rz 252.

[14] BGHZ 112, 115 = NJW 1990, 2383.

Markttransparenz in erhöhtem Maße auf eine deutliche und klar erkennbare Regelung Bedacht genommen werden.[1] Nicht transparent ist eine Regelung, wenn ein innerer Zusammenhang zwischen den monatlichen Tilgungszahlungen und der davon abweichenden Zinsberechnung nicht ersichtlich wird und es dem Kunden überlassen bleibt, die unausgesprochene Konsequenz zu erkennen, dass bereits getilgte Schuldbeträge noch weiter zu verzinsen sind.[2] Intransparent ist es deshalb z. B., wenn Tilgungsraten und Zinsberechnung in verschiedenen Klauseln oder Absätzen geregelt sind.[3] Die bloße räumliche Zusammenfassung von Zinsberechnung und Tilgungsverrechnung in einem Absatz oder Satz reicht aber für sich allein nicht aus,[4] wenn aus der Formulierung ein Zusammenhang zwischen der verzögerten Tilgungsverrechnung und der damit zusammenhängenden Zinsprogression dem Durchschnittskunden nicht erkennbar wird,[5] weil unklar bleibt, dass bereits getilgte Schuldbeträge weiter zu verzinsen sind.[6] Dies gilt erst recht, wenn die Tilgungsregelung in sich widersprüchlich erscheint.[7] Auch die in einen Konditionenblock eingefügte Wahlmöglichkeit zwischen jährlich nachträglicher Zinsberechnung und Zinsabrechnung bei Fälligkeit der Leistungsrate genügt nicht, weil daraus allein der zinssteigernde Effekt nicht erkennbar wird.[8] Wegen Verstoßes gegen das Transparenzgebot ist unwirksam auch eine Klausel, wonach zu jedem Monatsende ein Rechnungsabschluss vorgenommen wird, sofern damit die Konsequenz verbunden ist, dass Zinsen aus dem Saldo, einschließlich ausstehender Zinsen und damit Zinseszinsen, berechnet werden.[9] Der BGH hat als transparent angesehen eine Klausel in Bauspar-AGB des Inhalts „Tilgungsbeträge wirken sich vom Beginn des auf ihren Eingang folgenden Kalendervierteljahres an in der Zinsberechnung aus" trotz monatlich geleisteter Tilgungsraten.[10] Ebenso wird als transparent angesehen die Regelung in Bauspar-AGB, wonach Guthabenzinsen bei Einzahlung vor dem 15. mit dem nächsten Monatsersten, bei Einzahlung nach dem 15. erst zum übernächsten Monatsersten berechnet werden.[11] Dies erscheint bedenklich. Auch wenn die sprachliche Transparenz gewahrt wäre, fehlt es doch an der Preistransparenz in dem Sinne, dass Preisbestandteile nicht offen als Preis- bzw. Zinsbestandteile ausgewiesen werden und rechnerisch nicht ohne weiteres erkennbar sind.[12] Dem Transparenzgebot wird nach der Rspr. des BGH[13] dadurch Genüge getan, dass ein auf die gesamte Laufzeit bezogener durchschnittlicher **effektiver Jahreszins** ordnungsgemäß[14] errechnet und dem Kunden bei Vertragsschluss[15] mitgeteilt wird.[16] Im Verbandsklageverfahren gilt dies jedoch nur, wenn sich der effek-

---

[1] BGH 112, 115 = NJW 1990, 2383; BGH NJW 1997, 1068 = LM H.7/1997 § 9 (Bl) AGBG Nr. 52 m. Anm. *Lindacher; M. Wolf* in Verbraucherkreditrecht, AGB-Gesetz und Kreditwirtschaft, Bankrechtliche Vereinigung, Bd 1, 1991, S. 73, 76 f.; kritisch *Canaris* WuB I E 4.2.89, S. 166, 168.

[2] BGH NJW 1997, 1068 m. w. N.

[3] BGH NJW 1992, 1097; BGH NJW 1995, 2286, 2287; s. auch *Buchner* WM 1988, 1873, 1875; *Taupitz* NJW 1989, 2242.

[4] BGH NJW 1997, 1068.

[5] BGH NJW 1992, 1108.

[6] BGHZ 112, 115 = NJW 1990, 2383, 2384; 1997, 1068.

[7] OLG Celle NJW 1989, 2267.

[8] OLG Karlsruhe NJW-RR 1991, 625.

[9] OLG Hamm NJW-RR 1988, 937, 938.

[10] BGH NJW 1991, 2559, 2561; OLG Düsseldorf NJW 1989, 2270; OLG Koblenz NJW 1989, 2268; dazu *Taupitz* NJW 1989, 2242.

[11] BGH NJW 1991, 2559, 2560; LG Karlsruhe NJW-RR 1990, 367.

[12] S. auch *M. Wolf* WuB I E416.91.

[13] BGHZ 106, 42, 51 = NJW 1989, 222; BGH NJW 1991, 1889; 1992, 1097.

[14] S. BGH NJW 1992, 1097, 1099.

[15] BGH NJW 1992, 1097; OLG Köln NJW-RR 1995, 1014.

[16] S. zur Heilung auch § 307 Rz 242.

tive Jahreszins allgemein aus dem Formular selbst ergibt und nicht erst in jedem Einzelfall bei Vertragsschluss eingefügt wird.[1] Ob die nach § 6 I 1 PAngV ohnedies geschuldete Angabe des (anfänglichen) effektiven Jahreszinses einen Transparenzmangel beheben kann, erscheint indes zweifelhaft, da aus dessen Angabe der Darlehensnehmer nichts an Klarheit gerade zu diesem Punkt gewinnt. Die Effektivzinsangabe enthält ja gerade keinen Hinweis darauf, dass durch die nachteilige Verrechnungsabrede eine zinssteigernde Wirkung eintritt. Die Angabe eines genauen Tilgungsplans, aus dem sich ersehen lässt, dass sich die Zinshöhe trotz vorausgegangener Tilgung nicht ändert, kann genügen,[2] ebenso die genaue datumsmäßige Gegenüberstellung von Tilgungszahlung und deren Berücksichtigung bei der Zinsberechnung.[3] Ist die Transparenz im Erstvertrag gegeben, so führt eine etwaige Intransparenz in einem Änderungsvertrag dann nicht zur Unwirksamkeit, wenn bei einer Gesamtschau der Regelungsgehalt klar erkennbar ist.[4] Nach der Rspr. genügt, dass der zinssteigernde Effekt als solcher erkennbar wird, ohne dass die Zinshöhe betragsmäßig angegeben wird.[5] Nicht ausreichend ist aber die bloße Angabe der Laufzeit des Darlehens.[6] Darüber hinaus besteht ein Bedürfnis, dass gerade auch der enorme Progressionseffekt in den letzten Tilgungsjahren deutlich wird, damit der Darlehensnehmer ihn, z. B. durch Kündigung, vermeiden kann. Die Zinsprogression darf nicht durch Angabe nur eines durchschnittlichen Jahreszinses verschleiert werden. Die Einhaltung des Transparenzgebotes ist auch im **Verbandsklageverfahren** und nicht nur im Individualprozess zu überprüfen.[7] Die Neuberechnung der Schuldzinsen eines Annuitätendarlehens, dessen Zinsberechnungsklausel nicht dem Transparenzgebot genügt, ist nach der Auffassung des BGH[8] unter taggenauer Berücksichtigung aller Tilgungsleistungen anhand des vereinbarten Nominalzinssatzes nach der banküblichen linearen, erzielbare unterjährige Zinseszinsen nicht berücksichtigenden Berechnungsmethode durchzuführen. Die aufgrund einer unwirksamen Tilgungsverrechnung zu viel gezahlten Zinsen sind zur Tilgung zu verwenden.[9] Ein etwaiger Bereicherungsanspruch verjährt nach § 195.[10]

cc) Die Zinsberechnungsklausel nach Jahresstand ist bei generell-typisierender Betrachtung nicht nach § 305 c I überraschend.[11] Ein Irrtum über ihre Auswirkungen ist als bloßer Rechtsfolgenirrtum unbeachtlich.[12] Sie kann jedoch, wenn sie im jeweiligen Darlehensvertrag nicht zu erwarten war, überraschend sein,[13] da es auf die Üblichkeit im Allgemeinen nicht ankommt.[14] Die Abweichung von der taggenauen Zinsberechnung verstößt im Regelfall nicht gegen die Vereinbarung eines effektiven Jahreszinses als Individualvereinbarung gemäß § 305 b, da sich die An- **D 18**

---

[1] BGH NJW 1997, 1068; a. A. *Lindacher* Anm. LM H.7/1997 § 9 (Bl) AGBG Nr. 52.

[2] BGH NJW 1991, 1889.

[3] S. OLG Hamm NJW-RR 1990, 497.

[4] Für mangelnde Transparenz bei Ratenkrediten in der Kette vgl. OLG Celle NJW-RR 1995, 1133.

[5] BGH NJW 1989, 222 und 530; OLG Koblenz NJW 1989, 2270.

[6] BGH NJW 1991, 1889.

[7] BGH NJW 1991, 2559; 1992, 179 = LM H.2/1992 § 9 (Bl) AGBG Nr. 38 m. Anm. *Pfeiffer;* BGH NJW 1992, 503 = LM H.3/1992 § 9 (Bl) AGBG Nr. 40 m. Anm. *Pfeiffer;* OLG Köln NJW-RR 1991, 636.

[8] NJW 1995, 2286, 2287.

[9] BGH NJW 1991, 220.

[10] BGH NJW 1991, 220.

[11] OLG Stuttgart ZIP 1987, 837, 838 = NJW 1987, 2024.

[12] M. Wolf zu OLG Stuttgart EWiR § 9 AGBG 11/87, 635.

[13] S. auch *Köndgen* NJW 1987, 160, 163.

[14] S. § 305 c Rz 25; *Trinkner/Wolfer* BB 1987, 425; *Löwe* NJW 1987, 937, 940; a. A. *Kollhosser* ZIP 1986, 1429, 1433; *Canaris* NJW 1987, 609, 610.

gabe des effektiven Jahreszinses auf ein Jahr beschränkt.[1] Die Klausel, „Die in der Jahresleistung enthaltenen Zinsen werden jeweils nach dem Stand des Kapitals am Schluss des vergangenen Kalender-(Tilgungs-)jahres verrechnet", kann nach § 305c II unklar sein;[2] dies gilt insbesondere auch, wenn sie auf außergewöhnliche, vorzeitige Tilgungsleistungen erstreckt wird, was nach dem Grundsatz kundenfeindlicher Auslegung im Verbandsprozess anzunehmen ist.

D 19 **dd)** Die **Fälligkeit der Zinszahlung** kann in Abweichung von § 488 II auch vierteljährlich oder monatlich vereinbart werden.[3] § 488 II enthält keine Vorschrift mit Gerechtigkeitsgehalt.[4] Eine solche Fälligkeitsvereinbarung kann grundsätzlich auch bei Unwirksamkeit einer nachschüssigen Tilgungsvereinbarung (Rz D 16 ff.) ihre Wirksamkeit behalten.[5] Die Klauseln über die **Wertstellung** von Gut- und Lastschriften sind AGB, wenn die Festsetzung einseitig erfolgt[6] und unterliegen als Preisnebenabrede der Inhaltskontrolle.[7] Bei Belastungen fallen Sollzinsen bereits am Belastungstag an (§ 354 II HGB). Bei Gutschriften kann die Bank das Geld häufig erst am folgenden Tag zinswirksam anlegen. In AGB kann deshalb grundsätzlich wirksam vorgesehen werden, dass bei Belastungen die Zinsberechnung am Tag des Buchungsvorgangs und bei Gutschriften (zu den Gutschriftsfristen im Girovertrag siehe § 676 g I) einen Tag danach erfolgt.[8] Die Wertstellung muss aber bei Gutschriften wegen der für die Zinsberechnung von debitorischen Konten analog anwendbaren §§ 187 I, 188 I am Tag des Zahlungseingangs erfolgen. Bei Inkasso von Schecks und anderen Inkassopapieren muss die Gutschrift mit Wertstellung spätestens an dem Tag erfolgen, an dem die Bank über den Betrag zinswirksam verfügen kann. Darüber hinausgehende spätere oder frühere Wertstellungen sind unzulässig,[9] da dies den Grundgedanken der Zinsberechnung bei Darlehen sowie § 668 widerspricht.[10] Ferner ist die Transparenz der Preisgestaltung nicht gewahrt.[11] Weder buchungstechnische Gründe noch ein Handelsbrauch rechtfertigen eine davon abweichende Wertstellung.[12]

D 20 **c)** Die Vereinbarung eines höheren **Überziehungszinses** ist nicht nach § 307 III der Inhaltskontrolle entzogen.[13] Zwar kommt dem Überziehungszins Entgeltcharakter zu, da er für eine nicht ausdrücklich vereinbarte, aber dennoch geduldete Darlehensnutzung zu zahlen ist. Der Überziehungszins stellt aber nicht das regelmäßig zu zahlende Entgelt dar, sondern ist nur ein bedingtes Entgelt, mit dessen Erhebung bei Vertragsabschluss nicht ohne weiteres gerechnet wird und für das deshalb die für Nebenbedingungen typische Schutzsituation gegeben ist, die die Inhaltskontrolle rechtfertigt.[14] Die Inhaltskontrolle erfolgt nach § 307, da der Überziehungszins weder als Nutzungsvergütung nach Vertragsbeendigung (§ 308 Nr. 7)

---

1 S. *Gimel/Boest,* Die neue PAngV, § 4 Anm. 3.

2 S. auch AG Hamburg NJW 1987, 1775.

3 Ebenso BGH NJW 1993, 3261 = LM H.1/1994 § 608 BGB Nr. 7 m. Anm. *M. Wolf;* OLG Frankfurt/M. ZIP 1993, 1225; zustimmend *Hahn* BB 1994, 1237; OLG Köln ZIP 1993, 1154.

4 S. *Canaris* NJW 1987, 609, 615.

5 OLG Köln ZIP 1993, 1154; OLG Frankfurt/M. ZIP 1993, 1154.

6 S. § 305 Rz 18.

7 § 307 Rz 314 ff.

8 BGHZ 106, 259, 263 = NJW 1989, 582; OLG Karlsruhe ZIP 1987, 1443 = NJW 1988, 74; a. A. LG Heidelberg ZIP 1987, 424, 432.

9 S. auch *Pleyer/Huber* ZIP 1987, 424, 432.

10 S. *Pleyer/Huber* ZIP 1987, 424, 431.

11 Pleyer/Huber ZIP 1987, 424, 429 ff.

12 Insoweit zu Recht LG Heidelberg ZIP 1987, 629, 632; *Pleyer/Huber* ZIP 1987, 424, 429 ff.

13 BGH NJW 1992, 1751 = LM H. 9/1992 § 608 BGB Nr. 6 m. Anm. *M. Wolf;* siehe auch BGH NJW 2003, 1801, 1802.

14 S. auch BGH NJW 1992, 1751; § 307 Rz 322.

noch als pauschalierter Schadensersatz (§ 309 Nr. 5) oder Vertragsstrafe (§ 309 Nr. 6) anzusehen ist.[1] Die Inhaltskontrolle nach § 307 bezieht sich zunächst auf die Frage, ob die Überziehungszinsen höher sein dürfen als die normalen Vertragszinsen. Dies ist zu bejahen, da Überziehungskredite in der Regel ein höheres Darlehensrisiko, höheren Aufwand und höhere Refinanzierungskosten verursachen.[2] Die Höhe der Überziehungszinsen kann durch ein Bestimmungsrecht nach § 315 festgelegt werden.[3] Zulässig ist auch ein bestimmter Prozentsatz über dem jeweiligen Basiszinssatz. Für das **Verbraucherdarlehen** wird in § 497 I 1 unter Verweis auf § 288 die Zinshöhe dahin festgelegt, dass im Verzugsfall der Basiszins zuzüglich 5 %-Punkte geschuldet wird. Die für den Einzelfall eröffnete alternative[4] Möglichkeit des Darlehensgebers, einen höheren Schaden geltend zu machen und die Ausgestaltung dieser Regelung als halbzwingend zugunsten des Verbrauchers nimmt dem Darlehensgeber einerseits die Kumulierung von Pauschale und konkret berechnetem Schaden, andererseits sind AGB unwirksam, die generell im Verbraucherdarlehensbereich höhere Verzugszinsen oder Schadenspauschalen stipulieren. Wird im Nichtverbraucherdarlehen die Höhe in der Überziehungszinsklausel selbst festgelegt, so kann sie aufgrund des Grundgedankens von § 308 Nr. 7[5] im Rahmen von § 307 überprüft werden. Eine **Überziehungsprovision** kann wirksam vereinbart werden,[6] ist aber, wenn sie als Vertragsstrafe dienen soll, nach § 309 Nr. 6 unwirksam.[7]

d) Für mittel- und längerfristige Kredite[8] sind **Zinsanpassungsklauseln und Anpassungsklauseln für sonstige Konditionen** (z. B. Tilgungsbedingungen, Jahresleistung oder neue Festzinsperiode) vorgesehen.[9] Solche Anpassungsklauseln fallen nicht unter § 309 Nr. 1, da diese Bestimmung auf das Darlehen als Dauerschuldverhältnis nicht anzuwenden ist, sind aber an § 307 zu messen, soweit es die Zinshöhe, die neue Festzinsperiode und die damit zusammenhängenden nicht für die Gesamtdauer festgelegten Tilgungsbedingungen betrifft.[10] Für die Änderung sonstiger Konditionen ist § 308 Nr. 4 zu beachten.[11] Die Anpassungsklauseln, die dem Darlehensgeber in der Regel ein einseitiges Leistungsbestimmungsrecht nach § 315, flankiert durch ein Sonderkündigungsrecht des Vertragspartners einräumen (z. B. Nr. 12 Abs. 3 und 4 Banken-AGB; Nr. 17 Abs. 2 Satz 1 und Satz 5 Sparkassen-AGB[12]), sind nicht nach § 307 unwirksam, soweit für sie ein berechtigter Grund besteht[13] und sie den Erfordernissen der Bestimmtheit genügen.[14] Der Bankkunde D 21

---

1 BGH NJW 1992, 1751 und 1753.

2 BGH NJW 1992, 1751.

3 BGH NJW 1992, 1751 und 1753; Rz D 21.

4 *Bamberger/Roth/Möller/Wendehorst* § 497 Rz 6 m.w.N.

5 S. § 307 Rz 314.

6 OLG Hamm ZIP 1983, 292; LG Traunstein NJW-RR 1992, 45.

7 Vgl. BGH NJW 1994, 1532.

8 Zu Zinsanpassungsklauseln im langfristigen Sparvertrag BGH NJW 2004, 1588 (Unwirksamkeit einer inhaltlich unbegrenzten Zinsänderungsklausel).

9 S. BGH NJW 1989, 1796; für Hypothekenkredite auch *Köndgen/König* ZIP 1984, 129.

10 BGH NJW 1989, 1796; s. auch § 309 Nr. 1 Rz 27.

11 *Köndgen/König* ZIP 1984, 129, 138; s. auch § 308 Nr. 4 Rz 8.

12 Zum damit angesprochenen Modell der Bestimmungsrechtsklauseln mit Opponentenkündigungsrecht siehe grundsätzlich *Hau* Vertragsanpassung und Anpassungsvertrag, S. 341, 348 ff., 353 ff.

13 Rz L 214.

14 BGH NJW 1989, 1796; BGH NJW 2000, 651, 652 = WM 1999, 2545; BGH NJW 1998, 454, 456 zu AVB; kritisch zum Begründungsansatz des BGH, die Anpassungsklauseln am Transparenzgebot und nicht an inhaltlicher Unangemessenheit scheitern zu lassen *Schimansky* WM 2001, 1169, 1171; *ders.* WM 2003, 1449, 1450; im Begründungsansatz mit dem BGH übereinstimmend *Habersack* WM 2001, 753, s. auch Rz L 214.

muss durch die Klausel so genau informiert werden, dass er Anlass und Umfang der Zinsanpassung voraussehen und damit etwaige weitergehende Belastungen kalkulieren kann.[1] Ein berechtigter Grund ist insofern gegeben, als Banken in der Lage sein müssen, die Darlehenskonditionen ihren Refinanzierungsbedingungen anzupassen.[2] Die Zinsanpassungsklausel darf nur der Anpassung an ungewisse Entwicklungen,[3] jedoch nicht zur nachträglichen Erhebung eines Risikozuschlags oder zur Überwälzung innerbetrieblicher Kosten dienen, sondern muss auch dem Umfang nach auf die Anpassung an die marktüblichen Zinsen des Refinanzierungskapitals begrenzt sein,[4] d. h. sie muss auch eine Zinsherabsetzung vorsehen.[5] Was die Richtlinien und Grenzen der Zinsanpassung anbelangt, wird man die Angabe der relevanten Parameter für die Zinsanpassung zu fordern haben.[6] Allerdings hat es mit der Benennung dieser Eckdaten sein Bewenden; umfangreiche Erklärungen zu diesen Daten würden eher die Transparenz der Klauseln mindern denn erhöhen. Die Klausel Nr. 12 III Banken-AGB enthält zwar keine Parameter für die Veränderung; sie beschränkt sich vielmehr auf den Verweis in die konkrete Darlehensvereinbarung und stellt damit selbst keine Zinsanpassungsklausel dar.[7] Solange dort tatsächlich hinreichend bestimmte Regelungen enthalten sind, die ihrerseits wieder der AGB-Kontrolle unterliegen, sofern keine Individualvereinbarung vorliegt, erscheint das unbedenklich. Fehlen in der Darlehensvereinbarung ausfüllende Regelungen oder sind diese unwirksam, ist die Verweisklausel in Nr. 12 III ebenso unzureichend wie die recht offene Klausel in Nr. 17 II Sparkassen-AGB, in der lapidar auf die „Veränderung des allgemeinen Zinsniveaus" sowie auf den „Aufwand" verwiesen wird.[8] Zulässig ist die Einräumung eines Bestimmungsrechts zur Festlegung des jeweils gültigen Überziehungszinses, da der Zeitpunkt der Überziehung vom Kreditinstitut nicht vorhergesehen werden kann und andererseits der jeweils gültige Zins der Marktlage angepasst werden muss.[9] Unwirksamkeit ist aber auch hier anzunehmen, wenn die Anpassung nur im Sinne einer Erhöhung, nicht auch im Sinne einer Ermäßigung vorgesehen ist.[10] Ein Kündigungsrecht muss dem Kunden bei bloßen Zinsanpassungen, die sich im Rahmen der jeweils üblichen Marktverhältnisse halten, nicht eingeräumt werden.[11] Die Anforderungen an die Bestimmtheit und Angemessenheit der Anpassungsklausel sind unabhängig davon, ob dem Kunden ein Rücktritts- oder Kündigungsrecht eingeräumt wird.[12] Genügt die Anpassungsklausel den Anforderungen der Bestimmtheit und Angemessenheit, ermöglicht sie aber gleichwohl wesentliche Veränderungen, die dem Kunden nicht zumutbar sind, so muss ihm ein Rücktritts- oder Kündi-

---

[1] BGH NJW 2000, 651, 652; dem folgend *Schimansky* WM 2001, 1169, 1173; *Habersack* WM 2001, 753, 758; *Derleder* WM 2001, 2029, 2036.

[2] BGHZ 97, 212, 216 = NJW 1986, 1803.

[3] BGH NJW 2000, 651, 652.

[4] BGHZ 97, 212.

[5] *Ulmer/Brandner/Hensen* Anh. §§ 9–11 Rz 282; *Soergel/Stein* § 9 Rz 68; *Schimansky* WM 2001, 1169, 1170.

[6] *Habersack* WM 2001, 753, 758; *von Westphalen* Vertragsrecht und AGB-Klauselwerke, Preisanpassungsklauseln, Rz 32; *Palandt/Heinrichs* § 309 Rz 10; MünchKomm/*Berger* § 488 Rz 181.

[7] *Casper* in *Derleder/Knops/Bamberger* § 3 Rz 64.

[8] Anders noch die Vorauflage § 9 Rz D 21; kritisch zur Klausel auch *Casper* in *Derleder/Knops/Bamberger* § 3 Rz 68 allerdings nicht die Unwirksamkeit annehmend.

[9] S. auch BGH NJW 1992, 1751.

[10] BGHZ 97, 212, 222; BGH NJW-RR 1987, 1184, 1185; *Canaris,* Bankvertragsrecht Rz 1328; *Staudinger/K. Schmidt* § 246 Rz 72.

[11] BGH NJW 1989, 1796.

[12] A. A. *Köndgen/König* ZIP 1984, 129, 134; *Fandrich* in *von Westphalen,* Vertragsrecht und AGB-Klauselwerke, Darlehensvertrag Rz 95, wenn es sich nicht nur um eine marginale Zinserhöhung handelt.

gungsrecht mit angemessener Frist eingeräumt werden.[1] Dies ist etwa anzunehmen, wenn der Darlehensgeber durch einseitiges Bestimmungsrecht die Dauer der Zinsfestschreibung sowie die Höhe der Tilgung und Jahresleistung festlegen kann.[2] Eine Kündigungsfrist von nur zwei Wochen ist zu kurz und deshalb nach § 307 unwirksam.[3]

Die Anpassung im Einzelfall ist nur wirksam, wenn sie dem Kunden gemäß § 315 II mit § 130 zugeht. Der Zugang kann durch die alsbaldige nachträgliche Mitteilung ersetzt werden, wenn dafür z. B. im Interesse einer einheitlichen zeitlichen Festlegung ein berechtigtes Bedürfnis besteht. Eine Klausel, wonach die Auslegung oder der Aushang in den Geschäftsräumen genügen soll, gewährleistet jedoch nicht die Kenntnisnahme und ist deshalb nach § 307 unwirksam.[4] Ebenso wenig genügt die Zusendung von Rechnungsabschlüssen mit den erhöhten Zinsen,[5] weil die Mitteilung klar und nicht erst durch Nachrechnen erkennbar sein muss.[6] Die Mitteilung auf einem Kontoauszug ist nur dann ausreichend, wenn sie drucktechnisch so weit hervorgehoben ist, dass sie sich von den Informationen über Salden oder Kontenbewegungen hinreichend abhebt.[7] Die Anpassung nach § 315 III ist gerichtlich überprüfbar.[8] Änderungen durch AGB unterliegen der Inhaltskontrolle nach §§ 307–309. Änderungsvorbehalte in Bausparbedingungen gemäß § 9 I BausparG, die der Genehmigung der Bundesanstalt für Finanzdienstleistungsaufsicht unterstehen, sind zulässig.[9] **D 22**

Wird die Anpassungsklausel in Form einer **Neuverhandlungspflicht** vorgesehen, so ist dies grundsätzlich nicht zu beanstanden. Eine Neuabschlusspflicht für den Kunden ist dagegen nur wirksam, wenn auch ein einseitiges Bestimmungsrecht der Bank nach § 315 wirksam wäre. Gleiches gilt sinngemäß für einen mittelbaren Zwang aufgrund zusätzlicher Gebühren im Falle der Ablehnung (s. auch Rz D 49). Eine Neuabschlusspflicht der Bank ist wirksam; fehlende Bestimmtheit führt nicht zur Unwirksamkeit nach § 307, sondern nur zur Unklagbarkeit.[10] **D 23**

Enthalten die AGB kein einseitiges Leistungsbestimmungsrecht, sondern sehen sie vor, dass die neuen Konditionen als vereinbart gelten, falls der Darlehensnehmer nicht widerspricht, so ist eine solche Erklärungsfiktion nur unter den Voraussetzungen von § 308 Nr. 5 wirksam.[11] Die Zinsvereinbarung im Schuldschein über ein Darlehen geht als Individualvereinbarung nach § 305 b den AGB für Kontokorrentverhältnisse vor.[12] Sieht beim Sparvertrag die Bank in ihren Sparbedingungen Auszahlungen nur bei Vorlage des Sparbuchs vor, so kann sie sich nicht auf die Schuldnerschutzbestimmungen der §§ 407 ff. bei Abtretung des Sparguthabens berufen.[13] **D 24**

---

1 § 309 Nr. 1 Rz 130 ff.; s. auch Anh. Nr. 1 l RL.

2 BGH NJW 1989, 1796.

3 BGH NJW 1989, 1796, 1798; OLG Hamm NJW-RR 1988, 431.

4 S. auch OLG Saarbrücken NJW 1988, 3210; *Derleder* WM 2001, 2029, 2038.

5 OLG Saarbrücken NJW 1988, 3210; bedenklich der insoweit recht vage Formulierungsvorschlag von *Schebesta* BKR 2005, 217, 221. Der Vorschlag ist auch wegen des dort vorgesehenen Wahlrechts der Bank beim Referenzzinssatz für die Anpassung bedenklich.

6 S. auch *Soergel/Wolf* § 315 Rz 34.

7 Weitergehend offenbar *Casper* (FN 231) Rz 65.

8 S. auch Rz L 217.

9 S. BGH NJW 1991, 2559, 2563.

10 Für Unwirksamkeit *Köndgen/König* ZIP 1984, 129, 139.

11 S. BGH NJW 1985, 617; dazu § 308 Nr. 5 Rz 33 ff., 38 ff., 44 ff.

12 OLG München BB 1983, 212.

13 OLG Düsseldorf NJW-RR 1991, 1337 m.w.N.

D 25 **e) Sonstige Leistungsentgelte.**[1] Wie stets ist bei den Leistungsentgelten im Einzelfall zu prüfen, inwieweit die der Entgeltforderung zu Grunde liegende Klausel nach § 307 III kontrollfest ist.[2] In diesem Zusammenhang stellt sich nicht selten die Frage, ob das Entgelt für eine Tätigkeit überhaupt gefordert werden kann oder ob die Bank diese Tätigkeit nicht von Gesetzes wegen zu erbringen verpflichtet ist, und zwar ohne Gegenleistung.[3] Andererseits stellt sich die Frage, ob dem Entgelt überhaupt eine Leistung zugunsten des Kunden gegenüber steht. In die erste Fallgruppe ist etwa das Entgelt für die Erteilung einer einfachen Quittung, einer löschungsfähigen Quittung oder einer Löschungsbewilligung zu rechnen. Deren Erstellung/Abgabe als solche ist nach den gesetzlichen Vorgaben, §§ 369, 897, ohne Vergütung vorzunehmen, so dass eine solche auch nicht nach § 307 wirksam vereinbart werden kann.[4] Möglich ist eine Erstattung der mit der gemäß §§ 369, 897 geschuldeten Tätigkeit verbundenen Aufwendungen, jedoch nicht ein Entgelt für die Tätigkeit des Darlehensgebers. Zur zweiten Fallgruppe zählen ein Entgelt für den Abschluss eines Darlehensvertrages als solches oder Konteneröffnungsgebühren, denn die Vertragsabschlusserklärung stellt ebenso wenig eine Leistung gegenüber dem Vertragspartner dar wie die Eröffnung des zur Abwicklung des Darlehens erforderlichen Kontos. Unter diesem Aspekt erscheint die Kritik an den Abschlussgebühren der Bausparkasse berechtigt,[5] denn es ist in der Tat nicht erkennbar, welche Leistung dem Kunden gegenüber erbracht wird. Für das Darlehen als solches zahlt der Kunde ja die Zinsen. Hierher gehört auch die Regelung, nach der die Bank für die Beleihungswertermittlung im eigenen Haus oder durch externe Gutachter ein Entgelt vom Kunden zu beanspruchen habe. Eine Leistung gegenüber dem Kunden liegt hierin nicht, vielmehr erfolgt die – regelmäßig dem Kunden auch gar nicht zugängliche – Wertermittlung allein im Sicherungsinteresse der Bank[6] (dazu unten D 36).

3. Auszahlungsbedingungen

D 26 **a) Auszahlungsanweisungen.** Die Auszahlung an einen Dritten kann grundsätzlich wirksam vorgesehen werden; allerdings ist eine Klausel nach § 307 II Nr. 1 unwirksam, nach der die Auszahlung der Darlehensvaluta an einen Treuhänder für Rechnung und Gefahr des Darlehensnehmers erfolgt und dessen Rückzahlungsverpflichtung nach § 488 I 2 auslösen soll.[7] Ist in einem Darlehensantrag die unwiderrufliche Anweisung zur Auszahlung auf das Konto eines Treuhänders enthalten, so kann die Bank eine abweichende Anweisung des Kunden befolgen, muss dies aber nicht.[8] Sieht die Bank als Auszahlungsvoraussetzung den Nachweis der Restfinanzierung vor, so kann sie nicht die Einzahlung der Eigenmittel des Darlehensnehmers auf ein bei ihr geführtes Konto verlangen.[9]

D 27 **b) Aufwandsentschädigungen.** Bei Nichtabnahme eines verbindlich zugesagten Darlehens sehen die Darlehensbedingungen in der Regel eine **Nichtabnahmeentschädigung** vor. Eine solche Klausel ist grundsätzlich nicht als überraschend

[1] Siehe dazu *Krüger/Bütter* WM 2005, 673 mit umfassenden Nachweisen aus Rspr. und Lit.
[2] BGH NJW 1999, 2276, 2277; allgemein dazu *Bamberger/Roth/Schmidt* § 307 Rz 49 ff.
[3] BGH NJW 1999, 2276, 2277.
[4] BGH NJW 1991, 1953.
[5] *Krüger/Bütter* WM 2005, 673, 675; dort auch mit beachtlichen Erwägungen kritisch zur Kontenführungsgebühr.
[6] Ebenso *dies.*, a.a.O. S. 679 f. gegen OLG München WM 2000, 130.
[7] BGH NJW 1998, 3200.
[8] S. BGH ZIP 1985, 667, 669.
[9] BGH NJW 1990, 1846.

nach § 305 c I anzusehen.[1] Überraschend ist eine Nichtabnahmeentschädigung aber, wenn bei konzernmäßig verbundenen Banken die Gesamtfinanzierung scheitert, weil die eine die Teilfinanzierung gewährt, während die andere die Restfinanzierung ablehnt.[2] Die Klausel ist nach § 305 c II im Zweifel dahin auszulegen, dass sie nur bei einer vom Darlehensnehmer veranlassten Nichtabnahme gilt, nicht dagegen bei einer Kündigung von Seiten des Darlehensgebers ohne Verschulden des Darlehensnehmers,[3] z. B. auch bei einer Bewertung von Sicherheiten unterhalb der bankühlichen Kreditlinie.[4] Soweit diese Entschädigung als Aufwendungsersatz, z. B. als Bearbeitungsgebühr, geltend gemacht wird, ist sie nach § 308 Nr. 7 zu überprüfen.[5] Soweit sie im Rahmen eines Schadensersatzanspruchs geltend gemacht wird, ist im Falle einer Pauschalierung dieser Entschädigung § 309 Nr. 5 anzuwenden.[6] Die Nichtabnahmeentschädigung ist jedoch keine Vertragsstrafe und fällt deshalb nicht unter § 309 Nr. 6.[7] Ob eine **Aufwandsentschädigung** von 3 % der Darlehenssumme als Nichtabnahmeentschädigung nach § 308 Nr. 7 angemessen ist, hängt von der Höhe des Darlehens ab.[8] Da der Aufwand nicht in jeder Beziehung proportional zur Darlehenshöhe zunimmt, ist dies bei der Angemessenheitsbeurteilung zu berücksichtigen. Ein nicht proportional steigender Aufwand darf, soweit er eine bestimmte Höhe übersteigt, nicht mehr prozentual festgelegt werden, sondern muss, um angemessen zu sein, absolut bestimmt werden. Zu berücksichtigen ist auch, welcher Aufwand damit abgegolten werden soll. Mit einer als Bearbeitungsgebühr deklarierten Aufwandsentschädigung bei Nichtabnahme wird nicht der entgangene Gewinn erfasst, auch nicht der mit der Kontoführung im Falle einer Auszahlung verbundene Aufwand. 3 % Bearbeitungsgebühr sind deshalb bei größeren Darlehen regelmäßig sowohl nach § 308 Nr. 7 b wie nach § 309 Nr. 5 a unangemessen hoch und deshalb unwirksam.[9] Als **Schadenspauschale** kann die Nichtabnahmeentschädigung nicht nur mit nutzlosem Aufwand, sondern, wie beim Verzugsschaden (s. Rz D 32), auch mit entgangenem Gewinn, z. B. in Form eines entgangenen Disagios oder eines entgangenen Zinsgewinns, begründet werden.[10] Eine Klausel, die den entgangenen Gewinn auch bei unverschuldeter Nichtabnahme in Ansatz bringt, ist nach § 307 nicht zu beanstanden, da der Darlehensnehmer das Verwendungsrisiko trägt.[11] Soweit die Gründe für die Nichtabnahme im Risikobereich der Bank liegen, kann sie entgangenen Gewinn jedoch nicht verlangen.[12] Als Pauschalbetrag war nach der früheren Rechtsprechung gemäß § 309 Nr. 5 a nicht zu beanstanden: 2 %[13] oder 3 % der Darlehenssumme,[14] ebenso wenig 5 % bei 10-jähriger Laufzeit.[15] Der XI. Senat macht in seiner neueren Rechtsprechung die Schadenspauschalierung von Nichtabnahmeentschädigungen

---

[1] BGH NJW-RR 1986, 467, 468.

[2] BGH NJW 1998, 683.

[3] OLG Celle NJW 1987, 2823.

[4] BGH NJW 1990, 2676.

[5] Ohne diese Unterscheidung *Fandrich* in *von Westphalen* Vertragsrecht und AGB-Klauselwerke, Darlehensvertrag Rz 71 f.

[6] BGH NJW 1985, 1831; BGH NJW-RR 1986, 467; BGH NJW 1986, 1807, 1809; 1990, 981; OLG Hamm ZIP 1985, 1385; ebenso jetzt auch *Ulmer/Fuchs* Anh. § 310 Rz 266.

[7] OLG Düsseldorf NJW-RR 1991, 442.

[8] S. auch *Soergel/Stein* § 9 Rz 68; *Ulmer/Fuchs* Anh. § 310 Rz 268.

[9] OLG Hamm NJW 1983, 1503.

[10] BGH NJW 1990, 981; OLG Köln NJW-RR 1986, 1435; zur Berechnung entweder nach der Aktiv-Aktiv-Methode oder der Aktiv-Passiv-Methode BGH NJW 2001, 509, 510.

[11] BGH NJW-RR 1986, 467, 468; BGH NJW 1990, 981.

[12] BGHZ 83, 301; BGH NJW-RR 1986, 467, 468.

[13] OLG Köln NJW-RR 1986, 1435, 1436.

[14] BGH NJW 1985, 1831, 1832; 1990, 981.

[15] OLG Düsseldorf NJW-RR 1991, 442.

zu Recht von der vorgesehenen Laufzeit des Darlehens abhängig,[1] d. h., dass auf den Darlehensbetrag bezogene Prozentsätze bereits nach § 309 Nr. 5 a grundsätzlich unzulässig sind. Möglich sind dagegen dem entgangenen Gewinn entsprechende Zinssätze bezogen auf den nicht abgenommenen Darlehensbetrag für die Dauer der geplanten Laufzeit. Es besteht kein Grund, Schadenspauschalen in diesem Fall generell für unzulässig zu erklären.[2] Nicht zu beanstanden sind 4,5 %, wenn der Bank bei Auszahlung ein Disagio in entsprechender Höhe zugeflossen wäre.[3] Der Gegenbeweis gemäß § 309 Nr. 5 b muss in jedem Fall gewährt werden.[4] Neben der Schadenspauschale für entgangenen Gewinn bei Nichtabnahme des Darlehens kann nicht zugleich eine Rücknahmeentschädigung wegen vorzeitiger Rückzahlung vor Ablauf der Rückzahlungssperrfrist verlangt werden.[5] Eine **Bearbeitungsgebühr** ist daneben möglich; die dafür maßgebenden Berechnungsfaktoren dürfen jedoch nicht noch einmal bei der Nichtabnahmeentschädigung in Ansatz gebracht werden.[6]

D 28 c) **Bereitstellungszinsen** sind grundsätzlich nicht als Schadensersatz, sondern als Entgelt für die jederzeitige Abrufbarkeit des Darlehens während eines bestimmten Zeitraums anzusehen,[7] deshalb ist weder § 308 Nr. 7 noch § 309 Nr. 5 oder 6 anzuwenden.[8] Die Vereinbarung von Bereitstellungszinsen ist nach § 307 grundsätzlich wirksam, da die Bank insoweit eine Leistung erbringt.[9] Bereitstellungszinsen sind jedenfalls bei Hypothekenbanken auch dann wirksam, wenn die Darlehensauszahlung von vornherein erst für einen späteren Zeitpunkt vorgesehen ist und das Darlehen später in Anspruch genommen wird, denn die Bank besorgt ihre Refinanzierung im Allgemeinen schon mit der Darlehenszusage und kann die Gelder bis zur Darlehensauszahlung nur kurzfristig und im Allgemeinen zu geringeren Zinsen ausleihen.[10] Bereitstellungszinsen in Höhe von 3 % pro Jahr[11] oder 0,25 % pro Monat[12] sind nicht zu beanstanden. Eine Kontrolle kann ohnehin nur in den von § 307 III gezogenen Grenzen erfolgen.[13]

4. Tilgungsklauseln

D 29 Wird in Darlehensformularen vorgesehen, dass die Tilgungsleistungen jährlich am Schluss des Kalenderjahres verrechnet werden, so ist darin nach dem auf die Zinsberechnung zielenden Zweck der Klausel grundsätzlich keine Aufhebung der Erfüllungswirkung nach § 362 I zu sehen, sondern, wie auch bei der Zinsberechnungsklausel nach Jahresstand (s. Rz D 16, 18), lediglich ein Mittel zur vereinfachten Zinsberechnung.[14] Die allein für Zwecke der Zinsberechnung hinausgeschobene Tilgungswirkung ist deshalb nicht wegen Verstoßes gegen den Grundgedanken von § 362 I unwirksam.[15] Nach § 307 unwirksam ist jedoch eine Klausel, wenn sie

---

[1] BGH NJW 1991, 1817.
[2] Vgl. auch *Fandrich* in *von Westphalen* Vertragsrecht und AGB-Klauselwerke, Darlehensvertrag Rz 72.
[3] BGH NJW-RR 1986, 467; NJW 1990, 981.
[4] BGH NJW 1986, 1807, 1809; 1990, 981; vgl. auch *Derleder* JZ 1989, 165, 173.
[5] BGH NJW 1985, 1831, 1832.
[6] BGH NJW 1986, 1807, 1809.
[7] S. BGH NJW-RR 1986, 467, 468; *Canaris* Bankvertragsrecht Rz 1226.
[8] S. auch OLG Koblenz ZIP 1983, 557, 558.
[9] BGH NJW-RR 1986, 467, 468.
[10] BGH NJW 1986, 1807, 1809.
[11] BGH NJW 1986, 1807, 1809; s. auch BGH NJW 1990, 2676: 2,5 %.
[12] BGH NJW-RR 1986, 467, 468.
[13] S. § 307 Rz 292 ff.; hierzu auch *Derleder* JZ 1989, 165, 172.
[14] S. auch BGH NJW 1992, 1097.
[15] S. im Einzelnen Rz D 16 ff.

die Erfüllungswirkung des § 362 aufhebt oder aufschiebend befristet, weil damit neben der Gefahr doppelter Zahlung auch die sofortige Freigabe von Sicherheiten bzw. die Entstehung einer Eigentümergrundschuld verhindert würde.[1] Überraschend nach § 305 c I und unwirksam nach § 307 ist eine Tilgungsvereinbarung, wonach ein neues Darlehen gegebenenfalls bestehende Kredite tilgen soll, weil dadurch das Erlangen von Bargeld als Vertragsziel ausgeschlossen wird und der Kunde bei steigenden Zinsen durch höhere Zinssätze benachteiligt wird.[2] Ebenso liegt nach § 305 c I eine überraschende und nach § 307 unwirksame Klausel darin, dass ratenweise Darlehensrückzahlungen, die bei vertragsgemäßer Zahlung auf Kosten, Zinsen und Tilgung anteilig zu verrechnen sind, im Falle des Verzugs rückwirkend dahin geändert werden, dass die bereits gezahlten Raten zunächst auf die gesamten Kosten und Zinsen und erst der Rest auf die Darlehensschuld verrechnet werden, da dadurch ungerechtfertigt eine geringere Tilgung und damit eine höhere Zinsbelastung eintreten würde.[3] Zulässig ist dagegen eine Tilgungsverrechnung für die Rückzahlung von Bauspardarlehen, die ohne eine rückwirkende Änderung im Falle des Verzugs die Tilgungsreihenfolge bestimmt, dass zunächst ausstehende Versicherungsbeiträge, dann Kosten, Gebühren, Zinsen und zuletzt das Darlehen getilgt werden.[4] Im Zusammenhang mit der Tilgungsreihenfolge ist grundsätzlich die Regelung des § 497 III 1 zu beachten.

5. Entschädigungs- und Schadensersatzleistungen

a) Ist in AGB eine **Vorfälligkeitsentschädigung** bei Rückzahlung vor Fälligkeit mit oder ohne Vorfälligstellung (dazu Rz D 47) vorgesehen, so stellt sich zunächst die Frage des Prüfungsmaßstabes. In den Fällen, in denen der Darlehensnehmer keinen Anspruch auf die vorzeitige Lösung vom Vertrag hatte, kann die Bank ihr Einverständnis mit der vorzeitigen Vertragslösung davon abhängig machen, dass der Darlehensnehmer eine Vorfälligkeitsentschädigung zahlt.[5] Die individuell getroffene Vereinbarung darüber und über die Höhe der Entschädigung unterliegt lediglich der Kontrolle nach den allgemeinen Normen, insbesondere § 138, indes keiner Angemessenheitskontrolle.[6] Soweit in diesen Fällen in AGB eine Vorfälligkeitsregelung enthalten ist, erscheint diese als unbedenklich. Umgekehrt gilt, dass in den Fällen, in denen dem Darlehensnehmer schon nach dem Gesetz ein – entschädigungsloser – Anspruch auf Vertragslösung zusteht (§ 489), eine Vorfälligkeitsentschädigung auch nicht individualvertraglich vereinbart werden kann (§ 489 IV). Soweit ein Lösungsrecht bei Zahlung einer Vorfälligkeitsentschädigung vorgesehen ist (§ 490 II), kann der Darlehensgeber diesen Anspruch nicht dadurch vereiteln oder erschweren, dass er sich eine prohibitive Entschädigung versprechen lässt; begehren kann er nur, dass ihm aus der vorzeitigen Erfüllung des Darlehensrückzahlungsanspruchs keine Nachteile gegenüber der Rückzahlung zum ursprünglich vereinbarten Zeitpunkt erwachsen.[7] Danach kann der Darlehensgeber als entgangenen Nettogewinn (§ 252) den Zinsmargenschaden, also die Differenz zwischen dem Vertragszins und den Refinanzierungskosten der Bank, vermindert um die Risikoprämie und etwaige ersparte Verwaltungskosten, verlangen;[8] daneben kann **D 30**

---

[1] Vgl. BGH NJW 1992, 1097, 1099.
[2] BGH NJW 1986, 43, 44.
[3] BGH NJW 1984, 2161, 2162.
[4] BGH NJW 1991, 2559, 2561 f.
[5] So schon BGH NJW 1982, 482 = WM 1982, 185, 186; auch BGH NJW 1996, 3337 a.E.
[6] BGH NJW 2003, 2230 = WM 2003, 1261.
[7] Grundlegend BGH NJW 1997, 2875, 2877.
[8] BGH NJW 1997, 2875, 2877, dort auch Nachweise zu vereinzelten Gegenstimmen aus der Literatur.

die Bank den Zinverschlechterungsschaden begehren, der dadurch entsteht, dass die Bank die vor der Zeit zurückfließende Darlehensvaluta nur zu einem gegenüber dem Vertragszins ungünstigeren Zinssatz herausgeben kann.[1] Beide Differenzbeträge sind auf den Zeitpunkt der Zahlung der Vorfälligkeitsentschädigung abzuzinsen.[2] Den Zinsverschlechterungsschaden kann die Bank auch nach der Differenz zwischen dem Vertragszins und der Rendite von Kapitalmarkttiteln öffentlicher Schuldner mit einer dem Vertrag entsprechenden Laufzeit berechnen, wobei in diesem Fall ein zusätzlicher Zinsmargenschaden nicht begehrt werden kann.[3] Für die Berechnung der Vorfälligkeitsentschädigung ist die Wiederanlagerendite aus der Kapitalmarktstatistik der Deutschen Bundesbank und nicht dem PEX-Index des Verbandes deutscher Hypothekenbanken zu entnehmen.[4] In allen Fällen ist der maßgebliche Vertragszins der Nominalzins, nicht der Effektivzins.[5] Neben dem Zinsschaden kann die Bank ein im Prozess ggf. im Wege der Schätzung zu ermittelndes Entgelt für den mit der vorzeitigen Ablösung verbundenen Verwaltungsaufwand begehren.[6] Die Vorfälligkeitsentschädigung ist insoweit als Aufwendungsersatz nach § 308 Nr. 7 b[7] einzuordnen. Nach dem Wortlaut des § 490 II 3 stellt die Vorfälligkeitsentschädigung erklärtermaßen Schadensersatz dar, obwohl ein Verschulden des Darlehensnehmers nicht vorliegt und der Darlehensgeber nach der Gesetzesbegründung auch unter verfassungsrechtlichen Erwägungen als verpflichtet angesehen wird, der Vertragsaufhebung zuzustimmen.[8] Mag man zwar deswegen der Sache nach eher an einen durch die vorzeitige Beendigung modifizierten Erfüllungsanspruch des Darlehensgebers denken,[9] erscheint es doch gerechtfertigt, auf etwaige Pauschaleregelungen zur Vorfälligkeitsentschädigung § 309 Nr. 5 a und b anzuwenden; im unternehmerischen Verkehr schlagen die Wertungen dieser Normen über § 307 II Nr. 1 durch.[10] Dass Pauschalierungen in AGB schlechterdings ausgeschlossen seien,[11] wird man nicht annehmen können; allerdings wird die „Trefferquote" zulässiger Klauseln angesichts der sehr variablen Berechnungsparameter vergleichsweise gering sein. Wenn man sich im Bereich des § 309 Nr. 5 bewegt, ist selbstverständlich dem Darlehensgeber der Gegenbeweis geringeren Schadens ausdrücklich zu eröffnen. Eine Entschädigung von 3 % des Netto-Restkreditbetrags[12] wurde als nicht von vornherein übersteigert angesehen.[13] Eine Pauschale von 1 % pro Jahr vorzeitiger Rückzahlung ist nach §§ 307 II Nr. 1, 309 Nr. 5 unwirksam, wenn die Nettozinsmarge der Bank wesentlich geringer ist,[14] weil dies zu einer dem Schadensersatzgedanken widersprechenden Bereicherung führt. Die Forderung einer Vorfälligkeitsentschädigung kann auch gegen § 305 c I verstoßen, wenn die Entschädigung der konkreten vertraglichen Konstel-

---

1 BGH NJW 1997, 2875, 2877; BGH NJW 1991, 1817, 1818.

2 BGH NJW 1997, 2875, 2877; an der fehlenden Abzinsung scheiterte die Schadenspauschale bei BGH NJW 1999, 842.

3 BGH NJW 1997, 2875, 2878; *Bamberger/Roth/Rohe* § 490 Rz 35.

4 BGH NJW 2005, 751 mit Anm. *Knops* EWiR 2005, 291 f = BKR 2005, 148 m. Anm. *Wimmer/Rösler.*

5 BGH NJW 2001, 509, 510.

6 BGH NJW 1997, 2875, 2878.

7 S. dort Rz 27.

8 BT-Drs. 14/6040 S. 255.

9 BGH NJW 1998, 592, 593 spricht denn auch vorsichtig von einem dem Schadensersatz „ähnlichen" Anspruch.

10 So in BGH NJW 1998, 592.

11 In diese Richtung offenbar tendierend *Mülbert* WM 2002, 465, 476; *Palandt/Putzo* § 490 Rz 16.

12 So in BGH NJW 1980, 2074, 2076.

13 Bei 4 % nimmt BGH NJW 1982, 2433, 2435 Sittenwidrigkeit an; für 5 % offen gelassen in BGH NJW 1982, 432.

14 0,63 % in BGH NJW 1998, 592.

lation widerspricht. Das ist zu Recht dann angenommen worden, wenn ein Bausparsofortdarlehen durch eine parallel angesparte Bausparsumme nebst -darlehen getilgt werden sollte und diese vor Beendigung der Zinsfestschreibung im Sofortdarlehen zugeteilt wurde.[1] Sieht man die Vorfälligkeitsentschädigung als Schadensersatz oder zumindest als diesem ähnlich an, der die Nachteile vorzeitiger Vertragsbeendigung ausgleichen soll, wird man den Darlehensgeber auch dann als berechtigt anzusehen haben, eine solche Vorfälligkeitsentschädigung zu begehren, wenn er selbst den Vertrag aus wichtigem, vom Darlehensnehmer zu vertretenden Grund kündigt, wie dies insbesondere im Verzugsfall ist.[2]

b) Im Falle schuldhaft verursachter Vertragsauflösung kann auch **Schadensersatz wegen vorzeitiger Vertragsauflösung** aus § 280 I verlangt werden. Bei vom Darlehensnehmer verschuldeter Vertragsauflösung besteht der Schadensersatz der kreditgebenden Bank nach dem Rechtsgedanken von § 628 I in dem für die Restlaufzeit vorgesehenen Vertragszins.[3] Der Vertragszins kann jedoch nur aus dem Darlehenskapital, nicht aus rückständigen Zinsen berechnet werden. Der Vertragszins ist auch nur bis zu dem nach § 489 I nächst zulässigen Kündigungstermin zu zahlen.[4] Allein dies darf bei der Schadenspauschalierung nach § 309 Nr. 5 berücksichtigt werden. Hinzukommen sonstige Unkosten aus der vorzeitigen Umschichtung. Bei einem Verbraucherdarlehen ist § 498 zu beachten. Die Restschuld ist danach unter Anwendung einer möglichst korrekten Berechnungsformel zu kürzen.[5] Die sog. vereinfachte Zinsstaffelmethode genügt dafür nicht. Wird diese in AGB vereinbart, so ist sie wegen ihrer den Darlehensnehmer benachteiligenden Wirkung nach § 506 unwirksam,[6] verstößt aber auch gegen § 307, weil sie dem Darlehensnehmer ungerechtfertigte Nachteile auferlegt.[7] Bei Zahlungsverzug gilt daneben Rz D 32. **D 31**

c) Schadenspauschalen für Verzug sind kontrollfähig und dem Grunde nach an § 307 und hinsichtlich der Höhe an § 309 Nr. 5 zu messen. Sind Beträge vorgesehen, die als Schadensposten nicht anerkennungsfähig sind, so kommt eine Vertragsstrafe in Betracht.[8] Hinsichtlich des Grundes und der Schadenshöhe können als Verzugsschaden nur die aufgrund der gesetzlichen Regelung nach §§ 280 II, 286 ff., 252 berücksichtigungsfähigen Schäden verlangt werden. Eine Überziehungsprovision fällt nicht hierunter,[9] insbesondere sind Überziehungszinsen von 5 % als Vertragsstrafe nach § 309 Nr. 6 und als Schadenspauschale nach § 309 Nr. 5 unwirksam, weil sie nicht an den wirklichen Refinanzierungsaufwand anknüpfen.[10] Die Zins- und Entgeltberechnung kann nach Verzugseintritt auch nicht auf Nr. 12 I Banken-AGB gestützt werden, da es an dem von dieser Klausel vorausgesetzten Darlehensangebot fehlt. Auch die Berechnung des vereinbarten Vertragszinses ist nach § 309 Nr. 5 a unwirksam, da diese Pauschalierung bei gesunkenen Zinsen den wirklichen Schaden erheblich übersteigen kann.[11] Ebenso können nach Beendigung eines Kon- **D 32**

---

[1] OLG Schleswig ZIP 2004, 2087, 2088.

[2] Krüger/Bütter WM 2005, 673, 680 f. m.w.N.

[3] BGH ZIP 1988, 759, 761; OLG Frankfurt NJW-RR 1988, 305, 307; *Kilimann* NJW 1987, 618, 621.

[4] Kilimann NJW 1987, 618, 621; a. A. *Löwisch* BB 1985, 959, 960: für Restlaufzeit.

[5] LG Stuttgart NJW 1993, 208 zu § 12 VerbrKrG.

[6] S. MünchKomm/Habersack § 498 Rz 27.

[7] S. auch LG Stuttgart NJW 1993, 208.

[8] S. auch *Canaris* ZIP 1980, 709, 719; *Hadding* Gutachten 53. DJT, 1980, S. 271, 348.

[9] S. auch BGH NJW 1992, 1751 = LM H. 9/1992 § 608 BGB Nr. 6 m. Anm. *M. Wolf;* a. A. OLG Stuttgart ZIP 1987, 1527.

[10] S. LG Verden NJW-RR 1987, 430, 431.

[11] BGH NJW 1987, 184, 185; BGHZ 104, 337, 339 = NJW 1988, 1967, 1968; BGH NJW 1992, 109; gegen *Nasall* WM 1989, 705.

tokorrentdarlehens nicht mehr Vertragszinsen aus der Saldierung, sondern nur Verzugszinsen berechnet werden.[1] Ein Bereicherungsanspruch beschränkt sich auf die vom Darlehensnehmer gezogenen (§ 818 III) oder nach §§ 818 IV, 819 I schuldhaft nicht gezogenen Nutzungen,[2] was im Einzelfall nachgewiesen werden muss. Bei der Schadenspauschalierung kann die Bank als Schadenspauschale in Form des abstrakten entgangenen Gewinns die Sollzinsen als Wiederanlagezinsen verlangen, die ihr bei rechtzeitiger Zahlung und anschließender Verleihung an Dritte zugeflossen wären. Betreibt die Bank Darlehensgeschäfte mit unterschiedlichen Sollzinssätzen, so ist der institutsspezifische Durchschnittszinssatz zu berechnen.[3] Die durchschnittlichen Sollzinsen stehen der Bank ohne Abzug ersparter Aufwendungen zu.[4] Eine konkrete Schadensberechnung bleibt möglich.[5] Bei abstrakter Berechnung können Mahnkosten nicht verlangt werden.[6] Der Gegenbeweis, dass eine Wiederanlage nicht möglich gewesen wäre, muss eröffnet werden.[7] Aufgrund der abstrakten Schadensberechnung ist aber der Umstand ohne Belang, dass alle anderweitigen Darlehensanträge aus Refinanzierungsmitteln erfüllt werden.[8] Zum Schadensersatz bei vorzeitiger Vertragsauflösung s. Rz D 31.

D 33 Beim **Verbraucherdarlehen** kann nach § 497 I mit § 288 ein pauschalierter Verzugszins von 5 % über dem Basiszins aus dem geschuldeten Betrag verlangt werden. Bei Immobiliardarlehensverträgen (§ 492 I a 2) beträgt der Verzugszins 2,5 Prozentpunkte über dem Basiszins. Auch für gewerbetreibende und genossenschaftliche Darlehensnehmer ist diese pauschalierte Verzugszinsabrechnung zulässig.[9] Die Verzugszinspauschale von 5 % in § 497 I deckt in Höhe von 3 % die gewöhnlich anfallenden Refinanzierungskosten ab und in Höhe von 2 % den verzugsbedingt erhöhten Verwaltungsaufwand.[10] Eine Mahnpauschale oder sonstiger konkreter Verwaltungsaufwand kann neben der Pauschale nicht verlangt werden.[11] Will der Darlehensgeber den konkreten Verwaltungsaufwand erstattet haben, so muss er seinen Verzugsschaden insgesamt konkret berechnen.

D 34 Ein Säumniszuschlag von 1 % des ursprünglichen Darlehensbetrags ist unwirksam, da er bei einem geringen Restkapital zu weit überhöhten Zinsen führt. Unwirksam sind Aufschläge bis zu 4 % p. a. aus dem rückständigen Betrag neben den laufenden Sollzinsen.[12] Die Unwirksamkeit tritt bei 6 % über dem Diskontsatz auch zwischen Unternehmern ein, wenn bei Verzug mit Teilzahlungen die Verzugszinsen aus dem noch gar nicht fälligen Gesamtrestkapital zu zahlen sind.[13] 2 % pro Monat auf den Restbetrag sind im Allgemeinen unangemessen.[14] Verzugszinsen von 0,05 % und 0,08 % pro Tag auf den jeweils rückständigen Betrag gegenüber einem Kleinunternehmer werden beanstandet.[15] Wegen Unbestimmtheit unwirksam ist eine Klausel, wonach die Berechnung des Verzugsschadens pauschal nach § 315

---

[1] BGH ZIP 1987, 1037, 1038.

[2] BGH NJW 1992, 109.

[3] BGHZ 104, 337, 344 = NJW 1988, 1967, 1969 und 1971; BGH NJW 1992, 109; vgl. auch *Ulmer/Fuchs* Anh. § 310 Rz 281 mit Hinweis auf das Problem einer „abstrakten" Berechnung des Verzugsschadens.

[4] BGH NJW 1967, 1970.

[5] BGH NJW-RR 1989, 752, 754.

[6] BGH NJW 1988, 1971.

[7] Dazu § 309 Nr. 5 Rz 90 ff.

[8] BGH ZIP 1988, 759, 763.

[9] BGH NJW 1995, 1954; OLG München WM 1994, 1028, 1030.

[10] S. BT-Drs. 11/5462 S. 26.

[11] S. auch LG Stuttgart NJW 1993, 208, zweifelhaft allerdings bezüglich Detektivgebühren.

[12] OLG Hamm NJW-RR 1988, 937, 939.

[13] BGH NJW 1984, 2941; s. auch OLG Karlsruhe ZIP 1985, 603, 606 f.

[14] OLG Düsseldorf NJW-RR 1987, 302, 303; s. auch AG Fürth NJW-RR 1986, 154.

[15] In BGH NJW 1983, 1420, 1421.

und § 309 Nr. 5 erfolgt. Die Möglichkeit der gerichtlichen Überprüfung nach § 315 III ändert daran nichts.[1] Ein Zuschlag von 1 % auf den rückständigen Betrag ist dagegen wirksam,[2] auch wenn daneben Mahnkosten gesondert berechnet werden. Ebenso ist ein Zuschlag von 4 % auf den rückständigen Betrag nicht beanstandet worden.[3] Verzugszinsen von 18 % jährlich im unternehmerischen Verkehr sind nicht als übersetzt angesehen worden;[4] Verzugszinsen von 1,8 % pro Monat wurden im unternehmerischen Verkehr zugelassen.[5] Beides ist jedenfalls in Zeiten niedriger Zinsen bedenklich. Die Berechnung von Verzugszinsen aus rückständigen Zinsen ist zwar nach § 289 S. 1, nicht aber nach S. 2 ausgeschlossen,[6] setzt aber einen konkreten Schadensnachweis voraus.

d) Von Verzugszinsen zu unterscheiden sind sog. **Stundungszinsen,** die nur geschuldet werden, falls eine entsprechende Stundungsvereinbarung geschlossen wird. Da sie nicht wie Verzugszinsen und Schadensersatz aufgrund Gesetzes entstehen, sondern allein auf einer Vereinbarung beruhen, ist nicht § 309 Nr. 5 anwendbar.[7] Der Zinsanspruch unterliegt jedoch nach Voraussetzung und Höhe[8] der Inhaltskontrolle nach § 307. Die Vereinbarung von Stundungszinsen ist aber nicht unangemessen, auch nicht wenn sie als vorweggenommene Vereinbarung vor der eigentlichen Stundungsabrede erfolgt, da Stundungszinsen jedenfalls im Bankverkehr üblich sind.[9] Der Höhe nach hat der BGH einen Stundungszinssatz von 21 % und – seinerzeit – 8 DM Bearbeitungsgebühr nicht beanstandet, jedoch ausdrücklich auf die zur Entscheidungszeit (Rechtsstreit aus den frühen 80er Jahren des vergangenen Jahrhunderts) gegebenen Zinsverhältnisse abgestellt. **D 35**

e) Der Aufwand für die **Beleihungswertermittlung** wird vielfach in AGB auf den Darlehensnehmer, der die Sicherheiten anbietet, abgewälzt. Würde es sich bei der Ermittlung des Beleihungswertes einer Sicherheit zur Risikoeinschätzung der Bank tatsächlich um eine Leistung gegenüber dem Kunden handeln, wäre die Preisbestimmung hierfür in Grenzen des Transparenzgebotes nach § 307 III kontrollfrei. Handelt es sich dagegen nicht um eine Leistung gegenüber dem Kunden, sondern um eine Tätigkeit allein im Interesse der Bank, fehlt es an einer Anspruchsgrundlage gegenüber dem Kunden. Nun hatte der BGH angenommen, dass die Bank an sie herangetragene Sicherheiten ausschließlich im eigenen Interesse prüft.[10] Auch das OLG München ist dem gefolgt und hat deswegen angenommen, dass eine Offenlegung der Wertermittlung vom Kunden nicht verlangt werden könne.[11] Wenn dem so ist, kann der Anspruch auf Erstattung des Aufwandes für die Wertermittlung auch nicht aus einer Geschäftsführung ohne Auftrag hergeleitet werden. Fehlt es auch an einem sonstigen Rechtsgrund, kann die Bank die allein in ihrem Interesse entstandenen Aufwendungen nicht via AGB auf ihren Kunden abwälzen, denn es fehlt an einer Leistung an den Kunden,[12] so dass Klauseln, die eine Kostentragungspflicht des Kunden vorsehen, nach § 307 II Nr. 1 unwirksam sind. Eine **Schätzkostenklausel,** wonach die Bank zur Schätzung des Beleihungsobjekts und **D 36**

---

1 S. Rz L 212; a. A. OLG Köln NJW-RR 1988, 935, 936.
2 S. auch BGH NJW 1983, 1542; offen gelassen in BGH NJW 1986, 376, 377.
3 OLG Karlsruhe ZIP 1985, 603, 606.
4 BGH NJW 1980, 445, 446.
5 BGH NJW 1982, 2436.
6 S. BGH NJW-RR 1986, 207.
7 BGHZ 95, 362, 369; BGH NJW 1998, 991.
8 § 307 Rz 322.
9 BGHZ 95, 362, 370.
10 BGH NJW 1982, 1520; NJW 1992, 1820.
11 OLG München WM 2000, 130, 132.
12 So schon ausführlich *Krüger/Bütter* WM 2005, 673, 678 ff.

zur Feststellung des jeweiligen Bautenstandes ermächtigt ist und der Darlehensnehmer die dafür entstehenden Kosten auch dann zu tragen hat, wenn eine Vereinbarung über das Darlehen nicht zustande kommt, ist unabhängig davon schon nach § 305 c I überraschend, weil sie eine Verpflichtung auch ohne Zustandekommen eines Darlehensvertrags begründet. Sie wird deshalb nicht Vertragsinhalt.[1] Auch wenn man grundsätzlich eine Überwälzung für zulässig erachten wollte, ist die Klausel auch nach § 307 unwirksam, weil die Voraussetzungen der Schätzung und Besichtigung nicht konkret festgelegt sind und dem Darlehensnehmer deshalb unübersehbare Kosten aufgebürdet werden können. Die Klausel kann auch bei Nichtabnahme des Darlehens als Grundlage eines Schadensersatzanspruchs dienen und verstößt insoweit auch gegen § 309 Nr. 5 b.[2] Nach der Ansicht des LG Dortmund[3] ist eine von der Höhe der Darlehenssumme abhängige Kostenpauschalierung für die Schätzung des Beleihungsobjekts auch für den Fall des Nichtzustandekommens des Darlehensvertrags nach § 308 Nr. 7 b und nach § 309 Nr. 5 b unwirksam. Sieht die Klausel darüber hinaus vor, dass das Gutachten in das Eigentum der Bank übergeht und bei dieser verbleibt, so verstößt dies gegen § 307.[4]

D 37 **f)** Eine Schadenspauschale für den Aufwand einer gerichtlichen oder außergerichtlichen **Beitreibung** kann grundsätzlich ebenso wirksam vorgesehen werden wie der Ersatz von Mahnkosten. Dies jedoch nur, soweit es nicht die erste Mahnung betrifft.[5] Eine Entschädigung in Höhe von 4 % der anhängig gemachten Hauptforderung[6] ist jedoch nur bei einer niederen Hauptforderung angemessen, bei hohen Beträgen dagegen überhöht und nach § 309 Nr. 5 a unwirksam, da die Rechtsverfolgungskosten, die nicht schon nach §§ 91 ff. ZPO zu ersetzen sind, nicht ohne weiteres mit der Forderungshöhe steigen. Eine Gebühr für die Abgabe an die Rechtsabteilung ist unwirksam,[7] da darin weder eine Leistung zugunsten des Kunden noch ein ersatzfähiger Schaden liegt. Eine Vertragsstrafe von 5 % ist nach § 309 Nr. 6 unwirksam.[8] Eine Gebühr von 3 % ist gegenüber Kleinunternehmern unwirksam, wenn sie neben und ohne Rücksicht auf die tatsächlichen Kosten vorgesehen ist.[9] Eine Bearbeitungsgebühr von 2 % des Restsaldos mit einer Höchstgrenze von seinerzeit 200, DM ist demgegenüber als wirksam angesehen worden.[10] Die formularmäßige Auferlegung von Kosten für die Einschaltung eines **Inkassobüros** stellt in der Regel eine unangemssene Benachteiligung des Darlehensnehmers nach § 307 II Nr. 1 dar. Die grundsätzlich aus dem Gesichtspunkt des Verzugsschadensersatzes in Betracht kommende Erstattungsfähigkeit solcher Kosten steht allemal unter dem Vorbehalt der Schadensminderungspflicht aus § 254 II 1, 2. HS und nach dem Rechtsgedanken des § 91 I 1 ZPO unter der Bedingung, dass die Kosten zur zweckentsprechenden Rechtsverfolgung notwendig waren. An Letzterem kann die Überwälzung schon bei eigener Mahn- oder Rechtsabteilung scheitern. Andererseits muss die Einschaltung erfolgversprechend sein, was bei erkennbar oder erklärtermaßen zahlungsunwillgen oder -unfähigen Schuldnern fehlt.[11] Denn

---

1 S. LG Stuttgart NJW-RR 1992, 380.
2 S. LG Stuttgart NJW-RR 1992, 380.
3 NJW-RR 1994, 305.
4 LG Dortmund NJW-RR 1994, 305.
5 S. dazu § 309 Nr. 4 Rz 30.
6 So in BGH NJW 1980, 2074, 2076.
7 S. auch LG Verden NJW-RR 1987, 430; *Bachmann* NJW 1978, 865, 867.
8 S. auch BGH NJW 1981, 1206, 1209.
9 Vgl. BGH NJW 1983, 1420, 1421.
10 OLG Karlsruhe ZIP 1985, 603, 606 (bedenklich).
11 OLG Oldenburg OLGR Oldenburg 2006, 850; OLG Karlsruhe NJW-RR 1987, 15; *Palandt/Heinrichs* § 286 Rz 49 m.w.N. zum Streitstand.

dann muss der Gläubiger ohnedies zur Erlangung eines Vollstreckungstitels mit der Einleitung eines gerichtlichen Verfahrens und der Einschaltung eines Rechtsanwaltes rechnen, so dass die Gefahr einer Kostenmehrung besteht. Jedenfalls muss sichergestellt sein, dass die Inkassokosten die Kosten, die bei der verzugsbedingten Einschaltung eines Rechtsanwaltes entstehen würden, nicht übersteigen. Per se nicht erstattungsfähig sind Inkassokosten dann, wenn das Inkassounternehmen zur Unternehmensgruppe gehört und damit nur eine in eine eigene Rechtsperson ausgegliederte Rechtsabteilung darstellt.[1] Nur dann, wenn eine Klausel diese Vorbehalte – hinreichend transparent – berücksichtigt, kommt die formularmäßige Überwälzung dieser Kosten in Betracht. Die Auferlegung solcher Kosten, wenn sie ohne Verschulden des Darlehensnehmers aus eigener Entschließung des Darlehensgebers veranlasst werden, stellt allemal eine unangemessene und nach § 307 I unwirksame Regelung dar. Gleiches gilt, wenn einem Gesamtschuldner die gegenüber einem anderen Gesamtschuldner entstandenen Kosten der Rechtsverfolgung auferlegt werden.[2]

6. Abstraktes Schuldversprechen, vollstreckbare Urkunde

Erleichtert sich der Darlehensgeber die Rechtsverfolgung, indem er den Darlehensnehmer ein **abstraktes Schuldversprechen** oder Schuldanerkenntnis ausstellen lässt, so verstößt dies, wenn es formularmäßig geschieht, nicht gegen § 309 Nr. 12. Zwar erlangt der Darlehensgeber dadurch den Vorteil, die Darlehensauszahlung und den Anspruch aus dem Darlehensvertrag nicht beweisen zu müssen, da er sich auf das abstrakte Schuldversprechen berufen kann. Damit macht der Darlehensgeber aber nur von einem zulässigen Rechtsinstitut Gebrauch, das nicht gegen § 309 Nr. 12 verstößt.[3] Das abstrakte Schuldversprechen darf einen Schadensersatzanspruch, z. B. in Gestalt einer Nichtabnahmeentschädigung, mit umfassen.[4] Die Abgabe eines abstrakten Schuldversprechens in einer Grundschuldbestellungsurkunde durch einen Dritten verstößt jedoch gegen den Charakter der Grundschuldbestellung und ist deshalb unwirksam. **D 38**

Die Unterwerfung unter die Zwangsvollstreckung in einer **vollstreckbaren Urkunde** (§ 794 I Nr. 5 ZPO) ist ebenfalls grundsätzlich nicht nach § 307 unwirksam, da es sich um ein vom Gesetz zugelassenes Institut handelt, das wegen der notariellen Beurkundung in der Regel formularmäßig benutzt wird und nicht durch die Vorschriften über die AGB-Kontrolle weitgehend ausgeschlossen werden sollte. Sie kann sich auch auf eine Nichtabnahmeentschädigung erstrecken.[5] Zulässig ist auch die nicht notariell beurkundete Verpflichtung, auf Verlangen des Darlehensgebers eine Unterwerfung unter die sofortige Zwangsvollstreckung einzugehen. Die notarielle Belehrung über die zulässigen Rechtsbehelfe kann bei Bestellung der vollstreckbaren Urkunde nachgeholt werden.[6] **D 39**

7. Mithaftungsklauseln

Darlehensverträge sehen häufig die **gesamtschuldnerische Haftung** von Dritten, insbesondere Ehegatten[7] oder auch von Geschäftsführern einer GmbH oder **D 40**

1 *Palandt/Heinrichs* § 286 Rz 49 m.w.N.
2 So in BGH NJW 1980, 2074, 2076.
3 BGH NJW 1987, 904, 907.
4 BGH NJW 1990, 981.
5 BGH NJW 1990, 981.
6 BGH NJW 1991, 2559, 2560f.
7 S. auch Rz S 141 ff.; zur Anwendung von § 138 BGB s. Rz D 8.

deren Gesellschaftern vor.[1] Sind diese Personen nicht echte Mitdarlehensnehmer, sondern „nur" Mithaftende, kann die Wirksamkeit dieser Vereinbarungen zunächst an § 138 scheitern (s.o. Rz D 8 und B 355). Außerhalb solcher Fallkonstellationen ist es grundsätzlich nicht zu beanstanden, wenn der mithaftende Gesamtschuldner den Darlehensvertrag mitunterzeichnet und dabei nach § 305 erkennbar auf seine gesamtschuldnerische Verpflichtung hingewiesen wird.[2] Auch die Höhe der Mithaftung muss erkennbar sein[3] und darf darlehensfremde Verbindlichkeiten nicht ohne weiteres einbeziehen. Dies kann auch durch Bezugnahme auf einen Grund- und Rahmenvertrag geschehen.[4] Überraschend nach § 305 c I und unwirksam nach § 307 ist es aber, wenn die persönliche Mithaftung für einen Kontokorrentkredit formularmäßig auf alle späteren Kreditüberschreitungen und Kontoüberziehungen ausgedehnt wird.[5] Unwirksam nach § 305 c I und § 307 ist auch die Auferlegung einer gesamtschuldnerischen Mithaftung in einer Grundschuldbestellungsurkunde.[6] Auf den Beitritt zu Darlehensverträgen ist grundsätzlich das Recht der Verbraucherdarlehen anwendbar, sofern nur der Mithaftende Verbraucher ist.[7] Die Formerfordernisse des § 492 müssen deshalb eingehalten werden.[8] Nach § 494 ist deshalb unwirksam eine blanko unterschriebene Mithaftungserklärung.[9] § 492 IV erstreckt die Erfordernisse der Abs. 1 und 2 auch auf Vollmachten. Bezüglich des Widerrufs nach § 495 muss die Belehrung und Aushändigung separat gegenüber dem Mithaftenden erfolgen. Der Schuldbeitritt zu einem abstrakten Schuldanerkenntnis ist aber formlos möglich.[10] Ist unklar, ob nur die dingliche oder auch die persönliche Mithaft übernommen werden soll, so besteht gemäß § 305 c II nur eine dingliche Haftung.[11]

D 41 Ist der Darlehensvertrag etwa nach § 138 unwirksam, so gilt dies nach § 139 grundsätzlich auch für die gesamtschuldnerische Haftung; mangels wirksamer Hauptschuld besteht wegen der dauernden Akzessorietät der Bürgschaft keine wirksame Bürgschaftsschuld. Für die Beendigung der Mithaftung gelten grundsätzlich die Regeln für die Kündigung einer Bürgschaft.[12]

8. Kündigung und Vertragsbeendigung

D 42 Das Gesetz enthält für den Darlehensvertrag recht differenzierte Regelungen über das Kündigungsrecht, die teils beiden Vertragspartnern zustehen, teils nur dem Darlehensgeber oder dem Darlehensnehmer. Flankiert werden diese Regelungen durch die daneben kraft klarstellender[13] Verweisung geltenden allgemeinen schuldrechtlichen Regelungen insbesondere über den Wegfall der Geschäftsgrundlage (§ 313) und das stets gegebene Kündigungsrecht aus wichtigem Grund (§ 314); im

---

1 BGH NJW 1996, 249.

2 Ebenso Fandrich in *von Westphalen* Vertragsrecht und AGB-Klauselwerke, Darlehensvertrag Rz 56.

3 S. auch *Kohte* JZ 1990, 997, 1004.

4 OLG Frankfurt ZIP 1984, 302.

5 BGH NJW 1996, 249.

6 OLG Oldenburg NJW 1985, 152; NJW-RR 1988, 1101; OLG Karlsruhe NJW 1986, 136.

7 BGH NJW 1996, 2156 = LM H.10/1996 § 1 VerbrKrG Nr. 5 m. Anm. *Pfeiffer;* BGH NJW 1996, 2865 = LM H.1/1997 § 1 VerbrKrG Nr. 6 m. Anm. *Ungeheuer;* BGH NJW 1997, 654 = LM H.4/1997 § 1 VerbrKrG Nr. 7 m. Anm. *M. Wolf;* BGH NJW 1997, 1443; BGH NJW 2000, 3496, 3497; *Staudinger/Kessal-Wulf* § 491 Rz 21; kritisch, im Ergebnis aber zustimmend MünchKomm/*Ulmer* § 491 Rz 82 m.w.N. zur teils kritischen Literatur.

8 BGH NJW 2000, 3496, 3497 zu § 4 VerbrKrG.

9 *Derleder* NJW 1993, 2401.

10 BGH LM H.5/1993 § 781 BGB Nr. 23 m. Anm. *Pecher.*

11 OLG Hamm NJW-RR 1993, 113.

12 S. BGH NJW 1986, 252, 253; dazu Rz B 376.

13 *Bamberger/Roth/Rohe* § 490 Rz 41; *Schwintowski* Bankrecht § 14 Rz 279.

Verbraucherdarlehensbereich tritt das Widerrufsrecht des Darlehensnehmers nach § 495 hinzu. Die Regelungen sind teils dispositiv, teils zwingend. Das nach § 488 III vorgesehene beiderseitige **Recht zur ordentlichen Kündigung** bei einem Darlehen, für das ein Rückzahlungszeitpunkt nicht bestimmt ist, kann in Anspruch genommen werden, ohne dass es dazu einer Begründung bedürfte.[1] Die Norm sieht eine Kündigungsfrist von drei Monaten vor, die als dispositiv anzusehen ist. Ob dies freilich so weit geht, dass eine Kündigungsfrist überhaupt nicht eingehalten werden muss, sondern (nur) bei der Ausübung der Kündigung auf die berechtigten Belange des Kunden Rücksicht zu nehmen sei, wie dies Ziff. 19 Abs. 2 der Banken-AGB in der Fassung vom 1. 4. 2002 und ähnlich (es soll „angemessen" Rücksicht genommen und nicht zur Unzeit gekündigt werden) Ziff. 26 der Sparkassen-AGB vorsehen, erscheint fraglich:[2] Die Regelung führt dazu, dass die Bank (im Falle der Sparkassen immerhin beide Vertragsparteien) sich stets ohne Einhaltung einer Frist soll vom Darlehensvertrag lösen können. Insoweit wird faktisch das außerordentliche fristlose Kündigungsrecht zum Regelfall, obwohl doch die Kündigungsregel insbesondere des § 490 für „Notfälle" eine Lösungsmöglichkeit vorsieht.[3] Diese wurde durch die Schuldrechtsnovelle sogar vorgezogen und kann nicht mehr erst bei einer schon eingetretenen Verschlechterung in Anspruch genommen werden, sondern schon bei einer drohenden, sofern der Rückerstattungsanspruch des Darlehensgebers gefährdet ist. Unter diesem Aspekt kommt hinzu, dass durch das stipulierte freie sofortige Kündigungsrecht die strengeren Voraussetzungen des § 490 I umgangen würden, ohne dass sich die Wirkungen der Kündigungen unterschieden. Deswegen und weil die Ankündigung, dass auf die Belange des Kunden (angemessen) Rücksicht genommen werde, viel zu unbestimmt ist, erscheinen beide Kündigungsregeln nicht als angemessener Interessenausgleich und sind deswegen nach § 307 I unwirksam.[4] Da die Einhaltung einer Frist bei einer nicht durch ein Fehlverhalten des Vertragspartners provozierten Kündigung zu den Grundgedanken der gesetzlichen Regelung gehört, verstoßen die Klauseln auch gegen § 307 II Nr. 1.[5] Dem Vertragspartner muss Gelegenheit gegeben werden, sich das zur Rückzahlung des gekündigten Darlehens erforderliche Kapital zu beschaffen. Dies wird umso schwieriger sein, je kürzer die Frist ist und je höher das zurückzuzahlende Darlehen noch valutiert. Deswegen erscheinen Kündigungsfristen, die 6 Wochen unterschreiten, per se bedenklich. Ob eine weniger strenge Handhabung im unternehmerischen Geschäftsverkehr angezeigt ist,[6] erscheint fraglich. Der Gesichtspunkt, dass der Darlehensnehmer Zeit haben muss, die zurückzuzahlende Valuta anderweitig zu beschaffen, spricht ebenso für die Unwirksamkeit der Klausel auch im unternehmerischen Verkehr wie der Verweis auf den Grundgedanken der ordentlichen Kündigungsregeln, die nun einmal eine Frist vorsehen. Eine fristlose Kündigung eines Darlehensvertrags und einer Darlehenszusage ist dagegen ohne Grund möglich, wenn sie nicht die Fälligkeit der Rückzahlungsforderung, sondern nur den Ausschluss zusätzlicher Darlehensgewährung zur Folge hat. Unter diesen Voraussetzungen kann z. B. ein Kontokorrentdarlehen jederzeit gekündigt

[1] § 308 Nr. 3 steht nicht entgegen, da das Darlehen ein Dauerschuldverhältnis ist, für das die Norm nicht gilt.

[2] Zweifelnd auch schon *Bamberger/Roth/Rohe* § 488 Rz 40.

[3] Allgemein zu den Voraussetzungen *Bamberger/Roth/Rohe* § 490 Rz 6 ff.

[4] Hinsichtlich Nr. 19 Abs. 2 der Banken-AGB a.A. *Casper* in *Derleder/Knops/Bamberger* § 3 Rz 102; zu Nr. 26 AGB-Sparkassen übereinstimmend Rz 107; ebenso *von Westphalen,* Vertragsrecht und AGB-Klauselwerke, Banken- und Sparkassen-AGB Rz 159 (zu Nr. 19 Abs. 2 Banken-AGB) und 163 (zu Nr. 26 Sparkassen-AGB, allerdings in der Begründung abweichend) .

[5] Ebenso *Ulmer/Fuchs* Anh. § 310 Rz 273; a.A. offenbar *Palandt/Putzo* § 488 Rz 31.

[6] Dafür noch die Vorauf1. Rz D 42 und MünchKomm/*Kieninger* § 307 Rz 231 m.w.N.

werden.[1] Unabhängig davon ist die Kündigung eines Giro- oder Depotvertrags zu beurteilen.[2]

D 43 Der von redaktionellen Abweichungen abgesehen unverändert an die Stelle von § 609 a getretene § 489 eröffnet dem Darlehensnehmer ein **ordentliches Kündigungsrecht bei festverzinslichen Darlehen.** Danach sind Darlehen mit veränderlichem Zinssatz jederzeit mit dreimonatiger Frist kündbar (§ 489 II), Darlehen mit zeitlich befristeter Zinsbindung, die vor dem Rückzahlungszeitpunkt endet, zum Ablauf der Zinsbindung mit einmonatiger **Kündigungsfrist** (§ 489 I Nr. 1). Festverzinsliche Darlehen an natürliche Personen, die nicht durch ein Grundpfandrecht oder Schiffspfandrecht abgesichert sind und nicht gewerblichen oder beruflichen Zwecken dienen, können nach Ablauf von 6 Monaten mit einer Frist von drei Monaten gekündigt werden (§ 489 I Nr. 2). Für andere Festzinsdarlehen kann nach Ablauf von 10 Jahren unter Einhaltung einer sechsmonatigen Frist gekündigt werden (§ 489 I Nr. 3). Da das ordentliche Kündigungsrecht des Darlehensnehmers nach § 489 wegen dessen Abs. 4 zugunsten des Darlehensnehmers halbzwingend ist, kommen abweichende Regelungen zulasten des Darlehensnehmers, der nicht zum Kreis der Darlehensnehmer nach Abs. 4 Satz 2 gehört (öffentliche Hand), nicht in Betracht. Dazu gehören nicht nur solche Regeln, die offen das Kündigungsrecht ausschließen, sondern auch solche, die zu – mittelbaren – Erschwerungen führen. Das kann durch Verlängerung der Kündigungsfristen geschehen, aber auch durch Formerschwernisse für die Wirksamkeit der Kündigung, die nach § 489 formfrei möglich ist, nicht jedoch, soweit es sich lediglich um Formvorgaben zur Beweisführung handelt. Hierher gehören auch Klauseln, die nachteilige Konsequenzen an die Kündigung knüpfen, wie etwa Vorfälligkeitsentschädigungen, die nicht deutlich machen, dass sie nur für den Fall der Kündigung nach § 490 II eingreifen.[3] Hier wie stets kann im Unterlassungsklageverfahren wegen des Verstoßes gegen die halbzwingende Regelung des § 489 IV vorgegangen werden, ohne dass es des Rekurses auf einen Verstoß gegen § 307 bedürfte.[4] Unter Beachtung der Vorgaben des § 489 ist die Bindungsdauer von Darlehen nicht an § 309 Nr. 9 zu messen, der für Darlehen nicht gilt.[5]

D 44 Die in § 490 geregelten **außerordentlichen Kündigungsrechte** gewähren beiden Parteien je unterschiedliche dispositive[6] Lösungsrechte vom Vertrag. § 490 I berechtigt den Darlehensgeber vor der Auszahlung des Darlehens im Zweifel stets, danach nur in der Regel, das Darlehen fristlos zu kündigen, wenn in den Vermögensverhältnissen des Darlehensnehmers oder in der Werthaltigkeit einer für das Darlehen gestellten Sicherheit eine wesentliche Verschlechterung mindestens droht und dadurch der Rückzahlungsanspruch des Darlehensgebers auch unter Verwertung der Sicherheit gefährdet wird. Mag die Reaktionsschwelle, ab der der Darlehensgeber die Kündigung aussprechen kann, durch das neue[7] Tatbestandsmerkmal der drohenden Verschlechterung auch vor der Hand gesenkt worden sein, bleibt es doch dabei, dass die fristlose Kündigung auch hier ultima ratio ist. Das bedeutet, dass die Kündigung abgewendet werden kann, indem der Darlehensgeber die Sicherheiten auffüllt oder sonst sicherstellt, dass der Rückzahlungsanspruch

---

1 Ohne diese Einschränkung OLG Hamm NJW-RR 1992, 686.

2 Siehe dazu auch OLG Köln ZIP 2000, 2159.

3 *Palandt/Putzo* § 489 Rz 19; a.A. *Bamberger/Roth/Rohe* § 489 Rz 26.

4 Allgemein dazu § 1 UKlaG Rz 17.

5 § 309 Nr. 9 Rz 13.

6 *Palandt/Putzo* § 490 Rz 4.

7 Im Rahmen des SMG trat § 490 I an die Stelle des § 610 a.F., der die Kündigung erst bei einer eingetretenen Verschlechterung zuließ.

nicht gefährdet wird.[1] Deswegen sind Klauseln, die das Kündigungsrecht des Darlehensgebers insoweit erleichtern, nach § 307 I unwirksam. Das wurde zutreffend angenommen bei einer Darlehensklausel, die die fristlose Kündigung schon dann ermöglichte, wenn der pfändbare Teil des Einkommens die monatliche Darlehensrate nicht mehr deckt.[2] Ziff. 19 Banken-AGB[3] formuliert in Abs. 3, 2. Spiegelstrich den Kündigungsgrund recht nah am Wortlaut des § 490 entlang, so dass die Regelung insoweit unbedenklich ist. Das gilt nicht, soweit der 3. Spiegelstrich von Abs. 3 in Rede steht. Richtig mag dabei zunächst sein, dass unter der Geltung von § 490 I Nachsicherungsklauseln grundsätzlich als zulässig angesehen werden müssen, die der Bank das Recht geben, gerade zur Vermeidung der Kündigung nach dieser Norm vom Darlehensnehmer die Auffüllung der Sicherheiten zu verlangen.[4] Bedenken bestehen aber insoweit, als die Klausel ein Kündigungsrecht unter Rückgriff auf Ziff. 13 Nr. 2 der Banken-AGB gibt. Dort ist das Nachsicherungsverlangen ausdrücklich nicht unter den Vorbehalt gestellt, dass ohne die Erhöhung der Sicherheiten der Rückzahlungsanspruch der Bank gefährdet sein müsste. Es reicht nach der Regelung eine andere Risikoeinschätzung der Bank, für die nur regelbeispielsweise auf die Vermögens- oder Sicherheitenverschlechterung abgestellt wird. Das wird man für das Kündigungsrecht nach § 490 I nicht als ausreichend ansehen können. Ob in diesen Fällen stets das Recht der Bank nach § 313 oder gar nach § 314 eingreift, erscheint mehr als zweifelhaft.[5] Das dem Darlehensnehmer in § 490 II eingeräumte Kündigungsrecht geht auf die Rechtsprechung des BGH zurück, nach der dem Darlehensnehmer unter Umständen aus Treu und Glauben ein Lösungsrecht gegen Zahlung einer Vorfälligkeitsentschädigung zustehen kann.[6] Es kann individualvertraglich eingeschränkt werden. Im Verhältnis zwischen Unternehmer und Verbraucher als Darlehensnehmer kommt dem Lösungsrecht nach § 490 II aber Leitbildcharakter zu, so dass formularvertragliche Abweichungen an § 307 II Nr. 1 scheitern.[7] Ein vollständiger Ausschluss des Kündigungsrechts nach § 490 II im unternehmerischen Geschäftsverkehr scheitert an 307 I, denn das Interesse an der anderweitigen Verwertung einer für das Darlehen verhafteten Sicherheit kann auch beim Unternehmer entstehen und die Bank ist durch die Vorfälligkeitsentschädigung hinreichend geschützt.

Für Verbraucherdarlehen ist in jedem Fall § 498 zu beachten, der nicht zum Nachteil des Verbrauchers abbedungen werden kann (§ 506). Die Kündigung aus wichtigem Grund bleibt möglich. Aus der Verbindung eines Darlehensvertrags mit einer Lebensversicherung ergibt sich nicht, dass die Kündigungsklausel in AGB gemäß § 305 b für die Laufzeit der Lebensversicherung ausgeschlossen sein soll.[8] Ein wirksam eingeräumtes Kündigungsrecht darf nicht zur Unzeit und willkürlich ohne Rücksicht auf die Interessen des Darlehensnehmers ausgeübt werden.[9] Treuwidrig ist eine Kündigung, wenn bei der Koppelung eines Darlehensvertrags mit **D 45**

---

[1] Zum Problem der Inanspruchnahme von Personal- oder Realsicherheiten von Dritten *Mülbert* WM 2002, 465, 474.

[2] OLG Oldenburg NJW-RR 2005, 860.

[3] Siehe auch *Sonnenhol* WM 2002, 1259, 1264.

[4] *Bamberger/Roth/Rohe* § 490 Rz 9.

[5] Zum Verhältnis von § 490 I zu den §§ 313 und 314 *Mülbert* WM 2002, 465, 473; *Sonnenhol* WM 2002, 1259, 1265.

[6] BGH NJW 1997, 2875; siehe auch *Bamberger/Roth/Rohe* § 490 Rz 18 ff.; zum Recht auf den weniger einschneidenden Sicherheitenaustausch BGH NJW 2004, 1730, 1731 mit Anm. *Bülow* LMK 2004, 129; *Medicus* EWiR 2004, 733.

[7] *Becher/Lauterbach* WM 2004, 1163, 1168; im Ergebnis ebenso *Mülbert* WM 2002, 465, 476, der Unwirksamkeit nach § 307 I annimmt.

[8] BGH NJW-RR 1987, 1184.

[9] OLG Hamm NJW-RR 1986, 208; 1991, 242.

einem langfristigen Lebensversicherungsvertrag das Darlehen ohne hinreichenden Grund gekündigt wird, während dem Versicherer die Vorteile des langfristigen Versicherungsvertrags erhalten bleiben.[1]

D 46 Eine **fristlose Kündigung aus wichtigem Grund** (§ 314) kann nicht ausgeschlossen werden. Die Veräußerung des der Darlehensforderung als hypothekarische Sicherheit dienenden Grundstücks ist kein ausreichender Grund zur fristlosen Kündigung durch den Darlehensgeber.[2] Dem Darlehensnehmer steht jedoch unter den Voraussetzungen des § 490 II (s. Rz D 48) ein Anspruch auf Einwilligung in die Ablösung zu.[3] Unwirksam ist auch die Klausel, wonach bei Bauspardarlehen eine Kündigung zur sofortigen Rückzahlung vorgesehen ist, wenn fällige Leistungen nach Zugang einer schriftlichen Mahnung nicht innerhalb eines Monats gezahlt werden, da hierin nicht auf das Verschuldenserfordernis des § 286 IV abgestellt wird, der Schuldner auf die Folgen der Fristversäumung vor der Kündigung nicht noch einmal deutlich hingewiesen werden muss und er die Kündigung nicht durch nachträgliche Befriedigung des Gläubigers abwenden kann.[4] Nach § 307 unwirksam ist eine Klausel, wonach der Darlehensgeber kündigen kann, sobald ein anderer Darlehensvertrag, und sei es auch eines anderen Darlehensgebers, gekündigt wurde (sog. Cross-default-Klausel). Die bloße Kündigungserklärung eines anderen kann nicht ausschlaggebend sein, wenn dafür kein Kündigungsgrund besteht. Muss aber ein Kündigungsgrund für den anderen Darlehensvertrag vorliegen, so ist es auch zumutbar, die Gefährdung hieraus für weitere Darlehensverträge darzulegen.[5]

D 47 An Stelle einer Kündigung kann auch eine **automatisch eintretende Vorfälligstellung** der Darlehensrückzahlung aufgrund von **Verfallklauseln** vorgesehen werden. Solche Vorfälligstellung fällt nicht unter § 309 Nr. 6.[6] Es müssen jedoch materiell mindestens dieselben Voraussetzungen wie für eine Kündigung aus wichtigem Grund gegeben sein.[7] Im Verzug mit Tilgungsraten muss der Rückstand so erheblich sein, dass dem Gläubiger die Fortführung des Vertrags nicht zugemutet werden kann; dazu genügt es nach den Rechtsgedanken der §§ 498 ff. nicht, wenn der Darlehensnehmer mit zwei aufeinander folgenden Raten nur teilweise im Verzug ist, vielmehr muss der Verzug mindestens 2 volle Raten betragen.[8] Eine Vorfälligstellung schon bei weniger als 2 vollen Tilgungsraten ist nach § 307 unwirksam.[9] Die Fälligstellung des Gesamtrestbetrags bei einem Verzug von nur 3 Wochen ist aber zu beanstanden, da dies als wichtiger Grund ohne weitere zusätzliche Umstände nicht ausreicht.[10] Beim Verbraucherdarlehen, das nicht Immobiliardarlehen ist (Abs. 3), sieht § 498 I Nr. 1 und 2 ohnedies halbzwingend (§ 506) eine qualifizierte Rückstandshöhe (mindestens 5 % des Darlehensnennbetrages oder des Teilzahlungspreises bei Darlehen mit einer Laufzeit von mehr als drei Jahren, ansonsten ein Rückstand von mindestens 10 %), die aus dem mindestens teilweisen Rückstand von zwei aufeinander folgenden Teilzahlungen beruht, und eine gesonderte Fristsetzung mit eindeutiger und klarer Kündigungsandrohung vor.[11]

---

1 BGH NJW-RR 1987, 1184.

2 A. A. zu Unrecht BGHZ 76, 371 = NJW 1980, 1625.

3 BGH NJW 1997, 2875 und 2878.

4 BGH NJW 1991, 2559, 2562.

5 A. A. offenbar *Gruber* NJW 1991, 1099.

6 BGHZ 95, 362, 372 = NJW 1986, 46; s. auch Rz D 30 sowie dagegen § 309 Nr. 6 Rz 19.

7 BGHZ 95, 362, 372 f.

8 *Fandrich* in *von Westphalen,* Vertragsrecht und AGB-Klauselwerke, Darlehensvertrag Rz 131.

9 BGHZ 95, 362, 373.

10 BGH NJW 1983, 1420, 1421; siehe auch OLG Schleswig ZIP 2006, 1339; EWiR 2006, 615 *(Haestlein/Müller).*

11 Siehe dazu OLG Celle BKR 2005, 65; *Staudinger/Kessal-Wulf* § 498 Rz 18, dort auch zur tunlichst zu wählenden Schriftlichkeit der Erklärung.

Außerhalb der gesetzlich geregelten Lösungsrechte kann grundsätzlich die vorzeitige Aufhebung eines Darlehensvertrags mit fest vereinbarter Laufzeit nicht verlangt werden.[1] Aus Treu und Glauben kann sich jedoch ein Anspruch des Darlehensnehmers gegen den Darlehensgeber auf Einwilligung in die **vorzeitige Ablösung** gegen Zahlung einer Vorfälligkeitsentschädigung ergeben. Der Anspruch steht dem Darlehensnehmer bei grundpfandrechtlich gesicherten Krediten zu, wenn er das belastete Grundstück veräußern will[2] oder wenn er es für eine anderweitige Beleihung benötigt.[3] Durch die Ablösemöglichkeit soll einer möglichen faktischen Veräußerungs- oder Belastungssperre, die dem Grundgedanken des § 1136 widerspricht, entgegengewirkt werden. Dieser Anspruch kann durch AGB grundsätzlich nicht ausgeschlossen werden. Der Anspruch ist nicht auf Vertragsaufhebung, sondern auf Vertragsänderung mit dem Ziel vorzeitiger Leistungserbringung ohne Reduzierung des Leistungsumfangs gerichtet.[4] Demgemäß ist auch die Vorfälligkeitsentschädigung darauf gerichtet, den Darlehensgeber wirtschaftlich wie bei Einhaltung der Laufzeit zu stellen.[5] Die in § 489 I vorgesehenen Kündigungsfristen von einem Monat (§ 489 I Nr. 1), drei Monaten (§ 489 I Nr. 2) und sechs Monaten (§ 489 I Nr. 3) dürfen weder individualvertraglich noch durch AGB verlängert werden (§ 489 IV). Zulässig ist eine angemessene Verkürzung der Kündigungsfrist, jedoch nicht ein völliger Ausschluss in AGB (s. Rz D 42). Unangemessenheit wegen einseitiger Interessenwahrnehmung ist jedoch nach § 307 I anzunehmen, wenn die Kündigungsfrist für den Darlehensnehmer wesentlich länger ist als für den Darlehensgeber, sofern nicht besondere Gründe eine solche ungleiche Gestaltung rechtfertigen. In AGB kann auch vorgesehen werden, dass der Kündigungszeitpunkt, der gemäß § 489 I Nr. 1, 1. HS nach Ablauf der Zinsbindung beliebig später liegen kann, auf den Ablauf der Zinsbindungsfrist begrenzt wird.[6] **D 48**

9. Verlängerungsklauseln

Eine Verlängerungsklausel, wonach sich der Darlehensvertrag verlängert, falls einem Verlängerungsangebot des Darlehensgebers nicht widersprochen wird, ist nach § 307 grundsätzlich wirksam. Sie muss gegenüber Verbrauchern aber den Anforderungen von § 308 Nr. 5 genügen.[7] Eine Widerspruchsfrist von zwei Wochen ist bei umfangreichen Darlehen in der Regel zu knapp bemessen.[8] Eine Pflicht zur Verlängerung oder ein mittelbarer Zwang durch zusätzliche Gebühren ist nur zulässig, wenn auch ein einseitiges Bestimmungsrecht ohne Kündigungsmöglichkeit zulässig wäre (s. Rz D 21). **D 49**

10. Rechtsverfolgung

a) Ausschlussfristen für die Klageerhebung können vorgesehen werden. Zulässig ist die Klausel in einem Bausparvertrag, die die Klageerhebung innerhalb eines Jahres verlangt, nachdem der vom Bausparer geltend gemachte Anspruch unter **D 50**

---

[1] S. etwa *Bruchner* in *Schimansky/Bunte/Lwowski,* Bankrechtshandbuch § 78 Rz 101; *W. Weber* NJW 1995, 2951, 2952 f.

[2] BGH NJW 1997, 2875.

[3] BGH NJW 1997, 2878.

[4] BGH NJW 1997, 2875, 2876 = LM H.1/1998 § 242 (Ba) BGB Nr. 94, 95 m. Anm. *Schmidt-Lademann.*

[5] S. zur Berechnung Rz D 30.

[6] S. BT-Drs. 10/4741, S. 22; *Häuser* NJW 1987, 17, 19.

[7] S. BGH NJW 1985, 617; Anwk-BGB/*Kollmann* § 308 Rz 68; dagegen aber § 308 Nr. 5 Rz 17.

[8] § 308 Nr. 5 Rz 41.

Mitteilung der Gründe abgelehnt worden und er auf das Erlöschen des Anspruchs im Falle nicht fristgerechter Klageerhebung hingewiesen worden ist.[1] Die Regelung entspricht jedenfalls den berechtigten Interessen des kollektiven Bausparsystems und hat ein Vorbild in § 12 III VVG. Schadensersatzansprüche, die unter § 309 Nr. 7 b fallen, müssen jedoch ausgenommen sein.[2]

D 51 **b)** Für **Beweislastklauseln** gilt § 309 Nr. 12. Für das Saldoanerkenntnis aufgrund der Genehmigungsfiktion in Nr. 7 II S. 2 Banken-AGB, Nr. 7 III S. 2 Sparkassen-AGB gilt dagegen, auch wenn die Genehmigungsfiktion eine Beweislastumkehr bewirkt,[3] § 308 Nr. 5, dem die genannten Klauseln entsprechen.[4] Überraschend nach § 305 c I und unwirksam nach § 309 Nr. 12 und § 307 ist dagegen eine Klausel in den Bedingungen für Sparkonten, wonach im Falle widersprüchlicher Eintragung im Sparbuch und in den Geschäftsbüchern der Eintrag in den Geschäftsbüchern entscheidet, da dem Sparer damit die Beweislast für Fehler im Risikobereich der Bank oder Sparkasse auferlegt wird.[5]

*

EC-Bedingungen

Schrifttum: *Langenbucher/Gößmann/Werner,* Zahlungsverkehr, 2004; *Schinkels,* Die Verteilung des Haftungsrisikos für Drittmissbrauch von Medien des bargeldlosen Zahlungsverkehrs, 2001

E 1 Nachdem die frühere Euroscheckgarantie weggefallen ist, hat die ec-Karte heute nur noch Bedeutung als Debitkarte, die für den elektronischen Zahlungsverkehr verwandt wird, als Geldkarte und bei der vereinfachten Abwicklung des Lastschriftverkehrs. Streitfälle betreffen fast durchweg die Problematik des **Drittmissbrauchs.**[6] Diese wird für die Debitkartenfunktion inzwischen durch § 676 h determiniert. Wenn der Kartenherausgeber aufgrund einer gar nicht vom berechtigten Inhaber, sondern unter Einsatz einer gefälschten oder einer gestohlenen Karte von einem Dritten missbräuchlich durchgeführten Zahlungstransaktion an den Vertragsunternehmer zahlt, so erwächst ihm daraus gemäß § 676 h kein Aufwendungsersatzanspruch (§ 670) gegen den berechtigten Karteninhaber. Streitig ist allerdings, ob dies auch eine Rechtsscheinshaftung ausschließt[7]. Auch wird der Einsatz des auf der Karte befindlichen Geldkartenchips nach im Vordringen befindlicher Ansicht nicht von § 676h erfasst,[8] zumal die Geldkarte keine Zahlungskarte im

---

[1] BGH NJW 1991, 2559, 2562.

[2] Offen gelassen in BGH NJW 1991, 2559, 2562.

[3] S. auch § 308 Nr. 5 Rz 5.

[4] BGH NJW 2000, 2667, 2668; siehe auch *Sonnenhol* WM 2002, 1259, 1263.

[5] S. AG Hamburg NJW 1987, 2022.

[6] Einzelfälle: OLG Düsseldorf BKR 2008, 41 = MDR 2008, 95; OLG Frankfurt NJW-RR 2004, 206; OLG Frankfurt OLGR 1997, 6; LG Berlin WM 2003, 128; LG Berlin NJW-RR 1999, 1213; LG Dortmund, Archiv PT 1993, 395; LG Essen WM 1993, 546; LG Frankfurt NJW-RR 1997, 941; LG Köln CR 1989, 27; LG Osnabrück NJW-RR 2003, 1283; AG Aachen NJW-RR 1992, 1323; AG Berlin-Mitte VuR 1999, 201; AG Bremen VuR 1998, 367; AG Darmstadt NJW-RR 1989, 1138; AG Diepholz WM 1995, 1919; AG Hamburg, 29. Juni 2005, 7c C 156/04 (in Juris); AG Hamburg VuR 2000, 171; AG Hannover, WM 1996, 2013; AG Kassel NJW-RR 1994, 630; AG Mönchengladbach-Rheydt WM 1997, 919. Praktisch ist die Zahl der Streitigkeiten noch dadurch geringer geworden, dass der BGH inzwischen einen Anscheinsbeweis für das Kundenverschulden anerkennt, vgl. Fußn. 11.

[7] Für die weitere Zulässigkeit der Rechtsscheinshaftung *Schinkels,* Zahlungsverkehr, Kap. 14 Rz 58 ff.; a. A. wohl MünchKomm/*Casper,* BGB, § 676 h Rz 10.

[8] Schinkels WM 2006, 450 ff.; MünchKomm/*Casper,* BGB, § 676 h Rz 15; nach *Bamberger/Roth/Schmalenbach* § 676 h Rz 4 erfasst die Norm jedenfalls nicht den Anspruch auf Rückzahlung des Vorschusses.

Sinne der von § 676 h umgesetzten Artt. 8 der Fernabsatzrichtlinie 97/7/EG und der Richtlinie über den Fernabsatz von Finanzdienstleistung 2002/65/EG darstellt.[1] Weder § 676 h noch die von ihm umgesetzten Richtlinien verbieten schließlich jede Form von Schadensersatzansprüchen[2].

Mit Blick auf die Debitkartenfunktion hat sich der BGH allerdings für eine strikte Orientierung am **Verschuldensprinzip** entschieden: Der Kunde haftet nur dann, wenn ihn am **Missbrauch** ein Verschulden trifft; es darf ihm durch AGB nur für diesen Fall das Missbrauchsrisiko auferlegt werden.[3] Die geltenden ec-Bedingungen unterscheiden, wie AGB-rechtlich ohnehin geboten,[4] nach dem Eingang der **Verlustanzeige.** Sie entlasten den Kunden von Schäden, die nach der Verlustanzeige entstanden sind, vollständig, sofern der Kunde seine Sorgfalts- und Mitwirkungspflichten erfüllt hat. Mit der Formulierung dieser Mitwirkungspflicht als positive Voraussetzung der Entlastung ist keine Beweislastverschiebung zum Nachteil des Kunden intendiert, so dass § 309 Nr. 12 nicht eingreift.[5] Ferner sehen sie eine Haftung für vor der Verlustanzeige eingetretene Schäden nur vor, wenn der Kunde seine Sorgfalts- und Mitwirkungspflichten grob fahrlässig verletzt hat. Grobe Fahrlässigkeit wird in den AGB in der Weise definiert, dass sie vorliegen soll, wenn die persönliche Geheimzahl (PIN) auf der ec-Karte vermerkt oder zusammen mit der ec-Karte verwahrt war, wenn die PIN einer anderen Person mitgeteilt und der Missbrauch dadurch verursacht wurde oder wenn die Verlustanzeige nicht umgehend erfolgt, obwohl dies ohne weiteres möglich gewesen wäre.[6] Diese Regelungen enthalten keine abschließende Definition der groben Fahrlässigkeit, binden aber die Kreditinstitute in der Weise, dass nur vergleichbar schwere Sorgfaltsverstöße den Vorwurf grober Fahrlässigkeit rechtfertigen können.[7] **E 2**

Der BGH erkennt in diesem Zusammenhang einen **Anscheinsbeweis** an, wonach die missbräuchliche Verwendung von Karte und PIN durch einen Dritten einen schweren Sorgfaltsverstoß des Karteninhabers indiziert.[8] Umgekehrt haftet die Bank- auch außerhalb der Übernahme des Missbrauchsrisikos durch ihre AGB – für ihr (mitwirkendes) Verschulden.[9] Da die sorgfältige Verwahrung des Kundengeldes eine Kardinalpflicht darstellt, sind Haftungsfreizeichnungen nach § 307 II Nr. 2 unwirksam.[10] So liegt eine Pflichtverletzung in der Nichtbeachtung des vom Kunden angegebenen täglichen Verfugungsrahmens.[11] **E 3**

Im Gegensatz zu diesem System der Verschuldenshaftung sehen die Bedingungen für die **Geldkartenfunktion** vor, dass vorausbezahlte Beträge bei Verlust der Karte nicht erstattet werden. Diese Abweichung von der Verschuldenshaftung sollte, obschon dieses Ergebnis nicht gesichert ist, als wirksam angesehen werden, weil sich **E 4**

---

1 *Schinkels* WM 2006, 450, 452.

2 MünchKomm/*Casper,* BGB, § 676 h Rz 18 f.; *Freitag* ZBB 2002, 322, 328; *Körber* WM 2004, 563; *Schinkels,* Drittmissbrauch, S. 323; a. A. *Hoffmann/Petrick* ZBB 2003, 343, 346 ff.: „Richtlinienkonforme Rechtsfortbildung" des § 676 h BGB mit dem Ziel des Ausschlusses aller Ansprüche ungeachtet des Verschuldens, also auch bei Vorsatz des berechtigten Karteninhabers.

3 BGHZ 114, 238; BGHZ 135, 116.

4 BGHZ 114, 238.

5 OLG Köln ZIP 2002, 798 = VersR 2002, 763–764 = MDR 2002, 834 = WM 2003, 124.

6 Von der Wirksamkeit dieser Maßgaben erkennbar ausgehend z. B. BGHZ 160, 308; LG Köln WM 2001, 853.

7 BGHZ 145, 337.

8 BGHZ 160, 308.

9 BGH NJW 1982, 1513.

10 Hiervon im Ergebnis ausgehend LG Frankfurt NJW-RR 1997, 941.

11 AG Berlin Mitte VuR 1999, 201.

der Kunde mit der individuellen Entscheidung für diesen Kartentypus zugleich individualvertraglich für ein solches Risikomodell entscheidet[1].

E 5-10 Klauseln zu anderen Fragen führen bislang praktisch nicht zu Streitigkeiten. Das auf der ec-Karte abgedruckte **Gültigkeitsdatum** enthält keine formularmäßige Abrede über die Dauer des ec-Karten- oder des Girovertrags.[2]

*

EDV Elektronische Datenverarbeitung

Siehe unter Software und EDV-Verträge (§ 307 Rz S 211).

*

Ehemaklervertrag

Zum Ehemaklervertrag s. Rz M 19 ff.

*

Eigentumsvorbehalt

Inhaltsübersicht

[1] *Schinkels* WM 2005, 450 ff., geht mit Blick auf die von ihm angenommene wertpapierrechtliche Determinierung der Frage von einer teleologischen Extension des § 670 BGB aus und gelangt so zur Kontrollfreiheit entsprechender AGB nach § 307 III (S. 455).

[2] BGH NJW 2006, 430.

Schrifttum: *Bähr,* Die Kollision zwischen Factoring-Globalzession und verlängertem Eigentumsvorbehalt, Diss. 1989; *Bülow,* Der erweiterte Eigentumsvorbehalt nach der Insolvenzrechtsreform, DB 1999, 2196; *Bülow,* Die isolierte Ausübung des Eigentumsvorbehalts nach § 449 BGB, DB 2002, 2090; *Eckert/Nebel,* Abwehrklausel in Einkaufsbedingungen, verlängerter Eigentumsvorbehalt und Globalzession, WM 1988, 1545; *Graf Lambsdorff,* Der Eigentumsvorbehalt bei Kollision von Verkaufs- und Einkaufsbedingungen, ZIP 1987, 1370; *Graf Lambsdorff/Hübner,* Eigentumsvorbehalt und AGB-Gesetz, 1982; *Habersack/Schürnbrand,* Der Eigentumsvorbehalt nach der Schuldrechtsreform, JuS 2002, 833; *Lieb,* Eigentumsvorbehalt und Abwehrklausel, FS Baumgärtel, 1990, S. 311; *de Lousanoff,* Die Wirksamkeit des Eigentumsvorbehalts bei kollidierenden Allgemeinen Geschäftsbedingungen, NJW 1982, 1727; *Schwab,* Die Auswirkungen des Freigabeklausel-Beschlusses auf den einfachen Eigentumsvorbehalt an Sachgesamtheiten, ZIP 2000, 609; *Serick,* Der erweiterte Eigentumsvorbehalt in Formularverträgen ohne zureichende Freigabeklausel bei unverhältnismäßiger Übersicherung und § 9 AGBG, JZ 1994, 714; *Schulze/Kienle,* Der Kauf unter Eigentumsvorbehalt – eine Kehrtwende des Gesetzgebers?, NJW 2002, 2842; *Thamm,* Rücknahmeklausel bei Eigentumsvorbehalt in Lieferbedingungen, BB 1980, 1191; *Wagner,* Zur Kollision von verlängertem Eigentumsvorbehalt und eingeschränktem Abtretungsverbot, JZ 1988, 698; *Weber,* Erweiterter Eigentums- und Konzernvorbehalt in allgemeinen Lieferbedingungen, BB 1989, 1768; *von Westphalen,* Vertragswidriger Eigentumsvorbehalt und Kollision von AGB beim Vertragsschluss, BB 1980, 1405; *ders.,* Wirksamkeit des einfachen Eigentumsvorbehalts bei Kollision von Abwehrklauseln in Einkaufs-AGB mit Verkaufs-AGB?, ZIP 1987, 1361; *ders.,* AGB, Vertragsrecht Eigentumsvorbehaltssicherung, 2000, S. 43; *Zeranski,* Eigentümer und Vorbehaltskäufer im Widerstreit um die Vorbehaltsware, AcP 203 (2003), 693.

1. Der einfache Eigentumsvorbehalt

a) Vereinbarung in AGB. Ein Eigentumsvorbehalt kann auch in AGB vereinbart werden. Allerdings stellt sich, ganz unabhängig von der Problematik der Wirksamkeit entsprechender Klauseln, zunächst die Frage, unter welchen Voraussetzungen überhaupt von der Vereinbarung eines Eigentumsvorbehalts auszugehen ist. Dabei ist streng zwischen schuldrechtlichem Vertrag einerseits und dinglicher Einigung (§ 929) andererseits zu unterscheiden. **E 11**

aa) Schuldrechtlicher Vertrag. Im Verhältnis zu Verbrauchern, die regelmäßig keine AGB verwenden, ist die Vereinbarung eines Eigentumsvorbehalts im schuldrechtlichen Vertrag unproblematisch, wenn die Voraussetzungen von § 305 II erfüllt sind. Im Verkehr mit Unternehmern ergeben sich Schwierigkeiten, wenn der Vertragspartner des Lieferanten seinerseits AGB, insbesondere Einkaufsbedingungen, verwendet. In diesem Falle ist zu differenzieren. **E 12**

α) **Ausdrücklich kollidierende AGB.** Denkbar ist zunächst, dass die AGB des Käufers denen des Verkäufers mit Blick auf den Eigentumsverschaffungsanspruch ausdrücklich widersprechen. Dies kann dadurch geschehen, dass die AGB des Käufers anders als diejenigen des Verkäufers einen Anspruch auf unbedingte Übereignung vorsehen, einen Eigentumsvorbehalt ausschließen **(Vorbehaltsausschlussklausel)** oder durch eine allgemeine **Abwehrklausel**[1] die Vereinbarung eines Eigentumsvorbehalts in den AGB des Verkäufers zu verhindern suchen. In je- **E 13**

---

[1] Eine Abwehrklausel, nach der „anderslautende Bedingungen – soweit sie nicht in dieser gesamten Bestellung festgelegt sind – [nicht] gelten [...]“, schließt alle, also auch bloß ergänzende Regelungen in den AGB des anderen Teils aus. So unzutreffend BGH NJW-RR 2001, 484, 485.

dem dieser Fälle gelten grundsätzlich die allgemeinen Grundsätze zur Verwendung kollidierender AGB.[1] Das heißt, es gilt grundsätzlich das dispositive Recht, so dass gemäß § 433 I 1 schuldrechtlich die Pflicht zur unbedingten Übereignung besteht. Zu beachten ist aber, dass die Ausschlussklausel ihrerseits unwirksam sein kann (s. Rz E 36). In diesem Falle ist die Ausschlussklausel für die Frage, ob der schuldrechtliche Anspruch auf unbedingte oder bedingte Übereignung gerichtet ist, unbeachtlich, so dass sich schuldrechtlich die AGB des Verwenders durchsetzen, solange diese einer Inhaltskontrolle standhalten.

E 14 β) **Stillschweigende Kollision.** Sehen die AGB des Verkäufers einen Eigentumsvorbehalt vor und verwendet der Käufer keine AGB, so ist eine Einigung auf den Eigentumsvorbehalt bei Beachtung der Einbeziehungsvoraussetzungen grundsätzlich zu bejahen. Komplizierter liegen die Dinge dann, wenn der Käufer zwar AGB verwendet, diese aber keine oder zumindest keine wirksame Regelung zum Eigentumsvorbehalt enthalten. In diesem Falle ist der Eigentumsvorbehalt als eine dem Käufer ungünstige Regelung nicht ohne weiteres als vereinbart anzusehen. Vielmehr ist der Eigentumsvorbehalt in diesem Falle nur dann vereinbart, wenn er branchenüblich ist oder wenn sich aus den sonstigen Umständen das Einverständnis des Käufers mit dem Eigentumsvorbehalt ergibt.[2] Setzt sich der Lieferant nach dem Gesagten mit seiner Eigentumsvorbehaltsklausel nicht durch, so besteht grundsätzlich eine Pflicht zur unbedingten Übereignung nach § 433 I 1.

E 15 γ) **Handelsbrauch.** Denkbar ist ferner, dass die Lieferung von Waren unter Eigentumsvorbehalt einem Handelsbrauch i.S.d. § 346 HGB entspricht. In diesem Falle ist auf der Ebene des Schuldrechts auch ohne eine entsprechende Klausel in den AGB des Vorbehaltsverkäufers lediglich von einer Verpflichtung zur Übertragung aufschiebend bedingten Eigentums auszugehen.[3] Eine allgemeine Abwehrklausel, der zufolge die AGB des Vorbehaltsverkäufers nicht gelten sollen, ändert an der Einbeziehung des Eigentumsvorbehalts in den schuldrechtlichen Vertrag in diesem Falle nichts, denn dass in den fraglichen Fällen nur eine Verpflichtung zur Übertragung aufschiebend bedingten Eigentums besteht, ergibt sich ja gerade nicht (nur) aus den AGB des Vorbehaltsverkäufers, sondern (auch und in erster Linie) aus dem Handelsbrauch. Zu beachten ist aber, dass auch Handelsbräuche durch AGB abbedungen werden können. Eine Verpflichtung zur Übertragung unbedingten Eigentums ist daher dann anzunehmen, wenn sich eine solche schon aus den AGB des Käufers ergibt und die AGB des Verkäufers insoweit nicht widersprechen. Ein Handelsbrauch dahingehend, dass nur bedingtes Eigentum übertragen werden soll, wird man im Übrigen nur selten annehmen können.[4]

E 16 **bb) Dingliche Einigung.** Die Frage, ob der Verkäufer schuldrechtlich zur Verschaffung unbedingten Eigentums verpflichtet ist, muss streng von der Frage getrennt werden, ob die Übereignung bedingt oder unbedingt erfolgt. Insofern kommt es allein auf die dingliche Einigung an, wobei die entsprechenden Erklärungen der Parteien nach §§ 133, 157 und gegebenenfalls auch nach § 305 c II auszulegen sind. Dabei gelten folgende Grundsätze:

E 17 α) **Anspruch auf bedingte Eigentumsverschaffung.** Besteht schuldrechtlich nur ein Anspruch auf eine aufschiebend bedingte Übereignung, so ist mangels be-

---

[1] S. § 305 Rz 137 ff.

[2] Ähnlich *Ulmer/H. Schmidt* Anh. § 310 Rz 733: Eigentumsvorbehalt wird Vertragsinhalt, falls „er handelsüblich und folglich mit dem Einverständnis des anderen Teils zu rechnen ist".

[3] So wohl auch BGH NJW-RR 2004, 555, 556.

[4] Offen gelassen hat der BGH, ob bei Windkraftanlagen ein entsprechender Handelsbrauch anzunehmen ist. S. BGH NJW-RR 2004, 555, 556.

sonderer Anhaltspunkte in der Regel davon auszugehen, dass der Eigentumsvorbehalt auch dinglich zumindest stillschweigend vereinbart ist (§§ 133, 157).[1]

β) Anspruch auf unbedingte Übereignung. Umgekehrt ist in Ermangelung abweichender Anhaltspunkte davon auszugehen, dass die Parteien eine unbedingte Übereignung beabsichtigen, wenn schuldrechtlich ein Anspruch auf unbedingte Übereignung besteht. Allerdings gilt dies nicht ohne Ausnahme. Auch wenn ein Eigentumsvorbehalt schuldrechtlich nicht oder nicht wirksam vereinbart worden ist, kann er dennoch nachträglich in die dingliche Einigung aufgenommen werden. **E 18**

αα) Lieferbedingungen. Trotz eines schuldrechtlichen Anspruchs auf unbedingte Übereignung ist ein Eigentumsvorbehalt beispielsweise dann dinglich vereinbart, wenn dem Käufer spätestens zum Zeitpunkt der dinglichen Einigung, also in der Regel im Zeitpunkt der Übergabe, eine Erklärung des Inhalts zugegangen ist, dass der Verkäufer nur bedingt übereignen will, wobei der Zugang der relevanten Erklärung allerdings nur dann bejaht werden kann, wenn dem Käufer die Kenntnisnahme von der Erklärung nach den Umständen zumutbar war.[2] Ausreichend ist es wegen § 166, dass die entsprechende Erklärung einer für die Vertragsverhandlungen zuständigen Person auf der Seite des Käufers zugeht.[3] Dementsprechend erfolgt die Eigentumsübertragung beispielsweise dann nur aufschiebend bedingt, wenn der Eigentumsvorbehalt in den **Lieferbedingungen** des Veräußerers enthalten ist.[4] Voraussetzung hierfür ist freilich, dass die Lieferbedingungen spätestens bei der dinglichen Einigung, d. h. in der Regel bei Übergabe, vorliegen und dem anderen Vertragsteil nach den gesamten Umständen zuzumuten ist, hiervon Kenntnis zu nehmen.[5] Der Lieferant kann in diesem Fall davon ausgehen, dass seine Lieferung als bedingte Übereignung erkannt und als solche angenommen wird, falls kein Widerspruch erfolgt. Widerspricht der Käufer der bedingten Übereignung, so fehlt es an einer wirksamen dinglichen Einigung.[6] In diesem Fall bleibt der Lieferant Eigentümer, und der Käufer erwirbt nicht einmal ein Anwartschaftsrecht. In den AGB kann der Kreis der für die Entgegennahme eines Eigentumsvorbehalts zuständigen Personen konkretisiert und jedenfalls in Randbereichen eingeschränkt werden.[7] **E 19**

ββ) Verkaufsbedingungen/Auftragsbestätigungen. In der Praxis liegt es häufig so, dass die Verkaufsbedingungen des Vorbehaltsverkäufers eine Eigentumsvorbehaltsklausel enthalten, diese Klausel aber infolge einer Abwehrklausel nicht wirksam in den schuldrechtlichen Vertrag einbezogen wird. In diesem Fall hat der Käufer schuldrechtlich einen Anspruch auf unbedingte Übereignung. Hat der Käufer aber Kenntnis von der Eigentumsvorbehaltsklausel oder war ihm die Kenntnisnahme zumindest zumutbar, so muss der Käufer das Verhalten des Verkäufers nach Treu und Glauben dahingehend verstehen, dass der Verkäufer das Eigentum nur aufschiebend bedingt übertragen will. Dementsprechend erlangt der Käufer, obwohl ihm schuldrechtlich ein unbedingter Anspruch auf Übereignung zusteht, nur **E 20**

---

[1] Vgl. BGH NJW-RR 2004, 555, 556: Unbedingter Eigentumserwerb bei Lieferung scheidet aus, wenn Eigentumsvorbehalt kraft eines entsprechenden Handelsbrauchs Teil des schuldrechtlichen Vertrages geworden ist.

[2] S. z. B. BGH NJW 1982, 1751, 1751: Bedingte Übereignung, wenn „bei der Übergabe dem Käufer ein nachträglicher (vertragswidriger) Eigentumsvorbehalt zuging und dem Käufer die Kenntnisnahme von diesem Eigentumsvorbehalt zumutbar war".

[3] BGH NJW 1982, 1749, 1750: Ausreichend, wenn Lieferbedingungen „einer für die inhaltliche Ausgestaltung von Verträgen zuständigen Person zugegangen" waren.

[4] BGH VIZ 2000, 498, 499.

[5] BGH NJW 1979, 213, 214.

[6] A. A. *von Westphalen* ZIP 1987, 1361, 1368.

[7] BGH NJW 1979, 2199, 2200.

ein Anwartschafsrecht.[1] Entsprechendes gilt, wenn eine in den AGB des Vorbehaltsverkäufers enthaltene Eigentumsvorbehaltsklausel ausnahmsweise nach § 307 unwirksam ist.[2] Der Kenntnis bzw. dem Kennenmüssen des Käufers ist die Kenntnis oder das Kennenmüssen einer auf seiner Seite tätigen zuständigen Person gleichzustellen.[3]

E 21 γγ) **Bestehen bleiben des Übereignungsanspruchs.** Der Klarheit halber sei betont, dass in denjenigen Fällen, in denen trotz eines schuldrechtlichen Anspruchs auf unbedingte Übereignung dinglich ein Eigentumsvorbehalt vereinbart wurde, die schuldrechtliche Verpflichtung zur Übertragung unbedingten Eigentums unberührt bleibt. Nur bei deutlichen Anhaltspunkten für einen entsprechenden Parteiwillen wird man davon ausgehen können, dass die Parteien anlässlich der bloß bedingten Übereignung außerdem den zuvor geschlossenen Kaufvertrag dahingehend abändern wollten, dass nur noch eine bedingte Übereignung geschuldet ist.[4]

E 22 **b) Inhaltskontrolle.** Von der Frage, ob der Eigentumsvorbehalt überhaupt vereinbart wurde, ist die Frage zu trennen, inwiefern Klauseln, die einen Eigentumsvorbehalt vorsehen und gegebenenfalls weitere, diesen ergänzende Regelungen treffen, der Inhaltskontrolle nach den §§ 307 ff. standhalten. Dabei gelten folgende Grundsätze:

E 23 **aa) Wirksamkeit des einfachen Eigentumsvorbehalts.** Eine Klausel in einem Kaufvertrag, der zufolge sich der Käufer das Eigentum bis zur vollständigen Zahlung des Kaufpreises vorbehält, stellt eine angemessene Interessenwahrnehmung dar, die mit dem für Austauschverhältnisse geltenden Gegenseitigkeitsprinzip übereinstimmt und auch von § 449 als angemessene Sicherung des Verkäufers zugelassen wird. Sie ist deshalb grundsätzlich **angemessen** im Sinne des § 307.[5]

E 24 **bb) Regelung der Pflichten des Käufers.** In der Regel enthalten die AGB genaue Regelungen der Pflichten des Vorbehaltskäufers.

E 25 **α) Gebrauchsverbot.** Der Vorbehaltseigentümer vertraut mit der Besitzüberlassung die Sache dem Vorbehaltskäufer an und überlässt ihm entsprechend dem Zweck des Vorbehaltskaufs den Gebrauch der Sache. Eine Klausel, die dem Käufer bis zur vollständigen Zahlung des Kaufpreises die Ingebrauchnahme verbietet, widerspricht diesem Vertragszweck und ist daher regelmäßig nach § 307 I, II Nr. 2 unwirksam.[6]

E 26 **β) Pflegliche Behandlung.** Schon nach § 241 II, 242 ist der Vorbehaltskäufer zum pfleglichen Umgang mit der Sache verpflichtet. Die in AGB vielfache enthaltene allgemeine Verpflichtung zur pfleglichen Behandlung ist daher schon nach § 307 III 1 nicht zu beanstanden.[7] Konkretisierungen dieser Pflicht sind regelmäßig auch dann angemessen, wenn sie in moderatem Umfang über das dispositive Recht hinausgehen und damit der Inhaltskontrolle unterliegen.

E 27 **γ) Instandhaltung und Versicherung.** Grundsätzlich nicht zu beanstanden ist z. B. eine Pflicht zur Durchführung regelmäßiger Inspektions- und Wartungsarbei-

---

[1] BGH NJW 1982, 1751, 1751; OLG Bremen NJOZ 2004, 2854, 2857; MünchKomm/*Basedow* § 305 Rz 102; *von Westphalen*, Eigentumsvorbehaltssicherung, a.a.O., Rz 2.

[2] BGH NJW 1988, 1774, 1776.

[3] BGH NJW 1982, 1749, 1750.

[4] S. aber *Ulmer/Schmidt* JuS 1984, 18, 25; *Weber* BB 1989, 1768, 1774.

[5] Allgemeine Auffassung. S. z. B. *von Westphalen*, AGB, Eigentumsvorbehaltssicherung, a.a.O., Rz 1; *Ulmer/H. Schmidt* Anh. § 310 Rz 731.

[6] OLG Oldenburg NJW-RR 1992, 1527, 1527 (zu § 9 AGBG).

[7] Für Wirksamkeit einer entsprechenden Klausel auch BGH ZIP 1984, 1485; *von Westphalen*, AGB, Eigentumsvorbehaltssicherung, a.a.O., Rz 3.

ten und die Pflicht zur Tragung der damit verbundenen Kosten, soweit sich sowohl die Versicherungspflicht als auch die dadurch verursachten Kosten im Rahmen des Üblichen bewegen.[1] Grundsätzlich wirksam ist auch eine Klausel, die dem Vorbehaltskäufer die Pflicht auferlegt, die Sache auf eigene Kosten zu versichern.[2] Auch eine Pflicht des Vorbehaltskäufers, die Sache im Falle ihrer Beschädigung auf eigene Kosten reparieren zu lassen, ist grundsätzlich nicht zu beanstanden.[3] Zwar wäre eine solche Klausel dann unangemessen, wenn sie auch im Falle einer Beschädigung durch den Verwender Geltung beanspruchen wollte, doch wird sich in aller Regel schon im Rahmen einer an Treu und Glauben orientierten Auslegung ergeben, dass dieser Fall nicht erfasst sein soll.

δ) Sonstige Sorgfaltspflichten. Auch sonstige Sorgfaltspflichten, die der Bewahrung der Sache dienen, können in AGB wirksam vorgesehen werden, soweit sie zumutbar sind und Treu und Glauben entsprechen. Wirksam ist z. B. die Verpflichtung, dem Vorbehaltseigentümer von Eingriffen Dritter unverzüglich Mitteilung zu machen.[4] Nicht zu beanstanden ist z. B. die Pflicht, den Vorbehaltsverkäufer von einer **Pfändung** der Sache unverzüglich zu unterrichten[5] oder Beschädigungen oder die Vernichtung der Sache anzuzeigen. Ebenso kann die Pflicht zur Anzeige eines **Besitz- und Wohnungswechsels** vorgesehen werden.[6] Der Vorbehaltseigentümer kann auch ohne Verstoß gegen § 307 vorsehen, dass der Vorbehaltskäufer die Kosten einer erfolgreichen **Drittwiderspruchsklage** zu tragen hat, soweit die relevanten Beträge nicht vom Pfändungsgläubiger erlangt werden können.[7] Eine darüber hinausgehende Verpflichtung zur Tragung der Kosten einer Drittwiderspruchsklage, also insbesondere eine Verpflichtung zur Tragung der Kosten einer erfolglosen Drittwiderspruchsklage, ist jedoch unangemessen.[8] **E 28**

cc) Herausgabe- oder Rücknahmeklausel. Vielfach sehen Klauseln vor, dass der Verkäufer unter bestimmten Voraussetzungen berechtigt ist, die Herausgabe der Sache zu verlangen bzw. die Sache an sich zu nehmen. **E 29**

α) Wirksamer Rücktritt. Entsprechende Klauseln sind schon nach § 307 III 1 nicht zu beanstanden, wenn das Herausgaberecht lediglich für den Fall vorgesehen wird, dass der Verkäufer wirksam vom Vertrag zurückgetreten ist.[9] Selbst wenn ein in den AGB vorgesehenes Rücktrittsrecht unwirksam ist, lässt dies die Wirksamkeit einer davon trennbaren Klausel, die für den Fall des Rücktritts einen Herausgabeanspruch des Verkäufers vorsieht, unberührt. Insbesondere kann die Herausgabeklausel nach Treu und Glauben redlicherweise nicht dahingehend ausgelegt werden, dass sie, was unangemessen wäre, auch im Falle eines unwirksamen Rücktritts eingreifen soll. Ferner wird man eine Herausgabeklausel auch dann nicht als unangemessen einstufen können, wenn sie zwar nicht an einen wirksamen Rücktritt des Verkäufers anknüpft, jedoch nur in solchen Fällen Geltung beansprucht, in denen die Ansich- **E 30**

---

[1] Ähnlich *von Westphalen,* AGB, Eigentumsvorbehaltssicherung, a.a.O., Rz 3; *Ulmer/H. Schmidt* Anh. § 310 Rz 735.

[2] So auch *von Westphalen,* AGB, Eigentumsvorbehaltssicherung, a.a.O., Rz 4.

[3] So auch *von Westphalen,* AGB, Eigentumsvorbehaltssicherung, a.a.O., Rz 4.

[4] OLG Köln NJW-RR 2001, 198, 201 (zum AGB-Gesetz).

[5] OLG Köln NJW-RR 2001, 198, 201 (zum AGB-Gesetz); *von Westphalen,* AGB, Eigentumsvorbehaltssicherung, a.a.O., Rz 5.

[6] BGH NJW 1985, 320, 325 (zu § 9 AGBG). In diesem Sinne auch OLG Köln NJW-RR 2001, 198, 201 (zum AGB-Gesetz).: Wirksamkeit einer formularmäßigen Verpflichtung zur Mitteilung eines Standortwechsels.

[7] BGH NJW 1993, 657, 657 (zu § 9 AGBG).

[8] Ebenso *von Westphalen,* AGB, Eigentumsvorbehaltssicherung, a.a.O., Rz 5.

[9] BGH NJW 2001, 292, 298 (zu § 9 AGBG); i.E. ebenso *von Westphalen,* AGB, Eigentumsvorbehaltssicherung, a.a.O., Rz 7.

nahme der Sache nach § 503 II 4 als Rücktritt gilt.[1] Zwar ergibt sich der Herausgabeanspruch in diesem Falle nicht aus dem dispositiven Recht. Denn Klauseln der hier interessierenden Art gewähren dem Verkäufer einen Herausgabeanspruch schon bevor er die Sache an sich genommen hat und damit bevor das Besitzrecht des Käufers erloschen ist. Indessen kann man dann, wenn jedenfalls die Ansichnahme der Sache, die der Geltendmachung des Herausgabeanspruchs nachfolgt, gemäß § 503 II 4 als Rücktritt gilt, regelmäßig keine unangemessene Benachteiligung des Käufers annehmen. Denn dem Grundgedanken des § 449 II, dass der Käufer den Besitz nicht verlieren soll, wenn es nicht auch zum Rücktritt vom Kaufvertrag kommt, ist in diesem Falle genügt. Nicht zu beanstanden ist daher beispielsweise eine Klausel, die dem Verkäufer im Falle eines Teilzahlungsgeschäfts für den Fall ein Recht auf Herausgabe der Sache zugesteht, dass der Käufer eine **eidesstattliche Versicherung** (§ 897 ZPO) abgegeben hat.[2] Denn hierin liegt ein wichtiger Grund, der dem Verkäufer das Festhalten am Vertrag unzumutbar macht,[3] und spätestens die Ansichnahme der Sache gilt als Rücktritt nach § 503 II 4, da § 503 II 4 nach richtiger Auffassung auch dann eingreift, wenn das Rücktrittsrecht nicht auf den Zahlungsverzug des Verbrauchers, sondern auf einen anderen Grund zurückzuführen ist.[4] Betont sei zudem, dass ein Verstoß gegen § 309 Nr. 6 in der hier interessierenden Konstellation ebenfalls ausscheiden muss. Zwar findet § 309 Nr. 6 nach richtiger Auffassung auch auf so genannte Verfallsklauseln Anwendung, bei denen die Sanktion in einem Rechtsverlust besteht.[5] Auch kann der in der Herausgabeklausel angeordnete Verlust des Besitzrechts als Rechtsverlust eingestuft werden. Zu beachten ist jedoch, dass § 309 Nr. 6 im Falle von Verfallsklauseln dann keine Anwendung findet, wenn sich die Klausel darauf beschränkt, denjenigen Zustand herbeizuführen, denn der Verwender auch ohne die Klausel durch Abgabe einer Gestaltungserklärung einseitig herbeiführen könnte.[6] So aber liegt es hier, denn wie bereits erwähnt, stellt die Abgabe der eidesstattlichen Versicherung einen wichtigen Grund dar, der dem Verkäufer das Festhalten am Vertrag unzumutbar macht.

E 31 **β) Kein wirksamer Rücktritt.** Komplizierter gestaltet sich die Antwort auf die Frage nach der Zulässigkeit solcher Klauseln, die einen Herausgabeanspruch bzw. ein Rücknahmerecht zumindest auch für den Fall gewähren, dass der Verkäufer nicht wirksam vom Vertrag zurückgetreten ist und auch in der Ansichnahme der Sache kein wirksamer Rücktritt liegt. Entsprechende Klauseln scheitern nicht an § 449 II. Zwar sieht das Gesetz in § 449 II einen auf den Eigentumsvorbehalt des Verkäufers gestützten Herausgabeanspruch nur für den Fall zu, dass der Verkäufer vom Vertrag zurückgetreten ist. Doch ist § 449 II nicht zwingend.[7] Die Parteien können also zumindest individualvertraglich vereinbaren, dass das dem Anspruch aus § 985 entgegenstehende kaufvertragliche Recht zum Besitz auch ohne einen Rücktritt des Verkäufers erlöschen soll. Davon zu trennen ist die Problematik, ob die Vereinbarung von Herausgabe- oder Rücknahmeklauseln auch der AGB-rechtlichen Inhaltskontrolle standhält. Diese Frage wird man richtigerweise zumindest im Grundsatz verneinen müssen. Denn eine Klausel, die eine **Rücknahme ohne Rücktritt** erlaubt, ist mit dem Grundgedanken der gesetzlichen Regelung des

---

[1] Für Wirksamkeit einer Herausgabeklausel in diesem Falle auch BGH NJW 2001, 292, 298 (zu § 9 AGBG).

[2] BGH NJW 2001, 292, 298 (zu § 9 AGBG).

[3] BGH NJW 2001, 292, 298 (zu § 9 AGBG).

[4] So i.E. auch BGH NJW 2001, 292, 298 (zu § 9 AGBG).

[5] S. § 309 Nr. 6 Rz 17.

[6] S. § 309 Nr. 6 Rz 17.

[7] Gegen die Einstufung des § 449 II als zwingendes Recht z. B. auch *Bamberger/Faust* § 449 Rz 18; MünchKomm/*Westermann* § 449 Rz 38.

§ 449 II nicht zu vereinbaren und daher grundsätzlich nach § 307 I, II Nr. 1 **unwirksam.**[1] Dies gilt selbst im unternehmerischen Verkehr,[2] denn auch insofern bleibt es bei einem Verstoß gegen einen Grundgedanken der gesetzlichen Regelung. Der Annahme, dass Herausgabeklauseln nach § 307 I, II Nr. 1 unwirksam sind, lässt sich auch nicht die für sich genommen zutreffende Beobachtung entgegenhalten, dass § 449 II nach dem in der Gesetzesbegründung deutlich zum Ausdruck gekommenen Willen des Gesetzgebers[3] nur klarstellende Funktion hat.[4] Nach richtiger Auffassung waren entsprechende Klauseln nämlich schon bisher unwirksam, und auch der BGH hatte die Zulässigkeit von Herausgabeklauseln nach altem Recht zumindest offen gelassen.[5] Allerdings sollte man den Grundsatz, dass Herausgabeansprüche nur für den Fall eines (zumindest nach § 503 II 4 anzunehmenden) Rücktritts eingeräumt werden können, nicht verabsolutieren. Vielmehr gilt es in diesem Zusammenhang die **Wertung des § 503 II 4** zu beachten. Nach dieser Vorschrift gilt die Ansichnahme der Sache nur dann als Ausübung des Rücktrittsrechts, wenn der Unternehmer sich nicht mit dem Verbraucher einigt, diesem den gewöhnlichen Verkaufswert der Sache im Zeitpunkt der Wegnahme zu vergüten. Daran wird deutlich, dass eine Vergütungsabrede nach Einschätzung des Gesetzgebers in gleicher Weise wie der Rücktritt geeignet ist, die Interessen des Verwendungsgegners zu wahren. Dieser Gedanke lässt sich verallgemeinern, nämlich dahingehend, dass der Verlust des Besitzrechts trotz Weiterbestehens des Vertrages, also trotz fehlenden Rücktritts, den Verwendungsgegner grundsätzlich dann **nicht unangemessen** benachteiligt, wenn eine wirksame **Vergütungsabrede** vorliegt.[6] Betont sei ferner, dass eine Vergütungsabrede im Sinne des § 503 II 4 auch AGB-mäßig möglich ist.[7] Zu beachten ist allerdings, dass dann, wenn die Klausel an den Zahlungsverzug des Käufers anknüpft, auch die **Vorgaben des § 309 Nr. 6** einzuhalten sind. Denn nach richtiger Auffassung findet diese Vorschrift auch auf so genannte Verfallsklauseln Anwendung, bei denen die Sanktion in einem Rechtsverlust besteht.[8] Auch kann der in der Herausgabeklausel angeordnete Verlust des Besitzrechts als Rechtsverlust eingestuft werden. Entscheidend ist damit, ob sich die Anwendung des § 309 Nr. 6 unter Hinweis darauf verneinen lässt, dass keine Sanktionswirkung gegeben ist, weil sich die Klausel darauf beschränkt, denjenigen Zustand herbeizuführen, denn der Verwender auch ohne die Klausel durch Abgabe einer Gestaltungserklärung einseitig herbeiführen könnte.[9] Dies wird man dann, aber richtigerweise auch nur dann bejahen können, wenn die Klausel nur in den-

[1] Ebenso OLG Frankfurt a.M. NJW-RR 2005, 1170, 1172; *Palandt/Heinrichs* § 307 Rz 99; *Habersack/Schürnbrand* JuS 2002, 833, 836; *Bamberger/Faust* § 449 Rz 18; *Erman/Grunewald* § 449 Rz 14.

[2] MünchKomm/*Westermann* § 449 Rz 38.

[3] BT-Drs. 14/6040, S. 241 („In Übereinstimmung mit der Rechtsprechung (BGHZ 54, 214) soll in Absatz 2 klargestellt werden, dass der Verkäufer die Vorbehaltsware nur herausverlangen kann, wenn er vom Vertrag zurückgetreten ist.").

[4] In diesem Sinne aber *Schulze/Kienle* NJW 2002, 2842, 2843.

[5] BGH NJW 1986, 424, 425 (zu § 9 AGBG).

[6] So wohl auch BGH NJW 2001, 292, 298 f (zu § 9 AGBG). Dort führte der BGH aus, dass es keinen Bedenken begegne, wenn sich der Verkäufer darauf beschränken könne, den Kaufgegenstand vom Käufer herauszuverlangen, ohne zugleich die Kündigung des Vertrags auszusprechen. Für die hier betroffenen Teilzahlungsgeschäfte gelte die Rücknahme der Kaufsache als Rücktritt vom Vertrag, es sei denn, der Verkäufer einige sich mit dem Käufer, diesem den gewöhnlichen Verkaufswert der Sache im Zeitpunkt der Wegnahme zu vergüten. „Damit", so der BGH, „ist den Interessen des Käufers in jedem Fall bereits nach dem Gesetz angemessen Rechnung getragen."

[7] BGH NJW 2001, 292, 299 (zu § 9 AGBG). A.A. aber *Pfeiffer,* Neuwagenkauf, Stand: 5/2004, Rz 84, in: *v. Westphalen,* Vertragsrecht und AGB-Klauselwerke, der unter Berücksichtigung des § 308 Nr. 5 einen Verstoß gegen § 307 annimmt. S. dazu § 308 Nr. 5 Rz 21.

[8] S. § 309 Nr. 6 Rz 17.

[9] S. § 309 Nr. 6 Rz 17.

jenigen Fällen Anwendung finden kann, in denen sich der Verkäufer auch ein Rücktrittsrecht vorbehalten könnte.[1]

E 32 **dd) Verwertungsklausel.** Mitunter sehen die AGB des Verkäufers vor, dass der Verkäufer die Sachen an sich nehmen und verwerten darf, der Vertrag aber bestehen bleibt und der Verwertungserlös auf den Kaufpreis angerechnet wird. Entsprechende Klauseln sind nach der hier vertretenen Auffassung schon deshalb unwirksam, weil die Befugnis zur Ansichnahme der Sache bei gleichzeitigem Festhalten am Kaufvertrag grundsätzlich nicht wirksam vorgesehen werden kann (s. Rz E 31). Aber auch wenn man Herausgabeklauseln für zulässig halten wollte, müsste man die formularmäßige Einräumung der Befugnis zur Verwertung der Sache unter gleichzeitiger Aufrechterhaltung des Kaufvertrages als unangemessen einstufen. Dies gilt insbesondere gegenüber Verbrauchern.[2] Denn aus § 503 II 4 ergibt sich die Wertung, dass die Ansichnahme und Verwertung der Sache bei gleichzeitigem Fortbestand des Kaufvertrages allenfalls dann zulässig sein soll, wenn eine Vergütungsabrede im Sinne des § 503 II 4 getroffen wird, und daran fehlt es im Falle einer Verwertungsklausel gerade. Aber auch gegenüber Unternehmern wird man entsprechende Klauseln in aller Regel als unangemessen einzustufen müssen.[3]

E 33 **ee) Rücktrittsklausel.** Die Rücktrittsklausel zielt darauf ab, den Vorbehaltseigentümer bei Zahlungsverzug oder sonstigen Pflichtverletzungen zum Rücktritt vom Vertrag zu berechtigen, mit der Folge, dass die Kaufpreisforderung entfällt und das Eigentum endgültig beim Vorbehaltseigentümer verbleibt.

E 34 **α) Zahlungsverzug.** Anders als früher (s. § 455 a.F.) sieht das dispositive Recht im Falle des Zahlungsverzugs des Vorbehaltskäufers grundsätzlich kein Recht des Verkäufers zum Rücktritt ohne vorherige Fristsetzung mehr vor. Allerdings kann sich ein Recht, im Falle des Zahlungsverzuges des Verwendungsgegners ohne vorherige Fristsetzung vom Vertrag zurückzutreten, gegebenenfalls aus § 323 ergeben, nämlich dann, wenn die nach § 323 I an sich erforderliche Fristsetzung ausnahmsweise entbehrlich ist (§ 323 II). Auch im Falle des § 376 HGB entfällt eine Fristsetzung. Ist die Fristsetzung jedoch nach dispositivem Recht nicht in allen von der Klausel erfassten Fällen entbehrlich, so ist eine Klausel, die ein Rücktrittsrecht bei bloßem Zahlungsverzug gewährt, unzulässig. Dies ergibt sich gegenüber Verbrauchern aus § 309 Nr. 4, gegenüber Unternehmern aus § 307.[4]

E 35 **β) Sonstige Pflichtverletzungen.** Entsprechendes gilt, wenn ein Rücktrittsrecht für den Fall anderer Pflichtverletzungen eingeräumt wird. Auch insofern gewährt § 323 I ein Rücktrittsrecht, das aber grundsätzlich eine Fristsetzung bzw. eine Abmahnung (§ 323 III) voraussetzt. Sofern die Klausel auch dann ein Rücktrittsrecht als Folge der Pflichtverletzung gewährt, wenn die Fristsetzung bzw. Abmahnung nach dispositivem Recht nicht entbehrlich ist, ist die Klausel nach § 309 Nr. 4 unwirksam. Im unternehmerischen Verkehr folgt ihre Unwirksamkeit aus § 307.

E 36 **c) Ausschluss des Eigentumsvorbehalts.** Wird in AGB, insbesondere in Einkaufsbedingungen des Käufers, der Eigentumsvorbehalt ausgeschlossen **(Vorbehaltsausschlussklausel)**, obwohl der Kaufpreis nach dem Vertrag nicht Zug-um-

---

[1] Die Entscheidung BGH NJW 2001, 292, 298 f (zu § 9 AGBG) ist i.E. mit der hier vertretenen Auffassung vereinbar, weil das Herausgaberecht dort für den Fall einer eidesstattlichen Versicherung vorgesehen war, also nur bei Vorliegen eines Sachverhalts eingreifen sollte, der nach richtiger Auffassung einen Grund zur Vertragsbeendigung darstellte. S. BGH NJW 2001, 292, 298 f (zu § 9 AGBG).

[2] *Ulmer/H. Schmidt* Anh. § 310 Rz 737.

[3] I.E. wohl ebenso *Ulmer/H. Schmidt* Anh. § 310 Rz 737. Auch *von Westphalen,* AGB, Eigentumsvorbehaltssicherung, Rz 12, stuft Klauseln, die eine freihändige Verwertung der zurückgenommenen Sache erlauben, nur dann als vereinbar mit § 9 AGBG (§ 307) ein, wenn zugleich ein Rücktritt erfolgt.

[4] S. § 309 Nr. 4 Rz 62 ff.

Zug gegen Übergabe und Übereignung gezahlt werden soll, so liegt darin ein Abweichen von der gesetzlichen Regelung, da diese von der Leistung Zug-um-Zug (§ 322) ausgeht. Für die Vorbehaltsausschlussklausel gilt deshalb nicht etwa § 307 III 1, vielmehr unterliegt sie der Inhaltskontrolle nach § 307 I.[1] Damit stellt sich die Frage nach der Angemessenheit entsprechender Klauseln. Der **BGH** hat in einer Entscheidung aus dem Jahre 1980 offen gelassen, ob die Verwendung von Ausschlussklauseln in Einkaufsbedingungen schlechthin unbedenklich ist.[2] Richtigerweise wird man diese Frage verneinen müssen. Der Ausschluss des Eigentumsvorbehalts verpflichtet den Verkäufer und Lieferanten zur Vorleistung und entzieht ihm eine Sicherheit. Zwar gehört der einfache Eigentumsvorbehalt nicht zu den wesentlichen Grundgedanken der gesetzlichen Regelung im Sinne von § 307 II Nr. 1. Mit seinem Ausschluss ist aber grundsätzlich eine einseitige Benachteiligung des Verkäufers verbunden. Diese ist nur dann nicht nach Treu und Glauben als unangemessen (§ 307 I) anzusehen, wenn ausnahmsweise berechtigte Interessen des Käufers für den Ausschluss des Eigentumsvorbehalts sprechen und keine übewiegenden Interessen des Verkäufers entgegenstehen.[3] Diese Voraussetzungen sind z. B. dann erfüllt, wenn der Käufer von einer Vielzahl von Lieferanten Waren bezieht, deren besondere Lagerung wegen des damit verbundenen Aufwands nicht verlangt werden kann, so etwa bei Warenhäusern und Supermärkten.[4] Dies gilt erst recht, wenn der Verkäufer ohnehin mit der raschen Weiterveräußerung seiner Ware an Endverbraucher gegen Barzahlung rechnen muss und deshalb dem Eigentumsvorbehalt als Sicherheit praktisch nur geringer Wert beigemessen werden kann.[5] Zu beachten ist, dass die Antwort auf die Frage nach der Wirksamkeit der Vorbehaltsausschlussklausel nicht notwendig identisch ist mit der Antwort auf die Frage, ob der Eigentumserwerb bedingt oder unbedingt stattfindet. Auch wenn die Abwehrklausel nämlich wirksam ist und demgemäß schuldrechtlich ein Anspruch auf unbedingte Übereignung entsteht, erwirbt der Käufer nur aufschiebend bedingtes Eigentum, wenn ihm spätestens im Zeitpunkt der dinglichen Einigung die Kenntnisnahme von der Eigentumsvorbehaltsklausel in den AGB des Verkäufers zumutbar war (s. Rz E 19).[6]

2. Der erweiterte Eigentumsvorbehalt

Beim so genannten erweiterten Eigentumsvorbehalt wird vorgesehen, dass die Bedingung für den Eigentumsübergang nicht schon bei Bezahlung der Kaufpreisforderung, sondern erst dann eintritt, wenn auch andere Forderungen, insbesondere Forderungen aus anderen Verträgen mit dem Verwender, getilgt sind. **E 37**

a) Vereinbarung. Für die schuldrechtliche und für die dingliche Vereinbarung des erweiterten Eigentumsvorbehalts gelten die Ausführungen unter Rz E 11 ff., E 16 ff. entsprechend. Klauseln, die einen Ausschluss des erweiterten Eigentumsvorbehalts vorsehen, z. B. in Einkaufsbedingungen, sind jedoch grundsätzlich wirksam (s. dagegen Rz E 36). **E 38**

---

1 BGH NJW 1981, 280, 281 (zu §§ 8, 9 AGBG).

2 BGH NJW 1981, 280, 281 (zu § 9 AGBG). Auch BGH NJW 1982, 1751, 1752 (zu § 9 AGBG) lässt die Frage nach der Wirksamkeit einer Abwehrklausel in Einkaufsbedingungen offen.

3 Wohl noch strenger als hier *Ulmer/H. Schmidt* Anh. § 310 Rz 732.

4 Insoweit zutreffend BGH NJW 1981, 280, 281 (zu § 9 AGBG). Kritisch aber *Ulmer/H. Schmidt* Anh. § 310 Rz 732.

5 Insoweit zutreffend BGH NJW 1981, 280, 281 (zu § 9 AGBG).

6 In diesem Sinne auch BGH NJW 1982, 1751, 1752, dem zufolge ein Angebot auf unbedingte Übereignung dann nicht anzunehmen ist, wenn „bei der Übergabe dem Käufer ein nachträglicher (vertragswidriger) Eigentumsvorbehalt zuging und dem Käufer die Kenntnisnahme von diesem Eigentumsvorbehalt zumutbar war".

E 39 **b) Wirksamkeit.** Mit Blick auf die Wirksamkeit von Klauseln, die einen erweiterten Eigentumsvorbehalt vorsehen, ist zu differenzieren:

E 40 **aa) Forderungen Dritter/Konzernvorbehalt.** Stets unwirksam ist nach § 449 III eine Vereinbarung, die den Erwerb des Eigentums davon abhängig macht, dass der Käufer Forderungen eines Dritten, insbesondere eines mit dem Verkäufer verbundenen Unternehmens, erfüllt. Entsprechende Klauseln sind daher erst recht auch unangemessen im Sinne des § 307. Nach § 449 III sowie nach § 307 I unwirksam ist daher insbesondere auch der so genannte **Konzernvorbehalt,** der den Erwerb des Eigentums durch den Käufer davon abhängig macht, dass kein anderes Unternehmen des Konzerns, zu welchem der Verkäufer gehört, offene Forderungen gegenüber dem Käufer hat.

E 41 **bb) Forderungen des Verkäufers.** Schwieriger zu beantworten ist die Frage, inwiefern solche Klauseln zulässig sind, die den Eigentumserwerb davon abhängig machen, dass der Käufer andere – gegebenenfalls auch alle – noch offenstehende Forderungen des Verkäufers tilgt. Insofern ist weiter zu unterscheiden:

E 42 **α) Grundsätzliche Wirksamkeit bei Unternehmern.** Im unternehmerischen Verkehr ist der erweiterte Eigentumsvorbehalt grundsätzlich wirksam.[1] Für Unternehmer ist die Gewährung von Sicherheiten ein gebräuchlicher Vorgang. Von ihnen wird erwartet, dass sie die Folgen überschauen und sich gegen unberechtigte Sicherheiten wehren. Hinzu kommt, dass Unternehmer ihr Geschäftsvermögen häufig als Sicherheit für Kredite einsetzen. Es ist jedoch nicht einzusehen, weshalb der Verkäufer gegenüber anderen Kreditgebern zurückstehen soll. Solange Forderungen von ihm noch offenstehen, braucht er nicht hinzunehmen, dass die von ihm gelieferte Ware als Kreditsicherheit für andere dient, er selbst aber ungesichert sein soll. Unter Berücksichtigung dieser besonderen Verhältnisse bei Unternehmern stellt die Erweiterung des Eigentumsvorbehalts auf alle Forderungen aus einer laufenden Geschäftsbeziehung keine unangemessene Interessenwahrnehmung dar.[2] Dies gilt selbst dann, wenn der erweiterte Eigentumsvorbehalt mit einem verlängerten Eigentumsvorbehalt verbunden ist.[3] Allerdings sind der formularmäßigen Vereinbarung eines erweiterten Eigentumsvorbehalts auch im unternehmerischen Verkehr Grenzen gesetzt:

E 43 **αα) Kein Zusammenhang.** So darf der erweiterte Eigentumsvorbehalt, soll er dem Verdikt der Unwirksamkeit nach § 307 entgehen, auch gegenüber Unternehmern nicht auf solche Forderungen erstreckt werden, deren Erfassung dem Sinn des Kaufvertrags widerspricht, weil sie zu der Geschäftsverbindung der Parteien in keiner Beziehung stehen.

E 44 **ββ) Übersicherung.** Darüber hinaus gelten die für Sicherungsübertragungen entwickelten Grundsätze der Übersicherung (s. Anh. Rz S 181ff.) auch für den erweiterten und verlängerten Eigentumsvorbehalt.[4] Der Sicherungsgeber, also in diesem Falle der Vorbehaltskäufer, hat allerdings im Falle der Übersicherung auch dann einen ermessensunabhängigen Freigabeanspruch, wenn der Sicherungsvertrag keine oder eine ermessensabhängig ausgestaltete Freigabeklausel enthält.[5] Es

---

[1] So (zum erweiterten Eigentumsvorbehalt im kaufmännischen Verkehr) BGHZ 94, 105, 112; BGHZ 98, 303, 307; BGH NJW 1994, 1154, 1154; *Palandt/Weidenkaff* § 449 Rz 19.

[2] I.E. auch BGH NJW 1985, 1836, 1837 (zu § 9 AGBG).

[3] BGH NJW 1985, 1836, 1837 (zu § 9 AGBG); BGH NJW 1987, 487, 488 (zu § 9 AGBG).

[4] BGH NJW 1993, 533, 534 (zu § 9 AGBG).

[5] BGH NJW 1998, 671, 672 (zur formularmäßigen Sicherungsübereignung eines Warenlagers mit wechselndem Bestand).

bedarf daher anders als nach der früheren Rechtsprechung[1] keiner ausdrücklichen Freigabeklausel mehr, um eine Übersicherung zu vermeiden.[2] Zwar ist eine Klausel, die den ermessensunabhängigen Freigabeanspruch durch einen ermessensabhängigen ersetzt, nach § 307 unwirksam,[3] und Gleiches gilt für eine Klausel, die den Freigabeanspruch gänzlich abbedingt. Doch führt dies nur dazu, dass die den ermessensunabhängigen Freigabeanspruch abbedingende Klausel unwirksam ist,[4] während die Wirksamkeit der Eigentumsvorbehaltsklausel unberührt bleibt.[5]

γγ) **Zukünftige Forderungen.** Dass der erweiterte Eigentumsvorbehalt sich auch auf diejenigen anderen Forderungen des Verkäufers erstreckt, die im Zeitpunkt des Vertragsschlusses noch nicht fällig sind, ist im **unternehmerischen Verkehr** nicht zu beanstanden. Gleiches gilt sogar für eine Erstreckung auf künftige Forderungen des Verkäufers aus der Geschäftsbeziehung,[6] soweit die Klausel dahingehend zu verstehen ist, dass die Bedingung für den Eigentumserwerb eintreten soll, sobald erstmalig alle Forderungen aus der Geschäftsbeziehung getilgt sind. Unwirksam wäre aber eine Klausel, die den Eindruck erweckt, dass ein Eigentumserwerb solange nicht in Betracht kommt, als überhaupt noch die Möglichkeit besteht, dass es zukünftig zu weiteren Forderungen des Vorbehaltsverkäufers gegen den Vorbehaltskäufer kommen kann,[7] oder die dahingehend verstanden werden kann, dass der Eigentumsvorbehalt wieder aufleben soll, wenn der Verkäufer nachträglich weitere Forderungen gegen den Käufer erwirbt.[8] Denn damit wird der Eigentumsübergang unendlich herausgezögert. Dies ist mit dem Grundgedanken der auf die Verschaffung des Eigentums gerichteten gesetzlichen Regelung des § 433 I 1 nicht vereinbar, weshalb eine solche Regelung als nach § 307 II Nr. 1 unwirksam angesehen werden müsste. Als unwirksam hat der BGH daher eine gegenüber Verbrauchern verwandte Klausel angesehen, die lautete: „Der Eigentumsvorbehalt bleibt auch bestehen für alle Forderungen, die der Verkäufer gegen den Käufer im Zusammenhang mit dem Kaufgegenstand, zum Beispiel auf Grund von Reparaturen oder Ersatzteillieferungen sowie sonstigen Leistungen, nachträglich erwirbt."[9] Denn diese Klausel könne „bei einem rechtsunkundigen Durchschnittskunden den unzutreffenden Eindruck erwecken [...], der Eigentumsvorbehalt bleibe ungeachtet eines zwischenzeitlichen Ausgleichs der dem Verkäufer auf Grund des Kaufvertrags zustehenden Forderungen bis zur Bezahlung der letzten Forderung bestehen, die der Verkäufer im Zusammenhang mit dem Kaufgegenstand nachträglich erwirbt".[10] Diesen Ausführungen ist zuzustimmen, wenn es sich beim Verwendungsgegner um einen Verbraucher handelt. Einem Unternehmer ist dagegen zuzumuten, dass er die Klausel dahingehend versteht, dass der Eigentumsvorbehalt **E 45**

[1] BGH NJW 1993, 533, 534 (zu § 9 AGBG).

[2] BGH NJW 1998, 671, 673 (zu § 9 AGBG).

[3] BGH NJW 1998, 671, 673 (zu § 9 AGBG).

[4] BGH NJW 1998, 671, 673 (zu § 9 AGBG).

[5] Vgl. BGH NJW 1998, 671, 673: „Die Unwirksamkeit einer ermessensabhängigen Freigaberegelung führt nicht zur Gesamtnichtigkeit formularmäßiger Sicherungsübertragungen." Allerdings lässt BGH NJW 2001, 292, 297 (zu § 9 AGBG) die Frage nach der Wirksamkeit eines gegebenenfalls zur Übersicherung führenden Eigentumsvorbehalts offen.

[6] Vgl. BGH NJW 1991, 2285, 2287 (zum AGBG): „[D]er erweiterte Eigentumsvorbehalt [ist] auch [dann gemessen an § 9 AGBG unbedenklich], wenn der Übergang des Eigentums außer von der Tilgung aller bisherigen auch von der künftiger Forderungen aus der Geschäftsverbindung abhängig sein soll." A.A. möglicherweise OLG Frankfurt NJW 1981, 130, 130 (zu § 9 II Nr. 2 AGBG).

[7] So wohl auch MünchKomm/*Basedow* § 307 Rz 65.

[8] Für Unwirksamkeit, allerdings mit Blick auf einen Verbrauchervertrag, auch BGH NJW 2001, 292, 297 (zu § 9 AGBG).

[9] BGH NJW 2001, 292, 297 (zu § 9 AGBG).

[10] BGH NJW 2001, 292, 297 (zu § 9 AGBG und zu einem Verbrauchervertrag).

bei erstmaliger Tilgung der bestehenden Forderungen erlöschen soll. Im unternehmerischen Verkehr wäre die relevante Klausel daher nicht zu beanstanden. Gleiches dürfte für eine Klausel des Inhalts gelten, dass „[d]ie gelieferten Waren [. . .] bis zur völligen Bezahlung des Kaufpreises sowie aller Forderungen aus den gesamten Geschäftsverbindungen Eigentum des Verwenders [bleiben]".[1] Denn auch insofern kann zwar nicht von einem Verbraucher, wohl aber von einem Unternehmer die Einsicht erwartet werden, dass der Eigentumsvorbehalt mit erstmaliger Tilgung der offen stehenden Forderungen erlöschen soll.

E 46 β) **Grundsätzliche Unwirksamkeit bei Verbrauchern.** Ob der erweiterte Eigentumsvorbehalt auch gegenüber Verbrauchern wirksam vereinbart werden kann, hat der BGH ausdrücklich offen gelassen.[2] Demgegenüber haben verschiedene Instanzgerichte den erweiterten Eigentumsverhalt in Verträgen mit Verbrauchern als unangemessen eingestuft.[3] Dem ist im Grundsatz zuzustimmen. Denn mit der Verzögerung des Eigentumsübergangs wird die Erfüllung der Hauptpflicht aus dem Kaufvertrag oder einem sonstigen entgeltlichen Veräußerungsvertrag in einer Weise eingeschränkt, dass der Austauschzweck als wesentlicher Vertragszweck gemäß § 307 II Nr. 2 als gefährdet anzusehen ist. Zumindest im Regelfall wird man den erweiterten Eigentumsvorbehalt also gegenüber Verbrauchern als unangemessen einstufen müssen.[4] Doch kann dies nicht ohne Ausnahme gelten:[5]

E 47 αα) **Enger Zusammenhang.** Forderungen, die dem Verkäufer aufgrund einer Verletzung der Pflicht zur Zahlung des Kaufpreises zustehen, insbesondere etwa eine Forderung auf Verzugszinsen oder auf Ersatz sonstigen Verzugsschadens, stehen in so engem Zusammenhang mit der Kaufpreisforderung und damit auch mit dem Austauschzweck, dass ihre Einbeziehung in einen erweiterten Eigentumsvorbehalt auch in Verträgen mit Verbrauchern nicht als eine Gefährdung des Vertragszwecks nach § 307 II Nr. 2 anzusehen ist.

E 48 ββ) **Werterhöhung.** Der Eigentumsvorbehalt kann auch gegenüber Verbrauchern auf Geldforderungen aus anderen Verträgen erstreckt werden, soweit diese Verträge mit dem Verkäufer geschlossen sind und durch Reparaturleistungen oder durch Inspektion zur Werterhöhung oder Werterhaltung der verkauften Sache geführt haben. Mit der Erweiterung des Eigentumsvorbehalts verschafft sich der Verkäufer damit nur eine Sicherheit an den von ihm geschaffenen oder erhaltenen Werten und erfüllt seine Sicherungsinteressen damit auf eine ähnliche Weise, wie sie der Gesetzgeber durch das Werkunternehmerpfandrecht in § 647 als berechtigt anerkannt hat. Die geringen Abweichungen zwischen Eigentumsvorbehalt und Pfandrecht können nicht zur Unwirksamkeit nach § 307 führen, wenn der Gesetzgeber das Pfandrecht für den vergleichbaren Sicherungszweck als berechtigt anerkannt hat. Der in Verkaufsbedingungen für Neuwagen und für Gebrauchtwagen oftmals vorgesehene erweiterte Eigentumsvorbehalt ist deshalb unbedenklich, soweit er

---

[1] Für Unwirksamkeit mit Blick auf den nichtkaufmännischen Verkehr auch OLG Frankfurt NJW 1981, 130, 130 (zu § 9 II Nr. 2 AGBG).

[2] BGH NJW 2001, 292, 297 (zu § 9 AGBG).

[3] Für Unwirksamkeit OLG Frankfurt NJW 1981, 130, 130 (zu einer Klausel des Inhalts: „Die gelieferten Waren bleiben bis zur völligen Bezahlung des Kaufpreises sowie aller Forderungen aus den gesamten Geschäftsverbindungen Eigentum des Verwenders."); OLG Koblenz NJW-RR 1989, 1459, 1460 (zu einer Klausel des Inhalts „Der Verkäufer behält sich das Eigentum an der Ware bis zur völligen Bezahlung aller bestehenden Forderungen vor."); *Ulmer/H. Schmidt* Anh. § 310 Rz 741 ff. Für Wirksamkeit dagegen *Braun* BB 1981, 632.

[4] Ähnlich *Ulmer/H. Schmidt* Anh. § 310 Rz 742.

[5] Vgl. auch *Ulmer/H. Schmidt* Anh. § 310 Rz 742, der einen erweiterten EV gegenüber Verbrauchern insoweit für zulässig hält, als es um Forderungen geht, die dem Verkäufer „ein Zusammenhang mit dem Kaufgegenstand" zustehen.

Reparaturen und Ersatzteillieferungen oder sonstige Leistungen aus einem Werkvertrag am gekauften Fahrzeug betrifft. Unwirksam ist jedoch eine Erweiterung des Eigentumsvorbehalts auf Forderungen aus Treibstofflieferungen, da diese nicht unmittelbar dem gekauften Fahrzeug zugute kommen.

3. Der verlängerte Eigentumsvorbehalt

a) Allgemeines. In der Praxis ist es bei Vereinbarung eines Eigentumsvorbehalts oftmals unumgänglich, dass der Vorbehaltskäufer die Sache weiterveräußert oder verarbeitet, bevor die Bedingung für den Eigentumsübergang eingetreten ist. Dem Vorbehaltsverkäufer droht mit anderen Worten der Verlust seines Eigentums, ohne dass seine Forderung bzw. seine Forderungen gegen den Vorbehaltskäufer erfüllt wären. Der so genannte verlängerte Eigentumsvorbehalt zielt darauf ab, diese Problematik zu entschärfen. Dazu wird beim verlängerten Eigentumsvorbehalt ein einfacher oder erweiteter Eigentumsvorbehalt mit einer Regelung verbunden, die darauf abzielt, dem Vorbehaltsverkäufer die wirtschaftlichen Surrogate zu verschaffen, die der Vorbehaltskäufer im Falle der Weiterveräußerung oder Verarbeitung anstelle der Sache erlangt. Im Falle der Weiterverarbeitung ist wirtschaftliches Surrogat die neu hergestellte Sache. Dementsprechend zielt der verlängerte Eigentumsvorbehalt für den Fall der Verarbeitung der Sache darauf ab, dem Vorbehaltsverkäufer durch eine so genannte **Verarbeitungsklausel** das Eigentum an der verarbeiteten Sache zu verschaffen. Im Falle der Weiterveräußerung erlangt der Vorbehaltskäufer einen Anspruch gegen seinen Abnehmer. Folgerichtig sehen die AGB des Vorbehaltskäufers im Falle eines verlängerten Eigentumsvorbehalts die **Vorausabtretung** der Ansprüche aus dem Weiterverkauf der Sache vor. **E 49**

b) Vereinbarung. Für die schuldrechtliche und dingliche Vereinbarung des verlängerten Eigentumsvorbehalts gelten die Erläuterungen zu Rz E 11ff., E 16ff. sinngemäß. Besonderheiten ergeben sich jedoch mit Blick auf so genannte Abwehrklauseln, z. B. in Einkaufsbedingungen, durch die der Käufer die Geltung des verlängerten Eigentumsvorbehalts ausschließt. **E 50**

aa) Wirksamkeit von Ausschlussklauseln. Der ausdrückliche Ausschluss des verlängerten Eigentumsvorbehalts in AGB, z. B. Einkaufsbedingungen, ist, soweit man ihn überhaupt als kontrollfähig ansieht, jedenfalls nicht unangemessen, da der Käufer dadurch sein Interesse an wirtschaftlicher Bewegungsfreiheit sichert, das gegenüber den Interessen des Verkäufers am Erlangen der wirtschaftlichen Surrogate als Sicherheit nicht zurücktreten muss. **E 51**

bb) Folgen von Abwehrklauseln. Im Falle einer wirksamen Abwehrklausel erlangt der Käufer einen schuldrechtlichen Anspruch auf unbedingte Übereignung (s. Rz E 13). Auf der dinglichen Ebene gestalten sich die Folgen einer Abwehrklausel im Falle eines verlängerten Eigentumsvorbehalts wie folgt: Ebenso wie im Falle eines einfachen Eigentumserwerbs erwirbt der Käufer nur aufschiebend bedingtes Eigentum,[1] denn es ist für ihn erkennbar, dass der Verkäufer zu einer Übertragung unbedingten Eigentums nicht bereit ist.[2] Allerdings erfolgt die vom Vorbehaltsverkäufer gewünschte Vorausabtretung der Forderungen aus dem Weiterverkauf nicht,[3] denn infolge der Abwehrklausel ist es zu einer Einigung über die Abtretung der Forderungen nicht gekommen. **E 52**

---

[1] BGH NJW-RR 1986, 1378, 1379.
[2] BGH NJW-RR 1986, 1378, 1379.
[3] BGH NJW-RR 1986, 1378, 1379.

E 53 **c) Wirksamkeit.** Mit Blick auf die Wirksamkeit von verlängerten Eigentumsvorbehalten ist zu differenzieren. Wie oben dargelegt, verbindet ein verlängerter Eigentumsvorbehalt zwei bis drei Regelungen, nämlich (1) einen einfachen oder erweiterten Eigentumsvorbehalt sowie (2) eine Vorausabtretung und/oder (3) eine Klausel, die auf die Verschaffung des Eigentums an einer neuen Sache gerichtet ist.

E 54 **aa) Eigentumsvorbehalt.** Mit Blick auf die Beurteilung der ersten Komponente, also des einfachen oder erweiterten Eigentumsvorbehalts kann auf die obigen Ausführungen verwiesen werden (s. Rz E 11 ff., E 37 ff.).

E 55 **bb) Vorausabtretung.** Hinsichtlich der Vorausabtretungsklausel gelten folgende Grundsätze:

E 56 **α) Grundsätzliche Wirksamkeit.** Der Vorbehaltseigentümer hat ein berechtigtes Interesse daran, die Entgeltforderung aus der Weiterveräußerung als Ersatzsicherheit zu erhalten, wenn er aufgrund der Weiterveräußerungsermächtigung sein Vorbehaltseigentum verliert. Eine formularmäßige Vorausabtretung im Rahmen eines verlängerten Eigentumsvorbehalts ist deshalb im unternehmerischen Verkehr grundsätzlich wirksam.[1] Schwierigkeiten ergeben sich dann, wenn der Vorbehaltskäufer und sein Abnehmer ein Abtretungsverbot vereinbart haben und § 354 a HGB nicht eingreift. Das Zusammentreffen mit einem verlängerten Eigentumsvorbehalt ändert in diesem Falle nichts an der Wirksamkeit des Abtretungsverbots,[2] so dass das Abtretungsverbot im Ergebnis geeignet ist, die mit dem verlängerten Eigentumsvorbehalt verfolgte Zielsetzung zu durchkreuzen. Allerdings ist zu beachten, dass die dem Eigentumsvorbehaltskäufer erteilte Ermächtigung zur Verarbeitung bzw. zur Weiterveräußerung der Sache regelmäßig unter einem zumindest stillschweigenden Vorbehalt des Inhalts steht, dass die Vorausabtretung erfolgt.[3] Dementsprechend ist eine Weiterveräußerung oder Verarbeitung nicht von der seitens des Eigentümers erteilten Ermächtigung gedeckt, wenn die Vorausabtretung infolge eines Abtretungsverbots scheitert.

E 57 **β) Bestimmtheit.** Unabhängig von § 307 muss das allgemein für alle Abtretungen geltende **Erfordernis der Bestimmtheit** oder doch der **Bestimmbarkeit** gewahrt sein.[4] Wird die Vorausabtretung der „aus der Weiterveräußerung oder aus einem sonstigen Rechtsgrund entstehenden Forderungen“ vorgesehen, so ist diese Formulierung hinreichend bestimmt.[5] Die Abtretung erfasst dann auch Forderungen aus der Weiterveräußerung nach § 950 verarbeiteter Ware und Werklohnforderungen aus dem Einbau von gelieferten Materialien in ein Grundstück.[6] An der erforderlichen Bestimmtheit fehlt es aber, wenn der Umfang einer **Teilabtretung** weder ausdrücklich noch andeutungsweise aus der Klausel hervorgeht.[7]

E 58 **γ) Übersicherung.** Die Unangemessenheit der Vorausabtretung sollte nach bisheriger Rechtsprechung auch dann eintreten, wenn die Vorausabtretung so ausge-

---

1 BGH VIZ 2000, 498, 499 (zu § 9 AGBG); BGH NJW 1985, 1836, 1837 (zu § 9 AGBG); BGH NJW-RR 1986, 1378, 1379 (zu § 9 AGBG); BGH NJW 1987, 487, 488 (zu § 9 AGBG).

2 So i.E. auch BGH NJW 1990, 976, 977, wo allerdings nicht deutlich wird, ob das Abtretungsverbot AGB-mäßig vereinbart war. Die Wirksamkeit eines entsprechenden Abtretungsverbots ausdrücklich offen lassend BGH NJW-RR 1991, 343, 343, wo betont wird, dass im konkreten Fall ein individualvertraglich vereinbartes Abtretungsverbot vorlag.

3 Für die Annahme eines entsprechenden Vorbehalts auch BGH NJW 1990, 976, 977; BGH NJW-RR 1991, 343, 343 f; *Staudinger/Coester* § 307 Rz 359.

4 Grundlegend zu den Anforderungen an die Bestimmbarkeit BGH NJW 1953, 21, 22 (verlängerter Eigentumsvorbehalt) = BGHZ 7, 365, 367.

5 BGH NJW 1987, 487, 488.

6 BGH NJW 1987, 487, 488.

7 BGH NJW 1987, 487, 490.

staltet ist, dass sie generell zu einer erheblichen Übersicherung führt, so etwa, wenn die Vorausabtretung in voller Höhe unter Einschluss des Gewinns und Werklohns des Käufers und des Werts der Vorbehaltsware anderer Lieferanten vorgesehen ist.[1] Zu beachten ist aber, dass der Sicherheitsgeber nach der neueren Rechtsprechung im Falle der Übersicherung auch ohne ausdrückliche Regelung einen ermessensunabhängigen Freigabeanspruch hat.[2] Wenngleich sich die relevante Entscheidung des Großen Senats in Zivilsachen nicht auf den verlängerten Eigentumsvorbehalt bezog, wird man sie auf diese Problematik übertragen können.[3] Vorausabtretungsklauseln als Teil eines verlängerten Eigentumsvorbehalts sollten daher nicht mehr unter dem Gesichtspunkt der Übersicherung als unwirksam eingestuft werden. Zwar ist eine Klausel, die den ermessensunabhängigen Freigabeanspruch durch einen ermessensabhängigen ersetzt, nach § 307 unwirksam,[4] und Gleiches gilt für eine Klausel, die den Freigabeanspruch gänzlich abbedingt. Doch führt dies nur dazu, dass die den ermessensunabhängigen Freigabeanspruch abbedingende Klausel unwirksam ist,[5] während die Wirksamkeit der Vorausabtretung unberührt bleibt.[6]

cc) Verarbeitungsklausel. Der Vorbehaltseigentümer kann sein Eigentum auch durch Verarbeitung nach § 950 verlieren. Er hat ein berechtigtes Interesse, dass ihm auch an der neu hergestellten Sache eine Sicherheit zusteht, soweit darin der Wert der gelieferten Vorbehaltssache verkörpert ist. Der BGH lässt für diesen Zweck die Vereinbarung einer so genannten Verarbeitungsklausel zu, der zufolge der Vorbehaltskäufer die Verarbeitung nicht für sich, sondern für den Vorbehaltseigentümer durchführt. Nach der Rspr. des BGH wird dadurch der Vorbehaltseigentümer Hersteller und erwirbt das Eigentum nach § 950.[7] Gegen diese Konstruktion bestehen zwar dogmatische Bedenken.[8] Gleichwohl ist dem BGH aus praktischen Gründen zu folgen. **E 59**

α) Grundsätzliche Wirksamkeit. Eine Verarbeitungsklausel ist grundsätzlich nicht nach § 307 zu beanstanden, da sie dem berechtigten Sicherungsbedürfnis des Vorbehaltseigentümers dient.[9] **E 60**

β) Ausnahmen. Die Verarbeitungsklausel kann jedoch ausnahmsweise nach § 307 unwirksam sein, wenn sie die Interessen des Vorbehaltskäufers unangemessen beeinträchtigt.[10] **E 61**

αα) Verlust des Anwartschaftsrechts. Letzteres ist grundsätzlich dann anzunehmen, wenn keine Vorsorge getroffen ist, dass das Anwartschaftsrecht des Vorbehaltskäufers an der alten Sache auch an der neuen Sache weiter besteht. Da **E 62**

---

[1] BGH NJW 1987, 487, 489 (zu § 9 AGBG).

[2] BGH NJW 1998, 671, 672 (zur formularmäßigen Sicherungsübereignung eines Warenlagers mit wechselndem Bestand).

[3] *Habersack/Schürnbrand* JuS 2002, 833, 838; *Bamberger/Faust* § 449 Rz 31. Tendenziell auch *von Westphalen,* AGB, Eigentumsvorbehaltssicherung, a.a.O., Rz 22, der allerdings zu Recht betont, dass die Frage höchstrichterlich noch nicht geklärt ist. BGH NJW 2001, 292, 297 (zu § 9 AGBG) lässt die Frage nach der Wirksamkeit eines gegebenenfalls zur Übersicherung führenden Eigentumsvorbehalts offen.

[4] BGH NJW 1998, 671, 673 (zu § 9 AGBG).

[5] BGH NJW 1998, 671, 673 (zu § 9 AGBG).

[6] Vgl. BGH NJW 1998, 671, 673: „Die Unwirksamkeit einer ermessensabhängigen Freigaberegelung führt nicht zur Gesamtnichtigkeit formularmäßiger Sicherungsübertragungen."

[7] S. z. B. BGH NJW 1956, 788, 789. Gegen die Möglichkeit einer solchen Verarbeitungsklausel aber z. B. *Palandt/Bassenge* § 950 Rz 9.

[8] S. z. B. *M. Wolf,* StudK BGB, § 950 Anm. 3 b.

[9] Wie hier *von Westphalen,* Eigentumsvorbehaltssicherung, a.a.O., Rz 32; *Ulmer/H. Schmidt* Anh. § 310 Rz 735.

[10] Ohne Erwähnung entsprechender Einschränkungen die Angemessenheit bejahend aber z. B. *Ulmer/H. Schmidt* Anh. § 310 Rz 735.

das Anwartschaftsrecht nach § 950 II an der neuen Sache erlischt, muss es rechtsgeschäftlich durch antizipierte aufschiebend bedingte Übereignung vom Vorbehaltseigentümer als Besteller an den Vorbehaltskäufer neu zur Entstehung gebracht werden. Fehlt es daran, so ist die Verarbeitungsklausel wegen Nichtberücksichtigung berechtigter Interessen des Vorbehaltskäufers regelmäßig unwirksam.

E 63 ββ) **Außerachtlassung anderer Lieferanten.** Die Interessen des Vorbehaltskäufers werden ferner auch dann in unerträglicher Weise beeinträchtigt, wenn bei Herstellung der neuen Sache aus Gütern mehrerer Lieferanten ein Lieferant in seinen AGB vorsieht, dass der Vorbehaltskäufer für ihn allein herstellt und er Alleineigentum an der neuen Sache erwerben soll. Da die anderen Lieferanten dadurch von angemessenen Sicherheiten ausgeschlossen würden, wird der Vorbehaltskäufer in seinem Geschäftsverkehr mit ihnen beeinträchtigt und dadurch in seinen Interessen derart benachteiligt, dass dies zur Unwirksamkeit nach § 307 führen muss. Der Vorbehaltseigentümer darf in der Verarbeitungsklausel deshalb nur eine Sicherheit anstreben, die dem Sicherungsbedürfnis anderer Vorbehaltslieferanten Raum lässt. Grundsätzlich ist deshalb nur eine Gestaltung angemessen, mit der der Vorbehaltseigentümer einen Miteigentumsanteil anstrebt, der dem Wert seiner Ware im Zeitpunkt des Beginns der Verarbeitung entspricht. Zulässig ist es wohl auch noch, wenn der Vorbehaltseigentümer sich einen Teil des durch die Verarbeitung geschaffenen Mehrwerts sichert, sofern sein Anteil am Mehrwert dem Verhältnis seines Warenwertes zum Verhältnis des Warenwertes anderer Lieferanten entspricht. Zwar droht in diesem Falle auf den ersten Blick eine Übersicherung, doch ist diese Gefahr durch die Anerkennung eines schuldrechtlichen Freigabeanspruchs gebannt (Rz E 58). Wegen Missachtung der Interessen anderer Lieferanten und der damit verbundenen Behinderung des Geschäftsverkehrs des Vorbehaltskäufers ist es dagegen nach § 307 grundsätzlich unangemessen, wenn der Vorbehaltseigentümer den gesamten Mehrwert für sich allein sichern will.[1] Auch ist daran zu denken, dass die gewählte Aufteilung den Anforderungen des Bestimmtheitsgrundsatzes genügen muss,[2] die allerdings nicht übertrieben werden sollten.

E 64 d) **Weiterveräußerungsermächtigung.** Von besonderer praktischer Relevanz ist die Frage, in welchen Fällen von einer stillschweigenden Ermächtigung zur Weiterveräußerung der Ware durch den Vorbehaltskäufer ausgegangen werden kann. Dabei ist zu differenzieren:

E 65 **aa) Verkauf an einen Händler.** Handelt es sich bei dem Vorbehaltskäufer um einen Händler, so ist grundsätzlich von einer stillschweigenden Vereinbarung des Inhalts auszugehen, dass der Vorbehaltsverkäufer den Käufer dazu ermächtigen wird, die Ware im Rahmen eines **ordnungsgemäßen Geschäftsverkehrs** durch Übereignung weiterzuveräußern.[3] In der Lieferung der relevanten Ware durch den Vorbehaltsverkäufer liegt sodann die entsprechende konkludente Ermächtigung.

[1] Vor Erlass des AGB-Gesetzes noch zugelassen in BGH NJW 1967, 35, 36 = BGHZ 46, 117, 121.

[2] Vgl. BGH NJW 1963, 35, 36, der betont, dass die Verarbeitungsklausel „ebenso ein gewisses Maß von Bestimmtheit und Eindeutigkeit wie eine Sicherungsübereignung" verlangt, und dem zufolge eine Verarbeitungsklausel „durchgreifenden Bedenken [begegnet], wenn und soweit sie ihrem Wortlaut entsprechend dahin ausgelegt wird, dass der Miteigentumsanteil der Klägerin nach dem Verhältnis von Rohstoffwert, Arbeitsaufwand und Betriebskosten zu dem Wert des Fertigfabrikats bestimmt werden sollte".

[3] Vgl. BGH NJW 1969, 1171, 1171: Liefert ein Händler Waren unter Eigentumsvorbehalt zur Weiterverarbeitung an einen Fabrikanten oder zur Weiterveräußerung an einen Zwischenhändler, so darf „der Vorbehaltsverkäufer [. . .] die Einwilligung [zur Veräußerung] nicht nach freiem Belieben widerrufen und dadurch dem Vorbehaltskäufer den von beiden Parteien als Zweck des Vertrages gebilligten Warenumschlag und/oder die Erfüllung eines mit einem Abnehmer geschlossenen Belieferungsvertrages unmöglich machen".

α) **Umfang.** Grundsätzlich keine Veräußerung im ordnungsgemäßen Geschäftsgang liegt vor bei der Verpfändung, bei der Sicherungsübereignung oder beim Sale-and-Lease-Back-Verfahren, wenn das Sicherungsbedürfnis des Vorbehaltsverkäufers nicht beachtet wird.[1] Auch kann in Ermangelung abweichender Anhaltspunkte nicht davon ausgegangen werden, dass der Vorbehaltsverkäufer, der einen erweiterten Eigentumsvorbehalt vereinbart hat, den Käufer auch dann zur Weiterveräußerung ermächtigen will, wenn die Abtretung der Forderung aus der Weiterveräußerung an einem Abtretungsverbot scheitert. Ebenso besteht keine Weiterveräußerungsermächtigung, wenn der Käufer durch eine Abwehrklausel in seinen AGB die Vorausabtretung der Kundenforderungen verhindert hat.[2] **E 66**

ß) **Beschränkungen.** Formularmäßige Beschränkungen der Weiterveräußerungsermächtigung sind analog § 305 b unbeachtlich, soweit der Verwendungsgegner nach dem oben Gesagten von einer stillschweigenden Ermächtigung zur Weiterveräußerung ausgehen durfte. Nicht zu beanstanden sind freilich solche Beschränkungen, die ohnehin nur die Grenzen widerspiegeln, denen auch eine stillschweigend erteilte Weiterveräußerungsermächtigung unterläge. Dementsprechend ist der formularmäßige Ausschluss der Weiterveräußerungsermächtigung ohne weiteres dann wirksam, wenn er nur die Weiterveräußerung an solche Abnehmer betrifft, die die Abtretung der gegen sie gerichteten Entgeltforderung ausgeschlossen oder beschränkt und dadurch die Vorausabtretung vereitelt haben.[3] **E 67**

bb) Verkauf an einen Endabnehmer. Bei Veräußerung an Endabnehmer und in sonstigen nicht zur Weiterveräußerung bestimmten Fällen kann folgerichtig auch nicht von einer stillschweigenden Ermächtigung zur Weiterveräußerung oder von der stillschweigenden Verpflichtung zur Erteilung einer solchen Ermächtigung ausgegangen werden. Eine Klausel, die eine solche Ermächtigung explizit ausschließt, ist schon nach § 307 III 1 nicht zu beanstanden. **E 68**

4. Weitergeleiteter Eigentumsvorbehalt

Ein weitergeleiteter Eigentumsvorbehalt liegt vor, wenn der Verkäufer über die erworbene Sache nur in der Weise verfügen darf, dass er nicht wie beim verlängerten Eigentumsvorbehalt das Eigentum des Vorbehaltslieferanten veräußert, sondern nur sein eigenes Anwartschaftsrecht auf den Zweiterwerber überträgt, und zwar unter Offenbarung des Vorbehaltseigentums des Lieferanten. Der Zweiterwerber erwirbt das Eigentum dann nicht schon mit der Erfüllung der Kaufpreisforderung seines eigenen Vertragspartners, sondern erst dann, wenn die Kaufpreisforderung des Erstlieferanten getilgt ist, sei es vom Vorbehaltskäufer selbst oder vom Zweiterwerber nach § 267 unter Anrechnung auf seine Kaufpreisschuld gegenüber dem Vorbehaltskäufer. **E 69**

Eine Klausel, die einen weitergeleiteten Eigentumsvorbehalt vorsieht, kann in AGB nicht ohne weiteres wirksam vereinbart werden.[4] Unangemessen ist in jedem Falle die Vereinbarung eines **weitergeleiteten erweiterten Eigentumsvorbehalts.**[5] Denn kaum ein Käufer wird sich darauf einlassen, seinen eigenen Eigentumserwerb davon abhängig zu machen, dass über die Kaufpreisforderung des Erstlieferanten hinaus noch weitere Forderungen des Erstlieferanten gegen den ersten **E 70–90**

---

[1] Dazu, dass das Sale-and-Lease-Back-Verfahren grundsätzlich keine Veräußerung im ordnungsgemäßen Geschäftsgang darstellt, s. BGH NJW 1988, 1774, 1775.
[2] BGH NJW-RR 1986, 1378, 1379.
[3] BGH NJW 1988, 1210, 1213.
[4] BGH NJW 1991, 2285, 2287 (zu § 9 AGBG).
[5] BGH NJW 1991, 2285, 2287 (zu § 9 AGBG).

Vorbehaltskäufer getilgt werden.[1] Aber auch eine Klausel, die einen **weitergeleiteten einfachen Eigentumsvorbehalt** vorsieht, wird man grundsätzlich als unwirksam einstufen müssen. Dies gilt insbesondere dann, wenn nach dem Vertragszweck der Vorbehaltskäufer z. B. als Händler auf die Weiterveräußerung angewiesen ist, da ein weitergeleiteter Eigentumsvorbehalt die Weiterveräußerung im Regelfall erschwert und deshalb der Vertragszweck gefährdet wird. Bei besonders wertvollen technischen Gütern und einem besonderen Sicherungsbedürfnis des Vorbehaltslieferanten kann etwas anderes gelten, wenn der Zweiterwerber die Kaufpreisforderung des Vorbehaltslieferanten gegen den Vorbehaltskäufer unter Anrechnung auf seine Kaufpreisschuld tilgen und dadurch Eigentum erwerben kann.

*

Einkaufsbedingungen

Inhaltsübersicht

Schrifttum: *Eckert/Nebel,* Abwehrklauseln in Einkaufsbedingungen, verlängerter Eigentumsvorbehalt und Globalzession, WM 1988, 1545; *Heinze,* Inhaltskontrolle Allgemeiner Einkaufsbedingungen, NJW 1973, 2182; *Müller/Scholz-Schreven,* Einkaufsbedingungen auf dem Prüfstand, Bd. 1 Automobilindustrie, 1979; Gutachterausschuss für Allgemeine Geschäftsbedingungen, Gutachten zu Klauseln in AGB im unternehmerischen Geschäftsverkehr, 1976 und 1979; *Schmid,* Gewährleistungszeiten und Verjährungsfristen in Allgemeinen Geschäftbedingungen, DB 1990, 617; *Thamm/Hesse,* Einkaufsbedingungen und AGB-Gesetz, BB 1979, 1583; *von Westphalen,* Einkaufsbedingungen und AGB-Gesetz, ZIP 1984, 529; *ders.,* Allgemeine Einkaufsbedingungen nach neuem Recht, 4. Aufl., 2003 (zitiert als: Allgemeine Einkaufsbedingungen); *ders.,* Einkaufsbedingungen, in: *ders.,* Vertragsrecht und AGB-Klauselwerke, 2000 (zitiert als: Einkaufsbedingungen).

1. Einleitung

E 91 **a) Einkaufsbedingungen.** AGB werden nicht allein von Verkäufern, sondern auch von Käufern verwendet. Man spricht im letzteren Fall von Einkaufsbedingungen (EKB). Neben vielen nicht besonders bekannt gewordenen Einkaufsbedingungen gibt es auch branchenspezifische Einkaufsbedingungen, die zur Empfehlung beim BKartA angemeldet sind. Dazu zählen beispielsweise die „Einkaufsbedingungen für Mitgliedsfirmen der dem BHKS angeschlossenen Landesverbände" des Bun-

[1] In diesem Sinne auch BGH NJW 1991, 2285, 2287 (zu § 9 AGBG).

desindustrieverbandes Heizung, Klima, Sanitärtechnik/Technische Gebäudesysteme e.V.[1] Auch die „Allgemeine[n] Einkaufsbedingungen des Getränkefachgroßhandels" fallen in diese Kategorie.[2] Gleiches gilt für die „Allgemeine[n] Einkaufsbedingungen des technischen Handels",[3] die vom Börsenverein des Deutschen Buchhandels e.V. angemeldeten „Einkaufsbedingungen der Verlage für Lieferungen und Leistungen",[4] die „Einkaufsbedingungen für die Mitgliedsfirmen des Bundesfachbeirates „Fenster- und Fassadenbau"[5] und die „Konditionenempfehlung zum Einkauf von Nahrungsergänzungsmitteln durch den pharmazeutischen Großhandel".[6]

b) Anwendbares Recht. Da es sich bei den Lieferanten fast immer um Unternehmer handeln wird, finden die §§ 305 II, III, 308, 309 in aller Regel wegen § 310 I 1 keine Anwendung, so dass sich die Inhaltskontrolle im Wesentlichen nach § 307 richtet. **E 92**

2. An anderer Stelle kommentierte Klauseln

Zahlreiche der in Einkaufsbedingungen gebräuchlichen Klauseln werden im Rahmen des vorliegenden Werkes an anderer Stelle kommentiert. Zu nennen sind in diesem Zusammenhange beispielsweise Klauseln, die **Leistungsverweigerungs- und Zurückbehaltungsrechte** ausschließen[7] oder **Rügeobliegenheiten** abbedingen.[8] Ebenfalls in diese Kategorie fallen **Abtretungsverbote,**[9] **Eigentumsvorbehaltsausschlussklauseln,**[10] **Schriftformklauseln,**[11] **Vertragsstrafeklauseln,**[12] **Gefahrtragungsklauseln,**[13] **Vertragsabschlussklauseln**[14] und **Konzernverrechnungsklauseln.**[15] **E 93**

3. Lieferfristen und Folgen einer Fristversäumnis

a) Lieferfristen. Soweit Einkaufsbedingungen **unangemessen kurze Lieferfristen** setzen, liegt ein Verstoß gegen § 307 I vor.[16] Der Rechtsgedanke des § 308 Nr. 1 ist insoweit im Rahmen des § 307 spiegelbildlich zu berücksichtigen.[17] Insbesondere ein Recht zur **jederzeitigen Änderung** der Liefertermine verstößt daher gegen § 307 I, II Nr. 1.[18] **E 94**

b) Lieferverzögerungen. Häufig ist vorgesehen, dass der Käufer bei Lieferverzögerungen unter erleichterten Voraussetzungen Schadensersatz fordern oder vom Vertrag zurücktreten kann. **E 95**

---

1 BAnz 2002, S. 16.612.
2 BAnz 1987, S. 6.713, geändert in BAnz 1995, S. 4.292.
3 BAnz 1989, S. 3.483.
4 BAnz 1987, S. 4.209, geändert in BAnz 1995, S. 4.209.
5 BAnz 1996, s. 6.860.
6 BAnz 2001, S. 19.899.
7 S. dazu § 309 Nr. 2 Rz 70 ff.
8 S. dazu § 309 Nr. 8 b ee Rz 80–82.
9 S. dazu Anh. § 310 Rz A 21–60.
10 S. hierzu Anh. § 310 Rz E 36, 51.
11 S. Anh. § 310 dazu Rz S 71 ff.
12 S. dazu § 309 Nr. 6 Rz 1 ff. (Verbraucher), 100 ff. (Unternehmer).
13 S. dazu Anh. § 310 Rz G 111–140.
14 S. dazu Anh. § 310 Rz V 251–310.
15 S. dazu Anh. § 310 Rz K 11 ff.
16 § 308 Nr. 1 Rz 36; *Ulmer/Christensen* Anh. § 310 Rz 312.
17 *Staudinger/Coester-Waltjen* § 308 Nr. 1 Rz 19.
18 *Thamm/Hesse* BB 1979, 1585; *Ulmer/Christensen* Anh. § 310 Rz 311; *Staudinger/Coester-Waltjen* § 308 Nr. 1 Rz 19.

E 96 **aa) Rücktritt.** Gemäß § 323 I kommt ein Rücktritt bei verspäteter Leistung auch ohne Verschulden in Betracht. Allerdings bedarf es grundsätzlich einer Fristsetzung. Dementsprechend stellt sich die Frage, inwiefern in AGB ein Verzicht auf das Fristsetzungserfordernis zulässig ist. Diesbezüglich ist zunächst zu beachten, dass die Fristsetzung schon nach dem Gesetz entbehrlich sein kann. Namentlich kann sich die Entbehrlichkeit aus § 323 II oder aus § 376 I HGB (Fixhandelskauf) ergeben. Eine Klausel, die die entsprechenden Regelungen nur wiedergibt, ist schon nach § 307 III 1 unbedenklich. Hervorzuheben ist allerdings, dass die Vereinbarung eines Fixgeschäfts in AGB grundsätzlich auch im unternehmerischen Verkehr nach § 305 c I überraschend[1] und nach § 307 unwirksam[2] ist. Etwas anderes gilt nach richtiger Auffassung dann, wenn die Vereinbarung eines Fixgeschäfts im typischen Vertragszweck begründet liegt.[3] Demgegenüber wird man die bloße Verkehrsüblichkeit entsprechender Klauseln für sich genommen nicht ausreichen lassen können.[4] Ist die Fristsetzung nach dem Gesetz nicht entbehrlich, weil es insbesondere auch an der wirksamen Vereinbarung eines Fixhandelskaufs fehlt, so ist eine Klausel, die einen Rücktritt bei nicht fristgemäßer Lieferung auch ohne vorherige Fristsetzung zulässt, grundsätzlich auch gegenüber Unternehmern nach § 307 unwirksam.[5]

E 97, 98 **bb) Schadensersatz.** Es ist „ein wesentlicher Grundgedanke der gesetzlichen Regelung i.S. von § 307 II Nr. 1, dass eine Verpflichtung zum Schadensersatz regelmäßig nur bei schuldhaftem Verhalten besteht“.[6] Eine Klausel, derzufolge Schadensersatz auch bei schuldloser Verspätung der Leistung verlangt werden kann, ist deshalb grundsätzlich nach § 307 I Nr. 1 unwirksam.[7] Unwirksam ist dementsprechend auch eine Klausel, derzufolge der Schuldner auch ohne Verschulden in Verzug gerät.[8]

4. Mängelrechte

E 99 **a) Allgemeines.** Einen Schwerpunkt von Einkaufsbedingungen bilden typischerweise solche Regelungen, die die Mängelrechte des Käufers zulasten des Verkäufers ausweiten. Hervorzuheben ist, dass solche Klauseln nicht an **§ 475 I** scheitern, da diese Vorschrift zum einen nur im Falle des Verbrausgüterkaufs (§ 474 I) Anwendung findet und zum anderen nur den Verbraucher, also den Käufer, schützt. Aber auch **§ 478 IV, V** greift nicht zugunsten des Verkäufers ein. Zwar soll § 478 IV, V gerade den Unternehmer schützen, doch wird der Schutz nur dem Abnehmer gegenüber dem Lieferanten, nicht dagegen dem Lieferanten gegenüber dem Abnehmer, gewährt. Eine Anwendung der §§ 308, 309 scheitert schon daran, dass es sich beim Lieferanten nahezu immer um einen Unternehmer handelt. Möglich bleibt aber die Inhaltskontrolle nach § 307.

---

[1] BGHZ 84, 113; *Ulmer/Christensen* Anh. § 310 Rz 312; *von Westphalen,* Einkaufsbedingungen, a.a.O., Rz 9. S. auch § 309 Nr. 4 Rz 63.

[2] BGH NJW 1990, 2065, 2067 (zu § 9 AGBG); *Löwe/von Westphalen* § 11 Nr. 4 Rz 26 f.; *von Westphalen,* Einkaufsbedingungen, a.a.O., Rz 9.

[3] Offen gelassen in BGH NJW 1990, 2065, 2067 (zu § 9 AGBG). Gegen die Anerkennung einer solchen Ausnahme aber wohl *von Westphalen,* Einkaufsbedingungen, a.a.O., Rz 9.

[4] Offen gelassen in BGH NJW 1990, 2065, 2067 (zu § 9 AGBG). A.A. MünchKomm/*Basedow* § 309 Nr. 4 Rz 12: Zulässigkeit der Vereinbarung eines Fixgeschäfts in AGB gegenüber Unternehmern, soweit dies im Vertragszweck begründet liegt oder branchenüblich ist.

[5] S. § 309 Nr. 4 Rz 62.

[6] BGH NJW 2006, 47, 49. S. im Einzelnen § 310 Rz H 4.

[7] *Ulmer/Christensen* Anh. § 310 Rz 312.

[8] *von Westphalen,* Einkaufsbedingungen, a.a.O., Rz 3.

b) Rücktrittsrecht. Eine Bestimmung, derzufolge ein Rücktrittsrecht unabhängig von einem Mangel schon dann besteht, wenn der Käufer oder Auftraggeber den Kaufgegenstand für ungeeignet hält, ist nach § 307 unwirksam.[1] **E 100**

c) Nachbesserung. Bei Mängeln der Ware hat der Käufer schon nach dispositivem Recht einen Anspruch auf Nacherfüllung (§ 437 Nr. 3, 439), wobei er nach § 439 I grundsätzlich das Recht hat, zwischen der Beseitigung des Mangels und der Lieferung einer mangelfreien Sache zu wählen. Gemäß § 439 III kann der Verkäufer die vom Käufer gewählte Art der Nacherfüllung allerdings verweigern, wenn sie nur mit unverhältnismäßigen Kosten möglich ist. Eine Klausel, die das **Recht zur Verweigerung der Nacherfüllung** gemäß § 439 III 1 ausschließt oder einschränkt, wird man grundsätzlich als unangemessen (§ 307 II Nr. 1) einstufen müssen, denn sie ist mit einem wesentlichen Grundgedanken der gesetzlichen Regelung unvereinbar. **E 101**

Zu beachten ist ferner, dass der Käufer nach dispositivem Recht kein Recht zur **Selbstbeseitigung des Mangels auf Kosten des Verkäufers** hat.[2] In Falle der Selbstbeseitigung kommt allenfalls eine Anrechnung ersparter Aufrechnungen analog § 326 II 2[3] oder – was richtiger erscheint – nach §§ 684 S. 1, 818 unter Beachtung der Grundsätze zur aufgedrängten Bereicherung[4] in Betracht.[5] Eine Klausel, die dem Käufer ein uneingeschränktes Recht gibt, die Beseitigung des Mangels selbst oder durch einen Dritten seiner Wahl durchführen zu lassen, ist nach § 307 unwirksam.[6] Dies gilt selbst dann, wenn auch dieses Recht nur in den Grenzen des § 439 III bestehen soll. Denn der Lieferant wird in aller Regel in der Lage sein, die Beseitigung des Mangels sehr viel kostengünstiger vorzunehmen, als dies dem Käufer oder einem Dritten möglich wäre. Unwirksam ist sogar eine Klausel des Inhalts, dass der Käufer **„in dringen Fällen"** berechtigt ist, die Mängel auf Kosten des Lieferanten selbst zu beseitigen.[7] Denn diese Klausel beschränkt sich weder sprachlich noch inhaltlich auf solche Fälle, in denen es wegen besonderer Dringlichkeit nicht mehr möglich ist, den Lieferanten von dem Mangel und dem drohenden Schaden zu unterrichten und ihm eine, wenn auch nur kurze, Frist zur eigenen Abhilfe zu setzen.[8] Aus dem gleichen Grund ist ein Selbstbeseitigungsrecht selbst dann unwirksam, wenn es für den Fall bestehen soll, dass „auf Grund der besonderen Eilbedürftigkeit ein im Verhältnis zur Gewährleistungspflicht des Lieferanten besonders hoher Schaden zu erwarten ist".[9] Nicht zu beanstanden wäre aber eine Klausel, die ein Recht zur Nachbesserung auf Kosten des Verwenders erstens hinreichend deutlich von der Einhaltung der Grenze des § 439 III und zweitens davon abhängig macht, dass es wegen besonderer Dringlichkeit nicht mehr möglich ist, dem Verwender Gelegenheit zur Abhilfe zu geben.[10] **E 102**

d) Schadensersatz. Nach zutreffender Auffassung des BGH ist es „ein wesentlicher Grundgedanke der gesetzlichen Regelung i.S. von § 307 II Nr. 1, dass eine Verpflichtung zum Schadensersatz regelmäßig nur bei schuldhaftem Verhalten be- **E 103**

---

[1] BGH NJW 1997, 2043, 2045 (§ 9 AGBG).
[2] S. nur *Palandt/Weidenkaff* § 437 Rz 4a; *Bamberger/Faust* § 439 Rz 25.
[3] Dafür *Lorenz* NJW 2003, 1417, 1418 f.
[4] So zutreffend *Oechsler* NJW 2004, 1825, 1826 f.; *Bamberger/Faust* § 439 Rz 25.
[5] *Palandt/Weidenkaff* § 437 Rz 4a.
[6] BGH NJW 2006, 46, 49.
[7] BGH NJW 2006, 46, 49 (im Verbandsprozess und bei kundenfeindlicher Auslegung).
[8] BGH NJW 2006, 46, 49 (im Verbandsprozess und bei kundenfeindlicher Auslegung).
[9] BGH NJW 2006, 46, 49 (im Verbandsprozess und unter Berücksichtigung des Grundsatzes kundenfeindlicher Auslegung).
[10] So wohl i.E. auch BGH NJW 2006, 46, 49.

steht."[1] Dies gilt für vertragliche ebenso wie für gesetzliche Ansprüche.[2] Eine Klausel, die dem Käufer bei Mängeln der Kaufsache einen verschuldensunabhängigen Anspruch auf Schadensersatz einräumt, ohne dass die Voraussetzungen einer Garantie (§ 443) gegeben sind, ist dementsprechend nach § 307 II Nr. 1 unangemessen.[3] Dies hat der BGH zumindest mit Blick auf die Haftung für Rechtsmängel ausdrücklich anerkannt.[4] Doch kann für Sachmängel nichts anderes gelten, zumal Rechtsmängel und Sachmängel nach neuem Recht auch sonst gleichbehandelt werden (§ 437). Hervorzuheben ist auch, dass nach § 305 c I die kundenfeindlichste Auslegung zu Grunde zu legen ist, sofern diese zur Unwirksamkeit der Klausel führt. Dies gilt nach richtiger Auffassung nicht nur im Verbandsklageverfahren, sondern auch im Individualprozess.[5] Bei kundenfeindlichster Auslegung ist eine Klausel aber schon dann gemäß § 307 unwirksam, wenn auch nach Heranziehung aller Auslegungsgesichtspunkte zumindest zweifelhaft bleibt, ob nicht eine verschuldensunabhängige Schadensersatzhaftung des Verwendungsgegners für Mängel des verkauften Gegenstandes begründet werden soll. Unwirksam ist daher z. B. auch die Klausel: „Der Lieferant übernimmt die Haftung dafür, dass der Liefergegenstand frei von Rechten Dritter [...] ist."[6]

E 104 **e) Rügeobliegenheit.** Zu Klauseln, die die Rügeobliegenheit im Sinne des § 377 ausschließen oder modifizieren, siehe § 309 Nr. 8 b ee Rz 80–82.

E 105 **f) Verlängerung von Verjährungsfristen.** Die Verlängerung von Verjährungsfristen ist gemäß § 202 II grundsätzlich zulässig, soweit die Verjährung nicht über eine Verjährungsfrist von 30 Jahren ab dem gesetzlichen Verjährungsbeginn hinaus erschwert wird. Auch die AGB-mäßige Verlängerung von Verjährungsfristen ist nicht grundsätzlich ausgeschlossen. Allerdings sind entsprechende Klauseln der Inhaltskontrolle anhand des § 307 zu unterziehen. Dabei ist zunächst zu fragen, ob der Verwender überhaupt ein rechtliches Interesse an der Verlängerung der Verjährungsfrist hat.[7] Ein solches Interesse ist allerdings regelmäßig schon dann zu bejahen, wenn der Käufer befürchten muss, seinerseits von seinen eigenen Kunden in Regress genommen zu werden.[8] Darüber kommt es – auch mit Blick auf § 307 II Nr. 1 – darauf an, wie weit sich die AGB-mäßig vorgesehene Verjährungsfrist vom dispositiven Recht entfernt.[9] Nicht erheblich ist dagegen, ob die AGB-mäßig bestimmten Gewährleistungsfristen deutlich über denjenigen Zeitraum hinausgehen, in welchem mit dem Auftreten zuvor verborgen gebliebener Mängel typischerweise zu rechnen ist.[10] Zwar ist der Verwender nur in begrenztem Maße schutzwürdig, wenn mit dem Auftreten weiterer Mängel kaum noch zu rechnen ist. Doch ist andererseits zu berücksichtigen, dass auch die von einer Verlängerung

---

[1] BGH NJW 2006, 47, 49.
[2] BGH NJW 2006, 47, 49.
[3] Ebenso *Ulmer/Christensen* Anh. § 310 Rz 314.
[4] BGH NJW 2006, 47, 49.
[5] S. z. B. *Palandt/Heinrichs* § 305 Rz 20. BGH NJW 1994, 1798, 1799 entscheidet diese Frage nicht, bezieht sich aber auf die „im neueren Schrifttum mit beachtlichen Argumenten vertretenen Ansicht, [...] [es] sei auch im Individualprozess zunächst von der kundenfeindlichsten Auslegung einer unklaren Klausel auszugehen und, erst wenn die Klausel [...] gleichwohl Bestand habe, die kundenfreundlichste Interpretation maßgebend". Allerdings bezieht sich der BGH mitunter noch auf die „für den Verbandsprozess maßgebliche kundenfeindlichste Auslegung". S. z. B. BGH NJW 2006, 47, 51. Dies erweckt Zweifel, ob er im Individualprozess bereit ist, die kundenfeindlichste Auslegung zu Grunde zu legen.
[6] BGH NJW 2006, 47, 50 f.
[7] So wohl auch BGH NJW 2006, 47, 47.
[8] BGH NJW 2006, 47, 47.
[9] BGH NJW 2006, 47, 47.
[10] BGH NJW 2006, 47, 47.

der Verjährungsfristen ausgehende Belastung des Verwendungsgegners gering ist, wenn das Auftreten von Mängeln und die damit einhergehende Inanspruchnahme des Verwendungsgegners nur selten zu erwarten sind.[1]

aa) Grenzen im Falle des § 438. Richtigerweise ist gerade bei Klauseln, die die Fristen des § 438 I zu verlängern suchen, ein strenger Maßstab geboten. Denn zu berücksichtigen ist, dass der Gesetzgeber in § 438 I Nr. 1 die nach § 202 II gerade noch zulässige Höchstfrist gewählt hat, so dass im Falle des § 438 I Nr. 1 sogar jede Verlängerung, gleich ob sie AGB-mäßig oder per Individualabrede erfolgt, ausscheiden muss. Geht man aber davon aus, dass der Gesetzgeber sich im Rahmen des § 438 I Nr. 1 für diejenige Verjährungsfrist entschieden hat, die nach den gesetzlichen Wertungen gerade noch zulässig ist, dann ist es konsequent anzunehmen, dass das Gesetz auch die übrigen in § 438 I genannten Fristen als großzügig bemessen einstuft. Dem widerspräche es, allzu weitgehende Abweichungen in AGB zuzulassen. Vielmehr wird man davon ausgehen müssen, dass die Grenze des Zulässigen sowohl im Falle des § 438 I Nr. 2 als auch im Falle des § 438 I Nr. 3 mit einer Verdoppelung der gesetzlich vorgesehenen Frist erreicht ist.[2] Mit der hier vertretenen Auffassung ist auch die Rechtsprechung des BGH vereinbar. So hat der BGH zu Recht angenommen, dass eine Verlängerung der kaufrechtlichen Verjährungsfrist für Mängelrechte auf 36 Monate nicht zu beanstanden ist.[3] Als unwirksam hat der BGH jedoch eine Klausel eingestuft, derzufolge die wegen Rechtsmängeln bestehenden Mangelansprüche erst zehn Jahre nach Lieferung verjähren sollten.[4] **E 106**

bb) Auswirkungen der Nacherfüllung. Bei mangelhafter Nacherfüllung kann nicht davon ausgegangen werden, dass die Verjährung jedes Mal neu zu laufen beginnt.[5] Vielmehr ist zu differenzieren: Liegt in der Nacherfüllung ein konkludentes Anerkenntnis des Nacherfüllungsanspruchs, so beginnt die Verjährungsfrist nach § 212 I Nr. 1 in der Tat neu zu laufen.[6] Ein konkludentes Anerkenntnis kann jedoch keineswegs regelmäßig angenommen werden.[7] Vielmehr ist von einem konkludenten Anerkenntnis des Nacherfüllungsanspruchs nur dann auszugehen, wenn „der Verkäufer aus der Sicht des Käufers nicht nur aus Kulanz oder zur gütlichen Beilegung eines Streits, sondern in dem Bewusstsein handelt, zur Mängelbeseitigung verpflichtet zu sein".[8] Erheblich bei der Beurteilung dieser Frage sind vor allem der Umfang, die Dauer und die Kosten der Mängelbeseitigungsarbeiten.[9] Fehlt es an den Voraussetzungen eines Anerkenntnisses, kommt eine Hemmung nach § 203 in Betracht.[10] Eine Klausel, derzufolge „[f]ür im Wege der Nachlieferung durch den Lieferanten neu gelieferte oder nachgebesserte Teile [...] die Verjährungsfrist neu zu laufen [beginnt]", ist aber unangemessen und daher unwirksam.[11] Sie kann auch nicht dadurch teilweise aufrechterhalten werden, dass man die Worte „oder nachgebesserte" streicht.[12] Denn auch für neu gelieferte Teile beginnt die Verjährungsfrist **E 107**

---

[1] In diesem Sinne auch BGH NJW 2006, 47, 48.

[2] A.A. aber *Ulmer/Christensen* Anh. § 310 Rz 315, der auch eine fünfjährige Frist in Einkaufsbedingungen für zulässig hält.

[3] BGH NJW 2006, 47, 47.

[4] BGH NJW 2006, 47, 50.

[5] S. *Palandt/Weidenhkaff* § 438 Rz 16 a.

[6] S. z. B. BGH NJW 2006, 47, 48; *Palandt/Weidenkaff* § 438 Rz 16 a; *Bamberger/Faust* § 438 Rz 58.

[7] BGH NJW 2006, 47, 48.

[8] BGH NJW 2006, 47, 48.

[9] BGH NJW 2006, 47, 48.

[10] BGH NJW 2006, 47, 48.

[11] BGH NJW 2006, 47, 48; *Palandt/Heinrichs* § 307 Rz 102 (für den Fall des Neubeginns der Verjährung mit jeder Nachbesserung).

[12] BGH NJW 2006, 47, 48.

nicht immer neu, sondern grundsätzlich nur dann, wenn die Voraussetzungen des § 212 I Nr. 1 gegeben sind.[1]

E 108 **g) Rückgriff bei Inanspruchnahme des Käufers.** Für den Fall, dass eine bewegliche Sache letztlich im Rahmen des Verbrauchsgüterkaufs weiterveräußert wird, kann der Käufer den Verkäufer gemäß den §§ 478, 479 in Regress nehmen, sofern der Käufer selbst Mängelansprüchen seiner Kunden ausgesetzt ist. Diese Regelung findet auf Fälle, in denen die Sache zu keinem Zeitpunkt an einen Verbraucher weiterveräußert wird, weder unmittelbare noch analoge Anwendung.[2] Eine AGB-Bestimmung, die vorsieht, dass die §§ 478, 479 auch dann Anwendung finden, wenn die Sache weder vom Käufer noch von dessen Abnehmern an einen Verbraucher weiterveräußert wird, ist unangemessen und daher nach § 307 unwirksam.[3]

E 109 **h) Beweislast.** Die Beweislast dafür, dass ein Mangel bereits im Zeitpunkt des Gefahrübergangs vorgelegen hat, trifft, da es sich um eine anspruchsbegründende Tatsache handelt, den Käufer.[4] § 476 sieht für den Bereich des Verbrauchsgüterkaufs eine Umkehr der Beweislast in solchen Fällen vor, in denen sich der Mangel innerhalb von sechs Monates nach Gefahrübergang zeigt. Doch findet diese Vorschrift auf einen zwischen Unternehmern geschlossenen Kaufvertrag weder direkte noch analoge Anwendung.[5] Bei der Inhaltskontrolle von AGB ist ferner zu beachten, dass Klauseln, die zulasten des Verwendungsgegners eine Abweichung von den gesetzlichen Beweislastregeln vorsehen, auch im unternehmerischen Verkehr grundsätzlich unwirksam sind.[6] Auch nach der Rechtsprechung des BGH ist eine Beweislastumkehr im unternehmerischen Verkehr zumindest dann grundsätzlich unwirksam, wenn sie den Gefahr- und Risikobereichen widerspricht.[7] Unwirksam ist daher z. B. eine Klausel, derzufolge das Vorhandensein eines Mangels im Zeitpunkt des Gefahrübergangs vermutet wird, „wenn seit Gefahrübergang nicht mehr als zwölf Monate vergangen sind".[8]

E 110 **i) Haftung bei Verletzung gewerblicher Schutzrechte.** Soweit der Lieferant für die Verletzung gewerblicher Schutzrechte haften soll, ist dies hinsichtlich ausländischer Schutzrechte unangemessen, solange der Lieferant im Zeitpunkt des Vertragsschlusses keine Kenntnis davon hat, in welche Länder die Ware geliefert wird.[9] Ist die Haftung für Schutzrechtsverletzungen auf bestimmte Länder beschränkt, so kann man die Klausel als angemessen einstufen. Dies gilt freilich nur, wenn die Klausel hinreichend deutlich macht, dass der Verkäufer nur bei Verschulden haften soll.[10] Selbst mit Blick auf eine vom Verkäufer zu vertretende Verletzung gewerb-

---

[1] Unklar insofern BGH NJW 2006, 47, 48, der darauf hinweist, dass der Neubeginn der Verjährung bei Lieferung einer Ersatzsache „die Regel" sein möge, ohne deutlich zu machen, ob er insofern an die Anwendung des § 212 I 1 denkt. S. aber auch BGH NJW 2001, 292, 300 (zu § 9, 11 Nr. 10 lit. e AGBG). Dort betont der BGH, dass es auch für die im Rahmen der Nachbesserung eingebauten Teile auf den Zeitpunkt ankommt, in welchem die Gewährleistungsansprüche hinsichtlich des Kaufgegenstandes verjähren. Nur im Falle eines Anerkenntnisses sei von einer Unterbrechung [heute: Neubeginn] der Verjährung auszugehen.

[2] BGH NJW 2006, 47, 49.

[3] BGH NJW 2006, 47, 50.

[4] Ebenso i.E. BGH NJW 2006, 47, 49.

[5] Ebenso i.E. BGH NJW 2006, 47, 49.

[6] In diesem Sinne auch *Palandt/Grüneberg* § 309 Rz 103. S. noch § 309 Nr. 12 Rz 90.

[7] BGH NJW 2006, 47, 49; BGH NJW 1996, 1537, 1538 (zu § 9 AGBG).

[8] BGH NJW 2006, 47, 49.

[9] *Thamm/Hesse* BB 1979, 1587; *Müller/Scholz-Schreven* S. 55.

[10] Vgl. BGH NJW 2006, 47, 51: Unzulässigkeit der AGB-mäßigen Begründung einer verschuldensunabhängigen Haftung des Verkäufers für die Verletzung gewerblicher Schutzrechte.

licher Schutzrechte ist eine Klausel nach § 307 unwirksam, die den Verwender berechtigt, „auf Kosten des Lieferanten von dem Inhaber [der] Schutzrechte die erforderliche Genehmigung zur [...] Weiterveräußerung usw. des Liefergegenstands zu erwirken".[1] Zwar wird man diese Regelung nicht als intransparent (§ 307 I 2) einstufen können.[2] Doch ergibt sich ihre Unangemessenheit schon daraus, dass sie den Abschluss von Vereinbarungen mit dem Schutzrechteinhaber erlaubt, die für den Verkäufer so nachteilig sind, dass sie ihn wesentlich stärker belasten als die im Gesetz vorgesehene Verpflichtung zur Zahlung von Schadensersatz.[3] Ferner würden die Verhandlungen des Verkäufers, der sich um eine nachträgliche Erteilung der Schutzrechte bemüht, erheblich erschwert, weil der Rechteinhaber die Option eines Vertragsabschlusses mit dem Käufer als Druckmittel in den Verhandlungen mit dem Verkäufer verwenden könnte.[4]

5. Abwälzung der Produzentenhaftung

Zulässig ist eine Klausel, wonach ein Lieferant, der für einen Fehler verantwortlich ist, sich verpflichtet, den Wiederverkäufer von der daraus resultierenden **Produzentenhaftung freizustellen.**[5] Allerdings ist die Klausel unwirksam, wenn sie auch für den Fall gelten soll, dass der Verkäufer den Schaden ebenfalls zu vertreten hat und die Klausel zulasten des Verkäufers von § 426 I abweicht.[6] **E 111**

6. Garantieübernahme

„Eine generelle Regelung in AGB, nach der der Verkäufer für die vereinbarte Beschaffenheit der Kaufsache eine Garantie übernimmt, benachteiligt den Verkäufer unangemessen, weil sie ihn dem Risiko einer unübersehbaren Schadensersatzhaftung aussetzt."[7] Richtigerweise wird man über diese zutreffende Aussage des BGH noch hinausgehen müssen: Unangemessen und daher nach § 307 unwirksam ist jede Klausel, derzufolge der Verkäufer eine auf eine verschuldensunabhängige Schadensersatzhaftung gerichtete Garantie im Sinne des § 443 übernimmt, soweit eine solche Garantie nicht auch ohne die Klausel anzunehmen wäre.[8] Dafür spricht zum einen die Tatsache, dass das Verschuldenserfordernis bei Schadensersatzansprüchen zu den Grundgedanken der gesetzlichen Regelung gehört.[9] Zudem belegt gerade die Regelung des § 443, dass die verschuldensunabhängige Einstandspflicht eine Ausnahme darstellt. Ferner wird die Unwirksamkeit einer Klausel, derzufolge eine Garantie für alle vertraglich vereinbarten Eigenschaften übernommen wird, vom BGH gerade damit begründet, dass eine solche Klausel das Risiko einer unübersehbaren Schadensersatzhaftung begründet.[10] Dieses Risiko besteht aber regelmäßig auch dann, wenn nur einzelne Eigenschaften als garantiert gelten sollen, sofern die Höhe der Einstandspflicht nicht betragsmäßig begrenzt wird. Dies gilt umso mehr, als sich der Käufer typischerweise gerade jene Eigenschaften zusichern lassen wird, deren Fehlen für ihn besondere Schadensrisiken birgt. **E 112**

---

[1] BGH NJW 2006, 47, 51.
[2] Offen gelassen in BGH NJW 2006, 47, 51.
[3] BGH NJW 2006, 47, 51.
[4] Ähnlich auch BGH NJW 2006, 47, 51.
[5] *Ulmer/Christensen* Anh. § 310 Rz 316; *von Westphalen* NJW 1979, 838, 844 ff.
[6] In diesem Sinne auch *von Westphalen,* Einkaufsbedingungen, a.a.O., Rz 56.
[7] BGH NJW 2006, 47, 50.
[8] Ebenso i.E. *von Westphalen* NJW 2002, 12, 18; *von Westphalen,* Einkaufsbedingungen, a.a.O., Rz 34.
[9] S. dazu Anh. § 310 Rz H 4.
[10] BGH NJW 2006, 47, 50.

7. Änderung der Leistungsbeschreibung

E 113 Das Recht, die vertraglich versprochene Leistung einseitig zu ändern, ist auch unter Unternehmern nicht generell zulässig, sondern nur dann, wenn die Änderung zumutbar und durch ein berechtigtes Interesse des Verwenders gedeckt ist.[1] Gerade an Änderungsrechte des Gläubigers der vertragscharakteristischen Leistung, also des Käufers, sind dabei strenge Anforderungen zu stellen.

E 114 **a) Änderung von Identität/Gattung.** In aller Regel unzulässig sind Klauseln, die es dem Käufer erlauben, die Gattung bzw. beim Stückkauf, die Identität der geschuldeten Ware abzuändern. Dies ergibt sich auch daraus, dass der Käufer durch die Ausübung eines solchen Änderungsrechts die Lieferung einer mangelhaften Sache (§ 434 III) provozieren und sich so die Mängelrechte des § 437 erschleichen könnte.

E 115 **b) Änderung der Quantität.** Die gleichen Grundsätze wie für Klauseln, die eine Änderung der Qualität gelten, müssen auch auf solche Klauseln anwendbar sein, die es dem Käufer erlauben, einseitig die Menge der zu liefernden Ware zu **erhöhen.** Auch solche Klauseln sind also in aller Regel gemäß § 307 unwirksam.[2] Entsprechendes wird aber auch dann gelten müssen, wenn die Klausel es dem Käufer erlaubt, die geschuldete Menge zu **reduzieren.**[3] Zwar könnte man auf den ersten Blick erwägen, eine Ausnahme von diesem Grundsatz dann zuzulassen, wenn die Klausel das Recht zur Mengenreduktion an Voraussetzungen knüpft, unter denen der Käufer auch vom Vertrag zurücktreten könnte. Doch spricht gegen diese Ausnahme, dass eine Verringerung des Lieferumfangs für den Verkäufer oft noch belastender sein wird als eine Beendigung des ganzen Vertrages, sei es, dass bei kleineren Lieferungen höhere Vertragserfüllungskosten per Einheit drohen, sei es, dass sich für den Verkäufer die Gefahr ergibt, auf „Restposten" sitzen zu bleiben, für die er keine anderen Abnehmer findet.

8. Preis

E 116 **a) Bei Mengenänderungen.** Mitunter sehen Klauseln vor, dass der pro Einheit geschuldete Preis auch bei einer Reduktion der zu liefernden Menge gleich bleibt. Mit Blick auf die Wirksamkeit solcher Klauseln ist zu differenzieren. Kann die Klausel unter Berücksichtigung des § 305 c II dahingehend verstanden werden, dass auch Mengenrabatte anteilig erhalten bleiben sollen, obwohl nunmehr eine geringere Menge geliefert wird, so ist die Klausel grundsätzlich überraschend (§ 305 c I) und darüber hinaus auch unangemessen (§ 307 I).[4] Lässt die Klausel dagegen hinreichend deutlich erkennen, dass etwaige Mengenrabatte nicht erfasst sein sollen, begegnet sie keinen Bedenken. Zwar kann eine solche Klausel das Gleichgewicht von Leistung und Gegenleistung beeinträchtigen, weil der Preis pro Einheit typischerweise auch dann, wenn nicht ausdrücklich Mengenrabatte gewährt werden, in Abhängigkeit von der zu liefernden Menge bestimmt wird. Indessen gilt es zu berücksichtigen, dass ein Recht des Käufers, die zu liefernde Menge einseitig zu ändern, nach der hier vertretenen Auffassung[5] schon nach § 307 grundsätzlich unwirksam ist. Demgemäß setzen Mengenänderungen entweder ein individualvertraglich vereinbartes Recht zur einseitigen Abänderung oder ein Zusammenwirken beider Par-

---

[1] LG Konstanz BB 1981, 1420, 1422 (zu § 9 AGBG).
[2] *von Westphalen,* Einkaufsbedingungen, a.a.o., Rz 19.
[3] *von Westphalen,* Einkaufsbedingungen, a.a.o., Rz 19.
[4] *Thamm/Hesse* BB 1979, 1587.
[5] S. Rz E 115.

teien voraus. Und in beiden Fällen kann sich der Verkäufer hinreichend gegen eine Störung des Gleichgewichts von Leistung und Gegenleistung schützen.

b) Meistbegünstigungsklauseln. Meistbegünstigungsklauseln, wonach dem Käufer ohne weiteres sämtliche günstigeren Konditionen anderer Abnehmer eingeräumt werden, sind unangemessen und daher nach § 307 unwirksam.[1] **E 117**

9. Werbeverbot

Für Klauseln, wonach der Vertragspartner nur nach vorheriger schriftlicher Zustimmung mit der Geschäftsverbindung werben darf, ist ein berechtigtes Interesse des Käufers nicht erkennbar, denn erstens werden die Lieferanten in der Regel sorgfältig ausgewählt, und zweitens sind die Lieferbeziehungen innerhalb einer Branche ohnehin oft allgemein bekannt. Die Klausel ist mit wesentlichen Grundgedanken der Wettbewerbsrechtsordnung nicht zu vereinbaren und daher nach § 307 I unwirksam.[2] **E 118**

10. Offenlegung und Geheimhaltung

a) Offenlegungspflichten. Als unangemessen hat der BGH eine Klausel eingestuft, die den Lieferanten verpflichtete, dem Käufer seine Vorlieferanten mitzuteilen und diese durch den Käufer genehmigen zu lassen und ihre Qualifikation nachzuweisen.[3] Richtigerweise ist auch eine Klausel, die den Käufer **nur** zur Mitteilung der Vorlieferanten verpflichtet, regelmäßig nach § 307 unwirksam. Auch die Pflicht, die Vorlieferanten genehmigen zu lassen, ist für sich genommen unwirksam. Die Unangemessenheit der Pflicht zum Qualifikationsnachweis folgt schon aus § 307 I 2, weil der Begriff der Qualifikation viel zu vage ist, um klarzustellen, welchen Nachweis der Verwendungsgegner führen muss. **E 119**

b) Geheimhaltungspflichten. Grundsätzlich ist ein schutzwürdiges Interesse des Käufers an der Geheimhaltung der dem Verkäufer im Rahmen der Vertragsanbahnung und -durchführung anvertrauen Informationen anzuerkennen.[4] Allerdings müssen Klauseln, die den Verkäufer zur Geheimhaltung verpflichten, dem Grundsatz der Verhältnismäßigkeit genügen. So sind sie mangels Eignung unangemessen, wenn die relevanten Informationen ohnehin allgemein bekanntes Wissen darstellen.[5] Sie dürfen den Verkäufer auch nicht in unverhältnismäßiger Weise belasten, was z. B. regelmäßig dann zu bejahen ist, wenn die Geheimhaltungsklausel dem Verkäufer eine ordnungsgemäße Vertragserfüllung unmöglich macht, weil er z. B. daran gehindert ist, die ihm mitgeteilten Spezifikationen an seine eigenen Vorlieferanten weiterzugeben. Demgegenüber führt die fehlende Wechselseitigkeit der Klausel nicht zur Unwirksamkeit derselben.[6] Ferner macht das Fehlen einer zeitlichen Befristung eine Geheimhaltungsklauseln nicht unwirksam,[7] denn auch das Gesetz befristet Schweigepflichten in der Regel nicht. **E 120–130**

*

---

[1] Für Unwirksamkeit auch *Palandt/Heinrichs* § 307 Rz 102; *Ulmer/Christensen* Anh. § 310 Rz 313.
[2] *Müller/Scholz-Schreven,* S. 60.
[3] BGH NJW 2006, 47, 51.
[4] In diesem Sinne auch *von Westphalen,* Einkaufsbedingungen, a.a.O., Rz 74.
[5] Für Unwirksamkeit in diesem Falle auch *von Westphalen,* Einkaufsbedingungen, a.a.O., Rz 74.
[6] A.A. wohl *Ulmer/Christensen* Anh. § 310 Rz 318.
[7] A.A. *von Westphalen,* Einkaufsbedingungen, a.a.O., Rz 74.

Einwendungsausschluss

Inhaltsübersicht

1. Allgemeines

E 131 Der Ausschluss von Einwendungen kann in der Weise vereinbart werden, dass der Vertragspartner dem Verwender gegenüber Einwendungen nicht erheben darf. Der Ausschluss kann aber auch darauf beschränkt sein, dass Einwendungen nach einer Abtretung dem neuen Gläubiger gegenüber oder nach einer Schuldübernahme vom neuen Schuldner nicht erhoben werden dürfen.

2. Einwendungsausschluss gegenüber dem Verwender als Vertragspartner

E 132 Einwendungen und Einreden beruhen auf Gegenrechten oder rechtlichen Positionen, durch die aufgrund Gesetzes oder Richterrechts die Rechte und rechtlich anerkannten Interessen des Verpflichteten geschützt werden. Ein genereller Ausschluss von Einwendungen ist wegen seiner Unbestimmtheit und der damit verbundenen unüberschaubaren Tragweite wegen Unangemessenheit nach § 307 I unwirksam. Im Fall eines Einwendungsausschlusses in den AGB der Berliner Versorgungsunternehmen folgte für den BGH die Nichtigkeit aus § 307 I Nr. 1, da durch diese Klausel von den gesetzlichen Regelungen hinsichtlich der Darlegungs- und Beweislast abgewichen wurde.[1] Für den Ausschluss einzelner Einwendungen muss jeweils geprüft werden, ob sie wesentliche Rechtspositionen des Kunden beeinträchtigen und inwieweit ein berechtigtes Interesse des Verwenders[2] besteht. Wird in einem Verbrauchervertrag der Ausschluss von Einwendungen an den Ablauf einer Frist geknüpft, so ist eine solche Klausel nur wirksam, wenn der Hinweispflicht des § 308 Nr. 5 genügt wird.[3] Hinsichtlich des Einwendungsausschlusses in Telekommunikationsdienstleistungsverträgen ist § 16 II, III TKV bzw. die im Rahmen des § 307 I, II Nr. 1 BGB zu berücksichtigende Wertung des § 15 III TKV zu beachten.[4] Der Ausschluss von Einwendungen aus gesetzlichen Nichtigkeitsgründen, insbesondere nach §§ 125, 134, 138, ist bereits nach allgemeinen Vorschriften unwirksam. Zur Bürgschaft auf erstes Anfordern s. Rz B 366 f. Zur Garantie auf erstes Anfordern s. Rz G 1 ff. Zum Ausschluss des Einwands der Gesamtnichtigkeit aus § 139 s. Rz T 22 ff. Zum Aufrechnungsverbot s. § 309 Nr. 3; zum Zurückbehaltungsrecht § 309 Nr. 2.

3. Einwendungsausschluss gegenüber dem Neugläubiger

E 133 Der Schuldner kann dem neuen Gläubiger gegenüber nach § 404 alle Einwendungen gegen die Forderung erheben. Darin liegt ein wesentlicher Grundgedanke

1 BGH NJW 2005, 2919, 2922; WuM 2005, 593.
2 OLG Köln MMR 1998, 106.
3 OLG Schleswig NJW-RR 1998, 54; OLG Köln MMR 1998, 106.
4 BGH NJW 2004, 3183; BGH BB 2007, 236.

der gesetzlichen Regelung, da der Schuldner durch die Abtretung, an der er nicht mitwirkt, keine Beeinträchtigung seiner Rechtsposition erleiden darf. Ein Ausschluss der Einwendungsmöglichkeit gegenüber dem Neugläubiger in AGB ist nach § 307 II Nr. 1 grundsätzlich unwirksam, da der Schuldner damit einen Blankoverzicht auf Einwendungen geben würde, ohne dessen Berechtigung oder ein Bedürfnis dafür überprüfen zu können. Ein Einwendungsverzicht gegenüber dem Neugläubiger kann deshalb grundsätzlich nur individualvertraglich vereinbart werden. Für Verbraucherkredit- und Fernunterrichtsverträge verbieten § 496 I sowie § 2 V Nr. 4 FernUSG[1] sogar generell den Einwendungsverzicht gegenüber dem Neugläubiger.

4. Einwendungsausschluss für den neuen Schuldner

Die Schuldübernahme bedarf sowohl nach § 414 wie nach § 415 der Mitwirkung des Schuldners. Für den Ausschluss von Einwendungen gelten deshalb die gleichen Grundsätze wie für den Einwendungsausschluss gegenüber dem Verwender (Rz E 102). Da der neue Schuldner nach § 417 I dem Gläubiger die Einwendungen aus dem Schuldverhältnis grundsätzlich entgegenhalten kann, ist ein genereller Einwendungsausschluss nach § 307 I, II grundsätzlich unwirksam. **E 134-140**

*

Erbbaurecht

Inhaltsübersicht

Schrifttum: *Demmer,* Kaufzwangklauseln in Erbbaurechtsverträgen, NJW 1983, 1636; *Mayer-Maly,* Das alte und das neue Leitbild des Erbbaurechtsvertrages, NJW 1996, 2015.

1. Anwendbarkeit des AGB-Rechts

Auch Klauseln, die in dem schuldrechtlichen Vertrag über die Bestellung eines Erbbaurechts (Erbbaurechtsvertrag) verwandt werden, unterliegen, wenn es sich dabei um AGB handelt, der AGB-rechtlichen Inhaltskontrolle.[2] **E 141**

2. Inhaltskontrolle

a) Ankaufspflicht. Eine Pflicht des Erbbauberechtigten zum Kauf des Grundstücks kann zwar nicht in dinglicher Form vereinbart,[3] wohl aber zum Gegenstand eines schuldrechtlichen Vertrages gemacht werden. Als Teil einer individualvertraglichen Vereinbarung ist sie grundsätzlich wirksam.[4] Davon zu trennen ist allerdings die Frage, ob eine Ankaufspflicht auch in AGB wirksam vorgesehen werden kann. **E 142**

---

[1] BGBl. 2000 I 1670.

[2] BGH NJW 1991, 2141, 2142; *Mayer-Maly* NJW 1996, 2015, 2015.

[3] *Palandt/Bassenge* § 2 ErbbRVO Rz 8.

[4] BGH NJW 1989, 2129, 2131 (vor Erlass des AGBG abgeschlossener Vertrag).

E 143 **aa) BGH.** Insoweit gilt es zunächst zu erwägen, ob eine entsprechende Klausel nicht schon an § 305 c I scheitert. Diesbezüglich hat der BGH mit Blick auf einen noch vor Erlass des AGB-Gesetzes abgeschlossenen Vertrag zu Recht betont, dass eine Ankaufspflicht vom Leitbild des Erbbaurechtsvertrages abweicht.[1] Demgemäß brauche die an einem Erbbaurechtsvertrag beteiligte Partei, jedenfalls wenn sie rechtsunkundig ist, nicht mit einer solchen Klausel zu rechnen.[2] Dies wird man dahingehend verstehen dürfen, dass eine in AGB vorgesehene Ankaufspflicht jedenfalls einem Verbraucher gegenüber grundsätzlich überraschend im Sinne des § 305 c I ist. Daneben stellt sich die Frage nach der Vereinbarkeit mit § 307. Mit Blick auf einen Erbbaurechtsvertrag, der vor Inkrafttreten des AGB-Gesetzes abgeschlossen worden war, hat der BGH ausgeführt, dass eine Kaufzwangklausel bei der Ausgabe eines Wohnzwecken dienenden Erbbaurechts so ausgestaltet sein müsse, dass sie für einen in durchschnittlichen wirtschaftlichen Verhältnissen lebenden Erbbauberechtigten erträglich sei.[3] Diese Voraussetzung sei schon dann nicht erfüllt, wenn die Ankaufspflicht während der ganzen **Dauer** eines langfristigen Erbbaurechts bestehen solle.[4] Allerdings hat der BGH offen gelassen, welche Bindungsdauer gerade noch angemessen ist.[5] Die wirtschaftliche Erträglichkeit und damit die Wirksamkeit der Klausel soll ferner auch dann zu verneinen sein, wenn die Ankaufspflicht auf Verlangen des Grundstückeigentümers jederzeit entstehen kann, dem Verwendungsgegner also keine **Ankündigungsfrist** eingeräumt wird, die es ihm erlauben würde, die erforderlichen finanziellen Mittel aufzubringen.[6] Eine Ankündigungsfrist von 6 Monaten ist nach der Rechtsprechung aber wohl angemessen.[7] Ob die Wirksamkeit der Klausel außerdem davon abhängt, dass dem Erbbauberechtigten zusätzlich zu der Ankündigungsfrist noch eine **Zahlungsfrist** eingeräumt wird, hat der BGH ausdrücklich offen gelassen.[8]

E 144-150 **bb) Stellungnahme.** Richtigerweise wird man eine AGB-mäßige Ankaufspflicht in aller Regel als unangemessen und daher unwirksam einstufen müssen. Sie widerspricht dem Grundgedanken der gesetzlichen Regelung (§ 307 II Nr. 1), denn das Erbbaurecht soll es dem Erbbauberechtigten gerade ermöglichen, ein Grundstück zu nutzen, ohne dieses zu erwerben. Auch im unternehmerischen Verkehr ist insofern keine abweichende Beurteilung gerechtfertigt. Daneben wird man entsprechende Klauseln zumindest Verbrauchern gegenüber grundsätzlich als überraschend (§ 305 c I) einstufen müssen.

*

[1] BGH NJW 1979, 2387, 2388 (vor Erlass des AGBG abgeschlossener Vertrag). Kritisch zu dieser Entscheidung aber *Demmer* NJW 1983, 1636, 1638.
[2] BGH NJW 1979, 2387, 2388 (vor Erlass des AGBG abgeschlossener Vertrag).
[3] BGH NJW 1991, 2141, 2142 (vor Erlass des AGBG abgeschlossener Vertrag).
[4] BGH NJW 1991, 2141, 2142 (vor Erlass des AGBG abgeschlossener Vertrag).
[5] BGH NJW 1991, 2141, 2142 (vor Erlass des AGBG abgeschlossener Vertrag).
[6] BGH NJW 1991, 2141, 2142 (vor Erlass des AGBG abgeschlossener Vertrag).
[7] BGH WM 1980, 877. Dieses Urteil wird auch in BGH NJW 1991, 2141, 2142 zitiert, ohne dass der BGH allerdings ausdrücklich den Willen zum Festhalten an der früheren Entscheidung bekundet.
[8] BGH NJW 1991, 2141, 2142 (vor Erlass des AGBG abgeschlossener Vertrag).

Erfüllungsklauseln

Inhaltsübersicht

Schrifttum: *Liesecke,* Die typischen Klauseln des internationalen Handelsverkehrs in der neueren Praxis, WM 1978 Sonderbeil. 3; *von Westphalen,* AGB, Vertragsrecht Erfüllungsortvereinbarungen, 1995, S. 87.

1. Erfüllungsortklauseln

Klauseln über den Erfüllungsort haben in erster Linie **materiell-rechtliche Bedeutung,** indem sie die Eigenart einer Schuld als Holschuld, Schickschuld oder Bringschuld festlegen und wie in § 447 den Gefahrübergang bestimmen. Ihre **prozessuale Bedeutung** für die Bestimmung des Gerichtsstands ist durch § 29 II ZPO grundsätzlich entfallen, soweit es sich nicht um Kaufleute und die sonstigen in § 29 II ZPO genannten Institutionen handelt. Zu den Gerichtsstandsklauseln s. Rz G 141 ff. **E 151**

Erfüllungsort ist nach § 269 im Zweifel der Wohnort des Schuldners, sofern nicht abweichende Vereinbarungen bestehen oder aus den Umständen, insbesondere der Natur des Schuldverhältnisses, etwas anderes zu entnehmen ist. Soweit der Erfüllungsort durch **Individualvereinbarung** festgelegt ist, ist eine Abweichung in AGB bereits nach § 305b ohne Bedeutung. Wird ein abweichender Erfüllungsort in den AGB festgelegt, so ist ein Zusammenhang mit der entsprechenden materiellrechtlichen Regelung zu beachten, da eine entsprechende Klausel, die sich bei den Schlussbestimmungen findet, überraschend, § 305c I, ist.[1] Wird in AGB ein Erfüllungsort festgelegt, der in Widerspruch zu dem sich aus der **Natur des Schuldverhältnisses** ergebenden Erfüllungsort steht, so ist dies regelmäßig nach § 307 II Nr. 2 unwirksam,[2] da mit der Veränderung des Erfüllungsortes zugleich wesentliche Rechte und Pflichten für den Vertrag verändert werden. Soweit sich aus **sonstigen Umständen** ein bestimmter Erfüllungsort ergibt, dürfen sich die AGB dazu nicht ohne sachlich berechtigten Grund in Widerspruch setzen. Eine den tatsächlichen Verhältnissen zuwiderlaufende Vereinbarung kann bereits als Individualvereinbarung unwirksam sein.[3] Dies muss dann aber erst recht für eine AGB-Klausel gelten.[4] Für die abweichende Regelung des Erfüllungsortes in AVB entgegen § 36 VVG ergeben sich keine ausreichenden sachlich berechtigten Gründe, zumal die Gefahr- und Kostentragung ohnehin beim Schuldner liegen. Diese Bestimmung ist deshalb nach § 307 I, II unwirksam.[5] **E 152**

Für den **Versandhandel** ist Erfüllungsort grundsätzlich der Sitz des Versandhändlers,[6] da durch die Übernahme der Versendung eine Änderung des Erfüllungsortes nicht eintritt (§ 269 III). Gerichtsstand für Erfüllungsklagen ist deshalb nach § 29 I ZPO der Sitz des Versandhändlers. Nicht anwendbar ist jedoch § 447, da der Versandhändler aufgrund eigenen Angebots und nicht auf Verlangen des Käufers die Versendung vornimmt. Die Gefahr der Versendung liegt nach der Natur des **E 153**

---

1 OLG Rostock OLGR 2001, 255.

2 OLG Koblenz, WM 1989, 892; vgl. auch *Ulmer/Fuchs* § 307 Rz 70, 220.

3 RGZ 41, 358, 361; *Palandt/Heinrichs* § 269 Rz 9.

4 S. auch OLG Koblenz NJW-RR 1989, 1459, 1460; *Löwe* § 9 Rz 44.

5 A. A. BGH NJW 1971, 380 aber noch ohne AGB-Kontrolle.

6 A. A. OLG Frankfurt NJW-RR 1989, 957; *Löwe* § 9 Rz 44; *von Westphalen,* AGB, Erfüllungsortvereinbarungen Rz 6; *Ulmer/Christensen* Anh. § 310 Rz 896.

Schuldverhältnisses beim Versender. Eine davon abweichende AGB-Klausel ist nach § 307 II Nr. 2 unwirksam. Ergänzend ist bei Verbrauchsgüterverkäufen im Versendungskauf die Festlegung eines abweichenden Erfüllungsortes auch deshalb unangemessen, da durch eine derartige Klausel entgegen § 474 eine § 447 entsprechende Regelung getroffen werden soll.[1]

E 154 Die Klausel „frei ... Bestimmungsort" kann als reine Transportkostenklausel auszulegen sein, aber auch als Erfüllungsortklausel mit Gefahrverlagerung.[2] Im Hamburger Warenhandel und an der Hamburger Börse der Getreidehändler wird die Klausel auch als Gefahrtragungsklausel im Sinne einer Verlagerung des Erfüllungsorts auf den Lieferort verstanden.[3]

2. Art und Weise der Erfüllung

E 155 Die Art und Weise der Erfüllung wird im Wesentlichen durch den Inhalt der versprochenen Leistung bestimmt. Ergänzend können in AGB Bestimmungen über die Art und Weise der Leistungen getroffen werden. Dies gilt insbesondere auch für Zahlungsverpflichtungen, bei denen die Art und Weise der Erfüllung in **Zahlungsbedingungen** geregelt wird. Zu den Zahlungsbedingungen gehört auch, ob die Zahlung in bar oder bargeldlos und in welcher Form des bargeldlosen Zahlungsverkehrs zu erfolgen hat. Eine Klausel, wonach der Kunde zur Erteilung einer Einzugsermächtigung im Lastschriftverfahren verpflichtet ist und ohne diese nicht beliefert wird, ist nicht ohne weiteres einschränkungslos zulässig. Sie ist aber als wirksam anzusehen, wenn das Lastschriftverfahren nicht nur dem Verwender erhebliche Vorteile bietet, sondern auch dem Kunden zumutbar ist.[4] Die Zumutbarkeit ist zu bejahen, wenn es sich um geringfügige Beträge (bis 10 €) handelt. Der BGH bejaht die Zumutbarkeit auch bei größeren Beträgen, die in gleich bleibender von vornherein feststehender Höhe regelmäßig wiederkehren,[5] sieht aber zu Recht Bedenken bei zeitlich oder der Höhe nach unregelmäßigen Beträgen. Zu Fälligkeitsklauseln s. § 308 Nr. 1 Rz 1 ff.

E 156 Die **Zahlung an den Gläubiger** oder an einen von ihm ermächtigten Dritten, §§ 362 II, 185 ,gehört zu den wesentlichen Grundgedanken der gesetzlichen Regelung.[6] Eine Klausel, die es dem Schuldner erlaubt, statt direkt an den Gläubiger an dessen (Dritt-)Gläubiger zu zahlen, ist deshalb nach § 307 II Nr. 1 unwirksam, falls nicht ein berechtigtes Interesse besteht.[7] Ein berechtigtes Interesse ergibt sich z. B., wenn die Zahlung des Schuldners an den Drittgläubiger dazu dient, die Fortsetzung eines Bauwerks sicherzustellen.[8]

E 157 Eine Regelung wie in § 16 Nr. 3 II VOB/B, wonach die **vorbehaltlose Annahme** der als solche gekennzeichneten Schlusszahlung Nachforderungen ausschließt, ist wirksam, wenn die VOB/B ohne ins Gewicht fallende Änderungen vereinbart wird.[9] Bei isolierter Betrachtung ist die Klausel dagegen auch zwischen Unternehmern unwirksam.[10] Eine ins Gewicht fallende Änderung liegt bereits vor,

---

[1] LG Bad Kreuznach VuR 2003, 80; LG Waldshut-Tiengen WRP 2003, 1148.
[2] BGH NJW 1984, 567; *Schlegelberger/Hefermehl,* HGB, § 346 Rz 72; s. auch Rz H 27.
[3] BGH NJW 1984, 567; s. auch Rz F 67.
[4] BGH NJW 1996, 988.
[5] BGH NJW 1996, 988 = LM H.7/1996 § 9 (Bm) AGBG Nr. 23 m. Anm. *Lindacher* = JZ 1997, 954 m. Anm. *Häuser.*
[6] BGH NJW 1990, 2384.
[7] BGH NJW 1990, 2384 zu § 16 Nr. 6 VOB.
[8] BGH NJW 1990, 2384.
[9] S. auch § 9 Rz 129.
[10] BGH 86, 135, 142; 101, 357; 107, 205, 207.

wenn entgegen § 16 Nr. 1 VOB/B ein 10 %iger Sicherheitseinbehalt auf Abschlagszahlungen vorgesehen wird.[1] Nach § 307 I, II unwirksam ist auch ein Verzicht auf nicht in der Schlussrechnung enthaltene Forderungen.[2]

Eine sog. **Rechtzeitigkeitsklausel,** wonach nicht die Absendung, sondern der Eingang des Geldes beim Gläubiger für die Rechtzeitigkeit der Zahlung maßgebend ist, ist im Allgemeinen weder nach § 305c I überraschend noch nach § 307 I, II unwirksam.[3] **E 158–160**

*

Factoring

Inhaltsübersicht

Schrifttum: *Bähr,* Kollision zwischen Factoring-Globalzession und verändertem Eigentumsvorbehalt, Diss. 1989; *Blaurock,* Grundstruktur und aktuelle Fragen des Factoring, JA 1989, 273; *Martinek,* Moderne Vertragstypen, Bd. I: Leasing und Factoring, 1991; *von Westphalen,* AGB, Factoring, 1997.

1. Allgemeines

Das Factoring stellt eine Forderungsabtretung mit dem besonderen Zweck dar, dem Zedenten (Anschlusskunden) liquide Mittel schon vor Fälligkeit der abgetretenen Forderungen zuzuführen und die Einziehung der Forderungen dem Zessionar (Factor) zu überlassen. Beim **echten Factoring,** das als Forderungskauf anzusehen ist, übernimmt der Factor die Delcredere-Funktion, d. h. er trägt das Risiko der Zahlungsunfähigkeit und der unberechtigten Zahlungsverweigerung des Schuldners (Debitor). Der Kaufpreis für die abgetretenen Forderungen verbleibt dem Zedenten.[4] Beim **unechten Factoring** übernimmt der Factor nicht die Delcredere-Funktion. Seine Vorschusszahlungen an den Zedenten sind nicht als Kaufpreis für die abgetretene Forderung zu bewerten, sondern als Kredit auf Darlehensbasis, wobei die abgetretenen Forderungen als Sicherheit dienen. Diese zieht der Factor ein und verrechnet sie mit dem Kredit. Soweit Zahlungen nicht eingehen, kann der Factor die Rückzahlung des Kredits vom Zedenten verlangen.[5] **F 1**

2. Echtes Factoring

a) Eine **Globalzession** beim echten Factoring ist gegenüber einer zeitlich nachfolgenden Vorausabtretung an den Vorbehaltslieferanten nicht nach den Grundsätzen der Vertragsbruchtheorie gemäß § 138 nichtig, da der Vorbehaltslieferant, mit dessen Vorausabtretung die Globalzession kollidiert, wegen der vom Factor übernommenen Delcredere-Funktion ebenso steht, wie wenn sein Abnehmer (An- **F 2**

---

[1] BGH NJW 1990, 1365.
[2] BGH NJW 1989, 2124.
[3] BGH NJW 1998, 2664 = LM H.12/1998 § 564 BGB Nr. 11 m. Anm. *Sonnenschein.*
[4] S. etwa BGH NJW-RR 1991, 763.
[5] Zur Abgrenzung auch *Palandt/Heinrichs* § 398 Rz 35 ff.; *Blaurock* JA 1989, 273, 275.

schlusskunde des Factors) die Forderung selbst beim Schuldner eingezogen hätte.[1] Aus den gleichen Gründen ist die **Globalzession** im Rahmen **des echten Factoring** entgegen der Globalzession zu Sicherungszwecken (s. Rz S 198 f.) auch **nicht** nach § 307 I, II **unwirksam,** sofern feststeht, dass nur solche Forderungen an den Factor abgetreten werden, für die er die Delcredere-Funktion übernimmt und für die er dem Anschlusskunden den Gegenwert nach Abzug einer angemessenen Prämie zufließen lässt. Unwirksamkeit tritt aber ein, wenn die Delcrederehaftung des Factors ausgehöhlt ist.[2] Ist bei einer Rahmenglobalzession unklar, ob die einzelne Forderung dem echten oder dem unechten Factoring zugeordnet wird, so muss der Vorlieferant dadurch gesichert werden, dass der Factor der Vorausabtretung an den Vorbehaltslieferanten dinglich den Vorrang einräumt, solange und soweit er die an ihn global abgetretenen Forderungen nicht ankauft.[3] Darüber hinaus hat der Factor aber nicht ohne weiteres dafür Sorge zu tragen, dass der Erlös aus den abgetretenen Forderungen dem Vorbehaltslieferanten zufließt.[4] Er darf jedoch zumutbare Schutzmaßnahmen zugunsten des Vorbehaltsverkäufers nicht unterlassen und insbesondere auch nicht aktiv daran mitwirken, dass der Erlös dem Vorbehaltsverkäufer entzogen wird. Verstößt er hiergegen, indem er z. B. der Abtretung der Erlösansprüche an den Gläubiger einer Sicherungsglobalzession zustimmt, so handelt er nach § 242 rechtsmissbräuchlich und kann sich dem Vorbehaltsverkäufer gegenüber nicht mehr auf den Vorrang der Factoringzession berufen.[5] Im Verhältnis zu einer Sicherungs-Globalzession ist die zeitlich vorrangige Factoring-Globalzession weder nach § 138 sittenwidrig noch nach § 307 I, II unwirksam, da die Factoringzession dem Anschlusskunden die liquiden Mittel zuführt, die er nicht ein zweites Mal mit der Sicherungsabtretung derselben Forderungen erlangen kann. Die Globalzession muss auch im Rahmen des echten Factoring dem Erfordernis der Bestimmbarkeit[6] genügen. Ein mit dem Schuldner wirksam vereinbartes Abtretungsverbot (s. auch Rz A 24) steht auch der Abtretung im Rahmen eines Factoring entgegen.[7]

F 3 Die **Ermächtigung des Vorbehaltslieferanten** an seinen Abnehmer zum Einzug der vorausabgetretenen Forderungen berechtigt diesen grundsätzlich auch zur Abtretung im Rahmen eines echten Factoring.[8] Der Vorbehaltslieferant kann jedoch die Befugnis seines Abnehmers (Anschlusskunde des Factors) zur Abtretung der Forderung aus der Weiterveräußerung begrenzen (Rz A 34). Bei einer zeitlich vorgehenden Sicherungsabtretung berechtigt die Einziehungsermächtigung von vornherein nicht zur Factoring-Zession.[9] Auch ein Abtretungsverbot kann grundsätzlich nicht einschränkend dahin ausgelegt werden, dass eine Factoring-Zession zugelassen ist.[10] Im Übrigen ist eine Factoring-Zession von Honorarforderungen, die auf einer der Schweigepflicht unterliegenden Tätigkeit beruhen, nach § 134 BGB iVm § 203 Abs. 1 Nr. 1 StGB grundsätzlich nichtig; dies betrifft etwa Honoraransprüche gegen privat Versicherte[11] und Forderungen gegen gesetzliche Kran-

---

[1] S. BGHZ 69, 254; BGH NJW 1987, 1878, 1879; *Canaris* NJW 1981, 245; *Serick* NJW 1981, 794.
[2] OLG Koblenz NJW-RR 1988, 568.
[3] S. OLG Koblenz NJW-RR 1988, 568.
[4] BGHZ 69, 244, 259.
[5] BGH NJW 1987, 1878.
[6] BGHZ 7, 365.
[7] BGH NJW-RR 1991, 763; differenzierend *von Westphalen* AGB, Darlehensvertrag Rz 4ff. Möglichkeit des konkludenten Aufhebungsvertrags.
[8] BGHZ 72, 15 = NJW 1978, 1972.
[9] BGH NJW 1980, 772, s. auch Rz F 6.
[10] BGH NJW-RR 1991, 763, 764.
[11] BGH NJW 2005, 1505; *Palandt/Heinrichs* § 134 Rz 22 a.

ken- und Pflegeversicherungen und Leistungsträger der Sozialleistung.[1] Dieser Grundsatz gilt auch für die Zession an Factoring-Unternehmen, die sich auf die Einziehung ärztlicher Honorarforderungen spezialisiert haben.[2]

Eine Factoring-Zession ist somit nur mit ausdrücklicher oder konkludenter Zustimmung der betroffenen Patienten zulässig.[3] Werden Honorarforderungen von Rechtsanwälten im Wege des Factoring abgetreten, so ist hierzu eine Zustimmung nach § 49 b Abs. 4 S. 2 BRAO notwendig, sonst ist die Abtretung nach § 134 BGB iVm § 49 b Abs. 4 S. 2 BRAO nichtig.[4] § 49 b Abs. 4 S. 2 BRAO stellt dabei zusätzlich zur Zustimmung des Mandanten weitere zwingende[5] Voraussetzungen auf.

b) Soweit der Anschlusskunde in den AGB des Factors die Haftung für den Bestand der Forderung und deren Freiheit von Einreden übernimmt **(Veritätsklausel),** entspricht dies dem gesetzlichen Leitbild des Forderungskaufs (§ 435) und ist deshalb grundsätzlich nicht nach § 307 I, II unwirksam.[6] Die Belastung des Anschlusskunden mit einer Rückkaufverpflichtung, falls der Bestand der Forderung gefährdet erscheint, ist jedoch nach § 307 I, II unwirksam, da damit ein Lösungsrecht weit über die Voraussetzungen der §§ 437 Nr. 2 1. Alt. , 440, 323, 326 V hinaus beabsichtigt ist, was gegen den Grundgedanken dieser Vorschriften verstößt.[7] Gibt in diesem Zusammenhang der Geschäftsführer des Facoringgebers eine eigenständige Garantie auf erstes Anfordern im Hinblick auf den Bestand dieser Forderung ab, so ist eine derartige Klausel überraschend, § 305c I, bzw. unangemessen, § 307 I.[8] F 4

c) Durch den Formularvertrag kann eine **Treuhandstellung des Anschlusskunden** an bei ihm eingegangenen Zahlungen begründet werden (dazu auch Rz S 200). Diese Treuhandstellung kann der Factor auf alle Zahlungen auf von ihm angekaufte Forderungen erstrecken, ohne zwischen wirksamen und unwirksamen Abtretungen differenzieren zu müssen.[9] An eingegangenen Zahlungen steht dem Factor ein Aussonderungsrecht nach § 47 InsO jedoch nur zu, wenn diese getrennt und unterscheidbar vom sonstigen Vermögen noch vorhanden sind.[10] F 5

d) Die Höhe der **Prämien und Gebühren** des Factors unterliegt grundsätzlich nicht der Inhaltskontrolle nach AGB-Recht.[11] Jedoch kann die Globalzession nach § 307 I, II unwirksam sein, wenn durch die übermäßige Höhe von Abzügen aufgrund von Prämien und Gebühren des Factors die Interessen des Anschlusskunden unangemessen beeinträchtigt werden, indem ihm insbesondere nicht die Mittel zufließen, die zur Befriedigung des Vorbehaltslieferanten erforderlich sind. Kosten- und Gebührenanteile von 10–20 % der abgetretenen Forderung beeinträchtigen wegen der dem Anschlusskunden zugute kommenden Handelsspanne im Allgemeinen nicht die Fähigkeit zur Befriedigung des Vorbehaltslieferanten.[12] Etwas anderes gilt aber, wenn die Factoring-Globalzession mit einer Sicherungs-Globalzession konkurriert, da die Sicherungszession im Gegensatz zur Vorausabtretung an F 6

---

1 OLG Hamm Urt. v. 17. 11. 2006, 19 U 81/06, Rz 41, 42.

2 OLG Köln NJW 1991, 753.

3 OLG Hamm Urt. v. 17. 11. 2006, 19 U 81/06, Rz 49 und Leitsatz.

4 *Palandt/Grüneberg* § 399 Rz 2.

5 *Berger,* NJW 1995, 1407; *Kilian,* AnwBl. 2006, 235; LG Stuttgart, Urt. v. 28. 2. 2007, 13 S 304/06, Rz 23 m. w. N.; für eine Alternativität der Voraussetzungen des § 49 b Abs. 4 S. 2 BRAO hingegen *Härting,* MDR 2001, 494 ff. m. w. N.

6 Ebenso *von Westphalen* AGB, Factoring Rz 9.

7 OLG Frankfurt NJW-RR 1989, 762.

8 BGH NJW 2002, 3627.

9 A. A. OLG Köln ZIP 1984, 473.

10 S. auch OLG Köln ZIP 1984, 473, 475.

11 § 307 Rz 303 ff.

12 S. auch *M. Wolf,* Sachenrecht, 20. Aufl., Rz 732.

den Vorbehaltslieferanten den ganzen Forderungswert erfasst. Die mit einer Sicherungs-Globalzession verbundene Ermächtigung zur Forderungseinziehung ermächtigt deshalb nicht zur nachträglichen Abtretung im Rahmen eines Factoring.[1] Mehrwertsteuer fällt beim echten Factoring nach § 4 Nr. 8 c UStG nicht an,[2] diese kann deswegen auch nicht dem Anschlusskunden auferlegt werden.

3. Unechtes Factoring

F 7 Soweit das unechte Factoring nur Inkassofunktion erfüllt, indem die eingezogenen Forderungen direkt an den Anschlusskunden weitergeleitet werden, ist es grundsätzlich weder nach § 138 noch nach § 307 I, II unwirksam, da sich der Anschlusskunde auch im Verhältnis zum Vorbehaltslieferanten eines Dritten zur Einziehung bedienen können muss.[3] Die gegenüber dem Vorbehaltslieferanten bestehende Einziehungsermächtigung[4] berechtigt auch zur Erteilung einer Inkassoermächtigung. Soweit die Globalzession im Rahmen des unechten Factoring aber zugleich der Sicherung des dem Anschlusskunden als Kredit gewährten Vorschusses dient, unterliegt die Factoring-Zession derselben Beurteilung wie eine Sicherungs-Globalzession.[5] Sie ist deshalb gemäß der Vertragsbruchtheorie wegen Sittenwidrigkeit nach § 138 gegenüber einer nachfolgenden Vorausabtretung an den Vorbehaltslieferanten nichtig[6] und, soweit in AGB enthalten, auch nach § 307 I, II unwirksam (s. Rz S 198). Die vom Vorbehaltslieferanten seinem Abnehmer erteilte Ermächtigung zur Einziehung der vorausabgetretenen Forderungen ermächtigt auch nicht zur Vornahme einer Abtretung im Rahmen des unechten Factoring.[7]

4. Verhältnis von Zessionar und Schuldner

F 8 Der formelhafte Hinweis des Anschlusskunden auf seinen Rechnungen, er nehme am Factoring teil und Überweisungen seien auf ein bestimmtes Konto zu leisten, genügt im Regelfall nicht, dem Schuldner im Sinne von § 407 Kenntnis von der Abtretung zu verschaffen, da der Zessionar dadurch nicht bekannt wird und das Factoring auch dem bloßen Inkasso dienen kann.[8]

5. Rechtswahlklauseln

F 9–20 Anschlusskunde und Factoringbank können ohne Zustimmung des Schuldners die abgetretene Forderung nicht einer anderen nationalen Rechtsordnung unterstellen.[9]

*

Fahrschulbedingungen

Zu den AGB von Fahrschulen s. Rz U 3 ff.

*

---

1 BGH NJW 1980, 772.

2 S. auch *Sauerland/Schmidt/Lippross,* Umsatzsteuer, 1. Aufl. 1994, S. 232; vgl. auch die Grundsätze des BFH BStBl 1982 II, S. 200.

3 S. auch *M. Wolf,* Sachenrecht, 20. Aufl., Rz 733.

4 *Ulmer/Schmidt* Anh. § 310 Rz 740.

5 Kritisch im Hinblick auf diese Gleichstellung *Blaurock* JA 1989, 273, 279 f.

6 BGHZ 82, 50 = BB 1981, 2024; *Roth/Fitz* JuS 1985, 188, 192; s. aber *M. Wolf/Haas* ZHR 154, 64.

7 BGHZ 82, 50 = BB 1981, 2024; a. A. *Roth/Fitz* JuS 1985, 188, 191 f.

8 S. auch OLG Bremen NJW 1987, 912.

9 OLG Köln NJW 1987, 1151.

Ferienwohnungen

Zu den AGB bei Ferienwohnungen s. Rz M 125–128.

*

Ferntechnische Anlagen, Miete

Zu den AGB bei Miete von ferntechnischen Anlagen s. Rz M 104–141.

*

Fernunterrichtsverträge

Zu den AGB bei Fernunterrichtsverträgen s. Rz U 2.

*

Finanzierungsleasing

Zu den AGB bei Finanzierungsleasingverträgen s. Rz 23 ff.

*

Fitnessstudiovertrag

Inhaltsübersicht

Schrifttum: *Schwefer,* Die Wirksamkeit allgemeiner Geschäftsbedingungen in Fitness-Verträgen, 2003, *v. Westphalen,* Fitness- und Sportstudiovertrag, Stand: 2004, in: *ders.,* Vertragsrecht und AGB-Klauselwerke.

1. Rechtsnatur

Der Fitnessstudiovertrag ist grundsätzlich als Mietvertrag einzustufen, da die wesentliche Verpflichtung des Unternehmers darin besteht, Sport- und Fitnessgeräte bereitzustellen.[1] Daneben kann er dienstvertragliche Elemente aufweisen, nämlich insoweit, als auch eine Betreuung der Kunden vorgesehen ist. **F 21**

[1] Vgl. aber BGH NJW 1997, 739, 739, der betont, es möge zweifelhaft sein, „[o]b die dienstvertraglichen Elemente des Vertrags [...] tatsächlich eine so untergeordnete Rolle spielen, dass sie den Gesamtcharakter nicht neben den mietrechtlichen Elementen entscheidend mitprägen". Für die Einordnung als Mietvertrag in der Literatur z. B. *von Westphalen,* a.a.O., Rz 1.

2. Dauer, Verlängerung und Beendigung

F 22 **a) Allgemeines.** Soweit es um die Dauer, Verlängerung und Beendigung von Fitnessstudioverträgen geht, stellt sich vor allem die Frage, welche Bedeutung insofern der Vorschrift des § 309 Nr. 9 beizumessen ist.

F 23 **aa) Unwendbarkeit des § 309.** Anerkannt ist, dass § 309 Nr. 12 unmittelbare Anwendung auf solche mit einem Sport- oder Fitnessstudio geschlossenen Verträge findet, die in erster Linie auf die Erbringung von Dienstleistungen gerichtet sind, wie es z. B. bei einem Vertrag über einen Fitness-Lehrgang der Fall ist.[1] Es stellt sich aber die Frage, ob nicht auch in anderen Fällen eine unmittelbare Anwendung des § 309 Nr. 9 gerechtfertigt ist. Der BGH hat angedeutet, dass er zu einer extensiven Auslegung des § 309 Nr. 9 neigt. Zwar soll eine unmittelbare Anwendung des § 309 Nr. 9 ausscheiden, wenn es sich bei dem Vertrag „ganz überwiegend um einen Mietvertrag handelt".[2] Doch schon dann, wenn der Vertrag „auch ins Gewicht fallende dienstvertragliche Elemente hat", soll § 309 Nr. 9 auf diese Elemente anwendbar sein.[3] Dies überzeugt indessen nicht. Angesichts der Tatsache, dass eine Trennung der dienst- und mietvertraglichen Elemente mit Blick auf die Laufzeit aus praktischen Gründen ausscheiden muss, wäre es nicht gerechtfertigt, § 309 Nr. 9 auf einen vorwiegend mietvertraglich einzuordnenden Fitnessstudiovertrag anzuwenden. Denn auf diese Weise würden die tatbestandlichen Grenzen des § 309 Nr. 9 verwischt. Anzuwenden ist § 309 Nr. 9 dagegen auf solche Fitnessstudioverträge, bei denen die dienstvertraglichen Elemente überwiegen.[4] Letzteres ist aber nicht schon dann anzunehmen, wenn das Personal des Studios die Kunden in die Benutzung der Geräte einführen[5] und gegebenenfalls einen „persönlichen Trainingsplan" erstellen soll, denn dabei handelt es sich um bloße Nebenpflichten.

F 24 **bb) Mittelbare Wirkung des § 309.** Von der Problematik der unmittelbaren Anwendbarkeit des § 309 Nr. 9 zu trennen ist die Frage, welche Bedeutung man der Wertung des § 309 Nr. 9 im Rahmen des § 307 zuerkennen möchte. Der BGH hat insofern speziell mit Blick auf Verlängerungsklauseln in Fitnessverträgen deutlich gemacht, dass Klauseln, die den Anforderungen des § 309 Nr. 9 b genügen, auch im Rahmen des § 307 grundsätzlich nicht zu beanstanden sind.[6] Die Begründung des BGH umfasst im Wesentlichen zwei Schritte. So argumentiert der BGH zunächst sinngemäß, dass Klauseln, die den Anforderungen des § 309 Nr. 9 b genügen, grundsätzlich auch als angemessen im Sinne des § 307 einzustufen sind.[7] Entsprechendes hat der BGH übrigens auch mit Blick auf § 309 Nr. 9 a und § 309 Nr. 9 c angenommen, wenn auch für andere Vertragstypen.[8] Sodann argumentiert der BGH, dass die Unanwendbarkeit des § 309 Nr. 9 auf Fitnessstudio-

---

[1] LG Hamburg NJW-RR 1988, 317, 317 (zu § 11 Nr. 12 b AGGB).

[2] BGH NJW 1997, 739, 740 (zu § 11 Nr. 12 b AGBG).

[3] BGH NJW 1997, 739, 740 (zu § 11 Nr. 12 b AGBG). Für eine zumindest entsprechende Anwendung des § 309 Nr. 9 auf einen Fitnessstudiovertrag auch AG Aachen NJOZ 2005, 5117, 5119, obwohl der in jenem Fall für die Nutzung der Geräte zu zahlende Teil des Entgelts weit höher lag als der für Trainingsleistungen zu zahlende Teil. Die analoge Anwendbarkeit des § 309 Nr. 9 a auf Fitnessverträge generell bejahend auch AG Aachen, Urt. v. 23. 6. 2005, Az: 84 C 2/05, unter A.II., BeckRS 2005, 10690.

[4] So auch *Staudinger/Coester-Waltjen* § 309 Nr. 9 Rz 13.

[5] Dafür, dass eine Einweisung in die Benutzung der Geräte nicht ausreicht, um ein Überwiegen der dienstvertraglichen Elemente beim Fitness-Vertrag zu begründen, auch OLG Karlsruhe NJW-RR 1989, 243, 244, allerdings in einem Fall, in welchem die Einweisung als freiwillige Service-Leistung erfolgte.

[6] BGH NJW 1997, 739, 740 (zu § 11 Nr. 12 b AGBG).

[7] BGH NJW 1997, 739, 740 (zu § 11 Nr. 12 b AGBG).

[8] S. dazu § 309 Nr. 9 Rz 106–108, 150.

Verträge nicht zu einem strengeren Maßstab als dem des § 309 Nr. 9 führen dürfe.[1] Richtigerweise geht jedoch schon die Annahme fehl, dass Klauseln, die unmittelbar dem § 309 Nr. 9 unterfallen und den Anforderungen dieser Vorschrift genügen, auch im Rahmen des § 307 grundsätzlich nicht zu beanstanden sind.[2] Vielmehr ist die Angemessenheit von Erstlaufzeit-, Verlängerungs- und Kündigungsklauseln im Rahmen des § 307 aufgrund einer eigenständigen Abwägung festzustellen.[3] Denn im Rahmen des § 309 Nr. 9 musste der Gesetzgeber Fristen wählen, die stets unangemessen sind, konnte also die dort genannten Fristen nicht so bemessen, dass solche Fristen, die nur bei manchen Vertragstypen unangemessen erscheinen, erfasst sind.

b) Erstlaufzeit. Die Laufzeit von Fitnessverträgen ist nach dem Gesagten nicht an § 309 Nr. 9, sondern an § 307 zu messen (vgl. Rz F 23 f). Auch lässt sich aus § 309 Nr. 9 a nicht ableiten, dass eine zweijährige Erstlaufzeit von Fitnessverträgen grundsätzlich angemessen sei.[4] Vielmehr bedarf es einer Abwägung der beiderseitigen Interessen. Dabei wird man zu dem Ergebnis kommen müssen, dass bei Fitnessstudio-Verträgen eine Erstlaufzeit von sechs Monaten nicht zu beanstanden,[5] eine über sechs Monate hinausgehende Erstlaufzeit dagegen unangemessen ist.[6] Denn der Durchschnittskunde wird durch den Fitnessvertrag nicht nur finanziell in spürbarem Maße belastet. Vielmehr ist für den Kunden auch nur mit Mühe vorherzusehen, ob er mit Blick auf die ihm zur Verfügung stehende Freizeit und nach seiner körperlichen Konstitution in der Lage sein wird, die Leistung des Unternehmers über einen Zeitraum von sechs Monaten hinaus in Anspruch zu nehmen. Umgekehrt sind auf Seiten des Unternehmers keine besonderen Interessen an einer längeren Laufzeit erkennbar; insbesondere sind die Investitionen des Unternehmers nicht auf bestimmte Personen zugeschnitten. F 25

c) Verlängerungsklauseln. In der Praxis sehen Fitnessstudioverträge vielfach vor, dass der Vertrag sich in Ermangelung einer Kündigung von selbst verlängert. Solche Verlängerungsklauseln sind nach dem oben Gesagten nicht an § 309 Nr. 9 b, sondern nur an § 307 zu messen.[7] Dabei ist § 309 Nr. 9 b entgegen dem BGH[8] keine Wertung des Inhalts zu entnehmen, dass eine Verlängerung von Fitness-Verträgen um sechs Monate grundsätzlich angemessen ist.[9] Vielmehr bedarf es einer eigenständigen Abwägung. Allerdings führt auch diese zu dem Ergebnis, dass eine Verlängerung um sechs Monate nicht zu beanstanden ist.[10] Insbesondere wird man nicht argumentieren können, dass Kunden oftmals vergessen, den Vertrag zu kündigen.[11] Denn gerade dann, wenn der Kunde den Vertrag als lästig empfindet, ist es F 26

---

[1] BGH NJW 1997, 739, 740 (zu § 11 Nr. 12 b AGBG).

[2] Vgl. § 309 Nr. 9 Rz 106–108, 141, 150.

[3] Ähnlich OLG Hamm NJW-RR 1992, 444, 445: § 11 Nr. 12 AGBG (§ 309 Nr. 9) enthalte generalisierend nur Höchstfristen, bei deren Überschreitung eine Klausel stets unwirksam sei.

[4] Vgl. § 309 Nr. 9 Rz 141. Für die grundsätzliche Wirksamkeit einer 24-monatigen Erstlaufzeit aber LG Bielefeld NJOZ 2005, 2224, 2225.

[5] Ebenso OLG Celle NJW-RR 1995, 370, 371 (zu § 9 AGBG).

[6] AG Brandenburg NJOZ 2003, 3374, 3375. Großzügiger *Ulmer/Christensen* Anh. § 310 Rz 808, der die Obergrenze bei einem Jahr sieht.

[7] S. Anh. § 310 Rz F 24.

[8] BGH NJW 1997, 739, 740 (zu § 11 Nr. 12 b AGBG).

[9] A.A. noch OLG Hamm NJW-RR 1992, 444, 444 (zu § 9 AGBG): Unangemessenheit einer Klausel in einem Sportcentervertrag, die, falls nicht drei Monate vor Vertragsende gekündigt wurde, eine automatische Verlängerung um sechs Monate vorsah.

[10] Großzügiger *Ulmer/Christensen* Anh. § 310 Rz 808; der eine stillschweigende Verlängerung um „sechs oder zwölf Monate" für akzeptabel hält.

[11] Diesen Faktor betonend aber *v. Westphalen,* a.a.O., Rz 12.

ihm zuzumuten, sich z. B. anhand der Vertragsunterlagen über die Möglichkeit der Kündigung zu informieren.[1] Insofern liegt die Situation anders als bei Verträgen, bei denen eine nur geringfügige, aber regelmäßige Zahlung vom Kunden leicht gänzlich übersehen wird. Zwar sind die Kosten eines Fitness-Vertrages auch zu Lasten der Angemessenheit von Verlängerungsklauseln zu berücksichtigen, nämlich insoweit, als sie die Kosten einer unterlassenen Kündigung erhöhen.[2] Doch ist ein sechsmonatiger Verlängerungszeitraum regelmäßig nicht so lang, dass die aus einer vergessenen Kündigung resultierenden Kosten unzumutbar hoch wären. Darüber hinaus hält der BGH wohl auch die Verlängerung um ein Jahr grundsätzlich für angemessen.[3] Indessen wird man richtigerweise davon ausgehen müssen, dass eine Selbstverlängerung von sechs Monaten im Regelfall die oberste Grenze des noch Zulässigen darstellt. Denn gegen eine mehr als sechsmonatige Verlängerungsfrist sprechen dieselben Gesichtspunkte, die oben gegen eine mehr als sechsmonatige Erstlaufzeit angeführt worden sind.[4] Die Literatur ist zum Teil noch deutlich strenger.[5]

F 27 **d) Kündigungsklauseln.** Auch Kündigungsfristen in Fitnessstudio-Verträgen sind nicht an § 309 Nr. 9, sondern lediglich an § 307 zu messen. Auch kann keine Wertung des Inhalts angenommen werden sind, dass Klauseln, die den Anforderungen des § 309 Nr. 9 c genügen, auch angemessen im Sinne des § 307 sind.[6] Vielmehr bedarf es einer eigenständigen Abwägung. Doch ist eine dreimonatige Kündigungsfrist grundsätzlich nicht zu beanstanden.[7]

3. Zahlungspflicht bei Verhinderung

F 28 § 537 findet auf Fitnessverträge keine Anwendung.[8] Gleichwohl keine Bedenken begegnen Klauseln, die eine Pflicht zur Fortzahlung des Entgelts für den Fall vorsehen, dass der Verwendungsgegner die Einrichtungen nicht nutzt, „weil er vertragsreuig geworden ist und das Fitnessstudio nicht mehr nutzen will, weil er vorübergehend verhindert war oder weil **Umstände, die er selbst beeinflussen kann,** ihn von dem Besuch des Fitnessstudios abgehalten haben".[9] Angemessen sind daher z. B. auch Klauseln, die bei einer bis zu einmonatigen Krankheit eine Fortzahlungspflicht vorsehen.[10] Nach § 307 unangemessen sind jedoch Klauseln, die bewirken, dass der Kunde die Beiträge auch dann weiterbezahlen muss, wenn er aus Gründen, die er nicht beeinflussen kann, **auf Dauer** an einer Nutzung der Einrichtungen des

---

[1] Insoweit zutreffend BGH NJW 1997, 739, 740 (zu § 11 Nr. 12 b AGBG).

[2] BGH NJW 1997, 739, 739 (zu § 11 Nr. 12 b AGBG).

[3] BGH NJW 1997, 739, 740 (zu einer Klausel, die eine Selbstverlängerung um 6 Monate vorsah): Der Gesetzgeber habe ausdrücklich gewollt, dass Verlängerungsklauseln in Formularverträgen generell nur dann unwirksam sein sollen, wenn die vorgesehene Verlängerung ein Jahr übersteige. Es sei nicht einzusehen, dass bei einem Vertrag über die Nutzung eines Fitnesscenters ein strengerer Maßstab angelegt werden müsse.

[4] S. Anh. § 310 Rz F 25.

[5] *v. Westphalen,* Fitness- und Sportstudiovertrag, 2004, Rz 12: Bei einer Erstlaufzeit von 6 Monaten sei eine Folgelaufzeit von 3 Monaten mit § 307 I zu vereinbaren.

[6] Vgl. § 309 Nr. 9 Rz 150.

[7] A.A. noch OLG Hamm NJW-RR 1992, 444, 444 (zu § 9 AGBG): Unangemessenheit einer Klausel in einem Sportcentervertrag, die, falls nicht drei Monate vor Vertragsende gekündigt wurde, eine automatische Verlängerung um sechs Monate vorsah. Wie hier aber *Ulmer/Christensen* Anh. § 310 Rz 809.

[8] BGH NJW 1997, 193, 194 (zu § 552 a. F.).

[9] Zurückhaltender BGH NJW 1997, 195, 195 f. (zu § 9 AGBG): Es möge sein, dass die Interessen des Verwendungsgegners in diesen Fällen zurückstehen müssen.

[10] Demgegenüber hält *v. Westphalen,* a.a.O., Rz 6, die Fortzahlungspflicht auch noch bei einer bis zu sechswöchigen Krankheit für angemessen.

Fitnessstudios gehindert ist.[1] Dabei wird man die Untergrenze einer dauerhaften Nutzungsverhinderung schon bei einem Zeitraum annehmen müssen, der mehr als einen Monat beträgt.[2] Unangemessen ist dementsprechend z. B. eine Klausel des Inhalts, dass der Beitrag auch dann zu zahlen ist, „wenn das Mitglied die Einrichtungen nicht nutzt".[3] Erst recht unwirksam ist eine Klausel, die ausdrücklich vorschreibt, dass die Vergütung „auch bei Nichtinanspruchnahme der Einrichtungen zu bezahlen" ist und insbesondere dann nicht entfällt, „wenn der Teilnehmer aufgrund seines **gesundheitlichen Zustands** außerstande ist, das Training zu beginnen oder fortzusetzen".[4] Die Unwirksamkeit entsprechender Klauseln ist selbst dann anzunehmen, wenn die AGB vorsehen, dass der Verwender bei Vorlage einer aussagekräftigen ärztlichen Bescheinigung „die **Möglichkeit einer Vertragsaufhebung** unter der Berücksichtigung der beiderseitigen Interessen prüfen" wird.[5] Denn aus dieser Formulierung ergibt sich kein hinreichend deutlicher Anspruch auf Vertragsaufhebung.[6] Und selbst wenn man einen solchen Anspruch annehmen wollte, wäre die Klausel geeignet, den Verwendungsgegner von der Durchsetzung seiner Rechte abzuhalten und aus diesem Grunde nach § 307 unwirksam.[7] Unwirksam ist ferner eine Klausel, der zufolge das Entgelt trotz „bei Anmeldung nicht vorhersehbare[r] Ausfallzeiten oder Unterbrechungen (z. B. Schwangerschaft, Urlaub, berufliche Verhinderung)" zu entrichten ist.[8] Denn der Begriff der nicht vorhersehbaren Ausfallzeit umfasst nach seinem Wortlaut auch solche Umstände, die der Verwendungsgegner nicht beeinflussen konnte. Nicht beanstanden können wird man jedoch solche Klauseln, die die Pflicht zur Fortzahlung des Entgelts bei einer Nutzungsverhinderung infolge von **Urlaub** oder **beruflicher Inanspruchnahme** vorsehen, da es dem Verwender in aller Regel möglich und zumutbar ist, beim Abschluss eines Fitnessvertrags auf seine Urlaubsplanung und seine beruflichen Pläne Rücksicht zu nehmen. Eine Klausel, die vorsieht, dass die Mitgliedschaft im Falle der **Schwangerschaft für ein Jahr ruht,** ist nicht zu beanstanden,[9] doch wird man einschränkend fordern müssen, dass die Klausel der Schwangeren das Recht gibt, den Vertrag für eine kürzere Zeit ruhen zu lassen, denn es wäre unangemessen und mit der Wertung des Art. 6 IV GG unvereinbar, ausgerechnet Schwangeren eine von diesen gewünschte und medizinisch gegebenenfalls sinnvolle körperliche Betätigung vorzuenthalten, zumal die in Fitnessstudios verfügbaren Gerätschaften regelmäßig auch schwangerschaftsgerechte Übungen ermöglichen dürften. Weder unangemessen noch überraschend ist auch eine Klausel, der zufolge sich die Dauer des Vertrages um die schwangerschaftsbedingte Ruhezeit verlängert,[10] denn das Ruhen des Vertrages während der Schwangerschaft zielt ersichtlich nur darauf ab, die Kundin davor zu bewahren, das Entgelt fortzahlen zu müssen, ohne die Leistungen in Anspruch nehmen zu können. Demgegenüber ist es erkennbar nicht Sinn und Zweck einer entsprechenden Regelung, das Äquivalenzverhältnis von Leistung und Gegenleistung durch eine Verkürzung der zu entgeltenden Laufzeit zugunsten der Kundin zu verschieben.

---

1 BGH NJW 1997, 193, 195 (zu § 9 AGBG); *v. Westphalen,* a.a.O., Rz 3.
2 Großzügiger *Ulmer/Christensen* Anh. § 310 Rz 806: 6–8 Wochen.
3 BGH NJW 1997, 193, 195 (zu § 9 AGBG).
4 BGH NJW 1997, 195, 195 (zu § 9 AGBG).
5 BGH NJW 1997, 195, 195 f. (zu § 9 AGBG).
6 BGH NJW 1997, 195, 195.
7 BGH NJW 1997, 195, 196 (zu § 9 AGBG).
8 AG Bautzen NJW-RR 1998, 130, 130 (zu § 9 AGBG).
9 So auch *von Westphalen,* a.a.O., Rz 5.
10 S. aber AG Itzehoe NJW-RR 2000, 1507, 1507: Anwendung des § 3 AGBG (§ 305 c I).

4. Haftung

F 29 Haftungsausschlüsse und -beschränkungen sind an den §§ 309 Nr. 7, 307 zu messen.[1] Nach § 309 Nr. 7 unwirksam ist insbesondere eine Klausel, der zufolge die Benutzung der Fitnessgeräte auf eigene Gefahr erfolgt.[2] Ferner wird man davon ausgehen müssen, dass es sich bei den Pflichten zur Gewährleistung der Verkehrssicherheit der Anlage, insbesondere der Sicherheit der Geräte, sowie zur korrekten Einweisung um **Kardinalpflichten** handelt mit der Folge, dass die Haftung des Verwenders für einfache Fahrlässigkeit nicht ausgeschlossen werden kann.[3] Ausschließen kann der Verwender aber die in § 536a angeordnete Haftung für anfängliche Mängel, an denen ihn kein Verschulden trifft.[4] Bereits nach § 309 Nr. 7 unwirksam ist eine Klausel, die die Haftung für mitgebrachte Sachen gänzlich ausschließt.[5] Demgegenüber ist die Beschränkung der Haftung für den Verlust mitgebrachter Sachen auf grobe Fahrlässigkeit und Vorsatz nicht zu beanstanden.[6] Denn insofern fehlt es am Vorliegen einer Kardinalpflicht. Eine Klausel, nach welcher „[f]ür minderjährige Nichtmitglieder [...] die jeweilige Begleitperson eigens die Verantwortung [trägt]" ist nach § 307 unwirksam.[7] Eine Klausel, der zufolge der Verwendungsgegner für „selbstverschuldete Unfälle" haftet, ist nach § 309 Nr. 7 unwirksam,[8] weil sie bei kundenfeindlicher Auslegung die Haftung des Verwenders in solchen Fällen auszuschließen scheint, in denen beide Parteien ein Verschulden und den Verwender sogar grobe Fahrlässigkeit trifft.

5. Sonstige Klauseln

F 30–40 Allgemein zu Vorleistungsklauseln siehe § 309 Nr. 2 Rz 8 ff., § 309 Nr. 3 Rz 20, § 310 Rz V 501 ff. Selbst wenn man eine zweijährige Erstlaufzeit bei Fitnessstudioverträgen entgegen der hier vertretenen Auffassung für zulässig halten wollte, wäre eine Klausel, nach der bei einem 24-monatigen Fitnessstudiovertrag das gesamte Entgelt bei Vertragsbeginn sofort fällig ist, als unangemessen einzustufen.[9] Ein **Verbot des Verzehrs mitgebrachter Speisen und Getränke** ist unangemessen im Sinne des § 307[10] und zudem auch überraschend, denn insbesondere der Verzicht auf den Konsum von Getränken ist schon aus gesundheitlichen Gründen nicht zumutbar, und ein Interesse des Verwenders an der Nutzung einer etwaig gegebenen hauseigenen Gastronomie ist nur in sehr geringem Maße schutzwürdig. Gesichtspunkte der Hygiene mögen je nach den Umständen geeignet sein, ein Verbot des Konsums von Speisen zu rechtfertigen, soweit eine Ausnahme für Getränke be-

---

[1] S. insbesondere die Ausführungen zu haftungsbegrenzenden Klauseln unter § 309 Nr. 7 Rz 90 ff. (Verbraucher), 135 ff. (Unternehmer).

[2] OLG Koblenz NJW-RR 1990, 501, 501 (zu § 9 AGBG).

[3] Vgl. § 309 Nr. 7 Rz 96–110.

[4] Zur Abdingbarkeit der verschuldensunabhängigen Haftung nach § 536 a siehe bereits § 309 Nr. 7 Rz 123.

[5] OLG Düsseldorf NJW-RR 1992, 55, 56 (zu § 11 Nr. 7 AGBG). Für Unwirksamkeit auch *von Westphalen,* a.a.O., Rz 19.

[6] Zutreffend *von Westphalen,* a.a.O., Rz 19.

[7] OLG Koblenz NJW-RR 1990, 501, 501 (zu § 9 AGBG).

[8] Für Wirksamkeit aber *von Westphalen,* a.a.O., Rz 17; OLG Düsseldorf NJW-RR 1992, 55, 56 (zu § 9 AGBG).

[9] LG Bielefeld NJOZ 2005, 2224, 2225. Vgl. auch *Ulmer/Christensen* Anh. § 310 Rz 806, dem zufolge eine Klausel unangemessen ist, die eine Vorleistungspflicht für die gesamte Vertragslaufzeit zu begründen sucht.

[10] Für Unwirksamkeit auch OLG Brandenburg NJW-RR 2004, 273, 273.

steht.[1] Aber auch eine solche Klausel ist jedenfalls dann unangemessen, wenn eine hauseigene Gastronomie besteht, weil dann kein Grund für die unterschiedliche Behandlung mitgebrachter und im Studio erworbener Speisen besteht.[2]

*

Frachtgeschäft

Inhaltsübersicht

Schrifttum: *Basedow,* Der Transportvertrag, 1987; *ders.,* Der Luftbeförderungsvertrag, ZHR 1987, 258; *ders.,* Hundert Jahre Transportrecht: Vom Scheitern der Kodifikationsidee und ihrer Renaissance, ZHR 1997, 186; *ders.,* Die Tragweite des zwingenden Rechts im neuen deutschen Gütertransportrecht, TranspR 1998, 58; *Czerwenka,* Das neue allgemeine Frachtrecht nach der Reform des Transportrechts und das Seehandelsrecht, Festschrift für Rolf Herber, 1999, 45; *Fremuth,* Das Transportrechtsreformgesetz und sein Überleitungsrecht, TranspR 1999, 95; *Giefers,* Beweislast und Beweisführung bei der Haftung des Frachtführers nach der CMR, 1996; *Gran,* Die Beförderungsbedingungen im Luftfrachtverkehr, TranspR 1999, 173; *Herber,* Zur Fortentwicklung des deutschen Schifffahrtsrechts durch den Bundesgerichtshof, Festschrift für Walter Stimpel, 1985, 1015; *ders.,* Die Neuregelung des deutschen Transportrechts, NJW 1998, 3297; *ders.,* Besondere Problembereiche des neuen Transportrechts: Anwendungsbereich, ADSp Einbeziehung und Multimodalvertrag, TranspR 1999, 89; *Koller,* Transportrecht, 5. Aufl. 2004; *Ruhwedel,* Der Luftfrachtbrief, TranspR 1983, 1; *ders.,* Der Luftbeförderungsvertrag, 3. Aufl. 1997; *Schoch,* Haftungsfragen bei der Fluggastbeförderung im nationalen Binnenluftverkehr, BB 1994, 1513; *Thume,* Die Haftung des CMR-Frachtführers für Verspätungs-Schäden, RIW 1992, 966; Transportrecht und Gesetz über Allgemeine Geschäftsbedingungen, Schriften zum Transportrecht, Heft 1, 1988.

I. Allgemeines

1. Allgemeiner Frachtvertrag

Das Frachtgeschäft hat die **Beförderung von Gütern und deren Ablieferung beim Empfänger** als die Hauptleistungspflicht des Frachtführers zum Gegenstand, wofür der Absender die vereinbarte Fracht schuldet, § 107 I und II HGB. Beförderung im Sinne des Frachtgeschäfts ist der Transport von einem Ort zu einem vom Absender bestimmten anderen Ort, dem Bestimmungsort.[3] Durch das Trans- **F 41**

[1] A.A. möglicherweise *von Westphalen,* a.a.O., Rz 20; OLG Brandenburg NJW-RR 2004, 273, 273.
[2] In diesem Sinne auch OLG Brandenburg NJW-RR 2004, 273, 273.
[3] Zu anderen Formen s. Rz F 25.

portrechtsreformgesetz[1] wurden die Regelungen über das Frachtgeschäft in den §§ 407 ff. HGB als Vierter Abschnitt des 4. Buchs des HGB an den Anfang der transportrechtlichen Regelungen gestellt, und es wurden etliche Sondernormen über verschiedene Transportarten aufgehoben,[2] wodurch die von vielen beklagte Zersplitterung im Transportrecht beseitigt oder doch wenigstens zurückgeführt worden ist.[3] Nach § 407 III 1 Nr. 1 HGB gelten die frachtrechtlichen Vorschriften nunmehr für den Transport zu Lande – gleichgültig ob per Bahn, per Kraftfahrzeug oder mit sonstigen Beförderungsmitteln –, auf Binnengewässern und in der Luft. Vorausgesetzt ist freilich in § 407 III 1 Nr. 2 HGB, dass die Beförderung zum Betrieb eines gewerblichen, wegen § 407 III 2 HGB nicht unbedingt kaufmännischen Unternehmens gehört. Soweit das Unternehmen des Frachtführers keinen in kaufmännischer Weise eingerichteten Geschäftsbetrieb erfordert und er auch nicht nach § 2 HGB im Handelsregister eingetragen ist, sind kraft der Anordnung in § 407 III 2 HGB neben den §§ 407 ff. HGB auch die Vorschriften über die Handelsgeschäfte anwendbar mit Ausnahme der §§ 348–350 HGB. Für die Beförderung von Gütern zur See kommen weiterhin die §§ 556 ff. HGB zur Anwendung (s. Rz F 42) mit Erweiterungen in § 450 HGB; ist die Seebeförderung Teil eines multimodalen Transportes, gilt das allgemeine Frachtrecht der §§ 407 ff. HGB über § 452 S. 2 HGB ergänzend.[4] Das TRG ist (von den Vorschriften zur Änderung der Getreide-, Ausfuhr- und Verarbeitungsüberwachungsverordnung abgesehen) nach seinem Art. 12 II am 1. 7. 1998 in Kraft getreten und gilt jedenfalls im Fall von Einzelgeschäftsvorfällen ohne Rückwirkung ab diesem Tag.[5] Sachlich gelten die Vorschriften für die Beförderung von **Gütern,** also von beweglichen Sachen, einschließlich lebender Tiere (wie sich aus §§ 427 I Nr. 6 und 451 d I Nr. 6 HGB ergibt[6]). Nicht unter den Anwendungsbereich der §§ 407 ff. HGB fällt der Transport von **Personen** sowie der von ihnen mitgeführten Gepäckstücken oder (Haus-)Tieren. Nach der Privatisierung der Post fällt unter den Frachtvertrag auch die Beförderung von Briefen mit einzelnen Sondervorschriften (s. § 449 I 1, II HGB). Für Umzugsgut finden sich Sondervorschriften in §§ 451–451 h HGB. Für die Beförderung von Gütern auf Grund eines einheitlichen Frachtvertrags mit verschiedenartigen Beförderungsmitteln (multimodaler Transport) sehen §§ 452–452 d HGB ergänzende Vorschriften vor. Systematisch gehört der Frachtvertrag zu den Werkverträgen, was nach der Novelle durch das TRG auch dadurch zum Ausdruck kommt, dass nicht mehr nur die Beförderung geschuldet wird, sondern auch deren Erfolg, also die Ablieferung.[7] Damit kann zur Füllung etwaiger Lücken in den Abreden der Parteien oder in den spezialgesetzlichen Vorschriften auf die §§ 631 ff. zurückgegriffen werden.

---

[1] Gesetz zur Neuregelung des Fracht-, Speditions- und Lagerrechts (TRG) vom 29. 6. 1998, BGBl. 1998 I S. 1588.

[2] Siehe dazu MünchKommHGB-Aktualisierungsband TranspR/*Dubischar* Vor § 407 Rz 1.

[3] S. etwa *Basedow* ZHR 1997, 186, der ein „wirres, ja chaotisches Erscheinungsbild" beklagt; *Herber* FS Stimpel, S. 1015, 1019; *Koller* Transportrecht Einl. Rz 1.

[4] MünchKommHGB-Aktualisierungsband TranspR/*Basedow* Einl. Rz 21; *Czerwenka* FS Herber, S. 45, 48.

[5] BGH NJW-RR 1999, 254, 255. Siehe zum intertemporalen Recht *Fremuth* TranspR 1999, 95 dort auch zur Frage der Anwendbarkeit alten oder neuen Rechts bei Rahmenverträgen, S. 97 f; *Herber* TranspR 1999, 89; allgemein *Hess* Intertemporales Privatrecht 1998, S. 148 ff.

[6] S. auch *Koller* Transportrecht § 427 Rz 100.

[7] MünchKommHGB-Aktualisierungsband TranspR/*Dubischar* § 407 Rz 2; *Koller* Transportrecht § 407 Rz 35.

2. Güterbeförderung zur See

Die **Güterbeförderung zur See** wird, soweit sie nicht Teil eines multimodalen Transports ist und damit § 452 HGB gilt (s. Rz F 21), durch die Vorschriften über den Seehandel im 5. Buch des HGB (§§ 476 ff., 556 ff.) geregelt. Der Seefrachtvertrag ist ein gesetzlich besonders ausgestalteter Werkvertrag über den Transport von Gütern auf See,[1] wobei die §§ 556–663 b HGB spezielle Vorschriften über das Frachtgeschäft enthalten. Ein Frachtvertrag in Form eines Raumfracht- oder eines Chartervertrags liegt vor, wenn ein Schiff im ganzen, zu einem verhältnismäßigen Teil oder mit einem bestimmt bezeichneten Raum zur Beförderung zur Verfügung gestellt wird (s. § 556 Nr. 1 HGB). Eine Konsekutiv-Charter liegt vor, wenn eine bestimmte oder bestimmbare Ladungsmenge in einer Reihe von Reisen ohne Festlegung auf ein bestimmtes Schiff befördert werden soll.[2] Der Chartervertrag kann statt als Frachtvertrag auch als Mietvertrag und Dienstverschaffungsvertrag geschlossen werden, wenn dem Vertragspartner Schiff und Besatzung zur freien Verfügung überlassen werden.[3] **F 42**

3. Internationale Abkommen

Im internationalen Verkehr findet das Internationale Übereinkommen über den Beförderungsvertrag im internationalen Straßengüterverkehr (CMR) Anwendung.[4] Die Haftung nach der CMR ist zwingend und deshalb nicht durch AGB abdingbar. Im zwischenstaatlichen Luftverkehr gilt als internationales Abkommen das Montrealer Übereinkommen (MÜ) vom 28. Mai 1999 zur Vereinheitlichung bestimmter Vorschriften über die Beförderung im Internationalen Luftverkehr,[5] das nach seinem Art. 55 Nr. 1 a den Regelungen des Warschauer Abkommens (WA) zur Vereinheitlichung von Regeln über die Beförderung im internationalen Luftverkehr von 1929[6] und von 1955[7] sowie des Zusatzabkommens vom 18. September 1961 zum WA zur Vereinheitlichung von Regeln über die von einem anderen als dem vertraglichen Luftfrachtführer ausgeführte Beförderung im internationalen Luftverkehr (Abkommen von Guadalajara)[8] vorgeht. **F 43**

4. Altverträge

Zur Rechtslage bis zum 30. 6. 1998 siehe die Vorauflage Rz F 54 ff. **F 44**

5. Nicht zum Frachtgeschäft gehörender Gütertransport

Nicht zum Frachtgeschäft gehört der Gütertransport an einen vom Transporteur bestimmten Ort, wie z. B. bei der Müllabfuhr. Insoweit findet, falls es sich nicht um öffentlich-rechtlich geregelte Verhältnisse handelt, allein das Werkvertragsrecht (§§ 631 ff.) Anwendung. Frachtgeschäft ist auch nicht die Lohnfuhr, bei der ein be- **F 45**

---

[1] S. BGH NJW-RR 1992, 423.

[2] BGH NJW-RR 1992, 423.

[3] S. OLG München NJW-RR 1988, 223.

[4] Dazu *Koller* Transportrecht Teil B, 1. Abschnitt und *Ebenroth/Boujong/Joost* Anh. Transportrechtliche Nebenbestimmungen Teil I.

[5] BGBl. 2004 II S. 458; dazu *Koller* Transportrecht Teil B, 6. Abschnitt; zu den Luftfrachtbedingungen s. Rz L 231 ff.

[6] WA, RGBl. 1 933 II, 1039.

[7] BGBl. 1958 II 291.

[8] BGBl. 1963 II 1160.

manntes Fahrzeug zur Beladung und Fahrt nach freier Weisung des Auftraggebers gestellt wird (s. § 9 VBGL); die Lohnfuhr stellt eine Typenmischung aus Miet- und Dienstvertrag dar. Nach §§ 1 III, 9 VBGL sind die frachtrechtlichen Regeln der VBGL entsprechend auf Lohnfuhrverträge anzuwenden.[1] Kein Frachtvertrag ist auch der Beschäftigungsvertrag, durch den sich der Fuhrunternehmer verpflichtet, einen Lastzug dem Spediteur ausschließlich zur Verfügung zu stellen. Eine Vertragsstrafe zur Sicherung dieser Ausschließlichkeitsbindung ist nicht nach § 307 unwirksam.[2] Reiner Mietvertrag ist der Automietvertrag, wenn ein Lkw oder ein sonstiges Transportfahrzeug ohne Fahrer zum Transport durch den Mieter selbst gestellt wird.

II. Regelungen in Frachtverträgen

1. Überblick

F 46 Die Vorschriften der §§ 407 ff. HGB sind in ihrer durch das TRG geschaffenen Form im Voraus (Abreden nach dem Schadenseintritt sind in den Grenzen der §§ 134, 138 zulässig[3]) nur noch eingeschränkt disponibel.[4] § 449 HGB, der die Zulässigkeit abweichender Haftungsvereinbarungen regelt, trennt zwischen Vereinbarungen des Frachtführers mit Verbrauchern einerseits und Unternehmern andererseits; zudem wird hinsichtlich der Form der Abreden zwischen Individualabreden und AGB[5] unterschieden. Im Vertrag mit **Verbrauchern** ist eine diesem nachteilige Abweichung von den in § 449 I HGB aufgeführten Haftungsvorschriften grundsätzlich ausgeschlossen, es sei denn, der Vertrag hat die Beförderung von Briefen und briefähnlichen Sendungen (Infopost, Postwurfsendungen, Zeitungen und Zeitschriften sowie Päckchen, nicht aber Pakete[6]) zum Gegenstand. In anderen als den in § 449 I 1 HGB aufgeführten Fällen, d. h. soweit es nicht Haftungsfragen betrifft, können durch ausgehandelte Individualvereinbarungen mit Verbrauchern abweichende Regelungen zu Verjährungsfragen (§ 439 IV HGB) und zu anderen Vorschriften getroffen werden. In Verträgen mit **Unternehmern** kann von den in § 449 I 1 HGB genannten Vorschriften abgewichen werden, wenn dies in ausgehandelten Individualvereinbarungen, die auch Rahmenvereinbarungen sein können, geschieht. Gleiches gilt für verjährungsregelnde und im Vorhinein getroffene Abreden. Zu beachten ist hier freilich einerseits die durch §§ 134, 138 gezogene Grenze, andererseits die Einschränkung des § 202.

F 47 In AGB können dagegen gegenüber Unternehmern abweichende Abreden nur noch gemäß § 449 II 2 HGB zur Haftungsbegrenzung bei Verlust und Beschädigung des Transportgutes getroffen werden, wenn der zu ersetzende Betrag zwischen zwei und 40 Rechnungseinheiten pro Kilogramm des Rohgewichtes der Sendung liegt und die Klausel drucktechnisch deutlich gestaltet hervorgehoben wird (§ 449 II 2 Nr. 1 HGB)[7] oder wenn der Betrag für den Verwender nachteiliger ist als der gesetzliche Haftungsbetrag in § 431 I, II HGB (§ 449 II 2 Nr. 2 HGB). Dieselben

---

[1] Dazu *Koller* Transportrecht § 9 VBGL Rz 2.

[2] BGH NJW-RR 1988, 39.

[3] Allgemeine Ansicht, statt aller *Koller* Transportrecht § 449 Rz 70.

[4] Siehe dazu im Überblick *Basedow* TranspR 1998, 58; *Koller* Transportrecht § 407 Rz 34.

[5] Zu deren Einbeziehung in Fällen von Online-Vertragsabschlüssen durch einen „Link" auf der Bestellseite BGH NJW 2006, 2976, 2977.

[6] BT-Drs. 13/8445 S. 86; siehe auch OLG Köln TranspR 2005, 156, 158; OLG Nürnberg NJW-RR 2005, 183, 184.

[7] S. dazu Rz A 95.

einschränkenden Abwandlungsmöglichkeiten gelten für die Haftung des Absenders nach § 414 HGB. Im Übrigen kann in AGB nicht von § 439 HGB und den in § 449 I HGB genannten Vorschriften abgewichen werden. Sie sind AGB-resistent. Dies gilt auch für die in § 414 I HGB genannten Pflichten aus §§ 408, 410, 411, 413 I HGB, weil andernfalls die Haftung ausgehöhlt werden könnte. Für die übrigen in §§ 407 ff. HGB geregelten Gegenstände gelten dagegen für Unternehmer und Verbraucher allein die Schranken der AGB-rechtlichen Vorschriften.

§ 449 III HGB enthält daneben einen international-privatrechtlichen Vorbehalt für die Anwendung von § 449 I, II HGB, wenn zwar der Frachtvertrag ausländischem Recht unterliegt, der Abnahme- und der Übernahmeort aber im Inland liegen. Für den Umzugsvertrag sieht § 451 h HGB eine mit § 449 HGB weitgehend vergleichbare Regelung vor. Für den multimodalen Transport enthält § 452 d HGB Vorschriften über die Möglichkeit zu abweichenden Vereinbarungen, die § 449 HGB bezüglich der Sondervorschriften über den multimodalen Verkehr ergänzen. **F 48**

2. Haftungsausschluss

Eine **Haftung des Frachtführers** sehen vor: § 413 II HGB für den Verlust, die Beschädigung oder unrichtige Verwendung ihm übergebener Urkunden als Verschuldenshaftung mit zum Nachteil des Frachtführers umgekehrter Beweislast, § 418 VI HGB für die schuldhafte Ausführung unberechtigter Weisungen von Absenderseite, ohne sich die Absenderausfertigung des Frachtbriefs vorlegen zu lassen, § 422 III HGB für die Ablieferung des Transportgutes ohne Einziehung der Nachnahmegebühr als Haftung ohne Verschulden bis zur Höhe der Nachnahme, § 425 HGB für den Schaden aus dem Verlust, der Beschädigung oder der verspäteten Ablieferung des Transportgutes als Verschuldenshaftung mit umgekehrter Beweislast zum Nachteil des Frachtführers (§ 426 HGB) und mit besonderen Befreiungsgründen (§ 427 HGB) mit Ausnahme bei Vorsatz und leichtfertigem Verhalten (§ 435 HGB), § 447 HGB für den Schaden aus einer Ablieferung des Gutes oder Befolgung von Weisungen als Folge der unterbliebenen Rückgabe des Ladescheins. Eine **Haftung des Absenders** sieht § 414 HGB vor für die in § 414 Nr. 1–4 genannten Pflichtverletzungen. Die Haftung ist für den unternehmerischen Absender verschuldensunabhängig (§ 414 I HGB), greift für den Verbraucher aber nur bei Verschulden ein (§ 414 III HGB). Neben § 414 HGB kommt für den Absender im Falle sonstiger Pflichtverletzungen eine Haftung nach allgemeinen Grundsätzen in Betracht. **F 49**

a) In Verträgen mit einem **Verbraucher** ist ein Haftungsausschluss zu dessen Nachteil weder in AGB noch durch ausgehandelte Individualvereinbarung zulässig (§ 449 I HGB). Dies gilt für vertragliche wie für außervertragliche Ansprüche gleichermaßen. Ein Ausschluss der Haftung auch zum Nachteil des Verbrauchers sowohl durch Aushandeln wie durch AGB bleibt möglich, soweit es die Beförderung von Briefen oder briefähnlichen Sendungen betrifft (s. dazu Rz F 46). Auch für einen Haftungsausschluss zugunsten des Verbrauchers enthält § 449 I HGB keine Schranken. Er kann durch Individualvereinbarung wie durch AGB erfolgen und kommt insbesondere für die Absenderhaftung aus § 414 HGB, aber auch für sonstige Pflichtverletzungen eines Verbrauchers in Betracht. **F 50**

b) In Verträgen mit einem **Unternehmer** kann ein Ausschluss der in § 449 I HGB genannten Haftungsfälle sowohl zum Nachteil wie zugunsten des Unternehmers nur durch ausgehandelte **Individualvereinbarung** erfolgen, auch wenn diese als Rahmenvereinbarung für eine Vielzahl von Verträgen getroffen wird. Eine Ausnahme gilt auch hier für Briefe und briefähnliche Sendungen, bei denen eine Ver- **F 51**

einbarung auch in **AGB** unter Beachtung der Grenzen der AGB-rechtlichen Vorschriften getroffen werden kann. Gleiches gilt für Haftungsgründe aus nicht in § 449 I 1 HGB genannten Vorschriften.

3. Begrenzung des Haftungsbetrags

F 52 Eine Begrenzung des Haftungsbetrags nicht nur durch eine ausgehandelte Vereinbarung, sondern auch durch AGB auf weniger als die in § 431 I, II HGB genannten Beträge von 8,33 Sonderziehungsrechten (§ 414 IV HGB) je Kilogramm Rohgewicht der Sendung oder eines Teils davon lässt § 449 II 2 HGB zu. Der Haftungsbetrag muss dann jedoch in der Spannweite zwischen zwei und 40 Sonderziehungsrechten liegen (§ 449 II 2 Nr. 1 HGB). Dies ist auf die einzelne Sendung zu beziehen. Ob der innerhalb der Spanne von zwei bis 40 Rechnungseinheiten liegende Haftungsbetrag im jeweiligen Fall angemessen ist, ist nach § 307 zu beurteilen[1] unter Berücksichtigung der Grundsätze für eine angemessene Schadenspauschalierung zwischen Unternehmern.[2] Die Möglichkeiten einer von den Haftungshöchstbeträgen in § 431 I, II HGB abweichenden Regelung in AGB ist aber gegeben in Frachtverträgen mit Unternehmern, nicht dagegen mit Verbrauchern, für die § 449 I HGB, abgesehen von Briefen und briefähnlichen Sendungen, die genannten Haftungsvorschriften zu einseitig zwingenden Normen erhebt. Die Regelung durch AGB ist auch nur möglich bei Verlust und Beschädigung des Transportgutes, nicht dagegen bei Überschreitung der Lieferzeit (§ 431 III HGB), wo eine Veränderung nur durch ausgehandelte Individual- oder Rahmenvereinbarung zugelassen ist. Eine von den Vorschriften des Frachtrechts abweichende Regelung durch AGB ist darüber hinaus auch für Briefe und briefähnliche Sendungen zulässig, wofür allein die Kontrolle nach den AGB-rechtlichen Vorschriften Platz greift, ohne die engeren Schranken in § 449 HGB.

4. Sonstige Haftungsbeschränkungen

F 53 Andere Haftungsbeschränkungen als die Begrenzungen des Haftungsbetrags, wie z. B. Einschränkungen des Haftungsmaßstabs, Verlagerung der Beweislast, das Verlangen von Schadensanzeigen oder das Aufstellen von Ausschlussfristen können gegenüber einem **Verbraucher** weder durch AGB noch durch ausgehandelte Individualvereinbarungen vereinbart werden, soweit dadurch von den in § 449 I 1 HGB genannten Vorschriften zum Nachteil des Verbrauchers abgewichen wird. Zugunsten des Verbrauchers sind Abweichungen auch durch AGB möglich. Die in § 449 I 1 HGB genannten Vorschriften gehören zu den halbzwingenden Normen.[3] Soweit es Verträge mit einem **Unternehmer** als Absender betrifft, kann nach § 449 II 1 HGB von den in § 449 I 1 HGB genannten Haftungsnormen nur durch ausgehandelte Individualvereinbarungen abgewichen werden, was auch wiederum in einer ausgehandelten Rahmenvereinbarung für eine Vielzahl von Verträgen geschehen kann. Gleichgültig ist, ob sich die abweichenden Haftungsvereinbarungen zum Vorteil oder zum Nachteil des Unternehmers auswirken. Zu einer nicht in AGB möglichen Haftungsbeschränkung kommt es auch, wenn der Verwender einen formularmäßigen Verzicht auf die Durchführung von Kontrollen des Transportweges, insbesondere Schnittstellenkontrollen, vorsieht. Dabei wurde es zu Recht als unerheblich angesehen, ob die Klausel als Beschreibung der Frachtführerpflichten einer Inhaltskontrolle unterliegt. Maßgeblich ist allein, dass es sich um eine AGB han-

---

[1] S. auch BT-Drs. 13/8445 S. 88; zu Nr. 23 ADSp'99 s. Rz A 95.

[2] S. § 309 Nr. 5 Rz 140 ff.

[3] S. *Larenz/Wolf*, Allg. Teil, § 3 Rz 104 ff.

delte.[1] Die Haftung kann auch nicht dadurch vermieden werden, dass in den AGB eine „Verbotsklausel" enthalten ist, nach der der Vertragsschluss über bestimmte Sendungen auch im Falle deren Entgegennahme ausgeschlossen wird.[2] Abweichende Gestaltungen in AGB sind, soweit es nicht den Entschädigungsbetrag gemäß § 449 II 2 HGB betrifft (s. Rz F 50), nicht möglich (§ 449 II 1 HGB). Nach § 449 II 2 HGB kann in AGB ein für den Frachtführer gegenüber den in § 431 HGB genannten Haftungsbeträgen ungünstigerer Haftungsbetrag vorgesehen werden. Eine Klausel, die vor dem Inkrafttreten des TRG verfasst, aber nachher verwendet wurde, in der die (gegenüber der gesetzlichen günstigere) Haftungsbegrenzung dann nicht eintreten soll, wenn der Schaden durch Vorsatz oder grobe Fahrlässigkeit des Frachtführers verursacht wurde, soll nach dem Inkrafttreten dahin auszulegen sein, dass der Frachtführer erst bei der qualifizierten Verschuldensform des neuen § 435 HGB unbeschränkt haftet.[3] Das erscheint bedenklich, denn der Verwender trägt auch die „intertemporale" Formulierungsverantwortung für seine AGB. Bemerkt er nicht, dass die Gesetzeslage sich verändert hat, kann er nicht eine entgegen § 305 c II zu seinen Gunsten ausschlagende Interpretation seiner AGB beanspruchen. Eine Ausnahme hinsichtlich der Dispositionsmöglichkeiten besteht wiederum für Briefe und briefähnliche Sendungen. Hier kann sowohl gegenüber Verbrauchern (§ 449 I HGB) wie gegenüber Unternehmern (§ 449 II HGB) nicht nur durch ausgehandelte Individualvereinbarungen in den Grenzen von §§ 134, 138, sondern auch durch vorformulierte Vertragsbedingungen, seien es AGB oder vorformulierte Einzelvereinbarungen, von den in § 449 I 1 HGB genannten Vorschriften innerhalb der Grenzen der AGB-rechtlichen Bestimmungen abgewichen werden.[4] Diese erweiterte Gestaltungsmöglichkeit kann aber nicht auf die Massenbeförderung von Paketen angewendet werden,[5] und zwar auch nicht durch formularmäßige Vereinbarung, die Paketbeförderung erfolge zu den Bedingungen einer briefähnlichen Sendung.[6]

5. Verjährung

Für Ansprüche aus dem Frachtvertrag regelt § 439 HGB die Verjährung, die **F 54** grundsätzlich ein Jahr beträgt, bei vorsätzlich oder leichtfertig im Sinne von § 435 HGB verursachten Schäden sich jedoch auf drei Jahre erhöht. Von diesen Vorschriften einschließlich der Vorschrift über den Beginn der Verjährung (§ 439 II HGB) und die Hemmung durch schriftliche Geltendmachung (§ 439 III HGB) kann nur durch eine ausgehandelte Individualvereinbarung abgewichen werden, worunter auch die ausgehandelte Rahmenvereinbarung fällt (§ 439 IV HGB). Abweichende Bestimmungen durch AGB oder durch vorformulierte Einzelvereinbarungen können weder zugunsten noch zum Nachteil eines Verbrauchers oder eines Unterneh-

---

[1] BGH TranspR 2006, 171, 173 ff.; NJW-RR 2006, 758, 759 f.; OLG Düsseldorf TranspR 2006, 349; TranspR 2005, 214; OLG Nürnberg NJW-RR 2005, 183, 184; zur Wirksamkeit individualvertraglichen Verzichts auf die Schnittstellenkontrolle OLG Düsseldorf TranspR 2006, 353; der formularmäßige Verzicht auf die Eingangs- und Ausgangsdokumentation enthält nicht auch einen Verzicht auf die Durchführung von Kontrollen schlechthin, BGH TranspR 2004, 474.

[2] BGH NJW-RR 2006, 1210, 1211 f. mit Anm. *Hubert Schmidt* LMK 2006, 185529 = EWiR 2006, 589 *(Koller)*; NJW 2006, 2976, 2977; NJW-RR 2006, 822, 823, NJW-RR 2007, 179, 182 je mit Hinweis auf ein Mitverschulden des Versenders wegen unterlassener Deklaration der Sendung als „nicht bedingungsgemäß" (vgl. auch Anh. § 310 Rz A 76); siehe auch OLG Karlsruhe OLGR Karlsruhe 2006, 438.

[3] BGH NJW-RR 2005, 365.

[4] Bei Briefsendungen soll keine Verpflichtung zu durchgängigen Schnittstellenkontrollen bestehen, BGH NJW-RR 2007, 96, 97.

[5] BGH TranspR 2006, 171, 174.

[6] OLG Frankfurt NJW-RR 2004, 1485, 1486.

mers als Absender getroffen werden. Auch die Verjährungsregelung in § 439 HGB ist damit in jeder Hinsicht AGB-resistent.

6. Pfandrecht

F 55 § 441 HGB sieht zugunsten des Frachtführers ein Pfandrecht an dem Transportgut vor, soweit es sich um Forderungen aus dem Frachtvertrag mit dem Absender oder um unbestrittene Forderungen aus anderen mit dem Absender geschlossenen Fracht-, Speditions- oder Lagerverträgen handelt. Es muss sich um Forderungen des Frachtführers handeln oder gemäß § 442 HGB um Forderungen vorhergehender Frachtführer. Auf Forderungen des Frachtführers aus anderen Verträgen oder auf Forderungen anderer als der in § 442 HGB genannten Personen kann das Pfandrecht durch AGB und vorformulierte Einzelvereinbarungen nicht erstreckt werden, da dies als dem gesetzlichen Leitbild widersprechend gegen § 307 verstoßen würde. Das Pfandrecht setzt grundsätzlich voraus, dass der Absender Eigentümer des Transportgutes ist. Darüber hinaus ist ein gutgläubiger Erwerb nach § 366 III HGB möglich. Daneben können durch AGB oder Individualvereinbarung ein rechtsgeschäftliches Pfandrecht vereinbart, nicht aber die Voraussetzungen für den Erwerb eines gesetzlichen Pfandrechts erweitert werden. Auch auf das Erfordernis des Besitzes kann nicht über die Vorschriften der §§ 441 II, III, 442 I 2 HGB hinaus verzichtet werden. Ein Pfandrecht, das bei gefährdeter Vermögenslage des Schuldners bestehen soll, ist wegen Unbestimmtheit unwirksam. Statt der Benachrichtigung des Empfängers gemäß § 442 IV HGB kann auch von vornherein die Benachrichtigung des Absenders durch AGB vereinbart werden.

7. Umzugsvertrag

F 56 **a) Besondere Vorschriften.** Auf den Umzugsvertrag finden grundsätzlich die Vorschriften über den Frachtvertrag Anwendung (§ 451 HGB), soweit sich aus den §§ 451 a–h HGB oder aus internationalen Übereinkommen nichts anderes ergibt. Besondere Vorschriften bestehen insbesondere hinsichtlich der Pflicht des Frachtführers zum Ab- und Aufbauen von Möbeln, zum Ver- und Entladen des Umzugsgutes (§ 451 a I HGB) sowie gegenüber Verbrauchern hinsichtlich der Pflicht zu sonstigen auf den Umzug bezogenen Leistungen wie etwa Verpackung und Kennzeichnung des Umzugsgutes (§ 451 a II HGB). Anders als beim reinen Frachtvertrag entfällt die Pflicht des Absenders zur Ausstellung eines Frachtbriefs (§ 451 b I HGB). Auch besteht hinsichtlich gefährlicher Umzugsgüter im Gegensatz zu § 410 HGB nur eine allgemeine und formlose Unterrichtungspflicht, auf die der Frachtführer den Absender hinzuweisen hat (§ 451 b II HGB). Ebenso hat der Frachtführer den Absender über einschlägige Zoll- und Verwaltungsvorschriften zu unterrichten (§ 451 b III HGB). § 451 b III HGB für die Haftung des Absenders nach § 414 HGB und § 451 e für die Haftung des Frachtführers sehen eine stärkere Begrenzung der Haftung vor.[1] § 451 d HGB nennt abweichend von § 427 HGB besondere Befreiungsgründe für die Haftung des Frachtführers, was aber voraussetzt, dass der Frachtführer alle ihm obliegenden Maßnahmen getroffen und ihm gegebene Weisungen beachtet hat (§ 451 d III HGB). Für die Schadensanzeige wegen Verlustes und Beschädigung enthält § 451 f HGB im Gegensatz zu § 438 I, II HGB etwas verlängerte Fristen. Zum Schutze des Verbrauchers stellt § 451 g HGB besondere Unterrichtungs- und Hinweisgebote[2] auf betreffend die Haftungsbefreiung und -begrenzung mit der Möglichkeit weitergehender Absicherung (Nr. 1) sowie bezüg-

---

[1] 620 €/m^3 notwendiger Laderaum.

[2] Dazu OLG Saarbrücken TranspR 2007, 66.

lich der Form und Frist der Schadensanzeige und der Rechtsfolgen bei Unterlassen der Anzeige (Nr. 2). Soweit danach keine Sondervorschriften bestehen, gelten die §§ 407 ff. HGB.

b) Abweichende Vereinbarungen. aa) Gegenüber einem **Verbraucher** als Absender kann von den Vorschriften über die Haftung des Absenders und des Frachtführers in den §§ 451 a ff. und § 449 I HGB nicht zum Nachteil des Verbrauchers abgewichen werden (§ 451 h I HGB). Zugunsten des Verbrauchers können Vereinbarungen sowohl in AGB wie in Individualvereinbarungen getroffen werden. Auch die Unterrichtungs- und Hinweispflichten aus § 451 b II 2 und § 451 g HGB können in AGB enthalten sein, müssen aber in drucktechnisch deutlicher Gestaltung besonders hervorgehoben werden (§ 451 g S. 2 HGB). **F 57**

bb) Soweit der Absender ein **Unternehmer** ist, kann von den in § 451 h I HGB genannten Haftungsvorschriften, zu denen auch § 451 a, b HGB zählen, nur durch ausgehandelte Individual- oder Rahmenvereinbarung abgewichen werden (§ 451 h II 1 HGB). Gleichgültig ist, ob dies zum Vorteil des Absenders oder des Frachtführers geschieht. Eine Regelung in AGB als vorformulierte Vertragsbedingungen ist nur möglich, soweit es den vom Frachtführer zu leistenden Haftungsbetrag (§ 451 e HGB) für Verlust oder Beschädigung des Gutes oder die vom Absender nach § 451 c HGB zu leistende Entschädigung betrifft. Auch insoweit sind Regelungen zum Vor- oder Nachteil beider Vertragsparteien möglich. Sie müssen aber drucktechnisch deutlich hervorgehoben werden und unterliegen der Kontrolle nach den AGB-rechtlichen Vorschriften, wobei insbesondere die Grundsätze für eine angemessene Pauschalierung zu beachten sind.[1] **F 58**

cc) Für die **Rechtswahl** enthält § 451 h III HGB einschränkende Vorschriften. Eine Rechtswahl ist grundsätzlich auch in AGB möglich, unterliegt aber in Verträgen mit Verbrauchern den Schranken von Art. 29 EGBGB. Darüber hinaus gelten die Einschränkungen für abweichende Vereinbarungen gemäß § 451 h I, II HGB, wenn Übernahme- und Ablieferungsort im Inland liegen. **F 59**

8. Multimodaler Transport

a) Besondere Vorschriften. Den Sonderfall des Frachtvertrages[2] in Form des multimodalen Vertrages hat der Gesetzgeber im Rahmen des TRG neu in das Gesetz aufgenommen und in den §§ 452 ff. HGB geregelt, konnte sich dabei aber auf Vorarbeiten in der Rechtsprechung stützen.[3] Ein multimodaler Transportvertrag liegt vor, wenn kumulativ die drei nachfolgenden Voraussetzungen vorliegen:[4] (1) Es wurde ein einheitlicher Frachtvertrag für den gesamten Transport abgeschlossen – und nicht jeweils gesonderte Verträge für die einzelnen „Etappen" –; (2) die Beförderung erfolgt mithilfe von unterschiedlichen Transportgeräten und (3) wäre für jeden Teil der Beförderung mit jeweils einem (unterschiedlichen) Beförderungsmittel (Teilstrecke) ein gesonderter Vertrag geschlossen worden, unterlägen diese Verträge jeweils unterschiedlichen Rechtsregelungen. Nachdem durch das TRG die Regelungen über die Sachbeförderung zu Lande, auf Binnengewässern oder in der Luft zusammengeführt worden sind (§ 407 III 1 Nr. 1 HGB), ist der Anwendungsbereich der Regelung verengt:[5] Mag beispielsweise bei einem Transport von Karls- **F 60**

---

[1] § 309 Nr. 5 Rz 60 ff.

[2] *Koller* Transportrecht § 452 Rz 1; *Ebenroth/Boujong/Joost/Gass* § 452 Rz 24.

[3] BGH NJW 1988, 640, 642; siehe auch *Herber* NJW 1998, 3297, 3306.

[4] Eingehend zum Folgenden *Koller* Transportrecht § 452 Rz 2 ff. und *Ebenroth/Boujong/Joost/Gass* § 452 Rz 14 ff.

[5] *Ebenroth/Boujong/Joost/Gass* § 452 Rz 21.

ruhe nach Essen einerseits ein Schiff, andererseits ein LKW eingesetzt werden, so dass die Transportmittel verschieden sind, würde doch die zuvor genannte Anwendungsvoraussetzung (3), das Auseinanderfallen der rechtlichen Regelungen, nicht gegeben sein. Anwendbar wären die Regelungen über den multimodalen Transport aber dann, wenn der Transport nicht von Karlsruhe aus starten würde, sondern das Gut zunächst aus Straßburg per LKW nach Karlsruhe transportiert würde und von dort verschifft würde. Denn dann würde für den grenzüberschreitenden LKW-Transport die CMR eingreifen und für den innerstaatlichen Weitertransport auf einem anderen Transportmittel die Regelungen der §§ 407 ff. HGB. Liegen die Voraussetzungen vor, sind grundsätzlich die §§ 407 ff. HGB bzw. auf einen Umzugsvertrag die §§ 451 ff. HGB anzuwenden (§§ 452, 452 c HGB). Für schädigende Ereignisse gilt gemäß § 452 a HGB bei bekanntem Schadensort das Vertragsrecht der Teilstrecke, auf der der Schaden oder der Verlust eingetreten ist. Dabei kommt es weniger darauf an, ob der konkrete Schadensort bekannt ist. Maßgeblich ist, dass bekannt ist, auf welcher Teilstrecke der Schaden eingetreten ist.[1] Ist das nicht bekannt, haftet der Frachtführer nach den §§ 425–432, 435 HGB. § 452 b I HGB sieht die Schadensanzeige gemäß § 438 HGB unabhängig vom Schadensort vor, lässt aber für Form und Frist auch die Vorschriften der letzten Teilstrecke genügen. Die Verjährung tritt in keinem Fall früher als nach § 439 HGB ein, und für den Verjährungsbeginn ist die Ablieferung an den Empfänger maßgebend (§ 452 b II HGB). Für den **multimodalen Umzugsvertrag** schreibt § 452 c S. 1 HGB unabhängig vom anzuwendenden Recht die Geltung der §§ 451 ff. HGB vor, und das Recht des Schadensortes gilt nur, soweit es auf einem für die Bundesrepublik verbindlichen internationalen Übereinkommen beruht.

F 61 **b) Abweichende Vereinbarungen** sind nur im Rahmen von § 452 d HGB möglich. Dabei bestehen keine Sondervorschriften für Verbraucher. Es ist jedoch wiederum zu unterscheiden: Ausgehandelte **Individualvereinbarungen** einschließlich ausgehandelter Rahmenvereinbarungen ermöglichen eine von § 452 b II 1 HGB abweichende Regelung über den Verjährungsbeginn, soweit dieser an den Ablieferungszeitpunkt anknüpft. Im Übrigen sind abweichende Vereinbarungen möglich, soweit die Vorschriften der §§ 452 ff. HGB dies zulassen. Insoweit können abweichende Vereinbarungen auch in **AGB** getroffen werden, unterliegen aber der Klauselkontrolle. Durch vorformulierte Vertragsbedingungen, zu denen AGB und vorformulierte Einzelvereinbarungen zählen, kann gemäß § 452 d II HGB unabhängig vom Schadensort die Geltung der §§ 425–438 HGB vereinbart werden.[2] Die Geltung zwingender Vorschriften aus internationalen Übereinkommen, die für die Bundesrepublik verbindlich sind, kann in keinem Fall ausgeschlossen werden.

III. Frachtbedingungen der Seeschifffahrt

F 62 S. zunächst Konnossementsklauseln Rz K 1 ff. Die Klausel „frei ... Bestimmungsort" kann je nach den Umständen entweder nur als Regelung der Transportkosten oder aber als generelle Gefahrtragungsregelung auszulegen sein. Nach den Usancen des Hamburger Warenhandels und der Hamburger Börse der Getreidehändler liegt in der Klausel eine Verlagerung des Erfüllungsorts auf den Lieferort.[3]

---

[1] *Koller* Transportrecht § 452 Rz 38; zum Ende der Seestrecke erst mit Verladung des Gutes auf das Anschlusstransportmittel BGH NJW-RR 2006, 616, 617 = EWiR 2006, 79 *(Koller)*.

[2] *Herber* NJW 1998, 3297, 3307.

[3] BGH NJW 1984, 567.

Die Verpflichtung zur Zahlung von Fautfracht (jetzt auch in § 415 II Nr. 2 und § 417 II HGB[1]) nach § 580 HGB bei Rücktritt vom Frachtvertrag kann abbedungen werden. Sie wird abbedungen aufgrund einer „Indemnity-Clause", durch die an Stelle des abstrakten Schadens der Fautfracht nur „proved damages" im Sinne eines konkreten Schadens geschuldet werden.[2]

IV. Altverträge

Zur Rechtslage vor dem 1. 7. 1998 siehe die Vorauflage Rz F 73 ff. **F 63–70**

*

Franchisevertrag

Inhaltsübersicht

Schrifttum: *Bauder,* Zur Selbständigkeit des Franchise-Nehmers, NJW 1989, 78; *Behr,* Der Franchisevertrag, 1976; *Blaurock,* Kartellrechtliche Grenzen von Franchisesystemen, FS. Werner 1984, 23; *Böhner,* Schriftform und Widerrufsrecht bei Franchiseverträgen nach dem Verbraucherkreditgesetz, NJW 1992, 3135; *Ekkenga,* Die Inhaltskontrolle von Franchiseverträgen, Diss. 1990; *ders.,* Grundfragen der AGB-Kontrolle von Franchise-Verträgen, AG 1989, 301; *Emmerich,* Franchising, JuS 1995, 761; *Erdmann,* Die Laufzeit von Franchise-Verträgen im Lichte des AGB-Gesetzes, BB 1992, 795; *Eßer,* Franchising. Der Franchise-Vertrag im Lichte der Rechtsprechung mit dem Franchise-Atlas, Köln 1995; *Flohr,* Aktuelle Tendenzen im Franchise-Recht, BB 2006, 389; *Groß/Skaupy,* Franchising in der Praxis, 1976; *Hiestand,* Die international-privatrechtliche Beurteilung von Franchiseverträgen ohne Rechtswahlklausel, RIW 1993, 173; *Horn,* Zum Ausgleichsanspruch des Eigenhändlers, Kundenstamm und werbende Tätigkeit, ZIP 1988, 137; *Horn/Hensseler,* Der Vertriebsfranchisenehmer als selbstständiger Unternehmer, ZIP 1998, 589; *Joerges,* Franchise-Verträge und europäisches Wettbewerbsrecht, ZHR 151, 195; *ders.,* Status und Kontakt im Franchise-Recht, AG 1991, 325; *ders.,* Das Recht des Franchising, Konzeptionelle, rechtsvergleichende und europarechtliche Analysen, 1991; *Kevekordes,* Zur EWG-kartellrechtlichen Beurteilung von Franchise-Verträgen, BB 1987, 74; *Köhler,* Ausgleichsanspruch des Franchisenehmers: Bestehen, Bemessung, Abwälzung, NJW 1990, 1689; *T. Kübler,* Franchise-Verträge in der deutschen Rechtspraxis, Diss. 1989; *Liesegang,* Der Franchise-Vertrag, Heidelberger Musterverträge, Heft 59, 2. Aufl. 1986; *ders.,* Die Bedeutung des AGB-Gesetzes für Franchise-Verträge, BB 1991, 2381; *Mack,* Neuere Vertragssysteme in der BRD, eine Studie zum Franchising, 1975; *Martinek,* Franchising, Grundlagen der zivil- und wettbewerbsrechtlichen Behandlung der vertikalen Gruppenkooperation beim Absatz von Waren und Dienstleistungen, 1987; *ders.,* Abzahlungsgesetz und Absatzmittlungsverträge, ZIP 1986, 1440; *ders.,* Franchising im Handelsrecht,

---

[1] Dazu *Czerwenka* FS Herber, 45, 56 ff.
[2] BGH NJW-RR 1992, 423.

ZIP 1988, 1362; *ders.*, Moderne Vertragstypen, Bd. II: Franchising, Know-how-Verträge, Management- und Consulting-Verträge, 1992; *Metzlaff*, Franchisesysteme und EG-Kartellrecht – neueste Entwicklungen, BB 2000, 1201; *ders.* Praxishandbuch Franchising, 2003; *Skaupy*, Der Franchise-Vertrag ein neuer Vertragstyp, BB 1969, 113; *ders.*, „Franchising" als zeitgerechte Vertriebskonzeption, DB 1982, 2446; *ders.*, Franchising, Handbuch für Betriebs- und Rechtspraxis, 1987; *ders.*, Die neue EG-Gruppen-Freistellungsverordnung für Franchisevereinbarungen, DB 1989, 765; *ders.*, Zu den Begriffen „Franchise", „Franchisevereinbarungen" und „Franchising", NJW 1992, 1785; *Stoffels*, Laufzeitkontrolle von Franchiseverträgen, DB 2004, 1871; *Tietz/Mathieu*, Das Franchising als Kooperationsmodell für den mittelständischen Groß- und Einzelhandel, 1979; *Ullmann*, Die Verwendung von Marke, Geschäftsbezeichnung und Firma im geschäftlichen Verkehr, insbesondere des Franchising, NJW 1994, 1255; *H. Weber*, „Franchising" ein neuer Vertragstyp im Handelsrecht, JA 1983, 347; *Weltrich*, Zur Abgrenzung von Franchise- und Arbeitsvertrag, DB 1988, 806; *ders.*, Die EG-Gruppenfreistellungsvereinbarungen für Franchisevereinbarungen, RIW 1989, 90; *ders.*, Franchising im EG-Kartellrecht. Eine kartellrechtliche Analyse des Art. 85 EWgV, Köln 1992; *M. Wolf/Ungeheuer*, Vertragsrechtliche Probleme des Franchising, BB 1994, 1027.

I. Begriff und Interessenlage

F 71 Der Franchisevertrag ist ein Dauerschuldverhältnis im Sinne eines **Rahmenvertrags zur Absatz- und Vertriebsförderung** von Waren oder Dienstleistungen unter Verwertung der Erfahrung und des Wissensschatzes des Franchisegebers durch den Franchisenehmer.[1] Durch den Franchisevertrag gewährt der Franchisegeber dem Franchisenehmer das Recht, Waren oder Dienstleistungen unter Verwendung von Namen, Firma, Marken, Ausstattung oder sonstigen Schutzrechten des Franchisegebers und unter Ausnutzung des vom Franchisegeber aufgebauten Organisations- und Werbesystems als in der Regel selbstständiger Gewerbetreibender im eigenen Namen und auf eigene Rechnung zu vertreiben. Bei starker persönlicher Abhängigkeit kann der „Franchisenehmer" auch Arbeitnehmer sein, so insbesondere, wenn er Arbeitszeit und Urlaub nicht selbst bestimmen kann.[2] Der Franchisegeber übernimmt es auch, den Franchisenehmer in das technische und gewerbliche Wissen (know-how) seines Produkt- und Absatzsystems einzuführen, ihn darin zu schulen und zu beraten, behält sich aber auch die Kontrolle über die ordnungsgemäße Einhaltung seiner produkt- und markenspezifischen Absatz- und Vertriebsrichtlinien durch den Franchisenehmer vor. Der Franchisenehmer verpflichtet sich, die Waren oder Dienstleistungen des Franchisegebers unter Beachtung von dessen Qualitäts-, Absatz- und Vertriebsrichtlinien zu vertreiben[3] sowie deren Absatz durch Arbeits- und Kapitaleinsatz sowie u. U. durch Informationen zu fördern und dem Franchisegeber eine Vergütung in Form einer einmaligen Eintrittsgebühr (entry-fee) und als laufende Lizenzgebühr zu zahlen.[4]

1. Arten des Franchisevertrags

F 72 Je nach Art der vom Franchisegeber angebotenen Geschäftsidee sind das Dienstleistungsfranchising, das Produktionsfranchising und das Vertriebsfranchising zu unterscheiden.[5] Das **Dienstleistungsfranchising** ist dadurch gekennzeichnet, dass der Franchisenehmer eine vom Franchisegeber entworfene, ausgearbeitete oder er-

---

[1] S. EuGH NJW 1986, 1415, 1416 zu Nr. 15; s. auch EG-Komm. NJW 1988, 2459.

[2] S. BAG NJW 1997, 2973; LAG Düsseldorf NJW 1988, 725; Rz F 105; a. A. *Bauder* NJW 1989, 78; zur Abgrenzungsproblematik vgl. auch *Horn/Henssler* ZIP 1998, 589; *Weltrich* DB 1988, 806, der den Franchisenehmer jedoch stets als selbstständigen Gewerbetreibenden ansehen will; kritisch auch *Ekkenga* AG 1989, 301, 305; *Skaupy* NJW 1992, 1785, 1789 f.

[3] S. auch BGH NJW 1985, 1894.

[4] S. als Beispiel EuGH NJW 1986, 1415; OLG Schleswig NJW-RR 1987, 220; zum Ganzen auch *Skaupy* NJW 1992, 1785 f. m. w. N.; *Martinek*, Franchising 1987; *Leuzen*, RIW 1984, 386.

[5] S. EuGH NJW 1986, 1415 zu Nr. 13.

brachte Dienstleistung unter der Geschäftsbezeichnung, dem Handelsnamen oder dem Warenzeichen des Franchisegebers und in Übereinstimmung mit dessen Richtlinien anbietet.[1] Das **Produktionsfranchising** weist sich dadurch aus, dass der Franchisenehmer nach den Anweisungen des Franchisegebers selbst Waren herstellt und sie unter dessen Handelsnamen oder Marke verkauft. Für das **Vertriebsfranchising** ist bestimmend, dass der Franchisenehmer vom Franchisegeber oder von bestimmten Dritten hergestellte Waren in einem Geschäft mit der Geschäftsbezeichnung und den Geschäftsmethoden des Franchisegebers verkauft.[2] Dienstleistungs-, Produktions- und Vertriebsfranchising schließen einander nicht notwendig aus, sondern können miteinander kombiniert werden und gehen zum Teil fließend ineinander über, wie etwa beim Betrieb einer Restaurations- und Imbisskette.[3]

2. Typenkombinationsvertrag

Der Franchisevertrag stellt sich als eine **Typenkombination** aus dienstvertraglichen (Schulungs- und Beratungspflichten des Franchisegebers), lizenzvertraglichen (Benutzung von Schutzrechten und know-how), geschäftsbesorgungsvertraglichen (Absatzförderungspflicht des Franchisenehmers), handelsvertreterähnlichen,[4] kaufähnlichen Liefer- und Bezugspflichten (s. Rz F 79) und sonstigen Elementen dar. Mit dem Franchisevertrag können auch miet- oder pachtrechtliche Elemente verbunden sein, wenn der Franchisegeber etwa ein Geschäftslokal zur Verfügung stellt, oder es können durch den Erwerb von Ausstattung und Einrichtungsgegenständen kaufrechtliche Elemente einfließen.[5] In Ausführung des Vertriebsfranchisevertrags (Rz F 72) als Grundlagen- und Rahmenvertrag werden zum Bezug von Produkten und Waren des Franchisegebers durch den Franchisenehmer Einzelkaufverträge geschlossen, die nicht schon Bestandteil des Rahmenvertrags sind, sich aber als Konsequenz aus der Vertriebs- und Absatzförderungspflicht des Franchisenehmers ergeben. **F 73**

3. Abgrenzung zu anderen Verträgen

Bei **Abgrenzung zum Vertragshändlervertrag** ist davon auszugehen, dass der Franchisevertrag mit dem Vertragshändlervertrag die Vertriebs- und Absatzförderungspflicht und die Absatztätigkeit im eigenen Namen und auf eigene Rechnung gemeinsam hat. Durch den Franchisevertrag findet aber eine stärkere Eingliederung des Franchisenehmers in das Vertriebs- und Absatzsystem des Franchisegebers statt. Der Franchisenehmer tritt im Gegensatz zum Vertragshändler, der neben dem Herstellerzeichen auch seine eigene Firma führt, nicht unter eigener Firma auf. Auch sind die lizenzvertraglichen Elemente sowie die Schulungs- und Beratungspflichten und die Kontrollrechte im Franchisevertrag stärker ausgebaut als im Vertragshändlervertrag. Man kann den Franchisevertrag deshalb nicht nur als Gesamtsystem von Vertragshändlerverträgen bezeichnen.[6] Wegen der weitgehenden Eingliederung des Franchisenehmers in das Absatz- und Vertriebssystem des Franchisegebers kann man von einer „Quasifilialisierung" beim Franchisevertrag **F 74**

---

1 S. etwa LG München NJW 1985, 1906.
2 S. EG-Komm. NJW 1988, 2459.
3 S. BGH NJW 1985, 1894: Mc Donald's.
4 S. LG Karlsruhe NJW-RR 1989, 822.
5 S. auch *Martinek* ZIP 1986, 1440, 1448.
6 So aber *Baumbach/Duden/Hopt* vor § 373 Rz 13.

sprechen.[1] Die **Abgrenzung von bloßen Vertriebsbindungen** ergibt sich daraus, dass dem Franchisenehmer die Erfahrung und der Wissensschatz des Franchisegebers unter Verwendung dessen einheitlicher Geschäftsbezeichnung und Geschäftsmethoden gegen Zahlung einer Vergütung zur Verfügung gestellt werden.[2] Vom **Handelsvertreter- oder Agenturvertrag** unterscheidet sich der Franchisenehmer darin, dass er im eigenen Namen, der Handelsvertreter in fremdem Namen handelt oder nur vermittelt (§ 84 I HGB). Der **Kommissionär** handelt auf fremde Rechnung im eigenen Namen (§ 383 HGB). Der Franchisenehmer handelt auf eigene Rechnung. Zum **Arbeitsvertrag** s. Rz F 71.

II. Gesetzliche Schranken

1. Anwendung des AGB-Rechts

F 75 Soweit Franchiseverträge formularmäßig ausgestaltet sind, unterliegen sie der AGB-Kontrolle und insbesondere der Inhaltskontrolle nach § 307 I, II. Da der Franchisenehmer regelmäßig Unternehmer[3] und nicht Arbeitnehmer ist,[4] gelten nach § 310 I 1 die §§ 308 und 309 nicht unmittelbar. Von der Unternehmereigenschaft des Franchisenehmers ist auch dann auszugehen, wenn der abzuschließende Franchisevertrag die unternehmerische Tätigkeit erst begründet.[5] Ist der Franchisenehmer ausnahmsweise Arbeitnehmer,[6] so findet nunmehr ebenfalls eine AGB-Kontrolle unter Berücksichtigung der Besonderheiten des Arbeitsrechts statt, § 310 IV 2.

2. Schranken des GWB

F 76 Da der Franchisenehmer im eigenen Namen und auf eigene Rechnung tätig wird, ist er Eigenhändler. Auf den Franchisevertrag ist deshalb grundsätzlich § 1 GWB, der nach der 7. GWB-Novelle[7] auch Vertikalvereinbarungen, die zuvor unter § 14 GWB a.F. fielen, erfasst, anwendbar,[8] sofern nicht der Franchisenehmer im Innenverhältnis einem Handelsvertreter gleichgestellt ist, weil der Franchisegeber das gesamte Geschäftsrisiko, z. B. auch hinsichtlich uneinbringlicher Kundenforderungen, trägt.[9] Ist der Franchisevertrag so ausgestaltet, dass er den Franchisenehmer hinsichtlich der Preise und Geschäftsbedingungen in Verträgen mit seinen Kunden rechtlich oder wirtschaftlich bindet, so ist der Franchisevertrag nach § 1 GWB nichtig.[10]

3. Schranken aus Art. 81 EG

F 77 Der Franchisevertrag muss auch mit **Art. 81 EG** vereinbar sein. Die Vereinbarkeit ist jedoch nicht abstrakt, sondern unter Berücksichtigung der jeweiligen Franchiseart (s. Rz F 72) und der darin enthaltenen einzelnen Vereinbarungen zu bestimmen.[11] Das Ziel des Franchising, die Erfahrung und den Wissensschatz des Franchisegebers mit dessen Geschäftsbezeichnung und dessen Geschäftsmethoden

---

[1] S. *Martinek* ZIP 1986, 1440, 1448.
[2] EuGH NJW 1986, 1415, 1416 zu Nr. 15.
[3] S. etwa BGH NJW 1985, 1894; *Metzlaff/Erdmann*, § 17 Rz 15 f.
[4] S. OLG Schleswig NJW-RR 1987, 220.
[5] OLG Oldenburg NJW-RR 2002, 641; *Metzlaff/Erdmann*, § 17 Rz 19.
[6] S. LAG Düsseldorf NJW 1988, 725; Rz F 71.
[7] BGBl. I 2005, S. 1954.
[8] S. auch BGH NJW-RR 1987, 612, 613.
[9] Vgl. auch *Emmerich* in *Immenga/Mestmäcker*, GWB, § 14 Rz 33.
[10] S. OLG Köln WuW/E OLG 1715: „Wimpy-Hamburger“; LG München NJW 1985, 1906.
[11] EuGH NJW 1986, 1415 zu Nr. 13, 14.

durch den Franchisenehmer in einem einheitlich ausgerichteten Gesamtsystem zu verwerten, stellt **grundsätzlich keine Beeinträchtigung des Wettbewerbs** dar.[1] Die zur Durchsetzung dieses Systems unerlässlichen Regelungen führen deshalb grundsätzlich zu keiner Wettbewerbsbeschränkung nach Art. 81 I EG.[2] Dies ist Inhalt der Franchise-Gruppenfreistellungsverordnung Nr. 4087/88 vom 30. 11. 1988, die am 01. 02. 1989 in Kraft getreten ist und bis zum 31. 12. 1999 galt.[3] Mittlerweile hat die Kommission am 22. 12. 1999 die Gruppenfreistellungsverordnung Nr. 2790/1999 über vertikale Bindungen (VGVO) erlassen, die am 1. 1. 2000 in Kraft trat und zunächst bis zum 31. 5. 2010 gilt. Diese beruht auf Art. 81 III EG, der die Rigidität von Art. 81 I EG abmildern soll.[4] Neben der Gruppenfreistellung im Sinne dieser Verordnung besteht auch die Möglichkeit einer Einzelfreistellung, dies insbesondere dann, wenn die Schwelle des Art. 3 VGVO überschritten wird.. Diese neue Gruppenfreistellungsverordnung ist durch folgende Merkmale gekennzeichnet: Bei fehlender Marktmacht werden vertikale Beschränkungen lediglich einer Missbrauchsaufsicht unterstellt. Nur bei schwachem Markenwettbewerb und erheblicher Marktmacht kommt es auf die Kontrolle vertikaler Vereinbarungen an. Bei Marktanteilen bis zu 30% wird eine Freistellung ermöglicht. Die VGVO gilt zudem branchenübergreifend für den Alleinvertrieb, Alleinbezug, Franchising, Zuliefererverträge, selektive Vertriebssysteme und Dienstleistungen. Dabei wird in der VGVO das Franchising nicht mehr ausdrücklich erwähnt, die Kommission stell fest, dass es sich bei einem Franchising um eine Kombination vertikaler Beschränkungen handelt.[5] Damit die VGVO auch auf Franchisingverträge Anwendung findet, muss es sich bei diesen um eine vertikale Vereinbarung im Sinne des Art. 2 VGVO handeln. Eine vertikale Vereinbarung liegt danach vor, wenn diese zwischen zwei oder mehr Unternehmen geschlossen wird, die auf verschiedenen Produktions- oder Vertriebsstufen tätig sind und sich auf Bedingungen bezieht, zu denen Unternehmen Güter oder Dienstleistungen „kaufen, verkaufen oder weiterverkaufen". Bei einem Franchisingvertrag liegt stets eine Vereinbarung zwischen mindestens zwei Unternehmen vor. Die VGVO enthält hier eine Erweiterung zu der GFVO, die lediglich auf Vereinbarungen zwischen zwei Unternehmen anwendbar war. Franchisenehmer und -geber stehen zudem auf unterschiedlichen Vertriebsstufen. Durch die Einschränkung auf das Kaufen, Verkaufen bzw. Weiterverkaufen bleibt auch weiterhin das rein industrielle Franchising ohne Vertriebselement aus dem Anwendungsbereich der Freistellung ausgeschlossen. Franchisingverträge fallen somit regelmäßig in den Anwendungsbereich des Art. 2 I VGVO. Die grundsätzliche Anwendbarkeit auf den Franchisevertrag wird durch Art. 2 III VGVO eingeschränkt. Danach ist die VGVO auf Verträge, die ein Lizenzelement enthalten, nur dann anwendbar, wenn die Lizenzierung nicht der primäre Vertragsgegenstand ist. Bezogen auf Franchiseverträge, die auch Lizenzvereinbarungen im Hinblick auf eine Marke, ein Urheberrecht oder Know-how enthalten, kann eine Anwendung dann problematisch sein, wenn der Franchisegeber weder selbst Hersteller der Ware ist und auch keine Lieferanten benannt hat. Aber auch in diesen Fällen ist nicht die Lizenzierung der Hauptvertragsbestandteil, sondern die Überlassung eines Geschäftskonzeptes für den Vertrieb von Waren oder Dienstleistungen.[6] Eine Freistellung vom Verbot des Art. 81 I EG kommt dann in Betracht, wenn zum einen die

---

1 EuGH NJW 1986, 1415, 1416 zu Nr. 15; s. auch *Bunte,* NJW 1986, 1406.

2 So schon EuGH NJW 1986, 1415, 1416 zu Nr. 16 ff.; EG-Komm. NJW 1988, 2459, 2460.

3 Hierzu z. B. *Skaupy* DB 1989, 765; *ders.,* RIW 1988, 86; *Martinek,* Moderne Vertragstypen II, § 18 VI, S. 199 f.

4 *Skaupy* DB 1989, 765.

5 *Metzlaff* BB 2000, 1201, 1202.

6 *Metzlaff* BB 2000, 1201, 1204.

Beschränkungen weder der schwarzen Liste des Art. 4 VGVO angehören, noch als nicht freistellungsfähig im Sinne des Art. 5 VGVO angesehen werden und zum anderen das Unternehmen und die mit ihm verbundenen Unternehmen nicht mehr als 30 % Marktanteil aufweisen, Art. 3 VGVO. Anders als nach der GFVO enthält die VGVO keine „weiße Liste“ von unschädlichen Klauseln, sondern benennt in Art. 4 VGVO schwarze Klauseln („hardcore restrictions“), die als besonders wettbewerbsschädlich angesehen werden. Liegt eine derartige Klausel vor, so entfällt die Freistellung für alle anderen wettbewerbsbeschränkenden Klauseln. Nicht freistellungsfähig sind danach: Preisbindungsklauseln, worunter allerdings nicht Höchstpreisklauseln bzw. Preisempfehlungen fallen (Art. 4 (a) VGVO), Vertriebsbindungen (Art. 4 (b) VGVO), bestimmte Verbote im Rahmen eines selektiven Vertriebsbindungssystems (Art. 4 (c) und (d) VGVO) sowie Ersatzteilverkaufsverbote (Art. 4 (e) VGVO). Sind dagegen nicht freistellungsfähige Klauseln im Sinne des Art. 5 VGVO enthalten, entfällt nicht die Freistellung für alle anderen wettbewerbsbeschränkenden Klauseln, sondern nur für die betroffene Klausel. Nicht freistellungsfähig sind danach Klauseln, die ein Wettbewerbsverbot des Franchisenehmers während der Vertragslaufzeit für mehr als 5 Jahre festlegen (Art. 5 (a) VGVO). Dabei ist jedoch zu beachten, dass Wettbewerbsverbote, die für die Identität und Ruf des Franchisenetzes notwendig sind oder dem Schutz von Know-how dienen, nach Ansicht der Kommission nicht unter Art, 81 I EG fallen.[1] Ebenfalls nicht freistellungsfähig sind Klauseln, die ein nachvertragliches Herstellung-, Bezugs- oder Vertriebsverbot enthalten (Art. 5 (b) VGVO). Für das Franchising ist davon die Ausnahme zu beachten, dass ein Verbot dann zulässig ist, wenn es sich auf die Nutzung bzw. Weitergabe von Know-how bezieht. Franchisenehmer dürfen nicht mehr verpflichtet werden, bestimmte konkurrierende Marken zu führen oder nicht zu führen (Art. 5 (c) VGVO). Die Klauseln, die nach der VGVO wettbewerbsrechtlich unbedenklich sind, unterliegen aber immer noch einer AGB-Kontrolle.[2]

4. Schranken aus §§ 134, 138

F 78 Franchiseverträge können auch wegen **Sittenwidrigkeit nach § 138** nichtig sein. Nichtigkeit kann sich insbesondere für einen nach einem „Schneeball-System“ ausgerichteten Franchisevertrag ergeben,[3] ebenso wenn für eine unerprobte und untaugliche Geschäftsidee eine hohe Lizenzgebühr gefordert wird.[4] Eine Sittenwidrigkeit wegen Knebelung kommt in Betracht, wenn die wirtschaftliche Freiheit des Franchisenehmers über das zur Durchsetzung eines einheitlichen Absatz- und Vertriebssystem mit einheitlichen Qualitätsanforderungen erforderliche Maß hinaus in unzumutbarer und zu missbilligender Weise beeinträchtigt wird.[5] Die Sittenwidrigkeit kann sich aber auch aus einer Vielzahl, den Franchisegeber einseitig begünstigender und den Franchisenehmer übermäßig in seiner wirtschaftlichen Bewegungsfreiheit beschränkenden Bestimmungen ergeben, für die kein angemessener Ausgleich gewährleistet wird.[6] Wettbewerbsbeschränkungen des Franchisenehmers nach Vertragsbeendigung sind nicht sittenwidrig, wenn ihm in analoger Anwendung von § 90 a I 3 HGB (s. Rz F 80) eine Entschädigung zusteht.[7]

---

[1] So ausdrücklich Ziff. 193 II, 157 des Leitlinien- Entwurfes vom Mai 2000.

[2] Vgl. EG-Komm. NJW 1988, 2459, 2461.

[3] S. OLG München NJW 1986, 1880.

[4] LG Karlsruhe NJW-RR 1989, 822.

[5] S. andeutungsweise BGH NJW 1986, 1988, 1989; vgl. auch *Leuzen* RIW 1984, 586, 587; zur Entstehung eines Arbeitsverhältnisses Rz F 101.

[6] BGH NJW 1987, 639.

[7] BGH NJW-RR 1987, 612.

5. Anwendbarkeit der Vorschriften über den Verbraucherkreditvertrag

Auf den Franchisevertrag findet nach § 505 I 1 Nr. 3 das Widerrufsrecht des § 355 Anwendung, wenn darin ausdrücklich oder konkludent die Verpflichtung zum wiederkehrenden Erwerb oder Bezug von Waren des Franchisegebers oder Dritter enthalten ist.[1] Dieses Widerrufsrecht ist jedoch nur anwendbar, wenn der Franchisenehmer Verbraucher im Sinne des § 13 ist, was jedoch regelmäßig nicht zutreffen wird, da der Franchisevertrag und die weiteren zur Durchführung geschlossenen Verträge der gewerblichen und beruflichen Tätigkeit dienen. Lediglich soweit es sich um ein Existenzgründungsdarlehen nicht über 50 000 € handelt, ist das Widerrufsrecht anwendbar (s. § 507).[2] Eine Existenzgründung liegt auch vor beim Aufbau eines neuen, mit dem bisherigen nicht in Zusammenhang stehenden und klar abgrenzbaren Unternehmens.[3] Soweit ein Existenzgründungsdarlehen bis zu 50 000 € gewährt wird, sind die Vorschriften der §§ 358, 359, 492 I-III sowie §§ 494–498 nach § 499 I auch auf das Dienstleistungs-Franchising anwendbar.[4] Das geschäftsbesorgungsvertragliche Element des Franchising (s. Rz F 73) steht einer daneben bestehenden kaufähnlichen Bezugspflicht im Rahmenvertrag nicht entgegen.[5] Ein Widerruf nach § 355 betrifft unmittelbar nur den kreditvertraglichen Teil oder die kaufrechtlichen Bezugsvereinbarungen. Die anderen Bestandteile des Franchisevertrags und andere damit verbundene Verträge können aber nach § 139 unwirksam sein.[6] Auf finanzierte Franchiseverträge ist ebenfalls der in § 359 geregelte Einwendungsdurchgriff anzuwenden, obwohl § 359 in § 505 nicht ausdrücklich genannt ist.[7] Der Einwendungsdurchgriff stützt sich, soweit das Verbraucherschutzrecht zwischen Unternehmern nicht anwendbar ist, auf § 242. **F 79**

6. Anwendbarkeit der §§ 84 ff. HGB

Eine unmittelbare Anwendung der Vorschriften der §§ 84 ff. HGB über den Handelsvertreter auf den Franchisenehmer scheidet aus, da der Franchisenehmer im eigenen Namen und auf eigene Rechnung tätig wird. Eine analoge Anwendung dieser Vorschriften ist generell nicht angebracht, sondern nur bei vergleichbarer Interessenlage im Einzelfall.[8] In Betracht kommt insbesondere eine analoge Anwendung des Entschädigungsanspruchs aus § 90 a I 3 HGB für den Fall eines mit dem Franchisenehmer vereinbarten Wettbewerbsverbots, wenn der Franchisenehmer wirtschaftlich so vom Franchisegeber abhängig ist und dieser in den Vertragsbeziehungen zu den Kunden faktisch so dominiert, dass der Franchisenehmer einem Handelsvertreter vergleichbar schutzbedürftig ist.[9] **F 80**

---

[1] Zum VerbrKrG: BGHZ 97, 351 = NJW 1986, 1988; BGHZ 128, 156, 160 = LM H.6/1995 § 1 VerbrKrG Nr. 1/2 m. Anm. *Pfeiffer;* BGH NJW 1998, 540 = LM H.4/1998 § 7 VerbrKrG Nr. 11 m. Anm. *von Rottenburg.*

[2] Kritisch *Joerges* AG 1991, 325, 332.

[3] BGHZ 128, 156, 162 = NJW 1995, 727; BGH NJW 1998, 540 = LM H.4/1998 § 7 VerbrKrG Nr. 11 m. Anm. *von Rottenburg.*

[4] *Böhner* NJW 1992, 3135, 3136.

[5] A. A. *Martinek* ZIP 1986, 1440, 1448.

[6] BGH NJW 1986, 1988, 1990; 1991, 105; 1995, 721; dazu auch OLG Düsseldorf NJW-RR 1987, 631, 632.

[7] S. auch *Böhner* NJW 1992, 3135, 3137; *Palandt/Weidenkaff* § 505 Rz 16; so schon unter Geltung des AbzG: OLG Schleswig NJW 1988, 3024.

[8] BGH NJW-RR 1987, 612, 613.

[9] BGH NJW-RR 1987, 612, 613.

III. Qualitäts- und Absatzrichtlinien

F 81 Soll der Franchisenehmer durch bestimmte Richtlinien zu Verhaltens- und Qualitätsstandards angehalten werden, durch die der Franchisegeber eine typisierte und gleich bleibende Qualität der unter seinem Namens- und Firmenzeichen angebotenen Waren und Leistungen anstrebt, so können diese Richtlinien auch dadurch zum **Vertragsinhalt** werden, dass sie in Handbüchern oder sonstigen Beschreibungen niedergelegt, dem Franchisenehmer übergeben werden und auf sie im Franchisevertrag Bezug genommen wird.[1] Nicht zulässig ist dabei eine Klausel, die auf die Richtlinien in ihrer jeweils vom Franchisegeber herausgegeben Fassung verweisen, da darin eine „dynamische Verweisung" liegt, die den Franchisegeber zu einer einseitigen Abänderung des Vertrages berechtigt.[2]

F 82 Die Auferlegung der Pflicht zur Einhaltung der Qualitäts- und Absatzrichtlinien des Franchisegebers gehört zum typischen Zweck des Franchisevertrags, soweit sie zur **Sicherung einer einheitlich typisierten und gleichbleibenden Qualität und Erscheinung** der Waren und Dienstleistungen erforderlich sind. Die Richtlinien dürfen jedoch nicht einseitig die Interessen des Franchisegebers verfolgen, sondern müssen auch die unternehmerische Unabhängigkeit des Franchisenehmers berücksichtigen.[3] Die Pflicht zur Beachtung der Richtlinien ist deshalb nur insoweit mit § 307 I, II vereinbar, als sie nicht zu einer Knebelung des Franchisenehmers führt, sondern der Wahrung der einheitlichen Geschäfts- und Absatzziele sowie des Marken- und Qualitätsnamens dient, von denen auch der Franchisenehmer profitiert. Wirksam nach § 307 I, II ist etwa die Pflicht, bestimmte Qualitätsstandards bei der Zubereitung von Speisen zu wahren[4] oder die Pflicht, das Ladengeschäft in der für den Franchisegeber charakteristischen Weise einzurichten oder Werbung nur in der vom Franchisegeber vorgeschriebenen Art zu betreiben. Unwirksam nach § 307 I, II ist dagegen grundsätzlich die Pflicht, Werbung nur mit Zustimmung des Franchisegebers zu betreiben, wenn nicht gleichzeitig ein Anspruch auf Zustimmung bei Einhaltung der vorgeschriebenen Art gegeben ist, da dadurch im Regelfall ohne Not die unternehmerische Freiheit des Franchisenehmers beeinträchtigt wird.[5]

F 83 Bestimmungen über die **Kontrolle der Einhaltung** der Richtlinien durch den Franchisenehmer sind nach § 307 I, II nicht zu beanstanden, soweit sie zur Sicherung der Qualitätsanforderungen und des Markennamens des Franchisegebers erforderlich sind. Darüber hinausgehende Kontrollbefugnisse sind wegen Beeinträchtigung der unternehmerischen Selbstständigkeit des Franchisenehmers grundsätzlich nach § 307 I, II unangemessen, soweit dafür kein sachlich berechtigter Grund besteht.

IV. Bezugsbindung, Alleinvertriebsrecht

1. Bezugsbindungen

F 84 Franchiseverträge sehen vielfach Bezugsbindungen in der Weise vor, dass der Franchisenehmer seine Waren vom Franchisegeber oder durch von diesem be-

---

[1] BGH NJW 1985, 1894, 1895.
[2] OLG München BB 2002, 2521.
[3] S. *Böhner* NJW 1985, 2811; zustimmend auch *Liesegang* BB 1991, 2381, 2382.
[4] Vgl. BGH NJW 1985, 1894: Mc Donald's.
[5] Auch Art. 3 Abs. 1 der VO Nr. 4087/88 sah eine Zustimmung nur zur Art, nicht zum „Ob" der Werbung vor.

stimmte Dritte zu erwerben hat. Neben § 1 GWB und Art. 81 EG (s. Rz F 76, 77) dürfen solche Bezugsbindungen auch nicht nach § 307 I, II unangemessen sein. Sie sind **nach** § 307 I, II nicht zu beanstanden, soweit sie zur Gewährleistung der für das jeweilige Franchising charakteristischen Qualitätsanforderungen und des damit verbundenen Markennamens erforderlich sind. Nicht zu beanstanden ist eine Klausel, wonach der Franchisegeber die Weitergabe von Einkaufsvorteilen an den Franchisenehmer von der Zustimmung seines Lieferanten abhängig macht.[1] Enthält die Bezugsbindung eine Klausel, wonach alle „Vorteile zur Erreichung optimaler Geschäftserfolge" an den Franchisenehmer weiterzuleiten sind, so verpflichtet dies den Franchisegeber in Anwendung der Auslegungsregel des § 305c II zur Weitergabe sämtlicher Einkaufsvorteile.[2] Der Franchisegeber ist auf Grund des Franchisevertrages oder einer von seiner Tochtergesellschaft mit dem Franchisenehmer getroffenen Vereinbarung zur Auszahlung von Einkaufsvorteilen, die die Tochtergesellschaft mit Automobilherstellern ausgehandelt hat und die ihr zugeflossen sind, an den Franchisenehmer jedenfalls dann verpflichtet, wenn der Franchisenehmer in regelmäßigen Abständen über die Höhe aller Sonderkonditionen und Einkaufsvorteile unterrichtet werden und an ihnen „teilnehmen" sollte.[3] Hierfür ist es nicht erforderlich, dass der Franchisegeber dem Franchisenehmer einen solchen Zahlungsanspruch ausdrücklich zugebilligt hat.[4] Das Verbot, andere Waren zu beziehen und zu vertreiben, ist aber **nach** § 307 I, II unangemessen, soweit diese anderen Waren mit dem Franchising in keiner Beziehung stehen oder sonst das Marken- und Qualitätsbild des Franchisegebers nicht gefährden können, denn der Franchisenehmer wird dadurch ohne sachlichen Grund in seiner unternehmerischen Freiheit beeinträchtigt.

2. Alleinvertriebsrecht

Die Garantie eines Alleinvertriebsrechts für den Franchisenehmer ist aus der Sicht des AGB-Rechts nicht zu beanstanden. Unwirksam ist jedoch eine Bestimmung, wonach eine Gebietschutzklausel dann erlischt, wenn der Franchisenehmer im Geschäftsjahr unter einer bestimmten Umsatzvorgabe bleibe, da eine derartige Klausel dazu führen kann, dass der Franchisegeber bereits im ersten Jahr einen anderen/weiteren Franchisenehmer einsetzen kann.[5] **F 85**

V. Treuepflichten

1. Treuepflichten des Franchisenehmers

Durch den Franchisevertrag werden Franchisegeber und Franchisenehmer zu einem besonderen Vertrauensverhältnis verbunden,[6] das beiden Teilen Treuepflichten auferlegt. Der **Franchisenehmer** hat die Geschäftsinteressen des Franchisegebers durch Einhaltung der Qualitäts- und Absatzrichtlinien (s. Rz F 81ff.) zu beachten. **F 86**

---

[1] BGH WM 1999, 694.
[2] BGH NJW-RR 2003, 1448.
[3] BGH NJW 2006, 776.
[4] BGH NJW 2006, 776.
[5] OLG München BB 2002, 2521.
[6] Böhner NJW 1985, 2811.

2. Treuepflichten des Franchisegebers

F 87 Auch der **Franchisegeber** muss die geschäftlichen Interessen des Franchisenehmers beachten. Er darf insbesondere dem Franchisenehmer nicht ein uneingeschränktes Geschäftsrisiko ohne Rücksicht auf eigenes Fehlverhalten auferlegen und muss ihn vor geschäftlichen Fehlinvestitionen bewahren.[1] Die einzelnen Pflichten des Franchisegebers ergeben sich aus einzelnen Vertragstypen, die im Franchisevertrag zu einer Einheit verbunden sind (Rz F 73), aus einer ergänzenden Vertragsauslegung (§ 157) oder aus § 242. Sie brauchen grundsätzlich nicht in den AGB im Einzelnen aufgeführt zu sein. Sie dürfen lediglich nicht ausgeschlossen werden, ebenso wenig die Haftung für sie.[2]

VI. Haftung

F 88 Hinsichtlich der Gewährleistung für Warenlieferungen des Franchisegebers gelten die allgemeinen Grundsätze.[3] Für die Haftung des Franchisegebers s. § 309 Nr. 7 Rz 40 ff.; für die Haftung des Franchisenehmers ist Rz H 1 ff. zu beachten.

VII. Übertragung von Rechten und Pflichten

F 89 Eine Verpflichtung des Franchisenehmers, die Rechte und Pflichten aus dem Vertrag nicht ohne vorherige Zustimmung des Franchisegebers zu übertragen, ist nach § 307 I, II grundsätzlich wirksam, da der Franchisegeber ein berechtigtes Interesse hat, das unkontrollierte Eindringen Dritter in sein Geschäftssystem und die damit verbundene Gefahr einer Verwässerung seiner Qualitätsnormen und seines Namens zu verhindern. Die Zustimmung muss jedoch erteilt werden, soweit ein berechtigtes Interesse des Franchisegebers nicht betroffen ist. Dies gilt auch für die Übertragung des ganzen Handelsgeschäfts des Franchisenehmers, da der Franchisegeber den Franchisenehmer in der Verwertung der von diesem aufgebauten Vermögenswerte nicht ohne berechtigten Grund behindern darf. Zur reinen Forderungsabtretung gelten die allgemeinen Erwägungen (s. Rz A 21 ff.).

VIII. Vertragsbeendigung und Abfindung

1. Laufzeit und Kündigungsrechte

F 90 Bezüglich der **Laufzeit** und **Kündigung** ist § 309 Nr. 9 auf den Franchisenehmer als gewerbetreibenden Unternehmer gemäß § 310 I nicht unmittelbar anzuwenden. Darüber hinaus gehört der Franchisevertrag als Rahmenvertrag mit einer Typenkombination aus verschiedenen Elementen (s. Rz F 73) nicht zu den von § 309 Nr. 9 erfassten Vertragstypen (s. § 309 Nr. 9 Rz 22 ff.). Eine überlange Vertragsbindung des Franchisenehmers kann aber gegen § 307 I, II verstoßen.[4] Der Franchisegeber ist zur **außerordentlichen Kündigung** berechtigt, wenn der Franchisenehmer gegen seine Pflicht zur Einhaltung der Qualitäts- und Absatzrichtlinien des Franchisegebers (s. Rz F 81 ff.) in nachhaltiger Weise verstößt und da-

[1] BAG BB 1980, 1471; s. auch *Leuzen* RIW 1984, 586, 588.
[2] S. allgemein § 309 Nr. 7 Rz 48 ff.
[3] § 309 Nr. 8 a Rz 60 f.; § 309 Nr. 8 b Rz 51 ff.
[4] BGH WM 2004, 144, 149; *Stoffels* DB 2004, 1871; offen gelassen von BGH WM 2000, 629.

durch die Unternehmens- und Absatzziele des Franchisegebers nicht nur unerheblich gefährdet. Da der Franchisenehmer durch die Kündigung regelmäßig in seiner Existenz getroffen wird, muss der Kündigungsgrund ein entsprechendes Gewicht aufweisen, das die Fortsetzung des Vertrags für den Franchisegeber unzumutbar macht.[1] Im Regelfall ist vor Kündigung eine Abmahnung erforderlich.[2] Eine Klausel, die bei wesentlichen und trotz Abmahnung wiederholten Verstößen gegen die Richtlinien ein außerordentliches Kündigungsrecht vorsieht, ist nicht zu beanstanden.[3] Unangemessen ist dagegen eine Klausel, die eine außerordentliche Kündigung unabhängig von einem wichtigen Grund bei einer ernsthaften Störung des Vertrauensverhältnisses zulässt, da eine solche Klausel von der Vorschrift des § 314 abweicht und kein anerkennenswertes Interesse für diese Abweichung erkennbar ist.[4]

2. Abfindung und Rückabwicklung

Da der Franchisenehmer durch die Beendigung des Franchisevertrags regelmäßig seine Existenz verliert, muss ihm, wie dem Vertragshändler (s. Rz V 371), in analoger Anwendung von § 89 b HGB ein **Ausgleichsanspruch** zuerkannt werden.[5] **F 91**
Der Anspruch kann insbesondere bei Vertragsübernahme durch einen Dritten gemäß § 89 b III Nr. 3 HGB ausgeschlossen werden. Eine Bestimmung, wonach im Falle der Kündigung ein Anspruch auf **Rückzahlung der Franchisegebühr** ohne Rücksicht auf die Vertragsdauer und ohne Rücksicht auf den Anlass zur Kündigung ausgeschlossen wird, ist nach § 307 I, II unwirksam, weil dadurch das ursprünglich vereinbarte Verhältnis von Leistung und Gegenleistung erheblich beeinträchtigt wird[6] und darin auch eine Freizeichnung von Schadensersatzansprüchen enthalten ist. Eine Klausel, die den Anspruch des Franchisenehmers auf **Rückkauf des Warenlagers** durch den Franchisegeber ausschließt, ist nach § 307 I, II unwirksam, wenn dem Franchisenehmer nach Beendigung des Vertrags gleichzeitig verboten wird, die Produkte des Franchisegebers weiter zu vertreiben.[7]

IX. Wettbewerbsverbote

Zum Schutze seiner Geschäftsinteressen kann der Franchisegeber dem Franchisenehmer während der Laufzeit des Vertrags und nach dessen Beendigung ein Wettbewerbsverbot auferlegen. **F 92–100**
Darin liegt grundsätzlich kein Verstoß gegen Art. 81 I EG.[8] Auch § 307 I, II wird dadurch nicht generell verletzt. Ein Wettbewerbsverbot ist jedoch grundsätzlich nach § 307 I, II nur insoweit angemessen, als der Franchisevertrag nach seiner Gesamtanlage bei objektiver Würdigung dem Franchisenehmer die geschäftliche Existenz ermöglicht. Auf das Wettbewerbsverbot ist bei wirtschaftlicher Abhängigkeit des Franchisenehmers § 90 a I HGB analog anzuwenden (s. Rz F 110). Auch sind die Grundsätze der §§ 74 ff. HGB als Ausdruck allgemeiner Rechtsgedanken zu berücksichtigen. Wird bei einem Wettbewerbsverbot die analog § 90 a I 3 HGB zu gewährende Entschädigung ausgeschlossen, so ist dies nicht nur

---

1 S. auch *Böhner* NJW 1985, 2811; *Metzlaff/Erdmann,* § 17 Rz 92.
2 *Metzlaff/Erdmann,* § 17 Rz 93.
3 S. BGH NJW 1985, 1894, 1895.
4 BGH BB 2003, 2254.
5 Ebenso *Köhler,* NJW 1990, 1689; *Metzlaff/Erdmann,* § 17 Rz 95.
6 S. dazu § 9 Rz 74; OLG München BB 2002, 2521.
7 BGH NJW 1998, 540 = LM H.4/1998 § 7 VerbrKrG Nr. 11 m. Anm. *von Rottenburg.*
8 EuGH NJW 1986, 1415, 1416 zu Nr. 16.

in analoger Anwendung von § 90 a IV HGB,[1] sondern auch nach § 307 I, II unwirksam.[2]

*

Freizeit-, Kultur- und Sportveranstaltungen

Inhaltsübersicht

Schrifttum: *Ankermann,* Über die Rechte des Konzertbesuchers bei Absage der bekannten Solistin, NJW 1997, 1134; *Fessmann,* Theaterbesuchsvertrag oder wann krieg ich als Zuschauer mein Geld zurück?, NJW 1983, 1164.

1. Vertragstypen

F 101 Der Vertrag, der zwischen dem Veranstalter und dem Besucher einer Freizeit-, Kultur- oder Sportveranstaltung geschlossen wird, stellt einen Werkvertrag dar, der allerdings in Hinblick auf die Pflicht zur Zurverfügungstellung eines Sitz- oder Stehplatzes auch mietvertragliche Elemente aufweist.[3] Soweit der Vertrag nicht nur eine einzelne Veranstaltung betrifft, sondern den regelmäßigen Besuch von Veranstaltungen vorsieht, wie es z. B. bei einem Theaterabonnement der Fall ist, kann ein Dauerschuldverhältnis gegeben sein, nämlich dann, wenn der Leistungsumfang durch die Dauer des Vertrages geprägt ist.[4]

2. Einbeziehung

F 102 Bei Massenveranstaltungen ist ein ausdrücklicher Hinweis auf die AGB nach § 305 II Nr. 1 regelmäßig unzumutbar und deshalb entbehrlich. Zwingend ist dies aber nicht. Werden z. B. Eintrittskarten über das Internet angeboten, so ist es dem Veranstalter ohne weiteres zumutbar, ausdrücklich auf die AGB hinzuweisen.

3. Haftung

F 103 Für die Haftung gelten die allgemeinen Grundsätze. Insbesondere finden die §§ 309 Nr. 7, 307 Anwendung, darüber hinaus aber auch § 309 Nr. 8 b, weil und soweit es um die Erbringung einer Werkleistung geht. Nach § 309 Nr. 7 a unwirksam ist eine Klausel in den AGB eines Konzertveranstalters, die die Haftung für mögliche Hör- und Gesundheitsschäden ausschließt.[5]

---

[1] S. Rz F 110; vgl. auch KG MDR 1974, 144.

[2] OLG München BB 2002, 2521.

[3] Mit Blick auf Konzerte, Theater und Schaustellungen ebenso z. B. *Palandt/Sprau* vor § 631 Rz 25. Speziell zur Oper siehe auch AG Aachen NJW 1997, 2058, 2058: „Werkvertrag mit mietrechtlichem Einschlag bezüglich des Zuschauerplatzes". Speziell zum Konzertbesuch siehe AG Herne NJW 1998, 3651, 3651: „Werkvertrag [. . .] mit mietrechtlichem Einschlag hinsichtlich des Zuschauerplatzes"; AG Passau NJW 1993, 1473, 1473: gemischter Vertrag mit (vorherrschenden) werkvertraglichen und auch mietvertraglichen Elementen.

[4] Zum Begriff des Dauerschuldverhältnisses siehe auch § 309 Nr. 1 Rz 23.

[5] LG München NJW 1991, 1491, 1491 (zu § 11 Nr. 7 AGBG).

4. Verlegung von Veranstaltungen oder Darbietung anderer Veranstaltungen

Klauseln, die es dem Verwender erlauben, die Veranstaltung zu verlegen oder eine andere als die vereinbarte Veranstaltung anzubieten, sind an den §§ 308 Nr. 4, 307 zu messen. **F 104**

a) Uneingeschränkte Änderungsrechte. Ohne weiteres nach § 308 Nr. 4 unzulässig sind solche Klauseln, die das Recht zur Änderung des Leistungsinhalts nicht von einem sachlichen Grund abhängig machen. Die Klausel in den AGB eines Konzertveranstalters, wonach er sich das uneingeschränkte Recht zur **Terminverlegung** vorbehält, verstößt daher gegen § 308 Nr. 4. Sie ist darüber hinaus nach § 307 unwirksam. Dies gilt erst recht dann, wenn sie dem Kartenkäufer trotz Terminverlegung die Rückerstattung der Vergütung versagt. **F 105**

b) Änderungen bei sachlichem Grund. Denkbar sind freilich auch solche Klauseln, die das Recht zur Änderung des Leistungsinhalts vom Vorliegen eines sachlichen Grundes abhängig machen. Als sachliche Gründe kommen z. B. die Erkrankung oder Verhinderung der beteiligten Künstler oder die unverschuldete Nichtverfügbarkeit des Veranstaltungsorts in Betracht. Auch solche Klauseln sind nur dann mit § 308 Nr. 4 vereinbar, wenn die Änderung dem Kunden zumutbar ist. Ob diese Voraussetzung erfüllt ist, hängt von der Ausgestaltung der Klausel sowie von der Art des Vertrages ab. Eine Änderung des **Veranstaltungsorts** ist in der Regel zumutbar, soweit beide Veranstaltungsorte über eine vergleichbare Ausstattung verfügen, für den typischen Kunden in etwa gleichermaßen leicht zu erreichen[1] und auch für ältere und behinderte Besucher in gleicher Weise zugänglich sind. Eine geringfügig längere Fahrzeit von ca. 10–15 Minuten ist in diesem Zusammenhang hinnehmbar. Eine Verlegung des **Veranstaltungstermins** ist in der Regel zumutbar, wenn zu erwarten ist, dass der typische Besucher auch zum Ersatztermin an der Veranstaltung teilnehmen kann. [2] So liegt es z. B. dann, wenn eine Theaterveranstaltung auf den gleichen Wochentag und die gleiche Uhrzeit in einer der folgenden Wochen verschoben wird, nicht aber z. B. dann, wenn eine Abendveranstaltung am Vormittag nachgeholt werden soll. In der Regel wird man die Zumutbarkeit eines Rechts zur Terminverlegung außerdem davon abhängig machen müssen, dass solchen Kunden, denen der Besuch der Veranstaltung zum neuen Termin nicht möglich oder zumutbar ist, ein Anspruch auf **Rückerstattung der Vergütung** eingeräumt wird. Inwieweit über die Änderung des Termins hinaus auch eine Änderung des Inhalts der Veranstaltung, z. B. der Austausch der angekündigten Künstler, zulässig ist, hängt davon ab, ob es dem Besucher typischerweise gerade auf die dem Abänderungsrecht unterliegenden Eigenschaften der zu erbringenden Werkleistung ankommt. Dabei wird im Falle eines Vertrages über den Besuch einer einzelnen Veranstaltung in der Regel weit weniger Spielraum bestehen als bei einem Abonnementvertrag, bei dem der Kunde ohnehin Veranstaltungen unterschiedlichen Inhalts besucht und in der Regel eher am allgemeinen künstlerischen Niveau sowie am generellen Typus der Veranstaltungen als an den konkreten Künstlern oder dem konkreten Inhalt der einzelnen Veranstaltungen interessiert ist. **F 106**

---

[1] Strenger *Ulmer/Hensen* Anh. § 310 Rz 836, dem zufolge die Änderung des Veranstaltungsorts nur innerhalb einer Kleinstadt möglich ist.

[2] Wohl großzügiger, nämlich generell für die Zulässigkeit von Terminverlegungsklauseln *Fessmann* NJW 1982, 1164, 1167 (zu § 9 AGBG).

5. Vertragsdauer und -beendigung

F 107 a) **Vertragsdauer.** Klauseln zur Vertragsdauer sind an § 307 zu messen. Darüber hinaus findet § 309 Nr. 9 Anwendung, sofern ausnahmsweise ein Dauerschuldverhältnis gegeben ist, z. B. bei einem Theaterabonnement. Dass der Vertrag auch mietvertragliche Elemente aufweist, steht der Anwendung des § 309 Nr. 9 nicht entgegen, solange die werkvertraglichen Elemente vorherrschen, was in aller Regel zu bejahen ist. Wenngleich § 309 Nr. 9a nur eine Erstbindungsdauer von mehr als zwei Jahren verbietet, wird man bei Theater- oder Konzertabonnements schon eine Erstbindungsdauer von mehr als einem Jahr regelmäßig als unangemessen im Sinne des § 307 einstufen müssen. Denn entgegen der Rechtsprechung[1] ist § 309 Nr. 9 a keine Wertung des Inhalts zu entnehmen, dass Erstbindungsklauseln, die den Anforderungen des § 309 Nr. 9a gerecht werden, grundsätzlich auch nach § 307 nicht zu beanstanden sind.[2] Vielmehr bedarf es einer eigenständigen Abwägung im Rahmen des § 307.[3] Dabei ist zulasten einer längerfristigen Bindung zu beachten, dass Theater-, Konzert- oder andere Veranstaltungen an bestimmten Tagen und zu bestimmten Urzeiten stattfinden, so dass der Besucher die ihm geschuldete Leistung nur dann in Anspruch nehmen kann, wenn ihm just zu diesen Zeiten ein Besuch möglich ist. In der Regel sind die Verwendungsgegner aber nicht in der Lage, ihre Zeitplanung auf Jahre hinaus im Voraus zu bestimmen.

F 108 b) **Vertragsbeendigung.** Klauseln, die dem Verwender ein Recht zur Vertragsbeendigung einräumen, sind an § 308 Nr. 3 und 8, aber auch an § 307 zu messen.

6. Sonstiges

F 109–120 Eine auf der Eintrittskarte zu einer Konzertveranstaltung abgedruckte Klausel, dass beim Eintritt eine **Sicherheitskontrolle** stattfindet und der Ordnungsdienst angewiesen ist, Leibesvisitationen vorzunehmen, verstößt nach Auffassung des LG Dortmund nicht gegen § 307, da diese Klausel für die Erfüllung der Schutzpflicht des Konzertveranstalters gegenüber den Besuchern ein angemessenes Mittel darstelle.[4] Dem wird man jedoch allenfalls unter der Voraussetzung zustimmen können, dass die Klausel die Zulässigkeit der Leibesvisitation davon abhängig macht, dass konkrete Anhaltspunkte für eine von den Besuchern ausgehende Gefährdung gegeben sind und Leibesvisitationen ein verhältnismäßiges Mittel zur Abwendung dieser Gefährdung darstellen, was nur sehr selten der Fall sein wird.[5] Eine Klausel, der zufolge eine **Rückerstattung des Entgelts** ausscheidet, wenn die Veranstaltung ohne Verschulden des Verwenders ausfällt, ist nach § 307 unwirksam.[6] Nach § 307 II Nr. 1 unwirksam ist auch eine Klausel in einem Konzertbesuchsvertrag, wenn im Falle einer **Konzertabsage** für die Zurücknahme der Eintrittskarten eine Ausschlussfrist von 2 Wochen gesetzt wird, da für eine derart kurze Frist kein anerkennenswertes Bedürfnis besteht.[7]

*

1 S. § 309 Nr. 9 Rz 106–108.
2 S. § 309 Nr. 9 Rz 106–108.
3 S. § 309 Nr. 9 Rz 106–108.
4 LG Halle VuR 1996, 423.
5 Für generelle Unwirksamkeit *Ulmer/Hensen* Anh. § 310 Rz 836.
6 Ebenso *Fessmann* NJW 1982, 1164, 1167 (zu § 9 AGBG); *Ulmer/Hensen* Anh. § 310 Rz 836.
7 LG München NJW 1991, 1491, 1491 (zu § 9 AGBG); *Ulmer/Hensen* Anh. § 310 Rz 836.

Garantievertrag

Inhaltsübersicht

Schrifttum: *Mülbert,* Neueste Entwicklungen des materiellen Rechts der Garantie „auf erstes Anfordern", ZIP 1985, 1101; *ders.*, Missbrauch von Bankgarantien und einstweiliger Rechtsschutz, 1985; *Dahm,* Bankgarantien im internationalen Handel, 1985; *Schünemann,* Defizitäre Garantien, NJW 1988, 1943; *von Westphalen,* Vertragsrecht und AGB-Klauselwerke, Garantieklauseln, Stand: Juli 2000.

1. Allgemeines

Eine Garantievereinbarung zeichnet sich dadurch aus, dass der Garantiegeber **G 1** eine näher bestimmte, in der Regel verschuldensunabhängige Einstandspflicht für einen bestimmten tatsächlichen oder rechtlichen Erfolgt übernimmt. Die Zulässigkeit einer solchen Vereinbarung ergibt sich nicht nur aus dem allgemeinen Grundsatz der Vertragsfreiheit, sondern auch aus § 443 sowie aus § 276 I 1, dem zufolge die Haftung des Schuldners nur dann auf Vorsatz und Fahrlässigkeit beschränkt ist, wenn aus der Übernahme einer Garantie keine strengere Haftung folgt.

a) Terminologie. In Rechtsprechung[1] und Schrifttum[2] wird typischerweise **G 2** zwischen selbstständigen und unselbstständigen Garantien unterschieden. Wenngleich die Terminologie variiert,[3] geht es bei dieser Unterscheidung im Kern um das Verhältnis der vereinbarten Einstandspflicht zu den dispositiven Regeln über die Mängelhaftung. So sieht der BGH das entscheidende Merkmal der unselbstständigen Garantie darin, dass „keine von der gesetzlichen Gewährleistung unabhängigen Ansprüche [...] begründet werden sollten".[4] Diese Definition ist zu-

[1] S. z. B. OLG Frankfurt, Urt. v. 25. 4. 2003, BeckRS 2003, 08835, welches die „unselbstständige Garantie" im Rahmen eines Kaufvertrages als „qualifizierte Zusicherung" versteht.
[2] S. z. B. *Palandt/Weidenkaff* § 443 Rz 4; *Westermann* NJW 2002, 241, 247.
[3] S. den Überblick bei *Bamberger/Faust* § 443 Rz 12.
[4] BGH NJW 1986, 1927, 1927.

mindest dann problematisch, wenn die Parteien des Garantievertrages mit den Parteien des Ausgangsvertrages identisch sind. Denn es ist in diesem Falle eine bloß konstruktive Frage, ob man die Schaffung einer über das Gesetz hinausgehenden Einstandspflicht als bloße Modifikation der gesetzlichen Ansprüche oder als Schaffung neuer Ansprüche versteht. Daher wird zum Teil versucht, den Begriff der unselbstständigen Garantie durch eine noch genauere Definition handhabbar zu machen. Beispielsweise soll nach *Weidenkaff* eine unselbstständige Garantie dann gegeben sein, wenn die Absprache lediglich eine Erweiterung der gesetzlichen Haftung für Mängel durch eine Garantiefrist vorsieht.[1] Vorzugswürdig erscheint es, die Unterscheidung zwischen selbstständiger und unselbstständiger Garantie mangels Ergiebigkeit gänzlich aufzugeben.[2]

G 3 **b) Gesetzliche Regelung.** Das Gesetz enthält nur wenige Regelungen, die sich mit der Garantie befassen. Wie bereits erwähnt, macht § 276 I 1 deutlich, dass durch eine Garantievereinbarung eine strengere als die in dieser Vorschrift vorgesehene Haftung begründet werden kann. Für das Kaufrecht enthält zudem § 443 eine ausdrückliche Regelung der Garantie. Mit Blick auf § 443 ist hervorzuheben, dass von den dort enthaltenen Regelungen im Falle eines Verbrauchsgüterkaufs nur in den von § 475 bestimmten Grenzen abgewichen werden kann. Siehe allerdings auch § 475 III. Im unternehmerischen Verkehr ist § 478 IV, V zu beachten.

G 4 **c) AGB-rechtliche Kontrolle.** Soweit es um die AGB-rechtliche Kontrolle von Garantieklauseln geht, sind drei Konstellationen streng zu unterscheiden:

G 5 **aa) Garantieübernahme durch Verwendungsgegner.** So ist zunächst denkbar, dass die AGB die Übernahme einer Garantie durch den Verwendungsgegner vorsehen. Eine solche Klausel stellt eine **Haftungserweiterung** dar. Sie ist daher an den für Haftungserweiterungen geltenden Maßstäben[3] zu messen. Auch ist darauf zu achten, ob die Klausel den Anforderungen des Transparenzprinzips gerecht wird. Hierfür ist insbesondere erforderlich, dass die Klausel Art und Umfang der übernommenen Haftung hinreichend deutlich erkennen lässt.[4] Insoweit sind hohe Anforderungen zu stellen: Den Anforderungen des Transparenzgebots wird nur dann genügt, wenn die Klausel „im Rahmen des rechtlich und tatsächlich Zumutbaren die Rechte und Pflichten des Vertragspartners des Klauselverwenders so klar und präzise wie möglich umschreibt".[5] Gemäß § 307 I 2 unwirksam ist beispielsweise eine Klause, die lediglich bestimmt, dass der Gesellschafter einer GmbH „garantiemäßig" für die Erfüllung aller Verbindlichkeiten der Gesellschaft aus einem bestimmten Vertrag haften soll.[6] Denn diese Klausel macht nicht hinreichend deutlich, inwiefern der Garantieanspruch vom Bestand der gesicherten Forderung abhängig sein soll.[7] Zwar kommt dann, wenn eine Haftungsübernahme wegen Verstoßes gegen das Transparenzgebot unwirksam ist, grundsätzlich eine ergänzende Vertragsauslegung in Betracht.[8] Denn ein schutzwürdiges Interesse des Garanten, wegen einer intransparenten Garantieerklärung von jedweder Haftung freizuwerden, ist grundsätzlich nicht anzuerkennen.[9] Doch scheitert eine ergänzende Ver-

[1] S. z. B. *Palandt/Weidenkaff* § 443 Rz 4.
[2] Zutreffend *Bamberger/Faust* § 443 Rz 12.
[3] Zu den für Haftungserweiterungsklauseln geltenden Maßstäben s. Anh. § 310 Rz H 1 ff.
[4] BGH NJW 2006, 996, 998.
[5] BGH NJW 2006, 996, 998 (zur Übernahme einer „garantiemäßigen" Haftung). Wortgleich, allerdings nicht zu einer Haftungsklausel, BGH NJW 2004, 1598, 1600.
[6] BGH NJW 2006, 996, 998.
[7] BGH NJW 2006, 996, 998.
[8] BGH NJW 2006, 996, 998.
[9] Zumindest mit Blick auf die von einem Gesellschafter für Verbindlichkeiten der Gesellschaft übernommene Garantie ebenso BGH NJW 2006, 996, 998.

tragsauslegung dann, wenn unterschiedliche Gestaltungsmöglichkeiten in Betracht kommen, ohne dass erkennbare wäre, welche die Parteien gewählt hätten.[1]

bb) Pflicht des anderen Teils zur Beschaffung einer Garantie. Möglich ist auch, dass die Klausel den Verwendungsgegner verpflichtet, die Garantieerklärung eines Dritten zu beschaffen. Eine solche Klausel ist anhand von § 307 auf ihre Angemessenheit zu überprüfen. In der Regel ist sie nach § 307 unangemessen. Auch wird die Klausel meist überraschend im Sinne des § 305 c I sein. **G 6**

cc) Garantieübernahme durch Verwender. Schließlich ist vorstellbar, dass der Verwender in seinen AGB oder in einer Individualabrede eine Garantie übernimmt. Diese Konstellation, also die Verwendergarantie, ist es, die im Folgenden näher erörtert werden soll. **G 7**

2. Auslegung der Verwendergarantie.

Die Auslegung der Klauseln des Garantievertrags richtet sich nach den §§ 133, 157, 305 c II. **G 8**

a) Beschränkung gesetzlicher Ansprüche. Bei einer Garantieklausel ist sorgsam darauf zu achten, ob diese nicht dahingehend verstanden werden kann, dass die nach dem dispositiven Recht bestehende Haftung des Verwenders ausgeschlossen oder beschränkt wird. **G 9**

aa) Auslegung als Haftungsbeschränkung. Kann auch nach Ausschöpfung aller Auslegungskriterien nicht ausgeschlossen werden, dass die Klausel auf eine Beschränkung der gesetzlichen Haftung abzielt, so muss sich die Klausel an den für Haftungsausschlüssen und -beschränkungen geltenden Grundsätzen[2] messen lassen. Denn nach § 305 c II ist im Zweifel diejenige Auslegung zu Grunde zu legen, die für den Verwendungsgegner günstiger ist, und das ist die Auslegung, die zur Unwirksamkeit der Klausel führt. Die praktische Bedeutung dieser Aussage kann kaum überschätzt werden. Denn nach zutreffender Auffassung des BGH wird der rechtsunkundige Käufer den in einem Kaufvertrag enthaltenen „Garantiebedingungen eine Beschränkung seiner Ansprüche auf die dort genannten Rechte entnehmen".[3] Entsprechendes soll nach der allerdings wenig überzeugenden Rechtsprechung wohl selbst dann anzunehmen sein, wenn die AGB bestimmen, dass „die gesetzlichen Gewährleistungsansprüche [...] durch die vorstehenden Bedingungen nicht berührt" werden.[4] Allerdings kommt im letzteren Falle bei unübersichtlicher Gestaltung der AGB ein Verstoß gegen das Transparenzprinzip (§ 307 I 2) in Betracht (s. Rz G 11). **G 10**

bb) Intransparenz. Anders liegen die Dinge dann, wenn die Klausel zwar bei sachgerechter Auslegung nicht im Sinne einer Beschränkung der Gewährleistungsrechte ausgelegt werden kann, wohl aber infolge ihrer unklaren Formulierung für den rechtlich nicht gebildeten Kunden die Gefahr eines entsprechenden Missverständnisses birgt. In diesem Falle liegt zwar keine Haftungsbeschränkung vor, die die Klausel unwirksam machen könnte, wohl aber ein Verstoß gegen das Transparenzgebot.[5] Weder eine Auslegung im Sinne einer Haftungsbeschrankung noch die Annahme eines Transparenzverstoßes kommt aber grundsätzlich dann in Betracht, wenn eine Klausel bestimmt: „Zusätzlich zu den oben wiedergegebenen **G 11**

---

[1] BGH NJW 2006, 996, 998.

[2] S. insbesondere § 309 Nr. 7 Rz 90 ff.

[3] BGH NJW 1981, 867, 868.

[4] BGH NJW 1981, 867, 869. Möglicherweise erblickt der BGH in diesem Zusatz aber auch nur einen Verstoß gegen das Transparenzgebot.

[5] So wohl auch *von Westphalen*, Vertragsrecht und AGB-Klauselwerke, 2000, Garantieklauseln, Rz 25.

Gewährleistungspflichten leisten wir – nach Wahl des Käufers/Werkbestellers – Garantie in folgender Weise [...]."[1]

G 12 **b) Sonstiges.** Geht aus einem von einem Kfz-Händler unterzeichneten Vertrag nicht deutlich hervor, ob der Händler oder ein Dritter Garantiegeber sein soll, so ist zu beachten, dass **§ 305 c II** nicht zulasten des Dritten ins Feld geführt werden kann, weil dieser nicht Verwender ist.[2] Allerdings ist ein allgemeiner Grundsatz des Inhalts, dass § 305 c II nicht zu Lasten Dritter ins Feld geführt werden darf, nicht anzuerkennen. Vielmehr muss der Dritte sich § 305 c II entgegenhalten lassen, wenn eine vom Verwender gestellte Klausel zugunsten des Dritten vom dispositiven Recht abweicht.[3] Die Anrechnungsklausel einer **Hermesgarantie,** wonach nachträgliche Zahlungen nach dem Garantiefall auf Forderungen außerhalb des Garantierahmens von der garantierten Forderung anteilig abgezogen werden, ist grundsätzlich dahin auszulegen, dass sie sich nur auf solche Forderungen außerhalb der Garantie erstreckt, die aus der Geschäftsbeziehung mit dem gleichen Schuldner wegen desselben Leistungsgegenstands aus dem Garantiezeitraum stammen.[4] Eine Klausel **„Gewährleistung ist gegeben"** in einem Gebrauchtwagenkaufvertrag kann nicht schon deshalb im Sinne einer Garantieübernahme verstanden werden, weil die kaufrechtliche Mängelhaftung in Verbraucherverträgen nach neuem Recht weitgehend zwingend ist;[5] vielmehr ist eine solche Regelung regelmäßig nur dahingehend auszulegen, dass ein stillschweigender Gewährleistungsausschluss nicht in Betracht kommen soll. Eine Klausel, der zufolge „Ansprüche aus einem Garantiefall" sechs Monate nach Schadenseintritt, spätestens aber sechs Monate nach Ablauf der Garantiezeit verjähren, ist nach § 305 c II dahingehend auszulegen, dass sie sich lediglich auf Primäransprüche bezieht, also solche Schäden nicht erfasst, die dem Garantienehmer dadurch entstehen, dass der Garantiegeber mit der Erfüllung seiner Verpflichtung aus dem Garantievertrag in Verzug gerät.[6]

3. Kontrollfähigkeit

G 13 Problematisch ist die Kontrollfähigkeit der Klauseln eines Garantievertrages. Insofern ist zu differenzieren.

G 14 **a) Transparenz.** Gemäß § 307 III 2 stets möglich ist eine Kontrolle von Garantieklauseln am Maßstab des Transparenzprinzips, § 307 I 2.

G 15 **b) Inhaltskontrolle.** Eine über das Transparenzprinzip hinausgehende Kontrolle ist nach § 307 III 1 nur unter der Voraussetzung eröffnet, dass eine Abweichung vom dispositiven Recht vorliegt. An einer Abweichung vom dispositiven Recht fehlt es grundsätzlich insoweit, als eine Vereinbarung lediglich die vertraglichen Hauptleistungspflichten der Parteien festlegt.[7] Allerdings besteht Einigkeit, dass dieser Grundsatz mit Zurückhaltung anzuwenden ist. § 307 III 1 „gilt nur für die Beschreibung des unmittelbaren Leistungsgegenstands",[8] nicht dagegen für Regelun-

---

1 *Von Westphalen,* Vertragsrecht und AGB-Klauselwerke, 2000, Garantieklauseln, Rz 9.

2 BGH NJW-RR 2003, 926, 927 (zu § 5 AGBG).

3 Vgl. auch die – allerdings teilweise abweichende – Diskussion unter § 305 c Rz 126.

4 BGH ZIP 1983, 184, 185.

5 In diesem Sinne auch OLG Stuttgart, Urt. v. 31. 1. 2005, Az: 5 U 153/04, BeckRS 2005 02345, unter II.C.II.1. Allerdings bestand dort die auch vom Gericht hervorgehobene Besonderheit, dass nach den dem Vertrag beigefügten allgemeineren AGB die Gewährleistungshaftung ausgeschlossen sein sollte, so dass der Hinweis auf das Bestehen der Gewährleistung schon aus diesem Grunde nicht überflüssig war.

6 OLG Karlsruhe, Urt. v. 22. 9. 2004, Az: 14 U 173/03, BeckRS 2005-00176, unter II.3.

7 S. nur BGH NJW 1993, 2369, 2369 (zu § 8 AGBG); BGH NJW 1991, 1013, 1014 (zu § 8 AGBG); OLG Nürnberg NJW 1997, 2186, 2186 (zu § 8 AGBG).

8 BGH NJW-RR 1991, 1013, 1014 (zu § 8 AGBG).

gen, die „die Leistungspflicht des Verwenders einschränken“[1] oder modifizieren.[2] Dementsprechend unterliegen AGB insbesondere dann der Inhaltskontrolle, wenn „sie anordnen, dass der Verwender unter bestimmten Voraussetzungen die versprochene Leistung nur modifiziert oder überhaupt nicht zu erbringen“ hat.[3] Fraglich ergibt sich das Problem, wie diese Grundsätze im Falle der Garantieerklärung anzuwenden sind. Namentlich stellt sich die Frage, welche Teile einer Garantieerklärung den Inhalt der versprochenen Leistung festlegen und welche Bestimmungen diesen Inhalt modifizieren.

aa) Rechtsprechung. In der Rechtsprechung sind unterschiedliche Ansätze für eine Differenzierung zwischen kontrollfähigen und kontrollfreien Haftungsregelungen zu finden. **G 16**

α) **BGH.** Der BGH scheint insofern zu differenzieren zwischen solchen Garantieerklärungen, die bloß einen unselbstständigen Teil eines anderen Vertrages darstellen, und solchen Garantien, die Gegenstand eines selbstständigen Vertrages sind. So hat der BGH den entscheidenden Grund für die Kontrollfähigkeit der die Garantiehaftung begrenzenden Klauseln in einer Entscheidung aus dem Jahre 1991 wohl darin gesehen, dass die einschlägigen Regelungen Teil eines selbstständigen Garantievertrages waren.[4] Dem fraglichen Urteil lag folgender Sachverhalt zugrunde: Die Beklagte vertrieb Verschleißschutzprodukte für Kfz, die insbesondere von Kfz-Händlern genutzt wurden.[5] Die Kfz-Händler überreichten Käufern gebrauchter Kfz eine Urkunde, auf deren Vorderseite es unter anderem hieß: „Garantieleistung für G-Produkte bis 7500 DM ein Jahr Reparaturkosten-Übernahme an den unten gekennzeichneten Aggregaten laut umseitig stehenden Bedingungen. [...] Ihr Händler hat bereits die Erst-Behandlung für die geschützten Aggregate mit den G-Produkten vorgenommen. [...] Weil wir auf die schadensverhütende Wirkung vertrauen, geben wir Ihnen für unsere Produkte über die gesetzliche Gewährleistung hinaus die G-Garantie. Diese schützt Sie vor unvorhergesehenen Kosten, falls während der Garantiezeit die behandelten Aggregate repariert werden müssen.“[6] Die Rückseite des Formulars enthielt zahlreiche Regelungen, die die Haftung der Beklagten aus der Garantie wieder begrenzen sollten.[7] Der Preis für die Verschleißschutzprodukte, mit denen das verkaufte Fahrzeug bereits behandelt worden war und die darüber hinaus dem Käufer für zwei Folgebehandlungen von dem Autohändler ausgehändigt wurden, sowie für die von der Bekl. übernommene Garantie waren in dem von dem Kraftfahrzeughändler geforderten Kaufpreis für den Gebrauchtwagen enthalten.[8] Zur Kontrollfähigkeit der haftungsbegrenzenden Regelungen führte der BGH aus, die Beklagte schließe unter Einschaltung des beauftragten Fahrzeughändlers mit dem Fahrzeugkäufer nicht nur einen Kaufvertrag über die von ihr vertriebenen Verschleißschutz-Produkte, sondern daneben einen Garantievertrag.[9] Durch diesen verpflichte sie sich, Reparaturkosten zu übernehmen, wenn innerhalb der Garantiezeit Schäden an den produktgeschützten Aggregaten auftreten.[10] Damit seien die Voraussetzungen und **G 17**

---

[1] BGH NJW-RR 1991, 1013, 1014 (zu § 8 AGBG). Im Ergebnis ebenso OLG Nürnberg NJW 1997, 2186, 2186 (zu § 8 AGBG).

[2] BGH NJW 1993, 2369, 2369 (zu § 8 AGBG): „Klauseln, die das Hauptleistungsversprechen einschränken, verändern, ausgestalten oder modifizieren, sind [...] inhaltlich zu kontrollieren.“

[3] BGH NJW-RR 1991, 1013, 1014 (zu § 8 AGBG).

[4] BGH NJW-RR 1991, 1013, 1014 (zu § 9 AGBG).

[5] BGH NJW-RR 1991, 1013, 1014 (zu § 9 AGBG).

[6] BGH NJW-RR 1991, 1013, 1014 (zu § 9 AGBG).

[7] BGH NJW-RR 1991, 1013, 1014 (zu § 9 AGBG).

[8] BGH NJW-RR 1991, 1013, 1014 (zu § 9 AGBG).

[9] BGH NJW-RR 1991, 1013, 1014 (zu § 9 AGBG).

[10] BGH NJW-RR 1991, 1013, 1014 (zu § 9 AGBG).

Rechtsfolgen der Garantieverpflichtung in der Hauptsache beschrieben.[1] Dass die Bekl. von ihrer Leistungspflicht unter gewissen Voraussetzungen wiederum frei sein soll, schränke das gegebene Versprechen ein; insoweit liege keine der Inhaltskontrolle entzogene Leistungsabrede, sondern eine Nebenabrede dazu vor.[2]

G 18 β) **OLG Nürnberg.** Das OLG Nürnberg hat demgegenüber in einem anderen Fall darauf abgestellt, ob die Einschränkungen „dem jeweiligen Schutzzweck der AGB [sic] und den **berechtigten Erwartungen der Kunden** widersprechen".[3] Auch will das OLG Nürnberg die **Formulierung der Klausel** berücksichtigen. Eine Klausel, der zufolge es „Voraussetzung" für den Garantieanspruch des Kunden sei, dass dieser die Inspektion und Wartungsmaßnahmen wie vorgeschrieben durchführen lasse, stelle „eine typische Anspruchsvoraussetzung", nicht aber einen „rechtsvernichtenden Einwand des Garantiegebers und damit eine Einschränkung des Hauptleistungsversprechens" dar.[4]

G 19 **bb) Stellungnahme.** Richtigerweise ist zu differenzieren:

G 20 α) **Vorgaben des dispositiven Rechts.** Keine Schwierigkeiten ergeben sich insoweit, als das dispositive Recht Regelungen bereit hält, die im Falle einer Garantieerklärung eingreifen. Man denke beispielsweise an § 443 II, dem zufolge im Falle einer Haltbarkeitsgarantie vermutet wird, dass ein während der Geltungsdauer auftretender Sachmangel die Rechte aus der Garantie begründet. Eine Klausel, die zum Nachteil des Verbrauchers von dieser Vermutung abweicht, ist ohne weiteres kontrollfähig und verstößt, da es sich bei § 443 II um eine Regelung der Beweislast handelt, gegen § 309 Nr. 12. Im Falle eines Verbrauchsgüterkaufs ist sie außerdem nach § 475 I unbeachtlich. Im unternehmerischen Verkehr ist § 478 IV, V zu beachten.

G 21 β) **Keine dispositiven Regelungen.** Das Gesetz überlässt es freilich im Wesentlichen den Parteien, den Inhalt eines Garantievertrags festzulegen. Auch in diesem Falle muss zwischen einer kontrollfreien Inhaltsbeschreibung und einer der Inhaltskontrolle unterworfenen Einschränkung oder Modifizierung der Leistung unterschieden werden. Mit dem OLG Nürnberg auf die Formulierung der Klausel abzustellen (s. Rz G 18), ist verfehlt. Denn die Tatsache, dass eine Klausel als Anspruchsvoraussetzung und nicht als Einwendung formuliert ist, spielt für die Schutzwürdigkeit des Verwendungsgegners keine Rolle. Auch ist es wenig plausibel, dass die Kontrollfähigkeit der Klausel allein vom Formulierungsgeschick des Verwenders abhängig sein soll. Dem OLG Nürnberg ist jedoch insoweit zuzustimmen, als es auf die **berechtigten Erwartungen des Verwendungsgegners** abstellt. Richtigerweise wird man die Kontrollfähigkeit einer Klausel ganz allgemein dann bejahen können, wenn sie die Haftung des Garantiegebers in einer Weise einschränkt, die den berechtigten Erwartungen des anderen Teils entgegenläuft.[5] Damit bleibt die Frage, wie diese Erwartungen zu bestimmen sind.

---

[1] BGH NJW-RR 1991, 1013, 1014 (zu § 9 AGBG).

[2] BGH NJW-RR 1991, 1013, 1014 (zu § 9 AGBG).

[3] OLG Nürnberg NJW 1997, 2186, 2186 (zu § 8 AGBG). Auch *von Westphalen,* Vertragsrecht und AGB-Klauselwerke, 2000, Garantieklauseln, Rz 11, scheint dem Wortlaut der Klausel entscheidende Bedeutung beizumessen, wenn er betont, dass eine kontrollfähige Einschränkung der vom Garantiegeber geschuldeten Leistung gegeben sei, „wenn eine Klausel als „Garantiebegrenzung" niedergelegt" werde.

[4] OLG Nürnberg NJW 1997, 2186, 2186 (zu § 8 AGBG).

[5] *Palandt/Heinrichs* § 307 Rz 57. Ähnlich wie hier auch OLG Nürnberg NJW 1997, 2186, 2186, das für die Kontrollfähigkeit darauf abstellen will, ob die Einschränkungen „dem jeweiligen Schutzzweck der AGB [sic] und den berechtigten Erwartungen der Kunden widersprechen". Zumindest für den Fall der Herstellergarantie möchte auch *von Westphalen,* Vertragsrecht und AGB-Klauselwerke, 2000, Garantieklauseln, Rz 24, darauf abstellen, ob „die AGB-Klauseln der Herstellergarantie die berechtigten Erwartungen des Kunden, die dieser legitimerweise mit einer ‚Garantie' verbindet, nicht beachten und hierzu in Widerspruch stehen."

αα) **Individualabreden.** Maßgeblich für die berechtigten Erwartungen des Verwendungsgegners sind zunächst etwaige Individualabreden. Klauseln, die Individualabreden im engeren Sinne zuwiderlaufen, sind schon nach § 305 b unbeachtlich und darüber hinaus unangemessen im Sinne des § 307 (s. Rz G 27). Aber auch, wenn kein Widerspruch im engeren Sinne zwischen den haftungsbegrenzenden Klauseln und den Individualabreden gegeben ist, vermögen Letztere die berechtigten Erwartungen des Verwendungsgegners in einer Weise zu prägen, die die Kontrollfähigkeit haftungsbegrenzender Klauseln begründet. **G 22**

ββ) **Gesamtschau.** Es kommt jedoch nicht nur auf Individualabreden, sondern auf das gesamte Verhalten des Garantiegebers an, wie es die andere Partei verstehen durfte. Dies entspricht der Wertung des § 443 I, der auch die in der einschlägigen Werbung getätigten Aussagen für maßgeblich erklärt. Generell ist nach dem Rechtsgedanken des § 305 b davon auszugehen, dass der Verwendungsgegner einem Verhalten des Verwenders umso mehr Gewicht beimessen darf, je stärker das Verhalten auf den konkreten Vertrag bezogen ist. Dies soll freilich nicht bedeuten, dass die **Verkehrsanschauung** unberücksichtigt bleiben könnte. Vielmehr kommt es bei der Bestimmung der berechtigten Erwartungen auch auf den „verkehrstypischen und vom Kunden nach Treu und Glauben zu erwartenden Deckungsumfang" an.[1] Außerdem sind die gesetzlichen Wertungen zu berücksichtigen. Unangemessen und daher unwirksam ist z. B. eine Klausel in den Garantiebedingungen eines Gebrauchtwagenverkäufers, die die Kostenerstattung davon abhängig macht, dass eine Reparatur bereits erfolgt ist. Denn diese Klausel „stellt eine Abweichung von der gesetzlichen Grundwertung dar, wonach Schadens- und Aufwendungsersatz unabhängig davon zu gewähren ist, ob eine Reparatur tatsächlich durchgeführt wird",[2] und läuft daher den berechtigten Erwartungen des Käufers zuwider. **G 23**

γγ) **Erklärungen in AGB.** Besonders hervorzuheben ist darüber hinaus, dass die berechtigten Erwartungen des Verwendungsgegners auch von formularmäßig abgegeben Erklärungen geprägt sein können. In diesem Falle muss aber besonders begründet werden, warum sich die berechtigten Erwartungen des Kunden nicht umgekehrt an den die Haftung einschränkenden Klauseln orientieren sollen. Mit anderen Worten, berechtigte Erwartungen des Kunden auf den Umfang der Garantiehaftung kommen bei einer durch AGB begründeten Haftung nur insofern in Betracht, als der Kunde seine Erwartungen berechtigterweise vorrangig an den die Haftung begründenden Klauseln ausrichten durfte. Die Kontrollfähigkeit haftungsbegrenzender Klauseln kann demnach z. B. dann zu bejahen sein, wenn ein Garantieformular auf der Vorderseite den Garantieumfang in wenigen Worten umreißt und diese auf der Vorderseite versprochene Garantie erst auf der Rückseite zahlreichen Einschränkungen unterwirft, mag auch die Vorderseite schon einen Verweis auf die Rückseite enthalten.[3] Demgegenüber muss eine über das Transparenzprinzip hinausgehende Kontrolle in aller Regel ausscheiden, soweit der Verwender die Garantiehaftung überhaupt erst in seinen AGB übernimmt und die die Garantiehaftung begrenzenden Klauseln nicht minder deutlich hervorgehoben sind als die die Haftung begründenden Klauseln.[4] **G 24**

---

[1] Für die Berücksichtigung des „verkehrstypischen und vom Kunden nach Treu und Glauben zu erwartenden Deckungsumfang[s]" auch OLG Nürnberg NJW 1997, 2186, 2186 (zu § 8 AGBG).

[2] Insoweit zutreffend LG Düsseldorf, Urt. v. 15. 10. 2004, Az: 20 S 109/04, BeckRS 2006-02900 unter II.3., das ebenfalls die Unangemessenheit der Klausel bejaht.

[3] So lag es in der Entscheidung BGH NJW 1991, 1013, 1014 (zu § 8 AGBG), weshalb der BGH die Kontrollfähigkeit letztlich zu Recht bejaht hat.

[4] So lag es möglicherweise in OLG Nürnberg NJW 1997, 2186, 2186 (zu § 8 AGBG).

4. Vergütung

G 25 Eine Klausel, der zufolge die einem Baubetreuer für die Vermietung des Bauobjekts und die Übernahme einer Mietgarantie vereinbarte Vergütung diesem auch dann zustehen soll, wenn der Bauherr diese Leistungen einverständlich nicht in Anspruch nimmt, benachteiligt den Bauherrn entgegen den Geboten von Treu und Glauben unangemessen und ist daher unwirksam.[1]

5. Freizeichnung von der Garantiehaftung

G 26 Oftmals wird der Garantiegeber versucht sein, seine durch eine Garantievereinbarung begründete Einstandspflicht formularmäßig zu begrenzen. Dabei sind zwei Konstellationen zu unterscheiden:

G 27 **a) Individualvertraglicher Haftungsumfang.** Denkbar ist zunächst, dass eine Klausel zulasten des Verwendungsgegners vom individualvertraglich vereinbarten Haftungsumfang abweicht. In diesem Fall scheitert die Haftungsbegrenzung bzw. der Haftungsausschluss schon an § 305 b. Überdies täuscht die Klausel über den eigentlichen Haftungsumfang, der sich wegen § 305 b nach der Individualabrede richtet, so dass die Klausel auch nach § 307 unwirksam ist. Die praktische Relevanz dieser Konstellation ist erheblich. Speziell im Kaufrecht wird es häufig vorkommen, dass der in der Garantieerklärung zum Ausdruck kommende Wille des Verkäufers, so wie ihn der Käufer verstehen darf (§§ 133, 157, 305 c II), darauf gerichtet ist, die Gewähr für das Vorhandensein einer Eigenschaft zu übernehmen und für alle Folgen ihres Fehlers einzustehen. Nach früherem Recht war in diesem Falle eine Zusicherung im Sinne des § 459 II a.F. anzunehmen.[2] Die Folge war, dass der Verkäufer nach § 463 a.F. uneingeschränkt haftete. Eine Klausel, die diese Haftung auszuschließen oder zu begrenzen suchte, war schon nach § 11 Nr. 11 AGBG unwirksam. Und auch im Geschäftsverkehr mit Unternehmern wurden entsprechende Klauseln als unwirksam eingestuft.[3] Wenngleich § 11 Nr. 11 ersatzlos gestrichen worden ist, hat sich an diesen Grundsätzen im Ergebnis nichts geändert. Wenn der Verkäufer zum Ausdruck bringt, dass er die Gewähr für das Vorhandensein einer Eigenschaft übernehmen und für alle Folgen ihres Fehlers einstehen will, so liegt nach neuem Recht eine Garantie im Sinne des § 443 I vor. Eine Klausel, die die Haftung aus dieser Garantie einzuschränken oder zu begrenzen versucht, scheitert nach dem oben Gesagten nicht nur an § 305 b, sondern auch an § 307. Dies bleibt trotz der Regelungen zum Verbrauchsgüterkauf bedeutsam. Zwar nennt § 475 I auch § 443 unter denjenigen Vorschriften, von denen vor Mitteilung des Mangels nicht zum Nachteil des Verbrauchers abgewichen werden darf. Doch nimmt § 475 III den Anspruch auf Schadensersatz ausdrücklich vom Abweichungsverbot aus.

G 28 **b) Kein Widerspruch zur Individualabrede.** Denkbar ist freilich auch, dass ein Widerspruch zur Individualabrede nicht festzustellen ist, z. B. deshalb, weil der Inhalt der Garantiehaftung überhaupt nur formularmäßig konkretisiert wird. Wie oben betont wurde, kann auch in diesem Falle eine Inhaltskontrolle jenseits des Transparenzprinzips in Betracht kommen, nämlich dann, wenn die haftungsbegrenzende Klausel den berechtigten Erwartungen des Kunden zuwiderläuft oder von den Vorschriften des dispositiven Rechts, z. B. § 443 II, abweicht (s. Rz G 20, 23 f). Fehlt es an einem Widerspruch zu einer individualvertraglichen Abmachung,

---

[1] BGH NJW 1984, 2162, 2163 (zu § 9 AGBG).
[2] S. zu dieser Definition der Zusicherung z. B. BGH NJW 1996, 1337, 1338.
[3] S. nur *Ulmer/Hensen*, 9. Aufl., § 11 Nr. 11 AGBG Rz 22: entsprechende Anwendung des § 11 Nr. 11 AGBG.

so kann allerdings nicht ohne weiteres von der Unwirksamkeit der die Garantiehaftung begrenzenden Klausel ausgegangen werden. Im Einzelfall kann sich die Unwirksamkeit aus den besonderen Klauselverboten ergeben. Beispielsweise verstößt eine Klausel, die von der Beweislastregelung des § 443 II abweicht, gegen § 309 Nr. 12 (s. Rz G 20). Soll die Unwirksamkeit einer die Garantiehaftung begrenzenden Klausel jedoch mit § 307 begründet werden, bedarf es einer Abwägung der beiderseitigen Belange. Namentlich gilt es zu klären, ob die Abweichung von den berechtigten Erwartungen des Kunden durch besondere Interessen des Verwenders gerechtfertigt wird. Dabei gelten folgende Grundsätze:

aa) Nichteinhaltung von Garantiebedingungen. Grundsätzlich unwirksam ist eine Klausel, der zufolge jede Nichteinhaltung der Garantiebedingungen die Haftung des Garantiegebers entfallen lässt. Denn es benachteiligt den Verwendungsgegner im Regelfall unangemessen, wenn die Garantiehaftung auch in solchen Fällen entfällt, in denen kein Ursachenzusammenhang zwischen dem Obliegenheitsverstoß des Verwendungsgegners und einem etwaigen Schaden besteht.[1] Eine Ausnahme wird man aber unter Umständen dann machen müssen, wenn das schutzwürdige Interesse des Verwenders an der Einhaltung der Garantiebedingungen nicht nur darin besteht, etwaigen Schadensfällen vorzubeugen. Nicht zu beanstanden ist beispielsweise eine Klausel in einem Neuwagenkaufvertrag, der zufolge die Garantiehaftung entfällt, wenn Inspektionen nicht von autorisierten Vertragshändlern vorgenommen werden.[2] Denn eine solche Klausel soll nicht nur einer mangelhaften Vornahme von Reparaturen vorbeugen, sondern verfolgt außerdem in erkennbarer Weise den Zweck, den autorisierten Vertragshändlern ein Einkommen zu sichern.[3] Eine entsprechende Klausel verstößt daher nicht gegen § 307, und die Berufung des Garantiegebers auf die Klausel ist selbst dann nicht rechtsmissbräuchlich, wenn der Schaden im konkreten Fall nicht auf der Obliegenheitsverletzung beruht.[4] **G 29**

bb) Irreführung über Risiken. Enthält die Vorderseite eines den Verkauf von Verschleißschutzprodukten begleitenden Garantievertrages die Aussage, dass bereits der Kfz-Händler die Erstbehandlung mit dem Verschleißschutzprodukt vorgenommen habe, so ist eine Klausel auf der Rückseite, nach der die Haftung des Garantiegebers entfallt, wenn die die Erstbehandlung nicht ordnungsgemäß durchgeführt wurde, nach Auffassung des BGH unangemessen.[5] Denn erstens sei das relevante Fehlverhalten vom Verwendungsgegner nicht beeinflussbar, und zweitens könne der Verwendungsgegner aufgrund der genannten Aussage auf der Vorderseite der Urkunde davon ausgehen, dass die Erstbehandlung wie vorgesehen erfolgt **G 30**

[1] So BGH NJW-RR 1991, 1013, 1015 (zu § 9 AGBG) zu einer Klausel, nach der die Garantiehaftung unter anderem dann entfallen sollte, wenn vorgeschriebene Inspektionen nicht vorschriftsmäßig durchgeführt wurden. Der BGH hielt die Klausel darüber hinaus zu Recht auch deshalb für unwirksam, weil sie auch solche Fälle erfassen sollte, in denen schon der Händler, dessen sich der Garantiegeber beim Vertragsschluss bediente, die relevanten Inspektionen verpasst hatte. Für Unangemessenheit, wenn die Haftung selbst bei fehlender Schadensursächlichkeit entfallen soll, auch LG Düsseldorf, Urt. v. 15. 10. 2004, Az: 20 S 109/04, BeckRS 2006-02900 unter II.1.a; *von Westphalen,* Vertragsrecht und AGB-Klauselwerke, 2000, Garantieklauseln, Rz 11.

[2] OLG Nürnberg NJW 1997, 2186, 2186 (zu § 8 AGBG). In BGH NJW-RR 1991, 1013, 1015 (zu § 9 AGBG) thematisierte der BGH eine solche Einschränkung nicht, doch bestand hierzu auch kein Anlass, weil die Garantie vom Hersteller der Verschleißschutzprodukte erteilt worden war. Auch in LG Düsseldorf, Urt. v. 15. 10. 2004, Az: 20 S 109/04, BeckRS 2006-02900 unter II.1.a., bezweckte die Klausel, die die Garantiehaftung ordnungsgemäße Inspektionen knüpfte, wohl nicht, den relevanten Werkstätten ein Auskommen zu sichern.

[3] OLG Nürnberg NJW 1997, 2186, 2186 (zu § 8 AGBG).

[4] OLG Nürnberg NJW 1997, 2186, 2186 (zu § 8 AGBG).

[5] BGH NJW-RR 1991, 1013, 1015 (zu § 9 AGBG).

ist.[1] Richtigerweise wird man allein die fehlende Beeinflussbarkeit durch den Kunden nicht ausreichen lassen können, um die Unangemessenheit zu bejahen. Denn der Garantiegeber kann ein schutzwürdiges Interesse daran haben, seine Haftung beispielsweise in Fällen höherer Gewalt zu begrenzen. Man wird jedoch verallgemeinernd festhalten können, dass eine haftungsbegrenzende Klausel, soweit sie überhaupt kontrollfähig ist, grundsätzlich dann als unwirksam eingestuft werden muss, wenn die Haftung aufgrund eines Risikos entfallen soll, dessen Ausmaß der Verwender in den AGB falsch dargestellt hat. Hat der Verwender das Risiko außerhalb des Vertrages falsch dargestellt, so ist die Berufung auf die relevante Klausel jedenfalls rechtsmissbräuchlich (§ 242).

G 31 **cc) Schuldlose Obliegenheitsverletzungen.** Der BGH will anscheinend solche Klauseln in einer Garantievereinbarung als unwirksam einstufen, die die Garantiehaftung bei bestimmten Obliegenheitsverletzungen entfallen lassen, ohne eine Ausnahme für schuldlose Obliegenheitsverletzungen zu machen.[2] In der Tat wird man Klauseln, die die Garantiehaftung bei schuldlosen Obliegenheitsverletzungen entfallen lassen, grundsätzlich als unangemessen einstufen müssen.[3] Denn bei entsprechenden Klauseln handelt es sich um so genannte Verfallsklauseln, und für Verfallsklauseln kann insofern nichts anderes gelten als für Vertragsstrafeklauseln.[4] Und es ist anerkannt, dass Vertragsstrafeklauseln, die an ein schuldloses Verhalten anknüpfen, grundsätzlich unwirksam sind.[5] Zu beachten ist jedoch, dass eine Vertragstrafeklausel, auch wenn sie ein Verschuldenserfordernis nicht ausdrücklich erwähnt, dahingehend auszulegen sein kann, dass die Vertragsstrafe nur bei schuldhaftem Verhalten verwirkt sein soll.[6] Gleiches muss auch für die hier interessierenden Verfallsklauseln gelten.

6. Die Garantie als Beschränkung der gesetzlichen Haftung

G 32 **a) Allgemeines.** Eine Garantieklausel kann unwirksam sein, soweit sie die nach dem dispositiven Recht bestehende Haftung beschränkt. Die Frage, wann eine solche Beschränkung der Haftung im Wege der Auslegung anzunehmen ist, wurde bereits oben erörtert (s. Rz G 8 ff.). Im Folgenden wird näher auf die Wirksamkeit entsprechender Klausel eingegangen.

G 32 **aa) Zweipersonenverhältnis.** Oftmals wird eine Garantievereinbarung Teil eines anderen Vertrages, z. B. eines Kaufvertrages, sein, oder die Parteien des Garantievertrages werden zumindest identisch mit den Parteien des anderen Vertrages sein, z. B. dann, wenn Verwender und Verwendungsgegner nicht nur einen Kaufvertrag, sondern zusätzlich einen Garantievertrag abschließen. In diesem Fall ist stets zu prüfen, ob die Garantievereinbarung im Sinne einer Beschränkung der nach dispositivem Recht bestehenden Haftung des Verwenders verstanden werden kann (s. Rz G 8 ff.). Sofern diese Frage zu bejahen ist, sind die entsprechenden Klauseln an den für Haftungsausschlüsse und -beschränkungen geltenden Grundsätzen zu messen. Sie unterliegen also insbesondere der Kontrolle anhand von

---

1 BGH NJW-RR 1991, 1013, 1015 (zu § 9 AGBG).

2 So wohl BGH NJW-RR 1991, 1013, 1015 (zu § 9 AGBG).

3 Vgl. auch LG Düsseldorf, Urt. v. 15. 10. 2004, Az: 20 S 109/04, BeckRS 2006-02900 unter II.1.b, das eine Klausel in Garantiebedingungen eines Gebrauchtwagenhändlers als unangemessen einstuft, weil diese „im Falle nicht rechtzeitiger Einsendung der Inspektionsnachweiskarten [...] Leistungsfreiheit selbst bei fehlendem Verschulden des Garantienehmers einräumt".

4 Zur gebotenen Gleichbehandlung von Vertragsstrafeklauseln und Verfallsklauseln im Rahmen des § 309 Nr. 6 siehe § 309 Nr. 6 Rz 17 ff.

5 Vgl. § 309 Nr. 6 Rz 69.

6 BGH NJW 1998, 2600, 2601. S. schon § 309 Nr. 6 Rz 90–91.

§§ 307, 309 Nr. 7, 8.[1] Denn nach § 305 c II ist im Zweifel diejenige Auslegung zu Grunde zu legen, bei der die Klausel unwirksam ist. Anders liegen die Dinge dann, wenn die Klausel zwar bei sachgerechter Auslegung nicht im Sinne einer Beschränkung der Gewährleistungsrechte ausgelegt werden kann, aber für den rechtlich nicht gebildeten Kunden die Gefahr von Missverständnissen birgt. In diesem Falle liegt zwar keine Haftungsbeschränkung vor, die die Klausel unwirksam machen könnte, wohl aber ein Verstoß gegen das Transparenzgebot (s. Rz G 11).[2]

bb) Dreipersonenverhältnis. Besonders hervorzuheben ist, dass das vorstehend zu § 307 Gesagte auch dann gilt, wenn die Haftungsbeschränkung zugunsten eines Dritten vereinbart wird. Man denke z. B. an den Fall, dass die Haftung des Verkäufers durch einen Garantievertrag des Käufers mit dem Hersteller beschränkt wird. Entsprechende Haftungsbeschränkungen sind grundsätzlich möglich, nämlich im Wege eines Vertrages zugunsten Dritter (§ 328). Sie müssen jedoch den gleichen Maßstäben unterliegen wie solche Klauseln, mit denen der Verwender die eigene Haftung beschränkt.[3] Denn die Schutzwürdigkeit des Verwendungsgegners ist in beiden Fällen vergleichbar. Man kann sogar argumentieren, dass der Verwendungsgegner bei einer Haftungsfreizeichnung zugunsten eines Dritten besonders schutzwürdig ist, weil er mit dieser besonders wenig zu rechnen braucht. Soweit eine Haftungsbeschränkung zugunsten des Verwenders nach § 307 unwirksam ist, muss also auch eine entsprechende Beschränkung zugunsten eines Dritten als unangemessen eingestuft werden. Und auch wenn sich die Unwirksamkeit im Zweipersonenverhältnis aus § 309 Nr. 7, 8 ergibt, kann nichts anderes gelten. Es ist dabei lediglich von untergeordneter Bedeutung, ob man § 309 Nr. 7, 8 analog anwendet oder lediglich die Wertungen dieser Vorschriften im Rahmen des § 307 berücksichtigt. Siehe eingehend § 309 Nr. 7 Rz 41 ff. G 34

b) Unwirksamkeitsfolgen. Verstößt eine die Garantiehaftung begrenzende Klausel gegen das AGB-Recht, weil sie die gesetzliche Haftung des Garantiegebers oder eines Dritten in unzulässiger Weise beschränkt, so ist die Klausel unwirksam. Gemäß § 306 I bleibt der Vertrag im Übrigen bestehen, so dass der Verwender aus der Garantie haftet. Zwar ist eine gegen das AGB-Recht verstoßende Klausel grundsätzlich im Ganzen unwirksam.[4] Das Verbot der geltungserhaltenden Reduktion gilt jedoch nur zugunsten des Verbrauchers, der Garantiegeber kann also seiner Haftung aus der Garantie nicht unter Hinweis darauf entgehen, dass die entsprechende Klausel als unzulässige Beschränkung der gesetzlichen Haftung unwirksam sei. Vielmehr sind die entsprechenden Klauseln nur insofern unwirksam, als sie die gesetzliche Haftung beschränken, nicht aber insofern, als sie eine Haftung des Garantiegebers begründen. Selbst wenn man diese Auffassung nicht teilen wollte, müsste man die Berufung des Garantiegebers auf die Unwirksamkeit der die Garantie begründenden Klausel als rechtsmissbräuchlich (§ 242) bewerten. G 35

7. Beweislast

Nach allgemeinen Grundsätzen ist es Sache des Anspruchsstellers, die anspruchsbegründenden Tatsachen darzulegen und zu beweisen, während dem Anspruchsgegner Nachweis und Darlegung der anspruchshindernden, anspruchsvernichtenden und anspruchshemmenden Tatsachen obliegen. Dementsprechend ist es mangels abweichender Regelung grundsätzlich Sache des Verwendungsgegners nachzuwei- G 36–40

[1] Vgl. § 309 Nr. 7 Rz 90 ff.
[2] So wohl auch *von Westphalen*, Vertragsrecht und AGB-Klauselwerke, 2000, Garantieklauseln, Rz 25.
[3] Vgl. § 309 Nr. 7 Rz 41 ff.
[4] S. z. B. *Palandt/Heinrichs* Vorb v § 307 Rz 8.

sen, dass die Voraussetzungen, unter den die Garantievereinbarung Rechte gewährt, erfüllt sind. Eine Klausel, die diese Beweislastverteilung wiedergibt, hat daher grundsätzlich bloß deklaratorische Bedeutung und ist daher schon nach § 307 III 1 nicht zu beanstanden. Allerdings sieht § 443 eine abweichende Beweislastverteilung für die so genannte Haltbarkeitsgarantie vor, also für die Garantie, dass die Sache für eine bestimmte Dauer eine bestimmte Beschaffenheit behält. In diesem Falle wird nach § 443 II vermutet, dass ein während ihrer Geltungsdauer auftretender Sachmangel die Rechte aus der Garantie begründet. Es ist also z. B. Sache des Verkäufers nachzuweisen, dass ein aufgetretener Mangel der Garantie nicht unterfällt, weil er vom Käufer selbst in schuldhafter Weise herbeigeführt worden ist.[1] Diese Regelung wird man analog anwenden können, wenn Haltbarkeitsgarantien außerhalb des Kaufrechts übernommen werden, wenn also z. B. die Beschaffenheit eines Werks für eine bestimmte Dauer garantiert wird. Eine Klausel, die von § 443 II abweicht, ist nach § 309 Nr. 12 unwirksam, und auch im unternehmerischen Verkehr wird man sie als unangemessen im Sinne des § 307 einstufen müssen.[2]

*

Gastaufnahme- und Beherbergungsvertrag

Inhaltsübersicht

1. Allgemeines

G 41 **a) Terminologie.** Der **Gastaufnahmevertrag** wird zum Zweck des Aufenthaltes und der Verköstigung des Gastes zwischen dem Gastwirt und dem Gast oder als Vertrag zugunsten Dritter zwischen dem Gastwirt und einem Dritten geschlossen. Ein **Beherbergungsvertrag** liegt vor, wenn sich die Aufnahme des Gastes auf die Zurverfügungstellung eines Zimmers insbesondere zum Zwecke der Übernachtung erstreckt, gleichgültig ob die Verköstigung des Gastes ganz, teilweise oder gar nicht übernommen wird. Streng zu unterscheiden sind beide Vertragstypen vom **Reisevertrag,** der sich dadurch auszeichnet, dass sich der Reiseveranstalter zur Erbringung einer Gesamtheit von Reiseleistungen verpflichtet.

G 42 **b) Anwendbares Recht.** Gastaufnahme- und Beherbergungsvertrag sind typengemischte Verträge, die aus mietvertraglichen (Zimmer, Tischplatz), kaufvertraglichen (z. B. Speisen, Getränke), dienstvertraglichen (z. B. Bedienung) und werkvertraglichen Elementen (z. B. Speisezubereitung) zusammengesetzt sind. Es

---

[1] Diese Beweislastverteilung war schon nach altem Recht anerkannt. S. z. B. BGH NJW 1995, 516, 517 (für eine hinter der gesetzlichen Gewährleistungsfrist zurückbleibenden Garantie); BGH NJW 1996, 2504, 2506 (für eine über die gesetzliche Gewährleistungsfrist hinausreichende Garantie); *von Westphalen,* Vertragsrecht und AGB-Klauselwerke, 2000, Garantieklauseln, Rz 12 f.

[2] Allgemein zur Kontrolle von Beweislastklauseln im unternehmerischen Verkehr siehe § 309 Nr. 12 Rz 90 ff.

sind deshalb auch hinsichtlich der Anwendung des AGB-Rechts die Vorschriften dieser Vertragstypen zu beachten. Beispielsweise findet § 309 Nr. 8 b auf die kauf- und werkvertraglichen Elemente Anwendung.

2. Rücktrittsvorbehalt

a) Allgemeines. Rücktrittsvorbehalte sind gegenüber Verbrauchern an § 308 Nr. 3, gegenüber Unternehmern grundsätzlich an § 307 zu messen. Allerdings greifen diese Vorschriften nur ein, soweit überhaupt eine Abweichung vom dispositiven Recht vorliegt und soweit sich das Rücktrittsrecht nicht schon aus einer Individualvereinbarung ergibt. **G 43**

aa) Handelsbrauch. Gibt die Klausel lediglich einen Handelsbrauch wieder, so ist sie – vom Transparenzgebot einmal abgesehen – gemäß § 307 III 1 nicht der Inhaltskontrolle unterworfen. Dies ist deshalb bedeutsam, weil im Bundesgebiet ein Handelsbrauch bestehen soll, dem zufolge ein Reisebüro oder ein Reiseveranstalter von einem Hotelreservierungsvertrag bis drei Wochen, bei Sonderveranstaltungen bis vier Wochen vor der vorgesehenen Ankunft der Reisegruppe kostenfrei zurücktreten kann.[1] **G 44**

bb) Konkludente Individualvereinbarung. Eine Anwendung der §§ 307 ff. scheidet auch dann aus, wenn das Rücktrittsrecht Gegenstand einer ausdrücklichen oder konkludenten Individualvereinbarung ist. Nach der Rechtsprechung des OLG Frankfurt soll eine weit verbreitete Überzeugung der beteiligten Verkehrskreise dahingehend bestehen, dass ein Reisebüro grundsätzlich zu einem Rücktritt ohne Schadensersatzverpflichtung gegenüber dem Hotel in der Lage ist.[2] Insbesondere dann, wenn dem Hotelbetreiber bekannt sei, dass das Reisebüro seinerseits noch keine durchsetzbaren Ansprüche gegen seine eigenen Kunden habe, soll daher die Annahme einer stillschweigenden Vereinbarung eines Rücktrittsrechts in Betracht kommen.[3] **G 45**

b) Auslegung. Ist ein Beherbergungsvertrag zur Aufnahme einer Reisegruppe abgeschlossen, so wird dieser nicht dadurch zum bloßen Vorvertrag, dass eine Klausel die Anmeldung der Gäste bis zu einem bestimmten Zeitpunkt verlangt, anderenfalls die Zimmer frei werden. Die Klausel ist vielmehr als Rücktrittsvorbehalt zu verstehen.[4] **G 46**

3. Haftungsausschlüsse und -beschränkungen

a) Allgemeines. Haftungsausschlüsse und -beschränkungen sind grundsätzlich an den allgemein für entsprechende Klauseln geltenden Grundsätzen zu messen.[5] Es finden also insbesondere die §§ 307, 309 Nr. 7 Anwendung, mit Blick auf die kauf- und werkvertraglichen Elemente auch § 309 Nr. 8. Klauseln, die die Beweisführung erschweren sind an den §§ 309 Nr. 12, 307 zu messen. **G 47**

b) Gastwirthaftung. Besonderheiten ergeben sich, soweit die Gastwirthaftung nach den §§ 701 ff. beschränkt werden soll. Insoweit sind die von § 702 a gezogenen Grenzen zu beachten. § 702 a findet neben den §§ 307 ff. Anwendung. Doch sind **G 48**

---

[1] OLG Frankfurt NJW-RR 1986, 911, 911.

[2] OLG Frankfurt NJW-RR 1986, 1229, 1229.

[3] OLG Frankfurt NJW-RR 1986, 1229, 1229. Strenger aber wohl noch BGH NJW 1977, 386, 386.

[4] OLG Nürnberg NJW 1985, 1296, 1298.

[5] S. insbesondere die Ausführungen zu haftungsbegrenzenden Klauseln unter § 309 Nr. 7 Rz 90 ff. (Verbraucher), 135 ff. (Unternehmer).

formularmäßige Beschränkungen der Zufallshaftung, die die in § 702 a gezogenen Grenzen beachten, nicht nach § 307 zu beanstanden.[1]

G 49–60 **c) Auslegung.** Ob eine Haftungsbeschränkungsklausel allein die Haftung nach den §§ 701 ff. betrifft oder ob auch die Haftung nach den allgemeinen Vorschriften, also z. B. nach den §§ 280, 823, ist im Wege der Auslegung gemäß den §§ 133, 157, 305 c II zu ermitteln. Im Schrifttum wird zum Teil betont, ein formularmäßiger nicht näher substantiierter Haftungsausschluss erfasse schon nach der Unklarheitenregel nur die auf §§ 701 ff. gestützte Haftung.[2] Dem kann in dieser Allgemeinheit jedoch nicht zugestimmt werden.

*

Gebrauchtwagenkauf

Inhaltsübersicht

Schrifttum: *Ball,* Die Nacherfüllung beim Autokauf, NZV 2004, 217; *Katzenmeier,* Agenturgeschäfte im Gebrauchtwagenhandel, NJW 2004, 2632; *Mehnle,* Haftungsfragen beim Gebrauchtwagenkauf, DAR 1986, 102; *Müller,* Die Umgehung des Rechts des Verbrauchsgüterkaufs im Gebrauchtwagenhandel, NJW 2003, 1975; *Reinking/Eggert,* Der Autokauf, 9. Aufl. 2005; *Teske,* Zur Untersuchungspflicht des Gebrauchtwagenhändlers, NJW 1983, 2428.

1. Allgemeines

G 61 **a) Verkaufsbedingungen.** Beim Gebrauchtwagenkauf werden AGB typischerweise seitens des Verkäufers benutzt. Dies gilt insbesondere dann, wenn es sich beim Verkäufer um einen Gebrauchtwagenhändler handelt. Im Folgenden steht daher die Verwendung von Verkaufsbedingungen im Vordergrund. Mit Blick auf Klauseln, die vom Käufer des Gebrauchtwagens verwandt werden, muss auf die Ausführungen unter dem Stichwort Einkaufsbedingungen verwiesen werden.[3] Allgemein zum **Gebrauchtwarenkauf** siehe Anh. § 310 Rz G 91 ff.

G 62 **b) Rechtliche Konstruktion.** Wird ein Gebrauchtwagen beim Händler erworben, so kann der Händler dabei in unterschiedlichen Funktionen agieren. Denkbar ist zunächst, dass der Händler selbst als Verkäufer und Vertragspartner auftritt. Man

---

[1] S. 309 Nr. 7 Rz 126–129.
[2] MünchKomm/*Hüffer* § 702 a Rz 6.
[3] S. Anh. § 310 Rz E 91 ff.

spricht dann von einem **Eigengeschäft.** Möglich ist aber auch, dass der Händler nur den Kaufvertrag zwischen dem Vorbesitzer als Verkäufer und dem Käufer vermittelt. In diesem Falle kommt zwischen dem Käufer und dem Eigentümer ein Kaufvertrag zustande, während zwischen dem Eigentümer und dem Händler ein **Vermittlungsvertrag (Agenturvertrag)**[1] abgeschlossen wird, bei dem es sich regelmäßig um einen Geschäftsbesorgungsvertrag (§ 675) handelt.[2] Die zweite dieser beiden Konstruktionen, die auch als **Agenturmodell** bezeichnet wird, erfreute sich in der Vergangenheit aus steuerlichen Gründen großer Beliebtheit, erlaubte sie dem Händler doch die Vermeidung der Umsatzsteuer. Infolge einer Gesetzesänderung, die die relevanten Steuervorteile beseitigte, sank die praktische Bedeutung dieser Gestaltungsvariante drastisch. Es gibt jedoch Anzeichen, dass sie infolge der Schuldrechtsreform eine Renaissance erlebt. Namentlich gilt es zu beachten, dass die Regeln über den Verbrauchsgüterkauf, insbesondere § 475, gemäß § 474 I nur dann eingreifen, wenn eine bewegliche Sache von einem Unternehmer verkauft wird. Durch die Beschränkung auf ein Auftreten als Vermittler hofft wohl mancher Gebrauchtwagenhändler, die Anwendung des § 475 zu vermeiden, ein Ansinnen, dem zumindest in bestimmten Fällen der Erfolg versagt bleiben muss (s. Rz G 66–69).

c) Abgrenzung Neuwagen/Gebrauchtwagen. Der Frage, ob ein Kfz neu oder gebraucht ist, kommt für die Klauselkontrolle erhebliche Bedeutung zu. Denn nicht nur im Rahmen des lediglich auf die Lieferung neu hergestellter Sachen anwendbaren § 309 Nr. 8 b, sondern auch bei der Anwendung des § 307 ergeben sich erhebliche Unterschiede zwischen Neuwagen- und Gebrauchtwagenkauf. Außerhalb des AGB-Rechts gilt es zudem, § 474 I 2 zu beachten, bei dessen Anwendung es ebenfalls darauf ankommt, ob der Kaufvertrag über eine neue oder eine gebrauchte Sache abgeschlossen worden ist. Auf die im Rahmen des § 309 Nr. 8 b anzuwendenden Abgrenzungskriterien, die nach hier vertretener Auffassung auch mit Blick auf § 474 I 2 herangezogen werden können,[3] ist bereits an anderer Stelle eingegangen worden.[4] Speziell mit Blick auf die Abgrenzung von alt und neu im Bereich des Autohandels mag man darüber hinaus versucht sein, auf die umfangreiche Rechtsprechung zum Begriff der Fabrikneuheit zurückzugreifen.[5] Indessen ist zu beachten, dass die relevanten Urteile regelmäßig die Frage betreffen, wann ein Sachmangel im Sinne des Kaufrechts vorliegt, nämlich unter welchen Voraussetzungen ein als „fabrikneu" verkauftes Auto auch tatsächlich als solches eingestuft werden kann. Damit unterscheidet sich die dem relevanten Fallrecht zu Grunde liegende Interessenlage grundsätzlich von derjenigen im Rahmen der §§ 309 Nr. 8b, 307, 474 I 2: Mit Blick auf das genannte Fallrecht dient ein restriktives Verständnis der Fabrikneuheit den Interessen des Käufers, weil dieser bei einem vertragswidrigen Fehlen der Fabrikneuheit Mängelansprüche geltend machen kann. Ganz anders G 63

---

[1] OLG Hamm NJW-RR 1999, 777, 777.

[2] Zur Einordnung des mit einem Kfz-Händler geschlossenen Agenturvertrags als Geschäftsbesorgungsvertrags siehe z. B. *Palandt/Weidenkaff* § 480 Rz 7. Zum Teil wird angenommen, dass der Vertrag seiner Rechtsnatur nach einen Kommissionsvertrag darstelle. So BGH NJW 1980, 2190, 2191; MünchKomm/*Krüger* § 262 Rz 9; MünchKomm/*Roth* § 652 Rz 21. Davon ist jedoch nur dann auszugehen, wenn der Händler beim Verkauf im eigenen Namen handeln soll, da es sich beim Handeln im eigenen Namen um ein entscheidendes Merkmal des Komissionsvertrages handelt, s. § 383 I HGB.

[3] S. Anh. § 310 Rz A 238.

[4] Vgl. Vorbemerkung zu § 309 Nr. 8 b Rz 7 ff.

[5] S. z. B. BGH NJW 2004, 160, 160 (zu § 459 II a.F.): Fabrikneuheit zu bejahen, wenn das relevante Modell unverändert produziert wird, wenn das konkrete Fahrzeug keine auf längere Standzeiten zurückgehenden Mängel aufweist und wenn außerdem nicht mehr als 12 Monate zwischen Herstellung und Vertragsabschluss liegen. Einen Überblick über die Rechtsprechung zur Fabrikneuheit gibt *Pfeiffer,* a.a.O., Rz 70.

liegen die Dinge bei der Anwendung der §§ 309 Nr. 8 b, 307, 474 I 2. Hier führt ein allzu restriktives Verständnis des Begriffs der Neuheit dazu, dass die besonderen Anforderungen an die Klauselgestaltung, die im Falle des Verkaufs neuer Sachen zugunsten des Käufers eingreifen, keine Anwendung mehr finden können. Daher darf der Begriff der Neuheit nicht zu engherzig verstanden werden. Insbesondere gilt es zu vermeiden, dass der Verkäufer den Wagen nur symbolisch nutzt und damit einerseits wegen des geringen Umfangs der Nutzung nur einen geringen oder keinen Preisabschlag hinnehmen muss, andererseits jedoch der Anwendung jener Vorschriften entgeht, die den Käufer neuer Sachen schützen. Stattdessen sollte man – entsprechend dem Schutzzweck der §§ 307, 308 Nr. 8 b, 474 I 2 – fragen, ob der Käufer noch die für einen Neuwagenkauf typische besondere Erwartung in die Mangelfreiheit des Wagens haben durfte. Dies ist im Falle einer bereits erfolgten Nutzung zwar grundsätzlich zu verneinen,[1] doch kommt es letztlich auf die konkreten Umstände an.

G 64 Allein die kurzfristige Zulassung eines Kfz auf den Händler, die nicht mit einer Nutzung verbunden ist, kann vor diesem Hintergrund nicht ausreichen, um dem Wagen die Eigenschaft als neue Sache abzusprechen.[2] Ohne weiteres zu verneinen ist allerdings die Neuheit eines Kfz, das bereits auf einen anderen Halter zugelassen war, bereits zahlreiche Kilometer gefahren ist und eine Weile im Freien abgestellt war.[3] Ferner entfällt die Neuheit auch dann, wenn das Kfz bereits zugelassen und im Straßeverkehr benutzt worden ist.[4] Dass ein Kfz 8 Monate nach der Erstzulassung auch dann als Gebrauchtwagen einzustufen ist, wenn es nur einen geringen Kilometerstand aufweist,[5] versteht sich von selbst.

2. Die Anwendbarkeit der §§ 474 ff.

G 65 **a) Allgemeines.** § 475 gewährleistet einen weitgehenden Schutz des Käufers, soweit ein Verbrauchsgüterkauf im Sinne des § 474 I vorliegt. Dabei ist insbesondere zu beachten, dass ein Verbrauchsgüterkauf auch beim Verkauf gebrauchter Sachen gegeben sein kann. Die Unanwendbarkeit der §§ 474 ff. sieht 474 I 2 nur für den Fall vor, dass eine gebrauchte Sache in einer öffentlichen Versteigerung verkauft wird, an welcher der Verbraucher persönlich teilnehmen kann. Zu den Begriffen der **öffentlichen Versteigerung** und der **persönlichen Teilnahme** siehe Anh. § 310 Rz A 266, 270.

G 66 **b) Auftritt des Händlers als Vermittler.** Ein Verbrauchsgüterkauf liegt nach § 474 I 1 grundsätzlich nur dann vor, wenn ein Verbraucher (§ 13) eine bewegliche Sache von einem Unternehmer (§ 14) kauft. Keine Schwierigkeiten bereitet die Bejahung dieser Voraussetzungen dann, wenn der Gebrauchtwagenhändler selbst als Verkäufer auftritt und es sich beim Käufer um einen Verbraucher handelt. Gleiches gilt, wenn der Verkäufer zwar als Vermittler agiert, der Vorbesitzer den Wagen jedoch in Ausübung seiner gewerblichen oder selbstständigen beruflichen Tätigkeit, also als Unternehmer, veräußert und es sich beim Käufer um einen Verbraucher handelt. Komplizierter liegen die Dinge jedoch dann, wenn der Verkäufer als Ver-

---

[1] S. Vorbemerkung zu § 309 Nr. 8 b Rz 8.

[2] Ebenso, allerdings zu § 459 I a.F. BGH NJW 2005, 1422, 1423: Kurzfristige Zulassung auf den Händler, sog. Tageszulassung, steht Einstufung des Kfz als „fabrikneu" nicht entgegen. In diesem Sinne auch BGH VersR 1980, 159, 160 (zu § 13 AKB). A.A. OLG Naumburg NJW-RR 2001, 461, 461 (mit Blick auf die Gewährleistung nach § 459 a.F.); *Ulmer/Christensen* § 309 Nr. 8 Rz 25 (zu § 309 Nr. 8 b).

[3] Insoweit wohl übereinstimmend *Ulmer/Christensen* § 309 Nr. 8 Rz 25, der aber eine Ausnahme für Probefahrten macht.

[4] Zutreffend OLG Frankfurt a.M. NJW-RR 2001, 780, 780 (zu § 11 Nr. 10 a AGBG).

[5] OLG Köln, Az: 22 U 210/03 v. 25. 5. 2004, BeckRS 2004, 11696 (zur Auslegung von AGB).

mittler einer Privatperson handelt. In diesem Falle sind die Anforderungen an das Vorliegen eines Verbrauchsgüterkaufs formal nicht erfüllt, denn der Vorbesitzer als Verkäufer ist eben kein Unternehmer. Allerdings ist zu beachten, dass die in § 475 I 1 genannten Vorschriften nach § 475 I 2 auch dann Anwendung finden, wenn sie durch anderweitige Gestaltungen umgangen werden.

aa) BGH. Nach Auffassung des BGH können Agenturverträge über den Verkauf von beweglichen Sachen Privater an Verbraucher nicht ohne weiteres als Umgehungsgeschäfte i.S. des § 475 I 2 angesehen werden.[1] Dies begründet der BGH[2] damit, dass die Literatur[3] diese Möglichkeit der Vermeidung der Vorschriften über den Verbrauchsgüterkauf gesehen und ihre Beseitigung gefordert habe. Dem sei der Gesetzgeber nicht gefolgt. Folglich könnten Agenturgeschäfte auch im Bereich des gewerblichen Handels mit gebrauchten Sachen Privater jedenfalls nicht generell als Umgehungsgeschäfte i.S. des § 475 I 2 eingestuft werden.[4] Immerhin soll auch nach Auffassung des BGH im Einzelfall ein Umgehungsgeschäft vorliegen können. Namentlich hat sich der BGH eine in der Literatur[5] vertretene Auffassung zu Eigen gemacht, der zufolge § 475 I 2 dann (und nur dann) eingreift, wenn das Agenturgeschäft missbräuchlich dazu eingesetzt wird, ein in Wahrheit vorliegendes **Eigengeschäft des Unternehmers zu verschleiern.**[6] Maßgeblich soll nach Auffassung des BGH sein, wie bei **wirtschaftlicher Betrachtung** die Chancen und Risiken des Gebrauchtwagenverkaufs zwischen dem bisherigen Eigentümer des Fahrzeugs und dem Fahrzeughändler verteilt sind.[7] Habe der Händler etwa ein Gebrauchtfahrzeug, das er „im Kundenauftrag" weiterveräußert, dergestalt in Zahlung genommen, dass er dem Eigentümer des Fahrzeugs einen bestimmten Mindestverkaufspreis für das Altfahrzeug garantiere und ihm beim Kauf eines Neuwagens den entsprechenden Teil des Kaufpreises für das Neufahrzeug gestundet habe, so sei bei der gebotenen wirtschaftlichen Betrachtungsweise von einem Ankauf des Altfahrzeugs durch den Händler auszugehen mit der Folge, dass dieser beim Weiterverkauf des Gebrauchtwagens als dessen Verkäufer anzusehen sei und das gleichwohl gewählte Agenturgeschäft nach § 475 I 2 keine Anerkennung finden könne.[8] Trage dagegen der Neuwagenkäufer das Risiko des Weiterverkaufs seines bisherigen Fahrzeugs, so scheide die Annahme eines Umgehungstatbestands aus.[9] Besonders hervorzuheben ist, dass der Käufer die Mängelrechte, die sich bei erfolgreicher Berufung auf das Umgehungsverbot aus der Unwirksamkeit eines Gewährleistungsausschlusses ergeben, nur gegenüber dem Händler und nicht gegenüber dem vom Händler vertretenen Verbraucher geltende machen kann.[10] G 67

bb) Stellungnahme. Diese Rechtsprechung ist zu großzügig. Vielmehr wird man die Anwendbarkeit des § 474 I 2 auf Agenturgeschäfte, bei denen ein Unternehmer das Kfz eines Verbrauchers vermittelt, generell bejahen müssen. Selbst wenn man diese Auffassung nicht teilt, sollte man § 475 I 2 zumindest in denjeni- G 68

---

1 BGH NJW 2005, 1039, 1040.

2 BGH NJW 2005, 1039, 1040.

3 S. insbesondere *Reinking* DAR 2001, 8, 10.

4 BGH NJW 2005, 1039, 1040.

5 S. insbesondere *Bamberger/Faust* § 474 Rz 7; *Hermanns* ZfS 2001, 437, 440; MünchKomm/*Lorenz* § 474 Rz 19; *May* DAR 2004, 557, 561; *Müller* NJW 2003, 1975, 1978 f.

6 BGH NJW 2007, 759, 760; BGH NJW 2005, 1039, 1040.

7 BGH NJW 2005, 1039, 1040, unter ausdrücklicher Berufung auf *Bamberger/Faust* § 474 Rz 7. Dem BGH zustimmend z. B. *Lorenz* NJW 2005, 1889, 1895. Ebenso wie der BGH auch die Vorinstanz OLG Stuttgart NJW 2004, 2169, 2170. Dem OLG Stuttgart zustimmend *Katzenmeier* NJW 2004, 2632, 2633.

8 BGH NJW 2005, 1039, 1040.

9 BGH NJW 2005, 1039, 1040.

10 BGH NJW 2007, 759, 760.

gen Fällen zur Anwendung bringen, in denen der Händler entweder das wirtschaftliche Risiko der Nichtveräußerung trägt **oder** in denen seine Vergütung in Abhängigkeit von der Höhe des erzielten Gewinns berechnet wird. Keinesfalls sollte man also § 475 I 2 schon deshalb unangewendet lassen, weil das Risiko eines Scheiterns der Weiterveräußerung beim Vorbesitzer verbleibt.[1]

G 69 Dass einzelne Stimmen vor der Umgehung des § 475 gewarnt haben mögen, rechtfertigt schon deshalb keine restriktive Auslegung des § 475 I 2, weil der Gesetzgeber ja mit § 475 I 2 gerade eine Vorschrift geschaffen hat, die Umgehungen verhindern soll. Eine ausdrückliche Regelung aller in Betracht kommenden Umgehungskonstruktionen würde das Gesetz überfrachten und wäre darüber hinaus auch deshalb problematisch gewesen, weil sie mit Blick auf die nicht ausdrücklich geregelten Fälle Umkehrschlüsse provoziert hätte. Von einer bewussten Entscheidung, die Vermeidung der §§ 474ff. im Wege des Agenturmodells zuzulassen, kann also keine Rede sein. Ohnehin kann man vom Gesetzgeber kaum verlangen, bei einem so umfassenden Unternehmen wie der Schuldrechtsmodernisierung jedem in der Literatur geäußerten Bedenken, mag es auch gerechtfertigt sein, Rechnung zu tragen. Überdies sprechen weitere gewichtige Argumente dafür, § 475 I 2 generell auf das Vermittlungsmodell anzuwenden. So nimmt das Gesetz in § 474 I 2 selbst die im Rahmen einer Auktion veräußerten Gebrauchtwaren nur unter engen Voraussetzungen (öffentliche Versteigerung, Möglichkeit der persönlichen Teilnahme des Verbrauchers) vom Anwendungsbereich des § 474 I 1 aus. Welche praktische Bedeutung hätte diese überaus strikte Regelung noch, wenn eine Vermeidung des § 475 I mittels des Vermittlermodells möglich wäre? Auch ist zu bedenken, dass zwingenden Vorschriften generell auch ein Verbot von Umgehungskonstruktionen zu entnehmen ist; unter welchen Voraussetzungen ein Umgehungsverbot gegeben ist, muss jeweils im Wege der Auslegung ermittelt werden. Wenn § 475 I 2 dennoch ausdrücklich ein Umgehungsverbot vorsieht, wie dies z. B. auch in § 306a geschehen ist, muss dies als Wertentscheidung des Gesetzgebers dahingehend interpretiert werden, einer Vermeidung der davon betroffenen Vorschriften besonders enge Grenzen zu ziehen. Schließlich ist nicht zu übersehen, dass die vom BGH gewählte Lösung den Verbraucherschutz gleich auf zwei Fronten zurückwirft: Erstens büßt der Käufer den Schutz der §§ 474ff. ein, und zweitens wird dem Händler gegenüber dem Vorbesitzer ein exzellentes Argument an die Hand gegeben, weshalb das Veräußerungsrisiko selbst dann beim Vorbesitzer verbleiben muss, wenn ein etwaiger Gewinn in den Händen des Vermittlers enden soll.

3. Lieferfristen und -termine

G 70 **a) Länge der Lieferfrist.** Klauseln, denen zufolge der Gebrauchtwagen in Abweichung von § 271 I nicht sofort, sondern erst zu einem späteren Zeitpunkt bzw. nach Ablauf einer bestimmten Frist zu liefern ist, unterliegen der AGB-rechtlichen Inhaltskontrolle. Entsprechende Klauseln sind gemäß § 308 Nr. 1 unwirksam, wenn die Lieferfrist unangemessen lang oder nicht hinreichend bestimmt ist. Während beim **Neuwagenkauf** selbst eine sog. unechte Nachfrist[2] von 6 Wochen im Anschluss an eine unverbindliche Lieferfrist noch hinnehmbar erscheint,[3] wird man

---

[1] So aber wohl BGH NJW 2005, 1039, 1040.

[2] Zum Begriff der unechten Nachfrist s. § 308 Nr. 1 Rz 33.

[3] BGH NJW 1982, 331, 333 (zu § 10 Nr. 1 AGBG). In einem späteren Urteil, welches den Verkauf einer Einbauküche betraf, hat der BGH auf die vorgenannte Entscheidung Bezug genommen, was dafür spricht, dass der BGH an der Zulässigkeit einer sechswöchigen unechten Nachfrist festhalten möchte. S. BGH NJW 2007, 1198, 2000 (Einbauküche). Für die Möglichkeit der Zulässigkeit einer sechswöchigen Lieferfrist beim Neuwagenkauf auch *Erman/Roloff* § 308 Rz 8.

im Falle des Gebrauchtwagenkaufs regelmäßig schon eine Lieferfrist von mehr als einer Woche als unwirksam einstufen müssen. Denn beim Gebrauchtwagenkauf geht der Käufer regelmäßig davon aus, dass der Wagen bereits zur Verfügung steht. Eine mehr als einwöchige Frist wird man nur in Ausnahmefällen noch als angemessen einstufen können, z. B. dann, wenn dem Käufer bekannt ist, dass erst noch bestimmte Reparaturen am Wagen ausgeführt werden müssen. Zumindest bei kleineren Reparaturen, die üblicherweise Kosten in Höhe von nicht mehr als 500 Euro verursachen, ist aber davon auszugehen, dass grundsätzlich eine zweiwöchige Lieferfrist bei Kfz bzw. eine vierwöchige Lieferfrist bei Nutzfahrzeugen die Obergrenze des gerade noch Angemessenen darstellt.

b) Unverbindliche Lieferfristen. § 308 Nr. 1 verbietet **unverbindliche Lieferfristen** nicht ohne weiteres.[1] Insbesondere darf die unverbindliche nicht mit der von § 308 Nr. 1 verbotenen **unbestimmten Lieferfrist** verwechselt werden. **G 71**

4. Preis

Mit Blick auf Preisklauseln sei generell auf die Ausführungen zu § 309 Nr. 1 verwiesen. Von besonderer praktischer Bedeutung im Gebrauchtwagenhandel sind so genannte **Schätzpreisklauseln,** wonach der Kfz-Ankauf zu einem meist näher präzisierten Schätzpreis erfolgt, abzüglich eines bestimmten Prozentsatzes. Derartige Klauseln unterliegen der AGB-rechtlichen Inhaltskontrolle.[2] Schätzpreisklauseln sind nach richtiger Auffassung wegen Intransparenz (§ 307 I 2) unwirksam, wenn nicht deutlich gemacht wird, ob der Händlerverkaufspreis oder der Händlereinkaufspreis zur Bezugsgröße gemacht werden soll.[3] Selbst wenn die Klausel eine entsprechende Angabe enthält, kann sie aufgrund der Umstände des Einzelfalls unwirksam sein, z. B. wegen einer Überrumpelung des Kunden in einer wirtschaftlichen Zwangslage.[4] Überraschend (§ 305 c I) ist auch eine Bestimmung, der zufolge der Schätzwert auf der Basis des **Händlereinkaufsnettopreises** berechnet, die Mehrwertsteuer also bei der Berechnung des Schätzpreises zulasten des Verwendungsgegners unberücksichtigt bleiben soll.[5] **G 72–73**

5. Abnahmepflicht

Eine Klausel, die die nach dispositivem Recht in der Regel als Nebenpflicht einzustufende[6] Abnahmepflicht des Käufers zur Hauptpflicht erklärt, kann grundsätzlich ohne Verstoß gegen § 307 vorgesehen werden. **G 74**

6. Haftung/Mängelrechte

a) Allgemeines. Zu Klauseln, die die Haftung des Verkäufers im Allgemeinen und/oder die Mängelrechte des Käufers beschränken oder ausschließen, kann grundsätzlich auf die Ausführungen zum Gebrauchtwarenkauf verwiesen werden.[7] Im Folgenden seien lediglich einige Einzelheiten hervorgehoben. **G 75**

---

[1] S. § 308 Nr. 1 Rz 48. S. ferner BGH NJW 1982, 331, 333 (zu § 10 Nr. 1 AGBG).

[2] OLG Stuttgart NJW-RR 2003, 419, 420 (zu § 8 AGBG).

[3] Von BGH NJW 1983, 1854, 1855 im konkreten Fall offen gelassen; für Unwirksamkeit ohne entsprechenden Hinweis auch *Ulmer/Christensen* Anh. § 310 Rz 455.

[4] Unter anderem dieser Faktor war in OLG Stuttgart NJW-RR 2003, 419, 420 (zu § 9 AGBG) gegeben.

[5] OLG Stuttgart NJW-RR 2003, 419, 420 (zu § 3 AGBG)

[6] Zutreffend *Palandt/Weidenkaff* § 433 Rz 44.

[7] S. § 310 Rz G 92–110.

G 76 **b) Die verschuldensunabhängige Mängelhaftung.** Die verschuldensunabhängige Haftung des Verkäufers kann beim Gebrauchtwagenkauf – vorbehaltlich der §§ 474, 475 und einer etwaigen Garantiehaftung – gänzlich ausgeschlossen werden.[1]

G 77 **c) Verschuldenshaftung.** Die Verschuldenshaftung des Verkäufers kann dagegen, auch wenn die §§ 474, 475 nicht eingreifen, nur in den Grenzen der §§ 307, 309 Nr. 7 abbedungen werden.[2] Da ein Ausschluss der Haftung für Vorsatz und grobe Fahrlässigkeit an den §§ 276 III, 309 Nr. 7 b sowie an § 307[3] scheitert, der Ausschluss der Haftung für einfache Fahrlässigkeit aber außer im Falle vertragswesentlicher Pflichten grundsätzlich zulässig ist,[4] gewinnt die Frage entscheidende Bedeutung, welche Pflichten als vertragswesentlich einzustufen sind.

G 78 **aa) Abstrakte Umschreibung der Kardinalpflichten.** Vorab sei insofern betont, dass der Verwender in seinen AGB die Kardinalpflichten nicht einzeln aufzählen muss, sondern auch abstrakt umschreiben kann, beispielsweise dahingehend, dass sich der Ausschluss der Haftung nicht auf solche Pflichten bezieht, „deren Erfüllung die ordnungsgemäße Durchführung des Vertrags überhaupt erst ermöglicht und auf deren Einhaltung der Vertragspartner regelmäßig vertrauen darf".[5] Verwendet er jedoch nur den Begriff „Kardinalpflichten", so ist die Klausel wegen Intransparenz (§ 307 I 2) unwirksam,[6] und Gleiches muss gelten, wenn er lediglich den Ausdruck „vertragswesentliche Pflichten" benutzt.[7]

G 79 **bb) Pflicht zur Lieferung mangelfreier Sachen.** Anders als beim Neuwagenverkauf[8] stellt die Pflicht zur Lieferung eines mangelfreien Kfz beim Gebrauchtwagenkauf grundsätzlich keine vertragswesentliche Pflicht dar.[9] Doch trifft den Kfz-Händler – im Gegensatz zu einem als Verkäufer agierenden Verbraucher – die Kardinalpflicht, einen Wagen zu liefern, der frei von Sachmängeln ist, welche die Verkehrstüchtigkeit beeinträchtigen.[10]

G 80 **cc) Untersuchungspflichten.** Von umso größerer praktischer Bedeutung ist die Frage, welche Untersuchungspflichten den Verkäufer treffen und inwieweit diese als Kardinalpflichten einzustufen sind. Insofern wird man richtigerweise von folgenden Grundsätzen ausgehen müssen: Den Verbraucher als Verkäufer trifft grundsätzlich keine Untersuchungspflicht. Anders liegt es jedoch beim Kfz-Händler, an den wegen des von ihm in Anspruch genommenen Vertrauens besondere Anforderung zu stellen sind. Den Händler trifft jedenfalls eine generelle, unter Umständen auch eine besondere Untersuchungspflicht. Eine **besondere Untersuchungspflicht** trifft denjenigen Händler, der aufgrund der konkreten Umstände mit dem Vorliegen eines erheblichen Mangels rechnen muss.[11] Diese besondere Untersuchungspflicht stellt eine **Kardinalpflicht** dar, so dass der Verkäufer sich von

---

[1] Ebenso, zum alten Recht, BGH NJW 1993, 657, 658 f. Zum neuen Recht vgl. OLG Hamm NJW-RR 2005, 1220, 1221: „Haftungsausschluss für Gebrauchtwagen [grundsätzlich] nicht zu beanstanden". In dem vom OLG Hamm, a.a.O., entschiedenen Fall war die Klausel allerdings nach § 309 Nr. 7 a sowie nach § 309 Nr. 7 b unwirksam.

[2] Zur Notwendigkeit, beim Verkauf von Gebrauchtwagen an Private die Grenzen des § 309 Nr. 7 einzuhalten, siehe z. B. OLG Hamm NJW-RR 2005, 1220, 1221. S. ferner Anh. § 310 Rz G 95, 100.

[3] S. § 309 Nr. 7 Rz 138 (Unternehmer).

[4] S. § 309 Nr. 7 Rz 90–96 (Verbraucher), 150–154 (Unternehmer).

[5] Für die Wirksamkeit einer entsprechenden Formulierung BGH NJW-RR 2005, 1496, 1505.

[6] BGH NJW-RR 2005, 1496, 1505. Vgl. auch § 309 Nr. 7 Rz 98.

[7] S. § 309 Nr. 7 Rz 98.

[8] BGH NJW 2001, 292, 302 (zu § 9 AGBG). Vgl. auch Anh. § 310 Rz N 41.

[9] S. § 310 Rz G 101.

[10] S. § 310 Rz G 101.

[11] BGH NJW 1979, 1886, 1888.

den Folgen ihrer fahrlässigen Verletzung nicht wirksam freizeichnen kann. Darüber hinaus trifft den Kfz-Händlers, auch wenn er an sich nicht mit dem Vorliegen eines erheblichen Mangels rechnen muss, eine **generelle Untersuchungspflicht** im Sinne einer Pflicht zur Durchführung einer „**Sichtprüfung**" von innen und außen sowie einer „Funktionsprüfung".[1] Auch bei dieser Pflicht handelt es sich um eine Kardinalpflicht. Wenig plausibel ist es aber, dem Händler eine generelle Pflicht aufzuerlegen, „festzustellen, dass an dem Kaufgegenstand keine Veränderungen dahin durchgeführt worden sind, die die Betriebssicherheit einschränken bzw. aufheben oder gar die Betriebserlaubnis erlöschen lassen".[2] Eine solche Pflicht ist – als Untersuchungspflicht – unrealistisch, weil es dem Händler je nach Art der vorgenommenen Veränderung nur mit überaus großem Aufwand möglich sein wird, das Fehlen von Veränderungen festzustellen. Selbstredend trifft den Händler, der im Rahmen der Erfüllung seiner „generellen Untersuchungspflicht" Schwachstellen feststellt, eine Pflicht zur weitergehenden Untersuchung, denn dann greift der oben genannte Grundsatz ein, dass Anhaltspunkte für erhebliche Mängel eine besondere Untersuchungspflicht auslösen.

d) Einzelne Klauseln. Die Klausel „**unter Ausschluss jeglicher Gewährleistung**" scheitert im Falle des Verbrauchsgüterkaufs jedenfalls an § 475, wenn nicht die besonderen Voraussetzungen des § 474 I 2 vorliegen. Aber auch in einem Kaufvertrag zwischen Verbrauchern oder zwischen Unternehmern ist sie unwirksam.[3] Denn zu den Mängelrechten gehört nach neuem Recht auch das Recht auf Schadensersatz (§ 439 Nr. 3), und dieses kann auch im unternehmerischen Verkehr nur in den Grenzen des 307 ausgeschlossen werden.[4] Aus dem gleichen Grund ist eine Klausel unwirksam, der zufolge das Auto vorbehaltlich einer Garantieübernahme „unter Ausschluss der Sachmängelhaftung verkauft [. . .] wird."[5] **G 81**

e) Beweislast. Die Vorschrift des § 476 findet, soweit ein Verbrauchsgüterkauf gegeben ist, auch auf gebrauchte Sachen Anwendung,[6] und zwar auch im Falle des Gebrauchtwagenkaufs.[7] Eine davon abweichende Klausel ist schon nach § 309 Nr. 12 unwirksam. Allerdings betrifft § 476 nicht die Frage, ob überhaupt ein Mangel vorliegt. Vielmehr sieht diese Vorschrift nur eine zeitlich wirkende Vermutung vor, nämlich dahingehend, dass ein binnen sechs Monate nach Gefahrübergang auftretender Mangel schon im Zeitpunkt des Gefahrübergangs vorhanden war.[8] **G 82**

f) Klauselauslegung. Sehen die AGB einen vollständigen Gewährleistungsausschluss vor und haben die Parteien individualvertraglich vereinbart, dass bestimmte Teile des Kfz fabrikneu sind, so soll der Gewährleistungsausschluss bei kundenfreundlicher Auslegung (§ 305 c II) dahingehend auszulegen sein, dass er sich nicht auf die fabrikneuen Teile bezieht.[9] Richtigerweise ist ein vollständiger Gewährleis- **G 83**

---

[1] OLG Köln NJOZ 2001, 1679, 1681.

[2] So aber OLG Köln NJOZ 2001, 1679, 1681.

[3] Wie hier z. B. *Ulmer/Christensen* Anh. § 310 Rz 447. Ausdrücklich a. A. *Westermann* NJW 2002, 241, 244. Vgl. auch BGH NJW 2005, 3205, 3206. Dort behandelt der BGH einen formularmäßigen „Ausschluss jeglicher Gewährleistung" in einem Gebrauchtwagenkaufvertrag als potenziell wirksam. Allerdings ist diese Entscheidung noch zum alten Kaufrecht ergangen, und der BGH geht auch nicht auf die Frage ein, ob überhaupt AGB gegeben sind.

[4] Zu den sich aus § 307 im unternehmerischen Verkehr ergebenden Schranken für Haftungsbegrenzungen s. § 307 Rz 135 ff.

[5] OLG Hamm NJW-RR 2005, 1220, 1221, unter Hinweis auf § 309 Nr. 7.

[6] OLG Köln NJW-RR 2004, 268, 268; *Palandt/Grüneberg* § 309 Rz 3.

[7] OLG Köln NJW-RR 2004, 268, 268.

[8] BGH NJW 2004, 2299, 2300.

[9] BGH LM HGB [C] § 346 Nr. 8; MünchKomm/*Basedow* § 305 b Rz 2.

tungsausschluss aber ohnehin wegen Verstoßes gegen die §§ 307, 309 Nr. 7 unwirksam.[1] Enthält ein Gebrauchtwagenkaufvertrag einen formularmäßigen „Ausschluss jeder Gewährleistung", so wird dieser Gewährleistungsausschluss durch einen handschriftlichen Zusatz des Inhalts „**gekauft wie gesehen**" grundsätzlich nicht eingeschränkt.[2]

7. Garantien

G 84 Zur Übernahme von Garantien durch den Verkäufer oder Dritte sei auf die Ausführungen unter § 310 Rz G 98 (Gebrauchtwarenkauf) sowie unter § 310 Rz G 1 ff. (Garantievertrag) verwiesen. Geht aus einem vom Kfz-Händler unterzeichneten Vertrag nicht deutlich hervor, ob der Händler oder ein Dritter Garantiegeber sein soll, so ist zu beachten, dass § 305 c II in dieser Konstellation nicht zulasten des Dritten ins Feld geführt werden kann.[3]

8. Schadenspauschalen

G 85 Schadenspauschalen, die gegenüber Verbrauchern verwandt werden, sind an § 309 Nr. 5 zu messen. An einer nach § 309 Nr. 5 a unzulässigen generellen Überhöhung der Pauschale fehlt es im Gebrauchtwagenhandel regelmäßig dann, wenn der Anspruch des Verkäufers auf Schadensersatz statt der Leistung (Nichterfüllungsschaden) mit 20 % des Kaufpreises pauschaliert wird.[4] Eine höhere Schadenspauschale dürfte aber regelmäßig gegen § 309 Nr. 5 a verstoßen. Zudem kann ausnahmsweise sogar eine Schadenspauschale von nur 15 % als unwirksam einzustufen sein, nämlich dann, wenn es sich bei dem Verkäufer um den Vertragshändler eines Automobilherstellers handelt, der seine Gewinne im Wesentlichen im Neuwagengeschäft erzielt und beim Wiederverkauf der in Zahlung genommenen Gebrauchtwagen zum Zwecke der Stützung des Neuwagenverkaufs geringe Margen hinnimmt.[5] Zu beachten ist, dass nach § 308 Nr. 5 b ausdrücklich die Möglichkeit eingeräumt werden muss, den Nachweis zu führen, dass kein oder ein wesentlich geringerer Schaden entstanden ist.

9. Sonstige Klauseln

G 86–90 Zahlreiche weitere, beim Gebrauchtwagenkauf gebräuchliche Klauseln werden im Rahmen des vorliegenden Werkes bereits an anderer Stelle kommentiert. Zur Anwendung des § 308 Nr. 1 auf **Angebotsfristen** im Gebrauchtwagenhandel siehe § 308 Nr. 1 Rz 15–16. Zu **Aufrechungsverboten** siehe § 309 Nr. 3 Rz 1 ff. Zu **Eigentumsvorbehaltsklauseln** siehe Anh. § 310 Rz E 11 ff. Zu **Erfüllungsortklauseln** siehe Anh. § 310 Rz E 151 ff., G 126. Zu **Herausgabeklauseln,** die mit dem Eigentumsvorbehalt verbunden werden, siehe Anh. § 310 Rz E 29 ff. Zu **Schiedsgerichtsklauseln** siehe Anh. § 310 Rz S 21 ff. Zu **Schriftformklauseln** siehe Anh. § 310 Rz S 71 ff. Zu **vollmachtsbeschränkenden Klauseln** siehe Anh. § 310 Rz S 102 ff. **Vergütungsabreden** im Sinne des § 503 II 4 können auch in

---

[1] S. Anh. § 310 Rz G 77.

[2] In diesem Sinne BGH NJW 2005, 3205, 3206, allerdings unter Berücksichtigung der konkreten Umstände.

[3] BGH NJW-RR 2003, 926, 927 (zu § 5 AGBG). Siehe aber Anh. § 310 Rz G 12.

[4] So – allerdings noch vor Inkrafttreten des AGB-Gesetzes und daher zu §§ 138, 242 – BGH NJW 1970, 29, 30.

[5] OLG Köln NJW-RR 1993, 1404, 1405 (zu § 11 Nr. 5 a AGBG); MünchKomm/*Basedow* § 309 Nr. 5 Rz 18.

AGB getroffen werden.[1] Zu **Vorleistungsklauseln** siehe § 309 Nr. 2 Rz 8 ff., § 309 Nr. 3 Rz 20, Anh. § 310 Rz V 501 ff.

*

Gebrauchtwaren

Inhaltsübersicht

Schrifttum: *Litzenburger,* Das Ende des vollständigen Gewährleistungsausschlusses beim Kaufvertrag über gebrauchte Immobilien, NJW 2002, 1244; *Tiedtke/Burgmann,* Gewährleistungs- und Haftungsausschluss beim Verkauf gebrauchter Sachen an und zwischen Verbrauchern, NJW 2005, 1153.

1. Allgemeines

Beim Verkauf von Gebrauchtwaren ist das AGB-Recht in der Praxis von besonderer Bedeutung. Denn der Schutz des Verbrauchers durch die §§ 474, 475 erweist sich in diesem Falle als lückenhaft. Zum einen werden Gebrauchtwaren oftmals von Verbrauchern veräußert, so dass es an den Voraussetzungen eines Verbrauchsgüterkaufs im Sinne des § 474 I fehlt. Und zum anderen sieht § 474 I 2 vor, dass die Vorschriften über den Verbrauchsgüterkauf dann keine Anwendung finden, wenn gebrauchte Sachen in einer öffentlichen Versteigerung verkauft werden, an der der Verbraucher persönlich teilnehmen kann. **G 91**

2. Haftung

Im Vordergrund steht bei AGB über den Verkauf von Gebrauchtwaren regelmäßig die Frage, inwiefern Klauseln zulässig sind, die die Haftung für Mängel der verkauften Sache ausschließen oder beschränken. **G 92**

a) Rechtliche Vorgaben. Entsprechende Klauseln sind an einer ganzen Reihe von Rechtsvorschriften zu messen. **G 93**

aa) §§ 474, 475 I. Klauseln, die die Mängelhaftung des Verkäufers ausschließen oder beschränken, können zunächst an § 475 scheitern. Voraussetzung für die Anwendung des § 475 ist allerdings, dass ein Verbrauchsgüterkauf im Sinne des § 474 I 1 vorliegt und die Ausnahmevorschrift des § 474 I 2 nicht eingreift. Im unternehmerischen Verkehr ist § 478 IV, V zu beachten. **G 94**

bb) § 309 Nr. 7 findet auch auf den Ausschluss bzw. die Beschränkung solcher Schadensersatzansprüche Anwendung, die auf Mängel der verkauften Sache zurückgehen.[2] Die Haftung für Schäden, die infolge der schuldhaften Lieferung mangelhafter Sachen entstehen, kann also in Hinblick auf § 309 Nr. 7 gegenüber Verbrauchern nicht gänzlich ausgeschlossen werden. Demgemäß ist ein vollständi- **G 95**

[1] BGH NJW 2001, 292, 292 (zu § 9 AGBG).
[2] S. § 309 Nr. 7 Rz 85.

ger Ausschluss der Mängelhaftung selbst im Bereich des Gebrauchtwarenhandels unwirksam.[1]

G 96 **cc) § 309 Nr. 8 b.** § 309 Nr. 8 b findet nur auf Verträge über neu hergestellte Sachen Anwendung, also nicht auf den Gebrauchtwarenverkauf. Zur Abgrenzung zwischen neu hergestellten und gebrauchten Sachen siehe Vorbemerkung zu § 309 Nr. 8 b Rz 7–9.

G 97 **dd) § 307.** Von entscheidender Bedeutung ist regelmäßig § 307. Bei der Anwendung dieser Vorschrift ist nach der Art der Klauseln zu differenzieren.

G 98 **α) Garantien.** Zur Einschränkung der Haftung aufgrund individualvertraglich oder formularmäßig übernommener Garantien sei grundsätzlich auf die entsprechenden Ausführungen unter Anh. § 310 Rz G 13 ff., G 26 ff. verwiesen. Im Bereich des Verkaufs gebrauchter Kfz werden in der Praxis mitunter Klauseln verwandt, die die drucktechnisch hervorgehobene Formulierung enthalten „Der Verkäufer sichert zu", an welche sich sodann ein individuell auszufüllender Leerraum anschließt. Bei Verwendung dieses Formulars kann es passieren, dass der Verkäufer die Zusicherungsklausel durch die Angabe des Kilometerstandes oder einer anderen Eigenschaft ergänzt, sodann aber den Zusatz „soweit dem Verkäufer bekannt" hinzufügt. In dieser Konstellation stellt sich die Frage, ob und in welchem Umfang trotz des einschränkenden Zusatzes eine garantiemäßige Haftung nach § 443 übernommen wird. Diesbezüglich ist zwischen der Auslegung und der Inhaltskontrolle zu unterscheiden. Mit Blick auf die Auslegung hat der BGH in einem noch aus der Zeit vor der Schuldrechtsreform stammenden Fall, in welchem es sich bei dem Verkäufer um einen Kfz-Händler handelte, trotz eines einschränkenden Zusatzes die Annahme einer uneingeschränkten Zusicherung (heute: Garantie) bejaht.[2] Dabei hob der BGH hervor, dass der fettgedruckte Eingangssatz („Der Verkäufer sichert zu:") geeignet war, die Aufmerksamkeit des Kunden auf die zugesicherten Eigenschaften zu lenken,[3] insbesondere angesichts der Tatsachen, dass die Zusicherung einen Kontrast zum vorangegangenen Gewährleistungsausschluss darstellte und dass der Begriff „Zusicherung" auch dem Laien geläufig ist.[4] Indessen wird die Entscheidung durch diese Besonderheiten geprägt und lässt sich nicht ohne weiteres verallgemeinern. Keinesfalls sollte von einem allgemeinen Grundsatz des Inhalts ausgegangen werden, dass Klauseln, die in einem ersten Schritt eine Garantie aussprechen und diese in einem zweiten Schritt begrenzen, im Sinne einer uneingeschränkten Garantie auszulegen sind. Von der Frage nach der Auslegung ist die Frage nach der Inhaltskontrolle zu unterscheiden. Insofern ist hervorzuheben, dass die Kontrollfähigkeit einer die Garantie einschränkenden Klausel selbst dann zu bejahen sein kann, wenn die Garantie selbst lediglich in den AGB übernommen wird, also keine Individualvereinbarung vorliegt. Namentlich gilt dies dann, wenn die berechtigten Erwartungen des Kunden verständlicherweise durch die die Garantie begründende Klausel geprägt wurden und ausnahmsweise nicht infolge der Einschränkung der Garantie entfallen mussten (s. Anh. § 310 Rz G 21). Ist die Beschränkung einer formularmäßig übernommenen Garantie nach dem Gesagten kontrollfähig, so bedarf es im Rahmen des § 307 einer Abwägung. Dabei wird man zu dem Ergebnis kom-

---

[1] Ausdrücklich a.A. *Westermann* NJW 2002, 241, 244. Vgl. auch BGH NJW 2005, 3205, 3206. Dort behandelt der BGH einen formularmäßigen „Ausschluss jeglicher Gewährleistung" in einem Gebrauchtwagenkaufvertrag als potenziell wirksam. Allerdings ist diese Entscheidung noch zum alten Kaufrecht ergangen, und der BGH geht nicht auf die Frage ein, ob es sich bei der Klausel um eine AGB handelt. Für die Unwirksamkeit eines umfassenden Ausschlusses der Sachmängelgewährleistung unter zutreffendem Hinweis auf § 309 Nr. 7 aber OLG Hamm NJW-RR 2005, 1220, 1221.

[2] BGH NJW 1998, 2207, 2207.

[3] BGH NJW 1998, 2207, 2207.

[4] BGH NJW 1998, 2207, 2207.

men müssen, dass eine Klausel, die die Garantie für die Gesamtfahrleistung[1] oder die Unfallfreiheit entgegen den berechtigten Erwartungen des Käufers dahingehend einschränkt, dass der Verkäufer nur nach Maßgabe seiner Kenntnis haften soll, den Käufer unangemessen benachteiligt.

β) **Ausschluss der Verschuldenshaftung.** Mit Blick auf die Frage, inwiefern der Verkäufer seine verschuldensabhängige Haftung ausschließen kann, ist zu differenzieren. **G 99**

αα) **Vorsatz und grobe Fahrlässigkeit.** Die Haftung für Vorsatz kann schon nach § 276 III nicht im Voraus erlassen werden, außerdem wäre ein Ausschluss der Haftung für Vorsatz nach § 307 unwirksam. Der Ausschluss der Haftung für grobe Fahrlässigkeit des Verwenders ist gegenüber Verbrauchern schon nach § 309 Nr. 7 b unwirksam, und gegenüber Unternehmern ergibt sich die Unwirksamkeit entsprechender Klauseln in aller Regel aus § 307.[2] **G 100**

ββ) **Einfache Fahrlässigkeit.** Schwieriger gestaltet sich die Beantwortung der Frage, inwiefern die Haftung für leichte Fahrlässigkeit ausgeschlossen oder beschränkt werden kann. Insofern gelten grundsätzlich die allgemeinen Grundsätze. Das heißt, eine entsprechende Klausel hat gegenüber Verbrauchern die Grenzen des § 309 Nr. 7 a zu wahren. Zudem darf die Haftung für die Verletzung vertragswesentlicher Pflichten nicht ausgeschlossen werden.[3] Auch eine bloße Haftungsbegrenzung ist unwirksam, „wenn sie vertragstypische, vorhersehbare Schäden, die aus der Verletzung vertragswesentlicher Pflichten entstehen, nicht abdeckt".[4] Es bleibt jedoch die Frage, wann im Falle des Gebrauchtwarenverkaufs von der Verletzung einer vertragswesentlichen Pflicht auszugehen ist. Zumindest beim Kauf neuer Sachen ist anerkannt, dass „die Verpflichtung zur Verschaffung einer fehlerfreien Sache [...] zu den [...] Kardinalpflichten gehört".[5] Unklar ist indessen, ob sich dies auf den Verkauf gebrauchter Kfz und, allgemeiner, auf den Verkauf gebrauchter Waren übertragen lässt. In diesem Zusammenhang ist hervorzuheben, dass der BGH in der vorstehend zitierten Entscheidung zumindest nicht ausdrücklich zwischen neuen und gebrauchten Sachen differenziert.[6] Gleichwohl wird man die genannte Frage im Grundsatz verneinen müssen.[7] Denn beim Kauf gebrauchter Gegenstände hat der Käufer grundsätzlich nicht die gleiche Erwartung der Mangelfreiheit, wie sie für den Kauf neu hergestellter Sachen typisch ist. Dies entspricht auch der Einschätzung des Gesetzgebers, der den Anwendungsbereich des § 309 Nr. 8 b wohlweislich auf Verträge über neu hergestellte Sachen und über Werkleistungen beschränkt hat.[8] Aus alledem folgt aber andererseits nicht, dass die Pflicht zur Lieferung einer gänzlich oder doch in gewissem Umfang mangelfreien Sache beim Gebrauchwarenkauf niemals eine Kardinalpflicht darstellen könnte. Vielmehr wird man dann von einer vertragswesentlichen Pflicht auszugehen haben, wenn **G 101**

---

[1] Vgl. auch KG NJW-RR 1998, 131, 131, das den Eintrag „soweit ihm bekannt" in ein ADAC-Kaufvertragsformular im Zusammenhang mit einer Zusicherung der Laufleistung des Kfz als überraschend im Sinne des § 3 AGBG (§ 305 c I) eingestuft hat.

[2] S. § 309 Nr. 7 Rz 138. Allerdings sollte ein Ausschluss für grob fahrlässiges Verhalten von so genannten einfachen Erfüllungsgehilfen im unternehmerischen Verkehr zugelassen werden, soweit es um andere als vertragswesentliche Pflichten geht, S. § 309 Nr. 7 Rz 162.

[3] S. § 309 Nr. 7 Rz 96 ff., 155.

[4] BGH NJW 2001, 292, 302 (zu § 9 AGBG).

[5] BGH NJW 2001, 292, 302 (zu § 9 AGBG).

[6] S. BGH NJW 2001, 292, 302 (zu § 9 AGBG).

[7] Ebenso i.E. *Litzenburger* NJW 2002, 1244, 1245; *Palandt/Heinrichs* § 307 Rz 34a. A.A. aber *Arnold* ZGS 2004, 16, 20. Vermittelnd *Tiedtke/Burgmann* NJW 2005, 1153, 1156: Mit Blick auf Mangelschäden sei ein Ausschluss der Haftung für leichte Fahrlässigkeit möglich, nicht aber bei Mangelfolgeschäden.

[8] Für eine Berücksichtigung der Wertung des § 309 Nr. 8 b auch *Litzenburger* NJW 2002, 1244, 1245.

der Käufer ausnahmsweise eine der Situation beim Kauf neuer Waren vergleichbare berechtigte Erwartung hinsichtlich der Mangelfreiheit der gebrauchten Sache beziehungsweise des Fehlens bestimmter Arten von Mängeln hat. So liegt es z. B. dann, wenn der Käufer erkennbar ein besonders großes Interesse an der Mangelfreiheit der Sache beziehungsweise des Fehlens bestimmter Arten von Mängeln hat oder wenn der Verkäufer besonderes Vertrauen in Anspruch nimmt. Verkauft beispielsweise ein Fachhändler gebrauchte Reifen, so stellt die Pflicht zur Lieferung eines verkehrstüchtigen (nicht notwendig mangelfreien) Reifens zu den vertragswesentlichen Pflichten des Verkäufers.[1] Zu den vertragswesentlichen Pflichten beim **Verkauf eines gebrauchten Kfz** siehe § 310 Rz G 79–80.

G 102 γ) **Ausschluss verschuldensunabhängiger Mängelrechte.** Der Ausschluss der verschuldensunabhängigen Mängelrechte ist bei Gebrauchtwaren, soweit er nicht nach § 475 unzulässig ist, auch nach § 307 grundsätzlich nicht zu beanstanden.[2] Auch insoweit sind allerdings Ausnahmen anzuerkennen. Unzulässig ist der Ausschluss aller verschuldensunabhängigen Gewährleistungsrechte insbesondere dann, wenn der Verkäufer für sich in Anspruch nimmt, die Sache überholt und auf den neuesten Stand gebracht zu haben.[3] Auch in diesem Fall ist es freilich zulässig, den Käufer auf ein Nachbesserungsrecht zu beschränken.[4] Dabei muss dem Käufer für den Fall des Fehlschlagens der Nachbesserung nicht etwa ein Aufleben der gesetzlichen Mängelrechte in Aussicht gestellt werden.[5] Entscheidend ist nur, dass der Käufer auch bei einem Fehlschlagen der Nachbesserung nicht rechtlos gestellt wird. Dieser Anforderung ist z. B. dann genügt, wenn die Klausel dem Käufer für den Fall des Scheiterns der Nachbesserung ein Recht zur Minderung einräumt. Dass dem Käufer das Recht eingeräumt wird, die Nachbesserung auf Kosten des Verkäufers von dritter Seite vornehmen zu lassen, ist dagegen nicht ausreichend, weil diese Vorschrift den Käufer rechtlos stellt, wenn nach den Umständen auch eine von einem Dritte vorgenommene Nachbesserung keinen Erfolg verspricht.

G 103 **b) Einzelne Klauseln.** Die vor allem in Gebrauchtwagenkaufverträgen gebräuchliche Klausel **„unter Ausschluss jeglicher Gewährleistung"** scheitert im Falle des Verbrauchsgüterkaufs regelmäßig an § 475 (s. aber § 474 I 2). Aber auch in einem Kaufvertrag zwischen zwei Verbrauchern sowie im unternehmerischen Verkehr ist sie unwirksam.[6] Denn zu den Mängelrechten gehört nach neuem Recht auch das Recht auf Schadensersatz (§ 439 Nr. 3), und dieses kann nur in den Grenzen der §§ 309 Nr. 7, 307 ausgeschlossen werden.

G 104–110 **c) Klauselauslegung.** Enthält ein Gebrauchtwagenkaufvertrag einen formularmäßigen „Ausschluss jeder Gewährleistung", so wird dieser Gewährleistungsausschluss durch einen handschriftlichen Zusatz des Inhalts „gekauft wie gesehen" grundsätzlich nicht eingeschränkt.[7]

*

---

1 OLG Nürnberg NJW-RR 2002, 1247, 1247 (zu § 9 AGBG); *Palandt/Heinrichs* § 307 Rz 34a.

2 Ebenso, zum alten Recht, BGH NJW 1993, 657, 658 f.

3 *Ulmer/Christensen* Anh. § 310 Rz 447.

4 *Ulmer/Christensen* Anh. § 310 Rz 447.

5 *Ulmer/Christensen* Anh. § 310 Rz 447.

6 Ausdrücklich a.A. *Westermann* NJW 2002, 241, 244. Vgl. auch BGH NJW 2005, 3205, 3206. Dort behandelt der BGH einen formularmäßigen „Ausschluss jeglicher Gewährleistung" in einem Gebrauchtwagenkaufvertrag als potenziell wirksam. Allerdings ist diese Entscheidung noch zum alten Kaufrecht ergangen, und der BGH geht nicht auf die Frage ein, ob es sich bei der Klausel um eine AGB handelt. Für die Unwirksamkeit eines umfassenden Ausschlusses der Sachmängelgewährleistung unter zutreffendem Hinweis auf § 309 Nr. 7 aber OLG Hamm NJW-RR 2005, 1220, 1221.

7 In diesem Sinne BGH NJW 2005, 3205, 3206, allerdings unter Berücksichtigung der konkreten Umstände.

Gefahrtragungsklauseln

Inhaltsübersicht

1. Allgemeines

Die Vorschriften über die Gefahrtragung regeln, wen die Folgen eines nachträglich eintretenden zufälligen Untergangs des Leistungsgegenstandes bzw. einer zufälligen Verschlechterung treffen. Dabei ist in gegenseitigen Verträgen zwischen der Leistungsgefahr („Sachgefahr") und der Gegenleistungsgefahr („Preisgefahr") zu unterscheiden. **G 111**

a) Leistungsgefahr. Die Vorschriften über die Leistungsgefahr („Sachgefahr") geben eine Antwort auf die Frage, ob der Gläubiger die vertragscharakteristische Leistung („Sachleistung") trotz des zufälligen Untergangs bzw. der zufälligen Verschlechterung der zur Vertragserfüllung gedachten Sache weiterhin verlangen kann.[1] Da der Gläubiger nach § 275 I seinen Leistungsanspruch verliert, trägt er nach dem Gesetz die Leistungsgefahr. Besonderheiten gelten bei der Gattungsschuld. Hier trifft den Schuldner grundsätzlich eine Beschaffungspflicht. Allerdings geht die Leistungsgefahr mit der Konkretisierung gemäß § 243 II auf den Gläubiger über. Zudem kann ein Übergang der Leistungsgefahr nach § 300 II erfolgen.[2] **G 112**

b) Preisgefahr. Die Vorschriften über die Preisgefahr („Gegenleistungsgefahr") regeln, ob der Gläubiger den vollen Preis als Gegenleistung zahlen muss, obwohl er die Sachleistung nicht oder verschlechtert erhält.[3] § 326 I 1 lässt den Anspruch auf die Gegenleistung grundsätzlich erlöschen, so dass der Schuldner der Sachleistung die Preisgefahr trägt. Zahlreiche Vorschriften wie §§ 326 II 1, 446, 447 sehen aber unter bestimmten Voraussetzungen einen Übergang der Preisgefahr auf den Gläubiger vor. Das heißt, der Gläubiger muss den Preis bezahlen, obwohl er die Sachleistung nicht oder verschlechtert erhält. **G 113**

c) AGB. In AGB wird oftmals versucht, die nachteiligen Folgen der Leistungs- oder der Gegenleistungsgefahr auf den Verwendungsgegner abzuwälzen. Mit Blick auf die Wirksamkeit entsprechender Klauseln ist zwischen der Verwendung gegen- **G 114**

---

[1] BGH NJW 1985, 320, 325.

[2] Dazu, dass § 300 II nur die Leistungsgefahr betrifft, siehe z. B. *Palandt/Heinrichs* § 300 Rz 3.

[3] BGH NJW 1985, 320, 325.

über Verbrauchern auf der einen und der Verwendung im unternehmerischen Verkehr auf der anderen Seite zu differenzieren.

1. Verbraucher

G 115 **a) Allgemeines.** AGB-Klauseln können zum einen eine unmittelbare Regelung der Gefahrtragung enthalten (s. Rz G 116ff.), zum anderen können sie auch mittelbar von Bedeutung für die Gefahrtragung sein (s. Rz G 125 ff.).

G 116 **b) Unmittelbare Regelung der Gefahrtragung.** Die Vorschriften über die Verteilung der Preis- und Leistungsgefahr verkörpern grundsätzliche Prinzipien der Vertragsgerechtigkeit. Klauseln, die unmittelbar von den relevanten Vorschriften abweichen, werden daher in der Regel schon nach § 307 II Nr. 1 unangemessen sein. Ausnahmen gelten aber insbesondere beim Leasingvertrag (s. Rz G 124). Im Einzelnen:

G 117 **aa) Kaufvertrag.** Von besonderer praktischer Bedeutung sind Gefahrtragungsklauseln in Kaufverträgen.

G 118 **α) Gesetzliche Ausgangslage.** Vorab erscheinen insofern einige Worte zur gesetzlichen Ausgangslage angebracht.

G 119 **αα) Preisgefahr.** Für den Übergang der Preisgefahr („Gegenleistungsgefahr") gelten beim Kaufvertrag verschiedene Sonderregelungen. Namentlich geht die Preisgefahr gemäß § 446 bereits mit der Übergabe über.[1] § 446 weicht also zugunsten des Verkäufers von der allgemeinen Regelung ab, dass der Schuldner der Sachleistung bis zur Erfüllung des Vertrages die Preisgefahr trägt. Eine weitere Sonderregelung zugunsten des Verkäufers findet sich in § 447 I. Danach geht die Preisgefahr beim **Versendungskauf** sogar schon mit der Auslieferung der Sache an die zur Ausführung der Versendung bestimmte Person über. Allerdings bewirkt § 447 keinen vollständigen Gefahrübergang. Vielmehr lässt diese Vorschrift die Preisgefahr nach richtiger und herrschender Auffassung nur insoweit auf den Käufer übergehen, als es um Verluste oder Schäden geht, die gerade auf den Transport zurückzuführen sind **(Transportgefahr).**[2] Außerdem ist zu beachten, dass § 447 im Falle des Verbrauchsgüterkaufs nach § 474 II keine Anwendung findet.

G 120 **ββ) Leistungsgefahr.** Für die Leistungsgefahr bleibt es dagegen nach richtiger Auffassung bei der Geltung der allgemeinen Vorschriften. Dabei spielt es keine Rolle, ob man davon ausgeht, dass §§ 446, 447 auf die Leistungsgefahr anwendbar sind[3] oder ob man dies richtigerweise verneint.[4] Denn die §§ 446, 447 würden mit Blick auf die Leistungsgefahr ohnehin keine Änderungen bewirken. Es ist nämlich anerkannt, dass die §§ 446, 447 nicht den frühestmöglichen Zeitpunkt des Gefahrübergangs regeln, sondern bestimmen, wann die Gefahr übergeht, wenn sie nicht schon zu einem früheren Zeitpunkt übergegangen ist.[5] Spätestens ab den in §§ 446, 447 genannten Zeitpunkten läge die Sachgefahr aber ohnehin beim Käufer. Bei

---

[1] S. *Palandt/Weidenkaff* § 446 Rz 15.

[2] *Palandt/Weidenkaff* § 447 Rz 17. A.A., nämlich für einen vollständigen Gefahrübergang, z. B. *Bamberger/Faust* § 447 Rz 21. Nicht ganz eindeutig AG Miesbach NJW-RR 2005, 422, 423: Der Käufer habe „das erhöhte Risiko einer ordnungsgemäßen Erfüllung zu tragen, insbesondere das für Transportschäden oder Verluste".

[3] Für die Anwendung des § 446 auf die Leistungsgefahr möglicherweise *Palandt/Weidenkaff* § 446 Rz 14. Auch zu § 447 sind die Ausführungen von *Palandt/Weidenkaff* § 447 Rz 15 nicht ganz eindeutig, da dieser zwar einerseits betont, dass es sich bei der Gefahr im Sinne des § 447 I um die Gegenleistungsgefahr handele, andererseits aber ausführt, diese Regelung umfasse die Sachgefahr und die Vergütungsgefahr.

[4] Für die Annahme, dass § 447 lediglich die Preisgefahr regelt, z. B. *Bamberger/Faust* § 447 Rz 21.

[5] S. z. B. *Palandt/Weidenkaff* § 446 Rz 13 (zu § 446).

Stückschulden trägt nämlich stets der Gläubiger die Leistungsgefahr, und bei einer Gattungsschuld ergibt sich schon aus § 243 II, dass die Gefahr spätestens mit der Übergabe an den Käufer bzw., beim Versendungskauf, mit der Auslieferung der Sache an die zur Ausführung der Versendung bestimmte Person übergeht.

β) **Schutz des Käufers nach § 475.** Eine Klausel, die die Preisgefahr zulasten des Käufers in einer vom Gesetz abweichenden Weise regelt, kann schon nach § 475 I 1 unwirksam sein. Gemäß § 475 I 1 kann sich der Unternehmer nämlich auf eine vor Mitteilung des Mangels getroffene Vereinbarung unter anderem dann nicht berufen, wenn diese Vereinbarung zulasten des Verbrauchers von den §§ 474 ff. („den Vorschriften dieses Untertitels") abweicht. Unzulässig sind also auch Abweichungen von § 474 II,[1] der § 447 für unanwendbar erklärt. § 474 II bewirkt, dass die Preisgefahr mit Blick auf Transportrisiken im Falle eines Versendungskauf nicht schon mit der Auslieferung an die zur Ausführung der Versendung bestimmte Person, sondern erst nach § 446 mit der Übergabe übergeht, sofern die Preisgefahr nicht schon ausnahmsweise nach § 326 II 1 oder § 300 II zu einem früheren Zeitpunkt übergegangen ist (s. Rz G 119). Demgemäß wird man all diejenigen vor Mitteilung eines Mangels getroffenen Vereinbarungen an § 475 I scheitern lassen müssen, denen zufolge die Preisgefahr vor Übergabe der Sache und in Abweichung vom dispositiven Recht auf den Käufer übergehen soll. Dies gilt unabhängig davon, ob die relevante Vereinbarung in einer Individualvereinbarung oder in AGB enthalten ist.[2] Keine unmittelbare Anwendung finden die §§ 474 II, 475 I, wenn die Preisgefahr in anderen Fällen vorverlegt wird, also in Fällen, in denen es an einem Versendungskauf fehlt. Doch wird man insofern von einer analogen Anwendung der §§ 474 II, 475 I ausgehen müssen. Denn wenn eine Vorverlegung des Gefahrübergangs selbst in Fällen des Versendungskaufs ausscheiden soll, obwohl dort selbst das dispositive Recht (§ 447) bei anderen als Verbrauchsgüterkaufverträgen eine solche Vorverlegung vorsieht, dann muss eine Vorverlegung des Gefahrübergangs in Verbrauchsgüterkaufverträgen erst recht in denjenigen Fällen ausscheiden, in denen das Gesetz auch außerhalb des Verbrauchsgüterkaufs keine solche Vorverlegung vorsieht.[3] Analog §§ 474 II, 475 I 1 unwirksam ist also z. B. eine Klausel in einem Verbrauchsgüterkaufvertrag, die im Falle einer Bringschuld vorsieht, dass der Käufer das Transportrisiko trägt. G 121

γ) **Schutz des Käufers nach § 307.** Gefahrtragungsklauseln können außerdem an § 307 scheitern. Ist eine Klausel in direkter oder analoger Anwendung der §§ 474 II, 475 I unwirksam, so ist außerdem ein Verstoß gegen § 307 anzunehmen.[4] Freilich gewinnt § 307 vor allem dann Bedeutung, wenn es an den Voraussetzungen eines Verbrauchsgüterkaufs fehlt, beispielsweise weil es sich bei dem Verkäufer ebenfalls um einen Verbraucher handelt. AGB-Klauseln, die eine **unmittelbare Vorverlegung** des Übergangs der Preisgefahr oder der Leistungsgefahr vorsehen, sind **grundsätzlich nach § 307 unwirksam.** Unangemessen und daher unwirksam ist z. B. eine Klausel in einem Kaufvertrag, wonach die Preisgefahr bereits mit Abschluss des Kaufvertrags auf den Käufer übergeht, denn diese Regelung läuft den G 122

---

[1] So wohl auch BGH NJW 2003, 3341, 3342. A.A. aber z. B. *Bamberger/Becker* § 475 Rz 5 unter Hinweis auf die Gesetzgebungsmaterialien zum Schuldrechtsmodernisierungsgesetz sowie darauf, dass § 446 nicht in § 475 I genannt wird.

[2] Zurückhaltender *Palandt/Weidenkaff* § 474 Rz 11: Der Ausschluss des § 447 könne jedenfalls in AGB nicht wirksam abbedungen werden.

[3] Mit dieser Analogie kann man auch dem Argument von *Faust* in *Bamberger/Faust* § 475 Rz 5 begegnen, dass es wenig plausibel sei, Vereinbarungen über den Gefahrübergang zulasten des Verbrauchers nur im Falle des Versendungskaufs zu verbieten.

[4] Gegen die Zulässigkeit der AGB-mäßigen Vereinbarung einer dem § 447 entsprechenden Regelung auch *Palandt/Weidenkaff* § 474 Rz 11; *Bamberger/Faust* § 475 Rz 5.

Grundgedanken der §§ 446, 447 zuwider. Unwirksam ist auch eine Klausel, der zufolge die Lagerung des verkauften Gegenstandes „nach Ablauf des vereinbarten Liefertermins auf die Gefahr des Käufers einen Monat lang kostenlos übernommen" wird.[1] Denn diese Klausel ist ihrem Wortlaut nach dahingehend zu verstehen, dass die Preisgefahr entgegen der Regelung des § 326 II 1 auch dann auf den Käufer übergeht, wenn die Voraussetzungen des Annahmeverzugs nicht gegeben sind.[2] Erklärt sich der Verkäufer entgegen den §§ 243 II, 326 II 1, 447 zu einer kostenlosen Ersatzlieferung bereit, so ist es nicht zu beanstanden, wenn diese Vergünstigung davon abhängig gemacht wird, dass der Käufer den Schaden aufnehmen lässt und ihn dem Verkäufer mitteilt.[3]

G 123 **bb) Werkvertrag.** Bei Werkverträgen geht die **Leistungsgefahr** grundsätzlich erst mit der Abnahme auf den Besteller über, und Gleiches gilt nach § 644 grundsätzlich für die Preisgefahr. Klauseln die davon abweichen, sind in der Regel gemäß § 307 I, II Nr. 1 unwirksam.

G 124 **cc) Leasingvertrag.** Bei einem Kfz-Leasingvertrag ist die Abwälzung der Sach- und Preisgefahr auf den Leasingnehmer grundsätzlich nicht zu beanstanden.[4] Dies gilt auch dann, wenn der Vertrag keine ausdrückliche Regelung des Inhalts enthält, dass die Ansprüche der Leasinggeberin aus der vom Leasingnehmer nach den AGB abzuschließenden Versicherung sowie die Ersatzansprüche der Leasinggeberin aus der Verletzung ihres Eigentums an der Leasingsache dem Leasingnehmer zugute kommen.[5] Denn Letzteres gilt auch ohne eine ausdrückliche Regelung in diesem Sinne.[6] Auch ist eine Gefahrtragungsklausel der hier interessierenden Art leasingtypisch[7] und scheitert daher nicht an § 305 c I. Unwirksam ist eine entsprechende Klausel aber dann, wenn sie für die Fälle des Untergangs und der erheblichen Beschädigung des Fahrzeugs kein kurzfristiges **Kündigungsrecht** des Leasingnehmers vorsieht.[8] Eine erhebliche Beschädigung in diesem Sinne ist jedenfalls nicht erst dann anzunehmen, wenn der Reparaturkostenaufwand mehr als 80 % des Zeitwerts beträgt.[9] Richtigerweise müssen die AGB ein kurzfristiges Kündigungsrecht wegen erheblicher Beschädigung vielmehr schon für den Fall einräumen, dass der Reparaturkostenaufwand sich auf mehr als 50 % des Zeitwerts beläuft.[10]

G 125 **c) Mittelbare Regelung der Gefahrtragung.** Denkbar sind auch Klauseln, die zwar keine unmittelbare Regelung der Gefahrtragung enthalten, jedoch mittelbar den Zeitpunkt des Gefahrübergangs beeinflussen. Insofern kann nicht ohne weiteres von der Unangemessenheit ausgegangen werden. Vielmehr kommt es auf die Art der Klausel an. Immerhin lassen sich jedoch eine Reihe allgemeiner Grundsätze aufstellen:

G 126 **aa) Erfüllungsortklauseln.** Eine mittelbare Verschiebung des Gefahrübergangs kann dadurch erfolgen, dass die Klausel den Erfüllungsort („Leistungsort") in einer

---

[1] BGH NJW 1985, 320, 325 (zu § 9 AGBG).

[2] BGH NJW 1985, 320, 325 (zu § 9 AGBG).

[3] BGH ZIP 1987, 373, 375 (zu § 9 AGBG).

[4] BGH NJW 1998, 2284, 2285 (zu § 9 AGBG); *Staudinger/Coester* § 307 Rz 126.

[5] BGH NJW 2004, 1041, 1042 (zu § 9 AGBG). Kritisch aber *von Westphalen* NJW 1994, 2004, 1993, 1998, der wohl einen Verstoß gegen das Transparenzprinzip bejahen möchte.

[6] BGH NJW 2004, 1041, 1042. Insoweit zustimmend auch *von Westphalen* NJW 2004, 1993, 1998.

[7] BGH NJW 1998, 2284, 2285 (zu § 9 AGBG).

[8] BGH NJW 2004, 1041, 1042 (zu § 9 AGBG); BGH NJW 1998, 2284, 2285 (zu § 9 AGBG); BGH NJW 1987, 377, 378 (zu § 9 AGBG).

[9] So auch BGH NJW 1998, 2284, 2285 (zu § 9 AGBG) unter ausdrücklicher Offenlassung der genauen Grenze.

[10] Vgl. auch BGH NJW 1987, 377, 378 (zu § 9 AGBG). Dort lässt der BGH ausdrücklich offen, ob die Grenze mit zwei Dritteln des Zeitwerts zu hoch angesetzt ist.

vom Gesetz (§ 269) abweichenden Weise regelt. Denkbar ist z. B., dass eine Bringschuld als Holschuld umqualifziert wird, was gemäß § 243 für die Leistungsgefahr und wegen § 326 II 1 für die Preisgefahr relevant werden kann. Erfüllungsortklauseln sind in aller Regel unwirksam. Dies ergibt sich vielfach schon aus dem Grundsatz des Vorrangs der Individualabrede (§ 305 b). Zumindest aber sind AGB-mäßige Abweichungen von den gesetzlichen Vorschriften über den Erfüllungsort gegenüber Verbrauchern nach § 307 I, II Nr. 1 unwirksam.[1] Für den Gerichtsstand sind die gegenüber Verbrauchern verwandten Erfüllungsortklauseln zudem auch wegen § 29 II ZPO ohne Bedeutung. Zu Gerichtsstandsklauseln siehe § 310 Rz G 141–200.

bb) Qualifizierung als Versendungskauf. Wird eine Bringschuld in AGB zu einem Versendungskauf im Sinne des § 447 umqualifiziert, so ist die entsprechende Klausel unwirksam.[2] Dies ergibt sich im Regelfall schon daraus, dass eine entsprechende Klausel den Erfüllungsort verlegt, geht § 447 doch davon aus, dass der Ort, an den die Waren gebracht wird, anders als bei der Bringschuld gerade nicht mit dem Erfüllungsort identisch ist („nach einem anderen Ort als dem Erfüllungsort"). Aber auch dann, wenn die Klausel den Erfüllungsort (Leistungsort) ausdrücklich unberührt lässt und lediglich eine abweichende Regelung von der gesetzlichen Verteilung der Transportgefahr bewirken soll, ist die Klausel nach § 307 unwirksam.[3] Auch bei einer Bringschuld trifft den Käufer allerdings bei Einschaltung eines Transportunternehmens durch den Verkäufer nach § 242 die Nebenpflicht, Transportschäden festzustellen und mitzuteilen.[4] Der BGH hat daraus gefolgert, dass der Verkäufer die Ansprüche des Käufers wegen bestehender Mängel von der Reklamation und Aufnahme gegenüber dem Transportunternehmen sowie von der Mitteilung an den Verkäufer abhängig machen könne.[5] Diese Auffassung ist jedoch schon deshalb verfehlt, weil der Transportunternehmer im Falle der Bringschuld Erfüllungsgehilfe des Verkäufers ist und die Klausel damit eine nach § 309 Nr. 7 b unzulässige Einschränkung der Haftung für grobe Fahrlässigkeit enthält. Etwas anderes gilt nur dann, wenn die Klausel sich darauf beschränkt, ein wegen der Nichterfüllung von Nebenpflichten auch nach dem Gesetz bestehendes Zurückbehaltungsrecht (§ 273) zum Ausdruck zu bringen. G 127

cc) Abnahme. AGB-Klauseln, die die Abnahme beim Werkvertrag Abnahme hinausschieben, sind nur in engen Grenzen möglich. Siehe dazu im Einzelnen Anh. § 310 Rz S. 294–296. G 128

3. Der unternehmerische Verkehr

a) Allgemeines. Auch im unternehmerischen Verkehr sind Klauseln zur Gefahrtragung an § 307 zu messen. Dabei ist der Verwendung entsprechender Klauseln jedoch weit mehr Raum zu lassen als bei der Verwendung gegenüber Verbrauchern. Soweit die Gefahrtragung Gegenstand eines Handelsbrauchs ist, scheidet die Inhaltskontrolle schon nach § 307 III 1 aus. Aber auch im Übrigen wird man die Unangemessenheit entsprechender Klauseln grundsätzlich verneinen müssen, so- G 129

---

[1] In diesem Sinne auch OLG Koblenz NJW-RR 1989, 1459, 1460: AGB-Klauseln über den Leistungsort i.S.d. § 269 gegenüber Verbrauchern nach § 9 II Nr. 1 (§ 307 II Nr. 1) unwirksam. Vgl. auch *Palandt/Heinrichs* § 307 Rz 103, dem zufolge Erfüllungsortklauseln gegenüber Verbrauchern gegen § 269 verstoßen. Differenzierend aber *Stoffels* unter Anh. § 310 Rz E 151 ff.

[2] OLG Oldenburg NJW-RR 1992, 1527, 1528 (zu § 9 AGBG).

[3] So wohl auch OLG Oldenburg NJW-RR 1992, 1527, 1528 (zu § 9 AGBG). S. auch Anh. § 310 Rz E 153.

[4] So für den Versandhandel BGH NJW-RR 1987, 742, 743 (zu § 9 AGBG).

[5] BGH NJW-RR 1987, 742, 743 (zu § 9 AGBG).

weit die relevanten Klauseln branchentypisch sind. In diesem Falle steht auch das Verbot überraschender Klauseln (§ 305 c I) der wirksamen Vereinbarung der relevanten Klausel nicht entgegen. Zulässig sind insbesondere auch branchentypische **Erfüllungsortklauseln.**[1] Auch gegenüber Unternehmern unwirksam ist aber eine Klausel in Einkaufsbedingungen, die dem Verwendungsgegner als Verkäufer entgegen dem dispositiven Recht (§ 447) das Transportrisiko auferlegt, wenn außerdem vorgesehen ist, dass der Verwendungsgegner zum Transport einen vom Verwender bestimmten Spediteur verwenden muss.[2]

G 130 **b) Klauselauslegung.** Von besonderer praktischer Relevanz ist die Frage nach der Auslegung der im unternehmerischen Verkehr verwandten Gefahrtragungsklauseln. Diesbezüglich gilt es zu beachten, dass sich bestimmte auch im internationalen Handelsverkehr übliche Klauseln und Abkürzungen herausgebildet haben, auf die an anderer Stelle einzugehen ist.[3] Freilich können auch Klauseln, die im Geschäftsverkehr oft verwandt werden, mehrdeutig sein.[4] Die Klausel **„frei Bestimmungsort"** wird zum Teil nur dahin verstanden, dass sie dem Verkäufer die Transportkosten auferlege.[5] Überwiegend kommt ihr jedoch die Bedeutung zu, dass der Erfüllungsort an den Lieferort verlegt wird und damit auch die Transportgefahr abweichend von § 447 beim Verkäufer verbleibt, er also bei Untergang der Ware Bezahlung nicht verlangen kann.[6] Die Klausel ist als bloße Transportkostenregelung zu verstehen, wenn sie Teil der AGB ist und die Gefahrtragung, und sei es auch in den AGB, ausdrücklich gesondert geregelt ist.[7]

4. Versicherungsklauseln

G 131 Mitunter sehen AGB vor, dass eine Sache bereits vor Übergang der Preisgefahr vom Gläubiger der Sachleistung zu versichern ist bzw. vom Verwender auf Kosten des Verwendungsgegners versichert werden kann.

G 132 **a) Umgehung der für die Preisgefahr geltenden Regeln.** Soweit es dem Schuldner der Sachleistung verwehrt ist, den Übergang der Preisgefahr vorzuverlegen, wird man auch solche Klauseln als unzulässig einstufen müssen, die es dem Verkäufer erlauben, die Sache auf Kosten des Käufers zu versichern. Dazu passt es, dass die Rechtsprechung ganz allgemein solche Klauseln grundsätzlich als unangemessen einstufen will, mit denen der Verwender versucht, Aufwendungen für die Erfüllung eigener Pflichten oder für eigene Zwecke auf den Verwendungsgegner abzuwälzen.[8] Unangemessen müssen grundsätzlich auch solche Klauseln sein, die in Umgehung der für die Preisgefahr geltenden Regeln eine **Versicherungspflicht** des Käufers vorsehen. Denn diese Klauseln führen bei wirtschaftlicher Betrachtung im Wesentlichen zu dem gleichen Ergebnis wie Klauseln, die den Übergang der Preisgefahr beschleunigen. Scheitert also eine Vorverlegung des Übergangs der Preisgefahr an § 307, so muss Gleiches für Versicherungsklauseln der hier interessierenden Art gelten. Im Falle eines als Verbrauchsgüterkaufvertrages einzustufenden

---

[1] Offen gelassen wird die Zulässigkeit von Erfüllungsklauseln im kaufmännischen (heute: unternehmerischen) Verkehr von OLG Frankfurt a.M. NJW-RR 1995, 439, 440 (zu § 9 AGBG).

[2] *Palandt/Heinrichs* § 307 Rz 103.

[3] S. Anh. § 310 Rz H 61 ff.

[4] S. nur BGH NJW 1984, 567, 568: Mehrdeutigkeit der Klausel „frei ... Bestimmungsort".

[5] So *Schlegelberger/Hefermehl*, HGB, § 346 Rz 72.

[6] Ein solches Auslegungsergebnis unter Berücksichtigung der konkreten Umstände nicht beanstandend BGH NJW 1984, 567, 568.

[7] OLG Hamburg NJW-RR 1986, 118, 118.

[8] BGH NJW 2003, 2386, 2387 (zu § 9 AGBG). Ebenso z. B. OLG Düsseldorf NJW-RR 2002, 1716, 1716.

Versendungskaufes ergibt sich die Unwirksamkeit entsprechender Klauseln zudem bereits aus § 475 I 2, führen sie doch zu einer Umgehung des § 474 II.

b) Keine Umgehung der für die Preisgefahr geltenden Regeln. Die obigen Aussagen sind freilich nicht umkehrbar. Mit anderen Worten, selbst dann, wenn der Verwendungsgegner auch nach dem Gesetz die Preisgefahr trägt oder es dem Verwender möglich wäre, den Übergang der Preisgefahr vorzuverlegen, sind Versicherungsklauseln der hier interessierenden Art nicht notwendig wirksam. Zu beachten ist allerdings, dass die hier vertretene Auffassung wohl nicht vom BGH geteilt wird. Dieser hat die Kontrolle einer Klausel in einem Werkvertrag, die den Auftraggeber zum Abschluss einer Bauwesenversicherung berechtigte und einen anteiligen Abzug der Kosten vom Entgelt vorsah, an § 8 AGBG (§ 307 III) scheitern lassen.[1] Doch ist dem nicht zuzustimmen. Denn es fehlt entgegen dem BGH nicht an einer dispositiven Regelung, die an die Stelle der Klausel treten kann. Namentlich überlässt das dispositive Recht gerade dem Unternehmer die Entscheidung über den Abschluss einer Versicherung. **G 133**

aa) Anderer Teil trägt die Preisgefahr. Als grundsätzlich unwirksam wird man insbesondere solche Klauseln einstufen müssen, die den **Verwender** zum Abschluss einer Versicherung auf Kosten des Verwendungsgegners verpflichten oder berechtigten, obwohl der Verwendungsgegner ohnehin die Preisgefahr trägt. Denn es ist nicht recht ersichtlich, worin das schutzwürdige Interesse des Verwenders an einer solchen Klausel liegen soll. Zudem muss es dem Verwendungsgegner selbst überlassen sein, Kosten und Nutzen einer Versicherung gegeneinander abzuwägen. Hinzu kommt, dass eine Klausel der genannten Art die Gefahr birgt, dass letztendlich zwei Versicherungen abgeschlossen werden, der Verwendungsgegner also die Kosten der Versicherung gleich doppelt trägt. Daher ist z. B. auch bei Geltung des § 447 eine Klausel beim Versendungskauf unzulässig, die den Verkäufer berechtigt, die Ware auf Kosten des Käufers gegen Transportrisiken zu versichern.[2] Ist § 447 wegen § 474 II unanwendbar, so ergibt sich die Unwirksamkeit der Klausel bereits aus § 475 I 2. Unangemessen sind in aller Regel auch solche Klauseln, die den **Verwendungsgegner** zum Abschluss einer Versicherung verpflichten, obwohl dieser ohnehin die Preisgefahr trägt. Denn wenngleich diese Klauseln nicht die Gefahr einer doppelten Versicherung begründen, greifen sie in unzumutbarer Weise in die Entscheidungsfreiheit des Verwendungsgegners ein. **G 134**

bb) Anderer Teil könnte mit der Preisgefahr belastet werden. Von denjenigen Fällen, in denen der Verwendungsgegner die Preisgefahr ohnehin trägt, sind solche Konstellationen zu unterscheiden, in denen der Verwendungsgegner zwar die Preisgefahr weder aufgrund der gesetzlichen noch aufgrund einer vertraglichen Regelung trägt, wohl aber in den AGB des Verwenders wirksam mit der Preisgefahr belastet werden könnte. Auch in diesem Falle sind Klauseln, die den Verwender zum Abschluss einer Versicherung auf Kosten des anderen Teils berechtigen, grundsätzlich unwirksam. Denn gerade wenn eine Vorverlegung des Gefahrübergangs möglich ist, belasten solche Klauseln den Verwendungsgegner unnötig. Sie begründen die Gefahr einer doppelten Versicherung und greifen zudem in die Freiheit des Verwendungsgegners ein, selbst darüber zu entscheiden, ob der Nutzen einer Versicherung die Kosten aufwiegt. Aus dem letzteren dieser beiden Gründe sind auch Klauseln unwirksam, die sich mit der Festschreibung einer Versicherungspflicht des Verwendungsgegners begnügen. **G 135–140**

*

---

[1] BGH NJW 2000, 3348 ff. (zu § 8 AGBG).

[2] OLG Stuttgart NJW-RR 1995, 116, 117 (zu § 9 AGBG).

Gerichtsstandsklauseln

I. Überblick

Im Folgenden werden Vereinbarungen über die Zuständigkeit der Zivilgerichte behandelt, und zwar Klauseln zur **örtlichen und sachlichen Zuständigkeit im nationalen Rechtsverkehr** (dazu II) und zur **internationalen Zuständigkeit im grenzüberschreitenden Rechtsverkehr** (dazu III). Zu ebenfalls zuständigkeitsrelevanten **Erfüllungsortklauseln** vgl. Rz G 153, zu Klauseln betreffend den vom Kläger zu beschreitenden **Rechtsweg** vgl. Anh. § 310 Rz P 66 und zur AGB-rechtlichen Kontrolle von **Prozessvereinbarungen,** die weitergehend die Möglichkeit zur Anrufung (sämtlicher) staatlicher Gerichte gänzlich oder zeitlich beschränken, vgl. Anh. § 310 Rz P 62f. (speziell zu **Schlichtungs- und Mediationsklauseln** Anh. § 310 Rz S 54ff., zu **Musterprozessklauseln** Anh. § 310 Rz P 67ff., zu **Schiedsgerichtsklauseln** Anh. § 310 Rz S 1ff., zu **Schiedsgutachterklauseln** Anh. § 310 Rz S 21ff.

II. Nationaler Rechtsverkehr

Schrifttum: *de Bra,* Verbraucherschutz durch Gerichtsstandsregelungen im deutschen und europäischen Zivilprozessrecht, 1992; *Ehricke,* Gerichtsstandsvereinbarungen in Allgemeinen Geschäftsbedingungen im vollkaufmännischen Geschäftsverkehr, insbesondere im Hinblick auf § 32 ZPO, ZZP 111 (1998), 145; *F. O. Fischer,* Gerichtsstandsvereinbarungen in AGB – Gerichtliche Zuständigkeit und Verweisungen, MDR 2000, 682; *R. Fischer,* Verbraucherprozessrecht, in: *Bülow/Artz,* Verbraucherprivatrecht – Recht in der Praxis, 2005, Kap. 17; *Hau,* Vorgaben des EuGH zur Klausel-Richtlinie, IPRax 2001, 96; *Leible,* Gerichtsstandsklauseln und EG-Klauselrichtlinie, RIW 2001, 422; *Mentis,* Schranken prozessualer Klauseln in Allgemeinen Geschäftsbedingungen, 1994; *Pfeiffer,* Halbseitig fakultative Gerichtsstandsvereinbarungen in stillschweigend vereinbarten AGB?, IPRax 1998, 17; *ders.*, Gerichtsstandsklauseln und EG-Klauselrichtlinie, FS Schütze, 1999, S. 671; *Schilken,* Zur Zulässigkeit von Zuständigkeitsvereinbarungen bei Beteiligung von Nichtkaufleuten (§§ 38 Abs. 3, 40 ZPO), FS Musielak, 2004, S. 435; *Schiller,* Gerichtsstandsklauseln in AGB zwischen Vollkaufleuten und das AGB-Gesetz, NJW 1979, 636; *Sternke,* Prozessuale Klauseln in Allgemeinen Geschäftsbedingungen, 1993; *Vollkommer,* Die Gerichtsstandsbegründung durch den Parteiwillen nach der Zivilprozessnovelle 1974, Rpfleger 1974, 129; *Wagner,* Prozessverträge, 1998.

1. Prozessrechtliche Vorgaben

Ausweislich seiner systematischen Stellung behandelt § 38 ZPO – ungeachtet des engeren, in erster Linie auf Lokalisierung abstellenden Wortlauts („Gerichtsstand")[1] – neben der **örtlichen Zuständigkeit** auch die **sachliche** (arg.: § 40 II 1 Nr. 1 ZPO), nicht hingegen die funktionelle Zuständigkeit einschließlich des Instanzenzugs (arg.: „Gericht des ersten Rechtszuges") und ebenso wenig die gerichtsinterne Geschäftsverteilung.[2] Zu unterscheiden ist zwischen der vereinbarungsgemäßen Begründung einer nach der gesetzlichen Zuständigkeitsordnung an sich nicht eröffneten Entscheidungszuständigkeit (sog. **Prorogation)** und der Beseitigung einer an sich eröffneten Entscheidungszuständigkeit (sog. **Derogation).** Zwar bestimmt sich anerkanntermaßen diese wie jene Gestaltungsform – wiederum ungeachtet des engeren Wortlauts („wird ... zuständig") – nach §§ 38, 40 ZPO,[3] doch besteht Einvernehmen, dass dies nicht für die Derogation sämtlicher gesetzlich vorgesehener Gerichtsstände gelten kann.[4] **G 141**

§ 38 ZPO enthält nach verbreiteter Auffassung im Ergebnis ein grundsätzliches Verbot für die Vereinbarung der örtlichen und sachlichen Zuständigkeit (zur internationalen beachte unter Rz G 182 ff.), das nur in Ausnahmefällen durchbrochen wird. Indes erlaubt **§ 38 I ZPO** Zuständigkeitsvereinbarungen immerhin, wenn beide Parteien **Kaufleute,** juristische Personen des öffentlichen Rechts oder öffentlich-rechtliche Sondervermögen sind. Streitig ist dabei u.a., ob auch Privatgeschäfte eines Kaufmanns erfasst werden[5] und ob die Vorschrift auf nichtkaufmännische Unternehmer (insbesondere: Rechtsanwälte, Notare, Steuerberater u. Ä.), die typischerweise über kaufmannsähnliche Geschäftsgewandtheit verfügen, entsprechend anzuwenden ist.[6] **§ 38 II ZPO** betrifft die Vereinbarung der örtlichen Zuständigkeit für bestimmte Fälle mit grenzüberschreitendem Bezug; der darin zugleich enthaltenen Regelung der internationalen Zuständigkeit kommt angesichts vorrangiger Spezialvorschriften nur noch geringe Bedeutung zu (dazu Rz G 182). **G 142**

---

1 Dazu *Schilken* FS Musielak, S. 435, 436.

2 Statt mancher: OLG Celle IHR 2004, 125, 126; *Zöller/Vollkommer* § 38 ZPO Rz 3; *Schilken* FS Musielak, S. 435, 436 ff. m. Nachw. (beachte aber auch ebenda, S. 450, zu Vereinbarungen betreffend das Verhältnis der Kammer für Handelssachen zur allgemeinen Zivilkammer).

3 Laut *Schilken* FS Musielak, S. 435, 439 f. erfordert dies einen Analogieschluss.

4 Vgl. nur *Zöller/Vollkommer* § 38 ZPO Rz 2; *Stein/Jonas/Bork* § 38 ZPO Rz 67.

5 Bejahend etwa *Musielak/Heinrich* § 38 ZPO Rz 12; *Zöller/Vollkommer* § 38 ZPO Rz 19.

6 Bejahend etwa *Zöller/Vollkommer* § 38 ZPO Rz 18 und 19; *Krügermeyer-Kalthoff/Reutershan* MDR 2001, 1219; *Wagner,* Prozessverträge, S. 560 f. Verneinend etwa *Musielak/Heinrich* § 38 ZPO Rz 12.

§ 38 III ZPO schließlich gestattet Zuständigkeitsvereinbarungen, auch wenn sie unter Beteiligung mindestens einer gemäß Abs. 1 nicht prorogationsfähigen Partei getroffen werden, sofern es dazu nach Entstehen der Streitigkeit (aber noch vor Rechtshängigkeit, arg.: § 261 III Nr. 1 ZPO[1]) kommt (Nr. 1) oder für den Fall nachträglicher Verlegung des Wohnsitzes oder des gewöhnlichen Aufenthalts außerhalb der Bundesrepublik oder für den Fall eines unbekannten Wohnsitzes oder gewöhnlichen Aufenthalts (Nr. 2).

G 143 Als Wirksamkeitsvoraussetzung von Gerichtsstandsvereinbarungen bezeichnet **§ 40 I ZPO** die hinreichende Bestimmtheit des erfassten Rechtsverhältnisses,[2] während § 40 II 1 ZPO allgemeine Grenzen aufzeigt. Dabei interessiert im Hinblick auf die AGB-rechtliche Kontrolle wegen § 310 IV 1 weniger der für nichtvermögensrechtliche Ansprüche relevante Ausschlussgrund in Nr. 1, wohl aber der in Nr. 2. Dieser zwingt jeweils zu der Überlegung, ob eine **als ausschließlich bezeichnete gesetzliche Zuständigkeitsregel** Vereinbarungen über die örtliche und/oder solche über die sachliche Zuständigkeit verhindern will. So betrifft beispielsweise die besondere Zuständigkeit für sog. Haustürgeschäfte gemäß § 29c I 2 ZPO (vorbehaltlich Abs. 3) nur die örtliche, die Sonderzuweisung an die Landgerichte gemäß § 71 II GVG hingegen nur die sachliche Zuständigkeit, während sich für Wohnraummietsachen aus dem Zusammenspiel von § 29a ZPO mit § 23 Nr. 2a GVG ein umfassender Ausschlussgrund ergibt.[3] Im Übrigen kennt das Gesetz besondere Zuständigkeitsvorschriften wie § 48 I, II VVG, in denen zwar nicht von Ausschließlichkeit die Rede ist, die aber eigens als unabdingbar bezeichnet werden.

Erweist sich die Gerichtsstandsvereinbarung nach alledem als wirksam, so steht dem nicht ohne weiteres die **Unwirksamkeit des Hauptvertrags** entgegen, in dem die Gerichtsstandsvereinbarung vorgesehen ist bzw. auf den sie sich bezieht;[4] vielmehr soll ein etwaiger Streit über die Wirksamkeit des Hauptvertrags gerade im prorogierten Forum ausgetragen werden können.[5] Davon zu unterscheiden ist die Frage, ob die Gerichtsstandsvereinbarung womöglich unter demselben Fehler leidet wie der Hauptvertrag.

2. Anwendbarkeit der AGB-rechtlichen Bestimmungen

G 144 Regelungen wie §§ 29c, 38, 40 ZPO oder etwa § 48 VVG unterscheiden nicht danach, ob Individualvereinbarungen oder AGB in Rede stehen. Soweit Zuständigkeitsvereinbarungen in AGB enthalten sind bzw. im Verbrauchergeschäft vorformulierte Klauseln verwendet werden, stellt sich die Frage, ob zusätzlich die §§ 305 ff. anzuwenden sind. Dies ist wegen des verstärkten Schutzbedürfnisses infolge der Verwendung vorformulierter Klauseln zu bejahen.[6] Dafür spricht zudem das Bedürfnis, unzulässigen Gerichtsstandsklauseln im Wege der Unterlassungsklage nach §§ 1, 3 und 4 UKlaG entgegentreten zu können.[7] Auch Anh. Nr. 1 q RL

---

[1] H.M.; dazu näher, auch zu anerkannten Ausnahmen und m. Nachw. zur Gegenansicht, etwa OLG Zweibrücken MDR 2005, 1187; OLG Brandenburg NJW 2006, 3444, 3446.

[2] Entgegen der bislang h.M. wirbt für eine großzügige Handhabung *Schilken* FS Musielak, S. 435, 442 ff.

[3] Beachte etwa die Übersichten zu ausschließliche Zuständigkeiten bei *Zöller/Vollkommer* § 40 ZPO Rz 8 ff.

[4] Klarstellend etwa BGH NJW 2006, 1672 f.

[5] Näher etwa *Stein/Jonas/Bork* § 38 ZPO Rz 61; *Wagner,* Prozessverträge, S. 324 ff.

[6] S. OLG Hamburg NJW-RR 1999, 1506; OLG Köln ZIP 1989, 1069.

[7] Vgl. BGH NJW 1983, 1320, 1322; BGH NJW 1985, 320, 322 f.; BGHZ 101, 271, 273 = ZZP 101 (1988), 200 m. Anm. *Lindacher; Pfeiffer* IPRax 1998, 17, 23; *Ehricke* ZZP 111 (1998), 161 ff.; *Stein/Jonas/Bork* § 38 ZPO Rz 60; MünchKommBGB/*Kieninger* § 307 Rz 274; *von Westphalen,* Gerichtsstandsklauseln Rz 4.

verdeutlicht, dass die Erschwerung des Zugangs zum Gericht – und damit auch Gerichtsstandsvereinbarungen[1] – grundsätzlich der Inhaltskontrolle unterliegen, geht freilich über das bereits vom deutschen Prozessrecht vermittelte Schutzniveau nicht hinaus. Unerheblich ist hingegen, dass Gerichtsstandsklauseln prozessualen Regelungsgehalt aufweisen (allgemein § 310 Rz P 61).[2] Verstößt mithin eine Gerichtsstandsklausel beispielsweise gegen § 40 ZPO, so kann ihr zugleich § 307 BGB (gegebenenfalls in Verbindung mit § 310 III Nr. 3 BGB) entgegenstehen.[3]

3. Einbeziehung

Während § 38 ZPO für den kaufmännischen Verkehr in Abs. 1 eine ausdrückliche oder stillschweigende Vereinbarung genügen lässt, muss diese gemäß Abs. 2 schriftlich oder wenigstens schriftlich bestätigt und in den Fällen des Abs. 3 sogar ausdrücklich und schriftlich erfolgen. Unabhängig davon, ob man, soweit Schriftlichkeit gefordert ist, den Maßstab des § 126 BGB anlegt,[4] ist zu beachten, dass nicht jeder AGB-rechtlich beachtliche Einbeziehungsmodus zwingend zugleich die Anforderungen gemäß § 38 II, III ZPO erfüllt. Aber auch umgekehrt gilt: Selbst wenn § 38 ZPO gewahrt ist, bleibt im Einzelfall zu prüfen, ob damit zugleich den Anforderungen an die Einbeziehung von AGB-Gerichtsstandsklauseln Genüge getan ist. Dabei ist der unterschiedliche subjektive Anwendungsbereich von § 38 I ZPO einerseits und § 310 I BGB andererseits zu beachten. So fehlt es auch bei längerer Geschäftsbeziehung an einer Einbeziehung zwischen Unternehmern, wenn die Gerichtsstandsklausel auf der Rückseite der Rechnung ohne diesbezüglichen Hinweis auf der Vorderseite abgedruckt ist.[5] Im Falle einer nachträglichen Änderung des Gerichtsstands im Rahmen laufender Geschäftsbeziehungen ist ein ausdrücklicher Hinweis erforderlich, falls die Änderung eine wesentliche Benachteiligung für den anderen Vertragsteil bringt.[6] **G 145**

Ist die Zuständigkeitsklausel als solche prozessual zulässig, bleibt das **Verbot überraschender Klauseln** (§ 305c I) zu beachten.[7] Überraschend wird dann zwar in aller Regel kaum das Vorhandensein einer Zuständigkeitsvereinbarung sein, womöglich aber der konkret vorgesehene Gerichtsstand. Dieser kann in unzulässiger Weise von einer üblicherweise zu erwartenden Zuständigkeit abweichen, wenn er weder zu dem Wohn- oder Geschäftssitz noch zu dem Vertragsschluss oder der Vertragsabwicklung irgendeine Beziehung aufweist.[8]

4. Auslegung

Die Auslegung vorformulierter Gerichtsstandsklauseln bestimmt sich nach § 305c II. Kommt es dabei im **Individualprozess** auf die **kundenfreundlichste** **G 146**

---

[1] Vgl. zum spanischen Recht EuGH Rs. C-240/98 bis C-244/98, NJW 2000, 2571. Dazu etwa *Hau* IPRax 2001, 96; *Leible* RIW 2001, 422; *Staudinger* DB 2000, 2058. Beachte auch Anh. Nr. 1 q RL Rz 213.

[2] Statt vieler: *Staudinger/Schlosser* § 305 Rz 14.

[3] Vgl. LG Düsseldorf NJW-RR 1995, 440, 441; *Heinrichs* NJW 1996, 1381, 1389.

[4] Zum Streitstand etwa *Zöller/Vollkommer* § 38 ZPO Rz 34.

[5] OLG Hamburg ZIP 1984, 1241; s. auch § 305 Rz 130.

[6] OLG Koblenz BB 1983, 1635.

[7] Zu Gerichtsstandsvereinbarungen, die kurz nach der Wiedervereinigung von einem „Westunternehmer" einer kleinen Gemeinde auf dem Gebiet der ehemaligen DDR gestellt worden sind, vgl. OLG Hamm NJW 1995, 2499.

[8] S. auch *Schiller* NJW 1979, 636; LG Konstanz BB 1983, 1372; BGH WM 1983, 568; OLG Köln ZIP 1989, 1069; krit. *Ehricke* ZZP 111 (1998), 150 ff.

Auslegung an,[1] so gilt: Zugunsten des Vertragspartners des Verwenders ist davon auszugehen, dass lediglich ein **fakultativer Gerichtsstand** begründet wird.[2] Sofern nicht ausdrücklich Abweichendes vereinbart wird (insbesondere durch derogationsindizierende Wendungen wie „nur" oder „ausschließlich"), bleibt es dem Vertragspartner – nicht aber dem Verwender[3] – unbenommen, auf gesetzlich eröffnete Gerichtsstände auszuweichen (anders für die internationale Zuständigkeit Art. 23 I 2 Brüssel I-VO; dazu Rz G 157). Dieser einschränkenden Interpretation steht es nicht bereits entgegen, dass das gewählte Gericht nach der gesetzlichen Zuständigkeitsordnung ohnehin zur Entscheidung berufen wäre. Entsprechendes gilt für den sachlichen Umfang der Gerichtsstandswahl: Der Vertragspartner (nicht aber der Verwender) kann im prorogierten Forum im Zweifel sowohl vertragliche als auch **gesetzliche Ansprüche** geltend machen, während ihm umgekehrt das Verfolgen gesetzlicher Ansprüche, sofern nichts anderes ausdrücklich vorgesehen ist, außerhalb des prorogierten Forums nach Maßgabe der gesetzlichen Zuständigkeitsordnung möglich bleibt.[4] Selbst dann, wenn die im Hinblick auf eine bestimmte Forderung vorgesehene Gerichtsstandsklausel als ausschließlich gekennzeichnet ist, hindert sie den Vertragspartner im Zweifel nicht, die Forderung anderweitig im Wege der **Widerklage** oder **Prozessaufrechnung** geltend zu machen oder dem Verwender den **Streit zu verkünden.**[5] Demgegenüber wurde im Rahmen der **Verbandsklage** gemäß § 13 AGBG (nunmehr § 1 UKlaG), also ausgehend von der **kundenfeindlichsten Deutungsvariante,** entschieden, dass sich die Wendung „Gerichtsstand X" (X = Ortsangabe) sowohl auf Aktiv- wie auf Passivprozesse des Verwenders erstreckt – was Unwirksamkeit gemäß § 307 II Nr. 1 zur Folge hat.[6] Entsprechend wurde eine Gerichtsstandsklausel, die ohne weitere Einschränkung das Mahnverfahren betrifft, dahin ausgelegt, dass sie Mahnanträge sowohl der einen wie der anderen Vertragspartei erfassen will und deshalb, wenn diese unterschiedliche allgemeine Gerichtsstände haben, gegen §§ 40 II 1 Nr. 2, 689 II ZPO verstößt.[7]

G 147 Wenn es an dem Ort, der als „Gerichtsstand" (bzw. als „Erfüllungsort und Gerichtsstand") bezeichnet ist, zwar ein Amts-, aber kein Landgericht gibt, wird man die Klausel nicht ohne weiteres dahingehend auszulegen haben, dass die **sachliche Zuständigkeit** streitwertunabhängig bei diesem Amtsgericht konzentriert werden soll.[8] Verweist die Klausel auf eine Stadt, in der es mehrere für den fraglichen Anspruch in Betracht kommende Eingangsgerichte gibt, soll nach fragwürdiger Rechtsprechung dem Kläger das Wahlrecht zustehen.[9] Auslegungsprobleme kann die **Konkurrenz von Gerichtsstands- und Schiedsklauseln** bereiten, wenn diese entweder in demselben Regelwerk oder in verschiedenen einschlägigen AGB

---

[1] Dazu allgemein § 305c Rz 131.

[2] Vgl. RGZ 159, 254; BGHZ 59, 119; BGH NJW-RR 1999, 137, 138; OLG Bamberg NJW-RR 1989, 371; OLG Hamm IPRax 1999, 244, 245; KG BauR 2000, 1092; BayObLG BeckRS 2003, 07710; *Stein/Jonas/Bork* § 38 ZPO Rz 66; *Zöller/Vollkommer* § 38 ZPO Rz 14; *Fischer* MDR 2000, 682, 684. Für Vermutung der Ausschließlichkeit hingegen *Thomas/Putzo* § 38 ZPO Rz 32; MünchKommBGB/*Kieninger* § 307 Rz 276 (analog Art. 23 I 2 Brüssel I-VO).

[3] Beachte OLG Düsseldorf BauR 2002, 1601; unzutreffend OLG Schleswig NJW 2006, 3360, 3361.

[4] So im Ergebnis auch *Thomas/Putzo* § 38 ZPO Rz 31.

[5] Wohl widersprüchlich *Zöller/Vollkommer* einerseits § 33 ZPO Rz 30 (Widerklage), andererseits § 38 ZPO Rz 42 (Aufrechnung) und § 72 ZPO Rz 1a (Streitverkündung); jeweils m. Nachw. zum Streitstand.

[6] BGHZ 101, 271, 273 = ZZP 101 (1988), 200 m. insoweit krit. Anm. *Lindacher.*

[7] BGH NJW 1985, 320, 322 f.

[8] Vgl. *Fischer* MDR 2000, 682, 684. Ebenso für Klagen aus einem Generalunternehmervertrag OLG Düsseldorf BauR 2002, 1601, dort freilich unter besonderer Berücksichtigung des erheblichen Streitwerts und des Umstands, dass bei dem in Betracht kommenden Landgericht eine Spezialkammer eingerichtet ist.

[9] So OLG Brandenburg NJW 2006, 3444, 3445: Bezugnahme auf Berlin im Falle amtsgerichtlicher Zuständigkeit.

vorgesehen sind. So ist nach Auffassung des BGH eine Klausel in den AGB eines Vertragspartners, wonach der Gerichtsstand für alle Streitigkeiten aus dem Vertrag und über seine Wirksamkeit das für den Sitz dieses Vertragspartners zuständige Gericht ist, nicht etwa dahingehend auszulegen, dass ausschließlich das staatliche Gericht zuständig und die Vereinbarung eines Schiedsgerichts in den nachrangig geltenden AGB des anderen Vertragspartners ausgeschlossen ist.[1]

5. Inhaltskontrolle

a) Örtliche Zuständigkeit. Die Inhaltskontrolle von Gerichtsstandsklauseln bestimmt sich nach § 307 (zu dessen Maßgeblichkeit im internationalen Rechtsverkehr beachte unten Rz G 179). Genügt die Klausel prozessrechtlichen Vorgaben wie beispielsweise §§ 38, 40 ZPO, hindert dies eine Inhaltskontrolle unter AGB-rechtlichen Gesichtspunkten nicht, und umgekehrt bleibt es bei dieser auch dann, wenn die Klausel bereits den prozessrechtlichen Vorgaben nicht genügt (vgl. oben Rz G 141 ff.). Nach § 307 BGB zu verwerfen ist deshalb beispielsweise eine Klausel, die mit §§ 40 II 1 Nr. 2, 689 II ZPO unvereinbar ist[2] oder entgegen § 38 I ZPO im Verbrauchergeschäft verwendet wird.[3] Nicht zu folgen ist allerdings der vereinzelt vertretenen Auffassung, dass eine gegenüber einem Kaufmann verwendete Gerichtsstandsklausel, welche die in § 38 I ZPO vorgesehenen Beschränkungen nicht ausdrücklich benennt, schon aufgrund des Verbots der geltungserhaltenden Reduktion unwirksam sei;[4] geboten ist vielmehr eine Inhaltskontrolle unter Berücksichtigung gruppentypischer Aspekte.[5] **G 148**

Die Vorschriften über die örtliche und sachliche Zuständigkeit sind nach h. M. nicht nur Zweckmäßigkeitsregelungen, sondern an berechtigten Parteiinteressen ausgerichtet und weisen deshalb Gerechtigkeitsgehalt auf.[6] Dies unterstreicht auch RL Anh Nr. 1 q (dazu oben Rz G 144), wo – entgegen dem engen Wortlaut – nicht nur eine erschwerte Rechtsverfolgung des Verbrauchers, sondern ebenso die erleichterte Rechtsverfolgung des Verwenders gegen den Verbraucher thematisiert wird. Die Vorschriften über den Gerichtsstand schützen ausweislich §§ 12, 13 ZPO vor allem das Interesse des Beklagten (actor sequitur forum rei): Er soll sich wenigstens am eigenen Wohnort verteidigen können, um durch die räumliche Nähe zum Gericht den Vorbereitungsvorteil des Klägers ausgleichen zu können. Darin liegt ein wesentlicher Grundgedanke der gesetzlichen Regelung im Sinne von § 307 II Nr. 1, der auch zwischen Unternehmern Geltung beansprucht. Von der gesetzlichen Zuständigkeitsordnung abweichende AGB-Gerichtsstandsklauseln können deshalb auch unter Kaufleuten unwirksam sein, wenn dafür keinerlei berechtigtes Interesse ersichtlich ist und kein entsprechender Handelsbrauch besteht.[7] Das **berechtigte Interesse** muss für die Abweichung vom allgemeinen Gerichtsstand streiten. Dabei **G 149**

---

1 BGH WM 2007, 698, 699 f. Beachte auch BGH NJW 2006, 779, 780 (für den internationalen Rechtsverkehr) sowie *Kröll* NJW 2007, 743, 745 m. w. Nachw.

2 BGH NJW 1985, 320, 322.

3 BGH NJW 1983, 1320, 1322; BGH ZIP 1987, 1185, 1186.

4 So aber wiederholt das LG Karlsruhe, etwa in NJW-RR 1997, 56. Berechtigte Kritik daran bei *Heinrichs* NJW 1997, 1407, 1412; *Vollkommer* MDR 1997, 231; *Fischer* MDR 2000, 682 f. Richtig OLG Frankfurt MDR 1998, 664, mit Bezug auf die zutreffende „herrschende Meinung", insbesondere BGHZ 110, 241, 244. Differenzierend *von Westphalen,* Gerichtsstandsklauseln Rz 19.

5 Dazu etwa *Stein/Jonas/Bork* § 38 ZPO Rz 18.

6 OLG Oldenburg NJW-RR 1996, 1486; *Pfeiffer* IPRax 1998, 17, 23; *Ehricke* ZZP 111 (1998), 147.

7 *Schiller* NJW 1979, 636; *Ulmer/Schmidt* Anh. § 310 Rz 378; vgl. auch *M. Wolf* JZ 1989, 695, 696; wohl auch *von Westphalen,* Gerichtsstandsklauseln Rz 14 ff.; *Stein/Jonas/Bork* § 38 ZPO Rz 18 m. w. Nachw.; OLG Hamburg NJW-RR 1999, 1506, 1507; OLG Oldenburg NJW-RR 1996, 1486. Anders – für grundsätzliche Unbedenklichkeit – *Palandt/Heinrichs* § 307 Rz 107; OLG Schleswig NJW 2006, 3361.

können freilich auch dann, wenn keiner der gesetzlich vorgesehenen besonderen Gerichtsstände eröffnet ist, die diesen zu Grunde liegenden Wertungen, wie Sach- und Beweisnähe, herangezogen werden. Wird dem Rechnung getragen, ist die Gerichtsstandswahl nicht schon deshalb unwirksam, weil diese im Ergebnis auf einen Heimatgerichtsstand des Verwenders hinausläuft.[1] Ebenso mag es genügen, auf den Ort des Vertragsschlusses zu verweisen, weil dort z. B. die mit dem Vertragsschluss vertrauten Rechtsberater ansässig sind.[2] In den Fällen des § 38 III Nr. 2 ZPO erscheint der Gerichtsstand des Klägers grundsätzlich anerkennenswert. Gemäß § 310 I 2 ist für Handelsgeschäfte unter Kaufleuten, nicht auch für deren Privatgeschäfte, eine Gerichtsstandsklausel als wirksam anzusehen, die einem **Handelsbrauch und kaufmännischen Gewohnheiten** entspricht. Als Gerichtsstand in Betracht kommt danach der Sitz oder die Niederlassung einer der Parteien, also insbesondere auch des Klägers, oder der Erfüllungsort bzw. der Ort der Vertragsverhandlungen.[3] Teils wird auch die Prorogation einer in der Nähe des Verwenders gelegenen Großstadt als zulässig erachtet, sofern für den Vertragspartner damit keine relevanten Nachteile im Vergleich zum Gerichtstand am Sitz des Verwenders verbunden sind.[4]

G 150 **b) Sachliche Zuständigkeit.** Während es früher unter Berufung auf § 9 AGBG beanstandet wurde, wenn laut Vereinbarung ein in die sachliche Zuständigkeit der Landgerichte fallender Anspruch bei einem Amtsgericht eingeklagt werden soll,[5] wird man daraus seit der ZPO-Reform 2001 keine Wirksamkeitsbedenken mehr ableiteten können:[6] Zum einen kann angesichts des weiten Einsatzfelds des originären oder obligatorischen Einzelrichters (§§ 348, 348a ZPO) von einer größeren Richtigkeitschance landgerichtlicher Entscheidungen keine Rede sein,[7] zum anderen schließt die Klage beim Amtsgericht den Zugang zur Revisionsinstanz nicht mehr von vornherein aus (§§ 542, 543 II 1 ZPO n.F.).[8] Obsolet dürften wegen §§ 348, 348a ZPO auch die Bedenken gegen eine umgekehrte Zuständigkeitsverschiebung von den Amts- zu den Landgerichten geworden sein, soweit sie früher unter dem Gesichtspunkt übersteigerter Inanspruchnahme knapper Justizressourcen angemeldet wurden.[9] Dass mit einer solchen Verschiebung, der im Übrigen § 40 II ZPO Grenzen zieht, wegen des Anwaltszwangs (§ 78 ZPO) gesteigerte Rechtsverfolgungs- bzw. Rechtsverteidigungskosten einhergehen, ist zwar nach wie vor bedenklich, dürfte aber letztlich hinnehmbar sein, weil eine sachgerechte Prozessführung häufig ohnehin anwaltliche Vertretung voraussetzt und es im Obsiegensfall zur Kostenerstattung kommt. Erweist sich die Prorogation auf ein bestimmtes Amts- oder Landgericht hinsichtlich der örtlichen Zuständigkeit als AGB-rechtlich unwirksam, so wird man der Klausel im Zweifel auch hinsichtlich der sachlichen Zuständigkeit keine eigenständige Bedeutung beimessen.

---

[1] Insoweit zutreffend OLG Schleswig NJW 2006, 3361.

[2] A.A. OLG Hamburg NJW-RR 1999, 1506, 1507, sowie LG Karlsruhe NJW 1996, 1417, 1419 m. Anm. *Hensen* EWiR 1996, 5.

[3] S. auch OLG Hamburg NJW-RR 1999, 1507; OLG Frankfurt MDR 1998, 664 f.; OLG Karlsruhe NJW-RR 1996, 2041; OLG Hamm NJW 1995, 2499; OLG Hamburg VersR 1986, 808; OLG Koblenz BB 1983, 1635; LG Köln NJW-RR 1990, 419; *Ulmer/Schmidt* Anh. § 310 Rz 378; *Schiller* NJW 1979, 636, 637; *M. Wolf* JZ 1989, 695; a.A. LG Karlsruhe JZ 1989, 690; LG Karlsruhe NJW 1996, 1417 mit Ausnahme nur im internationalen Handelsverkehr.

[4] So OLG Hamburg NJW-RR 1999, 1506; BayObLG BB 2002, 1616.

[5] Vgl. *Fischer* MDR 2000, 682, 684 m. Nachw.; ebenso zu § 307 noch *Palandt/Heinrichs* § 307 Rz 107. Gleichsinnig – jeweils zu Musterprozessabreden – BGHZ 92, 13, 16; insoweit zustimmend *Lindacher* JR 1985, 152, und *Jacoby*, Musterprozessvertrag, 2000, S. 219, 221 f.

[6] Ebenso *Schilken* FS Musielak, S. 435, 437 f.

[7] Dazu *Hau* NJW 2005, 712.

[8] Übersehen bei *von Westphalen*, Gerichtsstandsklauseln Rz 22.

[9] Dazu *Schilken* FS Musielak, S. 435, 437.

III. Internationaler Rechtsverkehr

Deutschsprachiges Schrifttum (beachte bereits oben vor Rz G 141): *Alexander,* Gerichtsstands- und Schiedsvereinbarungen im E-Commerce sowie außergerichtliche Streitbeilegung, 2006; *Baumgärtel,* Die Vereinbarung der internationalen Zuständigkeit nach dem EWG-Übereinkommen und nach § 38 Abs. 2 ZPO, FS Kegel, 1977, S. 285; *Eichel,* AGB-Gerichtsstandsklauseln im deutsch-amerikanischen Handelsverkehr, 2007; *Frauenberger-Pfeiler,* Der „reine Binnensachverhalt", Art. 23 EuGVVO und der öOGH, FS Rechberger, 2005, S. 125; *Furche,* Internationale Entscheidungszuständigkeit und anwendbares Recht bei Bürgschaften mit Auslandsbezug, WM 2004, 205; *Gebauer,* Europäische Gerichtsstands- und Vollstreckungsverordnung in Zivil- und Handelssachen, in: *ders./Wiedmann,* Zivilrecht unter europäischem Einfluss, 2005; *Geimer,* Internationales Zivilprozessrecht, 5. Aufl. 2005; *Geimer/Schütze,* Europäisches Zivilverfahrensrecht, 2. Aufl. 2004; *Gottschalk/Breßler,* Missbrauchskontrolle von Gerichtsstandsvereinbarungen im europäischen Zivilprozessrecht, ZEuP 2007, 56; *Gottwald,* Grenzen internationaler Gerichtsstandsvereinbarungen, FS Firsching, 1985, S. 89; *ders.,* Internationale Gerichtsstandsvereinbarungen – Verträge zwischen Prozessrecht und materiellem Recht, FS Henckel, 1995, S. 295; *Grüter,* Gerichtsstandsvereinbarung durch Korrespondenz im EWG-Handel, DB 1978, 381; *Hau,* Zur schriftlichen Bestätigung mündlicher Gerichtsstandsvereinbarungen, IPRax 1999, 24; *ders.,* Zu den Voraussetzungen gepflogenheitsgemäßer Einbeziehung von AGB-Gerichtsstandsklauseln, IPRax 2005, 301; *Heiss,* Die Form internationaler Gerichtsstandsvereinbarungen, ZfRV 2000, 202; *ders.,* Die Richtlinie über den Fernabsatz von Finanzdienstleistungen an Verbraucher aus Sicht des IPR und des IZVR, IPRax 2003, 100; *von Hoffmann,* Das EWG-Übereinkommen über die gerichtliche Zuständigkeit und Vollstreckung gerichtlicher Entscheidungen in Zivil- und Handelssachen, AWD 1973, 57; *Horn,* Einwand des Rechtsmissbrauchs gegen eine Gerichtsstandsvereinbarung i.S.d. Art. 23 EuGVO?, IPRax 2006, 2; *Jung,* Vereinbarungen über die Internationale Zuständigkeit nach dem EWG-Gerichtsstands- und Vollstreckungsübereinkommen und nach § 38 Abs. 2 ZPO, 1980; *Killias,* Internationale Gerichtsstandsvereinbarungen mittels Schweigen auf kaufmännisches Bestätigungsschreiben?, FS Siehr, 2001, S. 65; *Klemm,* Erfüllungsortvereinbarungen im Europäischen Zivilverfahrensrecht, 2005; *Koch,* AGB-Klauseln über Gerichtsstand und Erfüllungsort im europäischen Zivilrechtsverkehr: Größere Gerechtigkeit ohne Parteivereinbarung?, IPRax 1997, 405; *Kohler,* Internationale Gerichtsstandsvereinbarung: Liberalität und Rigorismus im EuGVÜ, IPRax 1983, 265; *ders.,* Internationale Gerichtsstandsvereinbarungen in fremdsprachigen AGB, IPRax 1991, 299; *Kronke/Melis/Schnyder,* Handbuch Internationales Wirtschaftsrecht, 2005; *Kröll,* Gerichtsstandsvereinbarungen aufgrund Handelsbrauchs im Rahmen des GVÜ, ZZP 113 (2000), 135; *ders.,* Das Formerfordernis bei Gerichtsstandsvereinbarungen nach Art. 17 LugÜ – Unwirksamkeit trotz materieller Einigung?, IPRax 2002, 113; *Kropholler,* Internationale Zuständigkeit, in: Handbuch des Internationalen Zivilverfahrensrechts, Bd. I, 1982, Kap. III; *ders.,* Europäisches Zivilprozessrecht, 8. Aufl. 2006; *Kropholler/Pfeifer,* Das neue europäische Recht der Zuständigkeitsvereinbarung, FS Nagel, 1987, S. 157; *Landfermann,* AGB-Gesetz und Auslandsgeschäfte, RIW 1977, 445; *Lindacher,* Internationale Gerichtsstandsklauseln in AGB unter dem Geltungsregime von Brüssel I – Das Erfordernis tatsächlicher Willenseinigung: Postulat und Postulatsfolgerungen, FS Schlosser, 2005, S. 491; *Lindenmayr,* Vereinbarungen über die internationale Zuständigkeit und das darauf anwendbare Recht, 2002; *Mauer,* Gesetzlicher Gerichtsstand und Gerichtsstandsvereinbarungen nach der neuen EuGVVO, FA ArbR 2002, 130; *Nagel/Gottwald,* Internationales Zivilprozessrecht, 6. Aufl. 2007; *Parenti,* Internationale Gerichtsstandsvereinbarungen: Lex fori oder lex causae Anknüpfung?, ZfRV 2003, 221; *Rahmann,* Ausschluss staatlicher Gerichtszuständigkeit, 1984; *Rauscher,* Gerichtsstandsbeeinflussende AGB im Geltungsbereich der EuGVÜ, ZZP 104 (1991), 271; *ders.,* Zuständigkeitsfragen zwischen CISG und Brüssel I, FS Heldrich, 2005, S. 933; *ders.* (Hrsg.), Europäisches Zivilprozessrecht, 2. Aufl. 2006; *Redmann,* Ordre public-Kontrolle von Gerichtsstandsvereinbarungen, 2006; *Reithmann/Martiny,* Internationales Vertragsrecht, 6. Aufl. 2004; *G. H. Roth,* Internationalrechtliche Probleme bei Prorogation und Derogation, ZZP 93 (1990), 156; *M. Roth,* Der Schutz des Verbrauchers im internationalen Privat- und Verfahrensrecht bei Internetverträgen, FS Rechberger, 2005, S. 471; *Rühl,* Das Haager Übereinkommen über die Vereinbarung gerichtlicher Zuständigkeiten – Rückschritt oder Fortschritt?, IPRax 2005, 410; *Saenger,* Internationale Gerichtsstandsvereinbarungen nach EuGVÜ und LugÜ, ZZP 110 (1997), 477; *Samtleben,* Internationale Gerichtsstandsvereinbarungen nach dem EWG-Übereinkommen und nach der Gerichtsstandsnovelle, NJW 1974, 1590; *ders.,* Europäische Gerichtsstandsvereinbarungen und Drittstaaten, RabelsZ 59 (1995), 670; *Sandrock,* Die Vereinbarung eines „neutralen" internationalen Gerichtsstandes, 1997; *Schack,* Internationales Zivilverfahrensrecht, 4. Aufl. 2006; *Schlosser,* Europäisches Zivilprozessrecht, 2. Aufl. 2003; *M. J. Schmidt,* Kann Schweigen auf eine Gerichtsstandsklausel in AGB einen Gerichtsstand nach Art. 17 EuGVÜ/LuganoÜ begründen?, RIW 1992, 173; *Schrammen,* Grenzüberschreitende Verträge im Internet – Internationale Zuständigkeit und anwendbares Recht, 2005; *Sieg,* Internationale Gerichtsstands- und Schiedsklauseln in Allgemeinen Geschäftsbedingungen, RIW 1998, 102; *Spellenberg,* Doppelter Gerichtsstand in fremdsprachigen AGB, IPRax 2007, 98; *Stadler,* Allgemeine Geschäftsbedingungen im internationalen Handel, 2003; *Staehelin,* Gerichtsstandsvereinbarungen im internationalen Handelsverkehr Europas, 1994; *Staudinger,* Anknüpfung von Gerichtsstandsvereinbarungen und Versicherungsverträgen, in: *Leible* (Hrsg.), Das Grünbuch zum internationalen Vertragsrecht, 2004, S. 37; *Stöve,* Gerichtsstandsvereinbarungen nach Handelsbrauch, Art. 17 EuGVÜ und § 38 ZPO, 1993; *Weigel/Blankenheim,* Europäische Gerichtsstandsklauseln – Missbrauchskontrolle und Vermeidung von Unklarheiten bei der Auslegung widersprechender Vereinbarungen, WM 2006, 664; *Weller,* Ordre-public-Kontrolle internationaler Gerichtsstandsvereinbarungen im autonomen Zuständigkeitsrecht, 2005.

1. Rechtsquellen

G 151 **a) Gemeinschaftsrecht. aa) Grundlagen.** Die heute bei weitem bedeutsamste Regelung internationaler Entscheidungszuständigkeit ist die Verordnung (EG) Nr. 44/2001 vom 22. 12. 2000 über die gerichtliche Zuständigkeit und die Anerkennung und Vollstreckung von Entscheidungen in Zivil- und Handelssachen.[1] Bei dieser sog. **Brüssel I-VO** (weitere geläufige Abkürzungen: EuGVO, EuGVVO) handelt es sich um die (durch Art. 65 EG in der Fassung des Amsterdamer Vertrags ermöglichte) „Vergemeinschaftung" des Brüsseler Übereinkommens über die gerichtliche Zuständigkeit und die Vollstreckung von Entscheidungen in Zivil- und Handelssachen **(EuGVÜ)** vom 27. 9. 1968. Dieses war am 1. 2. 1973 für die Gründungsstaaten der EWG in Kraft getreten und in der Folgezeit, entsprechend der stufenweisen Erweiterung der Gemeinschaft, durch Beitrittsübereinkommen modifiziert worden (zur heutigen Bedeutung des EuGVÜ vgl. Rz G 154). Im Rahmen des EuGVÜ waren die Voraussetzungen für Gerichtsstandsvereinbarungen in Art. 17 festgelegt. Diesen übernimmt Art. 23 Brüssel I-VO mit zwei inhaltliche Änderungen: Zum einen werden der Schriftform elektronische Übermittlungen gleichgestellt, die eine dauerhafte Aufzeichnung der Vereinbarung ermöglichen (Art. 23 II; dazu Rz G 161); zum anderen streitet nunmehr eine Vermutung dafür, dass die Gerichte im prorogierten Mitgliedstaat ausschließlich zuständig sein sollen (Art. 23 I 2; dazu Rz G 157). Bedeutsam für die Interpretation der Brüssel I-VO bleiben sowohl die zu Art. 17 EuGVÜ ergangene Rechtsprechung des EuGH[2] und der nationalen Gerichte als auch die (nach ihren jeweiligen Verfassern benannten) offiziellen Berichte, die zum EuGVÜ und den späteren Beitrittsübereinkommen vorgelegt wurden.[3]

G 152 **bb)** Der Wortlaut von Art. 23 Brüssel I-VO (wie bereits seiner Vorgängerregelung) lässt Raum für Zweifel über den **räumlich-persönlichen Geltungsanspruch** der Vorschrift und damit den verbleibenden Anwendungsbereich des nationalen Rechts. Ausdrücklich geregelt ist nur, dass zum einen der Wohnsitz mindestens einer Partei (abweichend von Art. 2 Brüssel I-VO aber nicht zwingend des später Beklagten[4]) in einem Mitgliedstaat und zum anderen die Prorogation auf ein Gericht eines Mitgliedstaats vorausgesetzt wird. Auszuklammern sind nach h. M. jedenfalls **reine Binnensachverhalte;**[5] Art. 23 Brüssel I-VO regelt also, trotz des weitergefassten Wortlauts, nur internationale Gerichtsstandsvereinbarungen.[6] Fordert man mithin – über die eingangs genannten Voraussetzungen hinaus – einen gewissen Auslandsbezug, so ist streitig, ob die Vereinbarung Berührungspunkte gerade zu

---

[1] ABl. EU 2000 Nr. L 12/1.

[2] Klarstellend BGH NJW 2006, 1672.

[3] Vgl. zum EuGVÜ den *Jenard*-Bericht (ABl. EG 1979 Nr. C 59/ 1), zum 1. Beitrittsübereinkommen den *Schlosser*-Bericht (ABl. EG 1979 Nr. C 59/71), zum 2. Beitrittsübereinkommen den *Evrigenis/Kerameus*-Bericht (ABl. EG 1986 Nr. C 296/1), zum 3. Beitrittsübereinkommen den *Almeida Cruz/Desantes Real/Jenard*-Bericht (ABl. EG 1990 Nr. C 189/35).

[4] Klarstellend EuGH Rs. C-412/98 (Group Josi), NJW 2000, 3121, 3122.

[5] Statt vieler: MünchKommBGB/*Martiny* vor Art. 27 EGBGB Rz 72. In diesem Sinne zu Art. 2ff. EuGVÜ auch EuGH Rs. C-281/02 (Andrew Owusu/N. B. Jackson u.a.), EuZW 2005, 345, 347.

[6] Zur im Einzelnen umstrittenen Frage, was unter reinen Binnensachverhalten zu verstehen ist, vgl. *Kröll* ZZP 113 (2000), 135, 138 ff.; *Schack,* IZVR Rz 464 ff. Bedenklich weit geht öst. OGH EuLF 2004, 57 m. krit. Anm. *Klicka* JBl 2004, 188. Beachte aber auch *Geimer/Schütze* Art. 23 EuGVVO Rz 36 ff.

mehreren Mitgliedstaaten aufweisen muss oder ob ein (wie auch immer gearteter) Bezug zu (mindestens) einem Drittstaat genügt. Die letztgenannte Auffassung erscheint vorzugswürdig, entspricht der nunmehr gefestigten Rechtsprechung des EuGH[1] und sichert Art. 23 Brüssel I-VO im Ergebnis einen weiten Anwendungsbereich.[2] Mithin erfasst Art. 23 Brüssel I-VO beispielsweise den Fall, dass eine in den USA und eine in der Bundesrepublik ansässige Partei die Zuständigkeit deutscher Gerichte vereinbaren. Nicht anzuwenden ist Art. 23 Brüssel I-VO hingegen auf Vereinbarungen, an denen entweder nur drittstaatsansässige Parteien beteiligt sind (Bsp.: § 38 ZPO gilt, wenn zwei US-Amerikaner die Zuständigkeit deutscher Gerichte verabreden), oder wenn – unabhängig vom Sitz der Parteien – vereinbarungsgemäß die Gerichte eines Drittstaats zuständig sein sollen. Liegt im letztgenannten Fall allerdings eine ausschließliche Prorogation vor und geht damit die Derogation einer gemäß Art. 2 ff. Brüssel I-VO eröffneten Zuständigkeit mitgliedstaatlicher Gerichte einher, so ist die Derogation nicht am nationalen Recht (des betroffenen Mitgliedstaats), sondern wiederum an Art. 23 Brüssel I-VO zu messen.[3]

cc) In den **sachlichen Anwendungsbereich** der Brüssel I-VO fallen nur Zivil- und Handelssachen unter Ausschluss der in Art. 1 genannten Angelegenheiten. Art. 23 Brüssel I-VO betrifft unmittelbar nur Gerichtsstandsvereinbarungen, nicht hingegen zuständigkeitsrelevante **Vereinbarungen über den Erfüllungsort** i. S. von Art. 5 Nr. 1 Brüssel I-VO, wobei der EuGH jedoch eine unter Wertungsgesichtspunkten überzeugende, indes schwer handhabbare Ausnahme für sog. abstrakte Erfüllungsortvereinbarungen macht.[4] **G 153**

b) Völkerrechtliche Übereinkommen. Vorrang vor der Brüssel I-VO kommt gemäß ihrem Art. 71 einigen völkerrechtlichen Übereinkommen „für besondere Rechtsgebiete" zu. Zu diesen zählt nicht das UN-Kaufrecht (die Formfreiheit gemäß Art. 11 CISG gilt also nicht für Gerichtsstandsvereinbarungen),[5] nach verbreiteter Ansicht jedoch **Art. 31 I CMR,**[6] was für den Straßengüterverkehr zur Folge hätte, dass Gerichtsstandsvereinbarungen formlos möglich wären.[7] Außerhalb des Anwendungsbereichs völkerrechtlicher Spezialübereinkommen verdrängt Art. 23 Brüssel I-VO für nach dem 1. 3. 2002 erhobene Klagen (Art. 66 I, 68, 76 Brüssel I-VO) die Vorgängerregelung in **Art. 17 EuGVÜ.** Auch nach Inkrafttreten der Brüssel I-VO galt das EuGVÜ (in der Fassung des 4. Beitrittsübereinkommens[8]) zunächst noch im Verhältnis zu Dänemark, das sich nicht an Projekten der justiziellen Zusammenarbeit in Zivilsachen beteiligt (vgl. Art. 1 III Brüssel I-VO); inzwischen wurde die Brüssel I-VO jedoch zum 1. 7. 2007 durch ein besonderes Ab- **G 154**

---

[1] S. EuGH Rs. C-387/98 (Coreck Maritime/Handelsveem), NJW 2001, 501 f.; Rs. C-412/98 (Group Josi), NJW 2000, 3121 f.

[2] Wie hier etwa *Nagel/Gottwald,* IZPR § 3 Rz 129; *Kropholler* Art. 23 EuGVO Rz 49; *Rauscher/Mankowski* Art. 23 Brüssel I-VO Rz 5, 6 a; *Schlosser* Art. 23 EuGVVO Rz 6; *Geimer/Schütze* Art. 23 EuGVVO Rz 29–35; *Gebauer* Rz 110; *Saenger* ZZP 110 (1997), 477, 841. A. A. *Samtleben* RabelsZ 59 (1995), 670, 689 ff.; zumindest kritisch zur neuen EuGH-Rechtsprechung: öst. OGH IPRax 2004, 259, 260.

[3] Anders EuGH Rs. C-387/98 (Coreck Maritime/Handelsveem), NJW 2001, 501 f. Wie hier etwa *Geimer/Schütze* Art. 23 EuGVVO Rz 40–43; *Rauscher/Mankowski* Art. 23 Brüssel I-VO Rz 3 b; i. Erg. auch OLG Dresden IPRax 2006, 44, 47 m. insoweit zust. Anm. *von Hein* IPRax 2006, 16, 17.

[4] EuGH Rs. C-106/95 (MSG Mainschifffahrts-Genossenschaft/Les Gravières Rhénanes), NJW 1997, 1431, 1432 f. Ausführlich: *Klemm,* Erfüllungsortvereinbarungen, S. 147 ff.

[5] Dazu *Rauscher* FS Heldrich, S. 933, 948 f.; *Herber* IHR 2004, 117, 118 m. Nachw.

[6] Genfer Übereinkommen über den Beförderungsvertrag im internationalen Straßengüterverkehr, BGBl. 1961 II, S. 1120.

[7] So etwa *Rauscher/Mankowski* Art. 71 Brüssel I-VO Rz 14; für einen Rückgriff auf die Brüssel I-Formvorgaben hingegen etwa *Reithmann/Martiny/Hausmann* Rz 2949; jeweils m. Nachw. zum Streitstand.

[8] ABl. EG 1997 Nr. C 15/1.

kommen auf Dänemark erstreckt.[1] Dem EuGVÜ wiederum entspricht **Art. 17 des Luganer Übereinkommens** (LugÜ), das im Geschäftsverkehr zu Island, Norwegen und der Schweiz zur Anwendung gelangt.[2] Ein Übereinkommen über Gerichtsstandsvereinbarungen mit weltweitem Geltungsanspruch hat nunmehr die **Haager Konferenz für Internationales Privatrecht** ausgearbeitet.[3]

G 155 **c) Nationales Recht.** Ist weder der Anwendungsbereich der Brüssel I-VO noch eines völkerrechtlichen Übereinkommens in räumlich-persönlicher (dazu Rz G 152), sachlicher und zeitlicher Hinsicht eröffnet, bleibt es dabei, dass Gerichtsstandsvereinbarungen, welche die internationale Zuständigkeit deutscher Gerichte begründen oder ausschließen sollen, nach nationalem Recht zu beurteilen sind (dazu Rz G 181 ff.).

2. Gerichtsstandsvereinbarungen im Brüssel I-System

G 156 **a) Zulässigkeit.** Gerichtsstandsvereinbarungen sind nach dem System der Brüssel I-VO zulässig, soweit sie hinreichend bestimmt gefasst sind[4] und keine Sonderregel entgegensteht. Schlechterdings ausgeschlossen ist ihre Zulässigkeit gemäß Art. 23 V Brüssel I-VO in den Fällen **ausschließlicher internationaler Zuständigkeit** nach dem Katalog des Art. 22 Brüssel I-VO, mithin etwa für Klagen betreffend dingliche Rechte an unbeweglichen Sachen sowie Miete oder Pacht unbeweglicher Sachen (Art. 22 Nr. 1 Brüssel I-VO) oder betreffend die Gültigkeit, Nichtigkeit oder Auflösung einer Gesellschaft oder der Beschlüsse ihrer Organe (Art. 22 Nr. 2 Brüssel I-VO). Darüber hinaus stellt Art. 23 V Brüssel I-VO klar, dass Gerichtsstandsvereinbarungen nicht den kompetenzrechtlichen Vorgaben der Verordnung zum Schutz von **Versicherungsnehmern,**[5] **Verbrauchern** i. S. von Art. 15 Brüssel I-VO[6] und **Arbeitnehmern**[7] zuwiderlaufen dürfen: Für diese Personengruppen finden sich spezielle Regeln zur Zulässigkeit von Gerichtsstandsvereinbarungen in Art. 13, 17 bzw. 21 Brüssel I-VO.[8] Besondere Informationspflichten des Unternehmers betreffend Gerichtsstandsvereinbarungen sieht Art. 3 I Nr. 3 lit. f der Richtlinie 2002/65/EG über den Fernabsatz von Finanzdienstleistungen an Ver-

[1] ABl. EG 2007 Nr. L 94/70.

[2] BGBl. 1995 II, 221; 1996 II, 223, 377 und 2520; 1997 II, 1825; 1998 II, 56. Beachte zum LugÜ den *Jenard/Möller*-Bericht (ABl. EG 1990 Nr. C 189/57). Am 20. 3. 2007 hat die damit betraute diplomatische Konferenz eine weitestgehend an der Brüssel I-VO orientierte Neufassung des LugÜ beschlossen.

[3] Informationen dazu unter www.hcch.net. Einführend *Rühl* IPRax 2005, 410; ausführlich *Eichel,* AGB-Gerichtsstandsklauseln, S. 231 ff.

[4] Dazu EuGH Rs. C-387/98 (Coreck Maritime/Handelsveem), NJW 2001, 501 f.; OLG Celle IHR 2004, 125, 126. Näher etwa *Rauscher/Mankowski* Art. 23 Brüssel I-VO Rz 44 ff.; speziell zu Gerichtsstandsklauseln in Rahmenverträgen *Kindler/Hanecke* IPRax 1999, 435, 436; *Reithmann/Martiny/Hausmann* Rz 3044; enger LG Bielefeld IHR 2001, 199, 200.

[5] Laut EuGH Rs. C-112/03 (Société financière et industrielle du Peloux/Axa Belgium), NJW 2005, 2135, kann eine nach Art. 12 Nr. 3 EuGVÜ (nunmehr: Art. 13 Nr. 3 Brüssel I-VO) vereinbarte Gerichtsstandsklausel dem aus dem Versicherungsvertrag Begünstigten nicht entgegengehalten werden, wenn er dieser Klausel nicht ausdrücklich zugestimmt und seinen Sitz in einem anderen Vertragsstaat als der Versicherungsnehmer und der Versicherer hat.

[6] Zum Begriff des Verbrauchers: EuGH Rs. C-89/91 (Shearson Lehman Hutton/TVB), NJW 1993, 1251 f. = IPRax 1995, 92 m. Anm. *Koch* 71; Rs. C-269/95 (Benincasa/Dentalkit), JZ 1998, 896 f. m. Anm. *Mankowski,* 898 ff. Beachte speziell zum Verbraucherbegriff im Fall des Erwerbs von sog. *dual use*-Gütern EuGH Rs. C-464/01 (Gruber/BayWa AG), NJW 2005, 653 ff.; dazu kritisch *Mankowski* EWiR 2005, 305; *Reich* EuZW 2005, 244. Zu den Anforderungen von Art. 15 Brüssel I-VO beachte BGH NJW 2006, 1672, 1673 f.

[7] Zu Gerichtsstandsvereinbarungen mit Arbeitnehmern s. *Mauer* FA ArbR 2002, 132 ff.

[8] Die Möglichkeit einer entsprechenden Anwendung zugunsten von Handelsvertretern verneint OLG Hamburg NJW 2004, 3126, 3127 f.

braucher[1] vor (in Deutschland umgesetzt durch § 312c I 1 BGB, § 1 II Nr. 5 BGB-InfoV), was sich aber nicht als zusätzliche Wirksamkeitsvoraussetzung erweist.[2]

b) Wirkungen. Gemäß Art. 23 I 1 VO begründet eine Gerichtsstandsvereinbarung die – im Zweifel ausschließliche (Art. 23 I 2 Brüssel I-VO) – Zuständigkeit an sich unzuständiger Gerichte.[3] Anerkanntermaßen kann sich eine Gerichtsstandsvereinbarung auch auf zwei oder mehrere Gerichte zur Wahl des Klägers beziehen, solange die Vereinbarung wenigstens Kriterien zur Bestimmung des Gerichts oder der Gerichte nennt, also nicht etwa nur festlegt, dass eine Partei einseitig und beliebig wählen darf.[4] Eine Derogation kommt nicht nur als negativer Effekt einer solchen ausschließlichen Prorogation, sondern auch isoliert in Betracht:[5] Die Parteien können anerkanntermaßen vereinbaren, dass es mit einer gesetzlich ohnehin eröffneten Zuständigkeit sein Bewenden hat, weitere besondere (derogierbare; dazu oben Rz G 156) Gerichtsstände also ausgeschlossen sein sollen. Erhebt eine Partei abredewidrig Klage in einem abgedungenen Forum, und erstreitet sie dort eine Entscheidung, so folgt aus der Unzuständigkeit des dortigen Gerichts kein Anerkennungshindernis (arg.: Art. 35 I Brüssel I-VO verweist nicht auf Art. 23; beachte auch Art. 35 III Brüssel I-VO).[6] Halten sich die Gerichte eines Mitgliedstaats kraft Parteivereinbarung für ausschließlich zuständig, so dürfen sie gleichwohl weder die frühere Rechtshängigkeit einer anderweitig erhobenen Klage entgegen Art. 27, 28 Brüssel I-VO missachten noch gar der (womöglich) abredewidrig klagenden Partei die Prozessführung in dem anderen Mitgliedstaat untersagen.[7] **G 157**

c) Einbeziehungsvoraussetzungen nach Art. 23 Brüssel I-VO. aa) Grundlagen. Internationale Gerichtsstandsklauseln sind ihrer Art nach – ebenso wie Rechtswahlklauseln (dazu Int. Geschäftsverkehr Rz 24) – Regelungen von ganz besonderem Gewicht.[8] Um zu gewährleisten, dass entsprechende Abreden auch **tatsächlich** vom beiderseitigen Willen gedeckt sind, Regelungen zur internationalen Zuständigkeit also nicht unbemerkt Vertragsinhalt werden,[9] statuiert Art. 23 Brüssel I-VO besondere Voraussetzungen für die internationale Prorogation/Derogation und damit mittelbar für die Einbeziehung entsprechender AGB-Bestimmungen: Möglich ist der Vereinbarungsschluss: entweder schriftlich (Abs. 1 S. 3 lit. a Var. 1) oder mündlich mit schriftlicher Bestätigung (Abs. 1 S. 3 lit. a Var. 2) oder in einer Form, welche den Gepflogenheiten entspricht, die zwischen den Parteien entstanden sind (Abs. 1 S. 3 lit. b), oder im internationalen Handel in einer Form, die einem Handelsbrauch entspricht, den die Parteien kannten oder kennen mussten und den Parteien von Verträgen dieser Art in dem betreffenden Geschäftszweig allgemein kennen und regelmäßig beachten (Abs. 1 S. 3 lit.c). Die Varianten „schriftliche Vereinbarung" und „schriftlich bestätigte mündliche Vereinbarung" fanden sich schon in der Ursprungsfassung des EuGVÜ von 1968. Der Verweis auf die handelsgebräuchliche Form begegnet, als Reaktion der Vertragsstaaten auf eine zu restriktiv **G 158**

---

1 ABl. EG 2002 Nr. L 271/16.

2 Näher *Heiss* IPRax 2003, 100, 102.

3 Näher *Rauscher/Mankowski* Art. 23 Brüssel I-VO Rz 59f.; *Geimer/Schütze* Art. 23 EuGVVO Rz 140; OLG Celle IHR 2004, 125f.

4 OLG Hamm IPRax 2007, 125, 126.

5 So auch *Rauscher/Mankowski* Art. 23 Brüssel I-VO Rz 7.

6 S. OLG Karlsruhe OLGR Karlsruhe 2005, 901, 902.

7 Beachte zur Unvereinbarkeit solcher sog. antisuit injunctions mit dem Brüssel I-Zuständigkeitssystem EuGH Rs. C-159/02 (Turner/Grovit), EuZW 2004, 468ff.; dazu etwa *Hau* ZZPInt 9 (2004), 191ff.

8 Näher *Lindacher* FS Schlosser, S. 491ff.

9 *Jenard*-Bericht ABl. EG 1979 C 59, S. 37. *Kröll* IPRax 2002, 113ff., fordert gar, bei einer Einigung der Parteien die Wirksamkeit einer Gerichtsstandsvereinbarung nicht an Formerfordernissen scheitern zu lassen.

empfundene Interpretation der seinerzeit vorhandenen Varianten durch den EuGH, erstmals im EuGVÜ in der Fassung des 1. Beitrittsübereinkommens von 1978. Das 3. Beitrittsübereinkommen und das LugÜ haben in Anlehnung an Art. 9 II CISG den einschlägigen Tatbestand neu gefasst und in Orientierung an Art. 9 I CISG zusätzlich den vom EuGH[1] bereits zuvor praeter (wenn nicht gar contra) legem entwickelten Formtatbestand des Vereinbarungsschlusses nach Parteigepflogenheiten eingeführt.

G 159 Die Entfaltung der entsprechenden Tatbestandsmerkmale erfolgt sowohl allgemein als auch im Hinblick auf die Besonderheiten AGB-mäßiger Einbeziehung mittels vertragsautonomer Auslegung.[2] Dabei bleibt jeweils zu beachten, dass die Voraussetzung der Vereinbarung im Sinne materieller Willenseinigung und die vom Gesetz genannten Formerfordernisse eine sinnhafte Einheit bilden:[3] Die Form ist gewissermaßen Vehikel der Einigung.[4] Dies gilt – wie der EuGH zum Vereinbarungsschluss in handelsgebräuchlicher Form bestätigt hat[5] – auch für die „Erleichterungsformen" nach Abs. 1 S. 3 lit. b und c:[6] Einerseits lässt die Formwahrung tatsächliche Willenseinigung vermuten, andererseits bestimmt der Formzweck, die Willenseinigung zu gewährleisten, maßgeblich die Interpretation der Formvorgaben.[7]

G 160 Die Beachtlichkeit von AGB-Gerichtsstandsklauseln im europäischen Rechtsverkehr beschäftigt seit mehr als dreißig Jahren die Gerichte[8] und ist doch in mancherlei Hinsicht ungewiss geblieben. Dieser Zustand ist für alle Beteiligten – Kläger, Beklagte und Gerichte – gleichermaßen unbefriedigend. Letztlich dürften lit. b und lit. c das Problem sogar eher verschärft haben, denn für die AGB-Verwender wird ein Anreiz geschaffen, sich mit weniger als einer schriftlich (bzw. nach Maßgabe von Art. 23 II Brüssel I-VO) herbeigeführten Vereinbarung im Sinne von lit. a Var. 1 zufrieden zu geben. Dies scheint aus Verwendersicht attraktiv – und zwar in aller Regel nicht etwa deshalb, weil man die Gegenseite mittels einer versteckten, in der Sache keinesfalls konsensfähigen Gerichtsstandswahl zu übervorteilen sucht (dem beugen für besonders schutzwürdige Parteien die speziellen Pro- und Derogationsverbote in Art. 23 V Brüssel I-VO ohnehin effektiver als noch so strenge Formvorgaben vor), sondern eher deshalb, weil man fürchtet, Vorkehrungen für einen eventuellen Streitfall könnten die Vertragsverhandlungen unnötig belasten. Letztlich kann die Lösung jedoch nicht darin bestehen, dieser Erwartung Rechnung zu tragen und praeter legem oder de lege ferenda eine weitere Abschwächung der Formstrenge zu propagieren.[9] Statt auf diese Weise zusätzlich zur Verwirrung beizutragen, gilt es, auf die Eigenverantwortung der Parteien in Zuständig-

---

[1] Grundlegend EuGH Rs. 25/76 (Segoura/Bonakdarian), NJW 1977, 495; bestätigend EuGH Rs. 71/83 (Tilly Russ/Nova), DB 1984, 1774 = IPRax 1985, 152 m. Anm. *Basedow* 133.

[2] EuGH Rs. 25/76 (Segoura/Bonakdarian), NJW 1977, 495; Rs. C-214/89 (Duffryn/Petereit), NJW 1992, 1671 f.; *Thomas/Putzo/Hüßtege* Art. 23 EuGVVO Rz 3; *von Hoffmann* AWD 1973, 62.

[3] Grundlegend: *G. H. Roth* ZZP 93 (1980), 156, 162, ferner: *Kropholler* Art. 23 EuGVO Rz 25; *Rauscher* ZZP 104 (1991), 271, 278 ff.

[4] Vgl. etwa *Kohler* IPRax 1983, 269.

[5] EuGH Rs. C-106/95 (MSG Mainschifffahrts-Genossenschaft/Les Gravières Rhénanes), NJW 1997, 1431 f. = ZZPInt 2 (1997), 161, 165 m. Anm. *P. Huber.*

[6] Unter Hinweis auf den EuGH aaO in diesem Sinne: BGH NJW-RR 2005, 150, 151; BGH NJW-RR 2004, 1292 = IPRax 2005, 338 m. Anm. *Hau* 301.

[7] Anders, bereits für Abs. 1 S. 3 lit. a den Formzweck „Sicherstellung der tatsächlichen Willenseinigung" leugnend, *Schlosser* Art. 23 EuGVVO Rz 16: Art. 23 Brüssel I-VO wolle und könne nur sicherstellen, dass die einer fremdformulierten Gerichtsstandsvereinbarung ausgesetzte Partei von deren Existenz hätte erfahren können, wenn sie vor Vertragsschluss ihr Augenmerk darauf gerichtet hätte.

[8] Beachte schon LG Braunschweig AWD 1974, 346.

[9] So aber etwa *Kröll* IPRax 2002, 113 ff.

keitsfragen zu setzen und für die Einsicht zu werben, dass eine offen und einvernehmlich getroffene Vorsorge für den Konfliktfall zum einen Vertrauen schaffen und zum anderen Transaktionskosten mindern kann. Eine eher restriktive Handhabung soll nicht etwa den Handelsverkehr durch unnötigen Formalismus beeinträchtigen, sondern die Parteien im Interesse eines von vornherein hinreichend berechenbaren „forum fixing" zur Formstrenge anhalten. Zurückhaltung ist deshalb auch damit geboten, den Hinweis des Beklagten auf die Formunwirksamkeit als treuwidrig zu übergehen.[1]

bb) Schriftliche Vereinbarung, Art. 23 I 3 lit. a Var. 1 Brüssel I-VO. (1) Allgemeine Anforderungen. Eine schriftliche Vereinbarung i. S. von Art. 23 I 3 lit. a Var. 1 Brüssel I-VO liegt vor, wenn beide Parteien ihre Willenserklärungen schriftlich abgegeben haben.[2] Die Vorschrift erfordert keine beidseits unterzeichnete Urkunde i. S. von § 126 II BGB. Vielmehr genügen getrennte Schriftstücke, sofern die Übereinstimmung hinsichtlich des gewählten Gerichtsstands hinreichend deutlich wird,[3] etwa im Falle des Austauschs von Briefen, Telegrammen, Fernschreiben oder Telefaxen.[4] Eine eigenhändige Unterschrift ist angesichts der Möglichkeit einer elektronischen Übermittlung (Art. 23 II Brüssel I-VO) zumindest bei Einsatz moderner Kommunikationsmittel nicht (mehr) erforderlich.[5] Dass die Zuständigkeitsregelung in beiden Erklärungen explizit zum Ausdruck kommt, ist nicht erforderlich: Ist im schriftlichen Angebot eine entsprechende Klausel unmissverständlich enthalten, so genügt auch eine vorbehaltlose pauschale schriftliche Annahme.[6] Eine dem EuGVÜ noch unbekannte Neuerung bringt Art. 23 II Brüssel I-VO, wonach der Schriftform die **elektronische Übermittlung** gleichgestellt wird, sofern sie eine dauerhafte Aufzeichnung der Vereinbarung ermöglicht. Erfasst werden vor allem Email-Erklärungen, die ohne Schwierigkeiten ausgedruckt oder dauerhaft gespeichert werden können.[7] Unter diesen Voraussetzungen soll Art. 23 II Brüssel I-VO nach umstrittener Ansicht auch für Gerichtsstandsklauseln gelten, die in einem online zugänglichen Formular auf einer Internet-Seite enthalten sind.[8] G 161

(2) Gerichtsstandsbestimmung in AGB. Wenn Art. 23 I 3 Brüssel I-VO nur solchen Gerichtsstandsklauseln Geltung verschaffen soll, die tatsächlich Gegenstand einer Willenseinigung waren (Rz G 158), setzt die Vorschrift auch und gerade der Gerichtsstandswahl mittels AGB Grenzen. Zwar folgt daraus, dass die Gerichtsstandsregelung vom tatsächlichen Willen beider Seiten gedeckt sein muss, nicht notwendig, dass eine Individualabrede zu fordern ist.[9] Hingegen kann die bloße G 162

---

[1] Wohl vorschnell OLG Celle NJW-RR 2004, 575, 576.

[2] Zum Sonderproblem des vom Kreditinstitut ausgefüllten und sodann nur noch vom Bürgen unterzeichneten Bürgschaftsformulars beachte *Furche* WM 2004, 205, 207 ff.

[3] BGH NJW 1994, 2699 f.; BGH NJW 2001, 1731; OLG Karlsruhe IHR 2003, 35, 36; öst. OGH JBl 2001, 117, 119 f.; öst. OGH, ZfRV 1999, 150; MünchKommZPO/*Gottwald* Art. 17 EuGVÜ Rz 21; *Ulmer/H. Schmidt* Anh. § 305 Rz 26; a. A. noch OLG München NJW 1982, 1951 f.

[4] BGH NJW 2001, 1731; öst. OGH ZfRV 1999, 150; öst. OGH JBl 2001, 117, 119; OLG Düsseldorf IHR 2004, 108, 110; *Schlosser* Art. 23 EuGVVO Rz 19; *Baumgärtel* FS Kegel, S. 285, 301.

[5] So schon zu Art. 17 EuGVÜ bzw. LugÜ: BGH NJW-RR 2005, 150 f.; BGH NJW 2001, 1731; öst. OGH JBl 2001, 117, 119 f. und ZfRV 2004, 26 f.; vgl. auch *Kropholler* Art. 23 EuGVO Rz 33; *Geimer/Schütze* Art. 23 EuGVVO Rz 105.

[6] Statt vieler: OLG Karlsruhe IHR 2003, 35, 36; *Kropholler* Art. 23 EuGVO Rz 33; a. A. noch *Stauder* GRUR Int. 1976, 473.

[7] Statt vieler: *Schlosser* Art. 23 EuGVVO Rz 29; *Rauscher/Mankowski* Art. 23 Brüssel I-VO Rz 38; *Gebauer* Rz 116; ausführlich *Schrammen*, Grenzüberschreitende Verträge im Internet, S. 118 ff.

[8] Für eine Einbeziehung *Kropholler* Art. 23 EuGVO Rz 41; *Gebauer* Rz 116. Ablehnend *Rauscher/Mankowski* Art. 23 Brüssel I-VO Rz 38.

[9] So freilich noch *Vollkommer* Rpfleger 1974, 134.

Einbeziehungsvereinbarung bezüglich eines Bedingungswerks, das u. a. eine Gerichtsstandsklausel enthält, selbst im Unternehmensverkehr nicht genügen: Die entsprechende Klausel entfaltet ihre Wirkung nicht durch globale Akzeptanz des Klauselwerks, sondern nur bei Billigung bzw. zumindest zurechenbarem Schein der Billigung gerade der Gerichtsstandsklausel. Dies verlangt indes neben einem unzweideutigen Hinweis auf die Gesamt-AGB[1] zumindest die Möglichkeit zumutbarer Kenntnisnahme via Zugänglichmachung des AGB-Textes.[2] Am Erfordernis der schriftlichen Vereinbarung i. S. von Art. 23 I 3 lit. a Var. 1 Brüssel I-VO mangelt es nicht nur bei Fehlen eines besonderen Hinweises, wenn die Gerichtsstandsklausel lediglich Bestandteil der auf der Vertragsurkundenrückseite abgedruckten AGB ist,[3] sondern auch dann, wenn die Bezugnahme zwar hinreichend unzweideutig ist, die in Bezug genommenen AGB aber weder den vertragsschlussvorbereitenden bzw. -konstitutiven Erklärungen des Verwenders beigefügt sind, noch der Gegenseite bereits bei früheren Geschäftsabschlüssen zugegangen waren.[4] Zur Frage, in welcher **Sprache** der Einbeziehungshinweis zu erfolgen hat bzw. die AGB vorzulegen sind, s. Internationaler Geschäftsverkehr Rz 37 ff.[5]

G 163 Fraglich ist, ob eine tatsächliche Willenseinigung gerade über die Zuständigkeitsregelung stets schon dann angenommen werden kann, wenn der Verwender der Gegenseite die Möglichkeit der Kenntnisnahme von einem Klauselwerk verschafft, das u. a. eine Gerichtsstandsklausel enthält. Dies dürfte, wie *Lindacher* in den Vorauflagen dieser Kommentierung herausgearbeitet hat,[6] entgegen der h. M.[7] zu verneinen sein: Zum Faktum, dass vom eigentlichen Vertragstext separierte, aber auch umfängliche, in den Vertragstext selbst inkorporierte AGB weithin nicht gelesen werden, kommt die Wertung, dass ausbleibende Notiznahme der Verwendergegenseite weithin auch nicht zum Vorwurf gemacht werden kann, weil mehr oder weniger unbesehene Akzeptanz unter Transaktionskostengesichtspunkten auch objektiv durchaus vernünftig ist und deshalb nicht ohne weiteres als Sorgfaltsverstoß qualifiziert werden kann.[8] Verfolgt man den auch vom EuGH geteilten Ansatz konsequent, wird man die von Art. 23 I 3 lit. a Var. 1 Brüssel I-VO geforderte tatsächliche Billigung des Gerichtsstandsvorschlags der Gegenseite bereits bei bloßer Kenntnisnahmemöglichkeit der unter Rz 162 beschriebenen Art nur dort bejahen können, wo billigerweise eine Totallektüre auch umfänglicher Klauselwerke zu erwarten ist:[9]

---

[1] BGH NJW 1996, 1819; *Geimer/Schütze* Art. 23 EuGVVO Rz 106.

[2] Vgl. OLGR Saarbrücken 2004, 285, 292. Beachte zu diesen Voraussetzungen speziell im Hinblick auf Verträge im elektronischen Rechtsverkehr *Schrammen,* Grenzüberschreitende Verträge im Internet, S. 125 ff.

[3] EuGH Rs. 24/76 (Colzani/Rüwa), NJW 1977, 494. Im Anschluss daran OLG Düsseldorf IHR 2004, 108, 110; OLG Frankfurt NJW-RR 2003, 704, 705; MünchKommZPO/*Gottwald* Art. 17 EuGVÜ Rz 24; *Schlosser* Art. 23 EuGVVO Rz 20.

[4] EuGH Rs. 24/76 (Colzani/Rüwa), NJW 1977, 494; OLG Düsseldorf RIW 2001, 63, 64 (unzureichend ist die bloße Möglichkeit, die AGB anzufordern); OLG Karlsruhe IHR 2003, 35, 36; *Geimer/Schütze* Art. 23 EuGVVO Rz 107; *G. Müller* RIW 1977, 163, 164. Abweichend *Schlosser,* Art. 23 EuGVVO Rz 20: mangelnde Überlassung des Textes an die Verwendergegenseite sei unschädlich, wenn diese sich den Text durch Rückfragen unschwer und prompt verschaffen kann.

[5] Ausführlich *Spellenberg* IPRax 2007, 98, 99 ff.

[6] S. zuletzt in der 4. Aufl., Anh. § 2 AGBG Rz 95.

[7] EuGH Rs. 24/76 (Colzani/Rüwa), NJW 1977, 494; OLG Frankfurt NJW-RR 2003, 704, 705; *Stein/Jonas/Bork* § 38 ZPO Rz 28; *Kropholler* Art. 23 EuGVO Rz 35; *Geimer/Schütze* Art. 23 EuGVVO Rz 86; *Staudinger/Hausmann* Anh. II zu Art. 27–37 EGBGB Rz 194.

[8] Näher bereits *Lindacher* JZ 1981, 131 f. m. w. Nachw.; *ders.* FS Schlosser, S. 495. Vgl. auch: *Kötz,* Europäisches Vertragsrecht, 1996, § 8 IV 1; *Hubert Schmidt* ZZP 103 (1990), 91, 97; *Benicke* in *Kronke/Melis/Schnyder,* Rz B 216.

[9] Ebenso *Hubert Schmidt* ZZP 103 (1990), 91, 98. Ablehnend *Staudinger/Hausmann* Anh. II zu Art. 27–37 EGBGB Rz 193.

nämlich bei als solche gekennzeichneten branchenweit verwandten Bedingungswerken durch den kraft professioneller Nähe typischerweise Branchengeschäfte größerer Zahl Abschließenden, auch wenn es sich in der Relation zum konkreten Verwender um ein Einzelgeschäft handelt; auch bei „hauseigenen" AGB dort, wo von der Höhe der Auftragssumme des konkreten Geschäfts oder – bei ständiger Geschäftsbeziehung – von der Zahl der Geschäfte, die der Geltung der betreffenden AGB unterstellt werden, aus wirtschaftlichen Gründen auch Interessenahme an umfänglicheren vorformulierten „Nebenbedingungen" durchaus angezeigt erscheint.[1] Wo keiner der genannten Tatbestände erfüllt ist, sollte tatsächlicher Konsens in der Gerichtsstandswahl mangels Nachweises positiver Kenntnis hingegen nur bei *qualifizierter* Kenntnisnahmemöglichkeit bejaht werden: wenn sich die Gerichtsstandsklausel auf der Vertragsurkunde selbst befindet und der vorformulierte Text entweder nur wenige, nicht zu umfängliche Klauseln enthält, oder die Klausel durch drucktechnische Hervorhebung sowie Platzierung in Unterschriftsnähe besonders augenfällig ist.[2] Allemal ausreichend ist zudem, wenn die Bezugnahme auf die eigenen AGB mit dem Hinweis verbunden wird, dass dieselben eine Gerichtsstandsklausel enthalten.[3] Umgekehrt erstreckt sich die vertragliche Einigung dann nicht auf die Gerichtsstandsklausel, wenn diese an einer für anderweitige Angaben vorgesehenen Stelle platziert ist: Wer auf einem Bestellformular einen Aufkleber just dort anbringt, wo die persönlichen Daten des Bestellers erbeten werden, kann nicht erwarten, dass die Gegenseite auf dem Aufkleber nach einer Gerichtsstandsbestimmung sucht.[4]

cc) Schriftlich bestätigte mündliche Vereinbarung, Art. 23 I 3 lit. a Var. 2 Brüssel I-VO. (1) Allgemeine Anforderungen. Nachdem die Deutung dieser Formvariante lange kontrovers war,[5] hat sich im Anschluss an den EuGH[6] die Meinung durchgesetzt, dass die Bestätigung einerseits auch von der sich später auf die Gerichtsstandsbestimmung berufenden Seite ausgehen kann, die mündliche Vereinbarung andererseits zugestanden sein muss oder aber von dem sich auf die Gerichtsstandsbestimmung berufenden Teil zu beweisen ist.[7] Dieses Verständnis reduziert die praktische Bedeutung der Formvariante: Viele der früher hier verorteten Fallgestaltungen sind heute im Licht der neuen Formtatbestände (partei- bzw. handelsgebräuchliche Form gemäß Abs. 1 S. 3 lit. b und c) zu beurteilen.[8] Die geforderte Bestätigung muss binnen angemessener Zeit erfolgen.[9] Auch für sie gilt die Gleichsetzung elektronisch übermittelter Erklärungen (Art. 23 II Brüssel I-VO).[10] **G 164**

(2) Gerichtsstandsbestimmung in AGB. Weil sich die Sicherstellung tatsächlicher Willenskonkordanz (s. Rz G 158) auch für Abs. 1 S. 3 lit. a Var. 2 als maßgeblicher Formzweck erweist, ist eine mündliche Vereinbarung dergestalt zu fordern, dass eine effektive Willensübereinstimmung auch und gerade bezüglich der Ge- **G 165**

---

[1] Vgl. zu diesen Fallgruppen *Lindacher* FS Schlosser S. 496 f.

[2] Für das Erfordernis der Augenfälligkeit gerade der Gerichtsstandsklausel, freilich wohl auch Hervorhebung in von der Vertragsurkunde separierten Klauselwerken akzeptierend, auch OLG Stuttgart IPRax 1989, 174.

[3] Richtig: *Hubert Schmidt* ZZP 103 (1990), 91, 98.

[4] OLG Düsseldorf NJW-RR 1989, 1330, 1333.

[5] Zum älteren Streitstand s. 3. Aufl., Anh. zu § 2 AGBG Rz 101.

[6] EuGH Rs. 221/84 (Berghöfer/ASA), NJW 1985, 2893.

[7] Repräsentativ: *Kropholler* Art. 23 EuGVO Rz 47 f.; MünchKommZPO/*Gottwald* Art. 17 EuGVÜ Rz 34; *Reithmann/Martiny/Hausmann* Rz 3019; öst. OGH ZfRV 2001, 46. Beachte auch BGH NJW 2001, 1731, 1732.

[8] Ebenso *Schlosser* Art. 23 EuGVVO Rz 23, dort zum Fall BGH NJW 1994, 2699.

[9] Näher *Hau* IPRax 1999, 24.

[10] So ausdrücklich die Kommissionsbegründung zu Art. 23, vgl. KOM (1999), 348 endg., S. 20.

richtsstandsregelung angenommen werden kann.[1] Daraus folgt zunächst, dass beim mündlichen Vertragsschluss unzweideutig auf die Gesamt-AGB (in der die Gerichtsstandsklausel enthalten ist) Bezug genommen worden sein muss.[2] Erforderlich ist weiter, dass die AGB samt Gerichtsstandsklausel – wiederum beim mündlichen Vertragsschluss – vorliegen.[3] Allemal wirksam ist mithin eine Gerichtsstandsbestimmung in präsenten AGB, die in Bezug genommen wurden und auf deren Existenz bei der mündlichen Einigung vom Verwender eigens hingewiesen wurde. Zur Frage, in welcher **Sprache** der Einbeziehungshinweis zu erfolgen hat bzw. die AGB vorzulegen sind, s. Internationaler Geschäftsverkehr Rz 37 ff.

G 166 Streitig ist, ob die geforderte tatsächliche Willensübereinstimmung gerade hinsichtlich der Gerichtsstandsklausel auch ohne speziellen Hinweis auf deren Existenz immer schon dann zu bejahen ist, wenn eine eindeutige Bezugnahme auf die – im Zeitpunkt des mündlichen Vertragsschlusses präsenten – Gesamt-AGB vorliegt. Wer mit der h. M. davon ausgeht, dass Kenntnisnahmemöglichkeit uneingeschränkt Kenntnisnahme erwarten lasse und das Nichtdurcharbeiten zugänglich gemachter AGB ohne weiteres sorgfaltswidrig sei (s. Rz G 163), wird der vorgeblich geforderten Kenntniserlangung die bloße Nichtwahrnahme der Kenntnisnahmemöglichkeit gleichstellen und folglich die Wirksamkeit der Gerichtsstandsbestimmung bejahen.[4] Distanziert man sich hingegen von der realitätsfernen Prämisse, Kenntnisnahmemöglichkeit hinsichtlich des Klauselwerks lasse berechtigterweise stets oder auch nur regelmäßig effektive Kenntnisnahme einer darin enthaltenen Gerichtsstandsklausel erwarten, reduziert sich das Anwendungsfeld der Einbeziehung nach Art. 23 I 3 lit. a Var. 2 Brüssel I-VO. Geboten ist nicht generelle Validierung, sondern Differenzierung. Globale Akzeptanz der präsenten Gesamt-AGB reicht im kaufmännischen Verkehr aus: wenn es sich um branchenweit verwendete AGB handelt und die Verwendergegenseite kraft professioneller Nähe typischerweise Branchengeschäfte größerer Zahl tätigt, auch wenn das fragliche Geschäft mit dem konkreten Verwender Einzelgeschäft ist; bei „hauseigenen" AGB des Verwenders dann, wenn der Einzelauftrag (wie etwa im Anlagengeschäft) von besonderer Dimension oder aber Glied einer Kette von Geschäften ist, die sämtlich den betreffenden AGB unterfallen. Ansonsten sollte es im nichtkaufmännischen und im kaufmännischen Verkehr dabei bleiben, dass bloße Kenntnisnahmemöglichkeit noch keine effektive Kenntnisnahme erwarten lässt, Nichtkenntnisnahme auch keinen Sorgfaltsverstoß darstellt. Qualifizierte Kenntnisnahmemöglichkeit kraft Unterschriftsnähe (s. Rz G 163) scheidet beim mündlichen Vertragsschluss naturgemäß aus.

G 167 **dd) Vereinbarungsschluss entsprechend Parteigepflogenheit, Art. 23 I 3 lit. b Brüssel I-VO. (1) Allgemeine Anforderungen.** Den Versuch einer Formerleichterung bei gleichzeitiger Wahrung des Generalziels, das Vorliegen einer tatsächlichen Willenseinigung in der Forumfrage sicherzustellen, unternimmt das mit dem Beitrittsübereinkommen 1989 in das EuGVÜ eingefügte Formerfordernis des Art. 17 I 2 lit. b, das unverändert in Art. 23 I 3 lit. b Brüssel I-VO übernommen wurde. Da Art. 23 I 3 lit. b Brüssel I-VO ausweislich der Materialien zur Vorgängerregelung des EuGVÜ[5] auch Fest- und Fortschreibung der einschlägigen EuGH-Rechtsprechung ist, dürfte es kaum angehen, die Vorschrift über beiderseitige Han-

[1] EuGH Rs. 24/76 (Colzani/Rüwa), NJW 1977, 494; BGH NJW 1994, 2699, 2700; OLG Düsseldorf IHR 2004, 108, 111; MünchKommZPO/*Gottwald* Art. 17 EuGVÜ Rz 24; *G. Müller* RIW 1977, 165.

[2] Statt vieler: *Schlosser* Art. 23 EuGVVO Rz 22; MünchKommZPO/*Gottwald* Art. 17 EuGVÜ Rz 24.

[3] BGH NJW 1994, 2699, 2670; OLG Hamm NJW 1990, 652; *Kropholler* Art. 23 EuGVO Rz 42 f.; *Rauscher/Mankowski* Art. 23 Brüssel I-VO Rz 23.

[4] So denn auch MünchKommZPO/*Gottwald* Art. 17 EuGVÜ Rz 30; *Reithmann/Martiny/Hausmann* Rz 3012; *Jung/Sandrock* in: *Sandrock,* Int. Vertragsgestaltung E. 138; *G. Müller* RIW 1977, 165.

[5] *Almeida Cruz/Desantes Real/Jenard*-Bericht S. 47, *Jenard/Möller*-Bericht S. 77.

delsgeschäfte hinaus heranzuziehen.[1] Unanwendbar ist lit. b in den Fällen des Art. 63 II Brüssel I-VO (Erfüllungsort in Luxemburg).

Die für lit. b entscheidende, die Einzeltransaktionen innerhalb der laufenden Geschäftsbeziehung prägende **Gepflogenheit,** sich für die Vereinbarung des Gerichtsstands einer bestimmten Form zu bedienen, muss „zwischen den Parteien entstanden" sein. Die Systematik der Vorschrift sowie die betonte Anlehnung an Art. 9 CISG verdeutlichen, dass Parteigepflogenheit nicht mit Handelsbrauch im Sinne von lit. c gleichzusetzen ist; ein solcher ist für lit. b weder notwendig noch, sofern die Parteien gerade nicht zum relevanten Verkehrskreis gehören, hinreichend. Die Gepflogenheit muss sich bereits bei Abschluss des Geschäfts, das den Gegenstand der am forum prorogatum erhobenen Klage bildet, also nicht erst im Zeitpunkt der Klageerhebung gebildet haben.[2] Die Frage, wann davon die Rede sein kann, lässt sich kaum losgelöst vom konkreten Einzelfall beantworten. Meist wird in erster Linie auf die Anzahl geschlossener Verträge abgestellt: Bei einem zweiten Vertrag unter den Parteien sei allemal noch nichts üblich,[3] und zwei oder auch drei vorangegangene Vertragsschlüsse sollen allenfalls genügen, wenn Folgegeschäfte erklärtermaßen von vornherein intendiert waren.[4] Konstitutiv für das Entstehen einer Gepflogenheit ist aber nicht nur die so umschriebene Regelmäßigkeit, sondern zudem ein Zeitelement: Ebenso wenig wie eine lang andauernde Geschäftsbeziehung, die nur zu wenigen Abschlüssen geführt hat,[5] dürfte eine erhebliche Anzahl von Transaktionen genügen, die indes binnen kürzester Zeit getätigt werden. Jeder der Parteien steht es frei, die zuvor entstandene Gepflogenheit durch schlichten **Widerspruch** ein für allemal oder, sofern bei Abschluss eines Vertrags geäußert, nur für dieses konkrete Geschäft zu unterdrücken; denn Gepflogenheit bedeutet eben nicht Bindung für die Zukunft. **G 168**

(2) Gerichtsstandsbestimmung in AGB. Art. 23 I 3 lit. b Brüssel I-VO setzt eine Willensübereinstimmung hinsichtlich der Gerichtsstandsklausel voraus.[6] Dafür soll insbesondere der laufende Abdruck einer solchen Klausel auf Rechnungen oder Auftragsbestätigungen nicht genügen.[7] Bei Gerichtsstandsbestimmungen in AGB **G 169**

---

[1] A. A. etwa *Geimer/Schütze* Art. 23 EuGVVO Rz 118; *Schlosser* Art. 23 EuGVVO Rz 23.

[2] Anders noch LG Karlsruhe RIW 2001, 702, 704; in der Revisionsinstanz hat der BGH (NJW-RR 2005, 151 f.) die Frage offengelassen. Eine bare Selbstverständlichkeit ist die davon zu trennende Aussage, dass die zunächst nicht beachtete Form jedenfalls bis zum Zeitpunkt der Klageerhebung durch eine neue Vereinbarung gewahrt werden kann; vgl. *Rauscher/Mankowski* Art. 23 Brüssel I-VO Rz 14 und OLG Celle NJW-RR 2004, 575.

[3] *Schlosser* Art. 23 EuGVVO Rz 23 a. E. Großzügiger indes *Rauscher/Mankowski* Art. 23 Brüssel I-VO Rz 26 a: „frühestens erst für das zweite konkrete Geschäft".

[4] Tendenziell großzügiger noch OLG Stuttgart RIW 1980, 365.

[5] Dass „isolierte Geschäfte im Abstand mehrerer Jahre" nicht genügen, bemerkt zutreffend *Rauscher/Mankowski* Art. 23 Brüssel I-VO Rz 27 a.

[6] Zu Art. 17 I 2 lit. b EuGVÜ: BGH NJW-RR 2004, 1292 = IPRax 2005, 338 m. Anm. *Hau* 301; ebenso BGH NJW-RR 2005, 151 (zu Art. 17 I 2 lit. b LugÜ); OLG Düsseldorf IHR 2004, 108, 111; OLG Hamm IHR 2006, 84; LG Trier IHR 2004, 115, 116. Aus dem Schrifttum etwa MünchKommZPO/*Gottwald* Art. 17 EuGVÜ Rz 36; *Reithmann/Martiny/Hausmann* Rz 3023a; *Thomas/Putzo/Hüßtege* Art. 23 EuGVO Rz 10.

[7] So ausdrücklich BGH NJW-RR 2004, 1292 = IPRax 2005, 338 m. Anm. *Hau* 301; beachte auch OLG Hamm IHR 2006, 84. Abweichend noch derselbe Senat in BGH NJW-RR 2003, 192, 194: „Werden im kaufmännischen Verkehr im Rahmen laufender Geschäftsbeziehungen Geschäfte auf der Grundlage von Allgemeinen Geschäftsbedingungen, die auf der Rückseite von nach Vertragsschluss übermittelten Rechnungen abgedruckt sind, abgewickelt, ohne dass der Vertragspartner des Verwenders dem widerspricht, dann wird das Gesamtklauselwerk grundsätzlich Vertragsinhalt. Dies gilt auch für die in solchen Geschäftsbedingungen enthaltene Gerichtsklausel (...)." Großzügiger aber auch BGH NJW-RR 2005, 1518, 1520, dort zu einer Erfüllungsortsvereinbarung, fragwürdigerweise hielt der BGH diese für wirksam einbezogen und ließ deshalb die Wirksamkeit der Gerichtsstandsklausel offen.

ist zu unterscheiden zwischen der Einbeziehung der Gesamt-AGB (dazu Rz G 170 f.) und der Geltung gerade der Gerichtsstandsklausel (dazu Rz G 172).[1]

G 170 Die Vereinbarung hinsichtlich der **Gesamt-AGB** kann in einem Rahmenvertrag zu sehen sein. Freilich kommt es auf Art. 23 I 3 lit. b Brüssel I-VO nicht an, wenn die Gerichtsstandsklausel in einen Rahmenvertrag einbezogen ist, dessen Reichweite sich, dem aus Abs. 1 S. 1 abzuleitenden Bestimmtheitserfordernis genügend,[2] eben auch auf den anspruchsbegründenden Vertrag erstreckt und der zudem seinerseits wirksam nach Maßgabe von lit. a (bzw. Abs. 2) oder lit. c vereinbart wurde. Ist die Rahmenvereinbarung als solche formunwirksam, kann es im Wege ihrer wiederholten Umsetzung gleichwohl zur gepflogenheitsgemäßen Einbeziehung bestimmter AGB kommen:[3] Die gemäß lit. b erhebliche Gepflogenheit besteht darin, in der AGB-Einbeziehungsfrage gerade nichts Abweichendes zu vereinbaren, sondern der Rahmenvereinbarung Bedeutung auch für Einzelverträge wie das aktuelle, den Gegenstand der am forum prorogatum erhobenen Klage bildende Geschäft beizumessen, ohne dass es dabei eines diesbezüglichen Konsenses (etwa in Gestalt einer konkludenten Verweisung auf die Rahmenvereinbarung) bedarf. Hat man sich nämlich ein für allemal über die Geltung der AGB verständigt, so besteht kein Grund, in den Abschluss des aktuellen Geschäfts wenigstens eine konkludente neuerliche Zuständigkeitsvereinbarung hineinzulesen.[4] Denkbar ist zudem, dass sich die Parteien anlässlich eines ersten, inzwischen abgewickelten Geschäfts über die AGB-Geltung verständigt haben, ohne dabei Folgetransaktionen zu bedenken bzw. zumindest ohne den erkennbaren Willen, für solche eine verbindliche Rahmenvereinbarung zu treffen.[5] Kommt es in der Folge – gepflogenheitsbildend – zu weiteren gleichartigen Geschäften zwischen den Parteien, in denen zunächst auf das für das Erstgeschäft maßgebliche Regelwerk verwiesen, später aber dieser Verweis nur noch formunwirksam erfolgt bzw. von den Parteien als selbstverständlich und damit entbehrlich erachtet wird, so ist lit. b genügt: Die Gepflogenheit besteht dann darin, in der AGB-Einbeziehungsfrage nichts Abweichendes zu vereinbaren und selbst auf einen (formunwirksamen) Verweis auf die an sich nicht mehr relevante frühere Vereinbarung zu verzichten, dieser vielmehr ohne weiteres Bedeutung für spätere Verträge wie das aktuelle, den Gegenstand der am forum prorogatum erhobenen Klage bildende Geschäft beizumessen. Auch in diesem Fall bedarf es diesbezüglich keines „aktuellen" Konsenses.

G 171 In den häufig bei Art. 23 Abs. 1 3 lit. b Brüssel I-VO diskutierten Fällen kaufmännischer Bestätigungsschreiben[6] wird lit. b nicht relevant, wenn die Kombination einer vorangegangenen, in hinreichender Weise auch und gerade die AGB-Einbeziehung betreffenden mündlichen Vereinbarung und einer schriftlichen Bestätigung derselben bereits den Anforderungen von lit. a Var. 2 genügt.[7] Gleichwohl deutet diese Fallgruppe darauf hin, dass es selbst dann, wenn man am Erfordernis einer Vereinbarung festhält, nicht ausgeschlossen ist, weitere Anwendungs-

---

[1] Ausführlicher zum Folgenden *Hau* IPRax 2005, 301 ff.

[2] Näher zum Bestimmtheitserfordernis, wenn sich die Gerichtsstandsklausel in einem Rahmenvertrag findet, etwa *Kindler/Hanecke* IPRax 1999, 435, 436; *Reithmann/Martiny/Hausmann* Rz 3044 m. w. Nachw. Enger LG Bielefeld IHR 2001, 199, 200.

[3] *Rauscher/Mankowski* Art. 23 Brüssel I-VO Rz 27, spricht von einer „Art abstrakten Einbeziehung".

[4] So aber wohl *Geimer/Schütze* Art. 23 EuGVVO Rz 79.

[5] In Anlehnung an die zu lit. a ergangene Entscheidung EuGH Rs. 313/85 (Iveco Fiat/Van Hool), NJW 1987, 2155 = IPRax 1989, 383 m. krit. Anm. *Jayme* 361 f.

[6] Vgl. etwa MünchKommZPO/*Gottwald* Art. 17 EuGVÜ Rz 36.

[7] Zum Unterschied zwischen dem kaufmännischen Bestätigungsschreiben und demjenigen gemäß lit. a Var. 2 näher *Hau* IPRax 1999, 24.

felder speziell für lit. b auszumachen: So mag ein Kläger vortragen, es habe sich die Gepflogenheit gebildet, sich nur mündlich über die Einbeziehung von AGB zu verständigen, und dies sei gerade hinsichtlich des in Rede stehenden Geschäfts tatsächlich so geschehen; oder: es habe sich die Gepflogenheit entwickelt, ausbleibenden Widerspruch gegen sein (mündliches oder schriftliches) Einbeziehungsverlangen als Einverständnis zu werten.[1] Solche Fälle unterscheiden sich erheblich von den oben diskutierten Fällen einer gepflogenheitsgemäß beibehaltenen Einbeziehungsvereinbarung: Während diese stets ein bestimmtes Regelwerk (und damit auch immer dieselbe Gerichtsstandsklausel) betrifft, das sich nach und nach als fester Bestandteil der Geschäftsbeziehung einbürgert, genügt der Rückgriff auf ein gepflogenheitsgemäß entwickeltes Einbeziehungsprocedere zwar ebenfalls dem Erfordernis einer Parteivereinbarung, wäre aber zumindest theoretisch geeignet, wechselnde AGB (und damit wechselnde Gerichtsstandsklauseln) zu inkorporieren. Dies erscheint alles andere als wünschenswert, und auch wenn man anerkennt, dass sich der Anwendungsbereich von lit. b nicht darin erschöpft, die ältere EuGH-Rechtsprechung nachzuzeichnen, spricht nichts zwingend dafür, dass der Gesetzgeber so weit gehen wollte. In der Praxis werden solche Fälle schon wegen der Beweisnot des Klägers kaum ernsthafte Probleme bereiten.

Die bisherigen Ausführungen haben sich auf die Vereinbarung der Gesamt-AGB bezogen, in denen sich eine Gerichtsstandsklausel findet. Zudem fordert der BGH für die **Geltung gerade der Gerichtsstandsklausel** eine Willensübereinstimmung hinsichtlich derselben.[2] Haben sich die Parteien über die Gerichtsstandsklausel zu keinem Zeitpunkt isoliert verständigt, sondern ist sie – wie regelmäßig – nur ein unselbstständiger Bestandteil eines umfassenderen, einseitig vorformulierten Regelwerks, so fragt sich zum einen, welche Anforderungen an die Kenntnisnahmemöglichkeit der Verwendergegenseite zu stellen sind, und zum anderen, ob der Verwender speziell auf die Gerichtsstandsklausel hinweisen muss.[3] Diesbezüglich wird es im Rahmen einer ständigen Geschäftsbeziehung unter Kaufleuten als angemessen erachtet, geringere Anforderungen als bei lit. a zu stellen.[4] Besteht indes die Gepflogenheit darin, weiterhin solchen AGB Bedeutung beizumessen, die ursprünglich nur für ein Einzelgeschäft vereinbart worden waren, so gelten für die Einbeziehung speziell der Gerichtsstandsklausel anlässlich dieses Erstgeschäfts die allgemeinen Regeln; es muss also entweder lit. a (bzw. Abs. 2) oder lit. c genügt worden sein. Besteht die Gepflogenheit hingegen darin, an einer zunächst formunwirksam getroffenen Rahmenvereinbarung betreffend die AGB-Geltung für Folgegeschäfte festzuhalten, so dürften für die mündliche Rahmenvereinbarung uneingeschränkt dieselben Voraussetzungen wie bei lit. a Var. 2 gelten. **G 172**

Schließlich stellt sich die Frage, inwieweit die (Fort-)Geltung einer gepflogenheitsgemäß einbezogenen Gerichtsstandsklausel davon abhängt, dass sich die Parteien im Rahmen ihrer Geschäftsbeziehung im Übrigen tatsächlich nach den AGB gerichtet haben. Laut BGH müssen die Parteien ihre Geschäfte nicht nur dem frag- **G 173**

---

[1] Von dieser Möglichkeit ausgehend *von Westphalen,* Gerichtsstandsklauseln Rz 50; *Stadler,* Allgemeine Geschäftsbedingungen im internationalen Handel, S. 124. Beachte auch LG Karlsruhe RIW 2001, 702, 704, als Vorinstanz zu BGH NJW-RR 2005, 151.

[2] BGH NJW-RR 2004, 1292 = IPRax 2005, 338 m. Anm. *Hau* 301. *Reithmann/Martiny/Hausmann* Rz 3023a, fordert sogar, dass sich die Parteien „über die Geltung der Gerichtsstandsklausel ausdrücklich geeinigt haben".

[3] Die nur vermeintlich einschlägige Entscheidung BGH IPRax 1997, 416, bezieht sich hinsichtlich der Anforderungen an die Kenntnisnahmemöglichkeit zwar auf lit. b, betrifft indes nur den Fall von lit. a Var. 2.

[4] So *Lindacher* in der 4. Aufl., Anh. § 2 AGBG Rz 106; *Stadler,* Allgemeine Geschäftsbedingungen im internationalen Handel, S. 124; OLG Köln VersR 1999, 639, 641.

lichen Regelwerk unterworfen, sondern auch danach abgewickelt haben.[1] Demnach wären zumindest Abweichungen in wesentlichen Punkten (Bsp.: Lieferung durch den Verkäufer trotz klauselmäßig vorgesehener Holschuld) als stillschweigende Abstandnahme von den Gesamt-AGB – samt der darin enthaltenen Gerichtsstandsklausel – zu werten.

G 174 **ee) Vereinbarungsschluss in handelsgebräuchlicher Form, Art. 23 I 3 lit. c Brüssel I-VO. (1) Allgemeine Anforderungen.** Wie die anderen Formvarianten will auch der durch das Beitrittsübereinkommen 1978 in das EuGVÜ eingefügte und durch das Beitrittsübereinkommen von 1989 bzw. das LugÜ sprachlich konkretisierte Art. 23 I 3 lit. c Brüssel I-VO gewährleisten, dass die Prorogation/Derogation tatsächlich vom Willen beider Parteien getragen ist (s. bereits Rz G 158).[2] Wenngleich ein kaufmännischer Übung widersprechender Formrigorismus zu vermeiden ist, gilt es zu prüfen, ob und unter welchen Voraussetzungen erwartet werden kann, dass die Gerichtsstandsregelung – trotz des Fehlens einer schriftlichen Vereinbarung bzw. einer mündlichen Abrede mit schriftlicher Bestätigung und unabhängig von einer einschlägigen individuellen Geschäftsübung – nicht unversehens Vertragsinhalt wird. Unanwendbar ist Art. 23 I 3 lit. c Brüssel I-VO in den Fällen des Art. 63 II Brüssel I-VO (Erfüllungsort in Luxemburg).

Der – wie die sonstigen Tatbestandsmerkmale vertragsautonom zu bestimmende – Begriff des **Handels** ist weit zu fassen: Auf die formelle Kaufmannseigenschaft i. S. der nationalen Rechtsordnungen kommt es nicht an;[3] entscheidend ist vielmehr, dass das Geschäft einem gewerblichen, nicht nur einem privaten Zweck dient.[4] **International** ist der Handel, wenn Vertragsgegenstand eine grenzüberschreitende Lieferung bzw. Dienstleistung ist oder der Vertrag über die Grenze hinweg geschlossen wird, weil die Parteien ihren Sitz in verschiedenen Staaten haben.[5] **Handelsbrauch** i. S. von Art. 23 I 3 lit. c Brüssel I-VO erfordert die Existenz einer ständigen verkehrskreisgenuinen tatsächlichen Übung, wobei der jeweilige Verkehrskreis durch die Geschäftsart, den Geschäftszweig und das Moment der Internationalität bestimmt wird. Die allgemein (also weithin) bekannte und regelmäßig befolgte Übung muss, zumindest auch, den internationalen Handel betreffen. Potentiell maßgeblich ist neben einem weltweiten Brauch (woran auf dem Gebiet der internationalen Seeschifffahrt zu denken ist) auch ein regional begrenzter, aber die Sitzstaaten beider Parteien umschließender Brauch. Liegt der Vertragsschwerpunkt in einem Staat, kann selbst ein – auch und gerade hinsichtlich des internationalen Handels herrschender – Brauch in diesem Staat genügen, doch sind anderenorts ansässige Unternehmen nötigenfalls über das Erfordernis der Kenntnis bzw. des Kennenmüssens zu schützen.[6] Hat der Vertrag keinen Schwerpunkt in einem Staat (Bsp.: internationale Distanzkäufe), so entfaltet ein nur in einem Sitzstaat geltender internationaler Handelsbrauch keine Wirkung.[7]

G 175 Ob über Art. 23 I 3 lit. c Brüssel I-VO auch rein mündliche Zuständigkeitsvereinbarungen (ohne nachträgliche schriftliche Bestätigung) Geltung erlangen kön-

---

[1] BGH NJW-RR 2004, 1292 = IPRax 2005, 338 m. Anm. *Hau* 301; deutlich auch *Rauscher/Mankowski* Art. 23 Brüssel I-VO Rz 27a bei Fn. 267.

[2] So ausdrücklich EuGH Rs. C-116/02 (Gasser/MISAT), EuZW 2004, 188, 191 m. w. Nachw.; vgl. auch *Kröll* ZZP 113 (2000), 135, 143 ff.

[3] Vgl. statt vieler: *Schlosser* Art. 23 EuGVVO Rz 24a.

[4] *Kropholler* Art. 23 EuGVO Rz 54.

[5] *Kropholler* Art. 23 EuGVO Rz 54. Die grenzüberschreitende Lieferung im konkreten Fall betonend *Kröll* ZZP 113 (2000), 135, 152 f.

[6] *Kropholler* Art. 23 EuGVO Rz 58; *Kröll* ZZP 113 (2000), 135, 156 f.

[7] Anders *Geimer/Schütze* Art. 23 EuGVVO Rz 124.

nen,[1] erscheint fraglich. Soweit Vereinbarungsschluss durch **Schweigen** infrage steht, muss der konkret maßgebliche Handelsbrauch (auch) die Beurteilung des Schweigens als konkludente Zustimmung umschließen: Eine Gerichtsstandsbestimmung nach Art. 23 I 3 lit. c Brüssel I-VO kann auch durch Schweigen auf ein **kaufmännisches Bestätigungsschreiben** mit einer Gerichtsstandsbestimmung oder durch widerspruchslose Zahlung bei vorgängigem einschlägigen **Fakturenvermerk** getroffen werden, wenn das Schweigen bzw. die vorbehaltlose Zahlung nach dem maßgeblichen Handelsbrauch als Zustimmung anzusehen ist.[2] Entsprechendes gilt für die schriftliche **Auftragsbestätigung** mit Gerichtsstandsbestimmung: Diese wird Vertragsregelung durch Schweigen, wenn bereits solches laut Handelsbrauch als Zustimmung zu werten ist, und durch einen Akt der Vertragsdurchführung, sofern der Handelsbrauch einen solchen verlangt. Mangels weltweiter Handelsbräuche liegt das eigentliche Problem indes in der Ermittlung des jeweils relevanten regionalen Brauchs,[3] der im Allgemeinen (wenn auch nicht notwendig) die entsprechenden nationalen Rechte bzw. das entsprechende nationale Recht spiegelt.

Ist ein **deutsches Recht spiegelnder internationaler Handelsbrauch** allein- oder mitmaßgeblich, so gilt: Die erstmals eine individuelle Gerichtsstandsbestimmung enthaltende **Auftragsbestätigung** entfaltet ihre Wirkung (erst) mit der vorbehaltlosen Vertragsabwicklung, während die in einem **Fakturenvermerk** enthaltene Gerichtsstandsbestimmung keinerlei Wirkung äußert. **Kaufmännische Bestätigungsschreiben,** die eine mündliche Vereinbarung mit Gerichtsstandsbestimmung bekräftigen (sog. vertragsabschluss- und vertragsinhaltsfeststellende Bestätigungsschreiben), führen bei ausbleibendem bzw. nicht rechtzeitigem Widerspruch unter folgenden Umständen zur Vertragsgeltung der Gerichtsstandsregelung: bei bloßer Mitmaßgeblichkeit des hiesigen internationalen Handelsbrauchs, wenn das Schweigen auch nach dem mitmaßgeblichen Brauch am Sitz des anderen Vertragsteils als Zustimmung gewertet wird; bei Alleinmaßgeblichkeit des hiesigen internationalen Handelsbrauchs, wenn der Schreibensempfänger mit der entsprechenden Wirkung rechnen muss (weil auch sein Umweltbrauch dem Schweigen Zustimmungswirkung zuerkennt) oder Kenntnis von der Wirkung seines Verhaltens nach dem maßgeblichen fremden Brauch hat oder nach Lage der Dinge haben müsste (insbes. aufgrund gehäufter Geschäftsabschlüsse unter diesem Geltungsregime). Soweit das kaufmännische Bestätigungsschreiben ausdrücklich oder gemäß späterer Selbstinterpretation des Bestätigenden dahin zielt, den Vertrag nachträglich mit einer Gerichtsstandsklausel aufzufüllen (sog. vertragsinhaltsergänzendes Bestätigungsschreiben), dürfte mit Blick auf das Erfordernis der materiellen Konsensfähigkeit[4] die Vertragsgeltung der Gerichtsstandsbestimmung selbst nach dem im internationalen Vergleich eher „bestätigungsfreundlichen“ deutschen Handelsbrauch ausscheiden; denn die mit der Gerichtsstandsregelung verbundene Derogation des Beklagtensitzgerichtsstands ist alles andere als unwesentlich (arg. Art. 19 II CISG).[5] G 176

(2) Gerichtsstandsbestimmung in AGB. Gerichtsstandsbestimmungen in AGB stoßen an dieselben Grenzen wie Individualgerichtsstandsabreden: Laufen G 177

---

[1] So *Geimer/Schütze* Art. 23 EuGVVO Rz 120 m. w. Nachw.

[2] So EuGH Rs. C-106/95 (MSG Mainschifffahrts-Genossenschaft/Les Gravières Rhénanes), NJW 1997, 1431, 1432 = ZZPInt 2 (1997), 161, 164 ff. m. Anm. *P. Huber;* ferner: *Geimer/Schütze* Art. 23 EuGVVO Rz 121; *Thomas/Putzo/Hüßtege* Art. 23 EuGVVO Rz 13; *Kilias* FS Siehr, S. 68 ff.

[3] Dazu EuGH Rs. C-159/97 (Castelletti/Trumpy), EuZW 1999, 441 ff.

[4] S. nur *K. Schmidt,* Handelsrecht, 5. Aufl., § 19 III 3 b.

[5] S. bereits *Lindacher* WM 1981, 702, 705.

Fakturenvermerke leer (Rz G 176), gilt das erst recht für vorformulierte Fakturenvermerke. Und wenn dem Versuch, eine Gerichtsstandsbestimmung via Bestätigungsschreiben nachzuschieben, die Erfolgsaussicht abzusprechen ist (Rz G 176), kann der Gerichtsstand auch nicht wirksam vereinbart sein, wenn der Bestätigende nachträglich seine AGB einbeziehen will, die eine Gerichtsstandsklausel enthalten. Im Übrigen ist mit Blick auf den Zweck des Art. 23 I 3 lit. c Brüssel I-VO (Rz G 158) wiederum zu unterscheiden zwischen dem Erfordernis einer wirksamen Einbeziehung der Gesamt-AGB und der sich anschließenden Frage nach der tatsächlichen Willenseinigung gerade über die Gerichtsstandsregelung: Wer mit der h. M. aus der Kenntnisnahmemöglichkeit von AGB auf die Kenntnisnahme, jedenfalls den zurechenbaren Schein einer Kenntnisnahme schließt (s. Rz G 163), wird zusätzlich zur Globaleinbeziehung nach den unter Rz G 162 entwickelten Grundsätzen nur Zugänglichmachung des AGB-Textes (spätestens mit der Auftragsbestätigung, dem relevanten Bestätigungsschreiben, dem relevanten Fakturenvermerk) verlangen. Wer den hier vertretenen Ansatz teilt, dass Nichtwahrnahme der Kenntnisnahmemöglichkeit von AGB, auch im kaufmännischen Verkehr, keineswegs durchgängig als Sorgfaltswidrigkeit qualifiziert werden kann (s. Rz G 163), wird auch zugänglich gemachten Gerichtsstandsbestimmungen in separierten, im Bestätigungsschreiben lediglich in Bezug genommenen AGB nur unter engeren Voraussetzungen Vertragsgeltung beimessen, wenn von einem ordentlichen Kaufmann mit Blick auf das wirtschaftliche Gewicht des konkreten Geschäfts oder die Summierung von Geschäften bei Geltung der in Rede stehenden AGB deren Totallektüre zu erwarten ist.

G 178 **d) Ergänzende Einbeziehungs- und Inhaltskontrolle. aa) Anhand nationalen Rechts?** Die Frage, ob eine vorformulierte Gerichtsstandsklausel Vertragsinhalt geworden ist, bestimmt sich im Anwendungsbereich von Art. 23 I Brüssel I-VO ausschließlich nach Einheitsrecht. Eine zusätzliche **Einbeziehungskontrolle nach §§ 305 II, III, 305c I BGB** kommt auch dann **nicht** in Betracht, wenn deutsches Recht Vertragsstatut ist.[1] Der verbreitete Satz, dass die materiellen Wirksamkeitsvoraussetzungen von Gerichtsstandsvereinbarungen nach gemäß IPR-Grundsätzen berufenem nationalem Recht zu beurteilen seien,[2] ist also dahingehend zu relativieren, dass er in Hinblick auf den unlösbaren Zusammenhang von Form und Willenseinigung gerade nicht das Zustandekommen der Vereinbarung als solcher erfasst.[3] Das nationale Recht entscheidet mithin nur über sonstige Wirksamkeitsfragen wie Geschäftsfähigkeit, Fehlen von Willensmängeln[4] und wirksame Stellvertretung.[5]

---

[1] Statt vieler: BGH NJW 1996, 1819; *Geimer/Schütze* Art. 23 EuGVVO Rz 72; *Kropholler* Art. 23 EuGVO Rz 19; *Schack*, IZVR Rz 472; *Schlosser* Art. 23 EuGVVO Rz 7; *Reithmann/Martiny/Hausmann* Rz 2956; MünchKommBGB/*Kieninger* § 307 Rz 280; *Ulmer/H. Schmidt* Anh. § 305 Rz 23. Anders freilich noch *Wolf* in der 4. Aufl. unter § 9 AGBG Rz G 135; OLG Koblenz NJW-RR 1988, 1334, 1336; OLG Düsseldorf NJW-RR 1989, 1330, 1332; wohl nur missverständlich der Verweis auf § 3 AGBG bei OLG Köln VersR 1999, 639, 641.

[2] Statt mancher: OLG Düsseldorf NJW-RR 1989, 1330, 1332.

[3] Gegenläufig, nämlich auf Zurückdrängung des Geltungsanspruchs der Brüssel I-VO zu Gunsten der lex causae des Hauptvertrags bedacht (jener regele nur die „Struktur" der Gerichtsstandsvereinbarung), insbes. *Gottwald* FS Henckel S. 295, 304 ff. OLG Düsseldorf IHR 2004, 108, 111, nimmt eine umfangreiche Alternativanknüpfung in Kauf, um die Frage offenlassen zu können.

[4] Hinsichtlich des anwendbaren Rechts unklar OLG Celle IHR 2004, 125, 126, dort zur (angeblichen) Unbeachtlichkeit der Fehlvorstellung, bei dem prorogierten „Internationalen Handelsgericht Brüssel" handele es sich „um eine Art Europäischen Gerichtshof für Handelssachen".

[5] Richtig etwa: OLG Celle NJW-RR 2004, 575; öst. OGH ZfRV 2004, 26; *Kropholler* Art. 23 EuGVO Rz 28; *Ulmer/H. Schmidt* Anh. § 305 Rz 23; *M. J. Schmidt* RIW 1992, 175.

Streitig ist, ob Art. 23 I Brüssel I-VO auch verdrängender Vorrang gegenüber der **Inhaltskontrolle nach** § 307 BGB zukommt[1] oder ob diese Vorschrift zusätzlich anwendbar bleibt (bei Geltung deutschen Rechts unmittelbar, bei rechtswahlbedingter Geltung ausländischen Rechts kraft Art. 29a EGBGB).[2] Im Ergebnis sollte gewährleistet sein, dass einerseits eine Abwahl des gesetzlichen Gerichtsstands durch AGB gegenüber Verbrauchern (soweit Art. 23 V, 17 Brüssel I-VO dafür überhaupt Raum lassen) nur zulässig ist, wenn der Verwender ein besonderes, überwiegendes Interesse am gewählten Gerichtsstand darlegt, andererseits gebräuchlichen vorformulierten Gerichtsstandsklauseln im Unternehmensverkehr nicht via Inhaltskontrolle die Geltung abgesprochen wird. Konstruktiv ist es daher geboten, entweder – ausgehend vom verdrängenden Vorrang der Brüssel I-VO – einschlägige ergänzende Sachnormen des Einheitsrechts herauszuarbeiten (dazu sogleich Rz G 180)[3] oder aber – ausgehend von der grundsätzlichen Möglichkeit einer Inhaltskontrolle nach autonomem Recht neben der Brüssel I-Einbeziehungskontrolle – einen differenzierten Maßstab bezüglich der inhaltlichen Angemessenheit anzulegen: Da den gesetzlichen Gerichtsstandsvorschriften Gerechtigkeitsgehalt i. S. von § 307 II Nr. 1 zukommt, bedarf die Derogation des gesetzlichen Gerichtsstands grundsätzlich besonderer Rechtfertigung, im nichtunternehmerischen Verkehr mithin des Nachweises eines – nur ausnahmsweise in Betracht kommenden – dahingehenden überwiegenden Interesses. Im internationalen Handelsverkehr, in dem ein gesteigertes Interesse an Rechtssicherheit dahin besteht, dass gebräuchlichen Gerichtsstandsbestimmungen nicht allein wegen ihres Inhalts die Geltung verweigert wird, sollte entsprechenden Klauseln hingegen die Unbedenklichkeit nach § 307 attestiert werden.[4] G 179

bb) Anhand autonomer Maßstäbe? Ausgehend von der Absage an eine ergänzend neben Art. 23 Brüssel I-VO tretende Einbeziehungs- und/oder Inhaltskontrolle nach nationalem Recht (Rz G 178 f.) wird in neuerer Zeit die Möglichkeit einer allgemeinen Missbrauchskontrolle anhand autonom entwickelter bzw. noch zu entwickelnder Maßstäbe diskutiert. Verwiesen wird dabei auf **Anh. Nr. 1 q RL** (dazu Rz G 144), dessen Vorgaben sich auch auf die internationale Entscheidungszuständigkeit beziehen lassen.[5] Eigenständige Bedeutung kommt dem aber nur für das Verbrauchergeschäft und deshalb neben Art. 23 V, 17 Brüssel I-VO am ehesten zu, wenn auf diese Weise eine Verbandsklagebefugnis zu begründen wäre;[6] dies wiederum käme aber nur in Betracht, erklärte man nicht etwa die Richtlinie, sondern doch das diese umsetzende nationale Recht für maßgeblich. Im Übrigen wird G 180

---

[1] So unter Hinweis auf die rechtsvereinheitlichende Intention der Verordnung z. B. OLG Hamburg NJW 2004, 3126, 3128; *Kropholler* Art. 23 EuGVO Rz 19; *Rauscher/Mankowski* Art. 23 Brüssel I-VO Rz 12; *Geimer/Schütze* Art. 23 EuGVVO Rz 72; MünchKommBGB/*Kieninger* § 307 Rz 280; MünchKommBGB/*Martiny* vor Art. 27 EGBGB Rz 78; *Ulmer/H. Schmidt* Anh. § 305 Rz 23; *Gottwald* FS Firsching S. 89, 103; *Kröll* ZZP 113 (2000), 135, 148 ff.; *Lindacher* FS Schlosser, S. 496; *Gottschalk/Breßler* ZEuP 2007, 56, 65 ff.; *Schrammen,* Grenzüberschreitende Verträge im Internet, S. 138.

[2] So OLG Karlsruhe NJW 1982, 1950, 1951; OLG Düsseldorf NJW-RR 1989, 1330, 1332; wohl auch OLG Karlsruhe NJW 1996, 2041; *Landfermann* RIW 1977, 448; *M. Wolf* JZ 1989, 695, 696.

[3] So denn auch *Ulmer/Brandner/Hensen* Anh. § 305 Rz 23.

[4] A. A. – auch im beidseits kaufmännischen Verkehr an der Überwiegensprüfung festhaltend – freilich noch *Landfermann* RIW 1977, 448.

[5] S. etwa *Reithmann/Martiny/Hausmann* Rz 2958 f., 3066; *Rauscher/Staudinger* Art. 17 Brüssel I-VO Rz 6; *Rauscher/Mankowski* Art. 23 Brüssel I-VO Rz 12, 12 e; MünchKommBGB/*Martiny* vor Art. 27 EGBGB Rz 78. Ablehnend etwa *Kropholler* Art. 23 EuGVO Rz 20; *Geimer/Schütze* Art. 17 EuGVVO Rz 3. Für eine autonome Missbrauchskontrolle, aber gegen die Orientierung an Anh. Nr. 1 q RL hingegen *Schrammen,* Grenzüberschreitende Verträge im Internet, S. 138 ff.

[6] Darauf verweist *Rauscher/Staudinger* Art. 17 Brüssel I-VO Rz 6; näher zu verbleibenden Schutzlücken *ders.* in: *Leible,* Das Grünbuch zum internationalen Vertragsrecht, S. 37, 40 ff.

versucht, die Möglichkeit einer **allgemeinen Missbrauchskontrolle** unmittelbar auf Art. 23 Brüssel I-VO zurückzuführen.[1] Dies wäre in der Tat ein wünschenswerter Ansatz, der einheitliche Standards in allen Mitgliedstaaten zwar nicht verbürgt, aber doch zumindest fördert. Der damit letztlich an den EuGH ergehenden Aufforderung, entsprechende Maßstäbe zu entwickeln, hat dieser bislang allerdings nicht nur keine Folge geleistet, sondern wohl bereits eine (vorläufige) Absage erteilt.[2]

3. Gerichtsstandsvereinbarungen außerhalb des Brüssel I-Systems

G 181 **a) Ermittlung des maßgeblichen Rechts.** Außerhalb des sachlichen, zeitlichen und räumlich-persönlichen Anwendungsbereichs von Art. 23 Brüssel I-VO bzw. völkerrechtlicher Übereinkommen (dazu oben Rz G 151 ff.) erfolgt die Prüfung von Prorogations- und/oder Derogationsabreden, soweit sie internationalen Bezug aufweisen, notwendigerweise zweistufig: Der sachrechtlichen Beurteilung der Klausel ist die Frage nach dem Beurteilungsmaßstab, also nach dem anwendbaren Recht vorgeschaltet. Das autonome deutsche Internationale Zivilverfahrensrecht weist die Beurteilung teils dem deutschen Sachrecht als der lex fori, teils der lex causae zu,[3] wobei die Grenzlinie üblicherweise dahingehend gezogen wird, dass sich die Zulässigkeit (wohl einschließlich Missbrauchskontrolle; dazu unten Rz G 187), die Form und die Wirkung nach der lex fori des prorogierten bzw. derogierten Gerichts,[4] die Fragen des Zustandekommens der Gerichtsstandsvereinbarung hingegen nach der lex causae beurteilen.[5] Letztere entspricht laut h. M., zumindest soweit die Gerichtsstandsregelung Teil einer Gesamtvereinbarung ist, dem für das Zustandekommen des Hauptvertrags maßgeblichen Recht.[6] Berücksichtigt man, dass der Geltungsgrund der lex fori letztlich nichts anderes ist als das legitime Interesse jedes Staates, selbst die Grenzen abzustecken, innerhalb derer die Zuständigkeit seiner Gerichte vereinbart oder abbedungen werden kann,[7] bleibt freilich Raum, den Anwendungsbereich der lex fori auch und gerade auf die Konsensfrage auszuweiten. Demnach wäre der nach hier vertretener Ansicht anzuerkennende Rechtssatz, dass Vereinbarungen über die internationale Zuständigkeit eine tatsächliche

---

1 Dafür etwa *Kropholler* Art. 23 EuGVO Rz 89; *Reithmann/Martiny/Hausmann* Rz 3066; MünchKommBGB/*Kieninger* § 307 Rz 281; vgl. auch *Schlosser* Art. 23 EuGVVO Rz 31: Rechtsmissbräuchlichkeitskontrolle als „Aufgabe der Fortbildung des europäischen autonomen Rechts". Ablehnend OLG Hamburg NJW 2004, 3126, 3128; LG Mainz WM 2005, 2319, 2322 f., m. zust. Anm. *Schulte-Hillen/Friedl* EWiR 2005, 825 f.; *Geimer/Schütze* Art. 23 EuGVVO Rz 155; *Horn* IPRax 2006, 2 ff.; *Weigel/Blankenheim* WM 2006, 664, 666 f.; *Rauscher/Mankowski* Art. 23 Brüssel I-VO Rz 12 f. ff.

2 Vgl. EuGH Rs. C-159/97 (Castelletti/Trumpy), EuZW 1999, 441, 444; *Horn* IPRax 2006, 2; zweifelnd *Heiss* RabelsZ 65 (2001), 634, 647, Fn. 55.

3 Heute ganz h. M. Anders noch einerseits etwa *Staudinger/Firsching* 10./11. Aufl., vor Art. 12 EGBGB Rz 184 (generelle Maßgeblichkeit der lex fori), andererseits etwa *Mezger* FS Wengler, 1973, S. 541 ff. (generelle Maßgeblichkeit des Statuts des Hauptvertrags).

4 Unklar nunmehr BGH NJW-RR 2005, 929, 931: Der BGH legt zwar zutreffend dar, dass sich die Zulässigkeit von Gerichtsstandsvereinbarungen nach der lex fori bestimmt, hält es aber offenbar für erforderlich, zur Begründung, dass eine abweichende Rechtswahl unbeachtlich ist, auf Art. 27 III EGBGB zu verweisen.

5 Ausführlich *Reithmann/Martiny/Hausmann,* zur lex causae einerseits Rz 3124 (Zustandekommen), 3133 (materielle Wirksamkeit) und 3137 (Auslegung), zur lex fori andererseits Rz 3138 (Form), 3147 (Zulässigkeit) und 3183 (Wirkung).

6 BGHZ 59, 23, 27; BGH NJW 1986, 1438, 1439; *Kropholler,* Handbuch, Rz 478 ff., 482; *Stein/Jonas/Bork* § 38 ZPO Rz 48; *Schack,* IZVR Rz 436 f., 444 ff.; *Parenti* ZfRV 2003, 221, 222 f.; ausführlich *Lindenmayr,* Vereinbarungen über die internationale Zuständigkeit, S. 102 ff. Zurückhaltend zur akzessorischen Anknüpfung an den Hauptvertrag etwa *Reithmann/Martiny/Hausmann* Rz 3123.

7 So zutreffend *Kropholler,* Handbuch, Rz 478.

Willenseinigung voraussetzen (hierzu Rz G 158), als Schrankennorm dem Bereich der lex fori zuzurechnen.[1]

b) Deutsches autonomes Sachrecht der internationalen Gerichtsstandsvereinbarung. aa) Überblick. Für internationale Gerichtsstandsvereinbarungen enthält das autonome deutsche Recht mit § 38 II ZPO eine Vorschrift, die anlässlich der Gerichtsstandsnovelle 1974 weitgehend Art. 17 I EuGVÜ in dessen ursprünglicher Fassung von 1968 nachgebildet worden ist (Ausnahme: § 38 II 3 ZPO).[2] Der geforderte internationale Bezug besteht darin, dass mindestens eine der Parteien keinen allgemeinen Gerichtsstand im Inland hat.[3] Nach h. M. regelt § 38 II ZPO allerdings nur die internationale nichtkaufmännische Gerichtsstandsvereinbarung, während sich die kaufmännische – im nationalen wie im internationalen Rechtsverkehr – allein nach dem liberaleren § 38 I ZPO beurteilt.[4] Begründet wird diese Differenzierung mit dem Gesetzeswortlaut und der Entstehungsgeschichte von § 38 II ZPO. Beides erscheint nicht zwingend; insbesondere lässt sich aus der Formulierung im Bericht des Rechtsausschusses[5] umgekehrt folgern, dass sich die internationale Gerichtsstandsvereinbarung auch unter Kaufleuten nach § 38 II ZPO beurteilt. Eine beachtliche Mindermeinung[6] plädiert deshalb dafür, die internationale Gerichtsstandsvereinbarung ausschließlich § 38 II ZPO zu unterstellen. Welcher Auffassung der Vorzug gebührt, kann letztlich offen bleiben; denn auch Vertreter der Minderansicht fordern, § 38 II ZPO im Wege richterlicher Rechtsfortbildung dahingehend an Art. 23 Brüssel I-VO anzupassen, dass für den kaufmännischen Verkehr die einheitsrechtlichen „Erleichterungstatbestände" (Abschluss in geschäftsbeziehungs- bzw. handelsgebräuchlicher Form i. S. von Art. 23 I 3 lit. b und c Brüssel I-VO) entsprechend gelten.[7] Hält man hingegen mit der h. M. für die kaufmännische internationale Gerichtsstandsvereinbarung an der Maßgeblichkeit von § 38 I ZPO fest, sollte man zumindest den Sondercharakter internationaler Gerichtsstandsklauseln gegenüber sonstigen Vertragsbestimmungen anerkennen: Weil und soweit die Klausel dem späteren Beklagten den Rechtsschutz durch seine Heimatgerichte nehmen kann, gilt richtigerweise nicht nur für Art. 23 I Brüssel I-VO (hierzu Rz G 158), sondern auch für das autonome nationale Recht das Erfordernis tatsächlicher Willenseinigung; von Zustimmung des Betroffenen sollte daher nur gesprochen werden, wenn bei wertender Betrachtung gerade bezüglich dieses Regelungspunktes zu erwarten ist, dass die geschaffene Kenntnisnahmemöglichkeit tatsächlich genutzt wird. G 182

---

[1] Anders etwa MünchKommBGB/*Kieninger* § 307 Rz 283, und *Reithmann/Martiny/Hausmann* Rz 3125 ff.

[2] BT-Rechtsausschuss, BT-Drs. 7/1384 S. 4.

[3] BGH NJW-RR 2005, 929, 931, lässt offen, ob für diese Prüfung auf den Zeitpunkt der Vereinbarung (so *Stein/Jonas/Bork* § 38 ZPO Rz 24) oder denjenigen der Klageerhebung (so *Zöller/Vollkommer* § 38 ZPO Rz 5) abzustellen ist.

[4] Statt vieler: OLG Rostock RIW 1997, 1042, 1043; OLG Saarbrücken NJW-RR 1989, 829 und NJW 2000, 670; OLGR München 2001, 27; *Rosenberg/Schwab/Gottwald,* Zivilprozessrecht, § 37 Rz 6; *Kropholler,* Handbuch, Rz 497; *Stein/Jonas/Bork* § 38 ZPO Rz 19; *Samtleben* NJW 1974, 1595; *Sieg* RIW 1998, 102, 104; *Pfeiffer* IPRax 1998, 17, 18.

[5] Vgl. BT-Drs. 7/1384 S. 4: „§ 38 II ZPO n. F. gesteht im Interesse des internationalen Rechtsverkehrs auch anderen Leuten als Vollkaufleuten die Möglichkeit zu, Gerichtsstandsvereinbarungen abzuschließen."

[6] OLG Nürnberg NJW 1985, 1296; *Zöller/Vollkommer* § 38 ZPO Rz 25; AK-ZPO/*Röhl* § 38 Rz 10; *Jung/Sandrock,* in: *Sandrock,* Int. Vertragsgestaltung E. 30; *Jung,* Vereinbarungen über die internationale Zuständigkeit, S. 106 ff., 111; *Rahmann,* Ausschluss staatlicher Gerichtszuständigkeit, S. 16 f.

[7] So *Lindacher* in der 4. Aufl., Anh. zu § 2 AGBG Rz 120; *Zöller/Vollkommer* § 38 ZPO Rz 28. Dagegen *Reithmann/Martiny/Hausmann* Rz 3107 Fn. 4.

G 183 **bb) Geltungsvoraussetzungen bei zweigleisiger Regelung.** Ausgehend vom Ansatz der h. M., dass internationale Gerichtsstandsvereinbarungen nach autonomem deutschem Recht zwischen Kaufleuten § 38 I ZPO, im Übrigen § 38 II ZPO unterfallen (s. Rz G 182), gilt:

G 184 **(1) Kaufmännische internationale Gerichtsstandsvereinbarung, § 38 I ZPO.** Behandelt man internationale Gerichtsstandsklauseln unreflektiert wie Klauseln zu jedwedem anderen Regelungspunkt, beurteilt sich der Abschluss der Vereinbarung (einschließlich der Einbeziehung einer einschlägigen AGB-Klausel) nach allgemeinen Grundsätzen: Formularmäßige Gerichtsstandsklauseln werden durch schlichte Pauschalakzeptanz des Klauselwerks Vertragsbestandteil.[1] Nimmt man indes das Erfordernis eines effektiven Konsenses ernst (s. Rz G 182), so bestehen – nach deutschem Recht als lex fori (s. Rz G 181) – qualifizierte Einbeziehungsvoraussetzungen für in AGB enthaltene Klauseln, die unmittelbar oder mittelbar die internationale Zuständigkeit regeln: Internationale Gerichtsstandsklauseln in Formularverträgen sowie in separaten Klauselwerken, die allgemein in Bezug genommen und zugänglich gemacht werden, entfalten die verwenderseits intendierte Wirkung: (1) bei „Großgeschäften" sowie Geschäftsabschlüssen, die Glied einer Kette von Geschäften sind, weil in solchen Konstellationen vollständige Lektüre umfänglicher Formularverträge sowie vom eigentlichen Vertragstext gesonderter Bedingungswerke zu erwarten ist; (2) bei Geschäftsabschlüssen in Branchen, in denen ständig und monopolartig uniforme AGB berufsständischer Vereinigungen verwendet werden, wenn von der Verwendergegenseite kraft professioneller Nähe typischerweise Geschäftsabschlüsse größerer Zahl zu erwarten sind, auch wenn es sich in der Relation zum konkreten Verwender um ein Einzelgeschäft handelt. Jenseits dieser Sonderlagen erscheint ein effektiver Konsens nur gewährleistet: (1) bei Gerichtsstandsklauseln in Formularverträgen, wenn Letztere vom Umfang her eine Gesamtlektüre erwarten lassen, ansonsten bei augenfälliger Platzierung und/oder drucktechnischer Hervorhebung der Gerichtsstandsklausel; (2) bei Gerichtsstandsklauseln, die in rückseitig abgedruckten oder der Vertragsurkunde beigefügten AGB enthalten sind, allerdings nur bei besonderem Hinweis (indem in die Bezugnahme auf die eigenen Standardbedingungen beispielsweise die Formulierung „einschließlich der Gerichtsstandsklausel" aufgenommen wird).

G 185 **(2) Nichtkaufmännische internationale Gerichtsstandsvereinbarung, § 38 II ZPO.** Der Art. 17 I EuGVÜ bewusst nachgebildete § 38 II ZPO ist, um eine möglichst einheitliche Form der internationalen Zuständigkeitsvereinbarung zu schaffen,[2] im Lichte jener Vorschrift bzw. ihrer Nachfolgeregelungen anzuwenden und auszulegen.[3] Die erstrebte Parallelität legt es nahe, das Schriftlichkeitserfordernis nach § 38 II 2 ZPO nicht i. S. von § 126 BGB (Erfordernis beidseitiger Unterzeichnung einer Urkunde) zu verstehen, sondern eine Vereinbarung nach Maßgabe der in Art. 17 I EuGVÜ/Art. 23 Brüssel I-VO entwickelten weiteren Voraussetzungen genügen zu lassen.[4] Auch im Übrigen sind die Voraussetzungen deckungsgleich, unter denen Gerichtsstandsklauseln – auch und gerade solche in AGB – Vertragsinhalt werden; das zu Art. 23 I Brüssel I-VO Ausgeführte (Rz G 161 ff.) gilt mithin entsprechend.

G 186 **cc) Geltungsvoraussetzungen auf der Basis alleiniger Maßgeblichkeit von § 38 II ZPO.** Nach der Ansicht, dass Regelungsnorm der internationalen Ge-

---

[1] Statt vieler: *Stein/Jonas/Bork* § 38 ZPO Rz 18; OLGR Saarbrücken 2004, 285, 292.

[2] BT-Rechtsausschuss, BT-Drs. 7/1384 S. 4.

[3] Vgl. schon *Baumgärtel* FS Kegel S. 302; *Vollkommer* Rpfleger 1974, 134.

[4] Statt vieler: *Zöller/Vollkommer* § 38 ZPO Rz 27; *Stein/Jonas/Bork* § 38 ZPO Rz 26; *Thomas/Putzo* § 38 ZPO Rz 15; a. A. freilich noch AK-ZPO/*Röhl* § 38 Rz 10; *Löwe* NJW 1974, 475.

richtsstandsvereinbarung nach autonomem deutschem Recht zwar allein § 38 II ZPO ist, diese Vorschrift jedoch im Lichte von Art. 23 Brüssel I-VO anzuwenden und auszulegen ist (Rz G 182), gelten bezüglich der Voraussetzungen, unter denen vorformulierte Gerichtsstandsklauseln Vertragsinhalt werden, generell die unter Rz G 161 ff. zu Art. 23 Brüssel I-VO entwickelten Grundsätze, also gleichermaßen im nichtkaufmännischen und im beidseits kaufmännischen Verkehr. § 38 II ZPO verdrängt als lex specialis die §§ 305 II, III, 305c I BGB.

dd) Inhaltskontrolle. Für vorformulierte Gerichtsstandsklauseln außerhalb **G 187–200**
des Brüssel I-Systems gilt hinsichtlich ihrer Inhaltskontrolle: Qualifiziert man diese als Aspekt der Zulässigkeit der Gerichtsstandsvereinbarung, die sich nach der lex fori der prorogierten bzw. derogierten deutschen Gerichte bestimmt,[1] so hängt die Maßgeblichkeit von § 307 nicht davon ab, dass deutsches Recht Vereinbarungsstatut ist.[2] Kommt § 307 zur Anwendung, sollte gemäß dem in Rz G 179 Ausgeführten zwischen dem beidseits kaufmännischen und dem übrigen Verkehr differenziert werden: Während im beidseits kaufmännischen Bereich gebräuchliche Gerichtsstandsklauseln, insbesondere die Prorogation auf den Sitz oder die Niederlassung einer Partei, unter Umständen aber auch die Vereinbarung eines „neutralen Forums" anerkennungswürdig erscheinen, sollte man der Gerichtsstandswahl zulasten eines Nichtkaufmanns nur Wirksamkeit beimessen, wenn der Verwender ein besonderes Interesse darzutun vermag.[3]

*

Geschäftsbesorgungsverträge

Inhaltsübersicht

1. Allgemeines

Der Geschäftsbesorgungsvertrag (§ 675) ist ein Mischvertrag. Er enthält zum ei- **G 201**
nen Bestandteile des Auftragsrechts, zum anderen enthält er Elemente des Dienstvertrags oder des Werkvertrags. Im Unterschied zum Auftrag ist er entgeltlich und auf selbstständige Tätigkeiten wirtschaftlicher Art beschränkt.[4] Je nachdem, ob es sich um einen Geschäftsbesorgungsdienstvertrag oder um einen Geschäftsbesorgungswerkvertrag handelt, ist bei der Inhaltskontrolle neben dem Auftragsrecht das Recht des Dienstvertrags oder des Werkvertrags zu beachten.

---

[1] So *Kropholler,* Handbuch, Rz 480, 538. Beachte zur Ermittlung des maßgeblichen Rechts schon oben Rz G 181.

[2] So aber etwa MünchKommBGB/*Kieninger* § 307 Rz 283 f.; MünchKommBGB/*Martiny* vor Art. 27 EGBGB Rz 99; *Reithmann/Martiny/Hausmann* Rz 3134; näher *Lindenmayr,* Vereinbarungen über die internationale Zuständigkeit, S. 347 ff.

[3] Näher, allerdings jeweils ausgehend von der Geltung deutschen Rechts als Vereinbarungsstatut, MünchKommBGB/*Kieninger* § 307 Rz 283 f., und *Reithmann/Martiny/Hausmann* Rz 3134 ff.

[4] S. *Palandt/Sprau* § 675 Rz 3.

2. Besondere Typen des Geschäftsbesorgungsvertrags

G 202 Geschäftsbesorgungsverträge dienen der Wahrnehmung fremder wirtschaftlicher Interessen. Im Einzelnen lassen sich zahlreiche Erscheinungsformen unterscheiden, wie beispielsweise der Betriebsführungs- oder **Managementvertrag,**[1] der **Steuerberatungsvertrag,**[2] der **Vermögensbetreuungsvertrag**[3] und der **Depotvertrag.**[4] Einige Vertragsarten, bei denen es sich im Kern um Geschäftsbesorgungsverträge handelt, werden im Rahmen des vorliegenden Werks an gesonderter Stelle diskutiert. Dies gilt beispielsweise für den **Beratervertrag,**[5] den **Baubetreuervertrag,**[6] den **Girovertrag,**[7] den **Inkassoauftrag,**[8] den **Rechtswahrnehmungsvertrag**[9] und den **Treuhandvertrag.**[10] Daneben gibt es den allgemeinen Grundtypus des Geschäftsbesorgungsvertrags mit gemeinsamen Merkmalen, die auch für die Sonderformen zu beachten sind und auf diese ausstrahlen.

3. Weisungen des Geschäftsherrn

G 203 Der Geschäftsführer ist gemäß den §§ 675, 665 grundsätzlich an die Weisungen des Geschäftsherrn gebunden. Dies gilt auch für die Beachtung von Anlagestrategien bei der Vermögensverwaltung.[11] Die Pflicht zur Beachtung der Weisungen gehört grundsätzlich zu den Kardinalpflichten, für die die Haftung auch bei leichter Fahrlässigkeit nicht ausgeschlossen werden darf.[12] Eine generelle Aufhebung der Weisungsgebundenheit in AGB ist erst recht nach § 307 unwirksam,[13] und Gleiches gilt für Klauseln, die wesentliche Abweichungen von § 665 vorsehen.

4. Persönliche Ausführung

G 204 § 664 S. 1 verlangt wegen des dem Auftrag zu Grunde liegenden Vertrauensverhältnisses im Zweifel die persönliche Ausführung und Verantwortung durch den Beauftragten, der zwar unselbstständige Gehilfen einsetzen darf (§ 664 I S. 3), dem aber die Übertragung auf selbstständige Dritte (sog. **Substituten)** nur nach Gestattung erlaubt ist (§ 664 S. 2). Diese Regelung gilt auch für Geschäftsbesorgungsverträge. Zwar wird § 664 in § 675 I nicht erwähnt. Doch ist § 664 im Falle des Geschäftsbesorgungsvertrages grundsätzlich analog anzuwenden.[14] Damit stellt sich die Frage, ob die Einschaltung von Substituten auch in AGB gestattet werden kann. Richtigerweise ist eine entsprechende Klausel gegenüber Verbrauchern nur

---

1 OLG München ZIP 1987, 849, 852.

2 BGH NJW 1970, 1596, 1597; *Gounalakis* NJW 1998, 3593, 3594 Fn 9.

3 OLG Düsseldorf NJW-RR 1991, 308, 308.

4 BGH NJW 1991, 978, 978; OLG Dresden NJOZ 2004, 2666, 2669.

5 Allgemein zum Beratervertrag s. Anh. § 310 Rz B 301 ff.

6 Allgemein zum Baubetreuervertrag s. Anh. § 310 Rz B 101 ff.

7 Dazu, dass es sich beim Girovertrag um einen Geschäftsbesorgungsvertrag handelt, siehe jüngst OLG Dresden NJW 2001, 1433, 1433. Allgemein zu den AGB-Banken s. Anh. § 310 Rz B 1 ff.

8 Allgemein zum Inkassoauftrag s. Anh. § 310 Rz I 1 ff.

9 Allgemein zu den AGB von Rechtsanwälten, Wirtschaftsprüfern und Steuerberatern s. Anh. § 310 Rz R 1 ff.

10 Allgemein zum Treuhandvertrag s. Anh. § 310 Rz T 121 ff.

11 OLG Düsseldorf NJW-RR 1991, 308, 308.

12 OLG Düsseldorf NJW-RR 1991, 308, 309 (zu § 9 AGBG).

13 Zustimmend *Ulmer/Christensen* Anh. § 310 Rz 862 zum Treuhandvertrag.

14 BGH NJW 1952, 257, 257. Einschränkend *Palandt/Sprau* § 664 Rz 1: analoge Anwendung nur, soweit es auf ein enges persönliches Vertrauensverhältnis ankommt.

in den Grenzen des § 309 Nr. 7[1] sowie des § 309 Nr. 10[2] möglich. Regelmäßig liegt also insbesondere ein Verstoß gegen § 309 Nr. 7 vor. Denn ohne die Substitutionsklausel würde der Geschäftsführer nach §§ 664 I 3, 278 für ein Verschulden der von ihm eingeschalteten Dritten haften, während im Falle der Substitution eine Haftung für das Fehlverhalten der Betroffenen nicht gegeben ist. Man mag dem entgegenhalten, dass § 309 Nr. 7 nicht einzugreifen vermag, weil die eingeschalteten Hilfspersonen gerade keine Erfüllungsgehilfen sind. Doch überzeugt dies nicht. Denn zum einen kann es im Rahmen des § 309 Nr. 7 nach Sinn und Zweck dieser Vorschrift nur darauf ankommen, ob die Hilfspersonen ohne die Klausel Erfüllungsgehilfen wären, und zum anderen müsste man eine Klausel, die § 309 Nr. 7 umschifft, indem sie schon die Eigenschaft als Erfüllungsgehilfe beseitigt, jedenfalls an § 306 a scheitern lassen. Darüber hinaus ist aber regelmäßig auch ein Verstoß gegen § 307 gegeben.[3] Denn in der persönlichen Ausführung und Verantwortung des Beauftragten beziehungsweise des Geschäftsführers liegt ein wesentlicher Grundgedanke der gesetzlichen Regelung.

5. Haftung für Gehilfen und Substituten

Nach dem oben Gesagten ist der Geschäftsführer grundsätzlich verpflichtet, die ihm übertragenen Aufgaben persönlich beziehungsweise mithilfe unselbstständiger Gehilfen wahrzunehmen. Soweit der Geschäftsführer Gehilfen einschaltet, handelt es sich bei diesen um Erfüllungsgehilfen, für deren Verschulden der Geschäftsführer nach § 278 haftet. Dies wird in § 664 I 3 noch einmal ausdrücklich klargestellt. Die Wirksamkeit AGB-mäßiger Haftungsausschlüsse und -beschränkungen richtet sich, soweit es um das Verschulden von Erfüllungsgehilfen geht, nach den allgemeinen Grundsätzen.[4] Ist dem Beauftragen ausnahmsweise die Übertragung auf Dritte gestattet, was freilich nicht in AGB geschehen kann (s. Rz 204), so schuldet der Geschäftsführer nur die sorgfältige Auswahl der Dritten. Daraus folgt, dass es sich bei den Dritten, den so genannten Substituten, nicht um Erfüllungsgehilfen des Geschäftsführers handelt, so dass auch § 278 nicht eingreift. Eine Klausel, die die Haftung des Geschäftsführers für das Verhalten von Substituten ausschließt, hat also, soweit sie die Haftung für ein etwaiges Auswahlverschulden unberührt lässt, nur deklaratorische Bedeutung und unterliegt daher schon nach § 307 III 1 nicht der Inhaltskontrolle. **G 205**

6. Herausgabe- und Rechenschaftspflichten

Der Geschäftsführer oder Beauftragte hat nach § 667 dem Geschäftsherrn herauszugeben, was er zur Ausführung der Geschäftsbesorgung vom Geschäftsherrn und was er in Ausführung der Geschäftsbesorgung von Dritten erlangt hat. Diese Pflichten dürfen in ihrem Kerngehalt durch AGB nicht angetastet werden. Sie gehören zu den Kardinalpflichten, bei denen auch die Haftung für leichte Fahrlässigkeit grundsätzlich nicht ausgeschlossen werden darf. **G 206**

---

[1] S. § 309 Nr. 7 Rz 21.

[2] S. § 309 Nr. 10 Rz 12–15. S. auch OLG Saarbrücken NJW-RR 1999, 1397, 1397: wenigstens analoge Anwendung des § 11 Nr. 13 AGBG (309 Nr. 11).

[3] OLG Saarbrücken NJW-RR 1999, 1397, 1397 (zu § 9 AGBG).

[4] S. § 309 Nr. 7 Rz 113–119 (Verbraucher), 160–164 (unternehmerischer Verkehr).

7. Aufwendungsersatz

G 207–210 Der Geschäftsführer kann vom Geschäftsherrn nach § 670 Aufwendungsersatz verlangen. Dieser Aufwendungsersatzanspruch kann in AGB geregelt werden. Doch darf von den Vorgaben des § 670 grundsätzlich nicht wesentlich abgewichen werden.[1]

*

Geschäftsraummiete

Zu den AGB bei Miete von Geschäftsräumen s. Rz M 107–124.

*

Gewerberaummiete

Zu den AGB bei Gewerberaummiete s.o. bei Geschäftsraummiete.

*

Grundpfandrechte (Grundschuld, Hypothek)

Inhaltsübersicht

Schrifttum: *Braunert,* Haftungserstreckung bei formularmäßiger Gestellung von Sicherheiten für Darlehensverbindlichkeiten, NJW 1991, 805; *Eickmann,* Aktuelle Rechtsfragen zur Sicherungsgrundschuld, ZIP 1989, 137; *Fehl,* Systematik des Rechts der Allgemeinen Geschäftsbedingungen. Die Auswirkungen des AGB-Gesetzes auf den Hypothekarkredit nach dem Hypothekenbankgesetz, 1979; *Kümpel,* Persönliche Haftung und Vollstreckungsunterwerfung bei Grundpfandrechten und das AGB-Gesetz, WM 1978, 746; *Reinicke/Tiedke,* Die Rechtsstellung des Kreditnehmers und des Grundstückseigentümers als Sicherungsgeber einer Grundschuld, WM 1991, Sonderbeilage 5, 2; *Reithmann,* Zulässiger Ausschluss des Rückübertragungsanspruchs bei löschungsbestimmten Grundschulden, WM 1990, 1985; *Stürner,* Die formularmäßige Bestellung von Grundpfandrechten und das neue AGBG – eine vorläufige Bestandsaufnahme, BW NotZ 1978, 2; *ders.,* Die Kreditsicherung der Banken und das neue AGB-Gesetz, JZ 1977, 431 und 639; dazu *Dietlein* JZ 1977, 637; *Vomweg,* Die Auswirkungen des Gesetzes zur Regelung der allgemeinen Geschäftsbedingungen auf den Immobiliarkredit, Diss. 1990; *Graf von Westphalen,* Grundschulddarlehen – Kontrollkriterien des AGBG, ZIP 1984, 1.

1. Anwendbarkeit des AGB-Gesetzes

G 211 Die §§ 305 ff. sind auch auf das dingliche Verfügungsgeschäft der Grundschuld- und Hypothekenbestellung anwendbar.[2] Dies gilt sowohl für die materiell-recht-

[1] Vgl. a. BGH NJW 1989, 1284, 1285: Klausel über die Erstattung von Auslagen und Nebenkosten wäre „mit den Vorschriften des AGB-Gesetzes unvereinbar, wenn man ihr entnehmen wollte, sie solle [dem Verwender] eine über die gesetzlichen Ansprüche auf Aufwendungsersatz hinausgehende Forderung verschaffen".

[2] § 310 IV Satz 1; s. auch OLG Oldenburg NJW 1985, 152; OLG Karlsruhe NJW 1986, 136.

liche Einigung nach § 873 BGB wie für die formelle Bewilligung nach § 19 GBO, da auch einseitige formularmäßige Erklärungen unter § 305 Abs. 1 fallen (s. § 305 Rz 11). Dem AGB-Recht unterliegen auch formularmäßige Abtretungen von Grundschulden und Hypotheken. Die Prüfungskompetenz steht neben dem Gericht in beschränktem Umfang auch dem Grundbuchamt zu.[1] Soweit es die Hypothek betrifft, werden wegen der Akzessorietät auch die die Forderung betreffenden AGB, insbesondere die AGB eines Darlehensvertrags, unmittelbar für die Wirksamkeit des dinglichen Rechts von Bedeutung. Zum schuldrechtlichen Sicherungsvertrag, der die Verpflichtung zur Bestellung der Grundpfandrechte enthält und insbesondere den Zweck der Sicherungsgrundschuld regelt, s. Anh. § 310 Rz S 175 ff. Der Anspruch auf Bestellung einer Sicherungshypothek für die Werklohnforderung nach § 648 BGB kann in einem Bauvertrag nicht durch AGB ausgeschlossen werden.[2]

2. Gesicherte Forderung

Der BGH hat zunächst neben § 305b I eine Inhaltskontrolle nach § 307 abgelehnt,[3] wendet aber zum Teil auch § 307 neben § 305b I an.[4] Insbesondere gilt auch für dingliche Sicherheiten das Verbot der Fremddisposition, dessen Einhaltung der Inhaltskontrolle nach § 307 unterliegt.[5] Zur Zweckbestimmungserklärung im Sicherungsvertrag auch für die Grundschuld s. im Einzelnen Anh. § 310 Rz S 176. **G 212**

a) Bestimmtheit und Überschaubarkeit. Die Hypothek (§ 1113 II) und die Grundschuld können neben fälligen Forderungen auch zur Sicherung künftiger und bedingter Forderungen bestellt werden. Die Forderungen müssen jedoch bei der Hypothek nach allgemeinen Grundsätzen **bestimmt** sein,[6] und bei künftigen Forderungen müssen die Grundlagen für deren Entstehen bereits erkennbar sein.[7] Bei der Bestimmung des Forderungskreises durch AGB dürfen grundsätzlich nur Forderungen einbezogen werden, die bei Bestellung **überschaubar** und vom Anlass der Grundschuldbestellung mitgetragen sind. Dazu gehören u.U. alle Forderungen aus der bankmäßigen Geschäftsverbindung, wenn sie vom Sicherungsanlass mit umfasst und nicht gemäß § 305c I überraschend sind (s. Anh. § 310 Rz 176). Dazu können nicht nur originär beim Grundschuldgläubiger entstandene Forderungen, sondern auch durch Abtretung erworbene Forderungen gehören.[8] **G 213**

b) Verzugszinsen. Zu den gesicherten Forderungen können auch Verzugszinsen gehören. Eine Klausel, nach der im Falle des Verzugs mit Darlehensraten Verzugszinsen in Höhe von 1 % des zu einem bestimmten Zeitpunkt bestehenden Darlehensrestbetrags zu zahlen sind, ist ausreichend bestimmbar.[9] Verzugszinsen sind im Regelfall als Schadenspauschalen nach § 309 Nr. 5 zu beurteilen und nicht generell als Vertragsstrafen nach § 309 Nr. 6 unwirksam.[10] Soweit sie § 309 Nr. 5 entsprechen, sind Verzugszinsklauseln deshalb im Grundbuch eintragungsfähig.[11] Zur Prüfungskompetenz des Grundbuchamts s. § 307 Rz 354. Wird dem Grundstücks- **G 214**

---

[1] S. § 307 Rz 354 ff.; dazu auch *Graf von Westphalen,* AGB, Grundschulddarlehen Rz 2 ff.
[2] BGH NJW 1984, 2100.
[3] BGH NJW 1997, 2677.
[4] BGH v. 5. 4. 2005 XI ZR 167/04 = NJW-RR 2005, 985.
[5] M. Wolf LM H.3/1998 § 9 (Cg) AGBG Nr. 37.
[6] BGH WM 1972, 786.
[7] Soergel/Konzen § 1113 Rz 16; MünchKomm/*Eickmann* § 1113 Rz 49.
[8] BGH v. 5. 4. 2005 XI ZR 167/04 = NJW-RR 2005, 985.
[9] BayObLG BB 1981, 1418.
[10] BayObLG BB 1981, 1418 und § 309 Nr. 5 Rz 42.
[11] BayObLG BB 1981, 1418.

eigentümer bei der Grundschuldbestellung für eine fremde Schuld die persönliche gesamtschuldnerische Mithaftung formularmäßig auferlegt, so ist dies nach § 305c I überraschend und nach § 307 unwirksam (s. Anh. § 310 Rz D 40).

G 215 c) **Abstraktes Schuldversprechen.** Anstelle der ursprünglichen Forderung, z. B. aus Darlehen, kann der Hypothek oder Grundschuld auch die Forderung aus einem abstrakten Schuldversprechen (§ 780 BGB) oder Schuldanerkenntnis (§ 781 BGB) zu Grunde gelegt werden.[1] Der Gläubiger erlangt dadurch den Vorteil, dass er die Auszahlung des Darlehens und das Bestehen des Darlehensrückzahlungsanspruchs nicht mehr beweisen muss. Vielmehr kann er sich auf das abstrakte Schuldversprechen stützen und es dem Schuldner überlassen, im Rahmen der Einrede aus § 821 BGB das Nichtbestehen des Darlehensrückzahlungsanspruchs zu beweisen. Trotz dieser Verbesserung der Beweissituation ist das abstrakte Schuldversprechen oder Schuldanerkenntnis, wenn es formularmäßig vereinbart wird, nicht nach § 309 Nr. 15 unwirksam,[2] da sich die Beweislastumkehr nicht aufgrund der einseitigen Interessenwahrnehmung des Verwenders, sondern aus der Benutzung eines gesetzlich vorgesehenen Rechtsinstituts ergibt, das zwar einer Kontrolle nach § 307 unterliegt,[3] aber nicht generell durch § 309 Nr. 15 ausgeschlossen werden soll.[4]

G 216 **Wirksam** nach § 307 und auch nicht nach § 305c I überraschend[5] ist das formularmäßige abstrakte Schuldversprechen oder Schuldanerkenntnis des Darlehensschuldners, auch wenn es formularmäßig in eine Grundschuldurkunde aufgenommen wird, ist, sofern es der Sicherung eigener und nicht fremder Verbindlichkeiten dient,[6] da der Schuldner aufgrund der Buchungsunterlagen in der Regel eine unterbliebene Darlehensauszahlung ohne Schwierigkeiten darlegen und die Bank zum substantiierten Bestreiten zwingen kann.[7] Der Gläubiger kann, sofern etwas anderes nicht eindeutig vereinbart ist, aus dem abstrakten Schuldversprechen und der Grundschuld insgesamt aber nur einmal vorgehen, soweit sich die Beträge decken.[8] Dies gilt auch dann, wenn Schuldversprechen und Grundschuld zur Sicherung aller gegenwärtigen und künftigen Ansprüche aus der bankmäßigen Geschäftsverbindung gegeben sind.[9] Zahlungen auf die Grundschuld tilgen deshalb auch das abstrakte Schuldanerkenntnis.[10]

G 217 **Unwirksam** ist das abstrakte Schuldversprechen aber, wenn es von einem Dritten als Sicherungsgeber, insbesondere dem Eigentümer, in der Bestellungsurkunde für das Grundpfandrecht für eine fremde Verbindlichkeit abgegeben wird. Eine solche Klausel kann für den Dritten nach § 305c I überraschend sein.[11] Sie verstößt auch gegen Grundgedanken der gesetzlichen Regelung über die Grundpfandbestellung und ist deshalb nach § 307 II Nr. 1 unwirksam.[12] Dem Dritten ist auch der

---

[1] S. zur vollstreckbaren Urkunde § 309 Nr. 12 Rz 27 ff.

[2] S. auch § 309 Nr. 12 Rz 23.

[3] S. § 309 Nr. 12 Rz 24.

[4] Zu weitgehend OLG Stuttgart NJW 1979, 222; *Dietlein* JZ 1977, 638; *Kollhosser* JA 1979, 265; a.A. *Stürner* JZ 1977, 431, 640; *Hahn* ZIP 1996, 1233, 1234; *Staudinger/Coester-Waltjen* § 309 Nr. 12 Rz 5.

[5] A.A. OLG Düsseldorf ZIP 1993, 1376 für einen Sonderfall.

[6] BGHZ 99, 274, 283 = NJW 1987, 904; BGH NJW 1992, 971.

[7] S. auch *Ulmer/H. Schmidt* Anh. § 310 Rz 761.

[8] BGH ZIP 1988, 80, 82; BGH NJW 1992, 971.

[9] BGH NJW 1992, 971; OLG Düsseldorf NJW 1987, 195.

[10] BGH ZIP 1988, 80, 82.

[11] S. BGH NJW-RR 1990, 246; OLG Oldenburg NJW-RR 1990, 1523; vgl. *Vomweg,* aaO, S. 94.

[12] BGH NJW 1991, 1677, 1678 m.w.N.; OLG Oldenburg NJW 1985, 152; OLG Stuttgart NJW 1987, 71; *Vomweg,* aaO, S. 104; s. auch *Braunert* NJW 1991, 805, 808, der aber abstraktes Schuldversprechen und Zweckbestimmungserklärung zu Unrecht gleichsetzt; a.A. OLG Düsseldorf NJW-RR 1986, 1312.

Beweis des Nichtbestehens eines Zahlungsanspruchs nicht ohne Schwierigkeiten möglich, weshalb eine nach § 307 unangemessene Regelung vorliegt.

3. Kündigung

Ist die Fälligkeit von Hypothek oder Grundschuld nicht fest bestimmt, so hängt die Fälligkeit von der Kündigung ab (§§ 1141, 1192). Auch im Falle ratenweiser Tilgung kann unter bestimmten Voraussetzungen die Kündigung des Gesamtbetrags vorgesehen werden. **Kündigungsklauseln** in AGB unterliegen jedoch der Inhaltskontrolle nach § 307. Eine Klausel, wonach die Hypothek oder Grundschuld ohne Einhaltung einer Kündigungsfrist jederzeit gekündigt werden kann, wenn das Grundstück ganz oder teilweise veräußert wird oder sonst in das Eigentum eines anderen übergeht, wird vom BGH (NJW 1980, 1625) für wirksam gehalten. Sie ist jedoch nach § 307 unwirksam, auch und gerade wenn man eine solche Klausel nicht schon nach § 1136 für unwirksam hält.[1] Die Unwirksamkeit nach § 307 ergibt sich deshalb, weil die dingliche Haftung des Grundstücks für die Hypothek oder Grundschuld auch im Falle eines Eigentumswechsels bestehen bleibt und der Gläubiger deshalb kein anerkennenswertes Interesse zur fristlosen Kündigung besitzt, sondern mit der Einräumung eines fristlosen Kündigungsrechts nur einseitig seine Interessen wahrnimmt und die Eigentümerinteressen durch die Behinderung der Veräußerung unangemessen beeinträchtigt.[2] Die gegenteilige Auffassung des BGH (NJW 1980, 1625) berücksichtigt nicht, dass nicht alle Vereinbarungen allein deshalb, weil sie nicht unter § 1136 BGB fallen, mit wesentlichen Grundgedanken der gesetzlichen Regelung vereinbar sind oder nicht nach § 307 I unangemessen sein können. Die Kündigung im Einzelfall auf ihre zulässige Ausübung zu überprüfen,[3] wird dem Umstand nicht gerecht, dass eine fristlose Kündigung unter diesen Voraussetzungen regelmäßig unwirksam ist und dadurch der Schutz des AGB-Rechts, insbesondere auch der §§ 1, 8 ff. UKlaG, ungerechtfertigterweise unterhöhlt wird. **G 218**

Wegen **Verstoßes gegen § 308 Nr. 6** unwirksam ist auch eine Bestimmung, dass die Kündigung bei Zusendung an die letzte dem Gläubiger bekannte Adresse des Schuldners ohne Rücksicht auf eine zwischenzeitliche Änderung der Anschrift als zugegangen gilt.[4] Klauseln, wonach bei mehreren Kreditnehmern bzw. Eigentümern jeder einzelne zustellungsbevollmächtigt für die anderen ist, sind nur wirksam zwischen Ehegatten unter der Voraussetzung, dass beide die AGB unterschrieben haben (s. Anh. § 310 Rz V 480, 484). **G 219**

4. Tilgungsvereinbarungen

Eine Bestimmung, wonach bei der Sicherungsgrundschuld Zahlungen als auf die Forderung und nicht auf die Grundschuld erbracht gelten, ist mit § 308 Nr. 5 nicht zu vereinbaren. Ob auf die Grundschuld oder auf die Forderung gezahlt wird, bestimmt grundsätzlich der Eigentümer.[5] Der Eigentümer kann zwar verpflichtet werden, auf die Forderung zu zahlen und nicht auf die Grundschuld. Seine diesbezügliche Tilgungserklärung kann aber nicht entgegen § 308 Nr. 5 fingiert oder **G 220**

---

[1] So BGH NJW 1980, 1625; BayObLG BB 1980, 1185; so auch *Graf von Westphalen*, AGB, Grundschulddarlehen Rz 51: aber keine Bedenken gegen sofortige Fälligstellung der Grundschuld gemäß § 1193 II.

[2] S. OLG Celle WM 1979, 1317; *Eickmann* Rpfleger 1978, 8; *Löwe* BB 1980, 1241; *Ulmer/Fuchs* Anh. § 310 Rz 273.

[3] So der BGH aaO.

[4] BayObLG BB 1980, 283, 285.

[5] S. BGH NJW 1976, 2132, 2133; vgl. auch *Medicus*, BürgR, Rz 501.

ein anderer Inhalt als ausdrücklich erklärt unterschoben werden. Sobald aus einer Grundschuld die Zwangsvollstreckung betrieben wird, ist der Eigentümer in jedem Fall berechtigt, auf die Grundschuld zu zahlen.[1] Der Sicherungsgeber, der eine Grundschuld zur Sicherung einer fremden Schuld gibt, muss aber eine vom Schuldner mit dem Kreditgeber getroffene Tilgungsbestimmung grundsätzlich hinnehmen und kann nicht ohne weiteres eine ihm vorteilhafte Tilgungsbestimmung verlangen.[2]

5. Freigabe und Rückübertragung

G 221 Eine formularmäßige Erklärung über die **Freigabe** einer der baufinanzierenden Bank vom Bauherrn eingeräumten Grundschuld, wonach die Bank die Grundschuld freigebe, wenn der Erwerber den mit dem Bauherrn vereinbarten Kaufpreis zahle, ist nach § 305c II dahin auszulegen, dass nicht der nominelle, sondern nur der tatsächlich, z. B. nach Abzug etwaiger Baumängel geschuldete Betrag zu zahlen ist, um die Freigabepflicht auszulösen.[3] Freigabeklauseln in den Darlehens- und Grundschuld-AGB der Banken sind regelmäßig zugunsten des Kunden dahin auszulegen, dass sie einen Rückgewähranspruch des Kunden nicht nur bei Erlöschen der Forderung, sondern auch bei sonstiger Erledigung des Sicherungszwecks umfassen.[4] Zur Freigabe von Sicherungsgrundschulden im Falle einer Übersicherung s. Anh. § 310 Rz 182f.

G 222 Die Freigabe kann im Wege der Aufhebung und Löschung oder durch Rückübertragung auf den Eigentümer erfolgen. Die Abtretung des dem Eigentümer zustehenden **Rückübertragungsanspruchs** kann formularmäßig als Vorausabtretung vereinbart werden. Dies ist grundsätzlich nicht nach § 307 unangemessen.[5] Ist die Abtretung des Rückübertragungsanspruchs als „weitere Sicherheit" vorgesehen, so ist dies dahin auszulegen, dass der Gläubiger nur den Vorrang ausnutzen darf, nicht sich aber daraus über die Höhe des Grundschuldbetrags hinaus befriedigen darf.[6] Ein Verbot zur Abtretung des Rückgewährungsanspruchs kann nach § 307 unangemessen sein, wenn der Grundstückseigentümer dadurch in der Verwertung des Rückübertragungsanspruchs und einer damit verbundenen Kreditaufnahme behindert wird.[7] Wirksam ist dagegen ein Abtretungsverbot mit Zustimmungsvorbehalt, soweit es nicht den Grundstückseigentümer, sondern einen Grundschuldgläubiger als Inhaber des Rückübertragungsanspruchs trifft.[8] Der Anspruch auf Rückübertragung darf neben dem Anspruch auf Löschung oder Verzicht jedenfalls dann nicht ausgeschlossen werden, wenn zwischenzeitlich, etwa durch Zwangsversteigerung, ein Eigentümerwechsel stattgefunden hat und Löschung sowie Verzicht deshalb nicht dem Besteller und vormaligen Grundstückseigentümer, sondern durch Erlöschen der Grundschuld dem neuen Eigentümer zustatten käme.[9]

---

[1] BGH NJW 1986, 2108, 2112; 1987, 838, 839; BGH ZIP 1988, 80, 81.
[2] BGH NJW 1993, 2043.
[3] S. BGH NJW 1984, 169.
[4] S. *Buchholz* ZIP 1987, 891, 898f.
[5] S. auch BGH NJW 1985, 800, 802; 1990, 1177; vgl. aber auch *Reithmann* WM 1990, 1985, 1986, der eine solche Abtretung zur Erweiterung der Haftung des Grundstückseigentümers gemäß § 305c I für unwirksam hält.
[6] BGH NJW 1990, 1177.
[7] Offen gelassen in BGH NJW 1990, 1601; s. auch Anh. § 310 Rz A 36.
[8] BGH NJW 1990, 1601; s. auch Anh. § 310 Rz A 36.
[9] BGH NJW 1989, 1349; kritisch zur Unwirksamkeit des Ausschlusses des Rückübertragungsanspruches *Reithmann,* WM 1990, 1985, 1987.

Die Vereinbarung eines **Entgelts** für die Erteilung einer **löschungsfähigen Quittung** oder einer **Löschungsbewilligung** verstößt gegen § 307, da §§ 369, 897 nur die Erstattung entstandener Kosten, aber nicht ein Entgelt rechtfertigen. Der Gläubiger ist nach § 1144 zur Erteilung dieser Dokumente verpflichtet und darf dafür kein gesondertes Entgelt verlangen. Ein etwaiger Arbeitsaufwand wird mit dem Darlehenszins abgegolten.[1] § 307 III steht der Inhaltskontrolle einer Klausel, die ein Entgelt für die Löschungsbewilligung oder löschungsfähige Quittung vorsieht, nicht entgegen, da es sich dabei um eine Preisnebenabrede in Form einer Kosten- und Risikoverlagerung handelt (s. § 307 Rz 315 f.). **G 223**

6. Verwertung

Die Verwertung der Grundpfandrechte erfolgt nach § 1147 im Wege der Zwangsvollstreckung. Dazu bedarf es eines dinglichen Titels, der aber nicht nur in Gestalt eines Urteils, sondern auch in Gestalt anderer in § 794 ZPO zugelassener Titel vorliegen kann. Insbesondere ist die Verwertung auch aufgrund einer **vollstreckbaren Urkunde** nach § 794 I Nr. 5 ZPO gegen den jeweiligen Eigentümer (§ 800 ZPO) zulässig. Zwar unterliegt die formularmäßige Vollstreckungsunterwerfung, auch wenn es sich um eine einseitige prozessuale Erklärung handelt, den Vorschriften des AGB-Rechts.[2] Aber eine mit dem Inhalt des Gesetzes übereinstimmende vollstreckbare Urkunde ist **grundsätzlich wirksam** und nicht nach § 307 unwirksam.[3] Ein Verstoß gegen § 307 II Nr. 1 liegt nicht vor, weil sich aus § 1147 nicht das gesetzliche Leitbild einer Vollstreckung nach Erkenntnisverfahren[4] ergibt, sondern nur das Leitbild einer Vollstreckung nach Zwangsvollstreckungsregeln mit den Sicherungen des Zwangsvollstreckungsrechts.[5] Diese Sicherungen des Zwangsvollstreckungsrechts mit ihren vielfältigen Einstellungsmöglichkeiten (z. B. § 797 IV mit § 769 ZPO; § 771 III ZPO; § 30 a ZVG) und der Möglichkeit von Schadensersatzansprüchen bei mißbräuchlicher Vollstreckung reichen auch bei einer vollstreckbaren Urkunde aus, die Interessen des Schuldners bzw. Eigentümers angemessen wahren zu können, so dass auch ein Verstoß gegen § 307 I grundsätzlich nicht in Betracht kommt.[6] Anderenfalls wären die vollstreckbaren Urkunden, die in Anlehnung an den gesetzlichen Wortlaut weitgehend gleichlautend von den Notaren verwendet werden und deshalb fast stets als AGB anzusehen sind, im praktischen Rechtsleben, insbesondere auch im Kreditverkehr, kaum mehr verwendbar. Es kann aber nicht Sinn des AGB-Rechts sein, ein gesetzlich anerkanntes Rechtsinstitut wie die vollstreckbare Urkunde weitgehend aus dem Rechtsverkehr zu verdrängen. **G 224**

Die **Unwirksamkeit** einer vollstreckbaren Urkunde nach § 307 kann sich deshalb allenfalls in Ausnahmefällen unter besonderen Umständen ergeben oder wenn über den gesetzlich vorgeschriebenen Inhalt hinaus zusätzliche unangemessene Klauseln in die vollstreckbare Urkunde aufgenommen werden, so etwa wenn der Schuldner auf den vom Gläubiger zu führenden Nachweis des Bestehens der Grundschuld verzichtet. Eine etwaige Unwirksamkeit muss im Verfahren nach **G 225-230**

---

[1] BGH NJW 1991, 1953.

[2] Stürner JZ 1977, 431 und 639; *Kollhosser* JA 1979, 264; *Kümpel* WM 1978, 746; s. auch § 305 Rz 11; a.A. *Dietlein* JZ 1977, 638.

[3] S. auch § 310 Nr. 12 Rz 27 ff.; zum abstrakten Schuldversprechen s. oben Rz G 215 f.

[4] So aber *Stürner* JZ 1977, 431 und 639.

[5] S. auch BGH NJW 1987, 904, 906.

[6] BGH NJW 1987, 904, 906; s. allgemein § 309 Nr. 12 Rz 27 ff.; im Ergebnis gleich *Dietlein* JZ 1977, 637; *Kümpel* WM 1980, 747; *Ulmer/Fuchs* Anh. § 310 Rz 284; differenzierend aber *von Westphalen*, Grundschulddarlehen Rz 19: Wirksamkeit nur, soweit eigene Verbindlichkeiten des Schuldners betroffen.

§ 732 ZPO[1] oder mit einer Gestaltungsklage analog § 767 ZPO[2] geltend gemacht werden. Soweit die vollstreckbare Urkunde wirksam bestellt ist, ist auch die Erklärung, dass sich der Schuldner bis zu einem bestimmten Höchstzinssatz der Zwangsvollstreckung unterwirft, nach § 800 I ZPO im Grundbuch eintragungsfähig.[3] Mit der vollstreckbaren Urkunde bezüglich der Grundschuld ist häufig ein abstraktes Schuldversprechen mit einer vollstreckbaren Urkunde ins ganze Vermögen verbunden. Dies ist grundsätzlich zulässig,[4] bedeutet aber grundsätzlich keine Verdoppelung der Schuld (s. oben Rz G 216). Zur Verwertung durch freihändigen Verkauf s. Rz S 108; zu den Kosten der Verwertung Rz S 111.

*

Haftungserweiterungen und Risikoüberwälzungen

Inhaltsübersicht

Schrifttum: *Bülow,* Wirksamkeit von Nr. 11 Satz 1 der Sonderbedingungen für den Scheckverkehr, WM 1991, 443; *Langenbucher,* Zusatzkreditkarten – Haftungsrisiken ohne Ende?, NJW 2004, 3522; *Sieg,* Die Zulässigkeit von Haftungsüberwälzungen unter Versicherungsaspekten, BB 1993, 149; *Wimmer-Leonhardt,* Die Haftung gegenüber den Bankkunden im mehrgliedrigen Zahlungsverkehr, 1996.

1. Allgemeines

H 1 Haftungsklauseln in AGB zielen meist auf den Ausschluss oder die Beschränkung der Haftung des Verwenders ab. Ebenso kommen jedoch Klauseln vor, die die

---

[1] So BGH NJW-RR 1990, 246.
[2] Vgl. BGH LM H.11/1992 § 767 ZPO Nr. 87 m. Anm. *M. Wolf.*
[3] BGH NJW 1983, 2262.
[4] S. auch § 309 Nr. 12 Rz 23 f.

Haftung des anderen Teils zu erweitern suchen. Man kann in diesem Falle von Haftungserweiterungsklauseln sprechen.

a) Erscheinungsformen. Eine Haftungserweiterung kann auf unterschiedlichem Wege erreicht werden. So wird häufig versucht, die Haftung des anderen Teils entgegen der gesetzlichen Regelung verschuldensunabhängig auszugestalten, einen dem anderen Teil günstigen Haftungsmaßstab (z. B. § 599) zu verschärfen oder dem anderen Teil sonstige Risiken aufzubürden, für die er nach dem Gesetz nicht haftet. Ferner stößt man in der Praxis auf Klauseln, die den zu ersetzenden Schaden großzügiger definieren als das dispositive Recht. H 2

b) Die Haftungserweiterung als Haftungsbeschränkung. Bei der Inhaltskontrolle von Klauseln, die die Haftung des Verwendungsgegners erweitern, ist besonders darauf zu achten, ob in der Erweiterung der Haftung des Verwendungsgegners nicht zugleich eine Einschränkung der Haftung des Verwenders liegt. Ist dies zu bejahen, so finden neben den Grundsätzen zur Zulässigkeit haftungserweiternder Klauseln auch die Grundsätze über die Zulässigkeit haftungsbegrenzender Klauseln Anwendung.[1] H 3

2. Begründung einer verschuldensunabhängigen Haftung

a) Grundsätzliche Unwirksamkeit. Das Gesetz sieht in manchen Fällen eine verschuldensunabhängige Haftung vor. Beispielsweise haftet der Vermieter gemäß § 536a I für anfängliche Mängel auch dann, wenn ihn kein Verschulden trifft. Bei dieser und anderen Vorschriften, die eine verschuldensunabhängige Haftung vorsehen, handelt es sich jedoch um Ausnahmeregelungen, die nicht verallgemeinerbar sind. Vielmehr ist es nach zutreffender Auffassung des BGH „ein wesentlicher Grundgedanke der gesetzlichen Regelung i.S. von § 307 II Nr. 1, dass eine Verpflichtung zum Schadensersatz regelmäßig nur bei schuldhaftem Verhalten besteht".[2] Dies gilt für vertragliche ebenso wie für gesetzliche Ansprüche.[3] Die Begründung einer über die gesetzlichen Vorschriften hinausgehenden verschuldensunabhängigen Haftung des anderen Teils ist dementsprechend grundsätzlich nach § 307 II Nr. 1 unangemessen.[4] Dies gilt auch im unternehmerischen Verkehr.[5] H 4

b) Keine Ausnahme bei Haftung nach Sphären. Der Gedanke der Haftung für die eigene Risikosphäre rechtfertigt für sich genommen nicht die Auferlegung einer uneingeschränkten Zufallshaftung zulasten des Kunden.[6] Vielmehr bedarf es weiterer Umstände, um die Angemessenheit einer Risikoabwälzung zu begründen.[7] Finden sich entsprechende Umstände, so kann der Gedanke der Risikoverteilung nach Sphären grundsätzlich auch gegenüber Verbrauchern herangezogen werden, um die Begründung einer verschuldensunabhängigen Einstandspflicht zu begründen.[8] Allerdings bedarf es stets noch einer Abwägung der beiderseitigen Interessen. H 5

---

[1] S. dazu insbesondere § 309 Nr. 7 Rz 90 ff.

[2] BGH NJW 2006, 47, 49. Ebenso schon BGH NJW 1991, 2414, 2415 (zu § 9 AGBG); BGH NJW 1991, 1886, 1887 (zu § 9 AGBG).

[3] BGH NJW 2006, 47, 49; BGH NJW 1991, 2414, 2416 (zu § 9 AGBG); BGH NJW 1991, 1886, 1887 (zu § 9 AGBG).

[4] BGHZ 114, 238, 242 = BGH NJW 1991, 1886, 1887 (zu § 9 AGBG). S. auch § 309 Nr. 7 Rz 130.

[5] Ebenso i.E. BGH NJW 2006, 47, 49.

[6] BGH NJW 1991, 2414, 2416 (zu § 9 AGBG): Schaden durch Geschäftsunfähigkeit des Kunden; BGH NJW 1992, 1761, 1762 (zu § 9 AGBG): Zufallshaftung für die an einer Mietsache (Fernschreibanlage) entstehenden Schäden; BGH NJW 1992, 3158, 3161 (zu § 9 AGBG): Zufallshaftung für Schäden an Mietsachen.

[7] BGH NJW 1992, 1761, 1762 (zu § 9 AGBG); BGH NJW 1991, 1886, 1888 (zu § 9 AGBG); OLG Schleswig NJW-RR 1998, 54, 55 (zu § 9 AGBG).

[8] A.A. *Palandt/Heinrichs* § 307 Rz 110.

H 6 **c) Ausnahmsweise Wirksamkeit.** Ausnahmsweise können auch Klauseln, die eine verschuldensunabhängige Haftung begründen, noch als angemessen einzustufen sein.

H 7 **aa) Finanzieller Ausgleich.** Eine Ausnahme von dem Grundsatz, dass die AGB-mäßige Begründung einer verschuldensunabhängigen Haftung stets unwirksam ist, kann dann angenommen werden, wenn dem Verwendungsgegner ein angemessener finanzieller Ausgleich für das übernommene Risiko gewährt wird. Keinesfalls reicht es jedoch aus, dass der Verwender darauf hinweist, die Erweiterung der Haftung sei bei der Bemessung der Höhe des Entgelts berücksichtigt worden. Denn der Verwendungsgegner nimmt den Inhalt der AGB typischerweise nicht zur Kenntnis, muss also auch nicht davon ausgehen, dass das Verhältnis von Leistung und Gegenleistung bereits auf eine Haftungserweiterung Rücksicht nimmt. Die Zahlung eines finanziellen Ausgleichs kann die Übernahme des Haftungsrisikos vielmehr nur dann als angemessen erscheinen lassen, wenn der Ausgleich erstens **in unübersehbarer Weise gerade für die Haftungsübernahme** durch den anderen Teil gezahlt wird, wenn er zweitens der Höhe nach ein **adäquates Entgelt** für das übernommene Risiko darstellt und wenn drittens ein **überwiegendes Interesse** daran besteht, die Haftung gegen Entgelt auf den anderen Teil zu verlagern. Ein überwiegendes Interesse in diesem Sinne kann sich vor allem daraus ergeben, dass das relevante Risiko für den anderen Teil in stärkerem Maße beherrschbar ist als für den Verwender. Zulässig ist es beispielsweise, dass einem mit der Verwaltung von Geldern betreuten Arbeitnehmer zwar einerseits in angemessenen Grenzen die Haftung für Fehlbestände **(Mankohaftung)** auferlegt wird, ihm jedoch andererseits ein angemessener finanzieller Ausgleich für die Übernahme dieser Haftung (Mankogeld) gezahlt wird.[1]

H 8 **bb) Sonstiger Ausgleich.** Die Auferlegung einer verschuldensunabhängigen Haftung kann im Einzelfall auch durch andere Regelungen ausgeglichen werden, die zugunsten des anderen Teils vom dispositiven Recht abweichen. Allerdings ist hierzu erforderlich, dass „die Benachteiligung des Vertragspartners durch vorteilhafte Regelungen im Ergebnis aufgehoben und er gegenüber dem Grundgedanken der gesetzlichen Regelung nicht schlechter gestellt wird".[2]

H 9 **cc) Höherrangige Interessen.** Auch unabhängig von einem Ausgleich kann die Begründung einer verschuldensunabhängigen Haftung ausnahmsweise durch höherrangige Interessen des Verwenders gerechtfertigt sein.[3] Allerdings wird man dies nur in seltenen Ausnahmefällen annehmen können. Bedient der Verwender sich eines Verfahrens, welches in besonderem Maße missbrauchsanfällig ist und auf dessen Ausgestaltung der andere Teil keinen Einfluss hat,[4] so ist dies zulasten der Angemessenheit zu berücksichtigen. Denn in diesem Falle ist es letztlich der Verwender, der das Risiko veranlasst hat.[5] Ebenso spricht gegen es gegen die Angemessenheit der Klausel, wenn das auf den Karteninhaber verlagerte Risiko mangels betragsmäßiger Haftungsbegrenzung für diesen unkalkulierbar ist.[6]

---

[1] Für die grundsätzliche Zulässigkeit der Auferlegung einer Mankohaftung in AGB bei Zahlung eines angemessenen Mankogeldes auch *Herbert/Oberrath* NJW 2005, 3745, 3753.

[2] BGH NJW 1991, 1886, 1888 (zu § 9 AGBG).

[3] BGH NJW 1991, 1886, 1887 (zu § 9 AGBG).

[4] OLG Schleswig NJW-RR 1998, 54, 55 (zu § 9 AGBG).

[5] BGH NJW 1991, 1886, 1888 (zu § 9 AGBG); OLG Schleswig NJW-RR 1998, 54, 55 (zu § 9 AGBG).

[6] BGH NJW 1991, 1886, 1888 (zu § 9 AGBG); OLG Schleswig NJW-RR 1998, 54, 55 (zu § 9 AGBG).

dd) Versicherbarkeit. Eine verschuldensunabhängige Zuweisung von Haftungsrisiken kann ausnahmsweise auch aus dem Gesichtspunkt der Versicherbarkeit gerechtfertigt sein. Allerdings ist insofern Zurückhaltung geboten: **H 10**

α) **BGH.** Der BGH betont in diesem Zusammenhang, dass die Versicherbarkeit von Risiken „ein bedeutender Gesichtspunkt bei der Angemessenheitsprüfung" sei.[1] Dies gelte nicht nur bei der Inhaltskontrolle von Freizeichnungs- oder Haftungsbeschränkungsklauseln,[2] sondern allgemein bei der (hier interessierenden) formularmäßigen Zuordnung von Haftungsrisiken.[3] Schwierigkeiten bereitet aber die Klärung der Frage, wann genau der BGH die Versicherbarkeit eines Risikos für ausreichend erachtet, um eine Haftungserweiterung zu rechtfertigen. Relativ deutlich beantwortet der BGH diese Frage mit Blick auf die beiden Extremfälle: So hat der BGH einerseits klargestellt, dass die bloße Versicherbarkeit für sich genommen nicht ausreicht, um die Haftungserweiterung angemessen erscheinen zu lassen.[4] Auf der anderen Seite betont der BGH, dass sich der Verwender auf die ihm bekannte Üblichkeit eines Versicherungsschutzes billigerweise einstellen dürfe, wenn „der Geschäftsverkehr zwischen dem Verwender und seinem Kunden zu einer Branche [gehört], in der die Versicherung der Risiken durch den Kunden allgemeine Übung und praktisch lückenlos verbreitet ist".[5] Unklar bleibt dagegen, wie in den dazwischen liegenden Fällen zu entscheiden ist. Insofern muss man sich mit zwei allgemeinen Aussagen des BGH zufrieden geben. Namentlich meint der BGH, dass nicht nur auf die Versicherbarkeit, sondern auch die Zumutbarkeit und Üblichkeit einer versicherungsmäßigen Schadensabdeckung von Belang seien.[6] Außerdem betont der BGH, dass es darauf ankomme, „ob die Risiken besser vom Verwender oder vom Kunden unter Versicherungsschutz gebracht werden können oder typischerweise gebracht werden".[7] Nur wenn dies beim Kunden der Fall sei, spreche dies gegen die Unangemessenheit einer Risikoabwälzung.[8] **H 11**

β) **Stellungnahme.** Richtigerweise wird man die Versicherbarkeit nur in zwei Fällen ausreichen lassen können, um die Angemessenheit einer Zufallshaftung zu begründen. Zum einen kann die Angemessenheit einer entsprechenden Klausel dann zu bejahen sein, wenn der Verwendungsgegner typischerweise eher als der andere Teil zur kostengünstigen Versicherung des Risikos in der Lage ist. Doch ist in diesem Falle zusätzlich zu fordern, dass sich der typische Verwendungsgegner über die Notwendigkeit des Abschlusses einer entsprechenden Versicherung im Klaren ist, sei es, weil die Klausel branchenüblich ist, sei es, weil die Klausel aufgrund der Vertragsgestaltung nicht zu übersehen ist. Zum anderen kommt die Angemessenheit der Begründung einer Zufallshaftung aber auch dann in Betracht, wenn der Vertragspartner die **Wahlmöglichkeit** zwischen einem ihm günstigeren Entgelt bei gleichzeitiger Übernahme des Haftungsrisikos und einem ihm weniger günstigen Entgelt ohne Übernahme des Haftungsrisikos hat. Allerdings kann eine entsprechende Wahlmöglichkeit nur dann die Wirksamkeit der Klausel begründen, wenn darüber hinaus zwei weitere Voraussetzungen erfüllt sind: Zum einen muss wiederum sichergestellt sein, dass der Kunde typischerweise Kenntnis von der Wahlmöglichkeit hat. Zum anderen kommt es darauf an, ob die Verlagerung der **H 12**

---

[1] BGH NJW 1992, 1761, 1762 (zu § 9 AGBG).

[2] Zur Rolle der Versicherbarkeit bei der Beurteilung von Haftungsbeschränkungen siehe § 309 Nr. 7 Rz 101 ff.

[3] BGH NJW 1992, 1761, 1762 (zu § 9 AGBG).

[4] BGH NJW 1992, 1761, 1762 (zu § 9 AGBG).

[5] BGH NJW 1992, 1761, 1762 (zu § 9 AGBG).

[6] BGH NJW 1992, 1761, 1762 (zu § 9 AGBG).

[7] BGH NJW 1992, 1761, 1762 (zu § 9 AGBG).

[8] BGH NJW 1992, 1761, 1762 (zu § 9 AGBG).

Entscheidung auf den Kunden effiziente Ergebnisse erwarten lässt, was zu verneinen ist, wenn der typische Kunde die Schadenswahrscheinlichkeit schlechter einzuschätzen vermag als der Verwender.

H 13 γ) **Beispiel.** Für das **Missbrauchs- und Fälschungsrisiko** beim Scheck haben die Banken und Sparkassen die besseren Möglichkeiten der Versicherung, so dass eine Klausel, die den Kunden für das Zufallsrisiko haften lässt, unwirksam ist.[1]

H 14 **d) Beweislast für Unangemessenheit.** Grundsätzlich trägt der Verwendungsgegner die Darlegungs- und Beweislast für die Umstände, die die Unangemessenheit einer Klausel zu begründen. Da die AGB-mäßige Begründung einer verschuldensunabhängigen Haftung aber grundsätzlich unwirksam ist, erscheint es gerechtfertigt, dem Verwender die Darlegungs- und Beweislast dafür aufzulegen, dass ausnahmsweise Umstände gegeben sind, die die Klausel noch als angemessen erscheinen lassen. Dem entspricht die zutreffende Aussage des BGH, dass der Verwender das Vorliegen der Voraussetzungen darlegen und beweisen muss, unter denen eine Versicherung geeignet ist, die Angemessenheit der Haftungserweiterung zu begründen.[2]

H 15 **e) Beweislastklauseln.** Eine Klausel, die die Beweislast hinsichtlich des Verschuldens entgegen dem dispositiven Recht zulasten des Kunden verändert, ist schon nach § 309 Nr. 12 unwirksam.

H 16 **f) Beispiele.** Die folgenden Beispiele mögen die dargestellten Grundsätze illustrieren:

H 17 **aa) Darlehensvertrag.** Wirksam ist eine Klausel, die dem Darlehensnehmer das Verwendungsrisiko auferlegt und bei unverschuldeter Nichtabnahme des Darlehens eine Nichtabnahmeentschädigung als entgangenen Gewinn vorsieht.[3]

H 18 **bb) EC-Karten.** EC-Karten-AGB regeln vor allem auch die Frage, wer das Risiko des Missbrauchs zu tragen hat. Insofern ist zu beachten, dass EC-Karten in unterschiedlicher Weise genutzt werden. Zwar ist ihre ursprüngliche Funktion, als Garantie-Karten im Eurocheque-Verfahren zu dienen, mit Wirkung zum 31. 12. 2001 entfallen.[4] Möglich bleibt jedoch zum einen die Nutzung zum Geldabheben am Geldausgabeautomaten, zum anderen die Nutzung als Zahlungskarte.[5]

H 19 **α) Geldautomat.** EC-Karten können zunächst zum Abheben von Bargeld am Geldautomaten verwendet werden. Dies kann entweder an den Automaten des Kartenherausgebers oder an solchen Automaten geschehen, die von Dritten betrieben werden.

H 20 **αα) Nutzung der Automaten des Kartenherausgebers.** Bei der Nutzung der Automaten des Kartenherausgebers findet § 676 h keine Anwendung.[6] Das heißt aber nicht, dass der Kartenherausgeber das Missbrauchsrisiko ohne weiteres auf den Kunden überwälzen dürfte.

H 21 In aller Regel unwirksam ist insbesondere die Begründung einer verschuldensunabhängigen Haftung des Karteninhabers. Denn der insbesondere auch im Bereich der Kreditkartenverträge anerkannte Grundsatz, dass die AGB-mäßige Begründung einer verschuldensunabhängigen Haftung gemäß § 307 II Nr. 1 unangemessen und folglich nach § 307 I unwirksam ist,[7] muss auch hier Anwendung fin-

---

1 BGH NJW 1997, 1700, 1701 (zu § 9 AGBG).
2 BGH NJW 1992, 1761, 1763 (zu § 9 AGBG).
3 BGH NJW-RR 1986, 467, 468 (zu § 9 AGBG); BGH NJW 1990, 981, 981 (zu § 9 AGBG).
4 MünchKomm/*Casper* § 676 h Rz 8.
5 MünchKomm/*Casper* § 676 h Rz 8.
6 MünchKomm/*Casper* § 676 h Rz 8.
7 BGH NJW 1991, 1886, 1887 (zu § 9 AGBG und zu Kreditkarten-AGB).

den. Dies gilt umso mehr, als der Kartenherausgeber mit Blick auf die eigenen Automaten in besonderem Maße dazu in der Lage ist, Maßnahmen zur Schadensvorbeugung zu ergreifen und etwaige Sicherheitslücken zu schließen. Allerdings kann eine verschuldensunabhängige Haftung bis zum Eingang der **Verlustanzeige** bei angemessener höhenmäßiger Begrenzung infolge einer gleichzeitigen Begrenzung der Fahrlässigkeitshaftung angemessen erscheinen. Diesbezüglich kann auf die Ausführungen zur gleichgelagerten Problematik bei Kreditkarten-AGB verwiesen werden (s. Rz H 32).

Im Grundsatz nicht zu beanstanden ist es, wenn eine Haftung desjenigen Kunden vorgesehen wird, der den Missbrauch durch schuldhaftes Verhalten ermöglicht hat. Denn ein Schadensersatzanspruch des Kartenherausgebers folgt in diesem Falle schon aus § 280 S. 1. Doch ist zu berücksichtigen, dass der Einwand des Mitverschuldens nach § 254 nicht ohne Verstoß gegen § 307 I, II Nr. 1 ausgeschlossen werden kann, und zwar auch nicht durch Abbedingung der Sorgfaltspflichten des Kartenherausgebers.[1] **H 22**

ββ) Nutzung fremder Automaten. Im Falle der Nutzung fremder Automaten gilt das oben Gesagten im Wesentlichen entsprechend. Darüber hinaus findet nach richtiger, wenn auch umstrittener Auffassung auch § 676 h Anwendung.[2] Diese Vorschrift regelt ihrem Wortlaut nach den Ersatz von Aufwendungen, ist aber nach zutreffender Ansicht auf die Einräumung verschuldensunabhängiger Schadensersatzansprüche analog anzuwenden. Siehe Rz H 31. **H 23**

β) Zahlungskarte. EC-Karten können auch als Zahlungskarten genutzt werden. Dies kann zunächst im Rahmen des so genannten Point of Sale (POS)-Verfahrens geschehen, bei welchem der Kunde seine Geheimnummer (PIN) eingibt. Zum anderen ist eine Nutzung im Wege des POZ-Verfahren (Point of Sale ohne Zahlungsgarantie) möglich,[3] bei welchem die Karte lediglich zur automatisierten Erstellung einer Lastschrift genutzt wird.[4] Unabhängig von der Frage nach der Art der Nutzung muss jedoch auch hier gelten, dass die Begründung einer verschuldensunabhängigen Haftung des Kunden für Risiken eines Missbrauchs durch Dritte gemäß § 307 I, II Nr. 1 unwirksam ist. Ferner ist davon auszugehen, dass die Regelung einer verschuldensabhängigen Haftung nicht den Einwand des Mitverschuldens ausschließen darf.[5] Schwierigkeiten bereitet lediglich die Bestimmung des Anwendungsbereichs des § 676 h. Diese Vorschrift erfasst jedenfalls die Nutzung im POS-Verfahren,[6] nach richtiger Auffassung auch die Nutzung im Wege des POZ-Verfahrens.[7] Für die AGB-rechtliche Inhaltskontrolle ist dies freilich bei Zugrundelegung der hier vertretenen Auffassung nicht entscheidend. **H 24**

cc) Fehlüberweisungen. Eine Klausel, die das Risiko von Fehlüberweisungen bei falscher Angabe einer Kontonummer generell auf den Kunden abwälzt und dadurch die Berücksichtigung eines Mitverschuldens im Sinne des § 254 ausschließt, verstößt gegen § 307.[8] **H 25**

dd) Geschäftsunfähigkeit. Nach § 307 II Nr. 1 unangemessen ist auch eine Klausel, die den Kunden für einen von keiner Seite verschuldeten Schaden haften **H 26**

---

[1] S. Rz H 46.
[2] MünchKomm/*Casper* § 676 h Rz 8.
[3] MünchKomm/*Casper* § 676 h Rz 9.
[4] MünchKomm/*Casper* § 676 h Rz 9.
[5] S. Rz H 46.
[6] S. z. B. MünchKomm/*Casper* § 676 h Rz 9; *Bamberger/Schmalenbach* § 676 h Rz 9.
[7] MünchKomm/*Casper* § 676 h Rz 9.
[8] OLG Frankfurt NJW 1983, 1681, 1682; s. auch Rz H 46.

lässt, welcher auf einen nach Vertragsschluss eintretenden Mangel der Geschäftsfähigkeit des Kunden zurückzuführen ist.[1] Im Falle eines schon bei Vertragsschluss gegebener Mangels der Geschäftsunfähigkeit fehlt es bereits an einer wirksamen Einbeziehung der AGB.

H 27 **ee) Kalkulationsirrtum.** Unwirksam ist auch die Abwälzung des Risikos eines gemeinsamen Kalkulationsirrtums allein auf den anderen Vertragsteil.[2]

H 28 **ff) Kaufvertrag.** Eine Klausel in Einkaufsbedinungen, die dem Käufer bei Mängel der Kaufsache einen verschuldensunabhängigen Anspruch auf Schadensersatz einräumt, ohne dass die Voraussetzungen einer Garantie (§ 443) gegeben sind, ist nach § 307 II Nr. 1 unangemessen.[3] Dies hat der BGH zumindest mit Blick auf die Haftung für Rechtsmängel ausdrücklich anerkannt.[4] Doch kann für Sachmängel nichts anderes gelten, zumal das Rechtsmängel und Sachmängel nach neuem Recht auch sonst gleich behandelt werden (§ 437).

H 29 **gg) Kreditkarten.** Mit Blick auf die in Kreditkartenverträgen enthaltenen Haftungsklauseln ist streng zwischen den unterschiedlichen Vertragsverhältnissen zu unterscheiden.

H 30 α) **Kreditkartenherausgeber-Kreditkarteninhaber.** Der Vertrag zwischen dem Kreditkartenunternehmen (im Folgenden: Kartenherausgeber) und dem Kreditkarteninhaber ist ein entgeltlicher Geschäftsbesorgungsvertrag im Sinne des § 675.[5] Die AGB des Kreditkartenherausgebers, die in den Vertrag zwischen dem Kreditkartenherausgeber und dem Kreditkarteninhaber einbezogen werden, regeln in der Praxis insbesondere die Haftung in Missbrauchsfällen. Insofern ist vorab zu bemerken, dass § 676 h einen Aufwendungsersatzanspruch des Kreditinstituts im Falle eines Missbrauchs der Karte durch Dritte ausdrücklich ausschließt. Diese Vorschrift ist nach richtiger Auffassung zugunsten des Karteninhabers zwingend.[6] Zudem ist eine abweichende Regelung in AGB auch nach § 307 II Nr. 1 unangemessen.[7] Zu beachten ist aber, dass § 676 h die Haftung in Missbrauchsfällen nicht abschließend regelt.

H 31 αα) **Verschuldensunabhängige Schadensersatzhaftung.** § 676 h betrifft seinem unmissverständlichen Wortlaut nach nur den Aufwendungsersatzanspruch, nicht aber etwaige Schadensersatzansprüche.[8] Immerhin wird man, um eine Umgehung der Vorschrift zu verhindern, eine analoge Anwendung auf die Vereinbarung solcher Schadensersatzansprüche annehmen müssen, die zwar der Rechtsfolge nach auf den Ersatz des dem Kartenherausgeber entstandenen Schadens gerichtet sind, ihrem Tatbestand nach jedoch kein Verschulden voraussetzen.[9] Für die AGB-Kontrolle ist diese Frage freilich nur von begrenzter Bedeutung. Denn der Grundsatz, dass die AGB-mäßige Begründung einer verschuldensunabhängigen Haftung gemäß § 307 II Nr. 1 unangemessen und folglich nach § 307 I unwirksam ist,[10] gilt gerade auch für das Verhältnis von Kartenherausgeber und Karteninhaber beim

---

[1] BGH NJW 1991, 1886, 1888 (zu § 9 AGBG); BGH NJW 1991, 2414, 2416 (zu § 9 AGBG).
[2] BGH NJW 1983, 1671, 1672 (zu § 9 AGBG).
[3] I. E. ebenso *Ulmer/Christensen* Rz 314.
[4] BGH NJW 2006, 47, 49.
[5] *Langenbucher* NJW 2004, 2522, 2523.
[6] *Palandt/Sprau* § 676 h Rz 16. A.A. z. B. *Ulmer/H. Schmidt* Anh. § 310 Rz 496.
[7] Für AGB-Festigkeit des § 676 h auch *Ulmer/H. Schmidt* Anh. § 310 Rz 496.
[8] *Palandt/Sprau* § 676 h Rz 16.
[9] Ähnlich *Ulmer/H. Schmidt* Anh. § 310 Rz 496: § 676 h sei der Rechtsgedanke zu entnehmen, dass dem Kunden keine verschuldensunabhängige Haftung auferlegt werden dürfe.
[10] BGH NJW 1991, 1886, 1887 (zu § 9 AGBG).

Kreditkartenvertrag.[1] Unwirksam ist deshalb eine Klausel, nach welcher der Kunde auch bei Beachtung aller Sorgfaltsvorkehrungen bis zum Eingang einer Verlustanzeige das uneingeschränkte Missbrauchsrisiko trägt.[2]

Zu berücksichtigen ist aber, dass die Auferlegung einer über das Gesetz hinausgehenden Haftung ausnahmsweise **durch die Einräumung anderweitiger Vorteile kompensiert** werden kann. Nicht zu beanstanden ist daher eine Klausel, der zufolge der Kunde bis zur Verlustanzeige bis zu einem relativ geringen Höchstbetrag auch ohne Verschulden haftet, wenn der Kunde im Gegenzug dadurch privilegiert wird, dass auch die Haftung für schuldhaftes Verhalten in gleicher Weise begrenzt wird.[3] Eine solche Regelung liegt letztlich auch deshalb im Interesse des Kunde, weil viele Verbraucher, denen die Karte ohne ihr Verschulden abhanden gekommen ist, nicht realisieren werden, dass ein potenziell zur Schadensersatzpflicht führendes Verschulden auch darin liegen kann, dass die nach §§ 241 II, 242 gebotene Verlustanzeige schuldhaft verzögert wird. Die verschuldensunabhängige Haftung begründet in diesem Falle einen sinnvollen Anreiz zur zügigen Meldung des Verlusts. Der Haftungshöchstbetrag muss aber, um die Angemessenheit der verschuldensunabhängigen Haftung zu sichern, relativ niedrig angesetzt werden. Die Höchstgrenze dürfte bei 100 Euro liegen. **H 32**

ββ) **Verschuldensabhängige Schadensersatzhaftung.** Weder direkte noch analoge Anwendung findet § 676 h auf solche Klauseln, die die Haftung des Kunden für schuldhafte Pflichtverletzungen regeln. Zu beachten ist aber der allgemeine Grundsatz, dass eine Klausel, die den Einwand des Mitverschuldens (§ 254) ausschließt, in AGB nicht wirksam vereinbart werden kann (s. Rz H 46). **H 33**

γγ) **Partnerkarten.** Besondere Schwierigkeiten bereitet die Haftung für **Partnerkarten** (auch: **Zusatzkarten),** wenn diese in missbräuchlicher Weise von dem ursprünglich dazu berechtigten Inhaber der Partnerkarte genutzt werden. Es geht mit anderen Worten um den Fall, dass der Inhaber der Partnerkarte diese abredewidrig oder nach einem Sperrungsverlangen einsetzt. **H 34**

In diesem Falle stellt sich zunächst die Frage nach der Anwendung des § 676 h. Insofern kommt es darauf an, ob man in der treuwidrigen Benutzung der Partnerkarte durch deren Inhaber einen Missbrauch durch einen Dritten sehen kann. Dies ist zu verneinen.[4] Denn die besondere Gefahrtragungsregelung des § 676 h findet ihre Rechtfertigung darin, dass der Kartenherausgeber ein in besonderem Maße missbrauchsanfälliges System betreibt, dessen spezifische Gefahren er nicht auf den Karteninhaber abwälzen darf. Die Gefahr einer treuwidrigen Verwendung der Karte durch Personen, denen die Karte freiwillig überlassen wurde, stellt jedoch kein Risiko dar, welches die besonderen Gefahren des Kreditkartensystems widerspiegelt. **H 35**

Davon zu trennen ist die Frage, inwiefern die Haftung des Hauptkarteninhabers AGB-mäßig vorgesehen werden kann. Insofern ist wie folgt zu differenzieren. Die Vereinbarung über die Zusatzkarte sieht regelmäßig vor, dass der Inhaber der Hauptkarte für alle Umsätze haftet, die mit dessen Zusatzkarte getätigt werden. **H 36**

---

[1] BGH NJW 1991, 1886, 1887 (zu § 9 AGBG).

[2] BGH NJW 1991, 1886, 1887 (zu § 9 AGBG).

[3] In diesem Sinne bereits MünchKomm/*Casper* § 676 h Rz 16. Ebenso *Ulmer/H. Schmidt* Anh. § 310 Rz 496, der eine gleichzeitige Beschränkung der Fahrlässigkeitshaftung des Kunden aber wohl nicht für zwingend erforderlich hält.

[4] Wie hier *Palandt/Sprau* § 676 h Rz 19. A.A., allerdings bezogen auf die abredewidrige Verwendung einer freiwillig überlassenen Hauptkarte, wohl MünchKomm/*Casper* § 676 h Rz 5; *Jauernig/Teichmann* § 676 h Rz 7.

Auch wenn diese Vereinbarung AGB-mäßig erfolgt, ist sie nicht nach § 307 zu beanstanden.[1] Denn die relevante Klausel ist regelmäßig dahingehend zu verstehen, dass der Inhaber der Zusatzkarte gegenüber dem Kartenherausgeber als Vertreter des Karteninhabers auftreten soll. Der Inhaber der Hauptkarte haftet in diesem Falle nur für eigene Verbindlichkeiten, da die Erklärungen des Inhabers der Partnerkarte unmittelbar für und gegen ihn wirken (§ 164 I 1). Auch die formularmäßige Erteilung der Vollmacht ist weder überraschend (§ 305 c I) noch unangemessen (§ 307), da sie gerade dem Zweck der zwischen den Parteien getroffenen Vereinbarung über die Zusatzkarte entspricht. Unwirksam ist aber eine Klausel, der zufolge der Inhaber der Hauptkarte auch dann noch für die mit der Partnerkarte begründeten Verbindlichkeiten haftet, wenn er gegenüber dem Kartenherausgeber die Sperrung der Karte erklärt hat.[2] Denn in dem Sperrungsverlangen liegt ein Widerruf (§ 168) der dem Inhaber der Zusatzkarte erteilten Vollmacht. Ein formularmäßiger Ausschluss des Widerrufsrechts ist zumindest in der hier interessierenden Konstellation unangemessen, weil damit der Inhaber der Hauptkarte nahezu schutzlos gestellt wird. Nichts anderes gilt, wenn man die AGB dahingehend auslegt, dass die Sperrung zwar einen wirksamen Widerruf der dem Inhaber der Zweitkarte erteilten Vollmacht darstellt, der Inhaber der Hauptkarte aber trotzdem kraft Vereinbarung für die neu begründeten Verbindlichkeiten haften soll. Denn auch eine solche Klauselgestaltung stellt den Inhaber der Hauptkarte schutzlos und benachteiligt ihn daher unangemessen. Belassen es die AGB bei einem allgemeinen Hinweis darauf, dass der Inhaber der Hauptkarte für die mit der Zusatzkarte begründeten Verbindlichkeiten haftet, ohne deutlich darauf hinzuweisen, dass dies auch nach Eingang eines Sperrungsverlangens gelten soll, so liegt zudem auch ein Verstoß gegen das Transparenzgebot (§ 307 I 2) vor. Selbst wenn man es entgegen der hier vertretenen Auffassung für zulässig halten wollte, den Inhaber der Hauptkarte auch nach Eingang des Sperrungsverlangens für die mit der Zusatzkarte begründeten Verbindlichkeiten haften zu lassen,[3] würde dem Inhaber der Hauptkarte jedenfalls die Zweifelsregelung des § 305 II zugute kommen. Das heißt, eine Haftung für die nach Eingang der Sperrerklärung begründeten Verbindlichkeiten müsste zumindest dann ausscheiden, wenn nicht deutlich darauf hingewiesen wird, dass auch für die nach Zugang des Sperrungsverlangens begründeten Verbindlichkeiten noch gehaftet werden soll.[4]

---

[1] Für die Zulässigkeit einer Klausel, die die Haftung des Hauptkarteninhabers anordnet, i.E. auch OLG Koblenz NJW 2004, 3563, 2564; OLG Bamberg NJW 2004, 2907, 2908. S. ferner Anh. § 310 Rz K 106.

[2] S. auch Anh. § 310 K 107. A.A. aber OLG Koblenz NJW 2004, 3563, 2564. Anders als hier auch OLG Bamberg NJW 2004, 2907, 2908, dem zufolge eine Vertragsklausel, nach welcher die Haftung des Hauptkarteninhabers erst mit der Rückgabe der Zusatzkarte an das Kreditkartenunternehmer beendet ist, den Hauptkarteninhaber nicht unangemessen benachteiligt. S. ferner *Ulmer/H. Schmidt* Anh. § 310 Rz 502, dem zufolge eine Klausel zulässig ist, nach der die Kündigung der Zusatzkarte erst mit Rückgabe derselben wirksam wird.

[3] So OLG Koblenz NJW 2004, 3563, 2564; OLG Bamberg NJW 2004, 2907, 2908; BezG Potsdam NJW-RR 1992, 1398, 1398 f (zum AGBG). Auch in der Literatur wird die Auffassung vertreten, dass Klauseln, nach denen die Kündigung der Zusatzkarte erst mit der Rückgabe der Zusatzkarte wirksam wird, nicht zu beanstanden seien. S. z. B. *Ulmer/H. Schmidt* Anh. § 310 Rz 502. Wie *Schmidt* auch *Taupitz* NJW 1996, 217, 222, der aber darauf abstellt, ob der Kartenherausgeber die später begründeten Verbindlichkeiten trotz zumutbarer Bemühungen nicht verhindern konnte.

[4] Zu verwenderfreundlich OLG Koblenz NJW 2004, 3563, 2564: Ausreichend sei, dass die AGB für den Fall einer Anzeige nach Abhandenkommen der Karte einen Wegfall der Haftung für nachträglich begründete Verbindlichkeiten vorsähen. Hieraus folge nämlich im Gegenschluss, dass eine Sperrerklärung nach freiwilliger Weitergabe der Karte nicht ausreiche, um die Haftung entfallen zu lassen.

β) **Kreditkartenherausgeber-Vertragsunternehmen.** Der Vertrag zwischen dem Kreditkartenunternehmen und dem Partnerunternehmen ist entgegen der früheren Rechtsprechung des VIII. Zivilsenats des BGH[1] nicht als Forderungskauf, sondern als abstraktes Schuldversprechen zu qualifizieren.[2] Eine Klausel in den AGB des Kartenherausgebers, die das Vertragsunternehmen mit einer verschuldensunabhängigen Haftung für das Risiko einer missbräuchlichen Verwendung von Kreditkartennummern durch Dritte im so genannten Telefon- oder Mailorderverfahren belastet, ist unangemessen und daher unwirksam.[3] Denn „als Betreiber des Kreditkartensystems muss [der Kartenherausgeber] das verfahrensimmanente Missbrauchsrisiko grundsätzlich selbst [...] tragen".[4] Auf die Frage, ob das Vertragsunternehmen zur Annahme der Kreditkarte verpflichtet ist, kommt es dabei nicht an.[5] Schon nach § 307 III 1 nicht zu beanstanden ist aber eine Klausel, nach welcher das Vertragsunternehmen Zahlungen des Kreditkartenherausgebers erstatten muss, die der Herausgeber geleistet hat, obwohl der Leistungsbeleg unvollständig ausgefüllt war.[6] Denn das Schuldversprechen kommt im Präsenzgeschäft nur unter der aufschiebenden Bedingung zustande, dass der Beleg vollständig und ordnungsgemäß ausgefüllt wird.[7] Fehlt es daran, ist die Zahlung des Kartenherausgebers mangels wirksamen Schuldversprechens ohne Rechtsgrund erfolgt, so dass schon nach dispositivem Recht (§ 812 I 1, 1. Alt) ein Herausgabeanspruch besteht.[8] Im Mailorder- oder Telefonverfahren treten an die Stelle des ordnungsgemäß ausgefüllten Belegs die vom Vertragsunternehmern selbst erstellte und von ihm zu überprüfende Belegausfertigung und der Eingang der Bestellung des Kunden.[9] H 37

hh) Leasingvertrag. Unwirksam ist ferner die Abwälzung des Risikos einer fehlerhaften Übernahmebestätigung beim Leasingvertrag auf den Leasingnehmer.[10] H 38

ii) Mietvertrag/Leihvertrag. Unwirksam ist auch eine Klausel in einem Mietvertrag, wonach der Mieter ohne Rücksicht auf Verschulden für alle durch die Aufstellung von Haushaltsmaschinen entstehenden Schäden haften soll.[11] Gleiches gilt für die Vereinbarung einer Schadensersatzpflicht für nicht zurückgegebene Gegenstände, wenn die Klausel auch bei nicht zu vertretender Unmöglichkeit Geltung beansprucht.[12] Unangemessen ist auch eine Klausel, nach welcher der Mieter für das **Verhalten Dritter** über § 278 hinaus haften soll.[13] Gegen § 307 verstößt auch eine Klausel, die dem Mieter von Gewerberäumen das Risiko behördlicher Genehmigungen für die Nutzung der Räume auferlegt.[14] Unwirksam ist ferner die Klausel in einem Mietvertrag über Fernschreibanlagen, wonach der Kunde stets für Risiken haften soll, die üblicherweise versichert werden können.[15] H 39

---

1 BGH NJW 1990, 2880, 2881. Der VIII. Zivilsenat hat jedoch auf Anfrage des XI. Zivilsenats (BGH NJW 2002, 285) erklärt, dass er an dieser Rechtsprechung nicht festhalte. S. dazu BGH NJW 2002, 2234, 2235.

2 BGH NJW 2004, 481, 481; BGH NJW 2002, 2234, 2235; BGH NJW-RR 2004, 1122, 1123.

3 BGH NJW 2004, 481, 482; BGH NJW 2002, 2234, 2236 f; BGH NJW-RR 2004, 1122, 1123.

4 So zutreffend BGH NJW 2002, 2234, 2237. Ebenso *v. Westphalen* NJW 2003, 1981, 1985.

5 BGH NJW 2002, 2234, 2237.

6 *v. Westphalen* NJW 2005, 1987, 1991.

7 BGH NJW-RR 2004, 1122, 1123; *v. Westphalen* NJW 2005, 1987, 1991.

8 BGH NJW-RR 2004, 1122, 1123; *v. Westphalen* NJW 2005, 1987, 1991.

9 BGH NJW-RR 2004, 1122, 1123; *v. Westphalen* NJW 2005, 1987, 1991.

10 BGH ZIP 1987, 1187, 1190.

11 LG Saarbrücken NJW-RR 1987, 1496, 1496 (zu § 9 AGBG).

12 So für Leergut im Getränkehandel: *Schäfer/Schäfer* ZIP 1983, 656, 662.

13 BGH NJW 1991, 1750, 1752 (zu § 9 AGBG).

14 BGH NJW 1988, 2664, 2664 (zu § 9 AGBG).

15 BGH NJW 1992, 1761, 1762 (zu § 9 AGBG) = JZ 1993, 629 m. Anm. *Ungeheuer.*

H 40 **jj) Mobilfunk.** Unwirksam ist eine Klausel in einem Mobilfunkvertrag, die dem Kunden bei Verlust der Netzkarte eine umfassende Gebührenhaftung bis zum Zeitpunkt des Eingangs seiner Verlustmeldung beim Verwender auferlegt.[1]

H 41 **kk) Reisevertrag.** In einem **Reisevertrag** ist eine Klausel, die dem Kunden eine Haftung für von ihm lediglich verursachte, aber nicht verschuldete Schäden auferlegt, nach § 307 unwirksam.[2]

H 42 **ll) Schecks/Überweisungen.** Unwirksam ist eine in den AGB einer Bank vorgenommene Überwälzung des Fälschungsrisikos bei Schecks und Überweisungen auf den Bankkunden, soweit dadurch dem Kunden alle, auch die von der Bank beherrschbaren Risiken auferlegt werden und der Versicherbarkeit der Risiken nicht Rechnung getragen wird.[3] Zu Fehlüberweisungen siehe Rz H 25.

H 43 **mm) Werkvertrag.** Unwirksam ist auch eine Klausel in einem Bauvertrag, die für den Fall, dass der Schädiger nicht festgestellt werden kann, eine Haftung aller irgendwie am Bau tätigen Firmen vorsieht.[4] Eine solche Klausel geht deutlich über § 830 I 2 hinaus, weil bloßes Dabeisein noch keine Beteiligung im Sinne von § 830 I 2 begründet.[5] Ebenso ist die Risikoüberwälzung aller bei Vertragsschluß nicht erkannten **Planungsmängel** auf den Bauhandwerker nach § 307 unwirksam.[6]

3. Verschärfung des Haftungsmaßstabs

H 44 In manchen Fällen lässt das Gesetz eine Partei abweichend von § 276 I 1 nicht schon bei einfacher Fahrlässigkeit haften, sondern sieht einen großzügigeren Maßstab vor. So haftet beispielsweise der Verleiher gemäß § 599 nur für Vorsatz und grobe Fahrlässigkeit. Auch hat derjenige, der einen Auftrag unentgeltlich übernimmt, gemäß § 690 nur die in eigenen Angelegenheiten übliche Sorgfalt zu vertreten, was ihn zwar nicht von der Haftung für grobe Fahrlässigkeit befreit (§ 277), je nach den Umständen aber eine Haftung für leichte Fahrlässigkeit ausschließen kann. Klauseln, die den gesetzlichen Haftungsmaßstab verschärfen, indem sie z. B. den Verleiher allgemein schon für einfache Fahrlässigkeit haften lassen, sind an § 307 zu messen. Bei der im Rahmen des § 307 gebotenen Abwägung wird man grundsätzlich zu dem Ergebnis kommen müssen, dass entsprechende Klauseln als unangemessen einzustufen sind, sofern auch die Begründung einer Zufallshaftung unangemessen wäre.[7] Denn der Schritt von der Haftung für Vorsatz und grobe Fahrlässigkeit zur Haftung für einfache Fahrlässigkeit ist für den Verwendungsgegner oftmals nicht weniger belastend als der Schritt von der Haftung für einfache Fahrlässigkeit zur Zufallshaftung. Allerdings kommt es letztlich auf die Umstände des jeweiligen Falls an.

---

1 OLG Schleswig NJW-RR 1998, 54, 55 (zu § 9 II Nr. 1 AGBG).

2 BGH NJW 1992, 3158, 3161 (zu § 9 AGBG).

3 BGH NJW 1997, 1700 (zu § 9 AGBG).

4 OLG Karlsruhe BB 1983, 725, 727 gegen LG Konstanz BB 1981, 1420, 1422.

5 OLG Karlsruhe BB 1983, 725, 727 gegen LG Konstanz BB 1981, 1420, 1422.

6 OLG München NJW-RR 1986, 382, 382 (zu § 9 AGBG).

7 Einen anderen Ansatz wählt *Staudinger/Coester* § 307 Rz 13, dem zufolge Haftungsverschärfungen für den Verwendungsgegner den gleichen Beschränkungen wie die Freizeichnungen von eigener Haftung des Verwenders unterliegen. Richtig daran ist, dass jede Haftungsverschärfung genau daraufhin zu überprüfen ist, ob sie nicht zugleich eine Haftungsbeschränkung zugunsten des Verwenders impliziert. S. § 310 Rz H 3. Ist diese Frage zu bejahen, finden die für Haftungsbeschränkungen geltenden Regeln unmittelbare Anwendung. Ist sie aber zu verneinen, erweist sich der Hinweis auf die für Haftungsbeschränkungen geltenden Regelungen als wenig sinnvoll.

4. Sonstige Haftungserweiterungen

a) Umfang des zu ersetzenden Schadens. Eine Haftungserweiterung durch Ausdehnung des ersatzfähigen Schadens verstößt gegen die Grundgedanken der §§ 249 ff. und ist deshalb grundsätzlich nach § 307 II Nr. 1 unwirksam. Grundsätzlich zulässig sind Schadenspauschalen, die allerdings an den §§ 307, 309 Nr. 5 zu messen sind. **H 45**

b) Mitverschulden. Klauseln, die eine Berücksichtigung des Mitverschuldens ausschließen, sind in aller Regel nach § 307 I, II Nr. 1 unwirksam. Dies gilt grundsätzlich auch dann, wenn die Berücksichtigung des Mitverschuldens mittelbar dadurch ausgeschlossen wird, dass Sorgfaltspflichten des Verwenders abbedungen werden. **H 46**

5. Auslegung von Klauseln

Sehen die AGB eines Kreditkartenvertrages vor, dass die Haftung des Karteninhabers entfällt, wenn die Kreditkarte oder die dazugehörige Partnerkarte „durch Diebstahl, Verlust oder in sonstiger Weise abhanden" gekommen ist und der Inhaber dem Kreditkarteninstitut Anzeige davon gemacht hat, so erfasst diese Klausel nicht den Fall, dass der Karteninhaber einer anderen Person freiwillig eine Zusatzkarte überlassen hat und diese durch eine Erklärung sperren lassen möchte.[1] Zu beachten ist aber dass der Inhaber der Hauptkarte für die mit der Zusatzkarte begründeten Verbindlichkeiten deshalb haftet, weil der Inhaber der Zusatzkarte gegenüber dem Kartenherausgeber als Vertreter des Hauptkarteninhabers agiert. Vor diesem Hintergrund kann der Inhaber der Hauptkarte die Haftung für die Zukunft nach dispositivem Recht schon dadurch beseitigen, dass er die Vollmacht gemäß § 168 durch Widerruf beseitigt. Sofern die AGB lediglich vorsehen, dass der Hauptkarteninhaber für die mit der Zusatzkarte begründeten Verbindlichkeiten haftet, ist dies bei kundenfeindlichster Auslegung als Ausschluss des Widerrufsrechts anzusehen, weshalb die Klausel gemäß § 307 unwirksam ist,[2] bei kundenfreundlicher Auslegung kann die Klausel jedoch dahingehend verstanden werden, dass sie den Widerruf überhaupt nicht regelt und daher auch einer Beseitigung der Haftung für zukünftig begründete Verbindlichkeiten durch eine Sperrungserklärung nicht entgegensteht.[3] **H 47–60**

*

Handelsklauseln

Schrifttum: *Basedow,* Die Incoterms und der Container oder wie man kodifizierte Usancen reformiert, RabelsZ 43 (1979), 116; *Bredow,* Incoterms 2000, TranspR-IHR 1999, 45; *ICC* Incoterms 2000, ICC Publikation Nr. 560; *Liesecke,* Die typischen Klauseln des internationalen Handelsverkehrs in der neueren Praxis, WM 1978, Beil. 3; *Magnus/Lüsnig* CISG und Incoterms, Leistungsverzug und Fixgeschäft, IHR 2007, 1; *Piltz,* Incoterms 2000 – ein Praxisüberblick, RIW 2000, 485; *ders.,* Gerichtsstand des Erfüllungsortes in UN-Kaufverträgen, IHR 2006, 53; *Thamm,* Der Inhalt der „circa"-Klausel, DB 1982, 417; *Wertenbruch,* Die Incoterms-Vertragsklauseln für den internationalen Kauf, ZGS 2005, 136.

---

1 Insoweit zutreffend OLG Koblenz NJW 2004, 3563, 2564.
2 A.A. OLG Koblenz NJW 2004, 3563, 2564.
3 A.A. OLG Koblenz NJW 2004, 3563, 2564.

1. Allgemeines

H 61 Handelsklauseln sind aufgrund ihrer vielfachen formelhaften Verwendung AGB.[1] Handelsklauseln werden im inländischen unternehmerischen Verkehr, vor allem aber auch im internationalen Handelsverkehr benutzt. Bedeutung haben insbesondere die **Trade Terms** und die **Incoterms** erlangt. Trade Terms sind die von einigen Landesgruppen der ICC[2] für das jeweilige Land, darunter aus den EU-Staaten neben Deutschland noch Belgien, Dänemark, Frankreich, Großbritannien, Italien, Niederlande, Österreich, Schweden festgehaltenen üblichen Auslegungen von Handelsklauseln. Die Incoterms wurden erstmals 1936 und zuletzt in überarbeiteter Version unter der Bezeichnung INCOTERMS 2000 veröffentlicht mit Geltung ab dem 1. 1. 2000.[3] Die Revision 2000 sollte die zunehmende Verbreitung zollfreier Zonen, die steigende Bedeutung der elektronischen Kommunikation sowie Veränderungen im Rahmen der Transporttechniken (zu denken ist etwa an den verbreiteten Einsatz von Containern) aufgreifen und brachte inhaltliche Änderungen der Klauseln FAS, DEQ und FCA. Die Incoterms bezwecken die Vereinheitlichung der Auslegung gebräuchlicher Handelsklauseln unabhängig von nationalen Handelsbräuchen.

H 62 Handelsklauseln unterliegen grundsätzlich den Vorschriften über die Klauselkontrolle mit den Einschränkungen für Unternehmer durch § 310 I. Die Einbeziehung kann auf Handelsbrauch beruhen.[4] Für die Auslegung gilt § 305 c II, für die Inhaltskontrolle gegenüber Verbrauchern gelten §§ 307–309, gegenüber Unternehmern § 307. Besonderheiten gelten für die Incoterms, die regelmäßig zwischen Unternehmern zur Anwendung kommen. Nach ihrem Zweck sind sie auf eine international einheitliche Auslegung gerichtet.[5] Soweit die Auslegungsvorgaben der Incoterms reichen, ist für den Rückgriff auf die Regelung in § 305 c II kein Raum. Die Einbeziehung der Incoterms stellt keine Rechtswahl im Sinne von Art. 27 EGBGB dar, da die Incoterms keine Rechtsnormen sind; ebenso wenig kann aus der Einbeziehung auf die Wahl einer bestimmten Rechtsordnung geschlossen werden.[6] Mangels Rechtsnormcharakter ist bei der Inhaltskontrolle zwischen Unternehmern § 307 grundsätzlich anwendbar. Da die Incoterms jedoch weitgehend internationalen Handelsbrauch widerspiegeln, ist dieser nach § 310 I 2, 2. HS bei der Angemessenheitsprüfung zu berücksichtigen. Sie sind deshalb grundsätzlich als wirksam zu betrachten und können allenfalls bei Verstoß gegen grundlegende Gerechtigkeitsvorstellungen für unwirksam erklärt werden. Dies ist kaum jemals anzunehmen – oder, soweit ersichtlich, bisher angenommen worden.

2. INCOTERMS 2000

H 63 **a) Überblick.** Die Incoterms gelten vom Ausgangspunkt ihrer Entstehungsgeschichte[7] her für grenzüberschreitende Kaufverträge, ohne auch schon nur in de-

[1] S. auch *Baumbach/Hopt,* HGB, Einl. Incoterms (6) Rz 16.

[2] S. *Baumbach/ Hopt,* HGB, aaO Rz 1 f.; MünchKommHGB/*K. Schmidt* § 346 Rz 109, dort jeweils auch Aufzählung der Landesgruppen.

[3] INCOTERMS 2000, ICC Publikation Nr. 560 (in Deutschland zu beziehen bei ICC Deutschland-Vertriebsdienst – Postfach 10 08 26, 50448 Köln); Abdruck auch in MünchKommHGB/*K. Schmidt* § 346 Rz 116 – 129; *Ebenroth/Boujong/Joost* HGB § 346 Rz 108; Überblick zur Entstehungsgeschichte auch bei *Bredow,* TranspR-IHR 1999, 45 f.; zur Vertragsgestaltung *Wertenbruch* ZGS 2005, 136.

[4] S. § 305 Rz 145 ff.

[5] Von Hoffmann RIW 1970, 252.

[6] Zu etwaigen Auswirkungen bestimmter Incoterms auf den Erfüllungsgerichtsstand *Piltz* IHR 2006, 53, 55 ff.

[7] Erstmalige Veröffentlichung durch die ICC im Jahr 1936, ICC Publikation 560 S. 5.

ren Rahmen sämtliche Verpflichtungen und Berechtigungen der Parteien zu regeln.[1] So fehlen Regelungen zur Primärpflicht der Eigentumsübertragung, aber auch solche zu (beiderseitigen) Vertragsbrüchen. Keine unmittelbaren Regelungen enthalten die Incoterms auch für die zur Abwicklung des Kaufvertrags erforderlichen sonstigen, insbesondere die zum Transport der Ware abzuschließenden Verträge, mag auch die Wahl einer der Klauseln Auswirkungen darauf haben, welches Transportmittel gewählt wird. Gegenstand der Regelungen sind Fragen, die die Übergabe(modalitäten), die Pflicht zur Freimachung der Ware für den Import/Export oder auch die Gefahr- und Kostentragung während des Transportes betreffen. Da die Incoterms weder Rechtsnomen noch durchgehend Handelsbrauch darstellen, gelten sie als AGB, wenn und soweit sie in den Vertrag einbezogen sind.[2] Die 13 Klauseln der Incoterms werden in vier Gruppen eingeteilt, die nach den jeweils übereinstimmenden ersten Buchstaben der Kürzel benannt sind, also Gruppe E mit der EXW-Klausel; Gruppe F mit den Klauseln FCA, FAS und FOB; Gruppe C mit den Klauseln CFR, CIF, CPT und CIP und schlussendlich die Gruppe D mit den Klauseln DAF, DES, DEQ, DDU und DDP. Dabei nehmen die Verpflichtungen des Verkäufers hinsichtlich des Liefervorgangs und der Gefahrtragung von der EXW-Klausel bis hin zu den D-Klauseln zu: Hat der Verkäufer bei der EXW-Klausel dem Käufer lediglich die Ware auf seinem Gelände zur Verfügung zu stellen, muss er sie bei Vereinbarung einer F-Klausel dem vom Käufer bestellten (und zu bezahlenden) Frachtführer übergeben. Bei Vereinbarung einer C-Klausel hat der Verkäufer den Transport zu bezahlen, trägt aber nicht die Gefahr währenddessen. Letzteres kommt hinzu, wenn eine der D-Klauseln vereinbart ist, denn hier schuldet der Verkäufer nicht nur die Lieferung der Ware einschließlich deren Verbringung zum Bestimmungsort, sondern er trägt auch die Gefahr während des Transportes, bis die Ware am Bestimmungsort tatsächlich angelangt ist. Die nachfolgende Darstellung folgt der vorgegebenen Einteilung.

b) Einzelne Klauseln: EXW (= ex works). **Ab Werk – mit benanntem** H 64
Ort –, Fabrik, Kellerei,[3] Lagerhaus u.s.w. bedeutet, dass sich die Verpflichtung des Verkäufers darin erschöpft, die Ware an der Fabrikationsstätte oder am Lager, sei es des eigenen oder eines nach dem Vertrag eingeschalteten Dritten[4] zur Abholung bereitzustellen.[5] Die Klausel stellt eine reine Abholklausel dar.[6] Der Käufer trägt alle Kosten und Gefahren des Transports. Der Verkäufer muss auch nicht die Verladekosten auf das vom Käufer zu beschaffende Beförderungsmittel tragen. Der Verkäufer kann bei der Verladung selbstverständlich behilflich sein, eine Rechtspflicht besteht dazu jedoch nicht. Soweit bei freiwilligen Hilfestellungen durch den Verkäufer oder dessen Leute Schäden an der Ware entstehen, haftet der Verkäufer insofern deliktisch, allerdings kommt eine Haftung nach § 280 I in Betracht, da die Gefälligkeit hier sicher nicht im rechtsfreien Raum gewährt wird, vielmehr eine vertragsähnliche Beziehung entsteht.[7] Die Klausel gewährt dem Käufer kein Recht auf Selbstabholung,[8] steht einer solchen mit Einverständnis des Verkäufers aber auch nicht entgegen.

---

[1] Basedow RabelsZ 43 (1979), S. 116, 119 f. *Magnus/Lüsnig* IHR 2007, 1, 6; zu weitgehend *Wertenbruch* ZGS 2005, 136, da gerade nicht die Leistungspflichten detailliert geregelt werden.

[2] Zum Geltungsgrund der Incoterms ausführlich und differenzierend *Basedow* RabelsZ 43 (1979), S. 116, 125 ff.; die Auslegung oblegt dem Tatrichter, BGH juris PR – BGH ZivilR 51/2005 Anm. 3 *(M. Stürner)*.

[3] BGH ZIP 1986, 230, 232.

[4] OLG Stuttgart BB 1966, 675.

[5] S. BGH ZIP 1986, 230, 232.

[6] OLG Karlsruhe OLGR 2006, 714, *Baumbach/Hopt*, HGB, Einl. Incoterms (6) Rz 4.

[7] Allgemein zur Haftung bei Gefälligkeitsverhältnissen *Palandt/Heinrichs* Vor § 241 Rz 8.

[8] OLG Köln MDR 1973, 590.

H 65 **FCA** (= free carrier). **Frei Frachtführer – mit benanntem Ort –,** ist die erste Klausel der F-Gruppe, denen die Verpflichtung des Käufers für den Haupttransport gemeinsam ist.[1] Sie bedeutet, dass der Verkäufer ggf. nach Einholung einer erforderlichen Ausfuhrgenehmigung sowie auf eigene Kosten zu erledigender etwaiger zur Ausfuhr erforderlicher Zollformalitäten[2] die Ware der für den Transport vom Käufer bestimmten Einrichtung zu übergeben hat. Der Gefahrübergang tritt ein, wenn die Ware auf das Beförderungsmittel des vom Käufer bestimmten Frachtführers verladen worden ist (A 5, A 4). Dies gilt nach FCA Anm. A 4 b nicht, wenn der benannte Ort nicht beim Verkäufer liegt. In diesen Fällen ist die Lieferung aus Sicht des Verkäufers abgeschlossen und die Gefahr geht über, wenn die Ware dem Frachtführer unentladen zur Verfügung gestellt wird.[3]

H 66 **FAS** (= free alongside ship). **Frei Längsseite Seeschiff – mit benanntem Verschiffungshafen –.** Danach muss der Verkäufer die Ware auf seine Gefahr und Kosten längsseits des vom Käufer benannten Schiffes am vereinbarten Kai bringen. Danach gehen Gefahr und Kosten auf den Käufer über. Anders als noch in der Vorgängerfassung der Incoterms 1990 obliegt es dem Verkäufer jetzt auch, die Ware für den Export frei zu machen (A 2).[4] Der Käufer muss die Kosten tragen, wenn das Schiff nicht rechtzeitig eintrifft oder sonstige Störungen im Beladevorgang eintreten (B 6).

H 67 **FOB** (= free on board). **Frei an Bord – mit benanntem Verschiffungshafen –,** setzt einen Schiffstransport (binnen oder See) voraus. Die Klausel verpflichtet den Verkäufer, die Ware an Bord des vom Käufer angegebenen und beschafften Schiffs im vereinbarten Verschiffungshafen zu bringen. Mit Überschreiten der Schiffsreling gehen Gefahr und Kosten auf den Käufer über. Insofern wird der Gefahrübergang gegenüber der Klausel FCA zugunsten des Käufers nach hinten verschoben. Ebenso wie bei der FCA-Klausel sind die Verpflichtungen der Parteien hinsichtlich der Ausfuhr- (Verkäufer) und Einfuhrformalitäten (Käufer) verteilt. Der Käufer hat die Kosten und Gebühren für die Beschaffung eines Konnossements und sonstiger Dokumente zu tragen, der Verkäufer ihm hierbei auf Verlangen Hilfe zu leisten, wofür er vom Käufer Aufwendungsersatz verlangen kann.

H 68 **CFR** (= cost and freight). **Kosten und Fracht – mit benanntem Bestimmungshafen (C. F.) –** leitet die C-Gruppe ein. Den Klauseln ist gemeinsam, dass sie die Kostentragungspflicht hinsichtlich des Haupttransportes vom Käufer (in der E- und F-Gruppe) auf den Verkäufer verlagern, ohne ihm allerdings schon die Gefahr über den Zeitpunkt der Übergabe der Ware an den Frachtführer hinaus aufzuerlegen. Auch CFR setzt wie FAS und FOB voraus, dass ein Schiffstransport erfolgt. Der Verkäufer trägt die Fracht und die sonst notwendigen Kosten der Beförderung zum vereinbarten Bestimmungshafen; insoweit geht die Klausel weiter als FOB. Die Gefahr von Schäden und des Untergangs der Ware geht aber vom Verkäufer auf den Käufer über, sobald die Ware die Reling des Schiffs im Verschiffungshafen überschritten hat.[5] Ebenso treffen den Käufer ab diesem Zeitpunkt etwaige Kostensteigerungen. Die Verantwortung und Kostentragungspflicht für die Ein- und Ausfuhrformalitäten sind verteilt wie bei FCA; auch hier treffen die Parteien die gleichen Pflichten hinsichtlich der Dokumente wie bei FOB.

H 69 **CIF** (= cost, insurance and freight). **Kosten, Versicherung und Fracht – mit Nennung des Bestimmungshafens –.** Auch diese Klausel setzt voraus, dass ein

[1] Piltz, RIW 2000, 485, 486.
[2] Nach B2 FCA hat der Käufer vice versa die amtlichen Voraussetzungen für die Einfuhr der Ware zu schaffen.
[3] *Piltz,* RIW 2000, 485.
[4] *Ders.,* a.a.O. Dem Käufer obliegt spiegelbildlich die Freimachung für den Import.
[5] LG Krefeld BeckRS 2007, 05503.

Schiffstransport erfolgt. Die Kostentragung (grundsätzlich beim Verkäufer) und Gefahrtragung (grundsätzlich beim Käufer) entspricht der Klausel CFR (s. Rz H 68), jedoch mit dem Zusatz, dass der Verkäufer eine (See-)Transportversicherung gegen die Gefahr von Schäden und des Untergangs auf seine Kosten abschließen muss. Der Verkäufer muss nur eine Versicherung zu den Mindestbedingungen abschließen; will der Käufer weiteren Versicherungsschutz haben, muss er dies gesondert vereinbaren oder auf eigene Kosten eine Zusatzversicherung abschließen.

CPT (= carriage paid to). **Frachtfrei – mit benanntem Bestimmungsort –.** Die Klausel kann für alle Transportarten einschließlich des multimodalen Transports verwendet werden. Unter ihr hat der Verkäufer auf eigene Rechnung den Beförderungsvertrag bis zum Bestimmungsort abzuschließen; geliefert hat er die Ware allerdings schon, wenn er sie dem von ihm bestellten (ersten) Frachtführer übergibt. In diesem Zeitpunkt geht die Gefahr auf den Käufer über (A 5). Ausfuhrformalitäten hat der Verkäufer, die Einfuhrformalitäten der Käufer zu erledigen. Ein vom Verkäufer zu beschaffendes Konnossement ist ordnungsgemäß erbracht, wenn es von demjenigen ausgestellt ist, mit dem er den Beförderungsvertrag zum vereinbarten Bestimmungsort geschlossen hat. H 70

CIP (= carriage and insurance paid to). **Frachtfrei versichert – mit benanntem Bestimmungsort –** entspricht der Klausel CPT, jedoch mit der Ergänzung, dass wie bei CIF der Verkäufer eine Transportversicherung gegen die Gefahr des Untergangs oder von Schäden an der Ware während des Transports auf eigene Kosten zu beschaffen hat. H 71

Mit **DAF** (= delivered at frontier). **Geliefert Grenze mit benanntem Ort –,** beginnt die D-Gruppe mit den weitestgehenden Verpflichtungen des Verkäufers zur Transport- und Gefahrtragungspflicht bis zum Eintreffen der Ware am je benannten Bestimmungsort. Die Entladung der eingetroffenen Ware gehört bei den D-Klauseln (außer DEQ) nicht zu den Verkäuferpflichten.[1] DAF hat zum Inhalt, dass der Verkäufer die Ware vor der Zollgrenze des vereinbarten Landes mit den üblichen Transportpapieren auf seine Kosten und Gefahr zur Verfügung stellen muss. Der Verkäufer muss auch alle Ausfuhrzollkosten und -gebühren, Inlands- und Verbrauchssteuern bezahlen, die bis zum Zeitpunkt der Zurverfügungstellung an den Käufer entstehen. Ist keine Zollstation vereinbart, kann vom Verkäufer eine geeignete ausgesucht werden. Ab der Zuverfügungstellung an der Zollgrenze hat der Käufer Kosten und Gefahr zu tragen und die am Lieferort verlangten Zollerfordernisse und sonstigen Einfuhrformalitäten zu erfüllen. Nicht zum Pflichtenkatalog des Verkäufers gehört die Abladung der Waren von „seinem" Transportmittel an der Grenze.[2] H 72

DES (= delivered ex ship). **Geliefert ab Schiff – mit benanntem Bestimmungshafen –** bringt zum Ausdruck, dass der Verkäufer die zur Ausfuhr freigemachte Ware an Bord des Schiffes im vereinbarten Bestimmungshafen auf seine Kosten und Gefahr zur Verfügung stellen muss. Ab diesem Zeitpunkt gehen Kosten und Gefahr auf den Käufer über, sofern die Ware in geeigneter Weise konkretisiert ist. Zölle, sonstige Abgaben und Steuern fallen dem Käufer zur Last. H 73

DEQ (= delivered ex quay). **Ab Kai – mit benanntem Bestimmungshafen –** bedeutet, dass der Verkäufer die nicht zur Einfuhr freigemachte[3] Ware am Kai des vertraglich vereinbarten Bestimmungsorts zur Verfügung stellen muss; der Verkäu- H 74

---

[1] *Piltz* RIW 2000, 485, 486f.

[2] Anders aber *Bredow* TranspR-IHR 1999, 45, 47.

[3] Darin liegt eine Änderung der Incoterms 2000 gegenüber der Vorgängerfassung, *Piltz* RIW 2000, 485.

fer hat Kosten und Gefahr der Beförderung der Ware bis zum benannten Bestimmungshafen sowie der Entladung dort am Kai zu tragen. Den Käufer treffen Kosten und Gefahren ab der tatsächlichen Zurverfügungstellung zum vereinbarten Zeitpunkt am vereinbarten Ort; ebenso hat er die Ware auf seine Kosten zur Einfuhr freizumachen und die sonstigen Einfuhrformalitäten auf seine Kosten zu veranlassen. Wollen die Parteien, dass der Verkäufer die Formalitäten und Kosten auch für die Einfuhr übernimmt, muss dies gesondert vereinbart werden.

H 75 DDU (= delivered duty unpaid). **Geliefert unverzollt – mit benanntem Bestimmungsort –** hat die Bedeutung, dass der Verkäufer die nicht zur Einfuhr freigemachte Ware dem Käufer am benannten Bestimmungsort auf dem ankommenden Beförderungsmittel auf seine Kosten und Gefahr zur Verfügung zu stellen hat. Die Entladung gehört nicht mehr zu den Verkäuferpflichten. Die Formalitäten der Einfuhr einschließlich etwaiger Zölle sind vom Käufer zu erledigen und gehen auf seine Kosten.

H 76 **DDP** (= delivered duty paid). **Geliefert verzollt – mit benanntem Bestimmungsort –** erlegt dem Verkäufer die Pflicht auf, dem Käufer die zur Einfuhr freigemachte Ware am benannten Bestimmungsort im Einfuhrland verzollt mit den erforderlichen Transportpapieren und Genehmigungen auf seine Kosten und Gefahr zur Verfügung zu stellen. Der Verkäufer hat auch alle Steuern, Gebühren, Abgaben und sonstige Kosten, die bei der Verzollung entstehen, zu tragen. Er muss auch die Kosten und die Gefahr von der Grenze zum Bestimmungsort übernehmen. Dem Käufer fallen jedoch die Kosten des Aus- und Abladens am Bestimmungsort zur Last, soweit sie nicht zur Verzollung gehören.

3. Sonstige Handelsklauseln (alphabetisch)

H 77 **Ab Lager** hat zum Inhalt, dass der Käufer die Kosten der Verpackung und wie bei „ab Werk" Kosten und Gefahr der Abholung zu tragen hat.

H 78 **Ab Schiff.** S. Incoterms DES H 73.

H 79 **C.a.d.,** cash against documents, s. Rz H 86. Zur Klausel **cash on delivery** s. Rz H 89.

H 80 **Circa**: Die Klausel lässt die handelsüblichen oder den Geschäftsumständen entsprechenden Toleranzen, vor allem bei Mengen und Zeitangaben nach oben oder unten zu. Je nach Geschäftsart und Leistungsinhalt können Toleranzen von 5–10 % hinzunehmen sein.[1] Eine Verletzung von § 307 liegt grundsätzlich nicht vor. Jedoch kann § 305 b übliche Toleranzen begrenzen oder ausschließen. Die Circa-Klausel ermöglicht es dem Verkäufer unstreitig, bei der Erfüllung im Rahmen der Toleranz hinter seinem Versprechen zurückzubleiben oder darüber hinauszugehen. Ersterenfalls schuldet er keinen Schadensersatz statt der (nicht erbrachten Teil-)Leistung, letzterenfalls hat er Anspruch auf das Entgelt für die (Über-)Leistung.[2] Umstritten ist die Konsequenz der Circa-Klauseln auf den Schadensersatzanspruch statt der Leistung. Soll dieser nur nach der in der Circa-Klausel genannten Mindestmenge (Vertragsmenge abzgl. Toleranz) oder nach der Vertragsmenge ohne Toleranz berechnet werden? Rechtsprechung[3] und Literatur[4] sind unentschieden.

---

[1] S. OLG Düsseldorf NJW-RR 1991, 679; im Einzelnen *Thamm* DB 1982, 417.

[2] OLG Düsseldorf NJW-RR 1991, 679, 680.

[3] OLG Düsseldorf NJW-RR 1991, 679 (Berechnung nach Vertragsmenge ohne Toleranzenabzug); a.A. RG JW 1917, 971 mit zust. Anm. *Hachenburg;* OLG München NJW-RR 1994, 886.

[4] MünchKommHGB/*K. Schmidt* § 346 Rz 75 (sofern kein abweichender Handelsbrauch etwas anderes vorsieht Berechnung nur nach der Mindestmenge); a.A. *Baumbach/Hopt* HGB § 346 Rz 40.

Richtig erscheint es, den Schadensersatzanspruch aus der vollen Vertragsmenge zu berechnen. Das gibt dem Käufer nur auf den ersten Blick beim Schadensersatzanspruch mehr als er beim Erfüllungsanspruch begehren könnte. Durch die Circa-Klausel wird die Leistungspflicht des Verkäufers nicht generell beschränkt oder gar ein Freibrief für beliebige Abweichungen innerhalb eines bestimmten Fensters erteilt, sondern es wird nur in Sonderlagen für die Hauptpflicht eine Sonderregelung getroffen. Schon das Postulat enger und verwenderunfreundlicher Auslegung von AGB spricht gegen eine Erweiterung des Geltungsbereichs der Klausel über den primären Erfüllungsanspruch hinaus auf den sekundären Schadensersatzanspruch. Wollte man die Klausel auf den Schadensersatzanspruch anwenden, würde sich aus der nachvollziehbaren Käufersicht im Übrigen die Frage stellen, ob unter ihrer Geltung der Schadensersatzanspruch nicht auch aus der Vertragsmenge plus Toleranz zu berechnen wäre.

FOB Flughafen; FOR/FOT frei Waggon mit benanntem Abgangsort vgl. Incoterms **FCA Rz H 65.** **H 81**

Force-majeur-Klauseln haben Hindernisse bei der Erfüllung der Vertragspflichten vor Augen, die nicht nur nicht von einer Seite verschuldet sind (dann greifen die vertraglichen Ansprüche wegen Pflichtverletzungen); vielmehr handelt es sich bei der höheren Gewalt um solche von außen kommenden Ereignisse, die keinen betrieblichen Zusammenhang aufweisen und die auch mit äußerster vernünftigerweise zu erwartender Sorgfalt nicht zu verhindern sind.[1] Da grundsätzlich Streiks zu den Betriebsrisiken des Unternehmers gehören (also einen betrieblichen Zusammenhang aufweisen), erfasst die Force-majeur-Klausel dieses Risiko ohne weitere Erwähnung nicht.[2] Die Klausel soll den Verwender entweder ganz leistungsfrei stellen oder aber doch Verzögerungen der Vertragserfüllung salvieren. Da grundsätzlich die Sekundäransprüche auf Schadensersatz statt oder neben der Leistung verschuldensabhängig sind, ein solches Verschulden aber in den Fällen höherer Gewalt definitionsmäßig nicht vorliegen kann, ist das für sich genommen zunächst ein die Klausel rechtfertigender Ansatz. Wegen § 275 I wird der Leistungsschuldner von seiner Leistungspflicht frei, wenn ihm oder jedermann die Leistung unmöglich geworden ist; bei anfänglicher Unmöglichkeit gilt jetzt nach § 311 a entsprechendes. Problematisch ist im ersteren Fall, wie die Rechte der Verwendergegenseite berücksichtigt werden, letzterenfalls, ob und wie die Regelung des § 311 a II aufgefangen wird. Folge des unverschuldeten Leistungshindernisses ist die Leistungsbefreiung des Schuldners, ohne dass der Gläubiger Schadensersatz verlangen könnte. Dem Gläubiger bleibt allerdings auch in Fällen fehlenden Verschuldens[3] der Anspruch auf das stellvertretende Commodum nach § 285. Im Falle anfänglichen Leistungshindernisses hat der Leistungsschuldner Schadensersatz dann nicht zu leisten, wenn er das Leistungshindernis bei Vertragsschluss weder kannte noch kennen musste, was in Fällen höherer Gewalt regelmäßig anzunehmen sein wird. Auf der Seite des Leistungsgläubigers fällt die Gegenleistungsverpflichtung weg, § 326 I 1. Klauseln, die offen oder verdeckt von diesen gesetzlichen Vorgaben abweichen, begegnen Bedenken unter dem Gesichtspunkt des § 307; es lässt sich sachlich weder rechtfertigen, den Verwender leistungsfrei zu stellen, den Verwendungsgegner aber weiterhin oder auch nur teilweise (solange keine Teilleistungen erbracht waren) gegenleistungsverpflichtet zu halten oder auch nur in einem Vertragsverhältnis festzuhalten. Auch der Anspruch auf das stellvertretende Commodum kann nicht durch eine Force-majeur-Klausel abbedungen werden. Die Klausel in einem Fit- **H 82**

---

[1] RGZ 117, 12, 13; BGH NJW 1987, 1938, 1939; OLG Hamm NJW-RR 2005, 393, 394.

[2] *Ulmer/H. Schmidt* Anh. § 310 Rz 27.

[3] *Palandt/Heinrichs* § 285 Rz 6; *Bamberger/Roth/Grüneberg* § 285 Rz 7.

ness-Studio-Vertrag, wonach dann, wenn dem Fitness-Center die Leistung aus von ihm nicht zu vertretenden Gründen (was, bereits bedenklich, mit höherer Gewalt gleichgesetzt wurde) unmöglich wurde, der Kunde weder Schadensersatz noch die Einräumung von Ersatzstunden begehren konnte, wurde im Ergebnis jedenfalls zu Recht als unwirksam angesehen.[1] Es will schon nicht einleuchten, warum bei einer länger dauernden Vertragsbeziehung nach Behebung des Leistungshindernisses nicht die vordem nicht mögliche Leistung soll nachgeholt werden können.

H 83 **Freibleibend** (ohne Obligo, unverbindlich) hat je nach dem Zusammenhang verschiedene Bedeutungen. Freibleibend kann sich auf die vertragliche Willenserklärung beziehen:[2] Es kann dann bedeuten (a), dass ein Antrag nicht vorliegt, sondern nur eine Aufforderung zur Abgabe von Angeboten, wobei ein Angebot als angenommen gilt, wenn es nicht unverzüglich abgelehnt wird.[3] Es kann auch bedeuten (b), dass ein Angebot vorliegt, das bis zur Annahme oder (c), sogar nach der Annahme, aber unverzüglich danach, frei widerruflich ist.[4] Freibleibend kann sich aber auch auf die Leistungsinhalte wie auf die Lieferpflicht,[5] auf den Preis,[6] auf die Lieferzeit[7] oder auf die Liefermenge beziehen, was dem Bezug auf das Ob der Lieferpflicht[8] vergleichbar ist.

H 84 **Frei Frachtführer** entspricht im Grundsatz der FOB-Klausel, ist jedoch auf weitere Transportarten als nur Schiffstransporte ausgerichtet. Demgemäß ist der maßgebliche Zeitpunkt für den Übergang von Kosten und Gefahr nicht die Übergabe an Bord des Schiffes, sondern die Übergabe an den Frachtführer am vereinbarten Ort. Ab diesem Zeitpunkt hat der Käufer Kosten und Gefahr zu tragen. Nach den Incoterms 2000 unterfällt diese Konstellation ebenfalls der Bezeichnung **FCA** = free carrier (s. auch Rz H 65, H 67). Frachtführer ist jeder, durch den oder in dessen Namen ein Beförderungsvertrag abgeschlossen worden ist. Die Pflicht des Verkäufers, ein Konnossement, einen Frachtbrief oder Ladeschein zu besorgen, ist ordnungsgemäß erfüllt, wenn das Dokument von dem Frachtführer ausgestellt ist, mit dem der Beförderungsvertrag abgeschlossen ist.

H 85 **Frei Haus** bringt als Handelsbrauch zum Ausdruck, dass der Lieferant die Ware auf seine Kosten und Gefahr am Sitz des Käufers zu übergeben hat.[9]

H 86 **Kasse** (Zahlung) **gegen Bericht und Gutbefund.** Die Klausel erlaubt dem Käufer, anders als bei der Klausel „Kasse gegen Dokumente" (Rz H 88) die Ware vor Bezahlung zu prüfen und Mängelansprüche dem Zahlungsanspruch generell entgegenzuhalten.[10]

H 87 **Kasse gegen Dokumente** (Kassaklausel, Kasse gegen Factura, Zug-um-Zug-Papier-Übergabe, documents against payment, D/P) hat einen durch internationalen Handelsbrauch typisierten Inhalt. Die Klausel enthält eine Fälligkeitsregelung, wonach den Verkäufer eine Vorleistungspflicht zur Dokumentenvorlage und den Käufer eine Vorleistungspflicht zur Zahlung vor Erhalt der Ware trifft.[11] Zugleich ist

---

1 OLG Hamm NJW-RR 1992, 242, 243.

2 S. dazu BGH NJW 1984, 1885.

3 S. *Soergel/Wolf* § 145 Rz 10.

4 S. BGH NJW 1984, 1885 m. w. N.

5 S. § 308 Nr. 3 Rz 21, 112.

6 S. § 309 Nr. 1 Rz 40ff., 163; Rz H 91.

7 § 308 Nr. 1 Rz 53, 64.

8 S. § 308 Nr. 3 Rz 21, 112.

9 BGH NJW 1984, 567, jedoch ausdrücklich auf den Einzelfall abstellend; OLG Karlsruhe NJW-RR 1993, 1316, 1317; *Baumbach/ Hopt*, HGB, § 346 Rz 40.

10 S. auch BGH ZIP 1987, 719, 721.

11 BGH WM 1975, 920; BGH ZIP 1988, 779, 780; BGH NJW 1997, 1775 = LM H.9/1997 § 407 BGB Nr. 27 m. Anm. *Pfeiffer*.

damit eine Barzahlungsabrede mit Ausschluss der Aufrechnung[1] und eines etwaigen Zurückbehaltungsrechts verbunden. Wegen der Vorleistungspflicht des Käufers hat dieser auch kein Recht auf vorherige Untersuchung der Ware, auch wenn die Ware bereits am Bestimmungsort eingetroffen ist.[2] Ebenso ist der Einwand der Mangelhaftigkeit gegen den Zahlungsanspruch grundsätzlich ausgeschlossen.[3] Es gilt der Grundsatz: „Erst zahlen, dann untersuchen, evtl. rügen und arbitrieren."[4] Eine Ausnahme gilt jedoch, wenn das Zahlungsverlangen des Verkäufers wegen Verstoßes gegen Treu und Glauben rechtsmissbräuchlich ist. Dies trifft nur bei schwerwiegenden Gründen zu.[5] Der bloße Verdacht der Mangelhaftigkeit der Ware genügt nicht. Verfügt der Käufer aber bei Andienung der Dokumente über Beweisunterlagen, die mit Sicherheit oder größter Wahrscheinlichkeit eine vertragswidrige Lieferung erkennen lassen, und stehen dem Käufer deswegen Gewährleistungsansprüche zu, so kann er ausnahmsweise die Zahlung verweigern.[6] Auch einem Schadensersatzanspruch kann trotz der Klausel der Mangeleinwand entgegengehalten werden.[7] Die Klausel begründet nicht die Wirkung eines Legitimationspapiers und führt zu keinem über § 407 I hinausgehenden Vertrauensschutz für den Schuldner.[8] Sie enthält auch keine Geldeinziehungsbefugnis[9] oder Pflicht zur Nachnahmeerhebung[10] des abliefernden Spediteurs oder Frachtführers. Der Spediteur ist, wenn er nicht mit dem Geldeinzug betraut ist, nur verpflichtet, mit der ihm übergebenen Fracht so zu verfahren, dass die Vorleistungspflicht des Käufers zur Zahlung vor Erhalt der Ware nicht vereitelt wird.[11] Es versteht sich, dass die Klausel wegen ihrer Reichweite im nichtunternehmerischen Bereich unzulässig ist.

Liefermöglichkeit vorbehalten (s. auch Rz H 92), gewährt einen Rücktrittsvorbehalt, falls die Ware trotz zumutbarer Anstrengungen nicht oder nur wesentlich überteuert beschafft werden kann.[12] Der Vorbehalt ist grundsätzlich auf zukünftige und ungewisse Gefahren unter Ausschluss der regelmäßigen und vorhersehbaren Ereignisse beschränkt.[13] Bei teilweiser Liefermöglichkeit ist teilweise zu liefern, bei Bestellung mehrerer ist die Reihenfolge der Bestellungen maßgebend.[14] Die Klausel ist mit § 308 Nr. 3, 4 vereinbar. **H 88**

Nachnahme, cash on delivery, pay on delivery, begründet eine Vorleistungspflicht ohne Untersuchungs- und Einwendungsmöglichkeit. Die Klausel enthält zugleich einen Ausschluss der Aufrechnungsmöglichkeit,[15] der sie jedenfalls im nichtunternehmerischen Bereich unwirksam macht, weil durch sie die stets zulässige Aufrechnung mit unstreitigen oder rechtskräftig festgestellten Forderungen ausgeschlossen ist.[16] Das ist auch im unternehmerischen Rechtsverkehr anzunehmen.[17] **H 89**

---

1 S. BGH NJW 1985, 550; BGH NJW 1997, 1775 = LM H.9/1997 § 407 BGB Nr. 27 m. Anm. *Pfeiffer.*
2 BGHZ 41, 215, 221; BGH ZIP 1987, 719, 720.
3 BGH ZIP 1983, 719, 720.
4 *Liesecke* WM 1978, Beil. 3 S. 12.
5 BGHZ 41, 215, 222; BGH WM 1963, 844, 845.
6 S. BGH ZIP 1987, 719, 720.
7 BGH ZIP 1987, 719, 721.
8 BGH NJW 1997, 1775 = LM H.9/1997 § 407 BGB Nr. 27 m. Anm. *Pfeiffer.*
9 OLG Frankfurt TranspR 1985, 140.
10 OLG Frankfurt NJW-RR 1990, 101.
11 OLG Frankfurt NJW-RR 1990, 101.
12 BGHZ 49, 392; BGH BB 1968, 398.
13 Vgl. BGH NJW 1994, 1060, 1062.
14 OLG München WM 1985, 362; zum Vertragshändlervertrag s. aber Rz V 335.
15 BGH NJW 1985, 550; a.A. *Bamberger/Roth/Becker* § 309 Nr. 3 Rz 16.
16 BGHZ 139, 190, 193.
17 § 309 Nr. 3 Rz 72.

H 90 **Netto Kasse** enthält die Pflicht zur Zahlung ohne Skontoabzug.[1]

H 91 **Preis freibleibend** bedeutet, dass bei bindendem Vertrag als Preis der zur Lieferzeit gültige Marktpreis gezahlt werden soll und der Verkäufer einen vereinbarten Preis insoweit erhöhen darf,[2] dagegen bei Sinken des Marktpreises den vereinbarten Preis nicht ermäßigen muss (s. auch Rz H 83). Die Klausel ist zwischen Unternehmern wirksam, soweit sie nicht beliebige Gewinnerhöhungen erlaubt.[3] Im nichtunternehmerischen Verkehr ist sie grundsätzlich unwirksam.[4] Die Klausel kann auch dahin zu verstehen sein, dass bei steigendem Marktpreis der Verkäufer ein neues Angebot abgeben darf, das der Käufer aber ablehnen kann.[5] Die Vereinbarung eines Festpreises schließt eine Preiserhöhung aus.

H 92 **Selbstbelieferung** oder **Selbstbelieferung vorbehalten** befreit den Verkäufer von seiner Lieferpflicht, wenn er aus einem von ihm abgeschlossenen Deckungsgeschäft ohne sein Verschulden nicht beliefert wird.[6] Der Verkäufer muss nicht wie bei „Liefermöglichkeit vorbehalten" (Rz H 88) zumutbare andere Deckungsgeschäfte abzuschließen versuchen. Das Deckungsgeschäft muss kongruent sein, d. h. es muss den Anforderungen der Lieferpflicht des Käufers genügen. Dies muss vom Verkäufer nachgewiesen werden.[7] An die Kongruenz zwischen Verkaufs- und Einkaufskontrakt sind strenge Anforderungen zu stellen.[8] Bei schuldhaft leichtfertiger Auswahl eines unzuverlässigen Partners des Deckungsgeschäfts kann sich der Verkäufer nach § 242 nicht auf die Befreiung von seiner Lieferpflicht berufen.[9] Die Klausel schränkt die Gewährleistung mangelhafter Lieferung nicht ein.[10] Bei teilweisem Ausbleiben der Lieferung kann der vorhandene Teil verlangt werden, mehrere Gläubiger müssen in der Reihenfolge der Bestellung beliefert werden. Der Verkäufer muss dem Käufer die Nichtbelieferung anzeigen[11] und ihm, soweit wettbewerbsrechtlich zulässig, die Ansprüche aus dem Deckungsgeschäft abtreten,[12] die den Käufer gegenüber dem Vorlieferanten zum Schadensersatz berechtigen, wobei er sich aber ein Mitverschulden des Verkäufers aus § 254 anrechnen lassen muss.[13] Die Klausel „Selbstbelieferung" kann sich auf die Lieferzeit beschränken und hat dann eine Verschiebung der Fälligkeit zur Folge, die nach §§ 308 Nr. 1, 309 Nr. 7 b zugelassen werden kann, wenn der Verkäufer gleichzeitig zur sorgfältigen Auswahl des Vorlieferanten verpflichtet bleibt und ihm gegen den Vorlieferanten zustehende Ansprüche aus einer verzögerten Lieferung an den Käufer abzutreten bereit ist.

H 93 **Tel quel** (telle quelle) erlaubt Lieferung der geringsten Qualität der u. U. durch ein Muster vereinbarten Gattung.[14] Die Haftung für Garantien im Sinn der §§ 443 f. bleibt unberührt.[15] Die Klausel ist im unternehmerischen Verkehr trotz der Abweichung von § 243 BGB, § 360 HGB nicht nach § 307 zu beanstanden.

---

1 Zum Skonto s. § 305 b Rz 23.
2 BGHZ 1, 353, 354.
3 S. § 309 Nr. 1 Rz 173.
4 § 309 Nr. 1 Rz 105.
5 S. BGHZ 1, 353, 354.
6 BGHZ 49, 388, 391; 92, 396, 399.
7 BGHZ 49, 388, 395.
8 BGH NJW 1995, 1959, 1960.
9 BGHZ 92, 399, 402 = NJW 1985, 738.
10 OLG Hamburg MDR 1964, 601.
11 OLG Celle BB 1974, 201.
12 BGH DB 1973, 911; OLG Hamburg BB 1955, 942.
13 S. auch OLG Celle BB 1974, 201.
14 S. *Baumbach/ Hopt,* HGB, § 346 Rz 40.
15 BGH NJW 1954, 385.

Unfrei bedeutet Versand und Anlieferung auf Kosten des Bestellers. Die Klausel ist als Nebenabrede kontrollfähig, aber im Regelfall nicht nach § 307 unwirksam, da mit den Grundsätzen einer Holschuld nach § 269 vereinbar. **H 94**

Wie besichtigt, wie besehen hat zum Inhalt einen Ausschluss der Rechte des Käufers wegen Mängeln nach §§ 437 ff., soweit Mängel ohne leichte Fahrlässigkeit erkennbar waren und nicht vom Lieferanten arglistig verschwiegen wurden oder soweit er nicht eine Garantie (§§ 443 f.) übernommen hatte.[1] Die Klausel ist im Bereich des Verbrauchsgüterkaufs wegen § 475 nicht wirksam,[2] auch nicht bezogen auf den mit ihr ebenfalls einhergehenden Ausschluss von Schadensersatzansprüchen. Dieser Ausschluss wäre zwar nach § 475 III in den Grenzen der §§ 307–309 möglich; da die Besichtklauseln aber die Mängelrechte im zuvor beschriebenen Rahmen insgesamt ausschließen sollen, kommt eine Teilaufrechterhaltung wegen des Verbotes der geltungserhaltenden Reduktion nicht in Betracht.[3] Im unternehmerischen Verkehr ist die Erstreckung des Gewährleistungsausschlusses auf leicht fahrlässig nicht erkannte Mängel nicht zu beanstanden. Die Begrenzung der Haftung des Verkäufers auf Garantiezusagen und arglistig verschwiegene Mängel entspricht § 442 I 2 und ist nicht zu beanstanden. Der Verkäufer trägt die Beweislast für die Kenntnis oder (grob)fahrlässige Unkenntnis des Käufers.[4] **H 95**

Zu getreuen Händen bedeutet, dass die einem Treuhänder übergebenen Dokumente, die er gegen Zahlung des Kaufpreises der Käuferseite aushändigen darf, vom Treuhänder nicht seinerseits einem weiteren Treuhänder übergeben werden dürfen, sondern von ihm bei Nichtzahlung oder nicht vollständiger Zahlung dem Verkäufer zurückgegeben werden müssen.[5] Dem Treuhänder steht kein Zurückbehaltungsrecht zu, auch nicht, wenn seine Ansprüche gegen den Verkäufer wegen Zahlungsunfähigkeit nicht durchsetzbar sind.[6] **H 96**

Zwischenverkauf vorbehalten berechtigt den Verkäufer, vor Annahme seines Angebots die Ware anderweit zu verkaufen, und schränkt insoweit die Bindung an seinen Antrag nach § 145 ein.[7] Die Klausel fällt nicht unter § 308 Nr. 1, auch nicht unter § 308 Nr. 3 oder 4, da ein Vertrag noch nicht geschlossen ist. Sie ist grundsätzlich auch nicht nach § 307 zu beanstanden. **H 97-110**

*

Handelsvertretervertrag

Inhaltsübersicht

[1] S. *Baumbach/Hopt*, HGB, § 346 Rz 40.
[2] *Bamberger/Roth/Faust* § 475 Rz 10.
[3] Allgemein dazu *Bamberger/Roth/Hubert Schmidt* § 306 Rz 15; siehe auch § 306 Rz 31 ff.
[4] OLG Frankfurt DB 1980, 779.
[5] *Baumbach/Hopt*, HGB, § 346 Rz 40.
[6] OLG Hamburg ZIP 1983, 153; *Nielsen* ZIP 1983, 535.
[7] S. OLG Hamburg BB 1960, 383.

Schrifttum: *Alff,* Handelsvertreterrecht, 1983; *Ankele,* Das deutsche Handelsvertreterrecht nach der Umsetzung der EG-Richtlinie, DB 1989, 2211; *K. Bälz,* Der Ausschluss des Ausgleichsanspruchs in internationalen Handelsvertreterverträgen, NJW 2003, 1559; *Budde,* Das Ende der Einstandszahlung im Handelsvertreterrecht?, DB 2004, 2177; *Detzer/Zwernemann,* Ausländisches Recht der Handelsvertreter und Vertragshändler, 1997; *Eberl,* Die Abdingbarkeit des Ausgleichsanspruchs des Handelsvertreters bei internationalen Handelsvertreterverträgen, 2005; *Hepting/Detzer,* Die Abdingbarkeit des Ausgleichsanspruchs ausländischer Handelsvertreter und Vertragshändler, RIW 1989, 337; *Herbert,* Neues zum Ausgleichsanspruch des Handelsvertreters, BB 1997, 1317; *Hopt,* Handelsvertreterrecht, 3. Aufl., 2003; *v. Hoyningen-Huene,* Die unternehmerische Hilfsperson, 1996; *Kessel,* Probleme des neuen Handelsvertreterrechts in Großbritannien, RIW 1994, 562; *Kiene,* Der Ausgleichsanspruch des Handelsvertreters, 2004; *Küstner,* Der Ausgleichsanspruch des Handelsvertreters, 7. Aufl., 2003; *Küstner,* Das neue Recht des Handelsvertreters, 4. Aufl., 2000; *Kuther,* Die neuen Handelsvertretervorschriften im HGB, NJW 1990, 304; *Preis/Stoffels,* Die Inhaltskontrolle der Verträge selbstständiger und unselbstständiger Handelsvertreter, ZHR 160 (1996), 442; *Semler,* Handelsvertreter- und Vertragshändlerrecht, 1988; *J. Schmidt,* Vertragsfreiheit und Handelsvertreterrichtlinie, ZHR 156 (1992), 512; *Thume,* Der Ausgleichsanspruch des Handelsvertreters gem. § 89 b HGB im Lichte der Europäischen Union, BB 2004, 2473; *Tscherwinka,* Das Recht des Handelsvertreters, JuS 1991, 110; *E. Wolf,* Die neuere Rechtsprechung des BGH zum Handelsvertreterrecht, WM 1982, 30; WM 1986, Beil. 5.

1. Allgemeines

H 111 **a) Anwendbares Recht.** Beim Handelsvertretervertrag zwischen dem Unternehmer (Prinzipal) und dem selbstständigen Handelsvertreter im Sinne des § 84 I 1 HGB handelt es sich der Rechtsnatur nach um einen Dienstvertrag, der allerdings in §§ 84 ff. HGB eine ergänzende Regelung findet.

H 112 **aa) §§ 84 ff. HGB.** Die Vorschriften der §§ 84 ff. HGB sehen zum Teil ausdrücklich vor, dass keine abweichenden Vereinbarungen zum Nachteil des Handelsvertreters getroffen werden können. Die Unwirksamkeit entsprechender Vereinbarungen folgt dann zumindest auch unmittelbar aus der in der jeweils relevanten Vorschrift angeordneten Beschränkung der gesetzlichen Gestaltungsmacht, ohne dass es eines Rekurses auf § 134[1] oder § 307 bedürfte. Die Rechtsfolgen für den Vertrag ergeben sich bei einem Verstoß gegen zwingende Regelungen der §§ 84 ff. nicht aus § 139, sondern aus § 306.[2] Siehe aber Rz H 135.

H 113 **bb) Richtlinie.** Die Handelsvertreter-Richtlinie der EG[3] enthält zwingende Vorschriften, die bei der Auslegung des nationalen Rechts beachtet werden müssen.[4]

---

[1] Vgl. auch *Palandt/Heinrichs* § 134 Rz 6a, der zutreffend betont, dass kein Verbotsgesetz im Sinne des § 134 vorliegt, wenn eine zur Unwirksamkeit führende Beschränkung der gesetzlichen Gestaltungsmacht gewollt ist.

[2] BGH NJW-RR 1992, 1059, 1060 (zu § 6 AGBG und einer Klausel, die den Ausgleichsanspruch ausschloss); OLG Nürnberg NJW-RR 1986, 782, 783 (zu § 6 AGBG); *Ulmer/H. Schmidt* Anh. § 310 Rz 405.

[3] Richtlinie 86/653/EWG des Rates vom 18. Dezember 1986 zur Koordinierung der Rechtsvorschriften der Mitgliedstaaten betreffend die selbstständigen Handelsvertreter, ABl. Nr. L 382 v. 31. 12. 1986, S. 17–21.

[4] *J. Schmidt* ZHR 156, 512.

cc) §§ 305 ff. Wird der Handelsvertretervertrag formularmäßig für eine Vielzahl von Verträgen vorformuliert, so finden auch die §§ 305 ff. Anwendung. **H 114**

α) **§ 307.** Sofern eine Klausel gegen zwingende Regelungen der §§ 84 ff. HGB verstößt, ist sie ohne weiteres auch nach § 307 unwirksam.[1] Dies folgt schon daraus, dass eine gegen zwingendes Recht verstoßende Klausel stets unangemessen ist.[2] Die Unangemessenheit folgt in derartigen Fällen zumindest aus § 307 I 2, weil entsprechende Klauseln geeignet sind, den Verwendungsgegner über die Rechtslage zu täuschen und ihn von der Geltendmachung seiner Rechte abzuhalten. Die Anwendbarkeit des § 307 ist auch von praktischer Bedeutung, weil mit § 307 das AGB-rechtliche Verbot geltungserhaltender Reduktion zum Zuge kommt.[3] Hervorgehoben sei ferner, dass ein Verstoß gegen § 307 selbstredend auch dann gegeben sein kann, wenn kein Verstoß gegen zwingende Regelungen der §§ 84 ff. HGB gegeben ist.[4] **H 115**

β) **§§ 308, 309.** Der Handelsvertreter ist Unternehmer im Sinne des § 14 I, so dass er gemäß 310 I 1 nicht den Schutz der §§ 308, 309 genießt.[5] Etwas anderes gilt auch dann nicht, wenn der Abschluss des Handelsvertretervertrages den ersten Schritt zu einer unternehmerischen Tätigkeit darstellt.[6] Denn ein Handeln als Verbraucher liegt nach dem unmissverständlichen Wortlaut des § 13 nur dann vor, wenn der Zweck des Handelns nicht der gewerblichen oder selbstständigen beruflichen Tätigkeit zugeordnet werden kann.[7] Zwar mag man argumentieren, dass der geringere Schutz von Unternehmern sich gerade mit Blick auf deren besondere Geschäftsgewandtheit rechtfertigt und dass diese bei erstmaligem Abschluss eines Handelsvertretervertrages noch nicht besteht.[8] Doch ist dem entgegenzuhalten, dass die §§ 13, 14 gerade nicht auf die **Geschäftserfahrung** des Betroffenen abstellen.[9] Ein entsprechendes Kriterium wäre auch viel zu vage, um mit der erforderlichen Vorhersehbarkeit angewandt werden zu können. **H 116**

γ) **§ 310 IV 2.** Nur der Vollständigkeit halber sei betont, dass § 310 IV 2 im Falle des selbstständigen Handelsvertreters keine Anwendung findet, weil dieser nicht Arbeitnehmer ist.[10] **H 117**

b) Abgrenzung zum unselbstständigen Handelsvertreter. Vom selbstständigen Handelsvertreter streng zu unterscheiden ist der unselbstständige Handelsvertreter, der ohne selbstständig zu sein, ständig damit betraut ist, für einen anderen Geschäfte zu vermitteln oder in dessen Namen abzuschließen. Der unselbstständige Handelsvertreter gilt nach § 84 II HGB als Angestellter. Für die Kontrolle allgemeiner Geschäftsbedingungen ist dies aus zwei Gründen von Bedeutung. So gilt es zu beachten, dass der unselbstständige Handelsvertreter als Arbeitnehmer kein Unter- **H 118–119**

---

[1] Für Unwirksamkeit nach § 9 AGBG (§ 307) im Falle eines Verstoßes gegen § 87a I Hs. 1 auch BGH NJW-RR 1998, 629, 630.

[2] BGH GRUR 2005, 62.

[3] BGH NJW-RR 1998, 629, 230.

[4] *Ulmer/H. Schmidt* Anh. § 310 Rz 405.

[5] S. allerdings *Ulmer/H. Schmidt* Anh. § 310 Rz 405, der eine Ausnahme für „die sozial schutzbedürftigen Einfirmenvertreter" befürwortet. Dagegen zu Recht OLG Oldenburg NJW-RR 1989, 1081, 1082 (zu § 24 AGBG).

[6] Ebenso BGH NJW 2005, 1273, 1274 zu den §§ 1031 V 1 ZPO, 13. Speziell mit Blick auf den Handelsvertreter wie hier OLG Oldenburg NJW-RR 1989, 1081, 1081 (zu § 24 AGBG und zur Einordnung als Kaufmann); *Ulmer/H. Schmidt* Anh. § 310 Rz 405. A.A. aber OLG Koblenz NJW 1987, 74, 74 (zu § 24 AGBG und zur Einordnung als Kaufmann).

[7] Die Zweckrichtung betonend auch BGH NJW 2005, 1273, 1274 (zu den §§ 1031 V 1 ZPO, 13).

[8] In diesem Sinne OLG Koblenz NJW 1987, 74, 74 (zur Kaufmannseigenschaft und zu § 24 AGBG).

[9] BGH NJW 2005, 1273, 1274 (zu den §§ 1031 V 1 ZPO, 13).

[10] OLG Nürnberg NJW-RR 1986, 782, 783 (zu § 23 AGBG).

nehmer ist, da er nicht in Ausübung einer gewerblichen oder „selbstständigen“ beruflichen Tätigkeit handelt. Demgemäß finden auch die §§ 308, 309 auf den mit einem unselbständigen Handelsvertreter geschlossenen Vertrag uneingeschränkt Anwendung. Auf die umstrittene, richtigerweise aber zu bejahende Frage, ob ein Arbeitnehmer Verbraucher ist,[1] kommt es insofern nicht an. Darüber hinaus sei hervorgehoben, dass § 310 IV 2 HGB eingreift, dem zufolge die Besonderheiten des Arbeitsrechts bei Anwendung des AGB-Rechts zu berücksichtigen sind. Die Abgrenzung zwischen selbstständigen und unselbstständigen Handelsvertretern richtet sich nach dem Kriterium der freien Gestaltung der Tätigkeit (§ 84 I 2 HGB). Dabei sind die gesamten Umstände des Vertrags und seiner tatsächlichen Handhabung zu berücksichtigen. Eine vertragsrechtliche Einordnung, die den tatsächlichen Verhältnissen widerspricht, entfaltet keine Wirkung. Erfolgt sie in AGB, so ist sie nach § 307 unwirksam.

2. Provision

H 120 **a) Allgemeines.** Gemäß § 87 I 1 HGB hat der Handelsvertreter einen Anspruch auf Provision für alle während des Vertragsverhältnisses abgeschlossenen Geschäfte, die auf seine Tätigkeit zurückzuführen sind oder mit Dritten abgeschlossen werden, die er als Kunden für Geschäfte der gleichen Art geworben hat. Diese Vorschrift ist abdingbar. Zumindest in Individualvereinbarungen können die Parteien also Grund und Höhe der Provision frei aushandeln.[2]

H 121 **b) Abgrenzung zu Regelungen des Ausgleichsanspruchs.** Der Grundsatz der freien Aushandelbarkeit des Provisionsanspruchs beansprucht auch dann Geltung, wenn sich entsprechende Vereinbarungen mittelbar auf die Höhe des nach § 89 b IV 1 HGB nicht abdingbaren Ausgleichsanspruchs nach § 89 b I HGB auswirken.[3] Eine frei aushandelbare Provisionsvereinbarung im Sinne des § 87 I 1 HGB ist in Abgrenzung zu einer gemäß § 89 b IV 1 HGB nur zugunsten des Handelsvertreters möglichen Regelung des Ausgleichsanspruchs immer dann gegeben, wenn die Vereinbarung die Höhe des Ausgleichsanspruchs ausschließlich dadurch beeinflusst, dass sie die noch während der Vertragslaufzeit zu zahlenden Beträge betrifft. Gemäß § 89 b IV 1 HGB unwirksam sind jedoch solche Klauseln, die keine Auswirkungen auf die Höhe und die Abrechnung der während des Bestehens des Vertrages zu zahlenden Provisionen haben, sondern nur für die Berechnung des Ausgleichsanspruchs Bedeutung erlangen können.[4] Dies gilt auch dann, wenn die relevante Bestimmung dem Wortlaut nach die Höhe der Provision betrifft. Unwirksam ist daher z. B. eine Klausel des Inhalts, dass „50% der [...] zu zahlenden Agenturvergütung [...] für verwaltende Tätigkeiten“ gezahlt werden.[5]

H 122 **c) Abgrenzung zu § 87 III HGB.** Gemäß § 87 III HGB hat der Handelsvertreter auch dann einen Anspruch auf Provision, wenn feststeht, dass der Unternehmer das Geschäft ganz oder teilweise nicht oder nicht so ausführt, wie es abgeschlossen worden ist. Von dieser Regelung kann nach § 87 V HGB nicht zum Nachteil des Handelsvertreters abgewichen werden. § 87 III HGB findet auch dann Anwendung,

---

[1] Die Verbrauchereigenschaft verneinend z. B. *Bauer* NZA 2002, 169, 171; *Henssler* RdA 2002, 129, 133 f.; *Hromadka* NJW 2002, 2523, 2524; Löwisch NZA 2001, 465, 466; *Reichhold* ZTR 2002, 202, 203. Wie hier aber z. B. BAG NJW 2005, 3305, 3308; *Boemke* DB 2002, 96, 97; *Däubler*, NZA 2001, 1331; *Thüsing*, Arbeitsverträge, Rz 19, in: *von Westphalen*, Vertragsrecht und AGB-Klauselwerke, Stand: Nov. 2002. Offen gelassen in BAG NJW 2004, 2401, 2404.

[2] BGH NJW 2003, 292, 293.

[3] S. BGH NJW 2003, 292, 293.

[4] BGH NJW 2003, 290, 293.

[5] BGH NJW 2003, 290, 290, 293.

wenn das abgeschlossene Geschäft verspätet ausgeführt wird.[1] Ferner spielt es keine Rolle, „ob die nicht vertragsgemäße Ausführung vor oder nach Beendigung des Handelsvertreterverhätnisses erfolgt".[2] Ein Ausschluss der Provisionszahlung für den Fall, dass die vom Handelsvertreter abgeschlossenen Geschäfte bei Beendigung des Vertragsverhältnisses noch nicht ausgeführt worden sind, verstößt daher gegen § 87 a III 1 HGB, sofern die Klausel sich auch auf solche Geschäfte erstreckt, die nach dem Vertrag noch vor der Beendigung des Handelsvertreterverhältnisses hätte ausgeführt werden müssen.[3] Die Unwirksamkeit ergibt sich in diesem Falle sowohl aus § 87 a V HGB als auch aus § 307 I, II Nr. 1. Nach § 87 V HGB sowie nach § 307 unwirksam ist auch eine Klausel des Inhalts, dass ein Provisionsanspruch für die während der Vertragszeit abgeschlossenen Verträge nur dann besteht, wenn die Ausführung des Auftrags innerhalb von sechs Monaten nach Ausscheiden des Handelsvertreters erfolgt.[4] Besonders hervorgehoben sei in diesem Zusammenhang, dass mit § 307 auch das grundsätzliche **Verbot geltungserhaltender Reduktion** eingreift.[5] Eine Teilwirksamkeit der Klausel kommt also nur dann in Betracht, wenn sich die Klausel nach ihrem Wortlaut aus sich heraus verständlich und sinnvoll in einen zulässigen und in einen unzulässigen Regelungsteil trennen lässt.[6] Diese Voraussetzung ist nicht erfüllt, wenn die Klausel pauschal vorsieht, dass für Verträge die erst sechs Monate nach Beendigung des Handelsvertreterverhältnisses ausgeführt werden, keine Provision anfällt.[7]

d) AGB-Recht. Erfolgt die Vereinbarung der Provision in AGB, so stellt sich die Frage nach den Möglichkeiten und Grenzen der AGB-rechtlichen Inhaltskontrolle. **H 123**

aa) Allgemeines. Auch wenn die Vereinbarung zu Grund und Höhe der Provision in AGB erfolgt, ist sie in der Regel nicht nach § 307 zu beanstanden. Dies folgt bereits aus § 307 III 1. Zu beachten ist jedoch, dass nach § 307 III 1 nur **Preishauptabreden,** nicht dagegen bloße **Preisnebenabreden** von der Inhaltskontrolle ausgenommen sind. Zur Abgrenzung siehe § 309 Nr. 1 Rz 16–19. **H 124**

bb) Preishauptabreden. Die Vereinbarung einer Gebühr für die Einräumung eines Alleinvertriebsrechts in einem bestimmten Gebiet stellt eine Preishauptabrede dar, die nach § 307 III 1 nicht der Inhaltskontrolle unterfällt.[8] **H 125**

cc) Preisnebenabreden. Als kontrollfähige Preisnebenabrede ist dagegen eine Klausel einzustufen, der zufolge der Handelsvertreter eine **Vertragsanschlussgebühr** für die Eröffnung einer Geschäftsbeziehung zu Dritten zahlen muss, die bei vorzeitiger Vertragsauflösung verfällt. Diese Klausel ist nach § 307 unwirksam.[9] Kontrollfähig und in aller Regel nach § 307 II Nr. 1 unangemessen sind auch solche Klauseln, die dem Verwender eine Vergütung oder einen Aufwendungsersatz für solche Leistungen oder Aufwendungen zusprechen, die er für seine eigenen Zwecke oder zur Erfüllung seiner eigenen Pflichten tätigt.[10] Gemäß § 307 I, II Nr. 1 unwirksam sind dementsprechend insbesondere solche AGB-Bestimmungen, denen zufolge ein Entgelt für Leistungen des Unternehmers gezahlt werden soll, die die- **H 126**

---

1 BGH NJW-RR 1998, 629, 230; BGHZ 33, 92, 95 = NJW 1960, 1996, 1997.
2 BGH NJW-RR 1998, 629, 230; BGHZ 33, 92, 95 = NJW 1960, 1996, 1997.
3 BGH NJW-RR 1998, 629, 230; BGHZ 33, 92, 95 = NJW 1960, 1996, 1997.
4 BGH NJW-RR 1998, 629, 230 (zu § 9 AGBG).
5 BGH NJW-RR 1998, 629, 230 (zu § 9 AGBG).
6 BGH NJW-RR 1998, 629, 230 (zu § 9 AGBG).
7 BGH NJW-RR 1998, 629, 230 (zu § 9 AGBG).
8 BGH NJW-RR 1993, 375, 376 (zu § 8 AGBG).
9 BGH NJW 1982, 181, 181 f (zu § 9 AGBG).
10 BGH NJW 2003, 2386, 2387 (Telefondienstvertrag).

ser bereits nach § 86 a HGB schuldet. Nach §§ 307 I, II Nr. 1 unwirksam ist also z. B. eine Klausel, die den Handelsvertreter zum Ankauf der ihm vom Unternehmer überlassenen **Musterkollektion** verpflichtet.[1] Gleiches gilt für eine Klausel, der zufolge der Handelsvertreter für die ihm zur Verfügung gestellten **Adressen** „Kostenersatz" zu leisten hat.[2] Der Inhaltskontrolle standhalten kann dagegen eine Klausel, mit der sich der Unternehmer hinsichtlich der Pflicht zur Provisionszahlung ein Recht zur Änderung der Provisionshöhe gemäß § 315 I vorbehält,[3] doch ist in diesem Falle jedenfalls „eine Konkretisierung der Voraussetzungen und des Umfangs des Änderungsvorbehalts" erforderlich.[4] Um Widersprüche zur neueren Rechtsprechung im Bereich des Vertragshändlerrechts zu vermeiden, wird man die Zulässigkeit eines einseitigen **Rechts zur Änderung** der Provisionshöhe zudem davon abhängig machen müssen, dass die Klausel „schwerwiegende Änderungsgründe nennt und in ihren Voraussetzungen und Folgen erkennbar die Interessen des Vertragspartners angemessen berücksichtigt".[5] Gemäß § 87 I 1 HGB steht dem Handelsvertreter ein Provisionsanspruch auch für solche Geschäfte zu, die er vor Beendigung des Vertragsverhältnisses abgeschlossen hat, die jedoch erst danach ausgeführt werden (sog. **Überhangprovisionen).**[6] Zwar ist § 87 I 1 nicht zwingend.[7] Er kann also durch Individualvereinbarung ausgeschlossen werden.[8] Doch wird man AGB-Klauseln, die den Anspruch auf Überhangprovisionen ausschließen, als kontrollfähig einstufen müssen, weil sie den Anspruch auf Provisionszahlung inhaltlich beschränken, indem sie bestimmte Geschäftsabschlüsse davon ausnehmen. Auch ist eine entsprechende Regelung grundsätzlich unangemessen.[9] Denn sie läuft dem Grundgedanken der gesetzlichen Regelung zuwider, dass der Zeitpunkt der Ausführung des Geschäfts für das Ob des Provisionsanspruchs unbeachtlich ist. Auch wenn man sich in diesem Punkte anders entscheidet, muss man entsprechende Klauseln wegen § 87 V HGB zumindest dann als unwirksam einstufen müssen, wenn sie auch für den Fall der verspäteten Ausführung des Geschäfts gelten sollen (s. dazu Rz 122).

H 127 **dd) Preis der Ware.** Der Handelsvertreter unterliegt gemäß §§ 86 I HGB, 675, 665 einem Weisungsrecht des Unternehmers, so dass es dem Unternehmer freisteht, die Preise vorzugeben.[10] Eine entsprechende Klausel ist daher nach § 307 nicht zu beanstanden.[11] Eine Mineralölgesellschaft kann einem Tankstellenpächter als Handelsvertreter die Erhebung einer Gebühr bei Zahlung mit Kreditkarte untersagen.[12]

---

[1] OLG München NJW-RR 1999, 1194, 1195 (zu § 9 AGBG).

[2] OLG Saarbrücken NJW-RR 1997, 99, 100 f. (zu § 9 AGBG).

[3] BGH NJW-RR 1992, 481, 482 (zu Versicherungsvertretervertrag und § 9 AGBG).

[4] BGH NJW 1985, 623, 624 (zu § 9 und zum Vertragshändlervertrag).

[5] BGH NJW 1994, 1060, 1063 (zu § 9 AGBG und zum Vertragshändlervertrag). Ähnlich *Ulmer/H. Schmidt* Anh. § 310 Rz 408: grundsätzliche Unwirksamkeit eines Rechts zur einseitigen Änderung von Provisionssätzen, sofern die Klausel keine sachgerechte Begrenzung aufweist.

[6] BGH NJW-RR 1998, 629, 629 f.

[7] BGH NJW 2003, 292, 293; BGH NJW-RR 1998, 629, 630.

[8] BGH NJW-RR 1998, 629, 630.

[9] Offen gelassen in BGH NJW-RR 1998, 629, 630 (zu § 9 AGBG). A.A. wohl *Ulmer/H. Schmidt* Anh. § 310 Rz 408.

[10] BGH NJW-RR 2003, 1056, 1059.

[11] BGH NJW-RR 2003, 1056, 1059 (zu § 9 AGBG).

[12] Vgl. auch OLG Düsseldorf NJW-RR 1991, 754, 755, welches – allerdings zu dem mittlerweile aufgehobenen § 15 GWB – auf die kartellrechtliche Zulässigkeit der Weisung eingeht.

3. Abrechnung

Gemäß § 87 c I HGB hat der Unternehmer über die Provision, auf die der Handelsvertreter Anspruch hat, monatlich abzurechnen. Wird der Buchauszug verweigert oder bestehen begründete Zweifel an der Richtigkeit oder Vollständigkeit der Abrechnung oder des Buchauszuges, so kann der Handelsvertreter nach § 87 c IV HGB vorgehen. Die Rechte, welche § 87 HGB dem Handelsvertreter einräumt, können gemäß § 87 V HGB nicht ausgeschlossen oder beschränkt werden. Nach § 87 c V HGB unwirksam ist beispielsweise eine Klausel, der zufolge ein vom Prinzipal erstellter Kontoauszug als anerkannt gilt, wenn der Handelsvertreter nicht binnen einer bestimmten Frist Widerspruch erhebt.[1] Denn damit würde das Recht nach § 87 IV HGB zwar nicht ausdrücklich eingeschränkt, sein Zweck jedoch frustriert, was jedenfalls unter dem Gesichtspunkt der Umgehung vom Verbot des § 87 V HGB erfasst sein muss. Gemäß § 307 I, II Nr. 1 unwirksam ist eine Klausel, mit der der Unternehmer die Kosten der Erfüllung der ihm nach § 87 c I HGB obliegenden Pflichten auf den Handelsvertreter abwälzt.[2] Dies ergibt sich aus dem allgemeinen Grundsatz, dass eine Abwälzung der Kosten für die Erfüllung eigener Pflichten nach § 307 II Nr. 1 unangemessen ist.[3] **H 128**

4. Zurückbehaltungsrecht

Nach §§ 88 a I HGB, 307 unwirksam ist eine Klausel, die dem Vertreter ein Zurückbehaltungsrecht an herauszugebenden Unterlagen nur zugesteht, soweit über Ansprüche aus dem Vertretungsvertrag noch Meinungsverschiedenheiten bestehen.[4] **H 129**

5. Kundenschutzklauseln

Eine Vertragsstrafenklausel, die dem Handelsvertreter ohne zeitliche Begrenzung jede Verwertung von Kundenanschriften und Geschäftsgeheimnissen, auch soweit der Handelsvertreter sie nicht aufgeschrieben, sondern im Gedächtnis behalten hat, nach Beendigung des Handelsvertretervertrags verbietet, ist mit dem Leitbild von § 90 HGB nicht vereinbar und deshalb nach § 307 II Nr. 1 unwirksam, weil dadurch die Abwägung nach der Berufsauffassung eines ordentlichen Unternehmers ausgeschlossen wird und dies dem Handelsvertreter jeden Wettbewerb um Kunden, die einmal beim Prinzipal gekauft haben, unmöglich machen würde.[5] Dem Prinzipal steht kein genereller Anspruch auf Erhaltung seines Kundenstammes zu.[6] Eine solche unbeschränkte Klausel kann wegen des Verbots der geltungserhaltenden Reduktion auch nicht als Vertragsstrafe für die sich aus § 90 HGB ergebenden Pflichten aufrechterhalten werden.[7] Eine Vertragsstrafe von 150 Euro für jede Kundenanschrift, von der sich der Handelsvertreter nach Vertragsbeendigung eine Aufzeichnung zurückbehalten hat, kann jedoch wirksam in AGB vereinbart werden.[8] **H 130**

---

1 BGH NJW-RR 2007, 246, 248; *Ulmer/H. Schmidt* Anh. § 310 Rz 410. A.A. aber OLG Oldenburg NJW-RR 1989, 1081, 1081 f (zu § 9 AGBG).

2 A.A. *Ulmer/H. Schmidt* Anh. § 310 Rz 410, der allerdings eine Ausnahme für den Fall anerkennt, dass die Kosten auf vom Unternehmer zu vertretenden Umständen beruhen.

3 Zu diesem Grundsatz BGH NJW 2003, 2386, 2387 (Telefondienstvertrag).

4 BGH NJW 1995, 1551, 1554 (zu § 88 a HGB, 9 AGBG).

5 BGH NJW 1993, 1786, 1786 f (zu § 9 AGBG).

6 BGH NJW 1993, 1786, 1786 (zu § 9 AGBG).

7 BGH NJW 1993, 1786, 1787 (zu § 9 AGBG).

8 BGH NJW 1993, 1788 (zu einer Vertragsstrafe in Höhe von 250 DM).

Insbesondere ist die Bemessung der Höhe der insgesamt zu zahlenden Vertragsstrafe nach der Zahl der zurückbehaltenen Adressen nicht nach § 307 zu beanstanden.[1] Allerdings ist eine entsprechende Vertragsstrafeklausel grundsätzlich dahingehend auszulegen, dass mit Kundenanschriften nur die Anschriften aktiver Kunden gemeint sind.[2] Eine Vertragsstrafeklausel, die auch mit Blick auf die Adressen ehemaliger Kunden Geltung beansprucht, wäre mangels schutzwürdigen Interesses des Unternehmers unangemessen und daher unwirksam.

6. Wettbewerbsabreden und ergänzende Klauseln

H 131 Nachvertragliche Wettbewerbsverbote sind, auch wenn sie sich in AGB finden, zunächst an den Vorgaben des § 90 a HGB zu messen. Denn gemäß § 90 a III HGB kann von § 90 a HGB nicht zum Nachteil des Handelsvertreters abgewichen werden. Neben den Vorgaben des § 90 a HGB sind allerdings auch die Vorschriften des AGB-Rechts zu beachten. Anders als § 90 a HGB, der nur Wettbewerbsverbote erfasst, die nach Vertragsbeendigung eingreifen sollen, erstreckt sich die AGB-rechtliche Inhaltskontrolle auch auf vertragsbegleitende Wettbewerbsabreden. Im Rahmen der Angemessenheitsprüfung ist zu beachten, dass Wettbewerbsabreden durch ein schutzwürdiges Interesse des Unternehmers gerechtfertigt sein[3] und zum Schutz dieses Interesses erforderlich und angemessen sein müssen. Unangemessen ist beispielsweise eine Klausel, die es dem Handelsvertreter generell untersagt, für andere Unternehmen tätig zu werden, die nach dem gleichen Verkaufssystem wie der Verwender arbeiten.[4] Insofern dürfte außerdem ein Verstoß gegen das Transparenzgebot des § 307 I 2 anzunehmen sein. Ebenso ist eine Klausel unwirksam, die die Aufnahme einer Nebentätigkeit durch einen Versicherungsvertreter generell von der Zustimmung des Unternehmers abhängig macht, ohne klarzustellen, dass die Zustimmung zu erteilen ist, wenn eine Beeinträchtigung der Interessen des Verwenders nicht droht.[5] Wirksam ist aber z. B. die formularmäßige Vereinbarung einer Vertragsstrafe in Höhe von 5.000 Euro für jeden Fall des Abwerbens anderer Mitarbeiter durch den Vertreter.[6] Nicht zu beanstanden ist auch eine **Freistellungsklausel,** der zufolge der Unternehmer den Handelsvertreter im Falle der Kündigung unter Beibehaltung des Konkurrenzverbots von der Wahrnehmung seiner Pflichten entbinden kann, sofern die Freistellungsklausel „mit einer ausreichenden Entschädigungsregelung verbunden ist und nicht im Zusammenspiel mit (echten) Wettbewerbsabreden für die Zeit nach Vertragsbeendigung zu einer Wettbewerbsbeschränkung führt, die über die zulässige Höchstdauer von zwei Jahren (§ 90 a I 2 HGB) hinausgeht".[7] Ausreichend in diesem Sinne ist jedenfalls eine Entschädigungsregelung, der zufolge der Handelsvertreter weiterhin die ihm zustehenden Folgeprovisionen sowie eine monatliche Ausgleichszahlung erhält, die sich nach dem monatlichen Durchschnitt der in den letzten zwölf Monaten vor der Freistellung verdienten Provision bemisst.[8]

---

1 BGH NJW-RR 1995, 1243, 1244 (zu § 9 AGBG).
2 BGH NJW-RR 1995, 1243, 1244 (zu § 9 AGBG).
3 MünchKomm/*Basedow* § 307 Rz 108; *Ulmer/H. Schmidt* Anh. § 310 Rz 416.
4 OLG München NJW-RR 1995, 292, 293 (zu § 9 AGBG).
5 A.A. OLG München NJW-RR 1994, 159, 160 (zu § 9 AGBG).
6 OLG München NJW-RR 1994, 867, 867 (zu § 9 AGBG und zu einem Betrag von 10.000 DM).
7 BGH NJW 1995, 1552, 1553 (zu §§ 9 AGBG, 90 a HGB).
8 BGH NJW 1995, 1552, 2553 f. (zu §§ 9 AGBG, 90 a HGB).

7. Vertragsbeendigung

a) Allgemeines. Der Handelsvertretervertrag endet als Dauerschuldverhältnis bei Abschluss auf bestimmte Dauer mit Ablauf des vereinbarten Termins, bei Abschluss auf unbestimmte Dauer durch ordentliche Kündigung. Eine Klausel, der zufolge der Handelsvertreter im Falle der Vertragsbeendigung die mit Familienmitgliedern bestehenden Arbeitsverhältnisse auf seine Kosten beenden muss, ist unwirksam.[1] **H 132**

b) Ordentliche Kündigung. Ist das Vertragsverhältnis auf unbestimmte Zeit eingegangen, so kann es gemäß § 89 I 1 HGB unter Einhaltung der dort genannten Frist gekündigt werden. **H 133**

aa) Ausschluss. Zwar ist § 89 I HGB nicht zwingend. Die ordentliche Kündigung kann also durch Individualvereinbarung grundsätzlich in den Grenzen der §§ 138, 242 ausgeschlossen werden.[2] Bei AGB-mäßiger Vereinbarung ist ein solcher Ausschluss aber regelmäßig als unwirksam anzusehen. **H 134**

bb) Fristen. Die in § 89 I HGB genannten Kündigungsfristen können nicht verkürzt werden.[3] Dies folgt aus einem Umkehrschluss zu § 89 II 1 Hs. 2 HGB. Eine Verlängerung ist nach 89 II 1 Hs. 1 HGB ausdrücklich zulässig, doch darf die Frist in diesem Fall für den Unternehmer nicht kürzer sein als für den Handelsvertreter (§ 89 II 1 Hs. 2 HGB). Bei Verstoß gegen dieses Gleichheitsgebot gilt in Abweichung von dem sonst anwendbaren § 306 II nicht die gesetzlich vorgesehene, sondern die für den Handelsvertreter vereinbarte Frist (§ 89 II 2 HGB). Im Übrigen sind Klauseln, welche die Kündigungsfrist verlängern, an § 307 zu messen.[4] Eine Klausel, die die Kündigungsfrist für beide Seiten auf 23 Monate verlängert, ist jedenfalls gegenüber nebenberuflichen Handelsvertretern unangemessen.[5] **H 135**

c) Außerordentliche Kündigung. Das Recht zur fristlosen Kündigung aus wichtigem Grund kann weder durch AGB noch durch Individualvereinbarung ausgeschlossen oder beschränkt werden (§ 89 a I 2 HGB). Demgemäß sind auch solche Klauseln unwirksam, die dem Merkmal des wichtigen Grundes eine gegenüber dem dispositiven Recht engere Bedeutung geben.[6] Umgekehrt ist jedoch auch jede Erweiterung des Rechts zur außerordentlichen Kündigung unwirksam. Dies gilt nicht nur für AGB, sondern auch für Individualvereinbarungen. Denn entsprechende Vereinbarungen müssen nicht nur an dem nur für AGB geltenden § 307, sondern auch an § 89 II 1 Hs. 1 HGB scheitern. Wie bereits ausgeführt, ist § 89 II 1 Hs. 1 HGB ein Verbot der Verkürzung der für die ordentliche Kündigung geltenden Fristen zu entnehmen, und dieses Verbot würde durch eine Ausweitung des Rechts zur fristlosen Kündigung umgangen. Eine Klausel, die das Merkmal des wichtigen Grundes im Sinne des § 89 I konkretisiert, scheitert folgerichtig nur dann nicht an den §§ 89 II 1 Hs. 1, 89 a I 2 HGB, 307, wenn sie das Recht zur außerordentlichen Kündigung weder einschränkt noch erweitert.[7] Freilich gilt **H 136**

---

[1] BGH NJW 2006, 1792, 1793. Siehe dazu auch die zustimmende Anmerkung von *Dammann,* LMK 2006, 182, 333 Anm. zu BGH v. 23. 3. 2006 III ZR 102/05.

[2] BGH NJW 1995, 2350, 2351 = LM H.10/1995 § 138 (Aa) BGB Nr. 47 m. Anm. *M. Wolf.*

[3] Wie hier *Ulmer/Schmidt* Anh. § 310 Rz 412 („zwingende Mindestfristen“)

[4] Wie hier *Ulmer/H. Schmidt* Anh. § 310 Rz 412.

[5] OLG Celle, Urt. v. 9. 6. 2005, Az: 11 U 110/05, BeckRS 2005–07526.

[6] Wie hier wohl *Ulmer/H. Schmidt* Anh. § 310 Rz 412.

[7] A. A. wohl BGH NJW-RR 1988, 1381 (allerdings ohne Anwendung des AGB-Rechts): Es sei nicht zu beanstanden, wenn die Parteien die wichtigen Gründe verbindlich festlegten. Vgl. auch *Ulmer/Schmidt* Anh. § 310 Rz 412. Eine Spezifizierung der Gründe, die eine außerordentliche Kündigung zulassen bzw. nicht zulassen, sein „in Grenzen“ zulässig, müsse aber sorgfältig auf ihre Angemessenheit hin überprüft werden.

dies nur mit folgender Einschränkung: Nicht generell unwirksam sind solche Regelungen in den AGB, die das Recht zur außerordentlichen Kündigung mittelbar einschränken oder erweitern, indem sie einen Anhaltspunkt dafür liefern, welche Gesichtspunkte für die Parteien von Bedeutung sind. Allerdings ist dieser Grundsatz mit Zurückhaltung anzuwenden, denn einer AGB-mäßigen Vereinbarung wird bei der Feststellung der Parteiinteressen regelmäßig allenfalls eine untergeordnete Bedeutung zukommen. Ohne weiteres unwirksam ist eine Klausel, die eine außerordentliche Kündigung vorsieht, ohne dass die Interessen des Unternehmers ernstlich beeinträchtigt sind.[1] Auch kann keinesfalls auf eine Gesamtabwägung und das Erfordernis der Unzumutbarkeit der Vertragsfortsetzung verzichtet werden.[2]

8. Ausgleichsanspruch

H 137 **a) Allgemeines.** Gemäß § 89 b I HGB steht dem Handelsvertreter nach Beendigung des Vertragsverhältnisses unter bestimmten Voraussetzungen ein Ausgleichsanspruch gegen den Unternehmer zu. Nach § 89 b IV 1 HGB kann dieser Anspruch nicht im Voraus ausgeschlossen werden. Treffen die Parteien gleichwohl eine entsprechende Vereinbarung, so ergibt sich deren Unwirksamkeit nicht nur unmittelbar aus § 89 b IV 1 HGB, sondern auch aus § 307. Allerdings liegt ein im Voraus vereinbarter Ausschluss dann nicht vor, wenn sich die Parteien nach Beendigung des Handelsvertretervertrages oder in einer Aufhebungsvereinbarung auf den Ausschluss einigen, mögen sie dabei auch gleichzeitig die rückwirkende Beendigung des Handelsvertretervertrages vereinbaren.[3] Gleiches gilt selbst dann, wenn der Handelsvertreter sein Angebot zum Abschluss des Aufhebungsvertrags vor Beendigung des Handelsvertretervertrags abgegeben hat, sofern er dies nach dessen Beendigung noch gemäß § 130 I 2 widerrufen konnte.[4]

H 138 **aa) Verbot bloßer Beschränkungen.** Sinn des § 89 b IV 1 HGB ist es, „den Vertreter vor der Gefahr zu bewahren, sich auf Grund seiner wirtschaftlichen Abhängigkeit [...] auf ihn benachteiligende Abreden einzulassen".[5] Unzulässig sind daher nicht nur Vereinbarungen, die den Ausgleichsanspruch ganz ausschließen. Vielmehr verbietet § 89 b IV 1 HGB auch solche Abreden, die den Ausgleichsanspruch im Ergebnis mehr oder weniger beschränken.[6] Dies gewinnt unter anderem vor dem Hintergrund Bedeutung, dass § 89 I 1 Nr. 3 HGB den Anspruch davon abhängig macht, dass die Zahlung eines Ausgleichs unter Berücksichtigung aller Umstände der Billigkeit entspricht. Eine Klausel, die diese Vorgabe zu konkretisieren versucht, verstößt schon dann gegen §§ 89 b IV 1 HGB, § 307 wenn sie im Ergebnis zu einem geringeren Ausgleich führen kann, als er nach dem Gesetz geschuldet wäre.[7] Nach § §§ 89 b IV 1 HGB, § 307 unwirksam ist daher z. B. eine Klausel, die es erlaubt, den Barwert einer unternehmensfinanzierten Altersversorgung stets vom Aus-

---

1 Vgl. BGH NJW 1985, 623, 625 zum Vertragshändlervertrag.

2 A. A. offenbar BGH NJW-RR 1988, 1381, 1382; BGH NJW-RR 1992, 1059, 1060; dagegen aber zu Recht *Preis/Stoffels* ZHR 160, 442, 470 f.

3 BGHZ 51, 184, 188; BGH NJW 1996, 2867, 2868.

4 BGH NJW 1996, 2867, 2868.

5 OLG Celle NJOZ 2005, 2588, 2590.

6 BGH NJW 2003, 290, 293; OLG Celle NJOZ 2005, 2588, 2590. Allerdings ist es den Parteien zumindest in Individualvereinbarungen möglich, den Grund und die Höhe der Provision frei auszuhandeln. BGH NJW 2003, 292, 293. Dies gilt auch dann, wenn sich entsprechende Vereinbarungen mittelbar auf die Höhe des Ausgleichsanspruchs auswirken. BGH NJW 2003, 292, 293.

7 Ebenso, allerdings Prüfung, ob die Klausel im konkreten Fall tatsächlich zu einer Kürzung führt, OLG Celle NJOZ 2005, 2588, 2590.

gleichsanspruch abzuziehen, ohne deutlich zu machen, dass ein solcher Abzug nur nach Maßgabe des § 89 I Nr. 1 erfolgen soll.[1]

bb) Kein Verstoß bei Wahlrecht. Nicht nach § 89 b IV 1 HGB zu beanstanden ist aber eine Klausel, der zufolge der Handelsvertreter auf die Leistungen aus einer unternehmensfinanzierten Altersversorgung verzichtet, wenn er den Ausgleichsanspruch nach § 89 b I geltend macht.[2] Denn § 89 b IV 1 gewährleistet dem Handelsvertreter keine über die Ausgleichszahlung hinausgehenden Ansprüche, und die genannte Regelung stellt es dem Handelsvertreter frei, sich für den Ausgleichsanspruch zu entscheiden.[3] Die fragliche Regelung ist auch nach § 307 nicht zu beanstanden.[4] **H 139**

b) Abgrenzung zum Provisionsanspruch. Zur Abgrenzung von Regelungen des Ausgleichsanspruchs (§ 89 b HGB) einerseits und zulässigen Regelungen des Provisionsanspruchs (§ 87 I HGB) andererseits siehe § 310 Rz H 121. **H 140**

c) § 92 c I HGB. Gemäß § 92 c I HGB sind die Vorschriften der §§ 84 ff. HGB allesamt abdingbar, wenn der Handelsvertreter seine Tätigkeit für den Unternehmer nach dem Vertrag nicht innerhalb des Gebiets der EG oder der anderen Vertragsstaaten des EWR auszuüben hat. Diese Vorschrift, die naturgemäß nur dann anwendbar ist, wenn der Vertrag überhaupt deutschem Recht unterliegt, kann nicht dahingehend einschränkend ausgelegt werden, dass sie nur für Länder gelten soll, die keinen zwingenden Ausgleichsanspruch kennen.[5] Denn von einer planwidrigen Regelungslücke kann nicht ausgegangen werden.[6] Auf die Inhaltskontrolle nach § 307 können diese Erwägungen jedoch nicht ohne weiteres übertragen werden. Vielmehr ist insofern der Überlegung Rechnung zu tragen, dass der Gesetzgeber mit der Regelung des § 92 c I HGB vor allem die Möglichkeit einer Anpassung an örtliche Verhältnisse schaffen wollte.[7] Ein Ausschluss des Ausgleichsanspruchs ist daher nur in dem Maße zulässig, wie er auch im Einsatzland zulässig und üblich ist.[8] Fehlt es daran, ist von der Unangemessenheit nach § 307 auszugehen.[9] Der gegen eine solche Auslegung vorgebrachte Einwand, dass § 92 c I bei Unwirksamkeit entsprechender AGB wegen der weiten Verbreitung von Formularverträgen in multinationalen Vertriebssystemen weitgehend leerlaufen würde,[10] überzeugt schon deshalb nicht, weil nahezu das gesamte Wirtschaftsleben mittlerweile von vorformulierten Vertragsbedingungen geprägt ist. Man könnte demnach bei jeder zwingend ausgestalteten Zivilrechtsnorm argumentieren, dass ein Rekurs auf § 307 in den von der Norm nicht erfassten Fällen wegen der Verbreitung von AGB die vom Gesetzgeber vorgesehenen Grenzen der zwingenden Norm aushöhlen würde. Eine solche Argumentation liefe jedoch Funktion des § 307 zuwider, wegen der besonderen Risiken von AGB einen über das zwingende Recht hinausgehenden Schutz zu gewähren. **H 141**

---

1 OLG Celle NJOZ 2005, 2588, 2590; BGH NJW 2003, 1244, 1245 f. (zu §§ 89 b IV, 9 AGBG).

2 BGH NJW 2003, 3350, 3351.

3 In diesem Sinne auch BGH NJW 2003, 3350, 3351; *von Westphalen* NJW 2004, 1993, 2000.

4 BGH NJW 2003, 3350, 3351 (zu § 9 AGBG).

5 OLG München NJOZ 2002, 1416, 1417; *K. Bälz* NJW 2003, 1559, 1560.

6 S. im Einzelnen OLG München NJOZ 2002, 1416, 1417 f.

7 Zu dieser Intention, allerdings mit entgegengesetzter Schlussfolgerung, OLG München NJOZ 2002, 1416, 1418.

8 Ähnlich *Ulmer/H. Schmidt* Anh. § 310 Rz 415, der allerdings allgemeiner darauf abstellt, ob sich örtliche Bedürfnisse für den Ausschluss anführen lassen und beispielhaft die Branchenüblichkeit im Einsatzland nennt. Dezidiert a.A. aber OLG München NJOZ 2002, 1416, 1418 (zu § 9 AGBG); *K. Bälz* NJW 2003, 1559, 1560.

9 A.A. OLG München NJOZ 2002, 1416, 1418 (zu § 9 AGBG); *K. Bälz* NJW 2003, 1559, 1560.

10 *K. Bälz* NJW 2003, 1559, 1560.

9. Verjährung

H 142 **a) Allgemeines.** § 202 I verbietet eine Verkürzung von Verjährungsfristen nur insoweit, als die Verjährung bei Haftung wegen Vorsatzes nicht im Voraus erleichtert werden darf. Der BGH hat § 88 HGB a.F. entnommen, dass eine Verkürzung der Verjährungsfrist nicht nur einseitig den Handelsvertreter belasten darf, sondern eine Gleichbehandlung der Ansprüche von Handelsvertreter und Unternehmer erfolgen muss.[1] Dementsprechend dürfe die Verjährung bei Ansprüchen des Handelsvertreters nicht früher beginnen als bei Ansprüchen des Unternehmers.[2] Ferner müsse eine Verkürzung der Verjährungsfrist durch ein anerkennenswertes Interesse jedenfalls einer Vertragspartei gerechtfertigt sein.[3] Auch dürfe die resultierende Verjährungsfrist nicht unangemessen kurz sein.[4] An diesen Grundsätzen wird man im Rahmen der Angemessenheitskontrolle nach § 307 auch nach Aufhebung des § 88 HGB a.F. festhalten können.[5]

H 143 **b) Beispiele.** Eine Verkürzung der Verjährungsfrist für alle Ansprüche aus dem Handelsvertretervertrag auf 6 Monate dient der zügigen Vertragsabwicklung und der baldigen Klärung der Rechtslage. Dies entspricht einem berechtigten Interesse und ist dann **wirksam,** wenn der Verjährungsbeginn die Kenntnis der Anspruchsentstehung voraussetzt.[6] Unwirksam ist aber eine Verkürzung der Verjährungsfrist auf 12 Monate, wenn die Frist ohne Rücksicht auf die Kenntnis bereits mit der Fälligkeit des Anspruchs beginnt.[7] Die Verkürzung der Verjährungsfrist wird in diesem Falle nicht durch einen möglichen Schadensersatzanspruch wegen unrichtiger oder unvollständiger Provisionsabrechnung kompensiert, weil dieser Schadensersatzanspruch bei entschuldbaren Fehlern nicht besteht.[8]

10. Unwirksamkeitsfolgen

H 144 **a) Allgemeines.** Die Unwirksamkeitsfolgen ergeben sich grundsätzlich aus § 306. Die letztgenannte Vorschrift ist nicht nur dann anzuwenden, wenn eine AGB-Klausel nach § 307 unwirksam ist. Vielmehr findet § 306 auch dann Anwendung, wenn eine Klausel wegen Verstoßes gegen zwingende Regelungen der §§ 84 ff. HGB nichtig ist.[9] Eine Sonderregelung findet sich in § 89 II 2 HGB.

H 145–150 **b) Ausnahmsweise geltungserhaltende Reduktion.** Eine geltungserhaltende Reduktion findet grundsätzlich nicht statt.[10] Unzulässig wäre es daher zum Beispiel, eine unzulässige Vertragsstrafeklausel in einem Handelsvertretervertrag auf das zulässige Maß zu reduzieren[11] oder eine unangemessen kurze Verjährungsfrist

---

[1] BGHZ 75, 218, 220 = NJW 1980, 286, 286 (zu einem noch vor Erlass des AGBG abgeschlossenen Vertrag). In diesem Sinne auch BGH NJW 1996, 2097, 2099 (zu § 9 AGBG): Verjährungsfrist darf „Wahrung des Grundsatzes der Gleichbehandlung von Handelsvertreter und Unternehmer abgekürzt werden".

[2] BGH NJW 1996, 2097, 2099 (zu § 9 AGBG).

[3] BGH NJW 1996, 2097, 2099 (zu § 9 AGBG).

[4] BGHZ 75, 218, 220 = NJW 1980, 286, 286 (zu einem noch vor Erlass des AGBG abgeschlossenen Vertrag).

[5] Wie hier *Ulmer/H. Schmidt* Anh. § 310 Rz 411.

[6] BGH NJW-RR 1991, 35, 37. Dort überprüfte der BGH die Klausel allerdings am Maßstab des § 88 HGB a.F. ohne auf den damals noch geltenden § 9 näher einzugehen, obwohl ein Formularvertrag gegeben zu sein schien.

[7] BGH NJW 1996, 2097, 2099 (zu § 9 AGBG).

[8] BGH NJW 1996, 2097, 2099 (zu § 9 AGBG).

[9] BGH NJW-RR 1992, 1059, 1060 (zu § 6 AGBG); OLG Nürnberg NJW-RR 1986, 782, 782 (zu § 6 AGBG).

[10] BGH NJW 1993, 1786, 1787 (zu § 9 AGBG).

[11] BGH NJW 1993, 1786, 1787 (zu § 9 AGBG).

mit einer zulässigen Länge aufrechtzuerhalten.[1] Ist eine Kündigungsfrist wegen Unterschreitung der Fristen in § 89 I HGB nichtig, so ist nach § 306 II die gesetzliche Frist in § 89 I 1 HGB zu Grunde zu legen.[2] Auch bei Überschreitung der Zweijahresfrist in § 90 a I 2 HGB ist kein hinreichender Grund ersichtlich, eine Ausnahme vom Verbot der geltungserhaltenden Reduktion zuzulassen. Darüber hinaus kommt in bestimmten Fällen bei Wegfall der unzulässigen Klausel eine ergänzende Auslegung in Betracht.[3] Voraussetzung hierfür ist jedoch, dass „die Unwirksamkeit der beanstandeten Klausel eine Lücke in der gesetzlichen Regelung offenbart, die die berechtigten Interessen beider Seiten unangemessen geregelt sein lässt".[4]

*

Heimvertrag

Schrifttum: *Dahlem/Giese/Igl/Klie,* Heimgesetz, 1992; *Dubischar,* Die untersagte „Vorteilsnahme" nach § 14 Heimgesetz, DNotZ 1993, 413; *Igl,* Heimvertrag, Gutachten und Vorschläge zur Überarbeitung des Schuldrechts, Hrsg. BMJ, S. 9511048; *Kunz/Ruf/Wiedemann,* Heimgesetz, 10. Aufl. 2004; *Schmied,* Entgelterhöhungen nach dem Heimgesetz bei Selbstzahlern, NJW 1995, 436.

1. Allgemeines

Der Heimvertrag zur Unterbringung und Pflege bedürftiger Personen wird durch das Heimgesetz[5] gesondert geregelt. Er ist ein gemischter Vertrag, der sich aus den Elementen des Mietvertrags, des Dienstvertrags und, soweit es die Verpflegung betrifft, des Kaufvertrags zusammensetzt.[6] Die Elemente der einzelnen Vertragstypen kommen im Regelfall entsprechend dem jeweiligen Leistungsteil gleichgewichtig zur Anwendung,[7] soweit nicht die Anwendung bestimmter Vorschriften, wie etwa des Mietrechts in §§ 6 bis 8 HeimG, ausdrücklich vorgeschrieben ist. Bei starker Pflegebedürftigkeit wird im Allgemeinen das Dienstvertragselement überwiegen,[8] ebenso bei psychosozialer Betreuung.[9] Verboten und nach § 134 nichtig sind insbesondere Verträge zwischen Heimbewohnern und Heimpersonal, bei denen zwischen Leistung und Gegenleistung ein Missverhältnis besteht (s. § 14 II HeimG).[10] Soweit der Heimvertrag als Formularvertrag oder mit AGB abgeschlossen wird, sind daneben die §§ 305 ff. anwendbar.[11] Vorschriften in sog. Heimordnungen werden, wenn überhaupt, nur durch **Einbeziehung** nach Maßgabe des § 305 II, III Vertragsinhalt. Derartige Bestimmungen dürfen den Bewohnern keine weiteren Pflichten auferlegen, bzw. sind gegebenenfalls überraschend im Sinne von § 305c I. D. h. im Rahmen von Heimordnungen können letztlich **H 151**

---

[1] BGH NJW 1996, 2097, 2099 (zu § 9 AGBG).

[2] OLG Nürnberg NJW-RR 1986, 782, 782 (zu § 6 AGBG).

[3] BGH NJW 1993, 1786, 1787 (zu § 6 AGBG).

[4] BGH NJW 1993, 1786, 1787 (zu § 6 AGBG).

[5] Gesetz über Altenheime, Altenwohnheime und Pflegeheime für Volljährige HeimG in der Fassung der Bekanntmachung vom 5. 11. 2001, BGBl. I, 2970.

[6] BGH NJW 2002, 507; *Igl,* Gutachten, S. 961.

[7] Sog. gleichgewichtige Typenkumulation, s. *Soergel/Wolf,* BGB, § 305 Rz 29.

[8] S. LG Düsseldorf NJW-RR 1991, 184; AG Sinzig NJW-RR 1987, 498.

[9] AG Köln NJW-RR 1990, 956.

[10] Dazu BGH NJW 1990, 1603.

[11] BGH NJW 2002, 507.

nur Fragen des Hausrechts gegenüber Dritten und Fragen der äußeren Ordnung geregelt werden.[1] Zulässig ist auch eine Klausel in einem Heimvertrag, in der auf die jeweils geltende Fassung des Rahmenvertrages gemäß § 75 SGB XI verwiesen wird.[2] Eine derartige Klausel steht in Einklang mit § 5 VI HeimG, da im Rahmenvertrag Art, Inhalt und Umfang der Leistungen des Heimträgers festgelegt werden.

2. Rechte und Pflichten

H 152 Die Rechte und Pflichten bestimmen sich nach den jeweils maßgeblichen vertragsrechtlichen Elementen des Heimvertrags (s. Rz H 121) in Verbindung mit den Vorschriften des HeimG. Soweit nicht zwingende Vorschriften insbesondere des HeimG entgegenstehen, können die Rechte und Pflichten der Parteien auch in AGB geregelt werden. Eine **Entgeltklausel,** die eine angemessene Erhöhung des Kostenersatzes vorsieht, falls dies wegen der allgemeinen Kostenlage erforderlich ist, ist grundsätzlich wirksam.[3] Bei der Entgelterhöhung sind die zwingenden Vorschriften des HeimG zu beachten.[4] Die Vereinbarung zwischen dem Heimbetreiber und einem Dritten, dass dieser die Differenz zwischen dem Sozialhilfesatz und dem Pflegesatz des Heimes trägt, ist wirksam, auch wenn sich der Heimbetreiber in einer Pflegesatzvereinbarung mit dem Sozialhilfeträger verpflichtet hat, mit den Pflegebedürftigen keine höheren als die Sozialhilfesätze zu vereinbaren.[5] **Eingebrachte Sachen** sind von der Heimverwaltung pfleglich zu behandeln. Unwirksam nach§ 307 II ist dabei eine Klausel, wonach die eingebrachten Sachen längstens drei Monate nach dem Tod aufbewahrt werden.[6] Eine Klausel, wonach die Heimleitung Taschengeldbeträge für die Heimbewohner verwaltet, begründet ein Treuhandverhältnis. Der Rechtsträger darf als Treuhänder gegen Auszahlungsansprüche aus dem Treuhandverhältnis nicht mit eigenen Ansprüchen gegen den Heimbewohner aufrechnen.[7] **Einverständnisklauseln,** durch die der Heimbewohner schon bei Abschluss des Heimvertrags sein antizipiertes Einverständnis mit der Einweisung in ein Krankenhaus „bei Bedarf auf ärztliche Anordnung" oder zur Verlegung auf eine Pflegestation „bei Pflegebedürftigkeit" erklärt, fallen zwar nicht unmittelbar unter § 308 Nr. 5, weil sie bereits bei Vertragsabschluss und nicht danach abgegeben werden.[8] Diese Klauseln sind aber nach § 307 I, II unwirksam, da sie das Selbstbestimmungsrecht des Heimbewohners aus Art. 2 GG unangemessen einschränken, weil er aufgrund des antizipierten Einverständnisses nicht mehr das aktuelle Bedürfnis und die Angemessenheit der Einweisung oder Verlegung in Ruhe und nach Rücksprache mit vertrauten Personen überdenken kann.[9] Regelt eine Klausel die Heimkosten bei längerer Abwesenheit des Heimbewohners dahingehend, dass sie eine so genannte Platzgebühr in Höhe von 75 % des jeweiligen Gesamtpflegesatzes festlegt, diese jedoch auf höchstens 28 Tage im Kalenderjahr begrenzt, so ist sie hinsichtlich einer darüber hinausgehenden Abwesenheit unklar und daher unwirksam. Jedoch hat der Heimbetreibende dann aufgrund der gesetz-

---

1 Vgl. *Ulmer/Hensen* Anh. § 310 BGB Rz 425.

2 BGH NJW 2002, 507.

3 S. auch OLG Karlsruhe NJW-RR 1988, 1402, mit Recht aber kritisch; *Ulmer/Hensen,* Anh. § 310, BGB Rz 422.

4 Vgl. zur Begründung des Erhöhungsverlangens BGH NJW 1995, 2923.

5 OLG Celle NJW-RR 1993, 1093.

6 OLG Celle OLGR Celle 2001, 201.

7 LG Hamburg NJW-RR 1992, 627.

8 S. § 308 Nr. 5 Rz [.].

9 LG Düsseldorf NJW-RR 1991, 696.

lichen Vorschriften einen Anspruch auf den Gesamtpflegesatz unter Anrechnung des Wertes der durch die Abwesenheit des Heimbewohners eingesparten Aufwendungen, wobei in Anbetracht der Platzgebührregelung für die ersten 28 Tage von einer Ersparnis von jedenfalls 25 % auszugehen ist.[1] Eine Klausel, wonach die Abwesenheitsvergütung erst vom dritten Tag an gewährt wird, ist nicht nach § 307 unangemessen, die bisher vertretene Gegenansicht ist mit§ 5 VIII HeimG nicht mehr vereinbar.[2] Ist ein Heimbewohner zeitweise auf **Sondennahrung** angewiesen, die von der gesetzlichen Krankenversicherung übernommen wird, so führt dies zu einer Ermäßigung des Entgelts um die ersparten Verpflegungskosten.[3] Entgegenstehende AGB sind unwirksam.[4] In Heimverträgen finden sich bisweilen auch **Ausschlussfristen** für die Geltendmachung von Ansprüchen des Bewohners. Der Fristbeginn muss hinreichend bestimmt fixiert sein,[5] und die Frist darf das berechtigte Anliegen des Heimbewohners, die Sach- und Rechtslage abschließend prüfen zu können und nicht zu voreiliger Geltendmachung und Klageerhebung gezwungen zu sein, nicht unvertretbar verkürzen.[6]

3. Beendigung und Abwicklung

Eine **Kündigungsklausel,** die eine Kündigung mit einer Monatsfrist vorsieht, **H 153**
wenn der Bewohner oder ein zahlungpflichtiger Dritter mit dem Leistungsentgelt mehr als zwei Monate im Rückstand ist, ist nach § 307 I, II unwirksam. Eine solche Klausel verstößt gegen die mietvertraglichen Grundgedanken des § 543 II Nr. 3, weil sie von dem mit Verzug verbundenen Verschuldenserfordernis absieht und nur an den objektiven Rückstand anknüpft und weil sie den Wegfall des Kündigungsrechts bei nachträglicher Zahlung gemäß § 569 III Nr. 2 nicht vorsieht.[7] Dies gilt auch, wenn der Heimvertrag als Dienstvertrag zu qualifizieren ist.[8] Unwirksam ist auch eine Klausel, die eine Kündigung aus wichtigem Grund bei Störungen und Verstößen gegen die Heimordnung durch Heimbewohner vorsieht, sofern von der in § 569 II enthaltenen Abwägung abgesehen wird.[9] Eine Klausel, wonach der Heimvertrag außer durch Befristung und Kündigung auch eine **Beendigung durch Tod** findet, entspricht dem Charakter des Dienstvertrags und widerspricht nicht dem Grundgedanken des § 580 beim Mietvertrag. Die unmittelbare Beendigung durch Tod ist deshalb nach § 307 I, II nicht zu beanstanden. Dies gilt auch unter Berücksichtigung der Verweisung auf das Mietrecht in §§ 6 bis 8 HeimG, da § 580 einen Schutz des verstorbenen Mieters nicht erfordert. Wohl aber ist § 563 anzuwenden, wenn Ehepartner gemeinsam in ein Heim eingetreten sind, aber nur einer von ihnen Vertragspartner ist. Eine Fortgeltungsklausel, wonach die Kosten weiterzuentrichten sind, ist gemäß § 8 VIII 2 HeimG nur dann wirksam und verstößt somit nicht gegen § 307 I, II, wenn sich diese allein auf die Entgeltbestandteile

---

1 OLG Hamm NJW-RR 1994, 888.

2 BGH NJW 2005, 3632 mit zust. Anm. von *Annuß/Conrad* JR 2007, 113; OLG Koblenz NZM 2005, 397; OLG Nürnberg NJW-RR 1998, 780; a.A. BGH NJW 2001, 2971; LG Neuruppin VuR 1998, 316; OLG Celle OLGR Celle 2001, 201.

3 BGH NJW 2007, 653 mit Anm. *Drasdo.*

4 *Ulmer/Hensen,* Anh. § 310 Rz 423.

5 „6 Monate nach Entgelterhöhung" ist zu unbestimmt, so LG Braunschweig NJOZ 2006, 506.

6 Nach LG Braunschweig NJOZ 2006, 506 wird eine Klagefrist von drei Monaten diesen Anforderungen nicht gerecht.

7 BGH NJW 1989, 1673.

8 BGH NJW 1989, 1673, 1674.

9 LG Düsseldorf NJW-RR 1991, 696 zu § 554a BGB a.F. Nach dieser Vorschrift war ein Verschulden des Mieters erforderlich.

für Wohnraum und Investitionskosten bezieht und lediglich einen Zeitraum von 14 Tagen erfasst.[1] Unwirksam ist aber eine Fortgeltungsklausel, die die Beendigung erst zum Ende des auf den Todestag folgenden Monats vorsieht, wenn nicht eine Reduzierung um ersparte Aufwendungen gemäß § 8 VIII 3 HeimG vorgesehen ist.[2] Dies gilt insbesondere bei Überwiegen des dienstvertraglichen Elements. Für die Kündigung gilt nicht § 624,[3] grundsätzlich auch **nicht** § 627, sofern nicht im Einzelfall dienstvertragliche Elemente überwiegen, wie etwa bei psychosozialer Betreuung (s. Rz H 121); das Kündigungsrecht aus § 627 kann dann gemäß § 307 II Nr. 1 nicht wirksam ausgeschlossen werden.[4]

H 154-160 Ist vorgesehen, dass trotz Beendigung durch Tod eine sog. Platzgebühr bis zum Abschluss der Räumung, mindestens für 14 Tage zu zahlen ist, so ist eine solche Klausel nicht ohne weiteres nach § 307 I, II unwirksam, da die Räumarbeiten durch die Pflegeperson verursacht sind und eine Neubelegung deshalb nicht sofort erfolgen kann. Ist jedoch eine Neubelegung möglich und zumutbar, so kann nicht gleichwohl eine Platzgebühr verlangt werden. Vielmehr muss insoweit eine Herabsetzung zugelassen werden.[5]

*

Herstellergarantie

Zu Garantien, die von Dritten, insbesondere Herstellern, übernommen werden, siehe die Ausführungen zum Garantievertrag unter § 310 G Rz 1 -40.

*

Höhere-Gewalt-Klauseln

Zu Höhere-Gewalt-Klauseln allgemein s. § 308 Nr. 3 Rz 46; bei Arbeitskampfklauseln Rz A 161 ff.

*

Inkassoauftrag

Inhaltsübersicht

Schrifttum: *Klinger,* Der „außergerichtliche" Einzug von Forderungen durch Inkassogesellschaften im gerichtlichen Verfahren, NJW 1993, 3165; *Rudolff,* Ausgewählte Rechtsfragen der Inkassounternehmen, 1997; *von Westphalen,* Inkasso-AGB einige Erwägungen zum AGB-Gesetz und zum VerbrKrG, BB 1994, 1721; *ders.,* AGB, Inkassobedingungen, 1995.

---

[1] Zur alten Rechtslage vgl. BGH NJW-RR 2003, 1081; LG Hildesheim NJW-RR 1992, 1276. Zur Frage der Behandlung von Altverträgen vgl. BGH NJW 2003, 1453.
[2] LG Düsseldorf NJW-RR 1991, 184; a. A. AG Bad Homburg NJW-RR 1996, 890.
[3] OLG Köln NJW 1980, 1395.
[4] AG Köln NJW-RR 1990, 956.
[5] Ohne diese Einschränkung AG Sinzig NJW-RR 1987, 498.

1. Allgemeines

a) Begriff. Aufgrund des Inkassoauftrags wird ein Inkassoinstitut, eine Bank oder sonst eine Person beauftragt, eine Forderung des Auftraggebers, zumeist eine Geldforderung, sei es eine in Dokumenten verbriefte oder eine unverbriefte, oder sonstige Rechte einzuziehen bzw. geltend zu machen. Inkassoaufträge sind im Regelfall Geschäftsbesorgungsverträge nach § 675. Dies gilt insbesondere für einen Dokumenteninkassoauftrag.[1] Ein Inkassoauftrag zur Einziehung von Rechnungsbeträgen bei belieferten Kunden kann einem Spediteur auch aufgrund von Nachnahmevermerken in ihm übergebenen Rechnungen des Lieferanten erteilt werden. Der Auftrag muss jedoch eindeutig sein.[2] **I 1**

Zur Erfüllung des Inkassoauftrags stehen dem Einziehenden nach außen gegenüber dem Schuldner verschiedene Rechtsfiguren zur Verfügung. Er kann als Vertreter namens und mit Vollmacht des Auftraggebers handeln (§§ 164 ff.). Möglich ist auch, dass der Einziehende im eigenen Namen auftritt. Es muss ihm dazu eine Einziehungsermächtigung erteilt (§ 362 mit § 185) oder das einzuziehende Recht treuhänderisch übertragen sein. Die Erlaubnis zur Rechtsbesorgung an Inkassounternehmer gem. Art 1 § 1 I S 2 Nr. 5 RBerG umfasst zugleich die Erlaubnis zur Rechtsberatung seiner Kunden darüber, ob und unter welchen rechtlichen Gesichtspunkten ihnen eine Forderung zusteht.[3] Zu der in der Inkassotätigkeit liegenden Rechtsberatung ist auch eine GmbH im Regelfall nach dem RBerG zuzulassen.[4] **I 2**

b) Für den Einzug von Dokumenten, sei es von Zahlungspapieren, wie Wechsel, Scheck u. a., oder von Handelspapieren, insbesondere Rechnungen und Verladedokumente, durch Banken sind die **Einheitlichen Richtlinien für Inkassi (ERI 522)** vorgesehen, die von der Internationalen Handelskammer (ICC) zuletzt in der Fassung von 1996 veröffentlicht und empfohlen wurden. Die ERI sind AGB, die durch Einbeziehung in den Vertrag Geltung erlangen.[5] Sie gelten in ihrer Gesamtheit nicht kraft Handelsbrauchs,[6] wohl aber können einzelne Regelungen einen Handelsbrauch enthalten. **I 3**

Die **Einbeziehung der ERI** richtet sich grundsätzlich nach § 305 II, III, auf dessen strenge Voraussetzungen aber zwischen Unternehmern gemäß § 310 I verzichtet werden kann.[7] Die Einbeziehung der ERI durch Nr. 1 I 2 AGB-Banken ist gegenüber Unternehmern wirksam.[8] **I 4**

2. Stellung des Einziehenden

a) Welche Stellung der Einziehende hat, muss durch Auslegung der jeweiligen Klauseln und Vertragsverhältnisse ermittelt werden. Nr. 15 II AGB-Banken sieht für den Einzug von Wechseln, Schecks und anderen Einzugspapieren den Übergang der zu Grunde liegenden Forderungen auf die Bank vor. Als Einzugspapiere im Sinne von Nr. 15 II AGB-Banken sind auch Rechnungen, Verladepapiere, Transportpapiere, Dispositionspapiere und andere den Dokumenteninkassoaufträgen zu Grunde liegende Papiere anzusehen.[9] Abgetreten ist deshalb auch die dem Doku- **I 5**

---

1 BGH NJW 1985, 2649, 2650.
2 BGH NJW-RR 1988, 925.
3 BVerfG NJW 2002, 1190.
4 S. VGH Mannheim NJW-RR 1987, 617.
5 OLG Frankfurt a.M. WM 2000, 1636; s. auch *von Westphalen* WM 1980, 178, 189.
6 A. A. OLG Hamburg MDR 1970, 335.
7 S. im Einzelnen § 305 II, III Rz 120 ff.
8 S. § 305 II, III Rz 131 f.
9 BGH NJW 1985, 2649 zu Nr. 44 AGB-Banken a.F.; s. auch *Nielsen* ZIP 1985, 777, 779.

menteninkasso zu Grunde liegende Kaufpreisforderung eines Exportgeschäfts, sofern die Kaufpreisforderung deutschem Recht untersteht oder das ausländische Recht keine zusätzlichen Abtretungsvoraussetzungen aufstellt.[1] Die Abtretung nach Nr. 15 II AGB-Banken ist eine **Sicherungsabtretung,** die dem Zessionar in der Insolvenz des Zedenten die Rechte aus §§ 50 I, 51 Nr. 1 InsO gewährt.[2] Dies gilt bei einem eigenen Sicherungsinteresse der Bank auch bei Einreichung eines Schecks oder Wechsels zum Einzug.[3] Sicherungseigentum wird jedoch von der Bank nicht erworben, soweit dies der mit der Bank vereinbarten besonderen Zweckbestimmung widerspricht. Wird das Einzugspapier zugunsten eines bestimmten Kunden eingereicht, so erlangt die Bank das Sicherungseigentum nicht für Schulden eines anderen Kunden.[4] Inkassounternehmen dürfen fremde Forderungen, die sie im Rahmen erlaubter Tätigkeit erworben haben, im eigenen Namen unter Einschaltung eines Rechtsanwaltes gerichtlich geltend machen.[5] Die Abtretung einer ärztlichen oder zahnärztlichen Honorarforderung an eine gewerbliche Inkassostelle oder an eine berufsständische Rechtsschutzstelle[6] verletzt durch die damit verbundene Weitergabe von Patientendaten die ärztliche **Schweigepflicht.** Deshalb sind sowohl die Abtretung wie das Grundgeschäft wegen Verletzung von § 203 I Nr. 1 StGB gemäß § 134 BGB nichtig, falls nicht der Patient einwilligt.[7] Eine der Krankenhausträgerin zur Geltendmachung der Chefarzthonorare erteilte Einzugsermächtigung ist hingegen nicht nach § 134 BGB in Verbindung mit § 203 I Nr. 1 StGB unwirksam.[8] Gleiches gilt für die Abtretung von Gebührenforderungen der Steuerberater und Rechtsanwälte,[9] falls nicht der Erwerber als Rechtsanwalt gemäß § 49 b IV BRAO ebenfalls der Schweigepflicht unterliegt.[10] Die Einwilligung muss eindeutig und unmissverständlich eingeholt werden.[11] Eine Einwilligung ergibt sich nicht schon daraus, dass der Patient durch einen Vermerk auf dem Rechnungsformular darauf hingewiesen wird, die Inkassostelle sei mit der Abwicklung von Patientenrechnungen beauftragt worden.[12] Nicht ausreichend ist auch ein schriftlicher Hinweis im Wartezimmer auf den Rechnungseinzug durch die Inkassostelle,[13] ebenso wenig die Zahlung früherer Rechnungen.[14] Auch eine mutmaßliche Einwilligung kommt nicht in Betracht.[15] Eine Klausel, wonach ein Inkassobüro für jeden Fall der Kündigung die volle Vergütung als Festbetrag erhält, ist gemäß § 308 Nr. 7 a unwirksam.[16]

---

[1] BGH NJW 1985, 2649.

[2] BGH NJW 1985, 2649; s. auch *Menkhaus* ZIP 1985, 1309.

[3] BGH NJW 1985, 2649, 2650; BGH NJW 1988, 700.

[4] BGH NJW-RR 1998, 366.

[5] BGH BB 2001, 64.

[6] BGH NJW 1993, 2371.

[7] BGHZ 115, 123 = NJW 1991, 2955; BGH NJW 1992, 2348; a. A. für die Abtretung einer tierärztlichen Honorarforderung an die Tierärztliche Verrechnungsstelle OLG Celle NJW 1995, 786; LG Lüneburg NJW 1993, 2994.

[8] LG Bonn NJW 1995, 2419 f.

[9] BGH NJW 1993, 1912 und 2795; KG NJW 1992, 2771; OLG Köln NJW 1992, 2772; LG Hamburg NJW 1992, 842; s. auch *Bork* NJW 1992, 2449 zu standesrechtlichen Aspekten; a. A. *Berger* NJW 1995, 1584.

[10] Zum Praxisverkauf BGH NJW 1995, 2026.

[11] BGH NJW 1992, 2348.

[12] BGH NJW 1992, 2348, 2350.

[13] Andeutungsweise BGHZ 115, 123 = NJW 1991, 2955; BGH NJW 1992, 2348.

[14] BGH NJW 1992, 2348.

[15] BGHZ 115, 123 = NJW 1991, 2955.

[16] BGH NJW-RR 2005, 642.

b) Die **Übertragung** des Einziehungsauftrags **auf** einen Dritten als **Substituten** ist im Rahmen von § 664 I S. 2 zulässig. Art. 11 I ERI vor, dass die Einschaltung einer weiteren Inkasso-Bank durch die erste „Einreicherbank" auf Rechnung und Gefahr des Auftraggebers erfolgt. Da die Inkassobank mit der Einziehung der Forderung die Hauptinkassopflicht erfüllen muss und sich der Auftraggeber darauf einrichten muss, ist in Art. 11 I ERI die zulässige Übertragung auf einen Substituten zu sehen.[1] Die Einreicherbank kann sich jedoch für ein Auswahlverschulden nach § 307 I, II nicht wirksam freizeichnen. **I 6**

3. Herausgabeanspruch

Der Inkassoauftraggeber hat gegen den Einziehenden einen Herausgabeanspruch nach §§ 675, 667. Der Anspruch entsteht gegen die Inkassobank als Anspruch auf Gutschrift, sobald die Bank buchmäßige Deckung, d. h. Zahlung in Buchgeld durch den Schuldner oder eine beauftragte Bank erlangt hat. Der Anspruch auf Gutschrift des Inkassoauftraggebers gegen seine Bank unterliegt dem Pfandrecht nach Nr. 14 AGB-Banken (s. auch Rz P 14), falls nicht insolvenzrechtliche Vorschriften entgegenstehen.[2] **I 7**

4. Haftung

Beim Scheckinkasso ist die Inkassobank verpflichtet, den Scheck der bezogenen Bank auf dem schnellsten und sichersten Weg vorzulegen.[3] Beim Dokumenteninkasso trifft die Bank nach Art. 12 ERI nur die eingeschränkte Pflicht, zu prüfen, ob die erhaltenen Dokumente den im Inkassoauftrag aufgezählten Dokumenten zu entsprechen scheinen, und das Fehlen von Dokumenten dem Auftraggeber mitzuteilen. Im Gegensatz zum Akkreditiv gelten weniger strenge Prüfpflichten. Die Haftung für über Art. 12 ERI hinausgehende Pflichten kann deshalb ausgeschlossen werden. Soweit eine Mitteilungspflicht besteht, ist der in Art. 14 ERI vorgesehene gänzliche Haftungsausschluss für Verzögerungen und Verluste bei Übermittlung von Nachrichten, Briefen und Dokumenten mit § 307 I, II nicht zu vereinbaren. **I 8**

5. Rechtswahlklauseln

Alt- und Neugläubiger können ohne Zustimmung des Schuldners nicht vereinbaren, die abgetretene Forderung einer von der ursprünglichen Rechtsordnung abweichenden nationalen Rechtsordnung zu unterstellen.[4] **I 9–10**

*

---

[1] S. auch *von Westphalen* WM 1980, 178, 190.
[2] BGH NJW 1985, 2649, 2650.
[3] BGH ZIP 1988, 360, 361.
[4] OLG Köln NJW 1987, 1151.

Konnossementsklauseln

Inhaltsübersicht

Schrifttum: *Girsberger,* Gerichtsstandsklauseln im Konnossement – Der EuGH und der internationale Handelsbrauch, IPrax 2000, 87; *Götz,* Zum neuen deutschen Seefrachtrecht, NJW 1987, 1671; *Herber,* Haftung beim multimodalen Transport, TranspR 1990, 4; *Klingsporn,* Zum international zwingenden Anwendungsbereich des neuen deutschen Seefrachtrechts, NJW 1987, 3042; *Rabe,* AGB-Gesetz und Seefrachtrecht, Heft 54 der Schriften des Deutschen Vereins für Internationales Seerecht, 1985; *ders.,* Zehn Jahre AGB-Gesetz Auswirkungen auf das Seefrachtrecht, TranspR 1987, 125; *ders.,* Die IOC-Klausel-Lösung oder Diskussion ohne Ende, TranspR 1989, 81; *K. Schmidt,* Identity of the Carrier, TranspR 1989, 41; *Trappe,* Zum Thema Konnossement und AGBG, VersR 1991, 163.

1. Allgemeines

K 1 Das Konnossement (§§ 642 ff. HGB) ist der (See-)Frachtbrief, den der Verfrachter oder Frachtführer dem Ablader oder Absender ausstellt und in dem er die Annahme der Güter anerkennt und sich zur Auslieferung an den Inhaber der Konnossementsurkunde verpflichtet. Konnossement und Frachtvertrag sind verschiedenartige Rechtsverhältnisse.[1] Der zwischen Verfrachter und Ablader geschlossene Konnossementsbegebungsvertrag ist ein Vertrag zugunsten des jeweils berechtigten Konnossementsinhabers,[2] jedoch ist § 334 gegenüber einem gutgläubigen Konnossementsinhaber, der auf die Richtigkeit des Konnossements vertraut, nicht anwendbar.[3] Das Konnossement ist zwar regelmäßig mit einem Seefrachtvertrag (§§ 556 ff. HGB)[4] oder einem Frachtvertrag im Bereich der Binnenschifffahrt verbunden. Es betrifft jedoch nur die Beziehungen des Verfrachters gegenüber dem durch das Konnossement legitimierten Empfänger und betrifft nicht das Rechtsverhältnis zwischen Befrachter und Verfrachter.[5] Für die Konnossementsbedingungen des Seefrachtvertrags sind die zum Teil zwingenden Vorschriften des Seefrachtrechts in §§ 556 ff. HGB (s. Rz K 4, 7) zu beachten. Die Vorschriften des Seefrachtrechts sind durch das zweite Seerechtsänderungsgesetz vom 25. 7. 1986[6] mit Wirkung vom 31. 7. 1986 den auf internationalen Abkommen beruhenden „Visby-Regeln" angepasst worden.

K 2 Soweit die Konnossementsbedingungen vorformuliert sind und für eine Vielzahl von Verträgen verwendet werden, sind sie AGB und unterliegen der **Inhaltskontrolle** nach den §§ 307 ff. Auch ein Stempelaufdruck auf einem Konnossement ist keine Individualvereinbarung,[7] da der Stempel für eine Vielzahl von Fällen vorformuliert ist. Es kann sich jedoch um eine Leistungsbeschreibung nach § 307 III handeln. Da die Parteien des Seefrachtvertrags aber regelmäßig Unternehmer sind, kommt nach § 310 I für die Einbeziehung § 305 II nicht zur Anwendung. Gleich-

---

1 S. auch BGH NJW-RR 1992, 483, 484.
2 BGHZ 33, 364, 367.
3 BGH NJW 1987, 588, 589.
4 S. Rz F 42.
5 BGH NJW-RR 1992, 483, 484.
6 BGBl. I, 1120.
7 A. A. *Rabe* TranspR 1987, 125, 127.

wohl ließ der BGH die Einbeziehung scheitern, weil die auf der Rückseite abgedruckten AGB „lediglich mit der Lupe und auch dann nicht ohne Mühe" zu lesen waren.[1] Die Nichteinbeziehung ist auch bei einem im internationalen Handelsverkehr benutzten Konnossement jedenfalls dann gerechtfertigt, wenn zum Kleindruck ein schwer unterscheidbares und verschwommenes Druckbild hinzukommt. Trotz Kleindruck werden die Konnossementsbedingungen jedoch Vertragsinhalt, wenn sie sich durch Schwarzdruck klar von ihrem Untergrund abheben und fettgedruckte Überschriften den Text übersichtlich machen.[2] Eine Individualvereinbarung geht hier wie allgemein nach § 305 b den AGB vor. Verfrachter ist deshalb nicht der in einer Identity-of-Carrier-Klausel bestimmte Reeder, sondern die individuell im Konnossement eingesetzte Person.[3] Die Identity-of-Carrier-Klausel tritt hinter eine auf der Vorderseite des Konnossementsformulars durch die Größe des Schriftbildes und die Hinzufügung des Flaggenzeichens als Verfrachterin hervorgehobene Partei zurück.[4] Für die Inhaltskontrolle kommt allein § 307 in Betracht, da es sich im Regelfall auf beiden Seiten um Unternehmer handelt.

2. Frachtklauseln

Eine Klausel, die vorsieht, dass den Skipper (Ablader) neben dem Befrachter oder **K 3**
Empfänger eine Mithaftung für die Frachtzahlung trifft, ist nach § 307 II Nr. 1 unwirksam, weil sie den Grundgedanken der §§ 614, 625 HGB widerspricht.[5] Straffrachtklauseln enthalten Vertragsstrafen in der Weise, dass bei falschen Angaben über die Berechnungsgrundlagen der Fracht der Frachtpreis vervielfacht, z. B. verdoppelt wird. Solche Vertragsstrafen sind wegen der besonderen Verhältnisse im Seefrachtgeschäft in Ausnahme von § 339 auch dann wirksam, wenn den Befrachter/Ablader kein Verschulden trifft.[6] Die §§ 580 ff. HGB sehen bei Nichtinanspruchnahme des Laderaums gleichwohl eine Zahlungspflicht des Befrachters (Fautfracht) vor. Nach § 588 III HGB kann die Fautfracht aber nur bei Geltendmachung vor der Abreise verlangt werden. Diese Anzeigepflicht kann ohne Verstoß gegen § 307 wirksam abbedungen werden.[7]

3. Haftungsklauseln

a) Haftungsausschlussklauseln sind nach der zwingenden Vorschrift des **K 4**
§ 662 HGB in AGB wie in Individualverträgen unwirksam.[8] Ausgeschlossen ist eine Haftungsfreistellung auch im Falle bewusster Schadenszufügung nach §§ 607 a IV, 660 III HGB. Das zwingende Verbot des Haftungsausschlusses des § 662 HGB gilt jedoch nicht in den Fällen des § 663 HGB. Dies gilt insbesondere für den Zeitraum vor Einladung und nach Ausladung der Güter. Formularmäßige Haftungsausschlüsse, auch wenn sie unter § 663 HGB fallen, sind jedoch nach § 307 zu überprüfen. Sie können wirksam sein, wenn bestimmte Pflichten nach der Verkehrsauffassung typischerweise nicht zum Vertragsinhalt gehören. Wirksam ist ins-

---

[1] BGH NJW 1983, 2772; s. auch OLG München NJW-RR 1989, 803, 805; krit. dazu *Hensen* ZIP 1984, 145; *Rölweke* VersR 1985, 1117; *Trappe* IPrax 1985, 8.

[2] BGH NJW-RR 1986, 1311.

[3] BGH NJW 1991, 1420.

[4] OLG Düsseldorf RiW 1995, 249, 250.

[5] OLG München NJW-RR 1989, 803, 806.

[6] S. BGHZ 72, 174 = NJW 1979, 105, 106 und § 309 Nr. 6 Rz 69.

[7] BGH NJW 1990, 2257.

[8] BGH NJW-RR 1993, 490; BGH NJW-RR 1997, 1252 = LM H.12/1997 § 9 (Cf) AGBG Nr. 46 m. Anm. *Rabe*.

besondere die als branchenüblich anerkannte sog. Landschadenklausel, wonach der Verfrachter oder seine Vertreter nicht haften für Schäden vor Beladung oder nach der Löschung des Schiffes.[1] Der Verfrachter kann sich danach auch von der Haftung von Landschäden, die von seinen Erfüllungsgehilfen verursacht werden, gemäß § 663 II Nr. 2 HGB freizeichnen. Dies gilt auch, wenn kein Konnossement ausgestellt worden ist.[2] Die Landschadenklausel ist dahin auszulegen, dass auf den Zeitpunkt der Pflichtverletzung (s. auch § 663 II Nr. 2 HGB) und nicht auf den Zeitpunkt des Schadenseintritts abzustellen ist. Deshalb ist nur die Haftung für vom Hafenpersonal nach dem Ausladen verursachte Schäden ausgeschlossen, nicht aber die Haftung für Schäden, die durch schuldhaftes Verhalten der Schiffsbesatzung auf dem Schiff herbeigeführt worden sind, auch wenn der Schaden erst nach dem Abladen eingetreten ist, so z. B. wenn das Schiffspersonal das Hafenpersonal über den Umgang mit der Ware nicht richtig informiert hat.[3] Soweit eine Haftungsfreistellung wirksam ist, gilt sie für alle Rechtsgründe, insbesondere auch für Ansprüche aus unerlaubter Handlung, sowohl gegen den Verfrachter wie gegen seine unselbstständigen Erfüllungsgehilfen. Neben § 662 HGB bleibt § 307 anwendbar, so z. B. für eine Klausel, durch die der Verfrachter oder Frachtführer seine Haftung für die anfängliche Fahr- und Ladungsuntüchtigkeit (s. etwa § 559 HGB)[4] ausschließt.[5] Dem Haftungsausschluss steht es gleich, wenn in einer Identity-of-Carrier-Klausel die Haftung von dem im Vertrag genannten Verfrachter auf einen Dritten abgewälzt wird. Eine solche verstößt gegen den Grundgedanken des § 656 III HGB und ist deshalb nach § 307 II Nr. 1 unwirksam.[6] Nach § 307 unwirksam ist auch eine Klausel, soweit sie die Haftung des Verfrachters für die Auslieferung an einen durch Konnossement nicht legitimierten Empfänger ausschließt.[7] Gleiches gilt, wenn die Haftung für unrichtige Ausstellung gegenüber einem gutgläubigen Konnossementsinhaber ausgeschlossen werden soll.[8]

K 5 b) Unwirksam sind auch **Haftungsbegrenzungen,** die willkürlich erscheinen, weil sie in keiner Weise an den Wert der beförderten Güter anknüpfen, indem sie z. B. die Haftung generell auf einen Höchstbetrag begrenzen[9] oder auf einen bestimmten Betrag pro Gewichtseinheit des beförderten Gutes festsetzen.[10] Für Ansprüche aus §§ 485 oder 606 HGB gilt die Haftungsbegrenzung des § 660 HGB.[11] Sie gilt jedoch nur für Schäden im Zusammenhang mit dem Gütertransport, nicht für Schäden aus dem Abschluss des Fracht- oder Konnossementsvertrags. Der gutgläubige Konnossementsberechtigte, der im Vertrauen auf einen unrichtigen Ladevermerk im Konnossement Schaden erlitten hat, muss die Haftungsbeschränkung deshalb nicht gegen sich gelten lassen.[12] Als Spezialregelungen sind Haftungsbeschränkungsabkommen, z. B. in der Binnenschiffahrt die CLN, vorrangig zu berücksichtigen.[13]

---

[1] OLG Hamburg, TranspR 2001, 87.
[2] BGH NJW-RR 1997, 1253.
[3] BGH NJW-RR 1993, 490.
[4] BGHZ 65, 364, 367.
[5] BGH NJW 1978, 1314.
[6] OLG Hamburg VersR 1982, 65; *Rabe* TranspR 1987, 125, 127; die IoC-Klausel kann auch gegen § 305 b verstoßen, vgl. dazu *Bamberger/Roth/Hubert Schmidt* § 305 b Rn. 9.
[7] BGH NJW 1983, 1264, 1266.
[8] Krit. dazu *Rabe* TranspR 1987, 125, 126 f.
[9] Im konkreten Fall auf 10.000,00 DM, BGH VersR 1975, 1117, 1118.
[10] BGH NJW 1978, 1314, 1315.
[11] S. BGH NJW 1983, 1263.
[12] BGH NJW 1987, 588, 589.
[13] S. *Korioth* Die Neuregelung der Haftungsbeschränkung in der Binnenschifffahrt unter besonderer Berücksichtigung des gerichtlichen Verteilungsverfahrens, Diss. 1984.

c) Ersatzansprüche gegen den Befrachter können in AGB auch entgegen § 625 S. 1 HGB wirksam vorgesehen werden, soweit den Befrachter ein Verschulden trifft.[1] Eine **Schadensüberwälzung** auf den Befrachter/Ablader oder Versender ist auch ohne dessen Verschulden nach Gesichtspunkten einer gerechten Risikoverteilung zulässig, wenn es sich um Schmuggelware handelt und der Verfrachter die im Zusammenhang mit der Beförderung dieser Ware entstandenen Schäden, z. B. Strafen oder Beschlagnahme des Schiffes durch Zollbehörden, dem Befrachter/Verlader auferlegt.[2] **K 6**

4. Ausschlussfristen und Verjährungsfristen

Ausschlussfristen für die Geltendmachung von Ansprüchen aus dem Frachtvertrag sind jedenfalls dann unwirksam, wenn sie wesentlich unter der Verjährungsfrist liegen, so z. B. eine Ausschlussfrist von 3 Monaten statt der einjährigen Regelverjährungsfrist nach §§ 414, 439 I HGB, § 26 BinnSchG.[3] Die Verjährungsfrist des **§ 64 ADSp** a. F. kann die Ausschlussfrist nach § 612 HGB gemäß § 662 HGB nicht verdrängen, soweit sie die Pflichten des Verfrachters aus dem Konnossement betrifft. Dies gilt jedoch nicht für Ansprüche des Befrachters gegen den Verfrachter aus dem Frachtvertrag.[4] **K 7**

5. Gerichtsstandsklauseln

Eine Gerichtsstandsklausel, die alternativ die Zuständigkeit verschiedener Gerichte vorsieht, je nachdem, welche Person Verfrachter ist, ist weder nach § 305 c II unklar noch nach § 307 unwirksam.[5] Zur Wirksamkeit der Gerichtsstandsklausel nach Art. 17 EuGVÜ (jetzt Art. 23 EuGVVO[6]) genügt es, wenn der vereinbarte Gerichtsstand von den Parteien so genau bestimmt ist, ohne dass sie ihn namentlich festgestellt hätten, dass das angerufene Gericht seine Zuständigkeit nach der Vereinbarung der Parteien, notfalls durch Auslegung, feststellen kann.[7] **K 8**

6. Rechtswahlklauseln

Die Wirksamkeit der Rechtswahlklausel in einem Orderkonnossement ist unabhängig von Art. 37 Nr. 1 EGBGB, der Artt. 21 IV und 31 I EGBGB bei Orderpapieren für nicht anwendbar erklärt, nach dem Recht des Staates zu beurteilen, das bei Wirksamkeit der Klausel anzuwenden wäre.[8] Art. 6 EGHGB legt den international zwingenden Anwendungsbereich des § 662 HGB fest, der ohne Rücksicht auf eine Rechtswahlklausel gemäß Art. 34 EGBGB zu beachten ist.[9] **K 9–10**

*

---

[1] S. auch *Rabe* TranspR 1987, 125, 128 ff.; a. A. OLG Bremen TranspR 1986, 190.
[2] BGH NJW 1979, 105, 107.
[3] BGH NJW 1978, 1314.
[4] BGH NJW-RR 1992, 483.
[5] S. BGH NJW-RR 1986, 1311, 1312; s. auch Rz G 121 ff.
[6] Dazu EuGH Slg. 1999 I S. 1597 mit Anm. *Rabe* TransPR 2000, 389; Girsbeger IPRax 2000, 87.
[7] EuGH EuZW 2001, 122, 124 = Slg. 2000 I S. 9337; zur Drittwirkung einer Gerichtsstandsklausel OLG Stuttgart, TranspR 2004, 406 mit Anm von *Herber* u. *Werder* TranspR 2005, 112.
[8] BGH NJW 1987, 1145.
[9] S. *Klingsporn* NJW 1987, 3042.

Konzernverrechnungs- und ähnliche Klauseln

Inhaltsübersicht

Schrifttum: *Schwahn,* Konzernverrechnungsklauseln in der Insolvenz, NJW 2005, 473.

I. Terminologie

K 11 Nach dispositivem Recht (§ 387) setzt die Aufrechnung die Gegenseitigkeit von Forderung und Gegenforderung voraus.

1. Konzernverrechnungsklauseln

K 12 Konzernverrechnungsklauseln zielen demgegenüber darauf ab, eine Aufrechnung auch mit Gegenforderungen Dritter zu ermöglichen, nämlich mit Forderungen von Unternehmen, die zum gleichen Konzern gehören wie der Verwender.[1] Die Konzernverrechnungsklausel zeichnet sich also dadurch aus, dass der Kreis der möglichen Gegenforderungen zugunsten von Forderungen konzernzugehöriger Unternehmen erweitert wird. Dabei sind unterschiedliche Ausgestaltungen hinsichtlich der Person des Aufrechnungsberechtigten denkbar. Möglich ist zum einen, dass die Aufrechnungsbefugnis dem Dritten gewährt wird,[2] also dem Unternehmen, welches demselben Konzern angehört wie der Verwender. Denkbar ist aber auch, dass die Klausel dem Verwender die Befugnis gewährt, mit Gegenforderungen eines zum Konzern des Verwenders gehörenden Unternehmens aufzurechnen.[3] Im letzteren Fall erlöschen die Forderungen freilich nur dann, wenn der Verwender auch tatsächlich über die Forderung des Dritten verfügen kann.[4]

2. Konzernverrechnungsklauseln im engeren und im weiteren Sinne

K 13 Aus Gründen analytischer Klarheit ist es hilfreich, zwischen Konzernverrechnungsklauseln im engeren und solchen im weiteren Sinn zu unterscheiden. Eine Konzernverrechnungsklausel im engeren Sinn sollte man dann annehmen, wenn die Klausel ausdrücklich die Aufrechnung mit Gegenforderungen konzerzugehöri-

---

[1] Zur Abdingbarkeit des Gegenseitigkeitserfordernisses siehe MünchKomm/*Schlüter* § 387 Rz 51.
[2] BGH NJW-RR 2005, 1636, 1638.
[3] So die Klausel in BGH NJW 2004, 3185, 3185.
[4] Zur Notwendigkeit der Verfügungsmacht siehe z. B. *Palandt/Grüneberg* § 387 Rz 20.

ger Unternehmen erlaubt, ohne den Kreis der relevanten Unternehmen näher zu präzisieren. Von einer Konzernverrechnungsklausel im weiteren Sinn sollte demgegenüber dann die Rede sein, wenn die Klausel die Unternehmen, deren Forderungen als Gegenforderungen in Betracht kommen, sollen näher umschreibt, insbesondere durch eine namentliche Bezeichnung.

3. Umgekehrte Konzernverrechnungsklausel

Von den Konzernverrechnungsklauseln abzugrenzen sind solche Klauseln, die **K 14** nicht den Kreis der Gegenforderungen, sondern den Kreis der zur Aufrechung zur Verfügung stehenden Hauptforderungen erweitern. Solche Klauseln sollen im Folgenden als umgekehrte Konzernverrechnungsklauseln bezeichnet werden. Denkbar ist z. B. eine Klausel, die es dem Verwender erlaubt, seine Forderung gegen eine Forderung aufzurechnen, die einem dem Konzern des Verwendungsgegners zugehörigen Unternehmen gegen den Verwender zusteht. Ferner ist eine Klausel vorstellbar, die es dem Verwender ermöglichen soll, seine Forderung gegen eine Forderung aufzurechnen, die dem Verwendungsgegner gegen ein anderes Unternehmen zusteht, welches demselben Konzern angehört wie der Verwender.

II. Wirksamkeit

Konzernverrechnungsklauseln sind grundsätzlich wirksam, wenn sie Gegen- **K 15** stand einer Individualvereinbarung sind. Sofern sie in AGB enthalten sind, scheitern sie zwar nicht an § 309 Nr. 3.[1] Doch unterliegen sie der Kontrolle anhand von § 307.[2] Dabei gilt Folgendes:

1. Verbraucher

Gegenüber Verbrauchern sind Konzernverrechnungsklauseln ohne weiteres un- **K 16** wirksam.[3]

2. Unternehmer

Schwieriger ist die Beurteilung entsprechender Klauseln im unternehmerischen **K 17** Verkehr. Insofern wird man differenzieren müssen.

a) Konzernverrechnungsklauseln im engeren Sinn. Ohne weiteres unwirk- **K 18** sam sind Konzernverrechnungsklauseln, im engeren Sinn, die pauschal die Aufrechnung mit Gegenforderungen konzerzugehöriger Unternehmen erlauben, ohne den Kreis der relevanten Unternehmen näher zu präzisieren.[4] Denn dadurch werden die Forderungen des Vertragspartners als Kreditunterlage weitgehend ent-

---

[1] Zutreffend MünchKomm/*Basedow* § 309 Nr. 3 Rz 6.

[2] *Staudinger/Coester-Waltjen* § 309 Nr. 2 Rz 8, die den Begriff der Konzernverrechnungsklausel aber wohl im Sinne einer Erweiterung des Zurückbehaltungsrechts nach § 273 deutet.

[3] Insoweit zutreffend *Palandt/Grüneberg* § 387 Rz 22. Offen gelassen in OLG Frankfurt a.M. NJW-RR 2004, 54, 56: Wirksamkeit „jedenfalls im kaufmännischen Verkehr".

[4] *Löwe/von Westphalen* § 11 Nr. 3 Rz 19; *Palandt/Grüneberg* § 387 Rz 22. Vgl. auch BGH NJW 1981, 2257, 2257: „[E]s mag insbesondere fraglich sein, ob es nicht eine unangemessene Benachteiligung des Vertragspartners des AGB-Verwenders gem. § 9 AGB-Verwenders [darstellt], wenn wie hier eine Aufrechnung mit Gegenforderungen nicht namentlich genannter Konzernmitglieder, an deren Kapital ‚der Besteller oder die S-AG mindestens zur Hälfte beteiligt sind', zulässig sein soll." Für die grundsätzliche Zulässigkeit von Konzerverrechnungsklauseln im unternehmerischen Verkehr dagegen *Staudinger/Coester-Waltjen* § 309 Nr. 3 Rz 14.

wertet. Entsprechende Klauseln sind regelmäßig auch überraschend im Sinne des § 305 c I.[1]

K 19 **b) Konzernverrechnungsklauseln im weiteren Sinn.** Darüber hinaus wird man grundsätzlich auch solche Klauseln als unwirksam einstufen müssen, die lediglich die Aufrechnung mit den Gegenforderungen **bestimmter näher bezeichneter konzernzugehöriger Unternehmen** erlauben. Allerdings gilt dies nicht ohne Ausnahme. Als wirksam wird man vielmehr Klauseln einzustufen müssen, die lediglich Forderungen solcher konzernzugehöriger Unternehmen betreffen, welche dem Vertragsverhältnis zwischen dem Verwender und dem Verwendungsgegner aus besonderen Gründen nahestehen.[2] So liegt es beispielsweise dann, wenn die relevanten Unternehmen ersichtlich in die Vertragsbeziehungen miteinbezogen sind.[3] Auch der überraschende Charakter der Klausel ist in der geschilderten Sondersituation zu verneinen.[4] Gegen die Richtigkeit des hier vorstehend geschilderten Ansatzes lässt sich auch nicht die Wertung des § 449 III ins Feld führen. Denn Klauseln der in § 449 III geregelten Art belasten den Verwendungsgegner sehr viel stärker, führen sie doch dazu, dass der Eigentumswerber des Verwendungsgegners sich spürbar verzögern kann. Auch aus § 96 I Nr. 2 InsO ergibt sich nichts anderes. Denn es ist nicht deutlich, weshalb ein Gleichklang zwischen § 307 auf der einen Seite und § 96 I Nr. 2 InsO auf der anderen Seite wünschenswert sein soll.[5] Selbst Konzernverrechnungsklauseln im weiteren Sinn sind jedoch ohne weiteres unwirksam, wenn für den Verwendungsgegner nicht mit hinreichender Deutlichkeit erkennbar wird, welche Forderungen von der Klausel betroffen werden können.[6]

III. Wirkung in der Insolvenz

K 20 Selbst eine wirksame **Konzernverrechnungsklausel** entfaltet im Insolvenzverfahren des Aufrechnungsgegners analog § 96 I Nr. 2 InsO keine Wirkung.[7] Die Vorschrift des § 94 InsO vermag an diesem Ergebnis nichts zu ändern. Denn § 94 InsO zielt ausweislich seiner Überschrift darauf ab, dem Gläubiger eine bereits bei Eröffnung des Insolvenzverfahrens gegebene Aufrechnungslage zu erhalten.[8] Eine Aufrechnungslage entsteht indessen erst in dem Zeitpunkt, in dem zwei Forderungen einander aufrechenbar gegenübertreten.[9] Dies ist bei einer auf eine Kon-

---

[1] Vgl. auch *Ulmer* § 305 c Rz 35: im Zweifel überraschend.

[2] Vgl. auch BGH GRUR 2005, 62 unter II.13: Wirksamkeit einer Klausel in einem Kfz-Vertragshändler-Vertrag, die es dem Hersteller erlaubt, auch mit solchen Forderungen gegen Forderungen des Händlers aufzurechnen, die der dem Konzern des Herstellers zugehörigen Bank gegen den Händler zustehen.

[3] OLG Frankfurt a.M. NJW-RR 2004, 54, 56 (zu § 9 AGBG). Offen gelassen wurde die Wirksamkeit der Konzerverrechnungsklausel in der Revisionsentscheidung des BGH. S. BGH NJW 2004, 3185, 3187 (zu § 9 AGBG). A.A., nämlich generell gegen die Zulässigkeit von Konzernverrechnungsklauseln aber wohl *v. Westphalen* NJW 2005, 1987, 1988; *Palandt/Grüneberg* § 387 Rz 22.

[4] Ebenso OLG Frankfurt a.M. NJW-RR 2004, 54, 56 (zu § 3 AGBG) für den Fall, dass der Dritte, mit dessen Forderungen eine Aufrechnung ermöglicht werden soll, „ersichtlich in die Vertragsbeziehungen der Parteien miteinbezogen" ist. Offen gelassen wird die Frage nach dem Überraschungscharakter von OLG Köln NJW 2005, 1127, 1129 (zu § 3 AGBG und mit Blick auf eine von der öffentlichen Hand verwandten Klausel).

[5] So aber *v. Westphalen* NJW 2005, 1987, 1988.

[6] Vgl. auch OLG Frankfurt a.M. NJW-RR 2004, 54, 56, das den Überraschungscharakter der Klausel unter anderem unter Hinweis darauf verneint, dass „[d]ie Forderungen, welche für eine Aufrechnung [...] herangezogen werden können, [...] klar umgrenzt" sind.

[7] BGH NJW 2004, 3185, 3186; BGH NJW-RR 2005, 1636, 1638; *Palandt/Grüneberg* § 387 Rz 22. A.A. OLG Frankfurt a.M. NJW-RR 2004, 54, 56.

[8] BGH NJW 2004, 3185, 3186; OLG Köln NJW 2005, 1127, 1129; *Schwahn* NJW 2005, 473, 474.

[9] BGH NJW 2004, 3185, 3186; OLG Köln NJW 2005, 1127, 1129.

zernverrechnungsklausel gestützten Aufrechnung nicht der Fall, solange die Aufrechnung nicht erklärt worden ist.[1] Die analoge Anwendung des § 96 I Nr. 2 InsO ist selbst dann geboten, wenn eine entsprechende Klausel von der öffentlichen Hand zu Gunsten von Forderungen anderer Körperschaften des öffentlichen Rechts verwendet wird.[2] Entsprechendes wie für Konzernverrechnungsklauseln gilt auch für **umgekehrte Konzernverrechnungsklauseln.** Denn insofern findet zwar nicht § 96 I Nr. 2 InsO, wohl aber § 96 I Nr. 1 InsO analoge Anwendung.[3]

IV. Die öffentliche Hand als Verwender

Generell gilt das zu Konzernverrechnungsklauseln Gesagte entsprechend, wenn die öffentliche Hand als Verwender eine Klausel stellt, die eine Aufrechnungsmöglichkeit auch zu Gunsten von Forderungen anderer Körperschaften des öffentlichen Rechts eröffnet.[4] Entsprechende Klauseln sind also gegenüber Verbrauchern nach § 307 unwirksam und zudem nach § 305 c I überraschend. Auch gegenüber Unternehmern ist grundsätzlich von der Unangemessenheit[5] sowie dem Überraschungscharakter[6] derartiger Klauseln auszugehen. Wirksam sind Konzernverrechnungsklauseln im weiteren Sinn, welche gegenüber Unternehmern verwendet werden, aber ausnahmsweise dann, wenn der von der Klausel betroffene Dritte dem Vertragsverhältnis zwischen dem Verwender und dem Verwendungsgegner aus besonderen Gründen nahe steht. Selbst bei einem Näheverhältnis ist die Klausel freilich unwirksam und überraschend, wenn der Kreis der betroffenen Forderungen nicht mehr zu überblicken ist.[7] Letzteres ist unter anderem dann zu bejahen, wenn es die Klausel erlaubt, alle Forderungen der Bundesrepublik Deutschland, des Landes Nordrhein-Westfalen sowie der Bundesanstalt für Arbeit, die diesen Körperschaften gegen den Verwendungsgegner zustehen, zur Aufrechnung zu stellen.[8] **K 21**

V. Forderungen sonstiger Dritter

Sofern eine Klausel die Aufrechnung mit Gegenforderungen ermöglichen soll, die weder dem Verwender noch einem zum gleichen Konzern wie der Verwender gehörenden Unternehmen zustehen, ist die Klausel in aller Regel überraschend (§ 305 c I) und unangemessen (§ 307). **K 22**

VI. Umgekehrte Konzernverrechnungsklauseln

Die hier so genannten umgekehrten Konzernverrechnungsklauseln erweitern den Kreis der zur Aufrechung zur Verfügung stehenden Hauptforderungen. Insofern ist zu differenzieren: **K 23**

---

[1] BGH NJW 2006, 3631, 3632; BGH NJW 2004, 3185, 3186; OLG Köln NJW 2005, 1127, 1129.

[2] OLG Köln NJW 2005, 1127, 1129 (zu § 9 AGBG).

[3] BGH NJW 2006, 3631, 3632 (zur Aufrechnung mit einer eigenen Forderung gegen eine fremde Schuld).

[4] Für eine Gleichbehandlung auch OLG Köln NJW 2005, 1127, 1129.

[5] Offen gelassen in OLG Köln NJW 2005, 1127, 1129 (zu § 9 AGBG).

[6] Offen gelassen in OLG Köln NJW 2005, 1127, 1129 (zu § 3 AGBG).

[7] Für Unangemessenheit nach § 9 AGBG (§ 307) in diesem Falle auch OLG Köln NJW 2005, 1127, 1129.

[8] OLG Köln NJW 2005, 1127, 1129 (zu § 9 AGBG).

1. Aufrechnung gegen Forderungen Dritter

K 24 Klauseln, die es dem Verwender erlauben, mit seiner Forderung gegen eine Forderung aufzurechnen, die einem Unternehmen zusteht, welches dem gleichen Konzern angehört wie der Verwendungsgegner, werden meist schon deshalb wirkungslos sein, weil der Verwendungsgegner regelmäßig keine Verfügungsmacht hinsichtlich der Forderungen anderer Unternehmen des gleichen Konzerns innehat. Darüber wird man entsprechende Klauseln auch grundsätzlich als unangemessen einstufen müssen, denn der Verwender kann nach Treu und Glauben nicht ernsthaft erwarten, dass der Verwendungsgegner ihm die Möglichkeit einräumen wird, Forderungen Dritter zum Erlöschen zu bringen. In der Regel wird die relevante Klausel außerdem an § 305 c I scheitern.

2. Aufrechnung gegen Forderungen, die dem Verwendungsgegner gegen einem Dritten zustehen

K 25–30 Klauseln, die es dem Verwender ermöglichen, mit seiner Forderung gegen eine Forderung aufzurechnen, die dem Verwendungsgegner gegen einen Dritten zusteht, sind dagegen grundsätzlich nicht unangemessen im Sinne des § 307. Denn sie bedeutet keine nennenswerte Belastung des Verwendungsgegners.

*

Kostenvoranschläge

Inhaltsübersicht

Schrifttum: *Jagenburg/Weber,* Die Entwicklung des privaten Baurechts in den Jahren privaten Bauvertragsrechts seit 1998: BGB- und Werkvertragsfragen – Teil 2, NJW 2001, 191.

1. Allgemeines

K 31 Mit Hilfe des Kostenanschlags (auch: Kostenvoranschlags) will sich der Kunde einen Überblick über die auf ihn zukommenden Belastungen verschaffen, um sich entscheiden zu können, ob er die erforderlichen Arbeiten, zumeist Werkleistungen in Form von Reparatur- oder Bauleistungen, durchführen lässt und wen er damit unter mehreren Konkurrenten beauftragt.

2. Vergütung

K 32 Gemäß § 632 III ist ein Kostenanschlag im Zweifel nicht zu vergüten. Die Parteien können aber Abweichendes vereinbaren. Dies kann auch konkludent geschehen. Insbesondere wird man im Falle der Branchenüblichkeit oftmals von der stillschweigenden Vereinbarung einer Vergütungspflicht ausgehen können. Denn in diesem Falle wird es vielfach so liegen, dass die Herstellung des Werkes den Umständen nach nur gegen eine Vergütung erwartet werden darf (§ 632 I). Ist die Vergütungspflicht nicht Gegenstand einer ausdrücklichen oder konkludenten Individualabrede, sondern ausschließlich in den AGB des Unternehmers vorgesehen, so stellt sich die Frage, ob die entsprechende Klausel wirksam ist. Insofern gilt Folgendes:

a) § 305 c I. Grundsätzlich ist eine AGB-Klausel, der zufolge ein Kostenanschlag zu vergüten ist, überraschend und wird daher nach § 305 c I nicht Vertragsbestandteil.[1] Ist die Vergütungspflicht allerdings branchenüblich, ohne dass eine konkludente Vergütungsabrede vorläge, so wird man die Klausel grundsätzlich nicht mehr als überraschend einstufen können.[2] Auch muss der überraschende Charakter dann verneint werden, wenn der Kunde hinreichend deutlich auf die Vergütungspflicht hingewiesen wird. Dies kann ausnahmsweise auch in den AGB geschehen, wenn die Klausel so deutlich hervorgehoben ist, dass sie nicht zu übersehen ist.[3] Eine gesonderte Unterschrift ist hierzu nicht erforderlich. **K 33**

b) § 307. Darüber hinaus kann die Klausel nach § 307 unangemessen sein. **K 34**

aa) Kontrollfähigkeit. Mit Blick auf § 307 ist zunächst hervorzuheben, dass die Inhaltskontrolle entgegen einer im Schrifttum vertretenen Auffassung[4] nicht an § 307 III 1 scheitert. Denn eine Inhaltskontrolle von Preisabreden ist unter anderem dann möglich, wenn eine Klausel eine Vergütungspflicht für Leistungen vorsieht, die anderenfalls nicht gesondert zu vergüten wären. Insbesondere sind solche Klauseln kontrollfähig, mit denen der Verwender versucht, Aufwendungen für die Erfüllung eigener Pflichten oder für eigene Zwecke auf den Verwendungsgegner abzuwälzen.[5] Dementsprechend hat auch der BGH die Kontrollfähigkeit von Klauseln bejaht, die eine Vergütungspflicht für Kostenanschläge vorsahen.[6] Die mittlerweile erfolgte Erlass des § 632 III rechtfertigt eine Aufgabe dieser Rechtsprechung nicht. Denn zum einen entspricht die neu geschaffene Regelung in der Sache der bisherigen Rechtsprechung.[7] Und zum anderen ist entscheidend, dass die Erstellung des Kostenanschlags auch nach neuem Recht im Zweifel gerade nicht zu vergüten ist. **K 35**

bb) Angemessenheit. Klauseln, die eine Vergütungspflicht für Kostenvorschläge vorsehen, sind grundsätzlich unangemessen.[8] Zwar ergibt sich die Unangemessenheit nicht aus § 307 II Nr. 2, da diese Vorschrift nur die Einschränkung von Rechten und Pflichten betrifft.[9] Doch folgt die Unwirksamkeit der Klausel aus § 307 I.[10] Allerdings wird man die Unangemessenheit dann verneinen müssen, wenn die Vergütungspflicht branchenüblich ist.[11] Zu beachten ist in diesem Zusam- **K 36**

---

[1] MünchKomm/*Busche* § 632 Rz 9 m.w.N.

[2] Gegen den Überraschungscharakter im Falle der Branchenüblichkeit wohl auch *Palandt/Sprau* § 632 Rz 10.

[3] A.A. aber wohl *Palandt/Sprau* § 632 Rz 10.

[4] MünchKomm/*Busche* § 632 Rz 9.

[5] BGH NJW 2003, 2386, 2387 (zu § 9 AGBG). Ebenso z. B. OLG Düsseldorf NJW-RR 2002, 1716, 1716.

[6] BGH NJW 1982, 765, 766 (zu § 9 AGBG).

[7] *Schudnagies* NJW 2002, 396, 398. Zur bisherigen Rechtsprechung siehe z. B. BGH NJW 1979, 2202, 2203: Wer sich im Rahmen eines Wettbewerbs mit einem Kostenanschlag beteiligt weiß, dass der Veranstalter im Allgemeinen nicht zur Zahlung einer Vergütung bereit ist.

[8] BGH NJW 1982, 765, 766 (zu § 9 AGBG).

[9] Ebenso im Ergebnis BGH NJW 1982, 765, 766 (zu § 9 AGBG); a. A. *Ulmer/Christensen* Anh. § 310 Rz 475: Anwendung von § 9 II Nr. 1 AGBG.

[10] BGH NJW 1982, 765, 766 (zu § 9 AGBG).

[11] Ebenso i.E. *Palandt/Sprau* § 632 Rz 10. A.A. aber wohl *Palandt/Heinrichs* § 307 Rz 120, der Vergütungsklauseln wohl generell als unwirksam einstufen will.

menhang, dass der BGH hat die Unwirksamkeit einer Vergütungsklausel in einem Urteil aus dem Jahre 1981 damit begründet hat, dass „Treu und Glauben [...] es nicht [erlauben], Leistungen, die [...] als vorvertragliche Beratung aufgefasst werden können und jedenfalls in weitem Umfang unentgeltlich erbracht werden, durch AGB zu werk vertraglichen Leistungen umzugestalten".[1] Diese Passage lässt sich ohne weiteres mit der hier vertretenen Auffassung vereinbaren. Ist eine Vergütungspflicht nämlich branchenüblich, so werden die relevanten Leistungen eben nicht mehr „in weitem Umfang unentgeltlich erbracht". Folglich kann dann auch die Angemessenheit bejaht werden, ohne in Widerspruch zur Rechtsprechung des BGH zu geraten. Freilich wird im Falle der Branchenüblichkeit meist auch eine durch konkludentes Verhalten abgeschlossene individualvertragliche Vergütungsabrede zu bejahen sein, so dass es auf die vorstehend erörterte Problematik nicht mehr ankommt. Im Übrigen bestehen auch dann keine Bedenken hinsichtlich der Angemessenheit, wenn die Vergütungspflicht Gegenstand einer gesondert unterschriebenen Erklärung ist.[2]

3. Folgen bei Überschreitung

K 37–41 **a) Gesetzliche Ausgangslage.** Aus § 650 I ergibt sich, dass der Unternehmer nicht gezwungen ist, das Werk zu dem im Kostenanschlag genannten Preis zu erstellen. Dem Besteller wird jedoch bei wesentlicher[3] Überschreitung ein **Kündigungsrecht** gewährt, und der Unternehmer kann bei Ausübung dieses Rechts nur im Rahmen des § 645 Zahlung der versprochenen Vergütung verlangen. Auch hat der Unternehmer dem Besteller gemäß § 650 II unverzüglich Anzeige zu machen, wenn sich herausstellt, dass eine wesentliche Überschreitung des Kostenanschlags zu erwarten ist.

K 38 Neben den Rechten aus § 650 kann dem Besteller bei Überschreitung des Kostenanschlags ein **Schadensersatzanspruch** gemäß § 280 zustehen.[4] Hinsichtlich der Voraussetzungen dieses Schadensersatzanspruchs ist zu differenzieren:

K 39 Eine schuldhafte Pflichtverletzung kann zunächst darin liegen, dass der Unternehmer einen unrichtigen Kostenanschlag vorlegt.[5] Dabei ist zwar einerseits zu beachten, dass die Sorgfaltsanforderungen an die Erstellung des Kostenanschlags nicht überspannt werden dürfen. Andererseits ist § 650 I, der eine wesentliche Überschreitung fordert, nicht als Freibrief für die schlampige Erstellung unwesentlich falscher Kostenanschläge zu verstehen. Vor allem aber besteht dann kein Grund für eine zurückhaltende Handhabung von Sorgfaltsanforderungen, wenn der Unternehmer sich die Erstellung des Kostenanschlags ausnahmsweise vergüten lässt.[6]

K 40 Ebenso kann die Pflichtverletzung darin liegen, dass der Unternehmer **schuldhaft vermeidbare Mehrkosten** verursacht hat.[7] Allerdings kann der Schaden und

[1] BGH NJW 1982, 765, 766 (zu § 9 AGBG).

[2] *Palandt/Heinrichs* § 307 Rz 120.

[3] Die Auffassungen darüber, wann eine wesentliche Überschreitung gegeben ist, gehen auseinander. S. z. B. *Palandt/Sprau* § 650 Rz 2 (15–20 %, in Ausnahmefällen bis maximal 25 %); MünchKomm/*Busche* § 650 Rz 10 (grobe Richtschnur: weniger als 10 % im Regelfall nicht wesentlich). Richtigerweise wird man je nach der Gesamthöhe der im Kostenanschlag genannten Summe eine Überschreitung von 10 bis 20 % als wesentlich einstufen müssen.

[4] *Palandt/Sprau* § 650 Rz 1. S. auch OLG Frankfurt/M. NJW-RR 1989, 209, 210 (Schadensersatzanspruch aus pVV).

[5] *Palandt/Sprau* § 650 Rz 1; MünchKomm/*Busche* § 650 Rz 13.

[6] Vgl. § 632 III sowie § 310 Rz K 32–36.

[7] *Palandt/Sprau* § 650 Rz 1; MünchKomm/*Busche* § 650 Rz 13.

damit auch der Schadensersatzanspruch entfallen, soweit den Mehrkosten ein Mehrwert des Werks gegenübersteht.[1]

Ferner kann der Schadensersatzanspruch sich auf die **schuldhafte Verletzung der Anzeigepflicht** nach § 645 II gründen.[2] Der Besteller ist in einem solchen Fall grundsätzlich so zu stellen, wie er bei rechtzeitigem Hinweis auf die unvorhergesehene Ausdehnung der Kosten und einer daraufhin ausgesprochenen Kündigung stehen würde.[3] **K 41**

b) Klauselkontrolle. Es bleibt die Frage, in welchem Umfang der Unternehmer die dargestellten Folgen einer Überschreitung des Kostenanschlags abbedingen kann. **K 42**

aa) Kündigungsrecht. Der Ausschluss des Kündigungsrechts nach § 650 I ist nicht schon nach § 309 Nr. 8 a unwirksam. Zwar handelt es sich bei der Kostenüberschreitung nicht um einen Mangel des Werkes. § 309 Nr. 8 a erfasst aber nach richtiger Auffassung nur solche Lösungsrechte, die infolge einer Pflichtverletzung entstehen, nicht aber solche Lösungsrechte, die auch in Fällen pflichtgemäßen Verhaltens gegeben sind.[4] Der Ausschluss oder die Begrenzung des in § 650 I vorgesehenen Kündigungsrechts ist jedoch grundsätzlich nach § 307 unwirksam.[5] Denn dieses Recht stellt eine Sonderregelung des Wegfalls der Geschäftsgrundlage[6] dar und gewährt einen Minimalschutz, der zu den wesentlichen Grundgedanken nach § 307 II Nr. 1 zählt. Immerhin können die AGB den Begriff der Wesentlichkeit in § 650 III konkretisieren. Eine solche Regelung wird man auch dann nicht als unangemessen einstufen können, wenn sie geringfügig vom gesetzlichen Begriff der Wesentlichkeit abweicht. Zulässig ist es auch, für die Kündigungserklärung des Bestellers die einfache Schriftform vorzuschreiben.[7] Unwirksam ist dagegen eine Klausel, die den Vergütungsanspruch des Unternehmers für den Fall der Kündigung formularmäßig über § 645 hinaus erweitert. **K 43**

bb) Anzeigepflicht. Der vollständige oder teilweise Ausschluss der Anzeigepflicht nach § 650 II ist unangemessen im Sinne des § 307.[8] Darüber hinaus verstößt der Ausschluss der Anzeigepflicht auch gegen § 309 Nr. 7, weil ein Haftungsausschluss im Sinne dieser Vorschrift auch dann anzunehmen ist, wenn die Haftung mittelbar durch Abbedingung der zu Grunde liegenden Vertragspflicht ausgeschlossen wird.[9] **K 44**

cc) Schadensersatzansprüche. Eine Klausel, die die Schadensersatzhaftung des Unternehmers bei Überschreitung von Kostenanschlägen ausschließt oder begrenzt, ist an den auch sonst für Haftungsbegrenzungen und Haftungsfreizeichnungen geltenden Grundsätzen[10] zu messen. Dabei wird man davon ausgehen müssen, dass es sich bei der Verpflichtung zur sorgfaltsgemäßen Erstellung des Kostenanschlags um eine Kardinalpflicht[11] handelt. Denn bei der Entscheidung über den Abschluss oder **K 45**

---

[1] BGH NJW 1970, 2018; *Palandt/Sprau* § 650 Rz 1.

[2] OLG NJW-RR 1998, 1429, 1429.

[3] OLG NJW-RR 1998, 1429, 1429.

[4] S. § 309 Nr. 8 a Rz 21.

[5] Zumindest für den vollständigen Ausschluss des Kündigungsrechts ebenso *Palandt/Heinrichs* § 307 Rz 120. Vgl. *Ulmer/Christensen* Anh. § 310 Rz 476: Unwirksamkeit von Klauseln, die dem Besteller „die schmalen Rechte des § 650 BGB nehmen sollen".

[6] BGH NJW 1973, 140, 140.

[7] Vgl. § 309 Nr. 13 Rz 52.

[8] Zumindest für den vollständigen Ausschluss der Anzeigepflicht ebenso *Ulmer/Christensen* Anh. § 310 Rz 476; *Palandt/Heinrichs* § 307 Rz 120.

[9] S. § 309 Nr. 7 Rz 50; BGH NJW 2001, 751, 752 (zu § 11 Nr. 7 AGBG).

[10] S. im Einzelnen § 309 Nr. 7 Rz 90 ff.

[11] Zum Begriff der Kardinalpflicht siehe Einzelnen § 309 Nr. 7 Rz 97.

Nichtabschluss eines Werkvertrages ist die Höhe der zu erwartenden Kosten regelmäßig von tragender Bedeutung. Gerade deshalb lässt sich der Besteller ja einen Kostenanschlag erstellen. Ebenso ist die Verpflichtung zur kostensparenden Erstellung des Werkes als Kardinalpflicht einzustufen. In beiden Fällen sind also selbst solche Klausel unzulässig, die die Haftung für einfache Fahrlässigkeit des Verwenders oder seiner Erfüllungsgehilfen ausschließen. Auch für die Pflicht aus § 650 II gilt nichts anderes, weil der Verwender nur durch die rasche Ausübung des Kündigungsrechts verhindern kann, dass erhebliche Kosten auf ihn zukommen, obwohl die Leistungen für ihn unter Umständen unbrauchbar sind, weil er eine Fertigstellung des Werkes nicht mehr finanzieren kann. Auch insofern muss ein Haftungsausschluss also an § 307 scheitern.[1]

K 46 **dd) Beispiele.** Wirksam ist eine Klausel, der zufolge Kostenanschläge „keine Festpreise" sind, da dadurch nur die gesetzliche Bewertung in § 650 wiedergegeben und ein Einstehenmüssen für wesentliche Überschreitungen nicht ausgeschlossen wird. Zumindest gegenüber Verbrauchern unwirksam ist aber eine Klausel, dass Kostenanschläge „unverbindlich" seien, weil damit fälschlicherweise der Eindruck hervorgerufen wird, dass der Kostenvoranschlag überhaupt keine rechtliche Bedeutung habe, was wegen der in § 650 genannten Rechte nicht zutrifft.[2] Anders wird man insofern aber mit Blick auf den unternehmerischen Verkehr entscheiden müssen, da Unternehmer aufgrund ihrer größeren Geschäftsgewandtheit eher in der Lage sind zu erkennen, dass der Verweis auf die Unverbindlichkeit nicht mit dem Fehlen jeder rechtlichen Bedeutung des Kostenanschlags gleichzusetzen ist.

4. Wiederherstellung des Ursprungszustands

K 47–50 Zum den Pflichten beim Kostenanschlag gehört, dass etwaig überlassene Gegenstände in ihrem ursprünglichen Zustand erhalten beziehungsweise, falls Sachen auseinandergenommen werden müssen, wieder in ihren ursprünglichen Zustand zurückversetzt werden. Problematisch ist daher eine Klausel, nach welcher der zur Erstellung eines Kostenvoranschlags untersuchte Gegenstand vom Auftraggeber nicht mehr wieder zusammengesetzt werden muss. Grundsätzlich gehört die Erhaltung der Sache in ihrem ursprünglichen Zustand zum wesentlichen Inhalt des Vertrags über die Erstellung eines Kostenvoranschlags. Dabei spielt es keine Rolle, ob der Kostenvorschlag entgeltlich oder unentgeltlich durchgeführt wird. Auch ist zu berücksichtigen, dass der Kunde einem erheblichen faktischen Druck zum Abschluss eines Werkvertrags ausgesetzt werden kann, wenn die Verpflichtung zur Wiederherstellung des Ursprungszustandes abbedungen wird. Man denke z. B. an den Fall, dass der Kunde eine immerhin eingeschränkt zum Gebrauch geeignete Sache dem Unternehmer zur Erstellung eines Kostenanschlags für eine Reparatur überlässt und diese Sache dann in ihren Einzelteilen zurückerhält. Will er den Gebrauch der Sache nicht vollkommen missen, bleibt ihm in diesem Falle gar nichts mehr anderes übrig, als die Sache reparieren zu lassen. Eine Klausel, die es dem Verwender erlaubt, die vom Verwender zur Erstellung eines Kostenvoranschlags für eine Reparatur zerlegte Ware in demontiertem Zustand zurückzusenden, ist daher grundsätzlich unwirksam.[3] Etwas anderes gilt nur dann, wenn die Klausel sich nach ihrem Inhalt oder nach den Umständen ihrer Verwendung auf solche Fälle beschränkt, in denen das Einverständnis des Kunden mit dem Unterbleiben der Wie-

---

[1] I.E. ebenso *Ulmer/Christensen* Anh. § 310 Rz 476.

[2] A.A. (Klausel bloß deklaratorisch und daher wirksam) *Ulmer/Christensen* Anh. § 310 Rz 476.

[3] Wie hier *Ulmer/Christensen* Anh. § 310 Rz 475. A.A., nämlich für Wirksamkeit, MünchKomm/*Basedow* § 307 Rz 114 unter Hinweis auf OLG Frankfurt a.M. VUR 1998, 133, 135.

derherstellung vorausgesetzt werden kann, z. B. weil die Wiederherstellung offensichtlich vollkommen unverhältnismäßige Kosten verursachen würde.

*

Krankenhausaufnahme- und Arztvertrag

Inhaltsübersicht

Schrifttum: *Bunte,* Gedanken zum Krankenhausvertrag, JZ 1982, 279; *ders.,* Handbuch der AGB, 1982, S. 339 ff.; *ders.,* Die neue Konditionenempfehlung: „Allgemeine Vertragsbedingungen für Krankenhausbehandlungsverträge", NJW 1986, 2351; *Deutsch,* Neue Aufklärungsprobleme im Arztrecht, NJW 1982, 2582; *ders.,* Haftungsfreistellung von Arzt und Klinik und Verzicht auf Aufklärung durch Unterschrift des Patienten, NJW 1983, 1351; *Dörner,* Ärztliche Honorarvereinbarungen und Verbraucherschutz, FS Stree und Wessels, 1993, S. 997; *Franzki/Hansen,* Der Belegarzt Stellung und Haftung im Verhältnis zum Krankenhausträger, NJW 1990, 737; *Gounalakis,* Formularmäßige Aufklärung im Lichte des AGB-Gesetzes, NJW 1990, 752; *Haas,* Die Zulässigkeit klinischer Sektionen, NJW 1988, 2929; *Hensen,* Zulässigkeit von Sondervereinbarungen nach der neuen Gebührenordnung für Ärzte, NJW 1983, 1366; *Jungbecker,* Die formularmäßige Operationsaufklärung und -einwilligung, MedR 1990, 173; *Köbel,* Ärztliche Vergütungsvereinbarung nach § 2 GOÄ und AGBG, NJW 1985, 2172; *Krämer,* Die formularmäßige Spaltung des Krankenhausvertrages: ein Verstoß gegen das AGB-Gesetz, NJW 1996, 2398; *Kubis,* Der Honoraranspruch des vertretenen Chefarztes bei Delegation der Behandlungspflichten, NJW 1989, 1512; *Maaß,* Die Entwicklung des Kassenarztrechts im Jahre 1992 und des Vertragsarztrechts im Jahre 1993; *ders.,* Die Entwicklung des Vertragsarztrechts in den Jahren 1993 und 1994, NJW 1994, 2988; *ders.,* Die Entwicklung des Vertragsarztrechts in den Jahren 1994 und 1995, NJW 1995, 3028; *Münzel,* Die Pflicht zur Anpassung von Chefarztverträgen nach § 11 I 3 BPfeV, NJW 1993, 2969; *Redeker,* Aktuelle Fragen des gegenwärtigen Krankenhausfinanzierungsrechts, NJW 1988, 1481; *Rombach,* Allgemeine Geschäftsbedingungen bei freien Dienstverträgen, 1998; *E. von Westphalen,* in *von Westphalen,* AGB, Krankenhausaufnahmevertrag, 1996.

1. Allgemeines

Die Deutsche Krankenhausgesellschaft hat ein Muster allgemeiner Vertragsbe- **K 51**
dingungen für Krankenhäuser (AVB) ausgearbeitet und beim Bundeskartellamt als Konditionenempfehlung angemeldet. Die AVB gelten nur für Verträge mit Benutzern (Patienten) und sonstigen privaten Zahlungspflichtigen, nicht für öffentlich-rechtliche Abwicklungsverhältnisse zwischen Krankenhaus und Krankenkasse. Die in einem Krankenhausaufnahmevertrag enthaltenen AGB unterliegen dem AGB-Recht, gleichgültig ob der Krankenhausvertrag mit einem privaten oder einem öffentlichen Krankenhausträger geschlossen ist, sofern es sich nur um einen privatrechtlichen Vertrag handelt. Der Aufnahmevertrag zwischen einem Patienten und dem Krankenhaus ist grundsätzlich als privatrechtlicher Vertrag mit dienstvertraglichem Schwerpunkt einzuordnen.[1] Dies gilt auch für die Behandlung von Kassenpatienten, sei es, dass diese selbst den Aufnahmevertrag schließen oder die Krankenkasse den Vertrag zu ihren Gunsten (§ 328) schließt.[2] Der privatrechtliche Vertrag des Kassenpatienten mit dem Krankenhausträger beschränkt sich aber auf die Behandlungsfragen und erstreckt sich nicht ohne weiteres auf die Kostenfrage.[3] Ein

---

[1] BGH NJW 1990, 761, 766.

[2] S. auch BGH NJW 1984, 1821; 1986, 2364; BSGE 53, 62, 64; OLG Düsseldorf NJW 1987, 706; *Bunte* NJW 1986, 2351, 2352; krit. *Schmitt* NJW 1988, 1494, 1496.

[3] LG Bremen NJW 1991, 2353.

öffentlich-rechtlich gestaltetes Zulassungs- und Benutzungsverhältnis ist jedoch möglich.[1] Die öffentlich-rechtliche Ausgestaltung ist unabhängig davon möglich, ob Patienten mit gesetzlicher oder privater Krankenversicherung aufgenommen werden. Der Krankenhausaufnahmevertrag bleibt privatrechtlicher Vertrag, auch wenn die Pflegesätze behördlich genehmigt werden. Auch die AVB gehen von einem privatrechtlichen Vertrag aus. Neben dem totalen Krankenhausvertrag unter Einschluss der ärztlichen Leistung gibt es auch den gespaltenen Krankenhausvertrag, bei dem der Patient neben dem Vertrag mit dem Krankenhaus einen selbstständigen Vertrag mit dem Belegarzt oder mit einer freiberuflichen Hebamme schließt. Der gespaltene Krankenhausvertrag umfasst nur die allgemeinen Krankenhausleistungen, ist aber nicht lediglich ein Beherbergungsvertrag besonderer Art. Er beinhaltet neben der Verpflegung, Unterbringung und allgemeiner Fürsorge auch die pflegerische Betreuung einschließlich der Pflicht, dass dem Pflegepersonal nicht vom Belegarzt Aufgaben überlassen werden, die die pflegerische Kompetenz übersteigen.[2] Der gespaltene Krankenhausvertrag betrifft aber nicht die ärztliche Leistung selbst.[3] Möglich ist aber auch, dass neben dem Zusatzvertrag mit dem liquidationsberechtigten Arzt über die ärztliche Leistung auch der Krankenhausträger selbst zur Erbringung der ärztlichen Leistung verpflichtet ist. Davon ist im Regelfall auszugehen, wenn der Patient im Rahmen eines umfassenden Krankenhausvertrags das Angebot des Krankenhausträgers auf gesondert berechenbare Wahlleistungen annimmt,[4] weil er darauf vertraut, die ärztlichen Wahlleistungen hinzuzukaufen, ohne den Krankenhausträger aus der Pflicht zur Erbringung der ärztlichen Leistung zu entlassen. Soll entgegen diesem Regelfall durch AGB ein gespaltener Krankenhausvertrag vereinbart werden, so ist dies nur wirksam, wenn zur Vermeidung einer Überraschung nach § 305c I gezielt auf die Befreiung des Krankenhausträgers von der ärztlichen Leistung hingewiesen wird (z.B. durch mündliche Erklärung oder besondere drucktechnische Hervorhebung), so dass sichergestellt ist, dass der durchschnittliche Patient hiervon Kenntnis nimmt.[5] Die Vereinbarung eines gespaltenen Krankenhausvertrags verstößt dagegen grundsätzlich nicht gegen § 307 I, II.[6] Nur ein Vertrag mit dem liquidationsberechtigten Chefarzt liegt aber vor, wenn ein (Kassen-)Patient allein zur ambulanten und nicht zur stationären Behandlung in das Krankenhaus überwiesen wird.[7] Zur Sittenwidrigkeit eines totalen Krankenhausaufnahmevertrags nach § 138, s. BGH NJW 1988, 759. Für Klagen aus dem Krankenhausaufnahmevertrag gilt der besondere Gerichtsstand des Erfüllungsortes nach § 29 ZPO i.V.m. § 869, weil der eindeutige Schwerpunkt einer stationären Krankenhausaufnahme am Klinikort liegt.[8]

2. Einbeziehung

K 52 Für die Einbeziehung gilt § 305 II, III. Eine Einbeziehungsvereinbarung, wonach sich der Patient mit den AGB einverstanden erklärt, ist als solche wirksam.[9]

[1] S. auch OVG Hamburg NJW 1984, 683.
[2] BGH NJW 1996, 2429 = LM H.9/1996 § 823 (Aa) BGB Nr. 165 m. Anm. *Giesen.*
[3] Dazu auch *Franzki/Hansen* NJW 1990, 737. Vgl. zur Abgrenzung BGH NJW-RR 2006, 811.
[4] BGHZ 95, 63 = NJW 1985, 2189; BGH NJW 1993, 779.
[5] BGH NJW 1993, 779, 780.
[6] BGH NJW 1993, 779, 780.
[7] BGHZ 100, 363, 366 = NJW 1987, 2289; OLG Frankfurt/M. NJW 1993, 1248; *Reiling* MedR 1995, 454.
[8] OLG Celle vom 27. 11. 2006 Az. 1 U 74/06. Vgl. auch *Hörmann,* ZMGR 2006, 85 ff.
[9] BGH NJW 1990, 761, 765.

Eine Klausel, nach der die AGB mit der Inanspruchnahme oder Gewährung von Leistungen verbindlich werden, oder ein Verzicht auf § 305 II ist jedoch unbeachtlich.[1] Ein Verweis auf die AGB nach Aufnahme, z. B. in einer Hausordnung, reicht im Allgemeinen nicht für die Einbeziehung. Wenn dem Patienten ein Verlassen des Krankenhauses nicht mehr zugemutet werden kann, kann sein Verweilen nicht als Zustimmung gedeutet werden. Wird der Aufnahmevertrag als Vertrag zugunsten Dritter geschlossen, so können den Patienten belastende AVB nur binden, wenn er die AVB selbst nach § 305 II, III wirksam einbezogen hat.[2] Dafür genügt eine Zusatzvereinbarung, wenn nicht der Aufnahmevertrag ohnehin mit dem Patienten selbst geschlossen wird. Die formularmäßige Honorarvereinbarung in einem Arzt- und Krankenhausvertrag ist im Regelfall nicht so ungewöhnlich, dass ihre Einbeziehung an § 305c I scheitern würde. Dies gilt auch für Abweichungen von der GOÄ.[3] Überraschend nach § 305c I ist aber für einen vom Kassenarzt eingewiesenen Kassenpatienten die Klausel, dass er anfallende Kosten bei Weigerung der Krankenkasse selbst zu zahlen habe.[4] Dies gilt auch für eine Klausel, wonach der Patient selbst zu zahlen habe, wenn keine Kostenübernahmeerklärung einer privaten Krankenkasse vorgelegt wird.[5] Ohne Aufklärung seitens des Krankenhausträgers haftet der Patient deshalb nicht aus dem Krankenhausvertrag.[6] Eine Klausel, wonach der Patient bestätigt, auf die AGB und Tarife hingewiesen worden zu sein und die Möglichkeit zumutbarer Kenntnisnahme gehabt zu haben, ist sowohl als Klausel mit Beweislastumkehr wie als Indizklausel unwirksam, wenn nicht, wie z. B. beim Abdruck der AGB auf der Rückseite des unterschriebenen Formulars, nach den Umständen eine Kenntnisnahme unzweifelhaft anzunehmen ist.[7] Ein nach § 309 Nr. 12 b Hs. 2 zulässiges Empfangsbekenntnis liegt nicht vor, wenn nicht nur die Tatsache des Empfangs der AGB, sondern auch die rechtliche Wertung, es liegt eine zumutbare Möglichkeit der Kenntnisnahme vor, bestätigt wird[8], oder wenn die Empfangsklausel statt der notwendigen schriftlichen Mitteilung auch mündliche Hinweise mit umfasst.[9] Gleiches gilt für die Klausel, bestimmte Unterlagen erhalten zu haben. Eine Einverständnis- und Kenntnisnahmeklausel ist dagegen nicht zu beanstanden, wenn sie mit der objektiven Wirklichkeit übereinstimmt.[10] Dritte, insbesondere etwa gesetzliche Vertreter, können ohne ausdrückliche und gesonderte Erklärung[11] nicht in den Vertrag mit seinen Pflichten einbezogen werden. Gleiches gilt für die Krankenkasse.[12] Auch wenn die den Patienten begleitende Person, die das Aufnahmeformular unterzeichnet, darin als „Antragstellerin" bezeichnet wird, ist die Vereinbarung einer eigenen Haftung der Begleitperson ohne ausdrückliche und gesonderte Erklärung nach § 309 Nr. 11 a unwirksam. Daneben liegt auch, sofern keine verwandtschaftlichen oder sonstigen näheren Beziehungen vorhanden sind, ein Verstoß gegen § 309 Nr. 11 b vor, wenn das Krankenhaus sich auf dem Formular von der Begleitperson versichern lässt, dass der Patient mit ihrer Bevollmächtigung einverstanden sei. Außerdem ist eine

---

[1] OLG Düsseldorf NJW-RR 1988, 884, 886.
[2] S. auch *Bunte* NJW 1986, 2351, 2352.
[3] BGH NJW 1992, 746.
[4] OLG Köln NJW-RR 2003, 1699, das allerdings auf § 307 abstellt.
[5] AG Pforzheim MedR 2003, 324.
[6] LG Bremen NJW 1991, 2353; s. auch Rz K 21.
[7] BGH NJW 1990, 761, 765; § 309 Nr. 12 Rz 20.
[8] BGH NJW 1990, 761, 765.
[9] BGH NJW 1990, 761, 765.
[10] § 305 Rz 106.
[11] § 309 Nr. 11 a.
[12] *Bunte* NJW 1986, 2351, 2352.

solche Einbeziehung der Begleitperson in die Haftung überraschend im Sinne von § 305c I.[1]

3. Pflegesatz- und Honorarvereinbarungen

K 53 Die **Pflegesätze** unterliegen behördlicher Genehmigung aufgrund des Krankenhausfinanzierungsgesetzes und der Pflegesatzverordnungen des Bundes (BPflVO) vom 22.12.1999[2] und der Länder. Die Pflegesätze werden vom Krankenhausträger mit den Sozialleistungsträgern vereinbart oder von einer paritätisch besetzten Schiedsstelle festgesetzt und bedürfen der Genehmigung durch die zuständige Landesbehörde.[3] Die Genehmigung ist ein Verwaltungsakt, der nicht zivilgerichtlicher Kontrolle unterliegt. Die nach dem Krankenhausfinanzierungsgesetz und der BundespflegesatzVO festgesetzten Pflegesätze gelten unmittelbar für die Parteien des Krankenhausaufnahmevertrags, auch gegenüber Privatpatienten.[4] Einer Einbeziehung nach § 305 II, III bedarf es deshalb nicht. Auch eine Bestimmung in AGB, wonach der Aufnahme- und Entlassungstag voll berechnet werden, unterliegt gemäß § 307 III nicht der Inhaltskontrolle, da sie die Art und den Umfang der vertraglichen Hauptleistungspflicht und den dafür zu zahlenden Preis unmittelbar regelt.[5] Eine vom Kassenpatienten als Selbstzahler übernommene Zahlungspflicht für Wahlleistungen, d. h., soweit die Krankenkasse die Kosten nicht trägt, ist wirksam, wenn der Patient darauf vor Inanspruchnahme der Leistung deutlich erkennbar hingewiesen wird (§ 7 II BPflVO).[6]

K 54 Einer Kontrolle nach AGB-Recht unterliegen auch Klauseln, die die **rückwirkende Geltung** im Vertrag festlegen. § 19 II BPflVO lässt ein rückwirkendes Inkrafttreten der Pflegesätze in Ausnahmefällen zu, ist aber wegen Verstoß gegen den Grundsatz der Gesetzmäßigkeit der Verwaltung unwirksam.[7] Wegen dieser Unwirksamkeit hat eine AGB-Klausel, die die rückwirkende Geltung von Pflegesätzen vorsieht, nicht nur deklaratorische Wirkung und ist deshalb nicht gemäß § 307 III der Inhaltskontrolle entzogen.[8] Die Klausel ist nach § 307 I, II unwirksam, weil sie die Rechtslage bezüglich der Pflegesätze, die unmittelbar auch für Privatpatienten gelten (s. Rz K 23), unzutreffend wiedergibt.[9] Ein Unwirksamkeitsgrund ergibt sich auch daraus, dass § 309 Nr. 1 unter bestimmten Voraussetzungen Preiserhöhungen für die Zukunft zulässt, damit aber rückwirkende Preiserhöhungen grundsätzlich ausschließt.[10] Die rückwirkende Erhöhung in AGB und nicht ausgehandelten Individualvereinbarungen kann grundsätzlich nicht in weiterem Umfang zugelassen werden als die Rückwirkung belastender Gesetze.

K 55 Eine Abrede über die **Vorauszahlung** ist unwirksam, wenn sie ohne Rücksicht auf die Art der voraussichtlichen Verweildauer und die Situation des Patienten in Höhe eines 10fachen Tagessatzes bestimmt wird.[11] Nach § 309 Nr. 11a unwirksam ist auch eine Klausel, durch die einem für den Patienten nicht fürsorge- und unter-

---

1 LG Düsseldorf NJW 1995, 3062.
2 BGBl. I, 2626.
3 S. im Einzelnen: BGH NJW 1988, 2951; *Vollmer* NJW 1985, 2161, 2166ff.; *Zuck/Quaas* NJW 1987, 687.
4 BGH NJW 1988, 2951.
5 BGH NJW 1999, 864.
6 BGH NJW 1990, 761, 766.
7 BGH NJW 1988, 2951.
8 BGH NJW 1988, 2951.
9 BGH NJW 1988, 2951.
10 S. auch § 309 Nr. 1 Rz 25.
11 A. A *Ulmer/Christensen* Anh. § 310 BGB Rz 481.

haltspflichtigen Dritten, der den Aufnahmeantrag für den handlungsunfähigen Patienten gestellt hat, eine **gesamtschuldnerische Haftung** für die Krankenhauskosten auferlegt wird.[1]

Ärztliche Gebühren werden grundsätzlich nach der Gebührenordnung für Ärzte (GOÄ) vom 9. 2. 1996 berechnet.[2] Für Zahnärzte gilt ab 1. 1. 1988 die GOZ vom 22. 10. 1987.[3] Formularmäßige Vereinbarungen über ärztliche Honorare mit oder ohne Krankenhausbehandlung sind nach § 2 GOÄ zwar möglich, unterliegen aber der AGB-Kontrolle. Für von der GOÄ abweichende Vereinbarungen sieht § 2 II GOÄ vor, dass sie in ein gesondertes Schriftstück ohne andere Erklärungen aufzunehmen und vom Patienten zu unterschreiben sind. Damit sind regelmäßig die Einbeziehungsvoraussetzungen des § 305 II, III erfüllt.[4] Das Gebührenverzeichnis der GOÄ muss nicht ausgehändigt werden,[5] da die GOÄ als amtliche Gebührenordnung eine Rechtsverordnung darstellt.[6] Eine Abweichung hiervon unterliegt jedoch der **Inhaltskontrolle.**[7] Dies gilt sowohl für die Preisvorschriften wie für die Preisermittlungsvorschriften der GOÄ.[8] Eine solche Abweichung stellen auch die Gebühren nach der privaten Allgemeinen Deutschen Gebührenordnung (Adgo) dar, die deshalb der Kontrolle nach § 307 I, II unterliegt.[9] Der Arzt wird durch eine solche Inhaltskontrolle nicht in seinen Grundrechten verletzt.[10] Die Inhaltskontrolle nach § 307 I, II darf sich aber nicht auf die Höhe des Multiplikationsfaktors für den Gebührensatz erstrecken, soweit sich dieser in den gesetzlich zugelassenen Leitlinien bewegt, weil eine Preiskontrolle nach AGB-Recht nicht stattfindet.[11] Der Arzt oder das Krankenhaus, die einen über § 5 GOÄ hinausgehenden Gebührensatz vereinbaren, müssen aber den Patienten darauf hinweisen, dass dieser möglicherweise nicht von der Versicherung gedeckt ist, § 2 II 2 GOÄ.[12] Kontrollfähig nach § 307 I, II ist, ob die Abweichung von der GOÄ als solche angemessen ist. Auch die Unterscheidung zwischen durchschnittlichen Leistungen mit normalem Gebührenrahmen und Leistungen für besonders schwierige und aufwendige Fälle, für die eine höhere Vergütung gerechtfertigt ist, gehört zu den wesentlichen Grundgedanken der GOÄ, deren Einhaltung in AGB der Kontrolle unterliegt.[13] Da § 12 GOÄ die Angabe der Einzelleistungen und Steigerungssätze verlangt,[14] ist eine Formularvereinbarung, die für durchschnittliche Leistungen gleichermaßen wie für besonders zeitaufwendige Leistungen pauschal einen Höchstsatz festlegt, nach § 307 I, II unangemessen und deshalb unwirksam.[15] Nach § 307 II Nr. 1 unterliegt die Abweichung von den durchschnittlichen Gebührensätzen auch insoweit der Inhaltskontrolle, ob sie durch besondere Gründe gerechtfertigt ist. Dabei reichen der besondere Ruf und die besondere Qualifikation des Arztes nicht aus.[16] K 56

[1] Vgl. auch OLG Köln NJW-RR 1999, 733; OLG Düsseldorf NJW 1991, 2352; NJW 1995, 3063 ff., das aber die Verletzung einer vertraglichen Aufklärungspflicht annimmt.

[2] BGBl. I, 210; kritisch *Schwabe* ZRP 1987, 270; dazu *Hess* ZRP 1987, 274.

[3] BGBl I, 2316; s. dazu *Lieber* NJW 1988, 742.

[4] *Kölsch* NJW 1985, 2172.

[5] A. A. AG Bad Homburg NJW 1984, 2637.

[6] *Borchmann,* NJW 1983, 315; zur Verfassungsmäßigkeit BVerfG NJW 1985, 2185.

[7] BGH NJW 1992, 746; § 307 Rz 334; *Hensen* NJW 1983, 1366.

[8] S. *Dörner* NJW 1987, 699.

[9] S. auch LG München NJW 1982, 2130.

[10] BVerfG NJW 1992, 737.

[11] BGH NJW 1992, 746, 747; LG München MedR 2002, 520; s. auch *Kölsch* NJW 1985, 2172; a. A. *Dörner* NJW 1987, 699; *König* NJW 1992, 728.

[12] OLG Hamburg NJW 1987, 2937.

[13] BGH NJW 1992, 746, 747.

[14] S. auch BVerfG NJW 1985, 2187; LG Hamburg VersR 1999, 1548.

[15] BGH NJW 1992, 746, 747; LG Duisburg NJW 1986, 2887; LG Stuttgart NJW 1985, 688.

[16] BGH NJW 1992, 746, 747.

Maßgebend ist vielmehr die Schwierigkeit und der Zeitaufwand für die Behandlung. Kontrollfähig ist auch, ob die Kriterien für die Gebührenfestsetzung ausreichend transparent sind.[1] Eine Regelung, aus der der Patient nicht erkennen kann, inwieweit von den Vorschriften der GOÄ abgewichen wird, ist wegen Verstoß gegen das Transparenzgebot unwirksam.[2] Die Erwähnung der Ziffern der Gebührenordnung genügt nicht.[3] Auch die Einräumung eines Bestimmungsrechts nach §§ 315 ff. BGB unterliegt der Inhaltskontrolle nach § 307 I, II.[4] Die Vereinbarung in einem Heil- und Kostenplan für Zahnersatz, wonach die über die geschätzten Kosten hinausgehenden Mehraufwendungen für Material- und Laborkosten vom Patienten zu tragen sind, ist grundsätzlich nicht nach § 307 I, II zu beanstanden.[5] Auch eine Klausel, nach der der Arzt sich vorbehält, reservierte und nicht mindestens 24 Stunden vorher abgesagte Termine in Rechnung zu stellen, ist unzulässig, sofern dem Patienten nicht die Möglichkeit eingeräumt wird, das Nichterscheinen zu entschuldigen.[6] Zum Einzug durch Inkassostellen s. Rz I 5.

K 57 Der Krankenhausträger darf die Aufnahme des Patienten und die Gewährung von **Wahlleistungen** nicht davon abhängig machen, dass der Patient einen Zusatzvertrag mit dem Arzt schließt.[7] Nach § 6 BPflV dürfen nur solche ärztliche Leistungen gesondert berechnet werden, die über die allgemeinen Krankenhausleistungen hinausgehen. Dies kann auch die persönliche Behandlung durch den Chefarzt sein,[8] sofern dieser nicht ohnehin die Behandlung auch für Kassenpatienten durchführt.[9] Die Wahlleistung darf dann aber nur das Zusatzhonorar des Chefarztes umfassen unter Anrechnung der im totalen Krankenhausvertrag bereits enthaltenen ärztlichen Grundversorgung.[10] Eine Klausel, wonach das Zusatzhonorar auch bei Behandlung durch einen Stellvertreter zu zahlen ist, kann nach § 305c I überraschend sein.[11] Sie ist aber nicht nach § 309 Nr. 10 unwirksam, sofern der Stellvertreter nicht als Vertragspartner, sondern als Substitut eintritt.[12] Die Unwirksamkeit ergibt sich aber aus § 307 II Nr. 1,[13] sofern es sich um einen Vertrag mit dem Chefarzt selbst und damit um eine höchstpersönliche Leistung handelt, so dass gegen den Grundgedanken von § 613 S. 1 verstoßen wird. Eine Klausel, wonach der Charakter als persönliche Leistung abbedungen wird, ist überraschend im Sinne des § 305c I.[14] Auch § 308 Nr. 4 kommt als Unwirksamkeitsgrund in Betracht,[15] sei es, dass ein freies Änderungsrecht nach Belieben eingeräumt ist[16] oder dass das Äquivalenzverhältnis bei Leistung durch den Stellvertreter nicht gewahrt ist.[17] Die Unwirksamkeit tritt, sofern die Wahlleistung im Vertrag mit dem Krankenhaus

---

[1] S. auch § 307 Rz 237.
[2] LG Berlin NJW 1991, 1554.
[3] OLG Oldenburg NJW 1986, 2888.
[4] Kölsch NJW 1986, 2172, 2175; *ders.* MedR 1983, 99; Rz L 118.
[5] S. auch AG Köln NJW 1987, 708.
[6] OLG Bremen NJW-RR 1996, 818, 819; a.A. AG Fulda ArztuR 2003, 167.
[7] LG Bremen NJW 1986, 875, 790.
[8] BAGE 32, 249, 253; LG Hannover NJW 1978, 1695; a. A. LG Bremen NJW 1986, 785, 787.
[9] Vgl. auch LG Hanau NJW 1989, 2335.
[10] Nur § 5 LG Duisburg NJW 1988,1523.
[11] OLG Karlsruhe NJW 1987, 1489; vgl. auch *Soergel/Stein* Rz 85.
[12] Vgl. auch *Kubis* NJW 1989, 1512, 1515 a.A. § 309 Nr. 10 Rz 12–15.
[13] S. auch LG Fulda NJW 1988, 1523; LG Offenburg KHuR 2001, 66; OLG Stuttgart VuR 2002, 218; AG Tübingen RuS 2002, 434; a.A. LG München ArztR 2002, 149 wenn der Stellvertreter der Aufsicht und der fachlichen Weisung des Chefarztes unterliegt.
[14] LG Konstanz VersR 2003, 867.
[15] *Kubis* NJW 1989, 1512, 1515; OLG Stuttgart VuR 2002, 218; LG Mosbach VersR 2003, 870; LG Hamburg NJW 2001, 3415.
[16] S. § 308 Nr. 4 Rz 14.
[17] § 308 Nr. 4 Rz 24.

und nicht mit dem Chefarzt selbst vereinbart ist, nur insoweit ein, als es die Pflicht zur Zahlung eines Zusatzhonorars auch für die Leistung des Stellvertreters betrifft. Die Behandlung durch den Stellvertreter ohne Zusatzhonorar kann dagegen vorbehaltlich § 305b wirksam vorgesehen werden. Verrichtungen, die der Arzt nichtärztlichen Hilfspersonen unter seiner Aufsicht übertragen darf, können aber als eigene Leistungen des Arztes berechnet werden.[1] Durch die Klausel „Zwei-Bett-Zimmer mit gesondert berechenbaren ärztlichen Leistungen" wird keine zusätzliche Honorarvereinbarung mit dem Chefarzt geschlossen, da nicht erkennbar ist, welche Teile bereits von der ärztlichen Grundversorgung im totalen Krankenhausvertrag abgegolten sind. Eine solche Klausel ist deshalb wegen Unbestimmtheit nach § 307 I unwirksam.[2] Beim gespaltenen Krankenhausvertrag darf der Krankenhausträger nicht auch die im Pflegesatz enthaltenen Gebühren für ärztliche Leistung berechnen, wenn diese vom Patienten an den Belegarzt gesondert bezahlt werden.[3]

4. Vereinbarungen über Dienstleistungen

Die Vereinbarung in einem Zusatzvertrag, wonach im Verhinderungsfall die Aufgaben der Stellvertreter übernimmt, ist nach § 309 Nr. 10 a wirksam, wenn die **K 58**
Identität des Stellvertreters ohne weiteres zu ermitteln ist, was beim Chefarzt eines Krankenhauses in der Regel bejaht werden kann. Ist der Zusatzvertrag neben dem Aufnahme- und Behandlungsvertrag mit dem Krankenhaus geschlossen, so ist die Klausel aber auch wirksam, wenn die Voraussetzungen von § 309 Nr. 10 nicht vorliegen, sofern sich der Anspruch und die Pflicht zur Behandlung durch den Stellvertreter nicht aus dessen Eintritt in die Zusatzvereinbarung, sondern aus dem vom Patienten geschlossenen Krankenhausaufnahmevertrag ergeben.[4] Im Verhinderungsfall, insbesondere bei Urlaubsabwesenheit des Chefarztes, kann dieser die Behandlung wirksam durch seinen Stellvertreter durchführen lassen,[5] jedoch ist ein Patient vor der Unterzeichnung einer formularmäßigen Wahlleistungsvereinbarung gegebenenfalls darauf hinzuweisen, dass der Chefarzt sich im Urlaub befindet und abzusehen ist, dass er während eines wesentlichen Teils des Krankenhausaufenthalts des Patienten die Behandlung seinem Stellvertreter überlassen wird.[6] Ist die Vereinbarung des Chefarztes während der Behandlungsdauer absehbar, verstößt die Vertreterklausel zudem gegen § 308 Nr. 4.[7] Einzelne Maßnahmen können vom Chefarzt auch auf angeleitetes und überwachtes qualifiziertes Personal delegiert werden, ohne dass er dadurch seinen Vergütungsanspruch für Wahlleistungen verliert.[8] Bei früheren Verstößen können Wahlleistungen versagt werden, da insoweit kein Kontrahierungszwang besteht und § 307 III eine Inhaltskontrolle von Leistungen, die der Abschlussfreiheit unterliegen, ausschließt.[9] Nach Vertragsschluss kann der Vertrag aber nur nach § 626 gekündigt werden.[10]

---

[1] LG Berlin NJW-RR 1991, 765.
[2] S. auch § 307 Rz 258 f.; im Ergebnis deshalb richtig LG Bremen NJW 1986, 785.
[3] S. auch BVerwG NJW 1986, 2387.
[4] Vgl. auch OLG Karlsruhe NJW 1987, 1489 jedoch ohne Auseinandersetzung mit § 309 Nr. 10.
[5] LG Bonn NJW 1995, 2419 f.
[6] OLG Düsseldorf NJW 1995, 2421.
[7] OLG Hamm NJW 1995, 794.
[8] LG Bonn NJW 1995, 2419; OLG Hamm NJW 1995, 2420 ff.
[9] BGH NJW 1990, 761; kritisch zur Möglichkeit des Entzugs von Wahlleistungen *Ulmer/Christensen* Anh. § 310 BGB Rz 482.
[10] OLG Düsseldorf NJW-RR 1988, 884.

5. Haftungsregelungen

K 59 Für die **Haftungsfreizeichnung** im Krankenhausvertrag gilt § 309 Nr. 7 und 8. Eine Haftungsfreizeichnung für leichte Fahrlässigkeit ist generell unwirksam, soweit es die für die Erhaltung von Leben und Gesundheit erforderlichen Behandlungs- und Aufklärungspflichten betrifft.[1] Die Haftungsregelung in § 17 AVB sieht insoweit eine uneingeschränkte Haftung auch für Erfüllungsgehilfen vor und ist deshalb mit § 309 Nr. 7 vereinbar. § 17 AVB lässt auch Ansprüche aus unerlaubter Handlung einschließlich der Haftung für Verrichtungsgehilfen (§ 831) sowie für Organe (§§ 31, 89) unberührt.[2] Ein Haftungsausschluss für leichte Fahrlässigkeit kommt nur in Betracht, soweit es weder die Haftung nach § 309 Nr. 8 noch Pflichten für Leben und Gesundheit betrifft. Dies gilt etwa hinsichtlich der Haftung für eingebrachte Sachen.[3] Kann der Patient z. B. infolge Bewusstlosigkeit nicht auf seine Sachen achten, dann kommt eine Haftungsbeschränkung nicht in Betracht, da eine solche nur für Sachen gilt, die in der Obhut des Patienten verbleiben.[4] Die Haftung für leichte Fahrlässigkeit kann bei Schädigung durch Handlungen des Krankenhauses zur Reinigung, Desinfektion und Entwesung eingebrachter Sachen nicht ausgeschlossen werden, soweit deren Notwendigkeit hierzu vom Krankenhaus selbst verursacht wurde.[5] Eine Ausschlussfrist, wonach Ansprüche wegen Verlustes oder Beschädigung von durch die Verwaltung verwahrten Geld- oder Wertsachen innerhalb von drei Monaten nach Kenntnis schriftlich geltend gemacht werden müssen, ist nach § 307 I, II unwirksam, sofern sie sich auch auf noch in Behandlung befindliche Patienten erstreckt.[6] Zur Übereignungsfiktion s. § 308 Nr. 5 Rz 53. Im Falle eines gespaltenen Krankenhausvertrags (s. Rz K 21) trifft das Krankenhaus jedoch grundsätzlich keine Haftung für die eigentliche ärztliche Leistung. Ein Haftungsausschluss insoweit ist deshalb nicht zu beanstanden, weil es nach der Vertragsgestaltung bereits an einer Pflicht des Krankenhauses zur Erbringung ärztlicher Leistungen fehlt.[7] Diese trifft allein den Arzt, mit dem ein selbstständiger Vertrag geschlossen ist. Der Arzt kann gleichwohl in einzelnen Beziehungen, z. B. hinsichtlich der allgemeinen Fürsorge, Erfüllungsgehilfe des Krankenhauses sein, das insoweit seine Haftung nur gemäß § 309 Nr. 7, 8 ausschließen oder begrenzen darf. Auch im Falle eines Belegarztvertrages kann sich der Krankenhausträger im Vertrag mit dem Patienten nicht nach § 307 I, II wirksam von der ihn treffenden Organisationspflicht freizeichnen.[8] Der Vertrag zwischen Krankenhausträger und Belegarzt kann darüber hinaus ohnehin keine Wirkungen zulasten des Patienten entfalten.

K 60 Ohne die Voraussetzungen des **Verzugs** kann für die erste Mahnung kein Kostenersatz vorgesehen werden, auch nicht durch Bezugnahme auf ein Verwaltungsvollstreckungsgesetz, das für rein zivilrechtliche Ansprüche nicht gilt.[9]

---

[1] OLG Stuttgart NJW 1979, 2355; *Soergel/Stein* § 9 Rz 85: mit der Natur des Behandlungsvertrags nicht vereinbar; s. auch § 309 Nr. 7 und Anh. Nr. 1a RL; a. A. für kosmetische Eingriffe *Deutsch* NJW 1983, 1351, 1353.

[2] *Bunte* NJW 1986, 2351, 2354; a. A. OLG Düsseldorf NJW-RR 1988, 884, 887.

[3] BGH NJW 1990, 761, 764; OLG Düsseldorf NJW-RR 1988, 884, 887.

[4] LG Hannover MedR 2000, 88.

[5] BGH NJW 1990, 761, 765.

[6] BGH NJW 1990, 761, 765.

[7] S. OLG Düsseldorf NJW-RR 1988, 884; s. auch *Franzki/Hansen* NJW 1990, 737, 742.

[8] OLG Stuttgart NJW 1993, 2384, 2387.

[9] OLG Koblenz NJW 1989, 2950.

6. Formularmäßige Aufklärung

Die für die Rechtmäßigkeit der Einwilligung in die Operation erforderliche Aufklärung unterfällt, sofern sie formularmäßig vorgenommen wird, der AGB-Kontrolle.[1] Ob die formularmäßige Aufklärung den Erfordernissen entspricht, die für eine selbstverantwortliche und auf freier Entscheidung beruhende Einwilligung erforderlich sind, bestimmt sich jedoch nicht nach dem AGB-Regelungen, sondern nach den für die Einwilligung geltenden Voraussetzungen. Soweit mit der eigentlichen Aufklärung aber sonstige Regelungen verbunden sind, gelten für die Einbeziehung wie für die Inhaltskontrolle die §§ 305 ff. Eine Bestimmung, wonach der Patient durch seine Unterschrift bestätigt, dass er umfassend und ordnungsgemäß aufgeklärt worden sei, ist deshalb nach § 309 Nr. 12 unwirksam.[2] Misst sich die Aufklärungsklausel nur die Bedeutung eines Indizes zu, dass überhaupt ein Aufklärungsgespräch stattgefunden hat, ohne Vermutung für dessen Ordnungsmäßigkeit und Vollständigkeit,[3] so ist sie nicht nach § 309 Nr. 12 unwirksam, da sie nur ein Indiz wiedergibt, das bereits aus der Unterschrift als solcher von selbst folgt.[4] Eine Klausel, wonach auf die mutmaßliche Einwilligung abzustellen ist, wenn der Patient zur Abgabe einer Erklärung außerstande ist (s. § 12 II AVB), entspricht der rechtlichen Lage und ist nicht zu beanstanden. Eine Haftungsfreizeichnung im Aufklärungsformular kann als nachträgliche Ergänzung des Aufnahmevertrags in Betracht kommen, unterliegt aber der Inhaltskontrolle nach §§ 307 I. II, 309 Nr. 7 und 8 (s. Rz K 29). **K 61**

7. Krankenunterlagen

Der Patient hat aus dem Vertrag nach § 810 und nach dem BDSG das Recht zur Einsichtnahme in die Krankenunterlagen und einen Anspruch auf Überlassung von autorisierten Dokumenten, d. h. von Abschriften und Fotokopien der Krankenunterlagen.[5] Ähnliches bestimmt § 29 RöntgenVO.[6] Eine wesentliche Beschränkung dieser Rechte in AGB ist nach § 307 III II unwirksam. Ein Anspruch auf Herausgabe und Übereignung der Originalunterlagen besteht jedoch nicht. Dieser kann deshalb auch durch AGB ohne weiteres versagt werden. § 14 AVB ist mit diesen Grundsätzen vereinbar. Auch die Speicherung von Daten und deren Überlassung an Dritte ist nicht zu beanstanden, soweit dies zur Abwicklung des Behandlungsvertrags erforderlich ist (s. §§ 28 ff. BDSG). **K 62**

8. Obduktion, Transplantation

Regelungen zur Obduktion in AGB betreffen im Allgemeinen persönliche Fragen, die einer massenweisen Typisierung kaum zugänglich sind.[7] Unwirksam ist nach § 307 I, II in Verbindung mit dem Schutzzweck des § 308 Nr. 5 insbesondere **K 63**

---

[1] *Deutsch* NJW 1982, 2585, 2587; *Niebling* MDR 1982, 193; *Gounalakis* NJW 1990, 752; *Jungbecker* MedR 1990, 173, 175; s. auch § 305 Rz 11.

[2] S. auch *Deutsch* NJW 1982, 2585, 2588; *Bunte* NJW 1986, 2351, 2354.

[3] So BGH NJW 1985, 1399.

[4] S. auch *Gounalakis* NJW 1990, 752; *Jungbecker* MedR 1990, 173, 179 ff., der zwar in der formularmäßigen Aufklärung eine Tatsachenbestätigung des § 309 Nr. 12 b sieht, aaO., S. 178, aber zugleich annimmt, dass es sich um ein „gesondert unterschriebenes Empfangsbekenntnis" i. S. d. § 309 Nr. 12 Hs. 2 handelt, aaO, S. 182.

[5] Dazu *Wasserburg* NJW 1980, 617, 620 ff.

[6] Vgl. BGBl. 1987 I, 114.

[7] A. A. offenbar *Bunte* NJW 1986, 2351, 2354, der aber andererseits zu Recht einer Verheimlichung entgegentritt und die vorrangige Entscheidungsbefugnis des Patienten anerkennt.

eine Klausel, die ohne ausdrücklichen Widerspruch des Patienten eine Einwilligung in die Obduktion unterstellt.[1] Darunter fällt auch eine Klausel, die eine Obduktion zulässt, wenn sie aus ärztlicher Sicht oder aus wissenschaftlichem Interesse notwendig ist, falls nicht der Patient oder einer seiner Angehörigen widerspricht.[2] Gleiches gilt für die Einwilligung in eine Transplantation und Organentnahme. Solche Regelungen sind, soweit sie die Einwilligung des Patienten selbst enthalten, wegen ihres persönlichen Charakters auch überraschend im Sinne von § 305c I, wenn sie ohne besonderen Hinweis mit anderen AGB verbunden sind.[3] Wird die Einwilligung nicht schon mit den Patienten geregelt, was im Interesse der Heilbehandlung oft nicht angezeigt erscheint, so ist auf die Zustimmung der Angehörigen abzustellen, denen das Totensorgerecht zusteht.[4] Eine Klausel in den AVB, die die Obduktion zulässt, wenn der Verstorbene zu Lebzeiten eingewilligt hat oder der erreichbare nächste Angehörige zustimmt und ein entgegenstehender Wille des Verstorbenen nicht bekannt ist, ist deshalb nicht zu beanstanden. Liegt eine Einwilligung des Verstorbenen oder des Angehörigen nicht vor, so ist eine Obduktion nur bei Anordnung der zuständigen Stellen unter Beachtung der gesetzlichen Voraussetzungen zulässig.

9. Sonstiges

K 64–70 Schließen Eheleute auf einem vom Krankenhaus zur Verfügung gestellten Formular eine Vereinbarung, nach der der Ehemann sein Einverständnis zur **heterologen Insemination** erteilt, so ist die Vereinbarung nach dem AGB-Recht überprüfbar. Die Auslegung der Einverständniserklärung dahingehend, dass der Ehemann für das Kind wie ein ehelicher Vater sorgen will, scheitert nicht an der Unklarheitsregelung des § 305c II.[5]

*

Kreditkartenvertrag

Inhaltsübersicht

[1] S. auch *Ulmer/Christensen* Anh. § 310 BGB Rz 483; *Haas* NJW 1988, 2929, 2933. A.A. BGH NJW 1990, 2313.

[2] A. A. OLG Koblenz NJW 1989, 2950.

[3] Kohte AcP 185, 105, 129; *Haas* NJW 1988, 2929, 2933; s. auch *Zimmermann* NJW 1979, 569; a. A. *Bunte* NJW 1986, 2351, 2354.

[4] So zu Recht *Bunte* NJW 1986, 2351, 2355; auch *Ulmer/Christensen* Anh. § 310 BGB Rz 481.

[5] BGH NJW 1995, 2028, 2029 = LM H.9/1995 § 242 (Bb) BGB Nr. 156 m. Anm. *Hohloch.*

Schrifttum: *Adams,* Zur Nichtigkeit von Preisaufschlagsverboten nach Kreditkartenverträgen nach § 15 GWB, ZIP 1990, 632; *Avancini,* Rechtsfragen des Kreditkartengeschäfts, ZfRV 1969, 121; *Bitter,* Kreditkarten: Die schöne neue Einkaufswelt des BGH, ZIP 2002, 1219; *Bröcker,* Funktion und Begründung des abstrakten Schuldversprechens bei Giroüberweisung, Kreditkartengeschäft und POS-System, WM 1995, 468; *Custodis,* Das Kreditkartenverfahren, 1970; *Eckert,* Zivilrechtliche Fragen des Kreditkartengeschäfts, WM 1987, 161; *Etzkorn,* Allgemeine Geschäftsbedingungen für Inhaber von Kreditkarten, WM 1991, 1901; *ders.,* Rechtsfragen beim grenzüberschreitenden Einsatz von Kreditkarten, in: Hadding/Schneider, Rechtsprobleme der Auslandsüberweisung, 1992, S. 121; *Freitag,* Vom Forderungskauf zum abstrakten Schuldanerkenntnis und die Verteilung des Missbrauchsrisikos im Kreditkartengeschäft, ZBB 2002, 322; *Gernhuber,* Die Erfüllung und ihre Surrogate, 1983; *Häde,* Zahlung mit Kredit- oder Scheckkarten, ZBB 1994, 33; *Hadding,* Zahlung mittels Universalkreditkarte, FS Pleyer, 1986, S. 17; *Häde,* Die Zahlung mit Kredit- und Scheckkarte, ZBB 1994, 33; *Hamman,* Die Universalkreditkarte – ein Mittel des bargeldlosen Zahlungsverkehrs, 1991; *Hoffmann/Petrick,* Von Fehlzeiten und Umsetzungsdefiziten – § 676h BGB und die Fernabsatzrichtlinie, ZBB 2003, 343; *Hofmann,* Forderung nach mehr Sicherheit im Mailorderverfahren bei Kreditkarten in jüngster Rechtsprechung des Bundesgerichtshofs, ZBB 2004, 405; *ders.,* Die ec-/maestro-Karte als Rektapapier, WM 2005, 1305; *Jungmann,* Die Verteilung des Missbrauchsrisikos beim Einsatz von Kreditkarten im E-Commerce, WM 2005, 1351; *C. Junker,* Rechtsbeziehungen im Kreditkartengeschäft, DStR 1994, 1461; *Köhler,* Die Leistung erfüllungshalber, WM 1977, 242; *Köndgen,* Die Entwicklung des privaten Bankrechts in den Jahren 1990/91, NJW 1992, 2263; *ders.,* die Entwicklung des privaten Bankrecht in den Jahren 1999–2003, NJW 2004, 1288; *Körber,* Die Risikoverteilung bei der Kreditkartenzahlung in Mailorder und E-Commerce, WM 2004, 563; *Langenbucher,* Die Risikozuordnung im bargeldlosen Zahlungsverkehr, 2001; *dies.,* Zusatzkreditkarten – Haftungsrisiko ohne Ende?, NJW 2004, 3522; *Langenbucher/Gößmann/Werner,* Zahlungsverkehr, 2004; *Martinek,* Moderne Vertragstypen III, 1991, § 23; *Martinek/Oechsler,* Das Kreditkartengeschäft, in: Schimansky/Bunte/Lwowski, Bankrechtshandbuch, Bd. 1, 2001, § 67; *Meder,* Kreditkartengeschäft und Anweisungswiderruf gegenüber dem Kreditkartenherausgeber, NJW 1994, 2597; *ders.,* Zur Unwiderruflichkeit der Zahlungsanweisung des Kreditkarteninhabers gem. § 790 BGB, NJW 1993, 3245; *ders.,* Die Kreditkartenzahlung als Anweisungsgeschäft, AcP 198 (1998), 72; *ders.,* Kritische Präjudizientreue im Anschluss an die neue BGH-Rechtsprechung zum Kreditkartenmissbrauch im Fernabsatz, ZIP 2002, 2112; *Metz,* Aktuelle Rechtsfragen der Kreditkartenpraxis, NJW 1991, 2804; *Reifner,* Abzahlungsgeschäfte – ihre Wiedergeburt durch die Kreditkarte, VuR 1990, 320; *Reinfeld,* Rechtsfragen des Interchange-Kreditkartensystems am Beispiel von VISA und Eurocard, WM 1994, 1505; *Schinkels,* Die Verteilung des Haftungsrisikos für Drittmissbrauch von Medien des bargeldlosen Zahlungsverkehrs, 2001; *ders.,* Zahlungsverkehr, in: Gebauer/Wiedmann, Zivilrecht unter europäischem Einfluss, 2005, Kapitel 14; *ders.,* Zur Rechtsnatur der Debitkarte, WM 2006, 841, *Schön,* Prinzipien des bargeldlosen Zahlungsverkehrs, AcP 198 (1998), 401; *Seibert,* Verbraucherkreditgesetz und Kreditkarte, DB 1991, 429; *Stauder/Weisensee,* Das Kreditkartengeschäft, 1970; *Taupitz,* Zivilrechtliche Haftung bei Kreditkartenmissbrauch, 1995; *Weller,* Das Kreditkartenverfahren, 1984; *Zahrnt,* Die Kreditkarte unter privatrechtlichen Gesichtspunkten, NJW 1972, 1077; *v. Westphalen,* AGB-Recht im Jahr 2003, NJW 2004, 1993; *Zwack/Mühl,* Aufwendungs- und Schadensersatzanspruch im Kreditkartengeschäft, WM 2006, 1225.

I. Erscheinungsformen

Zu unterscheiden sind **Zweiparteiensysteme** („Kundenkarten") und **Dreiparteiensysteme** (Universalkreditkarten), wobei Mischformen möglich sind. In rechtlicher Hinsicht ist neben den Vorschriften des BGB zu beachten, dass das Kreditkartengeschäft als Finanzdienstleistungsgeschäft zu qualifizieren ist (§ 1 Ia Nr. 8 KWG). Als Emissionsvertrag bezeichnet man die Rechtsbeziehung des Heraus- **K 71** gebers zum Karteninhaber (Kunden). Die Rechtsbeziehung zwischen Herausgeber und Vertragsunternehmen (Akzeptanzstelle) ist keinem bestimmten Vertragstypus zuzuordnen; die Zahlung des Herausgebers erfolgt aufgrund eines bedingten abstrakten Schuldversprechens.

II. Emissionsvertrag

1. Einbeziehung

K 72 Verwendet der Herausgeber Antragsformulare, auf denen die AGB nicht abgedruckt sind,[1] gelten allgemeine Grundsätze: Auch für den auf Abschluss des Emissionsvertrags zielenden Kreditkartenantrag gilt, dass die vom Kunden mit Rechtsbindungswillen abgegebene Erklärung, den Vertrag schließen zu wollen, als Vertragsangebot i.S. d. § 145 zu werten ist. Da sich der Herausgeber nach dem Empfängerhorizont hiermit durch Übersendung der Karte konkludent einverstanden erklärt,[2] bringen **Kartenantrag und Ausgabe** regelmäßig den Vertrag zustande.[3] Eine Klausel, nach der in der Kartenübersendung erst das Angebot liegen soll, kann an dieser bürgerlich-rechtlichen Rechtsfolge nichts ändern. Sie ist, da sie beim Kunden eine unzutreffende Rechtsansicht hervorrufen kann, nach § 307 I unwirksam. Die bloße Übersendung der AGB mit Karte genügt dementsprechend nicht § 305 II.[4] Dies gilt umso mehr für eine Klausel auf dem Antragsformular, nach der die AGB gelten und erst auf Wunsch übersandt werden. Eine Klausel auf dem Antragsformular für den Kunden, die den Vertragsschluss ungeachtet einer etwaigen Annahmeerklärung des Herausgebers nach hinten verschiebt, geht insofern ins Leere, als die Vertragsschlussregeln der §§ 145 ff., 305 II nicht durch AGB dispositiv sind. Übersendet der Herausgeber als Reaktion auf den Kundenantrag (ohne AGB) nunmehr gemeinsam AGB und Karte, so wird darin allerdings regelmäßig eine Annahme unter Änderungen i.S. d. § 150 II, also ein neues Angebot liegen,[5] das zu einem Vertragsschluss unter wirksamer Einbeziehung der AGB führen kann. Den Voraussetzungen des § 305 II ist allerdings nur dann Genüge getan, wenn mit der Übersendung ein ausdrücklicher Hinweis auf die nunmehr beigefügten AGB und die Möglichkeit des Kunden, sich auch gegen den Vertragsschluss zu entscheiden, verbunden ist.[6] Die Übersendung verschafft dem Kunden auch die prinzipielle Möglichkeit zumutbarer Kenntnisnahme. Das spätere Gebrauchmachen von der Karte durch den Inhaber[7] wird dementsprechend regelmäßig jedenfalls dann als stillschweigendes Einverständnis mit den AGB zu bewerten sein und den Voraussetzungen des § 305 II genügen, wenn die Verwendung der AGB durch das Kartenunternehmen für den Inhaber schon von vorneherein durch entsprechende Ankündigungen erkennbar war.[8] Als Voraussetzung hierfür muss es allerdings angesehen werden, dass der Vertrag bzw. die AGB des Verwenders nicht beim Karteninhaber den Eindruck erwecken, einem solchen Verhalten des Kunden werde ein dahin-

---

[1] Vgl. *Metz* NJW 1991, 2804.

[2] AG Freudenstadt NJW-RR 1994, 238.

[3] AG München NJW-RR 1993, 626; *Metz* NJW 1991, 2804, 2805.

[4] LG Frankfurt NJW-RR 1992, 441 = WuB I D 5.-6.92 mit Anm. *Habersack;* AG Freudenstadt NJW-RR 1994, 238; *Metz* NJW 1991, 2804.

[5] OLG Köln WM 1993, 369 = WuB I D 5.-1.94 mit Anm. *Praschinger.*

[6] Im Ergebnis zutreffend OLG Nürnberg ZIP 1997, 1791.

[7] Nicht schon die nur zu Vergleichszwecken erfolgende Unterschrift auf der Karte, vgl. *Metz* NJW 1991, 2804, 2805.

[8] OLG Köln WM 1993, 369 = WuB I D 5.-1.94 mit Anm. *Praschinger;* LG Frankfurt NJW 1991, 2842; a. A. *Metz* NJW 1991, 2804, 2805 f.

gehender Erklärungswert nicht beigemessen. Ein derartiger Eindruck muss beim Kunden immer dann entstehen, wenn das Antragsformular oder die AGB selbst durch eine entsprechende Klausel den Eindruck hervorrufen, die Geltung der AGB sei bereits vor Inanspruchnahme der Karte wirksam vereinbart worden. Dies kann etwa aufgrund einer unwirksamen Geltungsklausel, Anerkennungsklausel oder Einverständnisklausel in den AGB oder auf dem Antragsformular der Fall sein. Ob freilich eine Annahmeklausel des Inhalts, dass der Kunde die Annahme des Vertrags durch die Kartenbenutzung erkläre, wirksam ist,[1] muss jedenfalls dann bezweifelt werden, wenn sie in sonstigen AGB versteckt ist und nicht in Form eines hervorgehobenen ausdrücklichen Hinweises gekleidet ist.

Das nach Vertragsschluss erfolgte spätere Übersenden der Karte mit AGB bewirkt in der Regel keine Einbeziehung.[2] Ist der Vertrag bereits wirksam zustande gekommen, so liegt in der Fortsetzung des Gebrauchmachens von der Karte durch den Inhaber regelmäßig auch kein konkludentes Einverständnis mit einer nachträglichen Einbeziehung der AGB durch Vertragsänderung.[3] Vielmehr macht der Kunde in solchen Fällen lediglich von einer bereits wirksam erworbenen Vertragsposition Gebrauch. Hat sich der Herausgeber in seinen AGB von vorneherein eine einseitige **Änderung vorbehalten,** so kann nach Ablauf einer angemessenen Zeit der Prüfung in der Weiterverwendung der Karte nach Übersendung der geänderten AGB ein den Anforderungen des § 305 II genügendes, stillschweigendes Einverständnis mit den Änderungen liegen, sofern der Herausgeber auf die Änderungen in ausreichend transparenter Weise hingewiesen hat und dem Kunden bei schwerwiegenden Änderungen ein außerordentliches Kündigungsrecht eingeräumt hat.[4] **K 73**

2. Verfügungsrahmen

Regelmäßig behalten sich Herausgeber in AGB vor, die Genehmigung von Umsätzen zu verweigern, die einen bestimmten Verfügungsrahmen, der dem Kunden für eine Abrechnungsperiode eingeräumt wird, überschreiten. Dahingehende Klauseln sind regelmäßig wirksam. Das gilt auch für ein formularmäßiges Recht des Herausgebers, den Verfügungsrahmen nach billigem Ermessen festzulegen oder bei Änderung der Einkommens- oder Vermögensverhältnisse anzupassen. Soweit im Einzelfall ein unter Überschreitung des Limits getätigter Umsatz anfällt, bleibt der Aufwendungsersatzanspruch des Herausgebers davon unbeeinträchtigt.[5] Ein außerordentliches Kündigungsrecht bei Überschreiten des Limits[6] wird man nicht ohne weiteres bejahen können. **K 74**

3. Vergütungs- und Aufwendungsersatzanspruch des Herausgebers

Während dem Herausgeber ein Anspruch auf Aufwendungsersatz aus §§ 670, 675 gesetzlich zusteht,[7] bedarf ein zusätzlicher Entgeltanspruch nach Tatbestand und Höhe der Regelung, die durch AGB erfolgen kann. Eine transparente Festlegung eines Entgelts ist nach § 307 III grundsätzlich kontrollfrei wirksam. Das gilt **K 75**

---

1 Ablehnend *Metz* NJW 1991, 2804, 2806.

2 LG Frankfurt NJW-RR 1991, 842 = WuB I D 5.-2.92 mit Anm. *Etzkorn;* ferner *Praschinger* WuB I D 5.-1.94.

3 Insofern zutreffend *Metz* NJW 1991, 2804, 2805, der allerdings nicht hinreichend beachtet, dass ein vorheriger Vertragsschluss an § 150 II scheitern kann.

4 *Löwe/Graf v. Westphalen* III 45–3 Rz 9; *Metz* NJW 1991, 2804, 2806.

5 *Etzkorn* WM 1991, 1901, 1906.

6 Vgl. *Etzkorn* WM 1991, 1901, 1906.

7 BGHZ 91, 221, 224; *Hamman* S. 35; *Martinek* S. 66; *Weller* S. 117; vgl. auch *Canaris* Rz 1630.

auch für Entgelte, die an besondere Einsatzformen anknüpfen. Die Höhe des Aufwendungsanspruchs des Herausgebers ist insofern problematisch, als dieser bei seinen Zahlungen ein Disagio abzieht. Die Disagioberechtigung ist freilich nur eine Konsequenz des Provisionsanspruchs des Herausgebers gegen das Vertragsunternehmen.[1] Jedenfalls bei dem in AGB regelmäßig begründeten vertraglichen Aufwendungserstattungsanspruch[2] ist es wirksam, wenn der Herausgeber die volle Forderung ohne Abzug des Disagios an den Inhaber weiterberechnet. Zwar finden sich insoweit teilweise unglückliche Formulierungen wie „Zahlungen erstatten",[3] die bei wörtlichem Verständnis nur eine Weiterberechnung ohne Disagiobetrag erlauben. Nach der Verkehrsanschauung (§§ 133, 157) besteht aber auch in diesen Fällen ein vertraglicher Aufwendungsersatzanspruch in voller Höhe des Rechnungsbetrags.

K 76 **Voraussetzung des Erstattungsanspruchs** ist eine entsprechende **Einzelweisung des Inhabers,** für die der Herausgeber beweispflichtig ist. Daher kann ein Anspruch des Kartenunternehmens regelmäßig nur bei Vorweisen des entsprechenden Belastungsbelegs anerkannt werden,[4] soweit nicht ein Fall zulässiger Zahlung mit Karte, aber ohne Unterschrift vorliegt. **Beweislastklauseln,** nach denen der Karteninhaber – gleichviel ob im Falle des unterschriftslosen Verfahrens oder nicht – die Beweislast dafür trägt, die Belastung nicht verursacht zu haben, sind nach § 309 Nr.15a unwirksam.[5]

K 77 Auch ohne entsprechende vertragliche Vereinbarung oder entsprechende AGB ist allerdings dieses Ausgangsprinzip durch das Bestehen vertraglicher **Nebenpflichten** überlagert. So trifft den Inhaber wie alle Beteiligten stets die vertragliche Nebenpflicht, **Missbrauchsrisiken** zu **vermeiden.**

K 78 Die **Fälligkeit** des Aufwendungsersatzanspruchs hängt regelmäßig von den jeweiligen vertraglichen Abreden ab. Formularmäßig wird regelmäßig eine Kontokorrentabrede begründet.

4. Überwälzung des Missbrauchsrisikos auf den Inhaber

K 79 Wenn der Herausgeber aufgrund einer gar nicht vom Inhaber, sondern unter Einsatz einer gefälschten oder einer gestohlenen Karte **von einem Dritten missbräuchlich durchgeführten Zahlungstransaktion** an den Vertragsunternehmer zahlt, so erwächst ihm daraus gemäß § 676h **kein Aufwendungsersatzanspruch** (§ 670) gegen den Karteninhaber. Streitig ist allerdings, ob dies auch eine Rechtsscheinshaftung ausschließt.[6] Ferner erfassen nach überwiegender Ansicht weder § 676h noch die von diesem umgesetzten Artt. 8 der Fernabsatzrichtlinie 97/7/EG und der Richtlinie über den Fernabsatz von Finanzdienstleistung 2002/65/EG jede Form von **Schadensersatzansprüchen**[7]. Auch insoweit trägt indessen der Heraus-

[1] Vgl. *Hamman* S. 35.

[2] Vgl. BGHZ 91, 221, 224 = NJW 1984, 2560.

[3] Vgl. BGHZ 91, 221, 222 = NJW 1984, 2560.

[4] KG, NJW 1993, 2879 = WuB I D 5.-1.94 mit insoweit zust. Anm. *Oechsler.* Zu der Frage, ob der hohe Beweiswert des Belastungsbelegs durch einen Zeugenbeweis erschüttert werden kann, vgl. *Zwack/Mühl* WM 2006, 1226f.

[5] *Metz* NJW 1991, 2804, 2809.

[6] Für die weitere Zulässigkeit der Rechtsscheinshaftung *Schinkels,* Zahlungsverkehr, Kap. 14 Rdnrn. 58ff.; a. A. wohl MünchKomm/*Casper,* BGB, § 676h Rz 15.

[7] MünchKomm/*Casper,* BGB, § 676h Rz 18f.; *Freitag* ZBB 2002, 322, 328; *Körber* WM 2004, 563; *Schinkels,* Drittmissbrauch, S. 323; a. A. *Hoffmann/Petrick* ZBB 2003, 343, 346ff.: „Richtlinienkonforme Rechtsfortbildung" des § 676h BGB mit dem Ziel des Ausschlusses aller Ansprüche ungeachtet des Verschuldens, also auch bei Vorsatz des berechtigten Karteninhabers.

geber das Risiko des Missbrauchs durch einen Dritten bzw. das Fälschungsrisiko.[1] Eine einschränkungslose Überwälzung des Missbrauchs- oder Fälschungsrisiko auf den Inhaber durch AGB ist unwirksam.[2] Wirksam ist es allerdings, Obliegenheiten zulasten des Inhabers zu begründen, nach denen der Kunde zur Begrenzung dieses Risikos beitragen muss und im Falle eines Verstoßes die Folgen des hierdurch verursachten Missbrauchs trägt.

Dementsprechend ist es sachgerecht, wenn AGB eine Aufteilung des Fälschungsrisikos nach Verantwortungsanteilen vornehmen.[3] Es fragt sich allerdings, nach welchen Kriterien der Verantwortungsbereich jeder Seite zu bestimmen ist. Von welchem **Haftungsprinzip** AGB dabei zulässigerweise ausgehen dürfen, ist nämlich **umstritten:** Während der II. Zivilsenat des BGH in seiner Entscheidung v. 17. 5. 1984 noch mit eher unspezifischen Überlegungen zur Verteilung von Risikosphären gearbeitet hatte,[4] legt der heute für das Bankrecht zuständige XI. Zivilsenat seit seiner Entscheidung v. 23. 4. 1991 das Prinzip zugrunde, dass nach allgemeinen vertragsrechtlichen Grundsätzen eine Überwälzung von Missbrauchsrisiken auf den Karteninhaber – da haftungsbegründend – nur im Falle seines Verschuldens in Betracht komme.[5] Dementsprechend werden alle Klauseln als unwirksam angesehen, die eine verschuldensunabhängige Haftung vorsehen – selbst wenn diese betragsmäßig begrenzt ist[6] und an einen aus der „Sphäre" des Inhabers resultierenden Umstand anknüpft. Auch wenn diese Rechtsprechung zu weit geht,[7] muss sie inzwischen als praktisch verfestigte Leitlinie angesehen werden. Unabhängig von der Wirksamkeit etwaiger AGB haftet der Kunde aber stets für schuldhafte Sorgfaltspflichtverletzungen im Umgang mit Karte und etwaiger PIN.[8] **K 80**

Die dem **Karteninhaber** obliegenden Sorgfaltspflichten, bei deren Verletzung er nach §§ 280 I, 241 II haftet, können durch AGB konkretisiert werden. Allerdings dürfen dem Kunden keine unbeherrschbaren Risiken auferlegt werden. Hierzu zählt das Risiko des **Verlusts auf dem Transportweg.**[9] **K 81**

Neben dem Risiko des von keiner Seite verschuldeten Missbrauchs trifft den Herausgeber die Haftung für sein eigenes Verschulden. Der Inhaber muss nach dem Klauselwerk die Möglichkeit verbleiben, dadurch einen vollständigen Übergang des Missbrauchsrisikos auf den Herausgeber zu bewirken, dass er einen Verlust oder **K 82**

---

[1] BGHZ 91, 221, 224 = NJW 1984, 2460; *Heymann/Horn* § 372 HGB Anh. Rz V/144; *Ulmer/H. Schmidt* Anh. § 310 Rz 493; *Langenbucher* S. 259. Als Fälschungsrisiko in diesem Sinne ist nicht nur das Ausfüllen von Belegen mit gefälschter Unterschrift, sondern auch die Verwendung gefälschter Kreditkartenduplikate anzusehen, vgl. *Hadding* FS *Pleyer,* S. 17, 39.

[2] Vgl. BGHZ 91, 225 = NJW 1984, 2460.

[3] BGHZ 91, 221, 226 = NJW 1984, 2460.

[4] So BGHZ 91, 221, 225 f. = NJW 1984, 2460; vgl. insoweit auch LG Hamburg, WM 2006, 296.

[5] BGHZ 114, 238, 243 ff. = NJW 1991, 1886. Zwar ist die Entscheidung im Rahmen eines Zweiparteiensystems ergangen, was aber für die hier sich stellende Frage unerheblich ist: vgl. OLG Bamberg NJW 1993, 2813 = WuB I D 5.-1.94 mit Anm. *Salje;* bestätigend zum ec-Kartenverkehr BGHZ 135, 116.

[6] Auf das Fehlen eines Höchstbetrags im Falle eines unverschuldeten Diebstahls (und einer für den Missbrauch nicht kausal gewordenen und daher irrelevanten Verletzung der Verlustanzeigepflicht) stellt OLG Bamberg NJW 1993, 2813, 2814 = WuB I D 5.-1.94 mit zust. Anm. *Salje,* ab.

[7] Fundamentalkritik bei *Schinkels,* Drittmissbrauch, S. 335: Der Verschuldenshaftung könne kein Prinzip „keine Haftung ohne Verschulden" für das Vertragsrecht entnommen werden, weil der hinter der Verschuldenshaftung stehende Gedanke der Handlungsfreiheit nicht prinzipiell der Zuweisung geschäftsbesorgungsspezifischer Zufallsrisiken an den Geschäftsherrn entgegenstehe; näher zum Sphärengedanken auch *Staudinger/Schlosser* § 307 Rz 167 ff.

[8] OLG Frankfurt NJW-RR 2004, 206; OLG Zweibrücken OLGR 2004, 151; a. A. *Hoffmann/Petrick* ZBB 2003, 343, 346 ff.

[9] OLG Bamberg NJW 1993, 2813, 2814 f.

ein Abhandenkommen an den Herausgeber meldet. Nach **Verlustmeldung** haftet der Kunde nicht, und eine dahingehende AGB-Regelung verstößt gegen § 307.[1]

K 83 Der Herausgeber ist befugt, sein Risiko dadurch gering zu halten, dass er den Vertragsunternehmen **Sperr- oder Stoppplisten** übermittelt. Ob den Herausgeber gegenüber dem Karteninhaber sogar eine dementsprechende Nebenpflicht trifft, ist zweifelhaft, weil die Meldung im Hinblick auf die vertragliche Risikoverteilung im Interesse des Herausgebers selbst liegt. Soweit man zugleich eine dahingehende Pflicht des Verwenders annehmen will, muss eine Freizeichnung zumindest die Grenzen des § 309 Nr.7 beachten und verstößt möglicherweise im Bereich leichter Fahrlässigkeit auch gegen § 307.[2]

K 84 Eine weitere Grenze bildet das nach dem Vertragszweck für den Kunden Zumutbare. Es dürfen **keine** solchen **Regelungen** getroffen werden, welche die **Bargeldersatzfunktion der Karte einschränken.** Hierzu gehört es etwa, wenn der Kunde verpflichtet werden soll, innerhalb eines unverhältnismäßig kurzen Zeitraums nach Monatsrechnung oder Saldomitteilung eine Prüfung desselben vorzunehmen. Da ein typischer Verwendungsschwerpunkt von Kreditkarten die Auslandsreise ist, kann nicht erwartet werden, dass der Kunde seinen Reiserhythmus und damit seine Saldoprüfungen an der Abrechnungsperiodik des Herausgebers ausrichtet. Es kann daher auch AGB-rechtlich nicht mehr verlangt werden, als dass der Inhaber alsbald nach Reiserückkehr die jeweils dann vorhandenen Abrechnungen prüft.[3]

K 85 Wirksam – weil zumutbar – ist eine Regelung, nach der der Inhaber zur **sofortigen Unterschrift** auf der Karte[4] und zur **sorgfältigen Verwahrung** angehalten ist und dem Herausgeber **unverzügliche Anzeige bei Verlust,** Diebstahl oder sonstigem Abhandenkommen zu erstatten hat.[5] Dementsprechend kann eine Klausel nicht beanstandet werden, nach der der Kunde für denjenigen Missbrauch einzustehen hat, der infolge der Verletzung der Anzeigeobliegenheit eintritt. Eine Klausel, nach der der bloße Umstand der nicht unverzüglich erstatteten Anzeige unabhängig von der Kausalität der unterlassenen Anzeige für den Missbrauch zu einer unbeschränkten Haftung des Kunden für denselben führen soll, ist somit unwirksam.[6]

K 86 **Risiken,** die der Inhaber auch **bei bestimmungsgemäßer Benutzung** der Karte nicht vermeiden kann, fallen von vorneherein grundsätzlich in den Risikobereich des Kartenunternehmens. Sie sind als systembedingt grundsätzlich der Risikosphäre des Herausgebers als des Verantwortlichen für den Aufbau, die Gestaltung und Durchführung des Systems zuzurechnen. Dies gilt insbesondere, wenn sich Fälschungsrisiken daraus ergeben, dass der Inhaber die Karte bei der Bezahlung Mitarbeitern des Vertragsunternehmens geben muss, die mit der Karte unvermeidlicherweise unbeobachtet hantieren können. Die AGB-rechtliche Überwälzung solcher Risiken auf den Inhaber ist unwirksam.[7] Im Übrigen kann dem dadurch Rechnung getragen werden, dass Klauseln, die das Missbrauchsrisiko regeln oder einen Sorgfaltsverstoß zum Gegenstand haben, bei bestimmungsgemäßer Verwendung durch den Inhaber nicht angewandt werden.[8]

---

[1] *Ulmer/H. Schmidt* Anh. § 310 Rz 493; vgl. auch *Köndgen,* NJW 1992, 2263, 2271.
[2] Vgl. *Löwe/Graf v. Westphalen* III 45–3 Rz 7.
[3] BGHZ 91, 221, 227 = NJW 1984, 2460.
[4] *Häde* ZBB 1994, 33, 37.
[5] Vgl. BGHZ 91, 221, 224 = NJW 1984, 2460; *Hadding* FS *Pleyer,* S. 17, 38; *Heymann/Horn* § 372 HGB Anh. Rz V/145.
[6] OLG Bamberg, NJW 1993, 2813.
[7] *Ulmer/H. Schmidt* Anh. § 310 Rz 495.
[8] BGHZ 91, 221 = NJW 1984, 2460.

5. Persönliche Geheimzahl (PIN)

Wie bei Scheckkarten findet sich inzwischen auch bei Kreditkarten die Möglichkeit der Erteilung einer persönlichen Geheimzahl. Die hier zunächst öffentlich viel beachtete und gegen § 309 Nr. 15 verstoßende Klausel, wonach der Karteninhaber bei Verwendung der persönlichen Geheimzahl in Abweichung von der gesetzlichen Regelung den Beweis fehlenden Missbrauchs tragen sollte, scheint nicht mehr verwandt zu werden.[1] **K 87**

6. Widerruf der Weisung und Zulässigkeit von Einwendungen aus dem Valutageschäft

a) Widerrufsmöglichkeit und Widerrufsauschluss. Schon nach dem Zweck des auf Bargeldersatz gerichteten Vertrags ist die gesetzliche Regelung zur **Widerruflichkeit der geschäftsbesorgungsrechtlichen Weisung** des Karteninhabers jedenfalls im Grundsatz als **stillschweigend abbedungen** anzusehen, ohne dass hierzu eine entsprechende Klausel erforderlich wäre.[2] Ein Weisungswiderruf ist daher (nur) dann zulässig, wenn er Fälle betrifft, in denen – ähnlich den Grundsätzen zum Dokumentenakkreditiv – die Bargeldersatzfunktion nicht beeinträchtigt wird, weil die Unwirksamkeit der Forderung des Vertragsunternehmens aus dem Valutageschäft **evident** bzw. **liquide beweisbar** ist.[3] Der Widerrufsausschluss gilt auch bei Unterzeichnung eines Blankobelegs, solange dieser nicht vertragswidrig ausgefüllt wurde.[4] Klauseln, die einen Widerrufsauschluss nur für die Fälle vorsehen, in denen schon nach dem stillschweigend verabredeten Vertragsinhalt kein Widerrufsrecht besteht, weichen somit nicht vom gesetzlichen Leitbild ab und unterliegen damit gemäß § 307 III nicht der Inhaltskontrolle. Zulässig muss der Widerruf ferner jedenfalls in denjenigen Fällen sein, in denen der Mangel des Anspruchs aus dem Valutageschäft gerade auch die Kreditkartenverwendung erfasst.[5] **K 88**

Hingegen können die praktischen Schwierigkeiten, vor denen der Karteninhaber im Falle des **Auslandseinsatzes** steht, wenn er nachträglich gegenüber dem Vertragsunternehmen Einwendungen geltend machen will, kein Anlass für die Zulassung eines Widerrufs sein. Denn es handelt sich nicht um systemspezifische Schwierigkeiten, die der Risikosphäre des Herausgebers oder des Vertragsunternehmens zuzuordnen wären. Vielmehr treffen den Karteninhaber insofern lediglich Risiken, die er auch beim Bargeschäft im Ausland zu tragen hat. **K 89**

Soweit man nach den vorstehenden Grundsätzen den Anweisungswiderruf zulassen muss, bleibt dies geschäftsbesorgungsrechtlich insofern problematisch, als **irreversibel getätigten Aufwendungen des Herausgebers** und darauf beruhenden Aufwendungsersatzansprüchen (wegen § 670 Teils. 2) in der Regel nicht nachträglich die Grundlage entzogen werden kann.[6] Irreversibilität in diesem Sinne **K 90**

---

[1] Vgl. *Etzkorn* WM 1991, 1901, 1905.

[2] OLG Schleswig WM 1991, 453, 454 = WuB I D 5.-4.91 mit Anm. *Etzkorn; Etzkorn* WM 1991, 1901, 1906; ähnlich *Eckert* WM 1987, 161, 165; *Hadding* FS *Pleyer* S. 37; *Martinek/Oechsler* § 67 Rz 33; eine Parallelwertung zu § 790 S. 1, 1. Alt. ziehend *Schinkels,* Drittmissbrauch, S. 165; § 790 unmittelbar heranziehend *Meder* AcP 198 (1998), 100; a. A. OLG Karlsruhe NJW-RR 1991, 237, 239 = EWiR 1991 § 9 AGBG 3/91 mit zust. Anm. *M. Wolf* = WuB I D 5.-4.91 mit Anm. *Etzkorn;* AG Charlottenburg VuR 1997, 19; *Taupitz* S. 88 ff.

[3] BGHZ 152, 75; BGH NJW-RR 2005, 780. Einzelfälle: OLG Köln NJW-RR 2002, 620; LG Frankfurt WM 1994, 111; LG Aachen NJW-RR 1994, 1009; AG Frankfurt NJW-RR 1990, 1010.

[4] OLG München WM 1999, 2356.

[5] *Eckert* WM 1987, 161, 166.

[6] *Martinek* S. 78; *Schön* AcP 198 (1998), 401, 440.

liegt wegen der Abstraktheit der Verpflichtung des Herausgebers regelmäßig bereits mit Unterzeichnung des Belegs durch den Inhaber vor.[1] Allerdings sind die Herausgeber aus ihrer Treuepflicht zum Inhaber heraus gehalten, sich – was zulässig sein muss – gegenüber dem Vertragsunternehmen die Verweigerung oder Rückforderung solcher Zahlungen vorzubehalten, die der Kunde berechtigterweise widerruft, so dass in diesen Fällen Irreversibilität zu verneinen ist.[2] Nicht gerechtfertigt ist demgegenüber der umgekehrte Schluss, der Karteninhaber müsse stets zum Weisungswiderruf oder zum Einwendungsdurchgriff befugt sein, wenn der Herausgeber sich seinerseits nach seinen AGB im Falle der bloßen Erhebung von Einwendung aus dem Grundgeschäft die Rückforderung von Vertragsunternehmen vorbehalten habe.[3]

K 91 **b) Einwanderhebungsverbot.** Ein formularmäßiges **Einwanderhebungsverbot** ist **für den geschäftsbesorgungsrechtlichen Aufwendungsersatzanspruch** des Herausgebers regelmäßig **ohne Bedeutung,** weil für diesen Aufwendungsersatzanspruch Einwände aus dem Grundgeschäft von vorneherein unbeachtlich sind.[4] Zwar ist der Kreditkarteneinsatz den Fällen des finanzierten Abzahlungskaufs äußerlich nicht unähnlich. Gleichwohl bildet eine etwaige Kreditierung des Herausgebers gegenüber dem Karteninhaber mit dem Valutageschäft zwischen Inhaber und Vertragsunternehmen keine wirtschaftliche Einheit; § 358 ist nicht anwendbar.[5]

K 92 Folglich gewinnt das formularmäßige Einwanderhebungsverbot seine Bedeutung allein aus der sog. Abtretungskonstruktion. Der Herausgeber erwirbt danach, soweit in AGB vorgesehen, wirksam die Forderung des Vertragsunternehmens aus dem Valutageschäft. Gegen diese durch Abtretung erworbene Forderung könnte der Karteninhaber gemäß § 404 alle Einwendungen aus dem Grundgeschäft geltend machen, wenn nicht durch ein Einwanderhebungsverbot die gesetzliche Regelung des § 404 abbedungen wird. Dies ist jedoch im Hinblick auf die Bargeldersatzfunktion der Karte grundsätzlich zulässig.[6] Das Einwanderhebungsverbot dient dem gleichen Zweck wie der Widerrufsausschluss; beide Rechtsinstitute sind wegen ihrer identischen Funktion gleich zu behandeln.[7] Dementsprechend muss ein formularmäßiges Einwanderhebungsverbot dem Kunden die Möglichkeit lassen, solche Einwände aus dem Valutageschäft geltend zu machen, deren Vorliegen liquide beweisbar ist;[8] ebenso muss der Herausgeber beweisen, dass ein formell ordnungsgemäßer Karteneinsatz vorliegt.[9] Eine geltungserhaltende Reduktion im Falle eines einschränkungslos formulierten Einwanderhebungsverbots[10] dürfte ausgeschlossen sein.[11] Der Herausgeber ist aber auf den abgetretenen Anspruch aus dem Valutaverhältnis ohnehin nicht angewiesen.

---

[1] *Hadding* FS *Pleyer* S. 17, 37; *Martinek* S. 79; ebenso auf der Grundlage der Anweisungskonstruktion *Meder* NJW 1993, 3245 ff.

[2] Vgl. *M. Wolf* EWiR 1991, § 9 AGBG 3/91, S. 209, 210.

[3] So *Heymann/Horn* § 372 HGB Anh. Rz 152.

[4] *Heymann/Horn* § 372 HGB Anh. Rz V/141.

[5] *Eckert* WM 1987, 161, 166; *Martinek* S. 80; *Ulmer/H. Schmidt* Anh. § 310 Rz 498.

[6] Insofern nicht überholt BGH NJW 1990, 2880, 2881; ferner OLG Schleswig WM 1991, 453; *Heymann/Horn* § 372 HGB Rz V/142; *Löwe/Graf v. Westphalen* III 45–3 Rz 4.

[7] *Eckert* WM 1987, 161, 165.

[8] Weitergehend *Canaris* Rz 1635, der schlechthin schwerwiegende Mängel als Grundlage eines Einwands gegen die abgetretene Forderung zulässt.

[9] Vgl. auch *Canaris* Rz 1637; *Eckert* WM 1987, 161, 166; *Martinek* S. 83 f.

[10] *Canaris* Rz 1635, der sich allerdings auf das AGB-rechtlich mit § 306 nicht zu vereinbarende Prinzip „Reduktion vor Kassation" stützt. Ähnlich OLG Karlsruhe NJW-RR 1991, 237, 239, wo – obiter – allein darauf abgestellt wird, der Widerrufsausschluss sei im Normalfall unbedenklich.

[11] Insofern wie hier *Metz* NJW 1991, 2804, 2808.

7. Ausschluss des Rückabwicklungsdurchgriffs

Der Geltung von Widerrufsausschluss und Einwanderhebungsverbot entspricht, dass auch ein Rückabwicklungsdurchgriff regelmäßig nicht stattfindet. Ist das Valutageschäft nach den Regelungen des Rücktrittsrechts oder nach den Vorschriften des Bereicherungsrechts rückabzuwickeln, kann der Inhaber daher – von den Fällen ausnahmsweise zulässigen Widerrufs und Einwendungsdurchgriffs abgesehen – in der Regel nicht die Rückzahlung seiner Zahlung vom Herausgeber verlangen. Vielmehr muss er sich in aller Regel an das Vertragsunternehmen halten.[1] Von diesem kann der Inhaber kein Bargeld zurückverlangen kann, sondern hat lediglich einen Anspruch auf Mitwirkung bei der Stornierung der Belastung.[2] **K 93**

8. Gebühren- und Zinsklauseln

a) Grundlagen. Soweit Gebührenklauseln als Entgeltklausel die Hauptleistungspflichten des Inhabers regeln, sind sie dem Inhalt nach kontrollfrei (§ 307 III 1) und unterliegen lediglich einer Transparenzkontrolle (§ 307 III 2 und I 2). Der Inhaltskontrolle unterliegen dagegen Preisnebenabreden, das heißt Abreden, die zwar mittelbare Auswirkungen auf Preis und Leistung haben, an deren Stelle aber, wenn eine wirksame vertragliche Regelung fehlt, dispositives Gesetzesrecht treten kann. Dabei ist für den Kreditkartenvertrag in besonderem Maße bedeutsam, dass unter Rechtsvorschriften im Sinne von § 307 III nicht nur ausdrückliches Gesetzesrecht fällt, sondern auch allgemein anerkannte Rechtsgrundsätze sowie die Gesamtheit der wesentlichen Rechte und Pflichten, die sich aus der Natur des Vertrages sowie Treu und Glauben ergeben.[3] Nicht zu den kontrollfähigen Nebenabreden gehören neben den Bestimmungen über den Preis der vertraglichen Hauptleistung auch solche Klauseln, die das Entgelt für eine zusätzlich angebotene Sonderleistung regeln, wenn für die Erbringung einer solchen Sonderleistung keine rechtlichen Regelungen bestehen. Deshalb hat die Rechtsprechung namentlich die Kontrollfähigkeit von Entgelten für den **Auslandseinsatz** verneint.[4] Dagegen unterwirft der BGH Entgeltregelungen, die nicht eine auf rechtsgeschäftlicher Grundlage für den einzelnen Kunden erbrachte Sonderleistung zum Gegenstand haben, sondern Aufwendungen für die Erfüllung gesetzlich begründeter eigener Pflichten des Klauselverwenders auf den Kunden abwälzen, aufgrund ihrer Abweichung von Rechtsvorschriften der Inhaltskontrolle. Ebenso unterstellt die Rechtsprechung Preisklauseln dann einer vollen Inhaltskontrolle, wenn es um die klauselförmige Festlegung von Entgelten für solche Zusatzleistungen gehe, deren zukünftige Inanspruchnahme durch den Kunden unsicher sei.[5] Bei der verbreiteten **Jahresgebühr** ist eine Klausel, nach welcher der Herausgeber den Anspruch hierauf auch bei vorzeitiger Kündigung ohne volle Erstattung hat, nach § 308 Nr. 7 b unwirksam.[6] **K 94**

b) Zinsklauseln und Überziehungsgebühren. Bei Klauseln zu Zinsen, „Überziehungsgebühren" und Ähnlichem kann es sich um Regelungen handeln, nach denen eine verspätete Zahlung als vertragswidrig gilt; eine Klausel kann aber dem Inhaber auch die Wahl einräumen, entweder den jeweiligen Monatssaldo zum **K 95**

---

[1] *Canaris* Rz 1637 f.
[2] BGHZ 152, 75.
[3] Zusammenfassend BGHZ 137, 27 = EWiR § 8 AGBG 1/98 mit Anm. *Pfeiffer.*
[4] BGHZ 137, 27 = EWiR § 8 AGBG 1/98 mit Anm. *Pfeiffer.*
[5] Z. B. BGH NJW 1994, 1532, 1533 = LM H. 8/1994 § 9 (Ch) AGBG Nr. 10 mit Anm. *M. Wolf* = WuB I D 5.-5.93 mit Anm. *Pfeiffer* = EWIR 1994, § 9 AGBG 8/94 mit Anm. *Bülow.*
[6] OLG Frankfurt WM 2001, 987–988 = VuR 2001, 217.

vorgesehenen Termin auszugleichen oder einen entgeltlichen Kredit zum formularmäßig bestimmten Zinssatz in Anspruch zu nehmen.[1]

K 96 Soweit dem Herausgeber die **Wahlmöglichkeit zwischen sofortiger Zahlung und Kreditinanspruchnahme** gelassen wird, ist zwar im Falle der Inanspruchnahme des Kredits die Entrichtung der Kreditzinsen Hauptleistungspflicht des Karteninhabers. Die Höhe der Kreditzinsen unterliegt dabei richtigerweise nicht allein wegen des Umstands der Unsicherheit über ihre zukünftige Inanspruchnahme der Inhaltskontrolle in Bezug auf ihre Angemessenheit der Höhe nach.[2] Eine formularmäßige Zinsregelung muss sich allerdings zum einen stets auf ihre Transparenz überprüfen lassen. Zum anderen kann sich ihre Kontrollfähigkeit daraus ergeben, dass sie Wirkungen entfaltet, die – als Preisnebenabrede – über die Wirkungen einer bloßen Preisfestlegung hinausgehen. Letzteres muss etwa bejaht werden für eine Klausel, nach der im Falle der Kreditinanspruchnahme nachträglich ein ansonsten bestehender Zinsvorteil wegfällt, indem auch für die Zeit bis zur Fälligkeit nach dem vertraglich vorgesehenen Zahlungsziel Zinsen berechnet werden.[3] Das kommt der Wirkung nach einer Verfallklausel gleich. Die Klausel ist kontrollfähig und überdies nach zutreffender Auffassung nach § 309 Nr. 6 unwirksam;[4] jedenfalls enthält sie eine versteckte Verschiebung des vertraglichen Äquivalenzverhältnisses und verstößt gegen § 307 I.

K 97 Knüpft eine Klausel dagegen an die **verspätete Zahlung** an, so gelten die allgemeinen Grundsätze für Verzugszinsklauseln. Eine an die bloße Zahlungsverspätung anknüpfende Klausel, nach der eine monatliche „Überziehungsgebühr" in Höhe typischer Mahnkosten zu zahlen ist, soll als Vertragsstrafe nach § 309 Nr. 6 unwirksam sein.[5] Jedenfalls wenn die Klausel auf Pauschalierung eines Verwaltungsaufwands (Mahnkosten[6]) zielt, ist von einer Schadensersatzpauschale auszugehen. Sie kann nach § 309 Nr. 4 unwirksam sein, wenn sie Verzug nicht voraussetzt, sondern an den bloßen Zahlungsrückstand anknüpft. Dabei ist die bloße Saldomitteilung keine Mahnung, sondern eine bloße Inrechnungstellung.[7] § 309 Nr. 5 ist zu beachten.

K 98 **c) Barauszahlungsentgelte.** Klauseln über Barauszahlungsentgelte müssen zunächst dem Verbot überraschender Klauseln gemäß § 305c I sowie den Anforderungen des Transparenzgebots nach § 307 I 2 und III 2 genügen. So wurde etwa eine Klauselgestaltung für überraschend gehalten, bei der die Gebührenklausel an anderer Stelle des Gesamtklauselwerks „versteckt" war als an der Stelle, die den Kunden über die Möglichkeit und die Abwicklung des Barauszahlungsservices informieren

---

[1] BGH NJW 1994, 1532 = LM H. 8/1994 § 9 AGBG (Ch) Nr. 10 mit Anm. *M. Wolf* = WuB I D 5–9.94 mit insoweit zust. Anm. *Pfeiffer* = EWiR 1994, § 9 AGBG 8/94 mit. Anm. *Bülow.*

[2] So aber BGH NJW 1994, 1532, 1533 (sub II 2 a) BGH NJW 1994, 1532 = LM H. 8/1994 § 9 AGBG (Ch) Nr. 10 mit Anm. *M. Wolf* = WuB I D 5–9.94 mit insoweit krit. Anm. *Pfeiffer* = EWiR 1994, § 9 AGBG 8/94 mit. Anm. *Bülow. M. Wolf,* aaO, der dem BGH hier im Ergebnis zustimmt, weist zutreffend darauf hin, dass sich die Kontrollbedürftigkeit der Klausel daraus ergibt, dass der Kunde bei Vertragsschluss noch nicht hinreichend absehen kann, ob er die fragliche Leistung in Anspruch nehmen werde, so dass er der Entgeltfrage insoweit nicht genügend Aufmerksamkeit schenke. Geht man hiervon aus, so zeigt sich, dass es sich auch insoweit um ein Problem der Klauseltransparenz handelt, so dass keine inhaltliche Angemessenheitskontrolle, sondern eine Transparenzkontrolle geboten ist; vgl. *Pfeiffer,* aaO.

[3] BGH NJW 1994, 1532 = LM H. 8/1994 § 9 AGBG (Ch) Nr. 10 mit Anm. *M. Wolf* = WuB I D 5–9.94 mit insoweit zust. Anm. *Pfeiffer* = EWiR 1994, § 9 AGBG 8/94 mit. Anm. *Bülow.*

[4] *Pfeiffer* WuB I D 5.-9.94.

[5] BGH NJW 1994, 1532 = LM H. 8/1994 § 9 (Ch) AGBG Nr. 10 *M. Wolf* = WuB I D 5.-9.94 mit insoweit krit. Anm. *Pfeiffer.*

[6] Vgl. zur Ausrichtung an Mahnkosten etwa *Huff* EWiR 1993, § 9 AGBG 9/1993, 319; zweifelnd *M. Wolf,* LM H 8/1994 § 9 (Ch) AGBG Nr. 10.

[7] *Martinek* S. 71.

sollte.[1] Ferner müssen sich die Maßstäbe, nach denen sich die Gebühr bemisst, aus den AGB ergeben und dürfen nicht dem freien Ermessen des Herausgebers unterliegen.[2]

d) Währungsumrechnungsklauseln. Eine Klausel, nach der der Herausgeber die Gebühren für Währungsumrechnungen nach billigem Ermessen (§ 315) festsetzen kann (kombinierte Umrechnungs- und Preisfestsetzungsklausel), ist regelmäßig unwirksam, weil dem Herausgeber konkretere Angaben über die Festsetzungsfaktoren, etwa in Prozent des Umtauschbetrags, zumutbar sind.[3] Briefkursklauseln sind wirksam, da auch der Herausgeber zum Briefkurs kauft.[4] Unwirksam ist demgegenüber eine Briefkursklausel, die nicht auf den Tag der Umrechnung, sondern einen anderen Tag abstellt. Die gesonderte Entgeltlichkeit der Umrechung soll schon wegen des Fehlens einer echten vertraglichen Leistung unwirksam sein,[5] sie verstößt aber jedenfalls regelmäßig gegen das Transparenzgebot.[6] Wirksam sind Entgelte für die Verwendung im Auslandseinsatz.[7] K 99

e) Ausstellung einer Ersatzkarte. Zur Zurverfügungstellung der Karte ist der Herausgeber verpflichtet. Entgelte hierfür soll der Herausgeber nach dem in der Rechtsprechung vertretenen strikten Verschuldensprinzip sich nur unter der Voraussetzung eines (verschuldensabhängigen) Ersatzanspruchs gegen den Kunden ausbedingen dürfen.[8] K 100

9. Saldoanerkenntnis

AGB-rechtlich ist zunächst hervorzuheben, dass **Zugangsfiktionsklauseln,** nach denen eine Saldomitteilung als zugegangen gilt, wenn sie an die letzte vom (Haupt-)Karteninhaber angegebene Anschrift versandt werden, außerhalb des Unternehmensverkehrs nach § 308 Nr. 6 unwirksam sind.[9] K 101

Die Wirksamkeit einer **formularmäßigen Anerkenntnisfiktion,** falls der Kunde nicht innerhalb einer bestimmten Frist schriftlich widerspricht, beurteilt sich im nichtkaufmännischen Verkehr nach § 308 Nr. 5.[10] Diese Vorschrift verbietet fingierte Saldoanerkenntnisse nicht schlechthin, und es ist beispielsweise anerkannt, dass die bei beanstandungsfreier Entgegennahme fingierten Saldoanerkenntnisse in den AGB-Banken wirksam sind.[11] Neben dem im Hinblick auf Kreditkartenunternehmen wohl zu bejahenden, aus § 307 folgenden allgemeinen Kriterium, dass der Verwender ein berechtigtes Interesse an der fingierten Erklärung haben muss[12] stellt § 308 Nr. 5a die Mindestvoraussetzungen auf, dass der Verwender eine angemessene Frist – z. B. 28 Tage[13] – zum ausdrücklichen Widerspruch einräumen K 102

---

1 LG Frankfurt NJW 1991, 2842.

2 LG Frankfurt NJW 1991, 2842; LG Heilbronn NJW-RR 1995, 1397.

3 Offen lassend, wenngleich mit Tendenz wie hier AG Frankfurt NJW-RR 1993, 1136 (1137) – Eurocard Gold.

4 AG Frankfurt NJW-RR 1993, 1136, 1137 f.

5 AG Frankfurt NJW-RR 1993, 1136 (1137 f.) = WuB I D 5.-6.93 mit Anm. Ahlers.

6 AG Frankfurt NJW-RR 1993, 1136 (1137 f.).

7 S. Rz K 94.

8 OLG Celle BB 2000, 2384 = WM 2000, 2237 = VuR 2000, 353; dazu auch *Köndgen* NJW 2004, 1288, 1294.

9 OLG Frankfurt WM 1993, 889, 992 = WuB I D 5 – 5.93 m. Anm *Oechsler* = ZIP 1993, 665 = EWiR 1993, § 9 AGBG 9/1993, 319 m. Anm. *Huff;* ferner *Martinek* S. 69; *Pfeiffer* WuB I D 5.-9.94.

10 Vgl. *Pfeiffer* WuB I D 5.-7.94.

11 Vgl. Anh. § 310 Rz B 32.

12 Vgl. § 308 Nr.5 Rz 1.

13 LG Frankfurt, WM 1992, 96 = ZIP 1991, 1420 = WuB I D 5.-2.92; ferner *Pfeiffer* WuB I D 5.-7.94.

muss. Soweit teilweise formuliert wird, die Saldobilligung dürfe nicht pauschal an den Ablauf von Kalenderfristen anknüpfen, sondern müsse in der Klausel selbst den Fall des zeitnahen Widerspruchs nach der Rückkehr von unverschuldeter längerer Abwesenheit berücksichtigen,[1] liegt dem ein berechtigtes Anliegen zugrunde, dem zumindest bei der Bemessung der Fristen und ggf. auch im Wege der Ausübungskontrolle Rechnung zu tragen ist. Zu beachten ist bei alledem § 308 Nr. 5 b, wonach sich der Verwender sich in der Klausel verpflichten muss, den Kunden auf die Folgen des unterbliebenen Widerspruchs jeweils gesondert hinzuweisen.[2]

10. Schufa-Klausel

K 103 Eine einschränkungslose Schufa-Klausel, nach der das Kartenunternehmen berechtigt ist, der Schufa Daten über die „Beantragung, Ausstellung und Handhabung" der Karte zu übermitteln, ist nach § 307 unwirksam.[3] Wirksam ist nur eine Klausel, die den Empfängerkreis eingrenzt und im Hinblick auf die zu übermittelnden Daten differenziert.[4] Dem genügt z. B. eine Klausel nicht, die pauschal eine Übermittlungsbefugnis „im Falle nicht vertrags- und fristgemäßer Zahlung" vorsieht.[5] Liegt dem Vertrag eine unwirksame Schufa-Klausel zugrunde, so kann sich die Berechtigung zur Weiterleitung von Daten aus der Vorschrift des § 24 BDSG ergeben. Danach ist eine Interessenabwägung bezüglich der Weiterleitung der jeweiligen Daten erforderlich; die Weiterleitung nachteiliger Tatsachen an die Schufa ist etwa dann unzulässig, wenn der Karteninhaber sich nur kurzzeitig in Verzug befindet, zahlungsbereit und zur Zahlung in angemessenen Raten auch in der Lage ist.[6]

11. Laufzeit und Kündigung

K 104 Der Interessenlage nach ist es prinzipiell angemessen, wenn formularmäßig eine von § 649 abweichende Regelung der ordentlichen Kündigung vorgesehen wird. Vor überlangen Kündigungsfristen schützt § 309 Nr. 9. Im **Unternehmensverkehr** kann zwar diese Vorschrift in der Regel nicht entsprechend angewendet werden.[7] Indessen lassen sich spezifische Belange des Unternehmensverkehrs, aus denen sich ein Interesse an längeren Bindungsfristen bei Kartenemissionsverträgen ergeben würde, regelmäßig nicht erkennen. Grundsätzlich müssen daher im Hinblick auf § 307 auch im Unternehmensverkehr die oben bezeichneten Grenzen beachtet werden. Ein Bedürfnis nach Anerkennung längerer Bindungsfristen kann dann anerkennenswert sein, wenn es sich um die Verwendung gegenüber einem solchen unternehmerischen Kunden handelt, der als Hauptkunde zugunsten einer großen Vielzahl einzelner Mitarbeiter Zusatzkarten unterhält.

K 105 Neben dem Interesse an der Vermeidung übermäßig langer Bindungsfristen müssen AGB auch das **Interesse** der Inhaber an der Verwendbarkeit der Kreditkarte als Zahlungsinstrument berücksichtigen, das durch Überraschungskündigungen des Herausgebers berührt wird. Mit der Bargeldersatzfunktion der Kreditkarte ist

---

1 *Martinek* S. 68.
2 § 308 Nr. 5 Rz 44 ff.
3 OLG Koblenz NJW-RR 1990, 822.
4 BGH NJW 2003, 1237, 1241 (Ermächtigung der kontoführenden Bank zur Weitergabe von Kartendaten an Mobilfunkanbieter in dessen AGB); BGHZ 95, 195 = NJW 1986, 46; *Ulmer/H. Schmidt* Anh. § 310 Rz 292; hierzu auch *v. Westphalen* NJW 2004, 1993, 1996.
5 OLG Koblenz NJW-RR 1990, 822.
6 LG Bonn WM 1994, 1285.
7 *Löwe/Graf v. Westphalen* § 11 Nr. 12 Rz 39; *Ulmer/Christensen* § 309 Nr. 9 Rz 20.

jede Klausel unvereinbar, die den Kunden dem Risiko aussetzt, ohne rechtzeitige Ankündigung oder ohne wichtigen Grund aufgrund einseitiger Kündigungserklärung des Herausgebers überraschend oder gar unterwegs ohne Mittel dazustehen.[1] Demgegenüber wird das Interesse des Herausgebers, sich von nicht ausreichend solventen Kunden zu trennen, zum einen durch die Möglichkeit einer vorherigen Bonitätsprüfung und zum anderen durch die Möglichkeit zur außerordentlichen Kündigung ausreichend geschützt. Folglich ist eine **Klausel** nach § 307 **unwirksam,** die dem Herausgeber **ohne das Erfordernis eines wichtigen Grundes** die Möglichkeit einer **jederzeitigen Kündigung** einräumt.[2] Dem lässt sich auch nicht entgegenhalten, dass § 675 die Zulässigkeit der Vereinbarung eines fristlosen Kündigungsrechts voraussetzt. Diese bürgerlich-rechtliche Vorschrift ist keine AGB-rechtliche Erlaubnisnorm. Nichts anderes folgt aus dem Umstand, dass die ohne wichtigen Grund zur Unzeit erfolgende Kündigung nach § 671 II 2 einen Schadensersatzanspruch auslöst und insoweit ein gewisser gesetzlicher Schutz vor einer unangemessenen Ausübung eines bestehenden Kündigungsrechts gegeben ist. Aus dem Bestehen dieser bürgerlich-rechtlichen Schutzvorschrift darf nicht umgekehrt geschlossen werden, dass die AGB-rechtliche Begründung eines solchen Kündigungsrechts zulässig ist.[3] Vielmehr zeigt § 671 Abs.2 S. 1 („darf nicht"), dass eine Kündigung zur Unzeit prinzipiell vertragswidrig ist.

12. Zusatzkarten

a) Haftung des Hauptkarteninhabers. Eine Klausel, welche die – sei es alleinige, sei es gesamtschuldnerische – Haftung des Hauptkarteninhabers für die Umsätze des Zusatzkarteninhaber anordnet, gibt nur die geltende Rechtslage wieder. Sie unterliegt regelmäßig nach § 307 III nicht der Inhaltskontrolle und ist damit bedenkenfrei wirksam.[4] Die AGB des Herausgebers können aber vorsehen, dass – im Falle einer Firmenzusatzkarte – der Hauptkarteninhaber lediglich für geschäftliche, nicht aber für private Ausgaben des Zusatzkarteninhabers haften soll. Eine Klausel, die dem Hauptkarteninhaber die Obliegenheit auferlegt, das **Ausscheiden eines Mitarbeiters** dem Herausgeber zu **melden,** beruht auf dem legitimen Interesse des Herausgebers, über eine damit verbundene Veränderung der Einkommensverhältnisse und der Bonität informiert zu sein. Aus diesem Grunde verstößt es nicht gegen die Anforderungen des § 307, wenn die AGB im Falle der Verletzung dieser Obliegenheit ein Wiederaufleben der gesamtschuldnerischen Haftung vorsehen.[5] **K 106**

Allerdings greifen im Verhältnis des Hauptkarteninhabers zum Herausgeber die allgemeinen Grundsätze über das Missbrauchsrisiko. Der Hauptkarteninhaber kann daher nach richtiger Ansicht jederzeit die Zusatzkarte – etwa durch Verlustmeldung – sperren lassen und braucht daher für nach Eingang der Verlustmeldung getätigte Umsätze nicht mehr einzustehen.[6] Entgegenstehende Kündigungsfristen **K 107**

---

[1] *Metz* NJW 1991, 2804, 2810.

[2] BGHZ 125, 343 = NJW 1994, 1532 = LM H.8/1994 § 9 (Ch) AGBG Nr.10 mit Anm. *M. Wolf* = WuB I D. 5.-9.94 mit Anm. *Pfeiffer* = EWiR 1994, § 9 AGBG 8/94 mit. Anm. *Bülow;* ebenso OLG Frankfurt WM 1993, 889 = ZIP 1993, 665 = EWiR 1993, § 9 AGBG 9/1993, 319 mit Anm. *Huff* = WuB I D 5.-5.93 mit Anm. *Oechsler;* ferner *Metz* NJW 1991, 2804, 2810.

[3] So aber *Martinek* S. 75; ebenso *Oechsler* WuB I D 5.-5.93.

[4] Vgl. LG Aachen NJW-RR 1994, 1009; a. A. *Löwe/Graf v. Westphalen* III 45.3 Rz 3, der keine Grundlage für eine gesamtschuldnerische Haftung sehen will; ebenfalls a. A. *Metz* NJW 1991, 2804, 2810, der meint, dem Begriff der Gesamtschuld fehle es an Verständlichkeit.

[5] A. A. *Löwe/Graf v. Westphalen* III 45–3 Rz 3, der lediglich eine Ausfallhaftung für akzeptabel hält.

[6] Vgl. auch *Metz* NJW 1991, 2804, 2810.

schließen eine solche Sperrung nicht aus[1] und können allenfalls für die periodische Vergütungspflicht von Bedeutung sein. Haftungsklauseln, die einer wirksamen **Sperre** der Zusatzkarte durch den Hauptkarteninhaber entgegenstehen sind mit dem Prinzip unvereinbar, dass niemand gegen seinen Willen hinnehmen muss, dass jemand als ermächtigt gilt, zu seinen Lasten Verpflichtungen zu begründen.[2]

K 108 **b) Mithaftung des Zusatzkarteninhabers.** Voraussetzung jeder Haftung des Zusatzkarteninhabers ist zunächst, dass dieser nach allgemeinen vertragsrechtlichen Grundsätzen Vertragspartner des Herausgebers wurde.[3] Das wird man nicht ohne weiteres annehmen können. [4]

K 109 Die Mitverpflichtung des Zusatzkarteninhabers kann sich aus einer wirksamen **Mithaftungsklausel** ergeben. Der wirksamen Einbeziehung einer Mithaftungsklausel kann zunächst § 305 c I entgegenstehen. Der Zusatzkarteninhaber wird regelmäßig davon ausgehen, dass fällige Rechnungsbeträge dem Hauptkarteninhaber in Rechnung gestellt werden. Dementsprechend braucht der Zusatzkarteninhaber nicht ohne weiteres damit zu rechnen, dass seine Unterschrift auf einem Vertragsformular über die Anerkennung bloßer Benutzungsbedingungen hinausgeht. Voraussetzung für die wirksame Einbeziehung einer Mithaftungsklausel ist daher, dass die Mithaftung für den Zusatzkarteninhaber bei Vertragsschluss deutlich zu erkennen ist.[5] Dies ist zu verneinen, wenn der Eindruck erweckt wird, dass die Rechnung an den Hauptkarteninhaber geht und die Haftungsregelung in einer Nebenbestimmung versteckt ist.[6] Soweit eine wirksame Einbeziehung erfolgt ist, kann eine solche Mithaftungsklausel auch inhaltlich als vereinbar mit § 307 gelten, da es angemessen ist, wenn der tatsächliche Nutzer der Karte haftet.[7]

K 110 Eine Einschränkung dahingehend, dass der Zusatzkarteninhaber nur im Falle einer erkennbar privaten Veranlassung mit einer eigenen Inanspruchnahme rechnen muss,[8] was insbesondere für Firmenzusatzkarten bedeutsam ist, kommt in Betracht, wenn die vertraglichen Abreden hierfür Anlass bieten. Denn regelmäßig ist es allein eine Frage des Innenverhältnisses zwischen Haupt- und Zusatzkarteninhaber, welche Ausgaben letzterer selbst tragen muss.[9] Eine Kostentragungspflicht des Zusatzkarteninhabers ist daher jedenfalls insoweit nicht überraschend, als nach den Abreden zwischen Hauptkarteninhaber, Zusatzkarteninhaber und Herausgeber erkennbar eine solche Differenzierung gelten soll, was sich beispielsweise daraus ergeben kann, dass dem Zusatzkarteninhaber zwei Karten überlassen sind, von denen eine für geschäftlich veranlasste Ausgaben und die andere für privat veranlasste Ausgaben zur Verfügung steht.[10] Klauseln, nach denen eine Mithaftung auch für den Haupt- und

---

[1] So auch *Bellut* EWiR 2005, 1173, 1174.

[2] Richtig *Langenbucher* NJW 2004, 3522 gegen OLG Koblenz NJW 2004, 3563, OLG Oldenburg NJW 2004, 2907 (Wirksamkeit der Klausel: Haftungsende erst bei Kartenrückgabe) und BezG Potsdam NJW-RR 1992, 1398 = WuB I D 5.-6.93 mit insoweit zust. Anm. *Habersack*.

[3] LG Bremen NJW-RR 1989, 1522; AG Hannover WM 1993, 2168 = WuB I D 5.-6.94 mit Anm. *Pfeiffer;* vgl. auch OLG Köln, WM 1993, 369.

[4] *Pfeiffer* WuB I D 5.-6.94; anders anscheinend OLG Köln WM 1993, 369.

[5] OLG Frankfurt NJW-RR 1989, 1523; OLG München NJW-RR 1988, 1076 (Eurocard, bejahend) = EWiR 1988, § 3 AGBG 1/88, S. 733; LG Bremen NJW-RR 1989, 1522 (Diners-Club, verneinend); für „selbstverständlich" und daher regelmäßig nicht überraschend hält eine solche Klausel LG München I NJW-RR 1992, 1019.

[6] LG Bremen NJW-RR 1989, 1522.

[7] OLG München NJW-RR 1988, 1076 = EWiR § 3 AGBG 1/88 m. Anm. *Huff;* OLG Frankfurt NJW-RR 1989, 1523.

[8] Vgl. zu einer solchen Differenzierung die Erwägungen bei LG Bremen NJW-RR 1989, 1522, 1523.

[9] *Pfeiffer* WuB I D 5.-6.94.

[10] *Pfeiffer* WuB I D 5.-6.94.

andere Zusatzkarteninhaber bestehen soll, dienen dem Zweck, dem Herausgeber den Zugriff auf einen weiteren Schuldner zu verschaffen, den er bei Barzahlung regelmäßig nicht hätte, und verstoßen damit meist bereits gegen § 305 c I, jedenfalls aber gegen § 307.[1] Bei Familienzusatzlasten ist demnach ebenfalls zu differenzieren: Ohne Bedenken wirksam sind Klauseln, die eine gesamtschuldnerische Haftung des Hauptlastinhabers für Fälle anordnen, in denen ein Ehegatte die Karte für Geschäfte zur angemessenen Deckung des Lebensbedarfs tätigt. Insoweit wiederholen die Klauseln lediglich den § 1357 I BGB. Ansonsten sind auch weitergehende Klauseln nach § 307 BGB unwirksam.[2]

13. Zusatzangebote des Herausgebers an den Inhaber

Für sonstige Leistungen bedarf es einer darauf bezogenen vertraglichen Vereinbarung. **K 111** Fehlt es an dieser, so gelten die Grundsätze über die Zusendung unbestellter Waren und Erbringung unbestellter Leistungen,[3] insbesondere also § 241a BGB. Dem Regime des für die Zusatzleistung einschlägigen Vertragstyps kann sich das Kartenunternehmen auch regelmäßig nicht durch AGB entziehen. Deuten z. B. die maßgeblichen Umstände für die Auslegung der Abrede, die der Zusatzleistung zu Grunde liegt, darauf hin, dass der Herausgeber selbst als Reiseveranstalter handelt, so muss er sich trotz entgegenstehender AGB als Reiseveranstalter behandeln lassen.[4] Anders kann es dann liegen, wenn die fraglichen Leistungen – etwa Versicherungsleistungen – erkennbar nicht vom Herausgeber selbst erbracht werden. Maßgeblich für das Rechtsverhältnis zwischen Karteninhaber und Versicherungsunternehmen sind dann dessen AGB, soweit die Voraussetzungen einer wirksamen Einbeziehung auch gegenüber dem Karteninhaber vorliegen.

III. Der Akquisitionsvertrag im Einzelnen

1. Preisaufschlagsverbot

Um die Verwendung von Kreditkarten zu fördern, verbieten die Herausgeber **K 112** den Vertragsunternehmen regelmäßig, gegenüber Kartenverwendern höhere Preise oder besondere Gebühren zu berechnen (Preisaufschlagsverbot). Die Wirksamkeit solcher Abreden war kartellrechtlich zunächst umstritten.[5] AGB-rechtlich bestehen gegen ihre Wirksamkeit keine durchgreifenden Bedenken, weil diese Klausel der im Interesse aller Beteiligten zu sichernden Bargeldersatzfunktion der Kreditkarte dient.

2. Veritätsrisiko

a) Allgemein. Die frühere Rechtsprechung des BGH, wonach das Vertragsun- **K 113** ternehmen aufgrund der Anwendung kaufrechtlicher Vorschriften das Veritätsrisiko (das Risiko, dass dem Herausgeber kein wirksamer Anspruch gegen den Karten-

---

[1] *Canaris* Rz 1631; *Heymann/Horn* § 372 HGB Anh. Rz V/140; *Martinek* S. 94; offen lassend LG München NJW-RR 1992, 1019.

[2] *Zwack/Mühl*, WM 2006, 1231.

[3] Vgl. LG Frankfurt NJW 1991, 2842.

[4] OLG Celle NJW-RR 1990, 445.

[5] Für Unwirksamkeit etwa LG Düsseldorf, NJW-RR 1990, 1384 = WuB I D 5.-7.90 mit Anm. *Fervers;* ferner *Adams* ZIP 1990, 632; *Hönn* ZBB 1991, 6 ff.; *Martinek* S. 132 ff.; anders aber OLG Düsseldorf NJW-RR 1991, 754 = WuB I D 5.-5.91 mit Anm. *Fervers.*

inhaber zusteht) trage,[1] ist überholt. Der Herausgeber zahlt aufgrund eines bedingten abstrakten Schuldversprechens.[2] Eine **Rückbelastungsklausel,** nach welcher das Vertragsunternehmen schon in den Fällen des bloßen nachträglichen Bestreitens der Verität durch den Karteninhaber zur Rückzahlung an den Herausgeber verpflichtet sein soll, ist unwirksam.[3] Allerdings muss dem Herausgeber zugestanden werden, dem Vertragsunternehmen in denjenigen Fällen das Veritätsrisiko aufzuerlegen, in denen schon keine wirksame Weisung des Kunden vorliegt oder in denen der Kunde diese ausnahmsweise, etwa wegen eines liquide beweisbaren Mangels der mit Karte bezahlten Leistung, berechtigt widerruft.[4]

K 114 **b) Karteneinsatz ohne Beleg („Telefon- und Mail-Order-Verfahren").** Im Gegensatz zu den vorbezeichneten Grundsätzen verfolgt der BGH beim beleglosen Karteneinsatz eine formelle Konzeption der Verteilung des Veritätsrisikos. Der Zahlungsanspruch des Vertragsunternehmens soll danach stets, aber auch nur dann bestehen, wenn der äußere Tatbestand eines **formell ordnungsgemäßen Karteneinsatzes** vorliegt.[5] Das Risiko des **Kartenmissbrauchs** durch Dritte soll danach – als systemspezifisches Risiko – der Herausgeber tragen. Diese schon mit Blick auf § 307 III nicht ganz zweifelsfreie[6] Linie stößt zwar auf teils vehemente Ablehnung im Schrifttum,[7] und etwa auch der österreichische OGH nimmt gerade die Belastung des Vertragsunternehmers mit dem Drittmissbrauchsrisiko beim Fernabsatz an.[8] Die Kreditkartenbranche hat indessen auf die BGH-Rechtsprechung mit besonderen Vertragshändlerbedingungen für den Fernabsatz[9] reagiert. Diese machen nicht nur detailliert von der im Rahmen eines solchen Konzepts bestehenden Möglichkeit[10] Gebrauch, dem Vertragsunternehmen durch AGB die Obliegenheit zur zeitnahen und formell ordnungsgemäßen Dokumentation und Abrechnung aufzuerlegen, deren Beachtung alsdann Voraussetzung des Erstattungsanspruchs ist. Vielmehr werden bspw. auch verdächtige („ungewöhnliche") Bestellungen definiert, für die ein Zahlungsversprechen ausdrücklich nicht abgegeben und die Rückforderung vorbehalten wird. Unanwendbar bleibt das Konzept des BGH aber hinsichtlich solcher Pflichten, die ihrer Art nach bei telefonischen oder Mail-order-Bestellungen nicht passen.[11] Diese Grundsätze gelten auch bei Verwendung eines POS-Terminals.[12]

3. Genehmigungsobliegenheit

K 115 Klauseln, die zur Einschränkung unbefugter Kartenbenutzungen eine Obliegenheit des Vertragsunternehmens begründen, Umsätze oder Umsätze ab einer bestimmten Höhe durch das Kartenunternehmen genehmigen zu lassen, und bei Ver-

---

1 BGH NJW 1990, 2880; a. A. LG Düsseldorf NJW 1984, 2475.

2 BGHZ 157, 256; BGHZ 150, 285; BGH NJW 2002, 285; NJW-RR 2005, 780.

3 BGHZ 150, 286; BGH NJW 2002, 285; BGH NJW-RR 2004, 1124.

4 BGHZ 152, 75; BGH NJW-RR 2005, 780.

5 BGHZ 157, 256; BGHZ 150; 286; BGH NJW 2002, 285; BGH NJW-RR 2004, 1124; dazu *Pfeiffer* LMK 2004, 159; zu Einzelheiten auch *Hofmann* ZBB 2004, 405.

6 *Schinkels,* Drittmissbrauch, S. 178 geht von der generellen Kontrollfreiheit der Nichterstreckung des abstrakten Zahlungsversprechens auf Fernabsatz nach § 307 III aus; so für die neuen Vertragshändlerbedingungen für den Fernabsatz auch *Jungmann* WM 2005, 1345 1356.

7 Vgl. *Bitter* ZIP 2002, 1219; *Freitag* ZBB 2002, 322, 329; *Körber* WM 2004, 563, 568; *Meder* ZIP 2002, 2112, 2117; *ders.* EWiR 2005, 749, 750.

8 OGH EWiR 2005, 749 m. Anm. *Meder.*

9 Dazu eingehend *Jungmann* WM 2005, 1351, 1355 ff.

10 BGHZ 157, 256; BGH NJW-RR 2004, 1124; OLG Frankfurt OLGR 2006, 37.

11 BGH NJW-RR 2005, 1570.

12 BGH NJW-RR 2004, 1122.

letzung dieser Obliegenheit einen Anspruchsausschluss sowie gegebenenfalls einen Rückforderungsanspruch des Herausgebers vorsehen, können wirksam sein.[1] Klauseln, die den Herausgeber zur Übersendung von Sperr- und Stoppplisten berechtigen oder die eine online-Autorisierung vorsehen, weichen von den gesetzlichen Sorgfaltspflichten nicht ab und sind bedenkenfrei ebenfalls wirksam.[2] Leitet das Vertragsunternehmen den ungenehmigten Belastungsbeleg weiter, so liegt hierin der im Rahmen der sonstigen akquisitionsvertraglichen Beziehungen auszuführende Auftrag, die Belastung dem Karteninhaber in Rechnung zu stellen. Nimmt der Herausgeber den Beleg zur Verrechnung an, so liegt darin zugleich die Annahme dieses Auftrags, mit der Folge, dass der Herausgeber mit der Sorgfalt eines ordentlichen Kaufmanns (§ 347 HGB) gehalten ist, vom Karteninhaber Zahlung zu erlangen.[3]

Soweit der Herausgeber trotz fehlender Genehmigung gleichwohl zahlt, liegt darin nicht notwendig eine nachträgliche stillschweigende Genehmigung. Ein solcher Erklärungsgehalt kann der Zahlung deshalb nicht gegeben werden, weil die Zahlung des Herausgebers an das Vertragsunternehmen, auch soweit es um genehmigungspflichtige Umsätze geht, meist ohne Kontrolle der Einhaltung der Genehmigungsobliegenheit erfolgt. Dies wird regelmäßig auch nach außen durch **Rückforderungsklauseln** deutlich, die für den Fall solcher **Zahlungen auf ungenehmigte Umsätze** gelten.[4] Diese prinzipiell zulässige Rückforderungsklausel kann allerdings nicht soweit gehen, dass das Vertragsunternehmen „jederzeit" zur Rückforderung berechtigt ist; vielmehr kann ein Rückforderungsrecht nur für den Fall anerkannt werden, dass ein Einzug der Forderung beim Inhaber vergeblich versucht wurde. Außerdem darf sich das Vertragsunternehmen nicht auf eine Verletzung der Obliegenheit berufen, wenn der Umsatz zu genehmigen gewesen wäre. Zweifelhaft ist, ob diese Einschränkungen des Rückforderungsrechts sich im Hinblick auf das Transparenzgebot aus der Klausel selbst ergeben müssen (wofür mehr spricht) oder ob eine Berücksichtigung im Wege der Ausübungskontrolle ausreicht.[5] **K 116**

4. Anspruchsausschluss- und Rückforderungsklausel bei Gewährleistungsstreit

Zwar sehen die Emissionsverträge zwischen Herausgeber und Inhaber regelmäßig vor, dass **Einwände** aus dem mit der Kreditkarte bezahlten Geschäft zwischen Inhaber und Vertragsunternehmen dem Anspruch des Herausgebers gegen den Inhaber nicht entgegengehalten werden können. Gleichwohl behalten sich Herausgeber in ihren AGB vor zum Teil vor, von den Ansprüchen des Vertragsunternehmens frei zu werden bzw. bereits geleistete Zahlungen zurückfordern zu können, wenn der Inhaber gegenüber dem Herausgeber Gewährleistungsrechte aus dem finanzierten Geschäft geltend macht. **K 117**

Eine solche Klausel hat das LG Heidelberg mit der Begründung für wirksam gehalten, es stehe den Parteien frei, den Inhalt einer Garantie oder eines abstrakten **K 118**

---

[1] OLG Frankfurt, NJW-RR 1994, 1465; LG Düsseldorf, NJW 1984, 2475; *Heymann/Horn* § 372 HGB Anh. Rz V/139; *Ulmer/H. Schmidt* Anh. § 310 Rz 501.

[2] *Löwe/Graf v. Westphalen* III 45–3 Rz 7.

[3] Vgl. OLG Frankfurt NJW-RR 1991, 1465; *Weller* S. 145; weitergehend *Martinek* S. 111, der das abstrakte Schuldversprechen des Herausgebers gegenüber dem Vertragsunternehmen auch für diesen Fall eingreifen lässt und lediglich ein Recht annimmt, bei Nichtzahlung durch den Karteninhaber das Schuldversprechen nach § 812 Abs. 2 i.V.m. Abs. 1 S. 2, 2. Fall zu kondizieren.

[4] OLG Frankfurt NJW-RR 1991, 1465.

[5] Offen lassend OLG Frankfurt NJW-RR 1991, 1465, 1466.

Schuldversprechens beliebig festzulegen. Außerdem führe eine solche Klausel sachgerechterweise dazu, dass ein Gewährleistungsstreit zwischen Vertragsunternehmen und Inhaber ausgetragen werde.[1] Dem ist zwar im Ausgangspunkt insofern zuzustimmen, als es in der Tat sachgerecht erscheint, dass ein **Gewährleistungsstreit** zwischen Vertragsunternehmen und Inhaber ausgetragen wird. Vom Boden des deutschen Rechts aus erscheint die Klausel zur Erreichung dieses Effekts aber als ein keineswegs gebotener und wegen der Bargeldersatzfunktion der Kreditkarte sogar als zweckwidriger Weg. Denn der gewünschte Effekt, Gewährleistungsrechtsstreite zwischen Vertragsunternehmen und Karteninhaber austragen zu lassen, lässt sich sinnvoller erreichen, wenn der Einwendungsdurchgriff im hier entwickelten Sinne beschränkt wird, so dass der Herausgeber von vorneherein in der Lage ist, Einwendungen des Karteninhabers aus dem Valutageschäft ohne weitere, über eine Evidenzkontrolle hinausgehende Prüfung der Berechtigung abzuwehren. Indessen muss beachtet werden, dass die Herausgeber zu einer solchen Gestaltung aufgrund der Zusammenarbeit in Mehrparteiensysteme gezwungen sein können. Soweit es nach ausländischem nationalem Recht zwingend sein sollte, dass der Karteninhaber im Falle der Geltendmachung von Sachmangelrechten zum Widerruf seiner Weisung befugt ist, wird daher vertreten, die Herausgeber müssten diese Befugnis zunächst im Rahmen des Verbunds und schließlich bis zum Vertragsunternehmen weitergeben können.[2] Gleichwohl wird man im Hinblick auf § 307 die Wirksamkeit einer solchen für das Vertragsunternehmen übermäßig belastenden Klausel nicht bejahen können,[3] weil sie das Vertragsunternehmen etwa beim Kauf von Waren durch einen in Deutschland durchreisenden Ausländer in nicht akzeptabler Weise faktisch oft rechtlos stellt. Es handelt sich um ein zahlungsverkehrstechnisches Risiko, für dessen Bewältigung die Herausgeber oder der hinter dem Herausgeber stehende Interchange-Verbund Sorge tragen müssen.[4] Dies ist den Herausgebern auch ohne weiteres zuzumuten; denn sie haben es in der Hand, für ihre Vertragsunternehmen bei Kunden, denen ein uneingeschränktes Stornierungsrecht zusteht, die Akzeptanzpflicht einzuschränken und sich dadurch des wirtschaftlich unerwünschten Risikos (um den Preis entsprechender Umsatzeinbußen) zu entledigen. Im Übrigen bleibt den Herausgebern unbenommen, ausgehend von der Abtretungskonstruktion oder aufgrund einer im Einzelfall abgetretenen Grundforderung gegen den Inhaber vorzugehen.

IV. Zweiparteiensystem

K 119 Ein einfacher **Eigentumsvorbehalt** für die mit der Kundenkarte gekauften Waren ist üblich und bedenkenfrei wirksam.[5] Unwirksam nach § 307 I ist demgegenüber im nichtkaufmännischen Verkehr ein erweiterter Eigentumsvorbehalt, jedenfalls soweit er sich auch auf künftig entstehende Forderungen bezieht, oder ein Kontokorrentvorbehalt. Klauseln, die einen Eigentumsvorbehalt bis zur vollständigen Begleichung der jeweils nächsten Monatsabrechnung vorsehen, stehen einem erweiterten Eigentumsvorbehalt bzw. – wenn eine nicht bezahlte Monatsabrechnung saldiert in die nächste Abrechnung einfließt – einem Kontokorrentvorbehalt

[1] LG Heidelberg NJW 1988, 1273 = WuB I D 5.-3.88 mit Anm. *Welter.*

[2] *Reinfeld* WM 1994, 1505 ff.; zum Ganzen auch *Etzkorn,* in: *Hadding/Schneider,* S. 121, 136, 145 f., 148 f.; *Welter* WuB I D 5.-3.88.

[3] Ebenso *Heymann/Horn* § 372 HGB Anh. Rz V/148, der einen Verstoß gegen § 305 c I, jedenfalls aber gegen § 307 annimmt.

[4] Vgl. *Martinek* S. 105; *Welter* WuB I D 5.-3.88.

[5] *Häde* ZBB 1994, 33, 34.

gleich und sind unwirksam. Ebenso unwirksam ist generell ein Konzernvorbehalt (§ 449 III). Eine Gestaltung, die einem Konzernvorbehalt gleichkommt, liegt vor, wenn die Kundenkarte nicht vom Akzeptanten selbst, sondern von einem wirtschaftlich verbundenen Konzernunternehmen herausgegeben wird und das Eigentum bis zur vollständigen Bezahlung an diesen konzerneigenen Kundenkartenherausgeber vorbehalten bleibt. Eine andere Bewertung ist auch im Hinblick auf die enge wirtschaftliche Verflochtenheit von Veräußerungsgeschäft und Einsatz der konzerneigenen Kundenkarte nicht möglich, weil es sich rechtlich um verschiedene Gläubiger handelt, denen der Karteninhaber gegenübersteht. Etwa wird dem Verbraucher mit der Herausgabe der Kundenkarte durch ein konzerneigenes Unternehmen für Warenkäufe unterhalb der Bagatellgrenze des § 491 II Nr. 1 in Höhe von € 200,– der Einwendungsdurchgriff nach § 358 abgeschnitten. Bezugsverpflichtungen werden durch die Kundenkarte im Regelfall nicht begründet. **Bezugsverpflichtungsklauseln** sind – falls kein besonders hervorgehobener Hinweis erfolgt – daher überraschend i.S. d. § 305c I.

V. Vertragsunternehmen-Inhaber

1. Allgemeines

Die in diesem Verhältnis maßgebenden rechtlichen Vorgaben können nicht dadurch umgangen werden, dass der Herausgeber anstelle des Inhabers mit dem Vertragsunternehmen kontrahiert.[1] **K 120**

2. Akzeptanzpflicht

Kommt zwischen dem Karteninhaber und dem Vertragsunternehmen ein Vertrag über einen Waren- oder Dienstleistungsbezug zustande, so sehen die Akquisitionsverträge zwischen Vertragsunternehmen und Herausgeber eine wirksame Klausel des Inhalts vor, dass das Vertragsunternehmen die vom Kunden vorgewiesene Karte als Zahlungsmittel akzeptieren müssen. Die verbreitete Praxis, Zahlungen per Kreditkarte erst ab einem bestimmten Mindestbetrag zu akzeptieren, ist mit dieser Pflicht regelmäßig nicht zu vereinbaren.[2] Diese Akzeptanzpflicht aus dem **Akquisitionsvertrag** muss nach ihrem Zweck dahin verstanden werden, dass sie als **echter Vertrag zugunsten Dritter** i.S.d. § 328, also zugunsten des Inhabers, einen eigenen **Anspruch** des Inhabers gegen das Vertragsunternehmen auf **Akzeptanz der Kreditkarte** begründet.[3] Wie auch für die insoweit parallel konstruierten Rechtsbeziehungen bei der ec-/Debitkarte ist allerdings bis heute umstritten, ob es sich dabei um einen echten Anspruch im Sinne von § 194 I gerichtet auf einen weiteren Erfüllungsvertrag über die Akzeptanz der Kartenzahlung erfüllungshalber[4] oder schlicht um ein pactum de non petendo zu Gunsten Dritter handelt.[5] Aus diesem Akzeptanzanspruch folgt zum einen ein eingeschränkter Kontrahierungszwang in dem Sinne, dass das Vertragsunternehmen einen Kunden nicht allein deswegen abweisen darf, weil es mit einer Kartenzahlung durch den Kunden **K 121**

---

[1] BGH NJW 1995, 2925 zum Wettbewerbsrecht.

[2] *Häde* ZBB 1994, 33, 38.

[3] LG Düsseldorf NJW-RR 1991, 310; *Eckert* WM 1987, 161, 164, 167; *Hadding* FS *Pleyer*, S. 17, 22; *Hamman* S. 31 f.; *Martinek* S. 108.

[4] *Canaris* Rn. 1650, *Zahrnt* NJW 1972, 1077, 1080 für die ec-Karte wohl auch *Hofmann* WM 2005, 1305 ff.

[5] *Custodis* S. 26 ff., 33; *Schinkels* WM 2006, 841, 843.

rechnet.[1] Aufgrund der Akzeptanzpflicht kann der Karteninhaber, wenn das Valutageschäft bereits geschlossen ist, nach beiden Ansichten auch noch nachträglich durch Vorweisen der Kreditkarte die Barzahlung einredeweise verweigern.

3. Bargeldservice

K 122–130 Soweit der Herausgeber dem Kunden auch die Möglichkeit anbietet, sich bei Kreditinstituten gegen Vorlage der Karte oder am Geldautomaten unter Verwendung einer persönlichen Geheimzahl Bargeld zu beschaffen, liegt nach allgemeinen bankrechtlichen Grundsätzen kein entgeltlicher Leistungsaustauschvertrag zwischen Karteninhaber und Vertragsunternehmen vor, weil in diesen Fällen der Herausgeber selbst unter Einschaltung eines Dritten eigene Leistungen erbringt.[2] Maßgebend sind insoweit also die AGB des Herausgebers.

*

Lagergeschäft

Inhaltsübersicht

Schrifttum: *Brüggemann,* Auswirkungen des Transportrechtsreformgesetzes auf das Recht der Umschlagsbetriebe, TranspR 2000, 53; *Frantzioch,* Das neue Lagerrecht, TranspR 1998, 101; *Grunewald,* Just-in-time-Geschäfte – Qualitätssicherungsvereinbarungen und Rügelast, NJW 1995, 1777; *Koller,* Probleme des Haftungsausschlusses in AGB, VersR 1980, 1; *ders.,* Die Wirksamkeit formularmäßiger Haftungsfreizeichnungsklauseln zwischen Schadensausgleich und Schadensprävention, ZIP 1986, 1089; *ders.,* Transportrecht, 5. Aufl. 2004; *Schindler,* Neue Vertragsbedingungen für den Güterkraftverkehrs-, Speditions- und Logistikunternehmer, TranspR 2003, 194; *Sellschopp,* Die vertragliche Haftung des Lagerhalters, Diss. Hamburg, 1974; *Vogt,* in: *von Westphalen,* Vertragsrecht und AGB-Klauselwerke, Transportrecht, 2006.

1. Allgemeines

L 1 Der Lagervertrag ist ein Verwahrungsvertrag nach §§ 688 ff., für den besondere Vorschriften in §§ 467 ff. HGB getroffen sind, sofern die Lagerung gewerbsmäßig von einem Lagerhalter übernommen wird, selbst wenn das Unternehmen keinen kaufmännischen Zuschnitt hat und der Lagerhalter auch nicht im Handelsregister eingetragen ist (§ 467 III HGB). Auch für die nicht kaufmännischen Lagerhalter gelten ergänzend zu den §§ 467 ff. HGB die Vorschriften über die Handelsgeschäfte (§§ 343 ff. HGB) mit Ausnahme der bürgerlich-rechtliche Schutzvorschriften verschärfenden Normen der §§ 348–350 HGB. Die Vorschriften über das Lagergeschäft gelten nicht bei (nur) beförderungsbedingten (Zwischen-)Lagerungen, die etwa bei einem Umschlag auf einen anderen Unternehmer oder ein anderes Beförderungsmittel erforderlich werden.[3] Die Neufassung der Vorschriften über das Lagergeschäft ist vor allem durch einen **stärkeren Schutz der Verbraucher** als Einlagerer gekennzeichnet. Dieser stärkere Verbraucherschutz zeigt sich in geringeren Pflichten hinsichtlich Verpackung und Kennzeichnung sowie hinsichtlich der

---

[1] *Eckert* WM 1987, 1616, 167; *Hadding* FS *Pleyer,* S. 17, 22.

[2] Vgl. *Heymann/Horn* § 372 HGB Anh. Rz 159; AG Frankfurt WM 1994, 1879 = WuB I D 5c.-1.95 mit zust. Anm. *Pfeiffer.*

[3] *Frantzioch* TranspR 1998, 101.

Unterrichtung über die Gefährlichkeit des eingelagerten Gutes (§ 468 II HGB), ferner bei Begründung einer Verschuldenshaftung (§ 468 IV HGB), statt einer verschuldensunabhängigen Haftung für einen Einlagerer, der nicht Verbraucher ist (§ 468 III HGB). Gegenüber einem Verbraucher hat der Lagerhalter auch die Pflicht, auf die Möglichkeit einer Versicherung hinzuweisen (§ 472 I 2 HGB), und es sind zugunsten des Verbrauchers die §§ 475 a und 475 e IV HGB als halbzwingende Normen ausgestaltet (§ 475 h HGB).

Ein Lagervertrag setzt neben der Raumgewährung als konstitutives Element die Übernahme einer **Obhutspflicht** als Hauptpflicht voraus.[1] Fehlt es daran, so ist von einem Mietvertrag auszugehen. AGB finden sich vor allem bei den gewerbsmäßigen Lagerhaltern, wobei die Allgemeinen Lagerbedingungen des Deutschen Möbeltransports (ALBMöbel) besonders bekannt geworden sind.[2] Soweit die Einlagerung bei Spediteuren erfolgt, sind die ADSp (s. Rz A 71 ff.) zu beachten, die in ihrer Fassung von 2003 in der Nr. 15 besondere Vorschriften über die Lagerung enthalten; eine wortgleiche Regelung findet sich in § 24 der 2003 neu angemeldeten und veröffentlichten Vertragsbedingungen für den Güterkraftverkehrs-, Speditions- und Logistikunternehmer, VBGL.[3] Für die Lagerhaltung kommen auch vielfach die Hamburger Lagerungsbedingungen (HLB) zur Anwendung.[4] AGB enthält auch die Betriebsordnung der Bremer Lagerhausgesellschaft.[5] AGB werden auch bei den Einfuhr- und Vorratsstellen sowie bei der Kühllagerung verwandt. Dazu ist auf die Allgemeinen Bedingungen für Kühlhäuser (ABK)[6] hinzuweisen. L 2

2. Einbeziehung-Vertragsschluss

Für die Einbeziehung gelten die allgemeinen Vorschriften, gegenüber Verbrauchern ist § 305 II zu beachten.[7] Eine Rahmenvereinbarung gemäß § 305 III ist grundsätzlich möglich. Eine solche Vereinbarung muss jedoch bewusst auch für künftige Verträge geschlossen werden.[8] Ohne ausdrücklichen und besonderen Hinweis kann eine Rahmenvereinbarung in AGB nicht geschlossen werden. Eine Klausel, die eine Rahmenvereinbarung begründen soll, ohne besonders hervorgehoben zu sein, ist nach § 305 c I überraschend und nach § 307 unwirksam. Die in der Ziff. 1 der ALBMöbel enthaltene und offenbar auch gegenüber Verbrauchern verwendete Klausel, nach der die Bedingungen auch für künftige Geschäfte ohne weiteres gelten, ist deswegen unwirksam.[9] Die Regelung in § 4 I der HLB, nach der **Vertragserklärungen** schriftlich erfolgen sollen, ist für sich genommen nicht zu beanstanden. Die Konsequenz, die allerdings im Nachsatz gezogen wird, nach dem „Ungewissheiten, Nachteile, Beweisfragen o. Ä., die auf Unklarheiten aus mündlicher Übermittlung beruhen", zulasten des Einlagerers gehen, ist nicht nur sprachlich misslungen und unklar, sondern sicher nach § 307 I unwirksam, da schon nicht danach unterschieden wird, wer die Unklarheiten denn verursacht hat. Soweit eine L 3

[1] S. BGHZ 3, 200, 202; 46, 43, 50; OLG Koblenz NJW-RR 1991, 1317; für die Verwahrung nach § 688 MünchKomm/*Hüffer* § 688 Rz 6; *Bamberger/Roth/Gehrlein* § 688 Rz 3.

[2] Neufassung 1999, BAnz. 1999, 3.796.

[3] Abgedruckt in TranspR 2003, 214; siehe dazu *Schindler* TranspR 2003, 194 und *Koller* Transportrecht, S. 935 ff.

[4] BAnz 1990, 4.194; abgedruckt bei *Koller* in Großkomm HGB, Anh. IV zu § 424; zu weiteren Klauselwerken *Brüggemann* TranspR 2000, 53.

[5] Abgedruckt bei *Koller* in Großkomm HGB, Anh. VI zu § 424.

[6] BAnz 2004, S. 9.447.

[7] Nach Nr. 1.4. ABK gelten diese insgesamt nicht gegenüber Verbrauchern.

[8] S. auch § 305 Rz 115.

[9] So auch schon *Ulmer/Hensen* Anh. § 310 Rz 510.

Beweislastumkehr (siehe dazu noch Rz L 9) intendiert ist, scheitert diese gegenüber dem Verbraucher an § 309 Nr. 12 a, ansonsten ebenfalls an § 307 II Nr. 1.[1] Auch Nr. 2.1 der ABK, wonach Unklarheiten aufgrund mündlicher Übermittlung von Aufträgen und Weisungen der Kunde zu tragen habe, scheitert an § 307 I.

3. Lagerung

L 4 Nach § 472 II HGB ist der Lagerhalter grundsätzlich zur Lagerung und Aufbewahrung des Gutes in den von ihm selbst bereitgehaltenen und auch beaufsichtigten Räumen verpflichtet, was denn auch der Auslegungsregel in § 691 S. 1 entspricht. Der Einlagerer bringt dem Lagerhalter mit der Übergabe des zu verwahrenden Gutes Vertrauen entgegen und kann deswegen auch erwarten, dass der Lagerhalter die Obhut über das Gut in den von ihm selbst bereitgehaltenen und auch beaufsichtigten Räumen ausübt.[2] Nur dann, wenn der Einlagerer **ausdrücklich** die Einlagerung bei einem Dritten gestattet, soll der Lagerhalter sich dieser Möglichkeit bedienen können. Bei der Dritteinlagerung sind zwei Fälle zu unterscheiden: Einerseits die auch unter § 472 II HGB und § 691 S. 1 zulässige Einschaltung einer Hilfsperson durch den Lagerhalter, wodurch sich aber an der Verantwortung des Lagerhalters für die sichere Aufbewahrung des Gutes nichts ändert. Zu denken ist etwa an die Einschaltung eines Besitzdieners.[3] Der zweite Fall ist die **Substitution,** also die Situation, in der der Lagerhalter die Verantwortung für das Gut aus seinen in die Hände eines Dritten gibt. Da der Einlagerer grundsätzlich die eigenverantwortliche Verwahrung des Gutes durch den Lagerhalter erwarten darf, ist diese Substitution nur mit der ausdrücklichen Gestattung des Einlagerers zulässig. In verschiedenen Klauselwerken ist die Möglichkeit der Dritteinlagerung vorgesehen, ohne dass klar zwischen der Einschaltung von Hilfspersonen im Verantwortungsbereich des Lagerhalters oder der Substitution unterschieden würde: Die ALBMöbel sehen in Ziff. 2.3.3 recht lapidar vor, dass die Einlagerung in geeigneten eigenen oder betriebsfremden Lagerräumen erfolgt, wozu auch Möbelwagen oder Container gehören sollen. Die Klausel ist auch im Zusammenhang mit Ziff. 5.1 zu sehen, nach der dem Einlagerer ein Besichtigungsrecht zusteht, das allerdings eine unverzüglich auszubringende Rügeobliegenheit begründen soll. Unterlässt der Einlagerer die Besichtigung, „begibt er sich aller Einwände gegen die Art und Weise der Unterbringung", wie es denn weiter wörtlich heißt, sofern die Wahl des und die Unterbringung im Lagerraum mit der verkehrstypischen Sorgfalt erfolgt sei. Die Klausel ist auch bei einem Verbraucher nicht an § 309 Nr. 10 zu messen, da der Verwahrungsvertrag zu keinem der in dieser Norm genannten Vertragstypen gehört. Für eine erweiternde Auslegung des § 309 Nr. 10[4] besteht hier angesichts der Weite des § 307 auch kein Raum. Beim Verbraucher als Vertragspartner ist im Übrigen bei der Anwendung des § 307 aus dem Anhang zu Art. 3 III der Klauselrichtlinie 93/13[5] die Nr. 1 lit. p zu beachten, der für alle Verbraucherverträge die Zustimmung des Verbrauchers zur Substitution des Vertragspartners vorsieht.[6] Die Klausel 2.3.3 ist aber schon für sich genommen nach § 307 II Nr. 1, I unwirksam.[7] Weil die Beanspruchung besonderen Vertrauens durch den Lagerhalter in Bezug auf

---

[1] Siehe auch *Bamberger/Roth/Becker* § 309 Nr. 12 Rz 12.

[2] *Ebenroth/Boujong/Joost/Gass* § 472 Rz 3 mit Verweis in die Gesetzesmaterialien.

[3] MünchKomm/*Hüffer* § 691 Rz 3.

[4] Vgl. OLG Saarbrücken NJW-RR 1999, 1397 a.E. für die Baubetreuung.

[5] Richtlinie 93/13/EWG des Rates vom 5. 4. 1993 über missbräuchliche Klauseln in Verbraucherverträgen, ABl. EG 1993 L 95, S. 29.

[6] *Bamberger/Roth/Becker* § 309 Nr. 10 Rz 11; Anh. RL Rz 201 ff.

[7] Zweifel zur Substitution allgemein in AGB schon bei *Frantzioch* TranspR 1998, 101, 104.

das ihm ausgehändigte Gut zum Grundgedanken der gesetzlichen Regelung in den §§ 691 und 472 II HGB gehört, kann der Lagerhalter sich durch AGB nicht wieder aus dieser Vertrauensstellung freizeichnen. In der Zusammenschau mit Ziff. 5.1, die in der Literatur zu Recht als „Hinterhalt“ bezeichnet wurde,[1] ist die Regelung ebenfalls und erst recht nach § 307 II Nr. 1, I, aber auch nach § 305 c I unwirksam und wird nicht Vertragsbestandteil, da niemand damit rechnen muss, dass eine unterlassene Besichtigung von Lagerräumen, die dem Einlagerer nicht einmal als fremde deklariert werden müssen, zum Verlust von Rechten oder zur Genehmigung des Vertragspartneraustauschs führen soll. Ähnliche Bedenken bestehen gegen **Ziff. 15.1 der ADSp'03** und gegen den damit wortgleichen § 24 VBGL (siehe schon Rz A 87). Dort wird zwar immerhin dem Lagerhalter eine unverzügliche Information über die Dritteinlagerung abverlangt, ein Einverständnis wird indes gerade nicht gefordert. In Ziff. 15.2 ADSp'03/ § 24 II VBGL wird derselbe Rechteausschluss stipuliert wie in der Ziff. 5 ALBMöbel, so dass die dortigen Ausführungen auch hier gelten. Inhaltsgleiche Regelungen sehen die ABK in Ziff. 4.1 und 4.2 vor. Die HLB sehen in ihrem § 5 IV ein Wahlrecht des Lagerhalters vor, die Güter in eigenen oder fremden Räumen einzulagern, und in § 6 VIII ist eine Obliegenheit vorgesehen, Rügen betreffend die Art und Weise der Einlagerung der Güter bei Meidung von Rechtsverlusten unverzüglich nach der Einlagerung vorzubringen. Auch diese Klauseln in den ABK und HLB scheitern aus den dargelegten Gründen.

4. Haftungsklauseln

a) Der Lagerhalter haftet nach § 475 HGB für Schäden aus dem Verlust oder der Beschädigung des Gutes während der Einlagerungszeit (auch bei einem Dritten, § 472 II HGB), falls er nicht nachweist, dass diese Schäden auch durch die Sorgfalt eines ordentlichen Kaufmanns nicht abgewendet werden konnten. Der Lagerhalter haftet nach § 475 e III HGB dem rechtmäßigen Besitzer des Lagerscheins auch für Schäden aus der Auslieferung des Lagergutes ohne Rückgabe des Lagerscheins. § 475 e III HGB ist **zugunsten des Verbrauchers** als **halbzwingende Norm** ausgestaltet (§ 475 h HGB), weshalb von ihr nicht zum Nachteil des Verbrauchers abgewichen werden kann. Im Übrigen haftet jede Partei für die schuldhafte Verletzung ihrer Pflichten nach allgemeinen Grundsätzen. Den Einlagerer, der nicht Verbraucher ist, trifft jedoch eine verschuldensunabhängige Haftung bei Verletzung der in § 468 III HGB genannten Pflichten. **Abweichende Regelungen** in AGB und Individualvereinbarungen sind abgesehen von § 475 e III HGB möglich (siehe zu Nr. 22.3 ADSp'99 Rz A 94). **L 5**

b) Ein Haftungsausschluss ist jedenfalls dann unwirksam, wenn er allgemein gefasst ist und damit die Haftung für leichte Fahrlässigkeit auch bei Kardinalpflichten ausschließt.[2] Die Begrenzung der Haftung auf grobes Verschulden von Organen, leitenden Angestellten und sonstigen Erfüllungsgehilfen in den Bedingungen eines Lagerhauses verstößt deshalb gegen § 307 II Nr. 2.[3] Die Unwirksamkeit kann sich auch aus § 309 Nr. 8 a ergeben, wenn die AGB-Klausel auch für Fälle des Verzugs und der Unmöglichkeit Geltung beansprucht. Der Haftungsausschluss für leichte Fahrlässigkeit ist in dieser Allgemeinheit auch gegenüber Unternehmern **L 6**

---

[1] *Ulmer/Hensen* Anh. § 310 Rz 511; im Grundsatz wohl keine Bedenken gegen die entsprechende Klausel in § 43 d ADSp aF bei OLG Frankfurt TranspR 2002, 84.

[2] BGH NJW-RR 1998, 1426 = LM H.11/1998 § 9 [Cf] AGBG Nr. 50 m. Anm. *Dubischar* (Betriebsordnung der Bremer Lagerhausgesellschaft).

[3] BGH NJW-RR 1998, 1426 = LM H.11/1998 § 9 [Cf] AGBG Nr. 50 m. Anm. *Dubischar.*

nach § 307 unangemessen, insbesondere soweit auch die als Kardinalpflicht geltende Auswahl geeigneter Lagerräume betroffen ist.[1]

L 7 **c)** Zu beanstanden ist eine Klausel, soweit sie einen generellen **Haftungsausschluss** für den Inhalt von Behältnissen vorsieht, wenn das Ein- oder Auspacken nicht durch die Leute des Lagerhalters bewirkt worden ist, sofern der Haftungsausschluss nicht klarstellt, dass er bei Vorsatz oder grober Fahrlässigkeit nicht gilt. Aber auch hier gilt, dass ein Haftungsausschluss für leichte Fahrlässigkeit bei Kardinalpflichten gegen § 307 verstößt. Insoweit erscheint Ziff. 11.3 ALBMöbel zwar nicht als bedenklich, als dort Vorsatz und grobe Fahrlässigkeit ausgeschlossen ist. Die Klausel ist allerdings allzu weit gefasst und schließt die Haftung bei Verlust oder Beschädigung des in Behältern aller Art befindlichen Lagergutes aus, sofern es nicht der Lagerhalter oder seine Leute ein- oder ausgepackt hat. Damit würden nur lose Schüttungen der Haftung des Lagerhalters unterliegen. Das mag nicht gewollt sein, es ist aber der Weite der Klausel nicht zu entnehmen, dass nur etwa verschlossene Behältnisse betroffen sein sollen. Unwirksam ist auch ein Haftungsausschluss für Lagergut, das der Einlagerer nach Einlagerung erneut aufgesucht, aber nicht erneut förmlich übergeben hat, und er Schäden betrifft, die vom Einlagerer verursacht sein können.[2] Dadurch wird auch eine Haftung des Lagerhalters für mitwirkendes Verschulden entgegen § 254 von vornherein ausgeschlossen.[3] Soweit in anderen Bestimmungen die Haftung für Vorsatz und grobe Fahrlässigkeit von Erfüllungsgehilfen ausgeschlossen wird, die nicht leitende Angestellte sind, verstößt dies gegen § 309 Nr. 7 b.[4] Ein Haftungsausschluss für die vorangehende Zeit liegt vor, wenn die Haftung erst ab einem bestimmten Zeitpunkt, z. B. erst ab Entladen aus einem Container, eintreten soll. Dieser Haftungsausschluss ist unwirksam, wenn der Lagervertrag, und sei es auch konkludent, bereits davor zustande gekommen ist.[5] Unwirksam ist auch eine Klausel, die in allgemeiner Form eine Haftung für üblicherweise versicherbare Schäden ausschließt.[6]

L 8 **d)** Bestimmungen, die **Haftungsbeschränkungen** bei Vorsatz und grober Fahrlässigkeit vorsehen, sind auch zwischen Unternehmern grundsätzlich unwirksam.[7] Ziff. 11.5 ABK, nach der die Haftung des Kühlhausunternehmens auf einen von ihm selbst nach anderer Vorschrift (Ziff. 8.2) geschätzten Wert begrenzt ist, ist nach § 307 unwirksam, da dies offenbar auch in dem Fall gelten soll, in dem sich das Kühlhausunternehmen zu Ungunsten des Einlagerers verschätzt hat. Unwirksam sind auch Klauseln, die für Kardinalpflichten eine generelle Haftungsbegrenzung bei leichter Fahrlässigkeit vorsehen, da diese Haftungsbegrenzung nicht auf den vorhersehbaren Schaden abgestimmt ist.[8] Danach ist die Klausel in Ziff. 10.2 ALBMöbel, die den Ersatz von Vermögensschäden aufgrund von Verlust oder Beschädigung, falscher oder verspäteter Auslieferung oder aufgrund falscher Beratung (nur) bei Vorsatz oder grober Fahrlässigkeit vorsieht, nach § 307 II Nr. 2 unwirksam.[9] Unwirksam sind deshalb z. B. Klauseln, die die Haftung für Vermögensschäden bei

---

1 S. § 309 Nr. 7 Rz 155 ff.

2 Offen gelassen in BGH NJW 1992, 367, 368.

3 S. § 309 Nr. 7 Rz 52.

4 S. auch BGH VersR 1980, 383; *Koller* ZIP 1986, 1089, 1098.

5 S. OLG Hamburg VersR 1984, 1035, 1036.

6 S. AG Hamburg VersR 1981, 792.

7 S. BGH NJW-RR 1998, 1426 = LM H.11/1998 § 9 [Cf] AGBG Nr. 50 m. Anm. *Dubischar;* OLG Hamburg VersR 1984, 1035 und 1036, 1037 zu den Hamburger Lagerungsbedingungen; s. auch § 309 Nr. 7 Rz 136 ff.

8 S. § 309 Nr. 7 Rz 150 ff. Zu den vertragswesentlichen Pflichten zählen die Auswahl der Lagerarten und die Obhut für das Lagergut (dazu schon Rz L 2), OLG Köln OLGR Köln 2006, 47, 48.

9 *Ulmer/Hensen* Anh. § 310 Rz 511.

leichter Fahrlässigkeit generell ausschließen, sofern nicht Ersatzlösungen, z. B. durch Versicherung, in ausreichendem Maße vorgesehen sind. Allerdings ist der Ausschluss der Haftung unter bloßem Hinweis auf die Versicherung des Gutes (so in § 11 V HLB) nicht wirksam, da der Umstand allein, dass der Einlagerer eine Versicherung für das eingelagerte Gut unterhält, den Lagerhalter als Schädiger sicher nicht entlasten soll.[1] Auch die Regelung in Ziff. 9 ABK, wonach der Kühlhausunternehmer für Rechnung wen es angeht eine Kühlgutversicherung abschließt und dabei den u.U selbst geschätzten Wert des Gutes zugrundelegt (Ziff. 8.2), begegnet insbesondere auch deswegen erheblichen Bedenken, als nach Ziff. 9.4 Schätzfehler (wohl auch grob fahrlässige, denn in Ziff. 12 ist nur dann die volle Haftung eröffnet, wenn der **Schaden** auf grobem Verschulden beruht) zulasten des Einlagerers gehen sollen. Zulässig sein können aber Haftungsbeschränkungen, die bei leichter Fahrlässigkeit einfacher Erfüllungsgehilfen Haftungsobergrenzen z. B. in Verbindung mit der Möglichkeit zu einer Wertdeklaration vorsehen.[2] Haftungsbeschränkungen, die sich nicht auf die Höhe, sondern auf sonstige Umstände, z. B. die der Schadenanzeige beziehen, sind nicht generell unwirksam (siehe auch Rz A 98).

5. Beweislastklauseln

Bestimmungen, die den gesetzlichen Beweislastvorschriften der §§ 280 I 2, 286 IV widersprechen, sind gegenüber Verbrauchern nach § 309 Nr. 12 und im unternehmerischen Verkehr nach § 307 II Nr. 1 unwirksam, insbesondere wenn sie in Widerspruch zum Gefahr- und Verantwortungsbereich des Verwenders stehen.[3] Grundsätzlich muss der Einlagerer beweisen, welches Gut unversehrt in die Verwahrung des Lagerhalters gelangt ist und später beschädigt zurückgegeben wurde oder im Besitz des Lagerhalters ist.[4] Erst hierauf muss der Lagerhalter nach § 475 S. 1, 2. HS HGB beweisen, dass der Verlust oder die Beschädigung durch die Sorgfalt eines ordentlichen Lagerhalters nicht abgewendet werden konnten.[5] Soweit die AGB mit diesen Beweislastregeln übereinstimmen, sind sie nicht zu beanstanden. Danach ist die Klausel Nr. 14.1 der ALBMöbel insofern nicht zu beanstanden, als dort dem Einlagerer die Beweislast dafür zugeschrieben wird, dass das Gut während „der dem Lagerhalter obliegenden Lagerung oder Behandlung" beschädigt wurde,[6] wobei mit der „Behandlung" wohl die Vornahme von geeigneten Schutzmaßnahmen für das Gut gemeint ist (vgl. Ziff. 2.6 ALBMöbel). Allerdings scheitert die Klausel an der recht ruppigen Ausschlussfrist (siehe dazu noch Rz L 11). Unwirksam ist auch § 4 I HLB wegen der dort angenommenen Beweislast des Einlagerers bei Unklarheiten, die auf mündlicher Übermittlung von Erklärungen entstehen (siehe Rz L 3). Nach § 10 II HLB soll der Lagerhalter sich in Übereinstimmung mit § 475 S. 1, 2. HS HGB vom Verschuldensvorwurf entlasten müssen. Das soll sich aber in den Fällen umkehren, in denen entweder ein Schaden am Gut äußerlich nicht erkennbar ist oder es dem Lagerhalter nach den Umständen billigerweise nicht zugemutet werden kann, die Schadensursache aufzuklären. In diesen Fällen soll der Einlagerer oder ein Dritter, für den der Lagerhalter tätig ist, die schuldhafte Verursachung des Schadens nachweisen müssen. Das stellt nun die gesetzlich vorgesehene Beweislast auf den Kopf, wobei nicht einmal die objektiven Umstände, **L 9**

[1] Siehe auch *Bamberger/Roth/Hubert Schmidt* § 307 Rz 36.
[2] BGH NJW-RR 1998, 1426 = LM H.11/1998 § 9 [Cf] AGBG Nr. 50 m. Anm. *Dubischar.*
[3] S. KG VersR 1982, 372; siehe auch § 309 Nr. 12 Rz 91.
[4] BGH NJW-RR 1986, 1361, 1362; *Ebenroth/Boujong/Joost/Gass* § 475 Rz 19.
[5] OLG Köln TranspR 1998, 316.
[6] A.A. *Ulmer/Hensen* Anh. § 310 Rz 512.

unter denen die Umkehr der Beweislast eintreten soll, klar umrissen und eindeutig dem Zugriffsbereich des Einlagerers zugeschrieben werden könnten. Die bloße Unzumutbarkeit des Verursachungsnachweises reicht dafür sicher nicht. Die Klausel verstößt daher einerseits gegen § 309 Nr. 12 a und im unternehmerischen Verkehr gegen § 307 II Nr. 1, denn es gehört zu den wesentlichen Grundgedanken des vertraglichen Schadensersatzrechts, dass der Schuldner sich hinsichtlich seines Verschuldens zu exkulpieren hat.[1] Auch § 13 II in Verbindung mit § 13 I HLB begegnet durchgreifenden Bedenken: Zwar ordnet § 13 I HLB im Grundsatz richtig an, dass die Haftungsbeschränkungen der vorangegangenen Regelung nicht bei qualifiziertem Verschulden gelten, und daran anknüpfend ist in § 13 II HLB die Beweislast für das qualifizierte Verschulden dem Einlagerer aufgebürdet. Letzteres ist für sich genommen nicht zu beanstanden, denn für die Verschuldensqualifikationen Vorsatz und grobe Fahrlässigkeit trägt der die Beweislast, der sich darauf beruft.[2] Bedenken begegnet die Klausel aber insoweit, als in § 13 I eine Qualifikation der groben Fahrlässigkeit enthalten ist, die § 435 HGB entnommen ist und dahin geht, dass der Lagerhalter leichtfertig **und** in dem Bewusstsein gehandelt hat, dass ein Schaden mit Wahrscheinlichkeit eintreten wird. Gerade dieses Bewusstsein ist im Allgemeinen Rechtsverkehr für die Annahme der groben Fahrlässigkeit nicht erforderlich.[3] Auch die tatsächlichen Umstände, die diesen Vorwurf begründen, hat der Einlagerer nach § 13 II HLB zu beweisen. Damit obliegt dem Einlagerer die Beweislast für einen zusätzlichen Umstand (Bewusstsein des Schadenseintritts), der zudem allein im Verantwortungsbereich des Lagerhalters liegt, was gegen § 309 Nr. 12 a verstößt. Dagegen kann auch nicht auf § 435 HGB verwiesen werden, denn der gilt für das Lagergeschäft nicht.[4] Im unternehmerischen Rechtsverkehr verstößt die Klausel gegen § 307 II Nr. 1, da den Beweislastregeln Gerechtigkeitserwägungen zu Grunde liegen.[5] In § 11 II, 2. HS der HLB ist ebenfalls eine unzulässige Beweislastumkehr enthalten: Nach dem ersten Halbsatz der Klausel sollen Schäden, die auf höherer Gewalt o.ä., aber auch auf Streik, Aussperrung und Arbeitsunruhen, Entziehung oder Eingriffen von hoher Hand beruhen und mit der Sorgfalt eines ordentlichen Lagerhalters nicht zu vermeiden sind, von der Haftung des Lagerhalters ausgenommen sein. Nach dem 2. HS der Regelung soll bis zum Beweis des Gegenteils angenommen werden, dass ein Schaden durch einen haftungsfreien Umstand begründet wurde, wenn der Schaden durch ein solches Ereignis entstanden sein „konnte" (zur entsprechenden Regelung in Nr. 22.4 ADSp'99 s. Rz A 94). Das erscheint unter verschiedenen Aspekten unhaltbar: Die Vermutungsregelung knüpft an Umstände, die nur vordergründig als höhere Gewalt gekennzeichnet werden können. Sowohl Arbeitsunruhen wie Eingriffe von hoher Hand können auf einem möglicherweise unverschuldeten, aber doch der Sphäre des Lagerhalters zuzurechnenden Umstand beruhen. Die Beweislast für diese Tatsachen kann aber nicht dem Vertragspartner aufgebürdet werden. Auch der Hinweis auf den Entlastungsbeweis durch den Lagerhalter hilft hier nicht weiter, denn der bezieht sich lediglich auf den eingetretenen Schaden, der nicht durch die professionelle Sorgfalt hätte vermieden werden können, nicht aber auf dessen tatsächliche Ursachen. Damit ist die Klausel nach § 307 II Nr. 1 unwirksam. Dagegen kann auch nicht auf § 427 II HGB verwiesen werden, der eine ähnliche Vermutungsregelung aufstellt. Denn die in § 427 I Nr. 1–6 genannten Tatsachen, an die die Vorschrift anknüpft, sind bis auf Nr. 1

---

[1] Siehe § 309 Nr. 12 Rz 1, 44.

[2] BGH NJW 2003, 3626, 3627; *Bamberger/Roth/Grüneberg* § 277 Rz 11 zu grober Fahrlässigkeit; *Bamberger/Roth/Grüneberg* § 280 Rz 82 für Vorsatz.

[3] *Palandt/Heinrichs* § 277 Rz 5; *Bamberger/Roth/Grüneberg* § 277 Rz 3.

[4] Kritisch dazu auch *Brüggemann* TranspR 2000, 53, 55.

[5] Siehe § 309 Nr. 12 Rz 1, 90.

sämtlich entweder vom Auftraggeber zu beherrschen oder beruhen auf Besonderheiten des Gutes. Soweit die Nr. 1 (vertrags- oder übungsgemäße Lagerung im Freien oder Verladung auf Deck) in Rede steht, war der Auftraggeber immerhin mit dieser Handhabung einverstanden, und es ist die Beweislastumkehr bei außergewöhnlich großem Schaden ausgeschlossen. Ein weiteres kommt hinzu: Nach dem Wortlaut kann auch eine eher fernliegende Möglichkeit der Schadensverursachung durch einen haftungsfreien Tatbestand zur Beweislastumkehr führen, was den Verwendungsgegner unangemessen benachteiligen würde. Es gibt in der Klausel keinerlei Anhaltspunkte dafür, wie intensiv der Lagerhalter überhaupt die Verursachung durch einen der in HS 1 der Regelung genannten Umstände darzulegen hat; aufrechtzuerhalten ist die Klausel in diesem Punkt nur dann, wenn der Lagerhalter hinreichend nahe liegende und konkret fassbare Umstände vorträgt, die die Vermutung tragen. Das ist in Ziff. 11.6.5 ABK deutlich differenzierter dahin geregelt, dass das Kühlhausunternehmen zunächst nachweisen muss, dass der Schaden mit überwiegender Wahrscheinlichkeit auf einem der zuvor genannten Gründe (höhere Gewalt u. Ä.) beruht, bevor die durch den Einlagerer zu entkräftende Vermutung, der Schaden beruhe tatsächlich auf einem dieser Gründe, eingreift. Das wird man im allein von den ABK geregelten unternehmerischen Geschäftsverkehr (Ziff. 1.4 ABK) als wirksam ansehen können.

6. Pfand- und Zurückbehaltungsrechte

Ein in AGB vorgesehenes Zurückbehaltungsrecht des Lagerhalters für seine fälligen Ansprüche aus dem Lagervertrag entspricht § 273 und ist nicht zu beanstanden. **L 10**
Jedoch ist ein allgemeines Zurückbehaltungsrecht ohne Beschränkung auf Ansprüche aus dem Lagervertrag zu weit, da es auch auf nicht konnexe Forderungen Anwendung findet.[1] Dies führt zur Unwirksamkeit nach § 307. Gleiches gilt grundsätzlich auch für das Pfandrecht wegen inkonnexer Forderungen, soweit auch einlagererfremde Güter davon erfasst sein sollen. § 475 b HGB sieht zwar eine Ausdehnung der Pfandhaftung für unbestrittene Forderungen aus anderen Lager-, Fracht- und Speditionsverträgen des Lagerhalters mit dem Einlagerer vor (§ 475 b I HGB); es ist aber nicht erkennbar, dass sich dadurch etwas an dem Erfordernis gutgläubigen Erwerbs des Pfandrechts an fremden Gütern ändern sollte (§§ 366 III HGB, 1207). Der gute Glaube kann aber nun einmal nicht per AGB festgeschrieben werden, sondern ist je im Einzelfall festzustellen. Bei Indossierung eines Orderlagerscheins haftet das Pfand nur für die aus dem Lagerschein ersichtlichen oder dem Erwerber bekannten oder grob fahrlässig unbekannten Aufwendungen und Vergütungen (§ 475 b II HGB). Das Pfand erstreckt sich außer auf das Lagergut auch auf die Begleitpapiere und eine etwaige Versicherungsforderung als Pfandgegenstand (§ 475 b I 2 HGB). Unwirksam ist eine Klausel, die in grundsätzlich zulässiger (§ 1245 I) Abweichung von § 1234 II einen Verkauf ohne vorherige Benachrichtigung erlaubt. Demgegenüber begegnet die Verkürzung der gesetzlichen Monatsfrist auf 2 Wochen in Ziff. 15.3 ABK keinen Bedenken. Eine Begrenzung des Zurückbehaltungsrechts des Einlagerers auf unbestrittene Forderungen widerspricht § 309 Nr. 2 und ist deshalb unwirksam.

7. Ausschlussfristen und Verjährung

Ausschlussfristen können grundsätzlich vorgesehen werden. Zum Nachteil **L 11**
des Einlagerers als Verbraucher sind Ausschlussfristen jedoch nach Sinn und Zweck

---

[1] S. auch *Schlegelberger/Schröder,* HGB, § 421 a. F. Rz 15.

der Verjährungsregeln in §§ 475 a, h, 439 HGB nicht möglich.[1] Damit sind schon die in Ziff 14 ALBMöbel statuierten Ausschlussfristen gegenüber dem Verbraucher unwirksam. Aber auch im unternehmerischen Geschäftsverkehr scheitert die Klausel. In Ziff. 14.1 ALBMöbel wird gefordert, dass offensichtliche Mängel (auch Verluste und Teilverluste) „spätestens" bei der Ablieferung schriftlich zu rügen sind. Die ABK sehen in Ziff. 7.1 für offensichtliche Mängel der Ware im Zeitpunkt der Auslagerung eine sofortige Rüge vor, die HLB für offenkundige Mängel oder Verluste in § 11 I die unverzügliche Rüge „bei" der Auslieferung. Für offenkundige Schäden und Verluste wurde hier in der Vorauflage noch der Standpunkt vertreten, dass bei einem Unternehmer eine sofortige schriftliche Rüge bei Auslieferung vorgesehen werden könne.[2] Daran wird nicht festgehalten: Zunächst ergibt sich für eine sofortige Anzeigeverpflichtung nichts aus § 438 HGB, der bei äußerlich erkennbaren Verlusten oder Beschädigungen des Gutes im Rahmen des Frachtgeschäftes eine Anzeige spätestens (das wird ohnedies regelmäßig der früheste Termin sein) bei der Ablieferung (Abs. 1) oder bei äußerlich nicht erkennbaren Verlusten oder Beschädigungen eine solche innerhalb von 7 Tagen ab der Ablieferung vorsieht (Abs. 2). Denn einerseits gibt es keine Verweisung in den Vorschriften über das Lagergeschäft auf diese Vorschrift; andererseits löst die Unterlassung der Anzeige nach der Vorschrift keinen Rechtsverlust aus, vielmehr ist daran lediglich die widerlegliche[3] Vermutung geknüpft, dass das Gut bei der Ablieferung in einem vertragsgemäßem Zustand war (zur ohnedies den Einlagerer treffenden Beweislast dafür, dass das Gut beschädigt ausgelagert worden ist, siehe oben Rz L 9). Wenn man in Anlehnung an diese Vorschrift ein sofortiges Anzeigeerfordernis für zulässig erachten würde, dann müsste allerdings klargestellt werden, dass die Anzeige dann auch an den gerade anwesenden Bediensteten des Lagerhalters gerichtet werden kann, ohne Rücksicht darauf, ob dieser (ansonsten) Empfangsvollmacht hat oder nicht (vgl. § 438 V HGB). Grundsätzlich ist es sicherlich zulässig, im unternehmerischen Verkehr Rügeobliegenheiten vorzusehen, wo diese nicht schon kraft Gesetzes (beim Handelskauf in § 377 I HGB) angeordnet sind. Einem kaufmännischen Bedürfnis entspricht es auch, den zeitlichen Rahmen, innerhalb dessen der Vertragspartner sich seiner Obliegenheit zu entledigen hat, festzuzurren. Dieser Rahmen kann, ebenfalls kaufmannstypisch, eng sein. Andererseits gilt hier wie im Rahmen des § 377 I HGB, dass auslösendes Moment der Untersuchungs- und Rügepflicht die Ablieferung der Sache ist. Diese wird angenommen, wenn der Verkäufer die Sache aus seiner Verfügungsgewalt entlässt und die Ware in Erfüllung des Kaufvertrags so in den Machtbereich des Käufers verbracht wird, dass diesem nunmehr anstelle des Verkäufers die Verfügungsmöglichkeit zusteht und ihm ermöglicht wird, die Sache zu untersuchen.[4] Weiter wird man auch hier den offenen (offensichtlichen) Mangel/Schaden dann anzunehmen haben, wenn er entweder bei der Ablieferung schon augenscheinlich ist, also offen zu Tage tritt, oder aber bei einer gebotenen und sorgfältig durchgeführten Untersuchung ohne weiteres feststellbar gewesen wäre.[5] Entsprechen die Parameter hier letztlich denen des § 377 HGB, spricht wenig dafür, hier strengere Maßstäbe an den Kunden zu stellen als dort.[6] Im Rahmen des § 377 HGB wird aber, soweit ersichtlich, eine formularmäßig vorgesehene „0-Frist" für die Rüge nicht einmal ohne weiteres bei verderblichen Waren

---

[1] So auch *Ulmer/Hensen* Anh. § 310 Rz 512.

[2] Ebenso etwa OLG Köln TranspR 1998, 316; OLG Düsseldorf BB 1995, 744.

[3] *Baumbach/Hopt* HGB § 438 Rz 1.

[4] BGH NJW 1995, 3381, 3382; BGHZ 93, 338, 345 f. = NJW 1985, 1333 = LM § 459 BGB Nr. 77; BGH NJW 1993, 2436 = LM H. 11/1993 § 631 BGB Nr. 73 = WM 1993, 1639.

[5] *Ebenroth/Boujong/Joost/Müller* § 377 Rz 90; vgl. auch *Grunewald* NJW 1995, 1777, 1780.

[6] So auch schon *Ulmer/Hensen* Anh. § 310 Rz 512.

für zulässig erachtet.[1] Weniger als ein Tag wird dem Käufer nicht belassen, seine grobe Untersuchung vorzunehmen; selbst wo in der Literatur bei offenen Mängeln von einer „praktisch sofort“ auszubringenden Rüge die Rede ist, wird das immerhin noch mit „ein bis zwei Tage“ übersetzt.[2] Auch für die Anzeige offenkundiger Schäden an transportiertem Umzugsgut gewährt das Gesetz dem Absender oder Empfänger immerhin eine Frist bis spätestens einen Tag nach der Ablieferung, § 451 f Nr. 1 HGB. Unter diesen Zeitraum mithilfe einer AGB-Regelung zu gehen und an die Überschreitung der „Frist“ die Folge des Rechteausschlusses zu knüpfen, würde den Vertragszweck praktisch leerlaufen lassen, so dass die Klausel gegen § 307 II Nr. 2 verstößt. Dies gilt für Ziff. 14.1 ALBMöbel und für Ziff. 7.1 ABK, die den zeitlichen Ablauf so sehr komprimieren, dass der Einlagerer keine reelle Chance hat, schon nur eine „grob-sinnliche“ Untersuchung vorzunehmen oder Stichproben zu ziehen.[3] Gleiches gilt für die Regelung in § 11 I HLB, die eine unverzügliche Rüge „bei“ (also wohl während) der Auslagerung fordert und damit ebenfalls ein viel zu enges Zeitfenster lässt. Eine Ausschlussfrist von 8 Tagen ab der Auslagerung (Ziff. 7.1 ABK) oder 10 Tagen nach der Annahme des Gutes (Ziff. 14.1 ALBMöbel) für nicht offensichtliche Mängel ist jedoch unwirksam, da sie für einzelne Gegenstände zu kurz sein kann, um Mängel zu entdecken, und zudem für die kurze Ausschlussfrist kein überwiegendes Bedürfnis besteht, wenn der Einlagerer die Verursachung der Schäden während der Lagerzeit ohnehin beweisen muss. Gleiches gilt für eine Meldefrist von einem Monat für Vermögensschäden (Ziff. 14.1 ALB Möbel).

Die gesetzliche **Verjährungsfrist** für Ansprüche aus einem Lagergeschäft nach den §§ 467 ff. HGB beträgt regelmäßig nach § 475 a i.V.m. § 439 HGB **1 Jahr.** Bei vorsätzlichem Handeln oder einem solchen, das den Vorwurf qualifizierten Verschuldens im Sinn des § 435 HGB rechtfertigt, beträgt die Verjährungsfrist **3 Jahre.** Die Frist beginnt einerseits mit dem Ablauf des Tages, an dem der Einlagerer das Gut zurückerhält oder hätte zurückerhalten sollen (§ 439 II 1 u. 2 HGB), andererseits, nämlich bei vollständigem Verlust des Gutes (dem dessen Zerstörung gleichsteht[4]) mit dem Ablauf des Tages, an dem der Lagerhalter dem Einlagerer oder dem letzten legitimierten Inhaber eines Lagerscheins den Verlust anzeigt (§ 475 a S. 2 HGB). Nach § 439 IV HGB sind nur individuelle Vereinbarungen, die auch Rahmenvereinbarungen sein können, zulässig, um verjährungsändernde Abreden zu treffen. Im Geschäftsverkehr mit Verbrauchern ist die Verjährungsregelung zulasten des Verbrauchers auch durch Individualvereinbarung nicht disponibel, § 475 h HGB. Mit diesen Regelungen erübrigen sich alle weiteren Überlegungen zur Klauselgestaltung in AGB, die hinter den gesetzlichen Regelungen zurückbleiben. Diese verstoßen sämtlich entweder gegen die eine oder andere der genannten Vorschriften und sind damit unwirksam, ohne dass es des Rückgriffs auf ein benanntes Klauselverbot oder die Generalklausel bedürfte. Nur vordergründig günstiger als die gesetzliche ist die Regelung in Ziff. 16.2 der ALBMöbel, die den Verjährungsbeginn dann einsetzen lässt, wenn der Einlagerer vom Schaden Kenntnis hat. Das kann schon vor der Anzeige durch den Lagerhalter sein und damit ist die Klausel ungünstiger als § 475 a HGB, so dass sie schon gegen § 475 h HGB verstößt. **L 12**

[1] MünchKommHGB/*Grunewald* § 377 Rz 55.
[2] *Grunewald* NJW 1995, 1777, 1781; *dies* in MünchKommHGB § 377 Rz 55, 117.
[3] Dazu *Grunewald* NJW 1995, 1777, 1779.
[4] *Ebenroth/Boujong/Joost/Gass* § 475 a Rz 5, § 475 Rz 12.

8. Sonstiges

L 13–20 Die für einen Wohnsitzwechsel vorgesehene **Anzeigepflicht** des Einlagerers durch eingeschriebenen Brief ist nach § 309 Nr. 13 unwirksam. Die Bestimmung des **Gerichtsstandes** muss § 38 ZPO, Art. 23 EuGVVO entsprechen. Eine Klausel in einem Rahmenvertrag zur mit dem Empfang beginnenden **Verzinsungspflicht** von Geldern, die an den – nicht kaufmännischen – Einlagerer zurückzuzahlen waren, wurde wegen Verstoßes gegen § 307 II Nr. 1 als unwirksam angesehen.[1] Im beiderseits kaufmännischen Verkehr ist aber § 353 HGB zu berücksichtigen, der auch bei Bereicherungsforderungen aus Leistungskondiktion gilt.[2] Zutreffende Bedenken wurden auch gegen die **Saldierungsklausel** in Ziff. 15.6 ADSp/ § 24 VI VBGL erhoben. Nach diesen Regelungen kann der Spediteur als Einlagerer Inventurdifferenzen dadurch ausgleichen, dass er bei gleichzeitigen Mehr- oder Fehlbeständen desselben Auftraggebers eine wertmäßige Saldierung vornimmt.[3] Die Klausel kann in den Fällen, in denen die Fehlbestände auf einem Verschulden des Lagerhalters beruhen, zu dessen vom Grad des Verschuldens unabhängigen Haftungsausschluss führen, was sicher gegen § 307 II Nr. 1 und I verstößt.

*

Leasingverträge

Inhaltsübersicht

[1] OLG Frankfurt OLGR Frankfurt 1998, 217.

[2] *Koller/Roth/Morck* HGB § 353 Rz 2.

[3] *Vogt,* in: *von Westphalen* Vertragsrecht und AGB-Klauselwerke, Transportrecht Rz 227; *Koller* Transportrecht, ADSp Ziff. 15 Rz 1.

Schrifttum: *Arnold,* Gewährleistung beim Finanzierungsleasing nach der Schuldrechtsreform, DStR 2002, 1049; *ders.,* Miete und Leasing nach der Schuldrechtsreform, in: *Dauner-Lieb/Konzen/K. Schmidt* (Hrsg), Das neue Schuldrecht in der Praxis (2002) 589; *H. Beckmann,* Auswirkungen des Schuldrechtsmodernisierungsgesetzes auf die Leasingbranche, FLF 2002, 46; *ders.,* Haftungsbeschränkungen des Leasinggebers im Rahmen der leasingtypischen Abtretungskonstruktion für sämtliche Leistungsstörungen aus dem Liefervertrag, DB 2006, 320; *N. Berger,* Typus und Rechtsnatur des Herstellerleasings (1988); *Büschgen,* Praxishandbuch Leasing (1998); *Canaris,* Bankvertragsrecht (2. Aufl 1981) 1710; *ders.,* Finanzierungsleasing und Wandelung, NJW 1982, 305; *ders.,* Interessenlage, Grundprinzipien und Rechtsnatur des Finanzierungsleasing, AcP 190 (1990) 410; *ders.,* Grundprobleme des Finanzierungsleasing im Lichte des Verbraucherkreditgesetzes, ZIP 1993, 401; *Dageförde,* Internationales Finanzierungsleasing (1992); *Ebenroth,* Inhaltliche Schranken für Leasingformularverträge auf Grund des AGB-Gesetzes, DB 1978, 2109; *Eckstein/Feinen,* Leasing-Handbuch für die betriebliche Praxis, 7. Aufl 2000; *Emmerich,* Grundprobleme des Leasings, JuS 1990, 1; *Flume,* Leasing in zivilrechtlicher und steuerrechtlicher Sicht (1972) = Betr 1972, 1, 53, 105, 152; *ders.,* Die Rechtsfigur des Finanzierungsleasing, Betr 1991, 265; *Gebler/C. Müller,* Finanzierungsleasing: Die Auswirkungen der Schuldrechtsreform und neuere Entwicklungen in der Vertragspraxis, ZBB 2002, 107; *Gitter,* Gebrauchsüberlassungsverträge § 11 (S 277 ff.); *Girsberger,* Grenzüberschreitendes Finanzierungsleasing (1997); *Godefroid,* Finanzierungsleasing und Schuldrechtsmodernisierungsgesetz,

Leasingberater (Beilage 5 zu BB Heft 27/2002), 2; *Habersack,* Rechtsfragen des Kraftfahrzeugsvertriebs durch Vertragshändler: Verkauf und Leasing (1998); *Hager,* Rechtsfragen des Finanzierungsleasing von Hard- und Software, AcP 190 (1990), 324; *Hastedt/Mellwig,* Leasing. Rechtliche und ökonomische Grundlagen (1998); *Huber,* Finanzierungsleasinggeschäfte (1996); *Klamroth,* Inhaltskontrolle von Finanzierungs-Leasing-Verträgen über bewegliche Gegenstände nach dem „Leitbild des Leasing-Vertrages", BB 1982, 1949; *Knebel,* Inhaltskontrolle von Leasingverträgen auf der Grundlage der UNIDROIT-Konvention, RIW 1993, 537; *Kneer* (Hrsg), Formularbuch zum gewerblichen Miet-, Pacht- und Leasingrecht (2003); *Koch,* Störungen beim Finanzierungsleasing (1981); *Königsmann,* Amortisationsklauseln und Schadenspauschalen bei Finanzierungsleasingverträgen (Diss Bielefeld 1993); *Kratzer/Kreuzmair,* Leasing in Theorie und Praxis, 2. Aufl 2002; *Krebs,* Sittenwidrigkeit beim Finanzierungsleasing von Mobilien wegen Wucherähnlichkeit, NJW 1996, 1177; *Kurstedt,* Finanzierungsleasing und AGB-Gesetz, DB 1981, 2525; *Leenen,* Die Pflichten des Leasing-Gebers, AcP 190 (1990) 260; *Leyens,* Leasing – Grenzen der formularmäßigen Risikoabwälzung vom Leasinggeber auf den Hersteller/Lieferanten, MDR 2003, 312; *Lieb,* Zur Inhaltskontrolle von Teilamortisations-Leasingverträgen, Betr 1986, 2167; *ders.,* Das Leitbild des Finanzierungs-Leasing im Spannungsfeld von Vertragsfreiheit und Inhaltskontrolle DB 1988, 946; *ders.,* Gewährleistung beim reinen Finanzierungsleasing DB 1988, 2495; *ders.,* § 9 Verbraucherkreditgesetz und Finanzierungsleasing, WM 1991, 1533; *ders.,* Zur Risikoverteilung bei Finanzierungsleasingverträgen, insbesondere mit Kaufleuten, WM 1992 Beil 6; *Löbbe,* Der Finanzierungsleasingvertrag nach der Schuldrechtsreform, BB 2003, Beil 6, 7; *Martinek,* Moderne Vertragstypen, Bd I: Leasing und Factoring, 1991; *Martinek/Oechsler,* Die Unanwendbarkeit des Verbraucherkreditgesetzes auf Leasingverträge ohne Vollamortisationspflicht, ZIP 1993, 81; *Matz,* Regulierung typischer Leasingtransaktionen im „neuen" Schuldrecht (Diss Karlsruhe 2002); *Müller-Sarnowski,* Privat-Autoleasing nach der Schuldrechtsreform, eine Bestandsaufnahme, DAR 2002, 485; Münchener Vertragshandbuch, Band 3, 1. Halbband, 4. Aufl 1998, 151 ff. (bearbeitet von *Stolterfoht*); *Papapostolou,* Die Risikoverteilung beim Finanzierungsleasingvertrag über bewegliche Sachen (1987); *Quittnat,* Unwirksamkeit von Verfallklauseln in Leasing-Formularverträgen, BB 1979, 1530; *Reiner/Kaune,* Die Gestaltung von Finanzierungsleasingverträgen nach der Schuldrechtsreform, WM 2002, 2314; *Reinikke/Tiedke,* Kaufrecht, 7. Aufl 2004, Rn 1664 ff.; *Reinking,* Auswirkungen der geänderten Sachmängelhaftung auf den Leasingvertrag, ZGS 2002, 229; *ders.,* Auswirkungen der Schuldrechtsreform auf das private Kraftfahrzeugleasing, DAR 2002, 145; *Reinking/Niessen,* Sittenwidrigkeit von Kfz-Leasingverträgen, NZV 1993, 49; *H. Roth,* Zur gerichtlichen Inhaltskontrolle von Finanzierungs-Leasingverträgen, AcP 90 (1990) 292; *Sannwald,* Der Finanzierungsleasingvertrag über bewegliche Sachen mit Nichtkaufleuten (1982); *Schmalenbach/Sester,* Fortschreibung der typischen Vertragsstruktur für Leasingtransaktionen nach der Schuldrechtsreform, WM 2002, 2184; *Sefrin,* Die Kodifikationsreife des Finanzierungsleasingvertrages, 1993; *Spittler,* Leasing für die Praxis, 6. Aufl 2002; *Tacke,* Leasing, 3. Aufl 1999; *Teichmann,* Der Leasing-Vertrag zwischen Abzahlungskauf und Verbraucherkredit, FS Rittner 1991, 717; *Tiedtke/Möllmann,* Auswirkungen der Schuldrechtsreform im Leasingrecht, DB 2004, 583; *P. Ulmer/H. Schmidt,* Zur Inhaltskontrolle von Kfz-Leasingverträgen, DB 1983, 2258, 2615; *J. Weber,* Die Entwicklung des Leasingrechts von Mitte 2003 bis Mitte 2005, NJW 2005, 2195; *v. Westphalen,* Der Leasingvertrag 5. Aufl 1998, *ders.,* Die Auswirkungen der Schuldrechtsreform auf die „Abtretungskonstruktion" beim Leasing, ZIP 2002, 2258; *ders.,* Das Schuldrechtsmodernisierungsgesetz und Leasing, DB 2001, 1291; *ders.,* Schuldrechtsreform und Verwendung „alter" Lieferanten-AGB in Leasingverträgen ZGS 2002, 64; *ders.,* Options- und Andienungsrechte in Leasingverträgen mit Verbrauchern ZGS 2002, 89; *ders.,* Leasing (Stand Oktober 1996), in: Vertragsrecht und AGB-Klauselwerke; *ders.,* Der Leasingnehmer als Verbraucher: Einbeziehung der Lieferanten-AGB und Rügepflichten, BB 1990, 1; *ders.,* Zur Sittenwidrigkeit von Leasingverträgen, BB 1992, Beilage 9, 1; *Wolf/Eckert/Ball,* Handbuch des gewerblichen Miet-, Pacht- und Leasingrechts, 9. Aufl 2004, Rn 1659–2095; *Ziganke,* Restfälligkeit, Sicherstellung und Kündigung beim Finanzierungsleasingvertrag, BB 1982, 706.

A. Verhältnis Leasinggeber zum Leasingnehmer

I. Grundlagen und Abgrenzungen

L 21 Das Leasinggeschäft spielt im heutigen Wirtschaftsleben eine bedeutsame Rolle.[1] Die ungebrochene Attraktivität verdankt diese im BGB nicht näher konturierte Vertragsform vor allem **betriebswirtschaftlichen und steuerlichen Vorteilen,** die dem Leasing zugeschrieben werden.[2] Allerdings bilden Leasingverträge keine Einheit. Es gibt je nach den von den Parteien verfolgten Zwecken **unterschied-**

[1] Staudinger/*Stoffels,* Leasing, Rz 5 ff.

[2] Staudinger/*Stoffels,* Leasing, Rz 44 ff.

liche Erscheinungsformen, die von reinen Mietverträgen bis zu Verträgen reichen, die Kaufverträgen nahestehen. Unter juristischen Gesichtspunkten muss man vor allem zwischen Finanzierungs- und Operatingleasingverträgen unterscheiden. Ferner gilt es, Leasingverträge **abzugrenzen von ähnlichen Erscheinungsformen,** die in diesem Zusammenhang ebenfalls kurz angesprochen werden sollen. Den nachfolgenden Einteilungen und Abgrenzungen kommt sodann für die Inhaltskontrolle große Bedeutung zu.

Leasingverträge werden nahezu ausnahmslos auf der Grundlage von Formularverträgen geschlossen. Bekannt ist die Formulierung von *Reich,* Leasingrecht sei **„Formularrecht par excellence".**[1] Die von den Leasinggesellschaften ausgearbeiteten Bedingungen geben dem Leasingvertrag sein charakteristisches Gepräge und übernehmen insoweit die Typisierungsfunktion des dispositiven Gesetzesrechts. Es handelt sich um **Allgemeine Geschäftsbedingungen im Sinne des § 305 I S. 1,** die nur dann ihre AGB-Qualität verlieren, wenn sie zwischen den Parteien ausgehandelt worden sind (§ 305 I S. 2). AGB-Charakter weisen darüber hinaus regelmäßig auch die Vertragsbedingungen auf, die dem **Beschaffungsvertrag** zwischen dem Leasinggeber und dem Hersteller/Händler zu Grunde liegen. Häufig ist es hier der Hersteller/Händler, der in seinen Lieferbedingungen die Modalitäten des Liefergeschäfts vorgibt. Da die Ansprüche aus diesem Vertrag in weitem Umfang an den Leasingnehmer abgetreten werden, wird seine Rechtsposition sowohl zum Leasinggeber als auch zum Hersteller/Händler durch Allgemeine Geschäftsbedingungen geprägt. Insoweit treten die AGB-rechtlichen Vorschriften der §§ 305 ff. auf den Plan. **L 22**

1. Finanzierungsleasing

Die in der Praxis **im Vordergrund** stehende Form des Leasinggeschäfts ist das Finanzierungsleasing. Ihm kommt die mit Abstand größte wirtschaftliche Bedeutung zu. Die nachfolgenden Erläuterungen (ab Rz 45) beziehen sich demgemäß – soweit nichts anderes gesagt ist – auf Finanzierungsleasingverträge. **L 23**

a) Charakteristika des Finanzierungsleasingvertrages. Das Finanzierungsleasing ist durch seine **Finanzierungsfunktion** gekennzeichnet.[2] Dem Leasingnehmer wird der mit Mitteln des Leasinggebers angeschaffte – und damit vorfinanzierte – Gegenstand zur Nutzung überlassen, ohne dass seine Vermögenssphäre durch die Investition tangiert wird. Konsequenterweise behandelt das Gesetz das Finanzierungsleasing als **„Finanzierungshilfe"** und unterwirft es zumindest in einzelnen Beziehungen dem Recht des (Verbraucher-)Darlehens (§§ 499 I, 500). **L 24**

Typisch, wenngleich begrifflich nicht notwendig,[3] ist für das Finanzierungsleasing die **Einschaltung eines Dritten** in die Vertragsbeziehungen. Dieser Dritte, der Leasinggeber, übernimmt die Aufgabe der Finanzierung. Originäre Vertragsbeziehungen bestehen infolgedessen hier lediglich einerseits zwischen dem Hersteller und dem Leasinggeber sowie andererseits zwischen dem Leasinggeber und dem Leasingnehmer. Der Vertrag zwischen Hersteller oder Lieferant und Leasinggeber ist in aller Regel Kauf, gelegentlich auch Werklieferungsvertrag, während der Ver- **L 25**

---

[1] *Reich,* in: Vertragsschuldverhältnisse [1974], S. 51.

[2] BGHZ 112, 65, 71; *Larenz/Canaris,* Lehrbuch des Schuldrechts II/2, S. 100; *Gitter,* Gebrauchsüberlassungsverträge, S. 286.

[3] Wie hier *Larenz/Canaris,* Lehrbuch des Schuldrechts II/2, S. 103; *K Schmidt,* Handelsrecht, § 35 II, S. 998; a.A. *Martinek,* Moderne Vertragstypen I, S. 57 und *Berger,* Typus und Rechtsnatur des Herstellerleasing, S. 20 f.: Dreiparteienverhältnis als „notwendige Voraussetzung für den Tatbestand des Finanzierungsleasing".

trag zwischen Leasinggeber und Leasingnehmer den eigentlichen und hier allein interessierenden Leasingvertrag darstellt. Die Einbettung des Leasingvertrages in ein **wirtschaftliches Dreiecksverhältnis**[1] ist für die rechtliche Bewertung jedoch durchaus von Bedeutung

L 26 Als Gegenleistung für die Gebrauchsüberlassung des zunächst auf Kosten des Leasinggebers für den Leasingnehmer angeschafften Gegenstandes verpflichtet sich der Leasingnehmer im Leasingvertrag, die Anschaffungskosten und einen vorweg kalkulierten Gewinn des Leasinggebers durch die regelmäßige **Zahlung der Leasingraten** abzutragen. Der Finanzierungsleasingvertrag ist daher dadurch gekennzeichnet, dass „der Leasingnehmer für die Amortisation der vom Leasinggeber für die Anschaffung der Leasingsache gemachten Aufwendungen und Kosten einzustehen hat".[2] Das Vollamortisationsprinzip liegt, worauf noch einzugehen sein wird, sowohl den sog. **Vollamortisations-** als auch den sog. **Teilamortisationsverträgen** zugrunde.

L 27 Abweichend von der gesetzlichen Regelung des Mietvertrages zeichnet sich der Finanzierungsleasingvertrag schließlich dadurch aus, dass der Leasingnehmer die **Sach- und Preisgefahr** zu übernehmen hat und ihm keine **Gewährleistungsansprüche** gegen den Leasinggeber eingeräumt werden. Im Gegenzug werden dem Leasingnehmer die aus dem Liefervertrag des Leasinggebers mit dem Hersteller/Lieferanten resultierenden Gewährleistungsansprüche abgetreten.[3] Hierdurch wird eine auf die Gewährleistungsansprüche beschränkte schuldrechtliche Rechtsbeziehung des Leasingnehmers zum Hersteller/Lieferanten begründet. Das oben erwähnte wirtschaftliche Dreieck schließt sich zu einem rechtlichen.[4] Auch diese Ausgestaltung wird man als leasingtypisch bezeichnen müssen. Die Gesamtschau der typusprägenden Elemente des Finanzierungsleasingvertrages offenbart eine **funktionale Verwandtschaft mit dem drittfinanzierten Kauf.**[5]

L 28 **b) Teil- und Vollamortisationsverträge.** In der Praxis wird die Vertragsgestaltung in erster Linie durch die verschiedenen Erlasse der Finanzverwaltung geprägt. Unter rechtlichen Gesichtspunkten ist vor allem die Unterscheidung zwischen **Voll- und Teilamortisationsverträgen** wichtig. Da der Leasingnehmer am Eigentumserwerb jedenfalls zunächst nicht interessiert ist, dieser vielmehr vom Leasinggeber vorgenommen wird, besteht für den Leasinggeber das Interesse, seine Anschaffungs- und Finanzierungskosten einschließlich seines Gewinns über die vom Leasingnehmer zu zahlenden Leasingraten decken zu können.[6]

L 29 Dies kann entweder durch **Vollamortisationsverträge** geschehen, bei denen eine unkündbare Grundmietzeit so bemessen ist, dass die während dieser Zeit zu entrichtenden Mietzinsen die Anschaffungskosten sowie Verzinsung und Gewinn des Leasinggebers decken. Die Vollamortisationsverträge sind vor allem aus steuerlichen Gründen auf eine betriebsgewöhnliche Nutzungsdauer von mindestens 40 und höchstens 90 % angelegt. Der Wert der nicht verbrauchten Nutzungsdauer verbleibt dem Leasinggeber.[7]

---

1 So *Martinek/Oechsler,* in: Bankrechts-Handbuch, § 101 Rz 2.

2 So der Rechtsausschuss des Bundestages BT-Drs. 11/8274, 21. Auch der BGH hatte schon zuvor zutreffend das Vollamortisationsprinzip als „Hauptmerkmal" des Finanzierungsleasingvertrages hervorgehoben BGHZ 95, 39, 53; 111, 237, 242; sodann BGH NJW 1995, 1018, 1021; 1996, 2033 (vgl. aus der Literatur statt vieler *Canaris* ZIP 1993, 401).

3 BGH NJW 1990, 1785, 1788; Soergel/*Kummer,* vor § 535 Rz 78.

4 Erman/*Jendrek,* Anh. § 536 Rz 2.

5 So auch BGH NJW 1995, 1018, 1021.

6 S. Rz 22; BGH NJW 1996, 2033; BGH NJW 1989, 1730, 1731.

7 BGH NJW 1985, 2253, 2257.

Stattdessen können auch **Teilamortisationsverträge** geschlossen werden, bei denen die unkündbare Grundmietzeit kürzer bemessen ist, sodass die Mietzinsen die Anschaffungskosten, Verzinsung und Gewinn nur teilweise amortisieren,[1] deren Rest dann entweder aus dem Veräußerungserlös des Leasingguts,[2] durch Erwerb des Leasingguts seitens des Leasingnehmers gegen Zahlung eines dem Zeitwert entsprechenden Kaufpreises oder durch Abschlusszahlungen des Leasingnehmers mit Gutschrift eines Teils des Verkaufserlöses[3] gedeckt wird. Eine echte Teilamortisation liegt nur vor, wenn der Leasinggeber das Restwertrisiko übernimmt. Auch bei einer solchen Übernahme des Verwertungsrisikos durch den Leasinggeber handelt es sich noch um Finanzierungsleasing. Der Leasingnehmer muss die Amortisation des Aufwands und der Kosten nicht notwendig voll übernehmen. Es genügt, wenn er sie überwiegend übernimmt.[4] Wird die Amortisation nicht überwiegend vom Leasingnehmer übernommen, so liegt kein Finanzierungs-, sondern Operating-Leasing (Rz L 38 ff.) oder Miete vor. Eine Amortisationsfunktion kommt auch der Rückgabe des geleasten Fahrzeugs zu, wenn der Leasingnehmer z. B. für dessen vertragsgemäßen Zustand haftet,[5] indem er bei Abweichungen den Minderwert ausgleichen muss.[6] Wird das Restwertrisiko z. B. durch Abschlusszahlungen auf den Leasingnehmer voll abgewälzt, so liegt in Wirklichkeit eine Vollamortisation vor.[7] **L 30**

c) Leasingobjekte. Finanzierungsleasingverträge lassen sich **nach der Art des geleasten Gegenstandes** zwei verschiedenen Gruppen zuordnen, dem Mobilienleasing und dem Immobilienleasing. Auch die Leasingerlasse des Bundesfinanzministers[8] greifen diese Unterscheidung auf. Sowohl von der Anzahl der abgeschlossen Leasingverträge als auch vom wirtschaftlichen Volumen her gesehen dominiert eindeutig das **Mobilienleasing.** Aber auch das **Immobilienleasing** expandiert. Immobilienleasingverträge zeichnen sich im Allgemeinen durch eine lange Vertragslaufzeit aus. Nach Ablauf der Vertragszeit hat der Leasingnehmer aufgrund einer ihm im Leasingvertrag eingeräumten Kaufoption die Möglichkeit, die Immobilie zu Eigentum zu erwerben. Diese Kaufoption wird dann regelmäßig durch eine Vormerkung gesichert.[9] Im Übrigen gleichen die vertraglichen Regelungen denjenigen bei Finanzierungsleasingverträgen über Mobilien. Das bedeutet, dass der Leasingnehmer die Gefahr zu tragen hat und sich wegen möglicher Gewährleistungsansprüche nicht an den Leasinggeber wenden kann, sondern sich – aus abgetretenem Recht – an die Bauunternehmer, Bauhandwerker, Architekten etc. halten muss.[10] Für die **zivilrechtliche Beurteilung** des Immobilienleasingvertrages gelten grundsätzlich dieselben Rechtsregeln, die auch auf das Mobilienleasing Anwendung finden.[11] So ist ebenso wie bei den sonstigen Finanzierungsleasingverträgen eine Freizeichnung des Leasinggebers grundsätzlich zulässig,[12] namentlich auch dann, wenn der Leasingnehmer nach dem Vertrag als General- **L 31**

---

1 S. auch OLG Karlsruhe NJW-RR 1986, 1112, 1113.

2 S. BGH NJW 1986, 1335.

3 S. BGH NJW 1985, 2253, 2256 und unten Rz L 87 ff.

4 BGH NJW 1996, 2033.

5 BGH NJW 1996, 2033; BGHZ 97, 65, 76 f.

6 BGH ZIP 1998, 698; dazu auch Rz L 29.

7 S. BGH NJW 1990, 247 und 3016, 3018.

8 Abgedruckt bei *v. Westphalen,* Leasingvertrag, S. 770 ff.

9 *Gitter,* Gebrauchsüberlassungsverträge, S. 358; Palandt/*Weidenkaff* Einf. v. § 535 Rz 41.

10 *Gitter,* Gebrauchsüberlassungsverträge, S. 358; zu Einzelheiten der Vertragsgestaltung vgl. im Übrigen auch *Seibel* NZM 1999, 197.

11 BGH NJW 1989, 1279, 1280; MünchKomm/*Habersack,* Leasing, Rz 11. Zu der bei Immobilienleasingverträgen einzuhaltenden Form vgl. Staudinger/*Stoffels,* Leasing, Rz 26.

12 *Gitter,* Gebrauchsüberlassungsverträge, S. 362.

übernehmer selbst Hersteller des Gebäudes ist, sodass er letztlich die Verantwortlichkeit für die Mangelfreiheit des Gebäudes trägt.[1]

L 32 **d) Näheverhältnis zwischen Hersteller/Händler und Leasinggeber.** Weitere Erscheinungsformen des Finanzierungsleasingvertrages knüpfen an das mehr oder weniger ausgeprägte **Näheverhältnis zwischen Hersteller/Händler** auf der einen **und** dem **Leasinggeber** auf der anderen Seite an.

L 33 Beim sog. **Hersteller- oder Händlerleasing** sind der Hersteller oder Händler und der Leasinggeber identisch.[2] Der Leasingnehmer hat es hier von vornherein nur mit einem Vertragspartner zu tun. Das leasingtypische Dreiecksverhältnis zwischen Leasinggeber, Leasingnehmer und dem Händler oder Hersteller entsteht bei dieser Sonderform des Leasing nicht. Folgerichtig verzichtet man hier auch auf eine Abtretung der Gewährleistungsansprüche an den Leasingnehmer. Freilich zielen auch diese Vertragsgestaltungen auf die Finanzierung des Gebrauchs einer Sache, mit dem – vom Kunden häufig nicht realisierten – Unterschied, dass die Kreditfunktion nicht von einer zwischengeschalteten Leasinggesellschaft, sondern vom Hersteller/Händler selbst übernommen wird. Auch der Hinweis auf das gesteigerte Absatzinteresse des Leasinggebers zwingt nicht dazu, von Operatingleasing und damit von der Anwendbarkeit der §§ 535 ff. auszugehen. Denn beim hersteller- oder händlerabhängigen Leasing ist das Absatzinteresse häufig nicht geringer zu veranschlagen, ohne dass daraus die Konsequenz gezogen würde, es handele sich um Operatingleasing. Der BGH[3] hat daher zu Recht darauf abgestellt, ob der Leasinggeber die volle Amortisation seines Anschaffungsaufwandes bereits durch einmaliges Überlassen der Sache an einen Leasingnehmer erstrebt (Finanzierungsleasing) oder ob die Amortisation erst durch mehrmaliges Überlassen an mehrere Leasingnehmer erreicht werden kann (Operatingleasing). Bei einem auf zwei Jahre angelegten Kfz-Leasingvertrag mit Kilometerabrechnung wird die Vollamortisation typischerweise durch Verwertung des zurückzugebenden Fahrzeuges erlangt, sodass hier auch dann ein **Finanzierungsleasingvertrag** vorliegt, wenn der Kunde einen solchen Leasingvertrag direkt mit dem Händler schließt.

L 34 Davon zu trennen ist das **hersteller- oder händlerabhängige Leasing,** mitunter auch indirektes oder markengebundenes Leasing genannt. Man versteht darunter die Finanzierung des Absatzes durch eine mit dem Hersteller wirtschaftlich verbundene, aber rechtlich selbstständige Leasinggesellschaft. Insbesondere im Bereich des Kfz-Vertriebs sind solche Gestaltungen anzutreffen. Die Leasinggesellschaft ist hier oftmals eine Tochtergesellschaft des Herstellers. In diesen Fällen kommt es zu der für das Finanzierungleasing typischen Dreiecksbeziehung zwischen Lieferant, Leasinggeber und Leasingnehmer, sodass die **Regeln über das Finanzierungsleasing uneingeschränkt anzuwenden** sind.[4]

L 35 Schließlich muss **im Hinblick** auf den über § 500 eröffneten **Einwendungsdurchgriff nach § 359** danach unterschieden werden, ob der Liefervertrag und der Finanzierungsleasingvertrag verbundene Verträge im Sinne des § 358 I darstellen. Sind die Voraussetzungen für das Vorliegen verbundener Verträge erfüllt, spricht man von **absatzförderndem oder lieferanten- bzw herstellernahem Finanzierungsleasing,** während man für den gegenteiligen Fall die Bezeichnung **reines**

[1] BGHZ 106, 304 = NJW 1989, 1279.
[2] Ausführlich *Berger,* Typus und Rechtsnatur des Herstellerleasing, passim.
[3] NJW 1998, 1637, 1639; ebenfalls für Qualifizierung als Finanzierungsleasing MünchKomm/*Habersack,* Leasing, Rz 7 ff.
[4] BGH NJW 1986, 1335; OLG Stuttgart BB 2005, 2375.

Finanzierungsleasing verwendet.[1] Der Begriff des lieferanten- bzw. herstellernahen Finanzierungsleasing ist weiter als derjenige des abhängigen Leasing; die Begriffe werden jedoch mitunter auch synonym verwendet.

e) Sale-and-lease-back. Unter **„sale-and-lease-back"** werden allgemein solche Leasinggeschäfte verstanden, bei denen sich der Leasinggeber das Leasinggut nicht von einem Dritten, sondern vom Leasingnehmer selbst verschafft.[2] Der Leasingnehmer veräußert eine ihm gehörige – neu erworbene oder schon länger in seinem Besitz befindliche – Sache an den Leasinggeber, um sie im nächsten Moment vom Leasinggeber zurück zu leasen. Der Leasingnehmer verspricht sich von dieser Verfahrensweise insbesondere einen Liquiditätsgewinn. Die Finanzierungsfunktion liegt offen zu Tage. Für die Qualifizierung als Finanzierungsleasingvertrag spricht auch hier der Umstand, dass der Leasinggeber mit einem sale-and-lease-back-Geschäft danach strebt, seinen gesamten Aufwand mit einem einzigen Leasinggeschäft zu amortisieren. Diesen Standpunkt hat auch der BGH eingenommen. Das Gericht führt aus, dass die Ausgestaltung eines Geschäfts als „sale-and-lease-back" weder dem Leasinggeber noch dem Leasingnehmer eine andere Rechtsposition verschaffe als das übliche Finanzierungsleasing.[3] L 36

f) Sonderformen beim Kfz-Leasing. Weitere Sonderformen des Finanzierungsleasingvertrages haben sich für das mit Abstand bedeutsamste Marktsegment, den Kfz-Handel, herausgebildet. Weit verbreitet sind insbesondere das sog. „Null-Leasing" sowie der sog. „Kilometer-Abrechnungsvertrag".[4] Auch Letzterer ist **dem Finanzierungsleasing zuzuordnen,** mit der Folge, dass im Privatkundengeschäft die Vorschriften des Verbraucherdarlehensrechts zu beachten sind.[5] L 37

2. Operating-Leasing

Unter Operatingleasing versteht man die entgeltliche Überlassung von Investitionsgütern entweder für eine im Voraus bestimmte, **kurze Vertragsdauer** oder auf unbestimmte Zeit mit der Möglichkeit der jederzeitigen Kündigung seitens des Leasingnehmers, zumindest nach Ablauf einer kurzen Grundmietzeit.[6] Von den Finanzierungsleasingverträgen einschließlich der Teilarmortisationsverträge unterscheidet sich das Operatingleasing vor allem dadurch, dass der Vertragspartner im Falle der Kündigung keine Abschlusszahlung schuldet. Schon daraus wird deutlich, dass der Leasinggeber hier die volle Amortisation seines Anschaffungsaufwandes nicht bereits durch einmaliges, sondern erst durch **mehrfaches Überlassen des Leasinggegenstandes** an verschiedene Leasingnehmer erstrebt.[7] Das Risiko, dass ihm dies gelingt (Investitionsrisiko), hat er selbst zu tragen. Das Operatingleasing dient somit in erster Linie der **Absatzförderung von Investitionsgütern.** Für L 38

---

[1] Vgl. *Canaris,* Bankvertragsrecht, Rz 1713, 1730, 1752; ihm folgend *H. Roth* AcP 190 [1990], 302 ff.; gegen ein an diese Unterscheidung anknüpfendes Sonderrecht des absatzfördernden Leasing MünchKomm/*Habersack,* Leasing, Rz 9; vgl. ferner *K. Schmidt,* Handelsrecht, § 35 II, S. 1001.

[2] Vgl. hierzu BGH NJW 1990, 829, 831 und *Schulze-Osterloh* ZIP 2005, 1617 ff.

[3] BGH NJW 1990, 829, 831. Zu den Sonderproblemen beim sale-and-lease-back-Verfahren vgl. Staudinger/*Stoffels,* Leasing, Rz 32.

[4] Näher zu diesen Spielarten Staudinger/*Stoffels,* Leasing, Rz 33 ff.

[5] BGH NJW 1996, 2033; fortgeführt durch BGH NJW 1998, 1637, 1639; MünchKomm/*Habersack,* Leasing, Rz 119; *Michalski/Schmitt,* Kfz-Leasingvertrag, Rz 50 ff.; Palandt/*Putzo* § 499 Rz 6; *Berninghaus,* in: Praxishandbuch Leasing, § 14 Rz 2; a.A. *v. Westphalen,* Leasingvertrag, Rz 1216 ff.; *Martinek/Oechsler* ZIP 1993, 81 ff.

[6] BGHZ NJW 1990, 1785; BGH NJW 1998, 1638; OLG Hamm ZMR 1980, 109; Staudinger/*Martinek,* § 675 Rz B 180 ff.

[7] BGH NJW 1998, 1637, 1639.

den Kunden kann diese Form des Leasinggeschäfts deswegen attraktiv sein, weil er die Sache ohnehin nicht lange nutzen oder sie alsbald gegen eine moderne ausgetauscht haben möchte und die Wartung auf den Leasinggeber übertragen kann. Ergänzende Serviceleistungen (neben der Wartung auch das sog. Asset Management und Versicherungsleistungen) sind nämlich – im Gegensatz zu Finanzierungsleasingverträgen – beim Operatingleasing durchaus typisch.[1]

L 39 Solche Verträge werden heute üblicherweise und zu Recht als **normale Mietverträge** im Sinne des § 535 angesehen,[2] während der BGH offenbar dahin tendiert, sie in einzelnen Beziehungen in die Nähe der Finanzierungsleasingverträge zu rücken.[3] Der zitierten Entscheidung lag jedoch entgegen der Einschätzung des Gerichts kein Operatingleasingvertrag zugrunde.[4]

L 40 Für die Inhaltskontrolle gegenüber den beim Operatingleasing üblichen **Allgemeinen Geschäftsbedingungen** ist nach dem Gesagten grundsätzlich vom **Leitbild der §§ 535 ff.** auszugehen.[5] Alle Klauseln, die ohne sachliche Notwendigkeit hiervon abweichen, stellen im nichtunternehmerischen wie im unternehmerischen Verkehr eine unangemessene Benachteiligung des Leasingnehmers dar und sind unwirksam (§§ 307 I S. 1, II Nr. 1, 310 I S. 2). Dies gilt insbesondere für die mit dem gesetzlichen Leitbild der Miete unvereinbare **Überwälzung der Sach- und Preisgefahr** auf den Leasingnehmer.[6] Aus denselben Gründen kann der Leasinggeber beim Operatingleasing auch nicht entgegen §§ 280 Abs. 1 und 3, 281 seine **Haftung für die rechtzeitige Lieferung** der Sache formularmäßig ausschließen. Den Leasinggeber trifft beim Operatingleasing in gleicher Weise wie einen Vermieter die gesetzliche Gewährleistung nach den §§ 536 ff. Dieser **Gewährleistungspflicht** kann er sich nicht durch Abtretung der kaufrechtlichen Gewährleistungsansprüche an den Leasingnehmer entledigen (§ 307 II Nr. 1). Eine Freizeichnung von der mietrechtlichen Gewährleistungspflicht wird man nur insoweit billigen können, als es um die verschuldensunabhängige Einstandspflicht (§ 536a Abs. 1 Alt 1) geht und der Leasinggeber sich im Gegenzug zur unverzüglichen Nachbesserung oder zum unverzüglichen Austausch der Sache bereit erklärt.

3. Mietkauf

L 41 Leasingverträge sind von sog. Mietkaufverträgen abzugrenzen. Die **Vertragspraxis** lässt es hier mitunter an einer klaren Begrifflichkeit fehlen. Entscheidend ist nicht die von den Parteien gewählte Terminologie, sondern der **Geschäftsinhalt.**[7]

L 42 Dieser ist beim **Mietkauf** durch die **Kombination miet- und kaufvertraglicher Elemente** gekennzeichnet.[8] Die Parteien einigen sich hier über die entgeltliche Überlassung einer bestimmten beweglichen oder unbeweglichen Sache zum Gebrauch. Dem Mieter wird das Recht eingeräumt, innerhalb einer festgelegten Frist die Mietsache zu einen bestimmten Preis zu kaufen, wobei die bereits gezahl-

---

1 *Martinek,* Moderne Vertragstypen I, S. 54.

2 *Martinek,* Moderne Vertragstypen I, S. 66; *v. Westphalen,* Leasingvertrag, Rz 184; Palandt/*Weidenkaff,* Einf. v. § 535 Rz 40; MünchKomm/*Habersack,* Leasing, Rz 4.

3 BGH NJW 1990, 1785, 1788.

4 So zutreffend *v. Westphalen* ZIP 1991, 639 ff.

5 Staudinger/*Stoffels,* [2004] Leasing Rz 18.

6 *Ebenroth* DB 1978, 2109, 2111 f.

7 *Martinek,* Moderne Vertragstypen I , S. 79.

8 *Martinek,* Moderne Vertragstypen I, S. 79; *v. Westphalen,* Leasingvertrag, Rz 178; aus der Rechtsprechung zum Mietkauf unter dem Gesichtspunkt der Anwendbarkeit des Abzahlungsgesetzes BGHZ 62, 42 und 94, 227, 229.

ten Mietraten ganz oder teilweise auf den Kaufpreis angerechnet werden. Bis zur Ausübung des Optionsrechts unterliegt der Vertrag den §§ 535 ff. Abweichend vom Leasingvertrag **trägt der Vermieter in Übereinstimmung mit den mietrechtlichen Vorschriften die Sachgefahr und übernimmt die Gewährleistung und die Instandhaltung der Sache.**[1] Eine Zäsur markiert sodann die **Ausübung des Optionsrechts.** Hierin liegt im Zweifel eine zulässige, fristlose Kündigung des Mietvertrages.[2] Das Vertragsverhältnis unterliegt ab diesem Zeitpunkt dem Kaufvertragsrecht (§§ 433 ff.).

Allerdings ist zu beachten, das die Einräumung einer Kaufoption allein kein unterscheidungskräftiges Merkmal darstellt, ist doch auch bei Leasingverträgen, insbesondere in Gestalt von erlasskonformen Vollamortisationsverträgen, die Einräumung einer Kaufoption zugunsten des Leasingnehmers nach Ablauf einer festen Grundlaufzeit des Vertrages verbreitet. Der wesentliche Unterschied liegt in den **mit den Verträgen jeweils verfolgten Zielen,** die auch in der inhaltlichen Ausgestaltung der Vertragswerke ihren Niederschlag finden. Beim Mietkauf geht es den Parteien von Anfang an um den **käuflichen Erwerb der Sache.**[3] Das Interesse des Vermieters bzw. Verkäufers ist in erster Linie auf den Absatz des Gegenstandes gerichtet; das Finanzierungselement, das den Finanzierungsleasingvertrag kennzeichnet, spielt hier allenfalls eine untergeordnete Rolle.[4] Die Mietraten sind demgemäß beim Mietkauf – verglichen mit den als Entgelt für die Nutzungsüberlassung und die Finanzierung kalkulierten Leasingraten – regelmäßig sehr hoch angesetzt, um auf diese Weise den Mieter zum Erwerb zu veranlassen.[5] Für die Abgrenzung des Vollamortisationsvertrages mit Kaufoption vom Mietkauf wird der Höhe des Kaufpreises ausschlaggebende Bedeutung beigemessen. Ist der Erwerb wegen des niedrig kalkulierten Entgelts gleichsam vorprogrammiert, spricht dies sehr für Mietkauf.[6] **L 43**

Mietkaufverträge, bei denen laut Vertrag „das Eigentum an der Sache bei Vertragsende entschädigungslos vom Vermieter auf den Mieter übergeht", stuft der BGH in einer neueren Entscheidung[7] als **sonstige Finanzierungshilfe** im Sinne des § 499 I ein. Die erforderliche Kreditfunktion liege darin, dass der Vermieter dem Mieter die Mietsache überlasse, den Kaufpreis jedoch durch die Verteilung der Mietraten kreditiere. Insoweit entspreche der Mietkaufvertrag einem Abzahlungskauf im Sinne des früheren Abzahlungsgesetzes. Das legt es im Übrigen nahe, in einer solchen Konstellation den Mietkaufvertrag als sonstige Finanzierungshilfe in Form eines Teilzahlungsgeschäfts zu qualifizieren.[8] **L 44**

II. Maßgebendes Leitbild für Finanzierungsleasingverträge

1. Mietrecht

Die **höchstrichterliche Rechtsprechung** hat im Finanzierungsleasingvertrag von Anfang an eine Spielart des Mietvertrages gesehen und hieran trotz einiger Ak- **L 45**

---

[1] Palandt/*Weidenkaff* Einf. v. § 535 Rz 30; eine abweichende Vereinbarung zulasten des Mietkäufers soll nach *Schlosser* MDR 2003, 71 jedoch zulässig sein.

[2] Palandt/*Weidenkaff* Einf. v. § 535 Rz 30; *v. Westphalen,* Leasingvertrag, Rz 181.

[3] *Martinek,* Moderne Vertragstypen I, S. 79; MünchKomm/*Habersack,* Leasing, Rz 5.

[4] *Gitter,* Gebrauchsüberlassungsverträge, S. 289.

[5] Palandt/*Weidenkaff* Einf. v. § 535 Rz 30; Erman/*Jendrek,* vor § 535 Rz 32.

[6] Vgl. *v. Westphalen,* Leasingvertrag, Rz 180.

[7] BGH NJW 2002, 133, 134.

[8] So auch *J. Weber* NJW 2003, 2350.

zentverschiebungen bis auf den heutigen Tage festgehalten.[1] Den zentralen Inhalt dieses Vertragsverhältnisses erblickt der BGH in der schuldrechtlichen entgeltlichen Gebrauchsüberlassung. Die Rechtsbeziehungen der Parteien richten sich demgemäß in erster Linie nach den §§ 535 ff.

L 46 Im **Schrifttum** ist das Meinungsbild ausgesprochen heterogen.[2] Der wohl überwiegende Teil des Schrifttums folgt der **mietrechtlichen Qualifikation** der Rechtsprechung.[3] Eine diesem Verständnis entgegengesetzte, heute jedoch nur noch selten vertretene Sichtweise meint, der Leasingvertrag sei zuvörderst durch **kaufvertragliche Elemente** geprägt, sodass er den §§ 433 ff. unterfalle.[4] Andere Autoren haben die Finanzierungsfunktion des Leasinggeschäfts in den Vordergrund gerückt und sich für eine **Qualifizierung als Darlehens- oder Kreditvertrag** ausgesprochen.[5] Dieser Ansatz hat sich insoweit nicht durchsetzen können, als er auf eine atypische Einordnung unter die §§ 488 ff. (vormals §§ 607 ff.) zielte. Größere Beachtung verdient hingegen der luzide begründete Vorschlag von Canaris, den Finanzierungsleasingvertrag als **Kombination kredit- und geschäftsbesorgungsrechtlicher Elemente** zu begreifen.[6] Der Leasinggeber kreditiert hiernach – kurz gesagt – die Aufwendungen für die Anschaffung des Leasinggutes. Mit der Anschaffung des Leasinggutes besorge der Leasinggeber ein Geschäft des Leasingnehmers. Er handele auf Rechnung des Leasingnehmers, denn wegen des Amortisationsanspruchs habe dieser für den Einstandspreis aufzukommen. Eine gewichtige Strömung im Schrifttum verschließt sich letztlich allen Einordnungsvorschlägen und nennt den Finanzierungsleasingvertrag einen **„Vertrag sui generis“**.[7] Die Vertreter dieses Ansatzes sind der Ansicht, dass es sich bei dem typischen Rechte- und Pflichtenprogramm eines Finanzierungsleasingvertrages, nämlich der Gebrauchsüberlassung bzw. der Eröffnung der Möglichkeit, von der Sache Gebrauch zu machen, ohne eine gewährleistungsrechtliche Haftung zu übernehmen, um eine Neuschöpfung der Kautelarjurisprudenz ohne Vorbild im Bürgerlichen Gesetzbuch handele.

L 47 Leitlinie der weiteren Darstellung des Leasingvertrages soll die höchstrichterliche Rechtsprechung sein, der für die Praxis größte Bedeutung zukommt. Wegen der mietvertraglichen Grundelemente überprüft die Rechtsprechung formularmäßig ausgestaltete Leasingverträge am Leitbild des Mietrechts des BGB[8] und ordnet das Leasing als Dauerschuldverhältnis ein.[9] Dementsprechend stützt sich die In-

[1] Rechtsprechungsübersichten bei Staudinger/*Stoffels,* Leasing, Rz 65 ff.

[2] Guter Überblick über die teils sehr heftigen Auseinandersetzungen im Schrifttum mit vielen Nachweisen bei *Martinek,* Moderne Vertragstypen I, § 4, S. 64 ff.

[3] Grundl. *Flume* DB 1972, 4 ff. und ders., DB 1991, 265, allerdings unter Hinweis auf das hinzutretende Finanzierungselement; *Reinicke/Tiedtke,* Kaufrecht, Rz 1521 ff.; *Tiedtke/Möllmann* DB 2004, 587 f.; Erman/*Jendrek,* Anh. § 536 Rz 15; *Kügel,* in: Praxishandbuch Leasing, § 5 Rz 60 ff.; *Brunotte* DRiZ 1990, 398 ff.; für grundsätzliche Maßgeblichkeit des Mietrechts auch Soergel/*Kummer,* vor § 535 Rz 91 ff.; im Grundsatz auch *v. Westphalen,* Leasingvertrag, Rz 90 ff., der jedoch bei Teilamortisationsverträgen von einer Kombination miet- und garantievertraglicher Elemente ausgeht.

[4] *Ebenroth* JuS 1978, 588 ff.; relativierend ders. DB 1978, 2110; *Fikentscher,* Schuldrecht, Rz 831.

[5] *Schmidt-Salzer,* Allgemeine Geschäftsbedingungen [2. Aufl.], Rz F 178; *Borggräfe,* Die Zwangsvollstreckung in bewegliches Leasinggut [1976], S. 72.

[6] *Canaris* AcP 190, [1990], 411 ff.; *Larenz/Canaris,* Schuldrecht II/2, S. 106 f.; weitgehend zustimmend *Oetker/Maultzsch,* Vertragliche Schuldverhältnisse, 2. Aufl. 2004, S. 736; *Ulmer* ZIP 1984, 1163, 1173.

[7] *Larenz/Leenen,* Schuldrecht II [12. Aufl. 1981], S. 437 ff.; *Martinek,* Moderne Vertragstypen I, S. 88 ff.; *Lieb* Anm. JZ 1982, 561 ff.; ders. DB 1988, 951; ders. DB 1988, 2498; Staudinger/*Stoffels,* Leasing, Rz 75 ff.; *Gitter,* Gebrauchsüberlassungsverträge, S. 306 bzw. einen „eigenständigen Vertragstyp“ MünchKomm/*Habersack,* Leasing, Rz 23 ff.

[8] BGHZ 68, 118; 71, 189; 81, 298, 310; BGHZ 96, 103 = NJW 1986, 179; BGH NJW 1990, 247, 248; *v. Westphalen* BB 1988, 1829.

[9] BGH ZIP 1987, 1390, 1391.

haltskontrolle in erster Linie auf § 307 II Nr. 1 und nicht auf Nr. 2. Die mietrechtliche Orientierung gilt auch für das Immobilienleasing[1] sowie für das sale-and-lease-back[2] oder wenn dem Leasingnehmer eine Kaufoption eingeräumt[3] oder ein Teilamortisationsvertrag geschlossen ist.[4] **Besonderheiten** ergeben sich jedoch vor allem daraus, dass der Leasinggeber eine Finanzierungsleistung schuldet und der Leasingnehmer als Gegenleistung dafür überwiegend für die Amortisation der Anschaffungs- und Finanzierungskosten einschließlich des Geschäftsgewinns des Leasinggebers einzustehen hat.[5] Weitere Besonderheiten sind, dass in Abweichung vom Mietvertrag des BGB der Leasingnehmer die Sach- und Preisgefahr bei anfänglichem oder nachträglichem Untergang oder die Instandhaltungskosten etwa im Falle einer Beschädigung zu tragen hat.[6] Auch das Gewährleistungsrisiko wird dem Leasingnehmer gegen Abtretung der Gewährleistungsrechte des Leasinggebers gegenüber dem Verkäufer überbürdet.[7] Liegen diese Besonderheiten vor, so kann im Wege der Auslegung ein Leasingvertrag auch dann angenommen werden, wenn er als Mietvertrag bezeichnet ist.[8] Diese Besonderheiten führen dazu, dass auf das **Leitbild des Mietvertrags nur subsidiär** zurückgegriffen werden kann, soweit sich aus der speziellen Interessenlage des jeweiligen Leasingtypus keine Abweichungen rechtfertigen lassen.[9] § 543 ist danach auf das Finanzierungsleasing anwendbar[10] ebenso wie § 546a auch nach Ablauf der Amortisationszeit.[11] Auch § 542 ist anwendbar[12] ebenso § 545.[13] Nicht anwendbar sind dagegen § 571[14] und § 548.[15] Das Kündigungsrecht aus § 540 I ist mit der Interessenlage des Finanzierungsleasing nicht ohne weiteres vereinbar und kann deshalb ausgeschlossen werden.[16] Auch die kurze Kündigungsfrist in § 580a III Nr. 2 enthält für das Finanzierungsleasing keinen gesetzlichen Grundgedanken und kann ohne Verstoß gegen § 307 abbedungen werden.[17]

2. Anwendung der Schutzvorschriften des Verbraucherdarlehensrechts

Im Privatleasinggeschäft mit Verbrauchern muss verschiedenen Vorgaben des Verbraucherdarlehensrechts Rechnung getragen werden. Finanzierungsleasingverträge werden vom Gesetz, wie sich aus der ausdrücklichen Erwähnung in **§ 499 II** ergibt, als „sonstige Finanzierungshilfen" qualifiziert. Auf diese sonstigen Finanzierungshilfen finden nach § 499 I zahlreiche wichtige Vorschriften für den Verbraucherdarlehensvertrag entsprechende Anwendung. Gemäß dem Vorbehalt des § 499 II **L 48**

---

[1] BGH NJW 1989, 1279.
[2] BGH NJW 1990, 829, 831.
[3] BGHZ 71, 189.
[4] OLG Düsseldorf ZIP 1983, 1092.
[5] BGHZ 95, 39, 52; 128, 255, 262; BGH NJW 1996, 2860.
[6] S. auch BGH NJW 1986, 1335, 1337; OLG Hamm BB 1980, 441 und Rz L 91 ff. und 101 ff.
[7] S. BGH NJW 1982, 105; Rz L 105 ff.
[8] OLG Koblenz NJW-RR 1990, 1526.
[9] BGH NJW 1990, 3016, 3017; *Ulmer/H. Schmidt,* Anh. § 310 Rz 526.
[10] BGH ZIP 1987, 1187, 1188; BGHZ 82, 121, 129; BGH NJW 1985, 1547, 1550; 1991, 2135, 2136.
[11] BGH NJW 1989, 1730.
[12] BGH NJW 1990, 247, 248.
[13] *V. Westphalen,* Leasingvertrag, Rz 736; offen gelassen in BGH NJW 1989, 1730, 1731.
[14] BGH NJW 1989, 1731; a.A. *Emmerich* WuB I.J2.2.88.
[15] BGHZ 95, 39, 49; 97, 135, 139; BGH NJW-RR 1991, 280; aber abweichend für Ansprüche auf Restwertausgleich nach vertragsgemäßer Beendigung des Leasingvertrags OLG Koblenz WM 1991, 2002, 2005; OLG München NJW-RR 1994, 738.
[16] BGH NJW 1990, 3016.
[17] BGH NJW 1990, 247, 249; BGH NJW-RR 1990, 182.

werden hiervon allerdings durch **§ 500** wieder diejenigen Vorschriften ausgenommen, die nach Ansicht des Gesetzgebers auf Finanzierungsleasingverträge nicht passen. Dies geschieht nicht, wie noch in § 3 II Nr. 1 VerbrKrG, dadurch, dass die nicht anwendbaren Vorschriften benannt werden. Vielmehr werden die auf Finanzierungsleasingverträge anwendbaren Vorschriften enumerativ aufgezählt. Die Differenz erschließt sich erst durch einen genauen Vergleich des Verweisungsumfangs beider Vorschriften.

L 49 Der **persönliche Anwendungsbereich** ist durch § 500 in der Weise abgesteckt, als die dort genannten Vorschriften nur auf Finanzierungsleasingverträge **zwischen einem Unternehmer und einem Verbraucher** entsprechende Anwendung finden. Die Begriffe des Verbrauchers und des Unternehmers sind in §§ 13 und 14 legal definiert. Ebenfalls in den Genuss der in § 500 aufgelisteten, verbraucherschützenden Vorschriften gelangen nach § 507 **Existenzgründer.**[1] Der **sachliche Anwendungsbereich** der Vorschriften des Verbraucherdarlehensrechts ist – in dem durch § 500 eingeschränktem Umfang – eröffnet, wenn ein **Finanzierungsleasingvertrag** vorliegt (zum Begriff s.o. Rz 24 ff.). Auch Dritte, die auf Seiten des Leasingnehmers an dem Leasinggeschäft im weiteren Sinne beteiligt sind, können sich unter bestimmten Voraussetzungen auf den Schutz der verbraucherschützenden Vorschriften berufen.[2]

L 50 Aus § 500 i.V.m. § 492 I S. 1 bis 4 folgt, dass ein Finanzierungsleasingvertrag mit einem Verbraucher der **Schriftform** bedarf. Die Anforderungen dieses Formerfordernisses ergeben sich aus § 126. Wird eine vorformulierte Vertragsurkunde in zeitlichem Abstand zunächst vom Leasingnehmer und sodann vom Leasinggeber unterzeichnet, so ist zur Wahrung der Schriftform erforderlich, dass die Urkunde dem antragenden Leasingnehmer nach Unterzeichnung zugeht. Geschieht das nicht, so kann sich der Leasinggeber auch nicht auf eine Klausel in seinen Leasingbedingungen berufen, derzufolge der Leasingnehmer auf den Zugang der vom Leasinggeber unterzeichneten Vertragsurkunde verzichtet. Denn diese ist richtiger Ansicht nach jedenfalls in Verbraucherverträgen nach § 307 unwirksam.[3]

L 51 Schließlich steht dem Leasingnehmer, so er den Leasingvertrag als Verbraucher abgeschlossen hat, ein **Widerrufsrecht** zu (§ 500 i.V.m. § 495 I). Der Leasingnehmer hat damit das Recht, sich innerhalb von zwei Wochen durch Widerruf seiner auf den Abschluss des Vertrages gerichteten Willenserklärung von dem eingegangenen Leasingvertrag wieder zu lösen (§ 355 I). Einzige Wirksamkeitsvoraussetzung ist die Beachtung der zweiwöchigen Widerrufsfrist. Die Frist beginnt nach § 355 II S. 1 mit dem Zeitpunkt, zu dem dem Verbraucher die Belehrung über sein Widerrufsrecht mitgeteilt wird. Der Nachweis über die ordnungsmäßige Belehrung obliegt dem Leasinggeber.[4] Eine Klausel, mit der der Leasingnehmer bestätigt, die Belehrung erhalten zu haben, ist nach § 309 Nr. 12 Buchst. b unwirksam.[5]

L 52 Richtiger Ansicht nach findet über § 500 grundsätzlich auch § 358 entsprechende Anwendung.[6] Nach § 358 II ist der Verbraucher, wenn er seine auf den Abschluss des Finanzierungsleasingvertrages gerichtete Willenserklärung widerrufen hat, auch an den Vertrag über die Lieferung der Ware nicht mehr gebunden. Da der

---

1 Vgl. auch OLG Rostock DZWir 1996, 425, 426 und OLG Düsseldorf ZGS 2006, 119.

2 BGH NJW 2002, 3464; NJW 1996, 2156, 2158; NJW 2000, 3133; NJW 1998, 1939.

3 Vgl. Rz 59.

4 S. MünchKomm/*Ulmer* § 355 Rz 54.

5 S. auch BGHZ 100, 373, 382.

6 Palandt/*Heinrichs* § 358 Rz 7; ferner *Canaris* ZIP 1993, 406 ff. und OLG Rostock DZWir 1996, 425 jeweils noch zu § 9 VerbrKrG; a.A. MünchKomm/*Habersack*, § 358 Rz 16.

Leasingnehmer regelmäßig nicht Partei des Beschaffungsvertrages ist, besteht für diesen **Widerrufsdurchgriff** in der Leasingpraxis allerdings kaum ein Bedürfnis. Allenfalls beim Eintrittsmodell sind Fallgestaltungen denkbar, die eine Erstreckung des Widerrufs zugunsten des Leasingnehmers geboten erscheinen lassen.[1] Voraussetzung ist freilich, dass sich der Beschaffungsvertrag und der Finanzierungsleasingvertrag als verbundene Verträge im Sinne des § 358 III darstellen.

Nach § 500 findet auch die den **Einwendungsdurchgriff** regelnde Vorschrift des § 359 auf Finanzierungsleasingverträge Anwendung. Hiernach hat der Verbraucher das Recht, Einwendungen, die sich aus dem Liefer- oder dem Finanzierungsvertrag ergeben, auch den Ansprüchen aus den verbundenen Verträgen entgegenzuhalten. Übertragen auf die Situation des Finanzierungsleasing bedeutete dies, dass der Leasingnehmer gegenüber dem Leasinggeber die (weitere) Zahlung der Leasingraten verweigern könnte, soweit ihm entsprechende Einwendungen gegenüber dem Lieferanten zustehen. Dies ist sowohl für den Fall, dass der Lieferant seiner Leistungspflicht aus dem Beschaffungsvertrag nicht nachkommt (Nichtleistung) als auch für die viel diskutierte Lieferung eines mangelbehafteten Leasinggegenstandes von großer Bedeutung. Der Verweis auf § 359 ist nicht etwa ein Redaktionsversehen des Gesetzgebers, sondern der Erkenntnis geschuldet, dass sich infolge der leasingtypischen Abtretungskonstruktion für den Leasingnehmer das „Aufspaltungsrisiko" realisieren kann.[2] Die gewährleistungsrechtliche Auseinandersetzung hat er mit dem Lieferanten auf der Grundlage der ihm übertragenen kaufrechtlichen Rechte zu führen, während er zur Zahlung der Leasingraten gegenüber dem Leasinggeber verpflichtet ist. In tatbestandlicher Hinsicht setzt § 359 zunächst das Vorliegen „verbundener Verträge" im Sinne des § 358 III S. 1 voraus. Ferner ist die Vorrangigkeit des Nacherfüllungsanspruchs zu beachten (§ 359 S. 3). Kann der Verbraucher nämlich aufgrund der ihm abgetretenen kauf- oder werkvertraglichen Ansprüche vom Lieferanten Nacherfüllung, also Nachbesserung oder Ersatzlieferung/Neuherstellung (§§ 439 I, 635 I), verlangen (vgl §§ 437 Nr. 1 i.V.m. 439 bzw §§ 634 Nr. 1 i.V.m. 635), so hat er diese Ansprüche vorrangig zu verfolgen. Erst wenn die Nacherfüllung fehlgeschlagen ist, darf er dem Leasinggeber gegenüber die weitere Zahlung der Leasingraten verweigern. **L 53**

Handelt es sich bei dem Leasingnehmer um einen Verbraucher, so ist für eine Kündigung des Leasingvertrages wegen Zahlungsverzuges die **Sondervorschrift des § 498** (i.V.m. § 500) zu beachten (vgl. hierzu Rz 165). **L 54**

Soweit die Schutzvorschriften des Verbraucherdarlehensrechts zur Anwendung kommen, sind **zum Nachteil des Verbrauchers abweichende Vereinbarungen unwirksam** (§ 506), gleichgültig ob sie in AGB oder Individualvereinbarungen getroffen sind, ob sie ausgehandelt sind oder nicht. Eine Inhaltskontrolle nach § 307 erübrigt sich damit grundsätzlich, ist aber auch nicht ausgeschlossen, was vor allem im Verbandsklageverfahren bedeutsam ist. **L 55**

---

[1] Hierzu OLG Rostock DZWir 1996, 425 mit Anm. *Franz; Canaris* ZIP 1993, 407 f.; *Palandt/Heinrichs* § 358 Rz 7; *v. Westphalen,* Leasingvertrag, Rz 1745; auch MünchKomm/*Habersack* § 358 Rz 17 befürwortet hier ausnahmsweise eine entsprechende Anwendung des § 358.

[2] Für Anwendbarkeit des § 359 auf Finanzierungsleasingverträge jetzt die wohl h.M. *Palandt/Weidenkaff* § 500 Rz 2; *Medicus,* Schuldrecht II Rz 602; AnwK-BGB/*Ring,* § 359 Rz 12; a. A. MünchKomm/*Habersack,* § 359 Rz 10 ff.

III. Vertragsschluss und Haftung

1. Das Zustandekommen des leasingtypischen Dreiecks

L 56 Die Leasingpraxis kennt verschiedene Wege, die vertraglichen Beziehungen zwischen dem Lieferanten und dem Leasinggeber einerseits sowie dem Leasinggeber und dem Leasingnehmer andererseits ins Leben zu rufen. Soweit es um die Anbahnung von Finanzierungsleasinggeschäften über bewegliche Güter geht, lassen sich zwei Modelle unterscheiden, nämlich der gleichzeitige Abschluss des Leasing- und des Liefervertrages sowie das sog. Eintrittsmodell.

L 57 **a) Gleichzeitiger Abschluss des Leasing- und des Liefervertrages.** Oftmals wird die Leasingfinanzierung bereits beim Händler erörtert und in die Wege geleitet. Regelmäßig ist der Händler dem Leasinginteressenten bei der Vertragsanbahnung behilflich, etwa indem er die Formulare der Leasinggesellschaft bereithält und zusammen mit dem Kunden ausfüllt. Über die Einzelheiten des Liefergeschäfts sind sich der künftige Leasingnehmer und der Händler zu diesem Zeitpunkt bereits einig geworden. Der Liefervertrag ist **bis zur Unterschriftsreife** ausgehandelt.[1]

L 58 Der Händler/Lieferant wird von den Leasinggesellschaften zwar häufig mit der Akquisition und dem „Einfädeln" des Leasinggeschäfts betraut, die **Stellung eines Vertreters** nimmt der Lieferant hingegen regelmäßig **nicht** ein.[2] Die Überlassung der Antragsformulare rechtfertigt ohne Hinzutreten besonderer Umstände allein auch nicht die Annahme einer Duldungs- oder Anscheinsvollmacht des Lieferanten.[3] Trotz dieses an sich eindeutigen Ausgangspunktes wächst in Literatur und Rechtsprechung unverkennbar die Neigung, den Leasinggeber auch bei fehlender Vertretungsmacht des Lieferanten unter unterschiedlichen Vorzeichen an dessen Zusagen zu binden.[4] Hinzuweisen ist insbesondere auf die Rechtsprechung zu den Informationspflichten im Stadium der Vertragsanbahnung und die Zurechnung des Lieferantenverhaltens nach § 278. Aus der wirtschaftlichen Einheit des Vertrages mit dem Lieferanten und dem Leasingvertrag folgert der BGH, dass der in die Verhandlungen eingeschaltete Lieferant ebenso wie der Leasinggeber auf kongruente Vertragsinhalte zu achten hätte. Auf Abweichungen oder – anders ausgedrückt – auf die fehlende Vertretungsmacht des Lieferanten muss der Leasingnehmer hingewiesen werden.[5]

L 59 Das Angebot auf Abschluss eines Leasingvertrages leitet der Lieferant nunmehr der als Partei des Leasinggeschäfts in Betracht gezogenen Leasinggesellschaft zu. Diese wird vor der Annahme dieses Angebots die im Vertragsformular enthaltenen Angaben sowie die Bonität des Kunden und ggf. des Lieferanten überprüfen. Um sich hierfür eine gewisse Bearbeitungszeit zu sichern, nehmen die Leasinggesellschaften gewöhnlich bereits in ihre Antragsformulare eine Klausel auf, derzufolge der Leasinginteressent an sein Angebot bis zum Ablauf einer vorgegebenen Frist gebunden bleibt, die Leasinggesellschaft also innerhalb dieser Zeitspanne über die Annahme entscheiden kann. Solche vorformulierten **Annahmefristen** sind im nichtunternehmerischen Geschäftsverkehr an § 308 Nr. 1 und im unternehmerischen Verkehr an der Generalklausel des § 307 II Nr. 1 zu messen. Im Schrifttum

---

[1] *Beckmann,* in: Praxishandbuch Leasing, § 6 Rz 3; *Martinek,* Moderne Vertragstypen I, S. 119.
[2] *Bamberger/Roth/Ehlert* vor § 535 Rz 67.
[3] BGHZ 94, 170, 174; BGH NJW 1988, 204, 206; OLG Dresden NJW-RR 2003, 269.
[4] S. insbesondere OLG Düsseldorf NJW 1988, 1332; MDR 1988, 1055; OLG Köln WM 1990, 1682f.; *v. Westphalen,* Leasingvertrag, Rz 300; *Emmerich* JuS 1990, 4f.
[5] BGH NJW 1985, 2258, 2259.

werden Annahmefristen von bis zu einem Monat für zulässig erachtet.[1] Eine zweimonatige Annahmefrist ist von der Rechtsprechung beanstandet worden.[2] Nach § 307 II Nr. 1 unwirksam ist ferner eine Klausel, wonach der Leasingnehmer auf den Zugang der Annahme seines Leasingangebots durch den Leasinggeber im Vorhinein verzichtet.[3]

b) Eintritt des Leasinggebers in den Liefervertrag. Nicht selten vollzieht sich die Anbahnung eines Leasinggeschäfts in der Weise, dass der interessierte Kunde mit dem von ihm aufgesuchten Lieferanten den Kauf- oder Werklieferungsvertrag nicht nur abschlussreif aushandelt, sondern ihn sogleich rechtsverbindlich abschließt. Die Finanzierung des Kaufpreises bzw. Werklohns durch Einschaltung einer Leasinggesellschaft nehmen die Parteien zunächst nur in Aussicht. Die Realisierung dieses Vorhabens erfolgt erst nach Abschluss des Liefervertrages. **L 60**

Der Leasinginteressent geht bei dieser Vorgehensweise ein gewisses Risiko ein, bleibt er doch mangels anderweitiger Absprache grundsätzlich auch dann an den Liefervertrag gebunden, wenn das erstrebte Leasinggeschäft nicht zustande kommt. Er schuldet dann den Kaufpreis bzw. Werklohn in bar.[4] Die Parteien des Leasingvertrages können dieser Gefahr Rechnung tragen, indem sie dem Käufer/Besteller ein Rücktrittsrecht für den Fall einräumen, dass die Leasingfinanzierung nicht zustande kommt. Häufig werden in den Liefervertrag sog. Leasingfinanzierungsklauseln aufgenommen, z. B. „Finanzierung über Leasing", „Zahlung auf Leasingbasis" oder „Finanzierungsbasis per Liefervertrag".[5] Mit ihnen bekunden die Parteien nicht nur ihre Absicht, die Investition durch Einschaltung einer Leasinggesellschaft zu finanzieren. Solche Klauseln sind vielmehr im Regelfall in der Weise auszulegen, dass durch sie auch eine rechtliche Verknüpfung beider Geschäfte hergestellt werden soll und zwar dergestalt, dass der Liefervertrag unter der auflösenden Bedingung (§ 158 II) des Nichtzustandekommens des Leasingvertrages steht.[6] **L 61**

Entscheidet sich die um Finanzierung des abgeschlossenen Liefergeschäfts ersuchte Leasinggesellschaft, in den Leasingvertrag „einzusteigen", so kommt es rechtlich gesehen zu einer Auswechslung der Vertragsparteien. An die Stelle des Leasingnehmers tritt im Wege der Vertragsübernahme die Leasinggesellschaft.[7] Wurde also der Leasinggeber vom Lieferanten im Zuge der Vertragsübernahme getäuscht, so kann die Anfechtung nur durch eine sowohl dem Leasingnehmer wie auch dem Lieferanten gegenüber abgegebene Erklärung erfolgen.[8] **L 62**

2. Verschulden bei Vertragsschluss

Ein Leasinggeschäft kommt – wie soeben dargelegt – im Regelfall dadurch zustande, dass der spätere Leasingnehmer die Initiative ergreift, auf einen Händler zugeht und mit ihm die Vorverhandlungen bis zur Unterschriftsreife führt. Der spätere Leasinggeber ist an den Verhandlungen über das Geschäft meist nicht beteiligt. Soweit in diesem Stadium bereits vorvertragliche Pflichten, etwa Auskunfts-, Bera- **L 63**

[1] *V. Westphalen,* Leasingvertrag, Rz 225 und 233; MünchKomm/*Habersack,* Leasing, Rz 47.

[2] OLG Hamm NJW-RR 1986, 927, 928.

[3] OLG Hamm NJW-RR 1986, 927, 928; OLG Düsseldorf ZMR 2002, 35; NJW-RR 2003, 126; Soergel/*Kummer,* vor § 335 Rz 117; a.A. MünchKomm/*Habersack,* Leasing, Rz 47 und OLG Celle, OLG Report 2000, 264.

[4] BGH NJW-RR 1990, 1009, 1011; NJW 1980, 698; *Wolf/Eckert/Ball,* Handbuch, Rz 1693.

[5] Vgl. *Beckmann,* in: Praxishandbuch Leasing, § 6 Rz 4.

[6] MünchKomm/*Habersack,* Leasing, Rz 42; vgl. auch BGH NJW-RR 1990, 1009, 1011.

[7] BGH WM 1985, 1172 ff.; NJW 1986, 918; 1990, 1290, 1292; MünchKomm/*Habersack,* Leasing, Rz 49.

[8] BGH NJW 1986, 918.

tungs-, Hinweis- und Sorgfaltspflichten, bestehen, wird der Verletzungstatbestand daher in aller Regel unmittelbar vom Händler/Lieferanten verwirklicht werden.

L 64 **a) Haftung des Leasinggebers.** Gegen den Leasinggeber kommt ein Anspruch aus culpa in contrahendo, jetzt in §§ 280 I, 311 I normiert, i.V.m. § 278 in Betracht. Den Leasinggeber treffen unter bestimmten Voraussetzungen **Aufklärungs- und Beratungspflichten hinsichtlich des Inhalts und der wirtschaftlichen Folgen,** einschließlich der Risiken der geplanten Finanzierung für den Leasingnehmer. Die Pflicht zur korrekten Information kann zunächst dadurch verletzt werden, dass dem Leasingnehmer gegenüber im Stadium der Vertragsanbahnung Zusagen abgegeben werden, die über den Leasingvertrag hinausreichen, ihm also beispielsweise vom Lieferanten ein Erwerbs- oder Rücktrittsrecht eingeräumt wird oder zusätzliche Serviceleistungen versprochen werden, obwohl das Leasingvertragsformular diese Rechte nicht vorsieht.[1] Darüber hinaus folgert der BGH aus der wirtschaftlichen Einheit, die der Erwerb der Leasingsache durch den Leasinggeber einerseits und die Gebrauchsüberlassung und Finanzierung im Leasingvertrag andererseits darstelle, dass der in die Verhandlungen eingeschaltete Lieferant ebenso wie der Leasinggeber auf kongruente Vertragsinhalte zu achten hätte. Auf Abweichungen muss der Leasingnehmer hingewiesen werden.[2] Im Übrigen ist nicht nur bei Leasinggeschäften mit kaufmännischen Kunden Zurückhaltung geboten, soweit es um die Pflicht des Leasinggebers geht, von sich aus – also ungefragt – den Leasingnehmer aufzuklären. Auch im Privatleasinggeschäft gilt die Grundregel, dass derjenige, der einen Vertrag schließt, sich selbst über dessen rechtlichen und wirtschaftlichen Gehalt zu informieren hat. Eine Pflicht des Leasinggebers, seinen Vertragspartner ungefragt über den Inhalt und die wirtschaftlichen Folgen des Leasingvertrages aufzuklären, besteht daher nach Ansicht des BGH[3] im Allgemeinen nicht. Die gegenständliche Reichweite möglicher Aufklärung- und Beratungspflichten ist auf das Finanzprodukt „Leasing" begrenzt. Sie erfasst insbesondere **nicht** die Information über die **Eigenschaften der Leasingsache und ihre Eignung** für die Zwecke des Leasingnehmers.[4]

L 65 Der **Lieferant,** der mit Wissen und Wollen des Leasinggebers die Vorverhandlungen über den Abschluss des Leasingvertrages führt und aufgrund des ihm zur Verfügung gestellten Materials die Höhe der Leasingraten für die vorgesehene Laufzeit errechnet sowie ggf. andere Modalitäten bespricht und aushandelt, ist nach der Rechtsprechung des BGH im Rahmen der im Verhandlungsstadium entstehenden Sorgfalts- und Aufklärungspflichten **Erfüllungsgehilfe des Leasinggebers.**[5] Die **Rolle des Lieferanten als Erfüllungsgehilfe** des Leasinggebers **endet** hinsichtlich der Aufklärungs- und Hinweispflichten regelmäßig mit Vertragsabschluss, im Hinblick auf die Übergabe des Leasingguts nach der Rechtsprechung mit deren Durchführung.[6] Zu verneinen ist die Stellung des Lieferanten als Erfüllungsgehilfe

---

[1] *V. Westphalen,* Leasingvertrag, Rz 300.

[2] BGH NJW 1985, 2258, 2259.

[3] BGH NJW 1987, 2082, 2084; NJW-RR 1988, 241.

[4] So zutreffend *Beckmann,* in: Praxishandbuch Leasing, § 7 Rz 19; a.A. offenbar *v. Westphalen,* Leasingvertrag, Rz 290 und Soergel/*Kummer,* vor § 535 Rz 125.

[5] Grundl. BGH NJW 1985, 2258, 2260; 1989, 287, 288; der Rechtsprechung zustimmend MünchKomm/*Habersack,* Leasing, Rz 52; Soergel/*Kummer,* vor § 535 Rz 125; größtenteils abweichend *Lieb,* DB 1988, 2502f.; beachte auch OLG München DB 2002, 2373.

[6] BGH NJW-RR 1989, 1140, 1142; OLG Düsseldorf NJW-RR 2005, 700; *Bamberger/Roth/Ehlert,* vor § 535 Rz 67; Soergel/*Kummer,* vor § 535 Rz 125. Die Erfüllungsgehilfenstellung lebt auch nicht etwa dadurch wieder auf, dass der Lieferant ohne Auftrag des Leasinggebers einem eintrittswilligen Dritten Auskünfte über den Inhalt des abgeschlossenen Leasingvertrages erteilt, vgl. BGH NJW-RR 1989, 1140; NJW 1988, 198, 199.

des Leasinggebers, wenn der Liefervertrag zwischen dem Lieferanten und dem Leasingnehmer abgeschlossen wird und sich der Käufer erst im Anschluss hieran – ggf. unter Mithilfe des Lieferanten – um eine Finanzierung des Geschäfts durch Abschluss eines Leasingvertrages bemüht **(Eintrittsmodell).** Der Leasinggeber tritt hier im Vertragsanbahnungsstadium nicht in Erscheinung. Daher können ihn in dieser Phase auch keine vorvertraglichen Pflichten treffen.[1]

Eine **Haftungsausschlussklausel** in den Leasingbedingungen hält der AGB-Kontrolle gemäß § 307 jedenfalls dann nicht stand, wenn die Freizeichnung umfassend formuliert ist und sich demgemäß auch auf grob fahrlässige und vorsätzliche Pflichtverletzungen des Erfüllungsgehilfen bezieht.[2] Für den nichtunternehmerischen Verkehr folgt dies unmittelbar aus § 309 Nr. 7 Buchst b; für den unternehmerischen Geschäftsverkehr ergibt sich das Unwirksamkeitsverdikt aus § 307 II Nr. 2. Entsprechendes gilt für eine Klausel, in der es heißt, der Leasingnehmer sei unterrichtet, dass der Lieferant in keiner Weise als Vertreter oder Ähnliches des Leasinggebers fungiere.[3] Noch nicht höchstrichterlich entschieden ist, ob sich der Leasinggeber von der Haftung für leicht fahrlässige Pflichtverletzungen des Lieferanten bei der Vertragsanbahnung freizeichnen kann.[4] **L 66**

Die Schadensersatzpflicht des wegen eines Verschuldens des Lieferanten bei der Vertragsanbahnung (§§ 280, 311 II, 278) in Anspruch genommenen Leasinggebers kann darauf hinauslaufen, den Leasingnehmer von den Verpflichtungen aus dem Leasingvertrag freizustellen.[5] **L 67**

b) Eigenhaftung des Lieferanten. Daneben kommen jedoch auch originäre Ansprüche des Leasingnehmers gegen den Lieferanten aus Verschulden bei Vertragsschluss in Betracht.[6] Denn nach § 311 III S. 1 kann ein vorvertragliches Schuldverhältnis auch zu solchen Personen entstehen, die nicht selbst Vertragspartei werden sollen. Dies ist nach § 311 III S. 2 insbesondere der Fall, wenn der Dritte in besonderem Maße Vertrauen für sich in Anspruch nimmt und dadurch die Vertragsverhandlungen oder den Vertragsschluss erheblich beeinflusst. Namentlich beim Abschluss eines Vertrages über EDV-Anlagen wird der Händler dem Interessenten als Fachmann gegenübertreten.[7] Auf seine Angaben zu den Leistungsmerkmalen der Anlage und der Verwendbarkeit für den in Aussicht genommenen Einsatz wird sich der Interessent in aller Regel verlassen müssen. Im Übrigen begründet nach der Rechtsprechung auch ein eigenes wirtschaftliches Interesse des Dritten ein Schuldverhältnis mit Nebenpflichten nach § 241. Der Lieferant kommt daher angesichts des meist sehr ausgeprägten Absatzinteresses als Adressat solcher Pflichten grundsätzlich in Betracht.[8] Sie können sich auf den Finanzierungsaspekt, aber auch auf die Beschaffenheit des Leasinggegenstandes beziehen.[9] **L 68**

---

[1] Wie hier OLG Dresden NJW-RR 1996, 625 und Palandt/*Weidenkaff,* Einf. v. § 535 Rz 54; *Lieb* DB 1988, 2502f.; *Martinek,* Moderne Vertragstypen I, S. 120f.; *Beckmann,* in: Praxishandbuch Leasing, § 7 Rz 8; a.A. BGH NJW-RR 1989, 1140, 1142.

[2] BGH NJW 1985, 2258, 2261.

[3] BGH NJW-RR 1988, 241, 242.

[4] Dagegen *Martinek,* Moderne Vertragstypen I, S. 121.

[5] BGH NJW 1985, 2258, 2261; Erman/*Jendrek,* Anh. § 536 Rz 20.

[6] Allgemeine Meinung: BGH NJW 1984, 2938; *Canaris,* Bankvertragsrecht, Rz 1798; *Martinek,* Moderne Vertragstypen I, S. 121f.; *Beckmann,* in: Praxishandbuch Leasing, § 7 Rz 51.

[7] BGH NJW 1984, 2938.

[8] *Beckmann,* in: Praxishandbuch Leasing, § 7 Rz 52.

[9] Näher zum Verhältnis dieses Anspruchs zu den Gewährleistungsvorschriften BGH NJW 1984, 2938, 2939.

L 69 Der gegen den Lieferanten gerichtete Anspruch aus §§ 280 I, 311 III kann äußerstenfalls auf Befreiung des Leasingnehmers von seinen Verpflichtungen aus dem Leasingvertrag gegenüber dem Leasinggeber gehen.[1]

IV. Wirksamkeitsmängel

1. Sittenwidrigkeit

L 70 Es entspricht gefestigter höchstrichterlicher Rechtsprechung, dass Leasingverträge – wie sonstige gegenseitige Verträge auch – als sog. wucherähnliche Rechtsgeschäfte dem **Sittenwidrigkeitsverdikt des** § 138 I unterfallen können.[2] Der Wuchertatbestand des § 138 II dürfte in der Praxis nur äußerst selten erfüllt sein, sodass sich das Kontrollgeschehen insoweit auf den allgemeinen Sittenwidrigkeitsmaßstab des § 138 I (Fallgruppe „wucherähnliches Geschäft") verlagert. Dieser setzt zunächst ein **auffälliges Missverhältnis zwischen Leistung und Gegenleistung** voraus. In subjektiver Hinsicht verlangt man darüber hinaus eine **verwerfliche Gesinnung** des begünstigten Teils.[3]

2. Anfechtung

L 71 In der Praxis kommt es immer wieder vor, dass der Leasingnehmer zum Geschäftsabschluss durch ein Verhalten des Lieferanten bewogen wird, das den Tatbestand der arglistigen Täuschung erfüllt. Nach der Rechtsprechung des BGH[4] gilt als „Dritter" nicht, wer bei Abgabe der täuschenden Erklärung mit Wissen und Wollen des Anfechtungsgegners als dessen Vertrauensperson oder Repräsentant auftrete. Dieser Tatbestand sei dann erfüllt, wenn die Erfüllungsgehilfeneigenschaft des Lieferanten und seine Verantwortlichkeit aus Verschulden bei Vertragsschluss zu bejahen seien (siehe hierzu bereits oben Rz 65). Der Leasinggeber muss sich dann eine arglistige Täuschung des Lieferanten zurechnen lassen. Beim Eintrittsmodell ist der Lieferant hingegen grundsätzlich Dritter im Sinne des § 123 II.

V. Lieferung der Leasingsache, Übernahmebestätigung

1. Lieferung der Leasingsache

L 72 Der leasingtypische Beschaffungsvorgang zeichnet sich in der Regel dadurch aus, dass der Leasinggeber mit einem Lieferanten in vertragliche Beziehungen tritt, die Auslieferung des gekauften oder bestellten Gegenstandes jedoch unmittelbar an den Leasingnehmer an einem von diesem angegebenen Bestimmungsort erfolgen soll. Mit der Lieferung an den Leasingnehmer erfüllt der Lieferant zunächst seine Hauptleistungsverpflichtung aus dem Kauf- oder Werklieferungsvertrag gegenüber dem Leasinggeber. Der Leasingnehmer erlangt die tatsächliche Gewalt über die Sache (§ 854) und fungiert zugleich als Besitzmittler für den Leasinggeber. Dies ermöglicht es dem Leasinggeber, mit der Auslieferung des Leasingobjekts an den

---

[1] *Martinek,* Moderne Vertragstypen I, S. 122; MünchKomm/*Habersack,* Leasing, Rz 51.

[2] Grundlegend BGH NJW 1995, 1019 und 1146; zur Sittenwidrigkeit eines Immobilien-Leasingvertrages wegen besonders grober Verletzung des Grundsatzes der Sparsamkeit und Wirtschaftlichkeit kommunaler Haushaltsführung zuletzt BGH WM 2006, 1110.

[3] Zu den teils recht komplizierten Berechnungsmodellen zusammenfassend Staudinger/*Stoffels,* Leasing, Rz 131 ff.

[4] BGH NJW 1989, 287, 288.

Leasingnehmer unmittelbar vom Lieferanten nach §§ 929 S. 1 i.V.m. 868 das Eigentum an der Sache zu erwerben.[1] Im Hinblick auf die aus dem Liefervertrag resultierende Abnahmeverpflichtung (§ 433 II a.E. bzw. § 640) ist der **Leasingnehmer** darüber hinaus **Erfüllungsgehilfe des Leasinggebers.**[2]

Zur Rügeobliegenheit bei Lieferung der Leasingsache vgl. Rz 182 ff. **L 73**

2. Übernahme- oder Abnahmebestätigung

Anders als etwa der Vermieter einer Sache hat der Leasinggeber ein besonderes Interesse daran, dass der Leasingnehmer das für ihn beschaffte Leasingobjekt vom Lieferanten auch tatsächlich übernimmt. Kommt es hier zu Problemen, läuft der Leasinggeber Gefahr, seine Abnahmeverpflichtung aus dem Liefervertrag zu verletzen. Aus diesem Grunde und wegen zumeist fehlender eigener Lagermöglichkeiten verpflichten die üblichen Leasingvertragsformulare den Leasingnehmer, die Sache vom Lieferanten abzunehmen und den ordnungsgemäßen Empfang dem Leasinggeber in Form einer Übernahmebestätigung mitzuteilen.[3] Die Auferlegung der Abnahmepflicht ist vor diesem Hintergrund sachlich gerechtfertigt und stellt keinen Verstoß gegen § 307 dar.[4] Auch die Verpflichtung zur Erteilung einer Übernahmebestätigung kann in den Leasingbedingungen begründet werden; der Leasinggeber hat allerdings nach Ansicht des BGH keinen Anspruch auf eine Bestätigung mittels eines von ihm konzipierten Formulars, wenn der Inhalt der Übernahmeerklärung der Sache nach demjenigen entspricht, den der Leasinggeber in seinem Formular vorgegeben hatte.[5] **L 74**

Derartige Übernahmebestätigungen enthalten zunächst eine Bestimmung des Zeitpunkts, zu dem der unbedingt[6] abgeschlossene Leasingvertrag in Vollzug gesetzt wird. Bedeutsam ist die Fixierung des Zeitpunkts für die **Fälligkeit der Leasingraten.** Die AGB-rechtliche Zulässigkeit solcher Fälligkeitsregelungen ist zu bejahen.[7] Ob der Leasingvertrag unter die aufschiebende Bedingung einer Übernahmebestätigung gestellt werden kann – vorausgesetzt, dies wird zweifelsfrei vereinbart –, ist noch nicht geklärt.[8] Auf das von ihm zu vertretende Ausbleiben des Bedingungseintritts kann sich der Leasinggeber jedenfalls gemäß § 162 I nicht berufen.[9] **L 75**

Im Übrigen, also abgesehen von der Fälligstellung der Leasingraten und des Kaufpreises, ist der Sinn der dem Leasingnehmer abverlangten Erklärung lediglich, die Tatsache der Übernahme der Leasingsache zu bestätigen und die Übereinstimmung mit den Vereinbarungen zu bescheinigen. Eine Anerkennung der Vertragsmäßigkeit oder einen Verzicht auf etwaige Einwendungen begründet die Übernahmebestätigung hingegen nicht. Es handelt sich bei ihr folglich nicht um ein Schuldanerkenntnis im Sinne des § 781, sondern um eine **Quittung** (§ 368) für die **L 76**

---

1 *Martinek,* Moderne Vertragstypen I, S. 123; *Bamberger/Roth/Ehlert,* vor § 535 Rz 63.

2 BGH NJW 1984, 2034, 2036; 1990, 1290, 1292.

3 Bei Software tritt an ihre Stelle eine Abnahmebestätigung, vgl. *v. Westphalen* BB 1990, 1, 6; zur Haftung des Leasingnehmers wegen fehlerhafter Übernahmebestätigung vgl. BGH NJW 2005, 365 und OLG Düsseldorf OLGR 2004, 397.

4 So zutreffend *Kügel,* in: Praxishandbuch Leasing, § 6 Rz 107.

5 BGH NJW 1993, 1381, 1383 f.; 1995, 187, 188; ebenso *Wolf/Eckert/Ball,* Handbuch, Rz 1773; *v. Westphalen,* Leasingvertrag, Rz 515; zu Recht kritisch MünchKomm/*Habersack,* Leasing, Rz 62.

6 Davon ist im Zweifel auszugehen, MünchKomm/*Habersack,* Leasing, Rz 59.

7 *Kügel,* in: Praxishandbuch Leasing, § 6 Rz 110.

8 Dafür *Martinek,* Moderne Vertragstypen I, S. 122; *Martinek/Oechsler,* in: Bankrechts-Handbuch, § 101 Rz 49.

9 Wie hier MünchKomm/*Habersack,* Leasing, Rz 59; *Ulmer/H. Schmidt,* Anh. § 310 Rz S 39.

empfangene Leistung.[1] Sie zwingt den Leasingnehmer als Aussteller zum Beweis, wenn er später dennoch Gewährleistungsrechte geltend macht und damit inzident die sachliche Richtigkeit der Erklärung bestreitet. Den Einwand, die Leasingsache sei nicht, unvollständig oder in schlechter Qualität geliefert worden, kann der Leasingnehmer also durchaus vorbringen, nur ist er insoweit beweisbelastet.[2] Eine Klausel in den Leasingbedingungen, nach der ab Zugang einer uneingeschränkten Übernahmebestätigung beim Leasinggeber eine unbedingte Verpflichtung des Leasingnehmers zur Zahlung der vereinbarten Leasingraten besteht, hat der BGH wegen Verstoßes gegen den Grundgedanken der vertraglichen Äquivalenz nach § 307 I und II Nr. 1 für unwirksam erklärt.[3] Dass der Fall der erfolgreichen Inanspruchnahme des Lieferanten durch den Leasingnehmer ausgenommen wird, änderte nichts am Unwirksamkeitsverdikt. Zur Begründung führt der BGH an, dass der Leasinggeber „seine Hauptleistung – die Gebrauchserfüllung – nicht erfüllt" habe und sich im Übrigen ein Mitverschulden des Lieferanten (unterbliebener Hinweis auf die Notwendigkeit einer Einschränkung der Übernahmebestätigung) nach § 278 anrechnen lassen müsse.[4] Immerhin erkennt auch der BGH an, dass der Leasingnehmer durch die Erteilung einer **unrichtigen Übernahmebestätigung** seine Verpflichtung, bei der Abwicklung des Leasingvertrages die Interessen des Leasinggebers hinreichend zu berücksichtigen, verletzt und sich **schadensersatzpflichtig** (§ 280) machen kann.[5] Der Schaden des Leasinggebers kann darin bestehen, dass er seinen Anspruch auf Rückzahlung des im Vertrauen auf die Richtigkeit der Übernahmebestätigung an den Lieferanten ausgezahlten Kaufpreises für das Leasingobjekt wegen Zahlungsunfähigkeit des Lieferanten nicht realisieren kann.[6] Der Schadensersatzanspruch kann allerdings nach § 254 gemindert sein, wenn der Leasinggeber oder der als sein Erfüllungsgehilfe tätige Lieferant es unterlassen hat, den Leasingnehmer auf die Unvollständigkeit des gelieferten Leasingobjekts und damit auf die Notwendigkeit einer entsprechenden Einschränkung der Übernahmebestätigung hinzuweisen.[7]

L 77 Zur Bedeutung der Übernahmebestätigung im Verhältnis zwischen Leasinggeber und Verkäufer vgl. Rz L 180.

VI. Leasinggegenstand und Leasingraten

L 78 Die Bestimmung des **Leasinggegenstandes** ist den Parteien überlassen und unterliegt nach § 307 III grundsätzlich nicht der Inhaltskontrolle. Bei Lieferung eines Computers gehört das Handbuch jedoch grundsätzlich als wesentlicher Bestandteil zum Liefergegenstand.[8]

L 79 Den Leasingnehmer trifft in erster Linie die Pflicht, die im Leasingvertrag vereinbarten Leasingraten an den Leasinggeber zu zahlen. Hierbei handelt es sich um die **Hauptpflicht** des Leasingnehmers.

---

1 BGH NJW 1988, 204, 206; 1993, 1381, 1383; *Wolf/Eckert/Ball,* Handbuch, Rz 1774.

2 BGH NJW 1988, 204, 206; 1989, 3222, 3223.

3 BGH NJW 1988, 204, 206; zustimmend MünchKomm/*Habersack,* Leasing, Rz 60; *Martinek/Oechsler,* in: Bankrechts-Handbuch, § 101 Rz 119.

4 Ablehnend auch *Canaris* AcP 190 [1990], 433; *Lieb* DB 1988, 1501 ff.; *Kügel,* Praxishandbuch Leasing, § 6 Rz 111.

5 BGH NJW 1988, 204, 207; NJW 2005, 365, 366; ferner OLG Düsseldorf NJW-RR 1990, 666; OLG Bremen ZIP 1989, 579.

6 BGH NJW 2005, 365.

7 BGH NJW 2005, 365, 366.

8 BGH NJW 1989, 3222, 3223.

Die **Fälligkeit** der ersten Leasingrate wird in den Leasingbedingungen im Allgemeinen mit dem Zeitpunkt der Auslieferung verknüpft, z. B. Fälligkeit der ersten Rate bis zum 3. des auf den Tag der Übergabe folgenden Monats[1] oder Fälligkeit bei Übernahme, spätestens 14 Tage nach der Anzeige der Bereitstellung.[2] Hinsichtlich der folgenden Leasingraten entspricht es üblicher Vertragspraxis, als Fälligkeitstermin den Anfang des Kalendermonats festzulegen, z. B. bis zum 3. eines jeden Monats.[3] Setzt man in Anlehnung an das mietvertragliche Pflichtenprogramm die Ratenzahlungspflicht in Bezug zur Gebrauchsüberlassung, so liegt es nahe, im Hinblick auf die übliche Fälligkeitsbestimmung von einer Vorauszahlungspflicht des Leasingnehmers auszugehen. Eine unangemessene Benachteiligung des Leasingnehmers wäre hierin freilich – ebenfalls in Anlehnung an die Rechtsprechung zum Mietvertrag – nicht zu erblicken.[4] Die Bindung der Zahlungsverpflichtung an kalendermäßig fixierte Fälligkeitsdaten führt im Übrigen dazu, dass der Leasingnehmer automatisch, also ohne vorherige Mahnung, in Verzug kommt, wenn er mit der Ratenzahlung in Rückstand gerät, § 286 II Nr. 1.[5] Ungewöhnlich und überraschend ist hingegen eine Regelung, die die Zahlungspflicht bezüglich der Leasingraten vor dem Vertragsbeginn festsetzt und so den angegebenen Vertragszeitraum überschreitet.[6] **L 80**

Leasingverträge begründen eine langfristige Rechtsbeziehung zwischen den Vertragsparteien. Schon zwischen dem Abschluss des Leasingvertrages und der Auslieferung des Leasinggegenstandes können Wochen liegen. Die Dauer der Ratenzahlung bemisst sich nach Monaten und Jahren. Die zeitliche Streckung erschwert dem Leasinggeber die Kalkulation. In den gängigen Leasingvertragswerken finden sich daher **Anpassungsklauseln,** die eine einseitige Änderung des vereinbarten Leasingentgelts erlauben. Ob und inwieweit es in Allgemeinen Leasingbedingungen zulässig ist, das Risiko nachträglicher Änderungen der Kalkulationsgrundlagen auf den Kunden abzuwälzen, beurteilt sich nach § 307. § 309 Nr. 1 gelangt hier nicht zur Anwendung, da der Leasingvertrag ein Dauerschuldverhältnis begründet. Keine unangemessene Benachteiligung geht zunächst von Klauseln aus, die eine Preiserhöhung des Lieferanten nach Abschluss des Leasingvertrages und vor Zahlung des Anschaffungspreises durch den Leasinggeber an den Leasingnehmer weitergeben. Für die grundsätzliche Zulässigkeit spricht schon die Sachnähe des Leasingnehmers, der den Lieferanten ausgesucht und die Verhandlungen mit ihm geführt hat.[7] Problematischer sind hingegen Klauseln, die auf eine Veränderung der Refinanzierungsbedingungen Bezug nehmen.[8] Sie sind jedenfalls dann unwirksam, wenn sie lediglich dem Leasinggeber für den Fall der Verteuerung der Refinanzierung ein Erhöhungsrecht, nicht aber für den umgekehrten Fall dem Leasingnehmer ein Ermäßigungsrecht einräumen.[9] Ebenso ist für Änderungsvorbehalte in Bezug auf öffentliche Abgaben und Versicherungsprämien zu entscheiden.[10] Bei alledem ist zu beachten, dass individuell getroffenenen Abreden, hier insbesondere **L 81**

---

1 *Stolterfoht,* in: Münchener Vertragshandbuch Bd. 3/1, S. 152.

2 *Michalski/Schmitt,* Kfz-Leasingvertrag, S. 194.

3 *Stolterfoht,* in: Münchener Vertragshandbuch Bd. 3/1, S. 152.

4 Vgl. BGH NJW 1995, 1541, 1543 für den Leasingvertrag und BGH NJW 1995, 254 f. für den Mietvertrag; beachte jetzt im Übrigen § 556 b I; *Stolterfoht,* in: Münchener Vertragshandbuch Bd. 3/1, S. 182.

5 *V. Westphalen,* Leasingvertrag Rz 545; zu den Konsequenzen des Verzuges vgl. noch Rz 162 ff.

6 OLG Hamm, OLGReport 2004, 387.

7 *Spittler,* Leasing für die Praxis, S. 104; *Kügel,* in: Praxishandbuch Leasing, § 6 Rz 133.

8 Für generelle Unwirksamkeit *v. Westphalen,* Leasingvertrag, Rz 570; *Sannwald,* Finanzierungsleasingvertrag, S. 144 f.

9 OLG Frankfurt NJW 1986, 1355.

10 *Spittler,* Leasing für die Praxis, S. 105; eingehend ferner *v. Westphalen,* Leasingvertrag, Rz 580 ff. und *Sannwald,* Finanzierungsleasingvertrag, S. 145 ff.

Festpreisabreden ("unveränderlich", „fix"), nach § 305b Vorrang zukommt[1] und der Klauseltext stets den Anforderungen des Transparenzgebots entsprechen muss § 307 I S. 2. Dem aus dem Transparenzgebot abzuleitenden Gebot möglichst weitgehender Konkretisierung wird beispielsweise die Anknüpfung an eine „Veränderung der Verhältnisse am Geld- und Kapitalmarkt" nicht gerecht.[2]

VII. Leistungsstörungen und Gefahrtragung

1. Lieferstörungen

L 82 Wird das Leasingobjekt dem Leasingnehmer nicht oder verspätet bzw. unvollständig geliefert, stellt sich die Frage, welche Auswirkung eine solche Lieferstörung auf den Leasingvertrag hat und gegen wen der Leasingnehmer ggf. Schadensersatzansprüche richten kann.

L 83 **a) Nichtlieferung der Leasingsache.** Hauptleistungspflicht des Leasinggebers ist es nach verbreiteter Ansicht, die Sache dem Leasingnehmer in ordnungsgemäßem Zustand zur Verfügung zu stellen und ihn anschließend nicht im Gebrauch zu stören.[3] Das Ausbleiben der Lieferung durch den – vertraglich dem Leasinggeber verpflichteten – Hersteller/Lieferanten stellt hiernach – durchaus folgerichtig – im Verhältnis der Leasingvertragsparteien einen Fall der Nichterfüllung dar mit der weiteren Folge, dass der Leasingnehmer dem Ratenzahlungsanspruch jedenfalls sofort die **Einrede des nichterfüllten Vertrages** (§ 320) entgegenhalten kann.[4] Die Vertreter der h.M. bürden das **Risiko des Scheiterns des Liefergeschäfts** auch im Übrigen **dem Leasinggeber** auf. Nach Ansicht des BGH soll der Leasingnehmer dann, wenn die Lieferung der Leasingsache aus von ihm nicht zu vertretenden Gründen endgültig unterbleibt, berechtigt sein, sich auf den **Wegfall der Geschäftsgrundlage** – mit Wirkung ex tunc – zu berufen.[5] Das hieße nach dem reformierten Schuldrecht, dass ihm nach § 313 III S. 2 ein **Kündigungsrecht** zustünde. Nach Ansicht des BGH ist dies eine Konsequenz daraus, dass der Erwerb der Leasingsache einerseits und die Gebrauchsüberlassung und Finanzierung im Leasingvertrag andererseits sich wirtschaftlich als Einheit darstellten. Einige Entscheidungen des BGH rekurrieren hingegen auf § 543 II Nr. 1, der dem Mieter das Recht zur außerordentlichen Kündigung für den Fall der Vorenthaltung des vertragsgemäßen Gebrauchs zuspricht.[6] Im **Schrifttum** plädiert man teilweise ebenfalls für eine Analogie zu § 543 II Nr. 1;[7] andere wiederum treten für ein Freiwerden des Leasingnehmers von seiner Gegenleistungspflicht nach Unmöglichkeitsrecht (jetzt § 326 I) ein.[8]

L 84 Eine **AGB-Klausel,** die dem Leasinggeber in dieser Konstellation einen Anspruch auf Erstattung der von ihm an seine Refinanzierungsbank zu zahlenden Bereitstellungsprovision und Nichtabnahmeentschädigung gibt, hat der BGH als

[1] Hierzu näher *v. Westphalen,* Leasingvertrag, Rz 556 ff.

[2] OLG Frankfurt NJW 1986, 1355.

[3] BGHZ 68, 118, 124; 81, 298, 303; 96, 103, 107; 114, 57, 68; *v. Westphalen,* Leasingvertrag, Rz 431; *Reinicke/Tiedtke,* Kaufrecht, Rz 1522 ff.; kritisch *Leenen* AcP 190 [1990], 280; *Lieb* DB 1988, 948 ff., 2497 f.; *H. Roth* AcP 190 [1990], 306 ff.; *Canaris* AcP 190, [1990], 432 ff.; vgl. ferner die Kritik dieser These bei *Staudinger/Stoffels* [2004], Leasing Rz 82.

[4] BGH ZMR 1997, 630, 632; Palandt/*Weidenkaff,* Einf. v. § 535 Rz 55.

[5] BGH NJW 1986, 179; ZMR 1997, 630, 632; zustimmend Erman/*Jendrek,* Anh. § 536 Rz 25; AGB-Klauselwerke/*v. Westphalen,* Leasing, Rz 67; *Bamberger/Roth/Ehlert,* vor § 535 Rz 60.

[6] BGH NJW 1988, 204; 1993, 122, ohne das Konkurrenzverhältnis zu den Grundsätzen über die Störung der Geschäftsgrundlage zu erörtern.

[7] Z. B. Palandt/*Weidenkaff,* Einf. v. § 535 Rz 55.

[8] MünchKomm/*Habersack,* Leasing, Rz 65.

gegen § 307 verstoßend verworfen.[1] Der BGH führt hierzu aus, die Äquivalenz im Leasingvertrag wäre schwer gestört, wenn infolge der Nichtbeschaffung der Leasingsache und damit zugleich der Nichterfüllung der dem Leasinggeber obliegenden Hauptpflicht der Gebrauchsgewährung zwar der Leasinggeber von allen Verpflichtungen befreit wäre, der Leasingnehmer aber im praktischen Ergebnis einen Teil seiner Gegenleistungen (Leasingraten) erbringen müsste.[2]

Denkbar ist weiter, dass der Leasingnehmer **aus abgetretenem Recht gegen den Lieferanten** vorgeht. An das Ergebnis der unter dem Gesichtspunkt der Leistungsstörung geführten Auseinandersetzung des Leasingnehmers mit dem Lieferanten soll der Leasinggeber dann allerdings gebunden sein.[3] Dies beruhe auf einer „interessengerechten Auslegung der mit der Abtretung verbundenen Freizeichnung".[4] Sobald die Klage des Leasingnehmers gegen den Lieferanten wegen (teilweiser) Nichterfüllung, gestützt auf abgetretene Erfüllungsansprüche des Leasinggebers, rechtskräftig abgewiesen ist, hat der Leasingnehmer hiernach auch keine Rechte mehr gegen den Leasinggeber.[5] Anders soll hingegen zu entscheiden sein, wenn die Erfüllungsansprüche des Leasinggebers gegen den Lieferanten nicht wirksam an den Leasingnehmer abgetreten worden seien, weil der Leasingnehmer dann den Erfüllungsanspruch gegen den Leasinggeber behalte und bei Nichterfüllung immer noch kündigen könne.[6] L 85

Die Nichtlieferung des Leasinggegenstandes durch den Lieferanten stellt sich nach dieser Konzeption im Verhältnis der Leasingvertragsparteien zugleich als eine Pflichtverletzung des Leasinggebers im Sinne des § 280 dar. **Schadensersatz statt der Leistung** (§§ 280 I und III, 281 bzw. 283) kann der Leasingnehmer jedoch nur verlangen, wenn der Leasinggeber das Ausbleiben der Leistung zu vertreten hat. Hierfür kommt es regelmäßig darauf an, ob der **Lieferant** insoweit als **Erfüllungsgehilfe** (§ 278) des Leasinggebers angesehen werden kann. Die Rechtsprechung und ein Großteil des Schrifttums bejahen dies auf der Grundlage der von ihnen angenommenen Gebrauchsverschaffungs- und -überlassungspflicht des Leasinggebers.[7] Soweit den Lieferanten also ein Verschulden am Ausbleiben der Leistung trifft, hat der Leasinggeber hierfür gegenüber dem Leasingnehmer einzustehen. L 86

b) Unvollständige Lieferung. Die für das gänzliche Ausbleiben der Lieferung soeben dargestellten Regeln sollen grundsätzlich auch auf den Fall einer bloß unvollständigen Lieferung Anwendung finden,[8] vorausgesetzt, die rückständige Leistung überschreitet die aus Treu und Glauben folgende Schwelle der Geringfügigkeit. Dies gilt jedenfalls dann, wenn dem Leasingnehmer vom Leasinggeber nicht ausnahmsweise auch dessen Erfüllungsansprüche gegen den Lieferanten abgetreten worden sind.[9] Der Leasingnehmer kann demnach im Allgemeinen die **Zahlung der Leasingraten** in vollem Umfang **zurückhalten** (vgl. § 320 I und die in II verankerte Geringfügigkeitsschwelle). Das Gesetz sieht eine Beschränkung des Leistungs- L 87

---

[1] BGH NJW 1986, 179, 180.

[2] BGH NJW 1986, 179, 180.

[3] BGH NJW 1993, 122, 124; Palandt/*Weidenkaff,* Einf. v. § 535 Rz 55; *Bamberger/Roth/Ehlert,* vor § 535 Rz 60.

[4] BGH NJW 1993, 122, 124.

[5] Palandt/*Weidenkaff,* Einf. v. § 535 Rz 55.

[6] BGH NJW 1993, 122, 124.

[7] BGH NJW 1985, 2258, 2260; 1988, 198, 199; 1988, 204, 206; 1988, 2465, 2468; *v. Westphalen* ZIP 1985, 1436 ff.; ders. Leasingvertrag, Rz 376; *Ulmer/H. Schmidt,* Anh. § 310 Rz 539; MünchKomm/*Habersack,* Leasing, Rz 65; ablehnend *Martinek/Oechsler,* in: Bankrechts-Handbuch, § 101 Rz 58; *Canaris* AcP 190 [1990], 432 f.; *Flume* DB 1991, 269 f.

[8] MünchKomm/*Habersack,* Leasing, Rz 67.

[9] Offenlassend BGH NJW 1988, 204, 205; 1993, 122, 124; 1988, 2465, 2468.

verweigerungsrechts auf einen dem Wert der noch ausstehenden Teilleistung entsprechenden Betrag nicht vor.[1] Unter den Voraussetzungen der §§ 280, 281, 283, 286 haftet der Leasinggeber auf **Schadensersatz.** Voraussetzung für die Lösung vom Vertrag ist in den Fällen der Teilleistung nach der allgemeinen Vorschrift des § 323 V, dass der Gläubiger an der Teilleistung kein Interesse hat. Für den Leasingvertrag hat der BGH jedoch bislang auf § 542 a.F. (jetzt § 543 II Nr. 1) abgestellt.[2] Hiernach liegt ein wichtiger, zur **außerordentlichen Kündigung** berechtigender Grund vor, wenn dem Mieter der vertragsgemäße Gebrauch der Mietsache ganz oder zum Teil nicht rechtzeitig entzogen wird, wobei eine unerhebliche Gebrauchsbehinderung nicht ausreicht.[3] Schwierigkeiten bereitet mitunter die **Abgrenzung der Teilleistung vom Sachmangel.** Eine Quantitätsabweichung wird nunmehr in § 434 III einem Sachmangel gleichgestellt. Gedacht ist hierbei an Mengenabweichungen, die sich in Stück und Gewicht angeben lassen. Wird dem Leasingnehmer bei einem Leasingvertrag über Computer-Hard- und Software hingegen nur die Hardware übergeben, so richten sich die Rechtsfolgen nach der Ansicht des BGH nicht nach Sachmängelgewährleistungsrecht (§§ 536 ff.), sondern nach den Bestimmungen über Teilleistungen einschließlich der Kündigung nach § 543 II Nr. 1.[4] Gleiches soll für den Fall gelten, dass dem Leasingnehmer die zum Betrieb einer EDV-Anlage notwendigen Hard- oder Softwarehandbücher nicht ausgehändigt werden.[5]

L 88 **c) Verspätete Lieferung.** Wird dem Leasingnehmer das Leasingobjekt nicht zum vereinbarten Zeitpunkt zur Verfügung gestellt und ist die Lieferung noch möglich, so wird dem Leasingnehmer auch hier das Recht zugestanden, die **Zahlung der Leasingraten** einstweilen **zu verweigern** (§ 320). Ferner wird der Leasingnehmer für berechtigt gehalten, unter den Voraussetzungen der §§ 280 I und II, 286 **Ersatz seines Verzugsschadens** vom Leasinggeber zu verlangen. Das Verschulden des Lieferanten soll sich der Leasinggeber auch hier nach § 278 zurechnen lassen müssen. Bleibt die Lieferung auf Dauer – insbesondere auch nach Fristsetzung im Sinne des § 281 – aus, so soll sich der Leasingnehmer **vom Leasingvertrag lösen** und **Schadensersatz statt der Leistung** verlangen können. Es gilt das soeben zu aa) Gesagte.[6]

L 89 **d) Nichtlieferungs-, Verspätungs- und Drittverweisungsklauseln.** In den Leasingbedingungen finden sich bisweilen sog. **Nichtlieferungs- und Verspätungsklauseln.** Sie zielen darauf, den Leasinggeber von einer Haftung für eine ausbleibende oder verspätet erfolgende Lieferung des Leasingobjekts durch den Lieferanten freizustellen, ohne dem Leasingnehmer im Gegenzug eine Kompensation zu verschaffen. Ein solcher uneingeschränkter Haftungsausschluss **hält** nach ganz überwiegender Ansicht der **Inhaltskontrolle nach den §§ 307 ff.** nicht stand.[7] Das ist durchaus folgerichtig, wenn man den Leasinggeber mit der Rechtsprechung

---

1 BGHZ 54, 244, 249; Palandt/*Heinrichs* § 320 Rz 8.

2 BGH NJW 1988, 204, 205; 1988, 2465, 2468.

3 Zu Letzterem Palandt/*Weidenkaff* § 543 Rz 19.

4 BGH NJW 1988, 204, 205; 1988, 2465, 2467; ebenso Erman/*Jendrek*, Anh. § 536 Rz 27.

5 BGH NJW 1993, 461.

6 Vgl. *Martinek*, Moderne Vertragstypen I, S. 130 f.; *v. Westphalen*, Leasingvertrag, Rz 411 ff.; Soergel/*Kummer*, vor § 535 Rz 144.

7 Tendenziell BGH NJW 1982, 105, 106 und 1986, 179, 180; ausdrücklich OLG Hamm DB 1980, 393, 394; OLG Koblenz WM 1984, 1259 und LG Mannheim BB 1985, 144 f.; *Martinek*, Moderne Vertragstypen I, § 6 III, S. 127 f.; MünchKomm/*Habersack*, Leasing, Rz 68; *Ulmer/H. Schmidt*, Anh. § 310 Rz 539; differenzierend zwischen kaufmännischem und nichtkaufmännischem Bereich *Ebenroth*, DB 1978, 2112; a.A. *Flume* DB 1972, 55 f.; *Coester-Waltjen* Jura 1980, 186 f.; sowie diejenigen Autoren, die eine Pflicht des Leasinggebers zur Sachverschaffung negieren, so insbesondere *Leenen*, AcP 190 [1990] 280 ff.; *Canaris*, AcP 190 [1990] 432 f.; *Staudinger/Stoffels* [2004] Leasing Rz 83.

für verpflichtet hält, dem Leasingnehmer den Leasinggegenstand zu verschaffen und hierin sogar eine Hauptpflicht des Leasingnehmers sieht. Es liegt dann nahe, von einer Kardinalpflicht auszugehen, von der sich der Leasinggeber selbst im unternehmerischen Geschäftsverkehr nicht freizeichnen kann (§ 307 II Nr. 2). Im nichtunternehmerischen Bereich stehen mit § 309 Nr. 7 Buchst. b und Nr. 8 Buchst. a zusätzlich noch besondere Klauselverbote bereit, an denen Nichtlieferungs- und Verspätungsklauseln zu messen wären. Wegen des Kardinalpflichtcharakters der Sachverschaffungspflicht wird überwiegend auch der formularmäßige Ausschluss der Haftung für leichte Fahrlässigkeit für unwirksam erachtet.[1] Teilt man den von der h.M. eingenommenen Standpunkt zum Pflichteninhalt des Finanzierungsleasingvertrags, so wird man mit *v. Westphalen* konstatieren können, dass der Leasinggeber das gesamte Nichterfüllungsrisiko zu tragen hat.[2]

Fraglich ist, ob sich der Leasinggeber von seiner ihn nach h.M. treffenden Einstandspflicht für Leistungshindernisse aus der Sphäre des Lieferanten (§§ 280, 281, 283, 286 jeweils i.V.m. § 278) in der Weise freizeichnen kann, dass er dem Leasingnehmer im Gegenzug den liefervertraglichen Erfüllungsanspruch sowie die aus seiner Verletzung resultierenden Schadensersatzansprüche abtritt. Die Wirksamkeit derartiger **Drittverweisungsklauseln** ist im Schrifttum umstritten.[3] Der BGH hat sich noch nicht abschließend geäußert.[4] Selbst wenn man entgegen der hier vertretenen Ansicht den Leasinggeber für verpflichtet hielte, dem Leasingnehmer den Besitz der Sache zu verschaffen, würde man einer Drittverweisungsklausel die Anerkennung wohl kaum versagen können. Denn es wäre wertungsmäßig nicht gerechtfertigt, hier anders zu entscheiden als im Falle der Mängelgewährleistung. Die Rechtsprechung zur leasingtypischen Abtretungskonstruktion (Gewährleistungsausschluss gegen Abtretung der Gewährleistungsrechte aus dem Liefervertrag) zeigt deutlich, dass die vertragliche Zuweisung des Risikos an den Leasinggeber aus der Sicht der Rechtsprechung nur im Ergebnis nicht angetastet werden darf. Dass sie sich erst nach Inanspruchnahme des Lieferanten über die Bindung an den Ausgang dieses Rechtsstreits und den Wegfall der Geschäftsgrundlage realisiert, entspricht nur dem leasingtypischen Beschaffungsvorgang und begründet keine AGB-rechtliche Intervention.[5] **L 90**

2. Gefahrtragung nach Übergabe der Leasingsache

Die **Pflichten des Leasingnehmers im Hinblick auf den ihm übergebenen Leasinggegenstand** und insbesondere die **Rechtsfolgen einer eventuellen Vernichtung oder Verschlechterung der Sache** werden üblicherweise zum **Gegenstand vertraglicher Vereinbarungen der Leasingparteien** gemacht. **L 91**

a) Gegenleistungsgefahr. In den Leasingverträgen wird üblicherweise mit der Sachgefahr auch die Preis- oder Gegenleistungsgefahr **auf den Leasingnehmer abgewälzt,** sodass dieser auch bei einer von ihm nicht zu vertretenden Ver- **L 92**

---

[1] AGB-Klauselwerke/*v. Westphalen,* Leasing, Rz 71 f.; a.A. *Martinek/Oechsler,* in: Bankrechts-Handbuch, § 101 Rz 62.

[2] AGB-Klauselwerke/*v. Westphalen,* Leasing, Rz 73.

[3] Für Unzulässigkeit *Martinek,* Moderne Vertragstypen I, § 6 III, S. 137 f.; *Papapostolou,* Risikoverteilung beim Finanzierungsleasingvertrag, S. 107 f.; *Ulmer/H. Schmidt,* Anh. § 310 Rz 539; für Zulässigkeit hingegen MünchKomm/*Habersack,* Leasing, Rz 68; *v. Westphalen* ZIP 1985, 1439; *Koch,* Störungen beim Finanzierungs-Leasing, S. 152 sowie diejenigen Autoren, die bereits den uneingeschränkten Ausschluss der Unmöglichkeits- und Verzugshaftung für wirksam halten; beschränkt auf den kaufmännischen Bereich *Jauernig/Teichmann,* vor § 535 Rz 8.

[4] Offen gelassen zuletzt in BGH NJW 1993, 122, 124.

[5] Wie hier insbesondere MünchKomm/*Habersack,* Leasing, Rz 69.

schlechterung oder Vernichtung der Sache zur Fortzahlung der Leasingraten verpflichtet bleibt, ohne Lieferung eines neuen Gegenstandes verlangen zu können.[1] **Beispiel:** „Der Kunde trägt die Gefahr des Untergangs, Verlustes, des vorzeitigen Verschleißes oder der Beschädigung des Leasinggegenstandes. Derartige Umstände sind ohne Einfluss auf die Verpflichtung des Kunden aus diesem Vertrag ..."[2] Trotz der hierin liegenden Abweichung von den §§ 320, 326 I und 536 wird diese Regelung von der ganz h.M. **grundsätzlich gebilligt.**[3] Die von ihrem mietrechtlichen Ansatz aus operierende Rechtsprechung hat freilich einige Mühe, diese signifikante Abweichung vom mietrechtlichen Regelungsmodell zu rechtfertigen. Der BGH hat zuletzt darauf abgehoben, dass der Leasinggeber das Leasinggut im Interesse des Leasingnehmers – wenn auch zugleich im eigenen – erwerbe und das Interesse an der Sache und ihrer Benutzung weit überwiegend beim Leasingnehmer liege. Deshalb erscheine es gerechtfertigt, in Bezug auf die Sach- und Gegenleistungsgefahr den Leasingnehmer in Allgemeinen Geschäftsbedingungen wie einen Käufer zu behandeln. Die sich für den Leasingnehmer daraus ergebende Belastung sei erträglich, weil er die Leasingsache versichern lassen könne und ihm eine dem Leasinggeber ausgezahlte Versicherungssumme zugute kommen müsse.[4] Vor dem Hintergrund der weit verbreiteten und von ihm im Grundsatz gebilligten Gefahrtragungsabreden konstatiert der BGH, dass sich die Gebrauchsüberlassungspflicht des Leasinggebers nach Übergabe des Leasinggegenstandes darauf beschränke, den Leasingnehmer nicht in der Nutzung zu stören und ihn allenfalls gegenüber Störungen durch Dritte zu unterstützen.[5]

L 93 Die Rechtsprechung hat die Zulässigkeit entsprechender Abreden allerdings von einigen **einschränkenden Voraussetzungen** abhängig gemacht. Ihre Nichtbeachtung soll die Unwirksamkeit der Klausel nach sich ziehen, mit der **Folge,** dass der Leasinggeber nach den für einschlägig gehaltenen gesetzlichen Vorschriften (§§ 535, 536, 326 I) die Preisgefahr trägt.[6]

L 94 Zunächst soll der Leasingnehmer nur dann in Anspruch genommen werden können, wenn die Leasingsache sich im Zeitpunkt des Untergangs oder der Verschlechterung überhaupt in **seinem Einflussbereich befunden** hat. Sei dieser hingegen berechtigt oder verpflichtet, die Sache z. B. zwecks Reparatur – etwa im Rahmen eines Nacherfüllungsverlangens – einem Dritten zu übergeben, so bleibe es bei der gesetzlichen Regel des § 326 I, wenn die Leasingsache dort zu Schaden komme.[7] Dieses Ergebnis dürfte sich im Allgemeinen im Wege einer restriktiven Auslegung der Gefahrtragungsklausel erreichen lassen.[8]

---

[1] Im Falle einer vom Leasingnehmer zu vertretenden, also nicht zufälligen Beeinträchtigung des Leasinggegenstandes haftet der Leasingnehmer ohnehin schon nach § 280 und § 823; vgl. *Canaris,* in: Bankvertragsrecht, Rz 1754; *Stolterfoht,* in: Münchener Vertragshandbuch 3/1, S. 187.

[2] Vgl. BGH NJW 1988, 198.

[3] BGH NJW 1987, 377, 378; 1988, 198; 1996, 1888; OLG Frankfurt BB 1983, 1812 f.; *Martinek,* Moderne Vertragstypen I, S. 145 ff. *v. Westphalen,* Leasingvertrag, Rz 873 ff.; MünchKomm/*Habersack,* Leasing, Rz 70; zweifelnd OLG Köln NJW 1993, 1273, 1274; kritisch auch *Emmerich* JuS 1990, 5 und *Koch,* Störungen beim Finanzierungs-Leasing, S. 170 ff.

[4] BGH NJW 1988, 198, 200.

[5] BGH NJW 1988, 198, 199; ebenso MünchKomm/*Habersack,* Leasing, Rz 70 und Erman/*Jendreck,* Anh. § 536 Rz 23.

[6] Der Sache nach BGH NJW 1992, 683, 685 und OLG Köln NJW 1993, 1273; ebenso ausdrücklich *Beckmann/Kügel,* in: Praxishandbuch Leasing, § 6 Rz 163; zu Recht kritisch MünchKomm/*Habersack,* Leasing, Rz 73.

[7] BGH NJW 1985, 1535, 1537; ebenso MünchKomm/*Habersack,* Leasing, Rz 71; *Bamberger/Roth/Ehlert,* vor § 535 Rz 79; Palandt/*Weidenkaff,* Einf. v. § 535 Rz 59; *Beckmann/Kügel,* in: Praxishandbuch Leasing, § 6 Rz 161; kritisch *Canaris* AcP 190 [1990], 437 f.

[8] So auch BGH NJW 1985, 1535, 1537.

Die Wirksamkeit der Abwälzung der Sach- und Preisgefahr setzt hingegen keine ausdrückliche Regelung voraus, dass Ansprüche des Leasinggebers aus einer vom Leasingnehmer abzuschließenden Versicherung sowie die Ersatzansprüche des Leasinggebers aus der Verletzung seines Eigentums dem Leasingnehmer zugute kommen.[1] Diese Verpflichtung ergibt sich schon nach allgemeinen Regeln. **L 95**

Besonderheiten gelten für **Kraftfahrzeugleasingverträge.** Die Abwälzung der Sach- und Gegenleistungsgefahr in Allgemeinen Geschäftsbedingungen wird hier nur dann für angemessen erachtet, wenn dem Leasingnehmer für den Fall des völligen Verlustes oder einer nicht unerheblichen Beschädigung des Fahrzeuges ausdrücklich ein **kurzfristiges Kündigungsrecht** eingeräumt wird.[2] Ein dem Leasingnehmer eingeräumtes Lösungsrecht, das einem kurzfristigen, mit der Verpflichtung zur Leistung einer Ausgleichszahlung verbundenen Kündigungsrecht gleichkommt, hat der BGH ebenfalls akzeptiert.[3] Dieser Rechtsprechung liegt die Erwägung zugrunde, dass für den Leasingnehmer beim Abschluss eines Leasingvertrages über ein bei Vertragsbeginn in aller Regel fabrikneues Fahrzeug die Erwartung im Vordergrund steht, dieses während der zumeist dreijährigen Vertragslaufzeit nutzen zu können, ohne mit Reparaturkosten, Ausfallzeiten und einer möglicherweise geminderten Verkehrs- und Betriebssicherheit des Fahrzeuges belastet zu werden oder gar die Nutzungsmöglichkeit durch Diebstahl oder Totalschaden ganz zu verlieren.[4] Dieses besondere Interesse des Leasingnehmers soll sich nach Ansicht des BGH nicht auf Neufahrzeuge beschränken. Auch bei einem Leasingvertrag über ein gebrauchtes Kfz sei eine Abwälzung der Sach- und Gegenleistungsgefahr auf den Leasingnehmer in Allgemeinen Geschäftsbedingungen nur dann wirksam, wenn dem Leasingnehmer zumindest **bis zum Ablauf des dritten auf die Erstzulassung** des Leasingfahrzeugs folgenden Jahres für die Fälle des völligen Verlustes und einer nicht unerheblichen Beschädigung ein kurzfristiges Kündigungsrecht eingeräumt werde.[5] Klärungsbedürftig ist noch, wo die Grenze zur **erheblichen Beschädigung** verläuft, die einem völligen Untergang gleichzustellen ist. Ob eine Begrenzung des Kündigungsrechts auf Fälle, in denen die Reparaturkosten mehr als zwei Drittel des Zeitwerts des beschädigten Fahrzeuges betragen, zulässig ist, hat der BGH ausdrücklich offengelassen.[6] In einem neueren Urteil hat der BGH betont, eine nicht unerhebliche Beschädigung des Leasingfahrzeugs sei jedenfalls nicht erst dann zu bejahen, wenn der Reparaturkostenaufwand mehr als 80% des Zeitwertes betrage.[7] Übt der Leasingnehmer in den bezeichneten Fällen sein Kündigungsrecht aus, so schuldet er dem Leasinggeber die **volle Amortisation der aufgewandten Kosten.**[8] Gebilligt hat der BGH eine Klausel, wonach der Leasinggeber im Falle der Kündigung des Leasingvertrags wegen Verlusts des Leasingfahrzeugs Anspruch auf dessen Zeitwert oder den Restvertragswert in Höhe seines nicht amortisierten Gesamtaufwands hat, wobei der höhere Wert maßgebend sein soll.[9] Unangemessen ist jedoch eine Regelung, nach der der Leasingnehmer bei Verlust der Leasingsache zur **sofortigen Zahlung aller noch ausstehenden – nicht abgezinsten – Leasingraten** verpflichtet sein soll **L 96**

---

1 BGH NJW 2004, 1041, 1042f.

2 BGH NJW 1987, 377, 378; 2004, 1041, 1042; 2007, 290, 292; zust. MünchKomm/*Habersack,* Leasing, Rz 72.

3 BGH NJW 1998, 3270, 3271.

4 BGH NJW 1987, 377, 378; 1998, 2284; 1998, 3270, 3271.

5 BGH NJW 1998, 3270, 3271.

6 BGH NJW 1987, 377, 378.

7 BGH NJW 1998, 2284, 2285.

8 BGH NJW 1987, 377, 378; 1998, 3270, 3271; 2004, 1041, 1042; 2007, 290, 292; *Martinek/Oechsler,* in: Bankrechts-Handbuch, § 101 Rz 71.

9 BGH NJW 2007, 290, 292.

und der in den Folgeraten enthaltene Gewinnanteil beansprucht wird.[1] Die Vertragslösung darf den Leasingnehmer nicht so teuer zu stehen kommen, dass sein Kündigungsrecht nur noch auf dem Papier steht.[2]

L 97 Der BGH hat diese Rechtsprechung bislang **nicht** auf Leasingverträge über **andere Wirtschaftsgüter** als Kraftfahrzeuge erstreckt. Den Grund für diese Differenzierung sieht er darin, dass die besonderen, ein sofortiges Kündigungsrecht fordernden Verhältnisse beim Kfz-Leasing in den übrigen Fällen nicht in gleicher Weise vorlägen. Insbesondere fehle es im Allgemeinen an dem für Kfz-Leasingnehmer typischen Interesse, während der zumeist kurzen Vertragszeit ein weitgehend risikofreies, weil neues Fahrzeug zu fahren und vor der Gefahr versteckter Schäden und Reparaturausfallzeiten geschützt zu sein.[3]

L 98 **b) Versicherungspflicht.** Es entspricht weit verbreiteter formularvertraglicher Praxis, die skizzierte Gefahrtragungsregelung mit der **Verpflichtung des Leasingnehmers zu verbinden, den Leasinggegenstand gegen Untergang, Verlust und Beschädigung zu versichern.** Dem Leasingnehmer wird häufig auferlegt, diese Versicherung im eigenen Namen, aber zugunsten des Leasinggebers abzuschließen, sodass letzterer im Falle des Eintritts des Versicherungsfalles anspruchsberechtigt ist (Versicherung für fremde Rechnung im Sinne des § 74 VVG). Die Verfügungsbefugnis über den Entschädigungsanspruch verbleibt dann nach § 76 I VVG beim Versicherungsnehmer (Leasingnehmer). Die Auszahlung der Versicherungssumme an den Leasingnehmer stellt sich daher als Erfüllung der Leistungsverpflichtung des Versicherers dar.[4] Die Alternative zu einer Fremdversicherung besteht in einer Eigenversicherung verbunden mit einer in den Leasingbedingungen vorgesehenen Abtretung der Ansprüche gegen die Versicherung an den Leasinggeber.

L 99 Die Auferlegung einer solchen Versicherungspflicht ist **AGB-rechtlich** (§ 307) nicht zu beanstanden.[5] Sie liegt im wohlverstandenen Interesse beider Parteien. Der Leasingnehmer kann durch den Abschluss einer solchen Versicherung die ihm zugewiesene Gegenleistungsgefahr eindämmen, während sich für den Leasinggeber das Risiko einer Insolvenz oder mangelnden Liquidität des Leasingnehmers verringert. Die Verpflichtung, eine Vollkaskoversicherung zu nehmen, bei der sichergestellt ist, dass die Berufung auf § 61 VVG (Leistungsfreiheit bei grober Fahrlässigkeit und Vorsatz) ausgeschlossen ist, dürfte in der Praxis nicht erfüllbar sein, da sich ein Versicherer hierauf kaum einlassen wird.[6]

L 100 Bei einer Beschädigung der Leasingsache muss der Leasinggeber die Versicherungsleistungen stets zur Bezahlung der Reparaturkosten verwenden, während sie bei Untergang der Sache zwingend mit den noch offenen Leasingraten und etwaigen Schadensersatzansprüchen des Leasinggebers zu verrechnen sind. Eine andere Verwendung der Versicherungsleistungen scheidet aus.[7] Vor allem gilt: Wird der Leasingvertrag wegen des Untergangs oder einer erheblichen Beschädigung der

---

[1] BGH NJW 1988, 198, 200.

[2] Zur Berechnung dieses Ausgleichsanspruchs *Martinek/Oechsler,* in: Bankrechts-Handbuch, § 101 Rz 71.

[3] BGH NJW 1988, 198, 200; kritisch gegenüber dieser Differenzierung Staudinger-Stoffels, Leasing Rz 206; MünchKomm/*Habersack,* Leasing, Rz 72; *v. Westphalen,* Leasingvertrag, Rz 877 f.

[4] Vgl. OLG Hamm NJW-RR 2002, 534.

[5] *Martinek,* Moderne Vertragstypen I, S. 148 f.; *Gitter,* Gebrauchsüberlassungsverträge, S. 320; *Beckmann/Kügel,* in: Praxishandbuch Leasing, § 6 Rz 174; AGB-Klauselwerke/*v. Westphalen,* Leasing, Rz 146; MünchKomm/*Habersack,* Leasing, Rz 74; *Bamberger/Roth/Ehlert,* vor § 535 Rz 79.

[6] Zu Recht beanstandet von OLG Düsseldorf NJW-RR 2005, 1289.

[7] BGH NJW 1985, 1537, 1538; 1992, 683, 684; 1995, 1541, 1542; Soergel/*Kummer,* vor § 535 Rz 141.

Leasingsache außerordentlich gekündigt, so ist die Versicherungsleistung auf den Vollamortisationsanspruch des Leasinggebers anzurechnen. Solange der Leasinggeber keinen ernsthaften Versuch unternommen hat, den Anspruch gegen die Versicherung zu realisieren, ist der Rückgriff auf den Leasingnehmer gestundet.[1] Die **Zweckbindung der Versicherungsleistung** schließt es insbesondere aus, die Versicherungsleistung auf andere Ansprüche (etwa wegen rückständiger Leasingraten) anzurechnen.[2] Hat der Leasingnehmer den Reparaturauftrag im eigenen Namen erteilt, so kann er von dem Leasinggeber verlangen, dass dieser die Entschädigungsleistung des Versicherers an den mit der Reparatur beauftragten Unternehmer auszahlt.[3]

c) Instandhaltung, Instandsetzung, Ersatzbeschaffung. Nach den gängigen Leasingbedingungen übernimmt es der Leasingnehmer, die Leasingsache während der Vertragslaufzeit in einem ordnungsgemäßen und insbesondere funktionsfähigen Zustand zu erhalten **(Instandhaltung).** Mitunter wird der Leasingnehmer sogar angehalten, zu diesem Zweck einen **Wartungsvertrag** abzuschließen.[4] Letzteres kommt vor allem bei besonders hochwertigen und betreuungsaufwändigen Leasingobjekten (z. B. EDV-Anlagen, Maschinen) vor.[5] Bei Übergabe schon vorhandene Sachmängel fallen nicht unter die Instandhaltung.[6] **L 101**

Weiter obliegt es dem Leasingnehmer, eingetretene Schäden am Leasinggut auf eigene Kosten beseitigen zu lassen **(Instandsetzung).** Insofern eine Instandsetzung nicht mehr möglich oder unwirtschaftlich oder der Leasinggegenstand abhanden gekommen ist, begründen die Leasingbedingungen vielfach eine Verpflichtung des Leasingnehmers, eine gleichartige und gleichwertige Sache auf eigene Kosten zu beschaffen. Diese soll dann an die Stelle des bisherigen Leasinggegenstandes treten **(Ersatzbeschaffung).** **L 102**

All diese Klauseln sind leasingtypisch und tragen dem **berechtigten Werterhaltungs- und Sicherungsinteresse** des Leasinggebers Rechnung. Vor dem Hintergrund der dem Leasingnehmer zulässigerweise übertragenen Sach- und Gegenleistungsgefahr ist es nur konsequent, ihm auch die mit der Sorge für das Leasinggut verbundenen finanziellen Lasten aufzuerlegen. Eine vertragszweckgefährdende Einschränkung wesentlicher Rechte und Pflichten (§ 307 II Nr. 2) ist hierin nicht zu sehen.[7] **L 103**

d) Überlassung an Dritte. Der Leasingnehmer darf den Leasinggegenstand wie ein Mieter **nutzen.** Eine dem Vertragszweck widersprechende **Überlassung an Dritte** kann in AGB nicht nur gemäß § 540 I von der Zustimmung des Vermieters abhängig gemacht werden, sondern ohne Verstoß gegen § 307 auch ganz untersagt werden.[8] Dabei steht beim Finanzierungsleasing vor allem das Interesse des Leasinggebers daran, dass der Leasingnehmer nicht als Untervermieter mit ihm am Markt konkurriert, einer Untervermietung entgegen.[9] Hinzu kommt die Gefahr stärkerer Abnutzung im Falle der Untervermietung, insbesondere bei technisch **L 104**

---

[1] OLG Koblenz NJW-RR 1996, 174.
[2] AGB-Klauselwerke/*v. Westphalen,* Leasing, Rz 149.
[3] Näher BGH NJW 1985, 1537 ff.
[4] *Martinek,* Moderne Vertragstypen I, S. 147.
[5] Grundsätzlich zulässig; zu den Grenzen MünchKomm/*Habersack,* Leasing, Rz 76; ausführlich auch *v. Westphalen,* Leasingvertrag, Rz 913 ff.
[6] BGH NJW 1989, 1279.
[7] BGH WM 1976, 1133; *Martinek,* Moderne Vertragstypen I, S. 148; MünchKomm/*Habersack,* Leasing, Rz 76.
[8] BGH NJW 1990, 3016; OLG Düsseldorf NJW 1988, 1676.
[9] BGH NJW 1990, 3016, 3018.

hochwertigen Gütern.[1] Dies rechtfertigt es grundsätzlich, beim Finanzierungsleasing die Untervermietung von vornherein ganz auszuschließen.[2] Damit entfällt auch das Kündigungsrecht aus § 540 I S. 2.

VIII. Gewährleistung

1. Die leasingtypische Gewährleistungs- und Abtretungskonstruktion

L 105 **a) Klauselbeispiel.** Ausgangspunkt sind die vorformulierten Vertragswerke der Leasingbranche, die eine Gewährleistungshaftung des Leasinggebers ausschließen, dem Leasingnehmer im Gegenzug jedoch die Gewährleistungsrechte gegenüber dem Lieferanten aus dem Beschaffungsgeschäft (Kauf- oder Werkvertrag) übertragen. Seltener wird der Leasingnehmer lediglich zur Geltendmachung im eigenen Namen ermächtigt (sog. **„Ermächtigungskonstruktion").**[3] Der **leasingtypischen Gewährleistungs- und Abtretungskonstruktion** begegnet man in der Praxis etwa in folgender Gestalt:[4]

„Gewährleistung

Für Sach- und Rechtsmängel des Leasingobjektes leistet W nur in der Weise Gewähr, dass sie mit Abschluss des Leasingvertrages ihre Gewährleistungs- und Schadensersatzansprüche gegen den Lieferanten, den Vorlieferanten, den Hersteller oder einen sonstigen Dritten an den Leasingnehmer abtritt. Der Leasingnehmer nimmt die Abtretung dieser Ansprüche an. (...)

Es ist Sache des Leasingnehmers, die ihm abgetretenen Ansprüche unter fortlaufender Unterrichtung fristgerecht geltend zu machen.

Weitergehende Ansprüche und Rechte des Leasingnehmers gegen W – insbesondere solche gemäß §§ 536 ff. – sind ausgeschlossen."

L 106 **b) Abtretbarkeit von Gestaltungsrechten?** Mit der Schuldrechtsreform sind die Rechtsbehelfe des Käufers bei Mangelhaftigkeit des Kaufgegenstandes in mehreren Punkten gegenüber dem bisherigen Recht verändert worden. Neben der Implementierung eines vorrangigen Nacherfüllungsanspruchs und der Ersetzung der Wandelung durch den Rücktritt ist vor allem darauf hinzuweisen, dass die nachgelagerten Rechtsbehelfe des Rücktritts und der Minderung nunmehr keinen Anspruchscharakter mehr aufweisen, sondern zu Gestaltungsrechten geworden sind.[5] Die leasingtypischen Drittverweisungsklauseln (siehe obiges Beispiel) sprechen zwar zumeist noch von „Ansprüchen", doch sollte eine interessengerechte Auslegung das wirklich Gewollte zur Geltung bringen, also zur Einbeziehung von Rücktritt und Minderung führen. Die Abtretbarkeit dieser Rechte ist zu bejahen.[6]

L 107 **c) AGB-rechtliche Zulässigkeit.** Die leasingtypische Gewährleistungs- und Abtretungskonstruktion, die einen kardinalen Bestandteil der leasingvertraglichen Vereinbarung bildet, hat der BGH ausdrücklich für **mit dem AGB-Gesetz** (jetzt

---

1 BGH NJW 1990, 3016, 3018: Computeranlagen.
2 BGH NJW 1990, 3016.
3 Vgl. hierzu im Einzelnen *v. Westphalen,* Leasingvertrag, Rz 422 ff.
4 Dem Tatbestand des Urteils BGH NJW 1991, 1746 entnommen.
5 AnwKom/*Büdenbender,* vor §§ 433 ff. Rz 12.
6 Ebenso *Reinking* ZGS 2002, 230; *Zahn* DB 2002, 985 f.; *Arnold,* in: Das neue Schuldrecht in der Praxis, S. 605; *Oetker/Maultzsch,* Vertragliche Schuldverhältnisse, S. 739; vgl. BGH NJW 1985, 2640, 2641 zu § 326 BGB a.F.; a.A. *v. Westphalen* ZIP 2001, 2263.

§§ 305 ff.) vereinbar befunden, und zwar sowohl im unternehmerischen Verkehr als auch im Privatleasinggeschäft.[1] Der Leasingnehmer werde dann, wenn ihm sämtliche kaufrechtlichen Gewährleistungsansprüche unter Einschluss der Wandlungsbefugnis (jetzt Rücktrittsrecht) übertragen würden, durch den mietrechtlichen Gewährleistungsausschluss jedenfalls so lange nicht rechtlos gestellt, als er sich wegen vorhandener Mängel der Leasingsache bei dem Lieferanten schadlos halten könne.[2] Die Auferlegung der Prozesslast und der Prozessrisiken stellt für den Leasingnehmer keine unzumutbare Belastung dar, ist er es doch im Allgemeinen, der die Mangelhaftigkeit der von ihm selbst ausgesuchten Leasingsache am besten beurteilen kann und daher ein Interesse daran hat, den Prozess gegen den Hersteller oder Händler selbst zu führen.[3] Für den nichtkaufmännischen Verkehr ergab sich in diesem Punkt nach Ansicht des BGH keine Abweichung. Insbesondere war noch unter der Geltung des AGB-Gesetzes ein Verstoß gegen § 11 Nr. 10 Buchst a AGBG verneint worden, da diese Vorschrift nach Ansicht des BGH[4] auf Leasingverträge nicht anwendbar war.

Auch **nach Inkrafttreten des Schuldrechtsmodernisierungsgesetzes** wird die Vertragspraxis im Grundsatz an der den Leasingvertrag kennzeichnenden Gewährleistungs- und Abtretungskonstruktion festhalten können.[5] Die Grunddeterminanten für die nunmehr auf der Grundlage des § 307 durchzuführende Inhaltskontrolle haben sich auch unter Berücksichtigung der Änderungen im Kaufrecht nicht entscheidend verändert. Diese zielen sogar tendenziell auf eine Verstärkung der Käuferrechte (Gewährung eines Nacherfüllungsanspruchs §§ 437 Nr. 1, 439; Verlängerung der Verjährungsfrist von sechs Monaten auf zwei Jahre § 438 I Nr. 3), von der auch der Leasingnehmer profitiert. Ferner hat der Gesetzgeber die Schuldrechtsreform zum Anlass genommen, den auf einem Redaktionsversehen beruhenden, zu weit geratenen Wortlaut des § 11 Nr. 10 AGBG in der Nachfolgevorschrift des § 309 Nr. 8 Buchst b auf „Werkleistungen" einzugrenzen. Damit ist jetzt explizit klargestellt, dass der Drittverweisungsklausel auch im Privatkundengeschäft die Wirksamkeit nicht versagt werden kann. **L 108**

Für die Kautelarpraxis gibt es gleichwohl in einem Punkt Veranlassung, über eine Änderung der gängigen Vertragswerke nachzudenken. Zu beachten ist nämlich, dass der Gesetzgeber die **Klauselverbote betreffend Haftungsausschlüsse und -begrenzungen in § 309 Nr. 7** in der Weise neu gefasst hat, dass nunmehr solche Haftungsklauseln unwirksam sind, die sich auf Schäden aus der fahrlässigen Verletzung des Lebens, des Körpers oder der Gesundheit beziehen (Buchst a) bzw. die Einstandspflicht für Schäden aufgrund einer grobfahrlässigen Pflichtverletzung tangieren (Buchst b). Die bislang üblichen Klauseln nehmen die in § 309 Nr. 7 aufgeführten Tatbestände nicht ausdrücklich vom Ausschluss der Eigenhaftung aus. Zwar mögen entsprechende Pflichtverletzungen des Leasinggebers mangels ihn treffender Pflichten im Zusammenhang mit der Lieferung der Leasingsache sehr selten sein. Ob das allein global formulierte Haftungsklauseln rechtfertigt, ist aber zweifelhaft. Wegen des Verbots der geltungserhaltenden Reduktion droht hier die Gesamtnichtigkeit der Gewährleistungs- und Abtretungskonstruktion. Der Ver- **L 109**

---

[1] BGH NJW 1982, 105; BGH NJW 1985, 1547; BGH NJW 1986, 1744; BGH NJW 1990, 314; Erman/*Jendrek,* Anh. § 536 Rz 28; anders für den nichtkaufmännischen Verkehr Soergel/*Kummer,* vor § 535 Rz 158; anders für die Ermächtigungsvariante *v. Westphalen,* Leasingvertrag, Rz 422 ff.

[2] BGH NJW 1977, 848, 850.

[3] *Gitter,* Gebrauchsüberlassungsverträge, S. 325.

[4] BGHZ 94,180, 186 ff.; zustimmend *Ulmer/Hensen,* § 309 Nr. 10 Rz 4.

[5] Ebenso *Arnold,* in: Das neue Schuldrecht in der Praxis [2003], S. 601; *Zahn* DB 2002, 985; *Jaggy* BB 2002, Beilage 5 zu Heft 27, 16; *Gebler/Müller* ZBB 2002, 110 ff.

tragspraxis ist daher anzuraten, künftig entsprechend den Vorgaben des § 309 Nr. 7 zu differenzieren.[1]

L 110 **Voraussetzung für die Angemessenheit** und damit Wirksamkeit (§ 307) der leasingtypischen Drittverweisungsklauseln ist nach der Rechtsprechung des BGH, die auch nach der Schuldrechtsreform unverändert Geltung beansprucht, dass der Leasingnehmer Gewährleistungsrechte nach kaufrechtlichem Vorbild unmittelbar gegenüber dem Lieferanten geltend machen kann. Dies kann durch deren Abtretung oder durch Ermächtigung des Leasingnehmers zu ihrer Geltendmachung geschehen. Die Interessen des Leasingnehmers hält der BGH nur dann für gewahrt, wenn ihm die kaufrechtlichen Mängelansprüche **unbedingt und endgültig** übertragen werden.[2]

L 111 Unwirksam ist demnach eine Klausel, durch die sich der Leasinggeber das Recht vorbehält, die Abtretung oder Ermächtigung jederzeit zu **widerrufen** und die Gewährleistungsrechte im eigenen Namen gegenüber dem Lieferanten geltend zu machen.[3] Unschädlich soll es hingegen sein, dass sich der Leasinggeber den Widerruf der Übertragung der kaufrechtlichen Gewährleistungsansprüche (nur) für den Fall vorbehält, dass der Leasingnehmer seinen Verpflichtungen aus dem Leasingvertrag nicht nachkommt.[4]

L 112 An einer unbedingten und endgültigen Übertragung fehlt es, wenn die im Vertrag vorgesehene Abtretung dadurch eingeschränkt wird, dass sich der Leasinggeber unabhängig von der Abtretung die „eigene Rechtsverfolgung" vorbehält.[5] Der Leasingnehmer wird ferner dadurch rechtlos gestellt, dass er die Abtretung sämtlicher Gewährleistungsrechte gegen den Lieferanten nur Zug um Zug gegen Zahlung sämtlicher noch ausstehender Leasingraten, des Restwertes sowie sonstiger mit der Auslieferung verbundener Kosten verlangen kann.[6] Andererseits wird der Leasingnehmer nicht allein dadurch unangemessen benachteiligt, dass die Abtretung nicht schon im Leasingvertrag selbst enthalten ist, sondern erst auf Verlangen des Leasingnehmers zu erfolgen hat.[7] Zweifelhaft ist es, ob der Leasinggeber die Abtretung der kaufrechtlichen Gewährleistungsrechte dadurch einschränken kann, dass er den **Nachlieferungsanspruch von der Abtretung ausnimmt.** Der Leasingnehmer wäre dann im Verhältnis zum Lieferanten zunächst auf die Geltendmachung des Nachbesserungsanspruchs verwiesen; erst nach Fehlschlagen der Nachbesserung könnte er auf Rücktritt und Schadensersatz übergehen. Für die Zulässigkeit einer solchen Verkürzung lässt sich die bisherige Rechtsprechung zu § 480 anführen, die eine Verbesserung auf ein vorrangiges Nachbesserungsrecht zuließ.[8] Beim Werkvertrag, der mitunter auch beim Leasing an die Stelle des Kaufvertrages treten kann, liegt das Recht, zwischen Neuherstellung und Nachbesserung wählen zu können, ohnehin beim Unternehmer.[9]

L 113 Entspricht eine Drittverweisungsklausel nicht den an sie zu stellenden Anforderungen, so ist der **Gewährleistungsausschluss unwirksam** (§ 307). Der Leasing-

---

[1] Wie hier *Arnold,* in: Das neue Schuldrecht in der Praxis [2003], S. 601; *Zahn* DB 2002, 985.
[2] BGH NJW 1987, 1072, 1073; 1988, 2465, 2467; ebenso MünchKomm/*Habersack,* Leasing, Rz 86.
[3] BGH NJW 1987, 1072, 1073.
[4] OLG Rostock NJW-RR 2002, 1712.
[5] BGH NJW 1988, 2465, 2467; NJW-RR 2003, 51, 52.
[6] BGH NJW 1984, 2687, 2688.
[7] *V. Westphalen,* Leasingvertrag, Rz 635.
[8] Vgl. BGH DB 1977, 813, 814.
[9] Wie hier für Wirksamkeit der Beschränkung auf Nachbesserung auch nach der Schuldrechtsmodernisierung *Rainer/Kaune,* WM 2002, 2320; *Zahn,* DB 2002, 990 ff.; a.A. *v. Westphalen* ZIP 2001, 2259; *Reinking* ZGS 2002, 232 f.

vertrag im Übrigen bleibt hiervon unberührt (§ 306 I). An die Stelle der unwirksamen Klausel tritt das dispositive Recht (§ 306 II). Das bedeutet nach der – auch insoweit dem mietvertraglichen Ansatz verhafteten – Rechtsprechung, dass dem Leasingnehmer wieder uneingeschränkt die **Gewährleistungsrechte eines Mieters** zustehen.[1] Auf die Aktivlegitimation des Leasingnehmers in einem Rechtsstreit mit dem Lieferanten soll sich die Unwirksamkeit der leasingtypischen Abtretungskonstruktion, bestehend aus dem Gewährleistungsausschluss und der Abtretung, nicht auswirken. Die unwirksame Abtretung könne in eine rechtswirksame Ermächtigung des Leasingnehmers umgedeutet werden, die betreffenden Ansprüche gegen den Lieferanten im eigenen Namen geltend zu machen.[2]

Beim **Hersteller- oder Händlerleasing** (vgl. hierzu o. Rz L 33) fehlt es an dem leasingtypischen Dreiecksverhältnis. Ein Ausschluss der Gewährleistung verbunden mit einer Drittverweisungsklausel ist nicht sinnvoll und in den Vertragswerken auch nicht vorgesehen. Den mit dem Hersteller identischen Leasinggeber soll hier von vornherein eine **mietrechtliche Einstandspflicht** für etwaige Mängel der Leasingsache treffen.[3] Eine Reduktion auf ein Zweipersonenverhältnis kennzeichnet auch das **sale-and-lease-back-Verfahren** (vgl. hierzu o. Rz L 36). Hier kann – unabhängig von entsprechenden Vereinbarungen – eine Risikobelastung des Leasinggebers schon deshalb nicht in Betracht kommen, weil ihm die Sache zuvor vom Leasingnehmer verkauft worden ist mit der Folge, dass den Leasingnehmer selbst die kaufrechtliche Gewährleistungspflicht trifft. Allein der Umstand, dass diese Veräußerung in ein sale-and-lease-back-Verfahren eingebettet ist, rechtfertigt es noch nicht, die Verantwortlichkeit für Mängel der vom Leasingnehmer eingebrachten Sache dem Leasinggeber aufzuerlegen.[4] **L 114**

2. Anzeige, Geltendmachung der Gewährleistungsrechte und Auswirkungen auf den Leasingvertrag

Zeigt sich nach Übernahme der Leasingsache ein Mangel, so hat der Leasingnehmer dies dem Leasinggeber **anzuzeigen.** Der BGH rekurriert insoweit auf § 536c I analog.[5] Für die sodann zu treffende Entscheidung, ob der Lieferant auf Gewährleistung in Anspruch genommen werden soll, ist jedoch allein der Leasingnehmer als Inhaber der Gewährleistungsrechte zuständig. Über seine Entscheidung hat er nach den Allgemeinen Leasingbedingungen den Leasinggeber in Kenntnis zu setzen. **L 115**

Macht der Leasingnehmer gegenüber dem Lieferanten die ihm vom Leasinggeber abgetretenen Mängelrechte aus § 437 geltend, so ist zu beachten, dass die Abtretung dieser Rechte nicht etwa mit einer Vertragsübernahme verbunden ist. Die Stellung des Lieferanten und des Leasinggebers als Parteien des Beschaffungsvertrages wird mithin durch die Abtretung der Gewährleistungsrechte an den Leasingnehmer nicht berührt. Die Abtretung zugunsten des Leasingnehmers legitimiert diesen also nicht, die Leistungen aus dem Beschaffungsvertrag für sich zu beanspruchen. Diese **immanente Begrenzung der Befugnisse des Leasingnehmers** hat zur Folge, dass sich die Abwicklung nach erfolgreicher Geltendmachung der Gewährleistungsrechte zwischen den Parteien des Beschaffungsvertrages, also im **L 116**

---

1 BGH NJW 1990, 314, 315; 1987, 1072, ebenso *v. Westphalen,* Leasingvertrag, Rz 636.

2 BGH NJW-RR 2003, 51, 52.

3 MünchKomm/*Habersack,* Leasing, Rz 105; AGB-Klauselwerke/*v. Westphalen,* Leasing, Rz 136.

4 Wie hier *Lieb* WM 1992, 13 f.; im Ergebnis ebenso MünchKomm/*Habersack,* Leasing, Rz 105; abw. *v. Westphalen* BB 1991, 149 ff.

5 BGH NJW 1990, 1290, 1293.

Rechtsverhältnis Lieferant – Leasingeber, zu vollziehen hat.[1] Die Befugnis des Leasingnehmers, sich über die Gewährleistungsrechte mit dem Lieferanten zu vergleichen, umfasst folgerichtig nicht das Recht, auf den Anspruch des Leasinggebers auf Rückzahlung des Kaufpreises ganz oder teilweise zu verzichten.[2] Ein derartiger Erlass ist unwirksam und zieht nach § 139 in der Regel die Unwirksamkeit des Vergleichs nach sich.[3]

L 117 Besonders bedeutsam und seit jeher umstritten ist, **ob und in welcher Weise sich die Durchsetzung der Mängelrechte auf die vertragliche Verbindung zwischen Leasinggeber und Leasingnehmer auswirkt.**

L 118 **a) Nacherfüllung.** Als primären Rechtsbehelf des von einer mangelhaften Lieferung betroffenen Käufers sieht das reformierte Kaufrecht nunmehr den Nacherfüllungsanspruch vor (§§ 437 Nr. 1, 439). Für den Leasingnehmer bedeutet dies, dass er den Lieferanten aus abgeleitetem Recht nach seiner Wahl entweder auf Nachlieferung oder Nachbesserung in Anspruch nehmen kann. Daraus folgt allerdings nicht, dass der Leasingnehmer dem Anspruch des Leasinggebers auf Zahlung der vereinbarten Leasingraten die Einrede des nichterfüllten Vertrages (§ 320 BGB) entgegenhalten kann, sobald sich ein Mangel der Leasingsache zeigt.[4] Insoweit sei auf die Rechtsprechung des BGH hingewiesen, der allein das Bestehen des vertraglichen Nacherfüllungsanspruchs niemals als Grundlage für ein Leistungsverweigerungsrecht im Verhältnis zum Leasinggeber hat ausreichen lassen.[5]

L 119 Nimmt der Leasingnehmer den Lieferanten auf **Nachlieferung** in Anspruch, so ist der Austausch der Leasingsache rechtlich gesehen eine die Parteien des Beschaffungsvertrages betreffende Angelegenheit. Die den Lieferanten treffende Eigentums- und Besitzverschaffungspflicht besteht gegenüber dem Leasinggeber.[6] Allerdings wird der Leasinggeber den Lieferanten in der Regel anweisen, die Ersatzsache direkt an den Leasingnehmer auszuliefern, der sie dann aufgrund des Leasingvertrages für die restliche Vertragslaufzeit benutzen darf. Der Leasinggeber hat umgekehrt dafür Sorge zu tragen, dass der Lieferant wieder in den Besitz des mangelhaften Kaufgegenstandes gelangt (§§ 439 IV, 346). Hierfür bedient er sich des Leasingnehmers, der aufgrund des Leasingvertrages zur Mitwirkung verpflichtet ist.[7] Ferner schuldet er – und nicht der Leasingnehmer – dem Lieferanten die in der Zwischenzeit gezogenen Nutzungen (§§ 439 IV, 346). Dies durchkreuzt die auf Vollamortisation angelegte Kalkulation des Leasinggebers. Im Schrifttum ist die Frage aufgeworfen worden, ob und in welcher Weise dieses Risiko im Leasingvertrag auf den Leasingnehmer abgewälzt werden kann.[8]

L 120 Die Erfüllung des Anspruchs auf Ersatzlieferung einer mangelfreien Sache führt – wie gesehen – zu einer partiellen **Rückabwicklung,** nämlich **der erbrachten mangelhaften Leistung, nicht aber des Kaufvertrages insgesamt.**

---

1 BGH NJW 1977, 848, 850; 1985, 1355, 1357; *Oetker/Maultzsch,* Vertragliche Schuldverhältnisse, S. 740.

2 BGH WM 1992, 1609 ff.

3 BGH WM 1992, 1609 ff.

4 Wie hier *Zahn* DB 2002, 986 f.; *Reinking* ZGS 2002, 232; Palandt/*Weidenkaff,* Einf. v. § 535 Rz 58; *Arnold,* in: Das neue Schuldrecht in der Praxis, S. 604; *Rainer/Kaune,* WM 2002, 2321; a.A. v. Westphalen-ZIP 2001, 2258 ff. und DB 2001, 1292 f.

5 Vgl. z. B. BGHZ 97, 135; zustimmend MünchKomm/*Habersack,* Leasing, Rz 87 und *Martinek/Oechsler,* in: Bankrechts-Handbuch, § 101 Rz 85.

6 *Rainer/Kaune* WM 2002, 2317; *Godefroid* BB 2002, Beilage 5 zu Heft 27, 6.

7 *Oetker/Maultzsch,* Vertragliche Schuldverhältnisse, S. 740.

8 Vgl. hierzu *Zahn* DB 2002, 987 f.; *Beckmann* FLF 2002, 46, 51; *Reinking* ZGS 2002, 232; *Arnold,* in: Das neue Schuldrecht in der Praxis, S. 604 f.; *Jaggy* BB 2002, Beilage 5 zu Heft 27, 17 ff.; *Godefroid* BB 2002, Beilage 5 zu Heft 27, 6 f.

Eine Parallele zur vollzogenen Wandelung des Kaufvertrages, die nach der bisherigen Rechtsprechung den Wegfall der Geschäftsgrundlage für den Leasingvertrag zur Folge haben sollte, kommt daher nicht in Betracht.[1] Das Pendant zur Wandelung ist nach dem neuen Schuldrecht der Rücktritt und mit Einschränkungen der sog. große Schadensersatz. Im Übrigen besteht für eine Rückabwicklung des Leasingvertrages nach erfolgreichem Austausch des Leasinggegenstandes ersichtlich auch kein Bedürfnis.

b) Schadensersatz. Die leasingtypische Drittverweisungsklausel umfasst regelmäßig auch die Abtretung der gewährleistungsrechtlichen Schadensersatzansprüche.[2] Eher selten[3] werden „Zahlungsansprüche" ausdrücklich ausgenommen; dabei geht es dann oftmals nur um die aus einem Rücktritt oder einer Minderung resultierenden Zahlungsansprüche und nicht um Schadensersatzansprüche.[4] **L 121**

Soweit es um den **Ersatz eines Schadens geht, den der Leasinggeber** als Käufer infolge der Nichterfüllung an seinem eigenen Vermögen **erlitten** hat (§§ 437 Nr. 3, 281, 283), gebührt ihm selbst die Ersatzleistung. Der Leasingnehmer kann diese Forderung zwar geltend machen, darf aber vom Lieferanten nur Zahlung an den Leasinggeber verlangen.[5] Soweit der sog. **„große Schadensersatz"** geltend gemacht wird, gelten für die Auswirkungen auf das Leasingverhältnis die nachfolgenden Ausführungen zum Rücktritt entsprechend.[6] Problematisch gestaltet sich die Rechtslage, wenn der Leasingnehmer einen **eigenen Schaden** gegenüber dem Lieferanten geltend machen will.[7] **L 122**

c) Rücktritt. Der Leasingnehmer kann nach erfolglosem Ablauf einer angemessenen Frist zur Nacherfüllung bzw. im Falle ihrer Entbehrlichkeit (§§ 323 II und 440) auch ohne Fristsetzung den Rücktritt vom Kaufvertrag erklären. Es handelt sich hierbei um ein Gestaltungsrecht, das durch Erklärung gegenüber dem Lieferanten auszuüben ist (§ 349) und mit Zugang wirksam wird. Der Rücktritt gestaltet – so die tatbestandlichen Voraussetzungen erfüllt sind – das Vertragsverhältnis zwischen dem Lieferanten und dem Leasinggeber in ein Abwicklungsschuldverhältnis um (§ 346). Trotz Abtretung der Gewährleistungsrechte bleibt der Leasinggeber alleiniger Käufer, sodass die Rückabwicklung des Kaufvertrages nach Erklärung des Rücktritts nur zwischen ihm und dem Lieferanten zu erfolgen hat.[8] Selbst wenn der Leasingnehmer berechtigt ist, sich über die Gewährleistungsrechte mit dem Lieferanten zu vergleichen, darf er daher nicht über den Rückzahlungsanspruch des Leasinggebers verfügen.[9] Außerdem muss er, wenn er die Leasingsache jetzt unmittelbar an den Lieferanten zurückgibt, auf das Interesse des Leasinggebers Rücksicht nehmen, Zug um Zug den Kaufpreis vom Lieferanten zurückzuerhalten, widrigenfalls er sich schadensersatzpflichtig macht.[10] **L 123**

Den neuralgischen Punkt der Diskussion bildet die Frage, wie sich diese Vorgehensweise des Leasingnehmers auf seine Vertragsbeziehungen zum Leasinggeber **L 124**

---

[1] So schon BGH ZMR 1997, 630, 631 zum Umtausch einer mangelhaften Leasingsache; verkannt von *v. Westphalen* ZIP 2001, 2260; zutreffend hingegen *Arnold,* in: Das neue Schuldrecht in der Praxis, S. 604.

[2] Wie hier *Schmalenbach/Sester* WM 2002, 2187 „typischerweise".

[3] Nach *Martinek,* Moderne Vertragstypen I, S. 160 jedoch „regelmäßig".

[4] Vgl. z. B. BGHZ 132, 320, 321.

[5] *Oetker/Maultzsch,* Vertragliche Schuldverhältnisse, S. 740.

[6] Vgl. *Gebler/Müller* ZBB 2002, 112.

[7] Hierzu ausführlich *Reiner/Kaune* WM 2002, 2316 f.

[8] So BGH WM 1992, 1609 für den Anspruch aus Wandelung.

[9] BGH WM 1992, 1609.

[10] BGHZ NJW 1985, 1535; 1985, 129; 1987, 1072.

auswirkt. Hier besteht seit langem ein tiefgreifender Dissens zwischen der höchstrichterlichen Rechtsprechung und Teilen der Literatur.[1]

L 125 **aa) Die Geschäftsgrundlagenlösung der Rechtsprechung.** Der BGH ist bislang in ständiger Rechtsprechung davon ausgegangen, dass die Umgestaltung des zwischen dem Lieferanten und dem Leasinggeber abgeschlossenen Kaufvertrages in ein Abwicklungsschuldverhältnis wegen eines Mangels der Leasingsache eo ipso **auf den Leasingvertrag durchschlägt.** Konstruktiv-dogmatisch liegt dem die Vorstellung zugrunde, dass der Erwerb einer gebrauchsfähigen Sache die **Geschäftsgrundlage** des Leasingvertrages bildet, die mit der Umwandlung des Kaufvertrages in ein Rückabwicklungsverhältnis mit ex-tunc-Wirkung entfällt.[2] Dies gilt auch dann, wenn der Leasinggegenstand schon zeitweilig benutzt worden ist.[3] Der **Leasingnehmer** ist hiernach **berechtigt, die Zahlung der Leasingraten einzustellen** und dies – so die bisherige Rechtsprechung – ab dem Zeitpunkt der Erhebung der Wandlungsklage.[4] Hat der Leasinggeber bereits Klage auf Zahlung der Leasingraten erhoben, so ist dieser Rechtsstreit nach § 148 ZPO bis zum Abschluss des Gewährleistungsprozesses auszusetzen.[5]

L 126 Der **Leasinggeber hat das Ergebnis eines** zwischen Leasingnehmer und Lieferant geführten **Gewährleistungsprozesses** nach der Rechtsprechung grundsätzlich[6] **als für sich verbindlich hinzunehmen** und kann nicht unabhängig davon im Leasingverhältnis die Mangelhaftigkeit der Leasingsache erneut in Abrede stellen.[7] Hierfür bedarf es im Gewährleistungsrechtsstreit zwischen Leasingnehmer und Leasingeber keiner Streitverkündung. Bei der Bindungswirkung handelt sich nämlich – so der BGH[8] – nicht um einen Fall der Rechtskrafterstreckung, sondern um das Ergebnis einer interessengerechten Auslegung der Freizeichnungsklausel. Der Leasinggeber erklärt hiernach mit der Vereinbarung der leasingtypischen Gewährleistungs- und Abtretungskonstruktion zugleich, dass er die rechtlichen Folgen, die sich aus der Geltendmachung der Gewährleistungsrechte durch den Leasingnehmer ergeben, als für sich verbindlich hinnimmt. AGB-Klauseln, die die Verbindlichkeit des Ausgangs des Gewährleistungsrechtsstreits für das Leasingverhältnis infrage stellen, sind nach Ansicht des BGH auch im kaufmännischen Verkehr nach § 307 unwirksam.[9] Umgekehrt, also bei einem für den Leasingnehmer negativen Ausgang der gewährleistungsrechtlichen Auseinandersetzung, ist auch der Leasingnehmer an das Urteil und damit an den Leasingvertrag gebunden.[10] Ferner hat der BGH entschieden, dass die Bindungswirkung des Gewährleistungsrechtsstreits für das Leasingverhältnis nicht dadurch infrage gestellt wird, dass die Haftungsfreizeichnung des Leasinggebers mangels vorbehaltloser Abtretung der kaufrechtlichen Gewährleistungsansprüche unwirksam ist. Entscheidend sei, dass

---

[1] Ausführliche Darstellung des Meinungsstandes und Nachweis des Schrifttums bei Staudinger-*Stoffels*, Leasing, Rz 246 ff.

[2] Ständige Rechtsprechung seit BGH NJW 1977, 848; z. B. BGH NJW 1982, 105; 1985, 1535; 1990, 314; 1991, 1746; 1994, 576, 577. Zustimmend auch weite Teile des heutigen Schrifttums: z. B. *v. Westphalen*, Leasingvertrag, Rz 719 ff.; *Wolf/Eckert*, Handbuch des gewerblichen Miet-, Pacht- und Leasingrechts, Rz 1937 ff.; Erman/*Jendrek*, Anh. § 536 Rz 31; Palandt/*Weidenkaff*, Einf. v. § 535 Rz 58; im Ergebnis auch *Martinek*, Moderne Vertragstypen I, § 7 III, S. 172 und *Flume* DB 1991, 268 f.

[3] BGH NJW 1985, 1796, 1797; 1991, 1746, 1747.

[4] BGH NJW 1986, 1744.

[5] BGH NJW 1986, 1744, 1746.

[6] Ausnahme: kollusives Zusammenwirken zwischen Leasingnehmer und Lieferant zum Nachteil des Leasinggebers; vgl. hierzu BGH NJW 1985, 1535, 1536; 1991, 1746, 1748.

[7] BGH NJW 1982, 105, 106; 1985, 1535; 1991, 1746, 1747.

[8] NJW 1982, 105, 106; 1991, 1746, 1747.

[9] BGH NJW 1991, 1746, 1748.

[10] BGH NJW 1993, 122, 124; OLG München NJW 1993, 123; OLG Köln MDR 2003, 212.

der Leasinggeber den Leasingnehmer formularvertraglich zur Geltendmachung von Gewährleistungsansprüchen gegen den Lieferanten veranlasst habe und infolgedessen das Ergebnis eines solchen Vorgehens hinnehmen müsse.[1] Nach Ansicht des BGH[2] muss einem der Gewährleistungsklage stattgebenden Urteil der Fall gleichgestellt werden, dass sich die erstrebte Rückgängigmachung des Kaufvertrages wegen **Vermögensverfalls des Lieferanten** nicht mehr realisieren lässt. Die Erhebung der Gewährleistungsklage gegen den Lieferanten ist dem Leasingnehmer in einem solchen Fall nicht mehr zuzumuten. Er kann die Mängeleinrede also direkt dem Zahlungsanspruch des Leasinggebers entgegensetzen und seinerseits Rückerstattung der bislang gezahlten Raten verlangen. Der Leasingnehmer müsse auch hier im Verhältnis zum Leasinggeber so gestellt werden, wie er stünde, wenn die Wandelung des Kaufvertrages vollzogen worden wäre. Somit trägt der Leasinggeber beim Finanzierungsleasing das Insolvenzrisiko des Lieferanten. Durch die Geschäftsbedingungen des Leasinggebers kann nichts anderes bestimmt werden. Insbesondere ist es nicht zulässig, das Insolvenzrisiko hinsichtlich des Lieferanten in den Geschäftsbedingungen auf den Leasingnehmer abzuwälzen.[3]

Ist die Geschäftsgrundlage eines Leasingvertrages infolge der Umwandlung des Kaufvertrages über die Leasingsache in ein Rückgewährschuldverhältnis rückwirkend weggefallen, so vollzieht sich der dann notwendige **Ausgleich** nach der bisherigen Rechtsprechung **nach den Regeln der ungerechtfertigten Bereicherung,** §§ 812 ff.[4] Die bislang gezahlten Leasingraten kann der Leasingnehmer somit vom Leasinggeber zurückverlangen. Dieser kann seine Vertragskosten, insbesondere die Zahlung des Kaufpreises an den Lieferanten, nicht bereicherungsmindernd geltend machen. In den Bereicherungsausgleich sind die vom Leasingnehmer gezogenen Nutzungen einzubeziehen. Nach der hier grundsätzlich zur Anwendung berufenen Saldotheorie[5] werden beide Posten sodann miteinander verrechnet, mit der Folge, dass ein einheitlicher – meist gegen den Leasingeber gerichteter – Bereicherungsanspruch gegeben ist. **L 127**

bb) Modifikationen infolge der Schuldrechtsreform. Ob die skizzierte Rechtsprechung in Anbetracht der Neuordnung des kauf- und werkvertraglichen Gewährleistungsrechts und der Kodifizierung des Instituts des Wegfalls der Geschäftsgrundlage in § 313 unverändert fortgeführt werden kann, ist momentan eine offene Frage. Zumindest punktuell ist mit einigen systemimmanenten Modifikationen der bisherigen Judikatur zu rechnen. **L 128**

Da wäre zunächst die Frage, an welches Ereignis künftig das **Recht des Leasingnehmers** geknüpft werden soll, dem Leasinggeber gegenüber (vorläufig) die **Fortzahlung der Leasingraten zu verweigern.** Bislang hielt die Rechtsprechung – wie erwähnt (vgl. Rz L 125) – den Zeitpunkt der Erhebung der Wandelungsklage für entscheidend. Hintergrund war, dass die Wandelung im Falle der Weigerung des Verkäufers klageweise durchgesetzt werden musste, wobei allerdings sofort auf Rückzahlung des Kaufpreises geklagt werden konnte. Nunmehr handelt es sich bei dem an die Stelle der Wandelung tretenden Rücktritt um ein Gestaltungsrecht, das bei Vorliegen der tatbestandlichen Voraussetzungen seine Wirkungen im Zeitpunkt des Zugangs beim Erklärungsgegner, hier beim Lieferanten, entfaltet. Auf ein Einverständnis oder ein dieses ersetzendes rechtskräftiges Urteil kommt es nicht mehr an. Damit, so ließe sich nun argumentieren, entfällt auch für **L 129**

[1] BGH NJW 1994, 576, 577.
[2] NJW 1985, 129; 1990, 314, 315; 1991, 1746, 1749.
[3] BGH NJW 1991, 1746, 1749; a.A. OLG Frankfurt WM 1986, 274 f.
[4] BGH NJW 1990, 314; 1994, 576, 578.
[5] BGH NJW 1990, 314, 316.

den Leasingvertrag die Geschäftsgrundlage schon mit dem Zugang der Rücktrittserklärung mit der weiteren Folge, dass der Leasingnehmer schon zu diesem frühen Zeitpunkt die Zahlung der Leasingraten einstellen kann.[1] Für den Leasinggeber kann sich daraus eine missliche Lage ergeben. Bestreitet nämlich der Lieferant die Mangelhaftigkeit der Leasingsache und damit die Wirksamkeit des Rücktritts, so trägt der Leasinggeber dann, wenn er sich diese Einschätzung zu eigen macht und den Leasingnehmer auf Zahlung der Leasingraten verklagt, das Risiko einer Fehlbeurteilung. Sachgerecht wäre es wohl, das Leistungsverweigerungsrecht des Leasingnehmers nicht an den von ihm erklärten Rücktritt, sondern auch weiterhin an eine von ihm zu erhebende Klage gegen den die Wirksamkeit bestreitenden Lieferanten zu knüpfen.[2] Immerhin verpflichten die üblichen Drittverweisungsklauseln den Leasingnehmer, „die ihm abgetretenen Ansprüche ... fristgerecht geltend zu machen". Eine interessengerechte Auslegung sollte die Klage auf Rückzahlung des Kaufpreises – an den Leasinggeber – nach Rücktritt vom Liefervertrag einschließen und damit die bisherige Rechtslage hinsichtlich des Leistungsverweigerungsrechts konservieren. Die Leasinggesellschaften sollten sich um eine entsprechende Klarstellung in ihren Allgemeinen Leasingbedingungen bemühen.

L 130 Eine Überprüfung der bisherigen Rechtsprechung ist ferner im Hinblick auf die in § 313 erfolgte **Kodifizierung der Grundsätze über die Störung der Geschäftsgrundlage** angezeigt. Zunächst ist festzuhalten, dass die Auflösung des Leasingvertrages künftig nicht mehr ipso iure aus der Umwandlung des Liefervertrages in ein Rückgewährschuldverhältnis folgt, sondern einer **rechtsgestaltenden Erklärung** bedarf.[3] An diese Erklärung wird man freilich keine hohen Anforderungen stellen dürfen. Es sollte genügen, dass der Leasingnehmer gegenüber dem Leasinggeber unter Hinweis auf den Rücktritt vom Liefervertrag die Entlassung aus dem Leasingvertrag begehrt. Größere Probleme könnte der Rechtsprechung die Regelung des § 313 III S. 2 bereiten, derzufolge bei Dauerschuldverhältnissen **an die Stelle des Rücktrittsrechts das Recht zur Kündigung** tritt. Wollte man diese Vorschrift auf den Leasingvertrag anwenden, der ja unstreitig ein Dauerschuldverhältnis begründet,[4] so wäre einer Pflicht zur Rückabwicklung der bereits erbrachten Leistungen der Boden entzogen. Ob diese von Gesetzes wegen wohl unabweisbare Korrektur tatsächlich vollzogen wird, erscheint – wie schon angedeutet – zweifelhaft. Nach *Schmalenbach/Sester*[5] spricht manches dafür, dass der BGH wie bisher mit den Besonderheiten des Finanzierungsleasingvertrages – einem atypischen, nicht gesetzlich geregelten Vertrag – argumentieren und sich vor allem darauf berufen wird, dass der Gesetzgeber mit § 313 keine Änderung der Rechtslage bezweckt hat. Sollte der BGH tatsächlich dem Leasingnehmer weiterhin ein Rücktrittsrecht – anstelle des Kündigungsrechts nach § 313 III S. 2 – oder ein Kündigungsrecht mit – ausnahmsweiser – Rückwirkung zugestehen und so im Ergebnis an der ex-tunc-Wirkung festhalten, so müsste er sich noch mit der in § 313 durch die Verwendung des Begriffs „Rücktritt" angeordneten **Geltung der §§ 346 ff.** auseinandersetzen. Nach bisheriger Rechtsprechung sollte sich – wie erwähnt – die Rückabwicklung der von den Leasingparteien erbrachten Leistungen nach Bereicherungsrecht vollziehen. Für den teilweise vollzogenen Leasingvertrag halten

---

1 So *v. Westphalen* ZIP 2001, 2261.

2 *Arnold,* in: Das neue Schuldrecht in der Praxis, S. 606; *Reinking* ZGS 2002, 234; *Zahn* DB 2002, 986 f.; Palandt/*Weidenkaff,* Einf. v. § 535 Rz 58; *Bamberger/Roth/Ehlert,* vor § 535 Rz 71; für eine Verankerung der Ratenzahlungspflicht bis zur Klageerhebung in den Leasingbedingungen *Gebler/Müller* ZBB 2002, 113.

3 *Schmalenbach/Sester* WM 2002, 2186.

4 MünchKomm/*Gaier* § 314 Rz 6; *Oetker,* Das Dauerschuldverhältnis, S. 174.

5 WM 2002, 2186.

sich allerdings die Unterschiede beider Rückabwicklungssysteme in überschaubaren Grenzen.[1] Von daher ist nicht auszuschließen, dass die Gerichte künftig die §§ 346 ff. als maßgebliches Rechtsregime für die Rückabwicklung des Leasingvertrages zu Grunde legen werden.[2]

IX. Beendigung des Leasingvertrages

1. Ordentliche Vertragsbeendigung

a) Überblick über die in Betracht kommenden Beendigungstatbestände. Die reguläre Beendigung des Leasingvertrages kann auf einer vertraglichen Vereinbarung oder auf einer einseitigen Erklärung einer der Leasingvertragsparteien, also auf einer ordentlichen Kündigung beruhen. **L 131**

Der Leasingvertrag kann zunächst von vornherein **zeitlich befristet** abgeschlossen werden. Das Vertragsverhältnis endet dann mit Ablauf der vereinbarten Vertragsdauer. Einer Kündigung bedarf es hierfür nicht. So verhält es sich insbesondere bei den **Vollamortisationsverträgen.**[3] Mit Ablauf der grundsätzlich unkündbaren Grundmietzeit läuft der Leasingvertrag hier vereinbarungsgemäß aus. Mitunter ist dem Leasingnehmer hier eine Option für einen Kauf der Leasingsache eingeräumt, von der er nun Gebrauch machen kann. Zu einer Fortsetzung des bisherigen Vertragsverhältnisses kann es hingegen nur dann kommen, wenn dem Leasingnehmer das Recht zugestanden ist, für eine Verlängerung des Leasingvertrages zu optieren. **L 132**

Soweit der Leasingvertrag nicht für eine feste Zeit geschlossen worden ist,[4] bedarf es zur Beendigung des Vertragsverhältnisses einer **Kündigung.** Der **Eintritt der Vollamortisation** führt allein noch **nicht** zur **Beendigung des Vertrages.**[5] Er stellt mangels abweichender Vereinbarung insbesondere keine auflösende Bedingung dar. Versäumt der Leasingnehmer die Kündigung zu diesem Termin, muss er folglich die vollen Leasingraten bis zur späteren Beendigung des Vertrages im Wege der ordentlichen Kündigung fortzahlen.[6] **L 133**

Sodann steht es den Parteien frei, einen **Aufhebungsvertrag** zu schließen (§ 311 I). Dies kann beispielsweise im Zusammenhang mit dem Eintritt eines Nachmieters geschehen.[7] **L 134**

b) Allgemeine Folgen der Beendigung. Mit der Beendigung des Leasingvertrages **erlöschen** zunächst die vertraglichen **Primärleistungspflichten** aus dem Leasingvertrag. Der Leasingnehmer schuldet mithin keine weiteren Leasingraten mehr, während der Leasinggeber von der Pflicht frei wird, dem Leasingnehmer den Gebrauch der Leasingsache zu überlassen. Allerdings aktualisieren sich nunmehr einige Pflichten, die gerade an die Beendigung des Vertrages anknüpfen. **L 135**

---

1 *Schmalenbach/Sester* WM 2002, 2186.

2 In diesem Sinne jetzt auch Palandt/*Weidenkaff*, Einf. v. § 535 Rz 58; *Tiedtke/Möllmann* DB 2004, 588; für Rückabwicklung nach Bereicherungsrecht weiterhin *v. Westphalen* ZIP 2001, 2260 f.

3 *Berninghaus*, in: Praxishandbuch Leasing, § 12 Rz 1.

4 Das Fehlen einer Befristung ist weder nach § 305c Abs. 1 BGB überraschend noch nach § 307 BGB unwirksam; vgl. BGH NJW 1990, 247; OLG Köln NJW-RR 1993, 121; a.A. *Canaris* AcP 190, 410, 445; *Tiedtke* WM 1990, 337.

5 BGH NJW 1990, 247, 248; *Martinek*, Moderne Vertragstypen I, S. 191.

6 BGH NJW 1990, 247; NJW-RR 1990, 182.

7 Vgl. hierzu BGH NJW 1997, 452.

L 136 **aa) Rückgabepflicht des Leasingnehmers.** Abgesehen von den Fällen, in denen die Leasingvertragsparteien von einem vorbehaltenen Andienungsrecht oder einer Kaufoption Gebrauch machen, trifft den Leasingnehmer nach der Beendigung des Leasingvertrages zunächst die **Pflicht, den Leasinggegenstand zurückzugeben.** Diese Verpflichtung findet sich in nahezu allen gängigen Leasingvertragswerken und wird dort regelmäßig noch näher konkretisiert. Typisch ist etwa die folgende Klausel: *„Nach Beendigung des Vertrages ist der Mieter verpflichtet, den Mietgegenstand auf seine Kosten und transportversichert an eine ihm vom Vermieter zu benennende Adresse innerhalb des Bundesgebietes zu senden.*[1]" Die Rückgabepflicht wird – wie das Beispiel zeigt – im Allgemeinen als Bringschuld ausgestaltet, mit der Folge, dass das Transportrisiko dem Leasingnehmer zugewiesen wird. AGB-rechtlich ist hiergegen nichts zu erinnern.[2] Bedenken ruft hingegen die Verpflichtung hervor, die Leasingsache an einen vom Leasinggeber zu benennenden Dritten innerhalb des Bundesgebietes zu senden.[3] Dies kann für den Leasingnehmer je nach Leasinggegenstand ganz erhebliche und unkalkulierbare Mehraufwendungen nach sich ziehen. Dem Leasinggeber dürfte hier die Konkretisierung der Versandadresse zuzumuten sein. Neben diese vertraglich begründete Rückgabepflicht tritt regelmäßig ein Herausgabeanspruch des Leasinggebers aus § 985. Einer Analogie zu § 546 I bedarf es vor diesem Hintergrund nicht.

L 137 **bb) Rechtsfolgen mangelhafter Erfüllung der Rückgabepflicht.** Die Rückgabepflicht des Leasingnehmers ist ferner dahingehend zu konkretisieren, dass er nicht nur die Rückgabe als solche, sondern die Rückgabe des Leasinggegenstandes in einem **ordnungsgemäßen Zustand** schuldet. Für die Beurteilung der Ordnungsmäßigkeit wird man auf § 538 zurückgreifen können.[4] Veränderungen oder Verschlechterungen der geleasten Sache, die durch den vertragsgemäßen Gebrauch herbeigeführt werden, hat der Leasingnehmer nicht zu vertreten (normale Gebrauchsspuren, gebrauchsbedingte Verschleißmängel). Für darüber hinausgehende Verschlechterungen haftet der Leasingnehmer nach § 280. Handelt es sich allerdings um einen Leasingvertrag mit Restwertausgleich, so fließt der Minderwert des Leasinggegenstandes schon in die Berechnung des entsprechend erhöhten Ausgleichsanspruchs ein.[5] Vorgenommene Veränderungen hat der Leasingnehmer vor Rückgabe der Leasingsache auf seine Kosten zu beseitigen.[6] Ersatzansprüche des Leasinggebers wegen Veränderung oder Verschlechterung des Leasinggegenstandes **verjähren analog** § 548 in sechs Monaten beginnend mit dem Zeitpunkt der Rückgabe.[7]

L 138 Ist der Leasingnehmer nach Vertragsbeendigung **zur Rückgabe der Leasingsache außerstande,** etwa weil sie zerstört ist oder gestohlen worden ist, so kommt eine Haftung wegen Unmöglichkeit nach §§ 280 I, III, 283 in Betracht.[8]

L 139 Für den Fall der **verspäteten Rückgabe** der Leasingsache hält die Rechtsprechung den Leasingnehmer grundsätzlich zur **Fortentrichtung der Leasingraten**

---

1 *Stolterfoht,* in: Münchener Vertragshandbuch 3/1, S. 157.

2 *Berninghaus,* in: Praxishandbuch Leasing, § 12 Rz 4; *v. Westphalen,* Leasingvertrag, Rz 969; wohl auch BGH NJW 1982, 1747, 1748.

3 Wie hier auch *v. Westphalen,* Leasingvertrag, Rz 970.

4 *V. Westphalen,* Leasingvertrag, Rz 971.

5 MünchKomm/*Habersack,* Leasing, Rz 109; vgl. auch BGH NJW 1986, 1335.

6 Näher zur Wegnahmepflicht und zum Wegnahmerecht *v. Westphalen,* Leasingvertrag, Rz 974 ff.

7 MünchKomm/*Habersack,* Leasing, Rz 109; *Martinek,* Moderne Vertragstypen I, S. 194.

8 *Berninghaus,* in: Praxishandbuch Leasing, § 12 Rz 7. Sein Vertretenmüssen wird insoweit vermutet § 280 Abs. 1 Satz 2.

nach § 546a I für verpflichtet.[1] Eine Klausel im Leasingvertrag, die diese Rechtsfolge ausdrücklich festschreibt, soll daher nur deklaratorischen Charakter haben und demgemäß nach § 307 III einer Inhaltskontrolle entzogen sein.[2] Für unwirksam hat der BGH[3] jüngst allerdings folgende Klausel erachtet: „Gibt der Leasingnehmer das Leasingobjekt nicht zurück, so hat er für jeden angefangenen Monat der nicht erfolgten Rückgabe die im Leasingvertrag vereinbarte Leasingrate als Nutzungsentschädigung zu zahlen." Die Klausel sei mit einem wesentlichen Grundgedanken des § 546a I nicht zu vereinbaren, da sie nicht an das Merkmal der „Vorenthaltung" anknüpfe, also auch Fallkonstellationen erfasse, in denen der Leasinggeber die Rückgabe der Leasingsache gar nicht wünsche. Abgesehen von dieser Präzisierung soll es aber offenbar bei der grundsätzlichen Anwendbarkeit des § 546a I bleiben.

cc) Stillschweigende Verlängerung durch Gebrauchsfortsetzung. Die Diskussion um die Anwendung des § 546a würde in einem anderen Licht erscheinen, wenn die Fortsetzung des Gebrauchs nach Ablauf des Vertrages analog § 545 zu einer Verlängerung des Leasingverhältnisses führen würde. Der Leasinggeber müsste sich dann überlegen, ob es nicht sogar tunlich ist, seinen entgegenstehenden Willen nicht zu äußern, um so auch weiterhin in den Genuss der vollen Leasingraten zu gelangen. Der BGH hat in dieser Frage bislang eine Festlegung vermieden.[4] Im Schrifttum sind die Meinungen geteilt.[5] Zu Klarstellungszwecken sollte die Anwendung der Vorschrift des § 545 in den Leasingbedingungen ausdrücklich ausgeschlossen werden; in der Praxis geschieht dies offenbar auch.[6] Die AGB-rechtliche Zulässigkeit einer solchen Abrede wird selbst derjenige bejahen müssen, der § 545 auf den Leasingvertrag analog anwendet.[7] **L 140**

c) Abschlusszahlung bei vorzeitig kündbaren Leasingverträgen. Der Finanzierungsleasingvertrag, gleich ob es sich um einen Voll- oder um einen Teilamortisationsvertrag handelt, ist auf die volle Amortisation der vom Leasinggeber getätigten Aufwendungen angelegt. Wird der Leasingvertrag infolge einer Kündigung vor Ende der Grundlaufzeit ordentlich gekündigt, wie dies insbesondere bei verschiedenen Varianten des Teilamortisationsvertrages möglich ist, so ergibt sich für den Leasinggeber eine Amortisationslücke. Wie diese geschlossen wird, ergibt sich im Regelfall aus den Leasingbedingungen. Fraglich ist, ob der Leasingnehmer auch dann einen entsprechenden Ausgleich schuldet, wenn der Leasingvertrag keine entsprechende Regelung vorhält bzw. eine solche sich im Vertrag zwar findet, sie jedoch der Inhaltskontrolle nicht standzuhalten vermag. **L 141**

---

[1] BGH NJW 1978, 1432, 1434; 1989, 1730, 1731f.; NJW-RR 2005, 1081; anders für erfüllte Vollamortisations-Leasingverträge OLG Düsseldorf BB 1989, 173; einschränkend unter dem Gesichtspunkt des Äquivalenzprinzips auch OLG Köln BB 1992, 2386; der Rechtsprechung folgend *Wolf/Eckert,* Handbuch des gewerblichen Miet-, Pacht- und Leasingrechts, Rz 2022; *v. Westphalen,* Leasingvertrag, Rz 1002ff.; MünchKomm/*Habersack,* Leasing, Rz 31; *Palandt/Weidenkaff,* Einf. v. § 535 Rz 49; *Flume* DB 1991, 267; *Ulmer/H Schmidt,* Anh. § 310 Rz 548; ablehnend Staudinger/*Stoffels,* Leasing, Rz 286; *Canaris* AcP 190 [1990], 441f.; *Martinek,* Moderne Vertragstypen I, § 8 I, S. 193f.; *Tiedtke* ZIP 1989, 1437ff.

[2] BGH NJW 1989, 1730, 1731f.

[3] DB 2004, 376.

[4] Offen gelassen in BGH NJW 1989, 1730, 1731.

[5] Dafür *v. Westphalen,* Leasingvertrag, Rz 1010; dagegen *Martinek,* Moderne Vertragstypen I, S. 192f.; *Martinek/Oechsler,* in: Bankrechts-Handbuch, § 101 Rz 111; MünchKomm/*Habersack,* Leasing, Rz 108.

[6] *Berninghaus,* in: Praxishandbuch Leasing, § 12 Rz 39; vgl. beispielsweise die Empfehlung von *Stolterfoht,* in: Münchener Vertragshandbuch Bd. 3/1, S. 157.

[7] So insbesondere *v. Westphalen,* Leasingvertrag, Rz 1011; ferner MünchKomm/*Habersack,* Leasing, Rz 108; *Berninghaus,* in: Praxishandbuch Leasing, § 12 Rz 39; für Abdingbarkeit in Formularmietverträgen BGH NJW 1991, 1751, 1752 unter Betonung der bloßen Ordnungsfunktion der Vorschrift; ebenso bereits zuvor OLG Hamm NJW 1983, 826.

L 142 **aa) Der leasingtypische und vertragsimmanente Ausgleichsanspruch.** Der BGH hat in seiner Rechtsprechung zum Finanzierungsleasing seit Beginn der '80er Jahre einen Ausgleichsanspruch des Leasinggebers bei vorzeitiger Vertragsbeendigung auch in den Fällen bejaht, in denen es an einer (wirksamen) Anspruchsbegründung im Vertrag fehlt.[1] Der Ausgleichsanspruch finde seine Rechtfertigung maßgeblich in dem einen Leasingvertrag gegenüber reinen Mietverträgen prägenden Finanzierungscharakter des Leasinggeschäfts, dem immanent sei, dass die vereinbarten Leasingraten nicht nur ein Entgelt für die Gebrauchsüberlassung darstellten, sondern auch dazu bestimmt seien, den Anschaffungs- und Finanzierungsaufwand (nebst Gewinn) des Leasinggebers für den vom Leasingnehmer ausgesuchten Gegenstand zu amortisieren. Dies mache gerade auch in Bezug auf die vom Leasinggeber gewährte Finanzierung einen Ausgleich nötig. Dieser sei **„leasingtypisch und damit vertragsimmanent"**.[2]

L 143 Der leasingtypische Ausgleichsanspruch steht dem Leasinggeber grundsätzlich im Falle der **vorzeitigen Vertragsbeendigung durch Kündigung** zu. Falls keine besonderen Vereinbarungen getroffen werden, besteht dieser Anspruch auch im Falle eines **Aufhebungsvertrages** zumindest dann, wenn der Grund für die Aufhebungsvereinbarung nicht im Verantwortungsbereich des Leasinggebers liegt. Auch hier hat der Leasinggeber nämlich ein berechtigtes Interesse daran, dass seine Kosten gedeckt und sein Gewinn gesichert wird.[3]

L 144 Der Ausgleichsanspruch weist nach Ansicht des BGH Entgeltcharakter auf;[4] es handelt sich – wie *Martinek*[5] zu Recht hervorhebt – um den **Rest-Erfüllungsanspruch** des Leasinggebers. Folgerichtig unterfällt der Ausgleichsanspruch nicht der kurzen **Verjährung** des § 548, und zwar auch dann nicht, wenn die den Anspruch auslösende Kündigung durch die Beschädigung des Leasinggegenstandes veranlasst worden ist.[6]

L 145 **bb) Berechnung der Höhe.** Nach der Rechtsprechung ist hinsichtlich der Berechnung des Ausgleichsanspruchs wie folgt zu verfahren.[7] Den Ausgangspunkt bildet die Summe der bei Vertragsbeendigung ausstehenden Leasingraten. Dieser den kalkulierten Gesamtaufwand und Gewinn abdeckende Betrag bedarf allerdings einer Korrektur, weil die aufgewandten Mittel des Leasinggebers vorzeitig zurückfließen und das Leasinggut einen höheren Wert hat als bei Ablauf der kalkulierten Vertragsdauer. Der BGH hält den Leasinggeber daher für verpflichtet, den Leasingnehmer mit 90% am Verwertungserlös zu beteiligen und die restlichen Ratenzahlungen um die in ihnen enthaltenen kalkulierten Kosten zu vermindern, die er infolge der vorzeitigen Vertragsbeendigung erspart. Auf diese Weise meint der BGH, auf der einen Seite den Leasinggeber mit Rücksicht auf den Grundsatz der Vollamortisation vor den Nachteilen einer vorzeitigen Kündigung zu bewahren und andererseits zu vermeiden, dass er aus der Kündigung wirtschaftliche Vorteile über den ursprünglich vereinbarten Rahmen hinauszieht.

L 146 Der Ausgleichsanspruch ist **konkret zu berechnen.**[8] Hierfür verlangt der BGH[9] im Einzelnen, dass vom Bruttobetrag der restlichen Leasingraten vor allem

---

1 BGH NJW 1982, 870, 872; 1982, 1747, 1748; 1985, 2253, 2256; 1986, 1746, 1747.
2 BGH NJW 1985, 2253, 2256; 1986, 1746, 1747.
3 OLG Düsseldorf OLG-Report 2001, 401, 403.
4 BGH NJW 1986, 1335, 1336; *v. Westphalen,* in: AGB-Klauselwerke Leasing, Rz 166.
5 Moderne Vertragstypen I, S. 201.
6 BGH NJW 1986, 1335, 1336.
7 Vgl. zusammenfassend BGH NJW 1990, 2377, 2378.
8 BGH NJW 1985, 2253; weitere wichtige Urteile zur Berechnung: BGH NJW 1986, 1335; 1986, 1746; 1990, 2377; Erman/*Jendrek,* Anh. § 536 Rz 40.
9 NJW 1990, 2377, 2378f.

die im Wege der „Abzinsung" auf den Zeitpunkt der Vertragsbeendigung zu ermittelnden, in den restlichen Raten enthaltenen Kreditkosten abzusetzen sind. Ihr Ansatz bei Abschluss des Leasingvertrages richtet sich nach der Verzinsung des eingesetzten Eigenkapitals und der aufgenommenen Refinanzierungsmittel. Ferner sind diejenigen Teile des Aufwandes abzuziehen, die infolge der Kündigung nicht realisiert worden sind, wie z. B. auf die spätere Zeit entfallenden Steuer- und Versicherungsanteile, außerdem anteilig aber auch vorsorglich einkalkulierte Risikoposten, die sich bei kürzerer Laufzeit verringern werden. Einen Gewinn kann der Leasinggeber für die Zeit nach der Kündigung nicht mehr beanspruchen. Der wegfallende Gewinnanteil muss daher grundsätzlich ermittelt und vom Gesamtaufwand abgezogen werden.[1] Auf der anderen Seite müsse zulasten des Leasingnehmers eine Vorfälligkeitsentschädigung berücksichtigt werden, die mit der Refinanzierungsbank wirksam vereinbart war und vom Leasinggeber auch tatsächlich gezahlt worden ist. Dafür sprechen in der Tat der zwischen den anfänglich kalkulierten Kreditkosten und der Vorfälligkeitsentschädigung bestehende wirtschaftliche Zusammenhang und die Typizität der Inanspruchnahme von Refinanzierungskrediten für Leasingverträge.[2]

d) Sonderprobleme bei kündbaren Teilamortisationsverträgen. Die verschiedenen Modelle des Teilamortisationsvertrages unterscheiden sich vor allem dadurch voneinander, auf welche Weise die bei Beendigung des Leasingvertrages entstehende Deckungslücke geschlossen wird, also die volle Amortisation des vom Leasinggeber aufgewendeten Kapitals sichergestellt wird. Je nach Art dieser im vorformulierten Leasingvertrag näher ausgestalteten Ausgleichsmaßnahmen stellen sich verschiedene Sonderprobleme. **L 147**

aa) Andienungsrecht des Leasinggebers. In der ersten hier anzusprechenden, erlasskonformen Ausgestaltungsart des Teilamortisationsleasingvertrages verpflichtet sich der Leasingnehmer bereits im Leasingvertrag, den Leasinggegenstand für den Fall, dass nach Ablauf der Grundmietzeit kein Verlängerungsvertrag zustande kommt oder man sich auf eine andere Verwertungsart einigt, zu einem festen Preis zu erwerben. Die formularmäßige Vereinbarung eines solchen Andienungsrechts ist aus AGB-rechtlicher Sicht nicht zu beanstanden,[3] und zwar unabhängig davon, ob man hierin ein bindendes Angebot des Leasingnehmers auf Abschluss eines Kaufvertrages oder den Abschluss eines aufschiebend bedingten Kaufvertrages sieht.[4] Trotz der Länge des Zeitraums, in der der Kaufvertrag in der Schwebe gehalten wird, lässt sich ein Verstoß gegen AGB-rechtliche Vorgaben, insbesondere gegen das Verbot unangemessen langer Annahmefristen (§ 308 Nr. 1), nicht diagnostizieren. Denn eine solche Vertragsgestaltung bezieht ihre innere Rechtfertigung, also ihre **inhaltliche Angemessenheit,** aus dem den Finanzierungsleasingvertrag insgesamt prägenden Vollamortisationsprinzip. Die Amortisationslücke wird hier lediglich in einer besonderen Art und Weise, nämlich durch den Verkauf des Leasinggegenstandes an den Leasingnehmer zu einem im Vorhinein festgelegten Preis, geschlossen. Für den Leasingnehmer resultiert daraus – im Vergleich etwa zum Teilamortisationsmodell mit Abschlußzahlung – kein spezifischer Nachteil, der das Unangemessenheitsurteil rechtfertigen könnte. Selbstverständlich muss die Formulierung dieser Passage im Leasingvertrag **klar und verständlich** (§ 307 I S. 2) sein.[5] **L 148**

---

[1] BGH NJW 1986, 1746, 1748; anders noch BGH NJW 1985, 2253, 2257.

[2] BGH NJW 1990, 2377, 2379.

[3] *Martinek,* Moderne Vertragstypen I, S. 194 ff.; *Martinek/Oechsler,* in: Bankrechts-Handbuch, § 101 Rz 118; MünchKomm/*Habersack,* Leasing, Rz 110; a.A. *Kurstedt* DB 1981, 2525, 2529 f.

[4] Die rechtliche Qualifizierung offen lassend BGH NJW 1997, 452, 453.

[5] MünchKomm/*Habersack,* Leasing, Rz 110.

Ferner ist darauf hinzuweisen, dass die **formularmäßige Ausgestaltung des sich an den Leasingvertrag anschließenden Kaufvertrages** den durch die Schuldrechtsreform enger abgesteckten Grenzen unterliegt. Sowohl bei **Teilamortisationsverträgen mit Andienungsrecht** als auch bei **Vollamortisationsverträgen mit Optionsrecht** war bislang ein weitreichender Gewährleistungsausschluss üblich, der in dieser Form nicht weiter fortgeführt werden kann.[1]

L 149 **bb) Vereinbarte Abschlusszahlung.** Der Ausgleich kann weiterhin durch eine mit der Kündigung des Leasingvertrages fällig werdende Abschlusszahlung sichergestellt werden. In der Leasingpraxis hat man zunächst pauschale Abrechnungsklauseln verwendet, die degressive Prozentsätze vom Anschaffungspreis vorsahen.

L 150 Fraglich ist, ob und in welcher Hinsicht derartige AGB-Klauseln der Inhaltskontrolle nach den §§ 307 bis 309 unterliegen. Der **BGH** ist von Anfang an von der **Kontrollunterworfenheit** solcher Klauseln ausgegangen. Die auf den Prüfstand gestellten **pauschalen Berechnungsmodelle** der Leasingunternehmen sind vom BGH **allesamt beanstandet worden,** wobei die rechtliche Begründung wechselte. Im Urteil vom 28. 10. 1981 erblickte er in einer solchen Klausel eine unzulässige Kündigungserschwerung und damit eine unangemessene Benachteiligung im Sinne des § 307.[2] In späteren Urteilen rückte sodann der **Transparenzgedanke** in den Vordergrund.[3] In letzter Zeit sind zunehmend auch **materielle Beanstandungen** hinzugetreten, so der Vorwurf mangelnder Orientierung des Abzinsungssatzes am Refinanzierungszins oder der Nichtberücksichtigung ersparter Aufwendungen.[4]

L 151 Im Einzelnen gilt Folgendes: Sub specie **Transparenzgebot** verlangt die Rechtsprechung, dass die Klausel in Verbindung mit dem übrigen Vertragsinhalt alle Angaben zu enthalten hat, deren es zur Berechnung des nach der Klausel geschuldeten Betrages bedarf. Kann der durchschnittliche Leasingnehmer nicht erkennen, welche Ausfälle und Nachteile der Leasinggeber in seine Berechnungen einbezogen und ob er auch die ihm durch eine ordentliche Kündigung des Vertrages durch den Leasingnehmer entstehenden Vorteile berücksichtigt hat, so ist dem Transparenzgebot nicht entsprochen. Vor diesem Hintergrund muss dringend davon abgeraten werden, den Vollamortisationsanspruch in abstrakter Weise klauselmäßig festzuhalten. Zur konkreten Berechnung gibt es nach der Rechtsprechung keine Alternative.[5] Intransparent ist ferner der Begriff der **„vorschüssigen Rentenbarwertformel"**:[6] Denn dabei handelt es sich nicht etwa um einen Begriff, der durch eine feststehende Rechtsprechung eine allseits anerkannte Ausprägung erfahren hat, sondern um eine abkürzende Bezeichnung für einen finanzmathematischen Berechnungsvorgang, dessen Kenntnis nicht als kaufmännisches Allgemeinwissen gelten kann. In letzter Zeit betont der BGH allerdings auch die **Grenzen des Transparenzgebots.** Dieses dürfe den AGB-Verwender nicht überfordern. Insbesondere bestehe die Verpflichtung, den Klauselinhalt klar und verständlich zu formulieren, nur im Rahmen des Möglichen.[7] Bei einem Leasingvertrag erfordere das Transparenzgebot nicht die Offenlegung der internen Kalkulation.[8]

---

1 Vgl. hierzu *Arnold,* in: Das neue Schuldrecht in der Praxis, S. 611 ff.; *J Weber* NJW 2003, 2349 f.
2 BGH NJW 1982, 870, 872.
3 BGH NJW 1985, 2253, 2255; 1986, 1335, 1336.
4 BGH NJW-RR 1986, 595 [596]; NJW 1986, 1746, 1747; 1995, 954; 1996, 455, 456.
5 So auch die Einschätzung von *v. Westphalen,* Leasingvertrag, Rz 1028.
6 BGH NJW 1996, 455, 456.
7 BGH NJW 1990, 2383, 2384; 1993, 2052, 2054; 1998, 3114, 3116; ZIP 1999, 103, 104.
8 BGH NJW 1997, 3166.

Die Unwirksamkeit einer Klausel über eine Abschlusszahlung kann sich schließlich auch aus einer **unangemessenen, materiellen Benachteiligung des Leasingnehmers** ergeben. Dabei dient der Rechtsprechung der leasingtypische Amortisationsanspruch als Kontrollmaßstab; ihm kommt damit gleichsam Leitbildfunktion zu.[1] Generell gilt, dass die Regelung den Leasinggeber nicht besser stellen darf, als er bei kündigungsfreiem Ablauf des Leasingvertrages stehen würde.[2] Er darf mit anderen Worten aus der vorzeitigen Kündigung des Leasingvertrages kein Kapital schlagen (Bereicherungsverbot). Verstöße hiergegen sind etwa in der Form denkbar, dass keine oder eine zu geringe Abzinsung vorgesehen ist oder ersparte Kosten und Aufwendungen dem Leasingnehmer nicht gutgebracht werden. **L 152**

Der Verstoß gegen das Transparenzgebot (§ 307 I S. 2) oder das Verbot unangemessener Benachteiligung des Vertragspartners (§ 307 I S. 1) hat die **Nichtigkeit der Abrechnungsklausel** zur Folge. Damit verlieren jedoch nur die im Vertrag fixierten Vorgaben für die Bemessung der Höhe des Ausgleichsanspruchs ihre Verbindlichkeit. Der **Zahlungsanspruch dem Grunde** nach bleibt hiervon unberührt. An die Stelle der unwirksamen Abrechnungsklausel tritt nämlich der **leasingtypische Amortisationsanspruch.**[3] Der Leasingnehmer schuldet mithin eine Abschlusszahlung, die nunmehr jedoch **konkret** unter genauer Berücksichtigung aller ersparten Kosten des Leasinggebers **berechnet** werden muss. Hierin liegt nicht etwa eine (grundsätzlich unzulässige) geltungserhaltende Reduktion, sondern schlicht die Anwendung des Grundsatzes, dass die valutierte Kreditsumme bei vorzeitiger Vertragsbeendigung an den Kreditgeber zurückzuerstatten ist.[4] **L 153**

cc) Aufteilung des Mehrerlöses bzw. Restwertgarantie. Insbesondere beim Kraftfahrzeugleasing wird häufig vereinbart, dass die zur vollen Amortisation der Gesamtaufwendungen notwendige Abschlussleistung nach dem Ende der Grundlaufzeit vom Leasingnehmer in der Weise erbracht wird, dass der Erlös aus der Verwertung (Verkauf) dem Leasinggeber zufließt und der Leasingnehmer insoweit einen bestimmten Restwert garantiert. Wird der garantierte Restwert im Zuge der Verwertung nicht erzielt – etwa weil das Leasinggut beschädigt oder über die Maßen abgenutzt ist –, so hat der Leasingnehmer die Differenz auszugleichen. Im umgekehrten Fall wird er an dem Mehrerlös prozentual beteiligt. Der Zahlungsanspruch auf Ausgleich einer etwaigen Differenz zwischen kalkuliertem Restwert und Veräußerungserlös hat ebenso wie eine vereinbarte Abschlusszahlung Entgeltcharakter; es handelt sich um den Resterfüllungsanspruch mit der Folge, dass auf ihn die regelmäßige, drei Jahre betragende Verjährungsfrist nach § 195 und nicht die kurze Verjährungsfrist des § 548 Anwendung findet.[5] **L 154**

Die **AGB-rechtliche Zulässigkeit** dieses Modells ist im Grundsatz unbestritten.[6] Allerdings sind einige höchstrichterliche Vorgaben zu beachten. Zunächst trifft den Leasinggeber eine Pflicht zur bestmöglichen Verwertung der zurückzugebenden Leasingsache.[7] Diese Verpflichtung soll zum Schutz des Leasingnehmers gewährleisten, dass diesem der tatsächliche Marktwert des Leasingobjekts im Verwertungszeitpunkt zugute kommt.[8] Eine Klausel in den Leasingbedingungen, die **L 155**

---

[1] So auch ausdrücklich *Ulmer/H. Schmidt,* Anh. § 310 Rz 543.

[2] BGH NJW 1986, 1746, 1747; *Ulmer/H. Schmidt,* Anh. § 310 Rz 545.

[3] BGH NJW 1985, 2253, 2256f.; 1986, 1335, 1336; 1986, 1746, 1747; 1987, 842, 843; MünchKomm/*Habersack,* Leasing, Rz 113.

[4] So zu Recht *Larenz/Canaris,* Lehrbuch des Schuldrechts II/2, S. 110.

[5] BGH NJW 1996, 2860, 2861.

[6] Vgl. zuletzt BGH NJW 2001, 2165, 2166.

[7] BGH NJW 1991, 221, 224; 1996, 455; 2004, 1823, 1824; LG Halle NJW-RR 2003, 121.

[8] BGH NJW 1997, 3166, 3167.

den Leasingnehmer für den Fall, dass es bei Vertragsende zu keiner Einigung über den Wert der Leasingsache kommt, an die Schätzung des Händlereinkaufspreises durch einen Sachverständigen bindet, genügt diesem Gebot nicht und ist nach § 307 unwirksam.[1] Anders ist jedoch zu entscheiden, wenn dem Leasingnehmer das Recht eingeräumt wird, das Leasinggut selbst zum Schätzpreis zu erwerben. Er hat es dann in der Hand, durch eine Veräußerung auf eigene Rechnung einen tatsächlich höheren Marktwert zu seinen Gunsten zu realisieren.[2] Derselbe Effekt lässt sich durch die formularmäßige Einräumung eines Drittkäuferbenennungsrechts erzielen.[3] Der Leasingnehmer wird durch die Benennung eines geeigneten Kaufinteressenten in die Lage versetzt, einen Verwertungserlös zu erzielen, der über dem Händlereinkaufspreis liegt, womit seine Interessen grundsätzlich ausreichend berücksichtigt sind.[4] Allerdings muss das Drittkäuferbenennungsrecht effektiv ausgeübt werden können. Eine Klausel, die dem Leasingnehmer eine nur zweiwöchige Frist nach Zugang des Sachverständigengutachtens einräumt, einen geeigneten Drittkäufer zu benennen, verkürzt dessen Verwertungsmöglichkeiten unangemessen und ist daher regelmäßig unwirksam nach § 307 II Nr. 2 BGB.[5] Die Kosten des Schätzgutachtens können dem Leasingnehmer ohne Verstoß gegen § 307 aufgebürdet werden.[6] Wie stets muss auch bei dieser Variante des Teilamortisationsvertrages den Anforderungen des Transparenzgebots entsprochen werden. Dieses fordert zwar nicht die Offenlegung der Kalkulation, die dem im Finanzierungsleasingvertrag vereinbarten, vom Leasingnehmer garantierten Restwert zu Grunde liegt. Wohl aber muss die Restwertklausel alle Angaben enthalten, deren es zur Berechnung des geschuldeten Restausgleichs bedarf.[7]

2. Außerordentliche Kündigung

L 156 Schließlich kann der Leasingvertrag – wie jedes andere Dauerschuldverhältnis auch – jederzeit ohne Einhaltung einer Kündigungsfrist gekündigt werden, wenn ein wichtiger Grund hierfür vorliegt (§ 314). In der Praxis des Leasinggeschäfts geschieht das offenbar nicht selten.

L 157 **a) Kündigungsgründe.** Nach § 314 I S. 1 liegt ein zur außerordentlichen Kündigung berechtigender **wichtiger Grund** vor, wenn dem kündigenden Teil unter Berücksichtigung aller Umstände des Einzelfalles und unter Abwägung der beiderseitigen Interessen die Fortsetzung des Vertragsverhältnisses bis zur vereinbarten Beendigung oder bis zum Ablauf einer Kündigungsfrist nicht zugemutet werden kann. Auf dieser Grundlage und unter Einbeziehung besonderer gesetzlicher Vorschriften aus dem Miet- und Verbraucherdarlehensrecht ergibt sich im Einzelnen folgendes Bild.

L 158 **aa) Außerordentliche Kündigung des Leasingnehmers.** Für eine außerordentliche Kündigung des Leasingnehmers kommen verschiedene Gründe in Betracht. Sie entziehen sich einer abschließenden Aufzählung. Folgende Konstellationen seien hier hervorgehoben:

---

1 BGH NJW 1996, 455; 1997, 3166, 3167; zum ebenfalls unwirksamen Ausschluss des Erwerbsrechts des Leasingnehmers in AGB vgl. AG München NZV 2003, 243 und *Nitsch* NZV 2003, 216.
2 BGH NJW 1997, 3166, 3167.
3 BGH NJW 1997, 3167; OLG Dresden BB 1999, 285.
4 OLG Düsseldorf NJW-RR 2004, 1208, 1209.
5 OLG Düsseldorf NJW-RR 2004, 1208, 1209; DB 2005, 1594.
6 BGH NJW 1997, 3166, 3167; *Martinek/Oechsler,* in: Bankrechts-Handbuch, § 101 Rz 115.
7 BGH NJW 1997, 3166; NJW 2004, 1823, 1824.

Zu denken ist zunächst an den Fall, dass dem Leasingnehmer – ohne dass er es zu vertreten hätte – der **Leasinggegenstand nicht geliefert** wird (vgl. hierzu eingehend oben unter Rz 83 ff.). Die Rechtsprechung operiert hier sowohl mit dem Institut der Störung der Geschäftsgrundlage[1] als auch mit einer Analogie zu § 543 I Nr. 1.[2] Nach dieser Vorschrift liegt ein wichtiger Grund zur außerordentlichen Kündigung vor, wenn dem Mieter der vertragsgemäße Gebrauch der Mietsache ganz oder zum Teil nicht rechtzeitig gewährt oder entzogen wird. **L 159**

Ein außerordentliches Kündigungsrecht nach § 314 ist dem Leasingnehmer ferner dann zuzugestehen, wenn die **Sache nach Überlassung an ihn untergeht.** Denn damit ist der Finanzierungszweck endgültig fehlgeschlagen und dem Leasingnehmer ein weiteres Festhalten am Leasingvertrag nicht zuzumuten (Einzelheiten oben unter Rz 92 ff.). **L 160**

Eine fristlose Kündigung aus wichtigem Grunde kommt schließlich in Betracht, wenn sich der Leasinggeber eigenmächtig in den Besitz der Sache setzt; abweichende Bestimmungen in den Geschäftsbedingungen des Leasinggebers sind nicht möglich.[3] **L 161**

bb) Außerordentliche Kündigung des Leasinggebers. Den bei weitem häufigsten Anlass für eine fristlose Kündigung seitens des Leasinggebers bildet in der Praxis das Ausbleiben der geschuldeten Leasingraten zum vereinbarten Termin, also der Zahlungsrückstand des Leasingnehmers. Allerdings können auch anders gelagerte Sachverhalte unter bestimmten Voraussetzungen eine außerordentliche Kündigung rechtfertigen. **L 162**

Der Zahlungsverzug des Schuldners ist u.a.im Mietrecht als Grund für eine außerordentliche fristlose Kündigung gesetzlich anerkannt. In § 543 II Nr. 3 ist dieser Kündigungsgrund tatbestandlich näher ausgeformt worden. Hiernach ist eine außerordentliche Kündigung insbesondere dann gerechtfertigt, wenn der Mieter **für zwei aufeinanderfolgende Termine mit der Entrichtung der Miete** oder eines nicht unerheblichen Teils **in Verzug** ist (Buchst. a, beachte auch Buchst. b). Leasingspezifische Besonderheiten, die einer Erstreckung dieser Vorschrift auf den Zahlungsrückstand des Leasingnehmers entgegenstehen, sind nicht ersichtlich. Die Rechtsprechung wendet daher § 543 Abs. 2 Nr. 3 zu Recht **analog** auf das Finanzierungsleasing an.[4] Einer Mahnung als Voraussetzung des Verzugseintritts bedarf es nicht, da der Leasingnehmer zur Zahlung der Leasingraten an kalendermäßig fixierten Fälligkeitsdaten verpflichtet ist (§ 286 II Nr. 1).[5] **L 163**

In der Praxis wird die Kündigungsbefugnis des Leasinggebers in aller Regel im Leasingvertrag näher geregelt. Solche **Kündigungsklauseln** befassen sich dann auch meist mit dem Zahlungsrückstand des Leasingnehmers. Dabei ist zu beachten, dass der Tatbestand des § 543 II Nr. 3 nicht zum Nachteil des Leasingnehmers abgeändert werden darf. Denn der Vorschrift des § 543 II Nr. 3 wird im Rahmen der Inhaltskontrolle nach § 307 II Nr. 1 – auch im unternehmerischen Geschäftsverkehr – Leitbildcharakter zuerkannt.[6] **L 164**

Handelt es sich bei dem Leasingnehmer um einen **Verbraucher,** so ist für eine Kündigung des Leasingvertrages wegen Zahlungsverzuges die **Sondervorschrift** **L 165**

---

[1] BGH NJW 1986, 179.

[2] BGH NJW 1993, 122, 123 und zuvor BGH NJW 1988, 204 f.; auf § 314 stellt hingegen ab: Staudinger/*Stoffels,* Leasing, Rz 311.

[3] OLG Hamm ZMR 1992, 152.

[4] BGH NJW 1982, 870, 872; 1984, 2687; 1985, 1539, 1544; BGHZ 95, 39; BGH NJW 1995, 1541, 1543.

[5] Vgl. *Martinek,* Moderne Vertragstypen I, S. 204; *v. Westphalen,* Leasingvertrag, Rz 1147.

[6] *Martinek,* Moderne Vertragstypen I, S. 205; MünchKomm/*Habersack,* Leasing, Rz 122.

des § 498 (i.V.m. § 500) zu beachten. Zum Schutze des Verbrauchers sind in § 498 **zusätzliche Voraussetzungen** statuiert, die allesamt kumulativ erfüllt sein müssen. Zunächst muss der Verbraucher mit mindestens zwei aufeinanderfolgenden Teilzahlungen ganz oder teilweise in Verzug sein (§ 498 I S. 1 Nr. 1 HS 1). Ferner muss der Verzug mit mindestens 10%, bei einer Laufzeit über drei Jahre mit 5% des Nennbetrages des Darlehens oder des Teilzahlungspreises bestehen (§ 498 I S. 1 Nr. 1 HS 2, sog. Rückstandsquote). Schließlich muss der Darlehensgeber dem Verbraucher erfolglos eine zweiwöchige Frist zur Zahlung des rückständigen Betrages mit der Erklärung gesetzt haben, dass er bei Nichtzahlung innerhalb der Frist die gesamte Restschuld verlange (§ 498 I S. 1 Nr. 2, sog. qualifizierte Mahnung).[1]

L 166 Auch eine wesentliche Verschlechterung der Vermögensverhältnisse des Leasingnehmers kann grundsätzlich einen wichtigen Grund für eine auf § 314 gestützte, außerordentliche Kündigung des Leasinggebers bilden. Voraussetzung ist jedoch, dass die Vermögensverschlechterung die **Durchsetzbarkeit des Anspruchs auf Zahlung der Leasingraten konkret und gravierend gefährdet.**[2] Dieser Kündigungstatbestand kann in den Allgemeinen Leasingbedingungen präzisiert und exemplifiziert, nicht jedoch substanziell ausgeweitet werden. Im kaufmännischen Geschäftsverkehr hat es der BGH für zulässig gehalten, dass sich die Leasinggesellschaft das Recht zur fristlosen Kündigung für den Fall von **Zwangsvollstreckungsmaßnahmen** in das Vermögen des Leasingnehmers vorbehalten hat, zumindest insoweit es um Investitionsgüter von beträchtlichem Wert geht.[3] Der AGB-Kontrolle nicht standgehalten hat hingegen eine Klausel, die dem Leasinggeber allein schon bei Vorliegen von **„sonstigen Umständen"**, aus denen sich eine wesentliche Verschlechterung oder erhebliche Gefährdung des Vermögens des Leasingnehmers ergibt, das Recht zur fristlosen Kündigung einräumte.[4] Noch zurückhaltender wird man im Übrigen die Kündigungsbefugnis wegen einer Vermögensverschlechterung des Leasingnehmers zu beurteilen haben, wenn es sich bei ihm um einen **Verbraucher** handelt. Die Sondervorschrift des § 498 zur Kündigung wegen Zahlungsverzuges darf nicht dadurch partiell außer Kraft gesetzt werden, dass man nicht mehr auf den Zahlungsverzug abstellt, sondern eine meist zuvor einsetzende Vermögensverschlechterung als Kündigungsgrund ausreichen lässt.[5]

L 167 Als Grund für eine fristlose Kündigung des Leasingvertrages kommt schließlich der vertragswidrige Gebrauch der im Eigentum des Leasinggebers stehenden und ihm als Sicherheit dienenden Leasingsache in Betracht.[6] Eine gewisse Orientierung bietet hier die mietrechtliche Vorschrift des § 543 II Nr. 2. Für den Vermieter liegt nach dieser Vorschrift ein wichtiger Grund insbesondere dann vor, wenn der Mieter die Rechte des Vermieters dadurch in erheblichem Maße verletzt, dass er die Mietsache durch Vernachlässigung der ihm obliegenden Sorgfalt erheblich gefährdet oder sie unbefugt einem Dritten überlässt. Bei einem Leasingvertrag ist hier an eine erhebliche Vernachlässigung der Instandhaltungs- und Pflegepflichten, aber auch

---

[1] Zur Ermittlung der Rückstandsquote *Martinek/Oechsler,* ZBB 1993, 97 ff.; Engel BB 2001, Beil. 4, S. 24; umfangreiche Nachweise des Meinungsstandes ferner in BGH NJW 2001, 1349, 1351. Vgl. ferner BGH BB 2005, 572.

[2] *Larenz/Canaris,* Lehrbuch des Schuldrechts II/2, S. 124; ähnlich BGH NJW 1991, 102, 104; a.A. *Martinek/Oechsler,* in: Bankrechts-Handbuch, § 101 Rz 126, die den Nachweis einer konkreten Gefährdung der Vertragserfüllung für verzichtbar halten.

[3] BGH NJW 1984, 871, 872.

[4] BGH NJW 1991, 102, 104.

[5] Für eine entsprechende Sperr- bzw. Vorwirkung des § 498 auch MünchKomm/*Habersack,* Leasing, Rz 123; a.A. offenbar *Martinek/Oechsler,* in: Bankrechts-Handbuch, § 101 Rz 126 und OLG Hamm NJW-RR 1998, 1672.

[6] MünchKomm/*Habersack,* Leasing, Rz 122.

an den Fall der unberechtigten – da im Leasingvertrag regelmäßig untersagten – Untervermietung zu denken. Freilich hat der fristlosen Kündigung in diesen Fällen grundsätzlich eine **Abmahnung** voranzugehen (vgl. auch § 543 III sowie § 314 II).[1] Eine Kündigungsklausel, die den Kündigungsgrund des vertragswidrigen Gebrauchs aufgreift, darf das Abmahnungserfordernis nicht aussparen.[2]

Die Verletzung der **Pflicht, das Leasinggut zu versichern,** berechtigt den Leasinggeber grundsätzlich zur fristlosen Kündigung; nicht hingegen der Umstand, dass der Leasingnehmer auf einmalige Anfrage den Nachweis des Bestehens der Versicherung nicht innerhalb einer gesetzten Frist vorlegt.[3] **L 168**

b) Kündigungserklärung. Die Kündigungserklärung ist eine einseitige, empfangsbedürftige Willenserklärung und unterliegt den allgemeinen Regeln über Willenserklärungen (§§ 116 ff.). Ihre Gestaltungswirkung entfaltet sie mit Zugang beim Vertragspartner, hier dem Leasingnehmer. Ein Leasingvertrag, an dem mehrere Personen als Leasingnehmer beteiligt sind, kann vom Leasinggeber nur einheitlich gegenüber allen Leasingnehmern gekündigt werden.[4] Ist auch nur einer von mehreren Leasingnehmern Verbraucher, so hängt die Wirksamkeit einer Kündigung des Leasinggebers wegen Zahlungsverzuges insgesamt davon ab, dass gegenüber diesem Leasingnehmer die Kündigungsvoraussetzungen des § 498 erfüllt sind.[5] Der Kündigungsgrund muss in der Kündigungserklärung nicht angegeben werden.[6] Dies kann im Streitfall auch noch nachgeholt werden. In zeitlicher Hinsicht ist die Grenze der Verwirkung zu beachten. Wo diese verläuft, muss für jeden Einzelfall unter Berücksichtigung aller Umstände geklärt werden. Die Rechtsprechung ist hier eher großzügig. Nach Ansicht des BGH hat selbst der Ablauf von zwei Monaten zwischen Kenntniserlangung vom Kündigungsgrund und Zugang der Kündigung nicht ohne weiteres die Verwirkung des Kündigungsrechts zur Folge.[7] Geht der Kündigung eine – bei Verbraucherbeteiligung nach § 498 I S. 1 Nr. 2 sogar zwingend vorgeschriebene – Fristsetzung mit Androhung der Gesamtfälligkeit voraus, so muss die Zeitspanne vom Ablauf der gesetzten Frist bis zum Zugang der Kündigung deutlich kürzer bemessen werden.[8] **L 169**

c) Schadensersatz. Die Beendigungswirkung der Kündigung äußert sich insbesondere im Erlöschen der Erfüllungsansprüche für die Zukunft. Der kündigende Leasinggeber verliert mithin seinen Anspruch auf Zahlung der künftigen Leasingraten. Zwar kann er den Leasinggegenstand wieder vom Leasingnehmer zurückverlangen, doch erleidet er infolge der vorzeitigen Beendigung des Vertragsverhältnisses finanzielle Nachteile. Den Leasinggeber diese Vermögenseinbuße tragen zu lassen, erscheint jedenfalls dann unbillig, wenn der **Leasingnehmer die außerordentliche Kündigung zu vertreten** hat. Die Rechtsprechung hat dies schon früh erkannt und dem Leasinggeber in diesen Fällen einen **Schadensersatzanspruch** („eigener Art") zuerkannt.[9] Dieser entsteht mit Zugang der Kündigungserklärung beim Leasingnehmer[10] und ist ausgeschlossen, wenn die Kündigung während der wegen unterbliebener Belehrung noch laufenden Widerrufsfrist **L 170**

---

1 *Martinek/Oechsler,* in: Bankrechts-Handbuch, § 101 Rz 125.
2 AGB-Klauselwerke/*v. Westphalen,* Leasing, Rz 195.
3 OLG Koblenz MDR 2002, 694.
4 BGH NJW 2000, 3133, 3135.
5 BGH NJW 2000, 3133, 3135.
6 BGH NJW 1984, 871, 872.
7 BGH NJW 1984, 871, 872.
8 MünchKomm/*Habersack,* Leasing, Rz 124: wenige Tage.
9 BGHZ 82, 121, 129; BGH NJW 1984, 2687; 1991, 221, 222; 1992, 2150, 2152; aus dem Schrifttum vgl. statt vieler *Larenz/Canaris,* Lehrbuch des Schuldrechts II/2, S. 124.
10 BGH NJW 1992, 2150, 2152.

(§§ 500, 495 I, 355) erfolgt.[1] Als Rechtsgrundlage wird man heute zum einen die §§ 280 I, III i.V.m. 281 und 282 und zum anderen den in § 628 II zum Ausdruck gelangten Rechtsgedanken anführen können.[2]

L 171 Der Anspruch des Leasinggebers ist auf **Ersatz des Erfüllungsinteresses** gerichtet. Er kann also vom Leasingnehmer verlangen, so gestellt zu werden, wie er stünde, wenn der Leasingvertrag ordnungsgemäß erfüllt worden wäre.[3] Konkret geht er auf Ersatz des Betrages, den der Leasingnehmer bei ungestörter Abwicklung des Vertragsverhältnisses bis zum Ablauf der unkündbaren Grundlaufzeit hätte zahlen müssen, gemindert allerdings durch ersparte Aufwendungen und andere infolge der Kündigung erwachsene Vorteile.[4] Falls es an einer (wirksamen) vertraglichen Regelung fehlt, ist dieser Nichterfüllungsschaden konkret nach den §§ 249 ff. zu berechnen.[5] Seine Obergrenze findet er in der Summe der Leistungen, die der Beklagte bei ordnungsgemäßer Durchführung des Vertrages hätte erbringen müssen, einschließlich einer vereinbarten Abschlusszahlung.[6] Bereits geleistete Sonderzahlungen werden hingegen in vollem Umfang als Teil des Amortisationsanspruchs des Leasinggebers behandelt.[7] Hinsichtlich der Berechnung des Schadensersatzanspruchs kann in weitem Umfang auf die Darlegungen zur Berechnung des Restamortisationsanspruchs als Folge einer ordentlichen Kündigung verwiesen werden (vg. Rz L 142 ff.). Folgende Punkte seien jedoch besonders hervorgehoben.[8]

L 172 Im Rahmen der **Vorteilsausgleichung** muss sich der Leasinggeber dasjenige auf seinen Schadensersatzanspruch anrechnen lassen, was ihm infolge der vorzeitigen Vertragsbeendigung zugute kommt.[9] So ist zu berücksichtigen, dass dem Leasinggeber infolge des vorzeitigen Kapitalrückflusses geldwerte Vorteile erwachsen, etwa indem er sein Refinanzierungsdarlehen vorzeitig ablöst[10] oder das Kapital anderweitig gewinnbringend anlegt. Aus diesem Grunde ist der vom Leasinggeber geltend gemachte **Gewinnersatz abzuzinsen.** Für die Berechnung der Abzinsung gibt es keine allgemein gültige Formel.[11] Immerhin wird eine Abzinsung nach der sog. Barwertformel für nachschüssige Renten allgemein als zulässig angesehen.[12] Hinzu können laufzeitabhängige, infolge der vorzeitigen Beendigung jedoch nicht mehr anfallende Verwaltungskosten kommen. Ein weiterer anzurechnender Vorteil liegt darin, dass das vorzeitig zurückgegebene Leasingobjekt einen höheren Wert aufweist als nach Vertragsablauf.[13]

L 173 Der Schadensersatzanspruch des Leasinggebers umfasst nach § 252 grundsätzlich auch den vollständigen Gewinn, den er bei regulärer Durchführung des Vertrages erzielt hätte. Eine Einschränkung ist für den Fall zu machen, dass der Leasingnehmer die Vertragslaufzeit durch Ausübung eines vertraglich eingeräumten ordent-

---

1 BGH NJW 1996, 2367.

2 Näher hierzu *Berninghaus,* in: Praxishandbuch Leasing, § 12 Rz 93 f.

3 BGH NJW 1995, 954, 955; 2002, 2713, 2714.

4 BGH NJW 1985, 1539.

5 BGHZ 95, 39.

6 BGHZ 95, 39, 46.

7 BGH NJW 2000, 3133, 3135 f.

8 Zur Anrechnung des hypothetischen Verwertungserlöses vgl. zuletzt OLG Dresden NJW-RR 2003, 194.

9 *Larenz/Canaris,* Lehrbuch des Schuldrecht II/2, S. 124.

10 Eine hierfür zu zahlende und auch tatsächlich gezahlte Vorfälligkeitsentschädigung ist als kündigungsbedingte Mehraufwendung allerdings zugunsten des Leasinggebers in Ansatz zu bringen, MünchKomm/*Habersack,* Leasing, Rz 125.

11 BGH NJW 1991, 221, 223.

12 BGH NJW 1991, 221, 222; *Berninghaus,* in: Praxishandbuch Leasing, § 12 Rz 103.

13 BGH NJW 1995, 1541.

lichen Kündigungsrechts hätte abkürzen können. In diesem Fall hat der Leasinggeber **nur bis zum Zeitpunkt der zulässigen ordentlichen Kündigung Anspruch auf den vollen anteiligen Gewinn,** weil die vom Leasingnehmer durch den Kündigungsgrund in Gang gesetzte Kausalität für den dem Leasinggeber entstehenden Schaden nur bis zu diesem Zeitpunkt fortwirkt.[1]

Klauseln in den Leasingbedingungen, die den Anspruch auf Schadensersatz der Höhe nach festzulegen versuchen, halten in den seltensten Fällen der Inhaltskontrolle nach den §§ 305 ff. stand, da sie meist zum Nachteil des Leasingnehmers von den soeben dargelegten Berechnungskriterien abweichen. So wurde beispielsweise eine Klausel für unwirksam erklärt, weil sie, abgesehen von einer unzulässigen Festlegung eines nicht am Refinanzierungszins orientierten Abzinsungssatzes, laufzeitabhängige und damit ersparte Aufwendungen nicht berücksichtigte.[2] Schadenspauschalierungsabreden sind nur in den Grenzen des § 309 Nr. 5, der auch im unternehmerischen Geschäftsverkehr über § 307 Beachtung verlangt,[3] zulässig. Schon wegen des Erfordernisses, den konkreten Verwertungserlös anzurechnen, dürfte den dort aufgestellten Wirksamkeitsvoraussetzungen kaum je entsprochen werden können.[4] Für einen Teilamortisationsvertrag mit Andienungsrecht hat der BGH jüngst entschieden, dass eine Klausel, nach der bei vorzeitiger Vertragsbeendigung – anders als bei ordnungsgemäßer Vertragsbeendigung – nur 90% des erzielten Verwertungserlöses auf die Schadensersatzpflicht des Leasingnehmers angerechnet werden sollen, gegen das schadensersatzrechtliche Bereicherungsverbot verstößt und daher gemäß § 307 II Nr. 2 unwirksam ist.[5] Im Falle der **Unwirksamkeit** einer Schadensberechnungsklausel obliegt es dem Leasinggeber, seinen Kündigungsschaden **konkret zu berechnen.**[6] L 174

d) Verfallklauseln und Sicherstellung. In Leasingverträgen finden sich mitunter – heute allerdings nur noch selten – Bestimmungen, nach denen der Leasinggeber trotz Kündigung des Vertrages berechtigt sein soll, alle noch ausstehenden Leasingraten fällig zu stellen. Solche sog. **Verfallklauseln** bewirken, dass sich der Leasingnehmer trotz rechtlicher Beendigung des Vertrages dem Leasingratenzahlungsanspruch, also dem fortwirkenden Erfüllungsanspruch des Leasinggebers, ausgesetzt sieht. Eine solche Kumulation zweier miteinander derart inkompatibler Rechte benachteiligt den Leasingnehmer unangemessen im Sinne von § 307,[7] und zwar auch dann, wenn dem Leasingnehmer für den Fall der Zahlung der rückständigen Raten ein Anspruch auf Rückerlangung des Leasinggegenstandes eingeräumt wird.[8] Hieran ändert auch der Umstand nichts, dass die Verfallklausel eine Abzinsung der Leasingraten vorsieht.[9] L 175

Solange der Leasingvertrag nicht rechtswirksam beendigt worden ist, hat der Leasingnehmer das Recht, den Leasinggegenstand zu besitzen und für seine Zwecke zu nutzen. Ein etwaiger Zahlungsverzug des Leasingnehmers lässt diese Berechtigung noch nicht entfallen. Erst eine wirksame Kündigung des Leasingvertrages berechtigt den Leasinggeber, das Leasinggut vom Leasingnehmer herauszu- L 176

---

[1] BGHZ 95, 39, 49; BGH NJW 1991, 221, 223.
[2] BGH NJW 1991, 221, 222; ebenso BGH NJW 1995, 954 und NJW 2004, 2823, 2824.
[3] *Stoffels,* AGB-Recht, Rz 895.
[4] MünchKomm/*Habersack,* Leasing, Rz 127.
[5] BGH NJW 2002, 2713 ff.
[6] BGH NJW 2002, 2713, 2714; NJW 2004, 2823, 2824.
[7] BGH NJW 1982, 870, 871 f.; zuvor schon BGH NJW 1978, 1432; eingehend zu Verfallklauseln in Leasingverträgen *Quittnat* BB 1979, 1530.
[8] BGH NJW 1982, 870.
[9] *Martinek,* Moderne Vertragstypen I, S. 206; MünchKomm/*Habersack,* Leasing, Rz 129.

verlangen. Allerdings ist es grundsätzlich nicht zu beanstanden, weil dem Grundgedanken des § 320 entsprechend, wenn sich der Leasinggeber in seinen Leasingbedingungen das Recht vorbehält, im Falle des Zahlungsverzugs oder einer sonstigen schwerwiegenden Pflichtverletzung auch ohne vorherige Kündigung die Herausgabe der Sache zu verlangen, ohne dass der Leasingnehmer dadurch von der Pflicht zur Zahlung der laufenden Leasingraten entbunden würde.[1] Die entsprechende Klausel sollte allerdings klarstellen, dass der Leasingnehmer mit Zahlung der rückständigen Raten einen Anspruch auf Rückgabe der Leasingsache hat.[2] Unzulässig wäre es, den Anspruch auf Rückgabe von der Zahlung auch künftiger Leasingraten abhängig zu machen.[3] Das **vertraglich vorbehaltene Recht zur Sicherstellung** umfasst nicht die Befugnis zur eigenmächtigen Abholung des Leasinggegenstandes.[4] Die Sicherstellung ist vielmehr ggf. mit dem Mittel der einstweiligen Verfügung zu realisieren.[5] Die eigenmächtige Inbesitznahme der Leasingsache ohne den Willen des Leasingnehmers oder gar ohne wirksame Vereinbarung eines Sicherstellungsrechts stellt sich als verbotene Eigenmacht (§ 858) dar und kann eine Schadensersatzpflicht des Leasinggebers nach sich ziehen.[6] Jedenfalls verliert er für die Zeit der rechtswidrigen Sicherstellung den Anspruch auf die Leasingraten.[7]

3. Vertragsübernahme und Schuldbeitritt

L 177 Gerät der Leasingnehmer in Zahlungsrückstand, so kann der Leasinggeber – unter den oben näher dargelegten Voraussetzungen – das Leasingverhältnis durch eine außerordentliche Kündigung beenden. Als wirtschaftlich lukrativere Möglichkeit bietet es sich für die Leasinggesellschaft an, den notleidend gewordenen Leasingvertrag – unter Vermeidung einer Kündigung – auf einen neuen Leasingnehmer zu übertragen. In diesem Zusammenhang wird nicht selten formularmäßig eine fortdauernde Verpflichtung des ersten Leasingnehmers statuiert. Beispiel: „Meine Verpflichtungen aus dem Leasingvertrag bleiben in vollem Umfang bestehen."[8] Rechtlich handelt es sich hierbei um einen **Schuldbeitritt.** Da die Rechtsprechung auf den Schuldbeitritt die Bestimmungen des Verbraucherdarlehensrechts analog anwendet,[9] muss der erste Leasingnehmer – so es sich bei ihm um einen Verbraucher handelt – nach § 500 i.V.m. § 358 über sein **Widerrufsrecht** belehrt werden.[10] AGB-rechtlich betrachtet wird man eine solche Schuldbeitrittsklausel grundsätzlich als **überraschend** im Sinne des § 305c I einstufen müssen, rechnet doch der ausscheidende Leasingnehmer im Allgemeinen nicht mit einer fortwährenden Haftung auch für die Schulden seines Nachfolgers.[11]

---

[1] BGH WM 1978, 406 ff.; Erman/*Jendrek*, Anh. § 536 Rz 35.

[2] BGH WM 1978, 406, 408; MünchKomm/*Habersack*, Leasing, Rz 128.

[3] BGH NJW 1982, 870; OLG Hamm DB 1981, 885; MünchKomm/*Habersack*, Leasing, Rz 128; a.A. OLG Frankfurt BB 1983, 1371.

[4] OLG Hamm NJW-RR 1992, 502 f.

[5] Hierzu näher *v. Westphalen*, Leasingvertrag, Rz 1173.

[6] OLG Düsseldorf WM 1988, 744, 745.

[7] BGH NJW 1982, 870.

[8] Vgl. *v. Westphalen* NJW 1997, 2905.

[9] Vgl. nur BGHZ 133, 71 vgl. auch BGH NJW 2000, 3133, 3136.

[10] Zur entsprechenden Rechtslage unter der Geltung des Verbraucherkreditgesetzes eingehend *Martinek/Oechsler*, in: Bankrechts-Handbuch, § 101 Rz 95 ff. und 101.

[11] Eingehend zu den Folgen der Übernahme eines notleidenden Leasingvertrages *v. Westphalen* NJW 1997, 2905 ff.; ferner *Bamberger/Roth/Ehlert*, vor § 535 Rz 90.

X. Schiedsgutachtenabrede

Eine Schiedsgutachtenklausel kann durch AGB grundsätzlich vereinbart werden. Dies muss im Hinblick auf § 305c II aber eindeutig erfolgen. Die Schätzwertklausel, wonach ein Sachverständiger als Schiedsgutachter den Zeitwert eines Kfz bei Vertragsbeendigung festzustellen hat, ist als solche grundsätzlich weder nach § 307 noch nach § 309 Nr. 12 unwirksam.[1] Trotz der mit einer Schiedsgutachterabrede verbundenen Beweislastregelung liegt auch kein Verstoß gegen § 309 Nr. 12 vor. Bei einer Schätzwertklausel beim Kfz-Leasing scheidet ein Verstoß gegen § 309 Nr. 12 auch deshalb aus, weil die Wertfeststellung nicht notwendig dem Verantwortungsbereich des Verwenders zuzurechnen ist. Die Schiedsgutachtenklausel ist aber unwirksam, wenn die Unparteilichkeit des Schiedsgutachters gefährdet erscheint.[2] Eine Schätzklausel bezüglich des Wertes eines Pkw am Ende der Leasingzeit ist aber grundsätzlich wirksam, wenn dem Leasingnehmer gleichzeitig das Recht eingeräumt wird, einen Käufer vorzuschlagen, der das Fahrzeug zum Marktwert erwirbt.[3] L 178

B. Verhältnis Leasinggeber zum Lieferanten

I. Allgemeines

Beim Finanzierungsleasing ist der Leasinggeber Käufer der zumeist vom Leasingnehmer ausgesuchten und für diesen finanzierten Ware. Soweit in diesem Vertragsverhältnis Vertragsbedingungen zu Grunde gelegt werden, die für eine Vielzahl von Verträgen vorformuliert worden sind, unterliegen diese den Vorgaben des AGB-Rechts. Dabei kann es sich um die Verkaufsbedingungen des Herstellers/Händlers oder um die Einkaufsbedingungen des Leasinggebers handeln. L 179

II. Liefer- und Zahlungspflichten

Der Leasinggeber hat ein berechtigtes Interesse, Zahlungen an den Verkäufer nicht erbringen zu müssen, bevor dieser ordnungsgemäß geliefert hat. Eine Klausel, wonach der Eingang der Übernahme- oder Abnahmebestätigung des Leasingnehmers (s. Rz L 74 ff.) beim Leasinggeber Voraussetzung für Verpflichtungen des Leasinggebers als Käufer gegenüber dem Lieferanten ist, ist deshalb grundsätzlich nicht zu beanstanden. Beim internationalen Kauf entspricht die Regelung dem Grundgedanken von Art. 58 III UN-Kaufrecht und ist deshalb nicht zu beanstanden.[4] Die Freistellung des Leasinggebers als Käufer von allen Pflichten bis zur Vorlage der Übernahmebestätigung des Leasingnehmers ist im Regelfall nicht im Sinne einer aufschiebenden Bedingung für das Zustandekommen des Kaufvertrags, sondern als Vereinbarung einer Vorleistungspflicht des Lieferanten und als Bestimmung für die Fälligkeit des Kaufpreises auszulegen.[5] Der Leasinggeber kann nicht darauf be- L 180

---

[1] Rz S 31; s. auch BGH NJW 1983, 1854; a.A. LG Frankfurt NJW-RR 1988, 1132.
[2] Rz S 36; *v. Westphalen,* Leasingvertrag, Rz 1050 ff.
[3] OLG Frankfurt ZIP 1989, 577; s. auch OLG Köln NJW-RR 1993, 1016.
[4] BGH NJW 1984, 2034 zu dem entsprechenden Art. 71 S. 2 EKG.
[5] BGH NJW 1993, 1381 = LM H.7/1993 § 157 (Ga) BGB Nr. 37 m. Anm. *Junker.*

stehen, dass allein die von ihm vorformulierte Übernahmebestätigung seine Zahlungspflicht auslöst. Vielmehr müssen auch schriftliche Übernahmebestätigungen in anderer Form anerkannt werden.[1]

III. Gewährleistung und Rügeobliegenheit

1. Gewährleistungsbeschränkungen

L 181 Fraglich ist die Wirksamkeit von Gewährleistungsbeschränkungen oder -ausschlüssen in den Allgemeinen Lieferbedingungen des Verkäufers. Hier stellt sich zunächst die Frage nach dem Maßstab der Inhaltskontrolle. Die Lieferbedingungen werden im Liefervertrag zwar gegenüber einem Unternehmer (Leasinggeber) verwendet. Ob das zur Folge hat, dass allein § 307 als Kontrollmaßstab zum Tragen kommt (vgl. § 310 I), ist jedoch durchaus zweifelhaft. Denn nach der Abtretung der Gewährleistungsrechte ist es der Leasingnehmer – also unter Umständen ein Verbraucher –, der mit den in den Bedingungen enthaltenen Restriktionen konfrontiert wird. Ist der Leasingnehmer nicht selbst als Unternehmer zu qualifizieren, so ist zu erwägen, ob die Lieferbedingungen sich nicht vielmehr am zwingenden Recht des Verbrauchsgüterkaufs (§§ 475 ff.) messen lassen müssen. Die Frage stellte sich bislang ähnlich für das besondere Klauselverbot des § 11 Nr. 10 AGBG (jetzt § 309 Nr. 8 Buchst b), das nun jedoch gegenüber den §§ 475 ff. in den Hintergrund getreten ist. Der BGH gelangt in einer neueren Entscheidung zu dem Ergebnis, dass es dem **Lieferanten einer Leasingsache** (hier eines gebrauchten Kraftfahrzeuges) **nicht verwehrt** ist, **sich dem Leasingnehmer mit Verbrauchereigenschaft gegenüber auf einen mit dem Leasinggeber als Käufer vereinbarten Gewährleistungsausschluss zu berufen.**[2] Ein Umgehungsgeschäft im Sinne des § 475 I S. 2 sei in dieser Konstruktion nicht zu erblicken. Die Entscheidungsgründe heben insoweit vor allem auf den Zweck des Leasingvertrages ab, der nicht darin liege, dem Lieferanten in dessen Kaufvertrag mit dem Leasinggeber zulasten des Leasingnehmers den Ausschluss der Gewährleistung für das in Rede stehende Fahrzeug zu ermöglichen. Vielmehr handele es sich beim Finanzierungsleasing um eine Finanzierungshilfe, die dem Leasingnehmer wie einem Mieter die zeitlich begrenzte Nutzung der Leasingsache ermögliche. Scheitert die Inanspruchnahme des Lieferanten wegen des nach Ansicht des BGH wirksamen Gewährleistungsausschlusses in dessen Verkaufsbedingungen, so soll sich der Leasingnehmer wegen der von ihm behaupteten Mängel des Fahrzeugs an den Leasinggeber halten können.[3] Gehe nämlich die Abtretung der kaufrechtlichen Gewährleistungsansprüche des Leasinggebers ins Leere, so erweise sich der Ausschluss der Gewährleistung des Leasinggebers gegenüber dem Leasingnehmer im Leasingvertrag als unwirksam. Der Leasingnehmer könne nun seine **mietrechtlichen Gewährleistungsansprüche gegenüber dem Leasinggeber** geltend machen.

2. Rügeobliegenheit

L 182 Nach der nicht unumstrittenen Rechtsprechung des BGH[4] trifft bei einem Handelsgeschäft wie es das Liefergeschäft zwischen Leasinggeber und Verkäufer oftmals darstellen wird, den Käufer (Leasinggeber) die Rügeobliegenheit des § 377 HGB

---

[1] BGH NJW 1993, 1381; 1995, 187, 188.
[2] BGH NJW 2006, 1066; ablehnend *Stoffels,* Anm. LMK 2006, 170499 und *Höpfner,* ZBB 2006, 200.
[3] BGH NJW 2006, 1066 (1068).
[4] BGH NJW 1990, 1290, kritisch Staudinger-*Stoffels,* Leasing, Rz 181

grundsätzlich auch dann, wenn der Verkäufer die Kaufsache auf Anweisung des Leasinggebers an einen nichtkaufmännischen Dritten (hier Leasingnehmer) abliefert. Führt man diesen Gedanken weiter, so obläge es dem Leasinggeber, das Leasinggut zu untersuchen und etwaige Mängel zu rügen. Auf eine Nachlässigkeit seines Leasingnehmers könnte er sich nicht berufen, da dieser insoweit als sein Erfüllungsgehilfe (genauer Obliegenheitsgehilfe) angesehen werden müsste. Die verabsäumte Rüge hätte den Verlust der Mängelgewährleistungsansprüche gegenüber dem Lieferanten zur Folge (§ 377 II HGB). Der Leasingnehmer könnte mit den ihm abgetretenen Gewährleistungsrechten gegenüber dem Lieferanten nicht mehr durchdringen.

Es wäre dann noch die Frage zu klären, wem **im Innenverhältnis der Leasingvertragspartner** die Folgen der Rügeversäumnis aufgebürdet werden müssen. Auf der Linie der Rechtsprechung läge es, hier dem Leasinggeber die Berufung auf den Gewährleistungsausschluss zu versagen, da dem Leasingnehmer die Abtretung der Gewährleistungsrechte gegen den Lieferanten infolge der Versäumung der Rügelast im Ergebnis keinen adäquaten Ausgleich verschafft hat. Der Leasingnehmer könnte also seine Gewährleistungsrechte unmittelbar gegenüber dem Leasinggeber geltend machen. Es würde sich dann die mietvertragliche Restverantwortlichkeit des Leasinggebers aktualisieren.[1] **L 183**

Dies wiederum legt die Frage nahe, ob sich das Problem aus der Sicht des Leasinggebers nicht dadurch lösen lässt, dass er in seinen Leasingbedingungen zusätzlich eine **Rügeobliegenheit des Leasingnehmers** statuiert. Die AGB-rechtliche Zulässigkeit einer solchen Klausel ist jedoch, wenn sie gegenüber einem nichtkaufmännischen Leasingnehmer verwendet wird, zweifelhaft.[2] Die wohl herrschende Meinung ist hier eher restriktiv und will eine formularmäßig begründete Rügelast des nichtkaufmännischen Leasingnehmers nur hinnehmen, wenn sie sich entsprechend § 309 Nr. 8 Buchst b Doppelbuchst bb auf offensichtliche und damit in der Regel schon unter § 536b fallende Mängel beschränkt.[3] Die formularmäßige Überbürdung der Rügeobliegenheit auf den kaufmännischen Leasingkunden wird dagegen allgemein für zulässig gehalten.[4] **L 184**

Schließlich könnte der Leasinggeber versuchen, seinen Lieferanten zur **Abbedingung des § 377 HGB** zu bewegen. Abgesehen davon, dass dies nicht ohne weiteres durchsetzbar sein wird, ist die AGB-rechtliche Zulässigkeit wiederum unklar. Der BGH hat sie ausdrücklich offengelassen.[5] Die Zulässigkeit wird man jedenfalls dann bejahen müssen, sofern offensichtliche Mängel ausgenommen werden.[6] Damit wird dem Leasinggeber – so die Schlussfolgerung des BGH – zur Vermeidung des aus § 377 II HGB folgenden Rechtsnachteils häufig nichts anderes übrig bleiben, als „die Kaufsache selbst zu untersuchen oder notfalls unter Inanspruchnahme sachverständiger Hilfe untersuchen zu lassen".[7] **L 185**

---

[1] AGB-Klauselwerke/*v. Westphalen,* Leasing, Rz 83; so im Ergebnis auch BGH NJW 1990, 1290, wobei die Entscheidung offenlässt, ob die Inanspruchnahme mit einem Wiederaufleben der mietvertraglichen Eigenhaftung des Leasinggebers oder mit einem Anspruch des Leasingnehmers aus positiver Vertragsverletzung zu begründen ist.

[2] Offen gelassen in BGH NJW 1990, 1290, 1293.

[3] MünchKomm/*Habersack,* Leasing, Rz 45; *Ulmer/H. Schmidt,* Anh. § 310 Rz 533; *v. Westphalen* BB 1990, 1, 5; für generelle Unwirksamkeit *Reinicke/Tiedtke,* Kaufrecht, Rz 1610; für generelle Wirksamkeit hingegen *Lieb* DB 1988, 2501 und *Martinek,* Moderne Vertragstypen I, S. 125.

[4] Vgl. *Reinicke/Tiedtke,* Kaufrecht, Rz 1609.

[5] BGH NJW 1990, 1290, 1293.

[6] Wie hier MünchKomm/*Habersack,* Leasing, Rz 45; *Ulmer/H. Schmidt,* Anh. § 310 Rz 533.

[7] BGH NJW 1990, 1290, 1293.

IV. Haftung

L 186 Der Leasinggeber übernimmt im Wesentlichen die Finanzierungsfunktion, während der Leasingnehmer faktisch den Gegenstand aussucht, in Besitz nimmt und nutzt. Soweit der **Leasingnehmer** hierbei in Erfüllung der den Leasinggeber als Käufer treffenden Pflichten auftritt, ist er **Erfüllungsgehilfe des Leasinggebers,** wie z. B. hinsichtlich der Abnahmeverpflichtung.[1] Der Leasinggeber kann die Haftung für ein Verschulden des Leasingnehmers als Erfüllungsgehilfen deshalb nur in Übereinstimmung mit den allgemeinen Grundsätzen ausschließen.

L 187 Der Leasinggeber als Käufer kann dem Verkäufer für den Fall der Zahlungsunfähigkeit oder des sonstigen Ausfalls des Leasingnehmers die **Verpflichtung zur Benennung eines Nachmieters** auferlegen. Dabei muss die Leasingsache so übernommen werden, wie sie sich beim Leasingnehmer befindet. Ist diesem zulässigerweise die Sach- und Preisgefahr überbürdet, so trägt auch der Verkäufer bei der Suche eines Nachmieters das Risiko der Beschädigung und des Verlusts der Sache.[2]

V. Rückkaufvereinbarungen

1. Auslegungsfragen

L 188 Mit dem Lieferanten oder einem Vermittler[3] des Leasingvertrages kann eine Rückkaufverpflichtung vereinbart werden. Mit einer solchen Rückkaufvereinbarung sucht sich der Leasinggeber insbesondere gegen das Risiko der Zahlungsunfähigkeit des Leasingnehmers abzusichern. Derartige Rückkaufvereinbarungen begründen in der Regel keine Ausfallgarantie oder -bürgschaft, sondern einen aufschiebend bedingten Kaufvertrag, aus dem sich ein Wiederverkaufsrecht und eine korrespondierende Ankaufsverpflichtung des Lieferanten ergeben. Inhalt und Rechtsfolgen dieser Abrede richten sich nach Kaufrecht.[4] Ist eine solche Rückkaufvereinbarung ohne nähere Bestimmung für den Fall getroffen, dass der Leasingvertrag „notleidend" wird, so ist dies dahin auszulegen, dass der Leasingvertrag wirksam gekündigt sein muss.[5] Eine Rücknahmegarantie, die dem Verkäufer vom Leasinggeber für den Fall des Zahlungsverzugs des Leasingnehmers auferlegt wird, kann nicht ohne weiteres dahin ausgelegt werden, dass sie auch das Risiko der Beschädigung und des Verlusts des Leasingguts mit umfasst. Ein solcher über die Bonitätssicherung hinausgehender Vereinbarungszweck müsste erkennbar zum Ausdruck gebracht werden.[6]

L 188 a Ob der vereinbarten Pflicht des Händlers, den Leasinggegenstand vom Leasinggeber wieder zurückzukaufen, auch eine entsprechende Verpflichtung des Leasinggebers entspricht, muss im Wege der Auslegung geklärt werden. Der BGH hat eine solche korrespondierende Verpflichtung einer Leasinggesellschaft zuletzt für einen Einzelfall verneint.[7] Die Gewinnchance, die für den Händler mit dem Rückkauf und der Weiterveräußerung der von den Leasingnehmern zurückgegebenen Fahr-

---

1 BGH NJW 1984, 2034.
2 BGH NJW 1990, 2546.
3 Hierzu BGH NJW 1990, 1902 und NJW 1990, 3014.
4 BGH NJW 1990, 2546.
5 BGH NJW 1990, 1902.
6 BGH NJW 1990, 3014, 3015.
7 BGH NJW-RR 2006, 824 m. Anm. *Stoffels/Born* LMK 2006, 182247 und *v. Westphalen* BB 2006, 741.

zeuge verbunden sei, können nicht als Teil seiner Provision für die Vermittlung der betreffenden Leasingverträge angesehen werden.

2. Zulässiger Umfang der Rückkaufsverpflichtung

a) Abhandenkommen des Leasinggegenstandes. Zu den Pflichten des Wiederverkäufers gehört es nach § 457 I, dem Wiederkäufer den gekauften Gegenstand herauszugeben. Problematisch sind AGB-Abreden, die hiervon abweichen, etwa indem sie dem Leasinggeber das Recht einräumen, die Übergabe des Leasingobjekts durch Abtretung der Herausgabeansprüche gegenüber dem Besitzer an den Lieferanten zu ersetzen,[1] oder dem Leasinggeber den Kaufpreisanspruch gegen den Lieferanten unabhängig davon zugestehen, ob der Leasinggegenstand noch vorhanden ist und damit herausgegeben werden kann.[2] In der Praxis geht es vor allem um den – nicht unter Versicherungsschutz stehenden – Fall der Veruntreuung des Leasinggegenstandes durch den Leasingnehmer. Zwar mag an der Absicherung dieses Risikos mitunter ein schützenswertes Interesse des Leasinggebers bestehen. Ein Kaufvertrag/Wiederverkaufsvertrag hinsichtlich des Leasinggegenstands ist aber hierfür nicht der geeignete Vertragstyp. Eine Bestimmung, die den Käufer einer Sache zur Kaufpreiszahlung verpflichtet, selbst wenn der Verkäufer ihm nicht den Besitz an dem Kaufgegenstand verschaffen kann, sondern nur das Eigentumsrecht überträgt, kann in AGB eines Kaufvertrags nicht getroffen werden. Eine solche Vertragsgestaltung ist jedenfalls bei einem Wiederverkaufsrecht mit wesentlichen Verkäuferpflichten unvereinbar und benachteiligt den Lieferanten als Käufer entgegen den Geboten von Treu und Glauben unangemessen (§ 307 II Nr. 2).[3] Die vertragstypspezifischen Bedenken des BGH lassen sich evtl. dadurch ausräumen, dass sich der Leasinggeber in einer separaten Vereinbarung eine zusätzliche Absicherung in Form einer Bürgschaft des Lieferanten verschafft.[4] L 189

b) Verschlechterung des Leasinggegenstandes. Für Schäden der Leasingsache, die über die gewöhnliche Abnutzung hinausgehen, haftet der Leasinggeber als Wiederverkäufer nach den **kaufrechtlichen Gewährleistungsvorschriften** (§§ 434, 437 ff.).[5] § 457 II 2, der in Abkehr vom kaufvertraglichen Gewährleistungsrecht das Minderungsrecht bei unverschuldeter Verschlechterung oder nur unwesentlicher Veränderung ausschließt, kann auf Fälle des Wiederverkaufsrechts nicht analog angewendet werden.[6] L 190-200

Fraglich ist, ob und in welchem Umfang die **Gewährleistungshaftung** des Leasinggebers im Verhältnis zum Lieferanten in AGB **ausgeschlossen** werden kann. Da es sich bei dem Lieferanten um einen Unternehmer handelt, stehen weder die Vorschriften über den Verbrauchsgüterkauf (§§ 474 ff.) noch § 309 Nr. 8 Buchst. b (vgl. § 310 I) einem Gewährleistungsausschluss im Wege. Da es sich im Zeitpunkt der Aktualisierung des Rückkaufrechts auch nicht mehr um neu hergestellte Sachen handelt, kommt auch eine Ausstrahlungswirkung des § 309 Nr. 8 Buchst. b auf den unternehmerischen Verkehr nicht in Betracht. Für die Zulässigkeit des Ausschlusses der Gewährleistung spricht im Übrigen, er sich – wirtschaftlich betrach-

---

1 BGH NJW 2003, 2607.

2 OLG Rostock NJW 2006, 304.

3 Grundl. BGH NJW 2003, 2607; auf dieser Linie auch OLG Rostock NJW 2006, 304.

4 Hierzu *Graf von Westphalen* BB 2004, 2026.

5 MünchKomm-*H.P. Westermann,* § 456 BGB Rz 6; *H. Beckmann,* Finanzierungsleasing, § 3 Rz 198; für analoge Anwendung der Rücktrittsvorschriften Bamberger/Roth-*Faust,* § 457 BGB Rz 14.

6 BGH NJW 1990, 2546 und 3014; OLG Düsseldorf NJW-RR 1991, 53; Staudinger-Mader, Vorbem. zu §§ 456 ff. BGB Rz 14.

tet – nur dann auswirkt, wenn der Schaden am Leasingobjekt nicht durch eine Versicherung abgedeckt ist. Kommt eine Versicherung für die Beschädigung auf, so muss dies auch dem Lieferanten zugute kommen. Es bleiben daher vor allem die Fälle, in denen es der Leasingnehmer pflichtwidrig versäumt hat, eine Versicherung abzuschließen oder die Beiträge zu entrichten. Derartiges (oder: derartige Fälle dürften) dürfte vor allem bei insolventen Leasingnehmer zu erwarten sein. Damit fügt sich der Gewährleistungsausschluss stimmig in die Zielrichtung der gesamten Rückkaufvereinbarung ein. Treten nicht besondere Umstände hinzu, kann im Ausschluss der Gewährleistung keine unangemessene Benachteiligung des Lieferanten erblickt werden.[1]

*

Leihgutverträge (Pfandflaschen u. a.)

Inhaltsübersicht

Schrifttum: *Kollhoser/Bork,* Rechtsfragen bei der Verwendung von Mehrwegverpackungen, BB 1987, 909; *Martinek,* Flaschenpfand als Rechtsproblem, JuS 1987, 514.

1. Allgemeines

L 201 Mehrwegverpackungen, die an den Lieferanten zurückgegeben werden sollen, werden im Rahmen eines Leihvertrags überlassen, wenn dieselben Gegenstände zurückgegeben werden müssen. Dagegen ist ein Darlehensvertrag anzunehmen, wenn nur gleichartige Sachen zurückzugeben sind.[2] Ob identische oder nur gleichartige Verpackungen zurückzugeben sind, ist im Wege der Auslegung zu ermitteln. Dabei kommt es freilich vorrangig auf etwaige Individualabreden an (§ 305 b), wobei die Individualabreden auch konkludent getroffen werden können. Vor diesem Hintergrund ist von einem Darlehensvertrag in der Regel dann auszugehen, wenn es sich bei den verwendeten Verpackungen um **Einheitsverpackungen** handelt, wie sie auch von anderen Händlern verwandt werden.[3] Denn in diesem Falle darf der Kunde die Entscheidung für die Verwendung einheitlicher Verpackungen nach Treu und Glauben so verstehen, dass es dem Händler nicht darauf ankommt, welche konkreten Verpackungen er zurückerhält. Eine davon abweichende Klausel, die eine Pflicht zur Rückgabe der konkret erhaltenen Verpackungen vorsieht, ist grundsätzlich überraschend (§ 305 c I) und darüber hinaus unangemessen (§ 307). Unangemessen und daher unwirksam ist in diesem Falle z. B. auch eine Klausel, mit der sich der Verwender das Eigentum an der Verpackung vorbehält.[4] Anders liegen die Dinge dann, wenn der Händler **individualisierte Mehrwegverpackungen** vorsieht. In diesem Falle kommt es dem Händler in Ermangelung gleichartiger Verpackungen anderer Händler ersichtlich darauf an, die eigenen Verpackungen zurückzuerhalten, so dass schon die Auslegung der konkreten Umstände zur Annahme eines Leihver-

---

[1] So im Ergebnis auch *H. Beckmann,* Finanzierungsleasing, § 3 Rz 199; restriktiver hingegen *Leyens* MDR 2003, 312.

[2] BGH NJW 1956, 298, 298: Einordnung als Darlehensvertrag rechtsfehlerfrei. Vgl. aber z. B. auch MünchKomm/*Kollhosser* § 598 Rz 22: Bei Einheitsverpackungen sei ein „atypischer darlehensähnlicher Vertrag sui generis" gewollt.

[3] So wohl auch MünchKomm/*Berger* § 607 Rz 12: Sachdarlehensvertrag bei Verwendung von Einheitsverpackungen.

[4] MünchKomm/*Berger* § 607 Rz 12 m.w.N.

trages führt.[1] Öffentlich-rechtlich sind die Vorschriften der Verpackungsverordnung,[2] insbesondere die dort vorgesehenen Rücknahmepflichten, zu beachten.

2. Nutzungsentgelt und Hinterlegung von Geldbeträgen

Eine Ausgestaltung des Überlassungsverhältnisses im Sinne eines Mietvertrags, wonach für jeden Tag der nicht erfolgten Rückgabe ein Nutzungsentgelt zu entrichten ist, ist im Allgemeinen überraschend nach § 305 c I, aber auch nach § 307 unwirksam, weil eine solche Klausel dem Verwendungszweck widerspricht, der auf den Kauf des Inhalts, aber nicht auf die Nutzung des Verpackungsmaterials gerichtet ist. Ein atypisches Pfand[3] in Gestalt der Hinterlegung eines Geldbetrags, der bei Rückgabe der Verpackung wieder ausbezahlt wird, ist dagegen zulässig. **L 202**

3. Schadensersatz/Wertersatz

Unabhängig davon, ob ein Leihvertrag oder ein Darlehensvertrag gegeben ist, darf der Kunde den Verwender grundsätzlich dahingehend verstehen, dass er seiner Verpflichtung zur Rückgabe identischer oder – im Falle des Darlehensvertrages – gleichartiger Verträge dadurch entgehen kann, dass er den Wert der Verpackungen ersetzt beziehungsweise auf die Rückzahlung des hinterlegten Geldbetrages verzichtet.[4] Es ist also grundsätzlich von der zumindest konkludenten Vereinbarung einer **Ersetzungsbefugnis**[5] auszugehen. Dies hat zwei Konsequenzen: **L 203**

Wurde bereits im Rahmen des Vertragsschlusses ein bestimmter Geldbetrag hinterlegt, so führt die Annahme der konkludenten Vereinbarung einer Ersetzungsbefugnis dazu, dass eine AGB-rechtliche Kontrolle der Höhe des Betrages am Vorliegen einer (konkludenten) Individualvereinbarung scheitert. Wer also beispielsweise auf dem Frankfurter Weihnachtsmarkt an einem Glühweinstand fünf Euro für einen Becher hinterlegt, kann bei Verlust des Bechers nicht geltend machen, dass der hinterlegte Betrag zu hoch gewesen und die entsprechende Abrede daher nach § 307 unwirksam sei. Anders liegen die Dinge freilich dann, wenn erst die AGB eine Pflicht zur Hinterlegung eines bestimmten Betrages vorsehen. Im letzteren Falle sind die entsprechenden Klauseln in vollem Umfang kontrollfähig. **L 204**

Wird kein bestimmter Geldbetrag hinterlegt, so ist nach dem Gesagten eine konkludente Einigung dahingehend anzunehmen, dass statt der Rückgabe der Verpackung der Wert derselben ersetzt werden kann. Eine Klausel, die vorsieht, dass der Entleiher von Leergut im Falle der Nichtrückgabe den vollen Wiederbeschaffungspreis ohne Abzug „neu für alt" zu ersetzen hat, ist daher richtigerweise schon nach § 305 b unbeachtlich. Zumindest aber ist sie unangemessen und deshalb unwirksam.[6] Ein Verstoß gegen § 309 Nr. 5[7] kann demgegenüber nicht ohne weiteres **L 205–210**

---

[1] Ebenso RGZ 159, 65, 66. Ähnlich auch MünchKomm/*Berger* § 607 Rz 16: Annahme eines atypischen Vertrages, auf den die Vorschriften über den Leihvertrag, „soweit sinnvoll", analoge Anwendung finden. S. ferner MünchKomm/*Kollhosser* § 598 Rz 22: „leiheähnliche Gebrauchsüberlassungsverträge sui generis geschlossen, die nur zur Rückgabe gleichartiger (nicht notwendig derselben) Verpackung verpflichten".

[2] Verordnung über die Vermeidung und Verwertung von Verpackungsabfällen (Verpackungsverordnung – VerpackV) v. 21. 8. 1998, BGBl. I, S. 2379.

[3] Zur Einstufung als atypisches Pfandrecht siehe z. B. MünchKomm/*Berger* § 607 Rz 12.

[4] Ähnlich MünchKomm/*Kollhosser* § 598 Rz 22, der jeweils von atypischen Verträgen ausgeht und annimmt, dass den Kunden bei Verlust der Verpackungen keine Beschaffungspflicht treffe.

[5] Die Vereinbarung einer Ersetzungsbefugnis ist die Vereinbarung, dass der Gläubiger eine bestimmte Leistung an Erfüllungs statt annehmen wird. S. statt aller *Palandt/Grüneberg* § 364 Rz 1.

[6] OLG Karlsruhe NJW-RR 1988, 370, 372 (zu § 9 AGBG); MünchKomm/*Berger* § 607 Rz 12.

[7] Dafür MünchKomm/*Berger* § 607 Rz 12; wohl auch OLG Karlsruhe NJW-RR 1988, 370, 372 (zu § 11 Nr. 5 AGBG).

angenommen werden, weil der Kunde nach der vertraglichen Abrede im Falle der Nichtrückgabe gerade keinen Schadensersatz schuldet, so dass die Klausel nicht ohne weiteres als Schadenspauschale interpretiert werden darf. Ist der Klausel freilich im Wege der Auslegung zu entnehmen, dass die AGB bei Nichtrückgabe gleichartiger oder identischer Verpackungen von einem Schadensersatzanspruch ausgehen, so ist die Anwendbarkeit des § 309 Nr. 5 ohne weiteres zu bejahen.

*

Leistungsbestimmungsrecht nach §§ 315, 317 BGB

Inhaltsübersicht

Schrifttum: *Baur,* Vertragliche Anpassungsregelungen, 1983; Kamanabrou, Vertragliche Anpassungsklauseln, 2004; *Paulusch,* Vorformulierte Leistungsbestimmungsrechte des Verwenders, in: *Heinrichs/Löwe/Ulmer,* Zehn Jahre AGB-Gesetz, 1987.

1. Allgemeines

L 211 Durch AGB kann dem Verwender nach § 315 oder einem Dritten nach § 317 ein Bestimmungsrecht bezüglich der Leistung, der Gegenleistung oder anderer Rechte und Pflichten im Rechtsverhältnis eingeräumt werden. Die Ausgestaltung der arbeitsvertraglich geschuldeten Leistung durch das Weisungsrecht des Arbeitgebers ist nunmehr in § 106 GewO als lex specialis geregelt. Siehe zu Direktionsrechtsklauseln in Arbeitsverträgen § 310 Rz 104 ff. Solche Leistungsbestimmungsklauseln sind **nicht nach § 307 III** der Inhaltskontrolle der §§ 307–309 **entzogen,** da sie von Rechtsvorschriften abweichen (§ 307 Rz 276, 280).[1] Für die Preisbestimmung sieht § 309 Nr. 1, für Leistungsänderungsrechte § 308 Nr. 4 jeweils einen Unwirksamkeitsgrund vor. Ein dem Verbot einseitiger Bestimmungsrechte vergleichbares Klauselverbot enthält die RL in Anh. Nr. m hinsichtlich der einseitigen Feststellung der Vertragsgemäßheit von Leistungen und der einseitigen Auslegungskompetenz. Zu beachten ist grundsätzlich die Abgrenzung zwischen kontrollfähiger Leistungsänderungsklausel und kontrollfreier Leistungsbeschreibung.[2] Für die Inhaltskontrolle nach §§ 307–309 ist zu unterscheiden, ob die AGB nur die Einräumung des Bestimmungsrechts oder auch die Maßstäbe für seine Ausübung regeln.[3]

2. Einräumung

L 212 **a)** Die Einräumung eines einseitigen Bestimmungsrechts stellt insofern grundsätzlich eine Abweichung von der gesetzlichen Regelung dar, als die Rechte und Pflichten, einschließlich Leistung und Gegenleistung, nach § 311 I grundsätzlich durch vertragliche Vereinbarung festgelegt werden. Das einseitige Bestimmungsrecht ist eine Abweichung hiervon.[4] Seine Einräumung unterliegt deshalb der **In-**

[1] BGH NJW-RR 2005, 1496, 1500.
[2] OLG München MMR 2007, 50 (51).
[3] § 307 Rz 41 ff.; BGH NJW 1985, 623, 624.
[4] BGH NJW 1981, 2351, 2352.

haltskontrolle nach § 307 I, II.[1] Dies gilt nicht nur für einen von vornherein der einseitigen Leistungsbestimmung überlassenen Vertragspunkt, sondern auch für ein Bestimmungsrecht zur einseitigen Änderung ursprünglich vereinbarter Bedingungen, insbesondere Anpassungsklauseln, wie z. B. Zinsanpassungsklauseln (s. § 307 Rz 324) oder Beitragsanpassungsklauseln.[2] Ein einseitiges Änderungsrecht verstößt nicht nur gegen das Vertragsprinzip in § 311 I, sondern auch gegen § 307 I, II.[3] Dies gilt auch im unternehmerischen Verkehr.[4] Der Inhaltskontrolle nach § 307 I, II unterliegt auch die Einräumung eines Bestimmungsrechts an den Verkäufer von Wohnungseigentum zur Durchführung der Teilungserklärung.[5] Die Billigkeitskontrolle nach §§ 315 III, 319 I schließt die Inhaltskontrolle nach § 307 I, II nicht aus, da die §§ 315 III, 319 I die Kontrolle des wirksam bestehenden Bestimmungsrechts bei der Ausübung im Einzelfall betreffen, während die wirksame Einräumung des Bestimmungsrechts als solches der Inhaltskontrolle nach dem AGB-Gesetz unterliegt.[6] Es kommt nicht darauf an, ob sich das einseitige Bestimmungsrecht inhaltlich auf solche Rechte und Pflichten bezieht, die auch ohne vertragliche Vereinbarung kraft Gesetzes gelten würden. Vielmehr unterliegt die Einräumung eines Bestimmungsrechts der Inhaltskontrolle auch, soweit es um die gesetzlich nicht festgelegte Leistung oder Gegenleistung geht, etwa um die Preisfestsetzung[7] oder um die Gebietsänderung in einem Vertragshändlervertrag.[8]

b) Die Einräumung eines Leistungsbestimmungsrechts zugunsten des Verwenders **beeinträchtigt den anderen Vertragsteil** nicht nur, wenn es sich um ein freies Bestimmungsrecht handelt, sondern auch dann, wenn dieses Bestimmungsrecht gemäß §§ 315 I, 317 I nach billigem Ermessen ausgeübt werden muss. Maßgebend dafür ist, dass das Bestimmungsrecht bis zu seiner Ausübung den anderen Vertragsteil über seine Rechte und Pflichten im Unklaren lässt, dass im Falle der Unbilligkeit für die Leistungsbestimmung eine gerichtliche Entscheidung ergehen muss und dass die Leistungsbestimmung von Dritten bis zur Grenze der offenbaren Unbilligkeit (§ 319 I) hingenommen werden muss, die der andere Vertragsteil auch beweisen muss. Da auch von dem Grundsatz der Inhaltsbestimmung durch Vertrag (§ 311 I) abgewichen wird, liegen insgesamt Beeinträchtigungen vor, die nach Treu und Glauben unangemessen sind[9] und deshalb nach § 307 I 1 wie nach § 307 II Nr. 1 **grundsätzlich unwirksam** sind. Ein Unwirksamkeitsgrund kann sich daraus auch im unternehmerischen Verkehr ergeben.[10] Unwirksam ist insbesondere ein Bestimmungsrecht, das entgegen dem Gebot ausreichender tatbestandlicher Konkretisierung (§ 307 Rz 235) eingeräumt wird und deshalb die Voraussetzungen und den Umfang des Bestimmungsrechts nicht erkennen lässt.[11] Nicht zulässig ist deshalb z. B. eine Bezugspflicht für Druckwerke jeweils für die Laufzeit eines Jahres, wenn weder eine Begrenzung der Höchstseitenzahl noch eine Höchstpreisbelastung ange- L 213

---

1 BGHZ 81, 229, 232; 93, 252, 255; BGH NJW 1983, 1854, 1855; BGH WRP 2007, 332; a. A. *Baur,* Vertragliche Anpassungsregelungen, 1993, S. 99 für Preisanpassungsklauseln.

2 BGH NJW 1992, 2356.

3 S. auch BGHZ 89, 206 = NJW 1984, 1182, 1183.

4 BGH NJW 1985, 623, 624; BGH NJW 1998, 454.

5 Löwe BB 1986, 152; a. A. ohne Berücksichtigung der BGH-Rechtsprechung: *Reinelt* NJW 1986, 826.

6 S. auch *Schlosser/Graba* § 9 Rz 100.

7 BGH NJW 1981, 2351, 2352; 1983, 1854, 1855.

8 BGH NJW 1984, 1182 und Rz V 330 ff.

9 Zu § 319 I: BGH NJW 1981, 2351, 2353.

10 S. BGH NJW 1984, 1182, 1183; 1985, 623, 624; NJW-RR 2005, 1496, 1500 zum Vertragshändlervertrag.

11 BGH NJW 1982, 644, 646; BGHZ 89, 206, 211 = NJW 1984, 1182; BGHZ 93, 29 = NJW 1985, 623, 624.

geben ist.[1] Unwirksam ist auch eine Tilgungsklausel, wonach dem Gläubiger entgegen § 366 das einseitige Recht zur Tilgungsbestimmung, auch entgegen einer Bestimmung des Schuldners, eingeräumt wird. Dem Gläubiger als Verwender ist zuzumuten, sich schon bei Vertragsschluss auf eine bestimmte Tilgungsreihenfolge festzulegen oder, falls dies nicht möglich ist, die Pflicht zur unverzüglichen Unterrichtung des Schuldners zu übernehmen.[2] Unwirksam ist auch ein Bestimmungsrecht, wonach bei einem Darlehensantrag weitere Einzelheiten im banküblichen Rahmen festgelegt werden dürfen, soweit es sich nicht um ständig wechselnde Größen wie Zinssatz, Disagio u. a. handelt.[3] Unwirksam ist auch die fehlende Festlegung einer Deckungsgrenze zur Vermeidung einer Übersicherung (s. Rz S 181f.). Die fehlende tatbestandliche Konkretisierung kann nicht durch Einbeziehung einer Billigkeitskontrolle nach § 315 III ersetzt werden. Eine unbestimmte Klausel wird dadurch nicht wirksam. Dies gilt sowohl im Verbandsprozess[4] wie im Individualprozess[5] und es gilt gegenüber Verbrauchern wie gegenüber Unternehmern.[6] Einen besonderen Unwirksamkeitsgrund für das Leistungsbestimmungsrecht, das die Änderung oder Abweichung von einer versprochenen Leistung erlaubt, sieht § 308 Nr. 4 vor.[7] Dementsprechend ist bei einem Vertrag über Bezahlfernsehen (Pay-TV) eine Klausel unwirksam, die eine Abänderung des Programmangebots dem Verwender vorbehält, selbst wenn dem Kunden als Ausgleich eine Lösungsmöglichkeit vom Vertrag eingeräumt wird. Die nach § 308 Nr. 4 BGB zu berücksichtigenden Interessen des Vertragspartners sind dabei nicht mit wirtschaftlichen Vorteilen gleichzusetzen.[8]

L 214 c) Die Einräumung eines Leistungsbestimmungsrechts durch AGB ist aber **wirksam,** wenn dafür ein berechtigtes Interesse in Gestalt schwerwiegender Änderungsgründe besteht, die nach ihren Voraussetzungen und Folgen die Interessen des Vertragspartners erkennbar und angemessen berücksichtigen,[9] z. B. wenn es erforderlich ist, um einer unsicheren Entwicklung künftiger Verhältnisse Rechnung tragen zu können[10] und der Verwender die Veränderung dieser Verhältnisse auch nicht als zu seiner Risikosphäre gehörend tragen muss,[11] oder wenn die Leistungsbestimmung einem sachkundigen Dritten übertragen werden soll. Leistungsbestimmungsrechte können danach insbesondere in rechtlichen Dauerbeziehungen in Betracht kommen, bei denen auf Veränderungen während der Vertragslaufzeit reagiert werden muss und bei denen wegen der massenweise gleichen Behandlung eine Individualvereinbarung mit jedem einzelnen Kunden aus praktischen Gründen kaum in Betracht kommt.[12] Wegen der Schwierigkeiten der einheitlichen Vereinbarung mit allen Erwerbern kann auch dem Verkäufer von Wohnungseigentum ein Bestimmungsrecht für die Teilungserklärung (§ 8 WEG) und das Gemeinschaftsverhältnis der Wohnungseigentümer (§§ 10ff. WEG) wirksam eingeräumt werden,[13] sofern das Erfordernis ausreichender tatbestandlicher Konkretisierung (§ 307

---

[1] S. AG Reutlingen NJW-RR 1993, 1275.
[2] BGH NJW 1984, 2404.
[3] Zu weitgehend OLG Koblenz ZIP 1983, 557.
[4] BGH NJW 1980, 2518.
[5] BGH NJW 1984, 1182, 1183.
[6] BGH NJW 1985, 623, 624.
[7] S. auch § 308 Nr. 4 Rz 14ff.
[8] So i. E. auch BGH NJW 2008, 360, 362f.
[9] BGHZ 89, 206, 211; BGH NJW-RR 1988, 1077; BGH NJW 1994, 1060, 1063; a. A. *Löwe* BB 1984, 492, 494.
[10] S. auch BGH NJW 1992, 2357; *Schlosser/Graba* § 9 Rz 99.
[11] *Ulmer/Fuchs* § 307 Rz 174f.
[12] So auch BGH NJW 1992, 2356, 2357 zu Beitragsanpassungsklauseln im Versicherungsvertrag.
[13] A. A. *Löwe* BB 1986, 152, 154.

Rz 235) gewahrt ist. Im unternehmerischen Verkehr sind auch Preisbestimmungsrechte für künftige Leistungen eher als gegenüber Verbrauchern zulässig.[1] Die Gründe für die Änderung müssen umso stärker sein, je gewichtiger der Gerechtigkeitsgehalt des Gesetzes oder Rechtsgrundsatzes ist, in den durch das einseitige Änderungsrecht eingegriffen wird.[2] Die Interessen des Vertragspartners müssen nach den Voraussetzungen und Folgen des Änderungsrechts angemessen berücksichtigt werden, und bei einem Eingriff in das Äquivalenzverhältnis muss ein Ausgleich gewährt werden.[3] Dem Gebot ausreichender tatbestandlicher Konkretisierung (§ 307 Rz 235) muss jedoch stets genügt sein. Das in Nr. 12 I–III AGB-Banken vorgesehene Leistungsbestimmungsrecht für die dort vorgesehenen Zinsen, Gebühren und Provisionen ist nicht zu beanstanden (s. im Einzelnen B 52 ff.). Dies gilt auch für eine sog. Überziehungsprovision.[4] Nicht zu beanstanden ist grundsätzlich auch eine Beitragsanpassungsklausel in einem Krankenversicherungsvertrag, wenn eine Bindung an sachliche Grenzen vorgesehen ist. Mit ihr können auch Änderungen der Beitragsrückerstattung vorgenommen werden.[5] Vom BGH[6] nicht beanstandet wurde auch ein Leistungsbestimmungsrecht für die Vorschusszahlung im Rahmen eines Umzugsvertrags. Dies lässt sich rechtfertigen, da die Höhe des zulässigen Vorschusses nicht ohne weiteres generell im Voraus bestimmt werden kann. Wirksam ist auch das Leistungsbestimmungsrecht, das einem Detektiv im Hinblick auf Art und Umfang der zur Erledigung eines Auftrags erforderlichen Maßnahmen eingeräumt wird.[7] Nach § 307 BGB unwirksam sind hingegen grundsätzlich solche Preisanpassungsklauseln, die es dem Verwender ermöglichen, über die konkrete Abwälzung von Kostensteigerungen hinaus den zunächst vereinbarten Preis ohne jede Begrenzung anzuheben und so nicht nur eine Gewinnschmälerung zu vermeiden, sondern einen zusätzlichen Gewinn zu erzielen.[8] In dieser Fallgestaltung kann jedoch im Rahmen des § 307 BGB ein dem Kunden in den AGB eingeräumtes Kündigungsrecht für die grundsätzlich unangemessene Preiserhöhungsklausel kompensieren.[9] Zu den Bestimmungsrechten beim Vertragshändlervertrag s. Rz V 340. Zum Sonderfall des Schiedsgutachtenvertrags s. Rz S 39 f. Nach dem Schutzzweck des AGB-Gesetzes nicht zu beanstanden ist ein Leistungsbestimmungsrecht, das dem anderen Vertragsteil eingeräumt wird.

3. Maßstäbe für die Ausübung

Die Maßstäbe für die Ausübung des Bestimmungsrechts im Einzelfall ergeben **L 215**
sich aus §§ 315 I, 317 I mit der Kontrolle nach § 315 III bzw. bei Bestimmung durch einen Dritten nach § 319 I. Diese Maßstäbe betreffen die Ausübung im Einzelfall und sind gerade dann zu beachten, wenn das Bestimmungsrecht als solches nach § 307 I, II wirksam ist. Bei Ausübung durch Aufstellen neuer AGB unterliegen diese auch der Inhaltskontrolle nach §§ 307–309.[10] Die Ausübung eines Bestimmungsrechts vollzieht sich typischerweise nach Abschluss eines Vertrags. Dies kann auch durch Änderung von Preisverzeichnissen und Preisaushängen geschehen.

---

1 S. § 309 Nr. 1 Rz 161 ff.
2 BGH NJW 1984, 1182, 1183 zum Vertragshändlervertrag.
3 BGH NJW 1984, 1182, 1183.
4 OLG Hamm ZIP 1983, 292.
5 S. BGH NJW 1992, 2356.
6 NJW 1981, 1959.
7 BGH BB 1978, 636.
8 OLG München MMR 2007, 50, 52; BGH NJW-RR 2005, 1717 m. w. N.
9 OLG München MMR 2007, 50, 52 m. w. N.
10 BGH NJW 1991, 2559, 2564.

Klauseln, die einseitige Festlegungen, insbesondere auch Preisverzeichnisse, für eine Vielzahl von Verträgen schon vor Vertragschluss aufstellen, sind dagegen AGB nach § 305 I und keine Ausübung eines Bestimmungsrechts.[1] Ist in AGB keine Regelung über die Ausübung des Bestimmungsrechts enthalten, so ist die Bestimmung gemäß §§ 315 I, 317 nach billigem Ermessen zu treffen. Eine AGB-Klausel, die damit übereinstimmt, ist regelmäßig schon nach § 307 III nicht zu beanstanden.[2] Davon zu unterscheiden ist, ob die AGB selbst Maßstäbe für die Ausübung des Bestimmungsrechts abweichend von §§ 315, 317 aufstellen, z. B. ein freies Bestimmungsrecht vorsehen. Ein Klausel „Nach Wahl werden Neuteile oder Austauschteile eingesetzt" ist als freies Bestimmungsrecht auszulegen.[3] Eine Inhaltskontrolle nach dem AGB-Gesetz hinsichtlich der Maßstäbe für die Leistungsbestimmung kann nur insoweit stattfinden, als die AGB solche Maßstäbe festlegen. Die Inhaltskontrolle bestimmt sich, soweit es den Inhalt gesetzlicher Rechte und Pflichten betrifft, danach, ob eine Abweichung von wesentlichen Grundgedanken (§ 307 II Nr. 1) dieser Rechte und Pflichten möglich ist.[4] Soweit die Rechte und Pflichten nicht gesetzlich bestimmt sind und sich auch nicht aus der Natur des Vertrags (§ 307 II Nr. 2) ergeben, sind die in AGB festgelegten Maßstäbe unwirksam, wenn sie in Abweichung von §§ 315 I, 317 I ein freies Bestimmungsrecht einräumen, da die Wahrung der Grenzen der Billigkeit zu den Grundgedanken der gesetzlichen Regelung gemäß § 307 II Nr. 1 gehört.[5] Dies gilt insbesondere für Leistungsentgelte, die nicht gesetzlich festgelegt sind.

L 216 Die Ausübung des Bestimmungsrechts setzt nach § 315 II den Zugang der Bestimmungserklärung gemäß § 130 voraus. Der Zugang kann grundsätzlich nicht ausgeschlossen werden,[6] außer wenn ein berechtigtes Bedürfnis besteht. Dann ist aber regelmäßig eine nachträgliche Mitteilung erforderlich.[7]

4. Bindung und gerichtliche Prüfung

L 217-220 § 315 III enthält einen wesentlichen Grundgedanken, der durch AGB nicht abbedungen werden kann. Eine Klausel, die ausnahmslos eine Unterwerfung unter die vom Verwender getroffene Bestimmung, insbesondere ohne Möglichkeit gerichtlicher Überprüfung vorsieht, ist nach § 307 II Nr. 1 unwirksam. Dies gilt etwa für die Klausel, die bei Beseitigung des von mehreren Bauhandwerkern verursachten Bauschutts, eine Unterwerfung an die vom Auftraggeber getroffene Aufteilung der Kosten unter ihnen vorsieht.[8]

*

Leistungsverweigerungsrechte

Zum Ausschluss und zur Einschränkung von Leistungsverweigerungsrechten durch AGB s. neu: § 309 Nr. 2 Rz 1 ff.

*

---

1 BGH NJW 1991, 1953.
2 BGH NJW 1985, 623, 624.
3 Insofern übereinstimmend OLG Frankfurt ZIP 1983, 702.
4 S. auch BGH NJW 1981, 2351 zur HO AI.
5 S. auch BGH NJW 1985, 623, 624; BGHZ 136, 394 = NJW 1998, 454.
6 S. § 308 Nr. 6 Rz 1 ff.
7 S. auch *Soergel/Wolf,* BGB, § 315 Rz 34.
8 S. OLG München NJW-RR 1989, 276.

Lizenzverträge

Inhaltsübersicht

Monographien: *Henn,* Patent- und Know-how-Lizenzvertrag, 5. Aufl. 2003; *Pfaff,* Lizenzverträge – Formularkommentar, 2. Aufl. 2004; *Stumpf/Groß,* Der Lizenzvertrag, 8. Aufl. 2004.

1. Allgemeines

Durch den Lizenzvertrag wird ein gewerbliches Schutzrecht, insbesondere ein Patent (§ 9 PatG), Gebrauchsmuster (§ 11 GebrMG), Geschmacksmuster (§ 38 GeschmMG), ein Schutzrecht nach dem MarkenG (§§ 14ff. MarkenG), Urheberrecht (§§ 11ff. UrhG) oder ein sonstiges Immaterialgüterrecht einem anderen zur Benutzung und Verwertung überlassen. Der Lizenzvertrag ist ein gemischter Vertrag, der sich bei Überwiegen der Gebrauchsüberlassung am Leitbild des Pachtvertrags orientiert, aber z. B. auch gesellschaftsvertragliche Elemente oder auch kaufrechtliche Elemente enthalten kann.[1] Von einem Kaufvertrag ist auszugehen, wenn das Schutzrecht in seinem wesentlichen Umfang und endgültig auf den Lizenznehmer übergehen soll.[2] Zu den Lizenzverträgen kann auch der Know-how-Vertrag, der Filmverwertungsvertrag oder ein Bildverwertungsvertrag[3] gerechnet werden. Zu den Urheberrechtsverträgen [s. Rz U 21ff.]. Ein Lizenzvertrag mit der Pflicht zur wiederkehrenden Abnahme von der Lizenz erfasster Gegenstände unterfällt, sofern es sich z. B. um eine urheberrechtliche Rechtsübertragung und nicht um Sachen handelt, nicht dem § 505 S. 1 Nr. 3.[4] Im Zusammenhang mit Lizenzverträgen sind auch Klauselgestaltungen zu beachten, die das Verhältnis zum Schutzrechteinhaber zunächst nur mittelbar betreffen. So stellt eine Klausel in den Einkaufsbedingungen eines Baumarktbetreibers, wonach bei einer Verletzung von gewerblichen Schutzrechten durch den Lieferanten der Baumarktbetreiber berechtigt sein soll, auf Kosten des Lieferanten beim Rechteinhaber die zur Vermarktung notwendigen Lizenzen zu erwerben, wegen der einseitigen Berücksichtigung allein der Verwenderinteressen eine unangemessene Benachteiligung der anderen Partei gemäß § 307 I dar.[5] **L 221**

2. Lizenzeinräumung

Der Umfang der Lizenzeinräumung unterliegt als Leistungsbeschreibung grundsätzlich nicht der Inhaltskontrolle.[6] Bei der Vergabe von Filmverwertungsrechten kann deshalb die Vergabe von Unterlizenzen ausgeschlossen werden.[7] Eine Zusatzgebühr für die Verwendung von Software auf anderen oder stärkeren Rechnern schränkt dagegen das Hauptleistungsversprechen – über eine bloße Leistungsbeschreibung hinaus – ein und unterfällt insofern der Kontrolle gem. den §§ 307ff.[8] **L 222**

---

[1] S. BGH NJW 1970, 1503; a. A. *Soergel/Huber,* BGB, vor § 433 Rz 242: kaufähnlich.
[2] S. etwa BGH NJW 1957, 1317.
[3] S. OLG Hamburg NJW-RR 1986, 1177.
[4] S. BGH NJW 1989, 456 zu § 1 c Nr. 3 AbzG.
[5] BGHZ 164, 196, 216f.
[6] S. § 307 Rz 41ff.
[7] BGH NJW-RR 1987, 181.
[8] BGHZ 132, 233 = NJW 2003, 2014, 2015.

3. Lizenzgebühr und andere Gebühren

L 223 Im Bildverwertungsvertrag mit einer Bildagentur kann für den Fall, dass überlassene Bilder oder Dias nicht innerhalb einer bestimmten Frist zurückgegeben werden, ein sog. Blockierungshonorar wirksam vorgesehen werden, da darin ein zulässiges Entgelt für die optionsähnliche Benutzungsmöglichkeit liegt.[1] Das Blockierungshonorar wäre aber auch bei einer Einordnung als Vertragsstrafe oder als Schadenspauschale nicht nach § 307 zu beanstanden.[2]

4. Gewährleistung

L 224–230 Für die Gewährleistung ist bei Überwiegen der Gebrauchsüberlassungselemente von §§ 536 ff. auszugehen,[3] bei Überwiegen kaufvertraglicher Elemente von §§ 437 ff.,[4] ansonsten von den allgemeinen Vorschriften über Leistungsstörungen gem. den §§ 280 ff.[5] Demgemäß richtet sich die Inhaltskontrolle nach § 307 I, II[6] oder § 309 Nr. 8 a.[7]

*

Lotterieverträge

Zu Lotterieverträgen allgemein s. § 309 Nr. 7.

*

Luftfrachtbedingungen

Inhaltsübersicht*

* Siehe auch die Literaturnachweise vor Rz F 41.

L 231 **1. Allgemeines.** Die Beförderungsbedingungen der Luftfrachtführer für Fracht (ABBLuftfracht) werden, auch wenn sie behördlich genehmigt sind, nur aufgrund rechtsgeschäftlicher Einbeziehung nach allgemeinen Grundsätzen (s. § 305) zum Vertragsinhalt und unterliegen der Inhaltskontrolle nach §§ 307–309.[8] Der **AGB-Charakter** solcher Bedingungen wird auch nicht dadurch beseitigt, dass sie mit den von der IATA empfohlenen Bedingungen übereinstimmen, denn diese sind keine Rechtsnormen.[9] Auch der Umstand, dass solche Bedingungen auf dem Mon-

[1] S. OLG Hamburg NJW-RR 1986, 1177, 1178.
[2] OLG Hamburg NJW-RR 1986, 1177, 1179.
[3] S. BGH NJW 1970, 1503.
[4] S. auch BGH GRUR 1957, 595; *Nirk* GRUR 1970, 329, 333.
[5] S. BGH GRUR 1979, 768, 769.
[6] S. § 307 Rz 6.
[7] S. § 309 Nr. 8 Rz 1–9.
[8] BGH NJW 2007, 997, 998; § 307 Rz 69 f.
[9] BGH BB 1983, 527, 528 = NJW 1983, 1322; *Gran* TranspR 1999, 173, 174.

trealer oder Warschauer Abkommen beruhen und nach § 21 I 2 LuftVG genehmigt sind, schließt ihre rechtliche Einordnung als AGB und die Anwendung der AGB-rechtlichen Vorschriften nicht aus.[1]

2. Der **Einbeziehung** bedarf es nicht nur, soweit es den Frachtvertrag mit dem Absender betrifft, sondern auch, soweit der Empfänger oder Eigentümer haften soll, wie dies zahlreiche AGB vorsehen. Zwar haftet nach § 421 II 1 HGB der Empfänger mit der Annahme des Gutes oder des Frachtbriefs auf Zahlung nach Maßgabe des Frachtbriefs. Dadurch wird aber nicht auf die Einbeziehung von AGB auf der Grundlage von § 305 oder einer rechtsgeschäftlichen Vereinbarung zwischen Unternehmern verzichtet.[2] Liegen die Voraussetzungen der Einbeziehung gegenüber dem Empfänger oder dem Eigentümer nicht vor, so haften weder Empfänger noch Eigentümer aus den ABB-Luftfracht. Eine Einbeziehung der ABB-Luftfracht gegenüber dem Absender ergibt sich auch nicht aus einer Klausel, wonach sich der Absender mit Annahme einer Charter-Vereinbarung den ABB-Luftfracht unterzieht, da damit weder die Voraussetzungen nach § 305 noch die Voraussetzungen einer rechtsgeschäftlichen Einbeziehung zwischen Unternehmern erfüllt sind. Auch liegt darin eine nach § 308 Nr. 5 und gegenüber Unternehmern nach § 307 unwirksame fingierte Erklärung. Unwirksam nach § 308 Nr. 5 ist auch die Klausel, wonach der Empfänger entgegen § 421 II 1 HGB bereits bei Ausübung irgendwelcher Rechte aus dem Frachtvertrag zur Zahlung verpflichtet wird. Eine Besonderheit ergibt sich durch Art. 11 I WA und Art. 11 I Montrealer Übereinkommen, wonach widerlegbar vermutet wird, dass die im Frachtbrief in Bezug genommenen AGB Vertragsinhalt geworden sind.[3] Darin liegt eine Sonderregelung gegenüber § 305. Zum Vorrang von LuftVG und den genannten Übereinkommen s. Rz A 71. **L 232**

3. Zu Bedenken geben auch die Bestimmungen Anlass, die dem Luftfrachtführer ein weitgehendes **Ermessen bei Ausführung des Frachtvertrags** einräumen. Zuweilen ist vorgesehen, dass der Luftfrachtführer für **Zeitangaben** keine Gewähr übernimmt. Zeitangaben bilden keinen Bestandteil des Beförderungsvertrags. Die Wirksamkeit dieser Bestimmung ist schon nach § 305 c I zweifelhaft. Sie widerspricht aber auch dem Vorrang der Individualabrede nach § 305 b. Da Flugzeiten in der Regel durch Individualabrede vereinbart werden, ist der Ausschluss der Verbindlichkeit dieser Abrede nach § 307 II Nr. 1 unwirksam, weil sie wesentlichen Grundgedanken der gesetzlichen Regelung, nämlich dem Schutz des Vertrauens auf die Verbindlichkeit vertraglicher Abreden, widerspricht. Die Unwirksamkeit ergibt sich auch aus § 307 II Nr. 2, da die Einhaltung von Zeitangaben zu den wesentlichen Pflichten des Beförderungsvertrags gehört. Wenn § 308 Nr. 5 Lieferfristen, die nicht hinreichend bestimmt sind, für unwirksam erklärt, so muss die Unwirksamkeit nach § 307 erst recht eintreten, wenn die Vereinbarung einer Lieferzeit ganz abgelehnt wird.[4] Aus den gleichen Gründen bestehen Bedenken gegen ein freies Bestimmungsrecht. **L 233**

Zu Bedenken gibt auch die Bestimmung Anlass, wonach der Luftfrachtführer die **Streckenführung** für die Gütersendung auch abweichend vom Luftfrachtbrief bestimmen kann. Da der Absender nicht alle gesetzlichen Forderungen jeden Landes, durch welches, über oder in welches das Gut befördert wird, kennen kann und der Luftfrachtführer für Verluste und Kosten nicht haftet, die bei Nichterfüllung der gesetzlichen Vorschriften entstehen, ist der Absender durch das freie Bestim- **L 234**

---

[1] BGH BB 1983, 527, 529.

[2] Zur Einbeziehung fremdsprachiger AGB AG Rüsselsheim TranspR 1999, 256.

[3] S. *Ruhwedel* TranspR 1983, 1, 4; *Schmidt/Müller-Rostin* NJW 2003, 3516, 3521, auch zur unterschiedlichen Reichweite der genannten Normen.

[4] S. zur Personenbeförderung auch BGH NJW 1983, 1322.

mungsrecht des Luftfrachtführers einem unübersehbaren und unkalkulierbaren Risiko ausgesetzt. Die Einräumung eines derart weitgehenden Bestimmungsrechts ist nach § 307 unwirksam.[1]

L 235 Soweit durch die Klausel, dass der Luftfrachtführer ohne Ankündigung einen **anderen Luftfrachtführer einsetzen** kann, ein Wechsel des Vertragspartners erlaubt werden soll, ist dies nach § 309 Nr. 10 bzw. bei Unternehmern nach § 307 unwirksam.[2] Grundsätzlich nicht zu beanstanden ist es dagegen, wenn der Luftfrachtführer einen anderen Luftfrachtführer als Erfüllungsgehilfen einsetzt.[3]

L 236 **4.** Eine Klausel, die die **volle Vergütungspflicht** auch bei Nichtdurchführung oder schlechter Durchführung der Beförderung vorsieht, widerspricht in mehrfacher Hinsicht § 645. Unvereinbarkeit mit § 645 besteht insofern, als die volle Vergütungspflicht ohne Rücksicht auf die Ursachen vorgesehen ist. Eine Unvereinbarkeit ist aber auch deshalb gegeben, weil die volle Vergütung und nicht nur ein der geleisteten Arbeit entsprechender Teil zu zahlen ist. Da dadurch gegen wesentliche Grundgedanken des § 645 verstoßen wird, ist die Klausel nach § 307 II Nr. 1 unwirksam. Unwirksam ist auch die Klausel, wonach den Ablader eine Mithaftung für die Frachtzahlung trifft, wenn er nicht Befrachter oder Empfänger ist.

L 237 **5.** Enthält eine Klausel hinsichtlich der **Auslieferung** der Sendung die Fiktion, dass die Auslieferung an den Empfänger als erfolgt anzunehmen sei, wenn die Sendung dem Zoll oder einer sonst zuständigen Behörde ausgeliefert worden ist und der Luftfrachtführer dem Empfänger eine Ermächtigung zur Freigabe der Sendung übergibt, so wälzt der Luftfrachtführer damit das Risiko der Zollabfertigung von sich ab. Dies ist grundsätzlich nicht zu beanstanden, da die Zollabfertigung normalerweise nicht zu seinen Aufgaben gehört. Bedenklich sind dagegen die Befugnisse zur Rückbeförderung oder Veräußerung, die sich der Luftfrachtführer bei **Nichtabnahme** durch den Empfänger einräumt. Zwar ist bei Fehlen von Weisungen im Luftfrachtbrief eine Benachrichtigung des Absenders über die Nichtabnahme vorgesehen. Aber der Luftfrachtführer behält sich ohne Rücksicht auf etwaige Anweisungen des Absenders vor, die Gütersendung auf Kosten des Absenders zum Abgangsflughafen zurückzubefördern oder sie nach 30-tägiger Lagerung zu veräußern. In der Möglichkeit, generell etwaige Anweisungen des Absenders nicht zu berücksichtigen, liegt eine schwere Beeinträchtigung der Interessen des Absenders, die § 419 I HGB widerspricht und deshalb nach § 307 II Nr. 1 unwirksam ist. Unwirksam nach § 307 II Nr. 1 ist die Befugnis zum Verkauf bereits deshalb, weil eine Androhung nicht vorgesehen ist und die Voraussetzungen der §§ 419 II, 373 II HGB nicht vorliegen.

L 238 **6.** Die Klausel, wonach der Luftfrachtführer bei Vor- und Nachtransporten als Vertreter handele, ist unwirksam, soweit darin eine **Vollmachtklausel** gesehen werden soll, da ein Interesse für eine solche Vollmacht grundsätzlich nicht ersichtlich ist.

L 239 **7.** Für die **Haftungsregelung** sind im nationalen Bereich nach dem TRG nicht mehr die Vorschriften des LuftVG einschlägig, nachdem in dessen § 33 die Formulierung eingesetzt wurde, dass die Haftung „gegenüber einem Fluggast" sich nach den besonderen Vorschriften der §§ 44 bis 54 LuftVG richtet.[4] Im rein inländischen Flugtransport gelten nach dem TRG die Regelungen der §§ 407 ff. HGB. Im Geltungsbereich des MÜ und des WA[5] sind deren Haftungsregelungen maßgeblich.

---

[1] Rz L 213; s. zur Personenbeförderung auch BGH NJW 1983, 1322.
[2] S. § 309 Nr. 10 Rz 60.
[3] S. § 309 Nr. 10 Rz 12.
[4] MünchKommHGB-Aktualisierungsband TranspR/*Ruhwedel* § 33 LuftVG Rz 2.
[5] Zur Entstehungsgeschichte der Abkommen *Boettge* VersR 2005, 908; zu den Vertragsstaaten des MÜ siehe ebenfalls *dens.*, a.a.O., S. 909, FN 14, sowie *Brinkmann* TranspR 2006, 146.

Beide Übereinkommen sind nach ihrem jeweiligen Art. 1 anzuwenden auf internationale Beförderungen unter anderem von Gütern durch Luftfahrzeuge gegen Entgelt oder unentgeltlich, soweit sie durch Luftfahrtunternehmen durchgeführt werden.[1] Nach Art. 1 II WA/Art. 1 II MÜ[2] liegt ein internationaler Lufttransport dann vor, wenn entweder Abgangsort und Bestimmungsort[3] in zwei verschiedenen Vertragsstaaten liegen oder aber in demselben, sofern dann eine Zwischenlandung in einem anderen Vertragsstaat oder einem Drittstaat vorgesehen ist. Nach **Art. 18 MÜ** haftet der Luftfrachtführer **verschuldensunabhängig**[4] für Schäden, die durch Zerstörung, Verlust oder Beschädigung eintreten, wenn das schädigende Ereignis während der Luftbeförderung eintritt. Nach der Definition in Art. 18 III MÜ umfasst das den gesamten Zeitraum, in dem der Luftfrachtführer das Gut in Obhut hat, wozu auch die innerhalb des Flughafengeländes erfolgenden Umladungen gehören, Art. 18 IV MÜ,[5] sowie auch Einlagerungen der Güter durch den Luftfrachtführer außerhalb eines Flughafens.[6] Die Haftung tritt nach Art. 18 II MÜ nicht ein, wenn der Schaden nachweislich durch Eigenarten der Güter oder deren Mängel, durch mangelhafte Verpackung, die nicht aus dem Bereich des Frachtführers stammt, durch Kriegshandlungen oder bewaffnete Konflikte entstanden ist oder schließlich durch hoheitliches Handeln in Verbindung mit dem grenzüberschreitenden Transport. Die Aufzählung der Ausschlusstatbestände in Art. 18 II MÜ ist abschließend,[7] wobei streitig ist, ob Art. 18 II MÜ auch auf Verzögerungsschäden anzuwenden ist, die in Art. 19 MÜ geregelt sind.[8] Nach Art. 19 MÜ haftet der Luftfrachtführer für Verspätungsschäden, es sei denn er kann nachweisen, dass er und seine Leute alle zumutbaren Maßnahmen zur Vermeidung des Schadens getroffen haben oder diese nicht haben treffen können. Eine autonome Regelung des Mitverschuldens enthält Art. 20 MÜ.[9] Die verschuldensunabhängige Haftung nach dem MÜ ist an die Stelle der im WA vorgesehenen Haftung wegen vermuteten, aber zu widerlegenden Verschuldens getreten,[10] Artt. 18, 20 WA. Die genannten Abkommen sehen Haftungsbegrenzungen vor. So bestimmt Art. 22 MÜ eine verschuldensunabhängige Haftungsobergrenze von 17 SZR pro Kilogramm zerstörter, verlorener oder beschädigter Güter oder auch bei Verspätung. Die auch bei Vorsatz oder grober Fahrlässigkeit eingreifende Haftungsbegrenzung wird teils unter verfassungsrechtlichem Aspekt (Artt. 3, 14 GG) für bedenklich gehalten.[11] Die „Wohltat" einer Haftungsbeschränkung auch für grobes Verschulden einschließlich der vorsätzlichen Schädigung ist gegenüber dem WA ein Novum, da nach Art. 25 WA bei einem nachgewiesenen groben Verschulden[12] die Haftungsbegrenzung

---

[1] S. im Einzelnen *Koller* Transportrecht Art. 1 WA 1955 Rz 3ff.; Art 1 MÜ Rz 1; *Boettge* VersR 2005, 908, 909f.

[2] Zum Verhältnis von MÜ zu anderen internationalen Abkommen siehe Art. 55 MÜ.

[3] Dazu *Koller* Transportrecht Art. 1 WA 1955 Rz 12.

[4] Boettge VersR 2005, 908, 911; *Koller* Transportrecht Art. 18 MÜ Rz 1.

[5] Zu weiteren Einzelheiten *Koller* Transportrecht Art. 18 MÜ Rz 6ff.

[6] *Schmid/Müller-Rostin* NJW 2003, 3516, 3521.

[7] Boettge VersR 2005, 908, 911.

[8] Einerseits verneinend *Brinkmann* TranspR 2006, 146, 147, andererseits bejahend *Reuschle* Art. 18 Rn. 63.

[9] *Koller* Transportrecht Art. 20 MÜ Rz 1; *Boettge* VersR 2005, 908, 912.

[10] Harms/Schuler-Harms TranspR 2003, 369, 370.

[11] *Koller* Transportrecht Art. 22 MÜ Rz 1 m.w.N. zum Streitstand; dagegen („nicht unbedingt bedenkenfrei, doch letztendlich hinnehmbar") *Schmid/Müller-Rostin* NJW 2003, 3516, 3522; vgl. auch BGH NJW 2003, 1602, 1603, zur Haftungsbeschränkung in Art. 34 Weltpostvertrag.

[12] Zur Darlegungslast etwa OLG Köln NJW-RR 2005, 1060, 1062; OLG München TranspR 2004, 35f.; vgl. auch OLG Köln OLGR Köln 2004, 363f.; OLG Frankfurt NJW-RR 2004, 1107, 1108 (schwerwiegender Organisationsmangel wegen Fehlens von Ausgangskontrollen der Lagermitarbeiter des Luftfrachtführers.

nach Art. 22 WA nicht eingreift.[1] In Abkehr von der Rechtslage unter dem WA (Art. 9)[2] kann der Luftfrachtführer nach Art. 9 MÜ auch ohne die Erstellung eines Luftfrachtbriefes die summenmäßige Haftungsbeschränkung geltend machen.[3] Nach Art. 25 MÜ kann sich zwar der Luftfrachtführer einer höheren Haftungssumme unterwerfen oder ganz auf eine Haftungsobergrenze verzichten; Vereinbarungen aber, die hinter der Haftungsobergrenze des Art. 22 MÜ zurückbleiben oder gar die Haftung des Luftfrachtführers ausschließen sollen, sind unwirksam, Art. 26 MÜ. Auch das WA ordnet die Unabdingbarkeit der Haftung und der Haftungsobergrenze in seinem Art. 23 an. Unabhängig von nationalen Vorschriften etwa der Regelungen in §§ 305 ff. sind Klauseln (Individualvereinbarungen oder AGB), die die Haftung des Luftfrachtführers über die Regelungen der Abkommen hinaus begrenzen, unwirksam.[4] Zu Bedenken geben aber auch Klauseln Anlass, die eine **Haftungserweiterung** in der Weise vorsehen, dass der Absender auch ohne Verschulden haften soll. Eine Haftung des Absenders für alle Schäden aus unrichtigen Angaben im Frachtbrief ohne Rücksicht auf ein Verschulden widerspricht dem Verschuldensprinzip des Schadensersatzrechts. Dies gilt erst recht, falls diese Haftung auch dann bestehen soll, wenn die unrichtigen Angaben vom Luftfrachtführer stammen. Eine solche Überwälzung der Verantwortung auf den Absender widerspricht grundsätzlichen Gerechtigkeitsvorstellungen und ist deshalb nach § 307 unwirksam. Dies gilt auch für eine Klausel, wonach dem Absender und dem Eigentümer die Schäden auferlegt werden, die aus der Beförderung nicht oder nur bedingt zur Beförderung zugelassener Güter entstehen. Zwar kann bei Verschulden des Absenders eine solche Haftung ohne weiteres vorgesehen werden. Es ist aber nicht sichergestellt, dass der Absender nur dann haftet, wenn er die von der Beförderung ausgeschlossenen oder nur bedingt zur Beförderung zugelassenen Güter kennt oder kennen muss. Eine Haftungserweiterung ohne Verschulden des Absenders ist unwirksam.

L 240 Soweit die Haftungsausschlüsse und Haftungsbegrenzungen zugunsten des Luftfrachtführers unwirksam sind, gilt dies selbstverständlich auch für den **Haftungsausschluss zugunsten Dritter,** der aber grundsätzlich nicht zu beanstanden wäre, soweit es sich um zulässige Haftungsausschlüsse und -begrenzungen handeln würde.[5]

L 241 **8.** Unwirksam sind nach § 307 und § 309 Nr. 13 auch Bestimmungen, die eine **Beweislastumkehr** zulasten des Absenders vorsehen, z. B. für den Verschuldensnachweis.[6] Gleiches gilt auch für die Beweislastumkehr bei vorbehaltloser Annahme des Gutes, weil sie entgegen § 640 II ohne Rücksicht auf die Kenntnis vom Mangel eintreten soll. Eine nach § 309 Nr. 13 b wie nach § 307 unzulässige Tatsachenbestätigung enthält auch die Klausel, wonach der Absender anerkennt, dass er Gelegenheit zur Wertdeklaration gehabt habe, ohne dass entsprechende Umstände vorzuliegen brauchen. Nicht zu beanstanden ist dagegen die Beweislastregelung, die bei Weisungen des Absenders von einem Frachtvertrag ausgeht, weil bei Vorliegen eines ausdrücklichen oder stillschweigenden Wunsches ohnehin von einem Auftrag des Absenders zur Ausfüllung des Luftfrachtbriefes ausgegangen werden kann.

---

[1] Deutliche Kritik übt etwa *Ruhwedel* TranspR 2004, 137; siehe auch *Boettge* VersR 2005, 908, 913 und *Brinkmann* TranspR 2006, 146, 148 f.

[2] Vgl. zur Bedeutung des Frachtbriefs bei Unterfrachtführung OLG Karlsruhe TranspR 2008, 367, 368.

[3] Harms/Schuler-Harms TranspR 2003, 369, 371.

[4] BGH NJW 2007, 997, 998, für eine Haftungsbegrenzung bei Schäden an im Gepäck des Fluggastes mitgenommenen, aber von der Beförderung ausgeschlossenen Gegenständen.

[5] S. § 309 Nr. 7 Rz 43 f.

[6] S. zur Personenbeförderung BGH NJW 1983, 1322.

9. Ausschlussfristen, die einen Verlust von Schadensersatzansprüchen vor Ablauf der Verjährungsfrist oder einer gesetzlichen Ausschlussfrist vorsehen, sind nach Art. 23 I WA nichtig.[1] Sofern Luftfrachtbedingungen eine solche Klausel enthalten, sind sie ebenfalls unwirksam. Die Unwirksamkeit dieser Klausel ergibt sich auch aus § 307.[2] Nach Art. 26 I WA begründet die vorbehaltlose Annahme des Gutes die widerlegliche Vermutung ordnungsgemäßer und vertragsmäßiger Ablieferung. Bei Beschädigung des Gutes muss der Empfänger unverzüglich, spätestens aber binnen 14 Tagen (bei Reisegepäck binnen 7 Tagen) nach der Ablieferung schriftlich rügen; bei Verspätung verlängert sich die Rügefrist auf 21 Tage ab der Ablieferung. Unterlässt der Empfänger die Anzeige, entfällt außer im Falle arglistigen Verhaltens des Luftfrachtführers die Haftung, Art. 26 IV WA.[3] Die Ausschlussfrist des Art. 29 WA geht, wenngleich keine Verjährungsfrist, den nationalen Verjährungsregelungen des HGB vor.[4] Die Ausschlussfrist soll durch eine Klage beim örtlich unzuständigen Gericht gewahrt werden,[5] nicht jedoch durch eine Streitverkündung gegen den Luftfrachtführer in einem anderen Prozessverfahren.[6] L 242-250

*

Maklerverträge

Inhaltsübersicht

Schrifttum: *Börstinghaus,* Das Recht der Partnerschaftsvermittlung, 1995; *Dehner,* Die Entwicklung des Maklerrechts seit 2000, NJW 2002, 3747; *Dyckerhoff/Brandt,* Das Recht des Immobilienmaklers, 10. Aufl. 1993; *Glaser/Warncke,* Das Maklerrecht in der Praxis, 7. Aufl. 1982; *Reuter,* Das Maklerrecht als Sonderrecht der Maklertätigkeit, NJW 1990, 1321; *Schäfer,* Zum Entstehen des Provisionsanspruches für eine Maklertätigkeit, WM 1989, 1; *Schwarz,* Das Ende der „Gleichstellungsklausel" in Makler-AGB Ein Pyrrhussieg des Verbraucherschutzes?, NJW 1993, 306; *Schwerdtner,* Maklerrecht, 4. Aufl. 1999; *Schwerdtner,* Aushandeln einer erfolgsunabhängigen Maklerprovision, NJW 1990, 369; *Thode,* Die Rechtsprechung des Bundesgerichtshofs zum Maklerrecht des BGB, WM 1989, Sonderbeilage Nr. 6, 2; *Wegener/Sailer/Raab,* Der Makler und sein Auftraggeber, 5. Aufl. 1997; *E. von Westphalen,* in: *von Westphalen,* AGB, Maklervertrag, 1996; *Vogt* in: *von Westphalen,* Vertragsrecht, Maklervertrag, 2004.

---

[1] BGH NJW 1983, 516.

[2] S. auch § 309 Nr. 8 b ee Rz 32.

[3] OLG Frankfurt VersR 1978, 928; OLG Celle NJW-RR 2004, 1411.

[4] BGH NJW-RR 2005, 1122 = TranspR 2005, 317.

[5] OLG Düsseldorf TranspR 2007, 33 – Eingang der Klage bei dem möglicherweise (wegen § 513 ZPO offen gelasssen) örtlich unzuständigen Gericht am letzten Tag der Frist und bei demnächstiger Zustellung nach § 167 ZPO.

[6] BGH NJW-RR 2006, 619, 620; *Koller* Transportrecht Art. 29 WA 1955 Rz 9; a. A. LG Frankfurt/Main TranspR 2002, 117.

1. Allgemeines

M 1 Maklerdienste werden in verschiedenen Bereichen angeboten. Zu den häufigsten Maklerdiensten gehören die Dienste des Immobilienmaklers, des Ehemaklers, aber auch des Kredit- und Finanzmaklers. Als Maklervertrag ist auch ein Kundenvermittlungsauftrag anzusehen, durch den sich ein Wirtschaftsinformationsdienst verpflichtet, einem Handwerker Bedarfsnachfragen zur Bearbeitung zukommen zu lassen.[1] Die hierbei benutzten AGB werfen mehrfach vergleichbare Probleme auf, die eine gemeinsame Darstellung zulassen. Neben dem Maklervertrag gemäß den §§ 652 ff. gibt es auch den Maklerdienst- oder -werkvertrag (s. Rz M 19). Die Anerkennung eines provisionspflichtigen Maklervertrags setzt voraus, dass der Makler nicht mit einer Vertragsseite rechtlich und wirtschaftlich so verflochten ist, dass er zu einer unabhängigen Willensbildung nicht in der Lage ist.[2] Die Beziehung zu einer Vertragsseite darf auch nicht derart sein, dass der Makler im Falle eines Interessenkonflikts typischerweise immer nur der einen Vertragsseite beisteht, wie dies etwa beim Handelsvertreter zutrifft, der vertraglich zur Interessenwahrnehmung für seinen Unternehmer verpflichtet ist.[3] Wer Handelsvertreter ist, kann deshalb nicht Makler sein. Abgrenzungsprobleme können sich zum Makler mit Alleinauftrag ergeben, weil dieser ebenfalls zum Tätigwerden für einen Kunden verpflichtet ist (s. Rz M 3). Im Unterschied zum Handelsvertreter bezieht sich die Tätigkeit des Maklers mit Alleinauftrag aber jeweils nur auf ein bestimmtes Objekt, während der Handelsvertreter eine unbestimmte Vielzahl von Waren und Leistungen für den Unternehmer auf längere Dauer abzusetzen hilft und demgemäß ein Interesse an Umsatzförderung hat. Der Handelsvertreter ist als Beauftragter, auch wenn er selbstständiger Unternehmer ist, doch in gewissem Umfang weisungsgebunden, während der Makler auch als Alleinbeauftragter weisungsunabhängig ist.[4] Unterschiede zeigen sich auch beim Provisionsanspruch, der für den Makler bereits mit Abschluss (s. § 652), für den Handelsvertreter aber erst nach Ausführung des vermittelten Vertrags entsteht (§ 87 a HGB).

2. Zustandekommen des Maklervertrags

M 2 a) Eine Klausel, wonach das **Anfordern von Angeboten** die Erteilung des Maklerauftrags bedeutet,[5] ist nach § 307 I, II unwirksam, weil der Kunde keine Gelegenheit zur Prüfung und Ablehnung des Angebots hat. Die Klausel, dass das **Verwenden von Angeboten** den Maklervertrag zustande bringt, ist gemäß § 151 nicht zu beanstanden. Sie ist aber unwirksam, soweit daraus das Akzeptieren von Bedingungen hergeleitet wird, weil dadurch die Einbeziehungsvoraussetzungen des § 305 II außer Kraft gesetzt werden. Das aggressive Einwerben von Angeboten macht dagegen den Maklervertrag nicht nach § 307 I, II unwirksam.[6] Für die Einbeziehung der Makler-AGB gelten die Voraussetzungen von § 305 II, III. Wird auf der Vorderseite eines Maklerexposés auf die umseitigen AGB hingewiesen, so werden nur diese, nicht aber auch sonstige Ausführungen auf der Rückseite, wie etwa Vorbemerkungen, wirksam einbezogen.[7] Der Nachweis des Er-

---

[1] LG Köln NJW-RR 1993, 1208; für Geschäftsbesorgungsvertrag AG Köln NJW-RR 1993, 1207.
[2] BGH NJW 1974, 137; 1985, 2473; 1992, 2818.
[3] S. BGH NJW 1992, 2818.
[4] S. zum Ganzen BGH NJW 1992, 2818.
[5] Vgl. BGH NJW 1986, 50.
[6] S. BGH NJW 1986, 50.
[7] BGH NJW 1987, 2431, 2432.

werbs in der Zwangsversteigerung stellt keine Maklertätigkeit dar,[1] wohl aber die Vermittlung des Verzichts auf Landabfindung im Flurbereinigungsverfahren.[2] Für das Aushandeln einer Individualvereinbarung gemäß § 305 I 3 gelten die allgemeinen Grundsätze.[3] Nicht ausreichend ist das Vorlesen oder Besprechen, auch nicht die handschriftliche Eintragung, wenn sie mehrfach erfolgt,[4] ebenso wenig, wenn nur die Höhe der Provision, nicht aber diese selbst zur Disposition gestellt wird.[5]

b) Ein **Alleinauftrag** kann auch durch AGB vereinbart werden.[6] Zwar sieht § 652 I den Alleinauftrag nicht als Regelfall vor. Der Alleinauftrag enthält abweichend von § 652 I dienstvertragliche Elemente in Gestalt der Pflicht des Maklers, für den Auftraggeber tätig zu werden.[7] Diese Pflicht, die den Auftraggeber begünstigt, führt nicht zur Unvereinbarkeit mit dem gesetzlichen Leitbild des § 652 I, sofern nur die Erfolgsabhängigkeit der Provisionszahlung gewahrt bleibt. Die Tätigkeitspflicht macht den Alleinauftrag auch nicht zum Maklerdienst- oder -werkvertrag (s. Rz M 19). Eine Alleinauftragsklausel in AGB ist deshalb **nicht ohne weiteres nach § 307 I, II unwirksam.** Die Alleinauftragsklausel bringt für den Auftraggeber jedoch stärkere Belastungen insofern, als er regelmäßig zwar selbst tätig werden, aber nicht andere Makler beauftragen darf und an den Alleinauftrag für bestimmte Zeit unter Ausschluss der jederzeitigen Widerrufsmöglichkeit gebunden ist.[8] Die Alleinauftragsklausel wird deshalb ohne besonderen Hinweis regelmäßig als überraschende Klausel nach § 305c I unwirksam sein.[9] Daneben ergibt sich unabhängig von § 305c I wegen der erheblichen Belastungen für den Auftraggeber aus § 307 I die Notwendigkeit, auf den Alleinauftrag **deutlich hinzuweisen.**[10] Wegen des Verheimlichungseffekts der AGB wäre es gemäß § 307 I nach Treu und Glauben unangemessen, dem Auftraggeber Belastungen durch AGB zu unterschieben, mit denen er nach dem Vertragstyp oder den getroffenen Individualvereinbarungen nicht ohne weiteres zu rechnen braucht. Wird aber durch einen ausdrücklichen und deutlich erkennbaren Hinweis der Verheimlichungseffekt beseitigt, so sind die aus dem Alleinauftrag folgenden Belastungen nicht für sich allein nach § 307 I, II unwirksam. Der Makler darf sich aber auch seinerseits nicht von den ihn beim Alleinauftrag treffenden besonderen Pflichten zur Wahrnehmung der Interessen des Auftraggebers freizeichnen.[11] Wird auf eine Provisionspflicht des Auftraggebers verzichtet und gleichzeitig vorgesehen, dass der Erwerber die Provision tragen soll, so bleibt die Provisionspflicht des Auftraggebers bestehen, wenn der Erwerber eine Provisionspflicht nicht übernimmt.[12] Zur Wahlmöglichkeit zwischen Alleinauftrag und einfachem Auftrag s. § 305 I Rz 42. **M 3**

---

1 BGH NJW-RR 1993, 504 = LM H.8/1993 § 652 Nr. 132.

2 BGH NJW-RR 1993, 119.

3 S. § 305 Rz 36 ff.

4 BGH NJW 1988, 410.

5 BGH NJW 1991, 1678; *Schwerdtner* NJW 1990, 368; ebenso *E. von Westphalen,* in: *von Westphalen* AGB, Maklervertrag Rz 40; a. A. zu Unrecht OLG Schleswig NJW 1990, 394.

6 Zum alten Recht BGH WM 1978, 791; *Ulmer/Christensen* Anh. § 310 Rz 578; ebenso *E. von Westphalen,* in: *von Westphalen* AGB, Maklervertrag Rz 90; *Soergel/Stein* § 9 AGBG Rz 92.

7 BGHZ 60, 377, 381 = NJW 1973, 1194.

8 Palandt/*Sprau* § 652 Rz 75, 76.

9 Zust. *Soergel/Stein* § 9 Rz 92.

10 Zust. *Ulmer/Christensen* Anh. § 310 Rz 578; mit dem Hinweis auf das Erfordernis transparenter Vertragsgestaltung *E. von Westphalen,* in: *von Westphalen* AGB, Maklervertrag Rz 90 ff.

11 S. auch *Ulmer/Christensen* Anh. § 310 Rz 578.

12 BGH NJW-RR 1993, 119.

M 4 Die **Dauer der Bindung** an den Alleinauftrag darf für den Auftraggeber aber nicht übermäßig lang vorgesehen sein. Die Bindungsdauer muss unter Berücksichtigung und in Anpassung an die verschiedenen Gegenstände des zu vermittelnden Hauptvertrags bestimmt werden. Für Immobilien, die nicht zu den täglichen Verkaufsgütern gehören, ist eine Bindungsdauer von sechs Monaten noch als angemessen anzuerkennen.[1] Für Kreditvermittlungen wäre diese Dauer aber unangemessen lang; hier müssen drei Monate als Höchstgrenze angesehen werden. Ein Alleinauftrag für die Vermittlung von Ferienwohnungen an den Verwalter des Ferienparks auf unbegrenzte Dauer ist nach § 307 I, II unwirksam.[2] Eine automatische **Verlängerung** des Alleinauftrags, falls keine Kündigung erfolgt, ist nicht als solche unwirksam.[3] Voraussetzung ist jedoch, dass der Auftraggeber auf die Notwendigkeit der Kündigung deutlich hingewiesen wird und angemessene Kündigungsfristen eingeräumt sind. Beträgt z. B. die unkündbare Bindungsdauer bereits sechs Monate, so ist eine Kündigungsfrist, die einen Monat übersteigt, für die Verlängerungszeit regelmäßig unwirksam.

M 5 Neben und an Stelle von einfachen Alleinauftragsklauseln (Rz M 3) gibt es auch den **erweiterten oder qualifizierten Alleinauftrag,** z. B. in Form sog. **Hinzuziehungsklauseln,** die den Auftraggeber verpflichten, den Makler auch bei einem von ihm nicht vermittelten Vertragsschluss provisionspflichtig einzuschalten, andernfalls der Auftraggeber ohne Einschaltung des Maklers zur Zahlung der vollen Provision verpflichtet ist. In ähnlicher Weise wirken sog. **Verweisungsklauseln,** wonach der Auftraggeber verpflichtet werden soll, abschlusswillige Kunden an den Makler zu verweisen, damit dieser aus der anschließenden Vermittlung Provision erhält. Solche Hinzuziehungs- und Verweisungsklauseln sind wie auch jede sonstige Untersagung eines Eigengeschäfts (Rz M 6) nach § 307 II Nr. 1 unwirksam,[4] da sie nicht in erster Linie Doppelabschlüssen des Kunden vorbeugen, sondern dem Makler zu einer erfolgsunabhängigen Provision verhelfen sollen, denn der Vertrag wäre auch ohne seine Tätigkeit zustande gekommen. Die erfolgsunabhängige Provision widerspricht aber dem Grundgedanken der gesetzlichen Regelung (§ 307 II Nr. 1), und für den Auftraggeber ergibt sich aus dem Gesetz oder aus allgemeinen Rechtsgrundsätzen keine solche Hinzuziehungs- oder Verweisungspflicht. Zieht der Kunde in der Annahme der Wirksamkeit solcher Klauseln einen Makler hinzu, so schuldet er dennoch keinen Maklerlohn. Vielmehr kann er wegen Verschuldens des Maklers beim Vertragsschluss Befreiung von der Provision im Wege des Schadensersatzes verlangen.[5] Der Provisionsanspruch ist aber nicht analog § 654 verwirkt, da der Makler trotz Verwendung der – nach gefestigter Rechtsprechung unzulässigen – Klausel nicht grob fahrlässig seine Treuepflicht verletzt.[6]

M 6 Aufgrund des Alleinauftrags darf der Auftraggeber zwar nicht andere Makler beiziehen, ein **Eigengeschäft,** das der Auftraggeber aufgrund eigener Initiative zustande bringt, kann ihm aber durch AGB nicht wirksam untersagt werden, da er dadurch in einer mit § 307 I nicht zu vereinbarenden unangemessenen Weise in sei-

---

[1] OLG Koblenz, ZMR 2002, 363, 365; ebenso, aber insgesamt zu starr *Ulmer/Christensen* Anh. § 310 Rz 578, 585.

[2] BGH NJW 1986, 1173.

[3] S. auch *Krüger/Doye,* Der Alleinauftrag im Maklerrecht, 1977, S. 105; *Ulmer/Christensen* Anh. § 310 Rz 585 spricht von engen zeitlichen Grenzen einer solchen Möglichkeit.

[4] BGHZ 88, 368 = NJW 1984, 360; BGH ZIP 1985, 1272, 1273; OLG Düsseldorf, OLGR Düsseldorf 1999, 354; *Ulmer/Christensen* Anh. § 310 Rz 581; a. A. zu Unrecht *Schwerdtner,* Maklerrecht, 4. Aufl. 1999, Rz 1003.

[5] LG Bremen NJW-RR 1989, 761.

[6] BGH v. 19. 5. 2005, Az: III ZR 322/04, NJW-RR 2005, 1453 = WM 2005, 1480; a.A. OLG Hamm NJW-RR 2001, 567, 568 und Schwerdtner, Maklerrecht, Rz 733.

ner Vertragsfreiheit mit Dritten beeinträchtigt würde.[1] Ein Eigengeschäft liegt auch vor, wenn ein anderer Makler unaufgefordert an den Auftraggeber herantritt und diesem ohne Vertragsbegründung einen Interessenten vermittelt, da der andere Makler nicht im Lager des Auftraggebers tätig wird.[2] Unwirksam ist auch eine Klausel, wonach der Auftraggeber das Eigengeschäft zwar vornehmen darf, aber auch ohne Zutun des Maklers zur Provisionszahlung verpflichtet wird.[3] Unwirksamkeit tritt auch ein, wenn vorgesehen ist, dass Provisionsverpflichtungen bei Nachweis fehlender Ursächlichkeit des Maklers entfallen, da darin eine nach § 309 Nr. 12 unzulässige Beweislastumkehr liegt. Diese Grundsätze gelten auch, wenn mit dem Maklervertrag Elemente des Dienst- und Geschäftsbesorgungsvertrags, z. B. die Verwaltung eines Ferienparks,[4] verbunden sind. Unwirksam nach § 309 Nr. 12 und nach § 307 I, II ist auch eine Klausel, wonach der Kunde bestätigt, dass das Verbot von Eigen- und Direktabschlüssen individuell ausgehandelt und vereinbart sei.[5] Ein angemessener Aufwendungsersatz für bereits geleistete Tätigkeit kann vorgesehen werden (s. Rz M 8, 17).

3. Maklerprovision

§ 652 I geht für jede Art von Maklervertrag von der erfolgsabhängigen Makler- **M 7**
provision aus, d. h., dass die Maklerprovision erst entsteht, wenn der vermittelte oder nachgewiesene Vertrag kausal durch eine für den Erwerb wesentliche Maklertätigkeit[6] wirksam zustande gekommen ist. Dies gehört zum gesetzlichen Leitbild des Maklervertrags und zum Grundgedanken der gesetzlichen Regelung.[7] Der Begriff „Vermittlung“ in einem Formularvertrag ist deshalb in der Regel dahin zu verstehen, dass der Vertragsschluss herbeigeführt sein muss.[8] Die Höhe der Maklerprovision unterliegt nach § 307 III 1 grundsätzlich nicht der Inhaltskontrolle.[9] Sie kann aber nach § 138 sittenwidrig sein. Für die Frage, ob bei einer Maklerprovision ein auffälliges Missverhältnis zwischen Leistung und Vergütung besteht, ist die vereinbarte mit der üblichen Provision zu vergleichen. Ein solches Missverhältnis wurde angenommen, wenn der Makler sich durch eine so genannte Übererlösklausel beim Verkauf eines Geschäftshauses eine Provision in Höhe von 27 % des Kaufpreises sichert,[10] ebenso bei einer Provision von 6 % für die Vermittlung eines Millionenkredits an einen Landwirt.[11] Für den Nachweis eines Erwerbs in der Zwangsversteigerung kann eine Provisionspflicht nicht wirksam vereinbart werden,[12] wohl aber für den Nachweis und die Vermittlung eines Erwerbs im Flurbereinigungsverfahren.[13] Der Makler muss sein Provisionsverlangen schon bei Abschluss des Maklervertrags deutlich erkennbar machen.[14] Im Falle eines deutlichen Hinweises kann die Maklerprovision durch Unterzeichnung der Maklerbedingun-

---

[1] BGHZ 99, 374, 377 = NJW 1986, 1173; *Soergel/Stein* § 9 AGBG Rz 92.
[2] OLG Frankfurt, NJW-RR 2002, 1062, 1063; OLG Naumburg, OLGR-NBL 2002, 405.
[3] BGH NJW 1991, 1678, 1679; OLG Celle v. 20. 1. 2005, AIZ A 101 Bl 11.
[4] BGH NJW 1986, 1173.
[5] BGHZ 99, 374, 377 = NJW 1987, 1634 = JZ 1987, 724; s. auch § 11 Nr. 15 Rz 21.
[6] S. BGH NJW-RR 1988, 1397.
[7] S. auch BGH NJW 1984, 2162, 2163; 1985, 2477, 2478.
[8] BGH NJW 1983, 985, 986.
[9] S. auch BGH NJW-RR 1989, 760, OLG Thüringen, OLG-NL 2003, 25.
[10] BGH NJW 1994, 1475.
[11] OLG Oldenburg NJW-RR 1986, 857.
[12] BGH NJW 1992, 2568; BGH NJW-RR 1993, 504 = LM H.8/1993 § 652 Nr. 132; *E. von Westphalen*, in: *von Westphalen* AGB, Maklervertrag Rz 63; a. A. OLG Hamburg NJW-RR 1993, 125.
[13] BGH NJW-RR 1993, 119.
[14] OLG Hamm NJW-RR 1994, 1078; NJW-RR 1995, 819.

gen zwischen dem Nachweis der Kaufgelegenheit und der Beurkundung des Kaufvertrages noch geändert werden.[1]

M 8 **a)** Die Vereinbarung einer **erfolgsunabhängigen Maklerprovision,** d. h. Provisionspflichtigkeit, auch wenn der Abschluss des Hauptvertrags nicht ursächlich auf die Maklertätigkeit zurückzuführen ist oder wenn der Abschluss des Hauptvertrags unterbleibt, ist wegen Verstoßes gegen das gesetzliche Leitbild des Maklervertrags nach § 307 II Nr. 1 grundsätzlich **unwirksam.**[2] Die Besonderheiten der Bauherrengemeinschaft rechtfertigen auch für den Finanzierungsmakler keine andere Beurteilung.[3] Ebenso wenig kann für die Weiterleitung von Aufträgen an einen Handwerker eine feste Vergütung vereinbart werden, da auch eine solche Vermittlungsleistung als Maklertätigkeit zu qualifizieren ist.[4] Sittenwidrig und unwirksam nach § 307 I, II ist auch eine zwischen Vor- und Nachmieter getroffene Abstandsvereinbarung, durch die sich der Vormieter einen deutlich über der Maklergebühr liegenden Betrag für die Vermittlung des Nachmieters an den Wohnungseigentümer versprechen lässt.[5] Wegen Verstoß gegen den Grundgedanken der erfolgsabhängigen Maklerprovision ist auch unwirksam die Vereinbarung einer Teilprovision für eine sog. **Reservierungsvereinbarung,** wonach sich der Makler verpflichtet, bis zu einem bestimmten Zeitpunkt keine Verkaufsverhandlungen mit anderen Interessenten zu führen, da dem Kunden dadurch nur eine schwache Rechtsposition verschafft wird, die keine Teilprovision rechtfertigt.[6] Der Unwirksamkeitsgrund aus § 307 I, II besteht selbstständig und unabhängig von einem Formzwang nach § 311b I.[7] Möglich ist aber eine selbstständige Gebühr, die sich am geleisteten Aufwand orientiert.[8] Unwirksam nach § 307 I, II ist auch eine als **Aufwandsentschädigung** deklarierte Pauschale, die im Falle des Rücktritts vom Maklervertrag oder bei Abstand vom nachgewiesenen Vertrag in Höhe eines Bruchteils der Maklerprovision oder als prozentualer Anteil aus dem Wert des Vertragsgegenstands vorgesehen wird (s. Rz M 17). Daneben kann ein mittelbar faktischer Zwang vorliegen, der zur Anwendung von § 311b I führt.[9] Gleichzeitig verliert der Makler seinen Provisionsanspruch, wenn er mit an Vorsatz grenzender Leichtfertigkeit seinen Auftraggeber zur Unterzeichnung einer vorformulierten Ankaufsverpflichtung veranlasst, um unter Ausnutzung der Unkenntnis und Unerfahrenheit des Auftraggebers den Eindruck einer Verpflichtung zum Kauf oder zur Zahlung einer erfolgsabhängigen Provision zu erwecken.[10] Wegen Verstoßes gegen die Erfolgsabhängigkeit des Maklerlohns ist auch unwirksam nach § 307 I, II eine Lohnabtretungsklausel in einem Ehemakler-vertrag, wonach die Lohnabtretung als Leistung an Erfüllungs Statt vereinbart wird. Die Klausel stellt zugleich eine Umgehung von § 656 dar.[11] Wird die Lohnabtretung schon bei Vertragsschluss vereinbart, so ist die darin liegende Vorleistung ebenfalls nach § 307 I, II unwirksam,[12] weil dafür

---

[1] KG NJW-RR 1994, 1265.

[2] BGH NJW-RR 2005, 264; BGHZ 88, 368 = NJW 1984, 360; BGH NJW 1984, 2162, 2163; BGH NJW 1985, 2477, 2478; u. a. OLG Düsseldorf, OLGR Düsseldorf 2001, 131, 132; s. auch BGH NJW 1979, 367.

[3] BGH NJW 1985, 2477, 2478.

[4] LG Köln NJW-RR 1993, 1208.

[5] OLG Frankfurt NJW-RR 1993, 975; LG Frankfurt NJW-RR 1992, 715.

[6] LG Berlin, NJW-RR 2001, 706, 707; LG Frankfurt NJW 1984, 2419; s. auch LG Düsseldorf BB 1983, 665; *Schwerdtner* JZ 1983, 785.

[7] BGHZ 103, 235, 240 = BGH NJW 1988, 1716, 1717; *Soergel/Wolf,* BGB, § 313 Rz 31.

[8] Vgl. auch LG Frankfurt NJW 1988, 499; Rz M 17.

[9] S. *Soergel/Wolf* § 313 Rz 31.

[10] BGH NJW 1981, 280; BGH NJW-RR 1992, 817.

[11] LG Köln, NJW 1985, 2956; AG Bremen, NJOZ 2004, 1300; a. A. LG Trier NJW 1984, 181.

[12] S. auch *Loddenkemper* NJW 1984, 160.

kein sachlicher Grund besteht (s. Rz V 502). Zum Reugeld s. Rz M 15; zu abstrakten Schuldversprechen s. Rz M 16. Übernimmt ein Makler die Gewährleistung der Finanzierungsbeschaffung, so kann nicht angenommen werden, dass die in einem Formularvertrag versprochene Vermittlungsgebühr ganz oder teilweise als Gegenleistung für diese Gewährleistung geschuldet sein soll.[1] Zum Ehemaklervertrag s. Rz M 19.

Wirksam ist dagegen eine Klausel, die die Kreditmaklerprovision entstehen lässt, sobald ein klagbarer Anspruch auf Darlehensauszahlung besteht.[2] Nicht zu beanstanden ist auch eine Klausel, wonach der Maklerkunde Provision zu zahlen hat, wenn er den vom Makler erhaltenen Nachweis unerlaubt an einen Dritten weitergibt und dieser den Hauptvertrag abschließt.[3] Wirksam ist grundsätzlich auch eine Mehrerlösklausel in einem Vermittlungsvertrag mit dem Verkäufer, wonach dem Makler ein etwa vom Käufer gezahlter höherer Preis zustehen soll. Der Makler ist jedoch zum Schadensersatz verpflichtet, wenn er den Verkäufer nicht über den Marktpreis aufgeklärt hat. Auch kann dem Käufer ein Kündigungsrecht zustehen, wenn der Makler ihm die Mehrerlösklausel verschweigt.[4] Unwirksam ist jedoch eine Mehrerlösklausel, mit der sich der Makler aufgrund einer ihm bereits bekannten Kaufbereitschaft des Nachbarn des Verkäufers eines Geschäftshauses eine Provision in Höhe von 27,7 % des Kaufpreises sichert.[5] Wirksam sind angemessene Aufwandspauschalen (s. Rz M 17). **M 9**

b) Entscheidend ist, dass der Hauptvertrag aufgrund der Maklertätigkeit wirksam zustande kommt. Dem gesetzlichen Leitbild genügt nicht der Abschluss eines Vorvertrags, eines Vorkaufsrechts, einer Option oder Anzahlung. AGB-Klauseln, die eine Provisionspflicht für einen **Vorvertrag** und andere den Hauptvertrag erst vorbereitende Akte vorsehen, sind deshalb nach § 307 II Nr. 1 unwirksam. Auch das Abstellen auf den Abschluss des notariellen Kaufvertrages ist unzulässig, wenn dieser zunächst noch schwebend unwirksam ist.[6] Anders jedoch, wenn der Auftrag an den Makler lediglich auf die Herbeiführung des Vorvertrags gerichtet ist.[7] **M 10**

c) Der Hauptvertrag muss wirksam sein. Eine Provisionspflicht auch für einen **unwirksamen Hauptvertrag** widerspricht dem Leitbild der erfolgsabhängigen Provision und kann deshalb nicht durch AGB vorgesehen werden.[8] Eine Schadensersatzpflicht des Auftraggebers, falls er den Hauptvertrag anficht, kann nur insoweit vorgesehen werden, als durch die Anfechtung oder durch irrtumsbehafteten Vertragsschluss eine dem Makler gegenüber bestehende Pflicht schuldhaft verletzt wurde. Eine verschuldensunabhängige Vertrauenshaftung in Anlehnung an § 122 widerspricht dem vom Gesetz geprägten Leitbild des Maklervertrags, da dieses eine verschuldensunabhängige Ersatzpflicht nicht kennt, und ist deshalb nach § 307 II Nr. 1 unwirksam. Ein nachträgliches **Scheitern der Durchführung** des Hauptvertrags berührt die Maklerprovision grundsätzlich nicht. Deshalb bleibt der Provisionsanspruch eines Kreditmaklers bestehen, auch wenn das für einen Grundstückskaufvertrag vermittelte Darlehen wegen Ausübung eines Vorkaufsrechts nicht in Anspruch genommen wird.[9] In vom Maklerkunden gestellten AGB kann **M 11**

---

[1] BGH NJW 1983, 985, 986.
[2] BGH NJW 1982, 2662.
[3] BGH NJW 1987, 2431.
[4] LG Dortmund NJW 1979, 1711.
[5] BGH NJW 1994, 1475.
[6] OLG Hamm NJW-RR 1996, 1526, 1527.
[7] BGH NJW-RR 1991, 1073.
[8] Schwerdtner, Maklerrecht, Rz 917.
[9] BGH NJW 1982, 2662.

aber eine Rückzahlung der Provision für den Fall der Nichtrealisierung des Vertrags wirksam vereinbart werden.[1]

M 12 **d)** Wird mit dem vom Makler nachgewiesenen Vertragspartner zwar ein **Vertrag,** aber **mit abweichendem Inhalt** oder über einen anderen Gegenstand geschlossen, so kann eine Provisionspflicht in AGB gleichwohl vorgesehen werden, wenn die wirtschaftliche Identität des Vertrags gewahrt bleibt und der vom Auftraggeber erstrebte Zweck mit gleichem Erfolg erreicht wird.[2] Eine Provisionspflicht für **Folgegeschäfte,** die von den Parteien im Anschluss oder aus Anlass des vom Makler vermittelten Vertrags geschlossen werden, ist jedoch unwirksam, so z. B. wenn im Anschluss an einen vom Makler vermittelten Mietvertrag der Mieter das vermietete Grundstück kauft. Eine Provision für dieses Folgegeschäft kann in AGB nicht wirksam vorgesehen werden.[3]

M 13 **e)** Die Ursächlichkeit der Maklertätigkeit ist nicht gegeben, wenn der Auftraggeber das vom Makler unterbreitete Angebot bereits kennt. Makler versuchen, sich in AGB durch sog. **Vorkenntnisklauseln** dadurch abzusichern, dass sie dem Auftraggeber bei dessen Vorkenntnis eine Mitteilungspflicht innerhalb weniger Tage auferlegen, anderenfalls der Nachweis der Ursächlichkeit der Maklertätigkeit als erbracht gilt. Solche Vorkenntnisklauseln sind nach § 309 Nr. 12 unwirksam,[4] da durch sie die Beweislast zum Nachteil des anderen Vertragsteils geändert wird,[5] denn bei Unterlassen rechtzeitiger Mitteilung trifft den Makler entgegen der gesetzlichen Regelung des § 652 I 1 nicht mehr die Beweislast für die Ursächlichkeit seiner Tätigkeit. Soweit es sich um Unternehmer handelt, ergibt sich die Unwirksamkeit aus § 307 I, II.[6]

M 14 **f)** Trotz Ursächlichkeit der Maklertätigkeit entfällt die **Maklerprovision bei enger Beziehung** zwischen Makler und dem vermittelten Vertragspartner,[7] da es dann ähnlich wie bei einem Selbsteintritt an eigentlichen Maklerdiensten fehlt, die gerade darauf beruhen, dass der Makler aufgrund seiner geschäftlichen Tätigkeit einen Kunden vermittelt, nicht aber enge, insbesondere verwandtschaftliche Beziehungen zum eigenen Vorteil ausnutzt. Eine AGB-Klausel, die gleichwohl in diesen Fällen eine Provisionspflicht vorsieht, ist nach § 307 II Nr. 1 unwirksam. Auch die nach § 654 eintretende Verwirkung kann nicht durch AGB wirksam ausgeschlossen werden. Eine **Doppeltätigkeit** für Käufer und Verkäufer kann aber formularmäßig vereinbart werden, sodass eine Verwirkung nach § 654 nicht stattfindet, da sich die Pflichten des Maklers im Einzelfall nach den Parteiabreden richten.[8]

M 15 **g)** Unwirksam ist auch die Vereinbarung eines **Reugelds** in AGB für den Fall, dass vom Vertrag Abstand genommen wird, d. h., dass der Vertragsschluss nur am Willen des Auftraggebers scheitert. Eine solche Klausel ist wegen ihrer Nähe zur Vertragsstrafe nach § 309 Nr. 6[9] und, soweit sie der Provision gleichkommt, wegen Missachtung der Erfolgsabhängigkeit der Provisionspflicht nach § 307 II Nr. 1 unwirksam.[10]

---

[1] OLG Hamm, NJW-RR 2002, 1209.

[2] BGH NJW 1982, 2662; *Schlosser/Graba* § 9 Rz 107;*E. von Westphalen,* in: *von Westphalen* AGB, Maklervertrag Rz 14 ff.; ähnlich auch *Ulmer/Christensen* Anh. § 310 Rz 581.

[3] Zum alten Recht BGH NJW 1973, 990; Schwerdtner, Maklerrecht, Rz 937.

[4] S. auch *Christensen* Anh. § 310 Rz 581.

[5] Vgl. § 309 Nr. 12 Rz 18 ff.

[6] Vgl. § 309 Nr. 12 Rz 30.

[7] BGH BB 1978, 1088.

[8] OLG Koblenz, WuM 2002, 218; a.A. Wingbermühle, MDR 1993, 820; zweifelnd auch Schwerdtner, Maklerrecht, Rz 866.

[9] S. dort Rz 8, 19, 28.

[10] S. auch BGH NJW 1979, 367; BGHZ 99, 374, 382 = NJW 1987, 1634; BGH NJW-RR 1989, 760; *E. von Westphalen,* in: *von Westphalen* AGB, Maklervertrag Rz 125.

h) Die Unwirksamkeit erfolgsunabhängiger Provisionen in AGB kann nicht durch in den AGB enthaltene **abstrakte Schuldversprechen** oder Schuldanerkenntnisse umgangen werden. Diese sind deshalb in gleichem Umfang unwirksam. Ebenso unwirksam ist eine Klausel, durch die die Einrede der ungerechtfertigten Bereicherung gegen die Inanspruchnahme aus einem abstrakten Schuldversprechen oder Schuldanerkenntnis ausgeschlossen wird.[1] **M 16**

4. Aufwandsentschädigung

§ 652 II lässt zwar die Vereinbarung von **Aufwendungsersatz** zu. Für die Vereinbarung in AGB sind jedoch § 308 Nr. 7 und § 307 I, II zu beachten. Wird der Aufwendungsersatz in AGB für den Fall vereinbart, dass der Hauptvertrag nicht zustande kommt, so widerspricht die Regelung eines solchen erfolgsunabhängigen Aufwendungsersatzes im Hinblick auf § 652 II 2 nicht generell dem gesetzlichen Leitbild und ist deshalb nicht generell nach § 307 I, II unwirksam.[2] Die Höhe des Aufwendungsersatzes ist nach § 308 Nr. 7 zu beurteilen, sei es, dass dieser analog herangezogen oder seine Wertungen im Rahmen von § 307 I, II berücksichtigt werden.[3] Im Falle eines erfolgsunabhängigen Aufwendungsersatzes bei Nichtabschluss des Hauptvertrags oder im Falle eines Eigengeschäfts (Rz M 6) ist eine Pauschale in Höhe eines Bruchteils der Maklerprovision oder in Höhe eines prozentualen Anteils vom Wert des Vertragsgegenstands unwirksam, sofern nicht eine angemessene Höchstgrenze vorgesehen ist, die sich analog Nr. 7002 RVG-VV am gewöhnlich anfallenden Aufwand orientiert,[4] denn ein etwaiger Aufwand ist nicht generell von der Provisionshöhe oder dem Gegenstandswert abhängig. Der Gegenbeweis eines geringeren Aufwands muss zugelassen werden. Die Vereinbarung von Aufwendungsersatz bei Rücktritt vom Maklervertrag trotz Zustandekommen des Hauptvertrags ist nach § 308 Nr. 7 ohne weiteres zulässig, soweit auch eine Vergütung nach § 346 I, II geschuldet wäre. Wird Aufwendungsersatz auch bei Abschluss des Hauptvertrags vorgesehen, so liegt eine Abstandnahme vom Maklervertrag nicht vor und § 308 Nr. 7 kann keine Anwendung finden. Jedoch ist eine Anwendung seiner Grundgedanken im Rahmen von § 307 I, II auch in diesem Fall zu befürworten. Voraussetzung ist jedoch, dass der Aufwendungsersatz besonders berechnet und ausgewiesen wird und nicht als unselbstständiger Teil der Provision erscheint. **M 17**

5. Sonstige Klauseln

Bestätigungsklauseln sind in der Regel nach § 309 Nr. 12 unwirksam, so insbesondere, wenn nach einer Klausel der Inhalt der Makler-AGB oder einzelner Klauseln als im Wege der Individualvereinbarung als zustande gekommen bestätigt wird.[5] Unwirksam nach § 309 Nr. 12 ist auch eine Bestätigungsklausel, worin der Kunde den Nachweis und die ordnungsmäßige Durchführung der Maklertätigkeit bestätigt sowie über das Kaufobjekt und die Kaufbedingungen ausreichend informiert worden zu sein.[6] Die allgemeinen Regeln gelten auch für **Haftungsregelungen,** insbesondere auch für einen Haftungsausschluss (§ 309 Nr. 7), für **M 18**

---

[1] S. auch § 309 Nr. 12 Rz 12.

[2] BGH ZIP 1987, 448, 451; a. A. OLG Stuttgart NJW-RR 1986, 275, 276; *Geßler* ZIP 1983, 1219.

[3] S. § 308 Nr. 7 Rz 11, 12; ohne Rückgriff auf § 308 Nr. 7: BGH ZIP 1987, 448, 451; OLG Hamburg NJW 1983, 1502.

[4] BGH ZIP 1987, 448, 451; OLG Hamburg NJW 1983, 1502; LG Limburg, NJW-RR 1999, 847, 848; a. A. LG Frankfurt NJW 1984, 2419.

[5] § 309 Nr. 12 Rz 18 ff.

[6] LG Frankfurt NJW 1988, 499.

Haftungserweiterungen zulasten des Auftraggebers (Rz H 1ff.) oder für die **Pauschalierung von Schadensersatzansprüchen** (§ 309 Nr. 5), wofür es in der Regel an typisierungsfähigen Schäden fehlen wird. Die Vereinbarung einer Schadensersatzpflicht bei Abstandnahme vom Abschluss des Hauptvertrags verstößt bereits gegen § 307 I, II, da dem Kunden nach dem gesetzlichen Leitbild des Maklervertrags die Entschließungsfreiheit über den Abschluss des Hauptvertrags erhalten bleiben soll und er durch die Abstandnahme keine Pflichtverletzung begeht.[1] Aufgrund der Tegernseer Holzgebräuche ist zwischen Unternehmern ein Haftungsausschluss für grobe Fahrlässigkeit kraft Handelsbrauchs jedoch wirksam.[2] **Vertreterklauseln,** die eine Eigenhaftung von Vertretern vorsehen, sind an § 309 Nr. 11 zu messen. Unwirksam ist deshalb eine Haftung des Vertreters, die vorgesehen wird, wenn der Vertretene die Vertretungsmacht bestreitet, auch wenn sie in Wirklichkeit bestehen sollte, da § 179 eine solche Haftung nicht kennt. Zu Vollmachtsklauseln s. Rz 471ff. Die im Vertrag mit einem Immobilienmakler formularmäßig erwähnte **Festpreisgarantie** ist im Regelfall nicht als eigene Garantie des Maklers auszulegen.[3] Enthält ein Partnerschaftsvermittlungsvertrag die Ermächtigung des Partnerschaftsvermittlungsunternehmens, Abbuchungen im Rahmen des **Lastschrifteinzugsverfahrens** vorzunehmen, verstößt diese Klausel nicht gegen § 307 I, II.[4] Hingegen ist eine Klausel, durch die der Kunde einer Partnerschaftsvermittlung formularmäßig sein Einverständnis zur Weitergabe aller seiner der Agentur bekannt gegebenen Daten bis auf Widerruf an kontaktinteressierte Dritte und andere Partnervermittlungen erklärt, nach § 307 I, II unzulässig.[5] Ein Versicherungsmakler kann wegen § 307 I 1 die ihm obliegenden **Beratungs- und Betreuungspflichten** nicht formularmäßig ausschließen.[6]

6. Maklerdienst- und -werkverträge

M 19 **a) Vertragsrechtliche Einordnung. Maklerdienstverträge** sind dadurch gekennzeichnet, dass der Makler zwecks Vertragsanbahnung wiederkehrende Dienstleistungen verspricht. Für solche Dienstleistungen kann eine Vergütung ohne Rücksicht auf das Zustandekommen des Hauptvertrags vereinbart werden. Voraussetzung ist jedoch, dass sich der Makler zu einer über die reine Nachweis- oder Vermittlungstätigkeit hinausgehenden Dienstleistung verpflichtet.[7] Ein formularmäßiges, vom Vermittlungserfolg unabhängiges Entgelt für Leistungen, die normalerweise von der Nachweis- und Vermittlungstätigkeit umfasst sind, verstößt gegen das vertragliche Leitbild und ist nach § 307 II Nr. 1 unwirksam.[8] Gleiches gilt bei der Annahme eines **Maklerwerkvertrags.**[9] Wichtiges Indiz für einen Dienstvertrag ist, wenn die Vergütung nach Zeitaufwand oder Zeitabschnitten bemessen ist, während die erfolgsabhängige, prozentual auf den Wert des Vertragsgegenstands bezogene Provision auf einen Maklervertrag hinweist.[10] Die Pflicht des Maklers, beim Alleinauftrag für den Kunden angemessen tätig zu werden, genügt nicht zur

---

[1] KG NJW-RR 1986, 598; *E. von Westphalen,* in: *von Westphalen* AGB, Maklervertrag Rz 110.
[2] S. § 309 Nr. 7 Rz 45.
[3] S. BGH NJW 1981, 2295.
[4] OLG Nürnberg NJW-RR 1995, 1144.
[5] OLG Düsseldorf NJW-RR 1995, 369.
[6] BGH v. 19. 5. 2005, Az: III ZR 251/04; BGH NJW 2005, 1357 = VersR 2005, 406.
[7] BGHZ 87, 309, 312 = NJW 1983, 2817; BGH NJW 1985, 2477, 2478; 1987, 2808; OLG Stuttgart NJW-RR 1986, 275, 276; a. A. BGH NJW 1984, 2407.
[8] S. AG Tettnang NJW-RR 1988, 1141.
[9] S. BGH NJW 1988, 967 und OLG Oldenburg, NJW-RR 2005, 1287 für Finanzmaklervertrag; krit. gegen Werkvertrag *Schäfer* NJW 1989, 209.
[10] BGHZ 99, 374 = NJW 1987, 1634.

Annahme eines Dienst- oder Werkvertrags.[1] Maklerdienstverträge kommen bei der Eheanbahnung vor, aber auch als **Partnerschafts- oder Bekanntschaftsvermittlungsvertrag,** durch den die Vermittlung von Bekanntschaften, auch in Verbindung mit Wochenendveranstaltungen,[2] übernommen wird. Solche Verträge, bei denen sich der Vermittler zu einer wiederholten partnerschaftsfördernden Tätigkeit, z. B. durch Übersendung oder elektronisches Bereitstellen[3] von Adressen, ohne konkreten Bezug zu einer Eheschließung verpflichtet, sind nach ihrem der Verkehrsanschauung entsprechenden Leistungszweck grundsätzlich Dienstverträge und nicht Werkverträge.[4] Maklerdienstverträge sind auch bei der Vermittlung des Verkaufs von Gebrauchtwagen möglich.[5] Die Einordnung als Dienstvertrag oder als Werkvertrag ist **nicht nach § 307 I, II zu beanstanden,** wenn dies mit den von den Parteien vereinbarten und auch tatsächlich erbrachten Leistungsinhalten übereinstimmt.[6] Ist jedoch der Vertragswille in Wirklichkeit auf eine Ehevermittlung oder auf eine sonstige Maklertätigkeit durch Nachweis oder Vermittlung eines Vertragsschlusses mit einem Dritten gerichtet, so kann die Einordnung als Maklervertrag und die Anwendung der §§ 652, 656 nicht durch die formularmäßige Bezeichnung als Dienst- oder Werkvertrag **umgangen** werden.[7] Die Qualifizierung als Dienstvertrag nach § 611 oder Werkvertrag nach § 631 durch AGB ist in diesen Fällen wegen Verstoß gegen das gesetzliche Leitbild des Maklervertrags und Eheanbahnungsdienstvertrags nach § 307 II Nr. 1 unwirksam.[8] Ebenso kann das tatsächliche Vorliegen eines Dienstvertrags, so wenn z. B. Hilfe bei der Anbahnung von Bekanntschaften versprochen wird, nicht durch AGB zum Werkvertrag umgeformt werden.[9] Auf Maklerdienst- oder -werkverträge sind als Mischtypen die den jeweiligen Leistungsteilen angemessenen Vorschriften des Makler- oder Dienst- bzw. Werkvertragsrechts anzuwenden.[10] Ein Makleralleinauftrag enthält dienstvertragliche Elemente (s. Rz M 3). Dennoch ist § 652 anzuwenden.[11] Bei anderen Maklerdienst- oder Werkverträgen entscheidet der Vertragsinhalt und dessen Auslegung.[12] Auf Eheanbahnungsdienstverträge ist § 656 entsprechend anzuwenden,[13] ebenso auf Partnerschaftsvermittlungs- oder Partnerschaftsanbahnungsverträge.[14] § 652 ist jedoch nicht unmittelbar anwendbar, wenn an Stelle eines Vertrags eine nichtvertragliche Partnerbeziehung vermittelt werden soll, jedoch kann seine Wertung in § 307 I, II berücksichtigt werden.[15] Auf einen Finanzmaklerwerkvertrag können die werkvertraglichen Gewährleistungsvorschriften anzuwenden sein.[16]

---

[1] BGH NJW 1985, 2477, 2478.

[2] S. dazu OLG Frankfurt NJW 1984, 180.

[3] Palandt/*Sprau,* § 656 Rz 6 ff.

[4] BGHZ 106, 341, 343 = NJW 1989, 1479; BGH NJW 1990, 2550; BGH NJW 1991, 2763; a. A. *Gilles* NJW 1983, 361 und 395.

[5] AG Tettnang NJW-RR 1988, 1141.

[6] S. aber *E. von Westphalen,* in: *von Westphalen* AGB, Maklervertrag Rz 53: Maklerdienstvertrag nicht durch AGB vereinbar.

[7] S. OLG Hamburg NJW 1986, 325; dazu auch OLG Frankfurt NJW 1983, 397.

[8] S. auch *Gilles* MDR 1983, 716; *Reuter* NJW 1990, 1321, 1327 f.

[9] OLG Karlsruhe NJW 1985, 2035; LG Osnabrück NJW 1986, 2710.

[10] BGH NJW 1988, 967.

[11] S. auch BGH WM 1987, 1044.

[12] BGH NJW 1988, 967.

[13] BGHZ 87, 309, 313 = NJW 1983, 2817; BGH NJW 1986, 927; a. A. *Peters* NJW 1986, 2677, 2679; *ders.* NJW 1989, 2793.

[14] BGHZ 112, 122 = NJW 1990, 2550.

[15] OLG Hamburg NJW 1986, 325.

[16] BGH NJW 1988, 967.

M 20 **b)** Wegen der Einordnung als Dienstvertrag kann bei Maklerdienstverträgen eine **erfolgsunabhängige Provision** auch in AGB wirksam vereinbart werden.[1] Die **Höhe der Provision** unterliegt grundsätzlich nicht der Inhaltskontrolle nach dem AGB-Gesetz,[2] wohl aber nach § 138.[3] Möglich ist auch eine Kontrolle nach § 308 Nr. 7 für Aufwendungsersatz im Falle eines Rücktritts oder einer Kündigung[4] oder, falls es sich um eine Schadenspauschale handelt, nach § 309 Nr. 5. Soweit § 308 Nr. 7 oder § 309 Nr. 5 nicht eingreifen, findet eine Kontrolle nach § 307 I, II statt,[5] wobei § 656 zu beachten ist (s. Rz M 19), dessen Schutzzweck nicht durch eine Aufwendungs- oder Schadensersatzpauschale unterlaufen werden darf.[6] Unwirksam sind deshalb AGB, in denen für den Fall der vorzeitigen Kündigung ein nicht rückzahlbarer Grundbetrag in ungerechtfertigter Höhe vorgesehen wird.[7] Gleiches gilt, wenn für die laufende Betreuungsleistung nur verhältnismäßig geringfügige Beträge angesetzt sind, die bei Kündigung zurückgezahlt werden, während der Hauptbetrag nicht zurückverlangt werden kann.[8] Die zugunsten des dienstleistenden Maklers berücksichtigungsfähigen Kosten bestimmen sich nach § 628 I 1 und 2. Sie umfassen Kosten für die Anlaufarbeit und anteilige Allgemeinkosten.[9] Eine Provision oder sonstige Vergütung, die die nach § 628 I 1 und 2 berücksichtigungsfähigen Beträge deutlich übersteigt oder ohne Rücksicht auf den Beendigungsgrund vorsieht, kann nach § 308 Nr. 7 nicht wirksam vereinbart werden.[10] Die Darlegungs- und Beweislast für die Unwirksamkeit trägt der Kunde;[11] er genügt ihr, wenn er vorträgt, dass die Kosten typischerweise nicht so hoch sein können.[12] Ein Betrag von 57 % der vereinbarten Vergütung für 12 Tage Vertragslaufzeit statt 1 Jahr ist zu hoch.[13] Ein Rückzahlungsanspruch ergibt sich in diesen Fällen aus § 628 I 3, II[14] und aus § 812.[15] Der Ausschluss dieses Anspruchs verstößt zugleich gegen § 307 I, II. Wegen Verstoß gegen § 308 Nr. 7 ist auch die Klausel in einem Bekanntschaftsvermittlungsvertrag unwirksam, dass trotz Kündigung die volle Vergütung zu zahlen sei bzw. nicht rückerstattet werde.[16] Dies gilt auch, wenn ein tatsächlich einheitlicher Vertrag künstlich in einen Werkvertrag mit voller Gebühr und einen unentgeltlichen Dienstvertrag aufgegliedert wird, so dass bei Kündigung des Dienstvertrags kein Abzug möglich sein soll.[17] Ebenso ist nach § 308 Nr. 7 unwirksam eine Klausel, die ohne Rücksicht auf den Anlass der Kündigung die Hälfte der Vergütung als verfallen ansieht[18] oder wenn der Nachweis abgeschnitten wird, dass die Leistungen des Vermittlers oder sein Schaden geringer sind als der zu zahlende Betrag.[19] Die gleichen Grundsätze gelten bei Verwendung ab-

---

[1] S. BGHZ 87, 309 = NJW 1983, 2817.
[2] S. § 307 Rz 4.
[3] BGHZ 87, 309 = NJW 1983, 2817; LG Frankfurt NJW 1983, 369.
[4] BGH NJW 1991, 2763; vgl. auch Rz M 17.
[5] OLG Hamm NJW-RR 1991, 182.
[6] OLG Hamm NJW-RR 1991, 182.
[7] BGHZ 87, 309 = NJW 1983, 2817; BGH NJW 1991, 2763.
[8] OLG Hamburg WM 1978, 1358.
[9] BGH NJW 1991, 2763; a. A. noch BGHZ 87, 309, 320.
[10] S. auch OLG Hamm NJW-RR 1991, 182.
[11] S. Rz 13 vor §§ 308, 309.
[12] BGH NJW 1991, 2763.
[13] BGH NJW 1991, 2763.
[14] BGHZ 87, 309 = NJW 1983, 2817.
[15] BGH NJW 1991, 2763.
[16] LG Hannover NJW 1981, 1678.
[17] S. auch OLG Karlsruhe NJW 1985, 2035.
[18] OLG Stuttgart NJW-RR 1988, 1514.
[19] OLG Stuttgart NJW-RR 1988, 1514; s. dazu § 309 Nr. 5 Rz 90 ff.

strakter Schuldversprechen und Schuldanerkenntnisse (s. Rz M 16). Zu einer Lohnabtretungsklausel s. Rz M 8.

c) Vorleistungsklauseln in AGB sind generell unwirksam, sofern dafür kein sachlich berechtigter Grund besteht (Rz V 502). In Ehemaklerverträgen ist eine solche Klausel zulässig, da dem Makler kein klagbarer Anspruch zusteht und ihm sonst die wirtschaftliche Grundlage für einen von der Rechtsordnung gebilligten Vertrag entzogen wäre.[1] Nicht zu beanstanden ist eine Klausel, wonach der Verwender vor Bezahlung der Bearbeitungsgebühr nicht zu einer Tätigkeit im Rahmen eines Ehemakler- oder Eheanbahnungsdienstvertrags verpflichtet ist, da § 656, der auf den Eheanbahnungsdienstvertrag entsprechend anzuwenden ist, eine klagbare Verpflichtung ebenfalls nicht vorsieht.[2] **M 21**

d) Vertragsbeendigung. Maklerdienstverträge sind, wenn sie zu einer Nachweis- oder Vermittlungstätigkeit über längere Zeit verpflichten, Dauerschuldverhältnisse. Deren Laufzeit wird durch Parteiabrede entweder auf eine **bestimmte Dauer** festgelegt, oder die Laufzeit ist unbestimmt. Die Festlegung einer bestimmten Laufzeit ist nicht nach § 307 III 1 der Inhaltskontrolle entzogen.[3] Bei Vereinbarung einer bestimmten Laufzeit endet der Vertrag mit deren Ablauf, ohne dass es einer Kündigung bedarf. Bei Maklerdienstverträgen von unbestimmter Laufzeit darf das Recht zur **ordentlichen Kündigung** nicht ausgeschlossen werden. Eine Laufzeit von sechs Monaten bei einem Partnerschaftsvermittlungsvertrag ist nicht unangemessen lang.[4] Bei Verträgen mit bestimmter wie mit unbestimmter Laufzeit muss auch das Recht zur **Kündigung aus wichtigem Grund** nach § 626 erhalten bleiben. Maklerdienstverträge enthalten in der Regel Dienste höherer Art, für die ein Recht zur **Kündigung** nach **§ 627** besteht. Dies gilt auch für den Ehe- oder Partnervermittlungsdienstvertrag,[5] nicht aber für die bloße Zusammenführung zur Freizeitgestaltung.[6] § 627 ist auch nicht anwendbar auf ein dauerndes Dienstverhältnis mit jederzeitiger Abrufbarkeit von Diensten.[7] In Ehe- oder Partnervermittlungsverträgen ist eine Laufzeitregelung ohne ausdrücklichen Hinweis auf dieses Kündigungsrecht gem. § 307 I 2 unwirksam, da entgegen § 627 eine feste Vertragsbindung vorgetäuscht wird.[8] Das Recht zur Kündigung kann **nicht wirksam ausgeschlossen** werden. Die Unwirksamkeit ergibt sich aus § 307 II Nr. 1,[9] nicht aus § 308 Nr. 7 a[10] da das Kündigungsrecht bei Verträgen mit besonderen Vertrauensbeziehungen zum Grundgedanken der gesetzlichen Regelung gehört. Die Kündigung darf auch nicht in zu weitgehendem Umfang zulasten des Kunden beschränkt werden, da solche Verträge regelmäßig ein besonderes Vertrauensverhältnis verlangen. Fehlt dieses Vertrauensverhältnis, so muss auch eine vorzeitige Vertragslösung jederzeit möglich sein. Unwirksam ist deshalb eine Klausel in einem Partnervermittlungsvertrag, wonach der Vertrag nach Vollendung der Part- **M 22**

---

[1] BGHZ 87, 309 = NJW 1983, 2817, 2819; *Ulmer/Hensen* Anh. § 310 Rz 306; a.A. OLG Hamburg NJW 1986, 325, 326.

[2] BGH NJW 1986, 927.

[3] A. A. LG Hamburg NJW-RR 1993, 759.

[4] LG Hamburg NJW-RR 1993, 759.

[5] BGH NJW 1987, 2808; BGHZ 106, 341 = NJW 1989, 1479; BGH NJW 1991, 2763; OLG München NJW-RR 1992, 1205; *Peters* NJW 1986, 2677: auch für analoge Anwendung auf Werkverträge.

[6] LG Frankfurt NJW 1983, 396.

[7] OLG Köln NJW-RR 1987, 441.

[8] BGH NJW 1999, 276; *Palandt/Heinrichs* § 307 Rz 98; *Ulmer/Hensen* Anh. § 310 Rz 307.

[9] BGH v. 19. 5. 2005, Az. III ZR 437/04; BGH NJW 1999, 276; BGH NJW 1991, 2763; BGHZ 106, 341 = NJW 1988, 1479.

[10] So aber OLG Hamm NJW-RR 1987, 243, 244.

ner-Zusammenstellung unkündbar und unwiderruflich ist.[1] Bei einem Partnervermittlungsvertrag sind deshalb Kündigungsfristen von 3 bzw. 4,5 Monaten unwirksam,[2] ebenso unzulässig ist eine Klausel, durch die der ursprünglich für die Dauer von sechs Monaten abgeschlossene Vertrag sich einmalig um diese Laufzeit verlängert, wenn der Kunde nicht mit sechswöchiger Frist kündigt.[3] Bei einer Clubmitgliedschaft für Wochenendveranstaltungen, die der Vertragspartner noch nicht kennt, kann eine Bindung von einem Jahr oder Kündigungsmöglichkeit nur während einer Probezeit nach § 307 I, II nicht wirksam vereinbart werden.[4] Solange ein wichtiger Grund nach § 626 nicht gegeben ist, ist aber die Einhaltung kurzfristiger Kündigungsfristen auch einer Kündigung nach § 627 zumutbar. Eine Kündigung zum Monatsende mit 14-tägiger Frist kann deshalb in AGB wirksam vereinbart werden. Auch eine Kündigungsfrist von vier Wochen ohne Rücksicht auf das Monatsende als Kündigungstermin kann wirksam vereinbart werden.[5] Schränkt der Verwender nicht das Kündigungsrecht des Kunden, sondern sein eigenes Kündigungsrecht aus § 627 ein, so liegt darin keine Beeinträchtigung des Kunden. Eine solche Einschränkung ist deshalb nicht nach §§ 307 bis 309 zu beanstanden.[6]

M 23–30 **e)** Von der Frage der Kündbarkeit zu unterscheiden ist die Frage, ob trotz Kündigung als **Teilvergütung oder Aufwendungsersatz** monatliche Teilleistungen in bestimmtem Umfang verlangt werden können. Für den Zeitraum von drei Monaten ist dies als wirksam anzusehen (s. Rz M 20). Unwirksam ist aber die Regelung, die eine Vergütung für erbrachte Teilleistungen vorsieht, ohne den Wegfall des Interesses an den Teilleistungen nach § 628 I 2 zu berücksichtigen.[7] Bei **Tod** des Kunden erlischt der Partnerschaftsvermittlungsvertrag analog § 672.[8]

*

Mediationsklauseln

Zu Schlichtungs- und Mediationsklauseln s. Rz S 51–70.

*

Mietkauf

Zu ähnlichen Erscheinungsformen im Rahmen von Leasingverträgen s. Rz L 21 ff.

*

---

[1] LG Bielefeld NJW-RR 1991, 182.
[2] OLG Stuttgart NJW-RR 1988, 1514 bzw. LG Frankfurt NJW-RR 1990, 314.
[3] OLG Düsseldorf NJW-RR 1995, 369.
[4] OLG Frankfurt NJW 1984, 180; s. auch § 11 Nr. 12 Rz 13.
[5] Peters NJW 1986, 2677, 2680.
[6] BGH NJW 1987, 2808.
[7] OLG München NJW-RR 1992, 1205.
[8] AG Dortmund NJW-RR 1991, 689.

Mietverträge

Inhaltsübersicht

Schrifttum (zu älteren Nachw. vgl. Voraufl.): *Börstinghaus,* Aktuelle Rechtsprechung zu den Schönheitsreparaturen in der Wohn- und Geschäftsraummiete, ZAP 2007, Fach 4, 1031; *Bub/Treier,* Handbuch der Geschäfts- und Wohnraummiete, 3. Aufl. 1999; *Derleder,* Im Überblick: Die Sicherung des Vermieters durch Barkaution, Bürgschaft, Verpfändung, Sicherungsabtretung und Schuldübernahme, NZM 2006, 601; *ders.,* Gemeinschaftsnutzung in Mietshäusern und Wohnungseigentumsanlagen, NJW 2007, 812; *Drettmann,* Geschäftsraummiete (Stand: 2006), in: *von Westphalen,* AGB; *Eisenhardt,* Altvertragliche Verlängerungsklauseln im neuen Recht, WuM 2005, 487; *Emmerich/Sonnenschein,* Miete Handkommentar, 8. Aufl. 2003; *Gather,* Das Mietrecht im Spiegel der BGH-Rechtsprechung 2005 bis März 2006, DWW 2006, 182; *Gerber/Eckert,* Gewerbliches Miet- und Pachtrecht, 5. Aufl. 2005; *Hau,* Die Schadensersatzhaftung des Mieters und ihre vertragliche Erweiterung, NZM 2006, 561; *Heinrichs,* Das neue AGB-Recht und seine Bedeutung für das Mietverhältnis, NZM 2003, 6; *Horst,* Praxis des Mietrechts, 2003; *Jendrek,* Mietrecht und Versicherungsrecht, NZM 2003, 697; *Joachim,* Haftungsfreizeichnung im modernen Mietrecht, NZM 2003, 387; *Kandelhard,* Die Verlängerung der Verjährung zum Ende des Mietverhältnisses – Klauselvorschlag, NZM 2002, 929; *Kappus,* Mustertexters Mühe mit Miet-AGB – Das Beispiel des GdW-Mustermietvertrags 2001, NZM 2002, 761; *ders.,* Inhaltskontrolle gesetzesrezitierender Klauseln – Beispiele aus dem Miet- und Reisevertragsrecht, NJW 2003, 322; *Kinne,* Formularklauseln in Mietverträgen – Grenzen und Konsequenzen, ZMR 2000, 725 u. 793; *ders.,* Einzelne Mietvertragsklauseln, FS Blank, 2006, S. 249; *Köhn,* Mobiliarmietvertragsbedingungen – Ein Beitrag zur Klauselgestaltung im unternehmerischen Verkehr, NZM 2007, 348; *Kraemer,* Vertragsgestaltung für Schönheitsreparaturen im Wohn- und Geschäftsraummietvertrag, in: Klauseln zum Mietvertrag im Licht der Rechtsprechung, 2006, S. 37; *Lange,* Verschuldensunabhängige Vertragshaftung des Mieters für Schäden an der Mietsache?, 2005 (Kurzfassung in ZMR 2006, 177); *Mersson,* Abgeltungsklauseln für Neuvermietungsaufwand bei Wohnraum, NZM 2002, 773; *Rohrlack,* Haftung des Mieters bei bestehender Sachversicherung des Vermieters, GE 2005, 656; *Schmid,* Kompaktkommentar Mietrecht, 2006; *Schmidt-Futterer,* Mietrecht – Großkommentar des Wohn- und Gewerberaummietrechts, 8. Aufl. 2003; *Schmitz/Reischauer,* Haftungsausschluss des Vermieters für leichte Fahrlässigkeit bei der Gewerberaummiete, NZM 2002, 1019; *Sternel,* Der Einfluss der Mietrechtsreform auf Minderung und Zurückbehaltung der Miete durch den Mieter, GS Sonnenschein, 2003, S. 293; *Streyl,* Vorzeitige Vertragsbeendigung bei der Miete von Wohn- und Geschäftsräumen – Mögliche Auswege aus einem Kündigungsrechtsausschluss, NZM 2005, 361.

I. Überblick

M 31 Im Anschluss an die Erörterung einiger AGB-rechtlicher Grundfragen, die sich für sämtliche Mietverträge stellen können (dazu II), werden Sonderfragen diskutiert, die sich im Hinblick auf spezielle Mietobjekte ergeben, und zwar – entsprechend ihrer überragenden praktischen Relevanz – vor allem für Formularmietverträge über Wohnräume (III) und Gewerberäume (IV). Anzusprechen sind sodann Besonderheiten weiterer Mietobjekte wie Ferienunterkünfte, Parkflächen, Kraftfahrzeuge, Gewerbemobilien, Fernmeldetechnik sowie Unterhaltungsmedien (V); dass diese Auswahl nicht den Anspruch erhebt, sämtliche praxisrelevanten Sparten zu erfassen, versteht sich von selbst. Zur Miete von EDV-Anlagen und Geräten s. Rz S 211 f.

M 32 Eine Reihe von Vertragstypenkombinationen weisen mietrechtliche Elemente auf.[1] Dies gilt etwa für den **Automatenaufstellvertrag** (dazu Rz A 301 ff.), den **Heimvertrag** (dazu Rz H 151 ff.), den **Krankenhausaufnahmevertrag** (dazu Rz K 51 ff.) und für **Gastaufnahme- bzw. Beherbergungsverträge** (dazu Rz G 41 ff.), unter Umständen auch für Softwareüberlassungsverträge (dazu Rz S 211 ff.).[2] Bei Verträgen über den Besuch von **Theater- oder Musikaufführungen** spielt das mietrechtliche Element (hinsichtlich des Sitzplatzes) i. d. R. eine untergeordnete Rolle. Demgegenüber kann es beispielsweise bei der **Benutzung von Sportanlagen** wie Tennisplätzen, Kegelbahnen oder Trainingsräumen im Vordergrund stehen (zu Freizeit-, Kultur- und Sportveranstaltungen s. Rz F 101 ff.), sofern keine Unterweisung in nennenswertem Umfang stattfinden soll (zu Unterrichtsverträgen s. Rz U 1 ff.).[3] Denkbar ist ferner, dass die Gebrauchsüberlassung als atypische Gegenleistung im Rahmen eines gesetzlich vorgesehenen Vertragstypus vereinbart wird (Bsp.: Überlassung einer Hausmeisterwohnung). Der Mietvertrag unterscheidet sich durch seine Entgeltlichkeit vom **Leihvertrag** i. S. von §§ 598 ff. (zu Leihgutverträgen s. Rz L 201 ff.), von der – entgeltlichen oder unentgeltlichen – **Verwahrung** i. S. von §§ 688 ff. hingegen dadurch, dass die Obhutspflicht des Verwahrers, anders als die des Mieters, Hauptleistungspflicht ist (zu Bewachungsverträgen s. Rz B 311 ff., zur davon zu unterscheidenden bloßen Parkflächenmiete s. unten Rz M 129 ff.). Zu **Leasing und Mietkauf** einschließlich ihrer Abgrenzung von der Miete s. Rz L 21 ff. Trotz der im Gesetz angelegten Unterscheidung zwischen Miete und **Pacht** (§§ 581 ff.) stellen sich bei Letzterer zumindest aus AGB-rechtlicher Sicht ähnliche Probleme wie bei der Gewerberaummiete (dazu Rz M 107 ff.); auf eine eigenständige Darstellung wird im Folgenden verzichtet (vgl. aber Rz P 2 zur **Jagdpacht**).

---

[1] Dazu etwa *Staudinger/Emmerich* vor § 535 Rz 41 ff.; MünchKommBGB/*Schilling* vor § 535 Rz 23 ff.

[2] BGH NZM 2007, 379.

[3] Zu undifferenziert OLG Brandenburg NJW-RR 2004, 273 f.

II. Allgemeine Fragen

1. Übergangsrecht

Für Mietverträge, die am 1. 9. 2001 bereits bestanden haben, gilt nach Maßgabe von Art. 229 § 3 EGBGB weiterhin früheres Mietrecht. Die Überleitungsvorschriften zur Schuldrechtsmodernisierung finden sich in Art. 229 § 5 EGBGB, wobei zu beachten ist, dass Mietverträge Dauerschuldverhältnisse i. S. von S. 2 dieser Vorschrift sind. Seit Ablauf der bis zum 31. 12. 2002 geltenden „Schonfrist" für Dauerschuldverhältnisse findet auf Neu- wie Altmietverträge – einschließlich der vor dem 1. 4. 1977 geschlossenen[1] – grundsätzlich das modernisierte Schuldrecht Anwendung, und zwar einschließlich des neuen AGB-Rechts, wobei es freilich dabei bleiben muss, wenn AGB nach Maßgabe des früheren Rechts als wirksam einbezogen galten.[2] Nach h. M. wird Art. 229 § 3 nicht von Art. 229 § 5 EGBGB verdrängt.[3] **M 33**

2. Sach- und Rechtsmängelgewährleistung

Die Haftung des Vermieters für Sachmängel und – diesen gemäß § 536 III grundsätzlich gleichgestellte – Rechtsmängel bestimmt sich nach §§ 536 ff. Weil § 309 Nr. 8 auf Mietverhältnisse keine Anwendung findet (s. § 309 Nr. 8 b Rz 21), sind gewährleistungsrelevante Regelungen in Vermieter-AGB anhand von § 307, insbesondere § 307 II Nr. 1 zu überprüfen. **M 34**

a) Minderung. § 536 I sieht eine ipso-iure-Minderung des vereinbarten Mietzinses vor, sofern das Fehlen des aufgetretenen Mangels zugesichert oder dieser aus anderen Gründen erheblich ist (arg. § 536 I 3) und §§ 536b, 536c II Nr. 1 nicht entgegenstehen. Für **Wohnraummietverträge** schließt bereits § 536 IV Abweichungen zum Nachteil des Mieters aus, gleichgültig, ob sie in AGB oder in Individualvereinbarungen enthalten sind.[4] Für **sonstige Mietverträge** gilt: Da der Mietzins für die fehlerfreie und vertragstaugliche Sache berechnet wird, ist das Minderungsrecht nach § 536 Ausdruck des Äquivalenzprinzips, wonach der Mieter seine volle Leistung nur zu erbringen hat, wenn er dafür vom Vermieter die volle Gegenleistung erhält; dies wird zu den Grundgedanken der gesetzlichen Regelung gezählt. Zumindest formularmäßig kann das Minderungsrecht nicht ausgeschlossen oder wesentlich eingeschränkt werden. Bei der **Gewerberaummiete,** für die § 536 IV nicht gilt, wird von der wohl h. M. lediglich eine restriktive Auslegung minderungsbeschränkender Klauseln befürwortet.[5] Hingegen soll nach einer im Vordrin- **M 35**

---

[1] Näher *Heinrichs* NZM 2003, 6, 7 f.

[2] Näher *Heinrichs* NZM 2003, 6, 8.

[3] Dazu BGH NJW 2005, 1572, 1573 m. w. Nachw.

[4] Zu der nach früherem Recht relevanten Frage, ob sich eine Kombination von Vorfälligkeitsklausel (vgl. nunmehr § 556b I) und Aufrechnungsverbotsklausel als unzulässige Beschränkung der Minderung erweist, s. *Bub/Treier/Bub* Rz II 424; *Kinne* ZMR 2000, 725 f., 794 f.

[5] S. OLG Hamburg ZMR 2004, 432 f. (zu Baustellenlärm als vom Vermieter nicht zu vertretendem Umweltfehler); ähnlich AG Hamburg NZM 2005, 222; wohl auch KG NZM 2002, 387 (dort zur Kombination mit Aufrechnungsverbot) und OLG Koblenz jurisPR-MietR 17/2006 m. krit. Anm. *Borzutzki-Pasing,* zu einer Klausel, wonach die Minderung davon abhängig gemacht wird, dass der Mieter mit seinen Zahlungsverpflichtungen nicht im Rückstand ist; dazu ablehnend; s. auch OLG Düsseldorf GuT 2006, 265 = jursiPR-MietR 27/2007 m. Anm. *Lammel,* zu einer Klausel, welche die Minderung davon abhängig macht, dass sie unstreitig oder dem Grunde und der Höhe nach rechtskräftig festgestellt ist. Beachte aus dem Schrifttum etwa MünchKommBGB/*Schilling* § 536 Rz 35 m. Nachw. Offenbar noch weitergehend *Ulmer/Hensen* Anh. § 310 Rz 607 a. E.

gen befindlichen Auffassung nicht nur der vollständige Ausschluss des Minderungsrechts gegen § 307 verstoßen, sondern auch jede sonstige Beschränkung, soweit sich diese auf Mängel erstreckt, deren Vermeidung nach dem Vertragszweck unbedingt geboten ist.[1] Bisweilen wird gefordert, dass dem Mieter die Möglichkeit einer bereicherungsrechtlichen Rückforderung zu viel gezahlter Miete vorbehalten werden müsse,[2] bzw. vertreten, dass ein Minderungsrechtsausschluss jedenfalls dann nicht zu beanstanden sei, wenn die Kondiktion erhalten bleibt.[3] Im Gewerbemietrecht gebräuchliche sog. **Abkoppelungsklauseln** lassen etwaige Gegenansprüche des Mieters unberührt, verweisen diesen aber darauf, Gegenansprüche nicht einredeweise dem Zahlungsanspruch des Vermieters entgegenzuhalten, sondern selbstständig in einem gesonderten Prozess geltend zu machen; zur Zulässigkeit s. unten Rz M 109.

M 36 **b) Schadensersatz.** Die **verschuldensabhängige Haftung** gemäß § 536a I Var. 2 und 3 wegen **nachträglicher Mängel** kann allenfalls eingeschränkt abbedungen werden. Dies folgt schon aus §§ 276 III, 309 Nr. 7b, soweit es um die Haftung für Vorsatz und grobe Fahrlässigkeit geht.[4] An § 309 Nr. 7a scheitert ein Ausschluss oder eine Begrenzung der Haftung für Schäden aus der Verletzung des Lebens, des Körpers oder der Gesundheit.[5] Im Übrigen sind Freizeichnungsklauseln an § 307 zu messen. Obwohl eine § 536 IV entsprechende Bestimmung in § 536a fehlt, hat der BGH eine Klausel, wonach die Haftung für Vorsatz und grobe Fahrlässigkeit unberührt bleibt, also nur die **Haftung für leichte Fahrlässigkeit** ausgeschlossen wird, bei der **Wohnraummiete** wegen § 9 II Nr. 2 AGBG (§ 307 II Nr. 2) verworfen: Hinsichtlich des Schutzes der vom Mieter eingebrachten Sachen (in casu: vor Feuchtigkeitsschäden infolge eines undichten Flachdachs) sei die Instandhaltungspflicht gemäß § 535 I 2 eine unabdingbare Kardinalpflicht.[6] Bemerkenswert ist dabei vor allem die Bedeutung, die der Senat dem Umstand beimisst, dass der Vermieter sich sehr viel besser gegen die eingetretenen Sachschäden versichern kann. Die Frage, ob Entsprechendes für sonstige vom Mieter infolge leichter Fahrlässigkeit des Vermieters erlittene Vermögensschäden gilt, hat der BGH ausdrücklich offen gelassen. Es scheint keineswegs ausgeschlossen, dass die Entscheidung früher oder später auf die **Gewerberaummiete,** bei der nicht selten besonders wertvolle Güter in die Räumlichkeiten eingebracht werden, übertragen wird.[7] Die Instanzgerichte bejahen bislang allerdings die Möglichkeit eines Haftungsausschlusses für leichte Fahrlässigkeit.[8] Allemal zum Scheitern verurteilt ist der Versuch eines **Kfz-Vermieters,** seine Haftung wegen leicht fahrlässig unerkannter Verkehrsuntauglichkeit des überlassenen Fahrzeugs auszuschließen, und zwar selbst dann, wenn die Haftung für Verletzung des Lebens, des Körpers oder der Gesundheit ausdrücklich ausgenommen wird.

M 37 Die Haftung des Vermieters aus §§ 536a I, 536 II wegen einer **Eigenschaftszusicherung** kann nicht ausgeschlossen werden: Der Sache nach handelt es sich um

---

1 OLG Naumburg NJW-RR 2000, 823; *Schmidt-Futterer/Eisenschmid* § 536 Rz 426 ff. m. w. Nachw. Einschränkend auch *Sternel* GS Sonnenschein, S. 293, 297 f.

2 So LG Hamburg NZM 2004, 948 m. Nachw.

3 So KG NJW-RR 2002, 948.

4 BayObLG NJW 1985, 1716.

5 OLG Celle WuM 1990, 103, 114 (Benutzung von Fahrstühlen in einem Mietswohnhaus).

6 BGH NJW 2002, 673; dazu *Derleder* JZ 2002, 1003 ff.

7 S. etwa *Schmitz/Reischauer* NZM 2002, 1019; *Borzutzki-Pasing* NZM 2004, 161, 168. Für einen Umkehrschluss hingegen etwa MünchKommBGB/*Schilling* § 536a Rz 21.

8 Vgl. OLG Düsseldorf NJW-RR 1999, 735 f. (auch für anfänglichen Sachmangel); OLG Koblenz NZM 2000, 622 f. (nachträglicher Sachmangel); OLG Köln NZM 2005, 179, 180 (womöglich Individualvereinbarung).

eine Garantie,[1] von der sich der Vermieter schon nach allgemeinen Regeln nicht freizeichnen kann (§ 276 I), und erst recht nicht formularmäßig, was in der Regel nicht erst aus § 307 II, sondern bereits aus § 305b folgen dürfte.

Hat der Vermieter im Falle eines bereits bei Vertragsschluss vorhandenen, also **anfänglichen Mangels** einen Schaden **schuldhaft** verursacht, gelten die obigen Erörterungen entsprechend. Für anfängliche Mängel muss der Vermieter nach vorherrschender Lesart von § 536a I Var. 1 allerdings auch verschuldensunabhängig haften. Diese **Garantiehaftung,** die der Gesetzgeber anlässlich der Mietrechtsreform bestätigt haben dürfte und die sich grundsätzlich auch auf Mangelfolgeschäden erstreckt,[2] bildet im bürgerlichrechtlichen Haftungssystem eine Ausnahme und kann daher keine Leitbildfunktion i. S. von § 307 II Nr. 1 beanspruchen. Folglich darf die Vermieterhaftung für anfängliche Mängel auf eine verschuldensabhängige reduziert werden, und zwar auch formularmäßig[3] und auch für die **Wohnraummiete.** Hinsichtlich Schäden aus der Verletzung des Lebens, des Körpers oder der Gesundheit unterbindet § 309 Nr. 7a von vornherein nur die Freizeichnung von der Verschuldenshaftung. Für die **Gewerberaummiete** hatte der BGH keine Einwände gegen eine formularmäßige Freizeichnung von der Garantiehaftung, obwohl gesundheitsgefährdende Schadstoffbelastungen in Rede standen.[4] **M 38**

Weil eine geltungserhaltende Reduktion ausscheidet (dazu § 306 Rz 26 ff.), ist eine Freizeichnungsklausel **insgesamt unwirksam,** die nicht zwischen verschuldeten und unverschuldeten Mängeln bzw. – sofern noch eine freizeichnungsrelevante Abstufung möglich bleibt – zwischen grobem und leichtem Verschulden differenziert.[5] Entsprechendes gilt, wenn die Freizeichnungsklausel so weit formuliert ist, dass sie auch die Haftung für Verletzung des Lebens, des Körpers oder der Gesundheit umfasst. Schließt der Wohnungsvermieter die Haftung für Feuchtigkeitsschäden an Sachen des Mieters aus, es sei denn, dass die Schäden durch Vernachlässigung des Grundstücks entstanden sind und die Mängel trotz rechtzeitiger Anzeige und Beseitigungsaufforderungen des Mieters nicht beseitigt worden sind, so liegt darin keine nach §§ 307 I 1, 309 Nr. 7 unwirksame Haftungsfreizeichnung; dies gilt freilich nur, wenn die Anzeigepflicht nicht dahin zu verstehen ist, dass sie den Mieter über die Grenzen des § 536c hinaus trifft, also selbst dann, wenn der Mangel für ihn nicht ohne Weiteres erkennbar war.[6] **M 39**

c) Kündigung. Anstelle eines mangelbedingten Rücktrittsrechts ist beim Mietvertrag in § 543 I, II 1 Nr. 1 ein Recht des Mieters zur fristlosen Kündigung vorgesehen. Dieses Recht kann bei **Wohnraummietverträgen** weder formularmäßig noch durch Individualvereinbarung beschränkt werden (§ 569 V). Bei **sonstigen Mietverträgen** ist § 543 I, II 1 Nr. 1 dispositiv und grundsätzlich auch AGB-Vereinbarungen zum Nachteil des Mieters zugänglich, dies freilich nur mit folgender – in den AGB zu benennender – Einschränkung:[7] Dem Mieter muss im Gegenzug ein Recht auf kostenlose Nachbesserung oder Ersatzlieferung eingeräumt werden; das Kündigungsrecht steht ihm zu, wenn die Nachbesserung oder Ersatzlieferung unmöglich ist oder fehlschlägt, d. h. verweigert oder unzumutbar verzögert wird. **M 40**

---

1 Zur Entbehrlichkeit der mietrechtlichen Kategorie der Eigenschaftszusicherung infolge der Schuldrechtsmodernisierung *Hau* JuS 2003, 130, 133.

2 Dazu statt vieler: *Hau* JuS 2003, 130, 131 f.

3 Ebenso BGH NJW-RR 1991, 74; BGH NJW-RR 1993, 519; BayObLG NJW 1985, 1716; AG Saarburg WuM 2002, 370 f. (allerdings übertrieben strenge Anforderungen gemäß § 5 AGBG).

4 BGH NJW 2002, 3232.

5 S. BayObLG NJW 1985, 1716; allgemein § 306 Rz 26 ff.

6 S. auch OLG Hamburg NJW-RR 1991, 1296; dort auch zur Frage der Beweislastverschiebung (§ 309 Nr. 12).

7 Ohne diese Einschränkung *Schmidt-Futterer/Blank* § 543 Rz 208; *Palandt/Weidenkaff* § 543 Rz 3.

M 41 **d) Übergabeprotokoll.** Eine formularmäßige Erklärung, wonach der Mieter bei Erhalt der Mietsache ihre **Mangelfreiheit anerkennt,** ist unwirksam, soweit damit ein Verzicht auf die Gewährleistungsrechte verbunden sein soll. Wenn die Klausel hingegen ersichtlich nur auf die Beweislastverteilung verweist und dem Mieter ausdrücklich der Nachweis eines Mangels freigestellt bleibt, liegt kein Verstoß gegen § 309 Nr. 12 vor;[1] denn der Mieter hat nach rügeloser Annahme der Mietsache deren Mangelhaftigkeit ohnehin nachzuweisen.[2] Im Übrigen bleibt es dabei, dass der Vermieter eine etwaige (gewährleistungshindernde) Mangelkenntnis des Mieters i. S. von § 536b zu beweisen hat. Als eine davon wiederum zu trennende, von der erwähnten Klausel nicht ohne Weiteres berührte Frage erweist sich die Beweislastverteilung für den Fall, dass der Vermieter den Mieter auf Schadensersatz wegen Beschädigung der Mietsache in Anspruch nehmen will;[3] in diesem Fall obliegt dem Vermieter der Beweis, dass eine nachträglich aufgetretene Beschädigung vom Mieter herrührt (insoweit ganz h. M.).

3. Schadensersatzhaftung, insbesondere: Erweiterung der Mieterhaftung

M 42 **a) Haftung des Vermieters.** Zu Vereinbarungen betreffend die sach- oder rechtsmangelbedingte Haftung des Vermieters (als AGB-Verwender) s. Rz M 34 ff. Gemäß § 307 I 1 ist eine Klausel unwirksam, wonach der Vermieter nicht zur Verwahrung von Gegenständen verpflichtet ist, die der Mieter nach Laufzeitende versehentlich zurücklässt, also beispielsweise im Falle eines Kfz-Mietvertrags im Fahrzeug vergisst; denn damit würde eine aus Treu und Glauben entspringende Nebenpflicht und die damit verbundene Haftung ausgeschlossen.[4] Auch Ansprüche gegen Mitarbeiter des Vermieters können nicht generell ausgeschlossen werden.[5]

M 43 **b) Haftung des Mieters.** Ist – ausnahmsweise – der Mieter AGB-Verwender und steht dessen Haftung in Rede, so ist eine Beschränkung der Mieterhaftung an § 309 Nr. 7 bzw. § 307 zu messen. Klauseln zur Mieterhaftung begegnen weitaus häufiger in AGB des Vermieters. Dafür gelten die folgenden Grundsätze.[6] Sowohl für die Wohn- als auch für die Gewerberaummiete sind Klauseln weit verbreitet, die eine Erweiterung der Mieterhaftung über die gesetzlichen Vorschriften hinaus vorsehen. So heißt es in dem Mustermietvertrag des BMJ von 1976 (§ 10 VI): „Der Mieter haftet ohne Rücksicht auf eigenes Verschulden für alle Schäden, die durch besondere Nutzungen der Mietsache ... während der Überlassung der Mietsache verursacht werden, auch wenn der Vermieter zugestimmt hat." Während die individualvertragliche **Übernahme einer Garantiehaftung** nach wie vor für zulässig gehalten wird, ist aus heutiger Sicht hinsichtlich der praktisch ungleich bedeutsameren AGB-Haftungsklauseln zu betonen, dass die Verschuldensabhängigkeit der Mieterhaftung zum gesetzlichen Leitbild im Sinne von § 307 II Nr. 1 zählt. Daher ist es im Grundsatz unzulässig, dem Mieter mittels vorformulierter Klauseln eine verschuldensunabhängige (Garantie-)Haftung aufzuer-

---

1 Anders *Bub/Treier* Rz II 450.

2 S. etwa BGH NJW 1985, 2328, 2329; *Staudinger/Olzen* § 363 Rz 7.

3 A. A. etwa *Ulmer/Hensen* Anh. § 310 Rz 598 (gerade diesbezüglich sei der hier in Rede stehenden Klausel eine unzulässige Beweislastverschiebung zu entnehmen).

4 OLG Hamburg NJW-RR 1989, 881, 883. Allgemein zur klauselmäßigen Ausgestaltung der Rechte und Pflichten des Vermieters hinsichtlich vom Mieter zurückgelassener Sachen *Drettmann,* Geschäftsraummiete Rz 153 ff.

5 OLG Hamburg NJW-RR 1989, 881, 883; s. auch § 309 Nr. 7 Rz 22–29, 113 ff.

6 Ausführlich *Hau* NZM 2006, 561 ff.

legen.[1] Dies dürfte zum einen gleichermaßen für die Wohn- wie für die Gewerberaummiete gelten, zum anderen unabhängig davon, ob die Haftungsklausel allgemein gehalten ist oder nur bestimmte Gegenstände erfasst bzw. Verhaltensweisen reglementiert. Mit Recht verworfen wurden beispielsweise Klauseln, wonach der Mieter ohne Rücksicht auf sein Verschulden bei Verlust von Schlüsseln für Ersatzschlüssel oder ein Austauschschloss aufkommen muss[2] oder für Schäden haftet, die bei einer vom Vermieter eigens gestatteten Nutzung entstehen (z. B. an Antennen, Blumenkästen, Waschmaschinen).[3] Eine verschuldensunabhängige Haftung kann dem Mieter auch nicht für solche Schäden auferlegt werden, die er ohne Weiteres versichern könnte; denn dies setzte voraus, dass der Schaden nicht nur versicherbar, sondern die Haftpflichtversicherung auch zumutbar und weithin üblich ist.[4] Besonderheiten gelten jedoch für vorformulierte Schönheits- und Kleinreparaturklauseln, deren Zulässigkeit im Grundsatz anerkannt ist, obwohl sie in einem weiteren Sinne durchaus als Garantiehaftung des Mieters für die von den Erhaltungsmaßnahmen erfassten Abnutzungen gedeutet werden können (dazu unten Rz M 94 ff.). Haftet der Mieter dem Vermieter nach allgemeinen Regeln nur im Falle mindestens grober Fahrlässigkeit (so beispielsweise bei der Miete eines Motorsportfahrzeugs auf einer sog. Kartinganlage), so kann die formularmäßige Verpflichtung, für „eigenes Verschulden" zu haften, i. S. von § 305c I überraschend sein; überdies ist sie unangemessen i. S. von § 307.[5]

Eine Klausel, die dem Mieter eine „volle Haftung" zumutet, lässt sich nur als – **M 44**
unwirksames – Auferlegen einer verschuldensunabhängigen Haftung verstehen.[6] Allemal unbehelflich sind sog. Reduktionsformeln wie „soweit gesetzlich zulässig". Bisweilen begegnen Klauseln, die zwar die Mieterhaftung thematisieren, sich aber nicht zum Verschulden äußern (Bsp.: „Der Mieter haftet für Schäden an ..."). Selbst wenn man eine solche Klausel im Sinne einer bloßen Verschuldenshaftung interpretiert (anderenfalls stünde wegen § 307 II Nr. 1 das Unwirksamkeitsverdikt bereits fest), ist sie am Transparenzgebot des § 307 I 2 zu messen. Es kommt also darauf an, ob die Klausel geeignet ist, die wahre Rechtslage zu verschleiern. Dabei liegt eine zwischen Wohn- und Gewerberaummietrecht differenzierende Betrachtung nahe: Anders als ein unternehmerisch handelnder Mieter, der entweder über gesteigerte Erfahrung im Geschäftsverkehr verfügt oder gehalten ist, sich eigenverantwortlich um Aufklärung zu bemühen, besteht im Falle eines Wohnraummieters durchaus die Gefahr, dass er wegen der Haftungsklausel beispielsweise seine Kaution für verwirkt hält, obwohl er für den in Rede stehenden Schaden eigentlich „nichts kann". Dies dürfte entscheidend gegen die Validierung solcher Haftungsklauseln im Wohnraummietrecht sprechen. Anders mag man Klauseln beurteilen, die zwar die allgemeine **Obhuts-, Sorgfalts- und/oder Anzeigepflicht** des Mie-

---

[1] OLG Celle WuM 1990, 103, 106; OLG Hamburg NJW-RR 1989, 881, 882; OLG Hamm NJW 1982, 2005, 2008; LG Frankfurt/Main NJWE-MietR 1996, 99, 100; LG Freiburg WuM 2002, 314; LG Hamburg NJW-RR 1999, 663; LG Saarbrücken NJW-RR 1987, 1343 und 1496. Beachte aus dem Schrifttum etwa *Staudinger/Emmerich* § 538 Rz. 12; *Palandt/Weidenkaff* § 538 Rz 3. Anders *Lange,* Verschuldensunabhängige Vertragshaftung des Mieters, S. 167, der zudem de lege ferenda für eine gemäßigte gesetzliche Zufallshaftung plädiert (ebenda, S. 155 ff.).

[2] LG Hamburg, NJW-RR 1999, 663; OLG Brandenburg, NZM 2004, 905, 906. Weitergehend bei Versicherungsschutz *Sieg* BB 1993, 149, 150; *Joachim,* Wohnraummietvertrag, 2002, Rz 246 f., 503 ff.

[3] S. auch OLG Celle WuM 1990, 103, 105.

[4] BGH NJW 1992, 1761 (Miete einer Fernschreibanlage); *Drettmann,* Geschäftsraummiete Rz 71 f. Liegen diese Voraussetzungen vor, soll nach *Köhn* NZM 2007, 348, 351 f. im unternehmerischen Verkehr eine Klausel wirksam sein, wonach der Mieter bei Verletzung der Versicherungspflicht für die zu versichernden Schäden ohne Weiteres haftet.

[5] AG Rheine NJW-RR 2000, 1587 f.

[6] OLG Hamburg NJW-RR 1989, 881, 882 (Kfz-Miete).

ters konkretisieren, aber darauf verzichten, die Haftungsfrage zu thematisieren (Bsp.: „Der Mieter muss dafür sorgen, dass die Wasserabflüsse auf dem Balkon nicht verstopfen"). Unter dem hier interessierenden Gesichtspunkt einer Erweiterung der Schadensersatzhaftung erscheint dies unbedenklich; denn es ginge zu weit, dem Klauselverwender abzuverlangen, jede – gerade unter Transparenzgesichtspunkten durchaus wünschenswerte – Erläuterung der Obhuts-, Sorgfalts- und/oder Anzeigepflicht mit einem besonderen Hinweis zu versehen, dass eine etwaige Pflichtverletzung nur im Verschuldensfall eine Schadensersatzhaftung auslöst. Fraglich ist hingegen, in welchem Umfang besondere Obhuts- und Sorgfaltspflichten klauselmäßig begründet werden können; dies wiederum ist an den Vorgaben des § 535 I 2 zu messen.[1]

M 45 Aus dem **Transparenzgebot** folgt keineswegs das Erfordernis, in den Vermieter-AGB überhaupt klarzustellen, dass den Mieter im Falle einer (zu vertretenden) Verletzung seiner Obhuts-, Sorgfalts- oder Anzeigepflicht eine Schadensersatzpflicht treffen kann; solche gesetzlichen Konsequenzen müssen ebenso wenig vertraglich niedergelegt werden wie beispielsweise der Umstand, dass der Kunde bei Nichterfüllung seiner Leistungspflichten mit Rechtsverfolgung zu rechnen hat. Das gilt auch, wenn sich der Vermieter eine gewisse Appellfunktion davon verspricht, im Vertrag auf die Obhuts-, Sorgfalts- oder Anzeigepflicht als solche hinzuweisen bzw. diese – für den Kunden verständlich – zu konkretisieren. Ausführungen zur Schadensersatzhaftung sind mithin entbehrlich. Ein Verwender, dem gleichwohl an einer solchen Klausel gelegen ist, sollte jedenfalls – wie gesehen – das Vertretenmüssen als Anspruchsvoraussetzung eigens hervorheben. Selbst eine Klausel, die dem gerecht wird, wirft indes noch Fragen auf. So ist zu bedenken, dass der Verwender doch wohl der Deutung seiner Klausel entgegenwirken will, damit zugleich auf verschuldensunabhängige gesetzliche Haftungstatbestände (namentlich § 833 für Luxushaustiere) zu verzichten; also muss er auch dies klarstellen (Bsp.: „Eine strengere Haftung nach gesetzlichen Regeln bleibt vorbehalten"). Zum anderen ist fraglich, ob die Einschränkung des § 538 in der Klausel zum Ausdruck kommen muss. Für eine Klausel, die dem nicht genügt, sollte gelten: Selbst wenn man sie dahingehend interpretiert, dass Abnutzungen infolge vertragsgemäßen Gebrauchs als solche keine Haftung auslösen (anderenfalls stünde wegen § 307 II Nr. 1 das Unwirksamkeitsverdikt bereits fest), muss eine Inhaltskontrolle anhand § 307 I 2 erfolgen. Differenziert man hinsichtlich der Transparenzanforderungen mit Rücksicht auf den jeweiligen Adressatenkreis wiederum zwischen Wohn- und Gewerberaummietrecht, so dürfte eine besondere Klarstellung für dieses entbehrlich, für jenes geboten sein.

M 46 Besondere Probleme bereiten **gesetzesrezitierende Haftungsklauseln.**[2] Für unbedenklich hielt der BGH[3] eine Klausel, die § 536c II 1 (§ 545 II 1 a. F.) zwar sinngemäß wiederholt, jedoch die allgemein anerkannte Einschränkung verschweigt, dass der Mieter nur haftet, wenn er den Mangel infolge grober Fahrlässigkeit nicht erkannt und rechtzeitig angezeigt hat. Zur Begründung verwies der BGH auf § 8 AGBG; dieser entspricht nunmehr § 307 III 1, wobei schon dessen S. 2 belegt, dass die Auffassung des BGH aus heutiger Sicht nicht mehr überzeugt: Wegen des unterschiedlichen Adressatenkreises sind die Transparenzanforderungen an den Klausel-

[1] Als unwirksam wurde beispielsweise das Aufbürden einer generellen Pflicht erachtet, Wasserzu- und -ableitungen vor dem Einfrieren zu schützen: OLG Frankfurt NJW-RR 1992, 396, 399. Zu weiteren Einzelfragen vgl. etwa *Staudinger/Emmerich* § 535 Rz 93 ff.

[2] Allgemein dazu, u. a. anhand mietrechtlicher Beispiele, *Kappus* NJW 2003, 322.

[3] BGH NJW 1993, 1061, 1062 f.; deutlich problembewusster in der Vorinstanz noch OLG Frankfurt NJW-RR 1992, 396, 401 f.

verfasser höher als diejenigen an den Gesetzgeber; denn dieser wendet sich unmittelbar an den juristisch Gebildeten, jener an den durchschnittlichen Vertragspartner. Richtiger dürfte es daher sein, § 536c II 1 ohne weitere Erläuterung wiederholende Klauseln allenfalls im Gewerberaummietrecht als wirksam zu erachten. In die Kategorie von Haftungsklauseln, die trotz ihrer Anlehnung an den Gesetzestext nicht zu empfehlen sind, gehört ferner die Formulierung, dass der Mieter solche Änderungen oder Verschlechterungen zu vertreten hat, die über den vertragsgemäßen Gebrauch hinausgehen. Die Bedenken dagegen rühren daher, dass Pflichtwidrigkeit und Vertretenmüssen – wohl beruhend auf einem unzulässigen Umkehrschluss aus § 538 – gleichgesetzt werden, was auf eine unzulässige Garantiehaftung hinausliefe. Probleme bereitet in der Klauselkontrolle von Vermieter-AGB[1] ferner die sog. **versicherungsrechtliche Lösung** des BGH, wonach der nur leicht fahrlässig schädigende Mieter[2] vor einem Rückgriff durch den Gebäudeversicherer[3] des Vermieters geschützt ist,[4] und zwar selbst dann, wenn er eine den Schaden abdeckende Haftpflichtversicherung unterhält.[5] Diskutiert wird zum einen, ob sich der versicherte Vermieter im Mietvertrag eine Inanspruchnahme des leicht fahrlässig handelnden Mieters auch für den Fall vorbehalten kann, dass kein dahingehendes besonderes Interesse besteht; in der Konsequenz der neueren BGH-Rechtsprechung[6] liegt es wohl, dies zu verneinen.[7] Zum anderen stellt sich die Frage, ob der Vermieter in seinen AGB besonders hervorheben muss, dass er bei leichter Fahrlässigkeit nur den Gebäudeversicherer, nicht hingegen den Mieter auf Schadensausgleich in Anspruch nehmen darf: Zumindest im Wohnraummietrecht erweist sich eine uneingeschränkte Klausel, wonach der Mieter dem Vermieter im Verschuldensfall – also auch bei leichter Fahrlässigkeit – haftet, im Ergebnis als irreführend und scheitert folglich an § 307 I 2.

Mit § 307 II Nr. 1 sind **Dritthaftungsklauseln** unvereinbar, die dem Mieter über §§ 278, 540 II hinaus die Haftung für Dritte auferlegen, die nicht seine Erfüllungsgehilfen sind; eine unangemessene Benachteiligung des Mieters liegt darin schon deshalb, weil der erweiterten Haftung nicht stets eine Aufsichtspflicht und/oder -möglichkeit des Mieters gegenübersteht.[8] Der Mieter muss keineswegs für das Verschulden von Personen einstehen, die ihn aufsuchen, ohne von ihm eingeladen oder beauftragt zu sein, wozu das OLG Hamburg beispielsweise „unerwünschte Vertreter, Hausierer, Bettler und [...] verschmähte Liebhaber" zählt.[9] Ausgeschlossen ist es auch, den Mieter klauselmäßig für Schäden haften zu lassen, die Dritte nicht in Ausführung einer Verpflichtung, sondern nur gelegentlich ihrer **M 47**

[1] Eher versicherungsrechtlicher Natur und deshalb hier nicht zu vertiefen ist das Problem, ob der Versicherer die mieterfreundliche Konstruktion der Rechtsprechung aushebeln kann, indem er in seinen AVB schlicht klarstellt, dass ein Regressverzicht ausgeschlossen ist. Dazu *Gaul/Pletsch* NVersZ 2001, 490, 498 f.; *Prölss* ZMR 2001, 157, 159.

[2] Zur möglichen Änderung der diesbezüglichen Rechtslage durch die Reform des VVG im Hinblick auf § 81 II VVG-RegE *Staudinger/Kassing* VersR 2007, 10 ff.

[3] Auf die Versicherung von Hausrat des mit dem Mieter im selben Haus wohnenden Vermieters sind diese Grundsätze nicht übertragbar, BGH NJW 2006, 3714 f.

[4] BGHZ 145, 393, 398 ff. = NJW 2001, 1353, 1354; BGH NJW-RR 2005, 381, 383 m. Nachw., auch zur früheren sog. haftungsrechtlichen Lösung des BGH.

[5] BGH NJW 2006, 3707, 3708 ff.; NJW 2006, 3712, 3713; dazu *Armbrüster* NJW 2006, 3683, 3684; *ders.* ZfIR 2006, 821, 824 f.

[6] Beachte neben den in der vorigen Fn. genannten Entscheidungen auch BGH NJW-RR 2005, 381, 384.

[7] So auch *Breideneichen* VersR 2005, 501, 502.

[8] BGH NJW 1991, 1750, 1752; OLG München NJW-RR 1989, 1499, 1500; *Drettmann*, Geschäftsraummiete Rz 73.

[9] OLG Hamburg NJW-RR 1991, 1167.

Tätigkeit verursachen.[1] Die einschränkende Formulierung, der Mieter hafte nur für Personen, „die zu ihm in Beziehung stehen", ist intransparent und deshalb nicht geeignet, das Unwirksamkeitsverdikt abzuwenden.[2] Eine Regelung, wonach der Mieter für schuldhafte Beschädigung durch „von ihm beauftragte" Handwerker und Lieferanten haften soll, kann aber wohl auch bei kundenfeindlichster Auslegung noch im Sinne von § 278 interpretiert werden und deshalb unbeanstandet bleiben.[3] Wenn die Klausel in einem Wohnraummietvertrag verwendet wird, muss sie jedoch klarstellen, dass der Dritte den Schaden nicht nur verursacht, sondern verschuldet hat. Zu Recht beanstandet wurden Klauseln, die den Mietern eine Gesamthaftung für Schäden an **Gemeinschaftseinrichtungen** zumuten, die von anderen Mietparteien mitbenutzt werden, also z. B. für Sielverstopfungen in einem Mehrfamilienhaus. Das Auferlegen einer solchen „verursachungsunabhängigen Haftung" verstößt gegen § 307 II Nr. 1, weil sowohl das Leitbild des § 535 I 2 als auch das Prinzip der Verschuldenshaftung missachtet werden.[4] Entgegen der Auffassung des BGH[5] gilt grundsätzlich Entsprechendes hinsichtlich der Rückgabe der Mietsache bei **Vermietung an mehrere gemeinschaftlich:** Den einzelnen Mieter trifft keine verschuldensunabhängige Einstandspflicht für die ordnungsmäßige Erfüllung der Rückgabepflicht des anderen (arg. § 425 II). Unwirksam ist deshalb die Klausel, die bei der Wohnraummiete durch mehrere Personen eine gesamtschuldnerische Haftung für alle Verpflichtungen aus dem Mietverhältnis vorsieht, sofern dies auf Schadensersatzforderungen ausgedehnt werden soll und nicht zugleich die Voraussetzungen des § 278 vorliegen. Ein Eigenverschulden des in Anspruch genommenen Mieters kommt allerdings schon dann in Betracht, wenn er sich nicht um den Verbleib der Sache und ihre Behandlung durch den Mitmieter kümmert.

M 48 In der Mietrechtspraxis begegnen **beweislastrelevante Klauseln,** die entweder bei der Schadensverursachung oder bei dem Vertretenmüssen des Mieters ansetzen. Prüfungsmaßstab ist § 309 Nr. 12 a; im Unternehmensverkehr bleibt es bei der Kontrolle anhand § 307 I, II, wobei jedoch die Wertung des § 309 Nr. 12 a berücksichtigt werden kann (§ 310 I 2). Zu verwerfen sind namentlich Klauseln, wonach der Mieter haftet, falls der Schaden nicht nachweislich vom Vermieter oder dessen Erfüllungsgehilfen verursacht ist;[6] denn danach haftete der Mieter, obwohl zunächst der Vermieter die ordnungsgemäße Überlassung der Mietsache beweisen muss.[7] Da § 309 Nr. 12 a auf den Bereich abstellt, den der Vertragspartner des Verwenders beherrschen kann, darf einem Wohnraummieter nicht die Beweislast im Hinblick auf Schäden an nur mitvermieteten oder allgemein zugänglichen Einrich-

[1] BGH NJW 1991, 1750, 1752; a. A. noch OLG Hamburg NJW-RR 1991, 1168.

[2] BGH NJW 1991, 1750, 1752. Freilich geht der BGH dort – hart an der Grenze zur geltungserhaltenden Reduktion – davon aus, dass unwirksame Haftungserweiterungen nicht zwingend zur Gesamtunwirksamkeit der Haftungsklausel führen: Aus der Klausel „Schäden in den Mieträumen, am Gebäude, an den zum Gebäude oder Grundstück gehörenden Einrichtungen und Anlagen ... hat der Mieter auf seine Kosten beseitigen zu lassen, wenn und insoweit ihn, die zu seinem Haushalt gehörenden Personen, seine Untermieter und Besucher, die von ihm beauftragten Handwerker oder sonstige, zu ihm in Beziehung stehenden Personen durch Vernachlässigung der Obhutspflicht oder in sonstiger Weise ein Verschulden trifft" seien geltungserhaltend die Wörter „oder sonstige, zu ihm in Beziehung stehenden Personen" und „oder in sonstiger Weise" zu streichen.

[3] Vgl. auch OLG Hamburg NJW-RR 1991, 1167, 1168.

[4] OLG Hamm NJW 1982, 2005; *Sonnenschein* NJW 1980, 1716. A. A. *Gelhaar* ZMR 1981, 233.

[5] BGH NJW 1976, 287 (Kfz-Miete).

[6] Vgl. bereits BGHZ 66, 349 = NJW 1976, 1315 (Miete von Fernsprechnebenstellenanlagen); *Drettmann,* Geschäftsraummiete Rz 73.

[7] Zur Regelbeweislastverteilung BGH NJW-RR 2005, 235; BGH NJW-RR 2005, 381, 382; Berl VerfGH, NJW-RR 2005, 1536, 1537.

tungen (Bsp.: Briefkästen) aufgebürdet werden.[1] Ebenso wenig hält der Inhaltskontrolle die Formulierung stand, dass der Mieter die Mietsache von Ungeziefer freizuhalten hat, „es sei denn, er beweist, dass der Befall nicht von ihm oder den zu seinem Haushalt gehörenden Personen sowie Untermietern, Besuchern, Lieferanten, Handwerkern usw. verursacht worden ist".[2] Unbedenklich ist es hingegen, wenn laut Klausel zunächst der Vermieter nachweisen muss, dass der Schaden in den Risiko- und Verantwortungsbereich des Mieters fällt.[3] Nicht zu beanstanden ist es ferner, wenn die Klausel die der Negativformulierung des § 280 I 2 entsprechende Beweislastverteilung – auch im Hinblick auf die Haftung gemäß § 536c II – wiedergibt; allerdings muss klargestellt sein, dass sich dies nur auf das Verschulden des Mieters bzw. seiner Erfüllungsgehilfen bezieht.[4]

c) Versicherungspflicht. Wird der Mieter formularmäßig verpflichtet, eine **Versicherung,** z. B. eine Hausratversicherung, abzuschließen, so kann dies nach § 305c I überraschend sein; im Übrigen ist eine solche Klausel nach § 307 unwirksam.[5] Die Formulierung, dass sich der Mieter für die Dauer des Mietverhältnisses verpflichte, eine Hausratversicherung „zu seinem eigenen Schutz" abzuschließen, ist zumindest unklar.[6] Der BGH hat offengelassen, ob der Wohnraumvermieter die Erteilung seiner klauselmäßig vorbehaltenen Zustimmung zum Anbringen einer Parabolantenne davon abhängig machen darf, dass der Mieter eine Haftpflichtversicherung abschließt, um möglicherweise von der Antenne verursachte Schäden abzudecken.[7] Bei der **Geschäftsraummiete** können Klauseln, die den Mieter zum Abschluss einer Versicherung für Schaufensterscheiben oder zu einer Feuerversicherung verpflichten, unter Berücksichtigung einer tatsächlichen Übung und unternehmerischer Gewohnheiten angemessen sein.[8] **M 49**

d) Schadenspauschalierung. Unbedenklich ist die – inhaltlich mit § 249 II 1 übereinstimmende – Klausel, die im Schadensfall eine Pflicht zur „Beseitigung bzw. Kostenübernahme" vorsieht.[9] Formularmäßige Schadenspauschalierungen, die der leichteren Durchsetzung von Schadensersatzansprüchen des Vermieters dienen, sind in den von § 309 Nr. 5 gezogenen Grenzen zulässig.[10] Insbesondere muss dem Mieter ausdrücklich der Nachweis gestattet sein, dass der Schaden nicht entstanden oder wesentlich geringer als die Pauschale sei. Unzulässig ist mithin eine diese Einschrankung nicht hervorhebende **Mahnkostenklausel,** wonach der Vermieter nach Eintritt des Zahlungsverzugs des Mieters berechtigt ist, für jedes Mahnschreiben einen Kostenaufwand von 6 € zu verlangen.[11] Die Klausel, dass der Mieter bei vorzeitiger Vertragsbeendigung infolge seines rechtswidrigen schuldhaften Verhaltens eine Monatsmiete als pauschalierten Ersatz für zusätzlichen Aufwand zu zahlen hat, ist nach § 309 Nr. 5a grundsätzlich nicht zu beanstanden. Nach verbreiteter Auffassung soll jedoch bei **Wohnraummietverträgen** das in § 555 ent- **M 50**

---

[1] Dazu *Staudinger/Emmerich,* § 538 Rz 16 m. Nachw.

[2] OLG Frankfurt NJW-RR 1992, 396, 399.

[3] OLG Frankfurt NJW-RR 1992, 396, 402; vgl. auch *Köhn* NZM 2007, 348, 353.

[4] So auch OLG München NJW-RR 1989, 1499, 1500 f., dort zur Unwirksamkeit der Klausel: „Dem Mieter obliegt der Beweis dafür, dass schuldhaftes Verhalten nicht vorgelegen hat."

[5] AG Düsseldorf NJW-RR 1990, 1429; *Jendrek* NZM 2003, 697, 698.

[6] AG Hamburg NJW-RR 1999, 663.

[7] BGH NZM 2006, 98, 99.

[8] *Sieg* BB 1993, 149, 150 f., verweist auf den Rechtsgedanken des § 1045. Vgl. auch *Köhn* NZM 2007, 348, 351.

[9] BGH NJW 1985, 2413.

[10] Beachte zum unternehmerischen Verkehr *Köhn* NZM 2007, 348, 350.

[11] BGH NJW 2006, 1056, 1059.

haltene Vertragsstrafenverbot in direkter oder analoger Anwendung zur Unwirksamkeit dahingehender Klauseln führen.[1]

M 51 Laut OLG Brandenburg verstößt die in Sportstudio-AGB enthaltene Klausel, wonach alle Beiträge bis zum Ende der Laufzeit sofort fällig werden, wenn der Kunde mit mehr als zwei Monatsbeiträgen in Verzug kommt, weder gegen § 309 Nr. 6 noch gegen § 307 I, weil sie dem insoweit als Vergleichsmaßstab heranzuziehenden § 543 II 1 Nr. 3a gerecht werde.[2] Dies trifft schon deshalb nicht zu, weil § 543 II 1 Nr. 3a eben nur ein Kündigungsrecht eröffnet und die Raten für die spätere Zeit allenfalls als Schadensersatz geltend gemacht werden könnten – und zwar nicht in vollem Umfang, sondern unter Berücksichtigung der Schadensminderungspflicht; für den säumigen Kunden erweist sich die vorzeitige Fälligkeit also – entgegen der Auffassung des OLG Brandenburg – keineswegs als das im Vergleich zur Kündigung kleinere und deshalb hinzunehmende Übel.

M 52 **e) Verjährung und Verwirkung.** Seit der Reform des Verjährungsrechts anlässlich der Schuldrechtsmodernisierung kann die in § 548 I vorgesehene Verjährungsfrist für Schadensersatzansprüche des Vermieters gegen den Mieter, abweichend von § 225 S. 1 a. F., grundsätzlich innerhalb der Grenzen des § 202 II verlängert werden. Im Falle einer formularmäßigen **Verlängerung der Verjährungsfrist** ist allerdings zu beachten, dass § 548 I keine bloße Zweckmäßigkeitsvorschrift ist, sondern im beiderseitigen Interesse eine rasche Klärung und Abwicklung des Schadensfalls sicherstellen soll.[3] Wegen § 307 II Nr. 1 bestehen daher Bedenken gegen eine Klausel, wonach die Verjährungsfrist wesentlich verlängert wird;[4] die Verlängerung auf ein Jahr dürfte freilich kaum zu beanstanden sein, sofern Entsprechendes auch für die Verjährung von Ansprüchen des Mieters i. S. von § 548 II vorgesehen wird.[5]

M 53 Schon vor der Schuldrechtsmodernisierung war weithin anerkannt, dass der Vermieter ein berechtigtes Interesse haben kann, den nach § 548 I 2 an die Rückgewähr der Mietsache[6] gekoppelten **Beginn der Verjährung** angemessen hinauszuschieben. Unbeanstandet blieb daher eine Klausel, wonach die Verjährung unfallbedingter Schadensersatzansprüche des Kfz-Vermieters gegen den Mieter erst zu laufen beginnt, wenn er Gelegenheit hatte, die polizeiliche Ermittlungsakte einzusehen, spätestens aber sechs Monate nach Rückgabe des Fahrzeugs.[7] Für die Wohnraummiete dürfte Entsprechendes gelten, sofern die Rechtsverfolgung durch Umstände erschwert wird, die dem Verantwortungsbereich und den Untersuchungsmöglichkeiten des Vermieters entzogen sind. Relevant wird dies, wenn der Mieter dem Vermieter seine neue Adresse nicht mitteilt und diese sich auch nicht durch eine Anfrage beim zuständigen Einwohnermeldeamt ermitteln lässt.[8]

M 54 Die nach allgemeinen Regeln eintretende **Verwirkung** kann der Vermieter nicht mit der Klausel hindern, wonach ihm Rechte auch dann nicht verloren gehen, falls er von diesen, obwohl dazu befugt, zunächst keinen Gebrauch macht.[9]

---

[1] So etwa *Emmerich/Sonnenschein/Emmerich* § 555 Rz 4; *Schmidt-Futterer/Blank* § 555 Rz 3 f.; jeweils m. w. Nachw.

[2] OLG Brandenburg NJW-RR 2004, 273 f. Zweifelnd *von Westphalen,* AGB, Fitness- und Sportstudiovertrag Rz 8.

[3] BGH NJW 1986, 1608. Skeptisch *Kandelhard* NZM 2002, 929.

[4] *Emmerich/Sonnenschein/Emmerich* § 548 Rz 26; *Schmidt-Futterer/Gather* § 548 Rz 117. Großzügiger etwa MünchKommBGB/*Schilling* § 548 Rz 26; *Kandelhard* NZM 2002, 929, 931 f.

[5] Allgemein zur Bedeutung des Reziprozitätsprinzips für die Klauselkontrolle *Hau,* Vertragsanpassung und Anpassungsvertrag, 2003, S. 362 ff.

[6] Dazu BGH NJW 2004, 774, 775.

[7] OLG Stuttgart NJW-RR 2002, 1254.

[8] S. den Vorschlag einer Klausel zur Verjährungshemmung bei *Kandelhard* NZM 2002, 929, 933/934.

[9] Vgl. OLG München NJW-RR 2002, 631, 632, dort zum Verlust des Kündigungsrechts.

4. Koppelungsgeschäfte

Mitunter sind in Miet-AGB sog. Koppelungsgeschäfte vorgesehen, wonach mit dem Mietvertrag etwa ein Wartungsvertrag, ein Versicherungsvertrag (s. auch Rz M 49), der Kauf von Einrichtungsgegenständen oder eine sonstige, über das Mietverhältnis hinausgehende Kooperationspflicht[1] verknüpft ist. Die Unwirksamkeit solcher Gestaltungen ergibt sich häufig bereits aus § 305c I; daran ist insbesondere zu denken, wenn formularmäßig vorgesehen ist, dass der Wohnraummieter dem Vermieter ein Darlehen zu gewähren hat.[2] Die Unwirksamkeit folgt aber auch aus § 307, sofern dem Mieter zusätzliche Pflichten und Kosten auferlegt werden, die ihn nach Treu und Glauben unangemessen benachteiligen. Auszugehen ist davon vor allem im Bereich der Wohnraummiete. **M 55**

Um eine verdeckte (indes nicht ohne Weiteres unangemessene) Koppelung mit einem Bewirtungsvertrag geht es im Ergebnis, wenn es den – auf regelmäßige Flüssigkeitszufuhr angewiesenen – Benutzern eines Sportstudios formularmäßig untersagt wird, mitgebrachte Getränke zu verzehren.[3] Die in einen „Mietservice-Vertrag über die Gestellung von Berufskleidung" aufgenommene Verpflichtung, die Kleidung nach Laufzeitende zum Zeitwert zu erwerben, mag im Einzelfall überraschend i. S. von § 305c I sein, sollte anderenfalls aber nicht ohne Weiteres als dem gesetzlichen Leitbild des Mietvertrags zuwiderlaufend verworfen,[4] sondern von vornherein ausgehend von der Qualifikation als Mietkauf bewertet werden (dazu Rz L 41 ff.). **M 56**

5. Laufzeit und Vertragsbeendigung

a) Laufzeitklauseln. Mit der Vereinbarung einer bestimmten Laufzeit des Mietverhältnisses geht ein Ausschluss des Rechts zur ordentlichen Kündigung einher (vgl. § 542 II, I), und nicht selten kommt der Wunsch nach einer bestimmten Laufzeit im Vertrag nur durch einen entsprechend befristeten Ausschluss des Kündigungsrechts zum Ausdruck. Während die Möglichkeit, Zeitmietverträge einzugehen, für die **Wohnraummiete** anlässlich der Mietrechtsreform eingeschränkt wurde (s. § 575, dazu sowie zur Möglichkeit eines befristeten Verzichts auf die ordentliche Kündigung unten Rz M 103), kommt bei Mietverhältnissen über **andere Sachen** innerhalb der 30-Jahre-Grenze gemäß § 544 eine Befristung in weiterem Umfang in Betracht. **M 57**

Im Fall einer formularmäßig vorgesehenen Befristung ist zu beachten, dass § 309 Nr. 9 auf **echte Mietverträge** unanwendbar ist. Dagegen erfasst die Vorschrift **typengemischte Verträge,** wenn das mietvertragliche Element nicht überwiegt. Auf den **Fitnessstudiovertrag** ist § 309 Nr. 9 daher nur anwendbar, wenn neben der Gebrauchsmöglichkeit der Räume und Geräte beispielsweise eine nennenswerte Unterrichtsleistung geschuldet wird; freilich werden diesbezüglich auch deutlich hinter der Zweijahresgrenze des § 309 Nr. 9 a zurückbleibende Erstlauf- **M 58**

---

[1] Beachte die Klausel bei BGH NJW 2003, 347: „Mieter ist bekannt, dass Vermieter weitere Sportanlagen besitzt (...). Mieter sichert zu, zum gemeinsamen Nutzen bei der Vermarktung der Sportanlagen eng mit Vermieter zusammenzuarbeiten. Um sich zum Kunden hin geschlossen zu präsentieren, ergeben sich folgende Notwendigkeiten: (...)."

[2] Näher zur eingeschränkten Zulässigkeit des sog. Mieterdarlehens und seiner Abgrenzung von der Mietvorauszahlung *Schmidt-Futterer/Eisenschmid* § 535 Rz 605 ff.; beachte auch BGH NJW 2003, 1317.

[3] Für Unvereinbarkeit mit § 307 I: OLG Brandenburg NJW-RR 2004, 273 f.

[4] So aber OLGR Brandenburg 2000, 459 f.; *von Westphalen,* AGB, Fitness- und Sportstudiovertrag Rz 20.

zeiten moniert, sofern dem Kunden keine angemessene Probezeit zusteht.[1] Wird zusätzlich zu dem Mietvertrag über ein **Verbrauchserfassungsgerät** ein formal gesonderter Vertrag über die Auswertung und Abrechnung der Daten geschlossen, soll § 306a nach Auffassung des OLG Frankfurt die Anwendung von § 309 Nr. 9 auch hinsichtlich des Mietvertrags gebieten (zweifelhaft).[2] Gewerbliche Verträge über die Bereitstellung von **Berufswäsche** fallen zwar in den sachlichen Anwendungsbereich der Vorschrift (denn im Vordergrund stehen Anlieferung und Abholung, Reinigen und Wartung der Wäsche), können aber wegen § 310 I 1 nicht unmittelbar daran gemessen werden.[3]

M 59 Im Übrigen bleibt es bei einer Prüfung von Laufzeitklauseln anhand von § 307.[4] Selbst bei kundenfeindlichster Auslegung ist eine Laufzeitregelung laut BGH nicht schon deshalb zu verwerfen, weil sie die Möglichkeit einer **außerordentlichen Kündigung** aus wichtigem Grund nicht eigens hervorhebt; denn die Annahme, dass auch diese ausgeschlossen werden solle, komme nicht ernstlich in Betracht – wobei der BGH seinerzeit freilich auch darauf verweisen konnte, dass selbst das BGB keine dahingehende spezielle Regelung enthalte (vgl. nunmehr jedoch § 543).[5] Unangemessen i. S. von § 307 erscheint die zehnjährige Laufzeit des Mietvertrags über ein Verbrauchserfassungsgerät.[6] Besonders weit divergieren die Auffassungen darüber, welche Laufzeiten für **Werbeflächenmietverträge** angemessen sind. Während eine Bindungsdauer von 30 Jahren allemal zu beanstanden sein dürfte,[7] wurden in neuerer Zeit einerseits zehn Jahre gebilligt,[8] andererseits eine Mindestaufstelldauer von drei Jahren moniert.[9] Im Hinblick auf § 550 erscheinen Klauseln problematisch, wonach der Vertrag ab bei Vertragsschluss noch nicht genau datierter Übergabe der Mietsache **(„Vermietung vom Reißbrett")** eine bestimmte Zeit laufen soll. Nach gegensätzlichen Urteilen der Instanzgerichte[10] hat der BGH solche Klauseln nun grundsätzlich validiert.[11] Zu Laufzeitklauseln in Mietverträgen über **Telekommunikationsanlagen** s. unten Rz M 141.

M 60 **b) Vertragsverlängerung.** Laufzeitklauseln werden häufig mit vorformulierten **Verlängerungsklauseln**[12] kombiniert, wonach sich die Laufzeit beim Ausbleiben der fristgerechten Erklärung, das Mietverhältnis nicht fortsetzen zu wollen, um einen bestimmten Zeitraum verlängert. In diesem Fall wird der ursprüngliche Mietvertrag fortgesetzt, also nicht etwa ein neues Mietverhältnis begründet.[13] Im

---

[1] AG Leipzig, 7. 3. 2003 – 15 C 4619/02 (juris KORE533462004): Erstlaufzeit von achtzehn Monaten; AG Brandenburg NJOZ 2003, 3374 f: Erstlaufzeit von sechs Monaten. Beachte auch *von Westphalen*, AGB, Fitness- und Sportstudiovertrag Rz 9 f.

[2] OLG Frankfurt NZM 2005, 477.

[3] Vgl allgemein *Köhn* NZM 2007, 348, 349.

[4] Dazu *Köhn* NZM 2007, 348, 349.

[5] BGH NJW 1993, 1133, 1135.

[6] Insoweit überzeugend OLG Frankfurt NZM 2005, 477 ff.

[7] A. A. OLG Hamm NJW-RR 1992, 270; *Gerber/Eckert* Rz 358.

[8] LG Frankfurt NJW-RR 2001, 1350 f.

[9] AG Werl NJW-RR 2002, 203; AG Göttingen NdsRPfl 2000, 203.

[10] OLG Naumburg NZM 2004, 825 f. (Schriftform nach § 550 in diesem Fall nicht eingehalten); anders OLG Dresden NZM 2004, 827, 829.

[11] BGH NJW 2006, 139, 140. Anders aber, wenn die Lage der Mietsache im zu errichtenden Objekt noch unklar ist, BGH NJW 2006, 140, 141; vgl. auch KG NZM 2007, 248. Vgl. zu diesem Fragenkreis *Bub*, Klauseln zum Mietvertrag im Licht der Rechtsprechung, S. 200, 201 f.; zur Wirksamkeit von „Schriftformheilungsklauseln" mit Formulierungsvorschlag *Leo* NZM 2006, 815 f.

[12] Eine Individualvereinbarung soll vorliegen, wenn die Parteien eine individuell ausgehandelte Vertragsdauer in eine Textlücke eintragen; vgl. OLG Düsseldorf DWW 2006, 23 = OLGR Düsseldorf 2006, 103.

[13] Dazu BGH NJW 2002, 2170 f.

Wohnraummietrecht sind befristete Verträge mit Verlängerungsklausel nach neuem Recht nicht mehr zulässig.[1] Bei **sonstigen Mietverträgen** erscheinen Verlängerungsklauseln schon deshalb grundsätzlich unbedenklich, weil § 309 Nr. 9 b auf Mietverträge unanwendbar ist. So sind in Fitnessstudioverträgen Verlängerungen um sechs Monate möglich.[2] Unbeanstandet blieb auch eine Verlängerung um fünf Jahre in einem zunächst auf ein Jahr geschlossenen Mietvertrag über ein Ladenlokal.[3] Hingegen wurden Klauseln als unangemessen verworfen, wonach sich die zehnjährige Erstlaufzeit des Mietvertrags über ein Verbrauchserfassungsgerät um weitere zehn Jahre oder die dreijährige Erstlaufzeit des Werbeflächenmietvertrags um weitere drei Jahre verlängert.[4]

Häufig werden Laufzeit- und Verlängerungsklauseln mit Klauseln kombiniert, **M 61** die zugunsten einer Partei eine **Verlängerungsoption** vorsehen.[5] Wird eine solche dem Mieter in den AGB des Vermieters eingeräumt, so ist eine Klausel, die diesen trotz Ausübung der Option zur Kündigung berechtigt, sofern eine Einigung über die von ihm vorgeschlagenen neuen Mietbedingungen nicht fristgerecht zustande kommt, jedenfalls nach § 307 II Nr. 2 unwirksam, weil dadurch der wesentliche Zweck des Optionsrechts ausgehöhlt wird.[6] Unangemessen einseitig ausgestaltet ist umgekehrt ein in AGB des Mieters vorgesehenes Optionsrecht, das zulasten des Vermieters eine Vertragslaufzeit von bis zu 30 Jahren ermöglicht, während der Mieter jederzeit mit 6-Monats-Frist kündigen kann.[7] Ansonsten ist bei der Kombination von Verlängerungs- und einseitigen Optionsklauseln im Hinblick auf § 305 c II auf eine sprachlich und systematisch eindeutige Fassung zu achten.[8]

Setzt der Mieter den Gebrauch der Mietsache nach Beendigung des Mietverhält- **M 62** nisses (infolge Zeitablaufs, Kündigung oder Vertragsaufhebung) fort, so verlängert sich das Mietverhältnis gemäß § 545 auf unbestimmte Zeit, sofern dem nicht fristgerecht widersprochen wird. § 545 will Rechtsklarheit schaffen und erfüllt eine Ordnungsfunktion, enthält jedoch keinen wesentlichen Grundgedanken der gesetzlichen Regelung i. S. von § 307 II Nr. 1 und kann deshalb selbst in Mietverhältnissen über Wohnraum formularmäßig ausgeschlossen werden.[9] Dazu soll indes nach h. M.[10] der bloße Hinweis, dass § 545 keine Anwendung finde, nicht ausreichen.

c) Ordentliche Kündigung. Bei einem i. S. von § 542 I unbefristet geschlosse- **M 63** nen Mietvertrag steht sowohl dem Vermieter als auch dem Mieter das Recht zur ordentlichen Kündigung zu (zum Kündigungsausschluss mittels Laufzeitklausel s. oben Rz M 57 ff.). Einschlägig ist § 573c bei der Wohnraummiete und § 580a bei Mietverträgen über andere Sachen i. S. von § 578. Weil im Falle eines „Vertrags über betreutes Wohnen" bzw. „Pensionsvertrags" das mietvertragliche Element nicht

---

[1] Dazu sowie zur Fortgeltung entsprechender Altklauseln *Eisenhardt* WuM 2005, 487.

[2] BGH NJW 1997, 739 f. Enger, freilich ohne Bezugnahme auf die BGH-Rechtsprechung *von Westphalen,* AGB, Fitness- und Sportstudiovertrag Rz 12: drei Monate.

[3] OLGR Düsseldorf 2004, 501.

[4] OLG Frankfurt NZM 2005, 477, 479.

[5] Zu Unstimmigkeiten im Zusammenspiel von Verlängerungs- und Optionsklausel beachte OLGR Düsseldorf 2004, 501, und BGH NZM 2006, 137.

[6] OLG Hamburg NJW-RR 1990, 1488.

[7] OLG Hamburg NJW-RR 1992, 74.

[8] Vgl. BGH NJW 2006, 337 (unklares Verhältnis zwischen Verlängerungsoptionen des Mieters und automatischer Vertragsverlängerung geht zu Lasten des Vermieters) m. Anm. *Boecken/Queck* ZfIR 2006, 641.

[9] BGH NJW 1991, 1750, 1751; OLG Hamm NJW 1983, 826; *Haase* ZMR 2002, 557, 561.

[10] Vgl. OLG Schleswig ZMR 1996, 254, 255; näher *Schmidt-Futterer/Blank* § 545 Rz 31; *Haase* ZMR 2002, 557, 561 f. Abweichend OLG Rostock NJW 2006, 3217, 3218; *Köhn* NZM 2007, 348, 353.

überwiege, hat es der BGH gebilligt, dass sich die formularmäßigen Kündigungsregeln am HeimG statt am BGB-Wohnraummietrecht orientieren.[1]

M 64 Die **Kündigungserklärung** muss grundsätzlich dem Mieter zugehen, wobei Zugangsfiktionen nach § 308 Nr. 6 unwirksam sind. Bei mehreren Mietern muss die Erklärung jedem von ihnen zugehen. Zur gegenseitigen **Bevollmächtigung** zur Abgabe oder Entgegennahme der Kündigungserklärung in AGB s. Rz M 74.

M 65 Die **Kündigungsfrist** dient dem Interesse des Kündigungsempfängers, sich auf die mit der Beendigung des Mietvertrags verbundenen Änderungen einstellen zu können. Die Einhaltung einer Kündigungsfrist dient wesentlichen Interessen der Vertragspartner, gehört zu den Grundgedanken der gesetzlichen Regelung und kann deshalb nach § 307 II Nr. 1 nicht ganz **ausgeschlossen** werden. Möglich ist unter bestimmten Voraussetzungen eine **Verkürzung** der gesetzlichen Kündigungsfristen, doch scheidet bei einem Wohnraummietverhältnis eine den Mieter benachteiligende Verkürzung aus (§ 573c IV). Im Übrigen sind die Fristen des § 580a grundsätzlich dispositiv, Formularklauseln allerdings an § 307 zu messen.[2] Angesichts der Kürze der für die Miete beweglicher Sachen in § 580a III Nr. 2 vorgesehenen Kündigungsfrist kommt nur ausnahmsweise eine § 307 standhaltende weitere Verkürzung in Betracht.[3] Weitergehende Gestaltungsmöglichkeiten bleiben hinsichtlich der Miete von Grundstücken und anderen Räumen als Wohnräumen: § 580a I, II kann auch durch AGB abbedungen werden. Nicht zu beanstanden ist beispielsweise bei einem nach Monaten berechneten Mietzins die Einräumung eines Kündigungsrechts bis zum 15. des Vormonats oder auch bis zum 3. Werktag des Monats, in dem das Mietverhältnis enden soll. Eine vierwöchige Kündigungsfrist ist nicht ohne Weiteres unangemessen kurz. Auch kann bei einem Mietverhältnis über Geschäftsräume oder gewerblich genutzte unbebaute Grundstücke der Ablauf des Mietverhältnisses zum Monatsende, nicht nur zum Ablauf eines Kalendervierteljahres, vorgesehen werden. Ferner ist eine formularmäßige **Verlängerung** der Kündigungsfrist grundsätzlich wirksam (§ 309 Nr. 9 c ist auf Mietverträge unanwendbar[4]), bei Wohnraummietverhältnissen jedoch wiederum nicht zulasten des Mieters (§ 573c IV). Sie kann bei überlanger Dauer überraschend und nach § 305c I unbeachtlich sein.

M 66 Die am Gerechtigkeitsgedanken ausgerichteten wesentlichen Grundsätze des Mietrechts fordern keine gleichlange Bindung beider Vertragspartner an das Mietverhältnis, stehen also **asymmetrischen Kündigungsfristen** nicht von vornherein entgegen (arg. § 573c I 2).[5] Die Kündigung durch den Verwender darf jedoch nicht ohne sachlichen Grund kürzeren Fristen unterworfen werden als die des Kunden (vgl. auch § 622 VI).

M 67 **d) Außerordentliche Kündigung.** Das Recht zur außerordentlichen Kündigung des Mietvertrags ist in § 543 I – lex specialis zu § 314 – geregelt. Für die **Wohnraummiete** gilt ergänzend § 569, dessen Abs. 5 abweichende Vereinbarungen, sofern dem Mieter nachteilig, unterbindet, und zwar unabhängig davon, ob das Kündigungsrecht des Mieters begrenzt oder dasjenige des Vermieters erweitert wird. Schließt eine Klausel befristet „eine Kündigung" aus, so will der BGH dies grundsätzlich nur als unter bestimmten Voraussetzungen wirksamen Ausschluss der ordentlichen Kündigung (dazu Rz M 103), nicht hingegen als unzulässigen Aus-

---

[1] BGH NJW 2005, 2008, 2010.
[2] Vgl. BGH NJW 2001, 3480; dort lehnte der BGH einen Verstoß gegen § 307 freilich ab.
[3] Unklar *Emmerich/Sonnenschein/Rolfs* § 580a Rz 18.
[4] Abweichend offenbar *Emmerich/Sonnenschein/Rolfs* § 580a Rz 12, 16.
[5] Für die Gewerberaummiete: BGH NJW 2001, 3480, 3482.

schluss der außerordentlichen Kündigung interpretieren.[1] Spielraum für Vereinbarungen zur außerordentlichen Kündigung bleibt grundsätzlich bei Verträgen über **andere Mietobjekte,** insbesondere also bei der **Gewerberaummiete** (§ 578 II verweist nicht auf § 569 V). Gleichwohl dürfte ein formularmäßiger **Ausschluss** des Rechts zur außerordentlichen Kündigung (der freilich laut BGH nicht in einer bloßen Laufzeitregelung zu sehen ist; dazu oben Rz M 59) den Kunden grundsätzlich unangemessen benachteiligen. Umgekehrt schwächt eine formularmäßige **Erweiterung des außerordentlichen Kündigungsrechts zugunsten des Verwenders** den Bestandsschutz und belässt dem Kunden keine hinreichende Auslauffrist. Rechnet man die Einhaltung der Kündigungsfrist zu den wesentlichen Grundgedanken der gesetzlichen Regelung (Rz M 65), so kann dies nicht durch Erweiterung der außerordentlichen fristlosen Kündigung unterlaufen werden.[2] Die formularmäßige Erweiterung auf Fälle, die nicht als wichtiger Grund im Sinne der Unzumutbarkeit der Fortsetzung des Mietverhältnisses anzuerkennen sind, ist deshalb nach § 307 II Nr. 1 unwirksam. Dies gilt beispielsweise für eine Klausel, die dem Vermieter über § 543 II 1 Nr. 3 hinaus ein außerordentliches **verzugsbedingtes Kündigungsrecht** bereits dann einräumt, wenn der Mieter mit der Entrichtung des Mietzinses oder von Nebenkosten unverschuldet, mit nur einer Rate, mit mehreren, aber insgesamt unerheblichen Teilbeträgen oder nur kurzfristig in Rückstand ist.[3] An der Unwirksamkeit ändert es in diesen Fällen auch nichts, wenn die Kündigung erst nach Zahlungsaufforderung und Mahnung möglich sein soll.[4] Unwirksam ist auch eine Klausel, die das außerordentliche Kündigungsrecht bei jeder **Vertragspflichtverletzung des Mieters** vorsieht; denn unbedeutende Vertragspflichtverletzungen führen nicht zur Unzumutbarkeit der Vertragsfortsetzung und stellen deshalb keinen anerkennungsfähigen wichtigen Grund zur außerordentlichen Kündigung dar. Unwirksam kann deshalb auch eine Klausel sein, die eine fristlose Kündigung vorsieht, wenn der Mieter eine Pfändung eingebrachter Sachen durch Dritte nicht unverzüglich dem Vermieter mitteilt oder wenn der Mieter vorsätzlich falsche Angaben über die Eigentumsverhältnisse an den eingebrachten Sachen macht.[5]

Die nach allgemeinen Regeln eintretende **Verwirkung** seines Kündigungsrechts **M 68**
kann der Vermieter nicht mit einer Klausel hindern, wonach ihm Rechte auch dann nicht verloren gehen, falls er von diesen, obwohl dazu befugt, zunächst keinen Gebrauch macht.[6]

e) Aufwendungsersatz. Die Klausel, dass der Mieter dem Vermieter im Kündi- **M 69**
gungsfall einen bestimmten Betrag – etwa eine Monatsmiete – für zusätzlichen Aufwand zu entrichten hat, begründet einen Anspruch auf Aufwendungsersatz, der nach § 308 Nr. 7 (bzw. im Unternehmensverkehr nach § 307) im Lichte von § 537 auf seine angemessene Höhe zu überprüfen ist. Nach verbreiteter Auffassung soll bei **Wohnraummietverträgen** das in § 555 enthaltene Vertragsstrafenverbot in direkter oder analoger Anwendung zur Unwirksamkeit dahingehender Klauseln führen.[7] Bei **sonstigen Mietverträgen** darf die Berücksichtigung ersparter Aufwendungen

---

[1] BGH NJW 2006, 1056; BGH NJW 2006, 1059.

[2] Vgl. auch KG NZM 2007, 41, 43.

[3] S. BGH NJW 1987, 2506 zur Hotelpacht; ebenso *Köhn* NZM 2007, 348, 350; *Drettmann* Geschäftsraummiete Rz 137.

[4] BGH NJW 1987, 2506, dort auch dazu, dass der Verwender an ein in der unwirksamen Klausel geregeltes, dem Kunden günstiges Verfahren für die Herbeiführung des Zahlungsverzugs gebunden bleibt.

[5] Ebenso *Ulmer/Hensen* Anh. § 310 Rz 8.

[6] OLG München NJW-RR 2002, 631, 632.

[7] So etwa *Emmerich/Sonnenschein/Emmerich* § 555 Rz 5. Ausführlich *Mersson* NZM 2002, 773 ff. Vgl. auch oben Rz M 50 zur Schadenspauschalierung.

und anderweitiger Gebrauchsüberlassung (§ 537 I 2) nicht ausgeschlossen werden. Zudem muss der Mieter ausdrücklich auf die Möglichkeit hingewiesen werden, den Nachweis eines geringeren Aufwands zu führen. Eine Aufwendungsersatzklausel, die für den Fall vorzeitiger **einvernehmlicher Vertragsaufhebung** entweder bereits vorsorglich im Mietvertrag oder erst in dem formularmäßigen Aufhebungsvertrag vorgesehen wird, soll bereits an § 305c I scheitern.[1]

M 70 **f) Beendigung vor Gebrauchsüberlassung.** Behält sich der Vermieter in seinen AGB für den Zeitraum vor Gebrauchsüberlassung ein Rücktritts- oder Kündigungsrecht vor, so hindert die in § 308 Nr. 3 Hs. 2 für Dauerschuldverhältnisse vorgesehene Einschränkung laut BGH nicht, die Klausel an dieser Bestimmung zu messen.[2] Wirksam soll im Mietvertrag über eine Stadthalle ein formularmäßiges Rücktrittsrecht für den Fall sein, dass durch die vom Mieter beabsichtigte Veranstaltung eine Störung der öffentlichen Sicherheit und Ordnung oder eine Schädigung des Ansehens der Stadt zu besorgen ist, sofern die fraglichen Gründe nicht bereits bei Vertragsschluss erkennbar waren.[3] Richtigerweise ist zu fordern, dass diese Einschränkung ausdrücklich in die Klausel aufgenommen wird.[4]

III. Wohnraummiete

Schrifttum (s. auch vor Rz M 31): *Artz,* Quotenabgeltungsklauseln, NZM 2007, 265; *Beyer,* Die Rechtsprechung des Bundesgerichtshofes zu Schönheitsreparaturklauseln, in: Klauseln zum Mietvertrag im Licht der Rechtsprechung, 2006, S. 3; *ders.,* Der Bundesgerichtshof und die Abgeltungsklausel: Roma locuta – causa finita?, Grundeigentum 2007, 122; *Blank,* Mietvertrag über Wohnraum, in: *Langenfeld,* Münchener Vertragshandbuch, Bd. 5 I, 5. Aufl. 2003; *ders.,* Unwirksame Renovierungsklauseln im Wohnraummietvertrag, FS Derleder, 2005, S. 189; *ders.,* Folgen unwirksamer Schönheitsraparaturklauseln, in: Klauseln zum Mietvertrag im Licht der Rechtsprechung, 2006, S. 17; *ders.,* Tierhaltung in Eigentums- und Mietwohnungen, NJW 2007, 729; *Börstinghaus,* Die aktuelle Rechtsprechung des BGH zum Wohnraummietrecht, NZM 2004, 801; *ders.,* Die aktuelle Rechtsprechung des BGH zum Mietrecht, NZM 2005, 761; *ders.,* Rechtsfolgen unwirksamer Schönheitsreparaturklauseln, WuM 2005, 675; *ders.,* Mieterhöhung bei unwirksamer Schönheitsreparaturklausel? – Oder: Vermieters Pflichten unter dem Rücksichtnahmegebot, NZM 2005, 931; *Brock/Lattka,* Kündigungsverzicht in Formularmietverträgen über Wohnraum, NZM 2004, 729; *Bub/von der Osten,* Abgeltungsklauseln und „starre" Fristen, NZM 2007, 76; *Derleder,* Mängelrechte des Wohnraummieters nach Miet- und Schuldrechtsreform, NZM 2002, 676; *ders.,* Der Kündigungsverzicht des Wohnraummieters, NZM 2004, 247; *Dötsch,* Ersatz- bzw. Selbstvornahme im Mietrecht, NZM 2007, 275; *Drettmann,* Wohnraummiete (Stand: 1995), in: *von Westphalen,* AGB; *Emmerich,* Starre Schönheitsreparaturfristen und ihre Folgen, NZM 2006, 761; *Fritz,* Wohnraummietverträge in der Klauselkontrolle, NZM 2002, 713; *Gather,* Wohnraummietverträge in der Klauselkontrolle, NZM 2002, 719; *ders.,* Schönheitsreparaturen bei der Wohnraummiete, ZAP 2006, 119; *Hannemann,* Die hässlichen Folgen unwirksamer Schönheitsreparaturklauseln, FS Blank, 2006, S. 189; *Häublein,* Aufrechnungs- und Zurückbehaltungsverbote in Wohnraummietverträgen – Das Verhältnis von § 556b Abs. 2 BGB zu §§ 305 ff. BGB, FS Blank, 2006, S. 207; *Heinrichs,* Gesamtunwirksamkeit oder Teilaufrechterhaltung von Formularklauseln in Mietverträgen unter besonderer Berücksichtigung der aktuellen Rechtsprechung zu Schönheitsreparatur- und Kautionsklauseln, NZM 2005, 201; *Hitpaß,* Schnee- und Eisbeseitigungspflichten im Vermieter-Mieter-Verhältnis, ZMR 2005, 9; *Horst,* Renovierung bei Wohnraum: eine unendliche Geschichte?, MietR kompakt 2006, 39; *ders.,* Vertrauensschutz als Grenze der Inhaltskontrolle von Miet-AGB – Das Lehrstück von den „Quotenklauseln", NZM 2007, 185; *ders.,* Abwehrstrategien gegen Mieteransprüche aus unwirksamen Renovierungsklauseln, DWW 2007, 48; *Joachim,* Wohnraummietvertrag, 2002; *Kappes,* Reaktionsmöglichkeiten des Vermieters bei unwirksamen Schönheitsreparaturklauseln im laufenden Wohnraummietverhältnis, NJW 2006, 3031; *Kappus,* Mietgesetzgebers Streich bei den Schönheitsreparaturen, GS Sonnenschein, S. 263; *ders.,* „im Allgemeinen" = „in der Regel" = „grundsätzlich" = „normal" = „gewöhnlich" – Alles „klar und verständlich" im Schönheitsreparaturen-Fristenkalender?, NZM 2006, 6; *Kinne,* Fristenklauseln für Schönheitsreparaturen – wirksam oder unwirksam?, ZMR 2005, 921; *Klimke,* Ermessen des Vermieters zur Verlängerung starrer Schönheitsreparaturfristen, NZM

1 OLG Karlsruhe NJW-RR 2000, 1538.
2 S. BGH NJW 1987, 831, 833; § 308 Nr. 3 Rz 10.
3 BGH NJW 1987, 831, 833.
4 Offen gelassen in BGH NJW 1987, 831, 833. Anders noch *Wolf* in der 4. Aufl. Rz M 50.

2005, 134; *Klimke/Lehmann-Richter,* Abgeltungsklauseln und Renovierungspflicht bei der Wohnraummiete, ZMR 2005, 417; *dies.*, Unwirksame starre Abgeltungsklauseln und ihre Folgen, WuM 2006, 653; *Langenberg,* Betriebskosten und Schönheitsreparaturen – Aktuelle Rechtsprechung des BGH in Anmerkungen, NZM 2005, 51; *Lehmann-Richter,* Formularmäßige Übertragung der Renovierungspflicht auf den Mieter unrenovierten Wohnraums, NZM 2005, 691; *ders.*, Das Rückgabeprotokoll im Mietrecht, ZMR 2006, 833; *Timme,* Mieters Verzicht auf gesetzliches Kündigungsrecht, NJW 2004, 1639; *ders.*, Schönheitsreparaturen gemäß Fristenplan bei Wohnungsumbau, NZM 2005, 132.

1. Allgemeines

a) AGB und Individualvereinbarungen. Trotz zahlreicher zwingender Bestimmungen im Recht der Wohnraummiete existieren gerade hier vielfältige Mustermietverträge verschiedenen Ursprungs und unterschiedlicher Qualität.[1] Der 1976 vom BMJ vorgelegte Mustermietvertrag konnte sich in der Praxis zwar nicht durchsetzen, gilt indes als ausgewogen gestaltet und wird häufig als Ausdruck des i. S. von § 307 Angemessenen verstanden.[2] Dem Vertragspartner – regelmäßig dem Mieter – gestellte Formularmietverträge unterliegen der AGB-rechtlichen Kontrolle. Dies gilt beispielsweise auch dann, wenn eine Privatperson nur eine Wohnung vermietet, zu diesem Zweck im Schreibwarenladen ein Vertragsmuster ersteht und dem künftigen Mieter zur Unterzeichnung vorlegt.[3] Hingegen ist der Mieter Verwender, wenn das Klauselwerk auf sein Betreiben zu Grunde gelegt wird. § 310 IV 1 steht der Inhaltskontrolle eines mit einer Genossenschaft geschlossenen Nutzungsvertrags über eine Wohnung nicht entgegen, da der Nutzungsvertrag nicht Bestandteil des womöglich zugleich begründeten Gesellschaftsverhältnisses ist.[4] **M 71**

Formularmietverträge werden nicht dadurch zu **Individualvereinbarungen,** dass der Vertragspartner des Verwenders ein weiteres Formular unterschreibt, worin er bestätigt, dass er die Mietbedingungen habe durchlesen, prüfen und zur Kenntnis nehmen können;[5] denn daraus folgt nicht, dass der Verwender die Klauseln im Einzelnen ernsthaft zur Disposition gestellt hat.[6] Dass eine Individualvereinbarung vorliegt, muss beweisen, wer sich darauf beruft, im Regelfall also der Verwender. Formularmäßige Bestätigungen, dass die Voraussetzungen des § 305 I 3 vorgelegen haben, verändern die Beweislast zum Nachteil des anderen Vertragsteils und sind nach § 309 Nr. 12b unwirksam,[7] gleichgültig ob sie vor, bei oder nach Abschluss des Mietvertrags abgegeben werden. Immer wieder praktisch relevant wird die Frage, inwieweit sog. **Schriftformklauseln** von den Mietvertragsparteien später mündlich getroffenen Individualvereinbarungen entgegenstehen.[8] **M 72**

b) Einbeziehungsklauseln und Hausordnung. Unwirksam sind **Einbeziehungsklauseln,** durch die der Mieter entgegen den Voraussetzungen des § 305 II oder in Umkehr der den Verwender treffenden Beweislast ohne gesonderte Unterschrift (§ 309 Nr. 12) bestätigt, die AGB oder eine **Hausordnung** empfangen oder zur Kenntnis genommen zu haben. Nicht zielführend sind deshalb Formulierun- **M 73**

[1] Vgl. den Überblick bei MünchKommBGB/*Schilling* vor § 535 Rz 169, ferner die kritische Durchleuchtung des GdW-Mustervertrags durch *Kappus* NZM 2002, 761 ff., und die Verteidigung von *Bachmann* NZM 2002, 768 ff.

[2] Statt vieler: *Ulmer/Hensen* Anh. § 310 Rz 596.

[3] Vgl. *Kinne* ZMR 2000, 725, 726; beachte auch BGH WM 2006, 247, 249 m. Nachw.

[4] S. auch AG Hamburg NJW-RR 1991, 998.

[5] OLG Hamm NJW 1981, 1049; 1982, 2005.

[6] Zu den Voraussetzungen einer Individualvereinbarung vgl. § 305 Rz 36 ff.

[7] S. § 309 Nr. 12 Rz 53.

[8] Dazu aus neuerer Zeit BGH NJW 2006, 138 (Geschäftsraummiete); BGH NJW-RR 2006, 154. Eingehend § 305b Rz 32 ff.; beachte aber auch *Hau,* Vertragsanpassung und Anpassungsvertrag, 2003, S. 56 ff.

gen wie „die anliegende Hausordnung ist Bestandteil des Mietvertrags"[1] oder „die beigefügte Hausordnung wird anerkannt",[2] wenn die Hausordnung nicht auf demselben Textkörper wie die AGB abgedruckt ist. Ein Recht des Vermieters, die Hausordnung einseitig (und sei es auch nur „geringfügig") abzuändern, ist entgegen verbreiteter Auffassung ebenso wenig anzuerkennen[3] wie die Beachtlichkeit eines Verweises auf die „jeweils gültige Fassung".

M 74 **c) Vollmachts- und Rechtsfolgenerstreckungsklauseln.** Vollmachtsklauseln, wonach die Mitmieter einander zur **Entgegennahme** von Kündigungserklärungen oder Mieterhöhungsverlangen ermächtigen, sollen laut BGH wirksam sein:[4] Die Entgegennahme von Erklärungen durch einen von mehreren Vertretern einer Gesellschaft oder Gemeinschaft entspreche einem allgemeinen Grundsatz (arg. §§ 28 II, 1629 I 2 BGB, § 125 II 3 HGB),[5] der auch auf die Mieter einer Wohngemeinschaft anwendbar sei. Indes erschöpfen sich die genannten Regelungen in der Verleihung passiver Einzelvertretungsmacht, erweitern aber gerade nicht den Kreis der zu Vertretenden auf die übrigen Vertreter, wie es hier geschehen soll.[6] Vollmachtsklauseln sind also im Hinblick auf § 307 nicht unbedenklich, womöglich auch überraschend i. S. von § 305c I. Freilich stellt sich die Frage nicht, solange die Wohngemeinschaft tatsächlich besteht; denn in diesem Fall geht ein Schreiben normalerweise ohnehin allen Mietern zu, wenn es in die Wohnung als deren gemeinsame Empfangssphäre gelangt. Wenn hingegen ein Mieter aus der Wohngemeinschaft auszieht, kann er die Empfangsvollmacht wegen seines Auszugs als eines wichtigen Grundes widerrufen.[7] Da der Vermieter in dem ihm zur Kenntnis gelangten Auszug regelmäßig einen konkludenten Widerruf der Empfangsbevollmächtigung sehen muss, verliert die Klausel also gerade in dem Fall ihre Wirkung, für den sie vorgesehen wurde.[8] Die Vollmacht zur **Abgabe von Erklärungen** ist nur wirksam, falls sie nicht vertragswesentliche Erklärungen – namentlich Kündigungen – betrifft[9] und inhaltlich bestimmt ist.[10] Bedenklich ist deshalb eine Vollmachtsklausel, die zwar Kündigungen und Mietaufhebungsverträge ausnimmt, nicht aber sonstige wesentliche Änderungen des Mietvertrags.[11] Die Möglichkeit eines **Widerrufs der Vollmacht** kann nicht ausgeschlossen werden; die Widerrufsmöglichkeit muss laut BGH in der Klausel aber nicht ausdrücklich erwähnt werden.[12]

M 75 Funktionales Äquivalent der Vollmachtsklausel ist die **formularmäßige Rechtsfolgenerstreckung** der gegenüber einem Mieter wirksam abgegebenen Erklärung auf andere Mieter: Diesen gegenüber würde die Erklärung wirksam, ohne dass sie an sie gerichtet sein muss. Eine solche Rechtsfolgenerstreckung kennt das Gesetz im Gesamtschuldverhältnis nach §§ 422–424 nur als Ausnahme, und zwar für schuldnergünstige Veränderungen (beachte § 425 I, II: Einzelwirkung etwa der Kündigung). Folglich kann die Erstreckung rechtsgeschäftlicher Vertragsänderun-

---

1 BGH NJW 1991, 1750, 1753.

2 OLG Celle WuM 1990, 103, 115.

3 Näher *Hau*, Vertragsanpassung und Anpassungsvertrag, 2003, S. 66 f.

4 BGHZ 136, 314 = LM § 9 [Bb] AGBG Nr. 43 m. Anm. *M. Wolf.* Zustimmend ferner *Eckert* GS Sonnenschein, S. 322. A. A. *Soergel/Stein* § 9 AGBG Rz 117: generelle Unwirksamkeit.

5 Dazu *Soergel/Leptien* § 164 Rz 28.

6 Kritisch auch *Schwab* JuS 2001, 951, 953 f.

7 BGHZ 136, 314 = LM § 9 [Bb] AGBG Nr. 43 m. Anm. *M. Wolf.*

8 Dazu *Schwab* JuS 2001, 951, 955.

9 *Eckert* GS Sonnenschein, S. 323.

10 KGR 2004, 352, 353 f. (für Gewerberaummiete).

11 OLG Celle WuM 1990, 103, 112 f.; *Lützenkirchen* WuM 2005, 89, 91. Abweichend *Ulmer/Hensen* Anh. § 310 Rz 1018: nur unwirksam für Kündigungs- und Mietaufhebungserklärungen.

12 BGHZ 136, 314 = LM § 9 [Bb] AGBG Nr. 43 m. Anm. *M. Wolf.* Anders noch OLG Celle WuM 1990, 103, 113.

gen in AGB nur dann wirksam angeordnet werden, wenn die Änderung für den anderen Mieter günstig oder jedenfalls ohne wesentliche Nachteile ist; eine Klausel, die auch oder gerade eine Erstreckung im Falle kundenungünstiger Erklärungen vorsieht, scheitert hingegen an § 307. Davon ausgehend, soll eine Rechtsfolgenerstreckung für das Mieterhöhungsverlangen gemäß § 558 (vormals § 2 MHG) nach verbreiteter Ansicht wirksam sein,[1] weil das Mieterhöhungsverlangen auch dem anderen Mieter gegenüber nur wirksam wird, wenn er zustimmt oder dazu nach § 558b III verurteilt wird. Das ist freilich zweifelhaft, denn wesentliche Nachteile können sich aus einem kraft Rechtsfolgenerstreckung früheren Zugang des Mieterhöhungsverlangens ergeben (§ 558b I), ferner aus einem Verlust des Kündigungsrechts nach § 561 wegen Verfristung aufgrund etwaiger Unkenntnis vom Zugang des Mieterhöhungsverlangens.

3. Mietzins, Nebenkosten und Kaution

a) Mietzins. Der Mietzins wird regelmäßig selbst dann individualvertraglich vereinbart, wenn im Übrigen ein Formularvertrag verwendet wird. Formularmäßige Mietzinsvereinbarungen sind der Inhaltskontrolle zwar bezüglich ihrer Höhe, nicht aber in puncto Transparenz (§ 307 III 2) entzogen. **Staffelmieten** und **Indexmiete** können nach Maßgabe von § 557a bzw. § 557b auch formularmäßig vorgesehen werden.[2] Daneben bleibt für **Wertsicherungsklauseln,** soweit sie den Mieter benachteiligen,[3] nach neuem Recht kein Raum (nachdrücklich §§ 557 IV, 557a IV, 557b IV).[4] Die formularmäßige Vereinbarung einer Vertragsausfertigungsgebühr unterliegt der Inhaltskontrolle und kann unangemessen sein.[5] **M 76**

Klauseln betreffend die **Zahlungsmodi** unterliegen der AGB-rechtlichen Kontrolle. Die formularmäßige Anordnung einer **Vorauszahlungspflicht** (Fälligkeit zu Beginn des jeweiligen Zeitabschnitts) begegnet bei der Wohnraummiete allerdings keinen Bedenken, weil sie nunmehr dem gesetzlichen Leitbild entspricht (§ 556b I als Ausnahme von § 579; Übergangsrecht: Art. 229 § 3 I Nr. 7 EGBGB). Zur Unwirksamkeit nach § 307 II Nr. 1 kann allerdings die Anordnung eines unangemessen langen Vorauszahlungszeitraums führen. Eine Bestimmung, dass der Mieter seine **Zahlungen kostenfrei** für den Vermieter zu erbringen habe, ist wirksam, wenn sie mit § 270 übereinstimmt; diese Formulierung ist freilich nicht so zu verstehen, dass der Mieter auch Buchungsgebühren des Vermieterkontos zu tragen habe. In der Sache nicht zu beanstanden ist die klauselmäßige Erteilung einer **Einzugsermächtigung** an den Vermieter,[6] auch wenn sie nicht die Klarstellung enthält, dass der Mieter die Ermächtigung bei Missbrauch durch den Vermieter widerrufen kann.[7] Eine Klausel, wonach sich der Mieter „zur Erfüllung der Einzugsermächtigung verpflichtet", bedeutet bei kundenfeindlichster Auslegung, dass sich der Mieter dazu verpflichtet, einen möglichen Widerspruch zu unterlassen; so verstanden soll sie gemäß § 307 unwirksam sein, weil der Mieter die Möglichkeit ver- **M 77**

---

[1] KG NJW-RR 1986, 173, 174; s. auch OLG Hamm ZMR 1983, 127.

[2] MünchKommBGB/*Artz* § 557a Rz 5; *Schmidt-Futterer/Börstinghaus* § 557b Rz 21.

[3] Näher zum Nachteiligkeitskriterium sowie zu unbedenklichen Gestaltungsformen *Schmidt-Futterer/Börstinghaus* § 557 Rz 65 ff., 74 ff.

[4] Näher zum höchst unübersichtlichen Übergangsrecht *Emmerich/Sonnenschein/Weitemeyer* § 557b Rz 3. Zu den Wirksamkeitsanforderungen an ältere Mietpreisgleitklauseln s. BGH NJW 2004, 1598, 1600; BGH NJW 2004, 1738. Vgl. auch *Lützenkirchen* WuM 2005, 89, 105 f.

[5] AG Hamburg-Altona NJW-RR 2007, 11, 12.

[6] OLG Brandenburg NZM 2004, 905, 906; *Bub/Treier/Bub* Rz II 423 und *Kappus* NZM 2002, 761 f. (beide anders für die Erteilung eines Abbuchungsauftrags). Vgl. auch BGH NJW 2003, 1237, 1238.

[7] Anders insoweit LG Frankfurt ZMR 2003, 741, 742.

liert, Zurückbehaltungsrechte auszuüben.[1] Eine **Tilgungsverrechnungsklausel,** wonach eingehende Zahlungen des Mietzinses zunächst auf die Kosten, dann auf die Zinsen und zuletzt auf die Hauptschuld mit Vorrang der älteren Schuld anzurechnen sind, ist nach § 569 V unwirksam; denn sie erschwert dem Mieter die Tilgung der Hauptschuld, die eine nach § 543 II Nr. 3 erfolgte Kündigung unwirksam machte.[2]

M 78 Maßgeblich für die **Rechtzeitigkeit der Zahlung** ist die Absendung bzw. bei Überweisung der Eingang des Überweisungsauftrages bei der Bank des Mieters, wenn Deckung vorhanden ist.[3] Die **Rechtzeitigkeitsklausel,** wonach es auf den Eingang des Geldes beim Vermieter bzw. bei bargeldloser Zahlung auf den normalerweise zu erwartenden Zeitpunkt der Gutschrift ankomme, ist nicht nach § 305c I überraschend und nach § 307 II Nr. 1 unbedenklich, wenn der Mieter die Art der Zahlung bestimmen darf; denn dann kann ihm das damit einhergehende gewöhnliche Verzögerungsrisiko aufgebürdet werden.[4] Wegen § 569 V kann die Rechtzeitigkeitsklausel aber keine Wirkung für Mietzinsnachzahlungen entfalten, die nach § 569 III Nr. 2 eine Kündigung wegen Zahlungsverzuges nach § 543 II Nr. 3 unwirksam machen.[5] Sind solche Nachzahlungen nicht eindeutig von der Rechtzeitigkeitsklausel ausgenommen, ist diese insgesamt nach § 307 II Nr. 1, jedenfalls aber wegen Intransparenz nach § 307 I 2 unwirksam. Zu **Mahnkostenklauseln** vgl. oben Rz M 50.

M 79 **b) Aufrechnung und Zurückbehaltung.** Die Möglichkeit des Mieters zur Aufrechnung und zur Ausübung eines Zurückbehaltungsrechts gegen Mietzinsansprüche des Vermieters bestimmt sich nach § 309 Nr. 2 und 3 sowie § 556b II 1. Die Ausübung des Zurückbehaltungsrechts gemäß § 320 oder gemäß § 273 im Falle einer nicht synallagmatischen Forderung aus demselben Mietvertrag kann schon nach § 309 Nr. 2 nicht formularmäßig beschränkt werden. Klauseln, die eine Aufrechnung des Mieters mit einer unbestrittenen oder rechtskräftig festgestellten Forderung ausschließen, sind nach § 309 Nr. 3 unwirksam. Die dem Vermieter einen Monat im Voraus angezeigte Aufrechnung mit einer bestrittenen und nicht rechtskräftig festgestellten Forderung aus §§ 536a, 539 oder wegen Minderung überzahlter Miete sowie die einen Monat vorher angezeigte Ausübung eines Zurückbehaltungsrechts wegen solcher Forderungen kann gemäß § 556b II 2 nicht wirksam ausgeschlossen werden.[6] Es verbleibt ein schmaler Bereich, in dem formularmäßige Beschränkungen der Mieterrechte wirksam sind:[7] etwa der Ausschluss einer ankündigungslosen Aufrechnung mit einer bestrittenen und nicht rechtskräftig festgestellten Forderung oder der Ausschluss einer ankündigungslosen Ausübung eines auf vertragsfremde (und gleichwohl konnexe) Forderungen gestützten Zurückbehaltungsrechts aus § 273.

M 80 **c) Umlage von Nebenkosten.** Vorformulierte Nebenkostenvereinbarungen unterliegen schon deshalb der AGB-Kontrolle, weil sie die aus §§ 535, 538 folgende Vertragspflicht des Vermieters modifizieren, die Mietsache auf seine Kosten in ge-

---

[1] OLG Brandenburg NZM 2004, 905.

[2] Vgl. zur alten Rechtslage OLG Celle WuM 1990, 103, 109 f.

[3] *Palandt/Heinrichs* § 270 Rz 6 f.

[4] S. (für den kaufmännischen Verkehr) auch BGH NJW 1998, 2664, 2665 = LM § 564 BGB Nr. 11 m. Anm. *Sonnenschein;* LG Berlin NJW-RR 1993, 144.

[5] Vgl. zur alten Rechtslage: LG Berlin NJW-RR 1993, 144; *Bub/Treier/Bub* Rz II 425.

[6] § 556b II trägt der früheren Rechtsprechung Rechnung, wonach sich die Kombination von Vorfälligkeits- und Aufrechnungsverbotsklausel als unzulässige Beschränkung der Minderung erweist. Vgl. dazu *Bub/Treier/Bub* Rz II 424 m. umfangreichen Nachw., sowie *Kinne* ZMR 2000, 725 f., 794 f.

[7] Vgl. auch MünchKommBGB/*Artz* § 557 Rz 13.

brauchsfähigem Zustand zur Verfügung zu stellen und zu erhalten.[1] Die Umlage der in § 556 I BGB i. V. m. § 2 BetriebskostenVO[2] genannten Betriebskosten auf den Mieter ist wirksam, soweit sie dessen individuellen bzw. anteiligen Gemeinschaftsverbrauch betrifft und die Nebenkosten nicht in den Mietpreis einbezogen sind, sondern ihre Übernahme durch den Mieter – auch formularmäßig[3] – vereinbart ist.[4] Eine über die von § 556 I 1 gesetzten Grenzen hinausgehende Betriebskostenvereinbarung ist unwirksam (§ 556 IV). Bei der Verteilung von **Heizkosten** auf mehrere Nutzer nicht preisgebundenen Wohnraums gilt für Umlage und Abrechnung die HeizkostenVO vom 13. 2. 1981 i. d. F. vom 20. 1. 1989;[5] eine Korrektur des festgelegten Verteilerschlüssels ist nur eingeschränkt zulässig.[6] Überträgt der Vermieter während des laufenden Mietverhältnisses den Betrieb einer Heizungsanlage auf einen Dritten **(Wärmecontracting),** kann er dadurch entstehende Kosten nur dann auf den Mieter umlegen, wenn dieser zustimmt oder im Mietvertrag diesbezüglich eine ausdrückliche Regelung enthalten ist.[7] Im Hinblick auf § 556 a I 1 unbedenklich soll dagegen die Umlage von Pförtner-[8] und Aufzugskosten[9] selbst dann sein, wenn der Mieter diese Dienste nicht nutzt.

Ein von § 556a I **abweichender Umlagemaßstab** kann nur in den sachlichen **M 81**
und zeitlichen Grenzen des § 556a II festgesetzt werden (§ 556a III). Eine Vereinbarung, wonach **andere Betriebskosten** als die in der BetriebskostenVO genannten (z. B. Erbbauzinsen oder allgemeine Verwaltungskosten) in die monatliche Vorauszahlung und das Abrechnungsverfahren nach § 556 einbezogen werden sollen, ist nach § 556 IV unwirksam. § 556 II 2 lässt **Pauschalen und Vorauszahlungen** in angemessener Höhe zu.[10] Die klauselmäßige Vereinbarung hoher **einmaliger Sonderzahlungen,** z. B. für die jährlichen Brennstoffkosten bei deren Anlieferung, kann überraschend und soll zudem nach § 307 I unwirksam sein.[11]

Klauseln über die an sich zulässige Abwälzung von Nebenkosten auf den Mieter **M 82**
müssen im Rahmen des Zumutbaren **bestimmt** sein, damit der Mieter die ihn treffenden Belastungen in etwa übersehen kann.[12] Unschädlich ist das vorsorgliche Benennen möglicher Nebenkostenposten, auch wenn nicht im Einzelnen bezeichnet ist, welche davon tatsächlich anfallen.[13] Nicht ausreichend bestimmt und deshalb nach § 307 I 2 unwirksam ist eine Klausel, wonach der Mieter „alle dem Vermieter vom Verwalter der Wohnungseigentumsanlage in Rechnung gestellten

[1] Nachdrücklich BGH NJW-RR 2006, 84, 85 (zur Gewerberaummiete).

[2] BGBl. 2003 I, S. 2346 (vor dem 1. 1. 2004: Anl. 3 zu § 27 der II. BerechnungsVO). Zur Neufassung von § 556 I (BGBl. 2006 I, 2098, 2100) beachte *Langenberg* NZM 2007, 65.

[3] Statt vieler *Palandt/Weidenkaff* § 556 Rz 5.

[4] OLG Hamm NJW-RR 1993, 398; OLG Karlsruhe NJW-RR 1993, 977.

[5] BGBl. 1989 I, S. 115.

[6] Dazu BGH NJW NJW-RR 2004, 659.

[7] BGH NJW 2005, 1776, 1777; BGH NJW 2006, 2185, 2187. Ausführlich zur Problematik *Hack,* Klauseln zum Mietvertrag im Licht der Rechtsprechung, S. 98 ff.

[8] AG Berlin-Mitte GE 2006, 1041.

[9] BGH NJW 2006, 3557 (Mieter in Erdgeschosswohnung); LG Berlin GE 2007, 54 (Aufzug in anderem Gebäude der Wohneinheit); vgl. dazu *Timme* NZM 2007, 29 f.

[10] Eine Vermieterhaftung wegen zu niedrig bemessener Vorauszahlungen aus Verschulden bei Vertragsschluss (§§ 280 I, 241 II, 311 II) kommt laut BGH NJW 2004, 1102, nur ausnahmsweise in Betracht, etwa dann, wenn der Vermieter bei Vertragsschluss die Angemessenheit der Nebenkosten ausdrücklich zugesichert oder die Vorauszahlungen bewusst zu niedrig bemessen hat, um den Mieter über den Umfang der tatsächlichen Mietbelastung zu täuschen und ihn auf diese Weise zur Begründung eines Mietverhältnisses zu veranlassen. Krit. *Artz* NZM 2004, 328 ff.

[11] OLG Frankfurt NJW-RR 1992, 396, 398.

[12] S. auch BayObLG WuM 1985, 18; OLG Karlsruhe NJW-RR 1986, 91; OLG Frankfurt WuM 1985, 91; OLG Düsseldorf ZMR 1984, 20; s. auch § 307 Rz 262.

[13] OLG Karlsruhe NJW-RR 1986, 91.

Kosten" zu erstatten hat, da daraus Art und Umfang der Kosten und ihre Berechtigung nicht erkennbar sind.[1] Die **Bezugnahme auf die BetriebskostenVO** (vor dem 1. 1. 2004: auf Anl. 3 zu § 27 der II. BerechnungsVO) genügt im Regelfall und ist auch im Hinblick auf § 307 I 2 als ausreichend anzusehen.[2] „Sonstige Betriebskosten" gemäß § 2 Nr. 17 BetriebskostenVO (etwa solche der Dachrinnenreinigung) sind nur dann umlagefähig, wenn sie im Mietvertrag konkret als solche benannt wurden[3] oder zumindest eine stillschweigende Vereinbarung über ihre Umlage aufgrund jahrelanger Zahlung zustande gekommen ist.[4] Dies gilt auch für Kosten der Betriebssicherheitsprüfung technischer Anlagen[5] oder einer Sach- und Haftpflichtversicherung.[6]

M 83 **d) Mietkaution und Sicherungsabtretung.** Da § 551 die **Art der Sicherheitsleistung** nicht vorschreibt, gilt der Katalog des § 232. Es bestehen aber auch keine Bedenken gegen eine Klausel, wonach der Mieter einen Bürgen zu stellen hat; anders verhält es sich indes, wenn eine Bürgschaft zu stellen ist, in welcher (abweichend von § 770 II) einschränkungslos auf die Einrede der Aufrechenbarkeit verzichtet wird.[7] Ist eine Barkaution zu zahlen, so gilt § 551 III. Ein Ausschluss des Zinsanspruchs scheitert schon an § 551 IV. Eine Kautionsklausel, die entgegen § 551 II nicht die Möglichkeit einer **Ratenzahlung** vorsieht, ist jedenfalls hinsichtlich der Fälligkeit der Kaution unwirksam. Damit den berechtigten Sicherungsinteressen des Vermieters Rechnung getragen wird, soll sie laut BGH im Übrigen wirksam bleiben,[8] und zwar selbst dann, wenn die Fälligkeits- und die Kautionsabrede in einem Satz enthalten sind.[9] Damit ist freilich die Grenze zur geltungserhaltenden Reduktion überschritten.[10] Zweifeln begegnet auch die Rechtsprechung zur klauselmäßig vorgesehenen **Kautionshöhe**: Übersteigt diese den nach § 551 I, III 4 zulässigen Betrag, soll dies nicht zur Gesamtunwirksamkeit der Kautionsvereinbarung, sondern nur zur Reduktion auf die nach § 551 I zulässige Kautionshöhe führen;[11] denn der Schutz des Mieters werde durch eine Teilunwirksamkeit ausreichend sichergestellt.[12] So strich der BGH eine Klausel, wonach der Mieter neben einer Barkaution die Bürgschaft seines Vaters beizubringen hatte, unter Validierung der Barkautionsklausel.[13] Das ist schon deshalb zweifelhaft, weil ein Wirksamkeitsvorrang der einen vor der anderen Kautionsklausel nicht erkennbar ist; aus Sicht des Mieters dürfte die Beibringung der für ihn wahrscheinlich kostenlosen Bürgschaft seines Vaters sogar vorzugswürdig sein. Bedenken bestehen gegen die Wirk-

---

[1] S. auch LG Braunschweig NJW-RR 1986, 639, das aber § 5 AGBG (§ 305c II) heranzieht.

[2] Zum alten Recht OLG Frankfurt/M. NJW-RR 2000, 1464, und OLG Hamm NJW-RR 1998, 1098, in Anschluss an BayObLG WuM 1984, 104 m. krit. Anm. *Löwe.* Zustimmend für das neue Recht *Heinrichs* NZM 2003, 6, 11 f., und *Hinz* ZMR 2003, 77, 78 f. A. A. zum alten Recht AG Dortmund NJW-RR 1996, 1355, 1356. Kritisch für das neue auch *Schmidt* NZM 2003, 505, 506; ablehnend *Schumacher* NZM 2003, 13, 16. Überaus restriktiv *Pfeilschifter* WuM 2002, 73, 75 f.

[3] BGH NZM 2004, 417.

[4] BGH NJW-RR 2004, 887. Kritisch zur „Betriebskostenüberbürdung im Stillen" *Kappus* NZM 2004, 411 f.

[5] BGH NZM 2007, 282 f.

[6] BGH NJW 2006, 3558, 3559 (bei entsprechend formulierter Klausel auch für nach Mietvertragsschluss abgeschlossene Versicherung).

[7] KG ZMR 2006, 524, 525.

[8] BGH NJW 2004, 3045; NJW 2003, 2899 f.

[9] Vgl. BGH NJW 2004, 3045; NJW 2004, 1240.

[10] Für Gesamtunwirksamkeit daher etwa *Emmerich/Sonnenschein/Emmerich* § 551 Rz 10 und noch LG München I NJW-RR 2001, 1230. Dagegen BGH NJW 2003, 2899 f; diesem im Ergebnis zustimmend *Heinrichs* NZM 2005, 201, 210.

[11] BGH NJW 2004, 3045, 3046 m. w. Nachw.; BGH NJW 2004, 1240.

[12] *Heinrichs* NZM 2005, 201, 211, der auch eine Berücksichtigung von Summierungseffekten ablehnt.

[13] BGH NJW 2004, 3045, 3046; vgl. auch bereits BGH NJW 1989, 1853.

samkeit einer Klausel, die dem Vermieter auch bei laufendem Mietverhältnis ohne Weiteres **Zugriff auf die Kaution** erlaubt, so dass er sie mit Ansprüchen gegen den Mieter verrechnen und ihre Wiederauffüllung verlangen kann.[1] Angemessen dürfte hingegen eine Klausel sein, die das Verwertungsrecht des Vermieters auf den Fall beschränkt, dass der Mieter in Verzug geraten ist.[2]

Eine Klausel, wonach der Mieter dem Vermieter sicherungshalber **Lohn- oder Gehaltsansprüche abtritt,** mag nach § 305c I überraschend sein.[3] Da indes hinsichtlich der Art der Sicherheitsleistung ein gesetzliches Leitbild fehlt,[4] bestehen vor dem Hintergrund des § 307 II Nr. 1 keine Wirksamkeitsbedenken, solange die Grenzen des § 551 beachtet werden. Beanstandet wurde eine Klausel, wonach sich der Vermieter die Ansprüche des Mieters gegen einen Untermieter im Voraus abtreten lässt.[5] Die Sicherungsabtretung des bei Austritt aus einer Wohnungsgenossenschaft bestehenden Auseinandersetzungsguthabens im Nutzungsvertrag über eine **Genossenschaftswohnung** ist nach § 22 IV GenG und nach § 307 unwirksam.[6] **M 84**

3. Gebrauch der Mietwohnung

a) Vertragsgemäßer Gebrauch. Durch AGB kann der Gebrauch der Mietsache nach Art und Inhalt geregelt werden: zum einen der vom Vermieter vertragsgemäß zu gewährende Gebrauch, zum anderen der Umgang des Mieters mit der Wohnung und sonstigen ihm zugänglichen Einrichtungen. **M 85**

Klauseln, welche die **Vermieterpflicht definieren,** dürfen weder auf eine unzulässige Gewährleistungsbeschränkung hinauslaufen (dazu oben Rz M 34 ff.) noch den gemäß § 535 I 2 geschuldeten zeitgemäßen Wohnstandard (erheblich) einschränken.[7] Unwirksam ist beispielsweise eine Klausel, wonach nur die „hauptsächlich genutzten Räume" beheizt werden; denn dies kann entgegen dem Leitbild der Wohnraummiete die individuellen Wohngewohnheiten des Mieters beeinträchtigen und verstößt zudem gegen das Transparenzgebot.[8] Zu beanstanden ist auch eine Klausel, die eine Heizpflicht generell nur von mindestens 20 Grad, nur von 9 bis 22 Uhr und nur für „dem Tagesaufenthalt dienende Räume" vorsieht.[9] Verworfen wurde eine Klausel, welche die Beheizungspflicht generell – auch im Falle schuldhaften Verhaltens des Vermieters – bei Unmöglichkeit ausschließt, zumal damit auch die Pflicht zur Beschaffung einer Ersatzheizung ausgeschlossen wäre.[10] Unwirksam ist ferner eine Klausel, wonach keine Gewähr für eine gleichmäßige Temperatur übernommen wird.[11] **M 86**

Der Vermieter darf sich nicht ohne Weiteres ein **Betretungsrecht** ausbedingen. Ein Betretungsrecht „zur Ausübung des Vermieterpfandrechts" ist nach § 307 II Nr. 1 unwirksam, wenn es die leitbildhaften Begrenzungen des § 562b nicht berücksichtigt.[12] Unwirksam ist auch ein unbeschränktes Zutrittsrecht trotz fort- **M 87**

---

[1] Anders für die Gewerberaummiete OLG Karlsruhe NZM 2004, 742.

[2] Vgl. *Lützenkirchen* WuM 2005, 89, 98.

[3] Dazu LG Lübeck NJW 1985, 2958.

[4] Anders *Wolf* in der 4. Aufl. Rz M 57.

[5] OLG Celle WuM 1990, 103, 105.

[6] AG Hamburg NJW-RR 1991, 998.

[7] BGH NJW 1991, 1750, 1751. Vgl. auch OLG Frankfurt/M. ZMR 2004, 818 (unwirksame formularmäßige Beschränkung der Fahrstuhlnutzung bei der Gewerberaummiete).

[8] BGH NJW 1991, 1750, 1753.

[9] OLG Frankfurt NJW-RR 1992, 396, 397.

[10] OLG Frankfurt NJW-RR 1992, 396, 397.

[11] OLG Celle WuM 1990, 103, 114.

[12] Ebenso im Ergebnis OLG München NJW-RR 1989, 1499, 1501.

bestehenden Mietvertrags für den Fall, dass der Mieter die Mieträume dauernd verlässt.[1]

M 88 Klauseln betreffend den **Umgang des Mieters mit der Wohnung** und sonstigen ihm zugänglichen Einrichtungen sind regelmäßig in **Hausordnungen** niedergelegt (zu deren Einbeziehung s. oben Rz M 73). Grundsätzlich wirksam ist eine Klausel, wonach das **Anbringen von Vorrichtungen** wie Schildern, Blumenkästen, Warenautomaten und anderen Dingen die Zustimmung des Vermieters voraussetzt. Die Zustimmung darf allerdings nicht willkürlich, sondern nur aufgrund berechtigter Interessen des Vermieters versagt werden.[2] Auch wenn eine Zustimmung klauselmäßig wirksam vorbehalten worden war, diese vom eigenmächtig handelnden Mieter aber nicht eingeholt wurde, kann laut BGH das Beseitigungsverlangen des Vermieters unter Hinweis auf § 242 zurückzuweisen sein, wenn die Zustimmung (in casu: zum Anbringen einer Parabolantenne auf der Balkonbrüstung) ohnehin hätte erteilt werden müssen.[3] Unwirksam ist eine Klausel, welche die Gestattung zum Anbringen einer **Antenne oder Satellitenschüssel** dem freien Belieben des Vermieters überlässt.[4] Ist ein Breitbandkabelanschluss bereits vorhanden, kann der Vermieter sowohl seine Verpflichtung zur Herstellung eines weiteren Anschlusses ausschließen[5] als auch seine Zustimmung zum Anbringen einer Antenne durch den Mieter versagen.[6] Umgekehrt ist eine Klausel unwirksam, wonach der Mieter nach Herstellung eines Breitbandanschlusses seine Einzelantenne oder Satellitenschüssel zu entfernen hat[7] oder ihm das Anbringen einer Satellitenantenne trotz berechtigten Informationsbedarfs (z. B. im Falle eines der deutschen Sprache nicht mächtigen Mieters) und Fehlens eines Kabelanschlusses von vornherein versagt wird.[8] Eine Klausel, welche die Zustimmung des Vermieters zum Aufstellen gängiger **Haushaltsmaschinen** verlangt[9] oder dieses gar verbietet,[10] ist grundsätzlich nach § 307 unwirksam. Baden nach 24 Uhr[11] kann ebenso wenig formularmäßig untersagt werden wie nächtlicher **Herren- bzw. Damenbesuch.**[12] Klauseln betreffend das Recht zur **Tierhaltung** sind wirksam, sofern sie sich darauf beschränken, für Mitbewohner unzumutbare Verhältnisse zu vermeiden, also kein generelles, uneingeschränktes Tierhaltungsverbot anordnen.[13] Eine Klausel, wonach die Tierhaltung der Zustimmung des Vermieters bedarf, ist wirksam.[14] Die Zustimmung darf aber nur aus berechtigten Gründen versagt werden.[15] Ein freies Ermes-

---

[1] OLG München NJW-RR 1989, 1499, 1502.

[2] LG Hamburg NJW 1986, 320: Anbringen politischer Plakate.

[3] BGH NZM 2006, 98 f., dort auch m. w. Nachw. zum grundrechtsrelevanten Widerstreit von Informationsinteresse und Eigentumsschutz.

[4] S. auch OLG Frankfurt NJW-RR 1992, 396, 398; LG Kleve NJW-RR 1993, 656.

[5] BGH NJW 1993, 1061, 1062.

[6] BGH NZM 2006, 98, 100 m. Nachw.

[7] OLG Frankfurt NJW-RR 1992, 396, 398, a. A. LG Kaiserslautern NJW-RR 1993, 272.

[8] BVerfG NJW 1994, 1147; BVerfG NJW 1994, 2143; BVerfG NJW-RR 1994, 1232 f.; OLG Karlsruhe NJW 1993, 2815; a. A. noch LG Kleve NJW-RR 1993, 656. Vgl. auch VerfGH Berlin ZMR 2000, 740 ff.

[9] LG Saarbrücken NJW-RR 1987, 1496.

[10] LG Aachen NJW 2004, 1807 f. (Waschmaschine im Niedrigenergiehaus).

[11] LG Köln NJW-RR 1997, 1440.

[12] LG Hagen WuM 1992, 430.

[13] Dazu *Blank* NZM 2007, 729. Für Unwirksamkeit genereller Tierhaltungsverbote BGH NJW 1993, 1061, 1062, der freilich die Unklarheitenregel über Gebühr strapaziert (zur Kritik § 305c Rz 142). Hinsichtlich der Haltung von Hunden und Katzen AG Köln NJW-RR 1995, 1416, anders aber LG Karlsruhe NZM 2002, 19.

[14] OLG Frankfurt NJW-RR 1992, 396, 401.

[15] LG Mannheim NJW 1984, 59; s. auch LG München NJW 1984, 2368; weitergehend OLG Hamm NJW 1981, 1626; LG Mannheim NJW-RR 1988, 910: nur Einwand des Rechtsmissbrauchs gegen Versagung.

sen steht dem Vermieter nicht zu;[1] eine dahingehende Klausel ist unwirksam (s. auch Rz L 213). Die Zustimmung darf auch nicht der Schriftform unterworfen werden.[2] Eine Klausel, welche die Tierhaltung mit Ausnahme von Zierfischen und Ziervögeln untersagt, soll dahingehend auszulegen sein, dass sich die Ausnahme auf andere Kleintiere erstreckt.[3]

b) Überlassung an Dritte. Die Bestimmung, dass die **Untervermietung** oder sonstige **Überlassung der Wohnung an Dritte** der Zustimmung des Vermieters bedarf, entspricht § 540 und soll deshalb nicht zu beanstanden sein;[4] dies setzt freilich voraus, dass die Klausel wie § 540 dahingehend verstanden werden kann, dass z. B. Ehegatten, Lebenspartner, Familienangehörige, Hausangestellte oder Pflegepersonal nicht Dritte sind.[5] Dritter ist hingegen der bloße Freund oder Lebensgefährte;[6] daher ist die Vereinbarung einer entsprechend beschränkten Genehmigungspflicht zwar wirksam, doch besteht im Regelfall ein Anspruch auf die Erteilung der Genehmigung (§ 553 I 1). Die Überlassung an Dritte darf wegen § 553 III nicht ausnahmslos verboten werden. Die Zustimmung kann aber auf den Einzelfall begrenzt werden.[7] Für die Zustimmung des Vermieters darf kein Schriftformerfordernis vorgeschrieben werden, da der Mieter dadurch von der Berufung auf eine wirksame mündliche Zustimmung abgehalten werden könnte.[8] **M 89**

4. Instandhaltung der Mietwohnung

a) Erhaltungsaufwendungen. Aufwendungen, die der Erhaltung der Mietsache dienen, hat grundsätzlich der Vermieter zu tragen; denn er hat die Mietsache gemäß § 535 I 2 in einem zum Gebrauch geeigneten Zustand zu überlassen und in diesem Zustand zu erhalten. Der Mieter muss nicht für Veränderungen und Verschlechterungen aufkommen, die aufgrund vertragsgemäßen Gebrauchs entstehen (§ 538), und kann vom Vermieter Aufwendungen auf die Sache nach § 539 I (bzw. bei mangelbedingten Verwendungen gemäß § 536a II) ersetzt verlangen. In Formularmietverträgen werden verschiedene Ausnahmen hiervon vorgesehen, insbesondere soll der Mieter kleinere Instandhaltungskosten und Schönheitsreparaturen tragen. Sofern solche Regelungen wirksam sind (s. Rz M 94 ff.), kann sich der Vermieter auch wirksam von seiner Pflicht zur Tragung von **Aufwendungen** befreien. Im Übrigen gehört es jedoch zum Leitbild des Mietvertrags, dass die Instandhaltungspflicht und die Pflicht zur Tragung von Aufwendungen den Vermieter treffen. Abweichende Regelungen in AGB sind deshalb grundsätzlich nach § 307 II Nr. 1 unwirksam.[9] Zu beanstanden ist eine Klausel, wonach der Mieter für Schäden aufgrund besonderer Benutzung ohne Rücksicht auf eigenes Verschulden auch dann haften soll, wenn der Vermieter der Benutzung zugestimmt hat. Darin liegt ein Verstoß gegen den wesentlichen Grundgedanken des § 538 sowie gegen das Verschuldensprinzip (s. auch Rz M 43). **M 90**

Die **Kehr- und Streupflicht** kann – auch formularmäßig – wirksam auf den Mieter übertragen werden.[10] Dies ist nicht nach § 305c I überraschend, auch wenn **M 91**

---

[1] Anders LG Lübeck SchlHAnz 1984, 161; LG Braunschweig NJW-RR 1988, 1910, das aber dann doch einen sachlichen Grund feststellt.

[2] OLG Frankfurt NJW-RR 1992, 396, 401; AG Bayreuth ZMR 2000, 765, 766.

[3] AG Essen NJW-RR 1996, 138 f.

[4] BGH NJW 1991, 1750, 1751.

[5] BGH NJW 1991, 1750, 1751 m. w. Nachw.

[6] BGH NJW 2004, 56, 57.

[7] OLG Frankfurt NJW-RR 1992, 396, 401.

[8] BGH NJW 1991, 1750, 1751; OLG Frankfurt NJW-RR 1992, 396, 401; s. auch Rz S 98.

[9] S. etwa LG Düsseldorf NJW-RR 1986, 175.

[10] OLG Frankfurt NJW 1989, 41.

es mittels der (wirksam einbezogenen, vgl. oben Rz M 73) Hausordnung geschieht.[1] Davon zu trennen ist die Frage, ob damit eine wirksame Übertragung der Verkehrssicherungspflicht im Verhältnis zu einem geschädigten Dritten einhergeht.[2]

M 92 **b) Modernisierung.** Der Mieter hat die Durchführung von **Erhaltungsarbeiten** (§ 554 I) und **bestimmten Modernisierungsarbeiten** (§ 554 II) durch den Vermieter zu dulden. Eine darüber hinausgehende Duldungspflicht kann der Vermieter dem Mieter nicht auferlegen (§ 554 V). Unbeachtlich ist eine Zustimmung des Mieters zu Modernisierungsmaßnahmen, die abweichend von § 554 III bereits vorsorglich im vorformulierten Mietvertrag erteilt wurde.[3] Eine Klausel, wonach der Mieter die Installation einer Gemeinschaftsantenne oder eines Kabelanschlusses zu dulden habe, ist daher unwirksam, weil sie die von § 554 II 2–4 vorgesehene Interessenabwägung für den Einzelfall ausschließt.[4] Auch den aus § 554 IV folgenden Anspruch des Mieters auf Ersatz von Aufwendungen, die diesem aufgrund von Erhaltungs- oder Modernisierungsarbeiten entstehen, kann der Vermieter weder beschränken noch ausschließen. Werden aufgrund von Erhaltungs- oder Modernisierungsarbeiten Schönheitsreparaturen erforderlich, so hat der Vermieter diese auch dann zu tragen, wenn ihre Durchführung allgemein dem Mieter auferlegt ist.[5] Die klauselmäßige Befreiung von dieser Pflicht ist grundsätzlich nach § 307 unwirksam, da der Vermieter die Beseitigung von ihm verursachter Schäden nicht auf den Mieter abwälzen darf.

M 93 **Modernisierungen durch Mieter,** z. B. der Einbau von Warmwassergeräten, zusätzlichen Heizungssystemen, Wärmeisolierungen u. a., erfordern die Zustimmung des Vermieters, soweit damit Eingriffe in sein Eigentum verbunden sind. Bei der 1981 vom BMJ herausgegebenen **Mustervereinbarung Modernisierung durch Mieter**[6] handelt es sich um AGB, die der Kontrolle nach § 307 unterliegen, vor allem aber bei abweichenden AGB als Maßstab für eine angemessene Regelung in Betracht kommen.[7] Die Abwohnbarkeit der Modernisierungsmaßnahmen wird durch den Verzicht des Vermieters auf sein ordentliches Kündigungsrecht für eine bestimmte Dauer erreicht, die sich nach der Höhe der Mieteraufwendungen richtet.[8] Der Verzicht auf das ordentliche Kündigungsrecht ist auch dann grundsätzlich nicht nach § 307 unwirksam, wenn im Einzelfall der Mieter als Verwender anzusehen ist; denn der Mieter hat ein berechtigtes Interesse, die von ihm vorgenommenen Investitionen auch abwohnen zu können. Bedenklich ist der generelle Verzicht auf die ordentliche Kündigung, soweit er auch die Kündigung wegen eines dringenden Eigenbedarfs des Vermieters ausschließt. Das außerordentliche Kündigungsrecht muss in jedem Fall bestehen bleiben. Ist der Vermieter Verwender und verzichtet er in den AGB nicht auf sein ordentliches Kündigungsrecht, so ist dies grundsätzlich nicht nach § 307 unwirksam, da die Interessen des Mieters bei der Interessenabwägung nach § 573 I, II berücksichtigt werden können. Modernisierungen des Mieters darf der Vermieter nicht zum Anlass für Mietzinserhöhungen nehmen.[9]

---

[1] OLG Frankfurt NJW 1989, 41; LG Marburg NJW-RR 1990, 1484; im Hinblick auf den Winterdienst so auch *Horst* MDR 2001, 187; *Hitpaß* ZMR 2005, 9, 11.

[2] Zweifelnd *Schmidt-Futterer/Eisenschmid* § 535 Rz 142.

[3] Vgl. LG Berlin GE 2004, 1233.

[4] BGH NJW 1991, 1750, 1754.

[5] S. *Soergel/Kummer* § 541 Rz 5.

[6] Dazu *Schmidt-Futterer/Eisenschmid* § 535 Rz 403 ff.

[7] So auch *Ulmer/Hensen* Anh. § 310 Rz 596.

[8] Landfermann NJW 1982, 2344, 2345.

[9] Näher *Schmidt-Futterer/Börstinghaus* § 559 Rz 35.

c) Schönheitsreparaturklauseln. Von der gesetzlichen Instandsetzungs- und Instandhaltungspflicht des Vermieters (§ 535 I 2; vgl. Rz M 90) wird in Formularmietverträgen regelmäßig durch Schönheits- und/oder Kleinreparaturklauseln abgewichen. **Kleinreparatur** meint kleinere Instandsetzungen oder Bagatellreparaturen (dazu Rz M 101). Die davon bisweilen schwer abgrenzbaren **Schönheitsreparaturen** sind Maßnahmen zur Beseitigung der durch Abnutzung, Alterung und Witterungseinflüsse entstehenden Mängel,[1] namentlich also Maler- und Tapezierarbeiten.[2] **M 94**

Die formularmäßige **Überbürdung laufender Schönheitsreparaturen** auf den Mieter steht nach heute h. M. grundsätzlich in Einklang mit § 307.[3] Zwar gehören §§ 535 I 2, 538, wonach der Vermieter die Abnutzungskosten zu tragen hat, in ihrem Kernbereich zum Leitbild des Mietvertrags und zu den wesentlichen Grundgedanken der gesetzlichen Regelung (s. auch Rz M 90). Hinsichtlich der Schönheitsreparaturen, die nur einen Teilbereich der insgesamt vom Vermieter zu tragenden Instandhaltungsaufwendungen ausmachen, soll eine abweichende Regelung den Mieter jedoch nicht im Sinne von § 307 unangemessen benachteiligen,[4] denn sie bewirke nur, dass der Mieter im begrenzten Rahmen die von ihm verursachten Abnutzungen auf eigene Kosten beseitige.[5] Die Möglichkeit zur Abwälzung von Schönheitsreparaturen auf den Mieter soll mithin zur leitbildrelevanten Verkehrssitte geworden sein. Allerdings muss es dabei bleiben, dass eine stillschweigende Überbürdung der Schönheitsreparaturen nicht unterstellt werden darf, wenn diesbezüglich eine Regelung im Mietvertrag fehlt. **M 95**

Der **Umfang** der Schönheitsreparaturen bestimmt sich nach § 28 IV 3 der II. BerechnungsVO, auch wenn dies nicht ausdrücklich vereinbart ist.[6] Abweichungen können sich aufgrund örtlicher Gepflogenheiten ergeben. Sind über diesen Umfang hinausgehende Renovierungspflichten auf den Mieter übertragen, ist die Abwälzungsklausel insgesamt unwirksam.[7] Wirksam sind Klauseln, wonach Schönheitsreparaturen **fachgerecht** vorzunehmen sind; denn sie halten es dem Mieter offen, die Arbeiten selbst in entsprechender Qualität durchzuführen. Unwirksam ist dagegen wegen Verstoßes gegen § 307 I 1 eine **Fachhandwerkerklausel,** die zwingend eine Durchführung der Schönheitsreparaturen durch einen Fachhandwerker oder -betrieb verlangt. Die Unwirksamkeit der Fachhandwerkerklausel führt zur Unwirksamkeit der Schönheitsreparaturklausel insgesamt.[8] **M 96**

Im Hinblick auf die **Fristen,** nach deren Ablauf Schönheitsreparaturen vorzunehmen sind, misst die Rechtsprechung dem Mustermietvertrag des BMJ von 1976 **M 97**

---

[1] Vgl. *Palandt/Weidenkaff* § 535 Rz 41; vgl. hierzu im Einzelnen auch *Goch* WuM 2004, 513, 514.

[2] S. BGH NJW 1985, 480, 481; § 7 Mustermietvertrag des BMJ von 1976.

[3] Kritisch etwa noch *Kappus* GS Sonnenschein, S. 263 ff.

[4] BGH NJW 1980, 2347, 2348; BGH NJW 1985, 480; BGH NJW 1987, 2575; BGH NJW 1998, 3114; OLG Karlsruhe NJW 1981, 2823; OLG Stuttgart NJW 1982, 1294; a. A. insbesondere *Sonnenschein* JZ 1985, 430; *Emmerich* JuS 1986, 16.

[5] So auch *Blank* FS Derleder, S. 191.

[6] S. BGH NJW 1985, 480, 481; *Heinrichs* NZM 2005, 201, 209. Nach *Heinrichs* NZM 2003, 6, 12, steht dem auch § 307 I 2 nicht entgegen; a. A. *Schumacher* NZM 2003, 13, 17. Vgl. im Einzelnen die detaillierte Rechtsprechungsübersicht bei *Börstinghaus* ZAP 2007 (Fach 4), 1081 ff.

[7] Vgl, BGH NJW 2007, 1743, 1744: Eine Klausel, wonach der Mieter nur mit Zustimmung des Vermieters von der „bisherigen Ausführungsart" abweichen darf, ist im Sinne des § 306 c II unklar und benachteiligt den Mieter bei ungünstiger Auslegung gemäß § 307 I 1 unangemessen; die Unwirksamkeit erfasst auch die in einer anderen Klausel angeordnete Schönheitsreparaturpflicht. Anders noch *Heinrichs* NZM 2005, 201, 209.

[8] So auch *Blank* FS Derleder, S. 196; AG Köln ZMR 2002, 130, 132. Anders OLG Stuttgart NJW-RR 1993, 1422, 1423; *Kraemer* NZM 2003, 217, 419.

nach wie vor Vorbildfunktion zu.[1] Dieser sieht Schönheitsreparaturen im Allgemeinen für Küchen, Bäder und Duschen nach drei Jahren, Wohn- und Schlafräume, Flure, Dielen und Toiletten nach fünf Jahren und für andere Nebenräume nach sieben Jahren vor. Werden dem Mieter Schönheitsreparaturen innerhalb unangemessen **kurzer Fristen** auferlegt, so ist die Klausel unwirksam.[2] Auch eine Klausel, welche die Vornahme von einem **starren Fristenplan** abhängig macht, ist unwirksam,[3] und zwar unabhängig davon, ob der Mieter im Einzelfall konkret benachteiligt wird.[4] Denn eine formularvertragliche Bestimmung, die den Mieter mit Renovierungsverpflichtungen belastet, die über den tatsächlichen Renovierungsbedarf hinausgehen, würde dem Mieter eine höhere Instandhaltungspflicht auferlegen, als der Vermieter dem Mieter ohne vertragliche Abwälzung gemäß § 535 I 2 schuldete.[5] Eine unwirksame starre Fristenbestimmung hat die Unwirksamkeit der gesamten Klausel, also auch der Schönheitsreparaturverpflichtung zur Folge.[6] Das gilt auch dann, wenn Reparaturverpflichtung und Fristenplan zwar in zwei verschiedenen Klauseln enthalten sind, zwischen diesen Klauseln aus Sicht eines verständigen Mieters jedoch ein innerer Zusammenhang besteht, so dass sie als einheitliche Regelung erscheinen.[7] Entscheidend für die **Abgrenzung eines (unwirksamen) starren Fristenplans von einer (grundsätzlich wirksamen) Schönheitsreparaturverpflichtung mit flexiblen Fristen** ist, dass jener nicht an einen konkreten Renovierungsbedarf anknüpft, sondern ohne Rücksicht darauf vom Mieter verlangt, nach einem bestimmten Zeitablauf tätig zu werden. Eine starre Frist ist unabhängig davon gegeben, ob die Verbindlichkeit der genannten Frist durch Worte wie „mindestens" oder „spätestens" verstärkt wird oder ob der Fristenplan eine bestimmte Frist ohne jeden Zusatz enthält.[8] Flexibel und somit wirksam ist dagegen eine Klausel, die eine Renovierung durch den Mieter „in der Regel" oder „im Allgemeinen" nach drei Jahren für Küche, Bad und Toilette und nach fünf Jahren für die Haupträume vorsieht.[9] Fristenpläne sind auch dann unbedenklich, wenn vorgesehen ist, dass der Vermieter jeweils prüfen muss, ob eine Verlängerung der Fristen erforderlich ist. Eine Klausel, wonach in besonderen Ausnahmefällen der Zustand einzelner Räume der Wohnung eine Verlängerung der vereinbarten Fristen zulassen oder eine Verkürzung erfordern könne, hat der BGH als wirksam erachtet, da dem Mieter gegebenenfalls wegen Ermessensreduzierung auf Null ein Anspruch auf Fristverlängerung zustehe.[10] Die in Zusammenhang mit der Benennung bestimmter Fristen stehende Klausel, dass der Mieter verpflichtet ist, „die während des Mietverhältnisses notwendig werdenden Schönheitsreparaturen ordnungsgemäß auszuführen", sieht eine starre Frist vor, weil sie aus Sicht des verständigen Mieters nicht allein die Bedeutung haben kann, dass er die Renovierungsarbeiten nur dann auszuführen hat, wenn tatsächlich Renovierungsbedarf besteht.[11]

---

[1] Vgl. nur BGH NJW 2004, 2586, 2587. Kritisch LG Kiel DWW 2006, 245, 248 = WuM 2006, 312; *Langenberg,* WuM 2006, 122, 125, der die Fristen des Mustermietvertrags des BMJ von 1976 angesichts der technisch verbesserten Qualität von Renovierungen und der grundlegend veränderten Wohnsituation für zu kurz hält.

[2] So auch *Palandt/Weidenkaff* § 535 Rz 47; *Schmidt-Futterer/Langenberg* § 538 Rz 220.

[3] BGH NJW 2004, 2586, 2587.

[4] Vgl. *Heinrichs* NZM 2005, 201.

[5] BGH NJW 2004, 2586, 2587.

[6] Vgl. auch BGH NJW 2004, 2586, 2587.

[7] BGH NJW 2004, 3775, 3776; BGH NJW 2006, 2915, 2916.

[8] BGH NJW 2006, 1728, 1729 = BGH ZMR 2006, 513 m. Anm. *Schläger.*

[9] Vgl. BGH NJW 2004, 3042; BGH NJW 2004, 2087; BGH NJW 2005, 3416. Dazu *Kappus* NZM 2006, 6 ff.

[10] BGH NJW 2005, 1188, 1189; im Ergebnis zustimmend *Timme* NZM 2005, 132.

[11] BGH NJW 2006, 2113, 2114; BGH NJW 2006, 2115, 2116.

Ist der Mieter zwar zur Durchführung der Schönheitsreparaturen verpflichtet, aber **kein Fristenplan** vorgesehen, so ist nicht etwa maßgeblich, ob bereits die Substanz der Wohnung gefährdet ist, sondern ob aus der Sicht eines objektiven Betrachters Renovierungsbedarf besteht.[1]

Eine Überbürdung der Schönheitsreparaturen ist auch bei **Übernahme einer bei Vertragsbeginn nicht renovierten** Wohnung zulässig, wenn sichergestellt ist, dass der Mieter nicht für die Abnutzung vor Vertragsbeginn, sondern nur für die auf seine eigene Vertragszeit entfallende Abnutzung aufkommen muss.[2] Wirksam sind deshalb Klauseln, wonach sich der Vermieter an den vom Mieter durchzuführenden Schönheitsreparaturen im Verhältnis zur vorvertraglichen Abnutzung beteiligt oder die für Schönheitsreparaturen übliche Frist erst bei Mietanfang zu laufen beginnt.[3] Eine mietvertragliche Formularklausel, die Schönheitsreparaturen nach einem flexiblen Fristenplan auf den Mieter abwälzt, hat der BGH nicht dahingehend verstanden, dass die dem Mieter auferlegte Schönheitsreparaturverpflichtung unabhängig vom Beginn des Mietverhältnisses an einen objektiv bestehenden Renovierungsbedarf anknüpft, und daher unbeanstandet gelassen.[4] Zu verwerfen ist hingegen eine klauselmäßige Verpflichtung zur **Anfangsrenovierung.**[5] Dies gilt auch, wenn der Mieter verpflichtet wird, die erstmaligen Renovierungsarbeiten innerhalb von drei Wochen nach Vertragsbeginn durchzuführen.[6] Die Kombination einer unwirksamen Anfangsrenovierungsklausel mit der Überwälzung der laufenden Schönheitsreparaturen ist im Ganzen unwirksam.[7] Erklären lässt sich dies mit dem sog. **Summierungseffekt,** der auch dann eintreten kann, wenn eine der Klauseln (hier: diejenige zur Anfangsrenovierung) bereits für sich genommen der Inhaltskontrolle nicht standzuhalten vermag.[8] M 98

Eine **Endrenovierungsklausel,** die ohne Rücksicht auf den für Schönheitsreparaturen vereinbarten Zeitablauf eine fachmännisch renovierte Rückgabe der Wohnung vorsieht, ist unwirksam.[9] Dasselbe gilt für die sog. **Tapetenklausel,** die den Mieter verpflichtet, bei seinem Auszug alle von ihm angebrachten oder vom Vormieter übernommenen Tapeten zu beseitigen; denn auch insoweit werden dem Mieter Renovierungspflichten auferlegt, die von der Dauer des Mietverhältnisses und dem Zeitpunkt der letzten Schönheitsreparaturen unabhängig sind.[10] Wegen des **Summierungseffekts** führt die Kombination einer Endrenovierungsklausel mit einer Schönheitsreparaturklausel – auch wenn jede Klausel für sich betrachtet unbedenklich ist[11] –, zur Unwirksamkeit der formularvertraglich vereinbarten Schönheitsreparaturklausel.[12] Irrelevant ist insoweit, ob die Abwälzung der laufenden Schönheitsreparaturen und die Endrenovierung in verschiedenen Klauseln ver- M 99

---

[1] BGH NJW 2005, 1862, 1863.

[2] S. BGH NJW 2005, 425, 426; BGH NJW 1987, 2575, 2577; OLG Karlsruhe NJW-RR 1992, 969. Anders noch OLG Stuttgart NJW 1986, 2115. Ausführlich zur Renovierungspflicht bei unrenoviertem Wohnraum *Lehmann-Richter* NZM 2005, 691 ff.

[3] BGH NJW 2005, 425, 426; BGH NJW 1987, 2575.

[4] Vgl. BGH NJW 2005, 1426.

[5] Vgl. *Palandt/Weidenkaff* § 535 Rz 43; *Schmidt-Futterer/Langenberg* § 538 Rz 152; OLG Hamburg NJW-RR 1992, 10; LG Hamburg WuM 2004, 88; AG Dortmund WuM 2004, 87.

[6] OLG Hamburg NJW-RR 1992, 10.

[7] So auch *Heinrichs* NZM 2005, 201, 208.

[8] Vgl. für die Kombination mit einer unwirksamen Endrenovierungsklausel BGH NJW 2003, 2234.

[9] Vgl. nur BGH NJW 2003, 3192.

[10] BGH NJW 2006, 2115; BGH NJW 2006, 2116.

[11] BGH NJW 2006, 2116, 2117.

[12] BGH NJW 2003, 2234, 2235; vgl. auch BGH NJW 2003, 3192.

einbart sind.[1] Auch die Tatsache, dass die Endrenovierungsklausel individuell vereinbart wurde, soll den Summierungseffekt nach Ansicht des BGH nicht beseitigen: Bei der Überprüfung der formularvertraglich vereinbarten Schönheitsreparaturklausel gemäß § 307 sei der gesamte Vertragsinhalt einschließlich seiner Individualteile zu berücksichtigen.[2] Eine sog. **Quoten- oder Abgeltungsklausel,** wonach der Mieter bei Ende des Mietverhältnisses je nach dem Grad der Abnutzung die Schönheitsreparaturkosten anteilig entsprechend der abgewohnten Mietzeit zu tragen hat, ist unter folgenden Voraussetzungen wirksam:[3] (1) Der Kostenvoranschlag des Vermieters darf nicht für schlechthin verbindlich erklärt sein; (2) die für die Abgeltung maßgeblichen Fristen und Prozentsätze müssen am Verhältnis zu den üblichen Renovierungsfristen ausgerichtet sein, wobei weder der Renovierungsfristenplan noch die Abgeltungsklausel selbst „starre", den Zustand der Wohnung im Einzelfall nicht berücksichtigende Quoten vorsehen darf[4]; (3) dem Mieter darf nicht untersagt sein, seiner anteiligen Zahlungsverpflichtung dadurch nachzukommen, dass er vor dem Ende des Mietverhältnisses Schönheitsreparaturen in Eigenarbeit durchführt.[5] Ob sich nach alledem überhaupt noch Klauseln formulieren lassen, die transparent sind und zugleich allen Anforderungen genügen, erscheint zweifelhaft.[6] Jedenfalls bei Verstoß gegen das Verbot starrer Renovierungsfristen führt die Unwirksamkeit einer Abgeltungsklausel wegen des Summierungseffekts zur Unwirksamkeit der Schönheitsreparaturklausel insgesamt.[7] Ist die Schönheitsreparaturklausel unwirksam, so verliert die aus Sicht des verständigen Mieters mit dieser in Zusammenhang stehende Abgeltungsklausel ihre Grundlage.[8]

M 100 Der BGH will die Klausel, wonach der Mieter die **Kosten der Schönheitsreparaturen** trägt, als Pflicht zur **Ausführung der Schönheitsreparaturen** verstanden wissen[9] – was ungeachtet einer womöglich dahingehenden Verkehrssitte kaum mit AGB-rechtlichen Grundsätzen in Einklang zu bringen ist. Die formularmäßige Vereinbarung von Schönheitsreparaturen als **Naturalherstellung** durch den Mieter wird hingegen im Wege ergänzender Auslegung in einen **Geldausgleichsanspruch** des Vermieters umgedeutet, wenn die Naturalherstellung wegen eines geplanten Umbaus sinnlos ist.[10] Die Höhe der Geldforderung richtet sich nach den Unkosten, die dem Mieter entstanden wären. Hätte der vertragstreue (also nicht schon mit Ausführung der geschuldeten Schönheitsreparaturen in Verzug ge-

---

[1] BGH NJW 2003, 2234, 2235; BGH NJW 2003, 3192; BGH NJW 2004, 2087; BGH NJW 2004, 3775.

[2] BGH NJW 2006, 2116, 2117.

[3] Vgl. BGH NJW 1998, 3114; BGH NJW 2003, 2234, 2235; BGH NJW 2004, 2087, 2088; BGH NZM 2004, 903; LG Hamburg NJW 2005, 2462 = ZMR 2005, 791 m. Anm. *Riecke.* Strenger LG Kiel DWW 2006, 245, insbesondere im Hinblick auf die Beweisschwierigkeiten bei Übernahme unrenovierten Wohnraums.

[4] Vgl. zum letztgenannten Punkt jetzt BGH NJW 2006, 3778, 3779, insoweit werden NJW 2006, 1728 und NZM 2004, 903 ausdrücklich aufgegeben. Anders etwa noch *Eupen/Schmidt* NZM 2006, 644 ff. Zur neuen Rspr. und ihren Folgen ausführlich *Artz* NZM 2007, 266 ff.; ferner *Bub/von der Osten* NZM 2007, 76 ff.; *Beyer* GE 2007, 122 ff.; *Klimke/Lehmann-Richter* WuM 2006, 653 ff.

[5] Vgl. hierzu BGH NZM 2004, 903, 904.

[6] Skeptisch auch *Börstinghaus* NZM 2006, 721, 728; optimistischer *Artz* NZM 2007, 265, 273 f. Beachte auch die Formulierungsvorschläge bei *Beyer* GE 2007, 122, 135 (Quotenberechnung auf Grundlage eines vom Vermieter einzuholenden Kostenvoranschlags) und bei *Kraemer,* Klauseln zum Mietvertrag im Licht der Rechtsprechung, S. 37, 53.

[7] Vgl. *Klimke/Lehmann-Richter* ZMR 2005, 417, 423 f.

[8] BGH NJW 2006, 1728, 1729; *Artz* NZM 2007, 265, 269.

[9] BGH NJW 2004, 2961, 2962 (Individualprozess).

[10] BGH NJW 2005, 425, 427; BGH NJW 2002, 2383. Anders *Ulmer/Hensen* Anh. §§ 9–11 Rz 507.

ratene) Mieter die Arbeiten in Eigenleistung (bzw. mithilfe von Freunden und Verwandten) ausgeführt, so braucht er neben den Kosten für das notwendige Material nur den Betrag zu entrichten, den er für fremde Arbeitsleistung hätte aufwenden müssen.[1] Noch am Anfang steht die Diskussion über die **Rechtsfolgen unwirksamer Schönheitsreparaturklauseln.**[2] In solchen Fällen lässt sich eine Schönheitsreparaturpflicht des Mieters auch nicht mittels ergänzender Vertragsauslegung begründen.[3] Unterschiedlich wird beurteilt, ob der durch die Unwirksamkeit begünstigte Mieter im Gegenzug schon deshalb eher eine Mieterhöhung gemäß § 558 akzeptieren muss, weil die Mietwerttabellen von einer wirksamen Verpflichtung des Mieters zur Durchführung von Schönheitsreparaturen ausgehen.[4] Problematisch ist daran weniger, dass sich der Vermieter ungeachtet der Unwirksamkeit seiner eigenen Schönheitsreparaturklausel letztlich schadlos halten kann, wohl aber, dass das durchaus schutzwürdige Vertrauen des Mieters enttäuscht wird, Schönheitsreparaturen kostengünstig in Eigenregie erbringen zu können.[5] Wohl vor diesem Hintergrund verlangen manche, der Vermieter müsse dem Mieter vor Mieterhöhung Verhandlungen über eine neue Schönheitsreparaturklausel anbieten.[6] Hat der Mieter nach Vertragsende in Unkenntnis der Unwirksamkeit der formularvertraglichen Abwälzung der Schönheitsreparaturpflicht Renovierungsarbeiten ausgeführt, kann er Ersatz seiner Aufwendungen nach den Regeln der Geschäftsführung ohne Auftrag verlangen.[7]

d) Kleinreparaturklauseln. Die Kosten kleinerer **Instandhaltungsarbeiten** **M 101** (zur Abgrenzung von Schönheitsreparaturen s. oben Rz M 94) können dem Mieter für den Fall unverschuldeter Beschädigung nur unter den folgenden Voraussetzungen formularmäßig wirksam auferlegt werden: (1) Die Klausel muss sich auf die bloße Kostentragungspflicht beschränken; der Mieter darf nicht verpflichtet werden, die Reparaturen selbst durchzuführen oder durch Beauftragung eines Dritten durchführen zu lassen.[8] Dem Mieter dürfen mithin nicht die Risiken aus der Vertragsabwicklung mit dem beauftragten Dritten, namentlich das Gewährleistungsrisiko, überbürdet werden. (2) Eine Kostenabwälzung ist nur für solche Teile der Mietwohnung möglich, die dem ständigen Zugriff des Mieters ausgeliefert sind und deren Zustand und Lebensdauer vom häufigen Umgang des Mieters mit ihnen abhängen.[9] (3) Erforderlich sind sowohl eine betragsmäßige Begrenzung je Reparatur als auch ein Höchstbetrag bezogen auf einen bestimmten Zeitraum.[10] So wer-

---

1 BGH NJW 2005, 425, 427.

2 Grundlegend *Börstinghaus* WuM 2005, 675 ff. Ausführlich zu den gegenseitigen Ansprüchen bei unwirksamen Schönheitsreparaturklauseln etwa *Blank,* Klauseln zum Mietvertrag im Licht der Rechtsprechung, S. 17 ff.; *Hannemann* FS Blank, S. 189 ff. Für Vertrauensschutz in Altfällen *Horst* DWW 2007, 48 und aufführlich NZM 2007, 185 ff. (dort, 186 f. auch eine Vertragsanpassung nach § 313 erwägend).

3 S. BGH NJW 2006, 2915, 2917 (unter Hinweis auf § 306 II), dazu *Emmerich* NZM 2006, 761; vgl. auch bereits *Hannemann* FS Blank, S. 189, 190 f.

4 Bejahend etwa OLG Karsruhe 18. 4. 2007 – 7 U 186/06 (BeckRS 2007 09809); AG Frankfurt/Main NJW 2005, 3294. Skeptisch etwa LG Nürnberg-Fürth NJW 2006, 450 f.; ablehnend *Blank,* Klauseln zum Mietvertrag im Licht der Rechtsprechung, S. 17, 28 ff.

5 Eingehend *Börstinghaus* WuM 2005, 675, 679 ff.; *ders.* NZM 2005, 931 f.; *Kappes* NJW 2006, 3031 ff.; *Hannemann* FS Blank, S. 189, 198 ff.

6 LG Düsseldorf NZM 2006, 657, 658; *Börstinhaus* WuM 2005, 675, 682; *Artz* NZM 2007, 265, 273.

7 LG Karlsruhe NJW 2006, 1983; vgl. auch *Schläger* ZMR 2006, 515, 516. Zur Problematik der „Selbstvornahme" durch den Mieter im Hinblick auf diesen Fall *Dötsch* NZM 2007, 275, 278 f.; allgemein *Artz* FS Blank, S. 5 ff.

8 BGH NJW 1992, 1759 = LM § 9 (Bl) AGBG Nr. 34 m. Anm. *Grunewald.*

9 BGH NJW 1989, 2247.

10 BGHZ 108, 1, 8 ff. = NJW 1989, 2247; BGH NJW 1991, 1750, 1752; dazu auch *Sonnenschein* JZ 1989, 1066 ff.

den Instandhaltungskosten bis zu 75 € je Reparatur für zulässig gehalten, sofern der jährliche Aufwand für den Mieter 6 % der Jahresbruttokaltmiete nicht übersteigt.[1] Ist die Instandsetzung teurer, so handelt es sich nicht mehr um eine Kleinreparatur, und die Instandsetzungsaufwendungen sind vollständig vom Vermieter – also auch nicht anteilig vom Mieter – zu tragen.[2] Eine formularmäßig vorgesehene Kostenbeteiligung des Mieters an größeren Reparaturen oder Neuanschaffungen ist nach § 307 unwirksam.[3] Ist eine der genannten Voraussetzungen nicht eingehalten, so ist die Kleinreparaturklausel insgesamt unwirksam. Dagegen führt die Unwirksamkeit der Überbürdung von Kleinreparaturen nicht auch zur Unwirksamkeit der Schönheitsreparaturklausel, und zwar selbst dann nicht, wenn Schönheitsreparaturen und Kleinreparaturen in einer Klausel geregelt sind.[4] Die genannten Grundsätze sollen entsprechend für **Wartungsklauseln** gelten.[5]

5. Vertragsbeendigung

M 102 **a) Kündigung und Befristung.** Im Wohnraummietrecht sind zugunsten des Mieters die Vorschriften sowohl zur außerordentlichen als auch zur ordentlichen Kündigung (§§ 569, 573 ff.) durchweg zwingend ausgestaltet. Dies gilt auch für die in § 573c vorgesehenen Kündigungsfristen. Unklar war bislang die Fortgeltung von Klauseln in **Altformularen,** welche sich darauf beschränkten, die früheren gesetzlichen Kündigungsfristen wörtlich oder sinngemäß zu wiederholen; nachdem sich die Rechtsprechung mehrfach damit befassen musste,[6] hat der Gesetzgeber die Überleitungsvorschrift des Art. 229 § 3 X EGBGB präzisiert.[7]

M 103 Nach Abschaffung des sog. einfachen Wohnraumzeitmietvertrags durch die Mietrechtsreform (vgl. § 575) ist umstritten, inwieweit ein ähnliches Ergebnis durch einen beiderseitigen befristeten **Ausschluss des ordentlichen Kündigungsrechts** erzielt werden kann. Der BGH hat die Möglichkeit einer dahingehenden Formularklausel bestätigt:[8] § 556 III weise darauf hin, wo die zeitliche Grenze für einen zulässigen Kündigungsausschluss zu ziehen sei;[9] ein Kündigungsverzicht von einem Jahr sei danach wirksam,[10] von über vier Jahren aber gemäß § 307 I 1 unwirksam.[11] Erforderlich ist im Hinblick auf § 305c I stets, dass die Klausel über den beiderseitigen befristeten Kündigungsausschluss so deutlich hervorgehoben wird, dass dieser förmlich ins Auge springt.[12] Offen lässt der BGH, inwieweit in Härtefällen ein Anspruch des Mieters auf vorzeitige Aufhebung – zumin-

---

[1] S. BGH NJW 1992, 1759. *Schmidt-Futterer/Eisenschmid* § 538 Rz 58 geht wegen des inzwischen eingetretenen Preisanstieges von einem Einzelbetrag von 100 € aus; nach OLG Hamburg WuM 1991, 385, 387, ist eine Abwälzung bis zu einem Gesamtbetrag von 10 % der Jahresbruttomiete zulässig. Gegen jede Kostenüberwälzung noch *Wolter* NJW 1988, 2001.

[2] OLG Düsseldorf WuM 2002, 545; a. A. jedoch *Marly* DWW 1990, 38, 41.

[3] BGH NJW 1989, 2247, 2249; OLG Stuttgart NJW 1988, 1152.

[4] So auch BayObLG NJW 1997, 1371, 1373.

[5] BGH NJW 1991, 1750, 1752.

[6] S. nur BGHZ 155, 178 = NJW 2003, 2739. Vgl. aber auch BGH NJW 2006, 1868: keine Vereinbarung (vgl. Art. 229 § 3 X EGBGB) über die Dauer der Kündigungsfristen, wenn durch den Zusatz „z. Zt." hinreichend deutlich gemacht wurde, dass kein von der gesetzlichen Regelung losgelöster, vertraglicher Geltungsgrund geschaffen werden sollte.

[7] BGBl. 2005 I, S. 1425. Dazu *Barthelmess* ZMR 2005, 913; *Börstinghaus* NJW 2005, 1900; *Gellwitzki* WuM 2005, 436; *Rolfs/Barg* NZM 2006, 83.

[8] BGH NJW 2004, 2961; BGH NJW 2004, 3117. Gegen diese Möglichkeit etwa *Derleder* NZM 2004, 247 f.; *Börstinghaus* GS Sonnenschein, S. 349 ff.

[9] Vgl. BGH NZM 2005, 419, 420.

[10] BGH NJW 2004, 2961.

[11] BGH NJW 2005, 1574, 1575 f.

[12] Vgl. *Streyl* NZM 2005, 361, 363.

dest bei Stellung eines Ersatzmieters – besteht.[1] Schließt die Klausel befristet „eine Kündigung" aus, so will dies der BGH grundsätzlich nur als Ausschluss der ordentlichen, nicht hingegen – was ohne Weiteres unzulässig wäre – der **außerordentlichen Kündigung** interpretieren.[2] Die Wirksamkeit eines **einseitig zulasten des Mieters** befristeten Ausschlusses der ordentlichen Kündigung ist wohl zu verneinen. Der BGH konnte die Frage bislang offenlassen, äußert aber jedenfalls dann keine Bedenken, wenn der einseitige Kündigungsausschluss mit einer nach § 557a zulässigen **Staffelmietvereinbarung** einhergeht.[3] Sieht ein Staffelmietvertrag formularmäßig einen (ein- oder beiderseitigen) Kündigungsverzicht vor, der länger als die in § 557a III genannten vier Jahre gelten soll, so scheitert die Klausel – anders als im Falle eines individualvertraglich vereinbarten Kündigungsverzichts[4] – insgesamt an § 307 I 1; der BGH lehnt es ab, auf das neue Recht die Rechtsprechung zur Vorgängerbestimmung (§ 10 II 6 MHG) zu übertragen, wonach der Kündigungsverzicht für den Zeitraum von vier Jahren aufrechterhalten wurde.[5] Verworfen wurde eine Klausel, wonach der Mieter das Staffelmietverhältnis nach Ablauf von vier Jahren nur zu einem einzigen Zeitpunkt kündigen kann.[6]

b) Auszug und Rückgabe. Nach Beendigung des Mietverhältnisses hat der Mieter dem Vermieter gemäß § 546 die Wohnung herauszugeben. Vorformulierte **Abnahmeprotokolle** sind – regelmäßig vom Vermieter gestellte – AGB und unterliegen folglich der Klauselkontrolle.[7] **M 104**

Kommt der Mieter seiner Rückgabepflicht nicht nach, schuldet er Fortzahlung des vereinbarten oder des ortsüblichen Mietzinses (§ 546a). Ein Vorenthalten der Wohnung liegt freilich nicht schon darin, dass der Mieter diese übergibt, ohne sie pflichtgemäß renoviert zu haben.[8] Eine Klausel, wonach der Mieter bis zur Herstellung des vertragsgemäßen Zustands die Miete fortzuentrichten hat, erweitert daher die Rechte des Vermieters über das in § 546a vorgesehene Maß; sie ist gemäß § 307 unwirksam, weil sie nicht nach einem Vertretenmüssen des Mieters differenziert.[9] Der Vermieter kann zwar gemäß § 546a II auch einen weitergehenden **Schaden** geltend machen, allerdings nur in dem durch § 571 I, II begrenzten Umfang, der zum Nachteil des Mieters nicht erweitert werden kann (§ 571 III). Zu sog. **Abgeltungsklauseln,** nach denen die Schönheitsreparaturpflicht bei Beendigung des Mietverhältnisses in eine **Pflicht zur quotalen Tragung (hypothetischer) Renovierungskosten** umschlägt, vgl. Rz M 99.[10] **M 105**

Zu **Endrenovierungsklauseln** s. Rz M 99. Eine Klausel, wonach der Mieter bei Auszug Dübeleinsätze zu entfernen und Dübellöcher zu schließen hat, soll gemäß § 307 unwirksam sein, weil die genannten Pflichten den Mieter auch dann treffen, wenn die Verwendung von Dübeln für den vertragsgemäßen Gebrauch unerlässlich ist.[11] Grundsätzlich wirksam ist eine Klausel, die dem Mieter eine **Wie-** **M 106**

---

[1] Dafür *Streyl* NZM 2005, 361, 366.

[2] BGH NJW 2006, 1056; BGH NJW 2006, 1059, 1060.

[3] BGH NJW 2006, 1056, 1057; krit. *Börstinghaus* NZM 2006, 721, 729.

[4] BGH NJW 2006, 2696, 2697.

[5] BGH NJW 2006, 1059, 1060; BGH NJW-RR 2006, 1236, 1237.

[6] BGH NJW-RR 2004, 1309.

[7] LG Köln ZMR 2002, 275. Ausführlich zur Bedeutung des Abnahmeprotokolls *Schmidt-Futterer/Langenberg* § 538 Rz 388 ff.

[8] OLG Dresden NZM 2000, 827; OLG Düsseldorf NZM 2002, 742, gegen OLG Düsseldorf NZM 1999, 1142.

[9] OLG Düsseldorf NZM 2002, 742, 743.

[10] Davon wiederum zu unterscheiden ist die ebenfalls als Abgeltungsklausel bezeichnete Regelung, dass der Mieter bei vorzeitiger Beendigung des Mietverhältnisses oder kurzer Mietzeit einen finanziellen Ausgleich für Verwaltungs- und Neuvermietungsaufwand zu leisten hat (dazu Rz M 69).

[11] BGH NJW 1993, 1061. Zu den Folgen der Unwirksamkeit *Kinne* ZMR 2000, 725, 732.

derherstellungspflicht bei Auszug auferlegt, wenn er – auch mit Zustimmung des Vermieters – Änderungen an der Mietsache vorgenommen hat.[1] Bei größeren Einbauten aber, deren Beseitigung einen erheblichen Aufwand erfordert und ohne welche die Mietsache verschlechtert wird, muss der Vermieter die Einwilligung mit einem konkreten Entfernungsvorbehalt versehen; andernfalls entfällt die Entfernungspflicht.[2] Ein klauselmäßiger, genereller Entfernungsvorbehalt wiederum ist unwirksam, weil er eine einzelfallbezogene Interessenabwägung unterbindet.[3] Der Verzicht des Mieters auf das **Wegnahmerecht** nach § 539 II ist nur wirksam, wenn dafür ein angemessener Ausgleich vorgesehen wird (§ 552 II).

IV. Gewerberaummiete

Schrifttum (s. auch vor Rz M 31, 71): *Blank,* Mietvertrag über Geschäftsräume, gewerblich genutzte Grundstücke und dergleichen, in: *Langenfeld,* Münchener Vertragshandbuch, Bd. 5 I, 5. Aufl. 2003; *Borzutzki-Pasing,* Klauselkontrolle in der Gewerberaummiete, NZM 2004, 161; *Drasdo,* Verwaltungskosten als Betriebskosten, NJW-Spezial 2006, 337; *Drettmann,* Geschäftsraummiete (Stand: 2006), in: *von Westphalen,* AGB; *Eckert,* Abwälzung von Schönheitsreparaturen auf den gewerblichen Mieter, ZfIR 2005, 673; *Fritz,* Die Entwicklung des Gewerberaummietrechts in den Jahren 2004 und 2005, NJW 2006, 742; *Hamann,* Die Betriebspflicht des Mieters bei Geschäftsraummietverhältnissen, ZMR 2001, 581; *Hoff,* Die Folgen des Urteils des BGH vom 6.4.2005 – XII ZR 158/01 – für die formularvertragliche Übertragbarkeit von Instandhaltungs- und Instandsetzungskosten auf den Gewerbemieter, ZMR 2006, 415; *Horst,* Die Inhaltskontrolle gewerbemietvertraglicher Abkopplungsklauseln, DWW 2006, 48; *Jendrek,* Die Betriebspflicht im Gewerberaummietvertrag, NZM 2000, 526; *Joachim,* Formularmäßige Risikoverteilung bei der Gewerbeflächenvermietung im Einkaufszentrum, NZM 2006, 368; *ders.,* Dach und Fach – Klarheit oder Krach?!, FS Blank, 2006, S. 221; *Klemm/Neumann,* Die Entwicklung der Rechtsprechung zum Gewerberaummietrecht im Jahr 2005, ZfIR 2006, 278; *Leo,* Obergerichtliche Rechtssprechung zum gewerblichen Mietrecht im Jahr 2002, ZMR 2003, 389 (Folgebeiträge für 2003: ZMR 2004, 558; für 2004: NZM 2005, 167, gemeinsam mit *Heider;* für 2005: NZM 2006, 452; für 2006: NZM 2007, 201); *ders.,* Sind Schriftformheilungsklauseln in Gewerberaummietverträgen wirksam?, NZM 2006, 815; *Lindner-Figura/Hartl,* Vermietung von Standorten für Mobilfunkbasisstationen, NZM 2001, 401; *Ludley,* Formularvertragliche Umlage von Verwaltungskosten im Gewerberaummietvertrag, NZM 2006, 851; *Neuhaus,* Handbuch der Geschäftsraummiete, 2. Aufl. 2005; *Schulz,* Wertsicherung oder Renditesicherung, Mietänderungsklauseln in der Geschäftsraummiete, FS Blank, 2006, S. 397; *Seyfarth,* Vermieterpflichten bei Untervermietungsanfragen, NZM 2002, 200; *Stoppe/Tachezy,* Mietvertragsgestaltung im Einkaufszentrum – Betriebspflicht nebst Sortimentbindung und Konkurrentenschutz, NZM 2002, 558.

M 107 Im Bereich der Vermietung von Immobilien zur gewerblichen Nutzung begegnen, anders als im Falle der Wohnraummiete, auch Klauselwerke, die vom Mieter in den Vertrag eingeführt werden.[4] Geläufig sind neben der im Folgenden zu behandelnden Gewerberaummiete noch weitere Gestaltungsformen; erwähnt seien die Vermietung von Grund- oder Gebäudedachflächen zum Aufstellen von Sende- und Empfangsstationen[5] sowie die Vermietung von Gebäudewänden zum Anbringen von Werbetafeln[6] oder Warenautomaten.[7] Für die Geschäftsraummiete kommen neben den allgemeinen Regeln die in § 578 I, II genannten Vorschriften zur Anwendung. Die Ausführungen zur Gewerberaummiete gelten grundsätzlich auch für entsprechende Pachtverträge.[8]

[1] OLG Düsseldorf ZMR 1990, 218; OLG Frankfurt NJW-RR 1992, 396, 402.
[2] OLG Frankfurt NJW-RR 1992, 396, 402.
[3] OLG Frankfurt NJW-RR 1992, 396, 402.
[4] Bsp.: BGH NZM 2006, 137 (Mieter betreibt Filialkette).
[5] Zu typischen Klauseln s. *Lindner-Figura/Hartl* NZM 2001, 401.
[6] Zu Laufzeitvereinbarungen in Werbeflächenmietverträgen s. oben Rz M 59.
[7] Zum Automatenanbringungsvertrag und seiner Abgrenzung vom Automatenaufstellungsvertrag s. etwa MünchKommBGB/*Schilling* vor § 535 Rz 38 f.
[8] Beachte die Zusammenstellung AGB-rechtlicher Fragen des Landpachtrechts bei *Staudinger/von Jeinsen* § 585 Rz 41 f.

1. Mietzins

Für die AGB-rechtliche Kontrolle des **Mietzinses** gilt im Grundsatz das zur Wohnraummiete Gesagte (vgl. Rz M 76 ff.). Da für Gewerberaummietverträge keine gesetzlichen Anpassungsmechanismen hinsichtlich der Miethöhe vorgesehen sind, sind **Wertsicherungsklauseln** weit verbreitet und können daher in der Regel nicht als überraschend (§ 305c I) angesehen werden; sie sind bei angemessener Ausgestaltung auch im Übrigen AGB-rechtlich nicht zu beanstanden.[1] Sofern § 305c I gewahrt ist, wird es als unbedenklich erachtet, einen gesondert ausgewiesenen Mietzins auch für **Nebenflächen** wie Grundstücks- und Hauszugänge, Treppenhäuser, Aufzüge etc. vorzusehen, deren Gebrauch üblicherweise als ohne besonderes Entgelt gestattet gilt.[2] Eine Klausel, wonach sich der Mietzins für noch zu errichtenden Gewerberaum nach der **Bruttomietfläche** bemisst, ist grundsätzlich wirksam.[3] Ebenso wenig ist eine Klausel zu beanstanden, wonach der Mieter den Mietzins zuzüglich **Mehrwertsteuer** zu zahlen hat, wenn der Vermieter gemäß § 9 UStG für die Mehrwertsteuerpflicht optiert;[4] eine Klausel, welche die Zahlung der Miete inklusive Umsatzsteuer vorsieht, ist dahingehend auszulegen, dass der Vermieter zum Optieren nach § 9 UStG verpflichtet ist.[5] Eine von § 366 abweichende **Tilgungsklausel,** wonach der Gläubiger einseitig von Fall zu Fall die Tilgung von Miete und Nebenkosten bestimmen kann, ist nach § 307 auch zwischen Unternehmern unwirksam.[6] Eine **Rechtzeitigkeitsklausel,** wonach es für den Zeitpunkt einer Zahlung des Mieters auf den Eingang beim Vermieter ankommt, soll – anders als bei der Wohnraummiete (Rz M 78) – Geltung auch für die Frage der kündigungsausschließenden rechtzeitigen Befriedigung des Vermieters gemäß § 543 II 2 beanspruchen.[7] **M 108**

Unbedenklich sind bei der Gewerberaummiete sog. **Abkoppelungsklauseln,** die eine **Aufrechnung** mit anderen als unbestrittenen oder rechtskräftig festgestellten Forderungen (vgl. § 309 Nr. 3) ausschließen.[8] Zulässig soll auch die Klausel sein, wonach die Aufrechnung oder das Geltendmachen eines **Zurückbehaltungsrechts** davon abhängig ist, dass der Mieter sie angemessene Zeit (einen Monat) zuvor ankündigt.[9] Entsprechend wurde zum formularmäßigen Ausschluss der auf bestrittene und nicht rechtskräftig festgestellte Gegenleistungsansprüche gestützten **Einrede aus § 320** entschieden.[10] **M 109**

---

[1] Vgl. dazu *Gerber/Eckert* Rz 131. Allgemein zu Preisanpassungsklauseln *Hau,* Vertragsanpassung und Anpassungsvertrag, 2003, S. 333 ff.

[2] BGH NJW 2007, 146, 147; KG ZMR 2004, 752 = KGR 2004, 551.

[3] BGH NJW-RR 2001, 439 f. Vgl. aber auch OLG Düsseldorf NJW-RR 2000, 1681 (überraschende Klausel zur Nutzflächenberechnung).

[4] BGH NJW-RR 2002, 9. Näher zu Klauseln betreffend Miete/Pacht und Umsatzsteuer *Gerber/Eckert* Rz 81 ff.

[5] OLG Hamm NJW-RR 2003, 1593: Schadensersatzansprüche des Mieters bei schuldhafter Pflichtverletzung.

[6] BGH NJW 1984, 2404; s. auch Rz L 213.

[7] OLGR Frankfurt 2005, 381.

[8] So auch *Gerber/Eckert* Rz 121; ausführlich zur Inhaltskontrolle *Horst* DWW 2006, 48 ff. Vgl. auch OLG Düsseldorf NZM 2005, 667; OLG Düsseldorf GuT 2006, 265 m. Anm. *Lammel* juris-PR-MietR 2/2007. Für die Gewerbemobiliarmiete weitergehend *Köhn* NZM 2007, 348, 351: auch völliger Aufrechnungsausschluss wirksam; dagegen *Drettmann,* Geschäftsraummiete Rz 95.

[9] Vgl. OLG Düsseldorf NZM 2002, 953; KGR 2004, 236; *Bub/Treier/Bub* Rz II 429. Näher *Horst* DWW 2006, 48, 55 ff.

[10] BGH NJW-RR 2003, 873.

2. Mietkaution

M 110 Das Gesetz trifft für die bei Gewerberaummiete zulässige **Kautionshöhe** keine Regelung; daher soll auch die klauselmäßige Vereinbarung einer Kaution in Höhe von sieben Monatsmieten wirksam sein.[1] Die Klausel, wonach der Gewerberaumvermieter anstelle einer Barkaution die Stellung einer **Bürgschaft auf erstes Anfordern** verlangen kann, benachteiligt den Mieter nicht unangemessen.[2] Bei einer Mietkautionsbürgschaft handelt es sich jedoch nur dann um eine Bürgschaft auf erstes Anfordern, wenn dies ausdrücklich bestimmt ist.[3] Wenngleich bei der Gewerberaummiete § 551 III nicht gilt, ist die Mietkaution nach Maßgabe dieser Vorschrift zu **verzinsen;**[4] diese Pflicht kann formularmäßig nicht abbedungen werden.[5] Klauselmäßige Aufrechnungsverbote (oben Rz M 79) sollen sich auch auf Kautionsrückzahlungsansprüche des Mieters beziehen.[6]

3. Umlage von Nebenkosten

M 111 Die Beschränkung auf die in der BetriebskostenVO genannten **Betriebskosten** (vgl. für die Wohnraummiete § 556) gilt für die Gewerberaummiete mangels Verweises in § 578 I nicht zwingend. Die Parteien sind bei der Gewerberaummiete daher weitgehend frei, welche Betriebskosten sie auf den Mieter umlegen wollen, verweisen jedoch in der Praxis häufig – zumindest ergänzend[7] – auf die BetriebskostenVO.[8] Allerdings dürfte die formularmäßige Auferlegung der Instandhaltung und Instandsetzung gemeinschaftlich genutzter Flächen und Anlagen auf den Gewerberaummieter ohne betragsmäßige Beschränkung gegen § 307 I, II verstoßen.[9] Eine Klausel, wonach der Vermieter berechtigt ist, auf Grundlage der Abrechnung für das Vorjahr die Vorauszahlungen für das laufende Jahr neu festzusetzen, ist wirksam.[10] Im Hinblick auf das **Transparenzgebot** (§ 307 I 2) bedarf die Abwälzung von Kosten auf den Mieter einer klaren und eindeutigen Vereinbarung. Der Mieter muss die Kostenlast überschauen können.[11] Dem genügt beispielsweise eine Klausel nicht, wonach der Betreiber eines Einkaufszentrums die Kosten des „Center-Managements" formularmäßig auf den Mieter umlegt, ohne im Einzelnen darzulegen, welche Leistungen von dieser Kostenposition erfasst sind,[12] oder wonach der Mieter die Kosten der „üblichen Versicherungen" zu tragen hat.[13] Gegen § 305 c I verstößt eine Klausel, mit der nicht bezifferte Hausverwalterkosten auf den Mieter umgelegt werden, wenn dieser nach den Umständen mit der tatsächlichen Höhe nicht zu rechnen brauchte.[14] Im Falle eines Zusammentreffens teils unangemesse-

---

[1] OLG Brandenburg ZMR 2006, 853 ff.; vgl. auch (einschränkend) *Drettmann,* Geschäftsraummiete Rz 117.

[2] OLG Karlsruhe NZM 2004, 742; a. A. *Fischer* NZM 2003, 497; *ders.* GS Sonnenschein, S. 407 ff.

[3] OLG Köln ZMR 2003, 258.

[4] BGH NJW 1994, 3287.

[5] Ebenso *Schmidt-Futterer/Blank* § 551 Rz 112.

[6] OLGR Düsseldorf 2004, 482.

[7] S. die Klausel bei BGH NJW-RR 2006, 84.

[8] Vgl. nur *Staudinger/Weitemeyer* § 556 Rz 8.

[9] BGH NJW-RR 2006, 84, 85; ferner KG NJW-RR 2003, 586.

[10] OLG Dresden NJW-RR 2002, 801.

[11] Vgl. hierzu auch KG NZM 2002, 954.

[12] OLG Rostock NZM 2005, 507. Für Wirksamkeit einer Umlage von „Verwaltungskosten" aber OLG Hamburg NJW-RR 2002, 802.

[13] BGH NJW-RR 2006, 84, 85.

[14] OLG Köln NJW 2006, 3358 f.; vgl. allgemein zur Weitergabe von Verwaltungskosten an den Mieter *Drasdo* NJW-Spezial 2006, 337 und *Ludley* NZM 2006, 851.

ner, teils intransparenter und teils unbedenklicher Klauselteile gelangt der BGH zur Aufrechterhaltung des nicht zu beanstandenden Teils, insbesondere des ergänzenden Verweises auf die BetriebskostenVO.[1]

4. Umgang mit der Mietsache, Überlassung an Dritte

Für die AGB-rechtliche Kontrolle von Klauseln betreffend den Umgang des Mieters mit der Mietsache gilt im Grundsatz das zur Wohnraummiete Gesagte (vgl. Rz M 85 ff.). Besondere Bedeutung hat bei der Gewerberaummiete das dem Mieter zu gewährende Recht, Namens- oder Firmenschilder anzubringen.[2] **M 112**

Die formularmäßige Anordnung einer den Mieter treffenden **Betriebspflicht** verstößt grundsätzlich nicht gegen § 307.[3] Ist dem Mieter die Aufrechterhaltung des Betriebs im Einzelfall unzumutbar, kann er sich auf den Einwand unzulässiger Rechtsausübung stützen;[4] allerdings entfällt die Betriebspflicht nicht schon dann, wenn es wirtschaftlich vorteilhafter wäre, den Betrieb einzustellen.[5] Im Einzelfall kann aufgrund der besonderen Ausgestaltung der Betriebspflichtklausel Intransparenz gemäß § 307 I 2[6] oder eine unangemessene Benachteiligung gemäß § 307 I 1 gegeben sein. Unwirksam ist beispielsweise eine umfassende Betriebspflicht, die für eine Gaststätte oder ein Café weder Ruhetage noch Betriebsferien erlaubt und den Mieter oder Pächter in seiner wirtschaftlichen Bewegungsfreiheit ungerechtfertigt einengt.[7] Ist für den Fall unerlaubter Einstellung des Geschäftsbetriebs eine **Vertragsstrafe** vorgesehen, welche die Tagesmiete merklich übersteigt, so dürfte dies jedenfalls dann unangemessen sein, wenn eine Begrenzung des Gesamtumfangs fehlt.[8] Die **Zwangsmitgliedschaft in einer Werbegemeinschaft** soll grundsätzlich weder überraschend noch unangemessen, eine entsprechende Klausel wegen der Haftungsrisiken für den Mieter jedoch dann nach § 307 I unwirksam sein, wenn die Werbegemeinschaft als GbR organisiert ist.[9] Klauseln, die den Mieter zu einem finanziellen Beitrag für eine Werbegemeinschaft verpflichten, müssen im Hinblick auf das Transparenzgebot (§ 307 I 2) eine Höchstgrenze angeben.[10] **M 113**

Bei der Gewerberaummiete gehört der **Schutz vor unmittelbarer Konkurrenz** zur ordnungsgemäßen Gebrauchsgewährung.[11] Diese Pflicht kann jedoch in AGB ohne Verstoß gegen § 307 grundsätzlich wirksam ausgeschlossen werden, da sie nicht im Leitbild des Mietvertrages enthalten ist, geschweige denn zu den Kardinalpflichten des Vermieters zählt.[12] Der Ausschluss des Konkurrenzschutzes kann **M 114**

---

[1] BGH NJW-RR 2006, 84, 86.

[2] Näher etwa *Schmidt-Futterer/Eisenschmid* § 535 Rz 291 ff.

[3] BGH NJW-RR 1992, 1032; allgemein zur Betriebspflicht *Jendrek* NZM 2000, 526.

[4] Vgl. auch BGH NJW-RR 1992, 1032, 1034.

[5] Für die Pacht: OLG Düsseldorf ZMR 2004, 508.

[6] Vgl. BGH 16. 5. 2007 – XI ZR 13/05 (Öffnungspflicht wird an Verhalten der anderen Mieter gekoppelt, die im konkreten Fall insoweit mehrheitlich einem Weisungsrecht des Vermieters unterworfen sind).

[7] Das OLG Stuttgart NJW-RR 1993, 654, verweist bei Überprüfung des Pachtzinses anhand § 138 auf eine überzogene Betriebspflicht, um die verwerfliche Gesinnung des Verpächters zu begründen.

[8] Abweichend OLG Rostock NZM 2004, 460 f. (Vertragsstrafe in Höhe von etwa 125% der auf den Tag entfallenden Miete sei nicht zu beanstanden).

[9] Dazu BGH NJW 2006, 3057 f. m. Anm. *Hau* LMK 2006, 196761; *Drettmann,* Geschäftsraummiete Rz 26. Weitergehend für grundsätzliche Unwirksamkeit noch die Vorinstanz: OLG Hamburg ZMR 2004, 509.

[10] BGH NJW 2006, 3057, 3058 m. Anm. *Hau* LMK 2006 196761.

[11] S. etwa BGHZ 70, 79; BGH NJW-RR 1988, 717.

[12] OLG Hamburg NJW-RR 1987, 403; OLG Düsseldorf NJW-RR 1992, 1290.

sich jedoch mit anderen Klauseln zu einer unangemessenen Benachteiligung summieren. Während die Kombination von formularmäßiger Betriebspflicht in einem Einkaufszentrum mit dem Ausschluss von Konkurrenzschutz nicht beanstandet wird,[1] verhält es sich anders, wenn eine **Sortimentsbindung** hinzukommt.[2]

M 115 Die **Untervermietung** kann im Einklang mit § 540 von der Zustimmung des Vermieters abhängig gemacht werden; der Vermieter kann vom Mieter in diesem Fall Aufklärung über Identität und wirtschaftliche Verhältnisse des Untermieters und die wesentlichen Bedingungen des Untermietverhältnisses verlangen.[3] Es ist umstritten, ob das Recht zur Untervermietung bei der Gewerberaummiete wirksam formularmäßig ausgeschlossen werden kann;[4] der BGH hat die Frage offengelassen.[5] Da die Verschaffung der Möglichkeit einer Untervermietung nicht zu den Kardinalpflichten des Vermieters zählt, dürfte ein Ausschluss,[6] jedenfalls aber die auf sachliche Gründe gestützte Einschränkung[7] zulässig sein. Das Kündigungsrecht des Mieters aus § 540 I 2 für den Fall, dass der Vermieter die erforderliche Erlaubnis versagt, kann durch AGB nicht wirksam abbedungen werden, wenn eine Untervermietung nicht ausgeschlossen ist, ihre Erlaubnis aber im Belieben des Vermieters steht.[8] Ebenso, und zwar gemäß § 307 II Nr. 1, ist eine Klausel unwirksam, wonach der Vermieter seine Erlaubnis zur Untervermietung jederzeit frei widerrufen kann,[9] da dadurch der Mieter dem Risiko einer Haftung gegenüber dem Untermieter ausgesetzt wird.

5. Gewährleistung

M 116 Zu Klauseln, mit denen der Vermieter seine Gewährleistungspflicht einschränken oder ausschließen will, vgl. Rz M 34 ff. Eine **Freizeichnung** von der Haftung für durch nicht rechtzeitige Beziehbarkeit verursachten **Verzugsschaden** ist nach § 307 unwirksam,[10] da sich der Mieter auf die rechtzeitige Bereitstellung verlassen können muss und der Vermieter regelmäßig seinen Vertragspartner (etwa den Vormieter) in Regress nehmen kann.[11] Bei Miete eines Messeplatzes ist die Klausel, dass der Vermieter den vereinbarten Standplatz ohne Einschränkung ändern könne, nach § 307 unwirksam.[12]

M 117 Um **behördliche Genehmigungen** für seinen Gewerbebetrieb muss sich grundsätzlich der Mieter kümmern; eine darauf bezogene Freizeichnung des Vermieters ist deshalb nicht zu beanstanden.[13] Indes ist eine Klausel, wonach die für Einrichtung und Betrieb des Gewerbes erforderlichen behördlichen Genehmigungen auf Kosten und Risiko des Mieters beizubringen sind, nach § 307 II Nr. 1 unwirksam, weil sie sich auch auf solche Genehmigungsgründe erstreckt, die in der Lage und Beschaffenheit des Mietobjekts liegen, insoweit also die Gewährleis-

---

[1] OLG Hamburg ZMR 2003, 254; OLG Rostock NZM 2004, 460 f.
[2] OLG Schleswig NZM 2000, 1008.
[3] BGH NJW 2007, 288, 289 f.
[4] Vgl. *Seyfahrt* NZM 2002, 200, 202 m. w. Nachw.
[5] BGH NJW 1995, 2034.
[6] So im Ergebnis auch *Seyfahrt* NZM 2002, 200, 202; *Gerber/Eckert* Rz 466. Abweichend LG Bonn NJW-RR 2002, 1234.
[7] So OLG Düsseldorf NZM 2005, 421.
[8] BGH NJW 1995, 2034 f.
[9] BGH NJW 1987, 1692.
[10] Vgl. auch § 309 Nr. 8 b Rz 12 f.
[11] S. auch *Ulmer/Hensen* Anh. § 310 Rz 607.
[12] OLG Köln NJW-RR 1990, 1232.
[13] So auch OLG Frankfurt NJW-RR 1987, 656.

tungshaftung des Vermieters aus §§ 536 ff. ausschließt und damit gegen die Grundgedanken der gesetzlichen Regelung verstößt.[1]

Die Vereinbarung einer **Vertragsstrafenklausel** für eine Fertigstellungsüberschreitung in einem Mietvertrag über ein noch zu errichtendes Gebäude hat der BGH ausdrücklich für zulässig gehalten, auch wenn diese keine zeitliche Begrenzung enthält; angesichts des Dauerschuldcharakters der Miete sei eine Höchstgrenze nicht erforderlich.[2] **M 118**

6. Instandhaltung, Schönheitsreparaturen, Wiederherstellungspflicht

Die Pflicht zur **Instandsetzung und Instandhaltung** (§ 535 I 2) kann bei der gewerblichen Miete oder Pacht wirksam auf den Mieter oder Pächter abgewälzt werden.[3] Die vollständige Freizeichnung des Vermieters von jeglicher Reparaturpflicht in einer Formularklausel würde den Mieter jedoch mit einem nicht voraussehbaren Risiko belasten, da er sich auch mit anfänglichen Mängeln abfinden müsste.[4] Die klauselmäßige Verpflichtung des Mieters zur Ausbesserung umfasst nach der Unklarheitenregel des § 305c II nicht eine Auswechslung der Heizungsanlage.[5] **M 119**

Die Ausführungen zu **Erhaltungs- und Modernisierungsmaßnahmen des Vermieters** von Wohnraum (oben Rz 90 ff.) gelten im Ergebnis entsprechend für die Gewerberaummiete: Zwar verweist § 578 II 1 nur auf § 554 I-IV, nicht auch auf § 554 V, doch enthält § 554 II wesentliche Grundgedanken der gesetzlichen Regelung des Mietvertrages, von denen zwar individualvertraglich, formularmäßig aber nicht uneingeschränkt abgewichen werden darf. **M 120**

Eine Klausel, wonach der Mieter notwendig werdende **Schönheitsreparaturen** durchzuführen hat, ist bei der Gewerberaummiete grundsätzlich nicht zu beanstanden.[6] Dies soll selbst dann gelten, wenn die Klausel keine Regelung über Umfang und Zeitpunkt der Reparaturen trifft, da sich kraft konkludenter Vereinbarung der Umfang nach § 28 IV 3 der II. BerechnungsVO richten und die Fristenregelung des § 7 Mustermietvertrag von 1976 gelten soll.[7] Eine **Fristenplanklausel** ist bei Übergabe unrenovierter Räumlichkeiten nur dann wirksam, wenn der Fristenplan für die Renovierung erst mit dem Beginn des Mietverhältnisses zu laufen beginnt[8] oder dem Mieter insoweit ein angemessener Ausgleich in Geld gewährt wird.[9] Für unzulässig wird von der neueren Rechtsprechung – wie bei der Wohnraummiete – eine Klausel gehalten, welche die Vornahme von Schönheitsreparaturen von einem starren Fristenplan abhängig macht.[10] Wie bei der Wohnraummiete (Rz M 99) führt die Kombination einer Endrenovierungsklausel mit einer Klausel über turnusmäßig vorzunehmende Schönheitsreparaturen wegen des dabei auftretenden Summierungseffektes zur Unwirksamkeit beider Klauseln.[11] **Fachhandwerker-** **M 121**

---

[1] BGH NJW-RR 1993, 519, 520; BGH NJW 1988, 2664; OLG Celle NZM 2000, 622, 621; LG Berlin NJW-RR 2002, 1450; *Ulmer/Hensen* Anh. § 310 Rz 607.

[2] BGH NJW 2003, 2158, 2161.

[3] OLG Hamm NJW-RR 1993, 1229; anders bei Miete von Wohnraum s. Rz M 90.

[4] OLG Naumburg NJW-RR 2000, 823.

[5] OLG Hamm NJW-RR 1993, 1229, 1230.

[6] BGH NJW 1990, 2376; OLG München NJW-RR 1986, 443.

[7] KG NZM 2005, 181; vgl. auch BGH NJW 1990, 2376.

[8] Vgl. KGR 2004, 452; vgl. auch OLG Hamm ZMR 2002, 822 f.

[9] KG NZM 2004, 424 f. = KGR 2004, 455; KGR 2005, 117.

[10] OLG Düsseldorf NJW 2006, 2047 (nicht rechtskräftig; Az. beim BGH: XII ZR 84/06) und NZM 2007, 215; OLG München NZM 2007, 215 f. Vgl. auch *Klemm/Neumann* ZfIR 2006, 278, 281.

[11] BGH NJW 2005, 2006 m. w. Nachw. Kritisch *Eckert* ZfIR 2005, 673, 676.

klauseln werden dagegen bei der Gewerberaummiete überwiegend für wirksam gehalten.[1]

M 122 Nach § 546 I ist der Mieter bei Ende des Mietverhältnisses grundsätzlich zur **Rückgabe der Mietsache** im ursprünglichen Zustand verpflichtet. Er hat daher Einrichtungen, mit denen er die Mietsache versehen hat, bei der Räumung zu entfernen.[2] Der Vermieter darf dem Mieter nur ausnahmsweise durch entsprechende Klauseln die Möglichkeit zur Naturalherstellung nehmen und den ursprünglichen Zustand auf Kosten des Mieters selbst wiederherstellen. Ein solcher Ausnahmefall liegt etwa bei der Miete eines Privatgleisanschlusses vor, da die Bahn aus Sicherheitsgründen nicht zur Duldung von Arbeiten Dritter an den Stammanlagen gezwungen werden kann.[3] Der BGH geht, entsprechend seiner Rechtsprechung zu Schönheitsreparaturen, auch hinsichtlich Reparatur- und Instandsetzungsverpflichtungen bei Rückgabe davon aus, dass dem Vermieter aufgrund ergänzender Vertragsauslegung ein **Ausgleichsanspruch in Geld** zusteht, wenn dieser das Mietobjekt umbauen will und dadurch die Instandhaltungsmaßnahmen zunichte gemacht würden.[4]

7. Vertragsbeendigung

M 123 Zu Laufzeit und Kündigung des Mietverhältnisses s. Rz M 57 ff.[5] Sieht die Klausel für den Fall vorzeitiger Beendigung durch Kündigung vor, dass der Vermieter nicht verpflichtet ist, einen zumutbaren[6] **Nachmieter** zu akzeptieren, so ist dies wegen Verstoßes gegen das Leitbild der Schadensminderungspflicht nach § 254 II unwirksam (§ 307 II Nr. 1).[7] Für einen Tankstellenpachtvertrag hat der BGH klargestellt, dass dem Pächter nicht die Verpflichtung auferlegt werden kann, bei Vertragsbeendigung die mit Familienmitgliedern eingegangenen Arbeitsverhältnisse auf seine Kosten zu beenden, andernfalls den Verpächter oder Nachfolgebetreiber von allen daraus entstehenden Kosten freizuhalten bzw. entstandene Kosten zu erstatten;[8] dies dürfte entsprechend für die Gewerberaummiete gelten.

M 124 Der **im Voraus entrichtete Miet- oder Pachtzins** ist bei vorzeitiger Beendigung gemäß § 547 zurückzuzahlen. Die Klausel im Pachtvertrag, wonach die Rückzahlung nur für volle, nicht für angefangene Miet- oder Pachtjahre erfolgt, verstößt gegen § 547 als wesentlichen Grundgedanken der gesetzlichen Regelung und ist deshalb nach § 307 II Nr. 1 unwirksam.[9]

V. Sonstige Mietobjekte

1. Ferienunterkünfte

M 125 Kein Mietvertrag, sondern ein Reisevertrag i. S. von § 651a I liegt vor, wenn neben der Überlassung einer Ferienunterkunft (Ferienwohnung oder -haus) eine weitere Reiseleistung geschuldet wird (s. Rz R 32; zu Gastaufnahme- bzw. Beher-

---

[1] Heinrichs NZM 2005, 201, 210; *Schmidt-Futterer/Langenberg* § 538 Rz 88.
[2] OLGR Düsseldorf 2002, 265, 267.
[3] OLGR Düsseldorf 2002, 265, 267.
[4] BGH NJW 2002, 2383.
[5] Vgl. ferner *Ulmer/Hensen* Anh. § 310 Rz 608.
[6] Vgl. hierzu OLG Düsseldorf MDR 2002, 633.
[7] „Erhebliche Bedenken" auch bei BGH NJW-RR 1992, 1032, 1035.
[8] BGH NJW 2006, 1792, 1793.
[9] S. auch OLG München NJW-RR 1993, 655.

bergungsverträgen s. Rz G 41). Anderenfalls kommt zwischen den Parteien ein Mietvertrag zustande.[1] Gleichwohl wendet der BGH auch dann, wenn als einzige Reiseleistung die Überlassung einer Ferienunterkunft geschuldet wird, Reiserecht analog an, sofern der Vertrag mit einem gewerblichen Veranstalter abgeschlossen wird.[2]

Soweit ein Reiseunternehmen die Ferienunterkunft anbietet, hängt es von den nach §§ 133, 157 zu bewertenden Umständen ab, ob das Reiseunternehmen nur als **Vermittler oder** selbst als **Vermieter** anzusehen ist. Sprechen die objektiven Umstände bei Vertragsschluss für Letzteres, so ist eine sog. **Vermittlerklausel,** die den Vertrag als Vermittlervertrag einordnen will, nach § 305b unbeachtlich und nach § 307 II unwirksam (sofern man nicht ohnehin § 651a II heranzieht),[3] da sich das Reiseunternehmen dadurch von den wesentlichen Pflichten des Vermieters freistellt, was auch gegen § 309 Nr. 7 b verstößt.[4] Die formularmäßige Vereinbarung mit dem Erwerber eines Ferienhauses, die dem Verwalter eines Ferienparks das Recht zur ausschließlichen Vermittlung von Vermietungen auf unbegrenzte Dauer einräumt, ist nach § 307 unwirksam.[5] **M 126**

Für den Vertrag über die Überlassung einer Ferienunterkunft als Mietvertrag über Wohnraum zum vorübergehenden Gebrauch gelten die in § 573 genannten Kündigungsbeschränkungen für Wohnraum nicht (s. § 549 II Nr. 1), soweit die Ferienunterkunft nicht auf Dauer vermietet wird oder für den Mieter ausnahmsweise einen Mittelpunkt seiner Lebensgestaltung darstellt.[6] § 564b VII Nr. 4 a. F., der Ferienhäuser und -wohnungen in Feriengebieten unabhängig von der Mietdauer vom Mieterschutz ausnahm, sofern der Vermieter bei Vertragsschluss auf die Zweckbestimmung hingewiesen und den Mieter über die Rechtsfolgen belehrt hatte, wurde im Rahmen der Mietrechtsreform ersatzlos gestrichen, blieb jedoch gemäß Art. 223 § 3 II EGBGB im Falle der Kündigung eines am 1. 9. 2001 bestehenden Mietverhältnisses noch bis zum 1. 9. 2006 anwendbar. **M 127**

Jedenfalls bei einer größeren Ferienunterkunft ist eine Klausel wirksam, die den Vermieter im Falle einer Vertragsstornierung ab dem 34. Tag vor Reisebeginn zur Erhebung einer Stornogebühr in Höhe von 80% der Ferienhausmiete berechtigt. Denn anders als Reiseleistungen, die auf Einzelpersonen zugeschnitten sind und im Falle eines Rücktrittes noch als last-minute-Reisen vergeben werden können, sind größere Ferienunterkünfte nicht ohne Weiteres kurzfristig anderweitig vermietbar.[7] Voraussetzung für die Wirksamkeit solcher Klauseln ist jedoch, dass dem Mieter die Stellung eines Ersatzmieters unter Anrechnung der vom Vermieter durch die tatsächlich erfolgte anderweitige Vermietung erlangten Vorteile gestattet wird. Eine Formularklausel, wonach dem Reisenden für eine nachträgliche Endreinigung eine Pauschale in angemessener Höhe berechnet wird, ist wirksam.[8] **M 128**

---

[1] So auch AG Trier NJW-RR 2001, 48. Zur früher diskutierten Einordnung als Werkvertrag s. *Wolf* in der 4. Aufl. Rz M 75.

[2] BGH NJW 1992, 3158 = LM § 651a BGB Nr. 7 m. Anm. *M. Wolf;* s. auch Rz R 32.

[3] BGH NJW 1985, 906.

[4] Vgl. auch Rz R 75 und § 309 Nr. 7 Rz 49.

[5] BGH NJW 1986, 1173; dazu auch Rz M 55.

[6] S. auch *Haake* NJW 1985, 2935.

[7] Vgl. AG Hechingen RRa 2002, 93.

[8] AG Erfurt RRa 2002, 92.

2. Parkflächen

M 129 Beim Abstellen von Fahrzeugen auf Parkplätzen oder in Parkhäusern gegen Entgelt überwiegen die mietvertraglichen Elemente.[1] Eine Klausel, wonach die abgestellten Fahrzeuge nicht gegen Beschädigung und Diebstahl durch Dritte versichert werden, ist nicht zu beanstanden,[2] da der Fahrzeughalter sein Fahrzeug grundsätzlich selbst gegen solche Risiken versichern kann.

M 130 Hinsichtlich der Einbeziehung von AGB ergeben sich aufgrund der äußeren Gegebenheiten einige Besonderheiten. Der Hinweis durch AGB-Aushang i. S. von § 305 II Nr. 1 kann bereits bei der Einfahrt erfolgen, wenn dort bei einem „Parkwärter" ein Parkschein zu lösen ist.[3] Passiert der Kunde hingegen – wie heute im Regelfall – bei der Einfahrt eine sich automatisch öffnende Schranke und erhält dort den Parkschein, so muss bereits im Einfahrtsbereich gut sichtbar auf die AGB-Verwendung und den Ort der Einsichtnahmemöglichkeit hingewiesen worden sein. Überdies muss die Möglichkeit bestehen, sich entweder bereits vor Passieren der Schranke im Einzelnen über die Parkbedingungen zu informieren (was freilich meist schon daran scheitert, dass zu diesem Zweck das Fahrzeug verlassen werden muss, dies indes eine Parkmöglichkeit voraussetzt) oder den Parkplatz nach Kenntnisnahme unverzüglich und kostenfrei wieder zu verlassen.

3. Kraftfahrzeuge

Schrifttum: *Drettmann,* Kraftfahrzeugmiete (Stand 2006), in: *von Westphalen,* AGB.

M 131 Die Standardformulare selbst überregionaler Kfz-Vermieter sind oft derart schlecht lesbar (blasse Schrift; Schriftgröße 5), dass es bereits ernsthaften Zweifeln unterliegt, ob sie überhaupt § 305 II Nr. 2 gerecht werden.[4] Aber auch hinsichtlich Länge, Verständlichkeit und Übersichtlichkeit lassen gängige Formulare durchweg zu wünschen übrig; laut *Hensen* scheitern Kfz-Vermieter immer wieder schon deshalb, weil sie selbst nicht mehr überblicken, was sie alles in ihr Klauselwerk hineingeschrieben haben und in welcher Form.[5] Zudem ignorieren auch bekannte Anbieter bisweilen schlichtweg die einschlägige BGH-Rechtsprechung.[6]

M 132 Eine Klausel in einem Vertrag über die Überlassung von Kraftfahrzeugen, wonach die Preise der jeweils gültigen Preisliste gelten, ist wegen Unbestimmtheit nach § 307 unwirksam, wenn sie nicht erkennen lässt, auf welchen Zeitpunkt abzustellen ist, z. B. den Vertragsabschluss, das Abholen oder die Rückgabe des Fahrzeugs.[7] Findet sich unterhalb der errechneten Gebühren der Hinweis, dass ein „Irrtum vorbehalten" bleibt, so ist dies nicht zu beanstanden, wenn er sich nur auf das objektiv nachvollziehbare Rechenwerk und nicht auf sonstige Preis- und Kalkulationsirrtümer bezieht.[8] Verworfen wurde die Klausel in einem Mietvertrag über kleinere Lastwagen, wonach der Mieter erklärt, dass er wirtschaftlich in der Lage sei, etwaigen Zahlungsverpflichtungen im Falle einer Beschädigung des Kfz nach-

---

[1] So auch MünchKommBGB/*Schilling* vor § 535 Rz 12; *Staudinger/Emmerich* vor § 535 Rz 36; LG Frankfurt NJW-RR 1988, 955. Zur strittigen Einordnung der sog. Parkplatzbewachung s. *Schünemann* NJW 2003, 1689, 1691.

[2] LG Frankfurt NJW-RR 1988, 955.

[3] So auch *Staudinger/Schlosser* § 305 Rz 134.

[4] Nachdrücklich LG Köln EWiR 2004, 837 (*Hensen*); *Ulmer/Hensen* Anh. § 310 Rz 610.

[5] *Hensen* EWiR 2004, 837, 838.

[6] *Ulmer/Hensen* Anh. § 310 Rz 612, dort zum Beginn der Verjährungsfrist.

[7] OLG Hamburg NJW-RR 1989, 881, 882.

[8] OLG Hamburg NJW-RR 1989, 881, 882; s. auch Rz V 272.

zukommen und keine eidesstattliche Versicherung abgegeben zu haben.[1] Für den Fall, dass der Pkw von einem Unfallgeschädigten als Ersatzfahrzeug angemietet wird, hat es der BGH AGB-rechtlich nicht beanstandet, dass sich der Vermieter (statt der sonst üblichen Mietvorauszahlung) sicherungshalber die Schadensersatzansprüche des Mieters gegen den Schädiger und dessen Haftpflichtversicherung abtreten lässt.[2] Eine Klausel, wonach der Abholer des Kfz für alle Kosten wie ein Mieter haftet, ist nicht erst nach AGB-rechtlichen Vorschriften unwirksam,[3] sondern bereits aufgrund der Erwägung, dass es sich insoweit um einen Vertrag zulasten Dritter handelt. Die auf Ort und Zeit der Abgabe sowie die Laufleistung bezogene Klausel „Ankunftsdaten anerkannt" enthält eine nach § 309 Nr. 12 b unwirksame Tatsachenbestätigung.[4]

Mitunter wird eine sog. **Selbstversicherung** abgeschlossen, wonach der Vermieter den Mieter des Kfz gegen Zahlung eines zusätzlichen Entgelts aus der Haftung für Schäden am Fahrzeug entlässt. Ein solcher Haftungsausschluss erfasst auch Schäden durch unsachgemäße Behandlung des Fahrzeuges, insbesondere durch Schaltfehler.[5] Da das für den Ausschluss der Haftung des Mieters zu zahlende Entgelt einer Versicherungsprämie entspricht, muss der Vermieter die Klausel am **Leitbild der Kaskoversicherung** ausrichten; denn nur auf diese Weise wird dem Vertrauen des Mieters Rechnung getragen und eine einseitige Interessenwahrnehmung zugunsten des Vermieters vermieden.[6] Klauseln, die diesem Leitbild widersprechen, indem sie solche Fälle vom Haftungsausschluss der Selbstversicherung ausnehmen, in denen bei entsprechender Kaskoversicherung Versicherungsschutz bestünde, sind nach § 307 unwirksam mit der Folge, dass der Haftungsausschluss greift. Unwirksam ist deshalb eine Klausel, wonach der Haftungsausschluss ohne Weiteres entfällt, wenn der Mieter das **Fahrzeug einem Dritten überlässt** (arg: § 2b I b AKB 2004);[7] insoweit kann nicht danach differenziert werden, ob der Dritte bereits eine „einjährige Fahrpraxis" besitzt.[8] Die Haftungsbefreiung aus einer Selbstversicherung wirkt nicht nur für den Mieter, sondern auch – ohne dass ein Vertrag zugunsten Dritter i. S. von § 328 vorzuliegen brauchte – für den Dritten, sofern er dem Mieter gegenüber berechtigter Fahrer ist;[9] denn andernfalls liefe der Mieter Gefahr, dem Dritten zu haften, wodurch der Zweck der Selbstversicherung vereitelt würde. Kein berechtigter Fahrer ist, wem ein rechtskräftiges Fahrverbot auferlegt wurde.[10] Nach § 305c I unbeachtlich und nach § 307 unwirksam ist die Klausel, wonach die Haftungsfreistellung bei Lkw nicht für Aufbauten gilt.[11] Soweit der Vermieter in die Selbstversicherung umgekehrt solche Schadensposten einbezieht, die von der Kaskoversicherung nicht erfasst werden (technischer und merkantiler Minderwert, Mietausfallschaden), muss sich die Regelung der Selbstversicherung gleichwohl am Leitbild der Kaskoversicherung ausrichten.[12] **M 133**

---

[1] KG NZM 1999, 1048, 1050.

[2] S. BGH NJW-RR 2005, 1371 (dort zur Vereinbarkeit mit Art. 1 § 1 RBerG).

[3] So aber LG Frankfurt NJW-RR 1987, 828, das die Klausel für überraschend (§ 305c I) sowie unangemessen (§ 307) hält.

[4] OLG Hamburg NJW-RR 1989, 881, 882.

[5] BGH NJW 2005, 1183.

[6] BGHZ 70, 304, 306 ff.; BGH NJW 1981, 1211; 1982, 167; NJW-RR 1986, 51, 52; so auch *Soergel/Stein* § 9 AGBG Rz 93.

[7] BGH NJW 1981, 1211; 1982, 987; BGH NJW-RR 1986, 51, 52; OLG Hamm NJW-RR 1993, 95; LG Paderborn NJW-RR 2002, 27.

[8] S. OLG Hamm NJW-RR 1992, 1275.

[9] BGH NJW 1982, 987.

[10] BGH NJW 1984, 289, 290.

[11] OLG Hamm NJW-RR 1993, 95; OLGR Koblenz 2003, 271; OLG Hamm, ZMR 2005, 857.

[12] BGH NJW 1981, 1211; BGH NJW-RR 1986, 51, 52.

M 134 Die Haftungsfreistellung aus der Selbstversicherung entfällt, wenn der Mieter oder ein Dritter als sein Erfüllungsgehilfe den **Schaden vorsätzlich oder grob fahrlässig verursacht** hat. Dies muss in den AGB jedoch deutlich zum Ausdruck kommen; der bloße Verweis auf § 61 VVG oder der Hinweis, dass die Grundsätze der Vollkaskoversicherung gelten, genügen dafür nicht.[1] Wenngleich Fahren unter Alkoholeinfluss in der Regel als grob fahrlässig zu werten ist, kann der Vermieter in seinen AGB nicht verbindlich festlegen, dass dann stets grobe Fahrlässigkeit vorliegt.[2] Unwirksam nach § 309 Nr. 12 ist auch eine Klausel, die dem Mieter die Beweislast für das Fehlen von Vorsatz und grober Fahrlässigkeit auferlegt, weil sie der Beweislastregelung nach dem Leitbild des § 61 VVG widerspricht.[3]

M 135 Grundsätzlich wirksam ist eine Klausel, die den Mieter bei einem Unfall zur **Beiziehung der Polizei** verpflichtet und widrigenfalls die Haftungsfreistellung aus der Selbstversicherung versagt;[4] denn diese Pflicht hält sich im Rahmen des Leitbilds der Kaskoversicherung (arg. § 7 III AKB 2004). Eine Haftung des Mieters wegen unterlassener Beiziehung der Polizei stellt auch keine nach § 309 Nr. 12 unwirksame Beweislastumkehr dar, sondern folgt aus der Verletzung der Beweissicherungspflicht,[5] die dem Mieter zulässigerweise auferlegt werden kann. Die Versagung der Haftungsfreistellung muss sich jedoch auch in ihrem Umfang an der Kaskoversicherung orientieren, d. h. sie hängt – entsprechend § 7 III AKB 2004 – von der Intensität des Verschuldens des Versicherungsnehmers und der Relevanz des Verschuldens für die Gefährdung der Interessen des Vermieters ab.[6] Mithin ist klarzustellen, dass die Haftungsfreistellung bei geringem Verschulden oder fehlender Relevanz für den Vermieter trotz Beweissicherungspflichtverletzung erhalten bleibt.[7] Demgemäß soll die Nichtheranziehung der Polizei nach einem Mietwagenunfall ohne Drittschaden in Italien keine relevante Pflichtverletzung darstellen.[8]

M 136 Ist **keine Selbstversicherung** abgeschlossen, bestimmt sich die Haftung des Mieters nach allgemeinen Grundsätzen (Rz M 43 ff.). Die klauselmäßige Vereinbarung einer verschuldensunabhängigen Haftung ist danach unwirksam.[9] Der Mieter haftet jedoch unabhängig von weiterem Verschulden, wenn er unerlaubt das Mietfahrzeug einem Dritten überlässt,[10] falls der Schaden nicht auch ohnedies eingetreten wäre. In einem Mietvertrag über kleinere Lastwagen ist es nicht zu beanstanden, wenn vorgeschrieben wird, dass sich der Fahrer beim Rückwärtsfahren einweisen lassen muss (arg. § 9 V StVO).[11] Sieht ein formularmäßiger Mietvertrag zugunsten des Mieters eine Haftungsreduzierung auf einen bestimmten Maximalbetrag vor, so ist eine an anderer Stelle im Formularvertrag aufgeführte Rücknahme der Haftungsbeschränkung unwirksam.[12]

---

[1] LG Karlsruhe NJW-RR 1986, 152; KG 23. 7. 2004 – 12 U 2592/99 (Juris: KORE409422005); dazu auch § 305 Rz 88.

[2] BGH NJW-RR 1986, 51, 52.

[3] S. auch BGH NJW 1982, 167, 168.

[4] BGH NJW 1982, 167; a. A. noch LG Frankfurt NJW 1978, 952.

[5] BGH NJW 1982, 167; OLGR Koblenz 2003, 271; OLG Köln ZfS 2002, 74.

[6] BGH NJW 1982, 167, 168.

[7] S. auch OLG Hamm NJW-RR 1993, 95.

[8] LG Paderborn NJW-RR 2002, 27.

[9] So auch AG Aschaffenburg 28. 4. 2004 – 16 C 1891/03 (Juris: KORE452162004); *Ulmer/Hensen* Anh. § 310 Rz 611. Weitergehend LG Halle ZfS 2002, 283, 284: Der Kfz-Mieter müsse auch von der Haftung für leicht fahrlässig verursachte Schäden freigestellt werden. So auch AG Rheine NJW-RR 2000, 1587, dort allerdings zur Miete eines Motorsportfahrzeugs (sog. Kart).

[10] OLG Karlsruhe VersR 1980, 432.

[11] KG NZM 1999, 1048, 1049 f.

[12] LG Halle ZfS 2002, 283, 284.

Eine gesamtschuldnerische **Haftung des Fahrers** ist möglich, soweit er als Mitmieter am Vertrag beteiligt ist, hingegen, soweit er als Vertreter für den Mieter auftritt, nur in den Grenzen des § 309 Nr. 11.[1] Darüber hinaus kann eine gesamtschuldnerische Haftung des Fahrers, der den Mietvertrag nicht unterzeichnet hat, als Vertrag zulasten Dritter und wegen Verstoßes gegen § 307 nicht vorgesehen werden. Zur gesamtschuldnerischen Haftung bei Verletzung der Rückgabepflicht mehrerer Mieter s. Rz M 47. **M 137**

Die Bestimmung, dass der Mieter als Schaden pro Reparaturtag den entsprechenden Tagesmietzins zu zahlen hat, enthält eine **Schadenspauschalierung,** die nur unter den Voraussetzungen von § 309 Nr. 5 gültig ist (s. auch Rz M 50), der gegenüber Unternehmern aber nur sinngemäß und mit Einschränkungen gilt.[2] Bereits der Umstand, dass bei Beschädigung ein tägliches Nutzungsausfallgeld zu zahlen ist, kann die Unwirksamkeit begründen, wenn tägliche Vermietbarkeit nicht dem gewöhnlichen Lauf der Dinge entspricht.[3] Zur Wirksamkeit pauschalierender **Mahnkostenklauseln** s. § 309 Nr. 5 Rz 80 f. **M 138**

4. Gewerbemobilien

Schrifttum: *Kleinherne,* Überstundenentgelt bei Maschinenmiete unabhängig von tatsächlicher Nutzung, ZMR 2003, 496; *Thamm,* Der Mietvertrag für Baumaschinen und Baugeräte, BB 1997, 1270.

Hinsichtlich der Gebrauchsüberlassung von gewerblich genutzten beweglichen Sachen ist in vielen Branchen das Leasing zur dominierenden, den Mietvertrag verdrängenden Gestaltungsform geworden.[4] Zur Miete von Kraftfahrzeugen s. oben Rz M 131 ff., zu Verträgen über die Bereitstellung von Berufswäsche s. oben Rz M 58, zur Miete von Telekommunikationsanlagen s. unten Rz M 140, zur Miete von EDV-Anlagen und Geräten s. Rz S 211 f. Praktische Bedeutung hat nach wie vor die (kurzfristige) Vermietung von Baumaschinen und Baugeräten. Diesbezüglich liegt eine Konditionenempfehlung aus dem Jahre 1996 vor.[5] In diesem Musterformular ist u. a. vorgesehen, dass bei Schichtbetrieb auf der Baustelle, auf der sich die gemietete Baumaschine befindet, dem Vermieter Überstunden zu entgelten sind, und zwar unabhängig davon, ob die Baumaschine tatsächlich mehr genutzt wurde. Dies wurde als wirksam erachtet.[6] Zur Sicherung des Mietzinsanspruchs wird häufig vorgesehen, dass der Mieter seine Ansprüche gegen seinen Auftraggeber, für dessen Auftrag die Mietsache verwendet wird, sicherungshalber an den Vermieter abtritt. Dies ist im Unternehmensverkehr zwar AGB-rechtlich nicht weiter bedenklich, doch erachtet der BGH den Vermieter als wenig schutzwürdig und hat es deshalb abgelehnt, zu dessen Gunsten die Rechtsprechung zur Sittenwidrigkeit einer Globalzession bei Kollision mit einem zeitlich nachfolgenden verlängerten Eigentumsvorbehalt zu übertragen.[7] **M 139**

---

[1] LG Osnabrück NJW 1985, 389. Näher zur Abgrenzung *Stoffels,* AGB-Recht Rz 709 ff.

[2] § 309 Nr. 5 Rz 140 ff.

[3] OLG Saarbrücken NJW-RR 1991, 313; s. auch § 309 Nr. 5 Rz 63.

[4] Überblick bei *Staudinger/Stoffels* Leasing Rz 5 f.

[5] BAnz 1996 Nr. 141; einführend *Thamm* BB 1997, 1270. Beachtliche Kritik an ausgewählten Klauseln äußert *Ulmer/Hensen* Anh. § 310 Rz 609.

[6] OLG Frankfurt ZMR 2003, 738 m. Anm. *Kleinherne.* Anders noch die Vorinstanz LG Kassel ZMR 2003, 495 m. krit. Anm. *Kleinherne.*

[7] BGH NJW 2005, 1192, 1193 f.

5. Fernmeldetechnik

Schrifttum: *Drettmann,* Telefonanlagenmiete (Stand: 2003), in: *von Westphalen,* AGB.

M 140 Nach mietrechtlichen Vorschriften ist im Hinblick auf Telekommunikationsanlagen allein die Bereitstellung des Telefongerätes oder anderer Endgeräte (Telefax, Anrufbeantworter) zu beurteilen, die heute allerdings eher unüblich geworden ist, weil solche Geräte entweder erworben oder geleast werden. Für die weiteren Telekommunikationsleistungen kommen nach überzeugender Ansicht dagegen allein werk- und dienstrechtliche Vorschriften zur Anwendung;[1] denn insoweit wird keine Sache zum Gebrauch überlassen, sondern der Zugang zu einem Netz eröffnet.[2] Dies dürfte gleichermaßen für Telefon-, Breitband- und Kabelanschlüsse gelten.

M 141 Eine **Vertragslaufzeit** von zehn Jahren für den Mietvertrag über eine Telekommunikationsanlage soll – jedenfalls gegenüber einem Unternehmer – weder nach § 307 noch nach § 138 zu beanstanden sein, da einerseits solche Anlagen hohe Entwicklungs- und Vorhaltekosten verursachten, die sich nur bei längerer Vertragsdauer angemessen amortisieren ließen, und andererseits von einem Unternehmer eine langfristige Bedarfsabschätzung erwartet werden könne.[3] Entsprechendes soll für die Miete eines Telexgeräts auf zehn Jahre gelten.[4] Ob an solchen Leitlinien angesichts des rasanten technischen Fortschritts und des Preisverfalls für veraltete Technik festgehalten werden kann, erscheint zweifelhaft.[5] Eine zehnjährige Bindung an einen Wartungsvertrag über Fernmeldeanlagen hat der BGH inzwischen beanstandet.[6] Eine **Vertragsverlängerungsklausel** für den Fall, dass die Anlage während der Vertragslaufzeit erweitert wird, genügt § 307 I 2 nicht, wenn keine Begrenzung nach dem Aufwandsvolumen der Erweiterung oder eine maximale Vertragslaufzeit vorgegeben sind.[7]

6. Unterhaltungsmedien

M 142 Diskutiert werden herkömmlich Mietverträge über Videokassetten. Die dazu entwickelten AGB-rechtlichen Grundsätze gelten aber prinzipiell entsprechend für die Miete anderer Unterhaltungsmedien wie Bücher, DVDs oder CDs an Verbraucher. Die gängige Bezeichnung als „Verleih" (Videoverleih, Leihbücherei etc.) hindert die Einordnung als Mietvertrag nicht, sofern ersichtlich eine entgeltliche Gebrauchsüberlassung gewollt ist. Nicht hierher gehört jedoch der sog. Filmleihvertrag, der zwischen „Filmverleihern" und Kinobetreibern geschlossen wird und als Kombination von Miet- und Lizenzvertrag zu qualifizieren ist.[8]

---

[1] Vgl. *Palandt/Weidenkaff* Einf. v. § 535 Rz 31; *Bamberger/Roth/Ehlert* vor § 535 Rz 39; anders noch BGH NJW 1993, 1133.

[2] Davon wiederum zu unterscheiden, aber ebenfalls nicht als Mietvertrag einzuordnen (s. BGH NJW 2003, 1313, 1314), ist der Fall, dass der Eigentümer eines Mietshauses einem Netzbetreiber gestattet, in dem Haus auf eigene Kosten Hausverteilanlagen und Breitbandkabel-Kommunikationsverteilanlagen zu errichten und zu betreiben.

[3] BGH NJW 1985, 2328; OLGR Hamburg 2002, 443; laut OLGR Düsseldorf 2003, 209, ist gegenüber einem Wirtschaftsunternehmen sogar die Vereinbarung einer Vertragslaufzeit von 15 Jahren zulässig.

[4] OLG Karlsruhe NJW-RR 1991, 1460. Beachte auch BGH NJW 1993, 1133: Eine Laufzeit von 12 Jahren in einem formularmäßigen Anschließungsvertrag für Breitbandkabelanschlüsse an das Rundfunk- und Fernsehnetz mit Verbrauchern wurden nicht beanstandet.

[5] So etwa auch AG Bremen NJW-RR 2000, 1585 f.; *Stoffels,* AGB-Recht Rz 737. Dagegen *Drettmann* Rz 5.

[6] BGH NJW 2003, 886, 887 f.

[7] OLG Düsseldorf NJW-RR 2003, 1496; OLG Düsseldorf GuT 2006, 264.

[8] Dazu etwa MünchKommBGB/*Schilling* vor § 535 Rz 30.

Eine nicht näher einschränkend formulierte Klausel, wonach der Mieter für Schäden am Medium haftet, ist unwirksam, weil der Mieter danach auch ohne Verschulden haftete.[1] Wenngleich für den Fall verzögerter Rückgabe eine Schadenspauschale vorgesehen werden kann, verstößt es gegen § 309 Nr. 5 a, wenn anstelle einer „Leihgebühr" von 1 € pro Tag eine Schadenspauschale von 2,50 € täglich vorgesehen ist.[2] Bei Verzug über längere Zeit muss auch eine Begrenzung der Höhe nach vorgesehen werden, die den Wert der Kassette nicht wesentlich übersteigen darf, weil der Vermieter dann aufgrund seiner Schadensminderungspflicht aus § 254 II zum Kauf einer neuen Kassette verpflichtet ist. Eine generelle Höchstgrenze von zwei Monatsbeträgen[3] erscheint zu starr.[4] Unwirksam ist auch eine Vertragsstrafe bei Verzug in Höhe des Kaufpreises. Eine Vertragsstrafe in dieser Höhe kann jedoch vorgesehen werden, wenn der Mieter gegen das vertragliche Verbot öffentlicher oder entgeltlicher Vorführung verstößt. **M 143-150**

*

Möbelkauf

Inhaltsübersicht

1. Allgemeines

Der Bundesverband des Deutschen Möbel- und Einrichtungsfachhandels hat AGB für den Möbelhandel[5] zur Empfehlung beim BKartA angemeldet. Sie bilden im Folgenden den Ausgangspunkt, jedoch ergänzt um Klauseln, die sonst im Verkehr auftauchen, insbesondere Gegenstand von Entscheidungen waren. **M 151**

---

[1] S. auch *Ulmer/Hensen* Anh. § 310 Rz 614.

[2] Zu entsprechenden DM-Beträgen AG Frankfurt NJW-RR 1992, 1202; *Salje* DB 1983, 2453; s. auch § 309 Nr. 5 Rz 81.

[3] OLG Hamm NJW-RR 1988, 661; für eine Begrenzung auf 30 Tage wegen des Preisverfalls bei der Ersatzbeschaffung von Videokassetten AG Gladbeck NJW-RR 2004, 349.

[4] S. auch OLG Köln NJW-RR 1988, 1248.

[5] AGB-Möbel, Neufassung von 2002, BAnz, S. 19.121. zuletzt geändert 2003, S. 17.038.

2. Vertragsschluss und Preisirrtümer

M 152 **a) Angebotsfrist.** Eine dreiwöchige Bindung des Verwendungsgegners an sein Angebot ist zumindest gegenüber Verbrauchern unangemessen lang und daher nach § 308 Nr. 1 unwirksam, wenn sie sie auch solche Fälle erfasst, in denen die Möbel vorrätig sind.[1] Denn in solchen Fällen ist dem Verkäufer ein schutzwürdiges Interesse an einer Bindungsfrist nur insofern zuzugestehen, als es um die Klärung der Finanzierung des Kaufs einschließlich der Bonitätsprüfung geht, und dafür bedarf es eines dreiwöchigen Zeitraums nicht.[2] Demgegenüber soll eine Klausel, die eine vierwöchige Bindung an das Angebot vorsieht, jedenfalls dann noch angemessen sein, wenn kein Alltagsgeschäft vorliegt, sondern ein hochwertiges technisches Gerät verkauft wird.[3] Weder nach § 307 noch nach § 308 Nr. 1 unwirksam soll daher eine vierwöchige Angebotsfrist in einem Vertrag über die Lieferung einer Heizung im Baukastensystem ein.[4]

M 153 **b) Automatische Annahme durch Verkäufer.** Oftmals sehen AGB Klauseln vor, denen zufolge der Vertrag als vom Verwender angenommen gilt, wenn der Verwender den Abschluss des Vertrages nicht binnen einer bestimmten Frist ablehnt.

M 154 **aa) Einbeziehung.** Insofern ist zunächst sorgsam zu prüfen, ob eine solche Klausel, die ja den Vertragsschluss zu regeln sucht, überhaupt Gegenstand einer vertraglichen Vereinbarung ist. Dies kann z. B. dann der Fall sein, wenn sie Teil eines Rahmenvertrags ist oder wenn die Parteien die Geltung der Klausel noch im Rahmen der Anbahnung des Hauptvertrags vereinbart haben.[5]

M 155–157 **bb) Wirksamkeit.** Darüber hinaus stellt sich die Frage nach der Wirksamkeit. Siehe dazu § 310 Rz V 277–280.

3. Preis

M 158–159 Zu Preiserhöhungsklauseln sei auf die Ausführungen zu § 309 Nr. 1 verwiesen.

4. Leistung des Möbelhändlers

M 160 **a) Leistungsbeschreibung.** Eine nicht nach § 308 Nr. 4 unwirksame bloße Leistungsbeschreibung enthält die Klausel „bei Kastenmöbeln bezieht sich die Holzbezeichnung auf die sichtbaren Frontflächen".[6] Eine Klausel, wonach die Richtigkeit von Maßen und Skizzen bestätigt wird, ist dagegen kontrollfähig und verstößt gegen § 309 Nr. 12 b.[7] Im Übrigen sei auf die einschlägigen Ausführungen zu § 308 Nr. 4 verwiesen.[8]

M 161 **b) Abweichungsvorbehalt.** Ein Abweichungsvorbehalt bezüglich unwesentlicher Änderungen besteht im Regelfall schon nach dispositivem Recht (§ 242), so dass eine entsprechende Klausel grundsätzlich gemäß § 307 III 1 der Inhaltskontrolle

[1] S. § 308 Nr. 1 Rz 16. Wie hier BGH NJW 2001, 303, 303 (zu § 10 Nr. 1 AGBG). Für die Wirksamkeit einer dreiwöchigen Frist dagegen OLG Köln NJW-RR 2001, 198, 198 (zu §§ 9, 10 Nr. 1 AGBG); *Ulmer/Christensen* Anh. § 310 Rz 459.

[2] BGH NJW 2001, 303, 303 (zu § 10 Nr. 1 AGBG).

[3] OLG Düsseldorf NJW 2005, 1515, 1516.

[4] OLG Düsseldorf NJW 2005, 1515, 1516.

[5] OLG Düsseldorf NJW 2005, 1515, 1515.

[6] OLG Koblenz NJW-RR 1993, 1078, 1079; *M. Wolf* EWiR 1/87, 423.

[7] BGH NJW 1986, 2574, 2575 (zu § 11 Nr. 15 b AGBG).

[8] S. § 308 Nr. 4 Rz 15 ff.

entzogen ist.[1] Nach § 307 III 1 unbedenklich ist auch eine Klausel, die klarstellt, dass bei Gattungsschulden solche Abweichungen nicht zu beanstanden sind, die im Rahmen einer Leistung von mittlerer Art und Güte (§ 243 II) bleiben.[2] Soweit Abweichungsvorbehalte vom dispositiven Recht abweichen, unterliegen sie der Kontrolle anhand des § 308 Nr. 4. Auf die Ausführungen zu dieser Vorschrift sei verwiesen. Hinzunehmen ist beispielsweise eine Klausel, die handelsübliche Abweichungen erlaubt.[3] Zumindest soll dies für den Fall gelten, dass die Klausel nur Abweichungen in Struktur und Farbe erfasst, die in der Natur der verwendeten Materialien liegen.[4] An dieser Rechtsprechung wird man festhalten müssen, und zwar auch im Falle des Verbrauchsgüterkaufs.[5]

c) Teilleistungen. Eine Klausel, die Teillieferungen entgegen § 266 ohne Einschränkung gestattet, ist nach § 307 unwirksam, weil dies den Gebrauch erheblich beeinträchtigen kann und auch die Gefahr von Farbabweichungen mit sich bringt.[6] **M 162**

5. Lieferfristen

a) Allgemeines. Klauseln über Lieferfristen sind insbesondere an § 308 Nr. 1 zu messen. Insofern kann auf die Ausführungen zu dieser Vorschrift verwiesen werden.[7] Eine Klausel, nach der sich der Verkäufer „bemühen" will, die angegebenen Termine einzuhalten, hebt die Pflicht zur fristgerechten Lieferung auf und steht damit einer nicht hinreichend bestimmten Frist gleich, die nach § 308 Nr. 1 unwirksam ist.[8] Nicht hinreichend bestimmt und deshalb nach § 308 Nr. 1 unwirksam ist auch eine Lieferfrist, deren Beginn mit dem „Ende der Widerrufsfrist" angesetzt ist, weil dieses Ende nicht sicher und einheitlich feststeht.[9] **M 163**

b) „Nachfrist" als Lieferfrist. In Klausel Nr. V 1 der AGB Möbel ist vorgesehen, dass der Käufer bei Nichteinhaltung einer vereinbarten Lieferfrist eine angemessene **Nachfrist** zu gewähren hat. Diese Nachfrist ist keine Nachfrist im Sinne von § 323 I, sondern eine Verlängerung der Lieferfrist, die folglich der Kontrolle anhand von § 308 Nr. 1 unterliegt. Da der Begriff der Angemessenheit nicht hinreichend bestimmt ist, ist die Klausel unwirksam.[10] Dass der Vertrag die Bestimmung der Nachfrist dem Kunden überlässt, kann die Klausel nicht vor der Unwirksamkeit bewahren, weil der Kunde eben eine angemessene Frist bestimmen soll, ohne dass die Klausel vorgibt, wie lang diese Frist zu sein hat. Wegen Verstoßes gegen § 308 Nr. 1 unwirksam ist auch eine Verlängerungsfrist von 3 Monaten im Anschluss an eine als annähernd bezeichnete Lieferfrist.[11] Und Gleiches gilt für eine Frist von 6 Wochen, wenn sie nicht nach der Dauer der ursprünglichen Lieferfrist differenziert.[12] **M 164**

---

[1] Für Wirksamkeit auch OLG Bamberg AGBE IV Nr. 4 (zum ABG-Gesetz). S. auch § 308 Nr. 4 Rz 29.
[2] *Löwe/von Westphalen* § 10 Nr. 4 Rz 20; *Staudinger/Coester-Waltjen* § 308 Nr. 4 Rz 5 unter II.1.a).
[3] BGH NJW 1987, 1886, 1886 (zu § 9 AGBG). S. auch 308 Nr. 4 Rz 29.
[4] BGH NJW 1987, 1886, 1886 (zu § 9 AGBG).
[5] S. § 308 Nr. 4 Rz 44–49.
[6] OLG Koblenz NJW-RR 1993, 1078, 1079 (zu § 9 AGBG).
[7] S. § 308 Nr. 1 Rz 29–56.
[8] OLG Oldenburg NJW-RR 1992, 1527, 1528 (zu § 10 Nr. 1 AGBG).
[9] OLG Koblenz NJW-RR 1993, 1078, 1079 (zu § 10 Nr. 1 AGBG).
[10] S. § 308 Nr. 1 Rz 53.
[11] BGH NJW 1983, 1320, 1320 (zu § 10 Nr. 1 AGBG).
[12] OLG Hamm NJW-RR 1987, 311, 315 (zu § 10 Nr. 1 AGBG).

M 165 **c) Fristverlängerungen.** Allgemein sind Klauseln, die eine Verlängerung der Leistungsfrist vorsehen, an § 308 Nr. 1 zu messen.[1] Unbestimmt ist die Leistungsfrist grundsätzlich dann, wenn der Fälligkeitszeitpunkt für den Verwendungsgegner nicht berechenbar ist.[2] Unwirksam ist daher eine Klausel des Inhalts „Vom Verkäufer nicht zu vertretene Störungen im Geschäftsbetrieb des Verkäufers oder bei dessen Vorlieferanten, insbesondere Arbeitsausstände und Aussperrungen, sowie Fälle höherer Gewalt, die auf einem unvorhersehbaren und unverschuldeten Ereignis beruhen, verlängern die Lieferzeit entsprechend."[3]

6. Annahmeverzug

M 166 Die Rechtsfolgen des **Annahmeverzugs,** insbesondere der Übergang der Sach- und Preisgefahr, dürfen nicht allein wegen des Ablaufs eines vereinbarten Liefertermins unter Verzicht auf ein ordnungsgemäßes Angebot (§§ 294, 295) und ohne Berücksichtigung einer vorübergehenden Annahmeverhinderung angeordnet werden.[4] Eine Klausel, die nach Ablauf des vereinbarten Liefertermins die Lagerung der Möbel auf Gefahr des Käufers vorsieht, ist deshalb nach § 307 unwirksam.[5]

7. Rücktrittsrecht des Verwendungsgegners

M 167–168 In Nr. VI 2 der AGB Möbel heißt es: „Vom Verkäufer nicht zu vertretende Störungen im Geschäftsbetrieb des Verkäufers oder bei dessen Vorlieferanten [...] verlängern die Lieferzeit entsprechend. Zum Rücktritt ist der Käufer nur berechtigt, wenn er in diesen Fällen nach Ablauf der vereinbarten Lieferfrist die Lieferung schriftlich anmahnt und diese dann nicht innerhalb einer zu setzenden angemessenen Nachfrist nach Eingang des Mahnschreibens des Käufers beim Verkäufer an den Käufer erfolgt." Der erste Satz dieser Regelung scheitert an § 308 Nr. 1 (s. Rz M 165). Aber auch der zweite Satz ist unwirksam, und zwar selbst dann, wenn man entgegen der hier vertretenen Auffassung von der Wirksamkeit des ersten Satzes ausgeht. Zwar liegt kein Verstoß gegen § 309 Nr. 8 a vor, weil die Klausel nur Fälle einer nicht zu vertretenden Störung erfasst. Doch verstößt die Klausel gegen § 308 Nr. 2. Denn sie verlangt die Setzung einer angemessenen Nachfrist auch in solchen Fällen, in denen die Fristsetzung nach § 323 II entbehrlich ist. Ist die Fristsetzung aber nach dem Gesetz entbehrlich, so ist jede auch noch so kurze Nachfrist unangemessen lang im Sinne des § 308 Nr. 2.[6] Will man in diesen Fällen nicht § 308 Nr. 2 zur Anwendung bringen, so müsste man jedenfalls auf § 307 zurückgreifen. Auch die Auferlegung eines generellen Mahnungserfordernisses ist jedenfalls deshalb nach § 307 unangemessen, weil die Klausel auch Fälle erfasst, in denen es nach dem Gesetz nicht einmal einer Fristsetzung bedarf. Nach § 308 Nr. 2 unwirksam ist auch eine Regelung, die das Rücktrittsrecht des Käufers stets davon abhängig macht, dass eine Nachfrist von 4 Wochen gesetzt wird.[7] Auch wenn im Einzelfall eine längere Nachfrist noch als angemessen eingestuft werden könnte, ist eine Klausel unwirksam, wenn ihr Anwendungsbereich nicht auf die relevanten

---

[1] S. § 308 Nr. 1 Rz 29 ff.
[2] BGH NJW 1985, 855, 856 zu II 2 (zu § 10 Nr. 1 AGBG).
[3] S. schon § 308 Nr. 1 Rz 54. A.A. aber OLG Köln NJW-RR 2001, 198, 199 (zu § 10 Nr. 1 AGBG). BGH NJW 2001, 292, 296 lässt die Wirksamkeit einer entsprechenden Klausel in einem Neuwagenkaufvertrag offen.
[4] S. Anh. § 310 Rz A 143.
[5] BGH NJW 1985, 320, 323 (zu § 9 AGBG).
[6] S. § 308 Nr. 2 Rz 5.
[7] BGH NJW 1985, 320, 323 (zu § 10 Nr. 2 AGBG).

Sonderfälle beschränkt ist.[1] Unangemessen ist auf jeden Fall eine Nachfrist von 3 Monaten.[2]

8. Rücktrittsrecht des Verkäufers

a) Allgemeines. Klauseln, die dem Verkäufer ein Recht zum Rücktritt vom Vertrag einräumen, sind an § 309 Nr. 5, 309 Nr. 8, aber auch an § 307 zu messen. **M 169**

b) Die AGB-Möbel. Die AGB-Möbel enthalten verschiedene Rücktrittsrechte zugunsten des Verwenders. **M 170**

aa) Höhere Gewalt/Selbstbelieferung. So ist ein Rücktrittsrecht des Verwenders zunächst für den Fall vorgesehen, dass „der Hersteller die Produktion der bestellten Ware eingestellt hat oder Fälle höherer Gewalt vorliegen, sofern diese Umstände erst nach Vertragsabschluß eingetreten sind, zum Zeitpunkt des Vertragsabschlusses nicht vorhersehbar waren und der Verkäufer die Nichtbelieferung nicht zu vertreten hat und er ferner nachweist, sich vergeblich um Beschaffung gleichartiger Ware bemüht zu haben". Sodann heißt es: „Über die genannten Umstände hat der Verkäufer den Käufer unverzüglich zu benachrichtigen und ihm die erbrachten Gegenleistungen unverzüglich zu erstatten." Diese Rücktrittsregelung verstößt nicht gegen § 308 Nr. 8, weil sie die in dieser Vorschrift geforderte Hinweispflicht enthält. Schwieriger ist die Frage zu beantworten, ob sie auch im Übrigen wirksam ist. Die Klausel kombiniert ein Rücktrittsrecht für den Fall höherer Gewalt mit einem Rücktrittsrecht für den Fall fehlender Belieferung des Verkäufers. Nach der hier vertretenen Auffassung sind Höhere-Gewalt-Klauseln[3] ebenso wie Selbstbelieferungsklauseln[4] ohne weiteres unwirksam, wenn sie auch für den Fall ein Rücktrittsrecht gewähren, dass sich die Verfügbarkeit der zu liefernden Ware lediglich verzögert. Da auch diese Konstellation von der oben zitierten Klausel erfasst zu sein scheint, wird man die Klausel als unwirksam einstufen müssen.[5] Nach Auffassung des BGH sollen **Selbstbelieferungsklauseln** zwar grundsätzlich wirksam sein, wenn das Rücktrittsrecht auf den Fall beschränkt wird, dass (1) der Verwender ein **Deckungsgeschäft** abgeschlossen hat, (2) der Verwender von seinem Lieferanten im Stich gelassen worden ist und (3) die Klausel außerdem klarstellt, dass der Verwender das Ausbleiben der Belieferung nicht zu vertreten hat.[6] Doch hat der BGH zu erkennen gegeben, dass „ein Lösungsrecht, das auch bei nur kurzfristigen [...] Leistungshindernissen eingreift, [...] durch ein anerkennenswertes Interesse des AGB-Verwenders nicht mehr gedeckt und nicht mehr sachlich gerechtfertigt ist".[7] Da die Klausel auch eine bloß kurzfristige Einstellung der Produktion zu erfassen scheint und darüber hinaus auch in solchen Fällen Geltung beansprucht, in denen die Verfügbarkeit der Ware sich infolge höherer Gewalt nur verzögert, dürfte die Klausel auch nach den vom BGH aufgestellten Grundsätzen unwirksam sein. **M 171**

bb) Pflichtverletzungen. Wirksam ist dagegen eine Klausel in den AGB Möbel, die dem Verwender ein Rücktrittsrecht für den Fall zugesteht, dass der Ver- **M 172**

---

[1] BGH NJW 1985, 320, 323 (zu § 10 Nr. 2 AGBG).

[2] S. auch BGH NJW 1983, 1320, 1320: Eine Klausel, nach der die ursprünglichen Lieferfristen um drei Monate überschritten werden können, ist nach § 10 Nr. 1 AGBG (§ 308 Nr. 1) unwirksam.

[3] S. § 308 Nr. 3 Rz 46.

[4] S. § 308 Nr. 3 Rz 47–49.

[5] Für Unwirksamkeit i.E. wohl auch *Ulmer/Christensen* Anh. § 310 Rz 459, da die Klausel auch dann Geltung beanspruche, wenn der Verkäufer das Beschaffungsrisiko übernommen habe.

[6] BGH NJW 1983, 1320, 1321 (zu § 10 Nr. 3 AGBG). Ebenso z. B. *Bamberger/Becker* § 308 Nr. 3 Rz 29; *Erman/Roloff* § 308 Rz 23.

[7] BGH NJW 1983, 1320, 1321 (zu § 10 Nr. 3 AGBG).

wendungsgegner seine – ebenfalls in den AGB Möbel – vorgesehenen Pflichten verletzt, das Vorbehaltseigentum des Verkäufers zu wahren und einen Standortwechsel sowie Eingriffe Dritter, insbesondere **Pfändungen,** unverzüglich **schriftlich mitzuteilen.**[1] Denn auch ein Verbraucher wird diese Klausel dahingehend verstehen, dass nur die schuldhafte Verletzung entsprechender Pflichten gemeint sein soll.[2]

M 173 **c) Sonstige Rücktrittsklauseln.** Eine Klausel, die dem Verkäufer ein Rücktrittsrecht für den Fall der **Abnahmeverweigerung** einräumt, ist jedenfalls dann nach § 307 unwirksam, wenn sie so formuliert ist, dass sie auch den Fall einer berechtigten Verweigerung der Abnahme erfasst.[3] Unwirksam ist daher eine Klausel, die lediglich in der Überschrift den Begriff „Abnahmeverzug" verwendet, deren Text aber lediglich bestimmt: „Wenn der Käufer nach Ablauf einer ihm vom Verkäufer gesetzten angemessenen Frist die Abnahme verweigert oder vorher ausdrücklich erklärt, nicht abnehmen zu wollen, kann der Verkäufer vom Vertrag zurücktreten und/oder Schadensersatz statt der Leistung verlangen."[4] Häufig sind Rücktrittsrechte für den Fall vorgesehen, dass der Käufer **falsche Angaben** macht. Hinsichtlich der Wirksamkeit dieser Klauseln kann auf die im Rahmen des § 308 Nr. 3 gemachten Ausführungen verwiesen werden.[5] Wirksam ist beispielsweise eine Klausel, die dem Verkäufer ein Rücktrittsrecht für den Fall zugesteht, dass „der Käufer über die seine Kreditwürdigkeit bedingenden Tatsachen unrichtige Angaben gemacht hat, es sei denn, der Käufer leistet unverzüglich Vorauskasse".[6] Auch für den Fall der **nicht pünktlichen Zahlung** gewähren AGB dem Verkäufer vielfach Rücktrittsrechte.[7] Eine Klausel, nach der der Verkäufer bei jeder **Zahlungseinstellung** des Kunden vom Vertrag zurücktreten kann, verstößt gegen § 309 Nr. 4, da sie den Verkäufer für den Fall des Zahlungsverzuges vom Erfordernis der Fristsetzung (§ 323 I) entbindet.[8] Aus dem gleichen Grunde ist eine Klausel nach § 309 Nr. 4 unwirksam, nach der der Verkäufer zurücktreten kann, wenn der Käufer ein **Moratorium** beantragt.[9] Unwirksam ist ferner eine Klausel, die ein Rücktrittsrecht bei jeder auch nur kurzfristigen **Verzögerung**[10] oder auch bei jeder erheblichen **Verteuerung**[11] der Lieferung gelten soll. Eine Klausel, die als Rücktrittsgrund **Betriebsstörungen** jeder Art oder sonstige Umstände irgendwelcher Art angibt, ist mangels ausreichender **Bestimmtheit** des im Vertrag angegebenen Grundes unwirksam und kann auch nicht auf einen zulässigen Inhalt reduziert werden.[12] Eine Klausel, die dem Verkäufer als Verwender ein Rücktrittsrecht bei Zahlungsverzug einräumt, ist nach § 309 Nr. 4 unwirksam, weil dadurch konkludent das Erfordernis Fristsetzung (§ 323 I) ausgeschlossen wird.[13] Dazu reicht es im Verbandsklage-

---

[1] OLG Köln NJW-RR 2001, 198, 201 (zu § 10 Nr. 3 AGBG).

[2] OLG Köln NJW-RR 2001, 198, 201 (zu § 10 Nr. 3 AGBG).

[3] OLG München NJW-RR 2004, 212, 212.

[4] OLG München NJW-RR 2004, 212, 212. A.A. aber *von Westphalen* NJW 2004, 1993, 1997, unter Hinweis darauf, dass die Klausel den fruchtlosen Ablauf einer Frist voraussetze. Entgegen *von Westphalen* ist jedoch nicht einzusehen, dass dieses Erfordernis die Anwendung der Klausel auf Fälle der unberechtigten Abnahmeverweigerung auszuschließen vermag.

[5] S. § 308 Nr. 3 Rz 74.

[6] OLG München NJW-RR 2004, 212, 212. S. im Einzelnen § 308 Nr. 3 Rz 74.

[7] S. dazu § 308 Nr. 3 Rz 65–69.

[8] BGH NJW 1995, 1488, 1490 (zu § 11 Nr. 4 AGBG).

[9] Für Unwirksamkeit auch BGH NJW 1995, 1488, 1490 (zu § 10 Nr. 3 AGBG).

[10] Für Unwirksamkeit auch BGH NJW 1983, 1320, 1321 (zu § 10 Nr. 3 AGBG). S. dazu auch § 308 Nr. 3 Rz 35.

[11] BGH NJW 1983, 1320, 1321 (zu § 10 Nr. 3 AGBG).

[12] BGH NJW 1983, 1320, 1321 (zu § 10 Nr. 3 AGBG).

[13] BGH NJW 1983, 1320, 1322 (zu § 11 Nr. 4 AGBG).

verfahren aus, dass es zu Fallgestaltungen kommen kann, die eine Fristsetzung erfordern. Ob im Einzelfall besondere Individualvereinbarungen zur Anwendung von § 323 II berechtigen, ist dabei ohne Bedeutung.[1] Gemäß § 307 unwirksam ist auch eine Klausel, die dem Möbelhändler für den Fall „eines **Rechenfehlers** oder einer Preisverwechslung auf Seiten des Verkäufers" ein Rücktrittsrecht vom Kaufvertrag einräumt.[2]

Wirksam ist aber eine Rücktrittsklausel, sofern sie sich erkennbar auf die Verletzung der Pflicht zur pfleglichen Behandlung der unter Eigentumsvorbehalt gelieferten Möbel bezieht.[3] **M 174**

9. Schadensersatzregelungen

a) Haftungsausschlüsse und -beschränkungen. Soweit Schadensersatzansprüche des Käufers ausgeschlossen oder beschränkt werden, finden die für Haftungsausschlüsse und -beschränkungen geltenden Regeln Anwendung. Auf die entsprechenden Ausführungen[4] kann an dieser Stelle verwiesen werden. **M 175**

b) Beispiele. Im Folgenden seien lediglich einige Beispiele hervorgehoben. Hinsichtlich des Ersatzes von **Transportschäden** kann eine Tatbestandsmeldung vom Käufer verlangt werden. Das Verlangen der **Hinzuziehung von zwei Zeugen** schränkt jedoch die Beweismöglichkeiten des Käufers für das Vorliegen eines Transportschadens ein und ist deshalb nach § 309 Nr. 12 unwirksam.[5] Das Erfordernis, die beschädigten Gegenstände im ursprünglichen Zustand bereitzuhalten, kann sich als **Benutzungsverbot** auswirken und ist insoweit nach § 307 unwirksam.[6] Auch die Haftung für Beschädigung und Verlust von **Beipack** kann nach § 309 Nr. 7 nicht vollkommen ausgeschlossen werden.[7] **M 176**

c) Schadensersatzpauschalen. Für Schadenspauschalierungen gilt § 309 Nr. 5. Auf die Ausführungen zu dieser Vorschrift sei an dieser Stelle verwiesen. Eine Klausel, wonach bei **Annahmeverzug** des Kunden monatlich 2,5 % des Kaufpreises der Möbel als **Lagergebühr** zu zahlen sind, soll nach der Rechtsprechung gemäß § 309 Nr. 5 unwirksam sein.[8] Richtigerweise handelt es sich bei dem hier pauschalierten Anspruch, nämlich dem Anspruch aus § 304, nicht um einen Schadensersatzanspruch, sondern um einen Aufwendungsersatzanspruch,[9] doch ergibt sich die Unwirksamkeit der Klausel aus § 307.[10] Eine Schadenspauschale für die **erste Mahnung** ist nach § 309 Nr. 4 unwirksam.[11] **M 177**

---

[1] BGH NJW 1983, 1320, 1322 (zu § 11 Nr. 4 AGBG).
[2] OLG Koblenz NJW-RR 1993, 1078, 1078 (zu § 9 AGBG).
[3] BGH NJW 1985, 320, 325 (zum AGB-Gesetz).
[4] S. insbesondere § 309 Nr. 7 Rz 90 ff. (Verbraucher), 135 ff. (Unternehmer).
[5] Für Unwirksamkeit auch OLG Oldenburg NJW-RR 1992, 1527, 1257, das allerdings § 9 AGBG (§ 307) heranzieht.
[6] OLG Oldenburg NJW-RR 1992, 1527, 1257 (zu § 9 AGBG).
[7] BGH NJW 1995, 1488, 1489 f. (zu § 11 Nr. 7 AGBG).
[8] So OLG Hamm NJW-RR 1987, 311, 313 (zu § 11 Nr. 5 AGBG).
[9] Dazu, dass § 304 keinen Schadensersatzanspruch vorsieht, siehe z. B. *Palandt/Heinrichs* § 304 Rz 1.
[10] Zur Kontrolle von Pauschalen, die andere Ansprüche als Schadensersatzansprüche pauschalieren, siehe auch § 309 Nr. 5 Rz 47–49.
[11] S. § 309 Nr. 4 Rz 30.

10. Mängelhaftung

M 178–181 Sofern es sich bei dem Möbelkauf um einen Verbrauchsgüterkauf (§ 474) handelt, kann sich der Verkäufer nach § 475 I 1 nicht auf eine vor Mitteilung des Mangels getroffene Vereinbarung berufen, durch die zum Nachteil des Verbrauchers von den §§ 433-435, 435, 437, 439-443 abgewichen wird. Auch ist in diesem Falle eine Verkürzung der Verjährung mit Blick auf die in § 437 genannten Ansprüche nur in den Grenzen des § 475 II möglich. Lediglich der Ausschluss oder die Beschränkung des Anspruchs auf Schadensersatz ist gemäß § 475 III nicht an § 475 I, II zu messen. Wenn der Käufer kein Verbraucher ist, können AGB-Bestimmungen zur Mängelhaftung immer noch nach **§ 478 IV, V** unbeachtlich sein. Formularmäßige Regelungen der Mängelhaftung sind außerdem an § 307 zu messen. Gegenüber Verbrauchern sind darüber hinaus **§ 309 Nr. 7 und § 309 Nr. 8** zu beachten. Insofern mag auf die entsprechenden Ausführungen im Rahmen dieser Vorschriften verwiesen werden.[1] Nach § 309 Nr. 8 b aa unwirksam ist beispielsweise eine Klausel, der zufolge sich die Mängelhaftung nicht auf Mängel erstreckt, die durch Feuchtigkeit, starke Erwärmung der Räume oder sonstige Temperatur- oder Witterungseinflüsse entstehen.[2] Auch § 309 Nr. 12 gilt es zu berücksichtigen. Als Beweislastklausel nach § 309 Nr. 12 unwirksam ist beispielsweise die vorgedruckte Bestätigung, die Ware in einwandfreiem Zustand erhalten zu haben.[3]

11. Gefahrtragung

M 182 Ob es sich bei der Schuld des Verkäufers um eine Hol-, Schick- oder Bringschuld handelt, ist im Wege der Auslegung zu ermitteln. Dabei kommt es wegen § 305 b vorrangig auf die Individualabrede an. Auch ist § 269 III zu beachten. Sofern von einer Bringschuld auszugehen ist, muss eine Klausel, die die Gefahr mit Aushändigung an den Transporteur auf den Käufer übergehen lässt, als unangemessen im Sinne des § 307 eingestuft werden.[4] Auf die allgemeinen Ausführungen zu **Gefahrtragungsklauseln**[5] sei an dieser Stelle verwiesen.

12. Sonstige Klauseln

M 183–190 Möbelkaufverträge enthalten darüber hinaus oftmals eine Reihe von Klauseln, die auch in anderen Vertragstypen häufig anzutreffen sind und deshalb im Rahmen dieses Werkes an anderer Stelle kommentiert werden. Dies gilt z. B. für **Eigentumsvorbehaltsklauseln,**[6] **Schriftformklauseln**[7] und **Verfallsklauseln.**[8] Nach § 307 unwirksam ist eine **Lohn- und Gehaltsabtretungsklausel.**[9] Klauseln, die generell zu **Teillieferungen** berechtigen und den Eindruck erwecken, das Recht auf Schadensersatz wegen Nichterfüllung oder Rücktritt vom ganzen Vertrag sei ausgeschlossen, sind zumindest nach § 307 unwirksam.[10] Darüber hinaus kann je

[1] S. die Anmerkungen zu § 309 Nr. 7 und § 309 Nr. 8.
[2] OLG Koblenz NJW-RR 1993, 1078, 1080 (zu § 11 Nr. 10a AGBG).
[3] S. § 309 Nr. 12 Rz 53.
[4] S. Anh. § 310 Rz G 127. Wie hier wohl OLG Oldenburg NJW-RR 1992, 1527, 1528 (zu § 9 AGBG).
[5] S. Anh. § 310 Rz G 111–140.
[6] S. Anh. § 310 E Rz 11 ff.
[7] S. Anh. § 310 Rz S 71 ff.
[8] S. § 308 Nr. 3 Rz 18, § 309 Nr. 6 Rz 16–19, Anh. § 310 Rz V 21–40.
[9] OLG Hamm BB 1983, 1304, 1307 (zu § 9 AGBG).
[10] Für einen Verstoß gegen § 9 AGBG (§ 307) i.E. auch OLG Hamm NJW-RR 1987, 311, 316 (§ 9 AGBG).

nach der Fassung der Klausel auch ein Verstoß gegen § 309 Nr. 8 a gegeben sein,[1] wenn die Klausel nämlich auch für den Fall gelten soll, dass der Verwender schuldhaft nicht vollständig liefert. Eine Klausel, die für das **Mahnverfahren** generell den Sitz des Verkäufers als Gerichtsstand festlegt, ist dahin auszulegen, dass sie nicht nur für Mahnverfahren gegen den Käufer, sondern auch für Mahnverfahren gegen den Verkäufer gelten will. Sie ist deshalb wegen Verstoßes gegen §§ 40 II, 689 II 1 ZPO unzulässig. Zugleich ist sie nach § 307 unwirksam.[2] Auf die allgemeinen Ausführungen zu **Gerichtsstandsklauseln**[3] sei an dieser Stelle verwiesen. Als unangemessen und daher unwirksam angesehen worden ist eine **Vorleistungsklausel**[4] in einem Vertrag über ein Einbauküche, der zufolge 30 % des Entgelts bei Auftragserteilung und die übrigen 70 % bei „Anlieferung / Montagebeginn" bezahlt werden sollten.[5]

*

Musterprozessklauseln

Zu den AGB bei Musterprozessklauseln s. Rz P 67 ff.

*

Neuwagenkauf

Inhaltsübersicht

---

[1] I.E. auch OLG Hamm NJW-RR 1987, 311, 316 (§ 9 AGBG).

[2] BGH NJW 1985, 320, 322 (zu § 9 AGBG).

[3] S. auch die allgemeinen Ausführungen zu Gerichtsstandsklauseln unter Anh. § 310 Rz G 141–200.

[4] Allgemein zu Vorleistungsklauseln s. § 309 Nr. 2 Rz 8 ff., § 309 Nr. 3 Rz 20, Anh. § 310 Rz V 501 ff.

[5] OLG Frankfurt a.M. NJW-RR 2001, 55, 56 (zu § 9 AGBG). S. ferner OLG Köln NJW-RR 2002, 1487, 1487 (zu § 9 AGBG): Unwirksamkeit einer Vorleistungsklausel in einem Vertrag über eine Einbauküche, nach welcher das Entgelt vor Montagebeginn zu zahlen ist.

Schrifttum: *Binder,* Die Inzahlungnahme gebrauchter Sachen vor und nach der Schuldrechtsreform am Beispiel des Autokaufs „Alt gegen Neu“, NJW 2003, 393; *Creutzig,* Recht des Autokaufs, 3. Aufl. 1993; *Jung,* Die Rechtsprechung zu den Neuwagen-Verkaufsbedingungen und ihre Folgen für die Praxis, BB 1981, 1606; *ders.,* Ende der Tagespreisklauseldiskussion, BB 1983, 1058; *Kötz,* Die Rückwirkung von Unterlassungsurteilen gemäß §§ 13 ff. AGB-Gesetz. Dargestellt am Beispiel der Tagespreisklauseln, BB 1982, 644; dazu *Löwe* BB 1982, 648; *ders.,* Folgerungen aus der Verwerfung der Tagespreisklausel in den Neuwagen-Verkaufsbedingungen durch den Bundesgerichtshof, BB 1982, 152; *ders.,* Zur Unwirksamkeit der Tagespreisklausel beim Neuwagenverkauf, DAR 1982, 34; *Pfeiffer,* in: *von Westphalen,* AGB, Neuwagenkauf, 2004; *Reinking/Eggert,* Der Autokauf, 9. Aufl. 2005; *dies.,* Kauf von EU-Fahrzeugen und deren Weiterverkauf, NZV 1999, 7; *Salje,* Zur Unwirksamkeit von Tagespreisklauseln in Automobil-Kaufverträgen und den sich daraus ergebenden Rechtsfolgen, DAR 1982, 88; *Ulmer,* Kaufpreis für Neuwagen bei Unwirksamkeit der Tagespreisklausel, BB 1982, 1125.

1. Allgemeines

N 1 Beim Neuwagenkauf ist es in aller Regel der Verkäufer, der sich vorformulierter Vertragsbedingungen bedient. Dementsprechend sind es Verkaufsbedingungen für Neuwagen, die im Folgenden im Vordergrund stehen. Hinsichtlich der Verwendung von AGB durch den Käufer muss auf die Ausführungen zum Stichwort Einkaufsbedingungen verwiesen werden.[1]

N 2 a) **Konditionenempfehlung.** Der Zentralverband des Kraftfahrzeuggewerbes (ZDK), der Verband der Automobilindustrie (VDA) und der Verband der Importeure von Kraftfahrzeugen (VdIK) haben „Allgemeine Geschäftsbedingungen für den Verkauf von fabrikneuen Kraftfahrzeugen und Anhängern (Neuwagen-Verkaufsbedingungen)“, im Folgenden: „NWVB“, empfohlen, die im Jahre 2001 neu gefasst und im Jahre 2003 erneut geändert wurden.[2]

N 3 b) **Anwendbares Recht.** Die AGB des Neuwagenverkäufers unterliegen der AGB-rechtlichen Inhaltskontrolle. Wird der Neuwagen an einen Verbraucher (§ 13) veräußert und handelt es sich beim Verkäufer, was nahezu immer der Fall sein wird, um einen Unternehmer (§ 14), so finden zudem auch die §§ 474 ff. Anwendung. Außerdem ist zu berücksichtigen, dass beim Neuwagenkauf oftmals ein **Zahlungsaufschub** gewährt wird. Dementsprechend sind vielfach auch die §§ 499 ff. anwendbar. Dies führt unter anderem zur Notwendigkeit einer Widerrufsbelehrung gemäß 499 I, 495 I, 355 II. Wird an Stelle der Stundung des Kaufpreises durch den Verkäufer die Finanzierung durch das Darlehen eines Dritten, insbesondere einer Bank, bewerkstelligt, so ist bei verbundenen Verträgen der in § 359 vorgesehene Einwendungsdurchgriff zu beachten.

N 4 c) **Abgrenzung Neuwagen/Gebrauchtwagen.** Die im Rahmen der Sachmängelhaftung vielfach auftauchende Frage, wann ein Kfz als „fabrikneu“ beschrieben werden darf,[3] muss streng von der im Rahmen der §§ 309 Nr. 8 b, 474 I 2 relevanten Problematik getrennt werden, unter welchen Voraussetzungen ein Kaufvertrag über ein „neues“ Kfz vorliegt.[4]

---

[1] S. § 310 Rz E 91–130.

[2] BAnz 2001, S. 25.442, Änderung in BAnz 2003, S. 23.738.

[3] S. z. B. OLG Dresden NJW 1999, 1036, 1037 (zu § 459 II BGB a.F.): keine Frabrikneuheit bei fünfwöchiger Zulassung auf Händler; BGH NJW 2000, 2018, 2018: keine Fabrikneuheit, wenn Fahrzeugmodell bei Vertragsabschluss schon nicht mehr so produziert wird; BGH NJW 2004, 160, 160 (zu § 459 II a.F.): Fabrikneuheit, wenn das relevante Modell unverändert produziert wird, das konkrete Fahrzeug keine auf längere Standzeiten zurückgehenden Mängel aufweist und wenn außerdem nicht mehr als 12 Monate zwischen Herstellung und Vertragsabschluss liegen. Einen Überblick über die Rechtsprechung zur Fabrikneuheit gibt *Pfeiffer,* a.a.O., Rz 70.

[4] S. im Einzelnen Anh. § 310 Rz G 63.

2. Vertragsschluss

a) Auslegung des Angebots. Die Nennung eines Preises im Kaufformular spricht grundsätzlich dafür, dass dieser Preis als Kaufpreis und nicht nur als Orientierungsgröße oder Informationsgröße gewollt ist.[1] Deshalb ist der Kaufvertrag mangels Einigung über den Kaufpreis nach § 150 II unwirksam, wenn in der Auftragsbestätigung ein höherer Kaufpreis genannt ist als im Angebot.[2] N 5

b) Annahmefrist. Klauseln, die eine Bindung des Käufers an sein Angebot vorsehen, sind an § 308 Nr. 1 zu messen. Beim Kauf eines Neuwagens hat der BGH in einem Urteil aus dem Jahre 1989 unter Verweis auf die Notwendigkeit der Klärung von Liefermöglichkeiten und Finanzierungsfragen eine vierwöchige Frist als im Regelfall angemessen eingestuft.[3] Infolge der modernen Datenverarbeitung sollte es heute jedoch möglich sein, sowohl die relevanten Finanzierungsfragen als auch die Frage der Verfügbarkeit in kürzerer Zeit zu klären.[4] Vor diesem Hintergrund ist eine vierwöchige Frist beim Kauf eines Neuwagens nach richtiger Auffassung regelmäßig unangemessen.[5] Im Regelfall dürfte die zulässige Obergrenze beim Neuwagenkauf bei zwei Wochen liegen.[6] N 6

Nr. I.1 NWVB sieht vor, dass der Käufer „an die Bestellung höchstens bis vier Wochen, bei Nutzfahrzeugen bis sechs Wochen, sowie bei Fahrzeugen, die beim Verkäufer vorhanden sind, bis 10 Tage, bei Nutzfahrzeugen bis 2 Wochen“ gebunden ist. Wenngleich es in Nr. I.2 S. 1 NWVB zusätzlich heißt, dass der Kaufvertrag abgeschlossen sei, „wenn der Verkäufer die Annahme der Bestellung [...] innerhalb der jeweiligen genannten Fristen schriftlich bestätigt [...]“, lässt der in Nr. I.1 NWVB verwandte Begriff „höchstens“ entgegen der Auffassung des BGH[7] nur den Schluss zu, dass keine bindende Angebotsfrist, sondern nur eine Höchstfrist gewollt ist.[8] Nr. I.1 NWVB weicht also nicht zu Lasten des Käufers von der gesetzlichen Regelung (§ 147) ab.[9] Doch ist die Regelung in Nr. I.1 NWVB intransparent im Sinne des § 307 I 2, weil der durchschnittliche Kunde die Klausel leicht im Sinne einer den Kunden bindenden Angebotsfrist missverstehen kann.[10] N 7

c) Annahme. Gemäß Nr. I.2 S. 1 NWVB ist der Kaufvertrag abgeschlossen, „wenn der Verkäufer die Annahme der Bestellung [...] innerhalb der jeweiligen genannten Fristen schriftlich bestätigt oder die Lieferung ausführt“. Diese Regelung kann je nach den Umständen auf einen Verzicht auf die Annahmeerklärung hinauslaufen. Die AGB-mäßige Vereinbarung eines solche Verzichts ist nicht generell unwirksam.[11] Vielmehr bedarf es einer Abwägung der beiderseitigen Interessen.[12] Im vorliegenden Fall spricht für die Angemessenheit einer solchen Regelung, dass der N 8

---

[1] BGH NJW 1983, 1603, 1604; BGH NJW 1984, 1180, 1181.

[2] BGH NJW 1983, 1603, 1605.

[3] BGH NJW 1990, 1784, 1785 (zu § 10 Nr. 1 AGBG). So auch heute noch *Erman/Roloff* § 308 Nr. 1 Rz 5; *Bamberger/Becker* § 308 Nr. 1 Rz 9.

[4] LG Lüneburg NJW-RR 2002, 564, 564.

[5] LG Lüneburg NJW-RR 2002, 564, 564; *Pfeiffer,* a.a.O., Rz 11; *Ulmer/Christensen* Anh. § 310 Rz 456. Vorsichtiger OLG Frankfurt a.M. NJW-RR 1998, 566, 567: Vierwöchige Frist bei Kauf eines Neuwagens unwirksam, wenn der Wagen bereitsteht und keine weiteren Fragen zu klären sind.

[6] § 308 Nr. 1 Rz 15, 16.

[7] BGH NJW 1990, 1784, 1784.

[8] Ebenso *Pfeiffer,* a.a.O., Rz 11.

[9] Ebenso *Pfeiffer,* a.a.O., Rz 11.

[10] Ebenso *Pfeiffer,* a.a.O., Rz 11. Für die Wirksamkeit einer ähnlichen Klausel („Der Käufer ist an die Bestellung höchstens bis 4 Wochen, bei Nutzfahrzeugen bis 6 Wochen, gebunden.“) aber BGH NJW 1990, 1784, 1784 (zu § 10 Nr. 1 AGBG).

[11] § 310 Rz V 278.

[12] § 310 Rz V 278.

Käufer in aller Regel umgehend Kenntnis von der Lieferung des Wagens erlangen wird. Gleichwohl ist die Klausel im Ergebnis unwirksam. Denn bei kundenfeindlicher Auslegung kann sie dahingehend verstanden werden, dass der Vertrag nur auf den in der Klausel genannten Wegen zustande kommen soll, obwohl es den Parteien frei steht, die Klausel jederzeit, auch konkludent, abzubedingen.[1]

N 9 Nr. I.2 S. 2 NWVB legt dem Verkäufer für den Fall der Nichtannahme die Verpflichtung auf, den Besteller unverzüglich zu unterrichten. Auch diese Regelung verstößt gegen das Transparenzprinzip. Denn sie macht nicht deutlich, ob es für die Unverzüglichkeit auf den Zeitpunkt des Zugangs des Angebots oder auf denjenigen Zeitpunkt ankommt, in welchem sich der Verwender entscheidet, das Vertragsangebot nicht anzunehmen.[2] Freilich kann sich der Verkäufer schon nach allgemeinen Grundsätzen (§ 242) nicht auf die Unwirksamkeit der von ihm gestellten Klausel berufen.

3. Zahlungspflicht

N 10 a) **Preisänderungsklauseln.** Preisänderungsklauseln unterliegen zum einen der Kontrolle nach § 309 Nr. 1, zum anderen sind sie auch an § 307 zu messen.[3] Zu **Tagespreisklauseln** siehe § 309 Nr. 1 Rz 43, 44, 117, 127–128, 165–169. Zur Rechtsfolge bei der Unwirksamkeit von Tagespreisklauseln siehe § 309 Nr. 1 Rz 151–159. Enthalten die Verkaufsbedingungen eine Preiserhöhungsklausel für den Fall, dass zwischen Vertragsabschluss und vereinbartem Liefertermin mehr als vier Monate liegen und der Hersteller den Listenpreis ändert, und gewähren die Verkaufsbedingungen dem Käufer gleichzeitig ein **Rücktrittsrecht,** sofern die Preiserhöhung mehr als 5 % beträgt, so ist die Klausel so auszulegen, dass der Käufer auch dann zurücktreten kann, wenn die Preiserhöhung teilweise auf einer verbesserten Ausstattung beruht.[4]

N 11 b) **Fälligkeit.** Die Klausel, dass „der Kaufpreis und Preise für Nebenleistungen [...] bei Übergabe des Kaufgegenstands und Aushändigung oder Übersendung der Rechnung ohne Abzug zur Zahlung fällig“ sind, ist schon in Hinblick auf den Grundsatz der Zug-um-Zug-Leistung (§ 322) nicht zu beanstanden.[5] Man wird der Formulierung „ohne Abzug“ auch keinen nach § 309 Nr. 3 verstoßenden Aufrechnungsausschluss entnehmen können.[6] Hervorzuheben ist, dass die Fälligkeit nach der Klausel nicht vor der Übergabe bzw. Übersendung der Rechnung eintritt, auch wenn der Kaufgegenstand schon zu einem früheren Zeitpunkt übergeben wurde. Auch wird man den Begriff der Übersendung dahingehend auslegen müssen, dass der Zugang der Rechnung erforderlich ist.[7] Dies folgt nicht nur aus dem allgemeinen Sprachverständnis, dem zufolge die Übersendung etwas anderes als die Absendung ist, sondern auch aus der in der Klausel vorgenommenen Gleichstellung der Übersendung mit der Übergabe.

---

[1] Insofern liegt eine der einfachen Schriftformklausel vergleichbare Problematik vor. Zur Möglichkeit der Abbedingung von Schriftformerfordernissen s. Anh. § 310 Rz S 119–127.

[2] Für ein Verständnis im letzteren Sinne wohl *Pfeiffer,* a.a.O., Rz 12.

[3] S. hierzu § 309 Nr. 1 Rz 90 ff.

[4] OLG Hamm BB 1994, 1739.

[5] Für Wirksamkeit auch *Pfeiffer,* a.a.O., Rz 45.

[6] Anders, wenn es hieße „rein netto Kasse ohne Abzug“. S. z. B. *Bamberger/Dennhardt* § 387 Rz 32. Auch eine Klausel, der zufolge der geschuldete Betrag „sofort ohne Abzug“ zu bezahlen ist, verstößt gegen § 309 Nr. 2, weil sie das Leistungsverweigerungsrecht ausschließt. S. § 309 Nr. 2 Rz 24. Entgegen *Pfeiffer,* a.a.O., Rz 45, handelt es sich bei der hier interessierenden Klausel auch nicht um eine Barzahlungsklausel. Eine solche wäre nach § 309 Nr. 2 unwirksam. S. § 309 Nr. 3 Rz 16.

[7] Zutreffend *Pfeiffer,* a.a.O., Rz 44.

In der Praxis finden sich freilich auch zahlreiche andere Fälligkeitsklauseln. Soll der Käufer den Kaufpreis zahlen, bevor er die Gegenleistung erhält, gilt das zu Vorleistungsklauseln Gesagte.[1] Wegen der unangemessenen Festschreibung einer Vorleistungspflicht nach § 307 unwirksam ist beispielsweise eine Klausel, die vorsieht, dass der Kaufpreis „bei Übergabe des Kaufgegenstandes – spätestens jedoch acht Tage nach Zugang der schriftlichen Bereitstellungsanzeige – [...] fällig ist".[2] Dies gilt nicht nur, aber erst recht dann, wenn der Kunde acht Tage zur Prüfung der Mangelfreiheit des Wagens hat und der Verwender im Falle der Rüge von Mängeln acht Tage Zeit haben soll, um diese zu beseitigen.[3] Denn dann kann es zu einer Situation kommen, in welcher der Käufer zur Zahlung des Kaufpreises verpflichtet bleibt, die Fälligkeit der Lieferpflicht aber aufgeschoben ist.[4] Die Klausel kann aber teilweise aufrechterhalten werden, indem die Worte „spätestens jedoch acht Tage nach Zugang zur Prüfung der Bereitstellungsanzeige" gestrichen werden.[5] **N 12**

d) Rückzahlungspflicht. Die Klausel im Kaufvertrag über einen Werkswagen mit einem Arbeitnehmer, die den Arbeitnehmer im Falle seiner fristlosen Entlassung zur Rückzahlung des eingeräumten Preisnachlasses verpflichtet, ist wegen Verstoßes gegen das Transparenzgebot (§ 307) unwirksam, wenn die Höhe des Preisnachlasses nicht im Vertrag angegeben ist.[6] **N 13**

d) Barzahlung. Eine Klausel, die den Käufer zur Barzahlung des Kaufpreises verpflichtet **(Barzahlungsklausel),** verstößt gegen § 309 Nr. 3, weil sie durch die Verpflichtung zur Barzahlung ein Aufrechnungsverbot auferlegt.[7] Umgekehrt ist eine Klausel, die die Barzahlung ausschließt, nicht nach § 307 zu beanstanden. Denn in Anbetracht der von hohen Bargeldbeträgen ausgehenden Gefahren hat der Verkäufer ein schutzwürdiges Interesse daran, Barzahlungen zu vermeiden. **N 14**

4. Pflicht zur Lieferung

a) Schriftformerfordernis. Eine Klausel, wonach Liefertermine und Lieferfristen in jedem Fall **schriftlich anzugeben** sind, verstößt entgegen einer älteren Entscheidung des BGH[8] regelmäßig gegen § 307.[9] Nur in Ausnahmefällen wird man eine entsprechende Klausel mit der Begründung als wirksam einstufen können, dass sie die Vertretungsmacht der Angestellten beschrankt.[10] Insbesondere ist bei der Frage, ob die Vollmacht der Angestellten wirksam beschränkt werden kann, § 56 HGB zu beachten. **N 15**

---

[1] S. § 309 Nr. 2 Rz 8 ff., § 309 Nr. 3 Rz 20, Anh. § 310 Rz V 501 ff.

[2] BGH NJW 2001, 292, 293 (zu § 9 AGBG) lässt diese Frage letztlich offen. Die zitierte Klausel führt bei isolierter Betrachtung nur dann zu einer Vorleistungspflicht, wenn man sie dahingehend versteht, dass die Leistung des Verwendungsgegners auch bei Übersendung der Bereitstellungsanzeige *vor* dem verbindlichen Liefertermin spätestens acht Tage nach Zugang der Anzeige fällig wird. Allerdings meint der BGH, man könne die Klausel gegebenenfalls ergänzend dahingehend auslegen, dass es in diesem Falle auch zu einer Vorverschiebung der Fälligkeit der Verkäuferpflichten komme. Dem ist zu widersprechen. Der Durchschnittskunde, auf dessen Horizont es bei der Auslegung ankommt, muss nämlich den Eindruck gewinnen, dass er bei Übersendung der Bereitschaftsanzeige vor Liefertermin durch die Klausel zur Zahlung verpflichtet werden soll, ohne dass die Leistung des Verkäufers fällig wäre.

[3] Die Unwirksamkeit der Klausel für den letzteren Fall bejahend BGH NJW 2001, 292, 293 (zu § 9 AGBG).

[4] BGH NJW 2001, 292, 293 (zu § 9 AGBG).

[5] BGH NJW 2001, 292, 294 (zu § 9 AGBG).

[6] BAG DB 1993, 1779 (zu § 9 AGBG).

[7] S. § 309 Nr. 3 Rz 16.

[8] BGH NJW 1982, 331, 333 (zu § 9 AGBG).

[9] Zur grundsätzlichen Unwirksamkeit einfacher Schriftformklauseln s. Anh. § 310 Rz S 90–110.

[10] S. zu dieser Problematik Anh. § 310 Rz V 102–110.

N 16 **b) Länge der Lieferfrist.** Die für die Lieferung geltenden Fristen sind an § 308 Nr. 1 zu messen. Beim Neuwagenkauf ist eine Verlängerungsfrist von 6 Wochen im Anschluss an eine unverbindliche Lieferfrist noch hinnehmbar.[1] Die Fälligkeit tritt dann erst mit dem Ablauf der Verlängerungsfrist ein.[2] Die Frist im Sinne des § 323 I kann in diesem Fall aber regelmäßig kurz bemessen werden,[3] jedenfalls unter 4 Wochen.[4] Die Klausel „Lieferfristen beginnen mit Vertragsschluss" ist auch dann nicht zu beanstanden, wenn der Vertragsschluss erst deutlich nach Ausfüllung des Antragsformulars erfolgt,[5] denn auch dem juristischen Laien ist regelmäßig geläufig, dass die Stellung eines Antrags noch keinen Vertragsschluss bedeutet. Eine Klausel, der zufolge sich die Leistungs- bzw. Lieferfrist verschiebt, wenn der Verkäufer ohne Verschulden infolge von höherer Gewalt oder „Betriebsstörungen" an der fristgemäßen Lieferung gehindert ist, verstößt mangels hinreichender Bestimmtheit gegen § 308 Nr. 1.[6] Darüber hinaus stellt sich die Frage, ob die genannte Klausel eine unzulässige Beschränkung des Rücktrittsrechts des Käufers bewirkt. Darauf ist weiter unten einzugehen.[7] Ein Verstoß gegen § 475 I[8] liegt schon deshalb nicht vor, weil die §§ 433 ff. die Leistungszeit nicht regeln. Es erscheint rechtsmethodisch nicht gerechtfertigt, die Grenzen der Aufzählung in § 475 I 1 durch eine expansive Anwendung des Umgehungsverbots zu umgehen. Ein Umgehungstatbestand sollte daher bei Fälligkeitsregelungen grundsätzlich nur dann angenommen werden, wenn die Fälligkeitsregelung darauf hinausläuft, den relevanten Anspruch de facto abzubedingen.

N 17 **c) Verzug.** Zu Klauseln, die den Eintritt des Verzugs mit der Lieferpflicht zugunsten des Verwenders erschweren, siehe § 309 Nr. 4 Rz 52.

N 18–20 **d) Rücktrittsrecht bei Verspätung.** Im Falle einer nicht fristgemäßen Lieferung kann der Käufer nach § 323 I eine angemessene Frist setzen und nach fruchtlosem Ablauf derselben vom Vertrag zurücktreten. Klauseln, die dieses Rücktrittsrecht einschränken, unterliegen der Kontrolle anhand des § 309 Nr. 8 a. Doch greift § 309 Nr. 8 a nur dann ein, wenn die Klausel das Rücktrittsrecht des Käufers zumindest auch in solchen Fällen einschränkt, in denen die nicht rechtzeitige Leistung vom Verkäufer zu vertreten ist. Beschränkt sich die Klausel auf unverschuldete Verspätungen, so bleibt nur die Kontrolle anhand des § 307.[9] Dabei ist nicht ohne weiteres von der Unangemessenheit der Klausel auszugehen.[10] Vielmehr ist eine Abwägung vorzunehmen. Eine Bestimmung, der zufolge der Kunde im Falle einer vom Verkäufer nicht zu vertretenden Verzögerung erst zurücktreten kann, wenn es zu einem Leistungsaufschub von mehr als vier Monaten kommt, ist dann unwirksam, wenn sie nicht nur das Rücktrittsrecht nach § 323 I erfasst, sondern dahingehend verstanden werden kann, dass auch andere gesetzliche Rücktrittsrechte,

---

[1] BGH NJW 1982, 331, 333 (zu § 10 Nr. 1 AGBG). Für die Möglichkeit der Zulässigkeit einer sechswöchigen Lieferfrist beim Neuwagenkauf auch *Erman/Roloff* § 308 Rz 8. Kritisch aber *Ulmer/Christensen* Anh. § 310 Rz 456.

[2] Offen gelassen von BGH NJW 2001, 292, 294: Fälligkeit „spätestens" bei Ablauf der Verlängerungsfrist.

[3] BGH NJW 1982, 331, 333 (zu § 10 Nr. 1 AGBG).

[4] Vgl. auch OLG Köln NJW-RR 1992, 561, 562, das eine Frist von drei Wochen nach einer unverbindlichen Leistungsfrist von sechs Wochen für ausreichend hält.

[5] A.A. *Pfeiffer,* a.a.O., Rz 26, der einen Verstoß gegen das Transparenzgebot annimmt.

[6] S. § 308 Nr. 1 Rz 54. Für die Wirksamkeit einer entsprechenden Klausel aber wohl OLG Köln NJW-RR 2001, 198, 199 (zu § 10 Nr. 1 AGBG). Offen gelassen in BGH NJW 2001, 292, 296.

[7] S. Anh. § 310 Rz N 18–20.

[8] Dafür im Falle des Verbrauchsgüterkaufs *Pfeiffer,* a.a.O., Rz 39.

[9] S. § 309 Nr. 8 a Rz 41.

[10] S. § 309 Nr. 8 a Rz 41.

z. B. wegen Wegfalls der Geschäftsgrundlage, ausgeschlossen sein sollen.[1] Dies gilt selbst dann, wenn die Klausel nur solche vom Verwender nicht zu vertretenden und vorübergehenden Verzögerungen erfasst, die auf „durch höhere Gewalt oder durch eine beim Verkäufer oder dessen Lieferanten eintretende Betriebsstörungen, zum Beispiel durch Aufruhr, Streik, Aussperrung" zurückzuführen sind.[2] Die aktuelle Fassung der Nr. IV.4 NWVB trifft daher folgende Regelung: Für den Fall, dass der Verkäufer ohne Verschulden infolge von höherer Gewalt oder Betriebsstörungen an der fristgemäßen Lieferung gehindert ist, sollen sich die die Lieferfristen bzw. -termine um einen entsprechenden Zeitraum verschieben. Allerdings ist außerdem bestimmt, dass der Käufer zurücktreten kann, wenn die Verzögerung mehr als vier Monate beträgt und dass „andere" Rücktrittsrechte unberührt bleiben. Gegen diesen viermonatigen Ausschluss des Rücktrittsrechts nach § 323 I bestehen wegen des deutlichen Vorbehalts anderer Rücktrittsrechte keine Bedenken.[3]

5. Leistungsänderungen und -abweichungen

a) Allgemeines. § 308 Nr. 4 findet sowohl auf Änderungsvorbehalte als auch auf solche Klauseln Anwendung, die eine Abweichung von der versprochenen Leistung erlauben. Anderes gilt jedoch für § 475. Diese Vorschrift kann auf **Änderungsvorbehalte** keine Anwendung finden. Denn der Begriff des Sachmangels im Sinne des § 434 knüpft an eine Abweichung der gelieferten Sache von der vertraglichen Vereinbarung an, und an einer solchen Abweichung fehlt es, wenn die Sache der vertraglichen Vereinbarung infolge einer Änderung derselben entspricht. Man kann die Einräumung eines Änderungsrechts auch grundsätzlich nicht als Umgehung im Sinne des § 475 I 2 einstufen.[4] Denn zum einen müsste sonst z. B. auch die Einräumung von vertraglichen Rücktrittsrechten an § 475 I 2 scheitern, weil auch diese eine Vermeidung der Sachmängelhaftung erlauben. Und zum anderen ist der Schutz vor entsprechenden Änderungen zumindest bei formularmäßiger Vereinbarung auch auf der Ebene des Gemeinschaftsrechts schon durch Nr. 1 k des Anhangs der Klauselrichtlinie gewährleistet, der ein Recht zur einseitigen Änderung der Merkmale des zu liefernden Erzeugnisses nur bei triftigem Grund zulässt. Gleiches wie für Änderungsvorbehalte muss auch für **Abweichungsvorbehalte** gelten,[5] die kein Recht zu einer Änderung des Vertrags, sondern eine **Ersetzungsbefugnis** gewähren.[6] Denn auch ein Abweichungsvorbehalt gehört zu den Vereinbarungen, die festlegen, welche Beschaffenheit die Kaufsache haben muss, definiert also die vereinbarte Beschaffenheit im Sinne des § 434 I 1. Man mag die hier vorgeschlagene Argumentation für spitzfindig halten. Die Alternative zu formalen Unterscheidungen der hier vorgeschlagenen Art liegt jedoch letztlich darin, nahezu das gesamte allgemeine Schuldrecht als zwingend zu betrachten, soweit es sich auf Verbrauchsgüterkaufverträge bezieht, und dies liefe dem Enumerationsprinzip des § 475 I klar zuwider. **N 21–23**

b) Beispiele. In Nr. IV. 5 NWVB ist vorgesehen, dass „Abweichungen im Farbton sowie Änderungen des Lieferumfangs seitens des Herstellers/Importeurs [...] während der Lieferzeit vorbehalten [bleiben], sofern der Kaufgegenstand nicht erheblich geändert wird und die Änderungen für den Käufer zumutbar sind." Wegen **N 24**

[1] BGH NJW 2001, 292, 296 (zu § 9 AGBG).
[2] BGH NJW 2001, 292, 296 (zu § 9 AGBG).
[3] Offen gelassen in BGH NJW 2001, 292, 296 (zu § 9 AGBG).
[4] So aber wohl *Pfeiffer*, a.a.O., Rz 26.
[5] A. A. wohl *Ulmer/Christensen* Anh. § 310 Rz 456.
[6] S. § 308 Nr. 4 Rz 11.

des ausdrücklichen Verweises auf die Zumutbarkeit ist diese Klausel nach § 308 Nr. 4 nicht zu beanstanden. Sie verstößt nach dem oben Gesagten auch nicht gegen § 475 I.[1]

N 25 In Nr. IV. 5 NWVB heißt es außerdem, sofern der Verkäufer zur Bezeichnung der Bestellung oder des bestellten Kaufgegenstandes Zeichen oder Nummern gebrauche, könnten allein hieraus keine Rechte abgeleitet werden. Diese Klausel ist unwirksam. Dies ergibt sich zunächst aus § 307 I 2, weil die Reichweite der Bestimmung kaum abzuschätzen ist. Ihrem Wortlaut nach scheint sie selbst dann Anwendung zu finden, wenn die Parteien sich mit Blick auf die Bezeichnung des Kaufgegenstandes stets nur auf eine Modellnummer beziehen (z. B. „Z3“) und der Verkäufer dann statt des gewünschten Modells ein ganz anderes liefert. Vor dem dargestellten Hintergrund ist die Klausel auch nach § 308 Nr. 4 unwirksam, weil sie Abweichungen erlaubt, die die Grenze des Zumutbaren überschreiten.

5. Nichtabnahme

N 26 Schadenspauschalen, die für den Fall der Nichtabnahme vorgesehen sind, sind zunächst an § 309 Nr. 5 zu messen. In Hinblick auf § 309 Nr. 5 a ist hervorzuheben, dass eine Schadenspauschale von 15 % des Kaufpreises beim Neuwagengeschäft als wirksam eingestuft worden ist.[2]

6. Abtretungsverbote und Weiterveräußerungsverbote

N 27 **a) Abtretungsverbote.** Die Wirksamkeit von Abtretungsverboten wird an anderer Stelle behandelt,[3] so dass hier einige kurze Bemerkungen genügen mögen: Abtretungsverbote sind in der Regel schon durch das Interesse des Verwenders an der reibungslosen Vertragsabwicklung gerechtfertigt.[4] Unbedenklich ist daher insbesondere die in Nr. I.3 NWVB vorgesehene Klausel „Übertragung von Rechten und Pflichten des Käufers aus dem Kaufvertrag bedürfen der schriftlichen Zustimmung des Verkäufers“.[5]

N 28 **b) Weiterveräußerungsverbote.** Zur Wirksamkeit schuldrechtlicher Weiterveräußerungsverbote siehe § 310 Rz V 2–5.

N 29 **c) Wirksamkeit ergänzender Klauseln.** Zur Wirksamkeit von Klauseln, die ein Veräußerungsverbot ergänzen, siehe § 310 Rz V 6–8.

7. Haftung des Verkäufers

N 30 **a) Allgemeines.** Ein traditioneller Regelungsschwerpunkt der AGB von Kfz-Händlern ist die Haftung des Verkäufers.

N 31 **b) Verschuldensunabhängige Mängelhaftung.** Unter den Mängelrechten des Käufers (§ 437) setzt allein der Schadensersatzanspruch ein Verschulden des Verkäufers voraus. Die verschuldensunabhängigen Mängelrechte umfassen also den Rücktritt (§ 437 Nr. 2), die Minderung (§ 437 Nr. 2) sowie das Recht auf Nacherfüllung (§ 437 Nr. 1).

---

[1] Bedenken hinsichtlich der Vereinbarkeit mit § 475 aber bei *Pfeiffer,* a.a.O., Rz 21.

[2] BGH NJW 1982, 2316, 2317 (zu § 11 Nr. 5 AGBG). Kritisch zur 15%-Pauschale aus heutiger Sicht oder z.B. *Ulmer/Christensen* Anh. § 310 Rz 457; *Heinrichs* NJW 1999, 1447, 1461.

[3] S. § 310 Rz A 21–60.

[4] In diesem Sinne auch BGH NJW 1981, 117, 119 (zu § 9 AGBG).

[5] *Pfeiffer,* a.a.O., Rz 16.

aa) §§ 475, 478. Bezüglich dieser Rechte genießt der Käufer regelmäßig schon nach § 475 I, II einen sehr weitgehenden Schutz vor nachteiligen Klauseln. Und selbst wenn der Käufer Unternehmer (§ 14) ist, können die Vorschriften über den Verbrauchsgüterkauf von Bedeutung bleiben. Namentlich gilt es in diesem Falle, die Vorgaben des § 478 IV, V zu beachten, sofern die Veräußerung in einer Lieferantenkette erfolgt, an deren Ende ein Verbraucher steht. **N 32**

bb) AGB-Recht. Darüber hinaus sind Klauseln, die eine Einschränkung der Mängelhaftung sowie, allgemeiner, der Schadensersatzhaftung des Verkäufers vorsehen, auch spezifisch AGB-rechtliche Schranken gezogen. Namentlich gilt es, die §§ 307, 309 Nr. 8 b zu beachten. Beweisrechtliche Erschwerungen müssen an § 309 Nr. 12 gemessen werden. **N 33**

α) **Das Vorliegen einer Einschränkung von Mängelrechten.** Von besonderer Bedeutung ist in der Praxis die Frage, wann eine Klausel im Sinne eines **Ausschlusses von Mängelrechten** ausgelegt werden kann. Dabei ist zu beachten, dass die Art und Weise des Ausschlusses keine Rolle spielt. So muss der Ausschluss nicht ausdrücklich ausgesprochen werden. Er kann vielmehr auch konkludent erfolgen. Der BGH ist insofern jedenfalls vor der Schuldrechtsreform zulasten des Verwenders recht großzügig bei der Annahme unzulässiger Haftungsausschlüsse verfahren. So hatte der BGH über eine Klausel in einem Neuwagenkaufvertrag zu entscheiden, die ein Recht des Käufers zur Ablehnung der Kaufsache nur bei Vorliegen **„erheblicher Mängel"** vorsah.[1] Nach Auffassung des BGH warf diese Formulierung jedenfalls im Rahmen der objektiven Klauselkontrolle nicht zu behebende Zweifel (vgl. § 305 c II) hinsichtlich der Frage auf, ob der Fehlerbegriff des § 459 I a. F., der Fehlerbegriff unter Einschluss zugesicherter Eigenschaften oder ein sonstiger Fehlerbegriff gemeint sei.[2] An dieser Rechtsprechung sollte auch nach der Schuldrechtsreform festgehalten werden, da der Verwender entsprechende Unklarheiten leicht vermeiden kann. Eine Einschränkung der Mängelhaftung ist auch dann anzunehmen, wenn eine Klausel den „**Stand der Technik** für vergleichbare Fahrzeuge des Typs des Kaufgegenstands bei Auslieferung" zum alleinigen Beurteilungskriterium für die Sachmangelfreiheit des Neuwagens kürt.[3] Denn auch darin liegt eine Abweichung vom gesetzlichen Begriff des Sachmangels.[4] Problematisch ist auch die Klausel „Wird der Kaufgegenstand wegen eines Sachmangels **betriebsunfähig,** hat sich der Käufer an den dem Ort des betriebsunfähigen Kaufgegenstandes nächstgelegenen, vom Hersteller [...] für die Betreuung des Kaufgegenstandes anerkannten dienstbereiten Betrieb zu wenden". Denn damit kann bei einem rechtlich nicht vorgebildeten Kunden der Eindruck entstehen, dass die Gewährleistungsrechte von der Einhaltung dieser Verpflichtung abhängen sollen. Die Klausel verstößt deshalb gegen das Transparenzverbot des § 307 I 2.[5] Zudem kann man die Klausel bei kundenfeindlicher Auslegung dahingehend deuten, dass die Gewährleistungsrechte gegenüber dem dort bezeichneten Betrieb geltend gemacht werden müssen. Bei dieser Auslegung ist die Klausel aber als besonderes Zugangserfordernis nach § 309 Nr. 13 unwirksam.[6] **N 34**

β) **Ausschlussfristen.** Ausschlussfristen für die Anzeige **nicht offensichtlicher** Mängel sind an § 309 Nr. 8 b ee, Ausschlussfristen für **offensichtliche Mängel** an **N 35**

---

1 BGH NJW 2001, 292, 292 (zu § 9 AGBG).
2 BGH NJW 2001, 292, 297 (zu § 9 AGBG).
3 BGH NJW 2001, 292, 299 (zu § 9 AGBG, 459 BGB a.F.).
4 BGH NJW 2001, 292, 299 (zu § 9 AGBG, 459 BGB a.F.).
5 A. A. aber *Ulmer/Christensen* Anh. § 310 Rz 457. Wie hier aber *Pfeiffer,* a.a.O., Rz 57.
6 S. § 309 Nr. 13 Rz 31–39.

§ 307 zu messen.[1] Eine Ausschlussfrist ist bei kundenfeindlicher Auslegung, die bei der Beurteilung der Wirksamkeit von Klauseln jedenfalls im Verbandsprozess,[2] nach richtiger Auffassung aber auch im Individualprozess[3] geboten ist, auch dann anzunehmen, wenn die Klausel eine Pflicht zur unverzüglichen Anzeige von Mängeln vorsieht, ohne deutlich zu machen, dass die Mängelrechte des Käufers auch bei Versäumung dieser Frist fortbestehen sollen.[4]

N 36 γ) **Verjährungsfristen.** Klauseln, die die Verjährung von Mängelansprüchen regeln, sind an § 309 Nr. 8 b ff. sowie an § 307 zu messen.[5] Ohne weiteres unwirksam ist z. B. eine Klausel, die bei kundenfeindlicher Auslegung den Eindruck erweckt, auch bei einer Rüge innerhalb der gesetzlichen Gewährleistungsfrist endet die Verjährungsfrist bereits drei Monate nach der Erklärung des Reparaturbetriebs, der Fehler sei beseitigt oder es liege kein Fehler vor.[6]

N 37 c) **Beschränkung der Verschuldenshaftung.** Die Absätze I und II des § 475 finden nach § 475 III keine Anwendung auf Klauseln, die den Anspruch auf Schadensersatz ausschließen oder beschränken. Damit kommt der AGB-rechtlichen Inhaltskontrolle im Bereich der Schadensersatzhaftung nicht nur gegenüber Unternehmern, sondern auch gegenüber Verbrauchern besondere Bedeutung zu. AGB-mäßige Haftungsausschlüsse und -begrenzungen sind vor allem an den §§ 276 III, 307, 309 Nr. 7, 8 b zu messen.

N 38 aa) **Vorsatz und grobe Fahrlässigkeit.** Die Haftung für Vorsatz kann schon nach § 276 III nicht im Voraus erlassen werden, außerdem wäre ein Ausschluss der Haftung für Vorsatz nach § 307 unwirksam. Der Ausschluss der Haftung für grobe Fahrlässigkeit ist gegenüber Verbrauchern schon nach § 309 Nr. 7 b unwirksam, und gegenüber Unternehmern ergibt sich die Unwirksamkeit entsprechender Klauseln in aller Regel aus § 307.[7]

N 39 bb) **Einfache Fahrlässigkeit.** Schwieriger gestaltet sich die Beantwortung der Frage, inwiefern die Haftung für leichte Fahrlässigkeit ausgeschlossen oder beschränkt werden kann. Insofern gelten grundsätzlich die allgemeinen Grundsätze. Das heißt, eine entsprechende Klausel hat gegenüber Verbrauchern die Grenzen der §§ 307, 309 Nr. 7 a zu wahren.[8] Insbesondere darf die Haftung für fahrlässige Kardinalpflichtverletzungen nicht ausgeschlossen,[9] sondern nur begrenzt werden, und auch dabei muss die Begrenzung hinreichend großzügig gewählt sein, um den vertragstypischen, vorhersehbaren Schaden abzudecken.[10] Unwirksam ist daher eine Klausel in einem Neuwagenkaufvertrag, der zufolge die Wertminderung des Kaufgegenstands, die entgangene Nutzung, ein entgangener Gewinn, etwaige Abschleppkosten, der Wageninhalt und die Ladung nicht zu ersetzen sind.[11] Denn diese Schadensposten zählen allesamt zu den vertragstypischen Schäden.[12]

---

[1] S. § 309 Nr. 8 b ee Rz 47 ff.
[2] BGH NJW 2001, 292, 300 (zu §§ 9, 11 Nr. 10 lit. e AGBG).
[3] Insoweit offen gelassen in BGH NJW 2001, 292, 300 (zu §§ 9, 11 Nr. 10 lit. e AGBG).
[4] BGH NJW 2001, 292, 300 (zu §§ 9, 11 Nr. 10 lit. e AGBG).
[5] S. § 309 Nr. 8 b ff. Rz 1 ff.
[6] So, allerdings beschränkt auf das Verbandsverfahren, BGH NJW 2001, 292, 301 (zu § 11 Nr. 10 lit. f AGBG).
[7] S. § 309 Nr. 7 Rz 137.
[8] S. dazu § 309 Nr. 7 Rz 1 ff., 90 ff.
[9] S. § 309 Nr. 7 Rz 96–107.
[10] BGH NJW 2001, 292, 295 (zu § 9 AGBG). Vgl. auch § 309 Nr. 7 Rz 108–110.
[11] BGH NJW 2001, 292, 302 (zu § 9 AGBG).
[12] BGH NJW 2001, 292, 302 (zu § 9 AGBG).

α) **Kardinalpflichten.** Entscheidende Bedeutung kommt damit zunächst der Frage zu, welche Pflichten des Verkäufers als Kardinalpflichten einzustufen sind. Der Verwender kann dieser Frage zumindest bei der Formulierung der AGB noch entgehen, indem er klarstellt, dass sich der Ausschluss der Haftung nicht auf solche Pflichten bezieht, „deren Erfüllung die ordnungsgemäße Durchführung des Vertrags überhaupt erst ermöglicht und auf deren Einhaltung der Vertragspartner regelmäßig vertrauen darf".[1] Nicht hinreichend transparent (§ 307 I 2) ist dagegen der Hinweis, dass die Haftung für die Verletzung von „Kardinalpflichten" unberührt bleibt.[2] Dies gilt selbst im unternehmerischen Verkehr.[3] Auf die Frage, ob auch die Verwendung des nicht näher erläuterten Ausdrucks „vertragswesentliche Pflichten" am Transparenzgebot des § 307 I 2 scheitert, ist der BGH nicht eingegangen.[4] Richtigerweise wird man diese Frage bejahen müssen, weil der Begriff „vertragswesentlich" nicht genügend deutlich macht, ob nur Pflichten von zentraler Bedeutung oder alle nicht ganz unwesentlichen Pflichten erfasst werden sollen. **N 40**

Spätestens bei der Anwendung der relevanten Klausel stellt sich dann freilich die Frage, welche Pflichten beim Neuwagenkaufvertrag als vertragswesentlich einzustufen sind. Hervorzuheben ist in diesem Zusammenhang, dass nach zutreffender Auffassung des BGH beim Neuwagenkauf insbesondere „die Verpflichtung zur Verschaffung einer fehlerfreien Sache [...] zu den [...] Kardinalpflichten gehört".[5] **N 41**

β) **Höhe der Begrenzung.** Von Bedeutung ist zudem, wie großzügig die Haftungsbeschränkung im Falle einer summenmäßigen Beschränkung gestaltet sein muss, um den vertragstypischen Schaden abzudecken. Dabei ist zwischen dem Verzögerungsschaden auf der einen und dem Nichterfüllungsschaden (Schadensersatz statt der Leistung) auf der anderen Seite zu unterscheiden. **N 42**

αα) **Verzögerungsschaden.** Mit Blick auf den Verzugsschaden hat der **BGH** betont, dass eine Begrenzung des nach §§ 280 I 1, II, 286 zu ersetzenden Schaden auf 5% des vereinbarten Kaufpreises bei einem Neuwagenkaufvertrag nicht zu beanstanden sei.[6] Der Kunde habe es nämlich selbst in der Hand, die Zeitdauer des Verzugs und damit die Höhe des Verzugsschadens vergleichsweise geringzuhalten.[7] Dem liegt der Gedanke zugrunde, dass der Käufer zeitgleich mit der den Schuldnerverzug begründenden Mahnung eine kurz bemessene Frist setzen kann, um sich nach Ablauf der Frist alsbald vom Vertrag lösen und Schadensersatz wegen Nichterfüllung verlangen zu können.[8] Diese Argumentation überzeugt indessen nicht.[9] Denn der Schuldner kann ein schützenswertes Interesse daran haben, von einem Rücktritt zunächst abzusehen, weil z. B. eine Beschaffung des Neuwagens auf anderem Wege Schwierigkeiten bereitet oder weil ein Kauf von einem anderen, möglicherweise geographisch ungünstig gelegenen Händler in Hinblick auf die spätere Geltendmachung von Mängelansprüchen unpraktisch ist. **N 43**

ββ) **Nichterfüllungsschaden.** Bezüglich des Nichterfüllungsschadens hat der BGH zu Recht betont, dass eine Begrenzung auf 10% des vereinbarten Kaufpreises **N 44**

---

[1] Für die Wirksamkeit einer entsprechenden Formulierung BGH NJW-RR 2005, 1496, 1505.
[2] BGH NJW-RR 2005, 1496, 1505.
[3] BGH NJW-RR 2005, 1496, 1505.
[4] BGH NJW-RR 2005, 1496, 1505.
[5] BGH NJW 2001, 292, 302 (zu § 9 AGBG).
[6] BGH NJW 2001, 292, 295 (zu § 9 AGBG).
[7] BGH NJW 2001, 292, 295 (zu § 9 AGBG).
[8] In diesem Sinne, allerdings mit Blick auf die alte Rechtslage, nach der auch eine Ablehnungsandrohung erforderlich war, BGH NJW 2001, 292, 295 (zu § 9 AGBG).
[9] Für Wirksamkeit der Klausel aber wohl *Ulmer/Christensen* Anh. 310 Rz 456.

unwirksam ist.[1] Ausreichend, aber auch erforderlich, dürfte vielmehr ein Betrag von rund einem Drittel des vereinbarten Kaufpreises sein. Die Begrenzung in Nr. IV.2 S. 5 auf 25 % des Kaufpreises ist daher unwirksam.[2]

N 45 γ) **Versicherbarkeit.** Bei der Prüfung der Angemessenheit von haftungsbeschränkenden Klauseln kann auch die Versicherbarkeit des Schadens zu berücksichtigen sein.[3] Unwirksam ist eine Klausel, die mit Blick auf die Haftung für leichte Fahrlässigkeit bestimmt: „Soweit der Schaden durch eine vom Käufer für den betreffenden Schadensfall abgeschlossenen Versicherung (ausgenommen Summenversicherung) gedeckt ist, haftet der Verkäufer nur für etwaige damit verbundene Nachteile des Käufers, z. B. höhere Versicherungsprämien oder Zinsnachteile bis zur Schadensregulierung durch die Versicherung." Gegenüber Verbrauchern ergibt sich die Unwirksamkeit bereits aus § 309 Nr. 7 a,[4] wenn nicht unzweideutig (§ 305 c II) klargestellt ist, dass die Klausel bei Verletzung der in § 309 Nr. 7 a genannten Rechtsgüter keine Anwendung finden soll. Aber auch gegenüber Unternehmern ist die Klausel unwirksam. Denn die besonderen Anforderungen, unter denen die Versicherbarkeit des Schadens eine entsprechende Haftungsbegrenzung als angemessen erscheinen lassen kann,[5] sind nicht erfüllt. Dabei ist insbesondere zu bedenken, dass die grundsätzliche Unzulässigkeit von Haftungsbegrenzungen bei vertragswesentlichen Pflichten (Kardinalpflichten) ihren Grund nicht allein in dem Bedürfnis hat, den Kunden vor den aus Pflichtverletzungen resultierenden Schäden zu schützen. Vielmehr geht es auch um die Gefahr, dass mit der Haftung auch der Anreiz zur ordnungsgemäßen Erfüllung entfällt. Hinzu kommt die Gefahr einer Störung des Gleichgewichts von Leistung und Gegenleistung. Diese kann aber im Regelfall nicht dadurch entfallen, dass der Kunde auf eigene Kosten eine Versicherung zur Abdeckung der relevanten Risiken abgeschlossen hat.

N 46 δ) **Haftung von Erfüllungsgehilfen und gesetzlichen Vertretern.** § 309 Nr. 7 a findet nicht nur auf solche Klauseln Anwendung, die die Haftung des Verwenders regeln, sondern betrifft auch solche Klauseln, die die Haftung der Erfüllungsgehilfen und gesetzlichen Vertreter beschränken.[6] Zudem sind Haftungsbeschränkungen zugunsten Dritter, die im Wege eines Vertrages zugunsten Dritter vereinbart werden können, nach § 307 unwirksam, wenn entsprechende Haftungsbeschränkungen auch zugunsten des Verwenders unangemessen wären. Denn mit entsprechenden Klauseln muss der Gegner noch weniger rechnen als mit Haftungsbeschränkungen zugunsten des Verwenders. Unwirksam ist daher z. B. eine Klausel des Inhalts: „Ausgeschlossen ist die persönliche Haftung der gesetzlichen Vertreter, Erfüllungshilfen und Betriebsangehörigen des Verkäufers für von ihnen durch leichte Fahrlässigkeit verursachte Schäden."[7]

N 47 d) **Beschränkung der Zufallshaftung.** Der BGH hat selbst eine höhenmäßige Beschränkung der Zufallshaftung gemäß § 287 S. 2 nur unter der Voraussetzung als angemessen im Sinne des § 307 eingestuft, dass die in der Klausel vorgesehene „Höchstsumme ausreichend bemessen ist, um die vertragstypischen, vorhersehbaren Schäden abzudecken".[8] Dem ist aus den an anderer Stelle genannten Gründen

---

1 BGH NJW 2001, 292, 295 (zu § 9 AGBG).

2 A.A. *Pfeiffer,* a.a.O., Rz 32; *Ulmer/Christensen* Anh. § 310 Rz 456.

3 S. im Einzelnen § 309 Nr. 7 Rz 101–107 (Verbraucher), 157 (Unternehmer).

4 Zutreffend *Pfeiffer,* a.a.O., Rz 78; *Ulmer/Christensen* Anh. § 310 Rz 457.

5 S. i.E. § 309 Nr. 7 Rz 101–107 (Verbraucher), 157 (Unternehmer).

6 S. i.E. § 309 Nr. 7 Rz 41–44.

7 Für Unvereinbarkeit mit § 309 Nr. 7 a auch *Ulmer/Christensen* Anh. § 310 Rz 457. *Pfeiffer,* a.a.O., Rz 79 äußert „Bedenken" an der Wirksamkeit.

8 BGH NJW 2001, 292, 295 (zu § 9 AGBG).

zu widersprechen, soweit man die Haftung im Sinne des § 287 S. 2 richtigerweise auf diejenigen Fällen beschränkt, in denen der Schaden keine adäquate Folge des Verzuges darstellt.[1]

8. Garantie

a) Allgemeines. Garantien können sowohl vom Verkäufer als auch von einem Dritten, insbesondere vom Hersteller, übernommen werden. Zur Kontrollfähigkeit von Garantiebedingungen siehe § 310 Rz G 13–24. Zur Angemessenheit von Garantiebedingungen siehe Anh. § 310 Rz G 25–40. **N 48**

b) Auslegung. Eine **Herstellergarantie** mit Außenhaftung des Herstellers oder seiner Händler ergibt sich nicht schon aus dem einheitlichen Wortlaut der von dem Händler verwandten Verkaufsformulare oder aus der Eingliederung der Händler in das Vertriebs- und Servicesystem des Herstellers oder aus der Werbung mit einem einheitlichen Servicesystem. Dies gilt auf jeden Fall dann, wenn die Mängelhaftungsregelungen der AGB eindeutig auf den Verkäufer ausgerichtet sind.[2] Ist in den AGB des Verkäufers vorgesehen, dass der Käufer Nachbesserungsansprüche nicht nur gegen seinen Verkäufer, sondern gegen alle Händler im Vertriebs- und Servicesystem des Herstellers geltend machen kann, so werden andere Händler dadurch nicht unmittelbar verpflichtet, sondern nur, wenn der Hersteller ihnen intern diese Verpflichtung auferlegt. Der Käufer kann gegen andere Händler in diesem Fall in Ermangelung einer eindeutigen rechtsgeschäftlichen Grundlage auch nur Nachbesserungsansprüche, nicht aber Rücktritts- oder Minderungsrechte ausüben.[3] Übernimmt der Hersteller dem Käufer gegenüber **eine eigene Garantie** bei Material- und Herstellungsfehlern, die er durch seine Vertragsunternehmen ausführen lässt, so begründet dies eine unmittelbare Verpflichtung des Herstellers gegenüber dem Käufer und stellt nicht nur einen Hinweis auf die Verkäufergarantie dar.[4] Inhalt und Reichweite der neben und zusätzlich zum Kaufvertrag übernommenen Herstellergarantie können aber vom Garanten bestimmt werden.[5] Zur Möglichkeit der Kontrolle von Garantievereinbarungen siehe § 310 Rz G 1–40. **N 49–51**

9. Sonstige Klauseln

Zahlreiche weitere, beim Neuwagenkauf gebräuchliche Klauseln werden im Rahmen des vorliegenden Werkes bereits an anderer Stelle kommentiert: Zu **Aufrechungsverboten** siehe § 309 Nr. 3 Rz 1 ff. Zu **Eigentumsvorbehaltsklauseln** siehe Anh. § 310 Rz E 11 ff. Zu **Erfüllungsortklauseln** siehe Anh. § 310 Rz E 151 ff., G 126. Zu **Herausgabeklauseln,** die mit dem Eigentumsvorbehalt verbunden werden, siehe Anh. § 307 Rz E 29 ff. Zu **Schiedsgerichtsklauseln** siehe Anh. § 310 Rz 1 ff. Zu **Schriftformklauseln** siehe Anh. 310 Rz S 71 ff. **Vergütungsabreden** im Sinne des § 503 II 4 können auch in AGB getroffen werden.[6] **N 52–70**

*

---

1 S.i.E. § 309 Nr. 7 Rz 125.
2 BGH NJW 1985, 2819, 2820.
3 BGH NJW 1985, 2819, 2820.
4 BGH NJW 1981, 275, 276.
5 BGH NJW 1981, 275, 276.
6 BGH NJW 2001, 292, 292 (zu § 9 AGBG).

Pachtvertrag

P 1 Auf eine eigenständige Bearbeitung wird verzichtet, vielmehr auf die Darstellung der prinzipiell vergleichbaren Grundfragen beim (Geschäftsraum)Mietvertrag verwiesen (Rz M 1 ff., insbesondere Rz M 107 ff.).[1]

P 2–5 AGB-rechtliche Probleme speziell hinsichtlich der **Jagdpacht** bereitet namentlich die Kontrollfähigkeit von Klauseln betreffend Wildschadenspauschalen,[2] ferner die verbreitete Klausel, wonach Flächen, die nicht zum Jagdbezirk gehören, aber irrtümlich mitverpachtet sind, als nicht mitverpachtet gelten, während Flächen, die irrtümlich bei der Verpachtung ausgeschlossen sind, zu dem Jagdbezirk hinzutreten.[3]

*

Parkflächenmiete

S. Rz M 129 f.

*

Partnerschaftsvermittlung

Zu AGB bei Partnerschaftsvermittlung s. Rz B 241 ff. und M 19 ff.

*

Personenbeförderung

S. Rz B 241 ff.

*

Pfandklauseln

Inhaltsübersicht

Schrifttum: *Kollhoser,* Briefgrundpfandrechte und Pfandklauseln der AGB der Kreditinstitute, JR 1973, 315.

---

[1] Beachte zudem die Übersicht über AGB-rechtliche Fragen des Landpachtrechts bei *Staudinger/von Jeinsen* § 585 Rz 41 f.

[2] Dazu aus neuerer Zeit OLGR Koblenz 2004, 609; BGH NJW-RR 2001, 343.

[3] Dazu OLGR Celle 2004, 98.

1. Anwendungsbereich

Pfandrechte an beweglichen Sachen (§§ 1204 ff.) und Rechten (§§ 1273 ff.) können auch in AGB vereinbart werden.[1] Üblich ist die Vereinbarung eines Pfandrechts z. B. in Reparaturverträgen. Dies liegt daran, dass die Rechtsprechung beim gesetzlichen Pfandrecht nach § 647 einen gutgläubigen Pfandrechtserwerb an Sachen im Eigentume Dritter ablehnt,[2] während für das rechtsgeschäftlich bestellte Pfandrecht ein gutgläubiger Erwerb nach § 1207 vorgesehen ist. **P 6**

2. Gesicherte Forderungen

Der Kreis der durch das Pfandrecht gesicherten Forderungen wird durch die **Zweckbestimmungserklärung** festgelegt. Diese gehört bei Pfandrecht und Hypothek als akzessorischen Rechten zum dinglichen Inhalt, im Gegensatz zur lediglich schuldrechtlichen Zweckbestimmung der sonstigen Sicherungsrechte. Dennoch sind die zur Zweckbestimmung anderer Sicherungsrechte entwickelten Grundsätze auch mit Blick auf die Zweckbestimmungserklärung beim Pfandrecht zu berücksichtigen. Die gesicherten Forderungen dürfen insbesondere nicht endlos und unübersehbar sein, da die damit verbundene Bindung von Sachen und Rechten als Pfand eine unangemessene Benachteiligung des anderen Vertragsteils nach § 307 darstellen würde, die diesen in der freien Verfügung über seine Rechte auf unabsehbare Dauer beeinträchtigen würde. Wirksam ist aber die Sicherung der Forderungen aus den gegenwärtigen oder früheren Reparaturaufträgen oder sonstigen Leistungen, die mit dem Auftragsgegenstand in Zusammenhang stehen, insbesondere wenn sie dem Pfandgegenstand zugute gekommen sind, da dies nicht wesentlich von den Grundgedanken des § 273 II abweicht.[3] Eine solche Klausel ist auch nicht überraschend im Sinne von § 305 c I.[4] Soweit das Pfandrecht auch Forderungen sichern soll, die mit dem Pfandgut nicht in Zusammenhang stehen, müssen sie jedenfalls aus der Geschäftsbeziehung der Parteien herrühren. Die weit gefasste Klausel der Nr. 19 II AGB-Banken a. F., die neben künftigen und bedingten auch abgetretene und gesamtschuldnerische Forderungen umfasste, wurde von der Rspr. dahin ausgelegt, dass davon regelmäßig nur Forderungen aus der bankmäßigen Geschäftsbeziehung erfasst werden.[5] Infolge dieser Auslegung war die Klausel weder überraschend noch unangemessen.[6] Die neue Nr. 14 II der AGB-Banken sieht ausdrücklich eine Beschränkung auf die bestehenden, künftigen und bedingten Ansprüche aus der bankmäßigen Geschäftsverbindung vor und ist daher unbedenklich.[7] Nicht zur bankmäßigen Geschäftsverbindung gehören etwa Forderungen, die von einem Dritten erworben werden, nur um ihnen bankmäßige Sicherheit zu verschaffen,[8] ebenso wenig Ansprüche auf Prozesskostenerstattung.[9] Dagegen werden Forderungen, die die Bank durch Abtretung erlangt, vom Pfandrecht erfasst, **P 7**

---

[1] S. z. B. MünchKomm/*Damrau* § 1205 Rz 2.

[2] BGH NJW 1961, 502, 502 ff.

[3] BGH ZIP 1987, 989, 993; wohl auch BGH NJW 1983, 2140, 2141.

[4] S. BGH NJW 1983, 2140, 2141.

[5] BGH NJW 1985, 863, 864; BGH NJW 1983, 2701, 2702.

[6] BGH NJW 1983, 2701, 2702 (zu §§ 3, 9 AGBG).

[7] I.E. ebenso *Ulmer/H. Schmidt* Anh. § 310 Rz 755.

[8] BGH WM 2007, 874 unter II.2.b.bb.(1). Vgl. auch schon BGH NJW 1981, 1600, 1600. Dort betonte der BGH, dass die Bank rechtsmissbräuchlich handele, wenn sie „in Kenntnis [der] wirtschaftlichen Lage [des Kunden] eine gegen ihn gerichtete Forderung von einem Dritten nicht in banküblicher Weise erwirbt, sondern um dem Dritten Deckung aus einer von ihr nicht voll benötigten Sicherheit zu verschaffen".

[9] BGH NJW-RR 1998, 190, 190.

wenn die Abtretung nicht rechtsmissbräuchlich ist, weil sie nicht nur dem Zweck dient, dem Zedenten Deckung aus den von der Bank nicht voll benötigten Sicherheiten zu verschaffen.[1] Nach Nr. 21 III AGB-Sparkassen sichert das Pfandrecht der Sparkasse alle bestehenden und künftigen, auch bedingten oder befristeten, auch gesetzliche Ansprüche der Sparkasse gegen den Kunden, die die Sparkasse im Zusammenhang mit der Geschäftverbindung erwirbt. Diese Formulierung erfasst im Falle des Kontoguthabens einer Komplementär-GmbH auch Ansprüche der Bank gegen die GmbH gemäß §§ 128 I, 161 II HGB, die der Bank wegen Darlehensverbindlichkeiten der GmbH & Co. KG zustehen.[2]

3. Pfandbestellung und Pfandgegenstand

P 8 a) **Pfandbestellung.** Die Pfandhaftungsklausel, die die vom Pfandrecht erfassten Gegenstände umschreibt, enthält grundsätzlich zugleich den dinglichen **Pfandbestellungsvertrag.**[3]

P 9 aa) **Berechtigung.** Ist der andere Vertragsteil nicht Eigentümer des Pfandes, so kann das Pfandrecht nur mit einer Ermächtigung des Eigentümers nach § 185 oder aufgrund gutgläubigen Erwerbs wirksam entstehen. Die in einem Sicherungsvertrag enthaltene Klausel, wonach der Sicherungsgeber den Sicherungsgegenstand pfleglich zu behandeln und Reparaturen auf eigene Rechnung vorzunehmen hat, kann dahin ausgelegt werden, dass in ihr die konkludente Ermächtigung des Sicherungsnehmers an den Sicherungsgeber zur Pfandbestellung im Reparaturvertrag enthalten ist.[4] Die Ermächtigung erstreckt sich jedoch nur auf die Pfandbestellung für Forderungen aus dem jeweiligen Reparaturvertrag, nicht aber für Forderungen aus früher vorgenommenen Reparaturen.[5]

P 10 bb) **Bestimmtheitsgrundsatz.** Die Pfandhaftungsklausel muss dem allgemeinen Bestimmtheitsgrundsatz genügen. Die Klausel in Nr. 14 I 1 AGB-Banken, wonach alle in den Besitz einer inländischen Geschäftsstelle der Bank gelangten oder noch gelangenden Sachen und Wertpapiere als Pfand dienen, wird dem gerecht.[6] Soll das Pfandrecht an Kontoguthaben und am Wertpapierdepot bestellt werden, so erstreckt es sich weder auf Sparbriefguthaben noch auf Beträge, die nach Löschung eines Kontos eingehen.[7]

P 11 cc) **Antizipierte Pfandbestellung.** Das Pfand kann auch für zukünftige oder bedingte Forderungen bestellt werden.[8] Die antizipierte Pfandbestellung in Nr. 14 I AGB-Banken[9] ist weder nach § 305 c I noch nach § 308 Nr. 5 oder § 307 unwirksam.[10] Die Pfandklausel benachteiligt den Bankkunden nicht unangemessen, weil

---

[1] BGH WM 2007, 874 unter II.2.b.bb.(1).

[2] BGH WM 2007, 874 unter II.2.b.bb.(2).

[3] BGH ZIP 1988, 829, 832 zu Nr. 21 AGB-Sparkassen.

[4] Offen gelassen in BGH NJW 1983, 2140, 2141.

[5] BGH NJW 1983, 2140, 2141.

[6] Für Wirksamkeit auch *Ulmer/H. Schmidt* Anh. § 310 Rz 752. Vgl. auch LG Düsseldorf BB 1982, 1881.

[7] BGH NJW-RR 1990, 109, 109 f; a. A. für Bundesschatzbriefe LG Konstanz NJW-RR 1988, 1393, 1393.

[8] S. nur MünchKomm/*Damrau* § 1204 Rz 22.

[9] Die Klausel lautet „Der Kunde und die Bank sind sich darüber einig, dass die Bank ein Pfandrecht an den Wertpapieren und Sachen erwirbt, an denen eine inländische Geschäftsstelle im Geschäftsverkehr Besitz erlangt hat oder noch erlangen wird. Die Bank erwirbt ein Pfandrecht auch an den Ansprüchen, die dem Kunden gegen die Bank aus der bankmäßigen Geschäftsverbindung zustehen oder künftig zustehen werden (zum Beispiel Kontokorrent)."

[10] BGH NJW 1983, 2701, 2702 (zu §§ 3, 9 AGBG sowie zu Nr. 19 II a.F. AGB-Banken). Ebenso i.E. MünchKomm/*Basedow* § 307 Rz 260: allgemeine Pfandklausel der Nr. 14 AGB Banken nicht zu beanstanden.

sie ihm z. B. die Kontenüberziehung ohne Bestellung besonderer Sicherheiten ermöglicht und wegen der Freigabepflicht in Nr. 16 II ABG-Banken eine übermäßige Erstreckung und Ausübung des Pfandrechts verhindert wird.[1] Unbedenklich ist auch Nr. 14 I 2 AGB-Banken, nach welcher die Bank auch ein Pfandrecht an den Ansprüchen erwirbt, die dem Kunden gegen die Bank aus der bankmäßigen Geschäftsverbindung zustehen oder künftig zustehen werden. Das Pfandrecht entsteht, auch soweit es künftige Forderungen sichert, mit der Bestellung (§ 1209), also dann, wenn die Bank in Besitz beweglicher Sachen gelangt oder das Recht erlangt, das den Pfandgegenstand bildet. Beispielsweise entsteht ein Pfandrecht aus Nr. 14 I AGB-Banken an einem Anspruch auf Erteilung einer Gutschrift erst mit dem Eingang der Zahlung auf dem Konto des Kunden.[2] Das auf diese Weise entstandene Pfandrecht für künftige Forderungen ist ein „bestehendes Recht" im Sinne von § 357 S. 2 HGB.[3] Allerdings geht § 357 S. 1 HGB dem vertraglichen Pfandrecht aus Nr. 14 II AGB-Banken vor. Das an sich bereits mit Einbeziehung der AGB auch an künftigen Forderungen begründete Pfandrecht nach § 357 S. 1 HGB kann also dem pfändenden Gläubiger nicht entgegengehalten werden kann, wenn die verpfändete künftige Forderung erst nach Begründung des Pfändungs- und Überweisungsbeschlusses entsteht.[4]

b) Pfandgegenstand. Als Pfandgegenstand kommen sowohl Sachen (§§ 1204 ff.) als auch Rechte (§§ 1273 ff.) in Betracht. **P 12**

aa) Sachen. An beweglichen Sachen als Pfandgegenstand kann das Pfand nur dann entstehen, wenn diese sich im Besitz oder in der Verfügungsgewalt des Pfandgläubigers befinden. Wie bewegliche Sachen werden Inhaberschuldverschreibungen und Bundesschatzbriefe verpfändet.[5] **P 13**

bb) Rechte. Die Entstehung des Pfandrechts an einer der Bank selbst gehörenden Grundschuld scheitert gemäß § 1273 II mit § 1256 daran, dass ein Pfandrecht am eigenen Recht nicht bestehen kann.[6] Darüber hinaus ist zu beachten, dass das Briefgrundpfandrecht unter Zugrundelegung des Verständnisses eines Durchschnittskunden nicht als „Wertgegenstand" verstanden werden kann, an dem die Bank Besitz erlangt,[7] wie es in Nr. 14 I der AGB-Banken vorausgesetzt wird. Ein Pfandrecht nach § 14 I AGB-Banken kann demgegenüber an dem **Anspruch auf Erteilung einer Gutschrift** entstehen.[8] Am Anspruch auf den **Kontokorrent-Saldo** als künftigem Anspruch entsteht das Pfandrecht zwar erst mit Entstehen des verpfändeten Anspruchs. Im Verhältnis zu anderen Abtretungen gilt aber der Prioritätsgrundsatz.[9] Die formularmäßige Verpfändung des **Kommanditanteils** an einer Abschreibungsgesellschaft an die finanzierende Bank ist weder generell nach § 307 unwirksam noch nach § 138 nichtig.[10] **P 14**

c) Ausschluss des Pfandrechts kraft Individualabrede. Nicht unter das Pfandrecht fallen Sachen oder Rechte, die aufgrund ihrer Zweckbindung und der darin liegenden Individualvereinbarung nach § 305 b auszunehmen sind.[11] **P 15**

---

[1] BGH NJW 1983, 2701, 2702 (zu § 9 AGBG und zur Freigabeklausel in Nr. 19 IV AGB-Banken).

[2] BGH NJW-RR 2005, 1636, 1637.

[3] a. A. OLG Düsseldorf ZIP 1984, 566.

[4] BGH NJW 1997, 2322, 2323 = LM H.10/1997 § 357 HGB Nr. 6/7 m. Anm. *Walker.*

[5] LG Konstanz ZIP 1988, 904.

[6] S. auch OLG Bamberg ZIP 1984, 1213, 1215.

[7] In diesem Sinne BGH NJW 1973, 514, 515 = BGHZ 60, 174 zum ähnlich formulierten § 19 II AGB Banken a. F.

[8] BGH NJW-RR 2005, 1636, 1637; OLG Dresden, Urt. v. 11. 5. 2006, Az: 13 U 2074/05, BeckRS 2006–06401 unter II.1.b.

[9] OLG Köln NJW-RR 1988, 239, 240.

[10] Offen gelassen in BGH ZIP 1985, 667, 668.

[11] S. auch BGH WM 1979, 533.

P 16 **aa) Treuhandkonto.** Eine Zweckbindung ist regelmäßig beim so genannten **offenen Treuhandkonto** anzunehmen, dessen Treuhandnatur der Bank bekannt oder aufgrund sonstiger Umstände erkennbar ist.[1] Es widerspricht Treu und Glauben, wenn die Bank das Pfandrecht für Treugut in Anspruch nehmen will, das ihr von Anfang an als solches bekannt war. Etwas anderes gilt, wenn die Bank das Pfand ohne Kenntnis der Treuguteigenschaft erworben hat.[2] Die Kennzeichnung eines Kontos als **Mietkonto** enthält keinen zuverlässigen Hinweis auf ein Treuhandkonto.[3] Wird die Bank nachträglich über die Eigenschaft als Treuhandkonto informiert, so erlischt das Pfandrecht damit weder für die Vergangenheit noch für die Zukunft von selbst, sondern nur, wenn die Bank mit einer Aufhebung des Pfandrechts einverstanden ist.[4] Die Bank macht sich aber nach § 826 gegenüber dem Treugeber schadensersatzpflichtig, wenn sie nach Kenntniserlangung auf dem Treuhandkonto eingehende Gelder als Pfandsicherheit in Anspruch nimmt.[5]

P 17 **bb) Andere besondere Zweckbestimmung.** Neben der Treuhandbindung kann die Pfandhaftung nach Nr. 14 III AGB-Banken auch durch eine der Bank erkennbare sonstige besondere Zweckbestimmung ausgeschlossen sein.[6] Daran sind jedoch strenge Anforderungen zu stellen.[7] Eine besondere Zweckbestimmung ist z. B. anzunehmen, wenn der Bank Wechsel oder Schecks zum Diskont eingereicht werden[8] oder Einzahlungen mit dem ausdrücklichen Auftrag zur Gutschrift zugunsten eines Dritten gemacht werden. Gleiches gilt, wenn die Bank mit dem Kontoinhaber vereinbart, die auf ein Unterkonto eingehenden Beträge einem Dritten zu überweisen.[9] Bei Ablehnung der damit verbundenen Aufträge darf die Bank auf die Gegenstände nicht nach Nr. 14 AGB-Banken als Pfand zugreifen.[10] Von einer besonderen Zweckbestimmung ist ferner auch dann auszugehen, wenn die Bank ohne Vorbehalt Wertsachen für einen **vorübergehenden, kurzfristigen Zweck** in Verwahrung nimmt.[11] Eine besondere Zweckbestimmung liegt auch vor, wenn der Bank bekannt ist, dass es sich bei überwiesenen Beträgen um Baugeld gemäß § 1 III des Gesetzes über die Sicherung von Bauforderungen (GSB)[12] handelt. Dieses unterliegt dann nicht dem Pfandrecht.[13] Bei der Einrichtung eines Festgeldkontos mit der Verpflichtung, das Guthaben je nach Baufortschritt für ein bestimmtes Bauvorhaben auszuzahlen, kann eine Zweckbestimmungsvereinbarung, die das Pfandrecht auch für den Fall des wirtschaftlichen Zusammenbruchs des Schuldners ausschließt, aber nicht ohne weiteres angenommen werden.[14] Auch der im Kundenhinweisfeld eines Kontos eingetragene Text „Sperrkonto ... GmbH" kann nicht dahingehend ausgelegt werden, dass gemäß Nr. 14 III AGB-Banken eine Ausnahme vom Pfandrecht der Bank begründet werden soll.[15] Ohne besondere Zweckbestimmung werden auch **Spar- und Festgeldkonten** vom Pfandrecht nach Nr. 14 AGB erfasst,[16]

[1] BGH ZIP 1987, 1436, 1439; BGH NJW 1985, 1954, 1955.
[2] BGH NJW 1985, 1954, 1955.
[3] BGH NJW 1991, 101, 101.
[4] BGH NJW 1991, 101, 101 f.
[5] BGH NJW 1991, 101, 102.
[6] BGH NJW 1988, 263, 265; BGH NJW 1983, 2701, 2703.
[7] BGHZ 61, 72, 77 f.; BGH NJW 1985, 1954, 1955.
[8] BGH NJW-RR 1990, 366, 366 f; OLG Hamburg ZIP 1988, 927, 929.
[9] OLG Düsseldorf NJW-RR 1987, 1327, 1328.
[10] BGHZ 74, 129, 132.
[11] *Staudinger/Schlosser* § 305 c Rz 38; Vgl. BGH NJW 1959, 142, 143.
[12] Gesetz v. 1. 6. 1909, RGBl. I, 449 i.d.F. v. 5. 10. 1994, BGBl. I, S. 2911.
[13] BGH NJW 1988, 263, 265.
[14] BGH NJW 1985, 1954, 1955.
[15] OLG München, Urt. v. 19. 12. 2006, Az: 9 U 3780/06.
[16] BGH NJW 1983, 2701, 2703 (zu § 19 II AGB Banken a.F.).

ebenso Baugeld, wenn es als solches der Bank nicht bekannt ist.[1] Die Pfandklausel der Nr. 14 AGB-Banken kann auch durch spezielle Sicherungsabreden verdrängt werden. Im Allgemeinen kann davon bei der Bestellung konkreter Sicherheiten für eine Bank jedoch nicht ausgegangen werden.[2] Die Sicherungsübereignung eines Kfz hindert die Bank deshalb z. B. nicht, auf das nach Nr. 14 AGB-Banken bestehende Pfandrecht an Spar- oder Festgeldkonten zuzugreifen.

4. Gutgläubiger Erwerb

Da es sich bei einem durch AGB bestellten Pfandrecht um ein **rechtsgeschäftliches Pfandrecht** handelt, ist ein gutgläubiger Erwerb nach § 1207 möglich.[3] Die Interessen des Eigentümers als Dritten werden durch § 307 nicht geschützt; seine Interessen können nur nach § 138 Berücksichtigung finden.[4] Die Pfandklausel ist nicht generell deshalb unwirksam, weil sie im Falle eines gutgläubigen Erwerbs die Rechte Dritter beeinträchtigt.[5] Nichtigkeit wegen Sittenwidrigkeit nach § 138 ist vielmehr nur anzunehmen, wenn die generelle Pfandrechtsbestellung bewusst in der Weise erklärt wird, dass das Pfandrecht gerade nicht dem Verpfänder gehörende Sachen umfassen soll, sofern der Erwerber nur im Einzelfall gutgläubig ist.[6] Wirksam ist dagegen eine generelle Pfandrechtsbestellung, in der, ohne dass dies ausdrücklich gesagt sein muss, die Pfandgegenstände als grundsätzlich im Eigentum des Bestellers stehend vorausgesetzt werden.[7] Gegenstände, die trotz dieser grundsätzlichen Voraussetzung wegen besonderer Umstände im Einzelfall nicht dem Besteller gehören, können dann gutgläubig erworben werden. **P 18**

5. Verwertung

Individualvertraglichen und AGB-mäßigen Abweichungen von den §§ 1233 ff. werden zunächst durch § 1245 II Schranken gezogen. AGB-mäßige Abweichungen sind außerdem an § 307 zu messen, wobei es wegen § 307 II Nr. 1 auch auf die Grundgedanken der § 1233 ff. ankommt. Obwohl von § 1245 II nicht erfasst, ist deshalb eine Bestimmung in AGB **unwirksam,** die in Abweichung von § 1234 I eine Verwertung ohne vorherige Verkaufsandrohung vorsieht,[8] da die Verkaufsandrohung zu den wesentlichen Grundgedanken des von § 1234 gewollten Eigentümerschutzes gehört. Auch ein Verfallpfand kann nicht im Voraus vereinbart werden (§ 1229). **P 19**

6. Sicherstellung der späteren Verwertung/Kontosperre

Gemäß § 1281 kann der Schuldner nur an den Pfandgläubiger und den Gläubiger gemeinschaftlich leisten, und jeder der beiden Letztgenannten kann verlangen, dass an sie gemeinschaftlich geleistet wird. Auf der Grundlage dieser Regelung kann die Bank von ihrem Pfandrecht an Forderungen eines Kunden aus einem Kontoguthaben auch schon vor Pfandreife Gebrauch machen, indem sie in Höhe ihrer Forde- **P 20–30**

---

[1] BGH NJW 1988, 263, 265.

[2] In diesem Sinne tendenziell auch BGH NJW 1983, 2701, 2703.

[3] BGH NJW 1981, 226, 227.

[4] *Staudinger/Coester* § 307 Rz 144. Dazu, dass § 307 gerade an die Benachteiligung des Verwendungsgegners anknüpft, s. auch *Dammann,* Die Grenzen zulässiger Diskriminierung im allgemeinen Zivilrecht, 2005, S. 172.

[5] MünchKomm/*Damrau* § 1205 Rz 2. a. A. *Picker* NJW 1978, 1417.

[6] BGH NJW 1983, 1114, 1115.

[7] BGH NJW 1983, 1114, 1115.

[8] S. OLG Köln ZIP 1981, 1101 (zu § 9 AGBG). A.A. aber MünchKomm/*Damrau* § 1234 Rz 5: Keine Unangemessenheit, da nur von „unwesentlichen Grundgedanken" abgewichen werde.

rungen gegen den Kunden zur Sicherung einer späteren Verwertung eine so genannte „Kontosperre“ verfügt, also keine Verfügungen des Kunden mehr zulässt.[1] Dass die Forderung der Bank gegen den Kunden noch nicht fällig ist, steht dem nicht entgegen.[2] Denn die Kontosperre ist noch keine Verwertungsmaßnahme, die erst nach Eintritt der Pfandreife zulässig wäre, sondern dient nur der Sicherstellung der späteren Verwertung.[3] Die Regelung des § 1281 S. 2 Hs. 1 wird auch nicht durch Nr. 14 II 1 der AGB-Banken[4] abbedungen.[5]

*

Preisklauseln

Zu Preisklauseln siehe die Darstellung zu § 309 Nr. 1.

*

Prozess- und Rechtsverfolgungskosten

Schrifttum: *Bauer,* Das Prozesskostenrisiko und die Möglichkeiten seiner Begrenzung im sozialen Rechtsstaat, 1976; *Becker-Eberhard,* Grundlagen der Kostenerstattung bei der Verfolgung zivilrechtlicher Ansprüche, 1985; *ders.,* Zum Neben- und Gegeneinander von materiell-rechtlicher und prozessualer Kostenhaftung, JZ 1995, 814; *Kallweit,* Die Eigenhaftung des Insolvenzverwalters für prozessuale Masseverbindlichkeiten, 2005; *Loritz,* Die Konkurrenz materiell-rechtlicher und prozessualer Kostenerstattung, 1981; *Pfeiffer,* Die Absicherung von Gerichtsstandsvereinbarungen durch Vereinbarung eines materiellrechtlichen Kostenerstattungsanspruchs, FS Lindacher, 2007, S. 77.

P 31 In AGB wird zuweilen versucht, dem anderen Teil die **Kosten der Rechtsverfolgung** über die Vorschriften des materiellen Rechts und des Prozessrechts hinaus aufzuerlegen, und zwar durch Klauseln wie „alle Rechtsverfolgungskosten gehen zulasten des Käufers“ oder „Nebenkosten einschließlich Prozesskosten trägt der Käufer“. Der Kunde soll dann die außerprozessualen Kosten der Rechtsverfolgung und die Prozesskosten auch insoweit übernehmen, als sie nach dem Gesetz vom Verwender zu tragen wären.

P 32 Im Rahmen der Kostengrundentscheidung ist das Gericht nicht an Parteivereinbarungen gebunden, die von §§ 91 ff. ZPO abweichen.[6] Gleichwohl stellt sich die Frage nach der Verbindlichkeit dahingehender AGB-Vereinbarungen. Diese Frage hat noch der 1. Teilbericht der Arbeitsgruppe beim BMJ explizit verneint; lediglich die Kosten einer Drittwiderspruchsklage sollte der Verwender dem Kunden formularmäßig aufbürden können.[7] Dass dieser Passus nicht Gesetz geworden ist, beruht allein auf dem Bestreben nach Kürzung und Beschränkung der Klauselkataloge auf die praktisch bedeutsamsten Klauseln.[8] Die Kontrolle von Kostentragungsklauseln anhand § 307 ist mithin geboten; für eine Kontrollmöglichkeit von Kostentragungsklauseln streitet auch die RL in Anh. Nr. 1 q.[9]

---

1 BGH NJW 2004, 1660, 1661.
2 BGH NJW 2004, 1660, 1661.
3 BGH NJW 2004, 1660, 1661.
4 Diese Klausel lautet: „Das Pfandrecht dient der Sicherung aller bestehenden, künftigen und bedingten Ansprüche, die der Bank [...] aus der bankmäßigen Geschäftsverbindung mit dem Kunden zustehen.“
5 BGH NJW 2004, 1660, 1661.
6 BGHZ 5, 251; *Zöller/Herget* Vor § 91 ZPO Rz 14.
7 Teilbericht I, S. 86 f. Zu diesem s. Einl. Rz 7.
8 So auch *Ulmer/Hensen* Anh. § 310 Rz 645 f.
9 S. dort Rz 213, 217.

Die Verteilung der Kostentragungspflicht nach §§ 91 ff. ZPO orientiert sich ebenso wie der materielle Kostenerstattungsanspruch, z. B. wegen Verzugs nach §§ 280 I, II, 286 BGB, sonstiger Vertragsverletzung oder aus unerlaubter Handlung,[1] an einer Zurechnung nach Verantwortungsbereichen. Eine **Abweichung** hiervon, etwa die Verpflichtung des Kunden zur Tragung außerprozessualer Rechtsberatungskosten des Verwenders, ohne dass ein vertragswidriges Verhalten des Kunden vorliegt, widerspricht wesentlichen Grundgedanken der gesetzlichen Regelung und ist nach § 307 II Nr. 1 **grundsätzlich unwirksam.**[2] Dies gilt auch für eine Abweichung von der prozessualen Kostenverteilung nach §§ 91 ff. ZPO einschließlich der Kosten eines selbstständigen Beweisverfahrens (§§ 485 ff. ZPO). Damit soll insgesamt der Gefahr begegnet werden, dass der Verwender durch Abbau der Kostenbarriere zulasten des Kunden allzu leichtfertig prozessuale Rechtsbehelfe ausnutzt. Umgekehrt kann sich der Verwender nicht von der eigenen Prozesskostentragungspflicht freizeichnen, weil damit die Möglichkeit des Kunden, Rechtsbehelfe einzulegen, in ungerechtfertigter Weise erschwert würde. Die dargelegten Grundsätze gelten wegen weitgehend gleicher Interessenlage auch im Unternehmensverkehr. **P 33**

Unwirksam ist eine Klausel, wonach bei gerichtlicher Beitreibung zusätzlich entstehende Bearbeitungsgebühren zu vergüten sind, da dieser Anspruch nicht auf die nach Prozessrecht oder materiellem Recht zu tragenden Kosten beschränkt ist, sondern auch darüber hinaus bestehen soll.[3] Ebenso unwirksam sind die formularmäßige Überwälzung sämtlicher Beitreibungskosten durch ein Inkassobüro[4] sowie die Klausel in den Kreditbedingungen einer Bank, dass an diese im Falle der gerichtlichen Geltendmachung des Anspruchs ein Betrag von 3% der beizutreibenden Summe für Rechtsverfolgungskosten zu zahlen ist.[5] Wirksam kann eine Klausel sein, die mittels eines Kostenerstattungsanspruchs die ausschließliche Prorogation deutscher Gerichte flankiert und Kostenersatz für den Fall abredewidriger Inanspruchnahme im Ausland sichern soll.[6] **P 34**

Ausnahmsweise ist es gerechtfertigt, dem Kunden die Kosten einer **Drittwiderspruchsklage** aufzuerlegen, die dem Verwender dadurch entstanden sind, dass er Zwangsvollstreckungsmaßnahmen gegen seine beim anderen Vertragsteil befindliche Sache abwehren musste. Dabei wird es sich zumeist um Eigentumsvorbehalts-, Leasing- oder Sicherungsgut handeln. Da die Vollstreckung erst durch die pflichtgemäße Gebrauchsüberlassung an den Kunden ermöglicht wurde (vgl. § 808 ZPO) und dieser den Vorteil aus der Drittwiderspruchsklage durch den weiteren Gebrauch der Sache ziehen kann, stellt es grundsätzlich keine unangemessene Interessenwahrnehmung nach § 307 dar, wenn der Verwender die Kosten der Drittwiderspruchsklage dem Kunden auferlegt.[7] Dies gilt jedoch nur für Kosten einer berechtigterweise erhobenen Drittwiderspruchsklage und grundsätzlich nur für Kosten, die beim Drittwiderspruchsbeklagten nicht beigetrieben werden können.[8] Die Kosten einer willkürlich erhobenen Klage, die nach §§ 91 ff. ZPO, insbesondere auch nach § 93 ZPO, dem Verwender zur Last fallen, können nicht auf den Kunden abgewälzt werden. Dagegen ist es nicht zu beanstanden, wenn vom Kun- **P 35**

---

[1] S. BGH NJW 1983, 284; OLG Karlsruhe MDR 2000, 199.

[2] BGH NJW 1985, 320, 324; *Erman/Roloff* § 307 Rz 149; *Pfeiffer* FS Lindacher, S. 77, 88.

[3] BGH NJW 1985, 320, 324; s. auch LG Verden NJW-RR 1987, 430.

[4] OLG Hamburg NJW-RR 1989, 881, 883; *Soergel/Stein* § 9 AGBG Rz 100; vgl. auch *von Westphalen* BB 1994, 1721, 1723.

[5] KG WM 1985, 714.

[6] Dazu *Pfeiffer* FS Lindacher, S. 77, 86 ff.

[7] BGH NJW 1993, 657 = LM § 9 (Bg) AGBG Nr. 14 m. Anm. *Grunewald; Erman/Roloff* § 307 Rz 149; *Ulmer/Hensen* Anh. § 310 Rz 648; *Staudinger/Stoffels,* Leasing, Bearb. 2004, Rz 332.

[8] BGH NJW 1993, 657; *von Westphalen,* AGB, Rechtsverfolgungskosten Rz 9: Ausfallhaftung.

den auch die Kosten der außergerichtlichen Bemühungen um Freigabe oder etwaige Rückschaffungskosten verlangt werden.

P 36-P 50 Wirksam kann zudem eine Klausel sein, wonach im Falle der Klageerhebung **Prozesskostensicherheit** zu leisten ist. § 110 ZPO regelt die Einrede fehlender Prozesskostensicherheit, beschränkt deren Anwendungsbereich aber auf Kläger, die ihren gewöhnlichen Aufenthalt nicht in einem Mitgliedstaat der EU oder einem Vertragsstaat des EWR haben. Ein darüber hinausgehendes Sicherungsbedürfnis erkennt auch der BGH an: Zwar stellt er klar, dass jede Partei das Risiko trägt, von einem zahlungsunfähigen Kläger verklagt zu werden und deshalb im Falle des Obsiegens ihren Kostenerstattungsanspruch nicht durchsetzen zu können; bei Klagen einer vermögenslosen GmbH in Prozessstandschaft soll das für die Klage notwendige Eigeninteresse aber nur dann zu bejahen sein, wenn die GmbH dem Gegner für die Prozesskosten Sicherheit leistet.[1] Das insoweit konzedierte Bedürfnis nach Sicherheitenstellung spricht dafür, dem Ausfallrisiko im Bereich der Prozesskosten durch eine AGB-rechtliche Vertragsgestaltung begegnen zu können. Die Rechtfertigung einer solchen Sicherheitenklausel erschließt sich vor allem vor dem Hintergrund einer möglichen Insolvenz des Klägers. Nimmt der Insolvenzverwalter einen bei Eröffnung des Insolvenzverfahrens schon rechtshängigen Prozess auf oder erhebt er nach Verfahrenseröffnung Klage, hat der Prozessgegner im Falle des Obsiegens zwar einen Kostenerstattungsanspruch gegen die Masse, der aber oft nicht zu realisieren ist. Zudem scheidet eine Eigenhaftung des Verwalters in aller Regel aus; denn es entspricht ständiger Rechtsprechung des BGH, dass der Insolvenzverwalter auch im Falle einer von vornherein aussichtslosen Prozessführung gegenüber dem Prozessgegner für dessen Rechtsverteidigungskosten nur unter den engen Voraussetzungen des § 826 persönlich haftet.[2] Angemessen ist eine Sicherheitenklausel allerdings nur bei reziproker Ausgestaltung. Die Verpflichtung zur Sicherheitsleistung muss folglich nicht nur für den Vertragspartner, sondern gleichermaßen für den Verwender gelten. Des Weiteren liegt es nahe, die Höhe der Prozesskostensicherheit entsprechend dem Maßstab des § 112 II ZPO zu bestimmen.

*

Prozesskostenfinanzierung

Schrifttum: *Bruns,* Das Verbot der quota litis und die erfolgshonorierte Prozessfinanzierung, JZ 2000, 232; *Dethloff,* Verträge zur Prozessfinanzierung gegen Erfolgsbeteiligung, NJW 2000, 2225; *Dimde,* Rechtsschutzzugang und Prozessfinanzierung im Zivilprozess, 2003; *Eversberg,* Prozessfinanzierung im Versicherungsprozess, in: *Veith/Gräfe,* Der Versicherungsprozess, 2005, § 17; *Fritzsche/Schmidt,* Eine neue Form der Versicherung?, NJW 1999, 2998; *Grunewald,* Prozessfinanzierungsvertrag mit gewerbsmäßigem Prozessfinanzierer – ein Gesellschaftsvertrag, BB 2000, 729; *Kochheim,* Die gewerbliche Prozessfinanzierung, 2003; *Müller-Güldemeister/Rollmann,* Die Prozessfinanzierung der FORIS AG ist keine Versicherung, NJW 1999, 3540; *Rochon,* Die erfolgsorientierte Prozessfinanzierung und ihre Auswirkungen für den Rechtsanwalt, 2003.

P 51 Mittels eines Prozesskostenfinanzierungsvertrages übernimmt ein kommerzieller Anbieter die Rechtsverfolgungskosten und damit das Prozessrisiko im Hinblick auf einen konkreten Prozess seines Vertragspartners; Gegenleistung ist die Teilhabe am Prozessergebnis. Der Prozesskostenfinanzierungsvertrag ist einem Joint Venture

---

[1] BGH NJW 1988, 1321. Weitergehend sieht *Blomeyer* FS Baumgärtel, 1990, S. 29ff., ein Bedürfnis, eine GmbH oder GmbH Co. KG unter bestimmten Voraussetzungen gesetzlich zu einer Prozesskostensicherheit zu verpflichten.

[2] BGHZ 148, 175; BGHZ 154, 269; BGH NJW 2004, 446; BGH NJW 2005, 901. Kritisch zu dieser Rechtsprechung *Kallweit,* Eigenhaftung des Insolvenzverwalters, dort S. 193f. auch zur Bindung des Insolvenzverwalters an vertraglich determinierte Prozesspflichten.

vergleichbar: Der Prozesskostenfinanzierer tritt als Risikokapitalgeber dem Erfolg versprechenden Vorhaben des Anspruchsinhabers bei, dessen Anspruch gerichtlich durchzusetzen. Die Prozesskostenfinanzierung wird in Deutschland erst seit Mitte 1998 kommerziell betrieben; ihr Aufkommen ist vornehmlich auf § 49b II BRAO zurückzuführen, der Anwälten die Vereinbarung eines Erfolgshonorars oder einer Erfolgsbeteiligung (quota litis) verbietet.

Die **Rechtsnatur** des Prozesskostenfinanzierungsvertrags ist nach wie vor ungeklärt.[1] Nimmt man mit der wohl überwiegenden Ansicht einen Gesellschaftsvertrag an, sind §§ 305 ff. wegen der Bereichsausnahme des § 310 IV 1 unanwendbar, die alle Gesellschaftsformen einschließlich der Gesellschaft bürgerlichen Rechts erfasst. Gleichwohl wird im Schrifttum vorgeschlagen, § 310 IV 1 teleologisch zu reduzieren, um eine **AGB-rechtliche Kontrolle** von Prozesskostenfinanzierungsverträgen zu ermöglichen; denn diese seien eher Austausch- als Leistungsvereinigungsverträge und die gesellschaftsvertraglichen Elemente nur rudimentär ausgeprägt.[2] Allerdings enthält der Prozesskostenfinanzierungsvertrag durchaus typisch gesellschaftsrechtliche Elemente, etwa den Zustimmungsvorbehalt bei strukturändernden Maßnahmen (hier: die Zustimmungsbedürftigkeit bei streitgegenstandsrelevanten Prozesshandlungen). Im Übrigen hat der BGH für die stille Gesellschaft eine teleologische Reduktion des bisherigen § 23 I AGBG abgelehnt.[3] Daher dürfte eine Anwendung der §§ 305 ff. ausscheiden.[4] Die inhaltliche Kontrolle beschränkt sich dann auf eine **allgemeine Rechtskontrolle,** insbesondere anhand §§ 134, 138.[5] So stellt sich die Frage, ob dem Abschluss eines Prozesskostenfinanzierungsvertrags im Hinblick auf das Verbot des § 49b II BRAO Umgehungscharakter zukommt.[6] Daran ist zu denken, wenn der Mandant mit einem Prozessfinanzierer kontrahiert, an dem der agierende Rechtsanwalt beteiligt ist.[7] Wenngleich in einschlägigen Klauselwerken hervorgehoben wird, dass keine Rechtsberatung, sondern lediglich im Interesse des Prozesskostenfinanzierers eine Prüfung der prozessualen Erfolgsaussichten erfolge, wird auch diskutiert, ob sich diese im Vorfeld des Vertragsschlusses vorgenommene Erfolgsprüfung als Verstoß gegen Art. 1 RBerG erweist und ob dies bejahendenfalls gemäß § 134 BGB zur Nichtigkeit des Prozesskostenfinanzierungsvertrags führt.[8] Thematisiert wird ferner das Preis-Leistungs-Verhältnis und in diesem Zusammenhang, ob der Angemessenheitsmaßstab des § 4 IV RVG auf die Preisabsprache zwischen Anspruchsteller und Prozesskostenfinanzierer anzuwenden ist.[9] **P 52-P 60**

*

[1] Für Einordnung als Versicherungsvertrag *Fritzsche/Schmidt* NJW 1999, 2998; dagegen die Beschlusskammer des nunmehr unter dem Dach der Bundesanstalt für Finanzdienstleistungsaufsicht geführten Bundesamtes für das Versicherungswesen vom 29. 4. 1999 (Z 3 – B 2/99). Die h. L. plädiert für die Einordnung als Gesellschaftsvertrag (stille Innengesellschaft); so etwa *Müller-Güldemeister/Rollmann* NJW 1999, 3540; *Grunewald* BB 2000, 729; *Dethloff* NJW 2000, 2225. Beachte auch *Bruns* JZ 2000, 232, 238: partiarisches Darlehen. Ausdrücklich offen gelassen durch LG Köln NJW-RR 2003, 426 (zum Gesellschaftsvertrag tendierend); beachte auch OLG Hamm FamRZ 2001, 373 (dort zur vormundschaftsgerichtlichen Genehmigung zu einem Prozessfinanzierungsvertrag).

[2] So etwa *Grunewald* AnwBl 2001, 540, 543, und *Dethloff* NJW 2000, 2225, 2228.

[3] BGHZ 127, 176.

[4] Ebenso *Kochheim,* S. 116.

[5] Zur Übertragbarkeit der Grundsätze zur Inhaltskontrolle bei Publikumsgesellschaften auf die zweigliedrige Gesellschaft im Rahmen der Prozessfinanzierung siehe *Kochheim,* S. 116 ff.

[6] Beachte zu den verfassungsrechtlichen Grenzen von § 496 II BRAO nunmehr BVerfG NJW 2007, 979.

[7] KG MDR 2003, 599. Als unbedenklich wird im Schrifttum aber eine untergeordnete gesellschaftsrechtliche Beteiligung angesehen, so etwa *Grunewald* BB 2000, 729, 731, und *Bruns* JZ 2000, 232, 239.

[8] Dazu ausführlich *Kochheim,* S. 125 ff.

[9] Dazu *Bruns* JZ 2000, 232, 238.

Prozessvereinbarungen

Schrifttum: *Grün,* Der Ausschluss der Unterlassungsklage und des vorläufigen Rechtsschutzes in urheberrechtlichen Verträgen – Eine prozessuale, urheber- und AGB-rechtliche Untersuchung am Beispiel des Regievertrags, ZUM 2004, 733; *Heß/Sharma,* Rechtliche Rahmenbedingungen der Mediation, in: *Haft/Schlieffen (Hrsg.),* Handbuch Mediation, 2002, S. 675; *Mentis,* Schranken prozessualer Klauseln in Allgemeinen Geschäftsbedingungen, 1994; *Rosenberg/Schwab/Gottwald,* Zivilprozessrecht, 16. Aufl. 2005; *Schilken,* Zur Zulässigkeit von Zuständigkeitsvereinbarungen bei Beteiligung von Nichtkaufleuten (§§ 38 Abs. 3, 40 ZPO), FS Musielak, 2004, S. 435; *Sternke,* Prozessuale Klauseln in Allgemeinen Geschäftsbedingungen, 1993; *Wagner,* Prozessverträge, 1998.

Inhaltsübersicht

I. Grundlagen

P 61 Sind die allgemeinen Anwendungsvoraussetzungen (§§ 305 I, 310) gegeben, sind auch Rechtsgeschäfte mit prozessrechtlichem Gegenstand an §§ 305 ff. zu messen.[1] Dies gilt zum einen unabhängig davon, ob es sich um Prozessverträge handelt, denen man herkömmlich unmittelbar prozessuale Verfügungswirkung zuschreibt (Bsp.: prorogierende Gerichtsstandsvereinbarung),[2] oder um die bloße Verpflichtung zu einem bestimmten prozessualen Verhalten (Bsp.: Klagerücknahmeversprechen), zum anderen unabhängig davon, ob es um den Bereich richterlicher Erkenntnis oder um vollstreckungsrechtliche Fragen geht.[3] Ein zusätzlicher Beleg für die Anwendbarkeit des AGB-Rechts lässt sich aus RL Anh Nr. 1 q ableiten.[4]

II. Beschränkung des Rechtsschutzes

P 62 Klauseln, die das Ob gerichtlichen Rechtsschutzes sowie die Art und Weise der Anrufung staatlicher Gerichte thematisieren, begegnen in vielfältiger Form. Zu differenzieren ist danach, ob sie den Zugang zu den staatlichen Gerichten insgesamt, die Wahl des Rechtswegs oder nur die gerichtliche Zuständigkeit thematisieren. Schon *Ludwig Raiser* hat darauf hingewiesen, dass sich erst das Blockieren des Zugangs zu den staatlichen Gerichten als „Krönung" des Geschäftsbedingungswesens erweise und dieses zu einer „richtigen Gefahr für das Rechtsleben" werden lasse.[5] Eine Klausel, durch die der **Zugang zu den Gerichten vollends ausge-**

---

[1] Grundsätzlich und grundlegend *Wagner,* Prozessverträge, S. 130 ff., dort S. 159 f. auch zur Kontrolle von Prozessverträgen außerhalb des Anwendungsbereichs des AGB-Rechts. Beachte im Übrigen etwa *Staudinger/Schlosser* § 305 Rz 14. Im Ergebnis auch *Häsemeyer* ZZP 118 (2005), 265, 301, obwohl dieser Prozessverträge nicht am „Prinzip materiell-rechtlicher Vertragsgerechtigkeit", sondern nur am „Prinzip prozessualer Waffengleichheit" messen will.

[2] S. etwa BGHZ 101, 271, 273 = ZZP 101 (1988), 200 m. Anm. *Lindacher,* dort zu Gerichtsstandsklauseln; näher dazu Anh. § 310 Rz G 144.

[3] S. etwa BGH NJW 2002, 138, 139, dort zur Vollstreckungsunterwerfung; näher dazu sowie zu weiteren Klauseln mit vollstreckungsrechtlichem Regelungsgehalt Anh. § 310 Rz Z 32.

[4] Der Anhang ist als nicht abschließender Beispielskatalog für potenziell missbräuchliche Klauseln anzusehen, EuGH NJW 2004, 1647; EuGH EuZW 2002, 466. Dazu *Markwardt* ZIP 2005, 152, 154; *Nassall* in *Gebauer/Wiedmann,* Zivilrecht unter europäischem Einfluss, Kap. 5 Rz 7.

[5] *Raiser,* Das Recht der Allg. Geschäftsbedingungen, 1935, S. 98.

schlossen wird, verstößt gegen den verfassungsrechtlich verbürgten Justizgewährungsanspruch und ist gemäß § 307 selbst dann unwirksam, wenn das fragliche Recht als solches verzichtbar ist.[1] In aller Regel wird man es ebenso zu deuten und zu bewerten haben, wenn eine Klausel den „Rechtsweg" für ausgeschlossen erklärt[2] oder sämtliche gesetzlich vorgesehenen Gerichtsstände ausgeschlossen werden.[3] Entsprechendes gilt für die Klausel, Konflikte seien „ausschließlich zwischen den Parteien auszutragen",[4] wobei es nicht entscheidend darauf ankommen dürfte, ob der Rechtsschutzausschluss einseitig den Vertragspartner oder zudem den Verwender trifft.

Allerdings kann die – gemäß § 1032 ZPO verdrängende – Zuständigkeit privater Schiedsgerichte vereinbart werden, und zwar grundsätzlich auch in AGB (zu **Schiedsgerichtsklauseln** vgl. Anh. § 310 Rz S 1 ff.), zumal das Schiedsverfahren auf eine abschließende und der Vollstreckbarerklärung zugängliche Entscheidung abzielt (§§ 1055, 1060 ZPO). In Betracht kommt zudem ein **dilatorischer Klageverzicht.**[5] Ein solcher kann vor allem in **Schlichtungs- und Mediationsklauseln** enthalten sein (dazu Anh. § 310 Rz S 51 ff., dort auch allgemein zu den Wirksamkeitsanforderungen an Klageverzichtsklauseln), ebenso in **Musterprozessklauseln** (dazu Rz 67 ff.) und in **Schiedsgutachtenklauseln** (dazu Anh. § 310 Rz S 22 ff.). Als zumindest rechtsschutzrelevant erweisen sich zudem bestimmte **Prozesskostenklauseln** (dazu Rz P 31 ff.), **Ausschluss- und Klagefristen** (dazu § 309 Nr. 8 b ee und speziell zum Arbeitsrecht Anh. § 310 Rz 85 ff.) sowie **Beweislastklauseln** (dazu § 309 Nr. 12 und speziell zum Arbeitsrecht Anh. § 310 Rz 92 ff.). **P 63**

Streitig ist, inwieweit die Möglichkeit, **einstweiligen Rechtsschutz** in Anspruch zu nehmen, ausgeschlossen werden kann. Bisweilen wird vertreten, dass ein solcher Ausschluss grundsätzlich selbst klauselmäßig wirksam sein soll.[6] Dagegen spricht, dass in solchen Fällen ein nur dilatorischer – und gerade deshalb hinnehmbar erscheinender – Verzicht naturgemäß kaum in Betracht kommt.[7] Diesen restriktiven Standpunkt wird teilen, wer mit der wohl herrschenden Meinung die in § 1033 ZPO vorgesehene Befugnis, trotz einer Schiedsvereinbarung um einstweilige gerichtliche Maßnahmen nachzusuchen, als unabdingbar erachtet.[8] **P 64**

Ist mit einem **Prozess im Ausland** zu rechnen, sind Klauseln zu erwägen, die unerwünschten Eigenheiten der ausländischen lex fori entgegenwirken, zugleich aber den dort geltenden Wirksamkeitsanforderungen genügen. So wird namentlich im Rechtsverkehr mit US-Unternehmen die Vereinbarung von sog. Jury-Ausschlussklauseln diskutiert.[9] **P 65**

---

[1] S. auch RL Anh. Nr. 1 q Rz 212 f.; BGH NJW 1986, 1610, 1611. Vgl. auch LAG Baden-Württemberg ZGS 2007, 366, dort zum formularmäßigen Verzicht auf eine Kündigungsschutzklage, der allerdings erst wegen des Fehlens einer „kompensatorischen Gegenleistung" seitens des Arbeitgebers scheitern soll (zweifelhaft). Beachte zum Streitstand hinsichtlich der Möglichkeiten, über die Klagebefugnis zu disponieren, vor allem *Wagner*, Prozessverträge, S. 391 ff., zudem etwa *Rosenberg/Schwab/Gottwald* § 89 Rz 23.

[2] Ausführlich zu dieser Formulierung *Wagner*, Prozessverträge, S. 433 ff.

[3] Vgl. nur *Zöller/Vollkommer* § 38 ZPO Rz 2.

[4] OLG München NJW 2001, 618 f (Regievertrag), unter Berufung auf § 138 BGB.

[5] Vgl. zur grundsätzlichen Zulässigkeit und zur Rechtsfolge im Wirksamkeitsfall (Abweisung einer abredewidrig erhobenen Klage als derzeit unzulässig) etwa BGH NJW-RR 2006, 632, 634 f.

[6] So dezidiert *Grün* ZUM 2004, 733, 738 f. Offen gelassen von OLG München NJW 2001, 619.

[7] Wie hier *Heß/Sharma*, Rz 60, die auch einen individualvertraglichen Verzicht nur außerhalb des Verbrauchergeschäfts als wirksam erachten.

[8] So etwa – jeweils m. Nachw. zum Streitstand – MünchKommZPO/*Münch* § 1033 Rz 14; *Musielak/Voit* § 1033 ZPO Rz 3; *Stein/Jonas/Schlosser* § 1033 ZPO Rz 1, jedenfalls sofern das Schiedsgericht noch nicht konstituiert ist.

[9] Dazu *Göpfert/Berger* ZIP 2005, 1540.

III. Rechtsweg- und Zuständigkeitsvereinbarungen

P 66 Das Gesetz lässt nur ausnahmsweise Raum für Vertragsbestimmungen, die Streitigkeiten aus dem zu Grunde liegenden Vertragsverhältnis auf einen **bestimmten Rechtsweg** verweisen (beachte immerhin § 2 IV ArbGG); im Übrigen sind solche Vereinbarungen selbst dann unzulässig, wenn sie individualvertraglich getroffen werden,[1] so dass sich diesbezüglich keine spezifisch AGB-rechtlichen Probleme ergeben. Als Parteivereinbarungen unzugänglich erachtet man innerhalb des ordentlichen Rechtswegs zudem die **Abgrenzung zwischen streitiger und freiwilliger Gerichtsbarkeit,** zudem die **funktionelle Zuständigkeit,**[2] dabei namentlich den Instanzenzug, sowie die **Geschäftsverteilung.** Zu **Gerichtsstandsklauseln** im nationalen und internationalen Rechtsverkehr beachte Anh. § 310 Rz G 141 ff.

IV. Musterprozessklauseln

Schrifttum: *von Bar,* Empfehlen sich gesetzgeberische Maßnahmen zur rechtlichen Bewältigung der Haftung für Massenschäden?, Verhandlungen 62. DJT, 1998; *Braun,* Haftung für Massenschäden, NJW 1998, 2318; *Jacoby,* Der Musterprozessvertrag, 2000; *Kähler,* Verfahrensausgang bei zu erwartender Leitentscheidung?, NJW 2004, 1132; *Lindacher,* Konfliktregulierung durch Musterprozess, JA 1984, 404; *Wagner,* Alternative Streitbeilegung und Verjährung, NJW 2001, 181.

P 67 Musterprozessvereinbarungen werden zum einen getroffen, um Prozess- und Rechtsverfolgungskosten zu verhindern bzw. zu reduzieren, und zum anderen, um nach Möglichkeit eine eigene gerichtliche Auseinandersetzung im Interesse fortbestehender Geschäftsbeziehungen entbehrlich zu machen.[3] Sie unterliegen der AGB-rechtlichen Einbeziehungs- und Inhaltskontrolle gemäß §§ 305 ff., sofern sie formularmäßig (§§ 305 I, 310 III Nr. 2) getroffen sind[4] und sich auf Rechtsverhältnisse beziehen, die nicht der Bereichsausnahme gemäß § 310 IV unterfallen. Es bietet sich an, zwischen Zwei- und Mehrparteienfällen zu unterscheiden.

1. Zweiparteienfälle

P 68 Unter dem Stichwort „Musterprozess“ werden zunächst **Teilklagevereinbarungen** diskutiert: Der Gläubiger soll vorläufig nur einen Teil seines vermeintlichen Anspruchs gegen den Schuldner gerichtlich geltend machen (und Letzterer im Gegenzug davon absehen, eine negative Feststellungswiderklage hinsichtlich des Gesamtbetrags zu erheben) bzw. von mehreren gleichartigen Ansprüchen gegen denselben Schuldner zunächst nur einen einklagen (und diesen eventuell wiederum nur teilweise).[5]

P 69 Im Vordergrund steht die **Verpflichtung, den Musterprozess möglichst bis zu einer höchstrichterlichen Entscheidung voranzutreiben,** mithin alle statthaften Rechtsmittel einzulegen und von Anerkenntnis, Verzicht oder Säumnis ab-

---

[1] Vgl. BGH NJW 1997, 328; *Zöller/Vollkommer* § 38 ZPO Rz 3; *Stein/Jonas/Bork* § 38 ZPO Rz 2; *Wagner,* Prozessverträge, S. 573 ff.

[2] Statt mancher: OLG Celle IHR 2004, 125, 126; *Zöller/Vollkommer* § 38 ZPO Rz 3; *Schilken* FS Musielak, S. 435, 438 m. Nachw. (beachte aber auch ebenda, S. 450, zu Vereinbarungen betreffend das Verhältnis der Kammer für Handelssachen zur allgemeinen Zivilkammer).

[3] Näher *Lindacher* JA 1984, 404.

[4] Wohl unstrittig; beachte BGHZ 92, 13 = JR 1985, 150 m. Anm. *Lindacher* 151; *Wagner,* Prozessverträge, S. 448 ff.; *Jacoby* S. 211 ff.

[5] Vgl. etwa *Lindacher* JA 1984, 404; *Wagner,* Prozessverträge, S. 449. Beispiel für eine dahingehende Individualvereinbarung bei BGH NJW-RR 2006, 632 f.

zusehen.[1] Dies erscheint grundsätzlich unbedenklich, sofern der Musterprozess eine realistische Chance bietet, den Streit im Übrigen erheblich kostengünstiger beizulegen (zur Bindungsabrede sogleich Rz P 71). Während es früher unter Berufung auf § 9 AGBG beanstandet wurde, wenn nur ein in die **sachliche Zuständigkeit** der Amtsgerichte fallender Teil eines streitwertabhängig vor die Landgerichte gehörenden Anspruchs eingeklagt werden soll,[2] wird man daraus seit der ZPO-Reform 2001 keine Wirksamkeitsbedenken mehr ableiteten können:[3] Zum einen kann angesichts des weiten Einsatzfelds des originären oder obligatorischen Einzelrichters (§§ 348, 348a ZPO) von einer größeren Richtigkeitschance landgerichtlicher Entscheidungen keine Rede sein,[4] zum anderen schließt die Klage beim Amtsgericht den Zugang zur Revisionsinstanz nicht mehr von vornherein aus (§§ 542, 543 II 1 ZPO n.F.).

Im Übrigen ist zwischen der Bindungsabrede und der **Stillhalteabrede** zu unterscheiden. Diese wirft Fragen der AGB-rechtlichen Inhaltskontrolle auf, wenn *auch* Ansprüche des Vertragspartners gegen den Verwender in Rede stehen. Werden *nur* dessen Ansprüche, nicht hingegen die des Verwenders erfasst, ist die Klausel schon infolge ihrer asymmetrischen Ausgestaltung unangemessen i. S. von § 307.[5] Anderenfalls gilt: Wertet man die Abrede als Disposition über die Klagebefugnis, also nicht etwa als bloßes Leistungsverweigerungsrecht bezüglich des Restbetrags bzw. der weiteren Ansprüche,[6] so geht es in der Sache um die Wirksamkeitsanforderungen an einen **(dilatorischen) Klageverzicht.**[7] Dies bedeutet vor allem, dass die Verjährung über den eingeklagten Teil hinaus gehemmt werden und überdies die Möglichkeit erhalten bleiben muss, zum einen die Musterprozessklausel zu kündigen, sobald ein vollständiger Rechtsverlust droht, und zum anderen notfalls Maßnahmen des einstweiligen Rechtsschutzes in Anspruch zu nehmen. **P 70**

Die **Bindungsabrede** enthält meist die Verpflichtung, sich über den Restbetrag bzw. die weiteren Ansprüche in Einklang mit der im Musterprozess ergangenen Entscheidung zu vergleichen. Dies ist unbedenklich, sofern der im Musterprozess unterlegenen Partei etwaige Einwendungen erhalten bleiben, die für den zunächst eingeklagten (Teil-)Anspruch ohne Belang waren. Im Übrigen wird bisweilen die Verpflichtung begründet, sich hinsichtlich des Restbetrags bzw. der weiteren Ansprüche in Übereinstimmung mit der Musterentscheidung der sofortigen Zwangsvollstreckung zu unterwerfen.[8] **P 71**

2. Mehrparteienfälle

Die gerichtliche Entscheidung eines Rechtsstreits wirkt grundsätzlich nur für und gegen die Parteien (§ 325 ZPO). Wird von unterschiedlichen Beteiligten in Parallelverfahren über dieselbe (Rechts-)Frage prozessiert, bzw. steht in einem Parallelverfahren eine (Leit-)Entscheidung eines Obergerichts absehbar bevor, so mag **P 72**

---

[1] Die Verpflichtung, kein Anerkenntnis abzugeben, hindert nach h. M. den Erlass eines Anerkenntnisurteils; vgl. *Rosenberg/Schwab/Gottwald* § 47 Rz 19; anders jedoch *Musielak/Musielak* § 307 ZPO Rz 13; beide m. Nachw. zum Streitstand.

[2] So BGHZ 92, 13, 16; insoweit zustimmend *Lindacher* JR 1985, 152, und *Jacoby* S. 219, 221 f.

[3] Beachte auch *Schilken* FS Musielak, S. 435, 437 f., dort zu Gerichtsstandsvereinbarungen.

[4] Dazu *Hau* NJW 2005, 712.

[5] So auch *Wagner,* Prozessverträge, S. 448.

[6] So aber offenbar *Rosenberg/Schwab/Gottwald* § 47 Rz 18. Berechtigte Zweifel bei *Wagner,* Prozessverträge, S. 424 ff. Zur Abgrenzung zwischen Klageverzicht und Stillhalteabkommen auch *Jacoby* S. 162 ff.

[7] Beachte dazu oben Rz P 62 f und ausführlicher bei Anh. § 310 Rz S 54 ff. (dort im Zusammenhang mit Schlichtungs- und Mediationsklauseln).

[8] Zur formularmäßigen Vollstreckungsunterwerfung vgl. Anh. § 310 Rz Z 31 ff.

es sinnvoll sein, wenn sich die Parteien eines noch nicht bis zur Entscheidungsreife vorangetriebenen Verfahrens auf dessen Ruhen verständigen (§ 251 ZPO); umstritten ist, inwieweit auch ohne Parteiantrag eine Verfahrensaussetzung gemäß § 148 ZPO in Betracht kommt, um eine Leitentscheidung abzuwarten.[1] Immerhin hat sich der Gesetzgeber dem Phänomen der Massenklagen im Kapitalmarktrecht angenommen und das Gesetz zur Einführung von Kapitalanleger-Musterverfahren geschaffen.[2] Im Übrigen versprechen Musterprozessklauseln wiederum Abhilfe bereits im Vorfeld von Parallelverfahren. Damit will der Verwender die Entscheidung eines Gerichts über eine Rechts- oder (seltener) Tatsachenfrage, die für das Rechtsverhältnis zu seinem Vertragspartner (bzw. seinen Vertragspartnern) relevant ist, abwarten bzw. nutzbar machen.

P 73 In seiner Leitentscheidung zur AGB-rechtlichen Zulässigkeit von Musterprozessklauseln lag dem BGH eine solche vor, die angesichts ihrer übertrieben verwenderfreundlichen Ausgestaltung kaum Zweifel an ihrer Unvereinbarkeit mit § 9 AGBG (§ 307 BGB) ließ.[3] Neben der – seinerzeit noch anstößigen – Zuständigkeitsverschiebung vom Land- zum Amtsgericht (dazu oben Rz P 69) wurde insbesondere beanstandet, dass sich der Klauselverwender (ein Baubetreuer) gegenüber seinem Vertragspartner (einem Werkunternehmer) das Recht vorbehalten hatte, aus einer Reihe potenzieller Beklagter (Bauherrn aus einer Bauherrengemeinschaft) denjenigen auszuwählen, gegen den sein Vertragspartner zunächst ausschließlich vorgehen durfte.[4] Zudem monierte der BGH, dass sich die anderen Bauherren zwar zur Zahlung entsprechend dem Musterurteil verpflichtet, aber nicht der sofortigen Vollstreckung unterworfen hatten, weshalb der Werkunternehmer letztlich doch Gefahr lief, nachträglich gegen alle klagen zu müssen.[5]

P 74 Durchgreifende Bedenken gegen Musterprozessklauseln ergeben sich in Mehrparteienfällen allerdings weniger unter diesem Gesichtspunkt der **Stillhalteabrede** (dazu oben Rz P 70), sondern unter dem der **Bindungsabrede:** AGB-mäßig kann nicht wirksam vereinbart werden, dass sich der Vertragspartner des Klauselverwenders an den unabsehbaren Ausgang eines Musterprozesses bindet, sofern nicht sichergestellt ist, dass dieser von einem anderen Repräsentanten seiner Gruppe sachgerecht und mit Blick auf das Gruppeninteresse geführt wird.[6] In aller Regel wird eine Klausel, die der anderen Vertragspartei unter solchen Umständen nicht nur Abwarten, sondern Bindung abverlangt, bereits als überraschend im Sinne von § 305c I zu qualifizieren sein.[7] Freilich ist auch eine bloße Stillhalteabrede ohne die problematische Bindungsabrede denkbar. So hat der Versicherungsnehmer in der

---

[1] Zurückhaltend BGH NJW 2005, 1947: § 148 ZPO enthalte keine allgemeine Ermächtigung, die Verhandlung eines Rechtsstreits zur Abwendung einer vermeidbaren Mehrbelastung des Gerichts auszusetzen. Die Vorschrift stelle nicht auf sachliche oder tatsächliche Zusammenhänge zwischen verschiedenen Verfahren, sondern auf die Abhängigkeit vom Bestehen oder Nichtbestehen eines Rechtsverhältnisses ab; allein die tatsächliche Möglichkeit eines Einflusses genüge nicht und sei ein konturloses, den Justizgewährleistungsanspruch der Prozessparteien beeinträchtigendes Kriterium. Allerdings lässt der BGH offen, ob das Gewicht verfahrenswirtschaftlicher Erwägungen angesichts der Unmöglichkeit einer angemessenen Bewältigung von Massenverfahren derart zunimmt, dass von einem nicht nur quantitativ, sondern qualitativ anderen Wertungsgesichtspunkt als der „normalen" Prozessökonomie auszugehen ist. Für eine großzügig bemessene Aussetzungsbefugnis gemäß § 148 ZPO hingegen noch LG Freiburg NJW 2003, 3424; dazu kritisch *Kähler* NJW 2004, 1132.

[2] BGBl. 2005 I, S. 2437.

[3] BGHZ 92, 13 (nur im Ergebnis zustimmend *Lindacher* JR 1985, 152); vgl. auch BGH NJW 1988, 197.

[4] Als rechtfertigungsfähig erachtet dies *Jacoby* S. 221.

[5] Zur Vollstreckungsunterwerfung durch Unternehmer vgl. Anh. § 310 Rz Z 37.

[6] Näher *Wagner*, Prozessverträge, S. 450; *Jacoby* S. 220.

[7] So auch *Wagner*, Prozessverträge, S. 450; *Jacoby* S. 213.

Rechtsschutzversicherung, „soweit seine Interessen nicht unbillig beeinträchtigt werden, vor Klageerhebung die Rechtskraft eines anderen gerichtlichen Verfahrens abzuwarten, das tatsächliche oder rechtliche Bedeutung für den beabsichtigten Rechtsstreit haben kann" (§ 15 I d bb ARB 75/§ 17 Vc bb ARB 2000).[1] Eine „unbillige Beeinträchtigung" liegt jedenfalls dann vor, wenn durch das Zuwarten gesetzliche oder vertragliche Fristen zu verstreichen drohen. Eine Obliegenheit, im Hinblick auf den drohenden Fristablauf mit der jeweiligen Partei einen Einredenverzicht zu vereinbaren, soll dabei nicht bestehen.[2]

Bedenken ergeben sich auch, wenn der Vertragspartner selbst zur Führung des **P 75-80**
Musterprozesses bestimmt ist: Die in Zweiparteienfällen grundsätzlich nicht zu beanstandende **Pflicht, den Musterprozess möglichst bis zu einer höchstrichterlichen Entscheidung voranzutreiben** (oben Rz P 69), kann sich in Mehrparteienfällen unter Kostengesichtspunkten als nachteilig erweisen. Dass der Vertragspartner dazu mit Rücksicht auf die kostengünstige Erledigung von Parallelstreitigkeiten gehalten sein soll, erscheint allenfalls hinnehmbar, wenn er vom Klauselverwender von sämtlichen so veranlassten Mehrkosten freigestellt wird.[3]

*

Qualitätssicherungsvereinbarungen

Zu Qualitätssicherungsvereinbarungen siehe § 307 Rz Z 14 ff.

*

Quittung

Zur Zulässigkeit von Beweislaständerungen durch Quittungen siehe § 309 Nr. 12 Rz 60–62, zum Erfordernis einer Quittung als besonderes Zugangserfordernis im Sinne des § 309 Nr. 13 siehe § 309 Nr. 13 Rz 31–39.

*

Rechtsanwälte, Steuerberater, Wirtschaftsprüfer

Inhaltsübersicht

[1] Die in den ARB 75 enthaltene Einschränkung „aufgrund desselben Versicherungsfalles" ist in den späteren Fassungen entfallen; dazu OLG Köln NVersZ 2000, 590.

[2] OLG Köln RuS 2001, 153.

[3] Für Unwirksamkeit ohne die letztgenannte Einschränkung *Jacoby* S. 220 f.

Schrifttum: *Beise,* Allgemeine Auftragsbedingungen für Wirtschaftsprüfer und Wirtschaftsprüfungsgesellschaften im kaufmännischen Verkehr, BB 1979, 352; *Brandner,* Berufshaftung und Vertragsgestaltung der Wirtschaftsprüfer, ZIP 1984, 1186; *Bunte,* Mandatsbedingungen der Rechtsanwälte und das AGB-Gesetz, NJW 1981, 2657 ff.; *ders.,* Allgemeine Auftragsbedingungen für Wirtschaftsprüfer und Wirtschaftsprüfungsgesellschaften und das AGB-Gesetz, BB 1981, 1064 ff.; *ders.,* Handbuch der Allgemeinen Geschäftsbedingungen, 1982, S. 306 ff.; Deutsches wissenschaftliches Steuerinstitut der Steuerberater und Steuerbevollmächtigten (Hrsg.), Handbuch des Berufs-, Gebühren- und Kostenrechts für Steuerberater, Wirtschaftsprüfer und Rechtsanwälte, 1999; *Eckert,* Die Verjährung vertraglicher Schadensersatzansprüche gegen Rechtsanwälte und Steuerberater, NJW 1989, 2081; *Fliess,* Die Haftung des Wirtschaftsprüfers unter Berücksichtigung internationaler Entwicklungen, Wirtschaftprüferkammer Mitteilungen 1992, 49; *Lingenberg/Hummel,* Kommentar zu den Grundsätzen des anwaltlichen Standesrechts, 2. Aufl. 1988; *Mayer,* AGB-Kontrolle und Vergütungsvereinbarung, AnwBl. 2006, 168; *Reiff,* Die neuen berufsrechtlichen Bestimmungen über Haftungsbeschränkungen durch AGB, AnwBl 1997, 3; *Rohweder,* Auswirkungen des AGB-Gesetzes auf den Abschluss von Steuerberatungsverträgen unter Verwendung von Allgemeinen Auftragsbedingungen, DStR 1978, 63; *Rombach,* Allgemeine Geschäftsbedingungen bei freien Dienstverträgen, 1997; *Schäfer,* in: *von Westphalen,* AGB, Rechtsanwälte, 1995; *dies.,* aaO, Steuerberater 1995; *dies.,* aaO, Wirtschaftsprüfer, 1995; *Stobbe,* Die Beschränkung der Anwaltshaftung nach § 51 a Abs. 1 Nr. 2 BRAO und die EG-Verbraucherschutzrichtlinie, AnwBl 1997, 16; *Späth,* Haftungsvereinbarungen im Steuerberatungsvertrag im Lichte des AGB-Gesetzes, Die Steuerberatung 1977, 205; *Völzke,* AGB-Gesetz und Steuerberatungsvertrag, Die Steuerberatung 1977, 155; *von Westphalen,* Anwaltliche Haftungsbeschränkung im Widerstreit mit der Verbraucherschutzrichtlinie, ZIP 1995, 546; *ders.,* Leitlinien zur Haftungsbeschränkung in Mandats-AGB, MDR 1997, 989; *Wirtschaftsprüferkammer* (Hrsg.), Handbuch des Berufsrechts für Wirtschaftsprüfer und vereidigte Buchprüfer einschließlich des Berufsrechts der Steuerberater und Rechtsanwälte, 1992; *M. Wolf,* Anwaltshaftung in der Sozietät, FS E. Schneider, 1997, 349.

1. Einleitung

R 1 Anwalts-, Steuerberater- und Wirtschaftsprüferverträge haben in der Regel eine entgeltliche Geschäftsbesorgung (§ 675) zum Gegenstand, deren Grundlage ein Dienstvertrag ist.[1] Die Geschäftsbesorgung kann aber im Einzelfall (z. B. bei Gutachten) auch Werkvertragscharakter haben.[2] Neben den Vorschriften des BGB sind die für den jeweiligen Berufsstand maßgeblichen Spezialgesetze zur Beurteilung von Vertragsbedingungen heranzuziehen: BRAO, RVG, StBerG i. d. F. der Bekanntmachung vom 4. 11. 1975,[3] zuletzt geändert durch G. v. 21. 12. 2004,[4] WPO i. d. F. der Bekanntmachung vom 5. 11. 1975,[5] zuletzt geändert durch G. v. 27. 12. 2004.[6] Schließlich sind auch die Grundsätze des anwaltlichen Standesrechts,[7] die Berufsordnung der Bundessteuerberaterkammer und die Berufssatzung für Wirtschaftsprüfer und vereidigte Buchprüfer der Wirtschaftsprüferkammer zu berücksichtigen.[8] Die Verletzung von Standesrichtlinien stellt ein starkes Indiz für die Unangemessenheit einer Klausel nach § 307 I, II AGBG dar.[9] Die Standesrichtlinien unterliegen jedoch der Prüfung nach §§ 307 bis 309, sofern sie zum Inhalt der AGB gemacht werden.[10]

---

[1] BGH NJW-RR 1993, 374; *Palandt/Weidenkaff* Einf. vor § 611 Rz 21.

[2] *Palandt/Sprau* Einf. vor § 631, Anm. 24.

[3] BGBl I, 2735.

[4] BGBl I, 3599.

[5] BGBl I, 3846.

[6] BGBl I, 560.

[7] Dazu aber BVerfG NJW 1988, 191.

[8] Vgl. Satzung der Wirtschaftsprüferkammer über die Rechte und Pflichten bei der Ausübung der Berufe der Wirtschaftprüfer und vereidigten Buchprüfer v. 11. 6. 1996, Stand 24. 11. 2004; sowie Satzung über die Ausübung der Rechte und Pflichten bei der Ausübung der Berufe der Steuerberater und Steuerbevollmächtigten, v. 2. 6. 1997, Stand 21. 12. 2004.

[9] OLG Hamburg NJW 1968, 303; *Ulmer/Schmidt* Anh. § 310 Rz 635; *Palandt/Heinrichs* § 307 Rz 13, 14; *Bunte* NJW 1981, 2658; a. A. *Deutsch* VersR 1974, 303; *Soergel/Stein* Rz 99.

[10] *Soergel/Stein* Rz 99, 107.

Alle drei Berufsgruppen verwenden AGB, die von Verlagsunternehmen angeboten werden.[1] Die Anwaltschaft verwendet AGB unterschiedlicher Verlage in Form vorgedruckter Vollmachtsformulare, Honorarvereinbarungen[2] und Mandatsbedingungen.[3] Bei Wirtschaftsprüfern sind die Allgemeinen Auftragsbedingungen für Wirtschaftsprüfer und Wirtschaftsprüfungsgesellschaften (im Folgenden AGB der Wirtschaftsprüfer) gebräuchlich.[4] Im Bereich der steuerberatenden Berufe dürften die vom Verlag des Wissenschaftlichen Instituts der Steuerberater und Steuerbevollmächtigten GmbH (Bonn) herausgegebenen Allgemeinen Auftragsbedingungen für Steuerberater, Steuerbevollmächtigte und Steuerberatungsgesellschaften[5] die größte Verbreitung haben. **R 2**

2. Vergütung

Eine Inhaltskontrolle von Vergütungsvereinbarungen findet grundsätzlich nicht statt (§ 307 III 1 AGBG). Preisvereinbarungen enthalten rein wirtschaftliche Daten, so dass ein rechtlicher Kontrollmaßstab fehlt. Außerdem soll durch das AGB-Recht nicht in marktwirtschaftliche Prinzipien eingegriffen werden.[6] Dies aber gilt dann nicht, wenn die Preise gesetzlich festgelegt sind, wobei die Festlegung eines bestimmten Rahmens genügt.[7] Die Vergütung der Rechtsanwälte richtet sich nach dem RVG,[8] die der Steuerberater nach der Steuerberatergebührenverordnung (StBGebVO). Eine höhere Vergütung kann jeweils schriftlich vereinbart werden, doch darf bei Rechtsanwälten die Vereinbarung nicht in der Vollmacht enthalten sein und muss, sofern das Schriftstück nicht vom Auftraggeber verfasst wurde, als Vergütungsvereinbarung bezeichnet werden. Letztere muss deutlich von anderen Vereinbarungen abgesetzt sein (§ 4 I 1, 2 RVG). Die Vereinbarung eines Stundensatzes in der von einem Rechtsanwalt gestellten Honorarvereinbarung kann gegen das Transparenzgebot des § 307 I, II AGBG verstoßen, wenn sich aus ihr nicht ergibt, mit welchem Gesamtstundenaufwand zu rechnen ist.[9] Bei Steuerberatern hingegen darf die schriftliche Vereinbarung weder in der Vollmacht enthalten sein, noch in einem Vordruck, der auch andere Erklärungen umfasst (§ 4 I StBGebVO). Eine unangemessen hohe Vergütung kann im Rechtsstreit auf den angemessenen Betrag herabgesetzt werden (§ 4 IV RVG; § 4 II StBGebVO). Der BGH[10] hat entschieden, dass Abweichungen von der Honorarordnung für Architekten der Inhaltskontrolle unterliegen. Da aber RVG und StBGebVO selbst die Kontrolle unangemessener Honorarvereinbarungen regeln, ist eine Inhaltskontrolle der Honorarvereinbarungen bezüglich ihrer Höhe nach § 307 I, II AGBG grundsätzlich entbehrlich.[11] Eine Vergütungsregelung in AGB, die Vergütungsansprüche des Rechtsanwalts als Liquidator nicht nur einschränkt, sondern generell ausschließt und nur aufgrund besonderer **R 3**

---

1 Zur kartellrechtlichen Problematik gemäß § 38 I Nr. 11 GWB; vgl. *Bunte* NJW 1981, 2658; BB 1981, 1065.

2 Dazu AG Krefeld NJW 1980, 1582.

3 S. auch BGH NJW-RR 1986, 1281, 1283; vgl. z. B. die Bedingungen der Hans-Soldan-Stiftung bei *Bunte,* Handbuch, S. 306.

4 I. d. F. v. 1. 1. 2002,

5 Stand 1. 1. 2005, im Folgenden AGB der Steuerberater.

6 S. § 307 III Rz 276.

7 § 307 Rz 303, 312 ff.

8 RVG v. 5. 5. 2004, BGBl. I S. 718, 788, zuletzt geändert durch G. v. 26. 1. 2005.

9 LG Ffm NJW-RR 2000, 1367.

10 NJW 1981, 2351.

11 Im Ergebnis ebenso *Bunte* NJW 1981, 2658; *Ulmer/Schmidt* Anh. § 310 Rz 636, 816; a. A. *Soergel/Stein* § 9 Rz 99 im Hinblick auf § 13 AGBG; *Furmans,* in: *von Westphalen,* Vertragsrecht, Rechtsanwälte, Rz 29; offen gelassen in BGH BB 1978, 636.

Vereinbarung im Einzelfall vorsieht, verstößt jedoch gegen das gesetzliche Leitbild in § 1 II 2 RVG mit § 1835 III BGB und ist nach § 307 I, II AGBG unwirksam.[1] Dies gilt grundsätzlich auch für andere Gebührenansprüche aus der RVG.

R 4 Formularmäßige Abreden über **Entstehung und Fälligkeit** des Vergütungsanspruchs unterliegen dagegen ebenso wie sonstige Nebenabreden der Inhaltskontrolle.[2] So ist eine formularmäßige Klausel nach § 307 I, II AGBG unwirksam, die vorsieht, dass das vereinbarte Festhonorar ohne Rücksicht auf Umfang und Ablauf des Verfahrens zu zahlen ist.[3] Ein **Aufrechnungsverbot,** das auch unbestrittene und rechtskräftig festgestellte Forderungen umfasst, ist nach § 309 Nr. 3 AGBG und gegenüber Kaufleuten nach § 307 I, II AGBG unwirksam und kann auch nicht unter dem Gesichtspunkt des angemessenen Vorschusses nach § 9 RVG gerechtfertigt werden.[4]

3. Haftungsausschlüsse und Haftungsbegrenzungen

R 5 Für die Berufsbereiche ist jeweils gesetzlich der Abschluss einer **Berufshaftpflichtversicherung** mit einer Mindesthaftungssumme von 250.000 € vorgeschrieben (s. § 51 BRAO, § 52 I DVStB, § 45 IV 1 PatAnwO), für Wirtschaftsprüfer von 1 Mio. € bzw. 4 Mio. € bei Prüfung einer Aktiengesellschaft, deren Aktien zum Handel im amtlichen Markt zugelassen sind (§ 54 WPO i.V.m. § 323 II HGB) und für die RechtsanwaltsGmbH von 2,5 Mio. € (§ 59 i BRAO). Dadurch sollen einerseits die Angehörigen dieser Berufsstände gegen existenzbedrohende Haftungen abgesichert werden, andererseits soll zumindest in einem gewissen Umfang sichergestellt werden, dass die Mandanten etwaige **Schadensersatzansprüche** aus vertraglichen Pflichtverletzungen oder unerlaubter Handlung realisieren können. Solche Schadensersatzansprüche drohen neben dem heute eher selten anzutreffenden Träger eines Einzelbüros, insbesondere auch Rechtsanwälten und den Mitgliedern einer Sozietät, gleichgültig ob diese in einer Gesellschaft bürgerlichen Rechts gemäß §§ 705 ff. (dazu § 51 a II BRAO) oder in einer Partnerschaftsgesellschaft organisiert sind (dazu § 8 PartGG). Wirtschaftsprüfer und Steuerberater können sich einer persönlichen Haftung durch Gründung einer GmbH entziehen. Für Rechtsanwälte ist dies nur in beschränktem Umfang möglich.

R 6 **a)** Ein völliger **Haftungsausschluss** kann grundsätzlich nicht wirksam vereinbart werden. § 276 III und die Unwirksamkeitsgründe in § 309 Nr. 7 und 8 a verbieten einen solchen Haftungsausschluss für die wenigstens fahrlässige Verletzung der Rechtsgüter Leben, Körper und Gesundheit durch den Verwender oder dessen Erfüllungsgehilfen sowie für Vorsatz und grobe Fahrlässigkeit. Diese Verbote, die unmittelbar nur im Verkehr mit Verbrauchern gelten, sind gemäß § 310 III mit § 307 I, II im Grundsatz auch zum Schutz für Unternehmer anwendbar.[5] Im Hinblick auf die Versicherungspflichten und die besondere Vertrauensstellung,[6] die diese Berufsgruppen gegenüber ihren Vertragspartnern einnehmen, erscheinen Haftungsausschlüsse auch für leichte Fahrlässigkeit i. S. d. § 307 I, II unangemessen.[7] Im

---

[1] BGH NJW 1998, 3567.

[2] BGH BB 1978, 636.

[3] AG Krefeld NJW 1980, 1582; a. A. *Schmidt* NJW 1980, 2534; *Ulmer/Schmidt* Anh. § 310 Rz 636.

[4] BGH NJW-RR 1986, 1281, 1283.

[5] S. im Einzelnen § 309 Nr. 7 Rz 135 ff.

[6] Dazu *M. Wolf* NJW 1980, 2433, 2435, 2438.

[7] *Bunte* BB 1981, 1066; *ders.* NJW 1981, 2659; *Soergel/Stein* § 9 Rz 107; *Schäfer,* in: *von Westphalen,* AGB, Rechtsanwälte Rz 64: Unwirksamkeit bei Erbringung berufstypischer Leistungen; *dies.,* aaO, Steuerberater Rz 53; OLG Hamburg NJW 1968, 302; s. auch § 309 Nr. 7 Rz 150, 157.

Bereich der kapitalgesellschaftsrechtlichen Pflicht- und Sonderprüfungen ist Wirtschaftsprüfern nach § 323 IV HGB eine Freizeichnung für Fahrlässigkeit spezialgesetzlich verboten.[1] Diese Haftung bleibt von den AGB-Wirtschaftsprüfern unberührt. Das Verbot des Haftungsausschlusses gilt weitgehend auch für **Individualvereinbarungen.** Für vorsätzliches Handeln ist diese Möglichkeit durch § 276 III verbaut. Soweit die Mandanten als Verbraucher anzusehen sind, gelten die Freizeichnungsverbote aus § 309 Nr. 7, 8 a für Vorsatz und grobe Fahrlässigkeit, sowie aus § 307 I, II für leichte Fahrlässigkeit bei Verletzung von Kardinalpflichten gemäß § 310 II Nr. 2 auch gegenüber nicht ausgehandelten Individualvereinbarungen. Gegenüber einem Unternehmer ist § 310 II Nr. 2 zwar nicht anwendbar. Insoweit setzen aber § 138 und § 242 einem Haftungsausschluss Grenzen. Ferner enthält § 323 IV HGB ein generelles Freizeichnungsverbot für den Abschlussprüfer. Ein völliger Haftungsausschluss ist auch in ausgehandelten Individualvereinbarungen nicht möglich (s. auch Rz 6). **Ausnahmsweise** ist ein Haftungsausschluss in AGB wie in Individualvereinbarungen für Soziusse einer GbR oder für Partner einer Partnerschaftsgesellschaft gemäß § 51 a II S. 2, 3 BRAO § 54 a WPO, § 67 a StBerG und § 8 II PartGG möglich, sofern diese das Mandat nicht selbst bearbeiten, verantwortlich leiten oder zu überwachen haben.[2] Die Haftungsbeschränkung kann im Geschäftsbesorgungsvertrag zwischen der Gesellschaft und dem Mandanten zugunsten der nicht mit der Sache befassten Soziusse vereinbart werden. Auch kann die Haftung auf das jeweilige Fachgebiet des einzelnen Anwalts beschränkt werden. Eine GbR mit beschränkter Haftung wird aber durch § 51a II BRAO, § 67a StBerG und § 54a WPO ausgeschlossen. Für den Haftungsausschluss sehen § 51 a II S. 2 und 3 BRAO, § 67a II StBerG und § 54 a WPO besondere Formerfordernisse vor. Der Haftungsausschluss für die mit der Sache nicht befassten Soziusse gilt ohne Rücksicht auf § 309 Nr. 7 für jede Art von Verschulden.[3]

b) Für die **Haftungsbegrenzung** sehen § 51 a BRAO, § 45 a PatAnwO, § 67 a StBerG und § 54 a WPO Sondervorschriften vor, die §§ 307, 309 Nr. 7, 8 a vorgehen und als kontrollfreie Erlaubnisnormen[4] die Kontrolle bezüglich solcher Vereinbarungen nach § 307 III 1 ausschließen, wenn sie den spezialgesetzlichen Anforderungen von § 51 a I BRAO, § 45 a PatAnwO, § 67 a StBerG und § 54 a WPO entsprechen.[5] In **AGB** ist für Rechtsanwälte, Patentanwälte und Steuerberater eine Haftungsbegrenzung auf das Vierfache der Mindestversicherungssumme von 250.000 €, also auf 1 Mio. € möglich, vorausgesetzt, dass der Schaden auch tatsächlich von der Versicherung abgedeckt ist. Bei Wirtschaftsprüfern beträgt die Mindestversicherungssumme grds. 1 Mio. € und die Haftungsbegrenzung in AGB auf das Vierfache demgemäß 4 Mio. € (§ 54 a I Nr. 2 mit §§ 54 WPO, 323 ii 1 HGB) und für die Rechtsanwalts-GmbH 10 Mio. € (§ 59 j II mit § 59 m II und § 51 a I BRAO). Für Rechtsanwälte gilt diese Haftungsbegrenzung gemäß § 51 a I Nr. 2 BRAO nur in Fällen einfacher Fahrlässigkeit. In § 67 a StBerG und § 54 a WPO ist die Haftungsbegrenzung für jede Fahrlässigkeit und damit grundsätzlich auch bei grober Fahrlässigkeit zugelassen. Für eine Beschränkung auf einfache Fahrlässigkeit bieten die Vorschriften keinen Anhaltspunkt.[6] §§ 134, 138 bleiben jedoch anwendbar. Eine spezielle Haftungsbeschränkung auf 1 Mio. €, bzw. bei Aktiengesellschaf- **R 7**

---

[1] Vgl. *Baumbach/Hopt* § 323 Anm. 11.

[2] S. zum vergleichbaren Inhalt der verschiedenen Tätigkeitsbeschreibungen, *M. Wolf* FS *E. Schneider,* S. 349, 356.

[3] S. zu § 51 a BRAO *M. Wolf* FS *E. Schneider,* S. 349, 355 ff.

[4] S. § 307 Rz 281.

[5] S. *Reiff* AnwBl. 1997, 3, 6 ff.

[6] S. auch *Reiff* AnwBl. 1997, 3, 6; a. A. *Otto/Mittag* WM 1996, 381, 383; *Ulmer/Schmidt* Anh. § 310 Rz 818: keine Freizeichnung bei wesentlichen Vertragspflichten.

ten mit amtlich notierten Aktien auf 4 Mio. €, sieht § 323 II 2 HGB für Abschlussprüfer vor. Daneben ist § 54 a WPO nicht mehr anwendbar, da § 323 II HGB eine gesetzliche Haftungsbeschränkung enthält, die auch ohne vertragliche Vereinbarung gilt. Die über §§ 307, 309 Nr. 7 und 8 a hinausgehende Möglichkeit der Haftungsbegrenzung verstößt auch nicht gegen die Richtlinie 93/13/EWG über missbräuchliche Klauseln in Verbraucherverträgen.[1] Dies ergibt sich zunächst aus Art. 1 II RL 93/13/EWG, wonach bindende Rechtsvorschriften der Mitgliedstaaten nicht der Inhaltskontrolle unterliegen. Da die Mitgliedstaaten aber nicht Rechtsvorschriften beliebigen Inhalts erlassen können, um sich dadurch ihrer Umsetzungspflicht zu entziehen, müssen die nach Erlass der Richtlinie ergangenen bindenden Rechtsvorschriften der Mitgliedstaaten mit den Wertungen der Richtlinie im Wesentlichen übereinstimmen. Dies trifft für die Haftungsbegrenzungen der §§ 51 a BRAO, 45 a PatAnwO, 67 a StBerG, 54 a WPO zu, weil die Haftungsbegrenzung einen Ausgleich dafür bietet, dass die jeweiligen Berufsangehörigen ihre Gebühren nicht ohne weiteres den Schwierigkeiten und Risiken des einzelnen Auftrags anpassen können, sondern an gesetzliche Gebührenvorgaben gebunden sind[2] und insgesamt diese Berufsgruppen vor existenzbedrohenden Haftungen verschont werden sollen. Dies ist auch im Verhältnis zu Verbrauchern mit Art. 3 RL 93/13/EWG vereinbar und begründet grundsätzlich kein erhebliches und ungerechtfertigtes Missverhältnis der Rechte und Pflichten.[3] Die Begrenzung der **Haftung bei Serienschäden** auf 1,25 Mio. € ist grundsätzlich nicht zu beanstanden. § 54 a I Nr. 2 WPO verlangt nicht eine Ersatzleistung für jede Einzelhandlung. Die Haftungsbeschränkung gemäß Nr. 9 II AGB-Wirtschaftsprüfer bei Schädigung durch auf gleicher Fehlerquelle beruhendem Tun oder Unterlassen ist deshalb grds. zulässig, solange es sich um dasselbe Vertragsverhältnis handelt.[4]

R 8 Bei **Individualvereinbarungen** ist zwischen vorformulierten und ausgehandelten Individualvereinbarungen zu unterscheiden. Für **vorformulierte Individualvereinbarungen** gelten § 51 a I Nr. 2 BRAO, § 67a I Nr. 2 StBerG und § 54 a I Nr. 2 WPO, weil diese Vorschriften nicht auf die Mehrfachverwendung, sondern wie § 310 II Nr. 2 allein auf die Vorformulierung abstellen. Für vorformulierte Individualvereinbarungen gelten deshalb dieselben Schranken der Haftungsbegrenzung von 1 Mio. €, bzw. 4 Mio. € für Wirtschaftsprüfer wie für AGB (s. Rz 7). Die genannten Bestimmungen unterscheiden nicht wie § 310 II Nr. 2 zwischen der Verwendung gegenüber einem Verbraucher und einem Unternehmer, sondern gelten in beiden Fällen gleichermaßen. Für Wirtschaftsprüfer kommt § 310 III Nr. 2 allerdings kaum praktische Bedeutung zu, da ihre Vertragspartner regelmäßig nicht Verbraucher sind. Lediglich bei Anwälten und Patentanwälten ist die Zulässigkeit der Haftungsbegrenzung auf 1 Mio. € auf Fälle einfacher Fahrlässigkeit begrenzt und ist im Gegensatz zur Regelung für Steuerberater und Wirtschaftsprüfer in Fällen grober Fahrlässigkeit durch vorformulierte Bedingungen nicht möglich. Für **ausgehandelte Individualvereinbarungen** ist dagegen Abs. 1 Nr. 1 der genannten Vorschriften anwendbar. Diese lassen einheitlich auch für Rechtsanwälte und Patentanwälte für jede Art von Fahrlässigkeit, also auch in Fällen grober Fahrlässigkeit, eine Haftungsbegrenzung auf die Mindestversicherungssumme von 250.000 € für Wirtschaftsprüfer auf 1 Mio. € zu, setzen aber eine schriftliche und im Einzelfall ausgehandelte Vereinbarung voraus.[5] Zugleich ergibt sich aus den genannten Vor-

---

[1] S. *Reiff* AnwBl. 1997, 3, 12 ff.; *Stobbe* AnwBl. 1997, 16; a. A. *von Westphalen* ZIP 1995, 546.
[2] S. auch *Henssler* JZ 1992, 697, 707 f.; *Reiff* AnwBl. 1997, 3, 14.
[3] S. auch *Reiff* AnwBl. 1997, 3, 15.
[4] Bedenken bei *Ulmer/Brandner* Anh. § 310 Rz 1052.
[5] S. dazu im Einzelnen *M. Wolf* WPK-Mitt 1998, 197, 199 f.

schriften, dass eine weitergehende Haftungsbegrenzung oder ein Haftungsausschluss bei Fahrlässigkeit auch durch ausgehandelte Individualvereinbarung ausgeschlossen ist. Dadurch soll dem Mandanten über § 276 III hinaus ein Mindestschutz gewährleistet werden und zugleich ein Umgehen der Pflichtversicherung für die berufliche Haftung verhindert werden. Für Abschlussprüfer gelten darüber hinaus die Mindestsummen von 1 Mio. bzw. 4 Mio. € gemäß § 323 II, IV HGB auch für ausgehandelte Individualvereinbarungen.

Eine **Haftungsbegrenzung gegenüber Dritten** ist nur möglich, soweit die AGB in Verträgen mit den Dritten einbezogen sind oder soweit ein Dritter Rechte aus dem Vertrag mit dem Auftraggeber herleitet.[1] Für diesen Fall ist eine Haftungsbegrenzung gegenüber Dritten nach Nr. 9 II AGB-Wirtschaftsprüfer möglich, nicht dagegen bei gesetzlichen Ansprüchen Dritter.[2] Der Risikoausschluss einer **Haftpflichtversicherung** bei vorsätzlich pflichtwidrigem Handeln eines Steuerberaters verstößt nicht gegen § 307 I, II, da dadurch nicht wesentlich von der Regelung des § 152 VVG abgewichen wird.[3] **R 9**

4. Unverbindlichkeit mündlicher Erklärungen

In der Anwaltschaft weit verbreitet, zum Teil auf Briefbogen aufgedruckt, ist die Klausel, wonach mündliche Erklärungen nur bei **schriftlicher Bestätigung** verbindlich sind. Eine ähnliche Regelungen enthält Nr. 5 S. 1 AGB-Wirtschaftsprüfer. Soweit es dabei um die Gültigkeit vertraglicher Vereinbarungen geht, gelten die allgemeinen Überlegungen zu Schriftformklauseln (s. Rz 71 ff.). **R 10**

Die Unverbindlichkeit mündlicher Erklärungen soll aber auch die **Haftung für Auskünfte** ausschließen. Soweit es dabei um Auskünfte außerhalb eines bestehenden Vertragsverhältnisses geht, sieht § 675 II gleichfalls einen Haftungsausschluss vor. Ein solcher Haftungsausschluss ist deshalb auch in AGB unbedenklich. Soweit aber die Haftung für falsche Auskünfte im Rahmen eines bestehenden Vertragsverhältnisses ausgeschlossen werden soll, ist ein derartiger Haftungsausschluss für den Bereich grober Fahrlässigkeit unwirksam.[4] Allenfalls für leicht fahrlässig falsch erteilte Auskünfte oder Ratschläge wird die Zulässigkeit eines Haftungsausschlusses angenommen.[5] Soweit jedoch die Auskunft auf der Vertrauensstellung des Anwalts, Steuerberaters oder Wirtschaftsprüfers beruht, auf die sich der Mandant erkennbar verlassen will, kann auch die Haftung für leichte Fahrlässigkeit nicht ausgeschlossen werden (Rz R 6). An der Unwirksamkeit der Freizeichnung vermag auch deren Zulässigkeit nach § 43 der Berufsordnung der Steuerberater nichts zu ändern, da die Standesrichtlinien die Schutzbedürftigkeit der den AGB unterworfenen Kunden nicht im Auge haben. **R 11**

5. Umfang der Vertragspflichten

Nr. 2 I AGB-Wirtschaftsprüfer, wonach Auftragsgegenstand die vereinbarte Leistung, nicht aber ein Erfolg ist, entspricht grundsätzlich dem **dienstvertraglichen Charakter** der Wirtschaftsprüfung (s. Rz R 1). Sofern im Einzelfall ein Werkvertrag vereinbart ist, z. B. bei Erstellung eines Gutachtens, hat diese Verein- **R 12**

---

[1] Dazu auch *Furmans,* in: *von Westphalen,* Vertragsrecht (Wirtschaftsprüfer) Rz 5.
[2] S. *Brandner* ZIP 1984, 1186, 1193.
[3] BGH NJW-RR 1991, 145.
[4] *Ulmer/Brandner* Anh. § 310 Rz 639, 1048; *Furmans,* in: *von Westphalen,* Vertragsrecht (Rechtsanwälte) Rz 102; zum stillschweigenden Abschluss eines Auskunftsvertrags s. auch BGH DStR 1992, 1561, 1562.
[5] *Bunte* NJW 1981, 2660; *ders.* BB 1981, 1067.

barung nach § 305 b Vorrang. Darauf sollte auch in den AGB hingewiesen werden, um eine etwaige Irreführung zu vermeiden.

R 13 Eine unzulässige **Einschränkung des Pflichtenkreises** liegt vor, wenn in Mandatsbedingungen eines Rechtsanwalts die Pflicht zum Hinweis auf Verjährungsfristen ausgeschlossen wird. Dies gilt auch, wenn der Ausschluss auf den Fall der Erhebung von Teilklagen oder auf mögliche Rückgriffsansprüche gegen Dritte beschränkt ist.[1] Der Mandant bringt dem Anwalt ein besonderes Vertrauen im Hinblick auf die ordnungsgemäße Rechtsverfolgung entgegen und darf deshalb auch auf die Beachtung der Verjährungsvorschriften durch den Anwalt vertrauen. Mit einem unauffälligen Hinweis auf den Ablauf der Verjährungsfristen in den AGB genügt der Anwalt seinen Pflichten nicht.[2] Eine unzulässige Einschränkung des Pflichtenkreises liegt ferner vor, wenn im AGB-Wirtschaftsprüfer die Prüfung der Beachtung von Steuervorschriften und Sondervorschriften ausgeschlossen wird, ebenso wie die Frage, ob Vergünstigungen, wie z. B. Subventionen oder Zulagen, in Anspruch genommen werden können, soweit der Auftrag nicht darauf gerichtet ist. Generell ist der Auftrag aber, soweit der Wirtschaftsprüfer dies nach den Grundsätzen ordnungsgemäßer Buchprüfung erkennen konnte, hierauf gerichtet. Sodann besteht die Gefahr einer Verschleierung, indem der Eindruck erweckt wird, dies müsse ausdrücklich vereinbart werden. Darin liegt ein Verstoß gegen das aus § 307 I, II hergeleitete Gebot der Klarheit und Transparenz.[3] Eine Klausel in AGB der Wirtschaftsprüfer, wonach der Auftrag nur dann Prüfungshandlungen zur Aufdeckung von Buchfälschungen und sonstigen Unregelmäßigkeiten umfasst, wenn dies ausdrücklich schriftlich vereinbart ist, ist unwirksam. Dem stehen aber bereits einzelne gesetzliche Bestimmungen entgegen. Nach §§ 321 II HGB, 259 I 2 AktG besteht bei Pflicht- und Sonderprüfungen eine Unterrichtungspflicht des Prüfers, auch über Umstände außerhalb des Auftragsgegenstandes. Die Standesrichtlinien für Wirtschaftsprüfer erweitern die Unterrichtungspflichten auf sämtliche Jahresabschlussprüfungen. Die Pflichtprüfung nach § 317 HGB erstreckt sich auch auf die Einhaltung der Rechnungslegungsvorschriften. Der Ausschluss der Pflicht zur Unterrichtung über Unregelmäßigkeiten verstößt daneben allgemein gegen § 307 II Nr. 2, da es als übliche Vertragspflicht angesehen werden muss, den Auftraggeber über festgestellte Unregelmäßigkeiten zu informieren.[4] Nach der Rechtsprechung des BGH[5] muss ein Steuerberater Mängel der Buchführung und auffällige Buchhaltungsvorgänge, die ihm im Rahmen seiner vertraglichen Tätigkeit zur Anfertigung von Steuerbilanzen und Steuererklärungen bei gebotener Sorgfalt erkennbar werden, auch dann seinem Auftraggeber mitteilen, wenn ihm kein Auftrag zur Buchführung erteilt worden ist. Auf insoweit drohende Schäden hat er gleichfalls hinzuweisen. Diese Verpflichtung kann nicht durch AGB der Steuerberater ausgeschlossen werden, wonach die Prüfung der Richtigkeit, Vollständigkeit und Ordnungsmäßigkeit der übergebenen Unterlagen und Zahlen, insbesondere der Buchführung und Bilanz, nur bei schriftlicher Vereinbarung zum Auftrag gehört.[6]

R 14 Ein **Hinweis auf eine nachträgliche Änderung der Rechtslage** muss jedenfalls dann erfolgen, wenn der Auftraggeber nach den Umständen darauf vertrauen durfte, insbesondere wenn es die Vermeidung von Nachteilen während des Beratungs- und Prüfungszeitraums betrifft. Nr. 2 IV AGB-Wirtschaftsprüfer, der eine

---

1 A. A. LG Koblenz BB 1987, 1490.
2 A. A. LG Koblenz BB 1987, 1490.
3 S. § 307 Rz 235 ff.; s. auch *Brandner* ZIP 1984, 1186, 1188.
4 *Ulmer/Schmidt* Anh. § 310 Rz 1047; *Bunte* BB 1981, 1067; *Brandner* ZIP 1984, 1186, 1188.
5 WM 1971, 1206.
6 *Ulmer/Schmidt* Anh. § 310 Rz 811.

solche Hinweispflicht generell ausschließt, ist deshalb nach § 307 I, II und wegen des darin liegenden Haftungsausschlusses nach § 309 Nr. 7 unwirksam.[1]

6. Verjährung

Nach § 195 beträgt die regelmäßige Verjährungsfrist 3 Jahre. Die Dreijahresfrist beginnt bei Schadensersatzansprüchen grundsätzlich mit dem Schluss des Jahres, in dem der Anspruch entstanden ist, und der Gläubiger von den Umständen, welche den Anspruch begründen, sowie der Person des Schuldners Kenntnis erlangt oder ohne grobe Fahrlässigkeit erlangen müsste, vgl. § 199 I. Eine Verkürzung dieser Frist wird bei Steuerberatern standesrechtlich grundsätzlich missbilligt.[2] Auch beruht die Verjährungsvorschrift nicht nur auf Zweckmäßigkeitserwägungen, sondern enthält einen Gerechtigkeitsgehalt insofern, als sie die Durchsetzung von Ansprüchen innerhalb einer den Bedürfnissen angemessenen Frist ermöglichen will.[3] Der BGH hat demgemäß eine formularmäßige Fristverkürzung für unwirksam erklärt.[4] Unwirksam nach § 307 I, II ist insbesondere eine Verjährungsfrist von einem Jahr nach Vertragsbeendigung, aber auch eine Frist von einem Jahr nach Entstehung und Kenntnis des Schadens.[5] In vorformulierten Mandatsbedingungen der Rechtsanwälte wird häufig die Verjährungsfrist für Ansprüche aus dem Vertragsverhältnis auf 2 Jahre abgekürzt. Sofern die zweijährige Verjährungsfrist mit der Beendigung des Mandats beginnt, hat der BGH[6] die Klausel jedoch unbeanstandet gelassen. Auf eine während des bestehenden Mandatsverhältnisses ablaufende Verjährung gegen ihn gerichteter Ansprüche muss der Anwalt seinen Mandanten hinweisen.[7] Zu einer Ausschlussfrist (s. Rz R 16). **R 15**

Nach Nr. 9 III AGB-Wirtschaftsprüfer[8] können Schadensersatzansprüche nur innerhalb einer **Ausschlussfrist** von 12 Monaten ab Kenntnis vom Schaden und anspruchsbegründenden Ereignis geltend gemacht werden, höchstens aber innerhalb von 5 Jahren. Ab schriftlicher Ablehnung des Anspruchs ist der Auftraggeber eines Wirtschaftsprüfers und eines Steuerberaters einer sechsmonatigen Klagefrist mit Ausschlusswirkung unterworfen. Diese Ausschlussfristen stellen eine nach § 307 I, II unangemessene Verkürzung der Verjährungsfristen dar.[9] Für die AGB der Wirtschaftsprüfer vor dem AGB Gesetz geht der BGH[10] ungeprüft von deren Wirksamkeit aus. Für die nach Nr. 9 III AGB-Wirtschaftsprüfer erforderliche Geltendmachung des Schadens reicht die Ankündigung von Schadensersatzansprüchen aus einem konkreten Ereignis. Eine Bezifferung der Höhe nach ist nicht erforderlich.[11] Die schriftliche Ablehnung, die nach Nr. 9 III AGB-Wirtschaftsprüfer eine Ausschlussfrist in Gang setzen soll, muss eindeutig und unmissverständlich sein.[12] **R 16**

---

[1] S. *Ulmer/Schmidt* Anh. § 310 Rz 1047; *Furmans,* in: *von Westphalen,* Vertragsrecht (Wirtschaftsprüfer) Rz 17; auch *Brandner* ZIP 1984, 1186, 1188.

[2] § 43 Abs. 3 Berufsordnung der Steuerberater.

[3] BGH NJW 1986, 1171, 1172.

[4] S. BGHZ 73, 363; BGH NJW 1986, 1171.

[5] BGH NJW 1986, 1171, 1172; BGH NJW 1992, 2766, 2767: ½ Jahr nach Vertragsbeendigung.

[6] NJW-RR 1986, 1281, 1283.

[7] BGH NJW 1986, 581.

[8] Dazu BGH NJW 1982, 1516.

[9] *Ulmer/Brandner* Anh. § 310 Rz 819, 1054; *Bunte* BB 1981, 1067; *Brandner* ZIP 1984, 1186, 1194; s. auch OLG Düsseldorf ZIP 1985, 1394, 1398; OLG Köln DStR 2003, 347; a. A. OLG Hamburg, Die Steuerberatung 1981, 188.

[10] NJW 1982, 1516.

[11] OLG Düsseldorf ZIP 1985, 1394, 1397 zur a. F.

[12] OLG Düsseldorf ZIP 1985, 1394, 1397.

Auf solche Ausschlussfristen, die für die Klageerhebung vorgesehen sind, ist die Regelung des § 204 im Zweifel analog anzuwenden.[1]

R 17 Demgegenüber ist **Nr. 8 II AGB-Wirtschaftsprüfer,** der den durch Nr. 8 AGB gewährten verschuldensunabhängigen Nachbesserungsanspruch in einem Jahr verjähren lässt, zulässig. Dies folgt aus der Wertung des § 638 und daraus, dass der entsprechende verschuldensabhängige Schadensersatzanspruch, aus dem gleichfalls die Mängelbeseitigung hergeleitet werden kann, unabhängig daneben besteht und erst in 5 Jahren verjährt.

7. Kündigungsrechte

R 18 Die Leistungen der Rechtsanwälte, Steuerberater[2] und Wirtschaftsprüfer gehören grundsätzlich zu den Diensten höherer Art gemäß **§ 627.** Ein Steuerberater, der sein Entgelt aus dem Jahresumsatz als Gegenstandswert berechnet, erhält keine festen Bezüge im Sinne von § 627. Das mit ihm auf Dauer, z. B. auf ein Jahr geschlossene Dienstverhältnis, kann deshalb nach § 627 BGB gekündigt werden.[3] Eine Klausel, die dem Kunden ein Kündigungsrecht lediglich unter Einhaltung einer Dreimonatsfrist zum Ende des Kalenderjahres einräumt, ist jedoch nach § 307 II unwirksam.[4] Eine Kündigungsregelung, die das Kündigungsrecht nach § 627 nicht zum Gegenstand hat, schließt dieses nicht aus, wenn die Regelung nicht eindeutig abschließend ist.[5] Eine Regelung, wonach der Wirtschaftsprüfer bei einer Kündigung des Auftraggebers ohne wichtigen Grund Anspruch auf die volle vereinbarte oder übliche Vergütung abzüglich der nach § 649 Hs. 2 anzurechnenden Beträge behält, erschwert unangemessen das Recht zur ordentlichen Kündigung gemäß § 627, weil der Wirtschaftsprüfer entgegen § 628 I 1 nicht nur den seinen bisherigen Leistungen entsprechenden Teil der Vergütung verlangen kann. Sie ist deshalb unwirksam.[6] Eine Klausel, die den Schadensersatzanspruch aus § 627 II 2 der Höhe nach auf 250.000 € beschränkt, ist bedenklich, da eine Kündigung, die ohne wichtigen Grund zur Unzeit erfolgt, stets ein grob schuldhaftes Verhalten ist und daher die Grundsätze für Haftungsbegrenzung durch AGB zu beachten sind (s. Rz 7).

R 19 § 627 kann wegen des notwendigen Vertrauensverhältnisses für den Auftraggeber durch AGB nicht ausgeschlossen oder wesentlich erschwert werden.[7]

8. Aufbewahrungspflicht von Handakten

R 20 Mandatsbedingungen von Rechtsanwälten regeln häufig die Dauer der Aufbewahrungspflicht von Handakten u. Ä. abweichend von § 50 II BRAO (5 Jahre ab Beendigung des Mandats oder 6 Monate ab Abholungsaufforderung). Solche Klauseln sind gemäß § 307 II Nr. 1 unwirksam.[8] Die Unterlagen sind in der Regel für die Prüfung der Haftung des Rechtsanwalts von Bedeutung.[9] Dies lässt wegen der regelmäßigen Verjährungsfrist des § 195 von 3 Jahren zumindest eine Abkürzung auf weniger als 3 Jahre unangemessen erscheinen.[10]

---

[1] So für § 209 II Nr. 3 BGB a.F. BGH NJW 1982, 1516, 1518.
[2] Dazu BGH NJW-RR 1993, 374; OLG Koblenz NJW 1990, 3153; BB 1993, 2183.
[3] BGH NJW-RR 1993, 374.
[4] OLG Koblenz BB 1993, 2183.
[5] BGH NJW-RR 1993, 374.
[6] Vgl. *Ulmer/Fuchs* Anh. § 310 Rz 821.
[7] OLG Koblenz NJW 1990, 3153; OLG Köln BB 2000, 2228; *Ulmer/Fuchs* Anh. § 310 Rz 821; offen gelassen in BGH NJW-RR 1993, 374.
[8] LG Koblenz BB 1987, 1490; *Ulmer/Schmidt* Anh. § 310 Rz 637.
[9] *Bunte* NJW 1981, 2660.
[10] Zust. LG Koblenz BB 1987, 1490.

9. Abtretung von Kostenerstattungs- und sonstigen Ansprüchen

Anwälte lassen sich häufig in Mandatsbedingungen Kostenerstattungsansprüche und andere Ansprüche des Mandanten in Höhe ihrer Kostenforderung abtreten. Dies erscheint unbedenklich, soweit tatsächlich nur Kostenerstattungsansprüche abgetreten werden und dies nicht im Vollmachtformular geschieht.[1] Mit der Abtretung von Kostenerstattungsansprüchen in Vollmachtsformularen muss dagegen nicht ohne weiteres gerechnet werden. Eine solche Abtretung ist deshalb regelmäßig überraschend und nach § 305c I unwirksam.[2] Bei der Vorausabtretung sonstiger Forderungen kann dagegen die Bestimmbarkeit infrage stehen, außerdem kann es zu einer Übersicherung kommen.[3] **R 21–30**

*

Reisevertrag

Inhaltsübersicht

[1] *Ulmer/Schmidt* Anh. § 310 Rz 637; *Bunte* NJW 1981, 2661.
[2] S. auch OVG Münster NJW 1987, 3029.
[3] *Bunte* NJW 1981, 2661.

Schrifttum: *Bartl,* Zum gegenwärtigen Stand des Reiserechts, NJW 1978, 729; 1983, 1092; *ders.*, Reise- und Freizeitrecht, 2. Aufl. 1991; *Bechhofen,* Reisevertragsrecht, 1995; *Eberle,* Der Reisevertrag, 2. Aufl. 1979; *Eckert,* Verbraucherschutz im Reiserecht Auswirkungen der EG-Richtlinien über Pauschalreisen auf das deutsche Recht, ZIP 1991, 454; *ders.*, Die Risikoverteilung im Pauschalreiserecht, 2. Aufl. 1995; *ders.*, Das neue Reiserecht, DB 1994, 1069; *Eilmann,* Die Abgrenzung des reisevertraglichen Gewährleistungsrechts vom Recht der allgemeinen Leistungsstörungen unter besonderer Berücksichtigung des Reisevertrags, Diss. 1990; *Führich,* Zur Umsetzung der EG-Pauschalreise-Richtlinie in deutsches Reisevertragsrecht, EuZW 1993, 347; *ders.*, Reiserecht, Handbuch des Reisevertrags-, Reiseversicherungs- und Individualreiserechts, 5. Aufl. 2005; *ders.*, Das neue Reiserecht nach der Umsetzung der EG-Pauschalreise-Richtlinie, NJW 1994, 2446; *ders.*, Preisänderungen beim Reisevertrag – Zulässigkeit und Grenzen der Preiserhöhung durch einen Treibstoffzuschlag, NJW 2000, 3672; *ders.*, Zweite Novelle des Reisevertragsrechts zur Verbesserung der Insolvenzsicherung und der Gastschulaufenthalte, NJW 2001, 3083; *ders.*, Bündelung von Reiseleistungen durch das Reisebüro nach Kundenwunsch als Pauschalreise?, RRa 2002, 194; *ders.*, Reisevertrag nach modernisiertem Schuldrecht, NJW 2002, 1082; *Gansfort,* Wirksame Einbeziehung der Allgemeinen Beförderungsbedingungen der Luftfahrtunternehmen in den Pauschalflugreise-Vertrag, TranspR 1989, 131; *Heinz,* Die Rechtsstellung des Reisenden nach Inkrafttreten der Reisevertragsnormen, Diss., 1983; *Hoppmann,* Reisevertrags-Rechtsprechung 1993 bis 1995, DRiZ 1995, 373; *Kaller,* Reiserecht, 2. Aufl. 2005; *Kappus,* in: *von Westphalen,* Vertragsrecht und AGB-Klauselwerke, Reisebedingungen, 2003; *ders.*, Die Allgemeinen Reisebedingungen nach der Schuldrechtsreform im Lichte neuester Rechtsprechung, RRa 2003, 198; *Kartzke,* Verträge mit gewerblichen Ferienhausanbietern, NJW 1994, 823; *Löwe,* Das neue Pauschalreiserecht, 1981; *Löwe/Zoller,* Zur Wirksamkeit von Vorleistungsklauseln im Reisevertrag, BB 1985, 2014; *Montasser,* Reiserecht, 1992; *Nies-Traut,* Reiserecht, 1995; *Neuner,* Der Reisevermittlungsvertrag, AcP 193 (1993), 1; *Noll,* Die Auswirkungen des neuen Reiserechts auf die Allgemeinen Reisebedingungen der Reiseveranstalter und Reisevermittler, RRa 1993, 42; *ders.*, Die neue Konditionenempfehlung des Deutschen Reiseverbandes zu Allgemeinen Geschäftsbedingungen von Pauschalreiseveranstaltern, RRa 2007, 61; *Recken,* Die Rechtsprechung des BGH zum Recht des Reisevertrages, WM 1987, 889; *R. Schmid,* Rechtsprobleme bei der Luftbeförderung im Rahmen von Flugpauschalreisen, NJW 1994, 2451; *ders.*, Die Rechte des Reisenden beim Wechsel der Fluggesellschaft und des Luftfahrzeugs, NJW 1996, 1636; *ders.*, Kerosinzuschläge 2000 auf Reiseverträge, NJW 2000, 1301; *ders.*, Rechtsprobleme bei der Luftbeförderung im Rahmen von Flugpauschalreisen, NJW 2005, 1168; *Taupitz,* Staatshaftung gegenüber leichtfertigen Urlaubern im Konkurs des Reiseveranstalters?, BB 1993, 2169; *Teichmann,* Die Struktur der Leistungsstörungen im Reisevertrag, JZ 1979, 737; *ders.*, Die Entwicklung der Rechtsprechung zum Reiserecht, JZ 1993, 823; *ders.*, Die Rechtsprechung zum Reiserecht in den Jahren 2001–2005, JZ 2006, 445, 499; *Tempel,* Informationspflichten bei Pauschalreisen, NJW 1996, 1625; *ders.*, Stornoklauseln im Reisevertrag und neues Schuldrecht, NJW 2002, 2005; *Tonner,* Der Reisevertrag, 5. Aufl. 2007; *ders.*, Reiserecht in Europa, 1992; *ders.*, Die EG-Richtlinie über Pauschalreisen, EuZW 1990, 409; *ders.*, Die Entwicklung des Reisevertragsrechts durch Rechtsprechung, Gesetzgebung und Verbandsverhandlungen, AcP 189 (1989), 121; *ders.*, Auswirkungen von Krieg, Epidemie und Naturkatastrophe auf den Reisevertrag, NJW 2003, 2783; *Wolter,* Das Verhältnis des reiserechtlichen Gewährleistungsrechts der §§ 651 c ff zum allgemeinen Recht der Leistungsstörungen, AcP 183 (1983), 35.

I. Anwendbarkeit des 2. Abschnitts

1. Reisevertrag

a) Die **gesetzliche Regelung** des Reisevertrags wurde ursprünglich durch das Gesetz zur Änderung des Bürgerlichen Gesetzbuchs (Reisevertragsgesetz) vom 4. 5. 1979[1] ins BGB eingefügt und hat seit ihrem Inkrafttreten am 1. 10. 1979 etliche Änderungen erfahren.[2] Hervorzuheben ist dabei die Anpassung der §§ 651 a ff. an die Richtlinie 90/314 (EWG) über Pauschalreisen vom 13. 6. 1990[3], die allerdings recht spät[4] durch das Gesetz zur Durchführung der Richtlinie vom 29. 6. 1994[5] erfolgte und neben anderem die Insolvenzsicherung in § 651 k gesetzlich verankerte. Das Zweite Gesetz zur Änderung reisevertraglicher Vorschriften vom 23. 7. 2001[6] bezog ausdrücklich in § 651 l die internationalen Gastschulaufenthalte mit eigenständigen Regelungen in das Reisevertragsrecht ein[7] und präzisierte die Regelungen über die Insolvenzsicherung in § 651 k, ohne allerdings die in der Richtlinie nicht vorgesehene Haftungsobergrenze zu streichen[8]. Die Regelungen der Richtlinie sind im Interesse der Rechtsharmonisierung sowohl bei der Anwendung der §§ 651 a ff. als auch bei Anwendung der Vorschriften des 2. Abschnitts wie stets im Wege der richtlinienkonformen Auslegung zu berücksichtigen.[9] **R 31**

b) Durch den Reisevertrag wird der Reiseveranstalter verpflichtet, dem Reisenden gegen einen einheitlichen Preis eine **Gesamtheit von Reiseleistungen,** die der Reiseveranstalter ausgewählt hat und sie als einheitliches Programm anbietet, zu erbringen. Der Veranstalter schuldet eine bestimmte Gestaltung der Reise und haftet für ihren Erfolg, insofern dieser von seinen Leistungen abhängt.[10] Entscheidend ist, dass eine Gesamtheit, also mindestens zwei Reiseleistungen erbracht werden, die vom Gesetz allerdings nicht definiert werden. Nach der Richtlinie (Art. 2 Nr. 1) stellt die Pauschalreise die im Voraus festgelegte Verbindung von mindestens zwei der in der Richtlinie genannten Dienstleistungskomponenten dar, welche zu einem Gesamtpreis angeboten wird und wenigstens 24 Stunden dauert oder eine Übernachtung einschließt. Die einzelnen Dienstleistungskomponenten sind: Beförderung, Unterbringung oder andere touristische Dienstleistung, die nicht bloße Nebenleistung der anderen beiden Komponenten ist und die von nicht nur untergeordneter Bedeutung ist. Es herrscht Einigkeit, dass diese Definition der Pauschalreise nach der Richtlinie als Auslegungshilfe[11] herangezogen werden kann, aller- **R 32**

---

1 BGBl. 1979 I, 509.

2 Instruktiver Überblick über die Entwicklung des Reisevertragsrechts bei *Staudinger/Eckert* vor §§ 651 a–m Rz 7 ff. und bei MünchKomm/*Tonner* vor § 651 a Rz 19 ff.

3 ABl. EG Nr. L 158 v. 23. 6. 1990, S. 59 = EuZW 1990, 412.

4 Die Umsetzungsfrist der Richtlinie endete nach deren Art. 9 Abs. 1 am 31. 12. 1992; zu den Haftungsfolgen der verspäteten Umsetzung siehe EuGH, Urt. v. 8. 10. 1996 Rs. C 178 e.a./94, Slg. 1996 I, S. 4845 ff. = NJW 1996, 3141.

5 BGBl. 1994 I, 1322.

6 BGBl. 2001 I, 1658.

7 Nachdem der EuGH in der Entscheidung vom 11. 2. 1999, Rs. C – 237/97, Slg. 1999 I S. 825 (AFS Intercultural Programs Finland) entschieden hatte, dass Gastschulaufenthalte nicht unter die Richtlinie fallen, sah der deutsche Gesetzgeber Klarstellungs- und Regelungsbedarf.

8 Eine Entscheidung, die nach dem Urteil des EuGH vom 15. 6. 1999, Rs. C-140/97, Slg. 1999 I S. 3499, nicht unbedenklich erscheint, jedoch offenbar dem Druck der Versicherer und Reiseverbände geschuldet ist, vgl. *Führich* NJW 2001, 3083, 3084.

9 BGH NJW 2000, 1639, 1640; s. auch Art. 1 RL Rz 13 a m.w.N.

10 BGHZ 130, 128, 132 = NJW 1995, 2629; BGH NJW 2000, 1188, 1189.

11 Vgl. auch BGH NJW 2000, 1639 zur Auslegung des Begriffs des Reiseveranstalters unter Rückgriff auf die Richtlinie.

dings enger ist als diejenige der Reise im deutschen Reisevertragsrecht, das die Begrenzung seiner Anwendung auf die mindestens 24-stündige oder die eine Übernachtung umfassende Reise nicht kennt.[1] Das ist wegen Art. 8 der Richtlinie zulässig. Als Reiseleistung im Sinn der §§ 651 a ff. erscheint jede Dienst- oder Werkleistung, jede Gebrauchsüberlassung oder Warenlieferung, die die Ortsveränderung, den Aufenthalt, die Unterbringung oder die Verpflegung des Reisenden betrifft. Nicht entscheidend ist, dass der Reiseveranstalter die Leistung selbst erbringt. Er kann sich dazu auch eines Leistungsträgers (§ 651 a II)[2] bedienen.[3] Ein Reiseveranstaltungsvertrag liegt dagegen nicht vor, wenn der Reisende **einzelne Reiseleistungen** bei einem oder verschiedenen Anbietern in eigener Auswahl zusammenstellt.[4] Andererseits hat der EuGH eine Pauschalreise im Sinne der Richtlinie in einem Fall angenommen, in dem das Reisebüro auf Wunsch des Verbrauchers und nach dessen Vorgaben eine Reise zusammengestellt hat und selbst Vertragspartner des Reisenden wurde.[5] Je nach Art der Einzelleistung ist ein Mietvertrag, z. B. bei Vermietung einer Ferienwohnung, oder ein Werkvertrag, z. B. wenn nur die Beförderung geschuldet ist,[6] anzunehmen. Lediglich ein Beförderungsvertrag ist auch bei Buchung eines Charterflugtickets mit Einfachstunterkunft anzunehmen, sofern nach dem übereinstimmenden Willen beider Parteien die Unterkunft nicht in Anspruch genommen werden, sondern lediglich als Scheinunterkunft zur Erlangung des Charterflugtickets dienen soll.[7] Bei der Charter von Hochseeyachten ist zu unterscheiden, ob der Charterer die Yacht nur als Transportmittel mietet, um darauf eine von ihm selbst individuell organisierte Urlaubsreise zu verbringen, oder ob sein Vertragspartner eine darüber hinausgehende Gestaltung der Reise schuldet.[8] Auch die Erbringung einer einzelnen Reiseleistung kann die analoge Anwendung der §§ 651 a ff. begründen,[9] wenn der Reiseveranstalter über die einzelne Reiseleistung hinaus sonstige Umstände für das Gelingen des gewünschten Urlaubs zum Vertragsinhalt oder zur Geschäftsgrundlage macht, ohne dass diese sonstigen Umstände als Reiseleistung einzuordnen sein müssen, so z. B. wenn das Vorhandensein von Freizeiteinrichtungen oder -veranstaltungen oder sonstiger typischerweise urlaubsrelevanter Angaben zur Vertragsgrundlage gemacht wird. Ein Chartervertrag zwischen einem Charterer (Reiseveranstalter) und einer Fluggesellschaft enthält regelmäßig einen Vertrag zugunsten des Reisenden (§ 328) unter Ausschluss von § 334, so dass der Reisende Rückbeförderung von der Fluggesellschaft auch dann verlangen kann, wenn der Charterer (Reiseveranstalter) den Charterpreis an die Fluggesellschaft nicht bezahlt hat.[10] Kein Reisevertrag, sondern ein **Reisevermittlungsvertrag** liegt vor, wenn sich die Tätigkeit des Reisebüros darauf beschränkt, den Vertrag über eine einzelne Reiseleistung zwischen dem Anbieter und dem Kunden zustande zu bringen, ohne Rechte und Pflichten

---

1 *Staudinger/Eckert* § 651 a Rz 5; *Führich* RRa 2002, 194, 206.

2 Dazu *Grunewald* NJW 1980, 1924.

3 BGH NJW 2000, 1639, 1640.

4 S. auch KG NJW-RR 1991, 1017; OLG Frankfurt NJW-RR 1991, 1018.

5 EuGH Urt. v. 30. 4. 2002, Rs. C-400/00 Club-Tour, Slg. 2002, 4051, Rz. 11 ff., 16 = RRa 2002, 119 mit krit. Anmerkung *Führich* = EuZW 2002, 402 mit Anm. *Tonner*.

6 S. etwa BGH NJW 1985, 633.

7 LG Frankfurt NJW-RR 1990, 316; LG Stuttgart NJW-RR 1992, 1272; a. A. LG München NJW-RR 1990, 316; *Schmid* NJW 1994, 2451, 2452 m. w. N.

8 BGH 130, 128, 131.

9 So auch BGH NJW 1992, 3158, 3160 = LM H.2/1993 § 651 a BGB Nr. 7 m. Anm. *M. Wolf;* BGHZ 130, 128, 130; AG Lübeck NJW-RR 2004, 1648 zu der Teilnahme an einem Segeltörn; je nach der Art der Mitwirkung bei der Durchführung der Reise hätte die Annahme einer Gelegenheits-GbR nahe liegen können.

10 BGH NJW 1985, 1457; siehe dazu noch unten Rz R 34.

bei der Abwicklung dieses Vertrags zu übernehmen. Auch nach der Entscheidung des EuGH in der Sache Club-Tour[1] wird man den der Richtlinie ebenfalls geläufigen Vermittlerbegriff (Art. 2 Nr. 3) nicht zugunsten desjenigen des Reiseveranstalters aufzugeben haben.[2] Treffen den Vermittler zusätzliche Pflichten bei der Vertragsabwicklung, so liegt im Regelfall kein Reisevermittlungsvertrag, sondern ein Reisevertrag vor.[3] Bietet ein Kreditkartenausgeber Reisen an und erscheint er als Reiseveranstalter, so genügt ein Hinweis in den AGB nicht, um einen Reisevermittlungsvertrag anzunehmen.[4]

2. Anwendbare Vorschriften

a) Die Vorschriften der §§ 651 a bis l sind gemäß § 651 m halbzwingend, von ihnen kann also nicht zum Nachteil des Reisenden abgewichen werden. Nach § 651 m Satz 2 kann allerdings die zweijährige Verjährungsfrist des § 651 g II vor Mitteilung eines Reisemangels auf bis zu einem Jahr verkürzt werden, und zwar sowohl in Individualvereinbarungen wie in Grenzen der §§ 309 Nr. 7 und 8 a auch in AGB.[5] Das Verbot nachteiliger Abweichungen umfasst auch die den Reisevertrag betreffenden Vorschriften des 3. Abschnitts der InfoV, deren Inhalt zwingend von der Pauschalreise-Richtlinie vorgegeben ist.[6] Es fragt sich, inwieweit daneben noch auf die Vorschriften des 2. Abschnitts zurückgegriffen werden kann und muss. Soweit beim Reisevertrag AGB verwendet werden, sind die §§ 305 bis 306 a ohne weiteres anwendbar. Fraglich ist aber, inwieweit neben § 651 m noch eine Inhaltskontrolle nach §§ 307 bis 309 möglich und nötig ist. Nötig ist eine Anwendung der §§ 307 bis 309, soweit die §§ 651 a bis l keine Regelung enthalten, da insoweit auch § 651 m nicht anwendbar ist. Kaum praktische Bedeutung dürfte der Fall erlangen, dass der Reisende und nicht der Reiseveranstalter Verwender ist; § 651 m würde in einem solchen Fall nachteilige Vereinbarungen für den Reiseveranstalter nicht erfassen. §§ 307 bis 309 könnten deshalb insoweit ihre volle Wirkung entfalten. § 651 m erfasst in seinem Anwendungsbereich nicht nur AGB, sondern auch Individualvereinbarungen. Mag es bei Letzteren sein Bewenden mit dem Kontrollmaßstab der §§ 651 a bis 651 m haben, stellt sich bei AGB die Frage, ob eine mit den §§ 651 a bis l übereinstimmende Regelung nach § 307 III 1 der Inhaltskontrolle entzogen oder dennoch der Inhaltskontrolle nach §§ 307 bis 309 unterliegt, weil das Reisevertragsrecht vergleichbar §§ 134, 138 nur äußerste, auch für Individualvereinbarungen gültige Grenzen setzt, nicht aber eine weitergehende Kontrolle nach den Vorschriften des 2. Abschnitts ausschließt.[7] Gesichert ist anzunehmen, dass die Prüfung einer Klausel anhand des **Transparenzgebotes** zu erfolgen hat[8] und nach § 307 III 2 mit § 307 I zu ihrer Unwirksamkeit führen kann, auch wenn sie den Rahmen der reiserechtlichen Vorschriften einhält, also nicht von ihnen abweicht. Allerdings wird man auch über die Transparenzkontrolle hinaus die den Rahmen der reiserechtlichen Vorschriften einhaltenden Klauseln grund- **R 33**

---

[1] Slg. 2002, 4051.

[2] In diese Richtung aber *Palandt/Sprau* Vor § 651 a Rz 1.

[3] S. BGH NJW 1992, 3158 = LM H.2/1993 § 651 a BGB Nr. 7 m. Anm. *M. Wolf;* s. auch OLG Düsseldorf NJW-RR 1990, 186.

[4] OLG Celle NJW-RR 1990, 445.

[5] BT-Drs. 14/6040, S. 269.

[6] S. auch MünchKomm/*Tonner* § 651 m Rz 2; *Staudinger/Jörn Eckert* § 651 m Rz 3.

[7] BGH NJW 1987, 1931, 1937; ebenso *Ulmer/Harry Schmidt* Anh. § 310 Rz 661; *Staudinger/Jörn Eckert* Vor §§ 651 a–m Rz 98.

[8] So etwa BGH NJW 2003, 507, 509; NJW 2003, 746, 747 (Kerosinzuschlag I und II) mit Anm. *Kappus* LMK 2003, 17 und *Schmid* NJW 2003, 947.

sätzlich[1] der Inhaltskontrolle zu unterwerfen haben. Die schon früh[2] kritisierte Lückenhaftigkeit der gesetzlichen Regelung lässt nicht erwarten, dass schon durch die bloße Einhaltung gesetzlicher (Mindest-)Standards ein in jedem Fall ausgewogener Interessenausgleich zwischen Verwender (in aller Regel Reiseveranstalter) und Verwendungsgegner, also regelmäßig dem Reisenden, erreicht wird. Vereinbarungen, die die §§ 651 a bis l ausfüllen oder konkretisieren, unterliegen grundsätzlich der Kontrolle nach §§ 307 bis 309.[3] §§ 307 bis 309 sind auch anwendbar, soweit eine AGB-Klausel bereits wegen Verstoßes gegen § 651 m unwirksam ist;[4] die Begründung der Unwirksamkeit kann alternativ erfolgen. Das gilt auch im Verbandsklageverfahren nach dem UKlaG, da der Unterlassungsanspruch aus § 1 UKlaG über seinen Wortlaut hinaus auch dann besteht, wenn AGB gegen zwingende Vorschriften außerhalb der Vorschriften über die Klauselkontrolle verstoßen. Des Rückgriffs auf die Gleichung, Verstoß gegen zwingendes Recht bedeutet unangemessene Benachteiligung, bedarf es nicht.[5]

R 34 **b)** Vermarktung und Durchführung der Reise setzt das Zusammenspiel verschiedener Personen voraus, zwischen denen Rechtsbeziehungen bestehen: Im Vordergrund des gesetzgeberischen Interesses sowohl auf europäischer wie auf nationaler Ebene liegt dabei die Beziehung zwischen dem **Reiseveranstalter und dem Reisenden,** die durch den **Reisevertrag** gebunden sind. Nur diese Rechtsbeziehung ist in den §§ 651 a–m geregelt. Da der Reiseveranstalter die einzelnen Komponenten der Reise nicht selbst erbringen muss oder gar kann, bedient er sich (das ist nicht wesentlich anders als im „allgemeinen" Werkvertragsrecht oder im Kaufrecht) anderer als „Zulieferer", in der Terminologie der Richtlinie „Dienstleistungsträger"[6] und in derjenigen des Gesetzes **„Leistungsträger".** Deren Rechtsbeziehungen untereinander stellen je nach Art der erbrachten Leistung Beförderungs-, Beherbergungs-, Miet- oder sonstige (Dienstleistungs-)Verträge dar. Unmittelbare vertragliche Beziehungen zwischen Leistungserbringer und Reisendem bestehen nur in dem Fall, in dem tatsächlich eine (Teil-) Leistung aus dem Reisepaket unter Beachtung des § 651 a vermittelt wird (s. dazu Rz R 41). Ansonsten verbleibt es bei der Rechtsbeziehung zwischen Reisendem und Reiseveranstalter auf der einen und Reiseveranstalter und Leistungsträger auf der anderen Seite. Ansprüche wegen Schlechterfüllung sind innerhalb der jeweiligen Vertragsbeziehung zu erheben. Hier wie stets kann der Reisende allerdings unabhängig von den vertraglichen Beziehungen Ansprüche wegen deliktischer Schädigung unmittelbar gegen den Schädiger geltend machen.[7] Ob der Reisende auch vertragliche Ansprüche gegen den Leistungsträger geltend machen kann, mit dem ihn nicht ein vermitteltes Vertragsverhältnis verbindet, hängt von der Beantwortung der strittigen Frage ab, ob die Leistungsbeziehung zwischen dem Reiseveranstalter und dem Leistungsträger als **Vertrag (mit Schutzwirkung) zugunsten Dritter** anzusehen ist. Der BGH hat in einem Chartervertrag einen echten Vertrag zugunsten Dritter bei gleichzeitiger stillschweigender Abbedingung des § 334 angenommen,[8] da der Wille der Vertragsparteien darauf gerichtet sei, dass der Vercharterer sich

---

1 Einschränkend noch die Vorauflage § 9 Rz 52.

2 *Teichmann* JZ 1979, 737; siehe auch *Staudinger/Jörn Eckert* Vor §§ 651 a–m Rz 37.

3 S. auch OLG Hamburg NJW 1981, 2420 zu § 651 i; a.A. LG Düsseldorf NJW 2001, 834: Regelung zum Preisänderungsrecht des Veranstalters in § 651 a IV und V abschließend.

4 BGH NJW 1983, 1612, 1614; s. auch LG Hannover NJW-RR 1987, 1079.

5 § 1 UKlaG Rz 17; anders noch die Vorauflage § 9 Rz R 52.

6 So in der 16. Begründungserwägung und in Art. 5. In der französischen Fassung (prestataire de services) und der englischen Fassung (supplier of services) bedeutungsgleich mit der deutschen Fassung.

7 *Staudinger/Jörn Ecker* § 651 a Rz 56; *Bamberger/Roth/Geib* § 651 a Rz 21.

8 BGH NJW 1985, 1457, 1458 = BGHZ 93, 271, 274; offen gelassen in BGH NJW 2002, 2238, 2240.

gegenüber dem Charterer verpflichte, im Flugschein namentlich genannte Personen zu befördern.[1] Die Literatur ist unentschieden: Das Meinungsspektrum reicht von der Ablehnung des drittbegünstigenden oder -schützenden Charakters der Leistungserbringungsverträge[2] über die Annahme „mindestens“ drittschützender Leistungsbeziehungen nach den Umständen des Einzelfalles[3] bis zur grundsätzlichen Bejahung echter Verträge zugunsten Dritter.[4] Für die Entscheidung der Frage bringt der Rekurs auf die Reiserichtlinie als Auslegungshilfe zunächst wenig. Deren Art. 5 könnte zwar dafür sprechen, dass zumindest dem Richtliniengeber die alleinige Haftung des Veranstalters (oder Vermittlers) für die Erfüllung der vertraglichen Verpflichtungen vorschwebte, unabhängig davon, ob der Veranstalter selbst oder Dienstleistungsträger die Verpflichtung zu erfüllen hatte; Letzterenfalls sollen nach der Richtlinie (Innen-)Regressansprüche zwischen dem Veranstalter und dem Dienstleistungsträger vorgesehen werden. Selbst wenn man hier eine Festlegung des Richtliniengebers annehmen wollte, kann doch dem Reisenden wegen Art. 8 der Richtlinie eine bessere Position etwa dadurch eingeräumt werden, dass der Reisende nach allgemeinen Regeln des nationalen Rechts unmittelbare Ansprüche gegen den einzelnen Dienstleistungsträger erheben kann, wenn deren Voraussetzungen im Einzelfall gegeben sind. Nicht zuletzt wegen des mit der Richtlinie und den sie umsetzenden nationalen Regelungen verfolgten Zwecks eines hohen Verbraucherschutzniveaus spricht mehr für die Annahme des drittbegünstigenden Charakters des Leistungsvertrages im Sinn eines echten Vertrages zugunsten Dritter.

c) Auf den Reisevertrag finden zunächst die §§ 651 a–m Anwendung sowie ergänzend dazu die Regelungen der BGB-InfoV.[5] Da das BGB den Reisevertrag jedoch dem 7. Titel Werkvertrag und ähnliche Verträge zugeordnet hat, können ergänzend die §§ 631 ff. Anwendung finden,[6] sofern die §§ 651 a–m positiv oder negativ keine Regelung enthalten.[7] § 701 ist auf den Reiseveranstalter, der nicht selbst die Beherbergung erbringt, nicht anwendbar. Soweit der Reiseveranstalter zugleich Luftfrachtführer ist, werden Schadensersatzansprüche vor allem durch das WA geregelt (s. Rz F 43); die sonstigen Ansprüche des Reisenden bestimmen sich jedoch nach §§ 651 a–m.[8] Das **gesetzliche Leitbild des Reisevertrags** bei Anwendung von § 307 bilden deshalb sowohl die §§ 651 a–m[9] wie ergänzend §§ 631 ff.[10] Der Reisevertrag enthält aber auch Elemente des Geschäftsbesorgungsvertrags und u. U. auch des Mietvertrags.[11] Insoweit gehören auch einzelne Elemente dieser Vertragstypen zum gesetzlichen Leitbild. Wegen einiger wesentlicher auf Dauer angelegter Leistungselemente, wie insbesondere die Unterbringung und Verpflegung, hat der Reisevertrag auch den Charakter eines Dauerschuldverhält- **R 35**

---

[1] Allgemein zu den Voraussetzungen eines Vertrages zugunsten Dritter *Bamberger/Roth/Janoschek* § 328 Rz 10 ff.

[2] *Staudinger/Jörn Eckert* § 651 a Rz 56 f.

[3] *Erman/Seiler* § 651 a Rz 11.

[4] H.M. MünchKomm/*Tonner* § 651 a Rz 40; *Palandt/Sprau* § 651 a Rz 10; *Bamberger/Roth/Geib* § 651 a Rz 21; *Kaller* Reiserecht Rz 50.

[5] Verordnung über Informations- und Nachweispflichten nach bürgerlichem Recht, BGBl. 2002 I S. 3002.

[6] Im Gesetzestext selbst wird ebenfalls auf werkvertragliche Vorschriften als Ergänzungsnormen verwiesen, §§ 651 d I und 651 e III 2.

[7] BGH NJW 1983, 2699, 2701; 1987, 1931, 1933; OLG Frankfurt NJW 1986, 1618, 1619; *Bamberger/Roth/Geib* § 651 a Rz 3.

[8] S. LG Hannover NJW 1985, 2903 zu § 651 e BGB.

[9] S. auch BGH NJW 1987, 1931.

[10] BGH NJW 1987, 1931.

[11] S. *Wolter* NJW 1988, 396.

nisses;[1] damit kann ergänzend auf die für Dauerschuldverhältnisse maßgebenden Rechtssätze zurückgegriffen werden.[2] Sonstige verbleibende Lücken sind unter Berücksichtigung der vertragstypischen Eigenheiten nach §§ 157, 242 zu schließen. Die so festgelegten Rechtsgrundsätze bilden den Kontrollmaßstab für § 307.[3]

3. Reise-AGB

R 36 Der Deutsche Reise-Verband (vormals Deutscher Reisebüro und Reiseveranstalter Verband) hat im Verfahren nach § 22 III Nr. 2 GWB a. F. AGB für den Reisevertrag angemeldet (nachf. Reise-AGB), die im Bundesanzeiger[4] veröffentlicht sind. Diese Reise-AGB, die vom einzelnen Reiseveranstalter ergänzt oder modifiziert übernommen, aber auch abgelehnt werden können, werden für die folgende Problembehandlung als Gerüst zu Grunde gelegt.

II. Abschluss des Reisevertrags

1. Anmeldung

R 37 a) **Anmeldeformulare,** die regelmäßig schriftlich auszufüllen und zu unterschreiben sind, schließen die Wirksamkeit mündlicher Ergänzungen des Angebots nicht aus. Diese können auch dem Reisebüro gegenüber erklärt werden (Rz R 39) und sind für die Auslegung des Vertrags heranzuziehen.[5] **Prospektangaben,** die den Vertragsgegenstand beschreiben, sind AGB,[6] unterliegen aber als Leistungsbeschreibungen nicht der Inhaltskontrolle,[7] wohl aber der Transparenzkontrolle, und es gelten §§ 305–306 a.[8] Vorgaben hinsichtlich der Gestaltung der Prospektangaben enthält § 4 BGB-InfoV. Interne Verkaufsinformationen des Reiseveranstalters gegenüber dem Reisebüro sind für den Kunden, wenn sie ihm nicht bekannt gemacht werden, ohne Bedeutung,[9] ebenso eine nach Vertragsabschluss ausgehändigte Reisebestätigung.[10] Zu beachten ist, dass nach § 6 III BGB-InfoV ausdrücklich geregelt ist, dass AGB dem Reisenden vor Vertragsschluss vollständig zu übermitteln sind, wobei Abs. 5 solche Reisen von der Regelung ausnimmt, die der Reisende weniger als sieben Werktage vor Reisebeginn bucht. Auch auf nicht gewerbliche Gelegenheitsreiseveranstalter findet die BGB-InfoV gemäß ihres § 11 keine Anwendung.

R 38 b) **Anmeldeklauseln.** Der Abschluss des Reisevertrags für weitere Reiseteilnehmer kann durch den Anmelder in der Weise erfolgen, dass er als Vertreter für diese auftritt oder dass er den Vertrag im eigenen Namen zugunsten der übrigen Teilnehmer (§ 328) abschließt.[11] Ein Vertrag zugunsten Dritter ist im Regelfall anzunehmen, soweit Kinder Reiseteilnehmer sind.[12] Für Ehegatten gilt in der Regel § 1357 I. Eine Klausel, die entgegen dem gemeinsamen Wunsch beider Ehegatten

---

[1] S. *Larenz* VersR 1980, 689; *Teichmann* JZ 1985, 317.
[2] OLG Frankfurt NJW 1986, 1618, 1619.
[3] S. BGH NJW 1987, 1931; allgemein § 307 Rz H 104.
[4] BAnz. 2002, 12.407, aktualisiert 2004 und zuletzt 2006, dazu *Noll* RRa 2007, 61.
[5] BGH NJW 1982, 377; zu „last minute"-Buchungen LG Frankfurt NJW-RR 1991, 690.
[6] § 305 Rz 19.
[7] S. § 307 Rz 292 ff.
[8] A. A. LG Frankfurt NJW-RR 1986, 1173, das aber gleichwohl die Unklarheitenregel anwendet.
[9] LG Frankfurt NJW-RR 1991, 690.
[10] LG Frankfurt NJW-RR 1991, 690.
[11] S. auch BGH NJW 1989, 2750.
[12] S. OLG Düsseldorf NJW-RR 1988, 636.

nur einen als Vertragspartner gelten lassen will, ist nach § 307 unwirksam.[1] Bei Unklarheiten ist § 305 c II jeweils zugunsten der Reiseteilnehmer anzuwenden.[2] Bei Anmeldung durch einen **Sammelbesteller** ist nicht dieser, sondern sind die beim Sammelbesteller buchenden Personen Vertragspartner.[3] Sieht eine Anmeldeklausel vor, dass die Anmeldung „auch für alle in der Anmeldung mit aufgeführten Teilnehmer erfolgt", so kann dies sinnvollerweise nur dahin ausgelegt werden, dass diese Klausel ohne Rücksicht auf die tatsächlichen Umstände bei Vertragsschluss stets von einem Handeln des Anmelders im Namen der übrigen Teilnehmer ausgehen will, weil nur auf diesem Wege in Verbindung mit einer Vertretungsmacht auch die anschließend vorausgesetzten Vertragspflichten der übrigen Teilnehmer entstehen könnten. Die Klausel enthält damit eine Fiktion des Handelns in fremdem Namen[4] und ist deshalb nach § 308 Nr. 5 unwirksam. Soweit der Anmelder tatsächlich in fremdem Namen auftritt, hängt es vom Bestehen der Vertretungsmacht ab, ob Vertragsverpflichtungen in der Person der übrigen angemeldeten Teilnehmer entstehen. Sehen Allgemeine Reisebedingungen (ARB) vor, dass der Anmelder dafür „wie für seine eigenen Verpflichtungen einsteht", so wird damit eine gesamtschuldnerische Haftung des Anmelders begründet. Diese ist nach § 309 Nr. 11 a wirksam, wenn eine ausdrückliche und gesonderte Erklärung vorliegt. Der Fall des § 309 Nr. 11 b, d. h. das Handeln des vollmachtlosen Vertreters, wird in den ARB nicht geregelt, wenn das Bestehen von Vertragspflichten der übrigen Teilnehmer vorausgesetzt wird, die nur bei Vorliegen einer Vertretungsmacht des Anmelders entstehen können. Eine Klausel, wonach nur der Anmelder berechtigt ist, die Ansprüche der von ihm angemeldeten Teilnehmer geltend zu machen, und eine Abtretung dieser Ansprüche ausgeschlossen wird, ist wegen unangemessener Behinderung der Rechtsdurchsetzung nach § 307 unwirksam.[5]

c) Reisebüros, die von einem Reiseveranstalter mit der Vermittlung von Vertragsabschlüssen ständig betraut sind, werden als Handelsvertreter nach §§ 84 ff. HGB tätig[6] und sind im Allgemeinen, auch wenn sie eine Abschlussvollmacht nicht besitzen, ermächtigt, Vertragsangebote des Reisenden entgegenzunehmen und „last minute"-Buchungen auch anzunehmen.[7] Sie sind deshalb Vertreter des Reiseveranstalters und nicht Erklärungsboten des Reisenden.[8] Dies gilt auch für Handelsmakler nach § 93 HGB. Durch AGB wird ihnen zuweilen auch eine Inkassobefugnis eingeräumt. Als Handelsvertreter kann das Reisebüro grundsätzlich verbindliche Zusagen über die Reiseleistung geben, jedoch nicht, soweit dies in Widerspruch zu den Prospektangaben steht.[9] Händigt ein Reisebüro dem Reisenden neben dem Prospekt des Reiseveranstalters einen Privatprospekt des gebuchten Hotels aus, so binden die darin enthaltenen Angaben den Reiseveranstalter nur dann nicht, wenn die Aushändigung des Privatprospekts erkennbar nicht dem Reiseveranstalter zuzurechnen ist.[10] **R 39**

---

[1] S. auch LG Frankfurt NJW-RR 1987, 1078.

[2] Vgl. auch LG Frankfurt NJW-RR 1987, 1078; 1988, 247.

[3] LG Frankfurt NJW-RR 1988, 247; OLG Frankfurt NJW-RR 2004, 1285, 1286.

[4] Zustimmend *Kappus* in: *von Westphalen* Vertragsrecht und AGB-Klauselwerk, Reisebedingungen Rz 20; a. A. *Ulmer/Harry Schmidt* Anh. § 310 Rz 662; MünchKomm/*Tonner* § 651 a Rz 85.

[5] BGH NJW 1989, 2750.

[6] Zur Frage der formularmäßigen Bestimmung der Provisionsberechnungsbasis bei dem Verkauf von Beförderungsleistungen (Ausschluss der variablen Landegebühren) BGH NJW-RR 2004, 1206.

[7] LG Frankfurt NJW-RR 1991, 690.

[8] Zur Anspruchsanmeldung s. Rz R 84; BGHZ 82, 219 = NJW 1982, 377.

[9] LG Frankfurt NJW-RR 1987, 495.

[10] LG Frankfurt NJW 1985, 1166; siehe auch MünchKomm/*Tonner* § 651 c Rz 16.

2. Reisebestätigung und Annahme

R 40 Reisebestätigung ist grundsätzlich die Annahme des Angebots des Anmelders, wodurch der Reisevertrag zustande kommt. Art. 4 II EG-Richtlinie über Pauschalreisen sieht vor, dass der Reisevertrag bestimmte im Anhang genannte Mindestbedingungen enthält, die dem Reisenden vor Vertragsschluss mitzuteilen sind. Das BGB kannte dieses Erfordernis bis zur Umsetzung der Richtlinie nicht ausdrücklich. Jedoch konnten bereits damals fehlende Angaben im Rahmen der richtlinienkonformen Anwendung des AGBG in der Weise berücksichtigt werden, dass ein Verstoß gegen das Transparenzgebot geprüft wurde, oder dass z. B. bei fehlender Angabe über die Mindestteilnehmerzahl für eine Reise das Risiko für die Durchführung dem Reiseveranstalter zugewiesen wurde. Nunmehr enthält § 6 BGB-InfoV detaillierte Vorgaben zur Reisebestätigung. In § 6 I BGB-InfoV wird die Reisebestätigung als Urkunde über den Reisevertrag definiert. Diese ist dem Reisenden vom Veranstalter bei oder unverzüglich nach Vertragsschluss auszuhändigen. Eine formlose, insbesondere telefonische Annahme bleibt also möglich.[1] Nach § 6 II BGB-InfoV muss die Reisebestätigung neben den bereits nach § 4 BGB-I InfoV verlangten Katalogangaben (Reisepreis, Zahlungsmodalitäten, Transportmittel, Unterbringung, Mahlzeiten, Reiseroute, Mindestteilnehmerzahl) genaue Angaben zu den Bestimmungsorten, den Reisedaten, den im Reisepreis inbegriffenen Leistungen, den Preisänderungsvorbehalten, den Sonderwünschen, dem Namen und der Anschrift des Veranstalters, über die Obliegenheiten des Reisenden, insbesondere über die von ihm einzuhaltenden Fristen, sowie einer möglichen Reiserücktrittskosten- oder einer Reiserückführungskostenversicherung enthalten. Bis auf die Angabe des Reisepreises und der Zahlungsmodalitäten kann allerdings in der Reisebestätigung auch auf den dem Reisenden zur Verfügung gestellten Katalog verwiesen werden (§ 6 IV BGB-InfoV). Ausnahmeregelungen bestehen auch für last-minute-Reisen (§ 6 V BGB-InfoV). Die Bestätigung ist, soweit sie eine modifizierte Annahme enthält, nach § 150 II zu beurteilen. Eine Frist von 10 Tagen, die für die Bindung an den modifizierten Antrag vorgesehen ist, ist etwas knapp bemessen,[2] aber nicht nach § 307 unwirksam, da der Reiseveranstalter nicht zur Annahme und auch nicht zum Abschluss eines modifizierten Vertrags verpflichtet ist. Die Formulierung, dass der Vertrag mit dem Inhalt der abweichenden Bestätigung zustande kommt, wenn der Reisende binnen der Bindungsfrist die Annahme „erklärt", ist dahin zu verstehen, dass darunter jedes Verhalten des Reisenden mit Erklärungswert (wozu grundsätzlich Schweigen nicht ausreicht) fällt und nicht nur eine ausdrückliche Erklärung.[3] Sehen Reiseveranstalter in Abweichung von den empfohlenen Reise-AGB (Ziff. 1.7) vor, dass der Reisevertrag entgegen § 150 II mit dem modifizierten Inhalt zustande kommt, ohne dass eine Annahmeerklärung des Kunden erforderlich ist, so ist diese Regelung einem einseitigen Bestimmungsrecht des Reiseveranstalters nach § 315 vergleichbar und deshalb grundsätzlich nach § 307 I und II Nr. 1 unwirksam. Allenfalls bei Beschränkung auf geringfügige, unbedeutende Änderungen kann eine solche Regelung noch hingenommen werden oder wenn dem Kunden ein freies Rücktrittsrecht während einer Frist von angemessener Dauer eingeräumt wird und der Kunde darauf deutlich im Zusammenhang mit der modifizierten Annahme hingewiesen wird.[4] Eine Annahmefiktion

---

[1] OLG Frankfurt, RRa 1996, 84.

[2] Für den Regelfall a. A. *Kappus* in: *von Westphalen* Vertragsrecht und AGB-Klauselwerke, Reisebedingungen, Rz 30.

[3] *Staudinger/Jörn Eckert* § 651 a Rz 73 m.w.N.

[4] *Ulmer/Harry Schmidt* Anh. § 310 Rz 663; *Kappus* in: *von Westphalen* Vertragsrecht und AGB-Klauselwerke, Reisebedingungen, Rz 31.

des Kunden, z. B. bei rügelosem Verstreichenlassen einer Frist, ist nur unter den Voraussetzungen von § 308 Nr. 5 wirksam. Wird der Reisevertrag bestätigt, so ist eine Klausel, wonach der Vertrag erst mit Einstieg in den Bus und Bezahlung des Reisepreises zustande kommt, als überraschend nach § 305 c I unwirksam.[1] Sie widerspricht auch § 305 b und ist wegen Missachtung der Grundgedanken der §§ 145 ff. nach § 307 II Nr. 1 unwirksam.

3. Vermittlerklausel

Eine ARB-Klausel, durch die der Reiseveranstalter entgegen den bei Vertragsschluss erkennbaren Umständen nicht selbst die Verpflichtung zur Erbringung der Reiseleistung übernehmen, sondern nur als Vermittler auftreten will, ist nach § 651 a und ebenso nach § 307 unwirksam.[2] Die Unangemessenheit ergibt sich zum einen aus der unrichtigen und zur Irreführung des Kunden geeigneten Darstellung der Rechtslage,[3] zum anderen aus einem Verstoß gegen § 309 Nr. 7 b, weil der Reiseveranstalter dadurch die Haftung für seine Pflichten aus dem Reisevertrag von sich abwälzen, insbesondere auch die Haftung nach § 278 für die Leistungsträger ausschließen will.[4] Dies gilt nicht nur für den eigentlichen Reisevertrag mit einem Bündel von Reiseleistungen, sondern auch für das Angebot einer einzelnen Reiseleistung, wie z. B. den Ferienhausvertrag.[5] Soll eine Leistung nicht als Eigenleistung, sondern als Fremdleistung behandelt werden, die der Reiseveranstalter lediglich vermittelt, so muss dies schon bei der Buchung, etwa in der Reisebeschreibung, deutlich zum Ausdruck gebracht worden sein und auch in der Reisebestätigung hervorgehoben werden und es dürfen den Vermittler keine Pflichten aus dem vermittelten Vertrag gegenüber dem Kunden treffen. Die in Nr. 9.3 der Reise-AGB 2002 enthaltene Vermittlerklausel, bezogen auf Beförderungen im Linienverkehr und die in Nr. 11.3 Reise-AGB 2002 enthaltene Haftungsregelung bei Fremdleistungen, verstoßen gegen § 307.[6] Die Fassung der Reise-AGB 2006 enthält eine der Nr. 9.3 entsprechende Klausel nicht mehr. In der Fassung der Reise-AGB von 2006 trägt die Regelung in Nr. 11.3 zur Haftung bei als solchen ausdrücklich gekennzeichneten und für den Reisenden auch als solche erkennbaren bloß vermittelten nicht zu den Reiseleistungen des Veranstalters zählenden Fremdleistungen den Bedenken des BGH Rechnung. **R 41**

III. Regelungen zum Reisepreis

1. Fälligkeit, Vorauszahlungen

a) Die vertragliche Hauptleistungspflicht des Reisenden stellt die Zahlung des Reisepreises dar,[7] zu dessen Fälligkeit die §§ 651 a–m keine Regelung enthalten. Wegen der Vielzahl zu erbringender Reiseleistungen, aber auch wegen der im Vorfeld der jeweiligen Reise vorzunehmenden Vorbereitungsmaßnahmen, kommt eine **R 42**

---

[1] LG Frankfurt NJW-RR 1988, 1451.

[2] S. auch BGH NJW 1980, 2192.

[3] S. BGH NJW 1992, 3158, 3161 = LM H.2/1993 § 651 a BGB Nr. 7 m. Anm. *M. Wolf;* s. auch § 307 Rz 267 ff.

[4] S. BGH NJW 1992, 3158, 3161; vgl. auch *Ulmer/Harry Schmidt* Anh. § 310 Rz 677: entsprechende Anwendung von § 651 f Abs. 2.

[5] BGH NJW 1985, 906; 1992, 3158, 3161.

[6] BGH NJW 2004, 681 mit Anmerkung *Hubert Schmidt* LMK 2004, 60; MünchKomm/*Tonner* § 651 a BGB Rz 89 f.; *Staudinger/Jörn Eckert* § 651 a Rz 110; anders noch die Vorauflage § 9 R 59.

[7] *Staudinger/Jörn Eckert* § 651 a Rz 126.

Zug-um-Zug Leistung praktisch nicht in Betracht. Unter Berücksichtigung der Regelung in ähnlichen Vertragstypen, wie Werkvertrag (§§ 641, 646), Mietvertrag (§ 551) und Dienstvertrag (§ 614), ist für den Reisevertrag ebenfalls von einer Vorleistungspflicht des Reiseveranstalters als gesetzlichem Leitbild auszugehen.[1] Das hätte zur Folge, dass der Reisepreis von Gesetzes wegen erst dann fällig würde, nachdem der letzte Leistungsteil erbracht wurde. Dieser Befund musste das Bemühen der Reiseunternehmer um Regelungen zur vorgezogenen Fälligkeit des Reisepreises oder zur Verpflichtung des Reisenden, Anzahlungen zu leisten, erwecken. Die gesetzliche Regelung geht zwar von der Möglichkeit aus, dass (An-)Zahlungen vor dem Ende der Reise vom Reisenden an den Veranstalter erbracht werden, wie sich aus §§ 4 I 1 und 6 II BGB-InfoV und insbesondere § 651 k IV ergibt, knüpft aber in der zuletzt genannten Vorschrift das Recht des Veranstalters, vorzeitige Zahlungen, also solche vor dem Ende der Reise, zu vereinnahmen, an die Übergabe eines Sicherungsscheines entsprechend dem Muster in § 10 BGB-InfoV. Dessen bedarf es nicht bei Reisen, die unter die Ausnahmevorschriften des § 651 k VI fallen. Danach sind von der Insolvenzsicherungspflicht befreit nicht gewerbliche Gelegenheitsreiseveranstalter, juristische Personen des öffentlichen Rechts, über deren Vermögen ein Insolvenzverfahren unzulässig ist; daneben auch Reisen, die nicht länger als 24 Stunden dauern, keine Übernachtung einschließen und deren Preis 75,– € nicht übersteigt (vgl. Nr. 2.2 Reise-AGB). Mit dieser Feststellung ist nur sozusagen der äußerste Rahmen gesteckt, innerhalb dessen die Zulässigkeit von Vorauszahlungen oder Anzahlungen erst noch ermittelt werden muss. Dabei ist die sog. Vorauskasse-Rechtsprechung des BGH weiterhin richtungsweisend:[2] Die zeitlich und der Höhe nach unbegrenzte Forderung einer Anzahlung sowie letztlich die komplette Zahlung des Reisepreises vor der Reise ist grundsätzlich zwar nicht nach § 309 Nr. 2 zu beanstanden, jedoch nach § 307,[3] sofern, von verhältnismäßig geringfügigen Anzahlungen abgesehen, dem Reisenden nicht „hinreichende Sicherheiten" gegeben werden.[4] Nachdem das Anliegen der (wirtschaftlich-pekuniären) Insolvenzausfallsicherung durch den obligatorischen Sicherungsschein nach § 651 k aufgefangen wird, bleibt vom Rechtsprechungsansatz doch noch Entscheidendes, das gegen eine allzu großzügige Zulassung von Voraus- oder Anzahlungen spricht: Selbst wenn der Kunde durch den Sicherungsschein vor den wirtschaftlichen Folgen der Veranstalterinsolvenz geschützt werden mag, stellt es doch für den Kunden (höchstens) die „zweitbeste" Lösung dar, im Fall der Insolvenz des Veranstalters statt der Reise- eine Versicherungsleistung zu erhalten. Mag dies natürlich besser sein als in der Insolvenz ganz auszufallen, stellt es doch sicher nicht die Äquivalenz zwischen der vom Kunden erbrachten und der von ihm dafür „gekauften" Leistung dar. Schon deswegen kann der Gesichtspunkt der Insolvenzsicherung allein nicht als ein die Vorauszahlung schlechterdings ermöglichendes Argument angesehen werden. Hinzu kommt, dass jedenfalls in der Reiseabwicklungsphase der Zug-um-Zug-Gedanke im Vordergrund steht, der aus § 320 herzuleiten und mit erheblichem Gerechtigkeitsgehalt versehen ist.[5] Daher ist vom Grundsatz her dem BGH zuzustimmen, wonach die Voraus- oder Anzahlung nur dann gefordert werden kann, wenn der Reiseveranstalter dem Reisenden „hinreichende Sicherheiten" für die Durch-

---

[1] BGHZ 100, 157 = NJW 1987, 1931; *Zoller* Vorleistungspflicht und AGB-Gesetz, 1986, S. 131; MünchKomm/*Tonner* § 651 a Rz 75; offen lassend *ders.* Reisevertrag § 651 a Rz 55; dagegen offenbar OLG Köln NJW-RR 2005, 992, das ohne weiteres von einer Vorleistungspflicht des Kunden ausgeht (bedenklich).

[2] *Führich* Reiserecht, Rz 591.

[3] BGHZ 100, 157 = NJW 1987, 1931, 1932; BGH NJW 1986, 1613; 1992, 3158, 3163.

[4] BGH NJW 1987, 1931, 1934 f.

[5] BGH a.a.O.

führung der Reise verschafft hat.[1] Ob man das dann an der Qualität von Reiseunterlagen festmacht, erscheint eine ganz andere Frage,[2] denn in der Tat stellen ja Reiseunterlagen nicht ohne weiteres etwas Wertpapierähnliches und damit einen Anspruch Verbriefendes dar, etwa vom Flugschein abgesehen.[3] Kern ist aber, dass dem Reisenden eine gesicherte Rechtsposition eingeräumt wurde, aufgrund deren er die Leistungen zur Not auch in Anspruch nehmen kann, wenn der Reiseveranstalter als solcher womöglich ausgefallen ist. Das führt wieder zu der Überlegung, dass die Leistungsbeziehungen zwischen dem Reiseveranstalter und dem einzelnen Leistungsträger als echte Verträge zugunsten Dritter aufgefasst werden sollten, um an dieser Stelle ohne weiteres das Forderungsrecht des Reisenden zu begründen (s. Rz R 34). Liegen die Leistungsbeziehungen so, mag man dann das Erfordernis der Übergabe der Reiseunterlagen als Mittel zum Nachweis der Einräumung der Rechtsposition und zur Ermöglichung der Geltendmachung der Rechte als erforderlich ansehen, nicht aber „zur Verbriefung".

In den Fällen, in denen die Einräumung von Rechten gegen Dritte nicht in Betracht kommt, etwa weil der Veranstalter selbst alle Leistungen erbringt, besteht an sich Anlass und Recht zur Vorleistung nur dann, wenn der Veranstalter deckungsgleiche Vorlaufkosten hat. Allerdings wird man auch in diesen Fällen zur Vermeidung von Rechtsverfolgungsaufwand dem Reiseveranstalter das Recht zur Vorkasse nicht absprechen können.[4] Soweit die Gewährung von Sicherheiten in diesem Sinne, also die Einräumung valider Forderungsrechte gegen Dritte nicht möglich ist, muss dem Reisenden gestattet werden, den vollen Reisepreis erst kurz vor Reiseantritt zu zahlen, um das Insolvenzrisiko gering zu halten und dem Zug-um-Zug-Gedanken Rechnung zu tragen.[5] Aber auch bei Einräumung von gesicherten Rechtspositionen gegen Leistungsträger können Nachteile des Kunden als Folge einer Insolvenz des Reiseveranstalters nie ganz ausgeschlossen werden, deshalb darf eine Vorauszahlung nicht allzu lange Zeit vor Reiseantritt verlangt werden,[6] im Regelfall nicht früher als 4 Wochen vor Reiseantritt (zur Höhe Rz R 43). Die Wahrung höchstmöglicher Insolvenzsicherung lässt die Vorauszahlung nach Zugang von Reiseunterlagen, die Rechte gegen die Leistungsträger „verbriefen" (siehe zuvor), als noch sachlich gerechtfertigt erscheinen. Dem Reisekunden kann eine solche Vorauszahlung nach Zugang solcher Unterlagen auch deshalb zugemutet werden, weil er damit seine Ansprüche gegen den Reiseveranstalter und die einzelnen Leistungsträger dokumentarisch nachweisbar erlangt hat. Der Reiseveranstalter, der ohne die Übergabe des Sicherungsscheins (oder der Sicherheitsleistung nach § 651 k V) Anzahlungen vom Kunden entgegennimmt, handelt wettbewerbswidrig.[7] Ein Reisebüro, das entgegen einer in den AGB des Reiseveranstalters vorgesehenen Zahlung Zug-um-Zug gegen Aushändigung der verbrieften Reiserechte, die ihm vom Kunden geleisteten Zahlungen ohne Übergabe von Reiseunterlagen an den Veranstalter weiterleitet, haftet dem Kunden für daraus entstehende Schäden (§ 280 I).[8] Unwirksam ist eine Klausel, die undifferenziert die Zahlung des vollen Reisepreises bei Aushändigung oder Zugang von Reiseunter-

---

[1] Zu großzügig nunmehr BGH NJW 2006, 3134, 3135 mit abl. Anm. *Staudinger* und *Hubert Schmidt* LMK 2006, 197102.

[2] Kritisch zu diesem Ansatz MünchKomm/*Tonner* § 651 a Rz 77; *Staudinger/Jörn Eckert* § 651 a Rz 132.

[3] Vgl. dazu Art. 2 lit. f VO (EG) Nr. 261/2004 v. 11. 2. 2004, ABl. EG 2004, Nr. L 46, 1.

[4] So auch *Führich* Reiserecht, Rz 581.

[5] BGHZ 100, 157, 171 = NJW 1987, 1931.

[6] S. *Grunewald* Anm. zu BGH LM H.3/1993 § 9 (Bl) AGBG Nr. 10; die Reise-AGB 2006 überlassen in Nr. 2.1 die Bestimmung von Zeitpunkt und Höhe der Auszahlung dem jeweiligen Verwender.

[7] BGH NJW 2000, 1639, 1641.

[8] LG Traunstein BB 1993, 1973; s. auch LG Göttingen NJW-RR 1990, 1397.

lagen irgendwelcher Art vorsieht.[1] Unwirksam ist auch die Klausel, wonach die Reiseunterlagen umgehend nach Eingang der Restzahlung übersandt werden.[2] Dies gilt auch für Direktbuchungen beim Reiseveranstalter. Diesem kann die Übersendung von „berechtigenden" Reiseunterlagen als Vorleistung eher zugemutet werden als dem Reisenden eine Vorauszahlung, weil er bei Nichtzahlung des Reisenden über den Leistungsträger immer noch die Erbringung der Reiseleistung sperren lassen kann.[3]

R 43 **b) Anzahlungen bei oder nach Vertragsschluss** können nach § 651 k IV nur noch gefordert oder angenommen werden, wenn dem Reisenden der Sicherungsschein ausgehändigt worden ist. In der vom 1. 11. 1994 bis 31. 12. 1996 geltenden Fassung waren Anzahlungen bis 10 % des Reisepreises, höchstens jedoch 500 DM noch ohne Sicherungsschein zulässig. Diese Regelung entsprach jedoch nicht den Vorgaben der Pauschalreise-Richtlinie.[4] Nach der seit dem 1. 1. 1997 geltenden Fassung ist auch für die Anzahlung ein Sicherungsschein auszuhändigen. Das bedeutet aber nicht, dass der Veranstalter bei Aushändigung des Sicherungsscheins uneingeschränkt Vorauszahlungen verlangen darf. Vielmehr darf nach wie vor das Zug-um-Zug-Prinzip bei der Angemessenheitskontrolle nicht aus den Augen verloren werden. Die Übergabe des Sicherungsscheins stellt lediglich eine conditio sine qua non dar, um vom Reisenden Vorauszahlungen verlangen zu können. Die Anzahlung darf dabei, um dem Gedanken der Vorleistungspflicht und dem Zug-um-Zug-Gedanken Rechnung zu tragen, 10 % des Reisepreises im Allgemeinen nicht übersteigen.[5]

R 44 **c) Anzahlungen vor Vertragsschluss,** insbesondere bei Anmeldung, können nicht aufgrund der ARB vom Kunden verlangt werden, da ein Reisevertrag noch nicht besteht und der Reiseveranstalter deshalb auch noch keine Ansprüche gegen den Kunden haben kann.[6] Eine Klausel, die eine Anzahlung bei Anmeldung vorsieht, ist deshalb nach § 307 II Nr. 1 unwirksam.[7]

2. Preisänderungen

R 45 **a)** Auch hinsichtlich der **Preisänderungsvorbehalte**[8] der Reiseveranstalter haben sich im Zuge der Umsetzung der PauschalreiseRL Änderungen im deutschen Recht ergeben. So wurden in § 651 a die Absätze 3 und 4 eingefügt, die nach Einfügung des jetzigen Abs. 3 durch das Schuldrechtsmodernisierungsgesetz nunmehr Abs. 4 und 5 geworden sind. Flankiert werden diese Vorschriften durch § 4 I 1 sowie 2 und 3 BGB-InfoV, wonach auch im Prospekt enthaltene Preisangaben bindend sind, der Verwender allerdings von den Prospektpreisangaben abweichen kann, wenn er im Prospekt einen Änderungsvorbehalt erklärt hat. Gemäß § 6 II Nr. 4 BGB-InfoV müssen die Angaben zu Preisänderungsvorbehalten grundsätzlich auch

---

[1] BGHZ 100, 157 = NJW 1987, 1931; *Löwe/Zoller* BB 1985, 2014.

[2] BGH NJW 1993, 263 = LM H.3/1993 § 9 (Bi) AGBG Nr. 10 m. Anm. *Grunewald.*

[3] So zu Recht *Grunewald* LM H.3/1993 § 9 (Bi) AGBG Nr. 10.

[4] EuGH NJW 1996, 3141, 3144 *Dillenkofer.*

[5] S. auch BGHZ 100, 157, 167, 169 = NJW 1987, 1931; BGH NJW 1992, 3158, 3163; großzügiger *Staudinger/Jörn Eckert* § 651 a Rz 135: 20 % als Obergrenze unter Verweis auf die Praxis „in den meisten EU-Staaten"; ebenfalls 20 % hält für angemessen OLG Köln NJW-RR 2005, 992, 993 und die dazu ergangene Revisionsentscheidung BGH NJW 2006, 3134, 3135 mit abl. Anm. *Staudinger* und *Hubert Schmidt* LMK 2006, 197102.

[6] BGH NJW 1992, 3158, 3163.

[7] KG NJW 1985, 151; OLG Hamburg NJW 1985, 3030; *Teichmann* JZ 1985, 314, 321; *Staudinger/Jörn Eckert* § 651 a Rz 136.

[8] Zu einseitigen Leistungsänderungen s.u. Rz R 52.

in der Reisebestätigung enthalten sein. Aus diesen Regelungen ergibt sich für die Beurteilung der Zulässigkeit von Preisänderungen ein zweigeteiltes Zeittableau, nämlich der Zeitraum zwischen dem Erscheinen des Prospektes und dem Vertragsabschluss zwischen Veranstalter und Kunden[1] sowie dem daran anschließenden Zeitraum bis zur Durchführung der Reise. In beiden Zeiträumen gilt zunächst, dass nur solche Änderungen an den Kunden weiterberechnet werden können, die weder dem Reiseveranstalter positiv bekannt noch konkret voraussehbar waren.[2] Preisänderungen vor dem Abschluss des Reisevertrages sind zulässig nach den Vorschriften der BGB-InfoV; Prüfungsmaßstab ist nicht § 651 a IV und V. Der Veranstalter ist also nicht auf die nur begrenzten Preisänderungsmöglichkeiten hinsichtlich der im Gesetz genannten Kostenfaktoren verwiesen, ebenso nicht an die im Gesetz genannten Modalitäten gebunden. Ausreichend, aber auch erforderlich ist, dass im Prospekt für konkrete Merkmale[3], also etwa für den Reisepreis, ein Änderungsvorbehalt enthalten ist und von ihm vor Vertragsabschluss Gebrauch gemacht wird. Nach dem Abschluss des Reisevertrages gilt, dass der Veranstalter den Preis nur erhöhen kann, wenn dies bereits im Vertrag mit genauen Angaben zur Neuberechnung vorgesehen ist. Eine Erhöhung ist auch nur aus den gesetzlich bestimmten Gründen möglich:[4] eine Erhöhung der Beförderungskosten, zu denen nach Art. 4 Abs. 4 a PauschalreiseRL auch die Treibstoffkosten zählen, eine Erhöhung bestimmter Abgaben wie Flughafen- oder Hafengebühren, wobei die einem Erhöhungsvorbehalt unterliegenden Gebühren in der Klausel konkret benannt sein müssen,[5] und bei Wechselkursänderungen. Unwirksam ist eine Preisänderung, die ab dem 20. Tag vor Abreise verlangt wird (§ 651 a IV 2), d. h. sie muss dem Reisenden spätestens am 21. Tag vor der Abreise zugehen.[6] Des Weiteren sind Preisänderungsvorbehalte nur wirksam, wenn die Vertragsleistung erst 4 Monate nach Vertragsschluss erbracht werden soll.[7] Eine Klausel, die dieses Zeitlimit unterschreitet, ist unwirksam.[8] Erhöht sich der Reisepreis um mehr als 5 %, ist der Reisende zum Rücktritt vom Vertrag berechtigt, oder er kann die Teilnahme an einer anderen gleichwertigen Reise verlangen, wenn der Veranstalter ihm eine solche anbieten kann (§ 651 a V 2 und 3).[9] Ebenso muss der Reisende gegenüber dem Veranstalter seine Rechte unverzüglich nach Empfang der Erklärung geltend machen (§ 651 a V 4). Klauseln, die einseitige Preisänderungsrechte des Verwenders stipulieren, unterliegen sowohl der Kontrolle nach § 651 a IV und V als auch, wie andere reisevertragliche AGB nach den Vorschriften der §§ 305 ff., insbesondere den §§ 307 ff.[10] Dieser Kontrolle haben die sog. „Kerosinpreisklauseln" nicht standgehalten.[11]

b) Die Reiserichtlinie spricht ausdrücklich die Möglichkeit der Preiserhöhung im Zusammenhang mit derjenigen einer Preissenkung an. So handelt sowohl die 14. Begründungserwägung als auch der Text in Art. 4 IV lit. a davon, dass die „Möglichkeit einer Preiserhöhung oder -senkung" im Vertrag ausdrücklich vorge- **R 46**

---

[1] *Führich* NJW 2000, 3672, 3675 f.; *Staudinger/Jörn Eckert* § 651 a Rz 147.

[2] *Staudinger/Jörn Eckert* a.a.O.

[3] BT-Drs. 12/5354, S. 17; *Palandt/Sprau* § 4 BGB-InfoV Rz 3; *Führich* NJW 2000, 3672, 3673.

[4] OLG Köln NJW-RR 2000, 1509, 1511.

[5] MünchKomm/*Tonner* § 651 a Rz 98.

[6] OLG Köln NJW-RR 2000, 1509, 1511; LG Köln NJW-RR 2002, 703.

[7] § 309 Nr. 1 Rz 60 ff.

[8] OLG Frankfurt NJW 1982, 2198.

[9] Zur alten Rechtslage OLG Frankfurt NJW 1982, 2198, 2199.

[10] BGH NJW 2003, 507, 508 (Kerosinzuschlag I), ebenso OLG Düsseldorf NJW 2002, 447; a.A. LG Düsseldorf NJW 2001, 834.

[11] BGH NJW 2003, 507 und 746 mit Anm. *Schmid* NJW 2003, 947; *Führich* RRa 2003, 4; *Kappus* LMK 2003, 17; zuvor schon zur Frage der Zulässigkeit von Preiserhöhungen aufgrund von Treibstoffkostenerhöhungen *ders.* NJW 2000, 1301; *Führich* NJW 2000, 3672.

sehen sein müsse.[1] Nach der Umsetzung in bundesdeutsches Recht ist die Komponente der Preissenkung auf der Strecke geblieben, so dass der Streit darüber nicht lange auf sich warten lassen konnte, ob denn eine die Preiserhöhung ermöglichende Klausel nur kontrollfest sei, wenn sie korrespondierende Preissenkungen ebenfalls vorsehe.[2] Die Befürworter einer strengen Linie haben immerhin Entstehungsgeschichte und Wortlaut der Reiserichtlinie auf ihrer Seite.[3] Ob sie auch den Zweck der Reiserichtlinie auf ihrer Seite haben, erscheint fraglich. Ersichtlich ging es in der Zielsetzung um Verbraucherschutz in dem Sinn, dass der Reisende vor Überraschungen beim Reisepreis geschützt sein sollte. Der einmal vereinbarte und von ihm akzeptierte Reisepreis, unter Berücksichtigung dessen er sein (nicht selten knappes) Urlaubsbudget kalkuliert hatte, sollte verlässlich sein. Es hieße den Verbraucherschutz zu überziehen, jenseits der Verlässlichkeit des Reisepreises einen Anspruch zu installieren, dass der Reisende einen Teil des Reisepreises zurückerstattet erhält, wenn der Veranstalter sein kaufmännisches Geschick zu einer Reduzierung seiner Einstandspreise nutzt. In vielen Fällen würde das Postulat korrespondierender Preissenkungsklauseln leerlaufen, da es der Veranstalter durch Absprachen mit seinem Anbieter in der Hand hätte, die Preissenkung später eintreten zu lassen (etwa im Zeitpunkt der nächsten Prospektveröffentlichung), um sie dann an die Neukunden weiterzugeben – oder zur Gewinnsteigerung soweit einzustreichen, wie dies die Konkurrenzsituation erlaubt. Gewonnen wäre dann für den Reisenden wenig. Die Konditionenempfehlung der Reise-AGB enthält keine Klausel zur Preiserhöhung (vgl. dazu Nr. 4).

IV. Pflichten des Reiseveranstalters

1. Inhalt und Umfang der Pflichten

R 47 **a)** Der Reiseveranstalter hat die Reise gemäß den im **Prospekt**[4], in der **Reisebeschreibung** und der **Reisebestätigung** versprochenen Einzelleistungen wie Beförderung, Unterkunft, Verpflegung, Unterhaltung u. a. zu erbringen (s. im Einzelnen Rz R 48 ff.). Die Bindung an die Prospektangaben entspricht Art. 3 II EG-Richtlinie über Pauschalreisen (s. Rz R 31) und ist im deutschen Recht jetzt in § 4 BGB-InfoV statuiert. Gemäß § 651 c I ist der Veranstalter verpflichtet, die Reise so zu erbringen, dass sie die zugesicherten Eigenschaften hat und nicht mit Fehlern behaftet ist. Maßgebend ist der für die jeweilige Saison herausgegebene Prospekt.[5] Dies gilt auch bei einer Vorausbuchung vor Erscheinen des Prospekts.[6] Die Reisebeschreibung und Prospektangaben unterliegen als Leistungsbeschreibungen jedoch grundsätzlich nicht der Kontrolle nach §§ 307–309.[7] Jedoch gelten die allgemeinen Grundsätze der Auslegung,[8] insbesondere auch § 305 c II.

---

[1] Gleichsinnig die englische („possibility of upward or downward revision"), französische („possibilité d'une révision, tant à la hausse qu'à la baisse") und die italienische („possibilità di una revisione sia al rialzo che al ribasso") Textfassung der Richtlinie.

[2] Bejahend: *Führich* NJW 2000, 3672, 3674; *Kappus* in: *von Westphalen* Vertragsrecht und AGB-Klauselwerke, AGB-Reisebedingungen, Rz 39; MünchKomm/*Tonner* § 651 a Rz 103; verneinend: *Bamberger/Roth/Geib* § 651 a Rz 41; *Staudinger/Jörn Eckert* § 651 a Rz 152; *Palandt/Sprau* § 651 a Rz 16; OLG Düsseldorf NJW 2002, 447, 448; OLG Frankfurt RRa 2002, 177.

[3] Siehe dazu ausführlich *Tonner* in: *Grabitz/Hilf/Wolf* II A 12 Art. 4 Rz 27.

[4] BGH NJW 2000, 1188 f.

[5] LG Frankfurt NJW-RR 1988, 635.

[6] LG Frankfurt NJW-RR 1987, 747.

[7] S. § 307 Rz 292 ff.

[8] S. auch LG Frankfurt NJW-RR 1986, 1173.

b) Zur Hauptpflicht des Reiseveranstalter zählen Planung und Durchführung der Reise im Sinne eines Gesamterfolgs.[1] Dazu gehört auch Hilfe, wenn der Reisende bezüglich der Beförderung in Schwierigkeiten kommt, z. B. weil er die Flugtickets vergessen oder verloren hat.[2] Der Reisende darf erwarten, dass der Reiseveranstalter alles zur Vorbereitung und Durchführung der Reise Erforderliche unternimmt, oder, soweit Handlungen und Vorbereitungen des Reisenden erforderlich sind, diesen darauf hinweist. Die Hinweispflicht ist Hauptpflicht.[3] Die Informationspflichten des Veranstalters sind in der BGB-InfoV geregelt. § 4 BGB-InfoV verlangt, dass die Prospektangaben deutlich lesbare, klare und genaue Angaben über den Reisepreis, die Höhe der zu leistenden Anzahlung, die Fälligkeit des Restbetrags und, soweit für die Reise von Bedeutung, über Bestimmungsort, Transportmittel, Unterbringung, Mahlzeiten, Reiseroute, Pass- und Visumerfordernisse für Angehörige des Mitgliedstaates, in dem die Reise angeboten wird, gesundheitspolizeiliche Formalitäten und Mindestteilnehmerzahl enthalten. Da § 4 BGB- InfoV zwar regelt, welche Angaben ein dem Reisenden zur Verfügung gestellter Katalog enthalten muss, jedoch nicht zwingend vorschreibt, dass ein solcher Katalog überhaupt zur Verfügung gestellt wird, regelt § 5 Info, worüber der Reisende in jedem Fall vor Vertragsschluss zu unterrichten ist. Pass- und Visumerfordernisse für Angehörige des Mitgliedstaates, in dem die Reise angeboten wird und die gesundheitspolizeilichen Vorschriften. Relevant ist § 5 InfoV vor allem auch, wenn diese Bestimmungen sich nach Drucklegung des Kataloges geändert haben. § 8 BGB- InfoV regelt schließlich, welche weiteren Angaben noch vor Reisebeginn gemacht werden müssen. Auf spezielle Einreise- oder Durchreisebestimmungen für ausländische Staatsangehörige braucht nur hingewiesen zu werden, wenn Anhaltspunkte dafür bestehen.[4] **R 48**

2. Regelungen über Leistungspflichten in ARB

a) Leistungspflichten. Ziel und Ausgestaltung der Reise werden regelmäßig durch Prospektangaben, die Reisebeschreibung sowie die Reisebestätigung festgelegt (Rz R 47), die nach §§ 133, 157 auszulegen sind.[5] Daneben sind für den Leistungsinhalt die Erwartungen maßgebend, die der Kunde nach den typischen Umständen berechtigterweise hegen darf. Je nach Art, Umfang und Zielort der Reise kann er berechtigterweise das Vorhandensein einer örtlichen Reiseleitung erwarten, insbesondere bei Urlaubsreisen ins Ausland.[6] Wird eine örtliche Reiseleitung angeboten, so ist sie Teil der geschuldeten Reiseleistung;[7] dazu gehört die Sorge, dass die örtliche Reiseleitung zur Abhilfe bei Reisemängeln mit zumutbarem Aufwand zur Verfügung steht.[8] Gemäß § 8 I Nr. 3 BGB-InfoV sind dem Reisenden noch rechtzeitig vor Beginn der Reise Namen, Anschrift und Telefonnummer der örtlichen Reiseleitung bzw. eine Notrufnummer oder sonstige Angaben mitzuteilen, die es ihm ermöglichen, mit dem Veranstalter Verbindung aufzunehmen. **R 49**

Bei Auslandsreisen dürfen nicht generell inländische Maßstäbe zu Grunde gelegt werden. Die vom inländischen Standard abweichenden Verhältnisse müssen jedoch **R 50**

---

[1] BGHZ 85, 50, 58; BGH NJW 1985, 1165.
[2] LG Frankfurt NJW-RR 1988, 244.
[3] BGH NJW 1985, 1165 m. w. N.; a. A. *Tempel* NJW 1996, 1625, 1626.
[4] AG Stuttgart NJW-RR 1986, 142; auch *Soergel/Stein* § 9 Rz 102.
[5] S. LG Frankfurt NJW-RR 1991, 316.
[6] Vgl. auch BGH NJW 1989, 2750, 2752.
[7] BGH NJW 1989, 2750, 2752.
[8] BGH NJW 1989, 2750, 2752.

so konkret beschrieben werden, dass sich der durchschnittliche, nicht gerade auslandserfahrene Kunde eine hinreichend bestimmte Vorstellung von den Leistungsinhalten machen kann.[1] Der bloße Hinweis auf die Landesüblichkeit genügt nicht.[2] Bei **Nebenabreden,** die den Umfang der vertraglichen Leistung verändern und einer ausdrücklichen Bestätigung bedürfen, richtet sich die Wirksamkeit dieser Bestätigungsklausel hinsichtlich der damit verbundenen Beschränkung der Vertretungsmacht nach denselben Grundsätzen, die auch für die qualifizierte Schriftformklausel gelten. Eine solche Bestätigungsklausel kann deshalb nur insoweit Wirkung entfalten, als sie mit den gesetzlichen Vorschriften über die Vollmacht und Vertretungsmacht vereinbar ist. Sofern sie generelle Geltung beansprucht, auch soweit die Voraussetzungen der Duldungs- und Anscheinsvollmacht vorliegen, kann sie wegen Verstoßes gegen § 307 beanstandet werden. Zu Angaben des Reisebüros s. Rz R 39.

R 51 **b) Ausschluss und Beschränkung von Leistungspflichten.** Die durch den Reisevertrag begründeten Leistungspflichten können, insbesondere soweit sie Hauptpflichten sind, durch ARB grundsätzlich nicht ausgeschlossen oder wesentlich beschränkt werden. Darin liegt regelmäßig ein Verstoß gegen § 307 II Nr. 1 oder Nr. 2. Der Wegfall des Beförderungsanspruchs durch eine Luftfahrtgesellschaft bei verspätetem Erscheinen des Reisenden zur Abfertigung kann aber vorgesehen werden.[3] Ein Verstoß gegen § 307 II Nr. 2 liegt vor, wenn die in der Reisebeschreibung angegebenen Leistungen auf das Maß der Landesüblichkeit reduziert werden.[4] Nach § 307 unwirksam ist es auch, wenn ein Reiseteilnehmer seine Ansprüche nicht selbst, sondern nur durch den Anmelder geltend machen kann, weil dadurch eine Behinderung der Rechtsdurchsetzung bewirkt wird und zugleich wegen der kurzen Verjährungsfrist des § 651 g I ein Rechtsverlust droht.[5]

R 52 **c) Einseitige Leistungsänderung.** Eine Klausel, die Änderungen und Abweichungen bei einzelnen Reiseleistungen erlaubt, wenn diese nach Vertragsschluss notwendig werden, wenn sie vom Reiseveranstalter nicht wider Treu und Glauben herbeigeführt wurden, wenn sie nicht erheblich sind und den Gesamtzuschnitt der gebuchten Reise nicht beeinträchtigen (vgl. Nr. 3.1 Reise-AGB), ist auf Veränderungen wegen berechtigter Interessen begrenzt. Sie erlaubt keine grundlegenden Änderungen, etwa eine wesentliche Verschiebung der Reisezeit[6] oder qualitätsmäßige oder wesentliche örtliche Veränderungen der Unterkunft,[7] und wahrt damit das vereinbarte Äquivalenzverhältnis. Sie ist deshalb sowohl mit § 308 Nr. 4 als auch mit § 309 Nr. 1 und § 307 vereinbar. Die Änderungsklausel kann jedoch keine Abweichung von Individualvereinbarungen gestatten, da insoweit § 305 b missachtet würde.[8] Das einseitige Leistungsänderungsrecht in ARB ist nicht immer ausdrücklich auf den Reiseveranstalter begrenzt, wird aber regelmäßig nur von diesem in Anspruch genommen. Wird eine Reise von vornherein mit unbestimmter Unterkunft gebucht, die aber bei Ankunft am Reiseziel zu bestimmen ist, so ist diese

---

1 S. BGH ZIP 1987, 640, 647.

2 BGH ZIP 1987, 640, 647; *Teichmann* JZ 1987, 751, 753.

3 OLG Düsseldorf NJW-RR 1993, 823; vgl. auch AG Neuwied RRa 2003, 130.

4 BGH NJW 1987, 1931; OLG Frankfurt NJW 1986, 1618, 1620; auch *Soergel/Stein* § 9 Rz 102; a. A. *Dylla-Krebs* Schranken der Inhaltskontrolle Allgemeiner Geschäftsbedingungen, Diss. 1990, S. 275, die die Landesüblichkeitsklausel als leistungsbestimmende Klausel als nach § 307 III kontrollfrei ansieht; s. auch § 307 Rz 292 ff.

5 BGH NJW 1989, 2750, 2751.

6 Siehe dazu auch *Schmid* NJW 2005, 1168, 1170.

7 S. auch LG Frankfurt NJW 1983, 233.

8 BGHZ 82, 219, 226.

Bestimmung für die ganze Urlaubsdauer maßgebend.[1] Gleiches gilt für die Art und Weise der Beförderung. Ist z. B. nur Flug ohne konkretere Angaben vereinbart, so kann im Rahmen des Zumutbaren eine Bestimmung von Flugzeit, Fluggerät und Fluggesellschaft durch den Reiseveranstalter vorgenommen werden. Ist aber die Bestimmung, z. B. durch Versenden der Flugscheine getroffen, so kann eine Änderung nur unter den Voraussetzungen von § 308 Nr. 4 vorgenommen werden, wobei die Gründe konkret anzugeben sind.[2] Eine Änderung der fest angegebenen Flugzeit ohne vorherige Benachrichtigung des Reisenden kann nicht vorgesehen werden.[3] Eine Klausel, die Änderungen im Flug aus wichtigem Grund zulässt, soweit dies für den Reisenden zumutbar ist, ist wegen Unbestimmtheit unwirksam.[4] Dass der Reiseveranstalter vor Vertragsschluss von den Prospektangaben abweichen darf, wenn er sich dies im Prospekt vorbehalten hat, ist durch § 4 I 3 AGB-InfoV geregelt. Die Rechtsfolgen einer zulässigen Leistungsänderung bestimmt nun § 651 a IV. Der Reisende kann bei einer erheblichen Änderung einer wesentlichen Reiseleistung vom Vertrag zurücktreten oder die Teilnahme an einer anderen mindestens gleichwertigen Reise verlangen, sofern der Veranstalter ihm eine solche ohne Mehrpreis anbieten kann.

d) Umbuchungen sind Änderungen des Reisetermins, des Reiseziels, des Ortes des Reiseantritts, der Unterkunft oder der Beförderungsart, soweit diese Änderungen nach Buchung einer Reise noch innerhalb des zeitlichen Geltungsbereichs der Reiseausschreibung vorgenommen werden. Für Umbuchungen des Kunden ist im Regelfall ein Umbuchungsentgelt vorgesehen, das bei Umbuchungen bis zu einem bestimmten Tag vor Reiseantritt zu zahlen ist. Ein Umbuchungsentgelt kann wegen des damit verbundenen Verwaltungsaufwands verlangt werden, muss sich aber durch diesen sowohl dem Grunde wie der Höhe nach rechtfertigen lassen. Soweit es in ARB festgelegt wird, muss es sich sinngemäß an die Grenzen von § 308 Nr. 7 b halten, der, wenn man ihn nicht unmittelbar anwenden will, jedenfalls im Rahmen von § 307 zu berücksichtigen ist. Ordnet eine Klausel eine Umbuchung als Rücktritt mit nachfolgender Neuanmeldung ein, so stellt dies eine Erklärungsfiktion dar, da dabei nicht auf die wirkliche Erklärung des Kunden Rücksicht genommen wird, sondern der Rücktritt ohne Rücksicht auf den wirklichen Willen als ausgesprochen gilt. Diese Erklärungsfiktion ist nach § 308 Nr. 5 unwirksam.[5] Ebenfalls unwirksam ist eine Klausel, wonach für Umbuchungen die Stornierungsbedingungen gelten sollen.[6] Die Fassung der Reise-AGB 2006 enthält in Nr. 6.2 keine Erklärungsfiktion der Umbuchung als Rücktritt, sondern verweist den Reisenden bei Verstreichenlassen der für Umbuchungswünsche vorgesehenen Fristen auf den Weg des Rücktritts (unter Verweis auf die Stornogebührenpflichtigkeit), verbunden mit einem neuen Antrag, den der Reiseveranstalter dann vorbehaltlich vorhandener Kapazität annehmen kann. Das ist nicht zu beanstanden.[7] Eine Ausnahme soll gelten, wenn die Umbuchung nur geringfügige Kosten verursacht. Dann soll **R 53**

---

[1] S. LG Frankfurt NJW 1985, 143: Fortuna-Buchung; zu Fortuna-Reisen allgemein siehe *Kaller* Reiserecht, Rz 75.

[2] S. auch *Uibel* NJW 1986, 296, 298.

[3] S. auch LG Frankfurt NJW-RR 1989, 48; a. A. LG München NJW-RR 1990, 316; vgl. auch Art. 5 f. VO (EG) Nr. 261/2004 v. 11. 2. 2004, ABl. EG 2004, Nr. L 46, 1.

[4] S. OLG Hamburg NJW-RR 1986, 1440; zum Wechsel der Fluggesellschaft ausführlich *Schmid* NJW 1996, 1636, 1641 f.

[5] BGH NJW 1992, 3158, 3161; OLG Frankfurt NJW 1982, 2198, 2199; OLG Hamburg NJW 1985, 3030; s. auch LG München AGBE II § 10 Nr. 54 und 55; ebenso *Ulmer/Harry Schmidt* Anh. § 310 Rz 670.

[6] S. BGH NJW 1992, 3158, 3162.

[7] Ebenso *Kappus* in: *von Westphalen* Vertragsrecht und AGB-Klauselwerke, Reiserecht, Rz 80.

wohl ein Anspruch auf die Umbuchung bestehen, wobei dann konsequent auch keine Stornopauschale verlangt werden kann und die „geringfügigen" Kosten nicht pauschaliert sind. Wenig griffig ist der Begriff der geringfügigen Kosten, weil nicht klar ist, ob damit ein absoluter Wert oder ein relativer gemeint ist.

V. Rücktrittsrechte

1. Rücktritt des Kunden und Rücktrittspauschale

R 54 **a) Rücktritt.** Soweit in Übereinstimmung mit § 651 i I dem Kunden ein Rücktrittsrecht eingeräumt wird, gilt § 307 III. Dem Kunden steht daneben das Kündigungsrecht aus § 651 j wegen höherer Gewalt zu, das auch vor Antritt der Reise ausgeübt werden kann.[1] Dass für den Rücktritt der Zugang maßgeblich ist, stimmt mit § 130 I überein. Nach § 307 unwirksam ist jedoch eine Klausel, die vorsieht, dass trotz Buchung einer Reise im Reisebüro der Rücktritt erst mit Zugang beim Veranstalter wirkt und damit der Zugang beim Reisebüro nicht genügt.[2] Wird für den Rücktritt Schriftform in ARB vorgeschrieben, so ist dies zwar nach § 309 Nr. 13 nicht zu beanstanden; umstritten ist jedoch, ob solche die Schriftform als Wirksamkeitserfordernis postulierende Klauseln[3] gegen § 651 m und § 651 i I verstoßen.[4] Da das Gesetz in § 651 i kein Formerfordernis aufstellt, bleibt es nach den allgemeinen Vorschriften dabei, dass die Rücktrittserklärung als einseitige empfangsbedürftige Willenserklärung anzusehen ist, die formfrei abgegeben werden kann.[5] Damit erschweren Klauseln, die die Wirksamkeit des Rücktritts an eine Form binden, die Ausübung des Rücktrittsrechts und stellen eine dem Reisenden nachteilige Abweichung von § 651 i dar, die nach § 651 m nicht zulässig ist.[6]

R 55 **b) Rücktrittspauschale.** Nach § 651 i II 1 hat der Rücktritt zur Rechtsfolge, dass der Veranstalter seinen Anspruch auf den Reisepreis verliert; an dessen Stelle tritt nach Satz 2 ein Entschädigungsanspruch, der sich nach dem Reisepreis unter Abzug des Wertes der vom Veranstalter ersparten Aufwendungen sowie auch unter Abzug dessen errechnet, was der Veranstalter durch anderweitige Verwendung der Reiseleistungen erwerben kann (also, in weiterer Abweichung von dem den Werklohnanspruch bestehen lassenden § 649, nicht nur dessen, was der Unternehmer böswillig zu erwerben unterlässt). § 651 i III räumt die Möglichkeit der Pauschalierung nach Vomhundertsätzen unter Berücksichtigung der Parameter des Absatzes 2 ein. Hier wie stets ist Voraussetzung für die Geltendmachung der Pauschale durch den Veranstalter, dass die ARB wirksam in den Vertrag einbezogen wurden; scheiterte dies, kann der Veranstalter seine Entschädigung nur konkret nach § 651 i II berechnen,[7] und der Veranstalter kann auch keine Pauschale nach „branchenüblichen" Sätzen reklamieren.[8] Nach welchen Maßstäben die Prüfung der Wirksamkeit von Pauschale-Klauseln zu erfolgen hat, ist umstritten. Einerseits wird angenommen,

---

1 S. BGH NJW 1990, 572.

2 OLG München NJW-RR 1987, 493.

3 Die Reise-AGB des DRV beschränken sich in Ziff. 5.1. ausdrücklich auf eine Empfehlung an den Kunden, den Rücktritt schriftlich zu erklären; dazu *Kappus* in: *von Westphalen* Vertragsrecht und AGB-Klauselwerke, Reisebedingungen, Rz 66.

4 Verstoß bejahend *Staudinger/Jörn Eckert* § 651 i Rz 17; MünchKomm/*Tonner* § 651 i Rz 9 je m.w. N.; die Klausel als (nach § 309 Nr. 16 – gemeint ist Nr. 13) wirksam ansehend *Kappus* ebd (vorige FN).

5 Allgemein zur Rücktrittserklärung *Bamberger/Roth/Grothe* § 349 Rz 1.

6 Anders noch die Vorauflage Rz R 71.

7 BGH NJW-RR 1990, 114, 115.

8 LG Düsseldorf NJW 2003, 3062, 3063.

die Regelungen in § 651 i II, III seien abschließender Natur,[1] andererseits werden die Regelungen zur Klauselkontrolle durchgängig angewendet,[2] vermittelnd wird zwischen einzelnen Normen aus den Klauselkatalogen der §§ 308, 309 unterschieden.[3] Es spricht an dieser Stelle nichts dafür, anders zu entscheiden als bei den übrigen Vorschriften des Reiserechts (s. Rz R 33), denn auch § 651 i II, III erscheinen schon von ihrem Wortlaut her nicht als abschließende Regelung. Auch hier gilt, dass die Vorschriften des Reisevertragsrechts nicht nur ausgehandelte Vertragsbedingungen vor Augen haben, sondern eben auch AGB, deren Kontrolle nach den Vorschriften der §§ 305 ff. vorgesehen ist. Hätte der Gesetzgeber die §§ 651 a ff. nicht nur als halbzwingende, sondern auch als abschließende Vorschriften gedacht, hätte er das deutlich machen müssen. Der Ersatzanspruch und dessen Pauschalierung sind damit nur insoweit wirksam, als sie neben § 651 i II, III auch den §§ 307 ff., insbesondere §§ 308 Nr. 7, 309 Nr. 5 standhalten (s. Rz R 60).

Sehen ARB vor, dass im Falle des Rücktritts oder bei Nichtantritt der Reise der Reiseveranstalter angemessenen Ersatz für die getroffenen Reisevorkehrungen und für seine Aufwendungen verlangen kann, so ist die Gleichstellung des Nichtantritts der Reise mit dem Rücktritt nicht zu beanstanden, da sich für den Reiseveranstalter die gleichen Folgen ergeben. Eine Anfechtung wegen Irrtums (§ 119) darf jedoch nicht als Rücktritt bewertet werden.[4] Im Falle der Kündigung nach § 651 j wegen höherer Gewalt dürfen dem Kunden durch die Rücktrittspauschale keine höheren Kosten als die nach § 651 j II auferlegt werden. Für Rücktritt wegen Änderung des Reisepreises (Rz R 45), wegen einer erheblichen Änderung einer wesentlichen Reiseleistung (Rz R 52) oder nach § 323 wegen vom Veranstalter zu vertretender Umstände dürfen dem Reisenden keine Kosten auferlegt werden. **R 56**

Die Vereinbarkeit mit § 651 i setzt voraus, dass der Ersatzanspruch und seine Pauschalierung sich an dem Reisepreis unter Berücksichtigung der gewöhnlich ersparten Aufwendungen und des durch anderweitige Verwendung gewöhnlich möglichen Erwerbs orientieren (§ 651 i III). Sieht eine Klausel in ARB stattdessen vor, dass der Ersatzanspruch durch die getroffenen Reisevorkehrungen und die tatsächlichen Aufwendungen bestimmt wird, so kann eine solche Berechnungsart nach § 651 m nur dann wirksam vereinbart werden, wenn sie für den Reisenden nicht nachteiliger ist als die in § 651 i vorgeschriebene Berechnungsart. Nicht erforderlich ist, dass die Pauschalierung in den ARB auf der in § 651 i II, III vorgesehenen Berechnungsweise aufbaut,[5] sofern sie nur nicht nachteiliger ist als diese Berechnungsweise, was freilich der Klauselverwender darzulegen und nachzuweisen hat. Sofern eine von § 651 i abweichende Berechnungsart die Möglichkeit eines höheren Ersatzanspruchs eröffnet, ist dies nach § 651 m und nach § 307 unwirksam. Auch die Schadenspauschale nach § 309 Nr. 5 a ermöglicht mit dem gewöhnlichen Schaden regelmäßig einen höheren Anspruch und muss deshalb hinter § 651 i II, III zurücktreten.[6] Durch ARB kann ein Wahlrecht zwischen der konkreten Berechnung nach § 651 i II und der abstrakten Berechnung nach § 651 i III vorgesehen **R 57**

---

[1] *Staudinger/Jörn Eckert* § 651 i Rz 26, 51.

[2] H. M. in Rechtsprechung und Literatur: BGH NJW 1985, 633, 634; BGH NJW-RR 1990, 114, 115; OLG Köln NJW-RR 2000, 1509, 1511; OLG Nürnberg NJW 1999, 3128; *Kappus* in: *von Westphalen* Vertragsrecht und AGB-Klauselwerke, Reisebedingungen, Rz 70; MünchKomm/*Tonner* § 651 i Rz 21 f. *Ulmer/Harry Schmidt* Anh. § 310 Rz 669.

[3] *Bamberger/Roth/Geib* § 651 i Rz 12: § 309 Nr. 5 b anwendbar, Nr. 5 a und § 308 Nr. 7 nicht; *Erman/H. H. Seiler* § 651 i Rz 8: Grundsätzlich Kontrolle nach §§ 307 ff., regelmäßig jedoch nicht nach § 309 Nr. 5 b.

[4] LG Frankfurt NJW-RR 1989, 308.

[5] So aber offenbar OLG Frankfurt NJW 1982, 2198, 2199.

[6] *Ulmer/Harry Schmidt* Anh. § 310 Rz 669.

werden.[1] Eine Vermischung beider Berechnungsmethoden zum Nachteil des Reisenden ist jedoch unwirksam.[2] Eine Klausel, wonach angefallene Telefongebühren und sonstige Kosten gesondert berechnet werden, ist unwirksam.[3] Grundsätzlich zulässig ist die Pauschalierung an sich und die Staffelung der Höhe in Abhängigkeit von dem Rücktrittstermin vor Reisebeginn, weil insbesondere die anderweitige Verwertbarkeit abnimmt, je näher der Rücktrittstermin an den Reisetermin heranrückt.[4] Gegen eine Pauschale von 10 % des Reisepreises ist im Allgemeinen nichts einzuwenden,[5] sofern der Gegenbeweis, der auch bei Pauschalierungen von Entschädigungen nach § 651 i gemäß § 309 Nr. 5 b gewährt werden muss,[6] nicht ausgeschlossen ist (s. Rz R 59). Eine allgemeine Stornogebühr von 50 % erscheint zu hoch, ebenso eine Stornogebühr von 80 % bei Rücktritt 30 Tage vor Reisebeginn.[7] Sie ist unwirksam, wenn ihre Vereinbarkeit mit § 651 i III nicht konkret dargelegt wird.[8] Je näher der Rücktritt an den Termin des Reiseantritts rückt, kommt die Wirksamkeit auch hoher Stornopauschalen mehr und mehr in Betracht, insbesondere, wenn der Rücktritt nur wenige Tage (bis max. 1 Woche) vor Reisebeginn erfolgt und der Veranstalter darlegen kann, dass insbesondere eine Ersatzbelegung (trotz der Möglichkeit von last-minute-Angeboten) nicht erfolgen konnte. Allzu unkritisch wurde allerdings eine Stornogebühr von 95 % bei einem Rücktritt am Reisetag abgesegnet.[9] Unwirksam ist auch eine Klausel in Busreisebedingungen, die bei einem Rücktritt am Tag des Reiseantritts einen pauschalierten Anspruch von 100 % des Reisepreises festschreibt.[10] Als zulässig wurde eine Staffel angesehen, die bei einer Flugpauschalreise Stornogebühren von 4 % (3 % bei Fernreisen) bei einem Rücktritt bis zum 22. Tag vor Reisebeginn, von 25 % bei einem Rücktritt vom 21. bis zum 15. Tag vor Reisebeginn, von 40 % bei einem Rücktritt vom 14. bis zum 7. Tag vor Reisebeginn und von 50 % bei einem Rücktritt ab dem 6. Tag vor Reisebeginn vorgesehen hat.[11]

R 58 Neben §§ 651 i, l bleibt, soweit die Pauschale Elemente einer Nutzungsvergütung oder eines Aufwendungsersatzes enthält, aber auch § 308 Nr. 7 anwendbar, jedoch mit der Einschränkung, dass die Verwendung der in § 651 i II, III genannten Berechnungsfaktoren nicht die Unangemessenheit nach § 308 Nr. 7 begründen kann. Diese kann sich vielmehr nur daraus ergeben, dass der Reiseveranstalter die vom Reisepreis abzuziehenden Beträge zu niedrig ansetzt. Ist nur die Beförderung als einzige Reiseleistung geschuldet, so müssen die gesetzlichen Grundgedanken der §§ 645, 649 S. 2 beachtet werden.[12] Eine Regelung, die bei Rücktritt von einer Flugreise eine Erstattung von 100 % des Flugpreises ohne Möglichkeit des Gegenbeweises vorsieht, ist deshalb unwirksam.[13] Daran ändert auch der Abschluss einer Reise-Rücktrittskostenversicherung nichts, ebenso wenig die Vorschriften über ABC-Flüge.[14]

---

1 *Führich* Reiserecht, Rz 520.
2 S. auch OLG München NJW-RR 1987, 493, 494.
3 OLG München NJW-RR 1987, 493.
4 S. auch BGH NJW-RR 1990, 114; LG Hannover NJW-RR 1987, 1079.
5 S. auch *Ulmer/Harry Schmidt* Anh. § 310 Rz 669.
6 BGH NJW 1992, 3163 = LM H.2/1993 § 651 a BGB Nr. 7; BGH NJW-RR 1990, 114; MünchKomm/*Tonner,* BGB § 651 i Rz 14.
7 S. BGH NJW-RR 1990, 114.
8 S. auch LG Braunschweig NJW-RR 1986, 144; a. A. LG Frankfurt FVE 4 Nr. 344.
9 LG Nürnberg-Fürth RRa 2004, 168.
10 OLG Nürnberg NJW 1999, 3128.
11 LG Hannover NJW-RR 1987, 1079.
12 BGH NJW 1985, 633.
13 S. § 308 Nr. 7 Rz 29 ff.; § 309 Nr. 5 Rz 60 ff.
14 BGH NJW 1985, 633, 634.

Soweit die Pauschalierung Elemente von Schadensersatz enthält, ist auch § 309 Nr. 5 anzuwenden. Schadensersatzbestandteile sind grundsätzlich auch in der nach § 651 i II, III vorgenommenen Berechnung enthalten.[1] Dies wird insbesondere dann deutlich, wenn vom Reisepreis lediglich die ersparten Aufwendungen abzuziehen sind, weil eine anderweitige Verwertbarkeit der Reiseleistung nicht in Betracht kommt. Eine Vertragsstrafe (§ 309 Nr. 6) ist dagegen regelmäßig nicht gegeben. Da § 651 m für ARB und Individualvereinbarungen gilt, berücksichtigt er nicht das typische Schutzbedürfnis bei Verwendung von ARB. Dieses wird nur von § 309 Nr. 5 gewahrt, der deshalb neben §§ 651 i, m zur Anwendung kommen muss.[2] Insbesondere muss auch der Gegenbeweis nach § 309 Nr. 5 b zugelassen werden.[3] Nach der Änderung des § 309 Nr. 5 b durch die Schuldrechtsnovelle reicht es jedenfalls nicht mehr aus, wenn die Klausel den Gegenbeweis nur nicht ausschließt oder doch zumindest nicht den Eindruck erweckt, dies zu tun, vielmehr muss der Gegenbeweis dem Kunden ausdrücklich eröffnet sein.[4] Die Reise-AGB enthalten in Ziff. 5.4 die Einräumung des Gegenbeweises zugunsten des Kunden. Der Text als solcher erscheint unbedenklich, ob allerdings die Anordnung der Nachweismöglichkeit erst in Ziff. 5.4 der Transparenz der Regelung förderlich ist, erscheint mehr als fraglich. Der unbefangene Kunde liest in Ziff. 5.3 die Einräumung der Pauschalierung und sucht sich dann wohl unter a) bis g) die auf seine Reise passende Zeitstaffel. Ob dann noch weiter gelesen wird,[5] erscheint fraglich. **R 59**

c) Sieht eine Klausel zusätzlich zur Pauschalierung im Falle des Rücktritts den Ersatz der tatsächlich entstandenen Mehrkosten vor und wird dabei eine anderweitige Verwendungsmöglichkeit nach § 651 i II nicht berücksichtigt, so liegt eine Abweichung zum Nachteil des Reisenden nach § 651 m vor, die auch zur Unwirksamkeit nach § 307 führt. Die Berechnung der tatsächlich entstandenen Mehrkosten verstößt dagegen weder gegen § 308 Nr. 7 noch, da es an einer Pauschalierung fehlt, gegen § 309 Nr. 5. Ist neben einer Pauschale die Möglichkeit einer konkreten Berechnung für den Reiseveranstalter vorgesehen, so handelt er rechtsmissbräuchlich, wenn er die Pauschale wählt, obwohl der tatsächliche Aufwand wesentlich, z. B. ¼, unter der Pauschale liegt.[6] **R 60**

2. Rücktrittsvorbehalte des Reiseveranstalters

Enthalten ARB Rücktritts-, Kündigungs- und Aufhebungsgründe zugunsten des Veranstalters, so ist deren Wirksamkeit an § 308 Nr. 3 zu messen, wenn der Reisevertrag kein Dauerschuldverhältnis ist. Andernfalls (s. Rz R 35) gilt § 307. Die nachhaltige Störung der Reisedurchführung seitens des Reisenden stellt eine Pflichtverletzung im Sinne des § 280 dar, die unter den weiteren Voraussetzungen des § 314 das Recht zur fristlosen Kündigung des Reisevertrages begründen kann.[7] Grundsätzliche Voraussetzung für die Kündigung nach § 314 ist nach dessen Abs. 1 zunächst ein so schwerwiegendes Fehlverhalten des anderen Teils, dass die Einhal- **R 61**

---

[1] S. auch OLG Hamburg NJW 1981, 2420.

[2] S. Rz R 52; BGH NJW-RR 1990, 114; OLG Hamburg NJW 1981, 2420; z.T. a. A. *Ulmer/Harry Schmidt* Anh. § 310 Rz 669; MünchKomm/*Tonner* § 651 i Rz 13: keine Anwendbarkeit von § 309 Nr. 5 a, wohl aber von § 309 Nr. 5 b; *Erman/Seiler* § 651 i Rz 8.

[3] BGH NJW 1992, 3163; BGH NJW-RR 1990, 114; LG Braunschweig NJW-RR 1986, 144.

[4] *Tempel* NJW 2002, 2005; *Kappus* in: *von Westphalen* Vertragsrecht und AGB-Klauselwerke, Reisebedingungen, Rz 74.

[5] Dessen Unterlassen kann wiederum dem Kunden nicht zum Vorwurf gemacht werden, § 305 c Rz 1; *Bamberger/Roth/Hubert Schmidt* § 305 c Rz 2.

[6] BGH NJW-RR 1990, 114.

[7] MünchKomm/*Tonner* § 651 a Rz 131; *Staudinger/Jörn Eckert* § 651 e Rz 7 mit illustrativen Beispielen.

tung einer Kündigungsfrist oder die Aufrechterhaltung des Vertrags bis zu seinem regulären Ende nicht zumutbar erscheint, und nach Abs. 2 die vorherige fruchtlose Abmahnung des Reisenden. Diese ist nach allgemeinen Vorschriften (§§ 314 II 2, 323 II) dann verzichtbar, wenn sie einerseits angesichts des Verhaltens des Vertragspartners von vornherein fruchtlos erscheint (vgl. § 323 II Nr. 1) oder aber wenn das Interesse des einen Teils an der sofortigen Beendigung des Vertragsverhältnisses dasjenige des anderen Teils an seiner Aufrechterhaltung wenigstens für den Zeitraum einer Kündigungsfrist überwiegt (vgl. § 323 II Nr. 3; der Fall des in Nr. 2 geregelten Fixgeschäftes erscheint hier eher theoretischer Natur). Die Angabe der einzelnen Lösungsgründe kann nicht verlangt werden; eine dem § 626 I vergleichbare Umschreibung muss genügen. Die Regelung in Ziff. 9.1 Reise-AGB, die letztlich nur § 314 I, II zusammenfasst, ist auch unter Transparenzgesichtspunkten nicht zu beanstanden.[1] Zum Teil wird die Kündigungsklausel mit Beispielen für kündigungsauslösendes Verhalten versehen. Ob die Transparenz der Klausel durch die Nennung von Beispielen erhöht wird, erscheint indes durchaus keine ausgemachte Sache. Zwar ist es verbreitet, Regelbeispiele zur Auslegung unbestimmter Rechtsbegriffe anzuführen. Der durchschnittliche Kunde,[2] der von der Klausel angesprochen ist und über keine besonderen Rechtskenntnisse verfügt, könnte aber geneigt sein, die Regelbeispiele derart missverstehen, dass sein Verhalten jedenfalls den Beispielen entsprechen oder doch zumindest ganz nahekommen muss, soll es als Kündigungsgrund dienen. Damit wäre keine Klarheit, sondern ein falsches Verständnis geweckt; schließlich dürfen die Anforderungen an die Transparenz der Klauselgestaltung nicht so hoch gesteckt werden, dass das Transparenzgebot durch allzu ausführliche Regelungen in sein Gegenteil verkehrt wird.[3]

R 62 Jenseits der Kündigung aus wichtigem Grund ist es umstritten, aus welchen Gründen sich der Veranstalter vom Reisevertrag lösen kann. Der Streit hat seine Ursache in Art. 4 VI der PauschalreiseRL. Aus ihm wird herausgelesen, dass der Veranstalter nur aus zwei Gründen vom Vertrag zurücktreten könne. Das ist einerseits höhere Gewalt und andererseits das Nichterreichen einer Mindestteilnehmerzahl. Da die deutschen Vorschriften eine entsprechende Regelung nicht kennen, wird das Erfordernis richtlinienkonformer Auslegung herangezogen mit der Folge, dass Kündigungsklauseln in ARB anhand der §§ 305 ff., also insbesondere § 307 und § 308 Nr. 3 zu prüfen und dass dabei die Vorgaben der PauschalreiseRL zu beachten seien – mit der Folge, dass alle Gründe, die über die in der PauschalreiseRL genannten hinausgehen, der Klauselkontrolle nicht standhalten.[4] Nach anderer Ansicht soll die Aufzählung in der PauschalreiseRL keinen abschließenden Charakter haben, vielmehr wird es als zulässig angesehen, dass die Parteien jeden sachlich gerechtfertigten Rücktrittsgrund zugunsten des Veranstalters vereinbaren, freilich unter Berücksichtigung von § 651 m und – bei ARB zusätzlich – von §§ 305 ff., insbes. § 308 Nr. 3 und § 307.[5] Es mag sein, dass die PauschalreiseRL nicht explizit ein Klauselverbot in dem Sinn enthält, dass Rücktrittsregelungen, die dem Veranstalter über die in der PauschalreiseRL genannten Gründe hinaus weitere Rücktrittsrechte einräumen, schlechthin unwirksam seien. Es ist aber ein schwer wegzudiskutierendes Datum, dass die PauschalreiseRL in Art. 4 VI eben dem Verbraucher einen Anspruch auf Entschädigung wegen Nichterfüllung des Vertrages einräumt,

---

[1] MünchKomm/*Tonner* § 651 a Rz 131. Zweifelnd anscheinend *Kappus* in: *von Westphalen* Vertragsrecht und AGB-Klauselwerke, Reisebedingungen, Rz 89.

[2] *Bamberger/Roth/Hubert Schmidt* § 305 c Rz 39.

[3] *Bamberger/Roth/Hubert Schmidt* § 307 Rz 44.

[4] H.M., statt aller MünchKomm/*Tonner* § 651 a Rz 128 f. m.w.N.

[5] *Staudinger/Jörn Eckert* § 651 a Rz 174 m.w.N.; *Palandt/Sprau* § 651 a Rz 20; *Erman/H.H. Seiler* § 651 a Rz 30 a.E.

der die in Art. 4 VI litt. a, b genannten Ersatzrechte flankiert. Daraus wird man schon den Standpunkt des Richtliniengebers herauszulesen haben, dass der Veranstalter jenseits der in der PauschalreiseRL genannten zwei Gründe und jenseits einer vom Reisenden zu vertretenden Vertragslösung des Veranstalters (etwa bei Leistungsstörungen oder im Falle, dass der Reisende bestimmte Voraussetzungen für die Teilnahme an der Reise nicht mitbringt, was erst nachträglich bekannt wird[1]) den Vertrag zu erfüllen hat. Aufgrund des Postulates der richtlinienkonformen Auslegung des nationalen Rechtes erscheint die Annahme einer Rücktrittsgrundbeschränkung deutlich näher zu liegen als die gegenteilige, den Reiseveranstalter begünstigende Ansicht. Eine Klausel, die dem Veranstalter ein Rücktrittsrecht für den Fall einräumt, dass der Reisepreis vor Antritt der Reise nicht vollständig bezahlt wurde, verstößt grundsätzlich gegen § 309 Nr. 4, da sie den Veranstalter von der Nachfristsetzung mit Ablehnungsandrohung freistellt.[2]

Der Rücktrittsgrund bei Nichterreichen der ausgeschriebenen oder behördlich festgelegten **Mindestteilnehmerzahl** (Ziff. 8 Reise-AGB) ist in Übereinstimmung mit Art. 4 VI der PauschalreiseRL sachlich gerechtfertigt, wenn und weil der Reisende die Reise unter dieser Voraussetzung gebucht hat. Wenn eine Klausel dies voraussetzt und den Grund konkret angibt, ist sie nicht nach § 308 Nr. 3 zu beanstanden. Nach § 4 I Nr. 7 BGB-InfoV muss der Veranstalter sowohl die Mindestteilnehmerzahl als auch den Zeitpunkt, zu dem er dem Reisenden das Nichterreichen derselben und die Nichterfüllung der Reise spätestens mitgeteilt haben wird, im Prospekt (soweit zur Verfügung gestellt) angeben. Grundsätzlich müssen diese Angaben auch in der Reisebestätigung enthalten sein (§ 6 II BGB-InfoV). Kommt er diesen zwingenden Vorschriften nicht nach, ist auch eine Mindestteilnehmerklausel in den ARB unwirksam. Diesen Anforderungen entspricht nun die Nr. 8 der Reise-AGB, indes noch nicht durchgehend die Allgemeinen Reisebedingungen der Veranstalter, weil oft der Hinweis auf die deutlich lesbaren Angaben in der Reisebestätigung fehlt und dort lediglich der nirgends definierte Begriff der „Reiseausschreibung" als Ort des Hinweises auf eine Mindestteilnehmerzahl genannt wird. Sollte darin wirklich nur der Prospekt[3] zu verstehen sein,[4] würde die Klausel von den zwingenden Vorgaben der BGB-InfoV abweichen und wäre damit nicht wirksam.[5] Dass der Rücktrittsvorbehalt verschärften Einbeziehungsvorschriften genügen muss (im Prospekt deutlich lesbare, klare und genaue Angaben), so dass ein Vorbehalt, der in die ARB „hineingeschmuggelt" wird, nicht ausreicht, ist ergänzend zu erwähnen. R 63

Ein Rücktrittsrecht sehen ARB auch bei **Unzumutbarkeit wegen Überschreitung der wirtschaftlichen Opfergrenze** vor. Die Reise-AGB 2006 verzichten auf die Wiederholung einer Empfehlung zu einer „Opfergrenzen-Klausel" aus Vorfassungen, weil der Verband wohl eingesehen hat, dass die Klausel wegen R 64

---

[1] Vgl. für einen Vertrag über die Durchführung von US-High-School-Aufenthalten LG Düsseldorf NJW-RR 2001, 1211; in casu wurde die Frage des wirksamen Rücktrittsgrundes offen gelassen, da die Klausel an einer fehlenden Regelung über die Kostenerstattung bei vorzeitiger Beendigung scheiterte; vgl. auch die wegen prozessualer Besonderheiten wohl nicht verallgemeinerungsfähige Entscheidung OLG Köln NJW-RR 2000, 1509, 1510.

[2] LG Frankfurt/M. NJW-RR 1994, 1542, 1543.

[3] Davon zu unterscheiden sind Beschreibungen/Anpreisungen der Reise in Zeitungsanzeigen, für die die Vorgaben der InfoV nicht gelten sollen, OLG München NJW-RR 2004, 915, gegen die Vorinstanz LG München NJW-RR 2003, 1689.

[4] So *Kappus* in: *von Westphalen* Vertragsrecht und AGB-Klauselwerke, Reisebedingungen, Rz 60 zu Fn. 217.

[5] *Kappus* in: *von Westphalen* Vertragsrecht und AGB-Klauselwerke, Reisebedingungen, Rz 60; *ders.* RRa 2003, 198, 206f.; Bedenken äußern auch *Ulmer/Harry Schmidt* Anh. § 310 Rz 669.

Verstoßes gegen § 308 Nr. 3, § 4 I Nr. 7 BGB-InfoV und damit auch gegen § 307 II Nr. 1[1] nicht zu halten ist.[2] Gleichwohl begegnet die Klausel in Allgemeinen Reisebedingungen und soll dem Veranstalter ein teils zeitlich befristetes, teils – ganz verwegen – zeitlich unbefristetes Rücktrittsrecht einräumen, wenn die Durchführung der Reise trotz Ausschöpfung aller Möglichkeiten „für den" Reiseveranstalter (sic!) deshalb nicht zumutbar ist, weil das Buchungsaufkommen für die Reise so gering ist, dass die für die Reise entstehenden Kosten eine Überschreitung der wirtschaftlichen Opfergrenze hinsichtlich der konkreten Reise darstellen würde. Weiter muss hinzutreten, dass der Veranstalter die zur Unwirtschaftlichkeit führenden Umstände nicht zu vertreten hat und dass dem Reisenden ein vergleichbares Ersatzreiseangebot unterbreitet wird. Ein korrespondierendes Lösungsrecht ist in der PauschalreiseRL nicht vorgesehen (s. Rz R 61). Die Regelung wird allgemein mit im Einzelnen unterschiedlicher Begündung als unwirksam angesehen;[3] dem ist, unter Aufgabe des hier bis zur Vorauflage vertretenen Standpunktes,[4] zuzustimmen. Es ist bereits angesichts der Offenheit der tatbestandlichen Umschreibung erstaunlich, dass der Rücktritt auch ohne vorherigen Hinweis im Prospekt oder in der Reisebestätigung soll erklärt werden können. Darüber hinaus erscheint die Angabe der Überschreitung der wirtschaftlichen Opfergrenze als Rücktrittsgrund reichlich unbestimmt. Mag der Begriff als solcher im juristischen Bereich durchaus nicht unbekannt sein, fehlt ihm doch (nicht nur) für den Durchschnitts-Reisekunden jede begriffliche Schärfe. Die Zusammenschau der Regelungen zum Rücktritt wegen Nichterreichens der Mindestteilnehmerzahl und wegen Überschreitung der wirtschaftlichen Obergrenze lässt weiter Bedenken unter Transparenzgesichtspunkten aufkommen: Wenn einerseits eine Absage wegen Nichterreichens der Teilnehmerzahl an bestimmte – enge – Voraussetzungen geknüpft ist, andererseits der Veranstalter letztlich auch wegen Nichterreichens einer die Kosten amortisierenden Teilnehmerzahl ohne diese Angaben soll zurücktreten können, weiß der durchschnittliche Kunde letztlich nicht, woran er ist und worauf er sich verlassen kann.[5] Soweit in der Klausel letztlich ein Fall des Wegfalls der Geschäftsgrundlage geregelt werden soll, bleiben die Bedenken, da nach § 313 die Vertragslösung nicht das erste oder gar alleinige Korrekturmittel ist. Wenn es wirklich hart auf hart kommt, mag der Reiseveranstalter § 313 bemühen und die Voraussetzungen darlegen und ggf. beweisen.

R 65 Zum beiderseitigen Aufhebungsgrund bei erheblicher Erschwerung, Gefährdung oder Beeinträchtigung der Reise infolge nicht voraussehbarer **höherer Gewalt**[6] verweisen die Reise-AGB auf § 651 j. Höhere Gewalt[7] ist ein von außen kommendes, keinen betrieblichen Zusammenhang aufweisendes Ereignis, das auch durch äußerste, vernünftigerweise zu erwartende Sorgfalt nicht abwendbar ist.[8] Soweit es sich zugleich um Reisemängel gemäß § 651 c handelt, ist allein § 651 e

---

[1] *Kappus* in: *von Westphalen* Vertragsrecht und AGB-Klauselwerke, Reisebedingungen, Rz 62.

[2] Vgl. *Noll* RRa 2007, 61, 63.

[3] MünchKomm/*Tonner* § 651 a Rz 134 f.; *Staudinger/Jörn Eckert* § 651 a Rz 181; *Bamberger/Roth/Geib* § 651 a Rz 48; *Ulmer/Harry Schmidt* Anh. § 310 Rz 669.

[4] § 9 Rz R 79.

[5] Vgl. auch *Kappus* RRa 2003, 198, 207.

[6] Siehe ausführlich *Tonner* NJW 2003, 2783.

[7] Zu – schadensersatzbewehrten – Informationspflichten des Reiseveranstalters in Fällen höherer Gewalt siehe BGH NJW 2002, 3700 mit Anm. *Tonner* LMK 2003, 57, und OLG Frankfurt NJW-RR 2003, 1139; *Staudinger/Jörn Eckert* § 651 j Rz 20.

[8] BGH NJW 1987, 1938, 1939; 1990, 572; *Tonner* NJW 2003, 2783; vgl. zum stark einzelfallbezogenen und kaum Verallgemeinerungen zulassenden Rechtsprechungsmaterial MünchKomm/*Tonner* § 651 j Rz 21 ff. und *Bamberger/Roth/Geib* § 651 j Rz 5–7.

und nicht § 651 j anwendbar.[1] Ein Unglück aufgrund von Ursachen, die in der Risikosphäre des Reiseveranstalters liegen, wie etwa ein Brand,[2] ist keine höhere Gewalt, auch nicht die Beschlagnahme eines Flugzeuges, wenn rechtzeitig Ersatz beschafft werden kann.[3] Ein in diesem Fall vorgesehener Entschädigungsanspruch des Reiseveranstalters muss mit 651 e III vereinbar sein und widerspricht dann auch nicht den AGB-rechtlichen Vorschriften. Im Falle höherer Gewalt gilt für die Regelung hinsichtlich der Mehrkosten für die Rückbeförderung § 651 j II 2, 3. § 651 j II mit § 651 e III, IV erfassen nur Kosten für bereits an den Kunden erbrachte Reiseleistungen. Dazu gehören nicht Stornokosten, die der Reiseveranstalter an einen Leistungsträger zahlen muss.[4] Diese sind jedoch nach Auffassung des BGH, vorausgesetzt, dass sie zu Recht angefallen sind, in analoger Anwendung von § 651 j vom Reisenden zur Hälfte zu tragen.[5]

VI. Gewährleistung für Reisemängel

1. Anwendbare Vorschriften

§ 309 Nr. 8 b ist auf die Inhaltskontrolle der Gewährleistungsregelungen beim Reisevertrag grundsätzlich anwendbar, da der Reisevertrag zum Typus der Werkverträge zählt.[6] Daneben sind aber im Rahmen von § 307 die Grundgedanken der §§ 651 c–f zu berücksichtigen. **R 66**

2. Gewährleistungsrechte

a) Gesetzliche und vertragliche Gewährleistungsrechte. Der Reiseveranstalter haftet dafür, dass die Reise ohne Mängel und mit den zugesicherten Eigenschaften durchgeführt wird, § 651 c I. An der hergebrachten Terminologie in § 651 c hat das Schuldrechtsmodernisierungsgesetz[7] nichts geändert. Ob ein Mangel vorliegt, bestimmt sich einerseits wesentlich nach dem, was der Reisende nach den auf die Reise bezogenen Informationen durch den Veranstalter, aber auch aufgrund der Preisgestaltung[8] der Reise erwarten darf (s. Rz R 47), wodurch die „Sollbeschaffenheit" der Reise umschrieben wird. Diese kann auch aus den bei Vertragsschluss für den Veranstalter erkennbaren Besonderheiten mitbestimmt werden, etwa dem Umstand einer erkennbaren und durch Vorlage eines Behindertenausweises „aktenkundig" gemachten besonderen Gehbehinderung, aufgrund deren der Wunsch des Kunden, ebenerdig untergebracht zu werden, schon gar nicht unter Verweis auf die ARB zu „unverbindlichen Sonderwünschen" herabgestuft werden kann.[9] Welche Rechtsfolgen andererseits der Reisende ziehen kann, hängt von der Intensität der Beeinträchtigung ab: Bei erheblichen Mängeln kann der Reisende bis zur Kündigung nach § 651 e greifen, ansonsten bleiben Minderungsrechte, vom selbstverständlich gegebenen Abhilfeanspruch abgesehen. Was dabei erheblich ist, sollte nicht nach einem Prozentpunktesystem auf der Basis fiktiver Minderungswerte ermittelt werden, sondern aufgrund einer Wertung der Gesamt- **R 67**

---

1 BGHZ 85, 50 = NJW 1983, 33; BGH NJW-RR 1990, 1334.
2 BGH NJW 1987, 1938.
3 OLG Köln NJW-RR 1993, 1019.
4 BGH NJW 1990, 572.
5 BGH NJW 1990, 572; abl. *Tempel* NJW 1990, 821.
6 S. § 309 Nr. 8 b Rz 20.
7 Gesetz zur Modernisierung des Schuldrechts vom 26. 11. 2001, BGBl. I S. 3138.
8 Vgl. dazu *Staudinger/Jörn Eckert* § 651 c Rz 26.
9 Entgegen AG Hannover RRa 2003, 122 mit zutreffender ablehnender Anm. *Führich*.

umstände.[1] Ob es sozusagen vorgelagert eine Grauzone von Umständen gibt, die „unerheblich" oder nur unbeachtliche Unannehmlichkeiten und damit keine zu Gewährleistungsansprüchen führende Mängel sind, ist streitig.[2] Kein Mangel ist die Unterbringung in einem im Wesentlichen gleichwertigen Hotel.[3] Der Schadensersatz aus § 651 f umfasst auch Mangelfolgeschäden.[4] Eine Erweiterung gegenüber der gesetzlichen Regelung ergibt sich, wenn der Reiseveranstalter die Abhilfe auch in Form einer mindestens gleichwertigen Ersatzleistung erbringen kann.[5] Dies ist nicht zu beanstanden, da § 309 Nr. 8 b aa eine Ersatzlieferung zulässt und sich für den Reisevertrag daraus deshalb keine Unangemessenheit nach § 307 ergeben kann. Der Reisende muss die Ersatzleistung jedoch nur annehmen, soweit sie unter Berücksichtigung von §§ 242, 254 II und der gebuchten ursprünglichen Leistung zumutbar ist, [6] insbesondere also keine dem Reiseveranstalter auch sonst nicht erlaubten vertragswidrigen (negativen) Leistungsänderungen zur Folge haben.[7] Soweit die ARB keine Regelung enthalten (Ziff. 10 der Reise-AGB knüpfen an die Gewährleistungsrechte an, regeln aber nur „Obliegenheiten des Kunden"), sind zwar §§ 651 c–f direkt anzuwenden, so dass in den ARB nicht geregelte Mängelrechte des Reisenden an sich nicht verloren gehen. Zweifeln unter dem Gesichtspunkt der Transparenz begegnet es aber, wenn in den ARB in allen Einzelheiten bestimmte Rechte erwähnt und umschrieben sind, andere dagegen überhaupt nicht. Das findet sich beispielsweise in Ziff. 10.1 der Reise-AGB, in der die Möglichkeit der Selbstabhilfe nicht erwähnt ist. Hier könnte der Durchschnittsreisekunde, der über keine reiserechtlichen Kenntnisse verfügt, insofern in die Irre geleitet werden, als er diese Möglichkeit nicht in Betracht zieht – zumal dann, wenn er am Urlaubsort zur Information über seine Rechte keine andere „Erkenntnisquelle" als die Reisebedingungen zur Verfügung hat.[8] Vollends unhaltbar wird die Regelung dann, wenn man sie zusammen liest mit den in Ziff. 10.5 der Reise-AGB angesprochenen Mitwirkungspflichten des Reisenden zur Vermeidung oder Geringhaltung von Schäden, wobei zwar nicht in den Reise-AGB, wohl aber in Allgemeine Reisebedingungen verschiedener Veranstalter der Zusatz erscheint: „im Rahmen der gesetzlichen Bestimmungen", zu deren Erhellung in den ARB nichts beigetragen wird.[9] Die Kumulierung dieser insgesamt unklaren Regelungen könnte den Verwender in die Versuchung führen, berechtigte Minderungsrechte des Reisenden unter Verweis auf die unterlassene Selbstabhilfe als Mittel zur Schadensvermeidung oder -verringerung zurückzuweisen.

R 68 **b) Zugesicherte Eigenschaften,** wegen deren Definition auf die hergebrachte Begrifflichkeit im Reise- und Werkvertragsrecht verwiesen werden kann,[10] können sich aus der Reisebeschreibung, aber auch aus Individualvereinbarungen ergeben, etwa aufgrund von Sonderwünschen des Reisenden, deren Erfüllung der Veranstalter in einer Weise zugesagt hat, dass der Reisende aus der Erklärung ableiten durfte, der Veranstalter wolle für den Bestand der Eigenschaft einstehen.[11] Sie

---

1 So auch OLG Frankfurt NJW-RR 2005, 132 und MünchKomm/*Tonner* § 651 e Rz 10 je mit Nachweisen zur Gegenmeinung in Rz 9.

2 Siehe auch dazu MünchKomm/*Tonner* § 651 c Rz 15.

3 OLG Karlsruhe NJW-RR 1988, 246.

4 BGHZ 92, 177, 180; 97, 255, 260.

5 Vgl. ausführlich *Staudinger/Jörn Eckert* § 651 c Rz 158 ff.

6 S. LG Frankfurt NJW 1985, 1474.

7 *Staudinger/Jörn Eckert* § 651 c Rz 157.

8 Bedenken äußert auch *Kappus* in: *von Westphalen* Vertragsrecht und AGB-Klauselwerke, Reisebedingungen, Rz 59.

9 *Kappus* in: *von Westphalen* Vertragsrecht und AGB-Klauselwerke, Reisebedingungen, Rz 57.

10 MünchKomm/*Tonner* § 651 c Rz 10.

11 *Ders.* ebd.

können auch vom Reisebüro für den Veranstalter abgegeben werden (s. Rz R 39). Werden sie nicht eingehalten, so kommen die Gewährleistungsansprüche in Betracht, regelmäßig auch ein Schadensersatzanspruch aus § 651 f.

3. Ausschluss und Beschränkung der Gewährleistung

a) Ein **Ausschluss der Gewährleistung** ist unwirksam, soweit dadurch von den gesetzlichen Gewährleistungsvorschriften zum Nachteil des Reisenden abgewichen wird (§ 651 m). Das ist nicht nur dann anzunehmen, wenn die Rechte des Reisenden ausdrücklich eingeschränkt werden, sondern auch dann etwa, wenn bestimmte Umstände pauschal als „unerheblich" eingestuft werden, denn das Reisevertragsrecht kennt die Unterscheidung zwischen erheblichen und unerheblichen Mängeln jedenfalls in dem Sinne nicht, dass nur erstere überhaupt Gewährleistungsrechte auszulösen im Stande sind. Problematisch sind auch Klauseln, dass die Leistungen unter Berücksichtigung – nicht näher dargelegter – **landestypischer Besonderheiten** erbracht werden.[1] Dies gilt auch, soweit die Erbringung einer mangelfreien Leistung von gesetzlichen Bestimmungen des besuchten Landes abhängt. Eine Klausel, dass keine Gewähr für die Änderung landesgesetzlicher Bestimmungen übernommen werde[2] oder dass keine Gewähr für erteilte Informationen über allgemeine Vorschriften übernommen werde, ist deshalb unwirksam, soweit damit eine Freizeichnung für die Gewährleistung bei Mängeln verbunden sein soll. Solche Klauseln können nur insoweit Wirkung entfalten, als sie eine Garantie für den Bestand von gesetzlichen Vorschriften ausschließen, die nicht unmittelbar den Wert und die Tauglichkeit der Reise beeinträchtigen, sondern z. B. Devisen- und Zollvorschriften betreffen. Für die Änderung von Pass-, Visum- und Gesundheitsvorschriften, die z. B. Beschränkungen im Reiseland zur Folge haben, kann sich der Reiseveranstalter aber nicht generell von der Gewährleistung freizeichnen. Eine dahingehende Klausel in ARB, die eine Gewähr ausschließt und dem Reisenden alle Nachteile der Nichtbefolgung ohne Rücksicht auf dessen Verschulden auferlegt, ist deshalb zu weit gefasst und kann nicht wirksam sein, soweit sie auch die Gewährleistungsrechte der §§ 651 c–f ausschließen will. Eine unwirksame Freizeichnung liegt auch vor, wenn sie Prospektangaben einbezieht, „die nicht unmittelbar das Mietobjekt betreffen", aber doch für den Wert und die Tauglichkeit der Reise bedeutsam sind, wie z. B. Entfernungsangaben oder Angaben über Sport- und Freizeitmöglichkeiten.[3] Die Unwirksamkeit einer generellen Freizeichnung für Prospektangaben ergibt sich auch aus § 309 Nr. 7 b.[4] Unwirksam nach § 307 II Nr. 1 ist auch eine Klausel, wonach der Reisende verpflichtet ist, „bei eventuell auftretenden Leistungsstörungen das ihm Zumutbare zu tun, um zu einer Behebung der Störung beizutragen", da dadurch die Leistungs- und Abhilfepflichten des Reiseveranstalters nach §§ 651 a, 651 c wesentlich eingeschränkt und dem Reisenden Pflichten auferlegt werden, die dem Leitbild des Reisevertrags widersprechen und über die allgemeine Schadensminderungspflicht nach §§ 254 II, 242 hinausgehen.[5] Ein Ausschluss der Gewährleistung kann in der Form wirksam vorgesehen werden, dass der Veranstalter in seiner Reisebeschreibung den wirklichen Zustand beschreibt und auf etwaige Mängel deutlich erkennbar hinweist. Ein Mangel liegt dann grundsätzlich R 69

---

[1] *Kappus* in: *von Westphalen* Vertragsrecht und AGB-Klauselwerke, Reisebedingungen, Rz 50; *Staudinger/Jörn Eckert* § 651 c Rz 25; zu großzügig zugunsten des Veranstalters im Hinblick auf den ärztlichen Standard OLG Celle NJW-RR 2004, 562.

[2] S. BGH NJW 1980, 2192, 2194.

[3] BGH NJW 1992, 3158, 3162.

[4] Offen gelassen in BGH NJW 1992, 3158, 3162.

[5] S. OLG Frankfurt NJW-RR 1986, 1172.

nicht vor, da eine Abweichung von der entsprechend der Reisebeschreibung vereinbarten Leistung nicht vorliegt.[1] Bei einer sog. Fortuna-Reise sind nicht alle Gewährleistungsansprüche ausgeschlossen, sondern nur solche, die sich aus Lage und Standard der Unterkunft ergeben,[2] soweit es sich um übliche Leistungsunterschiede entsprechend der jeweiligen Preiskategorie handelt. Hinweise auf Belästigungen hinsichtlich eines konkreten Objekts im Prospekt können dem Fortuna-Reisenden nicht ohne weiteres entgegengehalten werden, da er das konkrete Objekt bei Vertragsschluss nicht kennt.[3] Zur teilweisen Unmöglichkeit s. Rz R 73. Die Freizeichnung von den Folgen des Fehlens zugesicherter Eigenschaften ist bei individuell zugesicherten Eigenschaften schon nach § 305 b nicht möglich.[4]

R 70 Bedenklich ist es auch, wenn die **Kündigung** des Reisevertrags in einer Klausel davon abhängig gemacht wird, dass der Reiseveranstalter „erklärt", Abhilfe sei nicht möglich. Nach § 651 e II 2 genügt die Unmöglichkeit der Abhilfe als solche, ohne dass es einer entsprechenden Erklärung des Reiseveranstalters bedarf. Eine solche Regelung ist zumindest irreführend in dem Sinne, als wolle sie die gesetzlichen Rechte des Reisenden mindern. Dies ist sowohl nach § 651 m wie nach § 307 II Nr. 1 zu beanstanden. Die Mehrkosten aus der Vertragsaufhebung fallen nach § 651 e II 2 dem Reiseveranstalter zur Last, auch wenn dies in den ARB nicht erwähnt ist. Die Vergütung im Falle der Kündigung darf den Kunden nicht mehr als nach § 651 e III belasten (§ 651 m).

R 71 **b)** In Fällen **höherer Gewalt** (s. Rz R 65) können die Mängelgewähransprüche auch durch ARB in Übereinstimmung mit § 651 j beschränkt werden. § 651 j bezieht sich auf die Kündigung und bringt dem Reiseveranstalter vor allem Vergünstigungen insoweit, als ihm selbst ein Kündigungsrecht zusteht und er nicht zur umfassenden Kostentragung wie in § 651 e verpflichtet ist (§ 651 j II 2, 3). § 651 j ist jedoch nur anwendbar, wenn kein Mangel gemäß § 651 e vorliegt.[5]

R 72 **c)** Eine **Anzeigepflicht** zur Anzeige von Reisemängeln kann grundsätzlich vorgesehen werden. Dies steht in Übereinstimmung mit § 651 d II und ist als Folge der Schadensminderungspflicht aus § 254 II nicht zu beanstanden. An die Form der Anzeige dürfen allerdings keine besonderen Anforderungen gestellt werden. Die Anzeige bei der örtlichen Reiseleitung und, falls dies nicht möglich ist, bei der Zentrale des Reiseveranstalters, kann nach § 307 nicht wirksam vorgeschrieben werden, wenn die örtliche Reiseleitung nicht erreichbar und die Verständigung der Zentrale unzumutbar ist, wie z. B. bei einer Auslandsreise.[6] Ebenso unwirksam ist die Verpflichtung, die Mängelanzeige bei einem ausländischen Leistungserbringer zu erstatten, wenn dieser der deutschen Sprache nicht mächtig ist. Dies gilt auch bei Sprachreisen.[7] Eine Anzeige an den Reiseveranstalter selbst kann auch nicht aushilfsweise für den Fall vorgesehen werden, dass eine Abhilfe durch die örtliche Reiseleitung oder den Leistungsträger nicht erfolgt.[8] Dem Kunden dürfen keine Nachteile daraus erwachsen, dass seine Anzeige an die örtliche Reiseleitung oder den Leistungsträger nicht zu einer Abhilfe führt. Unwirksam nach § 307 ist auch eine

---

1 S. auch LG Hannover NJW-RR 1986, 280.
2 S. LG Frankfurt NJW-RR 1987, 495.
3 LG Frankfurt NJW-RR 1988, 248.
4 Vgl. allgemein dazu *Bamberger/Roth/Hubert Schmidt* § 305 b Rz 8.
5 BGHZ 85, 50 = NJW 1983, 33; BGH NJW-RR 1990, 1334.
6 BGHZ 108, 52, 61 = NJW 1989, 2750, 2752; BGH NJW 1993, 263 = LM H.3/1993 § 9 (Bi) AGBG Nr. 10 m. Anm. *Grunewald;* LG Frankfurt NJW-RR 1988, 634; NJW-RR 1990, 760, 761; *Soergel/Stein* § 9 Rz 102.
7 LG Frankfurt NJW-RR 1990, 760.
8 BGH NJW 1992, 3158, 3162.

Klausel, die Gewährleistungsansprüche bei schuldhafter Unterlassung der Anzeige generell ausschließt, ohne darauf hinzuweisen, dass lediglich eine Anzeige bei der örtlichen Reiseleitung oder beim Leistungsträger erforderlich ist, weil dadurch beim Durchschnittskunden eine falsche Vorstellung über die Rechtslage insofern erzeugt werden kann, als er davon ausgeht, mehr tun zu müssen.[1] Reisebedingungen, die auf die Anzeigepflicht hinweisen, aber nicht deutlich machen, dass die Minderung nur bei schuldhaftem Unterlassen der Anzeige ausgeschlossen ist (§ 651 d II), sind nicht nach § 651 m unwirksam,[2] da § 651 d II keine Hinweispflicht vorsieht und durch eine solche Klausel die Minderung im Fall unverschuldeter Nichtanzeige nicht ausgeschlossen wird. Die von der Reiseleitung mit „zur Kenntnis genommen" unterzeichnete Mängelliste des Reisenden ist grundsätzlich als deklaratorisches Anerkenntnis anzusehen.[3]

VII. Leistungsstörungen und Haftungsregelungen

1. Abgrenzung zur Mangelhaftigkeit

Die Mangelhaftigkeit der Reise erfasst als Schlechtleistung nur einen, wenn auch den praktisch gewichtigeren Teil der Leistungsstörungen. Unmöglichkeit und Verzug sind daneben möglich und führen nicht zur Anwendung der §§ 651 c–f, sondern der allgemeinen Vorschriften (§§ 280 ff., 323 ff.). Der Reiseveranstalter schuldet die Reise als Gesamtheit und nicht nur als Aneinanderreihung selbstständiger Leistungsteile. Demgemäß bezieht sich auch die Fehlerfreiheit in § 651 c I auf die Reise als Gesamtheit. Die Unmöglichkeit einzelner Leistungsteile ist deshalb ein Mangel der Reise als Gesamtleistung und nicht als Unmöglichkeit der Teilleistung oder teilweise Unmöglichkeit der Reiseleistung anzusehen, sofern die Ursachen im Bereich des Reiseveranstalters und dessen Leistungsträger und nicht allein in der Person des Reisenden liegen.[4] Es finden deshalb §§ 651 c–g und nicht §§ 280 ff. Anwendung. Dies gilt auch dann, wenn bereits die erste Teilleistung ausfällt und dadurch die ganze Reise vereitelt wird (§ 651 f II). Der vertragswidrige Ausschluss von der Weiterreise[5] oder das Unterbleiben der Beförderung wegen Überbuchung[6] ist deshalb ein Mangel nach § 651 c und kein Fall der Unmöglichkeit. Das Mängelrecht nach §§ 651 c–g findet bereits mit Abschluss des Reisevertrags, nicht erst mit Beginn der Reise Anwendung.[7] Kein Mangel, sondern Unmöglichkeit liegt vor, wenn der Reisende die Reise wegen Verletzung, Krankheit oder Unfall nicht durchführen kann, mag der Unfall und die Verletzung auch vom Reiseveranstalter zu vertreten sein.[8] **R 73**

---

[1] BGH LM H.3/1993 § 9 (Bi) AGBG Nr. 10 m. Anm. *Grunewald.*

[2] A. A. OLG Frankfurt NJW 1985, 145.

[3] Str., wie hier LG Frankfurt NJW-RR 1989, 309; a. A. LG Hannover NJW-RR 1988, 1454; *Bamberger/Roth/Geib* § 651 d Rz 11.

[4] BGH NJW 1986, 1748, 1749; 1987, 1938; *Wolter* AcP 183, 35, 57 ff.

[5] BGHZ 85, 301 = NJW 1983, 448.

[6] BGH NJW 1986, 1748.

[7] Sog. Einheitslösung, h.M.: BGH NJW 1986, 1748, 1750; *Bamberger/Roth/Geib* § 651 c Rz 3; MünchKomm/*Tonner* § 651 c Rz 45; *Erman/H.H. Seiler* Vor §§ 651 c–g Rz 5; *Führich* NJW 2002, 1082, 1084; a. A. etwa *Bartl* TranspR 1985, 208; *Staudinger/Jörn Eckert* Vor § 651 c–g Rz 18 f (reisevertragliche Gewährleistungsregeln verdrängen das allgemeine Leistungsstörungsrecht erst ab Reisebeginn).

[8] LG Frankfurt NJW-RR 1986, 214.

2. Gefahrtragung

R 74 Im Falle der nicht zu vertretenden Unmöglichkeit und der nicht zu vertretenden Spätleistung richtet sich die Gefahrtragung nach den allgemeinen Regeln, d. h. der Reisende trägt die Leistungsgefahr (§ 275), während der Reiseveranstalter die Vergütungsgefahr trägt (§ 326).[1] Der Ausschluss der Gefahrtragung zugunsten des Verwenders ist nach § 307 II Nr. 1 unwirksam, da die Gefahrtragungsvorschriften wesentliche Grundgedanken der gesetzlichen Regelung zum Ausdruck bringen. Kann infolge gesetzlicher Pass-, Visa- oder Gesundheitsvorschriften eine Reise nicht durchgeführt werden, so trägt grundsätzlich der Reiseveranstalter die Vergütungsgefahr. ARB dürfen deshalb nicht generell vorsehen, dass die Vergütungsgefahr vom Reisenden zu tragen sei. Auch können die Gewährleistungsrechte nicht ausgeschlossen werden (Rz R 69).

3. Schadensersatz, Haftungsfreizeichnung, Risikoverlagerung

R 75 Bei zu vertretender Unmöglichkeit, Verzug und sonstiger nicht leistungsbezogener Nebenpflichtverletzungen bestehen Schadensersatzansprüche nach den allgemeinen Vorschriften. Die Haftung des Reiseveranstalters kann nur unter Beachtung des § 309 Nr. 7 und 8 a ausgeschlossen werden; Gleiches gilt für den Schadensersatzanspruch aus § 651 f, der in Abs. 2 den Ersatz immateriellen Schadens für entgangenen Urlaubsgenuss und nach der Schuldrechtsnovelle auch einen darüber hinausgehenden weiteren Schmerzensgeldanspruch nach den (engeren, da nur an Verletzungen der in dieser Vorschrift genannten Rechtsgüter anknüpfend) Voraussetzungen des § 253 II eröffnet.[2] Eine Klausel, die als Haftungsmaßstab die Sorgfalt eines ordentlichen Unternehmers vorsieht und die Haftung auf ein Verschulden der mit der Leistungserbringung betrauten Personen erstreckt, ist mit §§ 309 Nr. 7 und 8 a vereinbar. Damit werden die Erfüllungsgehilfen (§ 278) des Reiseveranstalters in die Haftung des Reiseveranstalters einbezogen. Wird für eine Beförderung im Linienverkehr diese Leistung als Fremdleistung bestimmt, so wird damit die Haftung nach § 278 ausgeschlossen. Dies ist nur dann nicht zu beanstanden, soweit nicht § 651 a II entgegensteht, was durch den ausdrücklichen Hinweis in der Reiseausschreibung und der Reisebestätigung und durch eine eindeutige Gestaltung der Informationsmaterialien sichergestellt werden muss (s. Rz R 41). Ist der Reiseveranstalter zugleich Beförderer, so haftet er auch nach den für die entsprechenden Beförderungsverträge zu Lande, zu Wasser und in der Luft geltenden Bestimmungen. Schließt der Reiseveranstalter eine ihn als Hauptpflicht treffende Auskunfts- oder Hinweispflicht ganz aus, so ist dies nach § 309 Nr. 7 b unwirksam.[3] Gleiches gilt, wenn er die Haftung für fehlerhafte Auskünfte und Hinweise generell ablehnt, auch soweit es Vorsatz und grobe Fahrlässigkeit betrifft.[4] Unwirksam ist auch der generelle Ausschluss für leichte Fahrlässigkeit, selbst wenn Zusicherungen ausgenommen werden, da damit die Haftung für sonstige Pflichten, auf deren Erfüllung besonders vertraut werden darf,[5] ebenfalls ausgeschlossen wird.[6] Die verschuldensunabhängige Haftung des Gastwirts nach § 701 ist auf den Reiseveranstalter insoweit anzuwenden, als es sich um Sachen handelt, die ein zu Beher-

---

[1] S. auch BGH NJW 1980, 2189.

[2] Vgl. auch EuGH, Urt. v. 12. 3. 2002 Rs. C-168/00, Slg. 2002, I 2631; dazu auch MünchKomm/*Tonner* § 651 f Rz 60.

[3] BGH NJW 1985, 1165.

[4] BGH NJW 1985, 1165; KG FVE Nr. 330.

[5] S. § 309 Nr. 7 Rz 90 ff.

[6] OLG München NJW-RR 1987, 493, 494 zu 3.

bergungszwecken aufgenommener Reisender eingebracht hat.[1] Eine Haftung des Reisenden setzt grundsätzlich ein schuldhaftes Verhalten des Reisenden voraus. Eine verschuldensunabhängige Haftung stellt grundsätzlich eine unangemessene Benachteiligung dar, wenn nicht ausnahmsweise höherrangige Interessen des Verwenders eine Risikoverlagerung auf den Kunden zu rechtfertigen vermögen. Eine Haftungszuweisung nach Gefahr- und Risikobereichen ist im Allgemeinen zur Begründung von Schadensersatzansprüchen nicht geeignet.[2] Eine Klausel, die die Haftung des Kunden allein schon bei Verursachung eines Schadens durch diesen begründen will, verstößt gegen § 307 und ist unwirksam.[3]

VIII. Haftungsbegrenzungen

§ 651 h lässt unter den dort genannten Voraussetzungen eine Haftungsbegrenzung für Schäden, die nicht Körperschäden sind, auf den dreifachen Reisepreis zu (§ 651 h I) und lässt den Reiseveranstalter nicht schärfer haften als den Leistungsträger, sofern er sich auf internationale Übereinkommen oder auf solchen beruhende gesetzliche Vorschriften berufen kann (§ 651 h II). Die nach § 651 h I zulässige Haftungsbegrenzung kann nicht nur durch Individualvereinbarung, sondern auch (und zumeist) durch ARB getroffen werden,[4] die Haftungsbegrenzung nach § 651 h II besteht kraft der gesetzlichen Anordnung und gibt dem Veranstalter die Befugnis, sich auf die den Leistungserbringer haftungsmäßig privilegierenden Normen oder auf für den Leistungserbringer bestehende Haftungsbeschränkungen zu berufen.[5] **R 76**

1. Anwendungsbereich von § 651 h

a) § 651 h erfasst nach seinem Wortlaut alle vertraglichen **Schadensersatzansprüche aus dem Reisevertrag,** also diejenigen aus § 651 f und solche aus den allgemeinen Vorschriften.[6] Auf Ansprüche aus unerlaubter Handlung oder andere außervertragliche Ansprüche erstreckt sich § 651 h jedoch nicht.[7] Es mag zwar sein, dass die Problematik dadurch entschärft ist, dass die Haftungsbeschränkung nach § 651 h I in seiner seit dem 1. 11. 1994 geltenden Fassung für Körperschäden nicht gilt, aber auch außerhalb dieses Bereichs ist nicht einzusehen, wieso ein Haftungsprivileg auf deliktische Ansprüche anzuwenden sein soll. § 651 h erstreckt sich ferner nur auf Schadensersatzansprüche, nicht dagegen auf andere Zahlungsansprüche, wie etwa den Minderungsanspruch aus § 651 d oder den Rückerstat- **R 77**

---

[1] LG Frankfurt NJW 1983, 2263; LG Berlin NJW 1985, 2425; a. A. LG Berlin NJW 1985, 144.

[2] BGH NJW 1992, 3158, 3161.

[3] BGH NJW 1992, 3158, 3161 = LM H.2/1993 § 651 a BGB Nr. 7.

[4] S. BT Drs. 8/786, S. 32; BGH ZIP 1987, 640, 648 = NJW 1987, 1931; *Staudinger/Jörn Eckert* § 651 h Rz 19.

[5] *Erman/H.H. Seiler* § 651 h Rz 7

[6] So auch BGH NJW 1987, 1931, 1937; OLG Frankfurt NJW 1986, 1618, 1621; *Grunewald* NJW 1980, 1924; MünchKomm/*Tonner* § 651 h Rz 4; *Derleder* AK-BGB § 651 h Rz 2; *Wolter* NJW 1988, 396, 397; *Ulmer/Harry Schmidt* Anh. § 310 Rz 674; *Staudinger/Jörn Eckert* § 651 h Rz 16.

[7] Ganz h.M.: BGHZ 100, 157, 180 = NJW 1987, 1931; OLG Frankfurt NJW 1986, 1618, 1621; OLG Celle NJW-RR 2000, 1438, 1439; *Ulmer/Harry Schmidt* Anh. § 310 Rz 674; *Teichmann* JZ 1987, 751, 754; *Erman/H.H. Seiler* § 651 h Rz 5; MünchKomm/*Tonner* § 651 h Rz 4 ff.; *Kappus* in *von Westphalen* Vertragsrecht und AGB-Klauselwerke, Reisebedingungen, Rz 93; a. A. *Staudinger/Jörn Eckert* § 651 h Rz 16; *Bamberger/Roth/Geib* § 651 h Rz 3 unter Hinweis darauf, dass eine Haftungsbegrenzung für Körperschäden ohnedies von Gesetzes wegen ausgeschlossen sei; *Heinz* aaO S. 163.

tungsanspruch nach Kündigung gemäß § 651 e oder den Aufwendungsersatz nach § 651 d III.[1]

R 78 **b)** § 651 h regelt die Möglichkeit von **Haftungsbegrenzungen** ohne Rücksicht darauf, ob sie durch Individualvereinbarung oder durch ARB getroffen werden. Er kann deshalb der typischen Situation des den ARB unterworfenen Kunden nicht gerecht werden, weshalb an sich die Vorschriften zur Klauselkontrolle, insbesondere also § 309 Nr. 7 und § 307 neben § 651 h zur Anwendung kommen müssten (vgl. schon Rz R 33 und 55). Aus den Gesetzesberatungen muss aber entnommen werden, dass der Gesetzgeber die Einschränkung von (jetzt) § 309 Nr. 7 durch § 651 h gesehen und auch gewollt hat, weil der Reiseveranstalter wegen der fehlenden Einwirkungsmöglichkeit gerade auch gegenüber ausländischen Leistungsträgern nur beschränkt haften sollte.[2] Es muss deshalb davon ausgegangen werden, dass § 309 Nr. 7 von § 651 h verdrängt wird, soweit es die Haftungsbegrenzung betrifft.[3] § 651 h will aber keinesfalls die Klauselkontrolle nach den Vorschriften des 2. Abschnitts schlechthin ausschließen. So finden §§ 305–306 a ohne weiteres Anwendung. Anzuwenden ist aber auch § 307, da nach den Gesetzesmaterialien nur die ehemaligen §§ 11 Nr. 7 und 8, nicht aber 9 verdrängt werden sollten.[4] § 307 III steht der Klauselkontrolle nicht entgegen.[5] Mit der Anwendung von § 307 kann dem zusätzlichen Schutzbedürfnis des Kunden bei Verwendung von ARB Rechnung getragen werden. Liegt nicht nur eine Haftungsbegrenzung, sondern ein Haftungsausschluss vor, so ist § 309 Nr. 7 voll anwendbar (s. Rz R 75), da § 651 h dafür nicht gilt.

R 79 Für die Inhaltskontrolle von Haftungsbegrenzungen in ARB ist zu unterscheiden zwischen den Voraussetzungen, unter denen Haftungsbegrenzungen überhaupt zulässig sind, und der Art, insbesondere der Höhe der Haftungsbegrenzung.

2. Voraussetzungen der Haftungsbegrenzung

R 80 **a)** Soweit § 651 h I Nr. 1 die Haftungsbegrenzung für Nichtkörperschäden bei nicht vorsätzlichem und nicht grob fahrlässigem Verschulden zulässt, stimmt dies mit § 309 Nr. 7 b überein. Wenn der Reiseveranstalter allein wegen des **Verschuldens eines Leistungsträgers** verantwortlich ist, lässt § 651 h I Nr. 2 die Haftungsbegrenzung auch bei Vorsatz und grober Fahrlässigkeit des Leistungsträgers zu. Als Leistungsträger sind alle wirtschaftlich und rechtlich selbstständigen Unternehmer anzusehen, die nicht den Weisungen des Reiseveranstalters unterworfen sind.[6] Eine mit § 651 h I Nr. 2 übereinstimmende Haftungsbeschränkung kann zwar nicht nach § 309 Nr. 7 b, wohl aber nach § 307 unwirksam sein (Rz R 78).

R 81 Die Unwirksamkeit der mit § 651 h I übereinstimmenden Haftungsbeschränkung kann nach § 307 aber angenommen werden, wenn die beabsichtigte Entlastung des Reiseveranstalters wegen besonderer, vom Gesetzgeber nicht berück-

---

[1] S. auch BGH ZIP 1987, 640, 648; LG Frankfurt NJW-RR 1986, 214, 215.

[2] Vgl. BT-Drs. 8/2343 S. 11, 12 und die ergebnislose Anrufung des Vermittlungsausschusses gerade in diesem Punkt, BT-Drs. 8/2589 S. 6.

[3] So auch BGH ZIP 1987, 640, 649 = NJW 1987, 1931; OLG Frankfurt NJW 1986, 1618, 1621.

[4] So auch OLG Frankfurt NJW 1986, 1618, 1621; *Ulmer/Harry Schmidt* Anh. § 310 Rz 673; *Erman/H.H. Seiler* § 651 h Rz 6; MünchKomm/*Tonner* § 651 h Rz 12 ff; *Staudinger/Jörn Eckert* § 651 h Rz 20; a. A. LG Frankfurt NJW-RR 1986, 214, 216; *Bartl* Reiserecht, Rz 129 gegen Anwendung von § 307. *Tonner* Reiserecht § 651 h Rz 9 sieht die Anwendung von § 307 neben § 651 h I Nr. 2 als praktisch bedeutungslos an

[5] S. BGH ZIP 1987, 640, 648 = NJW 1987, 1931; ebenso *Wolter* NJW 1988, 396, 397; a. A. aber *Dylla-Krebs* Schranken der Inhaltskontrolle allgemeiner Geschäftbedingungen, 107, für Kontrollfreiheit.

[6] *Soergel/Eckert* Vor § 651 a Rz 18.

sichtigter Gründe nicht mehr gerechtfertigt ist. Ein solcher Umstand liegt grundsätzlich in der Versicherbarkeit. Soweit die Möglichkeit dazu besteht, muss der Reiseveranstalter zur Abdeckung wesentlicher Risiken eine Versicherung abschließen, um den Reisenden vor sonst erheblichen Nachteilen zu bewahren. Bei Versicherbarkeit ist deshalb eine Haftungsbegrenzung nach § 307 unwirksam. Gleiches muss gelten, wenn der Schaden aus sonstigen Gründen dem Risikobereich des Reiseveranstalters zuzurechnen ist.[1] Eine Haftungsbegrenzung nach § 651h I Nr. 2 ist deshalb zu beanstanden, wenn sie sich auf Leistungsträger bezieht, die der Reiseveranstalter z. B. als Tochtergesellschaft beherrscht oder die ihm gegenüber sonst weisungsgebunden sind. Den Reiseveranstalter trifft aber vor allem auch die Pflicht, alles zu tun, um Schäden des Reisenden an Leben, Körper und Gesundheit aufgrund mangelhafter Reiseleistungen zu vermeiden. Zu diesem Zweck muss er mithilfe entsprechender Organisation den Leistungsträger und die Reiseleistungen überwachen.[2] Bei Verletzung dieser Pflicht bestehen vertragliche Ansprüche aus eigenem Verschulden des Reiseveranstalters, die seit der Umsetzung der PauschalreiseRL auch nach § 651h I Nr. 1 nicht mehr begrenzt werden können. Es bestehen aber auch Ansprüche aus §§ 823 ff., für die die Haftungsbegrenzung nach § 651h für Nichtkörperschäden nicht in Betracht kommt (s. Rz R 77). Eine Haftungsbegrenzung gemäß § 651h I für Ansprüche aus unerlaubter Handlung ist deshalb nach § 309 Nr. 7 b und § 307 unwirksam.[3] Unwirksam ist eine sich mit § 651h I deckende Haftungsbegrenzung in ARB aber auch, wenn sie unterschiedslos für alle Arten von Reisen Geltung beansprucht und auf besondere Verhältnisse keine Rücksicht nimmt;[4] die Reduktion auf den erlaubten Inhalt ist nicht möglich.[5] Zu beachten ist wie stets, dass die Klauselgestaltung dem Transparenzgebot des § 307 I 2 entspricht. Eine Klausel, wonach Haftungsbeschränkungen und Haftungshöchstgrenzen nach dem WA „u. a." gelten, genügt diesen Anforderungen nicht und ist deswegen nach § 307 unwirksam.[6]

b) Die in § 651h II zugunsten des Reiseveranstalters vorgesehene Haftungsbegrenzung auf die beim Leistungsträger kraft internationaler Abkommen oder darauf beruhender gesetzlicher Regelung bestehende Haftungsbegrenzung gilt im Gegensatz zu § 651h I auch ohne Vereinbarung allein aufgrund der gesetzlichen Vorschrift. Klauseln, die diese Regelung in ARB übernehmen, unterliegen § 307 III. § 651h II kann sowohl zu einer Begrenzung der Haftung, aber auch zu deren vollständigem Ausschluss führen.[7] § 651h II lässt im Gegensatz zu § 309 Nr. 7 b eine Haftungsbegrenzung auch bei Vorsatz und grober Fahrlässigkeit des Leistungsträgers zu. Die Haftungsbegrenzung nach § 651h II kann jedoch nur gelten, soweit der Reiseveranstalter allein wegen des Verschuldens des Leistungsträgers nach § 278 haftet. Die Haftung für eigenes Verschulden des Reiseveranstalters, etwa ein Auswahl-, Überwachungs- oder Organisationsverschulden, fällt nicht unter § 651h II. Eine hierauf bezogene Haftungsbegrenzung ist nach § 651 m sowie in dem von § 651h I Nr. 1 und § 309 Nr. 7 b vorgesehenen Umfang unwirksam.[8] **R 82**

---

[1] S. auch *Erman/H.H. Seiler* § 651h Rz 6.

[2] S. auch LG Frankfurt NJW 1977, 1687; *Grunewald* NJW 1980, 1924.

[3] BGH ZIP 1987, 640, 649 = NJW 1987, 1931; OLG Frankfurt NJW 1986, 1618, 1621; *Soergel/Stein* § 9 Rz 102, *Kaller* Reiserecht, Rz 312 zu den Reise-AGB 2002; bedenklich insoweit auch Nr. 11.2 Reise-AGB 2006.

[4] BGH ZIP 1987, 640, 650 = NJW 1987, 1931; OLG Frankfurt NJW 1986, 1618, 1621.

[5] BGH ZIP 1987, 640, 650.

[6] OLG Hamburg NJW-RR 1986, 1440.

[7] *Ulmer/Harry Schmidt* Anh. § 310 Rz 676; *Kappus* in *von Westphalen* Vertragsrecht und AGB-Klauselwerke, Reisebedingungen, Rz 96.

[8] S. auch OLG Frankfurt NJW 1982, 2200, das § 307 II Nr. 1 anwendet.

3. Höhe der Haftungsbegrenzung

R 83 Für die Höhe der Haftungsbegrenzung sieht § 651 h I den dreifachen Reisepreis vor. Haftungsbegrenzungen in ARB für leichte Fahrlässigkeit unterliegen jedoch hinsichtlich ihrer Höhe der Kontrolle nach § 307.[1] Soweit die Haftung für leichte Fahrlässigkeit ganz ausgeschlossen werden kann,[2] bestehen gegen eine Haftungsbegrenzung in Höhe des dreifachen Reisepreises keine grundsätzlichen Bedenken. Soweit die Haftung für leichte Fahrlässigkeit nicht ausgeschlossen werden kann,[3] ist die Haftungsbegrenzung auf den dreifachen Reisepreis nur wirksam, wenn sie die typischerweise zu erwartenden Schäden abzudecken vermag[4] und wenn sie Körperschäden nicht umfasst.[5] Eine Haftungsbegrenzung auf den dreifachen Reisepreis, die unterschiedslos für alle Schäden gelten will, ist deshalb unwirksam.[6]

IX. Ausschlussfrist und Verjährung

1. Ausschlussfrist

R 84 **a)** Die in § 651 g I vorgesehene Ausschlussfrist von einem Monat für die Geltendmachung von Ansprüchen soll dem Reiseveranstalter einen raschen Überblick über drohende Ansprüche ermöglichen und damit seine Kalkulation erleichtern,[7] ihm aber auch die Möglichkeit zur Überprüfung der Beanstandungen und zur Geltendmachung von Regressansprüchen geben.[8] Gemäß § 3 II Nr. 8 BGB-InfoV hat der Veranstalter den Reisenden in der Reisebestätigung auf die Ausschlussfrist hinzuweisen und anzugeben, gegenüber welcher Stelle eventuelle Ansprüche geltend zu machen sind. In Nr. 12.1 Reise-AGB 2006 ist der Hinweis auf die Frist zur Geltendmachung von Gepäckschäden bei Flugreisen (7 Tage/21 Tage bei Verspätung, Art. 26 II WA, vgl. dazu Rz L 242) sprachlich unglücklich hinter der Ausnahmeregelung zur unverschuldeten Fristversäumung bei der Geltendmachung von Ansprüchen angebracht. Dies sollte klarer abgegrenzt werden, da die Verständlichkeit der Regelung leidet, was unter Transparenzgesichtspunkten nicht ungefährlich ist. Um die Ernsthaftigkeit sowie Art und Inhalt der Ansprüche beurteilen zu können, muss die Geltendmachung grundsätzlich nach Abschluss der Reise erfolgen. Jedoch muss eine Geltendmachung vor Reiseende genügen, wenn an der Ernsthaftigkeit und Bestimmtheit keine Zweifel möglich sind.[9] Eine Klausel, wonach die Anmeldung von Ansprüchen nur vom Vertreter vorgenommen werden kann, der die Reise für die übrigen gebucht hat, ist nach § 305 c I überraschend und nach § 307 II Nr. 1 unwirksam.[10] Gleiches gilt, wenn beim Vertrag zugunsten Dritter (§ 328) dem begünstigten Dritten die eigene Anmeldung abgeschnitten wird.[11] Unwirksam ist auch ein Abtretungsverbot von Ansprüchen an den betroffenen Reiseteilnehmer.

---

[1] § 309 Nr. 7 Rz 108 f.; s. auch *Ulmer/Harry Schmidt* Anh. § 310 Rz 675.

[2] § 309 Nr. 7 Rz 90.

[3] § 309 Nr. 7 Rz 96 ff.

[4] § 309 Nr. 7 Rz 110.

[5] Dazu auch *Ulmer/Harry Schmidt* Anh. § 310 Rz 673.

[6] OLG Frankfurt NJW 1986, 1618, 1622.

[7] BGHZ 90, 363, 369 f; BGH NJW 1986, 1748, 1750; BGH NJW 2004, 3178, 3179.

[8] *Soergel/Eckert* § 651 g Rz 2.

[9] In diese Richtung tendierend, die Frage aber prozessbedingt letztlich offen lassend BGH NJW 2004, 3777, 3778; ähnlich BGH NJW 2004, 3178, 3179; *Tempel* NJW 1987, 1532; a. A. OLG München NJW-RR 1987, 369.

[10] S. auch OLG Düsseldorf NJW-RR 1987, 888, das jedoch § 307 II Nr. 2 anwendet.

[11] A. A. jedoch OLG Düsseldorf NJW-RR 1988, 636.

Die Ausschlussfrist gilt auch für **Sozialversicherungsträger,** die kraft cessio legis Inhaber des Gewährleistungsanspruchs nach § 651 f I werden, soweit dieser unfallbedingte Heilbehandlungskosten umfasst. Das gilt nicht nur für die Frist als solche, sondern auch für deren Beginn. Maßgeblich ist also im Grundsatz auch für den Sozialversicherungsträger das vertragsmäßige Ende der Reise. Da hierdurch die Sozialversicherer bisweilen vor dem Problem stehen, dass sie schon bei gewöhnlichem Ablauf der Bearbeitung von Leistungsfällen die Ansprüche erst zu spät geltend machen können, wurde in Literatur und Rechtsprechung versucht, den Fristbeginn nach hinten zu verschieben auf den Zeitpunkt, in dem der Sozialversicherungsträger von dem anspruchsbegründenden Vorgang und der Person des Reiseveranstalters Kenntnis erlangt.[1] Diesen Versuchen hat der BGH eine Absage erteilt: Auch in den Fällen soll eine fristgemäße Geltendmachung der übergegangenen Ansprüche durch den Sozialversicherer erforderlich sein, in denen der Reisende selbst vor dem Reiseende eine Erklärung abgegeben hat, die als Geltendmachung von Ansprüchen ausgelegt werden könnte. Der Sozialversicherungsträger sei ausreichend durch § 651 g I 2 geschützt, wenn er nur nach Wegfall des Hindernisses die Ansprüche unverzüglich geltend mache.[2] Man mag dem BGH im Grundsatz zustimmen, allerdings nicht in allen Einzelheiten der Begründung. Angesichts des Schutzzwecks von § 651 g I 1, rasche Klärung über etwaige Gewährleistungsansprüche herbeizuführen bei gleichzeitiger Sicherung der Beweiserhebungs- und etwaiger Regressmöglichkeiten des Veranstalters, erscheint der Ansatz nicht überzeugend und recht konstruiert, dass eine bereits vom Reisenden selbst ausgebrachte Erklärung zur Geltendmachung von Ansprüchen die Frist für den Sozialversicherungsträger nicht wahren soll. Aus der Sicht des Veranstalters muss doch die Geltendmachung durch den Reisenden bereits ein hinreichender Anlass sein, den Sachverhalt aufzuklären und etwaige Regressforderungen zu sichern. Der Veranstalter weiß auch im Regelfall nicht, ob der Reisende „Kassenpatient“ oder „privat versichert“ ist, so dass er die Anspruchsmeldung des Reisenden auch unter diesem Aspekt ernst zu nehmen hat. Selbst wenn man vom Standpunkt des BGH ausgeht, hätte geprüft werden müssen, ob nicht der Reisende in der gegebenen Situation nicht als falsus prokurator für den Sozialversicherer die Meldung abgibt, die der Reiseveranstalter dann wohl nicht nach § 180 zurückgewiesen hat, so dass der Sozialversicherungsträger sie nach § 177 I spätestens durch die Anspruchserhebung konkludent genehmigt hat. Den Sozialversicherungsträger auf den, wie die Entscheidung zeigt, steinigen Weg des § 651 g I 2 zu verweisen, bedeutet in den meisten Fällen wohl ihm Steine statt Brot zu geben. Nach Ablauf der Ausschlussfrist kann ein Anspruch nur noch bei unverschuldeter Säumnis und dann nach Wegfall des Hindernisses unverzüglich geltend gemacht werden.[3] Jedoch kann die Berufung auf die Ausschlussfrist rechtsmissbräuchlich sein.[4] § 651 g I gilt grundsätzlich nicht bei arglistigem Vorspiegeln und Verschweigen des Reiseveranstalters (s. Rz R 89). Für die Fristberechnung gilt § 187 I mit § 188 II.[5]

§ 651 g I betrifft ausdrücklich nur die Ansprüche aus § 651 c–f. Die Ausdehnung der Ausschlussfrist auf andere Ansprüche als in §§ 651 c–f geregelt, verstößt nicht gegen § 651 m, soweit es sich um allgemeine Ansprüche handelt, die nicht in §§ 651 a–j enthalten sind. Ansprüche des Reisenden aus § 651 i II, III und aus § 651 j II können allerdings bereits nach § 651 m an keine Ausschlussfrist gebunden **R 85**

---

[1] Z.B. OLG Celle RRA 2002, 159, 161; MünchKomm/*Tonner* § 651 g Rz 29 m.w.N.

[2] BGH NJW 2004, 3178 mit Anm. *Führich* LMK 2004, 204 und *Staudinger* RRa 2004, 231.

[3] BGH a.a.O. in der vorangegangenen Fußnote.

[4] LG Frankfurt NJW-RR 1987, 567.

[5] S. LG Frankfurt NJW 1986, 594; *Palandt/Thomas,* § 651 g Rz 2; s. allgemein zur Fristwahrung *Tempel* NJW 1987, 2841, 2844.

werden, da der Reisende dadurch benachteiligt wird. Soweit es die allgemeinen Ansprüche aus Pflichtverletzungen betrifft, muss die Berechtigung der Ausschlussfrist anhand von § 307 überprüft werden. Grundsätzlich kann eine Ausschlussfrist nicht als angemessen angesehen werden.[1] Da aber § 651 g I eine Ausschlussfrist wegen berechtigter Interessen des Reiseveranstalters für die Mängelgewähransprüche anerkannt hat, kann ausnahmsweise eine Ausdehnung der Ausschlussfrist auf andere, damit eng verbundene Ansprüche zugelassen werden.[2] Dies gilt insbesondere für Ansprüche wegen Pflichtverletzungen im Sinn des § 280, da die Interessen des Reiseveranstalters in diesen Fällen gleichermaßen schutzbedürftig sind und damit auch etwaige Abgrenzungsprobleme zum Gewährleistungsrecht (s. Rz R 73) an Bedeutung verlieren können. Wegen etwaiger Abgrenzungsschwierigkeiten ist es auch für den Reisenden ohnehin zweckmäßig, die Ausschlussfrist zu wahren. Die Ausdehnung der Ausschlussfrist auf alle Ansprüche wegen Leistungsstörungen ist deshalb nicht nach § 307 zu beanstanden. Werden Ansprüche „wegen nicht vertragsgemäßer Erbringung der Reise" erfasst, so ist diese Formulierung weiter als in § 651 g I und schließt z. B. auch Ansprüche wegen Pflichtverletzungen nach § 280 ein; da auch deliktische Ansprüche darunter fallen können, ist eine solche Klausel nach § 307 unwirksam.

R 86 Die Ausschlussfrist darf nicht auf **Ansprüche aus unerlaubter Handlung** ausgedehnt werden,[3] da bei Durchsetzung dieser Ansprüche der Reisende, anders als bei vertraglichen Ansprüchen, die Beweislast für das Verschulden trägt und auch § 278 nicht gilt. Der Reiseveranstalter ist dadurch besser gestellt, weshalb sich ein zusätzlicher Schutz durch eine Ausschlussfrist nicht mehr mit den § 651 g I zu Grunde liegenden Erwägungen rechtfertigen lässt, und deshalb eine Ausschlussfrist nach § 307 unwirksam ist. Nr. 12.1 der Reise-AGB 2006 bezieht sich seinem Wortlaut nach nur auf Ansprüche wegen nicht vertragsgemäßer Erbringung der Reise, so dass es nicht für deliktische Ansprüche gelten dürfte (§ 305 c II), ansonsten wäre die Regelung bedenklich.

R 87 Auch für **Ansprüche aus culpa in contrahendo (§§ 311 II, 241 II)** ergibt sich kein ausreichendes Bedürfnis für eine Ausschlussfrist, da es sich dabei regelmäßig um Vorgänge im unmittelbaren Herrschafts- und Organisationsbereich des Reiseveranstalters handelt, mit dem die Vertragsverhandlungen geführt werden und dem deshalb die Aufklärung und Überprüfung auch noch nach Ablauf eines Monats zugemutet werden kann. Die Erstreckung der Ausschlussfrist auf diese Ansprüche ist deshalb nach § 307 unwirksam.[4]

R 88 **b)** Die Wahrung der Ausschlussfrist darf nicht dadurch erschwert werden, dass eine besondere **Form für die Geltendmachung** verlangt wird, z. B. durch schriftliche Mängelrüge oder durch ein vom Reiseleiter unterzeichnetes Mängelprotokoll. § 651 g I lässt jede Art der Geltendmachung zu. Das Verlangen schriftlicher Geltendmachung verstößt deshalb gegen § 651 g mit § 651 m und ist schon nach § 134,[5] aber auch nach § 307 unwirksam. Die Mängel müssen nur konkretisierbar

---

[1] S. auch OLG München NJW-RR 1987, 493, 494 zu 4; a. A. *Tempel* NJW 1987, 2841, 2843 m.w.N.

[2] S. auch *Soergel/Eckert* § 651 g Rz 5; *Eberle* DB 1979, 341, 345; *Wolter* AcP 183 (1983), 35, 55.

[3] BGH NJW 2004, 3777, 3778; NJW 2004, 2965, 2966; OLG München NJW-RR 1987, 493, 494 zu 4; LG Frankfurt NJW 1982, 1538; 1990, 520; *Soergel/Stein* § 9 Rz 102; *Ulmer/Harry Schmidt* Anh. § 310 Rz 678; *Kappus* in: *von Westphalen* Vertragsrecht und AGB-Klauselwerke, Reisebedingungen, Rz 118; MünchKomm/*Tonner* § 651 g Rz 5; a. A. *Bartl* Reiserecht, Rz 108.

[4] OLG München NJW-RR 1987, 493, 494 zu 4; wohl auch *Kappus* in *von Westphalen* Vertragsrecht und AGB-Klauselwerke, Reisebedingungen, Rz 118; a. A. MünchKomm/*Tonner* § 651 g Rz 3; *Tempel* NJW 1987, 2841, 2843.

[5] S. BGHZ 90, 363 = NJW 1984, 1752; so auch *Ulmer/Harry Schmidt* Anh. § 310 Rz 679.

umschrieben, nicht aber bis ins einzelne substantiiert werden.[1] Eine Bezifferung ist nicht erforderlich.[2] Im Falle der Bezifferung kann im Prozess davon abgewichen werden.[3] Auch ein ausdrücklicher Hinweis auf eine Rechtsverfolgung ist nicht erforderlich, wenn nur aus dem Gesamtzusammenhang hervorgeht, dass der Reisende die Beanstandungen nicht auf sich beruhen lassen will.[4] Die Geltendmachung nach § 651 g ist jedoch von der Mängelanzeige nach §§ 651 c II, III, 651 d II zu unterscheiden, da sie anderen Zwecken dient. Die Mängelanzeige soll die Abhilfe am Urlaubsort ermöglichen, die Geltendmachung dient der Anspruchsdurchsetzung und soll dem Reiseveranstalter die Überprüfung der gerügten Mängel ermöglichen.[5] Die Geltendmachung der Ansprüche kann schon vor Reiseende erfolgen und mit der Mängelanzeige verbunden werden.[6] Die Geltendmachung muss aber eindeutig und vorbehaltlos erfolgen, damit der Reiseveranstalter erkennen kann, dass er mit Ansprüchen rechnen muss und sich darauf einstellen kann.[7] Die Geltendmachung muss auch gegenüber dem Reiseveranstalter oder einem bevollmächtigten Vertreter erfolgen. Das Reisebüro ist bei enger rechtlicher und wirtschaftlicher Zusammenarbeit[8] oder, soweit es sonst als Handelsvertreter auftritt, nach § 91 II HGB als bevollmächtigt anzusehen.[9] Wird die Empfangsvollmacht des Reisebüros im Widerspruch zu § 91 II HGB generell ausgeschlossen, so ist eine solche Klausel nach § 305 c I überraschend und nach § 307 unwirksam,[10] da der Vertrauensschutz des Reisenden nicht entgegen § 91 II 2 HGB aufgehoben werden darf. Die örtliche Reiseleitung ist dazu nicht ohne weiteres bevollmächtigt,[11] auch nicht ein Leistungsträger. Eine Klausel, wonach die Geltendmachung am Urlaubsort oder gegenüber der Reiseleitung nicht genügt, ist deshalb nicht zu beanstanden.[12] Das Abhilfeverlangen nach § 651 c II oder die Mängelanzeige nach § 651 d II reichen für ein Geltendmachen nach § 651 g I nicht aus,[13] da sie der Abhilfe am Urlaubsort und nicht der Anspruchsdurchsetzung bei Misslingen dient.[14] Etwas anderes gilt nur, wenn die Mängelanzeige die Geltendmachung von Ansprüchen durch den Reisenden klar zum Ausdruck bringt und von der örtlichen Reiseleitung an die Zentrale weitergeleitet wird,[15] oder wenn der Reiseleiter die Regulierung mit dem Veranstalter verspricht.[16] Die bloße Bestätigung der Kenntnisnahme genügt nicht.[17] Ist der Reiseleiter nicht zur Entgegennahme der Geltendmachung nach § 651 g bevollmächtigt, so genügt doch eine Geltendmachung gegenüber dem Reiseveranstalter unter Bezugnahme auf die dem Reiseleiter gegenüber abgegebene Anzeige der konkreten Mängel.[18]

---

[1] LG Frankfurt NJW-RR 1987, 1078.
[2] BT-Drs. 8/2343 S. 11.
[3] LG Frankfurt NJW-RR 1987, 1078.
[4] LG Frankfurt NJW-RR 1992, 504.
[5] S. auch BGH NJW 1988, 488.
[6] S. BGHZ 90, 393 = NJW 1984, 1752; BGH NJW 1988, 488; *Tempel* NJW 1985, 145; a. A. OLG Düsseldorf NJW 1985, 145.
[7] BGH NJW 1988, 488; OLG München BB 1987, 157.
[8] S. BGH NJW 1982, 377.
[9] S. BGH NJW 1988, 488; OLG Frankfurt MDR 1982, 752; LG Hannover NJW-RR 1987, 177; a. A. LG Frankfurt NJW 1985, 1167: Reisebüro immer Handelsvertreter.
[10] LG Frankfurt NJW-RR 1987, 745.
[11] A. A. OLG Frankfurt NJW 1981, 2068.
[12] S. OLG Düsseldorf NJW 1985, 148; *Tempel* NJW 1984, 1753.
[13] LG Hannover NJW 1982, 343; *Würfel* MDR 1982, 539.
[14] BGH NJW 1988, 488.
[15] LG Frankfurt NJW 1978, 1488; 1985, 146.
[16] LG Hannover NJW-RR 1987, 749.
[17] LG Hannover NJW-RR 1988, 1454; a. A. LG Frankfurt NJW 1988, 1219.
[18] BGH NJW 1984, 1752, 1753.

R 89 **c)** Auf die Versäumung der Ausschlussfrist durch verspätete Geltendmachung der Gewährleistungsansprüche kann sich der Reiseveranstalter nicht berufen, wenn er den Mangel **arglistig verschwiegen** oder sein Fehlen arglistig vorgespiegelt hat. §§ 639, 444 sind analog anzuwenden.[1] Die gegenläufige h.M. erweitert das Schutzanliegen des § 651 g I (s. Rz R 84) auf den nicht Schutzwürdigen: Wer einen Mangel arglistig verschweigt oder sein Fehlen arglistig vorspiegelt, weiß, dass daraus Ansprüche hergeleitet werden können. Warum sollte er den Umstand sonst verheimlichen? Einer weiteren konkreten „Vorwarnung", dass Ansprüche auf ihn zukommen, bedarf der arglistige Veranstalter nicht. Eine ganz andere Frage ist es, ob der Reisende sich denn darauf verlassen kann, dass tatsächlich im Streitfall Arglist angenommen – oder nachgeweisen werden kann.[2] Dies führt dazu, dem Reisenden den „sicheren Weg" zu weisen und zu empfehlen, jedenfalls die Monatsfrist zu wahren.

2. Verjährung

R 90 § 651 g II sieht für die Ansprüche aus §§ 651 c–f eine Verjährungsfrist von zwei Jahren vor. Die Gründe für die kurze Verjährungsfrist sind dieselben wie für die Ausschlussfrist (Rz R 84): rasche Möglichkeit zur Kalkulation, zur Überprüfung der Beanstandungen und zur Geltendmachung von Regressansprüchen.[3] Allerdings wurden diese Erwägungen durch die Neufassung der Verjährungsvorschriften durch das Schuldrechtsmodernisierungsgesetz erheblich entwertet, da man bei einer zweijährigen Verjährungsfrist kaum noch von „rascher" Abwicklung sprechen kann. Den Bedürfnissen der Reiseveranstalter wurde aber dadurch Rechnung getragen, dass ihnen in § 651 m S. 2 die Möglichkeit eingeräumt wurde, die Verjährungsfrist vor Mitteilung eines Mangels auf ein Jahr ab dem Tag, an dem die Reise nach dem Vertrag enden sollte, zu verkürzen. Von dieser Möglichkeit haben die Reise-AGB in Ziff. 12 Gebrauch gemacht und einen Hinweis auf die Hemmung wegen Verhandlungen über den Anspruch angefügt. Die Regelung ist entgegen einer in der Literatur vertretenen Ansicht[4] weder materiell noch unter Transparenzgesichtspunkten zu beanstanden: Es macht die Regelung nicht transparenter, wenn man die in ihr zitierten Gesetzesvorschriften ausformuliert und weitere Hinweise auf verjährungsrechtliche Regelungen aufnimmt, sondern letztlich unübersichtlicher und damit für den Reisenden auch nicht hilfreicher. Unzutreffend ist der Vorwurf, die Regelung „stehle" dem Reisenden einen Tag, denn nach der gesetzlichen (und der AGB-)Regelung beginnt die Frist nun einmal mit dem Tag des vertraglichen Reiseendes zu laufen, so dass nach § 187 I der darauf folgende Tag der erste der Verjährungsfirst und nach § 188 II der dem Tag des vertraglichen Reiseendes entsprechende Tag des folgenden Monats der letzte Tag der Frist ist. Ist in ARB die kurze Verjährungsfrist für „Ansprüche" des Reisenden vorgesehen, so ergeben sich daraus Auslegungsschwierigkeiten, die zu Lasten des Verwenders zu lösen sind. Das bedeutet aber, dass die für den Vertragspartner günstigste Auslegung zu wählen

---

[1] BGH NJW 1983, 2699; LG Frankfurt NJW-RR 1991, 317; *Bartl* Reiserecht, Rz 113; *Tempel* NJW 1985, 149; a. A. die h.M.: OLG Düsseldorf NJW 1985, 148, 149: Anwendung von § 242; MünchKomm/*Tonner* § 651 g Rz 30; *Staudinger/Jörn Eckert* § 651 g Rz 14; *Bamberger/Roth/Geib* § 651 g Rz 11; *Erman/H.H. Seiler* § 651 g Rz 3 a.E.

[2] Die Beweislast für die Arglist trägt der Reisende entspr. der Rechtslage bei §§ 639, 444, vgl. dazu *Bamberger/Roth/Voit* § 639 Rz 7 und *Bamberger/Roth/Faust* § 444 Rz 21.

[3] S. auch LG Frankfurt NJW 1982, 1538.

[4] *Kappus* in: *von Westphalen* Vertragsrecht und AGB-Klauselwerke, Reisebedingungen, Rz 119, der gar „unüberwindliche Wirksamkeitsbedenken" sieht; wie hier MünchKomm/*Tonner* § 651 g Rz 40; *Staudinger/Jörn Eckert* § 651 g Rz 45.

ist, die auch dazu führen kann, dass die Regelung insgesamt unwirksam ist. Unwirksam ist auf jeden Fall eine Klausel, die alle Ansprüche des Reisenden, auch solche aus unerlaubter Handlung und aus culpa in contrahendo der kurzen Verjährung unterstellt. Dies verstößt gegen § 651 m und gegen § 307.[1]

Eine Ausdehnung der zweijährigen Verjährung auf alle vertraglichen Ansprüche wäre aus denselben Gründen wie bei der Ausschlussfrist (Rz R 84 ff.) nicht zu beanstanden.[2] Bei arglistigem Verschweigen oder Vorspiegeln gilt analog § 634 a die kurze Verjährungsfrist nicht. Für Ansprüche aus unerlaubter Handlung muss die dreijährige Verjährungsfrist aus § 195 erhalten bleiben.[3] Bei Ansprüchen aus culpa in contrahendo ist eine einjährige Verjährungsfrist im Gegensatz zur Ausschlussfrist nicht zu beanstanden, da auch bei Vorgängen im eigenen Organisationsbereich nach Ablauf von einem Jahr Beweisschwierigkeiten entstehen können. **R 91**

X. Verzicht

Der Verzicht auf Schadensersatz- oder Gewährleistungsrechte aus dem Reisevertrag, z. B. in einer „Rückgabequittung", ist nach § 651 m unwirksam.[4] Daneben ergibt sich die Unwirksamkeit aus § 307, weil die Pflichten des Reiseveranstalters aus §§ 651 a ff. zu den wesentlichen Grundgedanken der gesetzlichen Regelung gehören. Ein Verstoß gegen § 307 kann sich auch daraus ergeben, dass der Verzicht mit anderen Erklärungen und Geschäften, z. B. der Rückgewähr einer Kaution, verbunden ist und die Ablehnung der Unterschrift dem anderen Vertragsteil deshalb nicht zugemutet werden kann[5] oder wenn sich der Urlauber der einseitigen Entscheidung des örtlichen Reiseleiters unterwerfen muss.[6] Der Verzicht ist, soweit er die Rechte aus §§ 651 a–j ausschließt, auch nach § 651 m unwirksam, wenn er noch während der Laufzeit des Reisevertrags abgegeben wird.[7] **R 92–100**

*

Reparaturverträge

Inhaltsübersicht

Schrifttum: *Micklitz,* Berechnungsmethode im Reparaturhandwerk und AGB-Gesetz, BB 1988, 639; *ders.,* Der Reparaturvertrag, 1984; *Schmid,* Die fehlgeschlagene Reparatur, NJW 1994, 1824.

---

1 OLG München NJW-RR 1987, 493, 494 zu 5.
2 S. LG Frankfurt NJW 1982, 1538.
3 BGH NJW 1988, 1380.
4 OLG Düsseldorf NJW-RR 1992, 245.
5 LG Frankfurt NJW 1983, 233, 234.
6 LG Frankfurt NJW 1984, 1762, 1763.
7 LG Kleve NJW-RR 1992, 1525.

1. Allgemeines

R 101 Reparaturverträge sind Werkverträge. Ein Großteil der in Reparaturverträgen typischerweise verwandten Klauseln werden im Rahmen des vorliegenden Werkes bereits an anderer Stelle kommentiert. Dies gilt z. B. für Haftungsfreizeichnungsklauseln,[1] Kostenanschlagsklauseln,[2] Pfandklauseln[3] und Vorleistungsklauseln.[4] Im Folgenden sei daher im Wesentlichen auf einige Besonderheiten eingegangen.

2. Konditionenempfehlungen

R 102 Einzelne Reparaturbedingungen sind als Konditionenempfehlungen beim Bundeskartellamt angemeldet. Dazu gehören die im Jahre 2001 neu gefassten „Bedingungen für die Ausführung von Arbeiten an Kraftfahrzeugen, Anhängern, Aggregaten und deren Teilen und für Kostenvoranschläge".[5] Ebenfalls angemeldet sind „Allgemeine Geschäftsbedingungen für Radio- und Fernsehtechniker-Handwerk und Radio- und Fernseh-Einzelhandel"[6] sowie „Bedingungen für die Ausführung von Arbeiten an Booten, Boostmotoren, und Anhängern".[7] Problematisch ist, wenn die AGB den Hinweis enthalten: „Beim Bundeskartellamt angemeldet und nicht für unzulässig erklärt." Dadurch wird beim Kunden der Eindruck erweckt, dass die AGB vom BKartA auf ihre Vereinbarkeit mit dem AGB-Gesetz geprüft und nicht beanstandet worden seien. Der gegenteilige Hinweis des BKartA, der nur im BAnz veröffentlicht wird, wird damit unterlaufen, und der Kunde kann von einer kritischen Prüfung und Einleitung eines gerichtlichen Verfahrens zur Überprüfung abgehalten werden. Dies stellt eine dem Gesetzeszweck widersprechende unangemessene Benachteiligung dar, die nach § 307 I unzulässig ist.

3. Der Inhalt des Reparaturauftrags

R 103 **a) Auftragserweiterungsklauseln.** Eine Auftragserweiterungsklausel ist dann gegeben, wenn eine Klausel dem Verwender das Recht gibt, zusätzliche Arbeiten gegen zusätzliches Entgelt durchzuführen, ohne zuvor das Einverständnis des Verwendungsgegners einzuholen. Entsprechende Klauseln sind an § 308 Nr. 4 zu messen,[8] da sie dem Verwender das Recht geben, den Leistungsumfang zu erweitern. Nach § 308 Nr. 4 kommt es entscheidend darauf an, ob die Vereinbarung der Abweichung für den anderen Vertragsteil zumutbar ist. Diese Voraussetzung ist im Falle einer Auftragserweiterungsklausel in einem Reparaturvertrag nur dann zu bejahen, wenn die Klausel sich am Leitbild der Geschäftsführung ohne Auftrag (§§ 677, 693) orientiert, d. h. dem Interesse und dem wirklichen oder mutmaßlichen Willen des Auftraggebers entspricht.[9]

---

[1] S. § 309 Nr. 7 Rz 90 ff.

[2] S. dazu § 310 Rz K 31 ff.

[3] S. dazu § 310 Rz P 6 ff.

[4] S. dazu § 309 Nr. 2 Rz 8 ff., § 309 Nr. 3 Rz 20, § 310 Rz V 501 ff.

[5] BAnz 2001, S. 25.442 mit Änderungen in BAnz 2003, S. 20.330.

[6] Neufassung v. 6. 10. 1977, BAnz Nr. 188, mit Änderung in BAnz 1981 Nr. 40 (27. 2. 1981), BAnz 1983 Nr. 183 (20. 9. 1983), 1984, BAnz 1984, S. 11.521.

[7] BAnz 1979 Nr. 181 (26. 9. 1979).

[8] BGH NJW 1987, 2818, 2818 (zu § 10 Nr. 4 AGBG).

[9] So tendenziell auch BGH NJW 1987, 2818, 2819 (zu § 10 Nr. 4 AGBG), der den Verstoß einer Auftragserweiterungsklausel gegen § 10 Nr. 4 AGBG (§ 308 Nr. 4) damit begründet, dass die Klausel das „gesetzliche Leitbild der Geschäftsführung ohne Auftrag verfehlt".

b) Beispiele. Eine Klausel „Zusätzliche, nicht besonders in Auftrag gegebene Arbeiten werden vorbehalten, wenn diese erforderlich werden, um das Gerät wiederherzustellen" ist nach § 308 Nr. 4 unwirksam, da sie ohne Rücksicht auf die Zumutbarkeit für den anderen Vertragsteil, insbesondere auch ohne Rücksicht auf die entstehenden Kosten, Geltung beansprucht.[1] Unwirksam ist nach Auffassung des BGH selbst eine Klausel des Inhalts, dass die Durchführung nicht vereinbarter Arbeiten ohne Zustimmung des Auftraggebers möglich sein soll, wenn der Auftraggeber kurzfristig nicht erreichbar ist, der Auftragspreis sich durch die Arbeiten um nicht mehr als einen bestimmten Prozentsatz erhöht und die Arbeiten notwendig sind.[2] Denn der Begriff „notwendig" sei im vorliegenden Zusammenhang wenig aussagekräftig und daher unbrauchbar.[3] Er könne im Einzelfall vom Auftragnehmer auch so gedeutet werden, dass er dem nicht erkennbaren Interesse des Auftraggebers zuwiderläuft.[4] Beispielsweise sei an den Fall zu denken, dass der Auftraggeber bestimmte Arbeiten, die an sich sachlich geboten sind, durch andere Personen oder aber im Hinblick auf eine bevorstehende Stilllegung des Fahrzeugs gar nicht mehr durchführen lassen möchte. Auf derartige vom Auftragnehmer aus verschiedenen Gründen für notwendig gehaltene Arbeiten könne die Leistungspflicht nicht erstreckt werden.[5] Dementsprechend will der BGH mit Blick auf eine Klausel des genannten Inhalts die Zumutbarkeit im Sinne des § 308 Nr. 4 verneinen.[6] Der BGH überspannt jedoch die Anforderungen an die Klauselgestaltung.[7] Wenn der Gesetzgeber in § 994 den Begriff der notwendigen Verwendungen selbst als sachgerechte Formulierung anerkennt, können an den Verwender der AGB nicht ohne weiteres höhere Anforderungen gestellt werden. Vor diesem Hintergrund wird man die genannte Klausel als wirksam einstufen müssen. Erst recht ist sie dann wirksam, wenn sie den Begriff der Notwendigkeit dahingehend präzisiert, dass es um die zur Herstellung der Verkehrssicherheit notwendigen Reparaturen geht.[8] **R 104**

c) Sonstiges. Eine Ermächtigung zur Vergabe von **Unteraufträgen** in AGB über die Reparatur von Kraftfahrzeugen verstößt nicht gegen § 309 Nr. 10, da der Auftragnehmer von seiner eigenen Verbindlichkeit nicht befreit wird.[9] Die Gestattung von **Probe- und Überprüfungsfahrten** ist ebenfalls nicht zu beanstanden, weil und soweit sie zur ordnungsgemäßen Durchführung des Auftrags erforderlich sind. Eine Klausel auf einem Abholschein, der zufolge **Fertigstellungstermine** nur dann verbindlich sind, wenn sie schriftlich bestätigt wurden, ist unangemessen und daher unwirksam.[10] Zwar kann das Erfordernis einer schriftlichen Bestätigung grundsätzlich wirksam sein, sofern es die Vertretungsmacht der Betroffenen tatsächlich beschränkt.[11] Durch Angaben auf einem Lieferschein kann die Vertretungsmacht aber nicht wirksam eingeschränkt werden. **R 105**

---

[1] Vgl. OLG Celle AGBE I § 10 Nr. 42.

[2] So BGH NJW 1987, 2818, 2818 (zu § 10 Nr. 4 AGBG) für eine Klausel die bei Aufträgen bis 500 DM eine Grenze von 20 % und bei Aufträgen über 500 DM eine Grenze von 15 % vorsah.

[3] BGH NJW 1987, 2818, 2818 (zu § 10 Nr. 4 AGBG).

[4] BGH NJW 1987, 2818, 2818 (zu § 10 Nr. 4 AGBG).

[5] BGH NJW 1987, 2818, 2818 (zu § 10 Nr. 4 AGBG).

[6] BGH NJW 1987, 2818, 2818 (zu § 10 Nr. 4 AGBG).

[7] S. dazu *M. Wolf* JZ 1987, 1030.

[8] So tendenziell auch BGH NJW 1987, 2818, 2818 (zu § 10 Nr. 4 AGBG): „Es mag [...] anerkannt werden, dass der Begriff ‚notwendige Arbeiten' zu einem angemessenen Ausgleich führen könnte, wenn er allein auf die Fälle sonst nicht gewährleisteter Verkehrssicherheit des Fahrzeugs bezogen verstanden werden könnte."

[9] Wie hier *Ulmer/Christensen* Anh. § 310 Rz 687. S. schon § 309 Nr. 10 Rz 15.

[10] BGH NJW 1982, 1389, 1390 (zu § 9 AGBG).

[11] S. im Einzelnen Anh. § 310 Rz S 102 ff.

4. Zahlungspflichten

R 106 **a) Vorleistungspflichten.** Mit Blick auf Vorleistungsklauseln kann zunächst auf die allgemeinen Ausführungen zu solchen Klauseln verwiesen werden.[1] Zumindest gegenüber Verbrauchern hängt die Wirksamkeit der Vorleistungsklausel davon ab, dass „für sie ein sachlich rechtfertigender Grund gegeben ist und den berechtigten Interessen des Kunden hinreichend Rechnung getragen wird".[2] Selbst wenn diese Voraussetzungen erfüllt sind, kann eine Vorleistungsklausel unwirksam sein. So kann sich ihre Unangemessenheit daraus ergeben, dass der zeitliche Abstand zwischen der Fälligkeit der Leistung des Verwendungsgegners und der Fälligkeit der Leistung des Verwenders zu groß ist.[3] Außerdem darf der vorab zu entrichtende Teil des Entgelts, gemessen an den berechtigten Interessen beider Parteien, nicht unangemessen hoch sein.[4] Gemessen an diesen Anforderungen sind Vorleistungsklauseln in Reparaturverträgen **in der Regel unwirksam.**[5] Der Verwender bedarf der Vorleistungsklausel typischerweise nicht, um seine Vergütungsansprüche zu sichern, weil er durch Pfand- oder Zurückbehaltungsrechte ausreichend gesichert ist. Auch sind Reparaturen selten so aufwendig, dass es dem Unternehmer unzumutbar wäre, die für die Reparatur erforderlichen finanziellen Aufwendungen zunächst selbst zu tätigen. Eine Ausnahme vom Grundsatz der Unzulässigkeit von Vorleistungsklauseln in Werkverträgen kommt aber dann in Betracht, wenn eine der vorgenannten Annahmen nicht zutrifft, wenn also beispielsweise keine ausreichende Sicherung gegeben ist, weil die Verwertung des Gegenstandes zu beschwerlich ist oder keinen ausreichenden Erlös erwarten lässt.

R 107 **b) Abschlagszahlungen.** Nach der gesetzlichen Regelung ist der Unternehmer im Falle des Werkvertrags in den Grenzen der §§ 632 a, 641 II vorleistungspflichtig. Auch eine Klausel, die über das dispositive Recht (§ 632 a) hinaus Abschlagszahlungen vorsieht, ist daher an § 307 zu messen. Man kann insofern von **unechten Vorleistungsklauseln** sprechen.[6] Auch unechte Vorleistungsklauseln müssen durch ein schutzwürdiges Interesse des Verwenders gerechtfertigt sein und dem Grundsatz der Verhältnismäßigkeit genügen.[7] Als zulässig wird man aber eine Klausel einstufen müssen, die – auch in den von § 632 a nicht erfassten Konstellationen – Abschlagszahlungen für erbrachte Leistungen vorsieht, sofern – entsprechend dem Rechtsgedanken des § 632 a S. 3 sichergestellt ist, dass der Besteller mit Blick auf die geleisteten Leistungen nicht ungesichert bleibt. Fehlt es daran, so ist eine über § 632 a hinausgehende Pflicht zur Leistung von Abschlagszahlungen regelmäßig unwirksam.[8]

R 108 **c) Berechnung der Vergütung.** Eine Vergütung nach Stunden kann beim Reparaturvertrag trotz seiner Erfolgsbezogenheit als Werkvertrag ohne Verstoß gegen

---

[1] S. § 309 Nr. 2 Rz 8 ff., § 309 Nr. 3 Rz 20, Anh. § 310 Rz V 501 ff.

[2] So (zu § 9 AGBG) BGH NJW 2001, 292, 294. Ähnlich BGH NJW 1999, 2180, 2182 (zu § 9 AGBG): Vorleistungsklausel wirksam, wenn „ sie durch einen sachlichen Grund gerechtfertigt ist, der auch bei der Abwägung mit den hierdurch für den Käufer entstehenden Nachteilen Bestand hat". Aus der Literatur siehe z. B. *Palandt/Grüneberg* § 309 Rz 13: wirksam, wenn sachlich berechtigter Grund besteht und keine überwiegenden Interessen des Verwenders entgegenstehen. S. im Einzelnen § 310 Rz V 492 ff.

[3] § 310 Rz V 515.

[4] § 310 Rz V 515.

[5] Noch strenger wohl *Ulmer/Christensen,* Anh. § 310 Rz 688, der wohl stets die Unangemessenheit bezahlen möchte.

[6] Vgl. § 310 Rz V 516 ff.

[7] S. § 310 Rz V 516.

[8] Strenger *Ulmer/Christensen* Anh. § 310 Rz 688: Vorformulierte Verpflichtung zu Abschlagszahlungen, die über § 632 a hinausgeht, ist unwirksam, wenn Reparaturgegenstand im Besitz des Unternehmers verbleibt.

§ 307 wirksam vorgesehen werden.[1] Grundsätzlich zulässig ist auch eine **Aufwandsklausel,** die dem Kunden die Kosten für den Aufwand auferlegt, der bei der Suche nach dem Fehler entsteht.[2] Daran ändert sich auch dann nichts, wenn der Kunde den bei der Fehlersuche entstehenden Aufwand selbst im Falle der Undurchführbarkeit der Reparatur tragen soll. Allerdings muss die Klausel im letzteren Falle klarstellen, dass die Pflicht des Kunden zur Tragung des relevanten Aufwandes entfällt, wenn die Undurchführbarkeit der Reparatur in den Verantwortungs- und Risikobereich des Unternehmers fällt. Anderenfalls ist die Klausel nach § 307 unwirksam. Unwirksam ist deshalb eine Klausel, die den Kunden die Fehlersuchzeit generell tragen lässt, wenn „der beanstandete Fehler bei der Überprüfung nicht festgestellt werden konnte", da dies auch auf einem Verschulden des Unternehmers beruhen kann. Grundsätzlich nicht in den Risikobereich des Unternehmers fällt allerdings die Ersatzteilbeschaffung. Die Überbürdung der **Fehlersuchzeit** auf den Kunden ist deshalb wirksam, wenn sie für den Fall vorgesehen ist, dass die Reparatur an der Nichtverfügbarkeit eines Ersatzteils scheitert.[3] Wirksam ist auch eine Klausel, nach der **„Fahrzeiten als Arbeitszeiten"** gelten.[4]

d) Beanstandung von Rechnungen. Klauseln, die für die Beanstandung von Rechnungen Schriftform verlangen, sind grundsätzlich nicht zu beanstanden. Denn § 309 Nr. 13 verbietet entsprechende Klauseln gerade nicht, und diese Wertung ist auch im Rahmen des § 307 zu berücksichtigen.[5] Auch dass die AGB eine Ausschlussfrist für die Beanstandung der Rechnung vorsehen, ist im Grundsatz nicht zu beanstanden. § 309 Nr. 8 b ee findet in diesem Falle keine Anwendung, da diese Vorschrift lediglich solche Ausschlussfristen betrifft, die für die Geltendmachung von Mängelrechten vorgegeben werden. Auch § 309 Nr. 7 findet keine Anwendung, denn der Ablauf der für die Beanstandung der Rechnung gesetzten Frist hindert den Kunden nicht daran, Schadensersatzansprüche gegen den Unternehmer geltend zu machen. R 109

aa) Genehmigungsfiktionen. Sieht die Klausel allerdings vor, dass die Rechnung mit Ablauf der Frist als genehmigt gilt oder dass der Kunden mit Ablauf der Frist auf Beanstandungen verzichtet, so findet § 308 Nr. 5 Anwendung. Die vorgesehene Frist muss also angemessen sein und der Verwender muss sich außerdem dazu verpflichten, den Kunden zu Beginn der Frist auf die vorgesehene Bedeutung seines Verhaltens hinzuweisen. Bei der Beantwortung der Frage, wie lang eine Beanstandungsfrist sein muss, um angemessen sein, kommt es unter anderem auf den Umfang der Reparaturarbeiten und sowie auf den Umfang und die Verständlichkeit der Rechnung an. Ein Zeitraum von einer Woche wird aber im Regelfall ausreichen.[6] R 110

bb) Reine Ausschlussfristen. Eine so genannte reine Ausschlussfrist, die nach Ablauf der Frist einen Einwendungsverlust vorsieht, ohne dass eine diesbezügliche Erklärung des Kunden fingiert würde, ist zwar nicht an § 308 Nr. 5 zu messen. Doch müssen die Wertungen dieser Vorschrift im Rahmen des § 307 berücksichtigt werden. Auch insofern bedarf es also einer angemessenen Frist. Und wegen der einschneidenden Rechtsfolge ist auch für die Wirksamkeit nach § 307 zu verlangen, dass der Verwender sich dazu verpflichtet, den Kunden auf die Frist und die Folgen der Versäumung derselben besonders hinzuweisen. R 111

---

[1] OLG Stuttgart NJW-RR 1991, 252, 252 (zu § 9 AGBG).

[2] I. E. ebenso *Ulmer/Christensen* Anh. § 310 Rz 689.

[3] I.E. ebenso OLG Celle AGBE § 10 Nr. 33. A. A. aber *Ulmer/Christensen* Anh. § 310 Rz 689.

[4] a. A. aber BGHZ 91, 316, 317, 320 = BGH NJW 1984, 2160, 2161 (zu § 9 AGBG); MünchKomm/*Basedow* § 307 Rz 115. Differenzierend *Ulmer/Christensen* Anh. § 310 Rz 1027. S. noch Rz W 14.

[5] S. im Einzelnen § 309 Nr. 13 Rz 52.

[6] S. § 308 Nr. 5 Rz 41.

R 112 **e) Berichtigungsrecht.** Soweit sich der Auftragnehmer die Berichtigung der von ihm erstellten Rechnung vorbehält, ist zu differenzieren. Denkbar ist zunächst, dass der Verwender nur insofern zur Berichtigung der Rechnung berechtigt sein soll, als der in der Rechnung ausgewiesene Betrag von demjenigen abweicht, der nach dem Vertrag tatsächlich geschuldet ist. Eine solche Klausel ist schon nach § 307 III 1 der Inhaltskontrolle entzogen. Anders liegen die Dinge dann, wenn die Klausel den Besteller dazu berechtigt, den im Vertrag vereinbarten Preis zu „berichtigen". Zwar ist auch eine solche Klausel wegen § 307 III 1 dann nicht zu beanstanden, wenn sie nur solche Fälle erfassen soll, in denen dem Besteller schon nach dem dispositiven Recht ein Recht zur einseitigen Änderung des Rechnungsbetrages zusteht. Doch gewährt das dispositive Recht nur in besonderen Ausnahmefällen eine entsprechende Befugnis. Zu nennen ist hier z. B. der Fall, dass beide Parteien sich einig waren, dass statt des im Vertrag ausgewiesenen Betrages ein anderer Betrag geschuldet sein sollte und es nur versehentlich zur Nennung eines falschen Preises gekommen ist. In diesem Fall ist allein das von beiden Parteien übereinstimmend Gewollte maßgeblich, so dass beide Parteien berechtigt sind, sich auf letzteren Betrag zu berufen. Ein Anfechtungsrecht gewährt dagegen kein Recht zur einseitigen „Berichtigung" des Preises. Denn die Anfechtung führt nicht zur Anpassung, sondern zur Nichtigkeit des abgeschlossenen Vertrages (§ 142 I). Räumt eine Klausel dem Verwender das Recht zur „Berechtigung" des im Vertrag genannten Preises zumindest auch in solchen Fällen ein, in denen das dispositive Recht kein entsprechendes Recht vorsieht, so handelt es sich bei der Klausel um eine Preisänderungsklausel, die der Kontrolle anhand von § 309 Nr. 1, 307 unterliegt.[1]

5. Mängelhaftung und Ausschlussfristen

R 113–120 Klauseln, die die Mängelhaftung des Unternehmers beschränken, sind insbesondere an den §§ 307,[2] 309 Nr. 7 und an § 309 Nr. 8 b zu messen. Auf die dortigen Ausführungen mag deshalb an dieser Stelle verwiesen werden. Von besonderer praktischer Bedeutung sind solche Klauseln, die dem Besteller eine Frist für die Geltendmachung von Mängeln setzen. Die Wirksamkeit von **Ausschlussfristen** für nicht offensichtliche Mängel richtet sich nach § 309 Nr. 8 b ee. Ausschlussfristen für offensichtliche Mängel sind an § 307 zu messen.[3] Darüber hinaus findet § 309 Nr. 7 auf Ausschlussfristen Anwendung, soweit auch etwaige Schadensersatzansprüche mit Ablauf der Frist entfallen sollen.[4] Allerdings ist jeweils zu prüfen, ob tatsächlich eine Ausschlussfrist im Sinne dieser Vorschrift gegeben ist. Daran fehlt es, wenn die Versäumung der Frist weder zum Verlust der Mängelrechte noch zum Entstehen einer sonstigen von Amts wegen zu beachtenden Einwendung führen soll.[5] Sieht die Klausel beispielsweise eine Frist für die Anzeige von Mängeln vor, deren schuldhafte Versäumung lediglich Schadensersatzansprüche auslösen können soll, so ist dies grundsätzlich nicht zu beanstanden. Selbst eine Pflicht zur **unverzüglichen Geltendmachung** ist in diesem Falle regelmäßig unbedenklich.[6] Entscheidende Bedeutung gewinnt damit die Frage, ob eine für die Anzeige von Mängeln vorgesehene Frist als Ausschlussfrist auszulegen ist. Dies richtet sich nach den

---

1 S. im Einzelnen § 309 Nr. 1 Rz 54–59.
2 S. dazu § 309 Nr. 7 Rz 90 ff.
3 S. § 309 Nr. 8 b ee Rz 46 ff.
4 S. § 309 Nr. 7 Rz 55.
5 S. § 309 Nr. 8 b ee Rz 22–23.
6 Vgl. auch BGH NJW 1987, 2818, 2821 (zu § 9 AGBG): Eine Klausel, die die Haftung des Unternehmers für Schäden ausschließe, die auf ein Verhalten des Kunden zurückzuführen seien, sei „im Allgemeinen unbedenklich".

§§ 133, 157, 305 c II. Wegen § 305 c II ist im Zweifel derjenigen Auslegung einer Klausel der Vorzug zu geben, bei welcher die Klausel unwirksam ist. Sieht eine Klausel lediglich vor, dass die Mängelrechte binnen einer bestimmten Frist geltend zu machen sind, und ist die Klausel im Falle einer Auslegung als Ausschlussklausel unwirksam, so ist die Klausel als Ausschlussklausel auszulegen. Selbst wenn im konkreten Falle keine Ausschlussklausel vorliegt, sondern bei Versäumung der Frist lediglich Schadensersatzansprüche drohen, kann die Klausel unwirksam sein. Unangemessen ist sie z. B. dann, wenn die Schadensersatzansprüche auch bei **schuldloser Versäumung der Frist** eintreten sollen, denn darin liegt eine Abkehr vom Verschuldensprinzip, welches zu den Grundgedanken der einschlägigen gesetzlichen Regelung (§ 280) gehört.[1] Unangemessen ist auch eine Klausel, die dem Verwendungsgegner die Folgen der Fristversäumnis aufbürdet, ohne ein etwaiges Mitverschulden des Verwenders zu berücksichtigen.[2] Auch darf nicht generell eine „genaue" Bezeichnung des Mangels verlangt werden.[3] Unbedenklich ist dagegen eine Pflicht zur schriftlichen Mitteilung des Mangels,[4] denn § 309 Nr. 13 verbietet das Erfordernis der einfachen Schriftform gerade nicht, und die Wertung des § 309 Nr. 13 ist auch im Rahmen des § 307 zu berücksichtigen.[5]

6. Haftung

§ 309 Nr. 8 b regelt die Haftung des Unternehmers nur insofern, als es um Mängel des Werkes geht. Andere Haftungsregelungen sind jedoch an den §§ 307, 309 Nr. 7 zu messen. Auf die entsprechenden Ausführungen[6] soll daher an dieser Stelle verwiesen werden. Im Folgenden seien daher nur beispielhaft einige Klauseln genannt. **R 121**

a) Haftungsausschluss. Unwirksam ist beispielsweise eine Klausel des Inhalts: „Ansprüche bestehen nicht wegen eines Schadens, der dadurch entstanden ist, dass [...] die von dem Mangel betroffenen Teile des Auftragsgegenstandes inzwischen auf Veranlassung des Auftraggebers von einer **anderen Werkstatt,** ohne dass [ein Notfall] gegeben ist, oder in eigener Regie des Auftraggebers verändert oder instandgesetzt worden sind."[7] Denn nach dem Gesetz lässt ein entsprechendes Verhalten des Kunden die Haftung des Bestellers nur nach Maßgabe eines etwaigen Mitverschuldens entfallen (§ 254). Die Klausel bedeutet demnach eine teilweise Freizeichnung von der Haftung für grobe Fahrlässigkeit (§ 309 Nr. 7 b) sowie eine teilweise Freizeichnung der Haftung für die schuldhafte Verletzung von Kardinalpflichten und ist schon aus diesem Grunde unwirksam. Nach § 309 Nr. 7 b unwirksam ist eine Klausel, wonach für Schäden an Gegenständen im Kfz nur gehaftet wird, falls sie **ausdrücklich in Verwahrung genommen** wurden, denn dadurch wird die Haftung für vorsätzlich oder grob fahrlässig verursachte Schäden an nicht ausdrücklich in Verwahrung genommenen Gegenständen ausgeschlossen.[8] **R 122**

b) Haftungsbegrenzung. Haftungsbegrenzungen sind in den Fällen des § 309 Nr. 7 gänzlich unwirksam. Im Übrigen sind sie zumindest dann grundsätzlich zulässig, wenn sie auf Fälle leichter Fahrlässigkeit beschränkt werden und den typi- **R 123**

---

1 Vgl. Anh. § 310 Rz H 4.
2 S. auch Rz H 46.
3 BGH NJW 1987, 2818, 2821 (zu § 9 AGBG).
4 Nicht ganz eindeutig in dieser Hinsicht aber BGH NJW 1987, 2818, 2821 (zu § 9 AGBG).
5 S. im Einzelnen § 309 Nr. 13 Rz 52.
6 S. insbesondere § 309 Nr. 7 Rz 90 ff.
7 BGH NJW 1987, 2818, 2821 (zu § 9 AGBG).
8 BGH NJW 1987, 2818, 2821 (zu § 11 Nr. 7 AGBG); OLG Köln NJW 1986, 2579, 2581 (zu § 11 Nr. 7 AGBG).

scherweise vorhersehbaren Schaden abdecken.[1] Eine Klausel, durch die der Schadensersatz für Nutzungsausfall auch bei grob fahrlässig mangelhafter Reparatur eines Kfz auf die Kosten eines tatsächlich benutzten Mietwagens begrenzt wird, ist nach § 309 Nr. 7 b unwirksam, weil dadurch der Schadensersatz für Nutzungsausfall ohne Inanspruchnahme eines Mietfahrzeugs ausgeschlossen wird.[2] Wird in Kfz-Reparatur-AGB die Haftung für Schäden aus etwaigen Probe- und Überführungsfahrten begrenzt, so erstreckt sich die Haftungsbeschränkung nicht nur auf vertragliche, sondern auch auf Schadensersatzansprüche aus unerlaubter Handlung, da sonst die Regelung weitgehend wertlos wäre.[3]

7. Sonstiges

R 124–140 Eine Klausel, wonach ein **Eigentumserwerb des Auftragnehmers** an ersetzten Teilen vorgesehen ist, verstößt grundsätzlich gegen § 307, da der Auftragnehmer in der Regel kein berechtigtes Interesse am Eigentumserwerb hat, der Kunde aber andererseits nur anhand der ausgetauschten Teile die Durchführung der Reparatur überprüfen kann und ihm deshalb an der Herausgabe der ersetzten Teile gelegen sein muss.[4] Eine **Schiedsgutachtenklausel** wonach bei Streit über das Vorliegen eines gewährleistungspflichtigen Mangels die für den Sitz des Auftragnehmers zuständige Schiedsstelle des Kfz-Handwerks entscheidet, ist nach § 307 I, II Nr. 1 unwirksam, wenn dadurch der Eindruck entsteht, die Anrufung der Schiedsstelle sei zwingend, deren Tatsachenfeststellungen seien bindend und die Anrufung der staatlichen Gerichte sei ausgeschlossen.[5] Allgemein zu Schiedsgutachtenklauseln siehe § 310 Rz S 21 ff.

*

Schiedsgerichtsklausel

Inhaltsübersicht

Schrifttum: *Behle-Cordes,* Die Schlichtungs- und Schiedsvereinbarung nach der SOBau der ARGE Baurecht im DAV – Ausweg aus dem Dilemma des Bauprozesses?, 2005; *Berger,* Schiedsgerichtsbarkeit und Finanztermingeschäfte – Der „Schutz“ der Anleger vor der Schiedsgerichtsbarkeit durch § 37h WpHG, ZBB 2003, 77; *ders.* (Hrsg.), Das neue Recht der Schiedsgerichtsbarkeit, 1998; *Bredow,* § 1035 ZPO und die „K-Fragen“ für die Parteien, FS Schlosser, 2005, S. 75; *Bub,* Schiedsklauseln im Bauträgervertrag, Bau- und Bauträgerrecht 2006, 196; *Haas/Hauptmann,* Schiedsvereinbarungen und „Ungleichgewichtslagen“ – am Beispiel des Sports, SchiedsVZ 2004, 175; *Hanefeld/Wittinghofer,* Schiedsklauseln in Allgemeinen Geschäftsbedingungen, SchiedsVZ 2005, 217; *Henn,* Schiedsverfahrensrecht, 3. Aufl. 2000; *Hess,* Verbrauchermediation, ZZP 118 (2005), 427; *Huber,* Das Verhältnis zwischen Schiedsgericht und staatlichen Gerichten bei der Entscheidung über die Zuständigkeit, SchiedsVZ 2003, 73; *Kröll,* „Schiedsklauseln“ in Satzungen – zur Ab-

[1] S. im Einzelnen § 309 Nr. 7 Rz 108 ff., 156. A.A. OLG Köln NJW-RR 1987, 53, 54 f (zum ABGG).
[2] S. BGH ZIP 1987, 989, 993 (zu § 11 Nr. 7 AGBG) = NJW 1987, 2818; OLG Köln NJW 1986, 2579, 2580 (zu § 11 Nr. 7 AGBG).
[3] OLG Köln NJW-RR 1987, 53, 55.
[4] So i. E. auch *Ulmer/Christensen* Anh. § 310 Rz 689.
[5] BGH NJW 1987, 2818, 2821 (zu § 9 AGBG); MünchKomm/*Basedow* § 307 Rz 115. Krit. aber *M. Wolf* JZ 1987, 1030.

grenzung von Vereinsgericht und Schiedsgericht, ZIP 2005, 13; *Lachmann,* Handbuch für die Schiedsgerichtspraxis, 2. Aufl. 2002; *Lachmann/Lachmann,* Schiedsvereinbarungen im Praxistest, BB 2000, 1633; *Lachmann,* Effektivität des Rechtsschutzes vor den Schiedsgerichten und den staatlichen Gerichten, BRAK-Mitt. 2005, 217; *Lionnet/Lionnet,* Handbuch der internationalen und nationalen Schiedsgerichtsbarkeit, 3. Aufl. 2005; *Mäsch,* Schiedsvereinbarungen mit Verbrauchern, FS Schlosser, 2005, S. 529; *Quincke,* Börsenschiedsgerichtsbarkeit und prozessualer Anlegerschutz, 2005; *Raeschke-Kessler,* AGB-Schiedsvereinbarungen über Börsentermingeschäfte, WM 1998, 1205; *Raeschke-Kessler/Berger,* Recht und Praxis des Schiedsverfahrens, 3. Aufl. 1999; *Real,* Der Schiedsrichtervertrag, 1983; *Scherpe,* Außergerichtliche Streitbeilegung in Verbrauchersachen, 2002; *Schlosser,* Schiedsklauseln in Allgemeinen Geschäftsbedingungen, ZEuP 1994, 682; *Schmitz,* Schiedsvereinbarungen in der notariellen Praxis, RNotZ 2003, 591; *Schütze,* Schiedsgericht und Schiedsverfahren, 4. Aufl. 2007; *Schwab/Walter,* Schiedsgerichtsbarkeit, 7. Aufl. 2005; *Spieker,* Schiedsvereinbarungen in Allgemeinen Geschäftsbedingungen im Bereich des nicht kaufmännischen Verkehrs, ZIP 1999, 2138; *Vygen,* Streitvermeidung, Streitschlichtung und Streitentscheidung – Mögliche Vereinbarungen in Bau-, Architekten- und Ingenieurverträgen, FS Ulrich Werner, 2005, S. 1; *Wagner,* Prozessverträge, 1998; *ders./Quinke,* Ein Rechtsrahmen für die Verbraucherschiedsgerichtsbarkeit, JZ 2005, 932; *Walz,* Formularbuch Außergerichtliche Streitbeilegung, 2006; *Weihe,* Der Schutz der Verbraucher im Recht der Schiedsgerichtsgerichtsbarkeit, 2005.

I. Allgemeines

1. Überblick

Die Parteien können die Entscheidung ihrer Streitigkeiten nach §§ 1025 ff. ZPO einem Schiedsgericht übertragen, das an Stelle des staatlichen Gerichts entscheidet (vgl. § 1055 ZPO).[1] §§ 1025 ff. ZPO sind mit Wirkung zum 1. 1. 1998 neu gefasst worden.[2] Die Wirksamkeit zuvor geschlossener Schiedsvereinbarungen bestimmt sich gemäß Art. 4 § 1 I des Gesetzes zur Neuregelung des Schiedsverfahrensrechts nach altem Recht (vgl. dazu 4. Aufl. Rz S 7).[3] **S 1**

Die **Schiedsvereinbarung** kann entweder durch selbstständige Vereinbarung (sog. **Schiedsabrede)** oder als **Schiedsklausel** in einem (Haupt-)Vertrag getroffen werden (§ 1029 II ZPO). Hier wie dort soll die Schiedsvereinbarung auch und gerade dann Wirkung entfalten, wenn die Wirksamkeit des Hauptvertrags streitig geworden ist. Außer der Schiedsvereinbarung als konstitutiver Grundlagenvereinbarung für das Schiedsverfahren können noch Regelungen über die Bildung des Schiedsgerichts (§§ 1034–1039 ZPO), über die Durchführung des schiedsrichterlichen Verfahrens (§§ 1042–1050 ZPO) und über das anwendbare Recht (§ 1051 I, III ZPO) getroffen werden. Vereinbarungen über die Zuständigkeit des Schiedsgerichts müssen gemäß § 1029 I ZPO ein bestimmtes Rechtsverhältnis zwischen den Parteien bezeichnen, sei es vertraglicher oder nichtvertraglicher Art; ferner muss klargestellt werden, ob alle oder nur einzelne Streitigkeiten aus diesem Rechtsverhältnis dem Schiedsgericht zufallen. An die Schiedsvereinbarung stellt § 1031 ZPO unterschiedliche Anforderungen, je nachdem, ob es sich um ein Verbrauchergeschäft handelt (§ 1031 V ZPO) oder nicht. § 1030 II ZPO sieht die grundsätzliche Unwirksamkeit von Schiedsvereinbarungen betreffend den Bestand von Mietverhältnissen über Wohnraum vor. Schiedsvereinbarungen sind, worauf § 1030 III ZPO verweist, nicht oder nur beschränkt möglich in Zusammenhang mit Wertpapierdienstleistungen, Wertpapiernebendienstleistungen und Finanztermingeschäften (§ 37h WpHG),[4] bei Abschluss durch den Vormund (§ 1822 Nr. 12 BGB) oder den Insolvenzverwalter (§ 160 II Nr. 3 InsO) sowie in individualarbeitsrechtlichen **S 2**

---

[1] Zur Abgrenzung von Schiedsgutachtenabreden beachte Rz S 22 ff.; zu Schlichtungs- und Mediationsklauseln vgl. Rz S 51 ff. Zu Sinn und Grenzen kombinierter „MedArb-Klauseln" vgl. *Hess* ZZP 118 (2005), 427, 437 f und 455.

[2] BGBl. 1997 I, S. 3224.

[3] Vgl. zu Fragen des intertemporalen Rechts etwa BayObLG NJW-RR 1999, 644 ff.

[4] Zur rechtspolitischen Kritik vgl. *Wagner/Quinke* JZ 2005, 932, 939 m. w. Nachw.

Streitigkeiten (§§ 4, 101 II ArbGG). In nicht vermögensrechtlichen Streitigkeiten ist eine Schiedsvereinbarung gemäß § 1030 I 2 ZPO nur möglich, soweit sich die Parteien über den Streitgegenstand vergleichen können, also z. B. nicht in Ehe- oder Kindschaftssachen. Sieht eine Vereins- oder Verbandssatzung vor, dass mitgliedschaftsbezogene Streitigkeiten nicht vor staatlichen, sondern anderen Gerichten ausgetragen werden, soll es sich bei diesen nur dann um Schiedsgerichte im Sinne der §§ 1025 ff. (ggf. i.V.m. § 1066) ZPO handeln, wenn sie unparteilich und unabhängig besetzt sind.[1]

2. AGB-rechtliche Kontrolle

S 3 Schon *Ludwig Raiser* hat die Gefahr beschworen, dass erst das „Überwuchern der privaten Schiedsgerichtsbarkeit" das Geschäftsbedingungswesen kröne und dieses zu einer echten Bedrohung für das Rechtsleben werden lasse.[2] Heute ist anerkannt, dass Schiedsabrede oder -klausel samt der damit verbundenen Verfahrensregeln (s. Rz S 11), sofern sie in AGB enthalten sind oder als Einmalvereinbarung gegenüber einem Verbraucher vorformuliert benutzt werden, ungeachtet ihrer prozessualen Natur einer **Kontrolle nach §§ 305 ff.** unterliegen.[3] In Verbraucherverträgen enthaltene Klauseln, die den Verbraucher ausschließlich auf ein „nicht unter die rechtlichen Bestimmungen fallendes" Schiedsgerichtsverfahren verweisen (dazu noch unten Rz S 11), qualifiziert Anh. Nr. 1 q RL als möglicherweise[4] unangemessen benachteiligend.[5] Der Inhaltskontrolle steht **§ 307 III 1** nicht entgegen: Die in der ZPO gestattete Vereinbarung eines Schiedsgerichts schließt nicht die Anwendung der AGB-rechtlichen Vorschriften aus, sondern bedeutet nur die Einräumung von Vertragsfreiheit, die individualvertraglich ohne weiteres ausgenutzt werden kann, während ihr AGB-rechtliche Grenzen gezogen sind.[6] Durch sog. **Kompetenz-Kompetenz-Klauseln** kann den staatlichen Gerichten, wie der BGH – entgegen seiner früheren Rechtsprechung, aber in Einklang mit dem Regierungsentwurf zum SchiedsVfG[7] – klargestellt hat, die Kontrolle der Wirksamkeit der Schiedsvereinbarung nicht entzogen werden (vgl. auch unten Rz S 7).[8] Die uneingeschränkte und unbeschränkbare Prüfungskompetenz greift laut BGH

---

[1] BGH NJW 2004, 2226, 2227 m. w. Nachw. = LMK 2004, 169 m. Anm. *Schlosser;* ausführlich *Kröll* ZIP 2005, 13 ff. (Unabhängigkeit des Schiedsrichters nur „im Kernbereich" [Verbot des Richtens in eigener Sache] begriffsnotwendig). Zur „Landesschiedskommission" einer politischen Partei OLG Düsseldorf NJW-RR 2003, 142. Die Begriffsbestimmung ist zweifelhaft: § 1034 II ZPO setzt die Existenz parteiisch besetzter Schiedsgerichte voraus; vgl. *Kröll* und *Schlosser,* jeweils aaO.

[2] *Raiser,* Das Recht der Allg. Geschäftsbedingungen, 1935, S. 98.

[3] *Wagner,* Prozessverträge, S. 131 f., 137 f.; *Mäsch* FS Schlosser, S. 529, 534; MünchKommZPO/*Münch* § 1029 Rz 11. Erstaunlicherweise wird dieser – weithin als gesichert anerkannte – Satz vom BGH nunmehr offen gelassen; vgl. BGH NJW 2005, 1125, 1126 = LMK 2005, 68 m. Anm. *Hau* = SchiedsVZ 2005, 95, 97 m. Anm. *Huber/Bach,* und BGH WM 2007, 959, 960; beachte auch *Wagner/Quinke* JZ 2005, 932, 934.

[4] Der Anhang ist als nicht abschließender Beispielskatalog für potenziell missbräuchliche Klauseln anzusehen, EuGH NJW 2004, 1647; EuGH EuZW 2002, 466. Dazu *Markwardt* ZIP 2005, 152, 154; *Nassall* in *Gebauer/Wiedmann,* Zivilrecht unter europäischem Einfluss, Kap. 5 Rz 7. Anders MünchKommZPO/*Münch* § 1029 Rz 12 und *Berger* ZBB 2003, 77, 88 („striktes Verbot").

[5] Dazu Rz 214 zu RL Anh. Nr. 1 q. *Scherpe,* Außergerichtliche Streitbeilegung, S. 104, *Mäsch* FS Schlosser, S. 529, 537, und BGH NJW 2005, 1125, 1127, ziehen daraus den zweifelhaften Gegenschluss, dass andere Schiedsklauseln den Verbraucher grundsätzlich nicht unangemessen benachteiligen.

[6] *Wagner,* Prozessverträge, S. 136, 138; MünchKommZPO/*Münch* § 1029 Rz 11; *Mäsch* FS Schlosser, S. 529, 535. Dagegen leitet *Berger* ZBB 2003, 77, 87, aus der „prozessualen Gestattung in § 1031 V ZPO" ab, dass eine klauselmäßige Schiedsvereinbarung nicht grundsätzlich nach § 307 unwirksam sein kann.

[7] BT-Drs. 14/5274, S. 26, 44.

[8] BGH NJW 2005, 1125 = LMK 2005, 68 m. Anm. *Hau* = SchiedsVZ 2005, 95, 97 m. Anm. *Huber/Bach.* Ebenso etwa schon *Huber* SchiedsVZ 2003, 73, 75.

nicht nur in den Fällen des § 1040 III 2 ZPO (also nach Unzuständigkeitsrüge im Schiedsverfahren und Zwischenentscheid des Schiedsgerichts) oder des § 1059 ZPO (im Aufhebungsverfahren nach Erlass des Schiedsspruchs), sondern auch schon dann, wenn eine Partei, die sich nicht an die Schiedsvereinbarung gebunden sieht, sofort das staatliche Gericht anruft und daraufhin die Schiedseinrede erhoben wird (§ 1032 I ZPO);[1] dieses ist dann also nicht etwa gehalten, die Zuständigkeitsentscheidung des Schiedsgerichts gemäß § 1040 I 1 ZPO abzuwarten. Fraglich geworden ist die **Vereinbarkeit nationaler Präklusionsvorschriften mit der RL:** Nach Auffassung des EuGH hat ein mit der Aufhebungsklage gegen einen Schiedsspruch befasstes Gericht diesen aufzuheben, wenn die zugrundeliegende Schiedsvereinbarung eine missbräuchliche Klausel zu Lasten des Verbrauchers enthält; dies soll auch dann gelten, wenn der Verbraucher die Nichtigkeit nicht im Schiedsverfahren, sondern erst im Verfahren der Aufhebungsklage eingewandt hat.[2] Dies ist allerdings fragwürdig; denn sachgerecht ausgestaltete und dem Gleichwertigkeitsprinzip genügende Präklusionsvorschriften des nationalen Verfahrensrechts[3] dürften grundsätzlich in Einklang mit dem Gebot stehen, gemeinschaftsrechtliche Vorgaben auch verfahrensrechtlich effektiv abzusichern.[4]

II. Abschluss und Form der Schiedsvereinbarung

Die Schiedsvereinbarung bedarf nach § 1031 I ZPO der Schriftform oder einer anderen Form nachweissichernder Nachrichtenübermittlung. Schweigen auf ein **kaufmännisches Bestätigungsschreiben** (§ 1031 II ZPO) genügt ebenso wie nach § 1031 III ZPO die **Bezugnahme** auf ein die Schiedsklausel enthaltendes Schriftstück, wenn dieses Vertragsbestandteil wird, so z. B. nach Maßgabe von § 305 II, III BGB oder durch Begebung eines Konnossements (§ 1031 IV ZPO). Nach h. M. setzt § 1031 III ZPO zwar keinen besonderen Hinweis auf die Schiedsklausel voraus (arg.: Umkehrschluss aus § 1031 IV ZPO), wohl aber, dass der Verwendergegenseite die in Bezug genommenen AGB zugänglich sind.[5] Unzureichend ist der erst in Rechnungen enthaltene Verweis auf AGB, die eine Schiedsklausel enthalten.[6] Für Schiedsvereinbarungen mit (oder zwischen[7]) **Verbrauchern** – nicht aber mit Existenzgründern[8] – ist § 1031 V ZPO zu beachten. Danach muss die Schiedsvereinbarung in einer eigenhändig unterzeichneten Urkunde enthalten sein[9] und darf keine anderen Vereinbarungen enthalten als solche, die sich auf das schiedsrichterliche Verfahren beziehen; die letztgenannte Beschränkung gilt nicht für notariell beurkundete Verträge.[10] Durch das Erfordernis gesonderter Unter- **S 4**

[1] *Kröll* NJW 2001, 1173, 1178 f., will den Schiedsgerichten wenigstens das erste Wort vorbehalten und die Parteien zunächst auf den Schiedsweg verweisen, damit sich das Schiedsgericht selbst für unzuständig erklären kann. *Wagner/Quinke* JZ 2005, 932, 933, erwägen die Wirksamkeit einer „moderierten Form der Kompetenz-Kompetenz jedenfalls in der Einredesituation des § 1032 ZPO", namentlich bei Schiedsabreden zwischen „anwaltlich beratenen Wirtschaftunternehmen". Die Frage, ob das staatliche Gericht im Verfahren zur Bestimmung des Schiedsrichters nach § 1035 III, IV ZPO die Wirksamkeit der Schiedsabrede prüfen darf, verneint *Bredow* FS Schlosser, S. 76 ff.

[2] EuGH NJW 2007, 135 *(Claro/Centro Móvil Milenium).*

[3] Vgl für das deutsche Schiedsverfahrensrecht etwa *Musielak/Voit* § 1059 ZPO Rz 11.

[4] Näher *Hau* GPR 2007, 93, 99; *G. Wagner* SchiedsVZ 2007, 49.

[5] Dazu *Hanefeld/Wittinghofer* SchiedsVZ 2005, 217, 219 m. w. Nachw.

[6] BGH NJW 2005, 3499, 3500.

[7] Vgl. etwa *Schmitz* RNotZ 2003, 591, 601.

[8] BGH NJW 2005, 1274 = LMK 2005, 82 m. Anm. *Artz.*

[9] Eine dahingehende Abrede ist auch im Unternehmensverkehr denkbar: OLG Köln MDR 2006, 201.

[10] Zu diesen *Schmitz* RNotZ 2003, 591, 601 ff.

zeichnung dürfte im Verbrauchergeschäft die Gefahr einer Überraschung nach **§ 305c I** gebannt sein;[1] im Unternehmensverkehr dürfte eine Schiedsklausel ohnehin kaum jemals überraschend sein.[2] Gemäß § 1031 V 2 ZPO kann die Schriftform durch **elektronische Form** (§ 126a BGB) ersetzt werden. Ein etwaiger Formmangel wird **geheilt,** wenn sich beide Parteien auf die Verhandlung zur Hauptsache im Schiedsverfahren einlassen (§ 1031 VI ZPO).

III. Inhaltskontrolle

1. Kontrollmaßstab

S 5 Der **Verbrauchern** durch § 1031 V ZPO gewährte Schutz macht eine Inhaltskontrolle nach § 307 BGB nicht obsolet.[3] Ob eine Schiedsgerichtsklausel ihr grundsätzlich standhalten kann, erscheint zweifelhaft, weil sie den freien Zugang zu den Gerichten einschränkt (§§ 1032 I, 1059 ZPO) und deshalb gegen den rechtsstaatlichen Gerichtsschutz als Grundgedanken der gesetzlichen Regelung verstoßen könnte (§ 307 II Nr. 1).[4] Überdies ist zu beachten, dass der Verbraucher typischerweise in sehr viel geringerem Maße als der Unternehmer von den Vorzügen profitiert, die der Schiedsgerichtsbarkeit im Vergleich zur staatlichen Gerichtsbarkeit nachgesagt werden.[5] Manche halten eine Schiedsklausel daher Verbrauchern gegenüber nur für wirksam, wenn ausnahmsweise ein besonderes Bedürfnis für die Einsetzung eines den staatlichen Gerichtsschutz einschränkenden Schiedsgerichts besteht.[6] Der BGH setzt indes Schiedsgerichte mit staatlichen Gerichten qualitativ gleich und hat unter Hinweis darauf einen Verstoß gegen die Generalklausel grundsätzlich verneint.[7] In der Tat mag man einem Gesetzgeber, der Rechtsuchende ohne Rücksicht auf ihre Verbrauchereigenschaft allenthalben auf die außergerichtliche Streitbeilegung verweist (vgl. § 15a EGZPO oder § 278 V 2 ZPO), kaum unterstellen, ein besonderes Bedürfnis für eine (im Einzelnen angemessen ausgestaltete) Schiedsvereinbarung zu fordern, trägt diese doch zur weiteren Entlastung seiner

---

[1] MünchKommBGB/*Kieninger* § 307 Rz 286; *Mäsch* FS Schlosser, S. 529, 534; *Weihe,* Der Schutz der Verbraucher im Recht der Schiedsgerichtsbarkeit, S. 185 f. *Wagner/Quinke* JZ 2005, 932, 933 f., verweisen zudem darauf, dass Schiedsklauseln in Verbraucherverträgen immer beliebter werden und schon deshalb niemanden mehr überraschen könnten.

[2] Näher *Hanefeld/Wittinghofer* SchiedsVZ 2005, 217, 222 m. w. Nachw.

[3] So aber *Schwab/Walter,* Schiedsgerichtsbarkeit, Kap. 5 Rz 14; mit gleicher Tendenz MünchKommBGB/*Kieninger* § 307 Rz 285 und wohl auch BGH NJW 2005, 1125, 1126 f. Wie hier dagegen *Raeschke-Kessler/Berger,* Schiedsverfahren, Rz 249; *Lachmann,* Schiedsgerichtspraxis, Rz 333; MünchKommZPO/*Münch* § 1029 Rz 12; *Haas/Hauptmann* SchiedsVZ 2004 174, 178 f; *Schmitz* RNotZ 2003, 591, 604.

[4] Vgl. auch RL Anh. Nr. 1 q und BGH NJW 1989, 1477 zu § 138 BGB; sehr zurückhaltend auch *Wagner,* Prozessverträge, S. 596 f.

[5] Näher zu dieser asymmetrischen Distribution der Vorteile *Wagner/Quinke* JZ 2005, 932, 936.

[6] Vgl. *Wolf* in der 4. Aufl. Rz S 4; *Ulmer/Schmidt* Anh. § 310 Rz 708; *Erman/Roloff* § 307 Rz 155; *Schlosser/Graba* § 9 Rz 110; *Stoffels,* AGB-Recht, Rz 1071; *von Westphalen,* Schiedsgerichtsklauseln Rz 10; *Vogel* ZflR 2007, 365, 366 f. Für generelle Unwirksamkeit gegenüber Nichtkaufleuten *Gildeggen,* Int. Schiedsvereinbarungen, S. 223.

[7] „Schiedsgerichtsbarkeit ist Rechtsprechung im weiteren Sinne": BGH NJW 2005, 1125 = LMK 2005, 68 m. zust. Anm. *Hau* = SchiedsVZ 2005, 95, 97 f m. zust. Anm. *Huber/Bach* = JZ 2005, 958 m. zust. Aufs. *Wagner/Quinke* 932, 936 = EWiR 2005, 367 f m. Anm. *Korte;* bestätigend BGH WM 2007, 959, 960. Schiedsklauselfreundlich bereits *Behle-Cordes,* Die Schlichtungs- und Schiedsvereinbarung nach der SOBau, S. 29 f.; *Berger* ZBB 2003, 77, 87; *Ebbing,* Private Zivilgerichte, S. 218; *Lachmann,* Schiedsgerichtspraxis, Rz 313; MünchKommZPO/*Münch* § 1029 Rz 12; MünchKommBGB/*Kieninger* § 307 Rz 286; *Sieg* NJW 1992, 2992, 2993; *Mäsch* FS Schlosser, S. 529, 535 f.; *Haas/Hauptmann* SchiedsVZ 2004, 175, 185 f.; *Schmitz* RNotZ 2003, 591, 604.

Gerichte bei. Wie man dies rechtspolitisch bewerten will, ist wiederum eine ganz andere Frage.[1] Immerhin bemüht sich der BGH, dadurch zur Erfüllung seines Postulats der Gleichwertigkeit von staatlichen und Schiedsgerichten beizutragen, dass er nur unabhängige und unparteiliche Instanzen als Schiedsgerichte anerkennt.[2]

Der Gesetzgeber dachte bei der Formulierung des § 1031 III ZPO („Schriftstück ..., das eine Schiedsklausel enthält“) an AGB,[3] hielt im **Unternehmensverkehr** gestellte formularmäßige Schiedsvereinbarungen also für grundsätzlich zulässig.[4] Aber auch wenn man im Rahmen der Kontrolle nach § 307 ein besonderes Interesse für die Verwendung von Schiedsklauseln verlangt, wird man dieses jedenfalls bei internationalen Verträgen unter Unternehmern – nicht zuletzt wegen der damit verbundenen Vereinfachung der Rechtsdurchsetzung – in der Regel bejahen müssen. Für Streitigkeiten ohne grenzüberschreitenden Bezug ist ein berechtigtes Verwendungsinteresse zumindest dann anzunehmen, wenn zur Entscheidung überwiegend technisches oder unternehmerisches Sachwissen und Branchenkenntnisse erforderlich sind.[5] **S 6**

2. Einzelfragen

Kompetenz-Kompetenz-Klauseln (dazu oben Rz S 3) verstoßen gegen § 307 I 2, denn dem rechtsuchenden Kunden, der sich – aus welchen Gründen auch immer – nicht an die Schiedsvereinbarung gebunden sieht, wird zu Unrecht suggeriert, dass er sich sinnvollerweise schon deshalb nicht sofort an das staatliche Gericht wenden dürfe, weil dieses ohnehin nichts für ihn tun könne. **S 7**

Der Schiedsspruch ist nach § 1055 ZPO für die Parteien verbindlich und kann unter inhaltlichen Gesichtspunkten nur bei einem Verstoß gegen die öffentliche Ordnung aufgehoben werden (§ 1059 II Nr. 2 b ZPO),[6] wofür nicht jede Missachtung zwingenden Rechts genügt.[7] Hielte man daran uneingeschränkt fest, wäre mittels Schiedsgerichtsklausel die Möglichkeit eröffnet, von den **Schutzgrundsätzen der AGB-rechtlichen Regelungen** abzuweichen. Um dies zu verhindern, sind nach verbreiteter Auffassung AGB-Schiedsgerichtsklauseln gemäß § 307 unwirksam, sofern sie mangels rechtskundig besetztem Schiedsgericht nicht die Gewähr dafür bieten, dass in der Sache §§ 305 ff. beachtet werden.[8] Dementsprechend **S 8**

---

[1] Zu Bedenken gegen ein solches „outsourcing von Gerichtsbarkeit“ vgl. etwa *Hess* ZZP 118 (2005), 427, 440. Zu Mediations- und Schlichtungsklauseln vgl. Rz S 51.

[2] Vgl. BGH NJW 2004, 2226, 2227 m. w. Nachw. = LMK 2004, 169 m. Anm. *Schlosser.*

[3] Vgl. RegE SchiedsVfG, BT-Drs. 13/5274, S. 37.

[4] *Spieker* ZIP 1999, 2138, 2141, zieht aus der in der Entwurfsbegründung enthaltenen Erwägung, man wolle mit § 1031 III ZPO einem Handelsbrauch Rechnung tragen, den fragwürdigen Gegenschluss, im gewerblichen, aber nichtkaufmännischen Verkehr verstoße eine Schiedsklausel gegen den Grundgedanken des § 1031 I, III ZPO (einer Formvorschrift!) und sei nach § 9 II Nr. 1 AGBG (= § 307 II Nr. 1 BGB) unwirksam.

[5] Weitergehend für grundsätzliche Wirksamkeit *Schwab/Walter,* Schiedsgerichtsbarkeit, Kap. 5 Rz 14; *von Westphalen,* Schiedsgerichtsklauseln Rz 8; MünchKommZPO/*Münch* § 1029 Rz 11a.

[6] Zum Gegenstand dieser sog. *ordre-public*-Kontrolle vgl. einerseits *Stein/Jonas/Schlosser* Anh. zu § 1061 ZPO Rz 138 ff., andererseits MünchKommZPO/*Münch* § 1059 Rz 21.

[7] *Schwab/Walter,* Schiedsgerichtsbarkeit, Kap. 30 Rz 20 ff.

[8] BGHZ 115, 324 = BGH NJW 1992, 575, 576 = LM § 1027 ZPO Nr. 17 m. Anm. *M. Wolf; Wagner,* Prozessverträge, S. 597; *Wagner/Quinke* JZ 2005, 932, 938 (jedenfalls für Verbraucher); *Stoffels,* AGB-Recht, Rz 1073; *Raeschke-Kessler/Berger,* Schiedsverfahren, Rz 257. Kritisch *Ebbing,* Private Zivilgerichte, S. 220; *Schumann* NJW 1992, 2065 f; *Ulmer/Schmidt* Anh. § 310 Rz 707; MünchKommZPO/*Münch* § 1029 Rz 11a; *Stein/Jonas/Schlosser* § 1029 ZPO Rz 26. Einschränkend *von Westphalen,* Schiedsgerichtsklauseln Rz 13; *Zöller/Geimer* § 1031 ZPO Rz 33. *Mäsch* FS Schlosser, S. 529, 536, hält die Fortgeltung dieser Rspr. im neuen Recht für fernliegend; ähnlich *Hanefeld/Wittinghofer* SchiedsVZ 2005, 217, 223.

war anerkannt, dass gegenüber nicht Börsentermingeschäftsfähigen eine Schiedsgerichtsklausel unwirksam ist, die im Zusammenspiel mit einer Rechtswahlklausel im Ergebnis dazu führt, dass der **Einwand der Börsentermingeschäftsunfähigkeit** unbeachtet bleibt.[1] Auch wenn es um die Durchsetzung von Schadensersatzansprüchen aus cic (nunmehr: §§ 280 I, 311 II, 241 II) wegen ungenügender Aufklärung über die Risiken der Börsentermingeschäfte ging, erachtete man eine Kombination von Schiedsabrede und Rechtswahlklausel für unzulässig, wenn sie dazu geführt hätte, dass diese Ansprüche dem Vertragspartner entzogen werden[2] oder der – mit Umsetzung des 4. Finanzmarktförderungsgesetzes zum 1. 7. 2002 entfallene – Differenzeinwand nach § 764 BGB aF unbeachtet bleibt.[3] Entsprechende Probleme bereiten in neuerer Zeit Schiedsvereinbarungen in **Handelsvertreterverträgen.**[4]

S 9 Auch zwischen Unternehmern ist eine Schiedsgerichtsvereinbarung unwirksam, wenn sie **einseitig zugunsten des Verwenders** aufgestellt ist, indem dieser allein darüber bestimmen kann, ob ein Verfahren vor dem staatlichen Gericht oder vor dem Schiedsgericht durchgeführt wird.[5] Laut BGH soll freilich eine die Anrufung des Schiedsgerichts in das Belieben des Verwenders stellende Klausel wirksam sein, wenn sie entweder nur dem Verwender als Kläger ein Wahlrecht gibt oder vorsieht, dass der Verwender als künftiger Beklagter auf Aufforderung der Gegenseite sein Wahlrecht schon vorprozessual ausüben muss.[6] Unbedenklich soll die klauselmäßig vorgesehene Möglichkeit des Verwenders, statt des Schiedsgerichts die staatlichen Gerichte anzurufen, auch dann sein, wenn dies ausdrücklich nur für den Fall gilt, dass sich der Vertragspartner in Zahlungsverzug befindet und keine Einwendungen erhoben hat.[7] Nicht zu beanstanden ist eine Schiedsvereinbarung, die es beiden Parteien freistellt, den ergangenen Schiedsspruch innerhalb bestimmter Frist abzulehnen und in Bezug auf das streitige Rechtsverhältnis den Weg zum staatlichen Gericht zu beschreiten.[8] Eine Schiedsgerichtsklausel ist nach § 307 unwirksam, wenn sie die Einschränkung enthält, dass **nur ein Verfahren** geführt werden darf und dieses auf einen **Höchststreitwert** begrenzt wird.[9]

S 10 Keine Bedenken bestehen dagegen, dass neben der ordentlichen Klage auch der gewöhnliche **Urkundenprozess** vor dem staatlichen Gericht ausgeschlossen sein soll; mangels gegenteiliger Hinweise ist eine Schiedsklausel grundsätzlich dahingehend auszulegen.[10] Auslegungsprobleme kann die **Konkurrenz von Gerichtsstands- und Schiedsklauseln** bereiten, wenn diese entweder in demselben Regelwerk oder in verschiedenen einschlägigen AGB vorgesehen sind. So ist nach Auffassung des BGH eine Klausel in den AGB eines Vertragspartners, wonach der Gerichtsstand für alle Streitigkeiten aus dem Vertrag und über seine Wirksmkeit das

---

[1] BGH NJW 1987, 3193, 3194; BGH RIW 1995, 150, 152; zur Änderung der Rechtsprechung s. BGH NJW 1998, 2358.

[2] OLG Düsseldorf RIW 1995, 769.

[3] BGH NJW 1987, 3193, 3194; s. aber BGH RIW 1991, 420; BGH NJW 1998, 2358; s. auch Rz S 2. Vgl. auch *Raeschke-Kessler* WM 1998, 1205 ff.

[4] Dazu *Kröll* NJW 2007, 743, 745 m. w. Nachw.

[5] Vgl. BGH NJW 1999, 282; BGH NJW 1989, 1477 zu § 138 BGB; *Wagner,* Prozessverträge, S. 151 f (zum Aspekt der „Waffengleichheit" im Zusammenhang mit der Disposition über prozessuale Befugnisse ebenda, S. 154); ferner OLG Dresden 26. 10. 2004 – 11 SchH 03/04 bei *Kröll* SchiedsVZ 2005, 139, 141.

[6] BGH NJW 1999, 282 f.; dem folgt etwa *Ebbing,* Private Zivilgerichte, S. 219. Noch stärker relativierend *Stein/Jonas/Schlosser* § 1029 ZPO Rz 26. OLGR Hamburg 2000, 21, misst solche Klauseln nur an § 138 und bejaht ihre Wirksamkeit.

[7] OLG Bremen SchiedsVZ 2007, 51; *Kröll* NJW 2007, 743, 745.

[8] BGH WM 2007, 785; anders noch RGZ 146, 262.

[9] Vgl. BGH NJW 1989, 1477 zu § 138 BGB; s. auch Nr. 1 q RL.

[10] Dazu BGH NJW 2006, 779, 780; anders BGH NJW 1994, 136 zum Wechselprozess.

für den Sitz dieses Vertragspartners zuständige Gericht ist, nicht etw dahingehend auszulegen, dass ausschließlich das staatliche Gericht zuständig und die Vereinbarung eines Schiedsgerichts in den nachrangig geltenden AGB des anderen Vertragspartners ausgeschlossen ist.[1]

3. Verfahrensregelungen

Soweit das Verfahren vor dem Schiedsgericht nicht zwingend ausgestaltet ist, **S 11** können sich die Parteien gemäß § 1042 III ZPO über Verfahrensregelungen verständigen. Sind diese vorformuliert, unterliegen sie neben der AGB-rechtlichen Einbeziehungs- auch der Inhaltskontrolle nach § 307. Dabei scheint Anh. Nr. 1 q RL einen besonders strengen Maßstab nahezulegen und *jedes* Abweichen von den „rechtlichen Bestimmungen" als Indiz für eine unangemessene Benachteiligung zu nehmen.[2] Auf welche konkreten „rechtlichen Bestimmungen" des deutschen Schiedsrechts man dies zu beziehen hat, bleibt freilich dunkel.[3] Man sollte Anh. Nr. 1 q RL sinnvollerweise nicht mehr entnehmen, als ohnehin aus § 307 II Nr. 1 folgt: Schiedsklauseln, die von *wesentlichen Grundgedanken* des in §§ 1025 ff. ZPO niedergelegten gesetzlichen Leitbildes abweichen, sind unwirksam.[4] Für **Frist- und Formregelungen** gelten die Ausführungen für obligatorische Schiedsgutachten (dazu Rz S 34 f.) entsprechend. Vereinbarungen über den **Schieds- und Verhandlungsort** dürfen die Rechtsverfolgung der Gegenseite nicht ohne sachlichen Grund erschweren.[5] Die **Unparteilichkeit** muss gemäß den in §§ 1034 ff. ZPO niedergelegten Grundsätzen gewahrt bleiben;[6] die in § 1034 II ZPO vorgesehene Möglichkeit, Ungleichgewichtslagen bei der Besetzung des Schiedsgerichts durch Neubesetzung auszugleichen, schließt eine Kontrolle der Besetzungsklausel anhand § 307 nicht aus.[7] Unwirksam ist insbesondere eine Regelung, welche die Auswahl der Schiedsrichter allein dem Verwender überträgt[8] bzw. diesem einen solchen Einfluss auf die Zusammensetzung des Schiedsgerichts gewährt, dass ein faires Verfahren nicht zu erwarten ist.[9] Ergänzend sieht § 1034 II ZPO in einem solchen Fall vor, dass die benachteiligte Partei bei Gericht die Ernennung von unabhängigen und unparteiischen Schiedsrichtern innerhalb einer Frist von zwei Wochen beantragen kann. Ein schiedsgerichtliches Verfahren kann nach § 1034 II 3 mit § 1032

---

[1] BGH WM 2007, 698, 699 f. Beachte auch BGH NJW 2006, 779, 780 (für den internationalen Rechtsverkehr) sowie *Kröll* NJW 2007, 743, 745 m. w. Nachw.

[2] So in der Tat OLG Düsseldorf NJW-RR 1997, 372, 374; wohl auch *Raeschke-Kessler/Berger,* Schiedsverfahren, Rz 254.

[3] Kritisch bereits *Lachmann,* Schiedsgerichtspraxis, Rz 314; *Palandt/Heinrichs* § 310 Rz 46.

[4] Ebenso wohl *Lachmann/Lachmann* BB 2000, 1633, 1638; *Palandt/Heinrichs* § 310 Rz 46; *Berger* ZBB 2003, 77, 87. Zur Leitbildfunktion der §§ 1025 ff. ZPO OLG Düsseldorf NJW 1996, 400. Nach *Stein/Jonas/Schlosser* § 1029 ZPO Rz 26 dürfen schiedsgerichtsverfassungsrechtliche und Verfahrensvereinbarungen sogar wesentlich von der gesetzlichen Reglung abweichen.

[5] Dazu *Hanefeld/Wittinghofer* SchiedsVZ 2005, 217, 224 m. Nachw.; zum Verbrauchergeschäft *Wagner/Quinke* JZ 2005, 932, 937. Vgl. auch Rz S 57 zu Schlichtungs- und Mediationsklauseln.

[6] Vgl. dazu etwa *Lachmann,* Schiedsgerichtspraxis, Rz 316 f.

[7] So aber BGH WM 2007, 959, 960 = ZfIR 2007, 364 m. krit. Anm. *Vogel* 365 ff.; *Stein/Jonas/Schlosser* § 1029 ZPO Rz 26, § 1034 Rz 2; MünchKommZPO/*Münch* § 1029 Rz 11 (*lex specialis*); *Haas/Hauptmann* SchiedsVZ 2004 174, 180 f. Wie hier dagegen *Lachmann,* Schiedsgerichtspraxis, Rz 317, *Berger* ZBB 2003, 77, 89, sowie – zum alten Schiedsrecht – OLG Düsseldorf NJW-RR 1997, 372, 373 und NJW 1996, 400, 401.

[8] Vgl. BGH NJW 1989, 1477 (zu § 138 BGB); *Kröll* SchiedsVZ 2004, 113, 117. Damit ist OLGR Celle 2000, 57 f., kaum zu vereinbaren: Die Benennung des Schiedsrichters bereits in der Schiedsvereinbarung soll die Gegenseite nicht unangemessen benachteiligen, weil sie den Schiedsrichter durch „freien Vertragsschluss" akzeptiert habe; dem OLG gleichwohl zustimmend *Hanefeld/Wittinghofer* SchiedsVZ 2005, 217, 225.

[9] OLG Düsseldorf NJW 1996, 400; OLGR Düsseldorf 1998, 248, 250; *Behle-Cordes,* Die Schlichtungs- und Schiedsvereinbarung nach der SOBau, S. 204 f.

III ZPO gleichwohl eingeleitet oder fortgesetzt werden, bringt aber die Gefahr mit sich, dass ein etwaiger Schiedsspruch nach § 1059 II Nr. 1 b oder d ZPO aufgehoben wird. Werden Streitigkeiten von vornherein einem strukturell mit einer Partei verbundenen Gremium wie **Verbands- oder Vereinsgerichten** zugewiesen, handelt es sich nicht um eine Schiedsgerichtsvereinbarung;[1] ist der staatliche Rechtsweg in solchen Fällen auf Dauer ausgeschlossen, ist die Klausel – wegen völligen Rechtsschutzausschlusses – gemäß § 307 unwirksam (vorausgesetzt, die Bereichsausnahme nach § 310 IV 1 greift nicht ein). Für die **Gewährleistung rechtlichen Gehörs** ist § 1042 I 2 ZPO zu beachten. Eine Regelung, wonach sich die Parteien ausschließlich selbst vertreten, will **anwaltliche Vertretung** und Unterstützung vor dem Schiedsgericht ausschließen. Wenngleich einer solchen Klausel keine ausdrückliche Regelung entgegensteht (vgl. noch § 1034 I 2 ZPO a. F.), scheitert sie an dem gemäß § 1042 I ZPO zu beachtenden Grundsatz der Waffengleichheit; dieser ist verletzt, wenn eine Partei rechtlich erfahren und ihr die andere ohne Anwalt unterlegen, ihr indes eine anwaltliche Vertretung untersagt ist. Umgekehrt kann der Zwang zu anwaltlicher Vertretung in Bagatellsachen, die im staatlichen Verfahren nicht von § 78 ZPO erfasst wären, unwirksam sein.[2] Als bedenklich wird auch der klauselmäßige Ausschluss einer **Begründung des Schiedsspruchs** nach § 1054 II ZPO erachtet.[3] Die **Verfahrenskosten** dürfen – im Vergleich zum GKG – nicht in dem Sinne prohibitiv sein, dass das Kostentragungsrisiko oder auch schon der bloße Kostenvorschuss die Gegenseite von der Rechtsverfolgung abzuhalten droht.[4] Eine Klausel, wonach verzögerte Zahlung von Kostenvorschüssen mit der **Fiktion einer Rücknahme des entsprechenden Antrags oder Rechtsmittels** sanktioniert wird, ist unwirksam.[5]

IV. Schiedsrichtervertrag

S 12 Der Schiedsrichtervertrag kommt zwischen beiden Parteien und dem Schiedsrichter bzw. den Schiedsrichtern zustande, und zwar auch dann, wenn nur eine Partei oder nach § 1035 III, IV ZPO das staatliche Gericht den oder die Schiedsrichter bestellt.[6] Die **Haftungsprivilegien** der §§ 839 II, 839 a gelten für Schiedsrichter zwar nicht entsprechend,[7] doch soll der Schiedsrichtervertrag im Zweifel eine konkludente Haftungsreduktion auf das in § 839 II vorgesehene Maß enthalten.[8] Diese Beschränkung der Haftung auf Vorsatz ließe sich im Falle eines AGB-Schiedsrichtervertrages im Hinblick auf § 309 Nr. 7 nur validieren, wenn man sie als individuell ausgehandelte Zusatzvereinbarung zum im Übrigen klauselmäßigen Schiedsrichtervertrag begreifen könnte – was sehr zweifelhaft erscheint.[9] Allemal bezieht sich ein

---

[1] Vgl. oben Rz 2 a.E.

[2] Ebenso *Wagner/Quinke* JZ 2005, 932, 937.

[3] Für Unwirksamkeit einer solchen Klausel nach § 307 *Ebbing,* Private Zivilgerichte, S. 219; *Schwab/Walter,* Schiedsgerichtsbarkeit, Kap. 5 Rz 14; *Wagner/Quinke* JZ 2005, 932, 938.

[4] Näher *Wagner/Quinke* JZ 2005, 932, 936 f.

[5] Für Berufungen zum Oberschiedsgericht bei nicht fristgemäß gezahltem Kostenvorschuss *Lachmann,* Schiedsgerichtspraxis, Rz 320.

[6] *Stein/Jonas/Schlosser* vor § 1025 ZPO Rz 8; *Thomas/Putzo/Reichhold* vor § 1029 ZPO Rz 8; *Ebbing,* Private Zivilgerichte, S. 70; *Lachmann,* Schiedsgerichtspraxis, Rz 753; *Raeschke-Kessler/Berger,* Schiedsverfahren, Rz 517. Anders in Bezug auf die Schiedsrichterbestellung durch Dritte oder ein staatliches Gericht *Real,* Schiedsrichtervertrag, S. 89, 99.

[7] So aber ungenau *Ebbing,* Private Zivilgerichte, S. 69 f., und dezidiert *Real,* Schiedsrichtervertrag, S. 169 ff., 172.

[8] BGHZ 15, 12, 15; *Stein/Jonas/Schlosser* vor § 1025 ZPO Rz 16; *Raeschke-Kessler/Berger,* Schiedsverfahren, Rz 534; *Thomas/Putzo/Reichhold* vor § 1029 ZPO Rz 9.

[9] Kritisch auch *Lachmann,* Schiedsgerichtspraxis, Rz 329.

etwaiges „Schiedsrichterspruchprivileg“ nur auf eine Haftung für fehlerhafte Schiedssprüche; bei anderen Pflichtverletzungen wie unberechtigter Verzögerung oder Verweigerung des Schiedsspruchs hat der Schiedsrichter nach allgemeinen Grundsätzen jede Fahrlässigkeit zu vertreten.[1] Eine klauselmäßige Beschränkung dieser Haftung kommt nur in den Grenzen des § 309 Nr. 7 in Betracht.

Die Vertrauensstellung des Schiedsrichters legt es nahe, den Parteien ein **Kündigungsrecht** nach § 627 I einzuräumen, was wiederum für eine Einordnung des Schiedsrichtervertrages als Dienstvertrag spricht.[2] Folgt man dem, ist nach § 307 II Nr. 1 eine Klausel unwirksam, wonach der Schiedsrichter das Kündigungsrecht gemäß § 627 I ausschließt.[3] **S 13**

V. Internationaler Geschäftsverkehr

Deutschsprachiges Schrifttum (s. auch vor Rz S 1): *Aden,* Internationale Handelsschiedsgerichtsbarkeit, 2. Aufl. 2003; *Gildeggen,* Internationale Schieds- und Schiedsverfahrensvereinbarungen in Allgemeinen Geschäftsbedingungen vor deutschen Gerichten, 1991; *Gómez Jene,* Internationale Schiedsgerichtsbarkeit und Binnenmarkt, IPRax 2005, 84; *Hau,* Grenzen der Beachtlichkeit von Schieds- und Gerichtsstandsvereinbarungen nach lex fori und Vereinbarungsstatut, IPRax 1999, 232; *Kronke/Melis/Schnyder,* Handbuch Internationales Wirtschaftsrecht, 2005, Teil O; *Lindacher,* Schiedsklauseln und allgemeine Geschäftsbedingungen im internationalen Handelsverkehr, FS Habscheid, 1989, S. 167; *Reithmann/Martiny,* Internationales Vertragsrecht, 6. Aufl. 2004; *Schlosser,* Das Recht der internationalen privaten Schiedsgerichtsbarkeit, 2. Aufl. 1989; *Wackenhuth,* Die Schriftform für Schiedsvereinbarungen nach dem UN-Übereinkommen und Allgemeine Geschäftsbedingungen, ZZP 99 (1986), 445.

Die auf das UNCITRAL-Modellgesetz zurückgehenden §§ 1025 ff. ZPO gelten, sofern der Ort des schiedsrichterlichen Verfahrens in Deutschland liegt (§ 1025 I ZPO), werden freilich durch staatsvertragliche Regelungen verdrängt.[4] Zu beachten ist namentlich das Europäische Übereinkommen über die internationale Handelsschiedsgerichtsbarkeit vom 21. 4. 1961 (EuÜ),[5] das nicht von der Brüssel I-VO Nr. 44/2001 tangiert wird (Art. 1 II d Brüssel I-VO).[6] Von praktischer Bedeutung sind zudem[7] die Vorgaben des New Yorker UN-Übereinkommens über die Anerkennung und Vollstreckung ausländischer Schiedssprüche vom 10. 6. 1958 (UNÜ),[8] in Bezug auf AGB besonders das dort in Art. II vorgesehene Schriftformerfordernis. Dieses ist nicht gewahrt, wenn in einem Vertrag lediglich auf AGB Bezug genommen wird, die ihrerseits eine Schiedsklausel enthalten,[9] es sei denn, diese AGB **S 14–S 20**

---

[1] *Schwab/Walter,* Schiedsgerichtsbarkeit, Kap. 12 Rz 9.

[2] Für den Schiedsgutachtervertrag ebenso *Meyer,* Schiedsgutachtervertrag, zusammenfassend S. 41 f (ausführliche Wiedergabe des Streitstandes S. 22 ff.); im Ergebnis auch *Stein/Jonas/Schlosser* vor § 1025 ZPO Rz 7. Für einen Geschäftsbesorgungsvertrag *Henn,* Schiedsverfahrensrecht, Rz 133; ebenso für den materiellen Teil des Vertrags mit prozessual-materieller Doppelwirkung *Schwab/Walter,* Schiedsgerichtsbarkeit, Kap. 12 pr. Für einen prozessrechtlichen Vertrag *Real,* Schiedsrichtervertrag, zusammenfassend S. 74 ff.

[3] Gegen ein Kündigungsrecht der Parteien ohne wichtigen Grund *Real,* Schiedsrichtervertrag, S. 183 f m. w. Nachw.

[4] *Zöller/Geimer* § 1031 ZPO Rz 4; *Hanefeld/Wittinghofer* SchiedsVZ 2005, 217, 219; *Reithmann/Martiny/Hausmann* Rz 3264 m. w. Nachw. Anders offenbar MünchKommZPO/*Münch* § 1031 Rz 9 f.

[5] BGBl. 1964 II, S. 425. Vgl. auch BGH NJW 1980, 2022.

[6] Zur im Einzelnen strittigen Reichweite des Ausschlusses der Schiedsgerichtsbarkeit vom Anwendungsbereich der Brüssel I-VO *Gómez Jene* IPRax 2005, 84, 89 ff.; *Mäsch* FS Schlosser, S. 529, 541 f.

[7] Zum Verhältnis zwischen UNÜ und EuÜ vgl. *Reithmann/Martiny/Hausmann* Rz 3236 ff.

[8] BGBl. 1961 II, S. 122.

[9] OLG München NJW-RR 1996, 1532. Vgl. die Differenzierungen bei Züricher Handelsgericht ZEuP 1994, 682, 684 m. Anm. *Schlosser,* 685. Ausführlich *Wackenhuth* ZZP 99 (1986), 445, *Gildeggen,* Int. Schiedsvereinbarungen, S. 53 ff., und *Lindacher* FS Habscheid, S. 167.

sind auf der Rückseite der bezugnehmenden Vertragsurkunde abgedruckt;[1] unzureichend ist erst recht der in Rechnungen enthaltene Verweis auf AGB, die eine Schiedsklausel enthalten.[2] Eine Einbeziehungskontrolle nach §§ 305, 305c I BGB findet im Anwendungsbereich von EuÜ und UNÜ nicht statt,[3] wohl aber eine Inhaltskontrolle nach § 307 BGB, sofern deutsches Recht Statut der Schiedsvereinbarung ist.[4] Außerhalb des Anwendungsbereichs des UNÜ und des EuÜ kann § 305c I BGB nach Maßgabe von Art. 31 II EGBGB Geltung erlangen, wenn die Schiedsvereinbarung nicht deutschem Recht unterliegt.[5]

*

Schiedsgutachtenklausel

Inhaltsübersicht

Schrifttum: *Acker/Konopka,* Schiedsgutachten im Bau- und Anlagenvertrag: Grenzen und Möglichkeiten, SchiedsVZ 2003, 256; *Bastian,* Die Rechtsnatur der Leistungszusage und die Bedeutung ärztlicher Feststellungen in der Privaten Pflegeversicherung, NZS 2004, 76; *Egner,* Außerprozessuale Streiterledigung im Bauvertrag auf der Grundlage der VOB-Vertragsbestimmungen, 2000; *Gottwald/Wagner,* Die Bindungswirkung der Entscheidungen von Kfz-Schiedsstellen, NZV 2000, 6; *Habscheid,* Das Schiedsgutachten als Mittel der Streitentscheidung und Streitvorbeugung, FS Kralik, 1986, S. 189; *Halbgewachs,* Der Kfz-Ankauf mit Schätzwertklausel, NZV 2004, 115; *Joussen,* Schlichtung als Leistungsbestimmung und Vertragsgestaltung durch einen Dritten, 2005; *Kröll,* Ergänzung und Anpassung von Verträgen durch Schiedsgerichte, 1998; *Meyer,* Der Schiedsgutachtervertrag, 1995; *Nicklisch,* Schätzorganisationen, ZHR 136 (1972), 1; *Pfeiffer,* ADR trifft IPR: Die Bestimmung des anwendbaren Internationalen Privatrechts durch den Schiedsgutachter, FS Schlosser, 2005, S. 683; *Sachs,* Die rechtliche Abgrenzung des Schiedsgutachtens vom Schiedsverfahren am Beispiel des Unternehmenskaufvertrages, FS Schlosser, 2005, S. 805; *Schwab/Walter,* Schiedsgerichtsbarkeit, 7. Aufl. 2005; *Stubbe,* Schiedsgutachten als modernes ADR-Instrument, SchiedsVZ 2006, 150 (mit Mustervereinbarung); *Volmer,* Das Schiedsgutachtenrecht – Bestandsaufnahme und Fragen der Praxis, BB 1984, 1010; *Vygen,* Streitvermeidung, Streitschlichtung und Streitentscheidung – Mögliche Vereinbarungen in Bau-, Architekten- und Ingenieurverträgen, FS Ulrich Werner, 2005, S. 1; *Wagner,* Prozessverträge, 1998; *Walter,* Dogmatik der unterschiedlichen Verfahren zur Streitbeilegung, ZZP 103 (1990), 141; *Walz,* Formularbuch Außergerichtliche Streitbeilegung, 2006; *Wittmann,* Struktur und Grundprobleme des Schiedsgutachtenvertrages, 1978.

---

[1] OLG Schleswig RIW 2000, 706 ff.; BayObLG NJW-RR 1999, 644, 645. Zur Schiedsvereinbarung durch AGB unter dem UNÜ ausführlich *Reithmann/Martiny/Hausmann* Rz 3279 ff.

[2] BGH NJW 2005, 3499, 3500.

[3] Näher *Reithmann/Martiny/Hausmann* Rz 3264, 3309. Anders für § 305c I jedoch *Hanefeld/Wittinghofer* SchiedsVZ 2005, 217, 219, 222.

[4] So für das UNÜ *Reithmann/Martiny/Hausmann* Rz 3309; *Schwab/Walter,* Schiedsgerichtsbarkeit, Kap. 44 Rz 9; *Gildeggen,* Int. Schiedsvereinbarungen, S. 140 ff., dort S. 143 ff. für das EuÜ. Vgl. zur Bestimmung des Statuts der Schiedsvereinbarung etwa *Reithmann/Martiny/Hausmann* Rz 3387 ff.; *Hau* IPRax 1999, 232; jeweils m. Nachw.

[5] *Reithmann/Martiny/Hausmann* Rz 3407.

I. Allgemeines

Mit einer Schiedsgutachtenabrede übertragen die Parteien einem Dritten die Entscheidung über das Vorliegen von Tatsachen oder deren rechtliche Einordnung;[1] auch zu einer Anpassung des Vertrages durch einen Dritten kann es aufgrund einer Schiedsgutachtenabrede (im weiteren bzw. uneigentlichen Sinne) kommen.[2] Schiedsgutachtenverträge liegen daher beispielsweise vor, wenn ein Dritter über den Zustand der Kaufsache oder über ihre Mangelhaftigkeit im Sinne des § 434 entscheiden oder eine Beschaffenheitsvereinbarung nach § 434 I 1 veränderten Umständen anpassen soll. Materiell-rechtlich gelten für den Schiedsgutachtenvertrag §§ 317–319 entsprechend; das Schiedsgutachten bindet das in einem späteren Rechtsstreit erkennende Gericht in den Grenzen des § 319 I.[3] Schiedsgutachtenabreden sind nicht schon aufgrund ihrer prozessualen Natur einer AGB-rechtlichen Überprüfung entzogen,[4] und auch § 307 III 1 hindert nicht, die Vereinbarung eines nach Maßgabe des § 319 I verbindlichen Schiedsgutachtens zu überprüfen (näher Rz S 30). **S 21**

II. Schiedsgutachten- und Schiedsvertrag

Um einen Schiedsgutachtenvertrag, nicht um einen Schiedsvertrag i. S. von §§ 1029 ff. ZPO,[5] handelt es sich, wenn der eingeschaltete Dritte nur über in einem potenziellen Rechtsstreit auftretende Vorfragen entscheiden soll.[6] Ein Schiedsgutachtenvertrag kann aber auch dann vorliegen, wenn dem Dritten die Entscheidung über in Streit geratene Rechtsfolgen übertragen wird. In diesen Fällen ist die **Abgrenzung zur Schiedsvereinbarung** problematisch. Maßgeblich ist nicht die bloße Bezeichnung der Abrede durch die Parteien, sondern ihr Inhalt:[7] Sollen staatliche Gerichte nur im Rahmen zulässig bleibender erneuter Sachprüfung nach Maßgabe des § 319 I gebunden sein, ist ein Schiedsgutachten vereinbart.[8] Wollten die Parteien hingegen die Zulässigkeit einer den Streitpunkt betreffenden Klage **S 22**

---

[1] BGH NJW-RR 2006, 212, formuliert: „… eine Schiedsgutachterabrede … ist anzunehmen, wenn ein Sachverständiger die im Verhältnis der Parteien bestehenden Ansprüche und Verbindlichkeiten rechtsgestaltend festlegen oder Tatbestandselemente solcher Ansprüche für die Parteien vorbehaltlich einer gerichtlichen Nachprüfung verbindlich feststellen soll."

[2] *Staudinger/Rieble* § 317 Rz 12; *Habscheid* FS Kralik, 189, 203; *Nicklisch* ZHR 136 (1972), 1, 6; *Volmer* BB 1984, 1010; *Acker/Konopka* SchiedsVZ 2003, 256, 257 f; *Rosenberg/Schwab/Gottwald,* Zivilprozessrecht, § 173 Rz 15; *Egner,* Außerprozessuale Streitbeilegung, S. 148 f. Zu den mannigfaltigen Anwendungsfällen *Stein/Jonas/Schlosser* vor § 1025 ZPO Rz 21.

[3] Zur entsprechenden Anwendung des § 319 I auf Schiedsgutachten BGHZ 43, 374, 376; BGH WM 1976, 269, 270; BGH NJW 1983, 1854.

[4] Vgl. nur *Wagner,* Prozessverträge, S. 131 ff.

[5] § 1029 II ZPO definiert den Begriff „Klausel" für den Bereich des Schiedsrechts neu. Im Folgenden wird er nicht im Sinne dieser Legaldefinition, sondern im hergebrachten Sinne der AGB verwendet, der nicht gleichbedeutend ist, da § 1029 II ZPO auch individuell ausgehandelte „Klauseln" erfasst, MünchKommZPO/*Münch* § 1029 Rz 11. Beide Klauselbegriffe gleichsetzend aber *Wagner,* Prozessverträge, S. 135.

[6] S. etwa BGHZ 6, 335, 338; *Kurth* NJW 1990, 2038, 2040; MünchKommZPO/*Münch* vor § 1025 Rz 22; *Schwab/Walter,* Schiedsgerichtsbarkeit, Kap. 2 Rz 1; *Rosenberg/Schwab/Gottwald,* Zivilprozessrecht, § 173 Rz 18. Anders *Musielak/Voit* § 1029 ZPO Rz 22: Schiedsvereinbarung über einen „Teil der Streitigkeit" sei möglich.

[7] BGH BB 1982, 1077; *Habscheid* FS Kralik, 189, 190 f; *Soergel/Wolf* § 317 Rz 21, 23; *Volmer* BB 1984, 1010, 1011; *Staudinger/Rieble* § 317 Rz 21; MünchKommZPO/*Münch* vor § 1025 Rz 24; MünchKomm BGB/*Gottwald* § 317 Rz 8; *Kröll,* Ergänzung und Anpassung, S. 256 f.

[8] Prägnant *Wieczorek/Schütze/Schütze* § 1025 ZPO Rz 27: Das Schiedsgutachten ersetzt keinen Richterspruch, fordert ihn vielmehr.

zeitlich endgültig, sachlich im Rahmen des § 1059 II ZPO ausschließen (§ 1032 ZPO), handelt es sich um eine Schiedsvereinbarung. Da für die Abgrenzung der zeitlich endgültige Ausschluss der Zulässigkeit der Klage entscheidend ist, kann trotz dilatorischen Klageausschlusses (etwa: Verpflichtung, vor Erstellung eines Gutachtens keine Klage zu erheben)[1] eine Schiedsgutachtenabrede vorliegen. Im Zweifel ist eine Schiedsgutachtenvereinbarung anzunehmen, die den Zugang zu staatlichen Gerichten nicht beschränkt (vgl. aber noch Rz S 24).[2]

S 23 Steht nach diesen Kriterien eine Schiedsgutachtenvereinbarung in Rede, unterliegt diese **nicht dem Schiedsrecht.**[3] Das sollte jedenfalls gelten, wenn der Schiedsgutachtenvertrag ohne Beschränkung durch § 319 I die **vollständige Überprüfung** des Schiedsgutachtens über die Rechtsfolge insgesamt **gestattet,** wobei gleichgültig ist, ob die gerichtliche Entscheidung über die Sache insgesamt erst nach oder auch ohne Einholung des Schiedsgutachtens zugelassen wird. Selbst auf die Vereinbarung eines zwingend vor der richterlichen Entscheidung einzuholenden – mithin: **obligatorischen – Schiedsgutachtens** über streitige Rechtsfolgen insgesamt mit Bindungswirkung nach Maßgabe des § 319 I BGB finden §§ 1025 ff. ZPO keine entsprechende Anwendung. Das besondere Schutzbedürfnis, dem diese Normen Rechnung tragen, wird erst durch die Beschränkung der Kognitionsbefugnis staatlicher Gerichte ausgelöst. In dieser Wirkung kann die Vereinbarung eines obligatorischen Schiedsgutachtens derjenigen einer Schiedsvereinbarung zwar nahekommen, erreicht sie jedoch nicht. Bei Vereinbarung eines obligatorischen Schiedsgutachtens darf das Prozessgericht zwar keinen Beweis erheben und keine Entscheidung über die dem Schiedsgutachten unterfallenden Fragen treffen, solange das Schiedsgutachten nicht eingeholt und vorgelegt wird.[4] Der Rechtsstreit kann sich also verzögern, höhere Kosten verursachen und so die Gegenseite potenziell von einer Klage abhalten.[5] Zum einen lässt sich dieser Verzögerung aber mittels analoger Anwendung von §§ 431, 356 ZPO entgegenwirken,[6] zumal die Hemmung der Verjährung ohnehin sichergestellt ist (§ 204 I Nr. 8 BGB). Und zum anderen ist das Gericht an die Feststellungen des Gutachtens in wesentlich geringerem Maße gebunden, als es an einen Schiedsspruch gebunden wäre: Der Maßstab der offenbaren Unbilligkeit bzw. Unrichtigkeit (§ 319 I BGB) lässt eine erheblich tiefergehende inhaltliche Überprüfung zu als die von § 1059 II Nr. 2b ZPO vorgesehene Bindungsschwelle des Verstoßes (der Anerkennung und Vollstreckung) des Schiedsspruches[7] gegen die öffentliche Ordnung; denn für § 1059 II Nr. 2b ZPO ist nicht jeder – wenn auch möglicherweise offensichtliche[8] – Rechtsverstoß relevant, sondern nur ein Verstoß

---

[1] Zur Zulässigkeit eines klauselmäßigen dilatorischen Klageverzichts vgl. die Ausführungen zu Mediations- und Schlichtungsklauseln (Rz S 57).

[2] BGH BB 1982, 1077, 1078; *Staudinger/Rieble* § 317 Rz 22; MünchKommBGB/*Gottwald* § 317 Rz 12; *von Westphalen,* Schiedsgerichtsklauseln Rz 2 und Schiedsgutachten Rz 2.

[3] Anders für obligatorische Schiedsgutachten über den gesamten Rechtsstreit *Wolf* in der 4. Aufl. Rz S 13; vgl. aber auch *Soergel/Wolf* § 317 Rz 21, 24. Für eine Anwendung der §§ 1025 ff. ZPO auf (rechtsklärende) Schiedsgutachten im eigentlichen Sinne (Rz S 21) nachdrücklich *Habscheid* KTS 1957, 129 ff.; *ders.* FS Lehmann II, 801 ff.; *ders.* KTS 1972, 209, 218; ferner etwa *Walter* ZZP 103 (1990), 141, 152 f; *Stein/Jonas/Schlosser,* vor § 1025 ZPO Rz 32 ff. (aber: Formvorschrift des § 1031 ZPO unanwendbar); dagegen etwa *Wagner,* Prozessverträge, S. 668; MünchKommZPO/*Münch* vor § 1025 Rz 25.

[4] *Schwab/Walter,* Schiedsgerichtsbarkeit, Kap. 2 Rz 7; *Rosenberg/Schwab/Gottwald,* Zivilprozessrecht, § 173 III Rz 26.

[5] Vor allem hierauf stützt *Wolf* die Anwendung der §§ 1025 ff. ZPO, vgl. 4. Aufl. Rz S 13.

[6] *Musielak/Voit* § 1032 ZPO Rz 2 m. w. Nachw.

[7] Zum Objekt der *ordre-public*-Kontrolle vgl. einerseits *Stein/Jonas/Schlosser* Anhang zu § 1061 Rz 138 ff., andererseits MünchKommZPO/*Münch* § 1059 Rz 21.

[8] Der Rechtsverstoß muss nicht offensichtlich sein, um gegen den *ordre public* zu verstoßen, MünchKommZPO/*Münch* § 1059 Rz 21.

gegen bestimmte, grundlegende Rechtsnormen.[1] Wenn die Parteien die besonders strenge Bindung des § 1059 II ZPO nicht wollen, also keine Schiedsvereinbarung vorliegt, sind auch die in dieser strengen Bindung begründeten strikten Voraussetzungen der §§ 1025 ff. ZPO nicht einzuhalten. Freilich mag man im **Verbrauchergeschäft** bereits den dilatorischen Klageverzicht, der mit der obligatorischen Schiedsgutachtenklausel einhergeht, zum Anlass nehmen, eine **analoge Anwendung von § 1031 V, VI ZPO** zu erwägen.

Soweit Schiedsgutachten die Klärung in Streit geratener Rechtsfolgen insgesamt umfassen, müssen die AGB die **Klarstellung** enthalten, dass der Zugang zu staatlichen Gerichten als solcher nicht beschränkt ist; anderenfalls sind sie unwirksam.[2] Wird umgekehrt eine Vereinbarung als Schiedsgutachtenvereinbarung bezeichnet, welche die Zulässigkeit einer Klage vor staatlichen Gerichten vorbehaltlich § 1059 II ZPO endgültig ausschließen soll, handelt es sich nach dem in Rz S 22 Gesagten also in Wahrheit um eine Schiedsvereinbarung, so ist diese nicht gemäß § 305c II auf die Rechtsfolgen einer Schiedsgutachtenvereinbarung zu reduzieren, sondern wegen **Intransparenz** gemäß § 307 I 2 unwirksam. S 24

III. Wirksamkeit der Schiedsgutachtenabrede

1. Vorschriften über Schiedsverträge

Für den Schiedsgutachtenvertrag gelten nach hM nicht die **besonderen Formvorschriften** des Schiedsvertrags nach § 1031 ZPO (Rz S 4); zur analogen Anwendung von § 1031 V, VI ZPO vgl. Rz S 23 a. E. Die für einen Schiedsvertrag vorgesehenen Einschränkungen bezüglich Mietwohnungsstreitigkeiten (§ 1030 II ZPO) und Arbeitssachen (§ 101 ArbGG)[3] finden auf den Schiedsgutachtenvertrag nach Maßgabe des in Rz S 23 Gesagten keine Anwendung. S 25

2. Unklarheitenregel

Schiedsgutachtenabreden in AGB (bzw. gemäß § 310 III der Klauselkontrolle unterliegende Vereinbarungen) sind an **§ 305c II** zu messen. Die Einsetzung eines Sachverständigen zur Beurteilung bestimmter Fragen reicht allein nicht aus, um von einer Schiedsgutachtenabrede auszugehen, da sich die Einschaltung eines Sachverständigen auch in der Funktion eines lediglich außerprozessualen Beweismittels erschöpfen kann, ohne dass ihm die Befugnis zur bindenden Tatsachenfeststellung bis zur Grenze der offenbaren Unrichtigkeit eignet. Ist die Funktion als Schiedsgutachter nicht eindeutig klargestellt, so ist gemäß § 305c II im Zweifel von einem bloß außerprozessualen Beweismittel auszugehen.[4] S 26

3. Schiedsgutachtenklauseln als Beweislastklauseln i. S. v. § 309 Nr. 12

Soweit das Gericht an die Feststellungen des Schiedsgutachters gebunden wird (dazu sogleich), liegt es nicht fern, in Schiedsgutachtenklauseln gemäß § 309 Nr. 12 S 27

---

[1] Vgl. nur MünchKommZPO/*Münch* § 1059 Rz 20; *Stein/Jonas/Schlosser* Anhang zu § 1061 ZPO Rz 135; *Schwab/Walter*, Schiedsgerichtsbarkeit, Kap. 24 Rz 37 ff.

[2] S. auch BGH ZIP 1987, 989, 993 = NJW 1987, 2818, 2820; MünchKommBGB/*Gottwald* § 317 Rz 33 (§ 307 II Nr. 1).

[3] S. Rz S 2.

[4] LG Frankfurt BB 1988, 2274 = NJW-RR 1988, 1132 (Leasingabrechnung nach vom Sachverständigen festgestelltem Zeitwert); *Staudinger/Rieble* § 317 Rz 46; *Soergel/Wolf* § 317 Rz 24.

schlechthin unwirksame **Beweislastklauseln** zu sehen.[1] Das Schutzziel des § 309 Nr. 12 jedoch verlangt es nicht, Schiedsgutachtenklauseln ohne weiteres für unwirksam zu halten. Die unangemessene Benachteiligung, vor der § 309 Nr. 12 schützen will, liegt mit Blick auf RL Anh. Nr. 1 q in einer Erschwernis der Rechtsdurchsetzung.[2] Schiedsgutachtenklauseln aber modifizieren nur den zur Rechtsdurchsetzung zu beschreitenden Weg, was sich nicht zuletzt daran zeigt, dass sich die Klausel auch zulasten des Verwenders auswirken kann. Nach § 309 Nr. 12 unwirksam sind Schiedsgutachtenklauseln allerdings dann, wenn die vom Schiedsgutachter zu beachtende Beweislastverteilung zuungunsten des Kunden verschoben wird.

4. Kontrolle nach § 307

S 28 Für die **Kontrolle am Maßstab des** § 307 ist von entscheidender Bedeutung, ob staatliche Gerichte an die Tatsachen- und/oder Rechtsentscheidung nach Maßgabe von § 319 I gebunden sein sollen. Eine **unbeschränkte Bindung** der staatlichen Gerichte an die Tatsachenfeststellungen oder der **Ausschluss des Rechtswegs** ist in jedem Falle unwirksam.[3]

S 29 **a)** Im Zweifel liegt **keine Bindung nach § 319 I** vor, wenn laut AGB der Rechtsweg gegen das Schiedsgutachten nicht ausgeschlossen wird. Eine solche Klausel hat nur dann konstitutive Bedeutung, wenn sie die volle rechtliche Überprüfung durch die Gerichte ermöglicht; denn „der Rechtsweg" als solcher wäre nach § 319 I ohnehin nicht versperrt. Ohne Bindung staatlicher Gerichte nach § 319 I ist die Schiedsgutachtenklausel grundsätzlich wirksam. Gleiches gilt, wenn für das Schiedsgutachten nur die **evidenzunabhängige Kontrollschwelle des** § 315 III gelten soll. Die Vereinbarung eines Schiedsgutachtens mit gegenüber § 319 I erheblich abgeschwächter Bindungswirkung ist aber bedenklich, wenn ein **obligatorisches Schiedsgutachten** vereinbart ist, wodurch das Gericht an einer Beweiserhebung oder Entscheidung gehindert wird, bevor das Schiedsgutachten eingeholt ist (vgl. schon Rz S 23).[4] Damit ist in der Regel (trotz analoger Anwendung der §§ 431, 356 ZPO)[5] zumindest eine zeitliche Verzögerung bei Anrufung der Gerichte verbunden, und es kann sich durch das der gerichtlichen Entscheidung vorgelagerte Schiedsgutachten auch eine faktische Erschwerung ergeben, wenn der andere Vertragsteil seine Rechtslage, beeindruckt durch das Schiedsgutachten, zu Unrecht als aussichtslos beurteilt, oder weil er nach der etwaigen Kostenbelastung durch das Schiedsgutachten nicht auch noch das Kostenrisiko eines Rechtsstreits vor den staatlichen Gerichten auf sich nehmen will. Man wird solche Klauseln daher nur dann für wirksam halten können, wenn das Schiedsgutachtenverfahren für den Kunden kostenfrei ausgestaltet ist oder ein berechtigtes Interesse des Verwenders besteht, das freilich geringeres Gewicht aufweisen muss, als es die Rechtsprechung in den Fällen der Bindungswirkung nach § 319 I verlangt (dazu Rz S 31).

---

[1] So in der Tat LG Frankfurt NJW-RR 1988, 1132; anders aber etwa *Gottwald/Wagner* NZV 2000, 6, 8 f.

[2] Der Anhang ist als nicht abschließender Beispielskatalog für potenziell missbräuchliche Klauseln anzusehen, EuGH NJW 2004, 1647; EuGH EuZW 2002, 466. Dazu *Markwardt* ZIP 2005, 152, 154; *Nassall* in *Gebauer/Wiedmann*, Zivilrecht unter europäischem Einfluss, Kap. 5 Rz 7.

[3] S. auch BGH ZIP 1987, 989, 993 = NJW 1987, 2818, 2820; *Soergel/Wolf* § 317 Rz 24. Schiedsgutachtenklauseln dürfen insbesondere nicht zur Umgehung AGB-rechtlicher Vorgaben führen, BGH NJW 1992, 575, 577.

[4] Vgl. dazu das Gutachten in DNotI-Report 2004, 11 ff. In OLG Düsseldorf BauR 1998, 1111, worauf das Gutachten verweist, war die Bindung nach § 319 freilich gerade nicht ausgeschlossen.

[5] Vgl. bei Rz 523.

b) Gilt der Überprüfungsmaßstab des § 319,[1] so scheitert die Inhaltskontrolle nicht bereits an § 307 III:[2] Zwar gibt § 319 I selbst die Grenze der offenbaren Unbilligkeit oder Unrichtigkeit vor, doch geht § 319 I von einem individualvertraglich vereinbarten und nicht von einem durch AGB auferlegten Bestimmungsrecht aus.[3] Offenbare Unbilligkeit oder Unrichtigkeit im Sinne des § 319 I ist gegeben, wenn sie sich dem sachkundigen Beobachter ohne weiteres aufdrängt;[4] offenbare Unrichtigkeit kann sich auch bei möglicherweise richtigem Ergebnis aus der Fehlerhaftigkeit der Begründung ergeben,[5] namentlich ihrer Intransparenz.[6] Unbilligkeiten oder Unrichtigkeiten, die nicht derart offenbar sind, müsste der Vertragspartner des Verwenders danach hinnehmen. Vor diesem Hintergrund ist eine Schiedsgutachtenklausel jedenfalls dann nach § 307 **unwirksam,** wenn der Schiedsgutachter, gleichgültig, ob in der Klausel bereits benannt oder aus ihr bestimmbar, **dem Verwender interessenmäßig nahesteht,** etwa aufgrund einer geschäftlichen Zusammenarbeit, oder wenn er aus der Sicht eines verständigen Vertragspartners[7] in einem Abhängigkeitsverhältnis zum Verwender steht[8] oder wenn sonst die Unparteilichkeit des Schiedsgutachters gefährdet erscheint. Die Unabhängigkeit ist nicht nur nach wirtschaftlichen Gesichtspunkten zu beurteilen. Vielmehr sind alle tatsächlichen und rechtlichen Bindungen irgendwelcher Art zu berücksichtigen.[9] Eine Abhängigkeit der DAT-Schätzer von den Gebrauchtwagenhändlern hat der BGH nicht festgestellt.[10] Die Unterwerfung unter die Schiedsgutachtenklausel in den AGB des Veranstalters einer Kunst- und Antiquitätenmesse ist unwirksam, wenn die Jurymitglieder bei der Bewertung der Ausstellungsstücke nicht neutral oder nicht sachkundig sind oder eine offenbar unrichtige Entscheidung treffen.[11] Zu Regelungen über die Unabhängigkeit in AGB s. Rz S 36. Ohne Rücksicht auf weitere Umstände sind Klauseln unwirksam, wonach ein Dritter über die **Rechtsfolge** und damit über einen strittigen Anspruch insgesamt oder über wesentliche Entscheidungselemente als Vorfrage dieses Anspruchs entscheiden soll (sofern keine Schiedsvereinbarung vorliegt, Rz S 22); denn unabhängig von der Parteilichkeit des Schiedsgutachters besteht die Gefahr von Irrtümern und damit unrichtigen Entscheidungen, die nicht der gerichtlichen Überprüfung entzogen werden dürfen. Eine zur Unwirksamkeit führende unangemessene Benachteiligung der Gegenseite liegt ferner vor, wenn nur diese, nicht auch der Verwender im Streitfall ein Schiedsgutachten beibringen muss.[12] Im Übrigen ist die klauselmäßige Vereinbarung von nach § 319 I verbindlichen Schiedsgutachten **nur ausnahmsweise wirksam,** wenn sich die Klausel auf schwer zu bewertende Preis- und Wertfestsetzungen beschränkt. Wirksam ist auch **S 30**

---

[1] Zur entsprechenden Anwendung des § 319 I auf Schiedsgutachten BGHZ 43, 374, 376; BGH WM 1976, 269, 270; BGH NJW 1983, 1854.

[2] S. § 307 Rz 341; a. A. *Wittmann,* Struktur und Grundprobleme des Schiedsgutachtenvertrages, S. 82 ff. Zum Problem auch *Wagner,* Prozessverträge, S. 135 ff.

[3] Deshalb im Zweifel für Unwirksamkeit: *Löwe* § 9 Rz 64.

[4] Zum Begriff der Unrichtigkeit BGH NJW 1979, 1885; *Soergel/Wolf* § 319 Rz 10 ff.; *Acker/Konopka* SchiedsVZ 2003, 256, 260 f; OLG Düsseldorf NJW-RR 2000, 279, 281.

[5] BGH NJW-RR 1988, 506; OLG Koblenz VIZ 2002, 651, 653.

[6] BGH WM 1998, 628, 630; BGH NJW-RR 1988, 506; *Staudinger/Rieble* § 319 Rz 9, 10.

[7] S. *Ulmer/Schmidt* Anh. § 310 Rz 705.

[8] S. BGH NJW 1981, 2351, 2353; 1983, 1854, 1855; weitergehend *von Westphalen,* Schiedsgutachten Rz 24.

[9] BGH NJW 1983, 1854, 1855.

[10] NJW 1983, 1854, 1855. *Stein/Jonas/Schlosser* vor § 1025 ZPO Rz 26: nur, weil in den Vorinstanzen nicht vorgetragen wurde, dass der DAT-Schätzer dem Verwender nahesteht. Zur Einordnung von Schätz- als Schiedsgutachtenklauseln *Nicklisch* ZHR 136 (1972), 1, 5 ff.

[11] OLG Frankfurt NJW-RR 1993, 1390.

[12] Zum Aspekt der „Waffengleichheit" in Zusammenhang mit der Disposition über prozessuale Befugnisse *Wagner,* Prozessverträge, S. 154.

eine Schätzklausel bezüglich des Restwerts in einem Leasingvertrag, wenn der Leasingnehmer statt der Abrechnung nach dem Schätzpreis einen Käufer benennen kann, der das Leasinggut zum Marktpreis übernimmt.[1] Wirksam ist ferner eine Klausel mit dem Inhalt von **§ 18 Nr. 3 VOB/B.**[2]

S 31 Soll einem **obligatorischen Schiedsgutachten** (Rz S 23) Bindungswirkung nach § 319 I zukommen, verstärken sich die Bedenken gegen die Wirksamkeit.[3] Die mit einer solchen Klausel einhergehende Beschränkung richterlicher Kontrolle sowie die zeitliche und faktische Behinderung des Rechtswegs stellen eine Abweichung von der gesetzlichen Regelung und eine unangemessene Benachteiligung nach § 307 dar,[4] wenn für die Schiedsgutachtenabrede kein **berechtigtes Bedürfnis** gegeben ist. Ob ein solches vorliegt, ist auch unter Berücksichtigung des für den Kunden auf dem Spiel stehenden Risikos zu beurteilen. Sofern die zu beurteilenden Fragen mit einem hohen wirtschaftlichen und rechtlichen Risiko verbunden sind, die nicht durch entsprechende Vorteile des Schiedsgutachtens ausgeglichen werden, ist ein berechtigtes Bedürfnis bereits nach der Art des Geschäfts nicht anzuerkennen.[5] Dies gilt etwa für die Erstellung von Bauwerken und Anlagen, insbesondere im Rahmen eines Generalunternehmervertrags, aber auch bei einem Fertighausvertrag, wenn der Bauunternehmer die AGB stellt.[6] Die obligatorische Schiedsgutachtenklausel ist dabei unabhängig von ihrer inhaltlichen Ausgestaltung unwirksam.[7] Wirksam ist aber eine Baumängel betreffende Schiedsgutachtenklausel, wenn bei Errichtung eines Geschäftshauses der Auftraggeber die AGB stellt.[8] Auch bei Fragen, die nach der Art des Geschäfts mit geringen Risiken verbunden sind, und wo die technische Beurteilung vorherrscht, wie z. B. bei Kraftfahrzeugreparaturen und beim Ankauf von Gebrauchtwagen zum Schätzpreis, kann ein berechtigtes Bedürfnis für ein obligatorisches Schiedsgutachten gegeben sein.[9] Maßgebend soll sein, ob sich ein verständiger Vertragspartner auf eine obligatorische Schiedsklausel eingelassen hätte.[10] Trifft dies zu, so ist die obligatorische Schiedsgutachtenklausel nicht schon um ihrer selbst willen unwirksam, sondern allenfalls noch aufgrund ihrer inhaltlichen Ausgestaltung im Einzelnen.[11] Ein berechtigtes Bedürfnis ist z. B. gegeben, wenn es bei Verträgen mit geringerem Risiko um die Beurteilung von Fragen geht, für die auch im gerichtlichen Verfahren ein Sachverständigengutachten einzuholen wäre, weil dafür das Schiedsgutachten in vergleichbarer Weise geeignet ist und die Chance der Vermeidung eines umfassenden Rechtsstreits besteht. Eine Klausel, die ein obligatorisches Schiedsgutachten über die Entscheidung des Rechtsstreits insgesamt vorsieht, ist bereits aus den in Rz S 30 genannten Erwägungen unwirksam.

---

[1] OLG Frankfurt DB 1987, 2195, 2196; OLG Frankfurt NJW-RR 1989, 435, 436; s. auch Rz L 178. Zur AGB-rechtlichen Kontrolle von Schätzwertklauseln allgemein *Halbgewachs* NZV 2004, 115 f., der solche Klauseln für grundsätzlich unbedenklich hält.

[2] Vgl. OLG Celle NJW-RR 1995, 1046; ausführlich *Egner,* Außerprozessuale Streitbeilegung, S. 170 ff.

[3] S. auch BGH NJW 1992, 433, 434 = LM § 9 (Cl) AGBG Nr. 46 m. Anm. *Marly; Stoffels,* AGB-Recht, Rz 1070 Fn. 26.

[4] BGH NJW 1992, 433, 434.

[5] Ähnlich *von Westphalen,* Schiedsgutachten Rz 7 ff.

[6] BGH NJW 1992, 433; OLG Köln OLGR 1992, 131 f; OLG Düsseldorf BauR 1995, 559, 560 (vgl. aber auch OLG Düsseldorf BauR 1998, 1111).

[7] BGH NJW 1992, 433, 434; zu eng in ihrer Auslegung dieser Rspr. daher *Acker/Konopka* SchiedsVZ 2003, 256, 261 f (Abstellen auf die Ausgestaltung der Klausel). Ablehnend *Wagner,* Prozessverträge, S. 681 ff.

[8] BGH NJW 2004, 502, 506.

[9] S. dazu auch BGH NJW 1992, 433, 434.

[10] BGH NJW 1992, 433, 434; OLG Köln OLGR 1992, 131 f; *Ulmer/Schmidt* Anh. § 310 Rz 705.

[11] Zur Problematik der „Nachbewertungsklauseln" in den Verträgen der Treuhandanstalt vgl. etwa OLG Dresden VIZ 2000, 380 ff., BGH ZIP 2002, 808 ff. und BGH VIZ 2002, 647 ff.

IV. Verfahrensvorschriften

1. Einbeziehung

Zusammen mit der Schiedsgutachtenabrede können auch verfahrensrechtliche Fragen im weitesten Sinne geregelt werden. Soweit diese Regelung nicht in den AGB selbst erfolgt, sondern durch Bezugnahme auf eine anderweit geregelte Verfahrensordnung ersetzt wird, besteht gegenüber Verbrauchern das Problem der wirksamen Einbeziehung nach § 305. Dies setzt neben einem ausdrücklichen Hinweis (§ 305 II Nr. 1) die zumutbare Möglichkeit der Kenntnisnahme voraus. An einem ausdrücklichen Hinweis fehlt es in der Regel, wenn dieser unauffällig zwischen sonstigen Klauseln platziert ist.[1] Für die zumutbare Möglichkeit reicht grundsätzlich aus, dass die Verfahrensordnung dem Kunden auf Verlangen ausgehändigt wird. Dies muss aber im Zeitpunkt des Vertragsschlusses möglich sein. Wird die Verfahrensordnung nicht vom Verwender selbst ausgehändigt, sondern muss sie von einem anderen, z. B. der Schiedsstelle, angefordert werden, so ist die Verfügbarkeit bei Vertragsschluss in der Regel nicht gewährleistet[2] und die Einbeziehung deshalb nicht wirksam. **S 32**

Ohne wirksame Einbeziehung einer Verfahrensordnung sind die **Schiedsgutachtenabrede als solche** und das Schiedsgutachten als solches **nicht unwirksam.** Auch ohne ausdrückliche Vereinbarung hat das Verfahren den Grundanforderungen an rechtsstaatliche Verfahren zu entsprechen; insbesondere sind die Unparteilichkeit der Schiedsgutachter und rechtliches Gehör zu gewährleisten. Bei fakultativen Schiedsgutachten (im Gegensatz zu obligatorischen, Rz S 23) genügt die Möglichkeit der Kenntnisnahme vor der Einlassung auf das Verfahren, da dann noch ohne Nachteil vom Verfahren Abstand genommen werden kann. **S 33**

2. Fristen

Für die Einleitung eines **obligatorischen Schiedsgutachtenverfahrens** (s. Rz S 23) ist die Vereinbarung einer Ausschlussfrist unwirksam, wenn diese kürzer ist als die Verjährungsfrist, weil dadurch ein der Verjährung vergleichbarer Rechtsverlust eintritt, der, soweit es Gewährleistungsrechte betrifft, nach § 309 Nr. 8b ff., im Übrigen nach § 307 unwirksam ist. Für **fakultative Schiedsgutachten** sind Ausschlussfristen dagegen unschädlich, da sie die Rechtsverfolgung und -verteidigung nicht behindern. Zur Hemmung der Verjährung beachte § 204 I Nr. 8. **S 34**

3. Form

Für die Einleitung des Verfahrens kann Schriftform vorgesehen werden, weil es einem berechtigten Bedürfnis entspricht, eine zuverlässige Grundlage für die Beurteilung im Schiedsgutachten zu haben. **S 35**

4. Unparteilichkeit

Soweit das Schiedsgutachten das staatliche Gericht im Umfang von § 319 I bindet, muss die Unparteilichkeit bereits nach allgemeinen Grundsätzen in Analogie zu den Vorschriften des schiedsgerichtlichen Verfahrens (§ 1036 ZPO) gewährleistet **S 36**

---

[1] § 305 Rz 69.
[2] S. auch § 305 Rz 86.

sein.[1] Soweit eine vollständige Überprüfung des Schiedsgutachtens möglich ist (s. Rz S 29), ergibt sich die Forderung nach Unparteilichkeit nicht schon in Analogie zum schiedsgerichtlichen Verfahren. AGB-Klauseln, die eine parteiliche Besetzung ermöglichen, sind jedoch bei obligatorischen Schiedsgutachten (Rz S 23) als unwirksam anzusehen, weil sie den Rechtsweg zu den staatlichen Gerichten verzögern, ohne eine neutrale und damit auch angemessene Beurteilung zu garantieren.[2] Die Unparteilichkeit darf auch nicht ausgeschlossen werden, wenn ein Vertrag ohne den Schiedsgutachter nicht durchgeführt werden kann, z. B. bei einer Preisbestimmung.

5. Rechtliches Gehör

S 37 Für das Verfahren des Schiedsgutachtens verlangt die Rspr. allgemein nicht die Gewährung rechtlichen Gehörs.[3] Für obligatorische Schiedsgutachten (Rz S 23) ist indes unabhängig von den allgemeinen Grundsätzen die Gewährung rechtlichen Gehörs als angemessene Verfahrensgestaltung zu fordern, da sonst die Inanspruchnahme des Rechtswegs verzögert würde bzw., soweit zulässig (Rz S 30), die Bindung an eine Entscheidung bewirkt würde, ohne dass die verfahrensrechtlichen Richtigkeitsgarantien gegeben sind. Eine durch AGB vereinbarte Verfahrensordnung, die das rechtliche Gehör ausschließt, ist deshalb grundsätzlich nach § 307 unwirksam.[4] Auch verlieren die Schiedsgutachtenvereinbarung und das konkrete Schiedsgutachten ihre bindende Wirkung, wenn die Verfahrensordnung oder das konkrete Verfahren das rechtliche Gehör nicht gewährleistet. Eine **Ausnahme** besteht z. B. dann, wenn das rechtliche Gehör keinen Einfluss auf das Ergebnis haben kann, weil es um die Anwendung wissenschaftlicher Gesetzmäßigkeiten geht oder wenn das rechtliche Gehör aus tatsächlichen Gründen nicht gewährt werden kann, ohne, wie z. B. bei verderblichen Waren, die Erstattung des Gutachtens zu gefährden.[5] Ein **Versäumnisverfahren** (mit der gegenüber § 1048 ZPO nachteiligeren Säumnisfolge des § 331 I ZPO) kann vorgesehen werden, soweit es auch vor staatlichen Gerichten statthaft wäre und insbesondere die Gelegenheit zu rechtlichem Gehör gegeben war.

6. Kosten

S 38 Im Unternehmergeschäft wurde eine Klausel nicht beanstandet, wonach sich die Parteien die Kosten des Schiedsgutachtens – unabhängig von Veranstaltung und Inhalt – teilen.[6]

V. Schiedsgutachtervertrag

S 39 Auch wenn nur eine Partei den Schiedsgutachter bestimmt, bringt der Schiedsgutachtervertrag im Zweifel Rechte und Pflichten zwischen dem Schiedsgutachter

---

[1] S. *Schwab/Walter,* Schiedsgerichtsbarkeit, Kap. 2 Rz 12.

[2] Für Unwirksamkeit von Klauseln, die dem Verwender einseitig die Benennung des Schiedsgutachters überlassen, *Prölss/Martin-Voit/Knappmann,* VVG, § 64 Rz 7; dem folgend *Bastian* NZS 2004, 76, 82.

[3] Z. B. BGH WM 1968, 617; OLG Celle NJW-RR 1995, 1046; zustimmend *Halbgewachs* NVZ 2004, 115, 117; a. A. *Schwab/Walter,* Schiedsgerichtsbarkeit, Kap. 2 Rz 11 m. w. Nachw.

[4] Wie hier LG Frankfurt NJW-RR 1988, 1132, 1133; *Wagner,* Prozessverträge, S. 677 f; s. auch *von Westphalen,* Schiedsgutachten Rz 27; *Palandt/Heinrichs* § 307 Rz 144.

[5] S. *Schwab/Walter,* Schiedsgerichtsbarkeit, Kap. 2 Rz 11.

[6] BGH NJW-RR 2005, 1496, 1501.

und beiden Parteien der Schiedsgutachtenabrede hervor.[1] Für die **Haftung** des Schiedsgutachters aus unerlaubter Handlung gelten die Privilegien des § 839 II 1[2] und des § 839a nicht, doch soll er den Parteien nur haften, wenn das Gutachten offenbar unrichtig (und daher in entsprechender Anwendung von § 319 I unverbindlich) ist.[3] Dies dürfte im Hinblick auf § 309 Nr. 7 keinen Bedenken begegnen, da die Haftung für grobe Fahrlässigkeit im Ergebnis unberührt bleibt. Die Haftungsreduktion kann freilich nur die Haftung für Erstattung eines unrichtigen Gutachtens erfassen; bei anderen Pflichtverletzungen wie einer unberechtigten Verzögerung oder Verweigerung des Gutachtens hat der Schiedsgutachter nach allgemeinen Grundsätzen jede Fahrlässigkeit zu vertreten.[4] Diese Haftung kann der Schiedsgutachter in den Grenzen des § 309 Nr. 7 beschränken.

S 40–50 Die Vertrauensstellung des Schiedsgutachters legt es nahe, den Parteien ein **Kündigungsrecht** nach § 627 I einzuräumen, was wiederum für eine Einordnung des Gutachtervertrages als Dienstvertrag spricht.[5] Folgt man dieser Einordnung, ist nach § 307 II Nr. 1 eine Klausel unwirksam, wonach der Schiedsgutachter das Kündigungsrecht nach § 627 I ausschließt.

*

Schlichtungs- und Mediationsklauseln

Inhaltsübersicht

Schrifttum: *Behle-Cordes,* Die Schlichtungs- und Schiedsvereinbarung nach der SOBau der ARGE Baurecht im DAV – Ausweg aus dem Dilemma des Bauprozesses?, 2005; *Blobel/Späth,* Streitbeilegungsvereinbarungen im Schatten des europäischen Gemeinschaftsrechts, ZEuP 2005, 784; *Böttcher/Laskawy,* Mediationsklauseln in Verträgen und Geschäftsbedingungen: Anregungen und Formulierungsvorschläge, DB 2004, 1247; *Ditges,* Mediation und Rechtsstreit – ein Kosten- und Effizienzvergleich, IDR 2005, 74; *Ebbing,* Private Zivilgerichte, 2004; *Eckardt/Dendorfer,* Der Mediator zwischen Vertraulichkeit und Zeugnispflicht – Schutz durch Prozessvertrag, MDR 2001, 786; *Eidenmüller,* Vertrags- und Verfahrensrecht der Wirtschaftsmediation, 2001; *ders.,* Die Auswirkungen der Einleitung eines ADR-Verfahrens auf die Verjährung, SchiedsVZ 2003, 163; *Eisele,* Außergerichtliche Streitbeilegung und Mediation, Jura 2003, 656; *Friedrich,* Die Konsensvereinbarung im Zivilrecht, 2003; *ders.,* Verjährungshemmung durch Güteverfahren, NJW 2003, 1781; *ders.,* Regelungsgegenstände der Mediationsvereinbarung, MDR 2004, 481; *ders.,* Schlichtungs- und Meditationsklauseln in Allgemeinen Geschäftsbedingungen, SchiedsVZ 2007, 31;

---

[1] *Meyer,* Schiedsgutachtervertrag, S. 53 m. w. Nachw.; *Palandt/Sprau* § 675 Rz 20a; *Bamberger/Roth/Gehrlein* § 317 Rz 9; zurückhaltender MünchKommBGB/*Gottwald* § 317 Rz 50 und *Staudinger/Rieble* § 317 Rz 72 f: Vertragsbeziehung nur zur bestimmenden Partei, gegenüber der anderen aber vertragliche Pflicht zur ordnungsgemäßen Entscheidung.

[2] *Stein/Jonas/Schlosser* vor § 1025 ZPO Rz 25; *Meyer,* Schiedsgutachtervertrag, S. 122 f.

[3] BGH NJW 1965, 1523; OLG Schleswig NJW 1989, 175; OLG Hamm NJW-RR 1989, 681. Vgl. ferner *Meyer,* Schiedsgutachtervertrag, S. 123 ff.; für den Schiedsrichter auch BGHZ 15, 12, 15.

[4] So für den Schiedsrichtervertrag *Schwab/Walter,* Schiedsgerichtsbarkeit, Kap. 12 Rz 9.

[5] Ebenso *Meyer,* Schiedsgutachtervertrag, zusammenfassend S. 41 f (ausführliche Wiedergabe des Streitstandes S. 22 ff.). Abweichend etwa *Staudinger/Peters* Vorbem. zu §§ 631 ff. Rz 31, MünchKommBGB/*Müller-Gloge* § 611 Rz 137 und MünchKommBGB/*Busche* § 631 Rz 266 (Vertrag sui generis); MünchKommZPO/*Münch* vor § 1025 Rz 22, *Erman/Hager* § 317 Rz 14, *von Westphalen,* Schiedsgutachten Rz 2, *Palandt/Sprau* § 675 Rz 20a und *Staudinger/Rieble* § 317 Rz 48 (Geschäftsbesorgungsvertrag); schließlich *Bamberger/Roth/Gehrlein* § 317 Rz 9 (Werkvertrag). Offen gelassen in BGH NJW 1986, 3077 („privatrechtlicher Vertrag").

Groth/von Bubnoff, Gibt es „gerichtsfeste" Vertraulichkeit bei der Mediation?, NJW 2001, 338; *Hacke*, Der ADR-Vertrag, 2001; *von Hardenberg*, Muster Mediations- und Schiedsklausel für Verträge, IDR 2004, 25; *Henssler/Koch*, Mediation in der Anwaltspraxis, 2. Aufl. 2004; *Hess*, Verbrauchermediation, ZZP 118 (2005), 427; *Hess/Sharma*, Rechtliche Rahmenbedingungen der Mediation, in: *Haft/Schlieffen* (Hrsg.), Handbuch Mediation, 2002, S. 675; *Hutner*, Die Mediationsvereinbarung – Regelungsgegenstände und vertragsrechtliche Qualifizierung, SchiedsVZ 2003, 226; *ders.*, Das internationale Privat- und Verfahrensrecht der Wirtschaftsmediation, 2005; *Joussen*, Schlichtung als Leistungsbestimmung und Vertragsgestaltung durch einen Dritten, 2005; *Knöfel*, Gilt das Verbot der Vertretung widerstreitender Interessen auch für Tätigkeiten außerhalb des Anwaltsberufs?, NJW 2005, 6; *Leibner*, Haftungsrechtliche Rahmenbedingungen für die Tätigkeit als Mediator, NJW 2002, 3521; *Lüke*, Das Verhältnis von Mediation und ordentlichem Erkenntnisverfahren, FS Kollhosser, 2004, S. 397; *Musielak*, Der Schlichtungsgedanke im deutschen Zivilprozessrecht, FS Beys, 2003, S. 1093; *Prütting*, Haftung, in: *Haft/Schlieffen* (Hrsg.), Handbuch Mediation, 2002, S. 824; *Risse*, Wirtschaftsmediation, 2003; *ders.*, Beilegung von Erbstreitigkeiten durch Mediationsverfahren, ZEV 1999, 205; *Roth/Markowetz*, Bundesgesetz über Mediation in Zivilrechtssachen, öJBl 2004, 296; *Rüssel*, Schlichtungs-, Schieds- und andere Verfahren außergerichtlicher Streitbeilegung – Versuch einer begrifflichen Klarstellung, JuS 2003, 380; *Sandrock*, Schadensersatz wegen Verletzung von Mediationsvereinbarungen zwischen deutschen und angelsächsischen Unternehmen, FS Schlosser, 2005, S. 821; *Scherpe*, Außergerichtliche Streitbeilegung in Verbrauchersachen, 2002; *Sick*, IDR-Praxisforum: Die richtige Mediationsklausel im Vertrag – Voraussetzung in der Praxis für die Nutzung der Vorteile der Mediation, Beil. zu BB 2003, 25; *Stubbe*, Wirtschaftsmediation und Claim Management, BB 2001, 685; *Tochtermann*, Alternative Dispute Resolution – Einführung in die alternative Streitbeilegung, JuS 2005, 131; *Vygen*, Streitvermeidung, Streitschlichtung und Streitentscheidung – Mögliche Vereinbarungen in Bau-, Architekten- und Ingenieurverträgen, FS Ulrich Werner, 2005, S. 1; *G. Wagner*, Prozessverträge, 1998; *ders.*, Sicherung der Vertraulichkeit von Mediationsverfahren durch Vertrag, NJW 2001, 1398; *V. Wagner*, Mediationsklauseln in Allgemeinen Geschäftsbedingungen, Beil. zu BB 2001, 30; *Walter*, Der Schlichtervertrag, FS Heinrich Honsell, 2002, S. 439; *Walz*, Formularbuch Außergerichtliche Streitbeilegung, 2006.

I. Überblick

S 51 Strategien **alternativer Streitbeilegung** (sog. Alternative Dispute Resolution bzw. **ADR)** versprechen Konfliktlösung, ohne dass auf staatliche Gerichte zurückgegriffen werden müsste. Es gibt mancherlei Gründe, den Rechtsweg trotz eines bereits ausgebrochenen Streits zumindest vorerst nicht zu beschreiten bzw. den Rechtsweg für einen als denkbar erachteten Streit von vornherein nur als Notbehelf auszugestalten:[1] Erwartet werden Diskretion sowie ein ebenso schnelles wie kostengünstiges Ergebnis, das überdies den Konflikt zwischen den Parteien nicht nur punktuell, sondern umfassend bewältigen soll. Ob sich diese Ziele in der Praxis tatsächlich verwirklichen lassen und zugleich eine der staatlichen Streitentscheidung in Qualität und Effizienz zumindest annähernd ebenbürtige Lösung denkbar ist, hängt wesentlich von den jeweils in Rede stehenden Rechts- und Tatsachenfragen ab.[2] Patentrezepte, die beispielsweise für familien-, erb-, miet-, arbeits- oder wirtschaftsrechtliche Konflikte gleichermaßen Abhilfe versprechen, dürften sich von selbst disqualifizieren, sofern sie nicht ohnehin – durch Neologismen notdürftig kaschiert – nur auf Strategien verweisen, die sich ohne weiteres dem gesunden Menschenverstand konsensbereiter Parteien und erfahrener Richter erschließen.

S 52 Neben der **privaten Schiedsgerichtsbarkeit,** die in wesentlichen Punkten der staatlichen Gerichtsbarkeit nachgebildet ist (beachte insbesondere §§ 1055, 1060 ZPO) und hier außer Betracht bleibt,[3] werden **Mediation und Schlichtung** als

---

[1] Vgl. etwa speziell für das Verbrauchergeschäft die Interessenanalyse bei *Hess* ZZP 118 (2005), 438 ff.

[2] Bemerkenswert kritisch zum Kostenaspekt etwa *Ditges* IDR 2005, 74 ff.; vgl. aber auch *Eidenmüller*, Wirtschaftsmediation, S. 5 ff.; *von Hardenberg* IDR 2004, 28.

[3] Näher zu Schiedsgerichtsklauseln unter Rz S 1 ff. Zu Sinn und Grenzen kombinierter „MedArb-Klauseln" vgl. *Hess* ZZP 118 (2005), 437 f, 455.

wichtigste Varianten alternativer Streitbeilegung genannt.[1] Diesen ist gemein, dass ein Dritter ohne eigene Entscheidungsbefugnis (Unterschied zur staatlichen Gerichtsbarkeit wie zur privaten Schiedsgerichtsbarkeit) in einem Konflikt vermittelt und auf eine einvernehmliche Streitbeilegung zwischen den Parteien hinwirkt. Während sich dabei der Mediator mit der Rolle des Vermittlers begnügt, erachtet man es als charakteristisch für den Schlichter, dass er den Parteien unverbindliche Entscheidungsvorschläge unterbreitet.[2] Die Übergänge sind freilich fließend, und für die hier interessierende AGB-rechtliche Beurteilung kann dahingestellt bleiben, ob nun die Schlichtung lediglich ein Sonderfall der Mediation ist[3] oder ob es sich eher umgekehrt verhält.[4] Auszuklammern sind im Folgenden Streitbeilegungsmechanismen, die nicht auf einer Parteivereinbarung beruhen, sondern gesetzlich vorgeschrieben sind bzw. von einem Richter initiiert werden.[5] Dies gilt namentlich zum einen für das als Prozessvoraussetzung[6] ausgestaltete **obligatorische Schlichtungsverfahren** gemäß § 15a EGZPO,[7] zum anderen für die sog. **gerichtsnahe Mediation,** die der Richter gemäß § 278 V 2 ZPO den Parteien „in geeigneten Fällen" vorschlagen kann. Der Wirksamkeit einer ADR-Vereinbarung steht es nicht entgegen, dass die Streitsache in den Anwendungsbereich von § 15a III EGZPO fällt; vielmehr kann ein einvernehmlich, aber erfolglos durchgeführtes ADR-Verfahren gemäß § 15a III EGZPO ein weiteres Schlichtungsverfahren entbehrlich machen.

Für das deutsche Recht gibt es bislang keine umfassende gesetzliche Regelung des Phänomens ADR, vielmehr eine Reihe punktueller Regelungen, die teils bestimmte Arten von Streitigkeiten thematisieren (beachte etwa § 14 UKlaG), teils das Erzielen sinnvoller Verhandlungsergebnisse sicherstellen sollen (beachte §§ 796a ff. ZPO zum vollstreckbaren Anwaltsvergleich). Auf europäischer Ebene liegt ein Richtlinienvorschlag der Kommission vom 22. 10. 2004 über bestimmte Aspekte der Mediation in Zivil- und Handelssachen vor,[8] nachdem die Kommission bereits am 2. 7. 2004 einen Verhaltenskodex für Mediatoren (Code of Conduct for Mediators) veröffentlicht hatte.[9] Beachte zudem das UNCITRAL Model Law **S 53**

---

[1] Beachte den Versuch begrifflicher Differenzierung bei *Rüssel* JuS 2003, 380; ausführlicher etwa *Ebbing,* Private Zivilgerichte, S. 324 ff. Von einem sehr weiten, sogar die Schiedsgerichtsbarkeit umfassenden Mediationsbegriff geht *Hess* ZZP 118 (2005), 429 ff. aus.

[2] Siehe etwa *Rüssel* JuS 2003, 382; *Eisele* Jura 2003, 662, *Friedrich* MDR 2004, 481; *Risse,* Wirtschaftsmediation, S. 11; alle m. w. Nachw. Indes kann laut *Stubbe* BB 2001, 689, auch der „Mediator" Einigungsvorschläge unterbreiten. Eine Legaldefinition enthält § 1 I des am 1. 4. 2004 in Kraft getretenen österreichischen Bundesgesetzes über Mediation in Zivilrechtssachen; dazu *Roth/Markowetz,* öJBl 2004, 296, 297 f.

[3] So *Hess/Sharma,* Rechtsgrundlagen, Rz 9 Fn. 12 a. E.

[4] So *Walter* FS Honsell, S. 441.

[5] Beachte auch den Überblick über Erscheinungsformen der Verbrauchermediation bei *Hess* ZZP 118 (2005), 432 ff.

[6] BGH NJW 2005, 437 f, spricht von einer Zulässigkeitsvoraussetzung, stellt aber klar, dass das Gericht die Zustellung der Klageschrift von der erfolglosen Durchführung des Schlichtungsverfahrens abhängig machen kann und dass dieses nicht bis zum Schluss der letzten mündlichen Verhandlung nachgeholt werden kann; bestätigend und abgrenzend BGH NJW-RR 2005, 501.

[7] Mehrere Länder haben von dieser bundesrechtlichen Ermächtigung Gebrauch gemacht und Schlichtungs- bzw. Gütestellengesetze verabschiedet. Zusammengestellt sind diese etwa in *Schönfelder,* Deutsche Gesetze, Ergänzungsband Nr. 104 ff.

[8] Vorschlag für eine Richtlinie des Europäischen Parlaments und des Rates über bestimmte Aspekte der Mediation in Zivil- und Handelssachen, KOM (2004) 718. Dazu *Pitkowitz* ZKM 2005, 68; *ders.* SchiedsVZ 2005, 81. Beachte auch schon das Grünbuch über alternative Streitbeilegung im Zivil- und Handelsrecht vom 19. 4. 2002, KOM [2002] 196.

[9] Veröffentlicht in englischer Sprache unter: http://europa.eu.int/comm/justice_home/ejn/adr/adr_ec_code_conduct_en.pdf. Beachte bereits die Empfehlung 2001/310/EG der Kommission vom 4. 4. 2001 über die Grundsätze für an der einvernehmlichen Beilegung von Verbraucherrechtsstreitigkeiten beteiligte außergerichtliche Einrichtungen, ABl. EG 2001 Nr. L 109/56.

on International Commercial Conciliation aus dem Jahre 2002[1] sowie die ADR-Regeln der Internationalen Handelskammer.[2]

II. Mediations- oder Schlichtungsklausel

S 54 Während umstritten ist, ob Mediations- bzw. Schlichtungsklauseln materiellrechtlich oder prozessrechtlich zu qualifizieren sind,[3] besteht weitgehend Einvernehmen, dass die Vorschriften über Schiedsvereinbarungen (§ 1029ff. ZPO) weder direkt noch analog anwendbar sind.[4] Namentlich die in § 1031 ZPO vorgesehenen Formanforderungen werden als nicht einschlägig, ADR-Klauseln vielmehr selbst dann als formfrei wirksam erachtet,[5] wenn der Hauptvertrag als solcher formbedürftig ist.[6] Im Verbrauchergeschäft dürfte freilich eine analoge Anwendung von § 1031 V und VI ZPO geboten sein.[7] Ob eine ADR-Klausel auch und gerade im Fall der Unwirksamkeit des Hauptvertrags beachtlich sein soll, ihre Wirksamkeit also – vergleichbar einer Schiedsklausel – vom Bestand des Hauptvertrags abgekoppelt ist, erscheint fraglich.[8]

S 55 Sieht die Mediations- oder Schlichtungsklausel vor, dass einem gerichtlichen Verfahren notwendig ein ADR-Verfahren vorauszugehen hat, liegt darin ein **dilatorischer Klageverzicht.**[9] Dessen Wirksamkeit unterstellt, wäre eine gleichwohl erhobene Klage als (derzeit) unzulässig abzuweisen;[10] gemäß § 251 ZPO kann das Ruhen des Verfahrens angeordnet werden, wenn beide Parteien dies beantragen und das ADR-Verfahren bereits eingeleitet ist.[11] Ob der Klageverzicht wirksam vereinbart ist, bestimmt sich im Falle einer AGB-Klausel oder Einmalklausel i. S. von § 310 III Nr. 2 nach §§ 305ff.,[12] wobei allerdings die in § 310 IV vorgesehenen Bereichsausnahmen zu berücksichtigen sind.[13]

S 56 Inwieweit der klauselmäßige Verweis der rechtsuchenden Partei auf die Durchführung eines ADR-Verfahrens heute im Hinblick auf **§ 305c I** als objektiv ge-

---

[1] Abgedruckt etwa in *Schwab/Walter,* Schiedsgerichtsbarkeit, 7. Aufl. 2005, Anh. A III. 1. Dazu *Hutner* ZKM 2002, 201.

[2] *Internationale Handelskammer Paris* (Hrsg.), ADR-Regeln und Leitfaden für ICC ADR, 2003 (zugänglich u. a. unter www.icc-deutschland.de).

[3] Zu Ersterem tendiert etwa *Eidenmüller,* Wirtschaftsmediation, S. 9, zu Letzterem *Hess/Sharma,* Rechtsgrundlagen, Rz 16ff. *Friedrich* MDR 2004, 482, nimmt einen Vertrag *sui generis* an. *Hutner* SchiedsVZ 2003, 228f, spricht von Verhandlungs- und Prozessvereinbarungen.

[4] Statt mancher: *Eidenmüller,* Wirtschaftsmediation, S. 10f. Beachte auch schon BGH NJW 1977, 2263.

[5] Vgl. etwa *Hess/Sharma,* Rechtsgrundlagen, Rz 8, die zu einer Dokumentation der Klausel raten.

[6] So *Eidenmüller,* Wirtschaftsmediation, S. 10 Fn. 27; *Friedrich* SchiedsVZ 2007, 31.

[7] Überzeugend *Risse,* Wirtschaftsmediation, S. 94f.; ablehnend *Friedrich* SchiedsVZ 2007, 31, 33.

[8] Bejahend *Hess/Sharma,* Rechtsgrundlagen, Rz 22; *Friedrich* MDR 2004, 481, 482 m. w. Nachw.

[9] Statt vieler: *Hess/Sharma,* Rechtsgrundlagen, Rz 56; *Eidenmüller,* Wirtschaftsmediation, S. 12f; *Lüke* FS Kollhosser, S. 402.

[10] Vgl. BGH NJW 1984, 669; NJW 1999, 647f; AG Köpenick NZM 2004, 307; *Sandrock* FS Schlosser, S. 830; *Prütting,* Haftung, Rz 9; *Risse,* Wirtschaftsmediation, S. 98f; *Eidenmüller,* Wirtschaftsmediation, S. 14; *Böttcher/Laskawy* DB 2004, 1249. Beachte auch BGH NJW 2005, 437f, dort zum obligatorischen Schlichtungsverfahren nach § 15a EGZPO, und BGH WM 2006, 1308, 1311.

[11] Im Zweifel dafür etwa *Rosenberg/Schwab/Gottwald,* Zivilprozessrecht, § 173 Rz 11; ausführlich *Friedrich,* Konsensvereinbarung, S. 183ff.; *ders.,* MDR 2004, 484. Der Antrag kann freilich nicht schon in der Mediationsklausel gesehen werden; s. *Sandrock* FS Schlosser, S. 830 Fn 34.

[12] Statt mancher: *Risse,* Wirtschaftsmediation, S. 95ff.; *Hess/Sharma,* Rechtsgrundlagen, Rz 19, 21; *Hess* ZZP 118 (2005), 437, 438; *Wagner,* Prozessverträge, S. 445f.

[13] Für Erbstreitigkeiten verweist *Risse* ZEV 1999, 205, 209, trotz § 23 AGBG auf § 3 AGBG.

wöhnlich erachtet werden kann[1] oder ob diese Einschätzung eher dem Wunschdenken ADR-begeisterter Kreise entspricht,[2] lässt sich allenfalls branchenabhängig beurteilen. Freilich wird man auch im Verbrauchergeschäft jedenfalls dann keine durchgreifenden Bedenken aus § 305c I ableiten, wenn man ADR-Klauseln mit der hier vertretenen Auffassung (oben Rz S 54) mittels analoger Anwendung von § 1031 V ZPO den Überraschungscharakter nimmt.[3] Probleme bereiten Klauseln, aus denen nicht klar hervorgeht, ob ein dilatorischer Klageverzicht gewünscht ist. Angesichts der weitreichenden Folgen wird teils für Zurückhaltung hinsichtlich der Annahme eines Klageverzichts plädiert,[4] teils ein Nebeneinander von staatlichem und ADR-Verfahren für sinnvoll und möglich erachtet;[5] die wohl h. M. geht hingegen unter Hinweis auf die Interessenlage im Zweifel von einem dilatorischen Klageverzicht aus.[6] Kommt es im Anwendungsbereich von **§ 305c II** auf die kundenfreundlichste Auslegung an,[7] so dürfte gelten: Einen Klageverzicht wird man allenfalls zulasten des Verwenders, nicht aber zulasten des anderen Vertragsteils unterstellen können. Ob sich ein dilatorischer Klageverzicht zugleich als **Aufrechnungsverbot** erweist, wird unterschiedlich beurteilt;[8] zulasten des Vertragspartners des Verwenders wird man dies im Zweifel kaum unterstellen können.[9]

Eine Klausel, die zulasten des anderen Vertragsteils den Rechtsweg über die Vorschaltung eines ADR-Verfahrens hinaus dauerhaft ausschließt, stellt stets und ohne weiteres eine unangemessene Benachteiligung dar und verstößt damit gegen § 307 (arg.: Anh. Nr. 1 q RL),[10] und zwar auch dann, wenn sie sich auf an sich verzichtbare Rechtspositionen bezieht.[11] Demgegenüber kann ein **dilatorischer Klageverzicht** grundsätzlich – auch klauselmäßig – wirksam vereinbart werden.[12] Freilich muss die Klausel hinreichend transparent gefasst sein (§ 307 I 2), darf mithin nicht die Möglichkeit des rechtsuchenden Vertragspartners verschleiern, nach Scheitern der Verhandlungen den Rechtsweg zu beschreiten.[13] Zudem muss dem Vertragspartner die Möglichkeit zustehen, die ADR-Vereinbarung je- **S 57**

---

[1] So *Hess/Sharma,* Rechtsgrundlagen, Rz 21 (anders für das Verbrauchergeschäft freilich die Einschätzung bei *Hess* ZZP 118 (2005), 437); *Böttcher/Laskawy* DB 2004, 1248. *Risse,* Wirtschaftsmediation, S. 96 f., will nur „ausgewogene Mediationsklauseln" nach § 305c I zulassen. *V. Wagner* Beil. zu BB 2001, 30 f., will § 305c nicht auf Mediationsklauseln anwenden, weil diese aufgrund der Freiwilligkeit der Teilnahme für den Kunden nicht nachteilig seien.

[2] So die Einschätzung von *Lüke* FS Kollhosser, S. 406, Fn. 47.

[3] Zu einem wenigstens schrifttechnisch abgehobenen Hinweis raten *V. Wagner* Beil. zu BB 2001, 31; *Lüke* FS Kollhosser, S. 406; *Hess/Sharma,* Rechtsgrundlagen, Rz 21; *Böttcher/Laskawy* DB 2004, 1248; *Risse,* Wirtschaftsmediation, S. 97.

[4] Laut BAG ZKM 2000, 47 m. Anm. *Wegmann,* begründet eine Klausel, wonach die Parteien verpflichtet sind, bei Meinungsverschiedenheiten zunächst eine Schlichtungsstelle anzurufen, keine prozesshindernde Einrede, sondern legt lediglich eine zeitliche Reihenfolge fest; dass eine unmittelbar erhobene Klage unzulässig sein soll, müsse ausdrücklich bestimmt sein. a. A. zu einer nahezu wortlautgleichen Klausel: BGH NJW 1984, 669 f.

[5] In diesem Sinne etwa *Lüke* FS Kollhosser, S. 400 f.

[6] Vgl. etwa *Eidenmüller,* Wirtschaftsmediation, S. 12 f; *Risse,* Wirtschaftsmediation, S. 98 f; *Wagner,* Prozessverträge, S. 425 f; *Friedrich* MDR 2004, 481, 484; *Böttcher/Laskawy* DB 2004, 1249.

[7] Dazu allgemein § 305c Rz 130 ff.

[8] Dafür *Friedrich* MDR 2004, 484; dagegen *Wagner,* Prozessverträge, S. 426, und *Hess/Sharma,* Rechtsgrundlagen, Rz 14 a. E.

[9] Allgemein zur Wirksamkeit von Aufrechnungsverboten vgl. bei § 309 Nr. 3.

[10] Vgl. allgemein zu Prozessvereinbarungen Anh. § 310 Rz P 62; zudem etwa *Lüke* FS Kollhosser, S. 407; *V. Wagner* Beil. zu BB 2001, 31; *Eidenmüller,* Wirtschaftsmediation, S. 17.

[11] Beachte OLG München NJW 2001, 618 f.

[12] Vgl. nur *Hacke,* ADR-Vertrag, S. 120 f; *Lüke* FS Kollhosser, S. 402 f; *Hess/Sharma,* Rechtsgrundlagen, Rz 20; *Risse,* Wirtschaftsmediation, S. 98 f; *Friedrich* MDR 2004, 484 f m. w. N.

[13] So auch *Wagner,* Prozessverträge, S. 446; ähnlich *Hess* ZZP 118 (2005), 444, 446.

denfalls nach ernsthaften, aber erfolglosen Bemühungen um eine einvernehmliche Lösung oder im Falle einer von vornherein absehbar fruchtlosen Mediation zu kündigen; die Voraussetzungen dieses Kündigungsrechts einigermaßen sicher zu bestimmen ist eine wesentliche Herausforderung für die Klauselgestaltung.[1] Im Übrigen darf sich der Klageverzicht nicht faktisch als peremptorisch erweisen, indem die Einhaltung prozessualer Ausschlussfristen durch das vorgeschaltete ADR-Verfahren unmöglich gemacht wird.[2] Von einer unangemessenen Benachteiligung ist auch auszugehen, wenn das ADR-Verfahren die **Verjährung** nicht zu hemmen vermag, wobei von Bedeutung ist, dass nach wie vor gestritten wird, ob der in § 204 I Nr. 4 vorgesehene Hemmungstatbestand neben Verfahren vor Gütestellen im Sinne von § 15a EGZPO auch bloße Mediationsverfahren erfasst.[3] Zwar bleibt die mögliche Hemmung durch Verhandlungen gemäß § 203, doch setzt der Verweis darauf unter Transparenzgesichtspunkten voraus, dass die Klausel dem anderen Vertragsteil eine sichere Bestimmung von Verhandlungsbeginn und -ende ermöglicht.[4] Das ADR-Verfahren muss nicht notwendig für die Dauer des Verfahrens eine **Verzinsung** entsprechend § 291 sicherstellen.[5] Das Erfordernis eines **Kostenvorschusses,** jedenfalls eines unangemessen hohen, für das obligatorische ADR-Verfahren kann dazu führen, dass der nur subsidiär ausgestaltete, indes wegen der Möglichkeit von Prozesskostenhilfe allein erschwingliche Klageweg faktisch abgeschnitten wird, und stellt dann ebenfalls eine unangemessene Benachteiligung dar.[6] Entsprechendes kann für den vorgesehenen Ort des ADR-Verfahrens gelten; die Klausel sollte sich daher an den Wertungen der gesetzlichen Regelungen zur örtlichen Zuständigkeit orientieren und die Einschränkungen für Prorogationen beachten.[7] Die Inanspruchnahme von Maßnahmen des **einstweiligen Rechtsschutzes** kann zwar individualvertraglich, nicht aber klauselmäßig ausgeschlossen werden;[8] darauf ist jedenfalls im Verbrauchergeschäft in der ADR-Klausel hinzuweisen.[9]

III. Verfahrensfragen

S 58 Meist ist die Ausgestaltung des Verfahrens im Einzelnen nicht schon in der ADR-Klausel geregelt; vielmehr verweist diese entweder auf einen gesondert – von den Medianten mit dem Mediator – zu schließenden **Mediationsvertrag** oder auf die Verfahrensordnung einer zur Durchführung der Mediation bestimmten Institution.[10] Während die genaue Einordnung des Mediationsvertrags offen bleiben

[1] Beachte *Böttcher/Laskawy* DB 2004, 1249 f, und *Sick* Beil. zu BB 2003, 27, jeweils mit Formulierungsbeispielen. *Lüke* FS Kollhosser, S. 407 f, schlägt vor, das ADR-Verfahren zu befristen und die Fristlänge am Umfang des nach dem Rechtsverhältnis möglichen Streits zu orientieren.

[2] Siehe *Eidenmüller,* Wirtschaftsmediation, S. 14 ff.; *Hess/Sharma,* Rechtsgrundlagen, Rz 20: im Regelfall Hemmung der Ausschlussfrist analog § 203.

[3] Bejahend *Palandt/Heinrichs,* § 204 Rz 19; *Friedrich* NJW 2003, 1781; verneinend *Eidenmüller* SchiedsVZ 2003, 166.

[4] Dies empfehlen auch *Eidenmüller* SchiedsVZ 2003, 168 f; *Hess/Sharma,* Rechtsgrundlagen, Rz 14; *Böttcher/Laskawy* DB 2004, 1249.

[5] So aber MünchKommBGB/*Kieninger* § 307 Rz 295.

[6] So auch *Risse* ZEV 1999, 209; *Eidenmüller,* Wirtschaftsmediation, S. 17.

[7] In diesem Sinne auch *Lüke* FS Kollhosser, S. 408.

[8] Zum klauselmäßigen Ausschluss der Inanspruchnahme einstweiligen Rechtsschutzes vgl. allgemein bei Prozessvereinbarungen, Anh. § 310 Rz P 64.

[9] Dies empfehlen auch *Böttcher/Laskawy* DB 2004, 1250; *Friedrich,* Konsensvereinbarung, S. 190.

[10] Nachweise zu Institutionen bei *Risse,* Wirtschaftsmediation, S. 105 ff.; *von Hardenberg* IDR 2004, 27 f; *Eidenmüller,* Wirtschaftsmediation, S. 8 Fn. 20 und Anh. 2.

mag,[1] ist jedenfalls die (zur Bereichsausnahme des § 310 IV führende) Einordnung als BGB-Innengesellschaft abzulehnen.[2] Der Mediationsvertrag unterliegt seinerseits der AGB-rechtlichen Kontrolle gemäß §§ 305 ff., wenn er klauselmäßig geschlossen bzw. von § 310 III Nr. 2 erfasst wird.[3] Hingegen kommt dann, wenn die ADR-Klausel – im Zweifel statisch[4] – auf die Verfahrensordnung einer ADR-Institution verweist, eine inhaltliche Überprüfung in der Regel schon deshalb nicht in Betracht, weil es an einer wirksamen Einbeziehung fehlt; dann scheitert die Berufung des Verwenders auf seinem Vertragspartner ungünstige Verfahrensregeln aber bereits an § 305 II.

Das vorgesehene Mediations- oder Schlichtungsverfahren muss zumindest **elementaren Fairnessanforderungen** entsprechen.[5] Das Schiedsverfahrensrecht mag zwar – trotz des Unterschieds zwischen privater Schiedsgerichtsbarkeit einerseits und Mediation bzw. Schlichtung andererseits (oben Rz S 52) – in Einzelfällen Hilfestellung geben,[6] bietet aber keinen Maßstab, der sich unbesehen übertragen ließe. Wesentliche Elemente eines angemessen ausgestalteten Mediationsverfahrens sind jedenfalls **Unabhängigkeit und Unparteilichkeit** des Mediators,[7] wobei sich durchgreifende Bedenken schon dann ergeben, wenn nur dem Verwender das Recht zusteht, den Mediator auszuwählen.[8] Zudem muss der **Anspruch auf (rechtliches) Gehör** gewahrt sein.[9] Der Mediator hat das Vorbringen beider Parteien zur Kenntnis zu nehmen und auf eine gütliche Einigung hinzuwirken. Zwar sind vertrauliche **Einzelgespräche** zulässig, etwa um Einigungsmöglichkeiten auszuloten, doch ist der Mediator verpflichtet, der anderen Partei die wesentlichen Ergebnisse mitzuteilen, und zwar nicht nur, wenn sich diese als „beilegungsfördernd" erweisen,[10] sondern auch dann, wenn sie eine einvernehmliche Lösung illusorisch erscheinen lassen. Für den Fall eines Vergleichsvorschlags durch den Schlichter muss der Verwendergegenseite genügend **Bedenkzeit** belassen werden, um nötigenfalls externen Rat einzuholen.[11] Die Interessenvertretung durch einen **Anwalt** darf nicht ausgeschlossen werden;[12] umgekehrt kann aber auch der Zwang zu anwaltlicher Vertretung in Bagatellsachen, die im staatlichen Verfahren nicht von § 78 ZPO erfasst wären, unwirksam sein.[13] Im Übrigen ist den Grundsätzen des **fairen Verfahrens** und der prozessualen **Waffengleichheit** zu genügen. **S 59**

---

[1] Zum Streitstand *Eidenmüller,* Wirtschaftsmediation, S. 32 ff.; *Hess/Sharma,* Rechtsgrundlagen, Rz 25; *Risse,* Wirtschaftsmediation, S. 134 f; *Hacke,* ADR-Vertrag, S. 88.

[2] So aber *Hutner* SchiedsVZ 2003, 229 ff. Dagegen *Hacke,* ADR-Vertrag, S. 53 ff.; *Friedrich* MDR 2004, 482; *ders.,* Konsensvereinbarung, S. 121 ff.

[3] Vgl. nur *Friedrich* MDR 2004, 482.

[4] Im Zweifel gegen eine dynamische Verweisung auch *Friedrich* MDR 2004, 482.

[5] So *Eidenmüller,* Wirtschaftsmediation, S. 17; *Hess/Sharma,* Rechtsgrundlagen, Rz 21; *Hess* ZZP 118 (2005), 443 ff. *Lüke* FS Kollhosser, S. 404, spricht von den „wesentlichen Anforderungen an ein gerichtliches Verfahren", MünchKommBGB/*Kieninger* § 307 Rz 293; von „rechtsstaatlichen Mindestanforderungen".

[6] Siehe MünchKommBGB/*Kieninger* § 307 Rz 295.

[7] Vgl. *Hess/Sharma,* Rechtsgrundlagen, Rz 45 f; MünchKommBGB/*Kieninger* § 307 Rz 295; *Eidenmüller,* Wirtschaftsmediation, S. 17; *Lüke* FS Kollhosser, S. 404 und 408.

[8] So auch MünchKommBGB/*Kieninger* § 307 Rz 295.

[9] In diesem Sinne: *Hess/Sharma,* Rechtsgrundlagen, Rz 48; MünchKommBGB/*Kieninger* § 307 Rz 295; *Wagner,* Prozessverträge, S. 446; anders *Eidenmüller,* Wirtschaftsmediation, S. 17 und 39 f.

[10] So *Hess/Sharma,* Rechtsgrundlagen, Rz 48.

[11] *Hess* ZZP 118 (2005), 444.

[12] *Hess* ZZP 118 (2005), 445.

[13] So für Schiedsabreden im Verbrauchergeschäft *Wagner/Quinke* JZ 2005, 932, 937.

IV. Mediatoren- oder Schlichtervertrag

S 60-70 Vertragliche Beziehungen zum Mediator bzw. Schlichter bestehen entweder, weil dieser Partei des Mediationsvertrags (dazu oben Rz S 58) geworden ist,[1] oder aber, sofern sich das Verfahren nach der Verfahrensordnung einer ADR-Institution bestimmt, aufgrund eines eigens geschlossenen Mediatoren- oder Schlichtervertrags.[2] In beiden Fällen ist bezüglich vorformulierter Rechte und Pflichten[3] des Mediators bzw. Schlichters eine AGB-rechtliche Kontrolle statthaft, und zwar auch dann, wenn der zwischen den Parteien zu lösende Konflikt als solcher von der Bereichsausnahme des § 310 IV 1 erfasst wird. Besondere Probleme bereitet die Frage, wie sich **Vertraulichkeit** im Mediationsverfahren und über dieses hinaus sicherstellen lässt.[4] Die **Haftung** des Mediators bzw. Schlichters richtet sich grundsätzlich nach den allgemeinen Vorschriften.[5] Das Richterprivileg des § 839 II kann dem Mediator schon mangels Entscheidungskompetenz nicht zustehen; ebenso wenig ist im Zweifel eine stillschweigende rechtsgeschäftliche Haftungsbegrenzung entsprechend § 839 II anzunehmen.[6] Ein klauselmäßiger Haftungsausschluss kommt in den Grenzen von §§ 309 Nr. 7, 307 in Betracht, wobei allerdings berufsrechtliche Besonderheiten zu beachten sind (beachte § 51a I BRAO, § 19 BNotO).

*

Schriftformklauseln

Inhaltsübersicht

[1] Die Einzelheiten sind strittig. Beispielsweise unterscheidet *Hacke*, ADR-Vertrag, S. 31 ff., zwischen ADR-Vereinbarung und ADR-Verfahrensvertrag, während *Risse*, Wirtschaftsmediation, S. 134 ff., dafür plädiert, strikt zwischen Mediationsvereinbarung, Mediatorvertrag und Verhandlungsvertrag zu unterscheiden.

[2] Laut *Hess/Sharma*, Rechtsgrundlagen, Rz 27, kommt in der Regel nur ein sog. Mediationsdienstleistungsvertrag zwischen den Parteien und der Institution, hingegen kein Vertrag zwischen den Parteien und dem Mediator zustande.

[3] Beachte zu diesen etwa *Walter* FS Honsell, S. 451 ff.

[4] Beachte zu den Einsatzmöglichkeiten von Geständnis- und Beweismittelvereinbarungen etwa *Friedrich* MDR 2004, 481, 485; *Groth/von Bubnoff* NJW 2001, 338, 340; *G. Wagner* NJW 2001, 1398; vgl. auch *Hacke*, ADR-Vertrag, S. 254 ff.

[5] Näher zur Haftung *Leibner* NJW 2002, 3521 ff.; *Prütting*, Haftung, Rz 16 ff.

[6] Vgl. *Eidenmüller*, Wirtschaftsmediation, S. 41.

Schrifttum: *Lindacher,* Zur Vertretungsmachtbegrenzung durch formularmäßige Schriftform- und Bestätigungsvorbehaltsklauseln, JR 1982, 1; *Michalski,* Schriftformklauseln in Individual- und Formularverträgen, DStR 1998, 771; *Roloff,* Vertragsänderungen und Schriftformklauseln, NZA 2004, 1191; *Teske,* Schriftformklauseln in Allgemeinen Geschäftsbedingungen, 1990; *Weigel,* Schriftformklauseln in Allgemeinen Geschäftsbedingungen, 1989; *von Westphalen,* AGB, Vertragsrecht Schriftformklauseln, 1995, 285.

1. Allgemeines

Schriftformklauseln im weiteren Sinne liegen immer dann vor, wenn eine Klausel für Erklärungen oder Abreden der Parteien die Einhaltung der Schriftform vorschreibt. Hervorzuheben ist allerdings, dass der Begriff der Schriftformklausel im weiteren Sinne zu umfassend ist, um als brauchbare Grundlage einer juristischen Analyse dienen zu können. Daher ist weiter zu differenzieren: **S 71**

a) Schriftformerfordernisse für vertragliche Abreden. Denkbar ist zunächst, dass die Klausel ein Schriftformerfordernis für vertragliche Abreden der Parteien aufstellt. Dem gleichzustellen ist der Fall, dass für das Angebot oder die Annahmeerklärung ein Schriftformerfordernis aufgestellt wird. In diesen Fällen kann von **Schriftformklauseln im engeren Sinne** gesprochen werden. Auf die Schriftformklauseln im engeren Sinne wird im Folgenden (Rz S 80 ff.) näher einzugehen sein. **S 72**

b) Schriftformerfordernisse für sonstige Erklärungen. Ebenso sind Klauseln denkbar, die Schriftformerfordernisse für sonstige Erklärungen aufstellen, also z. B. für die Ausübung von Gestaltungsrechten durch den Verwendungsgegner. Mit Blick auf die Wirksamkeit solcher Klauseln ist zu unterscheiden: **S 73**

aa) Erklärungen des Verwendungsgegners. Soweit eine Klausel Formerfordernisse für Erklärungen des Verwendungsgegners vorgibt, findet § 309 Nr. 13 Anwendung. Hervorzuheben ist allerdings, dass § 309 Nr. 13 gerade kein Verbot von Klauseln enthält, die mit Blick auf Erklärungen des Verwendungsgegners ein Erfordernis der einfachen Schriftform aufstellen. Dieser Wertung des § 309 Nr. 13 ist auch im Rahmen des § 307 Rechnung zu tragen, so dass ein Erfordernis der einfachen Schriftform für Erklärungen des Verwendungsgegners, die nicht Teil einer vertraglichen Abrede sind, grundsätzlich als angemessen einzustufen ist.[1] **S 74**

---

[1] § 309 Nr. 13 Rz 52.

S 75 **bb) Erklärungen des Verwenders.** Klauseln, die ein Schriftformerfordernis für Erklärungen des Verwenders vorsehen, welche nicht Teil einer vertraglichen Abrede sind, unterliegen der Kontrolle nach § 307. Man wird sie jedoch im Regelfall als unwirksam einstufen müssen, weil sie die Gefahr bergen, dass der Verwendungsgegner in Unkenntnis des Formerfordernisses auf die Wirksamkeit der relevanten Erklärung vertraut.

S 76 **c) Einfache, qualifizierte und doppelte Schriftformklauseln.** Man kann weiter unterscheiden zwischen einfachen Schriftformerfordernissen, qualifizierten Schriftformerfordernisse und doppelten Schriftformerfordernisse.

S 77 **aa) Doppelte Schriftformerformklauseln.** Der Begriff „doppelte Schriftformklausel" erfasst solche Schriftformklauseln, die für die Aufhebung des Schriftformerfordernisses die Einhaltung der Schriftform vorsehen. Vielfach wird für entsprechende Klauseln auch der Begriff der qualifizierten Schriftformklausel verwendet.[1] Dieser Terminus birgt jedoch die Gefahr einer Verwechslung, weil manche Autoren den Begriff der qualifizierten Schriftformklausel mit Blick auf solche Klauseln verwenden, die sich nicht mit der einfachen Schriftform begnügen, sondern eine durch besondere Merkmale gekennzeichnete Schriftform fordern.[2] Man denke z. B. an eine Klausel, die die notarielle Beurkundung von Abreden verlangt. Im Folgenden soll daher, um Missverständnisse zu vermeiden, stets von doppelten Schriftformklauseln die Rede sein, wenn das Formerfordernis auch auf die Vereinbarung über die Aufhebung des Formerfordernisses erstreckt wird.

S 78 **bb) Qualifizierte Schriftformklausel.** Unter einer qualifizierten Schriftformklausel verstehen manche Stimmen eine Schriftformklausel, die auch für die Aufhebung des Schriftformerfordernisses die Einhaltung der Schriftform vorschreibt.[3] Andere reservieren den Begriff für solche Klauseln, die sich nicht mit der einfachen Schriftform (§ 126) begnügen, sondern gesteigerte Anforderungen stellen (s. Rz 77).[4] Um Missverständnisse zu vermeiden, verzichtet der vorliegende Beitrag auf die Verwendung dieses Ausdrucks. Wenn die Klausel sich nicht mit einer einfachen Schriftform begnügt, sollte überhaupt nicht von einer Schriftformklausel die Rede sein, sondern z. B. von einem Beglaubigungserfordernis etc.

S 79 **cc) Einfache Schriftformklauseln.** Auch der Begriff der einfachen Schriftformklausel ist doppeldeutig. Man kann ihn als Gegenbegriff zur doppelten Schriftformklausel verstehen, also dahingehend, dass die Klausel keine Vorgabe des Inhalts enthält, dass auch die Abbedingung des Schriftformerfordernisses an die Einhaltung der Schriftform gebunden wird.[5] Zum anderen kann man ihn dahingehend definieren, dass es sich bei der von der Klausel verlangen Schriftform um die einfache Schriftform handelt. Im Rahmen des vorliegenden Beitrags wird die erste dieser beiden Bedeutungen zu Grunde gelegt, die einfache Schriftformklausel also als Pendant zur doppelten Schriftformklausel verstanden.

---

[1] So z. B. *von Westphalen,* Vertragsrecht, Schriftformklauseln Rz 4.

[2] So z. B. *Ulmer/H. Schmidt* Anh. § 310 Rz 710.

[3] S. insbesondere BGH NJW 1997, 2238, 2239, der eine qualifizierte Schriftformklausel dahingehend definiert, dass „für die Aufhebung der vereinbarten Formbedürftigkeit wiederum die Schriftform vorsieht". Für ein entsprechendes Begriffsverständnis auch OLG Koblenz NJOZ 2005, 2919, 2923; OLG Köln NJW-RR 2003, 538, 539; *von Westphalen,* Vertragsrecht, Schriftformklauseln Rz 4.

[4] So z. B. *Ulmer/H. Schmidt* Anh. § 310 Rz 710.

[5] In diesem Sinne BGH NJW 1997, 2238, 2239; BAG NJOZ 2005, 2305, 2309.

2. Die Auslegung der für vertragliche Abreden geltenden Schriftformerfordernisse

a) Das Vorliegen eines Schriftformerfordernisses. Im Wege der Auslegung ist zunächst zu klären, ob eine Klausel überhaupt ein Schriftformerfordernis enthält. Dies ist beispielsweise dann zu verneinen, wenn eine Klausel lautet: „mündliche Nebenabreden wurden nicht getroffen".[1] In einem solchen Falle liegt kein Schriftformerfordernis vor, sondern es wird eine Tatsache bestätigt. Freilich ist eine Klausel, die das Fehlen mündlicher Nebenabreden bestätigt, gegenüber Verbrauchern nach richtiger Auffassung schon nach § 309 Nr. 12 unwirksam.[2] Siehe noch Rz S 112. **S 80**

b) Die erfassten Erklärungen. Enthält eine Klausel ein Schriftformerfordernis, so stellt sich außerdem die Frage, für welche Erklärungen das Schriftformerfordernis gelten soll. Eine Klausel „Änderungen oder Ergänzungen dieses Vertrages bedürfen der Schriftform" in einem Arbeitsvertrag soll dahingehend ausgelegt werden können, dass **Aufhebungsverträge** nicht erfasst sind.[3] Die Frage ist wegen der Möglichkeit einer stillschweigenden Aufhebung von Formerfordernissen (s. Rz 119 ff.) von begrenzter praktischer Bedeutung. Gleichwohl sei betont, dass die vom BAG für möglich gehaltene Auslegung wenig überzeugend erscheint, weil die Aufhebung des Vertrages entgegen dem BAG[4] schon begrifflich eine Änderung desselben darstellt und weil die Warn- und Dokumentationsfunktion der Klausel bei Aufhebungsverträgen mindestens ebenso einschlägig ist wie bei Änderungsverträgen. Auch das Argument, dass die Klausel auch die dem Aufhebungsvertrag in ihrer Wirkung ähnliche Kündigungserklärung als einseitiges Rechtsgeschäft nicht erfasse,[5] verfängt nicht. Kündigung und Aufhebungsvertrag sind mit Blick auf die vorliegende Problematik nicht vergleichbar. Denn bei einseitigen Rechtsgeschäften wie der Kündigung ist es dem Erklärenden anders als im Falle eines Aufhebungsvertrages nicht möglich, ein vertraglich vereinbartes Schriftformerfordernis ohne weiteres aufzuheben, so dass die Folgen einer Schriftformklausel bei einer Erstreckung auf einseitige Rechtsgeschäfte sehr viel gravierender sind als bei Verträgen. Hinzu kommt, dass die Rechtsfolgen der Kündigung sich aus dem Gesetz ergeben, während die Rechtsfolgen der Vertragsaufhebung im Aufhebungsvertrag oft im Einzelnen geregelt sind. Das Interesse an einer schriftlichen Fixierung ist daher im Falle eines Aufhebungsvertrages ungleich größer. **S 81**

c) Die Bedeutung der Schriftform. Schließlich ist die Klausel darauf hin auszulegen, welche Konsequenzen die Nichteinhaltung des Formerfordernisses nach dem Willen der Parteien haben soll. Namentlich ist zu klären, ob die Klausel die Schriftform als **Wirksamkeitsvoraussetzung** oder **nur zu Beweiszwecken** anordnet und ob sie gegebenenfalls die **Vertretungsmacht** der auf Seiten des Verwenders handelnden Personen begrenzen soll. **S 82**

aa) Schriftform als Wirksamkeitserfordernis. Mit Blick auf die Frage, wann ein Schriftformerfordernis im Sinne einer Wirksamkeitsvoraussetzung ausgelegt werde kann gilt Folgendes: **S 83**

α) Die Vorgabe des § 125 S. 2. Gemäß § 125 S. 2 ist die vereinbarte Schriftform im Zweifel ebenso wie die gesetzliche Schriftform als Wirksamkeitsvoraussetzung für das Rechtsgeschäft anzusehen. Soll eine Schriftformklausel daher nicht die Un- **S 84**

---

1 *Ulmer/H. Schmidt* Anh. § 310 Rz 710.
2 S. § 309 Nr. 12 Rz 53.
3 BAG NJW 2002, 3155, 3155.
4 BAG NJW 2002, 3155, 3155.
5 BAG NJW 2002, 3155, 3155.

wirksamkeit mündlicher Abreden zur Folge haben, so muss das deutlich zum Ausdruck kommen.[1]

S 85 β) **Das Verhältnis zwischen den §§ 125 S. 2, 305 c II.** § 125 S. 2 muss als eine gegenüber § 305 c II speziellere Regelung angesehen werden. Zwar stellt die Menge der von § 125 S. 2 erfassten Fälle keine Teilmenge der von § 305 c II erfassten Fälle dar. Denn immerhin sind auch Schriftformerfordernisse denkbar, die in Individualvereinbarungen enthalten sind. Doch ist der Anwendungsbereich des § 125 S. 2 sehr viel enger als derjenige des § 305 c II. Hinzu kommt, dass § 125 S. 2 nahezu bedeutungslos würde, wenn man § 305 c II als speziellere Regelung ansähe. Es ist daher auch dann im Zweifel davon auszugehen, dass ein Wirksamkeitserfordernis gewollt ist, wenn diese Auslegung dem Verwendungsgegner zum Nachteil gereicht. Im Regelfall ergibt sich freilich kein Widerspruch zwischen § 125 S. 2 und § 305 c II, weil eine Auslegung der Schriftformklausel als Wirksamkeitserfordernis nicht nur der Vorgabe des § 125 S. 2 entspricht, sondern meist auch die zur Unwirksamkeit führende und damit für den Verwendungsgegner günstigere Auslegung im Sinne des § 305 c II darstellt (s. Rz 98ff.). Relevant kann das Verhältnis des § 125 S. 2 zu § 305 c II aber z. B. im Falle einer doppelten Schriftformklausel werden.[2] Entsprechende Klauseln sind wirksam, wenn sie allein solche mündlichen Abreden für unverbindlich erklären, die dem Vertragsschluss nachfolgen.[3] Auch in diesem Falle bleibt es bei der Auslegungsregel des § 125 S. 2, obwohl für den Verwendungsgegner eine Auslegung günstiger wäre, nach der die Klausel nur Dokumentationszwecken oder Klarstellungszwecken dient, also nicht die Unwirksamkeit mündlicher Abreden begründet.

S 86 γ) **Widerlegbarkeit des § 125 S. 2.** Bei alledem ist allerdings nicht zu vergessen, dass § 125 S. 2 lediglich eine Zweifelsregelung darstellt. Die Auslegung kann demgemäß ergeben, dass die Schriftformklausel allein zum Zweck der Klarstellung und Beweiserleichterung vereinbart worden ist, ohne dass die Einhaltung der Schriftform Wirksamkeitsvoraussetzung des Rechtsgeschäfts sein soll.[4]

S 87–89 **bb) Begrenzung der Vertretungsmacht.** Sofern auf Seiten des Verwenders Vertreter agieren, stellt sich zudem die Frage, ob die Schriftformklausel die Vertretungsmacht der Betroffenen beschränken soll. Dies ist im Wege der Auslegung zu klären. Dabei gelten folgende Grundsätze: In der Regel kann eine einfache oder doppelte Schriftformklausel schon wegen § 305 c II nicht dahingehend verstanden werden, dass das Bestehen der Vertretungsmacht des Handelnden von der Einhaltung der Schriftform abhängen soll. Anders liegen die Dinge jedoch bei so genannten **Bestätigungsklauseln,** die die Wirksamkeit der von Angestellten getroffenen mündlicher Abreden von einer schriftlichen Bestätigung durch den Geschäftsherrn abhängig machen. Entsprechende Klauseln sind nach §§ 133, 157 regelmäßig dahingehend zu verstehen, dass sie die Vertretungsmacht der handelnden Personen zu beschränken suchen.[5] Eine Auslegung im Sinne einer Beschränkung der Vertretungsmacht ist also z. B. dann geboten, wenn eine Klausel lautet: „Reparaturzeiten sind nur verbindlich, wenn sie schriftlich bestätigt werden."[6] Freilich sind Bestätigungsklauseln nach § 307 wegen der ihr innewohnenden Eignung zur Irreführung un-

---

[1] Zutreffend *Ulmer/H. Schmidt* Anh. §§ 310 Rz 710.

[2] Zum Begriff s. Rz S 77.

[3] S. Rz S 101.

[4] MünchKomm/*Einsele* § 125 Rz 65.

[5] I.E. ebenso *Ulmer/H. Schmidt* Anh. § 310 Rz 710, 711. *H. Schmidt,* a.a.O., geht davon aus, dass qualifizierte Schriftformklauseln eine Beschränkung der Vertretungsmacht bezwecken und definiert den Begriff der qualifizierten Schriftformklausel dahingehend, dass dieser die so genannten Bestätigungsklauseln umfasst.

[6] BGH NJW 1982, 389, 390: „Beschränkung der Handlungsvollmacht des mit dem Publikumsverkehr beauftragten Personals der Kundendienststellen".

wirksam, wenn eine Vertretungsmacht in Wahrheit besteht und diese auch durch die Klausel nicht beschränkt wird. S. im Einzelnen Rz S 104 ff.

3. Die Wirksamkeit der für vertragliche Abreden geltenden Schriftformklauseln

Von der Frage der Auslegung ist diejenige nach der wirksamen Vereinbarung von Schriftformklauseln zu unterscheiden. Dabei sollte man der analytischen Klarheit halber danach unterscheiden, ob die Klausel nach ihrem durch Auslegung zu ermittelnden Sinn und Zweck die Vertretungsmacht des Handelnden beschränkt oder nicht. **S 90**

a) Ohne Beschränkung der Vertretungsmacht. Sofern die Schriftformklausel **nicht** auf eine Beschränkung der Vertretungsmacht abzielt, gilt Folgendes: **S 91**

aa) § 305 c I. Wegen ihrer allgemeinen Verbreitung sind Schriftformklauseln in der Regel in aller Regel nicht schon als überraschende Klauseln nach § 305 c I unwirksam.[1] **S 92**

bb) § 309 Nr. 12. Auch § 309 Nr. 12 findet auf Schriftformklauseln keine Anwendung. Zwar ist es nicht ausgeschlossen, § 309 Nr. 12 auf Klauseln anzuwenden, die den Verwendungsgegner zur Schaffung von Beweismitteln verpflichten. So findet § 309 Nr. 12 beispielsweise dann Anwendung, wenn eine Klausel vorsieht, dass der Verwendungsgegner bestimmte, der Beweisführung des Verwenders günstige Tatsachenerklärungen abgeben muss.[2] Zu beachten ist indessen, dass § 309 Nr. 12 nur dann Anwendung finden kann, wenn die Beweislast zum Nachteil des Verwendungsgegners verändert wird. Daran fehlt es im Falle von „neutralen Klauseln", die lediglich auf die Dokumentation eines Geschehens abzielen. So liegt es im Falle einer Schriftformklausel. Denn die schriftliche Fixierung von Vertragsabreden vermag sich sowohl zugunsten als auch zulasten des Verwendungsgegners auszuwirken. **S 93**

cc) § 309 Nr. 13. § 309 Nr. 13 findet keine Anwendung, weil diese Vorschrift nur solche Formerfordernisse erfasst, die für Erklärungen des Verwendungsgegners außerhalb vertraglicher Abreden gelten sollen.[3] **S 94**

dd) § 307. Allerdings sind Schriftformklauseln an § 307 zu messen.[4] Dabei gelten folgende Grundsätze. **S 95**

α) **Schriftform zu Dokumentationszwecken.** Schriftformklauseln sind nicht generell unangemessen im Sinne des § 307.[5] **Grundsätzlich nicht zu beanstanden** ist eine Schriftformklausel namentlich dann, wenn sie deutlich macht, dass die Missachtung der Schriftform nicht zur Unwirksamkeit der Erklärungen führt, die Schriftformklausel also **nur Dokumentationszwecken** dient. Die einfache Schriftformklausel wird dem Interesse beider Parteien gerecht, Unklarheiten über den Vertragsinhalt nach Möglichkeit zu vermeiden und den Beweis zu erleichtern. Ein im Regierungsentwurf zum AGB-Gesetz zunächst vorgesehenes Verbot der Schriftformklausel (§ 9 Nr. 17) ist mit dieser Begründung gestrichen worden. Auch ist die **S 96**

---

[1] A. A. *Baumann* BB 1980, 551, 552 (zu § 4 AGBG).

[2] Dies ist übrigens kein Fall des § 309 Nr. 12 b, weil § 309 Nr. 12 b nur diejenigen Fälle erfasst, in denen die AGB selbst die Tatsachenbestätigung enthalten. Die Regelung einer Verpflichtung zur Abgabe einer Tatsachenerklärung unterfällt aber dem allgemeinen Tatbestand des § 309 Nr. 12.

[3] S. im Einzelnen § 309 Nr. 13 Rz 11.

[4] S. z. B. BGH NJW 1985, 320, 322 (zu § 9 AGBG); *Ulmer/H. Schmidt* Anh. § 310 Rz 712.

[5] S. schon BGH NJW 1982, 331, 333: Es könne „keine Rede davon sein, dass Schriftformklauseln schlechthin gem. § 9 AGB-Gesetz [§ 307] unwirksam sind". Im Ergebnis ebenso BGH NJW 1985, 320, 322 (zu § 9 AGBG); BGH NJW 1983, 1853, 1853 (zu § 9 AGBG). S. auch BGH NJW 1995, 1488, 1489 (zu § 9 AGBG) („nicht generell unzulässig").

Wertung des § 309 Nr. 13 zu beachten. Wenngleich diese Vorschrift auf Formerfordernisse für den Vertragsabschluss keine Anwendung findet,[1] spricht die Zulässigkeit der Schriftform im Rahmen des § 309 Nr. 13 dafür, dass der Gesetzgeber Schriftformerfordernisse nicht als generell unangemessen ansieht.

S 97 β) **Schriftform als Wirksamkeitsvoraussetzung.** Davon zu trennen ist die Frage nach der Angemessenheit solcher Schriftformklauseln, die im Einklang mit § 125 S. 2 die Unwirksamkeit mündlicher Abreden zur Folge haben. Man mag insofern von **„konstitutiven" Schriftformklauseln** sprechen.[2] Auch konstitutive Schriftformklauseln sollen nach der Rechtsprechung nicht generell unangemessen im Sinne des § 307 sein.[3] Vielmehr komme es entscheidend auf die Ausgestaltung der konkreten Klausel an.[4] Dies ist zwar im Ergebnis richtig.[5] Doch nach zutreffender Auffassung ist der Spielraum für die Vereinbarung konstitutiver Schriftformerfordernisse in AGB letztlich sehr beschränkt. Im Einzelnen ist streng darauf zu achten, ob sich die Schriftformklausel auf solche Abreden bezieht, die im Zeitpunkt des Vertragsschlusses getroffen wurden, oder ob sie spätere Abreden erfassen soll.

S 98 αα) **Mündliche Nebenabreden bei Vertragsschluss.** Eine Schriftformklausel, die den Eindruck erweckt, dass mündliche Nebenabreden, die im Zeitpunkt des Vertragsschlusses getroffen wurden, unwirksam seien, wird man – vorbehaltlich der weiter unten[6] zu diskutierenden Problematik einer Einschränkung der Vertretungsmacht – als unwirksam einstufen müssen. Dass entsprechende Abreden trotz der Schriftformklausel wirksam sind, folgt schon aus § 305 b.[7] Ist die mündliche Nebenabrede aber wirksam, so ist eine Schriftformklausel, die den Eindruck des Gegenteils hervorruft, mit Blick auf die von ihr ausgehende Täuschungsgefahr unangemessen und daher unwirksam.[8] Außerdem ist die Klausel wegen Verstoßes gegen den zwingenden § 305 b unwirksam. Hervorzuheben ist aber, dass der **Bundesgerichtshof** in diesem Punkte keine ganz klare Linie verfolgt. In einem Urteil aus dem Jahre 1981, welches die AGB eines Kfz-Händlers betraf, hat der BGH eine Klausel gebilligt, die vorsah, dass „Liefertermine oder Lieferfristen, die verbindlich oder unverbindlich vereinbart werden können, [. . .] schriftlich anzugeben [sind]".[9] Eine unangemessene Benachteiligung des Verwendungsgegners durch die vorgenannte Klausel scheide jedenfalls dann aus, wenn „auf der Vorderseite des Bestellscheins unmittelbar unter der Unterschrift des Bestellers eine Spalte vorgesehen [sei], in der Lieferzeit bzw. Liefertermin einzutragen [seien] [und] in zwei dafür vorgesehenen Feldern [. . .] anzukreuzen [sei], ob die Frist unverbindlich oder ver-

---

[1] S. § 309 Nr. 13 Rz 11.

[2] So z. B. BAG NJOZ 2005, 4158, 4160; BAG NJOZ 2004, 2315, 2324.

[3] So schon BGH NJW 1982, 331, 333 (zu § 9 AGBG); BGH NJW 1985, 320, 322 (zu § 9 AGBG); BGH NJW 1983, 1853, 1853 (zu § 9 AGBG); BGH NJW 1995, 1488, 1489 (zu § 9 AGBG) („nicht generell unzulässig").

[4] Vgl. BGH NJW 1983, 1853, 1853 (zu § 9 AGBG): „[E]s kommt [. . .] auf die Ausgestaltung der Klauseln im konkreten Fall an." Ebenso z. B. BGH NJW 1995, 1488, 1489 (zu § 9 AGBG): „Ihre Wirksamkeit hängt vielmehr von der Ausgestaltung und dem Anwendungsbereich der konkreten Klausel ab."

[5] Vgl. aber *Ulmer/H. Schmidt* Anh. 310 Rz 719, der nahezu alle konstitutiven Schriftformklauseln für unwirksam hält.

[6] S. Rz S 102 ff.

[7] BGH NJW 1986, 3131, 3132 (zu § 4 AGBG): „Dieser vorformulierten Vertragsbedingung geht aber eine [. . .] mündlich, nach der gesetzlichen Regelung wirksam getroffene Individualabrede gem. § 4 AGB-Gesetz vor." S. aber BGH NJW 1993, 64, 66 (zu § 4 AGBG): Keine Entscheidung, ob „eine Schriftlichkeitsklausel grundsätzlich gegenüber einer mündlichen Individualabrede nach dem Vorrangprinzip des § 4 AGB-Gesetz zurückzutreten hat".

[8] Für Unwirksamkeit entsprechender Klauseln auch *Ulmer/H. Schmidt* Anh. § 310 Rz 719: Verstoß gegen das Vorrangprinzip des § 4 AGBG (§ 305 b).

[9] BGH NJW 1982, 331, 333 (zu § 9 AGBG).

bindlich sein" solle.[1] Dieser Entscheidung ist jedoch zu widersprechen. Allein die Tatsache, dass das Formular spezielle Felder für die Auswahl des Liefertermins vorsieht, gewährleistet nicht, dass die Parteien insofern keine mündlichen Abreden treffen, die dann gemäß § 305 b vorrangig sind. Und ein in AGB vorgesehenes Erfordernis, entsprechende Liefertermine schriftlich anzugeben, wird von den meisten Verbrauchern dahingehend verstanden werden, dass abweichende mündliche Vereinbarungen unwirksam sind. Auf diese Weise droht die Gefahr, dass die Klausel den Verwendungsgegner über die wahre Rechtslage täuscht und ihn von der Geltendmachung seiner Rechte abhält. In späteren Urteilen ist der BGH vorsichtiger verfahren. So hat der BGH bereits im Jahre 1983 klargestellt, dass eine Klausel, die die Wirksamkeit von Nebenabreden von einer schriftlichen Bestätigung abhängig macht, dann unwirksam ist, wenn sie von einem „Einmannbetrieb" verwandt wird, weil eine solche Klausel § 4 AGBG (§ 305 b) völlig verdrängen würde, ohne dass ein hinreichender Grund hierfür gegeben wäre.[2] Auch hat der BGH in einem Urteil aus dem Jahre 1984 mit Blick auf eine im Möbelhandel verwandte Schriftformklausel ausdrücklich offen gelassen, ob „eine unangemessene Benachteiligung des Kunden des Verwenders darin liegt, dass auch solche mündlichen Vereinbarungen, die bei den Vertragsverhandlungen oder bei Ausfüllung des Bestellformulars getroffen werden, unwirksam sein sollen".[3] Richtigerweise hätte man die Unangemessenheit der Klausel aus den genannten Gründen ohne weiteres bejahen müssen. Auch die neueren Urteile des BGH sind mit Blick auf die Wirksamkeit der hier interessierenden Klauseln nicht ganz eindeutig, scheinen aber immerhin anzudeuten, dass Schriftformklauseln unter anderem dann unwirksam sind, wenn sie die Unwirksamkeit mündlicher Abreden im Zeitpunkt des Vertragsschlusses suggerieren. So heißt es in einer Entscheidung aus dem Jahre 2000: „Unwirksam ist eine Schriftformklausel, wenn sie dazu dient, insbesondere [sic] nach Vertragsschluss getroffene Individualvereinbarungen zu unterlaufen, indem sie beim anderen Vertragsteil den Eindruck erweckt, eine (lediglich) mündliche Abrede sei entgegen allgemeinen Rechtsgrundsätzen unwirksam."[4]

ββ) **Mündliche Abreden nach Vertragsschluss.** Schwieriger liegen die Dinge, soweit eine Schriftformklausel auf mündliche Abreden Anwendung findet, die *nach* Vertragschluss getroffen werden. Einigkeit herrscht freilich im Ausgangspunkt. Nach der ständigen Rechtsprechung des BGH ist eine Schriftformklausel unwirksam, wenn „sie dazu dient, [...] nach Vertragsschluss getroffene Individualvereinbarungen zu unterlaufen, indem sie beim anderen Vertragsteil den Eindruck erweckt, eine (lediglich) mündliche Abrede sei entgegen allgemeinen Rechtsgrundsätzen unwirksam".[5] So einleuchtend und richtig diese Aussage ist, darf man sie nicht dahingehend verstehen, dass Schriftformklauseln, die für nachträgliche mündliche Abreden Geltung verlangen, generell unwirksam seien.[6] Vielmehr ist zu differenzieren: **S 99**

Einfache Schriftformklauseln. Denkbar ist zunächst, dass es sich bei der Schriftformklausel um ein so genannte einfache Schriftformklausel handelt, die ein **S 100**

---

[1] BGH NJW 1982, 331, 333 (zu § 9 AGBG).

[2] BGH NJW 1983, 1853, 1854 (zu §§ 4, 9 AGBG).

[3] BGH NJW 1985, 320, 322 (zu § 9 AGBG).

[4] BGH NJW 2001, 292, 293 (zu § 9 AGBG). Ebenso schon BGH NJW 1995, 1488, 1489 (zu § 9 AGBG): „Unwirksam ist eine Schriftformklausel, wenn sie dazu dient, insbesondere nach Vertragsschluss getroffene Individualvereinbarungen zu unterlaufen, indem sie beim anderen Vertragsteil den Eindruck erweckt, eine mündliche Abrede sei entgegen allgemeinen Grundsätzen unwirksam."

[5] BGH NJW 2001, 292, 293 (zu § 9 AGBG). Ebenso schon BGH NJW 1995, 1488, 1489 (zu § 9 AGBG).

[6] So aber i. E. *Ulmer/H. Schmidt* Anh. § 310 Rz 719, der konstitutive Schriftformklauseln nur ganz ausnahmsweise als wirksam einstufen möchte.

Schriftformerfordernis für vertragliche Abreden aufstellt, ohne aber anzuordnen, dass auch die Schriftformklausel selbst nur durch schriftliche Vereinbarung abbedungen werden kann. Nach ständiger und richtiger Rechtsprechung kann eine solche Schriftformklausel jederzeit formlos abbedungen werden (s. Rz S 122). Selbst eine konkludente Abbedingung ist möglich, und zwar selbst dann, wenn die Parteien im entscheidenden Moment nicht an das Formerfordernis gedacht haben (s. Rz S 120). Vor diesem Hintergrund vermag eine einfache Schriftformklausel die Wirksamkeit späterer mündlicher Abreden nicht infrage zu stellen. Da das Schriftformerfordernis aber in den Augen des Verwendungsgegners den Eindruck erweckt, dieser könne sich nicht auf mündliche Abrede berufen, sind die entsprechenden Schriftformklauseln unangemessen.[1] Zwar hat der BGH diese Frage in einem neueren Urteil ausdrücklich offen gelassen,[2] doch verdient die relevante Entscheidung in diesem Punkte keine Zustimmung und ist wohl auch nicht dazu intendiert gewesen, die anders lautende ständige Rechtsprechung des BGH infrage zu stellen. Unwirksam ist daher z. B. entgegen dem BGH auch eine Klausel, die für die Übertragung und Rückübertragung von Sicherungseigentum die Einhaltung der Schriftform vorsieht.[3] Zu betonen ist auch, dass man die Unwirksamkeit der Schriftformklausel nicht davon abhängen kann, ob tatsächlich eine mündliche Abrede getroffen worden ist. Dies wird im Falle eines Verfahrens nach § 1 UKlaG relevant. Im Rahmen eines solchen Verfahrens kann eine Schriftformklausel, die auch für wirksame mündliche Abreden Geltung beansprucht, ohne weiteres als unwirksam eingestuft werden.[4] Dass in diesem Verfahren noch nicht feststeht, ob es bei konkreten Vertragsabschlüssen zu mündlichen Vereinbarungen kommen wird, ist insofern irrelevant. Denn der Verstoß gegen § 305 b entfällt nicht deshalb, weil die Klausel nicht zur Anwendung kommt. Und auch die Unangemessenheit nach § 307 ist zu bejahen, weil es sich bei der Möglichkeit mündlicher Vereinbarungen nicht um einen atypischen, unvorhersehbaren Geschehensablauf handelt, der bei der abstrakten Klauselkontrolle außer Acht bleiben könnte. Noch einmal sei freilich darauf hingewiesen, dass Besonderheiten dann gelten, wenn mit dem Schriftformerfordernis zugleich eine Beschränkung der **Vertretungsmacht** verbunden ist (dazu Rz 102 ff.).

S 101 **Doppelte Schriftformklauseln.** Anders als im Falle einer einfachen Schriftformklausel liegen die Dinge im Falle einer doppelten Schriftformklausel, also dann, wenn der Klausel ausnahmsweise zu entnehmen ist, dass auch eine Abbedingung des Schriftformerfordernisses nur unter Wahrung der Schriftform möglich sein soll. In diesem Falle tendiert die Rechtsprechung zu Recht dazu, eine formlose Abbedingung des Schriftformerfordernisses nicht zuzulassen (s. Rz 125 ff.). Folg-

[1] Für Unangemessenheit z. B. BGH NJW 2001, 292, 293 (zu § 9 AGBG); BGH NJW 1985, 320, 322 (zu § 9 AGBG); BGH NJW 1991, 1750, 1751 (zu § 9 AGBG); BGH NJW 1995, 1488, 1489 (zu § 9 AGBG); *von Westphalen*, Vertragsrecht, Schriftformklauseln Rz 10.

[2] BGH NJW 2004, 502, 504 (zu § 9 AGBG). Dort ging es um eine Klausel in einem vom Auftraggeber gestellten Bauvertrag, nach der jegliche Nachforderungen ausgeschlossen sein sollten, wenn sie nicht auf schriftlichen Zusatz- und Nachtragsaufträgen des Auftraggebers beruhten. Der BGH betonte, es könne dahingestellt bleiben, ob die Klausel auch deshalb unwirksam sei, weil sie nach ihrer Gestaltung Nachforderungen auch dann ausschließen solle, wenn ungeachtet der Schriftformklausel wirksame mündliche Vereinbarungen getroffen worden seien.

[3] BGH NJW 1984, 1184, 1184 (zu § 9 AGBG).

[4] BGH NJW 1995, 1488, 1489 (zu § 9 AGBG und zu einer einfachen Schriftformklausel, die auch nachträgliche mündliche Abreden für unwirksam erklärte). Ausdrücklich a. A. aber *von Westphalen*, Vertragsrecht und AGB-Klauselwerke, Schriftformklauseln, Rz 20. *von Westphalen* beruft sich in diesem Zusammenhang auf BGH NJW 2000, 207. Doch zum einen betrifft dieses Urteil keine Schriftformklausel, sondern eine Vollständigkeitsklausel. Und zum anderen prüft der BGH im Rahmen der Angemessenheitskontrolle gerade auch, ob sich die Unwirksamkeit nicht daraus ergibt, dass die Klausel auch in den Fällen Geltung beansprucht, in denen tatsächlich mündliche Nebenabreden getroffen worden sind.

lich sind spätere mündliche Abreden, denen keine schriftliche Abbedingung des Schriftformerfordernisses vorausgegangen ist, tatsächlich unwirksam. Dementsprechend muss man die Konsequenz ziehen, dass eine doppelte Schriftformklausel in AGB dann nicht unwirksam ist, wenn sie nur für spätere mündliche Abreden Geltung verlangt.[1] Denn eine solche Klausel hält den Verwendungsgegner nur davon ab, sich auf unwirksame Abreden zu berufen; ihr wohnt also kein Täuschungseffekt inne. Auch ein Verstoß gegen § 305 b ist insofern nicht gegeben, weil § 305 b eine wirksame Individualabrede voraussetzt. Dementsprechend sind doppelte Schriftformklauseln, die sich lediglich auf künftige mündliche Abreden beziehen, nach richtiger Auffassung grundsätzlich nicht zu beanstanden.

b) Beschränkung der Vertretungsmacht. Eine zusätzliche Komplikation ergibt sich dann, wenn die Schriftformklausel dahingehend auszulegen ist, dass dem Handelnden bei Nichteinhaltung der Schriftform die Vertretungsmacht zum Abschluss des Vertrages fehlen soll. Mit Blick auf die Behandlung solcher Fälle ist zu differenzieren: **S 102**

aa) Einfache Schriftformklauseln. Wie oben dargelegt, sind einfache Schriftformklauseln unangemessen, soweit sie, wie in der Regel, den Eindruck erwecken, der Verwendungsgegner könne sich nicht auf mündliche Abreden berufen, die bei oder nach Vertragsschluss getroffen worden sind. Dieser Grundsatz fußt jedoch auf der Überlegung, dass entsprechende mündliche Abreden tatsächlich wirksam sind, die Klausel also zur Irreführung geeignet ist. Anders liegen die Dinge jedoch dann, wenn der Verwender beim Vertragsschluss durch andere Personen vertreten wird, die mangels Einhaltung der Schriftform nicht über die notwendige Vertretungsmacht verfügen. Denn dann ist die relevante mündliche Abrede mangels Vertretungsmacht unwirksam mit der Folge, dass die Schriftformklausel auch nicht mehr zur Irreführung geeignet ist. Damit die Wirksamkeit einer ansonsten unwirksamen Schriftformklausel auf diesem Wege begründet werden kann, müssen aber zwei Voraussetzungen erfüllt sein. Erstens muss die Vertretungsmacht der handelnden Personen, sei es infolge der Klausel oder infolge anderer Gründe, zu verneinen sein. Und zweitens muss nach dem Inhalt der Klausel oder nach den Umstanden ihrer Verwendung sicher gestellt sein, dass die Klausel **nur** in solchen Fällen Anwendung findet, in denen die Vertretungsmacht zu verneinen ist. **S 103**

α) Wirksamkeit der Beschränkung der Vertretungsmacht. Nach dem Gesagten kommt es darauf an, ob der Handelnde tatsächlich keine Vertretungsmacht hat. Diese Voraussetzung ist dann unproblematisch erfüllt, wenn der Handelnde auch ohne die Klausel keine Vertretungsmacht hat. Schwieriger liegen die Dinge dann, wenn gerade die Klausel selbst das Fehlen der Vertretungsmacht anordnet oder bewirkt (zur Frage der Auslegung entsprechender Klauseln s. Rz S 87). Im letzteren Falle sind zwei Konstellationen zu unterscheiden. **S 104**

αα) Unmaßgeblichkeit des Horizonts des Verwendungsgegners. Denkbar ist zunächst, dass das Bestehen und der Umfang der Vertretungsmacht nach den einschlägigen gesetzlichen Vorschriften nicht davon abhängig sind, ob gerade der Verwendungsgegner vom Bestehen einer Vollmacht ausgehen durfte. In diesem Falle muss der Versucht, mittels einer Klausel in den AGB das Bestehen der Vertretungsmacht an die Beachtung eines Formerfordernisses zu binden, scheitern. Eine Klausel mit entsprechendem Inhalt ist dementsprechend wegen der ihr innewohnenden Eignung zur Irreführung des Verwendungsgegners nach § 307 unwirksam. **S 105**

---

[1] A.A. wohl *Palandt/Heinrichs* § 305 b Rz 5, der nicht zwischen einfachen und doppelten Schriftformklauseln differenziert. Anders als hier wohl auch *Ulmer/H. Schmidt* Anh. § 310 Rz 719. Wie hier aber zumindest implizit auch KG, Urt. v. 18. 8. 2005, BeckRS 2005, 10787.

Außerdem verstößt sie gegen § 305 b. Unwirksam ist daher z. B. eine Klausel, die eine Beschränkung der gesetzlichen Vertretungsmacht, insbesondere vertretungsberechtigter Organe, erreichen will.[1] Gleiches gilt für eine Klausel, die dem Handelnden die Vertretungsmacht abspricht, obwohl dieser im Wege einer Innenvollmacht gemäß § 167 I, 1. Alt. wirksam bevollmächtigt worden und obwohl die Innenvollmacht nicht widerrufen worden ist.

S 106 ββ) **Maßgeblichkeit des Empfängerhorizonts.** Vorstellbar ist freilich auch, dass das Bestehen oder der Umfang der Vertretungsmacht schon nach der gesetzlichen Regelung auch von den Erkenntnismöglichkeiten des Verwendungsgegners abhängt. So liegt es z. B. dann, wenn die Vollmacht als Außenvollmacht gemäß § 167 I, 2. Alt. durch Erklärung gegenüber dem Verwendungsgegner geschaffen wird. Richtigerweise handelt es sich auch bei der Duldungsvollmacht um eine Außenvollmacht in diesem Sinne. Der Empfängerhorizont des Verwendungsgegners ist aber auch dann von entscheidender Bedeutung, wenn das Gesetz den Umfang der Vertretungsmacht im Grundsatz gesetzlich vorgibt und die Wirksamkeit von Beschränkungen der Vertretungsmacht davon abhängig macht, dass der Vertragspartner sie kennt. So liegt es z. B. im Falle des § 54 III HGB. Zu nennen sind aber auch § 173 und das Rechtsinstitut der Anscheinsvollmacht. In allen diesen Fällen hängen das Bestehen oder doch der Umfang der Vertretungsmacht davon ab, wie der Verwendungsgegner die Situation verstehen durfte. In diesem Zusammenhang können auch AGB-Klauseln Bedeutung gewinnen, die den Umfang oder das Bestehen der Vertretungsmacht betreffen. Dabei gilt es freilich, zwei Frage streng zu trennen.

S 107 Die erste Frage lautet dahingehend, ob eine Klausel, die eine Beschränkung der Vertretungsmacht anordnet, in den hier interessierenden Fällen dazu führen kann, dass die Vertretungsmacht tatsächlich entfällt. Diese Frage ist grundsätzlich zu bejahen. Dies hat der BGH bisher wohl nur für die Duldungs- oder Anscheinsvollmacht sowie für die §§ 54, 55 HGB ausdrücklich ausgesprochen,[2] doch lässt sich diese Rechtsprechung verallgemeinern. Hervorzuheben ist freilich, dass die Klausel nur dann das Entstehen der Vertretungsmacht verhindern bzw. ihren Umfang beschränken kann, wenn sie das sich dem Verwendungsgegner darbietende Bild in hinreichendem Maße prägt. Insofern ist zunächst zu berücksichtigen, dass konkrete individuelle Handlungen entsprechend dem Rechtsgedanken des § 305 b von größerem Gewicht sind als einzelne Klauseln. Wenn der Verwender z. B. dem Verwendungsgegner erklärt, er habe einen bestimmten Angestellten in bestimmtem Umfang bevollmächtigt, so ist eine Klausel, die diese Vollmacht wieder einzuschränken versucht, unbeachtlich, weil der Verwendungsgegner nach dem Rechtsgedanken des § 305 b auf die individuellen Erklärungen des Verwenders vertrauen darf. Darüber hinaus kann eine Klausel das Entstehen einer Vertretungsmacht nur dann verhindern bzw. den Umfang der Vertretungsmacht nur dann beschränken, wenn der Klauselinhalt rechtzeitig, also spätestens bei Vertragsschluss, **in hinreichendem Maße erkennbar** wird.[3] Diese Voraussetzung ist bei einem ausdrück-

[1] BGH NJW 1985, 623, 630 (zu § 9 AGBG).

[2] BGH NJW 1986, 1809, 1810 (zu § 9 AGBG).

[3] Vgl. BGH NJW 1982, 1389, 1390 (zu § 9 AGBG). Dort ging es um eine Klausel in einem Reparaturvertrag, der zufolge Reparaturzeiten nur bei schriftlicher Bestätigung verbindlich sein sollten. Der BGH betonte, dass die Reparaturzeit eine Frage darstelle, die sich bei Annahme instandsetzungsbedürftiger Geräte aufdränge. Solle der Angestellte insoweit keine verbindlichen Angaben machen können, so müsse der Kunde darauf ausdrücklich bei Übergabe des Geräts hingewiesen werden. Das könne durch einen Vorbehalt des Personals oder durch einen unübersehbaren Aushang in der Kundendienststelle geschehen. Eine Begrenzung der dem Personal den organisatorischen Umständen nach erteilten Handlungsvollmacht müsse dem Kunden bei Vertragsschluss erkennbar sein.

lichen Vorbehalt durch das Personal bei Vertragsschluss,[1] bei einem unübersehbaren **Aushang** im Geschäftslokal[2] oder bei deutlicher Hervorhebung auf dem **Bestellformular** erfüllt. Ein Vorbehalt auf einem nach Vertragsschluss ausgehändigten **Abholschein** reicht jedoch nicht.[3] Hervorzuheben ist, dass auch eine unwirksame Klausel geeignet sein kann, die Vertretungsmacht zu beschränken beziehungsweise das Entstehen der Vertretungsmacht zu verhindern. So liegt es z. B. dann, wenn die Klausel zwar hinreichend deutlich zum Ausdruck bringt, dass der Handelnde keine Vertretungsmacht haben soll, gleichzeitig aber deshalb unwirksam ist, weil sie so weit gefasst ist, dass sie auch auf Fälle Anwendung findet, in denen eine Vertretungsmacht trotz der Klausel besteht.

Aus dem Vorgesagten ergeben sich wichtige Konsequenzen für die Frage, ob eine auf die Beschränkung der Vertretungsmacht abzielende Klausel wirksam ist. Insofern ist zunächst zu betonen, dass die Wirksamkeit der Klausel davon abhängt, ob die Vertretungsmacht in den von der Klausel erfassten Fällen tatsächlich entfällt beziehungsweise gar nicht erst zur Entstehung gelangt. Denn wenn dieses Ziel nicht erreicht wird, birgt die Klausel die Gefahr der Irreführung des Verwendungsgegners und ist schon aus diesem Grunde unangemessen. Auch verstößt die Klausel dann gegen § 305 b. Ist die Klausel umgekehrt geeignet, das Entstehen der Vertretungsmacht zu verhindern oder ihren Umfang zu beschränken, so ist die Klausel grundsätzlich angemessen. **S 108**

β) **Anwendungsbereich.** Wie bereits erwähnt, kann der Hinweis auf die Beschränkung der Vertretungsmacht nur dann die Wirksamkeit einer anderenfalls unangemessenen Klausel begründen, wenn nach dem Inhalt der Klausel oder aufgrund der Art ihrer Verwendung sicher gestellt ist, dass die Klausel **nur** auf solche mündlichen Absprachen Anwendung findet, für die es dem Handelnden auch tatsächlich infolge der Klausel oder aus anderen Gründen an einer Vertretungsmacht fehlt. Unwirksam ist daher z. B. eine für alle mündlichen Abreden geltende Schriftformklausel, wenn nach den Umständen auch eine mündliche Abrede mit dem – nicht auf das Bestehen einer Vertretungsmacht angewiesenen – Geschäftsinhaber selbst in Betracht kommt.[4] Unwirksam ist auch eine Klausel, die so weit gefasst ist, dass sie bei abstrakter Betrachtung nicht nur das Entstehen einer Anscheins- oder Duldungsvollmacht verhindert, sondern außerdem eine tatsächlich bestehende Vertretungsmacht für unwirksam erklärt. In diesem Falle ist die Klausel im Ganzen unwirksam (s. aber Rz S 107).[5] **S 109**

bb) Doppelte Schriftformklauseln. Mit Blick auf doppelte Schriftformklauseln ist zu differenzieren. Soweit diese auch für mündliche Nebenabreden im Zeitpunkt des Vertragsschlusses Geltung beanspruchen, gilt das zu einfachen Schriftformklauseln Gesagte: Entsprechende Klauseln sind grundsätzlich unangemessen, doch ist ihre Wirksamkeit dann zu bejahen, wenn der Verwender durch Vertreter handelt und die Klausel nur in solchen Fällen Anwendung finden kann, in denen es – gegebenenfalls gerade infolge der Klausel – an einer Vertretungsmacht zum Abschluss mündlicher Vereinbarungen fehlt. Soll die doppelte Schriftformklausel dagegen nur für Abreden gelten, die nach Abschluss des Vertrages getroffen werden, **S 110**

---

1 BGH NJW 1982, 1389, 1390 (zu § 9 AGBG).

2 BGH NJW 1982, 1389, 1390 (zu § 9 AGBG).

3 BGH NJW 1982, 1389, 1390 (zu § 9 AGBG).

4 Erscheint bei Vertragsschluss eine Abrede mit dem Geschäftsinhaber selbst praktisch ausgeschlossen, kommt es später aber im Einzelfall doch zu einer entsprechenden Abrede, so bleibt die Schriftformklausel, wenn sie nicht aus anderen Gründen unwirksam ist, wirksam, doch scheitert die Berufung auf die Klausel an § 242.

5 I.E. auch BGH NJW 1982, 1389, 1390 (zu § 9 AGBG).

so ist sie grundsätzlich unabhängig von vertretungsrechtlichen Erwägungen wirksam (s. Rz S 101).[1]

S 111 **c) Sonstige Gründe für die Unangemessenheit der Klausel.** Auch wenn eine Schriftformklausel nach dem bisher Gesagten nicht als unangemessen einzustufen ist, weil sie insbesondere keine Umgehung von Individualabreden befürchten lässt, kann die Unangemessenheit der Klausel immer noch aus anderen Gründen zu bejahen sein. So mag es im konkreten Fall ganz ausnahmsweise an einem schutzwürdigen Interesse des Verwenders an der Vereinbarung der Schriftform fehlen. Auch ist die Unangemessenheit dann zu bejahen, wenn die Einhaltung der Schriftform nach den Umständen besonders aufwendig und unpraktisch ist, weil z. B. mit zahlreichen, kurzfristig zu vereinbarenden Änderungsverträgen zu rechnen ist. Ferner ist die Klausel in aller Regel dann unangemessen, wenn sie sich nicht mit der Wahrung der Schriftform begnügt, sondern z. B. zusätzlich eine Beglaubigung fordert.

5. Vollständigkeitsklausel

S 112 Keine Schriftformklausel liegt vor, wenn eine Klausel lediglich feststellt, dass „weitere Vereinbarungen und Zusagen [...] nicht getroffen worden" sind oder dass „mündliche Nebenabreden [...] nicht getroffen" sind.[2] Eine solche Klausel enthält vielmehr lediglich eine tatsächliche Aussage über die Vollständigkeit der Vertragsurkunde.

S 113 **a) Auslegung.** Problematisch ist, ob man die Klausel in Ermangelung abweichender Anhaltspunkte dahingehend auslegen muss, dass dem Verwendungsgegner der Beweis des Gegenteils offenstehen soll. Der BGH bejaht diese Frage.[3] Mit Blick auf § 305 c II wird man sie jedoch verneinen müssen, weil und sofern die Klausel bei Ausschluss des Gegenbeweises unwirksam ist.

S 114 **b) Wirksamkeit.** Es bleibt die Problematik, in welchem Umfang Vollständigkeitsklauseln wirksam vereinbart werden können.

S 115 **aa) Verbraucher.** Wird eine Vollständigkeitsklausel gegenüber einem Verbraucher verwandt, so gilt Folgendes.

S 116 α) **Widerlegbare Vollständigkeitsklauseln.** Die Rechtsprechung geht von der Wirksamkeit widerlegbarer Vollständigkeitsklauseln aus, da diese nur wiederholten, was sich ohnehin aus der allgemeinen Vermutung der Vollständigkeit von Urkunden ergebe.[4] Dies überzeugt jedoch nicht. Denn wenngleich die Klausel lediglich das zu wiederholen scheint, was sich bereits aus der Vermutung der Richtigkeit und Vollständigkeit von Urkunden ergibt, kann sie vom Verwender doch als zusätzliches Indiz für die Richtigkeit seines Vortrags herangezogen werden[5] und birgt damit die Gefahr einer Verschlechterung der Beweisposition des Verwendungsgegners.[6] Sie ist daher nach § 309 Nr. 12 unwirksam. Weil die Vollständig-

[1] Selbst wenn eine auf nachträgliche Abreden beschränkte doppelte Schriftformklausel ausnahmsweise dahingehend auszulegen ist, dass sie auch die Vertretungsmacht beschneiden soll, und selbst wenn die Klausel außerdem so weit gefasst ist, dass sie auch Fälle erfasst, in denen eine Beschränkung der Vertretungsmacht ausscheidet, wird man die Klausel grundsätzlich nicht als unwirksam einstufen können. Denn sowohl im Rahmen des § 305 b als auch im Rahmen des § 307 kommt es nur darauf an, ob die Klausel die Unverbindlichkeit wirksamer Individualabreden vorspiegelt.

[2] OLG Karlsruhe NJW-RR 1988, 1194, 1194.

[3] BGH NJW 1985, 2329, 2331 (zu § 11 Nr. 15 AGBG); BGH NJW 2000, 207, 207 f (zu § 11 Nr. 15 AGBG). Wie der BGH auch *Bamberger/Becker* § 309 Nr. 12 Rz 4.

[4] BGH NJW 1985, 2329, 2331 (zu § 11 Nr. 15 AGBG); BGH NJW 2000, 207, 207 f (zu § 11 Nr. 15 AGBG). Wie der BGH auch *Bamberger/Becker* § 309 Nr. 12 Rz 4.

[5] Offen gelassen von BGH NJW 1985, 2329, 2331 (zu § 11 Nr. 15 AGBG).

[6] S. im Einzelnen § 309 Nr. 12 Rz 54.

keitsklausel ein über die Vermutung der Vollständigkeit von Urkunden hinausgehendes Indiz bereitstellt, scheitert die Kontrolle einer solchen Klausel auch nicht an § 307 III 1.

β) **Unwiderlegliche Vollständigkeitsklauseln.** Erst recht ist eine Vollständigkeitsklausel, die gegenüber Verbrauchern verwandt wird, dann unwirksam, wenn sie den Eindruck erweckt, dass ein Gegenbeweis nicht zulässig sei. Auch in diesem Falle folgt die Unwirksamkeit aus § 309 Nr. 12, der entgegen der Rechtsprechung auch unwiderlegliche Vermutungen und Fiktionen verbietet.[1] **S 117**

bb) Unternehmer. Im unternehmerischen Verkehr wird man widerlegbare Vollständigkeitsklauseln nicht als unangemessen einstufen können. Denn die mögliche Indizwirkung zum Nachteil des Kunden ist so geringfügig, dass sie keine unangemessene Benachteiligung zu begründen vermag.[2] Soll eine Klausel dagegen als unwiderlegbare Vermutung oder als Fiktion gelten,[3] so ist sie auch im unternehmerischen Verkehr nach § 307 unwirksam, da sie im Ergebnis § 305 b ausschließen und insoweit wesentlichen Grundgedanken der gesetzlichen Regelung widersprechen würde. Die Unwirksamkeit führt nach § 306 zur Geltung der widerleglichen Vermutung, so dass im Ergebnis dieselbe Rechtslage gilt, wie wenn die Vollständigkeitsklausel von vornherein nur im Sinn einer widerlegbaren Vermutung zu interpretieren gewesen wäre. **S 118**

6. Abbedingung des Schriftformerfordernisses

Selbst wenn der Vertrag in wirksamer Weise ein Schriftformerfordernis vorsieht und die Auslegung ergibt, dass die Schriftform konstitutive Bedeutung haben soll, kann nicht ohne weiteres auf die Unwirksamkeit formloser Abreden geschlossen werden. Auch wenn ein Schriftformerfordernis nicht wirksam abbedungen wurde, kann die Berufung auf das Schriftformerfordernis im Einzelfall rechtsmissbräuchlich sein.[4] Vor allem aber bleibt die Möglichkeit, dass die Parteien das Formerfordernis abbedungen haben. Mit Blick auf die Voraussetzungen, die an die **Abbedingung** eines Schriftformerfordernisses zu stellen sind, gilt es zu differenzieren. **S 119**

a) Einigung. So stellt sich zunächst die Frage, unter welchen Voraussetzungen man gewillt ist, eine **Einigung der Parteien über die Abbedingung der Schriftform** abzunehmen. Diesbezüglich ist anerkannt, dass eine Abbedingung von Schriftformerfordernissen ebenso wenig wie andere Erklärungen ausdrücklich erfolgen muss.[5] Vielmehr kann sie auch konkludent geschehen,[6] z. B. durch eine länger andauernde Vertragsdurchführung.[7] Unterschiedlich wird aber die Frage beurteilt, welche Anforderungen an den Willen der Parteien zur Aufhebung des Formererfordernisses zu stellen sind. Traditionell ist die Rechtsprechung davon aus- **S 120**

---

[1] S. im Einzelnen § 309 Nr. 12 Rz 20. Für Unwirksamkeit unwiderleglicher Vollständigkeitsklauseln wohl auch *Ulmer/H. Schmidt* Anh. § 310 Rz 721.

[2] BGH NJW 1985, 2329, 2331 (zu § 9 AGBG). Der BGH, a.a.O., lässt allerdings offen, ob der Klausel überhaupt eine Indizwirkung zukommt.

[3] So von OLG Frankfurt BB 1983, 1435, 1438 für die Vertragshändler-AGB angenommen.

[4] So BGH NJW 1991, 2135, 2136.

[5] BGH NJOZ 2002, 833, 834; BGH NJW 2001, 2638, 2638; BGH NJW 2001, 2626, 2627; BAG NJW 1989, 2149, 2150; OLG Düsseldorf NJW-RR 2003, 513, 514.

[6] BGH NJOZ 2002, 833, 834; BGH NJW 2001, 2638, 2638; BAG NJW 1989, 2149, 2150; (implizit auch) BGH NJW 1993, 64, 65; OLG Karlsruhe NJW-RR 2003, 1426, 1427; KG, Urt. v. 28. 2. 2005, Rs. 12 U 74/03, BeckRS 2005/05102.

[7] BGH NJW 1993, 64, 65 = LM H.2/1993 § 34 GWB Nr. 29.

gegangen, dass **nicht erforderlich** sei, dass die die Parteien an das zuvor vereinbarte Schriftformerfordernis **gedacht haben.**[1] Vielmehr solle es ausreichen, dass die nachfolgenden mündlichen Vereinbarungen nicht nur als unverbindliche Meinungsäußerung, sondern als rechtsverbindliche Erklärungen intendiert sind.[2] In jüngerer Zeit haben der BGH sowie der BFH jedoch mitunter Formulierungen verwendet, die nach Auffassung mancher[3] in eine andere Richtung weisen. So hat der Bundesgerichtshof die Aufhebung des Schriftformerfordernisses in einem Urteil aus dem Jahre 1991 davon abhängig gemacht, „dass sich die Parteien über eine Änderung der Schriftformklausel einig sind".[4] In einem Urteil aus dem Jahre 1992 hat der BGH „einen die Schriftform aufhebenden Willen" gefordert.[5] Und in einer Entscheidung aus dem Jahre 1997 hat der BFH die „Notwendigkeit eines sich zumindest konkludent manifestierenden Aufhebungswillens" betont.[6] Indessen hat der BGH in einem Urteil aus dem Jahre 2001 nochmals bekräftigt, dass die Annahme der konkludenten Aufhebung einer Schriftformklausel nicht voraussetzt, dass die Parteien bei ihrer mündlichen Abrede an das Schriftformerfordernis gedacht haben,[7] dass es vielmehr ausreicht, dass die Parteien die Maßgeblichkeit der mündlichen Vereinbarung übereinstimmend gewollt haben.[8] Auch das BAG hat sich diese Position in einer Entscheidung aus dem Jahre 2004 zu Eigen gemacht.[9] In einer Entscheidung aus dem Jahre 2005 hat dann auch der BGH noch einmal betont, dass „[e]s [...] nicht darauf an[kommt], ob die Parteien bei ihrer mündlichen Absprache an die entgegenstehende Klausel gedacht haben und sich bewusst über sie hinwegsetzen wollten [...]".[10] In der Tat ist dieser Auffassung zuzustimmen. Denn der Wille der Parteien, dass eine mündliche Abrede rechtsverbindlich sein soll, beinhaltet zugleich den Willen, dass die Abrede nicht infolge wie auch immer gearteter Formerfordernisse unwirksam sein soll. Wenn sich die Parteien, wie in dem vom BFH zu beurteilenden Falle, die ganze Zeit über an die Schriftformabrede gebunden fühlen[11] und wenn ihnen diese Bindung auch im Zeitpunkt der mündlichen Abrede bewusst war, ohne dass sie die Bindung aufheben wollten, dann wird man freilich schon den Rechtsbindungswillen hinsichtlich der mündlichen Abrede bezweifeln müssen. Besonderheiten sollen nach der Rechtsprechung wohl dann gelten, wenn eine **doppelte Schriftformklausel individuell vereinbart** worden ist. Diesbezüglich betont der BGH in einer Entscheidung aus dem Jahre 2005, dass die Rechtsprechung insofern „[e]in bewusstes Abweichen von einer Schriftformklausel" gefordert habe, „weil in solchen Fällen der Vorrang der Individualvereinbarung nach § 4 AGBG [§ 305 b] keine Anwendung findet, sondern die individuell vereinbarte

[1] BAG NJOZ 2005, 2305, 2309; BGH NJOZ 2002, 833, 834; BGH NJW 1965, 293, 293.

[2] In diesem Sinne BGH NJOZ 2002, 833, 834; BAG NJW 1989, 2149, 2150. Ebenso wohl OLG Düsseldorf NJOZ 2003, 394, 394: Nachfolgende mündliche Abrede ist wirksam, wenn sie von den Parteien ernsthaft gewollt ist.

[3] S. z. B. *Palandt/Heinrichs* § 125 Rz 14, der die Entscheidungen BFH NJW 1997, 1327 und BGH NJW-RR 1991, 1289 im Sinne der Forderung nach einem Aufhebungswillen der Parteien deutet.

[4] BGH NJW-RR 1991, 1289, 1290.

[5] BGH NJW 1993, 64, 65.

[6] BFH NJW 1997, 1327, 1328.

[7] BGH NJOZ 2002, 833, 834. Ebenso BAG NJOZ 2005, 2305, 2309; KG, Urt. v. 28. 2. 2005, Rs. 12 U 74/03, BeckRS 2005/05102. S. ferner OLG München NJW-RR 2003, 201, 202: kein „besonderer Aufhebungswille" erforderlich. Weniger deutlich der fünfte Strafsenat des BGH in BGH NJW 2001, 2638, 2638. Dort heißt es zwar einerseits, dass „kein entsprechendes Erklärungsbewusstsein" erforderlich sei. Auf der anderen Seite betont der BGH, a.a.O., dass es ausreiche, wenn die Parteien „jedenfalls den ihrem Handeln beizumessenden Erklärungswert hätten erkennen können".

[8] BGH NJOZ 2002, 833, 834.

[9] BAG NJOZ 2005, 2305, 2309.

[10] BGH NJW 2006, 138, 139.

[11] BFH NJW 1997, 1327, 1328.

qualifizierte Schriftformklausel erst abgeändert werden musste [...]".[1] Diese Einschränkung überzeugt jedoch nicht. Richtig ist, dass doppelte Schriftformklauseln, gleich ob sie individuell oder AGB-mäßig vereinbart werden, durch nachträgliche Vereinbarungen nur dann abbedungen werden können, wenn diese die Schriftform einhalten (s. Rz S 125). Die Frage, ob § 305 b anwendbar ist und ob die Parteien die notwendige Form eingehalten haben, hat aber nichts mit der Problematik zu tun, ob der Tatbestand einer Einigung vorliegt.

b) Form der Abbedingungsvereinbarung. Liegt eine Einigung der Parteien über die Abbedingung der Schriftform vor, so stellt sich weiter die Frage, welche Anforderungen an die Form der Abbedingungsvereinbarung zu stellen sind. **S 121**

aa) Einfache Schriftformklauseln. Insoweit ist anerkannt, dass eine so genannte einfache Schriftformklausel grundsätzlich auch mündlich abbedungen werden kann.[2] Dies gilt auch dann, wenn das Schriftformerfordernis selbst Teil einer schriftlichen Vereinbarung war.[3] **S 122**

bb) Doppelte Schriftformklauseln. Schwieriger ist die Frage zu beurteilen, welche Bedeutung einer so genannten „doppelten Schriftformklausel" zukommt, die vorsieht, dass das Schriftformerfordernis seinerseits nur durch schriftliche Vereinbarung aufgehoben werden kann. Mit Blick auf die Auswirkungen einer solchen Klausel ist streng zu trennen zwischen mündlichen Abreden, die im Rahmen des ursprünglichen Vertragsschlusses getroffen wurden und solchen mündlichen Vereinbarungen, die erst zu einem späteren Zeitpunkt erfolgt sind. **S 123**

α) **Abreden im Zeitpunkt des Vertragsschlusses.** In Hinblick auf die bei Vertragsschluss getroffenen Nebenabreden ist zu beachten, dass formlose Zusatz- und Nebenabreden in der Regel Individualvereinbarungen darstellen, und deshalb auch nach § 305 b Vorrang vor der Schriftformklausel in AGB haben.[4] § 305 b kann durch Schriftformklauseln in AGB nicht abbedungen oder eingeschränkt werden.[5] Die allgemeine Schriftformklausel steht deshalb der Wirksamkeit formloser Zusatz- und Nebenabreden nicht im Wege.[6] Gleiches gilt im Falle einer doppelten Schriftformklausel.[7] Freilich ist stets zu prüfen, ob eine gegebenenfalls erforderliche Vertretungsmacht vorlag. Siehe dazu Rz S 102 ff. **S 124**

---

[1] BGH NJW 2006, 138, 139.

[2] BAG NJOZ 2005, 2305, 2309; BGH NJOZ 2002, 833, 834; BGH NJW 2001, 2626, 2627; BAG NJW 1989, 2149, 2150; OLG Karlsruhe NJW-RR 2003, 1426, 1427; OLG München NJW-RR 2003, 201, 202; OLG Düsseldorf NJOZ 2003, 394, 394; *Palandt/Heinrichs* § 125 Rz 14.

[3] BAG NJOZ 2005, 2305, 2309; BGH NJOZ 2002, 833, 834; BGH NJW 2001, 2626, 2627.

[4] BGH NJW 1986, 3131, 3132 (zu § 4 AGBG); *Weigel*, a.a.O., S. 47 (zu § 4 AGBG); *Ulmer/H. Schmidt* Anh. § 310 Rz 713.

[5] BGH NJW 1986, 3131, 3132 (zu § 4 AGBG): „Dieser vorformulierten Vertragsbedingung geht aber eine mit dem Zeugen N als bevollmächtigtem Vertreter der Gläubigerin mündlich, nach der gesetzlichen Regelung wirksam getroffene Individualabrede gem. § 4 AGB-Gesetz vor." S. aber BGH NJW 1993, 64, 66 (zu § 4 AGBG): Keine Entscheidung, ob „eine Schriftlichkeitsklausel grundsätzlich gegenüber einer mündlichen Individualabrede nach dem Vorrangprinzip des § 4 AGB-Gesetz zurückzutreten hat".

[6] BGH BB 1981, 266. S. aber auch BGH NJW 1980, 234, 235 (zum AGBG). Dort ging es um eine Klausel, die unter anderem vorsah, dass Nebenbestimmungen der schriftlichen Bestätigung bedürften. Der BGH stufte diese Klausel als wirksam sein. Der Verkäufer habe ein schutzwürdiges Interesse daran, sich vor unkontrollierbaren Äußerungen seiner Angestellten zu schützen und sich gegen im Streitfalle möglicherweise auftretende Beweis Schwierigkeiten zu sichern. Nicht jede mündliche Äußerung eines Angestellten oder eines Vermittlers des Vertrages könne als Individualvereinbarung den Vorrang vor der Schriftformklausel haben. Dieses Urteil lässt sich dahingehend verstehen, dass Schriftformklauseln die Vertretungsmacht von Angestellten wirksam begrenzen können.

[7] BGH NJW 1986, 3131, 3132.

S 125 β) **Spätere Abreden.** Von der eben dargestellten Problematik zu trennen ist die Frage, welche Bedeutung so genannte doppelte Schriftformklauseln[1] für mündliche Abreden *nach* Vertragsschluss haben. In diesem Zusammenhang lassen sich zwei Teilprobleme unterscheiden, nämlich die (zu verneinende) Frage nach der mündlichen Abdingbarkeit qualifizierter Schriftformklauseln und die (zu bejahende) Frage, ob eine schriftliche Abbedingung auch implizit erfolgen kann.

S 126 αα) **Mündliche Abdingbarkeit.** Der BGH hat zunächst angenommen, dass doppelte Schriftformklauseln nur durch schriftliche Vereinbarungen aufgehoben werden können.[2] In Urteilen aus den Jahren 1991[3] und 2001[4] hat er dann offen gelassen, ob an dieser Rechtsprechung festzuhalten ist. Der fünfte Strafsenat des BGH hat im Jahre 2001 sogar betont, dass eine entsprechende Schriftformklausel auch „konkludent" abgeändert werden könne,[5] wobei er möglicherweise eine formlose Abbedingung im Blick hatte. Das Bundesarbeitsgericht hat die Frage dagegen im Jahre 2003 dahingehend entschieden, dass eine doppelte Schriftformklausel, vom BAG auch als „qualifizierte" Schriftformklausel bezeichnet, nur durch eine die Schriftform wahrende Vereinbarung abbedungen werden könne.[6] Die qualifizierte Schriftformklausel zeige, dass die Parteien auf die Wirksamkeit ihrer Schriftformklausel besonderen Wert legten.[7] Zudem drohe § 125 S. 2 anderenfalls leerzulaufen. In einer Entscheidung aus dem Jahre 2004 hat auch der BGH ohne nähere Begründung erklärt, dass eine doppelte Schriftformklausel „regelmäßig nur durch eine schriftliche Vereinbarung abgeändert werden" könne.[8] In der Tat wird man davon ausgehen müssen, dass eine doppelte Schriftformklausel nur unter Wahrung der Schriftform abbedungen werden kann.[9] Zwar lässt sich dieses Ergebnis entgegen dem BAG nicht damit begründen, dass die Parteien besonderen Wert auf die Wirksamkeit dieser Klausel legen. Denn der Verwender wird generell die ihm günstigste Klausel verwenden, auch wenn sie ihm nur begrenzte Vorteile verspricht. Und selbst wenn den Parteien die Wirksamkeit der Schriftformklausel im Zeitpunkt des ursprünglichen Vertragsschlusses ganz besonders am Herzen liegen sollte, ist damit noch nicht erklärt, warum die Parteien auch dann an dieser Klausel festgehalten werden sollen, wenn sie zu einem späteren Zeitpunkt nicht mehr wollen, dass die Wirksamkeit ihrer Vereinbarungen von der Einhaltung der Schriftform abhängt. Mit anderen Worten, es ist nicht begründet, weshalb einer in der Vergangenheit liegende Einigung der Parteien mehr Bedeutung beigemessen werden soll als einer in der Gegenwart liegenden Abrede. Auch der Hinweis darauf, dass § 125 S. 2 leer zu laufen drohe, überzeugt nicht. Denn § 125 S. 2 behält seine Bedeutung zumindest mit Blick auf den Bereich der einseitigen Rechtgeschäfte, also z. B. für Klauseln, die die Schriftform für die Ausübung von Rücktrittsrechten, Kündigungsrechten etc. vorsehen. Entscheidend ist jedoch ein anderer Gesichtspunkt: Es sind gute Gründe denkbar, weshalb die Parteien die mündliche Aufhebung einer Schrift-

---

[1] Zum Begriff der doppelten Schriftformklausel siehe Rz S 77.

[2] BGH NJW 1976, 1395, 1395 (mit Blick auf Vereinbarungen unter Kaufleuten).

[3] BGH NJW-RR 1991, 1289, 1290

[4] BGH NJW 2001, 2399, 2401.

[5] BGH NJW 2001, 2638, 2638. Offen gelassen in OLG Köln NJW-RR 2003, 538, 539. Gegen die Möglichkeit der konkludenten Abbedingung einer qualifizierten Schriftformklausel KG, Urt. V. 22.11. 2004, Rs. 8 U 109/04, BeckRS 2005, 01193.

[6] BAG NJW 2003, 3725, 3727. In diesem Sinne auch BAG NJOZ 2005, 2305, 2309.

[7] BAG NJW 2003, 3725, 3727.

[8] BGH 2004, XII ZR 306/00 v. 17. 3. 2004, BeckRS 2004/04929. Vorsichtiger OLG Koblenz, Urt. v. 8.11. 2004, Rs. 12 U 244/03, BeckRS 2005, 05347: Bei der Annahme der formfreien Aufhebung einer qualifizierten Schriftformklausel sei Zurückhaltung geboten.

[9] A.A. möglicherweise *Ulmer/H. Schmidt* Anh. § 310 Rz 713.

formklausel ausschließen wollen. Beispielsweise mag eine Partei sich dagegen schützen wollen, von der anderen später in der Hektik der Vertragsabwicklung zu mündlichen Vereinbarungen gedrängt zu werden. Vor diesem Hintergrund sollte ein auf dem Gedanken der Freiheit basierendes Privatrecht zögerlich sein, entsprechende Gestaltungen zu verhindern. Zwar kann man argumentieren, dass ein Freiheitsverlust in jedem Falle droht, weil man entweder die Freiheit zur Selbstbindung oder die Freiheit zur mündlichen Aufhebung der qualifizierten Schriftformklausel einschränken muss. Doch überzeugt dieser Einwand nicht. Denn wenn man die Freiheit der Parteien zur Selbstbindung einschränkt, liegt eine vom Staate zu verantwortende Freiheitsbeschneidung vor. Demgegenüber ist die Beschränkung der Freiheit zur Aufhebung der qualifizierten Schriftformklausel dem Staat nicht als Grundrechtsbeschränkung zurechenbar, beruht sie doch auf einer autonomen Entscheidung der Parteien.[1] Aus diesem Grunde kann man die mündliche Abdingbarkeit qualifizierter Schriftformklauseln auch nicht unter Hinweis darauf bestreiten, dass die Parteien nicht für die Zukunft auf ihre Vertragsfreiheit verzichten können.[2] Denn es geht eben nicht um einen Verzicht auf die Vertragsfreiheit, sondern um eine Ausübung derselben. Im Ergebnis ist daher davon auszugehen, dass qualifizierte Schriftformklauseln nicht formlos abbedungen werden können.

ββ) **Implizite Abbedingung.** Es bleibt die Frage, ob das Schriftformerfordernis im Falle einer qualifizierten Schriftformklausel ausdrücklich abbedungen werden muss oder ob sich die Abbedingung auch konkludent aus einer schriftlichen Vereinbarung ergeben kann. Relevant wird diese Frage dann, wenn die Parteien in einer der Vereinbarung der qualifizierten Schriftformklausel nachfolgenden schriftlichen Vereinbarung konkludent zu erkennen geben, dass die Schriftform keine Bedeutung mehr haben soll und nachfolgend in mündlicher Form von der ursprünglichen Vereinbarung abweichen. Die Rechtsprechung hat zum Teil betont, dass eine konkludente Abänderung qualifizierter Schriftformklauseln nicht möglich sei.[3] Gemeint war damit aber möglicherweise nur formloses konkludentes Verhalten. Tatsächlich ist kein Grund ersichtlich, von dem allgemeinen Grundsatz abzuweichen, dass Erklärungen auch konkludent erfolgen können. **S 127**

6. Beweislast

Die Beweislast für die Vereinbarung eines Schriftformerfordernisses trägt derjenige, der sich auf das Schriftformerfordernis beruft. Die Beweislast dafür, dass ein Schriftformerfordernis wirksam abbedungen wurde, trägt derjenige, der sich auf die Wirksamkeit einer mündlichen Abrede beruft. An die Darlegung und den Beweis, dass die Parteien trotz einer Schriftformklausel die Maßgeblichkeit nachfolgender mündlicher Erklärungen anstrebten, sollen nach einem Urteil des Kammergerichts strenge Anforderungen zu stellen sein.[4] Dem kann jedoch in dieser Allgemeinheit nicht gefolgt werden. Das Bestehen einer einfachen Schriftformklausel stellt ein Indiz dafür dar, dass eine nachfolgende mündliche Abrede nicht als rechtlich verbindliche Abrede gewollt war, mehr aber auch nicht. Zumindest dann, wenn die Schriftformklausel nur in AGB enthalten war und nicht besonders her- **S 128**

---

[1] Vgl. *Dammann,* Die Grenzen zulässiger Diskriminierung im Allgemeinen Zivilrecht, 2005, S. 33.

[2] So aber *von Westphalen,* Vertragsrecht, Schriftformklauseln Rz 5.

[3] KG, Urt. v. 22. 11. 2004, Az. 8 U 109/04, BeckRS 2005, 01193. Für die Möglichkeit einer konkludenten Abbedingung aber der fünfte Strafsenat des BGH. S. BGH NJW 2001, 2638, 2638. Nicht geklärt wird die Frage in BGH 2004, XII ZR 306/00 v. 17. 3. 2004, BeckRS 2004/04929. Dort ist zwar von der Notwendigkeit einer schriftlichen, nicht aber von der Notwendigkeit einer ausdrücklichen Vereinbarung die Rede.

[4] KG NJOZ 2004, 2217, 2222.

vorgehoben wurde, ist die Indizwirkung einer solchen Klausel minimal, weil der Verwender nicht darauf vertrauen darf, dass der andere Teil die Schriftformklausel kennt. Der Verwender darf das Verhalten des anderen Teils im Falle einer bloß mündlichen Einigung also auch nicht dahingehend verstehen, dass die Einigung in Ermangelung der Schriftform bloß als unverbindliche gewollt ist. Aber selbst dann, wenn die Schriftformklausel in den AGB besonders hervorgehoben wird und daher davon ausgegangen werden kann, dass der durchschnittliche Verwendungsgegner die Schriftformklausel kennt oder doch kennen musste, ist die Indizwirkung der Klausel gering. Insbesondere, wenn die Parteien mündliche Abreden über Dinge von erheblichem wirtschaftlichen Gewicht treffen und keine besonderen Anhaltspunkte dafür vorliegen, dass die Abrede erst durch eine nachfolgende schriftliche Abrede verbindlich gemacht werden sollte, wird man regelmäßig von einem Rechtsbindungswillen und damit auch von einer (konkludenten) Abbedingung des Schriftformerfordernisses ausgehen müssen.

7. Geltung zwischen Unternehmern

S 129 **a) Nichtkonstitutive Schriftformerfordernisse.** Das Bedürfnis, Vertragsinhalte feststellen und sicher nachweisen zu können, ist im Geschäftsverkehr zwischen Unternehmern besonders ausgeprägt. Auf die geschäftliche Korrespondenz als Grundlage für innerbetriebliche Dispositionen und für den Beweis bei rechtlichen Auseinandersetzungen zurückzugreifen, entspricht einer weit verbreiteten Übung. Wie gegenüber Verbrauchern gilt insofern der Grundsatz, dass AGB-mäßige Schriftformklauseln jedenfalls dann grundsätzlich angemessen sind, wenn sie lediglich Klarstellungs- der Dokumentationszwecken dienen, die Wirksamkeit mündlicher Abreden also nicht infrage stellen sollen. Soweit einzelne gesetzliche Bestimmungen wie § 350 HGB, § 38 ZPO für Kaufleute vom Schriftformerfordernis absehen, bedeutet dies nicht, dass die Einführung der Schriftform durch AGB unzulässig ist. Das Absehen vom Schriftformerfordernis in den genannten Bestimmungen hat seinen Grund im fehlenden Bedürfnis nach Übereilungsschutz. Schriftformklauseln in AGB, die der Rechtssicherheit und Klarheit dienen wollen, werden dadurch nicht ausgeschlossen.

S 130 **b) Konstitutive Schriftformerfordernisse.** Im Übrigen, also mit Blick auf Schriftformklauseln, die die Einhaltung der Schriftform zur Wirksamkeitsvoraussetzung machen, stellt sich die Frage, ob die Besonderheiten des unternehmerischen Verkehrs es rechtfertigen, Schriftformklauseln in größerem Umfang hinzunehmen als gegenüber Verbrauchern. Dafür lässt sich anführen, dass Unternehmer aufgrund ihrer Geschäftserfahrung mit Schriftform- und Bestätigungsklauseln eher rechnen werden. Auch ließe sich darauf hinweisen, dass sich Unternehmer in ihrem Geschäftsbetrieb grundsätzlich auf die Führung schriftlicher Unterlagen einrichten müssen (s. § 257 I Nr. 2 und 3 HGB). Auf der anderen Seite ist jedoch gerade der Hinweis auf die Geschäftserfahrung der Kaufleute ein zweischneidiges Schwert. Denn gerade aufgrund ihrer Geschäftserfahrung ist es Unternehmern in besonderem Maße hinnehmbar, mündliche Vereinbarungen ernst zu nehmen und Unterlagen anzulegen, die es ihnen erlauben, sich später über den Inhalt erfolgter Abreden Klarheit zu verschaffen. Hinzu kommt, dass mit dem **kaufmännischen Bestätigungsschreiben** eine Rechtsfigur zur Verfügung steht, die es erlaubt, die mit mündlichen Abreden einhergehenden Unsicherheiten zu minimieren. Vor allem aber gilt es zu bedenken, dass das Handelsrecht dem Prinzip der Formfreiheit ausweislich des § 350 HGB eine noch größere Bedeutung beimisst als das Bürgerliche Recht. Grundsätzlich gilt daher das zu Schriftformklauseln im nichtunternehmerischen Verkehr Gesagte auch für solche Schriftformklauseln, die im unternehmerischen Verkehr verwendet werden. Dies bedeutet freilich auch, dass **doppelte Schriftformklauseln,** die nur für dem Vertrag nachfolgende Abreden Geltung beanspruchen, ohne weiteres wirksam sind.[1]

c) Beispiele. Im Falle eines Bauvertrags ist eine Klausel in den AGB des Auftraggebers unangemessen, nach der jegliche Nachforderungen ausgeschlossen sind, wenn sie nicht auf schriftlichen Zusatz- oder Nachtragsaufträgen des Auftraggebers beruhen.[2] **S 131**

d) Vollständigkeitsklauseln. Anders liegen die Dinge mit Blick auf so genannte Vollständigkeitsklauseln.[3] S. dazu Rz S 118. **S 132–140**

*

Schuldbeitrittsklauseln

Inhaltsübersicht

Schrifttum: *Kohte,* Die Stellung des Schuldbeitritts zwischen Bürgschaft und Schuldübernahme, JZ 1990, 997; *Langenbucher,* Zusatzkreditkarten – Haftungsrisiko ohne Ende? – Zur dogmatischen Einordnung von Partnerkarten, NJW 2004, 3522.

1. Erscheinungsformen

Insbesondere im Zusammenhang mit Darlehensgewährungen ist der Verwender oftmals um die Erlangung von Sicherheiten bemüht, die unter anderem auch in der Mithaftung Dritter, insbesondere des Ehegatten oder sonstiger Angehöriger des Schuldners des Verwenders, bestehen können.[4] Eine solche Mithaftung kann auch durch Schuldbeitrittsklauseln begründet werden. Denkbar ist zum einen, dass der Dritte die Haftung für eine bereits bestehende Schuld eines Schuldners des Verwenders übernimmt. Ebenso ist jedoch möglich, dass der Beitretende durch eine antizipierte Schuldbeitrittsklausel die Mithaftung für erst künftige Schulden eingeht.[5] Dies gilt selbst dann, wenn es um die Verbindlichkeiten aus einem zukünftigen Vertrag geht, soweit die Schuld nur hinreichend bestimmt ist.[6] **S 141**

2. Einbeziehung

Die wirksame Vereinbarung solcher Schuldbeitrittsklauseln durch AGB erfordert, dass auch im Verhältnis zum beitretenden Dritten die **Einbeziehungsvor-** **S 142**

---

[1] Offen gelassen worden ist die AGB-rechtliche Wirksamkeit einer doppelten Schriftformklausel in einem Bierlieferungsvertrag von OLG Düsseldorf, Urt. v. 20. 2. 2005, Rs. U (Kart) 21/04, BeckRS 2005/05316.

[2] BGH NJW 2004, 502, 504 (zu § 9 AGBG).

[3] S. hierzu Anh. § 310 Rz S 112–118.

[4] Vgl. auch Anh. § 310 Rz D 8.

[5] BGH NJW-RR 2004, 1683, 1683; OLG Frankfurt NJW 1982, 583, 583.

[6] BGH NJW-RR 2004, 1683, 1683.

aussetzungen des § 305 II erfüllt sind. Eine Vollmachtklausel an den Vertragspartner des Verwenders zur Vereinbarung einer Schuldbeitrittsklausel im Namen des Dritten ist regelmäßig nach § 307 unwirksam.[1] Die wirksame Einbeziehung der Schuldbeitrittsklausel kann bereits nach § 305 c I wegen ihres Überraschungseffekts scheitern. Der objektiv überraschende Charakter einer Schuldbeitrittsklausel ist regelmäßig schon dann zu bejahen, wenn die Klausel nicht **deutlich hervorgehoben** ist. Dies gilt auch im unternehmerischen Verkehr. Etwas anderes kann jedoch dann anzunehmen sein, wenn Schuldbeitrittsklauseln branchentypisch sind.

3. Inhaltskontrolle

S 143 Die Inhaltskontrolle von Schuldbeitrittsklauseln kann anhand einer ganzen Reihe von Vorschriften erfolgen.

S 144 **a) Sittenwidrigkeit (§ 138).** Schuldbeitrittsklauseln können zunächst an § 138 scheitern. Grundsätzlich nach § 138 sittenwidrig und erst recht nach § 307 unangemessen sind Schuldbeitrittsklauseln, durch welche ein Angehöriger des Schuldners die Mithaftung für eine Schuld übernimmt, die ihn finanziell krass überfordert.[2] In den Fällen einer krassen finanziellen Überforderung des Angehörigen besteht eine widerlegliche Vermutung dafür, dass sich der Ehegatte oder nahe **Angehörige** bei der Übernahme der Haftung nicht von seinen Interessen und von einer rationalen Einschätzung des wirtschaftlichen Risikos hat leiten lassen und das das Kreditinstitut die emotionale Beziehung zwischen dem Hauptschuldner und dem Mithaftenden in sittlich anstößiger Weise ausgenutzt hat.[3] Vgl. zu dieser Problematik noch die eingehenden Ausführungen zum Bürgschaftsvertrag.[4]

S 145 **b) § 309 Nr. 11 a.** Klauseln, die eine Mithaftung des mit Vertretungsmacht handelnden Vertreters vorsehen, sind gegenüber Verbrauchern schon nach § 309 Nr. 11 a unwirksam, wenn die Mithaftung ohne eine hierauf gerichtete ausdrückliche und gesonderte Erklärung eintreten soll. Ausscheiden muss eine Anwendung des § 309 Nr. 11 a freilich dann, wenn sich im Wegen der Auslegung ergibt, dass der Vertreter ebenfalls Vertragspartner sein und nur in diesem Umfang auch haften soll, wobei die AGB bei der Frage, ob ein Handeln im eigenen Namen gewollt ist, je nach den Umständen zu berücksichtigen sein können.[5]

S 146 **c) Unangemessenheit (§ 307).** Die AGB-rechtliche Kontrolle von Schuldbeitrittsklauseln erfolgt anhand von § 307. Schuldbeitrittsklauseln sind nicht generell nach Treu und Glauben unangemessen.[6] Zu beachten ist aber, dass sich die Unangemessenheit im Einzelfall aus verschiedenen Gesichtspunkten ergeben kann.

S 147 **aa)Krasse finanzielle Überforderung.** Ist die Klausel wegen Benachteiligung des Verwendungsgegners sittenwidrig, so ist erst recht auch die Unangemessenheit der Klausel zu bejahen. Grundsätzlich nach § 307 unangemessen sind dementsprechend Schuldbeitrittsklauseln, durch welche ein Angehöriger des Schuldners die Mithaftung für eine Schuld übernimmt, die ihn finanziell krass überfordert (s. Rz S 144).

S 148 **bb) Mangelnde Hervorhebung.** Auch in Fällen, in denen es an einer krassen finanziellen Überforderung fehlt, sind an die Zulässigkeit von Schuldbeitrittsklau-

---

1 Vgl. Anh. § 310 Rz V 479.
2 BGH NJW 2001, 815, 816 (Mitunterzeichnung eines Darlehensvertrages durch die Ehefrau).
3 BGH NJW 2001, 815, 816 (Mitunterzeichnung eines Darlehensvertrages durch die Ehefrau).
4 S. § 310 Rz B 355–357.
5 S. im Einzelnen § 309 Nr. 11 a Rz 10–13.
6 OLG Hamm NJW-RR 1986, 1248, 1248 (zu § 9 AGBG).

seln strenge Anforderungen zu stellen. Bekanntlich fordert § 309 Nr. 11 a eine ausdrückliche und gesonderte Erklärung, soweit eine Haftung des Vertreters mit Vertretungsmacht begründet werden soll. Diese Vorschrift findet auch dann Anwendung, wenn die Haftung durch eine Schuldbeitrittsklausel herbeigeführt wird. Doch ist die Bedeutung des § 309 Nr. 11 a nicht auf diesen Fall beschränkt. Zwar greift § 309 Nr. 11 a seinem Wortlaut nach dann nicht ein, wenn der Beitretende nicht als Vertreter auftritt. Doch ist die Wertung des § 309 Nr. 11 a auch jenseits des unmittelbaren Anwendungsbereichs dieser Vorschrift zu berücksichtigen. Namentlich wird man eine gegenüber einem Verbraucher verwandte Schuldbeitrittsklausel nach dem Rechtsgedanken des § 309 Nr. 11 a grundsätzlich immer schon dann als unangemessen einstufen müssen, wenn **keine ausdrückliche und gesonderte Erklärung** gegeben ist. Auch die Rechtsprechung geht davon aus, dass die mangelnde Hervorhebung von Schuldbeitrittsklauseln die Unangemessenheit derselben begründen kann.[1] So soll es ganz unabhängig von der Möglichkeit einer Anwendung des § 305 c I unangemessen im Sinne des § 307 sein, dem Dritten die Schuldbeitrittsklausel in einer Art und Weise zu unterschieben, dass er sie schon bei leichter, verzeihlicher Unaufmerksamkeit übersehen kann.[2] Auch gegenüber Unternehmern muss eine Schuldbeitrittsklausel deutlich hervorgehoben sein, wobei sich die Hervorhebung nicht allgemein auf die AGB richten darf, sondern gerade auf die Schuldbeitrittsklausel beziehen muss.

cc) Begrenzung der Haftung. Zur Wirksamkeit der Schuldbeitrittsklausel gehört zusätzlich, dass die Mithaftung sachlich begrenzt und auf bestimmte und übersehbare Forderungen beschränkt ist.[3] Die erforderliche Begrenzung und Bestimmtheit ist gewahrt, wenn ein Ehegatte für Schulden des anderen aus einer konkreten Geschäftsbeziehung haften soll.[4] Eine antizipierte Schuldbeitrittsklausel für unbestimmte Forderungen des Verwenders ist aber unwirksam.[5] Unwirksam nach § 307 ist auch eine Mithaftungs- und Schuldbeitrittsklausel, die die für einen bestimmten Kontokorrentkredit mit einem limitierten Betrag übernommene Haftung auf alle späteren Kreditüberschreitungen und Kontoüberziehungen ausdehnt.[6] Dies verstößt gegen den Grundgedanken des § 425 jedenfalls dann, wenn der Beitretende auf die Überschreitung keinen Einfluss nehmen und diese nicht verhindern kann.[7] **S 149**

4. Verbraucherdarlehensvertrag

Der Schuldbeitritt zu einem Darlehensvertrag führt dazu, dass für die aus dem Darlehensvertrag resultierende Verbindlichkeit ein weiterer Darlehensnehmer als Gesamtschuldner hinzutritt.[8] Handelt es sich bei dem Beitretenden um einen Verbraucher, so finden die Vorschriften über den Verbraucherdarlehensvertrag Anwen- **S 150**

---

[1] OLG Hamm NJW-RR 1986, 1248, 1248 f. (zu § 9 AGBG): „[E]s ist notwendig, dass die Schuldbeitrittsklausel deutlich hervorgehoben ist (entsprechend § 11 Nr. 14a AGB-Gesetz), wobei die Hervorhebung sich auf die Klausel selbst, nicht nur allgemein auf die AGB beziehen muss."

[2] Ebenso OLG Hamm NJW-RR 1986, 1248, 1248 f. (zu § 9 AGBG).

[3] OLG Hamm NJW-RR 1986, 1248, 1248 (zu § 9 AGBG): „Die in AGB enthaltene Schuldbeitrittsklausel muss weiter sachlich begrenzt sein und sich auf bestimmte und übersehbare Ansprüche beschränken."

[4] OLG Hamm NJW-RR 1986, 1248, 1248 (zu § 9 AGBG).

[5] OLG Frankfurt NJW 1982, 583, 584 (zu § 9 AGBG): Eine Schuldbeitrittsklausel ist unwirksam, wenn sie dem gesetzlichen Leitbild zuwiderläuft, „dass eine Schuld bei ihrer Mitübernahme auch in der Höhe zumindest bestimmbar sein muss, [...] und [...] den einseitigen Interessen der Verwenderin [dient]".

[6] BGH NJW 1996, 249, 249 (zu § 9 AGBG).

[7] BGH NJW 1996, 249, 249 (zu § 9 AGBG).

[8] *Palandt/Weidenkaff* § 491 Rz 11.

dung. Dies gilt selbst dann, wenn der ursprüngliche Darlehensnehmer kein Verbraucher war. Zwar handelt es sich bei dem Beitrittsvertrag seinem Wesen nach nicht um einen Darlehensvertrag im Sinne des § 491.[1] Der Schuldbeitritt ist einem solchen Darlehensvertrag jedoch gleichzustellen, wenn es sich bei dem Vertrag, zu dem der Beitritt erklärt wird, um einen Darlehensvertrag handelt.[2]

5. Zusatzkreditkarten

S 151–160 Kreditkartenherausgeber bieten den Inhabern von Kreditkarten in der Regel an, eine Zusatzkreditkarte zu beantragen.[3] Wie sich das Verhältnis zwischen dem Zusatzkreditkarteninhaber und dem Kreditkartenherausgeber rechtlich zu beurteilen ist, hängt von den im Einzelnen getroffenen vertraglichen Vereinbarungen ab. In der Regel wird es jedoch so liegen, dass der Inhaber der Zusatzkreditkarte bei deren Nutzung im Verhältnis zum Kreditkartenherausgeber als Vertreter des primären Kreditkarteninhabers auftritt.[4] Sehen die AGB des Kreditkartenherausgebers in einem solchen Falle vor, dass der Inhaber der Zusatzkarte neben dem Inhaber der Hauptkarte haftet, so liegt darin eine Schuldbeitrittsklausel.[5] Diese ist folgerichtig an § 309 Nr. 11 a zu messen. Sind die Anforderungen des § 309 Nr. 11 a, gewahrt, so wird man eine Klausel, der zufolge der Inhaber der Zusatzkarte für die von ihm begründeten Verbindlichkeiten haftet, grundsätzlich als angemessen einstufen müssen.[6] Vgl. auch die allgemeinen Ausführungen zu Zusatzkreditkarten/Partnerkarten.[7]

*

Schutzrechtsklauseln

S 161–170 Schutzrechtsklauseln zum Schutz von Urheberrechten, Patent- und Markenrechten, Gebrauchs- und Geschmacksmustern, sonstigen gewerblichen Schutzrechten und Namen können grundsätzlich wirksam vereinbart werden. Durch diese Klauseln wird vereinbart, dass das Schutzrecht bei einer Partei verbleibt. Dies gilt auch für die Schutzrechtsklausel in § 3 Nr. 6 VOB/B. Der Schutz dieser Klausel bezieht sich auf die in § 3 Nr. 5 VOB/B genannten Unterlagen ohne Rücksicht auf deren urheberrechtliche Schutzfähigkeit.[8] Stehen dem Auftragnehmer keine berechtigten Schutzbedürfnisse zur Seite, und hat der Besteller speziell für seinen Auftrag hergestellte Formen, Filme, Zeichnungen und Ähnliches voll bezahlt, so ist eine Klausel, die dem Besteller jeden Herausgabeanspruch versagt, nach § 307 I, II unwirksam.[9]

*

[1] BGH NJW 2000, 3496, 3497 (zu § 1 II VerbrKrG).
[2] BGH NJW 2000, 3496, 3497 (zu § 1 II VerbrKrG).
[3] S. nur *Langenbucher* NJW 2004, 3522, 3522.
[4] *Langenbucher* NJW 2004, 3522, 3522.
[5] *Langenbucher* NJW 2004, 3522, 3522.
[6] Ähnlich *Stoffels* unter Anh. § 310 Rz K 109–110, der aber § 309 Nr. 11 wohl nicht anwenden möchte.
[7] S. § 310 Rz H 34–36, K 106–110.
[8] BGH NJW 1986, 2701.
[9] OLG Köln NJW-RR 1989, 1274; einen Herausgabeanspruch grundsätzlich verneinend OLG Köln NJW-RR 1994, 53.

Sicherungsrechte

Inhaltsübersicht

Schrifttum: *Berger,* Erweiterter Eigentumsvorbehalt und Freigabe von Sicherheiten, ZIP 2004, 1073; *Billing,* Garantieübernahmen durch Gesellschafter des Franchisenehmers in der AGB-Kontrolle, WM 2007, 245; *Blaurock,* Aktuelle Probleme aus dem Kreditsicherungsrecht, 3. Aufl. 1990; *Brandt,* Die weite Sicherungszweckerklärung im Formularwesen der Kreditinstitute bei Personenverschiedenheit von Sicherungsgeber und Darlehensnehmer, Diss. 1991; *Broihan,* Die Reichweite formularmäßiger Sicherungsabreden bei Bürgschaft und Grundschuld, Diss. 1992; *Clemente,* Die Sicherungsabrede der Sicherungsgrundschuld, ZIP 1990, 969; *Derleder/Knops/Bamberger,* Handbuch zum deutschen und europäischen Bankrecht, 2004; *Eickmann,* Aktuelle Rechtsfragen zur Sicherungsgrundschuld, ZIP 1989, 137; *Fullenkamp,* Die erweiterte Zweckerklärung bei Bürgschaft und Grundschuld, Diss. 1989; *Knops,* Die „weite" Sicherungszweckerklärung des persönlich schuldenden Eigentümers in der AGB-Kontrolle, ZIP 2006, 1965; *Kohte,* Die vorformulierte Abtretung von Arbeitsentgelt und Sozialleistungen, ZIP 1988, 1225; *ders.,* Die vorformulierte Abtretung von Arbeitsentgelt und Sozialleistungen, BB 1989, 2257; *Kümpel,* Die AGB und ihre Bedeutung für die Kreditsicherheiten unter Berücksichtigung des AGB-Gesetzes, WM 1978, 970; *Lohmann,* Rechtsprobleme der Globalzweckerklärung insbesondere in Formularverträgen, Diss. 1988; *Mülbert,* Die Auswirkungen der Schuldrechtsmodernisierung im Recht des bürgerlichen Darlehensvertrags, WM 2002, 465; *Rainer,* Die Auswirkungen des AGB-Gesetzes auf die formularmäßige Sicherungszweckerklärung für Grundschulden und die dingliche und persönliche Zwangsvollstreckungsunterwerfung, WM 1988, 1657; *Schiffer,* Die formularmäßige erweiterte Zweckabrede bei Fremdkrediten, NJW 1988, 2779; *Scholz,* Die Lohnabtretung als Sicherungsmittel im Konsumentenkredit, MDR 1990, 193; *Steppler,* Die neuen Rechtsprechungsgrundsätze zur Lohnabtretung, WM 1989, 1913; *Stoffels,* AGB-Recht, 2003; *Tiedtke,* Zur weiten Sicherungsabrede bei der Bestellung der Grundschuld durch eine Personengesellschaft oder den persönlich haftenden Gesellschafter, NJW 1991, 3241; *Vomweg,* Die Auswirkungen des Gesetzes zur Regelung der allgemeinen Geschäftsbedingungen auf den Immobiliarkredit, Diss. 1990; *Walther,* Der Verzicht des Bürgen auf die Einrede des Verjährung des Anspruchs gegen den Hauptschuldner, NJW 1994, 2337; *von Westphalen,* Vertragsrecht und AGB-Klauselwerke, 2005; *ders.,* AGB-Recht im Jahr 2002, Besonderer Teil, NJW 2003, 1981; *M. Wolf,* Inhaltskontrolle von Sicherungsgeschäften, FS Baur, 1981, S. 147; *ders.,* AGB-Gesetz und Kreditwirtschaft rechtliche und wirtschaftliche Leitlinien, in Arbeiten und Materialien zum Bank- und Finanz-, Börsen- und Kapitalmarktrecht (Hrsg. *Hadding/Hopt),* Bd 1, 1990, S. 73ff.

I. Allgemeines

Als Sicherungsrechte, die dem Gläubiger ein bevorzugtes Verwertungs- und Befriedigungsrecht an fremden Vermögensgegenständen verschaffen, kommen die Sicherungsübereignung, die Sicherungsabtretung oder sonstige Sicherungsübertragungen, das Pfandrecht (Rz P 6ff.) und die Grundpfandrechte (Hypothek, Grundschuld; Rz G 211ff.) in Betracht. Nach dem Abstraktionsprinzip muss zwischen der dinglichen Bestellung der Sicherheiten durch Verfügungsgeschäft und dem schuldrechtlichen Sicherungsvertrag, durch den sich der Sicherungsgeber zur Einräumung einer oder mehrerer Sicherheiten an den Gläubiger (Sicherungsneh- **S 171** mer) verpflichtet, unterschieden werden. Die Klauselkontrolle nach den AGB-rechtlichen Vorschriften ist sowohl beim schuldrechtlichen Sicherungsvertrag wie bei dem dinglichen Verfügungsgeschäft durchzuführen, mit denen die einzelnen Sicherheiten bestellt werden, sofern es sich um für eine Vielzahl von Verträgen formulierte Bedingungen handelt oder, im Verbrauchergeschäft, um gestellte Einmalbedingungen im Sinn des § 310 III Nr. 2. Bei den von den Banken und Sparkassen verwendeten Formularverträgen ist der Anwendungsbereich der Klauselkontrollvorschriften regelmäßig betroffen, auch wenn sie notariell beurkundet sind.[1]

S 172 Der Sicherungsvertrag und die Sicherungsrechte berühren neben den Interessen von Sicherungsgeber und Sicherungsnehmer auch die **Interessen Dritter,** vor allem der Gläubiger des Sicherungsgebers. Diese Interessen Dritter können bei der Inhaltskontrolle nach den Klauselkontrollvorschriften nicht unmittelbar, sondern nur mittelbar über die Interessen des Vertragspartners des Verwenders berücksichtigt werden[2], so z. B. durch das Interesse des Vertragspartners an der Wahrung seines Vermögens und der Erhaltung seiner wirtschaftlichen Bewegungsfreiheit oder aber auch durch den Schutz des Verwendungsgegners davor, seinen (anderen) Vertragspartnern gegenüber vertragsbrüchig zu werden, wie etwa im Kollisionsfall von Globalzession und verlängertem Eigentumsvorbehalt.[3]

S 173 Die Kontrolle nach den AGB-rechtlichen Vorschriften ergänzt die Kontrolle nach § 138, worauf sich die Rspr. ursprünglich allein beschränkte. Die Kontrolle nach § 138 und diejenige nach den §§ 305 ff. sind nebeneinander anwendbar, wenn auch der Kontrollmaßstab der Sittenwidrigkeit strenger ist als derjenige nach den AGB-rechtlichen Vorschriften (§ 307 Rz 15 ff.). Die aus § 138 I abgeleitete Sittenwidrigkeit eines Darlehens führt anders als beim wucherischen Darlehen nach § 138 II nicht zur Unwirksamkeit einer Sicherungsübertragung,[4] sondern nur zu einem Rückübertragungsanspruch, wenn die Sicherheit nicht auch den Rückforderungsanspruch aus § 812 I 1, 1. Alt. wegen des nichtigen Darlehens sichern soll, was aber nur bei Personenidentität von Darlehensnehmer und Sicherungsgeber anzunehmen ist.[5]

S 174 Soweit es sich um **Sicherungsrechte der Banken** handelt, konkurrieren regelmäßig mehrere AGB. Neben dem jeweiligen formularmäßigen Sicherungsvertrag bestehen auch Allgemeine Bedingungen für die Sicherungsübereignung oder Allgemeine Bedingungen für die Abtretung von Forderungen sowie die AGB-Banken. Die verschiedenen AGB gelten nebeneinander, soweit sie sich ergänzen und im Sinne einer widerspruchsfreien Regelung ausgelegt werden können. Dabei gilt nach § 305 c II die dem Kunden günstigere Regelung. Kann den AGB auch durch Auslegung kein widerspruchsfreier Bedeutungsgehalt beigelegt werden, scheitern sie zumindest am Transparenzgebot.[6] Vorrang gegenüber den ein Sicherungsrecht begründenden AGB haben hier wie stets individuelle Abreden oder auch eine besondere Zweckbestimmung des Kunden. So entsteht etwa ein Sicherungsrecht der Bank, z. B. Sicherungseigentum an einem ihr eingereichten Scheck, nicht, wenn mit der Einreichung eine besondere Zweckbestimmung, wie etwa Inkasso, verbunden ist.[7]

---

[1] BGH BB 1982, 459 und § 305 Rz 22; siehe auch *Stoffels* AGB-Recht, Rz 1007.

[2] S. § 307 Rz 170, 172; *Bamberger/Roth/Hubert Schmidt* § 307 Rz 23 ff.

[3] Siehe dazu etwa *von Westphalen* Vertragsrecht und AGB-Klauselwerke, Globalzession und Kollisionsfälle, Rz 17 ff.

[4] BGH NJW 1990, 384, 385; *Palandt/Heinrichs* § 138 Rz 20, 75.

[5] S. OLG Hamm ZIP 1988, 300 zur Sicherungsabtretung; s. auch Rz S 178.

[6] *Bamberger/Roth/Hubert Schmidt* § 305 b Rz 4.

[7] BGH NJW-RR 1990, 366; NJW 1979, 1461, 1462.

II. Der schuldrechtliche Sicherungsvertrag

Der schuldrechtliche Sicherungsvertrag enthält die Pflicht des Sicherungsgebers zur Bestellung der Sicherheit und daneben die sonstigen Rechte und Pflichten von Sicherungsgeber und Sicherungsnehmer bezüglich des Sicherungsgutes. Er ist vom Darlehensvertrag zu trennen, enthält aber bei den einzelnen Sicherungsrechten in vielen Punkten identische oder jedenfalls ähnliche Regelungen, die neben den Besonderheiten der jeweiligen Sicherungsrechte eine einheitliche Darstellung für alle Sicherungsrechte erlauben. Der Sicherungsvertrag, den ein Dritter als Verbraucher zugunsten des Gläubigers für die Schuld eines anderen abschließt, fällt nach überwiegender Auffassung im Gegensatz zum Schuldbeitritt (s. Rz D 40) nicht unter die Vorschriften über das Verbraucherdarlehen in den §§ 491 ff.[1] **S 175**

1. Zweckbestimmungsklausel

Die Sicherungsverträge enthalten regelmäßig eine Zweckbestimmungsklausel, durch die festgelegt wird, für welche Forderungen die Sicherheiten dienen sollen. Vorformulierte Zweckbestimmungsklauseln sind AGB, auch wenn die Namen der jeweiligen Schuldner individuell eingesetzt werden.[2] Gesichert ist, dass diese Zweckbestimmung der Einbeziehungskontrolle nach § 305 II unterliegt, was selten zu einem Problem werden dürfte. Auch haben hier wie stets individuelle Vereinbarungen Vorrang vor abweichenden AGB.[3] Ebenfalls entspricht es gesicherter Rechtsauffassung, dass die Klauseln der Kontrolle nach § 305 c I unterliegen.[4] Schließlich ist unzweifelhaft, dass die Klauseln der Transparenzkontrolle nach § 307 I 2 unterliegen, wobei bereits diese Feststellung ans Problem heranführt: Fasst man die Zweckerklärung als **Leistungsbestimmung** auf, kommt die Transparenzkontrolle nur über § 307 III 2 zum Tragen, während eine Inhaltskontrolle nach § 307 III 1 ausgeschlossen ist. Hier wie stets[5] bewegt man sich bei der Abgrenzung zwischen kontrollfreier „Leistungsbeschreibung" oder kontrollfähiger „Leistungsumschreibung" im Sinne einer auch modifizierenden Festlegung von Vertragspflichten alles andere als auf festem Boden. Der BGH (IV. Senat) hat sich zur Zweckerklärung der Grundschuld letztlich auf den Standpunkt gestellt, da Inhalt und Umfang der schuldrechtlichen Zweckbindung der Grundschuld nicht gesetzlich festgelegt seien, unterliege ihre Bestimmung der freien Vereinbarung und sie stelle daher eine nach § 307 III kontrollfreie Bestimmung dar.[6] In Folge dieses Standpunktes hat der BGH die formularmäßige Zweckbestimmung an § 305 c I geprüft und teilweise als überraschend angesehen. Demgegenüber hatte der XI. und der V. Zivilsenat des BGH in früheren Entscheidungen die erweiterte Zweckerklärung ohne weiteres an (ehedem) § 9 AGBG geprüft und für wirksam erachtet, da Anhaltspunkte für eine unverhältnismäßige Benachteiligung des Verwendungsgegners nicht zu erkennen seien. Zur weiteren Begründung fügte der BGH jeweils das in der zuvor zitierten Entscheidung für die Kontrollfreiheit herangezogene Argument an, Inhalt und **S 176**

---

[1] BGH NJW 1998, 1939; NJW 2000, 658, 661; BGH NJW 1997, 1442; *Erman/Saenger* § 491 Rz 21 mwN für die Bürgschaft; a. A. *M. Wolf* Anm. zu BGH LM H.4/1997 § 1 VerbrKrG Nr. 7.

[2] BGH NJW 1988, 558, 559.

[3] *Knops* ZIP 2006, 1965, 1966; § 305c Rz 68.

[4] BGH NJW 2002, 2710; NJW 1992, 1822

[5] *Bamberger/Roth/Hubert Schmidt* § 307 Rz 68 ff.

[6] BGH NJW 2002, 2710; zustimmend etwa *Palandt/Heinrichs* § 1191 Rz 44; *von Westphalen* NJW 2003, 1981, 1984; *Bamberger/Roth/Rohe* § 1192 Rz 118.

Umfang der schuldrechtlichen Zweckbindung seien gesetzlich nicht geregelt und frei aushandelbar.[1] Als überraschende Klausel im Sinn des § 305 c I wurde eine formularmäßige Zweckerklärung angesehen, wenn sie den Sicherungszweck über den durch den Anlass des Geschäfts oder eine später vereinbarte Erweiterung[2] hinaus in einem nicht zu erwartenden Ausmaß erweitert.[3] Anstelle der bei der Überraschung eher tautologisch wirkenden Bezugnahme auf ein „nicht zu erwartendes" Ausmaß erscheint es angebracht, auf die Erheblichkeit der Erweiterung abzustellen und nur eine solche Erweiterung als überraschend anzusehen, die über den durch den Anlass des Geschäfts bestimmten Rahmen in einem mehr als nur unerheblichen Ausmaß hinausgeht. Überraschend ist es danach insbesondere, wenn eine Sicherheit vom Sicherungsgeber zur Absicherung einer bestimmten Forderung, z. B. eines privaten Baudarlehens,[4] bestellt wird, die Zweckerklärung bei diesem Anlass aber auf alle bestehenden und künftigen Schulden eines Dritten erweitert wird.[5] Dies gilt auch im unternehmerischen Verkehr.[6] Dabei kommt es nicht darauf an, dass der zu sichernde Kredit zweckgebunden ist,[7] es genügt, dass Anlass für die Sicherheit nach den Gesamtumständen nur eine bestimmte Forderung oder ein enger Kreis von Forderungen war.[8] Die durch den Anlass der Besicherung gegebene Erwartungsbildprägung kann freilich „verblassen", wenn der von der Rechtsprechung zu Recht geforderte unmittelbare zeitliche und sachliche Zusammenhang zwischen Darlehensgewährung und Sicherheitenbestellung fehlt.[9] Eine feste zeitliche Grenze wird man schwerlich festmachen können. Richtig erscheint, bei der Prüfung mehrerer zeitlich aufeinander folgenden Zweckerklärungen die jüngste und deren Anlass für die Prüfung nach § 305c I als maßgeblich erachten.[10] Entscheidend ist dann, ob der durchschnittliche Verwendungsgegner den engen sachlichen Zusammenhang zwischen einem bestimmten Kredit und der Sicherheitenbegebung annehmen durfte, wie das etwa dann der Fall sein kann, wenn die Sicherung als Sicherungserweiterung (vgl. Nr. 13 II Banken-AGB) vom durchschnittlichen Bankkunden aufgefasst werden kann oder wenn gar einschlägige Erklärungen der Bank diesen Eindruck erwecken. Fehlt es an solchen Umständen, kan man in der Tat im Regelfall nach einem längeren Zeitraum kaum noch eine Erwartungsprägung eines Anlassdarlehens. Das wurde angenommen bei zeitlichen Abständen von acht Jahren,[11] sieben Jahren,[12] aber auch schon bei gut zweieinhalb Jahren[13] oder auch etwa zehn Monaten.[14] Je kürzer allerdings der zeitliche Abstand ausfällt, desto eher ist zu prüfen, inwieweit die Fallumstände die Annahme einer Erwartungsprägung rechtfertigen. Dritte sind grundsätzlich alle Schuldner, die mit dem Sicherungsgeber nicht identisch sind. Dritter ist deshalb auch die KG im Verhältnis

---

[1] BGH NJW 1991, 3141, 3142; NJW 1987, 1885.

[2] BGH NJW-RR 1992, 1521.

[3] BGH NJW 1992, 1822 m.w.N.; NJW 1997, 2677; NJW 2001, 1417, 1419; NJW 2001, 1416, 1417.

[4] OLG Koblenz NJW-RR 1993, 176.

[5] BGHZ 83, 56, 59 = NJW 1982, 1035; BGH NJW 1992, 1822; OLG Saarbrücken OLGR Saarbrücken 2006, 778; s. auch *Clemente* ZIP 1985, 193; *Tiedtke* NJW 1991, 3241, 3242; *Soergel/Stein* Rz 106.

[6] BGH NJW 1990, 576.

[7] So in BGHZ 83, 56.

[8] BGH NJW 1992, 1822.

[9] BGH NJW 2001, 1417, 1419; NJW 2001, 1416, 1417.

[10] BGH NJW 2001, 1417, 1419; NJW 2001, 1416, 1417.

[11] BGH NJW 2001, 1417, 1419.

[12] BGH NJW 2001, 1416, 1417.

[13] BGH NJW 1995, 1674.

[14] BGH NJW-RR 1996, 673, 674, wobei die Umstände des Einzelfalles maßgeblich waren, insbesondere Gewährung verschiedener Darlehen an einem Tag und Abweichung von Sicherheitenbetrag und Betrag des mutmaßlichen Anlassdarlehens.

zum Kommanditisten.[1] Gleichgültig ist auch, ob der Dritte Ehegatte des Sicherungsgebers ist[2] oder ob der Name des Dritten in die vorgedruckte Zweckerklärung hand- oder maschinenschriftlich eingefügt wird.[3] Diese zur Grundschuld entwickelte Rspr. sollte im Interesse der Einheitlichkeit sinngemäß auf andere Sicherheiten übertragen werden. Die Schuld eines Dritten liegt nicht vor, wenn der Sicherungsgeber als Gesamtschuldner haftet.[4] Überraschend nach § 305 c I ist es jedoch, wenn die von einer BGB-Gesellschaft für Betriebsdarlehen bestellten Grundschulden auch für andersartige Darlehen an einen einzelnen Gesellschafter oder für sonstige Forderungen gegen diesen haften sollen.[5] Nach § 305 c I und nach § 307 unwirksam sind grundsätzlich auch Zweckbestimmungsklauseln, die Forderungen des Sicherungsnehmers gegen ursprünglich nicht beteiligte Dritte, wie z. B. Geschäftsnachfolger, in die Haftung mit einbeziehen.[6] Gleiches gilt, wenn eine Sicherheit vom Eigentümer bestellt wird, der nicht persönlicher Schuldner ist, und die Zweckbestimmungserklärung neben den Forderungen gegen den persönlichen Schuldner auch solche gegen den Eigentümer der Sicherheit mit einbezieht.[7] Das Verlesen durch den Notar schließt den Überraschungseffekt nicht aus.[8] Der Überraschungseffekt kann vom Gläubiger hier wie stets durch einen deutlichen individuellen Hinweis darauf beseitigt werden, dass die Sicherung nicht nur den konkreten Anlasskredit erfassen soll.[9] Ob darüber hinaus die Erweiterung des Sicherungszwecks in bestimmten Situationen oder gegenüber bestimmten Personengruppen per se zulässig ist, erscheint fraglich. Noch am ehesten kann man die formularmäßige Erweiterung des Sicherungszwecks gegenüber solchen Personen tolerieren, die über einschlägige Geschäftserfahrung verfügen und daher mit der „bedenklichen Bankpraxis"[10] der gebräuchlichen Zweckerweiterungsklausel vertraut sind.[11] Aber auch bei diesem Personenkreis darf § 305 b nicht aus dem Blickfeld geraten, so dass auch hier einer (auch stillschweigend getroffenen, § 305 b Rz 5) individuellen Festschreibung des Sicherungszwecks Vorrang vor dem „Kleingedruckten" zukommt. Keinen Grund, den Überraschungscharakter zu verneinen, stellt die Personenidentität zwischen Sicherungsgeber und Darlehensnehmer oder die enge wirtschaftliche oder rechtliche Verknüpfung der beiden in dem Sinne dar, dass der Sicherungsgeber die Kreditentwicklung beeinflussen könne. Es bleibt auch bei diesem Personenkreis, dass die Erwartung vom Vertragsinhalt eben durch die Sicherung eines bestimmten Kredits geprägt wird. Das kommt nicht zuletzt auch dadurch zum Ausdruck, dass in den banküblichen Darlehensvertragsformularen die Sicherheit für den konkreten Darlehensvertrag benannt wird und umgekehrt im Formular der Grundschuldbestellung exakt der Darlehensbetrag genannt ist, dessentwegen die Sicherung übernommen wird.[12] Dass diese Sicherheit dann entgegen der formularmäßig nahegelegten Verknüpfung für andere, womög-

---

1 BGH NJW 1991, 1286.

2 BGHZ 105, 19, 24 = NJW 1989, 831; BGH NJW 1992, 1822; OLG Koblenz NJW-RR 1993, 176; OLG Saarbrücken OLGR Saarbrücken 2006, 778; dazu auch *Fullenkamp* aaO, S. 161 f.

3 BGHZ 102, 152, 160 f = NJW 1988, 558; BGH NJW 1992, 1822.

4 BGH ZIP 1987, 829, 831.

5 BGHZ 102, 152, 161 f = NJW 1988, 558; *Tiedtke* NJW 1991, 3241, 3243; *Fullenkamp* aaO, S. 168, 172 unwirksam nach § 307 I.

6 *Clemente* NJW 1983, 6, 9; *Fullenkamp* aaO, S. 170 ff.: Unwirksamkeit nach § 307 I.

7 OLG Köln WM 1984, 46, 47.

8 BGHZ 83, 56, 59.

9 OLG Naumburg OLGR Naumburg 2006, 1027 f.; § 305 c Rz 41 f.; *Bamberger/Roth/Hubert Schmidt* § 305 c Rz 16.

10 So wörtlich BGHZ 126, 174, 178.

11 § 305 c Rz 68.

12 Darauf weist schon *Knops* ZIP 2006, 1965, 1968 zutreffend hin.

lich noch gar nicht vom Kunden in Erwägung gezogene Kredite soll über den Kopf des Kunden herangezogen werden können, erschließt sich dem Durchschnittskunden ohne Bankerfahrung nicht und muss sich nicht erschließen. Die gegenteilige Behauptung in der Rechtsprechung[1] läuft letztlich auf eine petitio principii hinaus. Die als weiteres Argument herangezogene kostensparende Nutzbarkeit einer Sicherheit für spätere Kredite[2] erklärt ebenfalls nicht, warum der Kunde durch die Erweiterung nicht überrascht sein sollte, sondern könnte allenfalls im Rahmen der Inhaltskontrolle Bedeutung gewinnen. Im Übrigen rechtfertigt diese Erwägung auch nicht eine Bevormundung des Kunden, denn es stellt seine Entscheidung dar, ob er Kosten sparen will oder es nicht will, und er hat es ja auch in der Hand, die Sicherung „stehen zu lassen", wenn er weiteren Sicherungsbedarf absehen kann. Danach sind Klauseln, die den Zweck der Sicherung über den Anlasskredit hinaus erweitern, ohne dass der Kunde individuell darauf hingewiesen wurde, bei einem nicht geschäftserfahrenen Verwendungsgegners nach § 305 c I unwirksam, auch wenn der Darlehensnehmer und Sicherungsgeber identisch sind.[3] Die Prüfung allein anhand von § 305 c I kann sich rasch abnutzen und zur stumpfen Waffe werden, wenn Klauseln ständig benutzt werden, auf sie ausdrücklich hingewiesen wird und sie deshalb bekannt sein müssen. Es empfiehlt sich deshalb, die erweiterte Zweckerklärung auch der **Inhaltskontrolle nach § 307** zu unterziehen.[4] Auch für dingliche Sicherheiten gilt wie gemäß § 767 I 3 für die Bürgschaft das Verbot der Fremddisposition (s. etwa § 1210 I 2). Jede davon abweichende vorformulierte Vertragsbestimmung begründet die Inhaltskontrolle nach § 307 II Nr. 1 und 2.[5] § 307 III steht der Inhaltskontrolle auch nicht entgegen, soweit es um die Frage geht, ob die Zweckbestimmungsklausel den vereinbarten Vertragszweck gemäß § 307 II Nr. 2 gefährdet.[6] Eine Unwirksamkeit kommt dabei nach dem Grundgedanken von § 307 II Nr. 1 und 2 insbesondere in Betracht, wenn der Kreis der in die Sicherung einbezogenen Forderungen zu weit gefasst ist, dadurch der Zweck des Sicherungsvertrags atypisch erweitert wird und die Dispositionsfreiheit des Sicherungsgebers über seine Sicherheit unangemessen beeinträchtigt wird. Unwirksamkeit nach § 307 ist insbesondere zu bejahen, wenn der Sicherungsgeber für unabsehbare Schulden eines Dritten haften soll, deren Entstehung und ordnungsgemäße Tilgung er nicht beeinflussen kann.[7] Es verstößt deshalb gegen § 305 c I und § 307, wenn bei Bestellung einer Sicherheit für eine private Schuld eines Gesellschafters die Sicherheit zugleich für die Haftung des Gesellschafters für die Gesellschaftsschulden, sei es nach § 427 oder § 128 HGB, oder direkt für die Schuld der Gesellschaft eintreten soll.[8]

S 177 Wirksam ist grundsätzlich die umfassende Zweckbestimmungsklausel für alle „gegenwärtigen und künftigen auch bedingten oder befristeten Ansprüche", gleichviel aus welchem Rechtsgrund diese Ansprüche des Sicherungsnehmers entstanden

---

[1] Ausgehend von BGHZ 101, 29, 33.

[2] Ebenfalls schon in BGHZ 101, 29, 33.

[3] S. schon ausführlich § 305c Rz 68 mit Nachweisen zum Streitstand; *Knops* ZIP 2006, 1965, 1968; *Otten* in *Derleder/Knops/Bamberger* § 17 Rz 99; a. A. neben der zitierten Rechtsprechung etwa *Ulmer/Harry Schmidt* Anh. § 310 Rz 758.

[4] A.A. BGH NJW 1997, 2677; 2002, 2710; wie hier *Knops* ZIP 2006, 1965, 1969 unter Verweis auf § 1191.

[5] S. *M. Wolf* LM H.3/1998 § 9 (Cg) AGBG Nr. 37.

[6] S. auch § 307 Rz 290.

[7] *Eickmann,* ZIP 1989, 137, 142; s. auch *Clemente* ZIP 1990, 969, 973, der hierin nur den Überrumpelungseffekt nach § 305 c I erkennt; zweifelnd an der Unwirksamkeit nach § 307: *Rainer* WM 1988, 1657, 1659 f.; *Wolf* in *Derlerder/Knops/Bamberger* § 24 Rz 32.

[8] *Tiedtke* NJW 1991, 3241, 3243 ff.

oder auf den Sicherungsnehmer übergegangen sind,[1] wenn sie gegenüber einem Unternehmer[2] oder gegenüber einem Verbraucher[3] im Rahmen einer bankmäßigen Geschäftsverbindung benutzt wird,[4] gleichgültig ob die Sicherheit vom Kreditschuldner selbst,[5] auch als Gesamtschuldner,[6] oder von einem Dritten[7] gestellt wird. Dazu gehören Forderungen, die die Bank aufgrund von Abtretungen gegen den Sicherungsgeber erwirbt, jedenfalls dann, wenn es sich dabei um Abtretungen im Zusammenhang mit einer Globalzession handelt, die die Bank im Rahmen der Refinanzierung eines Leasinggeschäfts mit einem Leasinggeber vorgenommen hat, von dem der Sicherungsgeber das Leasinggut erlangt hat,[8] nicht jedoch, wenn die Abtretung missbräuchlich dazu dient, dem Dritten eine sonst nicht bestehende bankmäßig unübliche Sicherung zu verschaffen,[9] oder wenn die Bank die Forderung zwar bankmäßig aufgrund einer Sicherungsabrede mit einem Dritten gegen den Sicherungsgeber erworben hat, sie aber einzieht, ohne dass im Verhältnis zum Dritten ein Sicherungsfall gegeben ist.[10] Die Inanspruchnahme der Sicherheit für solche Forderungen führt nicht zur Unwirksamkeit der Zweckbestimmungserklärung nach § 307, sondern stellt im Einzelfall eine nach § 242 unzulässige Rechtsausübung dar.[11] Nicht erforderlich ist, dass der Anspruchsgrund der einbezogenen Forderung bei Abgabe der Zweckbestimmungsklausel bereits vorhanden gewesen ist. Es können vielmehr auch solche Forderungen in die Zweckbestimmung einbezogen werden, für die ein Anspruchsgrund noch nicht gelegt ist.[12]

Auslegung. Die Zweckbestimmungsklausel, wonach eine Grundschuld oder sonstige Sicherheit zur Sicherung aller gegenwärtigen und künftigen Forderungen der Bank dient, ist dahin auszulegen, dass sie nur Forderungen aus der bankmäßigen Geschäftsbeziehung umfasst.[13] Zur bankmäßigen Geschäftsverbindung gehören alle Ansprüche, die eine im allgemeinen Geschäfts- und Rechtsverkehr zwischen Bank und Kunden erbrachte vertragstypische Bankleistung zur Grundlage haben.[14] Dazu gehören z. B. nicht Ansprüche auf Prozesskostenerstattung, weil diese nicht aus dem Bankverhältnis, sondern aus dem Prozessrechtsverhältnis stammen.[15] Dazu gehören unter Berücksichtigung von § 305 c II nur persönliche Ansprüche, nicht dagegen dingliche Ansprüche aus einer Grundschuld.[16] Einbezogen sind jedoch Schadensersatzansprüche wegen Nichtabnahme des Darlehens.[17] Zur Geschäftsverbindung gehören nach § 305 c II ferner nur Ansprüche aus der Geschäftsverbindung zwischen Sicherungsgeber und Sicherungsnehmer (Bank), nicht dagegen Ansprüche aus einem Sicherungsvertrag zur Sicherung von Ansprüchen **S 178**

---

[1] S. dazu BGH ZIP 2005, 1024, 1025.
[2] BGH NJW 1981, 756.
[3] BGH NJW 1987, 946; BGH ZIP 1987, 829.
[4] BGH ZIP 2005, 1021, 1022 = NJW-RR 2005 1408; BGH BauR 2006, 1801.
[5] BGH NJW 1984, 1184, 1186.
[6] BGH ZIP 1987, 829, 831.
[7] BGH NJW 1987, 946; BGH ZIP 1987, 695 = NJW 1987, 1885.
[8] BGH NJW 1981, 756.
[9] BGH NJW 1981, 1600; vgl. auch *Clemente* ZIP 1990, 969, 972: Erwerb in banküblicher Weise.
[10] BGH NJW 1983, 1735.
[11] BGH NJW 1981, 1600; 1983, 1735.
[12] BGH NJW 1981, 756.
[13] BGH NJW 1981, 756; 1985, 849; BGH ZIP 1987, 829, 831; zur Auslegung eines Forderungserwerbs „im Rahmen der üblichen Bankgeschäfte" s. auch *Vomweg* aaO, S. 139 f.
[14] BGH NJW-RR 1998, 190; *Bunte* in *Schimansky/Bunte/Lwowski,* Bankrechtshandbuch, § 18 Rz 5; *Kümpel,* Bank- und Kapitalmarktrecht, Rz 2.90, 2.93.
[15] BGH LM H.7/1998 § 1191 (Aa) BGB Nr. 62.
[16] BGHZ 98, 256 = NJW 1987, 319, 320.
[17] BGH NJW 1990, 981.

der Bank aus einer Geschäftsverbindung mit Dritten.[1] Eine Klausel in Bausparbedingungen, wonach Sicherheiten für alle Forderungen gegen den Bausparer haften, gilt nach § 305 c II nur für die Schulden als Bausparer aus Bausparverträgen, nicht dagegen für eine gesamtschuldnerische Haftung aus einem Darlehensvertrag,[2] auch für Ansprüche gegen Dritte, z. B. aus einer abgetretenen Forderung.[3] Eine Klausel, wonach die Sicherheit „für den Kredit" dient, sichert bei Nichtigkeit des Darlehens nicht den Rückforderungsanspruch aus § 812 I 1,1. Alt.;[4] Auch bei weiter Zweckbestimmung werden, ebenso wie bei der Bürgschaft (s. Rz B 360), Bereicherungsansprüche bei nichtigem Darlehen dann nicht erfasst, wenn Sicherungsgeber und Darlehensnehmer nicht identisch sind. Die bei der Bürgschaft kraft Gesetzes bestehende Akzessorietät wird bei der Grundschuld, aber auch bei anderen nicht akzessorischen Sicherungen durch die Sicherungsabrede herbeigeführt, so dass letztlich vergleichbare Wertungen wie bei der Bürgschaft veranlasst sind. Anderes gilt bei Personenidentität und bei Schadensersatz- sowie Ansprüchen nach Rücktritt und auch für den Rückgewähranspruch nach Widerruf der Vertragserklärung aufgrund verbraucherschützender Normen.[5] Eine Zweckbestimmungserklärung, die alle im Geschäftsverkehr vorkommenden Rechtsgeschäfte erfassen will, erstreckt sich nach § 305 c II nicht auf Forderungen aus unerlaubter Handlung und setzt ferner voraus, dass der Forderungsschuldner Kunde des Sicherungsnehmers (Bank) ist und nicht nur sonst mit ihm in Verbindung kommt, z. B. als Vertreter.[6] Nr. 14 Abs. 2 AGB-Banken erweitert nicht die Zweckbestimmungserklärung einer Grundschuld.[7]

2. Verstärkungsklausel

S 179 Die bankmäßigen AGB der Sicherungsverträge sehen Verstärkungsklauseln vor, aufgrund deren die Bank als Sicherungsnehmer die Bestellung neuer oder die Verstärkung bestehender Sicherheiten verlangen kann. Nr. 13 Abs. 1 AGB-Banken gewährt einen Anspruch auf Bestellung bankmäßiger Sicherheiten für alle Ansprüche aus der bankmäßigen Geschäftsverbindung (s. dazu Rz S 178), auch soweit sie bedingt oder befristet sind. Bankmäßige Sicherheiten sind solche mit leichter und rascher Verwertbarkeit.[8] Der Anspruch steht der Bank nur innerhalb angemessener Frist zu (Nr. 13 Abs. 3 AGB-Banken). In den Allgemeinen Bedingungen für Sicherungsübereignung und Sicherungsabtretung steht die Verstärkungsklausel aber unter der Einschränkung, dass der Wert des Sicherungsgutes oder der sicherungsweise abgetretenen Forderungen die Deckungsgrenze oder mangels einer solchen den Gesamtbetrag der gesicherten Ansprüche unterschreitet. Die Verstärkungsklausel aus den Allgemeinen Bedingungen für Sicherungsübereignung und Sicherungsabtretung ist jeweils unbedenklich, da sie unmittelbar an den Sicherungszweck anknüpft. Diese Klausel geht auch der Verstärkungsklausel in Nr. 13 Abs. 1 AGB-Banken vor, weil sie den Verstärkungsgrund konkret eingrenzt und damit für den Kunden günstiger ist (s. Rz S 174). Nr. 13 Abs. 1 AGB-Banken wird, wie alle AGB, auch durch Individualabreden verdrängt. Die Vereinbarung bestimmter Sicherheiten schließt die Berufung auf die Verstärkungsklausel jedoch nicht ohne

---

1 BGH NJW 1987, 319, 320.
2 BGH ZIP 1987, 829, 830.
3 BGH NJW 1991, 2559, 2560.
4 OLG Hamm ZIP 1988, 300; s. auch BGH NJW 1991, 1746, 1750 für Ansprüche des Leasinggebers.
5 BGH NJW 2003, 885, 886; ZGS 2007, 26 zum Widerruf beim Haustürgeschäft.
6 OLG Köln WM 1984, 46, 47 f.
7 BGH NJW-RR 1989, 752, 755 zu Nr. 19 II a. F. AGB-Banken.
8 BGH NJW 1990, 1356, 1358.

weiteres aus.[1] Soweit die Verstärkungsklausel aus Nr. 13 Abs. 1 AGB-Banken zur Anwendung kommt, weil sie nicht von Individualabreden (§ 305 b) oder von günstigeren Klauseln verdrängt wird, erscheint sie insoweit bedenklich, als die Verstärkung auch ohne konkreten Anlass verlangt werden kann. Nach Nr. 13 Abs. 2 AGB-Banken ist ein konkreter Anlass in Gestalt einer Verschlechterung der Vermögensverhältnisse oder einer Verschlechterung bereits vorhandener Sicherheiten nur erforderlich, wenn die Bank bei der Entstehung von Forderungen zunächst ganz oder teilweise von einem Sicherheitsverlangen abgesehen hat. Der BGH[2] bindet die Ausübung der Rechte aus der Verstärkungsklausel jedoch allgemein an die Grundsätze von Treu und Glauben und lässt sie mit dieser Einschränkung wirksam sein. Im Interesse des Kundenschutzes wäre es gegenüber Verbrauchern richtiger, der Anspruch auf Verstärkung aus Nr. 13 Abs. 1 AGB-Banken würde ausdrücklich nur bei Vorliegen eines berechtigten Grundes vorgesehen.[3] Eine Einschränkung der allgemeinen Verstärkungsklausel ergibt sich auch bereits aus Nr. 16 Abs. 2 AGB-Banken insofern, als die Bank keine zusätzlichen Sicherheiten nach Nr. 13 Abs. 1 verlangen kann, die sie nach Nr. 16 Abs. 2 wegen Übersicherung sofort wieder freigeben müsste. Eine unzulässige Ausübung der Rechte aus der Verstärkungsklausel liegt auch bei sonstigem treuwidrigem, z. B. widersprüchlichem Verhalten oder bei Verletzung eines von der Bank gesetzten Vertrauenstatbestandes vor.[4]

Der Anspruch aus der Verstärkungsklausel kann nach Nr. 13 Abs. 3 AGB-Banken nur nach angemessener Fristsetzung ausgeübt werden. Klauseln, die eine Sicherheitenverstärkung ohne Frsitsetzung vorsehen, sind dagenen bedenklich,[5] da der Kunde gerade in den Fällen, in denen die Klausel zum Tragen käme, oft eine gewisse Zeit brauchen wird, eine Verstärkung der Sicherungen herbeizuführen. In dringenden Fällen kann im Übrigen die angemessene Frist auch so knapp gefasst werden, dass einerseits das Sicherungsbedürfnis der Bank gedeckt, andererseits die Reaktionsmöglichkeit des Kunden gewahrt bleibt. **S 180**

3. Übersicherung und Freigabe

a) Überblick. Eine unangemessene Benachteiligung des Sicherungsgebers nach § 307 liegt vor, wenn seine wirtschaftliche Bewegungsfreiheit übermäßig eingeschränkt wird.[6] Unangemessen ist insbesondere auch eine ungerechtfertigte Übersicherung. Eine solche Übersicherung liegt vor, wenn der Wert der Sicherheiten die Summe der zu sichernden Forderungen erheblich übersteigt. Die Übersicherung darf weder von Anfang an vereinbart werden, noch darf sie nachträglich im Zuge der weiteren Entwicklung des Kredits als Dauerzustand eintreten. Ein Sicherungsvertrag, der von Anfang an eine Übersicherung vorsieht, kann nach § 138 nichtig und insgesamt unwirksam sein, wenn bereits bei Vertragsabschluss sicher vorhersehbar ist, dass in einem künftigen Verwertungsfall zwischen dem realisierbaren Wert der Sicherheiten und der gesicherten Forderung ein auffälliges Missverhältnis bestehen wird, dies auf einer verwerflichen Gesinnung des Sicherungsnehmers beruht und deshalb das Geschäft nach seinem Gesamtcharakter mit den guten Sitten nicht vereinbar ist.[7] Auch die Vereinbarung einer schuldrechtlichen Freigabeklausel **S 181**

---

[1] BGH NJW 1981, 1363, 1364.

[2] NJW 1981, 1363, 1364.

[3] Zust. *Soergel/Stein* § 9 Rz 106.

[4] BGH NJW 1981, 1363, 1364; *Canaris* ZHR 1979, 124 ff.

[5] Anders noch die Voraufl.

[6] BGH NJW 1991, 2768.

[7] BGH NJW 2001, 1417, 1418; ZIP 1998, 684; s. auch BGH LM H.9/1998 GesO Nr. 3638 m. Anm. *Huber; Canaris* ZIP 1996, 1109, 1122.

kann nicht dazu dienen, eine von vornherein auf Übersicherung angelegte Klausel eines verlängerten Eigentumsvorbehalts wirksam zu machen.[1] Neben der anfänglichen Übersicherung muss aber auch eine nachträgliche Übersicherung verhindert werden. Diese kann insbesondere eintreten, wenn durch nachträgliche Tilgung der Betrag der gesicherten Forderungen abnimmt oder der Wert der Sicherheiten, insbesondere bei revolvierenden Sicherheiten, steigt und dadurch der Wert der Sicherheiten den Wert der noch offenen Restforderung erheblich übersteigt. Diese nachträgliche Übersicherung wird beseitigt, indem dem Sicherungsgeber im Falle einer nicht nur vorübergehenden Übersicherung ein vertragsimmanenter Freigabeanspruch zusteht,[2] aufgrunddessen er vom Sicherungsnehmer die Rückgabe von Sicherheiten insoweit verlangen kann, als dadurch die Übersicherung abgebaut wird. Der Freigabeanspruch und seine Voraussetzungen werden vom dispositiven Recht bestimmt, das im Wege ergänzender Vertragsauslegung aus der vertragsimmanenten Interessenstruktur des Sicherungsvertrags gewonnen wird.[3] Dieses dispositive Recht dient sowohl als Maßstab für die Inhaltskontrolle nicht ausgehandelter Vertragsklauseln als auch als Lückenfüller bei fehlender oder unwirksamer Regelung im Sicherungsvertrag.[4] Vertragliche Freigabeklauseln, die gemäß § 307 unwirksam sind, führen entgegen früherer Rechtsprechung[5] nicht mehr zur Gesamtunwirksamkeit des Sicherungsvertrags, sondern gemäß § 306 I nur zur Unwirksamkeit der Klausel, an deren Stelle gemäß § 306 II der vertragsimmanente Freigabeanspruch tritt.[6] Dies gilt auch für eine vor Inkrafttreten des AGBG vorgenommene Globalzession.[7]

S 182 **b) Freigabe nach dispositivem Recht.** Aus dem Sicherungsvertrag ergibt sich auch ohne ausdrückliche vertragliche Regelung ein vertragsimmanenter Freigabeanspruch, wenn eine Übersicherung vorliegt (s. Rz S 181).[8] Der Sicherungsnehmer hat gemäß § 262 und nach dem Rechtsgedanken des § 1230 S. 1 grundsätzlich ein Wahlrecht, welches konkrete Sicherungsgut er zum Abbau der Übersicherung freigibt.[9] Die Voraussetzungen für diesen Freigabeanspruch sind bei sicherungsübereigneten Warenlagern oder Globalzessionen dahingehend festzulegen, dass der Freigabeanspruch besteht, wenn (1) der tatsächlich realisierbare Wert der Sicherheiten, der sich im Zeitpunkt der Verwertung ergibt, die **Deckungsgrenze von 110 %** der gesicherten Forderungen übersteigt.[10] Zu den gesicherten Forderungen gehören die im Zeitpunkt der Entscheidung über den Freigabeanspruch noch ausstehenden Hauptforderungen und Zinsen. Auf diesen Betrag, der 100 % entspricht, kommt ein Zuschlag von 10 % für die im Falle der Verwertung anfallenden Feststellungs- und Verwertungskosten (§ 171 I 2, II 1 InsO) sowie etwaige Rechtsverfolgungskosten.[11] Diese Deckungsgrenze wird abstrakt-generell ermittelt und nicht konkret-individuell aus dem jeweiligen Sicherungsvertrag.[12] Sie erhöht sich um die

---

1 S. BGH NJW 1989, 2383, 2384; OLG Stuttgart ZIP 1984, 463; zum Freigabeanspruch beim verlängerten Eigentumsvorbehalt siehe auch *Berger* ZIP 2004, 1073.

2 BGH GS NJW 1998, 671.

3 Vgl. BGH GS NJW 1998, 671 = LM H.5/1998 § 138 (BB) BGB Nr. 86 m. Anm. *Stürner; Canaris* ZIP 1997, 813.

4 S. *Pfeiffer* ZIP 1997, 49; *M. Wolf* LM H.11/1996 § 138 (Aa) BGB Nr. 51 d.

5 S. z. B. noch BGH NJW 1993, 533.

6 S. grundlegend BGH GS NJW 1998, 671, 673; BGH NJW-RR 1998, 1123, 1124.

7 BGH NJW 1998, 2206.

8 BGH ZIP 2005, 1021, 1022 = NJW-RR 2005, 1408; siehe auch *Wolf* in *Derleder/Knops/Bamberger* § 24 Rz 43.

9 BGH GS NJW 1998, 671, 672; *Pfeiffer* ZIP 1997, 49, 55.

10 BGH GS NJW 1998, 671, 675.

11 BGH GS NJW 1998, 671, 675.

12 BGH GS NJW 1998, 671, 674; a. A. etwa *Bülow* JZ 1997, 500, 503.

Umsatzsteuer, falls diese beim Sicherungsnehmer anfällt (s. §§ 170 II, 171 II 3 InsO).[1] (2) Da der im Zeitpunkt eines künftigen Verwertungsfalls realisierbare Wert der Sicherheit im Zeitpunkt der Entscheidung über den Freigabeanspruch schwer vorauszuberechnen ist, geht der große Senat in analoger Anwendung von § 237 S. 1 von einer Deckungsgrenze von 150 % der gesicherten Forderung samt Zinsen aus.[2] Auch diese Deckungsgrenze erhöht sich um eine etwaige beim Sicherungsnehmer anfallende Umsatzsteuer. Die aus § 273 S. 2 abgeleitete Deckungsgrenze, die auch für eine Globalzession gilt, liegt in jedem Fall höher als die bis dahin von der Rechtsprechung zu Grunde gelegte Deckungsgrenze von 120 %.[3] (3) Der realisierbare Wert der Sicherheiten wird als weitere Bestimmungsgröße für die Übersicherung mangels anderer Anhaltspunkte bei sicherungsübereigneten Warenlagern in Übereinstimmung mit der bisherigen Rechtsprechung als Schätzwert aus dem Börsen- oder Marktwert bzw. bei Fehlen eines solchen aus dem Einkaufspreis oder gegebenenfalls den Herstellungskosten des Sicherungsgebers entnommen.[4] Dabei wird von einem nicht mit vorrangigen Rechten Dritter belasteten Sicherungsgut ausgegangen. Liegen solche vorrangigen Rechte, z. B. in Form eines Pfandrechts oder eines Eigentumsvorbehalts, vor, so ist der Betrag des vorrangig gesicherten Anspruchs des Dritten vom Wert des Sicherungsgutes abzuziehen. Bei sicherungshalber abgetretenen Forderungen, insbesondere bei einer Globalzession, ist vom Nominalbetrag der Forderung auszugehen unter Abzug von Forderungen, die der Sicherungsnehmer nicht erworben hat, oder die mit einer Einrede behaftet sind oder denen eine aufrechenbare Gegenforderung gegenübersteht.[5] Wer einen höheren oder niederen realisierbaren Wert der Sicherheiten geltend macht, muss dies substantiiert darlegen und beweisen, so dass dem Richter eine Schätzung des Wertes gemäß § 287 ZPO möglich ist.[6] Mehrere Sicherheiten verschiedener Sicherungsgeber werden nicht zusammengerechnet.[7] Eine Forderung kann deshalb neben einer Sicherungsübereignung oder Sicherungsabtretung durch eine Bürgschaft oder Grundschuld eines anderen Sicherungsgebers abgesichert werden.[8] Die Kumulierung der Sicherheiten kann jedoch nach § 138 nichtig sein.[9]

c) Wirksame und unwirksame Klauseln. Klauseln, die das dispositive Recht (Rz S 182) inhaltlich übernehmen, sind grundsätzlich wirksam. **Wirksam** sind auch Klauseln, die von diesen Maßstäben des dispositiven Rechts nur geringfügig abweichen. Handelt es sich bei den sicherungsübereigneten Waren um solche, deren Verwertungsrisiko erfahrungsgemäß typischerweise einen höheren Risikoabschlag als $^1/_3$ erlaubt, so kann auch eine 150 % übersteigende Deckungsgrenze wirksam vereinbart werden. Dies bedarf jedoch einer besonderen und gut substantiierten Rechtfertigung.[10] Eine höhere Deckungsgrenze kann ausnahmsweise auch gerechtfertigt sein, wenn dem Sicherungsnehmer nachweisbar und unvermeidbar höhere Unkosten entstehen. Dazu gehört insbesondere auch eine Belastung des Sicherungsnehmers mit Umsatzsteuer.[11] Wirksam ist auch eine Klausel, die dem Sicherungsnehmer ein Wahlrecht hinsichtlich der konkret freizugebenden Sicherungsgegen- **S 183**

---

[1] BGH GS NJW 1998, 671, 675.
[2] Dazu schon *Liebelt-Westphal* ZIP 1997, 230, 231f.
[3] S. dazu etwa BGH NJW 1985, 1836, 1838; 1993, 533.
[4] BGH GS NJW 1998, 671, 676; zuvor etwa BGH NJW 1995, 2348.
[5] BGH NJW 1998, 671, 676.
[6] BGH GS NJW 1998, 671, 677; insoweit auch *M. Wolf* LM H.11/1996 § 138 (Aa) BGB Nr. 51 d.
[7] S. BGH NJW 1994, 1796, 1797; s. auch OLG Hamm ZIP 1993, 1565.
[8] OLG Hamm ZIP 1993, 1565.
[9] BGH NJW 1994, 1796, 1798; BGH GS NJW 1998, 671, 674.
[10] S. auch BGH GS NJW 1998, 671, 676.
[11] S. BGH GS NJW 1998, 671, 675.

stände einräumt.[1] **Unwirksam** ist eine Klausel, die auf die Festlegung einer Deckungsgrenze verzichtet und die Feststellung der Übersicherung mit dem daraus sich ergebenden Freigabeanspruch dem Ermessen, und sei es auch dem billigen Ermessen, des Sicherungsnehmers überlässt. Die Unwirksamkeit der Klausel folgt aus § 307 II Nr. 2, weil sie die Durchsetzung des vertragswesentlichen Freigabeanspruchs erheblich unsicher macht und erschwert. Dadurch wird zugleich der Sicherungszweck des Sicherungsvertrages vereitelt und der Sicherungsgeber im Sinne von § 307 I unangemessen benachteiligt.[2] Eine Übersicherung von 300 % oder 400 %, bezogen auf den Wareneinkaufswert, ist nicht mehr angemessen und deshalb nach § 307 unwirksam.[3] Auch eine Deckungsgrenze von 150 % kann im Einzelfall unwirksam sein, wenn der Sicherungsgeber substantiiert darlegt und beweist, dass im konkreten Fall das Verwertungsrisiko geringer ist als das in § 237 S. 1 zu Grunde gelegte Drittel.[4] Unwirksam ist auch eine Klausel, die entgegen dem Transparenzgebot (s. § 307 Rz 235 ff.) die Voraussetzungen des Freigabeanspruchs nicht klar und eindeutig wiedergibt. Ebenso kann die Bewertung der einzelnen Sicherheiten nicht dem Belieben des Sicherungsnehmers oder eines Dritten überlassen werden. Bei Unwirksamkeit einer Klausel gilt § 306 I, II (s. Rz S 181 a. E.). Ist in einer Klausel nur von einem nicht näher konkretisierten Wert die Rede, so ist zunächst durch Auslegung zu ermitteln, ob der Nominalwert oder der realisierbare Wert gemeint ist. Bei der Sicherungszession ist im Regelfall vom Nominalwert auszugehen.[5] Werden die Kosten der Feststellung und Verwertung dem Sicherungsgeber auferlegt (s. Nr. 12 Abs. 5 AGB-Banken), so sind sie als Bestandteil der Deckungsgrenze anzusehen. Werden sie außerhalb des Verwertungserlöses gesondert in Rechnung gestellt, so muss die Deckungsgrenze entsprechend ermäßigt werden.

4. Pflichten des Sicherungsgebers

S 184 Die Kosten der Bestellung und Verwaltung der Sicherheiten können dem Sicherungsgeber auferlegt werden.[6] Ein in AGB vorgesehenes Auskunfts- und Einsichtsrecht in Bücher und Unterlagen ist nicht zu beanstanden, soweit es auf das Sicherungsgut begrenzt ist. Eine in AGB vorgesehene Versicherungspflicht für das Sicherungsgut ist ebenfalls nicht zu beanstanden. Zulässig ist auch eine Klausel, wonach der Sicherungsgeber zur schonenden Behandlung des Sicherungsgutes verpflichtet ist und Reparaturen auf eigene Kosten vorzunehmen oder die Interventionskosten zu tragen hat. Sofern die Reparaturen üblicherweise die Einräumung eines vertraglichen Pfandrechts erfordern, liegt in der Reparaturklausel zugleich die konkludente Ermächtigung des Sicherungsnehmers an den Sicherungsgeber nach § 185 I zur Bestellung eines solchen Pfandrechts.[7] Die Ermächtigung geht jedoch nur so weit, als auch ein gesetzliches Pfandrecht reichen würde, d. h. sie deckt nur ein Pfandrecht für die Forderung aus dem jeweiligen Reparaturvertrag, nicht dagegen für alle früheren Reparaturen.[8] Die formularmäßige Verpflichtung des Darlehensnehmers, der zugleich Grundschuldbesteller ist, zur Unterwerfung unter die sofortige Zwangsvollstreckung in sein gesamtes Vermögen wird in ständiger Rechtsprechung des BGH als wirksam angesehen, wobei sich ein Überrumpe-

---

[1] BGH GS NJW 1998, 671, 672; *M. Wolf* LM H.11/1996 § 138 (Aa) BGB Nr. 51 d.

[2] BGH GS NJW 1998, 671, 675; s. auch *M. Wolf* LM H.4/1996 § 138 (aA) BGB Nr. 51 d; a. A. zuvor BGH NJW 1996, 2924.

[3] BGH NJW-RR 1992, 884.

[4] BGH GS NJW 1998, 671, 675 = LM H.5/1998 § 138 (BB) BGB Nr. 86 m. Anm. *Stürner.*

[5] BGH NJW 1994, 445.

[6] S. Nr. 12 V AGB-Banken.

[7] Offen gelassen in BGH NJW 1983, 2140.

[8] BGH NJW 1983, 2140.

lungsmoment hier wie stets aus der Klauselgestaltung (äußere Gestaltung und Positionierung im Vertragstext) in concreto ergeben kann.[1]

5. Beendigungsklauseln

Nach Nr. 18 I, 19 I AGB-Banken dürfen der Kunde und die Bank ihre Geschäftsverbindung nach freiem Ermessen einseitig aufheben, falls nicht eine anderweitige Vereinbarung besteht. Dieses **Kündigungsrecht** kommt auch für einen auf unbestimmte Zeit geschlossenen Sicherungsvertrag in Betracht. Da der Sicherungsvertrag als Dauerschuldverhältnis eingeordnet werden kann, sind gegen dessen jederzeitige Beendigung durch ordentliche Kündigung nach freiem Ermessen grundsätzliche Bedenken nicht zu erheben. Zur Vermeidung unangemessener, mit der Kündigung verbundener Nachteile ist jedoch regelmäßig eine angemessene Kündigungsfrist wie in Nr. 19 I AGB-Banken vorzusehen, die es dem Kündigungsempfänger ermöglicht, sich auf die Kündigung einzustellen und schwerwiegende Nachteile zu vermeiden. Soweit sich das freie Ermessen auch auf eine fristlose, außerordentliche Kündigung beziehen soll, führt dies zur Unwirksamkeit nach § 307 II Nr. 1, da die Einhaltung einer Kündigungsfrist zu den wesentlichen Grundgedanken der gesetzlichen Regelung zählt. Nur bei Vorliegen eines wichtigen Grundes (Nr. 19 III AGB-Banken) ist die vorgesehene fristlose Kündigung nicht zu beanstanden. Als wichtiger Grund können wesentliche Vermögensverschlechterung[2] oder erhebliche Vermögensgefährdung ohne weiteres wirksam vereinbart werden. Eine unrichtige Angabe des Kunden über seine Vermögenslage ergibt einen wichtigen Grund regelmäßig nur, wenn die unrichtigen Angaben auf Verschulden beruhen und die Bank aus vernünftigen Gründen zur Ablehnung der Kreditgewährung veranlasst hätten. Die Interessen des Kunden müssen angemessen berücksichtigt werden.[3] Eine Verpflichtung der Bank, einem sanierungsfähigen Kreditnehmer bei ausreichenden Sicherheiten zusätzlichen Kredit zu gewähren, besteht grundsätzlich nicht, kann sich aber aus besonderen Umständen, insbesondere im Fall eines Sanierungsdarlehens zur Deckung eines kurzfristigen Liquiditätsbedarfs, ergeben.[4] In der Nichtstellung zusätzlicher Sicherheiten durch den Kunden liegt nur insoweit ein wichtiger Grund, als die Bank solche Sicherheiten verlangen kann[5] und diese nicht nur einen unbedeutenden Umfang haben. **S 185**

6. Verwertungsklauseln

a) Die Verwertung von Sicherungsrechten ist grundsätzlich erst nach **Fälligkeit** der gesicherten Forderung zulässig[6] und setzt grundsätzlich auch **Zahlungsverzug**[7] und einen mehr als nur geringfügigen Zahlungsrückstand voraus.[8] Ein Verwertungsrecht vor Fälligkeit der Forderung ist jedoch ausnahmsweise dann nicht zu beanstanden, wenn die Verwertung zur Erhaltung der Sicherheit – und damit letztlich auch im Interesse des Sicherungsgebers – erforderlich ist[9] und wenn dem **S 186**

---

1 BGH NJW-RR 2006, 490 m.w.N., jedoch Überraschung im Einzelfall verneint.

2 Dazu OLG Zweibrücken ZIP 1984, 1334, 1338.

3 BGH NJW 1978, 947.

4 *Canaris* BankR, Rz 1272; ähnlich *Bamberger/Roth/Rohe* § 490 Rz 14; a. A. OLG Zweibrücken ZIP 1984, 1334, 1339; *Rümker* KTS 1981, 493, 505; *Mülbert* WM 2002, 465, 474.

5 BGH NJW 1981, 1363 und Rz S 179.

6 S. auch § 1228 II.

7 S. BGH NJW 1992, 2626, 2627 a.E. (Verzug als „nahe liegend(e)" Voraussetzung).

8 S. BGH NJW 1992, 2626, 2627; *Kohte* ZIP 1988, 1237.

9 So Nr. 21 II AGB-Banken a. F. 1988; a. A. *von Westphalen* Vertragsrecht und AGB-Klauselwerke, Sicherungsübereignung Rz 28; *Ulmer/Harry Schmidt* Anh. § 310 Rz 756; *Soergel/Stein* § 9 Rz 106.

Sicherungsgeber die Sicherheit auch nach Verwertung wirtschaftlich erhalten bleibt. Eine vorzeitige Verwertung von Sicherheiten bei Pflichtverletzungen des Sicherungsgebers kann ausnahmsweise vorgesehen werden, wenn die Pflichtverletzung zu einer Gefährdung der Sicherheit oder zu einer wesentlichen Gefährdung der Interessen des Sicherungsnehmers führt. Das Verwertungsrecht darf dagegen nicht in das Belieben des Verwenders gestellt oder jederzeit vorgesehen sein.[1] Die Regelung in Nr. 21 V AGB-Sparkassen, die die Verwertung an Fälligkeit, Mahnung mit angemessener Nachfrist sowie Verwertungsandrohung knüpft, ist nicht zu beanstanden. Auch ein Verwertungsrecht bei jeder Art von Pflichtverletzung ohne Rücksicht auf deren Schwere ist zu weit und nach § 307 zu beanstanden. Möglich ist jedoch, bei geringeren Pflichtverletzungen Benutzungsregelungen oder Benutzungsverbote und Herausgabepflichten vorzusehen, wobei jedoch die Verhältnismäßigkeit zu beachten ist. Die Unwirksamkeit einer Verwertungsregelung hat nicht notwendig die Unwirksamkeit der Sicherheitenübertragung selbst zur Folge.[2] S. zur Sicherungsabtretung Rz S 195.

S 187 **b)** Da die Verwertung einen wesentlichen Eingriff in die Sphäre des Sicherungsgebers enthält und teilweise auch mit wirtschaftlichen Verlusten verbunden ist, muss ihr regelmäßig eine **Androhung mit Fristsetzung** vorausgehen (s. auch § 1234). Ein Verwertungsrecht ohne Androhung und Fristsetzung stellt eine wesentliche Beeinträchtigung der Interessen des Sicherungsgebers dar und ist deshalb grundsätzlich nach § 307 unwirksam.[3] Die Unwirksamkeit der Verwertungsklausel hat nach der zutreffenden Auffassung des BGH die Unwirksamkeit einer Lohnabtretungsklausel in AGB insgesamt zur Folge, da eindeutig erkennbare und angemessene Verwertungsvoraussetzungen für den angemessenen Interessenausgleich erforderlich sind.[4] Folglich soll ein Gläubiger, der eine unwirksame Sicherungsabtretung offenlegt, gegen seine Pflicht, eine Schädigung des Schuldners zu vermeiden, verstoßen und sich bei vorwerfbarem Verhalten schadensersatzpflichtig machen.[5] Eine angemessene Verwertungsregelung lässt sich jedoch aus einer analogen Anwendung der Pfandverwertungsvorschriften (§§ 1234, 1273 II, § 368 HGB) und einer ergänzenden Vertragsauslegung entnehmen, so dass bei Trennung von Abtretungsklausel und Verwertungsklausel die Abtretungsklausel nach § 306 I wirksam bleiben kann.[6] Auf Androhung mit Fristsetzung kann bei Gefahr im Verzug verzichtet werden. Allgemein darf die Verwertung von Sicherheiten nicht unter Verstoß gegen Treu und Glauben, insbesondere nicht zur Unzeit erfolgen.

S 188 **c)** Als **Art und Weise der Verwertung** kann der freihändige Verkauf vorgesehen werden. Für Pfandrechte ist jedoch § 1245 II zu beachten. Soweit aus Grundpfandrechten die Verwertung des Grundstücks betrieben wird, sind §§ 1147, 1149 mit § 1192 einzuhalten. Soweit Grundpfandrechte jedoch durch Abtretung verwertet werden, kann der freihändige Verkauf vorgesehen werden. Der freihändige Verkauf, d. h. der Verkauf ohne öffentliche Versteigerung, entbindet den Sicherungsnehmer jedoch nicht von der Pflicht, die Interessen des Sicherungsgebers an

[1] S. auch OLG München NJW-RR 1992, 812; für Wirksamkeit nur bei qualifizierter Angabe im Vertrag *von Westphalen* Vertragsrecht und AGB-Klauselwerke, Sicherungsabtretung Rz 17.

[2] A. A. BGH NJW 1992, 2626; BGH NJW 1994, 2754 zur Lohnabtretung, s. Rz S 187; für Unvereinbarkeit dieser Rspr. mit Art. 6 I RL *Pfeiffer* in GH II/*Wolf* EG-VbR A 05, Art. 6 Rz 17.

[3] BGH ZIP 2005, 1021, 1022; BGH NJW 1994, 2754 zur Lohnabtretung; BGH NJW 1992, 2626; allgemein: *von Westphalen* Vertragsrecht und AGB-Klauselwerke, Sicherungsübereignung Rz 20; *Soergel/Stein* § 9 Rz 106; *Ulmer/Harry Schmidt* Anh. § 310 Rz 756.

[4] BGH NJW 1992, 2626; BGH NJW 1994, 2754; BGH ZIP 2005, 1021, 1022 = BGH NJW-RR 2005, 1408 zu Nr. 20 AGB-Banken in der Fassung von 1988.

[5] BGH NJW 1994, 2754, 2755.

[6] Ebenso *Pfeiffer* WuB I F 4. 10.92.

wirtschaftlich angemessener Verwertung zu beachten.[1] Bei schuldhafter Verletzung dieser Pflicht bestehen Schadensersatzansprüche. Dies gilt auch, wenn der Sicherungsnehmer die gesicherte Forderung und das Sicherungsrecht, insbesondere eine Grundschuld, an verschiedene Personen überträgt. Nr. 21 III 2 AGB-Banken a. F., der eine solche getrennte Abtretung nur mit Zustimmung des Sicherungsgebers zuließ, ist nicht als Abtretungsverbot nach § 399, sondern nur als schuldrechtliche Unterlassungsverpflichtung auszulegen.[2]

Das Verbot der Vereinbarung einer **Verfallklausel** gilt zwar für das Pfandrecht (§ 1229), nicht aber für die Sicherungsübereignung. Es kann deshalb vorgesehen werden, dass das Sicherungsgut dem Sicherungsnehmer endgültig verbleibt, sofern eine dem wirklichen Wert des Sicherungsgutes angemessene Verrechnung mit der Forderung erfolgt.[3] **S 189**

Der Verwertung nahe kommt die **Offenlegung der Sicherungsabtretung** durch Mitteilung an den Drittschuldner, da durch diese Offenlegung die Kreditwürdigkeit des Sicherungsgebers beeinträchtigt wird und der Sicherungsnehmer damit die Erfüllung der abgetretenen Forderung an sich vorbereitet. Die Offenlegung darf deshalb nicht grundlos vorgesehen werden, sondern nur, wenn dies im Rahmen ordnungsgemäßer Verwertung der Sicherheit geboten ist. Das wird von den Fällen abgesehen, in denen die vorzeitige Verwertung ausnahmsweise zur Erhaltung des wirtschaftlichen Wertes der Sicherheit erforderlich ist (s. Rz S 186) regelmäßig erst dann der Fall sein, wenn die gesicherte Forderung fällig ist und der Sicherungsgeber sich im Verzug befindet. Eine unbeschränkte Offenlegungsklausel ist nach § 307 zu beanstanden.[4] **S 190**

d) Die **Kosten der Verwertung** werden regelmäßig dem Sicherungsgeber auferlegt (z. B. Nr. 12 V AGB-Banken). Dies ist mit den gesetzlichen Wertungen (s. etwa § 788 ZPO) vereinbar und deshalb nicht nach § 307 zu beanstanden; anderes gilt, wenn nicht nur die Kosten abgewälzt werden, sondern der Verwender sich ein gesondertes Entgelt für die Verwertung versprechen lässt. Denn die Verwertung stellt keine Leistung gegenüber dem Sicherungsgeber dar, so dass kein Rechtsgrund für eine Vergütung ersichtlich ist. Andernfalls könnte der Erlös nicht voll zur Befriedigung der gesicherten Forderung dienen. Die Kosten eines von ihr zu Unrecht geführten Prozesses muss jedoch die Bank tragen.[5] Zu den Kosten gehört auch die **Umsatzsteuer,** die bei Verwertung des Sicherungsguts anfällt (Nr. 17 II AGB-Banken; Nr. 21 V AGB-Sparkassen). Eine Klausel, die dem Sicherungsgeber die Umsatzsteuer auferlegt, ist nicht nach § 307 zu beanstanden,[6] da der Sicherungsgeber dadurch nicht belastet wird, denn bei Tragung der Umsatzsteuer durch den Sicherungsgeber kann der Bruttoerlös auf die gesicherte Forderung verrechnet werden und kommt deshalb ebenfalls mittelbar dem Sicherungsgeber zugute.[7] Hat deshalb der Sicherungsgeber oder dessen Insolvenzverwalter das Sicherungsgut veräußert, so kann er für die ihn treffende Umsatzsteuer[8] keinen Ersatz vom Sicherungsnehmer verlangen.[9] Umgekehrt ist der Sicherungsnehmer zum Abzug der Umsatzsteuer vom Erlös berechtigt, wenn ihm im Falle der Veräußerung die Umsatzsteuer **S 191**

---

1 S. LG Frankfurt ZIP 1988, 767.
2 BGH NJW 1982, 2768.
3 Enger *von Westphalen* Vertragsrecht und AGB-Klauselwerke, Sicherungsübereignung Rz 33.
4 S. auch *Ulmer/Harry Schmidt* Anh. § 310 Rz 756.
5 BGH NJW 1989, 1284.
6 BGH NJW 1980, 2473, 2476; a. A. *Ulmer/Harry Schmidt* Anh. § 310 Rz 756.
7 BGH NJW 1980, 2473, 2476.
8 S. auch BFH NJW 1976, 336.
9 BGH NJW 1980, 2473.

vom Finanzamt auferlegt wird. Nicht zu den Verwertungskosten gehören Maklerkosten im Zusammenhang mit der Abtretung der Rechte aus dem Zuschlag bei einer Zwangsversteigerung.[1]

III. Die Sicherungsübereignung

S 192 Soweit die Sicherungsübereignung als **dingliches Übereignungsgeschäft** in Formularverträgen vereinbart wird, unterliegt sie ebenfalls der AGB-rechtlichen Kontrolle,[2] und damit auch der Inhaltskontrolle nach § 307. Der Inhaltskontrolle unterliegt auch die Einhaltung des sachenrechtlichen Bestimmtheitsgrundsatzes (s. auch § 307 Rz 261). Nach § 307 ist auch zu beurteilen, ob nur die **auflösend bedingte Sicherungsübereignung** angemessen ist oder auch die unbedingte Sicherungsübereignung mit lediglich schuldrechtlichem Rückübertragungsanspruch. Da bei lediglich schuldrechtlichem Rückübertragungsanspruch der Sicherungsgeber das Insolvenzrisiko und das Risiko der unerlaubten Veräußerung durch den Sicherungsnehmer trägt, ist er regelmäßig unangemessen benachteiligt. Diese Benachteiligung entfällt bei auflösend bedingter Sicherungsübereignung nach § 161. Die Interessen des Sicherungsnehmers werden andererseits bei einer auflösend bedingten Sicherungsübereignung ausreichend gewahrt. Vor Verfügungen über sein Eigentum ist er im Falle einer bloß schuldrechtlichen Rückübertragungspflicht nicht besser geschützt als im Falle einer auflösenden Bedingung. Die Sicherung durch strafrechtliche Sanktionen der Unterschlagung ist nicht Aufgabe des Zivilrechts.[3] Einem angemessenen Interessenausgleich, wie er für den Eigentumsvorbehalt im Zweifel auch in § 449 vorgesehen ist, entspricht es deshalb, dass die Sicherungsübereignung auflösend bedingt vereinbart wird. Der BGH[4] lehnt eine analoge Anwendung von § 449 auf die Sicherungsübereignung allerdings ab und wendet sich deshalb gegen die Anwendung von § 307 II Nr. 1. Auch § 307 II Nr. 2 ist nach Auffassung des BGH[5] nicht einschlägig, da die Natur des Sicherungsvertrags nicht die Abhängigkeit der Sicherungsübereignung vom Bestand der Forderung verlange und der Vertragszweck durch einen bloß schuldrechtlichen Rückübertragungsanspruch nicht gefährdet werde.[6] Eine unbedingte Sicherungsübereignung verschiebt jedoch die Risiken wesentlich zum Nachteil des Sicherungsgebers und ist deshalb nach § 307 I grundsätzlich unwirksam,[7] wenn nicht ein anerkennenswertes Interesse des Sicherungsnehmers an unbedingter Sicherungsübereignung besteht. Ein solches anerkennenswertes Interesse sieht der BGH[8] bei der Sicherungsübereignung an Banken als gegeben an, jedenfalls dann, wenn die Sicherungsübereignung mit einer umfassenden Zweckbestimmungsklausel (s. Rz S 176 ff.) verbunden ist und deshalb im Falle einer auflösenden Bedingung leicht Zweifel und Streit entstehen können, ob zu sichernde Forderungen noch vorhanden sind und demgemäß die Bedingung eingetreten ist oder nicht. Die unbedingte Sicherungsübereignung dient in einem solchen Fall der Rechtsklarheit und ist deshalb auch nach § 307 I gerechtfertigt.[9] Sie muss unter diesen Umständen je-

---

1 OLG Frankfurt NJW-RR 1988, 238 zu Nr. 22 AGB-Banken a. F.
2 § 305 Rz 9.
3 A. A. offenbar BGH NJW 1984, 1184, 1186.
4 NJW 1984, 1184, 1186.
5 NJW 1984, 1184, 1186.
6 BGH NJW 1984, 1184, 1186.
7 S. im Einzelnen *M. Wolf* FS Baur, 1981, S. 147, 159 ff.
8 NJW 1984, 1184.
9 BGH NJW 1984, 1184, 1186.

denfalls in AGB anerkannt werden, wenn die Sicherungsübereignung vom persönlichen Schuldner vorgenommen wird. Dem Interesse an Rechtsklarheit wird auch dadurch gedient, dass für die Rückübertragung Schriftform vorgesehen ist. Diese kann deshalb auch nach § 307 I wirksam vorgesehen werden.[1]

Nach § 308 Nr. 5 ist die in Nr. 15 I AGB-Banken/Nr. 25 I AGB-Sparkassen vorgesehene Sicherungsübereignung unwirksam, da sie eine Übereignungserklärung fingiert, wenn die Bank Wechsel oder Schecks erhält.[2] **S 193**

Zum Sicherungsvertrag und den auch die Sicherungsübereignung betreffenden Klauseln darin s. Rz S 175 ff. Die Sicherungsübereignung kann auch auf die Forderungen aus einer Weiterveräußerung oder auf die Rechte aus einer Verarbeitung erstreckt werden. Dafür gelten die Erläuterungen zum verlängerten Eigentumsvorbehalt entsprechend, s. Rz E 49 ff. **S 194**

IV. Sicherungsabtretung

Die AGB-rechtlichen Vorschriften sind auch auf die Sicherungsabtretung als Verfügungsgeschäft anwendbar. Dies gilt sowohl für die allgemeine Sicherungsabtretung wie für die Sicherungsabtretung in Gestalt der Vorausabtretung, der Globalzession oder der Mantelzession. Zum Factoring s. Rz F 1 ff. **S 195**

1. Allgemeines

Wird die Sicherungsabtretung nicht individuell, sondern durch Formularvertrag oder in AGB vereinbart, so unterliegt sie der Kontrolle nach den §§ 305 ff. Eine Sicherungsabtretung enthält z. B. Nr. 15 II AGB-Banken/Nr. 25 I AGB-Sparkassen, wonach bei Einreichung von Wechseln und anderen Einzugspapieren die zu Grunde liegenden Forderungen des Kunden als abgetreten gelten, was hier wie bei Nr. 15 I AGB-Banken/Nr. 25 I AGB-Sparkassen (s. Rz S 193) bedenklich ist.[3] Die Sicherungsabtretung muss dem Grundsatz der Bestimmbarkeit genügen. Dies ist zum Schutze der wirtschaftlichen Bewegungsfreiheit des Abtretenden auch im Rahmen von § 307 zu beachten.[4] Die Bestimmbarkeit ist gegeben, wenn sich aus den AGB hinreichend deutlich ergibt, welche konkrete Forderung und in welchem Umfang sie abgetreten sein soll.[5] Neben der Abtretung selbst müssen auch die Rechte und Pflichten aus dem Sicherungsverhältnis klar und durchschaubar umschrieben sein, insbesondere müssen zum Schutz des Sicherungsgebers die Voraussetzungen der Verwertung (s. Rz S 200) und zur Sicherung der Kreditwürdigkeit auch die Voraussetzungen zur Verhinderung einer Übersicherung (s. Rz S 181 und S 197) und zur Erhaltung des Freigabeanspruchs (s. Rz S 182) genau festgelegt sein.[6] Die Sicherungsabtretung für ein sittenwidriges Darlehen ist nicht als solche nichtig (s. Rz S 173). Für die Zweckbestimmungsklausel gelten die allgemeinen Grundsätze (s. Rz S 176 ff.). Eine Sicherungsabtretung dient gemäß Nr. 15 AGB-Banken der Sicherung aller bestehenden und künftigen Forderungen gegen den Kunden. Die Sicherungsabtretung ist insoweit nicht zu beanstanden. Sie verschafft **S 196**

---

[1] S. auch BGH NJW 1984, 1184.

[2] Zur Unwirksamkeit wegen Verletzung des Bestimmtheitsgrundsatzes, jedoch ohne Prüfung von § 308 Nr. 5 gelangt *Möschel* NJW 1981, 2273.

[3] A. A. *Ulmer/Fuchs* Anh. § 310 Rz 125.

[4] BGH NJW 1989, 2383, 2384; OLG München NJW-RR 1992, 812.

[5] BGHZ 7, 365, 369; BGH NJW 1987, 487, 490.

[6] S. OLG München NJW-RR 1992, 812; allgemein zum Transparenzgebot § 307 Rz 235 ff.

der Bank in der Insolvenz des Kunden deshalb ein Absonderungsrecht nach §§ 50, 51 Nr. 1 InsO.[1] Ebenso gelten die allgemeinen Grundsätze zur Übersicherung und Freigabeverpflichtung (Rz S 181 f.) auch für die Sicherungsabtretung. Eine Übersicherung ohne Freigabeklausel kann auch nach § 138 nichtig sein.[2] Eine Abtretung ist nach § 134 wegen Verstoßes gegen Art. 1 § 1 RBerG unwirksam, wenn sie im Rahmen einer nicht erlaubten Rechtsberatung erfolgt.[3] Die Sicherungsabtretung muss grundsätzlich auch auflösend bedingt vereinbart sein, weil sonst dem Sicherungsgeber in nach § 307 unangemessener Weise das Rückübertragungs- und Insolvenzrisiko des Sicherungsnehmers aufgebürdet wird. Für die Sicherungsabtretung kann insoweit nichts anderes gelten als für die Sicherungsübereignung.[4] Die Sicherungsabtretung des künftigen Auseinandersetzungsguthabens an einer Wohnungsgenossenschaft im Rahmen des Dauernutzungsvertrags über eine Wohnung verstößt gegen § 22 GenG sowie gegen § 307.[5] § 310 IV 1 steht der Inhaltskontrolle nach § 307 nicht entgegen, da der Nutzungsvertrag über die Wohnung nicht Bestandteil des Gesellschaftsverhältnisses ist.

2. Lohn- und Gehaltsabtretung

S 197 Die Vorausabtretung künftiger Lohn- und Gehaltsansprüche sowie Provisions- oder Sozialleistungsansprüche ist in AGB zwar grundsätzlich möglich. Angesichts der regelmäßig existentiellen Bedeutung des Gehaltsanspruchs für den Beschäftigten und der nachteiligen Folgen, die eine offengelegte Gehaltsabtretung beim Arbeitgeber auslösen kann, müssen die beteiligten Interessen wohl abgewogen werden. Auf der einen Seite schlagen gewiss anerkennungsfähige Sicherungsinteressen des Sicherungsnehmers zu Buche, andererseits muss jedoch das vielseitig differenzierte Interesse des Gehaltsempfängers beachtet werden. Dessen wirtschaftliche Bewegungsfreiheit kann auch jenseits der Pfändungsgrenzen so stark durch Gehaltsabtretungen eingeschränkt sein, dass im Sicherungsfall die bürgerliche Existenz gefährdet wird. Aber auch schon die mit der Offenlegung verbundenen Unannehmlichkeiten können nicht als bloß „Atmosphärisches" vernachlässigt werden. Man wird daher die Zulässigkeit von formularmäßigen Gehaltsabtretungen eher zurückhaltend anzunehmen und je nach Vertragssituation durchaus differenziert zu entscheiden haben. Dabei können sich Bedenken sowohl aus § 305 c I als auch aus §§ 307 ff. ergeben. Dort, wo das Sicherungsinteresse des Klauselverwenders üblicherweise anderweitig auskömmlich befriedigt werden kann, kann die formularmäßige Gehaltsabtretung schon an § 305 c I scheitern. Das wurde etwa zutreffend angenommen bei **Gehaltsabtretungen in Mietverträgen,** denn der Vermieter kann sein Sicherungsinteresse einerseits durch die übliche Mietsicherheit, andererseits durch sein Vermieterpfandrecht abdecken.[6] Da der Vermieter sich durch die Gehaltsabtretung darüber hinaus ein Übermaß an Sicherheit verschaffen lässt, stellt die Klausel auch keinen angemessenen Interessenausgleich dar, so dass sie auch nach § 307 I unwirksam ist. Wertungsmäßig gleiches gilt für **Gehaltsabtretungen in Leasingverträgen.**[7] Kein durchschlagendes Sicherungsinteresse kann auch in nicht finanzierten oder mit einer Finanzierungshilfe versehenen **Kauf- oder Werkver-**

---

[1] BGH NJW 1985, 2649 zu Nr. 44 AGB-Banken a. F.

[2] BGH NJW-RR 1991, 625; s. auch Rz S 198.

[3] S. BAG NJW 1993, 2701.

[4] S. Rz S 192; *M. Wolf* FS Baur, 1981, S. 147, 162; a. A. LG Nürnberg/Fürth BB 1987, 1559, 1561.

[5] AG Hamburg NJW-RR 1991, 998.

[6] *Stoffels* AGB-Recht Rz 342; *von Westphalen* Vertragsrecht und AGB-Klauselwerke, Gehaltsabtretungsklauseln Rz 5.

[7] OLG Celle NJW-RR 1994, 562.

trägen für die Zulässigkeit einer formularmäßigen Gehaltsabtretung sprechen, da auch hier der Sachleistungsschuldner anderweitige Möglichkeiten hat, die ihm gebührende Gegenleistung zu sichern, sei es durch einen Eigentumsvorbehalt nach § 449, sei es durch das Unternehmerpfandrecht des § 647. Das soll nach verbreiteter Ansicht ebenso beim **finanzierten Kauf** gelten,[1] nicht aber beim **Ratenkredit,** wo Gehaltsabtretungen im Grundsatz bei entsprechender Ausgestaltung als zulässig angesehen werden.[2] Das erscheint inkonsequent: Es ist nicht selten von Zufälligkeiten abhängig, ob der Kunde einen Gegenstand beim Verwender kauft und sich den Kaufpreis bei einem Dritten als Darlehen beschafft (in dessen Rahmen die Gehaltsabtretung zulässig wäre) oder ob der Verkäufer selbst die Vorfinanzierung des Kaufpreises übernimmt. Hier ein unterschiedliches Schutzbedürfnis des Käufers anzunehmen, ist nicht einsehbar. Auch das Argument, der Verkäufer könne sich sein Eigentum bis zur vollständigen Bezahlung des Kaufpreises vorbehalten, schlägt nicht, denn ebenso kann sich der Darlehensgeber die finanzierte Sache zur Sicherheit übereignen lassen, was allemal den geringeren Eingriff in die wirtschaftliche Handlungsfreiheit des Verwendungsgegners darstellt. Man wird daher in beiden Fällen einheitlich zu entscheiden haben und dann, wenn die Möglichkeit anderweitiger Sicherung besteht, insbesondere also des Eigentumsvorbehaltes oder des Sicherungseigentums, in beiden Fällen die formularmäßige Gehaltsabtretung als unangemessen im Sinn des § 307 I anzusehen haben; da aber, wo dies nicht möglich ist (was beim Eigentumsvorbehalt sicher schwer vorstellbar ist), ist die formularmäßige Gehaltsabtretung im Grundsatz als zulässig anzusehen. Auch in den Fällen grundsätzlicher Zulässigkeit der formularmäßigen Gehaltsabtretung reicht dies noch nicht für die Zulässigkeit aus. Vielmehr muss die Klausel nach Zweck und Umfang sowie hinsichtlich der Voraussetzungen, unter denen von der Sicherungsabtretung Gebrauch gemacht werden darf, hinreichend genau bestimmt sein.[3] Wegen Unbestimmtheit unwirksam ist etwa die Abtretung aller Lohn-, Gehalts- und Sozialleistungsansprüche.[4] Ebenfalls wegen Unbestimmtheit tritt Unwirksamkeit ein, wenn die Voraussetzungen, unter denen die sicherungshalber abgetretene Forderung vom Sicherungsnehmer verwertet werden darf, nicht hinreichend bestimmt sind.[5] Ein Unwirksamkeitsgrund kann sich auch aus einer Übersicherung ergeben, wenn die Klausel eine solche Übersicherung nicht von vornherein vermeidet und bei später eintretender Übersicherung keine Freigabeklausel vorsieht.[6] Unwirksamkeit aus diesem Grund ist z. B. gegeben, wenn der Sicherungsabtretung alle pfändbaren Einkommensforderungen ohne zeitliche oder betragsmäßige Begrenzung unterfallen sollen.[7] Dies ist auch anzunehmen, wenn die Klausel, wie z. B. bei einem Kreditkauf, den Käufer in der freien Verfügung über seine Lohn- oder sonstigen Versorgungsbezüge beschränkt, ohne dass dafür im Hinblick auf die Sicherung des Verkäufers durch den Eigentumsvorbehalt ein Bedürfnis anzuerkennen ist.[8] Gleiches gilt, wenn sich eine Bank zur Sicherung eines Finanzierungsdarlehens neben der Sicherungsübereignung des finanzierten Gegenstandes auch noch

---

[1] *Palandt/Heinrichs* § 307 Rz 126; *Ulmer/Harry Schmidt* Anh. § 310 Rz 751; *von Westphalen* Vertragsrecht und AGB-Klauselwerke, Gehaltsabtretungsklauseln, Rz 4 m.w.N.

[2] BGH NJW 1989, 2383, 2384; *Palandt/Heinrichs* § 307 Rz 126; *von Westphalen* Vertragsrecht und AGB-Klauselwerke, Gehaltsabtretungsklauseln Rz 4.

[3] BGHZ 108, 98, 104 = NJW 1989, 2383, 2384; zur Klauselformulierung auch *Kohte* BB 1989, 2257, 2258; Rz S 196.

[4] BGH NJW 1989, 2383, 2384.

[5] BGHZ 108, 98, 104 = NJW 1989, 2383, 2384; zur analogen Anwendung der Pfandrechtsvorschriften bei der Verwertung s. auch *M. Wolf* EWiR § 9 AGBG 19/89, S. 837.

[6] BGHZ 108, 98, 105 = NJW 1989, 2383, 2384; OLG München NJW-RR 1992, 812; s. auch Rz S 181 f.

[7] BGHZ 108, 98, 106 = NJW 1989, 2383, 2385; OLG München NJW-RR 1992, 812; s. auch Rz S 181.

[8] OLG Karlsruhe NJW 1981, 405, 407; OLG Hamm BB 1983, 1304, 1307; *Schlosser/Graba* § 9 Rz 39.

Lohnansprüche des Darlehensnehmers oder eines mithaftenden Gesamtschuldners abtreten lässt,[1] oder wenn die Sicherungsabtretung durch einen bereits sicherungshalber Mithaftenden vorgesehen ist.[2] Grundsätzlich ist auch die Abtretung unter auflösender Bedingung erforderlich.[3] Nach Auffassung des BGH erstreckt sich die Unwirksamkeit einer Verwertungsklausel auf die Lohnabtretungsklausel insgesamt.[4] Eine Unwirksamkeit ergibt sich auch dann, wenn bei einer stillen Zession die Voraussetzungen der **Offenlegung** nicht bestimmt sind. Beim Ratenkredit ist grundsätzlich Verzug mit mindestens einer Monatsrate erforderlich, damit der Darlehensgeber die Abtretung offenlegen kann.[5] Handelt es sich um ein Verbraucherdarlehen, kann der Verwender erst mit der Sicherheitenverwertung beginnen (durch Offenlegung der Zession), wenn die Voraussetzungen der Kündigung nach § 498 I Nr. 1 und 2 gegeben sind. Klauseln, die hier eine frühre Verwertung ermöglichen sollen, sind nach § 307 II Nr. 1 unwirksam.[6] Auch die sonstigen Verwertungsvoraussetzungen dürfen nicht unbestimmt bleiben, wenn eine Lohnabtretungsklausel wirksam sein soll.[7]

3. Globalzession und Sicherungsinteressen Dritter

S 198 Nach § 307 ist auch die Konkurrenz zwischen Vorausabtretung beim verlängerten Eigentumsvorbehalt und der Globalzession[8] zu beurteilen, sofern nur die Globalzession in AGB oder formularmäßig vereinbart ist. § 307 ist auf die Globalzession anzuwenden, weil durch sie nicht nur die Interessen des Vorbehaltsverkäufers oder sonstiger Dritter, etwa des Frachtführers bei einer Globalzession des Spediteurs,[9] betroffen werden, sondern auch die Interessen des Globalzedenten, insbesondere des Vorbehaltskäufers, denn der Vorbehaltskäufer wird in seiner Geschäftstätigkeit unangemessen behindert, da sich kaum ein Vorbehaltsverkäufer ohne wirksame Vorausabtretung zum Verkauf an ihn bereit finden wird. § 307 ist deshalb neben § 138 anwendbar,[10] wobei es für § 307 im Gegensatz zu § 138 nicht auf eine verwerfliche Gesinnung ankommt (§ 307 Rz 17). S. zur Übersicherung Rz S 181 f., 197.

S 199 Die Globalzession ist nach § 307 wegen unangemessener Gefährdung der Interessen des Vorbehaltskäufers unwirksam, wenn sie nicht der Vorausabtretung an den Vorbehaltsverkäufer dinglich den Vorrang einräumt. Wirksam nach § 307 ebenso wie nach § 138 ist dagegen eine Globalzession, die nur solche Forderungen erfasst, welche nicht von einer gegenwärtigen oder künftigen Vorausabtretung aus verlängertem Eigentumsvorbehalt erfasst werden oder nachträglich aus dieser herausfallen.[11] Wirksam ist etwa eine Klausel, wonach die Globalzession an Dritte früher voraus abgetretene Forderungen nur unter der aufschiebenden Bedingung erfasst,

---

1 BGH NJW 1989, 2383, 2385; OLG Frankfurt NJW 1986, 2712; OLG Nürnberg NJW 1988, 1220.

2 BGH NJW 1989, 2383, 2385; OLG Frankfurt WM 1987, 131; *Palandt/Heinrichs* § 307 Rz 126; a. A. *Scholz* BB 1987, 1139.

3 S. auch OLG Nürnberg NJW 1988, 1220; Rz S 192 mit Ausnahmen; a. A. LG Nürnberg/Fürth BB 1987, 1559, 1561.

4 BGH NJW 1992, 2626; dazu aber Rz S 187.

5 OLG Nürnberg NJW-RR 1990, 1461.

6 *von Westphalen* Vertragsrecht und AGB-Klauselwerke, Sicherungsabtretung Rz 17.

7 OLG Nürnberg NJW-RR 1990, 1461.

8 Zur Frage des Verhältnisses einer Globalzession zu Gunsten einer Bank und der zeitlich nachfolgenden zu Gunsten eines Vermieters von Anlagegütern (Baumaschinen) BGH NJW 2005, 1192.

9 S. OLG Hamm NJW-RR 1987, 235 zu § 138 BGB.

10 *von Westphalen* DB 1978, 68; *M. Wolf* FS Baur, 1981, 147, 156; s. auch BGH NJW 1987, 487, 490.

11 S. auch BGH NJW 1987, 487, 490; 1991, 2144, 2147; Bedenken wegen der Bestimmbarkeit bei *Ulmer/Harry Schmidt* Anh. § 310 Rz 750; *von Westphalen* Vertragsrecht und AGB-Klauselwerke, Globalzessionen und Kollisionsfälle Rz 20.

dass der Sicherungsgeber diese Forderungen oder Teilbeträge davon erwirbt. Wirksam ist die Globalzession auch insoweit, als sie die voraus abgetretenen Forderungen aus einem nach Abschluss der Globalzession zustande gekommenen, verlängerten Eigentumsvorbehalt nur erfasst, wenn sie vom verlängerten Eigentumsvorbehalt freigeworden sind. Wirksam ist eine solche dingliche Vorrangklausel auch, wenn sie den Vorrang nur für einen „branchenüblichen" verlängerten Eigentumsvorbehalt anerkennt, da der Globalzessionar mit nicht branchenüblichen Vorbehalten zu rechnen braucht und der Käufer unübliche Vorbehalte nicht hinnehmen muss. Nicht zu beanstanden ist auch, dass der Vorbehaltsverkäufer dadurch mit dem Nachweis der Branchenüblichkeit seines Vorbehalts belastet wird.[1] Sieht die dingliche Vorrangklausel vor, dass nur der freigewordene Teil einer voraus abgetretenen Forderung von der Globalzession erfasst wird, so muss der Vorausabtretung zugleich ein Quotenvorrecht eingeräumt sein in der Weise, dass der Globalzessionar seinen Forderungsteil nicht zum Nachteil des Vorbehaltskäufers geltend machen darf. Unwirksam auch nach § 307 ist dagegen die lediglich schuldrechtliche Vorrangklausel, wonach die Globalzession die unter die Vorausabtretung fallenden Forderungen erfasst und sich der Globalzessionar lediglich verpflichtet, der Vorausabtretung den Vorrang einzuräumen, weil dadurch der Vorbehaltsverkäufer mit Risiken belastet wird,[2] die ihn von Geschäftsabschlüssen mit dem Vorbehaltskäufer abhalten können und dadurch auch dessen Interessen an ungehindertem Geschäftsverkehr gefährden. Zur Übersicherung und Freigabe s. Rz S 181 f., S 197.

4. Stille Zession, Einziehungsermächtigung und Offenlegung

Vor Offenlegung der Sicherungsabtretung (s. Rz S 190) ermächtigt der Siche- **S 200**
rungsnehmer den Sicherungsgeber regelmäßig, die abgetretene Forderung einzuziehen, in Verbindung mit der eigenen Verpflichtung, die eigene Einziehung bis zum Eintritt der Verwertungsvoraussetzungen zu unterlassen. Dies ist nicht zu beanstanden. Wird anstelle der nach § 137 S. 2 möglichen schuldrechtlichen Einziehungsunterlassungspflicht des Sicherungsnehmers bestimmt, dass er erst im Verwertungsfall, z. B. bei Zahlungseinstellung, zur Verfügung und Einziehung berechtigt ist, so ist dies entweder als nach § 137 S. 1 unwirksame Beschränkung der Verfugungsmacht anzusehen, die nach § 139 zur Gesamtnichtigkeit der Sicherungsabtretung führt, oder es liegt eine auf den Verwertungsfall aufschiebend bedingte Abtretung vor, die dann aber nach § 131 Nr. 1 InsO anfechtbar ist.[3] Ist die Sicherungsnehmerin eine Bank und verpflichtet sie den Sicherungsgeber, seine Kunden ausschließlich auf sein bei der Bank geführtes Konto zahlen zu lassen, während sich die Bank die freie eigene Verfügung über die eingehenden Gelder vorbehält,[4] so ist dies nach § 307 wegen unangemessener Beeinträchtigung der wirtschaftlichen Bewegungsfreiheit des Sicherungsgebers unwirksam. Wird aufgrund der Einziehungsermächtigung an den Sicherungszedenten gezahlt, so kann vorgesehen werden, dass er empfangenes Geld treuhänderisch zu verwahren hat (s. auch Rz F 5). Ebenso kann eine Übereignung des Geldes durch antizipiertes Besitzkonstitut oder eine Vorausabtretung des Anspruchs auf den Erlös ohne Verstoß gegen § 307 vereinbart werden.[5] Für den Sicherungsfall kann sich der Zessionar die **Offenlegung der Abtretung** gegenüber dem Schuldner vorbehalten. Die Voraussetzungen der Offenlegung müssen aber im Interesse des Sicherungsgebers und sei-

---

1 S. BGH NJW 1987, 487, 490.
2 S. BGH NJW 1979, 365 und 371.
3 BGH NJW 1993, 1640.
4 S. BGH NJW 1979, 371.
5 A. A. *Lambsdorff/Hübner* Eigentumsvorbehalt und AGB-Gesetz, 1982, S. 189.

ner Kreditwürdigkeit genau bestimmt sein. Eine Befugnis, die Abtretung „jederzeit" offenzulegen, genügt diesen Anforderungen nicht. Sie ist zu weit und deshalb nach § 307 unwirksam.[1] Ist die Sicherungsabtretung nur als Teilabtretung vorgesehen, so werden Zahlungen des Schuldners gemäß § 366 II anteilig verrechnet, falls nichts anderes ausdrücklich oder stillschweigend vereinbart ist.[2] Aus der Vereinbarung des verlängerten Eigentumsvorbehalts kann für sich allein nicht auf eine von der anteiligen Verrechnung abweichende Vereinbarung geschlossen werden.[3] Eine Teilabtretung „bis zur Höhe von" ist im Regelfall dahin auszulegen, dass sie erstrangig getilgt werden soll.[4]

V. Sonstige Sicherungen

S 201–210 Die formularmäßige Sicherungsübertragung eines **Gesellschaftsanteils** ist nicht generell nach § 307 unwirksam oder nach § 138 nichtig. § 310 IV 1 steht der Inhaltskontrolle nicht entgegen.[5] Im Falle der Unwirksamkeit kann sich der Sicherungsgeber darauf nach Treu und Glauben nicht berufen, um sich der Vertragserfüllung insgesamt, insbesondere einer Darlehensrückzahlung, zu entziehen.[6] Die formularmäßige Übernahme einer Garantie durch die Gesellschafter einer Franchisenehmerin (GmbH), nach der diese für alle Ansprüche gegen die Gesellschaft aus dem Franchisevertrag persönlich hafteten, wurde als (lediglich) intransparent angesehen.[7]

*

Software- und EDV-Verträge[8]

Inhaltsübersicht

Schrifttum: *Bartl,* Hardware, Software und Allgemeine Geschäftsbedingungen, CuR 1985, 13; *ders.,* Rechtliche Problematik der Softwareverträge, BB 1988, 2122; *Bartsch,* Softwarepflege nach neuem Schuldrecht, NJW 2002, 1526; *Beckmann,* Computerleasing. Vertragsgestaltung, Leistungsstörungen beim Finanzierungsleasing, Gewährleistung, Haftung, Rückabwicklung, 1993; *Bettinger/Scheffelt,* Application Service

[1] OLG München NJW-RR 1992, 812.

[2] So auch BGH NJW 1991, 2629, 2630.

[3] BGH NJW 1991, 2629.

[4] S. OLG Karlsruhe ZIP 1984, 609, 611.

[5] S. § 310 Rz 14.

[6] BGH ZIP 1985, 670, 671.

[7] BGH NJW 2006, 996, 997 = EWiR 2006, 325 *(Lindacher);* dazu dem Ergebnis, nicht aber der Begründung zustimmend *Billing* WM 2007, 245; weitergehend (auch Verstoß gegen § 305 c I) *Bamberger/Roth/Hubert Schmidt* § 307 Rz 126, § 305 c Rz 17.

[8] Herrn stud. jur. *Jonas Richter* danke ich für seine Unterstützung und für wertvolle Vorarbeiten.

Providing: Vertragsgestaltung und Konflikt-Management, CR 2001, 729; *Bischof/Witzel* Softwarepflegeverträge, ITRB 2003, 31; *Bömer,* Risikozuweisung für unvermeidbare Softwarefehler, CR 1989, 361; *Brandi-Dohrn,* Gewährleistung bei Hard- und Softwaremängeln, 2. Aufl. 1994; *Bräutigam/Rücker,* Softwareerstellung und § 651 BGB-Diskussion ohne Ende oder Ende der Diskussion, CR 2006, 361; *Brehm,* Zur Vertragsgestaltung beim Vertrieb von Standardsoftware, FS Baumann 1992, 589; *Chrocziel,* Verwendungsbeschränkungen in Softwareverträgen, CR 1989, 675, 790; *Diedrich,* Anwendbarkeit des Wiener Kaufrechts auf Softwareüberlassungsverträge, RIW 1993, 441; *Fehl,* Computerrechtsrelevante höchstrichterliche AGB-Rechtsprechung, CR 1990, 377, 457, 508; *Habel,* Know-how in Computerprogrammen, CR 1991, 257; *Hager,* Rechtsfragen des Finanzierungsleasing von Hard- und Software, AcP 190 (190), 324; *Hassemer,* Kaufverträge nach der Schuldrechtsreform, ZGS 2002, 95; *Heussen,* Systemverantwortung bei Computerverträgen, NJW 1988, 2441; *Hoeren,* Softwareüberlassung als Sachkauf, 1989; *ders.,* Ausschluss der Gewährleistung bei Gebrauchtsoftware, CR 1992, 257; *ders.,* Gewährleistung bei Softwareüberlassungsverträgen, in: *Dauner-Lieb/Konzen/K. Schmidt,* Das neue Schuldrecht in der Praxis, Köln 2003, S. 515; *ders.* in: *von Westphalen* Vertragsrecht und AGB-Klauselwerke, IT-Verträge, Stand November 2002; *ders.,* Der urheberrechtliche Erschöpfungsgrundsatz bei der Online-Übertragung von Computerprogrammen, CR 2006, 573; *Jaeger,* Einfluss der Rechtsprechung auf die Entwicklung von Allgemeinen Geschäftsbedingungen am Beispiel von Haftungsausschlussklauseln, VersR 1990, 455; *ders.,* Haftungsausschluss und Haftungsbegrenzung durch AGB im Bereich der EDV, MDR 1992, 96; *Junker,* Die Entwicklung des Rechtsschutzes für EDV-Leistungen in den Jahren 1988 und 1989, NJW 1991, 2117; *ders.,* Die Entwicklung des Computervertragsrechts in den Jahren 1988 und 1989, NJW 1990, 1575; *ders.,* Die Entwicklung des Computerrechts im Jahre 1990, NJW 1992, 1733; *ders.* Die Praxis des Bundesgerichtshofs zum Computerrecht 19891992, JZ 1993, 447; *ders.,* Die Entwicklung des Computerrechts in den Jahren 1991 und 1992, NJW 1993, 824; *ders.,* Die Entwicklung des Computerrechts in den Jahren 1992 und 1993, NJW 1994, 897; *ders.,* Die Entwicklung des Computerrechts in den Jahren 2000/2001, NJW 2002, 2992; *ders.,* Die Entwicklung des Computerrechts in den Jahren 2001/2002, NJW 2003, 2792; *ders.,* Die Entwicklung des Computerrechts in den Jahren 2002/2003, NJW 2004, 3162; *ders.,* Die Entwicklung des Computerrechts in den Jahren 2003/2004, NJW 2005, 2829; *ders.,* Die Entwicklung des Computerrechts in den Jahren 2004/2005, NJW 2006, 2819; *Kilian,* Vertragsgestaltung und Mängelhaftung bei Computersoftware, CuR 1986, 187; *König,* Das Computerprogramm im Recht, Diss. jur. 1991; *ders.,* Zur rechtlichen Bewertung der Überlassung von Quellprogrammen/-codes, NJW 1992, 1731; *ders.,* Software (Computerprogramme) als Sache und deren Erwerb als Sachkauf, NJW 1993, 3121; *Lehmann,* Produkt- und Produzentenhaftung für Software, NJW 1992, 1721; *ders.,* Portierung und Migration von Anwendersoftware, CR 1990, 700; *ders.,* Das neue Software-Vertragsrecht Verkauf und Lizenzierung von Computerprogrammen, NJW 1993, 1822; *Leienne,* IT-Besonderheiten der Schuldrechtsreform: Ein Praxisüberblick, K&R 2002, 441; *Leistner/Klein,* Zur Erschöpfung des Verbreitungsrechts bei sog. OEM-Lizenzen, MMR 2000, 751; *Loewenheim,* Allgemeine Geschäftsbedingungen bei Verträgen über die Überlassung von Standard-Anwendersoftware, FS Kitagawa 1992, 949; *Malzer,* Der Softwarevertrag, Diss. 1991; *Marly,* Softwareüberlassungsverträge, 4. Aufl. 2004; *ders.,* Urheberrechtsschutz für Computersoftware in der Europäischen Union. Abschied vom überkommenen Urheberrechtsverständnis, 1995; *Mehrings,* Computersoftware und Gewährleistungsrecht, NJW 1986, 1904; *ders.,* Zum Wandlungsrecht beim Erwerb von Standardsoftware, NJW 1988, 2438; *ders.,* Vertragsrechtliche Aspekte der Nutzung von Online- und CD-ROM-Datenbanken, NJW 1993, 3102; *Meier/Wehlau,* Produzentenhaftung des Softwareherstellers, CR 1990, 95; *Metzger,* Zur Zulässigkeit von CPU-Klauseln in Softwareverträgen, NJW 2003, 1994; *Müller Hengstenberg,* Computersoftware ist keine Sache, NJW 1994, 3128; *ders.,* BVB/EVB-IT-Computersoftware, 6. Aufl., 2003; *ders.,* Quo Vadis EVB-IT-Verträge, CR 2006, 426; *Peter,* Verfügbarkeitsvereinbarungen beim ASP-Vertrag, CR 2005, 404; *Pötzsch,* Die rechtliche Einheit von Hard- und Software, CR 1989, 1063; *Rehmann,* Herstellung von Individualanwendersoftware, CR 1989, 961; *Redeker,* IT-Recht in der Praxis, 3. Aufl., 2003; *ders.,* Softwareerstellung und § 651 BGB, CR 2004, 88; *ders.,* Allgemeine Geschäftsbedingungen und das neue Schuldrecht, CR 2006, 433; *Harry Schmidt,* Die Kontrolle Allgemeiner Geschäftsbedingungen in Programmüberlassungsverträgen, in Rechtsschutz und Verwertung von Computerprogrammen (hg. v. *Lehmann),* 2. Aufl. 1993; *Schneider,* Urheberrechtsschöpfung und Softwarevertragstyp, CR 1991, 393; *ders.,* Handbuch des EDV-Rechts, 3. Aufl. 2003; *ders.,* IT-Vertragsrecht, CR 2005, 695; *Schweinoch/Roas,* Paradigmenwechsel für Projekte: Vertragstypologie der Neuerstellung von Individualsoftware, CR 2004, 326; *Sedlmeier/Kolk* ASP – Eine vertragstypologische Einordnung, MMR 2002, 75; *Sosnitza,* Urheberrechtliche Zulässigkeit des Handels mit „gebrauchter" Software, K&R 2006, 206; *Tellis,* Gewährleistungsansprüche bei Sachmängeln von Anwendersoftware, BB 1990, 500; *Thewalt,* Softwareerstellung als Kaufvertrag mit werkvertraglichem Einschlag, CR 2002, 1; *Ulmer,* Verjährung der Mängelansprüche beim Werkvertrag, ITRB 2003, 162; *von Merveldt,* Zulässigkeit langfristiger Laufzeiten für Softwareüberlassungsverträge, CR 2006, 721; *von Ohlen,* Die rechtliche Einordnung des Softwareüberlassungsvertrags, Diss. 1990; *von Westphalen,* Zivilrechtliche und steuerrechtliche Fragen beim Softwareleasing, WM 1989 Beilage Nr. 3; *Wiebe/Neubauer,* Zur Zulässigkeit von CPU-Klauseln, CR 2003, 327; *Zahrnt,* Koppelung von Hardware und (Anwendungs-) Software, BB 1988, 1687; *ders.,* Die Rechtsprechung zu Aufklärungs- und Beratungspflichten vor Computerbeschaffungen, NJW 1995, 1785.

1. Allgemeines

S 211 Der Erwerb einer Datenverarbeitungsanlage, sei es im Bereich der Großrechner oder eines PC für den privaten oder gewerblichen Bereich, kann unter verschiedenen Vertragsregimen erfolgen. Sofern nicht ausnahmsweise nur „Geräte" erworben werden, stellt der Erwerbsvertrag oft eine Bündelung unterschiedlicher Leistungen dar, die kauf-, werk- oder dienstvertragliche Komponenten haben können. Aber auch Mietvertragsgestaltungen sind anzutreffen. Auch urheberrechtliche Fragen stellen sich, wenn es etwa um die Berechtigung des Erwerbers geht, erworbene Software weiterzugeben oder auch nur auf einem anderen Rechner zu nutzen. Bei der Datenverarbeitungsanlage ist zwischen der Hard- und der Software zu unterscheiden. Bezeichnet die Hardware die technische Anlage des Computers als die physikalischen Bestandteile oder schlicht die „Geräte",[1] ist mit dem Begriff der Software gemeint eine Folge von Befehlen, die nach Aufnahme in einen maschinenlesbaren Träger fähig sind zu bewirken, dass eine Maschine mit informationsverarbeitenden Fähigkeiten eine bestimmte Funktion oder Aufgabe oder ein bestimmtes Ergebnis anzeigt, ausführt oder erzielt.[2] Zur Software hinzu kommt die Dokumentation, wie etwa eine Programmbeschreibung, ein Bedienungs- und Benutzerhandbuch und Wartungsunterlagen. Ist die Software nicht bereits in der Hardware installiert, so kann sie als Anwendersoftware gesondert erworben werden. Auch soweit die Software auf Datenträgern, etwa Disketten, gespeichert ist, ist nicht der Datenträger als Sache, sondern das urheberrechtlich geschützte (§ 69 a UrhG) geistige Gut des Programms das maßgebliche Wirtschaftsgut, das auch die rechtliche Einordnung des Softwarevertrags und der Software bestimmt. Für die AGB-rechtliche Prüfung ist die Einordnung in einen Vertragstypus im Hinblick auf die Regelungen insbesondere in § 309, aber auch im Rahmen des § 307 II Vorfrage.[3] Zur **Einbeziehung,** insbesondere zu den sog. Schutzhüllenverträgen s. § 305 Rz 98.

2. Vertragsgrundlagen

S 212 **a) Hardware.** Wenig problematisch ist die Einordnung der Hardware-Beschaffung. Der Vertrag stellt entweder einen Kauf oder einen Miet-/Leasingvertrag dar,[4] wenn es einerseits um dauerhafte Verschaffung von Besitz und Eigentum oder andererseits um die Einräumung zeitweiliger Nutzungsmöglichkeit geht; soweit einmal die Hardware aus einzelnen vom Lieferanten zu beschaffenden Komponenten zusammengesetzt wird, liegt ein Werkliefervertrag[5] vor, § 651. Für ein beiderseitiges Handelsgeschäft folgt aus der Einordnung als Kauf die Rügeobliegenheit nach § 377 I HGB.[6] Möglich ist auch der Erwerb nur einzelner Komponenten. Soll der Lieferant nur Besitz und Eigentum verschaffen müssen, liegt ein Kaufvertrag vor; wird auch der Einbau geschuldet, liegt ein Werkvertrag nur dann vor, wenn die Installation den Leistungsschwerpunkt bildet; ansonsten handelt es sich lediglich um eine Nebenpflicht zum Kaufvertrag. Unter Umständen kann auch hier ein Werkliefervertrag vorliegen, auf den dann wiederum im wesentlichen die kauf-

---

1 *Marly* Softwareüberlassungsverträge Rz 3.

2 BGH NJW 1986, 192, 196 unter Verweis auf DIN 44.300 und § 1 I der WIPO Mustervorschriften für den Schutz von Computersoftware, GRURInt 1978, 290 = GRUR 1979, 306; so auch *Marly* Softwareüberlassungsverträge Rz 8.

3 Siehe schon *Hoeren* in: *von Westphalen* Vertragsrecht und AGB-Klauselwerke, IT-Verträge Rz 2.

4 *Redeker* IT-Recht in der Praxis Rz 596.

5 *Redeker* IT-Recht in der Praxis Rz 507.

6 BGH NJW 1993, 461, 462; siehe auch *Schneider* CR 2005, 695, 697.

rechtlichen Vorschriften anwendbar sind. Zusammen mit der Hardware wird üblicherweise ein Betriebssystem geliefert. Geschuldet wird zur Hardware auch das erforderliche Handbuch mit der Folge eines Leistungsverweigerungsrechtes des Erwerbers in den Fällen fehlenden Handbuches;[1] die Verkäuferpflichten sind dann noch nicht vollständig erfüllt.[2] Aus § 434 II 2 ergibt sich nach der Schuldrechtsnovelle nichts anderes. Zu dieser Norm wird zwar teilweise angenommen, dass eine fehlende Montageanleitung einer mangelhaften gleichsteht mit der Folge, dass ein Sachmangel anzunehmen sei. [3] Zum Teil wird das ausdrücklich auf das Fehlen eines Handbuchs zur Computersoftware erstreckt.[4] Dem kann jedoch nicht gefolgt werden. Beim Kauf von Computerhardware geht es im Allgemeinen schon nicht um eine zur Montage bestimmte Sache, wie es in § 434 II 2 vorausgesetzt wird.[5] Zudem entspricht die Montageanleitung nicht einer Bedienungsanleitung, da Letztere oft erst lange nach Inbetriebnahme zu Rate gezogen werden muss, so dass auch deswegen der restriktiv auszulegende[6] § 434 II 2 hier nicht passt.[7]

b) Software. Hier ist zu unterscheiden zwischen der (individuellen) Softwareerstellung, der Softwareüberlassung, zwischen Verträgen, die beides beinhalten, und Softwarepflegeverträgen. S 213

aa) Softwareerstellung. Wird ein Vertrag über die Neuerstellung einer **individuellen Software** geschlossen, handelt es sich immer um einen Werkvertrag, denn es wird ein konkreter, den individuellen Bedürfnissen des Bestellers entsprechender Erfolg geschuldet.[8] Entscheidend ist die Zielrichtung des Vertrages, der auf einen werkvertraglichen Erfolg gerichtet ist.[9] Aufgrund der Neufassung des § 651, der zur Anwendung kommt, wenn es sich um herzustellende bewegliche Sachen handelt und der auf das Kaufrecht verweist, wird der Softwareerstellungsvertrag teilweise auch als Werklieferungsvertrag angesehen und damit kaufrechtlichen Vorschriften unterworfen.[10] Mit der überwiegenden Meinung ist dagegen weiterhin anzunehmen, dass die Erstellung von Individualsoftware Werkvertrag ist. Es mag dabei zutreffen, dass die Software in der Regel (sofern nicht per download übertragen) auf einem Datenträger übermittelt wird, der sicher Sachqualität hat. Die Software als solche (s. o. Rz S 211), nämlich als Abfolge von Befehlen, hat dies sicher nicht,[11] auch wenn sie zur Erzielung bestimmter Rechtsfolgen so behandelt wird, als sei sie eine Sache.[12] Allerdings wird bei der Einordnung als Werklieferungsvertrag nicht darauf geachtet, worin der Zweck des Vertrages besteht. Der geht nicht in erster Linie darauf, das Medium der Übergabe zu erwerben, sondern ein Programm erstellt zu bekommen, mit dem der Kunde arbeiten kann. Damit steht S 214

---

[1] OLG Stuttgart CR 1989, 810, 811

[2] BGH NJW 1993, 461, 462 f. für ein Softwarehandbuch; *Hoeren* Gewährleistung bei Softwareüberlassungsverträgen S. 522; offenbar ebenso *Redeker* IT-Recht in der Praxis Rz 508.

[3] *Bamberger/Roth/Faust* § 434 Rz 99 m. w. N.

[4] *Erman/Grunewald* § 434 Rz 47.

[5] BT-Drs. 14/6040 S. 216.

[6] *Bamberger/Roth/Faust* § 434 Rz 94.

[7] Die Gleichsetzung von Montage- und Bedienungsanleitung (Letzterer entsprechen die Handbücher) ablehnend auch *Bamberger/Roth/Faust* § 434 Rz 96.

[8] So schon BGH WM 1971, 615, 616; NJW 1990, 3011, 3012; OLG Düsseldorf NJW-RR 1998, 345, 346; *Redeker* IT-Recht in der Praxis Rz 296 m. w. N.

[9] *Schweinoch/Roas* CR 2004, 326, 327.

[10] *Hassemer* ZGS 2002, 95, 102; *Thewalt* CR 2002, 1, 4 f.; Überblick bei *Bräutigam/Rücker* CR 2006, 361 ff.

[11] *Redeker* CR 2004, 88, 89 f.; dem folgend etwa *Junker* NJW 2005, 2829, 2832.

[12] Statt vieler etwa BGH NJW 1990, 320, 321 für die Anwendung des seinerzeitigen AbzG auf den Erwerb eines ohne Datenträgerübergabe lediglich überspielten Programms; BGH NJW 1988, 406, 407 für die „zumindest entsprechende" Anwendung der §§ 459 ff. aF auf Software.

die werkvertragliche Erfolgsbezogenheit der Leistung so sehr im Vordergrund, dass die Anknüpfung an die Sacheigenschaft des Übertragungsmediums nur künstlich wirkt. Ein Werkvertrag ist auch dann vereinbart, wenn sich ein Programmierer verpflichtet, die Software seines Kunden auf ein anderes Betriebssystem umzustellen.[1]

S 215 **bb) Softwareüberlassung.** Hier geht es regelmäßig um Standardsoftware. Je nachdem, ob diese auf Dauer gegen einmaliges Entgelt erworben oder nur auf Zeit gegen wiederkehrende Entgeltbeträge überlassen wird, liegt ein **Kaufvertrag** oder **Miet-** oder **Leasingvertrag** vor. Bei Erwerb auf Dauer ist von einem Kaufvertrag auszugehen,[2] woran sich durch die Schuldrechtsnovelle nichts geändert hat.[3] Wegen § 453 I kann hier an sich die Einordnung der Software wegen ihrer Verbindung mit dem Datenträger als **Sache**[4] dahinstehen.[5] Ein Sachkauf wurde auch schon vor der Schuldrechtsnovelle angenommen, wenn ein Datenträger nicht übergeben wird, sondern lediglich elektronische Signale übermittelt werden.[6] Der Kaufvertrag über die Software kann mit dem Kaufvertrag über die Hardware zu einem einheitlichen Geschäft verbunden sein. Wegen der Einordnung in das Kaufrecht ist auch das UN-Kaufrecht anzuwenden, wenn dessen Anwendungsvoraussetzungen gegeben sind.[7] Kaufrecht gilt dabei unabhängig von der Bezeichnung des Vertrages durch die Parteien, so etwa, wenn der Vertrag als „Einmal-Lizenz" oder als „Software-Leasing" bezeichnet wird.[8] Bei Überlassung auf Zeit handelt es sich um einen **Miet/Leasing-**[9] oder **Lizenzvertrag.** Die für die Benutzung der Software erforderliche Einräumung von Nutzungsrechten (s. Rz S 213, 214) ist konkludent mit Abschluss eines Vertrags über den Erwerb oder den Gebrauch von Software als erteilt anzusehen. Dazu gehören insbesondere die für die Programmnutzung und für die Programmsicherung (Sicherungskopie) auch über § 69 d II UrhG hinaus erforderlichen Vervielfältigungsrechte.[10] Die darin liegende Lizenzvergabe[11] ist aber nicht typenprägend.[12] Mehr und mehr greift die Überlassung unter dem Stichwort **ASP** (Application Service Providing) Raum. Hier nutzt der Kunde gegen Nutzungsentgelt die Software, die nicht auf seinem Rechner, sondern auf dem des ASP-Anbieters installiert ist. Die ausgelagerte EDV Anlage (des Anbieters) stellt also die Infrastruktur, durch die der Kunde über Internet, DSL o.Ä. wie auf eine eigene zugreifen kann. Das erspart ihm hohe Investitions-, Wartungs- und Reparaturkosten.[13] Für die Frage, welches Vertragsrecht Anwendung findet, wird als entscheidend angesehen, ob die Software auch in der Variante der ASP eine Sache ist. Das wird bejaht, obwohl der Kunde nicht einmal einen Datenträger besitzt, der Datenträger aber im Rechner des Anbieters gesehen wird, auf den der

---

[1] BGH CR 2002, 93, 95; dazu *Junker* NJW 2003, 2792, 2797.

[2] BGHZ 102, 135, 140 ff. = NJW 1988, 406; BGH NJW 1990, 3011; BGH NJW 1997, 2043 = LM H.8/1997 § 1 AGBG Nr. 28 m. Anm. *Pfeiffer;* Überblick bei *Schneider* CR 2005, 695, 697.

[3] *Hoeren* in: *von Westphalen* Vertragsrecht und AGB-Klauselwerke, IT-Verträge Rz 4.

[4] BGH NJW 1988, 406; 1990, 1290; 1993, 2436 = LM H.11/1993 § 631 BGB Nr. 73; CR 2007, 75 mit Anm. *Marly/Jobke* LMK 2007, 209583 u. *Lejenne* CR 2007, 77; *Hoeren* aaO Rz 71 ff.; *Marly* Softwareüberlassungsverträge Rz 89 ff.; *Loewenheim* FS Kitagawa, S. 949, 960.

[5] S. auch *Bräutigam/Rücker* CR 2006, 361, 364.

[6] BGH NJW 1990, 320, 312; *Marly* Softwareüberlassungsverträge Rz 100 ff.

[7] S. *Karollus* JuS 1993, 378, 380; *Dietrich* RIW 1993, 441.

[8] *Lehmann* NJW 1993, 1822, 1825.

[9] Zu Laufzeitklauseln siehe Ausf. *von Inesveldt* CR 2006, 721 ff.

[10] S. im Einzelnen *Marly* Softwareüberlassungsverträge Rz 850 ff., 855 ff.

[11] S. auch *Lehmann* NJW 1988, 2419, 2420; *ders.* NJW 1993, 1822, 1823.

[12] *Marly* Softwareüberlassungsverträge Rz 193 ff.

[13] *Sedlmeier/Kolk* MMR 2002, 75 f; *Marly* Softwareüberlassungsverträge Rz 557; *Bettinger/Scheffelt* CR 2001, 729 referieren die Erwarten von Kosteneinsparungen im Bereich von 20–50 %.

Kunde zugreifen kann.[1] Werkvertragsrecht ist auf ASP nicht anwendbar, weil der Kunde die Software nutzt als hätte er sie gekauft bzw. gemietet und installiert, der Anbieter die Software zwar zur Verfügung stellt, aber keinen Einfluss auf den Erfolg, der sich aus der Nutzung ergibt, hat und keine Werkabnahme i. S. d. § 640 I stattfindet, auch nicht durch die Nutzung des Kunden.[2] Überwiegend wird der Vertrag wegen der Einräumung der Nutzungsmöglichkeit an der Software als **Mietvertrag** qualifiziert,[3] dem die Ausgestaltung eines Operate Leasing Vertrages[4] gegeben werden kann, für den allerdings die mietrechtlichen Vorschriften §§ 535 ff. greifen.[5] Um dem Vertragspartner einen funktionierenden Zugriff während der Vertragslaufzeit zu ermöglichen, sind Wartungs- und Reparaturarbeiten an der Anlage des Anbieters unumgänglich. Während dieser Arbeiten kann der Zugriff auf die Daten gestört oder ausgeschlossen sein; Gleiches gilt für Zeiten, in denen die Anlage des Anbieters nicht funktioniert. In ASP-Verträgen wird versucht, über **Verfügbarkeitsregeln** dem Anbieter ein Zeitfenster zu gewähren, währenddessen etwaige Wartungs- oder Reparaturarbeiten durchgeführt werden können, ohne sich Ersatzansprüchen des Kunden ausgesetzt zu sehen. Verbreitet sind Prozentangaben, bezogen auf eine Referenzzeit, also etwa „Verfügbarkeit 98,5% im Jahresmittel"[6], aber auch Werte von 99,9% oder 98,85% sind anzutreffen. Diese Regelungen begegnen Bedenken. Sofern die Parteien eine anderslautende Individualvereinbarung getroffen haben, geht diese hier wie stets vor, § 305 b. Daneben kann die Klausel nach § 305 c I trotz weiter Verbreitung dann nicht Vertragsbestandteil werden, wenn die durch konkrete Umstände erweckte Vertragserwartung des Kunden eine Einschränkung der Verfügbarkeit nicht deckt. Wenn etwa der Anbieter eine Zugriffsmöglichkeit „rund um die Uhr und 7 Tage in der Woche" verspricht und werbewirksam herausstellt, prägt das die Erwartung des durchschnittlichen Kunden. Das mag bei ganz geringen Abweichungen tolerabel sein (99,9%), bei den weit verbreiteten Quoten von 98,5% ist das aber schon nicht mehr anzunehmen, „umgerechnet" in Stunden pro Jahr fehlen dann 1,5% von 8.760 Stunden (kein Schaltjahr) und damit 131,4 Stunden oder etwa 5,5 Tage pro Jahr. Gegen das Überraschungsmoment kann nicht eingewandt werden, dass jeder, der als Kunde eine ASP-Vertrag abschließt, das u. a. deswegen tue, um den mit der Aufrechterhaltung der Betriebsfähigkeit verbundenen (Service-)Aufwand im eigenen Haus zu vermeiden, so dass ihm gerade die Servicenotwendigkeit bei Abschluss des Vertrags klar sein muss. Selbst wenn der Kunde im Groben den Aufwand als Argument sieht, wird er sich selten konkrete Vorstellungen machen, wie dieser zu qualifizieren ist. Wenn ihm dann noch eine praktisch unbegrenzte Verfügbarkeit versprochen wird, kann er weitere Überlegungen dahinstehen lassen und sich auf die Angaben des Anbieters (Fachmann) verlassen. Vor der Inhaltskontrolle solcher Verfügbarkeitsklauseln stelt sich zunächst die Frage, ob es sich bei ihnen um nur der Transparenzkontrolle unterworfene Leistungsbeschreibungen handelt.[7] In Anlehnung an die zur Verfügbarkeit des Online-Banking ergan-

[1] *Sedlmeier/Kolk* MMR 2002, 75, 77.

[2] *Sedlmeier/Kolk* MMR 2002, 75, 77.

[3] BGH CR 2007, 75 = WM 2007, 467 mit zust. Anm. *Marly/Jobke* LMK 2007, 209583; *Lejene* CR 2007, 77; *Rössel* ITRB 2007, 55; *Sedlmeier/Kolk* MMR 2002, 75, 78; *Hoeren* in: *von Westphalen* Vertragsrecht und AGB-Klauselwerke, IT-Verträge Rz 7; *Marly* Softwareüberlassungsverträge Rz 567; *Junker* NJW 2003, 2792, 2797; *Bettinger/Scheffelt* CR 2001, 729, 731; a.A. (Dienstvertrag) *Redeker* IT-Recht in der Praxis Rz 950.

[4] *Sedlmeier/Kolk* MMR 2002, 75, 80.

[5] *Junker* NJW 2003, 2792, 2797.

[6] In der Literatur, z. B. *Peter* CR 2005, 404, 405 m.w.N., wird im Zusammenhang mit solchen Verfügbarkeitsklauseln eine „Handelsübung" gesehen, was wohl noch zu weitgehend erscheint.

[7] Dafür *Peter* CR 2005, 404, 411.

gene Entscheidung des BGH[1] spricht auch hier mehr dafür, in der Klausel eine Regelung zur Leistungseinschränkung zu sehen und damit die Inhaltskontrolle vorzunehmen. Dies gilt jedenfalls dann, wenn sich aus den Vereinbarungen der Parteien ohne die Verfügbarkeitsklausel ein uneingeschränktes Zugriffsrecht ergibt. Selbst wenn aber ein „von vornherein" eingeschränktes Leistungsversprechen des Anbieters vorläge, hält die zitierte Verfügbarkeitsquote der Transparenzkontrolle nicht stand.[2] Dies ergibt sich schon daraus, dass der Referenzzeitraum „im Jahresmittel" nicht klar genug definiert ist. Das kann nämlich einerseits eine Betrachtung auf ein einzelnes Kalender- (oder Vertragslaufzeit-)Jahr eröffnen, aber auch die Anknüpfung an mehrere Jahre, in deren Mittel dann die Verfügbarkeit errericht wird. Im Übrigen ist nicht klar, ob tatsächlich die Fehlzeiten insgesamt oder nur die tatsächlich fehlgeschlagenen Einwahlversuche zählen sollen. Sicherlich nicht tolerabel ist es, dem Verwender letztlich die Möglichkeit einzuräumen, die Servicezeiten nach eigenem Gutdünken festzulegen, so dass es vertretbar wäre, konkrete Zeitfenster (etwa: jeweils an einem bestimmten Werktag/Kalendertag in einem festgesetzten Zeitrahmen möglichst außerhalb der Hauptnutzungszeiten) festzulegen. Soweit der Verwender plötzlich auftretende Störungen des Systems zu beseitigen hat, mag er im Rahmen zulässiger Haftungsbeschränkungen die wirtschaftlichen Folgen abpuffern oer aber den Entlastungsbeweis nach § 280 I 2 antreten. In diesem Rahmen würde man notwendige Arbeiten zur Aufrechterhaltung der Betriebsbereitschaft oder updates oder zur Erfüllung gesetzlicher Anforderungen[3] schwerlich schon als Pflichtverletzung, jedenfalls aber nicht als verschuldete ansehen können.

S 216 **cc) Kombinierte Verträge.** Nicht selten werden Verträge mit umfassenden Leistungsinhalten geschlossen, die die Verschaffung von Hardware, von Standardsoftware und deren Implementierung in schon vorhandene Systemkomponenten oder deren Anpassung an die Bedürfnisse des Kunden umfassen. Umfasst der Vertrag sowohl die Lieferung einer Computeranlage nebst Standardsoftware als auch die Installation einschließlich Vernetzung der Geräte, ggf. auch eine Schulung des Bedienungspersonals, so kommt für das gesamte Vertragsverhältnis Kaufrecht zur Anwendung, soweit die Installationsarbeiten nur von untergeordneter Bedeutung sind.[4] In einem Fall, in dem Stundenlohnarbeiten zur Systemanpassung in Höhe von seinerzeit ca. 175.000,00 DM bei einem Stundensatz von 180,00 DM/Stunde geleistet wurden, ist zu Recht Werkvertragsrecht angenommen worden.[5]

S 217 **dd) Softwarepflege.** Softwarepflegeverträge werden oft als Wartungsverträge verstanden, obwohl sich hinter jedem etwas anderes verbirgt. Während sich Wartung nämlich auf die Instandhaltung der Hardware bezieht[6] (diese darüber hinaus nach der DIN 31051 als vorbeugende Maßnahe von der nachträglichen Instandsetzung abgegrenzt wird), verbirgt sich hinter Pflege eine Leistung, die auf Software bezogen, die Beseitigung von Fehlern, die Aktualisierung und Erweiterung von Software meint. Übliche Leistungen in Softwarepflegeverträgen liegen beispielsweise in der Beseitigung von Fehlern, Mängeln und Störungen an der Software, der Aktualisierung der Software und der Optimierung der Bedienbarkeit und Handhabung der Software.[7] Softwarepflegeverträge haben regelmäßig Dauer-

---

[1] BGHZ 146, 138, 140 f.

[2] Anders wiederum *Peter* CR 2005, 404, 411.

[3] Darauf verweist *Peter* CR 2005, 404, 410.

[4] OLG Hamm NJW-RR 1995, 941; CR 1998, 202 f.

[5] OLG Karlsruhe CR 2002, 95.

[6] In Anlehnung an die Terminologie der BVB der öffentlichen Hand (siehe noch unten Rz S 218) *Redeker* IT-Recht in der Praxis Rz 631; *Bischof/Witzel* ITRB 2003, 31.

[7] *Bischof/Witzel* ITRB 2003, 31, 32.

schuldcharakter, da sie nicht über einen punktuellen Einsatz, sondern häufig für einen mehr oder minder langen Zeitraum abgeschlossen werden. Von einem Werkvertrag ist auszugehen, wenn Störungen oder Gebrauchsbeeinträchtigungen beseitigt werden sollen.[1] Dagegen handelt es sich um einen Dienstvertrag, wenn die Leistung dem Kunden gegenüber allein darin besteht ihn zu unterstützen und zu beraten. Verpflichtet sich hingegen der IT-Anbieter zur Lieferung aktualisierter, weiterentwickelter oder verbesserter Software, ist Kaufrecht anwendbar. Liegt ein typengemischter Vertrag vor, ist für jede einzelne Leistung der entsprechende Vertragstyp maßgebend.[2]

3. Öffentliche Hand als Nachfrager

Die öffentliche Hand ist schon nach § 55 II BHO gehalten, beim Abschluss von Verträgen nach einheitlichen Richtlinien zu verfahren. Seit Ende der 60er Jahre des vergangenen Jahrhunderts wurden zur wirtschaftlich straffen und koordinierten Beschaffung von EDV-Anlagen einheitliche Vertragsbedingungen, die BVB entwickelt[3] und ab 1972 eingeführt. Diese regelten in sieben verschiedenen Vertragstypen (Planung, Erstellung, Überlassung, Pflege, Miete, Kauf, Wartung) als vorformulierte Verträge Hard- und Softwaregeschäfte, in denen die öffentliche Hand als Nachfrager auftritt. Die BVB wurden zu Beginn dieses Jahrhunderts sukzessive durch die EVB-IT ersetzt. Dabei handelt es sich um verschiedene Vertragstypen, die vorformuliert und ebenso wie die BVB für eine Vielzahl von Verträgen geschaffen worden und deshalb auch AGB sind. Die EVB-IT berücksichtigen die Schuldrechtsmodernisierung und ergänzen die VOL/B (Verdingungsordnung für Leistungen, Teil B, Allgemeine Vertragsbedingungen für die Ausführung von Leistungen, Stand 5. 8. 2003). Im Einzelnen regeln die verschiedenen EVB-IT die Verträge über den Kauf von Hardware, die Überlassung von Software Typ A (Kauf) und Typ B (Miete), Dienstleistungen, Instandhaltung von Hardware und Pflege von Software. Die EVB-IT in der jeweils geltenden Fassung sind auf der Homepage der Koordinierungs- und Beratungsstelle der Bundesregierung für Informationstechnik in der Bundesverwaltung im Bundesministerium des Innern[4] abzurufen. Geplant sind weitere EVB-IT für die Planung und die Beschaffung von IT Systemen. Solange die EVB-IT den Regelungsgehalt der BVB noch nicht vollständig abdecken (das ist für Planung, Beschaffung und Realisierung der Fall), werden die Bedingungswerke teils nebeneinander verwendet. **S 218**

Ebenso wie die VOB sind auch die BVB und die EVB-IT durch ihre generelle Formulierung und ihre Anwendung für eine Vielzahl von Verträgen als AGB anzusehen und dementsprechend in den Vertrag einzubeziehen sowie anhand der AGB-rechtlichen Vorschriften zu prüfen. Das hat der BGH bereits 1990 für die damaligen BVB-Überlassung entschieden.[5] Überlegungen, die BVB/EVB-IT ebenso wie die VOB/B und die ADSp als „fertig bereitliegende Vertragsordnung" anzusehen und damit die Einzelklausel keiner Inhaltskontrolle mehr zu unterwerfen, sondern nur noch das Gesamtgefüge einer Ausgewogenheitskontrolle zu unterziehen, hat der BGH zu Recht eine Absage erteilt. In der genannten Entscheidung hat der BGH **S 219**

---

[1] *Redeker* IT-Recht in der Praxis Rz 648 m. w. N.; skeptisch gegenüber einer Typisierung als Werk- oder Dienstvertrag *Bartsch* NJW 2002, 1526.

[2] *Bischof/Witzel* ITRB 2003, 31, 35; *Lejenne* K&R 2002, 441; *Schneider* Handbuch des EDV-Rechts K Rz 48.

[3] Überblick bei *Müller Hengstenberg* S. 15 ff.

[4] www.kbst.bund.de.

[5] BGH NJW 1991, 976, 977.

denn auch die damalige Regelung in § 9 Nr. 4 II BVB-Überlassung für unwirksam nach § 307 II Nr. 1 angesehen, wonach dem Auftraggeber ein Rücktrittsrecht zustand, wenn bei der Funktionsprüfung Abweichungen von der Leistungsbeschreibung festgestellt wurden und ihm im Fall der Ausübung des Rücktrittsrechts – unabhängig vom Zeitpunkt des Rücktritts – ein pauschalierter Schadensbetrag für 100 Kalendertage zustand, wenn die Funktionsprüfung ergeben hatte, dass das Programm nicht wirtschaftlich sinnvoll genutzt werden konnte. Weil die BVB noch nicht vollständig durch die EVB-IT ersetzt wurden, kommt es vor, dass eine „Gemengelage"[1] von unterschiedlichen AGB – BVB und EVB-IT – verwendet werden. Soweit dadurch die Systematik der intendierten Regelungen nicht deutlich wird und etwa nicht klar ist, was zu den jeweiligen Vertragspflichten der Beteiligten zu rechnen ist, kommt ein Verstoß gegen das Transparenzgebot, § 307 III 2, I 2, in Betracht, soweit dadurch der Verwendungsgegner materiell benachteiligt wird.[2] Bei Verträgen, die unter gleichzeitiger Zugrundelegung der BVB-Pflege und der BVB-Überlassung geschlossen wurden und bei denen die Software gegen Zahlung eines Einmalentgelts erworben wurde, ist § 3 BVB-Pflege ergänzend dahingehend auszulegen, dass eine ordentliche Kündigung der Pflegevereinbarung durch den Auftragnehmer solange nicht möglich ist, wie das Programm von ihm allgemein angeboten wird.[3] Zur Kündigung eines Wartungsvertrages wegen Überschreitung der geprägten Fehlerbehebungsfrist s. auch Rz 234.[4]

4. Vertragsgegenstand und Beschränkung von Leistungspflichten bei den Überlassungsverträgen

S 220 **a)** Vertragsgegenstand ist das Nutzungsrecht,[5] wie es im Vertrag festgelegt ist. Die Beschreibung des Vertragsgegenstandes in AGB ist eine **Leistungsbeschreibung** und unterliegt deshalb gemäß § 307 III grundsätzlich nicht der Inhaltskontrolle nach §§ 307–309, wohl aber sind die allgemeinen AGB-rechtlichen Vorschriften anwendbar. Von der kontrollfreien Leistungsbeschreibung sind die Klauseln zu unterscheiden, die eine **Beschränkung des Leistungsgegenstandes** bewirken sollen. Diese sind uneingeschränkt im Rahmen der Inhaltskontrolle zu prüfen[6] (siehe dazu sogleich). Eine AGB-Klausel, die den Software-Erwerbsvertrag als Lizenzvertrag einordnet, obwohl es sich um einen Kaufvertrag handelt, unterliegt jedoch der Inhaltskontrolle[7] und ist nach § 307 wegen der Wahl einer unpassenden Rechtsform unwirksam.

S 221 **b)** Am **urheberrechtlich geschützten Softwareprogramm**[8] stehen dem Urheber die Rechte nach § 69 c UrhG, insbesondere das Vervielfältigungsrecht (§ 69 c Nr. 1 UrhG), das Recht zur Umarbeitung (§ 69 c Nr. 2 UrhG) und das Verbreitungsrecht (§ 69 c Nr. 3 UrhG) zu. Er kann gemäß § 31 UrhG auch Nutzungsrechte vergeben. Die Nutzungsrechte beziehen sich auf die Urheberrechte nach § 69 c

[1] *Junker* NJW 2005, 2829, 2832.

[2] Siehe allgemein dazu *Bamberger/Roth/Hubert Schmidt* § 307 Rz 42.

[3] OLG Koblenz NJW 1993, 3144.

[4] S. *Müller Henstenberg* CR 2006, 426 ff.

[5] *Redeker* IT-Recht in der Praxis Rz 533.

[6] So etwa für die CPU-Klausel BGH MMR 2003, 393; allgemein zur Abgrenzung von kontrollfreier Leistungsbestimmung und zu kontrollierenden Leistungsnebenbestimmungen *Bamberger/Roth/Hubert Schmidt* § 307 Rz 68 ff.

[7] S. § 307 Rz 335.

[8] Bei komplexen Computerprogrammen soll eine Vermutung für die den Urheberrechtsschutz eröffnende Individualität der Programmgestaltung sprechen, BGH NJW-RR 2005, 1403 (Fask 2000); dazu *Junker* NJW 2006, 2819, 2820.

UrhG, nicht z. B. auf die Nutzung einzelner Vervielfältigungsstücke. Diese dürfen vielmehr, wenn sie mit Zustimmung des Berechtigten im Wege der **Veräußerung** in den Verkehr gebracht worden sind, gemäß § 17 II mit § 69 c Nr. 3 S. 2 UrhG mit Ausnahme der Vermietung weiterverbreitet werden (sog. Erschöpfungsgrundsatz). Ein auf Datenträgern vervielfältigtes und durch Veräußerung in den Verkehr gebrachtes Softwareprogramm darf deshalb vom Erwerber grundsätzlich **weiterveräußert** werden, nicht jedoch vervielfältigt werden. Eine AGB-Klausel, die die Weiterveräußerung des auf Datenträger erworbenen Softwareprogramms ausschließt, ist nach § 137 S. 1 unwirksam.[1] § 413 mit § 399 gestattet den Ausschluss der Übertragbarkeit nicht, da § 17 II mit § 69 c Nr. 3 UrhG als Sondervorschrift vorgeht. Auch ein generelles schuldrechtliches Weiterveräußerungsverbot, das nach § 137 S. 2 möglich ist, ist wegen Verstoßes gegen den wesentlichen Grundgedanken des § 17 II mit § 69 c Nr. 3 UrhG nach § 307 II Nr. 1 unwirksam.[2] Wirksam sind aber Klauseln, die die **Weitervermietung** von der – ggf. kostenpflichtigen – Einwilligung des Verwenders abhängig machen.[3] Unwirksam sind grundsätzlich auch Klauseln, die die Weiterveräußerung von der schriftlichen Zustimmung des Softwarelieferanten abhängig machen.[4] Zulässig sind aber Klauseln, die die Weiterveräußerung davon abhängig machen, dass dem Softwarelieferanten Name und Anschrift des Erwerbers mitgeteilt werden oder dass der Erwerber sich mit den Nutzungsbedingungen des Softwarelieferanten einverstanden erklärt, da diese Regelung im Grundsatz einem berechtigten Bedürfnis zur Sicherung vor urheberrechtlichen Verletzungen entspricht. Voraussetzung für die Wirksamkeit solcher Klauseln ist jedoch, dass der damit verbundene Aufwand für den Kunden zumutbar ist. Dies ist für die Mitteilung von Name und Anschrift des Erwerbers mit z. B. vorgefertigter Anzeigenkarte eher zu bejahen als für die Weitergabe der Nutzungsbedingungen.[5]

Ein **Vervielfältigungsverbot,** das den bestimmungsgemäßen Gebrauch der Software erschwert oder gar unmöglich macht, will § 69 d UrhG verhindern und **S 222**
lässt deshalb Vervielfältigungen zu, die zur bestimmungsgemäßen Benutzung des Computerprogramms (§ 69 d I UrhG), zur Erstellung einer Sicherungskopie (§ 69 d II UrhG) oder zum Testlauf und zur Beobachtung gemäß § 69 d III UrhG erforderlich sind. Ebenso ist eine zur Dekompilierung erforderliche Vervielfältigung nach § 69 e UrhG zulässig. Die Erstellung einer Sicherungskopie sowie Testlauf, Beobachtung und Dekompilierung dürfen dem Nutzer nach § 69 g II UrhG nicht untersagt werden. Entgegenstehende Abreden sind danach nichtig[6] und zugleich nach § 307 unwirksam. Gleiches gilt für den zwingenden Kern von § 69 d I UrhG, obwohl diese Vorschrift in § 69 g II UrhG nicht genannt ist.[7] Eine Klausel, wonach der Kunde, sei er Käufer oder Lizenznehmer, berechtigt ist, eine Sicherungs- oder Archivkopie anzufertigen, hat angesichts der zwingenden Regelung in § 69 d II UrhG nur noch klarstellende Bedeutung.[8] Eine Regelung, die anstelle der Erlaubnis für eine Sicherungskopie dem Kunden einen Anspruch auf Lieferung einer Zweitkopie gegen Einsendung des beschädigten Originals gewährt, ist unwirksam, weil sie den Kunden mit dem Aufwand des Versands belastet, während der Versand-

---

[1] *Marly* Softwareüberlassungsverträge Rz 1036.

[2] S. auch *Hoeren* aaO Rz 154; *Malzer* aaO, S. 133; *Lehmann* NJW 1993, 1822, 1825.

[3] Statt aller *Hoeren* in: *von Westphalen* Vertragsrecht und AGB-Klauselwerke IT-Verträge Rz 24.

[4] *Marly* Softwareüberlassungsverträge Rz 1069.

[5] Für Einschränkungen hinsichtlich des Verkaufswertes *Marly* Softwareüberlassungsverträge Rz 1070 f.; ohne Einschränkung *Hoeren* aaO Rz 170.

[6] S. auch *Lehmann* NJW 1993, 1822.

[7] S. auch *Lehmann* NJW 1993, 1822, 1824.

[8] *Lehmann* NJW 1993, 1822, 1823.

zeit die Benutzung verhindert und insbesondere bei einer Insolvenz des Lieferanten nicht mehr durchsetzbar ist. Eine solche Lösung kann deshalb vor § 69 d II UrhG und § 307 keinen Bestand haben.[1] Eine Klausel, die weitere Vervielfältigungen, gleich aus welchem Grund und gleich welcher Art, untersagt, ist nach § 69 d I UrhG mit § 307 unwirksam,[2] da sie die sinnvolle Nutzung der Software durch die notwendige Übertragung auf eine Festspeicherplatte verhindern würde, wenn bereits eine Archivkopie angefertigt ist. Faktisch wird ein Vervielfältigungsverbot dadurch erreicht, dass Software mit einem Kopierschutz versehen wird, der die Herstellung jeder, also auch einer Sicherungskopie, unterbindet. Das stellt zwar kein AGB-rechtliches Problem dar, erscheint aber unter dem Aspekt der §§ 69 d II und 69 g II bedenklich.[3]

S 223 Dem Erwerber, sei er Käufer oder Lizenznehmer, kann die **Art und Weise der Benutzung** grundsätzlich nicht vorgeschrieben werden, soweit die Urheberrechte nicht verletzt werden. Die Benutzung des Computerprogramms in Gestalt des reinen Ablaufs kann deshalb nach Art, Zahl und Dauer nicht vertraglich geregelt oder besonders lizenz- und vergütungspflichtig gemacht werden.[4] Durch formularmäßige Festschreibung eines bestimmten Hardwaresystems- oder Systemtyps, die sog. **CPU (Central Processing Unit)-Klausel,** versuchen Softwarehersteller, das Nutzungsrecht hinsichtlich der Software nur auf (einen) bestimmte(n) Rechner zu beschränken. Dazu werden im Softwareerstellungs- oder -überlassungsvertrag die Systemdaten der vom Anwender zur Nutzung vorgesehenen Hardware, die entweder im Zuge des Softwareerwerbs mit erworben wird oder schon vorhanden ist, festgeschrieben.[5] Beim Erwerb der Software ohne zeitliche Beschränkung sowie beim Erwerb von Standardsoftware verstoßen solche Klauseln gegen § 307 II Nr. 1 und 2, da einerseits der Softwarelieferant im Kaufvertrag die Verpflichtung übernommen hat, dem Erwerber eine Eigentumsposition an der Software zu verschaffen. Bleibt er dahinter zurück, kommt er einer Kardinalpflicht aus dem Kaufvertrag nicht nach. Andererseits ist es mit dem wesentlichen Grundgedanken des Eigentums nicht vereinbar, dass der Verschaffungspflichtige die wesentliche Befugnis des Eigentümers, mit seinem Eigentum nach Belieben zu verfahren, von vornherein einschränkt.[6] Im Falle einer **zeitlich beschränkten Lizenz** über eine hochpreisige Software hat der BGH die CPU-Klausel für wirksam erachtet, da hierdurch der Softwarehersteller einer nach dem Vertrag nicht mehr zulässigen weiteren Nutzung steuern und so berechtigterweise absichern könne, an einer Nutzungserweiterung durch den Kunden zu partizipieren.[7] Ebenfalls eine Einschränkung der Nutzungsmöglichkeiten sollen **OEM (Original Equipment Manufactur)**-Klauseln bewirken. Damit koppeln Softwarehersteller den Softwareverkauf an den Verkauf von Hardware. So auch der Microsoftkonzern, der zwei verschiedene Versionen von Software vertreiben ließ. Eine Vollversion ohne Hardware und eine OEM-Version, die weniger kosten sollte, aber an den Kauf von Hardware gekoppelt war. Der BGH hat in dieser Koppelung jedenfalls nicht eine zulässige Beschränkung des

---

[1] A. A. *Marly* Softwareüberlassungsverträge Rz 1020 ff.

[2] A. A. wohl *Loewenheim* FS Kitagawa, S. 949, 963; *Malzer* aaO, S. 182 f.

[3] *Marly* Softwareüberlassungsverträge Rz 1019 f.

[4] S. auch *Lehmann* NJW 1993, 1822, 1824 f.

[5] Übersicht über gebräuchliche Klauseln bei *Marly* Softwareüberlassungsverträge vor Rz 1102.

[6] OLG Frankfurt NJW 1991, 2160, 2161; OLG Frankfurt NJW-RR 1995, 182, 183; *Marly* Softwareüberlassungsverträge Rz 1118; *Hoeren* in *von Westphalen* Vertragsrecht und AGB-Klauselwerke, IT-Verträge Rz 29 ff.

[7] BGH MMR 2002, 393, 394 = JZ 2003, 1113 mit Anm. *Spindler;* dazu auch zust. *Hoeren* LMK 2003, 154, 155; *Metzger* NJW 2003, 1994; diff. *Wiebe/Neubauer* CR 2003, 327; Vorinstanz OLG Frankfurt CR 2000, 146.

Nutzungsrechts gesehen. Der Hersteller sei auf schuldrechtliche Abreden in der Händlerkette zu verweisen, bestimmte Vertriebsbindungen zu sichern.[1] Eine Klausel, die dem Kunden generell jede Programmänderung untersagt, ist nach § 307 unwirksam, weil sie sowohl die Beseitigung von Fehlern als auch die Anpassung an besondere Anwenderbedürfnisse ausschließen würde.[2] § 69 d I UrhG gesteht dem Nutzer die Fehlerbeseitigung ausdrücklich zu, was zum zwingenden Kernbereich gehört, der ohne zumutbare Ersatzlösungen, wie Verpflichtung des Anbieters zur alsbaldigen Fehlerbeseitigung, nicht abbedungen werden darf, auch wenn § 69 d I UrhG nicht zu den zwingenden Vorschriften nach § 69 g II UrhG gehört.[3] Die Anpassung an die Anwenderbedürfnisse in Gestalt der Dekompilierung sieht § 69 e UrhG gemäß § 69 g II UrhG zwingend vor. Ein Recht zur Programmänderung nur im Fall der Insolvenz des Lieferanten genügt den Anwenderbedürfnissen nicht.[4] Klauseln, die die Änderung und Entfernung von Seriennummern oder sonstigen Urhebervermerken und Identifikationsmerkmalen verbieten, entsprechen dagegen einem berechtigten Interesse des Softwarelieferanten und sind nicht zu beanstanden.[5] Wirksam kann durch AGB auch vereinbart werden, dass die Software nicht gleichzeitig auf mehreren Geräten[6] oder im Rahmen eines Netzwerkes nur bei Zahlung einer zusätzlichen Lizenzvergütung genutzt werden darf. Für den **Lizenznehmer** können noch weitergehende Nutzungsbeschränkungen vorgesehen werden. Ihm müssen zwar die zur bestimmungsgemäßen Benutzung der Software notwendigen Vervielfältigungs- und Bearbeitungshandlungen nach §§ 69 d und e UrhG gestattet werden. Aber die bestimmungsgemäße Benutzung kann durch den Lizenzvertrag auf einzelne nach der Verkehrsauffassung klar abgrenzbare Verwertungsmöglichkeiten beschränkt werden, wenn diese nicht willkürlich und primär zum Zwecke von Wettbewerbsbeschränkungen getroffen werden, sondern selbstständige vergütungsrelevante Nutzungsarten darstellen. Zulässig sind insbesondere Weitergabeverbote, nicht aber z. B. ein Verbot der Wartung durch den Lizenznehmer, sofern dieser in der Lage ist, eine Kopie in ihrer ursprünglichen Fassung dem Lizenzgeber zurückzugeben. Unter denselben Voraussetzungen dürfen auch keine Bearbeitungsverbote, z. B. die Anpassung eines Programms an neue Hardware, vorgesehen werden, weil dies die bestimmungsgemäße Benutzung beeinträchtigen kann. Die Veröffentlichung und Verwertung des bearbeiteten Werkes kann aber verboten werden.[7]

c) Ob eine Pflicht zur Herausgabe des **Quellcodes** besteht, in Vertragsbedingungen vorgesehen oder ausgeschlossen werden kann, bedarf differenzierter Betrachtung. **S 224**
Programme basieren auf Quellcodes. Mit deren Kenntnis lassen sich Computerprogramme weiterverarbeiten. Klauseln nach denen Quellcodes von Programmen nicht zum Lieferumfang gehören (was bei gekaufter Software die Regel ist) und im Eigentum des Softwareherstellers (bzw. in einem Subunternehmervertrag der Subunternehmer)[8] verbleiben, sind grundsätzlich gemäß § 307 wirksam. Der wirt-

---

[1] BGH NJW 2000, 3571, 3573 mit Anm. *Lehmann* CR 2000, 740; *Leistner/Klein* MMR 2000, 751; *Witte* CR 2000, 654; siehe dazu auch *Junker* NJW 2004, 3162, 3165.

[2] *Marly* Softwareüberlassungsverträge Rz 1207 ff.; abwägend *Malzer* aaO, S. 135 ff.

[3] S. auch *Lehmann* NJW 1993, 1822, 1823.

[4] *Marly* Softwareüberlassungsverträge Rz 1207; a. A. *Hoeren* aaO Rz 268.

[5] *Marly* Softwareüberlassungsverträge Rz 1209.

[6] *Marly* Softwareüberlassungsverträge Rz 973, 975 ff.; *Malzer* aaO, S. 129; *Loewenheim* FS Kitagawa, S. 949, 962.

[7] S. auch § 23 UrhG; *Marly* Softwareüberlassungsverträge Rz 1020 ff.; für weitergehende Verbote *Lehmann* NJW 1993, 1822, 1826; *Harry Schmidt* in Rechtsschutz und Verwertung von Computerprogrammen, Hrsg. *Lehmann,* 2. Aufl. 1993, Rz 76.

[8] LG Köln CR 2003, 484.

schaftliche Wert, den der Quellcode darstellt, ist mit der Bezahlung des Kaufpreises nicht abgegolten. Soweit die Parteien keine – ausdrückliche – Absprache dazu getroffen haben, ist nach den Umständen des Falles zu differenzieren.[1] Soweit der Erwerber das Programm weiter vermarkten soll oder zur Fehlerbeseitigung, Wartung oder Änderung auf den Quellcode angewiesen ist, wird im Zweifel eine Übergabepflicht anzunehmen sein. Dies in AGB auszuschließen, würde entweder an § 305 b scheitern, wenn der individualvertraglichen Abrede der Parteien im Wege der Auslegung ein entgegenstehender Inhalt beigemessen werden kann, ansonsten an § 307 II Nr. 2. Ist der Quellcode vom Hersteller offengelegt, handelt es sich um Open Source Software, die dem Nutzer kostenfrei überlassen wird. Der Nutzer darf die Software weiterentwickeln und weiterverarbeiten. Die Bedingung des Herstellers, der den Quellcode bei Gebrauchsüberlassung mitliefert, besteht drin, dem Kunden aufzuerlegen seinerseits auch den Quellcode für jedermann zugänglich zu lassen. Diese Bedingungen formulieren die Hersteller in Open Source Nutzungsbedingungen. Diese sind für eine Vielzahl von Verträgen vorformuliert und vom Verwender bei Abschluss der Lizenzvereinbarung als einseitige Vertragsbedingung gestellt. Bedingungen in denen der Verwender den Kunden die Offenlegung des Quellcodes bei Open Source Software auferlegt, sind mit § 307 vereinbar, weil genau das die Besonderheit der Open Source Software ausmacht.[2]

3. Lieferverzug

S 225 Bei Lieferverzug stehen dem Kunden die allgemeinen Rechte aus §§ 280 II, 286, 323 zu. Eine Klausel in Liefer-AGB, wonach bei Nichteinhaltung der Lieferzeit dem Kunden nach Abmahnung und Nachfristsetzung mit Ablehnungsandrohung ein Rücktrittsrecht zustehe,[3] kann dahin auszulegen sein, dass sie nur den Fall unverschuldeter Lieferverzögerung betrifft. Sie ist dann bei einem Kaufvertrag oder Werkvertrag nicht zu beanstanden und die Rechte aus §§ 326, 636 bleiben unberührt. Ist die Klausel dagegen, wie insbesondere bei kundenfeindlicher Auslegung im Verbandsklageprozess, dahin auszulegen, dass sie auch im Falle verschuldeter Verzögerung nur ein Rücktrittsrecht gewähren will, so ist sie nach § 307 II Nr. 1 gegenüber Unternehmern und nach § 309 Nr. 7 b) gegenüber Verbrauchern unwirksam, da sie einen Schadensersatzanspruch selbst bei Vorsatz und grober Fahrlässigkeit ausschließt.[4]

4. Gewährleistung

S 226 Die Gewährleistungsregelungen sind den einzelnen Vertragstypen des – modernisierten[5] – Schuldrechts zu entnehmen, je nachdem, um welche Vertragsgestaltung es sich handelt. Daraus sind dann auch die Mangeldefinitionen in §§ 434 und 633 bei Kauf- oder Werkvertrag abzuleiten. Bei der Standardsoftware, die im Wege des Kaufvertrags regelmäßig ohne weitere Absprachen erworben wird, stellt es danach grundsätzlich einen Mangel dar, wenn sie nicht für die nach dem Vertrag vorausgesetzte Verwendung geeignet ist oder nicht für die gewöhnliche Verwendung, § 434 I Nr. 1 u. 2. Dies kann sich in fehlenden, in fehlerhaften oder unbrauchbaren Programmergebnissen oder in verzögerten Arbeiten zeigen;[6] dagegen stellt

---

[1] BGH NJW-RR 2004, 782 f.
[2] LG München I MMR 2004, 693; dazu *Junker* NJW 2005, 2829 m.w.N.
[3] S. auch *Bartl* CuR 1985, 13, 15.
[4] S. dazu auch *Bartl* CuR 1985, 13, 15.
[5] Vgl. *Redeker* CR 2006, 432 ff.
[6] S. etwa OLG Köln NJW 1988, 2477.

das fehlende Benutzerhandbuch keinen Mangel dar, sondern es liegt eine teilweise Nichterfüllung vor.[1] Ob Hardware und Software als einheitliche Sache oder als zusammengehörend anzusehen sind, richtet sich nach der Verkehrsauffassung, nicht nach dem Parteiwillen.[2] Bei Erstellung einer Individualsoftware oder bei spezieller Anpassung an die Bedürfnisse des Kunden gelten die Vorschriften der §§ 633 ff. des Werkvertragsrechts.[3] Auch Software ist abnahmefähig.[4] Dazu gehört sowohl beim Kauf- wie beim Werkvertrag die Übergabe der vollständig vollendeten Software einschließlich eines Benutzerhandbuches.[5]

Für die **Inhaltskontrolle** ist § 309 Nr. 8 anzuwenden, soweit ein Kauf- oder Werkvertrag vorliegt, im Übrigen ist für die Gewährleistung § 307 heranzuziehen. Ein vollständiger Ausschluss der Gewährleistung ist beim Kauf- und Werkvertrag nach § 309 Nr. 8 b) aa), beim Mietvertrag nach § 307 unwirksam. Auch darf der Käufer oder Besteller im unternehmerischen Verkehr grundsätzlich nicht auf die Minderung unter Ausschluss des Rücktrittsrechts beschränkt werden.[6] Die Unwirksamkeit gilt auch, wenn die Gewährleistung für technisch nicht vermeidbare Programmfehler ausgeschlossen wird, da die Gewährleistung auf einer Garantiehaftung ohne Verschulden beruht.[7] § 9 Nr. 4 BVB-Programmüberlassung Vertragstyp I, wonach der Käufer oder Auftraggeber vom Vertrag zurücktreten kann, wenn er aufgrund einer Funktionsprüfung das Programm nicht für geeignet hält, ist bereits nach § 307 II Nr. 1 und damit auch im unternehmerischen Verkehr unwirksam, weil sie unabhängig von einem objektiven Mangel ein Rücktrittsrecht allein aufgrund der subjektiven Einschätzung des Käufers oder Auftraggebers gewährt, was weder mit §§ 434 ff. noch mit §§ 634 ff. vereinbar ist.[8] Unwirksam ist auch eine Klausel, die dem Kunden die Kosten für die Ausübung seiner Rechte aufbürdet.[9] Bei einem Mietvertrag kann der verschuldensunabhängige Schadensersatzanspruch aus § 536a I nur bedingt ausgeschlossen werden (s. Rz M 38 f.). **S 227**

Eine Klausel, wonach bei Fehlerhaftigkeit der Software **Ersatzlieferung** vorgesehen wird, wenn der Kunde das Produkt binnen 15 Tagen nach Lieferung auf seine Kosten einsendet, verstößt gegen § 309 Nr. 8 b) ee), soweit es die 15-Tage-Frist betrifft, und gegen § 307, soweit dem Kunden die Übersendungskosten auferlegt werden.[10] Dies gilt auch gegenüber Unternehmern. Wird bei fehlerhafter Ersatzlieferung unter Ausschluss aller anderen Rechte nur ein Rücktrittsrecht gewährt, so verstößt dies gegen § 307[11] und, soweit es den Ausschluss von Schadensersatzansprüchen bei grobem Verschulden betrifft, auch gegen § 309 Nr. 7 b). Unwirksam ist nach § 309 Nr. 8 b) bb) im Verhältnis zu Verbrauchern und nach § 307 im unternehmerischen Rechtsverkehr die Klausel, wonach das Recht zum Rücktritt oder auf Minderung ausgeschlossen ist, wenn der Verwender sich zur Nacherfüllung **S 228**

---

[1] S. BGH NJW 1993, 461 = LM H.4/1993 § 477 BGB Nr. 57 m. Anm. *Marly;* BGH BB 1993, 1755; anders noch die Voraufl. Zu einem Überblick über mögliche Mängel *Marly* Softwareüberlassungsverträge Rz 875 ff.

[2] BGH NJW 1988, 406, 409.

[3] S. BGH BB 1993, 1755; OLG Köln NJW 1988, 2477; generell für Anwendung von §§ 633 ff. *Mehrings* NJW 1986, 1304; *ders.*, NJW 1988, 2438, 2441.

[4] BGH BB 1993, 1755; OLG Hamm NJW 1989, 1041.

[5] BGH NJW 1993, 461 = LM H.4/1993 § 477 BGB Nr. 57 m. Anm. *Marly;* BGH BB 1993, 1755.

[6] BGH BB 1993, 1755.

[7] S. *König* aaO Rz 674 ff., 701 ff.; *Marly* Softwareüberlassungsverträge Rz 561.

[8] BGH NJW 1997, 2043 = LM H.8/1997 § 1 AGBG Nr. 28 m. Anm. *Pfeiffer;* keine Bedenken insoweit bei *Müller-Hengstenberg* S. 94.

[9] S. auch § 309 Nr. 8 b, cc Rz 15.

[10] S. § 309 Nr. 8 b, cc Rz 15.

[11] *Bamberger/Roth/Becker* § 309 Nr. 8 Rz 35.

durch Nachbesserung bereiterklärt.[1] Als wirksam wurde eine Klausel angesehen, die dem Kunden das Recht auf Minderung oder Rücktritt vorbehielt für den Fall des „Fehlschlagens“ der Nacherfüllung.[2] Eine Klausel, die dem Kunden im Falle einer unberechtigten Mängelrüge eine „Test- und Bearbeitungsgebühr“ auferlegte, wurde als Verstoß gegen § 307 II Nr. 1 angesehen.[3] Als unwirksam wurde auch eine Klausel in einem Vertrag über Lieferung und Installation von Hard- und Software angesehen, nach der die Gewährleistungsrechte sofort nach einem Eigen- oder Dritteingriff in das System erlöschen.[4] Für die **Verjährung**[5] ist § 309 Nr. 8 b) ff. zu beachten. Die Verjährung darf nicht durch eine ungerechtfertigte Vorverlegung ihres Beginns verkürzt werden.[6] Da die Gebrauchsfähigkeit nur zusammen mit der Hardware getestet werden kann, ist bei einem Werkvertrag die Abnahme grundsätzlich erst mit der Installation der Software und nicht bei sonstigen Formen der Übergabe möglich. Auch muss eine tatsächliche Erprobung ermöglicht werden. Eine Klausel, die bei Übergabe die Unterzeichnung des Abnahmeprotokolls erfordert, ist unwirksam.[7] Wird bei Scheitern der Nacherfüllung unter Ausschluss des Rücktritts lediglich ein Minderungsrecht zugestanden, so ist dies gegenüber Verbrauchern nach § 309 Nr. 8 b, bb) gegenüber Unternehmern nach § 307 unwirksam.[8]

S 229 Wird die Gewährleistung davon abhängig gemacht, dass eine **Gewährleistungskarte** an den Veräußerer oder Hersteller eingesandt wird, so ist dies nach § 309 Nr. 8 b) aa) unwirksam,[9] da es zu einem sachlich nicht gerechtfertigten Ausschluss der Gewährleistungsrechte führen kann.

5. Haftung

S 230 Wegen Verstoß gegen § 309 Nr. 7 a) und b) ist unwirksam ein Haftungsausschluss und eine **Haftungsbegrenzung,** wonach für unmittelbare Personen- und Sachschäden generell ohne Rücksicht auf die Art des Verschuldens nur bis zum 10-fachen Betrag des vom Kunden bezahlten Entgelts gehaftet wird. Die Klausel in einem Vertrag über die Lieferung von Hard- und Software und deren Installation, wonach Schadensersatzansprüche gegen den Verwender auch wegen indirekter und Folgeschäden gleich aus welchem Rechtsgrund (also auch einschließlich des Verzugsschadensersatzes) bis zur Grenze groben Verschuldens ausgeschlossen sein sollten, wurde auch wegen Verstoßes gegen § 307 II Nr. 2 als unwirksam angesehen, da die Pflicht zur rechtzeitigen Lieferung zu den Kardinalspflichten gerechnet wurde.[10]

S 231 Wird der Softwarebenutzer durch Urheberrecht oder gewerbliche Schutzrechte Dritter an der Benutzung behindert oder wird sie ihm ganz untersagt, so haftet der Veräußerer dafür je nach Gestaltung nach den vertraglichen Gewährleistungsregeln. Werden nur einzelne Rechte unter **Ausschluss jeglichen Schadensersatzes** gewährt, so verstößt dies gegen § 309 Nr. 7 b.

---

[1] OLG Frankfurt CR 1999, 73f.
[2] OLG Köln CR 2000, 503f.
[3] OLG Hamm OLGR Hamm 2000, 225.
[4] OLG Hamm OLGR 2000, 262 = NJW-RR 2000, 1224.
[5] Vgl. *Ulmer* ITRB 2003, 162; *Redeker* CR 2006, 433, 435.
[6] S. auch § 309 Nr. 8 b, ff Rz 21f.
[7] S. auch OLG Hamm NJW 1989, 1041.
[8] OLG Köln NJW 1988, 2477; § 309 Nr. 8 b, bb Rz 52.
[9] S. § 309 Nr. 8 b, aa Rz 25.
[10] OLG Köln NJW-RR 1998, 1274, 1275.

6. Sonstige Klauseln

Eine Vertragsstrafe, die für jede Art von Pflichtverstoß ohne Rücksicht auf ein Verschulden vorgesehen und ohne Unterschied auf einen Betrag von erheblicher Höhe festgesetzt wird, ist nach § 309 Nr. 6 und nach § 307 unwirksam.[1] Unwirksam nach § 307 ist auch die Klausel, dass die Vertragsstrafe für jede Zuwiderhandlung unter Ausschluss des Fortsetzungszusammenhangs zu zahlen sei, da damit eine Berücksichtigung eines zusammengehörigen Verhaltens ausgeschlossen wird. Unwirksam ist nach § 307 auch ein Abtretungsverbot, durch das generell die Übertragung jeglicher Rechte des Kunden aus dem Vertrag an Dritte ausgeschlossen wird. Ein formularmäßiges Verbot, Nutzungsrechte aus einem Softwarelizenzvertrag abzutreten, wurde als wirksam angesehen.[2] **S 232**

7. Vertragsbeendigung

a) Wird in AGB generell eine **Kündigungsklausel** vorgesehen, gleichgültig, ob es sich um einen Kaufvertrag oder einen Mietvertrag handelt (s. Rz S 215), so ist dies nach § 307 unwirksam, da die Rückabwicklung eines Kaufvertrags aus beliebigen Gründen oder auch nur bei einfachen Pflichtverstößen nach § 308 Nr. 3 und § 307 nicht wirksam vereinbart werden kann. Verletzt der Erwerber die Urheberrechte oder gewerblichen Schutzrechte des Veräußerers, so kann dieser die dafür vorgesehenen Rechte, insbesondere Unterlassungs-, Beseitigungs- und Schadensersatzansprüche geltend machen. Die Klausel in einem auf unbestimmte Zeit abgeschlossenen Wartungsvertrag, wonach dieser mit einer dreimonatigen Frist zum Ende eines Vertragsjahres gekündigt werden kann, wurde zu Recht als wirksam angesehen.[3] Eine per se bestehende Wartungsverpflichtung oder ein Kündigungsrechtsausschluss des Anbieters für den „Lebenszyklus" einer Software, in dem die bereitgestellte Software überhaupt noch auf dem Markt ist, und einem gewissen Zeitraum danach, besteht nicht.[4] **S 233**

Ein **fristloses Kündigungsrecht,** das bei jeder Art von vertraglicher Pflichtverletzung vorgesehen wird, verstößt gegen den gesetzlichen Grundgedanken der außerordentlichen Kündigung, der die Zerstörung eines Vertrauensverhältnisses voraussetzt, und ist deshalb nach § 307 II Nr. 1 unwirksam. Die Klausel in einem Wartungsvertrag mit einem Ministerium, wonach der Vertrag mit einer vierwöchigen Frist zum Monatsende außerordentlich gekündigt werden konnte, wenn der Auftraggeber bei einem Störungsfall, der zum Ausfall einer „zentralen Komponente" führte, die vertraglich vorgesehene Beseitigungsfrist von 24 Zeitstunden überschritten hatte, wurde als wirksam angesehen.[5] Auch das erscheint viel zu weitgehend und nicht mehr angemssen, da auch dann das Kündigungsrecht besteht, wenn es zu kurzfristiger Überschreitung der Beseitigungsfrist kommt, die möglicherweise ohne Auswirkung auf die Arbeitsabläufe bleibt, wenn die Frist kurz vor oder gar nach Ende der üblichen Arbeitszeiten endet. Außerdem war nicht nach den Ursachen der Fristüberschreitung unterschieden worden, so dass das Kündigungsrecht formell auch dann genutzt werden konnte, wenn die Verzögerung dem Verantwortungsbereich des Auftraggebers zuzurechnen war. **S 234**

---

[1] S. auch § 309 Nr. 6 Rz 69, 71, 110, 114.

[2] OLG München CR 2006, 655 mit zust. Anm. *Lehmann;* dagegen aber *Hoeren* CR 2006, 573, 577 f.; *Sosnitza* K&R 2006, 206, 210.

[3] OLG Koblenz CR 2005, 482, 483.

[4] OLG Koblenz ebd.; vgl. auch *Redeker* IT-Recht in der Praxis Rz 664 und zur Sondersituation eines Kontrahierungszwanges für den Pflegeverpflichteten Rz 674 ff.

[5] OLG Köln OLGR Köln 2003, 177, 178.

S 235–250 **b)** Die Rückgabepflicht bei Beendigung eines Miet-, Pacht- oder Lizenzvertrags kann durch eine Vertragsstrafe gesichert werden. Voraussetzung ist, wie stets bei der Vertragsstrafe, dass die gesicherte Pflicht schuldhaft verletzt wurde. Ob eine Klausel freilich wirksam ist, die im kaufmännischen Verkehr eine Vertragsstrafe in Höhe der 12-fachen monatlichen Lizenzgebühr bei schuldhafter Nichtrückgabe festsetzte, erscheint fraglich. Nach dem Klauselwortlaut hatte der Nutzer nach Beendigung des Vertrags die Programmunterlagen unverzüglich zurückzugeben und sich jeder Nutzung zu enthalten.[1] Danach wäre schon bei geringer Überschreitung der Vertragslaufzeit die Vertragsstrafe angefallen. Das erscheint nicht mehr angemessen.[2]

*

Speditionsvertrag

Schrifttum: *Basedow,* Die Tragweite des zwingenden Rechts im neuen deutschen Gütertransportrecht, TranspR 1998, 58; *Fremuth,* Das Transportrechtsreformgesetz und sein Überleitungsrecht, TranspR 1999, 95; *Herber,* Die Neuregelung des deutschen Transportrechts, NJW 1998, 3297; *Koller,* Transportrecht, 5. Aufl. 2004; *Valder,* Das künftige Speditionsrecht, TranspR 1998, 51; *Vogt* in *von Westphalen* Vertragsrecht und AGB-Klauselwerke, Transportrecht, 2006.

I. Gesetzliche Grundlagen

S 251 Das Recht des Speditionsvertrags wurde mit Wirkung ab 1. 7. 1998 durch das Gesetz zur Neuregelung des Fracht-, Speditions- und Lagerrechts (Transportrechtsreformgesetz – TRG) vom 15. 6. 1998[3] neu in den §§ 453 ff. HGB und in Annäherung an die frachtrechtlichen Vorschriften[4] geregelt. Die Vorschriften gelten für jeden gewerblichen Spediteur, auch wenn das Unternehmen keinen kaufmännischen Zuschnitt hat und der Spediteur auch nicht im Handelsregister eingetragen ist (§ 453 III HGB). Ergänzend zu den §§ 453 ff. HGB gelten auch für diese nicht kaufmännischen Unternehmer die Regelungen über Handelsgeschäfte (§§ 343 ff. HGB) mit Ausnahme der bürgerlich rechtliche Schutzvorschriften verschärfenden Normen der §§ 348 bis 350 HGB. Speditionsvertrag ist der Vertrag, der den Spediteur verpflichtet, die Versendung eines Gutes zu besorgen, wofür der Versender als Gegenleistung die vereinbarte Vergütung zu zahlen hat (§ 453 I und II HGB). Er ist ein gesetzlich gesondert geregelter Geschäftsbesorgungsvertrag[5] im Sinn der §§ 675, 663 ff., so dass zum Zweck der Lückenfüllung bei Fehlen einer – auch vertraglichen – Spezialregelung auf diese Vorschriften zurückgegriffen werden kann, wie dies zum Beispiel bei der nur in § 671, nicht aber in den §§ 453 ff. HGB geregelten Kündigung der Fall sein kann.[6] Soweit der Versender kein Verbraucher ist, treten neben die gesetzlichen Regelungen regelmäßig auch Allgemeine Geschäftsbedingungen der Spediteure. Hervorzuheben sind die ADSp (in der aktuellen Fassung aus dem Jahr 2003, siehe ausführlich dazu Rz A 71 ff.) und die VBGL, ebenfalls aus 2003, die beide nicht auf Verbraucherverträge anwendbar sind (Nr. 2.4 ADSp'03, § 1 IV 2 VBGL). Allerdings ist der Spielraum für abweichende Vereinbarungen allgemein

---

[1] LG Lüneburg NJW 1988, 2476.

[2] Anders noch die Voraufl. und LG Lüneburg in der vorigen FN sowie wohl auch MünchKomm/*Kieninger* § 307 Rz 108.

[3] BGBl. 1998 I S. 1588; zum Übergangsrecht *Fremuth* TranspR 1999, 95.

[4] *Vogt* in: *von Westphalen* Vertragsrecht und AGB-Klauselwerke, Transportrecht, Rz 189; *Valder* TranspR 1998, 51.

[5] *Valder* TranspR 1998, 51.

[6] *Ebenroth/Boujong/Joost/Gass* § 453 Rz 4.

durch § 466 HGB und im Verjährungsbereich durch §§ 463, 439 IV HGB stark eingeschränkt.[1]

1. Pflichten des Spediteurs

Zur **Besorgung der Beförderung** als Pflicht des Spediteurs gehört insbesondere die Bestimmung des Beförderungsmittels und des Beförderungswegs, die Auswahl der ausführenden Unternehmer, der Abschluss der für die Versendung erforderlichen Fracht-, Lager- und Speditionsverträge im eigenen Namen, oder im Namen des Versenders, die Erteilung der erforderlichen Informationen und Weisungen an die ausführenden Unternehmer sowie die Sicherung von Schadensersatzansprüchen des Versenders (§ 454 I und II HGB). Gemäß § 454 II HGB gehört zu den Pflichten des Spediteurs auch die Ausführung sonstiger auf die Beförderung bezogener Leistungen, wie Versicherung, Verpackung, Kennzeichnung und Zollbehandlung des Gutes, soweit dies vereinbart ist. Bei Verlust oder Beschädigung des in seiner Obhut befindlichen Gutes haftet der Spediteur auf Schadensersatz, es sei denn, Verlust oder Beschädigung beruhten auf Umständen, die der Spediteur auch bei größter Sorgfalt nicht vermeiden und deren Folgen er nicht abwenden konnte (§§ 461 I, 426 HGB). Die Haftung kann über § 461 II I HGB auch wegen der besonderen Haftungsausschlussgründe des § 427 HGB ausgeschlossen sein. Die Haftung ist gemäß §§ 461 I, 431 HGB begrenzt auf 8,33 Rechnungseinheiten je Kilogramm des Rohgewichts. Für Schäden aus Verletzung sonstiger in § 454 HGB genannter Pflichten haftet der Spediteur, es sei denn, der Schaden konnte auch durch die Sorgfalt eines ordentlichen Kaufmanns nicht abgewendet werden (§ 461 II HGB). Zu einer Haftungsteilung zwischen Versender und Spediteur kann es kommen, wenn bei der Schadensentstehung ein Verhalten des Versenders oder ein Mangel des versandten Gutes mitgewirkt hat, § 461 III HGB. **S 252**

2. Pflichten des Versenders

Zu den **Pflichten des Versenders** zählt neben der Zahlung der vereinbarten Vergütung (§ 453 II HGB) die Pflicht, das Gut zu verpacken und zu kennzeichnen, die erforderlichen Urkunden und Auskünfte zur Verfügung zu stellen. Bei Versendung von gefährlichem Gut muss der Versender den Spediteur rechtzeitig in lesbarer Form über die genaue Art der Gefahr und etwa zu ergreifende Vorsichtsmaßnahmen informieren (§ 455 I HGB). Bei Verletzung dieser Pflicht haftet der gewerbliche Versender dem Spediteur auch ohne Verschulden auf Ersatz von Schäden und Aufwendungen (§ 455 II HGB). Ist der Versender ein Verbraucher, so haftet er nur bei schuldhafter Pflichtverletzung (§ 455 III HGB). Die Haftung ist in jedem Fall auf 8,33 Rechnungseinheiten je Kilogramm Rohgewicht der Sendung begrenzt (§§ 455 II 2, 414 I 2 HGB); Haftungsteilung kann erfolgen, wenn der Spediteur einen Mitverursachungsbeitrag zur Schadensentstehung geleistet hat, §§ 455 II 2, 414 II HGB. **S 253**

3. Sonstige Vorschriften

Die Ansprüche des Spediteurs oder Versenders auf eine Leistung aus den §§ 453, 462 HGB verjähren gemäß §§ 463, 439 HGB in einem Jahr bzw. bei vorsätzlicher oder leichtfertiger Pflichtverletzung in drei Jahren. § 464 HGB gibt dem Spediteur und § 465 HGB dem nachfolgenden Spediteur ein Pfandrecht wegen aller durch den Spediteurvertrag begründeter Forderungen sowie wegen unbestrittener Forde- **S 254**

[1] *Baumbach/Hopt/Merkt* § 453 Rz 17; *Ebenroth/Boujong/Joost/Gass* § 453 Rz 7.

rungen aus anderen mit dem Versender geschlossenen Speditions-, Fracht- und Lagerverträgen. Forderungen aus Verträgen, die der Spediteur im eigenen Namen aber für Rechnung des Versenders abgeschlossen hat, können vom Versender erst nach Abtretung an ihn geltend gemacht werden. Schon vor der Abtretung gelten solche Forderungen und das aus ihrer Erfüllung Erlangte jedoch gegenüber Gläubigern des Spediteurs als auf den Versender übergegangen und können deshalb von diesen Gläubigern nicht gepfändet werden (§ 457 HGB).

4. Spediteur-Frachtführer

S 255 Die kombinierte Stellung eines Spediteur-Frachtführers sehen § 458 HGB im Falle des Selbsteintritts, § 459 HGB bei der Spedition zu festen Kosten und § 460 HGB bei der Sammelladung vor. Der Spediteur hat in diesen Fällen zugleich hinsichtlich der Beförderung die Stellung eines Frachtführers bzw. Verfrachters bei der Seefracht, so dass neben dem Speditionsvertrag auch die Regeln des Frachtvertrags (Rz F 41 ff.) zu berücksichtigen sind.[1]

II. Möglichkeiten abweichender Vereinbarungen

1. Verbraucher

S 256 **a)** Im Vertrag mit einem Verbraucher außerhalb des postalischen Massenverkehrs (also der Versendung von Briefen und briefähnlichen Sendungen, siehe dazu alsbald Rz S 259) lässt § 466 I HGB abweichende Vereinbarungen zu dessen Nachteil nicht zu, soweit es die Haftung des Spediteurs für Verlust und Beschädigung des Transportgutes betrifft (§ 461 I HGB) sowie hinsichtlich der Haftung des Spediteurs für seine Leute (§ 462 HGB) und hinsichtlich der Verjährung (§§ 463, 439 HGB). Diese Vorschriften zählen demnach zugunsten des Verbrauchers zu den halbzwingenden Normen,[2] von denen auch durch ausgehandelte Individualvereinbarungen nicht zum Nachteil des Verbrauchers abgewichen werden kann. Dies gilt auch für den Haftungsbetrag von 8,33 Rechnungseinheiten gemäß §§ 461 I, 431 I und II HGB, der damit zum Schutze des Verbrauchers zum Haftungsmindestbetrag wird.

S 257 **b)** Die Möglichkeit abweichender Vereinbarungen sowohl in Form von ausgehandelten Individualvereinbarungen wie von vorformulierten Vertragsbedingungen, insbesondere in Gestalt von AGB, besteht zum Vorteil des Verbrauchers, auch soweit es die Haftung des Spediteurs nach §§ 461 I, 462 HGB einschließlich eines höheren Haftungsbetrags als in § 431 I und II HGB betrifft; verjährungsregelnde AGB zugunsten des Versenders scheitern an § 439 IV HGB; nötig ist auch hier eine ausgehandelte, die Grenzen des § 202 beachtende Vereinbarung, die dann auch als Rahmenvereinbarung für Nachfolgegeschäfte gelten kann.[3] Unberührt bleibt die Möglichkeit, nach Schadenseintritt eine Vereinbarung zur Verjährung zu treffen.[4]

S 258 Bezüglich der in § 466 I HGB nicht genannten Vorschriften kann sowohl zum Vorteil wie auch zum Nachteil des Verbrauchers von der gesetzlichen Regelung abgewichen werden. Dies gilt insbesondere auch für alle Schadensersatzpflichten des Spediteurs gemäß § 461 II HGB wegen Schäden, die nicht durch Verlust oder Beschädigung des Transportgutes verursacht sind. Grenzen ergeben sich für ausgehan-

---

[1] S. auch *Herber* NJW 1998, 3297, 3307 f.
[2] S. *Larenz/Wolf*, Allg. Teil, § 3 Rz 105.
[3] Dazu *Basedow* TranspR 1998, 58, 63.
[4] MünchKommHGB-Aktualisierungsbd. TranspR/*Dubischar* § 439 Rz 7.

delte Individualvereinbarungen aus §§ 134, 138. Bei Verwendung von AGB und vorformulierten Einmalbedingungen (§ 310 III Nr. 2) sind zudem die Schranken der §§ 305 c I, 307–309 zu beachten. Von den §§ 458 S. 2, 459 S. 1, 460 II 1 HGB kann jedoch in jedem Fall nur insoweit abgewichen werden, als diese Vorschriften Abweichungen zulassen, was im Einzelnen die Befugnis zum Selbsteintritt (§ 458 S. 2 HGB), die Vereinbarung eines bestimmten Betrags unter Einschluss der Beförderungskosten (§ 459 S1 HGB) und die Befugnis zur Sammelladung (§ 460 II 1 HGB) betrifft. Die ist auch durch AGB gegenüber Verbrauchern möglich.

Abweichende Regelungen sowohl durch Individualvereinbarungen wie durch AGB sind für **Briefe und briefähnliche Sendungen** zugelassen, was auch die Vorschriften über Haftung (§§ 461 I, 462 HGB) einschließt; verjährungsändernde Vorschriften sind zwar in diesem Bereich nicht durch § 466 HGB, wohl aber durch § 463 mit § 439 IV HGB eingeschränkt. Bei den zugelassenen abweichenden Regelungen kann in den Grenzen von §§ 134, 138 sowie von §§ 305 c I, 307–309 auch zum Nachteil des Verbrauchers von der gesetzlichen Regelung abgewichen werden. Zu den briefähnlichen Sendungen gehören etwa Infopost, Postwurfsendungen, Zeitungen und Zeitschriften sowie Päckchen, nicht aber Paketsendungen.[1] **S 259**

2. Unternehmer

a) § 466 II HGB sieht in mehrfacher Hinsicht gegenüber § 466 I HGB Erweiterungen vor. Er betrifft zunächst andere Fälle als die in § 466 I HGB genannten und erstreckt sich damit auf Personen, die nicht Verbraucher sind.[2] **S 260**

b) § 466 II HGB lässt in Bezug auf Unternehmer und juristische Personen zunächst dieselben abweichenden Vereinbarungen zu wie bei Verbrauchern, soweit es die in § 466 I HGB nicht genannten Vorschriften (Rz S 258) sowie Briefe und briefähnliche Sendungen (Rz S 259) betrifft. **S 261**

c) Darüber hinaus erlaubt § 466 II HGB von den in Abs. 1 genannten Haftungsvorschriften der §§ 461 I und § 462 HGB sowie von der Verjährungsvorschrift des § 463 HGB weitergehende Abweichungen. Eine Abweichung ist diesbezüglich aber nach § 439 IV HGB grundsätzlich nur durch ausgehandelte Individualvereinbarung zulässig, die als Rahmenvereinbarung auch für eine Mehrzahl gleichartiger Verträge zwischen denselben Parteien möglich ist. Inhaltlich sind Abweichungen von den Vorschriften sowohl zum Vorteil wie zum Nachteil jeder beteiligten Partei innerhalb des von §§ 134, 138 belassenen Raumes statthaft. **S 262**

Durch AGB kann eine abweichende Vereinbarung von den in § 461 I HGB genannten Vorschriften auch mit einem Nichtverbraucher grundsätzlich nicht getroffen werden.[3] Eine Ausnahme gilt insoweit nur für den in § 431 I und II HGB genannten Haftungsbetrag für Verlust oder Beschädigung des Transportgutes. Dieser Betrag kann durch AGB insoweit abgeändert werden, als er zwischen zwei und vierzig Rechnungseinheiten (s. § 431 IV HGB) liegt. Dies muss aber drucktechnisch deutlich hervorgehoben werden (§ 466 II 2 Nr. 1 HGB; zur Frage der Einbeziehung der ADSp unter diesem Aspekt s. Rz A 72). Dies ist in Nr. 23 ADSp'03 ebenso geschehen[4] wie in § 29 VBGL. Über Nr. 1 hinausgehende Betragsabweichungen sind nur durch ausgehandelte Individualvereinbarung (Rz S 262) oder dann erlaubt, wenn sie für den Verwender der AGB, gleichgültig ob es der Spediteur oder der Versender ist, ungünstiger sind (§ 466 II 2 Nr. 2 HGB). **S 263**

[1] S. BT-Drs. 13/8445, S. 86; siehe auch Rz F 53.
[2] Zum Verbraucherbegriff *Bamberger/Roth/Schmidt-Räntsch* § 13 Rz 3 ff.
[3] *Koller* Transportrecht, § 466 HGB Rz 17; vgl. auch *Valder* TranspR 1998, 51, 55.
[4] S. Rz A 95.

3. Rechtswahl

S 264–270 § 466 HGB schließt die Möglichkeit einer Rechtswahl gemäß Art. 27 EGBGB grundsätzlich nicht aus. Nr. 30.3 ADSp'03 und § 42 VBGL enthalten eine solche Rechtswahlklausel.[1] Dadurch können sich weitere Möglichkeiten für eine Abweichung von §§ 453 ff. HGB eröffnen. Neben den Schranken aus Art. 29 EGBGB sieht § 466 IV HGB aber zusätzlich vor, dass die Beschränkungen für abweichende Vereinbarungen gemäß § 466 I, III HGB trotz einer Rechtswahlvereinbarung dann zu beachten sind, wenn nach dem Speditionsvertrag sowohl der Übernahmeort wie der Ablieferungsort im Inland liegen.

*

Steuerberater

Zu den AGB der Steuerberater s. Rz R 1 ff.

*

Subunternehmervertrag

Inhaltsübersicht

Schrifttum: *Grüter,* Das Abschneiden des Werklohns bei Bestellerkündigung in AGB, DB 1980, 867; *Kraus,* Gestaltung von Nachunternehmerverträgen, NJW 1997, 223; *Locher,* AGB-Gesetz und Subunternehmerverträge, NJW 1979, 2235; *Meinert,* Das Verhältnis Generalunternehmer/Subunternehmer etc., BauR 1978, 13; *Motzke,* Subunternehmervertrag, Stand: Januar 2002, in: *von Westphalen,* Vertragsrecht und AGB-Klauselwerke; *Nicklisch,* Rechtsfragen des Subunternehmervertrags bei Bau- und Anlagenprojekten im In- und Auslandsgeschäft, NJW 1985, 2361; *Ramming,* Überlegungen zur Ausgestaltung von Nachunternehmerverträgen durch AGB, BB 1994, 518; *Schlünder,* Gestaltung von Nachunternehmerverträgen in der Praxis, NJW 1995, 1057.

[1] S. Rz A 106.

1. Terminologie

Der Unternehmer ist gegenüber dem Besteller zur Herstellung des Werkes verpflichtet. In der Praxis erbringt der Unternehmer die geschuldete Leistung freilich oft nicht selbst beziehungsweise durch den eigenen Betrieb, sondern bedient sich betriebsfremder Dritter als Erfüllungsgehilfen, mit denen er wiederum Werkverträge abschließt. Der terminologischen Klarheit kann man in diesem Falle von dem Kunden, dem Hauptunternehmer und dem vom Hauptunternehmer eingeschalteten Subunternehmer sprechen. Der Vertrag zwischen dem **Hauptunternehmer** (Generalunternehmer) und dem **Subunternehmer** (Nachunternehmer) wird als **Subunternehmervertrag,** der Vertrag zwischen dem Hauptunternehmer und dem Kunden als **Hauptvertrag** bezeichnet. Selbstredend sind entsprechende Konstellationen auch bei anderen Vertragstypen möglich, z. B. bei Dienstverträgen.[1] Doch konzentriert sich der vorliegende Beitrag auf den typischen Fall, dass der Hauptunternehmer Werkverträge mit Subunternehmern abschließt.[2] **S 271**

2. Die Zulässigkeit der Einschaltung von Subunternehmern

Im Rahmen eines Werkvertrages ist im Wege der Auslegung zu ermitteln, inwiefern der Unternehmer dazu verpflichtet ist, die Leistung höchstpersönlich oder doch zumindest durch Angehörige des eigenen Betriebes zu erbringen. Anders als § 613 S. 1, dem zufolge beim Dienstvertrag im Zweifel von einer Pflicht zur persönlichen Erbringung der Leistung auszugehen ist, ist beim Werkvertrag eine Pflicht zur persönlichen Leistungserbringung nur bei entsprechenden Anhaltspunkten anzunehmen. Fehlt es, wie im Regelfall, an einer Pflicht zur persönlichen Erbringung der Leistung, so stellt sich weiter die Frage, ob der Unternehmer nach dem Inhalt des Vertrages verpflichtet ist, die versprochene Leistung durch die Angehörigen des eigenen Betriebs zu erbringen, oder ob die **Hinzuziehung betriebsfremder Dritter** möglich sein soll. Dies wird oftmals ausdrücklich im Vertrag geregelt sein. So sieht § 4 Nr. 8 (1) VOB/B vor, dass der Auftragnehmer die Leistung im eigenen Betrieb auszuführen hat, eine Regelung, die im Falle eines Bauvertrages auch bei isolierter Inhaltskontrolle nicht zu beanstanden ist.[3] Fehlt es an einer ausdrücklichen Regelung, so kommt es auf die Interessenlage im Einzelfall an. Generalisierende Aussagen sind insofern schwer möglich.[4] Dass der Unternehmer zur Hinzuziehung Dritter berechtigt sein soll, ist zumindest dann grundsätzlich anzunehmen, wenn ein entsprechendes Vorgehen branchenüblich ist oder wenn dem Besteller ohne weiteres erkennbar ist, dass der Unternehmer einen Teil der versprochenen Leistungen nicht selbst ausführen kann,[5] insbesondere weil es ihm an entsprechenden Fachkenntnissen fehlt. **S 272**

---

[1] Vgl. z. B. BGH NJW-RR 2004, 1998, 1998: Subunternehmvertrag über Bewachungsdienstleistungen.

[2] In diesem Sinne auch *Motzke,* a.a.O., Rz 15, der den Begriff „Subunternehmervertrag" allein im Zusammenhang mit Werkverträgen verwendet.

[3] § 310 Rz V 440.

[4] Wie hier wohl *Ingenstau/Korbion,* VOB, B, § 4 Rn 405. Vgl. aber auch MünchKomm/*Busche* § 631 Rz 34: Der Besteller eines Werks habe nach dem Vertragsinhalt regelmäßig einen Anspruch darauf, dass der Unternehmer die versprochene Leistung selbst bzw. durch seinen Betrieb erbringe. Ähnlich *Motzke,* a.a.O., Rz 53: Leistungserbringung durch selbstständige Subunternehmer grundsätzlich nicht gestattet.

[5] Ähnlich schon MünchKomm/*Busche* § 631 Rz 34: Gegebenenfalls konkludente Zustimmung zur Hinzuziehung Dritter, „wenn der Besteller den Unternehmer mit Arbeiten beauftragt, von denen er weiß, dass der Unternehmer sie nicht oder nur teilweise ausführen kann".

3. Das für Subunternehmer geltende dispositive Recht

S 273 Soweit es sich bei dem Subunternehmervertrag um einen Werkvertrag handelt, finden die allgemeinen Vorschriften des Werkvertragsrechts Anwendung.

S 274 **a) Selbständigkeit.** Besonders hervorzuheben ist, dass es sich bei dem Subunternehmervertrag um einen vom Vertrag zwischen dem Hauptunternehmer und dem Kunden unabhängigen Vertrag handelt.[1] Auch steht einem Subunternehmer, der Leistungen für einen Hauptunternehmer erbracht hat, gegen den Auftraggeber des Hauptunternehmers, dem die Bauleistungen zugute kommen, kein Anspruch aus Geschäftsführung ohne Auftrag zu.[2] Ferner entfaltet der Verrag zwischen dem Hauptunternehmer und dem Kunden grundsätzlich keine Schutzwirkung zugunsten des Subunternehmers.[3] Demgegenüber entfaltet der Vertrag zwischen dem Generalunternehmer und dem Subunternehmer Schutzwirkung zugunsten des Eigentümers des Grundstücks, auf welchem die Arbeiten ausgeführt werden.[4]

S 275 **b) Fälligkeit der Vergütung.** Allerdings sieht § 641 II eine Sonderregelung für die Fälligkeit der Vergütung vor. Die Vergütung des Subunternehmers wird gemäß § 641 II 1 spätestens dann fällig, wenn und soweit der Hauptunternehmer vom Kunden seine Vergütung oder Teile davon für das vom Subunternehmer versprochene Werk wegen dessen Fertigstellung erhalten hat. Freilich schränkt § 641 II 2 diese Regelung in gewissem Umfang wieder ein: Hat der Hauptunternehmer dem Kunden wegen möglicher Mängel des Werkes Sicherheit geleistet, so findet § 641 II 1 nur dann Anwendung, wenn der Subunternehmer dem Hauptunternehmer Sicherheit in entsprechender Höhe leistet.

S 276 **c) Prüfungspflichten.** Vorgängige Leistungen anderer Subunternehmer hat der Subunternehmer, soweit seine eigene Leistung daran anknüpft, auf offenkundige Mängel im Hinblick auf die Erschwerung oder Gefährdung der eigenen Leistungsausführungen zu überprüfen. Diese Pflicht ergibt sich schon aus dem dispositiven Recht (§ 242), kann aber auch zum Gegenstand einer Klausel gemacht werden. Im letzteren Falle ist die Klausel schon wegen § 307 III 1 nicht bedenklich.

4. Die Anwendung der VOB/B auf den Subunternehmervertrag

S 277 § 4 Nr. 8 II VOB/B sieht vor, dass der Auftragnehmer bei der Weitervergabe von Bauleistungen an Nachunternehmer die Vergabe- und Vertragsordnung für Bauleistungen zu Grunde zu legen. Ist die VOB/B also in unveränderter Form Teil des Vertrages zwischen Kunde und Hauptunternehmer, so trifft den Hauptunternehmer gegenüber dem Kunden eine schuldrechtliche Pflicht, auch im Verhältnis zum Subunternehmer die VOB/B zu verwenden. Relevant wird diese Verpflichtung vor allem deshalb, weil der BGH gegenüber Abweichungen von der VOB/B kritischer geworden ist. Bekanntermaßen hängt die in den §§ 308 Nr. 5, 309 Nr. 8 b ff. angeordnete und auch für § 307 von der Rechtsprechung zumindest bisher angenommene Privilegierung der VOB/B davon ab, dass diese insgesamt bzw. als Ganzes vereinbart wird.[5] Nach der neueren Rechtsprechung führt jedoch jede

---

[1] S. nur OLG Schleswig NJW-RR 1998, 1551, 1551: „rechtlich völlig selbstständige Verträge"; *Motzke*, a.a.O., Rz 28. Vgl. aber auch OLG Koblenz NJW-RR 1998, 453, 453: Der Generalunternehmer müsse sich bei Beurteilung seiner Gewährleistungsrechte gegenüber dem Subunternehmer nach den Grundsätzen der Vorteilsausgleichung eine vom Subunternehmer mit dem Bauherrn erzielte Mängelabgeltung entgegenhalten lassen.

[2] BGH NJW-Spezial 2004, Heft 3, 119, 119.

[3] Strittig. Wie hier z. B. MünchKomm/*Busche* § 631 Rz 34; *Bamberger/Voit* § 631 Rz 60.

[4] OLG Celle NJW-RR 1999, 1693, 1693.

[5] S. hierzu ausführlich Anh. § 310 Rz V 406–425.

inhaltliche Abweichung von der VOB/B dazu, dass die VOB/B nicht mehr insgesamt vereinbart ist.[1] Seine anders lautende Rechtsprechung, nach welcher es darauf ankam, ob die VOB/B „im Kern" Vertragsgrundlage geblieben war,[2] hat der BGH unter Hinweis auf die mit diesem Kriterium verbundenen Abgrenzungsschwierigkeiten zu Recht aufgegeben.[3] Es ist daher zu erwarten, dass § 4 Nr. 8 II VOB/B in Zukunft weniger häufig abbedungen werden wird. Gleichwohl sollte die Bedeutung des § 4 Nr. 8 II VOB/B für den Subunternehmervertrag nicht überschätzt werden. Denn selbst wenn § 4 Nr. 8 II VOB/B Teil des Vertrages zwischen Hauptunternehmer und Kunden ist, gilt es zu bedenken, dass der Subunternehmer aus diesem Vertrag wegen der rechtlichen Selbständigkeit des Subunternehmervertrages keine Rechte herleiten kann (s. Rz 274).

5. Das Vorliegen von AGB

Mit Blick auf die Frage, ob eine bestimmte Regelung im Subunternehmervertrag als Allgemeine Geschäftsbedingung im Sinne des § 305 I 1 einzuordnen ist, gilt es zu berücksichtigen, dass die Bestimmung zur Verwendung in einer Vielzahl von Verträgen auch dann zu bejahen ist, wenn der Verwender „ein von einem Dritten für eine Vielzahl von Verträgen angefertigtes Formular benutzt".[4] Speziell mit Blick auf einen Subunternehmervertrag hat das Kammergericht zudem ausgeführt, dass es für das Vorliegen von AGB spreche, wenn der Hauptunternehmer eine Klausel verwende, die bereits der Kunde des Hauptunternehmers in seinem Vertrag mit dem Hauptunternehmer verwendet habe.[5] Dies überzeugt allerdings in dieser Allgemeinheit nicht. **S 278**

6. Verbot einseitiger Risikoabwälzung

Als allgemeiner Grundsatz ist festzuhalten, dass eine einseitige Risikoabwälzung auf den Subunternehmer durch den Hauptunternehmer als Verwender regelmäßig gegen § 307 verstößt.[6] Unzulässig ist daher insbesondere eine Klausel, die dem Auftragnehmer über das dispositive Recht hinaus die Haftung für Zufallsrisiken auferlegt.[7] Unzulässig ist auch eine Klause, die dem Subunternehmer eine generelle Pflicht zur Einholung erforderlicher behördlicher Genehmigungen auferlegt, ohne nach Verantwortungsbereichen zu differenzieren.[8] Gleiches gilt für eine Klausel, die das Baugrundrisiko auf den Subunternehmer abwälzt.[9] Siehe auch Rz S 297. **S 279**

---

1 BGH NJW 2004, 1597, 1597 (zu § 9 AGBG).

2 Z.B. BGH NJW 1983, 816, 818 (zu §§ 9, 10 Nr. 5 AGBG). Aus dem Schrifttum s. z. B. *Jauernig/Stadler* § 308 Rz 7, die darauf abstellt, ob die VOB/B „ohne ins Gewicht fallende Einschränkungen" übernommen werden.

3 BGH NJW 2004, 1597, 1597 (zu § 9 AGBG).

4 BGH NJW 1991, 843, 843 (zu § 1 I AGBG).

5 KG NJW-RR 2003, 1599, 1599. Dem KG zustimmend *v. Westphalen* NJW 2004, 1993, 1994.

6 OLG Karlsruhe NJW-RR 1993, 1435, 1435 (zu § 9 AGBG).

7 Zur grundsätzlichen Unzulässigkeit der AGB-mäßigen Begründung einer Zufallshaftung s. schon Anh. § 310 Rz H 4.

8 Ähnlich *Ulmer/Christensen* Anh. 310 Rz 199. S. ferner BGH NJW-RR 1997, 1513, 1514 (zum AGB-Gesetz): Unwirksamkeit einer Klausel, der zufolge „n]och fehlende behördliche Genehmigungen [...] durch den Auftragnehmer so rechtzeitig einzuholen [sind], dass zu keiner Zeit eine Behinderung des Terminablaufes entsteht".

9 Für Unwirksamkeit auch *Ulmer/Christensen* Anh. § 310 Rz 199.

7. Angebotsfristen

S 280 Der Hauptunternehmer hat grundsätzlich ein schutzwürdiges Interesse daran, sich auf bindende Angebote der Subunternehmer verlassen zu können. Denn anderenfalls riskiert er, dass er einen Vertrag mit dem Kunden abschließt, nur um dann festzustellen, dass er seinen Pflichten im Verhältnis zum Kunden nicht oder nicht mit so geringen Aufwendungen wie erwartet nachkommen kann. Eine Klausel, die Angebote des Subunternehmers als verbindlich einstuft, ist daher nicht grundsätzlich unangemessen. Dies heißt aber andererseits nicht, dass entsprechende Klauseln uneingeschränkt zulässig wären. § 308 Nr. 1 verbietet Klauseln, durch welche der Verwender sich Annahmefristen vorbehält, die unangemessen lang oder nicht hinreichend bestimmt sind. Zwar können sich nur Verbraucher auf den Schutz des § 308 Nr. 1 berufen, doch sind Annahmefristen im unternehmerischen Verkehr anhand von § 307 zu kontrollieren.[1] Unangemessen lang ist z. B. eine viermonatige Annahmefrist, die ein Bauunternehmer im Verhältnis zu seinem Subunternehmer vorsieht.[2] Im Regelfall wird man sogar davon ausgehen müssen, dass eine mehr als einmonatige Frist unangemessen ist.[3]

8. Irrtümer

S 281 Nach § 307 unwirksam ist eine Klausel des Inhalts „Der Einwand eines Preis- oder Kalkulationsirrtums auf Seiten des Auftragnehmers ist ausgeschlossen".[4] Dies folgt schon daraus, dass eine solche Klausel die Berücksichtigung von Kalkulationsirrtümern ihrem Wortlaut nach selbst in solchen Fällen ausschließt, in denen nach allgemeinen Regeln nicht einmal eine Anfechtung erforderlich wäre, weil der Auftragnehmer den tatsächlichen Willen des Auftraggebers erkannt hat.[5] Auch den generellen Ausschluss des Anfechtungsrechts nach § 119 II wird man als unangemessen im Sinne des § 307 einstufen müssen.[6] Im Übrigen sei auf die allgemeinen Ausführungen zu Klauseln verwiesen, die Anfechtungsrechte einschränken oder erweitern.[7]

9. Änderung des Leistungsumfangs

S 282 Oftmals sehen Verträge mit Subunternehmern ein Recht des Hauptunternehmers als Verwenders vor, den Leistungsumfang nachträglich zu ändern. Solche Leistungsänderungsrechte sind zwar wegen der Unternehmereigenschaft des Subunternehmers nicht an § 308 Nr. 4 zu messen, doch unterliegen sie der Kontrolle anhand von § 307. Bei der Überprüfung entsprechender Klauseln sind zwei Aspekte zu beachten.

---

[1] S. § 308 Nr. 1 Rz 62.

[2] Insoweit zustimmend auch *Ulmer/Christensen* 310 Rz 198.

[3] Großzügiger *Ulmer/Christensen* Anh. § 310 Rz 198: Bindungsfrist von bis zu zwei Monaten noch akzeptabel; *Motzke,* a.a.O., Rz 65: zwei bis drei Monate tolerabel.

[4] BGH NJW 1983, 1671, 1671 (zu § 9 AGBG).

[5] Ähnlich BGH NJW 1983, 1671, 1671 (zu § 9 AGBG), der aber letztlich offen lässt, welche Rechtsfolgen ein erkannter Kalkulationsirrtum hat.

[6] Nicht ganz eindeutig insofern BGH NJW 1983, 1671, 1671 (zu § 9 AGBG). Wie hier aber wohl OLG Zweibrücken NJW-RR 1994, 1363, 1364 (zu § 9 AGBG): Eine Klausel des Inhalts, dass der Auftragnehmer Bedenken gegen die Ausschreibungsunterlagen innerhalb einer vierzehntägigen Frist schriftlich geltend zu machen hat und dass anderenfalls die Mengenberechnung und Preisermittlung der Schlussabrechnung zu Grunde zu legen sind, schließt das Anfechtungsrecht des Auftragsnehmers aus und ist auch aus diesem Grunde unwirksam.

[7] S. § 310 Rz V 268–274.

a) Das Gleichgewicht von Leistung und Gegenleistung. Regelmäßig unwirksam sind entsprechende Klauseln dann, wenn sie zu einer Störung des Gleichgewichts von Leistung und Gegenleistung führen. Grundsätzlich unangemessen ist z. B. der AGB-mäßige Ausschluss einer Vergütung für Zusatzleistungen.[1] Und auch eine Klausel, die den Leistungsumfang erheblich absenkt und damit zu einer Erhöhung der Kosten pro Einheit führt, gleichzeitig aber keine Erhöhung des Preises pro Einheit vorsieht, ist grundsätzlich unwirksam. Unwirksam ist auch eine Klausel, die „Nachforderungen jeder Art" ausschließt,[2] weil diese dahingehend verstanden werden kann, dass auch Zusatzleistungen nicht zu vergüten sind.[3] **S 283**

b) Sonstiges. Aber auch dann, wenn das Gleichgewicht von Leistung und Gegenleistung nicht berührt ist, weil die Änderung des Leistungsumfangs mit einer entsprechenden Änderung des Entgelts verbunden ist, kann eine Klausel, die den Auftraggeber zur Veränderung des Leistungsumfangs berechtigt, den Subunternehmer unangemessen benachteiligen. So kann sich die Unangemessenheit zunächst aus der Wertung des § 649 S. 2 ergeben. Denn eine Klausel, die eine erhebliche Reduktion des Leistungsumfangs bei anteiliger Kürzung des Entgelts erlaubt, läuft auf eine Teilkündigung hinaus. Sie ist daher, wenn sie keinen Vergütungsanspruch im Sinne des § 649 S. 2 einräumt, grundsätzlich unwirksam.[4] Unwirksam ist auch eine Klausel, der zufolge eine Erweiterung des Auftragsvolumens nur dann zu einer angemessenen Verlängerung der Leistungsfrist führt, wenn „der Auftragnehmer nicht in der Lage ist, vereinbarte Fristen durch verstärkten Personal- und/oder Geräteeinsatz einzuhalten und der Auftragnehmer den Anspruch auf Fristverlängerung dem Arbeitgeber schriftlich ankündigt, bevor er mit der Ausführung der zusätzlichen Leistungen beginnt".[5] Erst recht ist eine entsprechende Klausel nach dem oben Gesagten dann unwirksam, wenn sie zwar ein Recht des Verwenders zur Erweiterung des Leistungsumfangs aber keine Mehrvergütung vorsieht und deshalb den Eindruck erweckt, dass die Zusatzleistungen umsonst zu erbringen seien.[6] Will der Hauptunternehmer sich ein allgemeines Recht vorbehalten, den Leistungsumfang zu erhöhen, so ist dies nur dann zulässig, wenn sich aus der Klausel hinreichend klar ergibt, dass Änderungen nur im Rahmen des Zumutbaren möglich sind und dass entsprechende Änderungen zu vergüten sind.[7] **S 284**

10. Die Zahlungspflicht des Hauptunternehmers

a) Verknüpfung mit der Zahlung des Kunden. Häufig sucht der Hauptunternehmer das Bestehen seiner Zahlungspflicht gegenüber dem Subunternehmer davon abhängig zu machen, dass der Kunde an den Hauptunternehmer zahlt. Der Hauptunternehmer kann jedoch das Risiko eines Ausfalls der Vergütung seitens des Kunden nicht auf den Subunternehmer abwälzen. Denn der Subunternehmer, der ja selbst nicht mit dem Kunden des Hauptunternehmers kontrahiert, ist oftmals schlecht positioniert, die Bonität des Kunden einzuschätzen. Entsprechende Klauseln sind daher unangemessen im Sinne des § 307.[8] **S 285**

---

[1] Ebenso z. B. *Motzke,* a.a.O., Rz 108.
[2] Im Ergebnis wohl ebenso BGH NJW-RR 1997, 1513, 1513 (zum AGB-Gesetz).
[3] Zutreffend *Ulmer/Christensen* Anh. § 310 Rz 200.
[4] In diesem Sinne auch *Ulmer/Christensen* Anh. § 310 Rz 200.
[5] Im Ergebnis wohl ebenso BGH NJW-RR 1997, 1513, 1513 (zum AGB-Gesetz).
[6] Vgl. Rz S 283.
[7] Ähnlich *Ulmer/Christensen* Anh. § 310 Rz 200, der aber auch ein Recht zur unvergüteten Leistungserweiterung zulassen will, wenn „die Änderungen ein geringfügiges Niveau nicht überschreiten".
[8] *Ulmer/Christensen* Anh. § 310 Rz 206. Für die Unwirksamkeit einer entsprechenden Klausel im Falle eines Dienstvertrages auch BGH NJW-RR 1996, 1009, 1009 (zu § 9 AGBG).

S 286 **b) Fälligkeit.** Oftmals versucht der Hauptunternehmer, die Fälligkeit der Ansprüche des Subunternehmers hinauszuschieben. Dies kann zum einen dadurch geschehen, dass die Abnahme hinausgeschoben wird. Entsprechende Klauseln werden weiter unten behandelt.[1] Denkbar ist auch, dass eine Klausel den Zeitpunkt der Abnahme unberührt lässt und lediglich die Fälligkeit des Vergütungsanspruchs hinauszuzögern sucht. Auch solche Klauseln sind an § 307 zu messen. Zwar ist eine allgemeine Regel des Inhalts, dass Klauseln unwirksam sind, die die Fälligkeit der Vergütung zulasten des Subunternehmers von der Abnahme lösen, nicht anzuerkennen.[2] Doch muss gelten, dass eine Klausel unwirksam ist, wenn sie die Fälligkeit **unangemessen verzögert** oder wenn der Zeitpunkt der Fälligkeit für den Verwendungsgegner infolge der Klausel **ungewiss** bleibt. Nach § 307 unzulässig ist also z. B. eine Klausel, die die Fälligkeit der Schlusszahlung an den Subunternehmer vom entsprechenden Zahlungseingang des Bauherrn abhängig macht.[3] Mit Blick auf die Möglichkeit einer unangemessenen Verzögerung der Fälligkeit gilt Folgendes: Gemäß § 16 Nr. 3 I 1 VOB/B wird der Anspruch auf die Schlusszahlung alsbald nach Prüfung und Feststellung der vom Auftragnehmer vorgelegten Schlussrechnung fällig, spätestens innerhalb von 2 Monaten nach Zugang. Diese Regelung wird man auch bei isolierter Inhaltskontrolle nach als wirksam einstufen könnten.[4] Eine Frist von mehr als zwei Monaten wäre aber wohl nicht hinnehmbar.[5] Unwirksam ist insbesondere eine Klausel, der zufolge der Vergütungsanspruch erst zwei Monate nach Prüfung der Schlussrechnung fällig wird.[6] Auch eine Klausel, die § 641 II abbedingt, ist unangemessen.[7]

S 287 **c) Abschlagszahlungen.** Sind Abschlagszahlungen an den Subunternehmer vereinbart, so fragt sich, ob wenigstens deren Erfüllung formularmäßig von entsprechenden Abschlagszahlungen des Bauherrn an den Hauptunternehmer abhängig gemacht werden kann. Dagegen spricht, dass Abschlagszahlungen eine wichtige Sicherung des Subunternehmers sind und ihr Ausbleiben ihn in allergrößte Liquiditätsschwierigkeiten stürzen kann. Der Hauptunternehmer vermag sich im Rahmen seiner finanziellen Gesamtplanung leichter gegen solche Liquiditätsengpässe absichern. Zudem darf er die eingegangene Verpflichtung zu Abschlagszahlungen nicht durch Rückausnahmen aushöhlen und damit dem Vertrauen des Subunternehmers auf Zahlungseingang die Grundlage entziehen. Aus diesem Grunde sind entsprechende Klauseln unangemessen im Sinne des § 307.[8] Dem steht auch die Wertung des § 641 II nicht entgegen, denn diese Regelung lässt eine Berücksichtung der im Verhältnis zwischen dem Kunde und dem Hauptunternehmer erfolgten Zahlungen nur zugunsten des Subunternehmers zu.

11. Kostenabwälzung

S 288 Schwierig zu beurteilen sind Klauseln, die eine Abwälzung von Kosten auf den Subunternehmer beabsichtigen.

---

[1] S. Anh. § 310 Rz S 294–296.

[2] So wohl auch *Ulmer/Christensen* Anh. § 310 Rz 206.

[3] OLG München BB 1984, 1386 = AGBE IV, 281 ff. (zum AGB-Gesetz).

[4] S. Anh. § 310 Rz V 455. Vgl. aber auch OLG Bamberg MDR 2001, 927, 927 (zu § 9 AGBG).

[5] Vgl. *Leinemann/Leinemann*, VOB/B, § 16 Rz 99: Verlängerung der Zweimonatsfrist „dürfte [in AGB] kaum möglich sein". Vgl. ferner *Staudinger/Coester-Waltjen* § 308 Nr. 1 Rz 13, der zufolge längere Fristen als die Zweimonatsfrist des § 16 Nr. 3 „im Regelfall nicht hinnehmbar" sein werden. Vgl. auch OLG Köln NJW-RR 2006, 670, 670, dem zufolge ein Zahlungsziel von 90 Tagen in Werkvertrags-AGB den Auftragnehmer unangemessen benachteiligt.

[6] OLG Karlsruhe NJW-RR 1993, 1435, 1435 (zu § 9 AGBG); *Palandt/Heinrichs* § 307 Rz 150a.

[7] *Palandt/Sprau* § 641 Rz 9. Unklar *Bamberger/Roth/Voit* § 641 Rz 34.

[8] So auch *Ulmer/Christensen* Anh § 310 Rz 206; *Motzke*, aaO., Rz 149.

a) Kontrollfähigkeit. Mit Blick auf entsprechende Kosten stellt sich zunächst die Frage, ob diese nicht als Teil der Preishauptabrede gemäß § 307 III 1 der Kontrolle entzogen sind. Richtigerweise wird man davon ausgehen müssen, dass eine Klausel, der zufolge die bei Ausführung eines Werkvertrags entstehenden Kosten entgegen der dispositiven Regelung auf den anderen Teil abgewälzt werden, als bloße Preisnebenabreden stets der Inhaltskontrolle unterliegen.[1] Nicht kontrollfähig sind jedoch grundsätzlich solche Klauseln, die ein Entgelt für Leistungen des Bestellers vorsehen, die auch nach dispositivem Recht nicht unentgeltlich zu erbringen sind. Dies gilt selbst dann, wenn das Entgelt pauschal im Sinne eines Prozentsatzes des Werklohns berechnet wird.[2] Gemäß § 307 III der Kontrolle entzogen ist daher z. B. eine Klausel des Inhalts dass die Kosten des **Bauwassers** und etwaiger Messer und Zähler in Höhe von 1,2 % des Endbetrags der Schlussrechnung abgesetzt werden.[3] Gleiches soll nach Auffassung des BGH für eine Klausel gelten, nach der der Auftraggeber eine Bauwesenversicherung abschließt und die anteilige Prämie vom Entgelt abzieht.[4] Doch überzeugt dies nicht, denn nach dispositivem Recht ist die Entscheidung über den Abschluss einer Versicherung dem Unternehmer überlassen.[5] Eine Klausel, der zufolge der (Sub-)unternehmer den von ihm verursachten Bauschutt zu beseitigen oder die entsprechenden Kosten zu erstatten hat, ist grundsätzlich nicht zu beanstanden.[6] Kontrollfähig ist aber auch nach dem BGH eine Klausel, die den Besteller berechtigt, für anteilige Baureinigung einen bestimmten Prozentsatz vom Entgelt abzuziehen.[7] Dem ist zuzustimmen, weil das dispositive Recht dem Unternehmer das Recht zur Mangelbeseitigung einräumt.[8] S 289

b) Angemessenheit. Unterliegt eine Kostenklausel der Inhaltskontrolle, weil sie Kosten entgegen dem dispositiven Recht auf den anderen Teil abwälzt, so stellt sich weiter die Frage nach der Angemessenheit der Klausel (§ 307). Unwirksam ist z. B. eine Klausel, nach welcher der Besteller die Kosten der Beseitigung des **Bauschutts** bei Beteiligung mehrer Unternehmer zwischen diesen aufschlüsselt, wenn die Klausel dahingehend verstanden werden kann, dass die Aufschlüsselung durch den Verwender eine abschließende ist, weil der Unternehmer in diesem Fall der Willkür des Bestellers ausgeliefert wäre.[9] Unwirksam ist auch eine Klausel, nach welcher dem Auftragnehmer „[f]ür anteilige Baureinigung [...] 0,5% von der Schlusssumme in Abzug gebracht“ werden, weil diese Klausel dem Auftragnehmer das Recht nimmt, die Reinigung kostengünstig selbst vorzunehmen.[10] S 290

12. Haftung des Subunternehmers

a) Einschränkung der Mängelhaftung. Zur Mängelhaftung kann auf die allgemeinen Grundsätze verwiesen werden, wie sie für die Mängelhaftung im Falle des Werkvertrages Geltung verlangen.[11] Die werkvertragliche Verjährungsfrist von fünf Jahren für Arbeiten bei Bauwerken gem. § 634 a Nr. 2 darf auch im unterneh- S 291

---

[1] Vgl. § 309 Nr. 1 Rz 16–19, 30.
[2] BGH NJW 1999, 3260, 3261 (zu § 8 AGBG).
[3] BGH NJW 1999, 3260, 3261 (zu § 8 AGBG).
[4] BGH NJW 2000, 3348, 3349 (zu § 8 AGBG).
[5] Vgl. Anh. § 310 Rz G 131 ff.
[6] A. A. wohl *Ulmer/Hensen* Anh. §§ 9–11 Rz 721.
[7] BGH NJW 2000, 3348, 3349 (zu § 8 AGBG).
[8] BGH NJW 2000, 3348, 3349 (zu § 8 AGBG).
[9] OLG München NJW-RR 1989, 276, 276 (zu § 9 AGBG).
[10] BGH NJW 2000, 3348, 3348 G.
[11] Siehe insbesondere die Kommentierung der Regelungen des § 309 Nr. 8 b sowie die Ausführungen zu haftungsbegrenzenden Klauseln unter § 309 Nr. 7 Rz 135 ff.

merischen Verkehr in AGB grundsätzlich nicht zugunsten des Verwenders verkürzt werden.[1]

S 292 **b) Erweiterung der Mängelhaftung.** Häufig wird es freilich so liegen, dass es sich beim Verwender um den Hauptunternehmer handelt und die AGB die Mängelhaftung des Subunternehmers auszuweiten suchen. Insofern gelten folgende Grundsätze

S 293 **aa) Ersatzvornahmerecht.** In der Praxis sehen Subunternehmerverträge für den Fall des Verzuges oder der Schlechterfüllung oftmals ein Recht des Hauptunternehmers zur Ersatzvornahme auf Kosten des Subunternehmers vor. Dies ist zwar im Grundsatz nicht zu beanstanden.[2] Denn auch § 634 Nr. 2 gewährt für den Fall der Schlechterfüllung ein Recht auf Selbstvornahme, und darüber hinaus können die Kosten der Ersatzvornahme schon nach allgemeinem Leistungsstörungsrecht als Teil des Schadensersatzes statt der Leistung (§ 281) zu ersetzen sein.[3] Allerdings macht § 281 I 1 den Anspruch auf Schadensersatz statt der Leistung grundsätzlich von der Setzung einer angemessenen Frist abhängig, und Gleiches gilt nach § 637 I für das Recht auf Selbstvornahme wegen mangelhafter Leistung. Klauseln, die auf eine Fristsetzung verzichten oder das Recht zur Selbstvornahme schon nach unangemessen kurzer Frist gewähren (z. B. nur zwei Tage) sind daher nach § 307 I, II Nr. 1 unwirksam.[4]

S 294 **bb) Abnahmeregelungen.** Die Parteien eines Werkvertrages haben es grundsätzlich in der Hand, Zeitpunkt, Form und Voraussetzungen der Abnahme abweichend von § 640 zu regeln.[5] Im Falle AGB-mäßiger Regelungen sind allerdings die von § 307 gezogenen Grenzen zu beachten. Klauseln in Bestellerbedingungen, die die Abnahme hinauszögern, sind grundsätzlich nur dann zulässig, wenn sie durch ein **schutzwürdiges Interesse** des Verwenders gerechtfertigt sind. Beim Subunternehmervertrag hat der Hauptunternehmer ein anzuerkennendes Interesse daran, dem Bauherrn möglichst nicht länger aus Gewährleistung zu haften, als seine Subunternehmer ihm für die Mängel haften.[6] Das Bedürfnis nach einer Abstimmung beider Gewährleistungsfristen ist daher im Grundsatz anzuerkennen.[7] Der Hauptunternehmer kann also ein berechtigtes Interesse daran haben, trotz der großen werkverträglichen Bedeutung der Abnahme für den Subunternehmer den Zeitpunkt der Abnahme auf einen Zeitpunkt nach Fertigstellung der Subunternehmer-

---

[1] BGH NJW 1999, 2434, 2434 (zu §§ 638 I, 9 AGBG). Dort ging es zwar um eine besonders drastische Verkürzung, nämlich auf sechs Monate. Indessen betonte der BGH, dass „[n]ach der Rechtsprechung des Senats [...] die Vereinbarung einer verkürzten Verjährung bei Bauwerken nach § 638 I BGB durch AGB des Unternehmers auch im kaufmännischen Verkehr unwirksam [ist]". Ebenso z. B. *Weyer* NZBau 2003, 521, 521; *Palandt/Sprau* § 634a Rz 26. Vorsichtiger noch BGH NJW 1981, 1510, 1511 (zu § 9 AGBG): Unwirksamkeit einer Verkürzung der für Bauwerke geltenden fünfjährigen Gewährleistungsfrist auf 6 Monate.

[2] Vgl. *Ulmer/Christensen* Anh. § 310 Rz 201: maßvolle Erweiterung des Ersatzvornahmerechts über § 4 Nr. 7 VOB/B hinaus möglich.

[3] Dafür, dass die Kosten der Ersatzvornahme nach allgemeinem Leistungsstörungsrecht nicht als Verzögerungsschaden, sondern nur als Schadensersatz statt der Leistung zu ersetzen sind, z. B. *Palandt/Heinrichs* § 286 Rz 44. Der BGH hat die Kosten einer Selbstvornahme dagegen als Verzögerungsschaden eingestuft. S. BGH NJW 1983, 1479, 1480 (zu § 286 I BGB a.F.).

[4] *Ulmer/Christensen* Anh. § 310 Rz 201.

[5] *Palandt/Sprau* § 640 Rz 12.

[6] Ebenso tendenziell *Ulmer/Christensen* Anh. § 310 Rz 204.

[7] Zurückhaltender BGH NJW 1989, 1602, 1603 (zu § 9 AGBG): Ein berechtigtes Interesse des Generalunternehmers an der Verschiebung der Abnahme könne zu bejahen sein, „wenn der Generalunternehmer aus besonderen Gründen daran interessiert ist, die Dauer der Gewährleistungsverpflichtung seines Subunternehmers deckungsgleich mit der seiner eigenen Gewährleistungspflicht gegenüber seinen Kunden auszugestalten."

leistung hinauszuschieben.[1] Ein berechtigtes Interesse an einer Hinausschiebung der Abnahme ergibt sich zudem dann, wenn der Hauptunternehmer die Leistung des Subunternehmers nur im Zusammenhang mit den Leistungen anderer Subunternehmer beurteilen kann.[2] Unangemessen und daher nach § 307 unwirksam ist eine Abnahmeregelung aber dann, „wenn sie den Zeitpunkt der Abnahme für den Subunternehmer nicht eindeutig erkennen lässt, dieser Zeitpunkt also ungewiss bleibt, oder wenn sie die Abnahme auf einen nicht mehr angemessenen Zeitpunkt nach Fertigstellung der Subunternehmerleistung hinausschiebt."[3]

α) **Ungewisser Abnahmezeitpunkt.** Ungewiss ist der Abnahmezeitpunkt dann, „wenn er vom Subunternehmer nicht herbeigeführt oder nicht berechnet werden kann".[4] Diese Voraussetzung ist z. B. dann erfüllt, wenn eine Klausel die Abnahme der Leistung des Subunternehmers bis zur **Abnahme des Gesamtbauwerks** hinausschieben will.[5] Eine entsprechende Klausel ist dementsprechend nach § 307 unwirksam.[6] Unwirksamkeit nach § 307 tritt auch dann ein, wenn die Abnahmewirkung an den Eingang einer **Mängelfreiheitsbescheinigung** oder Bestätigung des Erwerbers oder an die vorgeschriebene Abnahme durch eine Behörde geknüpft wird.[7] Ferner ist eine solche Klausel nach § 307 unwirksam, die die Abnahme der Leistung des Subunternehmers auf denjenigen Zeitpunkt verschiebt, zu dem der Hauptunternehmer mit dem Besteller eine förmliche Abnahme vornimmt.[8] Gemäß § 307 Abs. 1 unwirksam ist auch eine Klausel, die eine förmliche Abnahme im Zeitpunkt der Übergabe vorschreibt, „es sei denn, dass eine solche Abnahme nicht binnen sechs Monaten seit Fertigstellung der Leistung des Auftragnehmers erfolgt ist".[9] Unangemessen ist auch eine Klausel, die vorsieht, dass eine Abnahme durch Ingebrauchnahme ausscheidet, und dem Auftraggeber zugleich das Recht vorbehält, einen Termin für die Abnahme durch seinen Bauleiter zu bestimmen, ohne hierfür aber eine Frist anzugeben.[10] **S 295**

β) **Unangemessene Verzögerung.** Unangemessen hinausgeschoben ist der Zeitpunkt der Abnahme dann, wenn „die Leistung des Subunternehmers erst erhebliche Zeit nach ihrer Fertigstellung abgenommen werden soll."[11] Zwar ist es dem Subunternehmer zuzumuten, dass der Hauptunternehmer die Abnahme erst nach Ablauf einer bestimmten Frist erklärt, um gegebenenfalls die für die Abnahme notwendige Vorbereitungen treffen zu können.[12] Regelmäßig unbedenklich ist daher eine vier- bis sechswöchige Frist.[13] Gemäß § 307 unwirksam ist aber eine Klausel, die den Abnahmetermin um zwei Monate oder mehr hinausschiebt.[14] **S 296**

---

[1] BGH NJW 1989, 1602, 1603 (zu § 9 AGBG) = BGHZ 107, 75, 77. Vgl. aber auch MünchKomm/*Busche* § 640 Rz 39: Im Grundsatz sei (auch) bei einem Subunternehmervertrag davon auszugehen, dass ein formularmäßiges Hinausschieben des Abnahmezeitpunktes nach § 307 unwirksam sei.

[2] BGH NJW 1989, 1602, 1603 (zu § 9 AGBG).

[3] BGH NJW 1989, 1602, 1603 (zu § 9 AGBG).

[4] BGH NJW 1989, 1602, 1603 (zu § 9 AGBG).

[5] BGH NJW 1989, 1602, 1603 (zu § 9 AGBG); BGH NJW 1995, 526, 527 (zu § 9 AGBG).

[6] BGH NJW 1989, 1602, 1603 (zu § 9 AGBG).

[7] BGH NJW 1989, 1602, 1603 (zu § 9 AGBG).

[8] BGH NJW 1997, 394, 395 (zu § 9 AGBG).

[9] BGH NJW 1989, 1602, 1603 (zu § 9 AGBG); ebenso die Vorinstanz OLG München NJW-RR 1987, 661, 663 (zu § 9 AGBG).

[10] BGH NJW 1996, 1346, 1346 (zu § 9 AGBG).

[11] BGH NJW 1989, 1602, 1603 (zu § 9 AGBG).

[12] BGH NJW 1989, 1602, 1603 (zu § 9 AGBG).

[13] In diesem Sinne auch BGH NJW 1989, 1602, 1603 (zu § 9 AGBG): Frist „kann [...] durchaus vier bis sechs Wochen betragen".

[14] BGH NJW 1989, 1602, 1603 (zu § 9 AGBG).

S 297 **cc) Fehler in der Sphäre des Hauptunternehmers.** In der Praxis stößt man vielfach auf solche Klauseln, die das Risiko von Fehlern in der Sphäre des Hauptunternehmers auf den Subunternehmer abzuwälzen suchen. Entsprechende Klauseln sind grundsätzlich unangemessen. So verstößt die einseitige Überbürdung des Risikos von Fehlern der vom Hauptunternehmer gestellten Planung durch weit reichende Überprüfungspflichten des Subunternehmers gegen § 307.[1] Eine Klausel, der zufolge der Auftragnehmer die Ausschreibungsunterlagen, insbesondere die Mengenberechnung, zu prüfen und Bedenken innerhalb einer vierzehntägigen Frist 14 schriftlich geltend zu machen hat, ist jedenfalls dann unwirksam, wenn in den AGB zugleich vorgesehen ist, dass bei Versäumung der vierzehntägigen Frist die Mengenberechnung und Preisermittlung der Schlussabrechnung zu Grunde zu legen sind.[2] Unwirksam ist auch eine Klausel, der zufolge der Auftragnehmer bestätigt, alle Unterlagen vollständig erhalten zu haben und auf alle Einwendungen wegen Missverständnissen und Irrtümern zu verzichten.[3] S. auch Rz S 279.

S 298 **dd) Haftung für andere Subunternehmer.** Allgemein gilt, dass die AGB-mäßige Begründung einer im Gesetz nicht vorgesehenen verschuldensunabhängigen Haftung grundsätzlich unangemessen ist.[4] Nach § 307 unzulässig ist es demnach auch, eine generelle und verschuldensunabhängige Haftung für die Vorleistungen anderer Subunternehmer vorzusehen.[5] Gleiches gilt für Klauseln, die eine gemeinsame Haftung mehrerer Subunternehmer für nicht aufklärbare Schäden vorsehen.[6] Auch eine Klausel des Inhalts, dass der Subunternehmer für solche Mängel seiner Arbeit haftet, die auf erkennbare Mängel der Vorleistungen anderer Subunternehmer zurückzuführen sind, ist nicht ohne weiteres wirksam.[7] Zu beachten ist nämlich, dass sich der Hauptunternehmer das Verschulden anderer Subunternehmer nach § 278 zurechnen lassen muss. Diese Haftung kann der Hauptunternehmer nur in den Grenzen der Grundsätze ausschließen, die allgemein für Haftungsausschlüsse und -begrenzungen gelten.[8]

S 299 **ee) Zufallsrisiken.** Unangemessen ist eine Klausel, die dem Subunternehmer entgegen der Risikoverteilung des dispositiven Rechts Zufallsrisiken aufbürdet.[9] Nach § 307 unwirksam ist daher z. B. eine Klausel des Inhalts „Verschiebt sich der Beginn der Ausführungen, ist der Auftragnehmer verpflichtet, alles in seiner Macht stehende zu tun, um den vorgesehenen Endtermin für seine Leistungen dennoch einzuhalten."[10] Denn eine solche Klausel kann bei der nach § 305 c II gebotenen kundenfeindlichen Auslegung dahingehend verstanden werden, dass der Subunternehmer auch im Falle einer von ihm nicht zu vertretenden Verschiebung alles nur Denkbare auf sein Risiko und seine Kosten unternehmen muss, um die Verschiebung zu kompensieren.[11]

---

1 OLG München, AGBE I, 467 (zu § 9 AGBG).
2 OLG Zweibrücken NJW-RR 1994, 1363, 1364 (zu § 9 AGBG).
3 LG München, Urt. v. 21. 12. 1982, AGBE III, 229 (zum AGB-Gesetz).
4 S. § 310 Rz H 4.
5 *Staudinger/Coester-Waltjen* § 10 AGBG Rz 3.
6 OLG Düsseldorf, Urt. v. 22. 7. 1982, AGBE III, 205, 215 (zum AGB-Gesetz).
7 Wie hier wohl *Ulmer/Christensen* Anh. § 310 Rz 199.
8 S. dazu insbesondere § 309 Nr. 7 Rz 135 ff.
9 OLG Karlsruhe NJW-RR 1993, 1435, 1435 (zu § 9 AGBG). Zur grundsätzlichen Unzulässigkeit der AGB-mäßigen Begründung einer Zufallshaftung s. auch § 310 Rz H 4.
10 Für den Fall der abstrakten Klauselkontrolle ebenso OLG Karlsruhe NJW-RR 1993, 1435, 1435 (zu § 9 AGBG).
11 Für den Fall der abstrakten Klauselkontrolle ebenso OLG Karlsruhe NJW-RR 1993, 1435, 1435 (zu § 9 AGBG).

13. Beendigung des Vertrages

a) Kündigung durch Hauptunternehmer. Gemäß § 649 S. 1 kann der Besteller S 300
den Vertrag bis zur Fertigstellung des Vertrages jederzeit kündigen. Doch sieht § 649 S. 2 für den Fall der Ausübung dieses Kündigungsrechts einen Anspruch auf Zahlung der Vergütung vor, wenngleich dieser um ersparte Aufwendungen sowie um diejenigen Beträge zu kürzen ist, die der Werkunternehmer durch anderweitige Verwendung seiner Arbeitskraft erwirbt oder zu erwerben böswillig unterlässt. Eine Klausel, die das Vergütungsrecht nach § 649 S. 2 gänzlich oder doch weitgehend ausschließt, ist unangemessen und daher nach § 307 unwirksam.[1] Auch die Tatsache, dass der Hauptunternehmer den Vertrag nach § 649 S. 1 kündigt, weil der Vertrag zwischen dem Unternehmer und dem Kunden vorzeitig beendet worden ist, rechtfertigt den Ausschluss des Vergütungsanspruchs nicht.[2] Hinnehmbar ist dagegen eine Klausel, die den im Falle einer Teilkündigung nach § 649 S. 2 grundsätzlich bestehenden Anspruch auf Ersatz des entgangenen Gewinns für den Fall ausschließt, dass ein gleichwertiger Ersatzauftrag angeboten wird.[3] Ein nach § 307 unwirksamer Ausschluss des Vergütungsanspruchs nach § 649 S. 2 muss nicht ausdrücklich erfolgen. Vielmehr sind auch Klauseln, die dem Hauptunternehmer über § 649 hinaus zusätzliche Kündigungsrechte einräumen, kritisch daraufhin zu überprüfen, ob sie nicht zumindest bei kundenfeindlicher Auslegung dahingehend zu verstehen sind, dass sie einen Ausschluss des in § 649 S. 2 vorgesehenen Vergütungsanspruchs bewirken.

Wenngleich im Rahmen des vorliegenden Beitrags grundsätzlich nur auf Werkverträge eingegangen wird, sei darauf hingewiesen, dass Kündigungsrechte in Subunternehmerverträgen auch bei anderen Vertragstypen nicht ohne weiteres wirksam sind. Unwirksam ist z. B. eine Klausel in einem Subunternehmervertrag über Bewachungsdienstleistungen, der zufolge dem als Verwender agierenden Hauptunternehmer ein Recht zur außerordentlichen Kündigung zusteht, wenn „der Hauptvertrag endet bzw. sich Änderungen im Umfang der Sicherheitsdienstleistungen" ergeben.[4]

b) Kündigung durch Subunternehmer. Ohne weiteres nach § 307 unwirk- S 301
sam ist auch eine Klausel, die Schadensersatzansprüche des Subunternehmers im Falle einer vom Hauptunternehmer zu vertretenden Kündigung des Vertrages durch den Subunternehmer bzw. im Falle eines vom Hauptunternehmer zu vertretenden Rücktritts ausschließt.[5]

14. Sonstiges

Zusätzlich zu den oben diskutierten Klauseln können Subunternehmerverträge S 302–310
zahlreiche Arten von Klauseln enthalten, die auch in anderen Verträgen vorkommen und deshalb im Rahmen des vorliegenden Werkes an anderer Stelle kommentiert sind. Dies gilt z. B. für **Vorleistungsklauseln**[6] und **Vertragsstrafeklauseln.**[7]

*

[1] Differenzierend *Ulmer/Christensen* Anh. § 310 Rz 203. S. auch BGH NJW 1985, 631, 632 (zu § 9 AGBG): Unwirksamkeit einer Klausel, die dem Unternehmer für den Fall einer freien Kündigung des Bestellers entgegen § 649 S. 2 jeden Ausgleich für den entgangenen Vertrag versagt.

[2] Vgl. aber *Ulmer/Christensen* Anh. § 310 Rz 203, der es für zulässig hält, den Vergütungsanspruch für diesen Fall auf den Ersatz der entstandenen Aufwendungen zu beschränken.

[3] OLG Koblenz NJW-RR 1992, 850, 851 (zu § 9 AGBG).

[4] BGH NJW-RR 2004, 1498, 1498 (zu § 9 AGBG). Dem BGH zustimmend wohl auch *von Westphalen* NJW 2005, 1987, 1990.

[5] OLG Karlsruhe NJW-RR 1993, 1435, 1436 (zu § 9 AGBG).

[6] S. dazu § 309 Nr. 2 Rz 8 ff., § 309 Nr. 3 Rz 20, § 310 Rz V 501 ff.

[7] § 309 Nr. 6 Rz 1 ff. (Verbraucher), 100 ff. (Unternehmer).

Tankstellenstationärvertrag

Inhaltsübersicht

1. Rechtsnatur

T 1 Der Tankstellenstationärvertrag sieht in der Regel vor, dass der Tankstellenbetreiber ständig damit betraut ist, im Namen und für Rechnung einer Mineralölgesellschaft deren Treib- und Schmierstoffe gegen Provision zu vertreiben. Es handelt sich damit um einen Handelsvertretervertrag,[1] bei dem der Tankstellenbetreiber als Handelsvertreter und das Mineralölunternehmen als Prinzipal auftritt.

2. Investitionen und Abrechnung

T 2 Der Tankstellenbetreiber hat gegen das Mineralölunternehmen als Vertragspartner grundsätzlich keinen Anspruch auf die Vornahme zusätzlicher unrentabler Investitionen.[2] Eine Vertragsklausel, in der sich der Prinzipal vorbehält, aufgrund seiner Erfahrung allein über Sorten und Menge der zu lagernden Handelsprodukte zu entscheiden, steht grundsätzlich in Einklang mit den Rechten und Pflichten aus dem Handelsvertreterverhältnis.[3] Sie ist deshalb auch AGB-rechtlich nicht zu beanstanden. Der Handelsvertreter hat dem Prinzipal, im Falle des Tankstellenstationärvertrages also dem Mineralölunternehmen, die von ihm mit Inkassovollmacht eingezogenen Beträge gemäß § 667 herauszugeben.[4] Grundsätzlich unangemessen ist jedoch eine Klausel, die dem Handelsvertreter eine Pflicht zur Vorfinanzierung der abzuführenden Beträge auferlegt.[5] Unwirksam ist auch eine vom Mineralölunternehmen verwendete Klausel, der zufolge dieses berechtigt ist, von einem Agenturkonto, auf welchem der Tankstellenverwalter die Erlöse aus dem Verkauf von Kraft- und Schmierstoffen gesondert aufzubewahren hat, im Lastschriftverfahren regelmäßig Abschlagszahlungen auch für solche Verkaufserlöse abzubuchen, die der Tankstellenverwalter im Zeitpunkt der Abbuchung noch nicht vereinnahmt hat.[6]

3. Bindungsdauer und Kündigung

T 3 Klauseln, die die Laufzeit des Tankstellenstationärvertrages betreffen, sind nicht an § 309 Nr. 9 zu messen. Denn der Handelsvertreter ist Unternehmer im Sinne des § 14 I, so dass er gemäß 310 I 1 nicht den Schutz der §§ 308, 309 genießt.[7] Etwas anderes gilt selbst dann nicht, wenn der Abschluss des Handelsvertretervertrages den

---

1 BGH NJW-RR 1993, 1122, 1123; BGH NJW 1969, 1662, 1663.

2 BGH NJW-RR 1993, 1122, 1123.

3 So i.E. auch BGH NJW-RR 1993, 1122, 1123.

4 BGH NJW-RR 2006, 339, 340.

5 Vgl. BGH NJW-RR 2006, 339, 340: „Die Vorfinanzierung solcher Beträge ist jedoch regelmäßig mit finanziellen Nachteilen verbunden, die einem Handelsvertreter in AGB billigerweise nicht auferlegt werden können."

6 BGH NJW-RR 2006, 339, 339 (Leitsatz). Vgl. auch *Hensen,* EWiR 2006, 129 f.

7 S. allerdings *Ulmer/H. Schmidt* Anh. § 310 Rz 405, der eine Ausnahme für „die sozial schutzbedürftigen Einfirmenvertreter" befürwortet.

ersten Schritt zu einer unternehmerischen Tätigkeit darstellt.[1] Anwendung findet aber § 307 BGB. Klauseln zur Erstlaufzeit, zur Verlängerung oder zur Kündigung des Stationärvertrages sind dabei grundsätzlich an den gleichen Vorgaben zu messen, die auch sonst für Dauerschuldverhältnisse im unternehmerischen Verkehr Anwendung finden. Auf die einschlägigen Ausführungen[2] kann daher verwiesen werden. Im Folgenden seien daher lediglich einige Beispiele und Besonderheiten hervorgehoben:

a) Erstlaufzeit. Eine Erstlaufzeit von zehn Jahren wird man bei einem Tankstellenstationärvertrag grundsätzlich nicht beanstanden können. Dagegen ist eine Klausel, welche eine Laufzeit von mehr zehn Jahren vorsieht, grundsätzlich kritisch zu betrachten und nur bei Vorliegen besonderer Umstände auf Seiten des Verwenders nicht als unangemessen zu werten.[3] Entscheidend ist jedoch eine umfassende Abwägung der beiderseitigen Interessen im Einzelfall.[4] Insbesondere hängt das höchstzulässige Maß der Bindungsdauer davon ab, inwieweit der Klauselverwender hohe Investitionen tätigen muss, die sich nur bei längerer Vertragsdauer amortisieren.[5] Dem Amortisationsgesichtspunkt wird insbesondere in der Rechtsprechung erhebliche Bedeutung beigemessen. So hat der BGH in älteren, teilweise noch vor Erlass des AGB-Gesetzes ergangenen Entscheidung angedeutet, dass selbst eine Laufzeit von bis zu 25 Jahren noch hinnehmbar sein könne, wobei allerdings in den relevanten Entscheidungen nicht ganz deutlich wird, ob dies auch bei formularmäßigen Laufzeitvereinbarungen gelten soll.[6] Diese Rechtsprechung hat der BGH in einem jüngeren Urteil rückblickend damit gerechtfertigt, dass das Mineralölunternehmen nach dem Vertrag erhebliches Kapital langfristig einsetzte und für die Amortisation auf eine entsprechend langfristige Bindung angewiesen war.[7] Richtigerweise wird man einer fünfundzwanzigjährigen Bindung jedenfalls aus heutiger Sicht überaus kritisch gegenübertreten und das Amortisationsargument hinsichtlich seiner tatsächlichen Voraussetzungen genau prüfen müssen. In der Tat ist auch nach Auffassung des BGH eine mehr als zehnjährige Erstlaufzeit ist in einem Tankstellenstationärvertrag unangemessen, wenn sich der Verwender „vertraglich nicht zu Investitionen in nennenswertem Umfang verpflichtet".[8] Zur Berücksichtigung einer dem Verwender eingeräumten **Verlängerungsoption** siehe § 309 Nr. 9 Rz 174–179. T 4

b) Folgen der Unwirksamkeit. Soweit eine individualvertraglich vereinbarte Laufzeit nach § 138 unwirksam ist, kann der Vertrag mit einer kürzeren Laufzeit aufrechterhalten werden, die dem tatsächlichen oder zu vermutenden Parteiwillen entspricht.[9] Auf unangemessen lange Laufzeitklauseln in AGB kann diese Rechtsprechung jedoch grundsätzlich nicht übertragen werden.[10] Vielmehr scheidet die T 5

---

[1] Ebenso BGH NJW 2005, 1273, 1274 zu den §§ 1031 V 1 ZPO, 13 BGB. Speziell mit Blick auf den Handelsvertreter wie hier OLG Oldenburg NJW-RR 1989, 1081, 1081 (zu § 24 AGBG und zur Einordnung als Kaufmann); *Ulmer/H. Schmidt* Anh. § 310 Rz 405. A.A. aber OLG Koblenz NJW 1987, 74, 74 (zu § 24 AGBG und zur Einordnung als Kaufmann).

[2] S. § 309 Nr. 9 Rz 170 ff.

[3] So, allerdings zu einem Kommunikationsanlagenwartungsvertrag, BGH NJW-RR 1997, 942, 943. Offen gelassen in BGH NJW 2000, 1110, 1112 (zu § 9 AGBG und zu einer Tankstellen-Alleinbezugsverpflichtung).

[4] BGH NJW 2000, 1110, 1113 (zu § 9 AGBG).

[5] BGH NJW 2000, 1110, 1113 (zu § 9 AGBG).

[6] S. BGH NJW 1982, 1692, 1693; BGH NJW 1969, 1662, 1663.

[7] So BGH NJW 2000, 1110, 1113 (zu § 9 AGBG).

[8] So BGH NJW 2000, 1110, 1113 (zu § 9 AGBG).

[9] BGH NJW 2000, 1110, 1112; BGH NJW-RR 1990, 816, 816.

[10] BGH NJW 2000, 1110, 1113 (zu § 9 AGBG).

Rückführung einer in AGB vorgesehenen übermäßig langen Vertragsdauer auf das gerade noch angemessene Maß aus.[1] Allerdings kommt unter bestimmten Voraussetzungen die Möglichkeit einer ergänzenden Vertragsauslegung in Betracht. Siehe dazu § 309 Nr. 9 Rz 182 ff.

T 6 **c) Kündigungsregelungen.** Auch Kündigungsregelungen müssen an § 307 gemessen werden. Sehen die AGB vor, dass im Zusammenhang mit der Kündigung des Tankstellenstationärvertrages auch etwaige Arbeitsverhältnisse zwischen dem bisherigen Betreiber der Tankstelle und seinen Angestellen zu kündigen sind, gilt es, § 613 a zu beachten. Ein Betriebsübergang im Sinne dieser Vorschrift ist nach zutreffender Auffassung auch dann gegeben, wenn ein Pächter im Anschluss an die Pacht eines früheren Pächters vom gleichen Verpächter einen Vertrieb pachtet und ihn mit gleichem Betriebszweck fortführt.[2] Gemäß § 613 a IV 1 BGB unwirksam ist daher auch eine Klausel, die den Altpächter verpflichtet, **Altverträge noch vor Betriebsübergang zu kündigen,** um auf diese Weise „für einen von so genannten Altlasten freien Betriebsübergang zu sorgen".[3] Dies gilt in Hinblick auf die Wertung des Art. 6 I GG gerade auch dann, wenn lediglich eine Pflicht auferlegt wird, die **mit Familienangehörigen** des Altpächters geschlossenen Arbeitsverträge vor Betriebsübergang zu kündigen.[4] Schon wegen der ihr innewohnenden Eignung zur Irreführung über die wahre Rechtslage ist eine gegen § 613a IV 1 verstoßende Klausel auch nach § 307 I 2 unangemessen.[5] An der Unwirksamkeit der Klausel ändert sich auch dann nichts, wenn diese lediglich eine Pflicht vorsieht, die entsprechenden Verträge zu „beenden".[6] Denn dies kann dahingehend verstanden werden, dass die relevanten Verträge jedenfalls bei Scheitern etwaiger Bemühungen um den Abschluss eines Aufhebungsvertrages zu kündigen sind, und gemäß § 305 c II ist im Zweifel die zur Nichtigkeit der Klausel führende Auslegung zu Grunde zu legen.[7] Im Ergebnis nicht anders lägen die Dinge dann, wenn die Klausel hinreichend deutlich machen würde, dass lediglich eine Verpflichtung zum Abschluss von Aufhebungsverträgen auferlegt werden soll. Zwar verstößt ein Aufhebungsvertrag nach der Rechtsprechung des Bundesarbeitsgerichts selbst dann nicht gegen § 613 a IV 1, wenn er anlässlich des Betriebsübergangs abgeschlossen wird, sofern er nur auf ein endgültiges Ausscheiden des Arbeitnehmers aus dem Betrieb gerichtet ist.[8] Auch wird man aus diesem Grunde die Verpflichtung zum Abschluss von Aufhebungsverträgen nicht als nach § 613 a IV 1 unwirksam einstufen können.[9] Gleichwohl bleibt es bei der Unangemessenheit der Klausel. Diese ergibt sich zum einen daraus, dass eine Pflicht zur Beendigung bestehender Arbeitsverträge eine unverhältnismäßige finanzielle Belastung des Altpächters zur Folge haben kann.[10] Zum anderen muss die Klausel, die lediglich zur Beendigung der mit Familienangehörigen abgeschlossenen Verträge zwingt, auch in Anbetracht der

[1] BGH NJW 2000, 1110, 1114 (zu § 9 AGBG).

[2] BGH NJW 2006, 1792, 1793; BGH NJW 1985, 2643, 2643.

[3] BGH NJW 2006, 1792, 1793.

[4] Im Ergebnis ebenso, allerdings ohne Berufung auf Art. 6 I GG, BGH NJW 2006, 1792, 1793. Zur Relevanz des Art. 6 GG in dieser Konstellation schon *Dammann,* LMK 2006, 182 333 Anm. zu BGH v. 23. 3. 2006 III ZR 102/05.

[5] Für Unangemessenheit, allerdings ohne Berufung auf das Transparenzprinzip, auch BGH NJW 2006, 1792, 1793.

[6] BGH NJW 2006, 1792, 1793.

[7] In diesem Sinne auch BGH NJW 2006, 1792, 1793.

[8] BAG NZA 2006, 145, 147; BAG NZA 1999, 422, 424; BAG NZA 1999, 262, 263; BAG NZA 1996, 207, 208.

[9] Offen gelassen von BGH NJW 2006, 1792, 1793.

[10] BGH NJW 2006, 1792, 1793 G, allerdings zu einer Klausel, die ausdrücklich vorsah, dass der Verwendungsgegner anderenfalls die dem Verwender entstehenden Kosten zu tragen habe.

Wertung des Art. 6 I GG als unangemessen eingestuft werden.[1] Denn eine solche Klausel macht es für den Pächter riskant, Familienangehörige einzustellen, und birgt zudem das Risiko, dass alle Familienmitglieder ausgerechnet zum gleichen Zeitpunkt ihre Einkommensquellen verlieren. Unwirksam ist auch eine von der Mineralölgesellschaft gestellte Klausel, die dieser die Option einräumt, den Vertrag im Falle einer Kündigung durch den Tankstellenbetreiber **trotz der Kündigung** mit diesem **fortzusetzen,** sei es auch zu denjenigen Bedingungen, die der Tankstellenbetreiber mit einer anderen Mineralölgesellschaft ausgehandelt hat. Die Unwirksamkeit ergibt sich sowohl aus § 138 als auch aus § 307 II Nr. 1, da der Tankstellenbetreiber dadurch ohne berechtigten Grund, auch nach Amortisation der Kapitalinvestitionen, auf die Dauer seines Berufslebens an die Mineralölgesellschaft gebunden werden könnte. Darin liegt eine Beeinträchtigung der unternehmerischen Entschließungsfreiheit, die dem Grundgedanken von § 624 widerspricht.[2]

4. Ausgleichsanspruch

Da es sich bei dem Tankstellenstationärvertrag regelmäßig um ein Handelsvertreterverhältnis handelt (s. Rz T 1), gilt es § 89 b HGB zu beachten, nach welchem dem Handelsvertreter nach Beendigung des Vertragsverhältnisses gegebenenfalls ein Ausgleichsanspruch zusteht. Gemäß § 89 b IV 1 HGB kann der Ausgleichsanspruch nicht im Voraus ausgeschlossen werden. Da diese Vorschrift schon ihrem Wortlaut nach das rechtliche Können und nicht nur das rechtliche Dürfen beschränkt, ergibt sich die Unwirksamkeit eines im Voraus vereinbarten Ausschlusses des Ausgleichsanspruchs unmittelbar aus § 89 b IV 1, ohne dass es des Rekurses auf § 134 bedarf.[3] Darüber hinaus sind entsprechende Klauseln nach § 307 unwirksam.[4] Eine Klausel, nach der 50% der vom Mineralölunternehmen an den Tankstellenbetreiber zu zahlenden Vergütung ein Entgelt für verwaltende Tätigkeit darstellt, beschränkt die Höhe des Ausgleichsanspruchs, weil danach die Hälfte der gezahlten Vergütung bei der Berechnung des Ausgleichsanspruchs als vermittlungsfremder (verwaltender) Provisionsanteil außer Acht bleibt, ohne dass es nach der Regelung darauf ankäme, ob und in welchem Umfang verwaltende Tätigkeiten vertraglich übernommen worden sind.[5] Sie ist deshalb im Grundsatz sowohl nach § 89 b IV 1 HGB als auch nach § 307 I unwirksam.[6] Eine Ausnahme wird man allerdings im Individualprozess machen müssen, wenn die vom Tankstellenbetreiber in Erfüllung des Vertrages zu erbringenden Tätigkeiten nach den Umständen tatsächlich zu 50 % oder mehr auf verwaltende Tätigkeiten entfallen. Allgemein zu Klauseln, die den Ausgleichsanspruch des Handelsvertreters beschränken, siehe die einschlägigen Ausführungen zum Handelsvertretervertrag unter Anh. § 310 Rz H 121, 137–141. T 7-10

*

[1] *Dammann,* LMK 2006, 182 333, Anm. zu BGH v. 23. 3. 2006 III ZR 102/05.
[2] BGH NJW 1982, 1692, 1692 f (zu §§ 9 AGBG, 138 BGB).
[3] A.A. BGH NJW 2003, 290, 293, dem zufolge sich die Unwirksamkeit aus § 134 ergibt.
[4] BGH NJW 2003, 290, 293 (zu § 9 AGBG).
[5] BGH NJW 2003, 290, 293.
[6] BGH NJW 2003, 290, 293 (im Verbandsklageverfahren): Unwirksamkeit nach § 9 AGBG (§ 307) und nach § 134.

Teilwirksamkeits-, Gesamtnichtigkeits-, Ersetzungs- und Ersatzklausel

Inhaltsübersicht

Schrifttum: *Michalski/Römermann,* Die Wirksamkeit der salvatorischen Klausel, NJW 1994, 886; *Strohe,* Salvatorische Klauseln – Aufgabe der „Pronuptia II"-Rechtsprechung durch den BGH, NJW 2003, 1780, *von Westphalen,* Salvatorische Klauseln, in: *ders.*, Vertragsrecht und AGB-Klauselwerke.

1. Allgemeines

T 11 Nach § 139 führt die Teilnichtigkeit eines Vertrags zur Gesamtnichtigkeit, wenn nicht anzunehmen ist, dass der Vertrag auch ohne den nichtigen Teil abgeschlossen worden wäre. Anderes gilt allerdings dann, wenn es sich bei dem unwirksamen Teil um AGB handelt. Für diesen Fall sieht § 306 I vor, dass der Vertrag im Übrigen wirksam bleibt. Eine Ausnahme macht § 306 III lediglich unter der Voraussetzung, dass das Festhalten am Vertrag eine unzumutbare Härte für eine Vertragspartei darstellen würde. AGB, die die vorgenannten Regelungen lediglich wiedergeben, sind vorbehaltlich des § 307 III 2 schon mit Blick auf § 307 III 1 nicht zu beanstanden.

2. Teilwirksamkeitsklauseln

T 12 **a) Begriff.** Eine Teilwirksamkeitsklausel sieht für den Fall der Unwirksamkeit eines Teils des Vertrages die Wirksamkeit des Vertrages im Übrigen vor.

T 13 **b) Rechtsfolgen.** Da die Bewertung der Angemessenheit von Teilwirksamkeitsklauseln von den Rechtsfolgen entsprechender Klauseln abhängt, ist es hilfreich, mit der Frage zu beginnen, welche Auswirkungen Teilwirksamkeitsklauseln haben. Insofern ist zu differenzieren.

T 14 **aa) Bedeutung bei Unwirksamkeit von AGB.** Denkbar ist zunächst, dass einzelne oder sämtliche AGB unwirksam sind. In diesem Fall sieht § 306 II die Wirksamkeit des Restvertrages vor, doch macht § 306 III eine Ausnahme, wenn das Festhalten am Vertrag eine unzumutbare Härte für eine Vertragspartei begründen würde. Von § 306 III kann richtigerweise zumindest in AGB nicht wirksam abgewichen werden; vielmehr sind entsprechende Klauseln nach § 307 unwirksam (s. Rz T 20).[1] Vor diesem Hintergrund erweisen sich Teilwirksamkeitsklauseln als

[1] Ebenso *Ulmer/H. Schmidt* § 306 Rz 55.

irrelevant, soweit es um die Folgen der Unwirksamkeit einzelner oder aller AGB geht: In denjenigen Fällen, in denen ohne die Klausel § 306 II eingreifen würde, wiederholt die Klausel lediglich die Rechtslage. In denjenigen Fällen, in denen § 306 III eingreifen würde, ist die Klausel unwirksam, weil § 306 III nicht AGB-mäßig abbedungen werden kann.

bb) Bedeutung bei Unwirksamkeit von Individualabreden. Anders liegen die Dinge, soweit es um die Auswirkungen von Teilwirksamkeitsklauseln im Falle unwirksamer Individualabreden geht. In dieser Konstellation sind Teilwirksamkeitsklauseln durchaus von Bedeutung, wenn auch nur in begrenztem Maße: Die **Wirkung** einer wirksamen salvatorischen Klausel beschränkt sich in diesem Fall jedoch darauf, die Vermutung des § 139 in ihr Gegenteil zu verkehren.[1] Die Vertragsauslegung kann ergeben, dass die Aufrechterhaltung des Rechtsgeschäfts trotz der salvatorischen Klausel nicht mehr vom Willen der Parteien gedeckt ist.[2] Wirksame salvatorische Klauseln beseitigen also nicht die Notwendigkeit der nach § 139 stets erforderlichen Prüfung, ob die Parteien das teilnichtige Geschäft als Ganzes verworfen oder aber den Rest hätten gelten lassen.[3] Sie bewirken lediglich eine Umverteilung der Beweis- und Darlegungslast:[4] In Hinblick auf § 139 trägt grundsätzlich diejenige Partei die Darlegungs- und Beweislast, die den Restvertrag aufrechterhalten will.[5] Demgegenüber führt die Teilwirksamkeitsklausel dazu, dass die Darlegungs- und Beweislast **zugunsten** der sich auf die Wirksamkeit des Restvertrags berufenden Partei verteilt ist.[6] Gesamtnichtigkeit trotz salvatorischer Klausel kommt insbesondere dann in Betracht, wenn nicht nur eine Nebenabrede, sondern eine wesentliche Vertragsbestimmung unwirksam ist und durch die Teilnichtigkeit der Gesamtcharakter des Vertrages verändert würde.[7] Die Beschränkung der Wirkung der salvatorischen Klausel auf die Beweis- und Darlegungslast gilt unabhängig davon, ob die Klausel Gegenstand einer Individualvereinbarung oder in AGB enthalten ist.[8] Freilich wird man nur ganz ausnahmsweise zu dem Ergebnis kommen können, dass die Wirksamkeit des Restvertrages dem Parteiwillen widerspricht, wenn die Parteien individualvertraglich eine Teilwirksamkeitsabrede getroffen haben.[9] Undenkbar ist ein solches Ergebnis gleichwohl nicht, denn die Parteien mögen bestimmte Sachverhaltskonstellationen übersehen haben. Ist eine **Teilwirksamkeitsklausel** jedoch **unwirksam,** insbesondere nach § 307, so können die oben dargestellten Grundsätze zur Umkehr der Darlegungs- und Beweislast grundsätzlich keine Geltung beanspruchen. Denn eine unwirksame Teilwirksamkeitsklausel lässt keinen Rückschluss auf den mutmaßlichen Willen des Verwendungsgegners zu. Immerhin wird man jedoch auch eine unwirksame Teilwirksamkeitsklausel insofern berücksichtigen können, als es um die Feststellung des mutmaßlichen Willens des Verwenders geht. T 15

[1] BGH NJW 1996, 773, 774. Ebenso *Strohe* NJW 2003, 1780, 1781.

[2] BGH NJW 1996, 773, 774.

[3] BGH NJW-RR 2005, 1543, 1535; BGH NJW 2003, 347, 347.

[4] BGH NJW-RR 2005, 1543, 1535; BGH NJW 2003, 347, 347.

[5] BGH NJW-RR 2005, 1543, 1535; BGH NJW 2003, 347, 347. I.E. ebenso OLG Naumburg NJOZ 2003, 699, 702.

[6] BGH NJW-RR 2005, 1543, 1535; BGH NJW 2003, 347, 347. I.E. ebenso OLG Naumburg NJOZ 2003, 699, 702.

[7] BGH NJW 1996, 773, 774.

[8] So wohl auch BGH NJW 2003, 347, 347, wo allerdings betont wird, dass salvatorische Klauseln in der Regel standardmäßig verwendet werden.

[9] Den mutmaßlichen Willen zur Aufrechterhaltung des Restvertrages im konkreten Fall bejahend z. B. OLG Hamm NJOZ 2006, 3719, 3722.

T 16 **c) Die Wirksamkeit von Teilwirksamkeitsklauseln.** Vor dem dargestellten Hintergrund lässt sich auch die Frage nach der Wirksamkeit von Teilwirksamkeitsklauseln unschwer beantworten.

T 17 **aa) § 305 b.** Haben die Parteien individualvertraglich, sei es ausdrücklich oder konkludent, die Unwirksamkeit des Restvertrages vereinbart, so scheitern Teilwirksamkeitsklauseln in AGB schon an § 305 b. Von der vorgenannten Konstellation zu trennen ist der Fall, dass keine vertragliche Einigung, sondern lediglich ein auf die konkreten Umstände gestützter mutmaßlicher Wille der Parteien dahingehend festzustellen ist, dass der Restvertrag unwirksam sein soll. In diesem Fall muss eine Anwendung des § 305 b ausscheiden, weil eben keine Individualvereinbarung im Sinne dieser Vorschrift gegeben ist.

T 18 **bb) § 307.** Darüber hinaus kann eine Teilwirksamkeitsklausel auch gegen § 307 verstoßen. Insoweit gelten folgende Grundsätze:

T 19 α) **Abweichung von § 139.** Ob der mutmaßliche Wille trotz der Teilwirksamkeitsklausel auf die Unwirksamkeit des Vertrages gerichtet ist, lässt sich immer nur im konkreten Fall beurteilen. Eine Klausel, die im konkreten Fall entgegen dem mutmaßlichen Willen die Wirksamkeit des Restvertrages anordnet, ist nach § 307 unwirksam. Sie führt schon deshalb zu einer unangemessenen Benachteiligung, weil sie den Vertragspartner an einen Vertrag zu binden sucht, deren Wirksamkeit die Parteien nicht gewollt hätten. Darüber hinaus ergibt sich die Unwirksamkeit aber auch daraus, dass die Klausel geeignet ist, den Verwendungsgegner über die tatsächliche Rechtslage in die Irre zu führen und ihn auf diese Weise von der Geltendmachung seiner Rechte abzuhalten. Demgegenüber ist eine Klausel nicht schon deshalb unangemessen, weil abstrakt die Möglichkeit besteht, dass der mutmaßliche Wille in manchen Fällen auf die Wirksamkeit des Vertrages gerichtet sein kann.

T 20 β) **Abweichung von § 306 III.** Eine Klausel, die die Aufrechterhaltung des Vertrages anordnet, obwohl sich aus § 306 III die Gesamtunwirksamkeit desselben ergibt, ist nach § 307 unwirksam.[1] Davon zu trennen ist die Frage, ob eine Teilwirksamkeitsklausel schon deshalb unwirksam ist, weil sie keinen ausdrücklichen Vorbehalt für die in § 306 III erfassten Fälle enthält. Diese Frage wird man verneinen müssen. Denn im Regelfall wird man eine Teilwirksamkeitsklauseln nach Treu und Glauben dahingehend auslegen können, dass die in § 306 III genannten Fälle nicht erfasst sein sollen. § 305 c II steht einer solchen Auslegung nicht entgegen, weil diese Vorschrift erst bei nicht zu behebenden Auslegungszweifeln eingreift. Auch die Rechtsprechung scheint, zumindest in Individualprozessen, ohne weiteres von der Wirksamkeit von Teilwirksamkeitsklauseln auszugehen, die keinen Vorbehalt für die in § 306 III erfassten Fälle enthalten.[2]

T 21 γ) **Abweichung von der Rechtsprechung zu einer ausnahmsweisen Gesamtnichtigkeit.** Nach zutreffender Rechtsprechung kann die Unwirksamkeit von AGB ganz ausnahmsweise auch unabhängig von den Voraussetzungen des § 306 III zur Unwirksamkeit des Gesamtvertrages führen, nämlich dann, wenn durch den Wegfall der AGB eine Lücke entsteht, die weder durch einen Rekurs auf das dispositive Recht noch im Wege der ergänzenden Vertragsauslegung gefüllt werden kann.[3] Unter Berücksichtigung des Grundsatzes der Vertragsautonomie,

---

[1] Wie hier *Ulmer/H. Schmidt* § 306 Rz 55.

[2] S. z. B. BGH NJW-RR 2005, 1543, 1535; BGH NJW 2003, 347, 347. Allerdings lässt sich diesen Entscheidungen nicht mit letzter Sicherheit entnehmen, ob es sich bei den Klauseln um AGB handelte.

[3] In diesem Sinne z. B. OLG Stuttgart NJW-RR 2003, 419, 421 (zum AGB-Gesetz). Auch in der Literatur hat diese Rechtsprechung Zustimmung erfahren. S. z. B. *Palandt/Heinrichs* § 306 Rz 10. S. zum Ganzen auch § 306 Rz 54.

der es den Parteien z. B. auch ermöglicht, sich vertraglich zu binden, ohne die wesentlichen Vertragsbestandteile festzulegen, ist insofern nicht von einem zwingenden Rechtsgrundsatz auszugehen. Es steht den Parteien also frei, individualvertraglich etwas anderes zu vereinbaren. Indessen wird man eine Teilwirksamkeitsklausel in AGB als unangemessen und daher unwirksam einstufen müssen, wenn sie die Restwirksamkeit des Vertrages anordnet, obwohl nach der dargestellten Rechtsprechung von der Unwirksamkeit des Restvertrages wegen einer nicht zu füllenden Regelungslücke auszugehen ist. Freilich gilt es auch hier zu beachten, dass eine Teilwirksamkeitsklausel nicht schon deshalb unwirksam ist, weil sie keinen ausdrücklichen Vorbehalt für die hier interessierenden Fälle enthält. Denn schon im Wege einer an Treu und Glauben orientierten Auslegung wird sich im Regelfall ergeben, dass die Teilwirksamkeitsklausel in den relevanten Konstellationen nicht eingreifen soll. Auch die Rechtsprechung geht, zumindest in Individualprozessen, ohne weiteres von der Wirksamkeit von Teilwirksamkeitsklauseln aus, die keinen Vorbehalt für die hier interessierenden Fälle enthalten.[1]

3. Gesamtnichtigkeitsklauseln

a) Begriff. Eine Gesamtnichtigkeitsklausel sieht für den Fall der Unwirksamkeit eines Teils des Vertrages die Unwirksamkeit des Restvertrages vor. **T 22**

b) Wirksamkeit. Mit Blick auf die Wirksamkeit von Gesamtnichtigkeitsklauseln ist zu differenzieren. Eine Gesamtnichtigkeitsklausel, die **nur** für den Fall **unwirksamer Individualabreden** Geltung beansprucht, ist grundsätzlich wirksam. Etwas anderes gilt nur dann, wenn im konkreten Fall trotz der Klausel ein auf die Wirksamkeit des Restvertrages gerichteter Parteiwille festzustellen ist. Im letzteren Fall ist die Klausel schon wegen der ihr innewohnenden Irreführungsgefahr unangemessen (§ 307 I 2). Beansprucht eine Gesamtnichtigkeitsklausel auch für den Fall Geltung, dass **einzelne oder alle AGB unwirksam** sind, so ist die Gesamtnichtigkeitsklausel grundsätzlich unwirksam.[2] Dies gilt auch im unternehmerischen Verkehr.[3] Die Unwirksamkeit ergibt sich aus § 307 I, II Nr. 1, denn bei der Anordnung der Wirksamkeit des Restvertrages in § 306 I handelt es sich um einen Grundgedanken der gesetzlichen Regelung. Wirksam sind entsprechende Klauseln allerdings wegen § 307 III ausnahmsweise dann, wenn sie nach ihrem durch Auslegung zu ermittelnden Inhalt in hinreichend transparenter Form auf solche Fälle beschränkt sind, in denen ausnahmsweise auch bei Unwirksamkeit von AGB-Bestimmungen die Gesamtnichtigkeit des Vertrages anzunehmen ist (s. § 306 III sowie RzT 21). **T 23**

c) Folgen. Mit Blick auf die Folgen einer Gesamtnichtigkeitsklausel ist wiederum zu differenzieren. Da eine auch für unwirksame AGB-Klauseln Geltung beanspruchende Gesamtnichtigkeitsklausel unwirksam ist (s. T 23), stellt sich die Frage nach den Folgen einer Gesamtnichtigkeitsklausel lediglich mit Blick auf solche Klauseln, die nur für den Fall unwirksamer Individualabreden Geltung beanspruchen. Doch auch solche Klauseln können keine Wirkung entfalten, wenn sich aus den konkreten Umständen ergibt, dass der mutmaßliche Wille der Parteien auf die Wirksamkeit des Restvertrages gerichtet ist. Zur Begründung mag man auf den **T 24**

---

[1] S. z. B. BGH NJW-RR 2005, 1543, 1535; BGH NJW 2003, 347, 347. Allerdings lässt sich diesen Entscheidungen nicht mit letzter Sicherheit entnehmen, ob es sich bei den Klauseln um AGB handelte.

[2] *Ulmer/H. Schmidt* § 306 Rz 23. Zurückhaltender *Staudinger/Schlosser* § 306 Rz 9, dem zufolge eine entsprechende Klausel dann unangemessen im Sinne des § 307 sein soll, wenn sie „noch nach Beginn der Vertragsdurchführung auf Seiten des Verwenders gelten [soll]".

[3] S. *H. Schmidt,* Vertragsfolgen der Nichteinbeziehung, S. 90.

Rechtsgedanken des § 305 b verweisen. Fehlt es an Anhaltspunkten für einen auf die Wirksamkeit des Restvertrages gerichteten Parteiwillen, gibt die Klausel ohnehin nur das wieder, was sich schon aus § 139 ergibt. Immerhin wird man formulieren können, dass eine Gesamtnichtigkeitsklausel die Anforderungen an die Darlegung und den Nachweis eines auf die Wirksamkeit des Restvertrages abzielenden Parteiwillens erhöht, weil sie ein gewisses Indiz dafür darstellt, dass der mutmaßliche Wille auf die Unwirksamkeit des Restvertrages gerichtet ist. Ist die Klausel nach § 307 unwirksam, so lässt sie keinen Rückschluss auf den mutmaßlichen Willen des Verwendungsgegners zu, kann aber immer noch bei der Feststellung des mutmaßlichen Willens des Verwenders berücksichtigt werden.

4. Salvatorische Klauseln

T 28 **a) Begriff.** Eine so genannte salvatorische Klausel sieht vor, dass anderen Klauseln für den Fall eines Verstoßes gegen das AGB-Recht zumindest in reduziertem Umfang weitergelten sollen. Um eine salvatorische Klausel handelt es sich z. B. bei der Bestimmung: „Unzulässige Klauseln sind auf ein zulässiges Maß zu reduzieren". Ferner handelt sich auch bei den Klauselzusätzen „soweit gesetzlich zulässig" oder „in den Grenzen des gesetzlich Zulässigen" um salvatorische Klauseln.

T 29 **b) Wirksamkeit.** Mit Blick auf die Wirksamkeit salvatorischer Klauseln sind zwei Fragen streng zu unterscheiden. Zum einen stellt sich die Frage, ob die salvatorische Regelung, also z. B. der Zusatz „soweit gesetzlich zulässig", wirksam ist. Zum anderen stellt sich das Problem, ob auch eine an sich zulässige Klausel unwirksam wird, wenn sie Gegenstand einer salvatorischen Klausel ist, also z. B. mit einem salvatorischen Zusatz versehen wird.

T 30 **aa) Die salvatorische Klausel.** Keine Schwierigkeiten bereitet die Beurteilung der salvatorischen Regelung selbst. Denn § 306 II ist zwingend.[1] Dass von § 306 II nicht durch AGB abgewichen kann, erkennt auch der BGH an.[2] Doch selbst für Individualvereinbarungen kann nichts anderes gelten.[3] Dies ergibt sich aus folgender Überlegung: Nach § 305 I 3 liegen AGB dann nicht vor, wenn die Klausel „im Einzelnen" ausgehandelt ist. Daraus wird man im Umkehrschluss folgern müssen, dass der Verwendungsgegner auf den Schutz des AGB-Rechts nicht pauschal verzichten kann. Wollte man aber zulassen, dass die Parteien in einer Individualvereinbarung § 306 II abbedingen, dann hätte dies zur Folge, dass der Schutz des AGB-Rechts auch bezüglich solcher Klauseln drastisch eingeschränkt wäre, deren Ausgewogenheit nicht durch einen Aushandlungsprozess sichergestellt ist. Eine Klausel, der zufolge im Falle eines Gesetzesverstoßes eine Reduktion auf das zulässige Maß erfolgen soll, ist mithin schon deshalb unwirksam, weil sie gegen den zwingenden § 306 II verstößt.[4] Und gleiches gilt für eine Klausel, der zufolge eine AGB-Bestimmung von vornherein nur in dem gesetzlich zulässigen Umfang gelten soll, weil damit die Regelung des § 306 II umgangen werden soll.[5] Ob man im letzteren Falle einen Verstoß gegen das Umgehungsverbot (§ 306 a) annimmt, oder richtigerweise davon ausgeht, dass § 306 II schon im Wege der Auslegung auch Umgehun-

[1] Zurückhaltender BGH NJW-RR 1996, 783, 789 (zu einem Zusatz: „soweit gesetzlich zulässig"): § 6 II AGBG könne nicht durch formularmäßige Klauseln abbedungen werden.

[2] BGH NJW-RR 1996, 783, 789 (zu § 6 II AGBG). Ebenso z. B. BAG NJW 2005, 3305, 3308.

[3] A. A. *Ulmer/H. Schmidt* § 306 Rz 41.

[4] Ebenso, allerdings auf der Grundlage der Annahme, dass eine formularmäßige Abweichung von § 6 II AGBG (§ 306 II) ausscheiden muss, BGH NJW-RR 1996, 783, 789.

[5] Für einen Verstoß gegen § 6 II AGBG (§ 306 II) auch BGH NJW-RR 1996, 783, 789 (zu einem Zusatz: „soweit gesetzlich zulässig"), allerdings für den Fall einer AGB-Klausel.

gen dieser Vorschriften verbietet,[1] ist von zweitrangiger Bedeutung. Darüber hinaus sind salvatorische Regelungen auch unangemessen und folglich nach § 307 unwirksam.[2] Denn zum einen verstoßen sie gegen eine wesentlichen Grundgedanken der gesetzlichen Regelung, indem sie § 306 II abbedingen bzw. umgehen, so dass sich die Unangemessenheit schon aus § 307 II Nr. 1 ergibt.[3] Und zum anderen verstoßen salvatorische Klauseln auch gegen das Transparenzprinzip,[4] weil es dem Verwendungsgegner überlassen bleibt, den gerade noch zulässigen Klauselinhalt zu ermitteln.

bb) Die in Bezug genommene Regelung. Die Unwirksamkeit salvatorischer Klauseln bedeutet zunächst, dass eine unzulässige Klausel nicht durch einen salvatorischen Zusatz beziehungsweise durch eine nachfolgende salvatorische Klausel vor der Unwirksamkeit bewahrt werden kann. Es bleibt jedoch die Frage, ob auch eine an sich zulässige Klausel als unwirksam einzustufen ist, nur weil sie mit einem salvatorischen Zusatz versehen wird oder weil die AGB eine selbstständige salvatorische Klausel enthält, der zufolge alle Bestimmungen nur im Rahmen des gesetzlich Zulässigen gelten sollen. Dies richtet sich nach den allgemeinen Grundsätzen, die für die Teilbarkeit unwirksamer AGB gelten.[5] Entscheidend ist mit anderen Worten, ob eine Ausnahme vom **Verbot geltungserhaltender Reduktion** in Betracht kommt, weil sich die Klausel durch bloßes Wegstreichen des unzulässigen Teils in eine verständliche und sinnvolle Regelung umformen lässt.[6] Diese Anforderung ist ohne weiteres erfüllt, wenn die salvatorische Regelung in einer ganz anderen Klausel enthalten ist, z. B. in einer Bestimmung des Inhalts: „Soweit einzelne Bestimmungen dieser AGB rechtswidrig sind, gelten sie mit dem rechtlich zulässigen Inhalt“. Doch auch bei salvatorischen Zusätzen kann die Teilbarkeit gegeben sein, z. B. dann, wenn es in einem Mietvertrag heißt: „Die Haftung des Mieters für bei Vertragsschluss bereits bestehende Mängel, die der Vermieter nicht erkennen konnte, wird in den Grenzen des gesetzlich Zulässigen ausgeschlossen.“ Auch der BGH geht wohl **nicht** davon aus, dass ein salvatorischer Zusatz notwendig die gesamte Klausel unwirksam macht, da anderenfalls nicht zu erklären ist, weshalb der BGH in den einschlägigen Urteilen in einem ersten Schritt auf die Wirksamkeit der Klausel ohne den Zusatz eingeht und erst in einem zweiten Schritt die Wirksamkeit des Zusatzes beurteilt.[7] T 31

5. Ersetzungsklauseln

a) Begriff. Von einer Ersetzungsklausel kann dann gesprochen werden, wenn eine Klausel eine **Verpflichtung** der Parteien vorsieht, unwirksame Klauseln durch wirksame Klauseln mit einem (noch) zulässigen Inhalt zu ersetzen. Eine Erset- T 32

---

[1] So wohl auch BGH NJW-RR 1996, 783, 789, der – allerdings für den Fall einer Vereinbarung in AGB – ohne nähere Begründung von einem Verstoß gegen § 6 II AGBG (§ 306 II) ausgeht.

[2] BGH NJW-RR 1996, 783, 789 (zu § 9 AGBG); MünchKomm/*Basedow* § 306 Rz 29; *Palandt/Heinrichs* § 306 Rz 9; BAG NJW 2005, 3305, 3308.

[3] BGH NJW-RR 1996, 783, 789 (zu § 9 AGBG); KG NJW 1998, 829, 831 (zu § 306 II); *von Westphalen,* AGB, Salvatorische Klauseln, Rz 8.

[4] BGH NJW-RR 1996, 783, 789 (zu § 9 AGBG); MünchKomm/*Basedow* § 306 Rz 29; *Palandt/Heinrichs* § 306 Rz 9; *von Westphalen,* AGB, Salvatorische Klauseln, Rz 3.

[5] Wie hier wohl auch, mit Blick auf salvatorische Zusätze in haftungsbegrenzenden Klauseln, *Staudin ger/Coester-Waltjen* § 309 Nr. 7 Rz 32.Ferner wohl auch *von Westphalen,* AGB, Salvatorische Klauseln, Rz 5, der aber wohl davon ausgeht, dass bei einem salvatorischen Zusatz regelmäßig die ganze Klausel – und nicht nur der salvatorische Zusatz – als unwirksam einzustufen ist.

[6] Ähnlich die Rechtsprechung des BGH. S. z. B. BGH NJW 2001, 292, 294 (zum AGB-Gesetz): Aufrechterhaltung des zulässigen Teils unbedenklich, wenn sich die Klausel „nach ihrem Wortlaut aus sich heraus verständlich und sinnvoll in einen inhaltlich zulässigen und in einen unzulässigen Regelungsteil trennen“ lässt.

[7] S. z. B. BGH NJW-RR 1996, 783, 789 (zu § 9 AGBG).

zungsklausel liegt also z. B. dann vor, wenn eine Klausel bestimmt, dass die Parteien dann, wenn eine Klausel unwirksam ist, „solche Vereinbarungen treffen, die den wirtschaftlichen Zweck der ungültigen, fehlenden Bestimmungen, soweit möglich, in rechtlich gültiger Weise erfüllen."[1] Hervorzuheben ist, dass die Rechsprechung auch insofern von „salvatorischen Klauseln" spricht.[2]

T 33 **b) Wirksamkeit der Ersetzungsklausel.** Ersetzungsklauseln sind grundsätzlich ebenso zu behandeln wie salvatorische Klauseln. Das heißt, die Regelung, welche die Ersetzung unwirksamer Bestimmungen anordnet, ist schon wegen Verstoßes gegen § 306 II unwirksam.[3] Sie ist außerdem gemäß § 307 II Nr. 1 unwirksam,[4] weil sie von einem wesentlichen Grundgedanken der gesetzlichen Regelung abweicht. Zudem ist sie auch wegen Verstoßes gegen das Transparenzprinzip (§ 307 I 2) unwirksam, weil und soweit die Klausel nicht genau vorgibt, welche Regelung die Parteien anstelle der unwirksamen Regelung vereinbaren sollen.[5]

T 34 **c) Wirksamkeit der zu ersetzenden Regelung.** Eine im Übrigen zulässige Klausel wird allerdings in aller Regel nicht allein dadurch unangemessen, dass eine andere Regelung für den Fall der Unwirksamkeit der primär gewollten Regelung deren Ersetzung durch die Parteien anordnet. Denn typischerweise kann man die Ersetzungsklausel wegstreichen, ohne damit die Verständlichkeit der zu ersetzenden Klausel infrage zu stellen (vgl. Rz T 31).

T 35 **d) Auslegung.** Haben die Parteien eines **Mietvertrags** eine allgemeine Ersetzungsklausel des Inhalts vereinbart, dass unwirksame Klauseln durch wirksame zu ersetzen sind, so ist eine solche Klausel grundsätzlich nicht dahingehend auszulegen, dass die Parteien sich im Falle eines Verstoßes gegen die Formvorschrift des § 550 S. 1 zur Nachholung der Schriftform verpflichten wollen.[6]

6. Ersatzklauseln

T 36 **a) Begriff.** Eine so genannte Ersatzklausel („gestaffelte AGB") sieht vor, dass im Falle der Unwirksamkeit einer bestimmten Klausel eine andere Bestimmung an deren Stelle treten soll. Von den so genannten salvatorischen Klauseln („soweit gesetzlich zulässig") unterscheiden sich die Ersatzklauseln dadurch, dass sie den Inhalt der Ersatzbestimmung genau vorgeben.[7]

T 37 **b) Wirksamkeit der Ersatzklausel.** Die Frage nach der Wirksamkeit von Ersatzklauseln wird unterschiedlich beantwortet. Zum Teil werden Ersatzklauseln unter dem Gesichtspunkt der Intransparenz generell für unwirksam gehalten.[8] Die

---

[1] So die Klausel in OLG Hamm NJOZ 2003, 2065, 2071.

[2] S. z. B. BAG NJW 2005, 3305, 3308.

[3] Tendenziell auch OLG Hamm NJOZ 2003, 2065, 2071: Vieles spreche für einen Verstoß gegen § 6 II AGBG (306 II).

[4] BAG NJW 2005, 3305, 3308.

[5] Für Unangemessenheit wegen Intransparenz auch BAG NJW 2005, 3305, 3308; MünchKomm/*Basedow* § 306 Rz 29. Tendenziell auch OLG Hamm NJOZ 2003, 2065, 2071: Vieles spreche für einen Verstoß gegen § 9 AGBG (§ 307) wegen Intransparenz.

[6] So aber OLG Jena NZM 1999, 906, 908. Wie hier dagegen BGH NJW-RR 2002, 1377, 1377; OLG Hamm NJOZ 2003, 2065, 2071.

[7] Die Terminologie ist nicht immer einheitlich. Zum Teil werden die Begriffe „Ersatzklausel" und „salvatorische Klausel" als Synonyme verwandt. S. z. B. *Heinrichs* NJW 1995, 1395, 1398.

[8] So MünchKomm/*Basedow* § 306 Rz 29. Für generelle Unwirksamkeit, allerdings ohne Erwähnung des Transparenzgebotes, auch *Palandt/Heinrichs* § 306 Rz 9. S. ferner BGH NJW 1990, 716, 718, der die Frage nach der Wirksamkeit vorformulierter konkreter Ersatzklauseln zwar offen lässt, aber „erhebliche Bedenken" gegenüber deren Wirksamkeit äußert.

Annahme eines Verstoßes gegen das **Transparenzgebot** überzeugt jedoch nicht. Man kann den Vorwurf der Intransparenz nicht darauf stützen, dass der Verwendungsgegner entscheiden muss, ob die zu ersetzende Klausel wirksam ist. Denn diese Frage muss der Verwendungsgegner stets, also auch bei Fehlen einer Ersatzklausel, beantworten. Ebenso wenig kann man den Transparenzverstoß pauschal unter Hinweis auf den Inhalt der an die Stelle der zu ersetzenden Klausel tretenden Regelung begründen. Denn Ersatzklauseln zeichnen sich definitionsgemäß dadurch aus, dass der Inhalt der Ersatzbestimmung genau vorgegeben ist, so dass die ersatzweise geltende Regelung nicht notwendig unbestimmter ist als andere Klauseln. Allerdings folgt die Unwirksamkeit von Ersatzklauseln aus einem anderen Gesichtspunkt: Ersatzklauseln weichen von § 306 II ab, der vorsieht, dass an die Stelle einer unwirksamen Regelung das dispositive Recht tritt. Da § 306 II nach der hier vertretenen Auffassung zwingendes Recht darstellt,[1] ist eine Ersatzklausel schon wegen Unvereinbarkeit mit dem zwingenden Recht unwirksam. Zudem ist sie auch unangemessen, weil sie von § 306 II und damit von einem Grundgedanken der gesetzlichen Regelung abweicht.[2] Aus diesem Grunde erscheint es auch verfehlt, Ersatzklauseln nur dann als unangemessen einzustufen, wenn sie zur Unübersichtlichkeit des Vertrages führen.[3] Die hier vertretene Auffassung dürfte auch der Position des **BGH** entsprechen. In einem Urteil aus dem Jahre 1989 hat der BGH sich zwar noch darauf beschränkt, „erhebliche Bedenken" an der Wirksamkeit von Ersatzklauseln geltend zu machen, ohne die Frage in die eine oder andere Richtung zu entscheiden.[4] Doch hat der BGH in einem Urteil aus dem Jahre 1995, welches eine salvatorische Klausel betraf, betont, dass § 6 II (§ 306 II) „nicht durch formularmäßige Klauseln abbedungen werden [kann]".[5] Damit ist die Einstufung von Ersatzklauseln als unwirksam im Grunde vorgezeichnet.

c) Wirksamkeit der zu ersetzenden Klausel. Nach dem Gesagten sind Ersatzklauseln unwirksam. Es bleibt jedoch die Frage, ob auch eine im Übrigen wirksame Klausel als unwirksam einzustufen ist, nur weil eine andere Klausel anordnet, dass im Falle der Unwirksamkeit der erstgenannten Klausel eine andere Regelung, nämlich die Ersatzklausel, gelten soll. Diese Frage wird in aller Regel man verneinen müssen. Denn typischerweise kann man die Ersatzklausel wegstreichen, ohne damit die Verständlichkeit der zu ersetzenden Klausel infrage zu stellen (s. Rz T 31). **T 38**

7. Arbeitsverträge

Für Arbeitsverträge gelten die §§ 305 ff. gemäß § 310 IV 2 mit der Maßgabe, dass die im Arbeitsrecht geltenden Besonderheiten angemessen zu berücksichtigen sind. Zu beachten ist insofern, dass das Arbeitsrecht zum Schutze des Arbeitnehmers größere Zurückhaltung bei der Verhängung der Rechtsfolge der Nichtigkeit bezie- **T 39–50**

---

1 S. Anh. § 310 Rz T 30.

2 Für Unangemessenheit von Ersatzklauseln wegen Verstoßes gegen § 306 II auch OLG München NJW-RR 1988, 786, 786 (zu §§ 6, 9 AGBG). Zumindest im Grundsatz für Unwirksamkeit auch *Ulmer/H. Schmidt* § 306 Rz 40, der aber eine Ausnahme für den Fall zulassen möchte, dass der Verstoß der zu ersetzenden Klausel gegen das AGB-Recht nicht vorhersehbar war. Die letztgenannte Einschränkung leuchtet aber nicht recht ein. Wenn der Verstoß nicht vorhersehbar war, warum hat der Verwender dann eine Ersatzklausel in die AGB aufgenommen?

3 So noch *M. Wolf* in der Voraufl. Rz T 11. S. ferner *Michalski/Römermann* NJW 1994, 886, 890: Unwirksamkeit lediglich im Falle von überraschenden oder unübersichtlichen Ersatzklauseln. Vgl. auch *Bamberger/Becker* § 306 Nr. 17: Zulässigkeit, soweit keine Gefährdung der Transparenz oder der Möglichkeit zumutbarer Kenntnisnahme. Für die grundsätzliche Wirksamkeit von Ersatzklauseln auch *von Westphalen,* AGB, Salvatorische Klauseln, Rz 28 ff.

4 BGH NJW 1990, 716, 718 (zu § 9 AGBG).

5 BGH NJW-RR 1996, 783, 788 (zu § 6 II AGBG).

hungsweise der Gesamtnichtigkeit walten lässt.[1] Beispielsweise ist im Falle des Lohnwuchers entgegen § 139 von der Teilwirksamkeit des Vertrages auszugehen.[2] **Gesamtnichtigkeitsklauseln,** die diese Grundsätze abzubedingen suchen, sind ohne weiteres unangemessen und daher nach § 307 unwirksam. Umgekehrt sind **Teilwirksamkeitsklauseln** im Arbeitsrecht schon nach § 307 III 1 nicht zu beanstanden, solange sie lediglich denjenigen Rechtsgrundsätzen Rechnung tragen, die im Arbeitsrecht schon nach dispositivem Recht zur Wirksamkeit des Restvertrages führen. Keine Besonderheiten ergeben sich dagegen mit Blick auf salvatorische Klauseln, Ersetzungsklauseln und Ersatzklauseln. Dies hat das BAG mit Blick auf eine von ihm als „salvatorische Klausel" bezeichnete Ersetzungsklausel ausdrücklich ausgesprochen,[3] doch kann für salvatorische Klauseln und Ersatzklauseln nichts anderes gelten.

*

Teilzeitwohnrechte

Inhaltsübersicht

Schrifttum: *Bütter,* Neue Entwicklungen auf dem Time-Sharing-Markt, NZM 1998, 945; *Hildenbrand,* Vertragsgestaltung und Verbraucherschutz im Time-Sharing-Vertragsrecht, Diss. 1997; *Kappus,* EU-Time-Sharing-Richtlinie und deutsche Umsetzungsgesetzgebung, EWS 1996, 273; *Kind,* Die Suche nach dem Vergleichsmarkt: Zur Beurteilung der Sittenwidrigkeit von Time-Sharing-Verträgen, NZM 1998, 943; *Mäsch,* Das deutsche Time-Sharing-Recht nach dem neuen Teilzeit-Wohnrecht-Gesetz, DNotZ 1997, 180; *Martinek,* Das neue Teilzeit-Wohnrechtsgesetz mißratener Verbraucherschutz bei Time-Sharing-Verträgen, NJW 1997, 1393.

1. Allgemeines

T 51 Zur Nutzung vor allem als Ferienunterkunft können Teilzeitwohnrechte an Ferienappartements und sonstigen Unterkünften begründet werden. Dies kann in Form einer **dinglichen Berechtigung** auf der Grundlage von Miteigentumsanteilen, in Form einer Bruchteilsgemeinschaft an einem Nießbrauch (§§ 1030 ff.) oder einer Bruchteilsgemeinschaft an einem Dauerwohnrecht (§§ 31 ff. WEG) geschehen. Dabei wird im Regelfall für jeweils eine Nutzungswoche $^{1}/_{52}$ Bruchteil am jeweiligen Recht eingeräumt und durch eine Nutzungsregelung gemäß § 745 bestimmt, in welcher Woche der einzelne Bruchteilsberechtigte die Wohnung nutzen darf. Die zeitlich beschränkte Nutzungsbefugnis kann aber auch auf **schuldrechtlicher Grundlage,** z. B. eines Miet- oder Pachtvertrags, oder auf einer vereinsrechtlichen oder genossenschaftsrechtlichen Grundlage[4] eingeräumt werden. Eine lediglich schuldrechtliche Nutzungsbefugnis besteht auch, wenn das

[1] S. den Überblick bei *Palandt/Weidenkaff* § 611 Rz 21 ff.
[2] *Palandt/Weidenkaff* § 611 Rz 21.
[3] BAG NJW 2005, 3305, 3308.
[4] Dazu BGH NJW 1997, 1069.

dingliche Nutzungsrecht als Eigentum, Nießbrauch oder Dauerwohnrecht für einen Treuhänder bestellt wird und dieser im Rahmen des schuldrechtlichen Treuhandvertrags, den er mit dem Wohnberechtigten als dem Treugeber schließt, sich diesem gegenüber zur Gewährung der zeitlich gestaffelten Nutzung verpflichtet.[1]

Der Abschluss von Teilzeitwohnrechtsverträgen, gleichgültig in welcher rechtlichen Ausgangsgestaltung, wird ergänzend zu §§ 145 ff. und § 305 II, III durch die §§ 481 ff. geregelt. Diese Regelungen ersetzen das bisherige TzWrG,[2] das durch das Schuldrechtsmodernisierunggesetz in das BGB integriert wurde und setzen damit die Richtlinie 94/47/EG über den Erwerb von Teilzeitnutzungsrechten an Immobilien[3] in deutsches Recht um. Diese Vorschriften sehen neben der Pflicht zur Aushändigung eines Prospekts mit vorgeschriebenen Pflichtangaben (§ 482) den Abschluss in schriftlicher Form (§ 484) mit bestimmten Pflichtangaben vor (§§ 484 I 3, 482 II i.V.m. § 2 BGB-InfoV) sowie ein Widerrufsrecht innerhalb von 14 Tagen (§§ 485, 355, 358). § 487 sieht ferner die zwingende Geltung der Vorschriften vor, dies gilt gem. Art. 29a EGBGB auch im grenzüberschreitenden Verkehr.[4] Inhaltliche Vorgaben zu den Rechten und Pflichten der Nutzer sind in den §§ 481 ff. nicht enthalten, sodass deren vertragliche Regelung der AGB-Kontrolle unterliegen. **T 52**

2. Unwirksamkeit des Gesamtvertrags

a) Außer der Nichtigkeit wegen Nichteinhaltung der in § 484 vorgesehenen Schriftform gemäß § 125 können Teilzeitwohnrechtsverträge insbesondere wegen **Sittenwidrigkeit** nach § 138 nichtig sein. Als Sittenwidrigkeitsgrund kann ein **erhebliches Missverhältnis von Leistung und Gegenleistung** in Betracht kommen, das nach der Rspr. grundsätzlich bei einem Überschreiten des üblichen Marktpreises um ca. 100 % eintritt (s. auch § 307 Rz 21). Dabei ist als Vergleichspreis, solange ein adäquater Marktpreis für Teilzeitwohnrechte nicht feststellbar ist,[5] an den Preis für vergleichbare Eigentumswohnungen anzuknüpfen mit Zuschlägen für besondere Ausstattung wie Möblierung oder Freizeiteinrichtungen.[6] Ein Preis pro Woche Nutzungsrecht, der 1/52 des Preises einer Eigentumswohnung um 100 % übersteigt, ist deshalb nicht ohne weiteres sittenwidrig,[7] wohl aber Preise, die um ein Mehrfaches überhöht sind, was nicht selten vorkommt.[8] **T 53**

Die Sittenwidrigkeit kann sich auch aus den **Gesamtumständen** unter Berücksichtigung des Zustandekommens des Vertrags[9] und der Summierung mehrerer belastender Einzelpunkte des Vertrags ergeben. Sittenwidrig wegen der Art des Zustandekommens des Vertrags ist es, wenn eine psychologische Drucksituation und unsachliche Verführungssituation geschaffen wird unter Verheimlichung der wahren, sachlich unangemessenen Belastungen, wie z. B. der Kosten aus der Teilnahme an einer Tauschorganisation oder einer anteiligen Haftung für Beschädigungen ohne Rücksicht auf ein Verschulden.[10] Inhaltliche Regelungen, die in der Gesamt- **T 54**

---

[1] S. als Beispiel BGH NJW 1995, 263; s. zum Ganzen *Kappus* in *von Westphalen,* AGB Time-Sharing-Verträge Rz 47 ff.; *Hildenbrand* aaO S. 41 ff.; *ders.* NJW 1994, 1992; *ders.* NJW 1995, 2967; *ders.* NJW 1996, 3249; *Schomerus* NJW 1995, 369; *Tönnes* RIW 1996, 124.

[2] BGBl. 1996 I S. 2154.

[3] Abgedruckt in NJW 1995, 375; dazu *Martinek* in GH II/*Wolf* EG-VbR A 13.

[4] S. zum Ganzen auch *Eckert* ZIP 1997, 2; *Martinek* NJW 1997, 1393.

[5] S. LG Duisburg NJW-RR 1995, 883.

[6] S. *Kappus* in *von Westphalen* AGB, Time-Sharing-Verträge, Rz 94.

[7] *Tonner* VuR 1994, 187.

[8] S. *Ulmer/Hensen* Anh. § 310 BGB Rz 845.

[9] S. BGH NJW 1994, 1344 = LM H.7/1994 § 182 BGB Nr. 4 m. Anm. *Reithmann.*

[10] S. etwa LG Detmold NJW 1994, 3301; LG Tübingen NJW-RR 1995, 1009.

würdigung aller Umstände zur Sittenwidrigkeit führen können, finden sich im Falle erheblicher Vorleistungen für Unterhaltung und Instandsetzung[1] oder bei Abtretung von Gehaltsansprüchen im Zusammenhang mit der Finanzierung[2] oder im Falle einer unangemessenen Rechtswahlklausel.[3]

T 55 **b)** Die Gesamtunwirksamkeit kann sich aus einer **Intransparenz** der wesentlichen Vertragspunkte ergeben. Ein Erwerbsvertrag, aus dessen Regelung nicht klar wird, wer Vertragspartner ist und dessen Klauseln verschleiern, dass der Erwerber anstelle eines grundbuchlich gesicherten Dauernutzungsrechts nur eine schuldrechtliche Berechtigung erwirbt, ist wegen Verstoßes gegen das Transparenzgebot nach § 307 I 2 unwirksam.[4] Gesamtunwirksamkeit kann sich auch gemäß § 306 III bei unzumutbarer Vertragsdurchführung ergeben. Gesamtunwirksamkeit tritt außerdem bei Ausübung eines Widerrufsrechts ein, sei es gemäß §§ 485, 355, 358 oder für Altfälle nach §§ 1, 5 HWiG.[5]

3. Einbeziehung und Transparenz von AGB

T 56 Für die **Einbeziehung** von AGB gegenüber Verbrauchern gilt § 305 II, III. Aus der weitgehenden Unübersichtlichkeit und Unverständlichkeit der AGB für den durchschnittlichen Kunden[6] ergibt sich, dass sie nicht wirksam einbezogen sind.[7] Trotz durchschnittlicher Gesamtverständlichkeit kann einzelnen Regelungen nach dem Gesamtzusammenhang ein **Überrumpelungseffekt** beizumessen sein, sodass sie gemäß § 305 c I nicht Vertragsinhalt werden, so z. B. wenn dem Erwerber ein dingliches Dauerwohnrecht mit grundbuchlicher Absicherung vorgespiegelt wird, durch die weiteren Klauselgestaltungen aber nur die Eintragung in ein schuldrechtliches „Gemeinschaftsregister" beim in Wirklichkeit dinglich alleinberechtigten Treuhänder vorgesehen ist. Die schuldrechtliche Regelung als Ersatz für das dingliche Dauerwohnrecht ist dann nach § 305 c I unwirksam.[8] **Intransparenz** in einzelnen Inhalten, die über die Einbeziehung der Grundregelung hinausgeht (s. § 307 Rz 144), führt zur Unwirksamkeit nach § 307 I 2. Die Übergänge zur Überraschung gemäß § 305 c I sind fließend. Unwirksamkeit einzelner Klauseln wegen Intransparenz ist etwa gegeben bei unzureichenden Angaben über die Kosten aus der Teilnahme an einer Tauschorganisation oder der Kosten für Umlagen.[9]

4. Kontrollfreiheit gemäß § 307 III

T 57 § 307 III versagt die Inhaltskontrolle nur für den engsten Bereich der Leistungsbeschreibung[10] und das Preis-Leistungs-Verhältnis,[11] die zu den unverzichtbaren Vertragsinhalten gehören.[12] Vertragsbedingungen, die diesen Kerngehalt des den Parteien allein vorbehaltenen Versprechens ergänzen, einschränken, ausgestalten

---

1 OLG Köln NJW-RR 1995, 1303.
2 BGH NJW 1994, 1344.
3 Isle of Man, s. LG Duisburg NJW-RR 1995, 883; LG Berlin NJW-RR 1995, 754.
4 S. LG Köln NJW-RR 1992, 1333; LG Köln BB 1993, 1975.
5 Dazu BGH NJW 1997, 1069 = LM H.6/1997 HWiG Nr. 29 m. Anm. *Hildenbrand.*
6 S. § 305 Rz 88.
7 S. auch *Ulmer/Hensen* Anh. § 310 BGB Rz 847.
8 BGH NJW 1995, 2637 = LM H.1/1996 § 3 AGBG Nr. 41 m. Anm. *M. Wolf;* s. auch OLG Köln NJW-RR 1995, 1333; für weitergehende Unwirksamkeit *Hildenbrand* NJW 1995, 2967; *Preuß* JZ 1996, 368; *Ulmer/Hensen* Anh. § 310 BGB Rz 847.
9 S. auch *Kappus* in: *von Westphalen* AGB, Time-Sharing-Verträge Rz 74.
10 S. § 307 Rz 292 f.
11 § 307 Rz 308.
12 § 307 Rz 293.

oder modifizieren, unterliegen dagegen der Kontrolle nach § 307 I, II. Die Einbeziehungs- und Transparenzkontrolle nach §§ 305 II, III, 305 c I (s. Rz T 26) erfolgt dagegen unabhängig von § 307 III.

5. Kontrolle vereinsrechtlicher und gesellschaftsrechtlicher Modelle

Vereinsrechtliche oder gesellschaftsrechtliche Rechtsverhältnisse fallen grundsätzlich nicht unter die AGB-Kontrolle (§ 310 IV). Eine Kontrolle kann aber gemäß § 242 erfolgen.[1] Eine Kontrolle findet nach den §§ 305 ff. statt, soweit es sich in Wirklichkeit um schuldrechtliche Austauschbeziehungen zwischen Verein oder Gesellschaft und dem Mitglied handelt und die vereins- oder gesellschaftsrechtliche Gestaltung nur der Umgehung gemäß § 306a dient, um der AGB-Kontrolle auszuweichen.[2] Unwirksam nach § 305 c I ist deshalb die Regelung in einem vereinsrechtlichen Modell, wonach zusätzlich anfallende Aufwendungen nicht auf die einzelne Anlage beschränkt, sondern aus allen Anlagen des Vereins von jedem Mitglied zu tragen sind, auch wenn das Mitglied keinerlei Beziehung zu der Anlage hat.[3] Unwirksam nach § 307 I, II ist eine Regelung, wonach wegen eines Verzugs mit der Beitragszahlung von nur 30 Tagen und gleichgültig in welcher Höhe ein Mitglied seine Rechte aus der Mitgliedschaft ersatzlos verliert und sein Anteil vom Verein freihändig veräußert werden kann. Dies stellt eine Eigentumsentziehung unter Verstoß gegen den Grundgedanken von § 738 dar.[4] **T 58**

6. Entgelte, Gebühren und Kosten

Unterhaltungs- und Verwaltungskosten gehören zu den üblichen Kosten einer Gemeinschaft. Ihre Regelung in den Nutzungsverträgen ist deshalb nicht ohne weiteres überraschend nach § 305 c I.[5] Dasselbe gilt grundsätzlich auch für **Instandhaltungs- und Instandsetzungskosten.** Die damit zusammenhängenden Kosten und Gebühren müssen aber durchschaubar und transparent nachvollziehbar auf das jeweilige Objekt des Nutzers bezogen sein. Sie dürfen auch nicht als Service- oder Verwaltungsgebühr verschleiert werden.[6] Andernfalls sind sie nach § 307 I, II unwirksam.[7] Auch dürfen solche Kosten und Gebühren in ihrer Höhe nicht wesentlich von dem nach § 670 zu ersetzenden Aufwand abweichen.[8] Die Überbürdung von Instandhaltungs- und Instandsetzungskosten auf den Nutzer in mietrechtlichen und sonstigen schuldrechtlichen Modellen verstößt gegen den Grundgedanken der §§ 539 I, 538, 536 a II und ist deshalb abgesehen von Kleinreparaturen nach § 307 I, II unwirksam.[9] Mit dem Nutzungsvertrag kann grundsätzlich nicht ein Servicevertrag ohne Verstoß gegen § 307 I, II verkoppelt werden (vgl. § 307 Rz 122). Unwirksam nach § 307 I, II, nach § 308 Nr. 7 oder je nach Fallgestaltung auch nach § 309 Nr. 5 sind auch unangemessen hohe **Bearbeitungsgebühren.**[10] Der Gegenbeweis für geringere Kosten darf nicht ausgeschlossen werden.[11] Bei Unwirksamkeit kön- **T 59**

[1] S. § 310 Rz 15 ff.
[2] AG Hamburg VuR 1994, 346; s. auch § 310 Rz 11 f.
[3] AG Hamburg VuR 1994, 346, 353.
[4] AG Hamburg VuR 1994, 346, 353.
[5] S. *Kappus* in *von Westphalen* AGB, Time-Sharing-Verträge Rz 82.
[6] LG Hamburg NJW-RR 1995, 1078.
[7] S. auch AG Hamburg VuR 1994, 19, 26.
[8] S. auch OLG Köln NJW-RR 1995, 1333; *Kappus* in *von Westphalen* AGB, Time-Sharing-Verträge Rz 83.
[9] S. auch § 307 Rz 122; nur Verstoß gegen § 305 c I: *Kappus* in *von Westphalen* AGB, Time-Sharing-Verträge Rz 84.
[10] S. auch AG Schleiden NJW-RR 1995, 1332.
[11] S. § 308 Nr. 7 Rz 31 f.

nen gemäß § 306 II nur die wirklichen Kosten nach §§ 683, 670 verlangt werden. Auch das Entgelt für die Teilnahme an einem Tauschpool muss transparent sein und darf der Höhe nach den wahren Aufwand nicht wesentlich übersteigen. Andernfalls greift § 307 I ein.[1]

7. Zuweisungsvorbehalt

T 60 Ein Vorbehalt, dem Nutzer die gekaufte Wohnung durch einseitige Bestimmung des Veräußerers nach Ort, Lage und Nutzungszeit zuzuweisen, widerspricht bei dinglichen Berechtigungen dem Bestimmtheitsgrundsatz und ist deshalb unwirksam. In schuldrechtlichen Modellen ist ein Bestimmungsrecht nur wirksam, wenn es nach Inhalt und Umfang bestimmt ist und dafür ein berechtigtes Interesse besteht (s. § 307 Rz 42). Auch darf das Bestimmungsrecht nicht dem vereinbarten Vertragsinhalt zuwiderlaufen und muss an billiges Ermessen gebunden sein.[2] Die Mitgliedschaft an einem Tauschpool darf nicht beliebig ohne Grund einseitig vom Anbieter gelöst werden.[3]

8. Haftung auf Schadensersatz und Gewährleistung

T 61 Für die Haftungsfreizeichnung des Anbieters gelten die allgemeinen Grenzen aus § 309 Nr. 7 und für leichte Fahrlässigkeit bei Verletzung von Kardinalpflichten aus § 307 II Nr. 2.[4] Für die Freizeichnung von Gewährleistungsansprüchen gelten beim Kauf und in kaufähnlichen Gestaltungen § 309 Nr. 8, bei mietrechtlicher Gestaltung erfolgt die Kontrolle nach § 307 I, II. Unwirksam ist insbesondere eine Klausel, nach der eine Haftung für die Richtigkeit von Angaben zum erworbenen Objekt ausgeschlossen wird,[5] ebenso eine Klausel, die mündliche Abreden für unverbindlich erklärt. Neben den Schranken für die Freizeichnung des Verwenders sind auch die Grenzen für die Auferlegung übermäßiger Haftungen auf den anderen Vertragsteil zu beachten. Der Nutzer darf z. B. nicht für alle Abnutzungen und Beschädigungen haftbar gemacht werden (s. Rz T 24, T 28, T 29).

9. Laufzeitregelung

T 62 Bei miet- und pachtrechtlichen Modellen muss der Erwerber vor überlangen Laufzeiten geschützt werden. Zwar lässt § 544 grundsätzlich eine 30jährige Laufzeit zu. Bei Verwendung nicht ausgehandelter vorformulierter Laufzeitklauseln ist jedoch eine engere Kontrolle angebracht. Zwar ist § 309 Nr. 9 auf Miet- und Pachtverhältnisse nicht anwendbar,[6] und es sind auch die Investitionskosten und das Amortisationsinteresse des Anbieters zu berücksichtigen. Eine 10- oder 12-jährige Laufzeit ist deshalb grundsätzlich nicht zu beanstanden.[7] Darüber hinausgehende Bindungen des Erwerbers ohne ein ordentliches Kündigungsrecht sind jedoch bedenklich. Der Anbieter kann sein Investitionsrisiko als Eigentümer nicht ganz auf die Mieter abwälzen. Dies gilt auf jeden Fall dann, wenn dem Erwerber nicht gestattet wird, seine Rechtsstellung an einen zumutbaren Nachfolger zu veräußern. Im Falle einer Kündigung ist eine Kündigungsfrist von einem Jahr noch angemes-

---

1 S. auch LG Köln NJW-RR 1992, 1333.
2 S. auch § 307 Rz 42; *Kappus* in: *von Westphalen* AGB, Time-Sharing-Verträge Rz 86.
3 LG Hamburg NJW-RR 1995, 1078: unwirksam nach § 305 c I; s. auch § 308 Nr. 4 Rz 30.
4 S. § 309 Nr. 7 Rz 96 ff.
5 S. § 309 Nr. 8 b Rz 9.
6 S. § 309 Nr. 9 Rz 23.
7 S. auch *Kappus* in: *von Westphalen* AGB, Time-Sharing-Verträge Rz 79.

sen.[1] Das Recht zur außerordentlichen Kündigung aus wichtigem Grund muss in jedem Fall erhalten bleiben. Für vereins- und gesellschaftsrechtliche Gestaltungen gelten gemäß § 306a dieselben Grundsätze (s. Rz T 28).

10. Rechtswahlklauseln

Den häufig anzutreffenden Rechtswahlklauseln (insbesondere Isle of Man) **T 63–70**
schiebt Art. 29a EGBGB insoweit einen Riegel vor, als die Geltung der verbraucherschützenden Vorschriften der §§ 481 ff. dadurch nicht ausgeschlossen werden kann.

*

Telefondienstvertrag und Teledienstvertrag

Inhaltsübersicht

Schrifttum: *Berger,* Rechtliche Rahmenbedingungen anwaltlicher Dienstleister über das Internet, NJW 2001, 1530; *Bröhl,* Rechtliche Rahmenbedingungen für neue Informations- und Kommunikationsdienste, CR 1997, 73; *Engel-Flechsing,* Das Informations- und Kommunikationsdienstegesetz des Bundes und der Medienstaatsvertrag der Bundesländer, ZUM 1997, 231; *Engels-Flechsing/Maennel/Tettenborn,* Das neue Informations- und Kommunikationsdienste-Gesetz, NJW 1997, 2981; *Flechsig,* Subdomain: Sicher versteckt und unerreichbar? – Die Verkehrssicherungspflichten des Host-Providers, MMR 2002, 347; *Godefroid,* E-Commerce aus der Sicht des deutschen Vertragsrechts, DStR 2001, 400; *Hahn,* Telekommunikations-Dienstleistungsrecht, 2001; *Hoeren,* E-Commerce-Verträge, Stand: Januar 2002, in: *von Westphalen* Vertragsrecht und AGB-Klauselwerke; G. *Kirchhoff,* Rechtsschutz bei Sperrung eines Internet-Zugangs, NJW 2005, 1548; *Löhning,* Die Einbeziehung von AGB bei Internet-Geschäften, NJW 1997, 1688; *Rösler,* Zur Zahlungspflicht für heimliche Dialereinwahlen, NJW 2004, 2566; *Leo/Schellenberg,* Die Regulierungsbehörde für Telekommunikation und Post, ZUM 1997, 188; *Spindler,* Haftungsrechtliche Grundprobleme der neuen Medien, NJW 1997, 3193; *Waldenberger,* Grenzen des Verbraucherschutzes beim Abschluss von Verträgen im Internet, BB 1996, 2365; *von Westphalen/Grote/Pohle,* Der Telefondienstvertrag, 2001; *Zagouras,* Zivilrechtliche Pflichten bei der Verwendung von Sprachmehrwertdiensten – Ansprüche und Einwendungen der Nutzer von 0190er- und 0900er-Rufnummern nach dem TKG, MMR 2005, 80.

[1] *Kappus* in: *von Westphalen* AGB, Time-Sharing-Verträge Rz 80.

I. Telefondienstvertrag

1. Allgemeines

T 71 **a) Begriff.** Der Telefondienstvertrag ist darauf gerichtet, dem Kunden den Zugang zu einem Telekommunikationsnetz zu eröffnen und es ihm so zu ermöglichen, unter Aufbau abgehender und Entgegennahme ankommender Telefonverbindungen mit anderen Teilnehmern eines Telefonfest- oder Mobilfunknetzes Sprache und sonstige Daten auszutauschen.[1]

T 72 **b) Rechtsnatur.** Telefondienstverträge sind seit der Postreform vom 3. 7. 1989 privatrechtlicher Natur. Es handelt sich bei ihnen um Dauerschuldverhältnisse,[2] und zwar um Dienstverträge.[3]

T 73 **c) Anwendbares Recht.** Auf den Telefondienstvertrag ist zunächst Dienstvertragsrecht anzuwenden. Allerdings bestehen aufgrund der Besonderheiten des Vertragsgegenstandes zahlreiche gesetzliche Sonderregeln:

T 74 **aa) TKG.** Von Bedeutung ist in diesem Zusammenhang zunächst das Telekommunikationsgesetz (TKG) vom 22. 6. 2004.[4] Der in § 3 Nr. 24 TKG legaldefinierte Begriff der Telekommunikationsdienstleistung erfasst solche in der Regel gegen Entgelt erbrachte Dienste, die ganz oder überwiegend in der Übertragung von Signalen über Telekommunikationsnetze bestehen. Eingeschlossen sind Übertragungsdienste in Rundfunknetzen. Wichtigster Fall sind die hier interessierenden **Telefondienste.**

T 75 **bb) TKV.** Darüber hinaus war bisher die Telekommunikations-Kundenschutzverordnung (TKV) v. 11. 12. 1997[5] zu beachten. Diese regelte unter anderem die Haftung des Anbieters von Telekommunikationsdienstleistungen (§ 7 TKV), die Verjährung seiner Ansprüche (§ 8 TKV) sowie die Frage, unter welchen Voraussetzungen er seine Leistungen einstellen durfte (§ 6 TKV). Vereinbarungen, die zulasten des Kunden von der Telekommunikations-Kundenschutzverordnung abweichen, waren nach § 1 II TKV unwirksam. Die TKV selbst war als Rechtsverordnung nicht am AGB-Recht zu messen.[6] Allerdings ist die Telekommunikations-Kundenschutzverordnung mit Wirkung vom 24. 2. 2007 durch das Gesetz zur Änderung telekommunikationsrechtlicher Vorschriften vom 18. 2. 2007 aufgehoben worden.[7] Gleichzeitig wurde das TKG um zahlreiche vertragsrechtliche Vorschriften ergänzt.

T 76 **cc) TDG.** Das Teledienstegesetz (TDG) v. 22. 7. 1997[8] findet nach seinem § 2 IV Nr. 1 ausdrücklich keine Anwendung auf Telekommunikationsdienstleistungen, kann also auch auf den Telefondienstvertrag nicht angewandt werden.

---

[1] BGH NJW 2004, 1590, 1591.

[2] BGH NJW 2006, 1971, 1971; BGH NJW 2004, 1590, 1591.

[3] Vgl. BGH NJW 2002, 2386, 2387: Vieles spreche dafür, dass die Pflichten beim Mobilfunkvertrag „dienstvertraglicher Natur" seien. Für die Einordnung als Dienstvertrag auch OLG Brandenburg NJW-RR 2000, 1082, 1083; OLG Köln NJW-RR 1998, 1363, 1363. In diesem Sinne auch *Palandt/Sprau* Einf. v. § 631 Rz 29: i.d.R. Dienstvertrag. Nach anderer Auffassung ist von einer Einordnung als Werkvertrag auszugehen. So wohl AG Offenbach NJW-RR 1996, 1014, 1014; AG Pinneberg NJW-RR 2004, 270, 270.

[4] BGBl. I, 1190.

[5] BGBl. I, 2910.

[6] Zutreffend *Palandt/Heinrichs* § 307 Rz 151. S. aber MünchKomm/*Basedow* § 307 Rz 175, der Zweifel äußert, ob die Haftungsbegrenzung in § 7 II TKV mit der Klauselrichtlinie vereinbar ist.

[7] BGBl. I, S. 106.

[8] BGBl. I, 1870.

d) Abgrenzung zu Teledienstverträgen. Vom Telefondienstvertrag streng zu unterscheiden sind die so genannten Teledienstverträge. Während beim Telefondienstvertrag die Freischaltung einer Verbindung zum Austausch von Daten geschuldet ist, steht beim Teledienstvertrag die Zurverfügungstellung von Informationen im Vordergrund. Namentlich sind als Teledienste gemäß § 2 I TDG alle elektronischen Informations- oder Kommunikationsdienste einzustufen, die für eine individuelle Nutzung von kombinierbaren Daten bestimmt sind und denen eine Übermittlung mittels Telekommunikation zu Grunde liegt. Als Teledienstverträge, die dem TDG unterliegen, sind insbesondere die Verträge einzustufen, die mit den Erbringern so genannter **Mehrwertdienste,** also den Betreibern der bisherigen 0190-Nummern (jetzt: 0900-Nummern), zustande kommen.[1] Der neu eingefügte § 3 Nr. 17a TKG verwendet für die bisher so genannten Mehrwertdienste den Begriff **„Premium-Dienste“**.[2] Bei Verträgen über Mehrwertdienste (Premium-Dienste) handelt es sich um gesonderte Verträge,[3] die nicht mit dem Telefondienstvertrag zu verwechseln sind. Nach Auffassung des BGH soll jedoch eine Klausel in einem Telefondienstvertrag wirksam sein, nach welcher der Netzbetreiber auch Vergütungen, die für die Nutzung von Mehrwertdienstangeboten Dritter über den Telefonanschluss geschuldet werden, als eigene Forderung geltend machen kann.[4] Dem kann nicht zugestimmt werden.[5] Immerhin überzeugt es jedoch, wenn der BGH zumindest davon ausgeht, der Telefonnetzbetreiber müsse sich Einwendungen gegen den Dritten entgegen halten lassen.[6] Auch ist dem BGH zuzustimmen, wenn er davon abweichende AGB-Klauseln für unwirksam hält.[7] Nicht jede entgeltpflichtige Leistung, die Gegenstand eines selbstständigen Vertrages neben dem Telefondienstvertrag ist, kann jedoch als Teledienst eingestuft werden. Besteht die erbrachte Leistung in einer Telekommunikationsdienstleistung, so ist das Teledienstegesetz nach seinem § 2 IV Nr. 1 nicht anwendbar. Keine Teledienstleistung, sondern eine Telekommunikationsdienstleistung, die Gegenstand eines selbstständigen, vom Telefondienstvertrag zu unterscheidenden Telekommunikationsvertrages ist, liegt z. B. im Falle so genannter **R-Gespräche** vor, bei denen der Anrufer kostenlos eine 0800-Nummer und anschließend die von ihm gewünschte Rufnummer des Zielanschlusses wählt, das anbietende Unternehmen sodann eine Verbindung mit dem Zielanschluss herstellt und dem Angerufenen die Möglichkeit eröffnet, gegen die Tragung des Entgelts die Verbindung zustande zu bringen.[8] Zu Teledienstverträgen siehe noch Rz T 102 ff. T 77

2. Vertragsabschluss Einbeziehung von AGB

a) Vertragsabschluss. Für den Vertragsabschluss gelten grundsätzlich die allgemeinen Regeln der §§ 145 ff. T 78

b) Einbeziehung. Auch für die Einbeziehung von AGB gelten zwar grundsätzlich die allgemeinen Regeln. Doch ist die Sonderregelung des § 305 a Nr. 2 zu be- T 79

---

[1] Dass die Betreiber von Mehrwertnummern Teledienste im Sinne des TDG erbringen, erkennt auch der BGH an. S. BGH NJW 2002, 361, 362; BGH NJW 2004, 1590, 1591.

[2] Zu dieser Begriffswahl siehe BT-Drs. 16/2581, S. 22, wo darauf hingewiesen wird, dass „wegen der uneinheitlichen Verwendung“ auf den Begriff „Mehrwertdiensterufnummer“ verzichtet wurde.

[3] BGH NJW 2004, 1590, 1591. In diesem Sinne auch schon BGH NJW 2002, 361, 362.

[4] BGH NJW 2007, 438, 438.

[5] S. *Dammann* LMK 2007 – 220543.

[6] BGH NJW 2007, 438, 439.

[7] BGH NJW 2007, 438, 439.

[8] Dazu, dass in diesem Fall ein vom Telefondienstvertrag zu unterscheidender Vertrag über die Erbringung von Telekommunikationsdienstleistungen vorliegt, s. BGH NJW 2006, 1971, 1971.

achten. Hinsichtlich etwaiger **AGB von Kunden** sieht die Telekom regelmäßig Abwehrklauseln vor.[1] Diese sind in der Regel wirksam. Schließt die Telekom aber Verträge mit Kunden ab, die ebenfalls eine Abwehr- oder Ausschließlichkeitsklausel benutzen, so finden die AGB der Telekom nur im Umfang der Kongruenz der beiderseitigen AGB Anwendung.[2]

3. Änderung von AGB

T 80 Nicht zu beanstanden ist eine in den AGB der Telekom enthaltene Klausel, des Inhalts, dass schriftlich mitgeteilte Änderungen der AGB als genehmigt gelten, wenn der Kunde ihnen nicht binnen eines Monats widerspricht, soweit sich die Telekom gleichzeitig gemäß § 308 Nr. 5 b dazu verpflichtet, den Kunden auf diese Folge im Mitteilungsschreiben besonders hinzuweisen.[3] Davon zu trennen ist die Frage, ob sich das Unternehmen das Recht vorbehalten kann, seine AGB einseitig – also ohne ein auch nur fingiertes Einverständnis abzuändern. Eine solche Änderungsbefugnis kann nur für den Fall wirksam eingeräumt werden, dass durch unvorhersehbare nachträgliche Änderungen, auf die der Verwender keinen Einfluss hat und die er nicht veranlasst hat, das bei Vertragsschluss bestehende Äquivalenzverhältnis gestört wird.[4] Nach § 307 unwirksam ist daher z. B. die Klausel „Änderungen vorbehalten", zumal diese Klausel so weit gefasst ist, dass sie auch unangemessene Änderungen zu erlauben scheint und daher selbst unangemessen ist.[5]

4. Leistungspflichten

T 81 **a) Umfang.** Eine Klausel in einem Mobilfunkvertrag, die die angebotenen Dienstleistungen auf den Empfangs- und Sendebereich der vom Netzbetreiber erstellten Funkstationen beschränkt, ohne dem Kunden mitzuteilen, wo sich die Grenzen dieses Empfangs- und Sendebereichs befinden, wird wegen mangelnder **Transparenz** (§ 307 I 2) nicht Vertragsinhalt.[6]

T 82 **b) Änderung.** Schon nach § 308 Nr. 4 unwirksam ist eine Klausel in einem **Mobilfunkvertrag,** die dem Verwender das Recht vorbehält, die dem Kunden zugeteilte Rufnummer „aus technischen und betrieblichen Gründen" zu ändern, ohne darauf abzustellen, ob es sich um wirklich gewichtige technische oder betriebliche Gründe handelt.[7]

5. Sperrung des Anschlusses

T 83 Die Frage, unter welchen Voraussetzungen der Anbieter zur Sperrung des Anschlusses berechtigt ist, ist in den §§ 45 k, 45 o TKG ausführlich geregelt. AGB, die zulasten des Kunden von dieser Regelung abweichen, sind nicht nur nach § 47 b TKG, sondern auch nach § 307 unwirksam. Nach § 307 unwirksam ist grundsätzlich auch eine Klausel, wonach der Kunde trotz Sperrung zur Zahlung der monatlichen Preise verpflichtet bleibt, da dies gegen das Äquivalenzprinzip verstößt.

---

[1] S. § 305 Rz 140 ff.
[2] § 305 Rz 142 ff.
[3] *Palandt/Heinrichs* § 307 Rz 155. Ebenso OLG Köln NJW-RR 2001, 639, 640, allerdings unter Hinweis darauf, dass eine unangemessene Benachteiligung ausscheide, weil das Einverständnis des Kunden nach altem Recht ohnehin nicht Voraussetzung für die Änderung der AGB sei.
[4] BGH NJW 1999, 1865, 1865 (zu § 9 AGBG).
[5] OLG Düsseldorf NJW-RR 2002, 1716, 1717.
[6] AG Offenburg NJW-RR 1996, 1014, 1014.
[7] OLG Schleswig NJW-RR 1998, 54, 54–55. Für die Unwirksamkeit einer solchen Klausel im Ergebnis auch OLG Köln MMR 1999, 51.

6. Nachweis von Entgeltforderungen

Die Darlegungs- und Beweislast dafür, dass der Kunde die Leistung des Telefonnetzbetreibers die Herstellung einer Verbindung – in Anspruch genommen hat, trägt grundsätzlich Letzterer.[1] **T 84**

a) § 45 i TKG. Mit dem Nachweis von Entgeltforderungen befasst sich § 45 i TKG, von dem nach § 47 b TKG nicht zulasten des Kunden abgewichen werden darf. **T 85**

aa) Aufschlüsselung. Gemäß § 45 i I 1 TKG kann der Teilnehmer, also der Kunde, eine ihm von dem Anbieter von Telekommunikationsdiensten erteilte Abrechnung innerhalb einer Frist von mindestens acht Wochen nach Zugang der Rechnung beanstanden. Im Falle einer solchen Beanstandung hat der Anbieter nach § 45 i I 2 TKG das in Rechnung gestellte Verbindungsaufkommen unter Wahrung der datenschutzrechtlichen Belange etwaiger weiterer Nutzer des Anschlusses als Entgeltnachweis nach den einzelnen Verbindungsdaten aufzuschlüsseln und eine technische Prüfung durchzuführen, es sei denn, die Beanstandung ist nachweislich nicht auf einen technischen Mangel zurückzuführen. Das bloße Nichtzahlen von Rechnungen kann allerdings nicht als Erhebung von Einwendungen eingestuft werden.[2] Erforderlich ist vielmehr eine Erklärung, der wenigstens andeutungsweise zu entnehmen ist, dass der Kunde Beanstandungen spezifisch im Hinblick auf die Verbindungspreise geltend macht.[3] **T 86**

bb) Unterlassene Speicherung oder Löschung. Die Nachweispflicht für die erbrachten Verbindungsdienstleistungen greift jedoch gemäß § 45 i II 1 TKG dann nicht ein, wenn aus technischen Gründen keine Verkehrsdaten gespeichert wurden. Gleiches gilt nach dieser Vorschrift, wenn gespeicherte Daten aufgrund rechtlicher Verpflichtungen oder nach Versteichen der mindestens achtwöchigen, kraft vertraglicher Vereinbarung aber unter Umständen längeren Beanstandungsfrist gelöscht wurden. Ferner besteht gemäß § 45 i II 2 TKG auch dann keine Nachweispflicht, wenn der Teilnehmer (Kunde) nach einem deutlich erkennbaren Hinweis auf die Folgen nach Satz 1 verlangt hat, dass Verkehrsdaten gelöscht oder nicht gespeichert werden. Die Forderung nach einem „deutlich erkennbaren Hinweis" in § 45 i II 2 TKG ist an die Stelle der Regelung des mittlerweile aufgehobenen (s. Rz T 75) Regelung des § 16 II 1 TKV getreten, der zufolge ein Hinweis „in drucktechnisch deutlich gestalteter Form" erforderlich war. Zu § 16 II 2 TKV hatte der BGH folgende Grundsätze aufgestellt. Die Formulierung „in drucktechnisch deutlich gestalteter Form" entspreche den im sonstigen Verbraucherschutzrecht geltenden Anforderungen.[4] Demnach komme es darauf an, dass der Hinweis „drucktechnisch in nicht zu übersehender Weise herausgehoben"[5] sei. Die Heraushebung müsse „durch eine andere Farbe, größere Lettern oder Fettdruck" erfolgen.[6] Diese Grundsätze können zu § 45 i II 2 TKG nur noch teilweise herangezogen werden. Zwar findet sich in der Gesetzesbegründung kein Hinweis darauf, dass eine Absenkung der Anforderungen an den Hinweis gewollt ist.[7] Weder Wortlaut noch Zweck **T 87**

---

[1] BGH NJW 2004, 3183, 3183.

[2] Ebenso, allerdings zu § 6 III 4 TDSG, BGH NJW 2004, 3183, 3185.

[3] So BGH NJW 2004, 3183, 3185 (allerdings zu § 6 III 4 TDSG).

[4] BGH NJW 2004, 3183, 3184 unter Verweis auf BR-Drs. 551/97.

[5] BGH NJW 2004, 3183, 3184.

[6] So wohl BGH NJW 2004, 3183, 3184. Denn dort heißt es: „Danach muss die Belehrung drucktechnisch in nicht zu übersehender Weise herausgehoben sein [...], und zwar durch eine andere Farbe, größere Lettern oder Fettdruck [...]".

[7] S. BT-Drs. 16/2581, S. 26.

der neuen Regelung rechtfertigen jedoch die Annahme, dass die Hervorhebung gerade durch eine andere Farbe, größere Lettern oder Fettdruck erfolgen muss. Vielmehr ist es ausreichend, aber auch erforderlich, dass der Hinweis in nicht zu übersehender Weise herausgehoben ist. Im Übrigen gilt: Ein Verlangen des Kunden im Sinne des § 45 i II 2 TKG kann noch nicht in der mangelnden Vereinbarung der Erteilung eines **Einzelentgeltnachweises** gesehen werden.[1] Dies folgt aus systematischen Gesichtspunkten, denn § 45 i I 2 TKG sieht auch ohne Auftrag zur Erteilung eines Einzelentgeltnachweises eine Pflicht des Unternehmens zur Aufschlüsselung nach einzelnen Verbindungsdaten vor, wenn der Kunde Einwendungen gegen die Höhe der ihm in Rechnung gestellten Verbindungsentgelte erhebt.[2]

T 88 **cc) § 45 i III TKG.** Besondere Beachtung verdient § 45 i III TKG, denn dieser enthält wichtige Beweislastregeln zu Lasten des Anbieters. So obliegt dem Anbieter von Telekommunikationsdiensten für die Öffentlichkeit gemäß § 45 III 1 TKG der Nachweis, dass er den Telekommunikationsdienst oder den Zugang zum Telekommunikationsnetz bis zu dem Übergabepunkt, an welchem dem Teilnehmer der Netzzugang bereitgestellt wird, technisch fehlerfrei erbracht hat. Zudem wird nach § 45 III 2 TKG unwiderleglich vermutet, dass das in Rechnung gestellte Verbindungsaufkommen unrichtig ermittelt ist, wenn die auf eine Beanstandung der Rechnung hin erfolgte technische Prüfung Mängel ergibt, die sich auf die Berechnung des beanstandeten Entgelts zu Lasten des Teilnehmers ausgewirkt haben können oder wenn die technische Prüfung später als zwei Monate nach der Beanstandung durch den Teilnehmer abgeschlossen wird.

T 89 **b) AGB.** Eine Klausel, der zufolge dann, wenn der Kunde keinen Einzelgesprächsnachweis bestellt hat, die Daten sofort gelöscht werden und eine nachträgliche Prüfung ausscheidet, ist unwirksam.[3] Dies folgt zum einen aus § 307.[4] Darüber hinaus weicht die Klausel aber auch zulasten des Kunden von § 45 i II TKG ab und ist demgemäß nach § 47 b TKG unwirksam. Unwirksam soll nach der Rechtsprechung zu § 16 TKV auch eine Klausel in den AGB eines Anbieters von Telekommunikationsleistungen sein, welche nach Ablauf einer achtwöchigen Frist ab Rechnungsdatum dem Kunden die Beweislast für Einwendungen auferlegt, die in den Anwendungsbereich von § 16 II und III TKV fallen.[5] Die Unwirksamkeit sollte sich in diesem Falle aus § 1 II TKV ergeben, weil die Klausel von der Regelung des § 16 TKV abweicht.[6] Nach § 1 II TKV unwirksam sollte daher insbesondere auch eine Klausel sein, nach welcher die unterlassene Erhebung von Einwendungen gegen die Höhe der Verbindungspreise nach Ablauf von acht Wochen ab Rechnungsdatum als Genehmigung der Rechnung gilt.[7] Denn diese Klausel hätte im Falle ihrer Wirksamkeit die Folge, dass es nach Ablauf der Einwendungsfrist Sache des Kunden wäre, diejenigen Umstände darzulegen und zu beweisen, aus denen sich die Unbegründetheit der geltend gemachten Forderungen ergibt.[8] Diese Rechtsprechung ist nur teilweise überholt. Zwar ging es dem Gesetzgeber bei der Fassung des § 45 i II TKG gerade auch darum klarzustellen, dass der Anbieter in seinen AGB „eine Einwendungsausschlussklausel vereinbaren kann" und dass die Nachweispflicht erlischt, wenn der Kunde „nicht innerhalb der vereinbarten Frist und in der

---

1 AG Paderborn NJW-RR 2002, 1141, 1142 (zu § 16 II TKV).

2 AG Paderborn NJW-RR 2002, 1141, 1142 (zu § 16 II TKV).

3 AG Paderborn NJW-RR 2002, 1141, 1142 (zu § 9 AGBG); LG Flensburg NJW-RR 2001, 488, 488 (zu § 9 AGBG).

4 Für Unwirksamkeit nach § 307 AG Paderborn NJW-RR 2002, 1141, 1142.

5 BGH NJW 2004, 3183, 3183.

6 BGH NJW 2004, 3183, 3184.

7 BGH NJW 2004, 3183, 3184.

8 BGH NJW 2004, 3183, 3184.

vereinbarten Form Einwendungen gegen die in Rechnung gestellten Verbindungsentgelte" erhebt.[1] Die Regelung des § 45 i II TKG wird diesem Ansinnen des Gesetzgebers jedoch nicht in vollem Umfang gerecht. So ist zunächst zu beachten, dass das Verstreichen der Beanstandungsfrist gemäß § 45 i II 1 TKG nur dann zum Erlöschen der Nachweispflicht führt, wenn die gespeichterten Daten gelöscht wurden. Eine Klausel, die unabhängig von der Frage, ob die Daten tatsächlich gelöscht wurden, die Nachweispflicht entfallen lässt, ist daher nach § 45 b TKG unwirksam und zudem unangemessen im Sinne des § 307. Hinzu kommt, dass eine Genehmigungsfiktion gegenüber Verbrauchern den Anforderungen des § 308 Nr. 5 genügen muss. Zwar wird man eine wenigstens achtwöchige Frist als angemessen im Sinne des § 308 Nr. 5 einstufen müssen, doch muss die Klausel außerdem eine Hinweispflicht enthalten. Außerdem unterliegt die fingierte Erklärung ihrerseits der AGB-rechtlichen Inhaltskontrolle (s. § 308 Nr. 5 Rz 66). Dementsprechend muss eine Genehmigungsfition, die zu einem Verlust des Rechts auf Geltendmachung von Unrichtigkeiten führen soll, schon an § 309 Nr. 7 scheitern, wenn sie auch für den Fall Geltung beansprucht, dass der Anbieter bei der Erstellung der Rechnung grob fahrlässig gehandet hat. Insbesondere wäre eine solche Klausel nicht schon nach § 307 III 1 kontrollfrei, da sich die Rechtsfolge des Anspruchsverlusts aus § 45 i I 1 TKG nicht hinreichend deutlich ableiten lässt. Unbedenklich ist aber eine Genehmigungsfiktion, die lediglich zu einem abstrakten Schuldanerkenntnis führen soll. Insofern liegt auch kein Verstoß gegen § 309 Nr. 12 vor.[2] Ob das eine oder andere gewollt ist, muss im Wege der Auslegung ermittelt werden, wobei Zweifel gemäß § 305 c II zu Lasten der Wirksamkeit der Klausel gehen.

7. Unbefugte Nutzung

Wirksam ist eine Klausel, wonach der Kunde bei unbefugter Nutzung zahlen muss, wenn er die unbefugte Nutzung zu vertreten hat. Allerdings darf § 254 nicht ausgeschlossen werden.[3] **T 90**

8. Haftung

a) TKG. Für den Fall der vorsätzlichen oder fahrlässigen Verletzung des TKG oder einer auf der Grundlage des TKG erlassenen Rechtsverordnung sieht § 44 I TKG einen Schadensersatzanspruch der betroffenen Endverbraucher vor. Die Höhe der Haftung der Anbieter von Telekommunikationsdienstleistungen für die Öffentlichkeit ist in § 44 a TKG geregelt. Die Haftung für Vermögensschäden ist gemäß § 44 a TKG der Höhe nach begrenzt. Eine weitergehende Haftungsbeschränkung zum Nachteil des Kunden ist gemäß § 47 b TKG unwirksam. Sie ist außerdem unangemessen. **T 91**

b) Dialer. In der Praxis kommt es vor, dass auf Computern nichts ahnender Opfer heimlich so genannte Dialer installiert werden. Dabei handelt es sich um **Einwahlprogramme,** die, ohne dass dies für den durchschnittlichen Anschlussbenutzer bemerkbar wäre, die Verbindung zum Internet über eine so genannte Mehrwertdienstenummer, also über eine bisher so genannte 0190-Nummer (jetzt: 0900-Nummer), herstellen. § 16 III 3 TKV war in diesem Falle nicht unmittelbar einschlägig.[4] Zwar hieß es dort, dass der Anbieter nicht berechtigt sei, die betreffen- **T 92**

---

[1] S. BT-Drs. 16/2581, S. 26.
[2] S. § 309 Nr. 12 Rz 23.
[3] Vgl. § 310 Rz H 46.
[4] BGH NJW 2004, 1590, 1591.

den Verbindungsentgelte zu fordern, wenn Tatsachen die Annahme rechtfertigen, dass die Höhe der Verbindungsentgelte auf Manipulationen Dritter an öffentlichen Telekommunikationsnetzen zurückzuführen ist. Damit wurden jedoch lediglich die Rechtsfolgen von physischen Zugriffen auf den Netzzugang geregelt,[1] nicht aber solche Sachverhalte, in denen durch Manipulationen Dritter im Datenbestand des Anschlussendgeräts die Art der Nutzung des Netzzugangs unbemerkt verändert wird. Der BGH wollte dem Kunden jedoch dadurch weiterhelfen, dass er eine ergänzende Vertragsauslegung vornimmt.[2] Fehle es an einer Regelung zu Dialern, so bestehe eine Regelungslücke.[3] Die daher erforderliche ergänzende Auslegung sei unter Berücksichtigung des Rechtsgedankens des § 16 III 3 TKV dahingehend vorzunehmen, dass das relevante Risiko vom Telefonnetzbetreiber zu tragen sei.[4] Das Gesetz zur Änderung telekommunikationsrechtlicher Vorschriften vom 18. 2. 2007 sieht weitreichende Änderungen mit Blick auf Anwählprogramme vor. Namentlich sollen die §§ 66f., 66g in das TKG eingefügt werden, die sich ausführlich mit Anwählprogrammen und der Frage nach dem Bestehen eines Entgeltanspruches befassen. Diese Regelungen treten nach Art. 5 des Gesetzes zur Änderung telekommunikationsrechtlicher Vorschriften am ersten Tag des siebten auf die Verkündung folgenden Monats, also am 1. 9. 2007, in Kraft. Für die vom BGH vorgeschlagene ergänzende Auslegung bleibt dann kein Raum mehr. Den Kunden trifft in Ermangelung von Verdachtsmomenten im Übrigen keine Sorgfaltspflicht dahingehend, Zugangsprogramme daraufhin zu überprüfen, ob sich Dialer eingeschlichen haben,[5] routinemäßig den Computer auf Dialer zu überprüfen,[6] den Aufbau von Verbindungen ins Internet zu überwachen,[7] ein Dialerschutzprogramm zu verwenden[8] oder den Zugang zu sämtlichen Mehrwertdienstenummern sperren zu lassen.[9]

T 93 **c) Haftung bei Verlust der Netzkarte.** Nach § 307 unwirksam ist eine Klausel, der zufolge der Kunde bei Verlust der Netzkarte „für angefallene Gebühren und Rechnungsbeträge für Leistungen bis zum Zeitpunkt des Eingangs seiner Sperrmeldung" haftet.[10] Denn eine solche vollständige Überwälzung des Missbrauchsrisikos belastet den Kunden in unangemessener Weise.[11]

9. Vertragsdauer und Beendigung

T 94 Da es sich beim Telefondienstvertrag um einen Vertrag handelt, der die regelmäßige Erbringung von Dienstleistungen zum Gegenstand hat, sind Klauseln zur Vertragslaufzeit an § 309 Nr. 9 zu messen. Daneben findet § 307 Anwendung.[12] Eine Kündigungsregelung des Inhalts, dass beide Seiten zum Schluss eines jeden Werktags kündigen können, wobei die Kündigung jedoch mindestens am sechsten Werktag vor dem Tag des Wirksamwerdens der Kündigung schriftlich zugehen muss, verstößt gegen § 307, wenn sie dahin zu verstehen ist, dass sie auch für eine

---

[1] BGH NJW 2004, 1590, 1591.
[2] BGH NJW 2004, 1590, 1591.
[3] BGH NJW 2004, 1590, 1591.
[4] BGH NJW 2004, 1590, 1591.
[5] Wie hier BGH NJW 2004, 1590, 1591.
[6] Wie hier BGH NJW 2004, 1590, 1591.
[7] Wie hier BGH NJW 2004, 1590, 1591.
[8] Wie hier BGH NJW 2004, 1590, 1591.
[9] Wie hier BGH NJW 2004, 1590, 1591.
[10] OLG Schleswig NJW-RR 1998, 54, 55 (zu § 9 AGBG).
[11] OLG Schleswig NJW-RR 1998, 54, 55 (zu § 9 AGBG).
[12] Vgl. § 309 Nr. 9 Rz 100ff.

Kündigung des Kunden aus wichtigem Grund gelten soll.[1] Mit Blick auf die Erklärung der Kündigung ist § 45 d III TKG zu beachten, Klauseln, die darin zu Lasten des Teilnehmers abweichen, sind sowohl nach § 47 b TKG als auch nach § 307 unwirksam.

10. Entgelte für Deaktivierung etc.

a) Kontrollfähigkeit. Telefonnetzbetreiber sehen in ihren AGB oftmals die Pflicht des Kunden vor, im Falle der Kündigung des Vertrages oder der Stilllegung des Anschlusses eine Deaktivierungsgebühr oder ähnliche Gebühren zu zahlen. Klauseln, mit denen der Verwender versucht, Aufwendungen für die Erfüllung eigener Pflichten oder für eigene Zwecke auf den Verwendungsgegner abzuwälzen, unterliegen der Inhaltskontrolle.[2] **T 95**

b) Inhaltskontrolle. Die für die Inhaltskontrolle geltenden Maßstäbe sind noch nicht abschließend geklärt. Der **Bundesgerichtshof** scheint danach differenzieren zu wollen, ob die Klausel dem Verwender einen Aufwendungsersatzanspruch zugesteht oder ob sie ihm einen Entgeltsanspruch einräumt. Mit Blick auf Entgeltklauseln betont der BGH, dass Klauseln, mit denen der Verwender versucht, Aufwendungen für die Erfüllung eigener Pflichten oder für eigene Zwecke auf den Verwendungsgegner abzuwälzen, grundsätzlich unangemessen im Sinne des § 307 sind.[3] Zu den wesentlichen Grundgedanken des dispositiven Rechts gehöre nämlich, „dass jeder Rechtsunterworfene seine gesetzlichen Verpflichtungen zu erfüllen hat, ohne dafür ein gesondertes Entgelt verlangen zu können".[4] Ein Anspruch auf Ersatz anfallender Kosten bestehe nur dann, wenn dies im Gesetz vorgesehen sei. Sei dies nicht der Fall, so könnten entstandene Kosten nicht auf Dritte abgewälzt werden, indem gesetzlich auferlegte Pflichten in Allgemeinen Geschäftsbedingungen zu individuellen Dienstleistungen gegenüber Vertragspartnern erklärt werden.[5] Demgegenüber hat der BGH offen gelassen, wie dann zu verfahren ist, wenn die Klausel erkennbar auf den Ersatz der Aufwendungen des Verwenders abzielt. Insbesondere hat der BGH es dahingestellt sein lassen, ob der Unternehmer seinem Anliegen, „Deckung ihrer bei Beendigung eines Vertrags entstehenden Aufwendungen zu erhalten, ohne Verstoß gegen [§ 308 Nr. 7] durch die Aufnahme einer pauschalierten Aufwendungsersatzklausel in ihre Allgemeinen Geschäftsbedingungen hätte Rechnung tragen können".[6] Kommen demzufolge nach der Rechtsprechung gegebenenfalls unterschiedliche Maßstäbe in Betracht, je nachdem, ob eine Entgeltklausel oder eine Aufwendungsersatzklausel vorliegt, so stellt sich notwendig die Frage, wie beide Klauseltypen voneinander abzugrenzen sind. Insofern will der BGH wohl auf die Auslegung der Klausel abstellen: Liege nach Wortlaut und Sinnzusammenhang nahe, dass die Klausel keinen Ersatz entstandener Aufwendungen bezweckt, sondern lediglich ein zusätzliches Entgelt darstellt, und sei die Klausel als „reine Entgeltklausel" nach § 307 II 1 unwirksam, dann solle jedenfalls im Verbandsklageverfahren von der Letzteren Deutungsmöglichkeit auszugehen sein.[7] Diese **Rechtsprechung überzeugt nicht ganz,** und zwar weder mit Blick auf § 307 noch mit Blick auf § 308 Nr. 7. Was zunächst § 307 betrifft, so ist dem **T 96**

---

[1] AG Leipzig NJW-RR 1994, 1395, 1397 (zu § 9 AGBG).
[2] OLG Düsseldorf NJW-RR 2002, 1716, 1716.
[3] BGH NJW 2002, 2386, 2387 (zu § 9 AGBG). Ebenso z. B. OLG Düsseldorf NJW-RR 2002, 1716, 1716.
[4] BGH NJW 2002, 2386, 2387 (zu § 9 AGBG).
[5] BGH NJW 2002, 2386, 2387 (zu § 9 AGBG).
[6] BGH NJW 2002, 2386, 2387 (zu § 9 AGBG).
[7] BGH NJW 2002, 2386, 2388 (zu § 10 Nr. 7 AGBG).

BGH darin zuzustimmen, dass Klauseln, mit denen der Verwender versucht, Aufwendungen für die Erfüllung eigener Pflichten oder für eigene Zwecke auf den Verwendungsgegner abzuwälzen, grundsätzlich unangemessen im Sinne des § 307 sind.[1] Es kann jedoch nicht darauf abkommen, ob die entsprechende Klausel die relevanten Aufwendungen dadurch abzuwälzen versucht, dass sie einen Aufwendungsersatzanspruch vorsieht, oder ob sie dadurch eine Kostenabwälzung herbeiführt, dass sie dem Verwendungsgegner ein Entgelt für Aufwendungen auferlegt, die richtigerweise vom Verwender zu tragen sind. § 308 Nr. 7 betrifft Vergütungs- und Aufwendungsersatzansprüche, die gerade für den Fall der Beendigung des Vertrags vorgesehen sind, wobei es nach richtiger, wenngleich umstrittener Auffassung nicht darauf ankommt, ob die Klausel gerade die vorzeitige Beendigung von Verträgen betrifft.[2] Von der Unangemessenheit der Höhe des Aufwendungsersatzanspruchs im Sinne des § 308 Nr. 7 ist immer schon dann auszugehen, wenn der nach der Klausel geschuldete Aufwendungsersatz wesentlich über das typischerweise nach dem Gesetz Geschuldete hinausgeht,[3] und diese Voraussetzung ist nach der hier vertretenen Auffassung auch dann erfüllt, wenn nach dem Gesetz überhaupt kein Aufwendungsersatz geschuldet ist.[4] Darauf, ob dem Verwender die geltend gemachten Kosten tatsächlich entstanden sind, kommt es also nach richtiger Auffassung weder im Falle des § 307 noch im Falle des § 308 Nr. 7 an. Denn im Rahmen beider Vorschriften ist entscheidend, dass die relevanten Kosten, mögen sie auch tatsächlich entstanden sein, jedenfalls vom Verwender und nicht vom Verwendungsgegner zu tragen sind.

T 97 **c) Beispiele.** Unwirksam ist beispielsweise eine Klausel, der zufolge der Kunde ein Entgelt für die Erstellung der **Einzelgesprächsnachweise** zu zahlen hat.[5] Dies folgt zwar schon aus § 47b TKG, denn nach § 45e II 2 TKG ist die Standardform des Einzelverbindungsnachweises unentgeltlich zur Verfügung zu stellen. Klauseln, die insofern ein Entgelt vorsehen, sind jedoch außerdem nach § 307 unwirksam. Gemäß § 307 unwirksam ist grundsätzlich auch eine Klausel **„Änderung des Zahlungsmodus** einmalig 55 DM".[6] Zwar wäre es in denjenigen Fällen, in denen sich der Verwendungsgegner auf einen bestimmten, dem Verwender besonders günstigen Zahlungsmodus wirksam vertraglich festgelegt hat, nicht zu beanstanden, wenn der Verwender als Gegenleistung für sein Einverständnis mit einem Übergang zu einem weniger günstigen Zahlungsmodus ein Entgelt verlangt.[7] Die zitierte Klausel erfasst ihrem Wortlaut nach aber auch solche Fälle, in denen es an einer entsprechenden vertraglichen Festlegung fehlt oder in denen der Kunde zu einem dem Verwender günstigeren Zahlungsmodus übergeht mit der Folge, dass die Erhebung einer Gebühr rechtsmissbräuchlich wäre. Soweit eine Anwendung auf entsprechende Fallgestaltungen nicht aufgrund der Umstände des konkreten Vertragsschlusses ausgeschlossen ist, muss die Klausel daher als unangemessen eingestuft werden.[8] Gemäß § 307 unwirksam ist auch eine Klausel, die die Zahlung einer Gebühr für die **Auflösung des Kundenkontos** und die Erstellung einer

---

[1] BGH NJW 2002, 2386, 2387 (zu § 9 AGBG). Ebenso z. B. OLG Düsseldorf NJW-RR 2002, 1716, 1716.

[2] S. § 308 Nr. 7 Rz 10.

[3] S. § 308 Nr. 7 Rz 22, 31.

[4] S. § 308 Nr. 7 Rz 22. A.A., nämlich gegen die Anwendung des § 308 Nr. 7 auf Klauseln, die Aufwendungsersatzansprüche ohne gesetzliche Grundlage vorsehen, *Palandt/Heinrichs* § 308 Nr. 7 Rz 35; OLG Hamburg NJW-RR 1990, 909, 910 (zu § 9 AGBG).

[5] MünchKomm/*Basedow* § 307 Rz 176.

[6] OLG Düsseldorf NJW-RR 2002, 1716, 1717.

[7] Offen gelassen in OLG Düsseldorf NJW-RR 2002, 1716, 1717.

[8] Für Unwirksamkeit auch OLG Düsseldorf NJW-RR 2002, 1716, 1717.

Abschlussrechnung anordnet,[1] da diese Leistungen vom Verwender auf eigene Kosten zu erbringen sind. Aus dem gleichen Grunde unwirksam ist eine Klausel, die eine Gebühr für die **Deaktivierung der Mailbox** vorsieht.[2] Schreibt ein **Mobilfunkvertrag** für den Fall der Kündigung die Zahlung einer „**Deaktivierungsgebühr**" vor, so kann die relevante AGB-Bestimmung als **Aufwendungsersatzklausel** einzuordnen sein. Sie ist in diesem Falle richtigerweise schon nach § 308 Nr. 7 unwirksam,[3] weil nach dem dispositiven Recht regelmäßig kein Anspruch auf Aufwendungsersatz besteht,[4] so dass der nach der Klausel geschuldete Aufwendungsersatz, wenn er nicht ganz unwesentlich ist, wesentlich über das nach dem Gesetz Geschuldete hinausgeht.[5] Im Ergebnis nichts anderes ergibt sich dann, wenn die Klausel als **Entgeltsklausel** auszulegen ist. Auch bei Zugrundelegung dieser Auslegung ist die Klausel unangemessen und daher unwirksam.[6] Denn wie schon betont, sind Klauseln, die dem Verwendungsgegner ein Entgelt für Aufwendungen abverlangen, die der Erfüllung eigener Pflichten des Verwenders dienen oder mit denen der Verwender eigene Zwecke verfolgt, grundsätzlich unangemessen im Sinne des § 307.[7] Da das Gesetz keinen Anspruch des Mobilfunkanbieters auf Ersatz der Deaktivierungskosten vorsieht, kommt es richtigerweise auch nicht darauf an, ob und in welcher Höhe die relevanten Kosten dem Verwender tatsächlich entstehen. Eine Klausel, die eine Deaktivierungsgebühr vorsieht ist also selbst dann unwirksam, wenn der Verwender selbst entsprechende Kosten hat, weil er beispielsweise als Mobilfunkanbieter einen entsprechenden Betrag an den Netzbetreiber abführen muss.[8] Denn es geht nicht darum, eine Bereicherung des Verwenders zu verhindern, sondern darum, dass dieser die von ihm zu tragenden Kosten nicht auf den anderen Teil abwälzen darf. Unwirksam ist auch eine Klausel, die eine Gebühr für eine Sperre vorsieht und dabei wesentlich von den typischerweise entstehenden Kosten abweicht oder es versäumt, analog § 309 Nr. 5 b ausdrücklich den Gegenbeweis zu gestatten.[9]

11. Telefonkarten/Prepaid-Tarife

Eine Klausel, der zufolge **Telefonkarten** nur drei Jahre und drei Monate lang gültig sein sollen und das bei Ablauf der Frist noch vorhandene Guthaben nicht ersetzt wird, unterliegt der AGB-rechtlichen Inhaltskontrolle.[10] Denn das im Rahmen des Telefonkartenvertrages eingegangene Hauptleistungsversprechen, für die Kartennutzer ein funktionierendes Netz öffentlicher Fernsprecher vorzuhalten und ihnen die Führung von Telefongesprächen im Rahmen des jeweiligen Guthabens zu ermöglichen, wird durch die beanstandete Befristung näher ausgestaltet.[11] Und im Gegensatz zu Abreden über den unmittelbaren Gegenstand der Hauptleistung (Leistungsbeschreibungen) sind Klauseln, die das Hauptleistungsversprechen einschränken, ausgestalten oder modifizieren, inhaltlich zu kontrollieren.[12] Auch ist **T 98**

---

[1] OLG Düsseldorf NJW-RR 2002, 1716, 1716.

[2] OLG Düsseldorf NJW-RR 2002, 1716, 1717.

[3] Offen gelassen in BGH NJW 2002, 2386, 2388 (zu § 10 Nr. 7 AGBG).

[4] Dazu, dass das Gesetz keinen Anspruch auf Ersatz etwaiger Deaktivierungskosten vorsieht, siehe BGH NJW 2002, 2386, 2388.

[5] Zur hier vertretenen Interpretation des § 308 Nr. 7 siehe § 308 Nr. 7 Rz 22, 31.

[6] BGH NJW 2002, 2386, 2388 (zu § 9 AGBG).

[7] BGH NJW 2002, 2386, 2387 (zu § 9 AGBG); OLG Düsseldorf NJW-RR 2002, 1716, 1716.

[8] Für Wirksamkeit in diesem Falle aber OLG Schleswig NJW-RR 1998, 54, 55 (zu § 9 AGBG); MünchKomm/*Basedow* § 307 Rz 176.

[9] Für Unwirksamkeit i. E. auch OLG München NJW 2006, 2416, 2418.

[10] BGH NJW 2001, 2635, 2636 (zu §§ 8, 9 AGBG).

[11] BGH NJW 2001, 2635, 2636 (zu §§ 8, 9 AGBG).

[12] BGH NJW 2001, 2635, 2636 (zu §§ 8, 9 AGBG).

eine entsprechende Klausel zumindest dann wegen eines unangemessenen Eingriffs in das Äquivalenzprinzip nach § 307 unwirksam, wenn der Verwender der einzige Anbieter entsprechender Karten ist und der Kunden beim Erwerb einer Karte mindestens ein Guthaben von 6 Euro erwerben muss.[1] Denn in diesem Fall sieht sich der Kunde, der nur ein einzelnes Gespräch führen will, zum Erwerb einer Telefonkarte mit einem seine Bedürfnisse deutlich übersteigenden Guthaben genötigt, womit die Gefahr groß ist, dass ein erheblicher Teil des Guthabens verfällt.[2] Kontrollfähig sind grundsätzlich auch Klauseln, die im Falle der Vereinbarung so genannter **Prepaid-Tarife** bei Mobilfunkverträgen regeln, unter welchen Voraussetzungen das Guthaben verfällt. Unangemessen ist z. B. eine Klausel, der zufolge ein Guthaben, dessen Übertragung auf das Guthabenkonto mehr als 365 Tage zurückliegt, verfällt, sofern es nicht durch eine weitere Aufladung, die binnen eines Monats nach Ablauf der 365 Tage erfolgen muss, wieder nutzbar gemacht wird.[3] Auch eine Klausel, der zufolge ein etwaiges Restguthaben bei Beendigung des Vertrages entfällt, sofern die Beendigung nicht vom Verwender zu vertreten ist, ist unangemessen.[4]

12. Zahlungsmodalitäten und Bonität

T 99 **a) Lastschriftklauseln.** Klauseln, die die Modalitäten der Zahlung regeln, unterliegen der Inhaltskontrolle.[5] Dies gilt auch für so genannte Lastschriftklauseln, mit denen sich der Kunde verpflichtet, am Lastschriftverfahren teilzunehmen.[6] Die Begleichung von Forderungen im Wege der Barzahlung oder im Wege der Einzelüberweisung wird damit ausgeschlossen.[7] Bei der **Inhaltskontrolle** von Lastschriftklauseln ist zu berücksichtigen, dass die verbindliche Teilnahme am Lastschriftverfahren für den Verwender regelmäßig erhebliche Rationalisierungseffekte mit sich bringt.[8] Zudem ergeben sich auch für den Kunden Vorteile.[9] Dieser braucht weder Schecks auszustellen noch Überweisungsaufträge zu erteilen und läuft bei Vorhalten ausreichender Deckung auf seinem Konto nicht Gefahr, durch Nachlässigkeit in Zahlungsverzug zu geraten.[10] Was die Nachteile des Lastschriftverfahrens für den Kunden betrifft, so ist zu differenzieren: Beim so genannten **Abbuchungsverfahren** muss der Verwendungsgegner die einmal erfolgte Abbuchung gegen sich gelten lassen. Lastschriftklauseln, die sich auf das Abbuchungsverfahren beziehen, sind daher unangemessen.[11] Anders liegen die Dinge im Falle des so genannten **Ermächtigungsverfahrens.** Bei diesem sind für den Kunden im Regelfall keine größeren Gefahren mit dem Lastschriftverfahren verbunden. Denn er kann gegenüber seiner Bank ohne Angabe von Gründen und ohne Bindung an eine Frist der Belastung seines Kontos widersprechen und Wiedergutschrift des abgebuchten Betrags verlangen.[12] Lastschriftklauseln in AGB, die sich auf das Ermächtigungsverfahren beziehen, sind daher jedenfalls dann nicht unangemessen, wenn es sich um

---

[1] BGH NJW 2001, 2635, 2636 (zu § 9 AGBG und einem Mindestguthaben von 12 DM).
[2] Ähnlich auch BGH NJW 2001, 2635, 2636 (zu § 9 AGBG).
[3] OLG München NJW 2006, 2416, 2416 (zu § 307).
[4] OLG München NJW 2006, 2416, 2418 (zu § 307).
[5] BGH NJW 2003, 1237, 1238.
[6] BGH NJW 2003, 1237, 1238.
[7] BGH NJW 2003, 1237, 1238.
[8] BGH NJW 2003, 1237, 1238.
[9] BGH NJW 2003, 1237, 1238.
[10] BGH NJW 2003, 1237, 1238.
[11] OLG Brandenburg NJW-RR 2002, 1640, 1640 (zu § 9 AGBG); OLG Koblenz NJW-RR 1994, 689, 691 (zu § 9 AGBG).
[12] BGH NJW 2003, 1237, 1238.

die Sollstellung **geringfügiger Beträge** handelt oder wenn es um **größere Beträge geht, die in regelmäßigen Abständen und in gleich bleibender, von vornherein feststehender Höhe eingezogen** werden.[1] Problematisch ist die Wirksamkeit von Einzugsermächtigungsklauseln in anderen Fällen, also dann, wenn es auch zur Abbuchung höherer Beträge kommen kann und entweder der Zeitpunkt oder die Höhe der Beträge nicht von vornherein feststeht. Unter den zuletzt genannten Voraussetzungen bestehen deshalb Bedenken, weil der Kontoinhaber gezwungen sein kann, auf Dauer oder jedenfalls für einen längeren Zeitraum ein erhebliches Deckungsvolumen vorzuhalten, um jederzeit auf eine Lastschrift vorbereitet zu sein.[2] Der XII. Zivilsenat des BGH hatte deshalb mit Blick auf die genannten Fälle schon in einer Entscheidung aus dem Jahre 1996 Zweifel an der Wirksamkeit von Lastschriftklauseln geäußert.[3] In einer Entscheidung aus dem Jahre 2003 hat der BGH ausgeführt, dass „eine Einzugsermächtigungsklausel in den [ABG] eines Telekommunikationsdienstleistungsunternehmens [...] nur dann AGB-rechtlich zulässig [ist], wenn durch eine entsprechende Gestaltung der [AGB] dem Kunden eine bestimmte Frist (etwa ab dem Tag des Rechnungsdatums) eingeräumt wird, die so bemessen ist, dass den Kunden zwischen dem Zugang der Rechnung und dem Einzug des Rechnungsbetrags ausreichend Zeit – mindestens fünf Werktage – verbleibt, die Rechnung zu prüfen und gegebenenfalls für ausreichende Deckung seines Girokontos zu sorgen".[4] Der BGH hat dies damit begründet, dass die Höhe der abzubuchenden Beträge nicht von vornherein feststeht und es auch zur Abbuchung höherer Beträge kommen kann.[5] Das vom BGH aufgestellte Erfordernis einer Mindestfrist soll zudem unabhängig davon gelten, ob der vom Kunden gewählte Tarif allein die Zahlung im Wege des Lastschriftverfahrens vorsieht oder dem Kunden eine andere Art der Zahlung gegen ein Zusatzentgelt ermöglicht wird.[6] Diese Entscheidung verdient grundsätzlich Zustimmung, denn der Verwender wird, wie der BGH zu Recht betont,[7] durch die Anforderung, eine Frist von fünf Werktagen zwischen dem Zugang der Rechnung und dem Einzug des Rechnungsbeitrags nur geringfügig belastet, während der Verwendungsgegner in hohem Maße von einer solchen Mindestfrist profitiert. Man kann allenfalls Bedenken haben, ob fünf Werktage ausreichen. Angemessener wäre eine zweiwöchige Frist, doch erscheinen die gegen eine nur fünftägige Frist sprechenden Argumente nicht gewichtig genug, um eine Änderung der Rechtsprechung zu rechtfertigen. Hervorzuheben ist, dass der BGH sich zu Recht nicht von dem Argument hat beeindrucken lassen, dass eine Überraschung des Kunden beim Telefondienstvertrag nicht drohe, weil dieser die Höhe der Rechnung selbst durch sein Konsumverhalten bestimme. Wie der BGH richtig betont hat, wäre es lebensfremd anzunehmen, dass dem Kunden jederzeit die konkrete Höhe der seit der Letzten Rechnungsstellung angefallenen Gesprächskosten hinreichend deutlich vor Augen steht.[8] Ebenso wenig wird eine Ausnahme von dem Mindestfristerfordernis dadurch gerechtfertigt, dass der Kunde jederzeit die Möglichkeit hat, durch Anruf bei seinem Vertragspartner den jeweiligen Stand der Gesprächskosten zu überprüfen.[9] Dies gilt selbst dann, wenn eine solche Abfrage keine Gebühren oder sonstige

---

[1] BGH NJW 2003, 1237, 1238; BGH NJW 1996, 988, 990 (zu § 9 AGBG).
[2] In diesem Sinne auch BGH NJW 2003, 1237, 1238.
[3] BGH NJW 1996, 988, 990 (zu § 9 AGBG).
[4] BGH NJW 2003, 1237, 1239.
[5] BGH NJW 2003, 1237, 1239.
[6] BGH NJW 2003, 1237, 1239.
[7] BGH NJW 2003, 1237, 1239.
[8] BGH NJW 2003, 1237, 1239.
[9] BGH NJW 2003, 1237, 1239.

Kosten verursacht.[1] Denn es entspricht nicht der Lebenserfahrung, dass der Kunde routinemäßig seine Telefonrechnung überwacht.

T 100 **b) Änderung der Zahlungsmodalitäten.** Zu Klauseln, die ein Entgelt für die Änderung von Zahlungsmodalitäten vorsehen, siehe Rz T 97.

T 101 **c) Bonitätsprüfung/Bankauskunft.** Die Anbieter von Telekommunikationsdienstleistungen sind im Allgemeinen vorleistungspflichtig.[2] Denn das vereinbarte Gesprächsentgelt soll typischerweise erst am Ende der vereinbarten Abrechnungsperiode in Rechnung gestellt werden.[3] Bis zu diesem Zeitpunkt können die Kunden beliebig viele Gespräche führen und so erhebliche Rechnungsbeträge auslösen.[4] Vor diesem Hintergrund haben die Anbieter entsprechender Leistungen ein berechtigtes Interesse daran, die Bonität ihrer Kunden zu prüfen.[5] Bonitätsprüfungsklauseln in den AGB eines Telekommunikationsdienstleistungsunternehmens, in denen sich der Verwender die Einwilligung des Kunden geben lässt, bezüglich seiner Zahlungsfähigkeit Auskünfte bei der Schufa, einer sonstigen Wirtschaftsdatei oder seiner Hausbank einzuholen, halten daher, sofern die Anforderungen des § 4 a BDSG gewahrt sind (s. Anh. § 310 Rz A 285), einer Inhaltskontrolle nach § 307 grundsätzlich stand.[6] Grundsätzlich nicht zu beanstanden ist auch eine Klausel in einem Telefondienstvertrag, wonach der Kunde seine kontoführende Bank ermächtigt, dem Verwender mitzuteilen, ob die von dem Kunden im Antragsformular gemachten Angaben zu seiner EC-Karte und/oder Kreditkarte zutreffend sind.[7] Zwar könnte sich der Verwender die Karte auch vorlegen lassen.[8] Doch kann der Verwender auf diese Weise nicht überprüfen, ob die Karte noch gültig ist,[9] weshalb er ein dem Maßstab des § 307 genügendes Interesse an einer Auskunft der Bank hat.[10] Hervorzuheben ist allerdings, dass eine entsprechende Klausel den Anforderungen des Transparenzgebotes (§ 307 I 2) genügen muss. Daran fehlt es, wenn die AGB nicht hinreichend deutlich machen, worin der Zweck der erhobenen Daten liegt.[11] Eine Klausel, wonach der Kunde seine kontoführende Bank ermächtigt, dem Verwender mitzuteilen, ob die von dem Kunden im Antragsformular gemachten Angaben zu seiner EC-Karte und/oder Kreditkarte zutreffend sind, ist daher gemäß § 307 I 2 unwirksam, wenn das Antragsformular eine Eintragung der Angaben zur Kredit- oder EC-Karte unter der Rubrik „Legitimation […]" vorsieht, in welcher auch Angaben zum Personalausweis oder zum Reisepass einzutragen sind, weil damit nicht hinreichend deutlich wird, dass auch eine Nutzung zum Zwecke der Bonitätsprüfung intendiert ist.[12] Sollte die Angaben tatsächlich nur den Zweck haben, die Identität des Kunden zu bestätigen, wären sie mangels schutzwürdigem Interesse des Verwenders nach § 307 unwirksam, weil die Identität unschwer auch durch Vorlage des Personalausweises erfolgen kann und weil es für den Identitätsnachweis auch nicht auf die fortdauernde Gültigkeit der EC- bzw. Kreditkarte ankommt. Siehe ferner Anh. § 310 Rz A 283 ff.

---

[1] Nicht ganz eindeutig insofern BGH NJW 2003, 1237, 1239.
[2] BGH NJW 2003, 1237, 1240.
[3] BGH NJW 2003, 1237, 1240.
[4] So wörtlich BGH NJW 2003, 1237, 1240.
[5] So wörtlich BGH NJW 2003, 1237, 1240.
[6] In diesem Sinne z. B. *Schöpflin* BB 1997, 106, 107. Tendenziell wohl auch BGH NJW 2003, 1237, 1240 (zu einem Mobilfunkvertrag).
[7] Tendenziell ebenso, die Frage aber letztlich offen lassend BGH NJW 2003, 1237, 1240 (Mobilfunkvertrag).
[8] BGH NJW 2003, 1237, 1240 (Mobilfunkvertrag).
[9] BGH NJW 2003, 1237, 1240 (Mobilfunkvertrag).
[10] Tendenziell ebenso, die Frage aber letztlich offen lassend BGH NJW 2003, 1237, 1240 (Mobilfunkvertrag).
[11] BGH NJW 2003, 1237, 1240 (Mobilfunkvertrag).
[12] BGH NJW 2003, 1237, 1240 (Mobilfunkvertrag).

II. Teledienstvertrag

1. Allgemeines

Bei einem Teledienstvertrag handelt es sich um einen Vertrag, der die **Erbringung von Telediensten** zum Gegenstand hat. Teledienste sind nach der Legaldefinition in § 2 I des Teledienstegesetzes (TDG) v. 22. 7. 1997[1] alle elektronischen Informations- und Kommunikationsdienste, die für eine individuelle Nutzung von kombinierbaren Daten wie Zeichen, Bilder oder Töne bestimmt sind und denen eine Übermittlung mittels Telekommunikation zu Grunde liegt. Dazu gehören beispielsweise Angebote zur Nutzung des Internets (§ 2 II Nr. 2 TDG), Angebote zur Nutzung von Telespielen, (§ 2 II Nr. 3 TDG) und Datendienste, die etwa Verkehrs-, Wetter-, Umwelt- und Börsendaten zur Verfügung stellen (§ 2 II Nr. 1 TDG). Die **Rechtsnatur** des Teledienstevertrages kann nicht für alle Fälle einheitlich bestimmt werden, sondern ist jeweils anhand des konkreten Vertragsgegenstandes zu ermitteln. Beispielsweise ist der Vertrag über die Verschaffung des **Zugangs zum Internet,** der so genannte Access-Provider-Vertrag, als Dienstvertrag einzuordnen.[2] Hervorzuheben ist, dass Teledienstverträge je nach dem Umständen einer ganzen Reihe von **Sonderregelungen** unterliegen können. Zu nennen sind hier insbesondere die Vorschriften des TDG, aber auch § 305 a Nr. 2, § 312 b, § 312 c, § 312 d und vor allem § 312 e. T 102

2. Vertragsschluss

Für den Vertragsschluss gelten im Grundsatz die allgemeinen Regeln. Doch ergeben sich eine Reihe von Besonderheiten. So ist zunächst hervorzuheben, dass die §§ 312 b bis 312 c auf den Vertrag Anwendung finden können, was allerdings voraussetzt, dass Dienstleistungen oder Waren Gegenstand des Vertrages sind. Dabei wird man aufgrund der vergleichbaren Interessenlage auch Informationen als Waren einstufen müssen,[3] obwohl es sich dabei nicht um bewegliche Sachen handelt. Außerdem ist § 312 e zu beachten, der freilich ebenfalls voraussetzt, dass der Vertrag auf die Lieferung von Waren oder die Erbringung von Dienstleistungen gerichtet ist. Ferner ist zu berücksichtigen, dass Teledienstverträge typischerweise mithilfe elektronischer Medien wie dem Internet geschlossen werden. Demnach greifen in Hinblick auf Angebot und Annahme die Grundsätze für **elektronisch übermittelte Willenserklärungen** ein.[4] T 103

3. Einbeziehung von AGB

Für die Einbeziehung der AGB gelten im Grundsatz die allgemeinen Regeln. Allerdings kann die Sonderregelung des **§ 305 a Nr. 2** einschlägig sein. Greift § 305 a Nr. 2 nicht ein, so stellt sich die Frage, welche Anforderungen im Rahmen des § 305 II zu stellen sind. Insofern gilt Folgendes: Zunächst kommt nach richtiger Auffassung ein individualvertraglicher **Verzicht** des Kunden auf die Einhaltung des § 305 II Nr. 2 in Betracht.[5] Nicht möglich ist dagegen eine AGB-mäßige Ab- T 104

[1] BGBl. I, 1870.
[2] Dieser Einordnung zuneigend, die Frage aber letztlich offen lassend BGH MMR 2005, 373 (unter II.2 a).
[3] A.A. *Bamberger/Schmidt-Räntsch* § 312 b Rz 9.
[4] Vgl. dazu *Larenz/Wolf,* AT § 30 Rz 52 ff.
[5] S. Anh. § 310 Rz V 295.

bedingung des § 305 II Nr. 2.[1] Umso mehr stellt sich die Frage, welche Anforderungen an die Zumutbarkeit der Kenntnisnahme zu stellen sind. Nach einer Auffassung soll es nur bei überschaubaren AGB ausreichen, dass dem Kunden die Möglichkeit verschafft wird, die AGB über den Bildschirm abzurufen.[2] Dies überzeugte zwar für den heute nicht mehr relevanten Fall des **Bildschirmtextes,** weil das Klauselwerk für den Kunden nach Vertragsabschluss nicht mehr greifbar war. Etwas anderes gilt aber für Vertragsabschlüsse im **Internet.** Hier hat der Kunde nämlich regelmäßig die Möglichkeit, die AGB „herunterzuladen" oder zu kopieren, so dass sie jederzeit für ihn verfügbar sind.[3] In den von § 312 e erfassten Fällen ist gemäß § 312 e I Nr. 4 sogar ausdrücklich vorgeschrieben, dass der Unternehmer dem Kunden die Möglichkeit zu verschaffen hat, die Vertragsbestimmungen einschließlich der AGB bei Vertragsschluss abzurufen und in wiedergabefähiger Form zu speichern. Bei Internet-Geschäften genügt daher generell, dass die AGB über einen gut sichtbaren Link abgerufen und ausgedruckt werden können.[4] Das „Herunterladen" muss dabei kostenlos möglich sein.[5] Nicht erforderlich ist dagegen, dass der Kunde von dieser Möglichkeit tatsächlich Gebrauch macht.[6]

4. Haftung

T 105 **a) Allgemeines.** Mit Blick auf die Haftung bei der Erbringung von Teledienstleistungen sind die Bestimmungen in den §§ 8–11 TDG hervorzuheben. Diese betreffen die Haftung des Diensteanbieters, wobei der Begriff des Diensteanbieters in § 3 Nr. 1 TDG dahingehend definiert wird, dass er jede natürliche oder juristische Person erfasst, die eigene oder fremde Teledienste zur Nutzung bereithält oder den Zugang zur Nutzung vermittelt. § 8 I TDG stellt klar, dass Diensteanbieter für eigene Informationen, die sie zur Nutzung bereithalten, nach den allgemeinen Gesetzen verantwortlich sind. Gleichzeitig macht § 8 II 1 TDG deutlich, dass Diensteanbieter im Sinne der §§ 9–11 TDG nicht verpflichtet sind, die von ihnen übermittelten oder gespeicherten Informationen zu überwachen oder nach Umständen zu forschen, die auf eine rechtswidrige Tätigkeit hinweisen. Unberührt von dieser Regelung bleiben nach § 8 II 2 TDG Verpflichtungen zur Entfernung oder Sperrung der Nutzung von Informationen nach den allgemeinen Gesetzen. Die §§ 9–11 TDG suchen einer Ausuferung der Haftung von Diensteanbietern für fremde Informationen entgegenzuwirken, indem unter bestimmten Voraussetzungen die Verantwortlichkeit für die Durchleitung, Zwischenspeicherung und Speicherung fremder Informationen ausgeschlossen wird.

T 106 **b) AGB.** In AGB von Telediensteanbietern werden regelmäßig zusätzliche Bestimmungen vorgesehen, die die Haftung des Anbieters begrenzen sollen. Dies ist im Grundsatz zulässig, denn der in § 8 I enthaltene Hinweis auf die allgemeinen Gesetze ist nicht etwa dahingehend zu verstehen, dass die dispositiven Regelungen zur Haftung im Falle von Teledienstanbietern der Abänderung entzogen sein sollen. Vielmehr finden die gleichen Grundsätze Anwendung, wie sie auch sonst für Haf-

---

[1] S. Anh. § 310 Rz V 295.

[2] *Ulmer* § 305 Rz 149, der allerdings die Möglichkeit eines Verzichts auf die zumutbare Kenntnisnahmemöglichkeit annimmt; für Btx auch LG Freiburg NJW-RR 1992, 1018; LG Bielefeld NJW-RR 1992, 955; LG Frankenthal NJW 1991, 1147, 1149.

[3] Zutreffend *Löhning* NJW 1997, 1688, 1689. Ebenso wohl *Berger* NJW 2001, 1530, 1534.

[4] BGH NJW 2006, 2976, 2977.

[5] Vgl. auch *Palandt/Heinrichs* § 305 Rz 38, der die Möglichkeit der kostenlosen Erstellung einer Kopie im Falle umfangreicher AGB fordert. Wohl gänzlich gegen das Erfordernis der Möglichkeit der kostenlosen Erstellung einer Kopie *Berger* NJW 2001, 1530, 1534 Fn 37.

[6] So (mit Blick auf einen Unternehmer als Verwendungsgegner) OLG Bremen NJOZ 2004, 2854, 2856.

tungsausschlüsse und -begrenzungen in AGB gelten. Anwendbar sind also insbesondere die §§ 307[1] und 309 Nr. 7. Sofern der Vertrag als Werkvertrag zu qualifizieren ist, findet zudem auch § 309 Nr. 8 b Anwendung. Zur Beschränkung der Haftung eines Kreditinstituts im Rahmen des **Online-Banking** siehe § 309 Nr. 7 Rz 98.

5. Web-Hosting-Verträge

a) Allgemeines. Zu den Teledienstverträgen gehört auch der so genannte Web-Hosting-Vertrag, durch den sich der Unternehmer verpflichtet, gegen Entgelt Speicherkapazitäten bereit zu stellen und für ihre Abrufbarkeit zu sorgen.[2] Hinzukommen können weitere Pflichten, wie z. B. die Verpflichtung zur statistischen Auswertung der Zugriffszahlen.[3] Beim Web-Hosting-Vertrag handelt es sich um einen gemischten Vertrag, der hinsichtlich der Verpflichtung zur Zurverfügungstellung von Speicherkapazität als Mietvertrag, hinsichtlich der Gewährleistung der Zugriffsmöglichkeit dagegen als Dienstvertrag einzustufen ist.[4] **T 107**

b) Klauseln. Eine Klausel, der zufolge der Unternehmer die **Abrufbarkeit** nur im Rahmen der betrieblichen und technischen Möglichkeiten gewährleistet, ist unwirksam. Sie verstößt gegen § 308 Nr. 4,[5] gegen § 307,[6] aber auch gegen § 309 Nr. 7, da § 309 Nr. 7 auch solche Klauseln verbietet, durch welche die Haftung mittelbar durch Abbedingung der zu Grunde liegenden Pflicht ausgehöhlt wird.[7] Klauseln, die es dem Unternehmer erlauben, bei Überschreitung der zulässigen Speicherkapazität die darüber hinausgehende Datenmenge ohne weiteres zu löschen, sind gemäß § 307 unzulässig,[8] doch muss anderes gelten, wenn der Unternehmer sich verpflichtet, den Kunden mindestens 5 Werktage zuvor von der Überschreitung der Speicherkapazität sowie der bevorstehenden Löschung zu unterrichten. **T 108–110**

*

Textilreinigungsgewerbe

Inhaltsübersicht

1. Allgemeines

Der Deutsche Textilreinigungs-Verband e. V. (DTV) hat nach intensiver Kritik auch an seinem überarbeiteten Konditionentext aus dem Jahr 1982[9] beim Bundeskartellamt einen weiteren angemeldet, der im BAnz vom 9. 9. 1997, Nr. 147 veröffentlicht ist. Der DTV empfiehlt die Bedingungen seinen Mitgliedern unverbindlich. Die Neuanmeldung ändert die bisher empfohlenen AGB, die wie bereits die **T 111**

---

[1] Zur Kontrolle haftungsbegrenzender Klauseln anhand des § 307 s. § 309 Nr. 7 Rz 90 ff.
[2] *Hoeren,* a.a.O., Rz 30.
[3] *Hoeren,* a.a.O., Rz 31.
[4] Überzeugend *Hoeren,* a.a.O., Rz 29.
[5] *Hoeren,* a.a.O., Rz 31
[6] *Hoeren,* a.a.O., Rz 31
[7] S. § 309 Nr. 7 Rz 50.
[8] *Hoeren,* a.a.O., Rz 37.
[9] BAnz. 1982 Nr. 61.

AGB von 1982 auf Verbandsklage durch das OLG Köln[1] teilweise beanstandet wurden. Die Bedingungen enthalten nur wenige Klauseln. Da die AGB von 1982 teils noch immer verwendet werden, wird vorliegend auch auf sie eingegangen.

2. Leistungsbestimmung

T 112 Sieht eine Klausel vor, dass die zweckmäßige Behandlung des Reinigungsguts im Einzelfall dem fachmännischen Ermessen des Unternehmers überlassen bleibt, so liegt darin ein Bestimmungsrecht, das nicht zu beanstanden ist, da und soweit damit keine Preiserhöhung verbunden ist und der Unternehmer beim Werkvertrag, als der der Textilreinigungsvertrag anzusehen ist, den Erfolg schuldet, die Art und Weise der Herstellung des Erfolgs aber grundsätzlich selbst bestimmen kann.

3. Rücktritt

T 113 Nr. 3 der AGB von 1982 eröffnete dem Reinigungsunternehmen ein Rücktrittsrecht für den Fall, dass der Reinigungsauftrag unausführbar ist Unausführbarkeit stellt Unmöglichkeit dar, bei der nach §§ 275 I, IV, 326 Befreiung von der Leistungspflicht eintritt. Insofern AGB dem Reinigungsunternehmen dennoch bei Unausführbarkeit ein Rücktrittsrecht eröffnen, wird die Regelung dadurch aber nicht unwirksam. Der Rücktritt ist rechtlich ohne Bedeutung und stellt sich in Wirklichkeit als Berufung auf die Leistungsbefreiung dar. Nach § 308 Nr. 3 ist diese Regelung nicht zu beanstanden. Soweit sich die Unausführbarkeit aus einem Mangel des zu reinigenden Gegenstandes ergibt, enthält § 645 eine Sonderregelung. Problematisch ist jedoch, ob § 645 nach einem Rücktritt noch anwendbar ist. Sieht man den Rücktritt jedoch nur als Berufung auf die Leistungsbefreiung an, so wird § 645 nicht durch §§ 346 ff. verdrängt.

4. Rückgabe

T 114 Nach Nr. 4 der AGB 1982 war die Vorlage der Auftragsbestätigung erforderlich, um die Rückgabe des Gegenstandes zu erreichen. Ihr Inhaber galt als empfangsberechtigt. Jedoch musste der Auftragnehmer nicht gegen Vorlage leisten. Es handelt sich somit um ein qualifiziertes Legitimationszeichen. Insoweit ist anerkannt, dass die Legitimationswirkung nicht eingreift, wenn der Auftragnehmer die Nichtberechtigung des Inhabers kennt. Streitig ist dagegen, ob eine auf grober Fahrlässigkeit beruhende Unkenntnis der Nichtberechtigung die Legitimationswirkung zugunsten des Reinigungsunternehmens beseitigt.[2] Nach Nr. 4 der AGB 1972 griff die Leistungsbefreiung nur bei positiver Kenntnis nicht ein. Berücksichtigt man, dass grobe Fahrlässigkeit dann vorliegt, wenn einfachste, ganz nahe liegende Überlegungen nicht angestellt wurden und dasjenige, was im gegebenen Fall jedem einleuchten musste, nicht beachtet wurde,[3] so ist davon auszugehen, dass die Legitimationswirkung auch bei grober Fahrlässigkeit entfällt.[4] Daher ist Nr. 4 der AGB 1972 insoweit wegen Verstoßes gegen § 309 Nr. 7 und § 307 I, II unwirksam. Die Klausel wurde daher in der Fassung von 1997 bereinigt.

---

[1] OLG Köln NJW-RR 1998, 997.

[2] Dafür *Palandt/Sprau* BGB § 808 Rz 4; a. A. OLG Karlsruhe VersR 1956, 217; offen gelassen BGHZ 28, 368.

[3] Vgl. BGH NJW 1980, 886, 888.

[4] OLG Köln, NJW-RR 1998, 997.

5. Mängelbeanstandung

Die Ausschlussfrist für Mängelbeanstandungen gem. Nr. 5 der AGB 1982, Nr. 4 der AGB 1997 ist mit § 309 Nr. 10 ee vereinbar, da sie sich auf offensichtliche Mängel beschränkt. Die Ausschlussfrist der AGB 1972 von einer Woche wurde zwar als noch angemessen erachtet. Sie ist in der Fassung von 1997 auf zwei Wochen verlängert. Das in Nr. 5 AGB 1982 vorgesehene Verlangen der Vorlage von Quittungen oder Zeichenetiketten bei der Rüge ist bedenklich, wenn anderenfalls eine Beanstandung nicht anerkannt wird, auch wenn der Kunde die Verursachung des Mangels durch die Reinigung beweisen kann. Darin liegt eine Beweiserschwerung, die mit § 309 Nr. 12 nicht zu vereinbaren ist.[1] **T 115**

6. Haftung

Streitig und Gegenstand mehrerer Entscheidungen war insbesondere die Haftungsbeschränkung auf das 15fache des Bearbeitungspreises bei leicht fahrlässig verursachten Schäden. Eine derartige Haftungsbegrenzung hat der BGH[2] für zulässig erachtet, sofern der Verwender für höhere Schäden den Abschluss einer Versicherung empfiehlt und auf diese Möglichkeit ausreichend deutlich hinweist. Maßgeblich war dabei aber auch, dass mit dem 15fachen Reinigungspreis ca. 90 % der üblichen Schäden abgedeckt waren. Ob auch die Möglichkeit einer Tarifwahl dergestalt, dass bei Entrichtung eines höheren Bearbeitungsentgelts für Schäden unbegrenzt gehaftet wird, ausreicht, hat der BGH offen gelassen. Das OLG Köln[3] erklärte im Rahmen einer Verbandsklage auf der Grundlage dieser BGH-Entscheidung eine früher vom DTV empfohlene Klausel[4] für unwirksam, weil weder eine Tarifwahl noch eine Versicherung empfohlen wurde. Nr. 6 der AGB 1982 beschränkte nach wie vor die Haftung bei leichter Fahrlässigkeit auf das 15fache des Reinigungspreises, jedoch mit der Ergänzung, „es sei denn, der Auftraggeber macht von der Möglichkeit Gebrauch, unsere unbegrenzte Haftung in Höhe des Zeitwerts durch Aufpreis (Tarifwahl) oder durch Abschluss einer Versicherung zu vereinbaren, was wir empfehlen". Nr. 5 der AGB 1997 sieht eine unbeschränkte Haftung für Verlust des Reinigungsgutes vor und beschränkt nur noch die Haftung für Bearbeitungsschäden bei leichter Fahrlässigkeit auf das 15fache des Reinigungspreises mit dem ergänzenden Hinweis, es sei möglich, eine unbegrenzte Haftung in Höhe des Zeitwerts zu vereinbaren, z. B. durch Abschluss einer Versicherung. Die Klausel kann als wirksam angesehen werden, sofern der 15fache Reinigungspreis in der überwiegenden Mehrzahl der Fälle den üblichen Schaden abdeckt.[5] Ferner muss der Kunde bei Vertragsschluss auf die Versicherungsmöglichkeiten deutlich hingewiesen werden.[6] Die versteckte Erwähnung in den AGB reicht als Hinweis aber nicht aus. Für Vorsatz und grobe Fahrlässigkeit gilt in Übereinstimmung mit § 309 Nr. 7 die volle Haftung.[7] Ist die Haftungsbeschränkung für leicht fahrlässig verursachte Schäden vorgesehen, so ist nach § 305 c II davon auszugehen, dass davon nur Schäden im Reinigungsprozess erfasst werden, nicht aber ein vom Reinigungsverfahren unabhängiger Verlust.[8] **T 116–120**

---

[1] S. § 309 Nr. 12 Rz 16 ff.

[2] BGHZ 77, 126 = NJW 1980, 1953.

[3] OLG Köln BB 1982, 638, 639.

[4] Ziffer 7 I, der im BAnz. 1982 Nr. 61 veröffentlichten Fassung.

[5] S. auch AG Prünn NJW-RR 1991, 227; für vollständige Unwirksamkeit einer derartigen Schadensersatzregelung bei Verträgen mit Verbrauchern *Ulmer/Hensen* Anh. §§ 310 Rz 833.

[6] LG Osnabrück VersR 2003, 1264; s. auch § 309 Nr. 7 Rz 157.

[7] Vgl. auch AG Memmingen NJW-RR 1988, 380.

[8] S. AG Nordhorn NJW-RR 1986, 58; AG Memmingen NJW-RR 1988, 380; AG Kassel NJW-RR 1994, 1016.

Time-Sharing

S. Teilzeitwohnrechte (Anh. § 310 Rz 51-63).

*

Treuhandverträge

Inhaltsübersicht

1. Allgemeines

T 121 **a) Rechtsnatur.** Treuhandverträge sind dadurch gekennzeichnet, dass dem Treuhänder als Rechtsinhaber nach außen grundsätzlich die volle Rechtsmacht zusteht, während er im Innenverhältnis gegenüber dem Treugeber schuldrechtlich gebunden ist.[1] Ist die schuldrechtliche Bindung zwischen Treugeber und Treuhänder ganz auf die umfassende Interessenwahrnehmung zugunsten des Treugebers gerichtet, so liegt eine **fremdnützige Treuhand** vor, die regelmäßig als Geschäftsbesorgungsvertrag (§ 675) einzustufen ist. Dient die Treuhand dagegen nach dem schuldrechtlichen Innenverhältnis hinsichtlich eines speziellen Zwecks, insbesondere eines Sicherungszwecks, in erster Linie den Interessen des Treuhänders, so liegt eine so genannte **eigennützige Treuhand** vor. Bei der eigennützigen Treuhand ist der Treuhänder zur Wahrung der Interessen des Treugebers nur insoweit verpflichtet, als der eigennützige Zweck nicht entgegensteht.

T 122–123 **b) Beispiele.** Zur eigennützigen Treuhand gehören insbesondere die Sicherungsrechte. Zur fremdnützigen Treuhand gehören z. B. Vermögensverwaltungsverträge, die Führung eines Depots oder Sammelkontos für Anleger, bestimmte Formen des Immobilienfonds, Treuhand-(Ander-)Konten, oder Treuhandaufträge im Rahmen von Bauherrenmodellen, ebenso die treuhänderische Verwaltung von Gesellschaftsanteilen, insbesondere von Kommanditanteilen, oder die treuhänderische Wahrnehmung urheberrechtlicher Verwertungsrechte durch Verwertungsgesellschaften.

[1] Ähnlich *Ulmer/Christensen* Anh. § 310 Rz 860.

2. Anwendbarkeit des AGB-Rechts

a) Allgemeines. Auf Treuhandverträge, die für eine Vielzahl von Verträgen vorformuliert sind und von einer Vertragspartei gestellt werden, findet auch bei notarieller Beurkundung das AGB-Recht Anwendung.[1] Zumindest gilt dies für den eigentlichen Treuhandvertrag zwischen Treugeber und Treuhänder. **T 124**

b) Gesellschaftsvertrag. Schließen mehrere Treugeber mit demselben Treuhänder einen Treuhandvertrag zu einem gemeinsamen Zweck, z. B. zur Verwaltung eines Immobilienfonds, so kann zwischen den Treugebern gleichzeitig ein Gesellschaftsvertrag, in der Regel eine Gesellschaft bürgerlichen Rechts, bestehen. Auf diesen Gesellschaftsvertrag finden die §§ 305 ff. nach § 310 IV 1 keine Anwendung. Die Inhaltskontrolle des Gesellschaftsvertrags richtet sich vielmehr nach den Grundsätzen, wie sie aus § 242 für die Kontrolle von Publikumsgesellschaften entwickelt worden sind.[2] Anwendbar bleibt das AGB-Recht freilich auf Verträge zwischen den Gesellschaftern bzw. der Gesellschaft einerseits und dem Treuhänder andererseits.[3] **T 125**

c) Wahrnehmung von Urheberrechten. Besonderheiten gelten für Verträge zwischen den Inhabern urheberrechtlicher Rechte und Ansprüche im Sinne des Gesetzes über die Wahrnehmung von Urheberrechten und verwandten Rechten. Auf solche Verträge finden die §§ 305 ff. zwar grundsätzlich Anwendung, ausgenommen sind entsprechende Vereinbarungen jedoch vom Anwendungsbereich des § 309 Nr. 9, der die Laufzeit von Dauerschuldverhältnissen betrifft. **T 126**

3. Rechte und Pflichten

a) Allgemeines. Das deutsche Recht kennt keinen typischen Treuhandvertrag.[4] Vielmehr kommt es jeweils auf den Parteien gewollten Inhalt des Schuldverhältnisses an. Im Falle einer fremdnützigen Treuhand wird regelmäßig ein Geschäftsbesorgungsvertrag (§ 675) vorliegen. **T 127**

b) Pflichten. Wegen der Vielgestaltigkeit der Treuhandverhältnisse lassen sich auch zu den Pflichten kaum sinnvolle Aussagen machen, die für alle Treuhandverhältnisse in gleicher Weise gelten. Ist der Treuhänder nur mit der sicheren Abwicklung des Eigentumserwerbs betraut, so ist er grundsätzlich nicht zur Rechts- und Steuerberatung verpflichtet.[5] Der fremdnützigen Treuhand liegt vielfach ein Geschäftsbesorgungsvertrag zu Grunde (s. Rz T 127). Der Treuhänder ist dann gemäß §§ 675, 665 grundsätzlich an die **Weisungen** des Treugebers gebunden. AGB, die die Weisungsgebundenheit aufheben oder einschränken oder die unangemessene Weisungen enthalten, unterliegen der Überprüfung nach § 307. Insbesondere Klauseln, die die Weisungsgebundenheit gänzlich aufheben, wird man grundsätzlich als unangemessen einstufen müssen.[6] Eine Klausel, wonach eine Schlussrechnung als anerkannt gilt, wenn nicht innerhalb bestimmter Frist schriftliche Einwendungen erhoben werden, ist jedenfalls nach § 308 Nr. 5 b unwirksam, wenn in den AGB eine Hinweispflicht nicht enthalten ist.[7] **T 128–131**

---

[1] OLG Köln NJW-RR 1988, 1459, 1459 (zum AGB-Gesetz).
[2] Dazu BGH NJW 1988, 1903, 1904 ff.
[3] Wie hier MünchKomm/*Basedow* § 310 Rz 83; *Ulmer/Christensen* Anh. § 310 Rz 861.
[4] S. nur *Palandt/Bassenge* § 903 Rz 36.
[5] BGH NJW-RR 1987, 273, 274.
[6] Zustimmend *Ulmer/Christensen* Anh. § 310 Rz 862.
[7] OLG Köln NJW-RR 1988, 1459, 1459 (zu § 10 Nr. 5 AGBG).

T 132 **c) Rechte des Treuhänders.** Ein etwaiger Vergütungsanspruch des Treuhänders wird grundsätzlich erst nach Leistungserbringung fällig (§§ 614, 641, 675, s. aber § 632a). Die Fälligkeit kann ohne Verstoß gegen § 307 auf den Abschluss des Treuhandvertrags vorverlegt werden, wenn dies im steuerlichen Interesse des Auftraggebers liegt.[1]

4. Haftung des Treuhänders

T 133 **a) Dispositives Recht.** Mit Blick auf die Haftung des Treuhänders nach dispositivem Recht ist zu differenzieren.

T 134 **aa) Vertraglich übernommene Pflichten.** Der Treuhänder haftet zunächst für die im Treuhandvertrag übernommenen Pflichten.

T 135 **bb) Vorvertragliche Haftung.** Daneben kommt eine Haftung für die Verletzung vorvertraglicher Pflichten gemäß §§ 311 II, 241 II, 280 I in Betracht. Eine Klausel, die die Verjährung von Ansprüchen eines Anlegers wegen Verschuldens bei Vertragsverhandlungen auf zwei Jahre festsetzt, ist als unangemessen eingestuft worden.[2] Allerdings ist diese Entscheidung noch zum alten Schuldrecht ergangen, und der BGH stützt sich ausdrücklich auf die dreißigjährige Regelverjährung des § 195.[3] Das Urteil ist daher wohl überholt. Es sei aber daran erinnert, dass für die Verkürzung von Verjährungsfristen generell strenge Anforderungen gelten[4] und dass entsprechende Klauseln insbesondere auch an § 309 Nr. 7 zu messen sein können.[5] Auf diese allgemeinen Grundsätze kann hier verwiesen werden.

T 136 **cc) Prospekthaftung.** Besondere Bedeutung für Treuhandverträge hat auch die so genannte **Prospekthaftung.** Insoweit gilt es allerdings wichtige gesetzliche Neuerungen zu beachten. Die Rechtsprechung hatte ursprünglichen neben den spezialgesetzlichen Haftungsgrundlagen der §§ 44 ff., 77 BörsenG, § 13 VerkProspG und § 127 InvestmG eine allgemeine bürgerlich-rechtliche Haftung für die Richtigkeit und Vollständigkeit von Prospekten für den Bereich des so genannten grauen Kapitalmarktes geschaffen, die sich insbesondere auf die Grundsätze der culpa in contrahendo und des Vertrauensschutzes stützte.[6] Diese bürgerlich-rechtliche Prospekthaftung war auch für Treuhänder relevant, wenn z. B. in einem Prospekt zu einem Bauherrenmodell schuldhaft fehlerhafte Angaben gemacht wurden. Das bis zum 1. 7. 2005 vollständig in Kraft getretene[7] **Gesetz zur Verbesserung des Anlegerschutzes** (AnSVG) v. 28. 10. 2004[8] hat den Anwendungsbereich der **spezialgesetzlichen Regelungen zur Prospekthaftung** jedoch in entscheidender Weise erweitert.[9] Schon bisher sah § 1 VerkProspG eine Prospektpflicht für Wertpapiere vor, die im Inland öffentlich angeboten wurden und nicht zum Handeln an einer inländischen Börse zugelassen waren. Der neue § 8 f I 1 VerkProspG geht über diese Regelung weit hinaus. So ist eine Prospektpflicht in dieser Vorschrift zunächst für solche Anteile vorgesehen, die im Inland öffentlich angeboten werden, nicht in Wertpapieren im Sinne des § 1 VerkProspG verbrieft sind und eine Beteiligung am Ergebnis eines Unternehmens gewähren. Darüber hinaus begrün-

---

[1] Offen gelassen in BGH NJW-RR 1991, 662, 663 (zu § 9 AGBG).
[2] BGH NJW 2004, 3706, 3709 (zu § 9 AGBG).
[3] BGH NJW 2004, 3706, 3709 (zu § 9 AGBG).
[4] S. im Einzelnen § 309 Nr. 8 b ff. Rz 32 ff.
[5] S. im Einzelnen § 309 Nr. 7 Rz 56.
[6] S. *Palandt/Heinrichs* § 280 Rz 54.
[7] S. Art. 6 AnSVG.
[8] BGBl I Nr. 56, S. 2630.
[9] S. hierzu *Spindler* NJW 2004, 3449, 3454 f.

det § 8 f I 1 VerkProspG ausdrücklich eine Prospektpflicht auch für Anteile an einem Vermögen, das der Emittent oder ein Dritter in eigenem Namen für fremde Rechnung hält oder verwaltet (Treuhandvermögen) sowie für Anteile an sonstigen geschlossenen Fonds, sofern nicht bereits nach anderen Vorschriften eine Prospektpflicht besteht oder ein Prospekt nach den Vorschriften des VerkProspG veröffentlicht worden ist. Damit ist grundsätzlich eine Haftung des Treuhänders für fehlerhafte Prospekte nach § 13 VerkProspG i.V.m. §§ 44 ff. BörsenG sowie eine Haftung für fehlende Prospekte[1] nach § 13a VerkProspG möglich. Zu beachten ist allerdings auch, dass § 8 f II VerkProspG bestimmte Anlagen von der Prospektpflicht nach § 8 f I VerkProspG ausnimmt. Beispielsweise gilt § 8 f I 1 VerkProspG nicht für Angebote, bei denen von derselben Vermögensanlage nicht mehr als 20 Anteile angeboten werden oder bei denen der Verkaufspreis der im Zeitraum von zwölf Monaten angebotenen Anteile insgesamt 100 000 Euro nicht übersteigt oder bei denen der Preis jedes angebotenen Anteils mindestens 200.000 Euro je Anleger beträgt. Auch soweit das VerkProspG nicht eingreift, ist eine Prospekthaftung jedoch nicht ausgeschlossen. Namentlich ist in diesem Falle zu prüfen, ob eine Haftung nach Maßgabe der von der Rechtsprechung entwickelten bürgerlich-rechtlichen Prospekthaftung in Betracht kommt. Dies ist zum einen bei Altfällen, zum anderen aber auch bei solchen Anlagen zu bejahen, die vom VerkProspG gar nicht erfasst werden.[2] Ferner wird man die Anwendung der **bürgerlich-rechtlichen Prospekthaftung** wegen einer entsprechenden Stellungnahme in der Begründung des Gesetzesentwurfs[3] auch dann bejahen können, wenn der Anwendungsbereich des VerkProspG in persönlicher Hinsicht nicht eröffnet ist.[4] Geht es dagegen um Anlagen, die in den sachlichen, persönlichen und zeitlichen Regelungsbereich des VerkProspG fallen, so scheidet die Heranziehung der bürgerlich-rechtlichen Prospekthaftung aus.[5] Dies folgt im Umkehrschluss aus § 47 II BörsG, auf den § 13 I VerkProspG verweist, sowie aus § 13 a VI 2 VerkProspG. Denn nach diesen Vorschriften bleiben (lediglich) solche weitergehenden Ansprüche, die nach den Vorschriften des bürgerlichen Rechtes auf Grund von Verträgen oder vorsätzlichen unerlaubten Handlungen erhoben werden können, unberührt.

b) Haftungsausschlüsse und -begrenzungen. Auch mit Blick auf die Zulässigkeit von Haftungsausschlüssen und -begrenzungen ist zu differenzieren. **T 137**

aa) § 309 Nr. 7. Bei Treuhandverträgen im Allgemeinen gilt es zunächst, § 309 Nr. 7 zu beachten. **T 138**

bb) § 307. Darüber hinaus sind Haftungsausschlüsse und -beschränkungen an § 307 zu messen. Dabei gelten im Wesentlichen die allgemeinen Grundsätze.[6] Insbesondere ist zu beachten, dass es sich im Falle der fremdnützigen Treuhand bei der Pflicht zur sorgfältigen Wahrnehmung der Interessen des Treugebers regelmäßig um eine Kardinalpflicht handelt.[7] Unzulässig ist der Ausschluss der Haftung für leichte Fahrlässigkeit demnach insbesondere auch für das Treuhandverhältnis zwischen Treuhänder und Bauherr beim Bauherrenmodell mit umfassenderer Interes- **T 139**

---

[1] *Spindler* NJW 2004, 3449, 3455.

[2] In diesem Sinne auch *Palandt/Heinrichs* § 280 Rz 54: Beschränkung der bürgerlich-rechtlichen Prospekthaftung auf Altfälle und auf nicht unter § 8 f VerkProspG fallende Anlagen.

[3] S. BT-Drs. 15/3174, S. 44: „Ansprüche aus zivilrechtlicher Prospekthaftung im weiteren Sinne gegen von § 13 in Verbindung mit § 44 Börsengesetz nicht erfasste am Vertrieb der Vermögensanlagen im Sinne des § 8 f. Abs. 1 Beteiligte, z. B. Vermittler, werden nicht berührt."

[4] Im Ergebnis wohl ebenso, aber Zweifel äußernd *Spindler* NJW 2004, 3449, 3455.

[5] Wie hier *Palandt/Heinrichs* § 280 Rz 54 a.

[6] S. § 309 Nr. 7 Rz 90 ff.

[7] S. § 309 Nr. 7 Rz 99.

senwahrnehmung und Vollmacht für den Treuhänder.[1] Ist der Treuhänder mit der Anlage von Geldern betreut, so gehört insbesondere auch die Einhaltung vereinbarter Anlagegrundsätze zu den Kardinalpflichten.[2]

T 140 **cc) Prospekthaftung.** Besonderes gilt mit Blick auf die Prospekthaftung. Ein Ausschluss der bürgerlich-rechtlichen Prospekthaftung ist nach § 307 unwirksam, sofern ihr Anwendungsbereich eröffnet ist (vgl. Rz T 136).[3] Gleiches gilt für die Beschränkung der bürgerlich-rechtlichen Prospekthaftung auf Vorsatz und grobe Fahrlässigkeit.[4] Richtet sich die Prospekthaftung nach dem Verkaufsprospektgesetz, so sind Vereinbarungen die die Haftung im Voraus ausschließen oder ermäßigen, ebenfalls unwirksam. Dies folgt mit Blick auf die Haftung wegen fehlerhafter Prospekte aus § 13 I VerkProspG i.V.m. § 47 I BörsenG und mit Bezug auf die Haftung bei fehlendem Prospekt aus § 13a VI 1 VerkProspG. Entsprechende Klauseln sind auch unangemessen im Sinne des § 307.

T 141 **dd) Steuerberatung.** Sofern die Treuhandtätigkeit mit Steuerberatung verknüpft ist wie beim Bauherrenmodell, gilt es, § 67 a StBerG zu beachten. S. dazu eingehend Anh. § 310 Rz R 5 ff.

T 142 **ee) Wirtschaftsprüfer/Rechtsanwälte.** Soweit die Treuhandtätigkeit von einem Wirtschaftsprüfer im Rahmen seines Berufs übernommen wird, gilt es die Wirtschaftsprüferordnung zu beachten.[5] S. dazu eingehend Anh. § 310 Rz R 5 ff. Dort auch zur Haftung von Rechtsanwälten.

5. Beendigung des Treuhandvertrags

T 143 Der auf eine bestimmte oder unbestimmte Zeitdauer angelegte Treuhandvertrag ist ein Dauerschuldverhältnis. Das Recht zur Kündigung aus wichtigem Grund kann selbst in Individualvereinbarungen nicht vollkommen ausgeschlossen werden.[6] In AGB ist nicht nur ein gänzlicher, sondern auch ein teilweiser Ausschluss des Rechts zur Kündigung aus wesentlichem Grund nach § 307 unwirksam, und Gleiches gilt für Klauseln, die die Ausübung des Rechts zur außerordentlichen Kündigung mehr als nur unwesentlich erschweren.[7]

6. Sonstige Regelungen

T 144 Eine Regelung im Treuhandvertrag, die für die Beschlussfassung mehrerer Treugeber untereinander entgegen § 745 I Einstimmigkeit verlangen würde,[8] wäre nach § 307 unwirksam.

7. Klauselauslegung

T 145–150 Eine Verjährungsklausel, die sich nach ihrem Wortlaut auf „Haftungsansprüche" bezieht, kann unter Berücksichtigung des § 305 c II dahingehend auszulegen sein, dass der Herausgabeanspruch nach § 667 nicht erfasst sein soll.[9]

*

---

1 BGH NJW 1994, 2228, 2229; OLG Celle NJW 1986, 260, 261 (zu § 9 AGBG); *Vollhardt* BB 1982, 2144.

2 OLG Düsseldorf NJW-RR 1991, 308, 309 (zu § 9 AGBG).

3 BGH NJW 2002, 1711, 1712 (zu § 9 II Nr. 2 AGBG).

4 BGH NJW 2002, 1711, 1712 (zu § 9 II Nr. 2 AGBG).

5 Vgl. BGH NJW 1987, 3135, 3136, der § 51a WPO a.F. auch im Falle der treuhänderischen Verwaltungstätigkeit eines Wirtschaftsprüfers anwenden will.

6 S. im Einzelnen § 309 Nr. 9 Rz 152.

7 S. im Einzelnen § 309 Nr. 9 Rz 153–159.

8 Vgl. BGH NJW 1985, 2943, wo eine solche Regelung bereits im Wege der Auslegung ausschied, so dass ihre Wirksamkeit keiner Erörterung bedurfte.

9 BGH NJW-RR 2004, 121, 122.

Unterrichtsverträge

Inhaltsübersicht

I. Allgemeines

Unterrichtsverträge sind Dienstverträge (§§ 611 ff.).[1] Dies gilt auch für einen Internatsschulvertrag[2] oder für einen Bodybuildingkurs jedenfalls, soweit ein Trainingsplan und Lehrstunden damit verbunden sind, weil die dienstvertraglichen Elemente dann die mietvertraglichen überwiegen.[3] Seit dem am 1. 1. 1977 in Kraft getretenen Fernunterrichtsschutzgesetz[4] ist zwischen Fernunterrichtsverträgen, auf die das FernUSG Anwendung findet und Direktunterrichtsverträgen zu unterscheiden. Fernunterrichtsverträge haben nach § 1 FernUSG die entgeltliche Vermittlung von Kenntnissen und Fähigkeiten zum Gegenstand, wobei der Lehrende und Lernende ausschließlich oder überwiegend räumlich getrennt sind, der Lehrende aber den Lernerfolg überwacht. Direktunterrichtsverträge, auf die das FernUSG nicht unmittelbar anwendbar ist, sind dagegen Verträge, bei denen Lehrende und Lernende nicht ausschließlich oder überwiegend räumlich getrennt sind. Für das Zustandekommen eines Vertrags gelten die allgemeinen Vorschriften (§§ 145 ff. mit § 307 II, III).[5] **U 1**

II. Fernunterrichtsverträge

Schrifttum: *Bartl,* Das neue Fernunterrichtsschutzgesetz, NJW 1976, 1993; *Bülow,* Fernunterrichtsvertrag und Verbraucherkreditgesetz, NJW 1993, 2837; *Dörner,* Zur Anwendung des Fernunterrichtsschutzgesetzes, BB 1977, 1739; *Faber-Schade,* Fernunterrichtsschutzgesetz, 1980.

Das FernUSG sieht neben einem notwendigen Vertragsinhalt in Schriftform (§ 3 FernUSG) zum Schutz des Lernenden die Unwirksamkeit von Vertragsabsprachen über zusätzliche Gebühren und Auslagen (§ 2 IV FernUSG) sowie über Vertragsstrafen und Schadenspauschalen vor (§ 2 V FernUSG). Ferner ist zugunsten des Lernenden ein schriftliches Widerrufsrecht gem § 355 (§ 4 FernUSG) und ein Kündigungsrecht (§§ 5 bis 7 FernUSG) und eine Regelung der damit zusammenhängenden Abwicklungsfolgen vorgesehen. Diese Schutzvorschriften, von denen nicht zum Nachteil des Lernenden abgewichen werden kann (§ 10 FernUSG), gelten für AGB wie für Individualvereinbarungen. Sie gehen in ihrem Anwendungs- **U 2**

---

[1] S. BGH NJW 1998, 748 = LM H.6 § 626 BGB Nr. 39.
[2] BGH NJW 1985, 2585; Rz U 3.
[3] LG Frankfurt NJW 1985, 1717.
[4] FernUSG in der Fassung vom 4. 12. 2000, BGBl I, 1670.
[5] S. auch § 9 Rz V 275 ff.

bereich dem AGB-Gesetz vor. Soweit die in Fernunterrichtsverträgen enthaltenen AGB Gegenstände regeln, die im FernUSG nicht vorgesehen sind, gelten die Vorschriften des AGB-Gesetzes ohne Einschränkung. Nach § 12 II Nr. 4 FernUSG ist die für Fernlehrgänge erforderliche Zulassung zu versagen, wenn die Vertragsbedingungen nicht den gesetzlichen Anforderungen entsprechen. Infolge der damit verbundenen behördlichen Vorprüfung (hierzu § 307 Rz 64 ff.) kommt der Verbandsklage nach dem UKlaG und der gerichtlichen Inzidentkontrolle, die nach wie vor möglich sind, nicht mehr die allein entscheidende Bedeutung zu.

III. Direktunterrichtsverträge

Schrifttum: *Dörner,* Verbraucherschutz beim privaten Direktunterricht, NJW 1979, 241; *Gilles/Heinbuch/Gounalakis,* Handbuch des Unterrichtsrechts, 1988; *Heinbuch,* Erleichterte Kündigung von Direktunterrichtsverträgen, MDR 1980, 980; *ders.,* Kündigung von Direktunterrichtsverträgen nach sechs Monaten, NJW 1981, 2734; *Schlosser,* Erleichterte Kündigung von Direktunterrichtsverträgen, NJW 1980, 273.

1. Anwendungsbereich

U 3 Zur Abgrenzung zu Fernunterrichtsverträgen s. Rz U 1. Als Direktunterrichtsverträge werden z. B. abgeschlossen: Schreibmaschinenkurse, Buchhaltungslehrgänge, Nachhilfeunterricht, Sprachkurse,[1] Musikunterricht. Dazu zählen auch Trainingskurse für einzelne Sportarten, z. B. Kampfsport, oder Bodybuildingkurse[2] oder Fahrlehrgänge,[3] ebenso der Unterrichtsvertrag mit einer Heilpraktikerschule.[4] Unterrichtsvertrag kann auch ein Kurs für Persönlichkeitsstabilisierung sein.[5] Ein Vertrag über die bloße Benutzung eines Fitness-Centers[6] ist aber ein Mietvertrag. Auch Fahrschulverträge gehören zu den Direktunterrichtsverträgen; für diese hat die Bundesvereinigung für Fahrlehrerverbände AGB der Fahrschulen zur Empfehlung beim BKartA angemeldet.[7] Als Direktunterrichtsvertrag ist auch der Internatsschulvertrag anzusehen.[8] Direktunterrichtsverträge sind im Regelfall Dienstverträge. Für die Inhaltskontrolle ist deshalb das Leitbild des Dienstvertrags zu Grunde zu legen. Sie können neben der dienstvertraglichen Prägung auch kauf-, miet- und werkvertragliche Elemente enthalten, wie etwa der Internatsschulvertrag.[9]

2. Zahlungs- und Vorleistungspflichten, Zurückbehaltungsrecht

U 4 Wird eine **Zahlungspflicht** des Inhalts vorgesehen, dass das monatliche Honorar trotz Unterrichtsausfalls auch während der Schulferien zu zahlen ist, so verstößt dies gegen § 307 I, II, weil je nach Kündigung der Preis für eine Unterrichtsstunde wesentliche Unterschiede aufweist und außerdem durch Verschleierung des wahren Preises gegen das Transparenzgebot verstoßen wird.[10] Sehen Fahrschul-AGB für den Grundbetrag eine **Vorleistungspflicht** mit Abschluss des Ausbildungsvertrags

---

[1] S. BGHZ 90, 280.
[2] S. auch BGH NJW 1985, 1705; LG Frankfurt NJW 1985, 1717.
[3] S. dazu BGH NJW 1986, 1610.
[4] OLG Frankfurt NJW-RR 1987, 438.
[5] S. LG Stuttgart MDR 1981, 140: im konkreten Fall wegen Unbestimmtheit unwirksam.
[6] S. BGH NJW 1985, 2329.
[7] Allgemeine Geschäftsbedingungen für Fahrschulen, BAnz v. 26. 11. 2003, Nr. 180.
[8] BGH NJW 1985, 2585.
[9] BGH NJW 1984, 2093; OLG Hamm NJW 1984, 2107.
[10] OLG Frankfurt NJW-RR 1992, 1207; LG Nürnberg NJW-RR 2001, 1349; s. auch § 9 Rz 235.

vor, so wird dadurch dem Fahrschüler in einseitiger Weise das Vorleistungsrisiko, insbesondere das Insolvenzrisiko, auferlegt, ohne dass dafür ein berechtigter Grund erkennbar ist (s. Rz V 502 ff.). Der Grundbetrag deckt neben den allgemeinen Aufwendungen der Fahrschule auch die Erteilung des theoretischen Unterrichts einschließlich evtl. erforderlicher Vorprüfungen ab.[1] Der theoretische Unterricht kann sich über Monate erstrecken. Für eine Vorauszahlung aller Unterrichtsstunden im Voraus besteht kein anerkennenswertes Bedürfnis. Den Interessen des Fahrlehrers ist vielmehr gedient, wenn neben den angemessenen allgemeinen Aufwendungen bei Vertragsabschluss die Kosten für den theoretischen Unterricht ratenweise je nach Unterricht entrichtet werden. Die unbeschränkte Vorauszahlungspflicht des Grundbetrags ist deshalb nach § 307 I, II unwirksam. Auch für sonstige Unterrichtsverträge kann grundsätzlich kein berechtigtes Interesse an einer Vorleistungspflicht anerkannt werden.[2] Unwirksam ist insbesondere die Anordnung einer Vorauszahlungspflicht, falls nicht eine Einzugsermächtigung im Lastschriftverfahren erteilt wird, weil damit ein unzulässiges Druckmittel zur Erteilung der Einzugsermächtigung geschaffen wird.[3] Die Vorauszahlung des Entgelts pro Fahrstunde verstößt dagegen nicht gegen § 307 I, II, soweit damit die Bezahlung unmittelbar vor Antritt der Fahrt gemeint ist, da dann den Fahrschüler kein nennenswertes Risiko mehr trifft.[4] Zur Vorfälligstellung des Restbetrags bei Verzug mit Ratenzahlung s. Rz V 21 ff. Hat der Fahrschüler den Führerschein erworben, so darf der Fahrlehrer für seine Ansprüche gegen den Fahrschüler kein **Zurückbehaltungsrecht** am Führerschein vorsehen, da dieser als öffentlich-rechtliches Dokument für die Fahrerlaubnis im Verkehr mitgeführt und vorgezeigt werden können muss und deshalb nicht zum Gegenstand des wirtschaftlichen Verkehrs gemacht werden kann.[5] Auch ein Pfandrecht kann am Führerschein nicht begründet werden.

3. Kündigung und Verlängerungsklauseln

a) S. zur zulässigen Vertragsdauer § 309 Nr. 9 Rz 38 ff. Für Unterrichtsverträge kommt im Allgemeinen eine **Kündigung nach § 627** nicht in Betracht, sei es, dass **U 5**
es an Diensten höherer Art fehlt (Schreibmaschinenkurs), sei es, dass ein besonderes Vertrauensverhältnis zum Lehrenden nicht vorliegt, weil der Vertrag mit einer Institution und nicht mit dem Lehrer persönlich abgeschlossen wird[6] oder weil in erster Linie fachliches Wissen ohne typische Bindung an die Person des Lehrenden vermittelt werden soll.[7] § 627 ist auch nicht anwendbar bei einer Verpflichtung zu ständigen und längerfristigen Aufgaben, so z. B. bei einer Vertragsdauer von einem Jahr und einer als zweckmäßig ins Auge gefassten Verlängerung[8] oder wenn feste Bezüge, z. B. Studiengebühren, vereinbart sind.[9] § 627 kann auch dann ausgeschlossen sein, wenn eine soziale oder wirtschaftliche Abhängigkeit zwischen Berechtigtem und Verpflichtetem fehlt.[10] § 627 ist aber anwendbar auf Seminare mit psychologisch therapeutischen Übungen zur Förderung der Persönlichkeitsent-

[1] Ziff. 3 a Fahrschul-AGB.

[2] OLG Celle NJW-RR 1995, 1465 für Internatsschulvertrag; allgemein zur Vorleistung s. Rz V 501 ff.

[3] OLG Frankfurt NJW-RR 1992, 1207, 1208.

[4] a. A. *Ulmer/Hensen* Anh. § 310 Rz 336.

[5] S. auch LG Limburg NJW-RR 1990, 1079.

[6] OLG Frankfurt NJW 1981, 2760; OLG Celle NJW 1981, 2762; OLG Celle NJW-RR 1995, 1465, 1466; a. A. OLG Schleswig MDR 1977, 753; OLG Karlsruhe NJW-RR 1995, 691.

[7] BGH NJW 1986, 373: Verkaufstraining.

[8] BGHZ 47, 303; 90, 280, 282; BGH NJW 1985, 2585.

[9] BGH NJW 1993, 326 = LM H. 4/1993 § 620 BGB Nr. 3 m. Anm. *Grunewald;* OLG Karlsruhe NJW 1981, 1676; OLG Köln NJW 1983, 1002; dagegen *Heinbuch* NJW 1981, 2734.

[10] BGHZ 47, 303; OLG Köln NJW 1983, 1002.

wicklung, weil insoweit Vertrauensbeziehungen bestehen.[1] Soweit die Voraussetzungen von § 627 gegeben sind, kann er nicht durch AGB ausgeschlossen werden.[2] Das Recht zur außerordentlichen **Kündigung nach § 626** kann in keinem Fall ausgeschlossen werden. Ein solcher Ausschluss liegt vor, wenn für jede Kündigung ein persönliches Gespräch mit der Studienleitung oder deren schriftliche Bestätigung verlangt wird oder wenn die Kündigung schlechthin vor einer bestimmten Unterrichtsstunde ausgeschlossen wird.[3] Bei einem Fitness-Trainingskurs darf im Falle einer nachträglichen Schwangerschaft ein Recht zur außerordentlichen Kündigung nicht ausgeschlossen werden.[4] Eine Aussetzung nur für die Dauer der Schwangerschaft beachtet nicht die nachträglichen Belastungen für die Mutter. Unwirksam nach § 307 I, II ist aber auch eine Erweiterung des Rechts zur außerordentlichen Kündigung über die Voraussetzungen von § 626 hinaus. Eine Klausel, die trotz Erreichen des erstrebten Abschlusses eine Kündigung verlangt ist unwirksam.[5]

U 6 **b)** Der **Ausschluss der ordentlichen Kündigung** über einen längeren Zeitraum als 6 Monate seit Vertragsbeginn ist jedoch nach § 307 I, II **unwirksam.**[6] Dies gilt auch für einen Internatsschulvertrag, für den die Möglichkeit der ordentlichen Kündigung zum ersten Schulhalbjahr vorgesehen werden muss.[7] Ein weitergehender Ausschluss der ordentlichen Kündigung berücksichtigt nicht das Interesse des Teilnehmers, in einer Probezeit seine persönliche Eignung und Neigung und die Entwicklung seiner persönlichen Verhältnisse sowie die Eignung des Unterrichts und der Gesamtumstände überprüfen zu können. Darin liegt auch eine Missachtung der gesetzlichen Wertung in § 5 FernUSG, der, obwohl er auf den Direktunterrichtsvertrag nicht unmittelbar oder analog anwendbar ist,[8] jedoch einen wesentlichen Grundgedanken für Unterrichtsverträge zum Ausdruck bringt.[9] Der Ausschluss der ordentlichen Kündigung nach § 307 I, II kann auch deshalb unwirksam sein, weil nicht sichergestellt ist, dass sich nicht auch Ungeeignete binden.[10] Bereits nach § 309 Nr. 9 a unwirksam ist ein auf 3 Jahre geschlossener Vertrag über den Besuch einer Heilpraktikerschule,[11] ebenso bei einer Bindung auf 20 oder 24 Monate.[12] Trotz Gewährung einer Probezeit von 3 Monaten ist auch die zweijährige Bindung an einen Unterrichtsvertrag zur Ausbildung als Tänzer, Tanzlehrer und Musicaldarsteller nach § 307 I, II unwirksam, vor allem wegen der damit verbundenen faktischen Einschränkung der freien Berufswahl.[13] Die Reduktion auf eine zulässige Höchstzeit scheidet aus (s. auch § 307 Rz 345). Stattdessen gelten die Kündigungsvorschriften des § 621,[14] sofern nicht aufgrund ergänzender Ver-

---

[1] LG Essen NJW-RR 1993, 758.

[2] So für Träger freier Berufe *Schlosser* NJW 1980, 273, 274; für generelle Unabdingbarkeit *Heinbuch* MDR 1980, 980, 983; a. A. AG Göppingen NJW 1981, 1675.

[3] LG München NJW-RR 1988, 1083.

[4] a. A. AG Tettnang NJW-RR 1987, 55; AG Köln NJW-RR 1987, 1271: nur Aussetzung für die Dauer der Schwangerschaft.

[5] LG Bonn NJW-RR 1999, 1361.

[6] BGH NJW 1984, 2091, 2093; OLG Karlsruhe NJW 1981, 1676; s. auch OLG Frankfurt NJW 1981, 2760; a. A. OLG Hamm NJW 1982, 1053; AG Krefeld NJW-RR 1995, 55, 56.

[7] BGH NJW 1985, 2585.

[8] S. BGHZ 90, 280, 284 = NJW 1984, 1531.

[9] Zust. LG Frankfurt NJW 1985, 1717; *Heinbuch* NJW 1984, 1533; a. A. OLG Hamm NJW 1982, 1053.

[10] So OLG Köln NJW 1983, 1002, 1003.

[11] OLG Frankfurt NJW-RR 1987, 438.

[12] LG München NJW-RR 1992, 1208; OLG Köln MDR 1998, 1212; a. A. für Psychotherapeuten-Ausbildungsvertrag AG Krefeld NJW-RR 1995, 55, 56.

[13] BGH NJW 1993, 326 = LM H. 4/1993 § 620 BGB Nr. 3 m. Anm. *Grunewald.*

[14] OLG Frankfurt NJW-RR 1987, 438.

tragsauslegung (s. § 307 Rz 344) eine andere Frist dem Vertragszweck eher entspricht.[1] § 309 Nr. 9 a steht der Anwendung von § 307 I, II auf kürzere als zweijährige Laufzeiten nicht entgegen. Eine Kündigungsfrist von 6 Wochen bei Kündigung zum Ablauf des ersten Halbjahres und von 3 Monaten danach ist in Anlehnung an § 5 I FernUSG[2] auch für Direktunterrichtsverträge als angemessen anzusehen. Der BGH hat darüber hinaus aber auch die Bindung auf ein Jahr bei einem Fremdsprachenkurs für sog. Vollhörer in einer Tagesschule als wirksam angesehen.[3]

c) Verlängerungsklauseln sind, soweit sie nicht schon von § 309 Nr. 9 b erfasst werden, nach § 307 I, II zu überprüfen. Unwirksam ist die Klausel in einem Bodybuildingkursvertrag, dass sich der Vertrag um ein Jahr verlängern soll, falls er nicht 6 Wochen vor Ablauf gekündigt wird.[4] **U 7**

4. Folgeansprüche nach Kündigung

Es kann nicht wirksam vereinbart werden, dass auch noch nach Wirksamkeit der Kündigung die laufende Vergütung weiterzuzahlen ist.[5] Die Kündigung darf auch nicht durch unangemessene Folgeansprüche erschwert werden. Kann der Fahrschüler den Ausbildungsvertrag zwar jederzeit kündigen, ist er jedoch zur Zahlung von einem Drittel, von zwei Dritteln oder des vollen Grundbetrags verpflichtet, je nachdem ob die Kündigung vor Ausbildungsbeginn, innerhalb von 4 Wochen nach Ausbildungsbeginn oder danach erfolgt, so ist diese Regelung bedenklich.[6] Soweit ein Drittel des Grundbetrags bei Kündigung vor Ausbildungsbeginn zu zahlen ist, kann dies nicht ohne weiteres als angemessener Aufwendungsersatz nach § 308 Nr. 7 b angesehen werden. Gleiches gilt auch für das Entgelt in Höhe von zwei Dritteln des Grundbetrags bei Kündigung innerhalb von 4 Wochen und des vollen Grundbetrags bei Kündigung danach; darin kann auch keine angemessene Vergütung für erbrachte Leistungen nach § 308 Nr. 7 a gesehen werden. Die Regelung ist, wenn sie als Vertragsstrafe gedacht sein sollte, nach § 309 Nr. 6 unwirksam. Sofern sie nicht als Vertragsstrafe einzuordnen ist, muss sie als Schadensersatzregelung gewertet werden, die aber nach § 309 Nr. 5 unwirksam ist, weil sie den bei gewöhnlichem Lauf der Dinge zu erwartenden Schaden übersteigt und nach ihrer Fassung keinen Gegenbeweis eröffnet (§ 309 Nr. 5 b). Die Verpflichtung zur Fortzahlung von Raten oder Beiträgen trotz wirksamer Kündigung ist deshalb unwirksam. Dies gilt auch für einen Internatsschulvertrag[7] oder für einen Body-Shaping-Kurs.[8] Hat der Unterrichtsteilnehmer durch schuldhaft vertragswidriges Verhalten die Kündigung des Vertrags verursacht, so kann in Übereinstimmung mit dem Grundgedanken von § 628 II eine Schadensersatzpflicht des Unterrichtsteilnehmers wirksam vorgesehen werden. Soll dagegen der Teilnehmer bei vertragswidrigem Verhalten ohne Rücksicht auf ein Verschulden vom weiteren Unterricht ausgeschlossen werden können und dennoch zur Zahlung des vollen Restbetrages verpflichtet sein, so verstößt dies, sofern nicht schon die Voraussetzungen von §§ 308 Nr. 7, 309 Nr. 5 oder 6 erfüllt sind, auf jeden Fall gegen § 307 I, II, da **U 8**

---

[1] BGH NJW 1993, 326 = LM H. 4/1993 § 620 BGB Nr. 3 m. Anm. *Grunewald.*
[2] Dagegen aber BGHZ 90, 280.
[3] BGHZ 90, 280 = NJW 1984, 1531.
[4] AG Dülmen NJW 1985, 1718.
[5] OLG Hamm NJW 1984, 2107.
[6] A. A. *Ulmer/Hensen* Anh. § 310 Rz 336.
[7] BGH NJW 1984, 2091, 2093.
[8] S. LG Frankfurt NJW 1985, 1717.

§ 628 II nach seinem Grundgedanken ein Verschulden voraussetzt.[1] Ein Verstoß gegen die Grundgedanken von § 628 liegt auch vor, wenn Studiengebühren nur rückerstattet werden, falls der Anbieter den Ausfall zu vertreten hat,[2] da damit bei Vorauszahlung gegen § 628 I 1 verstoßen wird.

5. Schadenshaftung und Schadenspauschalen

U 9 Ein Haftungsausschluss ist nur nach allgemeinen Vorschriften, insbesondere unter Beachtung von § 309 Nr. 7 und 8 a), möglich. Er kann auch zugunsten eines am Unterricht zu Demonstrationszwecken beteiligten Dritten erstreckt werden,[3] sofern nicht entgegen § 309 Nr. 7 jegliche Haftung ausgeschlossen wird.[4] Eine Bestätigungsklausel, dass der Teilnehmer Inhalt und Methode des Unterrichts kennt, ist nach § 309 Nr. 12 b unwirksam,[5] erschwert aber auch die Durchsetzung von Schadensersatzansprüchen, z. B. aus Verschulden beim Vertragsabschluss i.S.v. § 311 II, und verstößt deshalb zusätzlich gegen § 309 Nr. 7. Bei Unwirksamkeit der Haftungsfreizeichnung tritt die Haftung nach § 276 ein. Eine Haftungsbegrenzung auf Vorsatz und grobe Fahrlässigkeit im Wege ergänzender Auslegung kann bei einem Kurs zur Beherrschung von Fahrrisiken nicht angenommen werden.[6]

U 10 Die Fahrschul-AGB sehen in Ziff. 3b III Ziff. 7 III und Ziff. 8 II als Ausfallentschädigung wenn der Termin nicht mindestens 2 Werktage vor dem vereinbarten Termin einer Fahrstunde abgesagt wurde, für einen vom Fahrschüler zu vertretenden Fahrschulausfall, und für den Ausfall der Fahrstunde in Folge begründeter Zweifel an der Fahrtauglichkeit des Schülers 3/4 des Fahrstundenentgelts vor. Dies ist nicht nach § 309 Nr. 5 zu beanstanden, da auch der Gegenbeweis zugelassen ist. Der Ersatz des vollen Entgelts verstößt aber wegen ersparter Kosten regelmäßig gegen § 309 Nr. 5 a. Auch eine Schadenspauschale von 90 % der Vergütung in einem Internatsschulvertrag entspricht nicht dem typischen Schaden.[7]

6. Versicherungen

U 11 Die Haftung des Fahrschülers ohne Absicherung durch eine Vollkaskoversicherung ist als nach § 307 I 1 und II Nr. 2 unwirksam anzusehen. Denn wenn keine Vollkaskoversicherung zum Schutz des Fahrschülers besteht und für Schäden nur die Versicherung im Rahmen der gesetzlichen Haftpflicht am Ausbildungsfahrzeug vorgesehen ist,. widerspricht dies der dem Fahrlehrer obliegenden Fürsorgepflicht, der den in der Ausbildung befindlichen Fahrschüler nach dem Leitbild des Ausbildungsvertrags nicht für jede leichte Fahrlässigkeit haftbar machen darf.

7. Erfüllungsort

U 12–20 Die Vereinbarung des Sitzes der Fahrschule als Erfüllungsort ist, soweit damit der Gerichtsstand des Erfüllungsortes für die Zahlungspflicht des Fahrschülers begründet werden soll, nach § 29 II ZPO unwirksam. Dafür ist nach §§ 269, 270 IV BGB der Wohnsitz maßgebend, der nach § 29 I ZPO den Gerichtsstand für Zah-

---

[1] Eine entsprechende Klausel ist deshalb in BGH NJW 1985, 1705 vom klagenden Verband zu Unrecht unbeanstandet geblieben.
[2] LG München NJW-RR 1988, 1083.
[3] BGH NJW 1986, 1610, 1611.
[4] OLG Karlsruhe NJW-RR 1989, 1335; s. auch § 309 Nr. 7 Rz 45 ff.
[5] LG München NJW-RR 1988, 1083.
[6] BGH NJW 1986, 1610, 1612; dazu auch § 309 Nr. 7 Rz 72.
[7] Offen geblieben in BGH NJW 1984, 2093, 2094.

lungsklagen bildet. Ziff. 12 der Fahrschul-AGB sieht daher den Sitz der Fahrschule nur noch in den von §§ 38, 40 ZPO zugelassenen Fällen des Fehlens eines allgemeinen Gerichtsstandes im Inland und der Verlegung des Wohnsitzes oder gewöhnlichen Aufenthaltes nach Vertragsschluss aus dem Inland als Erfüllungsort vor und ist somit wirksam.

*

Urheber- und Verlagsverträge

Inhaltsübersicht

Schrifttum: *Flechsig,* Gesetzliche Regelungen des Sendevertragsrechts?, GRuR 1980, 1046; *von Gamm,* Vorgezogene gesetzliche Regelung des Rechts des Sendevertrags?, Film und Recht 1979, 339; *Hertin,* AGB-Gesetz und Urhebervertragsrecht, AfP 1978, 72; *Ulmer,* Urheber- und Verlagsrecht, 3. Aufl. 1980.

1. Allgemeines

a) Zur wirtschaftlichen Verwertung seiner Urheberrechte ist der Urheber auf den Abschluss von Verwertungsverträgen angewiesen. Die marktmäßige Verwertung von Urheberrechten erfolgt durch Verlage, Sender oder durch sonstige Produktionsgesellschaften, z. B. zur Herstellung von Büchern, Filmen, Schallplatten, Kassetten und anderen Ton- oder Bildträgern. Die Verlage, Sender und sonstige Produktionsgesellschaften verwenden zur Abwicklung dieser urheberrechtlichen Verwertungsverträge mit einer Vielzahl von Urhebern im Regelfall Formularverträge zur **einheitlichen Abwicklung.** Diese Formularverträge zwischen Urheber einerseits und Verlag oder Produktionsgesellschaft andererseits stellen **AGB** im Sinne § 305 I dar und unterliegen der AGB-Kontrolle.[1] Handeln mehrere Urheber eines Werkes, die unter sich eine BGB-Gesellschaft bilden, eine Regelung aus, die gleichlautend in den Verlagsvertrag mit allen Urhebern übernommen wird, so kann darin eine Individualvereinbarung nach § 305 I 3 liegen, sofern die Urheber zugleich das Verhältnis zum Verlag regeln wollen. Betrifft die Vereinbarung dagegen nur das Innenverhältnis zwischen den Urhebern, wird sie aber vom Verlag gleichzeitig als Bedingung für den Verlagsvertrag gestellt, so liegt keine Individualvereinbarung, sondern AGB vor. Diese unterliegen sowohl der Einbeziehung wie der **Inhaltskontrolle** nach AGB-Recht. Daneben kann auch **§ 138** zur Anwendung kommen. Eine Co-Verlagsvereinbarung zwischen einem Musikverlag und einer Sendeanstalt über die Teilung von GEMA-Einnahmen ist aber nicht ohne weiteres wegen Sittenwidrigkeit nichtig.[2] Zu Schutzrechtsklauseln s. Rz S 161 ff. AGB können urheberrechtsfähig sein. **U 21**

---

[1] S. auch *Götting,* Urhebervertragsrecht, Festgabe f. *Schricker,* 1995, S. 53, 57.
[2] BGH NJW 1998, 2531 = LM H.11/1998 § 1 UWG Nr. 772 m. Anm. *Sack.*

U 22 **b)** Auf die Frage, ob der Urheber als freischaffender Schriftsteller, Künstler oder Wissenschaftler **Arbeitnehmer** ist, kommt es aufgrund der Einbeziehung auch des Arbeitsrechts in die AGB-Kontrolle nicht mehr an.[1] Dies gilt erst recht, wenn der Urheber die Stellung eines freien Mitarbeiters und als arbeitnehmerähnliche Person im Sinne von § 5 I ArbGG, § 12a TVG anzusehen ist, da in diesen Fällen schon nach der bisherigen Ansicht eine AGB-Kontrolle stattfand.[2] Urheberrechtliche Verwertungsverträge unterfallen damit in Übereinstimmung mit der bisherigen Rechtslage der AGB-Kontrolle.

U 23 **c)** Von den urheberrechtlichen Verwertungsverträgen mit Verlagen und Produktionsgesellschaften sind zu unterscheiden die **Berechtigungsverträge,** durch die der Urheber Verwertungsgesellschaften mit der Wahrnehmung seiner Urheberrechte gegenüber Dritten beauftragt. Auf diese Berechtigungsverträge sowie der damit verbundene Verteilungsplan, durch den die Ausschüttung der Entgelte geregelt wird, ist das AGB-Recht mit den Modifikationen des § 309 Nr. 9 anzuwenden.[3] Eine Übertragung aller Rechte einschließlich derjenigen der unentgeltlichen Nutzung auf die Wahrnehmungsgesellschaft durch vorformulierte Wahrnehmungsverträge ist nicht gemäß § 307 unwirksam.[4]

U 24 **d)** Für die Verwertung urheberrechtlicher Rechte über Werke der Literatur und Tonkunst durch Verlage enthält das VerlagsG ein **gesetzliches Leitbild des Verlagsvertrags,** das Maßstäbe für die Inhaltskontrolle nach § 307 I, II zu geben vermag. Für die Verwertung von Urheberrechten durch andere Produktionsgesellschaften besteht dagegen kein allgemeines gesetzlich geregeltes Leitbild eines Urhebervertrags. Das UrhG enthält einzelne Vorschriften, die nicht den absoluten Schutz gegenüber Dritten, sondern das Vertragsverhältnis zum nutzungsberechtigten Verwerter regeln. Auch wenn diese Vorschriften, wie § 31 V und §§ 88 ff. UrhG, nur als Auslegungsregeln ausgestaltet sind, so kommt ihnen doch gesetzliche Leitbildfunktion für die Inhaltskontrolle nach § 307 II Nr. 1 zu.[5] Dies gilt umso mehr, wenn man die Schutzfunktion des Urheberrechts in den Vordergrund rückt.[6]

2. Verwertungsrechte und Entgelte

U 25 **a)** Räumt der Urheber seine Verwertungsrechte und das Recht der öffentlichen Wiedergabe formularmäßig **ohne zeitliche und örtliche Begrenzung** einem anderen zur Verwertung ein, so liegt darin zwar eine Leistungsbeschreibung im Sinne von § 307 III.[7] Die Klausel kann jedoch nicht nur überraschend nach § 305 c I und unbeachtlich nach § 305 b sein, sondern unter Berücksichtigung der gesetzlichen Grundgedanken der §§ 31 V, 88 II UrhG auch gegen § 307 II Nr. 1 verstoßen, wenn eine solche umfassende Rechtseinräumung dem Vertragszweck nicht entspricht.[8] Dies gilt auch für die formularmäßige Übertragung der Urheberrechte für **alle künftigen Auflagen,** falls nicht der Urheber eine Anpassung an veränderte Umstände verlangen kann.[9] Diese Grundsätze sind auch bei Einräumung einer Option

---

[1] Vgl. Vorauflage Rz U 22.

[2] Im Ergebnis auch *Ulmer/Schmidt* Anh. § 310 Rz 877; offen gelassen in BGH NJW 1984, 1112.

[3] BGH NJW 2002, 1713, 1714; vgl. dazu § 309 Nr. 9, Rz 16–21.

[4] OLG Köln ZUM 1998, 505.

[5] So zu Recht *Ulmer/Schmidt* Anh. § 310 Rz 877; *Lehmann,* Festgabe f. *Schricker,* 1995, S. 543, 564 f.; a. A. BGH LM § 9 (Cb) AGBG Nr. 5; BGH NJW 1984, 1112, 1113 zu § 31 V UrhG; krit. zur Rspr. auch *Schricker,* UrhG, vor §§ 28 ff. Rz 14; *Fromm/Nordemann,* UrhG, vor § 31 Rz 30; *Henning-Bodewig,* Festgabe f. *Schricker,* 1995, S. 389, 421.

[6] S. *Götting,* Festgabe f. *Schricker,* 1995, S. 53, 59 ff.

[7] BGH LM Nr. 5 zu § 9 (Cb) AGBG zu II 1.

[8] *Hertin* AfP 1978, 72, 78; a. A. BGH LM § 9 (Cb) AGBG Nr. 5.

[9] S. auch *Schricker,* Verlagsrecht, 3. Auflage, § 5 Rz 8.

anzuwenden.[1] Dass die Laufzeit von Verträgen der Inhaltskontrolle unterliegt, auch wenn davon Bestandteile der Leistungsbeschreibung betroffen sind, macht § 309 Nr. 9 deutlich, der über seinen unmittelbaren Anwendungsbereich hinaus auch die im Rahmen von § 307 kontrollfähigen Inhalte bestimmt (s. auch § 307 Rz 6, 185). Wird das Recht zur öffentlichen Wiedergabe auf **alle bekannten und noch unbekannten Arten, Systeme und Verfahren** erstreckt, so verstößt dies grundsätzlich gegen § 307 I, da es unangemessen ist, wenn sich der Urheber für ein an den derzeitigen Verwertungsmöglichkeiten orientiertes Honorar auch aller künftigen noch gar nicht überschaubaren Verwertungsmöglichkeiten begibt.[2] Werden die einzelnen Nutzungsrechte im Formularvertrag konkret bezeichnet, so verstößt dies nicht gegen § 31 V UrhG und ist deshalb nicht nach § 307 II Nr. 1 unwirksam.[3] Des Weiteren ist zu beachten, dass nach § 31 IV UrhG die Einräumung von Nutzungsrechten für noch nicht bekannte Nutzungsarten bzw. die Verpflichtung hierzu unwirksam ist. Bekannt in diesem Sinne ist die Nutzungsart nur, wenn sie nicht lediglich mit ihren technischen Möglichkeiten, sondern auch als wirtschaftlich bedeutsam und verwertbar bekannt ist, wobei die neue Verwertungsform aber zu dieser Zeit noch keinen wirtschaftlich bedeutsamen Umfang erreicht zu haben braucht. Risikogeschäfte über eine schon technisch bekannte, aber wirtschaftlich noch bedeutungslose Verwertungsmöglichkeit sind wirksam, wenn die neue Nutzungsart konkret bekannt, ausdrücklich vereinbart und von den Vertragsparteien erörtert wurde und somit erkennbar Vertragsgegenstand wurde.[4] Ob die Nutzungseinräumung im Hinblick auf das gezahlte Honorar angemessen ist, kann im Verbandsklageverfahren nicht geprüft werden.[5] Die Einräumung eines Rechts zum Nachbau von Architektenplänen ohne Vollbeauftragung und ohne Vergütung ist aber nach § 307 I, II unwirksam.[6] Das Recht zur **Kündigung aus wichtigem Grund** besteht in jedem Fall und kann nicht ausgeschlossen werden.

b) Honorarklauseln unterliegen der Inhaltskontrolle nur in den durch § 307 III gezogenen Grenzen. Tarife, die die urheberrechtlichen Verwertungsgesellschaften zur Wahrnehmung der Urheberrechte mit Veranstaltern und anderen Nutzern abschließen, unterliegen nach § 307 III grundsätzlich nicht der Inhaltskontrolle.[7] Werden Tarife zu Grunde gelegt, die der jeweiligen Veranstaltungs- und Nutzungsart nicht entsprechen, so findet eine Inhaltskontrolle nicht statt, wenn die Verbindung des Tarifs mit der unpassenden Nutzungsart in der Regel nicht auf den AGB, sondern auf der Individualabrede beruht.[8] Darüber hinaus hat der Veranstalter die Möglichkeit zur Kündigung und ein Recht zur vorzeitigen Verwertung nach § 11 II WahrnG.[9] Unabhängig von § 307 III können Honorarklauseln jedoch nach § 305 c I überraschend und deshalb unwirksam sein. Wird in einem Verlagsvertrag ein Mindesthonorar garantiert, so ist eine Klausel, die die Anrechnung dieses Mindesthonorars auf Ansprüche aus anderen Verlagsverträgen und nicht nur auf den je einzelnen Verlagsvertrag vorsieht, nach § 305 c I überraschend[10] und auch wegen Einschränkung vertragswesentlicher Rechte nach § 307 II Nr. 2 unwirksam. Im Übrigen sind Honorarklauseln in AGB aber nach § 307 I, II daraufhin zu überprüfen, ob sie den Urheber U 26

---

1 a. A. BGH LM § 9 (Cb) AGBG Nr. 5 zu II 10.
2 Unbeanstandet geblieben allerdings in BGH NJW 1984, 1112.
3 BGH LM § 9 (Cb) AGBG Nr. 5 zu § II 2.
4 BGH NJW 1995, 1496, 1498 = LM H.7/1995 § 31 UrhG Nr. 27 m. Anm. *Loewenheim.*
5 BGH NJW 1995, 1496, 1498.
6 S. *Heath,* Festgabe *Schricker,* 1995, S. 459, 469.
7 S. § 8 Rz 14.
8 S. auch BGH NJW 1984, 1113.
9 Dazu BGH NJW 1984, 1113, 1114.
10 OLG Frankfurt NJW 1991, 1489.

an jeder Nutzung seines Werkes angemessen beteiligen.[1] Auch Klauseln, die die Fälligkeit oder sonstige Modalitäten der Honorarzahlung abweichend von gesetzlichen Vorschriften oder abweichend vom Vertragszweck (§ 307 II Nr. 2) regeln, unterliegen der Inhaltskontrolle.[2] Kontrollfähig, nach § 138,[3] aber auch nach § 307 I, II unwirksam sind Klauseln, die dem Urheber neben einem geringen Honorar auch noch die Produktions- und Produktionsnebenkosten sowie Promotionskosten (PR-Kosten) auferlegen. Die Honorarklausel in einem Sendevertrag, wonach bei Nichtsendung des Werks der Anspruch auf Sendehonorar entfällt, ist nicht zu beanstanden.[4] Das Anpassungsrecht der §§ 32, 32a UrhG ist nicht als ein Fall der Inhaltskontrolle anzusehen,[5] sondern dem Wegfall der Geschäftsgrundlage zuzurechnen.[6]

U 27 **c)** Behält sich der Verleger, Sender oder sonstige Verwerter die Abnahme innerhalb einer nicht hinreichend bestimmten oder unangemessen langen **Abnahmefrist** vor, so verstößt dies grundsätzlich gegen § 308 Nr. 1.[7] Wird bei Auftragsarbeiten ein **Annahme- und Änderungsvorbehalt derart** vorgesehen, dass der Auftraggeber, z. B. ein Sender, über die Annahme des Werkes entscheidet, dem Urheber Änderungen aufgeben kann und notfalls ein Werk unter Verwendung der bisher vorliegenden Fassung herstellen lassen kann, so ist dies weder nach § 308 Nr. 4 noch nach § 307 I, II zu beanstanden, da der Sender als Auftraggeber auch nach außen die Verantwortung trägt. Voraussetzung ist, dass entsprechend dem Umfang der vom Urheber stammenden Fassung diesem eine angemessene Vergütung gezahlt wird.[8] In AGB eines Sendevertrags kann auch die nach §§ 23, 39 UrhG erforderliche Einwilligung zur Bearbeitung, Umgestaltung und Änderung des Werks aufgenommen werden, da dafür im Hinblick auf die Programmgestaltung und die Verantwortung des Senders ein berechtigtes Bedürfnis besteht. Die Änderung ist dem Urheber auch zumutbar, wenn die geistige Eigenart des Werks gewahrt bleibt.[9] § 308 Nr. 4 ist insoweit nicht anwendbar, da nicht eine Änderung der Leistungspflicht des Urhebers, sondern des fertigen Werkes geregelt wird. Jedoch hat eine Überprüfung nach § 307 I, II zu erfolgen. Unangemessen nach § 307 II Nr. 1 ist in einem Produktionsvertrag zwischen einer Funk- und Fernsehanstalt und einem Komponisten jedoch eine Klausel, nach der der Urheber die Verlagsrechte einem bestimmten Musikverlag einräumt, da eine derartige Regelung von den Grundgedanken der §§ 34, 35 UrhG, der die Dispositionsfreiheit durch ein individuelles Zustimmungsrecht gewährleisten will, abweicht.[10]

3. Weitergabe von Nutzungs- und Bearbeitungsrechten

U 28 Eine Klausel, wonach der Inhaber eines **Nutzungsrechts** dieses **an Dritte** ganz oder teilweise **übertragen** oder Dritten daran Nutzungsrechte einräumen kann, ist grundsätzlich nicht zu beanstanden. Insbesondere liegt kein Verstoß gegen § 309 Nr. 10 vor, wenn der Dritte nicht insgesamt in den Vertrag eintritt, sondern nur einzelne Nutzungen übernimmt und dafür eine Vergütung zahlt.[11] Die in AGB

---

[1] *Hertin* AfP 1978, 72, 75.
[2] S. § 8 Rz 16.
[3] So BGH NJW-RR 1989, 746.
[4] BGH LM § 9 (Cb) AGBG Nr. 5 zu III 2.
[5] So *Brandner* GRUR 1993, 173, 175.
[6] BGH NJW 1998, 3716 = BGHZ 137, 387 = LM H.9/1998 § 31 UrhG Nr. 31 m. Anm. *Vinck*.
[7] *Hertin* AfP 1978, 72, 75.
[8] BGH LM § 9 (Cb) AGBG Nr. 5 zu II 5.
[9] BGH LM § 9 (Cb) AGBG Nr. 5 zu II 9.
[10] OLG Zweibrücken, OLGReport 2001, 139.
[11] BGH LM § 9 (Cb) AGBG Nr. 5 zu II 6; weitergehend für Anwendung von § 11 Nr. 13 *Hertin* AfP 1987, 72, 76.

zugunsten eines Senders enthaltene **Vollmacht,** Nutzungsverträge mit noch unbekannten Dritten im Namen des Urhebers abzuschließen, ist jedoch nach § 307 I, II unwirksam, da dem Urheber dadurch die Möglichkeit der Ausgestaltung des Nutzungsvertrags, insbesondere auch die Vereinbarung einer etwa zu zahlenden Vergütung, ohne Notwendigkeit entzogen wird.[1] Unwirksam ist auch eine Klausel, wonach der Urheber eines Textes dem Sender generell das Vertonungsrecht durch Dritte einräumt, da der Urheber dann nicht mehr sicherstellen kann, dass seine künstlerischen Vorstellungen und Interessen gewahrt bleiben.[2] Wegen des Ausschlusses der Rechtsmängelhaftung bei Verletzung von Urheberrechten s. § 309 Nr. 10 a Rz 12–15.

4. Rückrufrecht und Entschädigung

Ist für den Fall eines **Rückrufs durch den Urheber** nach §§ 41, 42 UrhG eine Entschädigung in AGB vorgesehen, so ist § 308 Nr. 7 b oder § 309 Nr. 5 a anwendbar, je nachdem aus welchen Gründen die Entschädigung vorgesehen wird. Der Rückruf ist dem Rücktritt oder der Kündigung nach § 308 Nr. 7 gleichzustellen.[3] Eine Rückrufklausel, wonach sich das Rückrufrecht auf die Rechte zur Benutzung eines Werkes zur Herstellung von Filmwerken bezieht, erfasst nur die Neuherstellung eines Filmwerks, aber nicht die Übertragung eines bereits erstellten Filmwerks auf Videokassetten.[4] Eine Klausel, wonach das Sendehonorar vom Urheber zurückzuerstatten ist, nicht aber das Ausarbeitungshonorar, verstößt weder gegen § 41 VI UrhG noch gegen § 308 Nr. 7 b und § 309 Nr. 5 a, da die Rückerstattung des Sendehonorars den Umfang der Entschädigung angemessen zum Ausdruck bringt.[5] Nach § 307 I, II unangemessen ist es dagegen, wenn der Urheber generell auch das Ausarbeitungshonorar erstatten soll, da dies nicht der nach § 41 VI UrhG zu leistenden angemessenen Entschädigung entspricht, vor allem wenn der Sender bis zu 5 Jahren die Möglichkeit zur Nutzung hat.[6] **U 29**

5. Risikozuweisungen und Haftung

Dem Bearbeiter eines fremden Werks kann vom Sender oder sonstigen Abnehmer auferlegt werden, die **Zustimmung des Originalurhebers** und etwaiger sonstiger Berechtigter einzuholen. Darin liegt keine nach § 307 I unwirksame Risikoverlagerung, da der Bearbeiter durch seine besondere Vertrautheit mit dem Stoff den Originalurheber und sonstige Berechtigte am ehesten überblicken kann.[7] Das Risiko liegt dagegen im Bereich des Senders, wenn dieser den Urheber beauftragt, aus einem oder mehreren vom Sender ausgesuchten Werken das Manuskript für eine Sendung anzufertigen.[8] **U 30**

6. Verjährung

Eine Klausel, wonach die Verjährungsfrist für Ansprüche des Urhebers gegen eine öffentlich-rechtliche Sendeanstalt verkürzt wird, ist in Bezug auf Honoraransprüche nicht zu beanstanden, wenn eine regelmäßige Abrechnung fälliger Ansprüche durch **U 31**

---

[1] Im Ergebnis auch BGH LM § 9 (Cb) AGBG Nr. 5 zu III 1; Rz V 74.
[2] BGH aaO zu III 4.
[3] *Hertin* AfP 1978, 72, 75.
[4] BGH LM H.1/1993 § 16 UrhG Nr. 9.
[5] BGH LM § 9 (Cb) AGBG Nr. 5 zu II 8.
[6] S. BGH LM § 9 (Cb) AGBG Nr. 5 zu III 3.
[7] S. auch BGH LM § 9 (Cb) AGBG Nr. 5 zu II 11.
[8] *Hertin* AfP 1978, 72, 77.

die Sendeanstalt gewährleistet ist.[1] Ist im Einzelfall eine zumutbare Kenntnismöglichkeit über das Bestehen eines Honoraranspruchs für den Urheber nicht gegeben, so kann eine Berufung auf die Verjährung nach § 242 unzulässig sein.[2]

7. Vertragsbeendigung

U 32–40 Ein Verlagsvertrag endet aus den in §§ 29 ff. VerlG genannten Gründen, er kann jedoch darüber hinaus aus wichtigem Grund nach § 314 gekündigt werden.[3] Das Recht zur Kündigung aus wichtigem Grund kann nicht ausgeschlossen oder wesentlich eingeschränkt werden.

*

Veräußerungsverbote

Inhaltsübersicht

1. Dinglich wirkende Veräußerungsverbote

V 1 Ein dinglich wirkendes Veräußerungsverbot, das die Verfügungsfreiheit des Rechtsinhabers beschränken will, kann nach § 137 S. 1 durch Rechtsgeschäft nicht wirksam vereinbart werden, unabhängig davon, ob es sich um AGB oder um eine Individualvereinbarung handelt. Eine Ausnahme gilt allerdings gemäß § 399 für die Abtretung.[4] Neben § 137 S. 1 kann bei dinglichen Veräußerungsverboten auch § 307 zur Anwendung kommen. Namentlich wird man davon ausgehen müssen, dass eine Klausel, die als dingliches Veräußerungsverbot auszulegen ist und nicht lediglich für die Abtretungen Geltung beansprucht, nach § 307 I 1, 2 unwirksam ist, weil sie die Gefahr einer Irreführung des anderen Teils bewirkt.

2. Schuldrechtliche Verfügungsunterlassungsverträge

V 2 Schuldrechtliche Verfügungsunterlassungsverträge sind nach § 137 S. 2 zwar grundsätzlich möglich. Kommen sie allerdings in AGB vor, so sind sie an den Vorgaben des AGB-Rechts zu messen.

V 3 **a) Grundsätzliche Unwirksamkeit.** Ein schuldrechtliches Veräußerungsverbot ändert zwar nichts an der Rechtsmacht des Rechtsinhabers zur Verfügung über seine Rechte, beschränkt die Veräußerungsfreiheit des Rechtsinhabers aber doch faktisch, da er im Falle eines Verstoßes mit Schadensersatzansprüchen zu rechnen hat. Dieses Ergebnis widerspricht dem wesentlichen Grundgedanken des Eigentums und anderer Rechte, von deren Verfügungsfreiheit das Gesetz zur Siche-

---

[1] BGH LM § 9 (Cb) AGBG Nr. 5 zu II 7.
[2] BGH LM § 9 (Cb) AGBG Nr. 5.
[3] S. etwa KG NJW-RR 1992, 758; *Schricker,* Verlagsrecht, 3. Aufl., § 41 Rz 17.
[4] Zu Abtretungsverboten siehe § 310 Rz A 21 ff.

rung ihrer Umlauffähigkeit im Verkehr ausgeht. Verfügungsunterlassungsverträge widersprechen auch dem verkehrstypischen Leitbild des Kaufvertrags, der grundsätzlich auf unbeschränkte Rechtsverschaffung gerichtet ist. Verfügungsunterlassungsverträge sind deshalb grundsätzlich unangemessen, sofern nicht besondere berechtigte Interessen des Verwenders eine Ausnahme rechtfertigen.

b) Ausnahmen bei Neuwagen. Eine Ausnahme vom Grundsatz der Unangemessenheit schuldrechtlicher Veräußerungsverbote ist insbesondere im Bereich des Neuwagenkaufs geboten, soweit die Verwendung eines Veräußerungsverbots erforderlich ist, um die Entstehung eines „grauen Marktes" zu verhindern. Ein Verbot, den Wagen noch vor Erhalt weiterzuveräußern, ist deshalb grundsätzlich wirksam.[1] Wirksam ist auch ein dinglich wirkendes Verbot, die Ansprüche aus einem Neuwagenkaufvertrag vor der Erstzulassung abzutreten.[2] Entsprechende schuldrechtliche Veräußerungs- und dingliche Abtretungsverbote in Neuwagenkaufverträgen sind auch nicht überraschend im Sinne des § 305 c I.[3] Unwirksam ist aber ein Verbot, den Wagen innerhalb von zwölf Monaten nach der Erstzulassung weiterzuveräußern.[4] Denn ein solches Verbot schränkt die wirtschaftliche Dispositionsfreiheit des Käufers, der aus finanziellen Gründen zur Veräußerung des Wagens gezwungen sein mag, ungebührlich ein. Auch ist ein schützenswertes Interesse des Verkäufers an einer solchen Klausel nicht erkennbar, weil eine so weitgehende Bindung nicht erforderlich ist, um das Entstehen eines grauen Marktes für Neuwagen zu verhindern.[5] V 4

c) Sicherung von Vertriebssystemen. Ganz allgemein kann ein Veräußerungsverbot gerechtfertigt sein, soweit dies erforderlich ist, um eine erlaubte Vertriebsbindung zu sichern. Dabei ist jedoch stets sorgfältig zu prüfen, ob das Verbot nicht über das Notwendige hinausgeht. V 5

d) Begleitende Maßnahmen. Soweit ein Weiterveräußerungsverbot unwirksam ist, müssen auch solche Klauseln, die allein der Sicherung dieses Weiterveräußerungsverbots dienen, mangels schutzwürdiger Interessen des Verwenders als unwirksam eingestuft werden. Ist das Weiterveräußerungsverbot dagegen ausnahmsweise wirksam vereinbart worden, folgt daraus noch nicht, dass auch Klauseln zur Absicherung des Weiterveräußerungsverbots wirksam sind. Vielmehr bedarf es jeweils einer eigenständigen Abwägung im Rahmen des § 307. V 6

aa) Unwirksam ist beispielsweise die Vereinbarung einer **Zulassungspflicht,** die es dem Käufer unmöglich machen soll, den Wagen als Neuwagen weiterzuveräußern.[6] Unwirksam ist auch eine den Verwender zur Zulassung ermächtigende **Vollmachtklausel.**[7] V 7

bb) Wirksam ist dagegen die formularmäßige Vereinbarung eines **Rücktrittsrechts** für den Fall, dass der Käufer den Wagen entgegen einem wirksamen Verbot V 8

---

[1] BGH NJW 1982, 178, 179 f (zu § 9 AGBG). A.A. aber *Pfeiffer,* a.a.O., Rz 16, soweit es um Klauseln geht, die gegenüber dem Verbraucher verwandt werden.

[2] BGH NJW 1981, 117, 118 (zu § 9 AGBG).

[3] So auch BGH NJW 1981, 117, 118 (zu § 9 AGBG) zu einem Verbot, die Ansprüche aus einem Neuwagenkaufvertrag vor der Erstzulassung abzutreten.

[4] Tendenziell a.A. OLG Köln NJW-RR 1993, 824, 825 (zu § 9 AGBG): „mag [...] noch unbedenklich sein". Wie hier aber OLG Hamburg NJW 2002, 1428, 1428 (zu § 9 AGBG): Unwirksamkeit einer Klausel in einem Kaufvertrag über einen fabrikneuen Ferrari, die eine Weiterveräußerung innerhalb von 12 Monaten nach Lieferung verbietet. Dem OLG Hamburg zustimmend auch *von Westphalen* NJW 2003, 1981, 1985.

[5] OLG Hamburg NJW 2002, 1428, 1428 (zu § 9 AGBG).

[6] BGH NJW 1982, 178, 180 (zu § 9 AGBG).

[7] BGH NJW 1982, 178, 180 (zu § 9 AGBG).

vor Erhalt weiterveräußert.[1] Auch kann der Verkäufer für den Fall der pflichtwidrigen Weiterveräußerung ein **Vorkaufsrecht** (§ 463) oder einen **Wiederkaufsvorbehalt** (§ 456) wirksam vereinbaren.[2] Ein Verstoß gegen § 307 liegt aber im letztgenannten Fall dann vor, wenn der dafür festgelegte Preis keine reale Beziehung zum wirklichen Wert aufweist, so z. B. wenn als Rückkaufpreis der Neuwagenpreis abzüglich einer Nutzungsentschädigung von 1 % pro gefahrene 1000 km vorgesehen ist und auch der Gegenbeweis eines höheren Verkaufswerts nicht zugelassen ist.[3] Doch sollte man in diesem Falle sorgfältig prüfen, ob das Rückkaufrecht nicht unter Streichung der Preisangabe teilweise aufrechterhalten werden kann mit der Folge, dass § 456 II Anwendung findet.

3. Übereignung unter auflösender Bedingung

V 9–20 Denkbar sind auch Klauseln, die eine Weiterveräußerung dadurch zu verhindern suchen, dass sie die Übereignung unter die auflösende Bedingung der Weiterveräußerung stellen.[4] Eine solche Gestaltung verstößt nicht gegen § 137 S. 1, da der Erwerber dann auch das Eigentum verliert und eine Trennung von Rechtsinhaberschaft und Verfügungsbefugnis, die § 137 S. 1 allein verhindern will, nicht stattfindet.[5] Allerdings greift auch insofern die Kontrolle nach § 307 ein. Namentlich ist die Wirksamkeit entsprechender Klauseln nach den gleichen Grundsätzen zu beurteilen wie die Wirksamkeit schuldrechtlicher Verfügungsbeschränkungen (s. Rz V 3). Mit anderen Worten, entsprechende Klauseln sind grundsätzlich nach § 307 unwirksam, können aber ausnahmsweise zum Schutze berechtigter Interessen des Verwenders angemessen sein. Auch wenn die Klausel wirksam ist, werden gutgläubige Dritte durch § 161 III geschützt.

*

Verfallsklauseln

Inhaltsübersicht

Schrifttum: *Graf von Westphalen*, Verfallsklauseln, in: *ders.*, Vertragsrecht und AGB-Klauselwerke, Stand: Juli 2000.

---

[1] BGH NJW 1982, 178, 180 (zu § 9 AGBG).

[2] So tendenziell auch OLG Köln NJW-RR 1993, 824, 825 (zu § 9 AGBG): „mag […] wirksam sein". Das OLG Köln, a.a.O., spricht von einer „Rückkaufklausel", doch sollte man von einem Rückkaufrecht nur dann sprechen, wenn der Käufer ein Recht darauf hat, dass der Verkäufer ihm den Kaufgegenstand wieder abkauft.

[3] OLG Köln NJW-RR 1993, 824, 825 (zu § 9 AGBG).

[4] So die Neuwagenverkaufsbedingungen in BGH NJW 1981, 117, 117.

[5] *Soergel/Hefermehl* § 137 Rz 10, 14.

1. Allgemeines

a) Begriff. Verfallsklauseln, die man auch als **Verwirkungsklauseln** bezeichnet, haben mit der Vertragsstrafe im engeren Sinn gemein, dass sie an das Vorliegen einer Vertragsverletzung anknüpfen, unterscheiden sich von ihr jedoch durch die in der Klausel vorgesehene Rechtsfolge. Namentlich sehen Verfallsklauseln keine zur Hauptleistungspflicht hinzutretende Pflicht zur Erbringung einer Geld- oder Sachleistung vor, sondern ordnen an, dass der Schuldner eigene Rechte verliert.[1] Erschöpft sich die Wirkung der Verfallsklausel darin, die vorzeitige Fälligkeit eines ohnehin zu zahlenden Betrages zu bewirken, so spricht man auch von einer **Vorfälligkeitsklausel.** V 21

b) Anwendbarkeit der §§ 339 ff. Im Grundsatz ist anerkannt, dass die §§ 339 ff. auf Verfallsklauseln entsprechende Anwendung finden.[2] Allerdings ist die Anwendbarkeit der §§ 339 ff. richtigerweise davon abhängig zu machen, dass der relevante Rechtsverlust nicht schon nach dem Gesetz als Folge des in der Verfallsklausel beschriebenen Verhaltens vom Verwender einseitig herbeigeführt werden kann. Denn eine Klausel, die lediglich den automatischen Eintritt dessen vorschreibt, was der Verwender auch nach dispositivem Recht zumindest durch eine entsprechende Willenserklärung herbeiführen kann, hat keine nennenswerte Sanktionsfunktion. V 22

c) Sonderregeln. Ein besonderes Verbot von Verfallsklauseln, welches nicht nur für AGB, sondern auch für Individualvereinbarungen gilt, findet sich in § 1229. Bei Verbraucherdarlehensverträgen ist § 498 zu beachten, von dem gemäß § 506 I 1 nicht zum Nachteil des Verbrauchers abgewichen werden darf. Eine Klausel, die gegen § 1229 oder gegen §§ 498, 506 verstößt, ist auch unangemessen im Sinne des § 307.[3] V 23

2. Kontrolle nach § 308 Nr. 3

Eine Verfallsklausel kann ausnahmsweise an § 308 Nr. 3 zu messen sein, nämlich dann, wenn sie die Möglichkeit eröffnet, dass das Recht des Verwendungsgegners auf die Hauptleistung zumindest für die Zukunft gänzlich und ersatzlos entfällt (s. § 308 Nr. 3 Rz 12, 14, 18). Allerdings ist zu beachten, dass § 308 Nr. 3 nicht für Dauerschuldverhältnisse gilt und dementsprechend insbesondere nicht auf Vorfälligkeitsklauseln in Darlehensverträgen anwendbar ist (vgl. § 308 Nr. 3 Rz 18). V 24

3. Kontrolle nach § 308 Nr. 4

§ 308 Nr. 4 findet nur auf solche Klauseln Anwendung, die dem Verwender ein Recht gewähren, die eigene Leistung zu ändern oder von ihr abzuweichen. V 25

4. Kontrolle nach § 308 Nr. 7

Verfallsklauseln, insbesondere Vorfälligkeitsklauseln, sind nicht an § 308 Nr. 7 zu messen.[4] Dies folgt schon daraus, dass die von der Verfallsklausel angeordnete Rechtsfolge, also der Rechtsverlust, nicht in einer Vergütungspflicht besteht.[5] V 26

---

[1] *Palandt/Grüneberg* § 339 Rz 5. Vgl. auch BGH NJW-RR 1991, 1013, 1015 (zu § 9 AGBG): Anordnung des Rechtsverlusts für den Fall einer Vertragsverletzung entspricht dem Vorliegen einer Vertragsstrafe.

[2] BGH NJW-RR 1993, 243, 246; *Palandt/Grüneberg* vor § 339 Rz 5.

[3] Mit Blick auf § 12 VerbrKrG (§ 498) ebenso *v. Westphalen,* a.a.O., Rz 6.

[4] Mit Blick auf Vorfälligkeitsklauseln ebenso *Ulmer/H. Schmidt* § 308 Nr. 7 Rz 9; *Löwe/v. Westphalen* § 10 Nr. 7 Rz 10.

[5] Mit Blick auf Vorfälligkeitsklauseln ebenso *Ulmer/H. Schmidt,* § 308 Nr. 7 Rz 9.

5. Kontrolle nach § 309 Nr. 6

V 27 Zur Anwendung von § 309 Nr. 6 auf Verfallsklauseln siehe § 309 Nr. 6 Rz 16 ff.

6. Kontrolle nach § 307

V 28 In jedem Falle sind Verfallsklauseln an § 307 zu messen.[1] Dabei gilt, dass eine Verfallsklausel sowohl nach ihren Voraussetzungen als auch nach ihren Rechtsfolgen angemessen sein muss.[2] Entscheidend ist insofern eine Abwägung der beiderseitigen Interessen. Dabei wird man im Grundsatz die gleichen Grundsätze wie bei Vertragsstrafen[3] heranziehen können. Insbesondere darf die Verfallsklausel grundsätzlich nicht an ein schuldloses Verhalten anknüpfen,[4] und der Rechtsverlust darf auch keine unverhältnismäßige Sanktion darstellen.[5]

V 29 **a) Verschuldensunabhängige Ausgestaltung.** Wie oben ausgeführt, sind die §§ 339 ff. auf Verfallsklauseln analog anwendbar.[6] Eine Verfallsklausel, die auch bei fehlendem Verschulden eingreifen soll, ist mit einem Grundgedanken der gesetzlichen Regelung unvereinbar und daher grundsätzlich nach § 307 II Nr. 1 unwirksam.[7] Im Einzelnen:

V 30 **aa) Verspätete Zahlung.** Knüpft der Rechtsverlust an eine verspätete Zahlung durch den Verwendungsgegner an, so ist die Klausel bereits nach § 309 Nr. 6 unwirksam[8] und zwar entgegen der Rechtsprechung[9] auch dann, wenn sich die Rechtsfolge der Klausel in der vorzeitigen Fälligstellung der Leistung des Verwendungsgegners erschöpft. Dies gilt unabhängig, ob die Klausel nur an eine verschuldet oder auch an eine unverschuldet verspätete Zahlung anknüpft, denn § 309 Nr. 6 ist in beiden Fällen (analog) anwendbar.[10] Soll die Verfallsklausel sogar bei unverschuldeter Zahlungsverspätung eingreifen, so ist die Klausel auch nach Auffassung des BGH unangemessen im Sinne des § 307.[11] Dies gilt selbst im unternehmerischen Verkehr.[12] Gemäß § 309 Nr. 6 unwirksam ist demgemäß z. B. eine Klausel in einem Unterrichtsvertrag, der zufolge der gesamte noch geschuldete Restbetrag sofort fällig wird, „wenn ein Teilnehmer mit zwei Raten in Rückstand gerät". Lehnt man die Anwendung des § 309 Nr. 6 auf Vorfälligkeitsklauseln ab, so ergibt sich die Unwirksamkeit der vorstehend zitierten Klausel zwar nicht aus § 309 Nr. 6,[13] wohl aber aus § 307, weil sie gemäß § 305 c II dahingehend auszulegen ist, dass sie auch unverschuldetem Zahlungsrückstand eingreifen soll.[14] Aus dem gleichen Grunde gelangt man selbst

---

[1] S. nur *Ulmer/Hensen* § 309 Nr. 6 Rz 7.

[2] *von Westphalen*, a.a.O., Rz 2.

[3] S. § 309 Nr. 6 Rz 61 ff.

[4] S. § 309 Nr. 6 Rz 68–70 (Verbraucher), 110–112 (Unternehmer).

[5] S. § 309 Nr. 6 Rz 71–74 (Verbraucher), 114–117 (Unternehmer).

[6] S. Rz V 22 sowie § 309 Nr. 6 Rz 17.

[7] BGH NJW-RR 1991, 1013, 1015 (zu § 9 AGBG). Dort spricht der BGH zwar vom Vorliegen einer Vertragsstrafe, doch lag in der Sache eine Verfallsklausel vor.

[8] Dazu, dass § 309 Nr. 6 nicht nur die Anknüpfung einer Vertragsstrafe an den Zahlungsverzug des Verwendungsgegners, sondern erst recht die Anknüpfung an eine verspätete Zahlung verbietet, siehe § 309 Nr. 6 Rz 38. Zur Anwendung des § 309 Nr. 6 auf Verfallsklauseln siehe § 309 Nr. 6 Rz 16 ff.

[9] BGH NJW 1986, 46, 48 (zu § 11 Nr. 6 AGBG). Noch offen gelassen in BGH NJW-RR 1986, 211, 212 (zu § 11 Nr. 6 AGBG); BGH NJW 1985, 1705, 1706. S. hierzu § 309 Nr. 6 Rz 18.

[10] Vgl. § 309 Nr. 6 Rz 36 ff.

[11] BGH NJW 1985, 1705, 1706 (zu § 9 AGBG).

[12] BGH NJW 1986, 424, 426 (zu § 9 AGBG und zum kaufm. Verkehr).

[13] Gegen die Anwendung des § 11 Nr. 6 AGBG (309 Nr. 6) aus diesem Grunde BGH NJW 1985, 1705, 1706.

[14] So in der Tat BGH NJW 1985, 1705, 1706 (zu § 9 AGBG und mit Blick auf die abstrakte Klauselkontrolle).

bei angenommener Unanwendbarkeit des § 309 Nr. 6 zur Unwirksamkeit einer Klausel in einem Fitness-Center-Vertrag, nach welcher die noch fälligen Beträge sofort fällig werden, wenn „der Anmeldende mit einer Monatsrate in Rückstand" gerät.[1] Hervorzuheben ist ferner, dass auch die Annahme der Unanwendbarkeit des § 309 Nr. 6 nicht notwendig dazu führt, dass Vorfälligkeitsklauseln, die an einen verschuldeten Zahlungsrückstand anknüpfen, notwendig wirksam sind. Vielmehr kann sich die Unangemessenheit der Klausel in diesem Falle immer noch daraus ergeben, dass der Rechtsverlust eine unverhältnismäßige Reaktion auf den Zahlungsverzug darstellt.[2] Unwirksam ist z. B. eine Vorfälligkeitsklausel in einem auf zwei Jahre abgeschlossenen Fitnessvertrag, der zufolge das gesamte für den Zweijahreszeitraum anfallende Entgeld sofort fällig wird, wenn das Mitglied mit zwei Monatsraten in Verzug gerät, weil damit die Gefahr droht, dass das Mitglied bis zu 22 Monatsbeiträge im Voraus leisten muss.[3]

bb) Sonstige Fälle verschuldensunabhängiger Verfallsklauseln. Der Grundsatz, dass Verfallsklauseln unangemessen sind, wenn der Rechtsverlust auch bei fehlendem Verschulden eintreten soll, gilt freilich nicht nur für den Fall verspäteter Zahlungen, sondern auch in allen anderen Fällen. Unwirksam ist daher z. B. auch der Ausschluss einer Gewährleistungsgarantie für den Fall bestimmter Obliegenheitsverletzungen, wenn er auch bei fehlendem Verschulden des Käufers gelten soll.[4] **V 31**

b) Verhältnismäßigkeit. Eine Verfallsklausel ist auch dann unangemessen, wenn der angeordnete Rechtsverlust sich als unverhältnismäßige Reaktion auf die zu Grunde liegende Obliegenheitsverletzung darstellt. Insofern kann auf das zu Vertragsstrafenklauseln Gesagte verwiesen werden.[5] **V 32**

c) Möglichkeit der Herbeiführung des Rechtsverlusts nach dispositivem Recht. Besonderheiten ergeben sich dann, wenn die in der Verfallsklausel angeordnete Rechtsfolge eine solche ist, die der Verwender auch nach dispositivem Recht ohne weiteres durch eine einseitige Erklärung herbeiführen könnte, wenn sich die Bedeutung der Verfallsklausel also darin erschöpft, automatisch denjenigen Zustand zu bewirken, der anderenfalls erst mit einer entsprechenden Erklärung des Verwenders einträte. So liegt es z. B., wenn eine Vorfälligkeitsklausel die Fälligkeit des geschuldeten Betrages in einem Falle anordnet, in dem die Fälligkeit nach dispositivem Recht auch durch Kündigung herbeigeführt werden könnte. In diesem Falle verstößt die Verfallsklausel grundsätzlich nicht gegen § 307.[6] Denn wenn das dispositive Recht dem Verwender die Freiheit einräumt, über die Vornahme der Kündigung selbst zu entscheiden, so dient dies allein dem Schutz der Interessen des Verwenders. Eine Klausel, die diese Freiheit durch den automatischen Eintritt der Kündigungsfolgen ersetzt, bedeutet mithin auch keine unangemessene Benachteiligung des Verwendungsgegners. Es liegt in diesem Falle auch kein Verstoß gegen § 309 Nr. 6 vor.[7] **V 33–40**

*

---

1 BGH NJW 1985, 2329, 2329 f (zu § 9 AGBG).
2 Zum Verhältnismäßigkeitserfordernis bei Verfallsklauseln s. § 310 Rz V 28.
3 LG Bielefeld NJOZ 2005, 224, 225.
4 BGH NJW-RR 1991, 1013, 1015; dazu Anh. § 310 Rz G 31.
5 S. § 309 Nr. 6 Rz 71–74 (Verbraucher), 114–117 (Unternehmer).
6 Insoweit zutreffend OLG Brandenburg NJW-RR 2004, 273, 273.
7 S. § 309 Nr. 6 Rz 19.

Verjährungsklauseln

Zu Verjährungsklauseln in AGB s. § 309 Nr. 8 b ff. Rz 1 ff.

*

Verlagsverträge

Zu den AGB bei Verlagsverträgen s. Rz U 21 ff.

*

Vermögensverwaltungsverträge

1. Allgemeines

V 41 Vermögensverwaltungsverträge können als Geschäftsbesorgungsvertrag zumeist dienstvertraglicher Art[1] mit Vollmacht[2] ausgestaltet sein. Dafür gelten grundsätzlich die Bestimmungen für Geschäftsbesorgungsverträge (s. Rz G 151 ff.). Die Vermögensverwaltung kann aber auch durch Übertragung der Vermögensgegenstände auf einen Treuhänder erfolgen. Es gelten dann die Regeln der fremdnützigen Treuhand (s. Rz T 31 ff.). Für kleinere und mittlere Vermögen gibt es auch Fonds-Vermögensverwaltungen mit Investmentanteilen nach dem KAGG.[3] Wird eine verwaltende Bank mit einer bestimmten Anlagestrategie betraut, so stellt deren Einhaltung eine Kardinalpflicht dar. Von der Haftung hierfür, auch für leichte Fahrlässigkeit, kann sie sich nach § 307 II Nr. 2 nicht freizeichnen.[4]

2. Bindung an Weisungen

V 42–45 Die Vermögensverwaltungsverträge sehen auch im Rahmen von Geschäftsbesorgungsverträgen grundsätzlich vor, dass die Vermögenswerte des Kunden gemäß den vereinbarten Anlagerichtlinien nach dem Ermessen der Bank ohne vorherige Einholung von Weisungen des Kunden verwaltet werden.[5] Eine solche Klausel ist nach dem Zweck der Vermögensverwaltungsverträge, Fachkenntnisse und Erfahrungen professioneller Anlageexperten zu nutzen, grundsätzlich nicht zu beanstanden. Jedoch muss konkreten Weisungen und Anlagerichtlinien des Kunden grundsätzlich der Vorrang eingeräumt werden.[6]

*

Verrechnungsklauseln

Siehe dazu Aufrechnungs- und Verrechnungsklauseln (Anh. § 310 Rz 211–220).

*

---

[1] BGHZ 137, 69 = LM H.4/1998 § 675 BGB Nr. 244 m. Anm. *Pfeiffer.*
[2] S. OLG Düsseldorf NJW-RR 1991, 308.
[3] S. auch *Kümpel,* Bank- und Kapitalmarktrecht, 12.2.
[4] OLG Düsseldorf NJW-RR 1991, 308; s. auch § 309 Nr. 7 Rz 96–110.
[5] S. *Kümpel,* Bank- und Kapitalmarktrecht, 12.22.
[6] BGHZ 137, 69 = LM H.4/1998 § 675 BGB Nr. 244 m. Anm. *Pfeiffer.*

Versandhandelsvertrag

Inhaltsübersicht

Schrifttum: *Jung,* Das Ende des Nachnahmeversands, NJW 1999, 2950?; *Thüsing,* Versandhandel, Stand: Juni 2003, in: *von Westphalen,* Vertragsrecht und AGB-Klauselwerke.

1. Allgemeines

a) Begriff. Der Versandhandelsvertrag ist ein Kaufvertrag mit einem besonderen Vertriebssystem. Die Ware wird vom Käufer nicht im Geschäftslokal des Verkäufers ausgesucht, sondern aufgrund von Katalogen, Beschreibungen im Internet oder Fernsehen etc. bestellt oder von Handelsvertretern auf Messen vermittelt. **V 46**

b) Vertragsabschluss. Die Warenpräsentation stellt in der Regel nur eine invitatio ad offerendum dar.[1] Das Angebot liegt also in der Bestellung des Kunden.[2] Für die Annahme gilt § 151,[3] wobei regelmäßig erst in der Übersendung des bestellten Artikels die Annahme liegt.[4] **V 47**

c) Erfüllungsort. Mit Blick auf den Erfüllungsort („Leistungsort") findet § 269 Anwendung. Erfüllungsort ist also grundsätzlich der Wohnsitz bzw. der Ort der Niederlassung (§ 269 II) des Verkäufers.[5] Dies trifft auch im Falle des Verbrauchsgüterkaufs zu.[6] Zwar schließt § 474 II die Anwendung des § 447 aus, doch regelt § 447 lediglich die Preisgefahr und nicht den Erfüllungsort, so dass auch für § 474 II nichts anderes gelten kann. Mit Blick auf den Rückgewähranspruch bei Rücktritt ist Erfüllungsort der Ort, an dem sich die Sache vertragsgemäß befindet.[7] **V 48**

d) Sonstiges. Auf den Versandhandelsvertrag als Kaufvertrag finden grundsätzlich die allgemein für Kaufverträge geltenden Vorschriften und Klauselverbote Anwendung. Regelmäßig sind die § 312 b ff. anwendbar, was insbesondere mit Blick auf das Rücktrittsrecht nach § 312 d I relevant werden kann. Auch können Informationspflichten nach § 312 c, BGB-InfoV 1 bestehen. Gegebenenfalls findet auch § 312 e Anwendung. **V 49–50**

---

[1] BGH NJW 2005, 3567, 3568 (zu einem Internet-Versandhandel).

[2] BGH NJW 2005, 3567, 3568 (zu einem Internet-Versandhandel).

[3] *Palandt/Heinrichs* § 151 Rz 4.

[4] So tendenziell auch BGH NJW 2005, 3567, 3568.

[5] BGH NJW 2003, 3341, 3342. A.A. aber, nämlich für die Einstufung als Bringschuld, *Palandt/Heinrichs* § 269 Rz 12; *Ulmer/Christensen* Anh. § 310 Rz 896. Für die Annahme, dass der Wohnsitz des Käufers als Erfüllungsort einzustufen ist, wohl auch OLG Stuttgart NJW-RR 1999, 1475, 1475, dem es primär um den Erfüllungsort bei Wandelung geht, dessen Aussage sich aber wohl auch auf den Anspruch aus § 433 I 1 bezieht.

[6] A.A. *Thüsing,* a.a.O., Rz 20: In der Sache liege wegen § 474 II eine Bringschuld vor.

[7] BGH NJW 1983, 1479, 1480 (zur Rücknahme bei Wandelung); OLG Stuttgart NJW-RR 1999, 1475, 1475 (zur Wandelung); *Bamberger/Unberath* § 269 Rz 25.

2. Haftung

V 51 **a) Allgemeines.** Soweit es um die Haftung geht, kann grundsätzlich auf die Ausführungen zu haftungsbeschränkenden Klauseln,[1] zur Mängelhaftung[2] sowie zu den Gefahrtragungsklauseln[3] verwiesen werden. Im Folgenden seien daher nur einige Besonderheiten hervorgehoben.

V 52 **b) Anwendbarkeit des § 447.** Mit Blick auf die Haftung für Transportschäden stellt sich die Frage nach der Anwendbarkeit des § 447. Insofern gilt es zunächst hervorzuheben, dass § 447 im Falle des Verbrauchsgüterkaufs schon nach § 474 II unanwendbar ist. Fehlt es allerdings an einem Verbrauchsgüterkauf, muss § 447 entgegen einer verbreiteten Auffassung auf den Versandhandel grundsätzlich Anwendung finden.[4] Angesichts der Tatsache, dass der Erfüllungsort beim Versandhandel grundsätzlich mit dem Wohnort bzw. dem Ort der Niederlassung des Schuldners identisch ist (s. Rz V 48), kann man die Unanwendbarkeit des § 447 allenfalls damit zu begründen suchen, dass die Versendung beim Versandhandel nicht auf Verlangen des Käufers erfolge.[5] Doch muss es für die Anwendung des § 447 ausreichen, dass die Versendung im Kaufvertrag vereinbart wird.[6] Denn es ist nicht einzusehen, weshalb derjenige Verkäufer, der den Kunden von vornherein begünstigt, indem er von sich aus in seinen AGB die Versendung der Ware vorsieht, mit Blick auf die Preisgefahr schlechter stehen soll als ein Verwender, der die Ware erst auf ein gesondertes Verlangen des Kunden hin versendet.

V 53 **c) Reklamationspflicht.** Eine Klausel, wonach der Käufer Transportschäden beim Transportunternehmen reklamieren und den Tatbestand aufnehmen lassen muss, auch wenn die Verpackung unbeschädigt ist, ist nach bisheriger Rechtsprechung nicht zu beanstanden.[7] Dies ist damit begründet worden, dass den Käufer bereits nach § 242 die Nebenpflicht trifft, Transportschäden festzustellen und sie dem Versandhändler mitzuteilen, damit dieser etwaige Ansprüche gegen den Frachtführer geltend machen kann.[8] Im Schrifttum wird die Auffassung vertreten, dass an dieser Rechtsprechung jedenfalls mit Blick auf den Verbrauchsgüterkauf nicht mehr festgehalten werden könne, weil § 475 I eine Beschneidung der Gewährleistungsrechte des Käufers verbiete.[9] In der Tat wird man die relevante Klausel als unwirksam einstufen müssen, sofern sie sich nicht darauf beschränkt, ein etwaiges Zurückbehaltungsrecht (§ 273) wegen der Verletzung von Nebenpflichten zum Ausdruck zu bringen (s. Rz G 127). Ist die Klausel allerdings im letzteren Sinne auszulegen, so scheitert sie auch nicht daran, dass sie dem Käufer in moderatem Umfang zusätzliche, im Gesetz nicht vorgesehene Nebenpflichten auferlegt. Denn dies ist nach § 307 nicht zu beanstanden. Und auch die Anwendbarkeit des § 475 I ist kaum zu begründen. Denn es würde weit über den Wortlaut und Zweck des § 475 hinausgehen, wollte man diese Vorschrift immer schon dann zur Anwendung bringen, wenn der Vertrag dem Käufer Nebenpflichten auferlegt, deren Verletzung

---

[1] S. § 309 Nr. 7 Rz 90 ff.

[2] S. die Kommentierungen zu den einzelnen Regelungen des § 309 Nr. 8 b.

[3] S. Anh. § 310 Rz G 111 ff.

[4] LG Köln NJW-RR 1989, 1457, 1457; *Palandt/Weidenkaff* § 447 Rz 5. A.A. aber z. B. LG Schwerin NJW-RR 2000, 868, 868; AG Raststatt NJW-RR 2002, 199, 200; *Schild* JR 1995, 89, 93; *Thüsing,* a.a.O., Rz 1.

[5] So in der Tat AG Raststatt NJW-RR 2002, 199, 200; *Schild* JR 1995, 89, 93; *Thüsing,* a.a.O., Rz 1.

[6] Zutreffend *Palandt/Weidenkaff* § 447 Rz 9.

[7] BGH NJW-RR 1987, 742, 743 (zu § 9 AGBG).

[8] BGH NJW-RR 1987, 742, 743 (zu § 9 AGBG).

[9] *Thüsing,* a.a.O., Rz 24; *Ulmer/Cristensen* Anh. § 310 Rz 896.

möglicherweise die Geltendmachung eines Zurückbehaltungsrechts nach § 273 erlaubt. Unangemessen ist aber eine Pflicht zur „sofortigen" Rüge.[1]

3. Nachnahmeklauseln

Die Klausel „Lieferung gegen Nachnahme" ist im Sinne eines Aufrechungsausschlusses auszulegen, so dass eine entsprechende Klausel gegenüber Verbrauchern nach § 309 Nr. 3 unwirksam ist.[2] **V 54**

4. Rügefristen

Zur Kontrolle von Rügefristen für nicht offensichtliche Mängel siehe § 309 Nr. 8 b ee Rz 1 ff. Zur Kontrolle von Rügefristen bei offensichtlichen Mängeln siehe § 309 Nr. 8 b ee Rz 47 ff. Zur Kontrolle von Rügefristen im unternehmerischen Verkehr siehe § 309 Nr. 8 b ee Rz 70 ff. **V 55**

5. Versandkosten

Klauseln, mit denen der Verwender Aufwendungen für die Verfolgung eigener Zwecke oder für die Erfüllung eigener Pflichten auf den Verwendungsgegner abzuwälzen versucht, unterliegen als so genannte Preisnebenabreden der AGB-rechtlichen Inhaltskontrolle.[3] Sie sind nach § 307 II Nr. 1 in der Regel unangemessen.[4] Unangemessen ist daher auch eine Klausel, die dem Käufer im Falle einer Bringschuld die Transportkosten aufbürdet. Wie bereits erwähnt, liegt jedoch im Falle des Versandhandels regelmäßig keine Bringschuld vor (Rz V 48). Vielmehr handelt es sich in der Regel um eine Schickschuld. Bei dieser trägt gemäß § 448 der Käufer die Kosten der Versendung. Es ist auch kein Grund für die Annahme einer allgemeinen Verkehrssitte des Inhalts ersichtlich, dass der Käufer Versandkosten nur dann zu tragen hat, wenn er darauf mit hinreichender Deutlichkeit hingewiesen worden ist.[5] Vor diesem Hintergrund sind Klauseln, die dem Verwendungsgegner die Versandkosten aufbürden, in der Regel bereits nach § 307 III 1 nicht zu beanstanden. Dies gilt auch im Falle des Verbrauchsgüterkaufs,[6] da der in § 474 II angeordnete Ausschluss des § 447 lediglich die Gefahrtragung (genauer: die Preisgefahr) betrifft. § 448 ist demgegenüber in § 474 II gerade nicht genannt. **V 56**

6. Rücksendung

Die Klausel „Rückgaberecht. Wenn Sie uns keinen bestimmten Wunsch mitteilen, wird der Wert der Rücksendung Ihrem Kundenkonto gutgeschrieben oder Sie **V 57–60**

---

[1] Zutreffend *Ulmer/Christensen* Anh. § 310 Rz 896.

[2] BGH NJW 1998, 3119, 3119 (zu § 11 Nr. 3 AGBG). A.A. *Ulmer/Hensen* § 309 Nr. 3 Rz 9. *Hensen,* a.a.O., sieht in der Nachnahmeklausel keinen Aufrechnungsausschluss, sondern die Vereinbarung einer Vorleistungspflicht, welchen nicht nach § 309 Nr. 3, sondern an § 307 zu messen sei. Allerdings seien Nachnahmeklauseln nach § 307 unwirksam. Kritisch zur Rechtsprechung des BGH auch *Staudinger/Coester-Waltjen* § 309 Nr. 3 Rz 9. Ihr zufolge enthalten Nachnahmeklauseln kein Aufrechnungsverbot und scheitern daher nicht an § 309 Nr. 3. Der Verwender verhalte sich treuwidrig, wenn er sich trotz erfolgter Erfüllung auf die Nachnahmeklausel berufe.

[3] BGH NJW 2002, 2386, 2387 (zu §§ 8, 9 AGBG); OLG Düsseldorf NJW-RR 2002, 1716, 1716 (zu §§ 8, 9 AGBG).

[4] BGH NJW 2002, 2386, 2387 (zu § 9 AGBG); OLG Düsseldorf NJW-RR 2002, 1716, 1716 (zu § 9 AGBG).

[5] So aber *Thüsing,* a.a.O., Rz 20.

[6] A.A. *Thüsing,* a.a.O., Rz 20.

erhalten beim Nachnahmekauf einen Verrechnungsscheck." verstößt zumindest gegen das Transparenzgebot (§ 307 I 2).[1] Richtigerweise ergibt sich die Unwirksamkeit der Klausel außerdem aus dem zugunsten des Verbrauchers zwingenden Charakter der §§ 355 ff.,[2] denn nach den §§ 312 d I, 357 I 1, 346 I ist der gezahlte Kaufpreis im Falle eines Widerrufs zurückzugewähren, ohne dass der Kunde einen entsprechenden Wunsch äußern muss.

*

Allgemeine Versicherungsbedingungen (AVB)

Inhaltsübersicht

[1] BGH NJW 2006, 211, 213.

[2] Dazu, dass die §§ 355 ff. zugunsten des Verbrauchers zwingend sind, siehe *Palandt/Grüneberg* § 355 Rz 2.

Schrifttum: *Bach/Geiger,* Die Entwicklung der Rechtsprechung bei der Anwendung des AGBG auf AVB, VersR 1993, 659; *Bach/Moser,* Private Krankenversicherung Kommentar[3] 2002; *Baumann,* „Rechtsgeschäftsadäquate" versus „gesetzesähnliche" Auslegung von Allgemeinen Versicherungsbedingungen, FS E. Lorenz (II) 2004, 111; *Baumann,* Die Bedeutung der Entstehungsgeschichte für die Auslegung von Allgemeinen Geschäfts- und Versicherungsbedingungen, FS Kramer 2004, 447; *Beckmann/Matusche-Beckmann* (Hrsg.), Versicherungsrechts-Handbuch 2004; *Dreher,* Die Auslegung von Rechtsbegriffen in Allgemeinen Geschäftsbedingungen, AcP 189 (1989), 342; *ders.,* Die Versicherung als Rechtsprodukt, 1991; *Fahr/Kaulbach,* VAG Kommentar[3] 2003; *Hansen,* Die Bedeutung der Klauselverbote des AGBG (§§ 10, 11) für AVB, VersR 1988, 1110; *Henkel,* Inhaltskontrolle von Finanzprodukten nach der Richtlinie 93/13/EWG des Rates über missbräuchliche Klauseln in Verbraucherverträgen 2004; *Honsell* (Hrsg.), Berliner Kommentar zum Versicherungsvertragsrecht 1999; *Lorenz,* Zum Abschluss eines Versicherungsvertrags nach § 5 a VVG, VersR 1995, 616; *ders.,* Neue Aspekte zum Abschluss eines Versicherungsvertrags nach § 5 a VVG, VersR 1997, 773; *Martin,* Sachversicherungsrecht[3] 1992; *Präve,* Versicherungsbedingungen und AGB-Gesetz, 1998; *Prölss,* 50 Jahre BGH: ein Streifzug durch die höchstrichterliche Rechtsprechung zu den AVB, VersR 2000, 1441; *ders.,* Versicherungsaufsichtsgesetz[12] 2005; *Prölss/Martin,* Versicherungsvertragsgesetz[27] 2004; *Reiff,* Die Auswirkungen des Gemeinschaftsrechts auf das deutsche Versicherungsvertragsrecht, VersR 1997, 267; *Römer,* Schranken der Inhaltskontrolle von Versicherungsbedingungen in der Rechtsprechung nach § 8 AGB-Gesetz, FS E. Lorenz (I) 1994, 449; *ders.,* Gerichtliche Kontrolle Allgemeiner Versicherungsbedingungen nach den §§ 8, 9 AGBG, NVersZ 1999, 97; *Römer/Langheid,* Versicherungsvertragsgesetz[2] 2003; *Stiefel/Hofmann,* Kraftfahrtversicherung[17] 2000; *van de Loo,* Die Angemessenheitskontrolle Allgemeiner Versicherungsbedingungen nach dem AGB-Gesetz, 1986; *Wandt* Verbraucherinformation und Vertragsschluss nach neuem Recht – dogmatische Einordnung und praktische Handhabung, Heft 24 der Münsteraner Reihe, 1995; *ders.,* Ersetzung unwirksamer AVB der Lebensversicherung im Treuhänderverfahren gemäß § 172 VVG, Frankfurter Vorträge zum Versicherungswesen Heft 33, 2001; *Weyers/Wandt,* Versicherungsvertragsrecht[3] 2003.

I. Einführung

V 61 Die Allgemeinen Versicherungsbedingungen (AVB) sind die AGB der Versicherer und damit AGB wie andere auch. Die §§ 305 – 310 sowie das UKlaG sind daher grundsätzlich in vollem Umfang auf sie anwendbar. AVB weisen aber eine ganze Reihe von tatsächlichen Besonderheiten auf, die ihrerseits der Grund dafür sind, dass auch der rechtliche Rahmen teilweise spezielle Regelungen enthält.

1. Rechtstatsächliche Besonderheiten der AVB

V 62 Nicht nur Versicherer, sondern Unternehmer aller Wirtschaftszweige sind auf AGB angewiesen. Alle anderen Branchen regeln in ihren AGB wichtige, aber eben letztlich doch untergeordnete Punkte. So bestimmen etwa die AGB eines gewerblichen Verkäufers die Rechte des Käufers bei verspäteter Lieferung und bei Mängeln der Kaufsache sowie die des Verkäufers bei Annahme- oder Zahlungsverzug. Sie regeln indes nicht die wesentlichen Vertragspflichten, also was verkauft wird (Kaufsache) und zu welchem Betrag (Kaufpreis).

V 63 Dies ist bei Versicherungsverträgen grundlegend anders. Hier wird auch die Hauptleistungspflicht des Versicherers erst durch die AVB festgelegt. Nur die genaue Lektüre sämtlicher AVB ergibt, ob bei Eintritt eines bestimmten Ereignisses der Versicherer zur Leistung verpflichtet ist und wenn ja, in welcher Höhe. Werden beispielsweise einem hausratversicherten Versicherungsnehmer 1.000 € in bar mithilfe eines heimlich nachgemachten Schlüssels aus der Wohnung entwendet, so ergibt sich aus § 3 Nr. 1 b VHB 2000,[1] dass Einbruchdiebstahl zu den versicherten Gefahren gehört. Was Einbruchdiebstahl ist, ergibt sich aus § 5 Nr. 1 und 2 VHB 2000. Hierunter fällt auch der vorliegende Gebrauch eines falschen Schlüssels nach § 5 Nr. 1 a VHB 2000. Dass auch Bargeld als Wertsache zu den versicherten Sachen gehört, ergibt sich aus § 1 VHB 2000. Insoweit gelten aber Entschädigungsgrenzen, die sich aus § 1 und § 28 VHB 2000 ergeben.

V 64 Wie das Beispiel zeigt, sind die AVB der Versicherer für die Versicherungsnehmer ungleich wichtiger als die AGB der Unternehmer anderer Wirtschaftszweige für deren Kunden. Die AVB machen das „unsichtbare" Produkt Versicherung erst sichtbar. Mehr noch: sie schaffen dieses Produkt erst, weil die **„Versicherung als Rechtsprodukt"** (*Dreher*) nur im Recht und durch das Recht existiert. Es ist nach allem diese **produktkonstituierende Funktion der AVB,** die in anderen Branchen ohne Parallele ist.

V 65 Eine weitere Besonderheit der AVB ist, dass sie nicht nur wie alle AGB dem Rationalisierungsinteresse des Verwenders, hier des Versicherers, entgegenkommen, sondern auch und vor allem dazu dienen, **homogene Risikogruppen** zu bilden. Letztere sind unabdingbare Voraussetzung dafür, den an sich unbeherrschbaren Zufall beherrschbar zu machen, und zwar mithilfe der Versicherungstechnik, die sich ihrerseits das „Gesetz der großen Zahl" zunutze macht.[2] Auch eine exakte Prämienkalkulation erfordert homogene Risikogruppen. Insgesamt sind damit die AVB eine **unerlässliche Grundlage der Versicherungstechnik.**[3] Das VVG setzt die Verwendung von AVB daher auch voraus, weil es anders als das Schuldrecht des

---

[1] Abdruck dieser und der anderen Bestimmungen der VHB 2000 bei *Dörner,* AVB, 4. Aufl. 2003 S. 130 ff.

[2] *Looschelders* VersR 1996, 529.

[3] Versicherungsrechts-Handbuch/*Präve* § 10 Rz 1.

BGB keine lückenlosen, wenn auch grundsätzlich dispositiven Vertragsmuster bereithält, sondern nur weite, aber unabänderbare Regelungsrahmen.[1] Während AGB der anderen Branchen also ein Vertragsmuster des BGB regelmäßig verändern, bilden AVB erst ein Vertragsmuster aus, müssen sich dabei aber innerhalb des zwingenden und halbzwingenden Rahmens des VVG halten.[2]

In Anbetracht dieser Besonderheiten und der großen Bedeutung, die die AVB für die Versicherungswirtschaft haben, ist es nicht verwunderlich, dass dem AGB-Recht eine besondere Rolle für den Schutz der Versicherungsnehmer zukommt. Mit Fug und Recht hat man die §§ 305 ff. als das „zentrale Regelwerk" für den Versicherungsnehmerschutz bezeichnet.[3] **V 66**

2. AVB-spezifische Regelungen

Die tatsächlichen Besonderheiten der AVB spiegeln sich auch in AVB-spezifischen Regelungen wider. So wird beispielsweise bei der Einbeziehung der AVB § 305 II durch § 5 a VVG nicht unerheblich modifiziert.[4] Hinzu kommen die Ergänzung des Transparenzgebotes durch § 10 a II VAG[5] und die Besonderheiten bei der Auslegung von AVB.[6] Generell ist hier auf die Zweispurigkeit der AVB-Kontrolle hinzuweisen. Neben der Kontrolle durch die Zivilgerichte existiert nämlich nur für die AVB auch die auf § 81 VAG gestützte aufsichtsbehördliche Kontrolle.[7] **V 67**

3. Gang der Darstellung

Im Folgenden wird zunächst die Reichweite des AVB-Begriffs bestimmt (unter II.). Sodann wird die Einbeziehung der AVB in den Versicherungsvertrag dargestellt, die nicht unerheblich von der der normalen AGB abweichen kann (unter III.). Anschließend werden überraschende AVB, die Auslegung von AVB, mehrdeutige AVB und der Vorrang der Individualabrede behandelt (unter IV. bis VII.). Breiten Raum nimmt die richterliche Inhaltskontrolle von AVB ein (unter VIII.). Nach der Darstellung der Rechtsfolgen der Unwirksamkeit einer AVB-Bestimmung (unter IX.) wird zum Schluss noch auf das Verhältnis von Versicherungsaufsichtsrecht und AGB Recht eingegangen (unter X.). **V 68**

II. Reichweite des AVB-Begriffs

1. Allgemeines

AGB sind nach § 305 I 1 für eine Vielzahl von Verträgen vorformulierte Vertragsbedingungen, die eine Vertragspartei, der sogenannte Verwender, der anderen Vertragspartei bei Abschluss eines Vertrages stellt. Für **Verbraucherverträge** enthält § 310 III insoweit zwei Ausnahmen. Die Ausnahme des § 310 III Nr. 2 für Einmalbedingungen (auch: Individualklauseln) besagt, dass die wesentlichen Schutzvorschriften des AGB-Rechts bei Verbraucherverträgen auch dann gelten, wenn die vorformulierte Vertragsbedingung nur zur einmaligen Verwendung bestimmt **V 69**

---

[1] Zu den – historischen – Gründen *Weyers/Wandt,* Versicherungsvertragsrecht Rz 122 ff.
[2] *Prölss/Martin/Prölss* Vorbem. I Rz 16.
[3] Versicherungsrechts-Handbuch/*Präve* § 10 Rz 3.
[4] Siehe hierzu unten bei Rz V 105 f.
[5] Siehe hierzu unten bei Rz V 187.
[6] Siehe hierzu unten bei Rz V 123 ff.
[7] Siehe hierzu unten bei Rz V 207 ff.

ist und der Verbraucher aufgrund der Vorformulierung auf ihren Inhalt keinen Einfluss nehmen konnte. Die Ausnahme des § 310 III Nr. 1 enthält den Verzicht auf das Merkmal des Stellens der AGB. Danach gelten nämlich AGB als vom Unternehmer gestellt, wenn sie nicht durch den Verbraucher in den Vertrag eingeführt wurden.

V 70 Die Ausnahme des § 310 III Nr. 2 für Einmalbedingungen spielt für die AVB der Versicherungswirtschaft so gut wie keine Rolle, weil AVB aus den bekannten Gründen[1] nahezu immer für eine Vielzahl von Verträgen vorformuliert werden. Ähnliches gilt für die Fiktion des Stellens der AGB gemäß § 310 III Nr. 1. Ein praktischer Anwendungsfall in der Versicherungswirtschaft wäre allenfalls für sogenannte **Maklerbedingungen** in einem Verbrauchervertrag denkbar. Maklerbedingungen liegen vor, wenn die AVB ausnahmsweise vom – im Auftrag des Versicherungsnehmers handelnden – Versicherungsmakler entworfen werden. In diesem Fall sind sie aber grundsätzlich im Einzelnen ausgehandelt und damit nach § 305 I 3 keine AGB (des Versicherungsnehmers), weil der Versicherer regelmäßig auf ihren Inhalt Einfluss nehmen kann und sie nur nach sachkundiger Prüfung akzeptieren wird.[2] Übernimmt der Makler allerdings mehr oder weniger die AVB des Versicherers in seinen Text, so ist es mit dem Schutzzweck der §§ 305 ff. unvereinbar, diese Bedingungen nicht zugunsten des Versicherungsnehmers einer Inhaltskontrolle zu unterwerfen.[3] In diesem Fall gelten die vom Makler eingeführten AVB nach § 310 III Nr. 1 als vom Versicherer gestellt.[4]

2. Bezeichnung der AGB durch Versicherer

V 71 In Anbetracht der strikten Formulierung des § 305 I und des Schutzzweckes des AGB-Rechts ist es eine Selbstverständlichkeit, dass es auf die Bezeichnung der Vertragsbedingungen durch den Versicherer nicht ankommt. Die §§ 305 ff. sind daher unabhängig davon anwendbar, ob die Vertragsbedingungen unter der Überschrift „Allgemeine Versicherungsbedingungen" oder „Besondere Versicherungsbedingungen" firmieren. Entsprechendes gilt für „Sonderbedingungen", „Zusatzbedingungen" oder die sogenannten „Klauseln".[5] Auch die Tarifbestimmungen in der Kfz-Haftpflicht- und Krankenversicherung fallen unter die §§ 305 ff.[6] In all diesen Fällen handelt es sich um AGB, weil sie ohne Rücksicht auf das individuelle Risiko als vorformulierte Bausteine dem einzelnen Versicherungsvertrag zu Grunde gelegt werden.

V 72 Etwas anderes soll nach einer Ansicht in Literatur und Rechtsprechung für vorformulierte Risikoausschlüsse, beispielsweise die sog. **„Diabetesklausel"** in der Unfallversicherung,[7] gelten, die aufgrund der konkreten Situation des Versiche-

---

[1] Vgl. hierzu oben Rz V 63 ff.

[2] *Prölss/Martin/Prölss* Vorbem. I Rz 15. Für ein „Aushandeln" i.d.S. ist nach ständiger Rechtsprechung ein Ändern der sonst üblicherweise verwendeten Klausel nicht unbedingt erforderlich, wohl aber ein ernsthaftes Zur-Disposition-Stellen der Klausel durch den Verwender, BGH NJW 1998, 2600, 2601; 2000, 1110, 1111 f.

[3] *Prölss/Martin/Prölss* Vorbem. I Rz 15; vgl. auch BGH VersR 2001, 368, 369 für Klauseln, die ein als Vertreter des Versicherers agierender Makler entworfen hat.

[4] Versicherungsrechts-Handbuch/*Präve* § 10 Rz 84.

[5] Beispielhaft sei hier die Klausel 7712 zu den VHB 2000 genannt, wonach der Versicherer abweichend von § 27 Nr. 5 und Nr. 6 VHB 2000 keinen Abzug wegen Unterversicherung vornimmt; Wiedergabe der Klausel bei *Dörner,* AVB, 4. Aufl. 2003 S. 172.

[6] BGH VersR 2001, 493, 494 zur Wirksamkeit von Tarifänderungsklauseln in der Kfz-Haftpflichtversicherung und VersR 1995, 328, 329 zu Tarifbedingungen in der Krankheitskostenversicherung.

[7] Diese Klausel lautet: „Unfallfolgen, bei denen Diabetes mitwirkt, sind vom Versicherungsschutz gem. den AVB ausgeschlossen".

rungsnehmers vereinbart werden. Es handele sich um individuelle Vertragsregelungen, auf die die §§ 305 ff. nicht angewendet werden könnten.[1]

Dem ist nicht zu folgen.[2] Der vorformulierte Risikoausschluss unterliegt als AGB des Versicherers der Einbeziehungs- und Inhaltskontrolle gem. §§ 305 ff. Allein der Umstand, dass ein Risikoausschluss aufgrund der konkreten Situation des Versicherungsnehmers vereinbart wird, macht diesen nicht zur im Einzelnen ausgehandelten Individualvereinbarung i. S. d. § 305 I 3. Dies zeigt sich auch an der „Diabetesklausel",[3] die nach der Gegenansicht eine Individualabrede sein soll. Diese Klausel wurde nämlich 1981 vom damaligen Bundesaufsichtsamt im Rahmen einer Sammelgenehmigung für die gesamte Unfallversicherungsbranche neben anderen Ausschlüssen unter der Überschrift „Besondere Bedingungen für den Ausschluss von bestimmten Gesundheitsschädigungen" genehmigt.[4] Dieser vorformulierte Risikoausschluss wurde seitdem massenhaft verwendet. Er kann daher nicht im Einzelnen ausgehandelt sein. **V 73**

3. Ort der AGB

Die AVB sind regelmäßig in einer eigenen Textsammlung enthalten, die der Versicherer zusammen mit dem Versicherungsschein (auch: Versicherungspolice) an den Versicherungsnehmer versendet. Der **Versicherungsschein,** in dem auf die AVB verwiesen wird, ist nach § 3 VVG eine vom Versicherer unterzeichnete Urkunde über den Versicherungsvertrag, also eine Beweisurkunde für das Zustandekommen des Vertrages. Soweit ein Versicherungsschein vorformulierte Erklärungen enthält, können auch diese als AGB unter die §§ 305 ff. fallen.[5] Eine andere Frage ist freilich, inwieweit diese im Versicherungsschein enthaltenen AGB in den Versicherungsvertrag einbezogen werden können, was nur ganz ausnahmsweise und nach § 5 VVG geschehen kann.[6] **V 74**

Ähnliches gilt für vom Versicherer vorformulierte Erklärungen in den **Antragsformularen.** Auch sie können AGB sein.[7] In der Rechtsprechung wurde dies etwa bejaht für die Formulierung „Vertragsbeginn",[8] die Laufzeitregelung „Dauer 10 Jahre"[9] und die Beschränkung der Agentenvollmacht.[10] **V 75**

Keine AGB sind hingegen die im Antragsformular gestellten Fragen etwa nach der Gesundheit des Antragstellers.[11] Solche Fragen treffen nämlich keine vertragliche Regelung zwischen Versicherer und Versicherungsnehmer, sondern sollen dem Versicherer nur die Kenntnis der risikorelevanten Umstände verschaffen. Unabhängig hiervon stellt sich indes die Frage, wie solche **vorformulierten Antragsfragen** **V 76**

---

[1] I.d.S. LG Kassel, VersR 1997, 1474 und LG Dresden, VersR 1994, 923, jeweils zur sog. Diabetesklausel; ebenso *Prölss/Martin/Prölss* Vorbem. I Rz 13 und *Wussow/Pürckhauer,* AUB, 6. Aufl. 1990, Vorbem. Rz 7.

[2] Im Ergebnis wie hier MünchKomm/*Basedow* § 307 Rz 185.

[3] Zu dieser Klausel siehe oben in Fn. zu Rz V 72.

[4] VerBAV 1981, 275 (AZ III-503–4/81).

[5] *Präve,* Versicherungsbedingungen Rz 104; BGH VersR 1989, 395, 396; einschränkend *Dreher,* Versicherung als Rechtsprodukt S. 158.

[6] *Dreher* aaO S. 158 mit S. 152.

[7] *Römer* NVersZ 1999, 97; *Dreher* aaO S. 157 f.; *Präve,* Versicherungsbedingungen Rz 110; *Prölss/Martin/Prölss* Vorbem. I Rz 14.

[8] BGHZ 84, 268, 272 f.

[9] BGHZ 127, 35, 39 f = VersR 1994, 1049; vgl. auch BGH VersR 1996, 177 unter 1. („Mindestversicherungsdauer 5 Jahre"); VersR 1996, 485 (formularmäßige Laufzeitalternativen mit Entscheidungsvorschlag).

[10] BGHZ 116, 387; BVerwG VersR 1998, 1137 mit krit. Anm. *Reiff* EWiR 1998, 961.

[11] *Prölss/Martin/Prölss* §§ 16, 17 Rz 44; *Präve,* Versicherungsbedingungen Rz 114; *Heinemann* VersR 1992, 1319, 1321; OLG Bremen VersR 1996, 314; a.A. OLG Frankfurt, VersR 1990, 1103.

auszulegen sind. Hier besteht weitgehende Einigkeit, dass die Auslegung wie bei AGB zu erfolgen hat. Entscheidend ist also das Verständnis eines durchschnittlichen Versicherungsnehmers.[1]

4. Sonderproblem: Ausschluss der Agentenvollmacht

V 77 Ein Sonderproblem stellt die Frage dar, ob die in Antragsformularen und AVB anzutreffenden Klauseln, mit denen Versicherer versuchen, die (Empfangs-) Vertretungsmacht ihrer Versicherungsvertreter aus § 43 Nr. 1 und 2 VVG auszuschließen oder zu beschränken, am Maßstab der §§ 305 ff. zu messen sind. Dies wird von der ganz überwiegenden Ansicht bejaht.[2]

V 78 Diese Ansicht stimmt zunächst bedenklich. In den genannten Fällen geht es nämlich entgegen § 305 I nicht um eine Vertragsbedingung, weil die Einschränkung oder der Ausschluss einer Vollmacht ebenso wie deren Erteilung ein **einseitiges Rechtsgeschäft** ist. Die §§ 305 ff. finden zwar nach allgemeiner Ansicht auf einseitige Rechtsgeschäfte entsprechende Anwendung, wenn es sich um von dem Verwender vorformulierte Erklärungen des anderen Teils handelt, also etwa um die Erteilung einer Vollmacht zugunsten des Verwenders.[3] Der Grund hierfür ist, dass der Verwender durch solche Klauseln mindestens so stark in die rechtsgeschäftliche Gestaltungsfreiheit des anderen Teils eingreift wie durch vorformulierte Vertragsbedingungen. Diese Argumentation trägt freilich nicht für die hier einschlägigen Fälle. Sie betreffen einseitige Rechtsgeschäfte des Verwenders selbst, der die gesetzliche Vertretungsmacht seiner Agenten aus § 43 Nr. 1 und 2 VVG einschränken oder ausschließen will. Der Verwender nimmt also nur die eigene, von § 47 VVG vorausgesetzte rechtsgeschäftliche Gestaltungsfreiheit in Anspruch. Die Meinung, in solchen Fällen sei der Schutzzweck der §§ 305 ff. nicht berührt und entsprechende Klauseln seien nicht am Maßstab dieser Vorschriften zu kontrollieren,[4] hat also viel für sich.

V 79 Gleichwohl ist der h.M. im Ergebnis zuzustimmen. Man muss nämlich zur Kenntnis nehmen, dass die ständige höchstrichterliche Rechtsprechung zu einer Fortbildung des Rechts geführt hat, die zwar contra legem[5] erfolgte, aber rechtspolitisch zutreffend ist.[6] Hinter ihr steht letztlich die Erwägung, dass der Versicherer für den von ihm gewählten Vertriebsweg verantwortlich ist. Daher darf die Regelung des Gesetzes, dass der Versicherungsnehmer seine vorvertraglichen Anzeigen auch gegenüber dem Versicherungsvertreter machen kann, nicht abbedungen werden. Anderenfalls würde man es dem Versicherer erlauben, seinen Vertrieb so zu organisieren, dass seine Agenten zwar Anträge auf Abschluss eines Versicherungs-

---

[1] *Römer* r+s 1998, 45, 46; Berliner Kommentar/*Voit* § 16 Rz 31; *Prölss/Martin/Prölss* §§ 16, 17 Rz 21; BGH VersR 1999, 1481, 1482 unter 3. a; BGH r+s 1989, 5 = juris Nr. KORE 506858909 (zu Fragen in einem Schadensanzeigeformular).

[2] BGH VersR 1999, 565, 566 ff.; 1999, 710, 714 (jeweils zu Klauseln in AVB); BGHZ 116, 387; BVerwG VersR 1998, 1137 (jeweils zu Klauseln in Antragsformularen); BAV VerBAV 1993, 342 (Verlautbarung) und 1996, 259 ff. (Beschlusskammer); *Beckmann* NJW 1996, 1378, 1379; Versicherungsrechts-Handbuch/*Präve* § 10 Rz 95; MünchKomm/*Basedow* § 307 Rz 166.

[3] BGHZ 98, 24, 28; BGH NJW 1987, 2011; *Ulmer* § 305 Rz 16 m.w.N.

[4] In diesem Sinn *Fricke* VersR 1993, 399, 402; *Ulmer* § 305 Rz 18; Palandt/*Heinrichs* § 305 Rz 7; ebenso noch *Reiff* VersR 1998, 976 f. Dem stimmt grundsätzlich auch BGH VersR 1999, 710, 714 zu, meint aber, der Ansatz verfange nicht, wenn eine Empfangsvollmacht wie die des Versicherungsagenten eine gesetzliche Ausgestaltung erfahren hat und der Versicherer davon durch AVB abweiche; hiergegen wiederum Palandt/*Heinrichs* § 305 Rz 7.

[5] *Reiff* ZVersWiss 2002, 103, 124.

[6] *Reiff* ZVersWiss 2002, 103, 126; Versicherungsrechts-Handbuch/*Reiff* § 5 Rz 49.

vertrages entgegennehmen können, nicht aber die dazugehörenden vorvertraglichen Gefahranzeigen nach § 16 I VVG. Auf diesem Weg hätte es der Versicherer in der Hand, einen aus Sicht des Versicherungsnehmers einheitlichen Lebensvorgang künstlich juristisch aufzuspalten.[1] Der Sache nach ist damit nach dem heutigen Stand der Rechtsfortbildung § 43 Nr. 1 VVG entgegen § 47 VVG **zwingendes Recht.** Dies soll nach dem Vorschlag der von der Justizministerin einberufenen Expertenkommission zur Reform des VVG unter Ausdehnung auf die anderen Regelungen des § 43 VVG auch in das neue VVG übernommen werden.[2]

5. Rechtsform des Versicherers

Es gibt für Versicherungsunternehmen nur vier zulässige Rechtsformen. Die nach § 5 I VAG für die Aufnahme des Geschäftsbetriebs erforderliche Erlaubnis der Aufsichtsbehörde darf nach § 7 1 VAG nämlich nur Aktiengesellschaften (AG), Versicherungsvereinen auf Gegenseitigkeit (VVaG) sowie Körperschaften und Anstalten des öffentlichen Rechts erteilt werden. Hinzu kommt noch nach Art. 10 SE-VO die Societas Europeae (SE). Die Frage, ob die von einem Versicherer gestellten AVB der Einbeziehungs- und Inhaltskontrolle nach den §§ 305 ff. unterliegen, lässt sich nur für die AVB einer AG bzw. SE ohne jedes Zögern bejahen. **V 80**

Etwas komplizierter ist die Lage bei den **VVaG,** und zwar dann, wenn ein VVaG von der ihm nach § 10 II VAG eingeräumten Möglichkeit Gebrauch macht und die **AVB in seiner Satzung** regelt. Nach § 310 IV finden nämlich die §§ 305 ff. bei Verträgen auf dem Gebiet des Gesellschaftsrechts keine Anwendung, und die Satzung eines Vereins ist ein solcher gesellschaftsrechtlicher Vertrag. Gleichwohl gehen Rechtsprechung[3] und Literatur[4] nahezu einhellig davon aus, AVB, die in Satzungen von VVaG enthalten seien, unterlägen der Kontrolle nach den §§ 305 ff. Dies gilt auch dann, wenn diese Bestimmungen einen Doppelcharakter haben, also sowohl das vereinsrechtliche als auch das versicherungsrechtliche Verhältnis betreffen. Eine solche Doppelnatur liegt beispielsweise vor, wenn ein VVaG, gestützt auf die Ermächtigungsgrundlage des § 41 III VAG, Anpassungsklauseln für Versicherungsbedingungen, Tarifbestimmungen und Beiträge mit Wirkung auch für bestehende Versicherungsverhältnisse in seine Satzung integriert.[5] Dem ist zuzustimmen, weil es der Versicherer sonst in der Hand hätte, sich und seine Vertragsbedingungen der Kontrolle am Maßstab der §§ 305 ff. zu entziehen. Dies wäre nicht hinnehmbar, weil es für die Schutzbedürftigkeit des Versicherungsnehmers keinen Unterschied macht, ob eine seinen Vertrag betreffende Bestimmung in den AVB oder in der Satzung geregelt ist.[6] **V 81**

Bei **öffentlich-rechtlichen Versicherern** ist zu unterscheiden: Ist das **Versicherungsverhältnis privatrechtlich ausgestaltet,** was seit der Abschaffung der **V 82**

---

[1] BGHZ 102, 194, 197; 116, 387, 389; *Prölss/Martin/Kollhosser* § 43 Rz 17 und § 47 Rz 5, der hierfür den Begriff „Spaltverbot" geprägt hat.

[2] Der „Abschlussbericht der Kommission zur Reform des Versicherungsvertragsrechts v. 19. April 2004" enthält auf S. 225 folgende Formulierung: „Eine Beschränkung der dem Versicherungsvertreter zustehenden Vertretungsmacht durch AGB ist gegenüber Dritten unwirksam". Hierzu S. 64 ff. sowie S. 346 f (Begründung). Zum nahezu identischen § 71 VVGE des Referentenentwurfs des BMJ v. 13. 3. 2006 vgl. *Reiff*, Versicherungsvermittlerrecht im Umbruch, 2006, S. 105 f und 115 f.

[3] BGHZ 136, 394, 397 f = VersR 1997, 1517, 1518; tendenziell auch schon BGH VersR 1995, 77, 78; LG Saarbrücken VersR 2003, 1115, 1116.

[4] *Sieg* VersR 1977, 489; *Helm* NJW 1978, 129; *Ulmer/Schmidt* Anh. § 310 Rz 901; *Ulmer* § 305 Rz 14; *Wolf/Horn/Lindacher* § 23 Rz 79.

[5] BGHZ 136, 394, 398; a.A. insoweit *E. Lorenz* VersR 1996, 1206, 1209.

[6] So überzeugend und mit weiteren Gründen eingehend *van de Loo,* Angemessenheitskontrolle S. 9 f.

Gebäudeversicherungsmonopole im Jahre 1994[1] in aller Regel der Fall sein wird, so unterliegen die Versicherungsbedingungen nach nahezu allgemeiner Ansicht als AGB der Kontrolle am Maßstab der §§ 305 ff.[2] Dies gilt auch dann, wenn der Versicherer das Versicherungsverhältnis durch Satzung regelt, was etwa bei der Krankenversorgung der Bundesbahnbeamten[3] und der Versorgungsanstalt des Bundes und der Länder (VBL)[4] der Fall ist. Auch die AVB öffentlich-rechtlicher Feuerversicherer sind AGB.[5]

V 83 Anders liegen die Dinge, wenn die **Versicherungsverhältnisse ausnahmsweise öffentlich-rechtlich ausgestaltet** sind, was nur bei einer entsprechenden gesetzlichen Ermächtigungsgrundlage möglich ist.[6] Insoweit finden die §§ 305 ff. als privatrechtliche Rechtsnormen keine Anwendung.[7] Teilweise wird hier eine entsprechende Anwendung der §§ 305 ff. befürwortet,[8] und zwar weil es den öffentlich-rechtlichen Versicherern nicht gestattet werden könne, ihr Wahlrecht zwischen privatrechtlicher und öffentlich-rechtlicher Gestaltung zur Flucht vor den inhaltlichen Schranken des AGB-Rechts zu nutzen. Diese Begründung überzeugt. Gleichwohl ist es richtiger, insofern nur davon zu sprechen, dass die Grundgedanken des AGB-Rechts auch bei der inhaltlichen Ausgestaltung öffentlich-rechtlicher Versicherungsverhältnisse zu beachten sind.[9]

6. Wahlmöglichkeiten des Versicherungsnehmers

V 84 Die Antragsformulare der Versicherer enthalten häufig Wahlmöglichkeiten für den Versicherungsnehmer. In der Praxis der Gerichte stehen hier insbesondere die **Ausfüllalternativen zur Vertragslaufzeit** im Vordergrund.[10]

V 85 Nach der zutreffenden Rechtsprechung ist zu unterscheiden: Enthält bereits der Formulartext die Regelung und wird durch eine – **unselbstständige – Ergänzung** nur der Vertragsgegenstand konkretisiert, so wird der AGB-Charakter der Klausel durch die Ergänzungsmöglichkeit des Versicherungsnehmers nicht berührt.[11] Beispiele hierfür sind das Eintragen der Bezeichnung des versicherten Objekts oder des Namens der versicherten Person. Anders liegen die Dinge, wenn es sich um – **selbstständige – Ergänzungen** handelt, die selbst den Inhalt der Klausel festlegen, also

---

1 Zum Wegfall der Monopole und seinen Konsequenzen *Präve,* Versicherungsbedingungen Rz 129.

2 Statt aller Versicherungsrechts-Handbuch/*Präve* § 10 Rz 100 m.w.N.

3 BGH VersR 2003, 1386, 1387.

4 BGH VersR 1999, 1390; BGHZ 139, 333, 339; BGH VersR 1986, 142 unter III.

5 BGH VersR 1990, 1115.

6 Zu dem Erfordernis einer gesetzlichen Ermächtigungsgrundlage vgl. BGHZ 48, 35, 39 = VersR 1967, 780, 781.

7 *Wolf/Horn/Lindacher* § 23 Rz 450; Einl. Rz 23 (allgemein für öffentlich-rechtliche Verhältnisse); a.A. *Sieg* VersR 1977, 489 (für unmittelbare Anwendbarkeit des AGB-Rechts).

8 *Ulmer/Schmidt* Anh. § 310 Rz 901 („mindestens entsprechend anwendbar"; die von *Schmidt* herangezogene Entscheidung LG Düsseldorf NJW-RR 1987, 1436 ist freilich nicht einschlägig, weil in diesem Fall das Versicherungsverhältnis privatrechtlich ausgestaltet war); Versicherungsrechts-Handbuch/*Präve* § 10 Rz 101.

9 BGHZ 71, 226, 228 f (zu Haftungsausschluss bei Wasserversorgung); OLG München VersR 1980, 724, 725 (zu Freizeichnungsklausel in Betriebsordnung eines kommunalen Schwimmbades); eingehend *van de Loo,* Angemessenheitskontrolle S. 10 f.; Einl. Rz 23 (allgemein für öffentlich-rechtlich gestaltete Rechtsverhältnisse); LG Köln NJW-RR 1988, 430 (zu Bedingungen für Euroscheck-Karten im Postgirodienst); noch zurückhaltender *Wolf/Horn/Lindacher* § 23 Rz 450 mit Rz 20; vgl. auch *Palandt/Heinrichs* Vorb v § 307 Rz 4.

10 BGH VersR 1996, 485; 1996, 741; 1997, 345; OLG Koblenz VersR 1999, 875; BGH NJW 1998, 1066 (nicht versicherungsrechtlich); VersR 1999, 741 (Möbelhandel); NJW 2000, 1110 (Laufzeitverlängerung in Tankstellenalleinbezugsverpflichtung); ZIP 2003, 407 (Gestattungsvertrag mit einer Breitband-Kabel-Gesellschaft).

11 BGH VersR 1996, 485, 486.

Regelungscharakter haben. Beispiel hierfür ist etwa die Bestimmung über die Vertragsdauer. In einem solchen Fall ist nicht stets von einem AGB-Charakter der vom Versicherungsnehmer vorgenommenen Ergänzung auszugehen. Vielmehr kann es im Einzelfall an der Vorformulierung bzw. dem Stellen der Vertragsbedingung fehlen oder eine ausgehandelte Individualabrede vorliegen.[1]

Bei selbstständigen Ergänzungen sind drei Fälle zu unterscheiden. Hat der Versicherungsnehmer – erster Fall – nur die **Wahl zwischen bestimmten, vom Versicherer vorgegebenen Alternativen,** kann er also etwa nur zwischen einer Laufzeit von 5 und einer von 10 Jahren durch Ankreuzen des jeweiligen Kästchens wählen, so liegt vorbehaltlich des Aushandelns stets eine AGB vor.[2] Dies muss schon deshalb richtig sein, weil sowohl die eine wie die andere Laufzeitregelung vom Versicherer vorformuliert und gestellt wurde, am AGB-Charakter also gar nicht gezweifelt werden kann. Auf Schutzzweckerwägungen muss man daher nicht zurückgreifen.[3] Anders liegt es nur, wenn die Parteien ausnahmsweise die gewollte Regelungsalternative wirksam ausgehandelt haben,[4] was im Fall der Laufzeit des Versicherungsvertrages wie auch sonst bei Versicherungsverträgen kaum jemals der Fall sein wird.[5] **V 86**

Auch wenn – zweiter Fall – es so ist, dass das Antragsformular neben der vorgedruckten Vertragsdauer die **Möglichkeit einräumt, eine andere als die vorgedruckte Laufzeit einzutragen,** also etwa neben dem Vordruck „10 Jahre" auch eine unterpunktete Lücke mit dem Zusatz „Jahre" existiert, in die eine andere Jahreszahl eingetragen werden kann, nimmt dies der Laufzeitregelung noch nicht den AGB-Charakter.[6] Die dem Versicherungsnehmer formal eingeräumte Möglichkeit, die Vertragsdauer durch eine eigene Erklärung zu bestimmen, wird nämlich durch den ihr vorausgehenden vorformulierten Vorschlag des Versicherers über eine Vertragslaufzeit von 10 Jahren überlagert. Die vorformulierte Klausel steht im Vordergrund, die Möglichkeit, eine andere Vertragsdauer frei zu wählen, tritt dahinter zurück.[7] **V 87**

Enthält – dritter Fall – das Antragsformular hinsichtlich der Vertragsdauer **keinerlei Vorgaben des Versicherers,** sondern muss der Versicherungsnehmer eine offene Stelle nach seiner freien Entscheidung ausfüllen, beispielsweise durch Eintragen zweier Daten bei Beginn und Ende der Versicherung, so liegt insoweit **regelmäßig keine AGB** vor.[8] In diesem Fall lässt das Antragsformular dem Versicherungsnehmer nicht nur formal, sondern auch tatsächlich die freie Wahl der Vertragsdauer. Der Versicherer macht also nicht einseitig von seiner Gestaltungsmacht **V 88**

---

[1] Zur Problematik der Vorformulierung BGH NJW 2000, 1110, 1111; zur Problematik des Stellens BGH VersR 1999, 741, 742 unter II. 1c; zum möglichen Aushandeln BGH VersR 1996, 485, 486 unter 2a; zu rigoros daher *Stoffels,* AGB-Recht Rz 122 in Fn. 38, wonach es sich allein um eine Frage der Vorformulierung handele.

[2] BGH VersR 1996, 485, 486.

[3] So aber *Stoffels,* AGB-Recht Rz 123.

[4] BGH ZIP 2003, 407, 408 unter II. 1. (Gestattungsvertrag mit Breitband-Kabel-Gesellschaft).

[5] Regelmäßig wird es nämlich schon an der Verhandlungsbereitschaft des Versicherers fehlen, der grundsätzlich nur zu seinen AVB abschließen will oder gegebenenfalls sogar darf; hierzu *Pauly* VersR 1996, 287; *Bach/Geiger* VersR 1993, 659, 663; inwieweit das Gleichbehandlungsgebot des § 21 I VAG nicht nur für VVaG, sondern auch für AG gilt, ist umstritten; jedenfalls in der Lebensversicherung und der substitutiven Krankenversicherung sind alle Rechtsformen zur Gleichbehandlung ihrer Versicherungsnehmer verpflichtet, Prölss/*Weigel* § 21 VAG Rz 4.

[6] BGH VersR 1996, 485, 486; vgl. auch BGH VersR 1997, 345, 346.

[7] *Terno* r+s 2004, 45, 46; *Stoffels,* AGB-Recht Rz 124; kritisch *Prölss* VersR 2000, 1441.

[8] BGH VersR 1996, 485, 486; OLG Koblenz VersR 1999, 875; BGH NJW 1998, 1066 (nicht versicherungsrechtlich).

Gebrauch.[1] Dies bedeutet aber nicht, dass in einem solchen Fall niemals AGB vorliegen. Weist der Versicherer seine Agenten beispielsweise an, so oft wie möglich die Laufzeit von 10 Jahren handschriftlich einzufügen, so liegen AGB vor.[2] Für die Frage der Vorformulierung ist es nämlich nicht entscheidend, ob diese Klausel schriftlich abgefasst oder **im Kopf des Vertreters gespeichert** war und in den jeweiligen Antrag übernommen wurde.[3] Nicht erforderlich ist, dass der Versicherer seine Vertreter generell anweist, dieselbe Ergänzung der Laufzeitregelung in allen Verträgen vorzunehmen.[4] Es reicht nämlich nach § 305 I ein Vorformulieren für eine Vielzahl von Verträgen aus.[5] Die Frage, ob die gleichförmige Ergänzung durch die Vertreter des Versicherers auch in einem abstrakten Verbandsklageverfahren nach §§ 1, 3 UKlaG zur Bejahung der AGB-Eigenschaft führen kann, ist umstritten.[6] Sie dürfte zu bejahen sein.[7]

III. Die Einbeziehung der AVB in den Versicherungsvertrag

1. Der Wegfall der Privilegierung durch § 23 Abs. 3 AGBG

V 89 **a) Die herkömmliche Praxis bis 1994.** Die herkömmliche, jahrzehntelange Praxis des Vertriebs von Versicherungen in Deutschland sah bis 1994 so aus: Der Versicherungsinteressent unterzeichnete ein von ihm selbst oder – häufiger – vom Versicherungsvermittler ausgefülltes Antragsformular des Versicherers, das einen ausdrücklichen Hinweis auf die einschlägigen AVB enthielt. Dieser bindende Antrag wurde vom Vermittler an den Versicherer weitergeleitet und von diesem nach Prüfung des Risikos durch Zusendung des Versicherungsscheins (der Police) angenommen. Vertragsschlusszeitpunkt war also der Zugang der Police beim Versicherungsnehmer. Dem Versicherungsschein beigefügt waren die AVB. Die – jedenfalls seit In-Kraft-Treten des AGB-Gesetzes am 1.4.1977 erforderlichen – Einbeziehungsvoraussetzungen des § 2 AGBG, des heutigen § 305 II, waren also regelmäßig nicht erfüllt, weil der Kunde, als er den ihn bindenden Antrag unterschrieb, vom Inhalt der AVB nicht in zumutbarer Weise Kenntnis nehmen konnte.

V 90 Die AVB wurden gleichwohl Vertragsbestandteil. Nach § 23 III AGBG unterlag ein Versicherungsvertrag nämlich auch dann den von der Aufsichtsbehörde **genehmigten AVB,** wenn die Erfordernisse des § 2 AGBG nicht eingehalten waren. Dies war bis 1994 bei allen Versicherungsverträgen über Massenrisiken der Fall, weil bis zu diesem Zeitpunkt gemäß § 5 VAG a.F. sämtliche AVB mit Ausnahme der Großrisiken i.S. d. § 5 VI VAG a.F. von der Aufsichtsbehörde, also regelmäßig vom damaligen BAV, der heutigen BaFin, genehmigt werden mussten.

---

[1] *Terno* r+s 2004, 45, 46; *Stoffels,* AGB-Recht Rz 125.

[2] BGH VersR 1996, 485, 486; 1996, 741, 742; OLG Koblenz VersR 1999, 875 f.

[3] BGH VersR 1988, 184 (Immobilienmakler-Vertragsklausel); NJW 1998, 1066, 1068 (nicht versicherungsrechtlich).

[4] So aber BGH VersR 1996, 485, 486; 1996, 741, 742; OLG Koblenz VersR 1999, 875 f; eingehende Analyse hierzu bei *Wandt* VersR 1999, 917, 918.

[5] BGH VersR 1999, 714, 715 (Möbelhandel-Klausel: gleich lautende Ergänzung in 15 % aller Vertragsabschlüsse); *Wandt* VersR 1999, 917, 918; *Stoffels,* AGB-Recht Rz 125.

[6] Ablehnend der Versicherungsrechtssenat des BGH VersR 1996, 485 f; 1996, 741. Hingegen jedenfalls für Verbraucherverträge mit Hinweis auf § 310 Abs. 3 Nr. 1 BGB bejahend der VIII. Zivilsenat BGH VersR 1999, 741.

[7] Eingehend und mit guten Gründen hierfür *Wandt* VersR 1999, 917 ff.; a.A. *Prölss* VersR 2000, 1441, 1442.

b) Die europarechtlichen Vorgaben. Diese alte Vertriebspraxis und das hinter ihr stehende Vertragsschlussmodell waren nach Erlass der zum 1. 7. 1994 umzusetzenden Dritten Richtlinien[1] nicht länger haltbar, und zwar aus zwei Gründen. Zum einen wurde den Mitgliedstaaten verboten, die AVB weiterhin einer Genehmigungspflicht durch die Aufsichtsbehörde zu unterwerfen.[2] Zum anderen wurde ihnen geboten, die Versicherer gesetzlich zu verpflichten, die Versicherungsnehmer vor Abschluss des Versicherungsvertrages umfassend über das sie interessierende Produkt zu informieren, darunter über vieles, was üblicherweise in AVB geregelt wird.[3] Verbot und Gebot spiegeln die beiden Hauptanliegen der Dritten Richtlinien wider, nämlich Deregulierung und Information. Ziel ist der mündige, weil voll informierte Versicherungsnehmer, der aus der Fülle des deregulierten Marktes das für ihn beste Versicherungsangebot auswählt. **V 91**

c) Die Umsetzung der Dritten Richtlinien

Das **Verbot der Vorabgenehmigungspflicht** wurde durch einfache Änderung des § 5 VAG umgesetzt. AVB waren damit seit In-Kraft-Treten des Umsetzungsgesetzes am 29. 7. 1994[4] nahezu ohne Ausnahme[5] keine genehmigten AGB mehr. Dies hatte zur Folge, dass der – bis zur Schuldrechtsreform am 1. 1. 2002 unverändert gebliebene – § 23 III AGBG praktisch nicht mehr anwendbar war. Die diesbezügliche Streichung der Ausnahme des § 23 III AGBG im neuen § 305 a war infolgedessen nur deklaratorisch. Die Einbeziehung von AVB war nach dem AGB-Gesetz und ist nach dem BGB also nicht mehr privilegiert. Vielmehr müssen AVB wie alle AGB grundsätzlich nach § 305 II (§ 2 I AGBG) einbezogen werden. Die bis 1994 übliche Praxis, die AVB erst zusammen mit dem Versicherungsschein zu versenden, wäre also schon aus diesem Grunde nicht mehr möglich gewesen. **V 92**

Das Gebot, den Versicherern umfassende, vor Abschluss des Vertrages zu erfüllende **Informationspflichten** aufzuerlegen, wurde durch den neu eingefügten **§ 10 a VAG** und die dazugehörige Anlage D umgesetzt. Hierbei ging der deutsche Gesetzgeber über das in den Richtlinien Vorgeschriebene hinaus. Insbesondere müssen sämtliche für das Versicherungsverhältnis geltende AVB dem Versicherungsnehmer vor Abschluss des Vertrages zur Verfügung gestellt werden.[6] Auch **V 93**

---

[1] Richtlinie 92/96/EWG vom 10. 11. 1992 ABlEG L 360/1 vom 9. 12. 1992 (3. Richtlinie Lebensversicherung) und Richtlinie 92/49/EWG vom 18. 6. 1992 ABlEG L 228/1 vom 11. 8. 1992 (3. Richtlinie Schadenversicherung). Die 3. Richtlinie Lebensversicherung wurde ersetzt durch die Richtlinie 2002/83/EG vom 5. 11. 2002 über Lebensversicherungen, ABlEG L 345/1 vom 19. 12. 2002 (Gesamtrichtlinie Leben); vgl. hierzu *E. Lorenz* VersR 2003, 175 f.

[2] Art. 29 der 3. Richtlinien (Fn. zu Rz V 91).

[3] Art. 31 i.V.m. Anh. II A 3. Richtlinie Lebensversicherung sowie Art. 31 und 43 der 3. Richtlinie Schadenversicherung.

[4] Nach der Übergangsvorschrift des Art. 16 § 11 des 3. Durchführungsgesetzes/EWG zum VAG vom 21. 7. 1994, BGBl. I. S. 1630, 1667 ist § 5 a VVG nicht auf Verträge anzuwenden, die bis zum 31. 12. 1994 mit genehmigten AVB geschlossen wurden. Für Versicherungsverträge, die bis zum 31. 12. 1994 abgeschlossen worden sind, galt damit auch noch die Privilegierung des § 23 III AGBG für solche AVB, die noch nach altem Recht genehmigt worden waren.

[5] Eine Ausnahme macht § 5 III Nr. 2 VAG für Pensions- und Sterbekassen, die den Lebensversicherungsrichtlinien nicht unterliegen, so dass der deutsche Gesetzgeber es insoweit beim alten Rechtszustand belassen konnte; zu der Ausnahmeregelung und der Gegenausnahme des § 156 a III 1 VAG vgl. *Fahr/Kaulbach* § 5 VAG Rz 36 und § 156 a Rz 5 ff. Unrichtig MünchKomm/*Basedow* § 307 Rz 146, nach dem bis zum Wegfall des § 23 III AGBG die AVB der Krankenversicherung und der Pflichtversicherungen genehmigungsbedürftig gewesen sein sollen. § 5 V Nr. 1 VAG schreibt zwar für die substitutive Krankenversicherung und die Pflichtversicherung die Vorabvorlage der AVB vor. Hierin liegt aber kein Genehmigungserfordernis; so zutreffend *Wolf/Horn/Lindacher* § 23 Rz 451.

[6] Vgl. hierzu *Wandt,* Verbraucherinformation S. 6.

§ 10 a VAG ließ also die schlichte Beibehaltung der bisher üblichen Praxis, die AVB erst zusammen mit dem Versicherungsschein zu versenden, nicht mehr zu.

2. Antragsmodell und Policenmodell

V 94 **a) Die Einbeziehung nach § 305 Abs. 2 BGB (Antragsmodell).** Hätte der Gesetzgeber es wie zunächst geplant[1] bei diesen Änderungen des VAG bewenden lassen, so könnten die AVB in den Versicherungsvertrag nur einbezogen werden, wenn die Voraussetzungen des § 305 II eingehalten werden. Das bedeutet: der Versicherer muss auf die AVB hinweisen, was regelmäßig im Antragsformular geschieht, und – das ist der springende Punkt – sie aushändigen, bevor der Versicherungsinteressent den ihn bindenden Antrag unterzeichnet.[2] Der Versicherungsnehmer muss also, damit die Einbeziehungsvoraussetzungen des § 305 II gewahrt sind, zusammen mit dem Antrag bereits die vollständigen AVB erhalten haben. Der Vertrag kommt dann dadurch zustande, dass der Versicherer den Antrag durch Zusendung des Versicherungsscheins annimmt. Nach diesem Vertragsschlussmodell erhält der Versicherungsinteressent die AVB also, bevor er den Antrag stellt; es heißt daher „Antragsmodell".

V 95 **b) Die Einbeziehung nach § 5 a VVG (Policenmodell).** Das Antragsmodell ist in der Praxis nicht sehr beliebt. Ganz überwiegend verfährt die Versicherungswirtschaft nach § 5 a VVG. Nach dessen Abs. 1 S. 1 gilt ein Versicherungsvertrag auf der Grundlage des Versicherungsscheins, der AVB und der weiteren Verbraucherinformation als abgeschlossen, wenn der Versicherer dem Versicherungsnehmer bei der Antragstellung die Versicherungsbedingungen nicht übergeben hat und der Versicherungsnehmer nach Überlassung der Unterlagen nicht innerhalb von 14 Tagen[3] in Textform widerspricht. Diese Vorschrift erlaubt den Versicherern im Wesentlichen die Beibehaltung der alten Praxis.[4] Der Vertragsschluss nach § 5 a VVG erfolgt nämlich im Regelfall nach folgendem Muster: Der Versicherungsnehmer unterzeichnet das von ihm oder vom Vermittler ausgefüllte Antragsformular des Versicherers, das einen Hinweis auf die AVB enthält. Der Versicherer nimmt den Antrag durch Zusendung des Versicherungsscheins an. Dem Versicherungsschein beigefügt sind die AVB und die sonstige Verbraucherinformation sowie eine Belehrung über das Widerspruchsrecht des Versicherungsnehmers. Der Versicherungsvertrag ist damit geschlossen, seine Wirksamkeit ist aber bis zum Ablauf der Widerspruchsfrist hinausgeschoben. Bis zu diesem Zeitpunkt ist er schwebend unwirksam.[5] Nach dem Vertragsschlussmodell des § 5 a VVG erhält der Versicherungsnehmer also die AVB und die sonstigen Informationen – wie vor 1994 auch – erst zusammen mit der Police; es heißt daher „Policenmodell".[6]

V 96 **c) Das Verhältnis von Antragsmodell zu Policenmodell.** Im Schrifttum besteht Streit darüber, in welchem Verhältnis die beiden Möglichkeiten, AVB in einen Versicherungsvertrag einzubeziehen, zueinander stehen. Dieser Streit betrifft das Grundverständnis von § 5 a VVG. Nach einer Ansicht ist diese Norm eine **Ausnahmevorschrift,** die nur im Einzelfall eingreife, etwa wenn der Versicherer dem

---

1 BT-Drs. 12/6959 S. 55, kritisch hierzu der Bundesrat S. 116, antikritisch die Bundesregierung S. 134.

2 Vgl. nur § 305 Rz 85 und 97 und *Ulmer* § 305 Rz 147 a und 156.

3 Bei Lebensversicherungen beträgt die Frist nach § 5 a I 2 VVG 30 Tage.

4 Vgl. *Lorenz* VersR 1997, 773, 774 f.

5 *Prölss/Martin/Prölss* § 5 a Rz 10 und 68; vgl. hierzu noch eingehend unten bei Rz V 104.

6 Die Terminologie geht zurück auf *Lorenz* VersR 1995, 616, 618 und ist mittlerweile allgemein verbreitet, vgl. nur *Reiff* VersR 1997, 267, 268 m.w.N. in Fn. 23. Das Policenmodell soll durch die VVG-Reform zum 1. 1. 2008 abgeschafft werden, vgl. § 7 VVG-E und BT-Drs. 16/3945 S. 60.

Versicherungsinteressenten die Verbraucherinformation nicht vor dem Antrag habe geben können oder wenn dies versehentlich unterblieben sei.[1] Die Versicherer dürften daher ihren Vertrieb keinesfalls auf das Policenmodell ausrichten. Hierin läge ein Missstand, gegen den die Aufsichtsbehörde einschreiten müsse. § 5 a VVG stellt nach dieser Ansicht also nur einen **Notweg** dar. Zur Begründung wird vorgetragen, § 5 a VVG unterschreite das Normalmaß an Verbraucherschutz, wie es von § 305 II (§ 2 AGBG) und § 10 a VAG vorgegeben werde. Außerdem lasse § 5 a VVG den zeitgleich in Kraft getretenen § 10 a VAG weitgehend leer laufen, wenn er nicht als Ausnahmevorschrift verstanden werde.

Diese Ansicht überzeugt nicht. Schon der Wortlaut des § 5 a VVG spricht nicht für eine Ausnahmevorschrift. Den Materialien ist zu entnehmen, dass mit § 5a VVG eine erleichterte Einbeziehung von AVB und eine **Lösung für das Massengeschäft** bezweckt war.[2] § 5 a VVG führt auch nicht dazu, dass § 10 a VAG leer läuft. Diese Vorschrift schreibt die Erteilung der Verbraucherinformation „vor Vertragsschluss" vor. Vertragsschluss meint die Eingehung einer vertraglichen Bindung. Nach § 5 a VVG wird der Vertrag erst wirksam, wenn der Versicherungsnehmer nach Erhalt der Verbraucherinformation nicht widersprochen hat. Auch nach § 5 a VVG ist die Verbraucherinformation also „vor Abschluss des Vertrages" i.S.d. § 10 a VAG erteilt; ein Ergebnis, für das auch die Begründung zu § 10 a VAG spricht.[3] **V 97**

Aus all dem folgt: Die Praxis der meisten deutschen Versicherungsunternehmen, ihren Vertrieb nach § 5 a VVG auszurichten, ist nicht zu beanstanden. § 5 a VVG ist keine Ausnahmevorschrift. Mit der h.M. sind vielmehr das von § 5 a VVG gestaltete Policenmodell und das Antragsmodell nach § 305 II als **gleichberechtigte und gleichwertige Einbeziehungsmodelle** anzusehen.[4] **V 98**

3. Die Einbeziehung der AVB nach § 5 a VVG

Geht der Versicherer nach dem Antragsmodell vor, hält er also die Voraussetzungen des § 305 II ein, so ergeben sich für die Einbeziehung von AVB gegenüber den AGB anderer Branchen keine Besonderheiten. Im Folgenden ist daher nur noch auf die Einbeziehung von AVB nach § 5 a VVG, also auf das sog. Policenmodell, einzugehen. **V 99**

a) „Antrag" des Versicherungsnehmers. § 5 a VVG spricht davon, dass der Versicherer „bei Antragstellung" die AVB nicht übergeben hat. Fraglich ist, wie diese „Antragstellung" zu qualifizieren ist. Nach einer Ansicht liegt im Fall des § 5 a VVG nur eine **invitatio ad offerendum** des Versicherungsnehmers vor. Der Antrag nach § 145 sei beim Policenmodell das Zusenden der Police nebst AVB durch den Versicherer, den der Versicherungsnehmer durch Schweigen annehme, nämlich indem er nicht widerspreche.[5] **V 100**

---

[1] *Präve* ZfV 1994, 374, 379 f; vgl. aber jetzt Versicherungsrechts-Handbuch/*Präve* § 10 Rz 153 und 155; *Werber* ZVersWiss 1994, 321, 338 f; *Dörner/Hoffmann* NJW 1996, 153, 154; *Peters* DZWir 1997, 188, 194. In diese Richtung auch OLG Düsseldorf VersR 2001, 837, 839.

[2] BT-Drs. 12/7595 S. 102; vgl. hierzu *Wandt,* Verbraucherinformation S. 34f.; *Reiff* VersR 1997, 267, 269.

[3] BT-Drs. 12/6959 S. 55; hierzu *Reiff* VersR 1997, 267, 269.

[4] Vgl. etwa *Baumann* VersR 1996, 1, 3; *Lorenz* VersR 1995, 616, 619 und 1997, 773, 776; *Prölss/Martin/Prölss* § 5 a Rz 8; *Römer/Langheid/Römer* § 5 a Rz 17; *Schirmer* VersR 1996, 1045, 1046; ebenso das OLG Hamm VersR 2001, 709; i.d.S. auch das BAV VerBAV 1995, 312, 313.

[5] So *Renger* VersR 1994, 753, 757f.; in diese Richtung auch *Werber* ZVersWiss 1994, 321, 339; nunmehr vor allem *Präve,* Versicherungsbedingungen Rz 192ff. und Versicherungsrechts-Handbuch/*Präve* § 10 Rz 153ff. (anders noch *ders.* ZfV 1994, 374, 378); *Wolf/Horn/Lindacher* § 23 Rz 454.

V 101 Dem ist nicht zu folgen. Richtig ist, dass der Versicherungsnehmer nicht an seinen Antrag gebunden ist.[1] Die Bindung ist indes kein notwendiges Element eines Vertragsangebotes. Sie kann, wie § 145 zeigt, ausgeschlossen werden. Auch bei **Ausschluss der Bindung** liegt ein annahmefähiges Vertragsangebot vor, das freilich bis zur Annahme jederzeit widerrufen werden kann.[2] Wird die Bindung an den Antrag durch eine Klausel wie „freibleibend" oder „unverbindlich" **rechtsgeschäftlich** ausgeschlossen, so ist die Erklärung zwar häufig als invitatio ad offerendum aufzufassen.[3] Dies gilt aber nicht, wenn die fehlende Bindung wie hier aus dem **Gesetz** folgt. § 5 a VVG spricht von „Antragstellung", verwendet also denselben Begriff wie § 5 VVG, wo Antrag unstreitig und unbestreitbar als Antrag i.S.d. § 145 BGB gemeint ist. Dies spricht dafür, dass es sich auch bei § 5 a VVG um einen **Antrag im Rechtssinn** handelt, zumal auch die Begründung in diese Richtung weist.[4] Mit der ganz überwiegenden Meinung ist daher davon auszugehen, dass beim Vertragsschluss nach § 5 a VVG der Antrag vom Versicherungsnehmer und nicht vom Versicherer stammt.[5]

V 102 **b) „Rumpfvertrag" ohne AVB?** Nach § 5 a VVG „gilt" der Vertrag auf der Grundlage des Versicherungsscheins, der AVB und der sonstigen Verbraucherinformation als abgeschlossen, wenn der Versicherungsnehmer nicht fristgerecht widerspricht. Nach einer Ansicht betrifft diese Fiktion nur die Einbeziehung der AVB und damit die inhaltliche Umgestaltung eines bereits wirksamen Versicherungsvertrages.[6] Der Versicherer nehme den Antrag des Versicherungsnehmers mit der Versendung der Police an. Der Zugang der Police führe damit schon zu einem wirksamen Vertrag, lediglich die AVB würden – zunächst – nicht Vertragsbestandteil. Es liege nur ein „Rumpfvertrag" vor. Widerspreche der Versicherungsnehmer nicht fristgerecht, so werde der Vertrag inhaltlich umgestaltet, und zwar mit rückwirkender Kraft.

V 103 Dem ist nicht zu folgen. Dies folgt schon daraus, dass weder der Antrag des VN, der den Hinweis des Versicherers auf die AVB enthält, noch die Annahme des Versicherers, der die Police zusammen mit den AVB versendet, auf den Abschluss eines auch nur zwischenzeitlichen Rumpfvertrages gerichtet ist.[7] Die Lehre vom Rumpfvertrag wird daher zu Recht von der ganz überwiegenden Ansicht abgelehnt.[8]

V 104 **c) Wirksamwerden des Vertrages unter Einschluss der AVB.** Die Ablehnung der Lehre vom Rumpfvertrag bedeutet: Der Versicherungsvertrag wird nur wirksam, wenn der Versicherungsnehmer nicht innerhalb der Frist widerspricht, dann aber „auf der Grundlage der AVB" und rückwirkend zum Zeitpunkt des Zugangs der Police, also zum Zeitpunkt des regulären Vertragsschlusses.[9] § 5 a VVG

---

[1] *Römer/Langheid/Römer* § 5 a Rz 21.

[2] *Larenz/Wolf,* Allgemeiner Teil § 29 Rz 25 ff.

[3] *Palandt/Heinrichs* § 145 Rz 4; *Larenz/Wolf,* Allgemeiner Teil § 29 Rz 29; vgl. weiter die zahlreichen Nachweise bei Versicherungsrechts-Handbuch/*Präve* § 10 Rz 153 in Fn. 498.

[4] BT-Drs. 12/6959 S. 111; hierzu *Reiff* VersR 1997, 267, 270.

[5] *Prölss/Martin/Prölss* § 5 a Rz 9 m.w.N.

[6] *Dörner/Hoffmann* NJW 1996, 153, 155 f.

[7] So überzeugend *Prölss/Martin/Prölss* § 5 a Rz 9. Weitere Argumente gegen die Lehre vom Rumpfvertrag bei *Reiff* VersR 1997, 267, 270 f.

[8] *Römer/Langheid/Römer* § 5 a Rz 24 f; *Prölss/Martin/Prölss* § 5 a Rz 9; Versicherungsrechts-Handbuch/*K. Johannsen* § 8 Rz 7 alle m.w.N.

[9] So die mittlerweile ganz h.M. OLG Düsseldorf VersR 2001, 837, 838; OLG Hamm VersR 1999, 1229, 1230; *Prölss/Martin/Prölss* § 5 a Rz 10; *Römer/Langheid/Römer* § 5 a Rz 25 f; grundlegend noch immer *Wandt,* Verbraucherinformation S. 19 ff.

enthält eine **Fiktion,** wie das Wort „gilt" belegt.[1] Diese Fiktion betrifft freilich nicht den Vertragsschluss, sondern verzögert nur den Zeitpunkt des Wirksamwerdens des Vertrages.[2] Der Versicherungsvertrag einschließlich der einbezogenen AVB kommt also auch beim Policenmodell nach § 5 a VVG wie jeder andere (Versicherungs-)Vertrag durch Angebot und Annahme zustande, und zwar zum Zeitpunkt des Zugangs der Annahme beim Antragenden. Der Zugang der Police beim Versicherungsnehmer führt also zum Abschluss des Versicherungsvertrages. Dieser Vertrag ist indes zunächst nicht wirksam, sondern **schwebend unwirksam.**[3] Wegen der gesetzlichen Fiktion des § 5 a VVG wird er erst dann wirksam, wenn die Widerspruchsfrist abgelaufen ist, ohne dass der Versicherungsnehmer dem Vertragsschluss widersprochen hat. Der nicht erhobene Widerspruch, also das Schweigen des Versicherungsnehmers während der Widerspruchsfrist, ist als eine Genehmigung anzusehen und setzt damit den abgeschlossenen Vertrag **rückwirkend** in Wirksamkeit.[4] Die Rückwirkung folgt aus einer Analogie zu § 184 I. Zwar gelten die §§ 182ff. für die Fälle der Zustimmung eines Dritten. Sie sind aber auf die Genehmigung des Vertragsschließenden selbst, also hier des Versicherungsnehmers, entsprechend anwendbar. Dies zeigt sich daran, dass nach ständiger Rechtsprechung und ganz h.M. die §§ 182ff. auch dann entsprechend Anwendung finden, wenn die Genehmigung den Vertragsschluss eines Minderjährigen betrifft und von diesem gem. § 108 III nach Eintritt der Volljährigkeit selbst ausgesprochen wird.[5]

d) Modifikation des § 305 Abs. 2 BGB durch § 5 a VVG. Jetzt kann auch die umstrittene Frage beantwortet werden, in welchem Verhältnis die Einbeziehung der AVB nach § 5 a VVG zur Einbeziehung gem. § 305 II steht. Vereinzelt wird vertreten, § 5 a VVG enthalte keine Modifikation des § 305 II. Der Versicherer, der nach § 5 a VVG verfahre, halte die Anforderungen des § 305 II ein.[6] Modifiziert werde von § 5 a VVG für Versicherungsverträge nämlich nur das allgemeine Vertragsabschlussrecht gem. §§ 145ff. Demgegenüber geht man ganz überwiegend davon aus, § 5 a VVG schaffe ein **Sonderrecht für die Einbeziehung von AVB,** indem er die Einbeziehungsvoraussetzungen des § 305 II erheblich modifiziere.[7] V 105

---

[1] *Römer/Langheid/Römer* § 5 a Rz 25.

[2] In diesem Sinn sehr klar *Prölss/Martin/Prölss* § 5 a Rz 10 und Rz 68; ähnlich *Römer/Langheid/Römer* § 5 a Rz 25; a.A. *Lorenz* VersR 1995, 616, 620, nach dem der Vertragsschluss „kraft gesetzlicher Gestaltung" erfolge und eine Modifizierung der Abschlussvorschriften des BGB vorliege. Ähnlich *ders.* VersR 1997, 773, 777; wie hier aber wohl OLG Düsseldorf VersR 2001, 837, 838, wo davon gesprochen wird, dass sich der Widerspruch des Versicherungsnehmers gegen den „Vertragsschluss" (!) richtet.

[3] OLG Düsseldorf VersR 2001, 837, 838; *Prölss/Martin/Prölss* § 5 a Rz 10; *Römer/Langheid/Römer* § 5 a Rz 25; Versicherungsrechts-Handbuch/*K. Johannsen* § 8 Rz 7; nach *Lorenz* VersR 1995, 616, 620 ist die Bezeichnung „schwebend unwirksamer Vertrag" hingegen für die Situation des § 5 a VVG zwar unschädlich, aber zweifelhaft, weil das wirksame Zustandkommen des Vertrages hier von einem weiteren Verhalten des Antragstellers und nicht von einem Dritten abhänge. Dies ist aber, wie § 108 III zeigt, kein singulärer Fall.

[4] *Prölss/Martin/Prölss* § 5 a Rz 10; *Römer/Langheid/Römer* § 5 a Rz 26; Versicherungsrechts-Handbuch/*K. Johannsen* § 8 Rz 7.

[5] Vgl. nur BGH NJW 1989, 1728 m.w.N.

[6] *Lorenz* VersR 1997, 773, 779f. Ähnlich MünchKomm/*Basedow* § 307 Rz 147, wonach abgesehen von § 5 a II 4 und III VVG grundsätzlich den allgemeinen Einbeziehungsvoraussetzungen genüge getan werde.

[7] OLG Hamm VersR 2001, 709; *Baumann* FS Kramer S. 447, 452 f; *Palandt/Heinrichs* § 305 Rz 46, der § 5 a VVG als „Sondervorschrift" für die Einbeziehung bei Versicherungsverträgen ansieht; *Prölss/Martin/Prölss* Vorbem. I. Rz 22; Versicherungsrechts-Handbuch/*K. Johannsen* § 8 Rz 6; Versicherungsrechts-Handbuch/*Präve* § 10 Rz 147, der eine „gewisse Relativierung" feststellt; *Wandt,* Verbraucherinformation S. 14 und S. 34f.

Verbreitet wird insoweit auch von einer **Privilegierung** für die Versicherungswirtschaft gesprochen.[1]

V 106 Der herrschenden Ansicht ist zuzustimmen. Dogmatisch konstruktiv erfolgt wie gesehen der Abschluss des Vertrages einschließlich der AVB wie sonst auch, nämlich durch Angebot und Annahme. Nicht der Vertragsschluss ist modifiziert, sondern das Wirksamwerden des abgeschlossenen Vertrages tritt kraft Gesetzes erst mit der Genehmigung des Versicherungsnehmers nach Erhalt der AVB ein. Während also nach § 305 II dem Versicherungsnehmer die Kenntnisnahme vom Inhalt der AVB in zumutbarer Weise ermöglicht werden muss, bevor der Versicherungsnehmer seinen bindenden Antrag abgibt, wird nach § 5 a VVG der durch die Annahme des Versicherers geschlossene Vertrag erst wirksam, wenn der Versicherungsnehmer dem Vertragsschluss nicht mehr widersprechen kann, regelmäßig also nach Aushändigung der AVB an den Versicherungsnehmer und Ablauf der Widerspruchsfrist. Diese dogmatischen Unterschiede wirken sich auch auf die Rechtsstellung des Versicherungsnehmers aus. Beim Antragsmodell nach § 305 II gibt der Versicherungsnehmer die ihn bindende Erklärung erst ab, nachdem er die AVB erhalten hat. Nach dem Policenmodell gem. § 5 a VVG stellt er den ihn – zunächst noch nicht – bindenden Antrag, bevor er die AVB in Händen hat. Hat er sie dann vom Versicherer erhalten und ist er mit ihnen nicht einverstanden, will er also die Bindung nicht, so muss er **von sich aus aktiv werden und widersprechen,** weil rein passives Schweigen als Genehmigung gewertet wird und zum Vertragsschluss mit AVB führt. In diesem Zwang zum Tätigwerden des Versicherungsnehmers liegt die Abweichung von § 305 II und die Privilegierung des Versicherers.[2]

V 107 **e) Einbeziehung ohne zumutbare Kenntnisnahmemöglichkeit.** In zwei Ausnahmefällen ist die Abweichung von § 305 II so stark, dass die AVB einbezogen werden, obwohl der Versicherungsnehmer keine Möglichkeit hatte, in zumutbarer Weise von ihrem Inhalt Kenntnis zu nehmen. Nach § 5 a II 4 VVG erlischt das Widerspruchsrecht des Versicherungsnehmers spätestens **ein Jahr nach Zahlung der ersten Prämie,** und zwar abweichend von § 5 a II 1 VVG auch dann, wenn der Versicherungsnehmer die AVB nie erhalten oder der Versicherer ihn nicht ordnungsgemäß über sein Widerspruchsrecht belehrt hat. Hierin liegt eine unstreitige[3] und unbestreitbare Abweichung von § 305 a II, weil die AVB rückwirkend auf den Zeitpunkt des Zugangs des Versicherungsscheins beim Versicherungsnehmer in den Vertrag einbezogen werden, ohne dass der Versicherungsnehmer vorher die Möglichkeit hatte, von ihrem Inhalt in zumutbarer Weise Kenntnis zu nehmen.[4] Diese Regelung ist in der Praxis sehr wichtig, weil der beweispflichtige[5] Versicherer häufig die Behauptung des Versicherungsnehmers, er habe die AVB

---

[1] OLG Hamm VersR 2001, 709 „zugunsten der Versicherer die Rechtslage modifiziert"; *Heinrichs* NJW 1996, 1381, 1383; *Ulmer* § 305 a Rz 7; *Reiff* VersR 1997, 267, 271. In diesem Sinn auch *Dörner/Hoffmann* NJW 1996, 153, 159, die aus diesem Grund einen Verstoß gegen den Gleichheitssatz annehmen.

[2] Wie hier *Wandt,* Verbraucherinformation S. 34 mit Nachweisen in Fn. 66; *Baumann* FS Kramer S. 447, 453 m.w.N. in Fn. 28; *Reiff* VersR 1997, 267, 271; OLG Düsseldorf VersR 2001, 837, 839, wonach diesem Umstand aber deswegen keine besondere Bedeutung zukomme, weil der Versicherungsnehmer schon bevor er die AVB in Händen hatte durch seinen Antrag zum Ausdruck gebracht habe, dass er vorbehaltlich des Widerspruchs eine Bindung wolle.

[3] So denn auch diejenigen Autoren, die eine Modifikation des § 305 II durch § 5 a VVG grundsätzlich verneinen, MünchKomm/*Basedow* § 307 Rz 147; *Lorenz* VersR 1997, 773, 780.

[4] *Prölss/Martin/Prölss* § 5 a Rz 57; *Römer/Langheid/Römer* § 5 a Rz 46; Versicherungsrechts-Handbuch/*K. Johannsen* § 8 Rz 9.

[5] *Römer/Langheid/Römer* § 5 a Rz 41.

nicht erhalten, nicht widerlegen kann.[1] Die Regelung des § 5 a II 4 VVG dient damit in diesen Fällen dem Rechtsfrieden[2] und nimmt dafür in Kauf, insoweit den Grundsatz außer Kraft zu setzen, dass AGB nicht ohne zumutbare Möglichkeit der Kenntnisnahme in einen Vertrag einbezogen werden sollen.

Nach **§ 5 a III 1 VVG** kann der Verzicht auf die Überlassung der AVB bei Vertragsschluss vereinbart werden, wenn der Versicherer auf besonderen Antrag des Versicherungsnehmers **sofortigen Versicherungsschutz** gewährt. In diesem Fall hat der Versicherungsnehmer nach § 5 a III 3 VVG insoweit auch kein Widerspruchsrecht nach Abs. 1 der Vorschrift. Der Verzicht kann nur für den Vertrag über die vorläufige Deckung vereinbart werden, nicht für den sich daran anschließenden Hauptvertrag.[3] Mit dieser Maßgabe werden jedoch die AVB Vertragsinhalt (des vorläufigen Versicherungsvertrages), ohne dass der Versicherungsnehmer die Möglichkeit hatte, von ihrem Inhalt in zumutbarer Weise Kenntnis zu nehmen.[4] **V 108**

IV. Überraschende AVB (§ 305 c Abs. 1 BGB)

1. Allgemeines

Nach § 305 c I werden Bestimmungen in AGB, die nach den Umständen, insbesondere nach dem äußeren Erscheinungsbild des Vertrages, so ungewöhnlich sind, dass der Vertragspartner des Verwenders mit ihnen nicht zu rechnen braucht, nicht Vertragsbestandteil. Hierunter fällt eine Klausel nicht schon dann, wenn nur ein Versicherer eine entsprechende Bestimmung in seine AVB aufgenommen hat, während die AVB seiner Wettbewerber keine vergleichbare Regelung enthalten.[5] Die objektive Ungewöhnlichkeit allein reicht nämlich insoweit nicht aus. Erforderlich ist auch ein subjektives „Überraschungsmoment" auf Seiten des Versicherungsnehmers, das seinen Grund in der Diskrepanz zwischen der Ungewöhnlichkeit der Klausel und der Erwartung des Versicherungsnehmers findet.[6] Überraschenden Klauseln i.S.d. § 305 c I wohnt mit anderen Worten ein Überrumpelungs- bzw. Übertölpelungseffekt inne.[7] **V 109**

2. Anwendbarkeit auf AVB

Eine Ansicht in der Literatur lehnt die Anwendbarkeit des § 3 AGBG, des heutigen § 305 c I, auf genehmigte AVB ab, weil nicht nur der Inhalt der betreffenden Klausel, sondern auch ihre räumliche Stellung im Gefüge der AVB festliege.[8] Sie kann sich hierfür auf die amtliche Begründung zu dieser Vorschrift stützen, wonach regelmäßig schon die aufsichtsbehördliche Kontrolle Gewähr dafür biete, dass die **V 110**

---

1 OLG Koblenz VersR 2003, 851, 852; OLG Köln VersR 2003, 101, 102; OLG Düsseldorf VersR 2001, 837, 838; OLG Köln VersR 1999, 225, 226.

2 BT-Drs. 12/7595 S. 111.

3 *Prölss/Martin/Prölss* § 5 a Rz 64; *Römer/Langheid/Römer* § 5 a Rz 49.

4 *Prölss/Martin/Prölss* § 5 a Rz 60 und Zusatz zu § 1 Rz 9; MünchKomm/*Basedow* § 307 Rz 147.

5 BGH VersR 2001, 752, 754 zu einer Klausel über den automatischen Wegfall der Mitversicherung einer Berufsunfähigkeitsrente.

6 BGH VersR 2001, 752, 754; OLG Jena VersR 2002, 229, 230 (wirksamer Ausschluss für gewerbliches Bargeld für erhöhte Summen bei Wertsachen); *Ulmer* § 305 c Rz 22.

7 BGH VersR 2001, 752, 754; BGH VersR 1999, 745, 747 (Beschränkung der Leistungen des Versicherers für psychotherapeutische Behandlungen auf 30 Sitzungen während der Vertragsdauer ist nicht überraschend); OLG Köln VersR 2003, 899 (wirksame Begrenzung des Versicherungsschutzes bei psychotherapeutischen Behandlungen); BGHZ 109, 197, 201 (nicht versicherungsrechtlich).

8 *Helm* NJW 1978, 129, 132; w.N. bei *van de Loo,* Angemessenheitskontrolle S. 26f.

genehmigten Bedingungen als solche nicht überraschend seien.[1] Diese Ansicht könnte auch heute noch aktuell sein, und zwar soweit AVB bei Sterbekassen und Pensionskassen nach wie vor aufsichtsbehördlich genehmigt werden müssen.[2] Die Gerichte haben indes von Anfang an § 3 AGBG auch auf genehmigte AVB angewandt, ohne die gegenteilige Ansicht auch nur anzusprechen.[3] Dem ist im Ergebnis mit dem ganz überwiegenden Schrifttum[4] zuzustimmen, weil sich der Ausnahmebereich für AVB aus dem früheren § 23 III AGBG ergab und § 3 AGBG darin nicht genannt wurde.[5] Als richtig hat sich allerdings die Prognose erwiesen, mit dem Wegfall des Genehmigungserfordernisses durch die Umsetzung der Dritten Richtlinien und der dadurch verringerten Einheitlichkeit der AVB werde § 305 c I an Bedeutung zunehmen.[6]

3. Ungewöhnlichkeit

V 111 Voraussetzung nach § 305 c I ist einmal, dass die Klausel **objektiv ungewöhnlich** ist. Dies kann sich außer aus dem im Gesetzestext genannten äußeren Erscheinungsbild des Vertrages auch aus dem Grad der Abweichung vom dispositiven Gesetzesrecht[7] oder vom vertraglichen Leitbild[8] ergeben. Die Ungewöhnlichkeit kann aber auch in einem Widerspruch zu den Werbematerialien des Versicherers ihren Grund finden[9] oder darin, dass eine bestimmte Klausel an einer Stelle platziert wird, wo mit ihr nicht gerechnet zu werden braucht, etwa weil die übrigen Ausschlussklauseln an anderer Stelle zu finden sind.[10]

V 112 Der Umstand, dass einer Klausel **Branchenüblichkeit** zukommt, schließt die Ungewöhnlichkeit dieser Klausel nicht aus.[11] Selbst wenn also alle Versicherer eine bestimmte Klausel verwenden, die auf einer Empfehlung des Gesamtverbandes der Versicherungswirtschaft beruht, bedeutet dies nicht, dass diese Klausel nicht überraschend i.S.d. § 305 c I sein kann.[12] Allerdings haben Gerichte wiederholt einen Verstoß gegen § 305 c I mit der Begründung verneint, eine entsprechende Klausel sei „schon immer" bzw. „seit jeher" verwendet worden.[13]

4. Überraschungsmoment

V 113 Ob eine AVB-Klausel den erforderlichen **Überrumpelungs- bzw. Übertölpelungseffekt** aufweist, bestimmt sich nach den Erkenntnismöglichkeiten des

---

[1] BT-Drs. 7/3919 S. 20.

[2] Versicherungsrechts-Handbuch/*Präve* § 10 Rz 176.

[3] BGH VersR 1985, 129 (Klausel einer Hausratversicherung, wonach sich vom Schadentage an die Versicherungssumme für den Rest der Versicherungsperiode um den Betrag der Entschädigung mindert, ist überraschend); OLG Hamburg VersR 1979, 154; vgl. auch *Bach/Geiger* VersR 1993, 659, 665.

[4] *Ulmer* § 305 c Rz 7 a; Versicherungsrechts-Handbuch/*Präve* § 10 Rz 176.

[5] Ebenso *van de Loo,* Angemessenheitskontrolle S. 27.

[6] *Bach/Geiger* VersR 1993, 659, 665; MünchKomm/*Basedow* § 307 Rz 149.

[7] BGH NJW 1992, 1234, 1235 zum Umfang einer Formularbürgschaft.

[8] BGHZ 121, 107, 113 = VersR 1993, 481, 482 zum gespaltenen Krankenhausvertrag als Abweichung vom Regelfall des Arztzusatzvertrags.

[9] LG Wiesbaden VersR 1991, 210 zu einer unwirksamen Leistungseinschränkung bei Unfalltod in der Kapitalversicherung.

[10] LG Wiesbaden VersR 1991, 210 f; Versicherungsrechts-Handbuch/*Präve* § 10 Rz 172 m.w.N.

[11] Wie hier § 305 c Rz 25; *Staudinger/Schlosser* § 305 c Rz 8.

[12] *Ulmer* § 305 c Rz 14 und 44 ff.; *Präve,* Versicherungsbedingungen Rz 234; OLG Saarbrücken VersR 1994, 720, wo § 10 Nr. 3 VHB 84 als überraschende Klausel angesehen wurde.

[13] OLG Frankfurt VersR 2001, 321 und OLG Hamm VersR 1995, 908, 909, beide zur Angehörigenklausel des § 4 II Nr. 2 a der AHB; vgl. auch OLG Celle VersR 2001, 182, 184 zum Ausschluss für ärztliche Behandlungen durch Verwandte nach § 5 Abs. 1 g MBKK76.

durchschnittlichen Versicherungsnehmers.[1] Auch eine nach diesem Maßstab ungewöhnliche Klausel kann indes die Eignung zur Überrumpelung verlieren, wenn der Verwender durch einen **eindeutigen Hinweis** auf sie aufmerksam macht. Hierbei ist hinsichtlich der Intensität dieses Hinweises zu differenzieren.[2] Der Überraschungscharakter einer allgemein ungewöhnlichen Klausel entfällt, wenn sie inhaltlich ohne weiteres verständlich und drucktechnisch, etwa durch **Fettdruck,** so hervorgehoben ist, dass erwartet werden kann, der Gegner des Verwenders werde von ihr Kenntnis nehmen.[3] Anders liegen die Dinge bei AVB, deren Geltung den Versicherungsnehmer wegen bestimmter Individualumstände vor oder bei Vertragsschluss überraschen würde. Hier wird die Anwendbarkeit des § 305 c I nur dann ausgeschlossen, wenn der Versicherer einen **individuellen Hinweis** gibt. Der Hinweis muss gewährleisten, dass dem Versicherungsnehmer bewusst wird, welche Auswirkungen die Klausel für ihn hat.[4] Ein Bedürfnis hierfür kann insbesondere dann gegeben sein, wenn der Versicherungsnehmer dem Versicherer bzw. dessen Agenten Informationen über sein individuelles Versicherungsbedürfnis mitgeteilt hat. Ist eine bestimmte Klausel, etwa ein Risikoausschluss, mit dem individuellen Versicherungsbedürfnis nicht vereinbar, so ist der Ausschluss überraschend, wenn auf ihn nicht ausdrücklich hingewiesen wird.[5]

5. Sonderproblem: unrichtige Auskunft des Agenten über den Inhalt der AVB

Ob eine Klausel für den Versicherungsnehmer überraschend ist, hängt auch vom Verlauf der Vertragsverhandlungen ab. Widerspricht eine bestimmte AVB-Bestimmung den – vom Versicherer bzw. seinem Agenten geweckten oder nicht widersprochenen – Erwartungen des Versicherungsnehmers, so ist sie für diesen regelmäßig überraschend. Nach § 305 c I wird sie dann nicht Vertragsbestandteil. Andererseits gibt es einen gewohnheitsrechtlichen Rechtssatz, wonach ein Versicherungsnehmer auf eine unrichtige Auskunft des Versicherungsvertreters über den Inhalt des Versicherungsvertrages vertrauen darf. Der Versicherer muss die unrichtige Auskunft gegen sich gelten lassen und den Versicherungsnehmer so stellen, als ob die Auskunft richtig wäre (**gewohnheitsrechtliche Vertrauenshaftung** in der Form einer Erfüllungshaftung).[6] Außerdem haftet der Versicherer aus pVV nach §§ 280 I, 241 II bzw. aus c.i.c. nach §§ 280 I, 311 II, 241 II für Pflichtverletzungen seiner Agenten über § 278 auf Schadensersatz in der Form des negativen Interesses. Er muss den Versicherungsnehmer also so stellen, wie dieser stehen würde, wenn die Pflichtverletzung des Agenten unterblieben wäre **(Erfüllungsgehilfenhaftung).**[7] Beide Institute sind weitgehend deckungsgleich. Die Erfüllungsgehilfenhaftung ist freilich wegen der möglichen Anwendbarkeit des § 254 das flexiblere **V 114**

[1] OLG Düsseldorf, VersR 1997, 1134, 1135; AG Aachen VersR 1996, 1228; allgemein BGH NJW 1985, 850, 851 und 1995, 2637, 2638 jeweils nicht versicherungsrechtlich.

[2] BGH NJW-RR 2002, 485, 487 (nicht versicherungsrechtlich).

[3] OLG Düsseldorf VersR 1997, 1134, 1135 zu einer Klausel über einen Mindestinvaliditätsgrad von 20 %; allgemein BGH VersR 1993, 481, 482 und NJW-RR 2002, 485, 487 jeweils nicht versicherungsrechtlich.

[4] BGH NJW-RR 2002, 485, 487 und BGHZ 131, 55, 59 jeweils nicht versicherungsrechtlich; ähnlich wie hier *Prölss/Martin/Prölss* Vorbem. I Rz 41.

[5] OLG Düsseldorf VersR 2002, 1273 zum Risikoausschluss für „eigene" Bauvorhaben eines Architekten, der überwiegend für eine GmbH seiner Ehefrau tätig werden wollte.

[6] Eingehend hierzu Versicherungsrechts-Handbuch/*Reiff* § 5 Rz 84 ff.; *Prölss/Martin/Kollhosser* § 43 Rz 29 ff.; *Römer/Langheid/Langheid* § 43 Rz 39 ff. Vgl. auch OLG Koblenz VersR 2007, 482, 483 f.

[7] Vgl. hierzu Versicherungsrechts-Handbuch/*Reiff* § 5 Rz 94 ff.; *Prölss/Martin/Kollhosser* § 43 Rz 36 ff.; *Römer/Langheid/Langheid* § 43 Rz 47 ff.

Instrument.[1] Es stellt sich daher die soweit ersichtlich bisher nur von *Prölss*[2] aufgeworfene Frage, wie eine mögliche Kollision zwischen der gewohnheitsrechtlichen Erfüllungshaftung bzw. der Erfüllungsgehilfenhaftung des Versicherers einerseits und der Anwendung des § 305 c I andererseits aufzulösen ist.

V 115 Bei näherem Hinsehen sind die Fälle einer möglichen Kollision indes nicht sehr zahlreich. Es sind drei Fallvarianten zu unterscheiden. Ist die Auskunft des Agenten – **erste Fallvariante** – deshalb unrichtig, weil danach die Deckung über die **primäre Risikoumschreibung** der AVB hinausgeht, so entsteht keine Kollision, weil die primäre Risikoumschreibung nicht als überraschend gestrichen werden kann. § 305 c I kommt also nicht zur Anwendung. Als Beispiel diene § 3 Nr. 1 b VHB 2000.[3] Danach gehört zu den versicherten Gefahren „Einbruchdiebstahl, Beraubung oder der Versuch einer solchen Tat". Gibt nun der Versicherungsvertreter die – unrichtige – Auskunft, auch einfache Diebstähle von Hausrat aus dem Gebäude heraus seien versichert, so kann die genannte Klausel nicht als überraschend gestrichen werden, weil dann überhaupt kein Versicherungsschutz gegen (Einbruch-)Diebstahl bestünde. Hier bleibt im Schadensfall nur die gewohnheitsrechtliche Vertrauenshaftung bzw. die Erfüllungsgehilfenhaftung. Hat - **zweite Fallvariante** – der Versicherungsvertreter über die Existenz eines **sekundären Risikoausschlusses** falsch informiert, entsteht ebenfalls keine Kollision. In diesem Fall ist der den Versicherungsnehmer überraschende Risikoausschluss nach § 305 c I nicht Vertragsbestandteil geworden. Der Versicherungsnehmer hat also einen vertraglichen Deckungsanspruch. Für einen Anspruch aus gewohnheitsrechtlicher Vertrauenshaftung oder Erfüllungsgehilfenhaftung besteht daher kein Raum. Als Beispiel diene erneut die Hausratversicherung nach den VHB 2000. Sie gewährt Schutz gegen Schäden durch Leitungswasser, wozu auch Wasser gehört, das aus einem Aquarium bestimmungswidrig ausgetreten ist (§ 3 Nr. 1 d und § 7 Nr. 1 e VHB 2000). Erklärt der Versicherungsvertreter dem Versicherungsnehmer, die von ihm angebotene Hausratversicherung entschädige im Fall eines Wasseraustritts aus seinem Aquarium auch für den Verlust seiner sehr seltenen und wertvollen Fische, so widerspricht diese Aussage dem Risikoausschluss des § 7 Nr. 5 VHB 2000, wonach Schäden am Inhalt eines Aquariums, die als Folge dadurch entstehen, dass Wasser aus dem Aquarium ausgetreten ist, nicht versichert sind. Dieser Risikoausschluss ist damit für den konkreten Versicherungsnehmer überraschend und deshalb nicht Vertragsbestandteil seines Hausratversicherungsvertrages geworden. Hingegen kommt es zu einem Konflikt, wenn – **dritte Fallvariante** – die Auskunft des Versicherungsvertreters den Versicherungsnehmer nur **bezüglich eines Teils der vom sekundären Risikoausschluss erfassten Fälle** begünstigt. Hier sollte eine Lösung angestrebt werden, die den Versicherungsnehmer nicht besser stellt, als er im Fall der Richtigkeit der Aussage des Agenten stünde.[4] Hat beispielsweise der Versicherungsvertreter dem Versicherungsnehmer gegenüber behauptet, die Haftpflichtversicherung decke auch Ansprüche aus Schadensfällen seiner mit ihm in häuslicher Gemeinschaft lebenden Ehefrau, so ist der Risikoausschluss des § 4 II Nr. 2 a AHB[5] für den Versicherungsnehmer insoweit überraschend, als es um die Schädigung seiner Frau geht. Dies kann indes nicht dazu führen, den gesamten Risikoausschluss zu streichen, der für alle mit dem Versicherungsnehmer in häuslicher Gemeinschaft lebenden Angehöri-

---

[1] Versicherungsrechts-Handbuch/*Reiff* § 5 Rz 111.

[2] *Prölss/Martin/Prölss* Vorbem. I Rz 38; *ders.* VersR 2000, 1441, 1449.

[3] Abdruck dieser und der anderen Bestimmungen der VHB 2000 bei *Dörner,* AVB, 4. Aufl. 2003 S. 130 ff.

[4] In diesem Sinn auch *Prölss/Martin/Prölss* Vorbem. I Rz 38; *ders.* VersR 2000, 1441, 1449.

[5] Abdruck dieser AHB-Bestimmung bei *Dörner,* AVB, 4. Aufl. 2003 S. 381.

gen gilt. Der Versicherungsnehmer hätte dann nämlich auch Deckungsschutz für Schadensfälle etwa seiner Kinder, obwohl sich die Aussage des Agenten hierauf gar nicht bezog. In einem solchen Fall wird daher die **„teilweise" überraschende Klausel** trotz § 305 c I in den Vertrag einbezogen. Der Versicherungsnehmer hat aber im Fall der Schädigung seiner Frau einen Anspruch aus gewohnheitsrechtlicher Vertrauenshaftung bzw. Erfüllungsgehilfenhaftung.

6. Kasuistik

Die – umfangreiche – Kasuistik kann und soll hier nicht – auch nicht annähernd – vollständig dokumentiert werden.[1] Im Folgenden werden nur einige repräsentative Beispielsfälle aufgeführt. In der **privaten Krankenversicherung** wurde eine Tarifbedingung, nach der Leistungen des Versicherers für **psychotherapeutische Behandlungen** auf 30 Sitzungen während der gesamten Vertragsdauer beschränkt werden, nicht als überraschend, aber als unwirksam angesehen.[2] Zwar umschreibe § 1 I a der AVB mit dem Hauptleistungsversprechen „Ersatz von Aufwendungen für Heilbehandlung" einen sehr weiten Leistungsrahmen. Gerade deshalb werde aber der Versicherungsnehmer davon ausgehen, dass dieses Leistungsversprechen näher ausgestaltet und damit auch eingeschränkt werden müsse. Die konkrete Tarifbedingung stelle daher keine überraschende Klausel dar. Entsprechendes gilt – erst recht – für eine Tarifbedingung, nach der Leistungen des Versicherers für psychotherapeutische Behandlungen auf 20 Sitzungen pro Kalenderjahr beschränkt werden. Eine solche Klausel ist weder überraschend noch unwirksam.[3] Auch eine Klausel, wonach die Kosten für psychotherapeutische Behandlungen nur dann übernommen werden, wenn sie von einem niedergelassenen approbierten Arzt durchgeführt werden, ist weder überraschend noch unwirksam.[4] Zu entscheiden war auch über eine Klausel, mit der die Kostenerstattung für die **ärztliche Behandlung durch Verwandte** des Versicherungsnehmers ausgeschlossen wird. Ähnliche Bestimmungen enthalten die Beihilfevorschriften des Bundes und der Länder. Die Klausel „keine Leistungspflicht besteht für Behandlung durch Ehegatten, Eltern oder Kinder" in den AVB eines Krankenversicherers wurde daher weder als überraschend noch als sonst unwirksam angesehen.[5] Wirksam ist schließlich auch die in § 5 I c MBKK94 zugunsten des Versicherers vorgesehene Möglichkeit, Rechnungen bestimmter Ärzte aus wichtigem Grund von der Erstattung auszuschließen.[6] **V 116**

In der **Lebensversicherung** wird seit jeher eine Klausel verwendet, nach der die Einräumung und der Widerruf einer Bezugsberechtigung sowie die Abtretung oder Verpfändung von Ansprüchen aus dem Versicherungsvertrag nur und erst dann wirksam werden, wenn sie dem Versicherer vom bisherigen Berechtigten **schriftlich angezeigt** worden sind.[7] Der Zugang der Anzeige beim Versicherer ist danach **absolute Wirksamkeitsvoraussetzung.**[8] Der Versicherer will mit dieser **V 117**

---

[1] Eingehende weitere Beispiele bei Versicherungsrechts-Handbuch/*Präve* § 10 Rz 179 – 207 a; vgl. auch *Prölss/Martin/Prölss* Vorbem. I Rz 39 f.

[2] BGH VersR 1999, 745. Zur Unwirksamkeit siehe unten Rz V 175.

[3] OLG Köln VersR 2003, 899.

[4] BGH VersR 1991, 911; vgl. auch BGH VersR 2006, 641 ff.; BGH VersR 2006, 643 f.

[5] OLG Celle VersR 2001, 182.

[6] OLG Koblenz VersR 2000, 1404.

[7] So § 14 Nr. 4 ALB 94; § 13 Nr. 4 ALB 86; § 13 Nr. 3 ALB 81 sowie – für Verpfändungen und Abtretungen – bereits § 15 Nr. 2 ALB 32. Ebenso auch noch § 13 Nr. 4 der neuesten ALB, abgedruckt bei *Dörner,* AVB, 4. Aufl. S. 475, 491.

[8] BGHZ 112, 387, 389; BGH VersR 1992, 561; eingehend hierzu *Prölss/Martin/Kollhosser* § 13 ALB 86 Rz 59.

Klausel sicherstellen, dass er vor mehrfacher Inanspruchnahme bewahrt wird. Eine solche Regelung enthält weder eine Überrumpelung noch eine Übertölpelung des Versicherungsnehmers.[1] Hingegen wurde eine Klausel, die bei Unfalltod zu einer Leistungseinschränkung geführt hätte, als überraschend i.S.d. § 305 c I angesehen.[2] Nach dieser Klausel war die vereinbarte Versicherungssumme bei der Kapitallebensversicherung ohne Gesundheitsprüfung in den ersten drei Versicherungsjahren nur dann zu zahlen, wenn der Versicherte an den Folgen eines Unfalls starb, und das auch nur dann, wenn der Tod **innerhalb eines Jahres nach dem Unfall** eintrat. Letztere Leistungseinschränkung bei Unfalltod wurde als überraschend angesehen, weil es im Widerspruch zum Werbeschreiben des Versicherers stand, das den Eindruck hervorrief, bei Unfalltod werde verbindlich und unbedingt geleistet. Hinzu kam, dass anders als in der Unfallversicherung diese Einschränkung bei der Lebensversicherung unüblich ist. Demgegenüber wurde eine Klausel über das **Ende der Dynamisierung mit Eintritt der Berufsunfähigkeit** für nicht überraschend und auch sonst wirksam gehalten.[3] Nach den „besonderen Bedingungen für die Lebensversicherung mit planmäßiger Erhöhung der Beiträge und Leistung ohne erneute Gesundheitsprüfung" erlischt bei eingeschlossener Berufsunfähigkeitszusatzversicherung das Recht auf Erhöhung mit Eintritt der Berufsunfähigkeit. Diese Regelung ist nicht überraschend, weil sie keine Diskrepanz zwischen dem Inhalt der Klausel und den Erwartungen eines durchschnittlichen Versicherungsnehmers aufkommen lässt. Ebenfalls als nicht überraschend und auch sonst nicht als unwirksam wurde eine Umstellungsklausel in einer Lebensversicherung mit Unfallzusatzversicherung angesehen, nach der die **Mitversicherung einer Berufsunfähigkeitsrente** mit der Vollendung des dreißigsten Lebensjahres **automatisch wegfällt,** wenn der Versicherungsnehmer nichts anderes verlangt.[4] Zwar wurde diese Klausel von keinem anderen Versicherer verwendet. Die Ungewöhnlichkeit einer AGB-Klausel reicht aber allein für das Eingreifen des § 305 c I nicht aus. Ein Überraschungsmoment auf Seiten des Versicherungsnehmers fehlte im konkreten Fall, weil in der Anlage zu dem Antrag der Inhalt der Klausel deutlich dargestellt wurde. Auch die Klausel selbst war so klar formuliert, dass der Versicherungsnehmer wusste, auch ohne sein Zutun werde die Verpflichtung des Versicherers zur Rentenzahlung entfallen.

V 118 In der **Unfallversicherung** wurde eine Klausel über einen **Mindestinvaliditätsgrad von 20 %** als nicht überraschend und auch sonst als wirksam angesehen.[5] Im konkreten Fall wies das vom Versicherungsnehmer unterschriebene Antragsformular in Fettdruck folgende Klausel auf: „§ 8 II AUB wird wie folgt ergänzt: (8) Versicherungsleistungen werden nur dann gewährt, wenn sich nach den Bestimmungen in (2) bis (5) ein Invaliditätsgrad von mindestens 20 % ergibt." Das Gericht ließ dahinstehen, ob die Klausel ungewöhnlich sei. Jedenfalls sei sie nicht überraschend, weil sie ohne Weiteres verständlich und drucktechnisch so angeordnet sei, dass eine Kenntnisnahme durch den Kunden erwartet werden könne. In der **Hausratversicherung** war über einen **Ausschluss für gewerbliches Bargeld** bei erhöhten Summen für

[1] OLG Hamm VersR 1997, 729. De lege ferenda ist die Zulässigkeit dieser Klausel freilich fraglich, weil nach dem Abschlussbericht der Reformkommission (Fn. zu Rz V 79) der Inhalt des heutigen § 43 Nr. 2 VVG – Empfangsvertretungsmacht des Agenten für mündliche Erklärungen des Versicherungsnehmers – nicht mehr beschränkbar sein soll. Dem ist zwar grundsätzlich, aber nicht für die hier einschlägige Fallgruppe zuzustimmen. Insofern sollte im Recht der Lebensversicherung eine spezielle Regelung geschaffen werden; eingehend hierzu Versicherungsrechts-Handbuch/*Reiff* § 5 Rz 164 ff.

[2] LG Wiesbaden VersR 1991, 210.

[3] OLG Koblenz VersR 1999, 876.

[4] BGH VersR 2001, 752.

[5] OLG Düsseldorf VersR 1997, 1134.

Wertsachen zu entscheiden. Im konkreten Fall hatte der Versicherungsnehmer mit dem Versicherer in Abweichung zu § 19 Nr. 2 VHB 84 erhöhte Entschädigungsgrenzen für Bargeld und Schmuck vereinbart. Zugleich wurde gewerbliches Bargeld vom Versicherungsschutz ausgenommen. Letzteres wurde nicht als ungewöhnliche Klausel i.S.d. § 305 c I angesehen.[1] Der Versicherungsnehmer wurde durch die Klausel nicht überrascht, weil er erkannt hatte, dass er mit seinem Versicherer andere als die üblichen Versicherungsbedingungen vereinbart hatte, weil ansonsten seine hochwertigen Hausratgegenstände nicht versicherbar gewesen wären. Die **VHB 84** sehen in **§ 10 Nr. 3** bei Schäden durch Einbruchdiebstahl oder Raub oder durch Vandalismus nach einem Einbruch vor, dass alle Voraussetzungen nach den §§ 5 (Einbruchdiebstahl, Raub) und 6 (Vandalismus nach einem Einbruch) innerhalb des Versicherungsortes verwirklicht sein müssen. Die Auslegung dieser Klausel ergibt, dass ein entschädigungspflichtiger Einbruchdiebstahl dann nicht vorliegt, wenn der Täter zunächst in die nicht versicherte Einliegerwohnung einbricht oder einsteigt, von dort aus in die versicherte Wohnung gelangt und erst hier Gegenstände entwendet. Die Klausel ist damit bei einer Hausratversicherung für ein Einfamilienhaus überraschend i.S.d. § 305 c I, wenn die von den Eltern der Versicherungsnehmer bewohnte Einliegerwohnung von dem Vertrag nicht erfasst ist.[2] In der **Haftpflichtversicherung** ist der Risikoausschluss des § 4 II Nr. 2a AHB weder überraschend noch unwirksam.[3] Nach dieser Klausel werden Haftpflichtansprüche aus **Schadensfällen von Angehörigen des Versicherungsnehmers,** die mit ihm in häuslicher Gemeinschaft leben oder die zu den mitversicherten Personen gehören, nicht vom Versicherungsschutz erfasst. Eine entsprechende Klausel wurde schon immer in den Haftpflichtversicherungsbedingungen verwendet. Ihr steht auch ein berechtigter Grund des Versicherers zu Seite. Die Klausel überrascht daher den Versicherungsnehmer nicht.

V. Auslegung von AVB

1. Einführung

Die Auslegung von AVB und die hierbei zu beachtenden Regeln unterscheiden sich nicht grundsätzlich von der Auslegung der AGB anderer Wirtschaftskreise.[4] Wegen ihrer **produktkonstituierenden Funktion**[5] und wegen der **Wortgleichheit** der AVB vieler Versicherer[6] kommt der Auslegung der AVB aber im Vergleich zu anderen AGB noch gesteigerte Bedeutung zu.[7] Hierzu trägt auch der notwendigerweise sehr hohe Abstraktionsgrad vieler Formeln und Begriffe in den AVB bei, so dass, wieder verglichen mit anderen AGB, besonders oft Auslegungsprobleme entstehen.[8] **V 119**

Die Auslegung von AVB hat eine **doppelte Bedeutung.** Zum einen dient sie dazu, den **Anwendungsbereich einer Klausel** zu bestimmen. Das Auslegungsergebnis entscheidet also darüber, ob die Klausel im konkreten Fall anwendbar ist oder nicht. Zum anderen ist das Ergebnis der Auslegung aber auch für den **Prüfungsgegenstand der Inhaltskontrolle** entscheidend.[9] Vor der Prüfung einer **V 120**

[1] OLG Jena VersR 2002, 229.
[2] OLG Saarbrücken VersR 1994, 720.
[3] OLG Frankfurt VersR 2001, 321; OLG Hamm VersR 1995, 908.
[4] Versicherungsrechts-Handbuch/*Präve* § 10 Rz 208; *van de Loo,* Angemessenheitskontrolle S. 27.
[5] Vgl. hierzu oben Rz V 64.
[6] *Martin,* Sachversicherungsrecht A IV Rz 31.
[7] *Wolf/Horn/Lindacher* § 23 Rz 462; *Bach/Geiger* VersR 1993, 659, 661.
[8] *Ulmer/Schmidt* Anh. § 310 Rz 902.
[9] *Prölss/Martin/Prölss* Vorbem. III Rz 1.

Klausel nach § 307 ist daher zunächst der Inhalt der Klausel durch Auslegung zu ermitteln. Nur so steht mit der notwendigen Klarheit fest, welcher Inhalt der Klausel im Einzelnen anhand der §§ 305 ff. zu kontrollieren ist.[1]

2. Grundsatz: objektive Auslegung

V 121 Die Rechtsprechung des RG und später die des BGH legte AVB „gesetzesähnlich" aus, weil der Abschluss von Verträgen unter Bezugnahme auf AVB sich kaum noch als echte vertragliche Vereinbarung darstelle, sondern viel eher die „Unterwerfung unter eine fertig bereitliegende Rechtsordnung" bedeute.[2] In den achtziger Jahren wurden Begriff und Begründung stillschweigend fallengelassen.[3] Betont wurde nunmehr, dass AVB AGB i.S.d. § 1 I AGBG, des heutigen § 305 I, seien.[4] Nach ständiger höchstrichterlicher Rechtsprechung und ganz h.L. sind sie daher objektiv auszulegen, nämlich so, wie sie ein **durchschnittlicher Versicherungsnehmer** bei verständiger Würdigung, aufmerksamer Durchsicht und Berücksichtigung des erkennbaren Sinnzusammenhangs verstehen muss.[5] Dabei kommt es auf die Verständnismöglichkeiten eines Versicherungsnehmers ohne versicherungsrechtliche Spezialkenntnisse und damit – auch – auf seine Interessen an.[6] Ausgangspunkt der Auslegung ist der **Wortlaut** der Klausel.[7] Der klare und unmissverständliche Wortlaut ist zugleich die Grenze der Auslegung, die nicht überschritten werden kann,[8] und zwar auch dann nicht, wenn dadurch ein Verstoß der Klausel gegen § 307 vermieden werden soll. Eine so motivierte einschränkende Auslegung liefe im Ergebnis auf eine – unzulässige – geltungserhaltende Reduktion hinaus.[9] Neben dem Wortlaut sind auch der Sinnzusammenhang sowie der mit der Klausel erkennbar verfolgte (versicherungstechnische) Zweck für die Auslegung maßgebend.[10]

V 122 Das von der Rechtsprechung geschaffene Konstrukt des „durchschnittlichen Versicherungsnehmers" ist **verkehrskreisbezogen** zu verstehen. Dies bedeutet: Werden bestimmte Versicherungsverträge typischerweise mit einem besonderen Personenkreis geschlossen, so sind die Verständnismöglichkeiten der Mitglieder dieses Personenkreises maßgeblich. Beispielsweise ist bei der Transportversicherung zugunsten des Versicherers zu berücksichtigen, dass der Versicherungsnehmer Kaufmann oder jedenfalls geschäftserfahren ist.[11] Entsprechendes gilt für eine Versicherung, der die besonderen Bedingungen für die Zusatzhaftpflichtversicherung für

---

[1] BGHZ 123, 83, 85.

[2] So RGZ 171, 43, 48; BGHZ 6, 373, 376; ähnlich, wenn auch schon mit Einschränkungen, BGH VersR 1983, 850.

[3] Siehe hierzu BGHZ 84, 268, 272 = VersR 1982, 841, 842; vgl. auch *Bach/Geiger* VersR 1993, 659, 660.

[4] BGHZ 123, 83, 85; BGHZ 84, 268, 272.

[5] BGHZ 84, 268, 272; BGHZ 123, 83, 85 = VersR 1993, 957, 958; BGH VersR 2003, 454, 455; 2002, 1503, 1504; 2001, 1502, 1503; 2001, 576; 2001, 489, 490; 2000, 1090, 1091. Aus der Literatur *Römer/Langheid/Römer* vor § 1 Rz 16; *Prölss/Martin/Prölss* Vorbem. III Rz 2; Versicherungsrechts-Handbuch/*Präve* § 10 Rz 208; *Weyers/Wandt,* Versicherungsvertragsrecht Rz 162.

[6] BGHZ 123, 83, 85; BGH VersR 2006, 641.

[7] BGHZ 123, 83, 85; BGH VersR 2000, 709 unter II. 1. b.

[8] BGH VersR 1990, 896 zu § 14 Nr. 1 c VHB 84; OLG Saarbrücken VersR 2002, 837, 838 zu einer Klausel über die Erstattung von Rücktransportkosten in der Auslandsreisekrankenversicherung.

[9] BGH VersR 1990, 896 zu § 14 Nr. 1 c VHB 84; eingehend zu den Grenzen des Grundsatzes „Auslegung vor Inhaltskontrolle" *Bach/Geiger* VersR 1993, 659 f.

[10] BGH VersR 1996, 500 zur Auslegung des Begriffs „chemisch-phyikalische Zersetzungsvorgänge (z. B. Osmose)".

[11] Berliner Kommentar/*Dallmayr* Vorbem. §§ 129 – 148 Rz 24; BGH VersR 1984, 830, 831.

Kfz-Handel und -Handwerk zu Grunde liegen. Insoweit ist auf einen im Umgang mit AGB nicht unerfahrenen Inhaber einer Kfz-Werkstatt und/oder eines Kfz-Handels abzustellen.[1] Bei einem in englischer Sprache abgefassten, aber deutschem Recht unterliegenden Transportversicherungsvertrag sind **englischsprachige Klauseln** jedenfalls dann nach englischem Recht auszulegen, wenn der Vertrag keine Übersetzung eines deutschen Textes ist und zum englischen Rechtskreis gehörende Begriffe enthält.[2]

3. Besonderheiten

a) Versicherung für fremde Rechnung. Eine Versicherung für fremde Rechnung i. S. d. § 74 VVG liegt vor, wenn der Versicherungsnehmer, der den Versicherungsvertrag mit dem Versicherer im eigenen Namen abschließt, durch diesen Vertrag das Interesse eines anderen, des sog. Versicherten, versichert. Versicherung für fremde Rechnung ist also die Versicherung des Interesses eines anderen im eigenen Namen und auf dessen Rechnung. Grundsätzlich ist bei der Auslegung von AVB auch bei einer Versicherung für fremde Rechnung die Verständnismöglichkeit des durchschnittlichen Versicherungsnehmers entscheidend. Wird die Versicherung indes typischerweise als reine Fremdversicherung genommen, so ist auch auf die **Verständnismöglichkeit des durchschnittlichen Versicherten** Rücksicht zu nehmen.[3] Divergieren die Verständnismöglichkeiten von Versicherungsnehmer und Versichertem, so ist die geringere entscheidend. Bei einer **Gruppenversicherung** ist allein auf das Verständnis der betroffenen Versicherten abzustellen.[4] Dies gilt etwa für die Gruppenversicherungsverträge, die Arbeitgeber als Versicherungsnehmer zugunsten ihrer Arbeitnehmer mit der Versorgungsanstalt des Bundes und der Länder abschließen.[5] Hingegen ist das **Verständnis anderer Personen ohne Belang.** Dies gilt auch für die Geschädigten in der – auf eigene Rechnung genommenen – Haftpflichtversicherung,[6] und zwar auch dann, wenn es sich um eine Pflichthaftpflichtversicherung handelt und die gesetzliche Pflicht gerade den Schutz des Geschädigten bezweckt.[7] V 123

b) Risikoausschlüsse. Bei der Auslegung von AVB, die bestimmte Risiken vom Versicherungsschutz ausschließen oder diese begrenzen, geht das Interesse des Versicherungsnehmers regelmäßig dahin, dass der Versicherungsschutz nicht weiter verkürzt wird, als der erkennbare Zweck der Klausel dies gebietet. Der Anwendungsbereich solcher Risikoausschlüsse darf daher nicht weiter gehen, als es ihr Sinn unter Beachtung des wirtschaftlichen Ziels und der gewählten Ausdrucksweise erfordert. Denn der durchschnittliche Versicherungsnehmer braucht nicht damit zu rechnen, dass er Lücken im Versicherungsschutz hat, ohne dass ihm diese hinreichend verdeutlicht werden.[8] Risikoausschlüsse sind also nach allem grundsätzlich eng auszulegen.[9] V 124

---

[1] OLG Frankfurt VersR 1995, 449, 451.

[2] OLG Hamburg VersR 1996, 229 zur Auslegung des Begriffs „condition".

[3] *Prölss/Martin/Prölss* § 74 Rz 10.

[4] Versicherungsrechts-Handbuch/*Präve* § 10 Rz 208.

[5] BGH VersR 2003, 719, 720; 720, 721.

[6] Versicherungsrechts-Handbuch/*Präve* § 10 Rz 208.

[7] BGH VersR 2003, 1389 betreffend eine Serienschadenklausel in der Berufshaftpflichtversicherung und hierzu *Reiff* LMK 2004, 2, 3.

[8] BGH VersR 2003, 454 zu § 4 Ik ARB 75; VersR 1999, 748, 749 zu § 4 I Nr. 6b AHB; VersR 1995, 162, 163 und 1994, 1058, 1059 jeweils zu § 11 III AKB.

[9] *Römer/Langheid/Römer* vor § 1 Rz 23; BGH VersR 2003, 1389, 1390 zu einer Serienschadenklausel und hierzu *Reiff* LMK 2004, 2, 3.

c) Interessenbezogene Auslegungsmaximen

V 125 Unabhängig von Risikoausschlüssen sind zwei weitere Maximen der Rechtsprechung zur Auslegung von AVB festzustellen, die ebenfalls von den wohlverstandenen Interessen des Versicherungsnehmers geleitet werden. Die erste Auslegungsmaxime besteht darin, bei der Auslegung von AVB den Deckungsbereich der einzelnen Arten der (Haftpflicht-)Versicherung so abzugrenzen, dass sie nahtlos ineinander greifen, also sich weder überschneiden noch eine Deckungslücke lassen.[1] Die zweite Auslegungsmaxime besteht darin, dass Klauseln nicht so ausgelegt werden dürfen, dass der Versicherungsschutz leer läuft.[2]

d) Verwendung von Rechtsbegriffen

V 126 Der Grundsatz, dass es bei der Auslegung von AVB darauf ankommt, wie ein durchschnittlicher Versicherungsnehmer ohne versicherungsrechtliche Spezialkenntnisse die AVB verstehen muss, erfährt eine **Ausnahme** bei der Verwendung von Rechtsbegriffen. Gehört der in den AVB verwendete Begriff zur Rechtssprache und stellt er einen fest umrissenen Begriff dar, dann ist nach der ständigen Rechtsprechung und der ganz h.M.[3] im Zweifel anzunehmen, dass auch die AVB darunter nichts anderes verstehen wollen. Maßgeblich ist also der Sinn, den die Rechtssprache dem Begriff beimisst. Dies wurde etwa bejaht für den Begriff des „Beamten" in der Beamtenklausel einer Berufsunfähigkeitszusatzversicherung,[4] für die „Fälligkeit" des Versicherungsanspruchs in § 12 III AUB 88,[5] für die „Anwartschaft" auf Beitragsermäßigung im Alter in der privaten Krankenversicherung,[6] für die „Ansprüche Dritter" in einem Ausschlusstatbestand der ARB,[7] für die Ansprüche aus „dinglichem Recht" zur Frage des Umfangs des Rechtsschutzversicherungsschutzes[8] und für den Begriff „niedergelassener Arzt" in § 4 II MBKK 76.[9]

V 127 Diese Ausnahme erfährt aber drei Einschränkungen. Zum einen ist erforderlich, dass der Begriff in der Rechtssprache **fest umrissen** ist, was keinesfalls immer der Fall ist.[10] Nur beispielhaft sei auf den **Begriff des „Beamten"** verwiesen. Dieser Begriff wird von der Rechtssprache bereichsspezifisch für das Dienstrecht, das Haftungsrecht und das Strafrecht unterschiedlich definiert. Neben den Beamten im statusrechtlichen Sinn gehören je nach Regelungszusammenhang auch andere Angehörige des öffentlichen Dienstes zu den „Beamten". Dass nach der Rechtsprechung des BGH der Versicherungsnehmer wirklicher „Beamter" im statusrechtlichen Sinn sein muss, wenn er sich auf die „Beamtenklausel" in der Berufsunfähigkeitszusatzversicherung berufen will,[11] ist vor diesem Hintergrund daher zumin-

---

[1] BGH VersR 1992, 47 und VersR 1986, 537, jeweils zur „kleinen Benzinklausel"; VersR 1991, 172 unter III 2 d zur Überschneidung zweier Haftpflichtversicherungen.

[2] BGH VersR 1991, 172 unter III 3.; VersR 1972, 39 zum Begriff „erlaubter" Gebrauch einer Waffe.

[3] Grundlegend *Dreher* AcP 189 (1989), 342 ff.; *Römer/Langheid/Römer* vor § 1 Rz 18; *Prölss/Martin/Prölss* Vorbem. III Rz 7; Versicherungsrechts-Handbuch/*Präve* § 10 Rz 216. Zur ständigen Rechtsprechung siehe die folgenden Nachweise; vgl. auch BGH NJW 2003, 2607, 2608 (nicht versicherungsrechtlich).

[4] BGH VersR 2001, 1502, 1503.

[5] BGH VersR 2000, 753.

[6] BGH VersR 1999, 877, 878.

[7] BGH VersR 1998, 887.

[8] BGH VersR 1992, 487.

[9] OLG Karlsruhe VersR 1994, 1459, wonach der Sprachgebrauch des ärztlichen Berufsrechts entscheidend ist.

[10] Lehrreich OLG Saarbrücken VersR 1996, 578, das Zweifel daran äußert, ob die Rechtssprache mit dem Ausdruck „einschleichen" einen fest umrissenen Begriff verbindet.

[11] BGH VersR 2001, 1502, 1503.

dest sehr zweifelhaft.[1] Zum anderen wird vorausgesetzt, dass der Versicherungsnehmer den Ausdruck als einen juristischen Begriff **erkennen** kann.[2] Dies ist nicht der Fall, wenn der Ausdruck auch der allgemeinen Sprache angehört. Dann gilt im Zweifel der allgemeine Sprachgebrauch. Für den Begriff „Schadensersatz" hat der BGH im Zusammenhang mit § 1 Nr. 1 AHB zutreffend ausgeführt, dieser Begriff sei schon in der Rechtssprache in seinen Konturen nicht eindeutig festgelegt und er gehöre zudem auch der Umgangssprache an, wo er allgemein den Ausgleich eines zuvor erlittenen Nachteils umschreibe.[3] Schließlich kann die Auslegung des Rechtsbegriffs auch dann abweichend von der Rechtssprache vorzunehmen sein, wenn der **Sinnzusammenhang der Versicherungsbedingungen** in diese Richtung weist.[4] Dies hat der BGH für den Begriff des „Gebäudebestandteils" i.S.d. § 2 VGB für Teile bejaht, die nur vorübergehend während einer Reparatur fachmännisch in das Gebäude eingefügt sind, weil ohne die Anerkennung solcher „Ersatzbestandteile" als „Gebäudebestandteile" der Versicherungsschutz während der Reparaturdauer völlig entwertet wäre.[5]

e) Entstehungsgeschichte

Anders als bei einer „gesetzesähnlichen Auslegung" kann die **Entstehungsgeschichte** einer Klausel bei einer objektiven Auslegung, die auf das Verständnis eines durchschnittlichen Kunden des Verwenders abstellt, **grundsätzlich keine Rolle** spielen. Dies ist für AGB der anderen Branchen ganz allgemein anerkannt.[6] Dasselbe gilt grundsätzlich auch für AVB. Der durchschnittliche Versicherungsnehmer weiß nicht und kann nicht wissen, was sich die Verfasser der AVB bei deren Abfassung vorstellten.[7] Bei der Auslegung bleibt daher regelmäßig die Entstehungsgeschichte der AVB außer Betracht.[8] **V 128**

Streit besteht aber darüber, was gelten soll, wenn sich die Heranziehung der Entstehungsgeschichte für den Versicherungsnehmer (ausnahmsweise) günstig auswirken würde. Verbreitet wird hier vertreten, in diesem Fall sei auf die Entstehungsgeschichte abzustellen. Eine normalerweise ausgeschlossene „gesetzesähnliche" Auslegung müsse zulässig sein, wenn sie sich zugunsten des Versicherungsnehmers auswirke.[9] Dem ist nicht zu folgen. Zutreffend hat der BGH an seiner Ablehnung, die Entstehungsgeschichte als Auslegungskriterium heranzuziehen, auch in den Fällen festgehalten, in denen sich die Entstehungsgeschichte **zugunsten des Versicherungsnehmers** ausgewirkt hätte.[10] Folgt man, wie die Rechtsprechung und die ganz h.M. dies tut, der objektiven Auslegung am Maßstab des Verständnisses **V 129**

---

[1] Eingehende und überzeugende Kritik hieran von Versicherungsrechts-Handbuch/*Rixecker* § 46 Rz 59.

[2] Aus der Rechtsprechung BGH VersR 2000, 311, 312 f; auf die „Erkennbarkeit" durch den Versicherungsnehmer hingewiesen wird auch in BGH VersR 1999, 877, 878 und 1998, 887. Aus der Literatur *Römer/Langheid/Römer* vor § 1 Rz 19; siehe auch § 305 c Rz 13; a.A. *Dreher* AcP 189 (1989), 342, 371.

[3] BGH VersR 2000, 311, 312 f.

[4] BGH VersR 1995, 951; 1992, 606 und 1986, 537.

[5] BGH VersR 1992, 606.

[6] Vgl. § 305 c Rz 115; *Ulmer* § 305 c Rz 82; *Staudinger/Schlosser* § 305 c Rz 129 alle m.w.N.; ebenso *Dreher* AcP 189 (1989), 342, 360 f.

[7] BGH VersR 1986, 177, 178.

[8] BGH VersR 2002, 1503, 1504; 2000, 1090 f; 1996, 622; *Römer/Langheid/Römer* vor § 1 Rz 17; Versicherungsrechts-Handbuch/*Präve* § 10 Rz 212. Anders noch BGHZ 87, 215, 222 = VersR 1983, 677 zu aufsichtsrechtlich genehmigten AVB.

[9] OLG Nürnberg VersR 2002, 605 f (vgl. hierzu die gegenteilige Revisionsentscheidung BGH VersR 2002, 1503, 1504); *E. Lorenz* VersR 2000, 1092 f; *Baumann* FS Kramer S. 447, 455 ff.; *ders.* FS Lorenz S. 111, 117 ff.; Versicherungsrechts-Handbuch/*Präve* § 10 Rz 213; *Prölss/Martin/Prölss* Vorbem. III Rz 5.

[10] BGH VersR 2000, 1090, 1091 f mit krit. Anm. *Lorenz;* BGH VersR 2002, 1503, 1504.

eines durchschnittlichen Versicherungsnehmers, so ist es allein konsequent, dies auch dann zu tun, wenn sich eine gesetzesähnliche Auslegung zugunsten des Versicherungsnehmers auswirken würde. Nur so wird zudem Rechtssicherheit gewährleistet. Die Gegenansicht kann zu widersprechenden Ergebnissen bei gleichen Begriffen führen, weil eine bestimmte Auslegung eines Begriffs für einen Versicherungsnehmer in einem Rechtsstreit günstig sein kann und für einen anderen in einem anderen Prozess ungünstig.

f) Unbeachtlichkeit individueller Umstände

V 130 Nach der ganz h.M. sind AGB **objektiv auszulegen,** also nach dem typischen Verständnis redlicher Vertragspartner und unter Abwägung der Interessen der an Geschäften dieser Art normalerweise beteiligten Kreise.[1] Diese Ansicht ist für AGB allgemein nicht unwidersprochen geblieben. Eine bedeutende Mindermeinung plädiert dafür, auch AGB nach den allgemeinen Regeln der §§ 133, 157 auszulegen.[2] In Wahrheit weise die Auslegung von AGB gegenüber der Auslegung von anderen rechtsgeschäftlichen Erklärungen nur eine faktische Besonderheit auf, nämlich die, dass einzelfallbezogene Umstände, die für die Auslegung relevant sein könnten, selten seien;[3] im Verbandsklageprozess seien solche Umstände ohnehin nicht denkbar.[4] Diese Ansicht hat zur Konsequenz, dass auch atypische Begleitumstände, etwa beim Vertragsschluss, im Rahmen der Auslegung von AGB zu berücksichtigen wären.[5] Speziell für AVB hat sich namentlich *Präve* in diesem Sinne ausgesprochen.[6]

V 131 Ob dieser Ansicht für die AGB anderer Branchen beigetreten werden kann, ist hier nicht zu entscheiden. Für AVB ist ihr jedenfalls nicht zu folgen. Bei AVB kommt der objektiven Auslegung eine noch gesteigerte Bedeutung zu. Eine **Ausnahme** vom Grundsatz objektiver Auslegung ist **für AVB abzulehnen,** weil AVB stets vor dem Hintergrund zu sehen sind, dass der einzelne Vertrag in der Versichertengemeinschaft zu einem Gesamtrisiko gebündelt wird.[7]

V 132 Dies bedeutet: Individuelle Umstände bleiben grundsätzlich bei der Auslegung von AVB unberücksichtigt. Auslegungsrelevant ist aber die vom Versicherer geschaltete **Werbung,** weil sie nicht nur den einzelnen Versicherungsnehmer betrifft, sondern zumindest potenziell alle.[8] Wenn und soweit die Werbung in Bezug auf eine konkrete Klausel ein bestimmtes Verständnis gebietet oder jedenfalls nahe legt, so ist dieses Auslegungsergebnis maßgeblich. Auslegungsgrenze ist aber auch insoweit der Wortlaut. Deckt er das von der Werbung provozierte Verständnis des Versicherungsnehmers nicht, so ist die Klausel für den Versicherungsnehmer „überraschend" und wird daher nicht Vertragsbestandteil.[9] Legt etwa die Werbung nahe, dass bei Unfalltod in den ersten drei Jahren stets die Lebensversicherungssumme ausgezahlt wird, bestimmt hingegen die einschlägige AVB, dass dies nur gilt, wenn der Tod innerhalb eines Jahres nach dem Unfall eintritt,[10] so ist für eine Auslegung im ersten Sinn kein Raum. Die Klausel ist aber für den Versicherungsnehmer über-

---

[1] Speziell für AVB vgl. die Nachweise oben in Fn. zu V 121; für AGB allgemein statt vieler *Ulmer* § 305 c Rz 73 f. m.w.N.

[2] § 305 c Rz 105 f.; *Staudinger/Schlosser* § 305 c Rz 126 f.; *Palandt/Heinrichs* § 305 c Rz 15.

[3] § 305 c Rz 106; *Staudinger/Schlosser* § 305 c Rz 128.

[4] *Staudinger/Schlosser* § 305 c Rz 128; Versicherungsrechts-Handbuch/*Präve* § 10 Rz 210.

[5] § 305 c Rz 111; *Staudinger/Schlosser* § 305 c Rz 130.

[6] *Präve,* Versicherungsbedingungen Rz 272; Versicherungsrechts-Handbuch/ *Präve* § 10 Rz 211.

[7] *Bach/Geiger* VersR 1993, 659, 661; ähnlich wie hier auch *Prölss/Martin/Prölss* Vorbem. III Rz 4; vgl. auch *Stoffels,* AGB-Recht Rz 362.

[8] Versicherungsrechts-Handbuch/*Präve* § 10 Rz 211.

[9] Vgl. hierzu oben Rz V 109 ff.

[10] So der Fall des LG Wiesbaden VersR 1991, 210.

raschend und wird daher nicht in den Vertrag einbezogen. Entsprechendes gilt für ein zusammen mit den AVB regelmäßig überreichtes „**Merkblatt**". Auch insoweit liegt keine individuelle, sondern eine generelle Gestaltung vor. Legt der Inhalt des ebenfalls vom Versicherer vorformulierten Merkblattes eine Auslegung einer Klausel in einem bestimmten Sinn nahe oder gebietet er sie sogar, so ist diese Klausel in diesem Sinn zu verstehen. Grenze ist erneut der eindeutige Wortlaut. Lautet etwa eine Klausel auf dem Versicherungsschein: „Vertreter sind nicht berechtigt für uns bestimmte Anzeigen und Erklärungen entgegenzunehmen. Richten Sie diese bitte ... an die nachgenannte Vertriebsgesellschaft, sie handelt namens und im Auftrag unserer Gesellschaft", und legt der Inhalt des „Merkblatt zur Datenverarbeitung" es nahe, dass noch andere selbstständige Gesellschaften ermächtigt sein sollen, Anzeigen und Erklärungen des Versicherungsnehmers entgegenzunehmen, so muss der Versicherer dies gegen sich gelten lassen. Aus Sicht des durchschnittlichen Versicherungsnehmers liegt nämlich ein Verständnis der auf dem Versicherungsschein enthaltenen Regelung dahingehend nahe, dass zur Entgegennahme von für den Versicherer bestimmten Erklärungen zwar nicht Versicherungsagenten, wohl aber die namens und im Auftrag des Versicherers handelnden Regionalzentren und Versicherungsgesellschaften berechtigt sind, also nicht nur die auf dem Versicherungsschein genannte, sondern auch die im „Gesellschaftsverzeichnis" des Merkblatts aufgeführten.[1] Mindestens ist eine solche – mit dem Wortlaut vereinbare – Auslegung so naheliegend, dass die Anwendung des § 305 c II zu diesem Ergebnis führt.

Um keine Frage der Auslegung des § 2 a I AKB, wonach die Kraftfahrtversicherung für „Europa" gilt, geht es hingegen bei der Frage, welche Wirkungen es hat, wenn der Kfz-Haftpflichtversicherer dem Versicherungsnehmer eine „**Grüne Versicherungskarte**" aushändigt, in der „TR" für die Türkei nicht gestrichen ist. Der BGH sieht darin zutreffend eine Erklärung des Versicherers, den Versicherungsschutz im Umfang der vertraglich vereinbarten Versicherungssumme auf die gesamte Türkei, also auch auf den asiatischen Teil, ausdehnen zu wollen und damit von der nach § 2 a II AKB möglichen Erweiterung des Geltungsbereichs Gebrauch zu machen.[2] Hierdurch wird aber entgegen *Präve*[3] nicht § 2 a AKB ausgelegt, sondern die Erklärung, die in der Aushändigung der Grünen Karte liegt.[4] **V 133**

Umstritten ist im Zusammenhang mit der Beachtlichkeit individueller Umstände vor allem die Frage, wie sich die gegenüber dem Versicherungsnehmer abgegebenen **Erläuterungen des Versicherungsagenten** auf die Auslegung der AVB auswirken. Verbreitet meint man, die AVB müssten in diesem Fall zulasten des Versicherers nicht objektiv, sondern so ausgelegt werden, wie sie der Versicherungsnehmer aufgrund der Angaben des Versicherungsvertreters verstehen durfte. Selbst wenn der Vertreter nur einer atypischen Auslegung des Versicherungsnehmers nicht entgegengetreten sei, müsse der Versicherer diese Auslegung gegen sich gelten lassen. Dies gelte auch, wenn der Vertreter keine Abschlussvollmacht habe, also nur Vermittlungsagent sei.[5] Nach anderer Ansicht verbleibt es demgegenüber insoweit bei der objektiven Auslegung, so dass der Versicherer lediglich kraft gewohnheitsrechtlicher Vertrauenshaftung[6] den Inhalt der unrichtigen Auskunft des Agenten gegen sich gelten lassen muss.[7] Wenn ausnahmsweise kein bloßer Vermittlungsver- **V 134**

---

[1] OLG Brandenburg NJWE-VHR 1996, 129, 130 f = VersR 1997, 347 (dort nur Leitsatz).
[2] BGH VersR 1993, 88, 89.
[3] Versicherungsrechts-Handbuch/*Präve* § 10 Rz 211.
[4] Grundlegend *Wandt* NZV 1992, 89, 92 ff.; dem folgend BGH VersR 1993, 88, 89 zu § 2 AKB a.F.
[5] *Staudinger/Schlosser* § 305 c Rz 127; Versicherungsrechts-Handbuch/*Präve* § 10 Rz 211.
[6] Vgl. hierzu oben Rz V 114.
[7] In diesem Sinn *Prölss/Martin/Prölss* Vorbem. III Rz 4; *van de Loo,* Angemessenheitskontrolle S. 35.

treter i.S.d. § 43 VVG, sondern ein Abschlussvertreter nach § 45 VVG[1] die Erläuterungen abgegeben habe, liege eine Individualabrede vor, die nach § 305 b den AVB vorgehe.[2]

V 135 Der erstgenannten Ansicht ist nicht zu folgen. Die beiden von ihr ins Feld geführten Entscheidungen tragen sie nicht. In der Entscheidung aus dem Jahre 1983 hat der BGH in einem obiter dictum entsprechenden Erklärungen eines Agenten gerade keine Auslegungsrelevanz zugewiesen, sondern eine konkludente Individualvereinbarung nach § 4 AGBG, dem heutigen § 305 b, angenommen.[3] Es liegt also **keine Durchbrechung der Grundsätze der objektiven Auslegung** vor, sondern das – zutreffende – Ergebnis des BGH ist Folge des funktionalen Rangverhältnisses zwischen Individualvereinbarung und AGB.[4] Und in der Entscheidung aus dem Jahre 1963 wurde der Umstand, dass der hierzu verpflichtete Versicherungsvertreter den Irrtum des Versicherungsnehmers über den Inhalt einer AVB nicht aufgeklärt hatte, zu Recht nicht für die Auslegung dieser AVB, der Europaklausel des § 2 AKB, herangezogen, sondern er diente als Begründung der Haftung des Versicherers aus gewohnheitsrechtlicher Vertrauenshaftung bzw. aus cic.[5] Auch insoweit wird also nicht der Grundsatz der objektiven Auslegung durchbrochen, sondern im Einzelfall ein Erfüllungs- bzw. Schadensersatzanspruch begründet.

V 136 Der für die objektive Auslegung entscheidende durchschnittliche Versicherungsnehmer wird stets die **örtlichen Besonderheiten** berücksichtigen. Keine Rolle spielt insoweit, ob dem Agenten diese Besonderheiten bekannt sind.[6] Für die Frage, ob ein so genannter **Auerbacher Keller,** der aus Sandstein geschlagen ist und unterhalb des so genannten Böhmischen Kellers liegt, von dem aus er über eine eiserne Leiter erreicht werden kann, „Bestandteil" des Gebäudes ist und daher zu den versicherten Sachen in der Wohngebäudeversicherung gehört, ist also die in Auerbach bestehende **örtliche Verkehrsanschauung** entscheidend. Danach ist der Auerbacher Keller Gebäudebestandteil.[7] Darauf, ob der Versicherer oder jedenfalls sein Vertreter diese örtlichen Besonderheiten kennt, kommt es nicht an.[8]

4. Fallmaterial

V 137 Im Folgenden soll noch auf drei exemplarische und in gewissem Sinn repräsentative Beispiele für die Auslegung von AVB durch die höchstrichterliche Rechtsprechung näher eingegangen werden.[9] Der erste Fall betrifft die Auslegung des Wortes **„Vertragsbeginn"**. Der Versicherungsnehmer hatte beantragt, die Versicherungssumme in der gebündelten Sachversicherung drastisch zu erhöhen. Der ursprüngliche Erhöhungsantrag musste geändert werden. Dieser geänderte Antrag, der auf einem Formular des Versicherers gestellt wurde, enthielt hinter dem vorgedruckten Wort „Vertragsbeginn" das handschriftlich eingesetzte Datum 10. 7. 1978. Er ent-

---

[1] Hierzu Versicherungsrechts-Handbuch/*Reiff* § 5 Rz 12 und 65 ff.

[2] In diesem Sinn *van de Loo,* Angemessenheitskontrolle, S. 34 f; ähnlich im Grundsatz auch *Ulmer* § 305 c Rz 84.

[3] BGH NJW 1983, 2638 = VersR 1983, 850.

[4] *Roth* WM 1991, 2125, 2126.

[5] BGHZ 40, 22 = VersR 1963, 768 = NJW 1963, 1978.

[6] A.A. aber Versicherungsrechts-Handbuch/*Präve* § 10 Rz 211 unter Hinweis auf OLG Nürnberg r+s 1991, 349 f.

[7] OLG Nürnberg r+s 1991, 349 f.

[8] Die entsprechenden Überlegungen des OLG Nürnberg r+s 1991, 349 f sollen ersichtlich nur noch das erzielte Ergebnis zusätzlich stützen.

[9] Umfangreiche spartenbezogene, aber nur stichwortartige Kasuistik bei Versicherungsrechts-Handbuch/*Präve* § 10 Rz 218 – 239.

sprach insoweit dem ursprünglichen Antrag vom 8. Juli 1978. Eine Erläuterung, was unter „Vertragsbeginn" zu verstehen ist, enthielt der Vordruck nicht. Der BGH entschied, wenn im Versicherungsantrag ein zurückliegender Zeitpunkt ohne nähere Erläuterung als „Vertragsbeginn" angegeben werde, sei damit in der Regel der Beginn des Versicherungsschutzes, also der „**materielle Versicherungsbeginn**" gemeint und nicht der „technische Versicherungsbeginn".[1] Dem durchschnittlichen Versicherungsnehmer liege erfahrungsgemäß der Gedanke ganz fern, unter „Vertragsbeginn" etwas anderes zu verstehen als den Beginn des Versicherungsschutzes, also den „materiellen" Versicherungsbeginn. Dies entspreche regelmäßig auch seinen Interessen, weil nicht angenommen werden könne, er wolle lediglich wie beim „technischen Versicherungsbeginn" einen früheren Beginn seiner Prämienzahlungen ohne eine irgendwie geartete Gegenleistung des Versicherers erreichen.[2]

Der zweite Beispielsfall betrifft eine Klausel in der **Feuerversicherung.** Ein **V 138**
Metzger hatte für seinen Betrieb eine Feuerversicherung nach Maßgabe der AFB 30 abgeschlossen. Versichert waren unter anderem „technische Betriebseinrichtungen zum Neuwert". § 1 II 2 AFB 30 lautet: „Die Schäden, die an den versicherten Sachen dadurch entstehen, dass sie einem **Nutzfeuer** oder der Wärme zur Bearbeitung oder zu sonstigen Zwecken (z. B. zum Räuchern, Rösten, Kochen, Braten, Trocknen, Plätten) ausgesetzt werden, fallen nicht unter den Versicherungsschutz." Die Heißrauchanlage des Metzgers brannte beim Räuchern eines Spanferkels aus. Ursache war ein technischer Defekt in der Regelung der Anlage. Zu entscheiden war, ob der konkrete Fall unter den genannten Ausschluss fiel. Das OLG Hamburg hatte angenommen, dies sei nicht der Fall. Die Klausel sei mehrdeutig. Sie müsse daher nach § 305 c II zulasten des Versicherers als Verwender interpretiert werden. Alltagssprachlich könne nicht davon gesprochen werden, dass ein wärmeerzeugendes Gerät der eigenen bestimmungsgemäß erzeugten Wärme ausgesetzt sei.[3] Der BGH meinte demgegenüber, nur bei einer isolierten Betrachtung der Klausel sei diese so zu verstehen, dass nur Schäden an Sachen angesprochen seien, die zu ihrer eigenen Bearbeitung oder Behandlung, z. B. um geräuchert zu werden, der Wärme ausgesetzt seien. Sie sei aber insoweit zunächst zweideutig, denn es heiße gerade nicht „zu ihrer Bearbeitung", sondern „zur Bearbeitung oder zu sonstigen Zwecken". Es heiße insbesondere nicht „um geräuchert etc. zu werden". Ein verständiger Versicherungsnehmer wisse aber, dass die zum Räuchern etc. erforderliche Wärme nur von ihrerseits erwärmten Sachen abgegeben werden könne. Daher müsse er erkennen, dass die Klausel eindeutig auch Schäden an Sachen anspreche, die ihrerseits nicht behandelt oder bearbeitet werden, sondern deren Einsatz bei derartigen Vorgängen erforderlich ist.[4] Die Entscheidung des BGH ist nicht bedenkenfrei.[5] Es spricht einiges dafür, die Klausel mit dem OLG als zumindest zweideutig anzusehen. Bezeichnenderweise ist in den AFB 87 eine Klarstellung erfolgt. § 1 V a AFB 87 lautet nunmehr: „Ausgeschlossen sind Brandschäden, die an versicherten Sachen dadurch entstehen, dass sie einem Nutzfeuer oder der Wärme zur Bearbeitung oder zu sonstigen Zwecken ausgesetzt werden; als ausgesetzt gelten auch Sachen, in denen oder durch die Nutzfeuer oder Wärme erzeugt, vermittelt oder weitergeleitet wird".[6]

---

[1] BGHZ 84, 268, 274 f = VersR 1982, 841, 842 f.

[2] Ausnahmsweise kann in der Lebensversicherung und in der Krankenversicherung etwas anderes gelten; BGHZ 84, 268, 275 f.

[3] OLG Hamburg VersR 1986, 670. Vgl. auch die Wiedergabe der Begründung des OLG im Urteil des BGH VersR 1988, 282.

[4] BGH VersR 1988, 282 f.

[5] Dem BGH aber gegen OLG Hamburg zustimmend *Prölss/Martin/Kollhosser* § 1 AFB 30 Rz 6.

[6] Hierzu *Prölss/Martin/Kollhosser* AFB 87 § 1 Rz 5; erneut geändert aber weiterhin eindeutig die AFB in der Fassung 2001, abgedruckt bei *Dörner,* AVB, 4. Aufl. 2003 S. 16.

V 139 Das dritte und letzte Beispiel betrifft die Auslegung des Begriffs **„rechtlicher und wirtschaftlicher Zusammenhang“** in einer so genannten **Serienschadenklausel.** In der Berufshaftpflichtversicherung liegt nur ein „einheitlicher Verstoß“ vor, wenn „die betreffenden Angelegenheiten miteinander in rechtlichem oder wirtschaftlichem Zusammenhang stehen“. Im konkreten Fall hatte ein Anlagevermittler mehreren Kunden Beteiligungen an einem Immobilienfonds vermittelt und sich ihnen gegenüber wegen unzureichender Aufklärung über die Risiken schadensersatzpflichtig gemacht. Der BGH entschied, allein der Umstand, dass die Anleger an demselben Immobilienfonds beteiligt werden sollten, hätte aus der maßgeblichen Sicht des durchschnittlichen Versicherungsnehmers weder eine rechtliche noch eine wirtschaftliche Klammerwirkung zur Folge gehabt.[1] Das deckt sich mit einer älteren Entscheidung des BGH. Ein Steuerberater hatte in mehreren aufeinander folgenden Jahren bei der Jahressteuererklärung seines Mandanten nicht darauf hingewiesen, dass wegen einer neben der freiberuflichen Tätigkeit ausgeübten gewerblichen Tätigkeit die Tätigkeit insgesamt gewerbesteuerpflichtig sei. Der BGH entschied, dass die Serienschadenklausel nicht eingreife, weil die einzelnen Steuererklärungen des Mandanten weder in einem rechtlichen noch in einem wirtschaftlichen Zusammenhang stünden, da der Steuerberater jedes Jahr erneut mit der Erledigung der steuerlichen Angelegenheit betraut worden sei.[2]

VI. Mehrdeutige AVB (§ 305 c Abs. 2 BGB)

1. Die Unklarheitenregel und ihre Funktion

V 140 Nach **§ 305 c II** gehen Zweifel bei der Auslegung von AGB zulasten des Verwenders. Diese Regelung wurde von der Rechtsprechung stets auch auf AVB angewendet; auch auf solche, die noch von der Aufsichtsbehörde genehmigt worden waren.[3] Zu Recht, weil diese Vorschrift auf der Erwägung beruht, dass die einseitige Inanspruchnahme der Vertragsgestaltungsfreiheit eine besondere Verantwortung des Verwenders für den Inhalt der AGB begründet, und weil diese Verantwortung nicht dadurch entfällt, dass eine Behörde die Bedingung genehmigt hat.[4] § 305 c II bewirkt, dass im Interesse der Kunden des Verwenders, bei AVB also im Interesse der Versicherungsnehmer, ein Dissens und damit ein Nichtzustandekommen des Vertrages verhindert wird.[5] Außerdem sollen durch die Unklarheitenregel die Verwender zu einer klaren und deutlichen Fassung ihrer AGB veranlasst werden.[6]

2. Voraussetzungen

V 141 Die Anwendung der Unklarheitenregel ist nur bei Mehrdeutigkeit der Klausel möglich. Die objektive Auslegung muss also der Anwendung des § 305 c II vorangegangen sein.[7] Dabei ist die Unklarheitenregelung nicht schon dann anzuwenden, wenn Streit über die Auslegung besteht. Voraussetzung ist vielmehr, dass nach Ausschöpfung der in Betracht kommenden Auslegungsmethoden ein nicht behebbarer Zweifel bleibt und **mindestens zwei Auslegungsmöglichkeiten rechtlich ver-**

---

[1] BGH VersR 2003, 1389 f und hierzu *Reiff* LMK 2004, 2 f.
[2] BGH VersR 1991, 873, 875.
[3] Beispielhaft sei verwiesen auf BGH VersR 1984, 677, 678 f. Zum Wegfall der Genehmigungspflicht vgl. oben Rz V 89 ff.
[4] Ebenso § 305 c Rz 126.
[5] *Stoffels,* AGB-Recht Rz 365; *Roth* WM 1991, 2085.
[6] *Ulmer* § 305 c Rz 61.
[7] *Roth* WM 1991, 2085, 2086.

tretbar sind.[1] Dies wurde zutreffend in der Faustregel zusammengefasst, die Unklarheitenregel solle nur dann zum Zuge kommen, wenn von den möglichen Auslegungsergebnissen keines den „klaren Vorzug" verdient.[2] Dies bedeutet zugleich, dass rein theoretische oder abstrakte Auslegungszweifel außer Betracht zu bleiben haben und nicht zur Anwendung der Unklarheitenregel führen können.[3] Ebenfalls nicht zur Anwendung kommt die Unklarheitenregel, wenn die fragliche Klausel von den Parteien übereinstimmend in einem bestimmten Sinn verstanden worden ist. In einem solchen Fall geht dieser übereinstimmende Wille vor.[4]

3. Unklarheitenregel im Verbandsprozess

Die Rechtsfolge der Unklarheitenregel, dass Auslegungszweifel zulasten des Verwenders gehen, bedeutet in einem AVB-Verbandsprozess, dass der Versicherer die **kundenfeindlichste** der ernsthaft in Betracht kommenden Auslegungsmöglichkeiten gegen sich gelten lassen muss, weil diese am ehesten zur Unwirksamkeit der Klausel führt.[5] Die „kundenfreundlichste" Auslegung würde hingegen die präventive, auf Beseitigung einer unangemessenen Klausel gerichteten Funktion der Verbandsklage in der Regel vereiteln.[6] **V 142**

4. Unklarheitenregel im Individualprozess

Hingegen ist die Wirkung der Unklarheitenregel im Individualprozess umstritten. Verbreitet wird hier dafür plädiert, die **kundenfreundlichste** Auslegung sei maßgeblich.[7] Diese Ansicht wird insbesondere für AVB noch stark vertreten.[8] Demgegenüber nimmt eine im Vordringen befindliche Ansicht an, auch im Individualprozess sei zunächst zu prüfen, ob nicht die **kundenfeindlichste** Auslegung zur **Unwirksamkeit der Klausel** führe. Sei dies der Fall, so stelle die Lösung des dispositiven Rechts bzw. der ergänzenden Vertragsauslegung regelmäßig die für den Kunden des Verwenders günstigere Regelung dar. Nur wenn diese kundenfeindlichste Auslegung nicht zur Unwirksamkeit der Klausel führe, sei die kundenfreundlichste Auslegung zu wählen, die dem Kunden die beste Rechtsposition einräumt.[9] Der letztgenannten Ansicht ist zu folgen. Sie harmonisiert die Ergeb- **V 143**

---

[1] BGH VersR 1999, 877, 879 zur Frage der Auszahlung von Altersrückstellungen in der privaten Krankenversicherung; VersR 1996, 622 unter 3. a) zur Auslegung des § 12 Abs. 1 II e AKB; VersR 1995, 951 unter 2. a) zur Frage des Versicherungsschutzes für Haftpflichtschäden durch Gabelstapler.

[2] *Schwab,* Einführung in das Zivilrecht, 15. Aufl., Rz 798 und dem folgend § 305 c Rz 129; BGH NJW 2002, 3232, 3233.

[3] *Ulmer* § 305 c Rz 86.

[4] BGH NJW 2002, 2102, 2103 (nicht versicherungsrechtlich).

[5] BGHZ 91, 55, 61 und BGHZ 114, 238, 241 jeweils nicht versicherungsrechtlich; Versicherungsrechts-Handbuch/*Präve* § 10 Rz 246.

[6] BGHZ 123, 83, 87; *Stoffels,* AGB-Recht Rz 371.

[7] *Roth* WM 1991, 2085, 2088 f; *Staudinger/Schlosser* § 305 c Rz 109.

[8] *Weyers/Wandt,* Versicherungsvertragsrecht Rz 164; so ohne Stellungnahme zur Problematik auch OLG Hamm VersR 1992, 734 zu einem Leistungsausschluss nach den ARB und OLG Bremen VersR 1996, 223 zur Flugunfähigkeit einer Stewardess wegen Schwangerschaft. In diese Richtung beiläufig auch BGH VersR 1994, 1465 unter III. 2. c) zu einer unklaren Sicherheitsklausel in der Wohngebäudeversicherung; offen lassend hingegen BGHZ 123, 83, 87 f zur Wissenschaftlichkeitsklausel in der privaten Krankenversicherung.

[9] § 305 c Rz 131 ff.; *Ulmer* § 305 c Rz 64 und 91; *Palandt/Heinrichs* § 305 c Rz 20; speziell für AVB sprechen sich für diese Ansicht aus *Bach/Geiger* VersR 1993, 659, 661 und *Wolf/Horn/Lindacher* § 23 Rz 462; OLG München NJW-RR 1998, 393, 394 und OLG Schleswig ZIP 1995, 759, 762 jeweils nicht versicherungsrechtlich; in diese Richtung auch BGH NJW 1992, 1097, 1099 und 1994, 1798, 1799 jeweils bankrechtlich; wohl auch OLG Hamm VersR 2000, 750 unter 1. c) zum Anknüpfungspunkt für den Vergleichszeitraum in der Krankentagegeldversicherung.

nisse von Verbands- und Individualprozess[1] und verwirklicht zudem am besten den Schutzzweck der Unklarheitenregel, nämlich die Besserstellung des Kunden des Verwenders.[2]

5. Fallmaterial

V 144 Nach § 1 I MBKK 94 und so schon nach § 1 I MBKK 76 gewährt der Versicherer im Versicherungsfall „in der **Krankenhaustagegeldversicherung** bei stationärer Behandlung ein Krankenhaustagegeld". Die Formulierung **„stationäre"** Heilbehandlung wurde zu Recht als **unklar** angesehen. Sie kann einerseits so verstanden werden, dass der Patient Tag und Nacht ununterbrochen im Krankenhaus sein muss, aber auch so, dass eine „teilstationäre" Behandlung in einer sog. „Tagesklinik" darunterfällt. Dies bedeutet nach der Unklarheitenregel des § 5 AGBG (heute: § 305 c II), dass auch bei bloßer teilstationärer Behandlung ein Krankenhaustagegeld geschuldet ist.[3] Als Reaktion darauf haben die Versicherer zum großen Teil ihre Tarifbestimmungen zulässigerweise dahingehend ergänzt, dass ein Krankenhaustagegeld nur für jeden vollen Kalendertag geschuldet wird.[4] An der Beurteilung der Klausel „stationär" als unklar hat sich auch dadurch nichts geändert, dass im Jahre 1994 § 178 b II in das VVG aufgenommen wurde,[5] wonach der Versicherer in der Krankenhaustagegeldversicherung verpflichtet ist, „bei medizinisch notwendiger stationärer Heilbehandlung das vereinbarte Krankenhaustagegeld zu leisten".[6] Rechtsprechung und Literatur zu den alten MBKK-Bestimmungen sind nämlich für die Auslegung der §§ 178 a – o VVG heranzuziehen.[7] Soweit nach einer AVB-Bestimmung **„für jeden Tag des Aufenthalts"** ein Krankenhaustagegeld gezahlt wird, ist dies eindeutig dahingehend zu verstehen, dass für solche Tage, an denen sich der Patient den ganzen Tag nicht im Krankenhaus befindet, kein Krankenhaustagegeld zu zahlen ist. Für die Anwendung der Unklarheitenregel ist daher insoweit kein Raum.[8] Hingegen ist die Bestimmung insoweit **unklar,** als sie die Frage offen lässt, ob und in welcher Höhe Krankenhaustagegeld für solche Tage zu zahlen ist, an denen sich der Versicherungsnehmer nur zeitweise im Krankenhaus aufgehalten hat. Hier ist sowohl eine Auslegung denkbar, wonach der Versicherungsnehmer den vollen Tagegeldanspruch hat, als auch eine, wonach er nur Anspruch auf einen der tatsächlichen Aufenthaltszeit im Krankenhaus entsprechenden Betrag hat. Schließlich könnte man die Klausel auch so auslegen, dass das Tagegeld insoweit ganz ausgeschlossen ist. Hier gilt nach der Unklarheitenregel die für den Versicherungsnehmer günstigste Lösung. Er kann also für „Urlaubstage" dann Krankenhaustagegeld verlangen, wenn er an diesem Kalendertag jedenfalls teilweise im Krankenhaus war.[9] Entsprechendes gilt für den Anspruch auf Krankenhaustagegeld

---

[1] *Stoffels,* AGB-Recht Rz 374.

[2] Vgl. auch § 305 c Rz 131.

[3] OLG Hamm VersR 1986, 883 = NJW 1986, 2888; VersR 1990, 843; a.A. *Bach/Moser* § 4 MBKK Rz 74.

[4] AG Warburg NVersZ 2002, 76, 77; *Prölss/Martin/Prölss* § 1 MBKK 94 Rz 56; *Bach/Moser* § 4 MBKK Rz 75.

[5] Zu den Hintergründen der Kodifizierung der behördlich genehmigten Bedingungen *Reiff* VersR 1997, 267, 273.

[6] Versicherungsrechts-Handbuch/*Tschersich* § 45 Rz 119; *Prölss/Martin/Prölss* § 1 MBKK 94 Rz 56, jeweils ohne auf die Problematik einzugehen.

[7] *Reiff* VersR 1997, 267, 273; tendenziell anders *Prölss/Martin/Prölss* § 178 b Rz 2, wonach AVB, die die in § 178 b VVG verwendeten Begriffe benutzen, nach den Methoden der Gesetzesauslegung auszulegen sind.

[8] BGH VersR 1984, 677, 678 f.

[9] BGH VersR 1984, 677, 679; 675, 677; OLG Hamm VersR 1987, 659 = NJW 1986, 2383; Versicherungsrechts-Handbuch/*Tschersich* § 45 Rz 121.

im Rahmen einer Unfallversicherung, wenn es „für jeden Kalendertag gezahlt wird, an dem sich der Versicherte wegen eines Unfalls aus medizinischen Gründen in stationärer Krankenhausbehandlung befindet". Denn eine stationäre Behandlung liegt jedenfalls nicht an einem Tag vor, an dem sich der Patient überhaupt nicht im Krankenhaus befindet.[1]

Nach § 12 Abs. 1 II e AKB besteht in der **Kfz-Vollkaskoversicherung** kein Versicherungsschutz für „**Betriebsschäden**". Dies wurde lange dahin verstanden, dass bei einer Kollision zwischen Zugmaschine und Anhänger kein Versicherungsschutz gewährt werde, weil beide eine Betriebseinheit bildeten, so dass das Schadensereignis auf einem inneren Vorgang beruhe und daher ein „Betriebsschaden" sei.[2] Erst 1994 kam das OLG Hamm zum gegenteiligen Ergebnis, und zwar unter Heranziehung der Unklarheitenregel des § 5 AGBG (heute: § 305 c II). Richtiger Ansicht nach ist die genannte Regelung der AKB indes insoweit **nicht unklar,** sondern eindeutig, allerdings zugunsten des Versicherungsnehmers. Der durchschnittliche Versicherungsnehmer hält nämlich Pkw und Anhänger für zwei Fahrzeuge, von denen eines auf das andere von außen einwirkt. Trotz der starren Verbindung hält er sie nicht für eine Betriebseinheit im technischen Sinn. Betriebsschäden sind für ihn nur solche, die durch normale Abnutzung, durch Material- oder Bedienungsfehler an dem Fahrzeug oder seinen Teilen entstehen. Deshalb hält er die Beschädigung des Pkw durch den Anhänger nicht für einen von der Versicherung ausgeschlossenen Betriebsschaden. Für eine Anwendung der Unklarheitenregel ist daher kein Raum.[3] In einer von einigen Versicherern verwendeten alternativen Fassung der Klausel werden gegenseitige Schäden zwischen ziehendem und gezogenem Fahrzeug ausdrücklich vom Versicherungsschutz ausgeschlossen.[4] Dieser eindeutige Ausschluss verstößt nicht gegen § 307 BGB.[5] **V 145**

In der **Betriebshaftpflichtversicherung** hatte der Versicherer Schäden ausgeschlossen, die durch den Gebrauch eines zulassungs- und versicherungspflichtigen Kfz verursacht werden. Gleichzeitig galt eine weitere Klausel, wonach die Haftpflicht „aus Besitz, Halten und Gebrauch von nicht zulassungs- und versicherungspflichtigen Kfz (auch selbstfahrende Arbeitsmaschinen, z. B. ... **Gabelstapler**)" mitversichert ist. Da Gabelstapler grundsätzlich zu den zulassungs- und versicherungspflichtigen Kfz gehören, ist diese Regelung unklar. Man kann sie sowohl dahingehend verstehen, dass nur nicht zulassungs- und nicht versicherungspflichtige Gabelstapler Versicherungsschutz genießen, als auch dahin, dass Gabelstapler immer versichert sind. Nach der Unklarheitenregel gilt daher die für den Versicherungsnehmer günstigere Regelung. Gabelstapler sind danach in jedem Fall versichert.[6] **V 146**

VII. Vorrang der Individualabrede (§ 305 b BGB)

1. Der Inhalt der Regelung

Nach § 305 b haben individuelle Vertragsabreden Vorrang vor AGB. Das sind alle Abreden, die nicht unter den AGB-Begriff fallen, weil sie im Einzelnen ausgehan- **V 147**

---

[1] BGH VersR 1984, 677, 679.

[2] Vgl. die Nachweise bei OLG Hamm VersR 1996, 447 und bei *Stiefel/Hofmann* § 12 AKB Rz 89.

[3] BGH VersR 1996, 622 (Revisionsurteil zu OLG Hamm VersR 1996, 447); Versicherungsrechts-Handbuch/*Heß/Höke* § 30 Rz 158.

[4] Abdruck der alternativen Klausel einzelner Versicherer bei *Stiefel/Hofmann* § 12 AKB S. 725.

[5] *Stiefel/Hofmann* § 12 AKB Rz 91; *Hofmann* VersR 1998, 140, 141 f.

[6] BGH VersR 1995, 951.

delt sind.[1] Eine Individualabrede kann schriftlich, mündlich oder stillschweigend getroffen werden.[2] Der Vorrang der Individualabrede besteht unabhängig davon, ob sie schon zum Zeitpunkt des Vertragsschlusses mit Einbeziehung der AGB vorliegt oder ob sie später getroffen wird;[3] ebenfalls unerheblich ist, ob sich die Parteien des Widerspruchs der AGB zur Individualabrede bewusst sind oder nicht.[4] Die Abweichung zwischen AGB und vorrangiger Individualabrede kann sich zugunsten des Kunden, aber grundsätzlich auch zugunsten des Verwenders auswirken.[5] Der für den Vorrang der Individualabrede erforderliche Widerspruch zu einer AGB liegt nicht nur dann vor, wenn die AGB in offenem Widerspruch zur individualvertraglichen Regelung steht; ausreichend ist vielmehr auch ein mittelbarer oder **indirekter Widerspruch,** der der Individualabrede den Sinn nehmen würde.[6]

V 148 Ein mittelbarer Widerspruch liegt bei AVB beispielsweise dann vor, wenn ein bestimmter **Risikoausschluss** aufgrund einer in den Versicherungsschein aufgenommenen Individualvereinbarung wesentlich enger ist als ein denselben Sachverhalt betreffender Risikosausschluss in den AVB. In diesem Fall gilt nach § 4 AGBG, dem heutigen § 305 b, nur der engere Risikoausschluss der Individualabrede, so dass der weitere Risikoausschluss der AVB den Versicherungsschutz nicht einschränkt.[7] Fraglich ist, was gilt, wenn der Versicherungsnehmer eine Klausel auf dem Antragsformular, die den Versicherungsschutz gegen Zusatzprämie auf „Überspannungsschäden durch Blitz" erweitert, nicht ankreuzt, daneben aber eine „normale" AVB existiert, für die streitig ist, ob sie „Überspannungsschäden durch Blitz" deckt oder nicht. Das OLG München hat das **Nichtankreuzen der Einschlussklausel** als Angebot des Versicherungsnehmers auf Abschluss eines Versicherungsvertrages ohne Deckung des Risikos „Überspannungsschäden durch Blitz" gewertet, das der Versicherer angenommen habe und das als individualvertragliche Regelung der – inhaltlich umstrittenen – AVB des Versicherers vorgehe, so dass es auf den Inhalt der AVB nicht ankomme.[8] Dem ist nicht zu folgen. Der Antrag des Versicherungsnehmers kann vom Versicherer nur so verstanden werden, dass er das Risiko „Überspannungsschäden durch Blitz" nicht durch eine Zusatzprämie gedeckt wissen will, falls es bei objektiver Auslegung wirklich nicht von den normalen AVB gedeckt ist. Keinesfalls kann der Versicherer in dem Nichtankreuzen einen Verzicht des Versicherungsnehmers auf einen sich aus den AVB ergebenden Deckungsanspruch sehen.[9] Anderenfalls könnte der Versicherer den Zweck des § 5 VVG umgehen, indem er formularmäßig Erweiterungsklauseln anbietet, die zu-

---

1 § 305 b Rz 6; *Stoffels,* AGB-Recht Rz 347; geringfügig weiter der Begriff der Individualabrede bei *Palandt/Heinrichs* § 305 b Rz 2.

2 BGH VersR 1983, 850 = NJW 1983, 2638; BGH NJW 1986, 1807 (nicht versicherungsrechtlich).

3 *Ulmer* § 305 b Rz 13.

4 *Stoffels,* AGB-Recht Rz 347.

5 BGH NJW 1995, 1494, 1496 (nicht versicherungsrechtlich); *Ulmer* § 305 b Rz 25; *Zoller* JZ 1991, 850, 853. – Nach § 10 III VAG a.F. durften Versicherer zu Ungunsten der Versicherungsnehmer von ihren AVB nur aus besonderen Gründen abweichen, und auch nur dann, wenn der Versicherungsnehmer darauf hingewiesen worden war und sich *schriftlich* einverstanden erklärt hatte. Diese (Form-)Vorschrift war eine rein aufsichtsrechtliche Bestimmung, so dass ein Verstoß gegen sie den Versicherungsvertrag nicht nach § 134 unwirksam machte; im Ergebnis wie hier auch *van de Loo,* Angemessenheitskontrolle S. 32. § 10 III VAG a.F. ist freilich bereits seit 1994 außer Kraft; übersehen von *Wolf/Horn/Lindacher* § 23 Rz 455.

6 *Stoffels,* AGB-Recht Rz 348.

7 So OLG Karlsruhe VersR 1984, 829, 830, wo die engere Klausel des Versicherungsscheins nur das Risiko des Be- und Entladens von Fahrzeugen ausschloss, während der AVB-Ausschluss sämtliche Bearbeitungsschäden betraf.

8 OLG München VersR 1998, 93 mit krit. Anm. *Klimke.*

9 So mit überzeugender Begründung *Prölss/Martin/Prölss* Vorbem. I Rz 43 a; ähnlich auch *Klimke* VersR 1998, 94.

gleich Einschränkungen der Grunddeckung enthalten.[1] Ein individualvertraglicher Ausschluss der „Überspannungsschäden durch Blitz" kann also in einem solchen Fall nicht festgestellt werden. Entscheidungserheblich ist die umstrittene Auslegung der normalen AVB.

2. Wirksamkeit der Individualabrede

Individualabreden haben nur dann Vorrang vor AGB, wenn sie wirksam sind; **V 149**
sind sie etwa wegen Formmangels oder Dissenses nichtig oder mangels Vertretungsmacht unwirksam, so ist die damit in Widerspruch stehende AGB heranzuziehen, nicht etwa das dispositive Gesetzesrecht.[2] Dies gilt uneingeschränkt auch für **AVB.** Hier sind indes **drei Besonderheiten** zu beachten. Zum einen ist die Wirksamkeit einer Individualvereinbarung, die zulasten des Versicherungsnehmers von den AVB abweicht, besonders kritisch zu hinterfragen. Zu prüfen ist, ob diese Vereinbarung wirklich beiderseits auf wissentlich freiem Einvernehmen beruht oder ob der Versicherer seine **überlegene Verhandlungsposition missbräuchlich ausgenutzt** hat.[3] Denn der Versicherer ist nach Treu und Glauben in besonderer Weise gehalten, seine überlegene Sach- und Rechtskenntnis nicht zum Nachteil des Versicherungsnehmers auszunutzen.[4] Die Frage der Wirksamkeit der von AVB abweichenden Individualvereinbarungen ist zweitens deshalb besonders zu prüfen, weil das VVG zahlreiche zwingende und **halbzwingende Vorschriften** enthält, und von letzteren auch durch Individualvereinbarung nicht zulasten der Versicherungsnehmer abgewichen werden kann.[5] Eine dritte Besonderheit könnte darin bestehen, dass **öffentlich-rechtliche Vorschriften** die Vertragsfreiheit der Versicherer beschränken und damit Individualabreden unwirksam machen könnten. Insbesondere ist hier an **§ 11 II VAG** für die Lebensversicherung zu denken, der über § 12 IV und V VAG auch auf die nach Art der Lebensversicherung betriebene Krankenversicherung anzuwenden ist. Nach dieser Vorschrift, die für die Krankenversicherung durch § 178 g I VVG ergänzt wird, dürfen bei gleichen Voraussetzungen Prämien und Leistungen nur nach gleichen Grundsätzen bemessen werden. Verstößt ein Versicherer hiergegen, so kann dies nach § 81 VAG Maßnahmen der Aufsichtbehörde nach sich ziehen, berührt aber grundsätzlich nicht die Wirksamkeit der Vereinbarung.[6] Denn das Verbot des § 11 II VAG ist nicht als Verbotsgesetz i.S.d. § 134 anzusehen.[7]

3. Auswirkungen des § 5 VVG

Von besonderem Interesse und zentraler Bedeutung für die Sonderstellung der **V 150**
AVB im Kontext des Vorrangs der Individualabrede sind die Auswirkungen des **§ 5 VVG.**[8] Abs. 1 dieser Vorschrift bestimmt nämlich in Abweichung von § 150 II für

---

[1] *Martin,* Sachversicherungsrecht K I Rz 6; in diese Richtung auch BGH VersR 1990, 200.

[2] *Ulmer* § 305 b Rz 11; *Zoller* JZ 1991, 850, 854; im Ergebnis auch *Staudinger/Schlosser* § 305 b AGBG Rz 11; differenzierend freilich § 305 b Rz 31.

[3] In diesem Sinn OLG Koblenz OLGR 2000, 34 = juris Nr. KORE 516902000 (im konkreten Fall Wirksamkeit bejaht); OLG Hamm NVersZ 2002, 398, 399 (im konkreten Fall Wirksamkeit verneint); BGH VersR 2004, 96, 97 (im konkreten Fall Wirksamkeit bejaht und damit OLG Hamm aaO aufgehoben).

[4] BGH VersR 2004, 96, 97.

[5] *Prölss/Martin/Prölss* Vorbem. I Rz 42; *Wolf/Horn/Lindacher* § 23 Rz 455.

[6] Denkbar ist aber eine Unwirksamkeit aus anderen Gründen, etwa bei *höheren* Prämien als nach den AVB wegen Verstoßes gegen den gemäß § 178 o VVG halbzwingenden § 178 g I VVG.

[7] OLG Karlsruhe NVersZ 2002, 455 f.; *Prölss/Martin/Prölss* § 178 g Rz 9 und 10; zweifelnd noch *ders.* Vorbem. I Rz 42.

[8] Vgl. hierzu Versicherungsrechts-Handbuch/*Präve* § 10 Rz 265; *Staudinger/Schlosser* § 305 b Rz 34; *Bach/Geiger* VersR 1993, 659, 665.

den Fall, dass der – vom Versicherer vorformulierte – Inhalt des Versicherungsscheins vom Inhalt des Antrags oder der – individuell – getroffenen Vereinbarungen abweicht, die **Geltung des Inhalts des Versicherungsscheins,** wenn der Versicherungsnehmer nicht innerhalb eines Monats nach Empfang des Versicherungsscheins schriftlich widerspricht. Dies gilt nach Abs. 2 bei für den Versicherungsnehmer ungünstigen Abweichungen indes nur, wenn der Versicherer den Versicherungsnehmer zuvor auf diese Rechtsfolge durch besondere schriftliche Mitteilung oder durch auffälligen Vermerk im Versicherungsschein hingewiesen und ihn auf die einzelnen Abweichungen besonders aufmerksam gemacht hat. Demgegenüber gilt bei für den Versicherungsnehmer günstigen Abweichungen nach der Rechtsprechung und der herrschenden Meinung[1] die Genehmigungsfiktion des Abs. 1 auch dann, wenn die Abs. 2 und 3 als Schutzvorschriften zugunsten des Versicherungsnehmers nicht eingehalten worden sind. Auf eine für ihn günstige Abweichung des Versicherungsscheins vom Antrag kann sich der Versicherungsnehmer, der nicht widersprochen hat, also stets berufen. Kommt unter den genannten Voraussetzungen die sog. **„Billigungsklausel"** des § 5 I VVG zur Anwendung, so gilt also der Inhalt des Versicherungsscheins und der darin in Bezug genommenen AVB und nicht das, was abweichend hiervon beantragt oder individualvertraglich vereinbart war. Der Vorrang der Individualabrede nach § 305 b kommt dann nicht zum Zug.

V 151 § 5 I VVG setzt voraus, dass der Inhalt des Versicherungsscheins „von dem Antrag" oder „den getroffenen Vereinbarungen" abweicht. Letzteres ist nur der Fall, wenn ausnahmsweise die Zusendung der Police durch den Versicherer nicht die Annahme des vom Versicherungsnehmer stammenden Antrags ist, sondern schon vorher, etwa telefonisch, ein Versicherungsvertrag zustande gekommen war.[2] In der Regel geht es also um die **Abweichung des Versicherungsscheins vom Antrag** des Versicherungsnehmers. Der Antragsinhalt bestimmt sich zunächst nach dem vom Versicherer vorformulierten **Antragsformular,** das vom Versicherungsnehmer oder vom Vertreter ausgefüllt und vom Versicherungsnehmer unterschrieben wurde. Antragsinhalt sind darüber hinaus auch die vom Versicherungsnehmer vorgenommenen Ergänzungen und Änderungen des Antragsformulars und – in der Praxis besonders wichtig – auch die **mündlichen Erläuterungen und Ergänzungen,** die der Versicherungsnehmer im Gespräch mit dem Versicherungsvertreter vorgenommen hat. Insoweit ist unerheblich, ob der Agent als so genannter Abschlussvertreter ausnahmsweise aktive Vertretungsmacht hatte oder nicht. Denn auch wenn wie in aller Regel ein bloßer **Vermittlungsvertreter** für den Versicherer gehandelt hat, so hatte dieser doch unabdingbar[3] Empfangsvertretungsmacht für den Versicherer.[4] Der Vermittlungsvertreter ist also **Auge und Ohr** des Versicherers. Weicht daher der Inhalt des Versicherungsscheins zwar nicht vom Inhalt des schriftlichen Versicherungsantrags, wohl aber von den mündlichen Ergänzungen ab, so muss im Versicherungsschein auf diese Abweichungen aufmerksam gemacht werden. Anderenfalls kommt nach § 5 III VVG der Versicherungsvertrag vorbehaltlich einer Anfechtung durch den Versicherer[5] mit

---

[1] BGH VersR 1976, 477, 478; 1989, 395 unter I. 1.; 1990, 887; OLG Düsseldorf VersR 2002, 183; *Römer/Langheid/Römer* § 5 Rz 15; Versicherungsrechts-Handbuch/*K. Johannsen* § 8 Rz 18; a.A. *Prölss/Martin/Prölss* § 5 Rz 6, nach dem bei günstigen Abweichungen auch § 5 I VVG keine Anwendung findet.

[2] *Römer/Langheid/Römer* § 5 Rz 13; *Prölss/Martin/Prölss* § 5 Rz 5.

[3] Siehe hierzu oben Rz V 79.

[4] Zu engherzig daher *Bach/Geiger* VersR 1993, 659, 665 und *van de Loo,* Angemessenheitskontrolle S. 34 f, die insoweit nur die gewohnheitsrechtliche Erfüllungshaftung heranziehen wollen.

[5] Vgl. hierzu BGH VersR 1995, 648, wo im konkreten Fall eine Anfechtung entbehrlich war; *Prölss/Martin/Prölss* § 5 Rz 15.

dem Inhalt der mündlichen Ergänzungen zustande.[1] Die **Beweislast** für den vom Versicherungsschein abweichenden und ihn begünstigenden Inhalt des Vertrages und damit auch seines Antrages trägt freilich nach allgemeinen Grundsätzen der Versicherungsnehmer,[2] und zwar auch dann, wenn das Antragsformular vom Versicherungsagenten ausgefüllt wurde.[3] Der Versicherungsnehmer muss darlegen und beweisen, dass er mündlich gegenüber dem Agenten Ergänzungen seines Antrags vorgenommen hat, die in dem von ihm unterschriebenen Formular keinen Niederschlag gefunden haben.

4. Auslegung der vorrangigen Individualabrede

Wurde eine den AVB des Versicherers vorgehende Individualabrede getroffen, so ist ihr Inhalt durch Auslegung zu ermitteln, wenn sich nicht feststellen lässt, dass die Parteien sie übereinstimmend in einem ganz bestimmten Sinn verstanden haben. Diese Auslegung richtet sich grundsätzlich nach den allgemeinen Regeln über die Auslegung von Individualvereinbarungen. Wenn die Individualabrede aber darin besteht, dass eine bestimmte Klausel der AVB des Versicherers abgeändert wurde, einige Teile dieser Klausel aber unverändert übernommen wurden, so ist regelmäßig davon auszugehen, dass die Parteien diese Teile so verstanden wissen wollen, wie sie üblicherweise zu verstehen sind, wenn die Klausel insgesamt unverändert in den Vertrag übernommen wird.[4] Insoweit ist dann also die Individualabrede wie eine AVB objektiv auszulegen, mit der Folge, dass das Ergebnis dieser Auslegung vom Revisionsgericht voll nachgeprüft werden kann. **V 152**

5. Kollidierende AGB: Analogie zu § 305 b BGB?

Verbreitet wird vertreten, § 305 b sei unmittelbar oder entsprechend auch anzuwenden, wenn es nicht um den Vorrang einer Individualabrede vor den AGB gehe, sondern um widersprüchliche AGB.[5] Auch bei der **Kollision verschiedener vorformulierter Teile** eines Vertrages sei zu entscheiden, welcher Teil Vorrang habe, und dies sei nach § 305 b die speziellere Bestimmung, regelmäßig also die zusätzlich zur ursprünglichen Vertragsfassung aufgenommene Vertragsbedingung. Für das Versicherungsvertragsrecht wurde dies angenommen für den Leistungsausschluss „für die in Beantwortung der bevorstehenden Frage angegebenen Gesundheitsstörungen und deren Folgen" auf dem Antragsformular für eine Krankentagegeldversicherung im Verhältnis zum Leistungsausschluss in den AVB „für Krankheiten und deren Folgen sowie für Unfallfolgen, die vor Beginn des Versicherungsschutzes behandlungsbedürftig waren oder behandelt worden sind". Der Leistungsausschluss in den AVB sei unbeachtlich, weil er dem auf dem Antrag widerspreche. Der in § 4 AGBG, dem heutigen § 305 b, normierte Vorrang der Individualabrede gelte nämlich auch dann, wenn Abweichungen innerhalb eines vorformulierten Vertragswerkes gegeben sind und zwischen den sich widersprechenden Vertragsteilen eine Abstufung im Sinne von formularmäßigen Haupt- und Nebenabreden vorliege.[6] **V 153**

---

[1] *Römer/Langheid/Römer* § 5 Rz 8 und 16; Versicherungsrechts-Handbuch/*K. Johannsen* § 8 Rz 16; einschränkend *Prölss/Martin/Prölss* § 5 Rz 15.

[2] BGH VersR 2002, 1089, 1090; eingehend hierzu – auch de lege ferenda – Versicherungsrechts-Handbuch/*Reiff* § 5 Rz 156–160.

[3] BGH VersR 2002, 1089, 1090; *Römer/Langheid/Römer* § 5 Rz 22 (anders noch *ders.* in der Vorauflage).

[4] Hierzu und zum Folgenden BGH VersR 1985, 979, 980.

[5] Für direkte Anwendung *Staudinger/Schlosser* § 305 b Rz 20; für entsprechende Anwendung *Ulmer* § 4 Rz 24.

[6] OLG Frankfurt VersR 1995, 522; zustimmend *Prölss/Martin/Prölss* Vorbem. I Rz 43.

V 154 Der genannten Ansicht ist nicht zu folgen.[1] Eine **unmittelbare Anwendung** scheidet in Anbetracht des klaren Wortlautes von vornherein aus. Auch eine **analoge Heranziehung** der Vorschrift ist nicht möglich. Es fehlt zum einen, wie gleich am Fall des Leistungsausschlusses gezeigt werden wird, an einer Regelungslücke und zum anderen an der Wertungsgleichheit zwischen geregeltem und ungeregeltem Sachverhalt. § 305 b ist nämlich Ausdruck eines Rangverhältnisses zwischen Individualabrede und AGB und damit einer unmittelbar aus dem Grundsatz der Privatautonomie folgenden Rechtsquellenhierarchie.[2] Ein solches Rangverhältnis existiert im Verhältnis der miteinander kollidierenden AGB nicht. Eine Regelungslücke besteht ebenfalls nicht. So ist im Fall der widersprüchlichen Risikoausschlussklauseln in AVB und Antragsformular dem Antragsformular schon nach allgemeinen Grundsätzen der Vorrang einzuräumen, weil der Versicherungsnehmer der Klausel auf dem unterschriebenen Antragsformular Vorrang beimessen darf und wird.[3] Lässt sich dies ausnahmsweise nicht feststellen und kommt sowohl die Auslegung in Betracht, dass der engere Risikoausschluss den weiteren verdrängt, als auch die, dass beide nebeneinander bestehen sollen, so gilt nach § 305 c II die für den Versicherungsnehmer günstigere Regelung, kommt also nur der engere Risikoausschluss zum Zug.[4] Schließlich kommt auch noch § 305 c I in Betracht. Eine mit dem Inhalt des dem Versicherungsnehmer bekannten Antragsformulars unvereinbare AVB-Bestimmung ist für den Versicherungsnehmer überraschend und wird damit nicht Vertragsbestandteil.

VIII. Richterliche Inhaltskontrolle (§§ 307–309 BGB)

1. Einleitung

V 155 Das „Herzstück" des AGB-Rechts sind die Vorschriften über die offene richterliche Inhaltskontrolle, also die §§ 307–309, die früheren §§ 8–11 AGBG. Diese Vorschriften sind daher auch für AVB von herausragender Bedeutung, wobei die speziellen Klauselverbote der §§ 308 und 309 für AVB zwar ebenfalls eine gewisse Relevanz besitzen,[5] insgesamt aber doch eine untergeordnete Rolle spielen. Im Vordergrund steht die Generalklausel der unangemessenen Benachteiligung gem. § 307 I 1 mit ihren Ausprägungen Leitbildverstoß nach § 307 II Nr. 1 und vor allem Vertragszweckgefährdung nach § 307 II Nr. 2. Hinzu kommt die Transparenzkontrolle nach § 307 I 2.

2. Schranken der Inhaltskontrolle (§ 307 Abs. 3 BGB)

V 156 **a) Normzweck.** Nach **§ 307 III 1**, dem alten § 8 AGBG, gelten die Vorschriften über die Inhaltskontrolle – vorbehaltlich einer Kontrolle intransparenter Klauseln nach § 307 III 2 mit I 2 – nur für solche AGB-Bestimmungen, „durch die von Rechtsvorschriften abweichende oder diese ergänzende Regelungen vereinbart werden". Dieser Wortlaut erschließt sich auch dem juristisch geübten Leser nicht ohne Weiteres.[6] In der amtlichen Begründung wird er wie folgt erläutert: „Die

---

[1] Ablehnend auch § 305 b Rz 6; *Zoller* JZ 1991, 850, 854 f.
[2] Eingehend hierzu *Zoller* JZ 1991, 850, 854 f mit 852 f.
[3] In diesem Sinn § 305 c Rz 121.
[4] So die – zutreffende – Hilfserwägung des OLG Frankfurt VersR 1995, 522, die die Entscheidung trägt; ebenso *Ulmer* § 305 c Rz 88; *Prölss/Martin/Prölss* Vorbem. I Rz 43.
[5] Zutreffende Feststellung bei *Hansen* VersR 1988, 1110.
[6] So die treffende Formulierung von *Römer* FS E. Lorenz S. 449.

Leistungsbeschreibung einschließlich etwaiger in AGB enthaltener Festlegungen des Entgelts unterliegen der Inhaltskontrolle demnach ebenso wenig wie AGB, die lediglich den Inhalt gesetzlicher Regelungen wiedergeben. Denn aufgrund der Inhaltskontrolle soll weder eine Kontrolle der Preise oder Leistungsangebote ermöglicht noch sollen Vorschriften anderer Gesetze modifiziert werden."[1] Kontrollfrei sind also zwei Sachverhalte. Erstens die so genannten **deklaratorischen Klauseln,** die Rechtsvorschriften lediglich wiederholen ohne sie zu ergänzen oder sie zu verändern und deren Inhalt deshalb auch ohne AGB gelten würde. Eine gerichtliche Inhaltskontrolle kollidierte hier mit der Bindung des Richters an Gesetz und Recht, die es nicht gestattet, das Gesetz dem Angemessenheitsurteil des Richters auszuliefern.[2] Außerdem wäre eine gerichtliche Inhaltskontrolle hier sinnlos, weil nach § 306 II die – identische – gesetzliche Regelung an die Stelle der für unwirksam erklärten Klausel treten würde.[3] Kontrollfrei sind zweitens solche Klauselinhalte, die in einem marktwirtschaftlichen System ihrer Art nach grundsätzlich nicht der Regelung durch Rechtsvorschriften unterliegen, also etwa **Abreden über den Gegenstand der Hauptleistung** (Leistungsbeschreibungen) **und Preisvereinbarungen.**[4]

b) Relevanz der Besonderheiten von AVB. Die grundsätzliche Kontrollfreiheit von Abreden über den Gegenstand der Hauptleistung könnte AVB verglichen mit normalen AGB in stärkerem Maße der Inhaltskontrolle entziehen, weil AVB in weitem Umfang die Hauptleistung des Versicherers beschreiben. In der Tat hat es im älteren Schrifttum dahingehende Ansätze gegeben.[5] Rechtsprechung und h.L. sind diesen Ansätzen indes zu Recht nicht gefolgt. Zu beachten ist nämlich hier eine bereits herausgestellte[6] Besonderheit der AVB: ihre **produktkonstituierende Funktion.**[7] AVB beschreiben die Leistungsverpflichtung des Versicherers nicht nur, sie bringen sie zugleich auch hervor. Die Situation des Versicherungsnehmers ist daher eine ganz andere als die eines Kunden, der mit „normalen Leistungsbeschreibungen" konfrontiert wird. Solche normalen Leistungsbeschreibungen verweisen beispielsweise einen Käufer auf real existierende Sachen oder Gegenstände, die dieser kennt oder über die er sich informieren kann. Demgegenüber ist der Versicherungsnehmer einzig und allein auf die AVB verwiesen. In ihnen ist das von ihm zu erwerbende (Rechts-)Produkt „Versicherungsschutz" ausschließlich verkörpert. Der Versicherungsnehmer kann den Nutzen und den Wert, den dieses Produkt für ihn hat, daher nur dann wirklich begreifen, wenn er alle Bedingungen und ihr Zusammenspiel zutreffend erfasst und bewertet; eine Anforderung, die in der Praxis nicht erfüllt werden kann, schon gar nicht von einem „durchschnittlichen Versicherungsnehmer". Hinzu kommt, dass das Wissen der finanzwirtschaftlich unerfahrenen Durchschnittsverbraucher in Bezug auf Versicherungen wesentlich geringer ist als bei anderen Produkten, etwa einem Auto V 157

---

1 BT-Drs. 7/3919 S. 22.

2 *Stoffels,* AGB-Recht Rz 424.

3 BGHZ 91, 55, 57; 106, 42, 45; *Reiff* AnwBl 1997, 3, 7.

4 Eingehend *Stoffels,* AGB-Recht Rz 440 ff. und 443 ff. Vgl. auch BGH VersR 2005, 1417, 1418.

5 Prägnante Beschreibung des Meinungsstandes und eingehende Nachweise bei *Präve,* Versicherungsbedingungen Rz 341 – 350; Nachweise auf das ältere Schrifttum auch bei *Prölss/Martin/Prölss* Vorbem. I Rz 45; tendenziell zu weitgehend auch noch *Bach/Geiger* VersR 1993, 659, 667 f. Aus dem neueren Schrifttum plädieren für einen weiten *kontrollfreien* Raum *Fausten* VersR 1999, 413, 416 ff. und *Langheid* NVersZ 2000, 63, 64 ff.

6 Siehe hierzu oben Rz V 64.

7 Hierzu und zum Folgenden eingehend und eindringlich die von Verf. betreute Bonner Dissertation von *Henkel,* Inhaltskontrolle S. 158 ff.; eingehend auch *Römer* FS E. Lorenz S. 449, 462 f; *Prölss* VersR 2000, 1441, 1449; *Prölss/Martin/Prölss* Vorbem. I Rz 45.

oder einer Wohnung.[1] Der Versicherungsnehmer kann also die **Qualität des Produktes** „Versicherungsschutz" nicht hinreichend zutreffend einschätzen. Er ist daher deutlich **schutzbedürftiger** als ein sonstiger durchschnittlicher Verbraucher, etwa ein Käufer. Aufgrund der Überlegenheit des Versicherers ist bei Versicherungsverträgen außerdem eine starke Informationsasymmetrie bezüglich des Produktes festzustellen, so dass die Gefahr eines Marktversagens und infolgedessen einer sinkenden Produktqualität besteht. Rechtspolitisch erwünscht und geboten ist daher nach alldem eine Inhaltskontrolle im Sinn einer **Qualitätskontrolle** der AVB durch die Gerichte.

V 158 **c) Die Abgrenzung.** Entsprechend diesem Desiderat kontrolliert die Rechtsprechung[2] unter Billigung der h.L.[3] in ganz weitem Umfang den Inhalt von AVB. Zwar sind nach dem BGH „bloße Leistungsbeschreibungen" der Inhaltskontrolle entzogen. Solche Beschreibungen lassen die für Leistungen geltenden gesetzlichen Vorschriften unberührt und legen nur Art, Umfang und Güte der geschuldeten Leistung fest. Hingegen sind Klauseln, die das Hauptleistungsversprechen einschränken, verändern, ausgestalten oder modifizieren, der Inhaltskontrolle unterworfen. **Kontrollfrei** ist danach nur der **enge Bereich** der Leistungsbezeichnungen, ohne deren Vorliegen mangels Bestimmtheit oder Bestimmbarkeit des wesentlichen Vertragsinhalts ein wirksamer Versicherungsvertrag nicht mehr angenommen werden kann.[4]

V 159 Zu diesem engen Bereich gehören nur die – regelmäßig am Anfang eines Bedingungswerkes stehenden – allgemeinsten Beschreibungen der Voraussetzungen und des Umfangs der Leistung des Versicherers.[5] Hat beispielsweise in § 1 der AVB einer **Arbeitslosigkeitsversicherung** der Versicherer dem Versicherungsnehmer Versicherungsschutz bei Verdienstausfall als Folge von unfreiwilliger Arbeitslosigkeit versprochen, und zwar in Form einer zusätzlichen monatlichen Leistung zum Arbeitslosengeld, dann ist damit bereits das Hauptleistungsversprechen des Versicherers so beschrieben, dass der wesentliche Vertragsinhalt bestimmt werden kann und der Annahme eines wirksamen Versicherungsvertrages nichts im Wege steht.[6] Wird dann in § 3 derselben AVB die unfreiwillige Arbeitslosigkeit in der Weise definiert, dass sie sich auf Fälle beschränkt, in denen der Arbeitgeber das Arbeitsverhältnis aus Gründen kündigt, die nicht in der Person des Versicherungsnehmers liegen, so liegt hierin eine Modifizierung des in § 1 der AVB gegebenen

---

[1] *Henkel,* Inhaltskontrolle S. 159.

[2] Grundlegend BGH VersR 1993, 830, 831 unter I. 2. zur Hausgenossenhaftung nach § 9 Nr. 1 a und Nr. 3 a VHB 84 und VersR 1993, 957, 958 unter II. zur Wissenschaftlichkeitsklausel des § 5 I f MBKK 76; VersR 1994, 1049 zu einer Klausel über eine 10-jährige Vertragslaufzeit in der Unfallversicherung; VersR 2001, 184 zu einer Klausel in der Auslandsreisekrankenversicherung und VersR 2001, 841, 843 unter I. 1. c. = ZIP 2001, 1052, 1054 mit Anm. *Reiff* zu Klauseln zum Rückkaufswert in der Lebensversicherung.

[3] *Römer* FS E. Lorenz S. 449, 465 ff. „Minimum an kontrollfreiem Raum"; *Römer/Langheid/Römer* vor § 1 Rz 9; Versicherungsrechts-Handbuch/*Präve* § 10 Rz 286; *Dreher,* Versicherung als Rechtsprodukt S. 298 ff., 304 f mit 265 ff. und 163 ff.; *Weyers/Wandt,* Versicherungsvertragsrecht Rz 168 f; im Grundsatz auch *Prölss/Martin/Prölss* Vorbem. I Rz 47 mit Einschränkungen in Rz 48.

[4] Grundlegend BGH VersR 1993, 830, 831 unter I. 2. zur Hausgenossenhaftung nach § 9 Nr. 1 a und Nr. 3 a VHB 84 und VersR 1993, 957, 958 unter II. zur Wissenschaftlichkeitsklausel des § 5 I f MBKK 76. Über das Ziel hinaus schießt hingegen *Schünemann* VersR 2000, 144, 147 f, nach dem nicht einmal ein „Kernbereich" der Risikobeschreibung von der Kontrolle ausgenommen sein soll, weil die Leistung des Versicherers im Rechtssinn allein in der Zahlung der Versicherungssumme bestehe; hiergegen zutreffend *Prölss* VersR 2000, 1441, 1451.

[5] *Prölss/Martin/Prölss* Vorbem. I Rz 47.

[6] BGH VersR 1999, 710, 711 unter I. 2. b.; a.A. insoweit noch die Vorinstanz OLG Hamburg VersR 1998, 627 unter I. 1. und *Fausten* VersR 1999, 413, 416.

Hauptleistungsversprechens, mit der Folge, dass § 3 der AVB inhaltlich kontrolliert werden kann.[1]

d) Einfluss der EG-Klauselrichtlinie. Rechtsprechung und h. L. vom engen kontrollfreien Bereich sind neuerdings in (auch) europarechtlich motivierte Kritik geraten.[2] In der Tat ordnet die **Richtlinie 93/13/EWG** des Rates über missbräuchliche Klauseln in Verbraucherverträgen vom 5. 4. 1993[3] in ihrem **Art. 4 II** an: „Die Beurteilung der Missbräuchlichkeit der Klauseln betrifft weder den Hauptgegenstand des Vertrages noch die Angemessenheit zwischen dem Preis bzw. dem Entgelt und den Dienstleistungen bzw. den Gütern, die die Gegenleistung darstellen, sofern diese Klauseln klar und verständlich abgefasst sind." Diese Bestimmung wird ergänzt durch **Erwägungsgrund 19 S. 3** der genannten Richtlinie, in dem es heißt: „Daraus folgt unter anderem, dass bei Versicherungsverträgen die Klauseln, in denen das versicherte Risiko und die Verpflichtung des Versicherten deutlich festgelegt oder abgegrenzt werden, nicht als missbräuchlich beurteilt werden, sofern diese Einschränkungen bei der Berechnung der vom Verbraucher gezahlten Prämie Berücksichtigung finden." Aus diesen Vorschriften folge, so die Kritiker der h.M., dass transparente Leistungsbeschreibungen stets kontrollfrei seien, weil sie ausnahmslos bei der Prämienkalkulation Berücksichtigung fänden.[4] Die strengere Auffassung des BGH sei daher richtlinienwidrig. **Art. 8** der Klauselrichtlinie, nach dem die Mitgliedstaaten auf dem durch diese Richtlinie geregelten Gebiet mit dem EG-Vertrag vereinbare strengere Bestimmungen erlassen können, um ein höheres Schutzniveau für Verbraucher zu gewährleisten, ändere hieran nichts. Denn diese Vorschrift betreffe nur die Kontrollmaßstäbe, nicht aber die Kontrollfähigkeit. **V 160**

Dem ist nicht zu folgen.[5] Für die **Kontrollfreiheit,** die S. 3 des 19. Erwägungsgrundes der Richtlinie für Versicherungsverträge in Aussicht stellt, ist erforderlich, dass die Einschränkungen bei der Prämienberechnung Berücksichtigung finden. Hierfür reicht die bloße tatsächliche Prämienrelevanz oder die Berücksichtigung bei der internen Kalkulation des Versicherers nicht aus. Erforderlich ist vielmehr vor dem Hintergrund von Sinn und Zweck des Art. 4 II der Richtlinie, dass sich die Klauseln für den Verbraucher erkennbar auf das Preis-Leistungs-Verhältnis auswirken. Kontrollfrei sind danach nur solche leistungsbeschreibende AVB, die der Versicherungsnehmer typischerweise in seine Auswahlentscheidung zwischen verschiedenen Produkten mit einbezieht und die daher wie die essentialia negotii dem **Klauselwettbewerb** unterliegen.[6] Zwar ergibt sich auch dann noch nach der Richtlinie ein weiterer kontrollfreier Bereich als nach der Rechtsprechung und der h.L. zu § 307 III 1. Dies lässt sich etwa für die **„Laufzeitklauseln"**[7] und die so genannten **„weichen Rabattierungsmerkmale"** in der Kfz-Versicherung[8] feststellen. Die engere deutsche Rechtsprechung ist indes grundsätzlich mit der Richtlinie **V 161**

[1] BGH aaO.

[2] *Langheid* NVersZ 2000, 63, 64 ff.; *Fausten* VersR 1999, 413, 416 ff.

[3] ABlEG L 95/29 vom 21. 4. 1993.

[4] *Langheid* NVersZ 2000, 63, 65; *Fausten* VersR 1999, 413, 417 f.

[5] Im Ergebnis wie hier auch *Prölss* VersR 2000, 1441, 1450 f.

[6] Vgl. hierzu die vom Verf. betreute Bonner Dissertation von *Henkel,* Inhaltskontrolle S. 297 f.

[7] Für Kontrollfreiheit nach der Richtlinie *Henkel,* Inhaltskontrolle S. 295; demgegenüber hält der BGH VersR 1994, 1049, Laufzeitregelungen für kontrollfähig, weil sie nicht zu dem engen Leistungsbereich gehörten, ohne den ein wirksamer Vertrag nicht mehr angenommen werden kann, sondern das Hauptleistungsversprechen näher ausgestalteten.

[8] Für Kontrollfreiheit nach der Richtlinie *Henkel,* Inhaltskontrolle S. 292 f; ebenso *Schmidt-Salzer* VersR 1995, 1261, 1266; a.A. *Schirmer/Marlow* VersR 1997, 782, 787. Zur nach h.M. möglichen Inhaltskontrolle am Maßstab der §§ 16 ff. und 23 ff. VVG vgl. Versicherungsrechts-Handbuch/*Präve* § 10 Rz 401 f.

zu vereinbaren. **Art. 8** der Richtlinie gestattet nämlich nicht nur strengere Kontrollmaßstäbe, sondern auch eine **Erweiterung der Kontrollmöglichkeit,** weil auch deren Umfang eine Frage des Schutzniveaus für die Verbraucher ist.[1] Denkbar ist allenfalls, dass die Auslegungspraxis der deutschen Gerichte zu § 307 III 1 für den grenzüberschreitenden Verkehr ein unverhältnismäßiger **Eingriff in die Dienstleistungsfreiheit** der ausländischen Versicherer ist und daher gegen die Zielvorgaben der Klauselrichtlinie verstößt.[2] Insoweit ist aber zunächst darauf hinzuweisen, dass die praktische Bedeutung dieser Frage sehr gering ist, weil der grenzüberschreitende Verkehr bei Versicherungen noch immer die seltene Ausnahme ist. Zum anderen spricht auch insoweit viel dafür, dass den ausländischen Unternehmen zwar der Gang in das ausländische Recht erleichtert werden soll, nicht aber die Mitgliedstaaten bei der Durchsetzung ihres schutzintensiveren Privatrechts behindert werden sollen.[3] Nach allem lässt sich daher festhalten, dass die deutsche Rechtsprechung und h.L. zu § 307 III 1 nicht gegen die EG-Klauselrichtlinie verstößt.

V 162 **e) Kasuistik.** In Anbetracht dessen, dass der BGH „kaum jemals davor zurückgeschreckt ist, AVB zu kontrollieren",[4] scheint es wenig sinnvoll, im Folgenden auf alle die Fälle näher einzugehen, in denen der BGH die Kontrollfreiheit nach § 307 III 1 bzw. dem früheren § 8 AGBG verneint hat und die Klauseln daher einer Inhaltskontrolle unterwarf.[5] Von größerem Interesse dürfte ein Blick auf die wenigen Fälle sein, in denen sich die neuere Rechtsprechung nicht abstrakt i.S.d. oben wiedergegebenen Formel, sondern konkret zum **kontrollfreien Bereich** geäußert hat. So hat der BGH in seiner Entscheidung über die Unwirksamkeit von Klauseln zum Rückkaufswert in der **Lebensversicherung** ausgeführt, zum kontrollfreien Leistungsversprechen gehörten der vom Versicherungsnehmer monatlich zu zahlende Beitrag und die jeweilige Versicherungssumme, die der Versicherer bei Eintritt des Versicherungsfalls zu leisten hat.[6] In einer Entscheidung des BGH zur **Krankheitskostenversicherung**, in der er die Leistungsbegrenzung für Psychotherapie auf dreißig Sitzungen während der Vertragsdauer für unwirksam erklärte, führte der BGH aus, das kontrollfreie Hauptleistungsversprechen ergebe sich aus § 1 I a der AVB und bestehe darin, für Krankheiten, Unfälle und andere im Vertrag genannte Ereignisse Versicherungsschutz zu gewähren, und zwar in Form des Ersatzes von Aufwendungen für Heilbehandlung.[7] In einer Entscheidung zur **Krankentagegeldversicherung** hat es der BGH hingegen abgelehnt, das Erfordernis völliger Arbeitsunfähigkeit nach § 1 III MBKT zu kontrollieren, weil es sich insoweit um ein kontrollfestes Leistungsversprechen handele.[8] Nach dem OLG Stuttgart schließlich gehört zum kontrollfreien Bereich in der Krankenversicherung die in § 1 II MBKK 94 vorgenommene Definition des Versicherungsfalls als einer medizinisch notwendigen Heilbehandlung einer versicherten Per-

---

[1] BGH VersR 2001, 184, 185 unter II. 1. b.; BGH VersR 2006, 641, 642 unter II.2.; *Prölss* VersR 2000, 1441, 1450; *Henkel,* Inhaltskontrolle S. 300.

[2] Eindringlich in diesem Sinn *Henkel,* Inhaltskontrolle S. 300 ff., 305; ähnlich *Langheid* NVersZ 2000, 63, 66.

[3] Hierzu *Roth* ZEuP 1994, 5, 32 f; im Ergebnis ähnlich *Prölss* VersR 2000, 1441, 1450.

[4] Formulierung von *Prölss* VersR 2000, 1441, 1449.

[5] Guter Überblick über die zahllosen Urteile bei Versicherungsrechts-Handbuch/*Präve* § 10 Rz 300–323.

[6] BGH VersR 2001, 841, 843 unter I. 1. c. = ZIP 2001, 1052, 1054 mit Anm. *Reiff.*

[7] BGH VersR 1999, 745, 747 unter II. 2. c.; ähnlich BGH VersR 2001, 576, wo der BGH ausführt, das Hauptleistungsversprechen ergebe sich aus § 1 MBKK 76, so dass die Verwandtenklausel nach § 5 I g der Inhaltskontrolle unterliege; in beiden Fällen hätte der BGH ergänzend § 178 b I VVG heranziehen können und müssen.

[8] BGH VersR 1993, 297, 298 unter II. 1. a.E.; zustimmend *Prölss/Martin/Prölss* § 1 MBKT 94 Rz 7; *Bach/Moser* § 1 MBKT Rz 15.

son.[1] Zu weitgehend ist schließlich eine Entscheidung des LG München, wonach in der **Reiserücktrittskostenversicherung** etwa auch die nähere Definition des Versicherungsfalls durch „schwere Unfallverletzung" und „schwere Erkrankung" kontrollfrei sein soll.[2]

f) Intransparente Klauseln. Selbst wenn eine AVB-Bestimmung nach den strengen Grundsätzen der Rechtsprechung zum engen Bereich der nach § 307 III 1 BGB kontrollfreien Leistungsbestimmungen gehört, so bedeutet dies nicht, dass auch eine richterliche Transparenzkontrolle ausgeschlossen ist. Vielmehr folgt aus **§ 307 III 2,** dass die Transparenz der Klausel eine **Vorbedingung der Kontrollfreiheit** darstellt.[3] Nach den Vorstellungen des Rechtsausschusses zum Schuldrechtsmodernisierungsgesetz müssen nämlich auch Leistungsbestimmungs- und Entgeltregelungen, die an sich nach § 307 III 1 von der AGB-Kontrolle ausgenommen sind, dann der AGB-Kontrolle unterliegen, wenn sie intransparent sind.[4] Dies gilt in vollem Umfang auch für AVB.[5] Probleme entstehen, wenn die Transparenzkontrolle dazu führt, dass die Umschreibung des Kernbereichs der Leistung des Versicherers nach § 307 I 2 mit 1 unwirksam ist. Hält hier das dispositive Recht nicht ausnahmsweise eine entsprechende Regelung bereit oder lässt sich der Kernbereich wenigstens im Wege der ergänzenden Vertragsauslegung ermitteln, so muss man den Inhalt der intransparenten und daher an sich unwirksamen Klausel zugunsten des Versicherungsnehmers objektiv ermitteln, weil dieser ansonsten ohne Versicherungsschutz wäre.[6] **V 163**

3. Überblick

An der Spitze der Vorschriften über die Inhaltskontrolle steht die Generalklausel des § 307. Zu Recht, denn wenn sie auch rechtstechnisch als Auffangtatbestand zu den speziellen Klauseltatbeständen der §§ 308, 309 ausgestaltet ist, so enthält doch sie die maßgeblichen Wertungskriterien und kommt ihr in der Gerichtspraxis – auch und gerade für AVB[7] – die überragende Bedeutung zu.[8] Nach der „Kernvorschrift" des § 307 I sind Bestimmungen in AGB unwirksam, wenn sie den „Vertragspartner" des Verwenders entgegen den Geboten von Treu und Glauben unangemessen benachteiligen. Diese Generalklausel wird durch die beiden Alternativen des § 307 II konkretisiert. Hinzu kommt noch das Transparenzgebot aus § 307 I 2. **V 164**

Unmittelbar geschützt werden durch die Regelung des § 307 I die Interessen der Versicherungsnehmer als **„Vertragspartner"** des Versicherers. Vertragspartner in diesem Sinn ist in der Gebäudeversicherung auch der **Erwerber des bebauten Grundstücks,** weil er nach § 69 I VVG anstelle des Veräußerers in die sich aus dem Versicherungsverhältnis ergebenden Rechte und Pflichten des Versicherungsnehmers eintritt.[9] Geschützt sind aber auch die Interessen **mitversicherter Personen,** die neben dem Versicherungsnehmer Ansprüche aus dem Versicherungsvertrag **V 165**

---

1 OLG Stuttgart VersR 1992, 1080, 1081 unter 3.

2 LG München VersR 2001, 504 unter 1.; kritisch hierzu *Prölss/Martin/Prölss* Vorbem. I Rz 53 a.

3 Begriff nach *Ulmer/Fuchs* § 307 Rz 11; ebenso *Stoffels,* AGB-Recht Rz 430.

4 BT-Drs. 14/7052, 188.

5 Vgl. nur *Römer* NVersZ 1999, 97, 98 und *Präve,* Versicherungsbedingungen Rz 425 f, beide noch zu § 8 AGBG; zu § 307 III 2 ausdrücklich Versicherungsrechts-Handbuch/*Präve* § 10 Rz 280.

6 So die überzeugende Argumentation von *Prölss/Martin/Prölss* Vorbem. I Rz 54.

7 *Römer* NVersZ 1999, 97, 101.

8 *Stoffels,* AGB-Recht Rz 463 f.

9 So BGH VersR 1990, 1115, 1116, wonach eine AVB, die dem Erwerber das Kündigungsrecht nimmt, gegen die wesentlichen Grundgedanken der gesetzlichen Regelung der §§ 69 ff. VVG verstößt; vgl. hierzu auch *Dörner* NJW 1991, 409 f.

haben, etwa der Fahrer nach § 2 II Nr. 3 KfzPflVV in der Kfz-Haftfpflichtversicherung. Erst recht gilt dies für die versicherten Personen im Rahmen von Versicherungsverträgen, bei denen der Versicherungsnehmer selbst keinen Anspruch auf die Versicherungsleistung hat, etwa bei Verträgen des Arbeitgebers zugunsten seiner Arbeitnehmer.[1] Geschützt sind auch die Interessen der **Bezugsberechtigten in der Lebensversicherung**[2] und des **Geschädigten in der Kfz-Haftpflichtversicherung**[3]. Ganz allgemein lässt sich davon sprechen, dass in den Schutz des § 307 auch die Interessen solcher Dritter einbezogen sind, die Rechte aus dem Versicherungsvertrag herleiten können oder durch diesen unmittelbar berechtigt sind.[4] Hingegen werden die **Interessen Dritter** grundsätzlich durch § 307 **nicht geschützt** und sind daher bei der Inhaltskontrolle regelmäßig nicht zu berücksichtigen.[5]

4. Leitbildverstoß (§ 307 Abs. 2 Nr. 1 BGB)

V 166 **a) Besonderheiten.** Nach § 307 II Nr. 1 liegt eine unangemessene Benachteiligung im Zweifel vor, wenn eine AGB-Bestimmung „mit wesentlichen Grundgedanken der **gesetzlichen Regelung,** von der abgewichen wird, nicht zu vereinbaren ist". Bei der angesprochenen gesetzlichen Regelung handelt es sich zunächst einmal um das **dispositive Recht des jeweiligen Vertragstyps.** Hier wird man indes bei Versicherungsverträgen im Gegensatz zu anderen Vertragstypen weniger häufig fündig, weil das VVG aus historischen Zufälligkeiten und systematischen Gründen eine ganz andere Regelungstechnik und eine viel geringere Regelungsdichte aufweist als das BGB.[6] Zur gesetzlichen Regelung zählen indes auch AGB-rechtliche Vorschriften.[7] Hierher gehören ferner **alle Rechtssätze,** die von Rechtsprechung und Lehre durch Auslegung, Analogie oder Rechtsfortbildung aus einzelnen gesetzlichen Bestimmungen hergeleitet werden.[8] Dies hat aus den genannten Gründen gerade im Versicherungsrecht besondere Bedeutung und geht teilweise sehr weit. Beispielsweise hat die Rechtsprechung auch die von ihr zu § 61 VVG geprägten Grundsätze über die **Repräsentantenhaftung**[9] hierunter gefasst. Eine Klausel in der Hausratversicherung, nach der der Versicherungsnehmer auch

---

[1] BGH VersR 1999, 1390, 1391 unter 2. b. zum Sonderfall der Zusatzversorgung durch die VBL; ähnlich BGH VersR 2001, 714, 715 unter 2. b. zu einem Versicherungsvertrag zwischen Reiseveranstalter und Versicherer zur Absicherung des Risikos der Zahlungsunfähigkeit oder Insolvenz gem. der Verpflichtung nach § 651 k.

[2] BGH VersR 1982, 746, 747 unter II. 2. zu einer Klausel in den AVB, wonach der Lebensversicherer nach dem Tod des Versicherungsnehmers den Bezugsberechtigten als bevollmächtigt zum Empfang von Willenserklärungen ansehen kann. – Hingegen sind die Interessen des Erben als solchen nicht durch § 307 geschützt.

[3] Versicherungsrechts-Handbuch/*Präve* § 10 Rz 338 mit Hinweis auf den Direktanspruch aus § 3 PflVG.

[4] BGH VersR 2001, 714, 715 unter 2. b.; VersR 1999, 1390, 1391 unter 2. b.; vgl. auch schon BGHZ 120, 216, 223 = VersR 1993, 312, 314 zur DTV-Maschinenklausel in der Seeversicherung.

[5] Vgl. OLG München VersR 1999, 960, 961 unter I. 1. b., wonach bei der Inhaltskontrolle des § 5 I c MBKK 76, nach dem der Versicherer aus wichtigem Grund Rechnungen bestimmter Ärzte von der Erstattung ausschließen kann, die Interessen der Ärzte nicht zu berücksichtigen sind.

[6] *Reiff* EWiR 1997, 961 und *Weyers/Wandt,* Versicherungsvertragsrecht Rz 175 mit Rz 125, beide zu § 306 II bzw. § 6 II AGBG.

[7] BGH VersR 1996, 651, 653 unter II. 1. d. zum Verstoß einer „salvatorischen Klausel" gegen das Verständlichkeitsgebot; BGH VersR 1999, 697, 698 f, wonach eine Bedingungsanpassungsklausel gegen § 306 II und gegen § 305 c II verstoßen könne; weitere Nachweise bei Versicherungsrechts-Handbuch/*Präve* § 10 Rz 385.

[8] BGH VersR 1993, 830, 831; *Römer* NVersZ 1999, 97, 101 f.

[9] Zum Repräsentantenbegriff eingehend Versicherungsrechts-Handbuch/*Looschelders* § 17 Rz 29 ff.; *ders.* VersR 1999, 666.

für Hausgenossen haften sollte, die nicht seine Repräsentanten waren, wurde daher für unwirksam erklärt.[1] Entsprechendes gilt für die sog. **Relevanzrechtsprechung**[2] zu § 6 III VVG. Eine Bestimmung in der Hausratversicherung, die insoweit hinter der Relevanzrechtsprechung zurückbleibt, ist daher unwirksam.[3]

Alle diese gesetzlichen Regelungen haben **Leitbildfunktion** und konkretisieren so die Maßstäbe zur inhaltlichen Kontrolle der AGB-Bestimmungen. Diese werden nur dann verworfen, wenn sie mit wesentlichen Grundlagen der gesetzlichen Regelung, von der sie abweichen, nicht zu vereinbaren sind. Die Abweichung vom Gesetz kann freilich nur dann eine unangemessene Benachteiligung des Versicherungsnehmers darstellen, wenn es sich um eine **erhebliche Abweichung** handelt und der Versicherungsnehmer durch sie nicht ganz unbedeutend belastet wird.[4] **V 167**

b) Kasuistik. Auch in Bezug auf die einzelnen Tatbestände der Inhaltskontrolle kann und soll die kaum noch zu überblickende Rechtsprechung nicht, auch nicht im Ansatz, vollständig dokumentiert werden.[5] Vielmehr werden jeweils nur einige **repräsentative Fälle** exemplarisch beleuchtet. Ein Lebensversicherer hatte die folgende **Inhaberklausel** entsprechend § 11 I 1 ALB 86 verwendet: „Den Inhaber des Versicherungsscheins können wir als berechtigt ansehen, über die Rechte aus dem Versicherungsvertrag zu verfügen, insbesondere Leistungen in Empfang zu nehmen." Der BGH entschied zu Recht, § 307 II Nr. 1 stehe der Wirksamkeit dieser Klausel nicht entgegen.[6] Soweit sie den Versicherungsschein zu einem „qualifizierten Legitimationspapier" i.S.d. § 808 macht, setzt **§ 4 VVG** die Möglichkeit dieser Regelung voraus und beschreibt ihre Wirkung mit Hinweis auf § 808. § 4 VVG soll nur verhindern, dass der Versicherungsschein zu einem echten Inhaberpapier ausgestaltet wird. Soweit die Klausel dem Versicherer gestattet, den Inhaber auch über § 808 hinaus als berechtigt anzusehen, Verfügungen über Rechte aus dem Versicherungsvertrag vorzunehmen, wird dieser Tatbestand weder von § 4 VVG noch von § 808 erfasst. **V 168**

Bei einem sog. **Policendarlehen** handelt es sich um ein Darlehen des Versicherers an den Versicherungsnehmer unter **Beleihung der Lebensversicherung.** Wirtschaftlich kann man das als eine Vorauszahlung auf die künftige Versicherungsleistung ansehen und Zinsen, die auf das Darlehen zu zahlen sind, als einen Prämienzuschlag. Verbreitet hatte man hieraus im Schrifttum gefolgert, Zinsen für ein Policendarlehen seien wie Prämien zu behandeln, so dass bei Verzug mit den Zinszahlungen die Rechtsfolgen des § 39 II und III VVG eintreten.[7] § 39 VVG trifft indes schon von seinem Wortlaut her nicht zu, weil „Prämie" die vom Versicherungsnehmer geschuldete Gegenleistung für den Versicherungsschutz ist. Verzug besteht aber nur mit einer Gegenleistung für eine Vorauszahlung. Eine analoge Anwendung des § 39 VVG kommt nicht in Betracht, weil diese Vorschrift nur verhindern will, dass der Versicherer auch dann noch das Risiko tragen muss, wenn der Versicherungsnehmer mit der Prämie in Verzug ist. Diesen Schutz braucht nicht, wer freiwillig und vorzeitig eine Geldsumme zur Verfügung stellt. Auch in AGB kann eine dem § 39 VVG entsprechende Regelung für die Zinszahlungen nicht **V 169**

---

[1] BGH VersR 1993, 830, 831; OLG Hamm VersR 1990, 420.

[2] Zur Relevanzrechtsprechung *Römer/Langheid/Römer* § 6 Rz 51 ff.; *Weyers/Wandt,* Versicherungsvertragsrecht Rz 441.

[3] BGH VersR 1993, 830, 832 unter II. 3. a.E.

[4] *Römer* NVersZ 1999, 97, 102.

[5] Vgl. die umfangreiche Kasuistik zu § 307 II Nr. 1 bei Versicherungsrechts-Handbuch/*Präve* § 10 Rz 389–427.

[6] BGH VersR 2000, 709 f.

[7] Nachweise bei BGH VersR 1999, 433, 434 unter 2. a.

wirksam vereinbart werden, weil sie gegen diesen wesentlichen Grundgedanken des § 39 II VVG verstößt und daher nach § 307 II Nr. 1 unwirksam ist.[1]

V 170 In der Hausrat- und Einbruchdiebstahlversicherung werden die sog. **Schlüsselklauseln** verwendet.[2] Danach liegt ein **Einbruchdiebstahl** auch vor, wenn der Dieb mittels **richtiger Schlüssel** in das Gebäude eindringt, die er durch einfachen Diebstahl an sich gebracht hat, wenn weder der Versicherungsnehmer noch der Gewahrsamsinhaber den Diebstahl der Schlüssel fahrlässig ermöglicht hat. Hierdurch wird der Versicherungsnehmer verglichen mit **§ 61 VVG** in dreifacher Weise schlechter gestellt, nämlich erstens im Verschuldensgrad, weil § 61 VVG grobe Fahrlässigkeit verlangt, zweitens in persönlicher Hinsicht, weil nach § 61 VVG nur grobe Fahrlässigkeit des Versicherungsnehmers selbst und seiner Repräsentanten zur Leistungsfreiheit führt, und drittens im Bereich der Beweislast, weil nach § 61 VVG der Versicherer die grobe Fahrlässigkeit beweisen muss. Deshalb hält man diese Klauseln verbreitet für unwirksam nach § 307 II Nr. 1.[3] Ein solcher Leitbildverstoß liegt indes nicht vor.[4] Die Schlüsselklauseln schränken nämlich nicht einen zugesagten Versicherungsschutz ein, weil die ausgeschlossenen Fallkonstellationen nach allgemeinem Sprachgebrauch nicht unter den Oberbegriff Einbruchdiebstahl fallen, sondern sie enthalten die Zusage eines über die allgemeine Zusage hinausgehenden, aber seinerseits von vornherein eingeschränkten Versicherungsschutzes. Wollte man auf diese Klauseln § 61 VVG als Leitbild und Kontrollmaßstab anwenden, läge immer ein „Einbruchdiebstahl" vor, auch dann, wenn der Schlüsseldiebstahl auf Fahrlässigkeit des Versicherungsnehmers oder seines Repräsentanten oder auf grober Fahrlässigkeit des sonstigen berechtigten Besitzers beruht. Die Einbruchdiebstahlversicherung würde damit nebenbei auch zu einer „allgemeinen Schlüsselmissbrauchsversicherung" mutieren, die aber in Anbetracht der hohen Zahl einschlägiger Versicherungsfälle nur gegen deutlich höhere Prämie angeboten werden könnte. Die Schlüsselklauseln sind daher wirksam.[5]

V 171 Bei der in der Praxis (noch) seltenen **Nettopolice** sind anders als bei der vorherrschenden Bruttopolice Maklervertrag und Versicherungsvertrag auch hinsichtlich der Provisionszahlungspflicht rechtlich und tatsächlich strikt getrennt. Fraglich ist, ob ein Makler eine Klausel verwenden kann, nach der die **Vergütung des Maklers** von einer Änderung oder vorzeitigen Beendigung des Versicherungsvertrages unabhängig bleibt. Einige Instanzgerichte verneinten dies und hielten die entsprechende Klausel für nach § 307 unwirksam.[6] Zu Unrecht, denn die Klausel entspricht der gesetzlichen Regelung des § 652[7]. Auch danach entsteht der Maklerlohnanspruch nämlich bereits dann, wenn der Hauptvertrag wirksam zustande kommt, und ist der weitere Bestand des vermittelten Vertrages für die Provisionsforderung des Maklers ohne Bedeutung. In der Tat käme bei einem Maklervertrag über die Vermietung einer Wohnung niemand auf den Gedanken, der Mieter könne

---

1 BGH VersR 1999, 433, 434 unter 3.

2 § 5 Nr. 1 f VHB 92; § 1 Nr. 2 f AERB 81.

3 OLG Karlsruhe VersR 1997, 1230; *Prölss/Martin/Prölss* § 61 Rz 28; Versicherungsrechts-Handbuch/*Präve* § 10 Rz 411; differenzierend Versicherungsrechts-Handbuch/*Rüffer* § 33 Rz 45 f, der die Schlechterstellung bezüglich Beweislast und Verschuldensgrad hinnimmt, nicht aber die Ausdehnung auf jeden Gewahrsamsinhaber; ebenso *Prölss/Martin/Knappmann* § 5 VHB 84 Rz 2.

4 Eingehend OLG Koblenz VersR 2002, 1146, 1147; im Ergebnis wie hier auch OLG Frankfurt VersR 1989, 623 und – ohne die Problematik anzusprechen – OLG Düsseldorf r+s 2003, 155 f = juris Nr. KORE 507752003; *Prölss/Martin/Kollhosser* § 1 AERB 81 Rz 32.

5 OLG Koblenz VersR 2002, 1146, 1147.

6 Nachweise bei BGH VersR 2005, 406, 407 unter II. 3. b.

7 BGH VersR 2005, 406, 407 unter II. 6. und hierzu *Reiff* LMK 2005, 88 f sowie *Loritz* NJW 2005, 1757, 1758; BGH VersR 2005, 404, 405.

die Provision zurückverlangen, wenn der Mietvertrag aus Gründen, die mit den Maklerleistungen nichts zu tun haben, nachträglich aufgehoben oder geändert wird.[1]

5. Vertragszweckgefährdung (§ 307 Abs. 2 Nr. 2 BGB)

a) Allgemeines. Nach § 307 II Nr. 2 liegt eine unangemessene Benachteiligung (auch) dann vor, wenn eine AGB-Bestimmung „wesentliche Rechte oder Pflichten, die sich aus der Natur des Vertrages ergeben, so einschränkt, dass die Erreichung des Vertragszwecks gefährdet ist". Nach der amtlichen Begründung ist hierbei insbesondere an **Freizeichnungsklauseln** gedacht, durch die sich der Verwender einer **„Kardinalpflicht"** entzieht und damit den Vertrag seines Sinns entleert.[2] Im Übrigen wird § 307 II Nr. 2 im Verhältnis zu Nr. 1 teilweise als nachrangig angesehen.[3] **V 172**

b) Kasuistik.[4] Eine AVB-Klausel eines Vertrages über **vorläufige Deckung** in der **Lebensversicherung** ist unwirksam, wenn sie die Leistungspflicht des Versicherers für solche Versicherungsfälle ausschließt, die auf **vor Antragsstellung erkennbar gewordenen Ursachen** beruhen, selbst wenn diese im Antrag angegeben wurden.[5] Da nach der Klausel Mitursächlichkeit ausreicht, müsste der Versicherer letztlich nur noch bei Unfalltod leisten.[6] Diese Klausel gefährdet daher den Zweck des ohne vorherige Risikoprüfung abgeschlossenen vorläufigen Versicherungsvertrages, weil der Versicherer sich dadurch in größerem Umfang Leistungsfreiheit ausbedingt, als er es könnte, wenn er – beim endgültigen Lebensversicherungsvertrag – eine Risikoprüfung durchführen würde. Nach den §§ 16 ff. VVG ist der Versicherer nämlich nur bei schuldhafter Verletzung der Anzeigeobliegenheit durch den Versicherungsnehmer leistungsfrei. Ebenfalls unwirksam ist eine **„strikte" Befristung** des vorläufigen Lebensversicherungsschutzes. Eine Klausel, wonach der vorläufige Versicherungsschutz „spätestens zwei Monate nach der Unterzeichnung des Antrages" endet, gefährdet nämlich gleichfalls den Vertragszweck. Dieser liegt darin, die **zeitweilige Lücke im Versicherungsschutz zu schließen,** die ansonsten zwischen Antragstellung und Abschluss des Versicherungsvertrages bestehen würde.[7] Typischerweise bleibt daher eine vorläufige Deckungszusage solange wirksam, bis der endgültige Versicherungsvertrag Versicherungsschutz begründet oder die dahingehenden Vertragsverhandlungen endgültig gescheitert sind. Hiervon weicht die Klausel ab, weil sie die Dauer des Versicherungsschutzes strikt auf zwei Monate begrenzt. Sie eröffnet damit wieder eine Lücke, die zu schließen gerade Ziel des Vertrages über den vorläufigen Versicherungsschutz ist, und vereitelt demnach die Erreichung des wesentlichen Vertragszwecks, nämlich dem Antragsteller während der gesamten Dauer erfolgversprechender Vertragsverhandlungen Versicherungsschutz zu gewähren. **V 173**

Die sog. **Wissenschaftlichkeitsklausel** des § 5 I f MBKK 76 schließt in der Krankenversicherung die Leistungspflicht des Versicherers „für wissenschaftlich nicht allgemein anerkannte Untersuchungs- oder Behandlungsmethoden und Arzneimittel" aus. Bei gebotener objektiver Auslegung bedeutet dies, dass keine Leis- **V 174**

---

[1] Zutreffende Polemik bei *Loritz* VersR 2004, 405, 410 f.

[2] BT-Drs. 7/3919 S. 23.

[3] *Stoffels,* AGB-Recht Rz 501 m.w.N.; für gesetzlich geregelte Vertragstypen auch *Ulmer/Fuchs* § 307 Rz 197.

[4] Umfangreiche Nachweise bei Versicherungsrechts-Handbuch/*Präve* § 10 Rz 431–464.

[5] BGH VersR 2001, 489, 490 f.

[6] BGH VersR 2001, 489, 491.

[7] BGH VersR 1996, 743 unter II. 2. c. bb.

tungspflicht für solche Untersuchungs- oder Behandlungsmethoden und Arzneimittel besteht, die nicht der „**Schulmedizin**" entsprechen.[1] Diese Leistungsbeschränkung ist indes mit dem Leistungsversprechen, auch Kosten der Behandlung durch **Heilpraktiker** zu erstatten, nicht zu vereinbaren, weil diese schon nach ihrem Selbstverständnis weitgehend außerhalb der herkömmlichen Schulmedizin tätig sind. Auch wäre durch die Klausel häufig die Erstattung von Kosten ausgeschlossen, die durch Behandlungen **unheilbarer Krankheiten** entstehen, weil bei diesen Krankheiten die Schulmedizin ex definitione in weiten Bereichen noch keine allgemein anerkannten Methoden zur Behandlung gefunden hat. Insgesamt bewirkt die Klausel damit, dass der Zweck des Krankenversicherungsvertrages in erheblichen Teilbereichen verfehlt wird und ist daher nach § 307 II Nr. 2 unwirksam.[2]

V 175 In der Krankenversicherung haben sich auch **Psychotherapie-Klauseln** als problematisch erwiesen. Ein Krankenversicherer hatte in einer Tarifbedingung seine Leistung für psychotherapeutische Behandlungen auf **dreißig Sitzungen** bzw. dreißig stationäre Behandlungstage **für die Dauer des Vertrages** beschränkt. Nach Erreichung der Höchstleistung war nur eine freiwillige Leistungszusage mit Genehmigung des Vorstandes möglich. Hierin sah der BGH zu Recht eine den Zweck des Krankenversicherungsvertrages gefährdende und daher nach § 307 II Nr. 2 unwirksame Klausel.[3] Krankenversicherungsverträge sind nämlich regelmäßig auf lange Dauer angelegt. Der Versicherer kann den Vertrag nicht ordentlich kündigen. Für den Versicherungsnehmer wird mit zunehmendem Alter die Kündigung faktisch unmöglich. Eine Beschränkung der genannten Art kommt daher in ihrer Auswirkung einem Leistungsausschluss gleich, weil bereits nach dreißig Sitzungen keinerlei Anspruch mehr auf eine psychotherapeutische Behandlung besteht, auch wenn der entsprechende medizinische Bedarf vielleicht erst nach vielen Jahren erneut auftritt. Der **Zweck einer Krankheitskostenversicherung** schließt grundsätzlich jede medizinisch notwendige Heilbehandlung ein und damit auch medizinisch notwendige psychotherapeutische Behandlungen. Dies hindert zwar nicht jede Einschränkung der Leistung des Versicherers. Eine derart strikte Leistungsbegrenzung greift aber aus den genannten Gründen in die berechtigten Erwartungen und Rechte des Versicherungsnehmers auf Versicherungsschutz so sehr ein, dass der Vertragszweck gefährdet ist. Hingegen ist es zulässig, dass der Versicherer die Erbringung seiner Leistung von der **Erteilung einer vorherigen schriftlichen Zusage** abhängig macht.[4] Denn die Auslegung einer solchen Klausel führt zu dem Ergebnis, dass sich der Versicherer mit ihr kein ungebundenes Entscheidungsrecht ausbedungen hat, sondern die Voraussetzungen einer Zusage gegeben sind, wenn sich die psychotherapeutische Behandlung als medizinisch notwendige Heilbehandlung wegen Krankheit oder Unfallfolgen darstellt. Die Klausel gefährdet daher nicht den Zweck der Krankheitskostenversicherung. Auch eine Beschränkung von Aufwendungen für Psychotherapie auf **dreißig Behandlungen** bzw. dreißig Behandlungstage **je Kalenderjahr** ist wirksam. Hierdurch werden wesentliche Rechte oder Pflichten, die sich aus der Natur des Versicherungsvertrages ergeben, nicht so stark eingeschränkt, dass die Erreichung des Vertragszwecks gefährdet ist. Ein Versicherer hat nämlich ein berechtigtes Interesse daran, die Leistungen für die besonders kostenintensiven psychotherapeutischen Behandlungen einzuschränken, um eine sonst erforderliche Erhöhung der Prämien für alle Versicherten zu vermeiden.[5]

---

[1] BGHZ 123, 83, 86 = VersR 1993, 957, 958 unter III. 1. c. und hierzu *Lindacher* EWiR 1993, 833f.
[2] BGHZ 123, 83, 88ff. = VersR 1993, 957, 959f.
[3] BGH VersR 1999, 745, 748 unter II. 4. b.; zustimmend *Bach/Moser* § 4 MBKK Rz 14.
[4] BGH VersR 1999, 745, 747 unter II. 3. b.
[5] OLG Oldenburg VersR 2002, 696f.

Die **Inhaberklausel** in der Lebensversicherung entsprechend § 11 I 1 ALB 86[1] verstößt nicht gegen § 307 II Nr. 2.[2] Durch die Inhaberklausel wird zwar die Leistungsberechtigung des Versicherers als Schuldner erweitert. Darin liegt aber keine wesentliche Beeinträchtigung von solchen Rechten oder Pflichten, die den typischen Vertragszweck einer Lebensversicherung begründen. Der versprochene und geschuldete Versicherungsschutz bleibt nämlich insoweit unberührt, weil die Klausel nur Einzelheiten der Leistungsbewirkung berührt.[3] **V 176**

In der **Unfallversicherung** wird eine „**Ausschlussfristklausel**" verwendet, wonach die Invalidität innerhalb eines Jahres nach dem Unfall eingetreten sowie innerhalb von fünfzehn Monaten ärztlich festgestellt und geltend gemacht sein muss.[4] Diese Regelung ist wirksam.[5] Insbesondere verstößt diese Klausel nicht gegen § 307 II Nr. 2. Dies gilt einmal für die Anspruchsvoraussetzung, dass die **Invalidität innerhalb eines Jahres** nach dem Unfall eingetreten sein muss. Dadurch sollen schwer aufzuklärende und nicht zu kalkulierende Spätschäden ausgeschlossen werden. Durch diesen Ausschluss verliert der Unfallversicherungsvertrag nicht seinen Zweck, weil solche nicht versicherten Spätschäden relativ selten sind. Solange das Leistungsversprechen des Versicherers klar ist und der Vertrag nicht ausgehöhlt wird, kann der Versicherer frei und nach unternehmerischen Gesichtspunkten entscheiden, welche Versicherung mit welchem Umfang er anbietet. Entsprechendes gilt für die **Fünfzehnmonatsfrist** zur ärztlichen Feststellung der Invalidität. Auch hierdurch sollen Spätschäden ausgeschlossen werden. Bei ihrer Beurteilung ist zu bedenken, dass die Rechtsprechung erhebliche Erleichterungen geschaffen hat. Etwa werden an das Erfordernis ärztlicher Feststellungen nur geringe Anforderungen gestellt. Besondere Härtefälle werden auch dadurch vermieden, dass das Versäumen der Fünfzehnmonatsfrist entschuldigt werden kann.[6] **V 177**

6. Generalklausel (§ 307 Abs. 1 S. 1 BGB)

a) Allgemeines. Auch wenn die Voraussetzungen der Konkretisierungsnormen des § 307 II Nr. 1 und 2 nicht gegeben sind, kann eine AVB-Bestimmung den Versicherungsnehmer unangemessen benachteiligen. Ihre Unwirksamkeit folgt in diesem Fall unmittelbar aus § 307 I 1.[7] Der BGH hält in ständiger Rechtsprechung eine AVB-Regelung dann für unangemessen, wenn der Versicherer entgegen den Geboten von Treu und Glauben einseitig seine Interessen auf Kosten des Versicherungsnehmers durchzusetzen sucht, ohne von vornherein auch dessen Belange hinreichend zu berücksichtigen.[8] Da anders als bei den beiden Konkretisierungen gem. § 307 II keine Anhaltspunkte für die Unangemessenheit vorgegeben sind, muss eine besonders umfangreiche **Abwägung der Interessen** der Vertragspartner erfolgen.[9] Eine Regelung zulasten des Versicherungsnehmers kann nur dann eine unangemessene Benachteiligung begründen, wenn die Beeinträchtigung einiges Gewicht hat.[10] Eine geringfügige und unwesentliche Schmälerung des Versicherungsschutzes **V 178**

---

[1] Zum Text der Klausel siehe oben Rz V 168.

[2] Zur Vereinbarkeit mit § 307 II Nr. 1 siehe oben Rz V 168.

[3] BGH VersR 2000, 709, 710 unter II. 2. b.

[4] So die Regelung des § 7 I (1) Abs. 2 AUB 88.

[5] So der BGH VersR 1998, 175 unter 2. und hierzu *Reiff* EWiR 1998, 195 f.

[6] BGH VersR 1998, 175 unter 2. b. cc.; ebenso *Prölss/Martin/Knappmann* § 7 AUB 94 Rz 8.

[7] *Römer* NVersZ 1999, 97, 102; nach *Prölss/Martin/Prölss* Vorbem. I Rz 60 gibt es abgesehen vom Transparenzgebot nur wenige Fälle.

[8] BGH VersR 1999, 710, 712 unter II. 2. c.

[9] *Römer* NVersZ 1999, 97, 102; Versicherungsrechts-Handbuch/*Präve* § 10 Rz 325; zur Interessenabwägung eingehend BGHZ 127, 35, 42 ff. = VersR 1994, 1049, 1051.

[10] Versicherungsrechts-Handbuch/*Präve* § 10 Rz 326.

muss der Versicherungsnehmer also grundsätzlich hinnehmen.[1] Gleichwohl kann eine AVB-Bestimmung ausnahmsweise auch dann nach § 307 I 1 unwirksam sein, wenn sie die Versicherungsnehmer in jedem Einzelfall nur relativ gering belastet. Dies ist dann der Fall, wenn der Versicherer durch die Vielzahl der Einzelfälle in den Genuss eines größeren Vorteils gelangt.[2]

V 179 Für die Frage der Angemessenheit einer AVB-Klausel hat die vom Versicherungsnehmer zu zahlende Prämie grundsätzlich außer Betracht zu bleiben. Ein geringerer Preis ist also regelmäßig keine Rechtfertigung für eine unangemessene AVB-Klausel.[3] Diese **grundsätzliche Unbeachtlichkeit des Preisarguments,** die für alle AGB gilt, kennt freilich eine **Ausnahme,** die besonders bei AVB relevant wird. Diese Ausnahme liegt vor, wenn der Versicherungsnehmer bei seinem Versicherer zwischen mehreren Klauseln zu verschiedenen Prämien wählen kann, insbesondere wenn der Versicherer den Versicherungsschutz mit und ohne einen bestimmten Risikoausschluss zu unterschiedlichen Preisen anbietet.[4] In diesem Fall der sog. **Tarifwahl** kann eine weitgehende Risikobeschränkung gerechtfertigt sein. Voraussetzung ist freilich, dass die Preisdifferenz angemessen ist, insbesondere dass der höhere Preis keinen Abschreckungseffekt hat, und dass die entsprechenden Alternativen offen, klar und verständlich ausgewiesen und angeboten werden.[5]

V 180 **b) Kasuistik.**[6] Zu den AVB-Klauseln, die der BGH unmittelbar am Maßstab des § 307 I 1, des früheren § 9 I AGBG, kontrolliert hat, gehört eine **Laufzeitklausel** im Antragsformular einer Unfallversicherung. Danach betrug die Dauer des Unfallversicherungsvertrages **zehn Jahre.** Der BGH hielt diese Klausel zu Recht für **unwirksam.**[7] Eine zehnjährige Laufzeit belastet den Versicherungsnehmer erheblich, weil sie seine Dispositionsfreiheit sehr stark einschränkt. Zum einen werden ihm nämlich bei Vertragsschluss keine Alternativen aufgezeigt, so dass er davon ausgehen muss, keine andere Wahl zu haben, wenn er das Risiko versichern möchte. Zum anderen hindert sie ihn für sehr lange Zeit daran, sich nach Vertragsschluss marktgerecht zu verhalten; sie hat mit anderen Worten eine wettbewerbsbeschränkende Wirkung. Schließlich kann der Versicherungsnehmer auch nicht auf unvorhergesehene veränderte Umstände reagieren, sei es Arbeitslosigkeit, Verlust der beruflichen Selbständigkeit, Scheidungsfolgen oder Vermögensverfall. Aus all diesen Gründen benachteiligt die zehnjährige Laufzeitklausel den Versicherungsnehmer entgegen den Geboten von Treu und Glauben unangemessen und ist daher unwirksam. Kündigt der Versicherungsnehmer einen solchen Vertrag, so darf der Versicherer sich nicht auf diese Klausel berufen.

---

1 BGH VersR 1996, 322, 323 unter 2. b. cc. zur Gesamtentschädigungsklausel des § 20 VHB 84; BGH VersR 1991, 175, 176 unter 3. b. zu einer Serienschadenklausel.

2 *Römer* NVersZ 1999, 97, 102, der sich auf die Rechtsprechung des BGH zum Bankrecht, insbesondere das Urteil zur Wertstellungsklausel BGHZ 106, 259, 266, beruft und diesen Grundsatz zu Recht auf das Versicherungsrecht übertragen will.

3 BGH VersR 1993, 312, 314 zu einer Klausel in der Seeversicherung; BGHZ 77, 126, 131 zu einer Klausel im Reinigungsgewerbe; OLG München NJW-RR 1996, 434, 435 unter I. 2. b. zu einer Klausel in der Rechtschutzversicherung; *Ulmer/Schmidt* Anh. § 310 Rz 907 (für AVB) und *Ulmer/Fuchs* § 307 Rz 145 ff. (allgemein); *van de Loo,* Angemessenheitskontrolle S. 96 f.

4 *Prölss/Martin/Prölss* Vorbem. I Rz 65; Versicherungsrechts-Handbuch/*Präve* § 10 Rz 335.

5 Allgemein hierzu § 307 Rz 227.

6 Eingehende Nachweise bei Versicherungsrechts-Handbuch/*Präve* § 10 Rz 339 – 357.

7 BGHZ 127, 35, 42 ff. = VersR 1994, 1049. – Die Grundsätze der Entscheidung betreffen nur Versicherungsverträge, die bis zum 31. 12. 1990 geschlossen wurden. Für Verträge seit dem 25. 6. 1994 gilt § 8 III VVG n.F. Für Verträge, die zwischen beiden Zeitpunkten geschlossen wurden, gilt § 8 III VVG a.F. Vgl. zum Ganzen *Weyers/Wandt,* Versicherungsvertragsrecht Rz 276–278; *Römer/Langheid/Römer* § 8 Rz 30–40.

Problematisch sind auch Klauseln, mit denen sich der Versicherer das **Einverständnis zu telefonischer Werbung** geben lässt. Die Rechtsprechung beurteilt **Telefonwerbung** im privaten Bereich grundsätzlich als **sittenwidrig** i.S.d. § 1 UWG a.F. Etwas anderes gilt nur dann, wenn der Angerufene zuvor ausdrücklich oder konkludent sein Einverständnis mit einem solchen Anruf erklärt hat.[1] Dies gilt nicht nur im Wettbewerbsrecht für das Verhältnis der Wettbewerber untereinander, sondern erst recht für die Zulässigkeit der Telefonwerbung gegenüber dem in seiner Privatsphäre zu schützenden Versicherungsnehmer.[2] Formuliert der Versicherer auf der Rückseite des Antragsformulars das Einverständnis des Versicherungsnehmers damit vor, dass er künftig auch telefonisch informiert und beraten wird, so liegt darin eine unangemessene Benachteiligung i.S.d. § 307 I 1. Denn das Erfordernis eines ausdrücklichen oder konkludenten Einverständnisses mit der Telefonwerbung schließt eine Herbeiführung dieses Einverständnisses durch vorformulierte AGB aus. Anderenfalls würden Wettbewerber zu einer entsprechenden Angleichung ihrer AGB ermuntert, was insgesamt zu einer massiven Belästigung führen müsste, der das Erfordernis des Einverständnisses doch gerade entgegenwirken soll.[3] Dies gilt auch dann, wenn die Einverständniserklärung jederzeit widerruflich ist. Denn die Klausel verlagert die Initiative zur Wiederherstellung der ungestörten Privatsphäre auf den Versicherungsnehmer.[4] V 181

In der **privaten Arbeitslosigkeitsversicherung** war unter anderem eine **Wartezeitklausel** zu beurteilen. Danach trat der Versicherungsschutz **24 Monate** nach dem im Versicherungsantrag bezeichneten Beginn in Kraft. Auch diese Bestimmung ist unmittelbar am Maßstab des § 307 I 1 zu kontrollieren. Ein Leitbildverstoß nach § 307 II Nr. 1 kommt nämlich schon deshalb nicht in Betracht, weil das Gesetz keine Vorschriften über die private Arbeitslosigkeitsversicherung enthält. Auch eine Vertragszweckgefährdung nach § 307 II Nr. 2 scheidet aus, weil eine Arbeitslosigkeitsversicherung auf längere Dauer angelegt ist und auch bei einer Wartezeit von zwei Jahren nicht von vorn herein ihren Zweck verfehlt. Der Kontrolle am Maßstab der Generalklausel hält die Bestimmung über die Wartezeit indes ebenfalls stand. Zum einen dient die Ansparzeit dazu, die Prämien niedriger zu halten. Zum anderen wird für die Versicherungsnehmer ein gewisser Ausgleich geschaffen, weil sie ein Kündigungsrecht haben, wenn der Versicherungsfall innerhalb der Wartezeit eingetreten ist. In diesem Fall erhalten sie die in der Rückstellung für Garantieleistungen verzinslich angesammelten Beitragsteile erstattet.[5] V 182

Die **Inhaberklausel** in der Lebensversicherung entsprechend § 11 I 1 ALB 86[6] verstößt nicht gegen § 307 I 1.[7] Soweit diese Klausel den Versicherungsschein zu einem „qualifizierten Legitimationspapier" i.S.d. § 808 macht, dient sie zwar allein V 183

---

[1] So die ständige Rechtsprechung des BGH; etwa BGH VersR 2000, 864 unter II. 2. m.w.N. – Nach dem neuen § 7 II Nr. 2 UWG ist eine *unzumutbare Belästigung* insbesondere anzunehmen bei einer Werbung mit Telefonanrufen gegenüber Verbrauchern ohne deren Einwilligung oder gegenüber sonstigen Marktteilnehmern ohne deren zumindest mutmaßliche Einwilligung; diese Regelung entspricht der ständigen Rechtsprechung und h.L. zu § 1 UWG a.F., vgl. nur *Baumbach/Hefermehl/Köhler*, Wettbewerbsrecht, 23. Aufl. 2004 § 7 Rz 39; *Dreher/Kling*, Kartell- und Wettbewerbsrecht der Versicherungsunternehmen 2007 Teil 2 Rz 148.

[2] BGH VersR 1999, 710, 713 zur Klausel „telefonische Information" in der Arbeitslosigkeitsversicherung.

[3] BGH VersR 1999, 710, 713.

[4] So der BGH VersR 1999, 710, 713; *Dreher/Kling*, Kartell- und Wettbewerbsrecht der Versicherungsunternehmen 2007 Teil 2 Rz 161; a.A. Versicherungsrechts-Handbuch/*Präve* § 10 Rz 342.

[5] Zum Ganzen BGH VersR 1999, 710, 712 unter II. 2.

[6] Zum Text der Klausel siehe oben Rz V 168.

[7] Zur Vereinbarkeit mit § 307 II Nr. 1 und 2 siehe oben Rz V 168 und Rz V 176.

dem Interesse des Schuldners und damit des Versicherers. Ihre Folgewirkungen bewirken aber **keine unangemessene Benachteiligung** des Versicherungsnehmers. Zwar wird dem Versicherer das Risiko der Doppelzahlung und der Uneinbringlichkeit seines Bereicherungsanspruchs gegen den vermeintlichen Gläubiger abgenommen. Andererseits hat es aber der Versicherungsnehmer als Gläubiger in der Hand, ob er den Versicherungsschein weitergibt oder nicht. Schon durch diese Steuerungsmöglichkeit kann der Versicherungsnehmer das Risiko stark mindern, dass der Versicherer an den nichtberechtigten Inhaber leistet und dadurch befreit wird.[1] Soweit die Klausel dem Versicherer gestattet, den Inhaber auch über § 808 hinaus als berechtigt anzusehen, Verfügungen über Rechte aus dem Versicherungsvertrag vorzunehmen, kommt als Prüfungsmaßstab ohnehin allein die Generalklausel des § 307 I 1 in Betracht. Auch insoweit ist keine unangemessene Benachteiligung festzustellen. Erbringt der Versicherer nämlich dem vermeintlichen Abtretungsempfänger, Pfändungsgläubiger oder Bezugsberechtigten die vertragliche Leistung, so wird er nur frei, wenn jener auch Inhaber des Versicherungsscheines ist. Insoweit hat es der Versicherungsnehmer aber wie gesehen selbst in der Hand, das Risiko zu minimieren.[2]

7. Transparenzgebot (§ 307 Abs. 1 S. 2 BGB)

V 184 **a) Einleitung.** Nach § 307 I 2 kann sich die unangemessene Benachteiligung auch daraus ergeben, dass die AGB-Bestimmung nicht klar und verständlich ist. Damit hat der deutsche Gesetzgeber das von der Rechtsprechung seit jeher anerkannte **Transparenzgebot,** das später in der EG-Klauselrichtlinie von 1993 in Art. 4 II und Art. 5 S. 1 seinen Niederschlag gefunden hat, nunmehr ausdrücklich umgesetzt.[3] Wie das Wort „kann" in § 307 I 2 zweifelsfrei erhellt, ist entgegen manchen Stimmen im Schrifttum[4] nicht jede intransparente Klausel unwirksam. Erforderlich ist vielmehr die Gefahr einer inhaltlichen Benachteiligung. Aus den Materialien ergibt sich eindeutig, dass der Verstoß gegen das Transparenzgebot nur ein **„möglicher Fall einer unangemessenen Benachteiligung"** sein soll und die noch im Regierungsentwurf enthaltene Formulierung, intransparente Klauseln seien „im Zweifel unwirksam", mit Bedacht geändert wurde.[5] Zwar wird regelmäßig die Gefahr einer inhaltlichen Benachteiligung bestehen, wenn das Transparenzgebot verletzt ist.[6] Es ist aber zu bedenken, dass es Fälle geben kann, in denen die Anwendung der Unklarheitenregel des § 305 c II zu einem für den Kunden des Klauselverwenders günstigeren Ergebnis führt als die Anwendung des an sich stärkeren § 307 I 2.[7]

V 185 Das Transparenzgebot besteht aus mehreren **Einzelausprägungen**.[8] Insbesondere sind zu nennen das Verständlichkeitsgebot und das Bestimmtheitsgebot. Nach

---

[1] BGH VersR 2000, 709, 710 unter II. 2. c.

[2] BGH VersR 2000, 709, 710 f unter II. 3. b. und c.

[3] Eingehend zu den Hintergründen *Stoffels,* AGB-Recht Rz 560 f.

[4] So aber Anwaltkommentar/*Hennrichs* § 307 Rz 9; zu weitgehend auch *Stoffels,* AGB-Recht Rz 562, der eine „unwiderlegliche Vermutung" annimmt.

[5] So der Bericht des Rechtsausschusses BT-Drs. 14/7052 S. 188; die Bezugnahme von *Stoffels,* AGB-Recht Rz 562 auf die Begründung des Regierungsentwurfs BT-Drs. 14/6040 S. 153 f ist daher ohne Beweiswert.

[6] *Palandt/Heinrichs* § 307 Rz 20.

[7] So der Rechtsausschuss BT-Drs. 14/7052 S. 188, der aus diesem Grund die ursprüngliche „Im-Zweifel-Regelung" des Regierungsentwurfs abgeändert hat.

[8] *Palandt/Heinrichs* § 307 Rz 21 ff.; eingehend zu den verschiedenen „Einzelwirkungen" des Transparenzgebotes § 307 Rz 253 ff.

dem **Verständlichkeitsgebot** muss eine AGB-Bestimmung möglichst so formuliert sein, dass sie für den durchschnittlichen Vertragspartner verständlich ist. Der Kunde muss den Sinn und die Tragweite einer AGB-Regelung durchschauen können. Nach dem **Bestimmtheitsgebot** muss eine Klausel die mit ihr verbundenen wirtschaftlichen Nachteile und Belastungen offenlegen.[1] Vor allem müssen die tatbestandlichen Voraussetzungen und die Rechtsfolgen so genau beschrieben werden, dass sich für den Verwender der Klausel keine ungerechtfertigten Beurteilungsspielräume eröffnen. Der Kunde muss sich über seine Rechte und Pflichten im Klaren sein. Beide Gebote stehen freilich in einem gewissen **Spannungsverhältnis,** weil das Bestimmtheitsgebot so komplizierte Regelungen erzwingen kann, dass sie für einen durchschnittlichen Versicherungsnehmer ohne Einholung von Rechtsrat nicht oder jedenfalls nicht ohne Weiteres durchschaubar sind. In einem solchen Fall ist grundsätzlich dem Bestimmtheitsgebot der Vorrang einzuräumen, weil sich die Defizite der Verständlichkeit durch Einholung von Rechtsrat kompensieren lassen, während die Bestimmtheitsdefizite nicht ausgeglichen werden können.[2]

b) Besonderheiten für AVB. Unter den Besonderheiten für AVB sind an erster Stelle § 10 und § 10 a VAG zu nennen.[3] **§ 10 I VAG** verlangt, dass AVB über die Umstände, die in sieben Ziffern näher aufgeführt werden, **„vollständige Angaben"** enthalten. Mit dieser öffentlich-rechtlichen Vorschrift wird der **aufsichtsrechtliche Mindestinhalt** der jeweiligen AVB fixiert.[4] Die von § 10 I VAG verlangten Angaben müssen auch dann in den AVB gemacht werden, wenn sie gesetzlich geregelt sind, insbesondere also auch dann, wenn sie sich aus den zwingenden und halbzwingenden Vorschriften des VVG ohnehin ergeben.[5] Wird gegen diese Vorschrift verstoßen, so kann einmal die Aufsichtsbehörde nach § 81 VAG auf Nachbesserung hinwirken. Insbesondere kann sie Ergänzung und Richtigstellung verlangen.[6] Darüber hinaus richtet sich die Frage der Wirksamkeit der AVB nach den §§ 305 ff. Insofern ist aber die Verletzung des Vollständigkeitsgebots aus § 10 I VAG ein sehr starkes Indiz für einen Verstoß gegen das Transparenzgebot,[7] dem als eine Einzelausprägung auch das „Gebot der Vollständigkeit" entnommen werden kann.[8] Eine unvollständige Aufzählung etwa der dem Versicherungsnehmer zustehenden Rechte könnte diesen nämlich in die Irre führen. **V 186**

§ 10 a I VAG bestimmt, dass die Versicherungsunternehmen den Versicherungsnehmer in einer **„Verbraucherinformation"** über die für das Versicherungsverhältnis maßgeblichen Tatsachen und Rechte vor Abschluss und während der Laufzeit des Vertrages unterrichten müssen, und zwar nach Maßgabe der Anlage Teil D zum VAG. Nach Abschnitt I Nr. 1 b dieser Anlage sind „die für das Versicherungsverhältnis geltenden allgemeinen Versicherungsbedingungen einschließlich der Tarifbestimmungen" zwingender Teil jeder Verbraucherinformation. Für die **AVB** gilt daher, was § 10 a II VAG für die Verbraucherinformation insgesamt normiert. AVB müssen demnach **„eindeutig formuliert, übersichtlich gegliedert und verständlich** in deutscher Sprache oder der Muttersprache des Versicherungsnehmers **abgefasst** sein". Die von § 10 a I VAG geforderte Verbraucherinformation soll dem an einem Vertragsschluss Interessierten bei der Entscheidungsfindung behilflich **V 187**

---

[1] BGH VersR 2006, 1066, 1068, Tz 25.
[2] *Weyers/Wandt,* Versicherungsvertragsrecht Rz 172; im Ergebnis ebenso *Römer* NVersZ 1999, 97, 103.
[3] So auch Versicherungsrechts-Handbuch/*Präve* § 10 Rz 362.
[4] *Prölss/Schmidt,* VAG, 11. Aufl. 1997 § 10 VAG Rz 16.
[5] *Fahr/Kaulbach* § 10 VAG Rz 2.
[6] Vgl. *Prölss/Präve* § 10 VAG Rz 19.
[7] In diesem Sinn auch *Werber* VersR 2003, 148, 149 f.
[8] Hierzu § 307 Rz 270.

sein. Deshalb muss die Information grundsätzlich so abgefasst sein, dass sich ein durchschnittlich gebildeter Versicherungsnehmer ohne anwaltliche Hilfe ein zutreffendes Bild vom Vertragsinhalt machen kann.[1] Auch ein Verstoß gegen diese Vorschrift berechtigt zunächst einmal die Aufsichtsbehörde, gestützt auf § 81 VAG auf Nachbesserung hinzuwirken. Darüber hinaus indiziert er regelmäßig auch einen Verstoß gegen das Transparenzgebot.[2]

V 188 Die **produktkonstituierende Funktion** der AVB hat ebenfalls Auswirkungen auf das Transparenzgebot. Dieses ist im Hinblick auf AVB zurückhaltend anzuwenden, weil der Umstand, dass die AVB das Produkt Versicherung erst hervorbringen, dem Versicherungsnehmer eine **„gewisse Auslegungsarbeit"** abverlangt.[3] Schließlich sind AVB so auszulegen, wie sie ein durchschnittlicher Versicherungsnehmer bei verständiger Würdigung, **aufmerksamer Durchsicht** und Berücksichtigung des erkennbaren Sinnzusammenhanges verstehen muss.[4] Zu berücksichtigen ist in diesem Zusammenhang auch, dass ein Versicherer bei der Herstellung des Produktes Versicherung häufig notwendigerweise auf die Verwendung hoch abstrakter Begriffe angewiesen ist, weil konkretere Begriffe der Umgangssprache zwar anschaulicher sein mögen, aber nicht die hinreichende Bestimmtheit aufweisen. All dem entspricht, dass die **Rechtsprechung des BGH** zum Versicherungsrecht **lange Zeit bei der Anwendung des Transparenzgebotes sehr zurückhaltend** war.[5] Erstmals im Jahre 1997 hat der BGH die Unwirksamkeit einer AVB auf einen Verstoß gegen das Transparenzgebot gestützt.[6] Seitdem spielt das Transparenzgebot auch für AVB eine zunehmend größere Rolle. Ein wichtiger Grund hierfür ist, dass durch den Wegfall der Vorabkontrolle seitens der Aufsichtsbehörde im Jahre 1994 die Anzahl der Bedingungen sprunghaft angestiegen ist. Aus Sicht der Versicherer hat das zunehmende Gewicht der Transparenzkontrolle freilich nicht nur Nachteile.[7] Positiv fällt für sie ins Gewicht, dass die Anwendung des Transparenzgebotes gegenüber der materiellen Inhaltskontrolle das **mildere Mittel** ist. Während nämlich Letztere zur Folge hat, dass ein Versicherungsprodukt so nicht mehr angeboten werden kann, führt die Unwirksamkeit aus formellen Gründen nur dazu, dass der Versicherer die formale Gestaltung ändern muss.[8]

V 189 **c) Kasuistik.** Die erste Entscheidung, in der der BGH die Unwirksamkeit einer AVB mit dem Verstoß gegen das Transparenzgebot begründete, betraf eine **Prämien-, Tarifbestimmungs- und Bedingungsanpassungsklausel eines VVaG.**[9] Danach konnte der Vorstand mit Zustimmung der Hauptversammlung eine Änderung der Tarifbestimmungen, der Beiträge und der Versicherungsbedingungen auch für bestehende Versicherungsverhältnisse beschließen. Der BGH hielt diese Klausel zu Recht für intransparent. Dem Versicherer werden durch sie nämlich

---

[1] So die „Grundsätze des BAV zur Anwendung des § 10 a VAG (Verbraucherinformation)" VerBAV 1995, 283 unter I. 3., abgedruckt auch bei *Prölss/Schmidt*, VAG, 11. Aufl. 1997 § 10 a VAG Rz 31 a. Zum amtlichen Informationsblatt nach § 10 a Abs. 1 a VAG *Prölss/Präve* § 10 a VAG Rz 30.

[2] *Werber* VersR 2003, 148, 149 f.

[3] Hierzu und zum Folgenden überzeugend *Prölss/Martin/Prölss* Vorbem. I Rz 82.

[4] Vgl. hierzu oben Rz V 121.

[5] Hierzu und zum Folgenden *Römer* NVersZ 1999, 97, 103. Vgl. aber auch mit für die Zukunft gegenteiliger Tendenz *ders.* NVersZ 2002, 532, 534 f.

[6] BGHZ 136, 394, 401 f = VersR 1997, 1517, 1519 zu einer Tarif- und Bedingungsanpassungsklausel eines VVaG.

[7] Zu den Lasten des Versicherers vgl. die Glosse von *Lorenz* VersR 1998, 1086, 1087.

[8] So zutreffend *Römer* NVersZ 2002, 532, 535 mit Hinweis auf die Entscheidung des BGH zur Auslandsreisekrankenversicherung VersR 2001, 184.

[9] BGHZ 136, 394, 401 f = VersR 1997, 1517 mit Anm. *Lorenz*.

keine Grenzen für die Anpassung gezogen, sondern ein **uneingeschränktes Abänderungsrecht** vorbehalten. Der Versicherungsnehmer kann nicht vorhersehen, unter welchen Umständen und mit welchem Umfang ihn zusätzliche Belastungen treffen. Schon hierin liegt eine unangemessene Benachteiligung durch die Anpassungsklausel, die aus diesem Grunde unwirksam ist. Diese Grundsätze hat der BGH in einer späteren Entscheidung zu einer **Bedingungsanpassungsklausel in der Rechtsschutzversicherung** bestätigt.[1] Danach war der Versicherer u.a. „im Fall der Unwirksamkeit von Bedingungen" berechtigt, „einzelne Bedingungen mit Wirkung für bestehende Verträge zu ergänzen oder zu ersetzen". Nach Abs. 2 der Klausel sollten die Verträge mit den ursprünglichen Bedingungen weiterlaufen, wenn der Versicherungsnehmer den geänderten Bedingungen fristgerecht widersprochen hatte. Diese Klausel verstößt mehrfach gegen das Transparenzgebot. So geht aus ihr nicht hervor, wem die Kompetenz zugewiesen ist, eine Bedingung für unwirksam zu erklären. Außerdem ist der generelle Vorbehalt, „einzelne Bedingungen" zu ergänzen oder zu ersetzen, konkretisierungsbedürftig, weil der Versicherungsnehmer vorhersehen muss, in welchen Bereichen er mit welchen Änderungen zu rechnen hat. Schließlich ist in Abs. 2 die Rechtslage unrichtig wiedergegeben, denn der Vertrag kann auch bei Widerspruch des Versicherungsnehmers gegen die neue Bedingung nicht mit der für unwirksam erklärten Bedingung fortgesetzt werden.[2]

In der privaten **Arbeitslosigkeitsversicherung** wird Versicherungsschutz bei Verdienstausfall im Fall von „unfreiwilliger Arbeitslosigkeit" gewährt. Ein Versicherer definierte in einer Klausel **„unfreiwillige Arbeitslosigkeit"** dahingehend, dass der Arbeitgeber „aus Gründen, die nicht in der Person des Versicherungsnehmers liegen," wirksam gekündigt hat. Hierin liegt ein Verstoß gegen das Transparenzgebot,[3] weil eine unfreiwillige Kündigung auch dann vorliegen kann, wenn sie personenbedingt ist, etwa bei Krankheit des Arbeitnehmers. In einer ebenfalls als „Arbeitslosigkeitsversicherung" bezeichneten **Kreditversicherung für Kfz- Finanzierungsverträge für den Versicherungsfall der Arbeitslosigkeit des versicherten Darlehensnehmers** wurde in S. 1 einer Klausel Arbeitslosigkeit so definiert, dass der Versicherte als Arbeitnehmer unverschuldet arbeitslos wird „und nicht gegen Entgelt tätig ist". Außerdem war in S. 3 der Klausel verlangt, dass der Versicherte Arbeitslosengeld oder Arbeitslosenhilfe erhielt. Auch diese Bedingung verstößt gegen das Transparenzgebot.[4] S. 1 der Klausel deutet nämlich darauf hin, dass eine eigenständige, vom sozialrechtlichen Rechtsbegriff der Arbeitslosigkeit abweichende Definition aufgestellt werden soll. Dann würde jeder noch so geringe Nebenverdienst den Versicherungsfall ausschließen. Andererseits wird aber durch die Bezugnahme auf das Arbeitslosengeld in S. 3 die sozialversicherungsrechtliche Begriffswelt einbezogen. Deshalb könnte der versicherte Arbeitnehmer denken, S. 3 konkretisiere die Voraussetzungen des S. 1, so dass ein geringer Hinzuverdienst seinen Anspruch nicht ausschließt. Die Klausel ist daher unwirksam und entfällt nach § 306 I ersatzlos. **V 190**

Die **Auslandsreisekrankenversicherung** gewährt Versicherungsschutz für Krankheiten und Unfälle im Ausland. Tritt der Versicherungsfall im Ausland unvorhergesehen ein, so ersetzt der Versicherer die dort entstehenden Aufwendungen für die Heilbehandlung und erbringt sonst vereinbarte Leistungen. Ein Versicherer hatte in einer Klausel definiert: „Als Ausland gilt nicht das Staatsgebiet, dessen Staatsangehörigkeit die versicherte Person besitzt oder in dem sie einen ständigen **V 191**

1 BGHZ 141, 153, 157 ff. = VersR 1999, 697 mit Anm. *Präve.*
2 Zum Ganzen BGHZ 141, 153, 157 ff.
3 BGHZ 141, 137, 143 f = VersR 1999, 710, 711 f.
4 BGH VersR 2005, 976, 977 f.

Wohnsitz hat." Anschließend wurden in einer Unterausnahme Personen, die neben der ausländischen auch die deutsche Staatsangehörigkeit besitzen, und Personen, die einem EG-Staat angehören, Versicherungsschutz zugesagt. Diese Klausel ist wegen Verstoßes gegen das Transparenzgebot unangemessen und daher unwirksam.[1] Diese Klausel führt dem durchschnittlichen Versicherungsnehmer nämlich den Kern der Beschränkung des Versicherungsschutzes nicht klar und deutlich vor Augen. Dieser liegt darin, dass Nicht-EG-Ausländer, die nicht auch die deutsche Staatsangehörigkeit haben, überhaupt keinen Versicherungsschutz genießen, wenn sie in ihr Heimatland reisen.

V 192 Sehr strenge Transparenzanforderungen stellt der BGH in der **Lebensversicherung.** Dies betrifft zum einen eine **Klausel über den Rückkaufswert.**[2] Auch Rückkaufswertklauseln genügen dem Transparenzgebot nur, wenn sie die wirtschaftlichen Nachteile und Belastungen soweit erkennen lassen, als dies nach den Umständen gefordert werden kann. Bei der konkreten Rückkaufswertklausel ist hiervon insbesondere der Umstand betroffen, dass der Versicherungsnehmer wegen der sofortigen Belastung seines Beitragskontos mit sämtlichen Abschlusskosten **(Zillmerung)** bei einer Kündigung in den ersten beiden Jahren überhaupt keine Leistungen erhält und ihm auch bei einer späteren Kündigung bis zum neunzehnten Jahr weniger als die jeweils bis dahin gezahlten Prämien erstattet werden. Diese Nachteile werden dem Versicherungsnehmer nach Ansicht des BGH nicht drastisch genug vor Augen geführt, weil die dem Versicherungsnehmer als Bestandteil des Versicherungsscheins ausgehändigte Tabelle für die ersten zwei Jahre keinen **Rückkaufswert „Null"** aufweist, sondern der Versicherungsnehmer dies erst selbst durch einen Vergleich mit den in der Tabelle angeführten Laufzeitdaten und dem Abschlussdatum ermitteln muss. Demgegenüber hatte das Berufungsgericht noch festgestellt, aus der Tabelle erschließe sich selbst bei nur oberflächlicher Betrachtung, dass in den ersten Jahren nach Vertragsschluss kein und danach offensichtlich nur ein weit unter der Summe der gezahlten Prämien liegender Rückkaufswert gegeben sei.[3] Außerdem kritisiert der BGH den Ort der Information. Zwar sei grundsätzlich ein ausdrücklicher Verweis auf andere Unterlagen wie hier die Tabelle zulässig. Dies gelte aber dann nicht, wenn wirtschaftliche Nachteile von erheblichem Gewicht betroffen seien. Hier müsse der Versicherungsnehmer in den Grundzügen durch die AVB selbst unterrichtet werden, und zwar an der Stelle, an der die betroffene Regelung stehe.[4] Diese Anforderungen sind zu streng und lassen sich nicht allein mit dem berechtigten Informationsbedürfnis der Versicherungsnehmer begründen. Ihnen ist mit einer aussagekräftigen Tabelle nämlich mehr gedient als mit Belehrungen in der Klausel. Es steht daher zu vermuten, dass die für unbillig gehaltene Regelung selbst, also die Zillmerung der Abschlusskosten und ihre Konsequenzen, der Stein des Anstoßes für den BGH sind.[5]

V 193 Betroffen ist zum anderen auch eine **Klausel über die Abschlusskosten.**[6] Auch diese Klausel ist nach dem BGH intransparent. Die Begründung ist nahezu dieselbe

---

[1] BGH VersR 2001, 184, 185 f.

[2] Der Wortlaut der Klausel ist abgedruckt in BGHZ 147, 354, 355 = VersR 2001, 841, 842 = ZIP 2001, 1052. Diese Klausel entspricht weitgehend § 6 ALB 94, vgl. hierzu *Prölss/Martin/Kollhosser* § 6 ALB 94 Rz 1.

[3] OLG Nürnberg VersR 2000, 713, 715.

[4] BGHZ 147, 354, 364 = VersR 2001, 841, 844 mit Anm. *Präve* = ZIP 2001, 1052, 1055 mit Anm. *Reiff.* Vgl. auch die zweite Entscheidung des BGH vom selben Tag BGHZ 147, 373, 378 f = VersR 2001, 839, 841 = ZIP 2001, 1061, 1062 f.

[5] *Reiff* ZIP 2001, 1058, 1059. Vgl. hierzu auch BGH v. 12. 10. 2005 VersR 2005, 1565, 1570 ff. in Tz 51 ff.

[6] Abdruck des Wortlautes der Klausel in BGHZ 147, 354, 364 = VersR 2001, 841, 844 = ZIP 2001, 1052, 1055.

wie bei der Rückkaufswertklausel. Gerügt wird, dass in der Klausel nicht ausdrücklich auf die beigefügte Tabelle hingewiesen wird und dass der Versicherungsnehmer durch die Klausel selbst nicht deutlich genug über die wirtschaftlichen Nachteile in Folge der Zillmerung unterrichtet wird, die er dann erleidet, wenn er von seinem gesetzlichen Recht aus §§ 176, 174 VVG Gebrauch macht.[1] Auch diese Anforderungen sind zu streng und letztlich nur vor dem Hintergrund zu verstehen, dass der BGH dem Zillmern insgesamt kritisch gegenüber steht.[2]

Hingegen wurde die **Klausel über die Überschussermittlung und Überschussbeteiligung**[3] vom BGH nicht beanstandet. Insbesondere verstoße diese Regelung nicht gegen das Transparenzgebot. Das Transparenzgebot verlange eine dem Versicherungsnehmer verständliche Darstellung nur soweit, wie dies nach den Umständen gefordert werden könne. Die Regelungen des § 81 c VAG und der dazu ergangenen Rechtsverordnung über die Gewinnbeteiligung seien indes so komplex und kompliziert, dass sie einem durchschnittlichen Versicherungsnehmer nicht weiter erklärt werden könnten.[4] Der BGH erkennt hiermit an, dass es Fälle gibt, die zu kompliziert sind, um sie einem durchschnittlichen Versicherungsnehmer verständlich zu machen. In einem solchen Fall müssen die Regelungen aber jedenfalls so klar sein, dass sie ein Fachmann verstehen und nachvollziehen kann, bei dem sich der Versicherungsnehmer notfalls Rat holen kann.[5] V 194

8. Klauselverbote (§§ 308 und 309 BGB)

a) Bedeutung. Obwohl die Generalklausel des § 307 (nicht nur) bei AVB ganz im Vordergrund steht, können grundsätzlich auch die Klauselverbote der §§ 308 und 309 für Versicherungsverträge von Bedeutung sein. Soweit sich freilich AVB-Bestimmungen im Rahmen der Vorschriften des VVG halten, können sie nicht unter die Klauselverbote der §§ 308 und 309 fallen.[6] Die **spezielleren Vorschriften des VVG** lassen die **Klauselverbote** des BGB insoweit **zurücktreten.** Unbeschadet dessen sind entsprechende Klauseln gegebenenfalls aber an der Generalklausel des § 307 zu messen. V 195

b) Kasuistik.[7] **§ 308** enthält Klauselverbote **mit Wertungsmöglichkeit;** die Vorschrift lässt also Raum für eine Interessenabwägung. Nach **§ 308 Nr. 6** ist eine V 196

---

1 BGHZ 147, 354, 365 ff. = VersR 2001, 841, 844 f = ZIP 2001, 1052, 1055 f.

2 Eingehend hierzu *Reiff* ZIP 2001, 1058, 1059. Nach dem BVerfG v. 15. 2. 2006 widerspricht es verfassungsrechtlichen Wertungen, „wenn die Abschlusskosten in überproportionaler Weise Neu-Versicherungsnehmern auferlegt werden, die ihren Vertrag vorzeitig beenden"; VersR 2006, 489, 493 in Tz 62.

3 Wortlaut der Klausel bei BGHZ 147, 354, 364 = VersR 2001, 841, 844 = ZIP 2001, 1052, 1055.

4 BGHZ 147, 354, 372 = VersR 2001, 841, 846 = ZIP 2001, 1052, 1058. – Vgl. hierzu aber jetzt auch das BVerfG, das im Rahmen einer Verfassungsbeschwerde gegen das Urteil des BGH v. 23. 11. 1994, BGHZ 128, 54 = VersR 1995, 77 (noch zu den alten, vom BAV genehmigten ALB) feststellt, der Gesetzgeber habe seine grundrechtliche Pflicht verletzt, hinreichende rechtliche Vorkehrungen dafür vorzusehen, dass bei der Ermittlung eines bei Vertragsende zuzuteilenden Schlussüberschusses diejenigen Vermögenswerte angemessen berücksichtigt werden, die durch die Prämienzahlungen im Bereich der kapitalbildenden Lebensversicherung mit Überschussbeteiligung geschaffen worden sind. Der Gesetzgeber solle vor einer Neuregelung, die bis zum 31. 12. 2007 erfolgen müsse, auch prüfen, ob er Instrumente „zur *Sicherung größerer Transparenz* hinsichtlich der Entwicklung von Überschussquellen und der Auskehrung von Überschüssen" einführen wolle; BVerfG VersR 2005, 1127, 1134. Zur geplanten Neuregelung im Rahmen der VVG-Reform vgl. BT-Drs. 16/3945 S. 50 ff.

5 Vgl. hierzu *Römer/Langheid/Römer* vor § 1 Rz 21.

6 *Präve,* Versicherungsbedingungen Rz 568; nach a.A. ist hingegen nur § 309 ausgeschlossen, so *Hansen* VersR 1988, 1110, 1111; *Ulmer/Schmidt* Anh. § 310 Rz 916; *Prölss/Martin/Prölss* Vorbem. I Rz 53.

7 Vgl. die umfangreichen Nachweise bei Versicherungsrechts-Handbuch/*Präve* § 10 Rz 469–499; *Hansen* VersR 1988, 1110, 1112 ff.; *Bach/Geiger* VersR 1993, 659, 668 f.

AGB-Bestimmung unwirksam, „die vorsieht, dass eine Erklärung des Verwenders von besonderer Bedeutung dem anderen Vertragsteil als zugegangen gilt". Dies würde grundsätzlich auch für Willenserklärungen des Versicherers gegenüber dem Versicherungsnehmer gelten. Hier ist aber im Sinn des genannten Vorrangs kraft Spezialität **§ 10 VVG** zu beachten. § 10 I 1 VVG bestimmt für den Fall eines dem Versicherer nicht mitgeteilten **Umzugs des Versicherungsnehmers,** dass für eine Willenserklärung, die dem Versicherungsnehmer gegenüber abzugeben ist, die Absendung eines eingeschriebenen Briefes nach der Letzten dem Versicherer bekannten Wohnung genügt. Nach S. 2 der Vorschrift wird die Erklärung in dem Zeitpunkt wirksam, in welchem sie ohne die Wohnungsänderung dem Versicherungsnehmer zugegangen sein würde. AVB, die den Regelungsgehalt des § 10 VVG aufgreifen, sind also nicht am Maßstab des § 308 Nr. 6 zu messen und auch sonst wirksam. Etwas anderes gilt freilich, wenn der Versicherer über § 10 VVG hinausgeht. Erklärt er etwa in einer AVB auch die Absendung eines einfachen Briefs für ausreichend, so ist diese Bestimmung grundsätzlich nach § 308 Nr. 6 unwirksam.[1]

V 197 **§ 309** enthält Klauselverbote **ohne Wertungsmöglichkeit;** diese Vorschrift lässt also keinen Raum für eine Interessenabwägung. **§ 309 Nr. 9** verbietet Laufzeiten von mehr als zwei Jahren, stillschweigende Verlängerungen für mehr als ein Jahr und Kündigungsfristen von mehr als drei Monaten. Sie gilt indes nur für ein Vertragsverhältnis, „das die regelmäßige Lieferung von Waren oder die regelmäßige Erbringung von Dienst- oder Werkleistungen durch den Verwender zum Gegenstand hat". Hierunter fallen Versicherungsverträge nicht. Der explizite Ausschluss für Versicherungsverträge im zweiten Halbsatz dieser Vorschrift hat daher nur klarstellende Bedeutung.[2]

V 198 Nach **§ 309 Nr. 12** ist u.a. eine Bestimmung unwirksam, durch die der Verwender die **Beweislast zum Nachteil des Kunden ändert,** indem er den anderen Teil bestimmte Tatsachen bestätigen lässt. Hierunter fällt etwa eine Klausel, in der der Versicherungsnehmer bestätigt, die für die beantragten Versicherungsverträge „maßgebenden Verbraucherinformationen einschließlich Versicherungsbedingungen vor Antragstellung" erhalten zu haben.[3] Diese Klausel verstößt gegen § 309 Nr. 12 und ist daher unwirksam, weil sie in Bezug auf das Widerspruchsrecht des Versicherungsnehmers nach § 5 a VVG die Beweislast zugunsten des beweispflichtigen Versicherers[4] verändert. Zwar ist nach § 309 Hs. 2 eine Ausnahme für **„Empfangsbekenntnisse"** gemacht, die **gesondert unterschrieben** worden sind. Ein „Empfangsbekenntnis" in diesem Sinn liegt indes nicht vor, wenn nicht nur Tatsachen, also der Empfang bestimmter Leistungen, bestätigt werden, sondern diese zugleich rechtlich bewertet werden.[5] In dem Wort **„maßgebend"** steckt indes eine **rechtliche Bewertung,** die in eine „Empfangsbestätigung" nicht gehört. Eine solche hat sich auf die Erklärung zu beschränken, bestimmte namentlich bezeichnete Gegenstände, hier Papiere, erhalten zu haben.

---

[1] OLG Hamburg VersR 1980, 38, 39; *Prölss/Martin/Prölss* § 10 Rz 6; Berliner Kommentar/*Gruber* § 10 Rz 14. Außerdem kommt in diesem Fall auch ein Verstoß gegen § 309 Nr. 12 in Betracht, vgl. hierzu Versicherungsrechts-Handbuch/*Präve* § 10 Rz 490.

[2] So zutreffend *Palandt/Heinrichs* § 309 Rz 83.

[3] OLG Köln VersR 2000, 169 f.

[4] Vgl. zur Beweislast § 5 a II 2 VVG und das OLG Köln VersR 2000, 169.

[5] BGH VersR 1990, 91, 95 zu den AVB für Krankenhausbehandlungsverträge, in denen der Kunde bestätigte, auf die AVB hingewiesen worden zu sein und die Möglichkeit gehabt zu haben, „in zumutbarer Weise von ihrem Inhalt Kenntnis zu nehmen"; OLG Köln VersR 2000, 169, 170.

9. Ausübungskontrolle

a) Allgemeines. Die Inhaltskontrolle von AGB ist in den §§ 307–309 abschließend geregelt. Diese Vorschriften schließen daher in ihrem Anwendungsbereich als speziellere Vorschriften einen Rückgriff auf § 242 aus.[1] § 242 ist jedoch insoweit nicht funktionslos. Ihm fällt vielmehr die Aufgabe zu, **individuelle Rechtsmissbräuche zu verhindern** und so für einen zusätzlichen Schutz der Kunden zu sorgen.[2] Man spricht hier von **Ausübungskontrolle**[3] oder auch Anwendungskontrolle.[4] Die Ausübungskontrolle kommt nur im Individualprozess zum Zug,[5] und nur, wenn die AVB-Bestimmung „an sich" wirksam ist. Sie ist also gegenüber der Inhaltskontrolle grundsätzlich nachrangig. Die Ausübungskontrolle ist dadurch gekennzeichnet, dass die **Berufung des Verwenders auf die grundsätzlich wirksame Klausel** aus Gründen, die im Individualrechtsverhältnis wurzeln, **rechtsmissbräuchlich** und daher unzulässig ist. Dies kann bei AVB insbesondere dann der Fall sein, wenn nicht alle denkbaren Fälle aufgenommen werden können, ohne die Bestimmung hoffnungslos zu überfrachten und sie dadurch dem Vorwurf der Intransparenz auszusetzen. Eine solche Klausel ist nicht per se unwirksam. Im Einzelfall ist aber die Berufung auf sie nach § 242 unzulässig. V 199

b) Kasuistik. Ein besonders gutes Beispiel für die Wechselwirkung zwischen Inhaltskontrolle und Ausübungskontrolle ist die sog. **Inhaberklausel** in der **Lebensversicherung.**[6] Sie verstößt nicht gegen § 307 und ist grundsätzlich wirksam.[7] Sie verstößt insbesondere auch **nicht gegen das Transparenzgebot.**[8] Die Klausel stellt die Rechtslage richtig dar. Zwar führt sie im Anschluss an § 808 aus, dass der Versicherer berechtigt ist, an den Inhaber des Versicherungsscheins zu leisten, ohne zugleich darauf hinzuweisen, dass nach ständiger Rechtsprechung der Versicherer nicht befreiend leisten kann, wenn er die mangelnde Verfügungsbefugnis des Inhabers des Versicherungsscheins positiv kennt oder sonst entgegen Treu und Glauben die Leistung bewirkt.[9] Ein solcher Hinweis in der Klausel des Versicherers ist aber auch vor dem Hintergrund des Transparenzgebotes nicht erforderlich, weil der Versicherer die Wirkungen der Inhaberklausel nicht weitergehend erläutern muss, als dies der Gesetzgeber mit § 808 für geboten hält. Zudem ergeben sich die Ausnahmen unmittelbar aus gesetzlichen Regelungen, sei es aus einer Auslegung des § 808, sei es aus der Anwendung des § 242. Die angesprochene Wechselwirkung liegt hier darin, dass die Klausel auch ohne Hinweise auf die Ausnahmerechtsprechung vollständig und wirksam ist, andererseits das Berufen auf diese Klausel in den Ausnahmefällen unzulässig ist. Hätte der Versicherer hingegen versucht, die Ausübungskontrolle noch in die Klausel zu integrieren, so wäre seine gesamte Klausel intransparent und damit unwirksam. V 200

Ein weiteres Beispiel bildet die sog. **Verwandtenklausel** gem. § 5 I g MBKK 76 in der **Krankenversicherung,** nach der „für Behandlungen durch Ehegatten, Eltern oder Kinder keine Leistungspflicht besteht". Diese Klausel hält der Inhalts- V 201

---

[1] *Staudinger/Coester* § 307 Rz 35.
[2] *Ulmer/Fuchs* Vorb v § 307 Rz 64.
[3] So *Ulmer/Fuchs* Vorb v § 307 Rz 63; *Staudinger/Coester* § 307 Rz 36; *Stoffels,* AGB-Recht Rz 389.
[4] So *Prölss/Martin/Prölss* Vorbem. I Rz 71.
[5] *Präve,* Versicherungsbedingungen Rz 335.
[6] Zum Text der Klausel sie oben Rz V 168.
[7] Zur Vereinbarkeit mit § 307 I 1 und II Nr. 1 und 2 siehe oben Rz V 183; Rz V 168 und Rz V 176.
[8] BGH VersR 2000, 709, 711 unter II. 4.
[9] BGH VersR 1999, 700, 701 unter 2. a.; OLG Koblenz VersR 2002, 873 f. Zum Ganzen auch *Prölss/Martin/Prölss* § 4 Rz 2.

kontrolle am Maßstab des § 307 stand und ist daher **grundsätzlich wirksam.**[1] Gleichwohl kann es ganz besonders gelagerte Fälle geben, in denen sich der Versicherer nach **Treu und Glauben** nicht auf diese Klausel berufen darf. Denkbar wäre etwa, dass die Behandlung durch den nahen Angehörigen aus medizinischen Gründen geboten ist, weil dieser zu den wenigen Spezialisten gehört, die die infrage kommende Behandlung überhaupt durchführen können. Diese Dinge haben aber bei der Inhaltskontrolle außer Betracht zu bleiben.[2]

IX. Rechtsfolgen der Unwirksamkeit (§ 306 BGB)

1. Wirksamkeit des Versicherungsvertrages

V 202 Hält eine AVB-Bestimmung der Inhaltskontrolle nach §§ 307–309 nicht stand und ist daher unwirksam, so ergeben sich die Rechtsfolgen – ebenso wie im Fall gescheiterter Einbeziehung – aus § 306. Nach dessen **Abs. 1** bleibt der **Versicherungsvertrag im Übrigen wirksam.** Diese Bestimmung ist durch AVB nicht zum Nachteil des Versicherungsnehmers abdingbar, so dass eine Klausel, wonach im Fall der Nichtigkeit einzelner AVB der Versicherungsvertrag insgesamt unwirksam sein soll, ihrerseits nichtig ist.[3]

V 203 Vereinzelt wird in Bezug auf die Wirksamkeit des Versicherungsvertrages im Übrigen im Hinblick auf **§ 5 a VVG** eine nur für intransparente AVB geltende Besonderheit behauptet. Danach soll der Versicherungsnehmer bei Unwirksamkeit einer AVB wegen Verstoßes gegen das Transparenzgebot ein **Widerspruchsrecht** nach § 5 a VVG haben, und zwar gem. § 5 a II 4 VVG für die Zeit von einem Jahr nach Zahlung der ersten Prämie. Der Versicherer habe nämlich entgegen seiner Verpflichtung aus § 5 a I VVG die AVB nicht vollständig, weil intransparent, übergeben.[4] Nach dieser Ansicht wäre also ein Versicherungsvertrag bei Intransparenz auch nur einer Klausel entgegen dem Grundsatz des § 306 I **insgesamt schwebend unwirksam** und könnte noch ein Jahr nach Zahlung der ersten Prämie durch Widerspruch des Versicherungsnehmers endgültig unwirksam gemacht werden. Dieser Ansicht ist indes nicht zu folgen.[5] § 5 a VVG betrifft den Regelungskomplex Einbeziehung von AVB, während das Transparenzgebot Teil der Inhaltskontrolle ist. Beide Bereiche sind strikt zu trennen.[6] Zudem würde die Anwendung des § 5 a VVG zu nicht zu begründenden Unterschieden zwischen Antragsmodell und Policenmodell führen. § 5 a VVG ist also **nicht anwendbar.** Es bleibt bei der Regel des § 306 I.

V 204 Der Verstoß gegen die §§ 307–309 führt nach der zutreffenden h.M. grundsätzlich zur völligen Nichtigkeit der Klausel, weil es nach dem sog. **Verbot der geltungserhaltenden Reduktion** dem Rechtsanwender untersagt ist, die Klausel auf ein nach dem AGB-Recht (gerade noch) zulässiges Maß zurückzuführen.[7] Etwas anderes gilt freilich, wenn eine einzelne Klausel mehrere eigenständige Regelungen enthält und sich die Aufrechterhaltung der zulässigen Teile durch die bloße Strei-

---

1 BGH VersR 2001, 576 f.

2 BGH VersR 2001, 576, 577.

3 So – allgemein für AGB - *Stoffels,* AGB-Recht Rz 585.

4 So *Schwintowski* NVersZ 2001, 337, 339.

5 Wie hier *Wandt,* Ersetzung unwirksamer AVB S. 46 f.; *Armbrüster* ZVersWiss 2003, 745, 775 f.; *Werber* VersR 2003, 148, 150 f.; OLG Celle VersR 2003, 1113 f.; vgl. auch BGH VersR 2005, 1565, 1570.

6 Hierzu und zum Folgenden *Armbrüster* ZVersWiss 2003, 745, 776.

7 Vgl. statt aller *Palandt/Heinrichs* vor § 307 Rz 8 m.w.N.

chung der unzulässigen Teile erreichen lässt (sog. **„blue-pencil-test“**).[1] Bei einer Ausschlussklausel in einem AVB-Werk ist das etwa dann der Fall, wenn neben dem grob fahrlässigen Verhalten des Versicherungsnehmers auch das anderer Personen als Ausschlussgrund genannt wird und die Klausel insoweit gegen § 307 verstößt, weil diese Dritten keine „Repräsentanten“[2] des Versicherungsnehmers sind. In diesem Fall ist der Risikoausschluss für grob fahrlässiges Verhalten des Versicherungsnehmers selbst wirksam.[3]

2. Inhalt des Versicherungsvertrages

Ist eine AVB-Klausel nach den §§ 307–309 unwirksam, so stellt sich die Frage, ob und wie die entstandene Lücke geschlossen werden kann. § 306 II verweist insoweit auf die **„gesetzlichen Vorschriften“**. Diese Bestimmung, die bei Lücken in „normalen“ AGB-Werken meistens hilft, versagt bei AVB indes sehr häufig, weil es kein entsprechendes dispositives Recht im VVG gibt, das aus den genannten Gründen eine viel geringere Regelungsdichte aufweist als etwa das BGB.[4] Fehlen mithin geeignete gesetzliche Vorschriften zur Ergänzung des Vertrages und ist die ersatzlose Streichung der Klausel nicht interessengerecht, so ist die Lücke nach h.M. durch **ergänzende Vertragsauslegung** zu schließen; denn es wäre unbillig und widerspräche der Zielsetzung des AGB-Rechts, dem Versicherungsnehmer einen Vorteil zu belassen, der das Vertragsgefüge völlig einseitig zu seinen Gunsten verschiebt.[5] An die Stelle der Klausel tritt die Regelung, die die Parteien bei sachgerechter Abwägung der beiderseitigen Interessen gewählt hätten, wenn ihnen die Unwirksamkeit der AGB bewusst gewesen wäre. Insbesondere bei Nichtigkeit einer AVB-Bestimmung wegen Intransparenz kann die ergänzende Vertragsauslegung den Inhalt der nichtigen Klausel transparent zur Geltung bringen.[6] Auch eine ergänzende Vertragsauslegung scheidet freilich aus, wenn sich aus dem Vertrag keine hinreichend konkreten Anhaltspunkte dafür ergeben, wie die Parteien die durch den Wegfall der unwirksamen Klausel entstandene Regelungslücke geschlossen hätten, wenn sie die Unwirksamkeit der Klausel gekannt hätten.[7] **V 205**

3. Unzumutbarkeit des Festhaltens am Vertrag

Nach § 306 III ist der **Versicherungsvertrag unwirksam,** wenn das Festhalten an ihm für eine Seite trotz der Ergänzung durch das dispositive Gesetzesrecht bzw. durch die ergänzende Vertragsauslegung eine **unzumutbare Härte** darstellen **V 206**

---

[1] Allgemein zu AGB *Palandt/Heinrichs* vor § 307 Rz 11; BGH NJW 1984, 2816, 2817; BGHZ 107, 185, 190 f.; speziell für AVB *Prölss/Martin/Prölss* Vorbem. I Rz 102.

[2] Zum Repräsentantenbegriff eingehend Versicherungsrechts-Handbuch/*Looschelders* § 17 Rz 29 ff.; *ders.* VersR 1999, 666.

[3] So das Rheinschifffahrtsobergericht Köln, r+s 2000, 305 ff. = juris Nr. KORE 503282000 zu einem Leistungsausschluss bei grob fahrlässig verursachter Havarie in der Yachtkaskoversicherung; vgl. auch BGHZ 120, 290, 294 f zur Inhaltskontrolle einer Klausel in der Warenkreditversicherung.

[4] Vgl. hierzu oben Rz V 166.

[5] So die ständige Rechtsprechung BGHZ 137, 153, 157 (nicht versicherungsrechtlich) m.w.N.; BGHZ 117, 92, 99 zur ergänzenden Vertragsauslegung bei Unwirksamkeit einer AVB in der Krankentagegeldversicherung; BGH VersR 2005, 1565, 1568 in Tz 37; OLG Hamm VersR 1995, 649, 650 zur Ergänzung bei einer unwirksamen Ausschlussklausel in der Restschuldversicherung; OLG Nürnberg VersR 2000, 1363, 1364 f zur Ergänzung bei Unwirksamkeit einer Klausel in der Arbeitsunfähigkeitsversicherung.

[6] *Prölss/Martin/Prölss* Vorbem. I Rz 103 a. A.A. aber BGH v. 12.10.2005 VersR 2005, 1565, 1570 in Tz 43 f, wonach eine inhaltsgleiche Ersetzung einer intransparenten Klausel gegen § 307 I 2 verstößt.

[7] So das OLG Saarbrücken VersR 2002, 41, 43 unter 5. zu einem unwirksamen Ausschluss des vorläufigen Versicherungsschutzes in der Lebensversicherung.

würde. Bei der Unwirksamkeit einer AVB-Bestimmung ist trotz der produktkonstituierenden Funktion der AVB und der daraus folgenden besonderen Bedeutung für den Inhalt des Vertrages § 306 III keinesfalls immer anzunehmen, mit der Folge, dass der Versicherungsnehmer keinen Versicherungsschutz hätte.[1] Bei der Anwendung des § 306 III zugunsten des Versicherers ist vielmehr **besondere Zurückhaltung geboten.**[2] Die Ausweitung der Deckung wegen Unwirksamkeit einer Ausschlussklausel ohne entsprechend höhere Prämie verschlechtert zwar die Rechtsstellung des Versicherers. Dieses Risiko ist ihm aber zugewiesen, so dass das Festhalten am Vertrag keine unzumutbare Härte darstellt, zumal in Anbetracht einer möglichen Kündigung des Versicherers im Schadensfall.[3]

X. Versicherungsaufsichtsrecht und AGB-Recht

1. Aufsichtsbehördliche AVB-Kontrolle

V 207 **a) Einführung.** Die allgemeine Gewerbefreiheit ist im Bereich des Versicherungswesens stark eingeschränkt. Versicherungsunternehmen unterliegen einer materiellen Staatsaufsicht, die im Wesentlichen im Versicherungsaufsichtsgesetz (VAG) geregelt ist. Der Versicherer bedarf nach § 5 I VAG zum Geschäftsbetrieb einer Erlaubnis der Aufsichtsbehörde. Es gilt ein strenger Rechtsformzwang. Die Erlaubnis darf nach § 7 I VAG nur AG, VVaG sowie Körperschaften und Anstalten des öffentlichen Rechts erteilt werden. Außerdem unterliegen die Versicherungsunternehmen einer **laufenden Aufsicht.** Diese ist eine Rechtsaufsicht und teilt sich in zwei Arten: die Finanzaufsicht im Besonderen und die allgemeine rechtliche Aufsicht im Übrigen. Letztere ist vor allem in der **Generalklausel des** § 81 VAG geregelt. Zweck der laufenden Versicherungsaufsicht ist in erster Linie der Schutz der Interessen der Versicherten. Die Aufsichtsbehörde, regelmäßig die BaFin, hat daher auf „die ausreichende Wahrung der Belange der Versicherten" und „die dauernde Erfüllbarkeit der Verpflichtungen aus den Versicherungen" zu achten.[4] Sie wird freilich nur im öffentlichen Interesse tätig.[5]

V 208 Die **Kompetenzen** der Aufsichtsbehörde sind in **§ 81 II VAG** geregelt. Nach dessen S. 1 kann sie gegenüber den Versicherungsunternehmen „alle Anordnungen treffen, die geeignet und erforderlich sind, um Missstände zu vermeiden oder zu beseitigen". Zur Konkretisierung dieser **speziellen gewerbepolizeilichen Generalklausel** führt S. 2 aus, Missstand ist jedes Verhalten eines Versicherungsunternehmens, das den Aufsichtszielen des Abs. 1 widerspricht. Nach § 81 I 2 VAG hat die Aufsichtsbehörde auch „auf die Einhaltung der Gesetze, die für den Betrieb des Versicherungsgeschäfts gelten", zu achten.

V 209 **b) Zulässigkeit der AVB-Kontrolle?** Umstritten ist, ob die Aufsichtsbehörde im Rahmen der laufenden Aufsicht und gestützt auf die Generalklausel des § 81 II VAG einem Versicherungsunternehmen die Verwendung von AVB untersagen kann, die nach Ansicht der Aufsichtsbehörde gegen das AGB-Recht verstoßen und daher unwirksam sind. Nach den Dritten Richtlinien ist es den Mitgliedstaaten untersagt, die AVB eines Versicherers einer vorherigen Genehmigung zu unter-

---

[1] So schon BGH VersR 1982, 381, 382 unter 5.

[2] *Prölss/Martin/Prölss* Vorbem. I Rz 107; vgl. auch OLG Saarbrücken VersR 2002, 41, 43 unter 5.

[3] OLG Frankfurt VersR 1995, 449, 452 zu einem unwirksamen Haftungsausschluss für Kaskoschäden an Fremdfahrzeugen.

[4] So § 81 I 2 und 5 VAG; ebenso § 8 I Nr. 3 VAG im Rahmen der Erlaubnisversagungsgründe.

[5] So § 81 I 3 VAG; ebenso § 4 IV FinDAG.

werfen oder auch nur die systematische Übermittlung sämtlicher AVB zu verlangen.[1] Hieraus und aus einer angeblichen Subsidiarität des Aufsichtsrechts zur zivilrechtlichen AGB-Kontrolle hat man gefolgert, dass die Aufsichtsbehörde allenfalls in Ausnahmefällen die Verwendung von AVB untersagen kann, beispielsweise, wenn ein Versicherer eine AVB noch weiterverwendet, nachdem sie höchstrichterlich für unwirksam erklärt worden ist.[2]

Dem ist nicht zu folgen. Die genannten Richtlinienbestimmungen verlangen **V 210**
nach ihrem Sinn und Zweck von den Mitgliedstaaten nicht, das Recht und die Pflicht der Aufsichtsbehörde abzuschaffen, Gesetzesverstößen beim Geschäftsbetrieb entgegenzutreten. Die entsprechenden allgemeinen Befugnisse sind vielmehr in den Dritten Richtlinien ausdrücklich bestätigt worden. Danach müssen die Mitgliedstaaten den zuständigen Behörden die Möglichkeit geben, „gegenüber dem Versicherungsunternehmen ... alle Maßnahmen zu treffen, die geeignet und erforderlich sind, um sicherzustellen, dass der Geschäftsbetrieb mit den ... Vorschriften, die das Unternehmen ... zu beachten hat, ... in Einklang bleibt".[3] Zu den Rechtsvorschriften, die ein Versicherer zu beachten hat, gehören in Deutschland auch die AGB-rechtlichen Vorschriften der §§ 305 ff. Wenn eine AVB den Versicherungsnehmer entgegen den Geboten von Treu und Glauben unangemessen benachteiligt und daher nach § 307 unwirksam ist, so stellt diese AVB-Bestimmung zugleich einen Missstand dar, weil sie die Belange der Versicherten nicht ausreichend wahrt.[4] Es bestehen also **unmittelbare Parallelen** zwischen der aufsichtsbehördlichen Generalklausel des § 81 VAG und § 307.[5] Nach allem ist eine anlassbezogene nachträgliche Inhaltskontrolle von AVB zulässig. Das Verbot der Vorabkontrolle durch die Dritten Richtlinien wird nicht umgangen, wenn die Aufsichtsbehörde eine AVB im Einzelfall und aus gegebenem Anlass kontrolliert und beanstandet.[6]

c) Doppelspurigkeit der AGB-Kontrolle

Im Ergebnis bedeutet dies, dass im Versicherungswesen eine **doppelspurige** **V 211**
AGB-Kontrolle stattfindet.[7] Einmal kann die Aufsichtsbehörde gestützt auf § 81 VAG einem Versicherer die Verwendung von AVB, die der Inhaltskontrolle nach dem BGB nicht standhalten und daher unwirksam sind, untersagen; zum anderen können die Zivilgerichte eine AVB-Bestimmung wegen Verstoßes gegen § 307 für unwirksam erklären, und zwar sowohl im Rahmen eines Verbandsklageverfahrens nach §§ 1, 3 UKlaG als auch in einem Individualrechtsstreit zwischen Versicherer und Versicherungsnehmer.

---

[1] So jeweils Art. 29 der 3. Richtlinien (Fn. zu Rz V 91). Für die Lebensversicherung gilt insoweit jetzt Art. 34 der Gesamtrichtlinie Leben (Fn. zu Rz V 91). Ausnahmen gibt es nur für die Pflichtversicherungen und die subsidiäre Krankenversicherung nach Art. 30 II und Art. 54 I der 3. Richtlinie Schaden.

[2] So *Fahr/Kaulbach/Bähr* § 81 VAG Rz 17 a; *Winter* VersR 2000, 1453, 1463; *Wolf/Horn/Lindacher* § 23 Rz 451.

[3] So Art. 10 III der 3. Richtlinie Leben bzw. Art. 13 III der Gesamtrichtlinie Leben und Art. 11 III der 3. Richtlinie Schaden.

[4] BVerwG VersR 1998, 1137, 1138 unter II. 1.; VersR 1981, 221, 223 (noch zur Versagung einer Genehmigung zur Änderung von Versicherungsbedingungen eines Rechtsschutzversicherers). Ebenso – entgegen der Voraufl. – *Prölss/Kollhosser* § 81 VAG Rz 51.

[5] *Präve,* Versicherungsbedingungen Rz 40; *Dreher,* Rechtsprodukt S. 215 f.; *Prölss/Kollhosser* § 81 VAG Rz 30.

[6] So das BVerwG VersR 1998, 1137, 1138 unter II. 2. mit zust. Anm. *Präve* und krit. Anm. *Lorenz; Präve,* Versicherungsbedingungen Rz 45 ff.; vgl. auch die Begründung zum 3. Durchführungsgesetz/EWG zum VAG BT-Drs. 12/6959 S. 45, wonach die Aufsichtsbehörde nachträglich die Vorlage der AVB anhand von Einzelfällen verlangen kann.

[7] *Präve,* Versicherungsbedingungen Rz 49 f.; *Ulmer/Schmidt* Anh. § 310 Rz 900; *Prölss/Martin/Prölss* Vorbem. I Rz 18.

d) Rechtswege

V 212 Aus der Doppelspurigkeit erwachsen auch unterschiedliche Rechtswege. So ist für die Verbandsklage nach den §§ 1, 3 UKlaG der **Zivilrechtsweg** eröffnet, und zwar nach § 6 UKlaG bei dem Landgericht, in dessen Bezirk der Versicherer seine gewerbliche Niederlassung hat. Für den Individualrechtsstreit zwischen Versicherer und Versicherungsnehmer gelten die allgemeinen Vorschriften. Demgegenüber muss ein Versicherer, der gegen eine Untersagungsverfügung durch die Aufsichtsbehörde vorgehen will, den **Verwaltungsrechtsweg** bestreiten. Hat die BaFin die Verfügung erlassen, so ist nach § 1 III FinDAG das VG Frankfurt am Main zuständig. Aus der Doppelspurigkeit resultiert die **Gefahr divergierender höchstrichterlicher Entscheidungen.** Ihr vorzubeugen ist Sache der Gerichtsverfassung und des Verfahrensrechts.[1] Im Kollisionsfall müsste das später entscheidende Gericht die Frage dem Gemeinsamen Senat der obersten Gerichtshöfe des Bundes vorlegen und so die Einheitlichkeit der Rechtsordnung wahren.[2]

2. Anhörung der BaFin nach § 8 Abs. 2 Nr. 1 UKlaG

V 213–230 Zu beachten ist insoweit auch, dass das aufsichtsbehördliche Verfahren und das zivilgerichtliche Verfahren miteinander verzahnt sind, und zwar durch das **Anhörungsrecht der BaFin** nach § 8 II Nr. 1 UKlaG.[3] Danach hat das nach § 6 UKlaG zuständige Landgericht in Verbandsklageprozessen nach §§ 1, 3 UKlaG die BaFin anzuhören, bevor es über eine Klage zur Wirksamkeit von AVB-Bestimmungen entscheidet. Hierdurch soll vor allem die **besondere Sachkenntnis** der BaFin für die Entscheidung nutzbar gemacht werden, ohne dass die Behörde Verfahrensbeteiligte wird.[4] Andererseits dient die Anhörung auch dazu, der BaFin die für ihre Arbeit relevanten Kenntnisse zu verschaffen.[5] Die Anhörungspflicht nach § 8 II Nr. 1 UKlaG besteht nur im Verbandsklageprozess. Hierdurch ist das Zivilgericht in einem Individualprozess indes nicht gehindert, eine Stellungnahme der BaFin einzuholen, wenn es dies für zweckdienlich hält.[6]

*

Versorgungsverträge

Inhaltsübersicht

[1] So lapidar das BVerwG VersR 1998, 1137, 1138 unter II. 2. a.E.
[2] So die §§ 2 I, 11 I 1 RsprEinhG und hierzu *Präve* VersR 1998, 1141, 1142.
[3] Zu den Einzelheiten des Anhörungsrechts vgl. die Kommentierung von § 8 UKlaG.
[4] *Ulmer/Hensen* § 8 UKlaG Rz 7.
[5] *Präve,* Versicherungsbedingungen Rz 59.
[6] §§ 273 II Nr. 2, 358 a Nr. 2 ZPO; wie hier *Präve,* Versicherungsbedingungen Rz 69.

Schrifttum: *Albert,* Stromlieferungsverträge für Letztverbraucher im Lichte der Liberalisierung des Energiemarktes, 2005; *Arzt/Schröder,* Allgemeine Bedingungen für Netzanschluss und Stromversorgung versus AGB-Recht, 2005; *J. F. Baur,* Vertragliche Anpassungsregelungen. Dargestellt am Beispiel langfristiger Energielieferungsverträge, 1983; *Braband,* Strompreise zwischen Privatautonomie und staatlicher Kontrolle, 2003; *dies.*, Das Zusammenwirken von energie-, kartell- und zivilrechtlicher Kontrolle bei der Strompreisgestaltung in Energielieferverträgen, 2001; *Brüning,* Die Benutzungsverhältnisse an kommunalen öffentlichen Einrichtungen unter Einbeziehung allgemeiner Geschäftsbedingungen, LKV 2000, 54; *Büdenbender,* Energierecht nach der Energierechtsreform, JZ 1999, 62; *Cronenberg,* Das neue Energiewirtschaftsrecht, RdE 1998, 85; *Ebel,* Elektrizitäts- und Gasversorgungsbedingungen für kaufmännische Sonderabnehmer, BB 1980, 477; *ders.*, Energielieferungsverträge, 1992; *Ebel/Brüning,* Die Haftung der industriellen Sonderabnehmer von Elektrizität etc., DB 1981, 511; *Ebel,* Preisgestaltung im neuen Energiewirtschaftsrecht, BB 2000, 14; *Emmerich,* Die Neuregelung der AVB, ZfEnW 1980, 110; *Danner,* Die Neuordnung der Geschäftsbedingungen in der Versorgungswirtschaft, BB 1979, 76; *Hermann/Recknagel/Schmidt-Salzer,* Kommentar zu den Allgemeinen Versorgungsbedingungen für Elektrizität, Gas, Wasser und Fernwärme (KommzAVB) Bd. I, 1981, Bd. II, 1984; *Janke/Weddige,* Zur Bedeutung von § 6 AVBEltV/GasV für die Haftung des Energieversorgungsunternehmens gegenüber Tarif- und Sonderkunden, BB 1981, 1427; *Kunth/Wollburg,* Preisanpassungsklauseln in Energielieferungsverträgen und § 9 AGB-Gesetz, BB 1985, 230; *Lukes,* Die Neuregelung des Energiewirtschaftsrechts, BB 1998, 12171223; *Maiwald,* Nichtabbucher-Zuschlag für Stromkunden?, GewArch 1994, 271273; *Martinek,* Langfristige Laufzeitklauseln als Wettbewerbsinstrumente in Gasversorgungsverträgen, BB 1989, 1277 ff.; *Rott/Butters,* Öffentliche Dienstleistungen und Vertragsgerechtigkeit im Lichte des Gemeinschaftsrechts, VuR 1999, 7586, 107117; *Schick,* Probleme des Stromlieferantenwechsels im Haushaltskundenbereich, 1. Aufl., 2005; *Schmidt-Salzer,* Haftung der Energieversorgungsunternehmen im Sonderkundenbereich etc., BB 1980, 1701; *Scholtka,* Die Entwicklung des Energierechts in den Jahren 1998 und 1999, NJW 2000, 548; *Schweers,* Vertragsbeziehungen und Haftung im novellierten Energiewirtschaftsrecht, 2001; *Specht,* Stromlieferverträge im liberalisierten Energiemarkt, 2005.

I. Allgemeines

1. Begriff und Rechtsnatur

Als Versorgungsverträge sollen hier die zwischen einem Versorgungsunternehmen und seinen Kunden geschlossenen Verträge in den Bereichen der Elektrizitäts-, Gas-, Fernwärme und Wasserversorgung bezeichnet werden. Es handelt sich bei ihnen um Kaufverträge. Ferner stellen sie unechte Sukzessivlieferungsverträge und damit **Dauerschuldverhältnisse** dar.[1] Die früher übliche Einordnung als Wiederkehrschuldverhältnisse war insolvenzrechtlich bedingt und ist nach richtiger Auffassung überholt.[2] **V 231**

2. Anwendbarkeit des AGB-Rechts

Mit Blick auf die Anwendbarkeit des AGB-Rechts ist zwischen dem **Tarifkundenbereich** und dem **Sonderkundenbereich** zu differenzieren. **V 232**

a) Tarifkundenbereich. Die Verträge zwischen Versorgungsunternehmen und ihren Tarifkunden in den Bereichen der Elektrizitäts-, Gas-, Fernwärme und Wasserversorgung sind Gegenstand besonderer Rechtsverordnungen, die die Vertragsbedingungen im Einzelnen festlegen. Namentlich handelt es sich um die Verordnung über Allgemeine Bedingungen für die Elektrizitätsversorgung von Tarifkunden **(AVBEltV)**[3] vom 21. 6. 1979, die Verordnung über Allgemeine Bedin- **V 233**

---

[1] Dazu, dass unechte Sukzessivlieferungsverträge als Dauerschuldverhältnisse einzustufen sind, z. B. *Palandt/Grüneberg* § 314 Rz 2.

[2] S. dazu *Palandt/Grüneberg,* Überbl. v. § 311 Rz 30; MünchKomm/*Westermann* Vorb. v. § 433 Rz 41. Für ein Festhalten an der Rechtsfigur des Wiederkehrschuldverhältnisses aber MünchKomm/*Gaier* § 311 Rz 7; wohl auch *Kirsch* NJW 2002, 2520, 2521. Zweifelnd dagegen *Armbrüster/Wiese,* DStR 2003, 334, 335.

[3] AVBEltV, BGBl. 1979 I, S. 676, zuletzt geändert durch Art. 17, G. v. 19. 12. 2004, BGBl. I, 3214.

gungen für die Gasversorgung von Tarifkunden **(AVBGasV)**[1] vom 21. 6. 1979, die Verordnung über Allgemeine Bedingungen für die Versorgung mit Fernwärme **(AVBFernwärmeV)**[2] vom 20. 6. 1980 und die Verordnung über Allgemeine Bedingungen für die Versorgung mit Wasser **(AVBWasserV)**[3] vom 20. 6. 1980.

V 234 **aa) Verordnungen.** Die entsprechenden Rechtsverordnungen unterliegen schon aufgrund ihrer Rechtsnormqualität nicht der AGB-rechtlichen Inhaltskontrolle.[4]

V 235 **bb) Ergänzende/abweichende AGB.** Zu beachten ist aber, dass trotz der Geltung der einschlägigen Rechtsverordnung auch die Verwendung allgemeiner Geschäftsbedingungen in Betracht kommt. In welchem Umfang die jeweilige Rechtsverordnung Raum für die Verwendung von AGB lässt, ist im Wege der Auslegung zu ermitteln. Alle vier hier interessierenden Verordnungen, also die AVBEltV, die AVBGasV, AVBFernwärmeV und die AVBWasserV lassen die **Vereinbarung ergänzender Klauseln** zu. Für den Bereich der Elektrizitäts- und Gasversorgung ergibt sich die grundsätzliche Zulässigkeit ergänzender Vertragsbestimmungen nach richtiger Auffassung schon aus § 32 II AVBEltV/GasV. Mit Blick auf die Versorgung mit Wasser und Fernwärme folgt die Zulässigkeit ergänzender Regelungen aus § 1 IV der jeweiligen Verordnung. Diese ergänzenden Vertragsbestimmungen sind, soweit sie die Anforderungen des § 305 I erfüllen, als AGB einzustufen[5] und unterliegen folglich der AGB-rechtlichen Inhaltskontrolle. Freilich kann eine Inhaltskontrolle, ebenso wie auch sonst bei AGB, an § 307 III 1 scheitern, sofern es z. B. um Preishauptabreden geht.[6] Der Inhaltskontrolle entzogen ist daher z. B. eine Klausel in den AGB eines Wasserversorgungsunternehmens, die die Höhe der Baukostenzuschüsse im Sinne des § 9 AVBWasserV festsetzt.[7] § 1 III 1 AVBFernwärmeV und § 1 III 1 AVBWasserV erlauben darüber hinaus auch die **Vereinbarungen abweichender Bedingungen.** Voraussetzung ist jeweils, dass das Versorgungsunternehmen einen Vertragsabschluss zu den allgemeinen Bedingungen der einschlägigen Verordnung angeboten hat und der Kunde mit den Abweichungen ausdrücklich einverstanden ist. Auch solche abweichenden Bedingungen unterliegen der AGB-rechtlichen Inhaltskontrolle. Dies ist in § 1 III 2 AVBFernwärmeV sowie in § 1 III 2 AVBWasserV ausdrücklich klargestellt, doch haben diese Vorschriften nur deklaratorische Bedeutung.

V 236 **b) Sonderkundenbereich.** Die mit Sonderkunden abgeschlossenen Versorgungsverträge unterliegen von vornherein nicht dem Regelungsbereich der hier interessierenden Verordnungen. Dies ergibt sich mit Blick auf die Versorgung mit Elektrizität und Gas aus § 1 AVBEltV bzw. aus § 1 AVBGasV. Für die Versorgung mit Wasser und Fernwärme folgt Entsprechendes aus § 1 II der jeweiligen Verordnung. Vor diesem Hintergrund sind Versorgungsverträge mit Sonderkunden, soweit sie AGB enthalten, Gegenstand der AGB-rechtlichen Inhaltskontrolle.[8] Von einer Einstufung als AGB ist selbst dann auszugehen, wenn der Inhalt der für Tarifkunden maßgeblichen Rechtsverordnung zum Gegenstand der mit Sonderkunden abgeschlossenen

---

[1] AVBGas, BGBl. 1979 I, S. 684, zuletzt geändert durch Art. 17, G. v. 19. 12. 2004, BGBl. I, 3214.

[2] AVBFernwärmeV, BGBl. I, 1980, S. 742, zuletzt geändert durch Art. 17, G. v. 19. 12. 2004, BGBl. I, 3214.

[3] AVBFernwärmeV, BGBl. I, 1980, S. 750, 1067, zuletzt geändert durch Art. 17, G. v. 19. 12. 2004, BGBl. I, 3214.

[4] S. z. B. *Palandt/Grüneberg* § 310 Rz 6; MünchKomm/*Basedow* § 310 Rz 14.

[5] S. z. B. BGH NJW-RR 2006, 133, 133 (zu § 1 AGBG).

[6] BGH NJW-RR 2006, 133, 134 (zu § 8 AGBG). S. a. § 309 Nr. I Rz 17–19.

[7] BGH NJW-RR 2006, 133, 134 (zu § 8 AGBG).

[8] BGH NJW 1985, 3013, 3013 (zu § 9 AGBG).

Verträge gemacht wird.[1] Denn in diesem Falle gelten die einschlägigen Regelungen gerade nicht mehr als Rechtsnormen, sondern als Vertragsbedingungen.

II. Inhaltskontrolle

1. Besonderheiten bei der Inhaltskontrolle

Soweit eine Inhaltskontrolle möglich ist, weil der Vertragsinhalt nicht durch objektives Recht, sondern durch AGB bestimmt wird und der Inhalt der AGB auch nicht nach § 307 III 1 der Kontrolle entzogen ist, sind eine Reihe von Besonderheiten zu beachten. **V 237**

a) § 310 II. So ist zunächst hervorzuheben, dass die §§ 308, 309 gemäß § 310 II keine Anwendung finden, soweit Versorgungsunternehmen gegenüber ihren Sonderabnehmern AGB-mäßig die gleichen Regelungen verwenden, die kraft Rechtsverordnung für das Verhältnis der Versorgungsunternehmen zu ihren Tarifkunden gelten. Dahinter steht der Gedanke, so die Begründung des Gesetzesentwurfs, „dass Sonderabnehmer, auch wenn sie Verbraucher sind, keines stärkeren Schutzes bedürfen als Tarifabnehmer".[2] Anwendbar bleibt allerdings **§ 307.**[3] S. im Einzelnen § 310 II Rz 8 ff. **V 238**

b) Leitbildfunktion der Versorgungsverordnungen. Zu berücksichtigen ist auch, dass der BGH den Allgemeinen Bedingungen für die Elektrizitätsversorgung von Tarifkunden (AVBEltV) schon im Jahre 1998 eine „Leitbildfunktion" für die im Verhältnis zu Sonderabnehmern gebotene AGB-Kontrolle beigemessen hat.[4] Namentlich enthalte diese Verordnung „einen gewichtigen Hinweis auf das, was auch im Vertragsverhältnis mit Sonderabnehmern als angemessen zu betrachten" sei.[5] In einer jüngeren Entscheidung hat der BGH klargestellt, dass diese Leitbildfunktion auch den Rechtsverordnungen über die Versorgung von Tarifkunden mit Elektrizität, Fernwärme, Gas und Wasser zukommt.[6] Dieser Rechtsprechung ist zuzustimmen.[7] Denn der Regelung des § 310 II ist der Rechtsgedanke zu entnehmen, dass dasjenige, was von Tarifkunden zu akzeptieren ist, auch von Sonderkunden hingenommen werden muss. Dies gilt umso mehr, als kaum einzusehen ist, weshalb der Schutz der Tarifkunden, die in den meisten Fällen Verbraucher sind, hinter demjenigen der Sonderkunden, bei denen es sich in aller Regel um Unternehmen handelt, zurückbleiben soll.[8] **V 239**

c) Dauerschuldverhältnis. Nicht zu vergessen ist auch, dass es sich bei den Versorgungsverträgen um Dauerschuldverhältnisse handelt.[9] Selbst wenn die §§ 308, 309 daher ausnahmsweise anwendbar sind, was wegen § 310 I 1 aber nur selten der Fall sein wird, finden die §§ 308 Nr. 3, 309 Nr. 1 daher grundsätzlich[10] keine Anwendung. **V 240**

---

1 *Palandt/Grüneberg* § 310 Rz 6.

2 BT-Drs. 14/6040, S. 160.

3 S. z. B. *Staudinger/Schlosser* § 310 Rz 16; MünchKomm/*Basedow* § 310 Rz 14.

4 BGH NJW 1998, 1640, 1642 (zu § 23 Nr. 2 AGBG).

5 BGH NJW 1998, 1640, 1642 (zu § 23 Nr. 2 AGBG).

6 BGH NJW 2005, 2919, 2922: Der Verordnungsgeber habe „mit dem jeweiligen § 30 der Verordnungen über die AVB der Elektrizitäts-, Fernwärme-, Gas- und Wasserversorgungsunternehmen unter Abwägung der gegenläufigen Interessen von Versorgungsunternehmen und Kunden ein normatives Leitbild geschaffen".

7 Für eine Leitbildwirkung bereits *Ebel,* Energielieferungsverträge, 1992, S. 169. Zustimmend auch *Ulmer/H. Schmidt* Anh. § 310 Rz 13; zumindest im Grundsatz auch Ulmer § 310 Rz 102.

8 In diesem Sinne z. B. auch *Heinrichs* NJW 1999, 1596, 1606.

9 S. Anh. § 310 Rz V 231.

10 Zu Ausnahmen s. § 308 Nr. 3 Rz 10 (Kündigung vor Vertragsbeginn), § 309 Nr. 1 Rz 25 (rückwirkende Preiserhöhungen).

2. Unwirksamkeitsfolgen

V 241 **a) Sonderkunden.** Hält eine AGB-Klausel, die gegenüber einem Sonderabnehmer verwendet wurde, der AGB-rechtlichen Inhaltskontrolle nicht stand, so tritt gemäß § 306 II das dispositive Recht an ihre Stelle. Nicht gemeint sind damit allerdings die einschlägigen Vorschriften der für Tarifkunden geltenden Rechtsverordnungen, die für Sonderkunden ja gerade keine Geltung beansprucht.[1] Zu den gesetzlichen Vorschriften im Sinne des § 306 II gehören zwar auch die Grundsätze über die ergänzende Vertragsauslegung, so dass eine solche in Betracht zu ziehen sein kann.[2] Allerdings ist zu bedenken, dass die Voraussetzungen der ergänzenden Vertragsauslegung durchaus nicht immer gegeben sein müssen.[3] Und selbst wenn eine Lücke im Vertrag vorliegt, die nicht in angemessener Weise durch den Rekurs auf das dispositive Recht geschlossen werden kann, ist im Rahmen der ergänzenden Vertragsauslegung jedenfalls gegenüber einer analogen Anwendung des für Tarifkunden geltenden Rechts[4] Zurückhaltung geboten. Eine Analogie im engeren Sinne kommt schon in Ermangelung einer Gesetzeslücke nicht in Betracht, und es ist mit dem Verbot der geltungserhaltenden Reduktion regelmäßig nicht zu vereinbaren, dem Versorgungsunternehmen im Rahmen des § 306 II diejenige Regelung zu gewähren, die es – vorbehaltlich der Vereinbarkeit mit § 307 – im Wege einer von vornherein angemessenen Regelung hätte erlangen können.

V 242 **b) Tarifkunden.** Anders liegen die Dinge mit Blick auf Tarifkunden. Insoweit gilt es zu berücksichtigen, dass die einschlägigen Rechtsordnungen es zum Teil zulassen, dass die Parteien von den in der Rechtsverordnung angegebenen Bedingungen abweichen. Namentlich ist eine entsprechende **Abweichungsbefugnis** in § 1 III AVBFernwärmeV sowie in § 1 III AVBWasserV vorgesehen (s. Rz V 235). In diesem Fall fungieren die Bestimmungen der AVBFernwärmeV beziehungsweise der AVBWasserV als dispositives Recht. Sind die abweichenden Klauseln AGB-rechtlich unzulässig, werden sie folglich gemäß § 306 II durch die relevanten Bestimmungen der AVBFernwärmeV beziehungsweise der AVBWasserV ersetzt. Darüber hinaus ist zu beachten, dass alle vier hier interessierenden Verordnungen, also die AVBEltV, die AVBGasV, AVBFernwärmeV und die AVBWasserV **ergänzende** AGB zulassen. Soweit diese unwirksam sind, findet wiederum § 306 II Anwendung, wobei zu berücksichtigen ist, dass die Bestimmungen der genannten Verordnungen zu den „gesetzlichen Vorschriften" im Sinne des § 306 II gehören.

3. Einzelne Klauseln

V 243 **a) Haftung.** § 6 AVBEltV/GasV beschränkt die Haftung des Versorgungsunternehmens. Gleiches gilt für § 6 AVBFernwärmeV und § 6 AVBWasserV. In den gegenüber Sonderabnehmern verwandten AGB der Versorgungsunternehmen finden sich vielfach Klauseln, die den entsprechenden Regelungen entsprechen.[5] Solche Klauseln verstoßen nicht gegen § 309 Nr. 7, da dieser gemäß § 310 II keine Anwendung findet. Darüber hinaus hat der BGH jedenfalls mit Blick auf eine wörtlich an die §§ 6 I Nr. 3, 6 II 1 AVBEltV angelehnte Klausel auch einen Verstoß gegen § 307

---

[1] Gegen den Rekurs auf das für Tarifabnehmer geltende Recht auch *Staudinger/Schlosser* § 310 Rz 17.

[2] Zutreffend *Staudinger/Schlosser* § 310 Rz 17.

[3] Verneinend z. B. BGH NJW 1985, 3013, 3016 (zu § 9 AGBG).

[4] Demgegenüber soll nach *Staudinger/Schlosser* § 310 Rz 17 im Rahmen der ergänzenden Vertragsauslegung gegebenenfalls auch für eine analoge Anwendung der für Tarifkunden geltenden Vorschriften Raum sein.

[5] *Scholtka* NJW 2000, 548, 553.

abgelehnt und sich zur Begründung unter anderem auf die Leitbildfunktion der AVBEltV berufen.[1] Diese Rechtsprechung verdient Zustimmung,[2] zumal man eine entsprechende Regelung auch nicht als missbräuchlich im Sinne des Art. 3 der Klauselrichtlinie einstufen können wird.[3] Gleiches muss zudem für eine dem § 6 I, II 1 AVBEltV insgesamt entsprechende Regelung gelten.[4] Und auch mit Blick auf Klauseln, die den §§ 6 I, II 1 AVBGasV,[5] 6 I AVBWasserV, 6 I AVBFernwärmeV entsprechen, wird man einen Verstoß gegen § 307 verneinen müssen.

b) Abänderung der Tarife und AGB. Gemäß § 4 I 1 AVBEltV/GasV stellt das Elektrizitätsversorgungsunternehmen Strom zu den jeweiligen allgemeinen Tarifen und Bedingungen zur Verfügung. Änderungen der allgemeinen Tarife und Bedingungen werden gemäß § 4 II AVBEltV/GasV erst nach öffentlicher Bekanntgabe wirksam. Diese für Tarifkunden als objektives Recht geltenden Bestimmungen können gegenüber Sonderkunden nicht wirksam als AGB vereinbart werden.[6] **V 244**

aa) Änderung der AGB. Denn eine Klausel, die dem Verwender ein einseitiges Recht zur Abänderung von AGB einräumt, kann nur für den Fall einer Störung des Äquivalenzverhältnisses oder einer im Regelungswerk entstandenen Lücke vereinbart werden.[7] Dabei sind strenge Anforderungen zu stellen. Erforderlich ist, dass „durch unvorhersehbare Änderungen, die der [Verwendungsgegner] nicht veranlasst und auf die er auch keinen Einfluss hat, das bei Vertragsschluss vorhandene Äquivalenzverhältnis in nicht unbedeutendem Maße gestört wurde" oder dass eine „eine im Regelungswerk entstandene Lücke [...] Schwierigkeiten bei der Durchführung des Vertrags entstehen [lässt], die nur durch Anpassung oder Ergänzung zu beseitigen sind".[8] Fehlt es an diesen Voraussetzungen, so liegt im Falle der AGB-mäßigen Vereinbarung eines einseitigen Rechts zur Abänderung von AGB ein Verstoß gegen § 307 vor.[9] **V 245**

bb) Änderung der Tarife. Allgemein zur Kontrolle von Preiserhöhungsklauseln anhand des § 307 siehe § 309 Nr. 1 Rz 90 ff. Preiserhöhungsklauseln können zwar AGB-mäßig vereinbart werden. Auch ist § 309 Nr. 1 im Falle einer dem § 4 AVBEltV/GasV entsprechenden Regelung in den AGB eines Elektrizitäts- oder Gasversorgungsunternehmens gemäß § 310 II[10] und zumeist auch nach § 310 I 1 sowie mit Blick auf das Vorliegen eines Dauerschuldverhältnisses nicht anwendbar. Ein dem § 4 AVBEltV/GasV entsprechendes Recht zur Preiserhöhung ist jedoch mit § 307 nicht zu vereinbaren.[11] Vielmehr ist grundsätzlich auch gegenüber Unternehmern erforderlich, dass die Preiserhöhung vom Vorliegen eines sachlichen Grundes abhängig gemacht wird.[12] Schon mangels hinreichender Transparenz, aber auch wegen fehlender Einräumung eines Kündigungsrechts für den Fall erheblicher Preiserhöhungen unwirksam ist eine Klausel in den AGB eines Versorgungsunternehmens, **V 246**

---

[1] BGH NJW 1998, 1640, 1642 (zu § 23 Nr. 2 AGBG). Für die Angemessenheit einer mit § 6 I AVBEltV übereinstimmenden Regelung schon OLG Saarbrücken NJW-RR 2002, 1429, 1429 (zu § 9 AGBG); LG Frankfurt a.M. NJW-RR 2002, 785, 785 (zu § 9 AGBG). Ebenso z. B. *Ulmer/Hensen* Anh. § 310 Rz 13.

[2] Für Unangemessenheit aber *Ulmer* § 310 Rz 104.

[3] OLG Saarbrücken NJW-RR 2002, 1429, 1429.

[4] Eine dem § 6 I, II 1 AVBEltV wörtlich entsprechende Regelung lag auch der Entscheidung BGH NJW 1998, 1640, 1640 zugrunde, doch hatte sich der BGH nur mit einem Teil dieser Klausel zu befassen.

[5] Ebenso für eine an § 6 AVBGasV angelehnte Regelung *Ulmer/Hensen* Anh. § 310 Rz 14.

[6] Ebenso *Ulmer* § 310 Rz 107.

[7] BGH NJW 1999, 1865, 1865 (zu § 9 AGBG, Versicherungsvertrag).

[8] BGH NJW 1999, 1865, 1865 (zu § 9 AGBG, Versicherungsvertrag).

[9] BGH NJW 1999, 1865, 1865 (zu § 9 AGBG, Versicherungsvertrag).

[10] S. § 310 II Rz 1 ff.

[11] A. A. *Ulmer* § 310 Rz 106.

[12] Siehe § 309 Nr. 1 Rz 116–124 (Verbraucher), Rz 163–171 (Unternehmer).

der zufolge das Unternehmen berechtigt ist, „[b]ei Änderung der Steuersätze und der öffentlich-rechtlichen Abgabe [...] die vom Kunden zu leistende Vergütung entsprechend zu ändern".[1] Von besonderer praktischer Relevanz im Bereich der Versorgungsverträge sind sog. **Kostenelementeklauseln,** die Preisanpassungen wegen sich verändernder Kosten vorsehen. Ausführlich dazu § 309 Nr. 1 Rz 117.

V 247 **c) Einwendungen gegen Rechnungen.** Gemäß § 30 AVBEltV berechtigen Einwände gegen Rechnungen und Abschlagsberechnungen nur insoweit zum Zahlungsaufschub oder zur Zahlungsverweigerung, als offensichtliche Fehler vorliegen und der Zahlungsaufschub oder die Zahlungsverweigerung innerhalb von zwei Jahren nach Zugang der fehlerhaften Rechnung oder Abschlagsberechnung geltend gemacht wird. Entsprechende Regelungen finden sich auch in den §§ 30 AVBGasV, 30 AVBFernwärmeV und 30 AVBWasserV. Wie der BGH zu Recht betont hat, schaffen diese Vorschriften ein normatives Leitbild.[2] Eine Klausel, die den genannten Regelungen entspricht, kann daher grundsätzlich auch gegenüber Sonderkunden ohne Verstoß gegen § 307 wirksam vereinbart werden. Gemäß § 307 unwirksam ist aber eine Klausel des Inhalts: „Trotz rechtzeitiger Mitteilung bleibt die Verpflichtung zur Zahlung der Entgelte [...] unberührt. Die Einwendungen sind im Rahmen eines Rückforderungsprozesses geltend zu machen. Ist eine Einwendung begründet, so wird der zu viel gezahlte Betrag verrechnet oder auf ausdrücklichen Wunsch des Entgeltpflichtigen erstattet."[3] Zwar führt diese Klausel weder unmittelbar noch mittelbar zu einer Umkehr der Beweislast. Denn die Beweislast für das Bestehen einer Verbindlichkeit verbleibt beim Empfänger, wenn eine Zahlung lediglich als Vorauszahlung in Erwartung einer noch festzustellen Schuld erfolgt.[4] Und die Zahlung eines Kunden, der laut AGB des Verwenders mit seinen Einwendungen auf den Rückforderungsprozess verwiesen wird, muss als Zahlung mit konkludentem Vorbehalt des Bestehens der Schuld eingestuft werden.[5] Die Beweislast für die fehlende Berechtigung der Einwendungen des Kunden trägt also auch im Rückforderungsprozess der Verwender einer entsprechenden Klausel.[6] Doch folgt die Unangemessenheit der hier interessierenden Klausel bereits aus einer anderen Erwägung. Namentlich ist die Verweisung auf den Rückforderungsprozess nicht durch schutzwürdige Interessen des Verwenders gerechtfertigt.[7] Insbesondere stellt „das Risiko unbegründeter Schuldnereinwendungen [...] ein typisches Gläubigerrisiko [dar], das im Normalfall durch den Anspruch auf Verzugschadensersatz hinreichend ausgeglichen wird" und daher keinen Verweis auf die Geltendmachung im Rückforderungsprozess rechtfertigt.[8] Darüber hinaus ist die Klausel auch deshalb unwirksam, weil sie keine Ausnahme für **offensichtliche Unrichtigkeiten** enthält.[9] Denn Gründe, die entgegen dem allgemeinen Verbot geltungserhaltender Reduktion eine einschränkende Auslegung[10] der Klausel mit Blick auf offensichtliche Unrichtigkeiten rechtfertigen könnten, sind nicht ersichtlich. Dies gilt umso mehr, als die Folgen der Unwirksamkeit der hier interessierenden Klauseln für das

---

1 OLG Brandenburg NJW-RR 2002, 1640, 1641 (zu § 9 AGBG).
2 BGH NJW 2005, 2919, 2922.
3 BGH NJW 2005, 2919, 2922 (AGB eines Abfallentsorgungsunternehmens).
4 BGH NJW 2005, 2919, 2922.
5 BGH NJW 2005, 2919, 2922.
6 BGH NJW 2005, 2919, 2922.
7 Ebenso BGH NJW 2005, 2919, 2923, der allerdings betont, dass solche Interessen vom Versorgungsunternehmen nicht dargelegt worden seien und sich damit eine Hintertür zu einer anderen Bewertung in zukünftigen Fällen offen hält.
8 BGH NJW 2005, 2919, 2923.
9 Offen gelassen in BGH NJW 2005, 2919, 2922.
10 Eine solche erwägt BGH NJW 2005, 2919, 2922.

Versorgungsunternehmen bei weitem nicht so belastend sind wie es z. B. die Unwirksamkeit eines Bürgschaftsvertrages für den Kreditgeber ist.

d) Sonstige. Gemäß § 307 I 1, II Nr. 1 unwirksam ist eine Klausel in den ergänzenden Bestimmungen eines Wasserversorgungsunternehmens der zufolge „jedes Grundstück oder jedes Haus [...] einen **eigenen Anschluss** an der Versorgungsleitung haben [muss]".[1] Unwirksam soll ferner eine Klausel in einem von einer Gemeinde abgeschlossenen Wasserversorgungsvertrag sein, der zufolge der Grundpreis nach der **Anzahl der vorhandenen Zähler** aufgeteilt und lediglich bei Wohnungseigentümern abrechnungstechnisch unterstellt wird, jede Eigentumswohnung sei mit einem eigenen Zähler ausgestattet.[2] Darin liege eine sachlich nicht gerechtfertigte Benachteiligung von Wohnungseigentümern mit der Folge der Unwirksamkeit der entsprechenden Preisregelung.[3] Unangemessen ist auch eine Klausel, der zufolge ein Stromversorgungsunternehmen „[b]ei Zuwiderhandlungen gegen die beigefügten [AVB], bei Nichterfüllung von Zahlungsverpflichtungen in Höhe von zwei Abschlägen sowie bei Verletzung von Pflichten, die den Kunden gegenüber [dem Verwender] obliegen, [...] berechtigt [ist], die Versorgung zwei Wochen nach Androhung **einzustellen**" und die ferner bestimmt, dass mit der Mahnung zugleich die Einstellung der Versorgung angedroht werden kann.[4] Die Unwirksamkeit folgt daraus, dass die Klausel selbst bei **Bagatellverstößen** einzugreifen scheint.[5] Demgegenüber lässt sich die Unangemessenheit nicht damit begründen, dass die Klausel nicht hinreichend deutlich eine Mahnung fordert,[6] denn erstens kommt das Mahnungserfordernis im Wortlaut der Klausel hinreichend deutlich zum Ausdruck, und zweitens setzt auch das dispositive Recht für die Geltendmachung eines Leistungsverweigerungs- oder Zurückbehaltungsrechts (§§ 320, 273) keine Mahnung voraus. Zu **Lastschriftklauseln** siehe ausführlich Anh. § 310 Rz T 99. Als unzulässig ist eine Klausel in einem Stromlieferungsvertrag eingestuft worden, der zufolge der Kunde erklärte, „für die Dauer des Strom-Liefervertrags dem Lastschrifteinzugsverfahren [zuzustimmen]".[7] Begründet wurde dies mit der im konkreten Fall bestehenden Besonderheit, dass es in der am unteren Rand des Formulars abgedruckten Einzugsermächtigung ausdrücklich hieß, der Verwender werde ermächtigt, das fällige Entgelt vom Konto des Kunden „abzubuchen".[8] Dies könne bei kundenfeindlicher Auslegung dahingehend verstanden werden, dass nicht das Lastschriftverfahren, sondern das **regelmäßig unangemessene**[9] **Abbuchungsverfahren** gemeint sei, bei dem der Kunde von seiner Bank nicht die Rückgängigmachung einer Abbuchung verlangen könne.[10] Diese Argumentation strapaziert den im Rahmen der Wirksamkeitskontrolle geltenden Grundsatz der kundenfeindlichen Auslegung aber wohl zu sehr. Im Übrigen ist zu beachten, dass die eingangs zitierte Zustimmung zum Lastschriftverfahren jedenfalls sprachlich und inhaltlich von der Ermächtigung getrennt werden kann, also von deren etwaiger Unwirksamkeit nicht berührt wird. V 248–250

*

1 BGH NJW-RR 2005, 960, 961.

2 OLG Schleswig NJW-RR 2003, 158, 158 (zum AGBG).

3 OLG Schleswig NJW-RR 2003, 158, 158 (zum AGBG).

4 OLG Brandenburg NJW-RR 2002, 1640, 1641 (zu § 9 AGBG).

5 Insoweit zutreffend OLG Brandenburg NJW-RR 2002, 1640, 1641 (zu § 9 AGBG).

6 So aber OLG Brandenburg NJW-RR 2002, 1640, 1641 (zu § 9 AGBG).

7 OLG Brandenburg NJW-RR 2002, 1640, 1640 (zu § 9 AGBG).

8 OLG Brandenburg NJW-RR 2002, 1640, 1640 (zu § 9 AGBG).

9 Für die grundsätzliche Unangemessenheit des Abbuchungsverfahrens z. B. OLG Brandenburg NJW-RR 2002, 1640, 1640 (zu § 9 AGBG); wohl auch *Staudinger/Coester* § 307 Rz 525.

10 OLG Brandenburg NJW-RR 2002, 1640, 1640 (zu § 9 AGBG).

Vertragsabschlussklauseln

Inhaltsübersicht

1. Begriff

V 251 **Vertragsschlussklauseln** sind Klauseln, die das Zustandekommen von Verträgen regeln. Abzugrenzen von den Vertragsabschlussklauseln sind solche vorformulierten Erklärungen, die im Sinne eines Angebots oder einer Annahme unmittelbar auf das Zustandekommen eines Vertrages gerichtet sind. Man mag hinsichtlich der Letzteren von **vorformulierten Vertragsabschlusserklärungen** sprechen.

2. Geltung

V 252 Vertragsabschlussklauseln nehmen für sich in Anspruch, den Vertragsabschluss zu regeln. Um dieses Ziel erreichen zu können, muss die Vertragsabschlussklausel im Zeitpunkt des Vertragsschlusses schon ihre Wirkung entfalten. Es stellt sich mithin die Frage nach dem Geltungsgrund der Vertragsabschlussklausel. Insofern ist zu differenzieren:

V 253 **a) Vor- und Rahmenverträge.** Denkbar ist zunächst, dass Vertragsabschlussklauseln Gegenstand eines Vor- oder Rahmenvertrages sind und für zukünftig abzuschließende Verträge gelten sollen. In diesem Fall finden die Klauseln ihren Geltungsgrund in dem Vor- oder Rahmenvertrag.

b) Einbeziehungsvereinbarung. Entsprechendes gilt, wenn die Parteien, ohne dass ein Vor[1]- oder ein Rahmenvertrag[2] gegeben wäre, bereits vor Abschluss des eigentlichen Vertrages die Geltung der AGB des Verwenders vereinbart haben.[3] Dies kann ausdrücklich oder konkludent geschehen. So liegt es beispielsweise dann, wenn der Verwender schon vor Abschluss des eigentlichen Vertrages ein vom Verwender gestelltes Antragsformular mit den (unter anderem) den Abschluss des Hauptvertrages regelnden AGB des Verwenders ausfüllt, unterzeichnet und dem Verwender übergibt.[4] **V 254**

c) Konkretisierungs- und Änderungsverträge. Möglich ist ferner, dass die Vertragsabschlussklauseln als Inhalt des Hauptvertrages die Voraussetzungen für dessen inhaltliche Konkretisierung oder dessen nachträgliche Änderung bestimmen. In diesem Falle handelt es sich beim Hauptvertrag um den Geltungsgrund für die Vertragsabschlussklausel. **V 255**

d) Einseitige Vorgaben für den Vertragsschluss. Es steht jeder Partei frei bekannt zu geben, unter welchen Voraussetzungen sie zum Vertragsschluss bereit ist. Demgegenüber ist es einer Partei ganz unabhängig von Fragen der Inhaltskontrolle verwehrt, über die Bekanntgabe des eigenen Rechtsbindungswillens hinaus einseitig zu regeln, unter welchen Voraussetzungen und mit welchem Inhalt ein Vertrag zustande kommt. Entsprechende Klauseln sind in Ermangelung einer vertraglichen Vereinbarung schon mangels Geltungsgrundes unbeachtlich.[5] Gleichwohl unterliegen sie der AGB-rechtlichen Inhaltskontrolle (s. Rz V 257). **V 256**

3. Kontrollfähigkeit

a) Vertragsabschlussklauseln. Vertragsabschlussklauseln sind, soweit sie für eine Vielzahl von Verträgen vorformuliert sind und vom Verwender gestellt werden, ohne weiteres als AGB kontrollfähig. Dies gilt selbst dann, wenn sie als einseitige Vorgaben einer Partei mangels Geltungsgrundes keine Wirksamkeit entfalten können. Zwar scheint das Vorliegen Allgemeiner Geschäftsbedingungen nach dem Wortlaut des § 305 („Vertragsbedingungen") die Aufnahme in einen Vertrag vorauszusetzen. Doch führt eine solche Argumentation in die Irre. Die Einordnung als AGB und damit die Möglichkeit der Inhaltskontrolle ist unabhängig davon möglich, ob eine Klausel tatsächlich Vertragsinhalt wird.[6] Ansonsten könnte die Einbeziehung von AGB niemals an § 305 II scheitern. Denn das Verfehlen der Einbeziehungsvoraussetzungen des § 305 II würde dazu führen, dass die Klauseln auch nicht als AGB zu qualifizieren wären, mit der Folge, dass auch der Anwendung des § 305 **V 257**

---

[1] Ein Vorvertrag im eigentlichen Sinne ist nur dann gegeben, wenn sich die Parteien zum Abschluss des Hauptvertrages verpflichten. S. z. B. *Palandt/Heinrichs* Einf. v. § 145 Rz 19.

[2] Rahmenverträge im eigentlichen Sinne sollen den Rahmen für eine auf Dauer angelegte Geschäftsverbindung schaffen. S. z. B. *Palandt/Heinrichs* Einf. v. § 145 Rz 19.

[3] In diesem Sinne auch *Palandt/Heinrichs* § 307 Rz 44: Geltung der AGB kann schon im Rahmen der Vertragsverhandlungen vereinbart werden.

[4] Dafür, dass in diesem Falle AGB gegeben sind, so dass die Inhaltskontrolle eröffnet ist, auch MünchKomm/*Basedow* § 308 Nr. 1 Rz 3.

[5] Ähnlich wie hier *Palandt/Heinrichs* § 307 Rz 44: Die AGB können den Vertragsschluss nicht abweichend vom Gesetz regeln, da der Vertrag der Geltungsgrund der AGB ist. Vgl. auch OLG Dresden, Urt. v. 26. 6. 2003, BeckRS 2004, 9957: Geltung der AGB setzt grundsätzlich das Zustandekommen des Vertrages voraus.

[6] *Palandt/Heinrichs* § 305 Rz 3; *Ulmer* § 305 Rz 13.

die Grundlage entzogen wäre.[1] Ohnehin kann die Frage nach der Anwendbarkeit der §§ 307–309 auf Klauseln, die schon mangels vertraglicher Vereinbarung keine Geltung erlangen, nur im Verfahren nach § 1 UKlaG relevant werden. Es ist jedoch anerkannt, dass ein Unterlassungsanspruch nach § 1 UKlaG, welcher an die Verwendung unwirksamer AGB anknüpft, auch dann in Betracht kommen muss, wenn die relevanten Bedingungen noch nicht in einen konkreten Vertrag einbezogen worden sind.[2] Vertragsabschlussklauseln sind daher auch bei Fehlen einer vertraglichen Geltungsgrundlage an den §§ 307–309 zu messen.[3]

V 258 **b) Angaben zur eigenen Vertragsabschlussbereitschaft.** Soweit der Verwender lediglich die Voraussetzungen bekannt gibt, unter denen er zum Abschluss von Verträgen bereit ist, liegen keine AGB vor. Eine Kontrolle nach §§ 307–309 scheidet daher aus.

V 259 **c) Vorformulierte Vertragsabschlusserklärungen.** Häufig ist bereits die auf den Vertragsabschluss gerichtete Erklärung des Verwendungsgegners, also Angebot oder Annahme, vom Verwender vorformuliert. Klauseln, die hier als vorformulierte Vertragsabschlusserklärungen bezeichnet werden, stellen keine Vertragsabschlussklauseln im hier (Rz V 252) zu Grunde gelegten Sinne dar. Denn ein Angebot bzw. eine Annahme *regelt* nicht das Zustandekommen eines Vertrages, sondern ist auf das Zustandekommen des Vertrages *gerichtet*, und auch bei einer Klausel, die ein Angebot oder eine Annahme fingiert, sollte man nicht davon sprechen, dass sie den Vertragsschluss regelt. Dessen ungeachtet stellt sich auch bei vorformulierten Vertragsabschlusserklärungen die Frage nach der Kontrollfähigkeit.

V 260 **aa) Der BGH.** Der BGH vertritt zur Kontrollfähigkeit vorformulierter Vertragsabschlusserklärungen zu Recht eine restriktive Linie. So hatte sich der BGH mit einer in einem Krankenhausaufnahmeformular enthaltenen Klausel zu befassen, welche lautete: „Ich beantrage für – mich [...] – den Patienten [...] die Gewährung der nachstehend aufgeführten Wahlleistungen [...]".[4] Der BGH betonte insoweit, dass die Klausel nicht der Unklarheitenregel des § 305 c II unterliege.[5] Denn der Tatbestand des Vertragsabschlusses habe „von Haus aus individuellen Charakter, auch wenn er in Teilen der ihn ausmachenden Willenserklärung eine vorformulierte Grundlage besitzt". Daher kämen solche Erklärungen als Gegenstand einer Prüfung nach Vorschriften über Allgemeine Geschäftsbedingungen nicht in Betracht.[6] In ähnlicher Weise hat der BGH in einem Fall entschieden, der den Vertragsschluss zwischen Verkäufer und Ersteigerer im Falle einer Online-Auktion betraf. Dort lagen die Dinge so, dass der Versteigerer eine vom Betreiber der relevanten Website vorformulierte Erklärung des Inhalts, dass er – der Verkäufer – bereits zu diesem Zeitpunkt das Höchstangebot annehme, angeklickt und sie durch die Eingabe „Auktion starten" dem Betreiber als Empfangsvertreter der Bieter zugeleitet hatte. Auch in diesem Falle lehnte der BGH die Vornahme einer AGB-rechtlichen Inhaltskontrolle ab.[7] Wieder begründete er dies damit, der Vertragsschluss habe „grundsätzlich individuellen Charakter, auch wenn die Willenserklärungen, aus denen er sich zusammensetzt, vorformulierte Bestandteile besitzen."[8] Daher , so der BGH, kämen „solche Erklärungen als Gegenstand einer Prüfung gemäß Vorschriften, die

[1] Ähnlich bereits *Ulmer* § 305 Rz 13.
[2] S. nur *Palandt/Bassenge* § 1 UKlaG Rz 5 m.w.N.; *Ulmer* § 305 Rz 13.
[3] So wohl auch *Ulmer* § 1 Rz 13 AGBG.
[4] So die Klausel in BGH NJW 1985, 1394, 1394.
[5] BGH NJW 1985, 1394, 1394 (zu § 5 AGBG).
[6] BGH NJW 1985, 1394, 1394 (zu § 5 AGBG).
[7] BGH NJW 2002, 363, 365 (zum AGBG).
[8] BGH NJW 2002, 363, 365 (zum AGBG).

sich auf Allgemeine Geschäftsbedingungen beziehen, nicht in Betracht".[1] Ausdrücklich offen ließ der BGH, ob dies auch dann gelten soll, „wenn auf einen Vertragsschluss gerichtete Willenserklärungen in Allgemeinen Geschäftsbedingungen enthalten sind oder von ihnen fingiert werden".[2]

bb) Stellungnahme. Richtig ist, dass **Vertragsabschlusserklärungen,** also Angebot und Annahme, als solche grundsätzlich nicht der AGB-rechtlichen Inhaltskontrolle unterliegen. Denn in der bloßen Abgabe eines Angebots oder einer Annahme liegt noch keine Abweichung von den §§ 145 ff. Daran ändert sich auch dann nichts, wenn der Inhalt der Erklärung **ganz oder teilweise vorformuliert** ist.[3] Wenn eine Partei also beispielsweise auf einer vorgefertigten Postkarte ein Kästchen angekreuzt, neben welchem es heißt „Ja, ich will [...] zum Preis von [...] geliefert bekommen", so lässt sich das darin liegende Angebot nicht unter Hinweis auf die AGB-rechtliche Inhaltskontrolle beseitigen. Der Grundsatz, dass die bloße Abgabe oder Annahme eines Angebots keine Abweichung vom dispositiven Recht enthält, ist jedoch eng zu verstehen. Grundsätzlich sehr wohl Gegenstand der Inhaltskontrolle sind z. B. Klauseln, die die Abgabe eines Angebots oder einer Annahmeerklärung **fingieren.**[4] Denn das dispositive Recht sieht eben im Regelfall nicht vor, dass Erklärungen unabhängig von einem tatsächlichen Erklärungstatbestand als abgegeben gelten. Auch bleibt der **Inhalt des Vertrages,** der infolge der vorformulierten Erklärung abgeschlossen wird, der Inhaltskontrolle in den Grenzen des § 307 III 1 unterworfen. Ferner sind in den Grenzen des § 307 III 1 auch solche Klauseln kontrollfähig, die eine **Verpflichtung zur Abgabe von Vertragsabschlusserklärungen** begründen. Der Inhaltskontrolle zugänglich sind auch so genannte **Auslegungsklauseln,** die in Abweichung vom dispositiven Recht festlegen, wie eine bestimmte Erklärung einer Vertragspartei zu verstehen (auszulegen) ist.[5] Außerdem wird man davon ausgehen müssen, dass ausnahmsweise auch **Vertragsabschlusserklärungen** selbst der Inhaltskontrolle unterliegen, nämlich dann, wenn sie in den AGB eines Vertrages enthalten sind, der seinerseits durch andere Vertragsabschlusserklärungen zustande kommt.[6] Der AGB-rechtlichen Inhaltskontrolle unterliegt z. B. eine Klausel des Inhalts, dass der Verwendungsgegner bereits im Zeitpunkt des ursprünglichen Vertragsschlusses ein Angebot auf Abschluss eines Verlängerungsvertrages abgibt. Dogmatisch lässt sich dies zum einen damit begründen, dass das gesetzliche Leitbild der §§ 145 ff., wie sich z. B. aus dem Wortlaut des § 151 („Der Vertrag") ergibt, davon ausgeht, dass Angebot und Annahme im Regelfall nur auf den Abschluss *eines* Vertrages gerichtet sind. Dass ein auf den Abschluss eines konkreten Vertrages gerichtetes Angebot zugleich ein weiteres Angebot auf Abschluss eines oder mehrerer zusätzlicher Verträge enthält, stellt also eine Abweichung vom dispositiven Recht dar. Zudem ergibt sich schon aus § 309 Nr. 9 b, dass so genannten antizipierte Willenserklärungen der AGB-rechtlichen Inhaltskontrolle unterliegen müssen, denn § 309 Nr. 9 b muss, wenn diese Vorschrift nicht leer laufen sollen, gerade auch solche Klausel erfassen, denen zufolge der Verwen- V 261

---

[1] BGH NJW 2002, 363, 365 (zum AGBG).

[2] BGH NJW 2002, 363, 365 (zum AGBG).

[3] A.A. *Wenzel* NJW 2002, 1550, 1550, mit der Begründung, dass eine Erklärungsfiktion gegeben sei. *Wenzel,* a.a.O., verkennt jedoch, dass eine Erklärung nicht deshalb entfällt, weil der Erklärende auf den Inhalt der Erklärung keinen Einfluss nehmen konnte und möglicherweise zur Abgabe der Erklärung verpflichtet war. Denn diese Faktoren ändern nichts daran, dass der Erklärende in zurechenbarer Weise den objektiven Tatbestand einer Willenserklärung geschaffen hat, so dass von einer Fiktion nicht die Rede sein kann.

[4] Offen gelassen in BGH NJW 2002, 363, 365 (zum AGBG).

[5] S. hierzu Rz V 264 ff. sowie § 308 Nr. 5 Rz 8.

[6] Offen gelassen in BGH NJW 2002, 363, 365 (zum AGBG).

dungsgegner bereits bei Abschluss des Erstvertrages sein Angebot auf Abschluss eines Verlängerungsvertrages abgibt.[1]

4. Inhaltskontrolle bei Abweichungen von den §§ 104 ff.

V 262 **a) Zustandekommen des Vertrages trotz fehlender oder beschränkter Geschäftsfähigkeit.** Eine Klausel, die einen Vertrag entgegen §§ 104 ff., 106 ff. trotz fehlender bzw. beschränkter Geschäftsfähigkeit als zustande gekommen ansieht, ist unwirksam. Soweit die Geschäftsunfähigkeit bereits im Zeitpunkt der Einbeziehung der AGB gegeben war, fehlt es schon an einem Geltungsgrund für die AGB. Zudem ist die relevante Klausel in diesem Falle wegen der von ihr ausgehenden Irreführungsgefahr gemäß § 307 I 2 unangemessen. Eine entsprechende Klausel ist aber nach § 307 II Nr. 1 auch dann unwirksam, wenn sie Gegenstand eines im Übrigen wirksam abgeschlossenen Vertrages ist und lediglich für den Fall Geltung beansprucht, dass der Verwendungsgegner bei späteren Vertragsabschlüssen geschäftsunfähig ist.

V 263 **b) Haftung.** Davon zu unterscheiden ist eine Klausel, wonach der Kunde einen etwaigen Schaden der Bank bei Mangel der eigenen Geschäftsfähigkeit übernimmt, wenn die Bank davon unverschuldet keine Kenntnis erlangt. Auch eine solche Klausel scheitert bereits am fehlenden Geltungsgrund. Darüber hinaus ist sie wegen der von ihr ausgehenden Täuschungsgefahr ohne weiteres unwirksam (§ 307 I 1, 2), wenn sie auch in solchen Fällen Geltung beansprucht, in denen es schon im Zeitpunkt des ursprünglichen Vertragsschlusses an der Geschäftsfähigkeit des Verwendungsgegners fehlte, denn dann sind die AGB gerade nicht wirksam vereinbart worden. Doch auch dann, wenn die Klausel lediglich für den Fall eines nachträglich eingetretenen Mangels der Geschäftsfähigkeit gelten soll, ist sie unwirksam. Denn nach zutreffender Auffassung des BGH[2] widerspricht sie wesentlichen Grundgedanken der gesetzlichen Regelung zum Schutz der nicht voll Geschäftsfähigen. Zwar bleiben die Rechtshandlungen des Geschäftsunfähigen nach §§ 104 ff. unwirksam. Aber mit der Haftungsverlagerung auf den Geschäftsunfähigen werden wirtschaftlich doch die Folgen im Wege eines Schadensersatzes herbeigeführt, die aber der Gesetzgeber nach Sinn und Zweck der §§ 104 ff. vermeiden wollte. Die verschuldensunabhängige Verlagerung auf den Geschäftsunfähigen lässt sich auch nicht mit der Haftung für die eigene Risikosphäre rechtfertigen, da das BGB dieses Risiko gerade nicht dem Geschäftsunfähigen auferlegt hat und z. B. eine Bank die Möglichkeit zur Überprüfung ungewöhnlicher Kontobewegungen sowie zur Schadensverteilung auf die Gemeinschaft der Kunden hat. Eine Haftung des Geschäftsunfähigen nach Bereicherungsgrundsätzen bleibt selbstverständlich bestehen. Auch das Risiko für die Geschäftsunfähigkeit seines Vertreters kann dem Kunden nicht unbeschränkt auferlegt werden.[3] Der geschäftsfähige Vertretene hat jedoch eine Überwachungspflicht, aufgrund deren er haftet, wenn er eine Geschäftsunfähigkeit seines Vertreters schuldhaft nicht erkennt. Lässt die Bank erhebliche Kontoüberziehungen zu, so trifft auch sie regelmäßig ein Verschulden.

5. Abweichungen von den §§ 133, 157, 305 c II

V 264 **a) Allgemeines.** So genannte **Auslegungsklauseln,** die die Auslegung abweichend von den §§ 133, 157 regeln, sind, soweit es sich um AGB handelt, an § 307 zu messen. Darüber hinaus kann § 308 Nr. 5 anwendbar sein,[4] und Gleiches muss für

---

1 S. dazu § 309 Nr. 9 Rz 130 ff.
2 BGH NJW 1991, 2414, 2415 f zu Nr. 23 AGB-Banken a. F. (zu § 9 AGBG).
3 Offengelassen in BGH NJW 1991, 2414, 2416 (zu § 9 AGBG).
4 S. § 308 Nr. 5 Rz 8.

§ 309 Nr. 12 gelten, nämlich soweit es um Erklärungen des Verwenders geht. Im Übrigen gilt es zu beachten, dass § 305 c II zwingendes Recht darstellt. Auf die Frage, wann genau entsprechende Klauseln **kontrollfähig** sind, ist bereits an anderer Stelle eingegangen worden:[1] Richtigerweise kommt es darauf an, ob die Klausel zu einer von den gesetzlichen Auslegungsregeln abweichenden Auslegung von Willenserklärungen führen **kann,** wobei gänzlich atypische Geschehensverläufe außer Acht zu bleiben haben. Zur Durchführung der **Inhaltskontrolle** gilt Folgendes:

b) § 308 Nr. 5 und 309 Nr. 12. § 308 Nr. 5 betrifft solche Klauseln, nach denen eine Erklärung des Verwendungsgegners bei Vornahme oder Unterlassung einer bestimmten Handlung als von ihm abgegeben oder nicht abgegeben gilt. Diese Vorschrift muss auch dann Anwendung finden, wenn eine AGB-Klausel einem dem Vertragsabschluss nachfolgenden[2] Verhalten des Verwendungsgegners einen bestimmten Erklärungsgehalt beilegt, der diesem Verhalten nach allgemeinen Auslegungsregeln (§§ 133, 157) nicht zukommt. Denn für die Anwendung des § 308 Nr. 5 kann allein entscheidend sein, dass gerade diejenige Erklärung, die von der Klausel fingiert wird, vom Erklärungsgegner nicht abgegeben worden ist. Dass der Verwendungsgegner eine Erklärung abgegeben hat, die nach allgemeinen Regeln ganz anders zu verstehen ist, vermag die Anwendbarkeit des § 308 Nr. 5 daher nicht infrage zu stellen.[3] Erst recht muss § 308 Nr. 5 dann Anwendung finden, wenn die Klausel einem bestimmten Verhalten des Verwendungsgegners einen Erklärungsgehalt beilegt, obwohl dieses Verhalten nach allgemeinen Auslegungsgrundsätzen überhaupt nicht als Willenserklärung einzustufen wäre. Entsprechendes muss mit Blick auf § 309 Nr. 12 gelten, wenn man mit der hier vertretenen Auffassung davon ausgeht, dass diese Vorschrift auch auf Fiktionen Anwendung findet.[4] Zwar wird § 309 Nr. 12 durch die speziellere Vorschrift des § 308 Nr. 5 verdrängt. Doch gilt § 308 Nr. 5 nur für solche Klauseln, die Erklärungen des Verwendungsgegners fingieren, so dass es mit Blick auf Erklärungen des Verwenders bei der Anwendbarkeit des § 309 Nr. 12 bleibt. Im Ergebnis bedeutet dies, dass Klauseln, die eine vom dispositiven Recht abweichende Auslegung von Erklärungen des Verwenders vorsehen, stets nach § 309 Nr. 12 unwirksam sind. **V 265**

c) § 305 c II. Die Vorschrift des § 305 c II stellt nach richtiger Auffassung zwingendes Recht dar. Von § 305 c II kann daher weder in Individualvereinbarungen noch in AGB abgewichen werden. Freilich kann der Verwender die Anwendung des § 305 c II dadurch vermeiden, dass er seine AGB hinreichend klar formuliert bzw. den Inhalt einer AGB-Bestimmung durch weitere AGB-Bestimmungen konkretisiert. Doch liegt in diesem Falle keine Abbedingung, sondern eine zulässige und vom Gesetz gewollte Vermeidung der Tatbestandserfüllung vor. **V 266**

d) § 307. Auslegungsklauseln sind darüber hinaus an § 307 zu messen. Dabei ist zu differenzieren. Stets unangemessen und daher unwirksam sind Klauseln, die von § 305 c II abweichen. Demgegenüber wird man keinen allgemeinen Grundsatz des Inhalts aufstellen können, dass Klauseln, die die Auslegung abweichend von den §§ 133, 157 regeln, unangemessen sind. **V 267**

6. Inhaltskontrolle bei Abweichungen von den §§ 116 ff.

a) Ausschluss oder Beschränkung des Anfechtungsrechts. Sofern das Recht des Verwendungsgegners zur Anfechtung in AGB ausgeschlossen oder beschränkt wird, sind die Klauseln an § 307 zu messen. **V 268**

---

[1] S. § 308 Nr. 5 Rz 8.
[2] S. zu diesem Erfordernis § 308 Nr. 5 Rz 15 ff.
[3] Vgl. § 308 Nr. 5 Rz 8.
[4] S. § 309 Nr. 12 Rz 20.

V 269 **aa) § 119.** Die Vorschrift des § 119 kann durch Individualvereinbarung abbedungen werden.[1] Demgegenüber sind AGB-Klauseln, die einen nach § 119 beachtlichen Irrtum für unbeachtlich erklären, gemäß § 307 I, II Nr. 1 unwirksam.[2] Dies muss auch für solche Klauseln gelten, die das Recht zur Anfechtung nach § 119 II dadurch mittelbar auszuschließen suchen, dass sie bestimmte Eigenschaften für irrelevant erklären, die ohne die entsprechende Klausel als verkehrswesentlich einzustufen wären.

V 270 **bb) § 123.** Das Anfechtungsrecht nach § 123 kann nach dem Rechtsgedanken des § 276 III selbst in Individualvereinbarungen nicht im Voraus abbedungen werden. Ein ex post erklärter Verzicht auf das Anfechtungsrecht ist zwar grundsätzlich möglich; ist er jedoch Teil der vom Anfechtungsgegner gestellten AGB, so ist die entsprechende Klausel nach § 307 unwirksam.

V 271 **cc) §§ 121, 124.** Die Abkürzung der Anfechtungsfrist der §§ 121, 124 ist nach § 307 unwirksam.[3]

V 272 **b) Erweiterung des Anfechtungsrechts.** Eine Erweiterung des Anfechtungsrechts ist jedenfalls in Individualvereinbarungen nicht generell unzulässig.[4] Soll das Anfechtungsrecht jedoch AGB-mäßig erweitert werden, so ist dies nur in engen Grenzen zulässig: Klauseln, die das Anfechtungsrecht des Verwenders erweitern, sind, sofern der Vertrag kein Dauerschuldverhältnis darstellt, zunächst an **§ 308 Nr. 3** zu messen.[5] Ein Verstoß gegen **§ 309 Nr. 1** kommt dagegen regelmäßig nicht in Betracht, weil die Anfechtung den Vertrag beseitigt und damit auch keine Erhöhung des Preises zu gewähren vermag. Freilich kann § 309 Nr. 1 dann anwendbar sein, wenn nicht nur der Tatbestand des „Anfechtungsrechts" auf Kalkulationsirrtümer erweitert, sondern auch die Rechtsfolge dahingehend modifiziert wird, dass eine Anpassung an den „richtigen" Preis erlaubt wird.[6] Darüber hinaus unterliegen Klauseln, die die Möglichkeiten des Verwenders zur Anfechtung erweitern, der Kontrolle anhand von § 307. Dabei gilt ein strenger Maßstab. Erweiterungen der gesetzlichen Anfechtungsrechte sind **grundsätzlich unangemessen**. Unangemessen ist beispielsweise eine Klausel, die das Anfechtungsrecht des Verwenders auf Fälle des Motivirrtums erweitert, da dies dem Gedanken der Vertragsbindung und dem Grundgedanken der gesetzlichen Risikoverteilung beim Irrtum widerspricht.[7] Unwirksam sind deshalb beispielsweise Klauseln, wonach sich der Verwender bei Kalkulations- und Preisirrtümern ein nach dem BGB nicht gegebenes Anfechtungsrecht vorbehält.

---

1 *Palandt/Heinrichs* § 119 Rz 3.

2 *Palandt/Heinrichs* § 119 Rz 3. Für die Unwirksamkeit von Klauseln, die die Irrtumsanfechtung ausschließen, auch OLG Zweibrücken NJW-RR 1994, 1363, 1365 (zum AGB-Gesetz). Vgl. auch BGH NJW 1983, 1671, 1672 (zu § 9 AGBG): Unangemessenheit einer Klausel, die den Einwand eines Preis- oder Kalkulationsirrtums auf Seiten des Anbieters ausschließt. Vgl. ferner MünchKomm/*Kramer* § 119 Rz 141: gänzlicher Ausschluss der Irrtumsanfechtung in AGB unzulässig.

3 *Schlosser/Graba* § 9 Rz 131; a. A. *von Westphalen,* AGB, Preisirrtumsklauseln Rz 3.

4 Vgl. auch BGH NJW-RR 2002, 1344, 1344 f: Wirksamkeit einer von einer Direktbank beim Wertpapierhandel verwandten Klausel folgenden Inhalts „ § 8. *Mistrades.* […] Geschäfte sind bei fristgemäßer Einwendung rückabzuwickeln, wenn der Geschäftsabschluss auf einem Irrtum einer Partei oder eines Kunden der *D* beruht oder auf einer Fehlfunktion von *T* oder auf einer Fehlfunktion eines der an *T* angeschlossenen elektronischen Systems der Parteien beruht. […]." Der BGH betonte in diesem Urteil, es sei nicht vorgetragen, dass es sich bei der Klausel um eine AGB handele.

5 S. § 308 Nr. 3 Rz 15. Wie hier auch *Staudinger/Coester-Waltjen* § 308 Nr. 3 Rz 2.

6 S. § 309 Nr. 1 Rz 54–59.

7 Nach anderer Auffassung sollen Klauseln, die ein über § 119 II hinausgehendes Anfechtungsrecht im Falle von Kalkulationsirrtümern gewähren, nach § 305 b unwirksam sein. So z. B. *Staudinger/Schlosser* § 305 b Rz 7.

c) Rechtsfolgen der Anfechtung. Der Anspruch auf Ersatz des Vertrauensschadens (§ 122) gehört als Ausgleich für die Irrtumsanfechtung zum Grundgedanken der gesetzlichen Regelung. Dies gilt jedoch nur insoweit, als der Irrtum verschuldet ist. Ein Ausschluss des Schadensersatzes für unverschuldete Irrtümer verstößt dagegen nicht gegen § 307 II Nr. 1, auch wenn § 122 eine solche Ersatzpflicht vorsieht.[1] **V 273**

d) Klauselauslegung. Sieht der Verwender anstelle eines Anfechtungsrechts für sich ein Rücktrittsrecht vor, so liegt darin zugleich ein genereller Ausschluss des Anspruchs aus § 122, was nach § 307 unwirksam ist.[2] **V 274**

7. Inhaltskontrolle bei Abweichungen von den §§ 145 ff.

a) Allgemeines. Klauseln, die das **Zustandekommen eines Vertrags** abweichend vom Gesetz, insbesondere in Abweichung von den §§ 145 ff. regeln, sind grundsätzlich unwirksam. Denn die relevanten Klauseln sind regelmäßig mit wesentlichen Grundgedanken der gesetzlichen Regelung unvereinbar (§ 307 II Nr. 1). **V 275**

b) Vertragsschluss ohne Willenserklärung. Ein Antrag kann nach der gesetzlichen Regelung grundsätzlich nur dann zum Zustandekommen eines Vertrages führen, wenn die Annahme desselben erklärt wird. Sofern Klauseln die Annahme des Antrags als entbehrlich einstufen oder fingieren, unterliegen sie grundsätzlich der Inhaltskontrolle. Zu beachten ist allerdings, dass eine Annahmeerklärung nach § 151 entbehrlich sein kann; in den dort erfassten Fällen genügt die Betätigung des Annahmewillens. Eine Klausel, die lediglich die in § 151 vorgesehene Regelung wiedergibt, ist schon nach § 307 III 1 der Kontrolle entzogen. **V 276**

aa) Die Annahmeerklärung des Verwenders. In der Praxis stößt man vielfach auf Klauseln, die die Annahmeerklärung des Verwenders fingieren. Diesbezüglich ist zu differenzieren: **V 277–278**

α) Annahmefiktion bei Zugang. Eine Klausel, der zufolge die Annahme des Antrags mit dessen Zugang beim Verwender erfolgt, fingiert die Annahme. Geht man mit der hier vertretenen Auffassung davon aus, dass § 309 Nr. 12 auch auf Fiktionen anwendbar ist,[3] so wird man entsprechende Klausel zumindest in Verträgen mit Verbrauchern an § 309 Nr. 12 scheitern lassen müssen. Verneint man entgegen der hier vertretenen Auffassung die Anwendbarkeit des § 309 Nr. 12 auf Fiktionen, so stellt sich die Frage nach der Angemessenheit i.S.d. § 307. Insofern bedarf es einer Interessenabwägung. Mit Blick auf eine Klausel, der zufolge die Annahme mit Zugang des Angebots beim Verwender erfolgen sollte, hat das LG München einen Verstoß gegen § 9 AGBG (§ 307) bejaht.[4] Doch überzeugt dies nicht.[5] Insbesondere ist zu bedenken, dass die Klausel keine dem Verwendungsgegner unzumutbare Ungewissheit über das Zustandekommen des Vertrages bewirkt. Insofern liegen die Dinge anders als bei einer Klausel, die lediglich einen Verzicht im Sinne des § 151 enthält (dazu § 308 Nr. 6 Rz 23 ff.), denn bei einer Klausel der letztgenannten Art kann der Verwendungsgegner zunächst nicht wissen, ob der Vertrag zustande gekommen ist. Soll die Annahme automatisch bei Zugang der Erklärung des Verwendungsgegners erfolgen, so ist die Situation des Verwendungsgegners sehr viel günstiger. Zwar mag **V 279**

---

[1] So auch *Schlosser/Graba* § 9 Rz 132; a. A. *von Westphalen*, AGB, Preisirrtumsklauseln Rz 4.

[2] OLG Koblenz NJW-RR 1993, 1078, 1078 (zu § 9 I, II Nr. 1 AGBG).

[3] S. § 309 Nr. 12 Rz 20.

[4] LG München NJW-RR 1992, 244, 244 (zu § 9 AGBG).

[5] Vgl. auch *Staudinger/Coester-Waltjen* § 308 Nr. 1, der zufolge Klauseln, die die Annahmeerklärung des Verwenders fingieren, in Ermangelung eines Überraschungseffekts in der Regel auch nicht an § 307 scheitern.

sich dem Verwender mitunter unklar sein, ob seine Erklärung dem Verwender zugegangen ist. Doch erstens ist der Verwender insofern nach § 242 zur Auskunft verpflichtet, und zweitens ist eine entsprechende Unsicherheit in gleicher Weise gegeben, wenn der Verwendungsgegner ein Angebot des Empfängers angenommen hat und sich im Unklaren ist, ob seine Annahmeerklärung zugegangen ist. Daher sollte man entsprechende Klauseln, wenn man die Anwendung des § 309 Nr. 12 ablehnt, grundsätzlich auch nicht als unangemessen einstufen. Zu prüfen ist aber, ob die Klausel für den Kunden nicht überraschend ist. In diesem Falle wäre sie nicht nur nach § 305 b unbeachtlich, sondern auch unangemessen im Sinne des § 307.

V 280 β) **Schweigen als Annahme.** Gegen § 309 Nr. 12 verstößt nach der hier vertretenen Interpretation des § 309 Nr. 12[1] auch eine Klausel, der zufolge das Schweigen des Verwenders als Annahme gelten soll.[2] Verneint man die Anwendbarkeit des § 309 Nr. 12 auf Fiktionen, so stellt sich die Frage, ob entsprechende Klauseln mit **§ 307** vereinbar sind. Insofern bedarf es vielmehr einer Abwägung im Rahmen des § 307. Dabei wird man aus den oben (Rz V 279) genannten Gründen im Grundsatz von der Angemessenheit der Klausel ausgehen müssen.[3] Allerdings ist genau zu prüfen, ob die Klausel nicht überraschend ist. Denn in diesem Falle wäre sie nicht nur nach § 305 c I unbeachtlich. Vielmehr wird der Kunde auch unangemessen benachteiligt, wenn eine für ihn überraschende Klausel den Vertrag zustande bringt, obwohl er in Ermangelung einer ihm zugegangenen Annahmeerklärung vom Fehlen einer vertraglichen Bindung ausgeht. Ferner ist darauf zu achten, ob die Frist, nach deren Ablauf die Annahme fingiert wird, nicht unangemessen lang ist.[4] Denn im letzteren Fall kann die Klausel den Vertrag in einem Zeitpunkt zustande bringen, in welchem der Kunde möglicherweise schon nicht mehr mit einem Vertragsabschluss rechnet. Nicht beanstande worden ist aber z. B. eine Klausel, die sich auf den Abschluss eines Kaufvertrages über einen Heizungs-Systembausatz bezieht und die vorsieht, dass ein vierwöchiges Schweigen des Verwenders ab Zugang eines Antrags des Verwendungsgegners als Annahmeerklärung gilt.[5] Schließlich kommt je nach Lage der Dinge ein Verstoß gegen **§ 308 Nr. 1** in Betracht. So hält der **Bundesgerichtshof** einen Verstoß gegen § 308 Nr. 1 für gegeben, wenn die AGB eine unangemessen lange Bindung des Verwendungsgegners an sein Angebot vorsehen und der Vertrag mit Ablauf der für die Bindung an das Angebot geltenden Frist als angenommen gilt, sofern der Verwender den Vertragsschluss nicht ablehnt.[6] In diesem Falle soll mit anderen Worten auch die Klausel, die die Annahme des Angebots durch den Verwender vorsieht, gegen § 308 Nr. 1 verstoßen.[7] Namentlich betraf die relevante Entscheidung eine Regelung in den AGB eines Möbelhändlers, die lautete: „Der Käufer ist drei Wochen an seinen Auftrag gebunden. [...] Lehnt der Verkäufer nicht binnen drei Wochen nach Auftragserteilung die Annahme ab, gilt die Bestätigung als erteilt.“ [8] Es ist allerdings nicht recht ersichtlich, weshalb die Un-

---

1 S. § 309 Nr. 12 Rz 20.

2 Nach anderer Auffassung soll der Verwender eigenes Schweigen stets als Zustimmung fingieren dürfen. So z. B. OLG Düsseldorf NJW 2005, 1515, 1516; *Palandt/Grüneberg* § 308 Rz 25.

3 Vgl. auch *Staudinger/Coester-Waltjen* § 308 Nr. 1, der zufolge Klauseln, die die Annahmeerklärung des Verwenders fingieren, in Ermangelung eines Überraschungseffekts in der Regel auch nicht an § 307 scheitern. Mitunter stößt man auch auf die Aussage, dass der Verwender eigenes Schweigen stets als Zustimmung fingieren dürfen. So z. B. OLG Düsseldorf NJW 2005, 1515, 1516; *Palandt/Grüneberg* § 308 Rz 25.

4 So i.E. auch OLG Düsseldorf NJW 2005, 1515, 1516.

5 OLG Düsseldorf NJW 2005, 1515, 1516.

6 BGH NJW 2001, 303, 303 (zu § 10 Nr. 1 AGBG).

7 BGH NJW 2001, 303, 303 (zu § 10 Nr. 1 AGBG).

8 BGH NJW 2001, 303, 303 (zu § 10 Nr. 1 AGBG).

wirksamkeit der Regelung, welche den Kunden an sein Angebot bindet, dazu führen soll, dass auch die Regelung, derzufolge die Genehmigung bei dreiwöchigem Schweigen als erteilt gilt, gegen § 308 Nr. 1 verstößt. Denn die zitierte Klausel ist sprachlich und inhaltlich teilbar.

bb) Annahmeerklärung des anderen Teils. Anderes gilt für solche Klauseln, die die Annahmeerklärung des anderen Teils fingieren. Insofern wird oftmals schon ein Verstoß gegen § 308 Nr. 5 vorliegen. Insbesondere greift die letztgenannte Vorschrift auch dann ein, wenn einem nach der Einbeziehung der AGB liegendes Handeln oder Unterlassen des Verwendungsgegners ein bestimmter Erklärungsgehalt zugemessen wird, der ihm nach allgemeinen Grundsätzen (§§ 133, 157) nicht zukommt.[1] Eine entsprechende Klausel muss also den besonderen Anforderungen des § 308 Nr. 5 genügen. AGB-Klauseln, denen zufolge ein der Einbeziehung der AGB nachfolgendes Schweigen des Kunden als Annahme eines Angebots gilt, sind dementsprechend an § 308 Nr. 5 zu überprüfen. Darüber hinaus sind Klauseln, die die Annahmeerklärung des Kunden fingieren, auch an § 307 zu messen.[2] **V 281**

c) Vertragsschluss bei verspäteter Annahmeerklärung. Unwirksam ist grundsätzlich auch der Ausschluss von § 149. Etwas anderes kann insbesondere zwischen Unternehmern gelten, wenn ein besonderes Interesse an der exakten Feststellung des Vertragsschlusses besteht. **V 282**

d) Annahme unter Änderungen (§ 150 II). Gemäß § 150 II gilt eine Annahme unter Erweiterungen, Einschränkungen oder sonstigen Änderungen als Ablehnung verbunden mit einem neuen Antrag. Klauseln, die davon abweichend einen Vertrag trotz Erweiterungen oder Einschränkungen als zustande gekommen ansehen, sind regelmäßig unangemessen und daher nach § 307 unwirksam. Grundsätzlich unwirksam ist deshalb eine Klausel, wonach bei einem Darlehen „alle weiteren Einzelheiten bei der Annahme dieses Auftrags im banküblichen Rahmen" festgelegt werden,[3] soweit es sich nicht um üblicherweise ständig wechselnde Vertragsbedingungen handelt. **V 283**

e) Modifikation gesetzlicher Zugangserfordernisse. In der Praxis finden sich oftmals Klauseln, die mit Blick auf Erklärungen des Verwenders die gesetzlichen Vorgaben hinsichtlich des Zugangserfordernisses modifizieren. Insofern ist zwischen einer Zugangsfiktion auf der einen und einem Ausschluss des Zugangserfordernisses auf der anderen Seite zu differenzieren. **V 284**

aa) Zugangsfiktionen. Zu Klauseln, denen zufolge Erklärungen des Verwenders als zugegangen gelten (Zugangsfiktionen) siehe § 308 Nr. 6 Rz 1ff. Klauseln, die den Zugang einer Erklärung des Verwendungsgegners fingieren, verstoßen nach richtiger Auffassung gegen § 309 Nr. 12, was aber wohl nicht der Auffassung der Rechtsprechung entspricht.[4] **V 285**

bb) Abbedingung des Zugangserfordernisses. Nicht unmittelbar von § 308 Nr. 6 erfasst wird eine Klausel, die das Zugangserfordernis hinsichtlich der Annahmerklärung des Verwenders abbedingt[5] oder durch andere Formen, wie Aushang oder Auslegung, ersetzt. Die Überprüfung solcher Klauseln erfolgt vielmehr nach § 307.[6] In der Rechtsprechung wird dabei zum Teil die Auffassung vertreten, dass Klauseln, die auf den Zugang der Annahmeerklärung des Verwenders verzich- **V 286**

---

[1] S. schon § 308 Nr. 5 Rz 8.
[2] S. § 308 Nr. 5 Rz 65–69.
[3] a. A. OLG Koblenz ZIP 1983, 557.
[4] Vgl. § 308 Nr. 6 Rz 30, § 309 Nr. 12 Rz 20.
[5] A.A. *Palandt/Grüneberg* § 308 Rz 32. Wie hier aber *Ulmer/H. Schmidt* § 308 Nr. 6 Rz 1.
[6] OLG Hamm NJW-RR 1986, 927, 928 (zu § 9 AGBG).

ten, unwirksam sind.[1] Richtigerweise wird man jedoch differenzieren müssen. S. im Einzelnen § 308 Nr. 6 Rz 23 ff.

V 287 **f) Abwehrklauseln.** Zur Kontrolle von Abwehrklauseln s. § 305 Rz 140.

V 288 **g) Unternehmerisches Bestätigungsschreiben.** Die Grundsätze des unternehmerischen Bestätigungsschreibens können nach § 307 grundsätzlich nicht durch AGB abbedungen werden.

V 289 **h) Kontrahierungszwang.** Unwirksam nach § 307 können auch solche Klauseln sein, die die Abschlussfreiheit aufheben und zu einem Kontrahierungszwang führen.[2] Dies gilt etwa für eine Klausel über die Lieferung von Flüssiggas, wonach der Kunde mit der Lieferung auch ohne Bestellung einverstanden ist.[3] Darin kann zugleich ein Verstoß gegen § 308 Nr. 5 liegen, wenn durch die Lieferung das Einverständnis als fingiert gilt. In einem Vertrag, der den Architekten mit Verhandlungen bei Behörden betraut, ist jedoch eine Klausel zulässig, die den Bauherrn, falls er baut, zum Abschluss mit dem Architekten verpflichtet.[4]

V 290 **i) Verschärfung der Voraussetzungen für den Vertragsschluss.** Werden die Voraussetzungen für das Zustandekommen eines Vertrags durch AGB verschärft, so widerspricht dies im Allgemeinen ebenfalls den Grundgedanken der §§ 145 ff., weil sich der andere Vertragsteil auf das Zustandekommen eines Vertrags unter den gesetzlichen Voraussetzungen verlassen können muss.

V 291 **aa) Wirksamkeit bei sachlichem Grund.** Verschärfungen sind aber wirksam, wenn dafür ein berechtigter Grund besteht. Dies gilt z. B., wenn der Abschluss eines Lottovertrags von Voraussetzungen abhängig gemacht wird, die Betrugsversuche weitgehend ausschließen sollen. Eine solche Abweichung von §§ 145 ff. ist nach § 307 nicht zu beanstanden.[5]

V 292 **bb) Freibleibende Angebote.** Mit Blick auf die im Rechtsverkehr häufig anzutreffende Klausel „Angebot freibleibend" ist streng zwischen den Problemen der Auslegung und der Wirksamkeit zu unterscheiden.

V 293 **α) Auslegung.** Die Klausel „Angebot freibleibend" kann verschieden ausgelegt werden. Man kann in einem solchen „Angebot" nur eine Aufforderung zur Abgabe von Angeboten sehen, die mit der Besonderheit verbunden ist, dass der Betroffene die Ablehnung eingehender Angebote unverzüglich mitteilen muss, soll sein Schweigen nicht als Annahme gedeutet werden.[6] Denkbar ist aber, im freibleibenden Angebot bereits ein Angebot zu sehen, wobei sich der Anbietende den Widerruf des Angebots bis zur Annahme vorbehält.[7] Wegen § 305 c II ist die Klausel, soweit es sich um eine AGB handelt, im Zweifel im letzteren Sinne zu verstehen, weil dies dem Kunden mehr Schutz bietet. Ein Widerrufsvorbehalt, der auch nach Annahme des Angebots ausgeübt werden könne,[8] kann darin nicht gesehen werden. Eine solche Klausel wäre darüber hinaus nach § 308 Nr. 3 unwirksam.

---

[1] OLG Hamm NJW-RR 1986, 927, 928 (zu § 9 AGBG). Tendenziell ebenso OLG Düsseldorf NJOZ 2001, 2052, 2055 (zu § 9 AGBG), das aber auf die Umstände des konkreten Falls abstellt und darüber hinaus offen lässt, ob der Verzicht auf den Zugang nicht dadurch ausgeglichen werden kann, dass der Verwender sich verpflichtet, dem anderen Teil die Annahme oder Ablehnung unverzüglich mitzuteilen.

[2] LG Köln NJW-RR 1987, 885, 886 (zu § 9 AGBG).

[3] LG Köln NJW-RR 1987, 885, 885 f. (zu § 9 AGBG).

[4] BGH NJW 1988, 1261, 1262 (zu § 3 AGBG).

[5] S. auch KG NJW 1981, 2822, das aber zu Unrecht § 242 heranzieht.

[6] So RGZ 102, 227, 229 f.

[7] So *Soergel/Wolf* § 145 Rz 10; *Palandt/Heinrichs* § 145 Rz 4. Im konkreten Fall ebenso BGH NJW 1984, 1885, 1886, der aber ausdrücklich offen lässt, ob eine solche Auslegung stets geboten ist.

[8] So *Flume* AT II, § 35 I 3 c; MünchKomm/*Kramer* § 145 Rz 6.

β) **Wirksamkeit.** Soll die Klausel „Angebot freibleibend" den Widerruf bis zur Annahme ermöglichen, so ist sie regelmäßig wirksam, da § 145 den Ausschluss der Bindung an das Angebot erlaubt und darin grundsätzlich keine unangemessene Benachteiligung liegt. **V 294**

8. Inhaltskontrolle bei Abweichungen von § 305 II

a) **Allgemeines.** § 305 II sieht mit Blick auf die Einbeziehung von AGB in den Vertrag besondere Anforderungen vor. Hinsichtlich der Frage nach der Abdingbarkeit des § 305 II hat der BGH noch zum alten Recht betont, dass ein Verzicht auf die Einbeziehungsvoraussetzungen des § 2 AGBG (§ 305 II) gegen § 7 AGBG (§ 306 a) verstoße und daher unwirksam sei.[1] Allerdings wird in der relevanten Entscheidung nicht ganz deutlich, ob der BGH lediglich einen AGB-mäßigen oder auch einen individualvertraglichen Verzicht im Auge hat. Richtigerweise wird man differenzieren müssen: Namentlich ist mangels Schutzbedürftigkeit des Verwendungsgegners davon auszugehen, dass der Kunde im Wege einer Individualvereinbarung – nicht jedoch AGB-mäßig – auf die Einhaltung des § 305 II Nr. 2 verzichten kann.[2] Dies kann auch konkludent geschehen.[3] Im Übrigen ist § 305 II zu Gunsten des Verwendungsgegners jedoch zwingend.[4] Eine Absenkung der Einbeziehungsvoraussetzungen ist also, von § 305 II Nr. 2 abgesehen, weder in AGB noch in Individualvereinbarungen möglich. Die Unwirksamkeit entsprechender Klauseln folgt unmittelbar aus § 305 II. Darüber hinaus verstoßen entsprechende Klausel auch gegen § 307. Wegen Verstoßes gegen zwingendes Recht sowie nach § 307 unwirksam ist daher z. B. eine Klausel des Inhalts „Wir liefern zu unseren jederzeit einsehbaren Bedingungen".[5] Denn diese Klausel bedingt das in § 305 II Nr. 2 vorgesehene Erfordernis der Möglichkeit zumutbarer Kenntnisnahme ab. **V 295**

b) **Kenntnisnahmeklauseln.** Klauseln, mit denen der Verwendungsgegner bestätigt, vom Inhalt der AGB Kenntnis genommen zu haben, sind schon wegen Verstoßes gegen § 309 Nr. 12 b unwirksam.[6] Zwar findet § 309 Nr. 12 b nach richtiger Auffassung dann keine Anwendung, wenn die vom Verwendungsgegner bestätigte Tatsache sich bereits zweifelsfrei aus der Unterschrift des Kunden ergibt.[7] Nach richtiger Auffassung ist diese Einschränkung jedoch im Bereich der Kenntnisnahmeklauseln ohne nennenswerte praktische Bedeutung.[8] Insbesondere kann entgegen einer älteren Entscheidung des BGH auch bei umseitig abgedruckten AGB **V 296**

---

[1] BGH NJW 1988, 2106, 2108 (zu §§ 2, 7 AGBG). Für die Unzulässigkeit eines formularmäßigen Verzichts auf die Einhaltung des § 305 II Nr. 2 z. B. auch *Staudinger/Schlosser* § 305 Rz 138. S. auch § 305 Rz 110.

[2] Für die Möglichkeit eines individualvertraglichen Verzichts auf die Einhaltung des § 305 II Nr. 2 z. B. auch *Staudinger/Schlosser* § 305 Rz 138; *Ulmer* § 305 Rz 146; *Palandt/Heinrichs* § 305 Rz 37. Wohl a. A. AG Krefeld NJW-RR 1997, 245, 245 (zu § 2 AGBG), das jedenfalls einen konkludenten, aber wohl auch einen ausdrücklichen Verzicht als unzulässig einstuft. Gegen die Möglichkeit eines Verzichts wohl auch *Giemulla/Schmidt* NJW 1999, 1057, 1060.

[3] Wie hier wohl *Ulmer* § 305 Rz 146, 149. A.A. aber AG Krefeld NJW-RR 1997, 245, 245 (zu § 2 AGBG).

[4] In der Literatur wird typischerweise der zwingende Charakter des § 305 II betont, ohne das die Frage nach der Zulässigkeit von Abweichungen zugunsten des Verwendungsgegners thematisiert würde. S. z. B. *Palandt/Heinrichs* § 305 Rz 26.

[5] LG Stuttgart AGBE I § 9 Nr. 25.

[6] BGH NJW 1990, 761, 765 (zu § 11 Nr. 15 AGBG). S. hierzu auch § 309 Nr. 12 Rz 53.

[7] So auch (für die Bestätigung der Kenntnisnahme) BGH NJW 1982, 1388, 1389 (zu § 11 Nr. 15 AGBG).

[8] S. § 309 Nr. 12 Rz 56–57.

nicht von der Wirksamkeit einer Klausel ausgegangen werden, mit welcher der Verwendungsgegner bestätigt, die von den AGB Kenntnis genommen zu haben.[1]

V 297–310 **c) Einverständnisklauseln.** Klauseln, denen zufolge der Kunde mit der Geltung der AGB einverstanden ist, verstoßen nicht gegen § 308 Nr. 5, weil insofern tatsächliche Willenserklärungen und keine bloßen Fiktionen gegeben sind.[2] Ebenso wenig verstößt die Klausel gegen § 309 Nr. 12 b. Denn Willenserklärungen wie die Erklärung, mit der Geltung der AGB einverstanden zu sein, gehören nicht zu den Tatsachenbestätigungen im Sinne dieser Vorschrift.[3] Fehlt es jedoch nach allgemeinen Auslegungsgrundsätzen (§§ 133, 157) an den Voraussetzungen des Einverständnisses, so vermag daran auch eine Einverständnisklausel nichts zu ändern. Dies bedeutet freilich nicht, dass entsprechende Klauseln gänzlich ohne Bedeutung wären. Denn bei der Frage, ob der Verwender vom Einverständnis des Verwendungsgegners mit der Geltung der AGB ausgehen darf, können je nach Lage der Dinge auch die AGB Berücksichtigung finden. Beispielsweise stellt eine auf der Vorderseite des Vertrags unmittelbar über der Unterschrift des Verwendungsgegners positionierte fett gedruckte Klausel, mit der der Verwendungsgegner sein Einverständnis mit den AGB bestätigt, ein starkes Indiz für das Einverständnis des Beklagten mit den AGB dar.[4]

*

Vertragshändlervertrag

Inhaltsübersicht

---

[1] So aber BGH NJW 1982, 1388, 1389 (zu § 11 Nr. 15 AGBG). Zurückhaltender freilich BGH NJW 1990, 761, 765 f (zu § 11 Nr. 15 AGBG): „Es mag zutreffen, dass die formularmäßige Erklärung, von den AGB Kenntnis genommen zu haben, in den Fällen, in denen diese auf der Rückseite des formularmäßigen Vertrages abgedruckt sind, unbedenklich ist, weil außer Zweifel steht, dass nur eine für die Einbeziehung erforderliche Tatsache bestätigt wird, deren Vorliegen nicht zweifelhaft sein kann".

[2] S. § 308 Nr. 5 Rz 22.

[3] BGH NJW 1990, 761, 765 (zu § 11 Nr. 15 AGBG). Für die Wirksamkeit einer formularmäßigen Bestätigung der Einbeziehungsvoraussetzungen auch *Palandt/Grüneberg* § 309 Rz 101.

[4] OLG Düsseldorf NJW 2005, 1515, 1516.

Schrifttum: *Bunte,* Interessenkollision und Interessenabwägung im Vertragshändlervertrag, ZIP 1982, 1166; *Darász,* EG-Vertriebsrecht und assoziiertes nationales Kartellrecht, EuZW 2003, 138; *Emde,* Rechtsprechungs- und Literaturübersicht zum Vertriebsrecht im Jahr 2004, BB 2005, 389; *Creutzig,* Die neue Gruppenfreistellungsverordnung für Vertriebs- und Kundendienstvereinbarungen im Kfz-Bereich, EuZW 1995, 723; *ders.,* Investitionsersatzanspruch des Vertragshändlers: Vergessen, obwohl existenznotwendig, NJW 2002, 3430; *Ebenroth/Strittmatter,* Fremdbestimmte Investitionen in der Umstrukturierung von Absatzmittlungsverhältnissen auf dem Automobilsektor, BB 1993, 1521; *Ernsthaler,* Investitionsschutz für Vertriebshändler, NJW 2003, 3106; *Habersack/Ulmer,* Rechtsfragen des Kraftfahrzeugvertriebs durch Vertragshändler, 1998; *Horn,* Zum Ausgleichsanspruch des Eigenhändlers: Kundenstamm und werbende Tätigkeit, ZIP 1988, 137; *Küstner/v. Manteuffel,* Die Berechnung des Ausgleichsanspruchs des Vertragshändlers, BB 1988, 1972; *Niebling,* Vertragshändlerrecht, 2. Aufl., 2003; *ders.,* Gestaltung von Verträgen mit ausländischen Handelsvertretern und Vertragshändlern, NJW 2001, 2616; *Pfeffer,* Die Neuordnung der Vertragshändlerverträge in der Automobilbranche, NJW 1985, 1241; *ders.,* Die neue Gruppenfreistellungsverordnung (EG) Nr. 1400/2002 für die Automobilbranche, NJW 2002, 2910; *Semler,* Handelsvertreter- und Vertragshändlerrecht, 1988; *ders.,* Aktuelle Fragen im Recht der Vertragshändler, DB 1985, 2493; *Stumpf,* Der Vertragshändlervertrag unter Einschluss des EG-Kartellrechts, 2. Aufl. 1979; *Stumpf/Ströbl,* Der Ausgleichsanspruch eines Kfz-Vertragshändlers, MDR 2004, 1209; *Szöniy,* Wer ist zur Errichtung einer Website berechtigt: Vertriebshändler oder Hersteller?, GRURInt 2004, 567; *Tietz,* Der Gruppenwettbewerb als Element der Wettbewerbspolitik, 1981; *Ulmer,* Der Vertragshändler, 1969; *Westphal,* Vertriebsrecht, Bd. 2: Vertragshändler, 2000.

I. Allgemeines

1. Begriff und Rechtsnatur

V 311 **a) Begriff.** Der Vertragshändlervertrag ist ein auf Dauer angelegter Rahmenvertrag zwischen dem Hersteller oder sonstigen Vorlieferanten wie Importeur oder Großhändler (allgemein: Prinzipal) auf der einen und dem Vertragshändler (Eigenhändler) auf der anderen Seite durch den sich der Vertragshändler verpflichtet, Waren des Herstellers oder sonstigen Vorlieferanten im eigenen Namen und auf eigene Rechnung zu vertreiben, und durch den der Vertragshändler in die Verkaufsorganisation des Herstellers bzw. Lieferanten eingegliedert wird.[1]

V 312 **b) Rechtsnatur.** Beim Vertragshändlervertrag handelt es sich um einen Vertrag eigener Art,[2] der allerdings in erheblichem Umfang Elemente eines auf eine Geschäftsbesorgung gerichteten Dienstvertrages aufweist.[3] Die Stellung des Vertragshändlers ist in analoger Anwendung von § 86 HGB durch Vertriebs- und Absatzförderungspflichten geprägt, die er dadurch erfüllen muss, dass er die vom Prinzipal angebotenen Markenwaren im eigenen Namen und auf eigene Rechnung aufgrund besonderer Kaufverträge bezieht und an Kunden weiterveräußert.[4] Der Vertragshändler tritt unter eigener Firma auf, benutzt aber daneben das Markenzeichen des Prinzipals.

2. Abgrenzung und Pflichten

V 313 **a) Abgrenzung.** Durch die Benutzung einer eigenen Firma und durch die auch sonst geringere Einbindung in das Vertriebs- und Absatzsystem des Prinzipals unterscheidet sich der Vertragshändler vom **Franchisenehmer,** durch das Handeln in eigenem Namen vom Handelsvertreter (§§ 84 ff. HGB) und durch das Handeln auf eigene Rechnung vom Kommissionär (§§ 383 ff. HGB). Der Vertragshändlervertrag weist aber im Übrigen mit diesen Verträgen weitgehende Ähnlichkeiten auf, die bei der Interessenbewertung, etwa bei der Vertragsbeendigung, zu berücksichtigen sind.[5]

V 314 **b) Pflichten.** Dem Vertragshändler obliegen wesentliche Vertriebsförderungspflichten wie Kundendienst, Lagerhaltung und Werbung. Der Vertrieb von Konkurrenzprodukten ist in der Regel beschränkt oder von der Zustimmung des Prinzipals abhängig. Die Vertragshändler investieren oft große Summen, um ihren Vertrieb und Kundendienst dem vom Prinzipal gewünschten einheitlichen Muster anzupassen. Als Gegenleistung für diese weitgehende Interessenbindung erwarten die Vertragshändler eine entsprechende Dauerbindung des Prinzipals, die ihnen durch Zuweisung eines Vertriebsgebietes mit Allein- oder Mitvertriebsrecht eine langfristig gesicherte Erwerbsquelle bieten soll. Diese Interessenlage führt zu einer erhöhten gegenseitigen **Treuepflicht,**[6] die bei der Abwägung im Rahmen der Inhaltskontrolle nach § 307 zu berücksichtigen ist.

---

1 BGH NJW-RR 2003, 98, 98.
2 BGH NJW-RR 2003, 98, 98.
3 *Ulmer* Anh. § 310 Rz 937.
4 S. dazu *Ulmer,* Der Vertragshändler, 1969, S. 269, 277, 408 ff.
5 S. auch *von Westphalen* NJW 1982, 2465, 2469.
6 BGH NJW-RR 1993, 682, 683. Aus dem Schrifttum siehe z. B. *Hopt,* HGB, Überblick v. § 373 Rz 39.

II. Kartellrecht und AGB-Recht

1. Gemeinschaftskartellrecht

a) Allgemeines. Art. 81 I EGV verbietet unter anderem alle Vereinbarungen zwischen Unternehmen, welche den Handel zwischen den Mitgliedstaaten zu beeinträchtigen geeignet sind und eine Einschränkung des Wettbewerbs innerhalb des Gemeinsamen Marktes bewirken. An diesem Verbot sind auch Vertragshändlerverträge zu messen. Allerdings sieht Art. 81 III EGV unter den dort genannten Voraussetzungen die Möglichkeit vor, die Verbote des Art. 81 I EGV für unanwendbar zu erklären. V 315

b) Besondere Freistellung. Eine Unanwendbarkeitserklärung im Sinne des Art. 81 III EGV erfolgt zum einen durch die von der Europäischen Gemeinschaft erlassenen Gruppenfreistellungsverordnungen. Von besonderer praktischer Bedeutung für das Recht des Vertragshändlervertrages ist insbesondere die Verordnung 1400/2002/EG vom 31. 7. 2002 über die Anwendung von Artikel 81 Absatz 3 des Vertrags auf Gruppen von vertikalen Vereinbarungen und aufeinander abgestimmten Verhaltensweisen im Kraftfahrzeugsektor.[1] Diese hat die ältere Verordnung 1475/95/EG[2] abgelöst, die ihrerseits an die Stelle der Verordnung 123/85/ EWG[3] getreten war. Mit Blick auf Vertragshändlerverträgen in anderen Bereichen[4] ist insbesondere die Verordnung 2790/1999/EG v. 22. 12. 1999 über die Anwendung von Artikel 81 Absatz 3 des Vertrages auf Gruppen von vertikalen Vereinbarungen und aufeinander abgestimmten Verhaltensweisen[5] zu berücksichtigen. V 316

c) Allgemeine Freistellung. Neben den in den Gruppenfreistellungsverordnungen angeordneten Freistellungen ist Art. 1 II der Verordnung 1/2003/EG des Rates vom 16. 12. 2002 zur Durchführung der in den Artikeln 81 und 82 des Vertrags niedergelegten Wettbewerbsregeln zu beachten.[6] Nach dieser Vorschrift sind Vereinbarungen im Sinne des Art. 81 I EGV auch bei Fehlen einer vorherigen Entscheidung nicht verboten, sofern die Freistellungsvoraussetzungen des Art. 81 III EGV erfüllt sind. Dies hat weit reichende Folgen für die Praxis. Auch dann, wenn eine unter Art. 81 I EGV fallende Vereinbarung die Voraussetzungen der jeweils einschlägigen konkreten Freistellungsverordnung nicht erfüllt, kann nicht mehr ohne weiteres ein Verstoß gegen Art. 81 I EGV angenommen werden. Vielmehr ist wegen Art. 1 II der Verordnung 1/2003/EG zusätzlich zu prüfen, ob die Vereinbarung einen Verstoß gegen Art. 81 I EGV nicht dadurch vermeidet, dass sie die Freistellungsvoraussetzungen des Art. 81 III EGV erfüllt.[7] V 317

---

[1] ABl. (EG) Nr. L 203 v. 1. 8. 2002, S. 30–41.

[2] Verordnung (EG) Nr. 1475/95 der Kommission vom 28. Juni 1995 über die Anwendung von Artikel 85 Absatz 3 des Vertrages auf Gruppen von Vertriebs- und Kundendienstvereinbarungen über Kraftfahrzeuge, ABl. Nr. L 145 vom 29. 6. 1995, S. 25–34.

[3] Verordnung (EWG) Nr. 123/85 der Kommission vom 12. Dezember 1984 über die Anwendung von Artikel 85 Absatz 3 des Vertrages auf Gruppen von Vertriebs- und Kundendienstvereinbarungen über Kraftfahrzeuge, ABl. Nr. L 15 v. 18. 1. 1985, S. 16–24.

[4] Gemäß ihrem Art. 2 V gilt die Verordnung 2790/1999/EG nicht für vertikale Vereinbarungen, deren Gegenstand in den Geltungsbereich einer anderen Gruppenfreistellungsverordnung fällt.

[5] ABl. (EG) Nr. L 336 v. 29. 12. 1999 S. 21–25. Ausführlich zu dieser Verordnung z. B. *Darász* EuZW 2003, 138, 139 ff.

[6] ABl. (EG) Nr. L 1 v. 4. 1. 2003, S. 1–25.

[7] S. nur BGH GRUR 2005, 62 unter I.

2. Deutsches Kartellrecht

V 318 Auch § 1 GWB verbietet wettbewerbsbeschränkende Vereinbarungen zwischen Unternehmen. Indessen sieht § 2 I GWB unter den dort genannten, an Art. 81 III EGV angelehnten Voraussetzungen, eine generelle Freistellung vom Verbot des § 1 GWB vor. § 2 I GWB bewirkt also just den Regelungszustand, der im Gemeinschaftsrecht durch das Zusammenspiel von Art. 81 III EGV und Art. 1 II der Verordnung 1/2003/EG herbeigeführt wird. Eine weitere Annäherung des deutschen Rechts an das Gemeinschaftsrecht wird durch § 2 II GWB herbeigeführt. Namentlich sieht § 2 II 1 GWB vor, dass die von der Europäischen Gemeinschaft zu Art. 81 III EGV erlassenen Freistellungsverordnungen bei der Anwendung des § 2 I GWB entsprechende Anwendung finden.[1] Dies gilt nach § 2 II 2 GWB auch dann, wenn die in den relevanten Freistellungsverordnungen genannten Vereinbarungen, Beschlüsse und Verhaltensweisen nicht geeignet sind, den Handel zwischen den Mitgliedstaaten zu beeinträchtigen. Praktisch bedeutet dies, dass ein Vertragshändlervertrag, der den Anforderungen einer wirksamen Freistellungsverordnung gerecht wird, weder gegen Art. 81 I EGV noch gegen § 1 GWB verstößt.

2. Verhältnis von Kartell- und AGB-Recht

V 319 **a) Allgemeines.** Eine Klausel, die § 1 GWB oder Art. 81 I EGV verletzt, muss auch als unangemessen im Sinne des § 307 eingestuft werden.[2] In diesem Zusammenhang kommt es auch nicht auf die vieldiskutierte[3] Fragen an, inwiefern die Gruppenfreistellungsverordnungen der EG zur Konkretisierung des § 307 I herangezogen werden können. Vielmehr ergibt sich die Unangemessenheit kartellrechtlich unzulässiger Klauseln unabhängig von der vorgenannten Fragestellung in jedem Falle aus einem Verstoß gegen das in § 307 I 2 verankerte Transparenzprinzip. Denn eine Klausel, die zur Täuschung über die wahre Rechtslage geeignet ist und daher die Gefahr birgt, dass der Verwendungsgegner von der Durchsetzung seiner Rechte abgehalten wird, muss schon aus diesem Grunde nach § 307 I 2 als unangemessen eingestuft werden.[4] Freilich gilt es zu beachten, dass allein die kartellrechtliche Zulässigkeit einer Klausel umgekehrt noch nicht dazu führt, dass die Klausel auch AGB-rechtlich hinzunehmen ist. Vielmehr kann auch eine kartellrechtlich unbedenkliche Klausel zu einer unangemessenen Benachteiligung des Vertragspartners führen.[5] Auch sollte man nicht von einer Vermutung der AGB-rechtlichen Angemessenheit kartellrechtlich ausdrücklich freigestellter Klauseln ausgehen.[6] Die Annahme einer solchen Vermutung liefe den unterschiedlichen Zielsetzungen beider Rechtsgebiete zuwider.

V 320 **b) Keine Kommentierung des Kartellrechts.** Infolge der dargelegten Bedeutung des Kartellrechts für die Inhaltskontrolle, kommt man im konkreten Falle regelmäßig um eine kartellrechtliche Würdigung des zu beurteilenden Sachverhalts nicht umhin. Aus Platzgründen muss die vorliegende Kommentierung jedoch von einer Behandlung der kartellrechtlichen Aspekte absehen, so dass die hier vorgenommene Einstufung von Klauseln als wirksam unter einem generellen Vorbehalt

---

[1] Es handelt sich dabei um eine dynamische Verweisung. S. *Bechtold/Buntscheck* NJW 2005, 2966, 2967.

[2] Ebenso BGH GRUR 2005, 62, 64; Ulmer Anh. § 310 Rz 946.

[3] Vgl. z. B. *Ulmer* Anh. § 310 Rz 947 f.

[4] In diesem Sinne wohl auch BGH GRUR 2005, 62, 64: „Allgemeine Geschäftsbedingungen, die gegen zwingendes Recht verstoßen und aus diesem Grunde unwirksam nichtig sind, [benachteiligen] den Verwendungsgegner unangemessen […]."

[5] S. nur BGH NJW-RR 2005, 1496, 1499.

[6] So aber *Ulmer* Anh. § 310 Rz 948.

der kartellrechtlichen Zulässigkeit gestellt und insofern auf das kartellrechtliche Schrifttum[1] verwiesen werden muss.

III. Vorliegen von AGB und anwendbare Vorschriften

Der Prinzipal stellt beim Abschluss von Vertragshändlerverträgen regelmäßig seine AGB. Dabei wird die Geltung der Lieferbedingungen des Prinzipals im Voraus für die Geschäfte zwischen Vertragshändler und Prinzipal vereinbart (Rahmenvereinbarung nach § 305 III). Mitunter wirken Interessenvertreter der Vertragshändler bei der Ausarbeitung der AGB mit. Diese Mitwirkung macht die AGB nicht zur Individualvereinbarung,[2] doch kann sie bei der Angemessenheitsbeurteilung nach § 307 zu berücksichtigen sein.[3] Da die Vertragshändler Unternehmer sind, finden die §§ 305 II, III, 308, 309 gemäß § 310 I 1 keine Anwendung. Dies gilt selbst für den Abschluss eines Vertragshändlervertrages, mit dem der Vertragshändler erstmalig eine unternehmerische Tätigkeit aufnimmt.[4] Allerdings ist im Rahmen der Angemessenheitskontrolle nach § 307 zu berücksichtigen, dass der Vertragshändler oft seinerseits im Verhältnis zu seinen Kunden an die §§ 308, 309 gebunden ist.[5] **V 321–322**

IV. Produktvertrieb

1. Einbindung in die Vertriebsorganisation des Prinzipals

a) Allgemeines. Der Vertrieb der Herstellerprodukte gehört zum wesentlichen Inhalt der Geschäftsbesorgung des Vertragshändlers für den Prinzipal (s. Rz V 314). Regelungen, durch die der Prinzipal den Vertrieb nach seinen Vorstellungen im Sinne einer möglichst einheitlichen Organisation regelt, entsprechen dem Zweck dieses Vertragstyps. Sie sind daher grundsätzlich nicht nach § 307 zu beanstanden. Auch Klauseln über die Garantieabwicklung und über den Kundendienst sind daher nicht nach § 307 unwirksam, soweit die Interessen der Vertragshändler nicht unangemessen vernachlässigt werden. Grundsätzlich unwirksam sind dagegen Klauseln, die den Händler in der freien Gestaltung der Eigentums- und Geschäftsführungsverhältnisse seines Betriebs beschränken, ohne dass dies erforderlich wäre, um die Erfüllung der wesentlichen Vertragspflichten des Vertragshändlervertrags zu gewährleisten. **V 323**

b) Werbung. Klauseln, die dem Vertragshändler Pflichten zur **Mitwirkung** an Werbemaßnahmen auferlegen, sind nicht von vornherein unangemessen.[6] In der Praxis finden sich vielfach auch Klauseln, die den Vertragshändler verpflichten, die **Kosten** der vom Prinzipal ergriffenen Werbemaßnahmen zumindest teilweise zu tragen. Insofern ist bereits die Kontrollfähigkeit der Klausel problematisch. So ist auf der einen Seite zu berücksichtigen, dass Klauseln, die dem Verwender eine Vergütung oder einen Aufwendungsersatz für solche Leistungen oder Aufwendungen **V 324**

---

[1] S. beispielsweise *R. Bechtold,* EG-Kartellrecht, 2005; *Gliem,* Die Gruppenfreistellungsverordnungen im aktuellen und kommenden EG-Kartellrecht, 2003; *Karl,* Kraftfahrzeugvertrieb und Europäisches Privatrecht: die Neuordnung des Kraftfahrzeugvertriebs durch die Gruppenfreistellungsverordnung Nr. 1400/2002 unter besonderer Berücksichtigung einzelner Aspekte des Vertragshändlervertrages, 2005.

[2] *Ulmer* Anh. § 310 Rz 938.

[3] *Ulmer* Anh. § 310 Rz 938.

[4] Zur parallelen Problematik beim Handelsvertretervertrag s. Anh. § 310 Rz H 116.

[5] So zu Recht *Palandt/Heinrichs* § 307 Rz 41; Ulmer Anh. § 310 Rz 942.

[6] BGH NJW 1994, 1060, 1069 (zu § 9 AGBG).

zusprechen, die er für seine eigenen Zwecke oder zur Erfüllung seiner eigenen Pflichten tätigt, kontrollfähig und in aller Regel gemäß § 307 II Nr. 1 unangemessen sind.[1] Auf der anderen Seite hat der BGH zu Recht ausgesprochen, dass eine Bestimmung, die unmittelbar das Entgelt für eine vom Verwender zu erbringende Leistung regelt, auch dann der Kontrolle entzogen ist, wenn sie das Entgelt für die Erfüllung einer Nebenpflicht betrifft.[2] Da der Prinzipal nach dispositivem Recht nicht zu bestimmten Werbemaßnahmen verpflichtet ist, kommt es für die Kontrollfähigkeit der Klausel entscheidend darauf an, ob er mit der Werbung allein eigene Interessen wahrnimmt, in welchem Falle die Klausel kontrollfähig und regelmäßig unangemessen ist, oder ob es sich hier (auch) um Leistungen handelt, die er gegenüber dem Vertragshändler erbringt und deren kostenlose Erbringung der Vertragshändler nicht erwarten darf, in welchem Falle die Klausel grundsätzlich nach § 307 III 1 der Kontrolle entzogen ist. Diese letzteren Voraussetzungen sind regelmäßig insoweit erfüllt, als es um Werbung für die gerade vom Vertragshändler vertriebenen Produkte geht und soweit diese Werbung bei typisierender Betrachtung geeignet erscheint, sich gerade auch auf den Umsatz des betroffenen Vertragshändler positiv auszuwirken. Eine Kontrolle der relevanten Klausel scheidet dann schon nach § 307 III 1 aus. Jedenfalls aber wäre eine Klausel, die den Vertragshändler in maßvoller Weise an den relevanten Werbungskosten beteiligt, als angemessen im Sinne des § 307 I einzustufen.[3]

2. Schutz der Marke und der Investitionen des Prinzipals

V 325 Nicht nach § 307 zu beanstanden ist eine Klausel in einem Kfz-Vertragshändler-Vertrag, der zufolge der Vertragshändler im Falle des Mehrmarkenvertriebs dafür zu sorgen hat, dass keine Verwechslung der Marken möglich ist.[4] Unangemessen ist jedoch eine Klausel, die den Vertragshändler verpflichtet, dafür Sorge zu tragen, dass „in keiner Weise Nutzen aus [den vom Prinzipal insbesondere in den Bereichen Ausstattung und Personalschulung getätigten] **Investitionen** für ein Zweitfabrikat gezogen werden".[5] Denn angesichts der Tatsache, dass der Vertragshändler beim Mehrmarkenvertrieb Kfz unterschiedlicher Hersteller reparieren muss, ist es kaum vermeidlich, dass das von einem Hersteller geschulte Werkstattpersonal „hierbei erworbene Kenntnisse und Fähigkeiten auch bei Wartungs- und Reparaturarbeiten an Fahrzeugen der Zweitmarke anwendet".[6]

3. Vorführware

V 326 Die AGB des Prinzipals sehen häufig vor, dass der Vertragshändler eine bestimmte Anzahl von Vorführexemplaren der zu verkaufenden Ware vorrätig hält. Entsprechende Klauseln sind an § 307 zu messen. Dabei ist insbesondere darauf zu achten, ob die Klausel den Vertragshändler übermäßig belastet. Im Falle ihrer Verwendung gegenüber absatzschwachen Händlern als unangemessen einzustufen ist daher z. B. eine in einem Kfz-Vertragshändlervertrag enthaltenen Klausel, nach welcher „[s]ämtliche Modellreihen [...] im Bestand der Vorführfahrzeuge repräsen-

---

[1] BGH NJW 2003, 2386, 2387 (Telefondienstvertrag).

[2] BGH GRUR 2005, 62, 69; BGH NJW 1992, 688, 689 (zu § 8 AGBG).

[3] So BGH NJW 1994, 1060, 1069 (zu § 9 AGBG), der deshalb die Frage nach der Kontrollfähigkeit der Klausel offen lässt.

[4] BGH GRUR 2005, 62, 65. Dass diese Klausel kartellrechtlich nicht zu beanstanden ist, ergibt sich aus Art. 1 (1) (b) S. 2 der VO 1400/2002. S. BGH GRUR 2005, 62, 65.

[5] S. BGH GRUR 2005, 62, 65.

[6] S. BGH GRUR 2005, 62, 65.

tiert sein [sollen] [...]".[1] Von der AGB-rechtlichen Unzulässigkeit einer solchen Klausel ist unabhängig von der Frage nach der kartellrechtlichen Zulässigkeit[2] auszugehen.[3] Erst recht unangemessen ist eine Klausel, die dem Kfz-Hersteller ein einseitiges Bestimmungsrecht hinsichtlich der Anzahl der Vorführwagen einräumt.[4] Ebenfalls unangemessen, und zwar wiederum ohne Rücksicht auf die Frage nach ihrer kartellrechtlichen Zulässigkeit,[5] ist eine gegenüber einem absatzschwachen Kfz-Vertragshändler verwandte Klausel, die die Wechselintervalle bei Vorführwagen in der Weise regelt, dass für bestimmte jeweils näher bezeichnete Modelle pro Kalenderjahr ein ein-, zwei- bzw. dreimaliger Wechsel als vereinbart gilt.[6]

4. Direktvertrieb

a) Allgemeines. Vielfach sehen die AGB des Prinzipals vor, dass dieser allge- **V 327**
mein oder doch zumindest unter bestimmten Voraussetzungen berechtigt ist, Kunden direkt, also ohne Einschaltung des Vertragshändlers, zu beliefern.

b) Gesetzliche Ausgangslage. Mit Blick darauf, dass Klauseln gemäß § 307 **V 328**
III 1 grundsätzlich nur im Falle einer Abweichung von den gesetzlichen Bestimmungen einer Inhaltskontrolle unterliegen, stellt sich zunächst die Frage, ob der Prinzipal ohne die Direktvertriebsklausel zur direkten Belieferung von Kunden berechtigt wäre. Diesbezüglich ist zu differenzieren. Der Prinzipal unterliegt ohne weiteres dann einem Direktbelieferungsverbot, wenn er dem Vertragshändler ein Alleinvertriebsrecht zugesagt hat.[7] Doch auch in Ermangelung einer entsprechenden Abrede hat der Prinzipal nicht ohne weiteres ein uneingeschränktes Direktvertriebsrecht.[8] Vielmehr gilt es zu beachten, dass den Prinzipal auch im Verhältnis zum nicht alleinvertretungsberechtigten Vertragshändler eine **Treuepflicht** trifft.[9] Vor diesem Hintergrund gilt: „Je mehr der Vertragshändler in die Vertriebsorgani-

---

[1] BGH GRUR 2005, 62, 66f. Der BGH, a.a.O., bejaht ganz allgemein die Unangemessenheit der Klausel im Verbandsprozess, weil diese sich zumindest gegenüber absatzschwächeren Vertragshändlern als übermäßig belastend auswirken könne. Dies überzeugt jedoch nicht. Im Verbandsprozess muss entweder auf den typischen Vertragshändler abgestellt werden. Oder man mag, was allerdings angesichts der relativen Homogenität der Gruppe der Vertragshändler wenig überzeugend erscheint, den Grundsatz ins Feld führen, dass eine Klausel, die gegenüber unterschiedlichen Kundenkreisen verwandt wird, gegenüber einem Kundenkreis auch dann unwirksam sein kann, wenn sie gegenüber einem anderen Kundenkreis wirksam ist. S. BGH NJW 1990, 1601, 1602. Wollte man den letztgenannten Grundsatz für anwendbar halten, müsste man die Unwirksamkeit der Klausel im Verbandsprozess konsequenterweise auf den Fall ihrer Verwendung gegenüber absatzschwachen Händlern beschränken.

[2] Mit Blick auf die kartellrechtliche Zulässigkeit ist zu beachten, dass die Freistellung nach Art. 2 (1) der VO (EG) 1400/2002 auf einseitige Bestimmungsrechte hinsichtlich der Menge der Vorführwagen in Kfz-Vertragshändlerverträgen keine Anwendung findet, weil sie „zulasten der Händler den Spielraum für eine den vertraglichen Vorgaben entsprechende einvernehmliche oder durch einen unabhängigen Sachverständigen vorzunehmende Festsetzung des Bestands an Vorführwagen (Art. 3 Abs. 6 lit. d) einengt." S. BGH GRUR 2005, 62 unter II.7.b. Ob die Klausel die Freistellungsvoraussetzungen des Art. 81 III EGV erfüllt, lässt der BGH, a.a.O., offen.

[3] BGH GRUR 2005, 62, 66f.

[4] BGH GRUR 2005, 62, 67.

[5] Mit Blick auf die kartellrechtliche Zulässigkeit ist zu beachten, dass die Freistellung nach Art. 2 (1) der VO (EG) 1400/2002 auf eine entsprechende Klausel wegen Art. 3 (6) (d) derselben Verordnung keine Anwendung findet. S. BGH GRUR 2005, 62, 67. Ob die Klausel die Freistellungsvoraussetzungen des Art. 81 III EGV erfüllt, lässt der BGH, a.a.O., offen.

[6] BGH GRUR 2005, 62, 67.

[7] BGH NJW 1994, 1060, 1061.

[8] Tendenziell a.A. noch BGH NJW-RR 1987, 628, 629: Bei fehlendem Alleinvertretungsrecht seien Direktgeschäfte grundsätzlich erlaubt. Schon damals lies der BGH, a.a.O., aber offen, ob dem Hersteller „auch eine eigene werbende Tätigkeit auf der Absatzstufe des Vertragshändlers" erlaubt sei.

[9] BGH NJW 1994, 1060, 1061.

sation eingegliedert ist und den Hersteller durch Einsatz von Kapital und Personal zu unterstützen hat, desto mehr sind diesem Eigenvertriebsaktivitäten auf der Handelsstufe des Vertragshändlers nach der Natur des Vertrages verboten".[1] Dabei ist auch zu berücksichtigen, dass der Direktvertrieb des Herstellers die Absatzchancen des Vertragshändlers noch stärker zu beeinträchtigen vermag als die Einsetzung weiterer Händler.[2] Denn der Prinzipal kann die Produkte regelmäßig zu niedrigeren Preisen anbieten als die von ihm eingesetzten Vertragshändler. [3] Ist der Vertragshändler in erheblichem Maße in die Vertriebs- und Absatzorganisation des Prinzipals eingebunden und weitgehend von den Entscheidungen und Weisungen des Prinzipals abhängig, so darf der Prinzipal seinen Vertragshändlern nicht zugleich auf deren eigener Handelsstufe unbeschränkt Konkurrenz machen.[4]

V 329 **c) AGB-Klauseln.** Soweit die AGB des Prinzipals dessen Recht zum Direktvertrieb gegenüber dem dispositiven Recht ausweiten, unterliegen sie gemäß § 307 III 1 der AGB-rechtlichen Inhaltskontrolle. Dabei gelten folgende Grundsätze: Ist der Vertragshändler in erheblichem Maße in die Vertriebs- und Absatzorganisation des Prinzipals eingebunden und weitgehend von den Entscheidungen und Weisungen des Prinzipals abhängig, so ist eine Klausel, die dem Prinzipal ein schrankenloses Direktvertriebsrecht gewährt, grundsätzlich unangemessen.[5] Allerdings kann eine Direktvertriebsklausel dann als angemessen einzustufen sein, wenn dem Vertragshändler ein angemessener Ausgleich für den entgangenen Umsatz eingeräumt wird.[6] So ist beispielsweise eine Klausel in den AGB eines Kfz-Herstellers, der zufolge der Verwender Großabnehmer, die über einen Zeitraum von zwölf Monaten mindestens 50 Kfz kaufen, selbst beliefern darf, nicht zu beanstanden, wenn sich der Hersteller im Gegenzug verpflichtet, dem Händler einen vom Hersteller „nach billigem Ermessen" zu bestimmenden „angemessenen Ausgleich" für nachweisliche Absatzbeeinträchtigungen zu gewähren.[7] Eine solche Regelung verstößt insbesondere auch nicht gegen das Transparenzgebot (§ 307 I 2).[8]

5. Zulassung weiterer Vertragshändler

V 330 Vielfach enthalten Vertragshändlerverträge auch Klauseln, die dem Prinzipal die Zulassung weiterer Vertragshändler im Vertragsgebiet erlauben. Mit Blick auf die Zulässigkeit solcher Klauseln ist zu differenzieren:

V 331 **a) Kein Alleinvertriebsrecht.** Nach einer Urteil des BGH aus dem Jahre 1988 ist ein Vorbehalt für die Zulassung weiterer Händler unbedenklich, wenn „nach dem Gesamtinhalt des Vertrages davon auszugehen [ist], dass die Vertriebskonzeption des Herstellers (Lieferanten) dem Händler gerade kein alleiniges Betätigungsfeld überlassen, sondern ein bestimmtes Gebiet je nach wechselnder Geschäftslage mit mehreren Händlern besetzen wollte".[9] In diesem Falle sei es auch nicht erforderlich, dass die Klausel besondere Änderungsgründe nenne.[10] Diesen Ausführungen

---

1 BGH NJW 1994, 1060, 1061.

2 In diesem Sinne auch BGH NJW-RR 1993, 678, 682.

3 In diesem Sinne auch BGH NJW-RR 1993, 678, 682.

4 In diesem Sinne, allerdings unter Berücksichtigung der konkreten Vertragsgestaltung, BGH NJW 1994, 1060, 1061.

5 BGH NJW 1994, 1060, 1061 (zu § 9 AGBG).

6 So wohl schon BGH NJW 1994, 1060, 1061 (zu § 9 AGBG).

7 BGH NJW 2005, 1497, 1498 (zu § 9 AGBG).

8 BGH NJW 2005, 1497, 1498 (zu § 9 AGBG).

9 BGH NJW-RR 1988, 1077, 1080 (zu § 9 AGBG).

10 BGH NJW-RR 1988, 1077, 1080 (zu § 9 AGBG). So auch schon BGH NJW 1985, 623, 629 (zu § 9 AGBG).

ist grundsätzlich zuzustimmen.[1] Etwas anderes muss aber dann gelten, wenn sich, was allerdings nur ganz ausnahmsweise angenommen werden sollte, schon aus der Treuepflicht des Prinzipals (s. Rz 314) ein Alleinvertretungsrecht des Vertragshändlers ergibt. Denn für die formularmäßige Einschränkung eines aus der allgemeinen Treuepflicht abgeleiteten Alleinvertretungsrechts müssen die gleichen Grundsätze gelten wie für die formularmäßige Einschränkung eines vertraglich eingeräumten Alleinvertretungsrechts (s. dazu Rz V 332).

b) Alleinvertriebsrecht. Besonderheiten gelten nach zutreffender Auffassung des BGH dann, wenn dem Vertragshändler ein Alleinvertriebsrecht eingeräumt worden ist. In diesem Falle gelten für Klauseln, die die Zulassung weiterer Händler erlauben, strenge Voraussetzungen: Die Klausel muss schwerwiegende Gründe nennen[2] und dem Händler einen angemessenen Ausgleich[3] sowie eine angemessene Übergangszeit[4] einräumen. Nicht ausreichend ist z. B. eine Übergangsfrist von nur drei Monaten bei einem Kfz-Händlervertrag.[5] Als berechtigter konkreter Anlass für eine Änderungsbefugnis kommt etwa die Anknüpfung an den Umsatz oder an eine unzureichende Verkaufsleistung in Betracht. Gleiches gilt für die Notwendigkeit einer ausreichenden Marktabdeckung im Sinne objektiv ausreichender Versorgung und Betreuung der Kundschaft.[6] Die bloße Anknüpfung an die „Sicherung des Marktanteils" ist aber mangels hinreichender Bestimmtheit nach § 307 I 2 unwirksam, auch wenn eine angemessene Berücksichtigung der Vertragshändlerinteressen vorgesehen ist.[7] Im Übrigen ist stets darauf zu achten, ob sich die Unwirksamkeit einer Klausel, die trotz eines vertraglich eingeräumten Alleinvertretungsrechts die Zulassung weiterer Händler erlaubt, nicht schon aus § 305 b ergibt. **V 332**

6. Verwendung von Ersatzteilen anderer Hersteller

a) Allgemeines. Der Hersteller von Markenprodukten hat „zum Schutz des Ansehens der Marke und unter haftungsrechtlichen Gesichtspunkte [grundsätzlich] ein anerkennenswertes Interesse [...] daran, dass Ersatzteile, die der Händler bei der Instandsetzung oder -haltung [...] verwendet und die für die Betriebs- und/oder Verkehrssicherheit [...] von funktionaler Bedeutung sind", den Qualitätsansprüchen des Herstellers genügen.[8] Zudem wird der Hersteller durch eine entsprechende Bindung seiner Vertragshändler in die Lage versetzt, „für einen zuverlässigen Kundendienst mit einer qualitativ gleichmäßigen Ersatzteilversorgung bei Wartungs- und Instandsetzungsarbeiten [...] zu werben [...]".[9] All dies hat der BGH mit Blick auf Kfz-Hersteller ausdrücklich anerkannt.[10] Die relevanten Aussagen lassen sich jedoch über den Bereich des Kfz-Handels hinaus verallgemeinern. Eine Klausel, die das Recht des Vertragshändlers zur Verwendung von Ersatzteilen anderer Hersteller davon abhängig macht, dass diese den Qualitätsstandard der Produkte des Verwenders erreichen, ist daher, sofern sie kartellrechtlich zulässig ist,[11] **V 333**

---

[1] A.A. aber *Ulmer* Anh. § 310 Rz 955.

[2] BGH NJW-RR 1988, 1077, 1080 (zu § 9 AGBG); BGH NJW 1984, 1182, 1183 (zu § 9 AGBG).

[3] BGH NJW-RR 1988, 1077, 1080 (zu § 9 AGBG); BGH NJW 1984, 1182, 1183 (zu § 9 AGBG).

[4] BGH NJW-RR 1988, 1077, 1080 (zu § 9 AGBG); BGH NJW 1984, 1182, 1183 f. (zu § 9 AGBG).

[5] BGH NJW 1984, 1182, 1183 (zu § 9 AGBG).

[6] BGH NJW 1984, 1182, 1183 (zu § 9 AGBG).

[7] BGH NJW-RR 1988, 1077, 1080 (§ 9 AGBG).

[8] So, allerdings beschränkt auf Kfz-Händler, BGH NJW-RR 2005, 1496, 1499.

[9] So, allerdings beschränkt auf Kfz-Händler, BGH NJW-RR 2005, 1496, 1499.

[10] BGH NJW-RR 2005, 1496, 1499.

[11] Die kartellrechtliche Zulässigkeit offen lassend auch BGH NJW-RR 2005, 1496, 1499. Zu berücksichtigen sind in diesem Zusammenhang insbesondere die Art. Art. 1 (1) (t), 1 (1) (u), 4 (1) (k) der VO 1400/2002.

auch nach § 307 nicht zu beanstanden. Als unangemessen wird man dagegen grundsätzlich auch außerhalb des Kfz-Handels eine Klausel einstufen müssen, die den Vertragshändler verpflichtet, ausschließlich die vom Prinzipal hergestellten Ersatzteile zu Reparaturzwecken zu verwenden.

V 334 **b) Beweislast.** Unwirksam ist jedoch eine Klausel, der zufolge der Händler die Beweislast dafür trägt, dass die von ihm verwandten „Ersatzteile", die mit Ersatzteilen der Vertragsware in Wettbewerb stehen, den Qualitätsstandard der Qualitätsstandard der betreffenden Ersatzteile der Vertragsware erreichen. Dies gilt unabhängig von der Frage nach der kartellrechtlichen Zulässigkeit einer entsprechenden Klausel.[1] Denn zumindest für so genannten „Identteile", also für Ersatzteile, die derselben Fertigung entstammen wie die Vertragsware, bedarf es eines solchen Vollbeweises zur Wahrung der berechtigten Interessen des Herstellers nicht.[2] Vielmehr genügt bereits eine aussagekräftige Bescheinigung des Teileherstellers darüber, dass die – mit Vertragsware in Wettbewerb stehenden – Ersatzteile denselben Qualitätsstandard haben wie jene.[3] Eine entsprechende Klausel dürfte darüber hinaus aber auch dann unwirksam sein, wenn sie Identteile von ihrem Anwendungsbereich ausnimmt, sofern sie nicht klarstellt, dass der Händler den Nachweis gleichwertiger Qualität zumindest im Regelfall mit einer Bescheinigung des Herstellers des Ersatzteils führen kann.[4]

V. Liefer- und Abnahmepflichten

1. Lieferpflichten des Prinzipals

V 335 **a) Recht auf Belieferung.** Der Prinzipal ist aufgrund seiner Treuepflicht grundsätzlich verpflichtet, den Vertragshändler im Rahmen seiner Möglichkeiten zu beliefern, sofern dem nicht berechtigte Interessen des Prinzipals entgegenstehen.[5] Das bedeutet, dass der Prinzipal zur Ablehnung von Bestellungen nach Treu und Glauben nur dann berechtigt ist, wenn hierfür „vernünftige und einleuchtende Gründe vorliegen".[6] Eine Klausel, der zufolge der Prinzipal lediglich verpflichtet ist, Bestellungen des Direkthändlers „nach Maßgabe seiner Liefermöglichkeiten" anzunehmen, ist daher nicht zu beanstanden.[7] Unwirksam wäre aber eine Klausel, die es dem Prinzipal erlaubt, Bestellungen des Vertragshändlers willkürlich abzulehnen.[8] Ein berechtigtes Interesse an der Ablehnung von Bestellungen kann z. B. in der Änderung der Modellpolitik des Herstellers liegen, so dass noch nicht angenommene Bestellungen aus diesem Grunde abgelehnt werden können.[9] Allerdings können die AGB des Herstellers grundsätzlich nicht vorsehen, dass eine Änderung der Modellpolitik auch einen Rücktritt von bereits angenommenen Bestellungen

---

1 Die kartellrechtliche Zulässigkeit offen lassend auch BGH NJW-RR 2005, 1496, 1499.

2 BGH NJW-RR 2005, 1496, 1499.

3 BGH NJW-RR 2005, 1496, 1499.

4 Offen gelassen in BGH NJW-RR 2005, 1496, 1499.

5 Großzügiger aber z. B. *Hopt,* HGB, Überblick v. § 373 Rz 39: Hersteller im Zweifel frei zur Ablehnung von Bestellungen „aus vertretbaren Gründen, ohne Willkür".

6 So schon BGH NJW 1958, 1138, 1139. Etwas großzügiger *Hopt,* HGB, Überblick v. § 373 Rz 39: Hersteller im Zweifel frei zur Ablehnung von Bestellungen „aus vertretbaren Gründen, ohne Willkür". Der BGH hat die Treuepflicht auch dahingehend umschrieben, „dass der Hersteller den schutzwürdigen Belangen des Vertragshändlers angemessen Rechnung zu tragen hat und dessen Interessen nicht ohne begründeten Anlass zuwiderhandeln darf". S. BGH NJW 1997, 3304, 3307.

7 BGH NJW 1994, 1060, 1062 (zu § 9 AGBG).

8 Vgl. auch BGH NJW 1985, 623, 626 zu III 2 a cc.

9 BGHZ 93, 29 = NJW 1985, 623, 627 (zu § 9 AGBG).

rechtfertigt.[1] Etwas anderes gilt nur insofern, als der Händler durch ein entsprechendes Lösungsrecht nicht benachteiligt wird, weil er selbst gegenüber seinen Kunden das Recht zur Lieferung eines anderen Modells wirksam vereinbaren kann,[2] wobei er aber vielfach an § 308 Nr. 4 scheitern wird.

b) Selbstbelieferungsklauseln. Selbstbelieferungsvorbehalte sind im unternehmerischen Verkehr grundsätzlich zulässig.[3] Eine Klausel, der zufolge der Verwender „den Direkthändler nach Maßgabe seiner Liefermöglichkeiten mit Vertragsware beliefern" wird, ist daher auch dann nicht nach § 307 zu beanstanden, wenn man sie im Wege der kundenfeindlichen Auslegung dahingehend auslegt, dass sie sich auch auf bereits abgeschlossene Verträge bezieht.[4] Unwirksam ist aber eine Klausel, die dem Hersteller gegenüber bei bereits angenommenen Bestellungen ein Recht zur jederzeitigen Produktionseinstellung oder -änderung einräumt.[5] **V 336**

c) Klauselauslegung. Eine Klausel, die ein Recht zur Produktionseinstellung oder -änderung vorsieht, ist nicht dahin auszulegen, dass sie sich auch auf bereits abgeschlossene Lieferverträge bezieht.[6] **V 337**

2. Mindestabnahmepflicht

a) Allgemeines. Die Vereinbarung einer Mindestabnahmepflicht stellt in der Regel noch keinen Kaufvertrag dar; vielmehr soll lediglich eine Verpflichtung zum Abschluss entsprechender Kaufverträge begründet werden.[7] Die AGB-mäßige Festlegung von Mindestabnahmemengen und Bezugspflichten ist, sofern sie nicht kartellrechtlich[8] auf Bedenken stößt, auch nach § 307 grundsätzlich nicht zu beanstanden.[9] **V 338**

b) Festsetzung durch Sachverständigen. Keinen Bedenken begegnet auch eine Klausel, der zufolge die Festsetzung der Mindestmenge bei fehlendem Einvernehmen der Parteien durch einen Sachverständigen erfolgt, der die Festsetzung „insbesondere anhand der im Vertragsgebiet bisher erzielten Verkäufe und Vorausschätzungen für zukünftige Verkäufe in diesem Gebiet und der Markterwartung im Bundesgebiet sowie unter Berücksichtigung der [Modellpolitik] [...] des Herstellers" vornehmen soll.[10] Mangels hinreichender Transparenz gemäß § 307 I 2 un- **V 339**

---

[1] So tendenziell auch BGH NJW 1985, 623, 627 („[...] könnte [...] den Vertragshändler unbillig belasten [...]"). Wie hier auch *Ulmer* Anh. § 310 Rz 956.

[2] *Ulmer* Anh. § 310 Rz 956.

[3] BGHZ 92, 396, 398 f. = NJW 1985, 738, 738 (zu § 9 AGBG). S. schon § 308 Nr. 3 Rz 113.

[4] BGH NJW 1994, 1060, 1062 (zu § 9 AGBG).

[5] So tendenziell auch BGH NJW 1985, 623, 627 (zu § 9 AGBG).

[6] BGH NJW 1985, 623, 627.

[7] BGH NJW-RR 1995, 1327, 1329.

[8] Mit Blick auf Kfz-Vertragshändlerverträgen ist Art. 4 (1) (c) der VO (EG) 1400/2002, ABl. Nr. L 203 v. 1. 8. 2002, S. 30–41, zu beachten. Danach gilt die Freistellung nicht für Vertikalvereinbarungen, die unmittelbar oder mittelbar die Beschränkung von Querlieferungen zwischen Händlern oder Werkstätten innerhalb eines selektiven Vertriebssystems bezwecken. Nach Auffassung des BGH gilt die Freistellung in Art. 2 I der Verordnung 1400/2002/EG daher nicht für Mindestabnahmeverpflichtungen. S. BGH GRUR 2005, 62, 65 f. Greift die Freistellung nach der Verordnung 1400/2002 nicht ein, so kommt es für die gemeinschaftsrechtliche Zulässigkeit von Vertikalvereinbarungen nach Art. 1 (2) VO (EG) Nr. 1/2003 v. 16. 12. 2002, ABl. Nr. L 1/1 v. 4. 1. 2003, darauf an, ob die Freistellungsvoraussetzungen nach Art. 81 III EGV erfüllt sind.

[9] BGH GRUR 2005, 62, 65 f. A.A. aber wohl *Ulmer* Anh. § 310 Rz 961, der lediglich „individuell vereinbarte" Mindesbezugsverpflichtungen zulassen möchte.

[10] Die Zulässigkeit wohl bejahend die Vorinstanz zu BGH GRUR 2005, 62. S. dazu BGH GRUR 2005, 62, 66. Dazu, dass die Berücksichtigung der Modellpolitik in diesem Zusammenhang nicht auf Bedenken stößt, s. BGH GRUR 2005, 62, 66.

wirksam ist eine entsprechende Klausel aber dann, wenn sie auch eine Berücksichtigung der „Vertriebspolitik" des Prinzipals vorsieht.[1] Denn „anders als die Modellpolitik, die in Geschäftsunterlagen nachprüfbar dokumentiert ist und technisch bedingt keinem sprunghaften Wechsel unterliegen kann, ist die Vertriebspolitik ein konturloser Begriff, mit dessen Hilfe die Festsetzung von Mindestabsatzmengen durch den Sachverständigen nahezu beliebig gesteuert werden könnte."[2]

V 340 **c) Einseitige Bestimmungsrechte.** Ein Recht zur einseitigen Bestimmung der Mindestabsatzmenge in den AGB des Prinzipals soll nach der Rechtsprechung wohl nur dann wirksam sein, wenn (a) schwerwiegende Gründe für die Einräumung desselben bestehen, (b) diese Gründe in der Klausel genannt sind und (c) dem Vertragspartner ein angemessener Ausgleich gewährt wird.[3] Dem wird man zumindest im Ergebnis zustimmen können. Denn durch eine Erhöhung der Mindestabsatzmenge kann der Händler in der Praxis zur Gewährung zusätzlicher Rabatte gezwungen werden, die nötig werden, um die vorgegebenen Absatzahlen zu erreichen. Dementsprechend ist die Mindestabsatzmenge von so wesentlicher Bedeutung, dass ein Recht zur einseitigen Festsetzung derselben nur ganz ausnahmsweise zulässig sein kann. Selbst ein Recht zur bloß vorläufigen Festsetzung der Mindestabsatzmenge, dass nur bis zur Festsetzung der Absatzmenge durch einen Sachverständigen bestehen soll, soll bei Nichtbeachtung der oben genannten Vorgaben gemäß § 307 unangemessen sein.[4] Denn es sei dem Prinzipal zumutbar, die Feststellung des Sachverständigen so rechtzeitig einzuleiten, dass ein einseitiges Festsetzungsrecht nicht erforderlich sei.[5] Dies überzeugt nicht. Denn in der Praxis wird die vom Prinzipal vorgenommene einseitige Festsetzung meist auf die Zustimmung der betroffenen Vertragshändler stoßen. Die vorsorgliche Einschaltung eines Sachverständigen verursacht dann unnötige Kosten.

VI. Kaufpreise und andere Entgelte

1. Festlegung von Bezugspreisen

V 341 **a) Allgemeines.** Der mit dem Vertragshändler geschlossene Vertrag kann festlegen, zu welchen Preisen bzw. unter Einräumung welcher Rabatte der Vertragshändler die weiterzuveräußernden Waren vom Prinzipal beziehen kann.[6] Die entsprechenden Klauseln unterliegen schon nach § 307 III 1 grundsätzlich nicht der Inhaltskontrolle (s. aber Rz 342).

V 342 **b) Verhältnis zur Absatzmenge.** Die Staffelung der Leistungsvergütungen, insbesondere in der Form der Gewährung von Rabatten, nach der Höhe der Ab-

---

[1] BGH GRUR 2005, 62, 66.

[2] BGH GRUR 2005, 62, 66.

[3] So wohl BGH GRUR 2005, 62, 66 (zu einem Bestimmungsrecht hinsichtlich der Mindestabnahmemenge). Der BGH beruft sich in diesem Zusammenhang auf die in BGH NJW 2000, 515 abgedruckte Entscheidung. Dieser Verweis ist freilich nicht ganz überzeugend, weil die entsprechende Aussage in BGH NJW 2000, 515, 519, eine Klausel betraf, die dem Hersteller Eingriffe in das Alleinvertretungsrecht des Vertragshändlers ermöglichte. In diesem Zusammenhang betonte der BGH in der letztgenannten Entscheidung dass „Vertragsbestimmungen mit einseitigen Eingriffsbefugnissen des Lieferanten in die vertragliche Rechtsposition von Händlern mit Alleinvertriebsrecht nur dann wirksam sind, wenn sie schwerwiegende Gründe für die Änderung nennen und die Interessen der Händler erkennbar in angemessener Form berücksichtigen, insbesondere ihnen einen angemessenen Ausgleich einräumen".

[4] BGH GRUR 2005, 62, 66.

[5] BGH GRUR 2005, 62, 66.

[6] Zwingend ist dies nicht. Beispielsweise fehlte es an einer solchen Festlegung in OLG München, Az: U (K) 3329/03 vom 22. 1. 2004, BeckRS 2004–04533.

satzzahlen ist zulässig. Eine Klausel, die generell einen Wegfall oder eine wesentliche Minderung von Rabatten bei Unterschreiten der vorgesehenen Zahlen für Absatz und Vorhaltung ohne Rücksicht auf ein Verschulden, ohne vorherige Abmahnung sowie ohne Rücksicht auf die Anzahl und die Zeitdauer vorsieht, ist als unverhältnismäßige Sanktion nach § 307 unwirksam, weil sie auch geringfügige Abweichungen mit ungerechtfertigt schweren Nachteilen belegt.[1] Dieser Grundsatz soll jedoch nur für das vertraglich geschuldete Entgelt und nicht bei freiwilligen Leistungen Anwendung finden,[2] was aber in dieser Allgemeinheit bedenklich erscheint.

2. Änderung der Bezugspreise

Vielfach geben die AGB des Prinzipals diesem das Recht, die Rabatte oder Boni mit der Folge zu ändern, dass der vom Vertragshändler für die vom Prinzipal bezogenen Waren zu zahlende Preis steigt. Mit Blick auf die Kontrolle entsprechender Klauseln ist zu differenzieren: **V 343**

a) Bei erfolgter Festlegung. In aller Regel liegen die Dinge so, dass die Parteien bereits bei Abschluss des Vertragshändlervertrages eine ausdrückliche oder konkludente Einigung hinsichtlich der Bezugspreise bzw. der Rabatte und Boni erzielen. In diesem Falle sind Klauseln, die eine Änderung der relevanten Preise erlauben, ohne weiteres als so genannte **Preiserhöhungsklauseln**[3] einzustufen. Zu den Preiserhöhungsklauseln im hier interessierenden Sinne gehören auch solche Klauseln, die eine Verschlechterung der Zahlungsbedingungen, insbesondere die Herabsetzung von Zahlungszielen, ermöglichen.[4] Preiserhöhungsklauseln in Vertragshändlerverträgen sind zwar wegen § 310 I 1 nicht an § 309 Nr. 1 zu messen. Doch bleibt die Notwendigkeit einer Kontrolle anhand des § 307.[5] Die Angemessenheit entsprechender Klauseln in Vertragshändlerverträgen setzt nach der zutreffenden Rechtsprechung des BGH voraus, dass die Klausel „schwerwiegende Änderungsgründe nennt und in ihren Voraussetzungen und Folgen erkennbar die Interessen des Vertragspartners angemessen berücksichtigt".[6] In diesem Zusammenhang muss auch vermieden werden, dass der Vertragshändler die Preiserhöhung mit Blick auf die von ihm bereits angenommenen Bestellungen selbst tragen muss, weil er mit Blick auf § 309 Nr. 1 daran gehindert ist, sich gegenüber seinen eigenen Kunden ein Recht zur Preiserhöhung auszubedingen.[7] Regelmäßig ist die Angemessenheit einer Preisänderungsklausel in den AGB des Prinzipals also auch davon abhängig, dass die Klausel (a) die vom Kfz-Händler bereits angenommenen Bestellungen von der Preiserhöhung ausnimmt, soweit der Händler seiner Lieferpflicht binnen vier Monaten nach Vertragsschluss nachkommen muss, oder (b) in den relevanten Fällen einen Anspruch des Vertragshändlers auf Ersatz der Differenz zwischen dem alten und dem neuen Bezugspreis vorsieht. Regelmäßig unwirksam sind auch solche Klauseln, die – wie es auch bei Listenpreisklauseln der Fall ist – vom Verwender zu einer Erhöhung seiner Gewinnmarge genutzt werden können.[8] In Abweichung von den geschilderten Grundsätzen hat der BGH in einer Entscheidung aus dem Jahre 1985 eine Klausel in einem Vertragshändlervertrag gebilligt, die einen **V 344**

---

[1] BGH NJW 1994, 1060, 1064 (zu § 9 AGBG).
[2] BGH NJW 1994, 1060, 1064 f. (zu § 9 AGBG).
[3] S. zu diesem Begriff § 309 Nr. 1 Rz 11.
[4] BGH NJW 1994, 1060, 1065 (zu § 9 AGBG).
[5] BGH NJW 1994, 1060, 1063 (zu § 9 AGBG).
[6] BGH NJW 1994, 1060, 1063 (zu § 9 AGBG).
[7] In diesem Sinne auch *Ulmer* Anh. § 310 Rz 953.
[8] S. § 309 Nr. 1 Rz 173.

Bezug von Schmiermitteln zum jeweiligen Listenpreis vorsah.[1] Der BGH legte diese Klausel zwar zu Recht dahingehend aus, dass zunächst eine Einigung „auf den bei Vertragsschluss gültigen Listenpreis" vorlag, die Parteien aber zugleich dem Verwender das Recht einräumen wollten, „den zunächst vereinbarten Preis – über eine Neufestsetzung des Listenpreises – zu ändern".[2] Indessen vermochte der BGH trotz der Annahme eines Preisänderungsrechts einen Verstoß gegen das Verbot unangemessener Klauseln nicht festzustellen.[3] In einer späteren Entscheidung hat der BGH jedoch zu Recht deutlich gemacht, dass dieses Urteil nicht verallgemeinerbar ist. Zum einen habe die Besonderheit bestanden, dass die Konkretisierung der Preiserhöhungsfaktoren in dem der früheren Entscheidung zu Grunde liegenden Sachverhalt besondere Schwierigkeiten bereitet habe.[4] Und zum sei in dem früheren Fall die Möglichkeit der Weitergabe der Preiserhöhung an die Kunden gewährleistet gewesen.[5]

V 345 **b) Bei fehlender Festlegung.** Denkbar ist freilich auch, dass der Vertragshändlervertrag keinerlei Angaben zur Höhe der Bezugspreise enthält. Eine solche Konstellation hat das OLG München in einem Fall angenommen, in welchem eine Klausel des Herstellers bestimmte, dass „der am Ausstellungsdatum der Rechnung gültige Preis" maßgeblich sei.[6] Tatsächlich hätte auch in diesem Falle eine Auslegung der Klausel dahingehend nahe gelegen, dass eine Geltung der im Zeitpunkt des Abschlusses des Vertragshändlervertrages maßgeblichen Listenpreise verbunden mit einem Änderungsrecht des Verwenders gewollt war.[7] Demgegenüber kam das OLG München zu dem Schluss, dass es an einer vertraglichen Vereinbarung hinsichtlich des Preises fehle.[8] Dementsprechend sei der Prinzipal vorbehaltlich seiner Rücksichtnahmepflicht aus dem Vertragshändlervertrag schon kraft seiner Privatautonomie befugt, die eigenen Preislisten mit Blick auf noch nicht abgeschlossene Kaufverträge zu ändern.[9] Folglich unterliege eine Klausel, die dem Prinzipal jederzeit die Änderung seiner Preise erlaube, gemäß § 307 III 1 auch nicht der Inhaltskontrolle.[10] Mangels eines Rechts zur einseitigen Leistungsbestimmung scheide auch eine Billigkeitskontrolle nach § 315 III aus.[11] Dieser Argumentation ist jedoch nicht zuzustimmen. Der Vertragshändler wäre – gerade auch mit Blick auf die von ihm regelmäßig getätigten Investitionen – schutzlos gestellt, wenn es dem Hersteller möglich wäre, jeder Bindung hinsichtlich der Bezugspreise bzw. der dem Händler gegenüber der unverbindlichen Preisempfehlung[12] des Prinzipals eingeräumten Bezugsrabatte zu entgehen. Fehlt es an einer ausdrücklichen oder konkludenten Vereinbarung hinsichtlich der Bezugspreise bzw. Rabatte, so ist in analoger Anwendung des § 87b I HGB von der branchenüblichen Handelsspanne auszugehen.[13] Scheitert eine Analogie zu § 87b I HGB am Fehlen einer branchenüblichen

---

[1] BGH NJW 1985, 853, 853 (zu § 9 AGBG) zu einer Klausel: „Die Lieferungen gegen diesen Abschluss erfolgen zu den Preisen der jeweils gültigen Liste und den allgemeinen Lieferungs- und Zahlungsbedingungen der V-GmbH."

[2] BGH NJW 1985, 853, 853.

[3] BGH NJW 1985, 853, 853f. (zu § 9 AGBG).

[4] BGH NJW 1994, 1060, 1063 (zu § 9 AGBG).

[5] BGH NJW 1994, 1060, 1063 (zu § 9 AGBG).

[6] So die Klausel in OLG München, Az: U (K) 3329/03 vom 22. 1. 2004, BeckRS 2004–04533 unter I.

[7] Vgl. § 309 Nr. 1 Rz 44.

[8] OLG München, Az: U (K) 3329/03 vom 22.01.2004, BeckRS 2004–04533 unter II.2.a.aa.

[9] OLG München, Az: U (K) 3329/03 vom 22.01.2004, BeckRS 2004–04533 unter II.2.a.aa.

[10] OLG München, Az: U (K) 3329/03 vom 22.01.2004, BeckRS 2004–04533 unter II.2.a.bb.

[11] OLG München, Az: U (K) 3329/03 vom 22.01.2004, BeckRS 2004–04533 unter II.2.a.cc.

[12] Zur kartellrechtlichen Beurteilung von Preisempfehlungen siehe Art. 4 (1) (a) der Verordnung 1400/2002/EG.

[13] Zutreffend *Ulmer* Anh. § 310 Rz 953.

Handelsspanne, so ist die resultierende Lücke im Wege der ergänzenden Vertragsauslegung zu füllen.[1] Für die Änderung der relevanten Bezugspreise bzw. der maßgeblichen Handelsspanne gilt dann das oben unter Rz 344 Gesagte.

c) Beispiel. Ohne weiteres unwirksam ist z. B. eine Klausel des Inhalts, dass die „Rabattierung der Vertragsware [...] von dem Importeur der Höhe nach festgelegt [wird]“,[2] denn diese erlaubt es dem Verwender, die Handelsspanne des Vertragshändlers beliebig zu verringern, ohne an einschränkende Änderungsgründe gebunden zu sein.[3] **V 346**

3. Vergütung von Garantiearbeiten

a) Allgemeines. Der Vertragshändlervertrag sieht regelmäßig eine Pflicht des Vertragshändlers vor, Garantiearbeiten auszuführen, die der Prinzipal den Kunden des Vertragshändlers aufgrund einer Herstellergarantie schuldet. In diesem Fall regeln die AGB typischerweise auch die Höhe der Vergütung, welche der Prinzipal dem Vertragshändler für die Ausführung der relevanten Arbeiten schuldet. **V 347**

b) Gesetzliche Ausgangslage. Bei der Ausführung von Garantie- und Kulanzarbeiten wird der Vertragshändler im Auftrag des Prinzipals tätig.[4] Demgemäß richtet sich der Vergütungsanspruch des Vertragshändlers, soweit er nicht durch den Vertrag modifiziert wird, nach § 670. Diese Vorschrift gewährt dem Beauftragten einen Anspruch auf Ersatz der Aufwendungen, die er den Umständen nach für erforderlich halten darf. Aufwendungen im Sinne des § 670 sind Vermögensopfer, die der Beauftragte zum Zweck der Ausführung des Auftrags freiwillig oder auf Weisung des Auftraggebers erbringt.[5] Dazu gehört im Falle des Vertragshändlervertrages zum einen der Händlereinkaufspreis,[6] daneben aber auch „Aufwendungen des Händlers für Lagerhaltung, Fracht und Verpackung der zur Ausführung des Auftrags benötigten, von der Beklagten zu beziehenden Originalteile.“ [7] **V 348**

c) AGB. Wird die Höhe der für Garantiearbeiten geschuldeten Vergütung wie im Regelfall in AGB geregelt, so stellt sich zum einen die Frage nach der Kontrollfähigkeit, zum anderen diejenige nach der Angemessenheit. **V 349**

aa) Kontrollfähigkeit. Die Kontrollfähigkeit der Vergütungsklauseln hängt davon ab, ob es sich bei ihnen um Preishauptabreden oder Preisnebenabreden handelt. Preishauptabreden,[8] die Art und Umfang der Vergütung unmittelbar regeln, sind der AGB-rechtlichen Inhaltskontrolle gemäß § 307 III 1 im Grundsatz entzogen[9] und lediglich gemäß § 307 III 2 am Transparenzprinzip zu messen. Dies gilt auch dann, wenn es um die Vergütung geht, die für die Erfüllung einer Nebenpflicht zu zahlen ist.[10] Kontrollfähig sind dagegen so genannten Preisnebenabreden,[11] die den Preis nicht unmittelbar regelt, sondern sich nur mittelbar auf den **V 350**

---

[1] So schon *Ulmer* Anh. § 310 Rz 953.

[2] BGH NJW 1994, 1060, 1063 (zu § 9 AGBG).

[3] BGH NJW 1994, 1060, 1063 (zu § 9 AGBG).

[4] BGH GRUR 2005, 62, 69.

[5] BGH GRUR 2005, 62, 69; *Palandt/Sprau* § 670 Rz 2.

[6] BGH GRUR 2005, 62, 69.

[7] BGH GRUR 2005, 62, 69.

[8] Zum Begriff der Preishauptabrede s. § 309 Nr. 1 Rz 17–19.

[9] BGH NJW-RR 2004, 1206, 1206 (zum AGB-Gesetz). Vgl. auch BGH VIZ 2002, 437, 438 (zum AGBG): Keine Inhaltskontrolle von Preisabsprachen, die „Art und Umfang der vertraglichen Hauptleistungspflicht und der hierfür geschuldeten Vergütung unmittelbar bestimmen“.

[10] BGH GRUR 2005, 62, 69 (Kfz-Händlervertrag)

[11] Zum Begriff der Preisnebenabrede s. § 309 Nr. 1 Rz 16.

Preis auswirkt, mit der Folge, dass bei Unwirksamkeit der Klausel das dispositive Recht an ihre Stelle treten kann.[1]

V 351 Kontrollfähig ist daher z. B. eine Klausel des Inhalts, dass „Kosten für Lagerhaltung, Fracht und Verpackung, nicht [über die pauschal gezahlte Vergütung hinaus] erstattet werden",[2] denn an ihre Stelle kann bei Fehlen einer vertraglichen Regelung das dispositive Recht (§ 670) treten.[3] Verneint hat der BGH die Kontrollfähigkeit dagegen im Falle einer Klausel, die „für die Vergütung der für Gewährleistungsarbeiten verwendeten Teile [...] bestimmte Prozentsätze der Händlereinkaufspreise vorsieht."[4] Dies überzeugt indessen nicht. Denn auch insofern vermag das dispositive Recht (§ 670) an die Stelle der relevanten Klausel zu treten.

V 352 **bb) Wirksamkeit.** Eine Klausel, die die Ansprüche des Händlers auf Ersatz der Aufwendungen für Lagerhaltung, Fracht und Verpackungen ausschließt, ist grundsätzlich unangemessen. Denn der in § 670 vorgesehene Aufwendungsersatzanspruch gehört zu den Grundgedanken der gesetzlichen Regelung im Sinne des § 307 II Nr. 1.[5] Die Unangemessenheit wird nur vermieden, wenn dem Händler stattdessen eine pauschale Vergütung gezahlt wird und diese Pauschalvergütung die den Händlern bei der Durchführung von Gewährleistungs- und Kulanzarbeiten typischerweise entstehenden Aufwendungen für Lagerhaltung, Fracht und Verpackung abdeckt.[6] Die Beweislast hierfür trägt der Verwender, denn wenn, wie hier, die Voraussetzungen des § 307 II Nr. 1 erfüllt sind, ist es Aufgabe des Verwenders, das Vorliegen der zur Widerlegung der Unangemessenheitsvermutung maßgeblichen Tatsachen nachzuweisen.[7]

4. Änderung der Vergütung von Garantiearbeiten

V 353 Klauseln, die es dem Prinzipal erlauben, die Höhe der dem Vertragshändler für die von diesem ausgeführten Garantiearbeiten zu zahlende Vergütung zu ändern, unterliegen der Kontrolle anhand des § 307.[8] Ferner ist auch hier eine Konkretisierung der Preisänderungsfaktoren erforderlich.[9] Nach Auffassung des BGH soll dabei „[d]er unbestimmte Hinweis auf die Kostenentwicklung dem Gebot möglichst genauer und nachprüfbarer Konkretisierung nicht hinreichend gerecht" werden.[10] Als unwirksam eingestuft hat der BGH daher eine Klausel des Inhalts „Der Stunden-Verrechnungssatz für Gewährleistungsarbeiten wird der Kostenentwicklung [...]".[11] Dieser Entscheidung ist im Ergebnis zuzustimmen, weil die zitierte Klausel unter Verstoß gegen das nunmehr in § 307 I 2 verankerte Transparenzprinzip nicht einmal zum Ausdruck bringt, ob es bei der Feststellung der Kostenentwicklung auf den durchschnittlichen Vertragshändler oder auf den konkret betroffenen Verwendungsgegner ankommen soll. Man sollte es aber für zulässig erachten, Grund und

---

1 BGH NJW-RR 2004, 1206, 1206; BGH NJW 1997, 2752, 2752 (zum AGBG). Eine übereinstimmende Definition findet sich auch bei BGH NJW 2002, 2386, 2386 (zum AGBG), wo der Ausdruck „Preisnebenabrede" allerdings als missverständlich bezeichnet wird.

2 BGH GRUR 2005, 62, 69.

3 BGH GRUR 2005, 62, 69.

4 BGH GRUR 2005, 62, 69.

5 BGH GRUR 2005, 62, 69.

6 BGH GRUR 2005, 62, 69. Dass auch der BGH auf den typischen Geschehensablauf abstellt, kommt in der Aussage zum Ausdruck, der Hersteller müsse nachweisen, „dass die den Händlern zugestandene Kostenpauschale [...] den händlertypischen Aufwand [...] abdeckt." S. BGH, a.a.O.

7 BGH GRUR 2005, 62, 69.

8 BGH NJW 1994, 1060, 1065 (zu § 9 AGBG).

9 BGH NJW 1994, 1060, 1065 (zu § 9 AGBG).

10 BGH NJW 1994, 1060, 1065 (zu § 9 AGBG).

11 BGH NJW 1994, 1060, 1065 (zu § 9 AGBG).

Ausmaß des Änderungsrechts des Verwenders durch einen Hinweis auf die dem konkreten oder durchschnittlichen Vertragshändler entstehenden Kosten zu konkretisieren, wenn hinreichend deutlich gemacht wird, welche Kostenfaktoren dabei zu berücksichtigen sind und die Nachprüfbarkeit der Berechnung in hinreichendem Maße gewährt ist.

VII. Haftung des Verwenders

1. Verschuldenshaftung

a) Allgemeines. Haftungsbeschränkungen und -ausschlüsse sind im unternehmerischen Verkehr an den §§ 276 III, 307 zu messen. Dabei gelten die allgemeinen Grundsätze.[1] Mit anderen Worten, ein Ausschluss der Haftung für **Vorsatz** scheitert an den §§ 276 III, 307. Unangemessen im Sinne des § 307 ist grundsätzlich auch der Ausschluss der Haftung für **grobe Fahrlässigkeit.**[2] Die Haftung für **einfache Fahrlässigkeit** ist grundsätzlich dann unwirksam, wenn die Klausel auch im Falle der Verletzung vertragswesentlicher Pflichten („Kardinalpflichten") Anwendung finden soll. Auch eine **Beschränkung der Haftung** für vertragswesentliche Pflichten kommt nur unter der Voraussetzung in Betracht, dass die Haftungsgrenze so bemessen ist, dass die vertragstypischen, vorhersehbaren Schäden abgedeckt werden.[3] V 354

b) Kardinalpflichten. Entscheidende Bedeutung kommt damit zunächst der Frage zu, welche Pflichten des Prinzipals als Kardinalpflichten einzustufen sind. Der Verwender kann dieser Frage zumindest bei der Formulierung der AGB noch entgehen, indem er klarstellt, dass sich der Ausschluss der Haftung nicht auf solche Pflichten bezieht, „deren Erfüllung die ordnungsgemäße Durchführung des Vertrags überhaupt erst ermöglicht und auf deren Einhaltung der Vertragspartner regelmäßig vertrauen darf".[4] Nicht hinreichend transparent (§ 307 I 2) ist dagegen der Hinweis, dass die Haftung für die Verletzung von „Kardinalpflichten" unberührt bleibt.[5] Dies gilt selbst im unternehmerischen Verkehr.[6] Auf die Frage, ob auch die Verwendung des nicht näher erläuterten Ausdrucks „vertragswesentliche Pflichten" am Transparenzgebot des § 307 I 2 scheitert, ist der BGH nicht eingegangen.[7] Richtigerweise wird man diese Frage bejahen müssen, weil der Begriff „vertragswesentlich" nicht genügend deutlich macht, ob nur Pflichten von zentraler Bedeutung oder alle nicht ganz unwesentlichen Pflichten erfasst werden sollen. Spätestens bei der Anwendung der relevanten Klausel stellt sich dann freilich das Problem, welche Pflichten als Kardinalpflichten einzustufen sind. Insofern gilt es hervorzuheben, dass jedenfalls die Pflicht zur fristgerechten Lieferung in diese Kategorie fällt.[8] Gleiches muss für die Pflicht zur mangelfreien Lieferung gelten, die der BGH[9] beim Neuwagenkauf allgemein als vertragswesentliche Pflicht eingestuft hat. Im Übrigen sei auf die allgemeinen Ausführungen zu dieser Frage verwiesen.[10] V 355

---

[1] S. ausführlich § 309 Nr. 7 Rz 135 ff.

[2] S. § 309 Nr. 7 Rz 137–149.

[3] S. § 309 Nr. 7 Rz 156.

[4] Für die Wirksamkeit einer entsprechenden Formulierung BGH NJW-RR 2005, 1496, 1505 (Vertragshändlervertrag).

[5] BGH NJW-RR 2005, 1496, 1505 (Vertragshändlervertrag).

[6] BGH NJW-RR 2005, 1496, 1505 (Vertragshändlervertrag).

[7] BGH NJW-RR 2005, 1496, 1505 (Vertragshändlervertrag).

[8] BGH NJW 1994, 1060, 1063 (zu § 9 AGBG und zum Vertragshändlervertrag).

[9] BGH NJW 2001, 292, 302 (zu § 9 AGBG und zum Neuwagenkaufvertrag).

[10] S. § 309 Nr. 7 Rz 96, 97, 99.

2. Verschuldensunabhängige Mängelhaftung

V 356 **a) Allgemeines.** Mit Blick auf die verschuldensunabhängige Mängelhaftung wird zum Teil angenommen, dass eine Einschränkung der entsprechenden Rechte des Händlers dem Prinzipal nur in dem Umfang möglich sein darf, in welchem der Händler sich seinerseits gegenüber seinen eigenen Kunden freizeichnen kann.[1] Denn anderenfalls komme es zu einer Deckungslücke zulasten des Vertragshändlers.[2] Die Problematik einer entsprechenden Deckungslücke hat sich jedoch im Bereich der Mängelgewährleistung mit der Schuldrechtsmodernisierung erledigt. Namentlich schützt § 478 IV, V den Vertragshändler in hinreichendem Maße davor, selbst Mängelrechten ausgesetzt zu sein, ohne seinerseits entsprechende Mängelrechte gegenüber dem Prinzipal zu haben. Das verbleibende Divergenzrisiko erscheint nicht gewichtig genug, um eine vollständige Kongruenz der Mängelrechte zu fordern. Daher wird man mit Blick auf die Regelung der Mängelrechte keine Besonderheiten gegenüber anderen Neuwagenkaufverträgen annehmen können. Dementsprechend kann auf die an anderer Stelle zum Ausschluss von Gewährleistungsrechten im unternehmerischen Verkehr gemachten Ausführungen verwiesen werden.[3]

V 357 **b) Beispiele.** Ein unzulässiger Gewährleistungsausschluss ist auch dann gegeben, wenn eine Klausel bestimmt, dass „[d]ie Gewährleistung erlischt, wenn am Fahrzeug Original-Teile durch Teile anderer Herkunft ersetzt wurden",[4] denn diese Klausel kann dazu führen, dass in bestimmten Konstellationen keines der gesetzlichen Mängelrechte mehr zur Verfügung steht. [5] Aus dem gleichen Grunde unwirksam ist die Klausel „Mangelhafte [...] Wartung und Behandlung, die Verwendung ungeeigneter Betriebs- und Schmierstoffe, unsachgemäße Lagerung, Schäden aus sportlichen Einsätzen, Montagefehler und Ähnliches schließen jegliche Gewährleistung aus."[6] Unwirksam ist auch eine Bestimmung, wonach der Prinzipal berechtigt ist, die übernommenen Gewährleistungspflichten je nach Wettbewerbs- und wirtschaftlichen Gründen zu ändern, da damit ein freies Dispositionsrecht eingeräumt wird und die erforderliche Konkretisierung sachlich berechtigter Gründe fehlt.[7] Auch darf der Rücktritt nicht dadurch erschwert werden, dass die Rücknahme der mangelhaften Ware von einer vorherigen Genehmigung des Prinzipals abhängig gemacht wird.[8]

VIII. Abwicklung von Herstellergarantien

V 358 Eine Klausel, die den Vertragshändler verpflichtet, eine vom Prinzipal dem Kunden gegenüber übernommene Herstellergarantie gegen Kostenersatz abzuwickeln, ist nicht zu beanstanden.[9] Wirksam ist auch der Vorbehalt einer Änderungsbefugnis für die dem Kunden gegenüber übernommene Garantie je nach Beurteilung der

---

[1] *Ulmer* Anh. § 310 Rz 963.

[2] *Ulmer* Anh. § 310 Rz 963.

[3] S. § 309 Nr. 8 b aa Rz 70 ff., § 309 Nr. 8 b bb Rz 51 ff.; § 309 Nr. 8 b cc Rz 30 ff.; § 309 Nr. 8 dd Rz 31, § 309 Nr. 8 b ee Rz 70 ff., § 309 Nr. 8 b ff. Rz 50 ff.

[4] BGH NJW 1994, 1060, 1066 (zu § 9 AGBG).

[5] Zur Unzulässigkeit eines in diesem Sinne vollständigen Ausschlusses aller Gewährleistungsrechte im unternehmerischen Verkehr siehe § 309 Nr. 8 b aa Rz 74.

[6] BGH NJW 1994, 1060, 1066 (zu § 9 AGBG).

[7] BGHZ 93, 29 = NJW 1985, 623, 627 (zu § 9 AGBG).

[8] BGH NJW 1994, 1060, 1067 f. (zu § 9 AGBG).

[9] BGH NJW 1985, 623, 627 (zu § 9 AGBG) = BGHZ 93, 29.

Wettbewerbs- und Wirtschaftslage, weil und soweit der Vertragshändler für daraus entstehende Belastungen vom Prinzipal entlastet wird.[1] Soweit durch eine Änderung dem Händler Garantiearbeiten entgehen, ist dagegen nichts einzuwenden, da dem Händler kein Anspruch auf einen bestimmten Umfang von Garantiearbeiten zusteht.[2]

IX. Rechte zur Vertragsänderung

Klauseln, die dem Prinzipal eine Abänderung des Vertragshändlervertrages erlauben, sind an § 307 zu messen. Dabei sind umso strengere Anforderungen zu stellen, je stärker die Klausel dem Prinzipal einen Eingriff in den Besitzstand des Vertragshändlers erlaubt. Zu Klauseln, die eine Änderung von Preisen und Rabatten erlauben, siehe bereits Rz V 343 ff. Zu Klauseln, die eine Änderung der Vergütung für Garantiearbeiten ermöglichen, siehe Rz V 353. Zu Klauseln, die die Einsetzung weiterer Vertragshändler erlauben, siehe Rz V 330 ff. Allgemein sind besonders hohe Anforderungen an Änderungsrechte dann zu stellen, wenn in die vertragliche Rechtsposition von Händlern mit Alleinvertriebsrecht eingegriffen werden soll. Insofern betont der BGH zu Recht, dass „vorformulierte Vertragsbestimmungen mit einseitigen Eingriffsbefugnissen des Lieferanten in die vertragliche Rechtsposition von Händlern mit Alleinvertriebsrecht nur dann wirksam sind, wenn sie schwerwiegende Gründe für die Änderung nennen und die Interessen der Händler erkennbar in angemessener Form berücksichtigen, insbesondere ihnen einen angemessenen Ausgleich einräumen".[3] Im Falle eines Vertragshändlers mit Alleinvertretungsrechts ist daher z. B. eine Klausel unangemessen, der zufolge der Prinzipal „berechtigt [ist], ihre [...] Lieferungs- und Zahlungsbedingungen, auf deren Grundlage der Kauf von Vertragserzeugnissen im Rahmen dieses Vertragshändlervertrags erfolgt, mit einer Frist von zwölf Monaten zum Ende eines jeden Kalendermonats durch schriftliche Erklärung unter Mitteilung des neuen Wortlauts abzuändern."[4] **V 359**

X. Vertragsbeendigung

Wegen der oft hohen Investitionen in seinen Betrieb und weil es sich um die Grundlage für seinen Erwerb handelt, hat der Vertragshändler ein erhebliches Interesse daran, dass der Prinzipal den Vertrag nicht jederzeit nach seinem Belieben beenden kann. Andererseits hat der Prinzipal oder sonstige Prinzipal ein schutzwürdiges Interesse daran, ungeeignete oder nicht mehr lohnende Vertragshändlerbetriebe aufgeben zu können. **V 360**

1. Befristete Verträge

a) Allgemeines. Im Falle der Befristung des Vertragshändlervertrages muss eine im Verhältnis zum Investitionsaufwand angemessene Laufzeit vorgesehen sein. Eine fünfjährige Laufzeit ist im Allgemeinen nicht zu beanstanden, während eine einjährige Laufzeit nur bei geringen Investitionen hingenommen werden kann. Eine Laufzeit von weniger als einem Jahr ist bei befristeten Verträgen in aller Regel un- **V 361**

---

[1] BGH NJW 1985, 623, 627 (zu § 9 AGBG).
[2] BGH NJW 1985, 623, 627 (zu § 9 AGBG).
[3] BGH NJW 2000, 515, 516 (zu § 9 AGBG).
[4] BGH NJW 2000, 515, 516 (zu § 9 AGBG).

angemessen.[1] Häufig wird die Laufzeit befristeter Verträge allerdings individuell vereinbart, so dass eine AGB-rechtliche Inhaltskontrolle ausscheidet.

V 362 **b) Kfz-Vertragshändler.** Art. 3 (5) (a) der Verordnung 14/2002/EG[2] macht die in Art. 2 I derselben Verordnung vorgesehene Freistellung im Falle befristeter Vertragshändlerverträge davon abhängig, dass der Vertrag eine Laufzeit von mindestens fünf Jahren hat und die Vertragsparteien sich verpflichten, eine Nichtverlängerung mindestens sechs Monate im Voraus anzukündigen. Auch AGB-rechtlich wird man davon ausgehen können, dass eine Laufzeitregelung, die den Anforderungen des Art. 3 (5) (a) der Verordnung 14/2002/EG gerecht wird, im Regelfall nicht zu beanstanden ist. Eine Ausnahme wird man dann anerkennen müssen, wenn eine Laufzeit von fünf Jahren typischerweise zu kurz ist, um die Amortisation der erforderlichen Investitionen zu erlauben.[3] Schwieriger zu beantworten ist die Frage, ob sich die vorgenannte Aussage auch dahingehend umkehren lässt, dass eine den Anforderungen des Art. 3 (5) (a) nicht genügende Klausel regelmäßig als unangemessen einzustufen ist. In diesem Zusammenhang ist zu beachten, dass die Voraussetzungen des Art. 3 (5) (a) der Verordnung 14/2002/EG selbst kartellrechtlich nicht ohne weiteres als zwingende Voraussetzung für die Zulässigkeit von Vertragshändlerverträgen eingestuft werden können. Denn auch dann, wenn die in Art. 2 I der Verordnung 1400/2002/EG ausgesprochene Freistellung nicht eingreift, ist eine wettbewerbsbeschränkende Vereinbarung gemäß Art. 2 I der Verordnung 1/2003/EG[4] vom Verbot des Art. 81 I EGV freigestellt, sofern sie die Freistellungsvoraussetzungen des Art. 81 III EGV erfüllt. Gleichwohl erscheint es sachgerecht, eine Befristung in einem Kfz-Vertragshändlervertrag, die den Anforderungen des Art. 3 (5) (a) der Verordnung 14/2002/EG nicht genügt, grundsätzlich auch AGB-rechtlich als unzulässig einzustufen.[5]

2. Unbefristete Verträge

V 363 **a) Allgemeines.** Der Abschluss unbefristeter Vertragshändlerverträge ist nicht zu beanstanden. Allerdings stellt sich in diesem Falle in besonderem Maße die Frage nach der Angemessenheit der Kündigungsregelung. Nicht zu beanstanden ist in aller Regel eine Mindestkündigungsfrist von zwei Jahren.[6]

V 364 **b) Kfz-Vertragshändler.** Eine Kündigungsklausel, die für die ordentliche Kündigung eines Kraftfahrzeughändlervertrages eine der dafür maßgeblichen Gruppenfreistellungsverordnung entsprechende Frist vorsieht, ist nach der Rechtsprechung auch nach § 307 nicht zu beanstanden.[7] Die in der Verordnung 1400/2002/EG[8] vorgesehene Mindestkündigungsfrist beläuft sich im Falle unbefristeter Verträge gemäß Art. 5 (b) der Verordnung auf zwei Jahre, verkürzt sich aber auf ein Jahr, wenn der Lieferant aufgrund gesetzlicher Bestimmungen oder aufgrund

---

[1] In diesem Sinne auch *Hopt,* HGB, Überblick v. § 373 Rz 40.

[2] Verordnung (EG) Nr. 1400/2002 der Kommission vom 31. Juli 2002 über die Anwendung von Artikel 81 Absatz 3 des Vertrags auf Gruppen von vertikalen Vereinbarungen und aufeinander abgestimmten Verhaltensweisen im Kraftfahrzeugsektor, ABl. Nr. L 203 v. 1. 8. 2002 S. 30–41.

[3] So schon *Ulmer* Anh. § 310 Rz 967.

[4] ABl. (EG) Nr. L 1 v. 4. 1. 2003, S. 1–25.

[5] So wohl auch *Ulmer* Anh. § 310 Rz 967.

[6] Vgl. auch *Ulmer* Anh. § 310 Rz 967: Mindestvertragsdauer von weniger als 2 Jahren in der Regel zu kurz.

[7] BGH GRUR 2005, 62 unter II.11.b (zu § 9 AGBG).

[8] Verordnung (EG) Nr. 1400/2002 der Kommission vom 31. Juli 2002 über die Anwendung von Artikel 81 Absatz 3 des Vertrags auf Gruppen von vertikalen Vereinbarungen und aufeinander abgestimmten Verhaltensweisen im Kraftfahrzeugsektor, ABl. Nr. L 203 v. 1. 8. 2002 S. 30–41.

besonderer Absprache bei Beendigung der Vereinbarung eine angemessene Entschädigung zu zahlen hat oder sich für den Lieferanten die Notwendigkeit ergibt, das Vertriebsnetz insgesamt oder zu einem wesentlichen Teil umzustrukturieren. Die frühere Rechtsprechung des BGH, der zufolge eine einjährige Mindestkündigungsfrist bei Kfz-Vertragshändlerverträgen generell nicht zu beanstanden sein sollte,[1] ist damit überholt.[2] Zu beachten ist auch, dass der gegebenenfalls analog § 89 b I HGB zu zahlende Ausgleichsanspruch keinen Entschädigungsanspruch im Sinne des Art. 5 (b) der Verordnung 1400/2002/EG darstellt, denn der Ausgleichsanspruch analog § 89 b I HGB ist nicht auf den Ersatz von Investitionen gerichtet.[3]

3. Außerordentliche Kündigung

a) Kündigung durch Händler. Beim Vertragshändlervertrag handelt es sich um ein Dauerschuldverhältnis. Folglich steht dem Vertragshändler (ebenso wie dem Prinzipal) gemäß § 314 I 1 ein Recht zur fristlosen Kündigung aus wichtigem Grund zu. Das Recht zur Kündigung aus wichtigem Grund kann selbst in Individualvereinbarungen nicht vollkommen ausgeschlossen werden.[4] In AGB ist nicht nur ein gänzlicher, sondern auch ein teilweiser Ausschluss des Rechts zur Kündigung aus wesentlichem Grund nach § 307 unwirksam, und Gleiches gilt für Klauseln, die die Ausübung des Rechts zur außerordentlichen Kündigung mehr als nur unwesentlich erschweren.[5] **V 365**

b) Kündigung durch Prinzipal. Auch der Prinzipal hat nach § 314 I 1 ein Recht zur fristlosen Kündigung aus wichtigem Grund. Ein Verschulden des anderen Teils ist dabei nicht in jedem Falle erforderlich.[6] **V 366**

aa) Allgemeines. Klauseln, die die Regelung des § 314 I 1 lediglich wiederholen, sind schon nach § 307 III 1 nicht zu beanstanden. Anders liegen die Dinge jedoch mit Blick auf Vertragsbestimmungen, die das Recht zur außerordentlichen Kündigung ausdehnen. Zwar „können individualvertraglich Gründe für eine außerordentliche Kündigung festgelegt werden, die eine Kündigung unabhängig davon ermöglichen, ob dem Kündigenden die Fortsetzung des Vertragsverhältnisses unzumutbar ist".[7] Soll das Recht zur außerordentlichen Kündigung jedoch in AGB ausgeweitet werden, so sind die entsprechenden Klauseln an § 307 zu messen. Dabei sind der Zulässigkeit entsprechender Klauseln im Falle des Vertragshändlervertrages wegen der typischerweise erheblichen Investitionen des Vertragshändlers „enge Grenzen gezogen".[8] Namentlich müssen die in den AGB vorgesehenen Kündigungsgründe „auch objektiv so erheblich sein, dass sie eine fristlose Kündigung als angemessen erscheinen lassen".[9] Demgegenüber sind entsprechende Klauseln **V 367**

---

[1] So noch BGH NJW-RR 1995, 1260, 1261 (zu § 9 AGBG). Allerdings rechtfertigte der BGH seine Entscheidung unter anderem unter Hinweis darauf, dass der damals noch geltende Art. 5 II Nr. 2 der Verordnung 123/85/EWG aus Sicht des Gemeinschaftskartellrechts eine Mindestfrist von einem Jahr für ausreichend erklärte. S. BGH, a.a.O.

[2] Bereits BGH NJW 2000, 515, 516 (zu § 9 AGBG), lässt ausdrücklich offen, ob an der generellen Zulässigkeit einer einjährigen Mindestkündigungsfrist auch nach Inkrafttreten der Verordnung 1475/95/EG, der Vorgängerregelung der heuten Verordnung 1400/2002/EG, festzuhalten ist.

[3] Dazu, dass der Ausgleichsanspruch nicht auf den Ausgleich von Investitionen gerichtet ist, siehe *Ulmer* Anh. § 310 Rz 966.

[4] S. im Einzelnen § 309 Nr. 9 Rz 152.

[5] S. im Einzelnen § 309 Nr. 9 Rz 153–159.

[6] BGH GRUR 2005, 62, 68.

[7] BGH GRUR 2005, 62, 68.

[8] BGH GRUR 2005, 62, 68.

[9] BGH GRUR 2005, 62, 68.

nach § 307 I, II Nr. 1 unwirksam, wenn sie die Kündigung in einem Falle erlauben, in welchem die Fortsetzung des Vertragsverhältnisses bis zum Zeitpunkt der durch ordentliche Kündigung bewirkbaren Vertragsbeendigung „nicht typischerweise unzumutbar" ist.[1]

V 368 **bb) Beispiele.** Ein Recht zur außerordentlichen Kündigung, das infolge seiner Ausgestaltung die Beendigung frühestens zu einem Zeitpunkt erlaubt, der zwei Jahre nach dem Abschluss des Vertrages liegt, ist nicht schon deshalb unangemessen, weil es sich auch auf neu abgeschlossene Vertragshändlerverträge bezieht.[2] Nach § 307 I, II Nr. 1 unangemessen ist aber eine Klausel, die dem Prinzipal bei der Verfehlung von Absatzzielen durch den Händler „die außerordentliche Kündigung des Händlervertrages auch für den Fall ermöglicht, dass ein Händler sich nach besten Kräften bemüht hat, das festgesetzte Absatzziel zu erreichen, dieses aber gleichwohl aus von ihm nicht zu vertretenden Gründen verfehlt hat."[3] Auch eine Klausel, die die vom Händler zu vertretende einmalige Verfehlung der Absatzziele als wichtigen Grund für die außerordentliche Kündigung einstuft, wird man als unangemessen einstufen müssen. Zu beachten ist aber, dass ein wichtiger Grund schon nach dispositivem Recht regelmäßig zu bejahen ist, wenn der Händler „trotz Abmahnung seiner Pflicht nicht nachkommt, sich um die Erreichung des Absatzziels zu bemühen".[4]

4. Teilkündigung

V 369 **a) Allgemeines.** Besonders hohe Anforderungen sind an die Angemessenheit von Klauseln zu stellen, die dem Prinzipal das Recht zu einer Teilkündigung des Vertragshändlervertrags geben.[5] Denn ein solches Recht kommt „im Ergebnis einem einseitigen Leistungsänderungsrecht [gleich]".[6] Dementsprechend können entsprechende Klauseln nur dann als mit § 307 vereinbar eingestuft werden, wenn sie den Vorgaben genügen, die für einseitige Leistungsänderungsrechte gelten.[7] Mit Blick auf die insofern zu stellenden Anforderungen siehe schon Rz V 359.

V 370 **b) Eingriff in Alleinvertretungsrecht.** Insbesondere solche Klauseln, die es dem Verwender erlauben, in ein dem Vertragshändler zugestandenes Alleinvertretungsrecht einzugreifen, sind nur unter engen Voraussetzungen zulässig. So hat der BGH zu Recht ausgeführt, dass „Vertragsbestimmungen mit einseitigen Eingriffsbefugnissen des Lieferanten in die vertragliche Rechtsposition von Händlern mit Alleinvertriebsrecht nur dann wirksam sind, wenn sie schwerwiegende Gründe für die Änderung nennen und die Interessen der Händler erkennbar in angemessener Form berücksichtigen, insbesondere ihnen einen angemessenen Ausgleich einräumen".[8] Sind die letztgenannten Voraussetzungen nicht erfüllt, so entfällt die Unangemessenheit der Klausel auch nicht deshalb, weil sie dem Händler die Wahl einräumt, ob er den Vertrag zu den geänderten Bedingungen fortsetzen oder beenden möchte.[9] Auch ist die Unangemessenheit eines Teilkündigungsrechts nicht ohne weiteres deshalb zu verneinen, weil die für die Teilkündigung vorgesehene Mindestkündigungsfrist lang genug ist, um den Anforderungen an die für die ordentliche Kündigung er-

---

[1] BGH GRUR 2005, 62, 68.
[2] BGH GRUR 2005, 62, 68.
[3] BGH GRUR 2005, 62, 68.
[4] BGH GRUR 2005, 62, 68.
[5] Vgl. *Ulmer* Anh. § 310 Rz 951: Teilkündigungsklauseln grundsätzlich unangemessen.
[6] Zutreffend BGH GRUR 2005, 62, 67.
[7] BGH GRUR 2005, 62, 67.
[8] BGH NJW 2000, 515, 516 (zu § 9 AGBG).
[9] BGH NJW 2000, 515, 517 (zu § 9 AGBG).

forderliche Kündigungsfrist zu genügen.[1] Zwar wäre ein Teilkündigungsrecht nach richtiger Auffassung ohne weiteres zulässig, wenn es für den Vertragshändler keine Nachteile bringen kann, die nicht auch mit einer zulässigerweise eingeräumten ordentlichen Kündigung verbunden wären. Insofern ist jeweils die Frage zu stellen, ob die Ausübung des ordentlichen Kündigungsrechts, verbunden mit einem Angebot auf Abschluss eines neuen Vertrages, den Vertragshändler besser stellen würde als die Ausübung des Teilkündigungsrechts. Dabei ist jedoch zu beachten, dass dem Vertragshändler im Falle der ordentlichen Kündigung ein Ausgleichsanspruch analog § 89 b HGB zustehen kann (s. Rz V 371). Sieht die Klausel dementsprechend das Recht zur Teilkündigung vor, ohne einen entsprechenden Ausgleichanspruch zu erwähnen, so erhält sie eine erhebliche Schlechterstellung des Vertragshändlers gegenüber dem Fall der mit einem Angebot zum Abschluss eines Neuvertrages verbundenen ordentlichen Kündigung[2] und benachteiligt den Vertragshändler aus diesem Grunde unangemessen.[3] Denn im Falle einer vom Vertragshändler ausgesprochenen Anschlusskündigung könnte der Vertragshändler durch § 89 b III Nr. 1 HGB von der Geltendmachung eines Ausgleichsanspruchs abgehalten werden, und im Falle eines Festhaltens am Vertrag wäre aufgrund der Rechtslage zumindest unklar, ob ein Anspruch auf eine Ausgleichzahlung besteht.[4]

5. Ausgleichsanspruch

a) Gesetzliche Ausgangslage. Nach Beendigung des Vertragsverhältnisses steht dem Vertragshändler in analoger Anwendung von § 89 b HGB ein Ausgleichsanspruch zu, „wenn der Vertragshändler wie ein Handelsvertreter in die Absatzorganisation des Herstellers eingegliedert und vertraglich verpflichtet ist, dem Hersteller nach Vertragsende seinen **Kundenstamm** zu überlassen, so dass sich der Hersteller dessen Vorteile sofort und ohne weiteres nutzbar machen kann."[5] Die bloße Kontinuität des Kundenstamms genügt also nicht.[6] Vielmehr setzt der Ausgleichsanspruch voraus, dass der Vertragshändler „verpflichtet ist, dem Hersteller oder Lieferanten seinen Kundenstamm zu übertragen, d.h. seine Kundendaten zu übermitteln, so dass dieser sich bei Vertragsende die Vorteile des Kundenstamms sofort und ohne weiteres nutzbar machen kann."[7] Ausreichend für die Annahme einer solchen den Ausgleichsanspruch auslösenden Verpflichtung ist es, dass der Vertrag das Recht des Herstellers vorsieht, die relevanten Kundendaten „bei Erzeugnisprüfungs- und -änderungskampagnen" zu benutzen.[8] Denn auch solche Produktpflegemaßnahmen dienen dem Absatz der Produkte des Herstellers und stellen daher eine Nutzbarmachung der Daten dar. [9] Gleiches gilt, wenn der Hersteller die Daten V 371

[1] BGH NJW 2000, 515, 517 (zu § 9 AGBG).

[2] BGH NJW 2000, 515, 517 (zu § 9 AGBG).

[3] Ebenso BGH NJW 2000, 515, 517 f. (zu § 9 AGBG), der betont, dass die Teilkündigungsklausel die Geltendmachung von Ausgleichsansprüchen in einem solchen Fall zumindest erheblich erschwert.

[4] BGH NJW 2000, 515, 517 f. (zu § 9 AGBG),

[5] So wörtlich BGH NJW 2000, 515, 517. In diesem Sinne z. B. auch BGH NJW 1996, 2159, 2160; BGHZ 68, 340; 93, 29 = BGH NJW 1985, 623, 630; a. A., nämlich gegen einen Ausgleichsanspruch, *Bechtold* NJW 1983, 1393, 1399; *Ulmer*, Der Vertragshändler, S. 449 f. Vgl. auch *Stumpf/Ströbl*, Der Ausgleichsanspruch eines Kfz-Vertragshändlers, MDR 2004, 1209, 1209 ff. *Strumpf* und *Ströbl* argumentieren, dass die durch die Verordnung 2400/2002/EG gebrachten Neuerungen in den Bereichen Mehrmarkenvertrieb und Gebietsschutz dazu führen, dass die für einen Ausgleichsanspruch erforderliche Eingliederung in die Absatzorganisation des Herstellers nicht mehr gegeben ist. Dem kann allerdings nicht zugestimmt werden.

[6] BGH NJW 1996, 2159, 2160.

[7] BGH NJW 1996, 2159, 2160.

[8] BGH NJW 2000, 515, 517.

[9] BGH NJW 2000, 515, 517.

zum Marketing oder zur Kundenpflege verwenden können soll.[1] Eine gänzlich oder doch im Wesentlichen lückenlose Übermittlung der Kundendaten ist für das Entstehen des Ausgleichsanspruchs nicht erforderlich.[2] Vielmehr soll es nach Auffassung des BGH ausreichen, aber auch erforderlich sein, dass der Vertrag „eine möglichst vollständige Übermittlung der Kundendaten zum Ziel hat und dass die gewählte Methode zur Erreichung dieses Ziels nicht ungeeignet ist".[3] Richtigerweise wird man eine Pflicht zur teilweisen Übermittlung der relevanten Daten entgegen dem BGH sogar unabhängig von dem Streben nach Vollständigkeit genügen lassen müssen, denn die Menge der Daten kann noch bei der Bemessung der Höhe des Ausgleichsanspruchs in angemessener Form berücksichtigt werden. Die **Höhe des Ausgleichsanspruchs** berechnet sich aus der Handelsspanne abzüglich handelsvertreteruntypischer Abzüge und Kosten wie Preisnachlässen für Kunden, Kosten für Ausstellungsräume, Vorführwagen, Werbung, Verkaufspersonal und Ähnlichem.[4] Ist formularmäßig ein Grundrabatt vorgesehen, so trägt der Prinzipal die Darlegungs- und Beweislast dafür, dass darin händlertypische und damit handelsvertreteruntypische, beim Ausgleichsanspruch nicht berücksichtigungsfähige Vergütungsanteile enthalten sind.[5] Auch § 89 b III HGB gilt entsprechend.[6]

V 372 **b) Ausschluss oder Beschränkung.** Der Ausgleichsanspruch kann analog § 89 b IV 1 HGB nicht im Voraus ausgeschlossen werden. Dies gilt unabhängig davon, ob der Vertragshändler im Einzelfall schutzbedürftig ist oder nicht.[7] Das Verbot des § 89 b IV 1 HGB gilt auch für Abreden in Vertragshändlerverträgen, die den Ausgleichsanspruch nicht ausschließen, aber einschränken.[8] Verstößt eine AGB-Bestimmung gegen § 89 b IV 1 HGB, so ist sie zugleich nach § 307 I, II Nr. 2 unwirksam.

6. Rücknahmepflichten des Prinzipals

V 373 **a) Gesetzliche Ausgangslage.** Ist der Vertragshändler verpflichtet, ein Warendepot oder ein Depot von Ersatzteilen zu halten, kann der Prinzipal bei Vertragsbeendigung kraft seiner nachvertraglichen Treuepflicht[9] oder, wenn er die Vertragsbeendigung (mit-)verschuldet hat, als Schadensersatzleistung[10] zur Rücknahme verpflichtet sein.

V 374 **aa) Ohne Verschulden des Verwenders.** Auch ohne ein Verschulden des Prinzipals besteht eine solche Rücknahmepflicht kraft nachvertraglicher **Treuepflicht** im Allgemeinen dann, wenn der Vertragshändler die Vertragsbeendigung nicht selbst verschuldet hat.[11] Der Ausspruch einer ordentlichen Kündigung stellt dabei für sich genommen kein Verschulden dar.[12] Der Rücknahmeanspruch besteht selbst

---

[1] BGH NJW 2000, 515, 517.

[2] BGH NJW-RR 1994, 99, 101.

[3] BGH NJW-RR 1994, 99, 101.

[4] Zutreffend *Ulmer* Anh. § 310 Rz 986. S. im Einzelnen BGH NJW 1996, 2302, 2303 (Kfz-Vertragshändlervertrag).

[5] BGH NJW 1996, 2298, 2300.

[6] BGH NJW-RR 1993, 996, 997 (Kfz-Vertragshändler); *Ulmer* Anh. § 310 Rz 986.

[7] BGH NJW 1985, 3076, 3077 (Vertragshändler); a. A. *Stumpf/Zimmermann* BB 1978, 431, 432; *Stumpf/Hesse* BB 1987, 1474, 1478 f.

[8] BGH NJW-RR 1986, 661, 662 (Kfz-Vertragshändler).

[9] BGH NJW-RR 2005, 1496, 1503; BGH NJW 1995, 524, 525.

[10] BGH NJW 1995, 524, 525.

[11] BGH NJW 1994, 1060, 1066; OLG Saarbrücken NJOZ 2006, 138, 139, 143; *Ulmer* Anh. § 310 Rz 969.

[12] OLG Saarbrücken NJOZ 2006, 138, 144.

dann, wenn der Prinzipal eine so genannte Strukturkündigung im Sinne des Art. 5 (b) der Verordnung 1400/2002/EG ausspricht und der Händler ein zumutbares Angebot zum Abschluss eines neuen Händlervertrages ablehnt.[1] Allerdings bezieht sich die verschuldensunabhängige Rücknahmepflicht des Prinzipals nur auf solche Warenbestände, deren Abnahme und Lagerung durch den Eigenhändler im Interesse ordnungsmäßiger Vertragserfüllung geboten war.[2] Denn der Händler „soll nur die Folgen seiner vertraglichen Verpflichtung gegenüber dem Hersteller, nicht auch das Risiko darüber hinausgehender eigener unternehmerischer Entscheidungen auf diesen abwälzen können."[3] Da bei einer unberechtigten Vertragsbeendigung durch den Händler auch nach dispositivem Recht keine Rücknahmepflicht besteht, begegnet eine Klausel, die die Rücknahmepflicht für diesen Fall ausschließt, schon nach § 307 III 1 keinen Bedenken.[4]

bb) Bei Verschulden des Verwenders. Komplizierter liegen die Dinge, wenn die Vertragsbeendigung auf ein Verschulden des Verwenders zurückzuführen ist. In diesem Falle hat der Verwender den Verwendungsgegner nach dispositivem Recht so zu stellen, wie er ohne die Vertragsbeendigung stünde (§ 249 I). Der Vertragshändler könnte also verlangen, so gestellt zu werden, „als hätte der Vertrag weiter bestanden und er die angeschafften Ersatz- und Austauschteile weiterveräußern können".[5] Auf die Frage, ob der Vertragshändler zur Abnahme und Lagerung der Teile verpflichtet war, kann es für das Bestehen der verschuldensabhängigen Rücknahmepflicht demnach grundsätzlich nicht ankommen.[6] **V 375**

b) AGB. Einschränkungen der Rücknahmepflicht des Prinzipals sind an § 307 zu messen. Soll die Rücknahmeklausel für jeden Fall der Vertragsbeendigung gelten, so muss sie so gestaltet sein, dass sie auch bei einer vom Prinzipal zu vertretenden Vertragsbeendigung und einer damit verbundenen Schadensersatzpflicht des Prinzipals nicht unangemessen ist.[7] **V 376**

aa) Bei Verschulden des Verwenders. Schließt eine Klausel zumindest auch den verschuldensabhängigen Rücknahmeanspruch des Vertragshändlers aus, so wird man die Angemessenheit der Klausel richtigerweise davon abhängig machen müssen, dass die für Haftungsausschlüsse und -begrenzungen geltenden Anforderungen erfüllt sind.[8] Der Ausschluss der Rücknahmepflicht ist also insbesondere dann ohne weiteres unwirksam, wenn die Klausel auch für den Fall Geltung beansprucht, dass der Verwender die Vertragsbeendigung in vorsätzlicher oder grob fahrlässiger Weise zu vertreten hat. Der **Bundesgerichtshof** hat dies allerdings so nicht ausgesprochen, sondern bei der Beurteilung der Angemessenheit auf das Vorliegen einer unangemessenen Verkürzung des Rücknahmeanspruchs des Vertragshändlers abgestellt.[9] Auch nach Auffassung des BGH ist aber eine nicht nach der Frage eines etwaigen Verschuldens des Verwenders differenzierende Klausel unwirksam, der zufolge eine Rücknahmepflicht nur dann besteht, wenn die zurückzunehmenden Teile „für Fahrzeuge bestimmt sind, die noch zum Verkaufsprogramm gehören oder in den letzten 2 Jahren zum Verkaufsprogramm gehört **V 377**

[1] OLG Saarbrücken NJOZ 2006, 138, 143 f.
[2] BGH NJW-RR 2005, 1496, 1503.
[3] BGH NJW-RR 2005, 1496, 1503.
[4] Für Wirksamkeit auch OLG München BB 1998, 1332; *Ulmer* Anh. § 310 Rz 970.
[5] BGH NJW 1994, 1060, 1066 (zu § 9 AGBG).
[6] Unrichtig daher BGH NJW-RR 2005, 1496, 1503, denn die dort zur Entscheidung stehende Klausel beschränkte den Rücknahmeanspruch auch in solchen Fällen, in denen die Vertragsbeendigung vom Hersteller zu vertreten war.
[7] BGH NJW 1994, 1060, 1066 (zu § 9 AGBG).
[8] S. dazu ausführlich § 309 Nr. 7 Rz 135 ff.
[9] BGH NJW 1994, 1060, 1066 (zu § 9 AGBG).

haben".[1] Nicht zu beanstanden soll dagegen nach Auffassung des BGH eine Klausel sein, der zufolge die Rücknahmepflicht nur insoweit besteht, als die betroffenen Teile noch originalverpackt sind.[2] Die letztere Annahme überzeugt jedoch nicht einmal dann, wenn der Geltungsbereich der Klausel auf diejenigen Fälle beschränkt ist, in denen der Hersteller die Vertragsbeendigung nicht zu vertreten hat. Denn für den Prinzipal sind die Kosten einer Neuverpackung im Allgemeinen gering.

V 378 **bb) Ohne Verschulden des Verwenders.** Selbst wenn die Rücknahmeklausel nur für eine vom Verwender nicht zu vertretende Vertragsbeendigung Geltung beansprucht, sind an ihre Zulässigkeit strenge Voraussetzungen zu stellen. Denn bei der Rücknahmeverpflichtung kraft nachvertraglicher Treuepflicht handelt es sich um einen wesentlichen Grundgedanken der gesetzlichen Regelung. Stets unwirksam ist z. B. eine Klausel der zufolge eine Rücknahmepflicht nur besteht, wenn die Teile sich „in einem (wieder-)verkaufsfähigen Zustand" befinden.[3] Unwirksam ist auch eine Klausel, welche die zurückzunehmende Menge auf 25 % des Jahreseinkaufs begrenzt.[4] Gleiches gilt für eine Klausel, der zufolge die Rücknahmepflicht nur dann besteht, wenn der Händler zur Kündigung des Vertrages aus wichtigem Grund berechtigt ist.[5] Unwirksam ist auch eine Klausel, die den Rücknahmeanspruch entfallen lässt, wenn er nicht 3 Monate nach Vertragsende unter vollständiger Auflistung aller Teile geltend gemacht wird.[6] Ebenfalls unangemessen ist eine Klausel, der zufolge die „Rücksendungen von Original-Ersatzteilen oder Zubehör [...] grundsätzlich vorher durch [den Prinzipal] schriftlich genehmigt werden [muss]".[7] Nach § 307 unwirksam ist ferner eine Klausel, die den Rücknahmeanspruch für den Fall ausschließt, dass der Prinzipal eine so genannte Strukturkündigung im Sinne des Art. 5 (b) der Verordnung 1400/2002/EG ausspricht und der Händler ein zumutbares Angebot zum Abschluss eines neuen Händlervertrages ablehnt.[8]

V 379 **cc) Wertminderungspauschalen.** Auf die Rücknahmepflicht sind die Vorschriften über den Rücktritt anzuwenden.[9] Demnach steht dem Prinzipal nach § 346 II Nr. 3 grundsätzlich ein Anspruch auf Ersatz einer Wertminderung zu. Aber auch wenn ein Anspruch auf Ersatz einer Wertminderung dem Grunde nach besteht, ist eine Wertminderungspauschale nur unter engen Voraussetzungen zulässig. Namentlich gilt es zu beachten, dass § 309 Nr. 5 a Indizwirkung für den unternehmerischen Verkehr zukommt.[10] Eine generelle Wertminderungspauschale von 10% dürfte überhöht und daher unangemessen sein.[11] Ferner ist auch im unternehmerischen Verkehr der Ausschluss des in § 309 Nr. 5 b genannten Gegenbeweises nach richtiger Auffassung des BGH unangemessen und daher unwirksam.[12] Allerdings

---

[1] BGH NJW 1994, 1060, 1066 (zu § 9 AGBG).

[2] BGH NJW 1994, 1060, 1066 f (zu § 9 AGBG). Dem BGH zustimmend z. B. *Ulmer* Anh. § 310 Rz 970.

[3] BGH NJW 1994, 1060, 1066 (zu § 9 AGBG).

[4] a. A. OLG Köln BB 1987, 148, 149 (zu § 9 AGBG).

[5] BGH NJW 1995, 524, 525 (zu § 9 AGBG).

[6] BGH NJW 1995, 524, 526 (zu § 9 AGBG).

[7] Ebenso, allerdings bezogen auf den Fall einer nicht nach der Frage des Verschuldens differenzierenden Klausel, BGH NJW 1994, 1060, 1067 (zu § 9 AGBG).

[8] OLG Saarbrücken NJOZ 2006, 138, 144.

[9] So, zumindest für den Fall einer für den Fall der Vertragsbeendigung vereinbarten Rücknahmepflicht, auch BGH NJW 1994, 1060, 1067.

[10] S. § 309 Nr. 5 Rz 141–143.

[11] A.A. wohl BGH NJW 1995, 524, 526 (zu § 9 AGBG), der eine Wertminderungs- und Bearbeitungsgebühr von circa 10 % wohl noch als angemessen einstufen möchte.

[12] BGH NJW 1994, 1060, 1068 (zu § 9 AGBG). Wie der BGH z. B. *Bamberger/Becker* § 309 Nr. 5 Rz 40 f.; *Löwe/von Westphalen* § 11 Nr. 5 Rz 43; *Palandt/Grüneberg* § 309 Rz 32. A.A. noch *M. Wolf* in der Voraufl. § 11 Nr. 5 Rz 40: Abschneiden des Gegenbeweises grundsätzlich wirksam.

muss die Möglichkeit des Gegenbeweises angesichts der größeren Geschäftsgewandtheit von Unternehmern nicht ausdrücklich vorbehalten werden.[1] Unwirksam ist z. B. eine Klausel in einem Kfz-Vertragshändlervertrag, der zufolge dem Prinzipal eine „Gebühr für Wertminderung und Bearbeitung für die Rücknahme in Höhe von 25 %" zusteht.[2] Die Unwirksamkeit ergibt sich in diesem Falle auch aus dem Grundsatz, dass die „Bearbeitung" der Rücknahme vom Prinzipal unentgeltlich geschuldet ist, und Klauseln, mit denen der Verwender Kosten für die Erfüllung eigener Pflichten auf den Verwendungsgegner abzuwälzen sucht, regelmäßig schon nach § 307 II Nr. 1 unwirksam sind.[3] S. aber Rz V 381.

dd) Nutzungsvergütung. Da auf die Rücknahmepflicht die Vorschriften über den Rücktritt anzuwenden sind,[4] muss auch die in § 346 I vorgesehene Nutzungsvergütung erfolgen. Mit Blick auf eine AGB-mäßige Regelung der Nutzungsvergütung ist zu beachten, dass § 308 Nr. 7 gemäß § 310 I 1 nicht unmittelbar zwischen Unternehmern gilt. Allerdings darf die dem Verwender analog § 309 Nr. 5 b[5] zu gewährende Möglichkeit des Nachweises, dass eine geringere oder keine Vergütung geschuldet ist, auch im unternehmerischen Verkehr weder ausdrücklich noch konkludent ausgeschlossen werden. Eines ausdrücklichen Vorbehalts des Gegenbeweises bedarf es im unternehmerischen Verkehr nicht.[6] Dementsprechend hat auch der BGH mit Blick auf den Vertragshändlervertrag anerkannt, dass selbst für den Fall einer vom Prinzipal zu vertretenden Vertragsbeendigung eine pauschale Nutzungsvergütung zulässig ist, sofern diese der Höhe nach angemessen ist und die Möglichkeit des Gegenbeweises analog § 309 Nr. 5 b weder ausdrücklich noch konkludent ausschließt.[7] Auch dass die Nutzungsvergütung zuzüglich Mehrwertsteuer zu zahlen ist, lässt die Klausel nicht unangemessen erscheinen.[8] **V 380**

ee) Bearbeitungsgebühr. Klauseln, die dem Verwender eine Vergütung oder einen Aufwendungsersatz für solche Leistungen oder Aufwendungen zusprechen, die er für seine eigenen Zwecke oder zur Erfüllung seiner eigenen Pflichten tätigt, sind kontrollfähig und in aller Regel gemäß § 307 II Nr. 1 unangemessen.[9] Dies wird auch im Falle der Rücknahmeverpflichtung des Prinzipals relevant, da die Rücknahme nach dem Gesetz unentgeltlich geschuldet ist. Richtigerweise wird man daher davon ausgehen müssen, dass Klauseln, die im Zusammenhang mit der Rücknahme eine Bearbeitungsgebühr vorsehen, in aller Regel unwirksam sind. Der hier vertretene Standpunkt entspricht allerdings wohl nicht der Rechtsprechung des BGH. Vielmehr scheint der BGH davon auszugehen, dass eine „Bearbeitungsgebühr" von 10% des Nettoeinkaufspreises ebenso wenig auf Bedenken stößt[10] wie eine „Wertminderungs- und Bearbeitungsgebühr" von 10 % des Nettoeinkaufspreises.[11] Unangemessen soll aber eine Wertminderungs- und Bearbeitungsgebühr von 25 % sein.[12] **V 381**

---

1 S. § 309 Nr. 5 Rz 144.
2 BGH NJW 1995, 524, 526 (zu § 9 AGBG).
3 BGH NJW 2003, 2386, 2387 (zu § 9 und zu einem Telefondienstvertrag).
4 So, zumindest für den Fall einer für den Fall der Vertragsbeendigung vereinbarten Rücknahmepflicht, auch BGH NJW 1994, 1060, 1067.
5 S. dazu § 308 Nr. 7 Rz 80.
6 S. § 309 Nr. 5 Rz 144.
7 BGH NJW 1994, 1060, 1067 (zu §§ 9, 10 Nr. 7, 11 Nr. 5 b AGBG).
8 BGH NJW 1994, 1060, 1067 (zu § 9 AGBG).
9 BGH NJW 2003, 2386, 2387 (Telefondienstvertrag).
10 BGH NJW-RR 1988, 1077, 1078, 1081 (zu § 9 AGBG).
11 BGH NJW 1995, 524, 526 (zu § 9 AGBG).
12 BGH NJW 1995, 524, 526 (zu § 9 AGBG).

7. Rücknahmerecht

V 382 Nach dem oben Gesagten kommt im Falle einer vom Händler nicht verschuldeten Vertragsbeendigung eine Rückkaufpflicht hinsichtlich der vom Händler noch vorrätig gehaltenen Waren in Betracht. Davon zu trennen ist die Frage, ob der Prinzipal sich in seinen AGB für den Fall der Vertragsbeendigung auch ein **Recht zum Rückkauf** entsprechender Waren vorbehalten kann. Dies ist grundsätzlich zu verneinen.[1] Eine Ausnahme von diesem Grundsatz kommt richtigerweise auch nicht schon deshalb in Betracht, weil mit Blick auf die relevanten Waren typischerweise sehr lange Lieferzeiten üblich sind.[2] Selbst wenn man dies anders sehen wollte, wäre ein Rückkaufrecht jedenfalls dann unwirksam, wenn sich das Rückkaufrecht auf alle „auf Lager des Händlers bei Vertragsbeendigung befindlichen und [vom Hersteller] gelieferten Neuwagen" erstreckt.[3] Denn in diesem Falle erfasst die Klausel auch die vom Händler bereits verkauften und nur noch nicht an seine Kunden übergebenen Kfz mit der Folge, dass der Kunde sich gegenüber seinen eigenen Kunden schadensersatzpflichtig zu machen droht. Durch eine Entschädigungsregelung oder durch eine Klausel, die einen höheren als den in § 497 II vorgesehenen Rückkaufpreis vorsieht, kann die unangemessene Benachteiligung in der vorgenannten Konstellation allenfalls dann abgewendet werden, wenn sichergestellt ist, dass die Entschädigung beziehungsweise die Differenz zwischen Einkauf- und Rückkaufpreis hoch genug ist, um sowohl etwaige Schadensersatzansprüche der Kunden des Vertragshändlers als auch den vom Vertragshändler voraussichtlich aus dem Verkauf der relevanten Fahrzeuge erzielten Gewinn abzudecken.

8. Sonstige Pflichten im Zuge der Vertragsbeendigung

V 383 Schon nach § 307 III 1 nicht zu beanstanden ist eine Klausel, die dem Vertragshändler für den Fall der Vertragsbeendigung den weiteren Gebrauch von Firmen- und Markennamen sowie von Firmen- und Markenzeichen des Prinzipals untersagt. Der Vertragshändler kann auch ohne Verstoß gegen § 307 zur Rückgabe aller Unterlagen des Prinzipals und zur Überlassung des Kundenstamms verpflichtet werden. Allerdings kann dem Vertragshändler in diesem Falle ein Ausgleichsanspruch analog § 89 b I HGB zustehen. Siehe im Einzelnen Rz V 371.

XI. Sonstige Klauseln

V 384–390 Vertragshändlerverträge enthalten über die hier diskutierten Bestimmungen hinaus oftmals zahlreiche Klauseln, die im Rahmen des vorliegenden Werkes an anderer Stelle diskutiert werden. Zu **Konzernverrechnungsklauseln** siehe im Einzelnen § 310 Rz K 11ff. Auch nach Auffassung des **BGH** ist eine Konzernverrechnungsklausel jedenfalls dann nicht unwirksam, wenn (a) die Klausel den Kreis der Gegenforderungen ausdrücklich nur um diejenigen Forderungen erweitert, die einer dem Konzern des Herstellers zugehörigen Bank gegen den Händler

---

[1] BGH NJW 2000, 1191, 1192 (zu § 9 AGBG). Differenzierend aber *Ulmer* Anh. § 310 Rz 972, der ein AGB-mäßiges Rückkaufrecht dann für unbedenklich hält, wenn es auf solche Waren beschränkt wird, für die der Händler bei Vertragsschluss noch keine Anschlussverkäufe getätigt hat.

[2] Offen gelassen von BGH NJW 2000, 1191, 1192 (zu § 9 AGBG) für den Fall eines Ferrari-Vertragshändlervertrages.

[3] Zurückhaltender BGH NJW 2000, 1191, 1192 (zu § 9 AGBG): Eine entsprechende Klausel sei jedenfalls dann unwirksam, wenn es an einer Regelung des Rückkaufspreises fehle und auch eine Entschädigung des Händlers nicht vorgesehen sei.

zustehen, (b) die Bank z. B. aufgrund ihres Namens als konzernangehörig erkennbar ist und (c) der Zahlungsverkehr zwischen dem Prinzipal und dem Händler über diese konzerneigene Bank abgewickelt wird.[1] Zu **Schriftformklauseln** siehe § 310 Rz S 71 ff., zu **Schiedsgerichtsklauseln** siehe § 310 Rz S 21 ff.; zu **Vertragsstrafeklauseln** siehe § 309 Nr. 6 Rz 100 ff.; zu **Vollständigkeitsklauseln** siehe Rz S 112 ff.

*

Vertragsstrafeklauseln

Zu Vertragsstrafeklauseln siehe die Darstellung zu § 309 Nr. 6 Nr. 1 ff. (Verbraucher), 100 ff. (Unternehmer).

*

Verwaltervertrag

Zu den AGB der Verwalter von Wohnungseigentumsgemeinschaften s. Rz W 91 ff.

*

Verzichtsklauseln

Der Verzicht auf entstandene oder künftige Rechte findet sich vor allem in vorgedruckten Quittungen, Abfindungserklärungen oder sonstigen Bescheinigungen. **V 391** Keinen Verzicht, sondern ein Leistungsverweigerungsrecht enthält § 16 Nr. 3 II VOB/B bei vorbehaltloser Annahme einer Schlusszahlung.[2] Wird der Verzicht formularmäßig erklärt, handelt es sich um AGB.[3] Ein Verzicht, gleichgültig ob es sich um Ansprüche, Einwendungen und Einreden, Gestaltungsrechte oder sonstige Rechtspositionen handelt, ist auch in AGB nicht ohne weiteres unwirksam. Da dadurch dem anderen Vertragsteil erhebliche Nachteile drohen können, muss er jedoch in besonderer Weise geschützt werden. Ein solcher Verzicht ist grundsätzlich nur wirksam, wenn darauf deutlich hingewiesen wird und er deutlich und klar formuliert ist. Diese gilt insbesondere auch, wenn sich der Verzicht auf Ansprüche gegen Dritte erstrecken soll.[4] Neben §§ 305 II und 305 c I, die bei fehlendem Hinweis und bei einem überraschenden Verzicht dessen Einbeziehung ausschließen, kommt vor allem im Verbandsklageverfahren nach § 1 UKlaG eine Inhaltskontrolle nach § 307 I, II in Betracht. Handelt es sich allerdings um den eher seltenen Fall einer isolierten, also mit keiner weiteren Erklärung verbundenen Verzichtserklärung, so findet eine Inhaltskontrolle nicht statt (§ 307 III).[5] Trotz klarer und eindeutiger Hinweise kann ein vorgedruckter Verzicht unwirksam sein, wenn er mit anderen Erklärungen und Geschäften untrennbar verbunden ist und dem anderen Teil eine Ablehnung deshalb nicht zugemutet werden kann, weil er sonst von anderen Rechten oder Vorteilen ausgeschlossen wäre. Ein Verzicht auf Schadensersatz- und Gewährleistungsansprüche in einer vorgedruckten Rückgabequittung ist deshalb **unwirksam,** wenn anderenfalls eine geleistete Kaution nicht ohne Schwierigkei-

---

1 BGH GRUR 2005, 62, 69.
2 S. § 308 Nr. 5 Rz 7.
3 S. auch § 305 Rz 14.
4 BGH NJW 1985, 970.
5 Hierzu Preis/Bleser/Rauf, DB 2006, 2813.

ten und nicht sofort zu erlangen wäre.[1] Zur Frage, inwieweit eine Ausgleichsquittung, durch die der Arbeitnehmer auf noch offene Ansprüche aus dem Arbeitsverhältnis verzichtet, vgl. § 310 Rz 87. Ebenfalls unwirksam ist auch der formularmäßige Verzicht in einer Abfindungsklausel, die vom Reiseleiter am Urlaubsort gegen Teilerstattung der Ansprüche benutzt wird, da dadurch der Urlauber unter Druck gesetzt werden kann und durch einseitige Entscheidungen des örtlichen Reiseleiters etwaige Ansprüche verliert. Darin liegt ein Verstoß gegen § 307 I, nicht gegen § 651 m.[2] Gegen § 307 I, II verstößt auch die Klausel in einem Bauvertrag, wonach auf alle Forderungen verzichtet wird, die nicht in der Schlussrechnung geltend gemacht werden.[3] Unwirksam gemäß § 307 II Nr. 1 ist auch eine Klausel in einem Bürgschaftsvertrag, wonach der Bürge auf die Rechte des § 776 verzichtet, da ein solcher Verzicht mit dem Grundgedanken dieser Vorschrift nicht vereinbar ist.[4] Unwirksam nach § 307 I, II ist auch der formularmäßige Verzicht auf Ansprüche gegenüber jedem Dritten. Ein solch weitgehender Verzicht ist dem Vertragspartner unzumutbar und ein berechtigtes Interesse ist für den Verwender nicht ersichtlich.[5] Zulässig ist ein Ausschluss hinsichtlich Dritter aber dann, wenn bei einer erfolgreichen Inanspruchnahme ein Ausgleichanspruch zu erwarten ist.[6] Dies gilt grundsätzlich auch für einen Anspruchsverzicht gegenüber gesamtschuldnerisch haftenden Mitschädigern, soweit der Geschädigte nicht für den ihm zustehenden Gesamtschaden angemessen entschädigt wird.[7] Im Rahmen einer angemessenen Regulierung des Gesamtschadens ist jedoch grundsätzlich ein berechtigtes Interesse an der Aufnahme eines Anspruchsverzichts gegenüber dritten, als Gesamtschuldnern haftenden Mitschädigern anzuerkennen, um den eine Abfindung leistenden Schädiger von der Gefahr etwaiger Ausgleichsansprüche, insbesondere nach § 426, freizustellen.[8] Durch den Anspruchsverzicht des Gläubigers gegenüber einem Gesamtschuldner werden grundsätzlich die Ausgleichsansprüche im Innenverhältnis nicht berührt.[9] Ein deklaratorisches Schuldanerkenntnis der eigenen Schuld an einem Verkehrsunfall kann neben einer Tatsachenbestätigung[10] auch einen Einwendungsverzicht enthalten. Ein solcher formularmäßiger Einwendungsverzicht ist unwirksam, weil der Anerkennende dadurch zu einer Obliegenheitsverletzung gemäß § 7 AVB veranlasst wird und dadurch Gefahr läuft, seinen Versicherungsschutz zu verlieren.[11] Dagegen ist ein formularmäßiger Einwendungsverzicht in sonstigen Fällen nicht zu beanstanden, da das Gesetz eine einvernehmliche Streitbeilegung trotz Klauselverwendung nicht allgemein beschränkt hat.[12] Unwirksam ist auch der formularmäßige Verzicht auf Schadensersatzansprüche aus einem Unfallschaden, wenn er mit einem unwirksamen deklaratorischen Schuldanerkenntnis verbunden ist[13] oder in ähnlicher Weise wie ein solches wirkt. **Wirksam** ist der Ausschluss von Nachforderungen gemäß § 16 Nr. 3 II VOB/B, falls die VOB/B als Ganzes vereinbart wird und der Auftragnehmer über die Schlusszahlung unterrichtet und schriftlich auf die Ausschlusswirkung hingewiesen

1 Zum Reisevertrag: LG Frankfurt NJW 1983, 233, 234.
2 LG Frankfurt NJW 1984, 1762, 1763, das auch Verstoß gegen § 651 k BGB a.F. bejaht.
3 BGH NJW 1989, 2124.
4 BGH NJW 2000, 1566, 1568; NJW 2000, 2580.
5 BGH NJW 1985, 970.
6 OLG Frankfurt VersR 2003, 204.
7 Vgl. BGH NJW 1985, 970.
8 Vgl. auch BGH NJW 1985, 970.
9 S. *Soergel/Wolf*, BGB, § 426 Rz 42.
10 Dazu § 309 Nr. 12 Rz 26.
11 AG Karlsruhe NJW 1991, 112.
12 BGH NJW 2003, 2386.
13 OLG Karlsruhe NJW 1991, 112.

wurde.[1] Dies trifft jedoch nicht zu, wenn ein Vertragsteil durch besondere Vertragsbedingungen den in der VOB verwirklichten Gesamtausgleich wesentlich stört, wie z. B. wenn § 2 VOB/B im Wesentlichen abbedungen ist[2] oder wenn eine schärfere Regelung vereinbart wird.[3] Dies gilt auch, wenn trotz wichtigen Grundes eine 4-wöchige Kündigungsfrist vorgesehen[4] oder eine Entschädigung gemäß § 642 ausgeschlossen wird,[5] oder wenn § 16 VOB/B nur zur Lückenfüllung anderer Vereinbarungen gelten soll.[6] In diesen Fällen ist § 16 VOB/B auch in seiner Neufassung von 1990[7] nach § 307 I, II unwirksam. Unwirksam ist es auch, wenn Abschlagszahlungen über einen Sicherheitseinbehalt hinaus gekürzt werden.[8]

Eine besondere Form des Verzichts sind **Skontoklauseln,** durch die der Gläubiger dem Schuldner die Möglichkeit eines Abzugs vom Forderungsbetrag innerhalb bestimmter Frist einräumt.[9] Die Klausel „Zahlbar innerhalb ... Tagen mit 3% Skonto" ist im Allgemeinen dahin auszulegen, dass es für die Wahrung der Skontofrist genügt, wenn der Schuldner innerhalb der Frist seine Leistungshandlung vornimmt, z. B. den Verrechnungsscheck rechtzeitig absendet.[10] Werden solche Skontoklauseln vom Gläubiger vorgesehen, so erübrigt sich im Allgemeinen eine Inhaltskontrolle, da es sich um eine Vergünstigung für den Schuldner handelt. Werden Skontoklauseln aber vom Schuldner in seinen AGB dem Gläubiger gestellt, so besteht ein Bedürfnis für die Überprüfung nach den Vorschriften der AGB-Kontrolle. Klauseln, die Bedingungen für Skontoabzüge nicht im Einzelnen bestimmt festlegen, insbesondere die Höhe des Skontos und die genaue Frist nicht erkennen lassen, sind unwirksam.[11] Dies gilt etwa für die Klausel „Skonto bei Zahlungen innerhalb 14 Tagen" oder „14 Tage nach Eingang der geprüften Rechnung",[12] da der Fristbeginn nicht feststellbar ist; ebenso unwirksam ist die Klausel „binnen angemessener Frist". Nach § 307 I, II unwirksam ist auch eine Klausel, wonach der Zahlungsschuldner den Beginn der für den Skontoabzug maßgebenden Zahlungsfrist auf den Zeitpunkt verlegt, in dem er die Prüfung der Schlussrechnung abgeschlossen hat.[13] Sieht die Klausel ein Skonto „auf jede Abschlags- und die Schlusszahlung" vor, so ist sie im Zweifel dahin auszulegen, dass auch nicht unerhebliche Teilzahlungen umfasst sein sollen.[14] Zur Vereinbarkeit mit § 305 b s. § 305 b Rz 23. **V 392–400**

*

---

[1] S. § 308 Nr. 5 Rz 7. Vgl. BGH NJW 1999, 944.
[2] BGH NJW-RR 1991, 534; OLG Frankfurt BauR 1986, 225.
[3] OLG München NJW-RR 1990, 1358.
[4] BGH NJW-RR 1990, 156.
[5] BGH NJW-RR 1990, 156.
[6] OLG Stuttgart NJW-RR 1988, 1364.
[7] BGHZ 138, 176 = NJW 1998, 2053.
[8] BGH NJW-RR 1991, 727.
[9] S. auch *von Westphalen,* AGB, Zahlungsklauseln Rz 3 ff.
[10] BGH NJW 1998, 1302.
[11] S. auch OLG Frankfurt NJW-RR 1988, 1485; LG Aachen NJW-RR 1986, 645 = BB 1986, 223 m. abl. Anm. *Kronenbitter.*
[12] OLG Frankfurt NJW-RR 1988, 1485.
[13] LG Berlin BauR 1986, 700.
[14] OLG Hamm NJW-RR 1995, 856.

VOB/B

Inhaltsübersicht

Schrifttum: *Armbrüster/Bickert,* Unzulängliche Mitwirkung des Auftraggebers beim Bau- und Architektenvertrag, NZBau 2006, 153; *Brück/Reichelt,* Die Entwicklung des privaten Bauvertragsrechts seit 2002: VOB/B, NJW 2005, 2273; *Derleder,* Der Bauträgervertrag nach der Schuldrechtsmodernisierung – Die Auswirkungen auf die Sachmängelgewährleistung, NZBau 2004, 237; *Franke (Hrsg.),* VOB-Kommentar Bauvergaberecht, Bauvertragsrecht, Bauprozessrecht, 2. Aufl., 2005; *Hartung,* Vereinbarung der VOB/B als Ganzes – klarer, aber noch nicht ganz klar, NJW 2004, 2139; *Jagenburg/Kesselring,* Die Entwicklung des privaten Bauvertragsrechts seit 1998: BGB- und Werkvertragsfragen – Teil 1, NJW 2000, 3243; *Leinemann,* VOB/B, Kommentar, 2. Aufl. 2004; *Jagenburg/Reichelt,* Die Entwicklung des privaten Bauvertragsrechts seit 1998: VOB/B, NJW 2000, 2629; *Jagenburg/Reichelt,* Die Entwicklung des privaten Bauvertragsrechts seit 2000: VOB/B, NJW 2003, 102; *Jagenburg/Reichelt,* Die Entwicklung des Privaten Bauvertragsrechts seit 1999: Bauprozessrecht und Verfahrensfragen, NJW 2001, 2439; *Jagenburg/Weber,* Die Entwicklung des privaten Bauvertragsrechts seit 1998: BGB- und Werkvertragsfragen – Teil 2, NJW 2001, 191; *Jagenburg/Weber,* Die Entwicklung des Baubetreuungs-, Bauträger- und Wohnungseigentumsrechts seit 1999, NJW 2001, 3453; *Kapellmann,* Der BGH und die „Konsoltraggerüste" – Bausollbestimmung durch die VOB/C oder die „konkreten Verhältnisse"?, NJW 2005, 182; *Kiesel,* Die VOB/B 2002 – Änderungen, Würdigung, AGB-Problematik, NJW 2002, 1064; *Kniffka/Koeble,* Kompendium des Baurechts, 2. Aufl., 2004; *Kratzenberg,* Der Beschluss des DVA-Hauptausschusses zur Neuherausgabe der VOB 2002 (Teile A und B), NZBau 2002, 177; *Kuffer,* Baugrundrisiko und Systemrisiko, NZBau 2006, 1; *Micklitz,* Bauverträge mit Verbrauchern und die VOB Teil B: zur Bedeutung der Richtlinie 93/13/EWG über missbräuchliche Klauseln in Verbraucherverträgen, 2005; *Minuth,* Bürgschaft – Vertragsstrafe – AGB: 5% als maximale Obergrenze in Bauverträgen, NZBau 2003, 315; *Schliemann,* Mängelansprüche im Bauvertrag: Durchsetzung und Abwehr nach VOB und BGB, 2003; *Siegburg,* Zum AGB-Charakter der VOB/B und deren Privilegierung durch das AGB-Gesetz, BauR 1993, 9; *Sorge/Vollrath,* Das Ende vom Ende des Bauträgervertrages – Bericht über die Tagung des DAI vom 24. 3. 2001 in München, DNotZ 2001, 261; *Tempel,* Ist die VOB/B noch zeitgemäß? – Eine kritische Skizze zur Neufassung 2002 – Teil 1, NZBau 2002, 465; *ders.,* Ist die VOB/B noch zeitgemäß? – Eine kritische Skizze zur Neufassung 2002 – Teil 2, NZBau 2002, 532; *ders.,* Die Einbeziehung der VOB/B und VOB/C in den Bauvertrag – Zugleich ein Beitrag zum Erfordernis der „Möglichkeit zumutbarer Kenntnisnahme" i. S. von § 305 II Nr. 2 BGB, NZBau 2003, 465; *Wahl,* Die Haftung des Auftraggebers im Bauwerkvertrag bei verzögerter, unterlassener und fehlerhafter Mitwirkung nach BGB und VOB/B, 2004; *Weber/Kesselring,* Die Entwicklung des BGB-Werkvertrags- und Bauträgerrechts in den Jahren 2001 bis 2004, NJW 2004, 3469; *Weyer,* Hält § 13 VOB/B 2002 der isolierten Inhaltskontrolle stand?, NZBau 2003, 521.?tpb=-3dd›

I. Allgemeines

?tpt=-3dd›1. Begriff und Rechtsnatur

a) Begriff. Die Vergabe- und Vertragsordnung für Bauleistungen 2002 („VOB 2002") ist ein im Bundesanzeiger veröffentlichtes,[1] von privater Seite erstelltes[2] dreiteiliges Klauselwerk. Teil A („VOB/A") trägt den Titel „Allgemeine Bestimmungen für die Vergabe von Bauleistungen" und regelt die Vergabe von Bauleistungen durch öffentliche Auftraggeber. Teil B („VOB/B") enthält „Allgemeine Bestimmungen für die Ausführung von Bauleistungen". Teil C („VOB/C") beinhaltet „Allgemeine Technische Vertragsbedingungen für Bauleistungen", so genannte „ATV". Allerdings ist die VOB 2002 zum Teil bereits veraltet. So gilt seit dem 1. 11. 2006 die **VOB/B 2006.**[3] Auch die VOB/A 2006 ist bereits verkündet,[4] doch steht die entsprechende Änderung der Vergabeordnung noch aus. Hintergrund der Änderung der VOB/A ist die Notwendigkeit der Umsetzung der Richtlinien 2004/17/EG und 2004/18/EG.[5] **V 401**

b) Rechtsnatur. Bei der VOB handelt es nicht um eine Rechtsnorm.[6] Insbesondere stellt die VOB weder ein Gesetz im formellen Sinne noch eine Rechtsverordnung dar.[7] Vielmehr wird die VOB von privater Seite geschaffen, nämlich durch den Deutschen Vergabe- und Vertragsausschuss für Bauleistungen (DVA).[8] Der DVA ist ein nicht rechtsfähiger Verein, dem unter anderem Vertreter der öffentlichen Hand, aber auch Auftraggeberverbände und Berufsverbände der Wirtschaft **V 402**

---

[1] Vergabe- und Vertragsordnung für Bauleistungen i.d.F. der Bek. v. 12. 9. 2002, BAnz. Nr. 202a v. 29. 10. 2002.

[2] S. dazu z. B. MünchKomm/*Busche* § 631 Rz 126.

[3] Vergabe- und Vertragsordnung für Bauleistungen (VOB) Teil B: Allgemeine Vertragsbedingungen für die Ausführung von Bauleistungen (VOB/B) i.d.F. der Bekanntmachung v. 4. 9. 2006, BAnz. Nr. 196a v. 18. 10. 2006.

[4] BAnz. Nr. 94a, S. 5.

[5] Richtlinie 2004/17/EG des Europäischen Parlaments und des Rates vom 31. März 2004 zur Koordinierung der Zuschlagserteilung durch Auftraggeber im Bereich der Wasser-, Energie- und Verkehrsversorgung sowie der Postdienste, ABl. Nr. L 134/1 v. 30. 4. 2004; Richtlinie 2004/18/EG des Europäischen Parlaments und des Rates vom 31. März 2004 über die Koordinierung der Verfahren zur Vergabe öffentlicher Bauaufträge, Lieferaufträge und Dienstleistungsaufträge, ABl. Nr. L 134/114 v. 30. 4. 2004.

[6] Vgl. aber BGH NJW 2000, 137, 138. Dort betont der BGH im Zusammenhang mit Schadensersatzansprüchen für Teilnehmer an einer öffentlichen Ausschreibung, dass die in der VOB/A enthaltenen Vorgaben zum Ausschreibungs- und Vergabeverfahren „nicht lediglich unverbindliche Ermessensrichtlinien, sondern seit ihrer Einbettung in das öffentliche Haushaltsrecht [...] bindendes Recht" enthalten.

[7] MünchKomm/*Busche* § 631 Rz 126.

[8] S. hierzu z. B. *Kiesel* NJW 2002, 2064, 2064.

angehören.[1] Nach § 2 S. 1 seiner Satzung[2] hat der DVA die Aufgabe, Grundsätze für die sachgerechte Vergabe und Abwicklung von Bauaufträgen zu erarbeiten und weiterzuentwickeln. Dies erfolgt gemäß § 2 S. 2 der Satzung unter anderem durch die Erarbeitung und Fortschreibung der VOB. Die VOB/B gilt mangels Rechtsnormcharakters grundsätzlich nur dann, wenn sie durch eine Parteivereinbarung zur Vertragsgrundlage gemacht wird.[3]

2. Einstufung als AGB

V 403 In Rechtsprechung und Literatur wird mitunter pauschal formuliert, dass es sich bei der VOB/B um Allgemeine Geschäftsbedingungen handele.[4] Tatsächlich ist jedoch zu differenzieren. Keine Schwierigkeiten bereitet die Feststellung, dass es sich bei der VOB/B um Vertragsbedingungen handelt.[5] Auch ist die VOB/B für eine Vielzahl von Verträgen vorformuliert.[6] Schwierigkeiten kann jedoch die Frage bereiten, ob die VOB/B, wie es der AGB-Begriff des § 305 I 1 verlangt, von einer Partei gestellt ist. Namentlich wird es in der Praxis häufig vorkommen, dass ein beiderseitiger Einbeziehungsvorschlag gegeben ist oder die VOB auf Vorschlag eines Dritten, z. B. eines Notars, in den Vertrag einbezogen wird. Zur Frage, ob in derlei Fällen ein Stellen der VOB/B gegeben und damit der AGB-Charakter zu bejahen ist, siehe § 305 Rz 31-32.

II. Einbeziehung

1. Einbeziehung der VOB/B

V 404 Mit Blick auf die Voraussetzungen der Einbeziehung der VOB/B ist zunächst danach zu differenzieren, ob § 305 II Anwendung findet oder ob der Rekurs auf diese Vorschrift gemäß § 310 I 1 ausgeschlossen ist. Handelt es sich beim Verwendungsgegner um einen Verbraucher und ist der **Anwendungsbereich des § 305 II** damit eröffnet, so kann auf die umfassende Rechtsprechung zur Einbeziehung der VOB/B gemäß § 2 I Nr. 2 AGBG zurückgegriffen werden. In diesem Falle gilt Folgendes: Ist der Verwendungsgegner im Baurecht bewandert, so reicht ein Hinweis auf die VOB/B im Vertrag für deren wirksame Einbeziehung aus.[7] Anders liegen die Dinge allerdings dann, wenn der Vertragspartner des Verwenders „weder im Baugewerbe täti[g] noch sonst im Baubereich bewander[t]“ ist.[8] In diesem Falle genügt ein im Vertrag enthaltener Hinweis auf die VOB/B nicht.[9] Auch dass es im Vertrag heißt, dem Vertragspartner werde der Text der VOB/B auf Wunsch kostenlos zur Verfü-

---

[1] MünchKomm/*Busche* § 631 Rz 127. Das Mitgliederverzeichnis des DVA findet sich auf der Website des Bundesministeriums für Verkehr, Bau und Stadtentwicklung unter http://www.bmvbw.de/dokumente/,-4158/Artikel/dokument.htm (zuletzt abgerufen am 21. 6. 2006).

[2] Satzung des DVA v. 3. 11. 2004. Die Satzung findet sich auf der Website des Bundesministeriums für Verkehr, Bau und Stadtentwicklung unter http://www.bmvbw.de/dokumente/,-4158/Artikel/dokument.htm (zuletzt abgerufen am 21. 6. .2006).

[3] MünchKomm/*Basedow* § 307 Rz 117.

[4] S. z. B. BGH NJW-RR 2000, 1331, 1332.

[5] MünchKomm/*Basedow* § 307 Rz 117.

[6] MünchKomm/*Busche* § 631 Rz 152.

[7] BGH NJW-RR 1999, 1246, 1247 (zu § 2 AGBG).

[8] BGH NJW-RR 1991, 727, 727 (zu § 2 AGBG). In diesem Sinne auch BGH NJW-RR 1999, 1246, 1247 (zu § 2 AGBG); BGH NJW 1990, 715, 715 (zu § 2 AGBG).

[9] BGH NJW-RR 1999, 1246, 1247 (zu § 2 AGBG); BGH NJW 1990, 715, 715 (zu § 2 AGBG); BGH NJW-RR 1991, 727, 727 (zu § 2 AGBG); MünchKomm/*Basedow* § 307 Rz 65.

gung gestellt, reicht dann nicht aus.[1] Vielmehr ist in diesem Falle erforderlich, dass der Verwender seinem Vertragspartner die Gelegenheit einräumt, den vollen Text der VOB/B zur Kenntnis zu nehmen.[2] Gemeint ist damit, dass die Möglichkeit der „unmittelbaren Kenntnisnahme" gegeben werden muss.[3] Denn die Möglichkeit unmittelbarer Kenntnisnahme vermag den Verwendungsgegner sehr viel wirksamer zu schützen, „als wenn er sich auf seinen Wunsch [erst] selbst darum kümmern muss, die VOB/B zu erhalten".[4] Richtigerweise ist regelmäßig zu fordern, dass dem Vertragspartner eine Kopie der VOB/B ausgehändigt wird.[5] Demgegenüber reicht die bloße Vorlage zur Durchsicht angesichts der Komplexität nicht aus.[6] Anders liegen die Dinge aber dann, wenn § 305 II nach § 310 I 1 unanwendbar ist. In diesem Falle wird man, da es sich bei der VOB/B um ein gebräuchliches, leicht zugängliches Klauselwerk handelt, den bloßen Hinweis auf die VOB/B genügen lassen müssen.[7] Erst recht muss ein solcher Hinweis dann ausreichen, wenn er mit dem Angebot verbunden wird, die VOB/B vor Vertragsschluss zu übersenden. Demgegenüber kann man von einer **stillschweigenden Einbeziehung** der VOB/B angesichts der Tatsache, dass die VOB/B oftmals nur in abgewandelter Form verwandt wird, grundsätzlich auch dann nicht ausgegangen werden, wenn beide Parteien der Baubranche angehören.[8] Anderes kann z. B. dann gelten, wenn im Rahmen einer ständigen Geschäftsbeziehung die VOB/B in der Vergangenheit wiederholt zu Grunde gelegt worden ist.[9] Ferner sei ein Hinweis zur **Einigung** hinsichtlich der Einbeziehung erlaubt: Allein der Umstand, dass die Prozessbevollmächtigten der Parteien meinen, die VOB/B sei anwendbar, führt nicht zu deren Einbeziehung in den Vertrag.[10] Denn wenn die Prozessbevollmächtigten erkennbar davon ausgehen, dass die VOB/B bereits einbezogen ist, fehlt es schon am objektiven Tatbestand einer auf die Einbeziehung gerichteten Willenserklärung.[11] Scheitert die **Einbeziehung der VOB/B,** so kann der Verwender unter Umständen gleichwohl nach Treu und Glauben (§ 242) daran gehindert sein, sich auf dieses Fehlschlagen zu berufen.[12]

2. Einbeziehung der VOB/C

Gemäß § 1 I 1 VOB/B wird die auszuführende Leistung nach Art und Umfang **V 405**
durch den Vertrag bestimmt. § 1 I 2 VOB/B ergänzt diese Regelung dahingehend, dass auch die Allgemeinen Technischen Vertragsbedingungen für Bauleistungen,

---

[1] BGH NJW-RR 1999, 1246, 1247 (zu § 2 AGBG). Kritisch dazu aber *Staudinger/Schlosser* § 305 Rz 146 unter Hinweis darauf, dass der Vertragspartner, der sich die VOB/B nicht zusenden lässt, diese ohnehin nicht angesehen hätte.

[2] BGH NJW-RR 1999, 1246, 1247 (zu § 2 AGBG).

[3] BGH NJW-RR 1999, 1246, 1247 (zu § 2 AGBG).

[4] BGH NJW-RR 1999, 1246, 1247 (zu § 2 AGBG).

[5] Vgl. auch *Staudinger/Schlosser* § 305 Rz 103, dem zufolge ein Verwender den Anforderungen des § 305 II Nr. 2 „[f]ast immer" nur dann genügt, „wenn er seinem Vertragspartner ein vollständiges [...] Exemplar des Klauselwerks aushändigt oder zusendet [...]."

[6] Wie hier *Staudinger/Schlosser* § 305 Rz 103.

[7] Vgl. auch *Palandt/Heinrichs* § 305 Rz 54, dem zufolge auch im unternehmerischen Verkehr ein Anspruch auf Überlassung oder Einsicht von AGB besteht, „[soweit] es sich nicht um [gebräuchliche], leicht [zugängliche] Klauselwerke handelt". S. allerdings auch *Staudinger/Schlosser* § 305 Rz 193, der betont, dass „[b]ei Unternehmen, die beiderseits in der Baubranche tätig sind, [...] keine Obliegenheit zur Kenntnisverschaffung [besteht]".

[8] Zutreffend *Staudinger/Schlosser* § 305 Rz 193.

[9] In diese Richtung auch *Staudinger/Schlosser* § 305 Rz 193.

[10] BGH NJW 1999, 3261, 3262; *Staudinger/Schlosser* § 305 Rz 104.

[11] Vgl. auch BGH NJW 1999, 3261, 3262: fehlendes Erklärungsbewusstsein.

[12] *Staudinger/Schlosser* § 306 Rz 20 unter Hinweis auf OLG Celle BauR 2005, 1176.

also die VOB/C, als Teil des Vertrages gelten. Bei der VOB/C handelt es sich, wenn sie von einer Partei gestellt wird, ebenso wie bei der VOB/B um AGB.[1] Mit Blick auf die Frage, ob die Regelung in § 1 I 1 VOB/B genügt, um die Einbeziehung der VOB/C zu gewährleisten, ist zu differenzieren. Gegenüber Unternehmern, juristischen Personen des öffentlichen Rechts und öffentlich-rechtlichen Sondervermögen findet § 305 II gemäß § 310 I 1 keine Anwendung. Dementsprechend reicht die Regelung des § 1 I 2 VOB/B in diesen Fällen zur Einbeziehung der VOB/C aus.[2] Anders liegen die Dinge jedoch gegenüber Verbrauchern.[3] Insofern hängt die wirksame Einbeziehung grundsätzlich davon ab, dass die Anforderungen des § 305 II erfüllt sind. Allerdings gilt dies nicht ohne Ausnahme. Bei einem Teil der in der VOB/C enthaltenen Regeln handelt es sich nämlich um allgemein anerkannte Regeln der Technik. Deren Geltung kann grundsätzlich als Verkehrssitte eingestuft werden, so dass sie auch ohne ausdrückliche Einbeziehung zum Gegenstand des Vertrages werden.[4] Anderen Regelungen der VOB/C, z. B. den Vergütungsregeln nach Nr. 4 oder den Abrechnungsvorschriften nach Nr. 5,[5] kommt ein entsprechender Status nicht zu.[6] Die wirksame Einbeziehung hängt insofern davon ab, dass die Voraussetzungen des § 305 II erfüllt sind.[7]

III. Ausmaß der Inhaltskontrolle

1. Die §§ 308 Nr. 5, 309 Nr. 8 b ff.

V 406 **a) Allgemeines.** In zwei Fällen sieht das Gesetz ausdrücklich Ausnahmeregelungen für die VOB/B vor. So findet § 308 Nr. 5 nach seinem ausdrücklichen Wortlaut keine Anwendung auf Verträge, in die „Teil B der Verdingungsordnung für Bauleistungen insgesamt einbezogen" ist, und Gleiches gilt für § 309 Nr. 8 b ff. Mit Blick auf diese beiden Ausnahmebestimmungen sei vorab erwähnt, dass zurzeit ihre **Streichung** erwogen wird.[8]

Im Übrigen gilt Folgendes: Die genannten Ausnahmeregelungen ersetzen den früher geltenden § 23 II Nr. 5 AGBG. Danach sollten die damals geltenden §§ 10 Nr. 5 und 11 Nr. 10 f AGBG keine Anwendung auf Leistungen finden, für welche die VOB „Vertragsgrundlage ist". Dieses Erfordernis in § 23 II Nr. 5 hatte die Rechtsprechung dahingehend interpretiert, dass es darauf ankomme, ob die VOB/B „als

---

[1] BGH NJW-RR 2004, 1248, 1249 (ATV); *Leinemann/Roquette,* VOB/B, § 1 Rz 20.

[2] S. z. B. *Kapellmann* NJW 2005, 182, 183. Ebenso, allerdings ohne Eingehen auf die Unternehmereigenschaft, BGH NJW-RR 2004, 1248, 1249. Vgl. ferner BGH NJW 2006, 3413, 3416: „Haben die Parteien die Geltung der VOB/B vereinbart, gehören hierzu auch die Allgemeinen Technischen Bestimmungen für Bauleistungen, VOB/C."

[3] Unklar insofern BGH NJW 2006, 3413, 3416. Dort betont der BGH, dass die Vereinbarung der VOB/B auch die Geltung der VOB/C zur Folge habe, ohne auf die Problematik der Einbeziehungsvoraussetzungen einzugehen.

[4] Zutreffend *Leinemann/Roquette,* VOB/B, § 1 Rz 22. Zumindest ohne expliziten Hinweis auf die Möglichkeit der Einbeziehung durch Verkehrssitte dagegen *Brück/Reichelt* NJW 2005, 2273, 2273.

[5] *Leinemann/Roquette,* VOB/B, § 1 Rz 21. Vgl. auch BGH NJW-RR 2004, 1248, 1249: Das Berufungsgericht habe „einen Handelsbrauch [...] oder eine allgemeine Verkehrssitte [...] wonach die Abrechnung der Wärmedämmung auch ohne Einbeziehung der ATV nach den Maßen der Außenbekleidung erfolgt, nicht festgestellt".

[6] *Leinemann/Roquette,* VOB/B, § 1 Rz 21.

[7] *Leinemann/Roquette,* VOB/B, § 1 Rz 22; *Brück/Reichelt* NJW 2005, 2273, 2273.

[8] S. die Stellungnahme der Bundesregierung zum Entwurf eines Gesetzes zur Sicherung von Werkunternehmeransprüchen und zur verbesserten Durchsetzung von Forderungen (Forderungssicherungsgesetz – FoSiG), BT-Drs. 16/511, S. 31.

Ganzes" Vertragsinhalt geworden sei.[1] An diesem Kriterium ist auch nach der Schuldrechtsreform, also mit Blick auf die §§ 308 Nr. 5, 309 Nr. 8 b ff., festzuhalten. Denn in der Begründung des Gesetzesentwurfs heißt es zu § 308 Nr. 5: „In Nummer 5 wird eine Ausnahme für Verträge vorgesehen, in die [die VOB/B] als Ganzes einbezogen ist. Diese Ausnahme ergibt sich bisher schon aus § 23 Abs. 2 Nr. 5 AGBG [. . .]."[2] Und zu § 309 Nr. 8 b ff. wird in der Entwurfsbegründung ausgeführt, dass die fünfjährigen Verjährungsfristen der §§ 438 I Nr. 2, 634 a I Nr. 2 AGB-fest sein sollen, „soweit nicht die VOB/B als Ganzes einbezogen wird".[3] Mit der Formulierung, dass die VOB/B „insgesamt einbezogen" sein muss, ist also nichts anderes gemeint als mit der bisher üblichen Formulierung, dass es darauf ankommt, ob die VOB/B „als Ganzes" in den Vertrag einbezogen ist.

b) Insgesamt/als Ganzes. Entscheidend ist damit, unter welchen Voraussetzungen davon ausgegangen werden kann, dass die VOB/B „insgesamt" bzw. „als Ganzes" in den Vertrag einbezogen ist. **V 407**

aa) Rechtsprechung. Die Rechtsprechung ist traditionell davon ausgegangen, dass es darauf ankommt, ob die VOB/B „im Kern" Vertragsgrundlage geblieben,[4] also „ohne ins Gewicht fallende Einschränkungen"[5] in den Vertrag übernommen worden ist, oder ob ein Eingriff in den „Kernbereich" der VOB/B[6] vorliegt. In einer grundlegenden[7] Entscheidung aus dem Jahre 2004 hat der BGH jedoch mit seiner bisherigen Rechtsprechung gebrochen. Namentlich vertritt der BGH nunmehr die Auffassung, dass „grundsätzlich jede inhaltliche Abweichung" von der VOB/B dazu führt, dass die VOB/B nicht mehr als Ganzes vereinbart ist.[8] Es soll nicht darauf ankommen, welches Gewicht der Eingriff habe.[9] Vielmehr verneint der BGH die Privilegierung der VOB/B schon dann, „wenn nur geringfügige inhaltliche Abweichungen von der VOB/B vorliegen".[10] Dies soll unabhängig davon gelten, ob eventuell benachteiligende Regelungen im vorrangigen Vertragswerk möglicherweise durch andere Regelungen ausgeglichen werden.[11] Seine anders lautende Rechtsprechung hat der BGH unter Hinweis[12] auf die mit der Kernbereichslehre verbundenen Abgrenzungsschwierigkeiten ausdrücklich aufgegeben.[13] Wenngleich dieses Urteil nicht die Vorgängerregelungen der §§ 308 Nr. 5, 309 Nr. 8 b ff., also die §§ 10 Nr. 5 und 11 Nr. 10 f AGBG, sondern die Privilegierung der **V 408**

---

[1] BGH NJW 1988, 142, 143 (zu § 23 II Nr. 5 AGBG); OLG Bamberg NJW-RR 1999, 962, 963 (zu § 23 II Nr. 5 AGBG).

[2] BT-Drs. 14/6040, S. 154.

[3] BT-Drs. 14/6040, S. 158.

[4] BGH NJW 1983, 816, 818 (zum AGBG); OLG Stuttgart NJW-RR 1988, 786, 787 (zum AGBG). Aus dem Schrifttum s. z. B. *Jauernig/Stadler* § 308 Rz 7, die darauf abstellt, ob die VOB/B „ohne ins Gewicht fallende Einschränkungen" übernommen werden.

[5] BGH NJW-RR 1989, 85, 86 (zu § 11 Nr. 10 f AGBG, 23 II Nr. 5 AGBG); BGH NJW 1988, 258, 260 (§ 9 AGBG); BGH NJW 1987, 2373, 2374 (zu §§ 23 II Nr. 5, 11 Nr. 10 f AGBG). So auch *Nicklisch/Weick*, VOB/B, 3. Aufl., 2001, Rz 58.

[6] BGH NJW 1993, 2738, 2739 (zu § 9 AGBG); BGH NJW-RR 1991, 534, 535 (zu § 9 AGBG).

[7] Vgl. auch *v. Westphalen*, AGB-Recht im Jahr 2004 NJW 2005, 1987, 1989 („wohl wichtigste baurechtliche Entscheidung des Berichtsjahres").

[8] BGH NJW 2004, 1597, 1597 (zu § 9 AGBG). In der Sache auch BGH NJW-RR 2004, 957, 957, wo darüber hinaus auf den Begriff „grundsätzlich" verzichtet wird. Dafür dass zumindest grundsätzlich jede inhaltliche Abweichung relevant ist z. B. LG Ellwangen NJOZ 2006, 1917, 1918.

[9] BGH NJW 2004, 1597, 1597 (zu § 9 AGBG); BGH NJW-RR 2004, 957, 957 (zu § 9 AGBG).

[10] BGH NJW 2004, 1597, 1597 (zu § 9 AGBG). Ebenso z. B. *Staudinger/Coester-Waltjen* § 309 Nr. 8 b ff. Rz 93.

[11] BGH NJW 2004, 1597, 1597 (zu § 9 AGBG).

[12] BGH NJW 2004, 1597, 1597 (zu § 9 AGBG).

[13] BGH NJW 2004, 1597, 1597 (zu § 9 AGBG).

VOB/B im Rahmen des § 9 AGBG (§ 307) betraf,[1] darf man davon ausgehen, dass die Entscheidung insofern verallgemeinerbar ist.

V 409 **bb) Stellungnahme.** Mit Blick auf die Würdigung der dargestellten Rechtsprechung ist zu differenzieren.

V 410 α) **Grundsätzliche Zustimmung.** Der Auffassung des BGH, dass jede Abweichung von der VOB/B die in den §§ 308 Nr. 5, 309 Nr. 8 b ff. vorgesehene Privilegierung entfallen lässt, ist im Grundsatz zuzustimmen.[2] Der Hinweis auf die Rechtssicherheit überzeugt. Anlass zu Bedenken gegen die Übertragbarkeit der Entscheidung auf die Rechtslage nach der Schuldrechtsreform könnte allenfalls die Begründung des Gesetzesentwurfs zum Schulrechtsmodernisierungsgesetz geben. Namentlich heißt es dort zu der in § 308 Nr. 5 enthaltenen Ausnahmeregelung: „Damit wird der gefestigten Rechtsprechungspraxis Rechnung getragen, die das Eingreifen der im bisherigen § 23 Abs. 2 Nr. 5 AGBG zugunsten der VOB geregelten Ausnahmen davon abhängig macht, dass die VOB/B insgesamt, das heißt ohne ins Gewicht fallende Einschränkungen übernommen worden ist [...]. Diese Rechtsprechung soll nunmehr – ohne inhaltliche Änderung – im Gesetzeswortlaut seine Entsprechung finden."[3] Mit Blick auf diese Ausführungen könnte man versucht sein zu argumentieren, dass es dem Gesetzgeber gerade darum ging, die von der Rechtsprechung entwickelte Kernbereichslehre in Gesetzesform zu gießen. Indessen vermag eine solche Argumentation nicht zu überzeugen. Denn der Gesetzgeber zielte wohl nicht darauf ab, die Entwicklung der Rechtsprechung zu beschränken. Hinzu kommt, dass auch der Wortlaut („insgesamt") eher dafür spricht, dass das Eingreifen der Ausnahmeregelungen vom Fehlen jeglicher Abweichungen abhängig sein soll.

V 411 β) **Abweichungen zugunsten des Verwendungsgegners.** Ist dem BGH demnach im Grundsatz zuzustimmen, so bedarf es doch einer Reihe von Klarstellungen. So kann trotz der insofern missverständlichen Formulierung des BGH, der zufolge „grundsätzlich jede inhaltliche Abweichung"[4] zum Verlust der Privilegierung führt, nicht angenommen werden, dass die Ausnahmeregelungen der §§ 308 Nr. 5, 309 Nr. 8 b ff. allein deshalb unanwendbar werden, weil die AGB des Verwenders **zugunsten des Verwendungsgegners** von der VOB/B abweichen.[5] Zwar scheint eben dies aus dem Wortlaut der hier interessierenden Vorschriften zu folgen. Denn davon, dass die AGB „insgesamt" einbezogen sind, kann streng genommen auch dann nicht mehr die Rede sein, wenn die VOB/B zugunsten des Verwendungsgegners modifiziert wird. Indessen bedarf das Tatbestandsmerkmal der insgesamt erfolgten Einbeziehung insofern einer teleologischen Reduktion. Denn es wäre absurd, wollte man eine Abweichung von der VOB/B zugunsten des Verwenders zum Anlass für eine strengere Kontrolle nehmen. Hinzu kommt, dass eine Beeinträchtigung der Rechtssicherheit in den hier interessierenden Konstellationen nicht droht. Denn die Frage, ob sich eine Abweichung von der VOB/B ausschließlich zugunsten des Verwendungsgegners auszuwirken vermag, kann ohne Abwägung der beiderseitigen Interessen geklärt werden. Allerdings sollte man, um die Rechtssicherheit nicht zu gefährden, nur solche Abweichungen für unbeachtlich erklären, bei denen

---

1 S. BGH NJW 2004, 1597, 1597 (zu § 9 AGBG).

2 Dem BGH zustimmend auch *Hartung* NJW 2004, 2139, 2140.

3 BT-Drs. 14/6040, S. 154.

4 BGH NJW 2004, 1597, 1597 (zu § 9 AGBG).

5 Auch auf der Grundlage der Kerbereichslehre wurde zum Teil hervorgehoben, dass eine Abweichung zugunsten des Verwendungsgegners nicht dazu führen könne, dass die VOB/B nicht mehr als Ganzes einbezogen sei. S. z. B. *Nicklisch/Weick,* VOB/B, 3. Aufl., 2001, Rz 58.

eine für den Verwendungsgegner nachteilige Wirkung von vornherein gänzlich ausgeschlossen werden kann.

γ) **Inhalt v. Wortlaut.** Man mag darüber hinaus die Frage stellen, ob lediglich eine inhaltliche Abweichung von der VOB/B schadet oder ob bereits jede Abweichung vom Wortlaut der VOB/B zum Verlust der Privilegierung führt. Der BGH scheint diese Frage im ersteren Sinne zu beantworten, betont er doch, dass jede „inhaltliche" Abweichung[1] zum Verlust der Privilegierung führe. Diese Entscheidung mag auf den ersten Blick überraschen. Denn man könnte argumentieren, dass es der vom BGH angestrebten Rechtssicherheit wenig zuträglich ist, wenn das Eingreifen der Privilegierung von der oft schwer zu beantwortenden Frage abhängt, ob eine sprachliche auch mit einer inhaltlichen Abweichung verbunden ist.[2] Gleichwohl wird man dem BGH im Ergebnis zustimmen müssen. Die Notwendigkeit, auf den Inhalt und nicht die Formulierung der AGB abzustellen, folgt schon daraus, dass die §§ 308 Nr. 5, 309 Nr. 8 b ff. die Einbeziehung der VOB/B und nicht die Einbeziehung des „Textes der VOB/B" fordern. Hinzu kommt, dass eine auf den Wortlaut der VOB/B abstellende Auslegung wohl auch mit den gemeinschaftsrechtlichen Verboten der Diskriminierung aufgrund der Staatsbürgerschaft (z. B. Art. 12 I EGV) in Konflikt geriete. Wollte man nämlich davon ausgehen, dass schon Unterschiede in der Formulierung zum Verlust der Privilegierung führen, dann müssten sich die Parteien im Ergebnis der deutschen Sprache bedienen, um den Erhalt der Privilegierung zu sichern. Im Zwang zur Nutzung der deutschen Sprache liegt aber eine mittelbare Diskriminierung aufgrund der Staatsbürgerschaft. **V 412**

e) Öffnungsklauseln der VOB/B. Mitunter lässt die VOB/B explizit Raum für abweichende Vereinbarungen. Beispielsweise sieht § 2 I VOB/B vor, dass die Vergütung nur dann nach den vertraglichen Einheitspreisen und den tatsächlich ausgeführten Leistungen berechnet wird, wenn keine andere Berechnungsart vereinbart ist. Es stellt sich die Frage, ob die Privilegierung immer schon dann entfällt, wenn die Parteien von einer solchen Öffnungsklausel zum Nachteil des Verwendungsgegners Gebrauch machen. Im Schrifttum wird vorgeschlagen, in derartigen Fällen „eine wertende Betrachtung der VOB/B im Hinblick auf eine etwaige Unangemessenheit anzustellen",[3] womit wohl gemeint ist, dass geprüft werden soll, ob die VOB/B durch die Änderung insgesamt unangemessen wird. Ein solches Vorgehen hätte jedoch just jene Art von Abgrenzungsschwierigkeiten zur Folge, die mit der Aufgabe der Kernbereichslehre gerade vermieden werden soll. Überzeugender ist es daher auch in diesem Falle, jede für den Verwendungsgegner potenziell nachteilige Abweichung von der VOB/B als hinreichenden Grund für den Verlust der Privilegierungswirkung einzustufen. Eine Ausnahme muss man allerdings für Preishauptabreden[4] wie z. B. die Vereinbarung eines Pauschalpreises machen. Dies ergibt sich aus folgender Überlegung: Da die Vereinbarung der VOB/B das Gleichgewicht von Leistung und Gegenleistung nicht präjudiziert, ist die Angemessenheit der VOB/B als Ganzes notwendig unabhängig vom Inhalt der Preishauptabreden. Dies wiederum bedeutet, dass der Inhalt der Preishauptabreden, die Angemessenheit der VOB/B als Ganzes nicht infrage stellen kann. **V 413**

c) Dynamische Verweisung. Mit Blick auf die Ausnahmeregelung wird im Schrifttum mitunter die Frage aufgeworfen, ob die in den §§ 308 Nr. 5, 309 **V 414**

---

[1] BGH NJW 2004, 1597, 1597 (zu § 9 AGBG).

[2] Vgl. *Ulmer/Christensen* Anh. § 310 Rz 998, der die Handhabbarkeit der vom BGH für maßgeblich erklärten Abgrenzung unter Hinweis darauf anzweifelt, dass nunmehr jede sprachliche Abweichung darauf hin überprüft werden müsse, ob sie auch eine inhaltliche Abweichung bedeute.

[3] *Hartung* NJW 2004, 2139, 2141.

[4] Zum Begriff der Preishauptabrede s. § 309 Nr. 1 Rz 17–19.

Nr. 8 b ff. enthaltene Ausnahmeregelung im Sinne einer statischen Verweisung auf die zum Zeitpunkt des Gesetzeserlasses gültige Fassung der VOB oder im Sinne einer dynamischen Verweisung auf die jeweils gültige Fassung Bezug nimmt.[1] Diese Frage ist im letzteren Sinne, also zugunsten der Annahme einer dynamischen Verweisung, zu entscheiden.[2] Dafür spricht schon der Wortlaut der §§ 308 Nr. 5, 309 Nr. 8 b ff., der gerade nur auf den „Teil B der Verdingungsordnung für Bauleistungen" verweist, also keine Bezugnahme auf die einzelnen darin enthaltenen Regelungsgehalte enthält.[3] Vor allem aber heißt es in der Begründung des Gesetzesentwurfs: „Die Privilegierung erfasst die VOB/B in ihrer jeweils zum Zeitpunkt des Vertragsschlusses gültigen Fassung [. . .]."[4] Deutlicher kann man es nicht ausdrücken. Die somit anzunehmende dynamische Verweisung ist auch nicht verfassungswidrig.[5] Der Gesetzgeber ordnet nämlich nicht etwa die Geltung der VOB/B an, sondern beschränkt lediglich den Regelungsbereich einer staatlichen Norm.[6] Dass diese Beschränkung auf einen bestimmten, von privater Seite kreierten Regelungskomplex bezogen ist, ist hinnehmbar, zumal keine Grundrechtsbeschränkung, sondern eine Erweiterung des privatautonomen Gestaltungsspielraums gegeben ist.

V 415 **d) Die Umbenennung der VOB/B.** Eine zusätzliche Schwierigkeit ergibt sich daraus, dass die VOB/B umbenannt wurde und nicht mehr „Verdingungsordnung für Bauleistungen", sondern „Vergabe- und Vertragsordnung für Bauleistungen" heißt. Angesichts der Tatsache, dass die §§ 308 Nr. 5, 309 Nr. 8 b ff. ausdrücklich auf die „Verdingungsordnung für Bauleistungen" Bezug nehmen, ist diese Umbenennung wenig glücklich, letztlich aber unschädlich. Denn aus den Gesetzgebungsmaterialien ergibt sich, wie bereits ausgeführt, dass „die VOB/B in ihrer jeweils geltenden Fassung"[7] gemeint ist, so dass es auf die genaue Benennung derselben nicht ankommen kann.

V 416 **e) Gemeinschaftskonformität.** Im Schrifttum wird mitunter die Gemeinschaftskonformität des § 309 Nr. 8 b ff. in Frage gestellt.[8] Namentlich wird betont, dass die Klauselrichtlinie keine entsprechende Ausnahme kenne. Diese Argumentation überzeugt indessen nicht. Die in § 309 Nr. 8 b ff. enthaltene Ausregelung belässt nämlich die Möglichkeit einer Kontrolle anhand des § 307.[9] Vor diesem Hintergrund kann Beschränkung des Anwendungsbereichs des § 309 Nr. 8 b ff. nicht gegen die Klauselrichtlinie verstoßen.[10] Denn es muss dem nationalen Gesetzgeber überlassen bleiben, ob er die Vorgaben des Art. 3 I der Klauselrichtlinie mittels einer Generalklausel oder mittels spezieller Klauselverbote umsetzt. Davon zu tren-

---

[1] S. zu dieser Problematik z. B. *Kissel* NJW 2002, 2064, 2069 f.

[2] Für eine dynamische Verweisung z. B. auch *Staudinger/Coester-Waltjen* § 308 Nr. 5 Rz 9. A.A. (statische Verweisung) z. B. *Kraus* NJW 1998, 1126, 1126 (zu § 23 II Nr. 5 AGBG).

[3] In diesem Sinne auch *Ulmer*, 9. Aufl., § 23 AGBG Rz 43 a.

[4] BT-Drs. 14/6040, S. 154.

[5] Wie hier *Ulmer/Christensen* Anh. § 310 Rz 995. A.A. *Kissel* NJW 2002, 2064, 2070; *Kraus* NJW 1998, 1126, 1126; *Tempel* NZBau 2002, 465, 468. S. ferner *Voppel* NZBau 2003, 6, 9: Es spreche einiges für die Verfassungswidrigkeit einer dynamischen Verweisung.

[6] Ähnlich schon *Ulmer/Christensen* Anh. § 310 Rz 995.

[7] BT-Drs. 14/6040, S. 154.

[8] Dafür, dass § 309 Nr. 8 b ff. mit der Klauselrichtlinie unvereinbar ist, z. B. *Palandt/Grüneberg* § 309 Rz 76. So schon *ders.* NJW 1997, 1407, 1415 (zu § 23 AGBG). Wie hier aber z. B. MünchKomm/*Basedow* § 309 Nr. 8 b ff. *Staudinger/Coester-Waltjen* § 309 Nr. 8 b ff. Rz 92 äußert zwar „Zweifel" an der Vereinbarkeit mit der Klauselrichtlinie, hält diese aber wohl im Ergebnis durch eine richtlinienkonforme Auslegung des § 307 für überwindbar.

[9] Auch *Staudinger/Coester-Waltjen* § 309 Nr. 8 b ff. Rz 92 scheint die Gemeinschaftsrechtsmäßigkeit des § 309 Nr. 8 b ff. durch die Möglichkeit einer richtlinienkonformen Auslegung des § 307 als gewährleistet anzusehen.

[10] Ebenso z. B. *Bamberger/Becker* § 309 Nr. 8 Rz 51.

nen ist die Frage, ob die Rechtsprechung, der zufolge die VOB/B, wenn sie als Ganzes einbezogen wird, eine insgesamt ausgewogene und daher mit § 307 vereinbare Regelung darstellt,[1] den Anforderungen an eine richtlinienkonforme Auslegung des nationalen Rechts gerecht wird. Doch ist auch diese Frage zu bejahen.[2]

f) Verfassungskonformität. Die Ausnahmeregelungen in den §§ 308 Nr. 5, 309 Nr. 8 b ff. verstoßen auch nicht gegen das Grundgesetz. Wie oben ausgeführt, ist die in diesen Regelungen vorgesehene dynamische Verweisung nicht zu beanstanden.[3] Darüber hinaus verstoßen die hier interessierenden Regelungen auch nicht gegen Art. 3 I GG.[4] Denn die Privilegierung der VOB/B rechtfertigt sich durch die Tatsache, dass es sich bei dieser um eine insgesamt ausgewogene Regelung handelt.[5] **V 417**

g) Teleologische Reduktion? Zu § 23 II Nr. 5 AGBG ist im Schrifttum die Auffassung vertreten worden, dass diese Vorschrift einschränkend auszulegen sei. Der Gesetzgeber sei von der Vorstellung ausgegangen, dass die Erfüllung der Hinweispflicht des § 10 Nr. 5 AGBG (§ 308 Nr. 5) Schwierigkeiten bereite, weil dem Unternehmer das die Frist in Lauf setzende Ereignis nicht bekannt sei.[6] Dies treffe aber nur auf § 12 Nr. 5 II VOB/B zu, weshalb die Unanwendbarkeit des § 10 Nr. 5 AGBG auch auf diesen Fall beschränkt werden müsse.[7] Zumindest mit Blick auf § 308 Nr. 5 kann dieser Auffassung jedoch nicht gefolgt werden,[8] denn wenn der Gesetzgeber den Anwendungsbereich der Ausnahme auf den Fall des § 12 Nr. 5 II VOB/B hätte beschränken wollen, so wäre dies im Zuge der Umgestaltung der früher in § 23 II Nr. 5 AGBG enthaltenen Ausnahmeregelung wohl geschehen. Hinzu kommt, dass die Vorstellung, der Gesetzgeber wolle zwischen den unterschiedlichen Regelungen der VOB/B differenzieren, in Anbetracht des dynamischen Charakters der Verweisung auf die VOB/B wenig einleuchtend erscheint. **V 418**

2. Privilegierung im Rahmen des § 307 bei Einbeziehung der VOB als Ganzes

Die wohl bedeutendste Frage mit Blick auf die Inhaltskontrolle von VOB-Verträgen lautet dahingehend, inwieweit Verträge, denen die VOB/B zu Grunde liegt, auch über die ausdrücklichen Ausnahmebestimmungen in den §§ 308 Nr. 5, 309 Nr. 8 b ff. hinaus privilegiert sind. Vorab sei insofern bemerkt, dass der Gesetzgeber diese Frage möglicherweise in absehbarer Zeit ausdrücklich beantworten wird. Namentlich hat die Bundesregierung im Rahmen der noch andauernden Bemühungen um den Erlass des so genannten Forderungssicherungsgesetzes vorgeschlagen, dem § 310 I folgenden Satz anzufügen: „In den Fällen des Satzes 1 findet § 307 Abs. 1 und 2 auf Verträge, in die die Vergabe- und Vertragsordnung für Bauleistungen Teil B (VOB/B) in der jeweils zum Zeitpunkt des Vertragsschlusses geltenden Fassung ohne inhaltliche Abweichungen insgesamt einbezogen ist, in Bezug auf eine Inhaltskontrolle einzelner Bestimmungen keine Anwendung."[9] Gleichzeitig **V 419**

---

1 S. z. B. BGH NJW 1983, 816, 818 (zu § 9 AGBG).

2 S. § 310 Rz V 425.

3 S. § 310 Rz V 414.

4 So aber *Tempel* NZBau 2002, 465, 468.

5 S. § 310 Rz V 423.

6 So *Horn* in der 4. Aufl. dieses Werkes unter § 23 Rz 244.

7 So insbesondere *Horn* in der 4. Aufl. dieses Werkes unter § 23 Rz 244.

8 Ebenso zum neuen Recht z. B. *Tempel* NZBau 2002, 532, 533; *Staudinger/Coester-Waltjen* § 308 Nr. 5 Rz 9.

9 S. die Stellungnahme der Bundesregierung zum Entwurf eines Gesetzes zur Sicherung von Werkunternehmeransprüchen und zur verbesserten Durchsetzung von Forderungen (Forderungssicherungsgesetz – FoSiG), BT-Drs. 16/511, S. 31.

sieht die Stellungnahme der Bundesregierung die ersatzlose Streichung der Ausnahmeregelungen in den §§ 308 Nr. 5, 309 Nr. 8 b ff. vor.[1] Beabsichtigt ist damit eine Differenzierung zwischen Verbraucherverträgen einerseits und den in § 310 I 1 genannten Verträgen andererseits: Im ersteren Falle, also bei Verbraucherverträgen, soll eine Privilegierung der VOB/B nicht mehr in Betracht kommen.[2] Die Klauseln der VOB/B wären also insoweit stets einer isolierten Inhaltskontrolle zu unterziehen. Mit Blick auf die in § 310 I 1 genannten Verträge wäre dagegen klargestellt, dass eine isolierte Inhaltskontrolle nicht mehr in Betracht kommt, die VOB/B also nur noch als Ganzes der Angemessenheitskontrolle nach § 307 unterliegt.[3] Bis es tatsächlich zum Erlass dieser Regelung kommt und diese in Kraft tritt, gilt dagegen Folgendes:

V 420 **a) Die traditionelle Rechtsprechung.** Die Position der Rechtsprechung ist in diesem Punkte sei neuerem nicht mehr ganz eindeutig. Traditionell hat sich die Rechtsprechung großzügig gezeigt. Zwar sollte die VOB/B im Grundsatz der Inhaltskontrolle nach § 307 unterliegen. Besonderes gelte aber dann, wenn die VOB/B als Ganzes vereinbart sei. Im letzteren Falle soll zu berücksichtigen sein, dass die VOB/B nicht nur den Vorteil einer Vertragsseite verfolge.[4] Vielmehr seien an „ihrer Ausarbeitung [. . .] Interessengruppen der Besteller wie der Unternehmer beteiligt, und zwar auch die öffentliche Hand".[5] Sie stelle „einen auf die Besonderheiten des Bauvertragsrechts abgestimmten, im ganzen einigermaßen ausgewogenen Ausgleich der beteiligten Interessen" dar.[6] Vor diesem Hintergrund halte die VOB/B der Inhaltskontrolle nach § 307 stand, wenn sie als Ganzes vereinbart werde.[7] Fehle es an einer Vereinbarung als Ganzes, indiziere dies zwar keinen Verstoß gegen das AGB-Recht.[8] Doch müsse es in diesem Falle zu einer „isolierten Inhaltskontrolle" der vereinbarten Klauseln kommen.[9] Gemeint ist damit, dass jede Klausel für sich genommen auf ihre Angemessenheit zu überprüfen ist, ohne dass eine unangemessene Klausel durch die Ausgewogenheit des Gesamtregelwerks vor der Unwirksamkeit bewahrt werden könnte. Der isolierten Inhaltskontrolle sollen dabei auch solche Vorschriften unterliegen, die nicht von der VOB/B abweichen, sofern nur insgesamt keine Vereinbarung der VOB/B als Ganzes mehr vorliegt.[10]

V 421 **b) Die Entscheidung des BGH vom 22. 1. 2004.** Entscheidende Bedeutung gewinnt damit zunächst die Frage, wann von einer Einbeziehung der VOB/B als Ganzes die Rede sein kann. Wie bereits dargelegt, ist die Rechtsprechung insofern bisher davon ausgegangen, dass es darauf ankomme, ob die VOB/B „im Kern" Vertragsgrundlage geblieben ist,[11] ob also ein Eingriff in den „Kernbereich" der

---

[1] Ebenda.

[2] Ebenda („In Verbraucherverträgen sollen danach zukünftig die einzelnen Klauseln der VOB/B einer Inhaltskontrolle nach dem AGB-Recht unterliegen, im Geschäftsverkehr hingegen soll – wie bisher aber nunmehr klarer geregelt – nur die VOB/B insgesamt hinsichtlich ihrer Ausgewogenheit dieser Angemessenheitskontrolle unterzogen werden.").

[3] Ebenda.

[4] BGH NJW 1983, 816, 818 (zu § 9 AGBG).

[5] BGH NJW 1983, 816, 818 (zu § 9 AGBG).

[6] BGH NJW 1983, 816, 818 (zu § 9 AGBG).

[7] BGH NJW 1983, 816, 818 (zu § 9 AGBG); OLG Stuttgart NJW-RR 2000, 546, 547 (zu § 9 AGBG).

[8] BGH NJW 1993, 2738, 2739 (zu § 9 AGBG).

[9] BGH NJW 1993, 2738, 2739 (zu § 9 AGBG); BGH NJW 1983, 816, 818 (zum AGBG); OLG Stuttgart NJW-RR 1988, 786, 787 (zum AGBG). Aus der Literatur siehe z. B. *Nicklisch/Weick*, VOB/B, 3. Aufl., 2001, Rz 58.

[10] BGH NJW-RR 1991, 534, 535 (zu § 9 AGBG).

[11] BGH NJW 1983, 816, 818 (zum AGBG); OLG Stuttgart NJW-RR 1988, 786, 787 (zum AGBG). Aus dem Schrifttum s. z. B. *Jauernig/Stadler* § 308 Rz 7, die darauf abstellt, ob die VOB/B „ohne ins Gewicht fallende Einschränkungen" übernommen wird.

VOB/B vorliegt.[1] In seiner Entscheidung vom 22.1.2004 hat der BGH in Abkehr von seiner früheren Rechtsprechung die Auffassung vertreten, dass jede inhaltliche Abweichung von der VOB/B dazu führt, dass die VOB/B nicht mehr als Ganzes vereinbart ist.[2] Der BGH hat es jedoch in jenem Urteil nicht dabei belassen, die Anforderung an eine Einbeziehung der VOB/B im Ganzen zu erhöhen. Vielmehr hat er auch offen gelassen, ob nach der Schuldrechtsreform überhaupt noch über die gesetzlichen Ausnahmen hinaus von einem Sonderstatus der VOB/B bei der Inhaltskontrolle ausgegangen werden kann: „Inwieweit die Rechtsprechung des BGH zur VOB/B als Ganzes auch auf Fälle unter Geltung des Gesetzes zur Modernisierung des Schuldrechts anwendbar ist", so der BGH, „bleibt offen".[3]

c) Stellungnahme. Wie oben ausgeführt, ist dem BGH grundsätzlich zuzustimmen, wenn er die Einbeziehung der VOB/B als Ganzes davon abhängig macht, dass keine inhaltlichen Abweichungen von der VOB/B erfolgen. Hinsichtlich der Einzelheiten kann auf die obigen[4] Ausführungen verwiesen werden. Demgegenüber ist kein Grund erkennbar, die Privilegierung der VOB/B im Rahmen der Inhaltskontrolle nach § 307 aufzugeben.[5] Es handelt sich bei dieser nicht etwa um eine contra legem entwickelte Bereichsausnahme im Stile des § 310 IV 1. Vielmehr lässt sich die Privilegierung der VOB/B unschwer nach allgemeinen Grundsätzen rechtfertigen: **V 422**

aa) Angemessenheit als Ganzes. So ist zunächst hervorzuheben, dass die VOB/B in der Tat, wie von der Rechtsprechung angenommen, ein insgesamt angemessenes Regelungswerk darstellt.[6] Die Richtigkeit dieser Einschätzung wird schon daran deutlich, dass oft beide Parteien von sich aus die Einbeziehung der VOB/B vorschlagen. Zudem hat sich auch der Gesetzgeber diese Sicht der VOB/B zu Eigen gemacht.[7] Dies wird zum einen daran deutlich, dass er überhaupt die Regelungen der §§ 308 Nr. 5, 309 Nr. 8 b ff. geschaffen hat.[8] Denn dass gerade die Einbeziehung der VOB/B insgesamt privilegiert wird, ergibt nur dann Sinn, wenn man davon ausgeht, dass der Gesetzgeber das so privilegierte Klauselwerk als angemessen einstuft. Diese Auslegung wird durch die Gesetzesbegründung bestätigt, denn dort wird betont, es werde davon ausgegangen, „dass die VOB/B in ihrer jeweils geltenden Fassung einen insgesamt angemessenen Interessenausgleich zwischen den an Bauverträgen Beteiligten schafft [...]."[9] **V 423**

bb) Gesamtbetrachtung. Es bleibt die Frage, ob sich hinreichende Gründe dafür finden lassen, bei der Prüfung der Angemessenheit auf die VOB/B als Ganzes abzustellen. Doch auch dies ist zu bejahen. Der Kompensationsgedanke, also die Annahme, dass nachteilige Regelungen durch vorteilhafte ausgeglichen werden **V 424**

---

[1] BGH NJW 1993, 2738, 2739 (zu § 9 AGBG); BGH NJW-RR 1991, 534, 535 (zu § 23 II Nr. 5 AGBG).

[2] BGH NJW 2004, 1597, 1597 (zu § 9 AGBG).

[3] BGH NJW 2004, 1597, 1597 (zu § 9 AGBG).

[4] S. Rz V 410–413.

[5] Wie hier z. B. LG Ellwangen NJOZ 2006, 1917, 1918; LG Berlin NJW-Spezial 2006 Heft 3, 121, 121 (Entscheidungszusammenfassung); *Palandt/Heinrichs* § 307 Rz 160; *Leinemann/Leinemann,* VOB/B, § 16 Rz 118. A.A. aber z. B. *Hoff,* BauR 2001, 1654, 1659; *Koch,* BauR 2001, 162, 162 ff.

[6] So z. B. auch *Nicklisch/Weick,* VOB/B, 3. Aufl., 2001, Rz 54; *Kratzenberg* NZBau 2002, 177, 178.

[7] Vgl. aber auch *Tempel* NZBau 2002, 465, 469, der zwar einräumt, dass der Gesetzgeber die bisherige Rechtsprechung ausdrücklich gebilligt hat, andererseits aber meint, der Gesetzgeber hätte die Privilegierung „deutlicher aussprechen können".

[8] In diesem Sinne auch *Kratzenberg* NZBau 2002, 177, 178: Der Erlass der §§ 308 Nr. 5, 309 Nr. 8 b ff. zeige, dass der Gesetzgeber die von der Rechtsprechung entwickelte Privilegierung der VOB/B als Ganzes billige.

[9] BT-Drs. 14/6040, S. 154.

können, ist dem AGB-Recht auch sonst nicht fremd.[1] Wenn dem Kompensationsgedanken typischerweise sehr viel engere Grenzen gezogen werden, eine Kompensation nämlich grundsätzlich nur „durch konnexe, in Wechselbeziehung stehende Klauseln" zugelassen wird,[2] hat dies gute Gründe, die aber im Falle der VOB/B nicht eingreifen. Namentlich ist zu beachten, dass die Zulassung der Kompensation nachteiliger Regelungen mit vorteilhaften Klauseln üblicherweise erhebliche Risiken birgt: Der Verwendungsgegner wäre regelmäßig mit der ihm abverlangten Gesamtbeurteilung des möglicherweise überaus komplexen Regelwerkes überfordert, und auch die Rechtsprechung könnte keine Klarheit über den jeweils entschiedenen Fall hinaus schaffen, weil jeder Verwender individuell auf seinen Betrieb zugeschnittene AGB verwenden kann mit der Folge, dass sich die Frage nach der Ausgewogenheit der Gesamtregelung bei jedem Klauselwerk von Neuem stellt. Gerichtsentscheidungen wären damit weitgehend ohne Aussagekraft für andere Fälle. All diese Schwierigkeiten bestehen im Falle der VOB/B jedoch nicht. Vielmehr leistet die Rechtsprechung zur Privilegierung der VOB/B im Rahmen des § 307 jedenfalls dann, wenn man die Privilegierung mit jeder nachteiligen inhaltlichen Abweichung entfallen lässt, einen nicht zu überschätzenden Beitrag zur Rechtssicherheit. Denn die Privilegierung der VOB/B schafft einen erheblichen Anreiz zur Verwendung eines einheitlichen Vertragsmusters, eben der VOB/B, was letztlich den Interessen aller Beteiligten dient. Zwar mag man einwenden, dass nicht einzusehen ist, weshalb nicht auch andere Klauselwerke in den Genuss einer Gesamtbetrachtung kommen sollen. Doch würde dabei übersehen, dass eine Gefährdung der Rechtssicherheit nur dann vermieden werden kann, wenn es der Rechtsprechung möglich ist, eine Konkurrenz zahlloser verschiedener Klauselwerke zu vermeiden, die alle für sich in Anspruch nehmen, bei einer Gesamtbetrachtung ausgewogen zu sein. Die Möglichkeit einer Vermeidung dieses Risikos besteht im Falle der VOB/B vor allem deshalb, weil mit den §§ 308 Nr. 5 und 309 Nr. 8 b ff. normative Ansatzpunkte bestehen, die es erlauben, der VOB/B in willkürfreier Weise eine Sonderstellung einzuräumen. Der BGH hat darüber hinaus deutlich gemacht, dass er eine Gesamtbeurteilung, also eine umfassende Kompensation, generell bei „kollektiv ausgehandelten, anerkannten Klauselwerken", zu denen er neben der VOB/B auch die Allgemeinen Deutschen Spediteur-Bedingungen zählt, zulassen möchte.[3] Dem wird man zustimmen können. Davon unabhängig wird aber jedenfalls deutlich, dass eine Aufgabe der Privilegierung der VOB/B im Rahmen der Inhaltskontrolle nicht gerechtfertigt wäre. Geboten ist allein, dass die Rechtsprechung die auf die VOB/B als Ganzes bezogene Angemessenheitskontrolle auch tatsächlich ernst nimmt, also auch bereit ist, die Privilegierung entfallen zu lassen, wenn die VOB/B jemals als Ganzes unangemessen wird.

V 425 **cc) Gemeinschaftskonformität.** Die Rechtsprechung zur Privilegierung der VOB/B im Rahmen des § 307 verstößt auch nicht gegen die Richtlinie 93/13/EWG. Wie nämlich bereits ausgeführt, geht es bei der hier interessierenden Privilegierung nicht um eine Begrenzung des Regelungsbereichs der Generalklausel. Vielmehr ist mit der Privilegierung richtigerweise nur gemeint, dass die VOB/B insgesamt angemessen ist,[4] also zwar am Verbot des § 307 gemessen werden muss, dieses aber nicht verletzt. Die Annahme, dass eine in Einzelheiten möglicherweise unaus-

---

[1] Für die grundsätzliche Möglichkeit zur Kompensation z. B. BGH NJW 2003, 888, 890 (zu § 9 AGBG); *Ulmer/Brandner* § 9 Rz 85.

[2] BGH NJW 2003, 888, 890 (zu § 9 AGBG).

[3] BGH NJW 2003, 888, 890 (zu § 9 AGBG).

[4] Vgl. BGH NJW 1983, 816, 818 (zu § 9 AGBG): „auf die Besonderheiten des Bauvertragsrechts abgestimmte[r], im ganzen einigermaßen ausgewogene[r] Ausgleich der beteiligten Interessen".

gewogene, insgesamt aber angemessene Regelung der Inhaltskontrolle standhält, ist aus gemeinschaftsrechtlicher Sicht jedoch nicht zu beanstanden.[1] Denn in Art. 4 I der Richtlinie 93/13/EWG heißt es ausdrücklich, dass die Missbräuchlichkeit einer Vertragsklausel unter Berücksichtigung aller anderen Klauseln desselben Vertrages zu beurteilen ist.[2] Zwar ist diesem Argument entgegengehalten worden, dass auch Art. 4 I der Klauselrichtlinie auf die einzelne Klausel abstelle.[3] Doch überzeugt dieser Einwand nicht. Denn auch nach der hier vertretenen Auslegung geht es selbstredend um die Wirksamkeit und damit auch um die Missbräuchlichkeit der einzelnen Klausel, nur erlaubt es eben Art. 4 I der Richtlinie, die Missbräuchlichkeit der konkreten Klausel in Abhängigkeit von der Missbräuchlichkeit des gesamten Klauselwerks („aller anderen Klauseln") zu beurteilen. Ferner ist es nicht zu beanstanden, wenn der BGH die Angemessenheit der VOB/B als Ganzes bejaht, ohne die Frage dem EuGH vorzulegen. Wie der EuGH nämlich erst in jüngerer Zeit klargestellt hat, dass „es Sache des nationalen Gerichts [...], festzustellen, ob eine Vertragsklausel [...] die Kriterien erfüllt, um als missbräuchlich im Sinne von Artikel 3 Absatz 1 der Richtlinie qualifiziert zu werden".[4]

4. Transparenzanforderungen

Nach dem oben Gesagten entfällt die Privilegierung der VOB/B im Rahmen des § 307 dann, wenn die VOB/B nicht als Ganzes vereinbart ist. Dies bedeutet indessen nicht, dass die Zugehörigkeit einer Klausel zur VOB/B für die Inhaltskontrolle in diesem Falle unbeachtlich wäre. Vielmehr wird man davon ausgehen müssen, dass die allgemeine Verbreitung und leichte Zugänglichkeit der VOB/B sowie der einschlägigen Kommentarliteratur[5] bei der Beurteilung der Transparenz der der VOB/B entlehnten Klauseln in gewissem Maße Berücksichtigung finden kann. Namentlich wird man es zugunsten der Transparenz einer Klausel ins Feld führen können, wenn es sich bei dieser erkennbar um eine Bestimmung der VOB/B handelt, mag die VOB/B auch nicht in vollem Umfang in den Vertrag einbezogen worden sein. Zwar darf die erkennbare Zugehörigkeit einer Klausel zur VOB/B nicht automatisch zur Bejahung der Transparenz der Klausel führen. Immerhin handelt es sich dabei aber um einen gewichtigen Faktor, der die im Rahmen der Transparenzkontrolle gebotene Wertung je nach Lage der Dinge zugunsten der Wirksamkeit der Klausel entscheiden kann. **V 426**

Maßgebliche Bedeutung gewinnt damit die Frage, wann davon ausgegangen werden kann, dass die Zugehörigkeit einer Klausel zur VOB/B der anderen Vertragspartei erkennbar ist. Dies wird man gegenüber Verbrauchern nur dann annehmen können, wenn die Klausel ausdrücklich als Teil der VOB/B bezeichnet wird. Gleiches gilt selbst gegenüber Unternehmern, soweit der Vertrag nicht im Baugewerbe abgeschlossen wird. Demgegenüber wird man bei Klauseln, die im Baugewerbe gegenüber Unternehmern verwandt werden, grundsätzlich davon ausgehen können, dass die Zugehörigkeit zur VOB/B schon dann erkennbar ist, wenn eine Klausel wörtlich aus der VOB/B übernommen wird, mag der Vertrag die VOB/B auch nicht beim Namen nennen. **V 427**

---

[1] So auch *Nicklisch/Weick,* VOB/B, 3. Aufl., 2001, Rz 57; *Kutschker* BauR 1994, 417, 422f.

[2] S. z. B. *Voppel* NZBau 2003, 6, 9.

[3] *Tempel* NZBau 2002, 465, 468.

[4] EuGH, Urt. v. 1.4.2004, Rs. C-237/02, *Freiburger Kommunalbauten/Hofstetter,* Slg. 2004, S. I-3403 Rz 25.

[5] S. aber BGH NJW-RR 2004, 1248, 1250. Dort betonte der mit Blick auf die in der VOB/C enthaltenen ATV, dass Kommentierungen der ATV grundsätzlich nicht für das objektive Verständnis der ATV maßgebend seien und daher nur dann eine geeignete Hilfe für die Auslegung der VOB/C darstellen könnten, wenn sie vom Baugewerbe als maßgebliche Darstellung akzeptiert würden.

V 428 Der Klarheit halber sei darauf hingewiesen, dass die hier vertretene Auffassung nicht für sich in Anspruch nehmen kann, den Stand der Rechtsprechung wiederzugeben. Immerhin hat der **BGH** aber eine gewisse Bereitschaft gezeigt, die Besonderheiten der VOB/B im Rahmen der Klauselauslegung zu berücksichtigen. So hat der BGH in einer Entscheidung aus dem Jahre 1996 zur Frage der Mehrdeutigkeit (§ 305 c II) einer Klausel betont: „Wenn eine bestimmte Regelung in einem derartigen Regelwerk jahrzehntelang mit gleichbleibendem Verständnis ausgelegt wird [...], so liegt [...] schon objektiv keine Mehrdeutigkeit vor, die bei kundenfeindlicher Auslegung zur Unwirksamkeit [...] führen könnte."[1] Bezeichnenderweise enthielten die AGB in dem der Entscheidung zu Grunde liegenden Fall einen ausdrücklichen Hinweis auf die VOB/B,[2] so dass die Zugehörigkeit der Klausel zur VOB/B für den Verwendungsgegner unschwer zu erkennen war.

5. Allgemeine Privilegierung im Rahmen der §§ 308, 309?

V 429 Mitunter wird die These vertreten, dass die VOB/B im Falle einer Vereinbarung als Ganzes auch insoweit nicht an den §§ 308, 309 gemessen werden dürfe, als es an Ausnahmeregelungen wie in §§ 308 Nr. 5, 309 Nr. 8 b ff. fehle.[3] Diese Ansicht ist jedoch abzulehnen.[4] Die §§ 308 Nr. 5, 309 Nr. 8 b ff. laden in diesem Punkte nicht zu einer Analogie, sondern zu einem Umkehrschluss ein. Zudem erweist sich in diesem Zusammenhang auch die Tatsache, dass die VOB/B insgesamt angemessen ist, als irrelevant. Denn das Eingreifen der speziellen Klauselverbote des §§ 308, 309 ist gerade nicht von der Unangemessenheit der Klausel abhängig.[5] Erwägenswert wäre es, die Angemessenheit der VOB/B als Ganzes dort zu berücksichtigen, wo die Klauselverbote des § 308 auf das Merkmal der Angemessenheit abstellen, wie dies z. B. in 308 Nr. 1 („unangemessen" lange Fristen) der Fall ist. Einem solchen Vorgehen stünde ein Umkehrschluss aus §§ 308 Nr. 5, 309 Nr. 8 b ff. nicht entgegen, denn die Ausnahmeregelungen in den letztgenannten Vorschriften führen zur Unanwendbarkeit der relevanten Verbote auf die VOB/B, während es hier um die ganz anders gelagerte Frage geht, ob, bei vorausgesetzter Anwendbarkeit der §§ 308, 309, im Rahmen der Subsumtion unter die einzelnen Tatbestandsmerkmale auch die Angemessenheit der VOB/B als Ganzes berücksichtigt werden kann. Gleichwohl wird man auch diese Frage im Ergebnis verneinen müssen. Denn es ist gerade der Sinn der speziellen Klauselverbote, zur Steigerung der Rechtssicherheit einen Rekurs auf die allgemeine Angemessenheitskontrolle nach § 307 entbehrlich zu machen.[6] Wenn die Verbote der §§ 308, 309 aber unabhängig von der Angemessenheit oder Unangemessenheit der einzelnen Klausel eingreifen sollen, dann müssen sie erst recht unabhängig davon eingreifen, ob die VOB/B als Ganzes angemessen oder unangemessen ist.

III. Wirksamkeit bei isolierter Kontrolle

1. Allgemeines

V 430 Nach dem oben Gesagten greift die Privilegierung der VOB/B im Rahmen des § 307 nur dann ein, wenn die VOB/B ohne für den Verwendungsgegner (poten-

[1] BGH NJW 1996, 1346, 1348 (zu § 9 AGBG).
[2] BGH NJW 1996, 1346, 1347 (zu § 9 AGBG).
[3] So *Nicklisch/Weick*, VOB/B, 3. Aufl., 2001, Rz 57.
[4] OLG Köln NJW 1986, 320, 320 (zu §§ 10, 11 AGBG).
[5] S. vor §§ 308, 309 Rz 9.
[6] S. vor §§ 308, 309 Rz 1, 4.

ziell) nachteilige Abweichungen vereinbart wird.[1] Da die VOB/B in der Praxis jedoch selten ohne Abänderung zu Grunde gelegt wird,[2] stellt sich die Frage, welche Klauseln der VOB/B einer isolierten Inhaltskontrolle standhalten und welche nicht. Eine abschließende Klärung dieser Frage kann im Rahmen des vorliegenden Werkes nicht geleistet werden,[3] doch soll nachfolgend auf eine Reihe von VOB-Bestimmungen exemplarisch eingegangen werden.

2. Zu § 1 VOB/B

a) § 1 Nr. 3 VOB/B. Nach § 1 Nr. 3 VOB/B bleibt es dem Auftraggeber vorbehalten, Änderungen des Bauentwurfs anzuordnen. Diese Regelung räumt dem Auftraggeber ein Leistungsbestimmungsrecht im Sinne des § 315 ein.[4] Nach zutreffender Auffassung ist § 1 Nr. 3 VOB auch im Falle der isolierten Inhaltskontrolle als **wirksam** einzustufen.[5] Insbesondere kann man nicht argumentieren, dass die Klausel das dem Auftragnehmer eingeräumte Änderungsrecht nicht hinreichend begrenzt. Denn von einer Änderung im Sinne des in § 1 Nr. 3 VOB/B kann nur dann ausgegangen werden, wenn Art und Umfang der Leistung im Wesentlichen erhalten bleiben.[6] **V 431**

b) § 1 Nr. 4 S. 1 VOB/B. Gemäß § 1 Nr. 4 S. 1 VOB/B hat der Auftragnehmer nicht vereinbarte Leistungen, die zur Ausführung der vertraglichen Leistung erforderlich werden, mit auszuführen, außer wenn sein Betrieb auf derartige Leistungen nicht eingerichtet ist. Diese Regelung gewährt dem Auftraggeber ein einseitiges Leistungsbestimmungsrecht,[7] das es ihm erlaubt, „durch einseitige empfangsbedürftige rechtsgeschäftliche Willenserklärung den Leistungsumfang zu ändern".[8] Im Ergebnis ist § 1 Nr. 4 S. 1 VOB/B auch im Rahmen einer isolierten Inhaltskontrolle nicht zu beanstanden.[9] Durch die Tatbestandsvoraussetzungen des § 1 Nr. 4 S. 1 VOB/B ist nämlich die Zumutbarkeit des Änderungsrechts sichergestellt. Gemäß § 307 unwirksam wäre aber eine Klausel, die den Auftragnehmer auch für den Fall zur Ausführung entsprechender Arbeiten auch für den Fall verpflichtet, dass der Betrieb des Auftragnehmers auf entsprechende Leistungen nicht eingerichtet ist.[10] **V 432**

3. Zu § 2 Nr. 3 VOB/B

a) § 2 Nr. 3 VOB/B enthält eine Sonderregelung hinsichtlich des Preises für den Fall, dass es bei der Vereinbarung von Einheitspreisen zu Abweichungen hinsichtlich der unter einem Einheitspreis erfassten Menge kommt. Die Wirksamkeit **V 433**

---

[1] S. Rz V 422.

[2] Selbst zu der Zeit, als die Rechtsprechung noch von der Kernbereichsthese ausging (dazu § 310 Rz V 408), wurde in der Literatur betont, dass die VOB/B selten als Ganzes vereinbart würde. S. z. B. *Weyer* NZBau 2003, 521, 521.

[3] Eine ausführliche Behandlung der Problematik findet sich z. B. bei *Micklitz,* Bauverträge mit Verbrauchern und die VOB Teil B: zur Bedeutung der Richtlinie 93/13/EWG über missbräuchliche Klauseln in Verbraucherverträgen, 2005

[4] BGH BauR 1996, 378, 378; *Leinemann/Roquette,* VOB/B, § 1 Rz 39.

[5] BGH BauR 1996, 378, 378. Zustimmend z. B. *Leinemann/Roquette,* VOB/B, § 1 Rz 42.

[6] *Leinemann/Roquette,* VOB/B, § 1 Rz 45.

[7] BGH NJW-RR 2004, 449, 451; BGH NJW 1996, 1346, 1347; *Brück/Reichelt* NJW 2005, 2273, 2274; *Leinemann/Roquette,* VOB/B, § 1 Rz 56; *Thode* ZfBR 2004, 214, 215. Nach anderer Auffassung soll § 1 Nr. 4 S. 1 VOB/B einen Kontrahierungszwang zum Ausdruck bringen. S. z. B. *Ingenstau/Korbion/Keldungs* § 1 Nr. 4 VOB/B Rz 2.

[8] BGH NJW-RR 2004, 449, 451. In diesem Sinne auch *Brück/Reichelt* NJW 2005, 2273, 2274.

[9] BGH NJW 1996, 1346, 1347 (zu §§ 9–11 AGBG); *Ulmer/Christensen* Anh. § 310 Rz 1000; *Palandt/Heinrichs* § 307 Rz 161; *Kniffka/Koeble,* a.a.O., 3. Teil, Rz 33.

[10] Zutreffend *Leinemann/Roquette,* VOB/B, § 1 Rz 62.

des § 2 Nr. 3 VOB/B begegnet auch bei isolierter Inhaltskontrolle keinen Bedenken. Umgekehrt ist auch eine Klausel, der zufolge die Einheitspreise auch bei Mengenabweichungen von mehr als 10% unverändert gelten sollen, wirksam.[1]

V 434 **b) § 2 Nr. 5 S. 1 VOB/B.** Gemäß § 2 Nr. 5 S. 1 VOB/B ist ein neuer Preis unter Berücksichtigung der Mehr- oder Minderkosten zu vereinbaren, wenn durch Anordnungen des Auftraggebers die Grundlagen des Preises für eine im Vertrag vorgesehene Leistung geändert werden. Diese Regelung ist auch im Falle einer uneingeschränkten Inhaltskontrolle nicht zu beanstanden.[2] Zwar ist § 2 Nr. 5 S. 1 VOB/B der Inhaltskontrolle nicht nach § 307 III 1 entzogen.[3] Denn diese Bestimmung enthält keine unmittelbare Regelung des zu zahlenden Entgelts, sondern stellt lediglich eine Preisnebenabrede dar.[4] Die Klausel ist aber nicht unangemessen.[5]

V 435 **c) § 2 Nr. 6 VOB/B.** Gemäß § 2 Nr. 6 I 1 VOB/B hat der Auftragnehmer Anspruch auf besondere Vergütung, wenn eine im Vertrag nicht vorgesehene Leistung gefordert wird. Er muss jedoch den Anspruch nach § 2 Nr. 6 I 2 VOB/B ankündigen, bevor er mit der Ausführung der Leistung beginnt. Diese Regelung ist auch bei isolierter Inhaltskontrolle wirksam.[6] Denn sie ist dahingehend auszulegen, dass die vorherige Ankündigung nicht in jedem Falle Voraussetzung eines Anspruchs auf besondere Vergütung ist.[7] Namentlich entfällt der Vergütungsanspruch dann nicht, „wenn und soweit die Ankündigung im konkreten Fall für den Schutz des Auftraggebers entbehrlich und daher ohne Funktion war“[8] oder der Auftragnehmer die Ankündigung schuldlos versäumt hat.[9] Man mag durchaus bezweifeln, ob es schon im Zeitpunkt der erstmaligen Vornahme einer solchen Interpretation durch den BGH möglich war, die Vorschrift des § 2 Nr. 6 I 2 VOB/B ohne Verstoß gegen das Verbot geltungserhaltender Reduktion in dieser Weise auszulegen.[10] Mittlerweile hat die Klausel aber durch die Rechtsprechung des BGH eine entsprechende Bedeutung erhalten, so dass jedenfalls zum heutigen Zeitpunkt kein Verstoß gegen § 307 mehr angenommen werden kann.[11]

V 436 **d) § 2 Nr. 8 I VOB/B.** Gemäß § 2 Nr. 8 I 1 VOB/B werden Leistungen, die der Auftragnehmer ohne Auftrag oder unter eigenmächtiger Abweichung vom Auftrag ausführt, nicht vergütet. Eine Ausnahme ist in § 8 II 1 VOB/B für den Fall vorgesehen, dass der Auftraggeber solche Leistungen nachträglich anerkennt. Ferner steht dem Auftragnehmer gemäß § 8 II 2 VOB/B auch dann eine Vergütung zu, wenn die Leistungen für die Erfüllung des Vertrags notwendig waren, dem mutmaßlichen Willen des Auftraggebers entsprachen und ihm unverzüglich angezeigt wurden. Fehlt es also an einer nachträglichen Anerkennung, so handelt

[1] BGH NJW 1993, 2738, 2738 f (zu § 9 AGBG); MünchKomm/*Busche* § 631 Rz 163; *Jagenburg/Reichelt* NJW 2003, 102, 103.

[2] BGH NJW 1996, 1346, 1347 (zum AGBG); *Ulmer/Christensen* Anh. § 310 Rz 1000; *Palandt/Heinrichs* § 307 Rz 161; *Staudinger/Coester-Waltjen* § 308 Nr. 4 Rz 6.

[3] Offen gelassen in BGH NJW 1996, 1346, 1347 (zu § 8 AGBG).

[4] Offen gelassen in BGH NJW 1996, 1346, 1347 (zu § 8 AGBG). Wie hier aber *Staudinger/Coester-Waltjen* § 308 Nr. 4 Rz 6.

[5] So auch BGH NJW 1996, 1346, 1347 f (zu § 8 AGBG); *Kniffka/Koeble,* a.a.O., 3. Teil, Rz 33.

[6] So auch BGH NJW 1996, 2158, 2159 (zu § 9 AGBG); *Kniffka/Koeble,* a.a.O., 3. Teil, Rz 33; *Ulmer/Christensen* Anh. § 310 Rz 1000.

[7] BGH NJW 1996, 2158, 2159 (zu § 9 AGBG).

[8] BGH NJW 1996, 2158, 2159 (zu § 9 AGBG).

[9] BGH NJW 1996, 2158, 2159 (zu § 9 AGBG).

[10] Zu Recht kritisch zu der Entscheidung damals *Heinrichs* NJW 1997, 1407, 1414, der insbesondere zu Recht bemängelt, dass der BGH sich mit dem Verbot geltungserhaltender Reduktion gar nicht erst auseinandersetzt. S. *Heinrichs,* a.a.O., Fn 179.

[11] A.A. wohl *Tempel* NZBau 2002, 465, 472, der die vom BGH vorgenommene einschränkende Auslegung auch aus heutiger Sicht ablehnt.

es sich bei der unverzüglichen Anzeige grundsätzlich um eine Anspruchsvoraussetzung.[1] Allerdings bleiben nach § 2 Nr. 8 III VOB/B die Vorschriften des BGB über die Geschäftsführung ohne Auftrag unberührt. Diese Regelung ist richtigerweise dahingehend zu verstehen, dass ein Anspruch aus Geschäftsführung ohne Auftrag auch dann bestehen kann, wenn eine unverzügliche Anzeige unterbleibt.[2] Bei dieser Interpretation ist § 2 Nr. 8 I 1 VOB/B auch im Falle der isolierten Inhaltskontrolle **nicht zu beanstanden.**[3] Unwirksam wäre demgegenüber eine von § 2 Nr. 8 III VOB/B abweichende Regelung, die Ansprüche aus Geschäftsführung ohne Auftrag generell ausschließt, wenn die relevanten Leistungen nicht unverzüglich angezeigt werden.[4] Es wäre nämlich unangemessen, „dem Auftragnehmer im Hinblick auf die Fälle, in denen der Bauherr die Ausführung der Leistung in Wahrheit nicht billigt, [...] den gesetzlichen Anspruch stets und insbesondere auch dann zu versagen, wenn er die Ankündigung aus Unachtsamkeit vergessen hat."[5] Denn das Interesse des Auftraggebers „an frühzeitiger Aufklärung rechtfertigt zwar eine Anzeigepflicht, nicht jedoch die Versagung gesetzlicher Ansprüche".[6] Erst recht unangemessen ist eine Klausel, der zufolge Nachforderungen „ausgeschlossen" sind, wenn der Auftraggeber nicht ein vom Auftragnehmer unterbreitetes „Nachtragsangebot angenommen und schriftlich bestätigt hat".[7] Denn eine solche Klausel schließt die gesetzlichen Ansprüche für alle zusätzlichen und geänderten Ansprüche insgesamt aus.[8] Gerade „[d]ie gesetzlichen Ansprüche stellen [jedoch] einen regelmäßig angemessenen Interessenausgleich für den Fall dar, dass vertragliche Ansprüche nicht gegeben sind."[9] Ihre uneingeschränkte Abbedingung ist daher nach § 307 II Nr. 1 unangemessen.[10]

e) § 2 Nr. 10 VOB/B. Gemäß § 2 Nr. 10 VOB/B werden Stundenlohnarbeiten nur vergütet, wenn sie als solche vor ihrem Beginn ausdrücklich vereinbart worden sind. Diese Bestimmung ist bei isolierter Kontrolle richtigerweise gemäß § 307 I 1, 2 als unwirksam einzustufen,[11] weil sie fälschlicherweise[12] den Eindruck erweckt, dass eine nachträgliche Vergütungsvereinbarung keine Ansprüche des Auftragnehmers begründen könne. **V 437**

---

[1] BGH NJW-RR 2004, 880, 880; BGH NJW 1991, 1812, 1813; *Leinemann/Schliemann,* VOB/B, § 2 Rz 343.

[2] *Leinemann/Schliemann,* VOB/B, § 2 Rz 343 m. w. N. A.A. aber *Heiermann/Riedl/Rusam,* VOB/B, § 2 Rz 168.

[3] Für Unwirksamkeit des § 2 Nr. 8 I 1 bei isolierter Inhaltskontrolle aber wohl *Palandt/Heinrichs* § 307 Rz 161; *Ulmer/Christensen* Anh. § 310 Rz 1000. *Christensen,* a.a.O., beruft sich in diesem Zusammenhang auf eine Reihe von Entscheidungen des BGH. Doch betrifft keine dieser Entscheidungen die Regelung des § 2 Nr. 8 VOB/B in ihrer heutigen Form. Für Unwirksamkeit auch *Tempel* NZBau 2002, 465, 472, der die Unwirksamkeit allerdings aus einem Verstoß gegen das Transparenzprinzip ableiten will.

[4] BGH NJW-RR 2004, 880, 880 (zu § 9 AGBG); BGH NJW 1991, 1812, 1814 (zu § 9 ABGG).

[5] BGH NJW 1991, 1812, 1814 (zu § 9 ABGG).

[6] BGH NJW 1991, 1812, 1814 (zu § 9 ABGG).

[7] BGH NJW 2004, 502, 504 (zu § 9 AGBG).

[8] BGH NJW 2004, 502, 504.

[9] BGH NJW 2004, 502, 504.

[10] BGH NJW 2004, 502, 504 (zu § 9 II Nr. 1 AGBG).

[11] Für Unwirksamkeit auch *Tempel* NZBau 2002, 465, 472, der allerdings entgegen der hier vertretenen Auffassung nicht von einem Verstoß gegen das Transparenzprinzip, sondern von einer unangemessenen Einschränkung der Vertragsfreiheit ausgeht.

[12] Da es den Parteien freisteht, den von ihnen geschlossenen Vertrag abzuändern, können sie auch nachträglich vereinbaren, dass geleistete Stundenarbeiten zu vergüten sind. Wie hier im Ergebnis auch *Leinemann/Schliemann,* VOB/B, 2. Auf., 2005, § 2 Rz 354.

4. Zu § 4 VOB/B

V 438 **a) § 4 Nr. 3 VOB/B.** Gemäß § 4 Nr. 3 VOB/B hat der Auftragnehmer Bedenken unverzüglich schriftlich mitzuteilen. Diese Klausel ist auch bei isolierter Inhaltskontrolle nicht zu beanstanden. Denn die Klausel konkretisiert lediglich die sich aus §§ 241 II, 242 ergebenden Hinweispflichten. Auch das Schriftformerfordernis begegnet keinen Bedenken,[1] da § 309 Nr. 13 die Wertung zu entnehmen ist, dass einfache Schriftformerfordernisse für Erklärungen des Verwendungsgegners grundsätzlich angemessen sind.

V 439 **b) § 4 Nr. 7 S. 3, Nr. 8 I S. 4 VOB/B.** Die Regelungen des § 4 Nr. 7 S. 3, 8 I S. 4 VOB/B wird man bei isolierter Inhaltskontrolle als unwirksam einstufen müssen.[2] Dies gilt nicht nur gegenüber Verbrauchern, sondern auch im unternehmerischen Verkehr. Denn das in den genannten Bestimmungen vorgesehene Erfordernis einer Ablehnungsandrohung wird in der Praxis vom Verwendungsgegner häufig nicht beachtet,[3] womit diesem die Geltendmachung seiner Rechte erheblich erschwert wird. Hinzu kommt, dass kein schutzwürdiges Interesse des Auftragnehmers an der Ablehnungsandrohung erkennbar ist, da der Auftragnehmer als Unternehmer regelmäßig hinreichend geschäftsgewandt ist, um sich über die Bedeutung der Fristsetzung im Klaren zu sein.

V 440 **c) § 4 Nr. 8 I 1, 2, 3 VOB/B.** Gemäß § 4 Nr. 8 I 1 VOB/B hat der Auftragnehmer die Leistungen im eigenen Betrieb auszuführen. Diese Regelung ist nicht zu beanstanden.[4] Nach § 4 Nr. 8 I 2 VOB/B darf er die Leistung mit schriftlicher Zustimmung des Auftraggebers an Nachunternehmer übertragen.[5] Allerdings ist die Zustimmung gemäß § 4 Nr. 8 I 2 entbehrlich bei Leistungen, auf die der Betrieb des Auftragnehmers nicht eingerichtet ist. Das in § 4 Nr. 8 I 2 VOB/B vorgesehene Schriftformerfordernis wird man bei Verwendung gegenüber dem Auftragnehmer als unwirksam gemäß § 307 I 1, 2 einstufen müssen, weil es fälschlicherweise den Eindruck erweckt, eine mündliche Einigung über die Befugnis zur Übertragung von Arbeiten auf Nachunternehmer sei unwirksam.[6] Allerdings kann § 4 Nr. 8 I 2 durch Streichung des Wortes „schriftlicher" teilweise aufrechterhalten werden. Im Übrigen sind die Regelungen des § 4 Nr. 8 I 1, 2, 3 im Regelfall auch bei isolierter Inhaltskontrolle wirksam. Als insgesamt unangemessen und daher unwirksam wird man die dargestellten Regelungen jedoch ausnahmsweise dann einstufen müssen,

---

[1] A.A. *Tempel* NZBau 2002, 465, 473, der wohl einen Verstoß gegen das Transparenzgebot (§ 307 I 2) annehmen will.

[2] So auch *Kissel* NJW 2002, 2064, 2067. Auch *Ulmer/Christensen* Anh. § 310 Rz 1000 hält die Wirksamkeit für zweifelhaft. A.A. aber *Kratzenberg* NZBau 2002, 178, 179 f: Das Erfordernis einer Ablehnungsandrohung verstoße nicht gegen den Leitgedanken der gesetzlichen Regelung, weil diese Bestimmung den Grundsatz von Treu und Glauben umsetze und zudem Ausdruck des Kooperationsverhältnisses zwischen den Parteien bestehenden Kooperationsverhältnisses sei.

[3] In diesem Sinne auch *Kissel* NJW 2002, 2064, 2067. Für Unwirksamkeit des § 4 Nr. 7 S. 3 auch *Tempel* NZBau 2002, 432, 434, allerdings mit der Begründung, dass Auftraggeber dadurch unangemessen benachteiligt werde, dass ein Anspruch auf Eigennachbesserung mit Kostenersatz erst nach erfolgloser Fristsetzung und Auftragsentziehung zum Zuge kommen.

[4] So wohl auch *Staudinger/Coester-Waltjen* § 309 Nr. 10 Rz 16.

[5] Ein Verstoß gegen § 309 Nr. 10 liegt darin schon deshalb nicht, weil es sich beim Nachunternehmer um einen Erfüllungsgehilfen des Verwenders handelt. Ebenso *Staudinger/Coester-Waltjen* § 309 Nr. 10 Rz 12. Darüber hinaus gilt es zu beachten, dass § 309 Nr. 10 nach richtiger Auffassung ohnehin nicht eingreift, wenn der Wechsel nach den AGB nur mit Zustimmung des Verwendungsgegners möglich ist. Denn schon nach dispositivem Recht haben die Parteien die Möglichkeit, sich jederzeit einverständlich auf eine Vertragsübertragung zu einigen, so dass die Kontrolle entsprechender Klauseln an § 307 III 1 scheitert.

[6] Für Unwirksamkeit auch *Tempel* NZBau 2002, 465, 473. A.A. aber *Ulmer/Christensen* Anh. § 310 Rz 1000. Allgemein zur Wirksamkeit von Schriftformerfordernissen s. § 310 Rz S 90–111.

wenn die Parteien einen so genannten **Generalübernehmervertrag** abgeschlossen haben, da dieser typischerweise darauf angelegt ist, dass der Auftragnehmer die dem Auftraggeber geschuldeten Leistungen durch Einschaltung Dritter erbringt.[1]

5. Zu § 7 Nr. 1 VOB/B

§ 7 Nr. 1 VOB/B gewährt dem Auftragnehmer für den Fall, dass die ganz oder teilweise ausgeführte Leistung vor der Abnahme durch höhere Gewalt, Krieg, Aufruhr oder andere objektiv unabwendbare und vom Auftragnehmer nicht zu vertretene Umstände beschädigt wird, einen Anspruch auf Vergütung nach Maßgabe des § 6 Nr. 5 VOB/B. Bei Verwendung gegenüber der öffentlichen Hand als Auftraggeber ist diese Regelung auch im Falle einer isolierten Inhaltskontrolle nicht zu beanstanden,[2] denn in diesem Falle ist eine Risikotragung durch den Auftraggeber sehr viel effizienter als eine Risikotragung durch den Auftragnehmer. Wird § 7 Nr. 1 VOB/B jedoch gegenüber einem privaten Auftraggeber gestellt, muss diese Regelung bei isolierter Inhaltskontrolle wegen Unvereinbarkeit mit dem Grundgedanken der gesetzlichen Regelung (§ 644 I) als unwirksam nach § 307 I, II Nr. 1 eingestuft werden.[3] **V 441**

6. Zu § 10 Nr. 2 II VOB/B

§ 10 Nr. 2 II VOB/B ist dahingehend zu verstehen, dass „eine Alleinhaftung des Auftragnehmers nicht infrage kommt, wenn das Verschulden des Auftraggebers über den Grad der Fahrlässigkeit hinausreicht".[4] Vor diesem Hintergrund ist die Regelung im unternehmerischen Verkehr nicht zu beanstanden.[5] Insbesondere scheidet auch die Annahme eines Verstoßes gegen das Transparenzverbot aus.[6] Eine Verwendung gegenüber Verbrauchern kommt praktisch wohl nicht in Betracht, weil es sich bei dem durch die Regelung des § 10 Nr. 2 II belasteten Auftragnehmer praktisch niemals um einen Verbraucher handeln dürfte. **V 442**

7. Zu § 12 Nr. 5 VOB/B

a) § 12 Nr. 5 I VOB/B. Gemäß § 12 Nr. 5 I VOB/B gilt die Leistung mit Ablauf von 12 Werktagen nach schriftlicher Mitteilung über die Fertigstellung der Leistung als abgenommen. Diese Regelung verstößt bei isolierter Inhaltskontrolle mangels im Vertrag verankerter Hinweispflicht gegen § 308 Nr. 5, wenn sie vom Auftragnehmer gestellt wird und es sich beim anderen Teil um einen Verbraucher handelt.[7] Keinen Bedenken begegnet die Klausel dagegen dann, wenn sie vom Besteller gestellt wird.[8] Ferner wird man die Bestimmung des § 12 Nr. 5 I VOB/B auch dann als unbedenklich einstufen müssen, wenn sie zwar vom Auftragnehmer **V 443**

---

[1] Vgl. BGH NJW-RR 2002, 1312, 1313: „Typischerweise lässt der Generalübernehmer Leistungen durch Nachunternehmer erbringen, die er in eigenem Namen beauftragt."

[2] Unklar *Ulmer/Christensen* Anh. § 310 Rz 1000: „jedenfalls" gegenüber privaten Auftraggebern nicht hinnehmbar.

[3] Für Unangemessenheit auch *Ulmer/Christensen* Anh. § 310 Rz 1000. A.A. aber *Horn* in der 4. Aufl. dieses Werkes unter § 23 Rz 253. Auch der BGH hat diese Regelung nicht beanstandet. S. BGH NJW 1973, 1698, 1698 f. Allerdings ist diese Entscheidung noch vor Erlass des AGB-Gesetzes ergangen und daher überholt.

[4] BGH NJW 1999, 942, 944.

[5] BGH NJW 1999, 942, 944 (zu § 9 AGBG); *Leinemann/Hafkesbrink,* VOB/B, § 2 Rz 45.

[6] BGH NJW 1999, 942, 944 (zu § 9 AGBG).

[7] S. nur *Leinemann/Sterner,* VOB/B, 2. Aufl., 2005, § 12 Rz 96; *Kissel* NJW 2002, 2064, 2067; *Ulmer/Christensen* Anh. § 310 Rz 1001.

[8] So wohl auch *Leinemann/Sterner,* VOB/B, 2. Aufl., 2005, § 12 Rz 84.

gestellt wird, es sich beim Auftraggeber aber um einen Unternehmer handelt.[1] Denn den Eintritt der Fiktionswirkung kann der Besteller ausweislich der Formulierung des § 12 Nr. 5 I („Wird keine Abnahme verlangt...") durch ein Abnahmeverlangen abwenden,[2] und ein Hinweis auf die Folgen eines fehlenden Abnahmeverlangens erscheint gegenüber Unternehmern verzichtbar, weil die Regelung in den betroffenen Verkehrskreisen typischerweise bekannt ist. Auch der Hinweis, dass im Geschäftsverkehr zwischen Unternehmern keine geringeren Anforderungen gestellt werden dürften als gegenüber Verbrauchern, weil die Verfasser den Verbraucher als Vertragspartner gar nicht im Auge gehabt hätten,[3] erscheint in Anbetracht der Existenz der überhaupt nur für Verbraucher relevanten Sonderregelungen der §§ 308 Nr. 5, 309 Nr. 8 b ff. wenig plausibel.

V 444 **b) § 12 Nr. 5 II 1 VOB/B.** Das zu § 12 Nr. 5 I VOB/B Gesagte muss auch für die in § 12 Nr. 5 II 1 VOB/B vorgesehene Abnahmefiktion gelten.[4]

8. Zu § 13 VOB/B

V 445 **a) § 13 Nr. 4 VOB/B.** Gemäß § 13 Nr. 4 I S. 1 beträgt die Verjährungsfrist in Ermangelung einer abweichenden Vereinbarung für Bauwerke 4 Jahre, für andere Werke, deren Erfolg in der Herstellung, Wartung oder Veränderung einer Sache besteht, und für die vom Feuer berührten Teile von Feuerungsanlagen 2 Jahre. § 13 Nr. 4 I S. 2 ergänzt diese Regelung dahingehend, dass die Verjährungsfrist für feuerberührte und abgasdämmende Teile von industriellen Feuerungsanlagen 1 Jahr beträgt. Wird die Regelung des § 13 Nr. 4 **gegenüber dem Auftragnehmer gestellt,** so halten die Regelungen des § 13 Nr. 4 I S. 1, 2 zumindest teilweise der Inhaltskontrolle nicht stand.

V 446 **aa) Vierjahresfrist für Bauwerke.** Gemäß § 634 a I Nr. 2 verjähren Mängelansprüche bei einem Bauwerk in fünf Jahren. Dass diese Regelung gegenüber Verbrauchern nicht abgekürzt werden kann, ergibt sich, wenn die VOB/B nicht als Ganzes vereinbart ist, schon aus § 309 Nr. 8 b ff.[5] Aber auch gegenüber Unternehmern ist eine Verkürzung der fünfjährigen Verjährungsfrist des § 634a I Nr. 2 unangemessen und damit nach § 307 unwirksam.[6] § 13 Nr. 4 I S. 1 ist daher bei uneinge-

---

[1] Unklar *Ulmer/Christensen* Anh. § 310 Rz 1001.

[2] Dazu, dass die Fiktion nach § 12 Nr. 5 I nur eintreten kann, wenn keine der Parteien die ausdrückliche Abnahme verlangt hat, siehe nur *Leinemann/Sterner,* VOB/B, 2. Aufl., 2005, § 12 Rz 84; *Kissel* NJW 2002, 2064, 2067.

[3] So aber *Ulmer/Hensen,* 9. Aufl., Anh. §§ 9–11 AGBG Rz 914.

[4] Dafür, dass § 12 Nr. 5 II 1 gegen § 308 Nr. 5 verstößt, wenn die Klausel vom AN gestellt wird, die VOB nicht als Ganzes vereinbart wird und es sich beim AG um einen Verbraucher handelt, z. B. auch *Kissel* NJW 2002, 2064, 2067. Vgl. aber auch *Tempel* NZBau 2002, 465, 474, der bei Stellung der Klausel durch den AN stets einen Verstoß gegen das Transparenzgebot annehmen möchte, weil die Klausel nicht hinreichend deutlich mache, dass Schadensersatzansprüche unberührt bleiben. Dieser Einwand überzeugt mit Blick auf den klaren Wortlaut des § 640 II nicht, ein Argument, welches *Tempel,* a.a.O., zu Unrecht verwirft.

[5] BGH NJW 1986, 315, 316 (zu § 13 VOB/B a.F., 11 Nr. 10 f AGBG); *Ulmer/Christensen* Anh. § 310 Rz 1002.

[6] BGH NJW 1999, 2434, 2434 (zu §§ 638 I, 9 AGBG). Dort ging es zwar um eine besonders drastische Verkürzung, nämlich auf sechs Monate. Indessen betonte der BGH, dass „[n]ach der Rechtsprechung des Senats [...] die Vereinbarung einer verkürzten Verjährung bei Bauwerken nach § 638 I BGB durch AGB des Unternehmers auch im kaufmännischen Verkehr unwirksam [ist]". Ebenso z. B. *Weyer* NZBau 2003, 521, 521; *Palandt/Sprau* § 634a Rz 26. Nach § 13 Nr. 4 I VOB/B a. F. betrug die Verjährungsfrist bei Bauwerken zwei Jahre. War die VOB/B nicht als Ganzes vereinbart, so verstieß diese Regelung in Verbraucherverträgen gegen § 11 Nr. 10 f AGBG (§ 309 Nr. 8 b ff.). S. BGH NJW-RR 1987, 1046, 1047 (zu § 11 Nr. 10 f AGBG); BGH NJW-RR 1989, 85, 86 (zu § 11 Nr. 10 f AGBG). Aber auch im unternehmerischen Verkehr musste § 13 Nr. 4 I VOB/B bei isolierter Inhaltskontrolle als unangemessen eingestuft werden. So möglicherweise auch BGH

schränkter Inhaltskontrolle unwirksam, soweit er vom Verwender gestellt wird und der Vertrag sich auf ein Werk im Sinne des § 634a I Nr. 2 bezieht.

bb) Zweijahresfrist bei Werken, deren Erfolg in der Herstellung, Wartung oder Veränderung einer Sache besteht. Grundsätzlich nicht zu beanstanden ist dagegen in der Regel die zweijährige Verjährungsfrist für Werke, deren Erfolg in der Herstellung, Wartung oder Veränderung einer Sache besteht. Dies entspricht der Regelung des § 634 a I Nr. 1, so dass die Verjährungsfrist auch nach dispositivem Recht 2 Jahre beträgt. Die Klausel ist dann schon nach § 307 III 1 nicht zu beanstanden. **V 447**

cc) Feuerungsanlagen. Feuerungsanlagen stellen in der Regel Bauwerke bzw. Teile von Bauwerken dar.[1] Die für Feuerungsanlagen geltenden Verjährungsfristen des § 13 Nr. 4 I 1, 2 VOB/B sind dann gegenüber Verbrauchern schon nach § 309 Nr. 8 b ff. unwirksam. Gegenüber Unternehmern ergibt sich Entsprechendes aus § 307, da die Verkürzung der fünfjährigen Verjährungsfrist des § 634 a I Nr. 2 auch im unternehmerischen Verkehr unangemessen ist.[2] Wird der konkrete Vertragsgegenstand von § 634 I Nr. 1 erfasst, so ist die Zweijahresfrist des § 13 Nr. 4 I 1 VOB/B dagegen schon nach § 307 III 1 nicht zu beanstanden. Die einjährige Verjährungsfrist des § 13 Nr. 4 I 2 ist in diesem Falle im unternehmerischen Verkehr wirksam, weil eine Verkürzung der zweijährigen Verjährungsfrist des § 634 a Nr. 1 auf ein Jahr im unternehmerischen Verkehr nicht unangemessen ist.[3] Gegenüber Verbrauchern scheitert sie allerdings an § 309 Nr. 7.[4] **V 448**

b) Die Regelung des § 13 Nr. 5 I 1 VOB/B. Gemäß § 13 Nr. 5 I 1 VOB/B ist der Auftragnehmer verpflichtet, alle während der Verjährungsfrist hervortretenden Mängel, die auf vertragswidrige Leistung zurückzuführen sind, auf seine Kosten zu beseitigen, wenn es der Auftraggeber vor Ablauf der Frist schriftlich verlangt. Die Angemessenheit dieser Regelung im Falle der isolierten Inhaltskontrolle wird unabhängig davon bezweifelt, welche Seite die Klausel gestellt hat. **V 449**

aa) Auftraggeber als Verwender. Ist der Auftraggeber Verwender, so wird zum Teil ein Verstoß gegen das Transparenzprinzip (§ 307 I 1) bejaht, weil das in § 635 I vorgesehene Recht des Auftragnehmers unerwähnt bleibe, statt der Mängelbeseitigung eine Neuherstellung vorzunehmen.[5] Darüber hinaus sei ein Transparenzverstoß auch deshalb zu bejahen, weil das Recht zur Verweigerung der Nacherfüllung bei Unverhältnismäßigkeit der Kosten (§ 635 III) in § 13 Nr. 5 I 1 VOB/B keine Erwähnung finde.[6] Diese Bedenken überzeugen jedoch schon deshalb nicht,[7] weil für den Auftragnehmer regelmäßig erkennbar ist, dass es sich bei der relevanten Klausel um eine Bestimmung der VOB/B handelt und weil, wie oben ausgeführt,[8] in einem solchen Fall an die Transparenz der VOB-Klauseln keine übertrie- **V 450**

NJW 2003, 1321, 1322 (zum AGBG), wobei in dieser Entscheidung nicht deutlich wird, ob es sich bei dem Vertrag um einen Verbrauchervertrag handelt und welche Norm der BGH als verletzt ansieht.

[1] Vgl. auch BGH NJW 1999, 2434, 2435, der eine Förderanlage für die Automobilindustrie als Bauwerk im Sinne des § 638 a.F. einstuft.

[2] BGH NJW 1999, 2434, 2434 (zu §§ 638 I, 9 AGBG). Dort ging es zwar um eine besonders drastische Verkürzung, nämlich auf sechs Monate. Indessen betonte der BGH, dass „[n]ach der Rechtsprechung des Senats [...] die Vereinbarung einer verkürzten Verjährung bei Bauwerken nach § 638 I BGB durch AGB des Unternehmers auch im kaufmännischen Verkehr unwirksam [ist]". Ebenso z. B. *Weyer* NZBau 2003, 521, 521; *Palandt/Sprau* § 634a Rz 26.

[3] *Palandt/Sprau* § 634a Rz 26.

[4] A.A. wohl *Weyer* NZBau 2003, 521, 522. Dazu, dass Verkürzungen der Verjährungsfrist an § 309 Nr. 7 gemessen werden müssen, s. § 309 Nr. 7 Rz 55.

[5] *Tempel* NZBau 2002, 532, 534 f.

[6] *Tempel* NZBau 2002, 532, 534.

[7] Gegen die Annahme eines Verstoßes gegen § 307 I 2 auch *Weyer* NZBau 2003, 521, 522.

[8] S. Rz V 426–428.

benen Anforderungen zu stellen sind. Die Wirksamkeit des § 13 Nr. 5 I 1 VOB/B begegnet daher auch bei uneingeschränkter Inhaltskontrolle keinen Bedenken.[1]

V 451 **bb) Auftraggeber als Verwender.** Auch für den Fall, dass der Auftragnehmer eine dem § 13 Nr. 5 I 1 VOB/B entsprechende Klausel stellt, wird die Wirksamkeit dieser Regelung bei isolierter Inhaltskontrolle infrage gestellt. Namentlich wird die Unwirksamkeit des § 13 Nr. 5 I 1 VOB/B in einem solchen Fall damit begründet, dass diese Bestimmung dem Verwendungsgegner nicht hinreichend deutlich das nach dem Gesetz gegebene Recht vorbehalte, die Nachbesserung im Falle ihrer Unzumutbarkeit abzulehnen (§ 636).[2] Dies überzeugt schon deshalb nicht, weil § 13 Nr. 5 I 1 keinen Hinweis darauf enthält, dass § 636 ausgeschlossen sein soll. Auch das in § 13 Nr. 5 I 1 vorgesehene Schriftformerfordernis ist unbedenklich, denn § 309 Nr. 13 sieht mit Blick auf Erklärungen des Verwendungsgegners gerade kein Verbot einfacher Schriftformerfordernisse vor,[3] und auch § 307 steht entsprechenden Klausel grundsätzlich nicht entgegen.[4]

V 452 **c) § 13 Nr. 5 I 2, 3 VOB/B.** Die in § 13 Nr. 5 I 2, 3 VOB/B enthaltene Regelung der Verjährungsfrist wird zum Teil als unvereinbar mit § 309 Nr. 8 b ff. eingestuft, weil sie gemessen an den Regeln des dispositiven Rechts über den Neubeginn der Verjährung im Falle eines Anerkenntnisses (§ 212 I Nr. 1) zu einer erheblichen Verkürzung der Verjährungsfrist führe.[5] Dieses Bedenken ist jedoch unberechtigt. Denn die in § 13 Nr. 5 I 3 VOB/B vorgesehene Quasiunterbrechung zielt erkennbar nicht darauf ab, die Vorschrift des § 212 I Nr. 1 abzubedingen. Dies folgt schon daraus, dass § 13 Nr. 5 I 3 VOB/B bei jeder Mängelbeseitigung eingreift, während § 212 I Nr. 2 nur ausnahmsweise anwendbar ist. Denn ein konkludentes Anerkenntnis kann im Falle der Nachbesserung keineswegs regelmäßig angenommen werden.[6] Vielmehr ist von einem konkludenten Anerkenntnis des Nacherfüllungsanspruchs nur dann auszugehen, wenn der Verwender „aus der Sicht des Käufers nicht nur aus Kulanz oder zur gütlichen Beilegung eines Streits, sondern in dem Bewusstsein handelt, zur Mängelbeseitigung verpflichtet zu sein".[7] Im Ergebnis bestehen gegen die Wirksamkeit des § 13 Nr. 5 I 2, 3 daher keine Bedenken.

V 453 **d) Die Regelung des § 13 Nr. 7 IV VOB/B.** Gemäß § 13 Nr. 7 IV VOB/B gelten für Mängelansprüche unter den dort genannten Voraussetzungen die gesetzlichen Verjährungsfristen. Im Schrifttum wird mit Blick auf diese Regelung mitunter die Möglichkeit der Annahme eines Verstoßes gegen das Transparenzgebots (§ 307 I 2) erwogen.[8] Dem ist jedenfalls dann nicht zu folgen, wenn dem Verwendungsgegner die Zugehörigkeit der Klausel zur VOB/B erkennbar war (vgl. Rz V 426–428).

9. Zu § 15 Nr. 3 S. 5 VOB/B

V 454 Die Regelung des § 15 Nr. 3 S. 5 VOB/B verstößt im Falle der Verwendung gegenüber Verbrauchern bei isolierter Inhaltskontrolle gegen § 308 Nr. 5,[9] da es nicht

---

1 So i.E. auch *Weyer* NZBau 2003, 521, 527.

2 So wohl *Kissel* NJW 2002, 2064, 2068.

3 S. § 309 Nr. 13 Rz 20–21.

4 S. § 309 Nr. 13 Rz 20–21, 52.

5 *Tempel* NZBau 2002, 532, 534; *Kissel* NJW 2002, 2064, 2068. Nach *Kissel*, a.a.O., sollen die hier interessierenden Regelungen im Fall einer Verwendung gegenüber Verbrauchern sogar dann unwirksam sein, wenn die VOB/B insgesamt einbezogen wird, wohl wegen des von *Kissel* bejahten Verstoßes der in § 309 Nr. 8 b ff. enthaltenen Ausnahmeregelung gegen die Klauselrichtlinie.

6 BGH NJW 2006, 47, 48.

7 BGH NJW 2006, 47, 48 (Kaufvertrag).

8 *Locher*, FS Soergel, S. 181, 186 f.

9 *Tempel* NZBau 2002, 532, 532; *Ulmer/Christensen* Anh. § 310 Rz 1002.

nur an einer angemessenen Frist, sondern auch an einer Hinweispflicht fehlt. Dem gegenüber wird man die Regelung des § 15 Nr. 3 S. 5 VOB/B im unternehmerischen Verkehr nicht nach § 307 beanstanden können, da Unternehmer mit der Genehmigungswirkung regelmäßig vertraut sein werden.

10. Zu § 16 VOB/B

a) § 16 Nr. 3 I 1 VOB/B. Gemäß § 16 Nr. 3 I 1 wird der Anspruch auf die Schlusszahlung alsbald nach Prüfung und Feststellung der vom Auftragnehmer vorgelegten Schlussrechnung fällig, spätestens innerhalb von 2 Monaten nach Zugang. Diese Regelung wird man auch bei isolierter Inhaltskontrolle noch als wirksam einstufen könnten.[1] Eine Frist von mehr als zwei Monaten wäre aber wohl nicht hinnehmbar.[2] Unwirksam ist insbesondere eine Klausel, der zufolge der Vergütungsanspruch erst zwei Monate nach Prüfung der Schlussrechnung fällig wird.[3] **V 455**

b) § 16 Nr. 3 II-VI VOB/B. Gemäß § 16 Nr. 3 II VOB/B schließt die vorbehaltlose Annahme der Schlusszahlung Nachforderungen aus, wenn der Auftragnehmer über die Schlusszahlung schriftlich unterrichtet und auf die Ausschlusswirkung hingewiesen wurde. Soweit die VOB/B als Ganzes vereinbart wird, bestehen gegen diese Regelung keine Bedenken.[4] Fehlt es jedoch an einer Vereinbarung der VOB/B als Ganzes, so benachteiligt eine dem § 16 Nr. 3 II VOB/B entsprechende AGB-Bestimmung den Auftragnehmer als Verwendungsgegner unangemessen und ist daher unwirksam.[5] Auch die Regelungen in § 16 Nr. 3 III-VI VOB/B sind im Falle einer isolierten Inhaltskontrolle nach § 307 unwirksam.[6] Daran ändert die Modifikation, die § 16 Nr. 3 V VOB/B 2006 gegenüber der VOB/B 2002 erfahren hat, nichts. **V 456**

c) § 16 Nr. 6 VOB/B. Nach § 16 Nr. 6 S. 1 VOB/B a.F. war der Auftraggeber schon dann berechtigt, zur Erfüllung seiner Zahlungsverpflichtungen an die in dieser Vorschrift bezeichneten Gläubiger des Auftragnehmers zu leisten, wenn der Auftragnehmer in Zahlungsverzug gekommen war. Diese Bestimmung war nach zutreffender Auffassung des BGH im Falle der uneingeschränkten Inhaltskontrolle als unwirksam einzustufen.[7] Dies begründete der BGH damit, dass die Klausel jedenfalls auch die Begleichung von Forderungen für bereits abgeschlossene Leistungen der Drittgläubiger erlaube.[8] In solchen Fällen, so der BGH, „erschöpft sich der Zweck der Regelung in einer sachlich ungerechtfertigten Begünstigung des Drittgläubigers gegenüber dem Auftragnehmer".[9] Vor dem Hintergrund dieser Recht- **V 457**

---

[1] A.A. *Ulmer/Christensen* Anh. § 310 Rz 1003; vgl. ferner OLG Bamberg MDR 2001, 927, 927 (zu § 9 AGBG).

[2] Vgl. *Leinemann/Leinemann,* VOB/B, § 16 Rz 99: Verlängerung der Zweimonatsfrist „dürfte [in AGB] kaum möglich sein". Vgl. ferner *Staudinger/Coester-Waltjen* § 308 Nr. 1 Rz 13, der zufolge längere Fristen als die Zweimonatsfrist des § 16 Nr. 3 „im Regelfall nicht hinnehmbar" sein werden. Vgl. auch OLG Köln NJW-RR 2006, 670, 670, dem zufolge ein Zahlungsziel von 90 Tagen in Werkvertrags-AGB den Auftragnehmer unangemessen benachteiligt.

[3] OLG Karlsruhe NJW-RR 1993, 1435, 1435 (zu § 9 AGBG).

[4] BGH NJW 1983, 816, 817 (noch zum AGBG). Vgl. auch § 310 Rz V 422.

[5] BGH NJW 1998, 2053, 2054 (zu § 9 AGBG); OLG Dresden NJW-RR 1999, 1399, 1399 (zu § 9 AGBG); LG Ellwangen NJOZ 2006, 1917, 1918; *Palandt/Heinrichs* § 307 Rz 88; *Ulmer/Christensen* Anh. § 310 Rz 1003; *Kniffka/Koeble,* 2. Aufl., 2004, 3. Teil, Rz 34. Ebenso, zur früheren Fassung des § 16 Nr. 3 II VOB/B, BGH NJW 1988, 55, 56 f (zu § 9 AGBG).

[6] BGH NJW 1998, 2053, 2054 (zu § 9 AGBG).

[7] BGH NJW 1990, 3284, 3285 (zu § 9 AGBG).

[8] BGH NJW 1990, 3284, 3285 (zu § 9 AGBG).

[9] BGH NJW 1990, 3284, 3285 (zu § 9 AGBG).

sprechung zieht § 16 Nr. 6 S. 1 n.F. der Möglichkeit des Auftraggebers, sich durch Begleichung der Forderungen von Drittgläubigern von der eigenen Verbindlichkeiten gegenüber dem Gläubiger zu befreien, engere Grenzen. Namentlich besteht ein solches Recht nur dann, wenn die relevanten Drittgläubiger wegen Zahlungsverzugs des Auftragnehmers die Fortsetzung ihrer Leistung zu Recht verweigern und die Direktzahlung die Fortsetzung der Leistung sicherstellen soll. Diese Regelung kann auch bei uneingeschränkter Inhaltskontrolle nicht als unangemessen eingestuft werden.[1] Zwar hatte der BGH in seiner Entscheidung aus dem Jahre 1990 ausdrücklich offen gelassen, ob die hier interessierende Regelung dann gerechtfertigt wäre, wenn die Drittgläubiger „wegen des Verzugs des Auftragnehmers die Fortsetzung der Arbeiten am Bauwerk zu Recht verweigern" und die „Direktzahlung [daher] den Sinn [hat], die Fortsetzung des Bauwerks sicherzustellen."[2] Doch ist diese Frage – und damit auch die Wirksamkeit des § 16 Nr. 6 S. 1 VOB/B n.F. – zu bejahen. Denn wie auch der BGH anerkennt, hat der Auftraggeber in dieser Konstellation „ein erhebliches Interesse an der gegenüber dem Auftragnehmer befreienden Zahlung" an die Drittgläubiger.[3] Gemäß **§ 16 Nr. 6 S. 2** ist der Auftragnehmer verpflichtet, sich auf Verlangen des Auftraggebers innerhalb einer von diesem gesetzten Frist darüber zu erklären, ob und inwieweit er die Forderungen seiner Gläubiger anerkennt; wird diese Erklärung nicht rechtzeitig abgegeben, so gelten die Voraussetzungen für die Voraussetzungen als anerkennt. Gegenüber Verbrauchern wäre diese Regelung schon nach § 308 Nr. 5 unwirksam, weil die Klausel weder die Angemessenheit der zu setzenden Pflicht fordert, noch eine Hinweispflicht vorsieht.[4] Indessen ist zu beachten, dass es sich beim Auftragnehmer praktisch niemals um einen Verbraucher (§ 13) handeln wird. Doch auch gegenüber Unternehmern wird man die Klausel als unwirksam einstufen müssen. Denn ihrem Wortlaut nach führt die Fristversäumung dazu, dass nicht nur die Berechtigung der Forderung, sondern – sehr viel allgemeiner – die Voraussetzungen der Direktzahlung anerkannt werden. Demnach könnte sich der Auftraggeber z. B. auch dann auf § 16 Nr. 6 S. 2 VOB/B berufen, wenn die Drittgläubiger ihre Leistungen in Wahrheit bereits erbracht haben. Auch wenn man Unternehmern abverlangen wollte, dass sie mit den Regelungen der VOB/B vertraut sind, ändert das nichts daran, dass der Auftraggeber an einer so weitgehenden Rechtsfolge kein schutzwürdiges Interesse hat.

11. Zu § 18 Nr. 4 VOB/B

V 458–470 Nach § 18 Nr. 4 VOB/B berechtigen Streitfälle den Auftragnehmer nicht, die Arbeiten einzustellen. Durch diese Bestimmung „soll sichergestellt werden, dass Meinungsverschiedenheiten der Vertragsparteien über Vertragsinhalt und Bauausführung das Bauvorhaben selbst nicht gefährden, sondern einer internen oder gerichtlichen Auseinandersetzung vorbehalten bleiben".[5] Allerdings hat § 18 Nr. 4 VOB/B nach der Rechtsprechung nur eine klarstellende Funktion.[6] Diese Bestimmung zielt also nicht darauf ab, dem Auftragnehmer die Berufung auf ihm zustehende Leistungsverweigerungsrechte nach der VOB/B oder den gesetzlichen

---

[1] A.A. wohl *Palandt/Heinrichs* § 307 Rz 161. Zweifelnd auch *Leinemann/Leinemann*, VOB/B, § 16 Rz 224: Es bleibe abzuwarten, ob die neue Fassung des § 16 Nr. 6 S. 2 einer isolierten Inhaltskontrolle standhalte. Wie hier aber *Ulmer/Christensen* Anh. § 310 Rz 1003.

[2] BGH NJW 1990, 3284, 3285.

[3] BGH NJW 1990, 3284, 3285 (zu § 9 AGBG).

[4] Ebenso *Tempel* NZBau 2002, 532, 533.

[5] BGH NJW 1996, 1346, 1348.

[6] BGH NJW 1996, 1346, 1348.

Vorschriften abzuschneiden.[1] Eine andere Auslegung muss ausscheiden, weil dann, wenn „eine bestimmte Regelung in einem derartigen Regelwerk jahrzehntelang mit gleich bleibendem Verständnis ausgelegt wird [..], [...] schon objektiv keine Mehrdeutigkeit vor[liegt], die bei kundenfeindlicher Auslegung zur Unwirksamkeit von § 18 Nr. 4 VOB/B führen könnte".[2] Dementsprechend ist § 18 Nr. 4 VOB/B wirksam.[3] Insbesondere liegt auch kein Verstoß gegen das Transparenzgebot des § 307 I 2 vor. Etwas anderes muss allerdings richtigerweise dann gelten, wenn für den Verwendungsgegner nicht erkennbar ist, dass es sich bei der Klausel um eine der VOB/B zugehörige Regelung handelt (vgl. Rz 426–428).

*

Vollmachtsklauseln

Inhaltsübersicht

Schrifttum: *Beckmann,* Auswirkungen der Auge- und Ohr-Rechtsprechung auf die Beurteilung von Vollmachtsbeschränkungen, NJW 1996, 1378; *v. Westphalen,* Vollmachtsklauseln, in: *ders.,* Vertragsrecht und AGB-Klauselwerke.

1. Allgemeines

a) Terminologie. Vertretungsmachtklauseln können entweder darauf abzielen, eine ohne sie bestehende Vertretungsmacht zu beschränken, oder darauf, eine Vertretungsmacht einzuräumen. Im ersteren Fall mag man von **vertretungsmachtsbeschränkenden Klauseln** sprechen, im zweiten Falle von **Vollmachtsklauseln**. Im Folgenden soll lediglich auf Vollmachtsklauseln eingegangen werden. Zu vertretungsmachtsbeschränkenden Klauseln siehe Anh. § 310 Rz S 102–110. **V 471**

b) Möglichkeit der Vollmachtserteilung. Eine Vollmachtsklauseln kann selbstredend nur dann die Vertretungsmacht des durch sie Bevollmächtigten begründen, wenn der Verwendungsgegner überhaupt zur Vollmachtserteilung in der Lage ist. Eine Klausel, wonach der Vertragspartner verbindlich erklärt, von einem anderen bevollmächtigt zu sein, begründet schon deshalb keine Vollmacht.[4] **V 472**

---

[1] BGH NJW 1996, 1346, 1348.
[2] BGH NJW 1996, 1346, 1348.
[3] BGH NJW 1996, 1346, 1348 (zu § 9 AGBG); *Kniffka/Koeble,* 2. Aufl., 2004, 3. Teil, Rz 33. A.A. aber *Ulmer/Christensen* Anh. § 310 Rz 1003.
[4] *Staudinger/Coester* § 307 Rz 682.

V 473 **c) Anwendbares Recht.** Vollmachtsklauseln können, obwohl sie ein einseitiges Rechtsgeschäft enthalten, AGB im Sinne von **§ 305 I** darstellen.[1] Mit Blick auf die Inhaltskontrolle ist hervorzuheben, dass Vollmachtsklauseln nicht an § 309 Nr. 11 zu messen sind, da diese Vorschrift die Erteilung der Vollmacht selbst nicht regelt. Auch **§ 308 Nr. 6** findet keine unmittelbare Anwendung, da eine Vollmacht, auch eine Empfangsvollmacht, keine Zugangsfiktion darstellt.[2] Allerdings ist eine Kontrolle anhand des § 307 vorzunehmen. Im Rahmen der dabei erforderlichen Abwägung ist auch zu berücksichtigen, dass eine formularmäßig erteilte Empfangsvollmacht ähnliche Folgen haben kann wie eine in AGB vorgesehene Zugangsfiktion.[3] Im Übrigen ist zu beachten, dass die Vollmachtsklausel wegen eines Verstoßes gegen das **Rechtsberatungsgesetz** unwirksam sein kann:[4] Wer ausschließlich oder hauptsächlich die rechtliche Abwicklung eines Grundstückserwerbs im Rahmen eines Bauträgermodells für den Erwerber besorgt, bedarf der Genehmigung nach Art. 1 § 1 RBerG.[5] In Ermangelung dieser Genehmigung ist der Vertrag nach § 134 nichtig,[6] und Gleiches gilt für die dem Treuhänder erteilte Vollmacht.[7] Die Nichtigkeit der Vollmacht hängt auch nicht davon ab, ob der Bauträgervertrag und die Vollmachtserteilung nach dem Willen der Parteien zu einem einheitlichen Rechtsgeschäft verbunden sind.[8]

2. Überraschungscharakter (§ 305 c)

V 474 Die wirksame Einbeziehung der Vollmachtsklausel kann an § 305 c I scheitern. Der Überraschungscharakter kann sich zunächst daraus ergeben, dass nach den Umständen überhaupt nicht mit einer Vollmachtsklausel gerechnet werden musste. Darüber hinaus kann eine Vollmachtsklausel aber auch des Umfangs der erteilten Vollmacht wegen überraschend sein.[9] Nahezu stets überraschend sind beispielsweise Vollmachten, die **keinerlei Begrenzungen** hinsichtlich ihres Umfangs aufweisen. Überraschend ist ferner auch eine Klausel in einem Vertrag über die schlüsselfertige Errichtung eines Hauses zu einem Festpreis („**Generalübernehmervertrag**"), die es dem Unternehmer erlaubt, Aufträge im Namen des Bauherrn zu vergeben.[10]

3. Unangemessenheit (§ 307)

V 475 **a) Allgemeines.** Vollmachtsklauseln sind an § 307 zu messen. Die Rechtsprechung hat sich bisher mit allgemeinen Aussagen zur Angemessenheit oder Unangemessenheit von Vollmachtsklauseln zurückgehalten und stattdessen auf die konkrete Klausel abgestellt. Richtigerweise wird man jedoch davon ausgehen müssen, dass eine Vollmachtsklausel, die auch für verpflichtende oder belastende Geschäfte

---

[1] *Staudinger/Coester* § 307 Rz 681; *Ulmer/Hensen* Anh. § 310 Rz 1015.

[2] BGH NJW 1997, 3437, 3439 (zu § 10 Nr. 6 AGBG); BGH NJW 1989, 2383, 2383 (zu § 10 Nr. 6 AGBG). Für eine unmittelbare Anwendung aber möglicherweise *Staudinger/Coester* § 307 Rz 681; KG NJW-RR 1992, 859, 861 (zu § 9 AGBG).

[3] BGH NJW 1997, 3437, 3439 (zu §§ 9, 10 Nr. 6 AGBG).

[4] Vgl. auch Anh. § 310 Rz B 106, B 135.

[5] BGH NJW 2002, 66, 67. Eine Zusammenfassung der im Schrifttum geübten Kritik an dieser Rechtsprechung findet sich bei *Oechsler* NJW 2005, 1406, 1407.

[6] BGH NJW 2002, 66, 67.

[7] BGH NJW 2002, 66, 67.

[8] BGH NJW 2004, 632, 634.

[9] *Staudinger/Coester* § 307 Rz 682. Im Ergebnis wohl auch BGH NJW 1987, 2011, 2011 f (zu § 3 AGBG).

[10] BGH NJW-RR 2002, 1312, 1312 (zu § 3 AGBG). Dem BGH zustimmend auch *von Westphalen* NJW 2003, 1635, 1636.

gelten soll, **im Zweifel unangemessen** ist.[1] Etwas anderes gilt nur dann, wenn ein überwiegendes Interesse des Verwenders an der Erteilung der Vollmacht besteht und wenn die Vollmacht ihrem persönlichen, zeitlichen und gegenständlichen Umfang nach strikt auf das Erforderliche beschränkt ist. Ist eine Vollmachtsklausel im konkreten Fall als unangemessen einzustufen, so entfällt die Unangemessenheit auch nicht infolge eines gleichzeitig eingeräumten Widerrufsrechts.[2] Denn erstens kann eine Vollmacht schon nach dispositivem Recht grundsätzlich jederzeit widerrufen werden (§ 168 S. 2). Zweitens vermag der Widerruf der Bevollmächtigung ein bereits getätigtes Geschäft nicht rückwirkend zu beseitigen.[3] Und drittens wird der Verwendungsgegner sich oftmals mangels Lektüre der AGB gar nicht über die Widerrufsmöglichkeit im Klaren sein.[4]

b) Unwirksame Klauseln. Vor dem dargestellten Hintergrund lassen sich einige Vollmachtsklauseln grundsätzlich als unwirksam einstufen. **V 476**

aa) Unbeschränkte Vollmachten. Grundsätzlich unwirksam ist beispielsweise eine Vollmacht, mit der sich Gesamtschuldner oder sonstige Beteiligte zur Abgabe und Entgegennahme aller Erklärungen bevollmächtigen. Auch die bloße Empfangsvollmacht zur Entgegennahme aller Erklärungen ist unwirksam. **V 477**

bb) Vollmacht zum Vertragsschluss. Unwirksam sind grundsätzlich auch Vollmachtklauseln, die den Verwender zum Vertragsabschluss im Namen des Verwendungsgegners ermächtigen, obwohl der Verwender nach der vertragstypischen Aufgabenverteilung auf eigene Rechnung und im eigenen Namen handelt.[5] Verspricht z. B. ein Unternehmer die Errichtung eines schlüsselfertigen Hauses zu einem Festpreis („**Generalübernehmervertrag**"), so ist eine Klausel unangemessen, die es dem Unternehmer erlaubt, Aufträge im Namen des Bauherrn zu vergeben.[6] Schon nach § 307 II Nr. 2 unangemessen ist eine Klausel in einem **Bauträgervertrag,** die den Bauträger zur Auftragsvergabe im Namen des Käufers oder Bestellers bevollmächtigt.[7] Denn der Bauträgervertrag unterscheidet sich vom Baubetreuervertrag gerade dadurch, „dass auf einem Grundstück gebaut wird, das nicht dem Betreuten gehört, jedoch an diesen übereignet werden soll und dass der Bauträger die Verträge mit den am Bau Beteiligten im eigenen Namen und für eigene Rechnung abschließt".[8] **V 478**

cc) Kreditaufnahme. Grundsätzlich unwirksam sind insbesondere solche Vollmachtsklauseln, durch welche der Verwendungsgegner einen anderen zur Kreditaufnahme bevollmächtigt, mag es sich dabei auch um eine nahe stehende Person, wie z. B. den Ehegatten, handelt, weil und sofern der Verwendungsgegner auf diese **V 479**

---

[1] Vgl. auch *Staudinger/Coester* § 307 Rz 681, dem zufolge Vollmachtklauseln „kritischer Prüfung [bedürfen]".

[2] BGH NJW 1989, 2383, 2384 (zu § 9 AGBG). A.A. aber OLG Köln NJW-RR 1988, 935, 936 (zu § 9 AGBG).

[3] BGH NJW 1989, 2383, 2384 (zu § 9 AGBG).

[4] Ähnlich BGH NJW 1989, 2383, 2384 (zu § 9 AGBG): Lebensfremdheit der Annahme, ein Darlehensnehmer würde sogleich nach Vertragsabschluss von seinem Widerrufsrecht Gebrauch machen.

[5] Vgl. auch *Ulmer/Hensen* Anh. § 310 Rz 1016, dem zufolge solche Klauseln grundsätzlich als unangemessen eingestuft werden müssen, die eine gegenseitige Verpflichtung der Vertragspartner über die ursprüngliche Bindung hinaus erlauben.

[6] OLG Nürnberg NJW 1982, 2326, 2326 (zu § 9 AGBG). Vgl. auch BGH NJW-RR 2002, 1312, 1312, wo eine solche Klausel als überraschend im Sinne des § 3 AGBG (§ 305 c I) eingestuft wird.

[7] Zutreffend *Staudinger/Coester* § 307 Rz 684; *Ulmer/Hensen* Anh. § 310 Rz 1019. Zumindest für den Fall der Vereinbarung eines Festpreises ebenso OLG Nürnberg NJW 1982, 2326, 2326 (zu § 9 II Nr. 2 AGBG).

[8] BGH NJW 2001, 70, 72.

Weise ein unkalkulierbares Haftungsrisiko eingeht.[1] Unangemessen sind also beispielsweise „AGB-Klausel in Ratenkreditverträgen, durch die sich mehrere Antragsteller gegenseitig bevollmächtigen, weitere Darlehen füreinander aufzunehmen, [...], weil [diese Klausel den Antragstellern] ein unkalkulierbares Haftungsrisiko aufbürdet".[2] Es kommt in diesem Zusammenhang auch nicht darauf an, ob verschiedene Personen sich gegenseitig bevollmächtigen oder ob nur der Verwendungsgegner einen Dritten, z. B. seinen Ehegatten, bevollmächtigt.[3] Unwirksam ist daher z. B. auch eine Klausel in einem Kontoeröffnungsantrag, der zufolge der Verwendungsgegner seiner Ehefrau AGB-mäßig eine Vollmacht erteilt, „die sich auf die Verfügung über das jeweilige Guthaben sowie etwa eingeräumte Kredite sowie die Aufnahme von Krediten erstreckt".[4] Unangemessen ist auch eine Klausel in Versicherungsbedingungen, denen zufolge die von einer Restschuldversicherung begünstigte kreditgebende Bank bevollmächtigt ist, Erklärungen des Restschuldversicherers für den Darlehensnehmer entgegenzunehmen.[5] Unangemessen ist ferner eine Klausel, der zufolge mehrere Darlehensnehmer sich gegenseitig bevollmächtigen, „Verbindlichkeiten zu Lasten des gemeinschaftlichen Kontos einzugehen".[6]

V 480 **dd) Gesamtschuldner.** Besonders kritisch sind auch solche Klauseln zu beurteilen, die eine gegenseitige Bevollmächtigung mehrerer Gesamtschuldner vorsehen. Zu beachten ist in diesem Zusammenhang, dass das in § 425 zum Ausdruck kommende **Prinzip der Einzelwirkung** einen wesentlichen Grundgedanken der gesetzlichen Regelung darstellt.[7] Zwar verstoßen Klauseln, denen zufolge sich mehrere Gesamtschuldner gegenseitig bevollmächtigen, nicht schon gegen § 307 II Nr. 1, weil solche Klauseln § 425 streng genommen nicht abbedingen.[8] Sie laufen jedoch dem Leitbild des § 425 zuwider, was im Rahmen des § 307 I zu berücksichtigen ist.[9] Unangemessen sind daher in der Regel Klauseln, die bei mehreren Gesamtschuldnern vorsehen, dass diese sich gegenseitig zur **Entgegennahme aller Erklärungen** einschließlich von Kündigungserklärungen bevollmächtigen.[10] Ebenso ist eine Klausel unwirksam, durch die sich mehrere Gesamtschuldner gegenseitig bevollmächtigen, Stundungen und Laufzeitverlängerungen mit Wirkung für die Mithaftenden zu beantragen.[11] Eine Klausel, in der sich die gesamtschuldnerisch haftenden Bruchteilseigentümer bei der Bestellung einer Sicherungsgrundschuld zur Abgabe und Empfangnahme von Willenserklärungen bevollmächtigen, ist dahin auszulegen, dass sie keine Erklärungen deckt, welche die Sicherungsabrede erweitern oder die Grundschuld von der Sicherungsabrede

---

[1] Vorsichtiger *Palandt/Heinrichs* § 307 Rz 163, dem zufolge eine Vollmachtsklausel unwirksam ist, wenn es dem Verwender nur darum geht, sich einen zusätzlichen Schuldner zu verschaffen.

[2] BGH NJW 1989, 2383, 2384 (zu § 9 AGBG). In der Sache ebenso *v. Westphalen,* a.a.O., Rz 20.

[3] A.A., nämlich gegen die Übertragbarkeit der von der Rechtsprechung für die gegenseitige Bevollmächtigung aufgestellten, strengen Maßstäbe auf den Fall der einseitigen Bevollmächtigung, aber wohl OLG Oldenburg NJW-RR 1996, 1201, 1202 (zum AGBG); *Staudinger/Coester* § 307 Rz 683.

[4] Für Wirksamkeit aber OLG Oldenburg NJW-RR 1996, 1201, 1202 (zum AGBG). Vgl. auch *Staudinger/Coester* § 307 Rz 683, dem zufolge weder § 305 c I, II noch § 307 die Unwirksamkeit einer Klausel in Bankbedingungen begründet, nach denen bei der Kontoeröffnung dem Ehepartner die Befugnis zur Kontoüberziehung und damit zur Kreditaufnahme einräumen, „sofern nach dem Willen des Vollmachtgebers, dem Wortlaut der Vollmachterteilung und dem Zweck und der Handhabung der Bankgeschäfte (Finanzierung des gemeinsamen Betriebs der Eheleute) gegen die Wirksamkeit der erteilten Vollmacht keine Bedenken bestehen".

[5] KG NJW-RR 1992, 859, 861 (zu § 9 AGBG).

[6] BGH NJW 1991, 923, 924 (zu § 9 AGBG).

[7] BGH NJW 1989, 2383, 2383 (zu § 9 AGBG); *v. Westphalen,* a.a.O., Rz 14.

[8] In diesem Sinne auch BGH NJW 1989, 2383, 2383 (zu § 9 AGBG).

[9] BGH NJW 1989, 2383, 2383 (zu § 9 AGBG).

[10] BGH NJW 1989, 2383, 2383 (zu § 9 AGBG).

[11] BGH NJW 1989, 2383, 2383 (zu § 9 AGBG); *v. Westphalen,* a.a.O., Rz 21.

isolieren.[1] Scheidet eine solche Auslegung im Einzelfall aus, so ist die Klausel grundsätzlich sowohl überraschend[2] als auch unwirksam. Zu Fällen, in denen die gegenseitige Bevollmächtigung von Gesamtschuldnern ausnahmsweise in Betracht kommt, siehe Anh. § 310 Rz V 484.

ee) Erfüllung unwirksamer Pflichten. Unangemessen ist auch eine Vollmachtsklausel, mit der die Erfüllung unwirksamer Pflichten des Vollmachtgebers durchgesetzt werden soll.[3] **V 481**

ff) Selbstkontrahieren. Die Befreiung vom Verbot des Selbstkontrahierens (§ 181) ist nach § 307 unwirksam, wenn sich der Beauftragte dadurch wesentlichen Pflichten, z. B. aus einem Geschäftsbesorgungsvertrag, entziehen kann.[4] Unwirksam ist z. B. die AGB-mäßige Befreiung vom Verbot des Selbstkontrahierens in einem WEG-Verwaltervertrag.[5] **V 482**

c) Wirksame Klauseln. Ausnahmsweise wirksam sind Vollmachtsklauseln dann, wenn an der Erteilung der Vollmacht ein überwiegendes Interesse des Verwenders besteht und wenn die Vollmacht ihrem Umfang nach auf das Erforderliche beschränkt wird. Auch insofern lassen sich einige Fallgruppen herausbilden. **V 483**

aa) Empfangsvollmachten. Insbesondere Empfangsvollmachten können diesen Anforderungen genügen. Zulässig ist z. B. eine Empfangsvollmacht bei **gemeinsamer Anmietung von Wohnräumen.**[6] Dies gilt auch dann, wenn sich die Empfangsvollmacht auf den Empfang der Kündigung erstrecken soll. [7] Denn solange der Mitmieter in der Wohnung wohnt, geht ihm eine an die Wohnungsadresse gerichtete Kündigung ohnehin zu,[8] ohne dass es der Vertretung bedarf. Zieht der Mitmieter aus, so kann er den Vermieter informieren und die Empfangsvollmacht widerrufen.[9] Zulässig ist eine Empfangsvollmacht ferner in **engen Lebensgemeinschaften.** Auch bei **gesamtschuldnerisch haftenden Ehegatten** ist die gegenseitige Erteilung einer Empfangsvollmacht nicht zu beanstanden.[10] Denn solange die Eheleute zusammenleben, kann die Weitergabe der Erklärung erwartet werden, und sobald eine Trennung erfolgt, ist es ihnen zumutbar, die Empfangsvollmacht zu widerrufen. Ein solcher Widerruf ist jedenfalls als Widerruf aus wichtigem Grund möglich. Unwirksam ist eine Empfangsvollmacht aber regelmäßig dann, wenn die Eheleute bereits bei Erteilung der Vollmacht getrennt oder in Scheidung leben.[11] Auch bei einem **Oder-Konto** wird man es für zulässig halten können, dass die Kontoinhaber sich gegenseitig eine Empfangsvollmacht erteilen.[12] Doch darf diese **V 484**

---

[1] BGH NJW 1988, 1375, 1377.
[2] BGH NJW 1988, 1375, 1377 (zu § 3 AGBG).
[3] BGH NJW 1982, 178, 180 (zu § 9 AGBG).
[4] OLG Stuttgart NJW-RR 1988, 891, 892 (zu § 9 AGBG).
[5] OLG Düsseldorf NJW 2006, 3645, 3647.
[6] BGH NJW 1997, 3437, 3439 (zu § 9 AGBG). A.A. aber *v. Westphalen,* a.a.O., Rz 16.
[7] BGH NJW 1997, 3437, 3439.
[8] BGH NJW 1997, 3437, 3439.
[9] BGH NJW 1997, 3437, 3440.
[10] OLG Köln NJW-RR 1988, 174, 175 (zu § 9 AGBG). In BGH NJW 1989, 2383, 2384, stellt der BGH ausdrücklich fest, dass seine Entscheidung nicht in Widerspruch zu derjenigen des OLG Köln, a.a.O., steht. Kritisch zum Urteil des OLG Köln aber OLG Nürnberg NJW 1988, 1220, 1220 (zu § 9 AGBG). Dort beschränkte sich die Klausel freilich nicht auf eine Empfangsvollmacht, sondern sah außerdem eine Bevollmächtigung zur Beantragung von Stundungen und Laufzeitverlängerungen vor. Ausdrücklich gegen die Zulässigkeit einer gegenseitigen Bevollmächtigung bei Ehegatten *v. Westphalen,* a.a.O., Rz 15.
[11] Das OLG Nürnberg NJW 1988, 1220, 1220, scheint aus diesem Grunde die gegenseitige Erteilung einer Empfangsvollmacht bei Eheleuten generell abzulehnen.
[12] *v. Westphalen,* a.a.O., Rz 24.

Empfangsvollmacht nicht auch für die Kündigungserklärung gelten.[1] Die zur Mitmietern entwickelten Grundsätze wird man insofern grundsätzlich nicht übertragen können,[2] da es keinen Grundsatz des Inhalts gibt, dass die einem Kontoinhaber zugegangene Erklärung allen Kontoinhabern zugeht.

V 485 **bb) Baubetreuer.** Wirksam ist dagegen die dem Baubetreuer erteilte Vollmacht, Bauverträge im Namen des Bauherrn zu vergeben,[3] da der Baubetreuer beim Baubetreuungsvertrag typischerweise im Namen und für Rechnung des Bauherrn handelt[4] und die Vollmacht deshalb dem Vertragstyp entspricht. Dies gilt auch, wenn ein **Festpreis** vereinbart ist,[5] da sich dessen Wirkung auf Freistellungsansprüche im Innenverhältnis beschränkt.[6] Unangemessen ist aber eine Klausel, der zufolge ein Baubetreuer, der im Zusammenhang mit der Errichtung von Eigentumswohnungen Baubetreuerverträge mit verschiedenen Erwerbern abschließt, bevollmächtigt wird, die verschiedenen Erwerber gesamtschuldnerisch zu verpflichten.[7]

V 486 **cc) Auflassungsvormerkung.** Eine Vollmacht zur Eintragung einer Auflassungsvormerkung für den Käufer ist nicht zu beanstanden, weil und soweit sie den Käufer begünstigt.

V 487 **dd) Kfz-Handel.** Wirksam ist grundsätzlich auch eine Vollmachtklausel, durch die der Händler bevollmächtigt wird, den beim Neuwagenkauf in Zahlung genommenen Gebrauchtwagen im Namen des Neuwagenkäufers zu verkaufen,[8] da der Neuwagenkäufer dadurch im Regelfall nicht stärker belastet wird, als wenn er den Gebrauchtwagen dem Händler an Erfüllungs Statt übereignen würde.

V 488 **ee) Versicherungsvertrag.** Wirksam ist auch die in den AGB eines Versicherungsunternehmens enthaltene Vollmacht auf den Todesfall, wonach der Versicherer nach dem Tod des Versicherungsnehmers Willenserklärungen gegenüber dem Begünstigten oder dem Inhaber der Police als Bevollmächtigtem abgeben kann. Diese Klausel ist nicht etwa nach §§ 34a, 20 II 1 VVG unwirksam. Auch § 307 ist nicht verletzt, da die Vollmachtklausel nicht nur den Interessen des Versicherers, sondern auch den Interessen des Versicherungsnehmers dient, der den Bezugsberechtigten als Begünstigten bestellt hat.[9] Die Bevollmächtigung des Inhabers der Police in den AGB ist wirksam, weil sie berechtigten Interessen des Versicherers dient und der Versicherungsnehmer ausdrücklich einen anderen Empfangsbevollmächtigten bestellen kann, der dann dem Inhaber der Police vorgeht. Unwirksam ist eine Vollmachtsklausel, die dem Begünstigten eine Empfangsvollmacht einräumt, jedoch dann, wenn sie auch für den Fall gelten soll, dass der Versicherungsnehmer selbst ohne weiteres zu erreichen ist.[10]

---

[1] *v. Westphalen,* a.a.O., Rz 24.

[2] A.A. *Staudinger/Coester* § 307 Rz 688 unter wenig überzeugendem Hinweis darauf, dass allein die Tatsache der gemeinsamen Darlehensaufnahme ein Näheverhältnis begründe, welches der Mietgemeinschaft ähnlich sei.

[3] OLG München NJW 1984, 63, 64 (zu § 9 AGBG); *Staudinger/Coester* § 307 Rz 684.

[4] BGH NJW 1981, 757, 757.

[5] *Staudinger/Coester* § 307 Rz 684; OLG München NJW 1984, 63, 64 (zu § 9 AGBG).

[6] OLG München NJW 1984, 63, 64 (zu § 9 AGBG).

[7] *Ulmer/Hensen* Anh. § 310 Rz 1021; *Staudinger/Coester* § 307 Rz 684. Vgl. auch BGH NJW 1980, 992, 994, der in diesem Zusammenhang zu einer restriktiven Auslegung der Vollmachtklausel zu tendieren scheint.

[8] *Staudinger/Coester* § 307 Rz 686.

[9] BGH NJW 1982, 2314, 2315 (zu § 9 AGBG); *Staudinger/Coester* § 307 Rz 685.

[10] Wie hier *Staudinger/Coester* § 307 Rz 685. In diesem Sinne auch KG NJW-RR 1992, 859, 861 (zu § 9 AGBG): Unwirksamkeit einer Klausel in den AGB einer Restschuldversicherung, der zufolge die von einer Restschuldversicherung begünstigte kreditgebende Bank bevollmächtigt ist, Erklärungen des Restschuldversicherers für den Darlehensnehmer entgegenzunehmen. Das KG, a.a.O., bejaht außerdem einen Verstoß gegen § 10 Nr. 6 AGBG (§ 308 Nr. 6).

ff) Sonstiges. Wird im Rahmen eines **Kreditkartenvertrages** eine so genannte **Partnerkarte** ausgestellt, so kann vorgesehen sein, dass der Inhaber der Partnerkarte gegenüber dem Aussteller der Kreditkarten als Bevollmächtigter des Inhabers der Hauptkarte auftritt.[1] Eine solche Vollmacht ist nicht nach § 307 zu beanstanden, solange sie ihrem Umfang nach dahingehend beschränkt ist, dass Verbindlichkeiten nur im Rahmen des vom Inhaber der Hauptkarte gesetzten Limits begründet werden können. Weder überraschend noch unangemessen ist eine dem **WEG-Verwalter** erteilten umfassende Zustellungsbevollmächtigung.[2] **V 489**

4. Vollmachtsähnliche Rechtsfolgen

In der Praxis kommen auch solche Klauseln vor, die zwar keine Vollmachtserteilung enthalten, den Verwendungsgegner aber wirtschaftlich so stellen, als habe er eine Vollmacht erteilt. Namentlich geht es um Klauseln, die den Verwendungsgegner auch dann für das Verhalten eines Dritten haften lassen, wenn der Dritte den Verwender gerade nicht wirksam vertreten hat. Mit Blick auf solche Klauseln gelten folgende Grundsätze: Schon nach § 307 III 1 nicht zu beanstanden sind Klauseln, die den Verwendungsgegner in solchen Fällen haften lassen, in denen er auch nach dispositivem Recht haften würde, z. B. wegen Bestehens einer Anscheinsvollmacht. Soll der Verwendungsgegner dagegen für das Verhalten des Dritten einstehen, obwohl er nach dispositivem Recht nicht haften müsste, ist die Klausel grundsätzlich unangemessen.[3] **V 490**

5. Teilbarkeit unwirksamer Klauseln

Mit Blick auf die Teilbarkeit unwirksamer Vollmachterteilungsklauseln gelten die allgemeinen Regeln. Das heißt, es kommt darauf an, ob der unwirksame Teil weggestrichen werden kann und der Rest der Klausel eine sprachlich und inhaltlich selbstständige und verständliche Regelung darstellt.[4] So hatte der BGH eine Klausel zu beurteilen, die lautete: „Die Mieter bevollmächtigen sich jedoch gegenseitig zur Entgegennahme oder Abgabe solcher Erklärungen. Diese Vollmacht gilt auch für die Entgegennahme von Kündigungen, jedoch nicht für den Ausspruch von Kündigungen und für Mietaufhebungsverträge."[5] Nach richtiger Auffassung des BGH[6] kann man diese Klausel in eine (unwirksame) Vollmacht zur Abgabe von Erklärungen und eine (wirksame) Empfangsvollmacht aufteilen, weil nach Streichung der die Abgabevollmacht regelnden Worte („oder Abgabe" und „für den Ausspruch von Kündigungen und ...") eine inhaltlich selbstständige und sprachlich verständliche Regelung verbleibt. **V 491–500**

*

---

[1] *Langenbucher* NJW 2004, 3522, 3522 f.

[2] OLG Hamm NJW-RR 2003, 590, 591. Zustimmend *Staudinger/Coester* § 307 Rz 686.

[3] Vgl. BGH NJW 1982, 1513, 1514 (zu § 9 AGBG). Nach dieser Entscheidung sollte eine Klausel in den Eurocheque-Bedingungen einer Bank unangemessen sein, der zufolge der Verwender das Missbrauchsrisiko im Falle der Überschreitung der Vertretungsmacht auch dann tragen sollte, wenn der Bank die Grenzen der Vertretungsmacht mitgeteilt worden waren.

[4] BGH NJW 1997, 3437, 3439 (zum AGB-Gesetz).

[5] BGH NJW 1997, 3437, 3437.

[6] BGH NJW 1997, 3437, 3439. Zustimmend auch MünchKomm/*Basedow* § 306 Rz 18.

Vollstreckbare Urkunde

Allgemein § 11 Nr. 15 Rz 24; beim Darlehen § 9 Rz D 39; bei Grundpfandrechten § 9 Rz G 209.

*

Vorleistungspflicht

Inhaltsübersicht

Schrifttum: *Grziwotz,* MaBV-Bürgschaft und Vorausleistungspflicht im Bauträgervertrag, NJW 1994, 2745, *Peters,* Das Gesetz zur Beschleunigung fälliger Zahlungen, NZBau 2000, 169; *von Westphalen,* Vertragsrecht und AGB-Klauselwerke, Vorleistungsklauseln, 2000; *Zoller,* Vorleistungspflicht und AGB-Gesetz, 1986.

1. Allgemeines

V 501 Im Zusammenhang mit Vorleistungsklauseln sind zwei Konstellationen zu unterscheiden. Denkbar ist zunächst, dass der Verwender eine nach dispositivem Recht nicht bestehende Vorleistungspflicht des Verwendungsgegners begründet (s. Rz 502 ff.). Man mag insofern von „echten" Vorleistungsklauseln sprechen. Darüber hinaus kommt die Möglichkeit in Betracht, dass die AGB zwar keine Vorleistungspflicht des Verwendungsgegners anordnen, wohl aber eine nach dem dispositiven Recht bestehende Vorleistungspflicht des Verwenders abbedingen, so dass die Leistungen der Parteien nunmehr Zug um Zug zu erbringen sind (s. Rz 516 ff). Insofern soll im Folgenden von „unechten" Vorleistungsklausel gesprochen werden.

2. Begründung einer Vorleistungspflicht des anderen Vertragsteils

V 502 **a) Auslegung.** Ob eine Klausel eine Vorleistungspflicht des anderen Vertragsteils vorsieht, ist im Wege der Auslegung gemäß §§ 133, 157, 305 c II zu klären. Unproblematisch sind dabei diejenigen Fälle, die ausdrücklich eine Pflicht des Verwendungsgegners vorsehen, vor Erhalt der Leistung die Gegenleistung zu erbringen. Eine Vorleistungspflicht enthält jedoch auch eine Klausel, die „Lieferung gegen Nachnahme" vorsieht, weil bei Aushändigung der Ware ohne Prüfungsmöglichkeit gezahlt werden muss.[1] Gleiches gilt für die Klausel „Kasse gegen Dokumente",[2] die im Handelsverkehr ebenfalls „Lieferung gegen Nachnahme" bedeutet.[3] Daneben verstoßen Nachnahmeklauseln gegen § 309 Nr. 3, da sie einen Aufrechnungsausschluss bewirken.[4] Die Klausel „cash on delivery" oder „C.O.D." zielt jedenfalls auf einen Aufrechnungsausschluss bei gleichzeitiger Barzahlungspflicht ab,[5] stellt aber außerdem eine echte Vorleistungsklausel dar, weil bei Aushändigung der Ware ohne Prüfungsmöglichkeit gezahlt werden muss.[6] Keine Vorleistungspflicht liegt dagegen bei Vereinbarung einer so genannten **Vorschusspflicht** vor, wie sie mitunter auch im Gesetz vorgesehen ist, z. B. in § 669 und in § 637 III. Denn der zu leistende Vorschuss ist nicht Gegenleistung für eine vom Besteller zu erbringende Leistung, sondern ein Aufwendungsersatz, der im Falle des § 669 im Interesse des Auftraggebers liegt und im Falle des § 637 III deshalb zu zahlen ist, weil dem Besteller nicht zuzumuten ist, die Kosten für die Mängelbeseitigung vorübergehend selbst zu tragen.

b) Spezialregelungen. Die Unzulässigkeit von Vorleistungsklauseln kann sich zunächst aus Spezialregelungen außerhalb des AGB-Rechts ergeben. So ist im Reisevertragsrecht § 651k IV zu beachten, von dem nach § 651m S. 1 nicht zum Nachteil des Kunden abgewichen werden darf. Die im Werkvertragsrecht geltende Sonderregelung des § 641 II ist zwar nach richtiger Auffassung nicht zwingend,[7] doch sind AGB, die zulasten des Subunternehmers von § 641 II abweichen, gemäß § 307 unwirksam.[8] Besonderheiten gelten auch im Falle solcher Verträge, die wie der **Bauträgervertrag** und der **Baubetreuervertrag** in den Anwendungsbereich der MaBV fallen (s. Anh. § 310 Rz B 105, 137ff). **V 503**

c) Inhaltskontrolle nach § 309 Nr. 2 a. Nach der Rechtsprechung kann eine Vorleistungsklausel ausnahmsweise nach § 309 Nr. 2a i.V.m. § 306a unwirksam sein, wenn sie der Umgehung eines Leistungsverweigerungsrechts dient.[9] Nach richtiger Auffassung findet § 309 Nr. 2 auf Vorleistungsklauseln jedoch selbst dann keine Anwendung, wenn diese gerade zu dem Zweck vereinbart worden sind, Leistungsverweigerungsrechte auszuschalten.[10] **V 504**

d) Inhaltskontrolle nach § 307. In jedem Falle sind Vorleistungsklauseln an § 307 zu messen. Sie sind allerdings weder generell unwirksam noch generell wirksam.[11] Vielmehr ist zu differenzieren: **V 505**

---

[1] BGH NJW 1985, 550, 550. Für die Annahme einer Vorleistungspflicht auch *Staudinger/Coester-Waltjen* § 309 Nr. 3 Rz 9.

[2] BGH NJW 1985, 550, 550.

[3] BGH NJW 1985, 550, 550.

[4] BGH NJW 1998, 3119, 3119 (zu § 11 Nr. 3 AGBG). A.A. *Ulmer/Hensen* § 309 Nr. 3 Rz 9. *Hensen*, a.a.O., sieht in der Nachnahmeklausel keinen Aufrechnungsausschluss, sondern die Vereinbarung einer Vorleistungspflicht, welchen nicht an § 309 Nr. 3, sondern an § 307 zu messen sei. Allerdings seien Nachnahmeklauseln nach § 307 unwirksam. Kritisch zur Rechtsprechung des BGH auch *Staudinger/Coester-Waltjen* § 309 Nr. 3 Rz 9. Ihr zufolge enthalten Nachnahmeklauseln kein Aufrechnungsverbot und scheitern daher nicht an § 309 Nr. 3. Der Verwender verhalte sich treuwidrig, wenn er sich trotz erfolgter Erfüllung auf die Nachnahmeklausel berufe.

[5] BGH NJW 1985, 550, 550.

[6] So möglicherweise auch BGH NJW 1985, 550, 550.

[7] A.A. aber *Peters* NZBau 2000, 169, 172.

[8] Zutreffend *Palandt/Sprau* § 641 Rz 9.

[9] S. § 309 Nr. 2 Rz 10.

[10] S. § 309 Nr. 2 Rz 11.

[11] *Grziwotz* NJW 1994, 2745, 2746.

V 506 **aa) Notwendigkeit eines sachlichen Grundes.** Die Unwirksamkeit kann sich zunächst daraus ergeben, dass es an einem sachlichen Grund für die Vereinbarung einer Vorleistungspflicht fehlt. Freilich ist noch nicht abschließend geklärt, in welchem Umfang es eines sachlichen Grundes überhaupt bedarf.

V 507 **α) Verbraucher.** Immerhin hat der BGH zu Recht ausgesprochen, dass die Wirksamkeit einer Vorleistungsklausel jedenfalls gegenüber Verbrauchern davon abhängig ist, dass für die Vorleistungsklausel „ein sachlich rechtfertigender Grund gegeben ist und den berechtigten Interessen des Kunden hinreichend Rechnung getragen wird".[1]

V 508 **β) Unternehmer.** Ob es auch im **unternehmerischen Verkehr** eines sachlichen Grundes bedarf, hat der BGH ausdrücklich offen gelassen.[2] Auch im unternehmerischen Verkehr bedarf es aber einer Abwägung der beiderseitigen Interessen, und insofern ist auch nach Auffassung des BGH zu berücksichtigen, ob die Klausel sich darauf beschränkt, ein etwaiges Sicherungsbedürfnis des Verwenders zu wahren und inwiefern die Klausel die Interessen des Verwenders beeinträchtigt.[3] Richtigerweise wird man die Wirksamkeit einer Vorleistungspflicht darüber hinaus auch im unternehmerischen Verkehr generell vom Vorliegen eines sachlichen Grundes abhängig machen müssen.[4] Denn der Grundsatz der Leistung Zug um Zug gemäß §§ 320, 322 gehört zu den wesentlichen Grundgedanken der gesetzlichen Regelung nach § 307 II Nr. 1, weil er eine gleichmäßige Sicherheit für beide Parteien gewährleistet. Den Besonderheiten des unternehmerischen Verkehrs kann dadurch Rechnung getragen werden, dass die Anforderungen an das Vorliegen eines sachlichen Grundes nicht übertrieben werden.

V 509 **bb) Anforderungen an den sachlichen Grund.** Es bleibt die Frage, unter welchen Voraussetzungen das Vorliegen eines sachlichen Grundes zu bejahen ist. Insofern ist generell festzuhalten, dass die Anforderungen an das Vorliegen eines sachlichen Grundes im unternehmerischen Verkehr geringer sind als im Falle von Verbraucherverträgen, weil Unternehmer aufgrund ihrer besonderen Geschäftsgewandtheit in geringerem Maße des Schutzes durch das AGB-Recht bedürfen als Verbraucher. Im Übrigen lassen sich folgende Leitlinien formulieren:

V 510 **α) Praktikabilität.** Ein sachlicher Grund besteht insbesondere dann, wenn die Leistung Zug um Zug unpraktikabel ist.[5] Ein sachlicher Grund besteht also z.B. bei Eintrittskarten[6] oder bei Briefmarkenversteigerungen[7]. Auch die Vereinbarung

---

[1] So (zu § 9 AGBG) BGH NJW 2001, 292, 294. Ähnlich BGH NJW 1999, 2180, 2182 (zu § 9 AGBG): Vorleistungsklausel wirksam, wenn „sie durch einen sachlichen Grund gerechtfertigt ist, der auch bei der Abwägung mit den hierdurch für den Käufer entstehenden Nachteilen Bestand hat". Aus der Literatur siehe z.B. *Palandt/Grüneberg* § 309 Rz 13: wirksam, wenn sachlich berechtigter Grund besteht und keine überwiegenden Interessen des Verwenders entgegenstehen.

[2] BGH NJW-RR 2003, 834, 836 (zu § 9 AGBG): keine Entscheidung darüber, ob im unternehmerischen Verkehr ein sachlicher Grund für eine Vorleistungsklausel erforderlich ist. Ausdrücklich gegen das Erfordernis eines sachlichen Grundes als grundsätzliche Voraussetzung für die Wirksamkeit einer Vorleistungspflicht im kaufmännischen Verkehr aber OLG Frankfurt NJW-RR 1988, 1458, 1459 (zu § 9 AGBG).

[3] Vgl. BGH NJW-RR 2003, 834, 836 (zu § 9 AGBG): „Maßgebend [...] ist [...], in welchem Maße das Sicherungsbedürfnis der Bekl. als Verwenderin der AGB berücksichtigt werden durfte und ob umgekehrt die jeweilige Klausel die Interessen der Auftraggeber schon unangemessen beeinträchtigt."

[4] Vgl. aber *Staudinger/Coester-Waltjen* § 309 Nr. 2 Rz 10, der zufolge Vorleistungsklauseln „im unternehmerischen Verkehr nur ausnahmsweise auf Bedenken [stoßen]".

[5] Vgl. auch BT Drucks 7/3919 S. 28.

[6] KG NJW-RR 1994, 1266, 1266 (zu § 9 AGBG); *Palandt/Grüneberg* § 309 Rz 13.

[7] BGH NJW 1985, 850, 851 (zu § 9 AGBG); KG NJW-RR 1994, 1266, 1266 (zu § 9 AGBG); *Palandt/Grüneberg* § 309 Rz 13.

einer **Nachnahmeklausel** im Versandhandel ist nicht unangemessen,[1] weil sie die einer Leistung Zug um Zug unter den gegebenen Umständen am ehesten angenäherte Zahlungsweise ist. Allerdings verstoßen entsprechende Klauseln nach richtiger Auffassung gegen § 309 Nr. 3, indem sie die Aufrechnung ausschließen.[2] Wegen Verstoßes gegen § 309 Nr. 3 kann auch die Klausel „cash on delivery" nicht gegenüber Verbrauchern verwandt werden. Im unternehmerischen Verkehr ist sie dagegen zumindest dann nicht zu beanstanden, wenn den unternehmerischen Gepflogenheiten entspricht.

β) **Mangelnde Schutzbedürftigkeit des anderen Teils.** Ein sachlicher Grund kann dann ferner zu bejahen sein, wenn der andere Teil auch ohne das Recht auf eine Leistung Zug um Zug hinreichend geschützt ist. Wirksam ist etwa eine Vorleistungsklausel in Versteigerungsbedingungen gegenüber dem Ersteigerer, wenn der Verkäufer den zu versteigernden Gegenstand bereits eingeliefert und der Ersteigerer die Möglichkeit zur Besichtigung hat.[3] Der Ersteigerer ist zudem dadurch geschützt, dass der Auktionator die Interessen auch des Ersteigerers zu wahren hat.[4] Eine Vorleistungspflicht ist im Allgemeinen auch dann nicht unangemessen, wenn die Erbringung der Gegenleistung gesichert ist. Nicht zu beanstanden sind daher Klauseln, die eine Vorleistungspflicht mit Blick auf Zinszahlungen beim Darlehensvertrag vorsehen, wenn das Darlehen bereits ausbezahlt ist.[5] **V 511**

γ) **Erhebliche Aufwendungen.** Ein berechtigter Grund zur Vereinbarung einer Vorleistungspflicht kann auch daraus folgen, dass der Unternehmer bereits vor Erbringung seiner Leistung erhebliche Aufwendungen tätigen muss, um die Erfüllung seiner Verpflichtungen aus dem Vertrag zu ermöglichen. Dabei spielen zwei Gesichtspunkte eine Rolle. Zum einen geht es um das Ausmaß der finanziellen Belastung, nämlich darum, dass die Herstellung eines vom Unternehmer anzufertigenden Werkes oft so erhebliche Aufwendungen verlangt, z. B. bei der Materialbeschaffung, dass ihm eine selbstständige Finanzierung nicht zumutbar ist. Zum anderen kann verstärkend hinzu kommen, dass die Vereinbarung einer Vorleistungspflicht des Verwendungsgegners auch deshalb angemessen erscheint, weil die Früchte der vom Verwender vorab zu tätigen Aufwendungen nur mit Blick auf den konkreten Vertrag verwertbar sind (sog. **transaktionsspezifische Investitionen**), so dass es für den Verwender besonders belastend wäre, das Risiko der Bonität des anderen Teils zu tragen. Zulässig ist demnach eine Vorschussklausel in einem **Umzugsvertrag,** der zufolge der Kunde einen Teil der Vergütung vorab zu leisten hat.[6] Zulässig sollen Vorleistungsklauseln auch in **Ehemaklerverträgen**[7] oder bei **Erschließungskosten** sein.[8] **V 512**

---

[1] KG NJW-RR 1994, 1266, 1266 (zu § 9 AGBG); *Palandt/Grüneberg* § 309 Rz 13.

[2] BGH NJW 1998, 3119, 3119 (zu § 11 Nr. 3 AGBG). A.A. *Ulmer/Hensen* § 309 Nr. 3 Rz 9. *Hensen,* a.a.O., sieht in der Nachnahmeklausel keinen Aufrechnungsausschluss, sondern die Vereinbarung einer Vorleistungspflicht, welchen nicht an § 309 Nr. 3, sondern an § 307 zu messen sei. Allerdings seien Nachnahmeklauseln nach § 307 unwirksam. Kritisch zur Rechtsprechung des BGH auch *Staudinger/Coester-Waltjen* § 309 Nr. 3 Rz 9. Ihr zufolge enthalten Nachnahmeklauseln kein Aufrechnungsverbot und scheitern daher nicht an § 309 Nr. 3. Der Verwender verhalte sich treuwidrig, wenn er sich trotz erfolgter Erfüllung auf die Nachnahmeklausel berufe. S. auch § 309 Nr. 3 Rz 16.

[3] BGH NJW 1985, 850, 851 (zu § 9 AGBG).

[4] BGH NJW 1985, 850, 851 (zu § 9 AGBG).

[5] Für Wirksamkeit einer Zinsvorauszahlungsklausel im Ergebnis auch OLG München NJW-RR 1991, 1071, 1071.

[6] BGH NJW 1981, 1959, 1959 (zu § 9 AGBG).

[7] KG NJW-RR 1994, 1266, 1266 (zu § 9 AGBG); *Palandt/Grüneberg* § 309 Rz 13. S. aber Anh. § 310 Rz B 292.

[8] OLG Hamm NJW-RR 1992, 22, 23 (zu § 9 AGBG); *Palandt/Grüneberg* § 309 Rz 13.

V 513 δ) **Vermögensverschlechterung.** Problematisch ist, ob eine Vorleistungspflicht des anderen Teils für die in § 321 I beschriebene Konstellation vorgesehen kann, also für den Fall einer erst nach Vertragsschluss erkennbaren Gefährdung des Anspruch des Verwenders infolge mangelnder Leistungsfähigkeit des anderen Teils. Richtigerweise wird man diese Frage im Grundsatz verneinen müssen.[1] Zwar ist einzuräumen, dass sich der Schutz des § 321 in bestimmten Fällen als lückenhaft erweist. Darauf wird weiter unten einzugehen sein.[2] Indessen lassen sich diese Schutzlücken dadurch beheben, dass man es dem Verwender in den relevanten Konstellationen erlaubt, das in § 321 II vorgesehene Wahlrecht des Verwendungsgegners zwischen Leistung Zug um Zug und Sicherheitsleistung durch ein Recht des Verwenders auf Sicherheitsleistung zu ersetzen.[3] Die Vereinbarung einer Vorleistungspflicht des Verwendungsgegners für den Fall der Vermögensverschlechterung würde demgegenüber über die Wahrung der schutzwürdigen Interessen des Verwenders hinausgehen. Denn dadurch würde der Verwender nicht nur, wie im Falle der Sicherheitsleistung, von dem infolge der Vermögensverschlechterung gesteigerten Insolvenzrisiko entlastet. Vielmehr würde er außerdem früher in den Genuss der Leistung des Verwendungsgegners gelangen.

V 514 ε) **Kein sachlicher Grund.** An einem sachlichen Grund fehlt es z.B. bei Kaufverträgen über **Möbel**[4] oder über **Elektrogeräte**.[5] Unwirksam ist auch eine Klausel über eine **Einbauküche,** der zufolge das gesamte Entgelt entgegen § 642 bereits vor Montage zu zahlen ist.[6] Und auch bei einem **Schneebeseitigungsvertrag** ist eine Vorleistungsklausel nicht ohne weiteres gerechtfertigt.[7] Auch im Falle des **Neuwagenkaufvertrags** ist eine Vorleistungspflicht nicht gerechtfertigt, und zwar auch dann nicht, wenn es nur um einen Zeitraum von sechzehn Tagen geht.[8] Unwirksam ist daher eine Klausel in einem Neuwagen-Kaufvertrag, die vorsieht, dass der Kaufpreis „bei Übergabe des Kaufgegenstandes – spätestens jedoch acht Tage nach Zugang der schriftlichen Bereitstellungsanzeige – [...] in bar fällig ist".[9] Dies gilt erst recht dann, wenn der Kunde acht Tage zur Prüfung der Mangelfreiheit des Wagens hat und der Verwender im Falle der Rüge von Mängeln acht Tage Zeit haben soll, um diese zu beseitigen.[10] Die letztgenannte Klausel verstößt zudem gegen § 309 Nr. 3, weil sie – durch die Verpflichtung zur Barzahlung – ein Aufrechnungsverbot auferlegt.[11]

---

[1] So wohl auch OLG Oldenburg NJW-RR 1991, 633, 633 (zu § 9 AGBG).

[2] S. Rz V 521 ff.

[3] S. Rz V 527.

[4] BGH NJW 1999, 2180, 2182 (zu § 9 AGBG); OLG Dresden NJW-RR 1998, 1524, 1524 (zu § 9 AGBG); *Palandt/Grüneberg* § 309 Rz 13.

[5] KG NJW-RR 1994, 1266, 1266 (zu § 9 AGBG); *Palandt/Grüneberg* § 309 Rz 13.

[6] OLG Köln NJW-RR 2002, 1487, 1487 (zu § 9 AGBG). Dem OLG Köln zustimmend z.B. *von Westphalen* NJW 2003, 1635, 1640.

[7] KG NJW-RR 1994, 1266, 1267 (zu § 9 AGBG).

[8] So im Ergebnis auch BGH NJW 2001, 292, 293 (zu § 9 AGBG).

[9] BGH NJW 2001, 292, 293 (zu § 9 AGBG) lässt diese Frage letztlich offen. Nach richtiger Auffassung des BGH führt die zitierte Klausel bei isolierter Betrachtung nur dann zu einer Vorleistungspflicht, wenn man sie dahingehend versteht, dass dann, wenn die Bereitschaftsanzeige bereits vor dem verbindlichen Liefertermin, also vor Fälligkeit der Leistung des Verwenders übersandt wird. Allerdings meint der BGH, man könne die Klausel gegebenenfalls ergänzend dahingehend auslegen, dass es in diesem Falle auch zu einer Vorverschiebung der Fälligkeit der Verkäuferpflichten komme. Dem ist zu widersprechen. Der Durchschnittskunde, auf dessen Horizont es bei der Auslegung ankommt, muss nämlich den Eindruck gewinnen, dass er bei Übersendung der Bereitschaftsanzeige vor Liefertermin durch die Klausel zur Zahlung verpflichtet werden soll, ohne dass die Leistung des Verkäufers fällig ist.

[10] Die Unwirksamkeit der Klausel für diesen Fall bejahend BGH NJW 2001, 292, 293 (zu § 9 AGBG).

[11] S. § 309 Nr. 3 Rz 16.

cc) Verhältnismäßigkeit. Das Vorliegen eines sachlichen Grundes allein reicht freilich nicht aus, um die Angemessenheit einer Vorleistungsklausel zu bejahen. Vielmehr muss die Klausel auch dem Grundsatz der Verhältnismäßigkeit genügen. Sie darf also weder über das hinausgehen, was zum Schutze der Interessen des Verwenders erforderlich ist, noch darf sie den Verwendungsgegner übermäßig belasten. Dem entspricht es, dass die Rechtsprechung sich nicht mit dem Erfordernis eines sachlichen Grundes begnügt, sondern zusätzlich fordert, dass „den berechtigten Interessen des Kunden hinreichend Rechnung getragen wird".[1] Die Unverhältnismäßigkeit und damit Unangemessenheit einer Vorleistungsklausel kann sich insbesondere daraus ergeben, dass der **zeitliche Abstand** zwischen der Fälligkeit der Zahlung des Verwendungsgegners und der Fälligkeit der Leistung des Verwenders zu groß ist. Insbesondere bei Dauerschuldverhältnissen ist außerdem darauf zu achten, dass der vorab zu entrichtende Teil des Entgelts nicht **unangemessen hoch** ist. Unwirksam ist beispielsweise eine Vorleistungsklausel in einem **Bauvertrag,** die über den jeweiligen Baufortschritt wesentlich, d. h. in der Regel mehr als 5 %, hinausgeht.[2] Erst recht unwirksam ist eine Klause, der zufolge der Bauherr schon vor Baubeginn eine nicht durch Einreden und Einwendungen beschränkbare, unwiderrufliche Zahlungsgarantie einer Bank vorlegen muss.[3] Unangemessen ist ferner eine Klausel in einem Bauträgervertrag, nach der der Notar angewiesen wird, den Antrag auf Umschreibung des Eigentums erst nach vollständiger Zahlung des in bar zu entrichtenden Kaufpreises zu stellen.[4] Ebenfalls unzulässig ist eine Jahresbeitragsklausel in einem Dienstvertrag zur Übermittlung von **Bedarfsnachfragen,** die Vorauszahlungspflicht darf hier höchstens drei Monate umfassen.[5] Unwirksam ist auch die Klausel in AGB des Unternehmers in einem Werkvertrag über den **Einbau von Gegenständen,** wenn entgegen § 641 I die Vergütung in Höhe von 90 % bereits bei Anlieferung zu zahlen ist und der restliche Preis von 10 % die Einbaukosten nicht deckt.[6] Unwirksam ist auch eine Klausel in einem **Fertighausvertrag,** der zufolge 14 Tage nach der (äußeren) Montage des Hauses 90 % des Werklohns ohne Rücksicht auf den Umfang der tatsächlich erbrachten Bauleistungen zur Zahlung fällig sind.[7] Gleiches gilt für eine Klausel in einem Fertighausvertrag, nach der 60 % der Vergütung am zweiten Aufstellungstag fällig sind.[8] Auch eine Vorleistungsklausel in einem **Internatsschulvertrag** mit Direktunterricht, die den Schüler zur Vorauszahlung der Hälfte der Kursgebühren verpflichtet, ist unzulässig.[9] Besonderheiten gelten beim **Reisevertrag,** weil das Risiko, eine gemachte Anzahlung wegen Insolvenz des Reiseveranstalters zu verlieren, durch § 651 k IV weitgehend abgedeckt wird.[10] Eine Klausel die vor- V 515

---

[1] So (zu § 9 AGBG) BGH NJW 2001, 292, 294. Ähnlich BGH NJW 1999, 2180, 2182 (zu § 9 AGBG): Vorleistungsklausel wirksam, wenn „sie durch einen sachlichen Grund gerechtfertigt ist, der auch bei der Abwägung mit den hierdurch für den Käufer entstehenden Nachteilen Bestand hat". Aus der Literatur siehe z.B. *Palandt/Grüneberg* § 309 Rz 13: wirksam, wenn sachlich berechtigter Grund besteht und keine überwiegenden Interessen des Verwenders entgegenstehen.

[2] OLG Hamm NJW-RR 1989, 274, 275 (zu § 9 AGBG). Vgl. a. Anh. § 310 Rz B 165.

[3] BGH NJW 1993, 3264, 3264 f: Unwirksamkeit nach § 11 Nr. 2 AGBG und nach § 9 AGBG.

[4] BGH NJW 2002, 140, 141 (zu § 9 AGBG). Zu den Besonderheiten des Bauträgervertrages s. auch Anh. § 310 Rz B 137 ff.

[5] OLG Düsseldorf NJW-RR 1995, 1015 (zu § 9 AGBG).

[6] BGH NJW 1985, 855, 857 (zu § 9 AGBG).

[7] BGH NJW 1986, 3200, 3201 (zu § 9 AGBG). Der BGH lässt in dieser Entscheidung offen, ob auch ein Verstoß gegen § 11 Nr. 2 AGBG (§ 309 Nr. 2) anzunehmen ist, da die Klausel jedenfalls unangemessen sei.

[8] BGH NJW 1992, 1107, 1107 (zu § 9 AGBG). Auch in dieser Entscheidung lässt der BGH offen, ob ein Verstoß gegen § 11 Nr. 2 AGBG (§ 309 Nr. 2) in Verbindung mit § 7 AGBG (§ 306 a) in Betracht komme, da die Klausel jedenfalls als unangemessen eingestuft werden müsse.

[9] So tendenziell auch OLG Celle NJW-RR 1995, 1465, 1465 (zu § 9 AGBG): Vieles spreche für die Unwirksamkeit.

[10] BGH NJW 2006, 3134, 3135.

sieht, das mit Erhalt der schriftlichen Reisebestätigung und Aushändigung des Sicherungsscheins 20 % des Reisepreises als Anzahlung fällig werden, ist dabei grundsätzlich nicht zu beabstanden.[1] Unangemessen sind aber auch beim Reisevertrag Klauseln, die das Vergütungsrisiko vollständig oder doch zu wesentlichen Teilen dem Reisenden auferlegen, und zwar auch dann, wenn ein Sicherungsschein ausgehändigt wird.[2] Richtigerweise wird man davon ausgehen müssen, dass schon Anzahlungen von mehr als 20 % regelmäßig nicht wirksam in AGB vereinbart werden können. Unwirksam ist eine Klausel in einem **Schneebeseitigungsvertrag**, nach welcher das Entgelt für einen sechsmonatigen Leistungszeitraum vorab zu zahlen ist.[3] Unwirksam ist auch eine Klausel in einem **Telefonbuchvertrag,** der zufolge der Kunde das Entgelt für die Eintragung bereits acht Monate vor dem Erscheinen des Telefonbuchs zu entrichten hat.[4] Nicht beanstandet worden ist dagegen eine Klausel in einem Vertrag über die Spielberechtigung in einer **Tennishalle** für eine Winterrunde, die vorsah, dass 15 % der Gesamtmiete in Höhe von 10.000 DM bereits unmittelbar nach Erhalt der Buchungsquittung und der Rest einen Monat vor Spielbeginn zu zahlen seien.[5] Unwirksam ist aber eine Klausel, die den Zugang zu einer **Wirtschaftsdatenbank** von der Vorauszahlung der gesamten Jahresgebühr abhängig machen will.[6]

3. Einschränkung der Vorleistungspflicht des Verwenders

V 516 **a) Allgemeines.** Denkbar ist auch, dass die AGB des Verwenders eine aufgrund individueller Abrede oder nach dem Gesetz bestehende Vorleistungspflicht des Verwenders durch eine Verpflichtung zur Leistung Zug um Zug ersetzen. Man mag insofern von **„unechten" Vorleistungsklauseln** sprechen, denn eine Vorleistungspflicht soll hierdurch gerade nicht begründet werden. Mit Blick auf die rechtliche Würdigung entsprechender Klauseln ist zu unterscheiden. Eine Klausel, die in Abweichung von einer individualvertraglichen Vereinbarung eine Verpflichtung zur Leistung Zug um Zug vorsieht, scheitert bereits an § 305 b und ist außerdem nach § 307 unwirksam, weil sie geeignet ist, den Verwendungsgegner in die Irre zu führen und von der Geltung seiner Rechte aus der Individualabrede abzuhalten. Schwieriger liegen die Dinge dann, wenn eine Klausel eine nach dem dispositiven Recht bestehende Vorleistungspflicht des Verwenders durch eine Verpflichtung zur Leistung Zug um Zug ersetzt. Entsprechende Klauseln sind ebenfalls an § 307 zu messen.[7] Allerdings lässt sich die Frage nach ihrer Angemessenheit nicht pauschal beantworten. Vielmehr ist jeweils eine **Abwägung der beiderseitigen Interessen** erforderlich. Wie im Falle echter Vorleistungsklauseln[8] bedarf es eines **sachlichen Grundes,** um die Abweichung von einer im Gesetz vorgesehenen Vorleistungspflicht des Verwenders zu rechtfertigen. Auch gilt ebenso wie im Falle echter Vorleistungsklauseln, dass die Klausel in Bezug auf die Höhe der verlangten Zahlung und den Zeitpunkt der Zahlung den **Grundsatz der Verhältnismäßigkeit** wahren muss.[9] Darüber hinaus wird man als generelle Leitlinie festhalten können, dass

---

[1] BGH NJW 2006, 3134, 3136. A.A. *Staudinger* NJW 2006, 3136, 3136.
[2] BGH NJW 2006, 3134, 3134 (Leitsatz).
[3] KG NJW-RR 1994, 1266, 1267 (zu § 9 AGBG).
[4] Nicht abschließend geklärt in BGH NJW-RR 2003, 834, 836 (zu § 9 AGBG). Wie hier aber *Palandt/Grüneberg* § 309 Rz 13.
[5] OLG Düsseldorf NJW-RR 1999, 1437, 1438 (zu § 11 Nr. 2 AGBG).
[6] LG Aachen NJW-RR 1994, 60, 60 (zu § 9 AGBG).
[7] A. A. LG Konstanz BB 1981, 1420, 1421: Anwendung von § 8 AGBG (§ 307 III 1).
[8] Vgl. insofern Rz V 506 ff.
[9] Vgl. Rz V 515.

eine unechte Vorleistungsklausel zumindest dann zulässig ist, wenn auch eine echte Vorleistungsklausel gerechtfertigt wäre, denn die echte Vorleistungsklausel, die den Verwendungsgegner mit dem Risiko der Insolvenz des Verwenders belastet, ist für den Verwendungsgegner regelmäßig gefährlicher als die unechte Vorleistungsklausel, die mit der Anordnung einer Leistung Zug um Zug lediglich dazu führt, dass der Verwender nicht länger das Risiko der Insolvenz des Verwendungsgegners tragen muss. Im Übrigen gelten folgende Grundsätze:

b) Absicherung erbrachter Leistungen. Grundsätzlich zulässig sind Klauseln, die lediglich darauf abzielen, die Vorleistungspflicht des Verwenders dadurch einzuschränken, dass eine Pflicht zu **Abschlagszahlungen** für bereits erbrachte Leistungen vorgesehen wird.[1] Im Sonderfall, dass beim Werkvertrag eine Abschlagszahlung für in sich abgeschlossene Teile des Werks verlangt wird, ergibt sich dies bereits aus § 632 a, so dass entsprechende Klauseln nach § 307 III 1 der Inhaltskontrolle entzogen sind. Doch sollte man die formularmäßige Vereinbarung einer Pflicht von Abschlagszahlungen für erbrachte Leistungen generell zulassen, also nicht nur dann, wenn es um in sich abgeschlossene Leistungen geht und auch nicht nur im Falle des Werkvertrages. Allerdings ist in diesem Zusammenhang auch die Wertung des § 632 a S. 3 zu berücksichtigen, dem zufolge der Anspruch auf Leistung von Abschlagszahlungen nur besteht, wenn dem Besteller Eigentum an den Teilen des Werkes, an den Stoffen oder Bauteilen übertragen oder Sicherheit hierfür geleistet wird. Diese Vorschrift bringt zum Ausdruck, dass dem Besteller eine Abschlagszahlung zur Absicherung des Unternehmers nur dann zumutbar ist, wenn er nicht selbst ungesichert bleibt. Eine unechte Vorleistungsklausel kann dementsprechend nur mit dem Gedanken der Absicherung erbrachter Leistungen gerechtfertigt werden, wenn aufgrund der Gestaltung der Klausel oder nach der Natur der zu erbringenden Leistung sichergestellt ist, dass der Besteller mit Blick auf die Abschlagszahlungen hinreichend gesichert ist. Dies ist entsprechend der Regelung des § 632 a S. 3 insbesondere dann anzunehmen, wenn der Besteller Eigentum an den bereits erbrachten Teilen des Werkes erwirbt oder wenn die Klausel den Anspruch auf die Abschlagszahlung davon abhängig macht, dass der Unternehmer Sicherheit leistet. Besonderheiten gelten für Abschlagszahlungen im Falle des **Bauträgervertrages** sowie für andere Verträge, die in den Anwendungsbereich der MaBV fallen.[2] **V 517**

c) Vermögenslage des anderen Teils. Von besonderer praktischer Relevanz sind solche Klauseln, die die Vermögenslage des anderen Teils zum Anlass nehmen, eine nach dem Gesetz bestehende Vorleistungspflicht zugunsten des Verwenders abzubedingen. **V 518**

aa) Die Regelung des § 321. Das dispositive Recht regelt diese Problematik bekanntermaßen in § 321. Nach § 321 I 1 kann derjenige, der aus einem gegenseitigen Vertrag zur Vorleistung verpflichtet ist, die ihm obliegende Leistung verweigern, wenn nach Abschluss des Vertrages erkennbar wird, dass sein Anspruch auf die Gegenleistung durch mangelnde Leistungsfähigkeit gefährdet wird. § 321 II 1 erweitert diese Regelung um ein Rücktrittsrecht. Namentlich kann der Vorleistungspflichtige eine angemessene Frist bestimmen, in welcher der andere Teil die Leistung Zug um Zug zu bewirken oder Sicherheit zu leisten hat. Von dieser Regelung wird nicht nur der Fall erfasst, dass die Vermögensverschlechterung nachträglich eingetreten ist, sondern darüber hinaus der Fall, dass sie von Anfang an bestand, aber erst nachträglich bekannt geworden ist.[3] **V 519**

---

[1] So wohl auch *von Westphalen,* AGB, Vorleistungsklauseln, Rz 8.
[2] S. Anh. § 310 Rz B 137–142.
[3] *Palandt/Grüneberg* § 321 Rz 4; *Bamberger/Roth/Grothe* § 321 Rz 7.

V 520 **bb) Erweiterungen des Tatbestands des § 321.** Mit Blick auf die Regelung des § 321 stellt sich zunächst die Frage, ob ein Entfallen der Vorleistungspflicht des Verwenders auch unter weniger strikten Bedingungen angeordnet werden kann. Insofern ist jedoch Zurückhaltung geboten. Entsprechende Klauseln sind grundsätzlich als unangemessen einzustufen.[1] Stets unwirksam sind beispielsweise solche Klauseln, die ein Rücktrittsrecht schon dann gewähren, wenn lediglich Verdachtsgründe für die Kreditunwürdigkeit des Kunden gegeben sind.[2] Gleiches gilt, wenn das Rücktrittsrecht schon für den Fall einer **negativen Kreditauskunft** gewährt wird.[3] Gemäß § 307 unwirksam ist auch eine Klausel, nach der die Vorleistungspflicht des Verwenders bei fehlender Bonität des anderen Teils auch dann entfällt, wenn die fehlende finanzielle Leistungsfähigkeit schon bei Vertragsschluss erkennbar war und seitdem auch keine wesentliche Verschlechterung eingetreten ist. Denn mit der Vorleistungspflicht übernimmt der Verwender nun einmal das Bonitätsrisiko der anderen Partei, und dieses Risiko spiegelt sich vielfach in den Konditionen eines Vertrages wider. Auch ist zu bedenken, dass gerade Kunden mit geringem finanziellem Spielraum zur Auswahl von Lieferanten neigen, die zur Eingehung einer Vorleistungspflicht bereit sind. Eine Klausel, die es dem Verwender erlaubt, sich seiner Vorleistungspflicht zu entledigen, obwohl sich das erkennbare Bonitätsrisiko nicht verändert hat, würde es dem Verwender ermöglichen, das Gleichgewicht von Leistung und Gegenleistung nachträglich zu verschieben. Unwirksam ist auch die Bestimmung, wonach das Leistungsverweigerungsrecht schon bei **Zahlungsverzug** mit Forderungen des Verwenders aus anderen Rechtsverhältnissen oder bei nicht termingerechter Einlösung von Wechseln oder Schecks eintreten soll.[4] Wirksam ist aber z.B. eine Klausel, die die Vorleistungspflicht des Verwenders dann entfallen lässt, wenn der andere Teil über die seine Kreditwürdigkeit bedingenden Tatsachen falsche Angaben gemacht hat.[5] Zu Klauseln, die im Falle **falscher Angaben** Lösungsrechte gewähren, siehe schon § 308 Nr. 3 Rz 74.

V 521 **cc) Veränderung der Rechtsfolgen des § 321.** § 321 I gewährt dem Verwender ein Leistungsverweigerungsrecht, und § 321 II erlaubt es dem Verwender, dass er dem anderen Teil eine Frist setzt, entweder Sicherheit oder Zug um Zug zu leisten. Klauseln, die diese Rechtsfolgen zulasten des Verwendungsgegners modifizieren, sind an § 307 zu messen.

V 522 **α) Geschützte Forderungen.** Das Leistungsverweigerungsrecht des § 321 I kann grundsätzlich wirksam dahin erweitert werden, dass es besteht, so lange der Schuldner nicht auch alle anderen Forderungen aus demselben rechtlichen Verhältnis im Sinne von § 273 erfüllt hat.[6] Nach § 307 II Nr. 1 unwirksam ist dagegen eine Klausel, die das Leistungsverweigerungsrecht bezüglich aller durchsetzbarer For-

---

[1] S. schon § 308 Nr. 3 Rz 80. Vgl. auch *Ulmer/H. Schmidt* § 308 Nr. 3 Rz 15: Klausel muss sich möglichst nahe an §§ 321, 323 halten.

[2] *Palandt/Grüneberg* § 308 Rz 17. Vgl. auch BGH, 1220, 1221 (zu § 9 AGBG), der mit Blick auf eine Klausel, die schon begründete Zweifel an der Kreditwürdigkeit für die Beseitigung der Vorleistungspflicht genügen lässt, ausführt, dass „[s]chon diese Abweichung vom dispositiven Recht [...] möglicherweise zur Annahme der Unangemessenheit der Klausel führen [kann]." Ein Teil des Schrifttums hält es dagegen für zulässig, dass die Klausel an das Vorliegen begründeter Zweifel anknüpft. S. insbesondere *von Westphalen,* AGB, Vorleistungsklauseln, Rz 12.

[3] I. E. ebenso *Palandt/Grüneberg* § 308 Rz 17; *Erman/Roloff* § 308 Rz 21.

[4] BGH NJW 1985, 1220, 1221 (zu § 9 AGBG).

[5] Zur Zulässigkeit der Vereinbarung eines Rücktrittsrechts für diesen Fall siehe § 308 Nr. 3 Rz 74. Vgl. auch OLG München NJW-RR 2002, 212, 212: Zulässigkeit einer Klausel, die dem Verwender für den Fall falscher Angaben des Verwendungsgegner über die dessen Kreditwürdigkeit bedingenden Tatsachen ein Rücktrittsrecht einräumt, „es sei denn, der Käufer leistet unverzüglich Vorauskasse".

[6] Diese Frage letztlich offen lassend BGH NJW 1985, 1220, 1221 (zu § 9 AGBG).

derungen gewährt, ohne darauf abzustellen, ob diese auf demselben rechtlichen Verhältnis beruhen.[1] Dies gilt auch im unternehmerischen Verkehr.[2] Erst recht unwirksam ist eine Klausel, wonach das Leistungsverweigerungsrecht besteht, bis alle „offenen" Forderungen erfüllt sind, da der Vertragspartner dadurch auch zur Erfüllung noch nicht fälliger, bereits verjährter oder sonst einredebehafteter Forderungen gezwungen wäre.[3]

β) **Möglichkeit zur Sicherheitsleistung.** § 321 II gewährt dem anderen Teil ein Wahlrecht, entweder die Leistung Zug um Zug gegen Erbringung der Gegenleistung zu erbringen oder Sicherheit zu leisten. Eine Klausel, die dieses Wahlrecht beseitigt und stattdessen nur eine Pflicht zur Leistung Zug um Zug vorsieht, wird man als unwirksam einstufen müssen.[4] Denn durch die Sicherheitsleistung des anderen Teils ist der Verwender hinreichend geschützt. Ein schutzwürdiges Interesse des Verwenders, auch im Falle erfolgter Sicherheitsleistung zu einer Leistung Zug um Zug überzugehen, ist nicht erkennbar. **V 523**

γ) **Pflicht zur Sicherheitsleistung.** Schwieriger sind solche Klauseln zu beurteilen, die das in § 321 II vorgesehene Wahlrecht des Verwendungsgegners durch ein Recht des Verwenders auf Sicherheitsleistung ersetzen. **V 524**

αα) Entsprechende Klauseln sind in aller Regel unangemessen, wenn sie auch für den Fall Geltung beanspruchen, dass die Leistung des Verwenders bereits fällig ist und die Schuld des anderen Teils ohne die Klausel auch erfüllbar wäre. Denn in diesem Falle hat der Verwender kein schutzwürdiges Interesse daran, auf Sicherheitsleistung statt Leistung Zug um Zug zu pochen. **V 525**

ββ) Demgegenüber sind entsprechende Klauseln grundsätzlich wirksam, wenn sie nur in solchen Fällen gelten soll, in denen die Erfüllbarkeit der Forderung des Verwendungsgegners auch unabhängig von der konkreten Klausel noch nicht besteht. Dem liegt folgende Überlegung zugrunde: Eine Klausel, die die Erfüllbarkeit der Forderung des Verwenders entgegen der Regel des § 271 II hinausschiebt, ist nur dann mit § 307 vereinbar, wenn der Verwender ein schutzwürdiges Interesse daran hat, die Leistung des anderen Teils noch nicht sofort entgegenzunehmen. Folglich kommt ein Aufschub der Erfüllbarkeit nur dann in Betracht, wenn dieser entweder Gegenstand einer Individualabrede ist oder wenn der Verwender ein schutzwurdiges Interesse an einem solchen Aufschub hat. In beiden Fällen wäre es aber unbillig, wenn der Verwender im Falle einer Vermögensverschlechterung vor die Wahl gestellt werden könnte, entweder das Risiko der Insolvenz des Verwendungsgegners zu tragen[5] oder eine ihm ungelegene frühzeitige Erfüllung hinzunehmen. Dementsprechend hat der Verwender unter den genannten Voraussetzungen ein schutzwürdiges Interesse daran, das in § 321 II vorgesehene Wahlrecht des Verwendungsgegners durch eine Pflicht des Verwendungsgegners zur Sicherheitsleistung zu ersetzen. **V 526**

γ) Grundsätzlich wirksam sind auch solche Klauseln, die das in § 321 II vorgesehene Wahlrecht für den Fall durch eine Pflicht zur Sicherheitsleistung ersetzen, dass die Voraussetzungen des § 321 II vor Fälligkeit der Forderung des Verwendungsgeg- **V 527**

---

[1] BGH NJW 1985, 1220, 1221 (zu § 9 AGBG).

[2] BGH NJW 1985, 1220, 1221 (zu § 9 AGBG).

[3] BGH NJW 1985, 1220, 1221 (zu § 9 AGBG).

[4] S. § 308 Nr. 3 Rz 80.

[5] Der Verwender ist zwar insofern geschützt, als er seine eigene Leistung noch nicht erbracht hat und infolge des Leistungsverweigerungsrechts nach § 321 I auch nicht erbringen muss. Dieser Schutz ist aber unvollkommen, weil die eigene Leistung erstens nicht anders verwendbar sein mag und der Verwender sich zweitens gerade deshalb auf den Vertrag eingelassen haben wird, weil die Erbringung seiner eigenen Leistung für ihn weniger belastend ist als der Verzicht auf die Gegenleistung.

ners eintreten. Denn ansonsten würde man zu dem wenig überzeugenden Ergebnis gelangen, dass der Verwender entweder zu einem früheren als dem vorgesehenen Zeitpunkt leisten muss, wozu er gar nicht in der Lage sein mag, oder gezwungen ist, das Risiko der Insolvenz des Verwendungsgegners zu tragen.

V 528 δ) **Fristsetzung.** § 321 II macht die Verpflichtung zur Sicherheitsleistung beziehungsweise zur Leistung Zug um Zug von einer Fristsetzung durch den Verwender abhängig. Gemäß § 321 II 3 findet § 323 entsprechende Anwendung, so dass die Fristsetzung in den Fällen des § 323 II entbehrlich ist. Eine Klausel, die sich darauf beschränkt, auf das Fristsetzungserfordernis nur in solchen Fällen zu verzichten, in denen es auch nach dem Gesetz nicht besteht, ist schon wegen § 307 III 1 nicht zu beanstanden. Besonders hervorzuheben ist, dass auf die Fristsetzung nach §§ 321 II 3, 323 II Nr. 1 verzichtet werden kann, wenn der andere Teil die von ihm geschuldete Leistung ernsthaft und endgültig verweigert hat. Zum Teil wird weitergehend gefordert, der andere Teil müsse sowohl die Leistung als auch die Sicherheitsleistung ernsthaft und endgültig verweigert haben.[1] In der Tat mag eine solche Interpretation nahe liegen, weil der Verwendungsgegner im Falle des § 321 II 1 die Wahl zwischen Leistung Zug und Zug und Sicherheitsleistung hat. Indessen ist zu berücksichtigen, dass eine ernsthafte und endgültige Erfüllungsverweigerung schon nach § 323 IV, also unabhängig von einer Verschlechterung der Vermögensverhältnisse, zum Rücktritt berechtigt.[2] Die Tatsache, dass zur ernsthaften und endgültigen Erfüllungsverweigerung noch eine Gefährdung der Leistungsfähigkeit im Sinne des § 321 I hinzukommt, kann aber nicht zu einer Einschränkung des nach § 323 IV gegebenen Rücktrittsrechts führen. Um Widersprüche zwischen beiden Vorschriften zu vermeiden, sollte man daher auch die Verweisung des § 321 II 3 auf § 323 dahingehend verstehen, dass die endgültige und ernsthafte Verweigerung der Erfüllung zum Rücktritt berechtigt.

V 529 γγ) **Abbedingung in anderen Fällen.** Eine Abbedingung des Fristsetzungserfordernisses in solchen Fällen, in denen die Fristsetzung nicht schon nach dem Gesetz entbehrlich ist, verstößt gegen § 309 Nr. 4. Allerdings wird man eine Abbedingung des in § 321 vorgesehenen Fristsetzungserfordernisses im unternehmerischen Verkehr noch hinnehmen können.[3]

V 530-540 δδ) **Andere Modifikationen.** Zu anderen Modifikationen des § 321 siehe § 308 Nr. 3 Rz 80.

*

Wärmemessdienste

W 1 Wärmemessdienste übernehmen es, den individuellen, auf die einzelne Wohnung bezogenen Verbrauch von Heiz- und Warmwasserkosten festzustellen und abzurechnen. Neben dem Kauf oder der Miete der einzelnen Messgeräte ist der Messvertrag im eigentlichen Sinne mit der Verbrauchsfeststellung und der Kostenabrechnung als **Werkvertrag** einzuordnen, der damit auch als hauptsächliches Leitbild für die Inhaltskontrolle nach § 307 I, II zu Grunde zu legen ist.[4]

W 2 Klauseln, die beim Kauf oder der Miete der Messgeräte zugleich eine Verbindung mit anderen Verträgen, z. B. den Abschluss eines Wartungsvertrags vorsehen, sind in der Regel nach § 305 c I überraschend und deshalb unwirksam. Auch der Ab-

---

1 So z.B. *Palandt/Grüneberg* § 321 Rz 9. Wie hier aber *Bamberger/Roth/Grothe* § 321 Rz 11.
2 S. *Palandt/Grüneberg* § 323 Rz 23.
3 S. § 309 Nr. 4 Rz 66.
4 A.A. AG Mainz, NJW-RR 1998, 732; *Ulmer/Brandner/Christensen* § 309 Nr. 9 Rz 9: Dienstvertrag.

schluss des eigentlichen Messvertrags muss deutlich neben dem Kauf oder der Miete der Messgeräte hervorgehoben werden. Ebenso muss beim Abschluss des Messvertrags klar erkennbar sein, ob die Messgeräte gekauft oder gemietet sind. Im Zweifel ist von einem Kauf auszugehen, womit dem Kunden die installierten Messgeräte bei Vertragsbeendigung verbleiben.

Der Messvertrag ist ein **Dauerschuldverhältnis,** für dessen **Laufzeit** § 309 Nr. 9 zu beachten ist. Eine **Rücktrittsklausel,** die der Messfirma einen Ausstieg aus dem Vertrag bei aufwendiger Montage erlaubt, ist zu unbestimmt und entspricht nicht den Anforderungen von § 308 Nr. 3.[1] **W 3**

Haftungsklauseln dürfen die Haftung für leichte Fahrlässigkeit nicht ausschließen, soweit Kardinalpflichten betroffen sind.[2] Zu den Kardinalpflichten gehören insbesondere auch die Pflichten zum korrekten Ablesen und Einstellen des Verbrauchs. Eine Klausel, die für Wasserschäden, gleich welchen Ursprungs, den Kunden allein auf die Regulierung durch seine Versicherung verweist, ist nach § 309 Nr. 7 unwirksam, weil sie jegliche Haftung des Messdienstes ausschließt. Unwirksam ist auch die Auferlegung einer Entgeltpflicht für einen zweiten Ablesetermin des Wärmedienstes durch AGB, insbesondere, wenn diese nicht den Auftraggeber des Wärmemessdienstes, sondern unmittelbar den Mieter bzw. sonstigen Wohnungsnutzer verpflichten sollen.[3] **W 4–10**

*

Wartungsverträge, Wartungsklauseln

Inhaltsübersicht

Schrifttum: *A. Schmidt,* Wartungsverträge, 2003; *J. Strauß,* Langfristige Laufzeitklauseln in vorformulierten Verträgen über technische Anlagen, NJW 1995, 697; *W. Löwe,* Langfristige Laufzeitklauseln in vorformulierten Verträgen über technische Anlagen, NJW 1995, 1726.

1. Allgemeines

Durch den Wartungsvertrag, der zumeist über technisch hochwertige und langlebige Güter abgeschlossen wird, verpflichtet sich ein Unternehmer, das Gerät zu überprüfen, die erforderlichen Einstellarbeiten für ein optimales Funktionieren vorzunehmen und gegebenenfalls anfallende Reparaturen durchzuführen. Der Wartungsvertrag ist damit ein gemischter Vertrag. Welchem Vertragstyp er hauptsächlich zuzuordnen ist, hängt von der genauen Gestaltung der dem Unternehmer auferlegten Pflichten ab.[4] **W 11**

In der Regel übernimmt der Unternehmer die Pflicht, das Gerät funktionsfähig zu halten. In diesem Falle ist die **Funktionsfähigkeit des Geräts als Erfolg** ge- **W 12**

[1] S. auch *Ulmer/Brandner/Christensen* § 308 Nr. 3 Rz 12.
[2] S. § 309 Nr. 7 Rz 60.
[3] LG München NJW-RR 2001, 1638.
[4] Zutreffend MünchKomm/*Busche* § 631 Rz 283.

schuldet, es überwiegen dann **werkvertragliche Elemente.** Gleiches gilt, wenn vorrangig das Gelingen bestimmter Reparaturen oder bestimmter Kontrollen geschuldet ist.[1] Entsprechende Verträge sind deshalb grundsätzlich am Recht des Werkvertrags zu überprüfen.[2]

W 13 Denkbar ist aber auch eine vorrangig **dienstvertragliche Ausgestaltung** des Vertrages, wenn nämlich die fortlaufende Erbringung bestimmter **Serviceleistungen** im Vordergrund steht.[3] Eine Wartungspflicht kann sich zudem auch aus einem Mietvertrag ergeben.[4] Ein Wartungsvertrag kann ferner als **Versicherungsvertrag** ausgestaltet sein.[5] Auch die Dauer des Vertrages kann unterschiedlich geregelt sein. Der Wartungsvertrag kann für eine einmalige Wartung, aber auch als Dauer-Wartungsvertrag geschlossen werden.

2. Preisklauseln

W 14 Soweit es sich bei Wartungsverträgen um Dauerschuldverhältnisse handelt, der Leistungsumfang also wesentlich von der Vertragsdauer bestimmt wird, sind Preisklauseln nicht an § 309 Nr. 1 zu messen. Doch sind sie der Inhaltskontrolle nach § 307 unterworfen. Diesbezüglich kann auf die an anderer Stelle gemachten Ausführungen verwiesen werden.[6] Im Folgenden seien daher nur beispielhaft einige Klauseln hervorgehoben. Eine **Vergütung nach Stunden** kann auch bei einem als Werkvertrag angestalteten Wartungsvertrag (s. Rz W 12) ohne Verstoß gegen die Erfolgsbezogenheit des Werkvertrags wirksam vorgesehen werden.[7] Unwirksam ist aber bei einem Werkvertrag eine Klausel „angefangene Stunden werden als volle Stunden berechnet", da, wenn kein Gesamtpreis vereinbart ist, grundsätzlich nur der wahre Aufwand berechnet werden darf.[8] Die Klausel „Bei der Berechnung von Fahrtweg und Fahrzeit wird grundsätzlich von einem Einsatz des Technikers ab seiner Geschäftsstelle ausgegangen" kann unter Berücksichtigung des § 305 c II als Tatsachenfiktion verstanden werden und verstößt daher gegen § 309 Nr. 12, da diese Vorschrift nach richtiger Auffassung auch Fiktionen verbietet.[9] Wirksam ist die Klausel „Fahrzeiten gelten als Arbeitszeiten".[10] Eine Klausel des Inhalts „Kfz-Kostenanteil pro Anfahrt pauschal [. . .] DM" ist der Inhaltskontrolle nach § 307 III 1 entzogen.[11]

3. Leistungsklauseln

W 15 Zu Klauseln, die es dem Verwender erlauben, die vereinbarte Leistung nachträglich abzuändern kann grundsätzlich auf die Ausführungen zu § 308 Nr. 4 verwiesen

---

[1] MünchKomm/*Busche* § 631 Rz 284; ähnlich auch *Ulmer/Christensen* Anh. § 310 Rz 1025.

[2] S. auch BGHZ 91, 316, 320 = NJW 1984, 2160, 2160 (Anwendung des Werkvertragsrechts auf einen Vertrag über eine einmalige Wartungsleistung); a. A. *Beise* DB 1979, 1214: Dienstvertrag; *H. P. Löwe* CuR 1987, 219: analoge Anwendung von Mietrecht.

[3] S. z. B. BGH NJW-RR 1997, 942, 943: Einstufung eines Wartungsvertrages über eine Telefonanlage mit der Pflicht zur fortlaufenden Erbringung von Serviceleistungen als Dienstleistungsvertrag.

[4] S. OLG Hamm BB 1987, 1975.

[5] BGH NJW-RR 1988, 819, 820.

[6] S. § 309 Nr. 1 Rz 90 ff.

[7] OLG Stuttgart NJW-RR 1991, 252, 252 (zu § 9 AGBG).

[8] *Ulmer/Christensen* Anh. § 310 Rz 1027; *Palandt/Heinrichs* § 307 Rz 166. Tendenziell kritisch zu einer entsprechenden Klausel auch BGHZ 91, 316, 317 (zu § 9 AGBG). a. A. aber OLG Frankfurt ZIP 1983, 702, das § 8 AGBG (§ 307 III 1) anwendet.

[9] Vgl. § 309 Nr. 12 Rz 20. Bedenken gegen die Wirksamkeit auch bei BGH NJW 1984, 2160, 2161 = BGHZ 91, 316; *Ulmer/Christensen* Anh. § 310 Rz 1027. Für Wirksamkeit aber OLG Frankfurt ZIP 1983, 702, 703 (zum AGB-Gesetz).

[10] A. A. BGH NJW 1984, 2160, 2161 (zu § 9 AGBG). Kritisch zu dieser Entscheidung z. B. *Ulmer/Christensen* Anh. § 310 Rz 1027.

[11] BGH NJW 1992, 688, 689 (zu § 8 AGBG).

werden. Die Klausel „Nach Wahl ... werden Neuteile oder Austauschteile eingesetzt" ist nach § 308 Nr. 4 unwirksam, da sie dem Werkunternehmer ein freies Bestimmungsrecht gewährt.[1]

a) Leistungszeit. Eine Klausel in einem Wartungsvertrag für ein Kopiergerät, nach welcher der Unternehmer die bei ordnungsgemäßem Gebrauch erforderliche Wartung „während der normalen Geschäftszeiten" übernimmt, soll dahingehend zu verstehen sein, dass die geschuldeten Serviceleistungen innerhalb der üblichen Geschäftszeiten entsprechend der gesetzlichen Regelung (§ 271) sofort zu erbringen sind.[2] Dies ist insofern zweifelhaft, als der Unternehmer in der Regel für die Wartung mehrerer Kopiergeräte bei unterschiedlichen Kunden verantwortlich sein wird, was für den Kunden regelmäßig auch erkennbar ist. Aus den Umständen (§ 271 I) ergibt sich daher regelmäßig, dass eine sofortige Leistungserbringung nicht geschuldet ist. Allerdings wird man bei entsprechenden Wartungsverträgen davon ausgehen können, dass die Wartungsleistung innerhalb von zwei bis drei Tagen zu erbringen ist. Setzt die Aufrechterhaltung des Geschäftsbetriebs des Kunden den fehlerfreien Betrieb des Kopiergeräts voraus und ist dies für den Unternehmer erkennbar, so wird man davon ausgehen müssen, dass die Wartungsleistung in Ermangelung abweichender Anhaltspunkte noch am gleichen Geschäftstag geschuldet ist. **W 16**

b) Wartungsversicherung. Im Falle einer Wartungsversicherung kann wirksam vorgesehen werden, dass die Leistungspflicht erst nach einer Wartezeit von 6 Monaten beginnt.[3] Eine Klausel, wonach ohne Rücksicht auf Verschulden Leistungsfreiheit eintritt, wenn die Rechnung nicht innerhalb eines Monats eingereicht wird, ist wegen Verstoßes gegen die Grundgedanken von § 6 III 1 VVG nach § 307 unwirksam.[4] Außerdem ist § 15a VVG zu berücksichtigen. **W 17**

4. Mängelrechte und Haftung

Soweit der Wartungsvertrag im Wesentlichen werkvertragliche Elemente enthält, gilt hinsichtlich der Gewährleistung gegenüber Verbrauchern § 309 Nr. 8 b. Der Kunde muss deshalb insbesondere im Falle des § 309 Nr. 8 b bb auf seine Rechte hingewiesen werden, bei Scheitern der Nacherfüllung zu mindern oder vom Vertrag zurückzutreten. Für die Verjährung der Mängelanspruche gilt § 634 a. Ausschlussfristen für nicht offensichtliche Mängel von weniger als einem Jahr verstoßen gegen § 309 8 b ff. Ein „Ausschluss der Haftung für Schäden jeglicher Art" verstößt gegen § 309 Nr. 7. **W 18**

5. Laufzeit

a) Verbraucher. Für die Laufzeit gilt bei Dauerwartungsverträgen § 309 Nr. 9. Eine zwei Jahre übersteigende Laufzeit ohne Kündigungsmöglichkeit ist deshalb gegenüber Verbrauchern nach § 309 Nr. 9 a generell unwirksam. **W 19**

b) Unternehmer. Im Falle von Verträgen mit Unternehmern sind Laufzeitklauseln an § 307 zu messen. **W 20**

aa) Allgemeines. Bei der insoweit erforderlichen Abwägung hängt das höchstzulässige Maß ebenso wie auch bei anderen Dauerschuldverhältnissen unter anderem davon ab, wie erheblich die Gegenleistungen sind, die der bindende Teil nach **W 21**

---

[1] Für Unwirksamkeit auch OLG Frankfurt ZIP 1983, 702.
[2] LG Gießen NJW-RR 2001, 136, 136.
[3] BGH NJW-RR 1988, 819, 820 (zu § 9 AGBG).
[4] BGH NJW-RR 1988, 819, 820 (zu § 9 AGBG).

dem Vertrag zu erbringen hat.[1] Hohe Entwicklungs- oder Vorhaltekosten, die sich nur bei längerer Vertragsdauer amortisieren, rechtfertigen regelmäßig eine längerfristige Bindung des anderen Teils an den Vertrag.[2] Umgekehrt spricht es gegen die Zulässigkeit einer besonders langen Bindung in einem Wartungsvertrag, wenn der Kunde die Anlage käuflich erwirbt und der Unternehmer daher keine hohen Anfangsinvestitionen tätigen muss. Denn in diesem Falle ist der Unternehmer nicht darauf angewiesen, dass sich seine Investitionen über eine längere Vertragsdauer amortisieren.[3]

W 22 **bb) Wartung von Telefonanlagen.** Besonders umstritten ist die zulässige Höchstdauer von Wartungsverträgen über Telefonanlagen im unternehmerischen Verkehr.[4] Der Bundesgerichtshof hat in einer Entscheidung aus dem Jahre 2002 offen gelassen, ob eine zehnjährige Dauer bei entsprechenden Verträgen generell nach § 307 zu beanstanden ist.[5] Jedenfalls sei eine solche Klausel dann nach § 307 unwirksam, wenn der Kunde die Anlage käuflich erworben habe und wenn die Klausel dem mit der Wartung beauftragen Unternehmer ein Recht zur Preisanpassung gebe, ohne dem Vertragspartner bei Preiserhöhungen ein Lösungsrecht vom Vertrag einzuräumen.[6] Denn in diesem Falle biete die zehnjährige Bindung dem Vertragspartner nicht den Vorteil der Preissicherheit, der den Nachteil der langjährigen Bindung ausgleichen könne.[7] Der BGH hat darüber hinaus klargestellt, dass die Vereinbarung einer Laufzeit von zehn Jahren oder mehr bei Wartungsverträgen über Telefonanlagen (und möglicherweise auch generell bei Wartungsverträgen) zu ihrer Rechtfertigung in der Regel besonderer Umstände auf Seiten des Verwenders bedarf.[8] Richtigerweise wird man davon ausgehen müssen, dass schon eine mehr als fünfjährige Laufzeit bei Wartungsverträgen über Telefonanlagen und vergleichbare Technische Anlagen, insbesondere auch Datenverarbeitungsanlagen, in aller Regel unangemessen im Sinne des § 307 ist. Denn der technische Fortschritt verläuft in den Bereichen der Telekommunikation und Datenverarbeitung mittlerweile so rasant, dass eine zehnjährige Bindung aus Sicht des Kunden eine ganz erhebliche Belastung bedeutet. Nach fünf Jahren ist entsprechendes Gerät in aller Regel veraltet mit der Folge, dass die vom Unternehmer zu erbringende Leistung für den anderen Teil wertlos ist. Sofern im Ausnahmefall ein Bedürfnis für eine längere Bindung besteht, mag diese individualvertraglich vereinbart werden.

6. Kündigung

W 23–30 Da es sich bei Wartungsverträgen um Dauerschuldverhältnisse handelt, sind Klauseln, die dem Verwender eine Lösung vom Vertrag ermöglichen, nicht an § 308 Nr. 3 zu messen. Allerdings können Kündigungsklauseln gegen § 309 Nr. 4 verstoßen. So ist eine Klausel, die dem Verwender im Falle des Leistungsverzuges des Verwendungsgegners ein Recht zu sofortigem Rücktritt einräumt, gemäß

---

[1] BGH NJW 2003, 886, 888 (Wartung einer Telefonanlage).

[2] BGH NJW 2003, 886, 888 (Wartung einer Telefonanlage). Ebenso BGH NJW 2000, 1110, 1113 (Alleinbezugsverpflichtung in einem Tankstellenvertrag).

[3] BGH NJW 2003, 886, 888 (Wartung einer Telefonanlage).

[4] Für die Zulässigkeit einer zehnjährigen Laufzeit bei Verträgen über die Wartung einer Telefonanlage OLG Stuttgart NJW-RR 1994, 952 (zu § 9 AGBG). Zustimmend *J. Strauß* NJW 1995, 697, 698. A.A. aber (zumindest für den Fall, dass der Wartungsvertrag nicht mit einem Mietvertrag über die Anlage einhergeht) *Löwe* NJW 1995, 1726, 1727. Für die Unwirksamkeit einer Zehnjahresklausel in einem Wartungsvertrag über eine gekaufte Telefonanlage auch LG Saarbrücken NJW-RR 2002, 1715, 1715 (zu § 9 AGBG).

[5] BGH NJW 2003, 886, 887 (zu § 9 AGBG).

[6] BGH NJW 2003, 886, 887 (zu § 9 AGBG).

[7] BGH NJW 2003, 886, 887 (zu § 9 AGBG).

[8] BGH NJW 2003, 886, 887 (zu § 9 AGBG).

§ 309 Nr. 4 unwirksam,[1] weil auf die gemäß § 323 I grundsätzlich erforderliche Fristsetzung verzichtet wird. Auch im unternehmerischen Verkehr ist eine entsprechende Klausel unwirksam, wenn nicht besondere Gründe es rechtfertigen, einen Rücktritt ohne vorherige Fristsetzung zuzulassen.[2] Eine Schadenspauschale bei Kündigung des Kunden aus wichtigem Grund ist nach § 307 unwirksam.[3] Die Übertragung der Rechte und Pflichten aus dem Wartungsvertrag auf Dritte ist nur in den Grenzen von § 309 Nr. 10 möglich. Ein wichtiger Grund, der eine außerordentlichen Kündigung eines Wartungsvertrages für ein Kopiergerät rechtfertigt, steht dem Kunden jedenfalls dann zu, wenn die Wartungsleistung nach dem Vertrag sofort geschuldet ist, der Unternehmer seiner Wartungspflicht aber trotz Abmahnung nicht binnen zwei Tagen nachkommt.[4]

*

Werbeverträge

1. Allgemeines

Die Verpflichtung zur Anbringung von Plakaten und Werbetafeln an bestimmten Stellen[5] oder die Anfertigung von Werbematerial, einschließlich bildnerische und graphische Gestaltung,[6] Werbesprüche und Werbefilme, gegen Entgelt begründet einen Werkvertrag. Dieser Charakter des Werbevertrages als Werkvertrag steht der Aufnahme einer Vorleistungsklausel in den Allgemeinen Geschäftsbedingungen entgegen.[7] Zur Adressenüberlassung s. Rz A 41 ff.; zum Anzeigenauftrag Rz A 151 ff. **W 31**

2. Einzelne Klauseln

Für die Laufzeit von Werbeverträgen gilt § 309 Nr. 9. Die Laufzeit kann durch Ausfüllen von Leerstellen in einem Formular frei ausgehandelt sein und kann dann zwei Jahre übersteigen.[8] **W 32–40**

*

Widerrufsbelehrung

Inhaltsübersicht

Schrifttum: *Masuch,* Musterhafte Widerrufsbelehrung des Bundesjustizministeriums?, NJW 2002, 2931.

---

1 BGH NJW-RR 1988, 819, 821 (zu § 11 Nr. 4 AGBG).
2 S. § 309 Nr. 4 Rz 62 ff.
3 BGH NJW-RR 1988, 819, 821 (zu § 9 AGBG).
4 LG Gießen NJW-RR 2001, 136, 137.
5 Dazu BGH NJW 1984, 2406; BGH NJW 1998, 1066.
6 Zu Firmenlogo OLG Düsseldorf NJW-RR 1991, 120.
7 OLG Koblenz OLGR 1999, 145.
8 BGH NJW 1998, 1066.

1. Allgemeines

W 41 Das Gesetz räumt dem Verbraucher (§ 13) in verschiedenen Fällen ein Widerrufsrecht nach § 355 ein.[1] Zu nennen sind in diesem Zusammenhang die §§ 312 (Haustürgeschäft), 312d (Fernabsatzvertrag), 485 (Teilzeit-Wohnrechteverträge), 495 (Verbraucherdarlehensvertrag) BGB sowie § 4 FernUSG (Fernunterrichtsschutzgesetz). Gemäß § 355 I 2 beträgt die Widerrufsfrist zwei Wochen. Die Frist beginnt allerdings nach § 355 II 1 erst zu dem Zeitpunkt, in welchem dem Verbraucher eine deutlich gestaltete Belehrung über sein Widerrufsrecht in Textform mitgeteilt worden ist. Der Verbraucher hat einen Anspruch auf eine ordnungsgemäße Belehrung;[2] es handelt sich also nicht nur um eine bloße Obliegenheit des Unternehmers.[3] Wird die Belehrung erst nach Vertragsschluss mitgeteilt, so beträgt die Frist nach § 355 II 2 nicht zwei Wochen, sondern einen Monat. Zwar bestimmt § 355 III 1, dass Widerrufsrecht grundsätzlich spätestens sechs Monate nach Vertragsschluss erlischt. Allerdings kommt ein Erlöschen der Frist gemäß § 355 III 2 dann nicht in Betracht, wenn der Verbraucher nicht ordnungsgemäß über sein Widerrufsrecht belehrt worden ist.

2. Anforderungen an die Widerrufsbelehrung

W 42 Mit Blick auf die Anforderungen an die Widerrufsbelehrung ist zu differenzieren.

W 43 **a) Form.** Mit Blick auf die Form ist vorgeschrieben, dass die Belehrung in Textform erfolgen muss, § 355 II 1.

W 44 **b) Inhalt.** Auch mit Blick auf den Inhalt der Widerrufsbelehrung stellt das Gesetz eine Reihe von Anforderungen auf.

W 45 **aa) Die gesetzlichen Anforderungen.** (1) Die Widerrufsbelehrung muss dem Verbraucher entsprechend den Erfordernissen des eingesetzten Kommunikationsmittels seine **Rechte** deutlich machen, § 355 II 1. Dazu gehört, dass der Verbraucher erkennen kann, dass ihm ein Widerrufsrecht eingeräumt wird, dass er nach eigenem Belieben ausüben kann.[4] Auch eine Belehrung, die allein die Pflichten des Verbrauchers wiedergibt, wird den Anforderungen des Gesetzes nicht gerecht.[5]

W 46 (2) Die Widerrufsbelehrung muss auch einen Hinweis auf die Regelung des § 355 I 2 enthalten, § 355 II 1. Sie muss also darauf hinweisen, dass der Widerruf binnen zwei Wochen gegenüber dem Unternehmer zu erklären ist, dass für die Fristwahrung die rechtzeitige Absendung genügt, dass der Widerruf in Textform oder durch Rücksendung der Sache zu erklären ist und dass eine Angabe von Gründen nicht erforderlich ist. Eine Belehrung durch Wiedergabe des maßgeblichen Gesetzeswortlauts genügt.[6] Insbesondere muss die Belehrung nicht erklären, was unter der „Textform" zu verstehen ist.[7] Sofern die Belehrung allerdings erst nach

---

[1] Widerrufsrechte, die dem Recht nach § 355 ähnlich sind, finden sich außerdem in § 48c VVG und § 126 InvestmentG.

[2] Dafür, dass eine Pflicht und nicht nur eine Obliegenheit zur ordnungsgemäßen Belehrung besteht, BGH NJW 2007, 357, 360 (zum HWiG und unter Berufung auf das Gebot richtlinienkonformer Auslegung nationalen Rechts) AG Siegburg NJW-RR 2002, 129, 129 (zu § 361a BGB a.F.); *Palandt/Grüneberg* § 355 Rz 13.

[3] So noch BGH NJW 1990, 181, 182 (zum HWiG).

[4] *Palandt/Grüneberg* § 355 Rz 14.

[5] BGH, Urt. v. 12. 4. 2007, Az.: VII ZR 122/06 unter II.3 (zu §§ 312 II, 355 II).

[6] So (zur Belehrung über den Fristbeginn nach dem Verbraucherkreditgesetz) BGH NJW 1998, 540, 541 (zu § 7 VerbrKrG) = LM H.4/1998 § 7 VerbrKrG Nr. 11 m. Anm. *von Rottenburg.*

[7] OLG München NJW-RR 2005, 542, 543.

Vertragsschluss erfolgt, wird man zusätzlich fordern müssen, dass auch auf die Regelung des § 355 II 2 hingewiesen wird.[1]

(3) Die Belehrung muss zudem den Namen und die Anschrift desjenigen enthalten, demgegenüber der Widerruf zu erklären ist, § 355 II 1. Der BGH hat diese Bestimmung in einem Urteil aus dem Jahre 2002 dahingehend ausgelegt, dass die Mitteilung der Hausanschrift nicht erforderlich sei, eine Postfachanschrift vielmehr ausreiche.[2] Wird jedoch zu Zwecken der Widerrufsbelehrung nicht das in der Anlage 2 zur BGB-InfoV enthaltene Muster verwandt, so gebietet BGB-InfoV 14 IV ausdrücklich die Nennung einer ladungsfähigen Anschrift; und auch die Anlage 2 sieht die Nennung der ladungsfähigen Anschrift vor. Das oben erwähnte Urteil des BGH aus dem Jahre 2002 ist daher überholt.[3] Zweifel an der Wirksamkeit von BGB-InfoV 14 IV sind unbegründet.[4] **W 47**

(4) Ferner muss die Belehrung einen Hinweis auf den **Fristbeginn** enthalten, 355 II 1. Hierzu ist allerdings nicht erforderlich, dass das konkrete Kalenderdatum und/oder der Wochentag bezeichnet werden.[5] Vielmehr reicht es aus, wenn die Widerrufsbelehrung „zutreffend und unzweideutig das Ereignis benennt, das nach dem Gesetz den Lauf der Frist auslöst".[6] Im Falle eines Kaufs **auf Probe** ist klarzustellen, dass es sich erst bei der Billigung um das den Lauf der Frist auslösende Ereignis handelt.[7] Aus Transparenzgründen wird man es außerdem für erforderlich halten müssen, dass der Unternehmer in denjenigen Fällen, in denen die Sache dem Käufer zum Zwecke der Probe oder der Besichtigung übergeben worden ist, darauf hinweist, dass der Beginn der Frist keine ausdrückliche Billigung voraussetzt, sondern dass das Schweigen als Billigung gilt (§ 455 S. 2), so dass die Widerrufsfrist mit dem Ablauf der Billigungsfrist beginnt.[8] **W 48**

(5) Erforderlich ist außerdem, dass die Belehrung erkennen lässt, auf welchen Vertrag sie sich bezieht.[9] **W 49**

(6) Im Falle eines Teilzeit-Wohnrechtsvertrags muss die Widerrufsbelehrung zudem gemäß § 485 II die Kosten angeben, die der Verbraucher im Falle des Widerrufs nach § 485 V 2 zu tragen hat. **W 50**

bb) Das Muster in der Anlage 2 zur BGB-InfoV. Den Rechtsfolgen einer inhaltlich unzureichenden Belehrung kann der Unternehmer grundsätzlich dadurch entgehen, dass er das Muster der Anlage 2 zur BGB-InfoV in ordnungsgemäßer Weise ausfüllt und verwendet. Hervorzuheben ist in diesem Zusammenhang, dass das Muster von den Vorgaben des Gesetzes abweicht. [10] Zwar stellt das Muster auf den Erhalt der Belehrung und nicht, wie es wegen § 187 I richtig wäre, auf den Tag nach Erhalt der Belehrung ab.[11] Doch ist dies richtigerweise unschädlich. Denn die insofern missverständliche Formulierung des Musters entspricht der ebenfalls missverständlichen Formulierung des § 355 I. Und es ist nicht zu beanstanden, wenn **W 51**

---

[1] *Palandt/Grüneberg* § 355 Rz 14.
[2] BGH NJW 2002, 2391, 2392.
[3] Zutreffend OLG Koblenz NJW 2006, 919, 920; tendenziell wohl auch *Palandt/Grüneberg* § 355 Rz 14.
[4] Zutreffend OLG Koblenz NJW 2006, 919, 920 f.
[5] BGH NJW 1994, 1800, 1801 (zum AbzG). A.A. OLG Koblenz NJW 1994, 2099, 2100 (zum AbzG).
[6] BGH NJW 1994, 1800, 1801 (zum AbzG); *Palandt/Grüneberg* § 355 Rz 14.
[7] BGH NJW-RR 2004, 1058, 1059.
[8] Ähnlich wohl auch *Palandt/Grüneberg* § 355 Rz 14.
[9] *Palandt/Grüneberg* § 355 Rz 14.
[10] S. z. B. *Masuch* NJW 2002, 2931, 2931 f, *Palandt/Grüneberg* BGB-InfoV 14 Rz 6; MünchKomm/*Ulmer* § 355 Rz 52.
[11] Kritisch daher *Palandt/Grüneberg* BGB-InfoV 14 Rz 6.

der Unternehmer sich an das Gesetz hält. Problematisch ist eine andere Abweichung des Musters in Anlage 2 zur BGB-InfoV.[1] Namentlich gebietet § 355 II 1 nach richtiger Auffassung zumindest die Mitteilung des Ereignisses, welches die Zweiwochenfrist auslöst.[2] Dem wird das Muster mit dem Hinweis, dass die Widerrufsfrist „frühestens mit dem Erhalt dieser Belehrung" beginne, nicht gerecht, zumal wenn nach dem Gesetz erst ein späteres Ereignis die Frist beginnen lässt, wie es z. B. nach § 312 d II, 312 e III 2, 355 II 3 möglich ist. Die in der Literatur[3] geäußerten Bedenken an der Wirksamkeit der entsprechenden Regelung der BGB-InfoV sind daher begründet.[4] Das Gesetz steht nicht zur Disposition des Verordnungsgebers, und es ist auch nicht ersichtlich, dass 245 EGBGB eine Einschränkung des § 355 II 1 ermöglichen soll. Dies bedeutet aber nicht, dass der Unternehmer in seinem Vertrauen auf die Richtigkeit und Vollständigkeit des Musters nicht geschützt werden könnte. Vielmehr ist zu differenzieren. Im Falle eines Kaufes auf Probe ist die Verwendung des Musters unzulässig,[5] weil die Widerrufsfrist in diesem Falle nach dem Gesetz erst mit der Billigung beginnt[6] und das Musterformular darauf nicht hinweist. Der Unternehmer ist in diesem Falle auch nur begrenzt schutzwürdig, weil es sich beim Kauf auf Probe um einen Sonderfall handelt, so dass das Vertrauen in die Vollständigkeit des Musters nicht in gleichem Maße gerechtfertigt ist. In den übrigen Fällen kann man das Vertrauen des Unternehmers dadurch schützen, dass man das Verhalten des Verbrauchers als rechtsmissbräuchlich (§ 242) einstuft, wenn sich der Verbraucher im Falle einer Verwendung des Musters darauf beruft, das Muster entspreche nicht dem Gesetz, obwohl dem Verbraucher durch die Schwächen des gesetzlichen Entwurfes kein konkreter Nachteil entsteht. Denn in diesen Fällen steht der Schaden für den Unternehmer außer Verhältnis zu der bloß abstrakten Gefährdung des Verbrauchers. Anders liegen die Dinge freilich dann, wenn der Verbraucher einen konkreten Nachteil dadurch erleidet, dass das Muster von den gesetzlichen Vorgaben abweicht, z. B. weil sich der Fristbeginn nach § 312 d II verschiebt und der Verbraucher infolge der unzureichenden Belehrung von der Ausübung seines Widerrufsrechts absieht. In diesem Falle ist die Berufung auf die Unrichtigkeit des Musters nicht rechtsmissbräuchlich.[7] Da es sich bei dem Vorwurf rechtsmissbräuchlichen Verhaltens um eine anspruchsvernichtende Tatsache handelt, ist das Fehlen eines konkreten Nachteils vom Unternehmer darzulegen und zu beweisen.

W 52 **c) Gestaltung.** Nach § 355 II 1 muss die Belehrung dem Verbraucher seine Rechte „deutlich machen". Außerdem heißt es in dieser Vorschrift ausdrücklich, dass es sich um eine „deutlich gestaltete" Belehrung handeln muss.

W 53 **aa) Allgemein.** Hervorzuheben ist, dass das Gesetz nicht mehr ausdrücklich auf eine „drucktechnisch" deutliche Gestaltung abhebt. Dies hat seinen Grund aber nicht in einem Streben des Gesetzgebers nach einer Absenkung des Schutzniveaus,

---

[1] Im Schrifttum werden außerdem Bedenken an der im Muster vorgesehenen Rechtsfolgenbelehrung geäußert, soweit es um einen Teilzeit-Wohnrechtevertrag geht, siehe *Palandt/Grüneberg* BGB-InfoV 14 Rz 6.

[2] BGH NJW 1994, 1800, 1801 (zum AbzG); *Palandt/Grüneberg* § 355 Rz 14.

[3] Zweifel an der Wirksamkeit dieser Bestimmung äußern z. B. MünchKomm/*Ulmer* § 355 Rz 52; *Masuch* NJW 2002, 2931, 2932.

[4] Für die Wirksamkeit von BGB-InfoV 14 z. B. aber *Palandt/Grüneberg* BGB-InfoV 14 Rz 6.

[5] Ebenso schon *Palandt/Grüneberg* BGB-InfoV 14 Rz 5.

[6] BGH NJW-RR 2004, 1058, 1059.

[7] Im praktischen Ergebnis ähnlich schon *Palandt/Grüneberg* BGB-InfoV 14 Rz 6: Der Schutz von BGB-InfoV 14 I & II sei zu versagen, wenn sich ein Fehler konkret zum Nachteil des Verbrauchers auswirke.

sondern darin, dass § 355 II 1 mit dem Tatbestandsmerkmal der Textform auch eine Belehrung in Form von Datenträgern wie CDs ermöglicht.[1] Auch nach neuem Recht muss eine Belehrung daher so deutlich hervorgehoben sein, dass der Verbraucher auf sein Widerrufsrecht „unübersehbar hingewiesen" wird.[2] Dies kann z. B. durch Fettdruck, Sperrdruck oder größere Buchstaben geschehen.[3] Die Verwendung kleinerer Schriftzeichen genügt dagegen grundsätzlich nicht, und zwar auch dann nicht, wenn die Belehrung vom übrigen Text durch einen durchgezogenen Strich getrennt ist.[4] Bei der Frage, ob die Anforderungen an die Deutlichkeit gewahrt sind, kommt es allein auf den Zeitpunkt an, zu welchem der Verbraucher von der Belehrung anlässlich ihrer Mitteilung Kenntnis nehmen kann.[5] Dass die Belehrung auf der Rückseite des Vertragsformulars enthalten ist und daher zu einem späteren Zeitpunkt nicht mehr ins Auge sticht, spielt daher keine Rolle.[6] Um die vom Gesetz bezweckte Verdeutlichung des Rechts zum Widerruf nicht zu beeinträchtigen, darf die Widerrufsbelehrung grundsätzlich **keine anderen Erklärungen** enthalten.[7] Damit ist zwar nicht schlechthin jeglicher Zusatz zur Belehrung ausgeschlossen.[8] Vielmehr sind entsprechend dem Zweck der Widerrufsbelehrung solche Ergänzungen zulässig, die ihren Inhalt verdeutlichen[9] und die Belehrung nicht unübersichtlich machen.[10] Unzulässig sind jedoch Erklärungen, die einen eigenen Inhalt aufweisen und weder für das Verständnis noch für die Wirksamkeit der Widerrufsbelehrung von Bedeutung sind und deshalb von ihr ablenken.[11]

bb) Beispiele. Unzulässig ist daher beispielsweise ein Hinweis des Inhalts „Der Lauf der Widerrufsfrist beginnt mit Aushändigung dieser Vertragsurkunde, nicht jedoch, bevor die auf Abschluss des Vertrags gerichtete Willenserklärung vom Auftraggeber abgegeben wurde".[12] Unzulässig ist ferner eine Belehrung, die zwar auf den gesetzlich vorgeschriebenen Beginn der Widerrufsfrist hinweist, aber mit dem Zusatz, „falls nicht zu einem früheren Zeitpunkt belehrt wurde", weil dadurch die Rechtslage für den Kunden unklar wird.[13] Die Belehrung darf aber den zusätzlichen Hinweis enthalten, dass eine dem Besteller eines Zeitschriftenabonnements als Aufmerksamkeit übersandte Telefonkarte auch im Falle eines Widerrufs behalten werden darf.[14] Unschädlich ist auch der Hinweis, dass im Falle des Widerrufs einer Darlehensvertragserklärung auch der Beitritt in eine Fondsgesellschaft nicht wirksam zustande kommt.[15] **W 54**

---

[1] BGH NJW-RR 2003, 1481, 1482.

[2] BGH NJW 1994, 1800, 1801 (zum AbzG); BGH NJW 1996, 1964, 1965 (zum AbzG, HWiG, VerbrKrG).

[3] BGH NJW 1996, 1964, 1965 (zum AbzG, HWiG, VerbrKrG); BGH NJW-RR 1990, 368, 370 (zum AbzG).

[4] BGH NJW 1996, 1964, 1965 (zum AbzG, HWiG, VerbrKrG).

[5] Vgl. BGH NJW-RR 2003, 1481, 1482, wo allerdings, was auf das Gleiche hinausläuft, auf den Zeitpunkt der „Aushändigung" und gegebenenfalls der Unterzeichnung abgestellt wird.

[6] BGH NJW-RR 2003, 1481, 1482.

[7] BGH NJW 2002, 3396, 3398.

[8] BGH NJW 2002, 3396, 3398.

[9] BGH, Urt. v. 24. 4. 2007, Az.: XI ZR 191/06 unter II.2.a) (zu § 2 I 3 HWiG). BGH NJW 2002, 3396, 3398.

[10] BGH, Urt. v. 24. 4. 2007, Az.: XI ZR 191/06 unter II.2.a) zu § 2 I 3 HWiG).

[11] BGH NJW 2002, 3396, 3398.

[12] BGH NJW 2002, 3396, 3398.

[13] OLG Frankfurt NJW-RR 1993, 177, 178 (zum AbzG).

[14] OLG Stuttgart NJW 1994, 3110, 3110 (zum VerbrKrG).

[15] BGH, Urt. v. 24. 4. 2007, Az.: XI ZR 191/06 unter II.2.b) (zu § 2 I 2 HWiG).

W 55 **d) Mitteilung.** § 355 II 1 fordert die Mitteilung der Belehrung. Die Mitteilung setzt voraus, dass der Verbraucher ein Exemplar zu dauerhaftem Verbleib bei ihm erhält.[1]

W 56 **e) Zeitpunkt.** Eine vor Vertragsschluss erteilte Belehrung entspricht nicht den gesetzlichen Erfordernissen.[2] Demgegenüber kann die Belehrung, die beim Vertragsschluss versäumt wurde, später nachgeholt werden, 355 II 2, freilich mit der Folge, dass die Widerrufsfrist frühestens ab dem Zeitpunkt der Belehrung zu laufen beginnt.

3. Die Rechtsfolgen einer unzureichenden Belehrung

57 Genügt die Belehrung den gesetzlichen Vorschriften nicht, so handelt es sich nicht um eine ordnungemäße Belehrung im Sinne des § 355, so dass das Widerrufsrecht des Verbrauchers auch sechs Monate nach Vertragsschluss nicht erlischt, § 355 III 2. Ferner ist eine AGB-Klausel, die eine nicht ordnungsgemäße Belehrung enthält, unangemessen im Sinne des § 307. Die Verwendung einer unzulässigen und irreführenden Widerrufsbelehrung stellt zugleich einen Verstoß gegen § 1 UWG dar.[3]

4. Andere Informationspflichten und -obliegenheiten

58–70 Hervorzuheben ist, dass § 355 und BGB-InfoV 14 die Informationspflichten des Unternehmers keineswegs abschließend regeln. Vielmehr finden sich neben den ungeschriebenen Informationspflichten, die aus dem Gebot von Treu und Glauben folgen, auch zahlreiche weitere ausdrückliche Informationspflichten und Informationsobliegenheiten. Erwähnt seien beispielsweise die §§ 312 d II, 357 III 1. Der Hinweis nach § 357 III 1 unterliegt aber nicht dem in § 355 II 1 aufgestellten Erfordernis einer deutlichen Gestaltung,[4] sondern lediglich den allgemeinen Anforderungen des Transparenzprinzips (§ 307 I 2).

*

Wiederkaufsrecht

Inhaltsübersicht

W 71 **a) Allgemeines.** Der Wiederkauf ist in § 456 geregelt. Aus dieser Vorschrift folgt ebenso wie aus dem allgemeinen Prinzip der Vertragsfreiheit die Möglichkeit des Verkäufers, sich den Wiederkauf der verkauften Sache vorzubehalten.

---

1 *Palandt/Grüneberg* § 355 Rz 20. Für das Erfordernis einer Aushändigung an den Verbraucher BGH NJW 1998, 540, 542, allerdings zum anders lautenden Wortlaut des § 7 VerbrKrG.

2 BGH NJW 2002, 3396, 3398.

3 BGH NJW 2002, 3396, 3398; BGH NJW 1993, 1013, 1014 (zum VerbrKrG und zum HWiG).

4 LG Trier NJOZ 2004, 3887, 3888. Ausdrücklich a.A. aber MünchKomm/*Ulmer* § 357 Rz 33.

b) Überraschungseffekt. Der Vorbehalt des Wiederkaufs ist grundsätzlich überraschend im Sinne des § 305 c I. Denn in regulären Kaufverträgen sind entsprechende Klauseln völlig unüblich. Anders liegen die Dinge dann, wenn ausnahmsweise ein besonderes Interesse an der Vereinbarung eines Wiederkaufsrechts besteht und der Käufer daher mit dem Wiederkaufsrecht rechnen muss. **W 72**

c) Kontrollfähigkeit. Ist das Wiederkaufsrecht in AGB enthalten, so unterliegt die Klausel der AGB-rechtlichen Inhaltskontrolle. § 307 III 1 steht dem nicht entgegen, da sich die Möglichkeit des Wiederkaufs nicht aus dem Gesetz ergibt, sondern besonders vorbehalten werden muss.[1] Auch der Wiederkaufspreis unterliegt grundsätzlich der Inhaltskontrolle. Dies gilt selbst dann, wenn der Wiederkaufspreis mangels einer Festlegung in den AGB gemäß § 456 II mit dem ursprünglichen Kaufpreis identisch ist.[2] Zwar ist die Angemessenheit des ursprünglichen Kaufpreises wegen § 307 III 1 der Kontrolle entzogen. Gleiches muss daher auch für den Wiederkaufspreis gelten, soweit sich dessen Unangemessenheit daraus ergeben soll, dass der Kaufpreis schon zum Zeitpunkt des ursprünglichen Vertragsabschlusses viel zu niedrig gewesen sei und daher auch als unangemessener Wiederkaufspreis eingestuft werden müsse.[3] Demgegenüber bestehen keine Bedenken, eine Angemessenheitskontrolle des Widerkaufspreises insoweit zuzulassen, als sich die Unangemessenheit aus anderen Erwägungen als der angeblichen Unangemessenheit des ursprünglichen Kaufpreises im Zeitpunkt des Abschlusses des ursprünglichen Kaufvertrages ergeben soll. Beispielsweise wird man den Wiederkaufspreis mit Blick auf die Inflation regelmäßig als unangemessen niedrig einstufen müssen, wenn das Widerrufsrecht auch nach langer Zeit noch zum ursprünglichen Kaufpreis ausgeübt werden können soll (s. aber Rz W 79). Besonderheiten gelten im Falle **städtebaulicher Verträge,** wie sie insbesondere im Rahmen des so genannten **Einheimischenmodells** abgeschlossen werden. Siehe dazu Rz W 81–90. **W 73**

d) Angemessenheit. Mit Blick auf die Angemessenheit von Wiederkaufsvorbehalten ist zu differenzieren. **W 74**

aa) Unangemessenheit des Vorbehalts als solchem. Schon der Widerkaufsvorbehalt als solcher kann unangemessen sein. **W 75**

α) Allgemeines. In der Tat wird man im Regelfall von der Unwirksamkeit nach § 307 ausgehen müssen. Zwar lässt sich angesichts der Regelung des § 456 nur schwerlich argumentieren, dass die Vereinbarung eines Widerkaufsrechts gegen § 307 II Nr. 1 verstoße. Doch ergibt sich die Unwirksamkeit im Regelfall aus § 307 II Nr. 2, weil Kaufverträge regelmäßig auf die endgültige Verschaffung von Besitz und Eigentum gerichtet sind und der Käufer mit einem Wiederkaufsrecht des Verkäufers nicht zu rechnen braucht. Nur ausnahmsweise wird man Wiederkaufsrechte als dem Grunde nach angemessen einstufen können, nämlich dann, wenn ein besonderes Interesse des Verwenders an der Vereinbarung eines solchen Rechts bestehen, das Wiederkaufsrecht dem Umfang nach auf das Erforderliche beschränkt ist und keine überwiegenden Interessen des Käufers entgegenstehen. Diese Voraussetzungen können insbesondere dann erfüllt sein, wenn der Verkäufer ein legitimes Interesse daran hat, dass der Käufer mit dem Kaufgegenstand in einer bestimmten Weise umgeht bzw. nicht umgeht und das Wiederkaufsrecht für den Fall vereinbart **W 76**

---

[1] Ebenso i.E. OLG Karlsruhe NJW-RR 1992, 18, 19 (zu § 8 AGBG). Vorsichtiger allerdings OLG Hamm NJW 1996, 2104, 2104 (zu § 8 AGBG): Ein Wiederkaufsklausel sei jedenfalls dann kontrollfähig, wenn sie den Wiederkauf nach vertragsgemäßer Umgestaltung des Kaufgegenstands regele.

[2] OLG Karlsruhe NJW-RR 1992, 18, 20 (zu § 8 AGBG).

[3] Generell für die Kontrollfähigkeit des Wiederkaufpreises dagegen wohl OLG Karlsruhe NJW-RR 1992, 18, 20 (zu § 8 AGBG).

wird, dass die entsprechenden Erwartungen des Verkäufers enttäuscht werden. Dass den Käufer auch eine Pflicht zu einem entsprechenden Umgang mit der Sache trifft, ist nicht zwingend erforderlich, denn im Vergleich zur formularmäßigen Auferlegung einer Pflicht unter gleichzeitiger Vereinbarung eines Wiederkaufsrechts für den Fall der Pflichtverletzung ist die bloße Vereinbarung des Wiederkaufsrechts gleichsam das mildere Mittel.

W 77 β) **Beispiele.** Nicht zu beanstanden ist es z. B., wenn eine Gemeinde beim Verkauf von Grundstücken ein Widerkaufsrecht für den Fall vereinbart, dass diese nicht innerhalb bestimmter angemessener Fristen bebaut werden.[1] Zulässig sind auch Wiederkaufsrechte, die der Absicherung zulässiger Veräußerungsverbote dienen. Beispielsweise haben Neuwagenhändler ein legitimes Interesse daran, die Entstehung eines „grauen Marktes" zu verhindern, so dass ein Verbot, den Wagen noch vor Erhalt weiterzuveräußern, grundsätzlich wirksam ist.[2] Vor diesem Hintergrund kann der Verkäufer in seinen AGB ein Wiederkaufsrecht für den Fall vorsehen, dass der Käufer den Wagen entgegen einem wirksamen Verbot vor Erhalt weiterveräußert.[3] Wirksam ist auch eine Wiederkaufsklausel in einem Kaufvertrag über einen Zuchthund, wenn der Käufer sich verpflichtet, den Hund dem Verkäufer gegen Entgelt zu Zuchtzwecken zu überlassen, und das Wiederkaufsrecht für den Fall vereinbart wird, dass der Käufer dieser Pflicht nicht nachkommt.[4]

W 78 **bb) Ausgestaltung/Wiederkaufpreis.** Darüber hinaus kann sich die Unangemessenheit des Wiederkaufsrechts auch aus der Ausgestaltung der Klausel, insbesondere aus dem Wiederkaufpreis ergeben.[5]

W 79 α) **Allgemeines.** Der Wiederkaufspreis unterliegt der Klauselkontrolle, und zwar selbst dann, wenn er gemäß § 456 II mit dem ursprünglichen Kaufpreis identisch ist (Rz W 73). Insbesondere wird der Wiederkaufspreis häufig dann unangemessen sein, wenn der Kaufgegenstand lange Zeit nach Abschluss des ursprünglichen Kaufvertrages zum gleichen Preis zurückerworben werden kann (Rz W 73). Zwingend ist dies jedoch nicht. Vielmehr kommt es auf die Umstände des jeweiligen Falls an. Ist das Wiederkaufsrecht nur wegen des Wiederkaufspreises unwirksam, so wird die Klausel häufig sprachlich und inhaltlich teilbar sein mit der Folge, dass das Wiederkaufsrecht als solches aufrechterhalten werden kann. In diesem Falle kann wegen § 306 II auf § 456 II zurückgegriffen werden. Erweist sich allerdings auch die Regelung des § 456 II als nicht interessengerecht, ist die Lücke im Wege der ergänzenden Vertragsauslegung zu schließen. Dabei kann sich beispielsweise ergeben, dass die Parteien einen Wiederkauf zum jeweils geltenden Marktpreis vereinbart hätten.

W 80 β) **Beispiele.** Die Festlegung des Wiederkaufspreises auf die Höhe des Kaufpreises ist dann nicht zu beanstanden, wenn dies der Sicherung der Bebauung der von einer **Gemeinde verkauften Grundstücke** dient und dadurch Spekulation und Vorratshaltung verhindert werden sollen.[6] Von der Unwirksamkeit einer entsprechenden Klausel ist selbst dann nicht auszugehen, wenn eine Verzinsung des Kaufpreises in der Zeit zwischen dessen Bezahlung und der Ausübung des Wiederkaufs-

---

[1] OLG Karlsruhe NJW-RR 1992, 18, 29 (zu § 9 AGBG).

[2] BGH NJW 1982, 178, 179 f (zu § 9 AGBG).

[3] So tendenziell auch OLG Köln NJW-RR 1993, 824, 825 (zu § 9 AGBG): „mag [...] wirksam sein". Für die Zulässigkeit der Vereinbarung eines Rücktrittsrechts in diesem Falle BGH NJW 1982, 178, 180 (zu § 9 AGBG).

[4] Offen gelassen in LG Fulda NJW-RR 1993, 886, 887, da insofern eine Individualvereinbarung vorlag.

[5] I.E. auch OLG Hamm NJW 1996, 2104, 2105 (zu § 9 AGBG).

[6] OLG Karlsruhe NJW-RR 1992, 18, 20 (zu § 9 AGBG).

rechts nicht erfolgt.[1] Denn die Nutzung des Kapitals wäre der Gemeinde auch dann verblieben, wenn sie das Wiederkaufsrecht wegen ordnungsgemäßer Bebauung durch den Käufer nicht ausgeübt hätte.[2] Auch eine zwischenzeitliche Wertsteigerung des Grundstücks muss dem Käufer und Wiederverkäufer nicht vergütet werden. Eine AGB-Bestimmung, der zufolge das Wiederkaufsrecht der Gemeinde durch eine Vormerkung abzusichern ist, benachteiligt den Verwendungsgegner ebenfalls grundsätzlich nicht unangemessen.[3] Etwas anderes kann jedoch dann gelten, wenn die Vormerkung dem Erwerber wegen der Dauer des Wiederkaufsrechts und in Hinblick auf die Voraussetzungen seiner Ausübung die Kreditaufnahme gegen Einräumung von Grundpfandrechten in unzumutbarer Weise erschwert.[4] Unzulässig ist auch eine Klausel, mit der sich die Gemeinde ein Wiederkaufsrecht für den Fall einräumen lässt, dass das Grundstück von Familienfremden genutzt wird.[5] Gleiches gilt für eine Wiederkaufsklausel, die ohne Einschränkung Ersatzansprüche für vom Käufer begonnene Baumaßnahmen ausschließt. Denn eine solche Bestimmung verstößt gegen wesentliche Grundgedanken von § 459 und ist deshalb nach § 307 II Nr. 1 unangemessen.[6] Zu den Besonderheiten bei **städtebaulichen Verträgen** siehe noch Rz W 81ff. Unwirksam ist ferner ein Wiederkaufsrecht in einem Neuwagenkaufvertrag, wenn der dafür festgelegte Preis keine reale Beziehung zum wirklichen Wert aufweist und auch der Beweis eines höheren Verkaufswerts nicht zugelassen ist.[7] Gemäß § 307 unwirksam ist auch die in einer zwischen einem Leasinggeber und einem Lieferanten formularmäßig vereinbarten, ein Wieder**verkaufsrecht** begründende Rückkaufvereinbarung enthaltene Klausel, dass die Übergabe des Objekts dadurch ersetzt werde, dass die Leasinggeberin ihre Herausgabeansprüche gegenüber dem Besitzer an den Lieferanten abtritt.[8] Ein Wiederkaufsrecht, das mehr als 30 Jahre bestehen soll, ist sittenwidrig (§ 138)[9] und unangemessen. Darüber hinaus ist die Berufung auf ein im Jahre 1930 begründetes Wiederkaufsrecht jedenfalls rechtsmissbräuchlich.[10]

e) Städtebauliche Verträge. Besonderheiten gelten dann, wenn Wiederkaufs- **W 81**
rechte als Teil städtebaulicher Verträge vereinbart werden, wie dies insbesondere bei so genannten **Einheimischenmodellen** vorkommt. Gemäß § 11 II 1 BauGB müssen die vereinbarten Leistungen bei städtebaulichen Verträgen den gesamten Umständen nach angemessen sein. Man spricht insofern vom „Gebot angemessener Vertragsgestaltung".[11] § 11 II 1 BauGB findet unabhängig davon Anwendung, ob der Vertrag öffentlich-rechtlicher oder privatrechtlicher Natur ist.[12] Nach zutreffender Auffassung des BGH stellt § 11 II 1 BauGB zumindest für die vor Ablauf der Umsetzungsfrist für die Klauselrichtlinie, also vor dem 31.12.1994, abgeschlossenen städtebaulichen Verträge eine die AGB-rechtliche Inhaltskontrolle verdrän-

---

1 OLG Karlsruhe NJW-RR 1992, 18, 20 (zu § 9 AGBG).

2 In diesem Sinne auch OLG Karlsruhe NJW-RR 1992, 18, 20 (zu § 9 AGBG).

3 A.A. wohl OLG Hamm NJW 1996, 2104, 2105 (zu § 9 AGBG), allerdings für den Fall, dass die Vormerkung für die 20jährige Laufzeit des Wiederkaufsrechts bestehen sollte und daher dem Käufer die Kreditaufnahme in unangemessener Weise erschwerte.

4 I.E. richtig daher OLG Hamm NJW 1996, 2104, 2105 (zu § 9 AGBG).

5 OLG Hamm NJW 1996, 2104, 2105 (zu § 9 AGBG).

6 Offen gelassen von OLG Karlsruhe NJW-RR 1992, 18, 20 (zu § 9 AGBG). Wie hier aber OLG Hamm NJW 1996, 2104, 2105 (zu § 9 AGBG).

7 OLG Köln NJW-RR 1993, 824, 825 (zu § 9 AGBG).

8 BGH NJW 2003, 2607, 2607 f.

9 Offen gelassen im BGH NJW-RR 2006, 1452, 1452.

10 Insoweil auch BGH NJW-RR 2006, 1452, 1452.

11 So z. B. BGH NJW 2003, 888, 890.

12 BGH NJW 2003, 888, 889.

gende Spezialvorschrift dar.[1] Ob Gleiches auch für solche Verträge gilt, die nach Ablauf der entsprechenden Umsetzungsfrist bzw. nach Umsetzung der Klauselrichtlinie abgeschlossen worden sind, hat der BGH ausdrücklich offen gelassen.[2] Richtigerweise wird man jedoch auch insofern von der Unanwendbarkeit der §§ 307 ff. ausgehen müssen. Denn der Erlass der Klauselrichtlinie könnte allenfalls unter dem Blickwinkel des Gebots richtlinienkonformer Auslegung eine abweichende Betrachtung rechfertigen. Auf das Gebot der richtlinienkonformen Auslegung kann man sich im vorliegenden Zusammenhang aber schon deshalb nicht berufen, weil es aus Sicht des Gemeinschaftsrechts gleichgültig ist, ob der Schutz des Verwendungsgegners nach den Vorschriften des AGB-Rechts oder nach § 11 II 1 BauGB gewährleistet wird. Entscheidend ist allein, dass das vom Gemeinschaftsrecht gebotene Schutzniveau eingehalten wird. Dies kann notfalls dadurch erreicht werden, dass das Gebot angemessener Vertragsgestaltung des § 11 II 1 BauGB im Einklang mit den Anforderungen der Klauselrichtlinie ausgelegt wird. Eines Rekurses auf die §§ 307 ff. bedarf es also nicht. Folglich scheidet ein Rückgriff auf die §§ 307 ff. auch mit Blick auf die nach Umsetzung der Klauselrichtlinie abgeschlossenen städtebaulichen Verträge aus.

W 82 Dem Gebot der angemessenen Vertragsgestaltung in § 11 II 1 BauGB ist nur dann genügt, wenn „bei wirtschaftlicher Betrachtung des Gesamtvorgangs die Gegenleistung nicht außer Verhältnis zu der Bedeutung und dem Wert der von der Behörde erbrachten oder zu erbringenden Leistung steht und die vertragliche Übernahme von Pflichten auch ansonsten zu keiner unzumutbaren Belastung für den Vertragspartner der Behörde führt".[3] Möglich ist danach auch – anders als im Falle der AGB-rechtlichen Inhaltskontrolle – eine Kontrolle des vertraglichen Austauschverhältnisses.[4] Darüber ist – ebenso wie im Falle der §§ 307 ff. – eine Kontrolle der einzelnen Vertragsklauseln vorzunehmen.[5] Bei dieser Kontrolle der Vertragsklauseln sind die Wertungen der §§ 307–309 zu berücksichtigen.[6] Klauseln, die nach den §§ 307–309 unwirksam wären, können eine unangemessene Belastung des Vertragspartners im Sinne des § 11 II 1 BauGB begründen.[7] Richtigerweise wird man sogar davon ausgehen müssen, dass dies regelmäßig der Fall ist. Allerdings soll nach Auffassung des BGH folgende Besonderheit der Kontrolle nach § 11 II 1 BauGB zu beachten sein: Für die Angemessenheitskontrolle nach § 11 II 1 komme es darauf an, „ob bei wirtschaftlicher Betrachtung des Gesamtvorgangs die gegenseitigen Rechte und Pflichten ausgewogen gestaltet wurden".[8] Daher sei eine im Vergleich zum AGB-Recht weitergehende Kompensation für sich genommen unangemessener Klauseln durch vorteilhaften Bedingungen im Übrigen Vertrag möglich.[9] Dem ist jedoch nicht zuzustimmen. Die Zulassung einer Kompensation unangemessener Klauseln durch vorteilhafte Bedingungen ist der Rechtssicherheit in hohem Maße abträglich, führt sie doch dazu, dass die Klärung der Wirksamkeit einzelner Klauseln von der vielfach überaus schwierigen Würdigung der Angemessenheit des gesamten Klauselwerkes abhängig ist. Dass eine ent-

[1] BGH NJW 2003, 888, 890 (zu §§ 9 ff. AGBG). Offen gelassen auch von OLG Celle NJW-RR 2005, 1332, 1333.
[2] BGH, Urt. v. 13. 10. 2006, Az.: V ZR 33/06, Beck RS 2006-14048 unter II.2.a). BGH NJW 2003, 888, 890.
[3] BGH NJW 2003, 888, 890.
[4] BGH NJW 2003, 888, 890.
[5] BGH NJW 2003, 888, 890.
[6] BGH NJW 2003, 888, 890.
[7] BGH NJW 2003, 888, 890.
[8] BGH NJW 2003, 888, 890.
[9] BGH NJW 2003, 888, 890.

sprechende Kompensation unangemessener Klauseln bei kollektiv ausgehandelten, anerkannten Klauselwerken wie der VOB/B auch im AGB-Recht zugelassen wird,[1] rechtfertigt sich allein daraus, dass der Inhalt dieser Klauselwerke von vornherein feststeht, so dass der Verwendungsgegner sich unschwer Kenntnis darüber verschaffen kann, ob das relevante Klauselwerk insgesamt ausgewogen ist oder nicht. Ganz anders liegt es im Falle des städtebaulichen Vertrages, denn hier müsste man jeden einzelnen städtebaulichen Vertrag gesondert daraufhin untersuchen, ob die ihm zu Grunde liegenden AGB ausgewogen sind oder nicht. Damit wird der Schutz des Bürgers in erheblichem Maße ausgehöhlt, was nicht zuletzt wegen der wirtschaftlichen Bedeutung entsprechender Verträge in hohem Maße problematisch ist.

Nicht nach § 11 II 1 BauGB zu beanstanden ist eine im Rahmen eines Einheimischenmodells vereinbarte so genannten **Mehrerlösklausel,** der zufolge der Verkäufer dann, wenn er sein Grundstück innerhalb von zehn Jahren nach Kaufvertragsschluss weiterveräußert, die Differenz zwischen dem erzielten Verkaufspreis und dem Ankaufspreis an die Gemeinde abführen muss, sofern gleichzeitig bestimmt ist, dass sich der Abführungsbetrag im Falle der Bebauung aus der Differenz zwischen dem vom Gutachterausschuss (§§ 192 ff. BauGB) festgestellten oberen Bodenwert und dem Ankaufspreis bestimmt.[2] Wirksam ist auch eine Klausel, nach der die Gemeinde, die ein Grundstück verbilligt veräußert hat, um Einheimischen Bürgern den Bau eines Eigenheims zu ermöglichen, im Falle der Weiterveräußerung des Grundstücks binnen zehn Jahren den Differenzbetrag zwischen dem ursprünglichen Kaufpreis und dem Verkehrswert im Zeitpunkt des ursprünglichen Verkaufs verlangen kann.[3] Gemäß § 11 II 1 BauGB unwirksam wäre aber z. B. eine Klausel in einem Einheimischenmodell, der zufolge sich der Grundstückskäufer verpflichtet, im Falle des Weiterverkaufs des bebauten Grundstücks innerhalb von sieben Jahren nach Fertigstellung des Wohnhauses an die verkaufende Gemeinde 300% des Kaufpreises „nachzuzahlen".[4] **W 83–90**

*

Wirtschaftsprüfer

Zu den AGB der Wirtschaftsprüfer s. Rz R 1 ff.

*

Wohnraummiete

Zu den AGB bei Wohnraummiete s Rz M 71 ff.

*

[1] S. dazu BGH NJW 2003, 888, 890.
[2] BGH NJW 2003, 888, 890.
[3] BGH, Urt. v. 13. 10. 2006, Az.: V ZR 33/06, BeckRS 2006-14048, unter II.2.c) bb).
[4] OLG Celle NJW-RR 2005, 1332, 1333.

Wohnungseigentumsgemeinschaft

Inhaltsübersicht

Schrifttum: *F. Schmidt,* Teilungserklärung als AGB, BauR 1979, 187; *Ulmer,* AGB-Gesetz und einseitig gesetzte Gemeinschaftsordnung von Wohnungseigentümern, FS Weitnauer, 1980, 205.

1. Allgemeines

W 91 **a) Anwendbarkeit des AGB-Rechts.** Für die Regelung der Rechte und Pflichten zwischen den Wohnungseigentümern können gemäß §§ 5 IV, 10, 15 WEG Gemeinschaftsordnungen erlassen werden. Wird eine solche Gemeinschaftsordnung durch Vereinbarung zwischen allen Wohnungseigentümern erstellt, so liegen grundsätzlich keine AGB vor. Denn es fehlt am Merkmal des Stellens für eine Vielzahl von Verträgen.[1] Nach § 8 WEG kann jedoch auch der ursprüngliche Eigentümer, häufig ein Bauträger, bei der Aufteilung in Miteigentum einseitig eine Gemeinschaftsordnung aufstellen, der sich die Wohnungseigentümer beim Erwerb des Wohnungseigentums unterwerfen müssen. Die einseitige Aufstellung nach §§ 8, 5 IV WEG durch den ursprünglichen Grundstückseigentümer ist kein Vertrag, sondern ein einseitiges Rechtsgeschäft. Die Aufstellung erfolgt jedoch für eine Vielzahl von Verwendungsfällen. Deshalb ist es von der Interessenlage her gerechtfertigt, § 305 I und die übrigen AGB-rechtlichen Vorschriften neben §§ 134, 138 und § 242[2] auf die einseitige Aufstellung der Gemeinschaftsordnung nach § 8 WEG analog anzuwenden.[3] Der Klarheit sei allerdings darauf hingewiesen, dass dies möglicherweise nicht der Auffassung des **BGH** entspricht. Der BGH hatte die Anwendbarkeit des AGB-Rechts in einer Entscheidung aus dem Jahre 1986 ausdrücklich offen gelassen.[4] In einem neueren Urteil aus dem Jahre 2002 hat er zwar ebenfalls davon abgesehen, die Frage nach der Anwendbarkeit des AGB-Rechts zu beantworten.[5] Er hat jedoch betont, dass die Anwendbarkeit des AGB-Rechts angesichts der besonderen Verhältnisse im Bereich des Wohnungseigentums zweifelhaft sei, zumal für eine solche Kontrolle neben einer Angemessenheitsprüfung gemäß § 242 regelmäßig kein Bedürfnis bestehen dürfte.[6] In einem Urteil aus dem Jahre 2006 hat der BGH die Frage nach der Anwendbarkeit der §§ 307 ff. wiederum offen gelassen.[7] Richtig erscheint es, in den hier interessierenden Fällen von der

[1] S. auch *Ulmer,* a.a.O., S. 209.

[2] Zur Anwendung der §§ 134, 138, 242 s. BGH NJW 1987, 650, 651; BayObLGZ 1988, 287, 291; BayObLG NJW-RR 1996, 1037, 1037.

[3] *Ulmer/Christensen* Anh. § 310 Rz 60; *G. Stein,* Die Inhaltskontrolle vorformulierter Verträge des allgemeinen Privatrechts, 1982, S. 62. a. A., nämlich gegen Anwendung des AGB-Rechts, *Palandt/Heinrichs* 305 Rz 4; *Palandt/Bassenge* § 10 WEG Rz 2; *Schippel/Brambring* DNotZ 1977, 152.

[4] BGH NJW 1987, 650, 650 (zum AGBG).

[5] BGH NJW 2002, 3240, 3244 (zum AGB-Gesetz). Offen gelassen wird die Frage nach der Anwendbarkeit des AGB-Rechts auch von OLG Frankfurt a.M. NJW-RR 2004, 662, 663.

[6] BGH NJW 2002, 3240, 3244 (zum AGB-Gesetz).

[7] BGH NJW 2007, 213, 215.

Anwendbarkeit des AGB-Rechts auszugehen. § 310 IV steht nicht entgegen, da die Wohnungseigentumsgemeinschaft keine Gesellschaft, sondern eine Bruchteilsgemeinschaft darstellt, die nicht von der Anwendung des AGB-Rechts ausgenommen ist. Auch die Möglichkeit eines Verfahrens nach §§ 43 ff. WEG spricht nicht gegen die Anwendung des AGB-Rechts.[1] Vielmehr können die §§ 307 ff. gerade auch in diesem Verfahren zur Anwendung kommen. Möglich ist aber auch ein Verfahren nach § 1 UKlaG.

b) Verhältnis zu § 134. Soweit das WEG selbst **zwingende Vorschriften** enthält, wie z. B. in § 18 IV WEG, tritt Unwirksamkeit bereits nach § 134 ein. Die §§ 307 ff. bleiben aber grundsätzlich daneben anwendbar (siehe allerdings § 307 Rz W 101). **W 92**

2. Einbeziehung

§ 305 II findet grundsätzlich einheitlich für alle Wohnungseigentümer Anwendung, auch wenn die Gemeinschaftsordnung als dinglicher Inhalt des Sondereigentums (§ 5 IV WEG) nach den Vorschriften über den dinglichen Rechtserwerb für den Erwerber Geltung erlangt. § 305 c I ist nicht anwendbar, soweit er bei individueller Beurteilung zu einer unterschiedlichen Geltung der Teilungserklärung für einzelne Wohnungseigentümer führen würde, da die in der Teilungserklärung enthaltene Gemeinschaftsordnung wegen ihres satzungsähnlichen Charakters grundsätzlich einheitlich gelten muss. Anzuwenden sind aber die §§ 305 c II und 306.[2] **W 93**

3. Inhaltskontrolle

Für die Inhaltskontrolle der Gemeinschaftsordnung gelten die §§ 307 ff. **W 94**

a) Fiktionen. Eine Fiktion für die Anerkennung von Abrechnungen, etwa des Verwalters, ist deshalb nur unter den Voraussetzungen von § 308 Nr. 5 wirksam.[3] **W 95**

b) Kosten/Einzugsermächtigung. Eine Verpflichtung zur Erteilung einer Einziehungsermächtigung für Wohngeld im Lastschriftverfahren kann wirksam vorgesehen werden.[4] Eine Regelung, wonach ein Wohnungseigentümer die Kosten und Lasten des gemeinschaftlichen Eigentums auch dann zu tragen hat, wenn er es nicht nutzt, entspricht § 16 Abs. 2 WEG und ist deshalb nicht unangemessen.[5] **W 96**

c) Abstimmung/Vertretung. Die Klausel in einer Teilungserklärung, wonach Wohnungseigentümer sich in der Eigentümerversammlung nur durch Ehegatten, andere Wohnungs- oder Teileigentümer oder den Verwalter vertreten lassen dürfen, ist weder nach § 242 noch nach § 307 zu beanstanden, da die Wohnungseigentümer ein berechtigtes Interesse haben, fremde Einflüsse fernzuhalten, und die Wohnungseigentümer durch eine solche Regelung im Normalfall nicht unangemessen benachteiligt werden.[6] Unwirksam nach § 242, aber auch nach § 307, ist dagegen **W 97**

---

[1] *Ulmer/Hensen*, 9. Aufl., Anh. §§ 9 bis 11 AGBG Rz 965.

[2] A.A. möglicherweise *Ulmer/Christensen* Anh. § 310 Rz 1060, der offenbar nur die §§ 307 ff. analog anwenden möchte.

[3] Anders zur Rechtslage noch vor Erlass des AGB-Gesetzes BayObLGZ DB 1979, 545.

[4] OLG Düsseldorf NJW-RR 1990, 154, 154 (zu § 9 AGBG und § 242).

[5] Vgl. BGH NJW 1984, 2576, 2577. Dort führt der BGH aus, dass eine entsprechende Regelung nicht „unbillig" sei, ohne freilich das AGB-Gesetz anzuwenden.

[6] Nach BGHZ 99, 90, 95 = NJW 1987, 650, 651 verstößt eine entsprechende Klausel weder gegen § 138 noch gegen § 242 noch gegen § 9 AGBG (§ 307), wobei die Anwendbarkeit des § 9 AGBG (§ 307) ausdrücklich offen gelassen wird.

eine Klausel, wonach das Stimmrecht der Wohnungseigentümer erst nach der Abstimmung festgelegt wird.[1] Nach §§ 242, 307 unwirksam ist auch die Regelung, wonach ein Wohnungseigentümer von der Abstimmung ausgeschlossen werden kann, wenn er mit der Zahlung von Wohngeld in Verzug ist, da dadurch in unverhältnismäßiger Weise in das Eigentum eingegriffen wird.[2]

W 98 **d) Nutzungsbeschränkung.** Unbedenklich ist eine in der Teilungserklärung vorgesehene Gebrauchsregelung, wonach Wohnungen „nur im Sinne betreuten Wohnens" genutzt werden dürfen.[3] Gleiches gilt für eine Regelung, der zufolge die Wohnungsnutzer „betreuungsbedürftig" sein müssen.[4] Und auch eine Regelung, nach welcher die Wohnungsnutzer ein bestimmtes Mindestalter erreicht haben müssen, ist nicht zu beanstanden.[5] § 19 I AGG kann einer solchen Regelung schon nach § 19 V nicht entgegenhalten werden, der im Falle der Teilungserklärung jedenfalls analoge Anwendung finden muss. Wirksam ist auch eine Bestimmung, die sämtliche Wohnungseigentümer zum Abschluss von Betreuungsverträgen verpflichtet, mit dem Ziel, „die Grundlage für eine möglichst kostengünstige Betreuung zu schaffen".[6] Unwirksam ist aber eine Bestimmung, die die Wohnungseigentümer zum Abschluss von Betreuungsverträgen mit einer Dauer von mehr als zwei Jahren verpflichtet.[7] Dies folgt richtigerweise aus einer analogen Anwendung des § 309 Nr. 9 a, doch auch wenn man die Anwendbarkeit der § 307 ff. ablehnt und stattdessen auf § 242 rekurriert, kann nicht anders entschieden werden. Nicht zu beanstanden ist eine Bestimmung des Inhalts, dass ein Wohnungseigentümer zur Ausübung eines Gewerbebetriebs oder Berufs in der Wohnung nur mit Zustimmung des Verwalters berechtigt ist, wenn zugleich vorgesehen ist, dass die Zustimmung nur aus wichtigem Grund verweigert werden kann.[8] Gleiches gilt für eine Klausel, die die Vermietung und Verpachtung einer Wohnung von der Zustimmung des Verwalters abhängig macht, sofern das Vorliegen eines wichtigen Grundes Voraussetzung für die Verweigerung der Zustimmung ist. Unwirksam ist aber eine Bestimmung des Inhalts, dass ein wichtiger Grund dann gegeben ist, wenn die Ausübung des Gewerbes oder des Berufs den Charakter des Hauses beeinträchtigt.[9] Denn der Hinweis auf den Charakter des Hauses erscheint nicht hinreichend bestimmt, § 307 I 2. Ein hinreichender Grund für die Verweigerung der Zustimmung zur Vermietung kann darin liegen, dass die Wohnung in grobem Maße überbelegt wird, dass also z. B. eine Drei-Zimmer-Wohnung an neun erwachsene Personen vermietet werden soll.[10] Sittenwidrig (§ 138) ist aber eine Verweigerung der Zustimmung, die sich auf die Staatsangehörigkeit der Mieter gründet.[11]

---

[1] Ebenso, allerdings nur zu § 242, LG Regensburg NJW-RR 1991, 1169, 1169.

[2] Ebenso, allerdings nur zu § 242, LG Regensburg NJW-RR 1991, 1169, 1169.

[3] BGH NJW 2007, 213, 215.

[4] BGH NJW 2007, 213, 215.

[5] BGH NJW 2007, 213, 215.

[6] BGH NJW 2007, 213, 215.

[7] BGH NJW 2007, 213, 215.

[8] Für die Wirksamkeit einer solche Klausel auch OLG Frankfurt a.M. NJW-RR 2004, 662, 663, das allerdings § 242 zur Anwendung bringt und die Anwendbarkeit des AGB-Rechts offen lassen kann, da die zu beurteilende Gemeinschaftsordnung der Zeit vor Inkrafttreten des AGB-Gesetzes entstammt.

[9] Für die Wirksamkeit einer solchen Klausel OLG Frankfurt a.M. NJW-RR 2004, 662, 663, allerdings unter Heranziehung von § 242.

[10] Vgl. auch OLG Frankfurt a.M. NJW-RR 2004, 662, 663: „Nutzung einer 3-Zimmer-Wohnung [...] durch neun erwachsene Personen, die nicht familiär oder verwandtschaftlich verbunden sind, überschreitet die Grenze des ‚maßvollen Gebrauchs' [...] nach § 14 Nr. 1 WEG".

[11] S. ausführlich *Dammann,* Die Grenzen zulässiger Diskriminierung im Allgemeinen Zivilrecht, 2005, S. 185 f. Es ist daher wenig glücklich, dass das OLG Frankfurt a.M. NJW-RR 2004, 662, 663, es überhaupt für notwendig hält, die Staatsangehörigkeit der Mieter zu erwähnen.

4. Auslegung

Bei der Verwendung von Mustern, die allgemein für Wohnungsanlagen gelten, erkennt der BGH zu Recht die Notwendigkeit einer bundesgerichtlichen Überprüfung im Interesse einheitlicher Auslegung an.[1] Die Bestimmung der Teilungserklärung, wonach der Erwerber für Rückstände des Voreigentümers gesamtschuldnerisch hafte, gilt nur für den rechtsgeschäftlichen Erwerber, nicht für den Ersteher in der Zwangsversteigerung.[2] **W 99**

5. Verwaltervertrag

Der Verwaltervertrag ist nicht Bestandteil der Gemeinschaftsordnung, sondern stellt einen selbstständigen Vertrag dar. Er unterfällt daher im Grundsatz ohne weiteres der AGB-rechtlichen Inhaltskontrolle.[3] **W 100**

a) Laufzeit. Besonderheiten ergeben sich jedoch mit Blick auf die Laufzeit. § 26 WEG regelt die Bestellung und Abberufung des Verwalters. Ist die Laufzeit des Verwaltervertrags in einem Formularvertrag geregelt, so findet zwar § 307 Anwendung.[4] Doch kann wegen der vorrangigen Spezialregelung des § 26 I WEG nicht auf § 309 Nr. 9 zurückgegriffen werden.[5] Regelungen in der Teilungserklärung über die Dauer haben keinen unmittelbaren Einfluss auf den Verwaltervertrag.[6] Fehlt es an einer Regelung im Verwaltervertrag, so ist von einer zweijährigen Laufzeit auszugehen.[7] **W 101**

b) Inhaltskontrolle im Übrigen. Eine Verpflichtung der Wohnungseigentümer zur Erteilung einer Einziehungsermächtigung für Wohngeld kann auch im Verwaltervertrag ohne Verstoß gegen die §§ 307–309 wirksam vorgesehen werden.[8] Unwirksam ist dagegen eine Klausel, die eine Befreiung vom Verbot des Selbstkontrahierens (§ 181) vorsieht.[9] Und Gleiches gilt wegen § 307 I 2 für eine Klausel, die den Verwalter berechtigt, jederzeit auf Kosten der Eigentümergemeinschaft Sonderfachleute zu beauftragen, soweit er dies zur Klärung oder Bearbeitung von technischen, juristischen, buchhalterischen oder sonstigen Aufgaben im Sinne ordnungsgemäßer Verwaltung für geboten hält.[10] Unangemessen soll auch eine Klausel sein, nach welcher der Verwalter nur zur Abhaltung einer Eigentümerversammlung pro Wirtschaftsjahr als Grundleitung verpflichtet sein soll.[11] Richtigerweise wird man aber davon ausgehen müssen, dass die letztgenannte Klausel gemäß § 307 III lediglich am Transparenzgebot zu messen ist und dass sie das Transparenzgesetz nicht verletzt. **W102–110**

*

Zahlungsbedingungen

Zu Zahlungsbedingungen in AGB s. Rz E 151–160.

*

[1] BGHZ 88, 302, 305 = NJW 1984, 308, 309.
[2] BGH NJW 1984, 308, 309 f.
[3] Ebenso i.E. BGH NJW 2002, 3240, 3244 f. (zum AGB-Gesetz).
[4] BGH NJW 2002, 3240, 3246 (zu § 11 Nr. 12 AGBG).
[5] BGH NJW 2002, 3240, 3245 (zu § 11 Nr. 12 AGBG).
[6] KG NJW-RR 1989, 839, 840.
[7] KG NJW-RR 1989, 839, 840 (zu § 11 Nr. 12 a AGBG).
[8] OLG Düsseldorf NJW-RR 1990, 154, 154 (zu § 9 AGBG); *Ulmer/Christensen* Anh. § 310 Rz 1061.
[9] OLG Düsseldorf NJW 2006, 3645, 3646.
[10] OLG Düsseldorf NJW 2006, 3645, 3646.
[11] OLG Düsseldorf NJW 2006, 3645, 3646.

Zeitschriftenvertrieb

1. Allgemeines

Z 1 Der Zeitschriftenvertrieb erfolgt, soweit es die Zustellung an den Leser betrifft, als privatwirtschaftliche Tätigkeit durch die Deutsche Post AG oder durch andere private Anbieter. Der Vertrag mit dem Austräger ist, wenn dieser nicht an bestimmte Arbeitszeiten gebunden ist und die versprochene Leistung nicht persönlich, sondern durch andere erbringen kann, im Regelfall kein Arbeitsvertrag, sondern ein Beförderungsvertrag in Gestalt eines Werkvertrags. Wenn dagegen die Zustellung als solche geschuldet ist, liegt ein Dienstvertrag vor, da das Austragen dann als Tätigkeit im Vordergrund steht.[1] Das Austragen von Zeitschriften kann dagegen nicht als Frachtvertrag gemäß § 425 HGB angesehen werden, da es sich um geringwertige Einzelgegenstände von untergeordneter Bedeutung handelt, für die die Vorschriften des Frachtgeschäfts nicht passen.

2. Einzelne Klauseln

Z 2–10 Wird der Austräger-(Ringtourfahrer-)Vertrag auf **Dauer** geschlossen, so ist grundsätzlich § 309 Nr. 9 anwendbar,[2] wenn es sich nicht um einen Werkvertrag handelt. Jedoch ist auch eine kürzere als zweijährige Laufzeit noch nach § 307 I, II kontrollfähig.[3] Eine einjährige Bindung ist beim Austrägervertrag jedoch nicht unangemessen, weil der Verwender die für den Austräger aufgebrachten Einarbeitungskosten amortisieren können soll und der Austräger nicht persönlich gebunden ist, sondern Dritte einschalten darf.[4] Eine Kündigung aus wichtigem Grund bleibt in jedem Fall möglich. Eine Kontrolle der dem Austräger gezahlten Vergütung scheidet nach § 307 III S. 1 aus und kann deshalb auch nicht bei der Bindungsdauer berücksichtigt werden.[5]

*

Zufallshaftung

Zur Zufallshaftung in AGB s. Rz H 4 ff. sowie § 309 Nr. 7 Rz 130.

*

Zulieferverträge

Inhaltsübersicht

[1] Vgl. auch BGH NJW-RR 1990, 1075.
[2] S. § 309 Nr. 9 Rz 38.
[3] S. § 309 Nr. 9 Rz 91.
[4] BGH NJW-RR 1990, 1075.
[5] BGH NJW-RR 1990, 1075.

Schrifttum: *Ernsthaler,* Haftungsrechtliche Bedeutung von Qualitätssicherungsvereinbarungen, NJW 1994, 817; *Grunewald,* Just-in-time-Geschäfte Qualitätssicherungsvereinbarungen und Rügelast, NJW 1995, 1777; *Kessel/Passauer,* Einkaufsbedingungen in der Automobilindustrie, BB 2004, 1974; *Kreifels,* Qualitätssicherungsvereinbarungen Einfluß und Auswirkungen auf die Gewährleistung und Produkthaftung von Hersteller und Zulieferer, ZIP 1990, 489; *Lehmann,* Just in time, Handels- und AGB-rechtliche Probleme, BB 1990, 1849; *Lemppenau,* Die Haftung des Zuliefer-Unternehmens nach den Grundsätzen der Produzentenhaftung, DB 1980, 1679; *Martinek,* Zulieferverträge und Qualitätssicherung, 1991; *Masing,* Handbuch der Qualitätssicherung, 2. Aufl. 1988; *Merz,* Qualitätssicherungsvereinbarungen, 1992; *Nagel,* Der Lieferant On-line Unternehmensrechtliche Probleme der Just-in-time-Produktion am Beispiel der Automobilindustrie, DB 1988, 2291; *ders.,* Schuldrechtliche Probleme bei Just-in-time-Lieferbeziehungen, DB 1991, 319; *Popp,* Qualitätssicherungsvereinbarungen, Diss. 1993; *Quittnat,* Qualitätssicherungsvereinbarungen und Produkthaftung, BB 1989, 571; *Schmidt,* Qualitätssicherungsvereinbarungen und ihr rechtlicher Rahmen, NJW 1991, 144; *Steckler,* Das Produkthaftungsrisiko im Rahmen von Just-in-time-Lieferbeziehungen, BB 1993, 1225; *Steinmann,* Abdingbarkeit der Wareneingangskontrolle in Qualitätssicherungsvereinbarungen, BB 1993, 873; *Teichler,* Qualitätssicherung und Qualitätssicherungsvereinbarungen, BB 1991, 428; *Wellenhofer-Klein,* Zulieferverträge in Privat- und Wirtschaftsrecht, 1999; *Zirkel,* Das Verhältnis zwischen Zulieferer und Assembler Eine Vertragsart sui-generis?, NJW 1990, 345.

1. Allgemeines

Die zunehmende technische Verfeinerung und Komplexität von Produkten zieht auch Veränderungen im Produktionsprozess nach sich. Insbesondere kaufen Hersteller nicht mehr nur Rohmaterialien, aus denen sie im eigenen Betrieb Teilprodukte fertigen, um sie anschließend zum Endprodukt zusammenzubauen. Vielmehr wird aus Gründen der Rationalisierung und Kosteneinsparung die Herstellung der Teilprodukte im Wege der Arbeitsteilung auf selbstständige Zulieferer verlagert, die diese Teilprodukte mit ihrem speziellen Know-how und den Vorteilen der Massenproduktion für oft mehrere Abnehmer herstellen. Der produktive Beitrag des Abnehmers verlagert sich vom reinen Produzenten zum so genannten Assembler, der die von verschiedenen Zulieferern bezogenen Einzelteile zum fertigen Endprodukt zusammenbaut. Die Verlagerung des zuvor in einem Unternehmen zusammengefassten Produktionsprozesses auf verschiedene Zulieferer und den Assembler macht eine verstärkte Zusammenarbeit zwischen diesen erforderlich, die sich z. B. in gemeinsamer Entwicklungsarbeit, in verstärkter Zusammenarbeit bei der Qualitätssicherung, aber auch darin äußert, dass der Assembler, um Kosten der Lagerhaltung zu vermeiden, auf einer auf den Produktionsprozess genau abgestimmten Lieferung „just-in-time" besteht. Dieser Wandel der faktischen Lieferbeziehungen und Produktionsverhältnisse bringt auch Veränderungen der rechtlichen Beziehungen mit sich, indem anstelle des auf bloßen Austausch von Ware gegen Geld gerichteten Kaufvertrags komplexere Rechtsverhältnisse treten. Zwar handelt es sich bei Zulieferverträgen im Kern regelmäßig um Verträge im Sinne des § 651 S. 1, also um Verträge, die die Lieferung herzustellender oder zu erzeugender beweglicher Sachen zum Gegenstand haben. Grundsätzlich findet damit nach § 651 S. 1 Kaufrecht Anwendung. Neben die vereinzelten Austauschbeziehungen treten jedoch langfristig angelegte Dauerbeziehungen, die wegen der Notwendigkeit der Wahrung der Interessen des anderen oft durch **geschäftsbesorgungsvertragliche Elemente** angereichert sind. Die Dauerbeziehungen werden dabei häufig durch **Rahmenverträge** geordnet, die sowohl die vertragsrechtlichen Normen für die einzelnen Erwerbsgeschäfte enthalten als auch die sonstigen Rechte und Pflichten für die Dauerbeziehung organisatorisch verbindlich regeln,[1] wie z. B. in Gestalt von **Bemusterungsverfahren**[2] oder von **Qualitätssicherungsvereinbarungen**.[3] Zwingend notwendig ist der Abschluss eines Rahmenvertrages jedoch nicht. Vielmehr Z 11

[1] Zum Ganzen ausführlich *Merz,* a.a.O., S. 29 ff., 32 ff., 62 ff.
[2] *Merz,* a.a.O., S. 99 ff.
[3] *Merz,* a.a.O., S. 155 ff.

kann je nach den Umständen auch ein **einheitlicher Dauerlieferungsvertrag** anzunehmen sein. Für einen einheitlichen Dauerlieferungsvertrag spricht es, wenn sich die zu erbringenden Leistungen bereits aus der ursprünglichen Absprache mit hinreichender Genauigkeit bestimmen lassen.[1] Unabhängig von der Frage, ob ein Rahmenvertrag gegeben ist oder ob ein einheitliches Dauerschuldverhältnis vorliegt, rechtfertigen es die besonderen Beziehungen zwischen Zulieferer und Assembler, den Zuliefervertrag als **eigenständigen Vertragstyp** mit besonderer Interessenlage anzuerkennen. Hervorzuheben ist, dass das **Handelsvertreterrecht** auf Zulieferer keine Anwendung findet.[2] Insbesondere steht dem Zulieferer kein Ausgleichsanspruch nach § 89 b HGB zu.[3]

Z 12 In der Praxis ist es oft der Assembler der seine AGB stellt. Diese sind dann an § 307 zu messen sind. Wegen der besonderen Interessenlage (Rz Z 11) sind dabei in einzelnen Beziehungen andere und zusätzliche Wertungen gegenüber den reinen Einkaufsbedingungen zu berücksichtigen. Doch kann auf das zu Einkaufsbedingungen Gesagte bei Fehlen besonderer Umstände grundsätzlich zurückgegriffen werden. Zu Einkaufsbedingungen siehe Anh. § 310 Rz E 91 ff.

2. Bemusterungsverfahren

Z 13 Sind Teile in Serienfertigung nach vom Assembler vorgegebenen Spezifikationen und Vorstellungen anzufertigen, so werden vom Zulieferer, sei es allein oder in Zusammenarbeit mit dem Assembler, bei Bedarf Formen, Zeichnungen, sonstige Fertigungsmittel zur Vorbereitung der Produktion sowie Muster zum Zweck der Erprobung hergestellt. Wegen des damit verbundenen Aufwandes und der in diesen Fertigungsmitteln verkörperten Expertise haben sowohl der Zulieferer wie der Abnehmer ein Interesse am Zugriff auf diese Gegenstände. Der Assembler kann sich deshalb nicht das einseitige Recht vorbehalten, die Fertigungsmittel aufgrund jederzeitigen freien Widerrufs vom Zulieferer herauszuverlangen. Eine dementsprechende Klausel wäre nach § 307 unangemessen und deshalb unwirksam, weil sie ohne Beschränkung auf berechtigte Bedürfnisse des Abnehmers dem Zulieferer die Produktionsgrundlage entziehen und seine gewerblichen Schutzrechte einschließlich seines Know-how beeinträchtigen könnte. Unwirksam nach § 307 ist auch eine Klausel, die dem Zulieferer alle Kosten der Instandhaltung und Ersatzbeschaffung ohne Rücksicht auf ein Verschulden auferlegt, wenn zugleich dem Zulieferer bei der Preisgestaltung eine Berücksichtigung der Verschleißkosten verwehrt wird.

3. Qualitätssicherungsvereinbarungen

Z 14 Anstelle der bei einfachen Lieferbeziehungen vorgesehenen grundsätzlich Alleinverantwortung des Unternehmers für die mangelfreie Herstellung (§§ 651, 437, aber auch §§ 651 S. 2, 442 I 1) und der nachträglichen Prüfung durch den Besteller nimmt der Besteller bei den Qualitätssicherungsvereinbarungen bereits im Vorbereitungs- und Produktionsprozess Einfluss auf die Sicherstellung einer möglichst mangelfreien Herstellung. Die Festlegung der Qualität, Form und Beschaffenheit der einzelnen Zulieferteile unterliegt als **Leistungsbeschreibung** grundsätzlich gemäß § 307 III 1 nicht der Inhaltskontrolle, gleichgültig ob diese Leistungsbeschreibung in der Rahmenvereinbarung oder im Individualvertrag erfolgt.[4] Der

---

[1] Ähnlich *Baumbach/Hopt,* HGB, Überblick vor § 373 Rz 30.

[2] *Baumbach/Hopt,* HGB, Überblick vor § 373 Rz 31.

[3] *Baumbach/Hopt,* HGB, Überblick vor § 373 Rz 31.

[4] Mit Blick auf die „konkreten Absprachen über einzuhaltende Qualitätsstandards" ebenso *Ulmer/Christensen* Anh. § 310 Rz 630. A. A. *Merz,* a.a.O., S. 311 ff.

Inhaltskontrolle nach §§ 307 bis 309 unterstehen dagegen alle AGB-mäßigen Regelungen, die die aus der Leistungsbeschreibung naturgemäß folgenden Rechte oder Pflichten ergänzen, aufheben, einschränken oder sonst zulasten des Vertragspartners des Verwenders abändern.[1]

a) Informationsrechte und -pflichten. Zur Überprüfung der vereinbarten Qualitätsanforderungen sieht der Abnehmer typischerweise Informationsrechte und -pflichten in Form von Auskunftsrechten, Mitteilungspflichten, Zugangsrechten und sonstigen Prüfungsbefugnissen beim Zulieferer vor. Sofern sich diese Regelungen darauf beschränken, dass der Zulieferer Qualitätsprüfungen durchführt, deren Ergebnisse er dokumentieren[2] und dem Abnehmer zur Einsicht zur Verfügung stellen muss, ist dieses nach § 666 oder wegen des Anspruchs auf mangelfreie Lieferung grundsätzlich nicht zu beanstanden, sofern die auferlegten Pflichten nicht ihrem Umfang nach unangemessen sind.[3] Auch kann sich der Abnehmer bei berechtigtem Interesse beschränkte Zugangsrechte beim Zulieferer einräumen lassen.[4] Zugangsrechte und Prüfungsbefugnisse, die den Zulieferer verpflichten, sein Knowhow und sonstige Geschäftsgeheimnisse ohne Grund zu offenbaren, verletzen dagegen die Rechtssphäre des Zulieferers und sind nach § 307 unwirksam. **Z 15**

b) Untersuchungs- und Rügepflichten. Die den Abnehmer als Unternehmer nach § 377 HGB treffende Untersuchungs- und Rügeobliegenheit kann in AGB nicht völlig ausgeschlossen werden.[5] Modifikationen der Untersuchungsobliegenheit sind jedoch zulässig.[6] Insbesondere kann der Abnehmer für die Durchführung seiner Untersuchungsobliegenheit ein Verfahren mit dem Zulieferer vereinbaren und die dabei erforderlichen Prüfungen durch den Zulieferer durchführen lassen.[7] Der Abnehmer genügt seiner Untersuchungsobliegenheit dann vor allem dadurch, dass er seinerseits die Prüfberichte des Zulieferers überprüft. Der Abnehmer muss jedoch an der Organisation des Untersuchungsverfahrens verantwortlich mitwirken und darf die Untersuchungsobliegenheit nicht einfach auf den Zulieferer abwälzen.[8] Daneben wird man vom Abnehmer auch die Vornahme von Stichproben verlangen müssen, weil auch beim Zulieferer Ausfälle vorkommen können. Sog. Inprozess- und Funktionskontrollen während des Bandlaufs beim Zulieferer durch den Abnehmer, die denselben Erfolg wie Stichproben garantieren, genügen ebenso.[9] Eine Identitatskontrolle, ob die Teile wirklich vom Zulieferer mit der vereinbarten Qualitätssicherung stammen, und eine Untersuchung im Hinblick auf etwaige Transportschäden ist aber in jedem Fall erforderlich.[10] Im Übrigen also jenseits der geschilderten Grundsätze zur kooperativen Wahrnehmung der Untersuchungsobliegenheit, gelten die allgemeinen Grundsätze: Die Rügeobliegenheit wegen offener Mängel kann nicht wirksam ausgeschlossen werden.[11] Auch für **Z 16**

---

[1] Ähnlich BGH NJW 2001, 1132, 1133 (zu § 8 AGB, AVB).

[2] Für die grundsätzliche Wirksamkeit von Dokumentationspflichten auch *von Westphalen,* AGB, Qualitätssicherungsvereinbarung Rz 25.

[3] Ähnlich *Ulmer/Christensen* Anh. § 310 Rz 631.

[4] So auch *von Westphalen,* AGB, Qualitätssicherungsvereinbarung Rz 24; *Ulmer/Christensen* Anh. § 310 Rz 631.

[5] S. im Einzelnen § 309 Nr. 8 b ee Rz 82. a. A. *Lehmann,* BB 1990, 1849, 1851 ff.

[6] Zum Sonderfall einer Verlängerung von Rügefristen s. § 309 Nr. 8 b ee Rz 82.

[7] S. auch *von Westphalen,* AGB, Qualitätssicherungsvereinbarung Rz 14.

[8] *Merz,* a.a.O., S. 325 ff. Für Unwirksamkeit einer Klausel, die dem Lieferanten das Risiko einer nicht ordnungsgemäßen Rüge auferlegt, auch *Ulmer/Christensen* Anh. § 310 Rz 632.

[9] *Steinmann* BB 1993, 873, 877 f.

[10] Dafür auch *Steinmann* BB 1993, 873, 878.

[11] BGH NJW 1991, 2633, 2634 (zu § 9 AGBG); OLG Karlsruhe, WRP 2000, 565, 571 (zu § 9 AGBG); *Thamm/Möffert* NJW 2004, 2710, 2711.

leicht erkennbare Mängel kann die Rügepflicht nicht ausgeschlossen werden, soweit sie bei üblichem Gebrauch und verkehrsüblicher Aufmerksamkeit entdeckt werden können.[1] Ob ein Ausschluss der Rügefrist in anderen Fällen angemessen ist, also dann, wenn die Mängel nicht leicht erkennbar waren, ist von Fall zu Fall zu beantworten. Auch eine Verlängerung der Rügepflicht kommt nur in Grenzen in Betracht.[2] Unwirksam nach § 307 ist deshalb z. B. eine Klausel, die statt der unverzüglichen Rügeobliegenheit nach § 377 HGB eine Frist von 6 Wochen oder mehr vorsieht. Eine Frist von einer Woche ist dagegen im Regelfall zulässig, und Gleiches muss für eine Frist von zwei Wochen gelten.[3]

4. Mängelhaftung

Z 17 Für die Mängelhaftung gelten wegen § 651 S. 1 grundsätzlich die allgemein für Kaufverträge geltenden Bedingungen, insbesondere auch die für Einkaufsbedingungen geltenden Regeln (s. Rz E 99 ff.).

5. Produkthaftung

Z 18 Die gegenüber Dritten bestehende Produkthaftung kann durch AGB und sonstige Vereinbarungen zwischen Abnehmer und Zulieferer nicht entgegen der gesetzlichen Regelung auf den einen oder anderen verlagert werden, da ein Vertrag zulasten Dritter, nämlich der Geschädigten, denen dadurch der gesetzliche Schuldner entzogen würde, nicht wirksam abgeschlossen werden kann.[4] Zulässig ist dagegen eine Haftungsregelung durch Regressansprüche im Innenverhältnis, soweit sie den jeweiligen Aufgaben- und Verantwortungsbereichen Rechnung trägt.[5]

6. Vertragsbeendigung

Z 19–30 Welche Grundsätze für die Beendigung des Zuliefervertrages gelten, hängt von der Gestaltung der konkreten Vertragsbeziehung ab. Handelt es sich um einen unbefristeten Vertrag, so kann er ordentlich gekündigt werden, im Falle einer Befristung endet er mit dem Ablauf der vorgesehenen Frist. In jedem Fall, also sowohl im Falle einer Befristung als auch bei Fehlen einer Befristung kann der Zuliefervertrag gemäß § 314 I 1 aus wichtigem Grund gekündigt werden. Das Recht zur Kündigung aus wichtigem Grund kann allenfalls eingeschränkt, aber nicht gänzlich ausgeschlossen werden.[6] Schwierigkeiten bereitet die Frage, ob der Zulieferer im Falle einer ordentlichen oder außerordentlichen Kündigung Ansprüche wegen der von ihm getätigten Investitionen hat. Insofern ist zu differenzieren. Ist eine Kündigung aus wichtigem Grund vom Abnehmer zu vertreten, so bestehen regelmäßig Schadensersatzansprüche des Zulieferers nach den allgemeinen Vorschriften (§§ 280, 281).[7] Ein Ausschluss dieser Schadensersatzansprüche ist an den für Haftungsfreizeichnungen im unternehmerischen Verkehr geltenden Schranken zu messen.[8] Im Falle einer or-

---

[1] § 309 Nr. 8 b ee Rz 81.

[2] *Merz,* a.a.O., S. 334 ff.

[3] S. § 309 Nr. 8 b ee Rz 82.

[4] S. auch *Merz,* a.a.O., S. 269 ff.

[5] *Merz,* a.a.O., S. 278 ff.; s. auch *von Westphalen,* Vertragsrecht und AGB-Klauselwerke, Qualitätssicherungsvereinbarung Rz 31. Strenger noch *Ulmer/Christensen* Anh. § 310 Rz 633, der wohl auch mit Blick auf den Innenausgleich keine Abweichung vom dispositiven Recht erlauben will.

[6] S. im Einzelnen § 309 Nr. 8 a Rz 61.

[7] Zu den Schadensersatzansprüchen bei Kündigung aus wichtigem Grund s. z. B. *Palandt/Heinrichs* § 314 Rz 11.

[8] S. dazu § 309 Nr. 7 Rz 135 ff.

dentlichen Kündigung oder im Falle einer Beendigung des Vertrages nach Ablauf der vorgesehenen Dauer stehen dem Zulieferer dagegen in Ermangelung abweichender Vertragsbestimmungen grundsätzlich weder Schadens- noch Ausgleichansprüche zu. § 89 b HGB ist nicht entsprechend anwendbar (s. Rz Z 11). Auch ist es dem Zulieferer zumutbar, einen Zuliefervertrag nur dann abzuschließen, wenn sich die von ihm zu tätigenden Investitionen auch unter Berücksichtigung einer möglichen Beendigung des Vertrages rechnen. Dies gilt umso mehr, als der Zulieferer die auf ihn zukommende Belastung in aller Regel sehr viel besser einschätzen kann als der Abnehmer. Nur in extremen Ausnahmefällen wird man dem Zulieferer auf der Grundlage des § 242 Ausgleichsansprüche zubilligen können.[1]

*

Zurückbehaltungsrechte

Zu Zurückbehaltungsklauseln siehe § 309 Nr. 2. Zu Klauseln, die Zurückbehaltungsrechte des Verwendungsgegners einschränken siehe § 309 Nr. 2 Rz 30 ff. (gegenüber Verbrauchern) sowie § 309 Nr. 2 Rz 70 ff. (gegenüber Unternehmern). Mit Blick auf Klauseln, die Zurückbehaltungsrechte des Verwenders erweitern, siehe § 309 Nr. 2 Rz 42.

Zwangsvollstreckung

Inhaltsübersicht

Schrifttum: *Bangert,* Gegenstand und Inhalt vollstreckbarer Urkunden, 2006; *Böckmann,* Schuldnerschutz bei vollstreckbaren notariellen Urkunden, 2003; *Braunfels,* Der neue § 24a AGBG und seine Auswirkungen auf die Inhaltskontrolle notarieller Verträge, DNotZ 1997, 356; *Dietlein,* Kreditsicherung der Banken und das neue AGBG, JZ 1977, 637; *Emmerich,* Zulässigkeit und Wirkungsweise der Vollstreckungsverträge, ZZP 82 (1969), 416; *Engelhardt,* Prozessualer und materiellrechtlicher Bestand des in vollstreckbaren notariellen Urkunden erklärten Nachweisverzichts, insbesondere beim Abschluss von Bauträgerverträgen, 2004; *Freckmann,* Praktische Rechtsfragen der Sicherungsgrundschuld, BKR 2005, 167; *Freitag/Riemenschneider,* Vollstreckbare Schuldanerkenntnisse in der deutschen und europäischen Klauselkontrolle, WM 2004, 2470; *Grziwotz,* Waffengleichheit im Bauträgervertrag?, FS Thode, 2005, S. 243; *Hahn,* Grundschuld und abstraktes Schuldversprechen, ZIP 1996, 1233; *Kanzleiter,* Quo vadis? Was wird aus dem Bauträgervertrag? DNotZ 2001, 165; *Han,* Materiellrechtliche Verpflichtung als Titelersatz, FS Lindacher, 2007, S. 39; *Knapp,* Vereinbarkeit der Vollstreckungsunterwerfung in Grundschulden mit der Richtlinie 93/13/EWG über missbräuchliche Klauseln in Verbraucherverträgen, MittBayNot 2003, 421; *Kümpel,* Persönliche Haftung und Vollstreckungsunterwerfung bei Grundpfandrechten und das AGB-Gesetz, WM 1978, 746; *C. Marburger,* Grundschuldbestellung und Übernahme der persönlichen Haftung, 1998; *Moeser,* Räumungsvollstreckung aus notarieller Urkunde – Zu Unrecht im Verborgenen, NZM 2004, 769; *Quack,* Unwirksame Vollstreckungsunterwerfungen im Grundbuchverfahren?, RpflStud. 2002, 145; *Rastätter,* Zur Zulässigkeit des Verzichts auf den Nachweis der die Fälligkeit begründenden Tatsachen bei Vollstreckungsunterwerfungsklauseln, NJW 1991, 392; *Rinck,* Parteivereinbarungen in der Zwangsvollstreckung aus dogmatischer Sicht, 1996; *von Rintelen,* Probleme und Grenzen der Vollstreckungsunterwerfung in der notariellen Urkunde, RNotZ 2001, 2; *Ritzinger,* Die inadaequate Vollstreckungsunterwerfung im Grundstückskaufvertrag, BWNotZ 1990, 25; *Scherf,* Vollstreckungsverträge, 1971; *Schreiber,* Vollstreckbare Urkunden, in *ders.,* Immobilienrecht Handbuch, 2. Aufl. 2005, Kap. 18; *Sternke,* Prozessuale Klauseln in Allgemeinen Ge-

[1] Vgl. auch *Baumbach/Hopt,* HGB, Überblick vor § 373 Rz 31 („unter engen Voraussetzungen" Investitionsschutz des Zulieferers aus § 242 BGB)

schäftsbedingungen, 1993; *Stürner,* Die Kreditsicherung der Banken und das neue AGBG, JZ 1977, 431; *Ulmer,* Zur Anlegerhaftung in geschlossenen (Alt-)Immobilienfonds, ZIP 2005, 1341; *Visinoni-Meyer,* Die vollstreckbare öffentliche Urkunde im internationalen und nationalen Bereich, 2004; *Gr. Vollkommer,* Zwangsvollstreckungsunterwerfung des Verbrauchers bei Immobiliardarlehensverträgen?, NJW 2004, 818; *Voran,* Vollmachten in Grundschuldformularen in der Klauselkontrolle, DNotZ 2005, 887; *Wagner,* Prozessverträge, 1998; *Wolfsteiner,* Die vollstreckbare Urkunde, 2. Aufl. 2006; *Zimmer,* Formularmäßige Sicherungsvereinbarung über eine Zwangsvollstreckungsunterwerfung, NotBZ 2006, 163; *ders.,* Grundpfandrechtsbestellung, Schuldanerkenntnis und Zwangsvollstreckungsunterwerfung in der neueren Rechtsprechung des BGH, MDR 2006, 306.

I. Vollstreckungsunterwerfung

Z 31 **1. Grundlagen.** § 794 I Nr. 5 ZPO eröffnet die Möglichkeit, durch notariell zu beurkundende Unterwerfung unter die sofortige Zwangsvollstreckung, also ohne richterliche Mitwirkung, einen vollstreckbaren Titel zu schaffen. In jüngerer Zeit wurde der Anwendungsbereich der Norm erheblich erweitert:[1] Nicht mehr nur auf Geld, Wertpapiere oder vertretbare Sachen gerichtete Leistungsansprüche, sondern alle einem Vergleich zugänglichen, also der Dispositionsbefugnis der Parteien unterliegenden Ansprüche können für vollstreckbar erklärt werden, sofern sie nicht die Abgabe von Willenserklärungen oder den Bestand eines Mietverhältnisses über Wohnraum betreffen. Traurige Prominenz hat die Problematik der Vollstreckungsunterwerfung in neuerer Zeit vor allem als Nebenkriegsschauplatz der sog. Schrottimmobilien-Fälle erlangt:[2] Der in diesem Zusammenhang im Schrifttum verbreitet vertretenen Ansicht, im Rahmen von Immobiliardarlehensverträgen abgegebene vollstreckbare Schuldanerkenntnisse seien analog § 496 II BGB (bislang: § 10 II VerbrKrG) unwirksam,[3] hat der BGH eine Absage erteilt.[4]

Z 32 **2. Anwendbarkeit des AGB-Rechts und Einbeziehungskontrolle.** Im Falle klauselmäßiger Vollstreckungsunterwerfung ist die Anwendbarkeit des AGB-Rechts nach herrschender, wenngleich bisweilen angezweifelter Auffassung nicht schon deshalb ausgeschlossen, weil die Unterwerfung unter die sofortige Zwangsvollstreckung eine einseitige prozessuale Erklärung ist;[5] für eine klauselmäßige Verpflichtung zur Vollstreckungsunterwerfung stellt sich diese Frage ohnehin

---

[1] Zweite Zwangsvollstreckungsnovelle vom 17. 12. 1997 (BGBl. 1997 I S. 3039) mit Wirkung vom 1. 1. 1999.

[2] Vgl. *Zimmer* MDR 2006, 306.

[3] *Gr. Vollkommer* NJW 2004, 818 ff.; MünchKommBGB/*Habersack* § 496 Rz 8; AnwK/*Reiff* § 496 Rz 4; *Bamberger/Roth/Möller/Wendehorst* § 496 Rz 3; *Staudinger/Kessal-Wulf* § 496 Rz 28; tendenziell auch *Schreiber,* Vollstreckbare Urkunden, Rz 27 f.

[4] BGH NJW 2005, 1576, 1578; BGH NJW-RR 2005, 985, 986; BGH NJW 2006, 2099, 2100 vgl. auch BGH 23. 11. 2004 – XI ZR 27/04, DNotI-Report 2005, 14 = WuB I E 2 § 496 BGB 1.05 m. Anmerk. *Artz.* Ebenso aus dem Schrifttum etwa *Wolfsteiner,* Vollstreckbare Urkunde Rz 6.29; *Freitag/Riemenschneider* WM 2004, 2470, 2475 f.

[5] Vgl. Anh. § 310 Rz P 61; BGHZ 99, 274, 282; BGH NJW 2002, 138, 139; OLG Celle NJW-RR 1991, 667. Aus dem Schrifttum: *Staudinger/Schlosser* § 305 Rz 14; *Rosenberg/Gaul/Schilken,* Zwangsvollstreckungsrecht, § 13 IV 1; *C. Marburger,* Grundschuldbestellung, S. 103 f; *Wagner,* Prozessverträge, S. 132, 781; *Böckmann,* Schuldnerschutz, S. 210 ff.; *Musielak/Lackmann* § 794 ZPO Rz 30; *Schuschke/Walker,* Zwangsvollstreckung, § 794 ZPO Rz 44; *Baur/Stürner/Bruns,* Zwangsvollstreckungsrecht, Rz 16.19; *Ulmer* § 305 Rz 15 und *Ulmer/Fuchs* Anh. § 310 Rz 248; *Münch* NJW 1991, 795, 798; *Quack* RpflStud 2002, 145; *Freitag/Riemenschneider* WM 2004, 2470, 2471 f; *Sternke,* Prozessuale Klauseln, S. 342 ff. Anders noch *Dietlein* JZ 1977, 637 f, gegen diesen *Stürner* JZ 1977, 639. A.A. auch *Wolfsteiner,* Vollstreckbare Urkunde Rz 6.9 ff.: Der AGB-Kontrolle unterliege weder die Urkunde (da Vollstreckungstitel und damit Hoheitsakt) noch die Unterwerfungserklärung des Schuldners (da einseitige Prozesshandlung). Zweifelnd *Stein/Jonas/Münzberg* § 794 ZPO Rz 128 Fn. 631; *von Rintelen* RNotZ 2001, 2, 21 f (für eine AGB-Kontrolle „in vorsichtiger Analogie").

nicht.[1] Die Vollstreckungsunterwerfung unterfällt als solche der AGB-Kontrolle, wenn der Notar den Vertrag zum Zwecke mehrfacher Verwendung im Auftrag des Verwenders und unter einseitiger Berücksichtigung von dessen Interessen erstellt[2] oder gar ein vom Verwender beigebrachtes Formular übernommen hat (vgl. Rz Z 37).[3] Vollstreckungsunterwerfungen in **Verbraucherverträgen** sind wegen § 310 III Nr. 1, 2 in aller Regel an §§ 307–309 zu messen. Die prozessuale Natur der Unterwerfungserklärung steht ihrer Einordnung als Verbrauchergeschäft nicht entgegen, denn sie teilt nach dem Schutzziel des Verbraucherrechts insoweit den Charakter des zu Grunde liegenden materiellen Geschäfts (arg.: auch § 1031 V ZPO setzt voraus, dass an der prozessual wirkenden Schiedsvereinbarung ein Verbraucher als solcher beteiligt sein kann). Die pflichtgemäße Belehrung durch den Notar nach § 17 BeurkG wird dem Verbraucher regelmäßig kaum eine tatsächliche inhaltliche Einwirkungsmöglichkeit i. S. von § 310 III Nr. 2 a. E. verschaffen.[4] Der Einschlägigkeit von § 310 III Nr. 2 steht ferner nicht entgegen, dass der Notar gemäß § 14 I BeurkG als neutraler Dritter zu fungieren hat, und zwar selbst dann nicht, wenn man für fehlende Vorformulierung nach Nr. 2 kein „Aushandeln" nach § 305 I 3 fordert.[5] Nr. 2 ist dabei durch richtlinienkonforme Auslegung insoweit zu korrigieren, als die Norm über ihren Wortlaut hinaus auch eine Einbeziehungskontrolle anhand von **§ 305 c I** erlaubt.[6] Dieser Kontrolle dürften Vollstreckungsunterwerfungen genügen, wenn der Notar die Klausel gemäß § 13 BeurkG verlesen und gemäß § 17 BeurkG eigens über sie belehrt hat (dazu § 305 c Rz 38 f.);[7] umgekehrt liegt – entgegen der Auffassung des BGH[8] – eine Anwendung von § 305 c I zumindest nahe, wenn keine notarielle Belehrung erfolgt ist.[9] Lassen sich **Makler,** gleichsam als „Trittbrettfahrer", ihre Provisionsansprüche in Grundstückskaufverträgen titulieren, so sollten solche Vollstreckungsunterwerfungen allemal an § 305 c I scheitern, wenn der Notar nicht gemäß § 17 BeurkG eigens über sie belehrt hat; denn der Provisionsschuldner muss nicht ohne weiteres damit rechnen, dass auch Ansprüche Dritter Gegenstand der Beurkundung des Kaufvertrags sind.[10]

3. § 309 Nr. 12. Vollstreckungsunterwerfungen unterfallen als solche nicht § 309 Nr. 12, denn sie lassen die Beweislast im Rahmen von Vollstreckungsgegenklagen (§§ 767, 795, 797 IV ZPO) unberührt (zum Nachweisverzicht vgl. unten **Z 33**

[1] Klarstellend *Wolfsteiner,* Vollstreckbare Urkunde Rz 6.14, 6.20. Folgerichtig wird die Anwendungsfrage nicht erörtert im Fall BGH NJW-RR 2006, 490.

[2] BGH NJW 2002, 138, 139 (Absicht dreimaliger Verwendung genügt); OLG München NJW-RR 2001, 130, 131; *Münch* NJW 1991, 795, 798. Vgl. ferner OLG München NJW 1981, 2472; BGH NJW 1982, 2243 (zur Rechtslage vor Inkrafttreten des AGBG); offengelassen in BGH NJW 1984, 2094 und NJW 1992, 2163.

[3] Vgl. dazu *Braunfels* DNotZ 1997, 356, 359 ff.

[4] Anders *Staudinger/Schlosser* § 310 Rz 65; *Braunfels* DNotZ 1997, 356, 378 ff. Wie hier im Ergebnis *Kanzleiter* DNotZ 1996, 867, 869.

[5] Gegen *Ulmer* § 310 Rz 81 die h. M.: *Erman/Roloff* § 310 Rz 18; *Heinrichs* NJW 1996, 2190, 2193; *Braunfels* DNotZ 1997, 356, 374 f.

[6] *Ulmer* § 310 Rz 91; *Erman/Roloff* § 310 Rz 21. Anders MünchKommBGB/*Basedow* § 310 Rz 69.

[7] Die Belehrung über eine Klausel nimmt den Überraschungseffekt, vgl. nur BGHZ 114, 9, 13; *Zimmer* NotBZ 2006, 163, 164. Bedenkenswerte Kritik an dieser Regel bei *Basty* LMK 2004, 107; anders für das abstrakte Schuldanerkenntnis auch *Stürner* DNotZ 1992, 97, 98.

[8] BGH NJW-RR 2006, 490, 491, der weitergehend sogar jede gliederungs- oder drucktechnische Hervorhebung innerhalb der Urkunde für entbehrlich hält (dem völlig unkritisch zustimmend *Haertlein* WuB IV C § 3 AGBG 1.06, *Volmer* MittBayNot 2006, 317, und *Zimmer* NotBZ 2006, 163 f); anders insoweit – problembewusst und mit guten Gründen – noch das OLG Karlsruhe als Vorinstanz.

[9] Strenge Anforderungen an den Ausschluss des Überraschungseffekts stellt gerade hinsichtlich Vollstreckungsunterwerfungen OLG Saarbrücken ZfIR 2003, 153 ff. = DNotZ 2004, 712 m. insoweit krit. Anm. *Wochner.*

[10] Ausführlich *von Rintelen* RNotZ 2001, 2, 37 ff. (auch zur Inhaltskontrolle).

Rz Z 41).[1] Zweifelhaft ist die Anwendbarkeit des § 309 Nr. 12 dagegen, wenn die **Vollstreckungsunterwerfung mit einem abstrakten Schuldanerkenntnis kombiniert** wird. Streng genommen, wird mit dem Anerkenntnis eine neue Forderung begründet, nicht hingegen die Beweislast hinsichtlich einer anderen verändert. Von den beteiligten wirtschaftlichen Interessen her gesehen, hat das abstrakte Schuldanerkenntnis dagegen sehr wohl einen beweislaständernden Zweck: Der Gläubiger soll das Bestehen der ursprünglichen, dem Vorgang zugrundeliegenden Schuld nicht beweisen müssen, sondern sich im Streitfall auf das Anerkenntnis stützen können. Der Schuldner muss nun beweisen, dass er das Anerkenntnis zu Unrecht abgegeben hat. Bei gebotener Gesamtschau liegt demnach eine Beweislastverschiebung zu Ungunsten des Schuldners vor.[2] Dass mit dem Anerkenntnis nur ein gesetzlich vorgesehenes Institut genutzt werde,[3] die Unwirksamkeit formularmäßiger Schuldanerkenntnisse eine Steigerung der Kreditkosten zur Folge hätte,[4] der Gesetzgeber ferner eine so weitreichende Folge des § 309 Nr. 12 nicht bedacht habe[5] und schließlich die Beweislaständerung nicht Ziel oder Gegenstand, sondern nur mittelbare Folge des Anerkenntnisses sei,[6] sind keine schlagenden Argumente gegen eine Anwendung des § 309 Nr. 12 auf abstrakte Schuldanerkenntnisse.[7] Nach ganz herrschender Ansicht ist § 309 Nr. 12 gleichwohl nicht anzuwenden,[8] was seinen Grund wohl in den schwerwiegenden Konsequenzen hat, welche die Unwirksamkeit formularmäßiger Schuldanerkenntnisse für die Kreditwirtschaft mit sich brächte.

Z 34 **4. Generalklausel. a) Herrschende Meinung.** Einer AGB-rechtlichen Inhaltskontrolle steht nicht bereits § 307 III 1 entgegen.[9] Nach h. M. halten Vollstreckungsunterwerfungen indes der somit eröffneten Überprüfung anhand von § 307 **grundsätzlich** stand, benachteiligen den Schuldner also nicht unangemessen und verstoßen insbesondere nicht gegen ein gesetzliches Leitbild im Sinne des § 307 II

---

[1] BGH NJW 2001, 2096 ff.; MünchKommBGB/*Kieninger* § 309 Nr. 12 Rz 10; *Bamberger/Roth/Becker* § 309 Nr. 12 Rz 6; *Rosenberg/Gaul/Schilken,* Zwangsvollstreckungsrecht, § 13 IV 1; *Wolfsteiner* NJW 1982, 2851 ff. (gegen BGH NJW 1981, 2756); MünchKommZPO/*Wolfsteiner* § 794 Rz 133, 202; *Musielak/Lackmann* § 794 ZPO Rz 30; *Münch* NJW 1991, 795, 800 ff.; *Moeser* NZM 2004, 769; *Freitag/Riemenschneider* WM 2004, 2470, 2472.

[2] *Münch* NJW 1991, 795, 799; *Freitag/Riemenschneider* WM 2004, 2470, 2472; *Stürner* JZ 1977, 431 f. Die Nachteiligkeit dieser Beweislastverschiebung bestreitet zu Unrecht *Kümpel* WM 1978, 746, 749 ff.

[3] *Eickmann* ZIP 1989, 137, 141; gegen dieses Argument *von Rintelen* RNotZ 2001, 2, 24.

[4] *Knapp* MittBayNot 2003, 421, 426; *Freitag/Riemenschneider* WM 2004, 2470, 2472, 2474; zweifelnd hinsichtlich der dinglichen Unterwerfungsklausel (§ 800 ZPO) indes *Freckmann* BKR 2005, 167, 171. Grundsätzlich gegen die Beachtlichkeit des Preisarguments mit Recht MünchKommBGB/*Kieninger* § 307 Rz 41 f, § 310 Rz 76 f (mit Blick auf mikroökonomische Zusammenhänge).

[5] S. § 309 Nr. 12 Rz 23. Gegen dieses Argument schon *Stürner* JZ 1977, 639, und nun auch *Staudinger/Marburger* § 780 Rz 20.

[6] BGH NJW 1987, 904; BGH NJW 1991, 1677; *Freitag/Riemenschneider* WM 2004, 2470, 2472; *Wagner* Prozessverträge, 706; *Dietlein* JZ 1977, 637, 639 (gegen diesen *Stürner* JZ 1977, 639, 640); *von Rintelen* RNotZ 2001, 2, 24 (wegen der Schriftlichkeit des Geschäftsverkehrs sei die Bank ohnehin nicht auf die Beweislastumkehr angewiesen); *Zimmer* MDR 2006, 306, 308 (dem Gläubiger komme es nicht auf die Beweislastumkehr an). Gegen dieses Argument schon *Stürner* DNotZ 1992, 97, 99; *Staudinger/Marburger* § 780 Rz 20. Im Übrigen hat auch die unwirksame Tatsachenbestätigung nach § 309 Nr. 12 lit. b eine Beweislaständerung nicht zum Gegenstand, sondern nur zur Folge, und ist dennoch unwirksam.

[7] Für einen Verstoß gegen das Beweislastklauselverbot *Hahn* ZIP 1996, 1233, 1235 f. *Staudinger/Marburger* § 780 Rz 20 will § 309 Nr. 12 im Anschluss an *C. Marburger,* Grundschuldbestellung, S. 60 ff., anwenden, wenn die Beweislastumkehr ausschließlicher Zweck des Schuldanerkenntnisses ist; freilich verbietet § 309 Nr. 12 selbst unbeabsichtigte Beweislastveränderungen.

[8] BGH NJW 1987, 904, 907; BGH NJW 1991, 1677; OLG Düsseldorf NJW-RR 1996, 148; *Dietlein* JZ 1977, 637, 638; MünchKommBGB/*Kieninger* § 309 Nr. 12 Rz 8; *Erman/Roloff* § 307 Rz 118, § 309 Rz 148; *Staudinger/Coester-Waltjen* § 309 Nr. 12 Rz 5; *Eickmann* ZIP 1989, 137.

[9] *Staudinger/Coester* § 307 Rz 85, 301.

Nr. 1.[1] Mithin sollen solche Klauseln nur in **besonderen Fällen** unwirksam sein. Entsprechend großzügig wird die klauselmäßig eingegangene **Verpflichtung zur Vollstreckungsunterwerfung** beurteilt;[2] dies ist von Bedeutung, weil der BGH im Falle einer wirksamen Verpflichtung zur Unterwerfung dem Vollstreckungsschuldner im Vollstreckungsverfahren – fragwürdigerweise – die Berufung auf die Unwirksamkeit der abgegebenen Unterwerfungserklärung als treuwidrig verwehrt.[3] Einschränkungen werden namentlich für die **Vollstreckungsunterwerfung mit Nachweisverzicht** in einem Vertrag über den Erwerb eines zu errichtenden Hauses gemacht: Diese soll nach der Generalklausel unwirksam sein, weil die Gegenseite nicht den Gefahren einer (dem Werkvertragsrecht fremden, vgl. §§ 641, 320) Vorleistung ausgesetzt werden dürfe.[4] Es liegt nahe, dass der BGH – wie einige Instanzgerichte[5] – diese Rspr. auf andere Fälle übertragen wird, in denen Vorleistungen entgegen gesetzlichen Vertragstypenregelungen ohne entsprechende Sicherungen zu erbringen wären.[6] In **Bauträgerverträgen** sollen Zwangsvollstrekkungsunterwerfungen mit Nachweisverzicht schon wegen Verstoßes gegen §§ 3, 12 MABV gemäß § 134 BGB nichtig sein.[7] Die Frage, ob die formularmäßige **Haftungsübernahme und Vollstreckungsunterwerfung eines am Kreditverhältnis unbeteiligten Dritten** AGB-rechtlich wirksam ist, hat der BGH in einer Grundsatzentscheidung zunächst offengelassen,[8] später aber verneint.[9] Vom möglichen Überraschungscharakter einer Übernahme auch der persönlichen Haftung abgesehen,[10] liegt jedenfalls eine unangemessene Benachteiligung der Gegenseite im Sinne des § 307 I darin, dass die bezweckte Beschränkung der Haftung auf die

---

[1] BGH NJW 2004, 59, 61 (dort auch zu § 3 AGBG = § 305c BGB); BGH NJW 1991, 286; BGH NJW 1987, 904, 906; OLG München NJW-RR 1992, 125f; *Clemente,* Sicherungsgrundschuld, Rz 362; *Löwe/v. Westphalen/Trinkner* § 11 Nr. 15 AGBG Rz 44ff.; *Rosenberg/Gaul/Schilken,* Zwangsvollstreckungsrecht, § 13 IV 1; *Erman/Roloff* § 307 Rz 119; *Schuschke/Walker,* Zwangsvollstreckung, § 794 ZPO Rz 44; *Musielak/Lackmann* § 794 ZPO Rz 30; *Hahn* ZIP 1996, 1233, 1236; ausführlich *Freckmann* BKR 2005, 167, 172; *Freitag/Riemenschneider* WM 2004, 2470ff. Vgl. auch § 309 Nr. 12 Rz 27ff.

[2] BGH NJW 2004, 158, 159; BGH NJW 2004, 839, 840f; BGH WM 2005, 828 (insoweit in NJW 2005, 1576, 1578 nicht vollständig abgedruckt); BGH NJW 2005, 2985; BGH NJW-RR 2006, 490f.

[3] Größere praktische Bedeutung hat dies wiederum im Zusammenhang mit Darlehensverträgen für sog. Schrottimmobilien erlangt, dazu *Zimmer* MDR 2006, 306, 307, der glaubt, das „zunächst überraschend erscheinende Ergebnis" kurzerhand unter pauschalem Hinweis auf „prozessökonomische Gesichtspunkte" rechtfertigen zu können. Dagegen *Hau* FS Lindacher, S. 39, 48ff.

[4] BGH NJW 2002, 138, 139f; *Bamberger/Roth/Becker* § 309 Nr. 12 Rz 6. Ähnlich schon *Ritzinger* BWNotZ 1990, 25, 28f. Anders noch *Clemente,* Sicherungsgrundschuld, Rz 10, 366f. Offengelassen in BGH NJW 1992, 2160.

[5] OLG Düsseldorf NJW-RR 1996, 148 (Generalunternehmervertrag); OLG München NJW-RR 2001, 130f (Generalübernehmervertrag). Keinen Verstoß gegen § 307 (§ 9 AGBG) haben angenommen OLG Celle NJW-RR 1991, 667, OLG München, NJW-RR 1992, 125, 126, und OLG Hamm NJW-RR 1991, 1151, 1152 (sämtlich Grundstückskauf).

[6] *Stein/Jonas/Münzberg* § 794 ZPO Rz 128 Fn. 636. *Vollkommer* NJW 2004, 818, 820, will diese Rspr. auf Vollstreckungsunterwerfungen in Immobiliardarlehensverträgen übertragen, die mit Schuldanerkenntnissen gekoppelt sind.

[7] BGH NJW 1999, 51ff. = DStR 1999, 250ff. m. Anm. *Goette;* OLG Köln NJW-RR 1999, 22, 23f. Dazu *von Rintelen* RNotZ 2001, 2, 31ff. (zur AGB-rechtlichen Beurteilung 26ff.); *Grziwotz* FS Thode, S. 243, 251ff. (auch ohne Nachweisverzicht unwirksam); ausführlich und im Ergebnis ablehnend *Engelhardt,* Prozessualer und materiellrechtlicher Bestand, S. 114ff.

[8] BGHZ 99, 274, 285 = NJW 1987, 904, 905f (IX. Senat).

[9] BGHZ 114, 9, 14 = NJW 1991, 1677, 1678 (XI. Senat), dazu *Stürner* DNotZ 1992, 97ff. Ebenso *Clemente,* Sicherungsgrundschuld, Rz 364; *Eickmann* ZIP 1989, 137, 142; *Hahn* ZIP 1996, 1233, 1236f; *Erman/Roloff* § 307 Rz 118. Die Übertragbarkeit dieser Rechtsprechung zugunsten von Anlegern in geschlossenen (Alt-)Immobilienfonds erwägt *Ulmer* ZIP 2005, 1341, 1342f.

[10] Darauf abstellend OLG Oldenburg NJW-RR 1990, 1523f. Vgl. im Einzelnen, im Ergebnis weitergehend, *C. Marburger,* Grundschuldbestellung, S. 70ff.

Sachsicherheit übergangen wird.[1] Wird die Vollstreckungsunterwerfung an eine Haftungsübernahme gekoppelt, ist dies gemäß § 307 I wegen **Intransparenz** unwirksam, wenn sich weder aus der Sicherungsabrede noch aus der vollstreckbaren Urkunde ergibt, welche Forderungen ihr im Einzelnen unterfallen.[2] Weder unangemessen benachteiligend (§ 307) noch überraschend (§ 305 c I) soll die Erstrekkung des Sicherungszwecks von Grundschuld, Schuldanerkenntnis und jeweiliger Vollstreckungsunterwerfung auf **alle Forderungen aus der bankmäßigen Geschäftsverbindung** sein, worunter auch nachträglich an den Sicherungsnehmer abgetretene Forderungen fallen sollen;[3] der BGH nimmt es also in Kauf, dass auf diese Weise letztlich ein Blankotitel geschaffen und die begrenzende Wirkung der Sicherungsvereinbarung ausgehöhlt wird.

Z 35 **b) Bedenken.** Berechtigte Zweifel an der h. M., welche die Vollstreckungsunterwerfung für grundsätzlich nach § 307 zulässig hält, hat *Rolf Stürner* geäußert: Gesetzliches Leitbild der ZPO ist es, der Vollstreckung grundsätzlich die richterliche Erkenntnis vorzuschalten.[4] Mit § 794 I Nr. 5 ZPO stellt der Gesetzgeber zwar gezielt die Möglichkeit zur Verfügung, sich ohne Erkenntnisverfahren einen Titel zu verschaffen, und privilegiert im Wesentlichen nur den Wohnraummieter. Jedoch belegt dies allein nicht zwingend die Zulässigkeit einer **formularmäßigen** Vollstreckungsunterwerfung im **Verbrauchergeschäft.** Entscheidend ist, ob das Leitbild „Vollstreckung nach richterlicher Erkenntnis" ein Gerechtigkeitsgebot enthält, von dem nach Abwägung der beteiligten Interessen nicht formularmäßig abgewichen werden darf. Fraglos mindert ein vorhergehendes Erkenntnisverfahren die Gefahr erheblich, dass trotz materiellen Nichtbestehens der Schuld vollstreckt wird. Das Erkenntnisverfahren bezweckt gewiss kein „Moratorium zugunsten des Schuldners",[5] wohl aber die Feststellung, dass der vorgebliche Schuldner wirklich schuldet. Daraus folgt ein Interesse an der Durchführung eines Erkenntnisverfahrens.[6] Dies mit dem Hinweis schmälern zu wollen, der unberechtigt vollstreckende Klauselverwender könne in Regress genommen werden,[7] überzeugt vor allem deshalb nicht, weil das Opfer unberechtigter Vollstreckung aus einer notariellen Urkunde nach herrschender Meinung nicht einmal den Schutz der strengen Haftung nach § 717 II ZPO genießt.[8] Das Argument, der rasche Zugriff der Banken – als der

---

[1] BGH NJW 1991, 1677, 1678 (Verstoß gegen § 9 II Nr. 1 AGBG = § 307 II Nr. 1 BGB); *Eickmann* ZIP 1989, 137, 142; *Stein/Jonas/Münzberg* § 794 ZPO Rz 128; *von Rintelen* RNotZ 2001, 2, 25 (mit bezeichnender Argumentation: An sich liege ein Rückgriff auf das Überraschungsverbot zwar näher, doch käme es dann entscheidend auf die ordnungsgemäße Belehrung durch den Notar an, und die mit der Frage befassten Gerichte könnten, auf die Notarhaftpflichtversicherung schielend, geneigt sein, übertriebene Anforderungen an den Belehrungsnachweis zu stellen); *C. Marburger,* Grundschuldbestellung, S. 90 ff. (Verstoß gegen § 9 I AGBG, und zwar auch bei Personenidentität von Sicherungsgeber und Darlehensschuldner).

[2] OLGR Naumburg 2001, 75 f.

[3] BGH NJW-RR 2005, 985, 986 m. w. Nachw.

[4] *Stürner* JZ 1977, 431; ihm insoweit folgend *C. Marburger,* Grundschuldbestellung, S. 107 f; der Ansicht zuneigend *Ulmer/Fuchs* Anh. § 310 Rz 284. Gegen *Stürner* aber BGH NJW 1987, 904; *Dietlein* JZ 1977, 637, 638; *Kümpel* WM 1978, 746, 747; *Eickmann* ZIP 1989, 137, 141; *Freitag/Riemenschneider* WM 2004, 2470, 2473; MünchKommZPO/*Wolfsteiner* § 794 Rz 133 mit Fn. 289 m. w. Nachw. (durch § 794 I Nr. 5 ZPO widerlegter Zirkelschluss).

[5] Dies betont *Stein/Jonas/Münzberg* § 794 ZPO Rz 128 Fn. 634.

[6] Ablehnend *Wolfsteiner,* Vollstreckbare Urkunde Rz 4.17 ff., 4.26, 6.2, 6.17 f, der vor einer Überschätzung des ordentlichen Zivilprozesses warnt und behauptet, dort ergingen „zu einem hohen Anteil" Fehlurteile, was er sowohl auf systembedingte Umstände (wie § 296 ZPO) als auch auf „richterliche Unzulänglichkeit" zurückführt.

[7] *Kümpel* WM 1978, 746, 748.

[8] *Eickmann* ZIP 1989, 137, 141, meint, dies sei „dem gesetzlich zur Verfügung gestellten Institut der Vollstreckungsunterwerfung wesenstypisch". Entgegen *Freitag/Riemenschneider* WM 2004, 2470, 2474, lässt sich diese Belastung der Gegenseite nicht mit dem Hinweis auf die verschuldensabhängige *Haftung aus § 280*

regelmäßigen Verwender solcher Klauseln – auf haftendes Kapital senke das Kreditrisiko[1] und damit den Zinssatz und komme so auch dem Verbraucher zugute, ist im AGB-Recht fehl am Platze. Dass es nicht lebensfremd ist, einen Missbrauch von Vollstreckungstiteln, also die unberechtigte Vollstreckung durch Banken zu befürchten,[2] zeigt die nicht eben geringe Zahl von Urteilen, die Vollstreckungsgegenklagen gegen Banken stattgeben.[3] Dem schutzwürdigen Interesse des Schuldners, unberechtigter Vollstreckung durch Klärung im Erkenntnisverfahren zu entgehen, ist auch mit den umfassenden Hinweis- und Belehrungspflichten des Notars nicht Genüge getan,[4] zumal der Notar auch bei bester Erfüllung seines Amtes dem faktischen Abschlussdruck auf die Gegenseite nicht wehren kann, sich den gestellten Bedingungen trotz Erkenntnis der aus ihnen folgenden Nachteile zu unterwerfen.[5] Gerade hiervor, nicht nur vor überraschenden Nachteilen, soll das AGB-Recht schützen. Man könnte der Gegenseite die (auch und gerade mit der Kostenvorschusslast einhergehende) Rechtsschutzinitiativlast entgegen dem gesetzlichen Leitbild nur dann aufbürden, wenn sich ein vergleichsweise schutzwürdigeres **Interesse des Verwenders an erkenntnisloser Vollstreckung** fände. Das ist aber zweifelhaft: Das Interesse an effektiver Durchsetzung des titulierten Anspruchs allein genügt nicht,[6] da das Gesetz grundsätzlich den Weg über das Erkenntnisverfahren weist. Das ist auch dann nicht anders zu beurteilen, wenn – wie im hier üblichen Falle eines Kreditverhältnisses – der Verwender das Vorleistungsrisiko übernommen hat.[7] Überdies bleiben auch die Vorgaben der **Klauselrichtlinie** zu berücksichtigen: RL Anh Nr. 1 q bezeichnet als möglicherweise[8] missbräuchlich solche Klauseln, die dem Verbraucher die Möglichkeit nehmen oder erschweren, Rechtsbehelfe bei Gericht einzulegen. Die Umkehrung der Klagelast wird man als eine solche Erschwerung ansehen müssen.[9] Allemal wäre dem AGB-rechtlich bedeutsamen Ge-

---

relativieren. Allgemein zur Schadensersatzhaftung bei ungerechtfertigter Vollstreckung *Wolfsteiner,* Vollstreckbare Urkunde Rz 31.93 ff.

[1] Dazu finden sich nicht selten Leerformeln folgender Art: „Ökonomisch betrachtet wird die Werthaltigkeit eines ausgegebenen Darlehens strukturell eingeschränkt, wenn bei Anzeichen von Zahlungsschwierigkeiten zunächst ein vollstreckbarer Titel erlangt werden muss, bevor in das Vermögen vollstreckt werden kann"; so *M. Roth* WuB I G 5 – 9.05.

[2] So aber *Kümpel* WM 1978, 746, 748; diesem folgend *Löwe/v. Westphalen/Trinkner* § 11 Nr. 15 AGBG Rz 46.

[3] Aus jüngerer Zeit etwa OLG Saarbrücken ZfIR 2003, 153 ff. = DNotZ 2004, 712; OLG Hamm MittRhNotK 1995, 311 ff.; OLG Oldenburg NJW-RR 1990, 1523 ff.; BGH NJW 1988, 707 ff. – Beachte allerdings auch die statistischen Angaben bei MünchKommZPO/*Wolfsteiner* § 794 Rz 129, der aus einer für Bayern errechneten Anfechtungsquote von 3,5% eine tatsächliche Vermutung dafür ableiten möchte, dass der titulierte Anspruch besteht; ähnlich mit Zahlen aus der bundesweiten Justizstatistik nunmehr *Wolfsteiner,* Vollstreckbare Urkunde Rz 6.6. Solche Statistiken besagen freilich nur etwas darüber, wie häufig Vollstreckungsgegenklagen erhoben werden, hingegen nichts darüber, ob womöglich gerade die Umkehr der Klagelast dafür sorgt, dass es von vornherein eher selten zu Klagen kommt.

[4] In diese Richtung *Knapp* MittBayNot 2003, 421, 425.

[5] Im gleichen Sinne wohl *Schilken* InVo 1998, 304, 308, gegen BT-Drs. 13/341 S. 20 („Durch das Erfordernis einer ausdrücklichen Vollstreckungsunterwerfung und durch die umfassenden Aufklärungs- und Belehrungspflichten des Notars ist der Schuldnerschutz in besonderer Weise sichergestellt.") und *Funke* NJW 1998, 1029, 1031. Vgl. auch *Kanzleiter* DNotZ 1996, 867, 869.

[6] So aber etwa BGH NJW 1987, 904, 906.

[7] Anders, nämlich aus diesem Grunde für Angemessenheit der Vollstreckungsunterwerfung trotz Verstoßes gegen das gesetzliche Leitbild „Erkenntnis vor Vollstreckung" *C. Marburger,* Grundschuldbestellung, S. 104 ff., 111 f.

[8] Der Anhang ist als nicht abschließender Beispielskatalog für potenziell missbräuchliche Klauseln anzusehen, EuGH NJW 2004, 1647; EuGH EuZW 2002, 466. Dazu *Markwardt* ZIP 2005, 152, 154; *Nassall* in *Gebauer/Wiedmann,* Zivilrecht unter europäischem Einfluss, Kap. 5 Rz 7.

[9] Deutlich *Quack* RpflStud 2002, 145 f; *Basty* DNotZ 2004, 767, 773. Für europarechtliche Unbedenklichkeit formularmäßiger Vollstreckungsunterwerfungen hingegen *Wolfsteiner,* Vollstreckbare Urkunde, Rz 6.32, und im Hinblick auf Grundpfandrechte *Knapp* MittBayNot 2003, 421, 423 f.

danken der **Waffengleichheit** Rechnung zu tragen: Wer als Verwender eine Vollstreckungsunterwerfung zugunsten seiner Ansprüche herbeiführt, muss sich im Hinblick auf titulierbare Gegenansprüche (namentlich den Darlehensauszahlungsanspruch) grundsätzlich auch selbst unterwerfen;[1] freilich ist die Wahrung der Waffengleichheit ein für die Klauselvalidierung notwendiges, aber nicht hinreichendes Kriterium.

Z 36 Nach alledem sind formularmäßige Vollstreckungsunterwerfungen durch Verbraucher – entgegen der h. M. – wegen § 307 II Nr. 1 grundsätzlich unwirksam.[2] Anders mag man entscheiden, wenn die Unterwerfung nur die Möglichkeit der Vollstreckung in ein bestimmtes Grundstück eröffnet, sich also auf den Anspruch gemäß § 1147 bezieht;[3] auch dann ist der drohende Vollstreckungszugriff in aller Regel zwar wirtschaftlich harsch, aber doch immerhin gegenständlich beschränkt. Ohnehin bleibt, sofern die Inhaltskontrollmöglichkeit erst gemäß § 310 III Nr. 1, 2 eröffnet wird (dazu Rz Z 32), stets zu beachten: Voraussetzung ist die Beteiligung eines Unternehmers; und auch, sofern dies der Fall ist, unterliegt die Vollstreckungsunterwerfung des Verbrauchers nicht der Kontrolle, wenn dieser ausnahmsweise die Klausel eingeführt oder die reale Möglichkeit hatte, sie abzuwehren.

Z 37 **5. Unternehmensverkehr.** Unterwerfen sich Unternehmer (und wohl auch Existenzgründer[4]) der sofortigen Zwangsvollstreckung, so unterliegt diese Erklärung normalerweise nicht der Klauselkontrolle; denn eine einseitige Berücksichtigung der Verwenderinteressen, wie sie die Rechtsprechung für eine Einordnung notarieller Urkunden als AGB fordert (Rz Z 32), ist mit der Unparteilichkeit des Notars (§ 14 I 2 BNotO) nicht zu vereinbaren und widerspricht der Pflicht des Notars zur ausgewogenen Vertragsgestaltung.[5] Der Fall, dass der Notar den Vertragsentwurf der interessierten Partei (Bank) für die Beurkundung übernimmt oder nach ihren Vorgaben und Interessen die Urkunde entwirft, wird in der Praxis gleichwohl vorkommen.[6] Unterliegt danach eine von einem Unternehmer erklärte Vollstreckungsunterwerfung der Kontrolle nach § 307, so gilt das in Rz Z 34–36 Gesagte entsprechend.

---

[1] Allgemein zur Bedeutung des Reziprozitätsprinzips für die Klauselkontrolle *Hau,* Vertragsanpassung und Anpassungsvertrag, 2003, S. 362 ff. Beachte speziell zur Vollstreckungsunterwerfung *Wolfsteiner,* Vollstreckbare Urkunde Rz 6.30; *von Rintelen* RNotZ 2001, 2, 36 f (dort unter dem Gesichtspunkt der Notarspflicht, auf eine ausgewogene Vertragsgestaltung hinzuwirken) und 33 (dort zur Frage, ob die Wahrung der Waffengleichheit die Bedenken gegen eine an sich zu beanstandende Unterwerfung [im Bauträgervertrag; dazu oben Rz Z 34] auszuräumen vermag).

[2] Für Unwirksamkeit einer Vollstreckungsunterwerfung mit Nachweisverzicht nach der Generalklausel *Ritzinger* BWNotZ 1990, 25 ff. Für Unwirksamkeit der Kombination von persönlicher und dinglicher Vollstreckungsunterwerfung und abstraktem Anerkenntnis *Baur/Stürner/Bruns,* Zwangsvollstreckungsrecht, Rz 16.19. AGB-rechtliche Bedenken gegen die Wirksamkeit der Vollstreckungsunterwerfung durch Anleger in geschlossenen (Alt-)Immobilienfonds äußert *Ulmer* ZIP 2005, 1341, 1342 f.

[3] Eine solche Differenzierung erwägt auch *Stürner* JZ 1977, 431, 432 (wirksame Vollstreckungsunterwerfung hinsichtlich dinglicher Haftung). Und allein im Hinblick auf solche Gestaltungen sind auch die rechtsvergleichenden Nachweise bei *Wolfsteiner,* Vollstreckbare Urkunde, Rz 6.32, beachtlich, der darauf verweist, dass manche EG-Staaten die Vollstreckung aus Hypothekenbestellungsurkunden sogar ohne Vollstreckungsunterwerfung vorsehen; völlig undifferenziert *Volmer* MittBayNot 2006, 317, 318.

[4] Gegen die Anwendung von Verbraucherschutzbestimmungen auf Existenzgründer BGH NJW 2005, 1274 = LMK 2005, 82 m. Anm. *Artz* (dort zu § 1031 V ZPO); OLG Oldenburg NJW-RR 2002, 641; *Ulmer* § 310 Rz 23; *Soergel/Pfeiffer* § 13 Rz 55; *Erman/Saenger* § 13 Rz 16. Anders (Existenzgründer sind Verbraucher) MünchKommBGB/*Micklitz* § 13 Rz 38 ff.; *Palandt/Heinrichs* § 13 Rz 3; siehe auch § 310 III Rz 7 und Art. 2 RL Rz 7.

[5] Dazu *Staudinger/Hertel* Vorbem. zu §§ 127a, 128 (BeurkG) Rz 476.

[6] Dies gegen *Ulmer* § 310 Rz 82.

II. Vollstreckungsvereinbarungen

Parteivereinbarungen begegnen im Vollstreckungs- wie im Erkenntnisverfahren, wobei die rechtliche Einordnung umstritten ist, hier aber offen bleiben kann.[1] **Z 38**

Eine Abrede über den **Umfang des dem Vollstreckungszugriff des Gläubigers unterworfenen Vermögens** ist nach verbreiteter Meinung schon in einem Individualvertrag und daher auch gemäß § 307 II Nr. 1 unwirksam, wenn der Zugriff des Verwenders **vorsorglich erweitert** werden soll, nämlich über die in §§ 811 ff., 850 ff. ZPO gezogenen Grenzen hinaus.[2] Dagegen hält *Wagner* den Vorausverzicht auf den gesetzlichen Pfändungsschutz nur für (regelmäßig) unwirksam, wenn er klauselmäßig vereinbart ist.[3] **Nachträgliche Erweiterungen,** die im laufenden Vollstreckungsverfahren individuell vereinbart werden, mögen zulässig sein;[4] formularmäßige Vereinbarungen solcher Art verstoßen aber ebenfalls gegen § 307 II Nr. 1. **Z 39**

Durch Individualvereinbarung kann der Zugriff des Vollstreckungsgläubigers weiter als gesetzlich vorgesehen **beschränkt,**[5] wenn auch nicht dauerhaft ausgeschlossen werden.[6] Klauselmäßige Bestimmungen solchen Inhalts aber sind, sofern sie den Verwender privilegieren, gemäß § 307 II Nr. 1 unwirksam: Die Begrenzung des Vollstreckungszugriffs bedeutet eine umfassende Haftungsbeschränkung,[7] die die Schuld auf dem Umweg über das Vollstreckungsrecht und damit in irreführender Weise entwertet. *Wagner* nimmt regelmäßig einen Verstoß gegen § 3 AGBG (§ 305 c I) an und verlangt im Hinblick auf die Generalklausel ein berechtigtes Interesse des Verwenders an der Beschränkung der vollstreckungsrechtlichen Befugnisse seines Vertragspartners.[8] **Z 40**

Die Vorschriften des **bei der Zwangsvollstreckung zu beachtenden Verfahrens** stehen grundsätzlich nicht zur Disposition der Parteien;[9] der im Voraus erklärte Verzicht auf einen Titel, dessen Zustellung oder die Erteilung einer Vollstreckungsklausel ist also – erst recht in AGB – ebenso unwirksam[10] wie die Ver- **Z 41**

---

[1] Zur Wirkung von Vollstreckungsvereinbarungen vgl. *Emmerich* ZZP 82 (1969), 417, 431 ff.; *Scherf,* Vollstreckungsverträge, S. 101 ff.; *Rosenberg/Gaul/Schilken,* Zwangsvollstreckungsrecht, § 33 II 4; *Wagner,* Prozessverträge, S. 768 ff.

[2] Für Unzulässigkeit des individuell vereinbarten Vorausverzichts auf Vollstreckungsschutz *Rosenberg/Gaul/Schilken,* Zwangsvollstreckungsrecht, § 33 IV 1 c aa; *Schuschke/Walker,* Zwangsvollstreckung, Allg. Vorbem. Rz 6; *Baur/Stürner/Bruns,* Zwangsvollstreckungsrecht, Rz 10.3; *Musielak/Becker* § 811 ZPO Rz 8; MünchKommZPO/*Schilken* § 811 Rz 9 (auch durch AGB ausgeschlossen). Beachte zur Unabdingbarkeit der Pfändungsfreigrenzen auch auch LAG Mainz Beck RS 2006, 41257.

[3] *Wagner,* Prozessverträge, S. 754 ff., 762. Für die Möglichkeit eines Verzichts auf den Schutz des § 811 I ZPO mit Ausnahme der Nr. 2, 3 auch *Scherf,* Vollstreckungsverträge, S. 84 f.

[4] MünchKommZPO/*Schilken* § 811 Rz 9. A.A. *Stein/Jonas/Münzberg* § 811 ZPO Rz 8 mit ausführl. Nachw. des Streitstandes; *Musielak/Becker* § 811 ZPO Rz 9.

[5] *Emmerich,* ZZP 82 (1969), 417, 428 ff.; *Scherf,* Vollstreckungsverträge, S. 77; *Rosenberg/Gaul/Schilken,* Zwangsvollstreckungsrecht, § 33 IV 2; *Wagner,* Prozessverträge, S. 750 ff.; *Musielak/Becker* § 811 ZPO Rz 9 („selbstverständlich zulässig").

[6] *Baur/Stürner/Bruns,* Zwangsvollstreckungsrecht, Rz 10.8. A.A. *Scherf,* Vollstreckungsverträge, S. 67, und *Schuschke/Walker,* Zwangsvollstreckung, Allg. Vorbem. Rz 6 („unproblematisch"!)

[7] *Scherf,* Vollstreckungsverträge, S. 73, hält Verträge über den gegenständlichen Vollstreckungsschutz generell für Verträge über den materiellen Anspruch (unter Berufung auf *Henckel,* Prozessrecht und materielles Recht, S. 351 ff.).

[8] *Wagner,* Prozessverträge, S. 753.

[9] *Gaul* JuS 1971, 347 ff., und nun vor allem *Wagner,* Prozessverträge, S. 765 ff.

[10] *Rosenberg/Gaul/Schilken,* Zwangsvollstreckungsrecht, § 33 IV 1 b; *Schuschke/Walker,* Zwangsvollstreckung, Allg. Vorbem. Rz 7; *Stein/Jonas/Münzberg* vor § 704 ZPO Rz 100. *Wagner,* Prozessverträge, S. 764 ff.: Der Verzicht auf Titel und Klausel sei stets, der Verzicht auf die Zustellung des Titels und die

einbarung eines von gesetzlichen Vorgaben, etwa der funktionellen Zuständigkeitsordnung, abweichenden Verfahrens.[1] Praktisch bedeutsam, aber problematisch ist die klauselmäßige **Bevollmächtigung zur Empfangnahme des nach** § 750 ZPO zuzustellenden Titels:[2] Diese bewirkt zwar keine Zugangsfiktion im Sinne des § 308 Nr. 6,[3] kann aber gleichwohl die Gegenseite unangemessen benachteiligen; denn jedenfalls im Falle der Sicherungsvollstreckung nach § 720a ZPO und der Vollstreckung aus einer Urkunde nach § 794 I Nr. 5 ZPO soll die vorherige Zustellung mit anschließender Wartefrist (§§ 750 III, 798 ZPO) den Schuldner vor der drohenden Vollstreckung warnen und ihm Gelegenheit geben, die Vollstreckung durch Erfüllung oder Rechtsbehelf zu verhindern. Diese Funktion kann die Zustellung nur erfüllen, wenn sichergestellt ist, dass der Schuldner tatsächlich Kenntnis erhält; daher sind jedenfalls solche Klauseln nach § 307 II Nr. 1 unwirksam, die den Gläubiger zur Empfangnahme der Zustellung bevollmächtigen.[4] Auf die Einhaltung der **Räumungsfrist gemäß** § 721 ZPO zu verzichten mag individualvertraglich möglich sein;[5] als wesentliche Benachteiligung des Mieters aber ist ein Verzicht in AGB gemäß § 307 I unwirksam. Auch der klauselmäßige Verzicht auf die Stellung der **Vollstreckungssicherheit** ist gemäß § 307 II Nr. 1 unwirksam; denn er verstößt zum Nachteil der Gegenseite gegen das in §§ 709–711 ZPO aufgestellte Leitbild. Gleiches dürfte für eine Klausel gelten, wonach vor der Vollstreckung gegen den Verwender eine höhere als die vom Gericht bemessene Sicherheit zu leisten ist.

Z 42–50 Der formularmäßige Verzicht des Kunden auf den **Nachweis von Vollstreckungsvoraussetzungen,** der in Vollstreckungsunterwerfungen regelmäßig vorkommt (sog. **Nachweisverzicht),** ist weder wegen Verstoßes gegen zwingende prozessuale Vorschriften unwirksam, noch scheitert er nach h. M. an § 309 Nr. 12,[6] da die Darlegungs- und Beweislast im Verfahren nach eventueller Vollstreckungsgegenklage unberührt bleibt.[7] Ein solcher Nachweisverzicht kann jedoch gegen § 307 II Nr. 1 verstoßen, wenn sich der nicht vorleistungspflichtige Kunde unter Verzicht auf den Nachweis der Vollstreckungsvoraussetzungen der sofortigen Zwangsvollstreckung unterwirft; denn dann können ihn die mit einer Vorleistung verbundenen Risiken treffen, von denen ihn das dispositive Recht gerade freihalten möchte (oben Rz Z 34).

Wartefrist des § 750 III ZPO hingegen nur nach Maßgabe von § 9 AGBG (§ 307) unwirksam. Die Differenzierung geht zurück auf *Emmerich,* ZZP 82 (1969), 424 f. Für die Unverzichtbarkeit der Zustellung mit beachtlichen Gründen *Scherf,* Vollstreckungsverträge, S. 93 ff.

[1] *Stein/Jonas/Münzberg* vor § 704 ZPO Rz 101; bei Vereinbarungen über Vollstreckungsmittel differenzierend *Scherf,* Vollstreckungsverträge, S. 87.

[2] Ausführlich *Voran* DNotZ 2005, 887 ff.

[3] BGH NJW 1997, 3437, 3439; mit anderer Tendenz noch BGH NJW 1989, 2383.

[4] Ebenso *Voran* DNotZ 2005, 887 ff., dort auch zu weiteren Gestaltungen.

[5] *Stein/Jonas/Münzberg* vor § 721 ZPO Rz 18.

[6] BGH NJW 2002, 138, 139; OLG Hamm DNotZ 1993, 245 f.; OLG Celle NJW-RR 1991, 667; *Rosenberg/Gaul/Schilken,* Zwangsvollstreckungsrecht, § 13 IV 1; *Münch* NJW 1991, 795, 801. Anders mit beachtlichen Gründen (vor allem unter Hinweis auf die Konsequenzen für das Klauselerteilungsverfahren, § 726 ZPO) etwa noch OLG Düsseldorf NJW-RR 1996, 148; OLG Stuttgart NJW-RR 1993, 1535; OLG Nürnberg NJW-RR 1990, 1467; OLG Koblenz BauR 1988, 748; LG Waldshut-Tiengen NJW 1990, 192 f.; wohl auch *Staudinger/Coester-Waltjen* § 309 Nr. 12 Rz 5. Zum Streitstand ausführlich *Engelhardt,* Prozessualer und materiellrechtlicher Bestand, S. 100 ff.

[7] BGH NJW 2001, 2096 ff.; *Stürner* JZ 1977, 431, 432; *Wolfsteiner* NJW 1982, 2851, 2852 f (gegen BGH NJW 1981, 2756 f.).

6. Teil. Unterlassungsklagengesetz

Gesetz über Unterlassungsklagen bei Verbraucherrechts- und anderen Verstößen (UKlaG)

vom 26.11.2001, BGBl. I S. 3138, 3173

In der Fassung der Bekanntmachung vom 27. 8. 2002 (BGBl. I S. 3422, 4346), zuletzt geändert durch Gesetz zur Neuordnung des Pfandbriefrechts vom 22. 5. 2005 (BGBl. I S. 1373, 1389)

Vorbemerkungen

Inhaltsübersicht

Schrifttum: *Baetge,* Das Recht der Verbandsklage auf neuen Wegen, ZZP 112 (1999), 329; *Goebel,* Prozesszweck der AGB-Klage und herkömmlicher Zivilprozess, 1980; *Greger,* Verbandsklage und Prozessrechtsdogmatik, ZZP 113 (2000), 39; *Hess,* Das geplante Unterlassungsklagengesetz, in: Ernst und Zimmermann (Hrsg.), Zivilrechtswissenschaft und Schuldrechtsreform, 2001, S. 527; *Hopt/Baetge,* Rechtsvergleichung und Reform des deutschen Rechts – Verbandsklage und Gruppenklage, in: Die Bündelung gleichgerichteter Interessen im Prozess, 1999; *H. Koch,* Die Verbandsklage in Europa, ZZP 113 (2000), 413; *Lakkis,* Der kollektive Rechtsschutz der Verbraucher in der EU – dargestellt an der Verbandsklage der Verbraucherverbände nach dem AGBG, dem UWG und dem griechischen Verbraucherschutzgesetz, 1997; *Leipold,* Die Verbandsklage zum Schutz allgemeiner und breitgestreuter Interessen, in: Gilles (Hrsg.), Effektivität des Rechtsschutzes und der verfassungsmäßigen Ordnung, 1983, S. 57; *Lindacher,* AGB-Verbandsklage und Rechtsschutzsystem, FS Dt. Richterakademie, 1983, S. 209: *ders.,* Zur „Sonderprozeßrechtsnatur" der lauterkeitsrechtlichen Verbands- und Konkurrentenklage sowie der Verbandsklage nach dem AGB-Gesetz, ZZP 103 (1990), 397; *Reinel,* Die Verbandsklage nach dem AGB-Gesetz, 1979; *Rott,* Stand der grenzüberschreitenden Unterlassungsklage in Europa, ZZPInt 9 (2004), 3; *Eike Schmidt,* Die Verbandsklage nach dem AGB-Gesetz, NJW 1989, 1192; *ders.,* Verbraucherschützende Verbandsklagen, NJW 2002, 25; *Thiere,* Die Wahrung überindividueller Interessen im Zivilprozess, 1980; *Urbanczyk,* Zur Verbandsklage im Zivilprozess, 1981.

1. UKlaG als Nachfolgegesetz zum verfahrensrechtlichen Teil des AGBG

Mit dem Gesetz über Unterlassungsklagen bei Verbraucherrechts- und anderen Verstößen (UKlaG) hat der Gesetzgeber zum einen die Konsequenz daraus gezogen, dass er das materielle AGB-Recht ins BGB integriert hat und deshalb ein neuer Ort für die Regelung der AGB-Verbandsklage gefunden werden musste. Zum anderen hat er die Gelegenheit genutzt, den in Umsetzung der Richtlinie 98/27/EG vom 19. 5. 1998 als §§ 22, 22a AGBG „zwischengeparkten" Abschnitt über die Sicherung von Verbraucherschutzvorschriften eine angemessene „Heimstatt" zu geben. 1

Die Kommentierung beschränkt sich auf eine Erläuterung der Vorschriften zur *AGB-Verbandsklage,* die im UKlaG zwar neu systematisiert wurden, inhaltlich im

Wesentlichen indes unverändert blieben. Prägende Merkmale des vom AGB-Gesetzgeber entwickelten Erfolgsmodells eines abstrakten Kontrollverfahrens bleiben: die Initiativbefugnis von Verbänden und Kammern sowie die Breitenwirkung des im Verbandsklageprozess gegen den Verwender/Empfehler ergehenden Urteils.

2. Abstrakte AGB-Kontrolle als Antwort auf einschlägigen Regelungsbedarf: missbräuchliche AGB-Gestaltung und strukturelle Schwäche des Konzepts individueller Interessenwahrnehmung

2 Die AGB-Verbandsklage – Durchbrechung des Prinzips, dass die Klagebefugnis beim selbst und unmittelbar Betroffenen zu monopolisieren – ist die Antwort des Gesetzgebers auf den Befund, dass die Vertragsgestaltung durch in Bezug genommene AGB nicht selten missbräuchliche Vertragsgestaltung ist, von individueller Interessenwahrnahme *allein* aber keine hinreichende Missbrauchsabwehr erwartet werden kann.

3 **a) Mangelnde individuelle Interessenwahrnehmung durch Abwehr inhaltlich unbilliger AGB bei Vertragsschluss.** Vertragsfreiheit per se garantiert noch keine Vertragsgerechtigkeit. Dass sich eine freiheitlich verfasste Privatrechtsordnung im Anwendungsbereich des dispositiven Rechts einer Richtigkeitskontrolle des einzelnen Vertrags prinzipiell gleichwohl enthalten kann und muss, hat im Wesentlichen zwei Gründe: dass Egoismen, wenn es nicht gar zu ihrer Ausbalancierung im Wege individuellen Aushandelns kommt, im Allgemeinen jedenfalls kollektiv über den Markt gezügelt werden; die Bindung an den einzelnen Vertrag, der ausnahmsweise das Ziel des angemessenen Interessenausgleichs verfehlt, aber aus dem Gesichtspunkt der Selbstverantwortung zu rechtfertigen ist. Voraussetzung für die *Marktregulation* ist dabei ersichtlich die faktische Interessenwahrnehmung des Einzelnen durch Abwehr unbilliger Vertragsbedingungen und damit zuallererst die Notiznahme derselben, Voraussetzung für die *Bindung* aus dem Gesichtspunkt der Selbstverantwortung trotz allfälliger Nichtnotiznahme die Existenz einer rechtlichen Kenntnisnahmeobliegenheit. Beide Bedingungen sind im AGB-Bereich nicht erfüllt. AGB werden gemeinhin nicht oder nur unzulänglich zur Kenntnis genommen, wobei die mangelnde Interessenahme dem Kunden typischerweise gerade nicht zum Vorwurf gemacht werden kann (s. i. E. bereits § 305c Rz 1).

4 **b) Mangelnde individuelle Interessenwahrnehmung durch gerichtliche und außergerichtliche Geltendmachung der Unwirksamkeit inhaltlich unbilliger AGB in der Vertragsabwicklung.** Unmittelbare Konsequenz des Befunds, dass der Vertragsmechanismus im AGB-Bereich nicht oder nur höchst unzulänglich funktioniert, von einer Richtigkeitswahrscheinlichkeit der gesamtvertraglichen Regelung mithin keine Rede sein kann, ist das Gebot einer Einschränkung der Gestaltungsfreiheit des ABG-Verwenders. Die Neuformulierung der Grenzen der Vertragsfreiheit durch Setzung inhaltlicher Mindeststandards (jetzt: §§ 307–309 BGB) ist jedoch nur notwendige, nicht ausreichende Reaktion: Solange eine Inhaltskontrolle nur auf klage- oder verteidigungsweise Geltendmachung der Klauselunwirksamkeit im Individualprozess erfolgt, befindet sich der AGB-Verwender, der seine unbilligen AGB erst einmal in den Vertrag „eingeführt" hat, schon allein deshalb in der Vorhand, weil in ebendieser Situation erfahrungsgemäß auch unwirksame Klauseln aus Rechtsunkenntnis sowie Prozessscheu häufig, wenn nicht gar in der Regel, durchaus hingenommen werden, zumindest

aber einen idealen Ausgangspunkt für „Kulanzverhandlungen“ darstellen.[1] Setzt aber ein Kunde im Einzelfall gleichwohl sein Recht durch, äußert das Urteil nach allgemeinen Grundsätzen, wenn überhaupt, nur als faktisches Präjudiz Wirkung über den konkreten Rechtsstreit hinaus: der AGB definitionsgemäß eigenen Streuwirkung korrespondiert keine oder nur eine unvollkommene Breitenwirkung des Regelbehelfs Individualklage.

3. Die Regelungsalternativen und die Entscheidung des Gesetzgebers: AGB-Verbandsklage statt genereller behördlicher Präventivkontrolle

Bei diesem Befund herrschte in der rechtspolitischen Diskussion bereits vor und während des AGB-Gesetzgebungsverfahrens weithin Einigkeit über die Notwendigkeit eines Inhaltskontrollverfahrens außerhalb von Individualprozessen und unabhängig von Individualrechtsbeziehungen. Kontrovers war hingegen, welcher *Art* die institutionelle Korrektur sein sollte.[2] Dabei konkurrierten vor allem zwei Grundmodelle: das einer umfassenden verwaltungsbehördlichen Präventivkontrolle und das Verbandsklagemodell. Der AGB-Gesetzgeber entschied sich schließlich einmütig für die Verbandsklagelösung, die dem Strukturmodell der „Privatrechtsgesellschaft“ fraglos systemkonformere Lösung. Der Unterlassungsklagen-Gesetzgeber hat den entsprechenden Ansatz – in Kenntnis divergierender ausländischer Ansätze[3] – fortgeschrieben. 5

4. Breitenwirksame Ausgestaltung des abstrakten Kontrollverfahrens

Dem Regelungsanliegen Breitenwirksamkeit des abstrakten Kontrollverfahrens entspricht zunächst die Ausgestaltung der AGB-Verbandsklage als Rechtsbehelf zur Erwirkung eines der Vollstreckung fähigen Unterlassungs- bzw. Widerrufstitels: Durch die Klarstellung der Unzulässigkeit der verwendeten Klauseln sowie die Vollstreckungsdrohung soll die Weiterverwendung/-empfehlung durch den verurteilten Verwender/Empfehler hintan gehalten werden; die von der Empfehlung zu missbilligender AGB ausgehende Verwendungsgefahr soll durch den Widerruf des verurteilten Empfehlers neutralisiert werden. Gesteigerte Publizität soll darüber hinaus ermöglichen, dass klagestattgebende Urteile via Präzedenzwirkung auf die AGB-Kontrolle insgesamt ausstrahlen: Dem obsiegenden Kläger ist auf Antrag die Befugnis zuzusprechen, die Urteilsformel mit der Bezeichnung des verurteilten Verwenders/Empfehlers zu veröffentlichen (§ 7). Eine eigentümliche Drittwirkung des Unterlassungsurteils lässt die einzelnen Vertragspartner des verurteilten Verwenders – auch rechtlich – vom Ausgang des Verbandsprozesses profitieren: Bei Gleichwohl-Weiterverwendung der beanstandeten AGB kann sich der hierdurch Betroffene im Individualprozess auf die Unwirksamkeit der betreffenden Klausel berufen (§ 11). 6

5. Funktion des AGB-Verbandsklageverfahrens

a) Die Einräumung der Abmahn- und Klagebefugnis an Verbände und Kammern: Indienstnahme privater bzw. berufsständischer Initiative sowie 7

---

[1] Näher i. E. – immer noch grundlegend – *Kötz,* Gutachten z. 50. DJTA 53 f.

[2] Instruktiver Überblick über die Grundstrukturen der seinerzeitigen Reformdiskussion bei *Reinel,* Verbandsklage S. 5 ff.

[3] Umfassende rechtsvergleichende Analyse: *Hopt/Baetge,* in: Die Bündelung gleichgerichteter Interessen im Prozess S. 11 ff.

privaten bzw. berufsständischen Leistungspotentials im öffentlichen Interesse. Erklärtes legislatorisches Anliegen war und ist die wirksame Kontrolle von AGB außerhalb von Individualprozessen und unabhängig von Individualrechtsbeziehungen, um den Privatrechtsverkehr auch bei unzulänglichem Selbstschutz der selbst und unmittelbar Betroffenen von inhaltlich unbilligen AGB freizuhalten, nicht die Stärkung und Anerkennung von Verbands- und Kammerinteressen. Daraus folgt:[1] Der Verband/die Kammer macht im Verbandsklageverfahren nicht ein eigenes gesetzlich geschütztes Interesse[2] oder bei ihm/ihr gebündelte Individualinteressen[3] geltend, sondern übt – unbeschadet einer Deutung der entsprechenden Berechtigung als materiellrechtlicher Anspruch (hierzu § 3 Rz 2f.) – eine im öffentlichen Interesse verliehene Aufgreifzuständigkeit aus.[4] Dass das Gesetz die Aufgreifkompetenz gerade den in § 3 I benannten Verbänden und Kammern zuweist, erklärt sich aus dem im Interesse des Gerichts und der potenziell Abgemahnten/ Beklagten liegenden Bestreben, jene Kompetenz bei seriösen und vor allem sachkundigen Kontrollinteressenten zu konzentrieren.

8 **b) Die AGB-Verbandsklage als Instrument objektiven Institutionen- und kollektiven Verbraucherschutzes.** Die AGB-Verbandsklage ist nicht nur Materialisierung der Idee, dass Recht zum Schutz Schwächerer eine kompensatorische Funktion zukommt **(AGB-Verbandsklage als kollektiver Verbraucherschutz),** vielmehr auch und vor allem Ausprägung des Gedankens **objektiven Institutionenschutzes.**[5] Der Gesetzgeber nutzt das Eigeninteresse der in § 3 I genannten Einrichtungen an der Eliminierung unbilliger, auf einseitige Interessendurchsetzung angelegter AGB bzw. einschlägiger standeswidriger Praktiken, um via Einräumung einer Abmahn- und Klagebefugnis an dieselben die Bekämpfung institutionellen Fehlgebrauchs von Vertragsfreiheit zu intensivieren und so die Funktionsvoraussetzungen einer auf Privatautonomie, Privateigentum und Wettbewerb gründenden Privatrechtsordnung zu gewährleisten.

9 **c) Die AGB-Verbandsklage als Instrument vorbeugenden Rechtsschutzes.** Die Zuweisung der Befugnis an die in § 3 I genannten Verbände und Kammern, Verwender/Empfehler unzulässiger AGB – vorprozessual und prozessual – auf Unterlassung bzw. Widerruf in Anspruch nehmen zu können, bezweckt, die (faktische) Aufnahme inhaltlich unangemessener Klauseln in den Vertrag zu verhindern: Bei der abstrakten AGB-Kontrolle geht es um *vorbeugenden* Rechtsschutz. Die – in Kontrastierung zum Modell der verwaltungsbehördlichen Genehmigungskontrolle – zuweilen gebrauchte Kennzeichnung des Verbandsklageverfahrens als „nachträgliche gerichtliche Kontrolle“[6] ist zumindest missverständlich.

10 Durch das Verbot der Präsentation unzulässiger AGB zum Zwecke der Vertragseinbeziehung (Verwendungsverbot i.S. von § 1) soll bereits der unmittelbaren Ge-

---

[1] Näher bereits *Lindacher* ZZP 103, 397/401f.

[2] So freilich *M. Wolf* ZZP 94, 107/109 sowie aus jüngerer Zeit für Verbraucherverbände mit „europarechtlicher Argumentation“ – Klagerecht als „Bürgerrecht“ aus eigenem Recht, abgeleitet aus der gemeinschaftsrechtlich verbürgten Vereinigungsfreiheit – MünchKomm/*Micklitz* Rz 7, 8.

[3] So freilich *Habscheid* FS Rammos, 1979, S. 275ff.

[4] Übereinstimmend – wenn auch mit durchaus divergierenden Folgerungen in Anschlussfragen – z. B. *Reinel,* Verbandsklage S. 126ff.; *Thiere,* Die Wahrung überindividueller Interessen im Zivilprozess S. 296ff.; *Leipold,* Verbandsklage S. 65f.; *Lakkis,* Kollektiver Rechtsschutz S. 110ff., 114ff.; AnwK/*Walker* § 3 Rz 2.

[5] *Lakkis,* Kollektiver Rechtsschutz S. 11ff.; *Gaul* FS Beitzke S. 997/1021f.; *Lindacher* ZZP 103, 402f.; a.A. – der Verbandsklage *nur* eine Verbraucherschutzfunktion beimessend – freilich z.B. *Göbel,* Prozesszweck der AGB-Klage S. 125ff.

[6] S. etwa *Bunte,* Handbuch S. 25.

fährdung, durch das Verbot der Empfehlung unzulässiger Klauseln sogar der mittelbaren Gefährdung gesteuert werden. Der Widerrufsanspruch ist auf Aufhebung bzw. Abschwächung der Gefahr gerichtet, die von der bereits ausgesprochenen Empfehlung ausgeht.[1]

6. Die Aufgreifkompetenz der Verbände/Kammern als Abmahn- und Klagebefugnis

Im Gesetzesnamen und in der Ausformulierung der einzelnen Vorschriften offenbart sich „aktionenrechtliches" Denken: Das Gesetz ist in augenfälliger Weise auf den Verbands*prozess* zentriert. Dieser Befund darf nicht darüber hinwegtäuschen, dass in der Praxis die Verbandsklage nur das *ultimum remedium* darstellt. Die Aufgreifkompetenz der Verbände/Kammern äußert sich nicht nur in der Befugnis, ein gerichtliches Kontrollverfahren zu initiieren, sondern zunächst und vor allem in einer *vorprozessualen* Abmahnbefugnis. Der Verweis des § 5 auf § 12 I UWG stellt dies verdienstvollerweise nunmehr klar. **11**

7. Entstehungsgeschichte und Rechtssatzgewinnung

Die verfahrensrechtlichen Vorschriften des AGBG sind im Eiltempo geschaffen worden: Der RegE enthielt unter Hinweis auf eine später einzubringende Vorlage noch keinen Abschnitt über das abstrakte Kontrollverfahren. Dieser Umstand hat verschiedentlich zu evidenten Redaktionsversehen geführt, die aus Anlass der Überführung der einschlägigen Bestimmungen in das UKlG jedenfalls teilweise (s. etwa die Mitbenennung der Empfehlung in § 9 Nr. 2 und 3) behoben wurden. Da das AGB-Recht im Allgemeinen und der verfahrensrechtliche Teil desselben mitnichten im Zentrum des Reformgesetzgeberbemühens standen, sollten freilich aus der weithin wortlautidenten Fortschreibung und den sparsamen Neuerungen keine voreiligen Schlüsse gezogen werden. Auch aus der Volltransformation und thematischen Beschränkung sind, wenn überhaupt, nur sehr zurückhaltend bestimmte gesetzgeberische Entscheidungen zu vindizieren; in nicht wenigen Fällen erscheinen Redaktionsversehen lediglich ihrerseits fortgeschrieben, handelt es sich in Problempunkten weiterhin eher um verdeckte Regelungslücken.[2] **12**

8. Verbandsklage und EG-Richtlinien

Das Institut der AGB-Verbandsklage und seine gesetzliche Ausformung genügte und genügt in vollem Umfang den Vorgaben der **Richtlinie 93/13 EWG (Klausel-Richtlinie),** niedergelegt in deren Art. 7; eine Anpassung des deutschen Rechts war und ist nicht veranlasst. Ausstrahlwirkung auch auf das Verbandsklageverfahren kommt freilich § 310 III Nr. 1 BGB, Nachfolgevorschrift des in Vollzug der Richtlinie eingefügten § 24a Nr. 1, zu: Kontrollgegenstand sind, soweit die Verwendung gegenüber Verbrauchern in Rede steht, auch sog. *Drittbedingungen.* Im Übrigen bleibt die „europäische Dimension" des Kontrollmaßstabs zu beachten: Soweit das einschlägige nationale Recht unter dem Geltungsregime der Richtlinie steht, ist es *richtlinienkonform* auszulegen. **13**

---

[1] A.A. – Widerrufsanspruch als Anspruch auf Beseitigung der durch die Empfehlung bereits eingetretenen Störung des Rechtsverkehrs – *Löwe* Rz 2.

[2] Übereinstimmende Analyse: *Stoffels* Rz 1086.

14 In stärkerer Weise für das deutsche Recht gestaltprägend wirkte und wirkt die **Richtlinie 97/27/EG (Unterlassungsklagen-Richtlinie).** Sie verpflichtet die Mitgliedstaaten, bei grenzüberschreitenden Beeinträchtigungen von Verbraucherinteressen einen wirksamen Rechtsbehelf zu Verfügung zu stellen. Welche Organisationen klagebefugt i.S. der Richtlinie sind, bestimmt sich nach Art. 3 derselben nach dem Recht des jeweiligen Mitgliedstaats. Nach Art. 4 I Unterlassungsklagen-RL haben die Mitgliedstaaten dafür zu sorgen, dass die „qualifizierten Einrichtungen" die zuständigen Gerichte und Behörden in dem Mitgliedstaat anrufen können, in dem die Beeinträchtigung der Verbraucherinteressen ihren Ursprung hat. Sie sind verpflichtet, der Kommission Name und Zweck der in ihrem Staat klageberechtigten Stellen mitzuteilen, Art. 4 II Unterlassungsklagen-RL. § 3 I Nr. 1 und § 4 sind Produkt der Richtlinien-Umsetzung und erforderlichenfalls richtlinienkonform auszulegen.

§1 Unterlassungs- und Widerrufsanspruch bei Allgemeinen Geschäftsbedingungen

Wer in Allgemeinen Geschäftsbedingungen Bestimmungen, die nach den §§ 307 bis 309 des Bürgerlichen Gesetzbuchs unwirksam sind, verwendet oder für den rechtsgeschäftlichen Verkehr empfiehlt, kann auf Unterlassung und im Fall des Empfehlens auch auf Widerruf in Anspruch genommen werden.

Inhaltsübersicht

I. Allgemeines

1. Regelungsanliegen

1 Die Vorschrift legt, zusammen mit § 3, das Fundament der vom AGB-Gesetz eingeführten abstrakten AGB-Kontrolle und teilt mit dieser das Ziel, den Rechtsverkehr von unzulässigen AGB freizuhalten: Die via Institutionenschutz mittelbar geschützten Vertragspartner sollen davor bewahrt werden, mit scheinwirksamen Klauseln auch nur konfrontiert zu werden.

2. Regelungsinhalt: Überblick

2 § 1 (Nachfolgevorschrift von § 13 I AGBG) statuiert, dass derjenige, der inhaltlich unzulässige AGB verwendet oder empfiehlt, deshalb unabhängig und außerhalb von Individualrechtsbeziehungen auf Unterlassung bzw. Widerruf in Anspruch genommen werden kann. Eine Anspruchsgrundlage bildet die Vorschrift freilich erst im Verein mit § 3 I. Sie selbst thematisiert, wer Anspruchsgegner, die Voraussetzungen und den Inhalt des jeweiligen Anspruchs. Die Verjährung beur-

teilt sich, anders als nach altem Recht, nach den allgemeinen Regeln. Im Gesetz weiterhin nicht angesprochen ist die Frage der Anspruchsverwirkung, richtigerweise unter Berücksichtigung der Funktion der Abwehransprüche zu beantworten.

II. Der Anspruch auf Unterlassung und Widerruf: Voraussetzungen

3 Die Aufgreifkompetenz der Verbände/Kammern, rechtstechnisch in das Gewand eines Unterlassungs- bzw. Widerrufsanspruchs gekleidet (§ 3 Rz 2 f.), setzt voraus: als **Unterlassungsanspruch** die *drohende* Verwendung oder Empfehlung rechtlich zu beanstandender AGB, sei es in der Form der Weiterverwendung oder -empfehlung, sei es – vom Gesetz nicht eigens erwähnt – in der Form erstmaliger Verwendung oder Empfehlung, als **Widerrufsanspruch** eine *erfolgte* Empfehlung unzulässiger AGB.

1. Prüfungsgegenstand

4 **a) Bestimmungen in AGB.** Erfasst werden alle für die Einbeziehung in eine Vielzahl von Verträgen bzw. einseitigen Rechtsgeschäften des anderen Teils vorformulierten Regelungsentwürfe, einschließlich (arg. § 8 II Nr. 2) der aufsichtsbehördlich genehmigten AGB.[1] Und: Auch der Umstand, dass die von einem Verband empfohlenen AGB unter Mitwirkung eines der Verwendergegenseite zugehörigen Verbands erarbeitet wurden, macht die fraglichen AGB nicht kontrollfest,[2] mahnt freilich zur Zurückhaltung in der Brandmarkung beanstandeter Klauseln als inhaltlich unangemessen.[3]

5 Soweit es um die Frage geht, ob AGB auch ob ihrer Widersprüchlichkeit oder vermeidbaren Unklarheit zu beanstanden sind (Rz 20, 22 ff), kann Prüfungsgegenstand auch das Gesamtklauselwerk oder aber ein größerer Klauselkomplex sein. Werden *einzelne* Klauseln beanstandet, kann sich die Unangemessenheit derselben zwar gerade aus dem Zusammenspiel mit anderen Regelungen ergeben: die zu beurteilende Klausel ist nicht isoliert, sondern vor dem Hintergrund des Gesamtklauselwerks zu betrachten.[4] Das allfällige Unterlassungsgebot erstreckt sich indes immer auf die beanstandete Klausel in ihrer konkreten Verwendungsform: Die Miteinbeziehung nicht beanstandeter Klauseln in das Verwendungs- resp. Empfehlungsverbot verstieße gegen § 308 I ZPO.[5] Nicht angängig ist darüber hinaus die Untersagung der Verwendung an sich transparenter Klauseln, wenn und weil sie vor dem Hintergrund des Verwenderverhaltens vor oder bei Vertragsschluss (etwa einer vorverkaufenden Werbung) als unklar erscheinen;[6] die Gegenansicht[7] erweiterte die abstrakte AGB-Kontrolle zur Kontrolle konkreten Geschäftsgebarens.

6 In einem Sinnkontext stehende AGB-Bestimmungen können ohne Berücksichtigung ihrer äußerlichen Trennung in einzelne, mit eigener Ordnungszahl versehene Klauseln im Klageantrag auf Verwendungs- bzw. Empfehlungsunterlassung

---

1 Allg. M.; statt aller: BGHZ 86, 284/291; NJW 1991, 2559; *Ulmer/Hensen* Rz 3.

2 BGHZ 101, 307/313 = JZ 1987, 1124 m. Anm. *M. Wolf* hinsichtlich der unter Einbindung des ADAC entstandenen Kfz-Reparaturbedingungen des Kraftfahrzeughandwerks.

3 *M. Wolf* aaO.

4 BGHZ 106, 259/263; *Staudinger/Schlosser* § 8 Rz 5; *Soergel/U. Stein* § 9 AGBG Rz 7.

5 Ganz h. M., statt vieler: *Staudinger/Schlosser* § 8 Rz 5 sowie *Ulmer/Hensen* § 5 Rz 15.

6 BGH LM § 9 [Bl] AGBG Nr. 39 m. Anm. *Grunewald; Lindacher* NJW 1997, 2741.

7 OLG Karlsruhe EWiR 1990, 1043 m. insoweit krit. Anm. *Taupitz.*

zusammengefasst werden. Als Folge solcher Zusammenfassung muss der Kläger dann freilich gegebenenfalls hinnehmen, dass das Gericht sich darauf beschränkt, das Unangemessenheitsverdikt auf das Zusammenwirken der einzelnen Klauseln zu stützen, und die Urteilsformel die Unwirksamkeit der zur Überprüfung gestellten AGB nur in ihrer Zusammenfassung, nicht (auch) hinsichtlich einer einzelnen Klausel ausspricht.[1] Just darauf beschränkt sich dann auch die Urteilswirkung nach § 11.[2]

Umgekehrt ist ein AGB-Passus, der nach der Klauselwerkgestaltung äußerlich-optisch als Unterpunkt *einer* Klausel erscheint, sofern er nur aus sich selbst heraus verständlich, im Kontrollverfahren nach § 1 (zum Individualprozess s. § 306 BGB Rz 40 ff) richtigerweise stets ein gesonderter Prüfungsgegenstand mit der Folge, dass sich bei Unangemessenheit einzelner und (Noch-)Angemessenheit anderer Teile das Verwendungs- bzw. Empfehlungsverbot auf die ersteren beschränkt.[3] Dies auch und vor allem deshalb, weil bei Veröffentlichung (§ 7) andernfalls leicht der irreführende Eindruck der Unzulässigkeit aller Unterpunkte erweckt würde. 7

Werden Klauseln hand- oder maschinenschriftlich ergänzt, ist zu unterscheiden: Wenn bereits der Formulartext die zu beanstandende Regelung enthält, wird durch unselbstständige Ergänzungen, die nur den Vertragsgegenstand näher konkretisieren, der AGB-Charakter der Klausel nicht in Frage gestellt.[4] Hand- oder maschinenschriftlichen Ergänzungen selbst eignet indes nicht schon deshalb AGB-Qualität, weil sich die in der AGB-Verwendung manifestierende Gestaltungsmacht potenziell auch auf das Ausfüllen von Lücken auswirkt.[5] Erfolgt eine notwendige Ergänzung der Klausel im Wege der Wahl zwischen formularmäßig vorgegebenen *Alternativen,* kommt der komplettierten Klausel freilich allemal und unbeschadet des Umstands einzelfallweiser Ergänzung AGB-Charakter zu:[6] Auch Vertragsbedingungen, die zur Auswahl gestellt werden, bleiben gestellt. Die mit Leerräumen versehene Klausel ist dabei nur dann einschränkungslos zu verbieten, wenn *alle* Ausfüllungsmöglichkeiten der Inhaltskontrolle nicht standhalten. Andernfalls muss sich das Verwendungsverbot auf die zu beanstandenden Vervollständigungskombinationen beschränken.[7] Sind die denkbaren Ausfüllungsmöglichkeiten *nicht* formularmäßig vorgegeben, rechtfertigt die naheliegende Möglichkeit einer mit §§ 307–309 unverträglichen Komplettierung freilich ein einschränkungsloses Verbot; die (Denk-)Möglichkeit der Ausfüllung mit einem der Inhaltskontrolle standhaltenden Inhalt ist unbehelflich.[8] 8

b) Gegenständliche Beschränkung. Die Ausgrenzung des § 307 III BGB limitiert auch den Unterlassungs- und Widerrufsanspruch nach § 1: formularmäßige Leistungsbeschreibungen und Entgeltregelungen i. S. jener Vorschrift sind der abstrakten Kontrolle entzogen, soweit nicht einschlägige Intransparenz (§ 307 I S. 2 BGB) geltend gemacht wird. 9

c) Inhaltsbestimmung durch Auslegung. Der **Inhalt** der den Prüfungsgegenstand bildenden AGB ist gegebenenfalls im Wege der **Auslegung** festzustellen, die im Verbandsprozess – anders als im Individualprozess (hierzu § 305 c BGB 10

---

[1] BGH NJW-RR 1990, 1141 = EWiR 1990, 629 m. Anm. *Lindacher.*

[2] BGH aaO.

[3] Statt aller: BGH NJW 1982, 178/181; *Ulmer/Hensen* Rz 14.

[4] Allg. M.; statt aller: BGHZ 99, 203/205 f.

[5] BGH NJW 1992, 503/504 = EWiR 1992, 107 m. Anm. *Lindacher;* a. A. *M. Wolf* NJW 1977, 1937/1942; *Willemsen* NJW 1982, 1121/1122.

[6] BGH NJW 1992, 503 = EWiR 1992, 107 m. Anm. *Lindacher;* OLG Hamburg VersR 1995, 325 f.

[7] BGH NJW 1992, 503/504; *Ulmer/Hensen* Rz 5; *Lindacher* EWiR 1992, 107/108.

[8] BGHZ 122, 63/69 f; *Erman/Roloff* Rz 7.

Rz 105 ff.) – notwendigerweise rein generalisierend zu erfolgen hat. Als Besonderheiten für den Verbandsprozess sind hervorzuheben:

11 **(1)** Dem **Restriktionsprinzip,** dem bereits bezüglich der Individualbeziehungen des Verwenders zu seinem Vertragspartner richtigerweise nur ein begrenzter Anwendungsbereich zu konzedieren ist (s. § 305 c BGB Rz 137 ff.), kommt für das abstrakte Kontrollverfahren überhaupt keine Bedeutung zu (s. bereits § 305 c BGB Rz 141).

12 **(2)** Die in § 305 c II BGB positivierte **Unklarheitenregel** wird, was das Verbandsklageverfahren anbelangt, so gut wie *allgemein* dahin verstanden, dass bei Mehrdeutigkeit der Art, dass zumindest eine Deutungsalternative inhaltlich unangemessen, von der zur **Unwirksamkeit** der Klausel führenden Auslegung auszugehen ist.[1]

Kasuistik: Detaillierte Garantie-Regelungen können vom rechtsunkundigen Kunden dahin (miss)verstanden werden, dass sie die Gewährleistungsfrage abschließend normieren, und sind deshalb mangels Klarstellung, dass sie die gesetzlichen Gewährleistungsbehelfe unberührt lassen, unwirksam. Das gilt nicht nur für Händler-,[2] sondern auch für Herstellergarantien, die vom Fachhändler bestimmungsgemäß im Namen des Herstellers erteilt werden.[3] – Eine Klausel in Kreditkarten-Verträgen, wonach sich die Haftung des Karteninhabers für missbräuchliche Verwendung der abhandengekommenen Karte vom Eingang der Verlustanzeige beim Kreditkartenunternehmen an auf grob fahrlässiges Verhalten beschränkt, lässt mit der Folge der Klauselunwirksamkeit auch die Deutung offen, *vor* Eingang der Verlustanzeige sei das Missbrauchsrisiko ohne jedes Verschulden zu tragen.[4] – Eine Klausel, wonach bei Bauschuttverschmutzungen durch mehrere Bauhandwerker diese sich der Aufschlüsselung der Beseitigungskosten durch den Bauträger (Verwender) „unterwerfen", kann dahin (fehl)interpretiert werden, dass die Bauhandwerker an die Aufschlüsselung gebunden seien, eine Überprüfbarkeit gem. § 315 III BGB ausgeschlossen sein solle; sie ist eben deshalb unwirksam.[5] – Die Klausel, dass die Bausparkasse bei Bausparermehrheit die Bestellung eines gemeinsamen Bevollmächtigten verlangen kann, verdeutlicht nicht hinreichend, dass der Bevollmächtigte lediglich Empfangsbevollmächtigter sein soll, hält in der weiteren Sinnalternative indes nicht der Angemessenheitskontrolle stand.[6]

13 In Hinblick auf die in der Praxis verbreitete Neigung zu *vorschneller* Anwendung des § 305 c II BGB [7] bleibt freilich mit Nachdruck zu erinnern, dass für die Regel ambiguitas contra stipulatorem dann und nur dann Raum ist, wenn die vorgängige Auslegung nach allgemeinen Grundsätzen (hierzu § 305 c BGB Rz 105 ff.) nicht bereits zur Verneinung der Deutung führt, bei der Unzulässigkeit nach §§ 307–309 zu konstatieren wäre (**Subsidiarität der Unklarheitenregel,** § 305 c BGB Rz 129). Laufzeitklauseln, die zu einer langjährigen Bindung mit der Möglichkeit der ordentlichen Kündigung führen, sind nicht allein deshalb unwirksam, weil die Möglichkeit der außerordentlichen Kündigung aus wichtigem Grund unbenannt bleibt: Dass der Kunde in der Gewährung des Rechts zur ordentlichen Kündigung den Ausschluss des Rechts zur außerordentlichen erblickt, liegt derart fern, dass von ei-

[1] Aus der Rspr. zuletzt BGH NJW 2002, 1950/1952; 2004, 1588, aus dem Schrifttum z. B. *Staudinger/Schlosser* § 305c Rz 108; *Stoffels* Rz 1090; *Olzen* JR 2002, 45/47.

[2] BGHZ 79, 117/120 f.

[3] BGHZ 104, 82/85 ff = EWiR 1988, 419 m. Anm. *Paulusch.*

[4] BGH NJW 1991, 1886/1887.

[5] OLG München NJW-RR 1989, 276.

[6] LG Berlin ZIP 1988, 1311/1327.

[7] Übereinstimmende Diagnose bereits durch *P. Schlosser* JR 1988, 1/4 f.

ner ernsthaften einschlägigen Auslegungsalternative keine Rede sein kann.[1] – Ein Gewährleistungsausschluss für Fehler durch mangelhafte Bedienung erfasst nicht Ansprüche wegen Mängeln der Bedienungsanleitung, unrichtiger Beratung oder vertraglicher Zusicherung.[2] – Eine Klausel in Möbelhandel-Lieferbedingungen, die klarstellt, dass handelsübliche Farb- und Maserungsabweichungen bei Holzoberflächen keine Gewährleistungsansprüche begründen, wird vom Kunden nicht als – unzulässiger – Ausschluss der Haftung wegen Fehlens einschlägiger zugesicherter Eigenschaft verstanden.[3] – Eine Klausel „zahlbar sofort netto ohne Abzug" kann vernünftigerweise nicht als Zurückbehaltungsrechtausschluss (miss-)verstanden werden.[4]

Klauseln, die in ihrem Regelanwendungsbereich unbedenklich sind, ihrem Wortlaut nach aber auch selten vorkommende Situationen erfassen, für die sie der Inhaltskontrolle nicht standhielten, sind zudem richtigerweise einschränkend dahin zu interpretieren, dass die atypischen Regelungssituationen von ihr *nicht* erfasst sind.[5] Jede andere Entscheidung würde die die Unklarheitenregel nach § 305 c II BGB rechtfertigende (§ 305 c Rz 124) Formulierungsverantwortung des Verwenders überdehnen, zudem ob der induzierten weiteren Aufblähung der Klauselwerke unter Transparenzgesichtspunkten letztlich kontraproduktiv wirken.[6] Die im Möbelbarzahlungsgeschäft verwendete Klausel, dass bei Zahlungsverzug je angefangene Woche ein Aufschlag von 0,25 % der Rechnungssumme erhoben werde, ist nicht schon deshalb unwirksam, weil sie ihrem Wortlaut nach auch für den atypischen Fall, dass der Kunde den Kaufpreis teilweise entrichtet hat und lediglich mit der Restzahlung in Verzug gerät, als Bezugsgröße für die Verzugsschadenspauschalierung die volle Rechnungssumme zu Grunde legt: Das Ansinnen, Verzugszinsen auch auf rechtzeitig beglichene Teile des Kaufpreisanspruchs zu leisten, würde vom Kunden als unverständlich zurückgewiesen.[7] 14

2. Prüfungsmaßstab

Prüfungsmaßstab sind nach dem Wortlaut des § 1 die §§ 307–309 BGB. Nach zutreffender ganz h. M. greift dieser freilich zu kurz. Im Einzelnen gilt Folgendes: 15

a) Verstoß gegen §§ 307–309 BGB. Klauseln zur Verwendung gegenüber Verbrauchern sind an den besonderen Klauselverboten der §§ 308, 309 BGB, hilfsweise an § 307 BGB zu messen. Im Unternehmensverkehr ist Prüfungsmaßstab allein die Generalklausel, § 310 I S. 1 BGB. 16

bb) Verstöße gegen zwingendes Recht. Bei AGB-Bestimmungen, die gegen dem Schutz des Vertragspartners dienendes **zwingendes Recht** verstoßen, ist der Unterlassungs- bzw. Widerrufsanspruch nach § 1 im Wege des Erst-recht-Schlusses zu bejahen.[8] Wegen Verletzung eines einschlägigen Sondertatbestands abmahnbar bzw. klagbar sind deshalb etwa: Verstöße gegen die Gerichtsstandsregelung nach § 38 ZPO,[9] gegen die Formvorschrift des § 311 b BGB, gegen Mieterschutzvor- 17

1 BGH NJW 1993, 1133/1135.
2 BGH NJW 1993, 657/658 f.
3 A. A. BGH NJW-RR 1989, 625/626.
4 OLG Celle NJW-RR 1993, 1334.
5 BGH NJW 1985, 320/321; *Ulmer* § 305c AGBG Rz 86; *Erman/Roloff* § 305 c BGB Rz 22; *Bunte* NJW 1985, 600; a. A. explizit OLG München NJW-RR 1987, 661.
6 S. bereits *Lindacher* BB 1983, 154/159 f.
7 BGH NJW 1985, 321.
8 Statt vieler: *Staudinger/Schlosser* Rz 18; *Erman/Roloff* Rz 6; *Palandt/Bassenge* Rz 4.
9 BGH NJW 1983, 1320/1322; 1987, 2867.

schriften,[1] gegen die Schutzvorschriften des Reiseveranstaltungsrechts nach §§ 651 a–j BGB[2] oder des VVG,[3] gegen § 88 a HGB[4] sowie § 89 b HGB[5] und § 3 BDSG.[6] Es bedarf *nicht* des konstruktiven Umwegs, Unverträglichkeit der zu beurteilenden AGB mit diesen Vorschriften (auch) als Verstoß gegen § 307 BGB zu qualifizieren.[7]

18 **c) Einzelfallunabhängiger Verstoß gegen Einbeziehungsvorschriften.** Die Frage, ob und inwieweit einzelfallunabhängige inhaltliche Unverträglichkeit einer Klausel mit den Wertprinzipien der Einbeziehungsvorschriften (§§ 305 II, 305 b, 305 c I BGB) im Wege der Verbandsklage bzw. vorgeschalteter Abmahnung rügbar, ist tunlicherweise nach Fallgruppen gegliedert zu beantworten:

19 **(1)** Eindeutig liegt der Fall, dass in den AGB der Geltungsanspruch der Einbeziehungsvorschriften explizit ausgeschlossen oder jedenfalls der Sache nach ausgehöhlt wird. Es handelt sich um einen Unterfall der Verletzung zwingenden Rechts zum Schutze der Verwendergegenseite, die fraglos (s. Rz 17) im Verfahren nach § 1 geltend gemacht werden kann.[8] Abmahnbar bzw. im Wege der Unterlassungsklage beanstandbar sind daher etwa: Klauseln, die dem Kunden die Geltung der AGB unabhängig von den Voraussetzungen des § 305 II BGB vorspiegeln, sei es, dass sie auf eine korrekte Einbeziehung gänzlich verzichten[9] oder aber das Tatbestandsmerkmal „bei Vertragsschluss" negieren und z. B. AGB auf Rechnungen und/oder Lieferscheinen für verbindlich erklären.[10] Auch Klauseln, die im Widerspruch zu § 305 b BGB abstrakt die Nichtmaßgeblichkeit wirksamer Individualvereinbarungen behaupten, sind wegen Verstoßes gegen zwingendes Recht nach § 1 beanstandbar,[11] wobei freilich sorgsam zu prüfen bleibt, ob wirklich ein solcher Fall gegeben ist. Unzulässig sind etwa Klauseln, die auf eine Relativierung individueller Terminzusagen zielen,[12] oder aber Klauseln, die die Maßgeblichkeit mündlicher Absprachen mit dem Verwender oder vertretungsbefugten Leuten desselben leugnen,[13] *nicht* hingegen formularmäßige Hinweise, die lediglich eine bestehende Vertretungsmachtbegrenzung verlautbaren, insbesondere – wirksam – einer drohenden Rechtsscheinvollmacht nach § 54 III HGB steuern.

20 **(2)** Inhaltliche Unangemessenheit i. w. S. kann auch auf **(vermeidbarer) Unklarheit** beruhen (§ 307 I S. 2 BGB). Die Verwendung und Empfehlung von Klauselwerkkomplexen bzw. -bestandteilen, deren einzelvertragliche Ingeltungsetzung am Bestimmtheitserfordernis des § 305 II Nr. 2 BGB scheitern würde, ist deshalb – ob der gleichzeitigen Unzulässigkeit gemäß § 307 I S. 2 BGB – auch nach § 1 untersagbar.[14] Gleiches dürfte auch für die einzelfallunabhängige Missachtung des Ge-

---

[1] BGHZ 118, 194/198; BGH NJW 1989, 1673.

[2] BGHZ 87, 191/197; 119, 152/166; OLG Frankfurt/M NJW 1982, 2200.

[3] BGH VersR 1988, 1281.

[4] BGH NJW 1995, 1554.

[5] BGH NJW 1985, 623/629 f.

[6] BGH NJW 1986, 46/47.

[7] So freilich wohl nach wie vor *Ulmer/Hensen* Rz 6 sowie aus der Rspr. etwa BGH NJW 1987, 2867; 1989, 1673.

[8] Statt aller: *Staudinger/Schlosser* Rz 14.

[9] Demonstrationsbeispiel BGH NJW 1991, 1750 Klausel in Krankenhaus-AGB: „Die Benutzer sind an die Hausordnung gebunden".

[10] *Ulmer/Hensen* Rz 8.

[11] BGHZ 92, 24 ff; *Ulmer/Hensen* Rz 9; *Soergel/U. Stein* Rz 7 vor § 8 AGBG.

[12] BGH aaO.

[13] BGH NJW 1983, 1853; 1985, 320/322.

[14] Ebenso OLG Stuttgart NJW 1981, 1106; NJW-RR 1988, 786; OLG Hamburg NJW-RR 1986, 1440.

bots der **Lesbarkeit** der gestellten AGB gelten: uniforme Verwendung eines außerordentlich blassen Drucks für die rückseitig abgedruckten AGB muss ob der gehäuften Steigerung der Gefahr der Nichtnotiznahme der AGB-Bestimmungen breitenwirksam bekämpft werden können.[1]

(3) Überraschende Klauseln i. S. von § 305 c I BGB sind häufig gleichzeitig in- 21
haltlich unangemessen nach §§ 307–309 BGB. Ihre (Weiter-)Verwendung bzw. Empfehlung ist dann selbstredend aus dem letzten Gesichtspunkt nach § 1 untersagbar. Fraglich und streitig ist hingegen die Beurteilung solcher Klauseln, die unabhängig von den Umständen des Einzelfalls als überraschend i. S. von § 305 c I BGB zu qualifizieren sind, *ohne* zugleich mit dem Makel inhaltlicher Unbilligkeit belastet zu sein. Die **h. M.** verneint die Einschlägigkeit eines Unterlassungs- und Widerrufsanspruchs,[2] wenn auch z. T. unter Artikulation rechtspolitischer Bedenken. Die besseren Gründe sprechen indes wohl dafür, im Wege der **Rechtsfortbildung** auch insoweit eine Aufgreifkompetenz der Verbände/Kammern zu bejahen:[3] Die Funktionsfähigkeit des Instituts Vertragsfreiheit (Rz 8 vor § 1) wird nicht nur dadurch tangiert, dass dem vom Inhalt der AGB legitimerweise nicht näher Notiz nehmenden Vertragspartner inhaltlich unangemessene Klauseln untergeschoben werden, sondern auch dann, wenn es sich „nur" um solche Bestimmungen handelt, die von seinem globalen AGB-Geltungseinverständnis ob ihres Überraschungscharakters nicht mitumfasst sind. Dass überraschende Klauseln nach § 305 c I BGB de iure keine Vertragsgeltung zu erlangen vermögen, stellt ebenso wenig einen hinreichenden Verkehrsschutz dar wie die Unwirksamkeit nach §§ 307–309; hier wie dort droht im vorprozessualen Raum bereits von der *Schein*wirksamkeit Gefahr. Dass der Überraschungsklausel durch Individualhinweis ihr Überraschungscharakter genommen werden kann, im Einzelfall darüber hinaus Vorkenntnis des Vertragspartners des Verwenders aufgrund früherer Verwendung in Betracht kommt, rechtfertigt *nicht* den Kontrollverzicht. Der Verwender kann der Unterlassungsverurteilung nur entgehen, wenn er – im Allgemeinen kaum je möglich – durchgängige Individualbelehrung über einen längeren Zeitraum nachweist.

d) Transparenzgebot. Lit.: *Lindacher,* Der topos der Transparenz im Rahmen 22
der Einbeziehungs- und Inhaltskontrolle Allgemeiner Geschäftsbedingungen, in: Juristische Gesellschaft Osnabrück-Emsland (Hrsg.), Vorträge zur Rechtsentwicklung der achtziger Jahre, 1991, S. 347 ff. Wer AGB stellt oder empfiehlt, hat für hinreichend verständliche und eindeutige Konditionengestaltung zu sorgen: Zumutbar zu vermeidende **Klauselintransparenz** führt zur Unwirksamkeit nach § 307 I S. 2 BGB und eröffnet damit das Kontrollverfahren nach § 1.

Auch gegen **Marktintransparenz,** die daraus resultiert, dass preis- und leis- 23
tungsnahe Klauseln in das Halbdunkel von AGB-Klauselwerken gestellt werden, kann richtigerweise im Wege der Verbandsklage vorgegangen werden: Die Preis-Leistung-Relation zum Nachteil des Kunden konkretisierende AGB-Klauseln sind als tendenziell individualvertragsfern ihrer Art nach generell überraschend und deshalb (s. Rz 21) unbeschadet des Umstands, dass die Klausel als solche durchaus eindeutig und verständlich – tauglicher Gegenstand eines Verwendungs- bzw. Empfehlungsverbots nach § 1.[4]

---

[1] A.A. OLG Brandenburg NJW-RR 2001, 488.

[2] BGHZ 116, 1/3; BGH MDR 1983, 113; WM 1986, 1253/1254; NJW 1990, 2313/2314; *Stoffels* Rz 1089; *Palandt/Bassenge* Rz 4.

[3] Übereinstimmend aus der Rspr. etwa OLG Hamm NJW-RR 1986, 927/930 sowie OLG Karlsruhe NJW-RR 1988, 302/303, aus dem Schrifttum z. B. *Löwe* Rz 23; *Ulmer/Hensen* Rz 10; *Erman/Roloff* Rz 8.

[4] Einzelheiten: *Lindacher* aaO S. 359 f.

24 Dass der Intransparenz durch **Zusatzinformation außerhalb der AGB** abgeholfen werden *kann,* steht dem Verwendungsverbot nicht entgegen.[1] Dem allfälligen Nachweis bislang lückenloser Aufklärung über einen längeren Zeitraum sollte freilich entgegen BGHZ 116, 4 f im Hinblick auf das Erfordernis einer verbotsrelevanten Verwendungsgefahr (s. auch Rz 38) durchaus Relevanz beigemessen werden:[2] Etwaige Weiterverwendung der AGB-Bestimmungen wie bisher führt zu keiner Beeinträchtigung des Rechtsverkehrs; für die Annahme, der Verwender könne künftig die bei isolierter Betrachtung zu beanstandenden Klauseln unkommentiert verwenden, fehlt jeder Anhalt. Das Sich-Berufen auf die einschlägige Klausel bei der Abwicklung von Verträgen, die mit Blick auf die flächendeckende Zusatzinformation samt und sonders beanstandungsfrei zustande gekommen sind, kann ersichtlich nicht verbotswürdig sein.[3]

3. Verwendung/Verwender

25 Lit.: *Brägelmann,* Die Passivlegitimation für Unterlassungsansprüche gegen die Verwendung und Empfehlung Allgemeiner Geschäftsbedingungen, 1995. – § 1 gibt mit dem Tatbestandsmerkmal „Verwenden" die Voraussetzungen des Unterlassungsanspruchs für den Regelfall zu verhindernder **Weiterverwendung** verkürzt wieder: Dass die erfolgte Verwendung den Unterlassungsanspruch auslöst, ist nur als Regelaussage richtig. Sie begründet zwar die Vermutung der Wiederholungsgefahr, des eigentlichen Abwehranspruchsgrunds, aber nur eine widerlegbare Vermutung.[4] Darüber hinaus ist § 1 insofern lückenhaft, als ein Unterlassungsanspruch nach der ratio der Aufgreifkompetenz der Verbände/Kammern selbstredend auch bei konkret drohender **Erstverwendung** erwächst.[5]

26 **a) Verwenden.** Die Erkenntnis, dass der Unterlassungsanspruch der abmahn- und klagebefugten Verbände/Kammern sowohl bei Beeinträchtigungsgefahr in der Gestalt der Wiederholungsgefahr als auch bei Beeinträchtigungsgefahr in der Gestalt der Erstbegehungsgefahr gegeben, ist auch bei der Bestimmung des **Begriffs** der AGB-Verwendung hilfreich: Es besteht kein Anlass, den Verwendungsbegriff zwecks Begründung des Abwehranspruchs so auszuweiten, dass darunter alle Handlungen zu verstehen, aus denen sich erkennen lässt, jemand beabsichtige Vertragsschlüsse unter Einbeziehung existenter AGB. In Übereinstimmung mit den Materialien zu § 13 AGBG[6] ist vielmehr eine Verwendung erst, andererseits aber auch immer schon dann[7] zu bejahen, wenn die in Fragestehenden AGB in Verbindung mit Vertragsangeboten oder Aufforderungen zur Abgabe von Vertragsangeboten potenziellen Vertragspartnern präsentiert werden.[8] Handlungen im Vorfeld der Vertragsanbahnung lösen ggf. den Unterlassungsanspruch wegen drohender Erstverwendung aus (hierzu Rz 25). Die einschlägige Abgrenzung ist wichtig für die Frage, wann eine Zuwiderhandlung gegen das titulierte und mit der Strafdrohung nach § 890 ZPO versehene bzw. das durch eine vertragsstrafebewehrte Unterwerfungserklärung streitlos gestellte Unterlassungsgebot vorliegt:

---

1 BGHZ 116, 1/3 = LM § 9 (Bl) AGBG Nr. 38 m. Anm. *Pfeiffer.*

2 Richtig: KG WM 1991, 1250/1251; *Eckert* EWiR 1997, 627/628.

3 I. e. bereits *Lindacher* NJW 1997, 2471.

4 Nach dem Frontenwechsel von *Staudinger/Schlosser* Rz 20 wohl allg. M., aus der Rspr. zuletzt BGB NJW 2002, 2386; OLG Frankfurt a. M. NJW-RR 2003, 1430/1431.

5 Statt vieler: OLG Saarbrücken AGBE V § 13 Nr. 3; *Stoffels* Rz 1095; AnwK/*Walker* Rz 6.

6 BT-Rechtsausschuß, BT-Drucks 7/5422 S. 10.

7 A. A., nämlich Verwendung erst bei der Vertragseinbeziehung befürwortend, freilich z. B. *Koch/Stübing* Rz 5/12 f sowie *A. Stein* Rz 8.

8 H. M., statt vieler: BGHZ 101, 271/275; *Reinel,* Verbandsklage S. 29; *Löwe* Rz 5.

Eine die Sanktion auslösende Zuwiderhandlung kann auch vorliegen, wenn es nicht zum Vertragsschluss oder zum Vertragsschluss unter AGB-Einbeziehung kommt, während der Vertragsanbahnung vorausgehende Handlungen andererseits immer insoweit irrelevante Vorbereitungshandlungen sind. *Einzelfälle:* Vom hier vertretenen Ansatz her liegt ein unzulässiges Verwenden auch dann vor, wenn die inhaltlich zu missbilligende Klausel im Einzelfall wegen Vorrangs der konkreten Individualvereinbarung nach §305b BGB nicht Vertragsinhalt geworden ist:[1] Der Tatbestand der Verwendung ist bereits mit der Präsentation des Klauselwerks erfüllt. Auch die Übermittlung von AGB **nach** Vertragsschluss, insbesondere durch Abdruck auf Lieferscheinen oder Rechnungen, stellt ein Verwenden i. S. von §1 dar.[2]

Praktisch hoch bedeutsam ist, ob der Begriff der Weiterverwendung nur die **Neueinbringung in künftige Verträge** oder aber auch das **Sich-Berufen auf die zu beanstandende Klausel bei der Abwicklung von Altverträgen** erfasst. 27
Die Frage wurde in Rechtsprechung und Lehre lange unterschiedlich beantwortet, wobei sich die Gewichte im Zeitablauf auffällig verschoben haben. Während es zunächst ganz h. M. war, dass sich der Unterlassungsanspruch der Verbände/Kammern nicht auf die Abwicklung von Altverträgen bezieht,[3] dominierte im Anschluss an BGH NJW 1981, 1511 alsbald zunehmend die Gegenansicht, die sich mittlerweile zu Richterrecht verfestigt haben dürfte.[4] Die Kommentierung folgt *deshalb* der Lehre vom weiten Verwendungsbegriff. In Konsequenz dieses Ansatzes gilt: Der allgemeine Antrag auf Verurteilung zur Unterlassung weiterer Verwendung sowie die allgemein gefasste einschlägige Verurteilung umschließt auch das Abwickeln von Altverträgen; die explizite Benennung des Verbots, sich bei der Vertragsdurchführung noch auf die beanstandeten AGB zu berufen, ist nur eine nützliche Klarstellung, damit im Rahmen der Unterlassungsvollstreckung die Sanktion nach §890 ZPO nicht am Verschuldenserfordernis scheitert. Wo keine Einbeziehungsgefahr mehr droht, *kann* (und sollte) der Antrag/das Urteil allemal auf Unterlassung abwicklungsweisen Sich-Berufens lauten.[5]

b) Verwender. Verwender ist grundsätzlich immer und nur derjenige, der 28
Partei des Vertrags ist, der unter Einbeziehung von AGB geschlossen wurde oder geschlossen werden sollte/soll,[6] bei Kapitalgesellschaften (einschließlich solcher im Stadium der Vorgesellschaft) die Gesellschaft, nicht das handelnde Vorstandsmitglied/der handelnde Geschäftsführer,[7] bei Personengesellschaften die jeweilige Gesamthand, nicht der einzelne für sie handelnde Gesellschafter. Das Verhalten selbstständiger und unselbstständiger Hilfspersonen ist insoweit auch dann zuzurechnen, wenn der fremde Hilfe in Anspruch Nehmende ausnahmsweise um das In-Verkehr-Bringen der zu beanstandenden AGB nichts wusste und wissen musste: Dass im UKlaG (wie bereits im AGB-Gesetz) eine §18 II UWG entsprechende Vorschrift fehlt, ist unschädlich, weil sich die Einstandspflicht dessen, der sich der Dienste von Angestellten und Beauftragten bedient,

[1] BGH NJW 1981, 979; OLG Düsseldorf JZ 1990, 982; *Ulmer/Hensen* Rz 15.

[2] LG München BB 1979, 1789; *Ulmer/Hansen* Rz 15; *Palandt/Bassenge* Rz 5.

[3] Aus dem Schrifttum, statt vieler, *Koch/Stübing* Rz 19 sowie *Dietlein/Rebmann* Rz 2, aus der Rspr. zuletzt KG AGBE I §13 Nr. 11.

[4] Bestätigung der Leitentscheidung zuletzt durch BGHZ 127, 36/37 ff; BGH NJW 1994, 2693; 2003, 1237. Aus dem Schrifttum beispielsweise *Staudinger/Schlosser* Rz 19; MünchKomm/*Micklitz* Rz 75; *Ulmer/Hensen* Rz 26; *Stoffels* Rz. 1092.

[5] BGHZ 127, 35/37.

[6] Statt vieler: OLG Stuttgart NJW-RR 1996, 1209; *Staudinger/Schlosser* Rz 29; *Stoffels* Rz 1092; *Locher* §18/3 a.

[7] OLG Stuttgart aaO.

aus dem Gesichtspunkt der mittelbaren Störerschaft bereits nach allgemeinen Grundsätzen ergibt.[1] Führt etwa ein Architekt namens des Bauherrn im Rahmen seiner Vertretungsmacht AGB in den Vertrag mit dem Bauunternehmer ein, ist Verwender der Bauherr – auch wenn die Einbeziehung allein auf die Initiative des Architekten erfolgt und der Bauherr von ihr zunächst gar nichts weiß.

29 Soweit der **Vertreter** an der Einbeziehung und Geltung der fraglichen AGB selbst ein erhebliches **Eigeninteresse** hat, ist freilich ausnahmsweise auch er Verwender:[2] so etwa ein im Namen der Bauherren auftretendes Baubetreuungsunternehmen bezüglich aller Klauseln, die tendenziell auf eine Niedrighaltung der Erstellungskosten zielen, insbesondere bei Festpreisvereinbarungen mit den Bauherren, weil hier jede Erstellungskostenminimierung unmittelbar den eigenen Gewinn steigert,[3] oder der Architekt, der AGB in die Verträge zwischen den von ihm vertretenen Bauherren und Bauunternehmen einführt, wenn die AGB mittelbar auch ihn in seiner Pflichtenstellung zum Bauherrn begünstigen.[4] Ob bereits das bloße Interesse des Architekten an leichterer Abwicklung der betreuten Bauvorhaben infolge Gleichförmigkeit der Beziehungen Bauherr–Bauunternehmer ausreicht,[5] erscheint freilich zumindest zweifelhaft. Respekt vor gesellschaftsrechtlichen Grundentscheidungen verbietet den schlichten Durchgriff auf die Verbandsmitglieder: Das über die Mitgliedschaft einer Kapital- oder Personengesellschaft vermittelte Eigeninteresse reicht *nicht* aus, den für die Gesellschaft handelnden Gesellschafter neben dieser zum Verwender zu machen.[6]

30 Wer weder Vertragspartei ist, noch in die Vertragsverhandlungen eingeschaltet war, ist nicht schon dann und deshalb Verwender, weil er sich bei der Vertragsabwicklung als Lieferant der Kaufware und Zessionar der Kaufpreisforderung auf die vom Verkäufer gestellten AGB beruft.[7]

31 Keinesfalls ausreichend ist ein Interesse am Geschäftsabschluss zu welchen Bedingungen auch immer: Wer Charterverträge vermittelt, ist nicht schon deshalb Verwender der vom Vercharterer denselben zu Grunde gelegten AGB, weil er am Vertragsabschluss ein Provisionsinteresse hat.[8]

32 **c) Wiederholungsgefahr. aa) Verwendung und Wiederholungsgefahrvermutung.** Nicht *jede* Verwendung formularmäßiger Vertragsbedingungen lässt Wiederholung befürchten: Käufliche Formulare können in Ausnahmefällen auch für den Abschluss singulärer Verträge herangezogen werden.[9] Hier – Darlegungs- und allfällige Beweislast beim Verwender – existiert von vornherein keine Wiederholungsgefahr, entsteht ein Unterlassungsanspruch erst gar nicht. Zumindest **geschäftsmäßige Verwendung** unzulässiger AGB indiziert indes Wiederholungsgefahr:[10] AGB sind ex definitione zur Mehrfachverwendung bestimmt. Der Unterlassungsanspruch entsteht und besteht fort, sofern nicht – vom Verwender darzulegen und ggf. zu beweisen – die Weiterverwendungsgefahr zwischenzeitlich entfallen ist. Verteidigungsweises Sich-Berufen auf vorgebliche inhaltliche (Noch-)

---

[1] Im Ergebnis allg. M., statt vieler: *Brägelmann* S. 101 ff; *Erman/Roloff* Rz 3.

[2] BGHZ 81, 229/230 f; *Ulmer/Hensen* Rz 16; *Stoffels* Rz 1093.

[3] BGHZ 81, 229/230 f.

[4] OLG Frankfurt a. M. NJW-RR 1986, 245.

[5] So OLG Frankfurt a. M. AGBE V Nr. 39.

[6] OLG Stuttgart NJW-RR 1996, 1209; *Staudinger/Schlosser* Rz 29.

[7] Zumindest im Ansatz durchaus richtig: BGHZ 112, 204/208 ff.

[8] OLG Celle NdsRPfl 1994, 209.

[9] Näher *Ulmer/Hensen* Rz 30.

[10] Statt vieler: BGHZ 119, 152/165; BGH NJW 1996, 988; 2002, 2386; *Stoffels* Rz 1094; *Erman/Roloff* Rz 9.

Angemessenheit der beanstandeten AGB *verstärkt* die Wiederholungsgefahr, erübrigt die Entfallprüfung.[1]

bb) Entfall der Wiederholungsgefahr. Von einem Entfall der **Weiterverwendungsgefahr** kann nach herrschender Ansicht (Qualifikation des Sich-Berufens auf die zu beanstandenden AGB-Bestimmungen im Rahmen der Abwicklung von Altverträgen als Unterfall der Weiterverwendung, s. Rz 27) nur gesprochen werden, wenn sowohl die Gefahr der Klauseleinbeziehung in Neuverträge als auch die Gefahr abwicklungsweisen Sich-Berufens entfallen ist.[2] 33

Die **Voraussetzungen** des Entfalls der Einbeziehungswiederholungsgefahr bzw. der Gefahr abwicklungsweiser Geltendmachung sind streitig. Will man nicht die Waffe des Unterlassungsanspruchs zum Schaden des Institutionenschutzes (Rz 8 vor § 1) stumpf machen, gilt es, in der Bejahung von – stets streitträchtigen – Entfalltatbeständen eher zurückhaltend zu sein und den Begriff Wiederholungsgefahr unter Berücksichtigung des öffentlichen Interesses an effizientem vorbeugendem Rechtsschutz einerseits und der schutzwürdigen Belange des auf Unterlassung in Anspruch Genommenen andererseits *normativ zu überformen*. Der Umstand, dass Rechtsprechung und Lehre mit dem Institut der gesicherten Unterwerfungserklärung (§ 5 Rz 26ff.) ein probates Mittel zur außergerichtlichen Außerstreitstellung und Sicherung von Unterlassungsverpflichtungen geschaffen haben, mag es dabei erlauben, in Grenzfällen eher für den Bestand und Fortbestand der Wiederholungsgefahr zu optieren: Sofern nicht besondere Umstände zweifelsfrei gegen eine Weiterverwendung/-empfehlung sprechen, ist die Wiederholungsgefahrvermutung nur durch Abgabe einer vertragsstrafebewehrten Unterlassungserklärung auszuräumen,[3] wobei das Unterlassungsversprechen vorbehaltlos sein muss und die angebotene Strafe der Höhe nach ausreichend zu sein hat. Aus der Verweigerung der Unterwerfungserklärung unter Offenlassung des Greifens anderweitiger Entfallgründe das Auf-jeden-Fall-Gegebensein von Wiederholungsgefahr abzuleiten,[4] wäre jedoch evident zirkelschlüssig: Der Verwender hat nur Anlass, eine *bestehende* Unterlassungspflicht anzuerkennen und durch Abgabe eines Vertragsstrafeversprechens zu bestärken, wobei Ersteres aber gerade Wiederholungsgefahr voraussetzt. 34

Im Einzelnen dürfte gelten: Die Geltendmachung solcher Umstände, die eine so hohe Wahrscheinlichkeit bezüglich des Gefahrentfalls begründen, dass vernünftige Zweifel schweigen, muss dem Verwender allemal offenstehen – auch wenn sich die betreffenden Umstände erst nach vorprozessualer Abmahnung oder gar erst nach Klageerhebung ereignet haben. Dem berechtigten Kostenerstattungsinteresse des ursprünglich zu Recht intervenierenden Verbands/der ursprünglich zu Recht intervenierenden Kammer kann gleichwohl entsprochen werden (§ 5 Rz 35). Als Entfallgrund der Gefahr künftiger Einbeziehung *und* abwicklungsweisen Sich-Berufens ist deshalb beispielsweise anzuerkennen, dass der Verwender auf Abmahnung die bisher verwandten Formulare vernichtet, nur neue, wirksame AGB verwendet und seinen (Alt-)Vertragspartnern ausdrücklich mitteilt, er werde aus den alten, rechtlich unzulässigen Bedingungen keine Rechte herleiten.[5] Auch Geschäftseinstellung und Änderung des Geschäftsgegenstands, die die zu beanstandenden AGB obsolet macht, wirkt gefahrausräumend, wenn und soweit die Um- 35

---

[1] BGHZ 116, 1/6; NJW 1996, 988; OLG Brandenburg NJW-RR 2003, 991/994; *Staudinger/Schlosser* Rz 20; *Ulmer/Hensen* Rz 28.

[2] Zutreffende einschlägige Klarstellung: OLG Zweibrücken NJW-RR 1994, 1364; *Soergel/U. Stein* Rz 12.

[3] Statt vieler: OLG Koblenz WM 1983, 1272; *Staudinger/Schlosser* Rz 20; *Soergel/U. Stein* Rz 11.

[4] So KG AGBE I § 13 Nr. 18.

[5] BGHZ 81, 222/227; *Ulmer/Hensen* Rz 29; *Locher* § 18/3d; a. A. *Bultmann* BB 1982, 703.

stände des Einzelfalls reale Zweifel an der Definität ausschließen,[1] Erstere wohl generell, Letztere jedenfalls, was die Weiterverwendungsgefahr i. S. der Gefahr der Einbringung in Neuverträge anbelangt. Keinesfalls ausreichend ist umgekehrt die bloße Erklärung, vom weiteren Gebrauch der beanstandeten AGB künftig abzusehen,[2] und zwar richtigerweise ohne Ansehung der Person:[3] Auf Seriosität und Ansehen abstellen, hieße diskriminierende Abgrenzungen schaffen und tendenziell – ob des verständlichen Zögerns der Gerichte, jemandem Inseriosität und mangelnden Ruf zu attestieren – letztlich den vorbeugenden Rechtsschutz aufweichen. Auch Unternehmen der öffentlichen Hand kann und darf insoweit kein Sonderstatus zuerkannt werden.[4] Weigerung, das Unterlassungsversprechen auch auf inhaltsgleiche Bestimmungen zu erstrecken, indiziert die Gefahr materieller Wiederholungsverwendung.[5] Verwendet der in Anspruch Genommene nach Aufbrauch bzw. Vernichtung der zu beanstandenden AGB Bestimmungen, die den gesetzlichen Mindeststandards genügen, ohne seine bisherigen Vertragspartner auf die (partielle) Rechtswidrigkeit der bislang verwendeten Klauselwerke hingewiesen zu haben, bleibt allemal die **Gefahr des abwicklungsweisen Sich-Berufens.**[6] Hinsichtlich der **Neueinbeziehungsgefahr** dürfte hingegen danach zu unterscheiden sein, ob die korrigierenden Maßnahmen **vor** oder **nach** Abmahnung bzw. sofortiger gerichtlicher Intervention erfolgt sind: Wer von sich aus aus der erkannten Unzulässigkeit seiner bisherigen Vertragspraxis die gebotenen Schlüsse zieht, wird nach menschlichem Ermessen die alten, ausgewechselten Klauseln nicht reaktivieren.[7] Anderes gilt insoweit nur, wenn der Verwender die An-sich-Zulässigkeit der substituierten Klauseln behauptet: Jeder Vorbehalt, der sich nicht auf die Leugnung der Wiederholungsgefahr beschränkt, schadet (Rz 32). Soweit die Vernichtung der alten Formulare sowie der Druck und die Verwendung neuer, inhaltlich nicht mehr zu beanstandender AGB hingegen bloße Interventionsreaktion, bleibt bei generalisierender, von der konkreten individuellen Glaubwürdigkeit des Verwenders abstrahierender Betrachtung wohl stets ein relevanter Rest an Wiederholungsgefahr. Dem Verwender, der vor gerichtlicher Inanspruchnahme sicher sein will, ist es zuzumuten, durch Unterwerfungserklärung seine Unterlassungsverpflichtung anzuerkennen und durch das Versprechen einer angemessenen Vertragsstrafe zu sichern.

36 **cc) Wiederholungsgefahr und Drittunterwerfung.** Unterwirft sich der Verwender gegenüber *einem* abmahn- und klagebefugten Verband, gehen die anderen Verbände grundsätzlich ihrer Abwehransprüche verlustig: die ernsthafte Unterwerfung gegenüber *einem* Verband beseitigt mangels konkreter Zweifel an der Fähigkeit und Bereitschaft desselben zu entschiedener Rechtsverfolgung die Wiederholungsgefahr drittwirkend.[8] Bei einer Drittunterwerfung *nach* Abmahnung sollten sich die Gerichte freilich nicht den Schuh anziehen, über eine „Intensitätsabschwä-

---

[1] *A. Stein* Rz 11; a. A. – gegen jede Relevanz dieses Umstands – freilich LG Berlin AGBGE I § 13 Nr. 46 sowie *Löwe* Rz 10.

[2] Ganz h. M., statt vieler: BGHZ 119, 152/165; *Palandt/Bassenge* Rz 6.

[3] BGH NJW-RR 2001, 485/486 f; OLG Braunschweig AGBE I § 13 Nr. 17; *Ulmer/Hensen* Rz 29; a. A. LG Köln VuR 1996, 349 m. Anm. *Felser/Marszalkowicz* (für die Dt. Telekom, weil diese „nicht irgendjemand" sei).

[4] Zutreffend BGHZ 81, 222/226 f; OLG Zweibrücken BauR 1989, 227/228; MünchKomm/*Micklitz* Rz 72; *Soergel/U. Stein* Rz 12.

[5] BGH NJW-RR 1990, 1141.

[6] OLG Celle WM 1994, 885/887 f; *Soergel/U. Stein* Rz 12.

[7] Zustimmend: OLG Karlsruhe NJW-RR 2003, 788; *Erman/Roloff* Rz 9.

[8] BGH NJW-RR 2003, 984/985: OLG Frankfurt a. M. NJW-RR 2003, 1430/1431= EWiR 2003, 1157 m. Anm. *Lindacher; Staudinger/Schlosser* Rz 20; AnwK/*Walker* Rz 6.

chung" in der Verfolgung etwaiger Verstöße gegen die Unterlassungserklärung zu spekulieren.[1] In *normativer* Merkmalsüberformung sollte schlicht gelten: Wer auf Abmahnung durch einen zweifelsfrei seriösen Verband unaufgefordert ein strafbewehrtes Unterlassungsversprechen gegenüber einem anderen Verband abgibt, kann nicht Entfall der Wiederholungsgefahr geltend machen.[2]

d) Erstverwendungsgefahr. Die Verpflichtung, den Gebrauch inhaltlich un- 37
zulässiger AGB zu unterlassen, umschließt auch die **Erst**verwendung, die Aufgreifkompetenz der Verbände/Kammern auch *deren* Abwehr.[3] Umstände, die eine Abmahnung bzw. gerichtliche Intervention unter dem Gesichtspunkt drohender Erstverwendung rechtfertigen, sind auch rein betriebsinterne Maßnahmen wie die ausdrückliche oder schlüssige Anordnung, Geschäftsabschlüsse künftig unter Einbeziehung des in Fragestehenden Klauselwerks abzuschließen, wohl auch bereits der einschlägige Druckauftrag:[4] wer Druckkosten aufwendet, ist gemeinhin entschlossen, die Formulare auch zu benutzen. **Nicht** ausreichend ist freilich das Aufstelen i. S. bloßen Ausformulierens;[5] hier kann es sich auch um einen nie Außenwirkung erlangenden Entwurf handeln. Bezüglich des **Entfalls** der (Erst-)Verwendungsgefahr gilt das zum Fortfall der Wiederholungsgefahr Ausgeführte (Rz 33 ff) entsprechend.

**e) Sonderproblem: Verwendungsgefahr bei intransparenten sowie gene- 38
rell überraschenden AGB-Bestimmungen.** Tauglicher Kontrollgegenstand im Verfahren nach § 1 sind auch intransparente (s. Rz 22), richtigerweise (s. Rz 21) darüber hinaus auch generell überraschende AGB-Bestimmungen. Der Eigenart einschlägiger Unbilligkeit ist dabei auch bei der Konkretisierung der Unterlassungsanspruchsvoraussetzung Verwendungsgefahr Rechnung zu tragen: Während bei inhaltlich unbilligen Klauseln jede drohende Verwendung verbotsrelevant, kann von einer verbotsrelevanten Gefahr für den rechtsgeschäftlichen Verkehr hier nur die Rede sein, wenn Verwendung ohne hinreichende, die Intransparenz/den Überraschungscharakter ausräumende Zusatzinformation zu befürchten ist. Bejahung der Gefahr der Verwendungswiederholung bzw. der Gefahr der Erstverwendung indiziert zwar die Gefahr verbotsrelevanter Verwendung, weil sich die Gefahr *unkommentierter* Verwendung nun einmal nicht leugnen lässt. Dem Verwender muss indes richtigerweise die Möglichkeit offenstehen, die einschlägige Gefahrvermutung zu widerlegen, d. h. substantiiert geltend zu machen und notfalls zu beweisen, dass er die intransparenten/überraschenden Klauseln über einen längeren Zeitraum *durchgängig* nur in einer intransparenz-/überraschungsausräumenden Art und Weise verwendet hat: Verbotsrelevante Verwendung wäre weder aus dem Gesichtspunkt der Wiederholungs- noch der Erstbegehungsgefahr zu befürchten. Auch von einer Gefahr verbotenen Sich-Berufens auf die Klausel bei der Abwicklung von Altverträgen (s. Rz 27 f.) könnte insoweit nicht mehr gesprochen werden. Dass es sich dabei um „Umstände außerhalb der AGB" handelt, steht der Relevanz einschlägigen

[1] So freilich OLG Frankfurt a. M. NJW-RR 2003, 1430/1431 in der Fallgestaltung, dass ein Versicherer auf Abmahnung eines die Interessen von Versicherten vertretenden Verbands unaufgefordert eine Unterwerfungserklärung gegenüber der Wiesbadener Wettbewerbszentrale abgab: Intensitätsabschwächung bei der Überwachung der Einhaltung der Unterlassungserklärung, weil die Zielrichtung der „Zentrale" als Wettbewerbsverband und damit auch die Ausrichtung der Marktbeobachtung eine andere als die eines Versichertenschutzverbands.

[2] *Lindacher* aaO.

[3] Allg. M.; statt vieler: OLG Frankfurt a. M. NJW 1989, 2264/2265; AnwK/*Walker* Rz 6.

[4] *Koch/Stübing* Rz 24; *Stoffels* Rz 1095.

[5] *A. Stein* Rz 10.

Vorbringens *nicht* entgegen:[1] Ob Weiterverwendungsgefahr entfallen, beurteilt sich notwendigerweise nach solchen Umständen. In der Frage nach Bestand oder Fehlen der Gefahr verbotsrelevanter Weiterverwendung kann nichts anderes gelten.

Kasuistik: Die von den Hypothekenbanken im Annuitätengeschäft praktizierte Zinsberechnung nach dem Kapitalstand des Vorjahres bzw. des Vorquartals war intransparent. Durchgängige Benennung des durchschnittlichen effektiven Jahreszinses in Vollzug der PreisangabenVO 1985 bei Vertragsschluss nahm der Klauselintransparenz indes sehr wohl die Marktentscheidungsrelevanz; den Kunden interessierte vernünftigerweise nur das Ergebnis „unter dem Strich", nicht der Weg zum Ergebnis. Der Klage, einer Bank zu untersagen, bei der Vertragsdurchführung Zinsen gemäß nachträglicher Tilgungsverrechnung zu verlangen, wäre hinsichtlich der nach Inkrafttreten der PreisangabenVO 1985 geschlossenen, den effektiven Jahreszins ausweisenden Verträge der Erfolg zu versagen gewesen.[2]

39 Ob die Einführung von Informationspflichten durch Gesetz als solche die Gefahr verbotsrelevanter Vertragseinbeziehung ab Inkrafttreten des Gesetzes zum Entfall bringt, wenn die geschuldete Information intransparenz-/überraschungsausräumend wirkt,[3] erscheint zweifelhaft.

4. Empfehlen/Empfehler

40 Lit.: *Brägelmann,* Die Passivlegitimation für Unterlassungsansprüche gegen die Verwendung und Empfehlung Allgemeiner Geschäftsbedingungen, 1995. Auch für das Tatbestandsmerkmal „Empfehlen" gilt, dass die Voraussetzungen des Unterlassungs- und Widerrufsanspruchs nur verkürzt wiedergegeben sind: Eigentliches, ungeschriebenes Tatbestandsmerkmal ist die Gefahr weiterer Empfehlung bzw. für den Widerrufsanspruch die der Empfehlung eigene Übernahmegefahr bezüglich der empfohlenen AGB. Die erfolgte Empfehlung, von der § 1 spricht, ist insoweit nur Vermutungsbasis. Sie begründet die widerlegbare Vermutung der Wiederholungs- bzw. Übernahmegefahr. Im übrigen gilt auch hier, dass das Bereits-erfolgt-Sein der Empfehlung entgegen dem zu eng gefassten Wortlaut des § 1 keine conditio sine qua non für den Unterlassungsanspruch. Dieser erwächst auch gegen eine sich konkret abzeichnende Erstempfehlung (allg. M.).

41 **a) Empfehlen: Allgemeines.** Das Tatbestandsmerkmal Empfehlen bedeutet seinem ursprünglichen Wortsinn nach: jemandem etwas für ihn passend, insbesondere vorteilhaft bezeichnen und es ihm deshalb anraten, nahelegen. Im Normkontext des § 1 bedarf der Begriff des Empfehlens demgegenüber teils aus Gründen der Normteleologie, teils aus dem Gesichtspunkt des verfassungsrechtlichen Schutzes der Meinungsäußerungsfreiheit in zweifacher Hinsicht der Einschränkung: (1) Als Empfehlung i. S. von § 1 kommen nur generelle Erklärungen an eine **Vielzahl** von Personen,[4] nicht Hilfestellung im Wege der Individualberatung in Betracht: nur ersteren eignet die besondere Breitenwirkungsgefahr, der das Gesetz mit dem Unterlassungs- und Widerrufsanspruch gegen den Empfehler steuern will. Nicht der Inanspruchnahme nach § 1 sind deshalb ausgesetzt insbesondere Rechtsanwälte und Notare, soweit sie für einen bestimmten Mandanten AGB konzipieren – anders, eben wegen der dann gegebenen Breitenwirkung, wenn sie mehreren Auftragge-

---

[1] *Staudinger/Schlosser* Rz 16; *Lindacher* NJW 1997, 2741 f; *Eckert* EWiR 1997, 627/628; a. A. BGHZ 116, 1/4 f; BGH NJW 1997, 1068/1069; *Heinrichs* NJW 1997, 1407/1419.

[2] A. A. BGH NJW 1997, 1068 f.

[3] So OLG Frankfurt a. M. NJW 1989, 2264/2265.

[4] *Staudinger/Schlosser* Rz 33; *Ulmer/Hensen* Rz 18; nach *Locher* § 18/3 b sowie *Löwe* Rz 6: ausreichend bereits ein Adressatenkreis von zwei potenziellen Verwendern.

bern ein identes oder nahezu identes Bedingungswerk empfehlen.[1] (2) Das Empfehlungsverbot nach § 1 verstößt nicht gegen Art. 5 GG, ist vielmehr Regelung eines allgemeinen Gesetzes mit höherrangigem Wertanspruch i. S. dieser Vorschrift. Es ist jedoch im Lichte der Grundrechtsentscheidung in Übereinstimmung mit den AGBG-Materialien[2] dahin zu verstehen, dass wissenschaftliche Stellungnahmen zur Frage rechtlicher Zulässigkeit bestimmter AGB aus dem Empfehlungstatbestand auszuklammern sind:[3] Die – zur Verdeutlichung ihres Regelungszieles missglückte – Gesetzesformulierung Empfehlung „für den rechtsgeschäftlichen Verkehr" verfolgt erklärtermaßen diese Klarstellung. Soweit keiner der unter (1) und (2) genannten Ausnahmetatbestände vorliegt, scheitert umgekehrt die Tatbestandsmäßigkeit des § 1 selbstredend nicht daran, dass es an einer ausdrücklichen Empfehlung fehlt: Ein Verband von Haus-, Wohnungs- und Grundeigentümern regt bereits mit kommentarloser Herausgabe und Verbreitung eines Mustermietvertrags zur Verwendung desselben durch Vermieter an. Selbst salvatorische Klauseln – etwa nach dem Vorschlag von *Rompf* AIZ 1977, 202: „Diese Zusammenstellung von AGB ist nur eine erlaubte Information und keine Empfehlung zur einheitlichen Anwendung von übereinstimmenden AGB" – sind unbehelflich. Auch solche „Informationen" sind Empfehlungen i. S. von § 1.[4] Empfohlen sind schließlich AGB auch dann, wenn der Adressat ausdrücklich zur Wahl zwischen verschiedenen Gestaltungsmöglichkeiten angehalten wird.[5]

b) Typische Formen der Empfehlung. Die Empfehlung i. S. von § 1 begegnet 42
in verschiedenen Erscheinungsformen. **(1) Verbandsempfehlungen.** Wichtigster Fall der Empfehlung sind die Verbandsempfehlungen: Wirtschafts- und Berufsvereinigungen machen die für ihre Mitglieder erstellten, auf deren Bedürfnisse und Interessen zugeschnittenen Bedingungswerke denselben zugänglich. Den Empfehlungen der Verbände stehen diejenigen der berufsständischen Körperschaften des öffentlichen Rechts (Rechtsanwalts-, Ärzte-, Architektenkammern) gleich.[6] Dass Verbandsempfehlungen ausdrücklich als „unverbindlich" bezeichnet sind, ändert selbstredend nichts an der Einschlägigkeit von § 1.[7] **(2) AGB-Formularbücher und -Formulare.** Zweite bedeutsame Fallgruppe der Empfehlung von AGB ist das Verbreiten von Formularbüchern mit AGB-Mustern sowie einschlägiger loser Formulare.[8] Der Gegenansicht[9] ist zwar einzuräumen, dass die Grenzen zur nicht durch einen Abwehranspruch bedrohten wissenschaftlichen Meinungsäußerung (Rz 41) fließend sind: Das Verbreiten von Formulierungsvorschlägen in Auseinandersetzung mit abweichender Judikatur und Literatur, das das Verwendungsrisiko deutlich macht, muss auch in „Formularbüchern" zulässig sein.[10] Das reine Formularbuch, das dem potenziellen Verwender hingegen ja gerade die Unbedenklichkeit der Benutzung der anempfohlenen Klauseln suggeriert, kann und darf hingegen nicht sakrosankt sein.[11] **(3) Sonstige Fälle.** Der Tatbestand des Empfehlens ist auch

---

[1] *Ulmer/Hensen* Rz 21 f; *Soergel/U. Stein* Rz 7.

[2] BT-Rechtsausschuß, BT-Drucks 7/5422 S. 10.

[3] Statt vieler: *Brägelmann* S. 136 ff; *Stoffels* Rz 1100; AnwK/*Walker* Rz 8.

[4] *Ulmer/Hensen* Rz 19; *Locher* § 18/3 b.

[5] *Erman/Roloff* Rz 4.

[6] *Ulmer/Hensen* Rz 19; *Locher* § 18/3 b.

[7] Statt aller: *Löwe* Rz 6.

[8] So im Anschluss an die explizite Klarstellung in den AGBG-Materialien – BT-Rechtsausschuss, BT-Drucks 7/5422 S. 10 – zu Recht die ganz h. M.; vgl. statt vieler: *Staudinger/Schlosser* Rz 31; *Ulmer/Hensen* Rz 20.

[9] Vgl. insbes. *Pawlowski* BB 1978, 161/164 sowie *Fehl*, Systematik S. 123.

[10] Richtig insoweit *Locher* § 18/3 b.

[11] Ausdrücklich zustimmend: *Brägelmann* S. 146.

erfüllt, wenn ein Rechtsanwalt/Notar von ihm konzipierte AGB *mehreren* Mandanten anrät.[1] Gleiches gilt, soweit man hier nicht bereits ein Verwenden bejaht (hierzu Rz 29), für einen Architekten.[2] Auch das Anhalten abhängiger Unternehmen zu einer bestimmten Konditionengestaltung durch die Konzernleitung dürfte als Empfehlung i. S. von § 1, nicht nur als „internum"[3] zu qualifizieren sein: Es besteht kein Anlass, im hier interessierenden Kontext von der rechtlichen Selbstständigkeit der verbundenen Unternehmen zu abstrahieren.[4]

43 **c) Empfehler.** Empfehlender (und damit passivlegitimiert nach § 1) ist jeder, aber auch nur derjenige, der nach der Verkehrsanschauung das Gewicht seines Namens für die Angemessenheit der anempfohlenen AGB einsetzt. Das bedeutet im Einzelnen: **(1) Interne Hilfestellung** durch Beratung, ja selbst vollständige Konzipierung der in Frage stehenden AGB begründet keine Empfehlereigenschaft gleichgültig, ob die Hilfsperson selbstständig oder unselbstständig.[5] **(2)** Bei **Formularbüchern** und **losen Formularen** ist Empfehler der ersichtlich gemachte Verfasser:[6] Abweichungen sind auch nicht als Regelausnahme anzuerkennen.[7] Bei Anonymität des Verfassers (häufig bei losen Formularen!) schreibt der Verkehr die Empfehlung dem Verleger, hilfsweise dem Hersteller und bei Nichtersichtlichkeit beider dem Vertriebsunternehmen zu.[8] Die (Streit-)Frage, ob bei Offenkundigkeit des Autors nur dieser,[9] oder aber neben demselben auch der Verleger als Empfehler zu erachten ist,[10] dürfte differenzierend dahin zu beantworten sein, dass der Verleger dann, aber auch nur dann Empfehler i. S. von § 1 ist, wenn er durch Werbung die „Sicherheit" der Verwendung der vertriebenen „Muster"-AGB hervorhebt. Die Druckerei als solche ist – neben dem ersichtlichen Autor – nie Empfehler.

44 **d) Insbesondere: zur Empfehlereigenschaft von Behörden.** Auch Behörden können Passivlegitimierte nach § 1 sein. Beispiele: Sie publizieren Mustermietverträge oder Musterverträge für Wohnungsmodernisierungen. Dass insoweit schlicht-hoheitliches Handeln vorliegt, steht der Privatrechts- und damit der Zivilgerichtszuständigkeit nicht entgegen.[11] Bei der bloßen Genehmigung genehmigungsbedürftiger AGB durch die Aufsichtsbehörde fehlt es freilich wohl bereits am Tatbestand des Empfehlens. Soweit die Behörde in Vollzug eines spezialgesetzlichen Kontrollauftrags handelt, wird man darüber hinaus die Empfehlereigenschaft derselben in teleologischer Reduktion des § 1 zu verneinen haben: Die Vorschrift ist nicht darauf gerichtet, eine Aufgreifkompetenz der Verbände/Kammern gegenüber mit AGB befassten Kontrollinstitutionen zu begründen.[12]

45 **e) Wiederholungs- bzw. Erstempfehlungsgefahr.** Auch bezüglich des Anspruchs auf Unterlassung weiterer Empfehlung gilt, dass die erfolgte Empfehlung die (widerlegbare) Vermutung der Wiederholungsgefahr begründet – nicht nur so-

---

[1] *Soergel/U. Stein* Rz 7; *Stoffels* Rz 1100.

[2] OLG Bamberg AGBE I § 13 Nr. 25; OLG Karlsruhe BB 1983, 725 f.

[3] So freilich *A. Stein* Rz 18.

[4] Zustimmend: *Brägelmann* S. 144.

[5] Ganz h. M.; statt vieler: *Locher* § 18/3 b; *Soergel/U. Stein* Rz 8; kritisch MünchKomm/*Micklitz* Rz 76 ff.

[6] Ganz h. M.; s. etwa *Staudinger/Schlosser* Rz 31; AnwK/*Walker* Rz 8.

[7] A. A. freilich insoweit *Löwe* Rz 7.

[8] Hinsichtlich des Vertriebsunternehmens a. A. *Brägelmann* S. 147.

[9] So die h. M., vgl. z. B. *Erman/Roloff* Rz 5 sowie *Ulmer/Hensen* Rz 21.

[10] So MünchKomm/*Micklitz* Rz 80, zumindest für den Regelfall auch *Löwe* Rz 7 sowie *A. Stein* Rz 20.

[11] H. M., vgl. z. B. *Löwe* Rz 6 sowie MünchKomm/*Micklitz* § 13 AGBG Rz 80; a. A. freilich *A. Stein* Rz 17.

[12] So zu Recht *Reinel,* Verbandsklage S. 32.

weit das Empfehlen im Wege des Verbreitens von Formularbüchern und losen Formularen erfolgt, sondern auch bei der Empfehlung in der Gestalt eines – bisher einmaligen – Rundschreibens.[1] Bezüglich der Ausräumung der Wiederholungsgefahr gilt das zum Unterlassungsanspruch gegen den Verwender Ausgeführte (Rz 33 ff) entsprechend. Soweit konkrete Umstände eine Empfehlung unzulässiger AGB befürchten lassen, kann auch Unterlassung der Erstempfehlung geltend gemacht werden.

f) Übernahmegefahr. Der *Widerrufsanspruch* setzt das Fortdauern der Gefahr einer Übernahme der empfohlenen AGB voraus, die freilich darlegungs- und beweislastmäßig zu vermuten ist.[2] Wegfall der Übernahmegefahr ist insbesondere anzunehmen, wenn der Empfehler auf Inanspruchnahme durch einen anderen Verband/eine andere Kammer bereits widerrufen hat[3] oder aber zwischenzeitlich freiwillig auf andere Weise dem Empfehlungsadressaten das Abrücken vom früheren Rat unzweideutig kundgemacht hat. Das Ersetzen der bisherigen Verbandsempfehlung durch eine neue, nunmehr unbedenkliche, dürfte insoweit ebenso genügen wie das Erscheinen einer berichtigten Neuauflage eines Formularbuchs bzw. eines Formulars, wenn und soweit die Neubearbeitung zumindest generell als solche gekennzeichnet ist.[4] Dass die Übernahmegefahr auch dadurch zu entfallen vermag, dass die Unzulässigkeit der beanstandeten Klausel durch andere Veröffentlichungen dem Adressatenkreis allgemein bekannt,[5] ist zwar richtig, in der Bejahung solcher Allgemeinkundigkeit indes wohl eher Zurückhaltung geboten: Bei einer inhaltlich zu beanstandenden Verbandsempfehlung genügt es beispielsweise wohl nicht, wenn die Entscheidung, aus der sich die Unangemessenheit ergibt, lediglich kommentarlos in den Verbandsmitteilungen abgedruckt wird.[6] 46

5. Sonderproblem: Unternehmensnachfolge auf der Verwenderseite

Bei Unternehmensträgerwechsel (Veräußerung des Unternehmens, Einbringung eines einzelkaufmännischen Unternehmens in eine Gesellschaft, Umwandlung einer Personen- in eine Kapitalgesellschaft und umgekehrt) begründet die Verwendung zu beanstandender AGB-Bestimmungen durch den Altunternehmensträger grundsätzlich die Gefahr der Weiterverwendung bei Neuvertragsabschlussen, vor allem aber die Gefahr des Sich-Berufens auf einschlägige Klauseln bei der Abwicklung vor dem Wechsel geschlossener Verträge durch den Neuunternehmensträger: Sowohl der Verwendungsunterlassungsanspruch i. e. S. als auch der Anspruch auf Unterlassen abwicklungsweisen Sich-Berufens (hierzu allgemein Rz 27 f) richtet sich – auch oder gar ausschließlich – gegen *diesen.* Unternehmensnachfolger sind, was den Abwehranspruch der zweitgenannten Art anbelangt, mehr als bloße Dritte, die sich bei der Geltendmachung abgetretener Rechte vom Zedenten gestellte AGB zunutze machen.[7] Jedenfalls dann, wenn der bisherige Unternehmensträger auf die Geschäftsführung des Unternehmens keinen Einfluss mehr hat, bleibt freilich verstärkt die Frage des Gefahr*entfalls* zu prüfen: Selbst einer interventionsbedingten Eliminierung der zu beanstandenden Klauseln durch den neuen Unter- 45

---

[1] A. A. insoweit *Löwe* Rz 13.
[2] Statt vieler: MünchKomm/*Micklitz* Rz 88; *Ulmer/Hensen* Rz 31.
[3] *Palandt/Bassenge* Rz 12.
[4] Vgl. auch *Palandt/Bassenge* aaO.
[5] So *Palandt/Bassenge* aaO.
[6] Übereinstimmend *A. Stein* Rz 19.
[7] A. A. – keine Passivlegitimation des Neuunternehmensträgers – *Brägelmann* S. 98.

nehmensträger sollte, was die Gefahr der Neueinbeziehung anbelangt, gefahrausräumende Wirkung zugesprochen werden.

III. Inhalt des Unterlassungsanspruchs

1. Unterlassungsanspruch gegen den Verwender

48 Der Anspruch auf Unterlassen weiterer oder erstmaliger Verwendung dient der Gefahrenabwehr: Die drohende Störung des Rechtsverkehrs durch Präsentation inhaltlich unangemessener AGB bei der potenziellen Vertragsanbahnung soll vermieden werden. Die Einhaltung der entsprechenden Pflicht erfolgt regelmäßig durch schlichtes Nicht-Tun. Soweit der negative Erfolg nach den Umständen des Falles nur durch positive Handlungen des Verpflichteten realisierbar, erheischt die Verpflichtung zur Nicht(mehr)verwendung der zu beanstandenden AGB indes ausnahmsweise auch ein positives Tun (allg. M.): bei AGB-Präsentation im Internet die Eliminierung der zu beanstandenden Bestimmungen, beim Aushang die Beseitigung des Aushangs bzw. die Unkenntlichmachung der unzulässigen Klauseln, bei der Gefahr des Weitergebrauchs des Klauselwerks durch Hilfspersonen dem Einzelfall angepaßte organisatorische Maßnahmen. Eine der denkbaren Maßnahmen ist dabei letzterenfalls die Vernichtung der bisher verwandten Formulare bzw. das Eliminieren der zu beanstandenden Teile. Ein (selbstständiger) Anspruch auf Herausgabe oder Vernichtung des AGB-Materials besteht freilich nicht:[1] Für eine solche den Abwehrrechtsschutz nochmals vorverlagernde Sicherungsmaßnahme fehlt es an der gesetzlichen Grundlage.

49 Das Unterlassungsgebot greift zeitlich vorbehaltlos. Jede Neuverwendung oder Berufung auf die beanstandete Klausel im Rahmen der Vertragsabwicklung ist untersagt. Fristen für eine Anpassung des Klauselwerks (Umsetzungsfristen) oder gar den Aufbrauch von Altformularen sind nicht zu konzedieren.[2]

2. Unterlassungsanspruch gegen den Empfehler

50 Der Anspruch auf Unterlassen wiederholter oder erstmaliger Empfehlung zielt zunächst auf die Vermeidung der einschlägigen Empfehlungs*handlung* und damit primär auf ein bestimmtes Nicht-Tun. Lassen sich einschlägige Aktivitäten von Hilfspersonen, die dem (potenziellen) Empfehler zuzurechnen sind, nur durch aktives Tun unterbinden, gebietet die Einhaltung der Unterlassungspflicht seitens des Verpflichteten freilich ggf. auch ein positives Handeln in Form bestimmter organisatorischer Maßnahmen (allg. M.). Da der Tatbestand der Empfehlung als einer ihrer Natur nach perzeptionsbedürftigen Erklärung indes erst mit dem Zugang derselben erfüllt ist, trifft den die Verwendung bestimmter AGB Anratenden darüber hinaus richtigerweise auch nach erfolgter Empfehlungshandlung aus dem Gesichtspunkt rechtswidrigen vorangegangenen Tuns eine (selbstständige) Verpflichtung zu zumutbarem positivem Handeln, soweit die Tatbestandsvollendung im Einzelfall noch abwendbar:[3] Verfasser von Formularbüchern (zur Empfehlereigenschaft der-

---

[1] H. M., vgl. z. B. *Staudinger/Schlosser* Rz 23; *Ulmer/Hensen* Rz 27; *Palandt/Bassenge* Rz 8; a. A. MünchKomm/*Micklitz* Rz 74.

[2] OLG Frankfurt a. M. NJW-RR 2003, 1430/1431 f; *Stoffels* Rz 1097; *Palandt/Bassenge* Rz 8. Einschränkend – soweit „tatsächlich erforderlich" kurze Übergangsfrist – OLG Köln NJW-RR 2003, 316; *Erman/Roloff* Rz 9.

[3] Sehr str.; wie hier insbes. MünchKomm/*Micklitz* fl7›§ 13 AGBG Rz 81; a. A. z. B. *Staudinger/Schlosser* Rz 26.

selben Rz 43) haben deshalb, soweit die Auflage noch nicht vergriffen ist, das Zutagetreten der Unzulässigkeit dort enthaltener Klauseln ihrem Verleger anzuzeigen, damit dieser die Restexemplare nicht mehr bzw. zumindest nicht ohne deutlichen einschlägigen Hinweis ausliefert. Soweit der Verlag oder das Vertriebsunternehmen Empfehler (Rz 43), ist beim Vertrieb von Formularbüchern oder losen Formularen über Zwischenstationen die Information des Handels (ggf. in Form der Übersendung von Beipackzetteln) geboten, damit die kommentarlose Weiterverbreitung nach Möglichkeit unterbleibt. Ebenso wenig wie der Verwender generell verpflichtet ist, sein AGB-Material herauszugeben oder zu vernichten (Rz 48), schuldet freilich auch der Empfehler etwa selbstständig die Vernichtung, Unkenntlichmachung oder Herausgabe an den Verband/die Kammer.[1]

IV. Inhalt des Widerrufsanspruchs

51 Der Widerrufsanspruch richtet sich als Gefahrbeseitigungsanspruch gegen die Fortwirkung der erfolgten Empfehlung. Ihm wird im **vorprozessualen Raum** genügt durch jedes unzweideutige Abrücken von der ausgesprochenen Empfehlung;[2] **rechtsschutzweise** geltend gemacht geht das Begehren hingegen notwendigerweise (arg. § 9 Nr. 4) auf Bekanntgabe der gerichtlichen Feststellung rechtlicher Unzulässigkeit in gleicher Weise, wie die Empfehlung verbreitet wurde. Soweit Widerruf durch Bekanntgabe „in gleicher Weise" der Natur der Empfehlung nach im Einzelfall nicht möglich, geht der Widerruf, soweit wenigstens dies möglich, auf Bekanntgabe in adäquater Weise (Einzelheiten § 9 Rz 6). Zur Verpflichtung des eine rechtswidrige Empfehlung Aussprechenden, nicht erst durch actus contrarius die Wirkung der erfolgten Empfehlung aufzuheben bzw. abzuschwächen, sondern im Rahmen des Möglichen und Zumutbaren bei noch nicht vollendeter Empfehlung bereits den (weiteren) Empfehlungszugang (und damit den Eintritt der Empfehlungswirkung) zu hindern, s. Rz 50.

V. Verjährung

Lit.: *Reich/Vergau,* Zur Verjährung von Verbandsklagen gegen Verwender und Empfehler in AGB, in: FS Heinrichs, 1998, S. 411 ff.

1. Keine Sonderregelung für AGB-Verbandsklagen

52 Anders als § 13 IV AGBG enthält das UKlaG keine eigenen Verjährungsregeln für im Verbandsklageverfahren geltend zu machende Abwehransprüche: Der Reformgesetzgeber sah vor dem Hintergrund der Neuordnung des allgemeinen Verjährungsrechts keinen Sonderregelungsbedarf mehr (BT-Drs. 14/6040 S. 275).

2. Abwehranspruchsverjährung nach neuem Recht

53 Im Ergebnis läuft die Zuweisung zum allgemeinen Verjährungsrecht tendenziell auf eine deutliche Verlängerung des Verjährungslaufs hinaus: Während Unterlassungs- und Widerrufsanspruch bislang in zwei Jahren ab Kenntnis bzw. kenntnisunabhängig in vier Jahren verjährten, greift nunmehr die dreijährige Regelverjäh-

[1] A. A. MünchKomm/*Micklitz* Rz 82.
[2] *Stoffels* Rz 1099; *Palandt/Bassenge* Rz 12.

rung mit subjektivem Korrektiv nach §§ 195, 199 I BGB n. F., unabhängig von Kenntnis oder grob fahrlässiger Unkenntnis eine Verjährung von zehn Jahren gem. § 199 IV BGB n. F.[1]

54 Für beide Tatbestände gilt: Entscheidend ist der zeitlich jeweils letzte Verwendungs-/Empfehlungsakt; erneute Verwendung bzw. Empfehlung bewirkt, dass die Verjährungsfrist erneut zu laufen beginnt.[2] Bei der einzelnen **Verwendung** ist maßgebend: soweit es zum Vertragsschluss kommt, dieser, soweit Vertragsverhandlungen stattgefunden, aber nicht zum Vertragsschluss unter AGB-Einbeziehung geführt haben, der Abbruch der Verhandlung, nicht bereits der Zeitpunkt der erstmaligen Klauselpräsentation. Da die Abwicklung von Altverträgen auf der Grundlage unzulässiger AGB ein Verwenden i. S. von § 1 (Rz 27), läuft konsequenterweise die Verjährung erst ab dem Sich-Berufen auf die einbezogenen AGB. Bei der **Empfehlung** gegenüber bestimmten Adressaten durch Individualmitteilung kommt es auf den Zugang, bei der Empfehlung durch Einmalpublikation an einen offenen Adressatenkreis auf die – erstmalige – Kenntnisnahmemöglichkeit an.[3] Solange die Empfehlung mit der Möglichkeit des Abrufs dauerhaft vorgehalten wird, droht freilich keine Verjährung. Dauerhandlung ist weiters der Vertrieb von Formularen oder Formularbüchern: Solange sie auf dem Markt und damit stets neuen Adressaten zugänglich sind, läuft keine Verjährung.

55 Die praktische Bedeutung der Verjährung im AGB-Verbandsklagerecht ist eher bescheiden: Verbände werden kontrollrelevante Verstöße, die sie verfolgen wollen, in aller Regel zeitnah zur Kenntniserlangung verfolgen, oder von einer Intervention absehen. Im Übrigen stellt sich mit zunehmendem Zeitablauf die Frage nach dem Fortbestand der Wiederholungs- bzw. Übernahmegefahr: Ohne regelungsbereichsbezogenes Sonderverjährungsrecht lässt sich schwerlich länger argumentieren, ein Entfall der Wiederholungs- bzw. Übernahmegefahr nur durch Zeitablauf könne nach der Wertung des Gesetzes frühestens mit Ablauf der im Verjährungsauffangtatbestand gesetzten Frist angenommen werden.

VI. Unverwirkbarkeit

56 Der *Sondercharakter* der den klagebefugten Verbänden und Kammern im öffentlichen Interesse zugewiesenen Abwehransprüche (s. § 3 Rz 2 f.) verbietet den unreflektierten Rekurs auf die allgemeinen Grundsätze der Anspruchsverwirkung. Da den Verbänden/Kammern die Kompetenz für Unbedenklichkeitstestate mangelt, schafft selbst eine korrespondenzweise Abstimmung der Klauselwerkfassung zwischen Verwender und Verband bzw. Kammer keinen Vertrauenstatbestand. Ansprüche nach § 1 unterliegen *keiner* Verwirkung.[4]

[1] Dass eine kenntnisunabhängige Verjährung *gemeinschaftsrechtlich* problematisch (so MünchKommZPO-Ergänzungsband/*Micklitz* UKlaG Rz 20), will nicht einleuchten.

[2] Allg. M.: statt vieler: OLG Stuttgart NJW-RR 1988, 891/892; *Ulmer/Hansen* Rz 24; *Stoffels* Rz 1108.

[3] *Soergel/U. Stein* Rz 23; a. A. – in fehlsamer Vermengung von Empfehlungsakt und Empfehlungswirkung die Empfehlung als Dauerhandlung qualifizierend – *Dietlein/Rebmann* Rz 12.

[4] BGH NJW 1995, 1488/1489 = LM § 13 AGB Nr. 39/40 m. Anm. *Lindacher; Lindacher* ZZP 103, 397/400; AnwK/*Walker* Rz 12 a. A. *Hoeren* WiB 1994, 692.

§ 3 Anspruchsberechtigte Stellen

(1) Die in den §§ 1 und 2 bezeichneten Ansprüche auf Unterlassung und Widerruf stehen zu:

1. qualifizierten Einrichtungen, die nachweisen, dass sie in die Liste qualifizierter Einrichtungen nach § 4 oder in dem Verzeichnis der Kommission der Europäischen Gemeinschaften nach Artikel 4 der Richtlinie 98/27/EG des Europäischen Parlaments und des Rates vom 19. Mai 1998 über Unterlassungklagen zum Schutz der Verbraucherinteressen (ABl. EG Nr. L 166 S. 51) in der jeweils geltenden Fassung eingetragen sind,

2. rechtsfähigen Verbänden zur Förderung gewerblicher oder selbstständiger beruflicher Interessen, soweit sie insbesondere nach ihrer personellen, sachlichen und finanziellen Ausstattung imstande sind, ihre satzungsgemäßen Aufgaben der Verfolgung gewerblicher oder selbstständiger beruflicher Interessen tatsächlich wahrzunehmen, und, bei Klagen nach § 2, soweit ihnen eine erhebliche Zahl von Unternehmern angehört, die Waren oder Dienstleistungen gleicher oder verwandter Art auf demselben Markt vertreiben und der Anspruch eine Handlung betrifft, die die Interessen ihrer Mitglieder berührt und die geeignet ist, den Wettbewerb nicht unerheblich zu verfälschen,

3. den Industrie- und Handelskammern oder den Handwerkskammern.

Der Anspruch kann nur an Stellen im Sinne des Satzes 1 abgetreten werden.

(2) Die in Absatz 1 Nr. 1 bezeichneten Einrichtungen können Ansprüche auf Unterlassung und auf Widerruf nach § 1 nicht geltend machen, wenn Allgemeine Geschäftsbedingungen gegenüber einem Unternehmer (§ 14 des Bürgerlichen Gesetzbuchs) verwendet oder wenn Allgemeine Geschäftsbedingungen zur ausschließlichen Verwendung zwischen Unternehmern empfohlen werden.

Inhaltsübersicht

I. Allgemeines

1. Regelungsinhalt: Übersicht

1 Die Vorschrift regelt in ihrem Abs. 1 S. 1 (früher: § 13 II AGBG) *wer* als Gläubiger des in § 1 geregelten Unterlassungs- und Widerrufsanspruchs in Betracht kommt. Abs. 2 enthält für Verbraucherverbände eine ausdrückliche (Teil-)Aussage zum Umfang der Interventionsbefugnis. Aus Abs. 1 S. 2 erhellt, dass die Abmahn- und Klagebefugnis nicht übertragen werden kann, auch ein anerkannter und vertragsstrafebewehrter Abwehranspruch nur an eine andere anspruchsberechtigte Stelle i.S. von Abs. 1 S. 1 abgetreten werden kann.

2. Dogmatische Ortung der Abmahn- und Klagebefugnis

2 Die dogmatische Ortung der Befugnis der Verbände/Kammern, die Verwender/Empfehler inhaltlich zu beanstandender AGB auf Unterlassung bzw. Widerruf anzusprechen und notfalls zu verklagen, zählte lange Zeit zu *den* Streitfragen des abstrakten Kontrollverfahrens. Während die h.M in Übereinstimmung mit dem Sprachgebrauch des Gesetzes sie schon früh als materiellrechtlichen Anspruch qualifizierte, sprach sich eine Minderansicht mit Nachdruck gegen eine solche Deutung aus. Und, versteht man die Zuweisung der Abmahn- und Klagebefugnis der Verbände zutreffenderweise als Indienstnahme privater/berufsständischer Initiative zur Förderung öffentlicher Interessen (Rz 7 f. vor § 1), verliert die Kennzeichnung der Aufgreifkompetenz als Unterlassungs- bzw. Widerrufsanspruch in der Tat ihre Selbstverständlichkeit. Die Zuweisung der Befugnis, andere zur Beachtung ihrer Pflichten anzuhalten, auch dann als Anspruch zu charakterisieren, wenn der Befugnisinhaber nicht in der ihm zugewiesenen Rechtssphäre bedroht ist, bedeutet eine weitere Steigerung der Abstraktionshöhe des Anspruchsbegriffs: das Fordernkönnen als eigenes materielles Innehaben schützt keine (eigene) Rechtsposition mehr, sondern erschöpft sich in der Rechtsmacht zum Geltendmachen der Pflicht des Passivlegitimierten. Nicht von ungefähr wurde deshalb, gerade zur Verdeutlichung des funktionalen Unterschieds zwischen dem die eigene Rechtsposition schützenden Abwehranspruch und der Initiativbefugnis der Verbände/Kammern, die Anspruchsnatur der Letzteren von einer Reihe von Autoren verneint, statt dessen von einer „besonderen Prozessführungsbefugnis“[1] bzw. eine nicht näher auf eine Figur der herkömmlichen Zivil- und Zivilverfahrensrechtsdogmatik rückführbare „privatrechtliche Kontrollkompetenz“[2] gesprochen.

---

[1] So insbes. *Thiere,* Die Wahrung überindividueller Interessen im Zivilprozess S. 310 ff. im Anschluss an *Hadding* JZ 1970, 305/307 ff. sowie später auch *Lakkis,* Kollektiver Rechtsschutz S. 124 f.

[2] So z. B. *Reinel,* Verbandsklage S. 126 ff. sowie *Göbel,* Prozesszweck der AGB-Verbandsklage S. 125 ff.

3 Die Parteinahme des Gesetzgebers zugunsten der Lehre von der materiellen Berechtigung sollte die Opposition freilich zum Einlenken anhalten:[1] Gegen die einschlägige Verwendung des Anspruchsbegriffs bestanden[2] und bestehen keine durchgreifenden Bedenken, solange man sich der funktionalen Besonderheit der Aufgreifbefugnis der Verbände/Kammern bewusst bleibt, zumal gerade die Figur des Unterlassungs- und Widerrufsanspruchs gut verdeutlicht, dass die Aufgreifkompetenz vorzugsweise als vorprozessuale Befugnis gewährt ist: Die Abmahnbefugnis ist keine bloße reflexmäßige Vorwirkung der Klagebefugnis.[3] Unerlässlich bleibt nur, sich stets zu vergegenwärtigen, dass es sich um einen im öffentlichen Interesse eingeräumten Anspruch handelt, und bei der Verwendung des Anspruchsbegriffs sorgsam darauf zu achten, dass Sachfragen nicht unversehens allein aus der „Anspruchsinhaberschaft" der Verbände/Kammern entschieden werden, ohne zu bemerken, dass das deduzierte Ergebnis nur für den Bereich der Verfolgung und Durchsetzung subjektiver Rechte und rechtlich geschützter Eigeninteressen passt. Beredtes Beispiel für die Gefahr einschlägigen begrifflichen Denkens ist gerade die Argumentation verschiedener Autoren zur Frage amtswegiger Prüfung der Klagebefugnis nach § 3: Wer eine entsprechende Prozessvoraussetzung (und damit die Möglichkeit und Notwendigkeit amtswegiger Prüfung) mit der Erwägung ablehnt, für eine Prüfung der Prozessführungsbefugnis sei „anerkanntermaßen" nur dann Raum, wenn die Prozessführungsbefugnis von der Aktivlegitimation abgespalten ist,[4] verkennt, dass er ein genuines Regelungsproblem der Verbandsklage – das der Abgrenzung trotz fehlender eigener Rechtsbetroffenheit Klagebefugter von sonstigen Klageinteressenten – unter Rekurs auf einen Grundsatz zu lösen versucht, der für eine ganz andere Regelungssituation entwickelt wurde. Sachgerecht, weil dem Normzweck verpflichtet, ist allein eine doppelfunktionale Betrachtungsweise: Die Erfüllung der in Abs. 1 benannten Grundvoraussetzungen ist unter Prüfungsgesichtspunkten amtswegig zu prüfende Prozessvoraussetzung *und* Teil der Voraussetzungen eines einschlägigen materiellen Anspruchs.

3. Die Beschränkung der Abmahn- und Klagebefugnis: Grundgedanke

4 Das Verbandsklagemodell relativiert das Verbot der Popularklage, hält im Prinzip aber an ihm fest: Das Gesetz monopolisiert die Abmahn- und Klagebefugnis zum Schutz des Verwenders/Empfehlers und des Gerichts vor sachlich unfundierter Inanspruchnahme bei den in Abs. 1 Nr. 1–3 benannten Einrichtungen, weil es bei ihnen und nur bei ihnen hinreichende *Seriosität* und *Sachkunde* erwartet.

II. Der Kreis der abmahn- und klagebefugten Verbände/Kammern

1. Verbraucherverbände im Status der qualifizierten Einrichtung, Abs. 1 S. 1 Nr. 1

5 Der Begriff der „qualifizierten Einrichtung" entstammt der Richtlinie 98/27/EG (Unterlassungsklagen-RL). Nach Art. 3 derselben erfasst er jede nach nationalem Recht ordnungsgemäß errichtete Stelle oder Organisation, die ein berechtigtes Interesse daran hat, die Einhaltung der dem Verbraucherschutz dienenden Bestimmungen sicherzustellen. Nach deutschem Recht sind dies die nach Maßgabe des § 4

---

[1] Vehement kritisch nach wie vor freilich *Eike Schmidt* NJW 2002, 25/28.
[2] S. bereits *Lindacher* ZZP 103, 397.
[3] Betonung dieses Gesichtspunkts auch bei *Balzer* NJW 1992, 2721 f.
[4] So z. B. *Staudinger/Schlosser* § 1 Rz 9; *Koch/Stübing* § 13 AGBG Rz 22; *Balzer* NJW 1992, 2721 ff.

II in die vom Bundesverwaltungsamt geführte Liste eingetragenen Verbraucherverbände.

6 Der einschlägige Listeneintrag hat **Konstitutivwirkung**:[1] Wer eingetragen ist, ist anspruchsberechtigt i.S. von Abs. 1 S. 1 Nr. 1, selbst wenn die Eintragungsvoraussetzungen nach § 4 II nicht vorliegen sollten; dem Gericht bleibt nach § 4 IV nur die Aussetzung des Verfahrens verbunden mit der Aufforderung an das Bundesverwaltungsamt, die Eintragung zu überprüfen (s. auch § 4 Rz 2). Wer noch nicht eingetragen ist, ist nicht anspruchsberechtigt, selbst wenn die Vermutung des § 4 II S. 2 für ihn streitet. Aufhebung der Eintragung beseitigt die Abmahn- und Klagebefugnis unabhängig von der Richtigkeit der einschlägigen Entscheidung, und zwar mit Bekanntgabe des Aufhebungsbescheids gegenüber dem Verband, nicht erst mit der Veröffentlichung im Bundesanzeiger.[2] Eine noch im Umlauf befindliche Eintragungsbescheinigung verliert ihre Legitimationswirkung.[3]

2. Verbände zur Förderung gewerblicher oder selbstständiger beruflicher Interessen, Abs. 1 S. 1 Nr. 2

7 **a) Rechtsfähigkeit.** Der Verband muss rechtsfähig sein, d. h. im Vereinsregister eingetragen sein (§ 21 BGB) oder die entsprechende Fähigkeit durch staatlichen Verleihungsakt erhalten haben.[4]

8 **b) Satzungszweck: Förderung gewerblicher oder freiberuflicher Interessen.** Die Förderung entsprechender Interessen braucht nicht der einzige oder auch nur der prägende Zweck zu sein.[5] Gewerbliche Interessen sind auch Interessen in der Landwirtschaft Tätiger.[6]

Eine ausdrückliche einschlägige Zweckbestimmung in der Satzung ist nicht erforderlich. Es genügt, dass der Verband nach seiner Satzung die wirtschaftlichen Interessen seiner Mitglieder – in welcher Form auch immer – fördert.[7]

9 **c) Tatsächliche Wahrnehmung des Verbandszwecks.** Wie das Gesetz nunmehr ausdrücklich klarstellt, muss der satzungsmäßige Verbandszweck – die allgemeine oder thematisch beschränkte Förderung gewerblicher oder freiberuflicher Zwecke – auch *tatsächlich* wahrgenommen werden. Bei einem ordnungsgemäß gegründeten und aktiv tätigen Verein besteht freilich eine dahin gehende tatsächliche Vermutung.[8]

10 **d) Ausstattung.** Die Fähigkeit zu ordnungsgemäßer Erfüllung der satzungsmäßigen Aufgabe verlangt hinreichende personelle, sachliche und finanzielle Mittel. Hinreichende **personelle Ausstattung** heißt qualitativ: Der Verband muss zwar keinen Juristen beschäftigen; das Personal muss aber derart sachkundig sein, dass es Verstöße gegen das Verbot missbräuchlicher AGB-Verwendung erkennen und einfach gelagerte Fälle ohne externe Hilfe abmahnen kann.[9] Ob **sachlich** eine

---

[1] *Staudinger/Schlosser* Rz 2; *Palandt/Bassenge* § 4 Rz 3; *Erman/Roloff* § 4 Rz 6; AnwK/*Walker* § 4 Rz 6.
[2] KG BB 2001, 641; OVG Münster NJW 2004, 1123; *Palandt/Bassenge* § 4 Rz 3.
[3] KG BB 2001, 641; *Palandt/Bassenge* § 4 Rz 8.
[4] OLG Celle NJW-RR 1999, 1439 (für landwirtschaftliche Erzeugergemeinschaften nach § 3 MarktstrukturG).
[5] Allg.M.; statt vieler: *Stoffels* Rz 1117; AnwK/*Walker* Rz 8.
[6] OLG Celle NJW-RR 1999, 1439; *Ulmer/Hensen* Rz 6.
[7] OLG Celle NJW-RR 1999, 1439; *Stoffels* Rz 1117; *Erman/Roloff* Rz 4.
[8] BGH NJW-RR 2001, 36/37.
[9] BGH NJW 2000, 73/74; MünchKomm/*Micklitz* § 13 AGBGB Rz 120; *Erman/Roloff* Rz 6.

eigene **Geschäftsstelle** unerlässlich,[1] erscheint zweifelhaft; allgemeine Erreichbarkeit zu üblichen Zeiten muss allemal gewährleistet sein. Was schließlich die **Finanzstruktur** anbelangt, darf der Verband zwar einen Teil seiner Fixkosten über Abmahnpauschalen und Vertragsstrafen decken; im Wesentlichen muss die Finanzierung jedoch durch Eigenmittel (Mitgliedsbeiträge und/oder Spenden) sichergestellt sein.[2]

e) Unschädlichkeit von Kostendeckungszusagen. Die Klagebefugnis eines Wirtschafts- oder Berufsverbands wird nicht dadurch berührt, dass ein Mitbewerber des In-Anspruch-Genommenen Kostendeckung zusagt.[3] 11

3. Industrie- und Handelskammern sowie Handwerkskammern, Abs. 1 S. 1 Nr. 3

Die Benennung der Industrie- und Handelskammern sowie der Handwerkskammern hat lediglich Beispielscharakter. Abmahn- und klagebefugt sind neben diesen auch alle sonstigen öffentlich-rechtlichen berufsständischen Körperschaften:[4] Ärzte- und Apothekerkammern, Anwalts- und Steuerberaterkammern, Architektenkammern[5] oder Innungen[6]. Streitig ist nur die Begründung. Die h.M. qualifiziert die Kammern als Verbände zur Förderung gewerblicher oder freiberuflicher Interessen i. S. von Abs. S. 1 Nr. 2, misst also Abs. 1 S. 1 Nr. 3 keine konstitutive, sondern lediglich – unvollkommen – klarstellende Bedeutung bei.[7] Der Umstand, dass privatrechtlich organisierte Verbände sowie öffentlich-rechtlich verfasste Kammern durchaus ein aliud sind,[8] legt freilich wohl eher die analoge Anwendung von Abs. 1 S. 1 Nr. 3 nahe.[9] 12

III. Umfang der Abmahn- und Klagebefugnis

Der Gesetzgeber hat die in Abs. 1 Nr. 1 und 2 benannten Verbände sowie die berufsständischen Kammern mit der Aufgreifkompetenz bezüglich objektiv missbräuchlicher AGB-Gestaltung betraut, weil und soweit sie durch einschlägige Sachbefassung sachkundig sind (s. Rz 4). Konsequenterweise limitieren satzungsmäßige Beschränkungen des Aufgabenbereichs in sachlich-personeller Beziehung zugleich den Umfang der Abmahn- und Klagebefugnis: Die Einschränkung nach Abs. 2 ist lediglich Ausdruck eines allgemeinen Prinzips. Im einzelnen gilt: 13

1. Verbraucherverbände

a) Begrenzung der Abmahn- und Klagebefugnis nach Abs. 2. Für jeden Verbraucherverband i. S. von Abs. 1 S. 1 Nr. 1 bestimmt Abs. 2: Die Abmahn- und Klagebefugnis umfasst nicht die Verwendung unzulässiger AGB gegenüber Unternehmern sowie die Empfehlung unzulässiger AGB zur ausschließlichen Verwendung zwischen Unternehmern. 14

---

[1] Für den „Regelfall“: *Erman/Roloff* Rz 6.
[2] BGH NJW 2000, 73/74; *Stoffels* Rz 1119; *Staudinger/Schlosser* Rz 8; *Erman/Roloff* Rz 6.
[3] OLG Düsseldorf NJW-RR 1988, 1051.
[4] Im Ergebnis allg.M.; statt vieler: BGHZ 81, 230; *Ulmer/Hensen* Rz 8; *Locher* § 18/4.
[5] BGHZ 81, 230.
[6] OLG Düsseldorf AGBE III § 9 Nr. 16; LG Frankfurt a.M. AGBE I § 13 Nr. 45.
[7] Repräsentativ: BGHZ 81, 230; MünchKomm/*Micklitz* Rz 124; *Stoffels* Rz 1121.
[8] Näher hierzu etwa *Basedow* BB 1977, 366 ff.
[9] Wie hier: *Staudinger/Schlosser* Rz 13.

15 Bei **Mischverwendung** bzw. **Mischempfehlung** – die AGB werden sowohl Verträgen des nichtunternehmerischen wie des unternehmerischen Verkehrs zu Grunde gelegt bzw. zur Verwendung sowohl im nichtunternehmerischen wie im unternehmerischen Verkehr empfohlen – kann die Unterlassung der Verwendung/Empfehlung bzw. der Widerruf der Empfehlung daher jeweils nur bezüglich der drohenden oder anempfohlenen Verwendung im nichtunternehmerischen Verkehr geltend gemacht werden. Bezüglich der insoweit gebotenen Abgrenzung gilt bei der Empfehlung: Zum Ausschluss der Abmahn- und Klagebefugnis von Verbraucherverbänden reicht auf jeden Fall der Hinweis des Empfehlers, dass das Klauselwerk nur im Unternehmensverkehr verwendet werden soll – auch wenn die Empfehlungsadressaten neben Geschäften mit Unternehmern solche mit (Letzt-)Verbrauchern tätigen und die Gefahr nicht von der Hand zu weisen ist, dass diese das Klauselwerk auch bestimmungswidrig verwenden. Die entsprechende Einschränkung braucht dabei nicht notwendigerweise ausdrücklich zu erfolgen. Es genügt, wenn die Empfehlung für einen Geschäftstyp ausgesprochen wird, der nur unter Unternehmern üblich ist, oder wenn sich die Empfehlung an Adressaten richtet, die es – Paradigma: Großhändler – geschäftsüblicherweise nicht mit (Letzt-)Verbrauchern zu tun haben.[1]

16 **b) Zusätzliche Begrenzung der Abmahn- und Klagebefugnis aus dem Gesichtspunkt satzungsmäßiger Selbstbeschränkung.** Auch für die Wirtschafts- und Berufsverbände gilt indes, dass die Spezialisierung in personell-sachlicher Hinsicht die Abmahn- und Klagebefugnis limitiert: Der Anspruch auf Unterlassung und Widerruf kann nur in dem Umfang geltend gemacht werden, als die in Fragestehenden AGB in den selbstdefinierten Aufgabenbereich des Verbands fallen.[2] Die h.M.[3] bejaht auch einschlägige Relevanz satzungsmäßiger regionaler Festlegungen des Wirkungskreises.

3. Kammern

20 Für die in Abs. 1 S. Nr. 3 ausdrücklich benannten sowie die diesen gleichzustellenden sonstigen berufständischen Körperschaften öffentlichen Rechts gilt: Die Verwendung/Empfehlung unwirksamer Klauseln muss zum Aufgabenbereich der Körperschaft in einer hinreichend sachlichen Beziehung stehen.[4] Zulässig sind in den hierdurch gezogenen Grenzen sowohl Abmahnungen/Klagen gegen Kammermitglieder als auch gegen Mitbewerber von Mitgliedern und gegen Unternehmen, die gegenüber Mitgliedern AGB verwenden.

IV. Keine Übertragbarkeit der Abmahn- und Klagebefugnis, Abs. 1 S. 2

21 Aus der ratio des Abs. 1 S. 1 (Monopolisierung der Abmahn- und Klagebefugnis bei sachkundigen und seriösen Institutionen, s. Rz 4) folgt, dass die Abmahn- und Klagebefugnis nicht übertragen werden kann. Abwehransprüche nach § 1 sind ihrer Natur nach weder allgemein abtretbar (Abs. 1 S. 2), noch zur Ausübung überlassbar. Der in Abs. 1 S. 2 für zulässig erklärten Abtretung an eine andere anspruchsberech-

---

[1] *Staudinger/Schlosser* Rz 3; *Soergel/U. Stein* Rz 19.

[2] OLG München NJW-RR 1986, 382; MünchKomm/*Micklitz* § 13 AGBG Rz 119; *Soergel/U. Stein* Rz 20.

[3] *Löwe* Rz 81; *Soergel/U. Stein* Rz 20; AnwK/*Walker* Rz 10; a.A. freilich beispielsweise MünchKomm/*Micklitz* Rz 119.

[4] H.M; vgl. z. B. *Soergel/U. Stein* Rz 21.

tigte Stelle i.S. von Abs. 1 S. 1 kommt in Hinblick auf den Umstand, dass diese bereits aus eigenem Recht abmahn- und klagebefugt ist, nur eine höchst beschränkte Bedeutung zu: Sie ermöglicht dem Verband, auf dessen Abmahnung sich der Verwender/Empfehler unterworfen hat, die Abtretung eines anerkannten und vertragstrafebewehrten Unterlassungsanspruchs.

V. Prüfung der Klagebefugnis

1. Amtsprüfung

Auch wenn man die Initiativbefugnis der Verbände/Kammern als materiellrechtlichen Anspruch begreift (Rz 2 f), besteht entgegen verschiedentlich vertretener Meinung kein Sachzwang, die Abgrenzung der nach Abs. 1 S. 1 zur Abwehr missbräuchlicher AGB-Verwendung Legitimierten von den hiervon Ausgeschlossenen ausschließlich als Problem schlichter Anspruchsinhaberschaft zu sehen.[1] Der Satz, dass für eine amtswegig zu prüfende Prozessvoraussetzung Klagebefugnis nur Raum, wenn diese von der Aktivlegitimation abgespalten und einem anderen Rechtssubjekt zur ausschließlichen oder konkurrierenden Wahrnehmung übertragen ist, ist ersichtlich für den „klassischen", am subjektiven Recht und dem Schutz rechtlich anerkannter Eigeninteressen orientierten Anspruchsbegriff entwickelt worden. Ob er bei einer Ausdehnung des Anspruchsbegriffs auf die Aufgreifkompetenz der Verbände/Kammern im Interesse objektiven Institutionen- und kollektiven Verbraucherschutzes (Rz 7 f vor § 1) auch auf solche Ansprüche zu erstrecken, bedürfte gerade der Begründung. Einschlägige Sacherwägungen sprechen indes nicht für, sondern gegen eine solche Erstreckung: Wenn Funktion der Regelung des Abs. 1 S. 1 die Monopolisierung der Aufgreifkompetenz bei sachkundigen und seriösen Organisationen und damit der Schutz von Gericht und Verwender/Empfehler vor Inanspruchnahme durch andere Personen und Einrichtungen (Rz 4), spricht der Normtelos eindeutig für eine amtswegige Prüfung auf der der Sachprüfung jedenfalls grundsätzlich vorgelagerten Stufe der prozessualen Klageerfolgsvoraussetzungen. Die Erfüllung der in Abs. 1 S. 1 benannten Merkmale ist nicht nur Anspruchsvoraussetzung, sondern auch und prüfungsmäßig vorrangig Zulässigkeitsvoraussetzung.[2] 22

2. Umfang der Amtsprüfung

Was den *Umfang* der amtswegigen Prüfung der Klagebefugnis anbelangt, bleibt freilich zu konstatieren, dass dem Gericht nur hinsichtlich der Merkmale zur Aufgreifkompetenz nach Abs. 1 S. 1 Nr. 2 eine breitflächige Kontrollkompetenz zukommt. Was die Klagebefugnis der Verbraucherschutzorganisationen betrifft, ist die Prüfung der Zulassungsvoraussetzungen mit Einführung des Zertifizierungsverfahrens weithin in das einschlägige behördliche Verfahren vorverlagert. Den Gerichten verbleibt bei nachgewiesenem Listeneintrag nur noch eine Residualkompetenz: Befugnis und Pflicht zu prüfen, ob die konkrete Intervention vom Satzungszweck gedeckt ist (mit der Folge der Klageabweisung als unzulässig, wenn die Prüfung negativ ausfällt) und die Befugnis und Pflicht, bei begründeten, d. h. qualifizierten Zweifeln am Vorliegen der Eintragungsvoraussetzungen das Verfah- 23

[1] Dezidiert in diesem Sinn freilich *Staudinger/Schlosser* § 1 Rz 9 sowie *Greger* ZZP 113, 399/405.

[2] Aus der neueren Rspr. BGH NJW 2005, 1128/1129 (Wettbewerbsrecht), aus dem Schrifttum *Palandt/Bassenge* Rz 2 sowie *Erman/Roloff* Rz 1.

ren nach § 4 IV auszusetzen und das Bundesverwaltungsamt zur Überprüfung der Eintragung aufzufordern. Bei öffentlich-rechtlich verfassten Kammern bestand und besteht für eine nähere Klagebefugnisprüfung praktisch ohnehin kein Anlass.

3. Klageabweisung unter Offenlassung der Klagebefugnis

24 Als *Prozessvoraussetzung* ist die Klagebefugnis prinzipiell Sachurteilsvoraussetzung: Das Erfordernis soll Gericht und Beklagten vor der Inanspruchnahme durch nicht hinreichend sachkundige Personen und Institutionen schützen. Bejaht man indes richtigerweise die Möglichkeit eines klageabweisenden Sachurteils unter Offenlassen der Zulässigkeitsfrage bei evidentem Fehlen einer sachlichen Klageerfolgsvoraussetzung, wenn und soweit dies mit der Schutzfunktion der jeweiligen Verfahrensvoraussetzung vereinbar,[1] ist bei im Einzelfall schwierig zu klärender Klagebefugnis und unschwer festzustellendem Sachabweisungsgrund ausnahmsweise auch die Abweisung der Klage als unbegründet zulässig. Die Gegenansicht würde den Sinn der Prozessvoraussetzung, die Entlastung des Gerichts sowie des Beklagten, ins Gegenteil verkehren.[2]

VI. Europäische Verbraucherverbandsklage

1. Kommissionsverzeichnis qualifizierter Einrichtungen

25 Gemäß Art. 4 II/III der Richtlinie 98/27/EG (Unterlassungsklagen-RL) erstellt die Kommission auf der Grundlage entsprechender Mitteilung der Mitgliedstaaten ein (Gesamt-)Verzeichnis der in Hinblick auf grenzüberschreitende Verstöße im Verbraucherschutzinteresse interventionsbefugten „qualifizierten Einrichtungen". Das – Namen und Zweck der jeweiligen Einrichtung verlautbarende – Verzeichnis wird im Amtsblatt der Europäischen Gemeinschaften publiziert: Änderungen werden (als solche) „unverzüglich", die aktualisierte Liste als Ganzes alle sechs Monate veröffentlicht. Als Eintragungsnachweis dient ein Amtsblattauszug.

2. Prinzipielle Gleichstellung EU-ausländischer Einrichtungen mit inländischen Einrichtungen

26 Hinsichtlich der Interventionsbefugnis gegenüber Verwendern/Empfehlern von Verbraucherbelange missachtenden AGB stehen bei grenzüberschreitendem Verstoß in die Kommissionsliste aufgenommene ausländische Einrichtungen den inländischen gleich (Prinzip gegenseitiger Anerkennung). Die Gerichte der Mitgliedstaaten sind gehalten, die im Kommissionsverzeichnis aufgeführten Einrichtungen als interventionsbefugt anzusehen. Ihnen bleibt nur die Befugnis zu prüfen, ob der Zweck der jeweiligen Einrichtung die Intervention im speziellen Fall rechtfertigt (Art. 4 I S. 2 Unterlassungsklagen-RL), mithin zu prüfen, ob der Satzungszweck die Intervention deckt und die Angelegenheit „grenzüberschreitender" Art ist.

---

[1] Näher hierzu *Lindacher* ZZP 90, 131 ff. m.w.N.

[2] Wie hier im Ergebnis MünchKomm/*Micklitz* Rz 94; a.A. unter Geltendmachung „grundsätzlicher prozessualer Bedenken" freilich *Lakkis,* Kollektiver Rechtsschutz S. 177 f.

3. Bedarf für grenzüberschreitende Intervention

27 Kraft gemeinschaftsrechtlicher Vorgabe verfügen *alle* Mitgliedstaaten über gerichtliche und/oder verwaltungsbehördliche Kontrollmechanismen zur Bekämpfung der Verwendung Verbraucherinteressen missachtender AGB, die nach kommunitärrechtlicher Philosophie grundsätzlich gleichwertig. Im Ideal- und Regelfall darf man denn auch darauf setzen, dass der Gefahr missbräuchlicher einschlägiger AGB-Verwendung von den interventionsberechtigten nationalen Stellen durchaus gesteuert wird. Wo dies aus strukturellen Gründen ausnahmsweise nicht ohne weiteres zu erwarten oder aber die Erlangung eines Vollstreckungstitels im Sitzstaat des Verwenders/Empfehlers effizientere Rechtsdurchsetzung erwarten lässt, besteht indes sehr wohl Bedarf für eine Intervention der interessierten qualifizierten Einrichtung jenseits der Landesgrenze. Und, soweit solcher Bedarf zu bejahen, sollte in teleologischer Interpretation von Art. 4 Unterlassungsklagen-RL und der jeweiligen nationalen Umsetzungsnorm auch die „grenzüberschreitende" Natur der Sache bejaht werden. Aus *deutscher* Perspektive heißt dies vor allem:

28 **a) Verkaufsveranstaltungen für deutsche Urlauber im EU-Ausland.** Werden AGB im EU-Ausland gegenüber deutschen Urlaubern als Primärzielgruppe verwendet (Stichwort: Verkaufsveranstaltung für deutsche Urlauber *im* Ausland), werden die qualifizierten Einrichtungen im Staat der AGB-Verwendung möglicherweise ein eher geringes Interventionsinteresse an den Tag legen. Die Richtlinienvorgabe und ihre Umsetzung in den Mitgliedstaaten ermöglicht es in die Kommissionsliste aufgenommenen deutschen Verbraucherverbänden, im Verwendungsstaat gleich einer dortigen qualifizierten Einrichtung tätig zu werden.

29 **b) Inlandsinanspruchnahme inlandsansässiger Verwender/Empfehler durch ausländische qualifizierte Einrichtungen zwecks Unterbindung ausländischer AGB-Verwendung.** Verwendet ein Unternehmer mit Sitz in einem EU-Staat in einem anderen EU-Staat inhaltlich zu missbilligende AGB oder empfiehlt er dieselben zu dortiger Verwendung, kann er nach Art. 5 Nr. 3 EuGVVO dortselbst auf Unterlassung in Anspruch genommen und aus dem Titel nach Vollstreckbarerklärung gemaß Art. 38 EuGVVO gegebenenfalls auch die Vollstreckung im Sitzstaat betrieben werden. Trotz Entscheidungsanerkennung ohne besonderes Verfahren (Art. 33 I EuGVVO) und erleichterter Vollstreckbarerklärung bleibt der Weg gleichwohl tendenziell umständlicher und zeitraubender als die Verklagung des Unternehmens und die unmittelbare Titeldurchsetzung in dessen Heimatstaat. Wird der Rechtsverkehr in einem anderen Mitgliedstaat von in Deutschland ansässigen Unternehmern mit unzulässigen AGB bestrichen oder geht zumindest die Empfehlung zu einschlägiger Verwendung von einem in Deutschland ansässigen Unternehmen aus, sind in die Kommissionsliste eingetragene qualifizierte Einrichtungen des Verwendungsstaats deshalb auch in Deutschland klagebefugt (Abs. 1 S. 1 Nr. 1 2. Alt.). Im Spiegelbildfall kommt deutschen, in die Kommissionsliste eingetragenen Verbraucherverbänden Interventionsbefugnis im Sitzstaat des ausländischen Verwenders/Empfehlers zu.

§ 4 Qualifizierte Einrichtungen

(1) Das Bundesverwaltungsamt führt eine Liste qualifizierter Einrichtungen. Diese Liste wird mit dem Stand zum 1. Januar eines jeden Jahres im Bundesanzeiger bekannt gemacht und der Kommission der Europäischen Gemeinschaften unter Hinweis auf Artikel 4 Abs. 2 der Richtlinie 98/27/EG des Europäischen Parlaments und des Rates vom 19. Mai 1998 über Unterlassungsklagen zum Schutz der Verbraucherinteressen (ABl. EG Nr. L 166 S. 51) zugeleitet.

(2) In die Liste werden auf Antrag rechtsfähige Verbände eingetragen, zu deren satzungsmäßigen Aufgaben es gehört, die Interessen der Verbraucher durch Aufklärung und Beratung nicht gewerbsmäßig und nicht nur vorübergehend wahrzunehmen, wenn sie in diesem Aufgabenbereich tätige Verbände oder mindestens 75 natürliche Personen als Mitglieder haben, seit mindestens einem Jahr bestehen und auf Grund ihrer bisherigen Tätigkeit Gewähr für eine sachgerechte Aufgabenerfüllung bieten. Es wird unwiderleglich vermutet, dass Verbraucherzentralen und andere Verbraucherverbände, die mit öffentlichen Mitteln gefördert werden, diese Voraussetzungen erfüllen. Die Eintragung in die Liste erfolgt unter Angabe von Namen, Anschrift, Registergericht, Registernummer und satzungsmäßigem Zweck. Sie ist mit Wirkung für die Zukunft aufzuheben, wenn

1. der Verband dies beantragt oder

2. die Voraussetzungen für die Eintragung nicht vorlagen oder weggefallen sind.

Ist auf Grund tatsächlicher Anhaltspunkte damit zu rechnen, dass die Eintragung nach Satz 4 zurückzunehmen oder zu widerrufen ist, so soll das Bundesverwaltungsamt das Ruhen der Eintragung für einen bestimmten Zeitraum von längstens drei Monaten anordnen. Widerspruch und Anfechtungsklage haben im Fall des Satzes 5 keine aufschiebende Wirkung.

(3) Entscheidungen über Eintragungen erfolgen durch einen Bescheid, der dem Antragsteller zuzustellen ist. Das Bundesamt für Justiz erteilt den Verbänden auf Antrag eine Bescheinigung über ihre Eintragung in die Liste. Es bescheinigt auf Antrag Dritten, die daran ein rechtliches Interesse haben, dass die Eintragung eines Verbands in die Liste aufgehoben worden ist.

(4) Ergeben sich in einem Rechtsstreit begründete Zweifel an dem Vorliegen der Voraussetzungen nach Absatz 2 bei einer eingetragenen Einrichtung, so kann das Gericht das Bundesamt für Justiz zu Überprüfung der Eintragung auffordern und die Verhandlung bis zu dessen Entscheidung aussetzen.

(5) Das Bundesministerium der Justiz wird ermächtigt, durch Rechtsverordnung, die der Zustimmung des Bundesrates nicht bedarf, die Einzelheiten des Eintragungsverfahrens, insbesondere die zur Prüfung der Eintragungsvoraussetzungen erforderlichen Ermittlungen, sowie die Einzelheiten der Führung der Liste zu regeln.

Inhaltsübersicht

1. Regelungsanliegen

Die sperrige Vorschrift (weitgehend wortgleich mit § 22a AGBG) erschließt sich aus den Vorgaben der Unterlassungsklagen-RL (Rz 14 vor § 1) und der – überschießenden – Umsetzung derselben durch den deutschen Gesetzgeber dahin, dass Verbraucherverbände generell (auch in reinen Inlandsfällen) nur bei erfolgter und fortdauernder Registrierung, der Eintragung in die „Liste der qualifizierten Einrichtungen", klagebefugt sind: In § 3 I Nr. 1 wird die Eintragung in die Liste zwar als Klagebefugnisvoraussetzung statuiert, aber nicht näher geregelt. Genau dies geschieht in § 4. Die Vorschrift benennt die für die Führung der Liste zuständige Stelle (Abs. 1 S. 1) und die Voraussetzungen für die Eintragung in die Liste (Abs. 2). Damit ist gleichzeitig in Umsetzung von Art. 4 II Unterlassungsklagen-RL geregelt, *wer* der EG-Kommission *wen* als zu grenzüberschreitender Intervention (hierzu: § 3 Rz 25 ff) geeignete nationale Stellen meldet (Abs. 1 S. 2). 1

2. Wirkung der Eintragung

Eintragung und Aufhebung der Eintragung (nicht erst die Bekanntmachung im Bundesanzeiger[1]) wirken konstitutiv: Wer noch nicht eingetragen ist, zählt – ebenso wie derjenige, dessen Eintragung aufgehoben worden ist – nicht zu den qualifizierten Einrichtungen i. S. von § 3 I Nr. 1, ist deshalb nicht (mehr) klageberechtigt. Wer eingetragen ist, hat den Status einer qualifizierten Einrichtung. Das Prozessgericht hat bei fehlender Eintragung nicht zu prüfen, ob die Voraussetzungen der Eintragung erfüllt wären; bei gegebener Eintragung und qualifiziertem Zweifel am Vorliegen der Eintragungsvoraussetzungen ist es darauf beschränkt, das Bundesverwaltungsamt zur Überprüfung der Eintragung aufzufordern und das Verfahren bis zu dessen Entscheidung auszusetzen, Abs. 4. 2

3. Führung der Liste und Meldung an die Kommission

Die Liste der qualifizierten Einrichtungen wird vom Bundesverwaltungsamt (Anschrift: Barbarastr. 1 50735 Köln) geführt, Abs. 1 S. 1. Führen der Liste heißt dabei im Einzelnen: Entscheidung über Eintragungsanträge und allfällig gebotene Streichungen, Bekanntmachung von Eintragungen und allfällig gebotenen Eintragungsaufhebungen einschließlich einschlägiger Information der Kommission, Erteilung von Bescheinigungen über Eintragung und Eintragungsaufhebung. 3

Die jährliche Pflichtbekanntmachung einer aktualisierten Liste im Bundesanzeiger (Abs. 1 S. 2 1. Alt.) wird ergänzt durch zeitnähere Internetveröffentlichungen des Amts (http:/www.bva.de/aufgaben/qualifizierte.einrichtungen/index.html). Zweifeln an der Gemeinschaftsrechtskonformität einer vom Wortlaut des Abs. 1 S. 2 2. Alt. nahegelegten Übermittlung aktualisierter Listen an die Kommission im bloßen Jahresabstand (Art. 4 III Unterlassungsklagen-RL: Veröffentlichung des bei der Kommission geführten Verzeichnisses alle 6 Monate!) trägt das Amt durch Übermittlung der nationalen Liste im Halbjahresrhythmus Rechnung. Um die von Art. 4 III Unterlassungsklagen-RL geforderte zeitnahe Ergänzung des EG-Verzeichnisses sicherzustellen, hat das Amt die Kommission darüber hinaus richtigerweise einzelfallweise über Neueintragungen und Streichungen zu unterrichten.[2] 4

---

[1] KG BB 2001, 641; OVG Münster NJW 2004, 1123.

[2] MünchKomm/*Micklitz* § 22a AGBG Rz 12; a.A. – keine einschlägige Verpflichtung – freilich *Stoffels* Rz 1111 Fn. 3.

4. Eintragung, Abs. 2

5 **a) Eintragungsvoraussetzungen.** Die Erlangung des Status einer *qualifizierten* Einrichtung (und damit der Klagebefugnis im AGB-Kontrollverfahren verbraucherschützenden Zuschnitts) verlangt die Erfüllung verschiedener Voraussetzungen, allesamt orientiert an der Vorgabe, die entsprechende Aufgreifzuständigkeit nur sachkundigen und seriösen Organisationen einzuräumen (s. bereits Rz 7 vor § 1). Allgemein gilt, dass der Verband rechtsfähig sein muss und nach der Satzung (auch) Verbraucherinteressen wahrzunehmen hat. Hinsichtlich der weiteren in Abs. 2 S. 1 aufgeführten Eintragungsvoraussetzungen unterscheidet das Gesetz zwischen Verbraucherzentralen (bei denen bereits das Vorliegen der allgemeinen Voraussetzungen unproblematisch) und anderen mit öffentlichen Mitteln geförderten Verbraucherverbänden einerseits und sonstigen Organisationen andererseits. Bei ersteren sieht Abs. 2 S. 2 via Statuierung einer unwiderleglichen Vermutung das Vorliegen dieser Voraussetzungen ohne weiteres als gegeben an, bei letzteren ist deren Vorliegen im Einzelfall zu prüfen. Öffentliche Mittel i.S. des Privilegierungstatbestands sind dabei Mittel vom Staat, einer Gemeinde oder einer anderen öffentlichen Körperschaft.[1] Förderung mit öffentlichen Mitteln i.S. der Vorschrift ist nur die dauerhafte, im Gegensatz zur projektbezogenen Förderung.[2] Dass die öffentlichen Mittel ein Großteil des Verbandsbudgets ausmachen, ist nicht erforderlich. Dass *jede* öffentliche Mittelzuweisung hinreichend, wenn damit nur die grundsätzliche Anerkennung der verbraucherschützenden Funktion des Verbands verbunden ist,[3] dürfte jedoch kaum zutreffen. Eine De-facto-Usurpation von Entscheidungskompetenz über den Status eines Verbands als qualifizierte Einrichtung durch mehr oder weniger symbolische Zuwendungen sollte nicht hingenommen werden.

6 **aa) Rechtsfähigkeit.** Der Verband muss rechtsfähig sein, d.h. im Vereinsregister eingetragen sein, § 21 BGB. Als nichtrechtsfähige Vereine organisierten Gewerkschaften scheiden somit schon aus diesem Grund als nach Abs. 2 eintragungsfähig aus.

7 **bb) Verbraucherinteressenbezogene Aufklärung und Beratung als Satzungsaufgabe.** Grundvoraussetzung für eine Qualifikation eines Verbands als *Verbraucher*verband ist, dass sich der Verband in seiner Satzung die Wahrnehmung von Verbraucherinteressen durch Aufklärung und Beratung zum Ziel gesetzt hat. Eine explizite einschlägige Ausflaggung ist rätlich, wohl aber nicht unerlässlich: Eine satzungsgemäße Wahrnehmung von Verbraucherinteressen durch – tatsächlich praktizierte – Aufklärung und Beratung liegt auch vor, wenn der Satzungszweck allgemein auf Schutz und Sicherung von Verbraucherbelangen lautet.[4] Dass sich der Verband die Wahrnehmung der Verbraucherbelange zur *Haupt*aufgabe gemacht haben müsse,[5] wird weder vom Gesetzeswortlaut noch vom Gesetzeszweck gefordert.[6] Dass verbraucherbezogene Aufklärung und Beratung nicht lediglich „nebenbei" betrieben werden darf, ist nur insoweit zutreffend, als diese Leistungen *absolut* in einem hinreichenden Maß erbracht werden müssen.[7] Auch der Umstand, dass Beratungshilfe nach der Satzung nur Mitgliedern gewährt werden soll, ist nicht per

---

1 *Palandt/Bassenge* Rz 4.
2 *Staudinger/Schlosser* Rz 2; MünchKomm/*Micklitz* § 22a AGBG Rz 26.
3 So MünchKomm/*Micklitz* § 22a AGBG Rz 26; *Reich* VuR 1996, 143/145.
4 A.A. *Erman/Roloff* Rz 2.
5 So *Erman/Roloff* Rz 2.
6 Vgl. auch BGH NJW 1986, 1613 (zu § 13 II AGBG a.F.)
7 Übereinstimmend: *Stoffels* Rz 1113; *Palandt/Bassenge* Rz 6; AnwK/*Walker* Rz 4.

se schädlich; bei einer quantitativ hinreichenden einschlägigen Tätigkeit werden gleichfalls Verbraucherbelange in relevanter Weise gefördert.[1] Konzentration auf die Wahrnehmung bestimmter, thematisch begrenzter Verbraucherinteressen ist allemal zulässig,[2] so dass – bei Vorliegen der übrigen Voraussetzungen – etwa auch Mietervereine oder Automobilklubs eintragungsfähig sind.

cc) Zusätzliche Anforderungen. Bei allen Verbänden, die nicht unter den Privilegierungstatbestand des Abs. 3 S. 2 fallen (hierzu: Rz 5), hat das Amt im *Einzelfall* zu prüfen, ob der Verband bestimmten Mindestanforderungen hinsichtlich der Organisationsstruktur genügt, die satzungsmäßige Aufgabe tatsächlich, dauerhaft und sachgerecht wahrnimmt und die Verbandstätigkeit nicht gewerbsmäßig ausgeübt wird. 8

(1) Organisationsstruktur. Zwecks Eliminierung präsumtiv wenig leistungsfähiger Kleinverbände verlangt Abs. 2 S. 1 u. a., dass dem Verband, sofern er nicht zwei im Bereich der Verbraucheraufklärung und -beratung tätige Verbände als Mitglieder hat, mindestens 75 natürliche Personen als Mitglieder angehören. Das bewusst formale Kriterium der Mitgliederzahl von 75 natürlichen Personen erlaubt grundsätzlich keine Einschränkung bezüglich der Zusammensetzung des Mitgliederkreises. Es ist selbst dann erfüllt, wenn wenigen aktiven Mitgliedern viele passive Mitglieder aus deren Bekannten- und/oder Verwandtenkreis gegenüberstehen. Minderjährige sind freilich nach der ratio der Vorschrift kaum berücksichtigungsfähig.[3] In der Dachverbandsvariante muss verbraucherbezogene Aufklärung und Beratung sowohl vom Dachverband als auch von den eingegliederten – nicht notwendigerweise rechtsfähigen – Verbänden geleistet werden.[4] Dass Dachverband und Unterverband auf voll deckungsgleichem Gebiet der Verbraucherinformation und -beratung tätig sind, ist nicht erforderlich.[5] Weitere Anforderungen sind an die Unterverbände nicht zu stellen; insbesondere besteht für diese kein spezielles Mitgliederzahlerfordernis (allg.M.). 9

(2) Tatsächliche, dauerhafte und sachgerechte Förderung der Verbraucherinteressen. Das Erfordernis einer positiven Prognose hinsichtlich einer sachgerechten Aufgabenerfüllung „auf Grund bisheriger Tätigkeit" stellt indirekt klar: Verbraucherbezogene Aufklärung und Beratung darf nicht nur Satzungsprogramm sein, ist vielmehr **tatsächlich** zu leisten. Als Formen verbraucherbezogener Aufklärung kommen u. a. in Betracht: das Verbreiten verbraucherrelevanter Informationen im Wege der Selbstpublikation oder der Zuleitung von Publikationsmaterial an Medien, die Organisation von Vorträgen, das Anprangern verbraucherschädlicher Praktiken. Beratung i. S. von Abs. 2 S. 1 bedeutet einschlägige Individualberatung. Der Zielvorgabe **Dauerhaftigkeit** der Aufgabenerfüllung verpflichtet ist das Erfordernis einer gewissen „Bewährungszeit": der Verband muss mindestens ein Jahr bestehen. Eine **sachgerechte** Aufgabenerfüllung ist nur zu erwarten, wenn der Verband über eine hinreichende personelle und sächliche Ausstattung verfügt.[6] Personell ist dabei eine gewisse Mindestqualifikation zu fordern. Sächlich erscheint eine eigene Geschäftsstelle zwar kaum unerlässlich; allgemeine Erreichbarkeit zu üblichen Zeiten durch Beratung Nachsuchende muss indes allemal gewährleistet sein. 10

---

1 Wie hier: *Urbanczyk,* Verbandsklage S. 168 f; a.A. *Staudinger/Schlosser* Rz 5; *Erman/Roloff* Rz 2.

2 Allg.M.; statt vieler: AnwK/Walker Rz 4; *Palandt/Bassenge* Rz 2.

3 Zustimmend: *Lakkis,* Kollektiver Rechtsschutz S. 164.

4 BGH NJW 1986, 1613 (zu § 13 II AGBG a.F.).

5 BGH aaO: klagender Dachverband fördert satzungsgemäß die Verbraucherbelange umfassend, Unterverband als Mieterverein nur die Interessen der Mieterschaft.

6 *Erman/Roloff* Rz 3.

11 **(3) Keine gewerbsmäßige Tätigkeit.** Auf Hintanhalten der Gefahr des Missbrauchs des abstrakten Kontrollverfahrens durch „Abmahnvereine" zielt insonderheit schließlich eine negative Voraussetzung: Die Verbandstätigkeit darf nicht gewerbsmäßig erfolgen. Einschlägiges Abgrenzungskriterium ist die Finanzstruktur des Verbands. Der Verband muss sich im Wesentlichen aus anderen Mitteln als aus Abmahntätigkeitserträgen finanzieren.[1]

12 **b) Inhalt der Eintragung.** Neben Name, Anschrift, Registergericht und Registernummer ist auch der satzungsmäßige Zweck einzutragen, Abs. 3 S. 3. Den Gerichten soll hiermit die – gebotene (§ 3 Rz 22) – Prüfung erleichtert werden, ob die Führung des einzelnen Verfahrens vom Satzungszweck gedeckt ist.

13 **c) Aufhebung und Ruhen der Eintragung.** Die Listeneintragung ist jeweils mit ex nunc-Wirkung **aufzuheben**: wenn der Verband es beantragt, ohne Antrag darüber hinaus auch dann, wenn sich herausstellt, dass die Eintragungsvoraussetzungen von Anfang an nicht vorlagen oder entfallen sind, Abs. 2 S. 4. Um zu verhindern, dass ein Verband, mit dessen Streichung von der Liste zu rechnen ist, noch Klage erhebt, kann das Amt bei Vorliegen entsprechender tatsächlicher Anhaltspunkte das **Ruhen** der Eintragung für einen Zeitraum von längstens 3 Monaten anordnen, Abs. 2 S. 5.

14 Aufhebung der Eintragung führt via Entfall der Klagebefugnis zur Unzulässigkeit einer anhängigen Klage. Auf Erledigungserklärung der Gegenpartei sind im Kostenbeschluss nach § 91a ZPO die Kosten dem Verband aufzuerlegen, weil er sich durch den Antrag auf Streichung seiner Klagebefugnis begeben hat bzw. die ursprüngliche oder nachträgliche Fehlerhaftigkeit der Eintragung zu verantworten hat.[2]

15 **d) Bescheinigung.** Damit die Verbände in gerichtlichen Verfahren nach dem UklaG ihre Eintragung nachweisen können, ist ihnen auf Antrag vom Bundesverwaltungsamt eine entsprechende Bescheinigung zu erteilen, Abs. 3 S. 2. Dritten, die ein entsprechendes rechtliches Interesse haben, wird auf Antrag die Aufhebung der Eintragung bescheinigt, Abs. 3 S. 3.

5. Verfahren

16 Die Entscheidungen des Bundesverwaltungsamts über Eintragung sowie Aufhebung und Ruhen der Eintragung sind **Verwaltungsakte,** die von Amts wegen zuzustellen sind, Abs. 3 S. 1. Gegen sie ist Widerspruch, bei Nichtabhilfe Klage beim Verwaltungsgericht möglich. Soweit sie sich gegen die Ruhensanordnung richten, haben die Behelfe keine aufschiebende Wirkung, Abs. 2 S. 6.

Das Verfahren vor dem Bundesverwaltungsamt richtet sich nach dem VwVfG des Bundes.

---

[1] AnwK/*Walker* Rz 4; *Palandt/Bassenge* Rz 6.
[2] *Ulmer/Hensen* Rz 3.

§ 5 Anwendung der Zivilprozessordnung und anderer Vorschriften

Auf das Verfahren sind die Vorschriften der Zivilprozessordnung und § 12 Abs. 1, 2 und 4 des Gesetzes gegen den unlauteren Wettbewerb anzuwenden, soweit sich aus diesem Gesetz nicht etwas anderes ergibt.

Inhaltsübersicht

Schrifttum: *Göbel,* Prozeßzweck der AGB-Klage und herkömmlicher Zivilprozeß, 1980; *Greger,* Verbandsklage und Prozeßrechtsdogmatik – Neue Entwicklungen in einer schwierigen Beziehung, ZZP 113 (2000), 399; *Leipold,* Die Verbandsklage zum Schutz allgemeiner und breit gestreuter Interessen, in: Gilles (Hrsg.), Effektivität des Rechtsschutzes und verfassungsmäßige Ordnung, 1983, S. 57; *Lakkis,* Der kollektive Rechtsschutz der Verbraucher in der Europäischen Union, 1997; *Lindacher,* AGB-Verbandsklage und Rechtsschutzsystem, FS Dt. Richterakademie, 1983, S. 209; *ders.,* Zur ‚Sonderprozeßrechtsnatur' der lauterkeitsrechtlichen Verbands- und Konkurrentenklage sowie der Verbandsklage nach dem AGB-Gesetz, ZZP 103 (1990), 397; *Reinel,* Die Verbandsklage nach dem AGBG, 1979; *Eike Schmidt,* Die Verbandsklage nach dem AGB-Gesetz, NJW 1989, 1192; *ders.,* Verbraucherschützende Verbandsklagen, NJW 2002, 25.

I. Allgemeines

1 Die Vorschrift enthält – § 15 I AGBG fortführend – bezüglich des Erkenntnis- und Vollstreckungsverfahrens eine – klarstellende – **Gesamtverweisung auf die ZPO.** Der Verweis auf **§ 12 I UWG** (betreffend Abmahnung und Aufwendungsersatz bei berechtigter Abmahnung) positiviert, was ohnehin ständige Rechtsprechung. Der Verweis auf **§ 12 II UWG** (generelle verfügungsrechtliche Dringlichkeitsvermutung) klärt eine Streitfrage. Mit der Bezugnahme auf **§ 12 IV UWG** wird die lauterkeitsrechtliche Gebührenstreitwert-Sonderregelung auf das AGB-Verbandsklageverfahren erstreckt.

2. Gang der Kommentierung

2 Im Zentrum der Kommentierung stehen Rechtsdurchsetzungsfragen (Stichworte: Abmahnung und Unterwerfung, Rz 9 ff, Klageverfahren, Rz 40 ff, einstweilige Verfügung, Rz 47 ff; Vollstreckung, Rz 63 ff). Vorab aber gilt es, der Grundsatzfrage nachzugehen, ob der der Generalverweisung auf die ZPO angefügte Vorbehalt „soweit sich aus diesem Gesetz nicht ein anderes ergibt" sich nur auf die wenigen expliziten Sonderregelungen des UKlaG (dessen §§ 6–11) bezieht, oder auch Einschränkungen der Dispositionsbefugnis der Parteien aus der besonderen „Natur" der Regelungsmaterie geboten sind (Rz 3 f), ferner Fragen abzuarbeiten, die sich mit dem Stichwort „Klageantrag und Streitgegenstand" kennzeichnen lassen (Rz 5 ff). Kehrseite der Abmahnbefugnis der Verbände/Kammern ist der Bedarf nach Rechtsschutz des zu Unrecht abgemahnten Verwenders/Empfehlers (Rz 70 ff). Aussagen zu ausgewählten verfahrensrechtlichen Instituten (Rz 73 ff) und zur Streitwertproblematik (Rz 77 ff) runden die Darstellung ab.

II. Parteiherrschaft über Streit, Streitgegenstand und Streitstoff

3 Aus dem Befund, dass es im Verbandsklageverfahren um unmittelbaren Institutionenschutz geht, den Verbänden/Kammern die Klagebefugnis im öffentlichen Interesse eingeräumt ist (hierzu Rz 7/8 vor § 1), wird verschiedentlich vindiziert, dass es ein Gebot der Sachlogik sei, die Herrschaft der Parteien über Streit, Streitgegenstand und Streitstoff gegenüber dem zivilprozessualen Regelverfahren zu beschränken. Nach einer Mindermeinung hat die Verhandlungsmaxime im AGB-Verbandsklageverfahren zugunsten der Untersuchungsmaxime zu zedieren,[1] scheidet die Möglichkeit eines Verzichtsurteils gegen den Verbandskläger aus,[2] ja beschränkt sich die Geltung der Dispositionsmaxime klägerseits gar darauf, dass nur noch die Einleitung des Verfahrens in das Belieben des Klagebefugten gestellt ist, während Klagerücknahme sowie Verfahrensbeendigung durch beidseitige Erledigungserklärung und Prozessvergleich in ihrer Zulässigkeit davon abhängen, dass der beklagte Verwender/Empfehler eine durch Vertragsstrafe gesicherte Unterlassungserklärung abgibt bzw. den Widerruf erklärt.[3] Andere[4] meinen, stärker differenzierend, der Dispositionsmaxime insoweit und nur insoweit Raum geben zu sollen, „als damit

[1] So *Reinel*, Verbandsklage S. 132 ff; *Göbel*, Prozesszweck der AGB-Klage S. 133 ff.
[2] So *Lakkis*, Kollektiver Rechtsschutz S. 210; *Reinel* aaO S. 136 f; *Göbel* aaO S. 142 f.
[3] So *Göbel* aaO S. 141/143.
[4] So zuletzt *Eike Schmidt* NJW 2002, 25/29.

nicht inhaltlich unangemessene AGB als weiterhin nutzbar festgeschrieben werden", halten an der Verhandlungsmaxime nur bezüglich Verwendung/Empfehlung fest.

Mit der h. M.[1] dürfte indes entschieden daran festzuhalten sein, dass die Verweisung des § 5 sehr wohl auch die Geltung der uneingeschränkten Dispositionsmaxime sowie der Verhandlungsmaxime einschließt. Denn:[2] Zwar mag sich darüber rechten lassen, ob der Gesetzgeber in Hinblick auf die institutionelle Zielsetzung des Verbandsklageverfahrens nicht besser daran getan hätte, die Verhandlungsmaxime durch die Untersuchungsmaxime zu substituieren. Da Ausnahmen von den Regelmaximen nach der Tradition zivilprozessualen Legiferierens jeweils explizit benannt werden, spricht jedoch alles dafür, dass der AGBG-Gesetzgeber es mit seiner vorbehaltlosen Verweisung auf die allgemeinen Vorschriften der ZPO nun einmal bei der einschlägigen Parteiherrschaft belassen wollte und belassen hat.[3] Ja, was die Alternative uneingeschränkte-eingeschränkte Dispositionsmaxime anbelangt, sprechen sogar gewichtige *Sach*gründe gegen jede Verkürzung des Dispositionsfreiraums des klagenden Verbands: Es ist *eine* Sache, dass den abmahn- und klagebefugten Verbänden selbstredend die Rechtsmacht fehlt, Verwender/Empfehler von ihrer gegenüber der Allgemeinheit bestehenden Verpflichtung zu entbinden, lediglich solche AGB zu verwenden bzw. zu empfehlen, die den inhaltlichen Mindeststandards der §§ 307–309 BGB genügen. Es ist eine ganz *andere* Frage, ob es das öffentliche Interesse an der Eliminierung inhaltlich unzulässiger AGB gebietet und unter Berücksichtigung der schutzwürdigen Belange der abmahn- und klagebefugten Verbände erlaubt, Letzteren die Möglichkeit abzuschneiden, eine nachträglich als zu risikoreich oder gar als – tatsächlich oder vermeintlich – aussichtslos erkannte Klage wieder zurückzunehmen, bei mangelnder Zustimmung des Beklagten den Prozess auch ggf. via Klageverzicht einem Ende zuzuführen oder z. B. unter Einigung über die Kostentragung einen Prozessvergleich zu schließen. M. E. kann nicht zweifelhaft sein, dass eine Rechtsordnung, die Privategoismen in den Dienst öffentlicher Interessen stellt, den mit einer entsprechenden Aufgreifkompetenz Versehenen ein Mehr an Dispositionsfreiheit belassen muss als die bloße Wahl, von der Aufgreifbefugnis überhaupt Gebrauch zu machen oder nicht: So wie es dem Verband/der Kammer möglich sein muss, zwecks Meidung einer gegenoffensiven Feststellungsklage des – möglicherweise zu Unrecht – abgemahnten Verwenders/Empfehlers die ausgesprochene Abmahnung fallenzulassen, muss es dem Verband/der Kammer auch unbenommen sein, von einem eingeleiteten Verfahren in der ihm/ihr geeignet erscheinenden Weise wieder Abstand zu nehmen bzw. bei fehlender erforderlicher Mitwirkungsbereitschaft des Beklagten durch Klageverzicht möglichst rasch und kostengünstig zu einem Prozessende zu kommen. Die (entfernte) Gefahr, dass im Einzelfall ein sachlich unbegründeter Klageverzicht erklärt wird oder ein objektiv erfolgversprechendes Kontrollverfahren ohne Urteilsnahme beendet wird, erscheint demgegenüber deshalb hinnehmbar, weil die Aufgreifbefugnis einer Vielzahl von Verbänden/Kammern zugewiesen ist und deshalb im Allgemeinen auf Kompensation allfälligen Einzelfehlverhaltens durch die Initiative der konkurrierenden Abmahn- und Klagebefugten gesetzt werden darf. 3

[1] Statt vieler: *Staudinger/Schlosser* Rz 1; *Ulmer/Hensen* Rz 1; *Erman/Roloff* Rz 1; *Palandt/Bassenge* Rz 1.

[2] Vgl. zum Folgenden bereits *Lindacher* FS Dt. Richterakademie S. 209/214 ff sowie ZZP 103, 397/405 f.

[3] Ähnlich *Leipold,* Verbandsklage S. 70 f sowie *Gottwald* JZ 1981, 112.

III. Klageantrag und Streitgegenstand

1. Antragsbindung, § 308 I ZPO

5 Der Klageantrag bindet das Gericht gemäß § 308 I ZPO und grenzt damit den Umfang der jeweiligen abstrakten Inhaltskontrolle ein:[1] Der Gesetzgeber hat Vorschläge der Arbeitsgruppe, das Gericht zu ermächtigen, auch nicht angegriffene Klauseln in das Kontrollverfahren einzubeziehen, wenn dies wegen Sachzusammenhangs tunlich erscheine, gerade nicht aufgenommen. Das Gericht kann und muss freilich andere, nicht beanstandete Klauseln insoweit mit heranziehen, als das zur Beurteilung der beanstandeten erforderlich ist (s. bereits § 1 Rz 5). *Beispiel:* Eine für die Erbringung der Leistung ausbedungene und mit der Klage beanstandete Frist kann dadurch unangemessen lang i. S. von § 308 Nr. 1 BGB sein, dass sie im Zusammenhang mit der nicht zugleich gerügten, in den AGB festgelegten Nachfrist zu lang ist.[2]

2. Antrag und Streitgegenstand bei Verbotstatbestandsmehrheit

6 Klagt der Verband/die Kammer auf Verwendungs- bzw. Empfehlungsunterlassung einer Klausel bestimmten Inhalts, handelt es sich zumindest für den Regelfall, dass die allfälligen Unwirksamkeitsgründe unter Urteilswirkungsgesichtspunkten gleichwertig sind, auch dann um lediglich *einen* Streitgegenstand, wenn das Begehren auf mehrere Verbotstatbestände gestützt wird.[3]

7 Probleme wirft freilich die Konstellation auf, dass das Unterlassungsbegehren auf inhaltliche Unbilligkeit nach §§ 307–309 BGB und eine nicht zu tolerierende Klauselintransparenz (hierzu § 1 Rz 21 ff) oder aber – richtigerweise gleichfalls zulässig (§ 1 Rz 20) – auf den generell überraschenden Charakter der beanstandeten Bestimmung gestützt wird, die Tragweite eines allfälligen Verwendungsverbots mithin je nach Verurteilungsgrund divergiert. Denn, dies zum Letzteren:[4] Während die Verurteilung dort ein absolutes Verwendungsverbot schafft, ist die (Weiter-) Verwendung bei einer die Intransparenz bzw. den Überraschungscharakter ausräumenden Klauselgestaltung hier durchaus urteilsverbotsfrei. Richtigerweise dürfte zu unterscheiden sein: Lautet die Klage *allgemein* auf Unterlassung der Verwendung/Empfehlung einer bestimmten Klausel, handelt es sich um *einen* Streitgegenstand.[5] Dem Klagebegehren ist uneingeschränkt stattzugeben, wenn es aus *einem* rechtlichen Gesichtspunkt gerechtfertigt ist. Die Übergehung oder Verneinung eines anderen vom Kläger ins Feld geführten Anspruchsgrunds schafft selbst dann keine relevante Beschwer, wenn die Verurteilung aus diesem Gesichtspunkt zu einem absoluten Verwendungsverbot geführt hätte, bei der Verurteilung aus dem bejahten Rechtsgrund hingegen bereits aufklärende Zusätze bzw. optische Hervorhebungen aus dem Verbotsbereich herausführen. Wenn und weil die Tragweite des Verwendungsverbots je nach Verurteilungsgrundlage divergiert, muss es dem Kläger aber auch offenstehen, sein Begehren in Orientierung an der Rechtsgrundlage

---

[1] Ganz h. M., statt vieler: *Staudinger/Schlosser* § 8 Rz 5; *Erman/Roloff* Rz 2; a. A. *Göbel* Prozesszweck der AGB-Klage S. 137 ff.

[2] *Ulmer/Hensen* Rz 15.

[3] Allg. M.; statt vieler: OLG Hamburg WM 1978, 1360; *Staudinger/Schlosser* § 8 Rz 3; *Ulmer/Hensen* § 8 Rz 1.

[4] S. bereits *Lindacher* LM § 9 (A) AGBG Nr. 5.

[5] Zumindest im Sinne einer Regelaussage durchaus richtig: BGH LM § 9 (A) AGBG Nr. 5 gegen OLG Stuttgart NJW-RR 1992, 887.

zu *konkretisieren*: in Beschränkung auf *eine* Rechtsgrundlage oder im Sinne eventualer Streitgegenstandshäufung.[1] Die – unzweideutig zu treffende – Konkretisierung der Rechtsfolgenbehauptung ändert zwar nichts an der Identität des Lebenssachverhalts,[2] das auf Verwendungsunterlassung wegen inhaltlicher Unbilligkeit gestützte Begehren unterscheidet sich vom auf Verwendungsunterlassung wegen Transparenzgebots-/Überraschungsverbotsverstoßes gestützten Begehren ob der unterschiedlichen objektiven Rechtskraftschranken aber im *Antrag*. Der Preis der engen Streitgegenstandsbildung ist ein gesteigertes Prozess- und Kostenrisiko: Verneinung inhaltlicher Unbilligkeit führt zur Klageabweisung (mit der Kostenfolge des § 91 ZPO) bzw. zur Teilabweisung (mit der Kostenfolge des § 92 ZPO) selbst dann, wenn die Klauselverwendung unter Transparenzgesichtspunkten bzw. dem Aspekt des allgemeinen Überraschungscharakters unzulässig ist.

IV. Anspruchsdurchsetzung

1. Allgemeines

Vorbeugendem Rechtsschutz im Bereich der abstrakten AGB-Kontrolle kommt institutionell eine dreifache Funktion zu. Er dient der Bewusstmachung übersehener oder verkannter, von Rechts wegen bestehender Grenzen der allgemeinen Vertragsgestaltungsfreiheit bzw. dem Bewusstmachen der Verpflichtung, unzulässige AGB-Empfehlungen in ihrer Wirkung durch actus contrarius zu neutralisieren **(Warn- und Hinweisfunktion),** der Klärung der einschlägigen Rechtslage in Zweifelsfällen **(Rechtsklärungsfunktion)** und der Durchsetzung des jeweiligen Unterlassungs- und/oder Widerrufsgebots **(Vollstreckungsfunktion).** 8

Rechtstechnisch vollzieht sich die Geltendmachung, Feststellung und Durchsetzung des jeweiligen Abwehranspruchs vorprozessual durch Abmahnung und Abgabe einer korrespondierenden Unterwerfungserklärung (2), prozessual durch Klagerhebung und Erwirkung eines vollstreckungsfähigen Unterlassungs- und/oder Widerrufsurteils (3), oder aber durch den Antrag auf Erlass einer einstweiligen Verfügung und seine Entsprechung (4), erforderlichenfalls durch Titeldurchsetzung im Wege der Unterlassungs- und/oder Handlungsvollstreckung (5).

2. Abmahnung und Unterwerfung

a) Allgemeines. In der Praxis erfolgt die Geltendmachung des Unterlassungs- und/oder Widerrufsanspruchs nach § 1 typischerweise zunächst in Form der vorprozessualen Abmahnung: Der Verband/die Kammer fordert den Verwender bzw. Empfehler unzulässiger AGB unter Fristsetzung und Androhung gerichtlicher Schritte zur Anerkennung seiner Unterlassungsverpflichtung und Sicherung derselben durch Abgabe eines Vertragsstrafeversprechens und/oder zur Abgabe der Widerrufserklärung auf. Die Abmahnung selbst erfüllt die Hinweis- und Warnfunktion. Durch Abgabe der geforderten Unterlassungserklärung werden der Unterlassungsanspruch und die korrespondierende Unterlassungsverpflichtung außer Streit gestellt (Rechtsklärungsfunktion). Die Vertragsstrafenabrede sichert die Einhaltung der streitlos gestellten Pflicht (Vollstreckungsfunktion). 9

Die Erledigung des Aufgreifgrundes auf diese Weise liegt im Allgemeinen im Interesse des Abmahnenden *und* des Abgemahnten: Der Verband/die Kammer spart die Mühen und Unannehmlichkeiten eines gerichtlichen Verfahrens; für den Fall, 10

[1] Zumindest im Ergebnis gleichsinnig explizit *Staudinger/Schlosser* § 8 Rz 3.
[2] Falsch OLG Stuttgart NJW-RR 1992, 887.

dass es wider Erwarten doch zu einer weiteren Verwendung/Empfehlung kommt, fließt ihm/ihr immerhin die Vertragsstrafe zu. Der Verwender/Empfehler, der im Prozessfall mit einer Verurteilung rechnen müsste, „streckt" sich vernünftigerweise schon deshalb, weil diese Art der Streiterledigung für ihn allemal die billigste Lösung ist. Dazu kommt, dass die Abgabe und Annahme einer vertragsstrafebewehrten Unterlassungserklärung jedenfalls insoweit im öffentlichen Interesse liegt, als entsprechende Vereinbarungen zu einer nachhaltigen Entlastung der staatlichen Rechtsschutzeinrichtungen führen: Da in aller Regel weitere Verwendungen/Empfehlungen hierauf unterbleiben, kommt es typischerweise weder zu einer Doch-noch-Inanspruchnahme des Gerichts durch Geltendmachung des Unterlassungsanspruchs noch zu einer Befassung der Gerichte hinsichtlich der Vertragsstrafe. Ja, berücksichtigt man, dass die einvernehmliche Regelung zwischen Verband und Verwender/Empfehler in aller Regel zu einer zügigeren Eliminierung zu beanstandender Klauseln führt, wird man das Institut der Abmahnung selbst unter dem Aspekt des objektiven Institutionenschutzes und mittelbaren Verbraucherschutzes per saldo, unbeschadet des nicht zu übersehenden Publizitätsmankos, als positiv zu bewerten haben: Dass vom Recht her insoweit zusätzliche Anreize für eine vorprozessuale Abmahnung geschaffen werden, als dem abmahnenden Verband/der abmahnenden Kammer einerseits ein Anspruch auf Erstattung der Abmahnkosten eingeräumt wird (s. Rz 35), andererseits bei Nichtabmahnung grundsätzlich die Veranlassung zur Verfahrenseinleitung i. S. von § 93 ZPO verneint wird, der unmittelbar Klage erhebende bzw. auf Erlass einer einstweiligen Verfügung antragende Verband/die unmittelbar Klage erhebende bzw. auf Erlass einer einstweiligen Verfügung antragende Kammer also Gefahr läuft, trotz Obsiegens in der Hauptsache die Verfahrenskosten tragen zu müssen (s. Rz 11 f), ist deshalb auch rechtspolitisch zu begrüßen.

11 **b) Die Obliegenheit zur Abmahnung. aa) Der Grundsatz: Vorprozessuale Abmahnung als im Kostenrecht gründendes Gebot eigenen Interesses.** Der Verband/die Kammer kann sofort Klage erheben bzw. auf Erlass einer einstweiligen Verfügung antragen; eine vorherige Abmahnung ist in Hinblick auf die Zulässigkeit der Klage bzw. des Verfügungsantrags nicht erforderlich.[1] Daran hat auch der Verweis auf die (Soll-)Vorschrift des § 12 I UWG 2004 nichts geändert.[2] Vorprozessuale Abmahnung ist dem Verband/der Kammer jedoch aus **Kostenrisikogründen** anzuraten: Bei einer Verfahrenseinleitung ohne vorherige Abmahnung kann der Beklagte/Verfügungsgegner die Kostenlast i. d. R. durch sofortiges Anerkenntnis abwenden. Zur Klageerhebung bzw. zum Nachsuchen einstweiligen Rechtsschutzes hat der Beklagte/Verfügungsgegner i. S. von § 93 ZPO nämlich erst dann (und immer dann) Anlass gegeben, wenn er der Abmahnung nicht nachkommt, wobei von ihm bezüglich der Unterlassungsverpflichtung neben deren Anerkennung auch deren Sicherung durch ein Vertragsstrafeversprechen verlangt werden kann.[3]

12 **bb) Ausnahmen.** Eine Abmahnung ist ausnahmsweise *nicht* geboten, wenn sie nach den Umständen des Falles – aus der Perspektive des Verbands/der Kammer – evidenterweise nutzlos und/oder unzumutbar wäre.[4] So, wenn sich der Verwender/Empfehler ausdrücklich der rechtlichen Unbedenklichkeit der verwandten bzw.

---

[1] Statt aller: KG AGBE II § 13 Nr. 17; *Stoffels* Rz 1123.

[2] *Stoffels* Rz 1123; *Erman/Roloff* Rz 4; *Palandt/Bassenge* Rz 2.

[3] Heute wohl allg. M., statt vieler: OLG München AGBE I § 13 Nr. 3; AnwK/*Walker* Rz 5; a. A. – keine einschlägige Abmahnobliegenheit – mit nicht haltbarer Begründung noch LG Berlin AGBE II § 15 Nr. 4.

[4] MünchKomm/*Micklitz* § 15 AGBG Rz 17; *Löwe* § 15 AGBG Rz 14; *Stoffels* Rz 1123.

empfohlenen Klauseln berühmt, wohl auch, wenn der Verwender/Empfehler bereits erfolglos von einem anderen klagebefugten Verband/einer anderen klagebefugten Kammer abgemahnt wurde, vor allem aber – unter dem Gesichtspunkt, dass der um die unzulässige AGB-Verwendung bzw. -Empfehlung Wissende keines Hinweises auf das Verbotene seines Tuns benötigt, es zudem nicht hingenommen werden kann, dass dieser sein rechtswidriges Handeln auch noch mit einem Kostenerfolg wegen unterbliebener Abmahnung krönt – bei offenkundig vorsätzlichem Verhalten des Verwenders/Empfehlers.[1] Dass eine Abmahnung auch aus dem Gesichtspunkt der Eilbedürftigkeit unzumutbar sein könne,[2] ist für den AGB-Bereich schwer vorstellbar.[3]

cc) Realisierung des Kostenrisikos: sofortiges Anerkenntnis. Soweit der Verband/die Kammer trotz Abmahnobliegenheit unmittelbar gerichtlichen Rechtsschutz nachsucht, realisiert sich das einschlägige Kostenrisiko nach § 93 ZPO: (1) im **Klageverfahren mit frühem ersten Termin** (§§ 272 II, 275 ZPO) bei Anerkenntnis des Beklagten im ersten Verhandlungstermin vor Stellung der streitigen Anträge, im **Klageverfahren mit schriftlichem Vorverfahren** (§§ 272 II, 276 ZPO) mit dem Anerkenntnis vor Abgabe einer Verteidigungserklärung; (2) im **Verfügungsverfahren** mit mündlicher Verhandlung durch Anerkenntnis im ersten Verhandlungstermin, bei Erlass einer Verfügung ohne mündliche Verhandlung, wenn der Antragsgegner die Anerkennung bereits im Widerspruch ankündigt, den Widerspruch also auf die Kosten beschränkt. 13

Auferlegung der Verfahrenskosten nach § 93 ZPO heißt Auferlegung der vollen Verfahrenskosten: Für eine subtraktionsweise Berücksichtigung der fiktiven Abmahnkosten ist kein Raum.[4]

c) Inhalt der Abmahnung. Für den Realtypus „Abmahnung" sind kennzeichnend: die spezifizierte Beanstandung (aa), das Verlangen nach Abgabe einer Unterwerfungserklärung (bb) sowie die Androhung gerichtlicher Schritte für den Fall, dass die Abmahnung fruchtlos bleibt (cc). Der Überprüfbarkeit der Abmahnbefugnis des Abmahnenden seitens des abgemahnten Verwenders/Empfehlers dienen Angaben zur Aufgreifzuständigkeit nach § 3 I (dd). Von den unter Kostenmeidungsgesichtspunkten *notwendigen* Angaben sind dem Ziel der außergerichtlichen Rechtsklärung und -sicherung förderliche und deshalb *ratsame* Angaben zu unterscheiden: Der ernstlich an einem Titelsurrogat interessierte Verband sollte sich nicht unbedingt auf die „Pflichtangaben" beschränken. 14

aa) Beanstandung. Die Abmahnung muss die unzulässigen AGB exakt benennen.[5] Eine Begründung der Beanstandung ist zwar wünschens- und unter Streitbeilegungsaspekten empfehlenswert, für eine ordnungsgemäße Abmahnung i. S. von § 93 ZPO aber kaum erforderlich:[6] die Verantwortung für die AGB-Gestaltung und damit ggf. auch eine entsprechende Informationslast liegt beim Verwender/Empfehler. 15

bb) Aufforderung zur Abgabe einer Unterwerfungserklärung. Die Abmahnung zielt auf außergerichtliche Streiterledigung durch Abgabe einer Unter- 16

[1] KG AGBE II § 13 Nr. 17; MunchKomm/*Micklitz* § 15 AGBG Rz 17; *Palandt/Bassenge* Rz 7; zurückhaltender *Staudinger/Schlosser* § 1 Rz 40.

[2] So MünchKomm/*Micklitz* § 15 AGBG Rz 17 sowie *Erman/Roloff* § 15 AGBG Rz 4.

[3] Ausdrücklich zustimmend: *Hj. Baur* in: Hdb des vorläufigen Rechtsschutzes, 2. Aufl., Rz G18; ferner *Staudinger/Schlosser* § 1 Rz 40.

[4] MünchKomm/Micklitz § 15 AGBG Rz 21.

[5] *Ulmer/Hensen* Rz 3; *Stoffels* Rz 1125.

[6] A. A. *Ulmer/Hensen* sowie *Stoffels,* jeweils aaO.

werfungserklärung: bei der Geltendmachung des Unterlassungsanspruchs auf Anerkennung des Anspruchs und Sicherung desselben durch eine Vertragsstrafe, bei der Geltendmachung des Widerrufsanspruchs auf die Abgabe des Widerrufs selbst. Soweit es um die Außerstreitstellung und Sicherung des Unterlassungsanspruchs geht, beinhaltet die Abmahnung dabei bereits die einschlägigen vertragskonstitutiven Willenserklärungen des abmahnenden Verbands/der abmahnenden Kammer: Zur Vertragsperfektion genügt der Zugang der Unterwerfungserklärung beim Verband/der Kammer.

17 **(1) Unterlassungserklärung.** Einschlägiger Mindestinhalt der Abmahnung ist die Aufforderung zur Abgabe des Versprechens, die beanstandeten Klauseln nicht (mehr) zu verwenden/zu empfehlen. Nützlich ist dabei die Klarstellung, dass sich die Unterlassungspflicht auch auf inhaltsgleiche Klauseln erstreckt. Erachtet man mit der mittlerweile zu Richterrecht erstarkten h. M. auch das Sich-Berufen auf die beanstandeten AGB bei Abwicklung von Altverträgen als „Verwenden" (i. e. § 1 Rz 26), stellt sich auch das Verlangen auf Abgabe eines diesbezüglichen Unterlassungsversprechens nur als Klarstellung dar.

18 **(2) Vertragsstrafe.** Das Vertragsstrafeversprechen dient der Sicherung der durch die Unterlassungserklärung streitlos gestellten Unterlassungsverpflichtung. Der Verband/die Kammer kann dabei verlangen, dass Zahlung der Vertragsstrafe für den Zuwiderhandlungsfall an ihn/sie **selbst** versprochen wird:[1] mit dem Versprechen, die verwirkte Strafe an einen Dritten (insbes. eine karitative Einrichtung) zu zahlen, kann sich der Verband/die Kammer zufriedengeben, muss es aber nicht (arg.: Stärkung der auch im öffentlichen Interesse liegenden Effizienz des Instituts der Unterwerfungserklärung). Was die Vertragsstrafen**höhe** angeht, gilt: Der Verband/die Kammer kann im Rahmen der Angemessenheit allemal die Abgabe eines **bezifferten** Vertragsstrafeversprechens verlangen (allg. M.). Möglich und zulässig ist darüber hinaus richtigerweise aber auch das Verlangen eines Vertragsstrafeversprechens unter Offenlassung der Strafhöhe mit der Maßgabe, dass die verwirkte Strafe ggf. vom Gericht festzusetzen, sog. (alter) **Hamburger Brauch**:[2] Die entsprechende Ausformung der Vertragsstrafenabrede ist, eben weil die potenziell streitträchtige Angemessenheitsfrage zunächst ausgeklammert bleibt und die allfällig nötige Entscheidung einer fraglos neutralen Instanz zugewiesen wird, in besonderer Weise geeignet, das Zustandekommen einer Parteiregelung zu fördern, die die Inanspruchnahme staatlicher Rechtsschutzeinrichtungen für den Regelfall erübrigt, *ohne* dem Gericht für den Ausnahmefall der Doch-noch-Zuwiderhandlung eine „fremde" Entscheidungstätigkeit anzusinnen; die Ex-post-Festsetzung der von den Parteien „dem Grunde nach" vereinbarten Vertragsstrafe hat nach genau den Kriterien zu erfolgen wie die Ordnungsgeldfestsetzung nach § 890 ZPO. Allemal zulässig ist jedenfalls die Ex-post-Straffestsetzung durch Dritte (allg. M.), aber auch den abmahnenden Verband/die abmahnende Kammer selbst:[3] Dem Schutzinteresse des Schuldners ist durch die Möglichkeit gerichtlicher Kontrolle (§ 315 III bzw. § 319 I BGB) Genüge getan. Was die Regelbeträge für eine ex ante bezifferte Vertragsstrafe anbelangt, erscheint eine Synchronisation mit den Regelstreitwerten (hierzu Rz 88) angezeigt: Vertragsstrafen in Höhe von 2500–3000 € zur Absicherung eines Verwendungsunterlassungsanspruchs sind im Allgemeinen nicht unan-

---

[1] Gl. A. *Ulmer/Hensen* Rz 55.

[2] *Lindacher* BB 1978, 270; MünchKomm/*Gottwald* § 339 Rz 30; *Erman/H. P. Westermann* § 339 Rz 3; *Jauernig/Stadler* § 339 Rz 16; a. A. freilich z. B. BGH BB 1978, 12; DB 1981, 533 (jeweils für das Wettbewerbsrecht); *Ulmer/Hensen* Rz 4; *Stoffels* Rz 1127.

[3] S. BGH NJW 1985, 191/192; *Soergel/Lindacher* § 339 Rz 5; a. A. – keine Straffestsetzungskompetenz des Gläubigers – noch *Larenz* SchuldR I § 24 II a.

gemessen, aber auch ausreichend. Für die Empfehlungsunterlassung sind im Allgemeinen deutlich höhere Sätze geboten.[1] Ist ein Klauselwerk in mehreren Punkten zu beanstanden, sollte neben den Sätzen für die einzelnen Klauseln ein Gesamt- oder Höchstbetrag für den Fall der unveränderten Weiterverwendung/-empfehlung des Gesamtklauselwerks oder mehrerer der beanstandeten Klauseln ausgeworfen werden, der niedriger als die Summe der Beträge aus den Einzelverstößen.[2]

Das Verlangen auf Abgabe eines Vertragsstrafeversprechens durch den abmahnenden Verband/die abmahnende Kammer ist zwar allgemein üblich und rätlich. Eine ordnungsgemäße Abmahnung i. S. von § 93 ZPO liegt indes auch beim Fordern einer ungesicherten Unterlassungserklärung vor: Weigert sich der Abgemahnte sogar, nur seine Unterlassungspflicht anzuerkennen, ist erst recht Anlass zur Klagerhebung bzw. zum Antrag auf Erlass einer einstweiligen Verfügung gegeben. Die etwaige Beschränkung führt freilich auch zur Selbstbindung des Verbands/der Kammer: Kommt der Abgemahnte dem (eingeschränkten) Verlangen nach, ist die gerichtliche Geltendmachung des Unterlassungsanspruchs ausgeschlossen (s. Rz 29). 19

cc) Fristsetzung. Wenn nicht gar notwendig,[3] so jedenfalls dringend empfehlenswert, ist die Setzung einer – angemessenen – Frist zur Abgabe der vertragsstrafebewehrten Unterlassungserklärung und/oder der Erklärung des Widerrufs. Welche Bedenk- und Reaktionszeit angemessen ist, richtet sich nach der Schwierigkeit der erforderlichen Prüfung. Eine Frist unter zwei Wochen wird kaum je ausreichen.[4] Gegenüber einem Empfehler können unterschiedliche Fristen für die Abgabe der gesicherten Unterlassungserklärung und die Erklärung des Widerrufs sachgerecht sein. 20

Eine zu kurz bemessene Frist verlängert sich von selbst auf den angemessenen Zeitraum.[5] Verkürzt sich die an sich angemessen bestimmte Frist durch eine Verzögerung bei der Postbeförderung, muss der Abgemahnte, will er den Anlass zur Klagerhebung i. S. von § 93 ZPO vermeiden, von sich aus um Fristverlängerung nachsuchen: ob Anlass zur Klagerhebung nach § 93 ZPO gegeben ist oder nicht, beurteilt sich aus der Sicht des Klägers. 21

dd) Androhung gerichtlichen Vorgehens. Die ausdrückliche Androhung gerichtlicher Schritte für den Fall fruchtlosen Fristablaufs ist, wenn nicht gar nötig,[6] jedenfalls rätlich. Die Art der gerichtlichen Maßnahme – einstweilige Verfügung oder Klage – braucht keinesfalls genannt zu werden. 22

ee) Angaben zur Abmahn- und Klagebefugnis nach § 3 I. Da die Abmahn- und Klagebefugnis gemäß § 3 I bei bestimmten Verbänden und Kammern monopolisiert ist, besteht nur gegenüber den nach dieser Vorschrift Aufgreifzuständigen eine Obliegenheit zur Unterwerfung. Damit der Abgemahnte die Abmahn- und Klagebefugnis prüfen kann, hat sich der abmahnende Verbraucherverband – zumindest auf Anforderung des Abgemahnten – durch Vorlage einer Registrierungsbescheinigung (§ 4 III S. 2) zu legitimieren, sind bei Abmahnung durch einen Wirtschafts- oder Berufsverband Angaben i. S. eines schlüssigen Tatsachenvortrags geboten. 23

---

1 *Ulmer/Hensen* Rz 4.
2 *Löwe* § 15 AGBG Rz 13; a. A. *Ulmer/Hensen* Rz 4; *Stoffels* Rz 1127.
3 So z. B. *Ulmer/Hensen* Rz 5.
4 *Ulmer/Hensen* Rz 5; *Stillner* ZVP 1980, 144; strenger mit dem Abgemahnten – i. d. R. 10–14 Tage – *Palandt/Bassenge* Rz 25.
5 OLG Karlsruhe BB 1980, 599/600; MünchKomm/*Micklitz* § 15 AGBG Rz 6.
6 So z. B. *Ulmer/Hensen* Rz 5 sowie *Locher* § 18/5.

24 **d) Form der Abmahnung und Risiko des Nichtzugangs schriftlicher Abmahnung.** Die Abmahnung erfolgt zwar nicht notwendiger-,[1] wohl aber zweckmäßigerweise **schriftlich.** Das **Risiko des Zugangs** der ordnungsgemäß auf den Weg gebrachten Abmahnung trägt unbeschadet des Umstands, dass die Abmahnung ihrer Natur nach auf Kenntnisnahme durch ihren Adressaten angelegt ist, der Verwender/Empfehler: Aus der für § 93 ZPO maßgeblichen Sicht des abmahnenden Verbands/der abmahnenden Kammer besteht Anlass zur Einleitung gerichtlicher Schritte, wenn der Verwender/Empfehler sich nicht innerhalb der gesetzten Frist unterwirft; mit dem Verlustiggehen der Abmahnung während des Transports braucht jener/jene nicht zu rechnen. Im Streitfall muss der Verband/die Kammer mithin nur die **Absendung** beweisen.[2] Ist Nichtzugang der Erstabmahnung dem abmahnenden Verband/der abmahnenden Kammer erkennbar, ist freilich eine Zweitabmahnung geboten und zumutbar.[3]

25 **e) Übermaßabmahnung.** Die korrekte, in der Sache begründete Abmahnung zwingt den Abgemahnten, der die gerichtliche Inanspruchnahme (mit einschlägiger Kostentragungslast) meiden will, allemal zur Unterwerfung: Der im Kostenrecht gründenden Abmahnobliegenheit des Verbands/der Kammer korrespondiert eine Unterwerfungsobliegenheit des Abgemahnten. Aber auch eine Abmahnung, mit der neben der Verwendung/Empfehlung unzulässiger Klauseln dem Mindeststandard (noch) genügende Klauseln beanstandet werden, oder eine Abmahnung, mit der ein Unterlassen der Verwendung/Empfehlung von Klauseln, die nur im nichtunternehmerischen Verkehr unzulässig sind, zu Unrecht generell verlangt wird, darf vom Abgemahnten richtigerweise nicht einfach unbeachtet bleiben. Die Übermaßabmahnung ist in ihrem sachlich gerechtfertigten Teil wirksame Abmahnung i. S. von § 93 ZPO, weil dieser vom Abgemahnten als in jener mitenthalten angesehen werden kann und muss.[4] Auch der Umstand, dass das Vertragsstrafeverlangen der Höhe nach übersetzt, bedeutet nicht, dass die Abmahnung unbeachtlich ist:[5] Der Abgemahnte muss in diesem Fall die Unterwerfungserklärung insoweit eigenverantwortlich formulieren, d. h. Zahlung einer niedrigeren, freilich hinreichenden Vertragsstrafe versprechen oder sich zur Zahlung einer ggf. ex post vom Gericht festzusetzenden Vertragsstrafe verpflichten (zur Zulässigkeit der letztgenannten Modalität der Strafbestimmung s. Rz 18).

26 **f) Die Unterwerfung.** Die vorprozessuale Abmahnung zielt auf eine Vereinbarung, die von ihren Wirkungen her funktionelles Surrogat eines mit der Sanktionsdrohung nach § 890 II ZPO versehenen Unterlassungstitels. Von der Interessenlage her geht es daher beiden Beteiligten, dem Verband/der Kammer wie dem abgemahnten Verwender/Empfehler, um einschlägige „Positionswahrung“: Bei der Qualifikation wie bei der Auslegung der Unterwerfungsvereinbarung ist darauf Bedacht zu nehmen, dass soweit als möglich keine Seite besser oder aber schlechter steht als bei hypostasiertem sanktionsbewehrtem Unterlassungsurteil. Der Sich-Unterwerfende, der das Unterlassungsgebot nunmehr einhält, muss zudem davor geschützt sein, nicht doch noch mit einer Unterlassungsklage bzw. einem Antrag

---

[1] A. A. *Soergel/U. Stein* § 15 AGBG Rz 8.

[2] Schief – für Maßgeblichkeit des Zugangs, aber einschlägige Beweislast des Verwenders/Empfehlers – MünchKomm/*Micklitz* § 15 AGBG Rz 16 Fn. 51.

[3] *Soergel/U. Stein* § 15 AGBG Rz 8.

[4] Ebenso: *Palandt/Bassenge* Rz 4 unter zutreffendem Hinweis auf die Parallele der Zuvielforderung bei der Mahnung nach § 284 BGB; a. A. freilich OLG München AGBE I § 13 Nr. 3.

[5] BGH NJW 1983, 941/942 f; MünchKomm/*Micklitz* § 15 AGBG Rz 16; *Bunte* DB 1980, 481 Fn. 5; a. A. LG Frankfurt AGBE I § 15 Nr. 8; *Löwe* § 15 AGBG Rz 13.

auf Erlass einer einstweiligen Verfügung überzogen werden zu können. In Vollzug dieses Ansatzes gilt:[1]

aa) Unterwerfung als kausales Anerkenntnis des gesetzlichen Unterlassungsanspruchs. Zur dogmatischen Erfassung der auf Abmahnung abgegebenen Unterlassungserklärung bieten sich zwei Lösungen an: Entweder man qualifiziert dieselbe als Grundlage und Bestandteil eines Unterlassungsvertrags, aus dem ein neuer, vom gesetzlichen Unterlassungsanspruch nach § 1 unabhängiger Anspruch erwächst, und lässt den allfälligen „alten", gesetzlichen Unterlassungsanspruch gerade in Hinblick auf den Umstand, dass dem Verband/der Kammer nun ein inhaltsgleicher **vertragsstrafebewehrter Vertragsanspruch** zusteht, wegen Entfalls der Wiederholungsgefahr untergehen,[2] *oder* man qualifiziert – m. E. eindeutig vorzugswürdig – die Unterlassungserklärung des Abgemahnten als **kausales Anerkenntnis** des mit der Abmahnung geltend gemachten **gesetzlichen Unterlassungsanspruchs.**[3] Denn, dies zum Letzteren: Nichts liegt wohl näher, als die Abmahnung wegen einer unzulässigen AGB-Verwendung/Empfehlung als Geltendmachung des *gesetzlichen* Abwehranspruchs und das Sich-Strecken des bei entsprechender Verwendung bzw. Empfehlung (tatsächlich oder vermeintlich) rechtswidrig Handelnden als Außerstreitstellung eben dieses Anspruchs anzusehen. Und, *das* Institut, ein bestimmtes Rechtsverhältnis, einen bestimmten Anspruch dem Streit und der (subjektiven) Rechtsungewissheit zu entziehen, ist nun einmal der der Kategorie der potenziell konstitutiven Feststellungsverträge zuzuzählende kausale Schuldbestätigungsvertrag.[4] 27

Da der Anerkenntnisvertrag seiner allseits erkennbaren Funktion nach Urteilssurrogat (s. Rz 26), wird man sich hinsichtlich der Frage nach Umfang und Grenzen des dem Institut wesenseigenen Einwendungsausschlusses an der Präklusionswirkung eines hypostasierten rechtskräftigen Unterlassungsurteils zu orientieren haben: Der anerkennende Verwender/Empfehler ist via Auslegung des Anerkenntnisvertrags mit allen, aber auch nur den Einwendungen ausgeschlossen, mit denen er auch bezogen auf den Zeitpunkt der Abgabe der Unterwerfungserklärung bei einem rechtskräftigen Urteil ausgeschlossen wäre. 28

bb) Unterwerfung als Verjährungsvereinbarung. Herstellung der Rechtslage, die durch ein Unterlassungsurteil zugunsten des Verbands/der Kammer geschaffen würde, bedeutet weiter: Die Unterwerfung passt im Zweifel (auch ohne explizite Benennung) die Verjährung des rechtsgeschäftlich festgestellten Anspruchs der des rechtskräftig festgestellten Anspruchs an. 29

cc) Unterwerfung als Vertragsstrafeversprechen. Da die Vertragsstrafenabrede zur Sicherung der außer Streit gestellten gesetzlichen Unterlassungsverpflichtung (s. Rz 27) nach ihrer allseits erkennbaren Funktion Surrogat der Sanktionsdrohung nach §890 ZPO, ist sie so weit als möglich i. S. einschlägiger „Positionswahrung" beider Seiten zu interpretieren. Das bedeutet etwa in Hinblick auf die Frage, ob die Vertragsstrafe auch bei Gleichwohl-Weiterverwendung aus Verschulden von Hilfspersonen als verwirkt anzusehen ist: Soweit man nicht – richtigerweise – für den Verfall der Vertragsstrafe ohnehin zwingend persönliches Verschulden verlangt,[5] ist das entsprechende Ergebnis hier zumindest im Wege der 30

[1] Näher zum folgenden bereits *Lindacher* GRUR 1975, 413/414 ff.

[2] So denn auch die wohl h. M., vgl. z. B. OLG Düsseldorf DB 1981, 1663; *Ulmer/Hensen* Rz 4.

[3] Wie hier: *Locher* § 18/5.

[4] Grundsätzlich und grundlegend *Marburger,* Das kausale Schuldanerkenntnis als einseitiger Feststellungsvertrag, 1971.

[5] Nähere Begründung dieser *nicht* herrschenden Meinung: *Lindacher,* Phänomenologie der ‚Vertragsstrafe', S. 87 ff.

Auslegung zu gewinnen; der Verband/die Kammer kann vernünftigerweise nicht annehmen, dass der Sich-Unterwerfende in der Sanktionsfallfrage schlechter stehen will als bei hypostasierter Unterlassungsvollstreckung nach § 890 ZPO, bei der das Erfordernis des persönlichen Verschuldens – zu Recht – so gut wie außer Streit steht.[1] Für die Anwendung von § 278 BGB ist *kein* Raum. Folgt man der Gegenansicht,[2] muss es dem Sich-Streckenden zumindest möglich sein, das Strafversprechen mit der Einschränkung abzugeben, nur bei Eigenverschulden zu haften. Keinesfalls angängig wäre, aus der einschlägigen Einschränkung auf eine Nichternstlichkeit des Unterlassungsversprechens zu schließen.[3]

31 **dd) Unterwerfung als vertraglicher Ausschluss der Klagbarkeit.** Akzeptiert man die hier vertretene Deutung der Unterlassungserklärung des wegen unzulässiger AGB-Verwendung/Empfehlung Abgemahnten als kausales Anerkenntnis des gesetzlichen Unterlassungsanspruchs (s. Rz 27), entfällt die Möglichkeit, jenen vor der Gefahr, dennoch gerichtlich in Anspruch genommen zu werden, durch die Annahme zu schützen, die Unterwerfungserklärung bewirke via Ausräumung der Wiederholungsgefahr das Erlöschen des gesetzlichen Unterlassungsanspruchs, während der gerichtlichen Geltendmachung des vertraglichen Unterlassungsanspruchs das besondere Rechtsschutzbedürfnis analog § 259 ZPO fehle: Ebenso wenig wie die durch Urteil festgestellte gesetzliche Unterlassungsverpflichtung über den Entfall der Wiederholungsgefahr dadurch erlischt, dass dem Unterlassungstitel durch die Sanktionsdrohung nach § 890 ZPO Nachdruck verliehen wird, darf der vertraglich außer Streit gestellte Anspruch dadurch untergehen, dass die Beteiligten zu seiner *Sicherung* eine Konventionalstrafe vereinbaren. Konsequenz dieser Erkenntnis muss dann freilich sein, dass der Unterwerfungsvereinbarung, soll sie ihrer Schutzfunktion zugunsten des Sich-Streckenden genügen, über das Anerkenntnis, die Verjährungsausschlussabrede und das Vertragsstrafeversprechen hinaus noch ein weiterer Inhalt zukommt. Wenn einerseits der Sich-Streckende für den Verband/die Kammer erkennbar mit der Unterwerfungserklärung die Abwendung eines drohenden gerichtlichen Verfahrens bezweckt, und andererseits einem Klage- bzw. Verfügungsbegehren damit eben nicht mehr „automatisch" die Erfolgsaussicht genommen wird, muss die erstrebte Wirkung Erfolglosigkeit eines dennoch eingeleiteten Verfahrens eben als *rechtsgeschäftliche* Folge konzipiert werden: Abmahnung und korrespondierende Unterwerfung zielen auf den Ausschluss der Klagemöglichkeit; die Geltendmachung der – statthaften – entsprechenden Vereinbarung führt zur Unzulässigkeit des Klage- bzw. Verfügungsbegehrens. Der Ausschluss der Klagbarkeit *zediert* bei erneuter Verletzung der – anerkannten – Unterlassungspflicht.

32 **g) Sonderproblem: die fehlgeschlagene Unterwerfungserklärung.** Zur Sperre für die Einleitung eines gerichtlichen Verfahrens wird nicht nur die Unterwerfungserklärung, die auf eine entsprechende Abmahnung abgegeben wird, oder die vom Verwender/Empfehler ausgehende Unterwerfungserklärung, die ihrerseits vom Verband/der Kammer angenommen wird, sondern u. U. auch die fehlgeschlagene Unterwerfungserklärung: Weist der Verband/die Kammer eine zur Vermeidung eines Rechtsstreits abgegebene, durch eine angemessene Vertragsstrafe gesicherte Unterlassungserklärung zurück, mangelt einer Klage oder einem Verfügungsantrag jedenfalls dann, wenn der In-Anspruch-Genommene sein Unterwerfungsangebot aufrechterhält, das Rechtsschutzbedürfnis und damit die Zulässig-

---

[1] Zu § 890 ZPO: BGHZ 106, 229/236; MünchKomm ZPO/*Schilken* § 890 Rz 9; *Lindacher* DikIntern 1996, 151/154.

[2] Für das Wettbewerbsrecht: BGH NJW 1986, 127; 1998, 3342.

[3] Verdienstvolle einschlägige Klarstellung: OLG Köln NJW-RR 2003, 316/318

keit. Etwas anderes gilt nur dann, wenn begründete Zweifel an der Solvenz des Beklagten bzw. Antragsgegners bestehen, ferner wohl auch dann, wenn dessen früheres Verhalten die Befürchtung rechtfertigt, er werde sich auch dieses Mal von einer allein vermögensrechtlichen Sanktionsdrohung nicht zu pflichtgemäßem Verhalten bestimmen lassen.[1] *Nicht* hinreichend ist in Hinblick darauf, dass dem Verwender inhaltlich zu missbilligender AGB keine Umsetzungs- bzw. Aufbrauchfrist zu konzedieren ist (§ 1 Rz 49), selbstredend eine Unterwerfungserklärung unter Inanspruchnahme der Befugnis, die beanstandeten AGB übergangsweise weiterzuverwenden.[2]

Eine Obliegenheit des Verbands/der Kammer zur Annahme einer Unterwerfungserklärung, die auf Beendigung eines bereits **anhängigen** Verfahrens gerichtet ist, besteht hingegen nur, wenn der Verband/die Kammer den Verwender bzw. Empfehler ohne (gebotene) Abmahnung mit einem Prozess überzogen hat und der Beklagte/Antragsgegner sich sofort unterwirft.[3] 33

h) Anspruch auf Erstattung der Abmahnkosten. aa) Die Kostenerstattungspflicht des zu Recht Abgemahnten dem Grunde nach. Bleibt die – begründete – Abmahnung erfolglos, so dass gerichtliche Durchsetzung des Abwehranspruchs nach § 1 geboten, kann der obsiegende Verband/die obsiegende Kammer auch die (notwendigen) Abmahnkosten vom verurteilten Verwender bzw. Empfehler liquidieren: Der prozessuale Kostenerstattungsanspruch nach § 91 ZPO deckt aus Gründen der Verfahrensökonomie auch die Kosten vorprozessualer Rechtsverfolgung.[4] 34

Ob der – begründet – abmahnende Verband/die – begründet – abmahnende Kammer auch einen materiellrechtlichen Anspruch auf Erstattung der vorprozessualen Abmahnkosten hat, diese also auch und gerade dann vom Abgemahnten ersetzt verlangen kann, wenn die Abmahnung bestimmungsgemäß zur Unterwerfung geführt hat, war hingegen bislang schon dem Grunde nach (höchst) streitig. Die Kontroverse ist nunmehr vom Gesetz (§ 12 I S. 2 UWG 2004 als Bezugsnorm der Verweisung nach § 5 I *bejahend* im Sinne der schon bislang h. M. entschieden. Wortlaut und Sinn der Bezugsnorm erfassen zudem auch den Fall, dass der geltend gemachte Abwehranspruch nach berechtigter Abmahnung zwischenzeitlich (etwa durch Entfall der Verwendungs- oder Empfehlungsgefahr bzw. Vollzug des Widerrufs) erloschen ist. 35

bb) Höhe der erstattungsfähigen Kosten. Erstattungsfähig sind die **notwendigen,** d. h. nach Lage des Falles aus der Perspektive des Abmahnenden objektiv erforderlichen Abmahnkosten. Dabei sollte dem Verband/der Kammer auch die Geltendmachung eines Pauschbetrags erlaubt sein, in den dessen/deren Personal- und Sachgemeinkosten eingehen, soweit sie der (Gesamt-)Abmahntätigkeit (einschließlich des Recherchierens und der rechtlichen Prüfung) zurechenbar sind.[5] Die Kosten für die Einschaltung eines Anwalts bei der konkreten Abmahnung sind hingegen richtigerweise nur ausnahmsweise, nämlich bei besonderer rechtlicher Schwierigkeit zu ersetzen:[6] Von einem Verband, der die Aufgreifkompetenz nach 36

---

[1] Näher i. e. *Lindacher* GRUR 1975, 416 ff.

[2] BGH NJW 1982, 2311/2312; *Ulmer/Hensen* Rz 3.

[3] *Lindacher* GRUR 1975, 418; a. A. wettbewerbsgerichtliche Praxis, vgl. etwa OLG Karlsruhe NJWE-WettbR 1998, 140.

[4] MünchKomm/*Micklitz* § 15 AGBG Rz 18; AnwK/*Walker* Rz 5; a. A. *Erman/Roloff* Rz 4; *Palandt/Bassenge* Rz 6.

[5] Wie hier: MünchKomm/*Micklitz* § 15 AGBG Rz 19; *Hj. Baur* in: Handbuch des vorläufigen Rechtsschutzes, 2. Aufl., Rz G 16.

[6] Übereinstimmend: *Palandt/Bassenge* Rz 6; AnwK/*Walker* Rz 5.

§ 3 I als satzungsgemäße Aufgabe wahrnimmt und dem die Abmahn- und Klagebefugnis gerade nur zusteht, wenn er über einen hinreichend qualifizierten „Stab" verfügt (s. § 3 Rz 10, § 4 Rz 9), ist im Allgemeinen zu erwarten, dass er jedenfalls die erste Abmahnung selbst, ohne anwaltliche Hilfe, aussprechen kann. Gleiches gilt für die berufsständischen Körperschaften öffentlichen Rechts gemäß § 3 I Nr. 3.[1]

37 **cc) Geltendmachung der Abmahnkosten.** Bezüglich der Geltendmachung des materiellen Kostenerstattungsanspruchs gelten die allgemeinen Grundsätze. Werden die Abmahnkosten, wie üblich, bereits im Abmahnschreiben gefordert, sind Unterwerfungsverlangen und Kostenerstattungsverlangen trotz der äußerlichen Zusammenfassung der Sache nach zu trennen: Ist die Abmahnung selbst gerechtfertigt, das Kostenerstattungsverlangen aber übersetzt, darf der Abgemahnte bei Meidung des Risikos gerichtlicher Schritte bezüglich des Abwehranspruchs nach § 1 nicht auch die geforderte gesicherte Unterlassungserklärung verweigern.

38 **i) Strafverwirkung bei Gleichwohl-Zuwiderhandlung. aa) Verfallvoraussetzungen.** Schuldhafte Missachtung der strafbewehrten Unterlassungspflicht muss zur Realisierung der Sanktionsdrohung führen. Was die *objektiven* Voraussetzungen betrifft, stehen dem Identverstoß Umgehungsverhaltensweisen i. S. von § 9 Nr. 3 gleich. *Subjektiv* ist richtigerweise *persönliches* Verschulden erforderlich: Sanktionierung eines rechtlich verbindlich unter Strafdrohung gestellten pflichtwidrigen Verhaltens aus Gründen der Generalprävention ist nur bei individueller Vorwerfbarkeit desselben zu rechtfertigen.[2] Wer einen einschlägigen zwingenden Rechtssatz mit der h. M. leugnet,[3] sollte jedenfalls Im-Zweifel-Geltung desselben via Auslegung der Strafabrede bejahen: Der abmahnende Verband/die abmahnende Kammer kann vernünftigerweise nicht annehmen, dass der Sich-Unterwerfende in der Sanktionsfrage schlechter stehen will als bei hypostasierter Unterlassungsvollstreckung nach § 890 ZPO, für die das Eigenverschuldenserfordernis außer Diskussion steht.[4]

39 **bb) Mehrfachverwendung/-empfehlung.** Strafversprechen zur Sicherung des anerkannten Weiterverwendungs-/-empfehlungsverbots erfolgen typischerweise, in Anlehnung an § 890 ZPO, „für jeden Fall der Zuwiderhandlung". *Was* „Zuwiderhandlung", können die Parteien dabei frei vereinbaren. Mangels ausdrücklicher Vereinbarung ist der einschlägige Parteiwille im Weg erläuternder Auslegung, wo Anhaltspunkte für einen diesbezüglichen realen Parteiwillen fehlen, im Weg ergänzender Vertragsauslegung zu ermitteln.[5] Wichtigstes Kriterium bei der auslegungsweisen Bestimmung der jeweiligen „Verletzungseinheit" in der (Regel-) Fallgestaltung, dass der Strafbetrag je Einheit in der Strafabrede selbst festgesetzt, ist dabei die **Strafhöhe**:[6] Niedrige Einzelstrafen legen kleine Verletzungseinheiten (beim Verwendungsverbot: die Gleichsetzung von „Zuwiderhandlung" und dem einzelnen Vertragsschluss unter Einbeziehung der beanstandeten AGB-Bestimmung), höhere Einzelstrafen entsprechend größere Verletzungseinheiten nahe. Gleichartigkeit der Einzelakte in diversen Stufungen und zeitlicher Zusammenhang zwischen allen oder mehreren Einzelakten erlauben Zusammenfassungen zur Bildung eines Kontinuums von Auslegungsalternativen – nicht mehr und nicht

---

1 A. A. OLG Nürnberg BB 1980, 179 für einen Innungsverband.

2 *Soergel/Lindacher* § 339 Rz 18 f.

3 Pointiert zuletzt *Staudinger/Rieble* Rz 67 vor § 339.

4 Für entsprechende Synchronisation via Auslegung denn auch aus der Wettbewerbsrechtsprechung z. B. OLG Hamburg WRP 1973, 592 ff sowie OLG Karlsruhe GRUR 1985, 472 ff; a. A. – Im-Zweifel-Einstandspflicht für Leute-Verschulden nach § 278 BGB – freilich BGH NJW 1986, 127.

5 Zuletzt *Sasnika* Liber amicorum Lindacher, 2007, S. 161 ff.

6 *Soergel/Lindacher* § 339 Rz 20; *Rieble* WM 1995, 828/830.

weniger.[1] Soweit die Aufsummierung der Einzelstrafen, insbesondere bei Bildung kleiner Verletzungseinheiten, zu einer Übersanktionierung führen würde, ermöglicht § 343 BGB zumindest im nichtkaufmännischen Verkehr im Ergebnis eine angemessene Gesamtstrafenbildung.[2] Haben die Parteien die Strafhöhe in der Vertragsstrafenabrede offengelassen und deren Bestimmung für Gleichwohl-Zuwiderhandlungsfälle dem Gericht, dem abmahnenden Verband/der abmahnenden Kammer selbst oder aber einem Dritten zugewiesen, ist im Zweifel Maßgeblichkeit der für die Unterlassungsvollstreckung nach § 890 ZPO geltenden Grundsätze gewollt (i. e. bereits Rz 18).

3. Klageverfahren

a) Zulässigkeit: Allgemeines. Der Unterlassungs- und Widerrufsanspruch nach § 1 ist als Leistungsanspruch gemäß allgemeinem Grundsatz klagbar, ohne dass es eines besonderen Rechtsschutzbedürfnisses bedarf. Die Klage ist bei Vorliegen der allgemeinen Prozessvoraussetzungen und Fehlen der allgemeinen Prozesshindernisse nur unzulässig, wenn besondere Umstände die Rechtsverfolgung als objektiv rechtsmissbräuchlich erscheinen lassen. Das Rechtsschutzbedürfnis fehlt insbesondere *nicht* bei Klagerhebung ohne vorgängige Abmahnung.[3] Nichtabmahnung ist nur bezüglich der Kostentragungspflicht potenziell bedeutsam (s. Rz 11). 40

Das Rechtsschutzbedürfnis *mangelt* hingegen zumindest in aller Regel, wenn der Kläger eine hinreichend gesicherte Unterlassungserklärung des In-Anspruch-Genommenen zurückgewiesen hat und zurückweist.[4] Hat der Verwender/Empfehler auf Abmahnung eine korrespondierende Unterwerfungserklärung abgegeben, ist die Klage bezüglich der vor Abgabe der Unterwerfungserklärung liegenden Verwendungs- bzw. Empfehlungsfälle bereits wegen Verzichts auf das Klagerecht unzulässig.[5] 41

Dass bei verbreiteten AGB ein Subsidiaritätsverhältnis unter den Passivlegitimierten dahin bestünde, dass die Klage nur gegen den empfehlenden Verband oder einen exponierten, umsatzstarken Verwender zulässig, weil die Inanspruchnahme kleinerer Verwender funktionswidrig und rechtsmissbräuchlich,[6] ist *nicht* anzuerkennen. In der Teleologie des UKlaG liegt gerade umgekehrt die Regelung und nur die Regelung, bei der grundsätzlich *jeder* Verwender mit seiner Inanspruchnahme rechnen muss.[7] 42

b) Insbesondere: Zur Problematik von Mehrfachklagen. Aus dem Umstand, dass die Klagebefugnis nach § 3 I einer Vielzahl von Verbänden bzw. Kammern eingeräumt ist, folgt die Möglichkeit von Mehrfachklagen gegen denselben Verwender/Empfehler wegen ein und desselben Tatbestands; sei es, dass verschiedene Verbände bzw. Kammern den Abwehranspruch nach § 1 nebeneinander, sei es, 43

---

[1] A. A. – aus der Gleichartigkeit und zeitlichem Zusammenhang unmittelbar auf die Zahl der Zuwiderhandlungen schließend – die Lehre vom zivilrechtlichen Fortsetzungszusammenhang; aus der Judikatur: OLG Düsseldorf NJW-RR 1987, 1180, aus dem Schrifttum zuletzt *Ulrich* WRP 1997, 73 ff.

[2] *Rieble* WM 1995, 831 f.

[3] Allg. M., statt vieler: KG AGBE II § 13 Nr. 17; OLG Koblenz NJW-RR 1990, 822/823; *Bunte* DB 1980, 481.

[4] *Lindacher* GRUR 1975, 413/416 ff; a. A. – für Gleichwohl-Zulässigkeit der Klage und bloße Berücksichtigung des Umstands im Rahmen der Kostentragung nach § 93 ZPO – freilich *Staudinger/Schlosser* Rz 35.

[5] *Lindacher* GRUR 1975, 415 f; *Staudinger/Schlosser* Rz 35.

[6] So *Reinel*, Verbandsklage S. 65; *Staudinger/Schlosser* Rz 36; *Bunte* DB 1980, 485.

[7] Wie hier: OLG Frankfurt DB 1980, 2235; *Ulmer/Hensen* § 1 Rz 3; *Koch/Stübing* Rz 23.

dass sie ihn nacheinander gerichtlich geltend machen. Da die einzelnen Verfahren nicht denselben Streitgegenstand haben (jeder Kläger begehrt neben der inzidenten Feststellung der Unzulässigkeit der beanstandeten Klauseln einen Unterlassungs- und/oder Widerrufstitel, aus dem *er* ggf. die Zwangsvollstreckung betreiben kann!), steht der Parallelklage bzw. Folgeklage jedenfalls nicht die Rechtshängigkeit des Erstverfahrens bzw. die Rechtskraft des das Vorverfahren abschließenden Urteils entgegen.[1] Der Parallelklage mangelt darüber hinaus aber auch nicht etwa das allgemeine Rechtsschutzbedürfnis[2] – auch wenn man richtigerweise (s. Rz 7/8 vor § 11) die Aufgreifkompetenz der Verbände/Kammern als im öffentlichen Interesse an objektivem Institutionenschutz und mittelbarem Verbraucherschutz gegründet sieht: Der Gesetzgeber hat jene Kompetenz nun einmal bewusst in die Hände einer Vielzahl potenziell interessierter, voneinander unabhängiger Institutionen gelegt. Ein auf Privat- und berufsständische Initiative gegründetes und auf das privatrechtliche und zivilprozessuale Instrumentarium rekurrierendes Lösungsmodell verlangt systemimmanent als Korrektiv möglicherweise fehlenden oder unzulänglichen Engagements einzelner Verbände/Kammern die konkurrierende Zuständigkeit der übrigen Verbände und Kammern.[3]

44 Bei demselben Gericht angebrachte Klagen verschiedener Verbände/Kammern gegen denselben Verwender/Empfehler wegen eines identen Verwendungs- bzw. Empfehlungstatbestands sind freilich zum Schutze des Beklagten nach § 147 ZPO zu verbinden.

45 Liegt bereits ein drittseits erstrittenes rechtskräftiges, mit der Sanktionsdrohung nach § 890 II ZPO versehenes Unterlassungsurteil vor oder wird eines der Parallelverfahren durch rechtskräftiges, sanktionsbewehrtes Unterlassungsurteil abgeschlossen, ist freilich, zumindest solange und soweit sich der verurteilte Verwender/Empfehler unterlassungsgebotskonform verhält, für den Regelfall die Wiederholungsgefahr und damit eine Voraussetzung des Unterlassungsanspruchs der Folge- bzw. Parallelklage zu verneinen.[4]

46 Wird durch rechtskräftige, sanktionsbewehrte Verurteilung in einem Verfahren via dadurch bedingter Ausräumung der Wiederholungsgefahr einer Parallelklage die Begründetheit genommen, ist Erledigung der Hauptsache zu erklären. Die nach § 91 a ZPO zu treffende Kostenentscheidung ergeht nach allgemeinen Grundsätzen: Bei ursprünglicher Zulässigkeit und – in dieser Situation typischerweise gegebener – ursprünglicher Begründetheit sind die Kosten dem Beklagten aufzuerlegen.[5]

4. Einstweilige Verfügung

47 **a) Zur Zulässigkeit einstweiligen Rechtsschutzes im Verbandsklageverfahren. aa) Unterlassungsanspruch.** Zumindest dem **Unterlassungs**anspruch nach § 1 kann grundsätzlich auch im Wege des einstweiligen Rechtsschutzes Geltung verschafft werden. Einschlägige Zweifel waren schon bislang unbegründet,

---

[1] Ganz h. M., statt vieler: *Staudinger/Schlosser* Rz 4; *Hess*, in: Ernst/Zimmermann (Hrsg.), Zivilrechtswissenschaft und Schuldrechtsreform S. 527/534; AnwK/*Walker*, § 3 Rz 4; zweifelnd freilich *Leipold*, Verbandsklage S. 69 f.

[2] A. A. freilich *Reinel*, Verbandsklage S. 129 ff, sowie *Lakkis*, Kollektiver Rechtsschutz S. 193 f.

[3] *Lindacher* ZZP 103, 397/407 f.

[4] Ebenso – freilich wohl zu Unrecht auf das Erfordernis der Sanktionsdrohung gemäß § 890 II ZPO verzichtend – z. B. *Koch/Stübing* Rz 23.

[5] *Ulmer/Hensen* Rz 17; a. A. – unhaltbar – *Koch/Stübing* Rz 23 sowie *Bunte* WRP 1980, 250: die Kosten träfen die Kläger, weil diese sich nicht abgestimmt hätten.

müssen nunmehr mit Blick auf den in § 5 enthaltenen zu Verweis auf § 12 II UWG definitiv schweigen.

bb) Widerrufsanspruch. Die Vornahme des **Widerrufs** kann nicht durch einstweilige Verfügung angeordnet werden, weil sie die Hauptsacheentscheidung definitiv, nicht nur temporär vorwegnehmen würde.[1] In Betracht kommt allenfalls (s. Rz 55) eine einstweilige Verfügung auf Relativierung der Empfehlung. 48

b) Voraussetzungen. aa) Verfügungsgrund. Eilverfahren sind nur zulässig,[2] wenn das Erfordernis der **Dringlichkeit** erfüllt ist, war freilich entsprechend § 12 II UWG zu **vermuten.** 49

Gegebene objektive Dringlichkeit verliert ihren Charakter nicht etwa dadurch, dass der antragstellende Verband/die antragstellende Kammer in Kenntnis der Verwendung der nunmehr beanstandeten AGB längere Zeit untätig geblieben ist oder das Verfügungsverfahren lediglich zögerlich betrieben hat: Dass *ihm/ihr* die Sache gemäß Verhaltensselbstzeugnis nicht wirklich dringlich erscheint, ändert nichts am Vorrang des öffentlichen Interesses an zügiger Eliminierung unbilliger AGB.[3] 50

Auf keinen Fall ist Dringlichkeitsvoraussetzung die vorherige erfolglose Abmahnung:[4] Auch im Verfügungsverfahren ist vorgängige Abmahnung nur ein kostenrechtlich begründetes Gebot eigenen Interesses (s. Rz 11). 51

bb) Verfügungsanspruch. Jedenfalls für die *Unterlassungs*verfügung gilt, dass sie mehr als nur summarische Einschätzung der Rechtslage sein muss: Auf der Grundlage des zumindest glaubhaft gemachten Tatsachenvortrags muss das Gericht von der Unzulässigkeit der gerügten AGB-Verwendung bzw. -Empfehlung überzeugt sein.[5] Nur die – freilich richtigerweise nur ausnahmsweise zulässige (Rz 53) – Eilentscheidung, die sich darauf beschränkt, dem Verwender aufzugeben, bei künftiger Verwendung auf die laufende gerichtliche Überprüfung hinzuweisen und zu erklären, dass die betreffende Klausel nur im Falle ihrer gerichtlichen Bestätigung angewandt werde, setzt ex definitione nicht bereits die Bejahung des Unterlassungsanspruchs nach § 1 voraus. 52

c) Inhalt der Verfügungsentscheidung. aa) Unterlassungsanspruch. Welchen **Inhalt** die einstweilige Verfügung haben kann und muss, ist streitig: Nach h. M. lautet die einstweilige Verfügung, soweit es um die Abwehr der (Weiter-)Verwendung/Empfehlung unzulässiger AGB geht, notwendigerweise auf Unterlassung derselben.[6] Nach *Staudinger/Schlosser* § 1 UKlaG Rz 8 soll Regelinhalt einer einstweiligen Verfügung im Bereich der Verwendungsunterlassung hingegen die Anordnung sein, dass der Verwender seine AGB mit dem Zusatz zu versehen habe, bestimmte Klauseln würden derzeit gerichtlich überprüft und daher nur im Falle ihrer gerichtlichen Bestätigung angewandt werden. Richtig scheint allein eine vermittelnde Lösung, die – mit *Schlosser* – davon ausgeht, dass die Eilentscheidung nicht notwendig auf Verwendungsunterlassung lauten muss, andererseits – dies gegen *Schlosser* – das Unterlassungsgebot als Regelinhalt begreift. Denn gegen die „Hinweisverfügung" als Regel sprechen all die Gründe, die auch sonst gegen die 53

---

[1] Wohl allg. M., vgl. z. B. MünchKomm/*Micklitz* § 15 AGBG Rz 29; *Palandt/Bassenge* Rz 9; *Stoffels* Rz 1133.

[2] S. *Teplitzky* JuS 1981, 122/123.

[3] Wie hier: *Staudinger/Schlosser* Rz 7; *Löwe* § 15 AGBG Rz 21; *Ulmer/Hensen* Rz 10; Stoffels Rz 1135; a. A. – Schädlichkeit des Verbands- bzw. Kammerverhaltens – freilich etwa MünchKomm/*Micklitz* § 15 AGBG Rz 39; *Erman/Roloff* Rz 6; *Palandt/Bassenge* Rz 10.

[4] A. A. freilich wohl *Bunte* DB 1980, 485.

[5] A. A. bzw. zumindest missverständlich *Staudinger/Schlosser* Rz 6 sowie *Hensen* DB 1978, 2207/2208.

[6] Statt vieler: *Löwe* § 15 AGBG Rz 21; *Ulmer/Hensen* Rz 10.

insbesondere von *Leipold*[1] postulierte Ablösung des Prinzips der materiell-akzessorischen Eilentscheidung durch das Prinzip der „offenen" Eilentscheidung sprechen: Sie gibt überall dort, wo dem Richter die Äußerung „fester Rechtsansichten" nach Lage des Falles durchaus möglich ist, dem Antragsteller entweder zu wenig oder aber zu viel. Andererseits ist es unbeschadet des Umstands, dass die Rechtsprüfung im Verfügungsverfahren richtigerweise grundsätzlich (volle) Schlüssigkeitsprüfung bedeutet, eben ein Faktum, dass sich das Verfügungsverfahren mit seinen zeitbedingten Entscheidungszwängen keineswegs immer zur hinreichend sicheren Rechtsklärung eignet, wie sie für eine (temporäre) Befriedigungsverfügung unter Berücksichtigung der Interessen des Antragsgegners nun einmal unerlässlich ist. Dies gilt insbesondere dort, wo eine rechtsfolgenorientierte Konkretisierung der Generalklausel des § 307 I BGB oder wertausfüllungsfähiger und -bedürftiger Tatbestandsmerkmale des Klauselverbotskatalogs in Frage steht, die den Rekurs auf Rechtstatsachen erheischt, ausnahmsweise aber wohl auch im Bereich „reiner" Normauslegung: kontroverse Grundsatzfragen lassen sich im Eilverfahren kaum je mit hinreichendem Richtigkeitsanspruch lösen. Erst recht Zurückhaltung geboten ist endlich, soweit es gar um die Frage eines Abgehens von einer „gesicherten" obergerichtlichen Rechtsprechung geht. *Ausnahmsweise* kann und muss deshalb auch eine offene Verfügung möglich sein: im Bereich der Verwendungsunterlassung mit dem Inhalt, dass dem Verwender aufgegeben wird, bei bereits anhängiger oder erfolgender Hauptsacheklage seine AGB nur noch mit dem Zusatz zu verwenden, bestimmte Klauseln seien derzeit Gegenstand gerichtlicher Überprüfung und würden daher nur im Falle ihrer attestierten Zulässigkeit angewandt werden; im Bereich der Empfehlungsunterlassung mit dem Inhalt, dass dem Empfehler aufgegeben wird, für den Fall bereits erfolgter und erfolgender Hauptsacheklage bei allfälliger (Weiter-)Empfehlung auf die Anhängigkeit des abstrakten Kontrollverfahrens hinzuweisen.

54 Der Antrag auf Erlass einer offenen Verfügung vorgenannten Inhalts ist deshalb jedenfalls seiner Art nach statthaft. Beantragt der Verband/die Kammer eine Unterlassungsverfügung, kann das Gericht bei Fehlen der Voraussetzungen für eine (temporäre) Leistungsverfügung wohl auch eine offene Regelungsverfügung erlassen, da diese – bei wirtschaftlicher Betrachtungsweise – ein Minus gegenüber jener, vom weitergehenden Antrag mithin miterfasst ist.

55 **bb) Widerrufsanspruch.** Bei bereits erfolgter Empfehlung scheidet eine auf Abgabe des (unbeschränkten) Widerrufs lautende einstweilige Verfügung aus (Rz 48). Eine offene Verfügung, die den Empfehler verpflichtet, die Adressaten über die Anhängigkeit eines abstrakten Kontrollverfahrens zu unterrichten, ist hingegen ihrer Art nach möglich und grundsätzlich wohl auch zulässig, entsprechend dem unter Rz 53 Ausgeführten freilich wohl nur zurückhaltend zu gewähren.

56 **d) Verfahren.** Das Gericht entscheidet über den Antrag entweder ohne mündliche Verhandlung durch Beschluss oder aufgrund mündlicher Verhandlung durch Endurteil (§§ 922 I, 936 ZPO), wobei normative Regel nach der Wertung des § 937 II ZPO allgemein, besonders aber im abstrakten AGB-Kontrollverfahren die zweite Alternative ist:[2] Eine Dringlichkeit, die nicht einmal die Anhörung des Antragsgegners erlaubt, ist kaum je vorstellbar. Auf keinen Fall sollten einstweilige Verfügungen auf Unterlassung der Verwendung aufsichtsbehördlich genehmigter AGB ohne mündliche Verhandlung ergehen (s. auch – zugleich zur Anhörungspflicht der Genehmigungsbehörde im Verfügungsverfahren – § 8 Rz 14).

---

[1] Grundlagen des einstweiligen Rechtsschutzes, 1971, passim.

[2] Übereinstimmend: *Ulmer/Hensen* Rz 10.

Der Steuerung der Gefahr des Erlasses einer antragsstattgebenden Beschlussverfügung ohne vorgängige Gehörgewährung dient die sog. **Schutzschrift.**[1] 57

e) Bestandssicherung und Ausgleich des Wirkungsdefizits des Verfügungstitels durch Abschlusserklärung. aa) Verfügungstitel und Hauptsachetitel: Äquivalenz sowie Bestands- und Wirkungsdefizit der Unterlassungsverfügung. Mit der Unterlassungsverfügung erlangt der Verband/die Kammer einen vollwertigen Vollstreckungstitel. Anders als das im Hauptsacheverfahren ergehende Unterlassungsurteil eignet der einstweiligen Verfügung indes nicht die Drittwirkung nach § 11 (§ 11 Rz 10). Vor allem aber bleibt die Bestandskraft der einstweiligen Verfügung – Konsequenz des Umstands, dass das Verfügungsverfahren institutionell als vorläufiges, die Zeit bis zur Hauptsacheentscheidung lediglich überbrückendes Verfahren konzipiert ist – hinter der des Hauptsacheurteils zurück: Der Verband/die Kammer muss vor allem fürchten, dass der Antragsgegner die Anordnung der Klagerhebung im Hauptsacheverfahren gemäß § 926 ZPO und bei deren Nichtbeachtung die Aufhebung der einstweiligen Verfügung erwirkt bzw. bei der Beschlussverfügung sein – ebenfalls unbefristetes – Widerspruchsrecht nach § 924 ZPO ausübt. Endlich ist der Bestand der Verfügung durch die Möglichkeit einer Klage des Antragsgegners, gerichtet auf Feststellung des Nichtbestehens des in der Unterlassungsverfügung titulierten Anspruchs,[2] bedroht: Das rechtskräftige gegenläufige Hauptsacheurteil führt richtigerweise bereits ex lege zur Unwirksamkeit des Verfügungstitels.[3] 58

bb) Abschlusserklärung. Dem Ausgleich des Bestands- und Wirkungsdefizits des Verfügungstitels gegenüber dem hypostasierten korrespondierenden Hauptsachetitel dient das von der Rspr. und Lehre entwickelte Institut der **Abschlusserklärung**:[4] Dem Verfügungstitel wird auf rechtsgeschäftlichem Weg die Bestandskraft und Wirkung eines Hauptsachetitels beigelegt, andererseits – da der Verfügungstitel nun volles Äquivalent eines Hauptsachetitels – die Befugnis des Verbands/der Kammer zur Einleitung des Hauptsacheverfahrens ausgeschlossen. Dogmatisch handelt es sich dabei prozessual um einen – rechtlich möglichen – Ausschluss der unmittelbar oder mittelbar auf Aufhebung der Unterlassungsverfügung zielenden Rechtsbehelfe, soweit es nicht um die Geltendmachung solcher Gründe geht, die auch trotz eines rechtskräftigen Hauptsachetitels und gegen einen rechtskräftigen Hauptsachetitel vorgebracht werden könnten, sowie einen korrespondierenden Ausschluss der Klagbarkeit im Hauptsacheverfahren. Die dem Hauptsachetitel eigene Drittwirkung nach § 11 wird materiellrechtlich durch einen Feststellungsvertrag zugunsten Dritter erreicht: Der Verwender anerkennt die Unzulässigkeit der Verwendung der beanstandeten AGB auch zugunsten seiner künftigen Vertragspartner. 59

Dem Bestimmtheitserfordernis genügt jedes Abschlussschreiben, das das Ziel, den Verfügungstitel in Bestand und Wirkung einem Hauptsachetitel anzupassen, hinreichend klar zum Ausdruck bringt. Aufforderungen, wie die einstweilige Verfügung „als endgültig hinzunehmen", „als für sich verbindlich anzuerkennen", sind wohl ausreichend in Hinblick auf die Bestandssicherung (und enthalten als Korrelat zugleich konkludent die Zusage, bei Abgabe der geforderten Erklärung von der Einleitung eines Hauptsacheverfahrens abzusehen); eine Aufforderung zur Abgabe eines Anerkenntnisses zugunsten künftiger Vertragspartner des Verwenders enthalten sie nicht. 60

---

[1] Allgemein zu diesem vorbeugenden Verteidigungsmittel: *Teplitzky* NJW 1980, 1667 f.
[2] Zur Zulässigkeit: *Baur,* Studien zum einstweiligen Rechtsschutz S. 80 m. w. N.
[3] *Häsemeyer,* Schadenshaftung im Zivilrechtsstreit S. 115.
[4] Vgl. bereits *Lindacher* BB 1984, 639.

61 **cc) Einleitung des Hauptsacheverfahrens nach Erwirkung einer Unterlassungsverfügung: Abschlussschreiben als kostenrechtliche Obliegenheit.** Der Verband/die Kammer, der/die eine Unterlassungsverfügung erwirkt hat, kann auch unmittelbar Hauptsacheklage erheben; das Rechtsschutzbedürfnis für die Hauptsacheklage hängt nicht davon ab, dass der Verband/die Kammer den Verwender/Empfehler zuvor (erfolglos) zur Abgabe einer Abschlusserklärung aufgefordert hat (allg. M.). Den Verband/die Kammer trifft indes eine entsprechende kostenrechtliche Obliegenheit: Ohne vorgängige Abschlusserklärungsaufforderung mangelt es dem Hauptsachekläger am Anlass zur Klagerhebung i. S. von § 93 ZPO, so dass ihn bei sofortigem Anerkenntnis des Beklagten die Kosten dieses Verfahrens treffen.[1]

62 **dd) Kosten des Abschlussschreibens.** Die Kosten des (erfolgreichen) Abschlussschreibens kann der Verband/die Kammer vom Antragsgegner erstattet verlangen: Die Erstattungspflicht ist Korrelat der via Rechtsfortbildung entwickelten Obliegenheit des Antragstellers, den Antragsgegner bei Meidung des Kostenrisikos nach § 93 ZPO vor Einleitung des Hauptsacheverfahrens zur Abgabe einer Abschlusserklärung aufzufordern. Wie bei den Abmahnkosten (Rz 36) wird man dabei freilich die Erstattungsfähigkeit der Kosten für die Einschaltung eines Anwalts – und zwar hier wohl ausnahmslos – abzulehnen haben: Die sachgerechte Abfassung eines Abschlussschreibens (mit standardisiertem Inhalt!) ist von den Verbänden und Kammern auch ohne anwaltliche Hilfe zu erwarten.

5. Vollstreckung

63 **a) Unterlassungsvollstreckung.** Die Vollstreckung des Unterlassungstitels erfolgt nach allgemeinen Grundsätzen gemäß § 890 ZPO. Der Verband/die Kammer kann im Titel oder im gesonderten Beschluss die Sanktionsandrohung (Verurteilung zur Zahlung eines Ordnungsgelds oder zur Ordnungshaft „für jeden Fall der Zuwiderhandlung") erwirken und bei Zuwiderhandlung beim Prozessgericht erster Instanz auf Realisierung der Androhung antragen. Zum Begriff der Gleichwohl-Verwendung s. § 1 Rz 24 ff, zum Begriff der Gleichwohl-Empfehlung s. § 1 Rz 40 ff. Ein Verstoß liegt auch bei der Verwendung und Empfehlung der Sache nach inhaltsgleicher AGB vor (selbst wenn die entsprechende Klarstellung entgegen § 9 Nr. 3 inkorrekterweise nicht erfolgt ist). *Ob* die neue Klauselgestaltung „im Kern" inhaltsgleich, ist grundsätzlich im Vollstreckungsverfahren im Rahmen der Sanktionsfestsetzung zu entscheiden. In echten Zweifelsfällen sollte man dem Titelinhaber indes auch wahlweise die Möglichkeit einer neuen Unterlassungsklage oder Titelauslegungsfeststellungsklage, dem Vollstreckungsschuldner auch die Feststellungsklage zur Klärung des Titelschutzumfangs geben.[2] Subjektiv verlangt die Sanktionierung des Gebotsverstoßes (Eigen-)Verschulden im Sinne individueller Vorwerfbarkeit.[3]

64 **Mehrfachverwendung** bzw. **Mehrfachempfehlung** nach Strafandrohung darf nicht ohne weiteres zur Vervielfachung der Sanktion für den hypostasierten Einfachverstoß führen. Darüber, wie dieses allseits akzeptierte Postulat konstruktiv umzusetzen, gehen die Meinungen auseinander. Wer für das Zivilrecht am Institut des Fortsetzungszusammenhangs festhält,[4] obschon der aus dem Strafrecht übernommenen Figur dort[5] der Abschied gegeben wurde, kann mit einem weiten Be-

---

[1] H. M., vgl. z. B. *Teplitzky* JuS 1981, 437 m. w. N.
[2] Ebenso: MünchKomm/*Micklitz* § 15 AGBG Rz 27.
[3] Ganz h. M.; statt vieler: BGHZ 106, 229/236; MünchKommZPO/*Schilken* § 890 Rz 9; *Lindacher* DikIntern 1996, 155/158.
[4] OLG Celle NJW-RR 1996, 902; *Zöller/Stöber* ZPO, 26. Aufl., § 890 Rz 20; *Ulrich* WRP 1997, 73 ff.
[5] S. BGHGrSt 40, 138.

griff der rechtlichen Handlungseinheit arbeiten: Gleichartige, in einem gewissen räumlichen und/oder zeitlichen Zusammenhang stehende Einzelakte werden rechtlich als *eine* – fortgesetzte – Zuwiderhandlung qualifiziert.[1] Dem Umstand, dass es sich nicht um eine einfache Einmalzuwiderhandlung, sondern um eine fortgesetzte Zuwiderhandlung handelt, wird freilich sanktionsschärfende Bedeutung beigemessen.[2] Wer mit der wohl vorzugswürdigen Gegenansicht[3] dem Institut des Fortsetzungszusammenhangs auch im zivilrechtlichen Bereich die Daseinsberechtigung abspricht, hat Anlass, bei der Gesamtsanktionsbildung via Rekurs auf die Wertung des § 54 StGB einer Überreaktion zu steuern: Geboten ist Schärfung der durch den Erstverstoß indizierten Grundsanktion, nicht Vervielfachung nach dem strikten Kumulationsprinzip. Je mehr Verstöße, desto geringer das Eigengewicht des einzelnen Verstoßes.

Lässt sich der Verwender/Empfehler von der Verhängung des Ordnungsmittels nicht beeindrucken, sondern begeht **weitere Verstöße,** ist Antrag auf erneute Ordnungsmittelfestsetzung bei drastischer Sanktionsverschärfung (Faustregel: Verdopplung des Erstordnungsgelds) angezeigt. **65**

b) Widerrufsvollstreckung. Die Vollstreckung des Widerrufstitels erfolgt, da der Widerruf als actus contrarius zur Empfehlung unvertretbare Handlung, nach § 888 ZPO (allg. M.): Nimmt der Empfehler trotz rechtskräftiger Verurteilung den Widerruf nicht freiwillig vor, ist er auf Antrag des obsiegenden Verbands/der obsiegenden Kammer vom Prozessgericht des ersten Rechtszugs hierzu durch Zwangsgeld oder durch Zwangshaft anzuhalten. **66**

c) Auslandsvollstreckung. Lit.: *Remien,* Rechtsverwirklichung durch Zwangsgeld, 1992; *Lindacher,* Internationale Unterlassungsvollstreckung, in: FS Gaul, 1997, S. 399 ff. Ob ein bei deutschen Gerichten erwirkter (Leistungs-)Titel auch der *Auslandsvollstreckung* fähig, ist zunächst eine Frage der Anerkennungs- und Vollstreckbarerklärungsfähigkeit der Entscheidung ihrer **Art** nach. Während im Geltungsbereich der EuGVVO und des LuganoÜbk. Hauptsacheurteile und unter vorgängiger Gehörgewährung ergangene einstweilige Verfügungen (also Verfügungen in Urteilsform, nicht aber Ex-parte-Verfügungen in Beschlussform) per se geeignete Titel darstellen,[4] auch Ex-parte-Verfügungen jedenfalls dann „freizügig" sein sollten, wenn die Gehörgewährung im Einzelfall nachgeholt wurde,[5] kommt Auslandsvollstreckung im Übrigen grundsätzlich nur bei Unterlassungs- und Beseitigungs*urteilen* in Betracht: Einstweilige Verfügungen sind weder nach den bilateralen Anerkennungs-und Vollstreckungsübereinkommen, noch nach ausländischem autonomem Recht einschlägig taugliche Titel.[6] Auf Gleichstellung des Verfügungstitels mit einem Urteil darf, wenn überhaupt, nur dort gehofft werden, wo jenem via Abschlusserklärung (s. Rz 59) auf rechtsgeschäftlichem Weg die Bestandskraft und Wirkung eines Hauptsachetitels beigelegt wurde. **67**

---

[1] OLG Düsseldorf NJW-RR 1987, 1180: auf fahrlässigem Organisationsverschulden beruhende Verwendung von Altformularen mit sieben beanstandeten Klauseln in nachweislich drei Einzelakten innerhalb von fünf Monaten.

[2] Explizit: *Zöller/Stöber* aaO.

[3] *Stein/Jonas/Brehm* ZPO, 21. Aufl., § 890 Rz 40; *Mankowski* WRP 1996, 1144 ff.

[4] Für das EUGVÜ: EuGH Slg. 1980, 1553 „Denilauler" = IPRax 1981, 95 m. zust. Anm. *Hausmann;* für die EuGVVO: *Kropholler,* Europ. ZivilprozessR, 8. Aufl., Art. 32 EuGVVO Rz 22 f; *Thomas/Putzo/Hüßtege,* ZPO , 27. Aufl., Art. 32 EuGVVO Rz 4. Weitergehend – im Geltungsbereich der EuGVVO alle einstweiligen Verfügungen als anerkennungsfähig erachtend, da die zum EuGVÜ ergangene Rspr. nicht auf die EuGVVO übertragbar sei – freilich *Micklitz/Rott* EuZW 2002, 15/16.

[5] *Schlosser* EU-ZPR, 2. Aufl., Art. 32 Rz 6.

[6] Rechtsvergleichend: *Eilers,* Maßnahmen des einstweiligen Rechtsschutzes im europäischen Zivilrechtsverkehr, 1991, S. 223 ff, 245.

68 Auch ein grundsätzlich zur Vollstreckung geeigneter Titel kann zudem nur in den Grenzen und mit den Mitteln im Ausland durchgesetzt werden, die die *lex fori executionis* vorsieht:[1] Weder die EuGVVO bzw. das LuganoÜbk., noch die diversen bilateralen Übereinkommen, noch die völkerrechtliche *courtoisie* gebieten mehr als eine Gleichstellung. Positiv heißt dies, dass der Gläubiger eines bei uns der Vollstreckung fähigen, seiner Art nach anerkennungsfähigen Titels auf Vollstreckung im Ausland setzen kann, wenn die *lex fori* des Zweitstaats ihrerseits – sei es über das Institut der Zwangshaft und/oder des fiskusnützigen Zwangsgelds, die Grundsätze des *civil contempt of court* oder aber das Institut der *astreinte* – dem Prinzip des Naturalerfüllungszwangs verpflichtet ist. Negativ bedeutet der Satz, dass der Anerkennungsstaat vollstreckungsrechtlich nur eine Gleichstellung anerkannter Titel mit seinen Eigenentscheidungen schuldet, Aussichtslosigkeit des Versuchs, den Inlandstitel nach Anerkennung im Zweitstaat dortselbst zwangsweise durchzusetzen, obschon das Zweitstaatsrecht (wie das italienische oder das spanische Recht) auch bei Verletzung titulierter Unterlassungs- und Beseitigungsansprüche nur Schadensersatz zuspricht.

69 Im Geltungsbereich der EuGVVO bzw. des LuganoÜbk. ist zudem richtigerweise Raum für eine **grenzübergreifende Unterlassungs- bzw. Widerrufsvollstreckung** derart, dass der Androhung und Verhängung des Ordnungsgelds nach § 890 ZPO bzw. der Festsetzung des Zwangsgelds nach § 888 ZPO bei uns die Betragsbeitreibung im Ausland folgt: Art. 49 EuGVVO sowie Art. 43 LugÜ sind richtigerweise[2] funktional-extensiv dahin zu interpretieren, dass nicht nur Gläubigerzwangsgelder, sondern Zwangsgeldfestsetzungen jeder Art europaweit vollstreckbar sind, wenn und soweit auch die zugrunde liegende Entscheidung anzuerkennen und zu vollstrecken wäre.[3] Rechten lässt sich mit Fug nur darüber, ob bei der Auslandsvollstreckung deutscher Zwangsgeldtitel eine *Angleichung* dahin erlaubt oder gar geboten, dass der *Destinatär* der Zahlung ausgetauscht wird: Da der Vollstreckungszweck zwar die Fest- und Durchsetzung der angedrohten Sanktion, nicht aber das Zufließen der Zahlung gerade an den deutschen Fiskus gebietet, spricht in der Tat einiges dafür, es dem Recht des Vollstreckungsstaats zu überlassen, ob das beizutreibende Zwangsgeld dem deutschen Fiskus, dem eigenen Staatssäckel, einer gemeinnützigen Einrichtung oder aber dem Titelgläubiger zukommen soll.[4]

V. Rechtsschutz des zu Unrecht abgemahnten Verwenders/Empfehlers: Möglichkeit der Gegenwehr durch negative Feststellungsklage

1. Negative Feststellungsklage: Zulässigkeit und Voraussetzungen

70 Gegen eine Abmahnung, die eine bestimmte AGB-Verwendung/Empfehlung zu Unrecht beanstandet, kann der Inanspruchgenommene auch gegenoffensiv im Wege der **negativen Feststellungsklage** vorgehen, d. h. auf Feststellung des Nichtbestehens des mit der Abmahnung geltend gemachten Unterlassungs- und/oder Widerrufsanspruchs klagen.[5] Dass der Abgemahnte den Abmahnenden zuvor

---

1 Statt aller: *Gottwald* IPRax 1991, 285/288.

2 Einläßlich: *Lindacher* FS Gaul S. 399/406 ff.

3 Wie hier: *Remien* S. 320 f; *Rauscher/Mankowski* EuZPR, 2. Aufl., Art. 49 Brüssel I-VO Rz 3; *Geimer/Schütze* EuZVR, 2. Aufl., Art. 49 EuGVVO Rz 2. Zurückhaltend: *Schack* IZVR, 3. Aufl., Rz 977.

4 *Lindacher* FS Gaul S. 407.

5 Ganz h. M., statt vieler: *Staudinger/Schlosser* § 1 Rz 10; MünchKomm/*Micklitz* § 15 AGBG Rz 13; *Erman/Roloff* Rz 5; a. A. *A. Stein* § 15 AGBG Rz 5.

eigens erfolglos zur Rücknahme der Beanstandung und des Unterwerfungsverlangens aufgefordert hat, ist grundsätzlich *nicht* erforderlich. Anderes gilt nur, wenn dieser erkennbar von falschen, in der Sphäre des Abgemahnten liegenden Tatsachen ausgeht.

2. Das Verfahren auf negative Feststellungsklage als Verbandsklageverfahren mit umgekehrten Parteirollen

Der Sache nach ist das Verfahren auf negative Feststellungsklage des abgemahnten Verwenders/Empfehlers gegen den abmahnenden Verband/die abmahnende Kammer ein Verbandsklageverfahren nach §§ 1 ff mit umgekehrten Parteirollen. Wertungskonsequenterweise sind deshalb die Vorschriften über die Verbandsklage, das Verbandsklageverfahren und das Verbandsklageurteil, soweit sie ihrer Art nach auf die Spiegelbildklage, das hierdurch ausgelöste Verfahren und das hierauf ergehende Urteil passen, analog anzuwenden:[1] Klagen auf Feststellung der Klauselwirksamkeit fallen in die ausschließliche Zuständigkeit der Landgerichte (s. § 6 Rz 3). Der Klageantrag muss benennen, bezüglich welcher im Wortlaut aufgeführten AGB und bezüglich welcher Verwendungsart dem abmahnenden Verband/der abmahnenden Kammer kein Verwendungs-/Empfehlungsunterlassungsanspruch bzw. Widerrufsanspruch zusteht (s. § 8 Rz 2). Bei einer Feststellungsklage, mit der die Beanstandung aufsichtsbehördlich genehmigter AGB bekämpft wird, ist die Genehmigungsbehörde nach Maßgabe der zu § 8 II entwickelten Grundsätze zu hören (s. § 8 Rz 13). Bezüglich des Klageantragsinhalts gelten § 9 Nr. 1 und 2 entsprechend (§ 9 Rz 2). Das die negative Feststellungsklage sachlich abweisende Urteil ist nach § 7 veröffentlichungsfähig (§ 7 Rz 4): Der Entscheidung, die die negative Feststellungsklage aus der Erwägung abweist, dass die angegriffenen AGB sehr wohl gegen die Mindeststandards der §§ 307–309 BGB verstoßen, eignet auch Drittwirkung nach § 11 (§ 11 Rz 9). Als höchstrichterliche Divergenzentscheidung i. S. von § 10 genügt auch ein Erkenntnis, das der negativen Feststellungsklage stattgibt (§ 10 Rz 14). 71

3. Negative Feststellungsklage und Leistungswiderklage

Kontert der Verband/die Kammer auf die negative Feststellungsklage mit der korrespondierenden Leistungswiderklage, entfällt nach h. M.[2] das Rechtsschutzbedürfnis für die Feststellungsklage; der Verwender/Empfehler muss bezüglich der Letzteren Erledigung der Hauptsache anzeigen.[3] 72

VI. Einzelfragen

1. Aussetzung

Sind Unterlassungsklagen gegen mehrere Parallelverwender bzw. Parallelempfehler anhängig, können die Verfahren nicht nach § 148 ZPO ausgesetzt werden: Es fehlt an der erforderlichen Vorgreiflichkeit.[4] Die Parteien können – bei Fällen rät- 73

---

[1] *Staudinger/Schlosser* § 1 Rz 10; MünchKomm/*Micklitz* § 15 AGBG Rz 13; *Ulmer/Hensen* Rz 18; *Locher* § 18/4.

[2] Statt vieler: *Staudinger/Schlosser* § 1 Rz 10; *Locher* § 18/4.

[3] A. A. – Verträglichkeit von ursprünglicher negativer Feststellungsklage und späterer Leistungswiderklage – beachtlich *Bettermann,* Rechtshängigkeit und Rechtsschutzform, 1949, S. 92 sowie *Wieser,* Das Rechtsschutzinteresse des Klägers im Zivilprozess, 1971, S. 184 f.

[4] Allg. M., statt vieler: *Staudinger/Schlosser* Rz 5; *Ulmer/Hensen* Rz 13.

lich, in denen die Rechtslage ernstlich zweifelhaft ist – freilich das Ruhen des Verfahrens bis zur rechtskräftigen Entscheidung des ersten Parallelprozesses beantragen.[1] In Betracht kommt Aussetzung nach § 148 ZPO dagegen für den Individualprozess von Kunden gegen den Verwender bei anhängigem Unterlassungsverfahren nach § 1, wenn das dort angestrebte Unterlassungsurteil nach § 11 für die konkrete Vertragsabwicklung bindend sein würde (s. § 11 Rz 19 f), ferner auch bei rechtskräftigem Unterlassungsurteil und anhängigem Verfahren nach § 10 (s. § 11 Rz 21).

2. Drittbeteiligungen

74 Dem Verfahren gegen einen Verwender empfohlener AGB kann der Empfehler als Nebenintervenient nach § 66 ZPO beitreten, wenn er bei Verurteilung des Verwenders mit Regressansprüchen rechnen müsste. Unter eben diesen Voraussetzungen ist auch eine Streitverkündung des Verwenders an den Empfehler nach § 72 ZPO möglich.[2] Ein generelles Interventionsrecht des Empfehlers bei Verfahren gegen Verwender oder Parallelempfehler sowie der Verwender bei Verfahren gegen den Empfehler oder Parallelverwender lässt sich hingegen entgegen verbreiteter Ansicht[3] wohl nicht rechtfertigen:[4] Die bloße Präzedenzwirkung eines Urteils begründet nach allgemeinen Grundsätzen noch kein rechtliches Interesse i. S. von § 66 ZPO. Dazu, dass die Genehmigungsbehörde entgegen vereinzelt vertretener Ansicht[5] einem Verfahren auf Unterlassung der Verwendung genehmigter AGB nicht als Nebenintervenient beitreten kann, vgl. § 8 Rz 28.

3. Klageänderung

75 Unter Berücksichtigung des zur Streitgegenstandsproblematik Herausgearbeiteten (s. Rz 6 f) gilt in Anwendung allgemeiner Grundsätze: Wird die Unzulässigkeit der angegriffenen Klausel nachträglich auf einen anderen Verbotstatbestand gestützt, fehlt es bereits an einer Streitgegenstandsänderung; es handelt sich um eine jederzeit zulässige Ergänzung bzw. Berichtigung der rechtlichen Ausführungen nach § 264 Nr. 1 ZPO.[6] Um eine Streitgegenstands- und Klageänderung geht es freilich, wenn der Kläger in der Konstellation potenzieller Urteilswirkungsdivergenz je nach Verurteilungsgrund (s. Rz 7) von der allgemeinen Rechtsfolgenbehauptung Verwendungsunterlassung aus welchem Rechtsgrund auch immer zur konkreten Rechtsfolgenbehauptung wechselt, d. h. auf Verurteilung zur Verwendungsunterlassung aus dem Rechtsgrund anträgt, der ein absolutes Verwendungsverbot stützt, oder aber in der Spiegelbildsituation den gegenläufigen Weg einschlägt.

76 Wird die Klage auf weitere Klauseln desselben Klauselwerks[7] erstreckt oder der Verbotsbereich auf weitere Arten von Rechtsgeschäften i. S. von § 8 I Nr. 2 ausgedehnt bzw. hinsichtlich einzelner Klauseln oder Bereiche fallengelassen, ist § 264 Nr. 2 ZPO einschlägig: Die Änderung gilt, obschon Streitgegenstandsänderung, nicht als Klageänderung.

---

[1] *Ulmer/Hensen* aaO.
[2] MünchKomm/*Micklitz* § 15 AGBG Rz 22.
[3] *Staudinger/Schlosser* Rz 3; *Löwe* § 15 AGBG Rz 23; *Ulmer/Hensen* Rz 16.
[4] Wie hier: MünchKomm/*Micklitz* § 15 AGBG Rz 2.
[5] *Löwe* § 16 AGBG Rz 15.
[6] OLG Hamburg WM 1978, 1360.
[7] Zutreffende diesbezügliche Einschränkung: *Staudinger/Schlosser* § 8 Rz 11.

VII. Streitwert

Schrifttum: *Kur,* Streitwert und Kosten im Verfahren wegen unlauteren Wettbewerbs, 1980, S. 180 ff (AGB-Verfahren); *Lindacher,* Zum Streitwert der AGB-Verbandsklage, MDR 1994, 231 f.

Der Oberbegriff „Streitwert“ umschließt den Zuständigkeitsstreitwert, den Gebührenstreitwert und den durch Rechtsmittelantrag und Beschwer bestimmten, durch Letztere nach oben limitierten Rechtsmittelstreitwert. Aus dieser Trias kommt dem Zuständigkeitsstreitwert im Rahmen der AGB-Verbandsklage keine Bedeutung zu: Die Eingangszuständigkeit bestimmt sich nach § 6 streitwertunabhängig. Seit dem Abschied von der Streitwertrevision spielt darüber hinaus auch der Beschwerwert als Rechtsmittelzulässigkeitsfilter bestenfalls eine minime Rolle: Die Beschwerquantität für eine zulässige Berufung nach dem Streitwertprinzip (mehr als 600 €, § 511 II Nr. 1 ZPO), richtigerweise unter Berücksichtigung der Eigenheiten des Verbandsklageverfahrens nach allgemeinen Grundsätzen zu bestimmen (Rz 95), wird im AGB-Verbandsklageverfahren kaum je verfehlt. Hinsichtlich des Gebührenstreitwerts enthalten § 48 I S. 2 GKG sowie der kraft Bezugnahme durch § 5 I entsprechend anzuwendende § 12 IV UWG zwei Sonderregelungen (Rz 78 ff). 77

1. Gebührenstreitwert

Der Gebührenstreitwert ist richtigerweise in einem zweistufigen Verfahren festzusetzen. Seine Bestimmung erfolgt zunächst in Umsetzung der Vorgabe des § 48 I S. 2 GKG. Anschließend bleibt zu prüfen, ob im Einzelfall – ausnahmsweise – eine Streitwertreduzierung entsprechend § 12 IV UWG angezeigt ist. 78

a) Die Sondervorschrift des § 48 I S. 2 GKG. aa) Zweck und Bedeutung. § 48 I S. 2 GKG, Nachfolgevorschrift von § 12 I S. 2 GKG a. F., der seinerseits textgleich den früheren § 22 AGBG fortschrieb, statuiert, dass der Streitwert in Rechtsstreitigkeiten nach dem UKlaG 250.000 € nicht übersteigen darf. Wie die Vorgängervorschriften bezweckt § 48 I S. 2 GKG, die nach dem Gesetz klagebefugten Verbände/Kammern (insbes. die klagebefugten Verbraucherverbände) vor einem unbegrenzten Prozesskostenrisiko zu schützen: Die nach § 3 I aufgreifkompetenten Organisationen sollen nicht vom Kostenrecht her von der Wahrnehmung ihrer Klagebefugnis abgeschreckt werden. Macht man mit diesem Gedanken ernst, geht es freilich nicht an, in § 48 I S. 2 GKG lediglich eine (Gebühren-)Streitwert*obergrenze* zu erblicken. Sinn macht vielmehr wohl nur eine Deutung der Vorschrift dahin, den Höchststreitwert auf denkbare, kaum je praktisch werdende Extremfälle zu beziehen und die Streitwerte im Übrigen in Relation zum Höchststreitwert festzusetzen.[1] 79

b) § 48 I S. 2 GKG als reine Gebührenstreitwert-Vorschrift. Bereits für den früheren § 22 AGBG galt richtigerweise:[2] Die Vorschrift war von ihrer ratio her Gebührenstreitwert-Sonderregelung und reine Gebührenstreitwert-Bestimmung. Der neue Standort im GKG bestätigt den einschlägigen Befund. § 48 I S. 2 GKG koppelt den Gebührenstreitwert als normativen Streitwert vom nach allgemeinen Regeln zu ermittelnden Beschwerwert ab.[3] Bei der Ausmittlung des Gebührenstreitswerts war ein Schielen darauf, dass dem Verwender der Zugang zum 80

[1] *Ulmer/Hensen* Rz 21; *Staudinger/Schlosser* Rz 2; *Soergel/U. Stein* § 22 AGBG Rz 1; *Lindacher* MDR 1994, 231.

[2] Einlässlich *Lindacher* MDR 1994, 231.

[3] Zustimmend: *Staudinger/Schlosser* Rz 2.

Rechtsmittelgericht erhalten bleibt, bereits nach altem Revisionsrecht unnötig und unangebracht.[1] Der Bedeutungsverlust der Beschwerquantität als Türöffner für die höhere Instanz (Rz 77) sollte den Verzicht auf das In-einen-Topf-Werfen von Gebührenstreitwert und Beschwerwert erleichtern.

81 cc) **Anwendungsbereich.** § 48 I S. 2 GKG gilt ausweislich seines klaren Wortlauts („Rechtsstreitigkeiten aufgrund des Unterlassungsklagengesetzes") nur für das Verbandsklageverfahren: für Unterlassungs- und Widerrufsklagen nach § 1, einschlägige Verfügungsverfahren, die Klage nach § 10 und die allgemeine Vollstreckungsgegenklage nach § 767 ZPO, *nicht* für Streitigkeiten über Individualbeziehungen des Verwenders mit seinen Vertragspartnern, in denen die Frage der Klauselwirksamkeit vorgreiflich ist.

82 Analoge Anwendung von § 48 I S. 2 GKG ist geboten bezüglich negativer Feststellungsklagen von Verwendern/Empfehlern gegen abmahnende Verbände/Kammern.[2] Den Verbänden ist die Aufgreifkompetenz via Abmahnung zugewiesen (Rz 11 vor § 1). Die einschlägige Initiative darf nicht dadurch gelähmt werden, dass der Verband/die Kammer Gefahr läuft, bei Abmahnung über die negative Feststellungsklage des Abgemahnten mit einem – gemessen an der Wertentscheidung des § 48 I S. 2 GKG – exzessiven Kostenrisiko belastet zu werden.

83 Die Schutzfunktion des § 48 I S. 2 GKG (Rz 79) verlangt die Geltung der unter Rz 84 ff zu entwickelnden Grundsätze, soweit es um den Gebührenstreitwert geht, auch für die Berufungs- und Revisionsinstanz.

84 **dd) Streitwertbestimmung: Detailaussagen.**[3] Die allgemeinen Grundsätze der Streitwertbestimmung sind am Modell der Durchsetzung subjektiver Rechte oder rechtlich geschützter Individualinteressen orientiert. Auf die Verbandsklage, die institutionell nicht der Geltendmachung des Verbands-/Kammerinteresses oder der im Verband/in der Kammer gebündelten Individualinteressen dient, sondern auf die Indienstnahme privater bzw. berufsständischer Initiative sowie privaten bzw. berufsständischen Leistungspotentials im öffentlichen Interesse angelegt ist (s. Rz 7 f vor § 1), passen sie nur in *angepasster* Form: Maßgebend ist nicht das jeweilige Klägerinteresse, sondern das **Interesse der Allgemeinheit** an der Ausschaltung der betreffenden AGB-Bestimmung aus dem rechtsgeschäftlichen Verkehr, und zwar nicht nur bei Rechtsschutzbegehren von Verbraucherverbänden,[4] sondern auch bei Verbänden zur Förderung gewerblicher oder freiberuflicher Interessen[5] sowie Körperschaften des öffentlichen Rechts.[6]

85 Das Allgemeininteresse an der Freihaltung des Rechtsverkehrs von inhaltlich unangemessenen AGB-Bestimmungen ist dabei keineswegs lediglich ideeller Natur, sondern durchaus geldlich zu qualifizieren: Ziel des konkreten Verfahrens (und damit Gegenstand des öffentlichen Interesses) ist die Hintanhaltung des Schadens, der der Verwendergegenseite aus der (Weiter-)Verwendung der beanstandeten AGB-Bestimmungen droht.

---

[1] A. A. – für § 22 AGBG – noch BGH NJW-RR 1991, 1074.

[2] *Staudinger/Schlosser* § 1 Rz 10; *Palandt/Bassenge* Rz 14.

[3] I. e. bereits *Lindacher* MDR 1994, 231 f.

[4] Hier auf das Allgemeininteresse abstellend auch: BGH NJW-RR 1991, 179; 2001, 352; MünchKomm/*Micklitz* § 15 AGBG Rz 47; *Löwe* § 22 AGBG Rz 8.

[5] A. A. bei Wirtschaftsverbänden auf das kumulierte Mitgliederinteresse abstellend MünchKomm/*Micklitz* § 15 AGBG Rz 47; *Löwe* § 22 AGBG Rz 7.

[6] Auf Differenzierungen nach dem Verbandszweck verzichtend denn auch jüngst BGH NJW-RR 2003, 1694.

Das *fernere* Allgemeininteresse, via Präzedenzwirkung des klagestattgebenden Urteils auch Parallelempfehlungen und -verwendungen entgegenzuwirken, sollte hingegen bei der Streitwertbestimmung *nicht* berücksichtigt werden: Die Einbeziehung wäre unter dem Aspekt der Geringhaltung kostenrechtlicher Barrieren (s. Rz 79) eindeutig kontraproduktiv. 86

Die Erkenntnis, dass das maßgebliche Allgemeininteresse nichts anderes ist als das Interesse an Hintanhaltung des Schadens, der aus der Verwendung der beanstandeten Klauseln durch den konkreten Verwender droht (Rz 85), relativiert zugleich die praktische Bedeutung des Streits um den „richtigen" Bezugspunkt der Streitwertbestimmung bei Wirtschaftsverbänden: Interveniert ein Interessenverband gegen die Verwendung inhaltlich unangemessener AGB, die ausschließlich seinen Mitgliedern gestellt werden, ist das Allgemeininteresse an der Eliminierung der betreffenden Klauseln letztlich in der Tat gleich dem summierten Mitgliederinteresse. Von durchaus praktischer Bedeutung erweist sich der Paradigmenwechsel freilich bei Mischverwendung gegenüber Mitgliedern und Nichtmitgliedern, vor allem aber in der Konstellation, dass der Verband seine Aufgreifkompetenz gegenüber einem Verwender wahrnimmt, der sich durch unzulässige Konditionengestaltung einen Vorsprung gegenüber den gesetzestreuen Mitgliedern verschafft. Im ersten Fall orientiert sich das maßgebliche Allgemeininteresse am drohenden Schaden aller Kunden, im zweiten am Summenschaden der insgesamt außerhalb des Verbands stehenden Verwendergegenseite, nicht am Unterbindungsinteresse der im Parallelwettbewerb zum Verwender stehenden Mitglieder. 87

Beifall verdient der Versuch der Entwicklung eines „beweglichen Systems", das mit **Regelstreitwerten** als Richtlinie und Auf- und Abschlägen bei Einzelfallbesonderheiten arbeitet.[1] Bezieht man den Höchststreitwert auf kaum je praktisch werdende Extremfälle[2] und rechnet man von dort nach „unten" (Rz 79), dürfte dabei für Klagen auf Verwendungsunterlassung in maßvoller Anhebung der Praxissätze aus den 90er-Jahren ein Regelstreitwert von 2500–3000 €, für Klagen auf Unterlassung und Widerruf einer Empfehlung ein solcher in mindestens doppelter Höhe angemessen sein. Abweichungen von der Regel nach **oben** sind in Hinblick darauf, dass der herunterzurechnende Ausgangswert durch die durchschnittliche Kundenbenachteiligung bei Realisierung des Klauselfalls sowie die präsumtive Häufigkeit desselben bestimmt wird, angezeigt: wenn die Klausel – insbesondere bei Verträgen mit regelmäßig hohem Geschäftswert – ihrem Gegenstand nach Punkte von zentraler Bedeutung regelt, ferner bei besonderer Verwendungshäufigkeit und/oder signifikant häufigem Eintritt des Klauselfalls bei der Geschäftsabwicklung. Unternehmensgröße indiziert hohe Verwendungshäufigkeit, nicht selten hohen Geschäftswert. Bei eher banalen Klauseln, bescheidener Verbreitung und/oder geringer Realisierungshäufigkeit sind umgekehrt selbstredend **Abschläge** vom Regelstreitwert geboten.[3] 88

Kasuistik: Verwendungsunterlassung: Streitwert für sechs Klauseln im Lufthansa-Prozess: 180 000 DM;[4] Klage des Verbands Deutscher Opelhändler gegenüber Veedol hinsichtlich bestimmter Preisklauseln: 50 000 DM;[5] Klage gegen eine 89

---

[1] BGH NJW-RR 2003, 1694; *Kur*, Streitwert und Kosten Rz 190; a. A. – gegen jede Regelstreitwertbildung – freilich noch *Koch/Stübing* § 22 AGBG Rz 3.

[2] *Ulmer/Hensen* Rz 21: Überprüfung des gesamten Klauselwerks eines wirtschaftlich bedeutenden Unternehmens.

[3] Explizit: BGH NJW-RR 1998, 1465.

[4] BGHZ 86, 284.

[5] BGH NJW 1985, 853.

Bank wegen nachjähriger Tilgungsverrechnung: 50 000 DM;[1] Klage gegen Partnerschaftsvermittlungsunternehmen wegen erfolgsunabhängiger Vergütungsklauseln: 300 000 bzw. 200 000 DM;[2] Streitwert für drei Klauseln in Reise-AGB eines Touristenvereins: 9000 DM;[3] Streitwert für vier Bestimmungen im Klauselwerk eines Kabelanschlussnutzungsanbieters: 20 000 DM;[4] Streitwert für fünf Bestimmungen in den gegenüber den Konzertbesuchern verwandten AGB eines Veranstalters musikalischer Großveranstaltungen: 500 000 DM.[5] – Empfehlungsunterlassung und -widerruf: Streitwert im Prozess gegen Automobilherstellerverband hinsichtlich sog. Tagespreisklausel im Neuwagenhandel: 3000 DM.[6]

90 **ee) Einstweilige Verfügung.** Nach verbreiteter Ansicht soll für Verfügungsverfahren der Streitwert des hypostasierten Hauptsacheverfahrens maßgebend sein, wenn damit zu rechnen ist, dass die einstweilige Verfügung das Hauptsacheverfahren ersetzt, andernfalls der halbierte Streitwert.[7] Da eine zuverlässige einschlägige Prognose kaum möglich ist, sprechen indes die besseren Gründe wohl eher für einen generellen Abschlag, wobei zwischen Unterlassungs- und Regelungsverfügungen unterschieden werden sollte: Für den Antrag, dem Verwender aufzugeben, bei künftigen Geschäftsabschlüssen darauf hinzuweisen, dass bestimmte AGB-Bestimmungen Gegenstand gerichtlicher Überprüfung sind und nur angewandt würden, wenn das Gericht ihre Zulässigkeit attestiere (Rz 53), sollte 1/3 des Hauptsachegegenstandswerts, für den Antrag auf Erlass einer Unterlassungsverfügung sollten 2/3 des Hauptsachegegenstandswerts in Ansatz gebracht werden. Zur Streitwertminderung entsprechend § 12 IV UWG 1. Alt. bei Unterlassungsverfügungen, die ein Verwendungsverbot gegen Drittverwender umsetzen, s. Rz 93.

91 **ff) Veröffentlichungsbefugnis.** Der Antrag auf Zusprechung der Veröffentlichungsbefugnis nach § 7 hat einen eigenen Streitwert,[8] der freilich im Allgemeinen nicht höher als mit 1/10 des Hauptsachewerts anzusetzen sein dürfte.[9]

92 **b) Streitwertherabsetzung entspr. § 12 IV UWG.** Kraft Verweisung von § 5 auf die wettbewerbsrechtliche Streitwertsonderregelung ist bei der Streitwertbemessung auch im AGB-Verbandsklageverfahren von Amts wegen gegebenenfalls wertmindernd zu berücksichtigen, dass die Sache nach Art und Umfang einfach gelagert ist oder die Kostenbelastung nach dem „vollen" Streitwert einer der Parteien angesichts ihrer Vermögens- und Einkommensverhältnisse nicht tragbar erscheint. Mehr noch als im Wettbewerbsrecht kommt der einschlägigen Streitwertherabsetzung im AGB-Verbandsklagerecht freilich eine eher bescheidene Rolle zu.

93 **(1)** Einfach gelagert i. S. der ersten Minderungsalternative ist die Streitsache, wenn ihre Bearbeitung und Erledigung für das Gericht und den in AGB-Sachen versierten Anwalt in tatsächlicher und rechtlicher Hinsicht „Routinearbeit" darstellt, kurz: ohne Auseinandersetzung mit Rechtsprechung und Literatur erfolgen kann. Die entsprechende Voraussetzung wird bei Klageverfahren zwar nicht schlechthin zu verneinen, tendenziell freilich eher selten erfüllt sein. Thematisiert

---

1 BGH NJW-RR 1991, 1074.
2 OLG Hamburg DB 1978, 172; NJW 1986, 325; zweifelhaft.
3 OLG Stuttgart NJW-RR 1997, 891.
4 OLG Naumburg WuM 1995, 547.
5 OLG Celle NJW 1995, 890; zweifelhaft.
6 BGHZ 82, 21; unverständlich niedrig.
7 So *Ulmer/Hensen* Rz 22; *Erman/Roloff* Rz 7.
8 Ganz h. M., statt vieler: *Ulmer/Hensen* § 7 Rz 5; a. A. *A. Stein* § 22 AGBG Rz 4.
9 Übereinstimmend: *Staudinger/Schlosser* § 7 Rz 3; *Palandt/Bassenge* § 7 Rz 5.

sind allgemein glatte Verstoßfälle, im Besonderen Unterlassungsverfügungen, die Unterlassungsurteile gegen Drittverwender umsetzen.

(2) Hinsichtlich der zweiten Minderungsalternative wirkt sich anwendungshemmend aus, dass einerseits eine Herabsetzung richtigerweise von vornherein erst bei Überschreiten gewisser Schwellenwerte in Betracht kommt, Streitwerte im AGB-Verbandsklageverfahren andererseits, anders als im Wettbewerbsrecht, ohnehin eher moderat ausfallen: der „volle" Streitwert ist, anders als im Wettbewerbsrecht, bereits selbst ein heruntergebrochener Wert (Rz 79). Verbänden, die von Haus aus über eine angemessene finanzielle Ausstattung verfügen müssen (§ 3 Rz 10, § 4 Rz 10), sind auch Verfahren mit höheren Streitwerten ohne Streitwertherabsetzung zuzumuten. Die Herabsetzungsfrage sollte sich, auch nach Abschaffung der Wertrevision, erst bei Streitwerten stellen, die deutlich jenseits des Entsprechungswerts der früheren Revisionssumme (mehr als 60 000 DM) liegen.[1] Auch bei Verwendern/Empfehlern gilt es das Kostenrisiko spürbar zu halten, die Aufgreifschwelle nicht *zu* niedrig anzusetzen. Diskutabel erscheint als Regelaussage, dass Streitwerte bis zu 10 000 € allemal herabsetzungsfest. 94

2. Beschwerwert

Begrenzung der Geltung von § 48 I S. 2 GKG auf das Kostenrecht und Maßgeblichkeit der allgemeinen Grundsätze unter Berücksichtigung der Eigenheiten des Verbandsklageverfahrens bei der Bestimmung des rechtsmittelrelevanten Beschwerwerts (Rz 77) bedeutet für den mit der Klage abgewiesenen Verband: Maßgeblichkeit des *ungekürzten* Allgemeininteresses an der Hintanhaltung des Schadens, der der Verwendergegenseite bei Weiter- bzw. Erstverwendung der beanstandeten AGB-Bestimmung drohen würde. Auf der Beklagtenseite zählt im Verurteilungsfall hingegen das – ungekürzte – Eigeninteresse an der Weiterverwendung der betreffenden Klauseln,[2] bei Verurteilung eines Verbandsempfehlers wohl das gebündelte einschlägige Mitgliederinteresse. Da der Gebührenstreitwert ein „heruntergerechneter" Wert (s. Rz 78), geht es nicht an, bei der Festsetzung der Beschwer des unterlegenen Klägers schlicht auf dessen (Gebühren-)Streitwertangabe zurückzugreifen.[3] 95

---

[1] Übereinstimmend: *Palandt/Bassenge* Rz 15 sowie AnwK/*Walker* Rz 9 (jeweils unter Bezug auf wettbewerbsrechtliche Judikatur).

[2] A. A. – unter Geltung des früheren § 22 AGBG – noch BGH NJW-RR 1991, 179.

[3] A. A. BGH NJW-RR 1997, 884.

§ 6 Zuständigkeit

(1) Für Klagen nach diesem Gesetz ist das Landgericht ausschließlich zuständig, in dessen Bezirk der Beklagte seine gewerbliche Niederlassung oder in Ermangelung einer solchen seinen Wohnsitz hat. Hat der Beklagte im Inland weder eine gewerbliche Niederlassung noch einen Wohnsitz, so ist das Gericht des inländischen Aufenthaltsorts zuständig, in Ermangelung eines solchen das Gericht, in dessen Bezirk

1. die nach den §§ 307 bis 309 des Bürgerlichen Gesetzbuchs unwirksamen Bestimmungen in Allgemeinen Geschäftsbedingungen verwendet wurden,

2. (AGB-rechtlich nicht einschlägig),

3. (AGB-rechtlich nicht einschlägig).

(2) Die Landesregierungen werden ermächtigt, zur sachdienlichen Förderung oder schnelleren Erledigung der Verfahren durch Rechtsverordnung einem Landgericht für die Bezirke mehrerer Landgerichte Rechtsstreitigkeiten nach diesem Gesetz zuzuweisen. Die Landesregierungen können die Ermächtigung durch Rechtsverordnung auf die Landesjustizverwaltungen übertragen.

(3) Die vorstehenden Absätze gelten nicht für Klagen, die einen Anspruch der in § 13 bezeichneten Art zum Gegenstand haben.

Inhaltsübersicht

1. Regelungsinhalt: Überblick

1 Die Vorschrift enthält in ihrem Abs. 1 für den Verbandsprozess und gleichzustellende Verfahren (hierzu Rz 3) eine Sonderregelung betreffs der sachlichen und örtlichen Zuständigkeit. Abs. 2 beinhaltet eine gerichtsverfassungsrechtliche Konzentrationsermächtigung an die Landesregierungen; Abs. 3 stellt klar, dass es für den in § 13 geregelten Auskunftsanspruch bei den allgemeinen Zuständigkeitsregelungen bleibt.

2. Regelungsanliegen

2 Die Monopolisierung der Eingangszuständigkeit beim Landgericht bezweckt, via Konzentration des Geschäftsanfalls und hierdurch bedingter Steigerung der Sachkunde bessere Rahmenbedingungen für eine sachdienliche und zügige Erledigung abstrakter Kontrollverfahren zu schaffen. Die Ermächtigung nach Abs. 2 soll ermöglichen, den Konzentrationseffekt durch Bildung von Schwerpunkt-Landgerichten mit besonderen Spezialkammern noch zu verstärken. Dass die in Abs. 1 genannten Gerichtsstände in ein Stufenverhältnis gestellt sind, dürfte hingegen primär Beklagtenschutzgründe haben: Der Verwender/Empfehler soll, wenn es schon keine Sperre für Parallelklagen gibt (§ 5 Rz 49), jedenfalls grundsätzlich nur an einem Gerichtsstand verklagt werden können.

3. Anwendungsbereich der Vorschrift

Die Vorschrift erfasst in unmittelbarer Anwendung die **Verbandsklagen nach § 1** sowie **Klagen nach § 10,** über § 937 ZPO auch das **Verfügungsverfahren.**[1] Sie ist richtigerweise aus dem Gesichtspunkt der Sachnähe *analog* anzuwenden auf Klagen auf Erstattung vorprozessualer **Abmahnkosten**[2] sowie Klagen auf Zahlung verwirkter **Vertragsstrafen,**[3] nach ihrer ratio (Rz 2) ferner – soweit die sachliche Zuständigkeit in Frage steht – auf **Feststellungsklagen** des Verwenders/Empfehlers gegen den die Zulässigkeit der AGB-Verwendung bestreitenden Verband.[4] 3

4. Sachliche Zuständigkeit

§ 14 I begründet in seinem Anwendungsbereich (hierzu Rz 3) die **streitwertunabhängige, ausschließliche Zuständigkeit der Landgerichte.** Intern geschäftsverteilungsmäßig sind dabei, auch soweit es um AGB-Verwendungen im Unternehmensverkehr geht, die **Zivilkammern,** nicht die Kammern für Handelssachen zuständig:[5] Dem Gesichtspunkt, die AGB-Kontrolle bei *einem* Spruchkörper konzentrieren zu können (Rz 2), kommt Vorrang gegenüber dem Gesichtspunkt zu, sich bei den für den Unternehmensverkehr bestimmten Klauseln via Beteiligung von Handelsrichtern deren Sachkunde bei der gemäß § 310 I S. 2 BGB gebotenen angemessenen Rücksichtnahme auf die „im Handelsverkehr geltenden Gewohnheiten und Gebräuche" nutzbar zu machen. 4

Für das **Verfügungsverfahren** bedeutet die Ausschließlichkeit der landgerichtlichen Zuständigkeit: für eine Eilzuständigkeit des Amtsgerichts ist kein Raum.[6] 5

5. Örtliche Zuständigkeit

Welches Landgericht – ausschließlich – zuständig, bestimmt sich nach der **Gerichtsstandsleiter des § 6 I**: Regelzuständig ist das Gericht der gewerblichen Niederlassung, jeweils hilfsweise – bei Fehlen eines Gerichtsstands vorheriger Stufe – das Gericht des Wohnsitzes bzw. Sitzes, das Gericht des (inländischen) Aufenthaltsorts sowie das Gericht der Verwendung/Empfehlung der beanstandeten AGB. 6

a) Der Regelgerichtsstand der gewerblichen Niederlassung. Unternehmer-Verwender/Empfehler sind am Ort ihrer Niederlassung zu verklagen. Ebenso wie bei § 21 ZPO unterfallen dem Gerichtsstand der gewerblichen Niederlassung gemäß § 6 I nach der Teleologie der Regelung – Gewährleistung der Klagemöglichkeit am Ort des Schwerpunkts der Erwerbstätigkeit des Beklagten, dem eine Verteidigung dort andererseits auch zumutbar – auch Betriebe der Urproduktion, freie Berufe[7] und landwirtschaftliche Betriebe. Der Tendenz des Gesetzes zur Gerichtsstandskonzentration (Rz 2) dürfte es entsprechen, eine **Zweigniederlassung** dann, aber auch nur dann als gerichtsstandsbegründend anzusehen, wenn auf deren Bereich beschränkte AGB beanstandet werden.[8] 7

---

[1] Statt vieler: KG MDR 1980, 676; *Ulmer/Hensen* § 5 Rz 8; *Palandt/Bassenge* Rz 1.

[2] *Ulmer/Hensen* Rz 1; *Erman/Roloff* Rz 1; *Palandt/Bassenge* Rz 1; *Stoffels* Rz 1141; a. A. *Löwe* § 14 AGBG Rz 1.

[3] LG München NJW-RR 1991, 1143; LG Karlsruhe VuR 1992, 130 f; *Staudinger/Schlosser* Rz 11; *Ulmer/Hensen* Rz 1; *Stoffels* Rz 1141.

[4] *Ulmer/Hensen* Rz 1; *Palandt/Bassenge* Rz 1; a. A. z. B. *Soergel/U. Stein* § 14 AGBG Rz 2.

[5] *Ulmer/Hensen* Rz 5; *Erman/Roloff* Rz 2; *Palandt/Bassenge* Rz 3.

[6] *Staudinger/Schlosser* Rz 1; a. A. *Löwe* § 14 AGBG Rz 2.

[7] A. A. insoweit *Palandt/Bassenges* Rz 5.

[8] Übereinstimmend: *Lakkis,* Kollektiver Rechtsschutz S. 128; AnwK/*Walker* Rz 3; großzügiger offenbar *Ulmer/Hensen* Rz 3.

8 **b) Die Hilfsgerichtsstände. aa) Wohnsitz bzw. Sitz.** Fehlt es an einer gewerblichen Niederlassung, greift als erster Hilfsgerichtsstand bei natürlichen Personen der Wohnsitzgerichtsstand (Bestimmung des Wohnsitzes: §§ 7–11 BGB), bei juristischen Personen (wichtig bei Verbandsempfehlern!) der Gerichtsstand des Sitzes (§ 17 ZPO analog) ein. Dass letzterer in § 6 I nicht ausdrücklich benannt ist, stellt ersichtlich ein – im UKlaG fortgeschriebenes – Redaktionsversehen dar.[1] Bei Doppelwohnsitz des Beklagten hat der Kläger die Wahl, § 35 ZPO.[2]

9 **bb) Aufenthalt.** Zweiter Hilfsgerichtsstand (praktisch extrem selten) ist der des (schlichten) Aufenthaltes im Zeitpunkt der Klageerhebung bzw. der Verfügungsantragstellung: späterer Wechsel schadet nicht (§§ 261 III Nr. 2, 253 I ZPO).

10 **cc) Ort der Verwendung/Empfehlung.** Hat der Verwender/Empfehler[3] im Inland weder eine gewerbliche Niederlassung noch Wohnsitz/Sitz oder Aufenthalt, greift als Auffanggerichtsstand der der AGB-Verwendung bzw. -Empfehlung. Ort der Verwendung: überall dort, wo die beanstandeten AGB bei der Anbahnung von geschäftlichem Kontakt, bei Vertragsverhandlungen, bei oder nach Vertragsschluss präsentiert oder in Bezug genommen wurden; bei Distanzgeschäften kumulieren ggf. Handlungs- und Erfolgsort. Auch Ort der Empfehlung ist sowohl der Ort der Abgabe als auch des Zugangs der Empfehlung,[4] was nicht notwendigerweise der Wohnsitz des Empfehlers oder des Adressaten sein muss.[5] Unter mehreren Gerichtsständen der letzten Subsidiaritätsstufe hat der Kläger die Wahl (§ 35 ZPO).

11 Soweit auf einen Fall mit Auslandsbezug die EG-Verordnung Nr. 44/2001 über die gerichtliche Zuständigkeit und die Anerkennung und Vollstreckung von Entscheidungen in Zivil- und Handelssachen (EuGVVO) oder das Luganer Parallelübereinkommen anzuwenden ist (s. hierzu Rz 13 ff), verdrängt der jeweilige Rechtsakt § 6 I auch bezüglich der örtlichen Zuständigkeit (Rz 14).

6. Internationale Zuständigkeit

12 **a) Zuständigkeit nach allgemeinem IZPR.** Einschlägiger legislatorischer Tradition folgend geht auch das UKlaG – unausgesprochen – von der Bifunktionalität der Gerichtsstandsvorschriften aus: In Fällen mit Auslandsbezug regelt § 6 I nicht nur die örtliche, sondern auch die internationale Zuständigkeit.[6] Die nachgeordneten Hilfsgerichtsstände sind ohnehin weitgehend oder ausschließlich auf Sachverhalte mit Auslandsbezug zugeschnitten.

13 **b) Zuständigkeit nach EuGVVO/LugÜ.** Zu beachten ist freilich, dass § 6 I als die internationale Zuständigkeit regelnde Norm nur thematisiert ist, wenn der Beklagte seinen Wohnsitz/Sitz weder in einem EU-Mitgliedstaat noch in einem Vertragsstaat des Luganer Parallelübereinkommens (Irland, Norwegen, Schweiz) hat. Für Verfahren gegen EU- bzw. vertragsstaatsansässige Verwender oder Empfehler beurteilt sich die internationale Zuständigkeit ausschließlich nach EuGVVO bzw. dem einschlägigen Übereinkommen (Art. 3 I, 60 EuGVVO bzw. Art. 3 I, 53 LugÜ).

---

[1] Statt vieler: *A. Stein* § 14 AGBG Rz 5; *Erman/Roloff* Rz 4.

[2] *Erman/Roloff* Rz 4.

[3] Letzterer auch im UKlaG ersichtlich nur versehentlich nicht genannt; für Gleichstellung mit dem Verwender, statt aller: AnwK/*Walker* Rz 5; *Palandt/Bassenge* Rz 7.

[4] Statt vieler: *A. Stein* § 14 AGBG Rz 6 sowie *Erman/Roloff* Rz 6.

[5] So jetzt auch: *Ulmer/Hensen* Rz 3.

[6] Allg. M.; statt vieler: BGHZ 109, 23/34 = BB 1990, 658/659 m. Anm. *Lindacher; Staudinger/Schlosser* Rz 3; *Stoffels* Rz 1146.

Deutschen Gerichten eignet dabei nach Art. 2 I, 60 EuGVVO allemal Kompetenz, wenn der Verwender seinen Sitz in der Bundesrepublik hat. Die örtliche Zuständigkeit bestimmt sich insoweit, mangels einschlägigen Geltungsanspruchs der Brüssel I-VO,[1] nach §6. Hat der Verwender seinen Sitz in einem anderen Mitglied- bzw. Vertragsstaat, sind die deutschen Gerichte bei Inlandsverwendung gleichwohl international zuständig: fraglos, wenn die Verwendung durch eine inländische Niederlassung erfolgt (Art. 5 Nr. 5 EuGVVO/EuGVÜ/LugÜ), richtigerweise aber auch sonst. Die Verwendung inhaltlich unzulässiger AGB ist als eine einer unerlaubten Handlung gleichzustellende Handlung i. S. von Art. 5 Nr. 3 EuGVVO/EuGVÜ/LugÜ zu qualifizieren.[2] Eine Klageerhebung im Gerichtsstand des gewöhnlichen Aufenthalts scheidet hingegen aus. Da Art. 5 EuGVVO/EuGVÜ/LugÜ in seinen jeweiligen Erscheinungsformen auch die örtliche Zuständigkeit regelt,[3] wird §6 I hier völlig verdrängt. 14

Bei Inlandsverwendung von AGB im Reiseveranstaltergeschäft mit auslandsbelegenen Ferienhäusern/-wohnungen durch einen Veranstalter mit Sitz in der Bundesrepublik kann die Verbandsklage auch dann zu den deutschen Gerichten erhoben werden, wenn die bereitzustellende Unterkunft in einem anderen Mitglied- bzw. Vertragsstaat liegt; der Regelgerichtsstand des Art. 2 I EuGVVO/EuGVÜ/LugÜ wird insoweit nicht durch den Belegenheitsgerichtsstand nach Art. 22 Nr. 1 EuGVVO bzw. Art. 16 EuGVÜ/LugÜ verdrängt.[4] Letzteres lässt sich richtigerweise gleich zweifach begründen: mit der von der Rspr. bislang vernachlässigten Erwägung, dass Art. 22 Nr. 1 EuGVVO bzw. Art. 16 EuGVÜ/LugÜ von vornherein nur Individual-, nicht aber Verbandsklageverfahren erfasst,[5] *und* via Verneinung des Tatbestandsmerkmals „Miete“. 15

7. Zuständigkeitsprüfung und -mangel

Sachliche und örtliche Zuständigkeit sind vom angerufenen Gericht von Amts wegen zu prüfen. Da sie ausschließlicher Natur sind, tritt bei Zuständigkeitsmangel keine Heilung durch rügelose Einlassung ein (§40 II ZPO). Bei konstatierter Unzuständigkeit: auf ggf. gemäß §139 ZPO anzuregenden Verweisungsantrag Verweisung nach §281 ZPO, sonst Klageabweisung als unzulässig. Fehlerhafte Bejahung der sachlichen oder örtlichen Zuständigkeit ist – anders als die fehlsame Annahme eigener internationaler Zuständigkeit[6] – kein Rechtsmittelgrund (§§513 II, 545 II ZPO). 16

8. Konzentrationsermächtigung, Abs. 2

§6 II ermächtigt die Landesregierungen, die ihrerseits die Ermächtigung durch Rechtsverordnung auf die Landesjustizverwaltungen übertragen können, zur Zuständigkeitskonzentration für AGB-Verbandsklagen und gleichzustellende Verfah- 17

---

[1] Statt aller: *Thomas/Putzo/Hüßtege* ZPO, 27. Aufl., Art. 2 EuGVVO Rz 3.

[2] EuGH NJW 2002, 3617/3618; *Lakkis,* Kollektiver Rechtsschutz S. 134 f.; *Staudinger/Schlosser* Rz 3; *Palandt/Bassenge* Rz 4; *Landfermann* RIW/AWD 1977, 445/451.

[3] Statt aller: *Kropholler,* Europ. ZPR, 8. Aufl., Rz 5 vor Art. 5 EuGVVO; *Schlosser,* EU-ZPR, 2. Aufl., Rz 1 vor Art. 5 EuGVVO.

[4] BGHZ 119, 152/156 f = IPRax 1993, 244/245 m. Anm. *Lindacher,* 228; *Schlosser,* EU-ZPR, 2. Aufl., Art. 22 EuGVVO Rz 13; *Rauscher/Mankowski* EuZPR, 2. Aufl., Art. 22 Rz 22 f.

[5] *Kropholler,* Europ. ZPR, 8. Aufl., Art. 22 EuGVVO Rz 30; *Lindacher* BB 1990, 661; *W. Lorenz* IPRax 1990, 294 f.

[6] BGH NJW 2003, 426; 2004, 1456; *A. Staudinger* IPRax 2001, 298 ff.

ren, indem dieselben einem Landgericht für die Bezirke mehrerer Landgerichte zugewiesen werden. Von der Konzentrationsermächtigung, §§ 27 III UWG, 32 III WZG hat, haben Gebrauch gemacht: **Bayern**:[1] zuständig für den OLG-Bezirk München das LG München I, für den OLG-Bezirk Nürnberg das LG Nürnberg-Fürth, für den OLG-Bezirk Bamberg das LG Bamberg. – **Hessen**:[2] zuständig das LG Frankfurt. – **Mecklenburg-Vorpommern**:[3] LG Rostock. – **Nordrhein-Westfalen**:[4] zuständig für den OLG-Bezirk Düsseldorf das LG Düsseldorf, für den OLG-Bezirk Hamm das LG Dortmund und für den OLG-Bezirk Köln das LG Köln. – **Sachsen**:[5] LG Leipzig.

9. Begrenzung der Zuständigkeitsregelung, Abs. 3

18 Auskunftsklagen nach § 13 werden vom Regelungsanliegen des Abs. 1 (Rz 2) nicht erfasst: Abs. 3 nimmt deshalb entsprechende Klagen, die dem Wortlaut nach unter Abs. 1 zu bringen wären, ausdrücklich von der Sonderregelung aus. Es bleibt insoweit bei den allgemeinen Vorschriften der ZPO und des GVG.

---

[1] GVBl. 1977, 197.
[2] GVBl. 1977, 122.
[3] GVBl. 1994, 514.
[4] GVBl. 1977, 133.
[5] GVBl. 1994, 1313.

§ 7 Veröffentlichungsbefugnis

Wird der Klage stattgegeben, so kann dem Kläger auf Antrag die Befugnis zugesprochen werden, die Urteilsformel mit der Bezeichnung des verurteilten Beklagten auf dessen Kosten im Bundesanzeiger, im Übrigen auf eigene Kosten bekannt zu machen. Das Gericht kann die Befugnis zeitlich begrenzen.

Inhaltsübersicht

1. Regelungsanliegen

1 § 7 entspricht wörtlich dem früheren § 18 AGBG. Die Regelung dient der Verstärkung der tatsächlichen Breitenwirkung eines Unterlassungs- und/oder Widerrufsurteils sowie der einem solchen Erkenntnis zugrunde liegenden rechtlichen Missbilligung der in Frage stehenden AGB-Klauseln. Durch die Bekanntmachung soll der „interessierten Öffentlichkeit" die Möglichkeit verschafft werden, von verurteilenden Entscheidungen im abstrakten Kontrollverfahren Kenntnis zu nehmen.[1] Ziel der entsprechenden Publizität ist dabei richtigerweise nicht *nur* die Beseitigung der von der konkreten Verwendung/Empfehlung bewirkten Störung bzw. Gefährdung des Rechtsverkehrs,[2] sondern auch und gerade die Verstärkung der Präzedenzwirkung des Urteils für Fälle potenzieller Parallelverwendung/-empfehlung.[3]

2. Bekanntmachungsbefugnis des obsiegenden Klägers unabhängig von § 7

2 Sachgerechtes Erfassen des Regelungsgehalts der Vorschrift erheischt zunächst ein Sich-Vergegenwärtigen der einschlägigen Handlungsbefugnis des obsiegenden Verbands *unabhängig* von § 7: Diese Vorschrift darf keinesfalls dahin missverstanden werden, dass die Bekanntgabe erwirkter gerichtlicher Entscheidungen an Dritte zum Zwecke anderweitiger Verbreitung bzw. die Selbstpublikation auf eigene Kosten stets oder auch nur grundsätzlich der vorgängigen gerichtlichen Genehmigung bedürfe. Genau das Gegenteil ist der Fall.[4] Die bloße Mitteilung der erwirkten Entscheidung ist als Ausübung der verfassungsrechtlich verbürgten allgemeinen aktiven Informationsfreiheit im Bereich der AGB-Verwendung bzw. -Empfehlung

[1] BT-Rechtsausschuss, BT-Drucks 7/5422 S. 12 (zu § 18 AGBG).
[2] So freilich wohl BGH NJW 1992, 1450/1452.
[3] Zutreffend: BGH NJW 1992, 503/505; *Ulmer/Hensen* Rz 4; *Erman/Roloff* Rz 2.
[4] Richtig: *Staudinger/Schlosser* Rz 1 sowie *Löwe* § 18 AGBG Rz 17.

auch ohne besondere gerichtliche Ermächtigung zumindest immer dann zulässig, wenn die Bekanntgabe seitens des Verbands nicht (auch) zu Wettbewerbszwecken geschieht. Da die einschlägige Informationstätigkeit reiner, d. h. sich jeden Geschäftsabschlusses enthaltender Verbraucherverbände ex definitione kein Handeln zu Zwecken des Wettbewerbs ist, sind daher jedenfalls sie uneingeschränkt zur Publikmachung erwirkter Urteile befugt. Besteht ausnahmsweise ein Konkurrenzverhältnis zwischen dem Verband und dem verurteilten Verwender (einschlägige Mitgliedergeschäfte des Verbands!) oder zwischen den (Wirtschafts-)Verbandsmitgliedern und dem verurteilten verbandsexternen Verwender, dürfte hingegen entscheidend sein, ob die Breitenwirkungsverstärkung via Urteilsbekanntmachung durch den obsiegenden Verband auch und gerade im öffentlichen Interesse liegt. Letzteres dürfte bei Entscheidungen im Hauptsacheverfahren so gut wie stets, bei einstweiligen Verfügungen hingegen wohl nur dann zu bejahen sein, wenn der Antragsgegner eine sog. Abschlusserklärung (§ 5 Rz 59) abgegeben hat, die Verfügung mithin ihres Charakters als eines institutionellen Provisoriums entkleidet ist. Wo immer die entsprechende Befugnis besteht, muss die Information ihrerseits freilich korrekt sein: Gegenstand der Mitteilung kann zwar auch ein noch nicht in Rechtskraft erwachsenes Urteil sein, doch muss der Umstand fehlender Rechtskraft dann besonders hervorgehoben werden.

3. Konstitutive Bedeutung der Vorschrift

3 Der Befund weist die *relative* Bedeutung von § 7 auf: Der Ausspruch der Befugnis, die Urteilsformel unter Benennung des verurteilten Verwenders/Empfehlers auf **eigene Kosten** bekanntzumachen, stellt idealiter nur die ohnehin bestehende Rechtslage fest, soll freilich andererseits als potenziell-konstitutive Ermächtigung jedem späteren Streit um die Berechtigung zur Entscheidungsverbreitung vorbeugen. Die gerichtliche Genehmigung rechtfertigt das Publikmachen der Entscheidung, wenn eine Bekanntmachungsbefugnis ursprünglich nicht bestanden haben sollte, und sichert den Verband mithin gegen ein ansonsten zumindest in Grenzfällen gegebenes Haftungsrisiko. Die Ermächtigung des obsiegenden Verbands schließlich, die Urteilsformel unter Benennung des verurteilten Verwenders auf **dessen Kosten** im **Bundesanzeiger** bekanntzumachen, stellt jenen darüber hinaus in zweifacher Weise besser, als er nach allgemeinen Grundsätzen stünde: Sie eröffnet dem Verband den ansonsten verschlossenen Weg der Urteilspublikation gerade in diesem Medium und begründet vor allem die einschlägige Kostenlast des zu Unterlassung bzw. Widerruf Verurteilten.

4. Teilobsolenz der Vorschrift?

4 Die Ermächtigung des Klägers, die Entscheidungsformel mit Verwender-/Empfehlerbezeichnung auf Kosten des Beklagten im Bundesanzeiger bekanntzumachen, macht unter Breitenwirkungverstärkungsgesichtspunkten ersichtlicherweise nur Sinn, wenn die aus der Publikation resultierende Informationsmöglichkeit von der „interessierten Öffentlichkeit" – wie vom Gesetzgeber erhofft – auch *angenommen* wird. Das Schrifttum hat die einschlägige Erwartung von Anbeginn an überwiegend als realitätsfern kritisiert.[1] Vieles, ja sehr vieles spricht dafür, dass die entsprechende Skepsis berechtigt war.[2] Vor solchem Hintergrund stellt sich für

---

1 Repräsentativ: *P. Schlosser,* Komm. § 18 AGBG Rz 1.

2 S. auch MünchKomm/*Micklitz* § 18 AGBG Rz. 1; *Soergel/U. Stein* § 18 AGBG Rz 1; *Palandt/Bassenge* Rz 2.

§ 7 1. Alt. ernsthaft die **Obsolenzfrage**: Vorschriften, deren Anwendung den intendierten Zweck verfehlt, verlieren ihre (Fort-)Geltungsberechtigung.

Scheut man vor der Diagnose eines faktischen Leerlaufens von § 7 1. Alt. mangels solider einschlägiger empirischer Feststellung (noch) zurück, geht es freilich kaum an, den Anwendungsbereich der – bei Transferierung des AGB-Rechts ins BGB immerhin aufrechterhaltenen – Vorschrift mit Blick auf die Effizienzzweifel, gewissermaßen kompensatorisch, drastisch dahin einzuschränken, dass man die Ermächtigung zur Veröffentlichung im Bundesanzeiger nur bei besonders schwerer Störung des Rechtsverkehrs gibt:[1] Kenntnisnehmen bzw. Nichtkenntnisnehmen von der Veröffentlichung hängt nicht von deren Inhalt ab. Fortgeltungsbejahung von § 7 1. Alt. heißt Weiteranwendung der Vorschrift im vom Gesetzgeber intendierten Umfang. 5

5. Anwendungsbereich der Vorschrift

Die Vorschrift ist (soweit überhaupt fortgeltend, s. Rz 4) unmittelbar anwendbar, soweit es sich um ein auf Verbandsklage ergangenes Unterlassungs- und/oder Widerrufsurteil handelt – auch wenn das Urteil der Klage nur teilweise stattgibt.[2] Einstweilige Verfügungen werden richtigerweise insoweit erfasst, als die Verfügung durch sog. Abschlusserklärung (§ 5 Rz 58 ff.) definitiv gestellt ist.[3] Die Ermächtigung hat hier aufschiebend bedingt, für den Fall der Abgabe der Abschlusserklärung, zu erfolgen. Was die Urteile auf Feststellungsklage des von einem Verband abgemahnten Verwenders/Empfehlers angeht, scheidet eine analoge Anwendung von § 7 sicher bei klagestattgebendem Erkenntnis aus: Das klagestattgebende Feststellungsurteil korrespondiert dem Urteil, das die Unterlassungs- und/oder Widerrufsklage des Verbands abweist – eine Fallgestaltung, die fraglos nicht von § 7 erfasst wird. Eine analoge Anwendung von § 7 auf das die Feststellungsklage sachlich abweisende Urteil dürfte hingegen zu bejahen sein.[4] Hierbei bedeutet entsprechende Anwendung letzternfalls selbstredend, dass statt des (nichtssagenden) Tenors der Gehalt der Entscheidung gegebenenfalls in Orientierung an § 9 Nrn. 1 und 2 positiv wiederzugeben ist. 6

6. Voraussetzung der Ermächtigung

Voraussetzung für eine Ermächtigung des Klägers nach § 7 ist ein besonderer Antrag, der nach Art und Umfang die Veröffentlichung, bezüglich derer um gerichtliche Autorisation nachgesucht wird, genau spezifizieren muss. Bei unzureichender Spezifikation ist Hinweis gemäß § 139 ZPO geboten, bei Fruchtlosigkeit desselben Abweisung des Antrags auf Ermächtigung zur Urteilspublikation. Im Übrigen gilt: 7

a) Ermächtigung zur Bekanntmachung im Bundesanzeiger auf Kosten des Beklagten, § 7 1. Alt. An der Fortgeltung der benannten Alternative bestehen erhebliche Zweifel (s. Rz 4). Geht man von einer (noch) hinreichenden Wahrnehmung der Bundesanzeiger-Publikation durch den vom Gesetzgeber ins Auge ge- 8

---

1 Explizit a. A. *Soergel/U. Stein* § 18 AGBG Rz 1.

2 Statt vieler: *Ulmer/Hensen* Rz 2; *Palandt/Bassenge* Rz 1; a. A. *Löwe* § 18 AGBG Rz 4.

3 Weitergehend – analoge Erstreckung auf alle einstweiligen Verfügungen – z. B. MünchKomm/*Micklitz* § 18 AGBG Rz 2 sowie AnwK/*Walker* Rz 4, gegen jede Erstreckung auf einstweilige Verfügungen hingegen z. B. *Ulmer/Hensen* Rz 2 sowie *Palandt/Bassenge* Rz 1.

4 A. A. *Ulmer/Hensen* Rz 2.

fassten Interessentenkreis aus, geht es freilich nicht an (s. bereits Rz 5), aus der vom Gesetzgeber intendierten Regelfolge verbotener Empfehlung/Verwendung eine Ausnahme zu machen: § 7 ist nicht nur Ausdruck der gesetzgeberischen Wertentscheidung, dass dem Allgemeininteresse an Publizität klagezusprechender Entscheidungen im Verfahren nach § 1 grundsätzlich Vorrang gegenüber dem Diskretions- und Kosteninteresse des verurteilten Verwenders/Empfehlers beizumessen.[1] Anerkennt man, dass Ziel der Information der „interessierten Öffentlichkeit" die Beseitigung bzw. Abschwächung der von der konkreten Verwendung/Empfehlung bewirkten Störung bzw. Gefährdung des Rechtsverkehrs *und* die Verstärkung der Präzedenzwirkung des Urteils für Fälle potenzieller Parallelverwendung/-empfehlung (Rz 1), kann auch keine Rede davon sein, dass für eine Ermächtigung zur Veröffentlichung im Bundesanzeiger nur bei Vielfachverwendung bzw. Empfehlung an einen größeren Adressatenkreis,[2] keinesfalls aber neben einer Veröffentlichung durch den Empfehler nach § 9 Nr. 4[3] Raum sei. Die Veröffentlichung von Urteilsformeln, die ein Verbot der „konkreten Verwendungsform" (§ 9 Rz 7) enthalten, erscheinen zumindest für Kunden, denen gegenüber die fraglichen AGB verwendet wurden und werden, keineswegs ohne Aussagegehalt.[4] Auch Spekulationen darüber, ob die Entscheidung thematikbedingt ohnehin hinreichende Publizität finden wird, erscheinen entgegen BGHZ 124, 254/262 kaum sachgerecht. Die Ablehnung eines Antrags nach § 7 1. Alt. dürfte vielmehr dann und nur dann gerechtfertigt und geboten sein, wenn die Störung bzw. Gefährdung des Rechtsverkehrs durch Klauseln der beanstandeten Art unter Berücksichtigung potenzieller Drittverwendung/-empfehlung von schlechthin vernachlässigbarer Größenordnung ist.[5]

9 **b) Ermächtigung zur anderweitigen Bekanntmachung auf eigene Kosten, § 7 2. Alt.** Anders als die Ermächtigung zur Bekanntmachung im Bundesanzeiger auf Kosten des Beklagten hat die Ermächtigung zur Bekanntmachung „im Übrigen" auf eigene Kosten *nur* die Funktion vorgängiger Klärung, dass die intendierte Urteilsverbreitung äußerungsdeliktsrechtlich unbedenklich ist (Rz 3). Konsequenterweise ist dem einschlägigen Antrag zu entsprechen, wenn und soweit die entsprechende Publikation in ihrer Art nach der Überzeugung des erkennenden Gerichts auch ohne gerichtliche Ermächtigung rechtlich nicht zu beanstanden wäre; ein einschlägiges Ermessen des Gerichts besteht entgegen verbreiteter Ansicht[6] hier ebenso wenig wie bei der Entscheidung über den Antrag auf Ermächtigung zur Veröffentlichung im Bundesanzeiger.

10 **c) Kumulierende Ermächtigung.** Bei bejahter Fortgeltung von § 7 1. Alt. (s. Rz 4 f) gilt: Die Ermächtigung zur Bekanntmachung im Bundesanzeiger auf Kosten des Beklagten und die Ermächtigung zur anderweitigen Bekanntmachung auf eigene Kosten stehen nicht notwendigerweise im Verhältnis der Alternativität. Je größer das Informationsbedürfnis der Allgemeinheit, desto eher sind *neben* der Veröffentlichung im Bundesanzeiger sonstige Veröffentlichungen auf Kosten des obsiegenden Verbands zu konzedieren.[7]

---

1 *A. Stein* § 18 AGBG Rz 3.
2 So freilich *Locher* § 19/5.
3 So freilich MünchKomm/*Micklitz* § 18 AGBG Rz 2 sowie *Staudinger/Schlosser* Rz 2.
4 Kritikwürdig, weil dies aus dem Blick lassend: BGH NJW 2003, 1237/1241.
5 Zustimmend: OLG Nürnberg NJW-RR 2000, 436/437; *Stoffels* Rz 1165.
6 Statt vieler: *Löwe* § 18 AGBG Rz 7.
7 *Löwe* § 18 AGBG Rz 9.

7. Inhalt der Ermächtigung

Im einzelnen hat die – in den Entscheidungstenor aufzunehmende – Ermächtigung nach § 7 auszusprechen: **a)** den **Gegenstand der autorisierten Veröffentlichung,** nämlich die Urteilsformel samt Bezeichnung des verurteilten Verwenders/Empfehlers, bei Teilobsiegen des Verbands richtigerweise freilich wohl nur den Unterlassungs- bzw. Widerrufsanspruch unter Benennung der beanstandeten AGB, nicht die Klageabweisung im Übrigen:[1] an der Verstärkung der Breitenwirkung klageabweisender Erkenntnisse besteht kein öffentliches Interesse; **b)** die **Art der autorisierten Bekanntmachung,** und zwar bei der Bekanntmachung auf andere Weise als im Bundesanzeiger unter genauer Bezeichnung des Publikationsorgans, bei allfälliger Autorisierung zur Mehrfachbekanntmachung ferner die Zahl der Veröffentlichungen;[2] **c)** bezüglich der **Kostentragung** bei Bekanntmachung im Bundesanzeiger die Kostentragungspflicht des Beklagten, bei Bekanntmachung im Übrigen tunlicherweise die Klarstellung, dass dieselbe auf Kosten des Klägers erfolgt; **d)** eine etwaige – zu empfehlende – **zeitliche Begrenzung der Ermächtigung** (§ 7 S. 2), wobei die zu setzende Frist von der Rechtskraft des Urteils bzw. der Bestandskraft der einstweiligen Verfügung an laufen und keinesfalls länger als 6 Monate sein sollte. 11

8. Veröffentlichung

Die Ermächtigung zur Entscheidungsverbreitung ist gerichtlicher Gestaltungsakt. Ihre potenziell rechtfertigende Wirkung (Rz 3) äußert sie – in beiden Alternativen des § 7 – erst mit Rechtskraft. Zur Publikmachung des noch nicht rechtskräftigen Urteils auf eigene Kosten in einem anderen Medium als dem Bundesanzeiger bedarf es zwar keiner Erklärung für vorläufig vollstreckbar,[3] der Verband handelt freilich auf eigenes Risiko: so, als hätte er ein klagezusprechendes Urteil ohne Veröffentlichungsermächtigung erwirkt. Für die Veröffentlichung im Bundesanzeiger auf Kosten des Beklagten (zur Problematik der Fortgeltung von § 7 1. Alt. s. Rz 4) ist hingegen Rechtskraft oder vorläufige Vollstreckbarkeit (exakter: vorläufige Vollziehbarkeit analog den Vorschriften über die vorläufige Vollstreckbarkeit) erforderlich, aber auch ausreichend.[4] Die Kosten der Bekanntmachung im Bundesanzeiger sind Vollstreckungskosten i. S. von § 788 ZPO[5] und bei Bekanntmachung eines noch nicht rechtskräftigen, bezüglich der Veröffentlichungsermächtigung indes für vorläufig vollziehbar erklärten Urteils auch bereits vor Rechtskrafteintritt beitreibbar; Kostenbeitreibbarkeit nur bei Unanfechtbarkeit würde das Institut der qualifizierten Urteilspublikation weithin entwerten. 12

9. Verfahrens- und Kostenfragen

Der Antrag nach § 7 ist vor Schluss der mündlichen Verhandlung zu stellen. Über ihn ist durch Ausspruch im Tenor in der instanzabschließenden Entscheidung zu befinden: Eine nachträgliche Entscheidung über einen nachträglich gestellten Antrag ist in *dieser* Instanz (zur Möglichkeit der Nachholung der Antragstellung im Rechtsmittelzug Rz 16) nicht mehr möglich.[6] Bei Übergehen des Antrags kommt 13

---

[1] A. A. *A. Stein* § 18 AGBG Rz 2.
[2] *Löwe* § 18 AGBG Rz 12.
[3] A. A. MünchKomm/*Micklitz* § 18 AGBG Rz 3; *Palandt/Bassenge* Rz 4.
[4] *Löwe* § 18 AGBG Rz 11; AnwK/*Walker* Rz 4.
[5] Allg. M.; statt vieler: *Erman/Roloff* Rz 3.
[6] Statt vieler: *Löwe* § 18 AGBG Rz 6.

Urteilsergänzung nach § 321 ZPO in Betracht. Strukturell stellt das Begehren nach gerichtlicher Ermächtigung gemäß § 7 einen eigenen Streitgegenstand dar.[1] Es erfährt deshalb besondere Berücksichtigung bei der Streitwertermittlung (§ 5 Rz 91). Weitere Konsequenz der Eigenständigkeit ist, dass sowohl die Ablehnung wie die Stattgabe des Antrags für den Kläger bzw. Beklagten eine selbstständige Beschwer begründet, so dass bei Vorliegen der sonstigen Voraussetzungen eine selbstständige Anfechtung mit dem jeweils statthaften Rechtsmittel/Rechtsbehelf möglich ist. Kostenmäßig ist die Abweisung des Antrags nach § 7 bei Stattgabe der Unterlassungs- und/oder Widerrufsklage teilweise Klageabweisung i. S. von § 92 ZPO, die im Regelfall zur Kostenteilung führt: Kostenunschädlichkeit nach § 92 II ZPO[2] scheitert beim Regelstreitwert von 1/10 des Hauptsachewertes (§ 5 Rz 91) wohl bereits am Erfordernis der Geringfügigkeit der Zuvielforderung, weil letztere nur bei einem kleineren Bruch als 1/10 zu bejahen sein dürfte.[3]

10. Ermächtigung und Instanzenzug

14 **a) Fallgestaltung: Instanzgericht gibt Antrag nach § 7 statt.** Trägt der auf Unterlassung und/oder Widerruf klagende Verband in erster Instanz auf Ermächtigung zur Entscheidungsbekanntmachung an und spricht das Gericht dem obsiegenden Verband die entsprechende Befugnis zu, kann dieser wählen: Er kann entweder äußerungsdeliktsrechtlich auf eigenes Risiko handelnd – soweit die Veröffentlichung im Bundesanzeiger in Frage steht, freilich nur nach vorgängiger Fürvorläufig-vollziehbar-Erklärung der Ermächtigung (s. Rz. 12) – das noch nicht rechtskräftige Urteil unter entsprechender Kennzeichnung bekanntmachen, oder aber das Rechtskräftigwerden des Urteils einschließlich der Veröffentlichungsermächtigung abwarten und erst dann veröffentlichen – bei sachlicher Bestätigung durch das Rechtsmittelgericht unter Hinweis auf diesen Umstand. Erstenfalls schließt die Ermächtigung zur Bekanntmachung des zusprechenden Urteils nicht etwa auch die Ermächtigung zur gesonderten Bekanntmachung der Bestätigung ein. Hebt das Rechtsmittelgericht mit dem Unterlassungs- und/oder Widerrufsurteil oder aber auf isolierte Anfechtung die Ermächtigung auf, wird diese hinfällig; bei teilweiser Abänderung des Unterlassungs- und/oder Widerrufsurteils darf die Veröffentlichung aus dem Gesichtspunkt prozessualer Überholung nur noch nach Maßgabe der einschränkenden Rechtsmittelentscheidung erfolgen. Bei zwischenzeitlichem Vollzug der erstinstanzlichen Ermächtigung stellen sich Schadensersatzprobleme (Rz 17).

15 **b) Fallgestaltung: Instanzgericht weist Antrag nach § 7 ab.** Hat das Gericht die Unterlassungs- und/oder Widerrufsklage und damit notwendigerweise den Antrag nach § 7 abgewiesen, oder aber zwar der Unterlassungs- und/oder Widerrufsklage stattgegeben, aber dem Antrag nach § 7 nicht entsprochen, kann der Antrag auf Ermächtigung zur Urteilsveröffentlichung des zusprechenden Urteils erstenfalls zusammen mit dem Unterlassungs- und/oder Widerrufsantrag, letztenfalls isoliert im Rechtsmittelzug weiterverfolgt werden (Rz 13). Hier wird der Verband bei erfolgreichem Rechtsmittel zur Veröffentlichung des verfügenden Teils des erstinstanzlichen Unterlassungs- und/oder Widerrufsurteils autorisiert, dort zur Veröffentlichung des Tenors der das Unterlassungs- und/oder Widerrufsgebot aussprechenden Entscheidung des Rechtsmittelgerichts.

---

[1] Allg. M.; statt vieler: *Erman/Roloff* Rz 2.

[2] Für sie als einschlägige Regelkostenlösung LG München I AGBE I § 18 Nr. 1 sowie *Staudinger/Schlosser* Rz 3.

[3] *Thomas/Putzo/Hüßtege* ZPO, 27. Aufl., § 92 Rz 8.

c) Nachholung des Antrags nach § 7 in der Rechtsmittelinstanz. Der Antrag auf Ermächtigung zur Veröffentlichung des Tenors des klagestattgebenden Urteils sollte in der Rechtsmittelinstanz gegebenenfalls auch *erstmals* gestellt werden dürfen: Das öffentliche Interesse an der Verstärkung der Breitenwirkung eines obergerichtlichen oder höchstrichterlichen Erkenntnisses bzw. einer obergerichtlich bzw. höchstrichterlich bestätigten Instanzentscheidung dürfte allfälligen Bedenken, die aus dem Instanzverlust bezüglich der Nebenentscheidung erwachsen, das Gewicht nehmen. 16

11. Gegenanspruch des Beklagten auf Veröffentlichung

Hat der Kläger das Urteil vor dessen Rechtskraft veröffentlicht (s. Rz 14) und ist dieses später auf Rechtsmittel des Beklagten geändert worden, soll diesem nach verbreiteter Meinung aus § 717 II ZPO stets ein Anspruch auf berichtigende Bekanntmachung gegen den Kläger zustehen: Der Kläger schulde Bekanntgabe des Urteils in der rechtskräftig gewordenen Fassung in derselben Weise, wie er das abgeänderte Urteil bekanntgemacht hat.[1] Dem kann in dieser Allgemeinheit nicht gefolgt werden. Richtigerweise ist vielmehr zu differenzieren: Der Verband, der von der Ermächtigung zur Publikation im Bundesanzeiger bereits vor Rechtskraft Gebrauch gemacht hat, schuldet wohl in der Tat aus § 717 II ZPO Schadensersatz in der Form der Berichtigungsbekanntmachung. Denn, *diese* Art der Mitteilung wäre ihm ohne die für vorläufig vollziehbar erklärte Ermächtigung nicht möglich gewesen. Wer hingegen vom in der Instanz erstrittenen Urteil auf andere Weise als durch Veröffentlichung im Bundesanzeiger Mitteilung gemacht hat, hat nicht in Vollzug der gerichtlichen Ermächtigung, sondern in Ausübung seiner allgemeinen aktiven Informationsfreiheit gehandelt (s. Rz 2). Er haftet deshalb konsequenterweise dann und nur dann – aus dem Gesichtspunkt des Eingriffs in den eingerichteten und ausgeübten Gewerbebetrieb (§ 823 I BGB) bzw. bei allfälligem Wettbewerbshandeln nach § 3 UWG –, wenn er ausnahmsweise (hierzu Rz 2) die Grenzen der Informationsfreiheit überschritten hat.[2] Im Regelfall ist der in der Hauptsache obsiegende Beklagte hier darauf beschränkt, in Ausübung aktiver Informationsfreiheit seinerseits – auf eigene Kosten – die Abänderung des Instanzurteils durch das Rechtsmittelgericht zu verbreiten. 17

12. Tenorierungsmuster

„Dem Kläger wird die Befugnis zugesprochen, (bis zum...) das vorliegende Urteil in seinem Tenor zu Ziff. 1 auf Kosten des Beklagten im Bundesanzeiger, im Übrigen auf eigene Kosten bekanntzumachen." 18

[1] *Ulmer/Hensen* Rz 6; *Palandt/Bassenge* Rz 4; *Erman/Roloff* Rz 4; AnwK/*Walker* Rz 6.
[2] Übereinstimmend: *Staudinger/Schlosser* Rz 1.

§ 8 Klageantrag und Anhörung

(1) Der Klageantrag muss bei Klagen nach § 1 auch enthalten:

1. den Wortlaut der beanstandeten Bestimmungen in Allgemeinen Geschäftsbedingungen,

2. die Bezeichnung der Art der Rechtsgeschäfte, für die die Bestimmungen beanstandet werden.

(2) Das Gericht hat vor der Entscheidung über eine Klage nach § 1 die Bundesanstalt für Finanzdienstleistungsaufsicht (Bundesanstalt) zu hören, wenn Gegenstand der Klage

1. Bestimmungen in Allgemeinen Versicherungsbedingungen sind oder

2. Bestimmungen in Allgemeinen Geschäftsbedingungen sind, die die Bundesanstalt nach Maßgabe des Gesetzes über Bausparkassen oder des Investmentgesetzes zu genehmigen hat.

Inhaltsübersicht

I. Regelungsinhalt: Überblick

1 **Abs. 1** konkretisiert und ergänzt für AGB-Verbandsklagen die Vorgabe des § 253 II Nr. 2 ZPO hinsichtlich der Bestimmtheit des Klageantrags. Er entspricht wörtlich dem früheren § 15 II AGBG. **Abs. 2** bestimmt, dass vor einer gerichtlichen Entscheidung über die (Un-)Angemessenheit bestimmter AGB die Bundesanstalt für Finanzdienstleistungen anzuhören ist. Er entspricht inhaltlich dem früheren § 16 AGBG, trägt, was die anzuhörende Behörde betrifft, lediglich dem Umstand Rechnung, dass die bisherigen Anhörungsbehörden (Bundesaufsichtsamt für das Versicherungswesen und Bundesaufsichtsamt für das Kreditwesen) in der neu errichteten Bundesanstalt für Finanzdienstleistungsaufsicht aufgegangen sind.

II. Klageantrag, Abs. 1

1. Notwendiger Inhalt

§ 8 I, der besondere Anforderungen an die Genauigkeit des Klageantrags stellt, ist unmittelbar anwendbar auf Klagen nach § 1 auf Verwendungsunterlassung, Empfehlungsunterlassung und Widerruf. Er gilt entsprechend für Anträge auf Erlass einschlägiger einstweiliger Verfügungen,[1] richtigerweise endlich für Klagen auf negative Feststellung des abgemahnten Verwenders/Empfehlers gegen den abmahnenden Verband/die abmahnende Kammer.[2] 2

Soweit nicht die Spezialregelung des § 8 I einschlägig ist, bleibt es bezüglich der Inhaltserfordernisse des Antrags über § 5 bei der Maßgeblichkeit von § 253 II Nr. 2 ZPO.

a) Wortlaut der beanstandeten Bestimmungen, § 8 I Nr. 1. Der Antrag muss den Wortlaut der beanstandeten Bestimmungen enthalten. Teleologische Interpretation ergibt, dass diesem Erfordernis auch Genüge getan, wenn der Kläger mit der Klageschrift ein Exemplar der AGB vorlegt und in jener die beanstandeten Klauseln individualisiert.[3] 3

Bei einer Übermaßklausel, die der Gesamtkassation verfällt, braucht der Kläger seinen Antrag selbstredend nicht einzuschränken. Gesamtkassation ist im Verbandsklageverfahren richtigerweise mit der h. M. (§ 1 Rz 7) freilich nur dort angezeigt, wo die die Mindeststandards der §§ 307–309 BGB negierende Klausel keine Unterteilung in unangemessene und (noch) angemessene Regelungen enthält. Wo nicht nur teilbare, sondern im vorformulierten Text selbst geteilte Bestimmungen in Fragestehen, wäre ein – der Bekanntmachung nach § 7 unterliegendes – Gesamtverwendungs- oder -empfehlungsverbot seinerseits missverständlich und „Übermaß". Hier wird man deshalb konsequenterweise auch vom Kläger verlangen dürfen und müssen, zur Vermeidung einer Teilabweisung den selbstständigen Teilpunkt einer Klausel zu benennen.[4] 4

b) Art des Rechtsgeschäfts, § 8 I Nr. 2. Außerdem muss der Antrag die Art der Rechtsgeschäfte bezeichnen, für die die Verwendung bzw. Empfehlung der beanstandeten AGB untersagt, der Widerruf angeordnet werden soll. Der Kläger kann Unterlassung für sämtliche Geschäfte des Verwenders beantragen; er kann sein Begehren aber auch nach dem Vertragstyp gemäß der charakteristischen Sachleistung (Kauf-, Werk-, Bauträgervertrag usw.), dem Leistungsgegenstand (Verkauf von Altwagen, Errichtung von Fertighäusern usw.), der Vertragsanbahnungsmodalität (Haustürgeschäfte, s. BGH NJW 1993, 1134) bzw. der Modalität der Gegenleistungserbringung (Teilzahlungsgeschäfte, s. BGH NJW 1985, 320/326), vor allem aber auch auf das jeweilige Verbrauchergeschäft beschränken. Sofern nach Lage des Falles die Verwendung sowohl für den nichtunternehmerischen wie den unternehmerischen Verkehr und/oder für verschiedene Vertragstypen bzw. Leistungsgegenstände in Betracht kommt, wird man vom Kläger eine ausdrückliche, unzweideutige Klarstellung verlangen müssen. 5

---

[1] Allg. M.; statt mancher: AnwK/*Walker* Rz 3; *Palandt/Bassenge* Rz 2.

[2] Ebenso: *Staudinger/Schlosser* § 1 Rz 10; *Ulmer/Hensen* § 5 Rz 18; a. A. MünchKomm/*Micklitz* § 15 AGBG Rz 6.

[3] *Staudinger/Schlosser* Rz 5; *Stoffels* Rz 1158.

[4] Wie hier: *Stoffels* Rz 1159; *Heinrichs* EWiR 1995, 523.

6 **c) Bestimmtheit des Antrags im Übrigen, § 253 II Nr. 2 ZPO.** Die Anforderungen an die Bestimmtheit des Klageantrags im Übrigen beurteilen sich nach § 253 II Nr. 2 ZPO. Der Antrag muss hiernach selbstredend insbesondere die Art des begehrten vorbeugenden Rechtsschutzes (Verwendungsunterlassung, Empfehlungsunterlassung, Widerruf) benennen. Beim Widerrufsbegehren ist dem Bestimmtheitserfordernis, jedenfalls sofern die Klagegrundangabe auch die Art der Empfehlungsverbreitung einschließt, auch Genüge getan, wenn der Antrag allgemein auf „Widerruf" lautet: Mit der nach § 9 Nr. 4 gebotenen Tenorierung (§ 9 Rz 9 ff) wird die begehrte und zugesprochene Rechtsfolge Widerruf lediglich konkretisiert. Dass sich das Verwendungs- bzw. Empfehlungsverbot auch auf inhaltsgleiche Bestimmungen erstrecken soll, braucht nicht eigens beantragt zu werden. Dies ist ggf. auch unausgesprochen Inhalt jeden einschlägigen Unterlassungsbegehrens. Die Frage, ob ein Verbot des Sich-Berufens auf die beanstandeten Bestimmungen bei der Abwicklung von Altverträgen eigens beantragt werden muss, wird durch die Entscheidung im Streit um den Umfang des Verwendungsunterlassungsanspruchs präjudiziert: Nach richterrechtlich verfestigter h. M. (Verwendungsunterlassungsanspruch schließt einschlägiges Handeln ein, s. § 1 Rz 27) ist ein eigener Antrag zwar empfehlenswert, aber nicht erforderlich.

2. Verstoßfolge

7 Entspricht der Antrag nicht den Erfordernissen nach § 8 I Nr. 1 und 2, hat das Gericht in Ausübung seines richterlichen Frage- und Hinweisrechts nach § 139 ZPO auf Klarstellung hinzuwirken. Wird die erforderliche Präzisierung gleichwohl nicht vorgenommen, ist die Klage, soweit die Bestimmtheit des Klageantrags tangiert ist, als unzulässig abzuweisen.

3. Hinreichend bestimmter, aber sachlich zu weit gefasster Antrag

8 Genügt der Antrag den Erfordernissen der Bestimmtheit, ist er aber der Sache nach zu weit gefasst, weil er auch Verwendungen einschließt, die von der Aufgreifzuständigkeit des klagenden Verbands nicht erfasst sind (wichtig insonderheit in Hinblick auf die gegenständlich begrenzte Klagebefugnis der Verbraucherverbände nach § 3 II!), ist Teilabweisung durch Prozessurteil angezeigt. Deckt der Antrag mangels möglicher und gebotener Begrenzung auf bestimmte Arten von Rechtsgeschäften nicht nur unzulässige, sondern auch beanstandungsfreie Klauselverwendungen, ist – bei einschlägiger Aufgreifzuständigkeit und Vorliegen der sonstigen prozessualen Klagerfolgsvoraussetzungen – Sachteilabweisung geboten.

4. Antragsmuster

9 Klageanträge orientieren sich am begehrten Urteilsspruch. Hinsichtlich der näheren Antragsfassung (Anträge auf Ausspruch eines gerichtlichen Verbots künftiger Klauseleinbeziehung und abwicklungsweisen Sich-Berufens auf einbezogene Klauseln, eines gerichtlichen Empfehlungsverbots sowie eines gerichtlichen Widerrufsgebots) darf deshalb auf die „Tenorierungsmuster" in § 9 Rz 14 hingewiesen werden.

III. Anhörung, Abs. 2

1. Mittelbare, klarstellende Bedeutung der Vorschrift: Inhaltskontrolle auch für genehmigte AGB

Aus der Vorschrift erhellt zunächst mittelbar, dass auch spezieller behördlicher Aufsicht unterliegende, ja selbst behördlich genehmigte AGB der gerichtlichen Inhaltskontrolle unterfallen: Der Gesetzgeber hat sich gegen jedwede einschlägige Bereichsausnahme entschieden **(System partiell doppelspuriger Kontrolle).** Die ältere Judikatur, wonach behördlich genehmigten AGB nur „aus sehr gewichtigen Gründen" die Anerkennung versagt werden könne,[1] ist überholt.[2] 10

2. Funktion der Anhörung der Behörde

§ 8 II statuiert die Verpflichtung des Gerichts zur Anhörung der Genehmigungs- bzw. Aufsichtsbehörde *nicht* in deren Interesse,[3] sondern um die besonderen Erfahrungen und Kenntnisse der Genehmigungsbehörde für die Entscheidung im Verbandsklageprozess nutzbar zu machen:[4] Die Behörde soll bei genehmigten AGB die Gründe der Nichtbeanstandung, bei der fachbehördlichen Aufsicht unterliegenden AGB die Gesichtspunkte für oder gegen die inhaltliche Angemessenheit darlegen und so zur richtigen Beurteilung in der Frage der rechtlichen Zulässigkeit der beanstandeten Klauseln beitragen. 11

3. Anhörungspflicht und darüber hinausgehende Anhörungsmöglichkeit

Auf dem Hintergrund dieses Funktionsverständnisses gilt es, bei der Anwendung und Interpretation der Vorschrift stets zu trennen: zwischen dem, wozu das Gericht bei Meidung der Verstoßfolge des § 8 II (hierzu Rz 29) *verpflichtet* ist, und dem, was im Rahmen gebundenen bzw. freien Ermessens im Interesse der Sachaufklärung und Rechtsfindung und/oder in Erfüllung eines nobile officium gegenüber der zweiten Gewalt darüber hinaus möglich und sachlich wünschenswert ist. 12

4. Anwendungsbereich der Vorschrift

a) Beschränkung der Anhörungspflicht auf den Verbandsprozess. Die Anhörungspflicht nach § 8 II gilt im abstrakten Kontrollverfahren sowie über den Wortlaut der Vorschrift hinaus im Verfahren auf Feststellungsklage des Verwenders/Empfehlers gegen den die Zulässigkeit der verwandten/empfohlenen AGB bestreitenden Verband,[5] da Letzteres der Sache nach Verbandsprozess mit umgekehrten Parteirollen (§ 5 Rz 71). Im Individualprozess steht ein allfälliges Auskunftsersuchen an die Aufsichts- bzw. Genehmigungsbehörde gemäß den allgemeinen Vorschriften der §§ 273 II Nr. 2, 358 a Nr. 2 ZPO im Ermessen des Gerichts. 13

b) Verfügungsverfahren und Prozesskostenhilfeverfahren. aa) Einstweilige Verfügung. Nach dem Wortlaut der Vorschrift („vor der Entscheidung über eine Klage nach § 1") erscheint die Anhörungspflicht auf das Hauptsacheverfahren beschränkt. Zu Recht bejaht die h. M. die Anhörungspflicht indes jedenfalls im 14

---

[1] So BGH NJW 1969, 1384/1385.

[2] Explizit: BGHZ 86, 284 – ABB-Flugpassage.

[3] A. A. freilich *Ulmer/Hensen* Rz 7.

[4] *Stoffels* Rz 1149; MünchKomm/*Micklitz* § 16 AGBG Rz 1; *Erman/Roloff* Rz 5.

[5] Vgl. z. B. *Stoffels* Rz 1148; *Staudinger/Schlosser* Rz 19; AnwK/*Walker* Rz 8; *Palandt/Bassenge* Rz 5; a. A. *Ulmer/Hensen* § 5 Rz 18; *Löwe* § 16 AGBG Rz 4.

Grundsatz auch für das Verfahren auf Erlass einer einstweiligen Verfügung: Die Frage ist nur, ob sich eine Einschränkung der Anhörungspflicht im Verfügungsverfahren aus der Eilnatur desselben ergeben kann. Die h. M. hält an der Anhörungspflicht fest, soweit die Entscheidung auf mündliche Verhandlung ergeht, sie dispensiert von ihr bei Entscheidungen ohne mündliche Verhandlung.[1] Dem ist für die Fallgestaltung der der bloßen Aufsicht unterliegenden AGB zu folgen. Für die Fallgestaltung aufsichtsbehördlich genehmigter AGB tritt der Ausnahmefall indes richtigerweise gar nicht erst ein: Bei diesem schrumpft das Verfahrensermessen des Gerichts, ohne oder erst nach mündlicher Anhörung zu entscheiden, auf null; bei AGB, die das behördliche Genehmigungsverfahren durchlaufen haben, ist (s. bereits § 5 Rz 56) ausnahmslos mündliche Verhandlung angezeigt.[2]

15 **bb) Prozesskostenhilfe.** Die Vorschrift gilt *nicht* im Verfahren auf Gewährung von Prozesskostenhilfe.[3]

16 **c) Begrenzung der Anhörungspflicht aus dem Zweck der Vorschrift.** Im Wege teleologischer Reduktion ist der Anwendungsbereich zu beschränken. Klageabweisungen als unzulässig oder als unbegründet wegen fehlender Wiederholungsgefahr können allemal ohne Anhörung ergehen.[4]

17 Bei genehmigungsbedürftigen und **genehmigten** AGB wird man darüber hinaus eine Anhörungspflicht auch dann zu verneinen haben, wenn die Klage wegen Unbedenklichkeit der angegriffenen Klauseln *abgewiesen* wird: Dass die Aufsichtsbehörde die entsprechende Rechtsansicht teilt, erhellt hier bereits aus der Genehmigung und der zwischenzeitlichen Nichtbeanstandung. Endlich wird eine Anhörung vom Zweck des § 8 II nicht mehr gefordert, wenn vor dem erkennenden Gericht bereits Verfahren gegen Verwender desselben Gewerbezweiges wegen gleichlautender Klauseln unter Anhörung der Genehmigungsbehörden stattgefunden haben.

5. Anhörungsbehörde

18 **a) Die gesetzliche Regelung: Anhörung der Bundesanstalt für Finanzdienstleistungsaufsicht.** Eine Anhörungspflicht der Aufsichts- bzw. Genehmigungsbehörde besteht zweifelsfrei in den beiden vom Gesetz ausdrücklich benannten Fallgruppen: für Bestimmungen in AVB (§ 8 II Nr. 1) und für Bestimmungen, die nach Maßgabe des Gesetzes über Bausparkassen, des Investmentgesetzes, des Hypothekenbankengesetzes oder des Gesetzes über Schiffspfandbriefbanken der behördlichen Genehmigung bedürfen. Anhörungsbehörde ist die Bundesanstalt für Finanzdienstleistungsaufsicht (Anschrift: Graurheindorfer Str. 8 in 53117 Bonn und Lurgiallee 12 in 60439 Frankfurt).

19 **b) § 8 II als nicht der Analogie fähige Sondervorschrift.** Die unter dem AGBG zunächst durchaus kontrovers geführte Analogie-Diskussion ist verstummt. Heute ist es, soweit ersichtlich, allgemeine Meinung:[5] § 8 II stellt eine *abschließende* Sonderregelung dar. In sonstigen Fällen der Genehmigungsbedürftigkeit von AGB bleibt die Einholung einer behördlichen Auskunft nach §§ 273 II Nr. 2, 358 a Nr. 2 ZPO freilich allemal möglich und rätlich.

---

1 *Erman/Roloff* Rz 8; *Palandt/Bassenge* Rz 5.
2 Ausdrücklich zustimmend: *Ulmer/Hensen* Rz 7.
3 Allg. M., vgl. statt vieler: MünchKomm/Micklitz § 16 AGBG Rz .6
4 Soweit ersichtlich allg. M., statt vieler: OLG Karlsruhe NJW-RR 2003, 778; MünchKomm/*Micklitz* § 16 AGBG Rz 6; *Erman/Roloff* Rz 8.
5 Statt mancher: *Palandt/Bassenge* Rz 5; *Erman/Roloff* Rz 5.

6. Art und Umfang der Anhörung

Da die Anhörung nach § 8 II Hilfe für die Entscheidungsfindung des Gerichts, nicht Mittel der Selbstrechtfertigung für die Behörde ist (Rz 11), besteht kein Anlass, die Anhörung gemäß § 8 II nach den zum rechtlichen Gehör entwickelten Grundsätzen auszugestalten.[1] Sachlich näher liegt vielmehr die Orientierung am Institut der behördlichen Auskunft nach §§ 273 II Nr. 2, 358 a Nr. 2 ZPO, mittels derer auch und gerade behördliche Sachkunde bezüglich der rechtlichen Beurteilung bestimmter Sachverhalte einschließlich der für die rechtliche Normbildung relevanten Tatsachen für die richterliche Entscheidung nutzbar gemacht werden kann. Beide unterscheiden sich im Grundsätzlichen nur dahin, dass das Gericht zur Anhörung der Behörde als Mittel der Entscheidungshilfe im Anwendungsbereich des § 8 II vorbehaltlos verpflichtet ist, das Auskunftsersuchen nach §§ 273 II Nr. 2, 358 a Nr. 2 ZPO hingegen in sein Verfahrensermessen gestellt ist. Hieraus folgt im Einzelnen (jeweils mit der Maßgabe, dass dem Gericht ein Mehr an Informations- und Äußerungsmöglichkeitengewährung selbstredend unbenommen bleibt): 20

a) Form der behördlichen Äußerung. Ebenso wenig wie das Ob der Äußerung (hierzu Rz 27) ist das Wie der Äußerung in das Ermessen der Behörde gestellt. Da die Behörde indes ihrerseits wohl nur zu einer schriftlichen Auskunft verpflichtet ist (Rz 27), besteht umgekehrt aber auch nur ein begrenztes Verfahrensermessen des Gerichts: Dieses kann entweder die Behörde um eine schriftliche Äußerung ersuchen oder ihr unter Fristsetzung die Wahl zwischen schriftlicher Stellungnahme und mündlicher Stellungnahme im Termin einräumen. 21

b) Art und Ausmaß der Behördeninformation. Die Übersendung der Klageschrift, der Klagebeantwortung und aller sonst wesentlichen Schriftsätze an die Genehmigungsbehörde mag rätlich sein; notwendig in dem Sinne, dass andernfalls ein rechtsmittelrelevanter Verfahrensfehler vorliegt, ist eine derartig umfassende Information nicht.[2] Unerlässliche, aber auch hinreichende Voraussetzung dafür, dass die Behörde zum Zwecke der Entscheidungsfindungshilfe bei genehmigten AGB ihre Gründe für die Nichtbeanstandung der nunmehr angegriffenen AGB, bei genehmigungsbedürftigen aber (noch) nicht genehmigten sowie der fachbehördlichen Kontrolle unterliegenden AGB die Gesichtspunkte für oder gegen ein rechtliches licet darlegen kann, ist die Information der Behörde, welche Klauseln in welchem Umfang Gegenstand des erstrebten Verwendungsverbots sind.[3] 22

c) Häufigkeit der Anhörung. Dem Gericht steht es frei, erforderlichenfalls unter Benennung der relevanten, in seinen Augen noch klärungsbedürftigen Punkte die Behörde um eine Ergänzung ihrer Stellungnahme zu ersuchen (Rz 27). Auch sollte es nobile officium sein, der Behörde die jeweiligen Termine mitzuteilen und ihr die Möglichkeit zu Zusatzäußerungen in denselben zu geben. Der Vorschrift des § 8 II wird indes bereits durch **einmalige** Anhörung Genüge getan.[4] Auch im Rechtsmittelzug ist die Behörde grundsätzlich nicht jeweils neu zu hören.[5] 23

d) Das Gebot angemessener Äußerungsfristen. Auch bei einem Funktionsverständnis der Anhörung als eines Mittels der Entscheidungsfindungshilfe gilt selbstverständlich, dass gebotene Fristsetzungen für die Äußerung der ersuchten 24

[1] A. A. freilich vor allem *Löwe* § 16 AGBG Rz 9/10.

[2] Für eine solche Informationspflicht freilich – vom Standpunkt, dass die Anhörung nach § 8 II (früher § 16 AGBG) Gehörgewährleistung für die Behörde, konsequent – *Ulmer/Hensen* Rz 7, aber auch *Palandt/Bassenge* Rz 6 sowie *Erman/Roloff* Rz 8.

[3] *Koch/Stübing* § 16 AGBG Rz 1; *Stoffels* Rz 1151.

[4] *Staudinger/Schlosser* Rz 16.

[5] A. A. *Löwe* § 16 AGBG Rz 13; *Erman/Roloff* Rz 8.

Behörde so zu bemessen sind, dass dieser unter Berücksichtigung des allgemeinen Geschäftsanfalls ein hinreichender Zeitraum für eine fundierte Stellungnahme zur Verfügung steht. Bei Auskunftsersuchen im Rahmen eines Verfügungsverfahrens (zur diesbezüglichen Einschlägigkeit des § 8 II, Rz 14) wird man im Hinblick auf die Eilbedürftigkeit auch kürzere Äußerungsfristen als zumutbar zu erachten haben.

25 **e) Mitteilung von Entscheidungen.** Die Information der Behörde über das Verfahrensergebnis sollte als Akt der Courtoisie selbstverständlich sein, folgt aber weder nach Wortlaut (Anhörungspflicht *vor* der Entscheidung!) noch Funktion der Vorschrift aus § 8 II.[1]

7. Rechtslage bei Nichtäußerung der Behörde trotz ordnungsgemäßen Äußerungsersuchens

26 Verschweigt sich die Behörde pflichtwidrig (Rz 27) auf ein ordnungsgemäßes, insbesondere bezüglich der Äußerungsfrist nicht zu beanstandendes Äußerungsersuchen des Gerichts, ist dasselbe nicht gehindert, jedenfalls nach einer gewissen Zuwartspanne bzw. einem „zweiten Versuch" sogar verpflichtet, auch ohne behördliche Stellungnahme zu entscheiden. Ein rechtsmittelrelevanter Verfahrensfehler liegt bei Nichtäußerung der Behörde nur vor, wenn das Gericht dieser keine hinreichende Gelegenheit zur Äußerung gegeben hat.

8. Die Rechtsstellung der anzuhörenden Behörde

27 **a) Äußerungspflicht der Behörde.** Da die Anhörung nach § 8 II nicht Gehörgewährleistung für die Behörde, sondern Entscheidungsfindungshilfe für das Gericht (Rz 11), ist die Behörde auf entsprechendes Ersuchen des Gerichts zur Auskunft *verpflichtet.*[2] Ersucht das Gericht um eine näher benannte Ergänzung der Erststellungnahme, ist die Behörde auch hierzu verpflichtet. Hier wie dort besteht eine Verpflichtung der Behörde freilich wohl nur zur schriftlichen Äußerung, nicht auch zur Terminspräsenz und mündlichen Erläuterung.

28 **b) Keine Verfahrensbeteiligung der Behörde.** Aus der Funktion der Anhörung (Rz 11) versteht sich, dass die Behörde nur „Richtergehilfin", *nicht* Verfahrensbeteiligte ist.[3] Sie kann diesen Status auch nicht im Wege des Beitritts als Nebenintervenientin erlangen.[4]

9. Verstoßfolge

29 Versteht man die Anhörung als Mittel der Entscheidungsfindungshilfe (Rz 11), gilt: Nichtbeachtung der Anhörungspflicht durch das Gericht begründet einen durch Genehmigung oder rügelose Einlassung der Parteien nicht heilbaren Verfahrensmangel, der von der beschwerten Partei rechtsmittelweise geltend gemacht werden kann.[5] Das Berufungsgericht kann die Anhörung nachholen.[6]

---

[1] *Staudinger/Schlosser* Rz 16; *Stoffels* Rz 1151; a. A. allerdings z. B. *Löwe* § 16 AGBG Rz 13.

[2] A. A. – für bloßes Äußerungsrecht der Behörde – *Löwe* § 16 AGBG Rz 25.

[3] Statt vieler: *Staudinger/Schlosser* Rz 16; AnwK/*Walker* Rz 10; *Erman/Roloff* Rz 9.

[4] A. A. freilich *Löwe* § 16 AGBG Rz 15 sowie *van de Loo,* Die Angemessenheitskontrolle Allgemeiner Versicherungsbedingungen nach dem AGB-Gesetz, S. 148 f.

[5] *Staudinger/Schlosser* Rz 16 sowie MünchKomm/*Micklitz* § 16 AGBG Rz 8; a. A. – die unterlassene Anhörung betreffe nur das Verhältnis Gericht–Behörde – obschon das hier vertretene Funktionsverständnis teilend, unhaltbar, *Koch/Stübing* § 16 AGBG Rz 1.

[6] Allg. M.; statt aller: *Ulmer/Hensen* Rz 10; *Erman/Roloff* Rz 9.

§ 9 Besonderheiten der Urteilsformel

Erachtet das Gericht die Klage nach § 1 für begründet, so enthält die Urteilsformel auch:

1. **die beanstandeten Bestimmungen der Allgemeinen Geschäftsbedingungen im Wortlaut,**
2. **die Bezeichnung der Art der Rechtsgeschäfte, für welche die den Unterlassungsanspruch begründenden Bestimmungen der Allgemeinen Geschäftsbedingungen nicht verwendet oder empfohlen werden dürfen,**
3. **das Gebot, die Verwendung oder Empfehlung inhaltsgleicher Bestimmungen in Allgemeinen Geschäftsbedingungen zu unterlassen,**
4. **für den Fall der Verurteilung zum Widerruf das Gebot, das Urteil in gleicher Weise bekannt zu geben, wie die Empfehlung verbreitet wurde.**

Inhaltsübersicht

1. Zweck

1 Die Vorschrift (früher: § 17 AGBG) regelt Fragen der Fassung der Entscheidungsformel. Sie ergänzt und präzisiert die allgemeine Vorschrift des § 313 I Nr. 4 ZPO sowie das aus derselben zu vindizierende allgemeine Gebot unmissverständlicher Klarheit des Tenors als der Quintessenz der getroffenen Entscheidung. Eine möglichst exakte und substantiierte, nicht erst der Auslegung aus den Gründen bedürftige Tenorierung ist im abstrakten AGB-Kontrollverfahren nicht nur in Bezug auf die allfällige Vollstreckung des Titels geboten; sie ist im Blick auf die Aussagekraft einer etwaigen Veröffentlichung (§ 7), vor allem aber auch von der potenziellen Drittwirkung nach § 11 her unerlässlich.

2. Anwendungsbereich

2 § 9 gilt seiner systematischen Stellung gemäß für das abstrakte Kontrollverfahren, und zwar, soweit die einstweilige Verfügung auf Unterlassung der Verwendung oder Empfehlung von AGB-Bestimmungen lautet (hierzu § 5 Rz 53), einschließlich des Verfügungsverfahrens, Letzteres unabhängig davon, ob die Verfügung in Urteils- oder Beschlussform ergeht.[1] Denn: Wie auch immer man die (Streit-)Frage entscheidet, ob und inwieweit einstweilige Verfügungen publikationsfähig nach § 7 (hierzu § 7 Rz 6) oder aber der Drittwirkung nach § 11 fähig sind (hierzu § 11 Rz 10) – die ratio des § 9 (Rz 1) trägt zumindest bezüglich des Gesichtspunkts, dass exakte Tenorierung Komplikationen bei der allfälligen Zwangsvollstreckung steuert. Innerhalb des Verbandsklageprozesses gilt § 9 Nr. 1–3 für Unterlassungsurteile gegen den Verwender *und* den Empfehler; anders als § 17

[1] Ganz h. M.; vgl. z. B. MünchKomm/*Micklitz* § 17 AGBG Rz 2 sowie AnwK/*Walker* Rz 2.

AGBG enthält § 9 in Korrektur des seinerzeitigen Redaktionsversehens (BT-Drs. 15/1487 S. 27) ein explizites Gleichstellungsgebot.

3. Dogmatik: keine Ausnahme vom Grundsatz der Bindung des Gerichts an die Sachanträge

3 Entgegen verschiedentlich geäußerter Ansicht[1] statuiert § 9, auch in seinen Nrn. 3 und 4, *keine* Ausnahme vom Grundsatz der Bindung des Gerichts an die Sachanträge (§ 308 ZPO): Wenn die Tenorierung gemäß § 9 Nr. 3 nur deklaratorisch verlautbart, was auch unausgesprochen Inhalt jeden Unterlassungsurteils ist (s. Rz 8), ist das Verbot der Verwendung inhaltsgleicher AGB eben konkludent bereits in jedem § 8 I Nrn. 1 und 2 genügenden Klageantrag mitenthalten. Und auch bei einer Tenorierung gemäß § 9 Nr. 4 wird bei einem allgemein nur auf „Widerruf" lautenden Klageantrag (zur Zulässigkeit desselben § 8 Rz 10) kein plus oder kein aliud zugesprochen, sondern die begehrte und zugesprochene Rechtsfolge lediglich konkretisiert.

4. Einzelinterpretation

4 **a) Nummern 1–2.** Die Nr. 1 (Gebot der Anführung der beanstandeten AGB im Wortlaut) und 2 (Gebot der Bezeichnung der Art der Rechtsgeschäfte, für die die AGB zu beanstanden) entsprechen den besonderen Anforderungen, die § 8 I an die Bestimmtheit des Klageantrags stellt (s. § 8 Rz 7–9). Sie sollen gewährleisten, dass der Entscheidungsinhalt ohne weiteres aus dem Tenor selbst heraus ersichtlich wird.

5 Aus dem Bezeichnungsgebot des § 9 Nr. 2 folgt insbesondere: Wenn die Voraussetzungen des § 1 nur für eine bestimmte **ausgegliederte Gruppe von Rechtsgeschäften** vorliegen (s. auch § 8 Rz 9), ist das Klauselverbot entsprechend zu beschränken.[2] Soweit Klauseln nur bei der Verwendung von Abzahlungsgeschäften unzulässig, bei Barzahlungskäufen hingegen nicht zu beanstanden sind, ist das Verbot mithin auf Kaufverträge erstgenannter Art zu begrenzen.[3] Formularmäßige Hinweise, die alle aus der wirtschaftlichen Einheit von Kauf und Kreditvertrag erwachsenden Rechte des Kreditnehmers leugnen, sind für Kreditverträge, die Teil eines finanzierten Abzahlungskaufs (und nur für diese), zu untersagen.[4] Ist die Klausel nur für Haustürgeschäfte zu beanstanden, darf sie nicht allgemein verboten werden.[5]

6 Bei Unzulässigkeit einer Klausel wegen **Übermaßverstoßes** ist auf Unterlassung der Verwendung/Empfehlung der betreffenden Klausel zu tenorieren: Es ist nicht Aufgabe der Gerichte, durch Übermaßkupierung der angegriffenen Klausel eine Gestalt zu geben, in der sie dem Gesetz noch standhält.[6] Hiervon zu trennen ist die Fallgestaltung, dass ein AGB-Passus, der sich nach der Gestaltung des konkreten Klauselwerks optisch als *eine* Klausel darstellt, mehrere aus sich selbst heraus verständliche teils inhaltlich unangemessene, teils inhaltlich (noch) nicht zu bean-

---

[1] Vgl. z. B. *Zöller/Vollkommer,* ZPO, 26. Aufl., § 308 Rz 3; *Thomas/Putzo/Reichold,* ZPO, 27. Aufl., § 308 Rz 6.

[2] BGH NJW 1985, 320/326; *Soergel/U. Stein* § 17 AGBG Rz 3.

[3] BGH aaO.

[4] BGHZ 95, 350/355 f.

[5] BGH NJW 1993, 1134.

[6] Allg. M., statt vieler: BGH NJW 1982, 178/179 ff; OLG Düsseldorf BB 1980, 338; MünchKomm/*Micklitz* Rz 57.

standende Unterpunkte enthält: Hier kann und muss sich das Verwendungs- bzw. Empfehlungsverbot, da andernfalls bei Veröffentlichung bzw. Registrierung der Urteilsformel der unzutreffende Eindruck der Unzulässigkeit aller Unterpunkte erweckt würde, auf den zu beanstandenden Punkt beschränken.[1]

Gründet das Verwendungsverbot in der Verletzung des **Transparenzgebots** (§ 1 Rz 22 f.) oder in der **generell überraschenden Natur** der betreffenden AGB-Bestimmung (§ 1 Rz 21), steht das Verbot unter dem Vorbehalt intransparenz- bzw. überraschungsausräumender Zusatzinformation: Die Einbeziehung in Neuverträge unter hinreichender Information außerhalb der AGB ist keine Zuwiderhandlung i. S. von § 890 ZPO bzw. § 11 AGBG; für die Berufung auf die beanstandete Klausel bei Abwicklung früherer Verträge gilt Gleiches, wenn der Kunde beim Schluss des konkreten Vertrags über derartige Informationen verfügte.[2] Überprohibitive Verbotsinhalte lassen sich auch nicht mit „Abstraktionserwägungen" rechtfertigen.[3] Technisch kann der einschlägige Vorbehalt verdeckt oder offen erfolgen:[4] Ein zwar formell, aber auch nur formell „uneingeschränktes" Unterlassungsgebot ermöglicht das Konstrukt des Verbots der „konkreten Verwendungsform", d. h. des Verbots der Weiterverwendung in der bislang geübten, die Wiederholungsgefahr begründenden Art. Das Verbot erfasst, ohne dass dies im Tenor ausdrücklich ausgesprochen werden müsste, nur künftige Identverstöße sowie solche Abwandlungen, die bei wertender Betrachtung nur als Umgehungsversuch i. S. von § 9 Nr. 3 qualifiziert werden können; sonstige Verwendungsweisen sind verbotsspruchfrei. Die die Restriktion offen ausweisende Alternative ist das Verwendungsverbot mit einschränkendem Zusatz wie „es sei denn, dass ..." oder „ohne dass ..." bereits im Tenor, wobei die Einschränkung durchaus allgemein gehalten werden kann und muss, weil die Freiheit des Verwenders, wie er der Klauselverwendung durch Begleitinformation den verdunkelnden/überraschenden Charakter nimmt, nicht eingeengt werden kann. Beide Techniken sachgerechter Verbotsumfangsbegrenzung sind grundsätzlich gleichwertig und austauschbar. Wo die Verwendung bislang kommentarlos erfolgte, bestehen keine Bedenken, nicht nur das Sich-Berufen auf als intransparent/generell überraschend erkannte Klauseln bei der Abwicklung früherer Verträge, sondern auch die Weiterverwendung bei künftigen Vertragsschlüssen im Tenor zusatzlos zu untersagen. Hat der Verwender Intransparenzausräumung via Zusatzinformation geltend gemacht, aber nicht den Nachweis durchgängiger Zusatzinformation liefern können, liegt hingegen Verbotsrelativierung bereits im Tenor nahe: Untersagung der Klauselweiterverwendung ohne hinreichende Zusatzinformation und des Sich-Berufens auf die Klausel bei der Abwicklung von Verträgen, sofern nicht für den konkreten Vertrag hinreichende Zusatzinformation nachgewiesen wird. 7

b) Nummer 3. Die Vorschrift ist die legislatorische Bestätigung der von Rechtsprechung und Lehre für den Bereich der Unterlassungsverurteilung und -vollstreckung allgemein entwickelten **„Kerntheorie"**: Das gerichtliche Verbot und die korrespondierende Sanktionsdrohung nach § 890 II ZPO erfassen nicht nur die Gleichwohl-Weiterverwendung der wortlautidenten Klausel, sondern auch die Verwendung einer zwar umformulierten, aber „im Kern" inhaltsgleichen Klausel. 8

---

[1] Im Anschluss an die Leitentscheidung BGH NJW 1982, 178/181 ganz h. M.; vgl. statt vieler: *H. Schmidt,* Vertragsfolgen der Nichteinbeziehung und Unwirksamkeit von AGB S. 81 ff m. w. N.

[2] BGHZ 116, 1/5 f; *Palandt/Bassenge* Rz 4; *Lindacher* NJW 1997, 2741/2742.

[3] A. A. – jedenfalls beim Abschluss neuer Verträge müsse das auf Verbandsklage ausgesprochene Verwendungsverbot „wirklich gelten", könne sich der Verwender auch im Verfahren nach § 890 ZPO nicht auf außerhalb der AGB gegebene Informationen berufen – freilich *Pfeiffer* LM § 9 (Bl) AGBG Nr. 38.

[4] Zum Folgenden bereits *Lindacher* NJW 1997, 2741 f.

Der Tenor soll dies ausdrücklich klarstellen.[1] Dabei ist Inhaltsgleichheit freilich zu verneinen, wenn die neue Klausel bei Exzessivität der beanstandeten zwar ein minus gegenüber der Letzteren darstellt, aber immer noch nicht dem gesetzlichen Mindeststandard entspricht;[2] anderes gilt nur, wenn die Änderung so minimal ist, dass sie wirtschaftlich nicht ins Gewicht fällt, die Modifikation mithin ersichtlich nur Scheinmodifikation ist.[3]

Kasuistik: Inhaltsgleichheit wurde zu Recht bejaht: nach Verbot der Klausel eines Partnerschaftsvermittlungsunternehmens, bei zahlungsverzugsbedingtem Rücktritt vom Kunden die Zahlung eines bestimmten Betrags als „Schadensersatz", in allen übrigen Fällen vorzeitiger Vertragsaufhebung die Zahlung einer bestimmten „Kostenpauschale" verlangen zu können, bei Ersetzung der Wörter „Schadensersatz" und „Kostenpauschale" durch „Aufwendungsersatz" unter gleichzeitiger Herabsetzung des benannten Betrags von 3990 DM auf 3876 DM.[4] Verneinung der Inhaltsgleichheit demgegenüber: bei Konkretisierung einer Ausschlussregelung „aus Billigkeitsgründen", selbst wenn die Regelung auch in der modifizierten Form inhaltlich unangemessen.[5]

9 **c) Nummer 4.** Beim Widerrufsurteil ist dahin zu tenorieren, dass das Urteil in gleicher Weise bekanntzugeben ist, wie die beanstandete Empfehlung verbreitet wurde: unter konkreter Bezeichnung der entsprechenden Modalität, nicht pauschal-abstrakt unter Verwendung des Gesetzeswortlauts.[6] „Urteilsbekanntgabe" bedeutet dabei nicht notwendig Bekanntgabe des gesamten Urteils einschließlich der Gründe – selbst wenn die Empfehlung ihrerseits mit einer besonderen Rechtsbegründung versehen war.[7] Unter besonderen Umständen ist Verurteilung zur Mehrfachverlautbarung angezeigt.[8] Hinsichtlich Art und Weise des Widerrufs (und damit der Tenorierung nach Nr. 4) gilt des Näheren:

10 **aa) Widerruf durch Bekanntgabe des gerichtlichen Verwendungsverbots auf gleiche Weise.** Der Widerruf ist durch contrarius actus möglich und geboten: bei Empfehlung in Zeitschriften und Rundschreiben durch Einzelanschreiben, Zusendung von „Muster"-AGB ohne oder auf Anforderung, sofern die Adressaten bekannt sind.

11 **bb) Unmöglichkeit der Bekanntgabe des gerichtlichen Verwendungsverbots auf gleiche Weise: Bekanntgabe auf adäquate Weise.** Scheidet die Bekanntgabe, dass die Verwendung der empfohlenen AGB rechtlich unzulässig, in Form des contrarius actus nach der Art der Empfehlung oder aber deshalb aus, weil die Empfehlungsadressaten nicht mehr im Einzelnen feststellbar sind, gilt es, dem Regelungssinn des Gesetzes durch Verurteilung zur Bekanntgabe des gerichtlichen Verwendungsverbots auf *adäquate* Weise Geltung zu verschaffen.[9] Soweit bei Formularbüchern der Verleger oder aber das Vertriebsunternehmen Empfehler ist (§ 1 Rz 43), genügen sie deshalb ihrer Widerrufspflicht nicht etwa bereits dadurch, dass sie den noch nicht ausgelieferten Exemplaren eine auffällige Mitteilung beipacken, dass die darin näher bezeichneten Klauseln gerichtlich für unzulässig erklärt sind.[10]

---

[1] Statt vieler: *Staudinger/Schlosser* Rz 5; AnwK/*Walker* Rz 4; *Stoffels* Rz 1163.
[2] So zu Recht *Staudinger/Schlosser* Rz 5; *Koch/Stübing* § 17 AGBG Rz 3.
[3] *Staudinger/Schlosser* aaO.
[4] OLG Hamm NJW-RR 1991, 182/183.
[5] OLG München NJW-RR 2003, 1286/1287.
[6] Allg. M.; vgl. z. B. *Erman/Roloff* Rz 4; AnwK/*Walker* Rz 5.
[7] *Stoffels* Rz 1164; *Erman/Roloff* Rz 5.
[8] OLG München WuM 1989, 128/133; *Soergel/U. Stein* § 17 AGBG Rz 5.
[9] *Staudinger/Schlosser* Rz 9; AnwK/*Walker* Rz 5.
[10] A. A. freilich *Ulmer/Hensen* Rz 6.

Auch davon, dass bei losen Formularen ein Widerruf aus Gründen tatsächlicher Unmöglichkeit stets entfalle,[1] kann keine Rede sein. Hier wie dort gilt vielmehr: Zumindest wenn die Verwender der empfohlenen AGB typischerweise einem bestimmten Personenkreis entstammen (Paradigma: Branchen-AGB) und der Personenkreis über ein bestimmtes Medium (Verbands- oder Fachzeitschrift) jedenfalls potenziell ansprechbar, ist eine Verlautbarung in diesem geboten.[2] Steht fest, dass ein Verband Mitgliedern auf Anforderung Verbands-AGB übersandt hat, ohne dass sich feststellen lässt, wem gegenüber die Abgabe im Einzelnen erfolgte, gebieten Sinn und Zweck des Instituts Widerruf die Bekanntgabe via Mitteilung in der Verbandszeitschrift oder einem Verbandsrundschreiben an *alle* Verbandsmitglieder.[3]

5. Rechtslage bei Verstoß gegen § 9

Nichtbeachtung von § 9 Nrn. 1–4 eröffnet, soweit ein reiner Verlautbarungs- 12
mangel vorliegt und eine Tenorkorrektur aus den Entscheidungsgründen bzw. – bei § 9 Nr. 3 – aus der Natur der Sache heraus möglich ist, die (deklaratorische) Urteilsberichtigung nach § 319 ZPO: Das Versehen ist – auch noch in der Rechtsmittelinstanz – von Amts wegen zu beheben.[4] Hat das Gericht den Empfehler in Übereinstimmung mit den Ausführungen in den Gründen fehlerhafterweise nur zum „Widerruf" bzw. „zum Widerruf durch Bekanntgabe des Urteils in gleicher Weise, wie die Empfehlung verbreitet wurde" verurteilt, ohne die Art und Weise des Widerrufs näher zu benennen, sollte dem Kläger in Hinblick darauf, dass diese Entscheidung letztlich nur unvollständig ist, zunächst analog § 321 ZPO die Urteilsergänzung, sodann – im Streitfall – die Urteilsinhaltsfeststellungsklage offenstehen.

6. Sonstige Bestandteile des Tenors

Soweit § 9 nicht § 313 I Nr. 4 ZPO als thematisch speziellere Vorschrift vorgeht, 13
bleibt es bei der Maßgeblichkeit des letzteren. Auch das einer Verbandsklage – ganz oder teilweise – stattgebende Urteil enthält deshalb *neben* dem durch § 9 Vorgeschriebenen: den Ausspruch zur vorläufigen Vollstreckbarkeit und zu den Verfahrenskosten, ferner – auf Antrag des Klägers – die Sanktionsdrohung nach § 890 II ZPO. Soweit das Gericht dem Kläger die Befugnis zuspricht, die Urteilsformel mit der Bezeichnung des Verwenders/Empfehlers nach Maßgabe des § 7 bekanntzumachen, ist auch dies im Tenor zu verlautbaren (§ 7 Rz 11).

7. Tenorierungsmuster

Urteile auf Unterlassung künftiger Klauseleinbeziehung und abwicklungswei- 14
sen Sich-Berufens, auf Empfehlungsunterlassung und Empfehlungswiderruf könnten beim Fehlen von Besonderheiten wie folgt gefasst werden:

Unterlassungsverurteilung betreffend Einbeziehung und abwicklungsweises Sich-Berufen (mit Klammerzusatz aufgrund § 310 I BGB):

„1. Dem Beklagten wird untersagt, die folgenden oder inhaltsgleiche Bestimmungen als Allgemeine Geschäftsbedingungen in künftige Verträge über ... einzubeziehen und sich auf solche Bestimmungen bei der Abwicklung bestehender Vertragsverhältnisse zu berufen

---

[1] So *Ulmer/Hensen* aaO.

[2] MünchKomm/*Micklitz* § 17 AGBG Rz 6; *Staudinger/Schlosser* Rz 10.

[3] *Staudinger/Schlosser* Rz 9.

[4] Vgl. auch OLG Stuttgart WRP 1980, 444.

(soweit es sich nicht um Verträge mit einem Unternehmer, einer juristischen Person öffentlichen Rechts oder einem öffentlich-rechtlichen Sondervermögen handelt):
... (untersagte Bestimmungen im Wortlaut).
2. Dem Beklagten wird für jeden Fall der Zuwiderhandlung ein vom Gericht festzusetzendes Ordnungsgeld bis zu 500 000 DM, für den Fall der Nichtbeitreibbarkeit Ordnungshaft bis zu sechs Monaten (zu vollziehen an den geschäftsführenden Gesellschaftern/am Geschäftsführer der Beklagten) angedroht."

Unterlassungsverurteilung betreffend eine Empfehlung (mit Klammerzusatz aufgrund § 310 I BGB):
„1. Dem Beklagten wird untersagt, für Rechtsgeschäfte über... die folgenden oder inhaltsgleiche Bestimmungen zur Verwendung als Allgemeine Geschäftsbedingungen zu empfehlen (soweit die Empfehlung nicht auf ausschließliche Verwendung gegenüber Unternehmern, juristischen Personen des öffentlichen Rechts oder öffentlich-rechtlichen Sondervermögen geht):
... (beanstandete Bestimmungen im Wortlaut).
2. (Ordnungsmittelandrohung.)"

Empfehlungswiderrufsklage (mit Klammerzusatz aufgrund § 310 I BGB):
„Der Beklagte wird verurteilt, seine Empfehlung zur Verwendung der nachstehend aufgeführten Bestimmungen in Allgemeinen Geschäftsbedingungen für Rechtsgeschäfte über... zu widerrufen (soweit diese Empfehlung nicht zur ausschließlichen Verwendung gegenüber Unternehmern, juristischen Personen des öffentlichen Rechts und öffentlich-rechtlichen Sondervermögen bestimmt ist):
... (beanstandete Bestimmungen im Wortlaut).
Der Widerruf hat durch Übersendung einer Urteilsabschrift/durch Bekanntmachung des Urteilstenors in der (Verbands-)Zeitschrift... zu erfolgen."

§ 10 Einwendung wegen abweichender Entscheidung

Der Verwender, dem die Verwendung einer Bestimmung untersagt worden ist, kann im Wege der Klage nach § 767 der Zivilprozessordnung einwenden, dass nachträglich eine Entscheidung des Bundesgerichtshofs oder des Gemeinsamen Senats der Obersten Gerichtshöfe des Bundes ergangen ist, welche die Verwendung dieser Bestimmung für dieselbe Art von Rechtsgeschäften nicht untersagt, und dass die Zwangsvollstreckung aus dem Urteil gegen ihn in unzumutbarer Weise seinen Geschäftsbetrieb beeinträchtigen würde.

Inhaltsübersicht

Schrifttum: *Gaul,* Die Erstreckung und Durchbrechung der Urteilswirkungen nach §§ 19, 21 AGBG, in: FS Beitzke, 1979, S. 997 ff; *Genzow,* Die Wirkungen eines Urteils gemäß §§ 17, 21 AGBG, Diss. Bielefeld 1981; *Grunsky,* Zur zeitlichen Wirkung eines Urteils auf Unterlassung der Verwendung bestimmter Klauseln in AGB, in: GS Rödig, 1978, S. 325 ff; *Kellner,* Probleme um die Vollstreckungsabwehrklage nach § 19 AGBG, Diss. München 1979; *Lakkis,* Der kollektive Rechtsschutz der Verbraucher in der Europäischen Union, 1997; *Schilken,* Verfahrensrechtliche Probleme nach dem AGB-Gesetz – Eine Untersuchung zu §§ 19, 21 AGBG –, in: Recht und Wirtschaft, Osnabrücker Rechtswissenschaftliche Abhandlungen, 1985, S. 99 ff; *Urbanczyk,* Zur Verbandsklage im Zivilprozess, 1980.

1. Regelungsanliegen

§ 10 (früher: § 19 AGBG) ist Ausdruck der Erwägung, dass es dem zur Verwendungsunterlassung Verurteilten aus Wettbewerbsgründen nicht zuzumuten ist, das gerichtliche Verwendungsverbot weiter hinzunehmen, wenn und soweit die betreffenden Klauseln in einem anderen Verfahren höchstrichterlich gebilligt werden und deshalb, ob der Präzedenzwirkung der höchstrichterlichen Entscheidung, auf dem Markt von seinen Konkurrenten allgemein verwendet werden können und weithin verwendet werden.[1] 1

2. Rechtsnatur der Klage

Die Klage nach § 10 kennt im herkömmlichen Verfahrensrecht kein Vorbild, 2
unterscheidet sich insbesondere nach Voraussetzungen, Struktur des eingeleiteten Verfahrens und Wirkungen des erstrebten Urteils grundlegend von der im Text in Bezug genommenen allgemeinen Vollstreckungsgegenklage, ja *muss* sich ob ihrer spezifischen Funktion einer exakten Zuordnung zu einem der tradierten Rechtsbe-

---

[1] OLG Frankfurt a. M. NJW-RR 1995, 1330/1331; *Urbanczyk,* Verbandsklage S. 220 f; AnwK/*Walker* Rz 2; *Grunsky* GS Rödig S. 325/327.

helfe entziehen. Selbst Versuche, sie in die Nähe eines der herkömmlichen Institute zu bringen, versprechen nur begrenzten Ertrag. Vor allem geht es nicht an, aus einer entsprechenden „Zuordnung“ unbedacht einschlägige Analogieschlüsse bei der Lösung bestimmter Regelungsprobleme zu ziehen.[1]

3 Richtigerweise handelt es sich bei der Klage nach § 10 um ein **Institut eigener Art mit gewissen Parallelen zur Wiederaufnahmeklage,**[2] weil zum einen hier wie dort Klageziel die Kassation einer rechtskräftigen Feststellung ist (hierzu i. e. Rz 4), zum Zweiten die höchstrichterliche Divergenzentscheidung das Gericht im Verfahren nach § 10 zutreffenderweise (i. e. Rz 5) nicht etwa bindet, sondern gleich einem Wiederaufnahmegrund nur die sonst ausgeschlossene Neubeurteilung durch dasselbe ermöglicht.[3]

3. Klageziel und Verfahrensstruktur

4 **a) Wirkung des klagestattgebenden Urteils.** Ziel der Klage nach § 10 ist nicht allein die Beseitigung der Vollstreckbarkeit des Unterlassungsurteils, sondern zunächst und vor allem die Ersetzung der in diesem ausgesprochenen rechtskräftigen Feststellung durch das kontradiktorische Gegenteil.[4] Nur die Kostenentscheidung des Ersturteils wird durch das klagestattgebende Urteil nach § 10 nicht berührt.[5] Da die Ersetzung der ursprünglichen Feststellung durch die gegenteilige neue Feststellung mit uneingeschränkter Ex-tunc-Wirkung erfolgt,[6] dürfen nach § 890 II ZPO angedrohte Sanktionen für allfällige „Verstöße“ durchgängig nicht mehr festgesetzt und/oder vollzogen werden. Etwa gezahlte Ordnungsgelder sind zu erstatten.[7] Schließlich impliziert die Außerkraftsetzung des Unterlassungsurteils selbstredend, dass diesem keine Drittwirkung nach § 11 mehr zukommen kann: Der Kunde kann sich nicht mehr gemäß § 11 S. 1 auf die „Wirkung“ des Ersturteils berufen, es bedarf nicht erst der Geltendmachung der Gegeneinrede nach § 11 S. 2 (s. § 11 Rz 13).

5 **b) Die Zweiteilung des Verfahrens: Prüfung der besonderen Voraussetzungen nach § 10 als Voraussetzung erneuter Sachprüfung.** Nach h. M. hat das Gericht neben den allgemeinen Prozessvoraussetzungen nur die speziellen Klageerfolgsvoraussetzungen nach § 10 zu prüfen. Bei Bejahung derselben sei der Klage stattzugeben. Eine erneute Überprüfung der Frage, ob die in Frage stehenden AGB den gesetzlichen Mindeststandards genügen oder nicht, sei dem mit der

---

[1] Zu Recht *Gaul* FS Beitzke S. 997/1050.

[2] Für Charakterisierung der Befugnis als wiederaufnahmeähnlicher Behelf ausdrücklich auch *Koch/Stübing* § 19 AGBG Rz 1; *Stein/Jonas/Leipold,* ZPO, 21. Aufl., § 322 Rz 257.

[3] A. A., nämlich in Konsequenz der wohl fehlsamen Prämisse, durch den Erlass der abweichenden höchstrichterlichen Entscheidung entfalle die Vollstreckungswirkung und die Rechtskraftwirkung des Unterlassungsurteils zwischen den Parteien automatisch, die Klage nach § 10 als reine Feststellungsklage charakterisierend, vor allem *Gaul* FS Beitzke S. 1047 ff, ferner *Schilken,* Verfahrensrechtliche Probleme S. 105; *Lakkis,* Kollektiver Rechtsschutz S. 241; MünchKomm/*Micklitz* § 19 AGBG Rz 11, für Qualifikation als besondere Vollstreckungsgegenklage – „Wettbewerbsschutzklage im Gewand des § 767 ZPO“ – z. B. *Ulmer/Hensen* Rz 8.

[4] Richtig: *Soergel/U. Stein* § 19 AGBG Rz 10; *Koch/Stübing* § 19 AGBG Rz 1; *Stein/Jonas/Leipold* § 322 Rz 257.

[5] Ebenso: *Soergel/U. Stein* § 19 AGBG Rz 10.

[6] Richtig: *Soergel/U. Stein* § 19 AGBG Rz 10; *Erman/Roloff* Rz 8; a. A. – nämlich für Begrenzung der Rückwirkung auf den Zeitpunkt des Wirksamwerdens der abweichenden höchstrichterlichen Entscheidung – freilich *Gaul* FS Beitzke S. 1047.

[7] *Soergel/U. Stein* § 19 AGBG Rz 10; AnwK/*Walker* Rz 10; a. A. insoweit, weil den Entscheidungsgrund zu Unrecht im „nachträglich veränderten Umstand“ der Divergenzentscheidung, nicht im objektiven Recht sehend, *Koch/Stübing* § 19 AGBG Rz 7.

Klage nach § 10 befassten Gericht verwehrt.[1] Aus dem Gesetzeswortlaut und den Materialien lässt sich indes eine solche Bindungswirkung *nicht* ableiten. Gegen sie wären auch sachliche Bedenken anzumelden. Denn: Eine allfällige Bindungswirkung könnte wertungsstimmigerweise schwerlich auf die Fallgestaltung begrenzt werden, dass die höchstrichterliche Divergenzentscheidung nachträglich ergangen ist. Mangels Ersichtlichkeit eines Differenzierungsgrundes müsste die Bindung vielmehr wohl auch für ein bei Erlass der höchstrichterlichen Entscheidung laufendes, ja auch ein erst später gegen einen Verwender anhängig gemachtes Unterlassungsklageverfahren nach § 1 bejaht werden, wenn sich der Verwender auf das höchstrichterliche Erkenntnis beruft.[2] Damit drohte jedoch für das Recht der AGB-Inhaltskontrolle weithin eine höchst unerwünschte Versteinerung: *ein* höchstrichterliches Unbedenklichkeitstestat bezüglich einer bestimmten Klausel würde tendenziell zur Unangreifbarkeit jener Klausel auf Dauer führen; die Möglichkeit einer Rechtsprechungskorrektur wäre – zumindest zunächst – auf den Individualprozess beschränkt. Man wird deshalb die in § 10 benannten besonderen Klageerfolgsvoraussetzungen nur als „Wiederaufnahmegrund" zu erachten und eine entsprechende **Gliederung** des Verfahrens anzunehmen haben: Bei Vorliegen jener Voraussetzungen ist das erkennende Gericht unbeschadet der Rechtskraft des Unterlassungsurteils zur **erneuten Sachprüfung** befugt, bei der das höchstrichterliche Erkenntnis als Präzedenzentscheidung zu berücksichtigen ist, nicht aber rechtlich bindet.[3]

4. Extensionsfähigkeit der Regelung trotz Ausnahmecharakters

Die gesetzestechnisch alles andere als ausgereifte Vorschrift wirft eine Reihe 6
von Auslegungs- und Analogieproblemen auf. Dass ob des Ausnahmecharakters der Vorschrift – Änderungen der Rspr. rechtfertigen nach allgemeinen Grundsätzen weder die Klage aus § 767 ZPO noch aus § 323 ZPO, noch eine Restitutionsklage – im Zweifel jeweils eine enge Auslegung geboten und keine Analogie möglich sei,[4] ist dabei nicht anzuerkennen: Auch Ausnahmeregelungen sind, *soweit* das ihnen zugrunde liegende engere Prinzip trägt, einer extensiven Auslegung bzw. der Analogie fähig.

5. Der institutionelle Anwendungsbereich: die potenziellen Erstentscheidungen

a) Gegenständlicher Anwendungsbereich: Verbandsklageentscheidungen 7
gegen Verwender und Empfehler. aa) Statthaftigkeit des Behelfs nur gegen Verbandsklageentscheidungen. Die Klage nach § 10 ist nur gegen im Kontrollverfahren nach § 1 ergangene Entscheidungen gegeben. Gegen ein Urteil, das in einem Individualprozess inzident die Unwirksamkeit einer Klausel bejaht hat, steht der Behelf nicht offen.[5]

bb) Gleichstellung von Verwender und Empfehler. Das Gesetz nennt zwar 8
ausdrücklich nur den verurteilten **Verwender** als potenziell klageberechtigt. Dass

---

[1] Statt vieler: *Staudinger/Schlosser* Rz 8; MünchKomm/*Micklitz* § 19 AGBG Rz 22; *Ulmer/Hensen* Rz 14; AnwK/*Walker* Rz 10.

[2] So denn auch in der Tat *Löwe* § 19 AGBG Rz 13 sowie – unter Verzicht auf das Erfordernis des Sich-Berufens – MünchKomm/*Micklitz* § 19 AGBG Rz 23.

[3] Ebenso: *Kellner,* Vollstreckungsabwehrklage nach § 19 AGBG S. 80 f.

[4] So z. B. *Erman/Roloff* Rz 1 sowie *Palandt/Bassenge* Rz 1.

[5] Ganz h. M.; statt vieler: *Staudinger/Schlosser* Rz 6 sowie *Erman/Roloff* Rz 4; a. A. wohl nur *Sieg,* VersR 1977, 489/494.

hierin ein bewusster Ausschluss der Klageberechtigung von Empfehlern liegt, ist jedoch kaum anzunehmen. Näher liegt eine Regelungslücke und die Bejahung der Klagemöglichkeit für Empfehler analog § 10:[1] Jedenfalls kommerzielle Empfehler stehen durchaus in einem Konkurrenzverhältnis und laufen bei Fortbestand des ihnen gegenüber ausgesprochenen Empfehlungsverbots bezüglich für andere risikolos empfehl- und verwendbare AGB durchaus Gefahr, einen Wettbewerbsnachteil zu erleiden. Darüber hinaus besteht aber auch für Verbandsempfehler ein schutzwürdiges Interesse an der Aufhebung eines ihnen gegenüber ausgesprochenen Empfehlungsverbots, wenn die in Frage stehenden Klauseln mittlerweile höchstrichterlich gebilligt wurden: Der Verband muss und darf daran interessiert sein, dass seine Mitglieder keinen Wettbewerbsnachteil dadurch erleiden, dass nur ihm eine sachgerechte einschlägige Verwendungsempfehlung untersagt ist.

9 **cc) Keine analoge Anwendung zulasten von Verwendern.** Eine analoge Anwendung von § 10 zugunsten des mit der Klage nach § 1 abgewiesenen Verbands *gegen* den Verwender/Empfehler ist hingegen nicht geboten:[2] dem öffentlichen Interesse an Eliminierung inhaltlich unbilliger AGB ist dadurch hinreichend Genüge getan, dass *andere* Verbände gegen die Weiterverwendung der im Lichte der neueren höchstrichterlichen Erkenntnis zu beanstandenden Klauseln intervenieren können.

10 **b) Sonstige Abgrenzung.** Die Klage kann sich gegen *jede* den Verwender zur Unterlassung, den Empfehler zu Unterlassung und Widerruf anhaltende Entscheidung wenden; auch Versäumnis- und Anerkenntnisurteile machen keine Ausnahme.[3] Unterlassungsverfügungen dürften taugliche Titel sein, wenn sie durch Abschlusserklärung (s. § 5 Rz 58 ff.) bestandskräftig gestellt sind.[4] Bei nicht rechtskräftigen Entscheidungen besteht für die Gewährung eines zusätzlichen Behelfs neben den nach allgemeinen Regeln ohnehin gegebenen freilich zumindest dort kein Anlass, wo die höchstrichterliche Divergenzentscheidung als einschlägiges Präzedens im bisherigen Verfahren oder in einem neuen Verfahren auch mittels allgemeinen Behelfs vor dem Gericht geltend gemacht werden kann, das über die Klage nach § 10 zu befinden hätte.[5] Statthaftigkeit der Klage nach § 10 ist deshalb wohl zu verneinen gegenüber einem noch nicht rechtskräftigen Versäumnisurteil (Möglichkeit des Einspruchs)[6] sowie einer Verfügungsentscheidung ohne Abschlusserklärung (Möglichkeit der Klageprovokation nach § 926 ZPO, eigener negativer Feststellungsklage im Hauptsacheverfahren sowie – bei Beschlussverfügung – des Widerspruchs).[7] Teilt man die hier vertretene Ansicht, dass die erfolgreiche Klage nach § 10 den Kostenausspruch des Ersturteils nicht tangiert (Rz 4), ist aber auch die (Streit-)Frage, ob die Klage nach § 10 alternativ zur Berufung gegeben ist,[8] nur akademischer Natur: Da der Verwender/Empfehler über die Berufung (und nur über sie) auf Freistellung von den Verfahrenskosten beider Rechtszüge hoffen darf,

---

[1] Ebenso: *Staudinger/Schlosser* Rz 5; *Löwe* § 19 AGBG Rz 3; MünchKomm/*Micklitz* § 19 AGBG Rz 6; *Soergel/U. Stein* § 19 AGBG Rz 2; a. A. freilich *Schilken*, Verfahrensrechtliche Probleme S. 115; *Ulmer/Hensen* Rz 4; *Erman/Roloff* Rz 3; AnwK/*Walker* Rz 3.

[2] Statt vieler: *Schilken* Verfahrensrechtliche Probleme S. 116 sowie *Erman/Roloff* Rz 8; a. A. freilich *Staudinger/Schlosser* Rz 14; MünchKomm/*Micklitz* § 19 AGBG Rz 14.

[3] Allg. M., vgl. z. B. *Palandt/Bassenge* Rz 3.

[4] *Staudinger/Schlosser* Rz 6.

[5] *Schilken,* Verfahrensrechtliche Probleme S. 108; a. A. MünchKomm/*Micklitz* § 19 AGBG Rz 17 Fn. 32.

[6] Ebenso: *Löwe* § 19 AGBG Rz 8.

[7] Ebenso: *Staudinger/Schlosser* Rz 6; *Erman/Roloff* Rz 4; AnwK/*Walker* Rz 4.

[8] Bejahend z. B. *Löwe* § 19 AGBG Rz 7, verneinend *Schilken,* Verfahrensrechtliche Probleme S. 108.

wird die Divergenzentscheidung aus Kostengründen von der verständigen Partei stets via Berufung geltend gemacht.

Hat sich der Verwender vorprozessual unterworfen (§ 5 Rz 26 ff.), steht ihm im Hauptsachepunkt ein außerordentliches Lösungsrecht zu.[1] 11

6. Voraussetzungen der Zulässigkeit erneuter Sachprüfung

Voraussetzungen für die Zulässigkeit einer erneuten Sachprüfung (Rz 5) sind eine nachträgliche höchstrichterliche Divergenzentscheidung bzw. eine gleichwertige Divergenzlage und eine unzumutbare Beeinträchtigung des Geschäftsbetriebs des im Erstprozess Verurteilten bei einem Gleichwohl-Fortbestehen des ihm gegenüber ausgesprochenen Unterlassungsgebots.

a) Das Erfordernis der höchstrichterlichen Divergenzentscheidung. Vom Gesetz ausdrücklich erfasst und damit zweifelsfrei ausreichend sind: nachträglich ergangene Entscheidungen des BGH oder des Gemeinsamen Senats der Obersten Gerichtshöfe des Bundes im Verfahren auf Verwendungsunterlassung nach § 1, die die Verwendung wortlautidenter oder zumindest im „Kern" inhaltsgleicher AGB für dieselbe Art von Rechtsgeschäften für zulässig erklären. Darüber hinaus wird man in Fortentwicklung des gesetzlichen Tatbestands vom Normzweck (s. Rz 1) her aber auch einer Reihe sonstiger Divergenzlagen Relevanz i. S. von § 1 zuzusprechen haben (aa–ee). Umgekehrt dürfte freilich im Wege teleologischer Reduktion nur Divergenzentscheidungen, die das licet der Klauselverwendung nach *Sach*prüfung aussprechen, die Qualität eines Klagegrundes nach § 1 beizumessen sein (ff). Sonderprobleme wirft die Situation *divergierender* nachträglicher höchstrichterlicher Entscheidungen auf (gg). 12

aa) Entscheidungen zugunsten von Empfehlern. Taugliche Divergenzentscheidung ist auch eine höchstrichterliche Entscheidung, die eine gegen einen **Empfehler** gerichtete Klage auf Unterlassung und/oder Widerruf abweist bzw. eine vom Instanzgericht ausgesprochene Abweisung bestätigt.[2] 13

bb) Entscheidungen auf negative Feststellungsklage. Da die negative Feststellungsklage des Verwenders/Empfehlers gegen einen abmahnenden Verband/eine abmahnende Kammer materiell eine Verbandsklage nach § 1 mit umgekehrten Parteirollen (§ 5 Rz 71), genügt auch ein höchstrichterliches Erkenntnis als Divergenzentscheidung, das jener Klage stattgibt bzw. ein klagestattgebendes Instanzurteil bestätigt.[3] 14

cc) Entscheidungen im Individualprozess. Richtiger, freilich höchst strittiger Ansicht nach sind auch abweichende höchstrichterliche Entscheidungen in Individualverfahren, in denen der in Fragestehenden Klausel inzidenter die rechtliche Zulässigkeit attestiert wird, jedenfalls dann beachtlich, wenn die Billigung – wie in der Regel – nicht nur unter Berücksichtigung der Einzelfallumstände erfolgt ist.[4] Die Präzedenzwirkung solcher Urteile ist nicht geringer als die der im Verbandsklageverfahren ergangenen. Klagen gegen Konkurrenten auf Unterlassung 15

---

[1] *Ulmer/Hensen* Rz 15; *Palandt/Bassenge* Rz 3; a. A. *Erman/Roloff* Rz 5

[2] Ganz h. M., vgl. z. B. *Schilken,* Verfahrensrechtliche Probleme S. 110 f; *Erman/Roloff* Rz 6; AnwK/*Walker* Rz 5.

[3] Ebenso: *Staudinger/Schlosser* Rz 7; MünchKomm/*Micklitz* § 19 AGBG Rz 15; *Schilken,* Verfahrensrechtliche Probleme S. 111.

[4] *Lakkis,* Kollektiver Rechtsschutz S. 239 f; *Staudinger/Schlosser* Rz 12; MünchKomm/*Micklitz* § 19 AGBG Rz 15; AnwK/*Walker* Rz 5; a. A. *Ulmer/Hensen* Rz 7; *Schilken,* Verfahrensrechtliche Probleme S. 112.

der Verwendung inhaltsgleicher Klauseln werden im Allgemeinen nicht mehr erhoben. Der verurteilte Verwender läuft Gefahr, als Einziger auf die Benutzung bestimmter AGB verzichten zu müssen, deren Verwendung im Übrigen allgemein üblich ist.

16 **dd) Divergenzlage: festgefügtes konträres Richterrecht.** Schließlich ist – wenn auch zurückhaltend – eine relevante Divergenzlage rechtsfortbildend selbst dann zu bejahen, wenn es an einer *höchstrichterlichen* Divergenzentscheidung *fehlt,* sich nach Erlass des Unterlassungsurteils gegen den Verwender/Empfehler aber gleichwohl ein **festgefügtes konträres Richterrecht** entwickelt hat:[1] Bei inhaltsgleicher, keine Opposition findender Rspr. mehrerer Oberlandesgerichte orientiert sich die Kautelarpraxis an jener nicht minder als an einer höchstrichterlichen Entscheidung. Der durch ein „Ausreißerjudikat" Betroffene ist hier nicht weniger schutzwürdig als dort.

17 **ee) Berücksichtigungsfähigkeit vor Erlass des Ersturteils ergangener Divergenzentscheidungen.** Kontrovers ist endlich, ob und inwieweit höchstrichterliche Divergenzentscheidungen auch dann beachtlich sind, wenn sie *vor* Erlass des Unterlassungsurteils ergangen sind – eine Frage, die sich richtigerweise nicht nur dann stellt, wenn man mit der h. M. eine Generalverweisung von § 10 auf § 767 ZPO (einschließlich dessen Abs. 2!) bejaht, sondern auch dann, wenn man mit *Schilken*[2] annimmt, § 10 regele die Präklusion gegenüber § 767 II ZPO eigenständig.

18 Die h. M. bejaht die Berücksichtigungsfähigkeit vor Erlass des Ersturteils ergangener Divergenzentscheidungen,[3] ist sich freilich in der Frage der *Voraussetzungen* solcher Berücksichtigungsfähigkeit ihrerseits höchst uneins. Eine verbreitete Ansicht zieht die zeitliche Grenze in strikter Orientierung am Wortlaut des § 767 II ZPO: relevant seien auch solche Divergenzentscheidungen, freilich andererseits nur solche, die vor Entscheidungserlass, aber nach Schluss der mündlichen Verhandlung ergangen sind; auf den Zeitpunkt der Kenntnisnahme bzw. Kenntnisnahmemöglichkeit komme es nicht an.[4] Eine solche Grenzziehung überzeugt jedoch kaum: Wenn § 10 auf dem Gedanken basiert, dass dem einzelnen Verwender/Empfehler keine Sonderopfer zumutbar sind (Rz 1), wäre es ungereimt, allein auf den objektiven Umstand abzustellen, ob die abweichende höchstrichterliche Entscheidung vor oder nach Schluss der mündlichen Verhandlung *ergangen* ist. *Zumutbar* ist die Präklusion vielmehr nur dann, aber auch immer dann, wenn die höchstrichterliche Divergenzentscheidung dem im Erstprozess verurteilten Verwender/Empfehler im Zeitpunkt der letzten mündlichen Verhandlung *zugänglich* gewesen war,[5] wobei als Diligenzstandard in Hinblick darauf, dass Verbandsklageverfahren notwendigerweise Anwaltsprozesse sind, der eines sorgfältigen Anwalts zu Grunde zu legen ist: Nichtberücksichtigung einschlägiger Publikation in der amtlichen Sammlung oder den wichtigsten Fachzeitschriften dürfte allemal schädlich sein.[6]

---

[1] So zu Recht *Staudinger/Schlosser* Rz 13; a. A. freilich *Genzow,* Die Wirkungen eines Urteils gemäß §§ 17, 21 AGBG S. 96 ff; MünchKomm/*Micklitz* § 19 AGBG Rz 19; *Löwe* § 19 AGBG Rz 10.

[2] Verfahrensrechtliche Probleme S. 107.

[3] A. A. freilich *Schilken,* Verfahrensrechtliche Probleme S. 107 und *Ulmer/Hensen* Rz 9.

[4] So insbes. *Palandt/Bassenge* Rz 4; AnwK/*Walker* Rz 7.

[5] So zu Recht: *Kellner,* Vollstreckungsabwehrklage nach § 19 AGBG S. 64; *Lakkis,* Kollektiver Rechtsschutz S. 240; MünchKomm/*Micklitz* § 19 AGBG Rz 18; *Soergel/U. Stein* § 19 AGBG Rz 6 sowie – zumindest im Ergebnis – auch *Koch/Stübing* § 19 AGBG Rz 4; a. A., nämlich weitergehend jede vorher ergangene und nur von den Parteien oder dem Gericht übersehene Entscheidung genügen lassend, *Löwe* § 19 AGBG Rz 4.

[6] Zustimmend: *Lakkis* aaO.

ff) Divergenzentscheidung nach Sachprüfung. Entgegen dem zu weit geratenen Wortlaut des § 10 muss die „Nichtuntersagung" der Verwendung der in Frage stehenden AGB-Regelung in der Divergenzentscheidung Ergebnis einschlägiger **Sachprüfung** sein:[1] Entscheidungen, die eine Klage nach § 1 auf Antrag des Verwenders/Empfehlers bei Klageverzicht bzw. Klägersäumnis ohne Sachprüfung abweisen oder einer Feststellungsklage des Verwenders/Empfehlers ohne Sachprüfung stattgeben, äußern keine zur Klauselverwendung/-empfehlung durch Konkurrenten ermunternde Präzedenzwirkung und sind deshalb keine i. S. von § 10 relevanten Divergenzentscheidungen. Die Frage, ob **Verfügungsentscheidungen** taugliche Divergenzentscheidungen i. S. von § 10 sind,[2] stellt sich bei näherem Zusehen nur, wenn man als relevante Divergenzlage auch festgefügtes konträres Richterrecht auf der Basis obergerichtlicher Judikate anerkennt: der Instanzenzug im Verfügungsverfahren endet bei den Oberlandesgerichten. Bejaht man jenes (Rz 16), spricht m. E. nichts dagegen, *auch* obergerichtlichen Sachaussagen in einstweiligen Verfügungen Relevanz für die Bildung und Feststellung einschlägigen Richterrechts beizumessen. 19

gg) Sonderproblem: Rechtslage bei Divergenz höchstrichterlicher Entscheidungen untereinander. Bei Divergenz höchstrichterlicher Entscheidungen untereinander (ein höchstrichterliches Erkenntnis beurteilt die konkrete AGB-Wirksamkeitsfrage in Übereinstimmung, ein anderes abweichend vom Ersturteil i. S. von § 10) scheidet eine Klage nach § 10 grundsätzlich aus[3] – richtigerweise nicht nur bei Unverträglichkeit mehrerer im Verbandsprozess ergangener Entscheidungen, sondern auch dann, wenn die Entscheidungen teils im Verbands-, teils im Individualverfahren ergangen sind. Davon, dass die Konkurrenz entsprechende Klauseln gefahrlos verwenden kann und verwendet (Regelungsgrund des § 10, s. Rz 1), kann in solcher Konstellation keine Rede sein. Etwas anderes gilt, bei Maßgeblichkeit der jüngeren Entscheidung, nur dann, wenn es sich um Entscheidungen desselben Senats handelt oder der Senat, von dessen Entscheidung abgewichen wurde, auf Anfrage nach § 136 GVG ausdrücklich erklärt hat, an seiner bisherigen Rspr. nicht mehr festzuhalten. Schließlich kommt Vorrang selbstverständlich einer die Divergenz gerade auflösenden Entscheidung des GrZS nach § 136 GVG zu. 20

b) Das Erfordernis unzumutbarer Beeinträchtigung des Geschäftsbetriebs. Nahezu jedes nur den konkreten geschäftsmäßigen Verwender treffende Verwendungsverbot beeinträchtigt diesen in seinem Geschäftsbetrieb. Da der Text von einer Beeinträchtigung in „unzumutbarer Weise" spricht, läge vom Wortsinn her deshalb eine Interpretation des entsprechenden Tatbestandsmerkmals dahin nahe, dass nur eine besonders gravierende Beeinträchtigung ausreichend ist.[4] Die Materialien zur Vorgängervorschrift[5] belegen indes eindeutig, dass die Textfassung verunglückt ist, vielmehr *jeder* Wettbewerbsnachteil ausreichen soll. Dem Tatbestandsmerkmal Beeinträchtigung des Geschäftsbetriebs in unzumutbarer Weise ist deshalb richtigerweise im Bereich geschäftsmäßiger AGB-Verwendung nur eine negative Korrektivfunktion beizumessen: Die weitere Hinnahme des im Endurteil ausgesprochenen Verwendungsverbots ist dem Verurteilten regelmäßig unzumut- 21

---

[1] Seit dem „Frontenwechsel" von *Ulmer/Hensen* Rz 6 soweit ersichtlich allg. M.

[2] Verneinend: *Schilken,* Verfahrensrechtliche Probleme S. 110.

[3] A. A. freilich MünchKomm/*Micklitz* § 19 AGBG Rz 22 Fn. 54.

[4] So denn auch insbes. MünchKomm/*Micklitz* § 19 AGBG Rz 20: über § 10 könne nur ein Verbot besonders gravierender Bestimmungen, etwa zur Haftungs- oder Gewährleistungsfrage korrigiert werden.

[5] BT-Rechtsausschuss, BT-Drucks 7/5422 S. 12.

bar, wenn die betreffenden AGB von den Mitbewerbern nach wie vor benutzt werden.[1]

22 Beim **Empfehler** (zur grundsätzlichen Klageberechtigung desselben Rz 8) ist bei *geschäftsmäßiger* Empfehlung auf den eigenen Wettbewerbsnachteil abzustellen. Bei *Verbandsempfehlern,* die AGB ihren Mitgliedern zur geschäftsmäßigen Verwendung anraten, sollte die Möglichkeit eines Wettbewerbsnachteils der Mitglieder ausreichen (s. bereits Rz 8).

7. Rechtsschutzbedürfnis

23 Der Klage nach § 10 mangelt das Rechtsschutzbedürfnis, wenn der im Erstprozess siegreiche Verband/die im Erstprozess siegreiche Kammer unter Herausgabe der vollstreckbaren Urteilsausfertigung auf alle Rechte aus dem Urteil verzichtet.[2] Vorgängige erfolglose Abmahnung ist hingegen unter Klagezulässigkeitsgesichtspunkten ebenso wenig erforderlich wie ein konkretes Drohen der Zwangsvollstreckung.[3] Bei unmittelbarer Klageerhebung kann freilich der Anlass zur Klageerhebung nach § 93 ZPO fehlen.

8. Zuständigkeit

24 Die Zuständigkeit ergibt sich aus der (rechtstechnischen) Verweisung auf § 767 ZPO: Örtlich und sachlich ausschließlich zuständig ist das Gericht erster Instanz des Erstverfahrens (§§ 767 I, 802 ZPO).

9. Abgrenzung: Klage nach § 10 und allgemeine Vollstreckungsabwehrklage

25 Mit der allgemeinen Vollstreckungsgegenklage nach § 767 ZPO kann der im Verbandsklageverfahren verurteilte Verwender/Empfehler geltend machen: eine allfällige Gesetzesänderung, die unmittelbar oder mittelbar (§ 307 II BGB!) die Zulässigkeit der im Erstprozess beanstandeten Klausel tangiert, ferner eine allfällige Salvierung der beanstandeten Klausel durch Klauselwerkänderung zugunsten des Kunden an anderer Stelle.[4] Soweit das Verwendungs-/Empfehlungsverbot auf einen der Wertkonkretisierung fähigen und bedürftigen Klauselverbotstatbestand gestützt ist, kämen schließlich grundsätzlich auch Änderungen der allgemeinen Werthaltung in Betracht.[5] Entgegen *Grunsky,*[6] der vom Vorrang der allgemeinen Vollstreckungsgegenklage ausgeht und der Klage nach § 10 nur eine subsidiäre Natur beimisst, wird man freilich in letzterem Punkt vom Vorrang der Sonderregelung des § 10 auszugehen[7] und einschlägige Regelungslücken von den Wertungen dieser Vorschrift her zu schließen haben.

---

[1] Ebenso: *Gaul* FS Beitzke S. 1045; *Schilken,* Verfahrensrechtliche Probleme S. 118 f; *Staudinger/Schlosser* Rz 9; *Palandt/Bassenge* Rz 5.

[2] MünchKomm/*Micklitz* § 19 AGBG Rz 21; *Löwe* § 19 AGBG Rz 19.

[3] A. A. zu letzterem *Ulmer/Hensen* Rz 10.

[4] Näher zu beidem *Grunsky* GS Rödig S. 327 ff.

[5] Vgl. i. e. *Grunsky* GS Rödig S. 330 f.

[6] AaO S. 331.

[7] Ähnlich *Löwe* § 19 AGBG Rz 1.

§ 11 Wirkungen des Urteils

Handelt der verurteilte Verwender einem auf § 1 beruhenden Unterlassungsgebot zuwider, so ist die Bestimmung in den Allgemeinen Geschäftsbedingungen als unwirksam anzusehen, soweit sich der betroffene Vertragsteil auf die Wirkung des Unterlassungsurteils beruft. Er kann sich jedoch auf die Wirkung des Unterlassungsurteils nicht berufen, wenn der verurteilte Verwender gegen das Urteil die Klage nach § 10 erheben könnte.

Inhaltsübersicht

Schrifttum: *Basedow,* Kollektiver Rechtsschutz und individuelle Rechte. Die Auswirkungen des Verbandsprozesses auf die Inzidentkontrolle von AGB, AcP 182, 335 ff; *Gaul,* Die Erstreckung und Durchbrechung der Urteilswirkung nach §§ 19, 21 AGBG, in: FS Beitzke, 1979, S. 997 ff; *Genzow,* Die Wirkungen eines Urteils gemäß §§ 17, 21 AGBG unter besonderer Berücksichtigung seiner Auswirkungen auf vorher abgeschlossene oder abgewickelte Verträge, Diss. Bielefeld 1981; *Schilken,* Verfahrensrechtliche Probleme nach dem AGB-Gesetz – Eine Untersuchung zu §§ 19, 21 AGBG –, in: Recht und Wirtschaft, Osnabrücker Rechtswissenschaftliche Abhandlungen, 1985, S. 99 ff.

1. Regelungsanliegen

§ 11 (früher: § 21 AGBG), wichtiges Strukturelement des verbandsklageweisen Schutzes vor missbräuchlicher AGB-Verwendung, dient der Verstärkung der Breitenwirkung im abstrakten Kontrollverfahren ergangener Entscheidungen: Sofern der nach § 1 zur Verwendungsunterlassung Verurteilte die beanstandeten AGB gleichwohl (weiter-)verwendet, soll dem Verbandsklageurteil zugunsten der Vertragspartner des Verwenders in Individualprozessen derselben mit dem Verwender, in denen die AGB-Geltungsfrage vorgreiflich ist, nicht nur Präzedenz-, sondern **Präjudizwirkung** zukommen. 1

2. Die Drittwirkung nach § 11: Inhalt und Rechtsnatur

a) Inhalt. Inhaltlich statuiert § 11 S. 1 eine **verhaltene Bindungswirkung** zugunsten der Vertragspartner des AGB-Verwenders bei Gleichwohl-Verwendung entgegen dem gerichtlichen Unterlassungsgebot nach § 1: Beruft sich der Vertragspartner im Rechtsstreit mit dem Verwender auf das vom Verband/der Kammer im abstrakten Kontrollverfahren gegen den Verwender erstrittene Urteil, ist der Richter des Individualprozesses an die dem Unterlassungsausspruch zugrunde liegende Feststellung, dass die untersagte Klausel nicht den Mindeststandards der §§ 307–309 BGB genügt, gebunden. Etwas anderes – Bindungsfreiheit des Richters im In- 2 dividualverfahren – gilt nur, wenn der Verwender im Wege der Gegeneinrede geltend machen kann, dass er gegen das seine Unterlassungspflicht feststellende Urteil (erfolgreich) Klage nach § 10 erheben könnte (§ 11 S. 2).

3 **b) Dogmatik.** Dogmatisch dürfte die Bindungswirkung nach § 11 S. 1 als besonders ausgestalteter Fall der Rechtskrafterstreckung zu qualifizieren sein:[1] § 11 S. 1 statuiert zunächst – abweichend von der Regel, dass Elemente des Subsumtionsschlusses nicht in Rechtskraft erwachsen[2] – das In-Rechtskraft-Erwachsen der dem Unterlassungsanspruch zugrunde liegenden Feststellung der rechtlichen Unzulässigkeit der untersagten AGB und erstreckt sodann diese Urteilswirkung – abweichend von der Regel, dass die Rechtskraft einer Entscheidung nur zwischen den Prozessparteien gilt – auf die Vertragspartner des Verwenders. Dass die Bindungswirkung – gemessen an den sonstigen Fällen von Rechtskrafterstreckung: wiederum abweichend von der Regel – im Individualprozess nicht von Amts wegen, sondern nur auf Einrede zu berücksichtigen ist, sollte der entsprechenden Einordnung nicht entgegenstehen.[3]

3. Anwendungsbereich der Vorschrift

4 **a) Sachlicher Anwendungsbereich. aa) Rechtsstreitigkeiten aus der Abwicklung von Neuverträgen.** § 11 erfasst zweifelsfrei Individualrechtsstreitigkeiten aus der Abwicklung von **Neuverträgen,** d. h. richtigerweise solcher Verträge, die vom Verwender unter Einschluss wortlaut- oder zumindest inhaltsgleicher Klauseln nach *Erlass* des Unterlassungsurteils geschlossen wurden.[4]

5 **bb) Rechtsstreitigkeiten aus der Abwicklung von Altverträgen.** Ob und unter welchen Voraussetzungen Bindungswirkung nach § 11 darüber hinaus auch zugunsten der Personen anzunehmen, die Verträge auf der Basis der beanstandeten AGB **vor** Erlass des Unterlassungsurteils[5] geschlossen haben, wenn die AGB-Geltungsfrage bei der Abwicklung solcher Verträge Vorgreiflichkeit erlangt, ist streitig. Die einschlägige Entscheidung wird durch die Stellungnahme zur Frage nach Inhalt und Umfang des Verwendungsunterlassungsanspruchs nach § 1 präjudiziert. Wer mit der nunmehr ganz h. M. (s. § 1 Rz 27) im Verwendungsverbot des § 1 auch das Verbot des Sich-Berufens auf die beanstandeten AGB bei der Abwicklung von Altverträgen eingeschlossen sieht, kann und muss konsequenterweise die dem Unterlassungsgebot zugrunde liegende (und kraft Anordnung des § 11: rechtskräftige) Feststellung inhaltlicher Unzulässigkeit der betreffenden AGB als Feststellung der Ab-initio-Unzulässigkeit verstehen: Eben diese rechtskräftige Feststellung wird erstreckt; das Urteil wirkt auch zugunsten der Altvertragspartner.[6] All dies unabhängig davon, ob das Unterlassungsurteil allgemein auf Verwendungsunterlassung

---

[1] H. M., ebenso: *Staudinger/Schlosser* Rz 4; MünchKomm/*Micklitz* § 21 AGBG Rz 6; *Erman/Roloff* Rz 2; AnwK/*Walker* Rz 2.

[2] *Rosenberg/Schwab/Gottwald,* ZPR, 16. Aufl., § 152 Rz 13.

[3] A. A. freilich dezidiert *Gaul* FS Beitzke S. 1035 f, der in § 11 (früher: § 21 AGBG) eine „eigenartige prozessuale Bindungswirkung" statuiert sieht, die im bisherigen Prozessrecht ohne Parallele sei.

[4] *Koch/Stübing* § 21 AGBG Rz 14; a. A., für einschlägige Maßgeblichkeit des Rechtskrafteintritts, damit aber die Frage nach dem Gegenstand, auf den die Bindung zu beziehen ist, mit der Frage vermengend, welche Voraussetzungen an die Entscheidung zu stellen sind, deren Feststellung erstreckt werden soll – hierzu Rz 8 –, freilich MünchKomm/*Micklitz* § 21 AGBG Rz 8 sowie *Erman/Roloff* Rz 2.

[5] Nach der in der Vornote abgelehnten Ansicht: vor Rechtskraft des Unterlassungsurteils.

[6] Für die Einschlägigkeit von § 11 bei Rechtsstreitigkeiten aus der Abwicklung von Altverträgen denn auch BGH NJW 1981, 1511/1512; BGHZ 127, 35/37; *Staudinger/Schlosser* Rz 6; *Ulmer/Hensen* Rz 4; MünchKomm/*Micklitz* § 21 AGBG Rz 9; *Erman/Roloff* Rz 2; *Palandt/Bassenge* Rz 6. A. A. – ansatzkonsequent – noch *Koch/Stübing* § 21 AGBG Rz 15 sowie *Dietlein/Rebmann* § 21 AGBG Rz 2.

lautet oder explizit das Sich-Berufen auf die beanstandeten AGB bei der Abwicklung von Altverträgen untersagt.[1] Allfälliges Verwendervertrauen darauf, dass höchstrichterlich abgesegnete Klauseln auch fürderhin der Inhaltskontrolle standhalten, ist allenfalls im Rahmen der Bestimmung der Ersatzregelung zu berücksichtigen (s. § 306 BGB Rz 61).

cc) Rückabwicklungsstreitigkeiten. Im Rahmen von Rückabwicklungsstreitigkeiten ist § 11 hingegen keineswegs thematisiert: Demjenigen, der mit Blick auf eine später im Verbandsklageverfahren perhorreszierte AGB-Bestimmung eine Leistung erbracht hat, kann sich bei seinem Kondiktionsverlangen nur auf die Präzedenz-, nicht auf eine Präjudizwirkung der im Kontrollverfahren ergangenen Entscheidung berufen.[2] 6

b) Personeller Anwendungsbereich. Die Einrede nach § 11 S. 1 kann vom Dritten entsprechend § 325 ZPO auch dem **Rechtsnachfolger des Verwenders** entgegengesetzt werden[3] bzw. entsprechend dieser Vorschrift auch vom **Rechtsnachfolger des Dritten** erhoben werden. 7

4. Voraussetzungen der Einrede im Übrigen

a) Zum Sich-Berufen nach § 11 S. 1 geeignete Titel. aa) (Hauptsache-) Unterlassungsurteil. Die Bindungswirkung nach § 11 eignet in unmittelbarer Anwendung dieser Vorschrift allen im Verbandsklageverfahren ergangenen **(Hauptsache-)Unterlassungsurteilen** gleich welcher Art (einschließlich Versäumnis- und Anerkenntnisurteilen, allg. M.), freilich erst mit **Eintritt der Rechtskraft.**[4] Letzteres folgt aus der Entstehungsgeschichte der Vorgängervorschrift,[5] der dogmatischen Einordnung der Bindungswirkung als Rechtskrafterstreckung (Rz 3) sowie nicht zuletzt aus der Erwägung, dass eine Bindung des Richters im Individualverfahren an unter Korrekturvorbehalt stehende Entscheidungen der Rechtssicherheit eher abträglich als nützlich wäre. 8

bb) Klageabweisendes Urteil auf negative Feststellungsklage. Drittwirkung nach § 11 kommt in analoger Anwendung dieser Vorschrift richtigerweise aber auch dem Urteil zu, das eine **negative Feststellungsklage** des abgemahnten Verwenders gegen den abmahnenden Verband/die abmahnende Kammer aus der Erwägung abweist, dass die in Frage stehenden AGB sehr wohl gegen die Mindeststandards der §§ 307–309 BGB verstoßen:[6] Da die entsprechende Feststellungsklage der Sache nach das Spiegelbild einer Unterlassungsklage nach § 1, besteht kein Grund, das tragende Element der sachabweisenden Entscheidung, die Feststellung rechtlicher Unzulässigkeit der betreffenden AGB, hier nicht in Rechtskraft erwachsen zu lassen und die Präjudizialwirkung zugunsten Dritter zu verneinen. Das die negative Feststellungsklage in der Sache abweisende Urteil unterscheidet sich von dem der korrespondierenden Unterlassungsklage nach § 1 stattgebenden Urteil nur dahin, dass es keinen Vollstreckungstitel darstellt. 9

---

1 A. A. insoweit noch *Bunte* BB 1981, 1795.

2 Ganz h. M.; statt mancher *Staudinger/Schlosser* Rz 7; *Ulmer/Hensen* Rz 4; *Stoffels* Rz 1167. A. A. freilich MünchKomm/*Micklitz* § 21 AGBG Rz 11.

3 *Palandt/Bassenge* Rz 3; *Erman/Roloff* Rz 6; AnwK/*Walker* Rz 4.

4 Ganz h. M., statt vieler: AnwK/*Walker* Rz 3 sowie *Locher* § 19/8; a. A. – bereits vorläufige Vollstreckbarkeit als genügend ansehend – *Dietlein/Rebmann* § 21 AGBG Rz 2 sowie *Bernreuther* WRP 1998, 280/286.

5 S. BT-Rechtsausschuss, BT-Drucks 7/5422 S. 13.

6 Zustimmend: *Schilken,* Verfahrensrechtliche Probleme S. 124; *Ulmer/Hensen* Rz 3; *Palandt/Bassenge* Rz 4; a. A. freilich MünchKomm/*Micklitz* § 21 AGBG Rz 7; *Löwe* § 21 AGBG Rz 7.

10 **cc) Einstweilige Verfügung.** *Keine* Drittwirkung nach § 11 eignet hingegen einstweiligen Verfügungen auf Verwendungsunterlassung, gleichgültig, ob es sich um Beschluss- oder Urteilsverfügungen handelt:[1] Eine Entscheidung, der institutionell eine Rechtskraftwirkung in Bezug auf das Hauptsacheverfahren nicht einmal inter partes zukommt, äußert erst recht keine einschlägige Drittwirkung. Dies gilt auch, wenn die einstweilige Verfügung durch Abschlusserklärung unanfechtbar gestellt wurde.[2] Letztenfalls werden indes bei entsprechender Fassung die Vertragspartner des Verwenders *rechtsgeschäftlich* so gestellt, als läge ein entsprechendes rechtskräftiges Unterlassungsurteil vor: Die (vollständige) Abschlusserklärung beinhaltet auch ein (kausales) Anerkenntnis bezüglich des Unterlassungsanspruchs des Verbands/der Kammer nach § 1 sowie ein Anerkenntnis der Unwirksamkeit der betreffenden Klauseln bei späterer Gleichwohl-Verwendung zugunsten des hierdurch betroffenen Vertragspartners (§ 5 Rz 59).

11 **b) Zeitliche Grenzen für die Geltendmachung der Einrede.** Die Einrede kann in den Grenzen der allgemeinen Präklusionsregeln nach § 296 I/II ZPO[3] zumindest in den Tatsacheninstanzen bis zum Schluss der mündlichen Verhandlung geltend gemacht werden. Entgegen der h. M.[4] dürfte, jedenfalls wenn das Unterlassungsurteil erst nach Schluss der mündlichen Verhandlung in der Berufungsinstanz rechtskräftig geworden ist, aber auch die erstmalige Geltendmachung in der Revisionsinstanz nicht ausgeschlossen sein: § 561 ZPO hindert von seiner ratio – Entlastung des Revisionsrichters von der Tatsachenaufklärung – die Geltendmachung des liquiden Umstands Vorliegen eines rechtskräftigen Unterlassungsurteils nicht.[5]

5. Rechtslage bei Nichterheben der Einrede

12 Ohne Geltendmachung der Einrede ist das Gericht allemal zur eigenverantwortlichen Prüfung (und deren Verlautbarung in den Entscheidungsgründen) verpflichtet, selbst wenn es vom Unterlassungsurteil und der ihm zugrunde liegenden Rechtsauffassung auf welche Weise auch immer Kenntnis erlangt hat: der Entscheidung eignet Präzedenz-, nicht Präjudizwirkung. Erörterung der im Unterlassungsurteil verlautbarten Rechtsansicht mit den Parteien unter Nennung des erkennenden Gerichts ist dabei erlaubtes Rechtsgespräch und begründet per se nicht den Vorwurf der Parteilichkeit.[6] Der explizite Hinweis darauf, dass es sich um ein Unterlassungsurteil gerade gegen diesen Verwender handelt, sollte freilich tunlichst vermieden werden.

6. Die Gegeneinrede nach § 11 S. 2

13 Für eine Drittwirkung nach § 11 S. 1 ist selbstredend kein Raum mehr, wenn die im Unterlassungsurteil getroffene, zu erstreckende Feststellung ihrerseits durch rechtskräftige kontradiktorische Feststellung auf Klage nach § 10 außer Kraft gesetzt wurde (§ 10 Rz 4).

---

[1] Ganz h. M., statt vieler: OLG Hamm EWiR 1986, 220/221; *Ulmer/Hensen* Rz 3; *Erman/Roloff* Rz 4; *Stoffels* Rz 1167; a. A. *Bernreuther* WRP 1998, 280/286 f.

[2] A. A. insoweit *Löwe* § 21 AGBG Rz 17.

[3] *Staudinger/Schlosser* Rz 3; *Gaul* FS Beitzke S. 1040.

[4] Vgl. z. B. MünchKomm/*Micklitz* § 21 AGBG Rz 13 sowie *Ulmer/Hensen* Rz 7; zweifelnd: *Gaul* FS Beitzke S. 1041 f.

[5] Zustimmend: *Schilken,* Verfahrensrechtliche Probleme S. 124 f.

[6] Richtig: *Koch/Stübing* § 21 AGBG Rz 6.

Hat der Verwender bei Gegebensein der Erfolgsvoraussetzungen einer Klage dieselbe (noch) nicht erhoben oder aber noch kein einschlägiges rechtskräftiges Urteil erstritten, steht ihm nach § 11 S. 2 jedenfalls eine Gegeneinrede zu, mit der er die Einrede der Gegenseite nach § 11 S. 1 zu Fall bringen kann.[1] 14

Bejaht der Richter des Individualprozesses auf Geltendmachung der Gegeneinrede in hypothetischer Prüfung die Klageerfolgsvoraussetzungen nach § 10, bedeutet dies nur den Entfall der Bindungswirkung. Die höchstrichterliche Divergenzentscheidung zum Unterlassungsurteil äußert für den Individualprozess nur Präzedenz-, nicht Präjudizwirkung.[2] 15

7. Möglichkeit des Offenlassens der Begründetheit der Einrede bzw. von Einrede und Gegeneinrede bei unterlassungsurteilkonvergenter Entscheidung

Die Bindung nach § 11 S. 1 enthebt den Richter des Individualprozesses, in dem die Frage der Wirksamkeit der im Unterlassungsurteil beanstandeten AGB Vorgreiflichkeit erlangt, der eigenen Prüfung: Eine Eigenbegründung bezüglich der Unverträglichkeit der betreffenden Klauseln ist weder notwendig noch auch nur rätlich. 16

Da die Bindung nach § 11 S. 1 nicht Selbstzweck, sondern dem Schutz des Einredeberechtigten dient, dieser aber ersichtlich nicht dadurch beschwert ist, dass der Richter des Individualprozesses in der AGB-Geltungsfrage aufgrund eigener rechtlicher Erwägungen zu eben demselben Ergebnis gelangt wie das Gericht, dessen Feststellung nach § 11 S. 1 zu erstrecken wäre, kann dem Richter des Individualprozesses füglicherweise die Eigenprüfung aber nicht schlechterdings verwehrt sein: § 11 S. 1 schafft letztlich nur ein Widerspruchsverbot.[3] Der Gesichtspunkt der Arbeitsökonomie sowie das Postulat einer möglichst überzeugungskräftigen Begründung rechtfertigen ggf. auch die eigenverantwortliche Entscheidung, sofern und soweit auch nur die Möglichkeit eines Widerspruchs ausgeschlossen ist. Dem Richter des Individualprozesses ist es deshalb insbesondere nicht verboten, in einer Situation, in der die Einschlägigkeit von § 11 S. 1 zweifelhaft ist (Bsp.: ist die neuformulierte Klausel im „Kern" inhaltsgleich oder nicht?), die inhaltliche Unbilligkeit der entscheidungserheblichen Klausel nach eigener Überzeugung indes außer Frage steht, seine Entscheidung unter Offenlassung der Bindungsfrage gestützt auf die eigene Beurteilung zu treffen. Ja, in der Fallgestaltung, dass der Richter – ausnahmsweise – trotz eines gegenläufigen höchstrichterlichen Urteils nach wie vor von der rechtlichen Unzulässigkeit der in Fragestehenden Klausel überzeugt ist und Statthaftigkeit und/oder Begründetheit der Klage nach § 10 zweifelhaft erscheint, muss es ihm sogar freistehen, seine Entscheidung gemäß eben dieser Überzeugung unter Offenlassung der Begründetheit von Einrede und Gegeneinrede zu fällen.[4] 17

[1] Für Qualifikation als bloße Gegeneinrede, wie hier, z. B. *Staudinger/Schlosser* Rz 9; *Koch/Stübing* Rz 20; *Palandt/Bassenge* Rz 2; a. A. – für Berücksichtigung der Klageerhebungsmöglichkeit nach § 10 von Amts wegen – *Ulmer/Hensen* Rz 12 sowie *Soergel/U. Stein* § 21 AGBG Rz 6.

[2] *Erman/Roloff* Rz 8.

[3] *Löwe* § 21 AGBG Rz 11.

[4] Ebenso: *Löwe* § 21 AGBG Rz 26; *Koch/Stübing* § 21 AGBG Rz 24.

8. Klauselwirksamkeit bei Ausräumung der Intransparenz/des generell überraschenden Charakters durch hinreichende Zusatzinformation beim konkreten Vertragsschluss

18 Das Urteil, das dem Verwender die Neuverwendung/das Sich-Berufen auf intransparente bzw. generell überraschende AGB-Bestimmungen untersagt, äußert *keine* Bindungswirkung i. S. von § 11, wenn der Verwender darlegt und erforderlichenfalls beweist, dass die Intransparenz/der Überraschungscharakter ob hinreichender Zusatzinformation im konkreten Fall ausgeräumt wurde:[1] Das auf Verbandsklage ausgesprochene Verbot bedeutet Verbot der „konkreten Verletzungsform", d. h. der Weiterverwendung in der das Verwendungsverbot tragenden bisher geübten Form/des Sich-Berufens auf eine in dieser Form in den Vertrag einbezogenen AGB-Bestimmung. Abweichende Verwendungsweisen sind, auch wenn dies nicht explizit im Tenor ausgesprochen wird, verbotsspruchfrei und damit keine Zuwiderhandlung i. S. von § 11.

9. Aussetzung des Individualprozesses

19 **a) Aussetzung bei anhängigem Verfahren nach § 1.** Ist ein Unterlassungsverfahren nach § 1 anhängig und Vorgreiflichkeit der dortigen Entscheidung für das Individualverfahren nach § 11 S. 1 möglich, kommt eine Aussetzung nach § 148 ZPO in Betracht:[2] Dass die Rechtskrafterstreckung nach § 11 S. 1 einseitig, die Präjudizialität mithin nur potenziell ist, steht der Aussetzung nicht prinzipiell entgegen,[3] ist freilich richtigerweise im Rahmen der gebotenen Interessenabwägung (mit) zu berücksichtigen; das Interesse der Parteien an schleuniger Rechtsschutzgewährung erhält gesteigertes Gewicht, wenn gar nicht sicher ist, dass der Bindungsfall eintritt. Da die im Unterlassungstitel getroffene rechtskraftfähige Feststellung inhaltlicher Unzulässigkeit der untersagten AGB nur auf Einrede Bindungswirkung für den Individualprozess entfaltet, wird man wertungskonsequenterweise die Aussetzung, abweichend von der Regel, allerdings nur auf **Antrag** der potentiell begünstigten Partei zulassen dürfen.

20 **b) Aussetzung bei anhängigem Verfahren nach § 10.** Auch wenn eine Klage nach § 10 erhoben ist, darf der Richter des Individualprozesses nach Gegeneinrede gemäß § 11 S. 2 nach § 148 ZPO aussetzen.[4] Die Entscheidung nach § 10 ist nämlich für die des Individualprozesses zumindest mittelbar vorgreiflich: Das klagestattgebende Urteil nimmt dem Unterlassungsurteil nach § 1 die Bindungswirkung, ohne dass es noch der Gegeneinrede nach § 11 S. 2 und deren Prüfung bedarf (Rz 13), während das klageabweisende Urteil selbst einer ursprünglich an sich begründeten Gegeneinrede den Erfolg nimmt. Denn, dies zu letzterem: Maßgeblicher Zeitpunkt für die Beurteilung der Erfolgsaussicht einer hypothetischen Klage nach § 10 im Rahmen der Prüfung gemäß § 11 S. 2 ist der Zeitpunkt der letzten mündlichen Verhandlung; einer erneuten Klage nach § 10 stünde indes dann die Rechtskraft in der Gestalt des Ne-bis-in-idem-Verbots entgegen.

---

[1] BGHZ 116, 1/5 f; *Palandt/Bassenge* § 9 Rz 4; *Lindacher* NJW 1997, 2741/2742; a. A. für den Fall der Klauselverwendung in Neuverträgen *Pfeiffer* LM § 9 (Bl) AGBG Nr. 38.
[2] Ganz h. M., vgl. z. B. AnwK/*Walker* Rz 8; *Palandt/Bassenge* Rz 7; *Erman/Roloff* Rz 8.
[3] A. A. *Reinel,* Verbandsklage S. 76 Fn. 47.
[4] *Staudinger/Schlosser* Rz 5; *Löwe* § 21 AGBG Rz 28; *Soergel/U. Stein* § 21 AGBG Rz 6.

§ 13 Auskunftsanspruch der anspruchsberechtigten Stellen

(1) Wer geschäftsmäßig Post-, Telekommunikations-, Tele- oder Mediendienste erbringt oder an der Erbringung solcher Dienste mitwirkt, hat den nach § 3 Abs. 1 Nr. 1 und 3 anspruchsberechtigten Stellen und Wettbewerbsverbänden auf deren Verlangen den Namen und die zustellungsfähige Anschrift eines am Post-, Telekommunikations-, Tele- oder Mediendiensteverkehr Beteiligten mitzuteilen, wenn die Stelle oder der Wettbewerbsverband schriftlich versichert, dass diese Angaben

1. zur Durchsetzung eines Anspruchs nach § 1 oder § 2 benötigt werden und

2. anderweitig nicht zu beschaffen sind.

(2) Der Anspruch besteht nur, soweit die Auskunft ausschließlich anhand der bei dem Auskunftspflichtigen vorhandenen Bestandsdaten erteilt werden kann. Die Auskunft darf nicht deshalb verweigert werden, weil der Beteiligte, dessen Angaben mitgeteilt werden sollen, in die Übermittlung nicht einwilligt.

(3) Die Wettbewerbsverbände haben einer anderen nach § 3 Abs. 1 Nr. 2 anspruchsberechtigten Stelle auf deren Verlangen die nach Absatz 1 erhaltenen Angaben herauszugeben, wenn sie eine Versicherung in der in Absatz 1 bestimmten Form und mit dem dort bestimmten Inhalt vorlegt.

(4) Der Auskunftspflichtige kann von dem Anspruchsberechtigten einen angemessenen Ausgleich für die Erteilung der Auskunft verlangen. Der Beteiligte hat, wenn der gegen ihn geltend gemachte Anspruch nach § 1 oder § 2 begründet ist, dem Anspruchsberechtigten den gezahlten Ausgleich zu erstatten.

(5) Wettbewerbsverbände sind

1. die Zentrale zur Bekämpfung unlauteren Wettbewerbs und

2. Verbände der in § 3 Abs. 1 Nr. 2 bezeichneten Art, die branchenübergreifend und überregional tätig sind.

Die in Satz 1 Nr. 2 bezeichneten Verbände werden durch Rechtsverordnung des Bundesministeriums der Justiz, die der Zustimmung des Bundesrates nicht bedarf, für Zwecke dieser Vorschrift festgelegt.

Inhaltsübersicht

1. Regelungsanliegen

Kollektiver Institutionen- und Verbraucherschutz darf nicht an „technischen“ Hindernissen scheitern. Die Abwehransprüche der Verbände nach § 1 bleiben totes Recht, wenn eine gebotene Klageerhebung/Beantragung einer einstweiligen Verfügung wegen Nichteruierbarkeit einer ladungsfähigen Anschrift unterbleiben muss. § 13, Antwort des Unterlassungsklagen-Gesetzgebers auf eine Verwenderpraxis, lediglich Postfachanschriften,[1] Internetadressen und/oder Fax-/Telefonnummern anzugeben, spricht den Verbänden deshalb einen materiellrechtlichen Auskunftsanspruch gegen die Erbringer von Post-, Telekommunikations-, Tele oder Mediendiensten auf Bekanntgabe von Namen und zustellungsfähiger Anschrift des den jeweiligen Dienst in Anspruch Nehmenden zu.

---

[1] Zur Unzulänglichkeit der Postfachadresse als ladungsfähige Anschrift zuletzt BGH NJW 2002, 2391/2394 = EWiR 2002, 701 (*Mankowski*).

2. Anspruchsinhalt

Anzugeben sind, Abs. 1: der vollständige Name (Familien- und Vorname, bei Kaufleuten und Handelsgesellschaften: die Firma); die Anschrift in einer Weise, die eine Zustellung nach den Vorschriften der ZPO über die Zustellungen von Amts wegen ermöglicht; bei juristischen Personen und sonstigen Personifikationen mit Rechtssubjektqualität mit Blick auf § 170 ZPO richtigerweise[1] auch die Organvertreter.

3. Anspruchsberechtigte

Der Auskunftsanspruch steht nach Abs. 1 Verbraucherverbänden mit Status einer qualifizierten Einrichtung nach § 3 I Nr. 3, 4 sowie den Industrie- und Handelskammern sowie den Handwerkskammern als anspruchsberechtigten Stellen nach § 3 I Nr. 3 zu. Wirtschaftsverbände (§ 3 I Nr. 2) sind anspruchsberechtigt, soweit sie Wettbewerbsverbände i.S. von Abs. 5 sind, neben der Wettbewerbszentrale (Abs. 5 Nr. 1) mithin nach Abs. 5 Nr. 2 nur solche Verbände, die als branchenübergreifend und überregional tätige Verbände durch RechtsVO des Bundesjustizministeriums[2] einschlägig zertifiziert. Anderen Wirtschaftsverbänden steht, um den auskunftspflichtigen Stellen die schwierige Prüfung der Anspruchsberechtigung zu ersparen, nur ein Binnenanspruch gegen die auskunftsberechtigten Wirtschaftsverbände zu: Sie können nach Abs. 3 von diesen die Weitergabe erlangter Information verlangen. Ein Binnenanspruch auf Geltendmachung des Auskunftsanspruchs gegen den Diensteerbringer zwecks Partizipation an der zu erlangenden Information besteht nicht.[3]

4. Anspruchsgegner

Der Auskunftsanspruch richtet sich gegen Unternehmen, die geschäftsmäßig Post-, Telekommunikations-, Tele- oder andere Mediendienste erbringen oder daran mitwirken und bei denen der sich hinter einer nichtladungsfähigen Adresse versteckende Verwender/Empfehler registriert ist. Passivlegitimiert sind deshalb insbesondere: bei einer inländischen[4] Postfachadresse die Deutsche Post AG; bei einer Telefon- oder Faxnummer der Netzbetreiber; bei einer Internetadresse mit Top-Level-Domain „de" die Denic e.G. Frankfurt a.M., bei einer Internetadresse auf einem anderen Domainlevel der konkrete Diensteanbieter (provider).

5. Anspruchsvoraussetzungen

Der Auskunftsanspruch besteht nach Abs. 1, wenn die Auskunft zur Durchsetzung des Abwehranspruchs nach § 1 erforderlich ist und nicht anderweitig (z.B. über Branchenverzeichnis, Internet, Handelsregister) beschafft werden kann. Er ist demnach nicht nur zweckgebunden, sondern auch subsidiär. Im Interesse des Diensteanbieters (BT-Drs. 14/6857 S. 70 f) erübrigt indes die einschlägige Versicherung des um Auskunft nachsuchenden Verbands die Prüfung jener Voraussetzungen: Der Diensteerbringer handelt gegenüber seinen Kunden nicht rechtswidrig, wenn er die Auskunft ungeprüft auf Grund falscher Versicherung erteilt,[5] kann bei

---

[1] *Staudinger/Schlosser* Rz 3; *Palandt/Bassenge* Rz 5; AnwK/*Walker* Rz 2.

[2] Unterlassungsklagen-VO v. 3. 7. 2002, BGBl I S. 2565.

[3] *Palandt/Bassenge* Rz 7.

[4] Zu kollisionsrechtlich bedingten, zumindest aber faktischen Schutzlücken bei Einrichtung eines Postfachs im Ausland *Mankowski* EWiR 2002, 701/702.

[5] *Palandt/Bassenge* Rz 2.

offensichtlicher Unrichtigkeit der Versicherung freilich auch die Auskunft verweigern.

Tatsächliche Anspruchsvoraussetzung ist ein entsprechender Datenbestand des Diensteerbringers, Abs. 2 S. 1: Der Diensteerbringer hat keine Datenbeschaffungspflicht, wenn er Namen und Anschrift seiner Kunden nicht abgefragt hat.[1] Vorhandene Daten muss er freilich gegebenenfalls auch gegen den Willen des Kunden offenbaren, Abs. 2 S. 2. Die Beweislast für einen Datenmangel trägt aus Nähegesichtspunkten der Diensteerbringer.[2]

6. Aufwendungserstattung

Zur Abdeckung auskunftsbedingter Aufwendungen kann der Auskunftserteilende vom Auskunftsnachsuchenden einen „angemessenen Ausgleich“ verlangen, Abs. 4 S. 1. Vernünftigerweise sollte man eine Aufwandspauschalierung zulassen[3] und dabei dem Umstand, dass die Erteilung der Auskunft dem öffentlichen Interesse an Institutionen- und Verbraucherschutz dient, nur insoweit Bedeutung zusprechen, als Wachsamkeit gegenüber Versuchen geboten, die Pauschale zu großzügig zu bemessen. Den Auskunftserteilenden gar auf einem Teil der Kosten sitzenzulassen, machte schon deshalb keinen Sinn, weil der Verband nach Abs. 4 S. 2 im Obsiegensfall gegenüber dem Verwender/Empfehler bei diesem Regress nehmen kann.

7. Verfahren

Für die gerichtliche Geltendmachung des Auskunftsanspruchs gelten die allgemeinen Vorschriften der ZPO und des GVG. Die besondere Zuständigkeit des § 6 I erstreckt sich nach § 6 III nicht auf den hier thematisierten Anspruch.

---

[1] *Erman/Roloff* Rz 4; AnwK/*Walker* Rz 5.

[2] *Palandt/Bassenge* Rz 6; AnwK/*Walker* Rz 5.

[3] A. A. – konkreter Ermittlungsaufwand im Einzelfall als Obergrenze – freilich *Palandt/Bassenge* Rz 8.

§ 16 Überleitungsvorschrift zur Aufhebung des AGB-Gesetzes

(1) Soweit am 1. Januar 2002 Verfahren nach dem AGB-Gesetz in der Fassung der Bekanntmachung vom 29. Juni 2000 (BGBl. I S. 946) anhängig sind, werden diese nach den Vorschriften dieses Gesetzes abgeschlossen.

(2) Das beim Bundeskartellamt geführte Entscheidungsregister nach § 20 des AGB-Gesetzes steht bis zum Ablauf des 31. Dezember 2004 unter den bis zum Ablauf des 31. Dezember 2001 geltenden Voraussetzungen zur Einsicht offen. Die in dem Register eingetragenen Entscheidungen werden 20 Jahre nach ihrer Eintragung in das Register, spätestens mit dem Ablauf des 31. Dezember 2004 gelöscht.

(3) Schlichtungsstellen im Sinne von § 14 Abs. 1 sind auch die auf Grund des bisherigen § 29 Abs. 1 des AGB-Gesetzes eingerichteten Stellen.

(4) Die nach § 22 a des AGB-Gesetzes eingerichtete Liste qualifizierter Einrichtungen wird nach § 4 fortgeführt. Mit Ablauf des 31. Dezember 2001 eingetragene Verbände brauchen die Jahresfrist des § 4 Abs. 2 Satz 1 nicht einzuhalten.

7. Teil.
RICHTLINIE 93/13/EWG DES RATES
vom 5. April 1993 über mißbräuchliche Klauseln in Verbraucherverträgen[1]

DER RAT DER EUROPÄISCHEN GEMEINSCHAFTEN – gestützt auf den Vertrag zur Gründung der Europäischen Wirtschaftsgemeinschaft, insbesondere auf Artikel 95,

auf Vorschlag der Kommission,

in Zusammenarbeit mit dem Europäischen Parlament,

nach Stellungnahme des Wirtschafts- und Sozialausschusses,

in Erwägung nachstehender Gründe:

[1] Es müssen Maßnahmen zur schrittweisen Errichtung des Binnenmarktes bis zum 31. Dezember 1992 getroffen werden. Der Binnenmarkt umfaßt einen Raum ohne Binnengrenzen, in dem der freie Verkehr von Waren, Personen, Dienstleistungen und Kapital gewährleistet ist.

[2] Die Rechtsvorschriften der Mitgliedstaaten über Vertragsklauseln zwischen dem Verkäufer von Waren oder dem Dienstleistungserbringer einerseits und dem Verbraucher andererseits weisen viele Unterschiede auf, wodurch die einzelnen Märkte für den Verkauf von Waren und die Erbringung von Dienstleistungen an den Verbraucher uneinheitlich sind; dadurch wiederum können Wettbewerbsverzerrungen bei den Verkäufern und den Erbringern von Dienstleistungen, besonders bei der Vermarktung in anderen Mitgliedstaaten, eintreten.

[3] Namentlich die Rechtsvorschriften der Mitgliedstaaten über mißbräuchliche Klauseln in Verträgen mit Verbrauchern weisen beträchtliche Unterschiede auf.

[4] Die Mitgliedstaaten müssen dafür Sorge tragen, daß die mit den Verbrauchern abgeschlossenen Verträge keine mißbräuchlichen Klauseln enthalten.

[5] Die Verbraucher kennen im allgemeinen nicht die Rechtsvorschriften, die in anderen Mitgliedstaaten für Verträge über den Kauf von Waren oder das Angebot von Dienstleistungen gelten. Diese Unkenntnis kann sie davon abhalten, Waren und Dienstleistungen direkt in anderen Mitgliedstaaten zu ordern.

[6] Um die Errichtung des Binnenmarktes zu erleichtern und den Bürger in seiner Rolle als Verbraucher beim Kauf von Waren und Dienstleistungen mittels Verträgen zu schützen, für die die Rechtsvorschriften anderer Mitgliedstaaten gelten, ist es von Bedeutung, mißbräuchliche Klauseln aus diesen Verträgen zu entfernen.

[7] Den Verkäufern von Waren und Dienstleistungsbringern wird dadurch ihre Verkaufstätigkeit sowohl im eigenen Land als auch im gesamten Binnenmarkt erleichtert. Damit wird der Wettbewerb gefördert und den Bürgern der Gemeinschaft in ihrer Eigenschaft als Verbraucher eine größere Auswahl zur Verfügung gestellt.

[8] In den beiden Programmen der Gemeinschaft für eine Politik zum Schutz und zur Unterrichtung der Verbraucher wird die Bedeutung des Verbraucherschutzes auf dem Gebiet mißbräuchlicher Vertragsklauseln hervorgehoben. Dieser Schutz sollte durch Rechtsvorschriften gewährleistet werden, die gemeinschaftsweit harmonisiert sind oder unmittelbar auf dieser Ebene erlassen werden.

[9] Gemäß dem unter dem Abschnitt „Schutz der wirtschaftlichen Interessen der Verbraucher" festgelegten Prinzip sind entsprechend diesen Programmen Käu-

[1] Abgedruckt in: EG-Amtsblatt v. 21. 4. 1993 Nr. L 95, S. 29.

fer von Waren oder Dienstleistungen vor Machtmißbrauch des Verkäufers oder des Dienstleistungserbringers, insbesondere vor vom Verkäufer einseitig festgelegten Standardverträgen und vor dem mißbräuchlichen Ausschluß von Rechten in Verträgen zu schützen.

[10] Durch die Aufstellung einheitlicher Rechtsvorschriften auf dem Gebiet mißbräuchlicher Klauseln kann der Verbraucher besser geschützt werden. Diese Vorschriften sollten für alle Verträge zwischen Gewerbetreibenden und Verbrauchern gelten. Von dieser Richtlinie ausgenommen sind daher insbesondere Arbeitsverträge sowie Verträge auf dem Gebiet des Erb-, Familien- und Gesellschaftsrechts.

[11] Der Verbraucher muß bei mündlichen und bei schriftlichen Verträgen – bei letzteren unabhängig davon, ob die Klauseln in einem oder in mehreren Dokumenten enthalten sind – den gleichen Schutz genießen.

[12] Beim derzeitigen Stand der einzelstaatlichen Rechtsvorschriften kommt allerdings nur eine teilweise Harmonisierung in Betracht. So gilt diese Richtlinie insbesondere nur für Vertragsklauseln, die nicht einzeln ausgehandelt wurden. Den Mitgliedstaaten muß es freigestellt sein, dem Verbraucher unter Beachtung des Vertrags einen besseren Schutz durch strengere einzelstaatliche Vorschriften als den in dieser Richtlinie enthaltenen Vorschriften zu gewähren.

[13] Bei Rechtsvorschriften der Mitgliedstaaten, in denen direkt oder indirekt die Klauseln für Verbraucherverträge festgelegt werden, wird davon ausgegangen, daß sie keine mißbräuchlichen Klauseln enthalten. Daher sind Klauseln, die auf bindenden Rechtsvorschriften oder auf Grundsätzen oder Bestimmungen internationaler Übereinkommen beruhen, bei denen die Mitgliedstaaten oder die Gemeinschaft Vertragsparteien sind, nicht dieser Richtlinie zu unterwerfen; der Begriff „bindende Rechtsvorschriften" in Artikel 1 Absatz 2 umfaßt auch Regeln, die nach dem Gesetz zwischen den Vertragsparteien gelten, wenn nichts anderes vereinbart wurde.

[14] Die Mitgliedstaaten müssen jedoch dafür sorgen, daß darin keine mißbräuchlichen Klauseln enthalten sind, zumal diese Richtlinie auch für die gewerbliche Tätigkeit im öffentlich-rechtlichen Rahmen gilt.

[15] Die Kriterien für die Beurteilung der Mißbräuchlichkeit von Vertragsklauseln müssen generell festgelegt werden.

[16] Die nach den generell festgelegten Kriterien erfolgende Beurteilung der Mißbräuchlichkeit von Klauseln, insbesondere bei beruflichen Tätigkeiten des öffentlich-rechtlichen Bereichs, die ausgehend von einer Solidargemeinschaft der Dienstleistungsnehmer kollektive Dienste erbringen, muß durch die Möglichkeit einer globalen Bewertung der Interessenlagen der Parteien ergänzt werden. Diese stellt das Gebot von Treu und Glauben dar. Bei der Beurteilung von Treu und Glauben ist besonders zu berücksichtigen, welches Kräfteverhältnis zwischen den Verhandlungspositionen der Parteien bestand, ob auf den Verbraucher in irgendeiner Weise eingewirkt wurde, seine Zustimmung zu der Klausel zu geben, und ob die Güter oder Dienstleistungen auf eine Sonderstellung des Verbrauchers hin verkauft bzw. erbracht wurden. Dem Gebot von Treu und Glauben kann durch den Gewerbetreibenden Genüge getan werden, indem er sich gegenüber der anderen Partei, deren berechtigten Interessen er Rechnung tragen muß, loyal und billig verhält.

[17] Die Liste der Klauseln im Anhang kann für die Zwecke dieser Richtlinie nur Beispiele geben; infolge dieses Minimalcharakters kann sie von den Mitgliedstaaten im Rahmen ihrer einzelstaatlichen Rechtsvorschriften, insbesondere hinsichtlich des Geltungsbereichs dieser Klauseln, ergänzt oder restriktiver formuliert werden.

[18] Bei der Beurteilung der Mißbräuchlichkeit von Vertragsklauseln ist der Art der Güter bzw. Dienstleistungen Rechnung zu tragen.

[19] Für die Zwecke dieser Richtlinie dürfen Klauseln, die den Hauptgegenstand eines Vertrages oder das Preis-/Leistungsverhältnis der Lieferung bzw. der Dienstleistung beschreiben, nicht als mißbräuchlich beurteilt werden. Jedoch können der Hauptgegenstand des Vertrages und das Preis-/Leistungsverhältnis bei der Beurteilung der Mißbräuchlichkeit anderer Klauseln berücksichtigt werden. Daraus folgt unter anderem, daß bei Versicherungsverträgen die Klauseln, in denen das versicherte Risiko und die Verpflichtung des Versicherers deutlich festgelegt oder abgegrenzt werden, nicht als mißbräuchlich beurteilt werden, sofern diese Einschränkungen bei der Berechnung der vom Verbraucher gezahlten Prämie Berücksichtigung finden.

[20] Die Verträge müssen in klarer und verständlicher Sprache abgefaßt sein. Der Verbraucher muß tatsächlich die Möglichkeit haben, von allen Vertragsklauseln Kenntnis zu nehmen. Im Zweifelsfall ist die für den Verbraucher günstigste Auslegung anzuwenden.

[21] Die Mitgliedstaaten müssen sicherstellen, daß in von einem Gewerbetreibenden mit Verbrauchern abgeschlossenen Verträgen keine mißbräuchlichen Klauseln verwendet werden. Wenn derartige Klauseln trotzdem verwendet werden, müssen sie für den Verbraucher unverbindlich sein; die verbleibenden Klauseln müssen jedoch weiterhin gelten und der Vertrag im übrigen auf der Grundlage dieser Klauseln für beide Teile verbindlich sein, sofern ein solches Fortbestehen ohne die mißbräuchlichen Klauseln möglich ist.

[22] In bestimmten Fällen besteht die Gefahr, daß dem Verbraucher der in dieser Richtlinie aufgestellte Schutz entzogen wird, indem das Recht eines Drittlands zum anwendbaren Recht erklärt wird. Es sollten daher in dieser Richtlinie Bestimmungen vorgesehen werden, die dies ausschließen.

[23] Personen und Organisationen, die nach dem Recht eines Mitgliedstaats ein berechtigtes Interesse geltend machen können, den Verbraucher zu schützen, müssen Verfahren, die Vertragsklauseln im Hinblick auf eine allgemeine Verwendung in Verbraucherverträgen, insbesondere mißbräuchliche Klauseln, zum Gegenstand haben, bei Gerichten oder Verwaltungsbehörden, die für die Entscheidung über Klagen bzw. Beschwerden oder die Eröffnung von Gerichtsverfahren zuständig sind, einleiten können. Diese Möglichkeit bedeutet jedoch keine Vorabkontrolle der in einem beliebigen Wirtschaftssektor verwendeten allgemeinen Bedingungen.

[24] Die Gerichte oder Verwaltungsbehörden der Mitgliedstaaten müssen uber angemessene und wirksame Mittel verfügen, damit der Verwendung mißbräuchlicher Klauseln in Verbraucherverträgen ein Ende gesetzt wird –

HAT FOLGENDE RICHTLINIE ERLASSEN:

Art. 1 [Zweck und Anwendungsbereich]

(1) Zweck dieser Richtlinie ist die Angleichung der Rechts- und Verwaltungsvorschriften der Mitgliedstaaten über mißbräuchliche Klauseln in Verträgen zwischen Gewerbetreibenden und Verbrauchern.

(2) Vertragsklauseln, die auf bindenden Rechtsvorschriften oder auf Bestimmungen oder Grundsätzen internationaler Übereinkommen beruhen, bei denen die Mitgliedstaaten oder die Gemeinschaft – insbesondere im Verkehrsbereich – Vertragsparteien sind, unterliegen nicht den Bestimmungen dieser Richtlinie.

Art. 2 [Begriffsbestimmungen]

Im Sinne dieser Richtlinie bedeuten:

a) mißbräuchliche Klauseln: Vertragsklauseln, wie sie in Artikel 3 definiert sind;

b) Verbraucher: eine natürliche Person, die bei Verträgen, die unter diese Richtlinie fallen, zu einem Zweck handelt, der nicht ihrer gewerblichen oder beruflichen Tätigkeit zugerechnet werden kann;
c) Gewerbetreibender: eine natürliche oder juristische Person, die bei Verträgen, die unter diese Richtlinie fallen, im Rahmen ihrer gewerblichen oder beruflichen Tätigkeit handelt, auch wenn diese dem öffentlich-rechtlichen Bereich zuzurechnen ist.

Art. 3 [Kontrollmaßstab]

(1) Eine Vertragsklausel, die nicht im einzelnen ausgehandelt wurde, ist als mißbräuchlich anzusehen, wenn sie entgegen dem Gebot von Treu und Glauben zum Nachteil des Verbrauchers ein erhebliches und ungerechtfertigtes Mißverhältnis der vertraglichen Rechte und Pflichten der Vertragspartner verursacht.

(2) Eine Vertragsklausel ist immer dann als nicht im einzelnen ausgehandelt zu betrachten, wenn sie im voraus abgefaßt wurde und der Verbraucher deshalb, insbesondere im Rahmen eines vorformulierten Standardvertrags, keinen Einfluß auf ihren Inhalt nehmen konnte.

Die Tatsache, daß bestimmte Elemente einer Vertragsklausel oder eine einzelne Klausel im einzelnen ausgehandelt worden sind, schließt die Anwendung dieses Artikels auf den übrigen Vertrag nicht aus, sofern es sich nach der Gesamtwertung dennoch um einen vorformulierten Standardvertrag handelt.

Behauptet ein Gewerbetreibender, daß eine Standardvertragsklausel im einzelnen ausgehandelt wurde, so obliegt ihm die Beweislast.

(3) Der Anhang enthält eine als Hinweis dienende und nicht erschöpfende Liste der Klauseln, die für mißbräuchlich erklärt werden können.

Art. 4 [Berücksichtigungsfähige Umstände]

(1) Die Mißbräuchlichkeit einer Vertragsklausel wird unbeschadet des Artikels 7 unter Berücksichtigung der Art der Güter oder Dienstleistungen, die Gegenstand des Vertrages sind, aller den Vertragsabschluß begleitenden Umstände sowie aller anderen Klauseln desselben Vertrages oder eines anderen Vertrages, von dem die Klausel abhängt, zum Zeitpunkt des Vertragsabschlusses beurteilt.

(2) Die Beurteilung der Mißbräuchlichkeit der Klauseln betrifft weder den Hauptgegenstand des Vertrages noch die Angemessenheit zwischen dem Preis bzw. dem Entgelt und den Dienstleistungen bzw. den Gütern, die die Gegenleistung darstellen, sofern diese Klauseln klar und verständlich abgefaßt sind.

Art. 5 [Transparenzgebot]

Sind alle dem Verbraucher in Verträgen unterbreiteten Klauseln oder einige dieser Klauseln schriftlich niedergelegt, so müssen sie stets klar und verständlich abgefaßt sein. Bei Zweifeln über die Bedeutung einer Klausel gilt die für den Verbraucher günstigste Auslegung. Diese Auslegungsregel gilt nicht im Rahmen der in Artikel 7 Absatz 2 vorgesehenen Verfahren.

Art. 6 [Unverbindlichkeit; Geltungsbereich]

(1) Die Mitgliedstaaten sehen vor, daß mißbräuchliche Klauseln in Verträgen, die ein Gewerbetreibender mit einem Verbraucher geschlossen hat, für den Verbraucher unverbindlich sind, und legen die Bedingungen hierfür in ihren inner-

staatlichen Rechtsvorschriften fest; sie sehen ferner vor, daß der Vertrag für beide Parteien auf derselben Grundlage bindend bleibt, wenn er ohne die mißbräuchlichen Klauseln bestehen kann.

(2) Die Mitgliedstaaten treffen die erforderlichen Maßnahmen, damit der Verbraucher den durch diese Richtlinie gewährten Schutz nicht verliert, wenn das Recht eines Drittlands als das auf den Vertrag anzuwendende Recht gewählt wurde und der Vertrag einen engen Zusammenhang mit dem Gebiet der Mitgliedstaaten aufweist.

Art. 7 [Rechtsbehelfe]

(1) Die Mitgliedstaaten sorgen dafür, daß im Interesse der Verbraucher und der gewerbetreibenden Wettbewerber angemessene und wirksame Mittel vorhanden sind, damit der Verwendung mißbräuchlicher Klauseln durch einen Gewerbetreibenden in den Verträgen, die er mit Verbrauchern schließt, ein Ende gesetzt wird.

(2) Die in Absatz 1 genannten Mittel müssen auch Rechtsvorschriften einschließen, wonach Personen oder Organisationen, die nach dem innerstaatlichen Recht ein berechtigtes Interesse am Schutz der Verbraucher haben, im Einklang mit den einzelstaatlichen Rechtsvorschriften die Gerichte oder die zuständigen Verwaltungsbehörden anrufen können, damit diese darüber entscheiden, ob Vertragsklauseln, die im Hinblick auf eine allgemeine Verwendung abgefaßt wurden, mißbräuchlich sind, und angemessene und wirksame Mittel anwenden, um der Verwendung solcher Klauseln ein Ende zu setzen.

(3) Die in Absatz 2 genannten Rechtsmittel können sich unter Beachtung der einzelstaatlichen Rechtsvorschriften getrennt oder gemeinsam gegen mehrere Gewerbetreibende desselben Wirtschaftssektors oder ihre Verbände richten, die gleiche allgemeine Vertragsklauseln oder ähnliche Klauseln verwenden oder deren Verwendung empfehlen.

Art. 8 [Mindestschutz]

Die Mitgliedstaaten können auf dem durch diese Richtlinie geregelten Gebiet mit dem Vertrag vereinbare strengere Bestimmungen erlassen, um ein höheres Schutzniveau für die Verbraucher zu gewährleisten.

Art. 9 [Berichtspflicht]

Die Kommission legt dem Europäischen Parlament und dem Rat spätestens fünf Jahre nach dem in Artikel 10 Absatz 1 genannten Zeitpunkt einen Bericht über die Anwendung dieser Richtlinie vor.

Art. 10 [Umsetzungspflicht]

(1) Die Mitgliedstaaten erlassen die erforderlichen Rechts- und Verwaltungsvorschriften, um dieser Richtlinie spätestens am 31. Dezember 1994 nachzukommen. Sie setzen die Kommission unverzüglich davon in Kenntnis.

Diese Vorschriften gelten für alle Verträge, die nach dem 31. Dezember 1994 abgeschlossen werden.

(2) Wenn die Mitgliedstaaten diese Vorschriften erlassen, nehmen sie in den Vorschriften selbst oder durch einen Hinweis bei der amtlichen Veröffentlichung auf diese Richtlinie Bezug. Die Mitgliedstaaten regeln die Einzelheiten der Bezugnahme.

(3) Die Mitgliedstaaten teilen der Kommission den Wortlaut der wichtigsten innerstaatlichen Rechtsvorschriften mit, die sie auf dem unter diese Richtlinie fallenden Gebiet erlassen.

Art. 11 [Adressat]

Diese Richtlinie ist an die Mitgliedstaaten gerichtet.

Anhang
Klauseln gemäß Artikel 3 Absatz 3

1. Klauseln, die darauf abzielen oder zur Folge haben, daß

a) die gesetzliche Haftung des Gewerbetreibenden ausgeschlossen oder eingeschränkt wird, wenn der Verbraucher aufgrund einer Handlung oder Unterlassung des Gewerbetreibenden sein Leben verliert oder einen Körperschaden erleidet;

b) die Ansprüche des Verbrauchers gegenüber dem Gewerbetreibenden oder einer anderen Partei, einschließlich der Möglichkeit, eine Verbindlichkeit gegenüber dem Gewerbetreibenden durch eine etwaige Forderung gegen ihn auszugleichen, ausgeschlossen oder ungebührlich eingeschränkt werden, wenn der Gewerbetreibende eine der vertraglichen Verpflichtungen ganz oder teilweise nicht erfüllt oder mangelhaft erfüllt;

c) der Verbraucher eine verbindliche Verpflichtung eingeht, während der Gewerbetreibende die Erbringung der Leistungen an eine Bedingung knüpft, deren Eintritt nur von ihm abhängt;

d) es dem Gewerbetreibenden gestattet wird, vom Verbraucher gezahlte Beträge einzubehalten, wenn dieser darauf verzichtet, den Vertrag abzuschließen oder zu erfüllen, ohne daß für den Verbraucher ein Anspruch auf eine Entschädigung in entsprechender Höhe seitens des Gewerbetreibenden vorgesehen wird, wenn dieser selbst es unterläßt;

e) dem Verbraucher, der seinen Verpflichtungen nicht nachkommt, ein unverhältnismäßig hoher Entschädigungsbetrag auferlegt wird;

f) es dem Gewerbetreibenden gestattet wird, nach freiem Ermessen den Vertrag zu kündigen, wenn das gleiche Recht nicht auch dem Verbraucher eingeräumt wird, und es dem Gewerbetreibenden für den Fall, daß er selbst den Vertrag kündigt, gestattet wird, die Beträge einzubehalten, die für von ihm noch nicht erbrachte Leistungen gezahlt wurden;

g) es dem Gewerbetreibenden – außer bei Vorliegen schwerwiegender Gründe – gestattet ist, einen unbefristeten Vertrag ohne angemessene Frist zu kündigen;

h) ein befristeter Vertrag automatisch verlängert wird, wenn der Verbraucher sich nicht gegenteilig geäußert hat und als Termin für diese Äußerung des Willens des Verbrauchers, den Vertrag nicht zu verlängern, ein vom Ablaufzeitpunkt des Vertrages ungebührlich weit entferntes Datum festgelegt wurde;

i) die Zustimmung des Verbrauchers zu Klauseln unwiderlegbar festgestellt wird, von denen er vor Vertragsabschluß nicht tatsächlich Kenntnis nehmen konnte;

j) der Gewerbetreibende die Vertragsklausel einseitig ohne triftigen und im Vertrag aufgeführten Grund ändern kann;

k) der Gewerbetreibende die Merkmale des zu liefernden Erzeugnisses oder der zu erbringenden Dienstleistung einseitig ohne triftigen Grund ändern kann;

l) der Verkäufer einer Ware oder der Erbringer einer Dienstleistung den Preis zum Zeitpunkt der Lieferung festsetzen oder erhöhen kann, ohne daß der Verbraucher in beiden Fällen ein entsprechendes Recht hat, vom Vertrag zurückzutreten, wenn der Endpreis im Verhältnis zu dem Preis, der bei Vertragsabschluß vereinbart wurde, zu hoch ist;

m) dem Gewerbetreibenden das Recht eingeräumt ist zu bestimmen, ob die gelieferte Ware oder erbrachte Dienstleistung den Vertragsbestimmungen entspricht, oder ihm das ausschließliche Recht zugestanden wird, die Auslegung einer Vertragsklausel vorzunehmen;

n) die Verpflichtung des Gewerbetreibenden zur Einhaltung der von seinen Vertretern eingegangenen Verpflichtungen eingeschränkt wird oder diese Verpflichtung von der Einhaltung einer besonderen Formvorschrift abhängig gemacht wird;

o) der Verbraucher allen seinen Verpflichtungen nachkommen muß, obwohl der Gewerbetreibende seine Verpflichtungen nicht erfüllt;

p) die Möglichkeit vorgesehen wird, daß der Vertrag ohne Zustimmung des Verbrauchers vom Gewerbetreibenden abgetreten wird, wenn dies möglicherweise eine Verringerung der Sicherheiten für den Verbraucher bewirkt;

q) dem Verbraucher die Möglichkeit, Rechtsbehelfe bei Gericht einzulegen oder sonstige Beschwerdemittel zu ergreifen, genommen oder erschwert wird, und zwar insbesondere dadurch, daß er ausschließlich auf ein nicht unter die rechtlichen Bestimmungen fallendes Schiedsgerichtsverfahren verwiesen wird, die ihm zur Verfügung stehenden Beweismittel ungebührlich eingeschränkt werden oder ihm die Beweislast auferlegt wird, die nach dem geltenden Recht einer anderen Vertragspartei obläge.

2. Tragweite der Buchstaben g), j) und l)

a) Buchstabe g) steht Klauseln nicht entgegen, durch die sich der Erbringer von Finanzdienstleistungen das Recht vorbehält, einen unbefristeten Vertrag einseitig und – bei Vorliegen eines triftigen Grundes – fristlos zu kündigen, sofern der Gewerbetreibende die Pflicht hat, die andere Vertragspartei oder die anderen Vertragsparteien alsbald davon zu unterrichten.

b) Buchstabe j) steht Klauseln nicht entgegen, durch die sich der Erbringer von Finanzdienstleistungen das Recht vorbehält, den von dem Verbraucher oder an den Verbraucher zu zahlenden Zinssatz oder die Höhe anderer Kosten für Finanzdienstleistungen in begründeten Fällen ohne Vorankündigung zu ändern, sofern der Gewerbetreibende die Pflicht hat, die andere Vertragspartei oder die anderen Vertragsparteien unverzüglich davon zu unterrichten, und es dieser oder diesen freisteht, den Vertrag alsbald zu kündigen.

Buchstabe j) steht ferner Klauseln nicht entgegen, durch die sich der Gewerbetreibende das Recht vorbehält, einseitig die Bedingungen eines unbefristeten Vertrags zu ändern, sofern es ihm obliegt, den Verbraucher hiervon rechtzeitig in Kenntnis zu setzen, und es diesem freisteht, den Vertrag zu kündigen.

c) Die Buchstaben g), j) und l) finden keine Anwendung auf

- Geschäfte mit Wertpapieren, Finanzpapieren und andere Erzeugnisse oder Dienstleistungen, bei denen der Preis von den Veränderungen einer Notierung oder eines Börsenindex oder von Kursschwankungen auf dem Kapitalmarkt abhängt, auf die der Gewerbetreibende keinen Einfluß hat;
- Verträge zum Kauf oder Verkauf von Fremdwährungen, Reiseschecks oder internationalen Postanweisungen in Fremdwährung.

d) Buchstabe l) steht Preisindexierungsklauseln nicht entgegen, wenn diese rechtmäßig sind und der Modus der Preisänderung darin ausdrücklich beschrieben wird.

Artikel 1

(1) Zweck dieser Richtlinie ist die Angleichung der Rechts- und Verwaltungsvorschriften der Mitgliedstaaten über mißbräuchliche Klauseln in Verträgen zwischen Gewerbetreibenden und Verbrauchern.

(2) Vertragsklauseln, die auf bindenden Rechtsvorschriften oder auf Bestimmungen oder Grundsätzen internationaler Übereinkommen beruhen, bei denen die Mitgliedstaaten oder die Gemeinschaft insbesondere im Verkehrsbereich Vertragsparteien sind, unterliegen nicht den Bestimmungen dieser Richtlinie.

Inhaltsübersicht

Schrifttum: *Brandner*, Neufassung des Richtlinien-Vorschlags über mißbräuchliche Klauseln in Verbraucherverträgen, ZIP 1992, 1590; *Brandner/Ulmer*, EG-Richtlinie über mißbräuchliche Klauseln in Verbraucherverträgen, BB 1991, 701; *Bunte*, Gedanken zur Rechtsharmonisierung in der EG auf dem Gebiet der mißbräuchlichen Klauseln in Verbraucherverträgen, FS für Locher, 1990, 325; *Damm*, Europäisches Verbrauchervertragsrecht und AGB-Recht, JZ 1994, 161; *Eckert*, Die EG-Richtlinie über mißbräuchliche Klauseln in Verbraucherverträgen und ihre Auswirkungen auf das deutsche Recht, WM 1993, 1070; *Frey*, Wie ändert sich das AGB-Gesetz, ZIP 1993, 572; *Habersack/Kleindiek/Wiedemann*, Die EG-Richtlinie über mißbräuchliche Klauseln in Verbraucherverträgen und das künftige AGB-Gesetz, ZIP 1993, 1670; *Heinrichs*, Die EG-Richtlinie über mißbräuchliche Klauseln in Verbraucherverträgen, NJW 1993, 1817; *Henkel*, Inhaltskontrolle von Finanzprodukten nach der Richtlinie 93/13/EWG des Rates über mißbräuchliche Klauseln zu Verbraucherverträgen, 2004; *Hommelhoff/Wiedemann*, Allgemeine Geschäftsbedingungen gegenüber Kaufleuten und unausgehandelte Klauseln in Verbraucherverträgen, ZIP 1993, 562; *Kapnopolou*, Das Recht der mißbräuchlichen Klauseln, 1997; *Kretschmar*, Die Richtlinie 93/13/EWG des Rates vom 05.04. 1993 über mißbräuchliche Klauseln in Verbraucherverträgen und das deutsche AGB-Gesetz, 1998; *Kiendl*, Gesamteuropäisches AGB-Recht, Neuerungen im AGB-Recht durch die Europäisierung des Verbraucherschutzes am Beispiel Deutschlands und Österreichs, Jb.JZiv 1995, 195; *Markwardt*, Inhaltskontrolle von AGB-Klauseln durch den EuGH, ZIP 2005, 152; *Micklitz*, AGB-Gesetz und die Richtlinie über mißbräuchliche Vertragsklauseln in Verbraucherverträgen, ZEuP 1993, 522; *Nassall*, Die Anwendung der EU-

Richtlinie über mißbräuchliche Klauseln in Verbraucherverträgen, JZ 1995, 689; *Patti*, La direttiva comunitaria sulle clausole abusive: prime considerazioni, Estratto da: Contratto e Impresa Volume IX 1993, N 1, S. 71; *Remien*, AGB-Gesetz und Richtlinie über mißbräuchliche Verbrauchervertragsklauseln in ihrem europäischen Umfeld, ZEuP 1994, 34; *Sieg*, Die Bedeutung der EG-Richtlinie über mißbräuchliche Klauseln in Verbraucherverträgen für die AVB, VersR 1993, 1305; *Trochu*, Les clauses abusives dans les Contrats conclus aru les Consommateurs, Rec. Dalloz 1993, LXXX, 315; *Ulmer*, Zur Anpassung des AGB-Gesetzes an die EG-Richtlinie über mißbräuchliche Klauseln in Verbraucherverträgen, EuZW 1993, 337; *Graf von Westphalen*, AGB-Richtlinie und AGB-Gesetz, EWS 1993, 161.

I. Normzweck und Allgemeines

1 Art. 1 stellt in seinem Abs. 1 die **Rechtsangleichung** als Zweck der Richtlinie an den Anfang und betont damit besonders die Bedeutung dieses Ziels bei der Umsetzung der Richtlinie und bezüglich ihrer fortdauernden Einwirkung auf das nationale Recht der Mitgliedstaaten.[1] Die Rechtsangleichung wird dadurch neben dem allgemeinen Auftrag im EGV (s. insbes. Art. 3 lit. h, 94 ff EGV) noch als spezielle und konkret umrissene Verpflichtung den Mitgliedstaaten zur Aufgabe gemacht (s. im einzelnen Rz 2 ff). Des weiteren treffen sowohl Abs. 1 wie Abs. 2 Bestimmungen über den **Anwendungsbereich der Richtlinie**. Abs. 1 beschränkt den Anwendungsbereich auf Verträge zwischen Gewerbetreibenden im Sinne von Art. 2 lit. c RL und Verbrauchern gemäß Art. 2 lit. b RL und die in diesen Verträgen enthaltenen mißbräuchlichen Klauseln im Sinne von Art. 3 I RL. Da Art. 3 I RL Vertragsklauseln erfaßt, die nicht gesondert ausgehandelt wurden, ohne auf die Verwendung in einer Vielzahl von Verträgen abzustellen, fallen unter den Anwendungsbereich der Richtlinie nicht nur AGB, sondern grundsätzlich auch nicht gesondert ausgehandelte Individualvereinbarungen (s. Rz 30). Abs. 2 nimmt bindende Rechtsvorschriften der Mitgliedstaaten (Rz 33 ff) sowie Bestimmungen und Grundsätze aus Internationalen Übereinkommen von der Richtlinie ebenfalls aus (s. Rz 36 ff). Die Richtlinie bezweckt vor allem mit ihren Vorschriften in Art. 3 bis 7, den Verbrauchern in den Mitgliedstaaten Ansprüche zu verleihen, damit sie nicht durch mißbräuchliche Klauseln Nachteile erleiden.[2]

II. Rechtsangleichung

2 Die Richtlinie stellt das Ziel der Rechtsangleichung, die auch zu den Zielen des EGV zählt (s. Rz 3), in den Vordergrund. Rechtsangleichung bedeutet nicht totale Uniformität, sondern nur eine den Erfordernissen des Binnenmarkts entsprechende Anpassung. Die von der Richtlinie speziell zur Verhinderung mißbräuchlicher Klauseln in Verbraucherverträgen vorgesehene Rechtsangleichung darf über die von den Grundfreiheiten des EGV, d. h. dem freien Verkehr von Waren, Personen, Dienstleistungen und Kapital gewährleisteten Mindestanforderungen hinausgehen, sie darf jedoch nicht dahinter zurückbleiben, da die Richtlinie nicht von den Bindungen des EGV als des höherrangigen Rechts[3] befreien kann. Die Anforderungen der Richtlinie und die sich aus der unmittelbaren Wirkung des EGV er-

[1] Allg. zur Rechtsangleichung im Privatrecht *Müller-Graff*, Privatrecht und Europäisches Gemeinschaftsrecht 2. Aufl., 1993, S. 8 ff; *Taupitz*, Europäische Privatrechtsvereinheitlichung heute und morgen, 1993, S. 2 ff; *Blaurock*, Wege zur Rechtseinheit im Zivilrecht, in *Stark*, Rechtsvereinheitlichung durch Gesetze, 1990, S. 90 ff; *Everling*, Probleme der Rechtsangleichung zur Verwirklichung des europäischen Binnenmarkts, FS *Steindorff*, 1990, S. 1 155 ff; *M. Wolf*, Abbau prozessualer Schranken im europäischen Binnenmarkt, in Wege zu einem europäischen Zivilprozeßrecht, Tübinger Rechtswissenschaftliche Abhandlungen, Bd. 73, 1992, S. 35 ff.

[2] EuGH Slg. 2002, I-4147 Rz 18 – Komm/Schweden.

[3] S. etwa EuGHE 1964, 1251, 1269 = NJW 1964, 2371; EuGH NJW 1991, 2271; *Stotz* EuZW 1991, 118.

gebenden Auswirkungen für die Rechtsangleichung sind deshalb nebeneinander zu berücksichtigen.

1. Ziele und Zwecke der Rechtsangleichung

3 Die vom EGV erstrebte Rechtsangleichung (Art. 3 lit. h EGV) bezweckt eine schrittweise Verwirklichung des Binnenmarkts (Art. 14 I EGV) durch Beseitigung von Wettbewerbsverfälschungen (Art. 3 lit. g EGV) und durch Abbau von offenen oder verschleierten Handelsbeschränkungen, einschließlich aller Maßnahmen gleicher Wirkung (Art. 28, 29 EGV). Diese Ziele werden von der Richtlinie in den vorangestellten Erwägungsgründen konkretisiert. Sie müssen von den Mitgliedstaaten bei Umsetzung der Richtlinie zugrunde gelegt und von den mitgliedstaatlichen Gerichten im Rahmen der richtlinienkonformen Auslegung (s. Rz 13a) beachtet werden.[1] Als konkrete, direkt auf die Herstellung des Binnenmarkts gerichtete **Ziele** werden **in den Erwägungsgründen** der Richtlinie die in den Mitgliedstaaten möglichst gleichlaufende Beseitigung der mißbräuchlichen Klauseln aus Verbraucherverträgen genannt, um

- die Märkte für den Verbraucher einheitlich zu gestalten und dadurch Wettbewerbsverzerrungen für die Anbieter bei der Vermarktung in anderen Mitgliedstaaten zu entfernen (Erwägungsgrund 2);
- der Unkenntnis der Verbraucher über die bisher verschiedenen Vorschriften in den Mitgliedstaaten entgegenzuwirken, weil die auf der Verschiedenartigkeit beruhende Unkenntnis die Verbraucher vom direkten Marktzutritt in anderen Mitgliedstaaten abhalten kann (Erwägungsgrund 5);
- durch die Entfernung mißbräuchlicher Klauseln den Marktzugang für die Verbraucher wie auch im Binnenmarkt zu erleichtern (Erwägungsgrund 6);
- durch die Erleichterung des Marktzugangs im eigenen Land wie im Binnenmarkt den Wettbewerb zu fördern und den Verbrauchern eine größere Auswahl zur Verfügung zu stellen (Erwägungsgrund 7);
- den Verbraucherschutz gemeinschaftsweit zu gewährleisten (Erwägungsgrund 8);
- die Verbraucher vor Machtmißbrauch der Anbieter bei einseitigen Standardbedingungen und vor dem Verlust von Rechten zu bewahren (Erwägungsgrund 9).

4 Diese Ziele sind durch die allgemeinen Zwecksetzungen des EG-Vertrags, d. h. die Verhinderung von Wettbewerbsverzerrungen und die Beseitigung von Handelsschranken, gedeckt. Neben einer Konkretisierung der allgemeinen Zwecke des EG-Vertrags erstrebt die Richtlinie aber noch eine besondere **Verstärkung des Verbraucherschutzes** (insbesondere Erwägungsgründe 6, 8, 9). Eine Erweiterung der Ziele ergibt sich auch insoweit, als die Richtlinie den Marktzugang für die Verbraucher und den Wettbewerb nicht nur bei der grenzüberschreitenden Betätigung im Binnenmarkt, sondern auch **im eigenen Land** sichern will.[2] Demgegenüber beziehen sich die Grundfreiheiten des Warenverkehrs (Art. 28, 29 EGV), der Freizügigkeit (Art. 39 EGV), der Niederlassungsfreiheit (Art. 43 EGV), der Dienstleistungsfreiheit (Art. 49 EGV) und der Kapitalverkehrsfreiheit (Art. 56 EGV) auf den grenzüberschreitenden Verkehr zwischen den Mitgliedstaaten. Die Erweiterung der Marktzugangsfreiheit auf die Verbraucher im eigenen Land entspricht jedoch zugleich den allgemeinen Zielen des EG-Vertrags, weil damit auch der grenzüberschreitende Handels- und Wirtschaftsverkehr erleichtert und gefördert wird und einer möglichen Inländerdiskriminierung entgegengewirkt wird.

---

[1] EuGHE 1975, 297, 306; 1982, 3415, 3430; 1984, 1891, 1909; 1985, 2655, 2668; 1988, 4635, 4656; *Lutter* JZ 1992, 593, 598 ff; *Jarass* EuR 1991, 211, 217; *Hommelhoff* AcP 192 (1992), 71, 95; krit. *Di Fabio* NJW 1990, 947, 948 ff.

[2] S. auch Art. 6 II RL im Sinne eines Erst-recht-Schlusses.

2. Rechtsgrundlagen

a) Die **Rechtsgrundlagen des EGV** für die Rechtsangleichung finden sich unmittelbar in Art. 3 lit. h EGV, der allgemein die Rechtsangleichung als Aufgabe der Gemeinschaft umschreibt, und in Art. 94 ff. mit Art. 14 EGV, die die Ermächtigungsgrundlage und das Verfahren für Maßnahmen der Gemeinschaft zum Zwecke der Rechtsangleichung vorsehen.[1] Art. 100 a (jetzt Art. 94) EGV war Grundlage für die vorliegende Richtlinie über mißbräuchliche Klauseln. Art. 3 lit. h und Art. 14 EGV sehen die Rechtsangleichung vor, soweit dies für den Gemeinsamen Markt bzw. den Binnenmarkt „erforderlich" ist. Darüber hinaus besteht keine Rechtssetzungskompetenz der EU. Was erforderlich ist, wird durch die Ziele des Binnenmarkts bestimmt (s. Rz 3 f, 6, 10). Zugleich ist zu berücksichtigen, daß die englische Fassung mit „aimed at" und die französische Fassung mit „destiné" darauf hindeutet, daß „erforderlich" nicht im strengen Sinn einer gebotenen Notwendigkeit verstanden werden darf, sondern eher im schwächeren Sinn eines zielgerichteten Handelns. Die Einfügung der Subsidiaritätsklausel durch den Maastrichter Vertrag (Art. 3 b, jetzt Art. 5 EGV) wird der Erforderlichkeit in Zukunft mehr Bedeutung zukommen lassen. 5

Ob Maßnahmen der Rechtsangleichung den **Binnenmarkt zum Gegenstand** haben und zu seiner Verwirklichung erforderlich sind, wird vor allem dadurch bestimmt, ob ohne Rechtsangleichung der freie Verkehr von Waren, Personen, Dienstleistungen und Kapital beeinträchtigt wird. Eine solche Beeinträchtigung ist nach der Rspr. des EuGH zu Maßnahmen gleicher Wirkung im Sinne von Art. 28 EGV bei allen Maßnahmen und Vorschriften gegeben, die unmittelbar oder mittelbar aufgrund ihrer Unterschiedlichkeit den Warenverkehr tatsächlich behindern oder auch nur zu behindern geeignet sind.[2] Für die Beeinträchtigung der sonstigen Grundfreiheiten kann diese Formel gleichermaßen zur Anwendung kommen, so daß grundsätzlich solche Unterschiede beseitigt werden müssen, die etwa aufgrund höherer Kostenbelastung, aufgrund eines spürbar höheren Aufwands oder aufgrund sonstiger wesentlicher Nachteile die Geschäftstätigkeit in anderen Mitgliedstaaten behindern. Indem die Richtlinie eine einheitliche Regelung zur Kontrolle mißbräuchlicher Klauseln vorsieht, will sie die binnenmarktstörenden Unterschiede unterschiedlicher Kontrollmaßstäbe für AGB und Individualverträge sowie die daraus erwachsenden unterschiedlichen Belastungen beseitigen. Die Richtlinie war deshalb durch die Ermächtigung nach Art. 100 a EGV und ist heute durch Art. 94 EGV gedeckt. 6

b) Die **Bedeutung der Grundfreiheiten** für die Rechtsangleichung ist durch Rechtsprechung des EuGH hervorgehoben worden. Der EuGH hat aus dem EG-Vertrag, insbesondere aus dessen Grundfreiheiten, der Warenverkehrsfreiheit (Art. 28, 29 EGV), der Freizügigkeit (Art. 39 EGV), der Niederlassungsfreiheit (Art. 43 EGV), der Dienstleistungsfreiheit (Art. 49 EGV) und der Kapitalverkehrsfreiheit (Art. 56 EGV) weitere Anforderungen für die Rechtsangleichung abgeleitet. Da diesen Grundfreiheiten unmittelbar geltende Wirkung zukommt,[3] beeinflussen sie als höherrangiges Recht (s. Rz 2) unmittelbar auch das nationale Recht. Rechtsangleichung wird deshalb nicht nur durch Rechtssetzungsakte der EU, wie 7

---

[1] Dazu *Langeheine* EuR 1988, S. 137; *Müller-Graff* EuR 1989, 107.

[2] S. etwa EuGHE 1974, 837, 852 = NJW 1975, 515 Dasonville; EuGHE 1975, 181 = NJW 1975, 1096; EuGHE 1979, 649 ff Cassis de Dijon; EuGH EuZW 1991, 183.

[3] Grundlegend EuGH Slg. 1977, 557, 577, 579 Janelli und Volpi; EuGH Slg. 1974, 631, 652 Reyners; EuGH Slg. 1974, 1299 von Binsbergen; EuGH Slg. 1981, 2595, 2614 Casati; EuGH NJW 1985, 1275; EuGH Slg. 1986, 3793, 3802 = NJW 1987, 572, 574.

Verordnung und Richtlinie, geschaffen, sondern auch durch den Einfluß des EG-Vertrags auf das nationale Recht. Dieser Einfluß ist zweifacher Art:

8 **aa)** Die Gerichte und Behörden der Mitgliedstaaten haben gemäß Art. 10 EGV das nationale Recht im Wege **gemeinschaftskonformer Auslegung**[1] so anzuwenden, daß die Ziele der Richtlinie zum Tragen kommen und die Grundfreiheiten des EG-Vertrags nicht in binnenmarktstörender Weise beeinträchtigt werden. Einer gemeinschaftskonformen Auslegung zur Sicherung der Grundfreiheiten sind grundsätzlich alle nationalen Rechtsvorschriften zugänglich. Den Grundfreiheiten des EG-Vertrags kann aber insbesondere bei der Anwendung von Generalklauseln Rechnung getragen werden. In diesem Sinne ist auch § 307 BGB so anzuwenden, daß die Grundfreiheiten gemäß den Anforderungen des Binnenmarkts zur Geltung kommen und Handelsbeschränkungen und Wettbewerbsverzerrungen beseitigt werden. Die gemeinschaftskonforme Auslegung des nationalen Rechts auf der Grundlage des EG-Vertrags kommt gerade auch insoweit zum Tragen, als die Richtlinie keine rechtsvereinheitlichenden Vorschriften enthält.

9 **bb)** Kommt eine gemeinschaftskonforme Auslegung wegen der durch den Wortlaut gesetzten Grenzen nicht mehr in Betracht, so ist einer gegen die Grundfreiheiten des EG-Vertrags verstoßenden Norm die **Wirkung** durch die nationalen Gerichte und Behörden **zu versagen.**[2] Im Einzelfall kann es daneben geboten sein, zur Sicherung der Grundfreiheiten die Vorschriften eines anderen Mitgliedstaates gemäß dem Prinzip des Herkunftslandes (s. Rz 10) zur Anwendung zu bringen.[3]

10 **cc)** Die unmittelbare Wirkung der Grundfreiheiten greift jedoch nur insoweit ein, als **Störungen des Binnenmarkts** beseitigt werden müssen, die den Handel zwischen den Mitgliedstaaten behindern und zu Wettbewerbsverzerrungen führen. Eine Binnenmarktstörung wird durch alle Maßnahmen und Vorschriften verursacht, die unmittelbar oder mittelbar tatsächlich oder auch nur potentiell den freien Verkehr von Waren, Personen, Dienstleistungen und Kapital behindern oder zu behindern geeignet sind (Rz 6).[4] Dabei ist eine Behinderung nicht nur im Falle von **Diskriminierungen** gegeben, wenn die Bürger eines Mitgliedstaats in einem anderen Mitgliedstaat im Vergleich zu dessen Bürgern benachteiligt werden.[5] Eine Behinderung liegt vielmehr auch dann vor, wenn die Anbieter oder Nachfrager in einem anderen Mitgliedstaat nur unter nachteiligeren Bedingungen als in ihrem Herkunftsland tätig werden können, mögen sie auch gleich wie die Bürger des anderen Mitgliedstaates behandelt werden.[6] Die Richtlinie will durch ihre der Rechtsvereinheitlichung dienenden Vorschriften binnenmarktstörende Wirkungen abbauen. Sie ist aber auch gemeinschaftskonform im Sinne der Wahrung der Grundfreiheiten auszulegen, damit Binnenmarktstörungen vermieden werden. Die unmittelbare Wirkung der Grundfreiheiten kann durch gemeinschaftskonforme Auslegung nationaler Vorschriften (Rz 8) oder durch deren Unanwendbarkeit (Rz 9) Binnenmarktstörungen auch noch dort beseitigen, wo die Richtlinie

---

[1] S. dazu *Bleckmann*, Europarecht, 6. Aufl. 1997, Rz 858; *Oppermann*, Europarecht, 3. Aufl. 2005, Rz 585, *Streinz*, Europarecht, 7. Aufl. 2005, Rz 498 f.

[2] EuGH Slg. 1974, 1337 Duyn/Home Office; EuGH Slg. 1975, 1219 Rutili; EuGH Slg. 1976, 497 – Royer; EuGH Slg. 2002, I-10875 Cofidis/Fredout.

[3] S. auch *M. Wolf*, in Wege zu einem europäischen Zivilprozeßrecht, Tübinger Rechtswissenschaftliche Abhandlungen, Bd. 73, 1992, S. 35, 42 ff; *Müller-Graff*, in: *von der Groeben/Schwarze*, EUV/EGV, Art. 28 EG Rz 190; *Matthies*, FS *Steindorff*, S. 1287, 1292.

[4] S. etwa EuGH EuZW 1991, 183.

[5] S. zur Diskriminierung etwa EuGH RIW 1978, 801.

[6] S. EuGH RIW 1978, 801.

nicht zur Anwendung kommt, wie insbesondere im gewerblichen und kaufmännischen Verkehr (s. dazu Rz 23). Die Grundfreiheiten sichern aber nur das Mindestmaß binnenmarktbezogener Freiheiten.

c) Grenzen für die Rechtsangleichung ergeben sich aus einzelnen Bestimmungen des EG-Vertrags, die handelsbeschränkende Regelungen und damit auch unterschiedliche Vorschriften in den Mitgliedstaaten zulassen, wenn dies zum Schutz von besonderen Gütern, wie z. B. aus Gründen der öffentlichen Sicherheit und Ordnung, erforderlich ist.[1] Der EuGH hat aus diesen Einzelbestimmungen darüber hinaus den allgemeinen Grundsatz entwickelt, daß nationale Sonderregelungen der Mitgliedstaaten durch **zwingende Erfordernisse** gerechtfertigt werden können, wenn solche Maßnahmen zur Erfüllung der zwingenden Erfordernisse geboten und geeignet sind, die Ziele des Binnenmarkts nicht unverhältnismäßig beeinträchtigen und ihnen nicht bereits durch Regeln des Gemeinschaftsrechts Rechnung getragen ist.[2] 11

d) Die von der **Richtlinie** angestrebte Rechtsangleichung ist grundsätzlich in dem vom EG-Vertrag (Rz 5, 6) und von der Rechtsprechung des EuGH (Rz 7 ff.) vorgegebenen Sinn zu verstehen.[3] Die Richtlinie bestimmt auf dieser Grundlage den Umfang und die Art der Rechtsangleichung mit ihren konkreten Zielsetzungen (Rz 3 f.) und mit ihren einzelnen Vorschriften, zu deren Umsetzung in nationales Recht die Mitgliedstaaten gemäß Art. 10 RL mit Art. 249 III EG-Vertrags verpflichtet sind. Das Maß der Rechtsangleichung muß mindestens den Anforderungen des EGV (s. Rz 5 ff.) genügen, was bei der Auslegung der Richtlinie, insbesondere hinsichtlich der von ihr gestatteten nationalen Sonderregeln,[4] zu beachten ist. Eine über die Anforderungen des EG-Vertrags hinausgehende Rechtsangleichung durch die Richtlinie ist möglich, soweit dies durch Art. 94 ff. EGV und das Subsidiaritätsprinzip (Art. 5 II EGV) gedeckt ist. 12

aa) Die **Umsetzung** der Richtlinie in nationales Recht zum Zwecke der Rechtsangleichung kann auf verschiedene Weise vonstatten gehen. In erster Linie müssen die Mitgliedstaaten die zur Umsetzung erforderlichen Rechts- oder Verwaltungsvorschriften erlassen, soweit solche nicht bereits vorhanden sind. Die Umsetzung muß hinreichend bestimmt und klar sein, so daß die Allgemeinheit und vor allem die begünstigten Verbraucher in die Lage versetzt werden, von ihren Rechten Kenntnis zu erlangen und diese vor den nationalen Gerichten durchzusetzen.[5] Dies ist vor allem auch bedeutsam, weil durch die Richtlinie den Angehörigen anderer Mitgliedstaaten Rechte verliehen werden sollen.[6] Die Möglichkeit der Kenntnisnahme muß auch für die Liste von mißbräuchlichen Klauseln im Anhang gemäß Art. 3 III bestehen.[7] Obwohl die Liste über Art. 3 bis 7 hinaus keine zusätzlichen Ansprüche gewähren will, soll sie mit ihrem Hinweis- und Beispielscharakter doch als Informationsquelle dienen. 13

---

[1] S. im einzelnen etwa Art. 30, 39 III, 46 I, 58 I, 186 EGV.

[2] Leitentscheidung EuGHE 1979, 649, 662 = NJW 1979, 1766 Cassis de Dijon, außerdem EuGH NJW 1990, 972; 1991, 2693; EuGH RIW 1991, 332 und 669, 670; s. auch *Sedemund-Montag* NJW 1989, 1409; zu einem Überblick über die Entscheidungen des EuGH *Meier*, Die Cassis-Rechtsprechung des EuGH, Loseblatt Stand 6/90.

[3] S. auch den 1. Erwägungsgrund zur RL.

[4] S. etwa Art. 8 RL.

[5] EuGH Slg. 2001, I-3541 Rz 17, 18 – Komm/Niederlande; EuGH Slg. 2002, I-4147 Rz 18, 22 – Komm/Schweden.

[6] EuGH Slg. 2001, I-3541 Rz 17, 18 – Komm/Niederlande; EuGH Slg. 2002, I-4147 Rz 18, 22 – Komm/Schweden.

[7] EuGH Slg. 2002, I-4147 Rz 18, 22 – Komm/Schweden.

13a **bb)** Die Richtlinie verliert aber mit der Umsetzung nicht ihre Bedeutung, sondern wirkt auch danach ständig auf die Anwendung des nationalen Rechts ein. Erlassene oder bereits vorhandene Rechts- und Verwaltungsvorschriften sind deshalb aufgrund der aus der Richtlinie sowie aus Art. 10 EGV folgenden Umsetzungs- und Anwendungspflicht von den zuständigen staatlichen Organen, einschließlich der Gerichte, in Übereinstimmung mit der Richtlinie auszulegen.[1] Diese **richtlinienkonforme Auslegung** ist Bestandteil der sich aus Art. 10 EGV ergebenden allgemeinen Pflicht zur gemeinschaftskonformen Auslegung (Rz 8). Die richtlinienkonforme Auslegung kommt in Betracht, gleichgültig ob die Richtlinie umgesetzt worden ist oder nicht. Fehlt es an einer konkreten Umsetzung in einem Mitgliedstaat, so sind die dort praktizierten Schranken der Vertragsfreiheit gemeinschaftskonform und richtlinienkonform zu handhaben. Die richtlinienkonforme Auslegung kann vergleichbar der verfassungskonformen Auslegung auch dazu führen, daß der Zweck einer nationalen Norm richtlinienkonform eingeschränkt oder modifiziert wird.[2] In jedem Fall sind die bestehenden Vorschriften so weit wie möglich in dem Sinne auszulegen, daß der Inhalt und die Ziele der Richtlinie erreicht werden.[3] Die richtlinienkonforme Auslegung findet jedoch ihre Grenze am Wortlaut der nationalen Norm. Die richtlinienkonforme Auslegung ist grundsätzlich von den nationalen Gerichten durchzuführen. Sie sind dazu ohne Einschaltung des EuGH in der Lage, sofern die Regelung der Richtlinie eindeutig und bestimmt ist. Ergeben sich jedoch Fragen bei der Auslegung der Richtlinie, so können diese nicht durch die nationalen Gerichte geklärt werden, sondern sind vom EuGH, insbesondere im Vorlageverfahren nach Art. 234 EGV zu beantworten. Auf dieser Grundlage ist die nationale Norm sodann von den nationalen Gerichten richtlinienkonform anzuwenden. Der EuGH hat nur die Aufgabe der Auslegung. Die Subsumtion unter die einzelnen Tatbestandsmerkmale der Richtlinie, insbesondere auch die Anwendung unbestimmter Rechtsbegriffe auf einzelne Vertragsklauseln obliegt dagegen den nationalen Gerichten.[4] Die richtlinienkonforme Auslegung ist von den Gerichten im jeweils zu entscheidenden Fall durchzuführen. Sie kann aber die Transformation durch gesetzgeberische Maßnahmen nicht ohne weiteres ersetzen, sondern nur, wenn sie sich auf eine hinreichend konkrete und bestimmte Rechtsprechungs- oder Verwaltungspraxis stützen kann, aus der der Bürger seine Rechte und Pflichten zuverlässig und sicher erkennen und geltend machen kann.[5] Auch muß die Anwendung der Richtlinie im nationalen Recht im vollen Umfang gewährleistet sein.[6]

14 **cc)** Beim derzeitigen Rechtszustand zieht die Richtlinie nur eine **teilweise Harmonisierung** im Sinne eines Mindeststandards für alle Mitgliedstaaten in Betracht.[7] Eine völlige Harmonisierung wird vom Binnenmarkt nicht gefordert, sondern nur eine Rechtsangleichung, die den freien Verkehr gemäß Art. 14 EGV gewährleistet. Unterschiede, die den freien Verkehr nicht behindern, insbesondere keine wirtschaftlichen Nachteile oder sonstige Marktbehinderungen zur Folge

---

[1] S. insbesondere EuGH Slg. 1990, 4135, 4159 Marleasing; vgl. auch BGH LM H. 11/1993 § 4 WZG Nr. 57 m. Anm. *Marly*.

[2] S. auch *Ulmer* EuZW 1993, 337, 339 f.

[3] S. etwa EuGH Slg. 2000, I-4941 Rz 30 Océano Grupo Editorial und Salvat Editores.

[4] EuGH EuZW 2004, 349 Rz 19–22 – Freiburger Kommunalbauten; dazu *Markwardt* ZIP 2005, 152; *Pfeiffer*, FS *Thode*, 2005, S. 615.

[5] EuGH Slg. 1985, 1661, 1673; EuGH Slg. 1987, 1733, 1742; EuGH EuZW 1991, 405; EuGH Slg. 2002, I-819 Rz 27 Komm/Italien.

[6] EuGH EuZW 1991, 405, 408.

[7] Erwägungsgrund 12; s. auch *Kiendl* Jb.JZiv. 1995, 195, 197; *Pfeiffer*, in: GH II/*Wolf* EG-VbR A 05, Art. 1 Rz 4.

haben, sind deshalb unschädlich (s. auch Rz 10). Andererseits darf die Richtlinie in ihrem Harmonisierungsbestreben grundsätzlich nicht hinter den Anforderungen zurückbleiben, die sich aus der unmittelbaren Wirkung der Grundfreiheiten ergeben (s. Rz 7). Insbesondere Art. 8 RL gestattet den Mitgliedstaaten, strengere Vorschriften für einen besseren Verbraucherschutz zu erlassen. Solche Abweichungen müssen aber mit dem EG-Vertrag vereinbar sein. Sie sind deshalb nur gerechtfertigt, wenn sie entweder keine binnenmarktstörenden Unterschiede schaffen oder wenn sie trotz binnenmarktstörender Wirkungen durch zwingende Erfordernisse geboten sind (s. Rz 11). Eine teilweise Harmonisierung wird gemäß Art. 3 III RL nur hinsichtlich der im Anhang aufgeführten Klauselverbote vorgesehen (s. Rz 16). Praktisch wirkt die Richtlinie aber über die Teilharmonisierung hinaus in das Zivilrecht der Mitgliedstaaten hinein und bereitet damit in Ansätzen auch den Boden für eine Angleichung zivilrechtlicher Wertungen, wie etwa hinsichtlich des Prinzips von Treu und Glauben.[1]

3. Gestaltungsspielräume

Die Richtlinie bindet die Mitgliedstaaten nicht in Detailfragen, sondern gibt nur die Ziele verbindlich vor und überläßt nach **Art. 249 III EGV** den Mitgliedstaaten die **Wahl der Form und Mittel**. Die Richtlinie kann den Mitgliedstaaten auch hinsichtlich der Ziele mehr oder weniger Spielräume einräumen. Die Mitgliedstaaten dürfen diese Spielräume aber nur in Übereinstimmung mit den Vorschriften des EG-Vertrags ausfüllen, d. h. sie dürfen von diesen Gestaltungsmöglichkeiten insbesondere nicht in einer Weise Gebrauch machen, die zu Diskriminierungen, nicht gerechtfertigten Handelsbeschränkungen oder Wettbewerbsverzerrungen führt. 15

Die **Richtlinie** über mißbräuchliche Klauseln in Verbraucherverträgen räumt den Mitgliedstaaten zu verschiedenen Punkten **Wahl- und Gestaltungsmöglichkeiten** ein. Was das Hauptziel des Verbraucherschutzes anbelangt, so überläßt Art. 8 RL den Mitgliedstaaten die Möglichkeit zu **stärkeren Verbraucherschutzmaßnahmen**, als sie in der Richtlinie vorgesehen sind. Stärkere Verbraucherschutzmaßnahmen sind insbesondere in Verbindung mit Art. 3 III RL hinsichtlich einzelner Klauselverbote möglich, da die im Anhang der Richtlinie aufgeführten Klauselverbote nicht erschöpfend sind. Die verstärkten Verbraucherschutzmaßnahmen müssen jedoch, wie Art. 8 RL ausdrücklich klar stellt, mit dem Vertrag vereinbar sein (s. auch Rz 15). Indem Art. 8 RL höhere Schutzmaßnahmen erlaubt, geht er zugleich davon aus, daß die Zielsetzungen der Richtlinie ein Mindestniveau des Verbraucherschutzes darstellen, das nicht unterschritten werden darf. Dies gilt insbesondere hinsichtlich der Generalklausel in Art. 3 I RL. Eine Ausnahme besteht jedoch gemäß Art. 3 III RL für die im Anhang aufgezählten Klauselverbote. Diese „können", müssen aber nicht für mißbräuchlich erklärt werden. Ein Mitgliedstaat kann auf die Übernahme solcher Klauselverbote deshalb auch verzichten, sie ergänzen oder restriktiver formulieren (s. Erwägungsgrund 17). Die Klauselverbote des Anhangs enthalten demgemäß keinen Minimalschutz und dürfen deshalb unterschritten werden. Wenn in den Erwägungsgründen (s. 17. Erwägungsgrund) vom Minimalcharakter die Rede ist, so bezieht sich dies auf den geringeren Harmonisierungsgrad, der durch den bloßen Beispielscharakter eintritt, nicht aber auf ein Mindestniveau für den Verbraucherschutz. Im übrigen muß der Mindestschutz von Art. 3 I RL in jedem Fall gewährleistet bleiben.[2] 16

[1] S. dazu *Pfeiffer*, in: GH II/*Wolf* EG-VbR A 05, Art. 1 Rz 6 ff; vgl. auch *Witz/Wolter* ZEuP 1995, 889.
[2] S. auch Art. 3 Rz 31 f.

17 **Weitere Wahlmöglichkeiten** bestehen für die Mitgliedstaaten dahingehend, daß sie entscheiden können, ob sie die Richtlinie durch Rechtsvorschriften oder durch Verwaltungsvorschriften umsetzen.[1] Ferner können sie gemäß Art. 6 I RL entscheiden, in welcher Weise und unter welchen Bedingungen die mißbräuchlichen Klauseln unverbindlich sind, ob sie z. B. per se nichtig oder unverbindlich sind, ob sie von einer Behörde oder einem Gericht für nichtig erklärt werden,[2] ob die Klauseln einer vorherigen behördlichen Genehmigung bedürfen oder nicht. Ebenso bleibt den Mitgliedstaaten die nähere Detailregelung hinsichtlich der Gültigkeit des Restvertrags überlassen.[3] Die Mitgliedstaaten entscheiden gemäß Art. 6 II RL zwar nicht über das Ob des Schutzes bei Anwendung des Rechts eines Drittlandes, wohl aber, welches die erforderlichen Maßnahmen dafür sind und wie sie auszugestalten sind. Nach Art. 7 I RL haben die Mitgliedstaaten dafür zu sorgen, daß mit wirksamen Mitteln gegen die Verwendung mißbräuchlicher Klauseln eingeschritten wird. Es bleibt jedoch ihnen überlassen, wie sie das im einzelnen bewerkstelligen, z. B. durch behördliche Kontrolle, durch gerichtliche Überprüfung oder durch strafrechtliche Sanktionen. Vorgesehen werden muß nach Art. 7 II RL jedoch, daß nicht nur unmittelbar Betroffene, sondern auch am Verbraucherschutz interessierte Personen oder Organisationen gegen mißbräuchliche AGB vorgehen können, wobei die Wahl der Mittel und des Weges den Mitgliedstaaten vorbehalten bleibt, insbesondere gemäß Art. 7 III RL auch die Frage, ob gegen einzelne oder mehrere Gewerbetreibende gemeinsam oder gegen Verbände eingeschritten wird.

4. Autonome Auslegung

18 Zur Rechtsangleichung gehört auch, daß die Vorschriften der Richtlinie einheitlich und nicht in den verschiedenen Mitgliedstaaten unterschiedlich ausgelegt werden.[4] Diese einheitliche Auslegung kann weder nach den organisatorischen Voraussetzungen noch angesichts der unterschiedlichen Rechtsanwendungsmethoden von den Gerichten der einzelnen Mitgliedstaaten allein geleistet werden. Vielmehr ist nach Art. 220 EGV zur Wahrung der Einheitlichkeit des Rechts der EuGH, insbesondere im Wege des Vorlageverfahrens durch die Gerichte nach Art. 234 II, III EGV, berufen. Möglich ist die Klärung von Auslegungsfragen aber auch im Vertragsverletzungsverfahren nach Art. 226, 227 EGV. Der EuGH hat bei der autonom einheitlichen Auslegung die in den Erwägungsgründen, aber auch sonst im Rechtssetzungsverfahren zur Geltung gelangten Vorstellungen zu beachten. Ebenso sind die gemeinsamen Rechtsgrundlagen und Wertprinzipien in den Mitgliedstaaten zu berücksichtigen.[5] Die Auslegung des EuGH ist für alle Mitgliedstaaten verbindlich, die ihr sowohl bei der Umsetzung der Richtlinie als auch bei der Anwendung des nationalen Rechts im Wege richtlinienkonformer Auslegung (s. Rz 13 a) Geltung zu verschaffen haben.

---

[1] S. Art. 1 I, dazu Rz 19.

[2] S. Art. 7 Rz 3, 6.

[3] S. im einzelnen Art. 6 Rz 4, 7 f.

[4] Ausführlich *Lutter* JZ 1992, 593, 603; *Steindorff* EuZW 1990, 251, 252; *M. Wolf* WM 1990, 1941, 1944; *Jarass* EuR 1991, 211, 215 u. 217; *Bach*, JZ 1990, 1108, 1112.

[5] Dazu *Lutter* JZ 1992, 593, 606; für den Grundrechtsbereich s. auch *Rengeling*, Grundrechtsschutz in der EG, 1992, S. 223 ff.

5. Gegenstand der Rechtsangleichung

a) Gegenstand der Rechtsangleichung sind die **Rechts- und Verwaltungsvorschriften** der Mitgliedstaaten. Die Richtlinie trägt damit dem Umstand Rechnung, daß die Verhinderung mißbräuchlicher Klauseln in Verbraucherverträgen in den Mitgliedstaaten sowohl durch gerichtliche Kontrolle auf gesetzlicher Grundlage als auch durch behördliche Überwachung mit Hilfe von Verwaltungsvorschriften durchgeführt werden kann. So haben etwa Frankreich[1] und Belgien[2] vorgesehen, daß bestimmte Klauseln durch Dekret verboten werden können. In welchem Verfahren die maßgeblichen Rechts- und Verwaltungsvorschriften erlassen werden, überläßt die Richtlinie den einzelnen Mitgliedstaaten und ihren Verfassungen. Eine Rechtsangleichung ist insoweit weder Gegenstand der Richtlinie noch für den Binnenmarkt geboten. Erfaßt werden deshalb nicht nur formelle Gesetze, sondern auch andere Rechtsquellen mit gesetzesgleichem Rang und mit untergesetzlichem Rang, ebenso Gewohnheitsrecht und das Fallrecht des Common Law.[3] Zu den Verwaltungsvorschriften gehören auch interne Verwaltungsanweisungen, die nicht die Außenwirkung von Rechtsvorschriften haben. Die Rechtsangleichung bezieht sich auf die Inhalte, nicht auf die formalen Rechtsgrundlagen. Obwohl in der Richtlinie nicht ausdrücklich angesprochen, ergibt sich aus dem Sinn und Zweck der Rechtsangleichung sowie aus dem Gebot der gemeinschaftskonformen Auslegung (s. Rz 8), daß auch **sonstige staatliche Akte**, insbesondere auch Gerichtsentscheidungen, in ihren Inhalten das Ziel der Rechtsangleichung zu verwirklichen haben.[4] 19

b) Von der Rechtsangleichung werden nur Maßnahmen erfaßt, die überhaupt unter den Anwendungsbereich der Richtlinie fallen. Die nach der Richtlinie gebotene Rechtsangleichung betrifft deshalb nur **mißbräuchliche Klauseln in Verbraucherverträgen**.[5] **Ausgenommen** sind Verträge zwischen Gewerbetreibenden. Für Verträge zwischen Gewerbetreibenden besteht eine Pflicht zur Rechtsangleichung jedoch nach den allgemeinen Vorschriften (s. Rz 5, 7 ff, 11). Vom Rechtsangleichungsgebot der Richtlinie ausgenommen sind nach Abs. 2 auch bindende Rechtsvorschriften der Mitgliedstaaten (s. Rz 33 ff) sowie die internationalen Übereinkommen (Rz 36 ff). Aber auch für die bindenden Rechtsvorschriften der Mitgliedstaaten gilt die allgemeine Pflicht zur Rechtsangleichung (Rz 5, 7 ff, 11). 20

III. Personeller Anwendungsbereich

Die Richtlinie bezieht sich nur auf mißbräuchliche Klauseln in Verträgen zwischen Gewerbetreibenden und Verbrauchern (Verbraucherverträge Rz 22). Verträge zwischen Gewerbetreibenden untereinander (Rz 23) und Verbrauchern untereinander (Rz 24) bleiben von der Richtlinie ausgenommen. Sie müssen aber im nationalen Recht der Mitgliedstaaten so geregelt werden, daß sie mit den Anforderungen des EG-Vertrags und dem Binnenmarkt übereinstimmen. 21

---

[1] S. Einl. Rz 54 f.

[2] Einl. Rz 51.

[3] *Pfeiffer,* in: GH II/*Wolf* EG-VbR A 05, Art. 1 Rz 5.

[4] EuGHE 1984, 1891, 1909 Celsou; EuGHE 1984, 1921, 1942 Harz; EuGHE 1988, 4635, 4662 Brentjes; EuGHE 1989, 3533, 3546 Nijman.

[5] S. auch Art. 2 RL und Rz 21.

1. Verbraucherverträge

22 Verbraucherverträge sind die zwischen einem Verbraucher im Sinne von Art. 2 lit. b RL und einem Gewerbetreibenden (Art. 2 lit. c RL) geschlossenen Verträge. Sie müssen im nationalen Recht der Mitgliedstaaten gemäß der Richtlinie geregelt werden. Gleichgültig auf welcher Marktseite, ob als Anbieter oder als Nachfrager, der Verbraucher auftritt. Verbraucherverträge im Sinne der Richtlinie decken sich nicht mit dem Anwendungsbereich der §§ 305 ff BGB.[1] Die §§ 305 ff BGB unterstellen ihrem Anwendungsbereich auch Verträge zwischen Verbrauchern untereinander. Damit ergibt sich innerhalb des AGB-Gesetzes eine Zweiteilung bei den Verbraucherverträgen, nämlich Verbraucherverträge, die der Richtlinie unterfallen und ihr angepaßt werden müssen, und Verträgen zwischen Verbrauchern untereinander, die nicht von der Richtlinie erfaßt werden (s. dazu Rz 24). Damit stellen sich, soweit die Richtlinie von den §§ 305 ff BGB abweicht, innerstaatliche Probleme der Gleichbehandlung (Art. 3 GG), die von Fall zu Fall möglichst im Wege verfassungskonformer Auslegung unter Beachtung des Vorrangs des EU-Rechts zu lösen sind.

2. Verträge zwischen Unternehmern

23 Verträge zwischen Gewerbetreibenden untereinander unterliegen nicht der Richtlinie. Jedoch sind die §§ 305 ff BGB anwendbar, wobei zwischen der umfassenden verbraucherschützenden Anwendung (s. auch Rz 22) und der abgeschwächten Anwendung gemäß § 310 I BGB zwischen Unternehmern zu unterscheiden ist. Andere Mitgliedstaaten sehen teilweise keine Kontrolle von AGB zwischen Gewerbetreibenden vor, weil sie den unterschiedlichen Verhandlungsmöglichkeiten kein besonderes Gewicht beimessen.[2] Gegenüber Mitgliedstaaten, die keine umfassende Inhaltskontrolle von Verträgen kennen und die die Richtlinie nur im Umfang ihres Anwendungsbereichs umsetzen, tritt damit eine unterschiedliche Regelung auf, die z. B. wegen der strengen Kontrolle von Verträgen zwischen Gewerbetreibenden nach §§ 305 ff BGB zu Wettbewerbsverzerrungen führen kann, weil Gewerbetreibende und freiberuflich Tätige in Deutschland bei der Durchsetzung ihrer Interessen stärker behindert sind als in einem Mitgliedstaat ohne Inhaltskontrolle. Ebenso kann an handelsbeschränkende Effekte im Sinne von Maßnahmen gleicher Wirkung gedacht werden, wenn Unternehmer aus Mitgliedstaaten ohne Inhaltskontrolle in Deutschland einer Inhaltskontrolle ihrer Verträge mit Gewerbetreibenden unterzogen werden. Man könnte insoweit an eine Abhilfe durch Rechtswahlklauseln denken. Aber solche sind nicht immer möglich, z. B. scheiden sie im Falle der Niederlassung eines ausländischen Unternehmens in Deutschland gemäß Art. 27 III EGBGB aus, da die §§ 305 ff BGB zum zwingenden Recht gehören. Auch können Rechtswahlklauseln nicht ohne weiteres gegenüber dem Verhandlungspartner durchgesetzt werden. Es muß deshalb das EU-Recht selbst eine binnenmarktkonforme Rechtslage herstellen. Die deutsche Inhaltskontrolle von Verträgen zwischen Gewerbetreibenden nach §§ 305 ff BGB kann aber durch zwingende Erfordernisse (s. Rz 11) gerechtfertigt werden. Zu diesen zwingenden Erfordernissen zählt auch die Lauterkeit des Handelsverkehrs.[3] Zur Lauterkeit des Handelsverkehrs gehört neben der Verhin-

---

[1] *Eckert* WM 1993, 1070, 1071.

[2] S. auch *Kapnopolou*, aaO, S. 32.

[3] Dazu EuGHE 1979, 649, 662 – Cassis de Dijon; EuGHE 1981, 1625, 1638; EuGH ZIP 1993, 1028, 1029 Nr. 12; *Müller-Graff*, in: *von der Groeben/Schwarze*, EUV/EGV, Art. 28 Rz 209 ff.; *ders.*, FS *Karl Carstens*, 1984, Band 1, S. 209, 220, 226; *Leible*, in: *Grabitz/Hilf*, Recht der EU, Bd. 1, Art. 28 Rz 37.

derung eines unlauteren Wettbewerbs die Wahrung von Treu und Glauben, die mit einer Inhaltskontrolle nach § 307 BGB allein angestrebt wird. Um den Grundsatz der Verhältnismäßigkeit zu wahren, der auch für zwingende Erfordernisse gilt,[1] muß aber in Zukunft sorgfältig geprüft werden, ob nicht ein Aushandeln vorliegt. Auch die Unangemessenheit nach § 307 BGB muß im Lichte der Verhältnismäßigkeit gesehen werden.

Verträge zwischen Verbrauchern untereinander sind von der Richtlinie ausgenommen,[2] fallen aber unter die §§ 305 ff. BGB. Dies betrifft z. B. Mietverträge über Wohnraum zwischen einem nichtgewerblichen Vermieter und einem Mieter, wenn ein vorgedrucktes Formular verwendet wird, sowie unter den gleichen Voraussetzungen einen Kaufvertrag über einen Gebrauchtwagen. Bedeutsam ist die Frage, ob auch nicht ausgehandelte Individualvereinbarungen unter Verbrauchern einer Inhaltskontrolle unterzogen werden sollen, obwohl die Richtlinie dies nicht vorschreibt. Für das deutsche Recht ist dies zu bejahen. Dafür sprechen Gründe des Verbraucherschutzes, der in erster Linie durch nicht ausgehandelte Individualvereinbarungen benachteiligten Verbraucher zugute kommen soll. Ob der Verwender ein Gewerbetreibender oder ebenfalls ein Verbraucher ist, ist vor dem Hintergrund dieses Schutzzwecks von sekundärer Bedeutung. Eine solche über die Richtlinie hinausgehende Regelung ist durch Art. 8 gedeckt. Darüber hinaus können mögliche binnenmarktstörende Effekte infolge unterschiedlicher Regelungen in den Mitgliedstaaten auch durch zwingende Erfordernisse gerechtfertigt werden (vgl. Rz 23), da auch der Verbraucherschutz zu den zwingenden Erfordernissen zählt.[3] **24**

IV. Sachlicher Anwendungsbereich

1. Verträge und andere Rechtsgeschäfte

Die Richtlinie bezieht sich nur auf Klauseln in Verträgen, nicht auf andere Rechtsgeschäfte (s. Rz 31, 32). Klauseln in Verträgen können sich aber auf einseitige Rechtsgeschäfte beziehen.[4] Darüber hinaus kann das nationale Recht einen stärkeren Schutz vorsehen. Dies ergibt sich zwar nicht aus Art. 8 RL, da andere Rechtsgeschäfte als Verträge gerade nicht unter die Richtlinie fallen. Der stärkere Schutz ist aber durch zwingende Erfordernisse des Verbraucherschutzes zu rechtfertigen (vgl. auch Rz 24). **25**

a) Der **Begriff des Vertrags** wird nicht genauer definiert. Er ist im Wege autonomer Auslegung (s. Rz 18) unter Berücksichtigung der Rechtsprinzipien der Mitgliedstaaten dahin auszulegen, daß es sich um eine rechtlich verbindliche Willenseinigung zwischen Rechtssubjekten handeln muß.[5] **26**

b) Mit den Verbraucherverträgen sind vornehmlich Verträge auf dem Gebiet des **Privatrechts** gemeint. Jedoch werden gemäß Art. 2 lit. c RL auch gewerbliche Betätigungen im Bereich des **öffentlichen Rechts** erfaßt, so daß, je nach dem wie Mitgliedstaaten die Einordnung solcher Verträge ins Privatrecht oder öffentliche **27**

---

[1] S. Rz 11; EuGHE 1976, 649, 662 Rz 8 u. 13; EuGHE 1982, 3961; *Everling*, EuR 1982, 306.

[2] *Eckert* WM 1993, 1070; *Remien* ZEuP 1994, 34, 38.

[3] EuGHE 1979, 649, 662; EuGH ZIP 1993, 1028, 1029 Nr. 12; *Müller-Graff*, in: *von der Groeben/Schwarze*, EUV/EGV, Art. 28 Rz 214 ff. mit weiteren zahlreichen Entscheidungsnachweisen; *Leible*, in: *Grabitz/Hilf*, Recht der EU, Bd. 1, Art. 28 Rz 36.

[4] S. § 305 Rz 11.

[5] S. auch *Pfeiffer*, in: GH II/*Wolf* EG-VbR A 05, Art. 1 Rz 11.

Recht regeln, auch öffentlich-rechtliche Verträge mit Verbrauchern unter den Anwendungsbereich der Richtlinie fallen können.[1]

28 **c)** Innerhalb des Privatrechts werden **grundsätzlich alle Rechtsgebiete** erfaßt, in deren Bereich ein Gewerbetreibender im Rahmen seiner gewerblichen oder beruflichen Tätigkeit Verträge mit Verbrauchern schließt. Insbesondere ist eine unterschiedliche Anwendung auf schuld- und sachenrechtliche Verträge von der Richtlinie nicht gewollt, vor allem auch weil diese Differenzierung in anderen Mitgliedstaaten nicht in gleicher Weise wie in Deutschland vorgenommen wird. Nicht zur gewerblichen und beruflichen Tätigkeit der unmittelbar Beteiligten gehören Verträge auf dem Gebiet des Familien- und Erbrechts.[2] Unter die Richtlinie fallen dagegen Verträge über Rechtsberatung auf dem Gebiet des Familien- und Erbrechts. In den Rahmen der gewerblichen und beruflichen Tätigkeit beider Parteien fallen dagegen Arbeitsverträge und in der Regel auch Gesellschaftsverträge, so daß es insoweit an einer Beteiligung in der Eigenschaft als Verbraucher fehlt. Die im Erwägungsgrund 10 getroffene Feststellung, daß Arbeitsverträge[3] sowie Verträge auf dem Gebiet des Erb-, Familien- und Gesellschaftsrechts nicht von der Richtlinie erfaßt werden, entspricht deshalb grundsätzlich dem Regelungsgehalt der Art. 1, 2 lit. a RL und ebenso auch von § 310 IV S. 1 BGB.[4] Arbeitsverträge entfallen nach § 310 IV 2 BGB der Inhaltskontrolle, auch wenn die nicht von der RL erfaßt werden (s. auch Art. 2 Rz 19). Nach dem Wortlaut der Richtlinie sind jedoch Verträge auf dem Gebiet des Familien- und Erbrechts sowie des Arbeits- und Gesellschaftsrechts nicht ausdrücklich ausgenommen. Die Erwägungsgründe geben nur Anhaltspunkte für die Auslegung, bestimmen diese aber nicht endgültig und zwingend. Soweit Vertragsverhältnisse zwischen Gewerbetreibenden und Verbrauchern in Gesellschafts- und Arbeitsverträgen eingebettet sind, muß auch die Richtlinie nach ihrem Wortlaut Anwendung finden. Deshalb wird z. B. das Vertragsverhältnis zwischen einem Verbraucher als Anleger und der PublikumsKG von der Richtlinie erfaßt,[5] ebenso der Kauf von Gesellschaftsanteilen[6] oder von Finanz- und Kapitalmarktpapieren (s. Anh. Nr. 2 c) sowie der Warenbezug durch den Arbeitnehmer beim Arbeitgeber.[7] Eine teleologische Reduktion der Richtlinie ist für diese Fälle nicht angebracht.[8] Dagegen erscheint im Hinblick auf diesen erweiterten Anwendungsbereich der Richtlinie eine teleologische Reduktion von § 310 IV BGB geboten.[9] Zumindest muß der Schutz der Verbraucher in diesen Fällen durch eine richtlinienkonforme Auslegung von § 242 BGB bewerkstelligt werden.[10]

29 **d)** Von den unter die Richtlinie fallenden Rechtsgebieten sind grundsätzlich **alle Vertragstypen** in die Richtlinie einbezogen (s. auch Erwägungsgrund 10). Daran ändert sich auch nichts dadurch, daß Art. 4 RL Güter- und Dienstleistungen als Vertragsgegenstand nennt. Damit ist keine Eingrenzung des Vertragsgegenstandes etwa im engeren Sinn des deutschen Dienstvertrags gemeint. Vielmehr sind die Begriffe Güter und Dienstleistungen autonom in der Weise auszulegen, daß alle Leistungen,

---

[1] S. auch Art. 2 Rz 12.

[2] S. auch *Kappus* NJW 1994, 1847, 1848; *Ulmer* EuZW 1993, 337, 343.

[3] S. auch Art. 2 RL Rz 15 f.

[4] *Ulmer* EuZW 1993, 337, 343.

[5] S. *Pfeiffer,* in: GH II/*Wolf* EG-VbR A 05, Art. 1 Rz 18; s. auch *Heinrichs* NJW 1996, 2190, 2192; *Grundmann* JZ 1996, 274, 284.

[6] *Remien* ZEuP 1994, 34, 44.

[7] S. *Reich,* Europäisches Verbraucherrecht, Rz 156 i; *Pfeiffer,* in: GH II/*Wolf* EG-VbR A 05, Art. 1 Rz 18.

[8] So zu Recht *Pfeiffer,* in: GH II/*Wolf* EG-VbR A 05, Art. 1 Rz 19.

[9] *Heinrichs* NJW 1996, 2190, 2192; a. A. *Drygalla* ZIP 1997, 968, 971.

[10] So der BGH schon vor der Richtlinie; s. Voraufl. § 23 Rz 82.

seien es Arbeiten an beweglichen oder unbeweglichen Sachen, seien es Rechte oder Handlungen und Unterlassungen, als Vertragsgegenstand in Betracht kommen.[1] Demgemäß fallen unter die Richtlinie nicht nur Kaufverträge und Dienstleistungsverträge, sondern insbesondere auch Werkverträge, einschließlich des Reisevertrags, Miet-, Pacht- und Leasingverträge, Darlehensverträge, Verwahrungsverträge, Speditions-, Lager- und Frachtverträge, Geschäftsbesorgungsverträge, Franchiseverträge und Sicherungsverträge, um nur einige wichtige zu nennen.[2] Auch Grundstücksgeschäfte fallen in den Anwendungsbereich der Richtlinie.[3] Der 5. Erwägungsgrund bringt insofern keine Einschränkung, wenn er von Waren spricht. Die Richtlinie benutzt in Art. 4 den weiteren Begriff „Güter". Vom Begriff der Güter werden auch Verträge über die Veräußerung oder Überlassung von geistigem Eigentum erfaßt, so z. B. ein Lizenzvertrag zur Nutzung eines Computerprogramms.[4] Auch eine Begrenzung auf entgeltliche Verträge ist der Richtlinie nicht zu entnehmen.[5] Deshalb fallen insbesondere auch Bürgschaftsverträge unter die Richtlinie.[6] Erfaßt werden grundsätzlich auch die dinglichen Verfügungsverträge.[7]

e) Die Richtlinie will auch insofern für alle Verträge (s. Erwägungsgrund 10 **30**
S. 2) gelten, als sie sich nicht nur auf **Standardverträge, Formularverträge** und **AGB** beschränkt, sondern grundsätzlich auch auf **Individualverträge** anwendbar ist.[8] Entscheidend ist allein, daß die Vertragsklausel nicht im einzelnen ausgehandelt wurde. Eine Mehrfachverwendung der Klauseln wird von der Richtlinie im Gegensatz zu § 305 I BGB nicht vorausgesetzt. Der auf Individualverträge erweiterte Anwendungsbereich ergibt sich neben dem Verzicht auf das Merkmal der Mehrfachverwendung auch aus Art. 3 II RL, wo der vorformulierte Standardvertrag nur als ein Beispiel („insbesondere") und nicht in ausschließlicher Weise genannt wird.[9] Die Abfassung von Klauseln im Hinblick auf eine allgemeine Verwendung wird schließlich in Art. 7 II RL nur im Zusammenhang mit abstrakten Kontrollverfahren wie etwa der Verbandsklage erwähnt, wo diese Einschränkung sinnvoll ist. Diese Einschränkung erfolgt jedoch nicht an anderer Stelle, insbesondere auch nicht in Art. 3 RL, so daß sie für die konkrete Wirksamkeitskontrolle, insbesondere im Individualprozeß, ohne Bedeutung ist. Schließlich entspricht die Einbeziehung von Individualvereinbarungen in die Mißbrauchskontrolle auch dem Ziel des Verbraucherschutzes.[10] Ausgenommen von der Inhaltskontrolle sind aber in jedem Fall die essentialia negotii, darunter insbesondere gemäß Art. 4 II RL der Hauptgegenstand des Vertrags und das Preis-Leistungs-Verhältnis.

f) Indem sich die Richtlinie auf Verträge bezieht, fallen **einseitige Willenser-** **31**
klärungen nicht ohne weiteres in ihren Anwendungsbereich. Anh. Nr. 1 n schließt es allerdings nicht aus, auch eine einseitige Vollmachtklausel der Richtlinie zu unterstellen.[11] Zumindest im abstrakten Kontrollverfahren nach Art. 7 II RL muß aber

---

[1] S. auch Art. 4 Rz 4.

[2] S. auch *Pfeiffer* NJW 1996, 3297, 3301.

[3] *Pfeiffer,* in: GH II/*Wolf* EG-VbR A 05, Art. 1 Rz 14; *Heinrichs* NJW 1996, 2190, 2191; a. A. *Kappus* NJW 1994, 1847, 1848.

[4] *Pfeiffer,* in: GH II/*Wolf* EG-VbR A 05, Art. 1 Rz 16.

[5] *Pfeiffer,* in: GH II/*Wolf* EG-VbR A 05, Art. 1 Rz 15; *Reich* NJW 1995, 1857, 1859.

[6] *Pfeiffer* NJW 1996, 3297, 3301; *Reich* NJW 1995, 1857, 1859.

[7] Ebenso *Pfeiffer,* in: GH II/*Wolf* EG-VbR A 05, Art. 1 Rz 13; s. auch Rz 28.

[8] *Hommelhoff/Wiedemann* ZIP 1993, 562, 566; *Frey* ZIP 1993, 572, 575; *Heinrichs* NJW 1993, 1817, 1818; zurückhaltend *Ulmer* EuZW 1993, 337,343; a. A. *Eckert* WM 1993, 1070, 1072; *Brandner* ZIP 1992, 1590 noch zum gemeinsamen Standpunkt in EG Abl. v. 22. 9. 92, abgedr. in ZIP 1992, 1591 ff.

[9] *Heinrichs,* NJW 1993, 1817, 1818.

[10] S. auch Art. 2 Rz 3.

[11] *Locher* JuS 1998, 389, 392; s. auch Anh. Nr. 1 n Rz 181 ff.

die einseitige Aufstellung einer zur allgemeinen Verwendung bestimmten Vertragsklausel genügen, ohne daß sie Bestandteil eines konkreten Vertrags zu sein braucht, weil andernfalls ein abstraktes Kontrollverfahren sinnvoll nicht möglich wäre. Im Individualprozeß muß die Vertragsklausel aber grundsätzlich durch Einigung in den Vertrag einbezogen sein, weil nur dadurch vertragliche Rechte und Pflichten im Sinne von Art. 3 I RL begründet werden. Eine erweiterte Auslegung der Richtlinie in der Weise, daß die Mitgliedstaaten verpflichtet wären, auch einseitige Rechtsgeschäfte der Mißbrauchskontrolle zu unterstellen, kann der Richtlinie im Hinblick auf das Bedürfnis nach deutlicher Bestimmung der Souveränitätsgrenzen für die Mitgliedstaaten nicht entnommen werden.[1] Davon zu unterscheiden ist, daß vertragliche Vereinbarungen über die Begründung oder Beschränkung von einseitigen Gestaltungsrechten und deren Ausübung selbstverständlich der Richtlinie und der Mißbrauchskontrolle unterfallen. Dies ist aber eine Mißbrauchskontrolle von Vertragsvereinbarungen und keine Kontrolle einseitiger Rechtsgeschäfte. Eine Inhaltskontrolle einseitiger Rechtsgeschäfte, wie sie nach dem AGB-Recht des BGB durchgeführt wird,[2] ist den Mitgliedstaaten jedoch im Sinne eines verstärkten Verbraucherschutzes nach Art. 153 EG-Vertrag ohne weiteres erlaubt.

32 **g)** In den Vertragsbegriff sind grundsätzlich nicht **Beschlüsse** und **Satzungen**, etwa von Vereinen, einbezogen. Dies ergibt sich insbesondere auch daraus, daß insoweit ein Aushandeln typischerweise nicht in Betracht kommt, wie es Art. 3 I RL voraussetzt. Häufig wird eine Anwendung der Richtlinie auch daran scheitern, daß der Verein gegenüber dem Mitglied nicht als Gewerbetreibender handelt.[3]

2. Bindende Rechtsvorschriften

33 **a)** Die Mißbrauchskontrolle der Richtlinie setzt der einseitigen Ausnutzung der Vertragsfreiheit Schranken. Sie will deshalb nur vertragliche Vereinbarungen der Kontrolle unterziehen, nicht aber Rechtsvorschriften. Dies gilt nicht nur für eine unmittelbare Kontrolle von Rechtsvorschriften, sondern insbesondere für **vertragliche Vereinbarungen, die auf bindenden Rechtsvorschriften beruhen**. Da eine indirekte Mißbrauchskontrolle von **Rechtsvorschriften der Mitgliedstaaten** vermieden und deren Rechtsetzungsautonomie, soweit sie mit dem Gemeinschaftsrecht vereinbar ist, gewahrt werden soll, werden von Abs. 2 alle vertraglichen Vereinbarungen erfaßt, die inhaltlich mit Rechtsvorschriften der Mitgliedstaaten übereinstimmen. Solche Vereinbarungen unterliegen deshalb nicht der Mißbrauchskontrolle. Art. 1 II RL übernimmt damit der Sache nach zusammen mit Art. 4 II RL den Regelungsgehalt von § 307 III S. 1 BGB[4] in das europäische Recht als bindende Verpflichtung für die Mitgliedstaaten. Diese dürfen mit Hilfe ihrer nationalen Transformationsgesetze nicht mittelbar die Gesetze anderer Mitgliedstaaten kontrollieren, indem sie damit übereinstimmende Vertragsklauseln für unwirksam erklären.[5] Das Kontrollverbot gilt auf jeden Fall für das Recht des Mitgliedstaates, dessen Recht auf das Vertragsverhältnis anwendbar ist.[6] Es muß jedoch darüber hinaus für das Recht aller Mitgliedstaaten gelten, weil sonst die Einheitlichkeit der Rechtsanwendung gefährdet wäre. Auch läßt sich bei der abstrakten

---

[1] Einschränkend *Pfeiffer,* in: GH II/*Wolf* EG-VbR A 05, Art. 1 Rz 12.
[2] S. § 305 Rz 11.
[3] *Pfeiffer,* in: GH II/*Wolf* EG-VbR A 05, Art. 1 Rz 21.
[4] S. § 307 BGB Rz 277.
[5] S. auch *Remien* ZEuP 1994, 34, 45 f.
[6] Lex causae; allein dafür *Kapnopolou,* aaO, S. 97 f; *Nassall* WM 1994, 1645, 1651; *Pfeiffer,* in: GH II/*Wolf* EG-VbR A 05, Art. 1 Rz 26.

Kontrolle nach Art. 7 II RL keine lex causae eines einzelnen Mitgliedstaates feststellen. Schließlich erlaubt Art. 3 I RL Abweichungen, sofern sie nicht zu einem erheblichen Mißverhältnis führen. Dies muß dann auch für das Recht der Mitgliedstaaten gelten. Diese sind allerdings verpflichtet, die Standards der Richtlinie zu wahren. Weicht ein Mitgliedstaat, dessen lex causae auf den Vertrag anwendbar ist, davon ab, so dürfen die in einem anderen Mitgliedstaat angerufenen Gerichte ihre Verpflichtung, die Standards der Richtlinie zu wahren, den Vorzug geben. Dies setzt aber einen eindeutigen Widerspruch mit den Inhalten der Richtlinie voraus. Die Beschränkung der Kontrolle gilt jedoch nur für das Recht von Mitgliedstaaten, nicht für das Recht von Drittstaaten.[1] Der Kontrolle unterliegen auf jeden Fall solche Klauseln, die von Rechtsvorschriften abweichen. Jeder Mitgliedstaat kann aber, soweit es seine eigenen Vorschriften betrifft, auf die Umsetzung von Art. 1 II RL verzichten, d. h. eine gerichtliche Kontrolle seiner eigenen Vorschriften zulassen.[2] Er muß im übrigen sein gesamtes Recht und nicht nur das Transformationsgesetz an den Maßstäben der Richtlinie ausrichten.[3]

b) Zu den bindenden Rechtsvorschriften gehört neben dem **zwingenden Recht** auch das **dispositive Recht**.[4] Dies wird im Erwägungsgrund 13 ausdrücklich klar gestellt. Es ergibt sich aber auch aus dem Sinn und Zweck von Art. 1 II RL sowie aus einem erweiterten Verständnis des Begriffs „bindende Rechtsvorschriften“, weil auch dispositive Vorschriften im Rahmen eines geschlossenen Vertrags bindend sind, solange keine abweichende Vereinbarung vorliegt.[5] Bei autonomer Auslegung sind als **Rechtsvorschriften** nicht nur die im jeweiligen Gesetzgebungsverfahren der Mitgliedstaaten erlassenen formellen Gesetze anzusehen, sondern auch alle Gesetze im materiellen Sinn, d. h. alle aufgrund staatlicher Hoheitsgewalt erlassenen und angewandten abstrakt-generellen Regelungen, einschließlich ungeschriebener Rechtsgrundsätze und der richterrechtlichen Rechtsprinzipien. Diese weite Auslegung rechtfertigt sich sowohl aus dem Sinn und Zweck von Art. 1 II RL, der staatliche Rechtsetzungsakte von der Kontrolle ausnehmen will, als auch aus der Rücksichtnahme auf die unterschiedlichen Rechtsquellen in den Mitgliedstaaten.[6] Selbstgeschaffene Verhaltensstandards der Wirtschaft können als Rechtsvorschriften im Sinne von Art. 1 II RL anzusehen sein, wenn ihnen der jeweilige Mitgliedstaat rechtliche Verbindlichkeit beimißt, nicht dagegen, wenn sie nur eine unverbindliche Empfehlung enthalten.[7] 34

c) Nach Art. 1 II RL unterliegen bindende Rechtsvorschriften nicht den Bestimmungen dieser Richtlinie, d. h., daß die **Richtlinie insgesamt nicht anwendbar** ist. Dies schießt etwas über das Ziel hinaus, weil die Richtlinie außer den Regeln über die Mißbrauchskontrolle auch noch andere Vorschriften enthält. So wäre es z. B. durchaus sinnvoll, das in Art. 5 RL enthaltene Gebot der Klarheit und Verständlichkeit sowie das Gebot der kundenfreundlichen Auslegung auch auf Vertragsklauseln anzuwenden, die auf bindenden Rechtsvorschriften beruhen. Man kann dies dann erreichen, wenn man zunächst nur solche Klauseln, die mit Rechtsvorschriften wörtlich übereinstimmen, vom Anwendungsbereich der Richtlinie 35

---

[1] *Pfeiffer,* in: GH II/*Wolf* EG-VbR A 05, Art. 1 Rz 26.

[2] S. *Pfeiffer,* in: GH II/*Wolf* EG-VbR A 05, Art. 1 Rz 23; für Frankreich s. *Witz/Wolter* ZEuP 1996, 885, 889; *Berger-Walliser* RIW 1996, 459, 462.

[3] *Kapnopolou,* aaO, S. 100.

[4] Ebenso *Eckert* WM 1993, 1070, 1072.

[5] H. M. *Remien* ZEuP 1994, 34, 45; *Nassall* JZ 1995, 689, 691; *Kapnopolou,* aaO, S. 97; *Pfeiffer,* in: GH II/*Wolf* EG-VbR A 05, Art. 1 Rz 25; a. A. *Reich,* Europäisches Verbraucherrecht, Rz 156 g.

[6] Insb. zum Richterrecht im Common-Law, *R. J. Walker,* The English Legal System, 1988, S. 68 ff.

[7] *Pfeiffer,* in: GH II/*Wolf* EG-VbR A 05, Art. 1 Rz 27.

ausnimmt, im übrigen diese Klauseln aber nur insoweit der Mißbrauchskontrolle entzieht, als sie bei klarer und verständlicher Abfassung inhaltlich mit Rechtsvorschriften übereinstimmen. Wenig sinnvoll ist auch die Nichtanwendbarkeit von Art. 9 und 10 RL auf die in Art. 1 II RL genannten Klauseln. Dies läßt sich aber vermeiden, wenn man beachtet, daß nur die in Art. 1 II RL genannten Vertragsklauseln, nicht aber Art. 1 II RL selbst der Berichtspflicht in Art. 9 RL und der Umsetzungspflicht in Art. 10 RL entzogen ist. Art. 9 und 10 RL sind deshalb auch auf Art. 1 II RL anwendbar.

3. Internationale Übereinkommen

36 Art. 1 II RL nimmt auch Vertragsklauseln, die auf Bestimmungen oder Grundsätzen internationaler Übereinkommen beruhen, von der Mißbrauchskontrolle aus. Da diese Übereinkommen im Falle ihrer Transformation in innerstaatliches Recht dieselbe Wirkung wie Rechtsvorschriften haben, ist es nur konsequent und dient im Grunde der Klarstellung, auch diese Übereinkommen nicht einer indirekten Mißbrauchskontrolle zu unterziehen.

37 a) **Übereinkommen** sind völkerrechtlich verbindliche Verträge, nicht dagegen grenzüberschreitende Verträge des privaten Rechts.[1] Erforderlich ist, daß die völkerrechtlichen Übereinkommen auch **innerstaatlich**, und sei es auch aufgrund unmittelbarer Geltung des Gemeinschaftsrechts, **verbindlich** sind, da sie nur in diesem Fall den Inhalt der Vertragsklauseln festlegen und bestimmen können (s. Erwägungsgrund 13 S. 1 mit S. 2 „daher"). Die internationalen Übereinkommen müssen deshalb durch innerstaatliche Transformationsakte, etwa durch ein Transformationsgesetz gemäß Art. 59 II GG, in den einzelnen Mitgliedstaaten oder in der Gemeinschaft anwendbares zwingendes oder dispositives Recht darstellen. Bestimmungen und Grundsätze des Übereinkommens sind demgemäß die aus dem Übereinkommen sich ergebenden Rechtsvorschriften, wobei Bestimmungen konkrete Regelungen enthalten, Grundsätze insbesondere Leitlinien für die Auslegung oder ein allgemeines Regelungsprinzip geben. Ob darüberhinaus auch Übereinkommen ohne innerstaatliche Verbindlichkeit unter 1 II RL fallen,[2] erscheint problematisch, da dies einer unmittelbaren Wirkung unter Mißachtung mitgliedstaatlicher Souveränität der Parlamente gleichkäme.

38 b) An den Übereinkommen müssen als **Vertragsparteien** ein oder mehrere **Mitgliedstaaten oder die Gemeinschaft** selbst beteiligt sein. Es brauchen aber nicht auf beiden Seiten des Übereinkommens Mitgliedstaaten oder die Gemeinschaft teilzunehmen. Vielmehr werden auch Verträge mit einzelnen oder mehreren Mitgliedstaaten auf der einen Seite und Drittstaaten auf der anderen Seite erfaßt, ebenso wie Verträge der Gemeinschaft mit Drittstaaten. Wendet man Art. 1 II RL auf internationale Übereinkommen ohne innerstaatliche Verbindlichkeit an (s. Rz 37), so müssen alle Mitgliedstaaten Vertragspartner des Übereinkommens sein.[3]

39 c) Als **einzelne Übereinkommen** fallen unter Art. 1 II RL aus dem Verkehrsbereich:

– das Montrealer Übereinkommen vom 28. 5. 1999, in Kraft getreten am 28. 6. 2004 an Stelle des Warschauer Abkommen zur Vereinheitlichung von Regeln über die Beförderung im internationalen Luftverkehr vom 12. 10. 1929, novelliert durch

[1] A. A. *Jayme/Kohler* IPrax 1996, 377, 378.
[2] So *Pfeiffer,* in: GH II/*Wolf* EG-VbR A 05, Art. 1 Rz 30.
[3] S. *Pfeiffer,* in: GH II/*Wolf* EG-VbR A 05, Art. 1 Rz 30.

das Haager Protokoll vom 28.09. 1955 und ergänzt durch das Zusatzabkommen von Guadalajara zum Warschauer Abkommen zur Vereinheitlichung von Regeln, über die von einem anderen als dem vertraglichen Luftfrachtführer ausgeführte Beförderung;
- das Übereinkommen über den Beförderungsvertrag im internationalen Straßenverkehr (CMR) BGBl. 1961 II S. 1119;[1]

aus dem sonstigen Privatrecht:
- das Wiener UN-Übereinkommen betreffend Verträge über den internationalen Warenkauf vom 11.04.1980,[2]
- das Europäische Übereinkommen über Fremdwährungsschulden vom 11.12. 1967;[3] in Kraft in Italien, Schweden, Belgien, jedoch noch nicht in der BRD,
- das Baseler Europäische Übereinkommen über den Ort und die Zahlung von Geldschulden vom 16.05. 1972, noch nicht in der BRD in Kraft, jedoch in Belgien, Frankreich, Spanien,
- die revidierte Rheinschiffahrtsakte vom 17. Okt. 1868 (sog. Mannheimer Akte) in der Neufassung des deutschen Wortlautes vom 11. 3. 1969.[4]

Nicht unter Art. 1 II RL fallen das Römische Schuldvertragsübereinkommen sowie die Allgemeinen Flugbeförderungsbedingungen der IATA,[5] soweit sie nicht mit den Grundsätzen des Montrealer Abkommens vereinbar sind.[6]

d) Art. 1 II RL sieht die **Nichtanwendbarkeit der Richtlinie** für Vertragsklauseln vor, die auf internationalen Übereinkommen beruhen. Dies betrifft Vertragsklauseln, die inhaltlich mit Bestimmungen und Grundsätzen der Übereinkommen übereinstimmen (s. Rz 36). Die Nichtanwendbarkeit bezieht sich auf die Vertragsklauseln. Art. 9 und 10 RL sind deshalb auch nach Art. 1 II RL anwendbar (s. Rz 35). Auch Art. 5 RL sollte Anwendung finden, solange nicht klar und verständlich eine Übereinstimmung der Klausel mit den jeweiligen Übereinkommen feststeht.[7] Bei Übereinstimmung einer Vertragsklausel mit einem Übereinkommen ist Art. 6 II RL nicht anwendbar. Internationale Übereinkommen können deshalb die Anwendbarkeit des Rechts eines Drittlandes vorsehen mit der Folge, daß die mit dem Recht des Drittlandes übereinstimmenden Vertragsklauseln nicht der Mißbrauchskontrolle nach der Richtlinie unterliegen. Verzichtet wird damit aber nur auf die von der Richtlinie bezweckte Rechtsangleichung. Die nationalen Vorschriften der Mitgliedstaaten, wie Art. 29, 29a, 34 EGBGB, bleiben jedoch anwendbar. 40

e) Übereinkommen, die von Mitgliedstaaten oder der Gemeinschaft geschlossen werden, müssen grundsätzlich **mit den Bestimmungen des EG-Vertrags vereinbar** sein, wenn sie wirksam in innerstaatliches oder innergemeinschaftliches Recht umgesetzt werden sollen. Regelungen in internationalen Übereinkommen, die dem EG-Vertrag und insbesondere auch dessen Grundfreiheiten widersprechen, sind deshalb innergemeinschaftlich unbeachtlich[8] und schließen auch die Anwendung der Richtlinie nicht nach Art. 1 II aus. Dies gilt unabhängig davon, daß das Übereinkommen nach außen völkerrechtlich verbindlich bleibt. Eine besondere Bestimmung enthält Art. 307 EGV für internationale Übereinkommen, die 41

---

[1] Abgedr. bei *Koller*, Transportrecht, Teil II, S. 619 ff.
[2] BGBl. 1989 II S. 588.
[3] Abgedr. bei *Kung*, Zahlung und Zahlungsart in IPR, 1970, S. 126130.
[4] BGBl. 1982 II S. 858.
[5] S. *Pfeiffer*, in: GH II/*Wolf* EG-VbR A 05, Art. 1 Rz 32, 33, 36.
[6] Zum Warschauer Abkommen *Kapnopolou*, aaO, S. 191.
[7] S. Rz 35; s. auch *Pfeiffer*, in: GH II/*Wolf* EG-VbR A 05, Art. 1 Rz 38.
[8] S. auch *Petersmann/Spennemann*, in: *von der Groeben/Schwarze*, EUV/EGV, Art. 307 Rz 7.

vor Inkrafttreten des EG-Vertrags am 1.1. 1958, geschlossen wurden. Die Rechte und Pflichten aus diesen Übereinkommen bleiben vom EG-Vertrag unberührt.[1] Jedoch müssen Unvereinbarkeiten mit dem EG-Vertrag von den Mitgliedstaaten nach Möglichkeit behoben werden.[2]

---

[1] Art. 307 EGV.

[2] S. im einzelnen *Petersmann/Spennemann*, in: *von der Groeben/Schwarze*, EUV/EGV, Art. 307 Rz 8ff.

Artikel 2

Im Sinne dieser Richtlinie bedeuten:

a) mißbräuchliche Klauseln: Vertragsklauseln, wie sie in Artikel 3 definiert sind;

b) Verbraucher: eine natürliche Person, die bei Verträgen, die unter diese Richtlinie fallen, zu einem Zweck handelt, der nicht ihrer gewerblichen oder beruflichen Tätigkeit zugerechnet werden kann;

c) Gewerbetreibender: eine natürliche oder juristische Person, die bei Verträgen, die unter diese Richtlinie fallen, im Rahmen ihrer gewerblichen oder beruflichen Tätigkeit handelt, auch wenn diese dem öffentlich-rechtlichen Bereich zuzurechnen ist.

Inhaltsübersicht

Schrifttum: *Medicus*, Wer ist Verbraucher, Festschrift Kitagawa, 1992, S. 471 ff.

I. Normzweck und Allgemeines

Art. 2 definiert vorweg, wie bei Richtlinien vielfach üblich, einige grundlegende Begriffe, die in Gestalt der Begriffe „Verbraucher" und „Gewerbetreibender" vor allem den personellen Anwendungsbereich der Richtlinie festlegen. Zur Bestimmung der mißbräuchlichen Klauseln wird allein auf Art. 3 RL verwiesen. 1

II. Mißbräuchliche Klauseln

Art. 2 lit. a RL definiert den Begriff der mißbräuchlichen Klauseln nicht selbst, sondern verweist auf Art. 3 RL und ist insofern im Grunde überflüssig, weil Art. 3 RL ohnehin gilt. Die Verweisung ist auch ungenau, weil sie auf Art. 3 RL insgesamt Bezug nimmt, während allein Art. 3 I RL die materiellen Voraussetzungen der mißbräuchlichen Klauseln nennt. Zwar enthält Art. 3 II RL nähere Umschreibungen der kontrollfähigen Klauseln, aber Art. 3 II S. 3 RL regelt nur die Beweislast und definiert damit nicht mehr die materiellen Voraussetzungen mißbräuchlicher Klauseln. Mißverständlich ist die Bezugnahme auf Art. 3 RL auch insoweit, als sich der Verweis auch auf Art. 3 III RL zu beziehen scheint. Art. 3 III RL will aber die mißbräuchlichen Klauseln gerade nicht zwingend festlegen.[1] Art. 2 lit. a RL ist deshalb sinnvollerweise dahin auszulegen, daß er die Definition in Art. 3 I RL übernehmen will. 2

---

[1] S. auch Art. 1 Rz 16; Art. 3 Rz 31 f.

III. Verbraucher

1. Allgemeine Grundlagen

3 Art. 2 lit. b definiert den Begriff des Verbrauchers, der den **personellen Schutzbereich der Richtlinie** festlegt. Der Begriff des Verbrauchers ist autonom auszulegen.[1] Die Richtlinie knüpft, auch wenn sie den Verbraucher negativ, quasi als Nicht-Gewerbetreibenden umschreibt, nicht an bestimmte Eigenschaften einer Person, sondern an ein bestimmtes Handeln im Marktgeschehen an. Damit wird im Grunde auf das **soziologische** Verständnis der **Rolle** zurückgegriffen.[2] Die Richtlinie gibt damit zu erkennen, daß sie für das Handeln in der Rolle des Verbrauchers ein besonderes Schutzbedürfnis gegeben sieht. Bei dieser Sicht paßt sich die Konzeption der Richtlinie nahtlos in den Schutz anderer benachteiligter Vertragspartner im Recht der Wohnungsmiete und im Arbeitsrecht ein. Auch in diesen Rechtsgebieten wird ein Vertragspartner in seiner (Markt-)Rolle als Wohnungsmieter oder als Arbeitnehmer geschützt. Aufgrund dieser Anknüpfung des Schutzes an eine bestimmte Rolle im Marktgeschehen ist es auch konsequent, wenn die Abgrenzung zwischen Individualvereinbarungen und Allgemeinen Geschäftbedingungen nicht mehr allein ausschlaggebend für die Inhaltskontrolle ist, sondern wie beim Mieter und Arbeitnehmer der Schutz auch beim Verbraucher auf Individualversicherungen ausgedehnt wird.[3] Die Anknüpfung an die Rolle statt an die mißbräuchliche Vertragsgestaltung bei AGB führt jedoch abgesehen von der Einbeziehung der Individualvereinbarungen zu keiner grundsätzlichen Konzeptionsänderung.[4] Es handelt sich nur um verschiedene Aspekte und Blickwinkel für dasselbe Grundproblem, d. h. das Fehlen eines selbstverantwortlich zurechenbaren Aushandelns, das sowohl in den §§ 305 ff BGB (§ 305 I S. 3 BGB) wie in der Richtlinie (Art. 3 I) den eigentlichen Anlaß und Grund für die Inhaltskontrolle abgibt.

4 Der Begriff des Verbrauchers wird auch im EG-Vertrag (z. B. Art. 3 lit. t, Art. 33 (I) e, Art. 34 (II), Art. 81 (III), Art. 82 lit. b), Art. 153) sowie in anderen Richtlinien und Gesetzen verwendet, so z. B. in der Art. 1 VerbrKr-RL, in der RL über den Verbrauchsgüterkauf und sowie in der RL über den Fernabsatz sowie z. B. in §§ 13, 312 ff, 474 ff, 491 ff BGB, §§ 449, 451h, 466, 475h HGB, in Art. 15 bis 17 EuGVVO und in Art. 29, 29a EGBGB, der Sache nach auch in Art. 2 a UN-Kaufrecht.[5]

2. Natürliche Person

5 Verbraucher können nur natürliche Personen sein. Die Anknüpfung an die Person bedeutet aber nicht, daß Verbraucher nur eine bestimmte Gruppe von Personen seien. Vielmehr kann jede natürliche Person Verbraucher sein, weil es nicht auf ihre persönlichen Eigenschaften, sondern auf ihr Handeln zu bestimmten Zwecken ankommt. Auch ein Kaufmann kann deshalb als Verbraucher zu behandeln sein, sofern er zu Zwecken handelt, die nicht seiner gewerblichen oder beruflichen Tätigkeit zuzurechnen sind. Der Begriff der natürlichen Person bezieht sich in Überein-

---

[1] S. Art. 1 Rz 18; zu Art. 13 EuGVÜ (nunmehr Art. 15 EuGVO) s. EuGH NJW 1993, 1251; *Dauses/Sturm* ZfRV 1996, 133.

[2] S. auch *Hommelhoff/Wiedemann* ZIP 1993, 562, 565; *Riesenhuber*, Europäisches Vertragsrecht, Rz 186; *G. P. Callies*, Grenzüberschreitende Verbraucherverträge, 2006, S. 43..

[3] S. Art. 3 Rz 18.

[4] Zu sehr die Unterschiede betonend *Hommelhoff/Wiedemann* ZIP 1993, 562, 565.

[5] S. zu einem Überblick *Kapnopolou*, Das Recht der mißbräuchlichen Klauseln, S. 21 ff.

stimmung mit dem Verständnis in allen Mitgliedstaaten wie in § 1 BGB auf den Menschen. Juristische Personen können dagegen nicht Verbraucher sein.[1] Dies gilt auch, wenn sie nicht zu gewerblichen oder beruflichen Zwecken handeln, wie z. B. der nichtwirtschaftliche eingetragene Verein.[2] Die einzelnen Mitglieder werden jedoch geschützt,[3] auch soweit sie im Einzelfall aus dem Vertrag mit juristischen Personen in Anspruch genommen werden können. Verträge des Vereins mit Gewerbetreibenden können jedoch ohne Verstoß gegen das Gemeinschaftsrecht den §§ 305 ff. BGB unterstellt werden. Personengemeinschaften, die nicht juristische Personen sind, wie z. B. Bruchteilsgemeinschaften, eine Wohnungseigentümergemeinschaft oder Gesamthandsgemeinschaften wie die bürgerlich-rechtliche Gesellschaft, die eheliche Gütergemeinschaft und die Erbengemeinschaft, sind dagegen als Zusammenschluß natürlicher Personen auch in dieser Rechtsform als natürliche Personen zu behandeln und können deshalb Verbraucher sein, wenn sie nicht zu gewerblichen und beruflichen Zwecken handeln.[4] Dasselbe wird man auch für Gebilde wie den nichtrechtsfähigen Verein annehmen müssen, da auch sie trotz körperschaftlicher Struktur[5] keine juristische Personen sind und mangels gewerblicher Erfahrung auch für sie ein Schutzbedürfnis besteht. Für eine OHG und KG, die auf den Betrieb eines Handelsgewerbes gerichtet sind, kommt dagegen nur ein kaufmännisches Handeln in Betracht, so daß sie aus diesem Grunde nicht Verbraucher sein können.

3. Handeln außerhalb gewerblicher oder beruflicher Tätigkeit

a) Das Handeln des Verbrauchers muß im Zusammenhang stehen mit Verträgen, 6
die nach den übrigen Voraussetzungen unter die Richtlinie fallen,[6] und es muß zu Zwecken erfolgen, die nicht ihrer gewerblichen oder beruflichen Tätigkeiten zuzurechnen sind. Das Verbraucherhandeln steht damit im Gegensatz zum erwerbswirtschaftlichen Handeln des Gewerbetreibenden im Sinne von Art. 2 lit. c RL. Die Zweckrichtung des Verbraucherhandelns muß sich nicht aus dem Vertragszweck selbst ergeben, sondern kann aus den gesamten Begleitumständen erschlossen werden. Die subjektiven Absichten des Handelnden sind dabei nur insoweit zu berücksichtigen, als sie in den objektiven Gesamtumständen eine Bestätigung finden.[7] Entscheidend ist aber, daß es sich um die eigenen gewerblichen oder beruflichen Zwecke des Verbrauchers handelt, nicht um die eines anderen.[8] Abzustellen ist auf die **Erkennbarkeit** für einen verständigen Betrachter, dagegen nicht allein auf die Erkennbarkeit für den Vertragspartner. Dieser muß sich um die Ermittlung der maßgeblichen Umstände bemühen. Wer dagegen im Rechtsverkehr als Gewerbetreibender oder Freiberufler auftritt, muß sich als solcher und nicht als Verbraucher behandeln lassen.[9] Maßgebend sind zunächst die Verhältnisse im **Zeitpunkt des**

---

[1] EuGH Slg 2001 I 9049 – Cape.

[2] S. auch Rz 11; *Braunfels* DNotZ 1997, 356, 369; kritisch hierzu *Remièn* ZEuP 1994, 34, 42; *Kapnopolou*, Das Recht der mißbräuchlichen Klauseln, S. 80 f.

[3] *Pfeiffer,* in: GH II/*Wolf* EG-VbR A 05, Art. 2 Rz 4.

[4] Zust. *Pfeiffer,* in: GH II/*Wolf* EG-VbR A 05, Art. 2 Rz 4; s. auch *Kapnopolou*, Das Recht der mißbräuchlichen Klauseln, S. 80 f.

[5] S. *Larenz/Wolf,* Allg. Teil, § 11 Rz 2.

[6] S. Art. 1 RL Rz 25 ff.

[7] Ebenso *Pfeiffer,* in: GH II/*Wolf* EG-VbR A 05, Art. 2 Rz 5; *G.-P. Callies*, Grenzüberschreitende Verbraucherverträge, 2006, S. 56 ff., § 5; s. auch EuGH, Rs C-461/01 Rz 51 ff. = NJW 2005, 653.

[8] S. *Kapnopolou*, Das Recht der mißbräuchlichen Klauseln, S. 38 f.

[9] *Pfeiffer,* in: GH II/*Wolf* EG-VbR A 05, Art. 2 Rz 5; s. auch BGH v. 22.12.2004 VIII ZR 91/04 = NJW 2005, 1045 = LMK 2005, 49 m. Anm. *Werfenbruch.*

Vertragsschlusses (vgl. auch Art. 4 I RL). Zweifelhaft ist aber, inwieweit nachträgliche Veränderungen die Kontrollfähigkeit von Verbraucherverträgen beeinflussen. **Veränderungen in der Zweckbestimmung** ein und desselben Vertragspartners ändern die Kontrollfähigkeit grundsätzlich nicht,[1] da der Vertragspartner die Verantwortung für die von ihm eingegangene Verpflichtung grundsätzlich tragen muß. Handelt also der Vertragspartner bei Vertragsabschluß als Gewerbetreibender, so bleibt der Vertrag vom Anwendungsbereich der RL auch dann ausgeschlossen, wenn der Vertragspartner den Vertrag oder Vertragsgegenstand später als Verbraucher nutzt. Gleiches muß grundsätzlich auch im umgekehrten Fall gelten, daß ein für Verbraucherzwecke geschlossener Vertrag nachträglich für gewerbliche Zwecke genutzt wird. Allerdings sollte in einem solchen Fall der Einwand der unzulässigen Rechtsausübung bedacht werden, wenn der Vertragspartner sich im Zeitpunkt der gewerblichen Nutzung noch auf den ursprünglichen Verbraucherschutz berufen will. Eine **Auswechslung des Vertragspartners**, insbesondere im Falle der Vertragsübernahme, aber auch eine Abtretung sind dagegen grundsätzlich beachtlich, damit der Verbraucherschutz nicht unterlaufen wird. Ist der Vertragspartner ein Gewerbetreibender und überträgt dieser später den Vertrag insgesamt oder seine Rechte hieraus auf einen Verbraucher, so muß der neu eintretende Verbraucher grundsätzlich den Schutz der Richtlinie genießen. Dies läßt sich daraus rechtfertigen, daß die Richtlinie kein Stellen beim Vertragsabschluß verlangt,[2] daß der neu eintretende Verbraucher den Vertrag auch nicht ausgehandelt hat und daß Art. 3 I RL auf die Vertragsklausel als Bestandteil eines bestehenden Vertragsverhältnisses und nicht so sehr auf den Vertragsabschlußtatbestand abstellt.[3] Praktisch bedeutsam ist dies vor allem beim Erwerb von Finanz- und Kapitalmarktpapieren an der Börse, wofür nach Anh. Nr. 2 c nur einzelne Klauselverbote ausgenommen sind, woraus aber auf die sonst vorgesehene Inhaltskontrolle zu schließen ist.

7 **b)** Ein Verbraucherhandeln ist regelmäßig anzunehmen, wenn die natürliche Person **keinen Gewerbebetrieb** im Sinne von Art. 2 lit. c RL führt. Ein Gewinninteresse des Verbrauchers steht der Annahme eines Verbrauchervertrags nicht entgegen. Verbrauchergeschäfte sind deshalb auch Geschäfte zur Vermögensanlage (vgl. auch Anh. Nr. 2 c) und Vermögensverwaltung, einschließlich der Beteiligung an einer Gesellschaft, z. B. an einer PublikumsKG oder mit Aktien an einer AG,[4] solange der Verbraucher nicht als ständiger Anbieter von Gütern und Dienstleistungen am Markt auftritt (s. auch Rz 13). Unter diesen Voraussetzungen ist ein vermögender privater Kapitalanleger immer noch Verbraucher.[5] Auch die gelegentliche Vermietung oder Verpachtung von Immobilien begründet keine Gewerbetätigkeit, solange sie nicht als ständiger Anbieter in kaufmännischer Weise betrieben wird. Zur gewerblichen Tätigkeit sollten nach dem Sinn und Zweck der Richtlinie grundsätzlich nicht die zur Aufnahme einer gewerblichen Betätigung dienenden **Vorbereitungshandlungen** gezählt werden. Der EuGH ist bei Anwendung der Art. 13, 14 EuGVÜ, denen jetzt Art. 15 und 16 EuGVVO entsprechen, anderer Ansicht. Er sieht eine Partei, die einen Vertrag zum Zwecke der künftigen beruflichen oder gewerblichen Betätigung abgeschlossen hat, nicht als Verbraucher an.[6] Gleicher Ansicht ist der BGH bei Anwendung von § 1031 V ZPO.[7] Die Entscheidungen behandeln mit dem Gerichtsstand (Art. 15, 16 EuGVVO) und der Form von

---

[1] S. auch *Pfeiffer*, in: GH II/*Wolf* EG-VbR A 05, Art. 2 Rz 6.
[2] Art. 3 Rz 23.
[3] S. dazu auch *M. Wolf* in FS *Zöllner*, 1998, S. 651, 656.
[4] S. *Remien* ZEuP 1994, 34, 39; *Grundmann* JZ 1996, 274, 284; *Drygalla* ZIP 1997, 968.
[5] *Pfeiffer*, in: GH II/*Wolf* EG-VbR A 05, Art. 2 Rz 11.
[6] EuGH RIW 1997, 775.
[7] BGH v. 24.2.2005 III ZB 36/04 = DB 2005, 1375.

Schiedsvereinbarungen (§ 1031 V ZPO) jeweils prozessuale Fragen, bei denen der Verbraucherschutz nur am Rande eine Rolle spielt. Im materiellen Recht sollte den Existenzgründern der Verbraucherschutz je nach dem Zweck der Norm gewährt werden. Dabei ist zu berücksichtigen. dass dem Existenzgründer die Kenntnisse und Erfahrungen aus dem Gewerbebetrieb noch fehlen und deshalb das für den Verbraucher typische Schutzbedürfnis besteht.[1] Auch setzt Art. 2 lit. c RL beim Gewerbetreibenden ein Handeln „im Rahmen" der gewerblichen und beruflichen Tätigkeit voraus und geht damit von einem Beginn dieser Tätigkeit aus. Schließlich zeigt sich das Schutzbedürfnis des Verbrauchers gerade auch dann, wenn die Vorbereitungshandlungen nicht zum gewünschten Erfolg führen, die gewerbliche Tätigkeit also nicht begonnen wird. Über den Schutz der Vorbereitungshandlungen muß auch zum Zeitpunkt ihrer Vornahme entschieden werden und nicht danach, ob später die Vorbereitungshandlungen zum Erfolg führen oder nicht. Vorbereitungshandlungen zur Existenzgründung, wie z. B. das Belegen von Aus- und Fortbildungskursen oder Existenzgründungsdarlehen (vgl. § 507 BGB), fallen deshalb unter die Verbrauchergeschäfte der Richtlinie. Die Vorbereitungshandlungen müssen jedoch objektiv als solche erkennbar sein. Geschäfte, die typischerweise der gewerblichen Tätigkeit zuzurechnen sind, können deshalb nur dann als Verbrauchergeschäfte eingeordnet werden, wenn sie eindeutig als Vorbereitungshandlungen erkennbar sind, so z. B. wenn sie unter der Bezeichnung Existenzgründungsdarlehen laufen. Erweiterungsgeschäfte[2] sowie Aufgabe- und Beendigungshandlungen sind dagegen noch dem Gewerbebetrieb zuzurechnen.

Betreibt die natürliche Person **ein Gewerbe**, so sind ihre Geschäfte, die einen 8
objektiven Bezug zum Gewerbebetrieb aufweisen, grundsätzlich nicht als Verbrauchergeschäfte anzusehen. Nicht zum Inhalt der Richtlinie gehört das Erfordernis eines direkten Bezugs des Vertrags zur Geschäftstätigkeit des Gewerbetreibenden, wie es die französischen Gerichte verlangen.[3] Die damit verbundene Ausdehnung des Verbraucherschutzes auf Verträge von Gewerbetreibenden ist im nationalen Recht möglich (vgl. Art. 8), ist aber nicht Inhalt der Richtlinie. Vielmehr sind auch Geschäfte mit Ausnahmecharakter sowie branchenfremde Nebengeschäfte, wenn sie gewerblichen Zwecken dienen, dem Gewerbebetrieb zuzurechnen.[4] Verbrauchergeschäfte sind nur solche, die keinen objektiven Bezug zum Gewerbebetrieb aufweisen, wie z. B. der Kauf persönlicher Gebrauchsgegenstände, Verträge über persönliche Dienstleistungen, wie z. B. Arztverträge, oder die Miete einer Wohnung. Bei **gemischter Nutzung** für private und gewerbliche Nutzung (dual use), z. B. eines PC oder Pkw, ist im Zweifel vom Vorrang des gewerblichen Zwecks auszugehen. Der Grundgedanke von § 344 HGB kann in autonomer Auslegung der Richtlinie sinngemäß zur Anwendung kommen, nicht weil die Richtlinie darauf Bezug nimmt, sondern weil er einen allgemeinen Rechtsgedanken zum Ausdruck bringt.[5] Auch Art. 1 und Art. 3 RL gehen nach ihrem Wortlaut von der Beweislast des Verbrauchers als desjenigen aus, der den Schutz der Richtlinie in Anspruch nehmen will.[6] Nur wenn der Vertragsgegenstand bei Vertragsschluß erkennbar zum

---

[1] *Riesenhuber*, Europäisches Vertragsrecht, Rz 210, ebenso die Regelung im französischen Recht, dazu *Sonnenberger*, Französisches Handels- und Wirtschaftsrecht, Rz II 23 ff.

[2] Vgl. BGH NJW 1994, 2759 = LM H.11/1994 HWiG Nr. 15 m. Anm. *Pfeiffer*.

[3] S. *Witz/Wolter* ZEuP 1995, 885, 887; *Berger-Walliser* RIW 1996, 459, 461.

[4] *Pfeiffer*, in: GH II/*Wolf* EG-VbR A 05, Art. 2 Rz 10.

[5] Zur EuGVPO gegen Verbrauchervertrag EuGH Rs C-464/01 Rz 39 ff., *Gruber* = NJW 2005, 653. S. zu Art. 5 EVU auch *v. Bar*, Internationales Privatrecht, Bd. II Rz 434; a. A. *Reithmann/Martiny*, Internationales Vertragsrecht, Rz 717: im Zweifel Verbrauchergeschäft; für differenzierende Betrachtung *Pfeiffer*, in: GH II/*Wolf* EG-VbR A 05, Art. 2 Rz 14.

[6] S. auch EuGH Rs C-434/01 Rz 46 NJW 2005, 653, jetzt GVVO.

überwiegenden Teil der privaten Nutzung dient und der beruflich-gewerbliche Zweck nebensächlich und ganz untergeordnet ist, ist von einem Verbrauchervertrag auszugehen.[1]

9 c) Die **berufliche Tätigkeit** umfaßt neben einer selbständigen grundsätzlich auch die unselbständige berufliche Tätigkeit.[2] Arbeitsverträge sind deshalb keine Verbraucherverträge. Dies ergibt sich mittelbar auch daraus, daß die Richtlinie Arbeitsverträge von ihrem Anwendungsbereich ausschließen will.[3] Verbrauchergeschäfte, weil nicht zur beruflichen Tätigkeit gehörend, sind aber alle Vorbereitungshandlungen (vgl. auch Rz 7) und bei unselbständiger Arbeit auch alle solchen Geschäfte, die nicht unmittelbar die Arbeit zum Gegenstand haben, sondern nur einen mittelbaren Bezug dazu aufweisen, wie z. B. der Kauf von Arbeitskleidung oder der Arztvertrag zur Wiederherstellung der Arbeitsfähigkeit,[4] aber auch alle Geschäfte im persönlichen und familiären Bereich.[5] § 344 HGB kann auf berufliche Tätigkeit insoweit keine, auch nicht analoge Anwendung finden, als es um die Frage geht, ob eine Person freiberuflich oder als Arbeitnehmer tätig ist, da dies dem Schutzbedürfnis der Verbraucher, die regelmäßig einer unselbständigen Arbeit nachgehen, widersprechen würde. Soweit die Tätigkeit als Freiberufler feststeht kann aber für die Zuordnung eines einzelnen Geschäfts als Verbraucher- oder Unternehmergeschäft § 344 HGB entsprechend angewandt werden.

IV. Gewerbetreibende

10 Der Gewerbetreibende muß Vertragspartner des Verbrauchers sein. Verträge zwischen Verbrauchern untereinander oder zwischen Gewerbetreibenden untereinander fallen nicht unter die Richtlinie.[6] Indem die Richtlinie jeden als Gewerbetreibenden ansieht, der im Rahmen seiner gewerblichen oder beruflichen Tätigkeit Verträge schließt, verwendet sie den Begriff des Gewerbetreibenden als weitergehenden Allgemeinbegriff, der über die gewerbliche Tätigkeit im eigentlichen Sinn hinaus die berufliche Tätigkeit und damit auch die freiberuflich Tätigen umfasst, die nach deutschem Verständnis keine Gewerbetreibenden sind. Die Begriffe Gewerbetreibender und Verbraucher sind aufeinander abgestimmt. Wer in einem Vertrag das eine ist, kann nicht zugleich das andere sein.[7]

1. Natürliche und juristische Personen

11 Entgegen dem Verbraucherbegriff kommen als Gewerbetreibende nicht nur **natürliche Personen** (s. Rz 5), sondern auch juristische Personen in Betracht. Die Eigenschaft als **juristische Personen** reicht aber für sich allein nicht aus, vielmehr muß das Handeln für gewerbliche oder berufliche Zwecke hinzukommen. Ein Handeln für gewerbliche Zwecke ist bei juristischen Personen, die kraft Gesetzes

[1] EuGH Rs C-464/01 Rz 39 ff. Vgl. auch *Heinrichs* NJW 1995, 153, 159; *ders.* NJW 1996, 2190, 2191; *Locher* JuS 1989, 389, 391; die erkennbar überzeugend private Nutzung genügen lassen; weiter *von Westphalen* BB 1995, 2101: ausgenommen nur ausschließliche gewerbliche und berufliche Nutzung.

[2] S. auch *Pfeiffer,* in: GH II/*Wolf* EG-VbR A 05, Art. 2 Rz 6; sowie unten Rz 15; a. A. *G.-P. Callies,* Grenzüberschreitende Verbraucherverträge, S. 45 ff.; *Riesenhuber,* Europäisches Vertragsrecht, Rz 188 f.

[3] S. Erwägungsgrund Nr. 10 und Rz 15 sowie Art. 1 Rz 28.

[4] *Pfeiffer,* in: GH II/*Wolf* EG-VbR A 05, Art. 2 Rz 13.

[5] Vgl. auch EuGH Slg. 1991 I, 1189 – di Pinto; *Kapnopolou,* Das Recht der mißbräuchlichen Klauseln, S. 38.

[6] S. Art. 1 Rz 23, 24.

[7] *Drygalla* ZIP 1997, 968.

Handelsgesellschaften und damit Formkaufleute im Sinne von § 6 HGB sind, stets anzunehmen.[1] Dazu gehören im deutschen Recht die AG (§ 3 AktG), die KGaA (§ 278 III AktG), die GmbH (§ 13 III GmbHG), die eingetragene Genossenschaft (§ 17 II GenG) und die EWIV (§ 1 EWIVG). Gleiches gilt für die OHG und KG (s. Rz 5). Juristische Personen des Privatrechts, die wie der eingetragene Verein nicht kraft Gesetzes Handelsgesellschaften sind, erfüllen den Gewerbebegriff nur insoweit, als sie im einzelnen zu gewerblichen oder beruflichen Zwecken handeln. Handeln sie nicht zu gewerblichen oder beruflichen Zwecken, wie z. B. bei der Anmietung eines Vereinslokals, so sind sie insoweit nicht Gewerbetreibende und Verträge mit ihnen unterfallen nicht der Richtlinie. Diese Verträge können aber ohne Verstoß gegen das Gemeinschaftsrecht den §§ 305 ff BGB unterstellt werden. Eingetragene Vereine sind als juristische Personen auch nicht Verbraucher (s. Rz 5).

Juristische Personen des öffentlichen Rechts unterstehen als Gewerbetreibende der Richtlinie sicher insoweit, als sie sich privatrechtlich betätigen.[2] Da Art. 2 lit. c RL aber auch Tätigkeiten einbezieht, die „dem öffentlich-rechtlichen Bereich zuzurechnen" sind und nicht alle Mitgliedstaaten die Unterscheidung zwischen privatrechtlicher und öffentlich-rechtlicher Betätigung in gleicher Weise treffen, ist davon auszugehen, daß juristische Personen des öffentlichen Rechts im Interesse der einheitlichen Regelung in allen Mitgliedstaaten auch bei öffentlich-rechtlichen Betätigungen Gewerbetreibende sein können. Öffentlich-rechtliche Verträge werden deshalb ebenfalls von der Richtlinie erfaßt.[3] Es muß sich jedoch um eine erwerbswirtschaftliche Tätigkeit handeln, die der gewerblichen oder beruflichen Tätigkeit im privaten Bereich vergleichbar ist. Verordnungen und öffentlich-rechtliche Satzungen fallen nicht unter die Richtlinie.[4] 12

2. Gewerbliche Tätigkeit

Gewerblich ist nach deutschem Verständnis eine auf eine gewisse Dauer und auf Gewinnerzielung gerichtete selbständig ausgeübte Tätigkeit.[5] Auch im anglo-amerikanischen Recht wird der Begriff des business mit activity of some continuity for gain in Verbindung gebracht.[6] Es kann deshalb die auf Dauer und auf Gewinnerzielung oder zumindest auf Kostendeckung gerichtete Tätigkeit als ständiger Anbieter von Gütern oder Dienstleistungen am Markt auch im Wege autonomer Auslegung als Inhalt der Richtlinie zugrunde gelegt werden. Eine Beschränkung auf Verkauf und Dienstleistungen[7] darf nicht zu einer Einengung der gewerblichen Tätigkeit führen. Über den Verkauf hinaus können auch die Vermietung und Verpachtung oder die Vergabe von Lizenzen die gewerbliche Tätigkeit begründen. Auch ist der Begriff Dienstleistungen in umfassendem Sinn zu verstehen.[8] Zu den Gewerbetreibenden gehören auch Landwirte in ihrem Tätigkeitsbereich.[9] Die bloße Kapitalanlage gehört aber nicht dazu (s. Rz 7). Die Gewerbetätigkeit ist umfassender als das 13

---

1 Im Ergebnis auch *Pfeiffer,* in: GH II/*Wolf* EG-VbR A 05, Art. 2 Rz 15.

2 S. auch *Micklitz* ZEuP 1993, 522, 525.

3 S. auch *Frey* ZIP 1993, 572, 575; *Pfeiffer,* in: GH II/*Wolf* EG-VbR A 05, Art. 2 Rz 23.

4 *Reich,* Europäisches Verbraucherrecht, Rz 156 k; *Pfeiffer,* in: GH II/*Wolf* EG-VbR A 05, Art. 2 Rz 24.

5 S. etwa BGHZ 33, 325; 57, 199; 74, 273; für Verzicht auf die Gewinnerzielung OLG München NJW 1988, 1036; *Pfeiffer,* in: GH II/*Wolf* EG-VbR A 05, Art. 2 Rz 26; krit. auch *K. Schmidt,* Handelsrecht, § 3 IV.

6 S. *Black's* Law Dictionary.

7 So für das französische Recht *Sonnenberger* RIW 1990, 165, 170.

8 S. auch Art. 1 Rz 29.

9 *Micklitz* ZEuP 1993, 522, 525; *Remien* ZEuP 1994, 34, 38.

Handelsgewerbe in § 1 II HGB und umfaßt auch den technischen, handwerklichen und landwirtschaftlichen Tätigkeitsbereich. Der Kreis der Gewerbetreibenden geht deshalb über den Kreis der Kaufleute hinaus. Die Richtlinie nimmt danach gewerblich Tätige, die nicht Kaufleute sind, von ihrem Schutz aus. Die damit verbundenen Ungleichheiten im Verhältnis zu anderen Mitgliedstaaten bedürfen einer Prüfung auf deren Vereinbarkeit mit den gemeinschaftsrechtlichen Grundfreiheiten im Binnenmarkt.[1]

14 Ein Handeln **im Rahmen** der gewerblichen Tätigkeit ist für alle nach Aufnahme der Tätigkeit abgeschlossenen Verträge anzunehmen, die der Durchführung und Ausübung der gewerblichen Tätigkeit dienen oder zu ihr sonst einen sachlichen Bezug aufweisen. Es genügt ein erkennbar objektiver Zusammenhang (s. auch Rz 7, 8). Der in § 344 HGB enthaltene Grundgedanke, daß die von einem Gewerbetreibenden vorgenommenen Geschäfte im Zweifel seinem Gewerbebetrieb zuzuordnen sind, kann sinngemäß zur Anwendung gebracht werden.[2] Maßgebend ist die Erfahrung im Geschäftsbereich als solchem, nicht die Erfahrung mit dem Geschäft im konkret abgeschlossenen Vertrag. Geschäfte, die vor Aufnahme der gewerblichen Tätigkeit deren Vorbereitung dienen, fallen aber nicht in den Rahmen der gewerblichen Tätigkeit (s. Rz 7), wohl aber Aufgabe- und Beendigungshandlungen.[3] Es muß sich jeweils um das eigene Geschäft des Gewerbetreibenden handeln (s. „ihrer" in lit. c.). Dazu ist in erster Linie darauf abzustellen, wer Vertragspartei ist. Handelt ein Verbraucher als Strohmann auf Rechnung eines Gewerbetreibenden, so liegt eine Umgehung vor und kein Verbrauchervertrag.[4] Zur öffentlich-rechtlichen Tätigkeit s. Rz 12.

3. Berufliche Tätigkeit

15 Beruflich ist nach der Rechtsprechung des BVerfG zu Art. 12 GG jede Tätigkeit, die dem Erwerb der materiellen Lebensgrundlagen dient und die auf eine gewisse Dauer angelegt ist, gleichgültig ob sie **selbständig oder unselbständig** ausgeübt wird.[5] Darin liegt eine allgemeingültige Umschreibung, die in ihrem Kerngehalt auch der Richtlinie zugrunde gelegt werden kann.[6] Allerdings werden Arbeitnehmer in dieser Eigenschaft im eigenen Namen kaum Verträge mit Verbrauchern abschließen.[7] Die berufliche Tätigkeit unterscheidet sich von der gewerblichen Tätigkeit dadurch, daß sie auch unselbständig verrichtet wird, sowie dadurch, daß gewisse Tätigkeiten, vor allem höherwertige Dienstleistungen, aus standesrechtlichen oder sonstigen Gründen nicht als Gewerbe eingeordnet werden. Dazu gehören insbesondere die selbständigen freien Berufe des Arztes, des Architekten, des Rechtsanwalts, Steuerberaters und Wirtschaftsprüfers.[8] Die Abgrenzung zwischen gewerblicher und beruflicher Tätigkeit im einzelnen ist nicht von ausschlaggebender Bedeutung, da beide die Eigenschaft des Gewerbetreibenden im Sinne von Art. 2 lit. c RL und die damit verbundenen Rechtsfolgen begründen. Die selbständig beruflich Tätigen sind den selbständig Gewerbetreibenden gleichgestellt. Die

---

[1] S. Art. 1 Rz 23.

[2] S. auch *Pfeiffer,* in: GH II/*Wolf* EG-VbR A 05, Art. 2 Rz 22; Beweislast des Gewerbetreibenden für Privatheit.

[3] EuGH Slg. 1991 I, 1189 di Pinto.

[4] *Pfeiffer,* in: GH II/*Wolf* EG-VbR A 05, Art. 1 Rz 20.

[5] S. etwa BVerfGE 7, 377, 397 ff; 54, 301, 313; ausführlich *Maunz/Dürig/Herzog/Scholz,* GG, Art. 12 Rz 7 ff.

[6] S. auch *von Westphalen* EWS 1993, 160, 161.

[7] So zu Recht *Pfeiffer,* in: GH II/*Wolf* EG-VbR A 05, Art. 2 Rz 18.

[8] S. auch Großkomm-HGB/*Brüggemann* § 1 Rz 18.

Richtlinie nimmt sie vom Kreis der schutzbedürftigen Personen aus. Aus dem Erwägungsgrund Nr. 10, wonach die Richtlinie für Verträge zwischen Gewerbetreibenden und Verbrauchern gilt, und Arbeitsverträge ausgenommen sind, kann abgeleitet werden, daß Arbeitnehmer als unselbständig beruflich Tätige nicht zu den „Gewerbetreibenden" im Sinne von Art. 2 lit c RL und damit nicht zu den beruflich Tätigen zählen. Während die selbständigen Gewerbetreibenden und die selbständig beruflich Tätigen aufgrund ihrer geschäftlichen und beruflichen Kenntnisse und Erfahrungen[1] nicht desselben Schutzes bedürfen wie der zumeist unerfahrene Verbraucher, ist der unselbständig beruflich tätige Arbeitnehmer zwar regelmäßig ebenso schutzbedürftig wie der Verbraucher, zu seinen Gunsten greifen aber neben kollektiven Instituten des Tarifrechts und der Betriebsverfassung auch zahlreiche individualrechtliche Schutzgesetze ein. Hier rechtfertigt der spezialgesetzliche Schutz die Nichtanwendung der Richtlinie. Der Anwendung der AGB-Vorschriften auf Arbeitsverträge durch § 310 Abs. 4 steht die Richtlinie nicht entgegen, weil sie für Arbeitsverträge gerade keine Geltung beansprucht und zudem nur Mindeststandards setzen will.[2]

Das Vertragshandeln liegt in jedem Fall **im Rahmen** der beruflichen Tätigkeit, **16**
soweit es unmittelbar die Berufsausübung betrifft. Bei selbständiger beruflicher Tätigkeit fallen auch die mittelbar der Ausübung und Durchführung des Berufs dienenden Verträge in den Rahmen der beruflichen Tätigkeit, wie z. B. Verträge zur Materialbeschaffung oder ein Mietvertrag für Büroräume, weil dies zur Rolle der selbständigen beruflichen Tätigkeit und dem damit verbundenen Erfahrungsbereich gehört. Bei unselbständiger beruflicher Tätigkeit fällt dagegen nur der Arbeitsvertrag selbst aus dem Schutzbereich der Richtlinie heraus, weil nur insoweit die speziellen arbeitsrechtlichen Schutzgesetze eingreifen. Für andere Verträge, wie z. B. Beschaffung von Arbeitskleidung im eigenen Namen, handelt der Arbeitnehmer dagegen in der Rolle des Verbrauchers und unterfällt damit dem Schutzbereich der Richtlinie (s. Rz 9). Vorbereitungshandlungen fallen nicht in den Bereich der selbständigen beruflichen Tätigkeit (s. Rz 7).

---

[1] S. zum Unternehmer § 307 BGB Rz 186 ff.

[2] S. oben Rz 9.

Artikel 3

(1) Eine Vertragsklausel, die nicht im einzelnen ausgehandelt wurde, ist als mißbräuchlich anzusehen, wenn sie entgegen dem Gebot von Treu und Glauben zum Nachteil des Verbrauchers ein erhebliches und ungerechtfertigtes Mißverhältnis der vertraglichen Rechte und Pflichten der Vertragspartner verursacht.

(2) Eine Vertragsklausel ist immer dann als nicht im einzelnen ausgehandelt zu betrachten, wenn sie im voraus abgefaßt wurde und der Verbraucher deshalb, insbesondere im Rahmen eines vorformulierten Standardvertrags, keinen Einfluß auf ihren Inhalt nehmen konnte.

Die Tatsache, daß bestimmte Elemente einer Vertragsklausel oder eine einzelne Klausel im einzelnen ausgehandelt worden sind, schließt die Anwendung dieses Artikels auf den übrigen Vertrag nicht aus, sofern es sich nach der Gesamtwertung dennoch um einen vorformulierten Standardvertrag handelt.

Behauptet ein Gewerbetreibender, daß eine Standardvertragsklausel im einzelnen ausgehandelt wurde, so obliegt ihm die Beweislast.

(3) Der Anhang enthält eine als Hinweis dienende und nicht erschöpfende Liste der Klauseln, die für mißbräuchlich erklärt werden können.

Inhaltsübersicht

I. Normzweck und Allgemeines

1 Art. 3 enthält die zentrale Norm der Richtlinie. Abs. 1 beschreibt die Voraussetzungen der mißbräuchlichen Klauseln an Hand von zwei Kriterien, dem fehlenden Aushandeln als Störung im Entstehungsprozeß und dem erheblichen Mißverhältnis der Rechte und Pflichten der Vertragspartner als störendem Ergebnis. Abs. 1 enthält damit in Gestalt einer Generalklausel für alle Mitgliedstaaten verbindlich den **Maßstab der Inhaltskontrolle**, der sich an Treu und Glauben orientiert und ein erhebliches Mißverhältnis der vertraglichen Rechte und Pflichten zum Nachteil des Verbrauchers voraussetzt. Der Art. 3 I insgesamt beherrschende Maßstab ist im Gebot von Treu und Glauben begründet (s. Rz 12). Zugleich werden als **Gegenstand der Inhaltskontrolle** Vertragsklauseln generell genannt, sofern sie nicht im einzelnen ausgehandelt sind. Die formalen Kriterien für fehlendes Aushandeln, auf die § 305 I

S.1 BGB mit der Vorformulierung für eine Vielzahl von Verträgen abstellt, werden damit nicht aufgegeben. Sie gehen aber im **Merkmal des fehlenden Aushandelns** auf, das nach der Richtlinie als allein maßgebliches materielles Kriterium ausgestaltet ist.[1] Art. 3 II S. 1 greift zwar das Merkmal der Vorformulierung als Anhaltspunkt für fehlendes Aushandeln auf. Er verzichtet aber auf die für AGB charakteristische Verwendung in einer Vielzahl von Verträgen und erwähnt Standardverträge nur beispielhaft und nicht abschließend. Abs. 2 S. 2 stellt klar, daß das Aushandeln nur punktuell insoweit zu berücksichtigen ist, als sich daraus ein Einfluß auf einzelne Klauseln oder Klauselteile ergibt. Eine Inhaltskontrolle des nicht ausgehandelten übrigen Vertrags bleibt dennoch möglich. Abs. 2 S. 3 enthält eine Beweislastklausel für Standardverträge, bei denen fehlendes Aushandeln vermutet wird. Abs. 3 bestimmt, daß die im Anhang der Richtlinie aufgeführte Liste mißbräuchlicher Klauseln nur unverbindlichen Beispielscharakter hat. Die einzelnen als mißbräuchlich bezeichneten Klauseln sind nicht abschließend und müssen von den Mitgliedstaaten nicht als zwingende Unwirksamkeitsgründe etwa im Sinne der §§ 308, 309 BGB übernommen werden.[2] Sie geben eine beispielhafte Konkretisierung der Generalklausel des Abs. 1 wieder, die unter Beachtung von Abs. 1 von den Mitgliedstaaten auch modifiziert, erweitert oder weggelassen werden können.

II. Maßstab der Inhaltskontrolle

Art. 3 I bestimmt **einheitlich für alle Mitgliedstaaten** den Maßstab der Inhaltskontrolle in Form einer Generalklausel, die sich wie § 307 BGB an Treu und Glauben orientiert, jedoch an Stelle der unangemessenen Benachteiligung in § 307 I BGB ein erhebliches und ungerechtfertigtes Mißverhältnis der vertraglichen Rechte und Pflichten zum Nachteil des Verbrauchers verlangt. Dieser Kontrollmaßstab ist europäisch-autonom[3] und nicht allein nach dem Recht der Mitgliedstaaten[4] auszulegen. Er läßt einige Auslegungsspielräume offen, deren unterschiedliche Ausfüllung in den einzelnen Mitgliedstaaten verhindert werden muß (s. auch Erwägungsgrund 15, 16), damit nicht trotz formal gleicher Vorschriften die Rechtsharmonisierung durch unterschiedliche Auslegung und Handhabung der nationalen Behörden und Gerichte gefährdet wird. Um dies zu vermeiden, enthalten Art. 3 und 4 einzelne Kriterien zur Konkretisierung der Generalklausel. Aus Art. 4 I und aus der Einbeziehung von Individualklauseln (s. Rz 18 ff) ergibt sich für diese ein individueller Kontrollmaßstab, während für AGB ein genereller Maßstab anzuwenden ist (s. Art. 4 Rz 3). Darüber hinaus sind die Klauselverbote im Anh. zu Art. 3 III RL auch bei der Auslegung der Generalklausel des Art. 3 I RL heranzuziehen,[5] ebenso die Erwägungsgründe und allgemeine Prinzipien des EG-Rechts, insbesondere auch des Verbraucherrechts,[6] sowie die den Mitgliedstaaten gemeinsamen Rechtsprinzipien[7] einschließlich gemeinsamer rechtshistorischer Grundlagen.[8] 2

[1] Ebenso *Hommelhoff/Wiedemann* ZIP 1993, 556, 566; zum Teil a. A. *Ulmer* EuZW 1993, 337, 342, der Art. 3 I auf Standardverträge beschränkt sieht.

[2] Ebenso *Ulmer* EuZW 1993, 337, 344.

[3] So zu Recht *Nassall* JZ 1995, 689, 690; *Reich*, Europäisches Verbraucherrecht, Rz 156 m; *Kapnopolou*, Das Recht der mißbräuchlichen Klauseln, S. 115 f; *Pfeiffer*, in: GH II/*Wolf* EG-VbR A 05, Art. 3 Rz 41 ff.

[4] So aber offenbar *Palandt/Heinrichs*, 60. Aufl., § 24 a AGBG Rz 20.

[5] S. Anh. RL Rz 2; *Kapnopolou*, Das Recht der mißbräuchlichen Klauseln, S. 114; *Pfeiffer*, in: GH II/*Wolf* EG-VbR A 05, Art. 3 Rz 41 mwN; a. A. *Nassall* JZ 1995, 689, 691.

[6] *Kapnopolou*, aaO, S. 122.

[7] *Nassall* JZ 1995, 689, 691.

[8] S. *Zimmermann* JZ 1992, 92; *Schulze*, in: *Müller-Graff*, Gemeinsames Privatrecht in der EG, S. 72 ff.

Zwecks weiterer Harmonisierung müssen sich die nationalen Behörden und Gerichte darüber hinaus um eine supranational einheitliche gemeinschaftkonforme Auslegung und Handhabung bemühen und bei ansatzweise bestehenden Auslegungszweifeln das Vorlageverfahren an den EuGH gemäß Art. 177 EGV einhalten.[1] Der EuGH hat durch autonome Auslegung[2] zu entscheiden. Er entscheidet aber nur über die Auslegung der Richtlinie als solche, nicht wie diese in nationales Recht umgesetzt wird und nicht den konkreten Fall. Demgemäß müssen auch die deutschen Gerichte § 307 BGB richtlinienkonform unter Beachtung von Art. 3 und dessen Auslegung durch den EuGH anwenden. Wie die Richtlinie insgesamt enthält auch der Kontrollmaßstab des Art. 3 I nur einen Mindeststandard und läßt einen strengeren Maßstab im Rahmen von Art. 8 zu.

1. Mißverhältnis von Rechten und Pflichten

3 Auf das Mißverhältnis (imbalance, déséquilibre) von Rechten und Pflichten ist im deutschen Recht bei der Inhaltskontrolle bisher nur selten abgestellt worden.[3] Es muß deshalb geklärt werden, wie sich der Kontrollmaßstab des Mißverhältnisses in Art. 3 I zum Kontrollmaßstab der unangemessenen Benachteiligung in § 307 I BGB, aber auch zu § 307 II Nr. 1 und 2 BGB verhält.[4] Dabei ist zu berücksichtigen, daß das Mißverhältnis nicht rein wirtschaftlich, sondern in erster Linie normativ zu bestimmen ist. Es bezieht sich insbesondere nicht auf das Äquivalenzverhältnis von Leistung und Gegenleistung (s. Art. 4 II RL). Es genügt auch nicht jedes Mißverhältnis, sondern nur ein solches, das bei einer Gesamtbewertung nach Treu und Glauben (Rz 12) erheblich (Rz 9) und ungerechtfertigt (Rz 8) ist und den Verbraucher benachteiligt (Rz 10 f).

4 **a) Gegenstand des Vergleichs.** Die Feststellung eines Mißverhältnisses setzt einen Vergleich verschiedener Rechte und Pflichten voraus. Gegenstand des Vergleichs können grundsätzlich alle im Vertrag unmittelbar oder mittelbar geregelten Rechte und Pflichten sein, gleichgültig ob es sich um Forderungen, sonstige Ansprüche, absolute Rechte, Gestaltungsrechte oder sonstige Rechte handelt. Es muß sich aber um Rechte und Pflichten verschiedenen Inhalts oder verschiedener Personen handeln. Soweit ein Anspruch oder ein Forderungsrecht auf einer Pflicht des anderen Vertragspartners beruht, kann ein Mißverhältnis grundsätzlich nicht geprüft werden, da Recht und Pflicht derselben Forderung oder desselben Anspruchs miteinander notwendig korrespondieren müssen. Als Gegenstand des Vergleichs kommen aber in Betracht **Rechte** gleichen oder verschiedenen Inhalts der beiden Vertragsparteien oder **Pflichten** gleichen oder verschiedenen Inhalts **beider Vertragsparteien**. Da die Pflichten bei Ansprüchen und Forderungen ohnehin den Rechten korrespondieren, ließe sich der Vergleich zwar grundsätzlich auf die Rechte verkürzen. Da die Belastungen der Parteien aber in erster Linie in den Pflichten zum Ausdruck kommen, ist es sachgerechter, neben den Rechten auch die Pflichten beider Parteien miteinander zu vergleichen. Gegenstand einer gegenüberstellenden Vergleichung können grundsätzlich aber auch verschiedene **Rechte und Pflichten derselben Vertragspartei** sein, wenn sie z. B. in Widerspruch zum vertragstypischen Inhalt mehr Pflichten als Rechte hat. Zwar setzt Art. 3 I ein Mißverhältnis der Rechte und Pflichten „der Vertragspartner" voraus und bezieht damit

[1] S. zur Auslegungsfrage etwa *Geiger*, EG-Vertrag, Art. 177 Rz 16; zur Auslegungstechnik ausführlich *Lutter* JZ 1992, 1593 ff; *Hommelhoff* AcP 192 (1992), 71, 93 f; *Jarras* EuR 1991, 211, 215 ff.

[2] S. Art. 1 Rz 18.

[3] S. zur Waffengleichheit § 307 BGB Rz 222.

[4] Keine inhaltliche Abweichung annehmend *Ulmer* EuZW 1993, 337, 345; *Eckert* WM 1993, 1070, 1074; *Heinrichs*, NJW 1993, 1817, 1819.

beide Vertragsparteien in den Vergleich ein, aber aus dem Überwiegen der Pflichten einer Partei ergeben sich in der Regel überwiegende Rechte der anderen Partei. Die Rechte können wie etwa beim **Vertrag zugunsten Dritter** auch einer anderen Person zufallen. Die Rechte des Dritten sind in den Vergleich mit einzubeziehen. Den Rechten des Dritten entsprechen grundsätzlich die Pflichten des Versprechenden, so daß auch ein Vergleich der Pflichten beider Vertragspartner die dem Dritten zufallenden Rechte mitberücksichtigt.

b) Formelles und materielles Mißverhältnis. Mißverhältnis ist ein unangemessenes Verhältnis, wobei der englische Begriff „imbalance" und der französische Begriff „déséquilibre" das Ungleichgewicht der Rechte und Pflichten in den Vordergrund stellen. Das Mißverhältnis bezieht sich auf den Vertragsinhalt, nicht auf ein informationelles Mißverhältnis bei Vertragsabschluß. Ein unklarer Vertragsinhalt, der gegen das Transparenzgebot verstößt, kann aber eine Partei in der Erkennung und Wahrnehmung ihrer Rechte behindern und dadurch zu einem Mißverhältnis der Rechte und Pflichten führen.[1] Das ungleichgewichtige Mißverhältnis kann zunächst auf einer **formalen Feststellung** beruhen, ob **jede Partei Rechte oder Pflichten gleichen Inhalts** hat, so z. B. ob jede Partei ein Rücktritts- oder Kündigungsrecht unter gleichen Bedingungen hat und ob auch Kündigungsfristen von gleicher Dauer bestehen (vgl. Anh. Nr. 1 c, 1 d, 1 f). Ein Mißverhältnis besteht grundsätzlich, wenn dieses formale Gleichgewicht nicht gegeben ist, und es entfällt, wenn die formale Gleichheit gewahrt ist, so z. B. wenn jede Partei nur für Vorsatz haftet oder wenn jede Partei sich Vertragsstrafen in gleicher Höhe unterwirft.[2] Diese formale Gleichheit kann aber nicht allein entscheidend sein, weil sie unterschiedliche Interessen und unterschiedliche Belastungen in verschiedenen Situationen nicht berücksichtigt.[3] So kann z. B. eine Vertragsstrafe gleicher Höhe für einen Unternehmer viel weniger belastend sein als für den Verbraucher und die Haftungsfreizeichnung für Fahrlässigkeit kann den Gewerbetreibenden mehr entlasten als den Verbraucher, wenn Fehler des Gewerbetreibenden größere Schäden zu verursachen geeignet sind als Fehler des Verbrauchers. Neben einer formellen Ungleichheit ist deshalb in erster Linie auf eine materielle Ungleichheit und auf ein materielles Mißverhältnis zu achten. Ein formelles Ungleichgewicht kann ein materielles Ungleichgewicht begründen, muß dies aber nicht, wie umgekehrt formelle Gleichheit materiell zu einem Mißverhältnis führen kann. 5

Ein **materielles Mißverhältnis** besteht, wenn die materiellen **Interessen unrichtig bewertet** und unzureichend berücksichtigt sind. Als Maßstab für die richtige und angemessene Interessenbewertung kommt aus deutscher Sicht in erster Linie die gesetzliche Regelung, vor allem das dispositive Recht in Betracht.[4] Ein Mißverhältnis liegt danach vor, wenn die vertraglichen Rechte und Pflichten des Verbrauchers **im Vergleich zur gesetzlichen Regelung** spürbar verschlechtert werden[5] oder wenn die Rechts- und Pflichtenstellung des Gewerbetreibenden im Vergleich zur gesetzlichen Regelung einseitig verbessert wird. Da die gesetzliche Regelung als Vergleichsmaßstab in Betracht zu ziehen ist, kann zugleich die Abweichung von wesentlichen Grundgedanken der gesetzlichen Regelung im Sinne von § 307 II Nr. 1 BGB als richtlinienkonformes Kriterium anerkannt werden. Soweit eine gesetzliche Regelung nicht besteht, ist auf die **nach dem Vertragszweck sachgerechte Interessenbewertung** abzustellen.[6] Ein Mißverhältnis ist dabei 6

[1] S. auch *Pfeiffer,* in: GH II/*Wolf* EG-VbR A 05, Art. 3 Rz 54.
[2] S. auch RL Anh. Nr. 1 d Rz 51.
[3] S. auch *Kapnopolou,* Das Recht der mißbräuchlichen Klauseln, S. 128.
[4] S. *von Westphalen* EWS 1993, 160, 164.
[5] Dazu auch *Pfeiffer,* in: GH II/*Wolf* EG-VbR A 05, Art. 3 Rz 66.
[6] S. Art. 4 Rz 5.

dann anzunehmen, wenn die vertraglichen Rechte und Pflichten für den Verbraucher spürbar nachteiliger oder für den Gewerbetreibenden vorteilhafter ausgestaltet sind, als sie in ergänzender Auslegung nach dem Vertragszweck zu bestimmen wären. Damit ist der in § 307 II Nr. 2 BGB zugrunde gelegte Maßstab der vertragszweckgefährdenden Einschränkung von Rechten und Pflichten als grundsätzlich richtlinienkonform anzusehen. Der Vergleich der zu kontrollierenden vertraglichen Vereinbarung mit der gesetzlichen Regelung bzw. mit der nach dem Vertragszweck sachgerechten Interessenbewertung schließt das Verhältnis der beiderseitigen Rechte und Pflichten der Vertragspartner in die Betrachtung mit ein, da die gesetzliche Regelung bzw. die vertragszweckgemäße Interessenbewertung die Rechte und Pflichten beider Vertragspartner zueinander in ein ausgewogenes Verhältnis bringt und ein erhebliches Abweichen hiervon das Mißverhältnis im Sinne von Art. 3 I begründet.

7 c) **Mißverhältnis und unangemessene Benachteiligung**. Eine unangemessene Benachteiligung gemäß § 307 I BGB liegt allgemein vor, wenn berechtigte Interessen des Verbrauchers nicht ausreichend berücksichtigt sind. Dies ist anzunehmen, wenn anerkannte Interessen beeinträchtigt werden, ohne daß dies durch berechtigte Interessen des Verbrauchers gerechtfertigt ist oder durch gleichwertige Vorteile ausgeglichen wird.[1] Da sich diese Interessenbeeinträchtigung regelmäßig in der Schmälerung von Rechten oder der zusätzlichen Belastung mit Pflichten auswirken wird, betrifft jede unangemessene Benachteiligung zugleich die Rechte und Pflichten der Parteien und fällt damit in den Anwendungsbereich von Art. 3 I. Soweit andererseits eine Klausel mit § 307 BGB vereinbar ist, wird sie grundsätzlich auch mit Art. 3 RL vereinbar sein.[2] Wesentliche Akzentverschiebung zur bisherigen Anwendung von § 307 BGB durch den Maßstab des Art. 3 I sind nicht ersichtlich.[3] Dies gilt auch hinsichtlich der formellen Gleichbehandlung.[4]

2. Erhebliches und ungerechtfertigtes Mißverhältnis

8 Art. 3 I läßt nicht jedes Mißverhältnis genügen, sondern verlangt ein erhebliches und ungerechtfertigtes Mißverhältnis. Dabei kommt dem Erfordernis des **„ungerechtfertigten"** Mißverhältnisses, das weder in der englischen noch in der französischen Fassung enthalten ist, keine eigenständige Bedeutung zu, da bereits der Verstoß gegen Treu und Glauben ungerechtfertigt ist und daneben nicht noch ein zusätzliches Maß an fehlender Rechtfertigung verlangt werden kann. Die Rechtfertigung läßt sich nur als integraler Bestandteil und Ergebnis der Interessenabwägung nach Treu und Glauben verstehen, nicht dagegen im Sinne eines zusätzlichen Erfordernisses neben Treu und Glauben.[5]

9 Ob ein Mißverhältnis **erheblich** ist, ist unter Berücksichtigung von Treu und Glauben zu bestimmen. Erheblich sind nach dem Wortsinn solche Nachteile, die relevant sind und „schwer genug, die andere Waagschale zu heben".[6] Ein Mißverhältnis ist danach dann erheblich, wenn der Ausgleich nicht mehr gegeben ist, weil

[1] S. § 307 BGB Rz 158.
[2] S. auch *Palandt/Heinrichs*, 60. Aufl., § 24 a AGBG Rz 18.
[3] A. A. *Damm* JZ 1994, 161, 171.
[4] S. Rz 5; insoweit eine Gewichtsverschiebung annehmend *Nassall* JZ 1995, 689, 694; *Brandner* MDR 1997, 312, 313.
[5] Im Erg. auch *Ulmer*, EuZW 1993, 337, 345; *Kapnopolou*, Das Recht der mißbräuchlichen Klauseln, S. 130; *Pfeiffer*, in: GH II/*Wolf* EG-VbR A 05, Art. 3 Rz 62; eine eigenständige Bedeutung annehmend *Hommelhoff/Wiedemann* ZIP 1993, 562, 569.
[6] S. *Kluge*, Etymologisches Wörterbuch der deutschen Sprache, 22. Aufl. 1989, Stichwort: erheblich.

die Nachteile erkennbar überwiegen. Diese Auslegung stimmt sowohl mit den Geboten von Treu und Glauben als auch mit dem englischen (significant) und dem französischen (significatif) Wortsinn überein. Danach kann davon ausgegangen werden, daß das erhebliche Mißverhältnis keine strengeren Anforderungen stellt als die unangemessene Benachteiligung in § 307 I BGB.[1] Der dortige Maßstab ist deshalb richtlinienkonform.

3. Zum Nachteil des Verbraucher

Wie die §§ 305 ff BGB schützt auch die Richtlinie nur den unterlegenen Verhandlungspartner, der von der Richtlinie typisierend in der Rolle des Verbrauchers[2] gesehen wird. Einen **Nachteil** des Verbrauchers verursacht jede Schmälerung seiner Rechte und jede Mehrung seiner Pflichten und Lasten. Auch wenn es sich überwiegend um **vermögensmäßige** Nachteile handeln wird, kommen auch andere, **nicht vermögensmäßige** Nachteile in Betracht,[3] z. B. Beeinträchtigungen der Privat- und Persönlichkeitssphäre etwa im Bereich des Datenschutzes oder Nachteile, die Leben und Gesundheit betreffen können, sei es im Bereich der Krankenbehandlung oder durch Minderung des Sorgfaltsmaßstab bei gefährlichem Tun. Soweit es vermögensmäßige Nachteile betrifft, ist zu berücksichtigen, ob ein Ausgleich durch kongruente Vorteile stattfindet.[4] 10

Der Nachteil muß **in der Person des Verbrauchers als Vertragspartner** entstehen.[5] Nachteile von Gewerbetreibenden werden von der Richtlinie nicht erfaßt, grundsätzlich auch nicht Nachteile dritter Personen, die nicht Vertragspartner sind. Nachteile Dritter können berücksichtigt werden, soweit sie wie beim Vertrag zugunsten Dritter in den Schutzbereich des Vertrags einbezogen sind. Nachteile Dritter können sich aber auch zugleich als Nachteile des Verbrauchers als Vertragspartner auswirken, so, wenn er dadurch in seiner Teilnahme am Geschäfts- und Kreditverkehr beeinträchtigt wird. Da Art. 3 I keine besonderen Anforderungen an den Nachteil stellt, sind die unter den §§ 307 ff BGB anerkannten mittelbaren Nachteile[6] mit der Richtlinie vereinbar. 11

4. Verstoß gegen Treu und Glauben

Das Gebot von Treu und Glauben (good faith, bonne foi) ist **der entscheidende Maßstab**,[7] gegen den bei einer Gesamtbewertung der einzelnen Vertragsklauseln nicht verstoßen werden darf. Der Maßstab von Treu und Glauben dient in erster Linie zur Bewertung des Vertragsinhalts, hat aber etwa im Zusammenhang mit dem Transparenzgebot auch Einfluß auf den Vorgang des Vertragsabschlusses. Jedoch liegt bezüglich des Vertragsabschlusses der Schwerpunkt beim Merkmal des Aushandelns. Die in Art. 3 I enthaltenen unbestimmten Rechtsbegriffe des erheblichen und ungerechtfertigten Mißverhältnisses müssen in Übereinstimmung mit Treu und Glauben ausgelegt werden (s. Rz 8 f). Auch die Eigenschaft als mißbräuchliche Klausel wird durch den Verstoß gegen Treu und Glauben bestimmt. Die Bewertung einer Klausel als mißbräuchlich ist, wie sich aus Art. 3 I deutlich ergibt, eine Folge 12

[1] *Eckert* WM 1993, 1070, 1074.
[2] S. Art. 2 Rz 3.
[3] So auch *Kapnopolou*, Das Recht der mißbräuchlichen Klauseln, S. 128; *Pfeiffer*, in: GH II/*Wolf* EG-VbR A 05, Art. 3 Rz 56.
[4] S. Art. 4 Rz 8.
[5] Von *Hommelhoff/Wiedemann* als Prinzip des Unterlegenenschutzes bezeichnet, ZIP 1993, 563, 569.
[6] S. § 307 BGB Rz 170 ff.
[7] Ebenso *Nassall* WM 1994, 1645, 1647; *Pfeiffer*, in: GH II/*Wolf* EG-VbR A 05, Art. 3 Rz 64 mwN.

des Verstoßes gegen Treu und Glauben. Dagegen ist aus der Mißbräuchlichkeit kein eigenständiger, insbesondere auch kein weniger strenger Maßstab der Inhaltskontrolle neben oder gar entgegen Treu und Glauben abzuleiten.[1] Der Begriff der Mißbräuchlichkeit führt deshalb nicht zu einer von § 307 I BGB abweichenden, großzügigeren Bewertung von Vertragsklauseln. Dies ergibt sich auch daraus, daß „mißbräuchlich" zwar der französischen Fassung „abusive" nachgebildet ist, daß aber sowohl das „abusive" wie erst recht das „unfair" der englischen Fassung unmittelbar von Treu und Glauben (good faith, bonne foi) inhaltlich ausgefüllt wird.[2]

13 Der Maßstab von Treu und Glauben ist objektiv, ohne subjektiv verwerfliche Absichten im Sinne von Vertragstreue und Billigkeit zu bestimmen.[3] Er gebietet eine **umfassende Interessenabwägung**[4] und die angemessene Berücksichtigung des bei einer Interessenabwägung eindeutig überwiegenden Interesses.[5] Mit dieser generalklauselartigen Umschreibung wird sich auch eine Übereinstimmung mit dem englischen „good faith" und dem französischen „bonne foi" finden lassen. Fraglich bleibt jedoch, ob auf der Grundlage dieser gemeinsamen abstrakten Ausgangsbasis sich auch **im Einzelfall übereinstimmende Ergebnisse** erzielen lassen. Dies erscheint angesichts des unterschiedlichen kulturellen und methodischen Hintergrunds und der Unterschiede der Rechtsanwendung und des Rechtsverständnisses in den Mitgliedstaaten[6] kaum gewährleistet. Die Richtlinie gibt in Art. 4 I sowie im Anh. zu Art. 3 III einige Anhaltspunkte, die bei der Abwägung zu beachten sind. Zu Treu und Glauben gehört etwa[7] die Wahrung der Vertragsbindung mit dem Verbot ungerechtfertigter Lösungsrechte (Anh. Nr. 1 c, d, f, g, k, n und p), die Unbeachtlichkeit von Willensfiktionen (Anh. Nr. 1 h und i), das Verbot der einseitigen grundlosen Veränderung des Preis-Leistungs-Verhältnisses (Anh. Nr. 1 g, l und m), das Gebot des Einstehens für den Vertragszweck (Anh. Nr. 1 b), das Gebot der Achtung der Rechtsgüter des Vertragspartners (Anh. Nr. 1 a), die Vermeidung materieller Ungleichgewichtigkeit der Vertragsgestaltung (s. Rz 6 und Anh. Nr. 1 d und p), darunter auch die Unzulässigkeit einseitiger Abwicklungsvorteile (Anh. Nr. 1 b, o, p), das Verbot einseitiger Verkürzung des Rechtsschutzes (Anh. Nr. 1 m, q). Zur Herstellung der im Binnenmarkt gebotenen übereinstimmenden Ergebnisse der Inhaltskontrolle wird es darüberhinaus gemeinsamer Anstrengungen bedürfen. Dazu bedarf es sowohl der Mitwirkung des EuGH, der im Vorlageverfahren nach Art. 234 EGV angerufen werden muß, als auch der gegenseitigen Beachtung und Anpassung der Gerichtsentscheidungen in den Mitgliedstaaten.

III. Nicht ausgehandelte Vertragsklauseln

14 Gegenstand der Inhaltskontrolle sind nach Art. 3 I die nicht im einzelnen ausgehandelten Vertragsklauseln. Ausgehandelte Klauseln fallen nicht unter Art. 3 und sind deshalb von der Inhaltskontrolle ausgenommen. Für sie kann aber Art. 5 RL

---

[1] So auch *Heinrichs*, NJW 1993, 1817, 1819.

[2] Zum nationalen französischen Maßstab vgl. *Sonnenberger* RIW 1990, 160 ff; *Calais-Auloy* EuZVR 1988, 255 ff; s. zum teilweise unterschiedlichen Verständnis in den Mitgliedstaaten *Pfeiffer,* in: GH II/*Wolf* EG-VbR A 05, Art. 3 Rz 42.

[3] S. auch *Kapnopolou*, Das Recht der mißbräuchlichen Klauseln, S. 122 f.

[4] S. auch § 307 BGB Rz 174 ff.

[5] Dazu *Ulmer* EuZW 1993, 337, 345.

[6] *Taupitz*, Europäische Privatrechtsvereinheitlichung heute und morgen, 1993, S. 92 ff; *Kropholler*, FS *Müller-Freienfels*, 1986 S. 409, 416; *Lutter* JZ 1992, 593 f.

[7] S. zum Folgenden auch *Nassall* JZ 1995, 683, 693 f; *Pfeiffer,* in: GH II/*Wolf* EG-VbR A 05, Art. 3 Rz 67 ff.

insbesondere die Auslegungsregel des Satz 2 in Betracht kommen. Art. 3 II enthält einzelne Anhaltspunkte für ein fehlendes Aushandeln, kann aber nicht als abschließend verstanden werden. Die Beweislastregelung in Art. 3 II S. 3 bezieht sich nur auf Standardverträge, aber nicht auf sonstige kontrollfähige Vertragsklauseln.

1. Individualklauseln, Standardverträge, AGB

a) Der Begriff der **Vertragsklausel** wird in der Richtlinie nicht auf Standardverträge oder AGB begrenzt, sondern umfassend auf alle nicht ausgehandelten Klauseln erstreckt, ohne daß es auf die Mehrfachverwendung in einer Vielzahl von Verträgen ankommt.[1] Eine bestimmte **Form** wird nicht vorausgesetzt. Wie nach § 305 I S. 1 BGB unterliegen auch mündlich vereinbarte Klauseln der Richtlinie (s. 11. Erwägungsgrund). Unmaßgeblich ist auch der Umfang und die Anzahl der Klauseln sowie die Zahl der Dokumente, in denen sie enthalten sind. Da die Richtlinie den Begriff der Standardverträge einführt und dafür besondere Rechtsfolgen vorsieht, muß auch das Verhältnis der Standardverträge zu den AGB festgestellt werden. 15

b) Die Definition der **AGB** in § 305 I S. 1 BGB knüpft mit der Vorformulierung für eine Vielzahl von Verträgen an ein Merkmal an, das in formalisierter Weise typische Situationen fehlenden Aushandelns umschreibt, weil die Vorformulierung gleicher Bedingungen für eine Vielzahl von Verträgen gerade aus der Absicht heraus erfolgt, nicht in jedem Einzelfall neu verhandeln zu wollen (s. Einl. Rz 19). AGB sind damit ein wichtiger und der wohl häufigste Anwendungsfall nicht ausgehandelter Vertragsklauseln.[2] Sie fallen deshalb in vollem Umfang unter die Richtlinie, sofern nicht im Einzelfall ein Aushandeln gemäß § 305 I S. 3 BGB nachgewiesen wird. Die Richtlinie bedient sich des Begriffs der AGB im Sinne von § 305 I BGB lediglich in Art. 7 II im Zusammenhang mit abstrakten Kontrollverfahren und spricht dabei von Vertragsklauseln, „die im Hinblick auf eine allgemeine Verwendung abgefaßt wurden". Diese Eingrenzung von Art. 7 II auf AGB macht zum einen deutlich, daß die Richtlinie die AGB auf jeden Fall als ihren Regelungsgegenstand betrachtet, zugleich aber auch andere nicht ausgehandelte Vertragsklauseln erfassen will, weil sonst die Eingrenzung in Art. 7 II auf AGB überflüssig wäre. 16

c) In Art. 3 II sieht die Richtlinie für **Standardverträge** und Standardvertragsklauseln besondere Vorschriften vor. Damit wird auf jeden Fall der Unterschied zu Individualklauseln betont. Es fragt sich aber, ob sich der Begriff der AGB mit dem Begriff des Standardvertrags deckt. Standardvertrag könnte in einem engen Sinn dahin verstanden werden, daß der ganze Vertrag abgesehen von einzelnen individuellen Merkmalen für den allgemeinen Gebrauch formuliert sein muß,[3] während eine einzige oder einige wenige vorformulierte Klauseln in einem sonst zu wesentlichen Teilen individuell ausgestalteten Vertrag nicht zu den Standardverträgen zu zählen wären. Standardverträge wären dann nur Formularverträge, aber nicht sonstige AGB. Eine solche Auslegung entspricht aber nicht den Zielen der Richtlinie. Vielmehr sind die Standardverträge mit den AGB gleichzusetzen.[4] Dafür spricht einmal, daß der englische Begriff standard contract nicht notwendig im engen Sinn zu verstehen ist und der französische Begriff des contrat d'adhésion im Sinne von Anhangsvertrag ebenfalls nicht voraussetzt, daß der wesentliche Teil des Vertrags standardisiert sein muß. Daß der Begriff des Standardvertrags nicht in einem engen Sinn zu verstehen ist, zeigt auch Art. 3 II S. 3. Dort spricht die deutsche Fassung von 17

---

[1] S. auch *Heinrichs* NJW 1993, 1817, 1818.
[2] In diesem Sinne auch *Ulmer* EuZW 1993, 337, 342.
[3] S. *Reich*, Europäisches Verbraucherrecht, Rz 156 f.
[4] So auch *Ulmer* EuZW 1993, 337, 342; *Heinrichs* NJW 1993, 1817, 1819.

einer Standardvertragsklausel, die englische Fassung von standard term und die französische Fassung von einer clause standardisée, womit eindeutig eine einzelne standardisierte Klausel gemeint ist. Es macht wenig Sinn, im Rahmen von Art. 3 II zwischen Standardverträgen und Standardklauseln zu unterscheiden. So trifft etwa die Vermutung für fehlendes Aushandeln in Art. 3 II S. 1 für vorformulierte Klauseln bei Mehrfachverwendung grundsätzlich immer zu, gleichgültig ob es sich um einen ganzen Standardvertrag oder um eine einzelne AGB als Standardklauseln handelt. Es ist deshalb davon auszugehen, daß zu den Standardverträgen im Sinne von Art. 3 II alle AGB zählen.

18 **d)** Da sich die Richtlinie grundsätzlich auf alle Vertragsklauseln bezieht, die nicht im einzelnen ausgehandelt wurden, unterliegen ihr auch **Individualklauseln**, die nur in einem einzigen Vertrag verwendet werden.[1] Für die Erstreckung auf Individualklauseln spricht neben der unterschiedslosen Einbeziehung aller Vertragsklauseln in Art. 3 I auch Art. 3 II S. 1, wo Standardverträge nur beispielhaft erwähnt sind („insbesondere"), sowie Art. 7 II, wo die Eingrenzung auf mehrfach verwendete Klauseln nicht erforderlich wäre, wenn die Richtlinie von vornherein nur für AGB und nicht auch für Individualklauseln gelten würde. Auch der Schutzzweck der Richtlinie, den Verbraucher vor mißbräuchlichen Klauseln zu schützen, spricht dafür, diesen Schutz auf alle Vertragsklauseln auszudehnen, bei denen der Verbraucher wegen seiner Marktrolle[2] und der damit verbundenen unterlegenen Verhandlungsmacht eines Schutzes bedarf. Eine Beschränkung des Schutzes auf AGB wäre inkonsequent. AGB stellen zwar die markanteste Erscheinungsform mißbräuchlicher Klauseln dar. Gleichwohl sind sie nicht die einzige Form mißbräuchlicher Ausnutzung von Verhandlungsmacht. Der Schutzzweck der Richtlinie in Verbindung mit dem nach Art. 95 III EGV anzustrebenden hohen Verbraucherschutzniveau erfordert es deshalb, die Kontrolle mißbräuchlicher Klauseln auf alle Vertragsklauseln zu erstrecken, die nicht im einzelnen ausgehandelt sind. Auch das Bemühen um Harmonisierung mit anderen Mitgliedstaaten, die über die AGB hinaus alle mißbräuchlichen Klauseln einer Kontrolle unterziehen,[3] spricht dafür, Individualklauseln in den Schutzbereich der Richtlinie einzubeziehen.

19 Die aufgrund der Richtlinie bestehende Pflicht, auch nicht ausgehandelte Individualklauseln einer Mißbrauchskontrolle zu unterziehen, ändert theoretisch zwar die Grundlage der Inhaltskontrolle im deutschen Recht, weil die Abgrenzung von AGB und Individualvereinbarungen nicht mehr von entscheidender Bedeutung ist und statt dessen das Kriterium des Aushandelns in den Mittelpunkt rückt. Aus praktischer Sicht ist die Änderung aber weniger bedeutsam. Zum einen machen **Individualvereinbarungen nur einen geringen Teil** der zwischen Gewerbetreibenden und Verbrauchern getroffenen Vereinbarungen aus. Dies ergibt sich sowohl aus der weiten Verbreitung von AGB als auch aus dem weitgefaßten Anwendungsbereich der §§ 305 ff BGB. Diese setzen nicht die Mehrfachverwendung durch ein und denselben Verwender voraus, sondern greifen auch dann ein, wenn verschiedene Verwender dieselben AGB benutzen und sei es für den einzelnen Verwender auch nur ein einziges Mal, wie z. B. bei einmaliger Verwendung eines Mustermietvertrags durch einen Vermieter.[4] Darüber hinaus liegt die für AGB erforderliche

---

[1] So auch *Frey* ZIP 1993, 572, 576; *Hommelhoff/Wiedemann* ZIP 1993, 562, 566; *Heinrichs* NJW 1993, 1817, 1818; *von Westphalen* EWS 1993, 161, 162; vorsichtiger *Ulmer* EuZW 1993, 337, 343; *Micklitz* ZEuP 1993, 522, 533; *Damm* JZ 1994, 161, 163; *Pfeiffer,* in: GH II/*Wolf* EG-VbR A 05, Art. 3 Rz 4; a. A. *Brandner* ZIP 1992, 1590; *Eckert* WM 1993, 1070, 1072, der Art. 3 II anscheinend als abschließende Ausfüllung des Kriteriums in Art. 3 I ansieht.

[2] S. Art. 2 Rz 3.

[3] S. zu Frankreich Einl. Rz 54, zu Großbritannien Einl. Rz 57.

[4] S. § 305 Rz 15; *Frey* ZIP 1993, 572, 576.

Mehrfachverwendung nicht nur bei wörtlich übereinstimmenden Klauseln vor, sondern auch bei Verwendung zwar anders formulierter, inhaltlich aber gleicher Klauseln.[1] Für viele Probleme bietet sich aufgrund gleicher Interessenlage eine einheitliche Lösung an, so daß trotz unterschiedlicher Formulierung inhaltliche Gleichartigkeit im Sinne des AGB-Begriffs gegeben ist, so z. B., wenn ein Haftungsausschluß oder ein Gewährleistungsausschluß vereinbart werden soll oder wenn ein Abtretungsverbot oder eine Schriftformklausel vorgesehen wird. Werden solche Regelungen inhaltsgleich wiederholt, so findet trotz des äußeren Erscheinungsbildes eines Individualvertrags dennoch die §§ 305 ff BGB Anwendung.[2] Im Massenverkehr dürften deshalb Vereinbarungen, auf die die § 305 ff BGB nicht anzuwenden sind, nur selten anzutreffen sein.

§ 310 III Nr. 2 BGB sieht nunmehr eine **Inhaltskontrolle von Individualvereinbarungen** vor. Daneben kommt eine Inhaltskontrolle nach § 242 BGB in Betracht.[3] Auch ist anerkannt, daß eine Inhaltskontrolle von Individualvereinbarungen, die auf gestörter Vertragsparität beruhen, grundsätzlich möglich ist[4] und daß die §§ 305 ff BGB insoweit keine Sperrwirkung entfalten.[5] Die Richtlinie gibt diesen bereits vorhandenen Ansätzen eine gemeinschaftsrechtlich fundierte Grundlage,[6] so daß die Inhaltskontrolle von nicht ausgehandelten Individualklauseln gemäß § 310 III Nr. 2 BGB weitgehend nach den Maßstäben der AGB-Kontrolle durchzuführen ist. Dies macht vor allem auch der Verweis von § 310 III Nr. 2 BGB auf die konkreten Klauselverbote in §§ 308 und 309 BGB deutlich. Soweit § 310 III Nr. 2 BGB nicht reicht, ist eine Inhaltskontrolle von Individualvereinbarungen in Verbraucherverträgen durch die deutschen Gerichte im Wege richtlinienkonformer Auslegung des sowohl nach § 307 BGB wie nach § 242 BGB maßgeblichen Grundsatzes von Treu und Glauben zur Anwendung zu bringen (s. auch Rz 24). 20

2. Aushandeln im einzelnen

Das Aushandeln bzw. das fehlende Aushandeln im einzelnen ist nach der Richtlinie die maßgebende Voraussetzung für die Inhaltskontrolle mißbräuchlicher Vertragsklauseln. Dazu muß der Gewerbetreibende seine Bereitschaft zum angemessenen Verhandeln zu erkennen geben. Daß der Verbraucher auf ein Aushandeln hätte drängen können und müssen, ist nicht erforderlich.[7] Ein Verhandlungsgleichgewicht wird tatbestandlich nicht vorausgesetzt, liegt aber dem fehlenden Aushandeln als gesetzliches Motiv zugrunde. Es kommt deshalb entscheidend darauf an, aufgrund welcher Kriterien ein Aushandeln zu bejahen oder zu verneinen ist. Während § 305 I S.1 BGB noch die Vorformulierung für eine Vielzahl von Verträgen verlangt, dient nach Art. 3 II S. 1 die Vorformulierung (im voraus abgefaßt) bereits für sich allein als Anhaltspunkt für fehlendes Aushandeln. Ausschlaggebend ist aber, daß der Verbraucher auf den Klauselinhalt keinen Einfluß nehmen konnte.[8] Das Aushandeln ist dementsprechend nicht formell im Sinne etwa des bloßen Besprechens, sondern materiell im Sinne der **Möglichkeit der Einflußnahme** zu be- 21

[1] S. auch § 305 Rz 17.
[2] S. auch § 9 Nr. 3 UKlaG; BGH NJW 1988, 410.
[3] Für die Notwendigkeit einer Inhaltskontrolle neben §§ 307 ff. BGB auch bei Individualvereinbarungen BVerfG NJW 1994, 36, 37; s. auch § 305 Rz 53.
[4] S. § 305 Rz 51.
[5] BGH NJW 1988, 135; BGH v. 8. 3. 2007 VII ZR 130/05 Rz 25 ff.
[6] So zu Recht auch *Heinrichs* NJW 1993, 1817, 1819.
[7] *Pfeiffer*, in: GH II/*Wolf* EG-VbR A 05, Art. 3 Rz 24; a. A. *Kiendl* Jb.JZiv 1995, 195, 198.
[8] So auch *von Westphalen* EWS 1993, 161, 162 f.

stimmen.[1] Die Möglichkeit der Einflußnahme ist auch unter den §§ 305 ff BGB die maßgebliche Voraussetzung für das Aushandeln,[2] was jetzt durch die Richtlinie auf Individualvereinbarungen ausgedehnt wird. Die Möglichkeit der Einflußnahme ist gegeben, wenn der Verbraucher aufgrund der Verhandlungssituation seine Interessen tatsächlich angemessen durchsetzen kann und dies auch erkennen kann.[3] Ob er von dieser Möglichkeit tatsächlich Gebrauch gemacht hat, ist nicht entscheidend.[4] Gleichgültig ist auch, ob sich der Verbraucher bewußt ist, daß er sich durch das Aushandeln des Schutzes der Richtlinie begibt.[5] Die für § 305 I S. 3 BGB geltenden Maßstäbe können auch bei der autonomen Auslegung von Art. 3 herangezogen werden.[6] Auf die Möglichkeit zur Durchsetzung unangemessener Interessen kann es nicht ankommen. Nur wenn angemessene und sachgerechte Interessen nicht zur Geltung gebracht werden können, fehlt es an der Einflußmöglichkeit. Die fehlende Einflußmöglichkeit ergibt sich nach der Richtlinie in erster Linie aus der Vorformulierung. Die Berücksichtigung anderer Umstände wird durch den Wortlaut der Richtlinie nicht ausgeschlossen. Nach dem Schutzzweck, der auf die fehlende Einflußmöglichkeit abstellt, sollte die Berücksichtigung anderer Umstände fehlender Einflußmöglichkeit auch nicht ausgeschlossen werden (s. auch Rz 24). Inwieweit ein Bedürfnis für die Berücksichtigung anderer Umstände besteht, hängt davon ab, ob der Begriff der Vorformulierung weit oder eng definiert wird.

22 **a)** Eine Situation fehlenden Aushandelns beschreibt Art. 3 II S. 1 für den Fall der **Vorformulierung**, d. h., wenn eine Vertragsklausel „im voraus abgefaßt wurde". Eine Vorformulierung ist anzunehmen, wenn eine Vertragsklausel einseitig aufgestellt wird, ohne zuvor mit dem Verbraucher darüber verhandelt zu haben, und wenn darin einseitige Vorbereitungsmaßnahmen zum Ausdruck kommen. Die Vorformulierung ist damit das Gegenstück zu einem spontanen Vorschlag. Die in der Vorformulierung zum Ausdruck kommende einseitige Festlegung auf den Vertragsinhalt ist Anhaltspunkt für fehlende Verhandlungsbereitschaft. Hinzu kommt der mit der Abfassung im voraus verbundene Vorbereitungsvorteil, der dem anderen Teil fehlt und ihm zugleich eine Einflußnahme erschwert. Letzten Endes entscheidend ist aber die fehlende Verhandlungsbereitschaft.[7] Die Vorformulierung wird im Regelfall vor den Vertragsverhandlungen erfolgen. Dies muß aber, insbesondere bei längeren Vertragsverhandlungen nicht notwendig der Fall sein.[8] Eine schriftliche Vorformulierung dürfte in der Praxis die Regel sein, wird aber von der Richtlinie nicht ausdrücklich vorausgesetzt, obwohl der englische Begriff „drafted", aber auch der französische Begriff „redigée" eine schriftliche Formulierung eher nahelegen. Eine gedankliche und mündlich oder auf sonstige Weise etwa elektronisch festgelegte Vorformulierung muß genügen.[9] Eine Wahlmöglichkeit zwischen verschiedenen vorformulierten Klauselinhalten ändert nichts an der Vorformulierung und führt grundsätzlich nicht zum Aushandeln.[10] Entsprechendes gilt für unselbständige Einfügungen.[11] Eine Vorformulierung durch den Gewerbetrei-

[1] So auch *Pfeiffer,* in: GH II/*Wolf* EG-VbR A 05, Art. 3 Rz 24; *Kapnopolou,* Das Recht der mißbräuchlichen Klauseln, S. 90.
[2] S. § 305 Rz 38.
[3] S. auch § 305 Rz 38 ff.; *Schmidt-Salzer* BB 1975, 733.
[4] Zurückhaltender *Frey* ZIP 1993, 572, 576.
[5] *Von Westphalen* BB 1996, 2101, 2103.
[6] S. § 305 Rz 38 ff.
[7] S. auch *M. Wolf,* FS Brandner, S. 299, 303.
[8] A. A. *Kapnopolou,* Das Recht der mißbräuchlichen Klauseln, S. 87.
[9] S. auch *Pfeiffer,* in: GH II/*Wolf* EG-VbR A 05, Art. 3 Rz 14.
[10] S. auch § 305 Rz 42; *Pfeiffer,* in: GH II/*Wolf* EG-VbR A 05, Art. 3 Rz 18.
[11] S. § 305 Rz 43.

benden ist auch anzunehmen, wenn ein Dritter, z. B. ein Notar, oder der Verbraucher eine Vertragsklausel gemäß den Anweisungen des Gewerbetreibenden abfaßt. Die Vorformulierung muß auch nicht notwendig durch den Gewerbetreibenden erfolgen. Es genügt die Vorformulierung durch einen Dritten, z. B. einen Notar, einen Rechtsanwalt, einen Makler, einen Verband oder in einem Formularbuch,[1] dessen sich der Gewerbetreibende bedient, aber im Regelfall auch, wenn der Verbraucher den Dritten, z. B. den Notar aussucht, aber der Gewerbetreibende die Vertragsbedingungen vorgibt.[2] Eine selbständige Vorformulierung seitens des Verbrauchers ohne Einflußnahme des Gewerbetreibenden reicht dagegen nicht aus,[3] da die Richtlinie dem Verbraucherschutz und nicht dem Schutz des Gewerbetreibenden dient und den Verbraucher auch nicht vor sich selbst schützen will. Es fehlt dann an der Kausalität.[4] Eine Vorformulierung, die in vorauseilendem Gehorsam durch den Verbraucher für den Gewerbetreibenden erfolgt, hindert die Inhaltskontrolle aber nicht.[5]

Die Vorformulierung genügt für sich alleine aber nicht. Vielmehr muß die **23**
Vorformulierung **kausal** dafür sein („deshalb", „therefore", „de ce fait"), daß der Verbraucher keinen Einfluß auf den Inhalt der Vertragsklausel nehmen konnte. Kausalität ist gegeben, wenn die Vorformulierung bei wertender Betrachtung die wesentliche Ursache für den unveränderten Eingang der Klausel in den Vertrag ist.[6] Die naturwissenschaftlich äquivalente oder die adäquate Kausalität bieten kaum einen geeigneten Anknüpfungspunkt. Die fehlende Möglichkeit der Einflußnahme ist das entscheidende Merkmal des fehlenden Aushandelns (s. Rz 21). Dies ist auch bei der Beurteilung der Kausalität zu berücksichtigen. Die Vorformulierung für eine Vielzahl von Verträgen ist nicht erforderlich. Vielmehr genügt auch die Vorformulierung für eine Individualklausel. Während aber die Vorformulierung für eine Vielzahl von Verträgen ein deutliches und gewichtiges Indiz für fehlende Verhandlungsmacht ist, trifft dies bei der Vorformulierung einer Individualvereinbarung nicht im selben Maße zu, weil die Vorformulierung einer Individualklausel nicht nur Ausdruck einseitiger Durchsetzungsmacht sein muß, sondern auch dazu dienen kann, als Diskussionsgrundlage und Entwurf zu dienen. An die unterschiedliche Indizwirkung der Vorformulierung für eine Vielzahl von Verträgen bei AGB und der Vorformulierung für eine Individualklausel knüpft auch Art. 3 II S. 3 mit einer Beweislastumkehr zu Lasten des Gewerbetreibenden bei Standardverträgen an (s. Rz 30). Ein **Stellen** verlangt die Richtlinie nicht ausdrücklich. Versteht man unter Stellen die Benutzung einer Klausel, ohne daß für den Vertragspartner eine Möglichkeit zur Einflußnahme besteht,[7] so deckt sich dies mit der Grundkonzeption der Richtlinie. Verlangt man mit dem Stellen aber darüberhinaus, daß eine Klausel „auf Veranlassung"[8] des Gewerbetreibenden in den Vertrag eingebracht wird, so ergeben sich dafür keine Anhaltspunkte in der Richtlinie.[9] Bedeutung erlangt der Unterschied vor allem bei den von dritter Seite, insbesondere von einem Notar, ohne Veranlassung einer Partei eingeführten Klauseln. Diese wären nicht kontrollfähig, wenn die Veranlassung des Gewerbetreibenden erforderlich wäre.

---

[1] S. auch *Heinrichs* NJW 1993, 1817, 1819; *Pfeiffer,* in: GH II/*Wolf* EG-VbR A 05, Art. 3 Rz 9 mwN. auch zum europäischen Meinungsbild.

[2] *Pfeiffer,* in: GH II/*Wolf* EG-VbR A 05, Art. 3 Rz 19; a. A. *Bunte* DB 1996, 1389, 1391.

[3] S. auch *Bunte* DB 1993, 1389, 1392.

[4] S. Rz 23; *Reich* VuR 1995, 1, 4.

[5] S. § 305 Rz 27; BGH NJW 1997, 2043.

[6] *Pfeiffer,* in: GH II/*Wolf* EG-VbR A 05, Art. 3 Rz 20.

[7] S. § 305 Rz 30.

[8] S. *Ulmer* EuZW 1993, 337, 342; *Kiendl* Jb.JZiv. 1995, 195, 198.

[9] So auch *Heinrichs* NJW 1993, 1817, 1818; *Pfeiffer,* in: GH II/*Wolf* EG-VbR A 05, Art. 3 Rz 11.

Der Schutz des Verbrauchers verlangt aber eine Inhaltskontrolle schon bei fehlender Möglichkeit der Einflußnahme, auch wenn die Klausel auf Veranlassung eines Dritten, des Notars, in den Vertrag Eingang fand.[1] Die fehlende Einflußmöglichkeit des Verbrauchers, nicht die positive Veranlassung des Gewerbetreibenden ist der eigentliche Grund der Inhaltskontrolle. § 310 III Nr. 1 BGB behilft sich mit einer Fiktion des Stellens. Im Interesse des Verkehrsschutzes wird man jedoch verlangen müssen, daß die fehlende Möglichkeit der Einflußnahme für den Gewerbetreibenden erkennbar war und von ihm ausgenutzt wurde.[2]

24 Art. 3 II S. 1 sieht bei fehlender Einflußmöglichkeit infolge einer Vorformulierung eine Vertragsklausel **immer** als nicht ausgehandelt an. Dies erscheint selbstverständlich, weil die fehlende Möglichkeit der Einflußnahme ein Aushandeln ausschließt. Art. 3 II S. 1 erscheint gleichwohl nicht überflüssig, weil er klarstellt, daß es entscheidend auf die Möglichkeit zur Einflußnahme ankommt. Die Vorschrift ist aber zugleich als **widerlegliche Vermutung** für fehlendes Aushandeln zu verstehen, wenn ihre Voraussetzungen erfüllt sind.[3] Die Widerlegung der Vermutung gestattet Abs. 2 S. 3 ausdrücklich für Standardverträge. Daraus ergibt sich zugleich, daß ein Aushandeln auch ohne inhaltliche Änderung, z. B. durch Gewährung anderweitiger Vorteile, in Betracht kommen kann,[4] denn eine Standardvertragsklausel liegt gerade dann vor, wenn sie einheitlich in allen Verträgen benutzt wird. Gleichwohl läßt Art. 3 II S. 3 RL den Nachweis des Aushandelns zu. Art. 3 II S. 1 kann aber nicht als abschließend verstanden werden in dem Sinne, daß ein fehlendes Aushandeln notwendigerweise stets eine Vorformulierung voraussetzt.[5] Hätte die Richtlinie dies gewollt, hätte an Stelle von „immer" („always", „toujours") von „nur" gesprochen werden müssen. Dies ist nicht geschehen. Auch sonst ergibt sich aus dem Zweck eines möglichst hohen Verbraucherschutzniveaus (s. auch Rz 18), daß ein Aushandeln auch aufgrund anderer Umstände und nicht nur im Falle der Vorformulierung entfallen kann. Schließlich sieht Art. 4 I hinsichtlich der Feststellung der Mißbräuchlichkeit die Berücksichtigung aller den Vertragsschluß begleitenden Umstände vor. Auch wenn die Mißbräuchlichkeit in erster Linie den Klauselinhalt betrifft, wird aus Art. 4 I doch der Wille einer umfassenden Bewertung aller Umstände deutlich, was sinnvollerweise auf den Abschlußtatbestand erstreckt werden muß.[6] Es ist auch nicht einzusehen, daß nur der in der Vorformulierung zum Ausdruck kommende Vorbereitungsvorteil die fehlende Einflußmöglichkeit begründen soll. Andere Umstände können eine Einflußnahme des Verbrauchers in noch viel stärkerem Maße behindern. Richtig ist, daß mit der Vorformulierung ein zunächst einfach feststellbares Merkmal zur Verfügung steht, das den Gerichten die Arbeit erleichtert. Demgegenüber ist aber zu berücksichtigen, daß die Vorformulierung allein nicht ausreicht, sondern diese stets durch die Feststellung fehlender Einflußmöglichkeit ergänzt werden muß, wobei ohnehin bereits weitere Umstände zu berücksichtigen sind. Hinzu kommt, daß dem Verbraucher bei Individualvereinbarungen die Beweislast für die fehlende Einflußmöglichkeit obliegt (s. Rz 30) und die Schwierigkeiten bei der Feststellung anderer Umstände deshalb sein Risiko darstellen. Der schwierige Nachweis anderer Umstände erhöht zugleich die Be-

---

[1] S. auch *Pfeiffer,* in: GH II/*Wolf* EG-VbR A 05, Art. 3 Rz 10. 21.

[2] S. auch § 305 Rz 52.

[3] A. A. *Pfeiffer,* in: GH II/*Wolf* EG-VbR A 05, Art. 3 Rz 6: unwiderleglich.

[4] A. A. *Eckert* ZIP 1996, 1238, 1239; *Pfeiffer,* in: GH II/*Wolf* EG-VbR A 05, Art. 3 Rz 15; *Reich*, Europäisches Verbraucherrecht, Rz 156 f.

[5] Wie hier *Kapnopolou,* Das Recht der mißbräuchlichen Klauseln, S. 86; *Pfeiffer,* in: GH II/*Wolf* EG-VbR A 05, Art. 3 Rz 23, s. auch *M. Wolf,* FS *Brandner,* S. 299, 307 f; a. A. *von Westphalen* EWS 1993, 161, 163; *Hommelhoff/Wiedemann* ZIP 1993, 562, 566; *Ulmer* EuZW 1993, 337; *Klaas,* FS *Brandner,* S. 247, 253.

[6] S. auch Art. 4 Rz 1.

standskraft des geschlossenen Vertrags. Gelingt aber trotz aller Schwierigkeiten der eindeutige Nachweis fehlender Einflußmöglichkeit auch ohne Vorformulierung, so ist kein Grund ersichtlich, die Inhaltskontrolle zu versagen. Wenn sich die deutsche Umsetzung auf die Kontrolle vorformulierter Vertragsbedingungen beschränkt, dann kann eine Inhaltskontrolle aufgrund sonstiger Umstände durch richtlinienkonforme Anwendung des Grundsatzes von Treu und Glauben stattfinden (s. Rz 20).

b) Fehlende Einflußmöglichkeit kann sich auch **aus anderen Umständen** als der Vorformulierung ergeben (s. auch Rz 24). Solche Umstände sind vor allem relevant, wenn vorformulierte Klauseln nicht verwendet werden. Die Stellung als Verbraucher für sich allein ist kein ausreichendes Indiz für fehlende Einflußmöglichkeit, weil je nach Waren- oder Dienstleistungangebot auch der Verbraucher eine starke Marktstellung innehaben kann. Durch das Hinzutreten weiterer Umstände kann sich jedoch eine Unterlegenheit gegenüber Gewerbetreibenden ergeben.[1] **25**

In Anlehnung an § 138 II BGB kommt hierfür etwa die **Unerfahrenheit** und sonstige Unkenntnis mit Vertragstypen und Geschäften bestimmter Art oder mit einzelnen Regelungen und Vertragsklauseln in Betracht. Nicht notwendig ist, daß der Gewerbetreibende seinerseits geschäftserfahren ist. Es genügt die Unerfahrenheit des Verbrauchers, weil bereits dadurch eine angemessene Interessenwahrnehmung verhindert wird. Auch die sonstigen in § 138 II BGB aufgeführten Umstände wie Zwangslage, Mangel des Urteilsvermögens oder erhebliche Willensschwäche können in Betracht kommen, sie umschreiben aber keine typischen Verbrauchersituationen und dürften deshalb nur selten zum Tragen kommen. In jeden Fall müssen diese Umstände nicht zu einem auffälligen Mißverhältnis wie in § 138 II BGB führen. Vielmehr sind diese Umstände in Art. 3 I und in das Prinzip von Treu und Glauben eingebettet. **26**

Als Grund für eine fehlende Einflußmöglichkeit kommt auch eine **überlegene Marktstellung** und die damit verbundene Marktmacht in Betracht. Die Feststellung einer marktbeherrschenden Stellung im Sinne von § 19 II GWB ist dafür nicht erforderlich. Vielmehr genügt auch eine unter dieser Schwelle liegende Marktmacht. Gerade die Rspr. zum GWB wie zu Art. 82 EGV macht deutlich, daß sich auch für die Feststellung von Marktmacht justiziable Kriterien entwickeln lassen. Dabei kann z. B. daran angeknüpft werden, ob der Gewerbetreibende aufgrund seiner Umsatzzahlen auf das Geschäft mit dem einzelnen Verbraucher angewiesen ist oder nicht. **27**

Nach Sinn und Zweck des in Art. 3 vorausgesetzten Aushandelns muß über die Marktmacht hinaus **jede sonstige einseitige Verhandlungsmacht** eines Gewerbetreibenden beachtet werden. Eine solche Verhandlungsmacht ergibt sich insbesondere in Situationen, in denen der Gewerbetreibende den Verbraucher vor die Wahl des **„take it or leave it"** stellt und dabei seine Leistungserbringung von der Anerkennung mißbräuchlicher Klauselinhalte abhängig macht. Wird die Kopplung von Leistungserbringung und Anerkennung unangemessener Vertragsbedingungen als unverzichtbar hingestellt, so fehlt dem Verbraucher im Regelfall die Möglichkeit zur angemessenen Durchsetzung seiner Interessen.[2] Eine Verhandlungsmacht kann sich auch aus **fehlender Verhandlungsgelegenheit** insbesondere aus dem Fehlen der erforderlichen Zeit ergeben. Der fehlenden Verhandlungszeit für **28**

---

[1] S. dazu auch *M. Wolf*, FS *Brandner*, S. 299, 305 ff.

[2] S. auch *M. Wolf*, Rechtsgeschäftliche Entscheidungsfreiheit und vertraglicher Interessenausgleich, 1970, z. B. S. 126 ff.

den Verbraucher dürfte aber häufig die Vorformulierung auf Seiten des Gewerbetreibenden gegenüberstehen, so daß sich dann beide Merkmale decken. Notwendig ist dies aber nicht. Eine fehlende Verhandlungsmöglichkeit liegt auch vor, wenn der auf Seiten des Gewerbetreibenden auftretende Vertreter strengen Anweisungen unterliegt und keinen Verhandlungsspielraum besitzt.[1]

29 **c)** Ein Aushandeln **im einzelnen** setzt sowohl ein Aushandeln in jedem einzelnen Vertrag mit dem jeweiligen Verbraucher voraus als auch ein Aushandeln jedes einzelnen Vertrags- und Klauselbestandteils. Die beschränkte Wirkung des Aushandelns hinsichtlich des jeweiligen Vertrags- und Klauselteils, für den eine Einwirkungsmöglichkeit besteht, greift Art. 3 II S. 2 auf und stellt klar, daß ein Aushandeln einzelner Elemente die Inhaltskontrolle anderer Vertragsbestandteile nicht ausschließt, wenn diese bei einer Gesamtwertung nicht als ausgehandelt anzusehen sind. Art. 3 II S. 2 beschränkt dies Aussage zwar auf die Standardverträge und stimmt grundsätzlich mit § 305 I S. 3 BGB überein.[2] Die auf den jeweiligen Vertragsbestandteil beschränkte Wirkung des Aushandelns kann aber nicht nur für Standardverträge gelten, wenngleich sie dort besonders nahe liegt. Sie muß nach dem Sinn des Aushandelns vielmehr auch für Individualvereinbarungen gelten, weil auch für diese nach Art. 3 I ein Aushandeln im einzelnen verlangt wird und das Aushandeln bezüglich einzelner Vertragselemente nicht gewährleistet, daß der Verbraucher auch auf den übrigen Vertragsinhalt Einfluß nehmen konnte. Das Aushandeln muß deshalb auch bei Individualvereinbarungen für jeden einzelnen Vertragsteil jeweils gesondert geprüft werden.

30 **d)** Da das Aushandeln von vielen Umständen abhängt und oft nicht einfach festzustellen ist, kommt der Verteilung der **Beweislast** eine wichtige Rolle zu. Art. 3 II S. 3 sieht in Übereinstimmung mit § 305 I BGB vor,[3] daß bei AGB als Standardvertragsklauseln (dazu Rz 17) den Gewerbetreibenden die Beweislast für das Vorliegen einer Aushandlungsvereinbarung trifft. Dies entspricht der starken Indizwirkung, die bei AGB angesichts der Vorformulierung für eine Vielzahl von Verträgen gegen ein Aushandeln spricht. Die damit verbundene Umkehr der Beweislast bezieht sich nicht auf Art. 3 I,[4] sondern auch auf Art. 3 II S. 1 (s. auch Rz 24), wie sich aus der systematischen Stellung in S. 3 ergibt. Das Vorliegen einer Standardklausel muß aber der Verbraucher beweisen.[5] Hinsichtlich der Kausalität der vorformulierten Standardklausel für das fehlende Aushandeln muß der Verbraucher nur die unveränderte Übernahme der Standardklausel in den Vertrag beweisen.[6] Der Gewerbetreibende muß dann beweisen, daß gleichwohl ein Aushandeln stattfand. Bei Individualklauseln, wo die Vorformulierung für einen Einzelfall auch lediglich Entwurfscharakter haben kann (s. Rz 23) oder ganz fehlt (Rz 25 ff), ist dagegen die Indizwirkung gegen das Aushandeln nicht so stark ausgeprägt. Deshalb ist es sachgerecht, es hier bei der allgemeinen Beweislastverteilung zu belassen.[7] Nach der allgemeinen Beweislastregelung muß danach der Verbraucher die Voraussetzungen der ihm günstigen Inhaltskontrolle beweisen und trägt deshalb, soweit nicht Art. 3 II S. 3 eingreift, auch die Beweislast dafür, daß eine Individualklausel nicht im einzelnen ausgehandelt worden ist. Bei Individualklauseln geht die Richtlinie deshalb im Gegensatz zum BGB bis zum Beweis des Gegenteils vom Vorliegen eines Aushandelns aus.

---

1 *Pfeiffer,* in: GH II/*Wolf* EG-VbR A 05, Art. 3 Rz 26.
2 S. § 305 Rz 41.
3 S. § 305 Rz 60.
4 So *Pfeiffer,* in: GH II/*Wolf* EG-VbR A 05, Art. 3 Rz 32.
5 *Bülow* EWS 1997, 155, 163.
6 Vgl. auch *von Westphalen* EWS 1993, 160, 162.
7 A. A. *Kapnopolou,* Das Recht der mißbräuchlichen Klauseln, S. 95.

Dem entspricht auch § 310 III Nr. 2 BGB. Für den Verbraucher günstigere Beweislastregeln, wie z. B. im englischen Recht,[1] sind nach Art. 8 RL möglich.

IV. Hinweis auf Klauselkatalog im Anhang

1. Grundsätzliche Unverbindlichkeit

Art. 3 III verweist auf die im Anhang enthaltene Liste mißbräuchlicher Klauseln, **31** erkennt ihnen aber keinen verbindlichen Charakter zu. Vielmehr hat Art. 3 III nur die Funktion eines **Hinweises**. Der Hinweis gehört nicht zu den in Art. 249 EGV genannt Rechtsakten.[2] Nach dem Sinn von Art. 3 III kann dem Hinweis keine volle Verbindlichkeit zugesprochen werden. Es werden durch diesen Hinweis nur Anregungen und mögliche Beispiele für Konkretisierungen der Generalklausel des Art. 3 I gegeben.[3] Die aufgeführten Klauseln verleihen dem Verbraucher aber keine über Art. 3 bis 7 hinausgehenden Rechte. Sie engen auch den Ermessensspielraum der nationalen Behörden bei der Entscheidung über die Mißbräuchlichkeit nicht ein.[4] Wegen der fehlenden Verbindlichkeit spricht man auch von einer „grauen Liste", der zwar keine absolute Unwirksamkeit, aber eine gewisse Indizwirkung zukommt (Rz 32). Nach der ausdrücklichen Formulierung in Art. 3 III ist die im Anhang enthaltene Liste **nicht erschöpfend**, d. h. die Mitgliedstaaten können zusätzliche konkretisierende Klauselverbote neben der Generalklausel vorsehen. Die Klauselverbote der §§ 308 und 309 BGB widersprechen der Richtlinie deshalb auch dann nicht, wenn sie von der im Anhang enthaltenen Liste abweichen und über sie hinausgehen. Die Liste ist aber auch insoweit **fakultativ**, als die Mitgliedstaaten sie nicht umsetzen und zum Bestandteil ihrer Rechtsvorschriften machen müssen.[5] Die Mitgliedstaaten müssen deshalb das System einzelner Klauselverbote nicht übernehmen, sondern können sich mit der Generalklausel des Art. 3 I begnügen.[6] Ebenso können sie nur einzelne Klauselverbote übernehmen und von der Übernahme anderer absehen. Der Allgemeinheit, insbesondere auch den Verbrauchern, muß jedoch die Möglichkeit gegeben werden, von den nach der Liste verbotenen Klauseln Kenntnis zu erlangen.[7]

2. Verbindlicher Gehalt

Die Unverbindlichkeit der Klauselverbote im Anhang besagt nur, daß sie von **32** den Mitgliedstaaten nicht als zwingende Verbote im Sinne der §§ 308 und 309 BGB übernommen werden müssen, welche bei Vorliegen der tatbestandlichen Voraussetzungen ausnahmslos zur Klauselunwirksamkeit führen. Die Verbindlichkeit der Generalklausel des Art. 3 I wird durch Art. 3 III aber nicht berührt. Die Richtlinie führt die im Anhang enthaltenen Klauseln jedoch als Beispiele mißbräuchlicher Klauseln auf und gibt damit die grundsätzliche Mißbilligung dieser Klauseln

[1] S. *Pfeiffer,* in: GH II/*Wolf* EG-VbR A 05, Art. 3 Rz 37.

[2] Zu den europarechtlichen Rechtsetzungsinstrumenten vgl. *Geiger,* EUV/EGV, 4. Aufl., 2004, Art. 249 Rz 4 ff; *Grabitz/Hilf/Nettesheim,* EGV, Art. 249 Rz 12, 104 ff.

[3] Ähnlich *Damm* JZ 1994, 161, 174; *Kappes* NJW 1994, 1847, 1848; differenzierend nach einzelnen Klauseln *Heinrichs* NJW 1996, 2190, 2197.

[4] EuGH Slg. 2002, I-4147 Rz 21 – Komm/Schweden.

[5] EuGH Slg. 2002, I-4147 Rz 21 – Komm/Schweden; EuGH EuZW 2004, 349 Rz 20 – Freiburger Kommunalbauten.

[6] S. „kann" in Erwägungsgrund 17; a. A. *Pfeiffer,* in: GH II/*Wolf* EG-VbR A 05, Art. 3 Rz 89; *Kapnopolou,* Das Recht der mißbräuchlichen Klauseln, S. 141.

[7] EuGH Slg. 2002, I-4147 Rz 22 – Komm/Schweden.

zu erkennen. Daran können die Gerichte oder Verwaltungsbehörden der Mitgliedstaaten bei ihrer Inhaltskontrolle nicht ohne weiteres vorbeigehen. Auch wenn der Gesetzgeber die Klauselverbote nicht in die Mitgliedstaaten übernehmen muß und die Gerichte und Verwaltungsbehörden nicht zwingend daran gebunden sind, so müssen sie die in den Klauselbeispielen enthaltenen Wertungen doch bei ihrer Inhaltskontrolle gemäß der Generalklausel beachten. Vertragsklauseln, die nach den Klauselbeispielen im Anhang als mißbräuchlich einzustufen wären, sind deshalb unter Berücksichtigung der jeweiligen Umstände besonders sorgfältig auf ihre Vereinbarkeit mit Treu und Glauben zu überprüfen. Insofern haben die Klauselbeispiele im Anhang eine gewisse **Indizwirkung** für die Feststellung der Mißbräuchlichkeit, die vom Gesetzgeber wie von den Gerichten mit zu berücksichtigen ist, auch wenn sie nicht zwingend die Unwirksamkeit begründen.[1] Soweit es für ein nationales Gericht um die Bedeutung der Klauselverbote für die Unwirksamkeit einzelner Vertragsbedingungen geht, ist eine Vorlage an den EuGH gemäß Art. 239 EGV geboten.[2]

33 Gegen Art. 3 I verstößt etwa eine unter Nr. 1 q fallende Gerichtsstandsklausel, die für alle Streitigkeiten aus einem Verbrauchervertrag die ausschließliche Zuständigkeit des Gerichts im Bezirk der Niederlassung des Gewerbetreibenden vorschreibt.[3] Diese Entscheidung hat der EuGH getroffen, obwohl die Bewertung einzelner Klauseln als mißbräuchlich den nationalen Gerichten und Behörden überlassen ist (s. Art. 1 Rz 13a), weil er die Gerichtsstandsklausel ohne Rücksicht auf den Vertragstyp und ohne Abwägung der Umstände des Einzelfalles in jedem Fall für unwirksam hielt.[4]

---

[1] Ähnlich *Reich*, Europäisches Verbraucherrecht, Rz 156 o; *Pfeiffer*, in: GH II/*Wolf* EG-VbR A 05, Art. 3 Rz 79 ff mwN.; s. auch unten Anh. RL Rz 1.

[2] S. im einzelnen *Pfeiffer*, in: GH II/*Wolf* EG-VbR A 05, Art. 3 Rz 84 ff.

[3] EuGH NJW 2000, 2571 Slg. 2000, I-4941 Océano Grupo Editorial und Salvat Editores.

[4] EuGH v. 27. 6. 2000 Rs C-240–244/98, Rs C-237/02 v. 1. 4. 2004 Rz 23 – Freiburger Kommunalbauten. Slg 2004 I 3403.

Artikel 4

(1) Die Mißbräuchlichkeit einer Vertragsklausel wird unbeschadet des Artikels 7 unter Berücksichtigung der Art der Güter oder Dienstleistungen, die Gegenstand des Vertrages sind, aller den Vertragsabschluß begleitenden Umstände sowie aller anderen Klauseln desselben Vertrages oder eines anderen Vertrages, von dem die Klausel abhängt, zum Zeitpunkt des Vertragsabschlusses beurteilt.

(2) Die Beurteilung der Mißbräuchlichkeit der Klauseln betrifft weder den Hauptgegenstand des Vertrages noch die Angemessenheit zwischen dem Preis bzw. dem Entgelt und den Dienstleistungen bzw. den Gütern, die die Gegenleistung darstellen, sofern diese Klauseln klar und verständlich abgefaßt sind.

Inhaltsübersicht

I. Normzweck und Allgemeines

1 Art. 4 enthält Konkretisierungen zur Anwendung und zum Anwendungsbereich der Generalklausel des Art. 3 I. Dies ist wichtig und sinnvoll, weil angesichts der unterschiedlichen Methoden der Rechtsanwendung und des unterschiedlichen Funktionsverständnisses der Rechtsanwender in den Mitgliedstaaten die Gefahr besteht, daß die Generalklausel in verschiedenartiger Weise benutzt wird und damit die Harmonisierung verfehlt wird. Die Konkretisierungen in Art. 4 verbessern die Chancen gleichmäßiger Handhabung der Generalklausel und dienen damit der Harmonisierung. Art. 4 I zeigt die Gesichtspunkte auf, die bei **Beurteilung der Mißbräuchlichkeit** einer Klausel in Erwägung zu ziehen sind. Art. 4 konkretisiert aber nur die Gegenstände und Umstände, die bei der Beurteilung der Mißbräuchlichkeit zu berücksichtigen sind, konkretisiert aber nicht den Inhalt des Bewertungsmaßstabs und das Wie der Bewertung.[1] Insbesondere legt Art. 4 I nicht zwingend einen konkret-individuellen Prüfungsmaßstab fest.[2] Auch wenn sich die Mißbräuchlichkeit bei enger Auslegung nur auf den Klauselinhalt und nicht auf das Zustandekommen bezieht, ist die Berücksichtigung aller die Vertragsklausel begleitenden Umstände doch auch beim Aushandlungsprozeß geboten, weil dadurch die Richtigkeit der Ergebnisse gefördert wird und es wenig sinnvoll wäre, die Beurteilungskriterien für das Aushandeln einzugrenzen. Art. 4 I ist deshalb bei enger Auslegung der Mißbräuchlichkeit auf jeden Fall analog auf das Aushandeln anzuwenden.[3] Ähnliches gilt im Hinblick auf die Erfüllung des Transparenzgebots in Art. 5 S. 1.[4]

---

[1] *Nassall* WM 1994, 1645, 1647; *Michalski* DB 1994, 665, 667.

[2] S. Rz 3; *Pfeiffer,* in: GH II/*Wolf* EG-VbR A 05, Art. 4 Rz 2; a. A. *Kapnopolou,* Das Recht der mißbräuchlichen Klauseln, S. 130f.

[3] S. auch Art. 3 Rz 24.

[4] *Von Westphalen* EWS 1993, 160, 166; *Pfeiffer,* in: GH II/*Wolf* EG-VbR A 05, Art. 4 Rz 6.

2 Durch Art. 4 II wird die **Leistungsbeschreibung und das Äquivalenzverhältnis von der Inhaltskontrolle ausgeschlossen.** Diese erst im letzten Entwurf eingefügte Bestimmung greift damit in diesem Teilbereich die Regelung des § 307 III S. 1 BGB auf, dem insoweit eine gewisse Vorbildfunktion zukommen dürfte. Ein weiterer Bereich, den § 307 III S. 1 BGB in Gestalt der lediglich deklaratorischen Klauseln von der Inhaltskontrolle ausnimmt,[1] ist bereits durch Art. 1 II der Inhaltskontrolle entzogen.[2] Art. 4 II macht aber die Kontrollfreiheit der Leistungsbeschreibung und des Äquivalenzverhältnisses ausdrücklich von der Einhaltung des Transparenzgebots abhängig. Die Einhaltung des Transparenzgebots bleibt danach in Übereinstimmung mit der deutschen Regelung[3] der Kontrolle vorbehalten.

II. Kriterien der Mißbräuchlichkeit

3 Art. 4 I nennt einzelne Gesichtspunkte, die bei Feststellung der Mißbräuchlichkeit zu beachten sind. Er nennt nur die zu berücksichtigenden tatsächlichen Umstände, konkretisiert aber nicht den Bewertungsmaßstab (s. Rz 1). Art. 4 I ist deshalb offen sowohl für einen individuellen wie für einen generellen Bewertungsmaßstab. Dabei ist der an die tatsächlichen Umstände anzulegende normative Bewertungsmaßstab aufgrund seines normativen Geltungsanspruchs notwendigerweise immer generell ausgerichtet (vgl. Art. 19 I 1 GG). Er kann aber für die Berücksichtigung von Einzelfallumständen mehr oder weniger offen sein. Nur in diesem Sinne kann zwischen einem individuellen und einem generellen Prüfungsmaßstab unterschieden werden. Die Berücksichtigung **aller Umstände** des Vertrages zum Zeitpunkt des Vertragsabschlusses scheint dafür zu sprechen, daß Art. 4 grundsätzlich von einem **individuellen Maßstab** bei der Mißbrauchskontrolle ausgeht. Bei **Individualklauseln** ist dies ohnehin naheliegend. Ein individueller Maßstab kann aber nicht ohne weiteres auch für **AGB** übernommen werden. Art. 4 I macht durch Bezugnahme auf Art. 7 selbst deutlich, daß er den **generellen Prüfungsmaßstab** in den abstrakten Kontrollverfahren des Art. 7 II, wie etwa im Verbandsklageverfahren, gewahrt wissen will. Ein unterschiedlicher Kontrollmaßstab bei AGB im Verbandsklageverfahren einerseits und im Individualprozeß andererseits wäre aber wenig sinnvoll und würde das Verbandsklageverfahrens stark entwerten, weil man sich auf dessen Ergebnisse im Individualprozeß nicht mehr verlassen könnte. Auch die Klauselverbote in § 308 und insbesondere in § 309 BGB lassen es nicht zu, die verbotenen Klauseln aufgrund individueller Umstände für wirksam zu erklären. Auch der Klauselkatalog im Anhang baut auf einer generalisierenden Bewertung auf.[4] Dies spricht dafür, bei AGB grundsätzlich an einem eher generell orientierten Prüfungsmaßstab festzuhalten.[5] Nach Art. 4 I erscheint dies auch deshalb gerechtfertigt, weil zur Beachtung aller den Vertragsabschluß begleitenden Umstände auch das Rationalisierungsinteresse des Verwenders gehört, das einen generellen Prüfungsmaßstab verlangt. Schließlich stimmt der generelle Prüfungsmaßstab auch mit der objektiven Auslegung von AGB überein, die von der Richtlinie unberührt gelassen wird.[6] Art. 4 I ist deshalb dahin auszulegen, daß er den der jeweiligen Art

---

[1] S. § 307 BGB Rz 331 ff.
[2] S. Art. 1 Rz 33.
[3] S. § 307 BGB Rz 235 ff.
[4] *Heinrichs* NJW 1996, 2190, 2192; *Remien* ZEuP 1994, 34, 54.
[5] S. auch *Remien* ZEuP 1994, 34, 57.
[6] Für objektive Auslegung auch EuGH 9.9.2004 C-70/03 Slg. 2004 I-7999 Rz 16 – Komm/Spanien.

der Klausel als Standard- oder Individualklausel sachlich zugehörigen Prüfungsmaßstab zugrunde legt. Das ist für Individualklauseln ein individueller und für AGB grundsätzlich ein genereller Prüfungsmaßstab. Davon geht auch der 15. und 16. Erwägungsgrund aus. Dies schließt die Berücksichtigung der in Art. 4 I genannten Umstände im Individualprozeß bei AGB nicht aus.[1] Es muß aber das generelle Regelungsinteresse bei AGB und Standardverträgen Beachtung finden. Insofern ist die Berücksichtigung von Einzelfallumständen bei AGB nicht in der gleichen Weise und in gleichem Maße sachgerecht wie bei Individualklauseln.[2] Es ist ohnehin nicht möglich, wie Art. 4 I es formuliert, „alle" den Vertragsabschluß begleitenden Umstände zu berücksichtigen. So ist z. B. das Geschlecht, die Rasse oder bei Volljährigen das Alter der Vertragspartner grundsätzlich unbeachtlich (vgl. auch Art. 3 III GG und Art. 14 EMRK). Es kann deshalb nur darum gehen, die jeweils rechtlich relevanten Umstände zu beachten. Damit muß aber eine normative Bewertung der berücksichtigungsfähigen Umstände einhergehen, in die auch die unterschiedliche Interessenlage bei AGB einerseits und Individualvereinbarung andererseits einfließen kann.[3] Darüber hinaus eröffnet die Ausübungskontrolle bei AGB[4] bei Bedarf die Möglichkeit, unter besonderen Umständen des Einzelfalls die Berufung auf eine AGB-Klausel zu versagen. Das Gebot zur Berücksichtigung der in Art. 4 I genannten Umstände kann sowohl die Unwirksamkeit, wie aber auch die Wirksamkeit einer Klausel begründen.[5] Art. 4 I enthält **keine abschließende Aufzählung**, insbesondere wird die durch Treu und Glauben nach Art. 3 I gebotene umfassende Interessenabwägung[6] nicht durch Art. 4 I eingeschränkt. Art. 4 I verlangt im Wege richtlinienkonformer Auslegung auch bei Anwendung von § 307 BGB Beachtung. Die strenge Festlegung des Beurteilungszeitpunkts auf den Zeitpunkt des Vertragsabschlusses ist von den §§ 307 ff BGB jedoch nicht vorgegeben (s. auch Rz 12).

1. Art der Güter und Dienstleistungen

Die Art der zu leistenden Güter und Dienstleistungen beeinflußt den Zweck 4
des Vertrags und seine Natur und hat deshalb auch Einfluß auf die Rechte und Pflichten der Parteien.[7] **Güter** sind in erster Linie bewegliche Sachen, also Waren, aber auch sonstige Güter, wie Immaterialgüter und Rechte. Ob ein einfaches Gebrauchsgut oder ein kompliziertes technisches Gut geliefert wird, beeinflußt z. B. die Informations- und Instruktionspflichten. Je nachdem, ob das Gut neu oder gebraucht ist, können andere Gewährleistungsbestimmungen getroffen werden. **Dienstleistungen** umfassen über den engen Begriff des BGB hinaus auch Werkleistungen sowie sonstige Handlungen und Unterlassungen. Der Begriff der Dienstleistungen ist damit wie in Art. 49 I EGV auszulegen.[8] Bei Dienstleistungen, die an hochwertigen Rechtsgütern, insbesondere für Leben und Gesundheit, erbracht werden, müssen strengere Sorgfaltspflichten eingehalten werden als bei Dienstleistungen mit geringen Risiken. Zur Art der Güter und Dienstleistungen

---

[1] S. auch § 307 BGB Rz 86 ff.

[2] S. auch *Ulmer* EuZW 1993, 337, 346; *Brandner* MDR 1997, 312, 314.

[3] Ohne Differenzierung *Habersack/Kleindiek/Wiedemann* ZIP 1993, 1670, 1673; differenzierend aber auch *Damm* JZ 1994, 161, 174; *Pfeiffer,* in: GH II/*Wolf* EG-VbR A 05, Art. 4 Rz 4.

[4] S. § 307 BGB Rz 30.

[5] S. auch § 307 BGB Rz 86 ff.

[6] S. Art. 3 Rz 13.

[7] S. auch *Damm* JZ 1994, 161, 174; *Pfeiffer,* in: GH II/*Wolf* EG-VbR A 05, Art. 4 Rz 7.

[8] Vgl. *Grabitz/Hilf/Randelshofer/Forsthoff,* EGV, Art. 49/50 Rz 6; *Geiger,* EUV/EGV, 4. Aufl., Art. 50 Rz 1 ff.

gehört auch der **Wert und Umfang der Leistungspflicht**, insbesondere ob es sich um einen einmaligen Austausch oder um ein Dauerschuldverhältnis handelt. Die Berücksichtigung dieser Umstände entspricht der bisherigen deutschen Praxis.[1]

5 Die Art der Güter und Dienstleistungen wird auch durch den **Vertragszweck** mitbestimmt. Dessen Berücksichtigung ist deshalb in Übereinstimmung mit Art. 3 I (s. dort Rz 6) auch nach Art. 4 I geboten. Der Vertragszweck beeinflußt die Art der Güter und Dienstleistungen insbesondere insofern, als er festlegt, ob eine Eigentums- oder sonstige Rechtsübertragung, ob dies zum endgültigen Verbleib oder zu Sicherungszwecken oder ob nur eine Gebrauchsüberlassung mit oder ohne Fruchtziehung geschuldet ist. Ebenso entscheidet der Vertragszweck über die Entgeltlichkeit oder Unentgeltlichkeit einer Leistung und deren Charakter als Haupt- oder Nebenpflicht. Damit verbindet sich ein wesentlicher Einfluß auf die Rechte und Pflichten, deren Nichtbeachtung die Mißbräuchlichkeit einer Klausel beeinflußt.[2]

2. Umstände bei Vertragsabschluß

6 Die den Vertragsabschluß begleitenden Umstände bestimmen den **Vertragsinhalt** dadurch, daß sie den Vertragszweck beeinflussen (s. auch Rz 5) und zusätzlich zu dem ausdrücklich festgehaltenen Wortlaut bestimmte Erwartungen und Vertrauen erzeugen, was sowohl bei der **Wortauslegung** wie bei der **ergänzenden Vertragsauslegung** den Gehalt der aus Treu und Glauben entspringenden Rechte und Pflichten beeinflußt und des näheren konkretisiert. Damit ist zugleich ein Vergleichsmaßstab dafür gegeben, ob die in einer Vertragsklausel getroffene Regelung zu einem erheblichen Mißverhältnis gegenüber den aus den Vertragsumständen sich ergebenden Rechten und Pflichten führt. Die Berücksichtigung dieser Umstände ist auch im Rahmen von § 307 I wie II Nr. 2 BGB geboten. Zu den Umständen bei Vertragsabschluß gehören auch **Wahlmöglichkeiten**.[3] Ebenso gehören zu den Umständen bei Vertragsabschluß die berechtigten Erwartungen des Verbrauchers und die davon abweichenden **überraschenden Vertragsklauseln**. § 305c I BGB ist demgemäß von Art. 4 I getragen.[4] Zu berücksichtigen sind auch **individuelle Vertragsabreden**. Widerspricht der vorformulierte Vertragsinhalt diesen, so wird dies regelmäßig die Mißbräuchlichkeit begründen. Art. 4 I umfaßt deshalb auch den Regelungsgehalt von § 305 b BGB.[5]

7 Zu den den Vertragsabschluß begleitenden Umständen gehört nach dem 16. Erwägungsgrund auch das Kräfteverhältnis zwischen den Vertragsparteien. Dies und auch andere Umstände, aus denen sich die Art und Weise der Einwirkung auf den Vertragspartner ergeben, haben vor allem auch Auswirkung auf die Frage, ob von einem **Aushandeln** gemäß Art. 3 I auszugehen ist. Entscheidend ist aber jeweils die fehlende Einflußmöglichkeit aufgrund der Beeinträchtigung der Entscheidungsfreiheit und nicht das Kräfteverhältnis als solches.[6] Art. 4 I ist insoweit zumindest analog anzuwenden (s. Rz 1). Auch hinsichtlich der Verbrauchereigenschaft ist auf den Zeitpunkt des Vertragsabschlusses abzustellen.[7]

---

[1] S. etwa § 307 BGB Rz 182.
[2] S. auch *Schmidt-Salzer* BB 1995, 1493, 1495.
[3] S. § 305 Rz 42.
[4] S. auch *Schmidt-Salzer*, FS *Trinkner*, S. 361, 375.
[5] *Pfeiffer*, in: GH II/*Wolf* EG-VbR A 05, Art. 4 Rz 15.
[6] S. auch Art. 3 Rz 24.
[7] S. Art. 2 Rz 6.

3. Einbettung in den Gesamtvertrag

Art. 4 I schreibt auch die Berücksichtigung aller anderen **Klauseln desselben Vertrags** vor, wobei nicht zwischen Standardklauseln im Sinne von AGB und Individualklauseln differenziert wird, so daß Klauseln **jeder Art** zu berücksichtigen sind. Was Art. 4 I für einzelne selbständige Klauseln anordnet, gilt selbstverständlich auch für einzelne Bestandteile ein und derselben Klausel untereinander. Die Bewertung aller Vertragsklauseln und des Gesamtvertrags entspricht im wesentlichen auch der Handhabung im BGB.[1] Die Berücksichtigung der anderen Vertragsklauseln kann zu einem **Verstärkereffekt** führen, so daß eine bei isolierter Betrachtung wirksame Klausel erst durch ihr Zusammenwirken mit einer oder mehreren anderen Klauseln die Mißbräuchlichkeit herbeiführt.[2] Andere Vertragsklauseln können aber auch einen **Kompensationseffekt** erzeugen, so daß eine bei isolierter Betrachtung mißbräuchliche Klausel in Verbindung mit anderen Klauseln wirksam wird, weil dem Verbraucher Vorteile gewährt werden, die die Nachteile ausgleichen.[3] Obwohl Art. 4 I die Berücksichtigung „aller“ Klauseln vorsieht, muß es sich nach Sinn und Zweck von Art. 4 I doch um **zweckkongruent zusammengehörende Klauseln** handeln, bei denen zu erwarten ist, daß bei der Vertragsabwicklung im Einzelvertrag oder bei längerer Geschäftsverbindung über eine überschaubare Zeitdauer der verstärkende oder kompensatorische Effekt regelmäßig feststellbar ist.[4] Von einem solchen Klauselzusammenhang gehen z. B. auch Nr. 1 d und 1 Anh. aus. Ohne das Erfordernis eines sachlichen Zusammenhangs ist nicht gesichert, daß sich der Kompensations- oder Verstärkereffekt wirklich auswirkt, was mit der von Art. 4 I geforderten Berücksichtigung der konkreten Umstände nicht vereinbar ist.[5] Nicht zu berücksichtigen sind grundsätzlich die **Preisvereinbarungen**.[6] Falls dies nicht bereits daraus entnommen wird, daß der Preis üblicherweise keine Vertragsklausel darstellt,[7] ergibt sich die Nichtberücksichtigung der Preisvereinbarung aus dem Verbot der Preiskontrolle gemäß Art. 4 II, denn eine Überprüfung, ob einzelne Belastungen aufgrund der Vertragsklauseln durch einen bestimmten Preis gerechtfertigt werden können, käme mittelbar einer Preiskontrolle gleich.[8] Die zu den §§ 305 ff BGB und zum früheren AGB-Gesetz entwickelten Ausnahmen[9] sind sinngemäß anzuwenden. Dies gilt z. B. für die Wahl unterschiedlicher Tarife bei unterschiedlicher Vertragsgestaltung.[10] Auch sieht die Richtlinie in ihrem Erwägungsgrund Nr. 19 Ausnahmen, insbesondere auch für Versicherungsverträge, vor (s. Rz 20). Art. 8 ermöglicht den Mitgliedstaaten, die Inhaltskontrolle ohne Rücksicht auf die Preisvereinbarung vorzunehmen.[11] Dagegen gestattet die Richtlinie nicht, jede Klausel mit Rücksicht auf die Preisvereinbarung für wirksam zu erklären und damit die Inhaltskontrolle zu unterlaufen, insbesondere dürfen z. B. Haftungsfreizeichnungen für Leben und 8

---

1 S. § 307 BGB Rz 212.
2 S. auch § 307 BGB Rz 213.
3 S. § 307 BGB Rz 215 ff.
4 S. auch § 307 BGB Rz 212.
5 Im Ergebnis auch *Pfeiffer,* in: GH II/*Wolf* EG-VbR A 05, Art. 4 Rz 17; s. auch *Heinrichs* NJW 1993, 1817, 1820; a. A. *Micklitz* ZEuP 1993, 522, 527; *Kapnopolou,* Das Recht der mißbräuchlichen Klauseln, S. 132 ff; weitergehend auch *Frey* ZIP 1993, 572, 575; *Börner* JZ 1997, 595, 599 f.
6 S. auch § 307 BGB Rz 224 ff.
7 Dazu auch *Frey* ZIP 1993, 573, 578; a. A. *Pfeiffer,* in: GH II/*Wolf* EG-VbR A 05, Art. 4 Rz 8.
8 Für Zurückhaltung deshalb auch *Pfeiffer,* in: GH II/*Wolf* EG-VbR A 05, Art. 4 Rz 9 mwN.
9 S. § 307 BGB Rz 227.
10 S. *Schmidt-Salzer,* FS *Brandner,* S. 259; *Kapnopolou,* Das Recht der mißbräuchlichen Klauseln, S. 136 f.
11 S. *Grundmann* RabelsZ 61 (1997), 423, 438.

Gesundheit (Anh. Nr. 1 a) nicht generell mit Rücksicht auf den günstigen Vertragspreis zugelassen werden.

4. Verbindung mit anderen Verträgen

9 Art. 4 I sieht auch die Berücksichtigung aller Klauseln eines anderen Vertrags vor, von dem die zu kontrollierende Vertragsklausel abhängt. Statt der Abhängigkeit der Klausel von einem anderen Vertrag ist besser auf die Abhängigkeit des Vertrags mit der zu kontrollierenden Klausel von einem anderen Vertrag abzustellen.[1] Eine solche **Abhängigkeit** ist insbesondere gegeben, wenn die Vertragsklausel des einen Vertrags auf einen anderen Vertrag verweist, so z. B. ein Sicherungsvertrag auf den zugrundeliegenden Darlehensvertrag und umgekehrt, oder wenn ein Abwicklungsvertrag über einzelne Güter und Leistungen auf den zugrundeliegenden Grundlagen- und Rahmenvertrag verweist. Der Vertrag braucht nicht zwischen denselben Vertragspartnern zu bestehen. Eine Abhängigkeit gemäß Art. 4 I ist deshalb auch gegeben, wenn z. B. der Verkäufer in seinem Kaufvertrag mit dem Verbraucher hinsichtlich der Gewährleistung auf die Garantiebedingungen des Herstellers verweist. Zu den Klauseln des anderen Vertrags muß ein zweckkongruenter Zusammenhang gegeben sein. Eine allgemeine bloß wirtschaftliche Verbindung verschiedener Verträge ist nicht als ausreichend anzusehen. Es muß eine rechtlich gewollte Verbindung sein. Die Regelung stimmt in der Sache mit der bisherigen Handhabung der §§ 305 ff BGB überein.

5. Sonstige Umstände

10 Art. 4 I ist nicht als abschließend zu verstehen (s. Rz 3), vielmehr sind auch sonstige Umstände in die Gesamtwertung mit einzubeziehen. Als weitere Umstände kommen etwa in Betracht der **Vertragszweck** (s. Rz 5) und die Natur des Vertrags. Ebenso ist zu berücksichtigen die **Verkehrssitte.**[2] Auch die **Mitwirkung der beteiligten Verkehrskreise**[3] bei der Aufstellung von Klauselwerken, insbesondere von AGB, kann nicht ohne Einfluß bleiben. Einfluß auf die Beurteilung der Vereinbarkeit mit der Richtlinie haben auch die konkreten Folgen, die der Anwendung einer Vertragsklausel im Gesamtzusammenhang des nationalen Rechts zukommen.[4] Zu beachten ist auch das Bedürfnis nach einer Einheitsregelung mit **Gleichbehandlung**, wie z. B. bei einem Versicherungsvertrag.

6. Unbeschadet Art. 7

11 Art. 4 will Art. 7 nicht einschränken oder außer Kraft setzen. Hinsichtlich Art. 7 I bedeutet dies, daß ein vorbeugendes Vorgehen, etwa im Wege der Unterlassungsklage, auch dann möglich bleiben soll, wenn ein konkreter Vertrag noch nicht abgeschlossen wird und deshalb konkret berücksichtigungsfähige Umstände noch nicht vorliegen.[5] Des weiteren soll in Verbindung mit Art. 7 II ein abstraktes Kontrollverfahren, z. B. auch die Verbandsklage, ohne Rücksicht auf die Begleitumstände eines einzelnen Vertrags möglich bleiben.[6] Art. 4 I macht damit zugleich deutlich, daß für AGB ein genereller Prüfungsmaßstab anerkannt wird (s. auch

---

[1] S. *Schmidt-Salzer* BB 1995, 1493, 1495; *Pfeiffer,* in: GH II/*Wolf* EG-VbR A 05, Art. 4 Rz 18.
[2] S. § 307 BGB Rz 209.
[3] § 307 BGB Rz 201 ff.
[4] EuGH Rs Ch-237/02 v. 1. 4. 2004 Rz 21 – Freiburger Kommunalbauten.
[5] Auch *Pfeiffer,* in: GH II/*Wolf* EG-VbR A 05, Art. 4 Rz 3.
[6] *Heinrichs* NJW 1993, 1817, 1820; *Damm* JZ 1994, 161, 174; *Schmidt-Salzer* BB 1995, 733, 739.

Rz 3). Für Art. 7 III, der nur eine spezielle Regelung zu Art. 7 II enthält, ergibt sich nichts Besonderes.

7. Zum Zeitpunkt des Vertragsschlusses

Die Beurteilung der Mißbräuchlichkeit zum Zeitpunkt des Vertragsabschlusses legt einen individuellen Kontrollmaßstab nahe, steht aber einem generellen Prüfungsmaßstab nicht entgegen (s. Rz 3). Der in §§ 307 ff BGB praktizierte generelle Kontrollmaßstab[1] läßt den Zeitpunkt des Vertragsabschlusses als entbehrlich erscheinen. Er wird im Wege richtlinienkonformer Auslegung in Zukunft aber bei Anwendung von § 307 BGB zu beachten sein. 12

Das Abstellen auf den Zeitpunkt des Vertragsabschlusses führt zu Besonderheiten insofern, als spätere Änderungen der Verhältnisse weder zum Vorteil noch zum Nachteil des Verbrauchers beachtet werden. **Zum Vorteil des Verbrauchers** werden spätere Änderungen der Verhältnisse nicht berücksichtigt, weil eine bei Vertragsabschluß unwirksame Klausel auch dann unwirksam bleibt, wenn die Belastungen nachträglich für den Verbraucher weggefallen sind. Darin liegt in gewisser Hinsicht eine Beschränkung des individuellen Kontrollmaßstabs. Eine Milderung des darin liegenden Nachteils für den Gewerbetreibenden kann sich im Einzelfall dann ergeben, wenn die Berufung auf die Unwirksamkeit in der Person des Verbrauchers eine unzulässige Rechtsausübung darstellt, z. B. in Form eines widersprüchlichen Verhaltens.[2] 13

Zum Nachteil des Verbrauchers wirkt sich das Abstellen auf den Zeitpunkt des Vertragsabschlusses dadurch aus, daß nachträgliche Änderungen, die die zum Zeitpunkt des Vertragsabschlusses wirksame Klausel bei nachträglicher Bewertung unwirksam machen würden, nicht berücksichtigt werden können. Eine Abhilfe ist hier in der Weise möglich, daß zum Zeitpunkt des Vertragsabschlusses zwar nicht vorhandene, aber als möglicherweise eintretend erkennbare Verhältnisse bereits zum Zeitpunkt des Vertragsabschlusses berücksichtigt werden. Eine weitere Möglichkeit besteht darin, daß die Berufung auf die zum Zeitpunkt des Vertragsabschlusses wirksame Klausel wegen der nachträglichen Veränderung der Verhältnisse als unzulässige Rechtsausübung eingeordnet wird. An die Stelle der Inhaltskontrolle tritt dann die Ausübungskontrolle.[3] Darüber hinaus wird man den Mitgliedstaaten zugestehen müssen, zur Herstellung eines höheren Verbraucherschutzniveaus gemäß Art. 8 auch die Verhältnisse zur Zeit der jeweils zu treffenden Entscheidung in die Prüfung der Inhaltskontrolle mit einzubeziehen. Eine Beeinträchtigung der Grundfreiheiten des EG-Vertrags durch eine Maßnahme gleicher Wirkung im Sinne von Art. 28, 29 EGV kann darin nicht gesehen werden. 14

III. Ausschluß der Preis- und Leistungskontrolle

Art. 4 II entzieht den Hauptgegenstand des Vertrags und das Äquivalenzverhältnis der Inhaltskontrolle und übernimmt damit einen Teil des Regelungsgehalts von § 307 III S. 1 BGB (s. Rz 2). Bei Nichtbeachtung von Klarheit und Verständlichkeit der Formulierung wird jedoch die Mißbrauchskontrolle ausdrücklich im Sinne einer Kontrolle des Transparenzgebots eröffnet. 15

---

[1] S. § 307 BGB Rz 77.
[2] Vgl. zur sog. Ausübungskontrolle § 307 BGB Rz 30.
[3] S. § 307 BGB Rz 30.

1. Hauptgegenstand des Vertrags

16 Als Hauptgegenstand des Vertrags sind im Wege europäisch-autonomer Auslegung[1] die von den Parteien zu erbringenden Hauptleistungspflichten insofern anzusehen, als es die zu leistenden **Güter und Dienste nach Art, Qualität und Umfang und ihrem Preis**[2] betrifft. Da diese Leistungsgegenstände weder gesetzlich vorgeschrieben sind, noch in der Regel ein Kontrahierungszwang besteht, muß ihre Festlegung der freien Parteivereinbarung und dem jeweiligen Marktangebot überlassen bleiben. Eine Inhaltskontrolle scheidet mangels rechtlicher Maßstäbe aus. Zum Hauptgegenstand des Vertrags gehört auch der **Vertragszweck**,[3] durch den der Inhalt der Hauptleistungspflicht und die Art des jeweiligen Vertrags näher bestimmt werden (s. auch Rz 5). Die Richtlinie entspricht insoweit § 307 III S. 1 BGB. Obwohl § 307 III S. 1 BGB die Inhalte des Art. 4 II nicht mit derselben Deutlichkeit zum Ausdruck bringt, hat er doch eine gefestigte, durch die Rechtsprechung mitgetragene Auslegung erfahren und genügt deshalb dem von der Richtlinie geforderten Umsetzungsgebot. Dies gilt auch für die Geltung des Transparenzgebots im Rahmen von § 307 III S. 1 BGB.[4]

17 Obwohl nicht ausdrücklich erwähnt, sind außer dem Hauptgegenstand auch die sonstigen **essentialia negotii**, ohne deren Festlegung durch die Parteien der Vertrag mangels Bestimmtheit nicht durchgeführt werden könnte,[5] von der Kontrolle ausgenommen. Dazu gehört grundsätzlich auch die Bestimmung der Person der Vertragsparteien.[6]

18 Kontrollfrei ist nur die Feststellung des Hauptgegenstandes und der essentialia negotii als solche. **Nicht der Kontrolle entzogen** sind dagegen die Folgerungen und Auswirkungen, die sich daraus für die weiteren Rechte und Pflichten der Parteien ergeben (s. Erwägungsgrund Nr. 19), wie insbesondere die die Leistungsmodalitäten und die die Vertragsabwicklung betreffenden Regelungen.[7] Dies gilt nicht nur für die Leistung von Gütern, sondern auch für Dienstleistungen einschließlich Versicherungsverträgen,[8] insbesondere muß verhindert werden, den vertraglich vereinbarten Leistungsumfang durch nicht ausgehandelte Klauseln wieder einzuschränken.[9] Auf diese Weise läßt sich der zwischen Art. 4 I und II teilweise bestehende Widerspruch beheben. Art. 4 I sieht die Berücksichtigung der Güter und Dienstleistungen in bezug auf andere Klauseln vor, die nicht unmittelbar die Art der Güter und Dienstleistungen regeln, sondern damit nur in einem mittelbaren Zusammenhang stehen. Art. 4 II betrifft dagegen die Bestimmung der Art der Güter und Dienstleistungen unmittelbar als solche.

2. Preis-Leistungs-Verhältnis

19 Art. 4 II schließt die Überprüfung der **Angemessenheit des Preis-Leistungs-Verhältnisses (Äquivalenzverhältnis)** von der Mißbrauchskontrolle aus. Dies betrifft in erster Linie die Preishöhe im Vergleich zu Art und Umfang der zu leistenden Güter und Dienste. Die Art der Gegenleistung, ob Geld oder andere Leistun-

---

1 *Pfeiffer,* in: GH II/*Wolf* EG-VbR A 05, Art. 4 Rz 26.
2 S. auch § 307 BGB Rz 292 ff.
3 S. § 307 BGB Rz 290.
4 *Pfeiffer,* in: GH II/*Wolf* EG-VbR A 05, Art. 4 Rz 32; s. auch *Kappus* NJW 2003, 322.
5 S. § 307 BGB Rz 293.
6 S. § 307 BGB Rz 291.
7 S. auch *Kapnopolou,* Das Recht der mißbräuchlichen Klauseln, S. 107.
8 *Pfeiffer,* in: GH II/*Wolf* EG-VbR A 05, Art. 4 Rz 28, 30.
9 S. *Schmidt-Salzer,* FS *Brandner,* S 259, 271.

gen als Gegenleistung geschuldet werden, betrifft dagegen den Hauptgegenstand des Vertrags (s. Rz 16). Als Grund für den Ausschluß des Äquivalenzverhältnisses von der Mißbrauchskontrolle ist wie in § 307 III S. 1 BGB in erster Linie das Fehlen rechtlicher Maßstäbe, aber auch das Bedürfnis für freie Preisbildung zum Zwecke der Steuerung von Angebot und Nachfrage im Markt zu nennen.[1]

Wie in § 307 III S. 1 BGB fallen nicht unter das Verbot der Mißbrauchskontrolle **Preisnebenabreden**,[2] wie insbesondere Nr. 1 lit. l Anh. zeigt.[3] Nicht von der Kontrolle ausgeschlossen sind auch Risiko- und Kostenverlagerungen.[4] Darüber hinaus läßt der Erwägungsgrund Nr. 19 die Berücksichtigung des Preis-Leistungs-Verhältnisses **bei der Beurteilung anderer Klauseln** zu. Dies kann aber nicht bedeuten, daß damit generell die Preisvereinbarung zu beachten sei (s. auch Rz 8), da sonst mittelbar doch eine Preiskontrolle stattfinden würde, denn ob der Preis bestimmte mißbräuchliche Klauseln zu rechtfertigen vermag, ließe sich nur feststellen, wenn dafür aus dem Äquivalenzverhältnis noch Raum bliebe, der Preis also z. B. als großzügig bemessen einzustufen wäre. Auch wenn man formal argumentieren könnte, daß auf diese Weise nicht das Äquivalenzverhältnis selbst, sondern nur andere Klauseln als mißbräuchlich oder nicht mißbräuchlich beurteilt würden, so würde dennoch nicht beachtet, daß es sich der Sache nach doch um eine Überprüfung des Preis-Leistungs-Verhältnisses handelt. Auch müssen Vertragsklauseln grundsätzlich unabhängig vom Preis angemessen sein, weil die Nachteile bestimmter Vertragsklauseln nicht generell, sondern oft nur unter seltenen Voraussetzungen eintreten, sie deshalb im Preis nicht oder nicht vollständig berücksichtigt werden und eine Beziehung zum Preis auch nicht hergestellt wird sowie dem Verbraucher nicht erkennbar ist. Der 19. Erwägungsgrund kann deshalb nicht dahin verstanden werden, daß das Preis-Leistungs-Verhältnis immer bei der Mißbräuchlichkeit anderer Klauseln zu berücksichtigen sei.[5] Vielmehr ist eine solche Berücksichtigung auf wenige, besonders offenkundige Fallgestaltungen zu beschränken, bei denen auch ohne Preiskontrolle ein Zusammenhang zum Preis so offensichtlich ist, daß er sich geradezu aufdrängt, so z. B. in Fällen der Tarifwahl oder wenn der Preis von vornherein bestimmte Risiken nicht abdecken kann.[6] Nur mit dieser Einschränkung ist auch die Höhe der Versicherungsprämie bei Beurteilung der Mißbräuchlichkeit von Risikobeschränkungs- und sonstigen Leistungsklauseln in Versicherungsverträgen gemäß dem Erwägungsgrund Nr. 19 zu berücksichtigen. Da die Angemessenheit der Prämienhöhe nach Art. 4 II grundsätzlich nicht Gegenstand der Mißbrauchskontrolle sein soll, ist auch hier eine Begrenzung auf offenkundige Fallgestaltungen erforderlich. Die Offenkundigkeit kann sich hier ohne Preiskontrolle insbesondere auch aus der Verkehrsüblichkeit ergeben. Decken Versicherungsverträge innerhalb einer gewissen Prämienspanne typischerweise bestimmte Risiken ab, so ist ein Risikoausschluß auf seine Mißbräuchlichkeit zu überprüfen, wenn sich die Prämie gleichwohl im üblichen Rahmen hält. 20

3. Wahrung des Transparenzgebots

a) Art. 4 II schließt die Mißbrauchskontrolle des Hauptgegenstands und des Preis-Leistungs-Verhältnisses nur aus, sofern die diesbezüglichen Klauseln klar und 21

[1] S. auch § 307 BGB Rz 303.
[2] S. § 307 BGB Rz 314 ff.
[3] S. auch *Schmidt-Salzer* BB 1995, 1493.
[4] S. § 307 BGB Rz 315.
[5] Die mangelnde Eindeutigkeit rügt *Ulmer* EuZW 1993, 337, 345 in Fn. 88.
[6] S. § 307 BGB Rz 227 f.

verständlich abgefaßt sind. Damit wird in Übereinstimmung mit § 307 I S. 2 BGB und der Rechtsprechung des BGH die Wahrung des Transparenzgebots verlangt.[1] Da der Ausschluß der Mißbrauchskontrolle nur bei Einhaltung der Klarheit und Verständlichkeit vorgesehen ist, läßt die Richtlinie bei Verstoß gegen das Transparenzgebot eine **Inhaltskontrolle** zu.[2] Dies gilt auch, wenn bei Verstoß gegen Art. 5 eine Klausel nicht einbezogen wird.[3] Die Inhaltskontrolle betrifft jedoch nur die Transparenz und nicht den Gegenstand der Hauptleistung oder das Äquivalenzverhältnis als solches. Damit wird zugleich die Einordnung des Transparenzgebots in die Inhaltskontrolle nach § 307 BGB gerechtfertigt und eine Begrenzung des Transparenzgebots auf die Einbeziehungstatbestände (§§ 305, 305 c I BGB) oder auf die Auslegung (§ 305 c II BGB) abgelehnt. Das Gebot der Klarheit und Verständlichkeit in Art. 4 II ist ein Unterfall des allgemeinen Transparenzgebots in Art. 5. Im Gegensatz zu Art. 5 ist das Transparenzgebot in Art. 4 II nicht auf schriftliche Klauseln beschränkt und gilt deshalb auch für mündliche Klauseln. Die Erwähnung des Transparenzgebots in Art. 4 II erscheint damit nicht überflüssig und dient daneben der Klarstellung, daß die Kontrollfreiheit des Preis-Leistungs-Verhältnisses nicht vom Transparenzgebot befreit.[4]

22 **b)** Der Maßstab der Transparenz entspricht dem von Art. 5 vorgesehenen Maßstab.[5] Eine Konkretisierung dieses Maßstabs für Überweisungsgebühren enthält Art. 3 RL 97/5/EG über grenzüberschreitende Überweisungen v. 27. 1. 1997.[6] Diesen Anforderungen kann allgemeine Bedeutung für Preisklauseln zuerkannt werden. Diese müssen danach den Preis einschließlich etwaiger Zusatzgebühren und Preismodalitäten vollständig und in leicht verständlicher Form erkennen lassen, so daß eine Nachprüfung möglich ist. Komplexe mathematische Formeln[7] genügen diesem Erfordernis ebensowenig wie unübersichtliche Zerstückelungen in eine Vielzahl von Teilpreisen trotz einheitlicher Leistung. Art. 4 II S. 1 RL 97/5/EG läßt den Verzicht auf Preistransparenz zu. Dies kann auch für Art. 4 II RL 93/13/EWG übernommen werden.

23 **c)** Die **Rechtsfolgen** bei Unwirksamkeit ergeben sich aus Art. 6. Jedoch wird bei Unwirksamkeit des Hauptgegenstandes und des Preis-Leistungs-Verhältnisses der Vertrag im Regelfall nicht mehr durchführbar sein, falls nicht im Wege ergänzender Auslegung eine vom Parteiwillen getragene Ersatzlösung gefunden werden kann.

---

[1] S. § 307 BGB Rz 235 ff.

[2] Dazu auch EuGH Slg. 2002, I-10875 Rz 21 f Cofidis/Fredout; *Damm* JZ 1994, 161, 171; *Schmidt-Salzer* BB 1995, 1493, 1494; *Reich* VuR 1995, 1, 5; *Börner* JZ 1997, 595, 598; *Pfeiffer,* in: GH II/*Wolf* EG-VbR A 05, Art. 4 Rz 38.

[3] S. Art. 5 Rz 8.

[4] S. auch § 307 BGB Rz 237.

[5] S. Art. 5 Rz 4.

[6] EG Abl. Nr. L 43 vom 14. 2. 1997, S. 25 ff.; vgl. jetzt auch VO (EG) Nr. 2560/2001 über grenzüberschreitende Zahlungen bei Euro v. 29. 12. 2001

[7] *Pfeiffer,* in: GH II/*Wolf* EG-VbR A 05, Art. 4 Rz 36.

Artikel 5

Sind alle dem Verbraucher in Verträgen unterbreiteten Klauseln oder einige dieser Klauseln schriftlich niedergelegt, so müssen sie stets klar und verständlich abgefaßt sein. Bei Zweifeln über die Bedeutung einer Klausel gilt die für den Verbraucher günstigste Auslegung. Diese Auslegungsregel gilt nicht im Rahmen der in Artikel 7 Absatz 2 vorgesehenen Verfahren.

Inhaltsübersicht

I. Normzweck und Allgemeines

1 Art. 5 S. 1 schreibt das Transparenzgebot in Gestalt der Klarheit und Verständlichkeit vor. Das Transparenzgebot, das vor allem vom BGH entwickelt wurde,[1] kann zugleich als Erscheinungsform des vom EuGH favorisierten und auch sonst im EU-Recht verankerten **Informationsmodells** verstanden werden.[2] Letzteres stellt auf die Eigenverantwortung des Verbrauchers ab, indem es Verbraucherschutz nicht durch zwingend vorgegebene Inhalte, sondern durch Information des Verbrauchers erreichen will und den Verbraucher als selbstverantwortlichen Entscheidungsträger in einem vom Wettbewerb gesteuerten Marktmodell ansieht. Art. 5 S. 1 beschränkt das Transparenzgebot aber im Gegensatz zu Art. 4 II auf schriftlich niedergelegte Klauseln. Eine Ausdehnung dieses Transparenzgebots auf andersartig festgehaltene Klauseln muß den Mitgliedstaaten nach Art. 8 gestattet sein. Art. 5 enthält keine ausdrückliche Aussage darüber, ob die Klarheit und Verständlichkeit als **Einbeziehungsvoraussetzungen** anzusehen sind oder ob sie bei der Inhaltskontrolle zu berücksichtigen sind. Da Art. 5 S. 1 im Gegensatz zu Art. 4 II keine Beziehung zur Mißbräuchlichkeit herstellt, ist Art. 6 I mit der Pflicht, mißbräuchliche Klauseln für unwirksam zu erklären, nicht unmittelbar anwendbar. Vielmehr ist davon auszugehen, daß es den Mitgliedstaaten freigestellt ist, wie sie dem Transparenzgebot zur Geltung verhelfen wollen, ob bei der Einbeziehung, bei der Inhaltskontrolle, bei der Auslegung oder in allen Stadien (s. Rz 8). Sonstige Vorschriften zur Einbeziehung trifft die Richtlinie nicht und überläßt die Regelung deshalb insoweit den Mitgliedstaaten.

2 Art. 5 S. 2 gibt das **Prinzip der kundenfreundlichen Auslegung** wieder, beschränkt es in S. 3 aber ausdrücklich auf Individualverfahren, indem es die in Art. 7 II geregelten abstrakten Kontrollverfahren ausdrücklich davon ausschließt. Die erst in den letzten Entwurf 1992 aufgenommene Regelung nimmt erkennbar auf § 305 c II BGB Bezug und will sie über das Gemeinschaftsrecht der Richtlinie in die anderen Mitgliedstaaten übertragen.

---

[1] S. zu den einzelnen Inhalten § 307 BGB Rz 253 ff.

[2] EuGH EuZW 1990, 222; 1995, 245; *Dreher* JZ 1997, 167, 170 f.

II. Gebot der Klarheit und Verständlichkeit (Transparenzgebot)

3 Sowohl hinsichtlich der Einbeziehung wie hinsichtlich der Inhaltskontrolle bleibt das Gebot der Klarheit und Verständlichkeit hinter den Anforderungen an ein umfassend verstandenes Transparenzgebot, das z. B. auch das Bestimmtheitsgebot und das Richtigkeitsgebot einschließt, zurück.[1] Andererseits gilt Art. 5 für AGB wie für Individualvereinbarungen. Das Transparenzgebot gilt gemäß Art. 4 II auch für sonst der Inhaltskontrolle entzogene Leistungsbeschreibungen und Preisklauseln. Soweit Klauseln inhaltlich das dispositive Recht wiedergeben wollen, führen fehlende Klarheit und Verständlichkeit zur Anwendung des Prinzips der kundenfreundlichen Auslegung gemäß Art. 5 S. 2. Den Mitgliedstaaten bleibt es gemäß Art. 8 vorbehalten, im Hinblick auf die Transparenz weitergehende verbraucherschützende Bestimmungen zu erlassen. Das Gebot richtet sich an den Gewerbetreibenden, da der Verbraucher nicht gegen sich selbst geschützt wird. Zu den möglichen Rechtsfolgen s. Rz 8.

1. Klarheit und Verständlichkeit

4 Das Gebot der **Klarheit** ist gewahrt, wenn Überraschungen, Mißverständnisse und Zweifel in Gestaltung und Formulierungen der Klausel vermieden werden. Aus dem Gebot der Klarheit läßt sich auch das Erfordernis der Bestimmtheit begründen, so z. B. hinsichtlich des Beginns und des Endes von Fristen.[2] Die **Verständlichkeit** ist anzunehmen, wenn der durchschnittliche Kunde des jeweiligen Vertragstyps,[3] nicht ein abstrakter europäischer Durchschnittskunde,[4] den gewollten Sinn einer Klausel aus sich heraus erfassen kann. Dazu gehört auch die Lesbarkeit.[5] Daraus abzuleiten ist auch, daß sich die Klauselsprache an der allgemeinverständlichen Alltagssprache orientieren muß und nicht den gemeinten Sinn mit juristischen Fachtermini und Verklausulierungen verdunkeln darf.[6] Die Verwendung juristischer Fachbegriffe ist aber nicht generell ausgeschlossen.[7] Ein strengerer Maßstab als nach § 307 BGB kann darin nicht gesehen werden.[8] Die Verständlichkeit verlangt im Regelfall auch, daß die Klauseln in der Heimatsprache des Verbrauchers oder zumindest in der an dessen Wohnsitz oder ständigen Aufenthalt üblichen Sprache abgefaßt sind, wenn der Gewerbetreibende dort den Vertragsabschluß unmittelbar vorbereitet oder durchführt. Aus dem Gebot der Klarheit und Verständlichkeit ist auch ein Irreführungsverbot zu entnehmen. Das Gebot der Klarheit und Verständlichkeit schließt nach den Erwägungsgründen (Nr. 20) auch die tatsächliche Möglichkeit der Kenntnisnahme ein (vgl. auch Anh. Nr. 1 i). Die Klarheit und Verständlichkeit muß sich grundsätzlich aus der Klausel und nicht aus Umständen außerhalb, etwa mündlichen Erklärungen ergeben,[9] da sich der Verbraucher bei schriftlichen Klauseln auch nach Vertragsschluß über den Inhalt informieren kön-

---

[1] S. § 307 BGB Rz 239 ff.

[2] S. *Pfeiffer,* in: GH II/*Wolf* EG-VbR A 05, Art. 5 Rz 8.

[3] Ähnlich *Pfeiffer,* in: GH II/*Wolf* EG-VbR A 05, Art. 5 Rz 19.

[4] So aber offenbar *Nassall* JZ 1995, 689, 693.

[5] *Reich,* Europäisches Verbraucherrecht, Rz 156 l; a. A. *Pfeiffer,* in: GH II/*Wolf* EG-VbR A 05, Art. 5 Rz 14.

[6] S. auch § 307 Rz 245.

[7] *Pfeiffer,* in: GH II/*Wolf* EG-VbR A 05, Art. 5 Rz 12.

[8] *Brandner* MDR 1997, 312, 313; *Heinrichs,* FS *Trinkner,* S. 157; teilweise strenger *Reich* NJW 1995, 1857, 1858; *Pfeiffer,* in: GH II/*Wolf* EG-VbR A 05, Art. 5 Rz 14.

[9] *Nassall* JZ 1995, 689, 693; *Pfeiffer,* in: GH II/*Wolf* EG-VbR A 05, Art. 5 Rz 16.

nen muß. Ausnahmsweise genügend sind mündliche Erklärungen geschäftsüblicher Fachbegriffe und die wirtschaftlichen Grundlagen eines Geschäfts.[1] Konkrete Anforderungen an die Transparenz in speziellen Bereichen enthalten Art. 3 RL 97/5/EG über grenzüberschreitende Überweisungen[2] und die Empfehlung der Kommission 90/109/EWG zur Transparenz von Bankkonditionen bei grenzüberschreitenden Finanztransaktionen.[3]

2. Gegenstand des Transparenzgebots

a) Schriftliche Klauseln. Art. 5 S. 1 ist etwas umständlich formuliert. Er will nicht nur gelten, wenn der ganze Vertrag schriftlich abgefaßt ist, sondern auch, wenn dies nur für eine **einzelne Klausel** zutrifft. Die **schriftliche Niederlegung** ist sowohl bei handschriftlicher wie bei maschinenschriftlicher, gedruckter oder sonst lesbarer Form gegeben. Im Interesse umfassenden Verbraucherschutzes ist das Merkmal der Schriftlichkeit weit auszulegen. Schriftliche Niederlegung ist auch zu bejahen, wenn Texte elektronisch gespeichert und auf einem Bildschirm abrufbar sind.[4] Art. 5 S. 1 setzt keine Vorformulierung im Sinne schriftlicher Niederlegung vor Vertragsabschluß voraus, mag dies auch die Regel sein. Erfaßt wird bei einem zunächst mündlich geschlossenen Vertrag auch die nachträglich nach Vertragsschluß niedergelegte Schriftform.[5] Art. 5 S. 1 gilt nicht nur im Falle eines gesetzlich festgelegten Schriftformerfordernisses, sondern bei jeder Schriftform, sei sie rechtsgeschäftlich vereinbart oder freiwillig einseitig vom Gewerbetreibenden gewählt. 5

b) Mündliche Klauseln. Im Interesse des Verbraucherschutzes muß das Gebot der Klarheit und Verständlichkeit auch für **mündlich wiedergegebene** oder sonst **akustisch abgefaßte Klauseln** gelten. Eine Begrenzung auf schriftliche Klauseln ist auch im 20. Erwägungsgrund nicht angeführt. Die Begrenzung auf schriftlich niedergelegte Klauseln im Richtlinientext ist wenig glücklich und läßt die Weitsicht für mögliche technische Entwicklungen vermissen. Art. 4 II sieht die Beschränkung des Transparenzgebots auf schriftliche Klauseln deshalb zu Recht nicht vor. Das Transparenzgebot ist auch Ausdruck des Prinzips von Treu und Glauben und kann, wenn es zu einem erheblichen Mißverhältnis der Rechte und Pflichten führt, seine Grundlage auch in Art. 3 I finden. Es ist deshalb als allgemeiner Grundsatz der RL anzuerkennen,[6] der auch für mündliche Klauseln gilt.[7] Den Mitgliedstaaten wird es darüber hinaus durch Art. 8 ermöglicht, das Gebot der Klarheit und Verständlichkeit auf jede Klauselform auszudehnen. Eine Maßnahme gleicher Wirkung gemäß Art. 28, 29 EGV liegt darin nicht. 6

c) Einzelne und Gesamtheit der Klauseln. Nach Art. 5 S. 1 müssen sowohl jede einzelne wie auch alle Klauseln dem Transparenzgebot genügen. Daraus ergibt sich insbesondere, daß neben jeder einzelnen Klausel auch das Klauselwerk insgesamt transparent sein muß. Regelungen dürfen nicht an unerwarteter Stelle versteckt und auch nicht durch unsystematischen Aufbau verwirrend sein.[8] Daraus, daß alle Klauseln erfaßt werden, ergibt sich auch, daß das Transparenzgebot grundsätzlich unabhängig von ihrem materiellen Inhalt gilt. Aus dem Umstand, daß alle 7

[1] *Pfeiffer,* in: GH II/*Wolf* EG-VbR A 05, Art. 5 Rz 17.
[2] EG ABl. Nr. L 43 vom 14. 2. 1997, S. 25 ff.; dazu auch Art. 4 Rz 22.
[3] EG ABl. Nr. L 67 vom 15. 3. 1990, S. 39.
[4] Zust. *Pfeiffer,* in: GH II/*Wolf* EG-VbR A 05, Art. 5 Rz 3.
[5] S. auch *von Westphalen* EWS 1993, 160, 165; *Pfeiffer,* in: GH II/*Wolf* EG-VbR A 05, Art. 5 Rz 3.
[6] S. auch *Kapnopolou,* Das Recht der mißbräuchlichen Klauseln, S. 146.
[7] *Remien* ZEuP 1994, 34, 63; *Pfeiffer,* in: GH II/*Wolf* EG-VbR A 05, Art. 5 Rz 3; für analoge Anwendung von Art. 5 *Heinrichs,* FS *Trinkner,* S. 157, 173 f.
[8] *Pfeiffer,* in: GH II/*Wolf* EG-VbR A 05, Art. 5 Rz 15.

Klauseln transparent sein müssen, ist nicht zu entnehmen, daß der gesamte Vertragsinhalt in den Klauseln enthalten sein muß. Vielmehr muß die Vertragsergänzung durch dispositives Recht und Richterrecht möglich bleiben. Informationspflichten bestehen insoweit nur, als der Gewerbetreibende Geschäfte nach dem Recht seines Heimatstaates in einem anderen Mitgliedstaat betreiben will. Soweit dies nach Art. 29, 29a EGBGB zulässig ist, muß er den Verbraucher über den wesentlichen Inhalt des Rechts seines Heimatstaats informieren.[1]

3. Rechtsfolgen

8 Art. 5 S. 2 ist nicht als einzige und abschließende Rechtsfolge von der Richtlinie vorgesehen.[2] Dies ergibt sich daraus, daß andernfalls nur bei Unklarheit, nicht aber bei Unverständlichkeit eine Sanktion greifen würde. Art. 5 S. 1 ist auch nach seinem klaren Wortlaut („müssen") nicht nur Sollvorschrift.[3] Art. 5 S. 1 läßt die **Rechtsfolgen bei Nichtbeachtung** von Klarheit und Verständlichkeit offen, so daß die Mitgliedstaaten die adäquaten Rechtsfolgen selbst bestimmen können.[4] Dem Gebot der Klarheit und Verständlichkeit wird bei der Einbeziehung im deutschen Recht zunächst durch § 305 II und § 305c I BGB Rechnung getragen.[5] Die zumutbare Möglichkeit der Kenntnisnahme gemäß § 305 II BGB erfordert ebenfalls Verständlichkeit und Lesbarkeit,[6] enthält darüber hinaus aber zusätzliche Anforderungen, die, wie z. B. die freie Verfügbarkeit des Vertragstextes, über die Klarheit und Verständlichkeit hinausgehen.[7] Dies ist aber mit der Richtlinie (Art. 8) und dem EG-Vertrag vereinbar und entspricht auch den Erwägungsgründen (Nr. 20). Bei Verletzung des Klarheitsgebots kann auch § 305c I BGB eingreifen, wenn aufgrund der Unklarheit Überraschungs- und Überrumpelungseffekte eintreten. Soweit die Unklarheit zu Zweifeln hinsichtlich der einen oder anderen Auslegung Anlaß gibt, greift gemäß § 305c II BGB in Übereinstimmung mit Art. 5 S. 2 die kundenfreundliche Auslegung ein. Daneben sind Klarheit und Verständlichkeit auch im Zusammenhang mit dem Transparenzgebot nach Art. 3 I zu berücksichtigen,[8] wobei ein Verstoß zur Unwirksamkeit führt.[9] Als mögliche Sanktion können auch Schadensersatzansprüche ausreichen, sofern sie der Höhe nach effektiv sind. Sofern die Intransparenz zugleich die Mißbräuchlichkeit gemäß Art. 3 I zur Folge hat, muß aber die Unverbindlichkeit gemäß Art. 6 als Rechtsfolge beachtet werden. Die Mißbräuchlichkeit ergibt sich aber nicht aus der Intransparenz allein, so wenn alle nach der Intransparenz möglichen Klauselgestaltungen für den Verbraucher günstig sind. Dann muß Art. 5 S. 2 im Interesse des Verbraucherschutzes Vorrang haben.[10] Der Vorrang des Art. 5 S. 2 muß auch gelten, wenn sich aus der verbraucherfreundlichen Auslegung eine dem Verbraucher günstigere Rechtsfolge ergibt als bei Unwirksamkeit nach Art. 3, 6. Im übrigen ist eine Kombination und Kumulierung der verschiedenen Rechtsfolgen möglich.[11] Der Restvertrag ist gemäß Art. 6 grundsätzlich

[1] Dazu auch *Pfeiffer,* in: GH II/*Wolf* EG-VbR A 05, Art. 5 Rz 21; enger *Nassall* JZ 1995, 689, 693.

[2] *Pfeiffer,* in: GH II/*Wolf* EG-VbR A 05, Art. 5 Rz 22 mwN.; *Schmidt-Salzer* BB 1995, 733, 737.

[3] A. A. aber *Schmidt-Salzer* BB 1995, 1493.

[4] Ebenso *Pfeiffer,* in: GH II/*Wolf* EG-VbR A 05, Art. 5 Rz 25.

[5] Dafür als Rechtsfolge *von Westphalen* EWS 1993, 160, 165; *Heinrichs,* FS *Trinkner,* S. 157, 173.

[6] § 305 Rz 88.

[7] § 305 Rz 86f.

[8] S. § 307 BGB Rz 235ff.

[9] Dafür als Rechtsfolge *Reich* VuR 1995, 1, 5; *ders.* NJW 1995, 1857, 1860; *Kapnopolou,* Das Recht der mißbräuchlichen Klauseln, S. 145.

[10] S. auch § 307 BGB Rz 250; a. A. *Nassall* JZ 1995, 689, 692; *Pfeiffer,* in: GH II/*Wolf* EG-VbR A 05, Art. 5 Rz 26 mwN.

[11] *Pfeiffer,* in: GH II/*Wolf* EG-VbR A 05, Art. 5 Rz 25.

aufrechtzuerhalten.[1] Die Verpflichtung zur richtlinienkonformen Auslegung dessen, was Klarheit und Verständlichkeit gemäß Art. 5 S. 1 gebieten, besteht für alle von den Mitgliedstaaten ausgewählten Gestaltungen.

III. Verbraucherfreundliche Auslegung

Die Richtlinie verzichtet weitgehend auf rechtsgeschäftliche Regeln über das Zustandekommen von Verträgen und deren Auslegung. Lediglich aus Nr. 1 lit. i Anh. läßt sich das Erfordernis der Zustimmung des Verbrauchers zur Einbeziehung von Klauseln und die Möglichkeit zur Kenntnisnahme ersehen.[2] Art. 5 S. 2 greift das Prinzip der kundenfreundlichen Auslegung aus § 305c I BGB unter Begrenzung auf den Verbraucherschutz auf. Der in Art. 5 S. 2 enthaltene Grundsatz gehört darüber hinaus zum weitgehend gemeinsamen Bestand des Vertragsrechts der Mitgliedstaaten.[3] Der in Art. 5 S. 2 niedergelegte Grundsatz der günstigsten Auslegung enthält aber keine Bindung an die hergebrachte Unterscheidung von kundenfreundlicher Auslegung im Individualprozeß.[4] Vielmehr erlaubt die kundengünstige Auslegung des Art. 5 S. 2 auch im Individualprozeß eine kundenfeindliche Auslegung, wenn diese in Verbindung mit der Unwirksamkeit nach §§ 307–309 BGB dem Kunden insgesamt günstiger ist. Auf jeden Fall ist die kundenfeindliche Auslegung im deutschen Recht, die sich im Ergebnis zum Vorteil des Verbrauchers auswirkt, durch Art. 8 gerechtfertigt.[5] 9

Dem Grundsatz der verbraucherfreundlichen Auslegung ist die umfassende Auslegung vorgeschaltet, da Art. 5 S. 2 erst eingreift, wenn als Ergebnis der Auslegung Zweifel bleiben. Die Anknüpfung allein an einen aus dem Wortlaut sich ergebenden semantischen Auslegungszweifel[6] würde der Beachtung des Einflusses von Art. 4 I widersprechen. Auch hat ein übereinstimmender gemeinsamer Parteiwille Vorrang.[7] Die Auslegung wird durch die Richtlinie nicht abschließend geregelt. Aus Art. 4 I lassen sich mittelbar auch Kriterien der Auslegung entnehmen, da diese der Mißbrauchskontrolle vorgeschaltet ist und beide in einem sachlichen Komplementärverhältnis stehen.[8] Daneben gelten ergänzend die **Auslegungsregeln in den einzelnen Mitgliedstaaten**.[9] Diese sind als grundsätzlich einander gleichwertig anzusehen. Sofern sich im Einzelfall gewichtige marktrelevante Unterschiede ergeben sollten und dadurch die Anwendung der verbraucherfreundlichen Auslegung zu unterschiedlichen Ergebnissen führen würde, ist eine Vereinheitlichung geboten. Diese ist dadurch zu bewerkstelligen, daß dem gemeinschaftsrechtlichen Gebot kundenfreundlicher Auslegung des Art. 5 S. 2 eine Ausstrahlungswirkung auf die Anwendung nationaler Auslegungsregeln zuerkannt wird, indem z. B. die Frage, unter welchen Voraussetzungen „Zweifel" als gegeben anzusehen sind, gemeinschaftsrechtlich einheitlich durch den EuGH festgelegt

---

1 *Heinrichs,* FS *Trinkner* S, 157, 176.

2 S. im einzelnen *Pfeiffer,* in: GH II/*Wolf* EG-VbR A 05, Art. 5 Rz 32 ff.

3 *Pfeiffer,* in: GH II/*Wolf* EG-VbR A 05, Art. 5 Rz 45 mwN.

4 S. etwa BGHZ 104, 82, 88 = NJW 1988, 1726; § 307 BGB Rz 7; für Festlegung auf kundenfreundliche Auslegung *Ulmer* EuZW 1993, 337, 341; *Pfeiffer,* in: GH II/*Wolf* EG-VbR A 05, Art. 5 Rz 51; s. auch *Michalski* DB 1994, 665, 668.

5 *Pfeiffer,* in: GH II/*Wolf EG-VbR A 05,* Art. 5 Rz 52; a. A. *Ulmer* EuZW 1993, 337, 340.

6 So *Kapnopolou,* Das Recht der mißbräuchlichen Klauseln, S. 149 f; *Pfeiffer,* in: GH II/*Wolf* EG-VbR A 05, Art. 5 Rz 47.

7 *Pfeiffer,* aaO, Rz 48.

8 S. auch *von Westphalen* EWS 1993, 161, 166.

9 S. auch *Schmidt-Salzer* BB 1995, 733, 737.

wird. Daneben sind die in Art. 4 I genannten Gesichtspunkte richtlinienkonform im nationalen Recht zur Geltung zu bringen. Sie stehen aber der im deutschen Recht vorherrschenden objektiven Auslegung von AGB nicht entgegen.[1]

10 Art. 5 S. 3 ist zwingendes Recht.[2] Bei wörtlichem Verständnis von Art. 5 S. 3 soll der Grundsatz kundenfreundlicher Auslegung in den **abstrakten Kontrollverfahren des Art. 7 II** nicht gelten. Diese Regelung, die offenbar an die im deutschen Recht übliche Unterscheidung von kundenfreundlicher Auslegung im Individualprozeß und kundenfeindlicher Auslegung im Verbandsprozeß anknüpft, erscheint wenig glücklich, denn auch die kundenfeindliche Auslegung im Verbandsprozeß dient auf dem Weg über die Klauselunwirksamkeit dem Vorteil des Kunden und bringt damit den Grundsatz des § 305 c II BGB zum Tragen. Indem Art. 5 S. 3 lediglich negativ anordnet, daß die dem Verbraucher günstigste Auslegung nicht gelten soll, läßt er offen, welcher Grundsatz statt dessen positiv zur Anwendung kommen soll, wenn im abstrakten Kontrollverfahren Zweifel bei der Auslegung einer Klausel bleiben. Unter Berücksichtigung von Art. 7 I, der auch bei den abstrakten Kontrollverfahren angemessene und wirksame Mittel zum Verbraucherschutz verlangt,[3] dürfen auch in den abstrakten Kontrollverfahren Auslegungszweifel sich nicht zum Nachteil des Verbrauchers auswirken, sondern müssen dem Gewerbetreibenden, der die Klausel aufgestellt hat oder für sich verwendet, angelastet werden. Auch ohne ausdrückliche Regelung ist deshalb die Richtlinie dahin zu verstehen, daß Zweifel und Unklarheiten in den abstrakten Kontrollverfahren des Art. 7 II zu Lasten der Gewerbetreibenden gehen sollen. Art. 5 S. 3 hat deshalb klarstellende Bedeutung.[4] Ein Mitgliedstaat, der einheitlich für den Individualprozeß und den Verbandsprozeß die kundenfreundliche Auslegung vorsieht, verstößt gegen Art. 5 S. 3, wenn er nicht die Möglichkeit gewährt, das den Verbrauchern insgesamt günstigste Ergebnis zu erzielen, sei es über die Unwirksamkeit der Klausel oder über deren Auslegung.[5]

---

[1] Vgl. Art. 4 Rz 3, im Ergebnis auch *Graf von Westphalen* EWS 1993, 161, 166; *Schmidt-Salzer* BB 1995, 733, 737; *Pfeiffer,* in: GH II/*Wolf* EG-VbR A 05, Art. 5 Rz 44; von einer objektiven Auslegung geht der EuGH aus, s. EuGH 9.9.2004 Ch-70/03 Slg 2004 I-7999 Rz 16 – Komm/Spanien.

[2] EuGH 9.9.04 C 70-03 Slg 2004 I-7999 Rz 17 – Komm/Spanien.

[3] S. Art. 7 Rz 3.

[4] EuGH Slg 2001 I 9049 Rz 17 Komm/Spanien.

[5] EuGH 9.9.04 C-70-03 Slg 2004 I-7999 Rz 16 ff. – Komm/Spanien.

Artikel 6

(1) Die Mitgliedstaaten sehen vor, daß mißbräuchliche Klauseln in Verträgen, die ein Gewerbetreibender mit einem Verbraucher geschlossen hat, für den Verbraucher unverbindlich sind, und legen die Bedingungen hierfür in ihren innerstaatlichen Rechtsvorschriften fest; sie sehen ferner vor, daß der Vertrag für beide Parteien auf derselben Grundlage bindend bleibt, wenn er ohne die mißbräuchlichen Klauseln bestehen kann.

(2) Die Mitgliedstaaten treffen die erforderlichen Maßnahmen, damit der Verbraucher den durch diese Richtlinie gewährten Schutz nicht verliert, wenn das Recht eines Drittlands als das auf den Vertrag anzuwendende Recht gewählt wurde und der Vertrag einen engen Zusammenhang mit dem Gebiet der Mitgliedstaaten aufweist.

Inhaltsübersicht

I. Normzweck und Allgemeines

1 Während Art. 7 auf Verfahren zielt, die die Durchsetzung mißbräuchlicher Klauseln verhindern und es ermöglichen, deren Verwendung von vornherein zu unterbinden, ordnet Art. 6 I die materiell-rechtliche Folge der **Unverbindlichkeit** an, wenn eine mißbräuchliche Klausel dennoch in einen Vertrag Eingang findet. Dieses Ziel erfordert eine effektive Umsetzung (s. Rz 4). Die Unverbindlichkeit soll aber grundsätzlich auf die mißbräuchlichen Klauseln beschränkt bleiben, so daß der **wirksame Restvertrag** seine verpflichtende Kraft behält, wenn er ohne wesentliche Änderung durchgeführt werden kann. Die Regelung entspricht damit im wesentlichen § 306 I und III BGB.

2 Die **Sicherstellung** des mit der Richtlinie bezweckten **Verbraucherschutzes gegenüber Rechtswahlklauseln** ist das Anliegen von Art. 6 II, sofern der mit dem Verbraucher geschlossene Vertrag einen engen Zusammenhang mit einem der Mitgliedstaaten aufweist. Art. 29 und 29a EGBGB verwirklichen diesen Schutz im wesentlichen.

II. Unverbindlichkeit mißbräuchlicher Klauseln

3 Art. 6 I verpflichtet die Mitgliedstaaten, Vertragsklauseln, die gemäß Art. 3 mißbräuchlich sind, in ihren nationalen Vorschriften für unverbindlich zu erklären. Art. 6 I bezieht sich auf bereits abgeschlossene Verträge, in denen eine mißbräuchliche

Klausel vereinbart worden ist. Ob die Unverbindlichkeit durch Behörden oder durch Gerichte ausgesprochen wird, überläßt die Richtlinie den Mitgliedstaaten.[1] Eine Überprüfung der behördlichen Entscheidung durch Gerichte sollte möglich sein.

1. Unverbindlichkeit

4 Die Unverbindlichkeit muß nach dem Sinn und Zweck der Richtlinie zur Folge haben, daß die den Verbraucher belastenden Rechtsfolgen einer mißbräuchlichen Klausel nicht eintreten und **rechtlich nicht durchsetzbar sind**. In welcher Weise dies geschieht, ob eine Rechtsordnung die mißbräuchliche Klausel für nichtig, unwirksam[2] oder sonst für unverbindlich erklärt, bleibt dem jeweiligen Mitgliedstaat überlassen. Dies ist gemeint, wenn Art. 6 I vorsieht, daß die Mitgliedstaaten die Bedingungen für die Unverbindlichkeit in ihren innerstaatlichen Rechtsvorschriften festlegen,[3] denn die materiellen Voraussetzungen für die Unverbindlichkeit werden in Gestalt der Mißbräuchlichkeit durch die Richtlinie in Art. 3 selbst bestimmt. Art. 6 I will deshalb nicht unter Außerkraftsetzung von Art. 3 den Mitgliedstaaten freistellen, unter welchen materiellen Voraussetzungen die Unverbindlichkeit eintritt, vielmehr stellt er ihnen nur die Art und Weise der Unverbindlichkeit und das dabei zu beachtende Verfahren frei. Diese Verfahren müssen den von der Richtlinie bezweckten Verbraucherschutz aber effektiv umsetzen. Anfechtbarkeit in dem Sinne, daß eine die Unverbindlichkeit herbeiführende Gestaltungserklärung des Verbrauchers vorausgesetzt wird, genügt den Anforderungen des Art. 6 I nicht,[4] da die dabei dem Verbraucher abverlangte Initiative, sei es aus Unkenntnis, wegen wirtschaftlichen Drucks oder wegen sonstiger Unterlegenheit des Verbrauchers, dessen Schutz erheblich beeinträchtigen und mindern könnte. Die Unverbindlichkeit muß deshalb ipso iure eintreten und von Amts wegen zu beachten sein.[5] Einem effektiven Verbraucherschutz widerspricht es auch, eine zeitliche Begrenzung für die Berücksichtigung der Unverbindlichkeit einzuführen.[6] Die Unwirksamkeit der missbräuchlichen Klausel darf auch nicht dadurch umgangen werden, dass eine identische wie die für unwirksam erklärte Klausel im Wege der ergänzenden Auslegung in den Vertrag eingeführt wird.[7]

2. Teilunwirksamkeit

5 Art. 6 I geht im Interesse des Verbrauchers von der Teilunwirksamkeit des Vertrages aus, d. h. der Begrenzung der Unverbindlichkeit auf den mißbräuchlichen Teil. Zur Festlegung der Unverbindlichkeit durch die Mitgliedstaaten gehört auch die Frage, ob die Teilunwirksamkeit von einer **Teilbarkeit der Klausel** abhängig gemacht[8] oder ob eine **geltungserhaltende Reduktion** zugelassen wird. Dies ist den Mitgliedstaaten grundsätzlich freigestellt,[9] solange aus den unterschiedlichen Re-

---

[1] S. auch Art. 7 II; a. A. offenbar *Remien* ZEuP 1994, 34, 63; *Pfeiffer,* in: GH II/*Wolf* EG-VbR A 05, Art. 6 Rz 1.

[2] Allein dafür: *von Westphalen* EWS 1993, 160, 161.

[3] Ebenso *Kapnopolou,* Das Recht der mißbräuchlichen Klauseln, S. 150; *Pfeiffer,* in: GH II/*Wolf* EG-VbR A 05, Art. 6 Rz 4.

[4] Zust. *Pfeiffer,* in: GH II/*Wolf* EG-VbR A 05, Art. 6 Rz 6; *Kretschmar,* aaO, bei Art. 1, S. 233.

[5] Ebenso EuGH Slg. 2000, I-4941 Rz 26 Océano Grupo Editorial und Salvat Editores; EuGH Slg. 2002, I 10875 Cofidis/Fredout; *Kapnopolou,* Das Recht der mißbräuchlichen Klauseln, S. 151; *Pfeiffer,* in: GH II/*Wolf* EG-VbR A 05, Art. 6 Rz 6.

[6] EuGH Slg. 2002, I 10875 Cofidis/Fredout; s. auch Art. 7 Rz 4.

[7] BGH v. 12.10.2005 IV ZR 162/03 Rz 43 = NJW 2005, 3559.

[8] S. § 307 BGB Rz 347 ff.

[9] A. A. *Reich* NJW 1995, 157, 161; *Pfeiffer,* in: GH II/*Wolf* EG-VbR A 05, Art. 6 Rz 7, 9.

gelungen keine handelsbeschränkenden oder wettbewerbsverzerrenden Folgen entstehen, die hier leicht drohen können. Im Interesse des Verbraucherschutzes ist die dann gebotene Harmonisierung unter Verzicht auf die geltungserhaltende Reduktion vorzunehmen. Die Unverbindlichkeit soll und darf nach dem Schutzzweck der Richtlinie aber grundsätzlich nur insoweit eintreten, als dies erforderlich ist, um den Verbraucher von mißbräuchlichen Belastungen zu befreien. Die Pflichten des Gewerbetreibenden und Rechte des Verbrauchers sollen deshalb grundsätzlich von Bestand bleiben. Dies bringt die französische Fassung deutlicher zum Ausdruck (ne lient pas les consommateurs). Ob die Unverbindlichkeit nur relativ zwischen den Parteien oder absolut wirkt, bleibt den Mitgliedstaaten überlassen.[1] Eine Unverbindlichkeit, auf die sich auch der Gewerbetreibende berufen kann, ist nicht generell ausgeschlossen.[2] Allerdings darf er gemäß dem Grundsatz von Treu und Glauben sich nicht zu seinem eigenen Verhalten in Widerspruch setzen und das Vertrauen des Verbrauchers zerstören.

III. Verbindlichkeit des Restvertrags

Der 2. Halbsatz von Art. 6 I sieht in Anlehnung an § 306 I BGB die grundsätzliche Verbindlichkeit des Restvertrags vor. Im Gegensatz zu § 306 II BGB enthält Art. 6 I 2. Hs aber keine Bestimmung darüber, welche Regelung an die Stelle der unwirksamen Klausel treten soll. Vielmehr wird nur die Verbindlichkeit des Restvertrags auf derselben Grundlage vorgesehen, wenn er ohne die mißbräuchlichen Klauseln bestehen kann. Ob der Restvertrag ohne die mißbräuchlichen Klauseln durchgeführt werden kann, hängt aber stark davon ab, was an deren Stelle tritt. 6

1. Ersatzregelung für unverbindliche Klauseln

Grundsätzlich sollte jede Rechtsordnung ergänzende Regelungen für den Fall vorsehen, daß vertragliche Vereinbarungen unvollständig sind, denn es ist den Parteien oft nur schwer möglich, an alle regelungsbedürftigen Punkte zu denken und dafür eine sachgerechte Lösung zu finden. Das dispositive Recht und die ergänzende Vertragsauslegung übernehmen deshalb nicht nur im deutschen Recht, sondern auch in anderen Mitgliedstaaten die Funktion der Ausfüllung verbleibender Lücken.[3] Da die Aufrechterhaltung des Restvertrags den Verbraucherschutz in besonderem Maße verwirklicht, entspricht es den Zwecken der Richtlinie am besten, die durch eine unwirksame Klausel entstehende Lücke im Wege ergänzender Vertragsauslegung oder durch das dispositive Recht zu schließen, weil dann der Restvertrag eher durchgeführt werden kann. Da die Richtlinie eine Lückenfüllung nicht ausdrücklich vorsieht, ist es den Mitgliedstaaten grundsätzlich freigestellt, ob und wie sie eine Lückenfüllung vorsehen.[4] Es kann auch vorgesehen werden, daß es bei dem lückenhaften Vertrag verbleibt.[5] Sofern jedoch aus etwaigen unterschied- 7

[1] *Pfeiffer,* in: GH II/*Wolf* EG-VbR A 05, Art. 6 Rz 5.

[2] A. A. offenbar *Kapnopolou,* Das Recht der mißbäuchlichen Klauseln, S. 151; *Pfeiffer,* in: GH II/*Wolf* EG-VbR A 05, Art. 6 Rz 4.

[3] Vgl. *Zeller,* Auslegung von Gesetz und Vertrag, 1989 S. 480 ff; zum französischen Recht s. auch *Sonnenberger,* Französisches Handels- und Wirtschaftsrecht, 2. Aufl. 1994, Rz II 27; *Ghestin,* Traité de droit civil; Les obligations de contrat: Formation, 2. ed. 1988, S. 691.

[4] BGH v. 12. 10. 2005 IV ZR 162/03 Tz 50 = NJW 2005, 2559; *Eckert* WM 1993, 1070, 1077; *von Westphalen* EWS 1993, 160, 167; *Heinrichs* NJW 1996, 2190, 2195; *Pfeiffer,* in: GH II/*Wolf* EG-VbR A 05, Art. 6 Rz 8.

[5] *Kapnopolou,* Das Recht der mißbräuchlichen Klauseln, S. 152.

lichen Regelungen in den Mitgliedstaaten Handelsbeschränkungen oder Wettbewerbsverzerrungen erwachsen, ist eine Harmonisierung geboten, die entsprechend dem Schutzzweck der Richtlinie in erster Linie auf die Durchführung des Restvertrags und damit auf die Lückenfüllung, sei es durch dispositives Recht oder durch ergänzende Vertragsauslegung, gerichtet sein sollte.

2. Durchführung des Restvertrags und Gesamtunwirksamkeit

8 Die Durchführung des Restvertrags ist gemäß Art. 6 I 2. Hs in der Weise vorgesehen, daß der Vertrag **auf derselben Grundlage** bindend bleibt. Die Bindung auf derselben Grundlage erfordert, daß die übrigen Vertragsbedingungen sowie der Zweck und die Rechtsnatur unverändert bestehenbleiben.[1] Das bringt die französische Fassung „selon les mêmes termes", aber auch die englische Fassung „upon those terms" etwas deutlicher zum Ausdruck. Etwaige Vertragsergänzungen (s. Rz 7) müssen dem bestehenbleibenden Restvertrag und seinen Vertragsbedingungen angepaßt werden. Dagegen darf nicht umgekehrt der Restvertrag und seine Bedingungen durch die Lückenergänzung modifiziert werden. Die Durchführbarkeit ist im Zeitpunkt der Beurteilung, nicht im Zeitpunkt des Vertragsschlusses zu bestimmen. Ob der Gewerbetreibende mit der Durchführung des Restvertrags einverstanden ist, ist ohne Belang. Auch ist eine Klausel, die entgegen Art. 6 I die Unwirksamkeit oder Modifikation des Restvertrags vorsieht, unwirksam,[2] denn Art. 6 I ist zwingend.

9 Die Bindung besteht jedoch nur so lange, als der Vertrag ohne die mißbräuchliche Klausel **bestehen kann**. Entscheidend ist, daß **der Vertrag** bestehen kann. Dies ist nicht identisch mit der Unmöglichkeit des Leistungsstörungsrechts, die sich auf die zu erbringende Leistung bezieht. Das Bestehenkönnen des Vertrags ist zum einen davon abhängig, daß nicht derart wesentliche seiner Teile unwirksam sind, daß eine Lückenfüllung unmöglich ist und der Vertrag wegen Unbestimmtheit insbesondere seiner Leistungspflichten deshalb nicht durchgeführt werden kann. Eine unzumutbare wirtschaftliche Bindung im Sinne einer wirtschaftlichen Unmöglichkeit ist ebenfalls gemäß Art. 6 I als undurchführbar anzusehen.[3] Des weiteren kommt es auf das Bestehen des Vertrags in seiner konkreten Natur, insbesondere unter Wahrung der vereinbarten wesentlichen Vertragszwecke, an. Ein vereinbarter einmaliger Leistungsaustausch darf nicht zum Dauerschuldverhältnis werden, und eine vereinbarte Nutzungsüberlassung darf nicht zur Vollübereignung führen. Obwohl die Kriterien des Art. 6 I nicht mit § 306 III BGB übereinstimmen,[4] wird bei Vorliegen einer unzumutbaren Härte im Sinne von § 306 III BGB regelmäßig auch eine Veränderung der Natur des konkreten Vertrags anzunehmen sein, so daß § 306 III BGB keine weniger strenge Bindung als Art. 6 I vorsieht, sondern von diesem mit umfaßt wird. Auf jeden Fall ist § 306 III BGB richtlinienkonform im Sinne von Art. 6 I auszulegen. Eine über § 306 III BGB hinausgehende Nichtigkeit des Gesamtvertrags ist grundsätzlich nicht mit Art. 6 I vereinbar.[5] Kann der Restvertrag in diesem Sinne nicht bestehenbleiben, so tritt **Gesamtunwirksamkeit** ein. Der Vertrag wird dann insgesamt nicht durchgeführt. Ob zugunsten des Verbrauchers Ansprüche auf Schadensersatz, etwa aus culpa in contrahendo, bestehen,[6] bleibt dem nationalen Recht der Mitgliedstaaten überlassen.

[1] S. auch *von Westphalen* EWS 1993, 160, 166.
[2] *Pfeiffer,* in: GH II/*Wolf* EG-VbR A 05, Art. 6 Rz 11.
[3] *Pfeiffer,* in: GH II/*Wolf* EG-VbR A 05, Art. 6 Rz 16.
[4] S. *Eckert* WM 1993, 1070, 1077.
[5] *Pfeiffer,* in: GH II/*Wolf* EG-VbR A 05, Art. 6 Rz 17.
[6] S. § 307 BGB Rz 366.

IV. Verbraucherschutz bei Rechtswahlklauseln

Rechtswahlklauseln sind auch in Verbraucherverträgen **grundsätzlich zulässig**. Sie begründen die Anwendung ausländischen Rechts und könnten damit auch die Anwendung der Verbraucherschutzvorschriften gegen mißbräuchliche Klauseln entfallen lassen. Hiergegen will Art. 6 II Vorkehrungen treffen, indem er die Mitgliedstaaten verpflichtet, die Anwendung des in der Richtlinie vorgesehenen Verbraucherschutzes auch im Falle von Rechtswahlklauseln, gleichgültig ob sie in AGB oder in Individualklauseln getroffen sind, grundsätzlich sicherzustellen. Dies kann zu gespaltenen Rechtsverhältnissen führen, auf die unterschiedliches Recht anzuwenden ist. Art. 6 II wurde durch Art. 29 a EGBGB umgesetzt. Er betrifft jedoch nur die Vorschriften der Richtlinie, nicht dagegen sonstiges zwingendes Recht wie Art. 29 EGBGB (= Art. 5 EVÜ). Dagegen greift Art. 6 II weiter als Art. 29 EGBGB, weil er nicht nur den passiven Verbraucher schützt, der von seinem Heimatstaat aus den Vertrag abschließt oder vorbereitet, sondern auch den aktiven Verbraucher, der von sich aus grenzüberschreitend sich in andere Länder begibt und dort Verträge abschließt.[1] Art. 6 II erfaßt auch alle Vertragstypen und nicht nur die von Art. 29 EGBGB erfaßten.[2] Eine Regelung der internationalen Zuständigkeit enthält Art. 6 II nicht.[3] 10

1. Rechtswahl eines Drittlandes

Art. 6 II gilt nur bei Wahl des Rechts eines **Drittlandes**, das nicht Mitgliedstaat der EU ist und das deshalb nicht zur Umsetzung der Richtlinie in nationales Recht verpflichtet ist. Die Wahl des Rechts eines Mitgliedstaates fällt nicht unter Art. 6 II, weil bei ordnungsgemäßer Umsetzung der Verbraucherschutz in allen Mitgliedstaaten durch die Richtlinie ohnehin sichergestellt ist. Sollte das Recht eines Mitgliedstaates gewählt werden, der die Richtlinie noch nicht umgesetzt hat, so wäre die Rechtswahlklausel gemäß Art. 3 auf ihre Mißbräuchlichkeit zu überprüfen, wenn nicht bereits durch richtlinienkonforme Auslegung des gewählten Rechts das Verbraucherschutzniveau der Richtlinie gewahrt werden kann. Ist das Recht eines Drittlandes ohne Rechtswahlklausel nach Art. 28 EGBGB anwendbar, so kommt Art. 6 II zwar nach seinem Wortlaut nicht zur Anwendung. Nach seinem Schutzzweck ist er aber auch analog anzuwenden, wenn aufgrund objektiver Anknüpfung das Recht eines Drittstaates gilt.[4] Art. 6 II gilt nach Art. 1 II aber nicht für solche Rechtswahlklauseln, die ein Drittland in Übereinstimmung mit Art. 6 II wählen, d. h. wenn der Vertrag keinen engen Zusammenhang zu einem Mitgliedstaat aufweist. Art. 6 II ist auch nicht anwendbar, wenn eine Rechtswahl getroffen wird, die mit einem internationalen Übereinkommen übereinstimmt. 11

2. Gewährleistung des Verbraucherschutzes

a) Die **Mittel**, wie der Verbraucherschutz der Richtlinie im Falle der Rechtswahl 12
gewährleistet wird, bleiben grundsätzlich dem **Ermessen der Mitgliedstaaten**

---

[1] *Pfeiffer*, in: GH II/*Wolf* EG-VbR A 05, Art. 6 Rz 21.

[2] S. zum Verhältnis beider Regelungen im einzelnen *Baumert* EWS 1995, 57, 61 f; *Jayme*, FS *Trinkner*, S. 575, 582 f; *Pfeiffer*, in: GH II/*Wolf* EG-VbR A 05, Art. 6 Rz 48 ff.

[3] *Jayme*, FS *Trinkner*, S. 575, 581; *Pfeiffer*, in: GH II/*Wolf* EG-VbR A 05, Art. 6 Rz 68.

[4] *Von Wilmowsky* ZEuP 1995, 735, 759; *von Westphalen* BB 1996, 2101, 2105; *Pfeiffer*, in: GH II/*Wolf* EG-VbR A 05, Art. 6 Rz 33.

überlassen. Sie können die Rechtswahl bei engem Zusammenhang des Vertrags mit einem Mitgliedstaat für unwirksam erklären, und sie können die Voraussetzungen des engen Zusammenhangs im Rahmen der europäisch-autonomen Auslegung (s. Rz 13) enumerativ gesetzlich festlegen, wie dies in Art. 29 EGBGB (= Art. 5 Übk von Rom) geschehen ist. Die Aufzählung der Merkmale, aus denen sich ein enger Zusammenhang ergibt, darf jedoch nicht abschließend erfolgen, sondern muß, um Art. 6 II zu genügen, die Berücksichtigung aller Fallgestaltungen ermöglichen, in denen ein enger Zusammenhang besteht.[1] Art. 29 a II EGBGB entspricht diesen Anforderungen, weil er den engen Zusammenhang mit „insbesondere“ nur beispielhaft aufzählt. Die Mitgliedstaaten können auch generell die Konkretisierung des engen Zusammenhangs den rechtsanwendenden Gerichten und Behörden überlassen, die ebenfalls an die europäisch-autonome Auslegung gebunden sind.[2] Es muß auch genügen, wenn ein Mitgliedstaat den Schutz gemäß Art. 6 II im Rahmen der Mißbrauchskontrolle der Rechtswahlklausel gemäß Art. 3 gewährt. Im deutschen Recht bleibt Art. 34 EGBGB in jedem Fall anwendbar und ermöglicht in richtlinienkonformer Auslegung des § 307 BGB die Inhaltskontrolle der Rechtswahlklausel nach dem Maßstab von Art. 6 II. Bei der richtlinienkonformen Auslegung fungiert § 307 BGB als Sachnorm mit international zwingendem Geltungsbereich (Eingriffsnorm), die kollisionsrechtlich gemäß Art. 34 EGBGB (Art. 7 EVÜ) zu berücksichtigen ist.[3]

13 **b)** Die Schutzpflicht besteht nur bei **engem Zusammenhang** eines Verbrauchervertrags mit dem Gebiet der Mitgliedstaaten. Der Begriff des engen Zusammenhangs ist vom EuGH europäisch-autonom auszulegen. Es genügt ein enger Zusammenhang zum Gebiet irgendeines, natürlich auch mehrerer Mitgliedstaaten, ohne daß der Verbraucher gerade in diesem Mitgliedstaat seinen Wohnsitz oder Aufenthalt haben muß. Wann eine enge Verbindung anzunehmen ist, richtet sich nach den allgemeinen Kriterien des Internationalen Privatrechts. Art. 28 II bis V EGBGB enthält in Anlehnung an Art. 4 des Übereinkommens von Rom (= EVÜ) einige Gesichtspunkte für einen engen Zusammenhang,[4] wie insbesondere den Ort des gewöhnlichen Aufenthalts oder den Ort der Niederlassung des Schuldners der vertragscharakteristischen Leistung (Art. 28 II EGBGB, Art. 4 II EVÜ), den Ort der belegenen Sache (Art. 28 III EGBGB, Art. 4 III EVÜ), bei Güterbeförderungsverträgen die Hauptniederlassung des Beförderers gemäß Art. 28 IV EGBGB (Art. 4 EVÜ), aber auch sonstige Umstände (Art. 28 V EGBGB, Art. 4 EVÜ), wie z. B. die gemeinsame Staatsangehörigkeit, ein gemeinsamer Aufenthalt, eine gemeinsame Sprache, der Abschlußort oder die vereinbarte Währung.[5] Nicht erforderlich ist, daß die Vertragsanbahnung in der EG stattgefunden hat.[6] Es genügt, daß bei der Vertragsdurchführung ein enger Bezug zu einem Mitgliedstaat besteht.[7] Die sonstige kollisionsrechtliche Geltung des Rechts eines Mitgliedstaates ist nicht erforderlich. Zu beachten ist, daß Art. 6 II nicht wie Art. 28 II EGBGB an die engste Verbindung anknüpft, sondern jede enge Verbindung genügen läßt, auch wenn sie nicht die engste ist. Die bloße Rechtswahl oder eine Gerichtsstandsklausel begründet aber nach dem Grundgedanken des Art. 27 III EGBGB (Art. 3 III EVÜ) für sich allein noch keinen engen Zusammenhang. Gesichtspunkte des engen Zusammen-

---

[1] EuGH v. 9.9.2004 C-70/03 Slg 2004 I-7999 Rz 33 – Komm/Spanien.

[2] S. zum unterschiedlichen Vorgehen in den Mitgliedstaaten *Martiny* ZEuP 1995, 107, 110; *Jayme/Kohler* IPrax 1995, 343; *Pfeiffer*, in: GH II/*Wolf* EG-VbR A 05, Art. 6 Rz 23.

[3] S. auch *Baumert* EWS 1995, 57, 64.

[4] S. auch *Baumert* EWS 1995, 57, 67.

[5] Vgl. MünchKomm/*Martiny* Art. 28 EGBGB Rz 6 ff.

[6] So *von Wilmowsky* ZEuP 1995, 735, 760.

[7] *Pfeiffer*, in: GH II/*Wolf* EG-VbR A 05, Art. 6 Rz 25, 29 f.

hangs zur Wahrung des Verbraucherschutzes enthalten Art. 29 I Nr. 1–3 und Art. 29 a EGBGB.[1] Die Richtlinie begrenzt in Art. 6 II den Schutz aber nicht auf die in Art. 29 II und Art. 29 a EGBGB aufgeführten Voraussetzungen, sondern will auch darüber hinaus gelten.[2] Soweit die Voraussetzungen der Art. 28, 29 und 29 a EGBGB nicht vorliegen, ist deshalb immer noch im Rahmen der allgemeinen Inhaltskontrolle gemäß § 307 BGB (s. oben Rz 12) zu prüfen, ob die Rechtswahl nicht wegen eines sonstigen engen Zusammenhangs zu einem Mitgliedstaat mißbräuchlich ist.

c) Personell gilt der Schutz **für alle Verbraucher** unabhängig davon, ob sie durch Staatsangehörigkeit, Wohnsitz oder ständigen Aufenthalt mit einem Mitgliedstaat oder einem Drittland verbunden sind, sofern nur aufgrund sonstiger Umstände ein enger Zusammenhang besteht.[3] **14**

d) Art. 6 II sieht als **Rechtsfolge** die Erhaltung des durch die Richtlinie gewährten Schutzes vor. Dies führt nicht zu einer unmittelbaren Geltung der Richtlinie,[4] da Art. 6 II ausdrücklich die erforderlichen Maßnahmen der Mitgliedstaaten verlangt. Jedoch müssen die Mitgliedstaaten die Geltung des Richtlinienstandards auch im Bereich von Art. 6 II sicherstellen, auch für den Fall, daß bei Anknüpfung an das Recht eines anderen Mitgliedstaates dieser die Schutzstandards der Richtlinie nicht gewährleistet. Sieht ein Mitgliedstaat, zu dem ein enger Bezug im Sinne von Art. 6 II besteht, einen über die Richtlinie hinausgehenden Schutz vor, so ist im Rahmen eines Günstigkeitsvergleichs dessen Regelung maßgebend.[5] Bei unzureichender oder unterbliebener Umsetzung durch einen Mitgliedstaat ist die Geltung des Richtlinienstandards mit Hilfe richtlinienkonformer Auslegung sicherzustellen.[6] **15**

---

[1] Dazu auch *Reinhart,* FS *Trinkner,* S. 657, 661; *Baumert* EWS 1995, 57, 61.

[2] EuGH v. 9. 9. 2004 C-70/03 Slg 2004 I-7999 Rz 33 – Komm/Spanien so wohl auch *Ulmer* EuZW 1993, 337, 346; *Pfeiffer* NJW 1997, 1207, 1212.

[3] *Pfeiffer,* in: GH II/*Wolf* EG-VbR A 05, Art. 6 Rz 24; s. auch *Jayme,* FS *Trinkner* S. 575, 578.

[4] A. A. *Pfeiffer,* in: GH II/*Wolf* EG-VbR A 05, Art. 6 Rz 40, 46; *Jayme,* FS *Trinkner,* S. 575, 577.

[5] S. im Einzelnen *Pfeiffer,* in: GH II/*Wolf* EG-VbR A 05, Art. 6 Rz 41 ff, 44 ff mwN.

[6] S. auch *Baumert* EWS 1995, 57, 64, 69; weitergehend *Pfeiffer,* in: GH II/*Wolf* EG-VbR A 05, Art. 6 Rz 46 f.

Artikel 7

(1) Die Mitgliedstaaten sorgen dafür, daß im Interesse der Verbraucher und der gewerbetreibenden Wettbewerber angemessene und wirksame Mittel vorhanden sind, damit der Verwendung mißbräuchlicher Klauseln durch einen Gewerbetreibenden in den Verträgen, die er mit Verbrauchern schließt, ein Ende gesetzt wird.

(2) Die in Absatz 1 genannten Mittel müssen auch Rechtsvorschriften einschließen, wonach Personen oder Organisationen, die nach dem innerstaatlichen Recht ein berechtigtes Interesse am Schutz der Verbraucher haben, im Einklang mit den einzelstaatlichen Rechtsvorschriften die Gerichte oder die zuständigen Verwaltungsbehörden anrufen können, damit diese darüber entscheiden, ob Vertragsklauseln, die im Hinblick auf eine allgemeine Verwendung abgefaßt wurden, mißbräuchlich sind, und angemessene und wirksame Mittel anwenden, um der Verwendung solcher Klauseln ein Ende zu setzen.

(3) Die in Absatz 2 genannten Rechtsmittel können sich unter Beachtung der einzelstaatlichen Rechtsvorschriften getrennt oder gemeinsam gegen mehrere Gewerbetreibende desselben Wirtschaftssektors oder ihre Verbände richten, die gleiche allgemeine Vertragsklauseln oder ähnliche Klauseln verwenden oder deren Verwendung empfehlen.

Inhaltsübersicht

I. Normzweck und Allgemeines

1 In Ergänzung zu Art. 6 I, der die materiell-rechtliche Unverbindlichkeit mißbräuchlicher Klausel vorschreibt, befaßt sich Art. 7 mit den prozessualen Verfahren zur Durchsetzung dieser Unverbindlichkeit. Art. 7 I erlegt den Mitgliedstaaten die Pflicht auf, dafür zu sorgen, daß mißbräuchliche Klauseln in Verträgen mit Verbrauchern generell nicht verwendet werden. Art. 7 I ist allgemein gehalten und umfaßt sowohl Individualklagen wie Verbandsklagen. Zu seinen Zielen gehört auch die Abschreckung im Sinne der präventiven Verhinderung des Gebrauchs mißbräuchlicher Klauseln unabhängig von einzelnen konkreten Streitigkeiten.[1] Er stellt die Wahl der Mittel den Mitgliedstaaten grundsätzlich frei, sofern sie nur angemessen und wirksam sind. Art. 7 II betrifft die antrags- oder klagebefugten Personen und schreibt die Einrichtung eines abstrakten Kontrollverfahrens für Verbraucherorganisationen oder sonstige mit dem Verbraucherschutz betraute Personen vor. Durch die Einschaltung von unabhängigen Organisationen und Personen

[1] S. EuGH Slg. 2000, I-4941 Rz 28 Océano Grupo Editorial und Salvat Editores; EuGH Slg. 2002, I 819 Rz 15 Komm/Italien.

soll sichergestellt werden, daß die Interessen der gegenüber den Gewerbetreibenden unterlegenen Verbraucher durch unbeteiligte Dritte geschützt werden[1] und die Verbraucher auch nicht durch die Kostenbelastung eines Verfahrens von der Geltendmachung der Mißbräuchlichkeit abgehalten werden.[2] Art. 7 III bezieht sich auf die Seite der Antragsgegner und eröffnet den Mitgliedstaaten die Möglichkeit, über den in Art. 7 I angesprochenen konkreten Verwender hinaus gegen mehrere Gewerbetreibende desselben Wirtschaftssektors oder gegen Verbände solcher Gewerbetreibender als Beklagte in den Verfahren nach Art. 7 II vorzugehen, sofern sie AGB verwenden oder deren Verwendung empfehlen.

II. Wirksame Verhinderung mißbräuchlicher Klauselverwendung

1. Verhinderungspflicht für die Zukunft

Die Pflicht der Mitgliedstaaten geht nach Art. 7 I dahin, der Verwendung miß- 2
bräuchlicher Klauseln durch einen Gewerbetreibenden **ein Ende zu setzen**. Nach dem Wortlaut wird zwar der Eindruck erweckt, als ob eine Verwendung in Verträgen bereits stattgefunden haben müsse. Gleichwohl verlangt ein effektiver Verbraucherschutz, den Art. 7 im Auge hat, daß bereits die Empfehlung mißbräuchlicher Klauseln unterbunden werden kann, wie es Art. 7 III auch ausdrücklich anordnet. Die Möglichkeit, nicht nur gegen bereits verwendete und in einen Vertrag einbezogene Klauseln vorzugehen, sondern auch bereits gegen bloß empfohlene Klauseln, muß im Interesse der Rechtssicherheit in den Mitgliedstaaten klar und eindeutig umgesetzt werden.[3] Ziel der Maßnahmen muß es sein, die Verwendung mißbräuchlicher Klauseln für die Zukunft zu unterbinden. Die Verhinderungspflicht des Art. 7 I bezieht sich auf **alle** mißbräuchlichen **Klauseln** im Sinne von Art. 3. Sie ist deshalb nicht wie Art. 7 II auf die allgemeine Verwendung von AGB beschränkt, sondern bezieht sich auch auf Individualklauseln. Entsprechend dem Anwendungsbereich der Richtlinie ist die Pflicht jedoch auf Verbraucherverträge begrenzt.

2. Angemessene und wirksame Mittel

Die Mitgliedstaaten müssen gegen die Verwendung angemessene und wirksame 3
Mittel vorsehen. Die Mittel im einzelnen schreibt die Richtlinie, abgesehen von Art 5 S. 3 (s. Rz 6) und Art. 7 II, den Mitgliedstaaten nicht vor, sondern überläßt sie in Übereinstimmung mit Art. 249 III EGV grundsätzlich dem **Ermessen der Mitgliedstaaten**.[4] Die Mitgliedstaaten können die Mittel wählen, die sich am besten in ihr jeweils vorhandenes Rechtssystem einfügen.[5] Denkbar sind zivilrechtliche, öffentlich-rechtliche und strafrechtliche Abwehrmaßnahmen. So können z. B. zivilrechtliche und wettbewerbsrechtliche[6] Unterlassungsansprüche vorgesehen werden, die prozeßrechtlich als Individualverfahren mit Rechtskraftwirkung für und gegen alle[7] oder als Verbandsklageverfahren oder als ein Nebeneinander mehrerer

[1] EuGH Slg. 2002, I-819 Rz 14 Komm/Italien.

[2] EuGH Slg. 2000, I-4941 Rz 28 Océano Grupo Editorial und Salvat Editores; EuGH Slg. 2002, I-10875 Rz 34 Cofidis/Fredout.

[3] EuGH Slg. 2002, I-819 Rz 15 f Komm/Italien.

[4] Zum Transformationsspielraum der Mitgliedstaaten, EuGH Slg. 1983, 3273 ff; EuGH Slg. 1985, 1661 ff; EuGH Slg. 1987, 173 ff; *Fuß* DVBl. 1965, 378, 379.

[5] EuGH Slg. 1982, 1791, 1804.

[6] Vgl. dazu Einl. Rz 76.

[7] S. *Pfeiffer*, in: GH II/*Wolf* EG-VbR A 05, Art. 7 Rz 3.

Verfahren ausgestaltet sein können. Es kommen auch Ermächtigungsnormen für behördliche Verbotsverfügungen in Betracht. Möglich erscheinen grundsätzlich auch generelle Verbote mit Genehmigungsvorbehalt. Ebenso ist die Aufstellung von Ordnungswidrigkeitsvorschriften denkbar. Die Mittel müssen jedoch angemessen und wirksam sein. Die Richtlinie will damit in erster Linie die Funktionstauglichkeit der gewählten Maßnahmen sicherstellen. Die Wahlfreiheit der Mitgliedstaaten ist danach in der Weise eingegrenzt, daß Mittel, die sich im jeweiligen Rechtssystem als ineffizient erwiesen haben, durch andere ersetzt werden müssen.[1]

4 Die **Angemessenheit der Mittel** sollte in enger **Verbindung mit der Wirksamkeit** im Sinne sachadäquater Mittel (s. auch „adequate" und „adéquats" in der englischen und französischen Fassung) gesehen werden, die der jeweiligen Situation und den jeweiligen Bedürfnissen angepaßt sind. Soweit dies im Sinne der Verwendung möglichst schonender Mittel verstanden wird, entscheidet darüber in erster Linie der Grundrechtsschutz in den jeweiligen Mitgliedstaaten. Ein darüber hinausgehender verstärkter Schutz vor Eingriffen zugunsten der Gewerbetreibenden, gegen die sich eine Abwehrmaßnahme richtet, dürfte von der Richtlinie kaum bezweckt sein. Als angemessenes und wirksames Mittel gegen AGB kann die abstrakte Kontrollklage in Art. 7 II angesehen werden. Mit der Verbandsklage gemäß §§ 1, 5 ff 8 ff UKlaG hat damit Deutschland, soweit es AGB betrifft, seiner Verpflichtung aus Art. 7 I genügt.[2] Soweit es Individualklauseln betrifft, ist die Bereitstellung sachadäquater Abwehrmaßnahmen nicht einfach, weil die künftige Verwendung solcher auf den Einzelfall zugeschnittener Klauseln kaum zuverlässig vorhergesehen werden kann und grundlose Klagen ohne ausreichende Anhaltspunkte für Mißbräuchlichkeit vermieden werden müssen. Soweit es Individualklauseln betrifft, darf deshalb deren Unverbindlichkeit und die damit fehlende rechtliche Durchsetzbarkeit im Sinne von Art. 6 grundsätzlich als ausreichender Abschreckungseffekt angesehen werden. Dies gilt insbesondere, wenn dies mit dem Verbot geltungserhaltender Reduktion verbunden wird, woraus dem Gewerbetreibenden Nachteile drohen.[3] Daneben kommen bei Vorliegen ausreichender Anhaltspunkte auch wettbewerbsrechtliche Ansprüche, insbesondere aus dem UWG etwa § 4 Nr. 1, 2 UWG, in Betracht. Möglich sind aber auch strafrechtliche, ordnungswidrigkeitsrechtliche oder verwaltungsrechtliche Sanktionen, die bei Vorliegen konkreter Anhaltspunkte für einen künftigen Verstoß verhängt oder angedroht werden können. Dem Gebot des angemessenen und wirksamen Mittels widerspricht es grundsätzlich, für die Berufung auf die Unverbindlichkeit mißbräuchlicher Klauseln eine zeitliche Begrenzung vorzusehen. Die Vorschrift einer nationalen Verfahrensordnung, welche die gerichtliche Prüfung der Mißbräuchlichkeit von Amts wegen oder auf Einrede nach Ablauf einer Ausschlußfrist von 2 Jahren verwehrt, widerspricht Art. 6 und 7 und darf deshalb von den nationalen Gerichten nicht angewandt werden.[4] Dem Verbraucher dürfen auch keine unzumutbaren Kostenbelastungen auferlegt werden (s. Rz 1).

---

[1] Prinzip des effet utile, EuGHE Slg. 1976, 497, 571 Royer; ebenso *Kapnopolou*, Das Recht der mißbräuchlichen Klauseln, S. 159; *Pfeiffer*, in: GH II/*Wolf* EG-VbR A 05, Art. 7 Rz 3.

[2] Ebenso *Eckert* WM 1993, 1070, 1078.

[3] S. *Pfeiffer*, in: GH II/*Wolf* EG-VbR A 05, Art. 7 Rz 4.

[4] EuGH Slg. 2002, I-10875 Cofidis/Fredout.

3. Geschützte Interessen

Die Mittel müssen dem **Interesse der Verbraucher und der gewerbetreibenden Wettbewerber** dienen. Dies wird durch Unterlassungsansprüche oder öffentlich-rechtliche Verbote grundsätzlich erreicht. Es genügt, wenn die Abwehrmaßnahmen im Ergebnis regelmäßig den Interessen der Verbraucher und Wettbewerber dienen. Eigene Klagerechte oder Antragsrechte für die Verbraucher oder die Wettbewerber werden in Art. 7 I im Gegensatz zu Art. 7 II nicht gefordert. 5

III. Abstrakte Kontrollverfahren

Art. 7 II konkretisiert die in Abs. 1 enthaltene Verpflichtung dahingehend, daß für AGB ein abstraktes Kontrollverfahren eingerichtet werden muß, das solche Personen oder Organisationen einzuleiten berechtigt sind, die am Verbraucherschutz interessiert und dazu befähigt sind (s. Rz 1). Sofern ein Verfahren gemäß Abs. 2 eingerichtet ist, sind, soweit es AGB betrifft, weitere Maßnahmen im Sinne von Abs. 1 neben dem allgemeinen individuellen Gerichtsschutz grundsätzlich nicht mehr erforderlich (s. auch Rz 3). Wie in Abs. 1 müssen auch die Verfahren nach Abs. 2 angemessene und wirksame Abwehrmaßnahmen vorsehen (s. Rz 3 f). Als eine angemessene und wirksame Abwehrmaßnahme sieht Art 5 S. 3 ausdrücklich vor, daß die kundenfreundliche Auslegung im abstrakten Kontrollverfahren nicht gilt. Diese Regelung ist zwingend von den Mitgliedstaaten zu beachten.[1] Während Abs. 2 hinsichtlich der Verfahrensbeteiligten die Aktivlegitimierten zwingend festlegt, eröffnet Abs. 3 hinsichtlich der Passivlegitimierten neben dem konkreten Verwender weitere Wahlmöglichkeiten, die den Mitgliedstaaten eine Erweiterung des Kreises der Passivlegitimierten freistellen. Der EuGH legt Art. 7 III dahin aus, daß er die Einführung von Verfahren verlange, die auch die Untersagung von bloßen Empfehlung ermöglichen.[2] Dies kann aber nicht bedeuten, daß nach Art. 7, der in Abs. 2 von „müssen" und in Abs. 3 von „können" spricht, entgegen dem Wortlaut der erweiterte Kreis von Passivlegitimierten in den nationalen Rechtsordnungen zwingend umgesetzt werden mußte. Es müssen nur die Verfahren, sofern sie eingeführt werden, auch die Untersagung von Empfehlungen ermöglichen. Zwingend vorgeschrieben sind nur die Verfahren in Art. 7 I und II. Diese müssen aber auch die Möglichkeit zum Vorgehen gegen Empfehlungen bieten. 6

1. Mögliche Verfahren

Das deutsche Verbandsklageverfahren der §§ 1, 5 ff. 8 ff. UKlaG gehört zu den in Abs. 2 beschriebenen Verfahren. Es ist aber nicht das allein mögliche Verfahren. Andere Verfahren können ebensogut gewählt werden, sofern sie angemessen und effektiv sind.[3] Statt eines **gerichtlichen Verfahrens** sind insbesondere auch **behördliche Kontrollverfahren** zulässig.[4] Die Organisation des Verfahrens, etwa die im einzelnen zuständigen Organe oder die Einleitung, Abwicklung und Beendigung des Verfahrens, schreibt Abs. 2 nicht im einzelnen vor, sondern verweist insoweit auf die einzelstaatlichen Rechtsvorschriften, mit denen diese Verfahren ab- 7

---

[1] EuGH 9.9.04 C-70-03 Slg 2004 I-7999 Rz 17 Komm/Spanien; s. dazu auch Art. 5 Rz 10.
[2] EuGH Slg. 2002, I 819 Rz 26 Komm/Italien.
[3] S. Rz 3, 4; ferner *Damm* JZ 1994, 161, 175; *Micklitz* ZEuP 1993, 522, 529.
[4] Vgl. dazu die französische und belgische Praxis, *Sonnenberger* RIW 1990, 165, 169; Einl. Rz 46, 49 f.

gestimmt werden können. Die behördlichen Verfahren werden wie die gerichtlichen Verfahren in der Regel **nachgeordnete Verbotsverfahren** nach Aufstellung der AGB sein, die vor dem Verbotsausspruch der Klauselverwendung nicht entgegenstehen. Dafür spricht das für die interessierten Personen und Organisationen vorgesehene Antragsrecht, das sich mit einer präventiven Kontrolle nicht ohne weiteres vereinbaren läßt. Vielmehr setzt ein präventives Kontrollverfahren vor Benutzung der AGB in dem Sinne, daß die Klauseln nur nach vorheriger behördlicher oder gerichtlicher Genehmigung verwendet werden dürfen, sinnvollerweise ein Antragsrecht des Verwenders und nicht der Schutzbedürftigen voraus. Ausgeschlossen ist ein präventives Kontrollverfahren jedoch nicht.[1]

8 Vorausgesetzt wird bei der abstrakten Kontrolle immer, daß sich das Verfahren mit Klauseln befaßt, die im Hinblick auf eine **allgemeine Verwendung** abgefaßt wurden. Damit wird an das Merkmal der Mehrfachverwendung in § 305 Abs. 1 BGB angeknüpft. Abs. 2 und Abs. 3 beziehen sich deshalb nur auf AGB, deren Verwendung für eine Vielzahl von Verträgen vorgesehen ist oder empfohlen wird, nicht dagegen auf Individualklauseln.[2] Es genügt jedoch das Vorliegen einer Absicht zur möglichen mehrfachen Verwendung, ohne daß diese Absicht sich bereits in konkreten Vorbereitungsmaßnahmen niedergeschlagen haben muß.[3] Die Abfassung und Absicht zur Mehrfachverwendung müssen nicht notwendig beim verwendenden Gewerbetreibenden selbst vorliegen. Die Absicht muß auch nicht schon bei der Abfassung bestehen, sondern kann später hinzutreten. Aus Abs. 2 und 3 wird zugleich deutlich, daß bei der Kontrolle dieser Klauseln unabhängig von einem konkreten Vertrag ein generell-abstrakter Kontrollmaßstab zugrunde zu legen ist. Die Richtlinie sieht damit verschiedene Kontrollmaßstäbe vor: einen individuell-konkreten für Individualvereinbarungen und einen generell-abstrakten für AGB.[4]

2. Antragsberechtigte

9 Die Berechtigung zur Erhebung von Klagen oder zur Stellung sonstiger verfahrenseinleitender Anträge muß nach Art. 7 II Personen oder Organisationen verliehen werden, die ein berechtigtes Interesse am Verbraucherschutz haben. Da die Personen den Organisationen gegenübergestellt werden, kann davon ausgegangen werden, daß bei **Personen** nur an natürliche Personen gedacht ist und nicht an juristische Personen, die eher den Organisationen zuzurechnen sind. Als natürliche Personen, die berechtigte Interessen der Verbraucher als ein kollektives Interesse wahrnehmen, kommen insbesondere Personen in Betracht, die von Amts wegen mit der Wahrung dieser Interessen betraut sind, wie z. B. ein Ombudsmann oder in Großbritannien der Director General of Fair Trading.[5] **Organisationen** sind Personenzusammenschlüsse jeder Art, gleichgültig ob es sich um juristische Personen oder nicht rechtsfähige Vereinigungen handelt. Ohne Bedeutung ist auch, ob die Organisationen dem privaten oder dem öffentlichen Recht zuzuordnen sind.

10 Die Personen oder Organisationen müssen ein **berechtigtes Interesse am Schutz der Verbraucher** haben. Wann ein solches berechtigtes Interesse anzuerkennen ist, entscheidet das Recht der einzelnen Mitgliedstaaten. Diesen steht unter Beachtung der Ziele der Richtlinie und ihrer effektiven Umsetzung[6] ein grund-

[1] Zust. *Pfeiffer,* in: GH II/*Wolf* EG-VbR A 05, Art. 7 Rz 15; s. auch Art. 8 Rz 4.
[2] *Damm* JZ 1994, 161, 175; zweifelnd *Micklitz* ZEuP 1994, 522, 529.
[3] *Pfeiffer,* in: GH II/*Wolf* EG-VbR A 05, Art. 7 Rz 7, 9.
[4] S. Art. 4 Rz 3.
[5] *Pfeiffer,* in: GH II/*Wolf* EG-VbR A 05, Art. 7 Rz 16.
[6] S. auch *Frey* ZIP 1993, 572, 578.

sätzlich freies Ermessen zu, welches Interesse sie als berechtigt anerkennen wollen und welche Personen oder Organisationen dieses Interesse wahrnehmen dürfen.[1] Es darf sich jedoch nicht nur um das Interesse eines einzelnen Verbrauchers handeln. Vielmehr ist das Interesse der Verbraucher als Mehrheit und damit im Sinne eines kollektiven Interesses erforderlich. Nicht notwendig ist jedoch, daß es sich um ein generelles Interesse aller Verbraucher handelt. Vielmehr genügt das Interesse einzelner Verbrauchergruppen oder einfach das Interesse einer Vielzahl von Verbrauchern, wenn dieses Interesse über die Summe der Einzelinteressen hinaus auf ein gemeinsames Interesse der Gruppe oder Vielzahl gerichtet ist. Die in § 3 I Nr. 1 und § 4 UKlaG umschriebenen Verbraucherverbände zählen hierzu. Die in § 4 II UKlaG vorgesehene Mitgliederstruktur wird von der Richtlinie jedoch nicht gefordert. Vielmehr kann die Berechtigung zur Vertretung eines Gemeinschaftsinteresses mehrerer Verbraucher auch an Hand anderer Kriterien festgelegt werden. Die in § 3 I Nr. 2, 3 UKlaG genannten gewerblichen Interessenverbände gehören jedoch nicht zu den Organisationen, für die nach Art. 7 II eine Antragsberechtigung im abstrakten Kontrollverfahren eingeräumt werden muß. Jedoch können im Rahmen von Art. 7 I gewerblichen Interessenverbänden Antragsrechte eingeräumt werden. Der Kontrollmaßstab in den Verfahren nach Art. 7 II ist grundsätzlich ein genereller.[2]

3. Mögliche Antragsgegner

Abs. 3 nennt die Personen oder Verbände, gegen die sich ein abstraktes Kontroll- **11**
verfahren im Sinne von Art. 7 II richten kann. Ob die Mitgliedstaaten von der Befugnis des Art. 7 III zur Einrichtung eines **kollektiven Antragsgegners** Gebrauch machen oder es bei einem individuellen Antragsgegner als potentiellem Verwender oder Verfasser gemäß Art. 7 II belassen, steht ihnen frei.[3] Als kollektive Antragsgegner kommen mehrere **Gewerbetreibende** in getrennten Verfahren oder in einem gemeinschaftlichen Verfahren in Betracht. Ohne daß dies ausdrücklich erwähnt wäre, setzt die Richtlinie als selbstverständlich voraus, daß ein abstraktes Kontrollverfahren auch gemäß Art. 7 II gegen einen einzelnen Gewerbetreibenden eingeleitet werden kann. Neben den Gewerbetreibenden können auch deren Verbände einzeln oder zu mehreren Antragsgegner sein. Verbände sind Zusammenschlüsse von Gewerbetreibenden, die sich um die gemeinsamen überindividuellen Interessen ihrer Mitglieder kümmern. Gleichgültig ist, ob es sich um juristische Personen handelt oder nicht. Bei Verfahren gegen mehrere Gewerbetreibende oder ihren Verband muß es sich jedoch um **Angehörige desselben Wirtschaftssektors** handeln, damit die Zusammenfassung in einem gemeinsamen Verfahren im Hinblick auf die gleichartige Interessenlage Sinn macht. Entsprechend der gemeinsamen Interessenlage ist auch der Umfang des Wirtschaftssektors zu bestimmen. Im Regelfall wird es sich jedoch um Anbieter gleichartiger Waren, Warengruppen oder Dienstleistungen handeln. Ein wichtiges Indiz kommt dem Umstand zu, ob die mehreren Gewerbetreibenden gleiche oder ähnliche AGB **verwenden oder empfehlen**. Abs. 3 verlangt damit ein Empfehlen, was enger ist als das in Abs. 2 genannte Abfassen. Ähnliche AGB liegen vor, wenn die AGB zwar nicht wörtlich identisch, aber doch im wesentlichen inhaltsgleich sind. Art. 7 III stellt klar, daß nicht nur die Verwendung, sondern auch die Empfehlung zur Verwendung bestimmter AGB die Passivlegitimation begründet. Art. 7 III läßt den Mitgliedstaaten die **Wahlfreiheit**, ob sie ein kol-

---

[1] S. auch *Pfeiffer,* in: GH II/*Wolf* EG-VbR A 05, Art. 7 Rz 18 ff mwN.

[2] S. Art. 4 Rz 3.

[3] *Reich,* Europäisches Verbraucherrecht, Rz 156 p; *Pfeiffer,* in: GH II/*Wolf* EG-VbR A 05, Art. 7 Rz 23.

lektives Kontrollverfahren nur gegen den verwendenden Gewerbetreibenden, gegen mehrere Gewerbetreibende oder gegen deren Verbände vorsehen. Ein Verfahren gegen den verwendenden Gewerbetreibenden muß jedoch zur Erfüllung der Verpflichtung aus Art. 7 II auf jeden Fall zur Verfügung gestellt werden. § 1 UKlaG nennt keinen bestimmten Klagegegner, läßt aber die Verbandsklage gegen jeden Verwender und Empfehler zu und schließt damit auch Verbände als Klagegegner ein. Da § 1 UKlaG die einschränkenden Merkmale von Art. 7 II nicht enthält, ist der Kreis der Klagegegner im deutschen Recht umfassender. Dies ist durch Art. 8 gedeckt, soweit es sich um Verbraucher-AGB handelt. Für andere AGB findet die Richtlinie ohnehin keine Anwendung.

4. Grenzüberschreitende Klagen

12 Eine Regelung der international privat- und prozeßrechtlichen Fragen der grenzüberschreitenden Klagen ist der Richtlinie nicht sicher zu entnehmen. Die zweifache Anknüpfung an das innerstaatliche Recht spricht in prozessualer Hinsicht für die lex fori, für die Antragsberechtigung und für die materiellen Regelungsinhalte ist jedoch eine Anknüpfung sowohl an die lex fori wie an die lex causae möglich.[1] Hinsichtlich grenzüberschreitender Klagen gegen mißbräuchliche Klauseln gemäß Art. 7 I und II ist, auch soweit es vorbeugende Unterlassungsklagen betrifft, die gerichtliche Zuständigkeit wegen unerlaubter oder gleichgestellten Handlungen nach Art. 5 Nr. 3 EuGVVO (VO EG Nr. 44/2001) gegeben.[2]

---

[1] S. auch *Pfeiffer*, in: GH II/*Wolf* EG-VbR A 05, Art. 7 Rz 21.

[2] EuGH Slg. 2002, I-8111 Verein für Konsumenteninformation/Henkel.

Artikel 8

Die Mitgliedstaaten können auf dem durch diese Richtlinie geregelten Gebiet mit dem Vertrag vereinbare strengere Bestimmungen erlassen, um ein höheres Schutzniveau für die Verbraucher zu gewährleisten.

Inhaltsübersicht

I. Normzweck und Allgemeines

1 Art. 8 gestattet den Mitgliedstaaten, über die Richtlinie hinaus weitergehende Verbraucherschutzvorschriften zu erlassen. Daraus wird deutlich, daß die Richtlinie nur einen **Mindeststandard sichern** will und einem stärkeren Verbraucherschutz in den Mitgliedstaaten nicht im Wege steht. Im Interesse der Verbesserung des Verbraucherschutzes verzichtet die Richtlinie auf eine vollständige Harmonisierung und läßt abweichende Regelungen in den Mitgliedstaaten zu. Diese dürfen aber weder hinter den Standards der Richtlinie zurückbleiben noch als aliud den Schutz der Richtlinie aushebeln oder konterkarieren,[1] sondern können nur auf der Grundlage der Richtlinie und unter Wahrung von deren Zielen und Schutzzwekken eine Verbesserung für den Verbraucher vorsehen. Dies entspricht zwar nicht in vollem Umfang dem Anliegen von Art. 95 III EGV, der ein hohes Verbraucherschutzniveau bereits in den Vorschlägen der Kommission und damit als Gemeinschaftsrecht verwirklicht wissen will. Wenn aber das hohe Schutzniveau noch nicht einheitlich als Gemeinschaftsrecht durchzusetzen ist, so steht es doch mit den Zielen von Art. 95 III EGV in Einklang, wenigstens den Mitgliedstaaten nationale Regelungen mit höherem Schutzniveau zu gestatten. Da Art. 95 IV EGV stärkere Schutzmaßnahmen nur unter eingeschränkten Voraussetzungen zuläßt und den Verbraucherschutz nicht erwähnt, hat Art. 8 RL die Funktion, klarzustellen, daß stärkere Verbraucherschutzmaßnahmen den Mitgliedstaaten unabhängig von den Voraussetzungen des Art. 95 EGV gestattet sind.[2] Die nationalen Regelungen müssen jedoch mit dem EG-Vertrag vereinbar sein und dürfen insbesondere nicht zu Maßnahmen gleicher Wirkung im Sinne von Art. 28, 29 EGV führen, die Handelsbeschränkungen und Wettbewerbsverzerrungen zur Folge haben. Soweit strengere verbraucherschützende Gesetze oder Gerichtsentscheidungen nach Art. 8 offenkundig zulässig sind, ist eine Vorlage an den EuGH trotz Abweichung von den Inhalten der Richtlinie entbehrlich.[3]

2 Die Gestattung des Art. 8 ist auf den personellen und sachlichen **Anwendungsbereich** der Richtlinie[4] beschränkt. **Außerhalb** des Anwendungsbereichs steht es den Mitgliedstaaten aufgrund ihrer Souveränitätsrechte, verstärkt durch das Subsidiaritätsprinzip in Art. 5 II EGV, frei, unabhängig von der Ermächtigung durch eine Richtlinie unter Wahrung der Grundfreiheiten eigenständige nationale Rege-

---

1 S. auch *Kapanopolou,* Das Recht der mißbräuchlichen Klauseln, S. 162.
2 *Pfeiffer,* in: GH II/*Wolf* EG-VbR A 05, Art. 8 Rz 3.
3 S. *Nassall* WM 1994, 1645, 1648; *M. Wolf,* FS *Lüke,* S. 979, 989 f.
4 S. Art. 1 Rz 21 ff, 25 ff.

lungen zum Schutz vor mißbräuchlichen Klauseln zu erlassen.[1] Dies gilt insbesondere für Verträge zwischen Gewerbetreibenden untereinander[2] und für Verträge zwischen Verbrauchern untereinander.[3] Eine Rechtfertigung des Schutzes von Unterlegenen durch zwingende Erfordernisse[4] ist dazu nicht erforderlich.

II. Höheres Verbraucherschutzniveau

3 Art. 8 erlaubt strengere Vorschriften mit einem höheren Verbraucherschutzniveau, verpflichtet die Mitgliedstaaten aber nicht zu solchen Maßnahmen.[5] Gestattet sind nach Art. 8 aber nur solche Bestimmungen, die einen höheren Verbraucherschutz gewährleisten. Dem stehen **andere Vorschriften** der Richtlinie gegenüber, die ohne Bindung an die Gewährleistung eines höheren Verbraucherschutzes den Mitgliedstaaten **Wahlfreiheiten** einräumen,[6] so z. B. hinsichtlich der konkreten Ausgestaltung der Unverbindlichkeit gemäß Art. 6 I[7] oder hinsichtlich der konkreten Ausgestaltung der Verfahren nach Art. 7.[8]

4 Ein höheres Verbraucherschutzniveau, das für abweichende nationale Regelungen nach Art. 8 erreicht werden muß, ist gegeben, wenn gemäß dem auch für Art. 29 anzuwendenden[9] **Günstigkeitsprinzip** die nationalen Bestimmungen verbraucherfreundlicher, d. h. für die Verbraucher vorteilhafter sind als die Regelung der Richtlinie. Entspricht eine von der Richtlinie abweichende nationale Regelung nicht dem Günstigkeitsprinzip, so ist sie nicht richtlinienkonform und deshalb wegen des Widerspruchs mit dem sekundären Gemeinschaftsrecht unanwendbar.[10] Ob eine nationale Regelung günstiger als die Richtlinie ist, ist nicht für jeden einzelnen Verbraucher isoliert, sondern für die Verbraucher als Gruppe zu bestimmen. Vereinzelte, eher zufällige und insgesamt geringfügige Nachteile für einen einzelnen oder wenige einzelne Verbraucher schaden nicht.[11] Dies gilt insbesondere, wenn solche Nachteile vom Gesetzgeber nicht vorgesehen werden oder wenn ihr Eintritt durch allgemeine Rechtsinstitute, z. B. wegen unzulässiger Rechtsausübung oder durch richtlinienkonforme Auslegung abgewendet werden kann. Abzustellen ist aber nicht notwendig auf die Gesamtheit aller Verbraucher. Vielmehr genügen auch Vorteile für den mit einem bestimmten Vertrags- oder Geschäftstyp, auf den die Regelung zielt, üblicherweise in Berührung kommenden Verbraucherkreis. Zur Feststellung, wann eine nationale Regelung für die Verbraucher günstiger ist als die Richtlinie, ist nicht nur eine einzelne Bestimmung isoliert in den Vergleich einzubeziehen. Vielmehr ist auch der typische Zusammenhang mit anderen Vorschriften zu berücksichtigen. Es genügt, wenn sich daraus insgesamt ein höheres Schutzniveau ergibt.[12]

---

[1] S. etwa EuGH Slg. 1991 I, 1189 Rz 22; *Ulmer* EuZW 1993, 337, 338; *Kappus* NJW 1994, 1847, 1848; *Remien* ZEuP 1994, 34, 43 f; *Kötz*, Europäisches Vertragsrecht I, S. 219; *Pfeiffer*, in: GH II/*Wolf* EG-VbR A 05, Art. 8 Rz 6.

[2] S. Art. 1 Rz 23.

[3] Art. 1 Rz 24.

[4] So *von Wilmowsky* JZ 1996, 590, 596.

[5] S. auch *Dreher* JZ 1997, 167, 176.

[6] S. Art. 1 Rz 15 ff.

[7] Dazu auch Art. 6 Rz 4.

[8] Dazu auch Art. 7 Rz 3, 6, 9, 10 ff.

[9] S. MünchKomm/*Martiny* Art. 29 EGBGB Rz 2, 59 ff.; *von Bar*, IPR II, Rz 441.

[10] EuGH Slg. 1989, 1839 ff; EuGH Slg. 1990, 1495; *Oppermann*, Europarecht, Rz 466.

[11] A. A. *Pfeiffer*, in: GH II/*Wolf* EG-VbR A 05, Art. 8 Rz 9.

[12] A. A. *Pfeiffer*, in: GH II/*Wolf* EG-VbR A 05, Art. 8 Rz 9.

Das höhere Schutzniveau muß aufgrund **strengerer Bestimmungen** erreicht werden. Verbraucherberatung gemäß dem jetzt auch in Art. 153 I EGV vorgesehenen Informationsmodell[1] genügt dafür nicht ohne weiteres. Vielmehr kommen als strengere Bestimmungen insbesondere weiterreichende Einschränkungen der Vertragsfreiheit in Betracht, etwa in Gestalt zusätzlicher Klauselverbote, oder z. B. zwingende Vorschriften, die auch für ausgehandelte Vereinbarungen gelten,[2] oder die Unbeachtlichkeit von die Wirksamkeit begründenden Umständen entgegen Art. 4 I oder die Berücksichtigung von Umständen nach Vertragsschluß,[3] aber auch strengere Vorschriften bei der Einbeziehung,[4] die Unverbindlichkeit überraschender Klauseln oder ein weitergehendes Transparenzgebot.[5] Ebenso können über die Unverbindlichkeit gemäß Art. 6 hinaus strengere Sanktionen, z. B. verwaltungsrechtlicher oder strafrechtlicher Art oder zivilrechtliche Schadensersatzansprüche vorgesehen werden. Soweit die Einbeziehung und die Rechtsgeschäftslehre nicht Gegenstand der Richtlinie sind, sind mitgliedstaatliche Sonderregelungen unabhängig von Art. 8 zulässig.[6] 5

Strenger, aber im Regelfall nicht zugunsten des Verbrauchers und deshalb **nicht von Art. 8 gedeckt**, ist es, über Art. 6 I HS 2 hinaus die Ungültigkeit des Restvertrags vorzusehen. Eine solche Regelung wäre richtlinienwidrig und deshalb unwirksam.[7] Andere Sanktionen werden durch Art. 6 I aber nicht generell ausgeschlossen.[8] 6

III. Vereinbarkeit mit dem EG-Vertrag

Strengere Vorschriften und ein höheres Schutzniveau dürfen von den Mitgliedstaaten nicht in beliebiger Weise eingeführt werden. Vielmehr müssen die nationalen Sonderregelungen mit dem EG-Vertrag und seinen Zielen vereinbar sein. Eine Schranke ergibt sich daraus insofern, als die nationalen besonderen Schutzvorschriften **nicht** zu ungerechtfertigten **Einschränkungen der Grundfreiheiten** führen dürfen und insbesondere Handelsbeschränkungen und Wettbewerbsverzerrungen in Form von Maßnahmen gleicher Wirkung unterbleiben müssen. Im allgemeinen führen unterschiedliche international-privatrechtliche Kollisionsregeln in den Mitgliedstaaten wegen der dadurch entstehenden „hinkenden" Rechtsverhältnisse zu binnenmarktstörenden Wirkungen. Strengere vom EVÜ und der Rechtslage in anderen Mitgliedstaaten abweichende international-privatrechtliche Kollisionsregeln sind deshalb im Regelfall nicht erlaubt.[9] Trotz binnenmarktstörender Auswirkung sind strengere nationale Schutzvorschriften aber erlaubt, wenn sie durch zwingende Erfordernisse unter Beachtung des Verhältnismäßigkeitsgrundsatzes zu rechtfertigen sind.[10] Dabei ist der Verbraucherschutz grundsätzlich als zwingendes Erfordernis anzusehen.[11] Dieses Ziel rechtfertigt aber nicht jede Re- 7

[1] Dazu auch EuGH Slg. 1990, 667; *Funke* WRP 1993, 215, 222; *Reuter* BB 1990, 1649, 1650; *Schricker* GRUR Int. 1992, 347; *Steindorff* WRP 1993, 139; *Leisner* EuZW 1991, 498, 502; *ders.* EuZW 1993, 655, 657.

[2] *Remien* ZEuP 1994, 34, 43.

[3] S. Art. 4 Rz 14.

[4] S. Art. 5 Rz 8.

[5] S. auch Art. 5 Rz 8.

[6] S. Rz 2; *Pfeiffer,* in: GH II/*Wolf* EG-VbR A 05, Art. 8 Rz 12.

[7] *Pfeiffer,* in: GH II/*Wolf* EG-VbR A 05, Art. 8 Rz 18.

[8] S. Rz 5; a. A. teilweise *Pfeiffer* WM 1996, 1565, 1569.

[9] *Pfeiffer,* in: GH II/*Wolf* EG-VbR A 05, Art. 8 Rz 23.

[10] S. Art. 1 Rz 11.

[11] S. Art. 1 Rz 24; EuGH Slg. 1979, 649, 662 Cassis de Dijon.

gelung, sondern nur eine solche, die erforderlich und geeignet ist und bei Abwägung mit anderen Interessen den Vorzug verdient. Dabei genießt im Verbraucherschutz das Informationsmodell[1] mit dem Vorrang der Herstellung von Transparenz vor inhaltlichen Verboten grundsätzlich den Vorzug.[2]

8 Daneben sieht der EuGH bloße **Verkaufsmodalitäten**, die nicht diskriminierend wirken, nicht als handelsbeschränkende und wettbewerbsverzerrende Maßnahmen gleicher Wirkung an.[3] Regelungen zur **Inhaltskontrolle** von Vertragsbedingungen fallen aber **im allgemeinen nicht** unter die **bloßen Verkaufsmodalitäten**, sondern betreffen hauptsächlich die Vertragsdurchführung mit den dazu gehörenden Rechten und Pflichten der Parteien. Solche Regelungen sind deshalb nicht als bloße Verkaufsmodalitäten generell zugelassen, sondern nur, wenn sie ihrer Art und Intensität nach keine konkret spürbaren handelsbeschränkenden oder wettbewerbsverzerrenden Folgen haben oder durch zwingende Erfordernisse gerechtfertigt sind. Dies gilt insbesondere für Regelungen zur Transparenz des Vertragsinhalts, zur Freizeichnung von Schadensersatz- und Gewährleistungspflichten, aber auch für Preisklauseln einschließlich der Preisnebenabreden.[4]

9 Zu vermeiden sind nicht nur Handelsbeschränkungen, die aufgrund unterschiedlicher Regelungen in den Mitgliedstaaten erwachsen. Darüber hinaus sind auch ohne Rücksicht auf die Unterschiedlichkeit in den Mitgliedstaaten solche Regelungen kritisch zu prüfen, die mit hoheitlichen Eingriffen den freien Handel und die **Vertragsfreiheit ungerechtfertigt behindern**, z. B. in Gestalt einer präventiven behördlichen Vertragskontrolle.[5] Sie kann allenfalls ausnahmsweise als verhältnismäßig gerechtfertigt werden.

---

[1] S. EuGH EuZW 1990, 222; 1996, 245.

[2] *Pfeiffer,* in: GH II/*Wolf* EG-VbR A 05, Art. 8 Rz 22.

[3] S. EuGH EuZW 1993, 770 – Keck und Mithourd; EuGH EuZW 1994, 119 – Hünermund; aber auch EuGHE 1991 I, 107 ff. – Atlantique.

[4] A. A. insoweit *Pfeiffer,* in: GH II/*Wolf* EG-VbR A 05, Art. 8 Rz 21.

[5] Zust. *Pfeiffer,* in: GH II/*Wolf* EG-VbR A 05, Art. 8 Rz 22.

Artikel 9

Die Kommission legt dem Europäischen Parlament und dem Rat spätestens fünf Jahre nach dem in Artikel 10 Absatz 1 genannten Zeitpunkt einen Bericht über die Anwendung dieser Richtlinie vor.

Art. 9 enthält die übliche Berichtspflicht für die Kommission betreffend die Anwendung der Richtlinie in den Mitgliedstaaten, um etwaigen Fehlentwicklungen begegnen zu können.[1] Zur Erleichterung dieser Arbeit für die Kommission sieht Art. 10 III eine Berichtspflicht der Mitgliedstaaten vor. 1

Artikel 10

(1) Die Mitgliedstaaten erlassen die erforderlichen Rechts- und Verwaltungsvorschriften, um dieser Richtlinie spätestens am 31. Dezember 1994 nachzukommen. Sie setzen die Kommission unverzüglich davon in Kenntnis.

Diese Vorschriften gelten für alle Verträge, die nach dem 31. Dezember 1994 abgeschlossen werden.

(2) Wenn die Mitgliedstaaten diese Vorschriften erlassen, nehmen sie in den Vorschriften selbst oder durch einen Hinweis bei der amtlichen Veröffentlichung auf diese Richtlinie Bezug. Die Mitgliedstaaten regeln die Einzelheiten der Bezugnahme.

(3) Die Mitgliedstaaten teilen der Kommission den Wortlaut der wichtigsten innerstaatlichen Rechtsvorschriften mit, die sie auf dem unter diese Richtlinie fallenden Gebiet erlassen.

Art. 10 I sieht als spätesten Termin für die Umsetzung den 31. Dezember 1994 vor. Zugleich wird durch Art. 10 I 2. Unterabs. bestimmt, daß diese Vorschriften, d. h. die Umsetzungsvorschriften der Mitgliedstaaten, für alle nach dem 31. 12. 1994 geschlossenen Verträge gelten. Den Mitgliedstaaten werden damit die Übergangsvorschriften vorgegeben. Sofern die Mitgliedstaaten die Geltung ihres Transformationsgesetzes mit Wirkung für alle nach dem 31. 12. 1994 geschlossenen Verträge vorsehen, ergeben sich keine Probleme. Eine zeitliche Vorverlegung des Schutzes der Richtlinie auf vor den 31. 12. 1994 geschlossene Verträge ist als strengere Maßnahme gemäß Art. 8 ebenfalls zulässig, sei es, daß das Transformationsgesetz früher in Kraft tritt, sei es, daß es am 31. 12. 1994 in Kraft tritt, aber alle davor abgeschlossenen und noch nicht abgewickelten Verträge erfassen will. Der Zeitpunkt des Vertragsschlusses ist grundsätzlich bei Vorliegen der endgültigen Einigung mit den abschließenden beiderseits übereinstimmenden Vertragserklärungen der Parteien anzunehmen. Etwaige Widerrufs-, Rücktritts- oder Anfechtungsrechte sind hierfür ohne Bedeutung.[2] Falls das Transformationsgesetz einen späteren Zeitpunkt des Inkrafttretens vorsieht oder falls ein Transformationsgesetz nicht oder ohne Vorschriften über ein Inkrafttreten ergeht, stellt sich die Frage der unmittelbaren Geltung von Art. 10 I 2. Unterabs. Die unmittelbare Geltung des von der Richtlinie vorgesehenen Zeitpunkts des Inkrafttretens ist auf jeden Fall zu bejahen, soweit die Richtlinie mit ihren Inhalten im Wege der richtlinienkonformen Auslegung des 1

[1] S. Bericht der Kommission v. 27. 4. 2000 Rom (2000) 248 endg.

[2] S. auch *Pfeiffer,* in: GH II/*Wolf* EG-VbR A 05, Art. 8 Rz 4.

nationalen Rechts zur Anwendung gelangt.[1] Sie gilt dann für alle nach dem 31.12. 1994 abgeschlossenen Verträge. Darüber hinaus wird eine unmittelbare Wirkung von Richtlinien zwischen Privatpersonen nicht angenommen[2] und auch von der Richtlinie nicht angeordnet. Bei unterlassener Umsetzung können aber Schadensersatzansprüche gegen die Mitgliedstaaten entstehen.[3]

2 Für die **Bundesrepublik** sind, auch nach Erlaß des Transformationsgesetzes die §§ 305ff BGB einschließlich der Inhaltskontrolle für Individualverträge gemäß Art. 10 I Unterabs. 2 alle nach dem 31. 12. 1994 abgeschlossenen Verträge richtlinienkonform anzuwenden. Schadensersatzansprüche wegen unzureichender Umsetzung[4] können deshalb gegen die Bundesrepublik grundsätzlich nicht entstehen.[5] Eine Bezugnahme nach Art. 10 II entfällt insoweit. Ein Transformationsgesetz könnte sich auch damit begnügen, die Vorschriften der §§ 305 ff BGB und § 242 BGB als Umsetzungsnormen für die Richtlinie festzulegen. Die Auslegung nach Art. 5 S. 2, die für AGB schon in § 305 c II BGB vorgesehen ist, kann bei Individualklauseln im Rahmen von § 157 BGB zur Geltung gebracht werden. Die Aufrechterhaltung des Restvertrags gemäß Art. 6 I ist für AGB in § 306 BGB bereits geltendes Recht und kann für Individualklauseln bei Anwendung von § 139 BGB beachtet werden. Die Mitteilungspflicht nach Art. 10 III ist sinngemäß auch auf bereits vor der Richtlinie erlassene Vorschriften anzuwenden, wenn der nationale Gesetzgeber diese „alten" Vorschriften für die Umsetzung der Richtlinie heranziehen will.

---

1 S. Art. 1 Rz 13.
2 St. Rsp., EuGH Slg. 1986, 723, 725; EuGH Slg. 1987, 2141, 2142 und 2159.
3 S. EuGH, EuZW 1991, 758 = NJW 1992, 165 Francovich.
4 *Pfeiffer*, in: GH II/*Wolf* EG-VbR A 05, Art. 8 Rz 22.
5 Vgl. auch *Pfeiffer*, in: GH II/*Wolf* EG-VbR A 05, Art. 10 Rz 3.

Artikel 11

Diese Richtlinie ist an die Mitgliedstaaten gerichtet.

Die Vorschrift entspricht Art. 249 III EGV. Die Umsetzungspflicht richtet sich in Übereinstimmung mit Art. 5 EGV an alle staatlichen Organe. 1

Für den **Gesetzgeber** bedeutet sie, daß er die Rechtslage grundsätzlich durch eine gesetzliche Vorschrift hinreichend klar zur Geltung bringen muß, damit der einzelne seine Rechte erkennen und ausüben kann.[1] Eine Umsetzung allein durch eine auf Treu und Glauben verweisende Generalklausel ohne sonstige konkretisierende Ergänzungen genügt diesen Erfordernissen im allgemeinen nicht.[2] 2

Für die **Rechtsprechung** ergibt sich aus der Umsetzung das Gebot einer möglichst weitgehend richtlinienkonformen Auslegung, die sich auf die gesamte Rechtsprechung bezieht und auch noch dann im Einzelfall vorzunehmen ist, wenn eine Generalklausel nicht den für den Gesetzgeber geltenden Konkretisierungsanforderungen (s. Rz 2) entspricht. Auch eine richtlinienkonforme Auslegung contra legem nationalem kann in Betracht kommen.[3] Die Gerichte haben die Richtlinie zu beachten, auch wenn sich ein Bürger nicht darauf beruft.[4] 3

Auch die **vollziehende Gewalt** muß die Richtlinie beachten. Für sie ergibt sich, soweit sie selbst wie ein Gewerbetreibender oder von ihr mit hoheitlichen Befugnissen ausgestattete Unternehmen privatrechtliche oder öffentlichrechtliche Verträge abschließen, auch nach der Rechtsprechung des EuGH[5] eine unmittelbare Direktwirkung der Richtlinie im vertikalen Verhältnis zwischen Bürger und Staat. Voraussetzung ist die hinreichende Bestimmtheit und unbedingte Geltung der in der Richtlinie enthaltenen Verbraucherrechte. 4

Eine **horizontale Direktwirkung** im Verhältnis Bürger zu Bürger ist vom EuGH bisher nicht anerkannt[6] und läßt sich für das Verbraucherrecht auch nicht aus Art. 153 EGV entnehmen.[7] 5

---

[1] S. etwa EuGH Slg. 1991 I, 2567 Rz 24.

[2] Zust. *Pfeiffer,* in: GH II/*Wolf* EG-VbR A 05, Art. 11 Rz 2.

[3] Vgl. EuGH Slg. 1990 I, 3941 – Dekker; dazu auch *Pfeiffer,* in: GH II/*Wolf* EG-VbR A 05, Art. 11 Rz 12.

[4] EuGH EuZW 1993, 60.

[5] EuGH Slg. 1982, 53 – Becker.

[6] S. etwa EuGH EuZW 1996, 236.

[7] EuGH EuZW 1996, 236 – El Cortè Ingles zu Art. 129 EGV.

Anhang

Klauseln gemäß Art. 3 Abs. 3 der Richtlinie 93/13/EWG über mißbräuchliche Klauseln

1 Die nachfolgenden Klauselverbote sind gemäß Art. 3 III als bloße **Hinweise** gedacht und nicht bindend. Sie müssen von den Mitgliedstaaten nicht übernommen werden, können im Rahmen von Art. 8 aber auch erweitert und verschärft werden.[1] Auch wenn die Klauselverbote nicht im einzelnen bindend sind, so müssen die in Art. 3 I niedergelegten Kontrollmaßstäbe doch beachtet werden.[2] Auch sind die Klauselverbote für eine einheitliche Handhabung der Richtlinie in den Mitgliedstaaten von großer Bedeutung, weil sie konkrete Angaben über die Mißbräuchlichkeit enthalten, die bei der Präzisierung und Konkretisierung der Generalklausel Hilfestellung im Sinne einer besseren Harmonisierung der Rechtsanwendung in den Mitgliedstaaten leisten können. Aus Art. 10 EGV ergibt sich für die Mitgliedstaaten die Verpflichtung, die Harmonisierungsziele der Richtlinie und des EG-Vertrags zu unterstützen. Daraus folgt trotz fehlender Bindung im einzelnen doch die grundsätzliche Pflicht, von den der Harmonisierung dienenden Klauselverboten des Anhangs nicht ohne Not und berechtigten Anlaß abzuweichen. Diese Klauselverbote sollen deshalb in ihrem Inhalt festgestellt und daraufhin untersucht werden, inwieweit sie mit den Klauselverboten in §§ 308, 309 BGB übereinstimmen oder bei Anwendung der Generalklausel des § 307 BGB berücksichtigt werden können.

2 Die Klauselverbote der Nr. 1 und 2 können als **Konkretisierungen der Generalklausel des Art. 3 I** verstanden werden. Als solche Konkretisierungen lassen sie zugleich Rückschlüsse auf die in Art. 3 I enthaltenen Kontrollmaßstäbe zu. Dabei finden sich sowohl Klauseln, die vom Gesichtspunkt der formalen Waffengleichheit[3] ausgehen, wie insbesondere Nr. 1 d, 1 f, als auch Klauseln, die die materielle Benachteiligung des Verbrauchers[4] verhindern wollen ohne Rücksicht darauf, ob dem Gewerbetreibenden ein gleicher Nachteil auferlegt wird. In den Klauselverboten der Nr. 1 überwiegen die auf materielle Benachteiligung abstellenden Klauseln. Darin zeigt sich zugleich eine Bestätigung, daß das Bestehen eines Mißverhältnisses der vertraglichen Rechte und Pflichten der Vertragspartner nicht nur aufgrund des aktuellen Verhältnisses der Pflichtenverteilung im einzelnen Vertrag festzustellen ist, sondern insbesondere auch durch einen Vergleich mit einer gerechten Verteilung der Rechte und Pflichten gemäß dem dispositiven Recht oder entsprechend dem Vertragszweck.[5]

3 Die Klauselverbote der Nr. 1 sollen insoweit der Unwirksamkeit unterfallen, als sie **darauf abzielen oder zur Folge haben**, daß die unangemessenen Wirkungen eintreten. Dadurch soll sicher gestellt werden, daß nicht nur Klauseln erfaßt werden, die nach ihrem Wortlaut ausdrücklich unter das Verbot fallen, sondern auch solche Klauseln, die die unerwünschten Folgen in der Sache herbeiführen, auch

---

[1] S. Art. 8 Rz 3 f.
[2] S. Art. 3 Rz 32.
[3] Art. 3 Rz 5.
[4] Art. 3 Rz 6.
[5] S. Art. 3 Rz 6.

wenn sie das nach ihrem Wortlaut nicht beabsichtigen. Mit der Formulierung der Nr. 1 wird zugleich etwaigen Umgehungsmöglichkeiten entgegen gewirkt.

Wie in §§ 308 und 309 BGB könnte zwischen **Klauselverboten mit und ohne Wertungsmöglichkeit** unterschieden werden, wobei die Nr. 1e (unverhältnismäßig hoher Entschädigungsbetrag), Nr. 1g (Vorliegen schwerwiegender Gründe ohne angemessene Frist), Nr. 1h (ungebührlich weit entferntes Datum), Nr. 1j und k, Nr. 2a (triftiger Grund), Nr. 1l (Endpreis zu hoch), Nr. 2b (in begründeten Fällen) Klauselverbote mit Wertungsmöglichkeit enthalten, während die übrigen Klauselverbote als solche ohne Wertungsmöglichkeit angesehen werden können. Der Unterscheidung kommt aber keine allzugroße Bedeutung zu. 4–10

*

1. Klauseln, die darauf abzielen oder zur Folge haben, daß

a) [Freizeichnungsverbot bei Körperschäden]
die gesetzliche Haftung des Gewerbetreibenden ausgeschlossen oder eingeschränkt wird, wenn der Verbraucher aufgrund einer Handlung oder Unterlassung des Gewerbetreibenden sein Leben verliert oder einen Körperschaden erleidet;

1. Inhalt des Klauselverbots

Nr. 1a will nach seinem **Schutzzweck** Klauseln, die die gesetzliche Haftung bei Verletzung von Leben und Körper ausschließen oder einschränken, die Wirkung versagen. Da Art. 3, auf den der Anhang Bezug nimmt, nicht nur AGB, sondern auch Individualklauseln erfaßt, wird die gesetzliche Haftung damit für alle nicht im einzelnen ausgehandelten Klauseln in Verbraucherverträgen als unabdingbar festgeschrieben.[1] 11

Nr. 1a erstreckt sich nur auf die **gesetzliche Haftung**, die ohne Rücksicht auf einen Vertrag besteht. Nr. 1a begründet keine eigenständige gesetzliche Haftung, sondern nimmt auf die nationalen wie die gemeinschaftsrechtlichen Haftungstatbestände Bezug und sichert deren Bestand, auch wenn sie in den Mitgliedstaaten unterschiedlich sind. Geschützt wird vor Tötung und Körperschäden, wobei zu den Körperschäden jede Körperverletzung und Gesundheitsschädigung zählt, weil Nr. 1a umfassend jede Beeinträchtigung von Körper und Gesundheit schützen will. In Betracht kommen im deutschen Recht die Vorschriften der §§ 823 ff BGB über unerlaubte Handlung, aber auch Tatbestände der Gefährdungshaftung,[2] soweit sie die Ersatzpflicht aufgrund einer Handlung oder Unterlassung des Gewerbetreibenden und nicht nur aufgrund des Zustands von Sachen oder aufgrund von Naturereignissen eintreten lassen. Da es auf ein Verschulden nicht ankommt, wird insbesondere auch die Gefährdungshaftung nach § 7 StVG erfaßt, falls der Unfall auf einer Handlung oder Unterlassung des Gewerbetreibenden als Fahrer oder Halter beruht, wofür bereits die Inbetriebnahme ausreicht. Entsprechendes gilt für andere Tatbestände der Gefährdungshaftung. Unter Nr. 1a fällt auch die Haftung nach dem ProdHaftG, auch wenn schon § 14 ProdHaftG die Herstellerhaftung in Übereinstimmung mit Art. 12 ProdHaftRL für unabdingbar erklärt. Unterschiede ergeben sich insoweit, als § 14 ProdHaftG zwar alle Vereinbarungen ohne Rücksicht auf 12

---

[1] S. auch *Frey* ZIP 1993, 572, 579.

[2] Ebenso *Micklitz* ZEuP 1993, 522, 530; *Pfeiffer*, in: GH II/*Wolf* EG-VbR A 05, Anh. Nr. 1a Rz 2.

ein Aushandeln betrifft, dafür aber nur für „im voraus" getroffene Vereinbarungen gilt. Demgegenüber findet Nr. 1a auf alle Klauseln ohne Rücksicht auf den Zeitpunkt und damit auch auf nachträglich vereinbarte Klauseln Anwendung, erklärt aber nur die nicht im einzelnen ausgehandelten Klauseln für unwirksam und beschränkt sich zudem auf die Verletzung von Leben und Gesundheit, während § 14 ProdHaftG auch Sachbeschädigungen gemäß § 1 ProdHaftG mit einschließt.

13 Nr. 1a will **jeden Ausschluß und jede Einschränkung der Haftung** verhindern. Erfaßt werden alle Schäden aus der Tötung oder Körperverletzung (s. Rz 12) und damit nicht nur z. B. Heilkosten, sondern auch mittelbare Vermögensschäden wie z. B. zusätzlicher Aufwand, Verdienstausfall und sonstige Erwerbsminderungen, aber auch Schmerzensgeld oder sonstige materielle oder immaterielle Schäden, sofern sie ihre Ursache in der Tötung oder Körperverletzung haben und ihr Ersatz durch die Vorschriften der einzelnen Mitgliedstaaten vorgesehen ist. Neben dem Ausschluß dieser Haftung ist auch jede Einschränkung untersagt, wobei als Einschränkung nicht nur Beschränkungen des Haftungsumfangs, sondern auch jede Erschwerung der Anspruchsdurchsetzung, z. B. Einschränkungen des Verschuldensmaßstabs, beweisrechtliche Erschwerungen oder zeitliche und sonstige Einschränkungen der Anspruchsdurchsetzung zu verstehen sind.[1] Nr. 1a ist auf den Ausschluß und die Einschränkung der Haftung des Gewerbetreibenden beschränkt. Dies bezieht sich auf den Gewerbetreibenden als Vertragspartner. Als mißbräuchlich nach Art. 3 ist aber grundsätzlich auch der Ausschluß gesetzlicher Haftungen zugunsten anderer Personen, wie z. B. der Erfüllungs- und Verrichtungsgehilfen des Gewerbetreibenden anzusehen. Unter Nr. 1 fallen auch nur Haftungen aus der Tötung und der Körperverletzung des Verbrauchers als Vertragspartner. Schäden dritter Personen können bereits wegen des Verbots eines Vertrags zu Lasten Dritter nicht ausgeschlossen werden. Dies gilt auch für Schadensersatzansprüche Dritter nach §§ 844, 845 BGB. Diese Ansprüche können aber auch durch Verträge mit den Berechtigten nicht ausgeschlossen werden, weil und soweit sie als gesetzliche Haftung an die Verletzung des Verbrauchers anknüpfen.

2. Auswirkungen auf das deutsche Recht

14 **a)** Für AGB und nicht ausgeh. Indiv. (§ 390 III Art. 2 BGB) wird das Verbot der Haftungsfreizeichnung für Schäden aus Tötung und Gesundheitsverletzung von § 309 Nr. 7a BGB erfaßt. Nach § 307II Nr. 1 BGB kann auch die Haftung aus den Tatbeständen der gesetzlichen Gefährdungshaftung, wie z. B. aus § 7 StVG nicht ausgeschlossen oder beschränkt werden. Auch diese Handhabung wird durch Nr. 1a bestärkt. Zu § 14 ProdHaftG s. Rz 12.

15–20 **b)** Allgemein findet sich ein Verbot für Freizeichnung von Vorsatz „im voraus" in § 276 III BGB und das Freizeichnungsverbot in § 14 ProdHaftG (s. Rz 12). Die Transformation von Nr. 1a in das deutsche Recht stellt ein darüberhinausgehendes im deutschen Recht bisher nicht bekanntes allgemeines Freizeichnungsverbot für Schäden aus Tötung und Körperverletzung (s. Rz 13) dar. Obwohl eine unmittelbare Umsetzungspflicht nicht besteht,[2] ist doch das Freizeichnungsverbot für Schäden aus Tötung und Körperverletzung angebracht. Dafür spricht der hohe Wert von Leben und Gesundheit, die der deutsche Staat nach Art. 2 II GG möglichst umfassend zu schützen verpflichtet ist. Demzufolge stimmt auch die Wertung der Richtlinie, solche Freizeichnungsklauseln nach Art. 3 I als mißbräuchlich anzusehen, mit den Wertungen des GG überein. Ein auf Individualklauseln ausgedehntes

---

[1] S. auch § 303 Nr. 7 Rz 50; *Pfeiffer,* in: GH II/*Wolf* EG-VbR A 05, Anh. Nr. 1a Rz 3.
[2] S. vor Nr. 1a Rz 1.

Freizeichnungsverbot unterstützt die Harmonisierungsbestrebungen besser, weil z. B. auch Frankreich bereits ein weitgehendes Freizeichnungsverbot auch für Individualvereinbarungen kennt[1] und eine Rückführung dieses Freizeichnungsverbots den Bemühungen, ein hohes Verbraucherschutzniveau zu erreichen,[2] widersprechen würde. Das deutsche Recht muß sich deshalb grundsätzlich dem höheren Schutzniveau der Richtlinie und anderer Mitgliedstaaten anpassen. Dies ist nunmehr durch § 310 III Nr. 2 BGB möglich, der die §§ 307-309 BGB auch auf nicht ausgehandelte Individualvereinbarungen für anwendbar erklärt. Wegen des hohen Werts von Leben und Gesundheit sollte dies nicht auf Verbraucherverträge beschränkt werden, sondern über die Richtlinie hinaus auch auf nicht ausgehandelte Verträge zwischen Verbrauchern unter sich und Gewerbetreibenden untereinander ausgedehnt werden. Das Harmonisierungsanliegen erfordert es aber nicht, das Freizeichnungsverbot auf den gesamten Umfang des zu ersetzenden Schadens zu erstrecken, da das deutsche Recht bei der haftungsausfüllenden Kausalität von einer sehr weitgehenden Kausalhaftung ausgeht. Der Rechtsharmonisierung und dem Verbraucherschutz wäre ausreichend gedient, lediglich den vorhersehbaren Schaden unter das Freizeichnungsverbot einzuordnen.

*

1. Klauseln, die darauf abzielen oder zur Folge haben, daß

b) [Freizeichnungsverbot bei Vertragspflichtverletzungen, Aufrechnungsverbot]

die Ansprüche des Verbrauchers gegenüber dem Gewerbetreibenden oder einer anderen Partei, einschließlich der Möglichkeit, eine Verbindlichkeit gegenüber dem Gewerbetreibenden durch eine etwaige Forderung gegen ihn auszugleichen, ausgeschlossen oder ungebührlich eingeschränkt werden, wenn der Gewerbetreibende eine der vertraglichen Verpflichtungen ganz oder teilweise nicht erfüllt oder mangelhaft erfüllt;

1. Inhalt des Klauselverbots

Der **Zweck** von Nr. 1 b ist darauf gerichtet, dem Verbraucher seine vertraglichen 21
Ansprüche zu erhalten. Trotz der Verwendung des Anspruchsbegriffs wird auch das Rücktritts und das Minderungsrecht erfaßt. Dies ergibt sich aus der englischen und französischen Fassung, die generell von „rights" bzw. von „droits" sprechen. Nr. 1 b enthält insoweit ein umfassendes Freizeichnungsverbot, das sowohl für vertragliche Schadensersatzansprüche als auch für Sach- und Rechtsmängelgewährleistungsansprüche und sonstige Rechte aus Leistungsstörungen (s. Rz 22) gilt. Zur Feststellung der tatsächlichen Umstände s. Nr. 1 m Rz 172. Aus deutscher Sicht ohne sachlichen Bezug zum Freizeichnungsverbot enthält Nr. 1 b auch ein Aufrechnungsverbot.

a) Das Freizeichnungsverbot betrifft Ansprüche des Verbrauchers aus der gan- 22
zen oder teilweisen Nichterfüllung oder der mangelhaften Erfüllung vertraglicher Verpflichtungen. Nr. 1 b meint nur die **Rechte** (s. Rz 21), die die **Gesetze der einzelnen Mitgliedstaaten** bei vertraglichen Pflichtverletzungen vorsehen. Die englische und französische Fassung sprechen ausdrücklich von legal rights bzw. droits légaux. Sofern ein Mitgliedstaat, wie die Bundesrepublik, vertragliche Ansprüche

[1] S. z. B. *Kleinwächter* RIW 1984, 690; zu weiteren Mitgliedstaaten *Pfeiffer,* in: GH II/*Wolf* EG-VbR A 05, Anh. Nr. 1 a Rz 4.

[2] S. auch Art. 95 III EGV.

nur bei schuldhafter Vertragspflichtverletzung vorsieht, ist nicht nur der Ausschluß und die ungebührliche Einschränkung dieser Ansprüche auf Schadensersatz oder Aufwendungsersatz gemeint, sondern auch die Einschränkung sonstiger Ansprüche, wie etwa der Nacherfüllungsanspruch und der Anspruch auf Abhilfe (§ 651c BGB). Darüber hinaus fallen unter Nr. 1b (Rz 21) auch sonstige Rechte. Es erscheint deshalb angebracht, unter Nr. 1 b nicht nur Ansprüche im Sinn von § 194 BGB zu subsumieren, sondern auch sonstige Rechte, insbesondere Gestaltungsrechte wie Rücktrittsrechte (§§ 323, 437, 634 BGB) und die Minderungsrechte oder das Kündigungsrecht aus § 651e BGB sowie das Kündigungsrecht aus wichtigem Grund.[1] Auf jeden Fall kann der Ausschluß dieser Rechte nach Art. 3 I mißbräuchlich sein. Dagegen ist ein Mitgliedstaat nicht gehalten, die garantiemäßige Haftung eines anderen Mitgliedstaates, wie z. B. im Falle des breach of contract nach englischem Recht, zu gewährleisten und zu übernehmen.[2] Der Ausschluß der Haftung auf Schadens- und Aufwendungsersatz für unverschuldete Vertragspflichtverletzungen bleibt deshalb in Übereinstimmung mit dem deutschen Recht der Leistungsstörung möglich. Dies bestätigt auch Art. 1 II, der nur die von Rechtsvorschriften abweichenden Klauseln der Mißbrauchskontrolle unterstellt. Geschützt werden jeweils nur Rechte des Verbrauchers, nicht des Gewerbetreibenden. Neben den Ansprüchen gegen Gewerbetreibende nennt Nr. 1 b auch Ansprüche gegenüber einer anderen Partei. Da das deutsche Recht bei vertraglichen Beziehungen grundsätzlich nur Ansprüche zwischen den Vertragsparteien, nicht aber gegenüber anderen Parteien kennt, hat diese Erstreckung für das deutsche Recht kaum Bedeutung.

23 Unter die **ganze oder teilweise Nichterfüllung** fallen im deutschen Recht zunächst die Rechte bei ganzer oder teilweiser **Unmöglichkeit** nach §§ 280 ff BGB. Da Nr. 1 b unter Berücksichtigung der englischen und französischen Fassung den Verbraucher umfassend gegen die ungebührliche Einschränkung seiner Rechte bei Leistungsstörungen schützen will, sind unter Nr. 1 b auch die Rechte bei anfänglichem Unvermögen einzuordnen, aber auch die Rechte bei nicht zu vertretender Unmöglichkeit § 311a BGB, insbesondere die Verteilung der Sach- und Preisgefahr nach §§ 275, 326 sowie nach §§ 446, 447 BGB. Ebenso unterfallen die Rechte des Verbrauchers aus § 326 Abs. 2 BGB dem Schutz aus Nr. 1 b.

24 In die **mangelhafte Erfüllung** sind nach deutschem Verständnis auf jeden Fall die **Sachmängelgewähransprüche**, soweit sie in einzelnen Vertragstypen (vgl. §§ 434 ff, §§ 536 ff, §§ 633 ff, §§ 651 a ff BGB) vorgesehen sind, einzubeziehen, einschließlich der Haftung für zugesicherte Eigenschaften. Auch **Rechtsmängel** werden vom Begriff der mangelhaften Erfüllung erfaßt. Die dafür vorgesehenen Rechte sind als durch Nr. 1 b geschützt anzusehen. Da bei Vertragstypen ohne Mängelgewähransprüche Schlechtleistungen als **Vertragsverletzung** eingeordnet werden, fallen auch Rechte aus dieser Vertragsverletzung unter den Schutzbereich der Nr. 1b. Da Nr. 1b nach seinem Zweck einen umfassenden Schutz gegen vertragliche Leistungsstörungen sichern will, wäre es sinnwidrig, Vertragsverletzungen nur in Gestalt der Schlechtlieferung unter Nr. 1 b zu subsumieren. Vielmehr muß auch die weitere Fallgestaltung der Verletzung von Nebenpflichten durch Nr. 1 b geschützt werden. Wegen des umfassenden Schutzanliegens müssen dann aber auch die Rechte des Verbrauchers aus **Verzug** gemäß §§ 280, 286 BGB vor dem Ausschluß oder der ungebührlichen Einschränkung bewahrt werden. Dabei ist gleichgültig, ob man die Leistungsstörungen wie Verzug oder sonstige Vertragsverletzung

---

[1] Ebenso *Graf von Westphalen* AGB, Zurückbehaltungsklauseln Rz 14; *Pfeiffer,* in: GH II/*Wolf* EG-VbR A 05, Anh. Nr. 1 b Rz 5.

[2] Auch *Pfeiffer,* in: GH II/*Wolf* EG-VbR A 05, Anh. Nr. 1 b Rz 2.

als teilweise Nichterfüllung oder als mangelhafte Erfüllung einordnet. Entscheidend ist, daß Nr. 1 b als gemeinschaftsrechtliche Regelung sich nicht der speziellen Terminologie des deutschen Rechts bedienen konnte und wollte. Die Begriffe mangelhafte Erfüllung und teilweise Nichterfüllung können und dürfen deshalb nicht gemäß ihrem spezifisch engen Gehalt des deutschen Rechts verstanden werden, sondern sind im Sinne des allgemeinen Sprachgebrauchs als umfassende Erfassung aller Leistungsstörungen zu verstehen. Diese Betrachtung bestätigen auch die englische und französische Wortwahl, weil sowohl „inadequate performance" als auch „exécution défectueuse" im Sinne einer umfassenden Einbeziehung aller Leistungsstörungen zu verstehen sind.[1] Nr. 1 b erfaßt aber **nur vertragliche Pflichtverletzungen** und damit nicht ohne weiteres culpa in contrahendo, außer sie ist ihrerseits zum Gegenstand einer vertraglichen Regelung gemacht, wie z. B. Verhandlungspflichten[2] oder Betretungsverbote.[3]

Nr. 1 b erklärt den **Ausschluß** der Rechte des Verbrauchers bei Leistungsstörungen ausnahmslos für mißbräuchlich. Damit ist auf jeden Fall der völlige Wegfall aller bei einer bestimmten Leistungsstörung vorgesehenen Rechte gemeint. Dies gilt nicht nur für den Kauf neu hergestellter, sondern auch für gebrauchte Sachen.[4] Nr. 1 b geht deshalb über § 309 Nr. 8 BGB hinaus. Im Hinblick auf den Wortlaut, der „die Ansprüche" als Mehrzahl erwähnt, aber nicht ausdrücklich alle Ansprüche als geschlossene Gesamtheit, ist auch unter Berücksichtigung des gewollten Verbraucherschutzes davon auszugehen, daß auch jedes einzelne Recht bei einer Leistungsstörung nicht völlig entfallen darf. Es darf deshalb z. B. im Falle der §§ 280, 323 BGB weder der Schadensersatzanspruch noch das Rücktrittsrecht (s. Rz 22) völlig ausgeschlossen werden. Ein Recht ist aber trotz förmlichen Wegfalls dann nicht völlig ausgeschlossen, wenn es der Sache nach in einem anderen Recht noch mit enthalten ist, so z. B. bei der Minderung, bei der sich der Kaufpreis auf Null reduzieren kann, was der Sache nach den Rücktritt einschließt. 25

Mißbräuchlich ist nach Nr. 1 auch die **ungebührliche Einschränkung**. Einschränkung ist jede Minderung des Umfangs eines Rechts, aber auch jede rechtlich verbindliche Erschwerung der Geltendmachung oder Durchsetzung von Leistungsstörungsrechten, so daß auch Verjährungs- und Ausschlußfristen erfaßt sind.[5] Im Gegensatz zu Nr. 1 a will Nr. 1 b aber nur die ungebührliche Einschränkung verhindern. Der unbestimmte Rechtsbegriff des Ungebührlichen ist in Übereinstimmung mit den Wertungen der Generalklausel des Art. 3 dahin auszulegen, daß die Einschränkung nicht gegen Treu und Glauben verstoßen darf und deshalb insbesondere die wesentlichen Grundgedanken der gesetzlichen Regelung und die vertragswesentlichen Inhalte der Rechte und Pflichten[6] erhalten bleiben müssen. 26

b) Die Möglichkeit, eine Verbindlichkeit gegenüber dem Gewerbetreibenden durch eine etwaige Forderung gegen ihn **auszugleichen**, darf gemäß Nr. 1 b ebenfalls nicht ausgeschlossen oder ungebührlich eingeschränkt werden. Die für das deutsche Recht ungewöhnliche Terminologie beruht auf einer dem juristischen Sprachgebrauch nicht angepaßten Übersetzung des englischen „offsetting" und des französischen „compenser", was richtigerweise mit „aufrechnen" zu übersetzen ge- 27

---

[1] Vgl. zur failure to perform auch *Cheshire, Fifoot & Furmston's*, Law of contract, 12 Aufl. 1991, S. 529 ff; zum franz. Recht *Ferid*, Das Französische Zivilrecht, Bd. I 1991, Rz 2 C 1.
[2] S. *Larenz/Wolf*, Allg. Teil, § 23 Rz 107.
[3] A. A. *Graf von Westphalen*, AGB, Freizeichnungsklausel Rz 79.
[4] *Pfeiffer*, in: GH II/*Wolf* EG-VbR A 05, Anh. Nr. 1 b Rz 9.
[5] *Graf von Westphalen*, AGB, Ausschlußfristen Rz 4.
[6] S. Art. 3 Rz 6.

wesen wäre.[1] Nr. 1 b erklärt damit ein totales **Aufrechnungsverbot** für mißbräuchlich. Zulässig ist jedoch eine Einschränkung, wenn sie nicht ungebührlich ist. Was als ungebührlich anzusehen ist, ist nach Treu und Glauben in Übereinstimmung mit Art. 3 zu konkretisieren. Zur ungebührlichen Einschränkung sind dabei grundsätzlich Aufrechnungsverbote zu zählen, die sich auf rechtskräftig festgestellte und unstrittige Forderungen gemäß § 309 Nr. 3 BGB erstrecken. Darüber hinaus könnten aber auch sonstige Aufrechnungsverbote, z. B. bei besonders engem Zusammenhang der beiden Forderungen als ungebührlich zu qualifizieren sein.[2] Nr. 1 b geht damit über § 309 Nr. 3 BGB hinaus.[3]

2. Auswirkungen auf das deutsche Recht

28 **a)** Gegen die Aushöhlung durch **AGB** werden die Ansprüche und Rechte bei Leistungsstörungen in §§ 308, 309BGB nicht umfassend wie in Nr. 1 b, sondern nur punktuell geschützt. Eine weitgehende Sicherung der **Rechte bei zu vertretenden Leistungsstörungen** sehen § 309 Nr. 7 und 8 BGB vor. Dieser Schutz betrifft nicht nur den Ausschluß der Rechte aus §§ 280 ff, 286, 323, 326 BGB insgesamt, sondern auch den Ausschluß oder die Einschränkung einzelner dieser Rechte. Schadensersatzansprüche aus Vertragsverletzungen werden, soweit es Vorsatz und grobe Fahrlässigkeit betrifft, durch § 309 Nr. 7 b BGB gesichert. Darüberhinaus ist die Haftungsfreizeichnung für leichte Fahrlässigkeit unwirksam, sofern es sich um Kardinalpflichten handelt.[4] Nr. 1 b bestätigt diese Praxis als gemeinschaftskonform. Die Freizeichnung für leichte Fahrlässigkeit bei Verletzung unwesentlicher Pflichten und die Haftungsbegrenzung auf vorhersehbare Schäden[5] können nicht als ungebührliche Einschränkungen im Sinne von Nr. 1 b angesehen werden und sind deshalb ebenfalls gemeinschaftskonform. Hinsichtlich der Voraussetzungen des Verzugs enthalten § 309 Nr. 4 und § 308 Nr. 2 BGB weitere Klauselverbote, die mit dem Schutzzweck von Nr. 1 b übereinstimmen. Gegen weitere ungebührliche Einschränkungen kann das Verbot der Beweislastveränderung in § 309 Nr. 12 BGB Schutz bieten. Allgemein gibt Nr. 1 b Anlaß, auch wenn er nicht unmittelbar verbindlich ist,[6] die Beschränkung der Rechte aus Leistungsstörungen im Rahmen von § 307 BGB kritisch zu überprüfen und gemeinschaftskonform zu harmonisieren.

29 Für **unverschuldete Leistungsstörungen** enthalten §§ 308, 309 BGB keine speziellen Klauselverbote. Jedoch sind Abweichungen von den wesentlichen Grundgedanken der gesetzlichen Regelung nach § 307 II Nr. 1 BGB unwirksam. Dies gilt sowohl für Gefahrtragungsklauseln als auch für die Haftung bei anfänglichem Unvermögen. Diese Handhabung stimmt mit Nr. 1 b überein und wird durch sie bestärkt. Auch Höhere-Gewalt-Klauseln, die eine Freizeichnung von unzumutbaren Risiken vorsehen, enthalten keine ungebührliche Einschränkung gemäß Nr. 1 b.[7]

30 Die Haftung für **Sachmängel** ist für Kauf- und Werkverträge in § 309 Nr. 8b und, soweit es Schadensersatzansprüche betrifft, in § 309 Nr. 7 BGB und dem Freizeichnungsverbot bei Kardinalpflichter in Übereinstimmung mit Nr. 1 b geregelt. Für andere Vertragstypen sichert § 307 II Nr. 1 BGB die Wahrung der wesentlichen Grundgedanken des gesetzlichen Sachmängelrechts und führt damit zu einer ge-

---

[1] S. auch *Pfeiffer,* in: GH II/*Wolf* EG-VbR A 05, Anh. Nr. 1 b Rz 13.
[2] *Pfeiffer,* in: GH II/*Wolf* EG-VbR A 05, Anh. Nr. 1 b Rz 14.
[3] *Graf von Westphalen,* AGB, Aufrechnungsklauseln Rz 5.
[4] S. § 309 Nr. 7 Rz 96.
[5] S. § 309 Nr. 7 Rz 31 ff.
[6] S. vor Nr. 1 a Rz 1.
[7] Vgl. zu Höhere-Gewalt-Klauseln *Graf von Westphalen,* AGB, Höhere Gewalt, Rz 1 ff.

meinschaftskonformen Handhabung der Mißbrauchskontrolle. Die Unterschiede in den Sachmängelrechten der Mitgliedstaaten werden dadurch allerdings nicht bereinigt. Dies ist aber auch nicht Aufgabe von Nr. 1b (s. auch Rz 22). Gleiches gilt auch hinsichtlich der **Rechtsmängelhaftung**, die in ihren wesentlichen Grundgedanken durch AGB gemäß § 307 II Nr. 1 BGB in Übereinstimmung mit Nr. 1b nicht angetastet werden darf.

Ein **Aufrechnungsverbot** ist gegenüber Verbrauchern nur unter den Voraussetzungen von § 309 Nr. 3 BGB zugelassen. Damit ist grundsätzlich dem Schutzanliegen von Nr. 1b genügt (s. auch Rz 27). Darüber hinausgehende ungebührliche Einschränkungen im Sinne von Nr. 1b können nach § 307 BGB für unwirksam erklärt werden, wobei auch auf die Harmonisierung mit anderen Mitgliedstaaten zu achten ist. 31

b) Auch wenn Nr. 1b nicht unmittelbar verbindlich ist,[1] so müssen seine verbraucherschützenden Wertungen doch durch eine richtlinien- und gemeinschaftskonforme Auslegung von § 310 III Nr. 2 mit §§ 307, 309 BGB und von § 242 BGB[2] in Zukunft mitberücksichtigt werden. Das geltende Recht sichert die Leistungsstörungsrechte vereinzelt mit halbzwingenden Normen auch gegen abweichende Individualvereinbarungen.[3] § 444 BGB im Kaufrecht, § 536d BGB im Mietrecht und § 639 BGB im Werkvertragsrecht erklären den Ausschluß der **Sach- und Rechtsmängelgewährleistung** nur bei Arglist und bei §§ 444, 639 BGB auch im Falle einer Garantieübernahme für unwirksam. Beim Verbrauchsgüterkauf schützt § 475 BGB den Verbraucher. Auch für Mietverhältnisse über Wohnräume sehen § 536 IV und § 569 V BGB einen unabdingbaren Schutz des Mieters vor. Im Reisevertragsrecht schützt § 651m BGB den Reisenden vor der Einschränkung seiner Rechte. Darüber hinaus hat die Rechtsprechung den Käufer neu hergestellter Häuser gegen einen formelhaften Gewährleistungsausschluß in Grundstückskaufverträgen geschützt.[4] Diese Rechtsprechung, die durch Nr. 1b nachträglich gestützt wird,[5] zeigt ein Bedürfnis zum Schutz gegen die Aushöhlung von Leistungsstörungsrechten bei Individualvereinbarungen. 32

Diese Rechtsprechung kann und sollte im Interesse der Harmonisierung mit anderen Mitgliedstaaten, die wie Frankreich die Freizeichnungsmöglichkeiten auch in Individualvereinbarungen grundsatzlich beschränken,[6] in richtlinienkonformer Auslegung von § 310 III Nr. 2 BGB[7] auf **andere Freizeichnungsklauseln** erweitert werden. In Zukunft muß deshalb damit gerechnet werden, daß Haftungsfreizeichnungen in Individualvereinbarungen auch über § 276 III BGB hinaus für unwirksam erklärt werden und die Wertungen von § 309 Nr. 7 BGB, aber auch das Freizeichnungsverbot für Kardinalpflichten auf Individualvereinbarungen erstreckt werden. Voraussetzung ist jedoch, daß es sich um nicht im einzelnen ausgehandelte Individualklauseln in Verbraucherverträgen handelt. Da Nr. 1b nicht unmittelbar verbindlich ist, sondern nur über Art. 3 mit § 310 III Nr. 2 BGB in das nationale Recht Eingang findet, muß die Freizeichnungsklausel im Einzelfall auch mißbräuchlich gemäß Art. 3 I sein. Dies gilt auch für die Kontrolle anderer Vereinbarungen, die die Rechte aus Leistungsstörungen ausschließen oder ungebührlich einschränken. Insgesamt wird sich in Zukunft wenngleich keine Gleichstellung so 33

---

1 S. vor Nr. 1a Rz 1.
2 S. Art. 1 Rz 8, 13.
3 S. zu den halbzwingenden Normen *Larenz/Wolf*, Allg. Teil, § 3 Rz 104ff.
4 S. § 307 Rz 28, zuletzt BGH v. 8. 3. 07 VII ZR 130/05 Rz 53.
5 S. Art. 1 Rz 20.
6 *Kleinwächter* RIW 1984, 690; ferner Einl. Rz 54.
7 S. Art. 3 Rz 20.

doch eine Annäherung der Mißbrauchskontrolle nicht ausgehandelter Individualvereinbarungen an die AGB-Kontrolle ergeben.

34–40 Die Pflicht zur gemeinschaftskonformen und richtliniekonformen Auslegung[1] in Verbindung mit dem Streben nach einem höheren Verbraucherschutzniveau legen es nahe, das Aufrechnungsverbot der Nr. 1b über § 309 Nr. 3 BGB hinaus auch auf nicht ausgehandelte Individualklauseln in Verbraucherverträgen zu übertragen (s. Rz 27).[2]

*

1. Klauseln, die darauf abzielen oder zur Folge haben, daß

c) [Einseitige Bindung]
der Verbraucher eine verbindliche Verpflichtung eingeht, während der Gewerbetreibende die Erbringung der Leistungen an eine Bedingung knüpft, deren Eintritt nur von ihm abhängt;

1. Inhalt des Klauselverbots

41 Das Klauselverbot hat den **Zweck** zu verhindern, daß sich der Verbraucher **einseitig verpflichtet**, während der Gewerbetreibende eine endgültige Verpflichtung vermeidet, indem er sie von seiner künftigen Entscheidung abhängig macht. Die Bestimmung ist Ausdruck einer formal verstandenen Waffengleichheit.[3] Nr. 1 c setzt eine verbindliche Verpflichtung des Verbrauchers voraus. Diese wird im Regelfall in einer unbedingten Verpflichtung bestehen. Es kann sich aber auch um eine bedingte Verpflichtung des Verbrauchers handeln, sofern nur der Bedingungseintritt nicht vom Willen des Verbrauchers abhängt. Nr. 1 c greift dagegen nicht ein, wenn sich neben dem Gewerbetreibenden auch der Verbraucher jederzeit einseitig frei von seiner Verpflichtung lösen kann oder seine Verpflichtung nicht entsteht oder entfällt, nachdem der Gewerbetreibende den Bedingungseintritt herbeigeführt hat, denn Nr. 1 c will den Verbraucher nur vor einer einseitigen Verpflichtung ohne Pflicht zur Gegenleistung schützen.[4] Nicht erfaßt werden deshalb Optionsrechte,[5] weil vor Ausübung der Option auch noch keine Verpflichtung des Optionsgegners besteht und nach Ausübung der Option beide Parteien gleichermaßen verpflichtet sind. Zulässig ist deshalb auch das Andienungsrecht auf Erwerb des Leasingguts in einem Leasingvertrag.[6] Auch die Abgabe eines bindenden Angebots (vgl. § 145 BGB) fällt nicht unter Nr. 1 c,[7] weil damit vor Annahme des Angebots noch keine Verpflichtung eingegangen wird. § 308 Nr. 1 BGB wird deshalb nicht von Nr. 1 c erfaßt.[8] Nr. 1 c ist auf gegenseitige Verträge zugeschnitten, in denen der Verbraucher seine Leistung für eine Gegenleistung des Gewerbetreibenden erbringt, erfaßt aber auch zweiseitige verpflichtende Verträge.[9] Bei Verträgen, in denen der Gewerbetreibende auch nach Bedingungseintritt keine Leistung zu erbrin-

---

[1] S. Art. 1 Rz 8, 13.
[2] S. Art. 3 Rz 19.
[3] S. Art. 3 Rz 5; zu entsprechenden den Rechtsgedanken in den romanischen Rechten *Pfeiffer,* in: GH II/*Wolf* EG-VbR A 05, Anh. Nr. 1 c Rz 1.
[4] S. auch *Frey* ZIP 1993, 572, 579.
[5] A. A. *Pfeiffer,* in: GH II/*Wolf* EG-VbR A 05, Anh. Nr. 1 c Rz 6.
[6] S. *Graf von Westphalen,* AGB, Leasing Rz 158.
[7] A. A. *Pfeiffer,* in: GH II/*Wolf* EG-VbR A 05, Anh. Nr. 1c Rz 5.
[8] A. A. *Micklitz* EuZW 1993, 522, 530.
[9] *Pfeiffer,* in: GH II/*Wolf* EG-VbR A 05, Anh. Nr. 1 c Rz 2.

gen hat, wie bei einseitig verpflichtenden Verträgen, z. B. bei einer Leihe oder Schenkung, ist der Verbraucher nicht schutzbedürftig.

Nr. 1 c geht von einer **Bedingung** (condition) aus, deren Eintritt nur vom Gewerbetreibenden abhängt. Die Bedingung kann nicht im strengen Sinne des deutschen Rechts gemäß § 158 BGB verstanden werden, sondern ist autonom auszulegen.[1] Demgemäß sind zu den Bedingungen selbstverständlich auch die sog. Potestativbedingungen im Sinne von § 158 BGB zu zählen, die nur vom Willen des Gewerbetreibenden abhängen, und es können sowohl aufschiebende wie auflösende Potestativbedingungen sein. Unter den autonom verstandenen Bedingungsbegriff sind aber auch Lösungsrechte anderer Art wie z. B. Rücktrittsrechte einzuordnen, wenn sie dem Gewerbetreibenden einseitig die freie und beliebige Lösung von seiner Leistungspflicht erlauben. Ein Kündigungsrecht oder ein Rücktrittsrecht fällt aber nicht unter Nr. 1 c, sofern dadurch das ganze Vertragsverhältnis beendet wird.[2] Zum Verhältnis zu Nr. 1 f s. dort Rz 82. 42

Der Bedingungseintritt **hängt nur vom Gewerbetreibenden ab**, wenn allein sein Wille über den Bestand seiner eigenen Leistungspflicht entscheidet. Die etwas ungenaue deutsche Fassung „die Erbringung der Leistung" ist unter Berücksichtigung der englischen Fassung („provision of services by seller or supplier") und der französischen Fassung („l'exécution de prestations du professionnel") dahin zu präzisieren, daß es richtigerweise die Erbringung „seiner" Leistung heißen muß.[3] Die Leistungspflicht eines anderen oder die freie Entscheidung eines Dritten über das Eintreten der Leistungspflicht des Gewerbetreibenden genügen nicht. Ausreichend ist, daß der Gewerbetreibende die Möglichkeit der freien Lösung hat. Gleichgültig ist, ob er davon Gebrauch macht. 43

2. Auswirkungen auf das deutsche Recht

Soweit das einseitige Lösungsrecht in **AGB** u. in ausgeh. Indiv. (§ 310 III Nr. 2 BGB) enthalten ist, enthält § 308 Nr. 3 BGB eine mit Nr. 1 c weitgehend übereinstimmende Verbotsklausel. § 308 Nr. 3 BGB ist darüber hinaus noch insofern strenger, als schon jedes Lösungsrecht ohne sachlich berechtigten Grund zur Unwirksamkeit führt und eine freie Willkürentscheidung nicht vorausgesetzt wird. Daneben begründen auch sachlich berechtigte Gründe nach § 308 Nr. 3 BGB kein Lösungsrecht, wenn sie nicht im Vertrag angegeben sind. Diese über Nr. 1 c hinausgehenden zusätzlichen Unwirksamkeitsgründe sind aber sowohl nach Art 3 III wie nach Art. 8 gemeinschaftsrechtlich nicht zu beanstanden.[4] Nicht von Nr. 1 c erfaßt wird auch der Unwirksamkeitsgrund des Änderungsvorbehalts in § 308 Nr. 4 BGB, aber auch insoweit geben Art. 3 III und Art. 8 diese Regelung frei. 44

Unwirksamkeit tritt aber nicht ein, wenn das Lösungsrecht frei ausgehandelt ist oder wenn es nicht entgegen Treu und Glauben zu einem ungerechtfertigten Mißverhältnis führt, weil z. B. unter den besonderen Umständen ein berechtigtes Bedürfnis dafür besteht, insbesondere bei Entstehung unvorhergesehener Abwicklungsprobleme.[5] Die Bewertung muß im Einzelfall den Gerichten überlassen bleiben. 45–50

*

---

[1] S. Art. 1 Rz 18; *Pfeiffer,* in: GH II/*Wolf* EG-VbR A 05, Anh. Nr. 1 c Rz 4.

[2] Im Ergebnis auch *Pfeiffer,* in: GH II/*Wolf* EG-VbR A 05, Anh. Nr. 1 c Rz 9.

[3] Zust. *Pfeiffer,* in: GH II/*Wolf* EG-VbR A 05, Anh. Nr. 1c Rz 3.

[4] *Kretschmar* aaO bei Art. 1, S. 240.

[5] S. auch *Pfeiffer,* in: GH II/*Wolf* EG-VbR A 05, Anh. Nr. 1 c Rz 13.

1. Klauseln, die darauf abzielen oder zur Folge haben, daß

d) [Einseitige Verfallklausel]
es dem Gewerbetreibenden gestattet wird, vom Verbraucher gezahlte Beträge einzubehalten, wenn dieser darauf verzichtet, den Vertrag abzuschließen oder zu erfüllen, ohne daß für den Verbraucher ein Anspruch auf eine Entschädigung in entsprechender Höhe seitens des Gewerbetreibenden vorgesehen wird, wenn dieser selbst es unterläßt;

1. Inhalt des Klauselverbots

51 Nr. 1 d **bezweckt den Schutz gegen eine bestimmte Art von Verfallklauseln**, die einseitig den Verbraucher belasten, wenn er einen Vertrag nicht abschließt oder nicht erfüllt. Geschützt wird nicht gegen unangemessene Verfallklauseln oder Vertragsstrafen schlechthin, sondern nur gegen die Asymmetrie einer **einseitigen Belastung des Verbrauchers.**[1] Nicht von Nr. 1 d erfaßt werden dagegen Klauseln, in denen sich der Gewerbetreibende gleichermaßen einer Verfallklausel wie der Verbraucher unterwirft. Nr. 1 d stellt sich damit als ein typischer Anwendungsfall der Nichtbeachtung **formaler Waffengleichheit** dar.[2] Aus Nr. 1 d kann jedoch nicht entnommen werden, daß Klauseln mit gleicher Verfallklausel für Verbraucher und Gewerbetreibenden nicht mißbräuchlich und wirksam seien. Vielmehr sind solche Klauseln, die die formale Waffengleichheit beachten, sowohl nach Nr. 1 e wie nach der Generalklausel des Art. 3 I zu prüfen.[3] Solche beiderseitigen Verfallklauseln sind aber nur im Hinblick auf die Belastung des Verbrauchers zu überprüfen. Belastungen, die sich der Gewerbetreibende selbst auferlegt, sind zwar bei der Gesamtabwägung zu berücksichtigen, können aber nicht für mißbräuchlich und unwirksam erklärt werden. Eine den Verbraucher belastende beiderseitige Verfallklausel kann wegen unverhältnismäßig hoher Belastung nach Nr. 1 e, aber auch gemäß Art. 3 I unwirksam sein, wenn die Verfallklausel per se unangemessen ist oder wenn sich trotz formaler Gleichheit aufgrund der tatsächlichen Umstände faktisch materiell unterschiedliche Belastungen ergeben.

52 Vorausgesetzt wird der **Einbehalt** vom Verbraucher **gezahlter Beträge**. Erfaßt wird damit nur der Einbehalt von Geldbeträgen, nicht sonstiger Gegenstände. Für sie gilt Art. 3 I.[4] Der Betrag muß auch bereits bezahlt sein. Ein Anspruch auf Bezahlung, insbesondere z. B. ein Anspruch auf eine erst noch zu entrichtende Vertragsstrafe, wird danach vom Wortlaut nicht erfaßt. Im Hinblick darauf, daß gegen den Gewerbetreibenden ebenfalls nur ein Anspruch auf Entschädigung besteht (s. Rz 55), erscheint es im Sinne der von Nr. 1 d erstrebten formalen Gleichheit (s. Rz 51) angebracht, Nr. 1 d analog anzuwenden, wenn nicht ein Einbehalt gezahlter Beträge, sondern ein Anspruch auf Entschädigung gegen den Verbraucher vorgesehen ist. Auch Nr. 1 e kann zur Anwendung kommen, sofern es sich um eine pflichtwidrige Nichterfüllung handelt.[5] Auf jeden Fall sind solche Fallgestaltungen nach Art. 3 I als mißbräuchlich anzusehen. Vom Verbraucher gezahlt sind nicht nur die von ihm selbst, sondern auch die von einem Dritten für den Verbraucher gezahlten Beträge. Gleichgültig ist, ob eine Pflicht zur Einzahlung besteht oder ob die Beträge freiwillig, z. B. als Sicherheit oder Anzahlung hinter-

---

[1] *Frey* ZIP 1993, 572, 579; *Micklitz* ZEuP 1993, 522, 530.
[2] S. Art. 3 Rz 5.
[3] Auch *Pfeiffer*, in: GH II/*Wolf* EG-VbR A 05, Anh. Nr. 1 d Rz 2.
[4] *Pfeiffer*, in: GH II/*Wolf* EG-VbR A 05, Nr. 1 d Rz 5.
[5] S. *Pfeiffer*, in: GH II/*Wolf* EG-VbR A 05, Anh. Nr. 1 d Rz 4.

legt werden. Einbehalt ist der endgültige Verfall zugunsten des Gewerbetreibenden, so daß der Betrag in seinem Vermögen verbleiben soll, wenn der Vertrag nicht abgeschlossen oder erfüllt wird. Sollen statt Geld andere Gegenstände verfallen, so findet zwar nicht Nr. 1 d Anwendung, die Klausel kann aber nach Art. 3 I unwirksam sein.

Ein **Verzicht** auf den Vertragsabschluß und die Vertragserfüllung setzt eine be- 53
wußte Entscheidung im Sinne einer Abstandnahme voraus, obwohl ein anderes Verhalten möglich wäre. Dies unterstreicht besonders die englische Fassung, die den Begriff „decide" benutzt. Verzicht als bewußte Entscheidung setzt Wissen und Wollen in dem Sinne voraus, daß ein Vertragsabschluß und eine Vertragserfüllung möglich sind oder doch möglich sein könnten, aber dennoch nicht gewollt, zumindest nicht versucht werden. Unmöglichkeit insbesondere in Form der objektiven Unmöglichkeit, fällt nicht unter den Verzicht. Bei subjektiver Unmöglichkeit wäre dagegen eine anderweitige Beschaffung möglich, so daß ein Verzicht hierauf unter Nr. 1 d fällt.[1] Gleichgültig ist im Gegensatz zu Nr. 1 e (s. Rz 72), ob eine Pflicht zum Vertragsabschluß oder zur Vertragserfüllung besteht. Auch eine Vorauszahlung, die ohne Bestehen einer Verpflichtung zum Vertragsabschluß zugunsten des Gewerbetreibenden verfällt, ist in das Klauselverbot einbezogen. Zur Anwendung bei Ausübung eines Lösungsrechts s. Rz 85.

Ein Verzicht auf den **Vertragsabschluß** liegt vor, wenn der Verbraucher seine 54
für den Vertrag erforderliche Willenserklärung nicht abzugeben bereit ist. Der Verzicht auf die **Vertragserfüllung** ist auf jeden Fall anzunehmen, wenn der Vertrag vollständig nicht erfüllt wird. Wenn eine einseitige Verfallklausel aber schon bei der schwerer wiegenden totalen Nichterfüllung unwirksam ist, dann muß sie erst recht unwirksam sein, wenn die den Verbraucher belastende Verfallklausel schon bei teilweiser, verzögerlicher oder mangelhafter Nichterfüllung gelten soll. Nr. 1 d ist deshalb dahin auszulegen, daß jeder Verzicht auf jede Art von vollständiger Erfüllung einbezogen sein soll. Ist man diesen Schritt nicht zu gehen bereit, so wäre eine einseitige Verfallklausel für teilweise, verzögerliche oder mangelhafte Erfüllung auf jeden Fall nach Art. 3 I als mißbräuchlich anzusehen.

Das Klauselverbot in Nr. 1 d stellt darauf ab, daß dem Verbraucher gegen den Ge- 55
werbetreibenden kein **Anspruch auf eine Entschädigung in entsprechender Höhe** eingeräumt wird. Das Bestehen eines Anspruchs wird danach als ausreichende Kompensation verstanden. Nr. 1 d läßt damit in Einschränkung einer streng formal verstandenen Gleichstellung (s. Rz 51) gegen den Gewerbetreibenden bereits einen Anspruch als Ausgleich genügen, während der Verbraucher seinen Betrag bereits einbezahlt hat. Der Unterschied zeigt sich vor allem darin, daß dem Verbraucher zugemutet wird, das Insolvenzrisiko des Gewerbetreibenden zu tragen, was umgekehrt den Gewerbetreibenden bei vorheriger Einzahlung durch den Verbraucher nicht trifft. Zur analogen Anwendung bei einem Anspruch gegen den Verbraucher s. Rz 52. Entschädigung ist nicht voller Schadensersatz. Die Entschädigung muß aber entsprechend, d. h. gleicher Höhe sein, wie der vom Verbraucher gezahlte Betrag.

2. Auswirkungen auf das deutsche Recht

a) Für **AGB** u. in ausgeh. Indiv. (§ 310 III Nr. 2 BGB) sehen §§ 308, 309 BGB 56
kein vergleichbares Klauselverbot vor, das nur die einseitige Belastung des Verbrauchers mit einer Verfallklausel verhindern will, bei gleichförmiger Belastung auch

[1] Zust. *Pfeiffer*, in: GH II/*Wolf* EG-VbR A 05, Anh. Nr. 1d Rz 7.

des Gewerbetreibenden die Verfallklausel aber zuläßt. Eine teilweise Deckung besteht aber mit § 308 Nr. 7 BGB Berührungspunkte bestehen auch mit § 309 Nr. 5 und 6 BGB. Eine einseitig den Verbraucher belastende Verfallklausel kann auch nach § 307 BGB unwirksam sein. Dabei können die Wertungen von Nr. 1 d mit berücksichtigt werden. Statt auf die Gleichförmigkeit der Belastung für Verbraucher und Gewerbetreibenden abzustellen, ist nach § 307 BGB in erster Linie die Angemessenheit der Verfallklausel per se zu überprüfen, ohne daß ein Vergleich mit der Belastung des Gewerbetreibenden erforderlich wäre. Dies ist auch mit dem Mißbrauchsmaßstab des Art. 3 I vereinbar. Eine dem Verfall eingezahlten Geldes vergleichbare Wirkung hat auch die Vertragsstrafe, die nach § 309 Nr. 6 und nach § 307 BGB ebenfalls unabhängig von der Belastung des Gewerbetreibenden für unwirksam erklärt wird.

57–70 **b)** Allgemein werden einseitig den Verbraucher belastende Verfallklauseln bisher nicht beanstandet, abgesehen vom Fall der Sittenwidrigkeit nach § 138 BGB. Nr. 1 d sollte in Zukunft aber Anlaß geben, einseitig den Verbraucher belastende Verfallklauseln im Rahmen von § 307 mit § 310 III Nr. 2 BGB[1] kritisch auf ihre Wirksamkeit zu überprüfen,[2] sofern es sich um nicht im einzelnen ausgehandelte Individualklauseln handelt. Ungeachtet von Nr. 1 d verbleibt es aber auch für Individualklauseln dabei, daß nach deutschem Recht in erster Linie die unangemessene Benachteiligung für den Verbraucher per se zu berücksichtigen ist und eine unangemessene Belastung des Verbrauchers nicht dadurch ausgeglichen werden kann, daß der Gewerbetreibende eine gleiche Belastung auf sich nimmt.

*

1. Klauseln, die darauf abzielen oder zur Folge haben, daß

e) [Unverhältnismäßige Entschädigung]
dem Verbraucher, der seinen Verpflichtungen nicht nachkommt, ein unverhältnismäßig hoher Entschädigungsbetrag auferlegt wird;

1. Inhalt des Klauselverbots

71 Während Nr. 1 d nur die einseitige Belastung des Verbrauchers verhindern will und bei gleichmäßiger Belastung des Gewerbetreibenden nicht eingreift,[3] dient Nr. 1 e dem **Zweck**, den Verbraucher vor unverhältnismäßig hohen Entschädigungen zu schützen, unabhängig davon, ob den Gewerbetreibenden eine gleich hohe Entschädigungspflicht trifft. Nr. 1 e beruht damit nicht wie Nr. 1 d auf dem Prinzip der formal einseitigen Benachteiligung, bei dem die Unangemessenheit durch eine gleiche Benachteiligung des Gewerbetreibenden beseitigt wird. Vielmehr ist Nr. 1 e Ausdruck des Prinzips des materiellen Mißverhältnisses,[4] das unabhängig von einer gleichen Benachteiligung des Gewerbetreibenden die Unwirksamkeit begründet. Da Nr. 1 e zu den Konkretisierungen von Art. 3 gehört, wird damit deutlich, daß das Prinzip der materiellen Benachteiligung ebenfalls in Art. 3 I enthalten ist.

72 Vorausgesetzt wird im Gegensatz zu Nr. 1 d (s. Rz 53), daß der Verbraucher seinen **Verpflichtungen nicht nachkommt**. Darunter fallen alle vertraglichen Pflichtverletzungen des Verbrauchers, gleichgültig ob es sich um Unmöglichkeit,

---

[1] S. Art. 3 Rz 20.
[2] S. vor Nr. 1 a Rz 1.
[3] S. Nr. 1 d Rz 51.
[4] Art. 3 Rz 6.

Verzug oder eine sonstige Vertragsverletzung einschließlich der Schlechtlieferung handelt. An die jeweilige Vertragspflichtverletzung muß eine Schadensersatz- oder Entschädigungspflicht gekoppelt sein. Gleichgültig ist, ob die Entschädigung oder der Schadensersatz ein Verschulden voraussetzt oder nicht.

Als **Entschädigung** sind alle Leistungen anzusehen, die einen ganzen oder teil- 73
weisen Ausgleich für die Pflichtverletzung erbringen sollen. Dazu gehört aus der Sicht des deutschen Rechts in erster Linie ein Schadensersatz, aber auch Entschädigungsansprüche, die nicht auf vollen Schadensersatz gehen. Vom Sinn der Nr. 1 e dürfte es auch gedeckt sein, Ansprüche auf Vertragsstrafe zu erfassen, da ihnen zumindest teilweise auch eine Ausgleichsfunktion innewohnt.[1]

Ein **unverhältnismäßig hoher Entschädigungsbetrag** ist anzunehmen, wenn 74
der Betrag den wahren Schaden derart übersteigt, daß dies nicht mehr mit den Schwierigkeiten einer prognostischen Schätzung zu erklären ist, die bei einer vertraglich im voraus vereinbarten Entschädigung unvermeidbar sind. Bei einer Vertragsstrafe kann daneben noch die Sanktions- und Abschreckungsfunktion berücksichtigt werden.[2] Unverhältnismäßigkeit ist hier gegeben, wenn auch ein geringerer Betrag als Sanktion und Abschreckung ausreichen würde.

2. Auswirkungen auf das deutsche Recht

Unverhältnismäßig hohe Schadensbeträge in **AGB** u. in ausgeh. Indiv. (§ 310 75
III Nr. 2 BGB) sind als Schadenspauschalen nach § 309 Nr. 5 a BGB unwirksam. Überhöhte Vertragsstrafen können nach § 307 BGB für unwirksam erklärt werden.[3] Damit ist die Wertung von Nr. 1 e bereits verwirklicht. Die Rechtsprechung, die unverhältnismäßig hohe Vertragsstrafen nicht nach § 343 BGB ermäßigt, sondern nach § 307 BGB für unwirksam erklärt, ist mit Nr. 1 e vereinbar.

Auch die Herabsetzung nach § 343 BGB ist ebenfalls mit der Unverbindlichkeit 76–80
gemäß Art. 6 I vereinbar. Eine solche Ermäßigung entspricht den Anforderungen der Unverbindlichkeit gemäß Art. 6 I, ohne daß die Klausel insgesamt für unwirksam erklärt werden müßte, wie es das Verbot der geltungserhaltenden Reduktion vorsieht. § 343 BGB geht allerdings insofern über Nr. 1 e hinaus, als er grundsätzlich auch auf solche Individualvereinbarungen anzuwenden ist, die im einzelnen ausgehandelt sind. Die Kontrolle nach § 343 BGB entfällt nur, sofern es sich um Kaufleute handelt (§ 348 HGB). Dieser überschießende Schutz des § 343 BGB wird durch Art. 8 gedeckt. Zum Zwecke richtlinienkonformer Umsetzung von Nr. 1 e, auch wenn dies nicht zwingend geboten ist,[4] kann und sollte § 343 BGB auf nicht ausgehandelte individuelle Schadenspauschalen oder sonstige Klauseln, die einen unverhältnismäßig hohen Entschädigungsbetrag vorsehen, analog angewandt werden. Möglich ist auch, Nr. 1 e im Wege richtlinienkonformer Auslegung von § 307 mit § 310 III Nr. 2 BGB[5] zur Anwendung zu bringen.

*

[1] Im Ergebnis auch *Pfeiffer,* in: GH II/*Wolf* EG-VbR A 05, Anh. Nr. 1 e Rz 1.

[2] A. A. *Pfeiffer,* in: GH II/*Wolf* EG-VbR A 05, Anh. Nr. 1 e Rz 3.

[3] § 309 Nr. 6 Rz 71 ff.

[4] S. vor Nr. 1 a Rz 1.

[5] S. Art. 3 Rz 20.

1. Klauseln, die darauf abzielen oder zur Folge haben, daß

f) [Einseitige Kündigungsvorteile]
es dem Gewerbetreibenden gestattet wird, nach freiem Ermessen den Vertrag zu kündigen, wenn das gleiche Recht nicht auch dem Verbraucher eingeräumt wird, und es dem Gewerbetreibenden für den Fall, daß er selbst den Vertrag kündigt, gestattet wird, die Beträge einzubehalten, die für von ihm noch nicht erbrachte Leistungen gezahlt wurden;

1. Inhalt des Klauselverbots

81 Nr. 1f verfolgt den **Zweck**, den Verbraucher vor ihn belastenden Kündigungsregelungen zu schützen. Das Klauselverbot enthält zwei verschiedene Fallgestaltungen, zum einen das Verbot eines einseitigen freien Kündigungsrechts nur zugunsten des Gewerbetreibenden und zum anderen das Verbot der einseitigen Einbehaltung von Beträgen für noch nicht erbrachte Leistungen des Gewerbetreibenden. Vor allem der englische Text macht mit dem Begriff „or" deutlich, daß die deutsche Fassung „und" nicht im Sinne einer kumulativen Voraussetzung, sondern alternativ zu verstehen ist. Auch wäre bei kumulativem Verständnis für das Klauselverbot kaum ein Anwendungsgebiet gegeben.[1]

82 Obwohl Nr. 1f von **Kündigung** spricht, ist er nicht auf Dauerschuldverhältnisse begrenzt. Dies ermöglicht eine autonome Auslegung von Nr. 1f, durch die sichergestellt wird, daß alle Kündigungsrechte erfaßt werden, auch wenn sie wie z. B. in § 649 BGB in Verträgen ohne Dauerschuldcharakter vorgesehen sind. Darüberhinaus ist aus der englischen Fassung (dissolve) und der französischen Fassung (résilier) zu entnehmen, daß nicht nur das Kündigungsrecht entsprechend dem deutschen Verständnis erfaßt werden soll, sondern auch sonstige Auflösungsrechte.[2] Nr. 1f überschneidet sich dann aber mit Nr. 1c, der ebenfalls einseitige Lösungsrechte mit einbezieht.[3] Eine gegenseitige Anpassung ohne allzu weitgehende Überschneidungen läßt sich dadurch erreichen, daß Nr. 1f auf Kündigungen und Lösungsrechte mit **Wirkung ex nunc** beschränkt wird, wozu auch der Rücktritt zählt.[4] Dafür spricht auch, daß die zweite Fallgestaltung von Nr. 1f lediglich Beträge für noch nicht erbrachte Leistungen im Auge hat und damit zu erkennen gibt, daß bereits abgewickelte Leistungen unberührt bleiben sollen. Nr. 1c kennt diese Begrenzung nicht und gilt deshalb auch für Lösungsrechte mit Wirkung ex tunc. Zudem erfaßt Nr. 1c nur den Wegfall der Leistungspflicht des Verwenders und nicht den Wegfall der beiderseitigen Leistungspflichten (s. dort Rz 41).

83 **a)** In der **ersten Fallgestaltung** wird die Einräumung eines einseitigen Kündigungs- oder sonstigen Lösungsrechts (s. Rz 82) nach freiem Ermessen für unzulässig erklärt. **Freies Ermessen** liegt vor, wenn es dem Belieben und nicht dem an bestimmte Voraussetzungen gebundenen Willen des Gewerbetreibenden überlassen bleibt, ob er den Vertrag auflöst oder nicht. Ist das Lösungsrecht an bestimmte Voraussetzungen gebunden, so ist es als einseitiges Lösungsrecht nicht nach Nr. 1f unzulässig, kann aber, wenn die Kündigungsvoraussetzungen nicht sachlich berechtigt sind, dennoch aufgrund der Generalklausel nach Art. 3 I unwirksam sein. Ohne Einfluß auf die Anwendung von Nr. 1f ist dagegen, wenn das freie Kündigungsrecht mit einer Kündigungsfrist verbunden ist.

---

[1] Ebenso *Pfeiffer,* in: GH II/*Wolf* EG-VbR A 05, Anh. Nr. 1f Rz 1.
[2] So auch *Pfeiffer,* in: GH II/*Wolf* EG-VbR A 05, Anh. Nr. 1f Rz 2.
[3] S. Nr. 1c Rz 42.
[4] Zweifelnd *Pfeiffer,* in: GH II/*Wolf* EG-VbR A 05, Anh. Nr. 1f Rz 2.

Nr. 1f erfaßt nur Klauseln mit **einseitigem Lösungsrecht zugunsten des Gewerbetreibenden**. Nicht beanstandet wird dagegen, wenn auch dem Verbraucher ein freies Lösungsrecht gewährt wird. Nr. 1f ist in seiner ersten Fallgestaltung Ausdruck des Prinzips der formalen Waffengleichheit.[1] Nur ein Lösungsrecht des Verbrauchers nach freiem Ermessen beseitigt den Unwirksamkeitsgrund, nicht dagegen ein Kündigungsrecht, dessen Ausübung an einschränkende Voraussetzungen gebunden ist. Ein beiderseits freies Kündigungsrecht kann aber, auch wenn es nach Nr. 1f nicht zu beanstanden ist, immer noch nach Art. 3 I mißbräuchlich sein, so z. B. wenn sich der Verbraucher auf die eingegangene Bindung des Gewerbetreibenden verlassen können muß.[2] Fehlen angemessene Kündigungsfristen ist Nr. 1e zu beachten. Ein einseitiges freies Lösungsrecht des Verbrauchers wie z. B. in § 649 BGB fällt nicht unter Nr. 1f. Das Kündigungsrecht aus § 649 BGB unterliegt als gesetzliches Recht darüberhinaus ohnehin nicht der Mißbrauchskontrolle (vgl. Art. 1 II). 84

b) Die **zweite Fallgestaltung** will verhindern, daß der Gewerbetreibende aus seiner Kündigung Vorteile ziehen kann, indem er vom Verbraucher bezahlte Beträge einbehält, ohne dafür eine Gegenleistung zu erbringen. Diese Fallgestaltung gilt nur bei einer **Kündigung durch den Gewerbetreibenden**, gleichgültig ob auch dem Verbraucher ein Kündigungsrecht eingeräumt ist oder nicht. Ein Einbehalt von Beträgen ohne erbrachte Gegenleistung bei einer Kündigung des Verbrauchers fällt dagegen nicht unter Nr. 1f. Der Verfall von Zahlungen bei Kündigung des Verbrauchers belastet diesen jedoch und behindert ihn in der freien Ausübung seines Kündigungsrechts, so daß insoweit bereits die 1. Fallgestaltung von Nr. 1f und Art. 3 I zum Tragen kommen. Außerdem greift in diesem Fall auch das Verbot der Verfallklausel aus Nr. 1d Platz.[3] Zur Kündigung s. Rz 82. 85

Aus der Verbindung mit der ersten Fallgestaltung ist zu entnehmen, daß auch die zweite Fallgestaltung **nur bei einem freien Kündigungsrecht** des Gewerbetreibenden gelten will. Ist das Kündigungsrecht des Gewerbetreibenden an bestimmte Gründe gebunden, so ist Nr. 1f nicht anwendbar.[4] Dies gilt insbesondere, wenn der Gewerbetreibende aus einem wichtigen, von Verbraucher zu vertretenden Grund kündigt. Da dem Gewerbetreibenden unter diesen Umständen ein Schadensersatzanspruch erwachsen kann, bestehen auch gegen einen Einbehalt von Zahlungen des Verbrauchers trotz unterbliebener Gegenleistung keine generellen Bedenken, so daß die Anwendung von Nr. 1f nicht angebracht ist. Ob alle oder nur bestimmte Kündigungsgründe den Einbehalt rechtfertigen, ist nicht im Rahmen von Nr. 1f, sondern am Maßstab von Art. 3 I zu überprüfen. 86

Vorausgesetzt wird der Einbehalt bereits von Seiten des Verbrauchers **gezahlter Beträge**, sei es von ihm oder für ihn. Nach seinem Wortlaut ist Nr. 1f dagegen nicht anwendbar, wenn Beträge noch nicht gezahlt, aber dem Gewerbetreibenden ein Anspruch auf Zahlung, z. B. auf Aufwendungsersatz oder Entschädigung eingeräumt wird. Nach dem Sinn des Klauselverbots kann eine solche Gestaltung aber nicht als zulässig angesehen werden. In Betracht kommt eine analoge Anwendung von Nr. 1f oder es ist die Wertung von Nr. 1f im Rahmen der Generalklausel des Art. 3 I zu beachten mit der Folge, daß eine solche Gestaltung mißbräuchlich ist. 87

Der Einbehalt gezahlter Beträge wird nur insoweit von Nr. 1f mißbilligt, als sie für **noch nicht erbrachte Leistungen** des Gewerbetreibenden gezahlt wurden. 88

---

[1] S. Art. 3 Rz 5.

[2] S. auch *Pfeiffer,* in: GH II/*Wolf* EG-VbR A 05, Anh. Nr. 1f Rz 6.

[3] So auch *Pfeiffer,* in: GH II/*Wolf* EG-VbR A 05, Anh. Nr. 1f Rz 7.

[4] Zust. *Pfeiffer,* in: GH II/*Wolf* EG-VbR A 05, Anh. Nr. 1f Rz 7.

Ob ein Einbehalt für noch nicht erbrachte Leistungen vorliegt, ist nach dem Wertanteil der bereits erbrachten Leistungen zu errechnen. Der Einbehalt für bereits erbrachte Leistungen ist nicht nach Nr. 1f unzulässig. Ein solcher Einbehalt, auch wenn er nicht unter Nr. 1f fällt, kann dennoch nach Art. 3 I mißbräuchlich sein, insbesondere wenn die erbrachte Teilleistung für den Verbraucher nutzlos oder sonst ohne Interesse ist.

2. Auswirkungen auf das deutsche Recht

89 **a)** Für **AGB** u. in ausgeh. Indiv. (§ 310 III Nr. 2 BGB) enthalten §§ 308, 309 BGB kein der Nr. 1f entsprechendes spezielles Klauselverbot. Zwar erklärt § 308 Nr. 3 BGB ein freies **Lösungsrecht** grundsätzlich für unwirksam, er gilt aber nicht für Dauerschuldverhältnisse. § 308 Nr. 3 BGB ist insofern strenger als Nr. 1f, als er außerhalb der Dauerschuldverhältnisse auch ein beiderseitiges freies Lösungsrecht nicht zuläßt. Dieser weitergehende Unwirksamkeitsgrund ist jedoch von Art. 8 gedeckt. In Dauerschuldverhältnissen widerspricht ein einseitiges freies Kündigungsrecht des Gewerbetreibenden ohne entsprechendes Recht des Verbrauchers den Grundgedanken der gesetzlichen Regelung nach § 307 II Nr. 1 BGB, wobei die Wertungen von Nr. 1f Berücksichtigung finden können.

90 Der **Einbehalt von Zahlungen des Verbrauchers** trotz nicht erbrachter Leistungen des Gewerbetreibenden findet sich nicht unmittelbar als Klauselverbot in §§ 308, 309 BGB. § 308 Nr. 7 BGB untersagt jedoch im Falle des Rücktritts oder der Kündigung unangemessen hohe Vergütungen für bereits erbrachte Leistungen und will ebenfalls einen unangemessen hohen Aufwendungsersatz verhindern. Dadurch wird zumindest mittelbar eine Vergütung für nicht erbrachte Leistungen mißbilligt. Dies kann im Rahmen von § 307 BGB unter Berücksichtigung von Nr. 1f zur Geltung gebracht werden. Sofern dem Einbehalt der Charakter einer Vertragsstrafe zukommt, trägt darüberhinaus § 309 Nr. 6 BGB und, sofern es sich um einen pauschalierten Schaden handelt, § 309 Nr. 5 BGB dem Klauselverbot der Nr. 1f Rechnung.

91 **b)** Einseitige Kündigungsrechte in **Individualklauseln** bleiben nach der bisherigen Rechtslage grundsätzlich beanstandungsfrei. Lediglich hinsichtlich der Dauer der Kündigungsfrist sieht § 622 III BGB nach dem Prinzip der formalen Gleichstellung vor, daß im Arbeitsverhältnis für den Arbeitnehmer keine längeren Fristen als für den Arbeitgeber vereinbart werden dürfen. Auf Arbeitsverhältnisse findet die Richtlinie aber von vornherein keine Anwendung.[1] Für Mietverhältnisse über Wohnraum verbietet § 569 BGB ein freies fristloses Kündigungsrecht des Vermieters unabhängig davon, ob dem Mieter ein gleiches Recht eingeräumt wird. Gleiches gilt für die befristete ordentliche Kündigung gemäß § 573 BGB. Die Regelungen zeigen, daß der deutsche Gesetzgeber in schutzbedürftigen Lagen für Arbeitnehmer und Wohnungsmieter ein Bedürfnis zum Schutz gegen unangemessene Kündigungen gesehen hat. Diesen Schutz vorsichtig auf andere schutzbedürftige Lagen bei nicht ausgehandelten Individualklauseln auf den Verbraucher auszudehnen, widerspricht deshalb nicht grundsätzlich den Wertungen des deutschen Gesetzgebers. Das in Nr. 1f enthaltene **Verbot einseitiger freier Kündigungsrechte** des Gewerbetreibenden kann infolgedessen als eine Art Minimalschutz im Wege richtlinienkonformer Auslegung von § 310 III Nr. 2 BGB[2] in Verbraucherverträgen zur Geltung gebracht werden, sofern es sich nicht um eine im einzelnen ausgehandelte Klausel

[1] S. Art. 1 Rz 28.
[2] S. Art. 3 Rz 20.

handelt. Etwaigen Besonderheiten einzelner Vertragsverhältnisse kann nach Treu und Glauben Rechnung getragen werden, da Nr. 1 f gemäß Art. 3 III nicht absolut zwingend umzusetzen ist.[1]

Der **Einbehalt von Zahlungen des Verbrauchers** trotz nicht erbrachter Leistungen ist bei Mietverhältnissen über Wohnraum nach § 547 II BGB zwingend ausgeschlossen, soweit es den Mieter betrifft. Auch § 551 IV BGB macht deutlich, daß zwar eine Sicherheit, aber kein Einbehalt vereinbart werden kann. Soweit der Einbehalt den Charakter einer Vertragsstrafe trägt, ist § 343 BGB anwendbar.[2] Diese Regelungen können als Ausdruck eines allgemeinen Schutzgedankens verstanden werden, der im Wege richtlinienkonformer Auslegung von § 310 III Nr. 2 BGB[3] unter Berücksichtigung von Nr. 1 f auch auf andere schutzbedürftige Lagen nicht ausgehandelter Individualklauseln erstreckt werden kann. **92–100**

*

1. Klauseln, die darauf abzielen oder zur Folge haben, daß

g) [Unangemessene Kündigungsfrist]
es dem Gewerbetreibenden – außer bei Vorliegen schwerwiegender Gründe – gestattet ist, einen unbefristeten Vertrag ohne angemessene Frist zu kündigen;

1. Inhalt des Klauselverbots

Zweck von Nr. 1 g ist es, bei unbefristeten Verträgen zugunsten des Verbrauchers **101**
die Einhaltung einer angemessenen Kündigungsfrist sicherzustellen. Eine fristlose Kündigung aus schwerwiegenden Gründen bleibt dagegen erlaubt, ebenso ein dem Verbraucher eingeräumtes Recht zur fristlosen Kündigung ohne Grund. Nr. 1 g ist auf die ordentliche Kündigung in unbefristeten Dauerschuldverhältnissen ausgerichtet. Die englische Fassung (duration) und die französische Fassung (durée) machen diese Ausrichtung auf den Dauerschuldcharakter deutlicher als die deutsche Übersetzung. In befristeten Dauerschuldverhältnissen ist eine ordentliche Kündigung gemäß dem Vertragszweck während der Befristung ohnehin im Regelfall ausgeschlossen, so daß insoweit ein Klauselverbot entbehrlich erscheint, auf jeden Fall aber Art. 3 I eingreifen würde. § 627 BGB wird von Nr. 1 g gemäß Art. 1 II nicht erfaßt.[4] Nr. 1 g wird durch Nr. 2 a für die Erbringer von Finanzdienstleistungen sowie durch Nr. 2 c modifiziert.

Unverbindlich sollen Klauseln sein, die eine Kündigung ohne **angemessene** **102**
Frist erlauben. Ob eine angemessene Frist vorliegt, ist im Interesse der Harmonisierung autonom auszulegen.[5] Eine angemessene Frist ist dann anzunehmen, wenn dem gekündigten Verbraucher genügend Zeit für die Vertragsabwicklung und die Vorbereitung eines neuen Vertrags bleibt. Die Frist kann für verschiedenartige Rechtsverhältnisse unterschiedlich lang zu bemessen sein. Auch bei autonomer Auslegung lassen sich aber aus den gesetzlichen Regelungen in den Mitgliedstaaten Anhaltspunkte entnehmen.[6] Bei allzu großen Differenzen der nationalen Regelun-

---

[1] S. vor Nr. 1 a Rz 1.
[2] S. auch Nr. 1 e Rz 76.
[3] S. Art. 3 Rz 20.
[4] *Pfeiffer,* in: GH II/*Wolf* EG-VbR A 05, Anh. Nr. 1g Rz 2.
[5] S. Art. 1 Rz 18.
[6] So auch *Pfeiffer,* in: GH II/*Wolf* EG-VbR A 05, Anh. Nr. 1 g Rz 6.

gen sind in der Regel durchschnittliche und vermittelnde Lösungen angebracht. Den Mitgliedstaaten bleibt bei der Umsetzung des Klauselverbots überlassen, ob sie die angemessene Frist zeitlich konkret festlegen oder ob sie es bei dem unbestimmten Rechtsbegriff mit Konkretisierung durch den Rechtsanwender belassen. In der jeweiligen Klausel muß aber zur Wahrung des Transparenzgebots die Frist nach Beginn und Ende für den Verbraucher überschaubar und nachvollziehbar geregelt sein.[1]

103 Nr. 1g findet bei **Vorliegen schwerwiegender Gründe** keine Anwendung. Eine fristlose Kündigung oder eine Kündigung mit kürzerer als angemessener Frist sind dann wirksam. Nr. 1g stellt, verglichen mit Nr. 1j und k, Nr. 2a und b[2] die strengsten Anforderungen an den Kündigungsgrund. Schwerwiegende Gründe sind entsprechend der Zielrichtung der Ausnahme dann anzunehmen, wenn das Dauerschuldverhältnis so gestört ist, daß dem Gewerbetreibenden das Abwarten der Kündigungsfrist nicht mehr zugemutet werden kann. Die im deutschen Recht für die Kündigung aus wichtigem Grund maßgeblichen Erwägungen können auch für die autonome Auslegung in Nr. 1g herangezogen werden. Die Gründe müssen in der Klausel nicht im einzelnen konkret und abschließend aufgeführt sein.[3]

2. Auswirkungen auf das deutsche Recht

104 **a)** Für Klauseln in **AGB** sehen §§ 308, 309 BGB keine speziellen Klauselverbote zur Sicherung angemessen langer Kündigungsfristen vor.[4] Im Recht der Wohnungsmiete (§ 573c BGB) und im Arbeitsrecht (§ 622 I–V BGB) bestehen zwingende Vorschriften für Mindestkündigungsfristen, die sowohl für AGB wie für Individualvereinbarungen gelten. Ein spezielles Klauselverbot für Kündigungsfristen enthält § 309 Nr. 9c BGB, wobei jedoch eine Höchstfrist vorgesehen ist, während Nr. 1g eine Mindestfrist sichern will. Das Schutzanliegen von Nr. 1g kann bei Anwendung von § 307 BGB Beachtung finden. Soweit gesetzlich dispositive Kündigungsfristen bestehen, sind deren Grundgedanken gemäß § 307 II Nr. 1 BGB unter Berücksichtigung der Harmonisierungsbemühungen von Nr. 1g zu bestimmen.

105–110 **b)** Bezüglich der Vereinbarungen in **Individualklauseln** ist außer vereinzelten Regelungen im Recht der Wohnungsmiete und im Arbeitsrecht (s. Rz 104) bisher kein generelles Klauselverbot außer § 138 BGB vorhanden. Die Sicherung angemessener Mindestfristen im Sinne von Nr. 1g sollte aber bei nicht ausgehandelten Klauseln durch richtlinienkonforme Auslegung von § 310 III Nr. 2 BGB[5] gewährleistet werden. Die Ausnahme bezüglich schwerwiegender Gründe ist auch im deutschen Recht beachtlich. Da die schwerwiegenden Gründe in Nr. 1g im wesentlichen der Kündigung aus wichtigem Grund entsprechen (s. Rz 103), sind abweichende Vereinbarungen ohnehin nur in beschränktem Umfang möglich, da auf die Kündigung aus wichtigem Grund auch in Individualvereinbarungen weder verzichtet werden kann, noch die Gründe wesentlich erweitert werden können.[6]

*

[1] *Pfeiffer,* in: GH II/*Wolf* EG-VbR A 05, Anh. 1g Rz 6.
[2] Dazu *Frey* ZIP 1993, 572, 580.
[3] *Pfeiffer,* in: GH II/*Wolf* EG-VbR A 05, Anh. Nr. 1g Rz 9.
[4] S. auch *Bunte* DB 1996, 1389, 1390.
[5] S. Art. 3 Rz 20.
[6] S. etwa *Palandt/Grüneberg,* § 314 Rz 3.

1. Klauseln, die darauf abzielen oder zur Folge haben, daß

h) [Frühzeitige Vertragsverlängerung]
ein befristeter Vertrag automatisch verlängert wird, wenn der Verbraucher sich nicht gegenteilig geäußert hat und als Termin für diese Äußerung des Willens des Verbrauchers, den Vertrag nicht zu verlängern, ein vom Ablaufzeitpunkt des Vertrags ungebührlich weit entferntes Datum festgelegt wurde;

1. Inhalt des Klauselverbots

Das Klauselverbot verfolgt den **Zweck**, den Verbraucher bei befristeten Verträgen vor überraschenden und unüberlegten Vertragsverlängerungen zu schützen. 111
Die Bestimmung ist Ausdruck des absoluten Verbraucherschutzes ohne Kompensationsmöglichkeit durch eine gleiche Regelung zu Lasten des Gewerbetreibenden.[1] Zugleich soll eine bewußte und verantwortlich zurechenbare Entscheidung des Verbrauchers dadurch ermöglicht werden, daß ihm Gelegenheit zum Widerspruch noch zu einem Zeitpunkt gegeben wird, in dem er die Folgen seiner Entscheidung überblicken kann.[2] Die Sicherung verantwortlicher Entscheidung durch zeitnahen Überblick ist ein Prinzip, das auch mehreren Schutzbestimmungen im deutschen Recht zugrunde liegt, so z. B. wenn bestimmte Abreden „im Voraus" unwirksam sind (so z. B. § 276 III, § 619 BGB) oder Abreden, die vor einem bestimmten Zeitpunkt (vor Fälligkeit, § 1149 BGB; vor Entstehen der Streitigkeit, § 38 III Nr. 1 ZPO) getroffen worden sind. Auch § 41 IV S. 3 SGB VI will die Entscheidung zur Unzeit beim Ausscheiden aus dem Arbeitsprozeß verhindern. Während es in Nr. 1 g um Mindestfristen geht, will Nr. 1 h Höchstfristen festlegen. Nr. 1 h enthält ein Klauselverbot mit Wertungsmöglichkeit („ungebührlich weit entfernt").

Als **befristete Verträge** sind Dauerschuldverhältnisse anzusehen,[3] bei denen 112
von vornherein ein bestimmter Beendigungszeitpunkt festgelegt ist. Die Befristung ist jedoch insofern unvollkommen, als die Beendigung nicht automatisch mit Fristablauf eintritt, sondern ein **Widerspruch** gegen die sonst stattfindende automatische Verlängerung erklärt werden muß. Der Widerspruch ist eine Willenserklärung, die Geschäftsfähigkeit verlangt. Er ist jedoch keine Kündigung im eigentlichen Sinn, da er nicht gestaltend den Vertrag beendet, sondern nur die Befristung zur Geltung bringt und dadurch die Verlängerung verhindert. Gleichwohl sind die Wirkungen einer Kündigung vergleichbar.

Solche **automatischen Verlängerungsklauseln** sind grundsätzlich zulässig 113
und werden auch durch Nr. 1 h nicht untersagt. Es soll lediglich dem Erfordernis eines allzu frühzeitigen Widerspruchs entgegengetreten werden. Nr. 1 h betrifft nur das Widerspruchsrecht des Verbrauchers. Das Datum für den rechtzeitigen Widerspruch darf nicht **ungebührlich weit vom Ablaufzeitpunkt entfernt** sein, damit die Folgen der Entscheidung überblickt werden können (s. Rz 111). Ob eine ungebührlich weite Entfernung vorliegt, ist autonom auszulegen.[4] Dabei sind die Interessen des Verbrauchers an einem möglichst kurzfristigen Widerruf gegen die Interessen des Gewerbetreibenden an einer möglichst frühzeitigen Festlegung abzuwägen. Nur wenn berechtigte Interessen des Gewerbetreibenden einen frühzeitigen Widerruf verlangen und dem Verbraucher gleichwohl noch eine verantwortli-

---

[1] S. Art. 3 Rz 6.
[2] Ebenso *Pfeiffer*, in: GH II/*Wolf* EG-VbR A 05, Anh. Nr. 1 h Rz 1 mwN.
[3] S. auch Nr. 1 g Rz 101.
[4] S. Art. 1 Rz 18.

che Entscheidung möglich ist, darf der Zeitpunkt entsprechend vorverlegt werden. Dies kann je nach Art der zu erbringenden und vorzubereitenden Leistung zu unterschiedlichen Fristen führen (s. auch Art. 4 I). Wegen der mit einer ordentlichen Kündigung vergleichbaren Interessenlage erscheint eine Orientierung an den jeweils geltenden Kündigungsfristen angebracht. Die dort dem Gewerbetreibenden zugemutete Anpassungsfrist und dem Verbraucher zugemutete vorzeitige Entscheidung erscheint auch für den Widerspruch annehmbar. Die Möglichkeit zur fristlosen Kündigung aus wichtigem Grund muß jedoch in jedem Fall erhalten bleiben. Nr. 1 h stellt hinsichtlich des Erklärungszeitpunkts auf die Äußerung im Sinne der Abgabe der Willenserklärung ab und nicht auf den Zugang.[1] Den Mitgliedstaaten bleibt es überlassen, ob sie die ungebührliche Ausübungsfrist im Transformationsgesetz konkret festlegen oder den unbestimmten Rechtsbegriff übernehmen und dem Rechtsanwender die Konkretisierung überlassen wollen. In jedem Fall sollten die Mitgliedstaaten im Interesse der Harmonisierung und unter Berücksichtigung von Art. 10 EGV allzu große Unterschiede in den Fristen vermeiden. Die Verlängerungsklausel selbst muß die Frist transparent gemäß Art. 5 I vor allem im Hinblick auf Beginn und Ende der Frist regeln.[2]

2. Auswirkungen auf das deutsche Recht

114 Für Verlängerungsklauseln in **AGB** u. in ausgeh. Indiv. (§ 310 III Nr. 2 BGB) will § 309 Nr. 9 b BGB eine übermäßig lange, ein Jahr übersteigende Bindung verhindern. Für die angemessene Widerrufsfrist findet sich dagegen keine ausdrückliche Regelung. Jedoch kann die für Kündigung festgelegte Höchstfrist von 3 Monaten in § 309 Nr. 9 c BGB auch auf die Widerspruchsfrist zur Anwendung gebracht werden. Dabei sind die gesetzlich festgelegten Kündigungsfristen zu beachten.[3] Anhaltspunkte für eine Höchstfrist können aus § 309 Nr. 9 c BGB entnommen werden, die jedoch besonderen Bedürfnissen angepaßt werden kann. Nur ausnahmsweise erscheinen kürzere Fristen nach § 307 BGB geboten. Damit wird dem Anliegen von Nr. 1 h hinreichend Rechnung getragen.[4] Die Kündigung aus wichtigem Grund bleibt davon unberührt. Hinsichtlich der in Nr. 1 h enthaltenen Verlängerungsfiktion ist § 308 Nr. 5 BGB zu beachten.[5]

*

1. Klauseln, die darauf abzielen oder zur Folge haben, daß

i) [Zustimmungsfiktion]
die Zustimmung des Verbrauchers zu Klauseln unwiderlegbar festgestellt wird, von denen er vor Vertragsabschluß nicht tatsächlich Kenntnis nehmen konnte;

1. Inhalt des Klauselverbots

121 Nr. 1 i dient dem **Zweck**, den Verbraucher vor einer Zustimmungsfiktion bei der Einbeziehung ihm unbekannten Klauseln zu schützen. Die Vorschrift greift danach einen Tatbestand der rechtsgeschäftlichen Einbeziehung als Grund für die Mißbrauchskontrolle auf und verläßt damit die strenge Trennung des deutschen

[1] Offengelassen *Pfeiffer,* in: GH II/*Wolf* EG-VbR A 05, Anh. Nr. 1 h Rz 4.
[2] *Pfeiffer,* in: GH II/*Wolf* EG-VbR A 05, Anh. Nr. 1 h Rz 5.
[3] Vgl. auch Nr. 1 g Rz 104.
[4] So auch *Pfeiffer,* in: GH II/*Wolf* EG-VbR A 05, Anh. Nr. 1 h Rz 6.
[5] S. auch § 11 Nr. 12 Rz 17.

Rechts zwischen Einbeziehungs- und Inhaltskontrolle.[1] Da die Kenntnisnahmemöglichkeit Bestandteil des Transparenzgebots ist,[2] hat das Klauselverbot in Nr. 1i über Art. 3 III hinausgehend einen zwingenden Inhalt.[3] Schutzgegenstand ist die Ermöglichung der Selbstbestimmung bei Vertragsabschluß als Bestandteil der rechtsgeschäftlichen Entscheidungsfreiheit.[4] Das Klauselverbot dient dem Verbraucherschutz ohne Rücksicht darauf, ob der Gewerbetreibende einer gleichen Zustimmungsfiktion ausgesetzt ist. Da aber regelmäßig davon ausgegangen werden kann, daß der Gewerbetreibende von den Vertragsklauseln Kenntnis nehmen kann, liegt Nr. 1i doch der Gedanke des einseitigen Benachteiligungsverbots zugrunde, auch wenn dies nicht zum Tatbestandsmerkmal erhoben wurde.

Das Klauselverbot will alle **unwiderlegbaren Zustimmungsvermutungen** für unverbindlich erklären, wenn es an der Möglichkeit zur tatsächlichen Kenntnisnahme der jeweiligen Vertragsklauseln gefehlt hat. Als unwiderlegbare Zustimmung sind sowohl unwiderlegbare Vermutungen wie Zustimmungsfiktionen[5] anzusehen. Als Minus zu Zustimmungsvermutungen sind unwiderlegliche Kenntnis- und Kenntnismöglichkeitsvermutungen anzusehen. Aus ihnen können in Verbindung mit dem Vertragsabschluß auch konkludente Zustimmungen zu den betreffenden Klauselinhalten abgeleitet werden. Solche Kenntnisnahmevermutungen können deshalb ebenfalls Nr. 1i zugeordnet werden,[6] werden aber auf jeden Fall von Art. 3 I erfaßt. Entscheidend ist, daß der Beweis fehlender Zustimmung nicht zugelassen werden soll. Ohne Bedeutung ist grundsätzlich, unter welchen Voraussetzungen die unwiderlegbare Zustimmung eintreten soll, ob z. B. aufgrund der Inanspruchnahme oder Anforderung einer Leistung, dem Betreten eines bestimmten Ortes, der Unterschrift unter ein dem Verbraucher ausgehändigtes Formular oder aufgrund eines sonstigen Umstandes. Eine Ausnahme gilt lediglich dann, wenn die Zustimmungsfiktion an Umstände geknüpft wird, aus denen die tatsächliche Möglichkeit der Kenntnisnahme sicher abzuleiten ist, so z. B. wenn die Unterschrift unter ein Formular erfolgt, auf dem sich die maßgebliche Klausel deutlich hervorgehoben befindet oder wenn die Zustimmungsfiktion von der Aushändigung der gut lesbaren Klauseln abhängig gemacht wird, der Verbraucher also tatsächlich Kenntnis nehmen konnte.[7] Gleichgültig ist, ob sich die unwiderlegbare Zustimmung auf eine einzelne, mehrere oder alle Klauseln eines Vertrags bezieht. Ohne Bedeutung ist auch der Vertragstyp sowie der Inhalt, der Umfang oder die Form der Klausel oder des Vertrags. Nr. 1i gilt ohne Rücksicht auf die Kenntnisnahmemöglichkeit gemäß Art. 1 II nicht für Klauseln, die mit gesetzlichen Vorschriften übereinstimmen. Zustimmungsfiktionen sind insoweit zulässig. 122

Die **Möglichkeit zur tatsächlichen Kenntnisnahme** bei Vertragsabschluß ist autonom zu bestimmen.[8] Ausreichend ist die Möglichkeit der Kenntnisnahme. Eine tatsächliche Kenntnisnahme ist nicht erforderlich. Lediglich die Möglichkeit muß tatsächlich und nicht nur theoretisch bestehen. Das Bestehen einer tatsächlichen Möglichkeit ist zugleich an den Kriterien der Zumutbarkeit für den Verbraucher zu messen. Wegen der vergleichbaren Zielrichtung ist eine Orientierung an den für § 305 II Nr. 1 und 2 BGB maßgeblichen Kriterien möglich. Die tatsächliche 123

---

[1] Von einem Fremdkörper spricht *Micklitz* ZEuP 1993, 522, 531.
[2] S. Art. 5 Rz 4.
[3] S. *Pfeiffer,* in: GH II/*Wolf* EG-VbR A 05, Art. 5 Rz 33 mwN.
[4] S. auch *Pfeiffer,* in: GH II/*Wolf* EG-VbR A 05, Anh. Nr. 1h Rz 1 mwN.
[5] S. zum Unterschied § 308 Nr. 5 Rz 2 ff.
[6] So *Pfeiffer,* in: GH II/*Wolf* EG-VbR A 05, Anh. Nr. 1i Rz 5.
[7] A. A. *Pfeiffer,* in: GH II/*Wolf* EG-VbR A 05, Anh. Nr. 1i Rz 5.
[8] S. Art. 1 Rz 18.

Kenntnisnahmemöglichkeit ist deshalb an Hand des Hinweises auf die AGB, der grundsätzlich freien Verfügbarkeit, der Lesbarkeit und der Verständlichkeit festzustellen.[1] Diese Möglichkeit muß **vor** oder **bei Vertragsabschluß** bestehen. Die Kenntnisnahmemöglichkeit vor Vertragsabschluß darf zeitlich nicht allzu weit vom Vertragsschluß entfernt sein (Rechtsgedanke von Nr. 1h). Jedoch genügt, wenn sie eine Bezugnahme zum Vertragsabschluß aufweist und bei Vertragsabschluß die Kenntnis vernünftigerweise noch erwartet werden kann. Nicht ausreichend ist die erstmalige Kenntnisnahmemöglichkeit erst nach Vertragsabschluß.[2]

2. Auswirkungen auf das deutsche Recht

124 **a)** Für **AGB** normiert § 305 II BGB die Einbeziehungsvoraussetzungen und versagt bei deren Fehlen jeder Klausel die verbindliche Wirkung. Dem Schutzanliegen von Nr. 1i wird deshalb bereits durch § 305 II BGB weitgehend Rechnung getragen. Darüber hinaus sind alle Klauseln, die abweichend von § 305 II BGB eine Zustimmung unwiderlegbar festlegen wollen, nach § 134 BGB und nach § 307 BGB unwirksam.[3] Das Klauselverbot der Nr. 1i ist deshalb in den §§ 305 ff BGB realisiert. § 308 Nr. 5 BGB ist allerdings nicht einschlägig, da er nicht für die bei Vertragsabschluß abzugebenden Willenserklärungen gilt.[4]

125–130 **b)** Für **Individualklauseln** besteht ausdrücklich keine vergleichbare Vorschrift. Jedoch ist bei vernünftiger Auslegung davon auszugehen, daß sich ein Vertragsangebot oder eine Vertragsannahme nur auf bekannte oder doch erkennbare Vertragsbedingungen bezieht. Eine unwiderlegbare Zustimmungsfiktion im Sinne von Nr. 1i (s. Rz 122) ist jedenfalls mit dem Grundgedanken der Rechtsgeschäftslehre nicht vereinbar. Einer solchen Zustimmungsfiktion sollte deshalb in richtlinienkonformer Auslegung von § 310 III Nr. 2 BGB[5] die Wirkung versagt werden, soweit sie in einer nicht ausgehandelten Individualklausel enthalten ist. Auf Zustimmungsfiktionen, die sich auf geltendes Recht beziehen, ist Nr. 1i nach Art. 1 II von vornherein nicht anwendbar (s. auch Rz 122).

*

1. Klauseln, die darauf abzielen oder zur Folge haben, daß

j) [Einseitige Vertragsänderung]
der Gewerbetreibende die Vertragsklausel einseitig ohne triftigen und im Vertrag aufgeführten Grund ändern kann;

1. Inhalt des Klauselverbots

131 Das Klauselverbot will nach seinem **Zweck** den Verbraucher vor einseitigen Vertragsänderungen ohne triftigen Grund seitens des Gewerbetreibenden schützen und damit das Vertrauen auf die Vertragsbedingungen und das Äquivalenzverhältnis bewahren. Nr. 1j schützt den Verbraucher im Gegensatz zu Nr. 1c, d und f ohne Rücksicht darauf, ob ihm selbst ein entsprechendes Änderungsrecht eingeräumt wird. Das Klauselverbot ist im wesentlichen § 308 Nr. 4 BGB nachgebildet, enthält jedoch insofern Besonderheiten, als es nicht an eine Leistungsänderung, sondern an

---

1 S. § 305 Rz 68 ff, 86 ff.
2 Vgl. § 305 Rz 98 ff.
3 S. § 305 Rz 110.
4 S. § 308 Nr. 5 Rz 15.
5 S. Art. 3 Rz 20.

eine Klauseländerung anknüpft. Für Änderungen der zu liefernden Erzeugnisse oder der Dienstleistung sieht Nr. 1k und für bestimmte Preisänderungen Nr. 1l ein spezielles Klauselverbot vor. Dabei wird Nr. 1j von Nr. 1k verdrängt,[1] während Nr. 1j neben Nr. 1l anwendbar bleibt.[2] In Nr. 1j wird ferner die einseitige Änderung im Gegensatz zu § 308 Nr. 4 BGB bei Vorliegen eines triftigen Grundes zugelassen, wenn dieser im Vertrag angegeben ist. Nr. 1j gilt grundsätzlich für alle Vertragsarten. Für Erbringer von Finanzdienstleistungen sowie für Wertpapier- und Devisengeschäfte sind jedoch die Modifikationen in Nr. 2 b und c zu beachten.

Ein **einseitiges Änderungsrecht** besteht grundsätzlich nicht kraft Gesetzes, kann aber insbesondere gemäß § 315 BGB vereinbart werden. Erfaßt wird nur ein Änderungsrecht des Gewerbetreibenden, einschließlich eines solchen, das Dritte als Vertreter in seinem Namen ausüben, nicht aber ein Änderungsrecht des Verbrauchers oder das Änderungsrecht, das einem Dritten als eigenes Recht, z. B. gemäß § 319 BGB zusteht. Das eigene Änderungsrecht eines Dritten kann jedoch nach Art. 3 I mißbräuchlich sein, insbesondere wenn es der Umgehung des Klauselverbots in Nr. 1j dient. Nach dem Gegenstand werden außer Nr. 1k alle sonstigen Vertragsinhalte erfaßt, seien es essentialia oder accidentalia negotii, seien es einzelne, mehrere oder alle Vertragsklauseln.[3] Dem einseitigen Änderungsrecht ist es gleichzustellen, wenn die Zustimmung des Verbrauchers fingiert wird[4] oder ein Anspruch auf sie zwingend festgelegt wird.[5] Nicht anwendbar ist Nr. 1 j, wenn dem Verbraucher eine Widerspruchsmöglichkeit oder ein Kündigungsrecht eingeräumt wird, selbst wenn an die Nichtausübung eine Zustimmungsfiktion geknüpft wird. Eine Kontrolle ist insoweit aber nach Art. 3 I möglich.[6] Nicht Nr. 1j, sondern Art. 3 I ist auch anwendbar auf Zugangsfiktionen. Auf Änderungen, die mit dem Verbraucher vereinbart werden müssen, ist Nr. 1j nicht anwendbar, ebensowenig auf die Festlegung einer Neuverhandlungspflicht. 132

Zulässig ist ein einseitiges Änderungsrecht, wenn es auf das Vorliegen von **triftigen, im Vertrag aufgeführten Gründen** beschränkt wird. Ein triftiger Grund liegt vor, wenn die Änderungsinteressen des Gewerbetreibenden die Beharrungsinteressen des Verbrauchers überwiegen. Ein schwerwiegender Grund im Sinne von Nr. 1g ist nicht erforderlich. Dies kann angenommen werden bei Umständen, die zu einem Wegfall der Geschäftsgrundlage führen oder die sonst ein Festhalten am Vertrag als unzumutbar erscheinen lassen und eine Anpassung erfordern. Daneben können auch unbedeutende Änderungen zugelassen werden.[7] Besondere Änderungsrechte enthält Nr. 2b. Die triftigen Gründe müssen im Vertrag aufgeführt, d. h. im einzelnen angegeben werden. Eine generelle Bezugnahme auf triftige Gründe genügt nicht. Die Gründe müssen auch transparent und verständlich sein (Art. 5 I), damit der Verbraucher sich darauf einstellen und ihre Berechtigung überprüfen kann. 133

2. Auswirkung auf das deutsche Recht

a) In **AGB** sind Änderungsvorbehalte nach § 308 Nr. 4 BGB unwirksam. § 308 Nr. 4 BGB ist teilweise enger als Nr. 1 j, insofern, als er eine Änderung der Lei- 134

---

[1] *Pfeiffer,* in: GH II/*Wolf* EG-VbR A 05, Anh. Nr. 1j Rz 4.
[2] S. auch Rz 156; *Pfeiffer,* in: GH II/*Wolf* EG-VbR A 05, Anh. Nr. 1j Rz 3.
[3] *Pfeiffer,* in: GH II/*Wolf* EG-VbR A 05, Anh. Nr. 1j Rz 5.
[4] *Micklitz* ZEuP 1993, 522, 531.
[5] *Pfeiffer,* in: GH II/*Wolf* EG-VbR A 05, Anh. Nr. 1j Rz 7.
[6] *Pfeiffer,* in: GH II/*Wolf* EG-VbR A 05, Anh. Nr. 1j Rz 8.
[7] S. auch § 308 Nr. 4 Rz 12.

stungspflicht in erster Linie des Verwenders voraussetzt, während Nr. 1j jede Vertragsklausel betrifft. Eine über § 308 Nr. 4 BGB hinausgehende Kontrolle kann jedoch nach § 307 BGB vorgenommen werden. § 308 Nr. 4 BGB ist aber insofern weiter, als er jede Änderung und nicht nur eine Änderung bei Fehlen triftiger Gründe erfaßt. Da sich § 308 Nr. 4 BGB aber nur auf die Leistungspflicht bezieht und einzelne Änderungen zuläßt, ist die Regelung von Art. 8 gedeckt. Nr. 1j ist auch insofern strenger, als er die Angabe des triftigen Grundes im Vertrag verlangt. Dies kann im Rahmen des Transparenzgebots berücksichtigt werden, auch wenn die strengeren Anforderungen von Nr. 1j nicht notwendig erfüllt sein müssen.

135–140 **b)** Bei **Individualklauseln** ist der Verbraucher gegenüber nicht ausgehandelten einseitigen Änderungsrechten des Gewerbetreibenden in ähnlicher Weise schutzbedürftig wie bei AGB. Eine vorsichtige Kontrolle einseitiger Änderungsrechte über § 308 Nr. 4 BGB hinaus gemäß § 310 III Nr. 2 mit § 307 BGB[1] nach den Maßstäben von Nr. 1j ist deshalb zu befürworten, wobei jedoch die Berücksichtigung besonderer Bedürfnisse und Interessen möglich bleiben muß.

*

1. Klauseln, die darauf abzielen oder zur Folge haben, daß

k) [Einseitige Leistungsänderung]
der Gewerbetreibende die Merkmale des zu liefernden Erzeugnisses oder der zu erbringenden Dienstleistung einseitig ohne triftigen Grund ändern kann;

1. Inhalt des Klauselverbots

141 Der **Zweck** von Nr. 1k ist wie in Nr. 1j darauf gerichtet, die Vertragsbindung zu sichern, indem die Vereinbarung einseitig willkürlicher Änderungsrechte des Gewerbetreibenden untersagt wird. Ein Unterschied ergibt sich daraus, daß Nr. 1j die Änderung von Vertragsklauseln betrifft, während Nr. 1k die Merkmale des zu liefernden Erzeugnisses oder der zu erbringenden Dienstleistung im Auge hat. Damit wird ein künstlicher Unterschied zwischen Vertragsklauseln und den den Leistungsgegenstand beschreibenden Merkmalen hergestellt. In einem System, das AGB-Klauseln und Individualklauseln im selben Maße der Inhaltskontrolle unterwirft, ist es wenig angebracht, z. B. zwischen Nebenabreden in Vertragsklauseln und Hauptabreden außerhalb von Vertragsklauseln zu unterscheiden. Vertragsklauseln sind alle vertraglichen Vereinbarungen. Auch Leistungsbeschreibungen sind deshalb in Vertragsklauseln enthalten. Leistungsbeschreibungen werden durch Art. 4 II auch unabhängig davon, wo sie enthalten sind, von der Inhaltskontrolle freigestellt. Der Mißbrauchskontrolle unterliegen lediglich die Klauseln, die ein Änderungsrecht bezüglich der Leistungsbeschreibung vorsehen. Auch im Hinblick darauf ist eine Unterscheidung wenig sinnvoll. Da sie nun aber einmal getroffen wird und da vor allem in Nr. 1k auf die Angabe des Grundes im Vertrag verzichtet wird, was in Nr. 1j bei Vertragsklauseln für ein wirksames Änderungsrecht vorausgesetzt wird, kommt man daran nicht ohne weiteres vorbei. Um der als sachgerecht anerkannten einheitlichen Bewertung Rechnung zu tragen, können die Mitgliedstaaten bei einer etwaigen Transformation auf die Differenzierung in Nr. 1j und Nr. 1k verzichten und eine einheitliche, beide Sachverhalte gleichermaßen erfassende Regelung erlassen. Dabei steht es gemäß Art. 3 III, Art. 8 den Mitgliedstaaten

[1] S. Art. 3 Rz 20.

frei, ob sie einheitlich eine Angabe der Gründe im Vertrag als Wirksamkeitsvoraussetzung vorsehen oder nicht.

Nr. 1k erfaßt nur ein **Änderungsrecht**, das eine bereits getroffene Vereinbarung modifizieren will. Nicht ausdrücklich erfaßt werden Bestimmungsvorbehalte, durch die von Anfang an offengelassene Merkmale konkretisiert werden. Solche Vorbehalte können aber nach der Generalklausel in Art. 3 I für unverbindlich erklärt werden, insbesondere wenn sie ohne ausreichende Rechtfertigung und zu unbestimmt sind. Gleichgültig ist, ob es sich um die vom Gewerbetreibenden oder vom Verbraucher zu erbringenden Leistungen handelt. Das Änderungsrecht muß aber für den Gewerbetreibenden bestehen. **142**

Merkmale des zu liefernden Erzeugnisses oder der zu erbringenden Dienstleistung sind Angaben über Art, Güte, Menge, Maße, Umfang, Farbe oder sonstige die Hauptleistung kennzeichnenden Beschreibungen. Bei den Dienstleistungen gehört dazu auch, ob sie persönlich zu erbringen sind oder durch Dritte erbracht werden können. Der Begriff des Merkmals kann und sollte aber eng ausgelegt werden, weil alle sonstigen den Pflichtinhalt konkretisierenden Abreden unter die Vertragsklausel in Nr. 1j fallen. Dies gilt etwa für Angaben zum Leistungsort oder zur Fälligkeit. Für Preisklauseln gilt Nr. 1l. Erzeugnisse und Dienstleistungen sind umfassend zu verstehen, so daß grundsätzlich alle Leistungen erfaßt werden. **143**

Ob ein **triftiger Grund** vorliegt, ist danach zu bestimmen, ob nach der Art der Leistung mit Änderungen gerechnet werden muß und ob das Änderungsbedürfnis den Vertrauensschutz des Verbrauchers auf die Vertragsbindung überwiegt. Der triftige Grund hängt auch von der Schwere und dem Umfang der Änderung ab. Es muß sich aber im Gegensatz zu Nr. 1g nicht um einen schwerwiegenden Grund handeln (s. auch Rz 133). Wirkt sich die Änderung ohne Kostenerhöhung nur vorteilhaft für den Kunden aus, so bedarf es nach dem Schutzzweck von Nr. 1k keines triftigen Grundes. Für geringfügige Änderungen muß der Änderungsgrund weniger triftig sein, als wenn es um gewichtige, den Verbraucher stark belastende Änderungen geht. Eine Angabe des Grundes im Vertrag ist nach Nr. 1k nicht erforderlich (s. auch Rz 141). Nr. 1 k verdrängt deshalb Nr. 1j (s. auch Rz 132). Auf die Notwendigkeit des triftigen Grundes als solchen muß aber in der Klausel hingewiesen werden.[1] **144**

2. Auswirkungen auf das deutsche Recht

Für **AGB** u. in ausgeh. Indiv. (§ 310 III Nr. 2 BGB) enthält § 308 Nr. 4 BGB ein Klauselverbot, das dem Verbotsgehalt von Nr. 1k im wesentlichen entspricht. Die Zumutbarkeit der Änderung für den Verbraucher ist grundsätzlich dann gegeben, wenn ein triftiger Grund gemäß Nr. 1k vorliegt. Eine Angabe des Änderungsgrundes erfordert § 308 Nr. 4 BGB ebensowenig wie Nr. 1k. Die von § 308 Nr. 4 BGB erfaßten Leistungsänderungen sind jedoch umfassender als in Nr. 1k, so daß die Änderungsrechte in § 308 Nr. 4 BGB auch unter Nr. 1j fallen.[2] **145**

In Individualklauseln sind Änderungsrechte nicht grundsätzlich verboten. § 315 BGB, der einseitige Bestimmungsrechte und damit auch Änderungsrechte erlaubt, steht der Mißbrauchskontrolle ebensowenig wie bei AGB[3] auch bei Individualklauseln nicht entgegen. **146–150**

*

---

[1] *Pfeiffer*, in: GH II/*Wolf* EG-VbR A 05, Anh. Nr. 1k Rz 6.
[2] S. Nr. 1j Rz 134.
[3] S. § 307 Rz 41ff.

1. Klauseln, die darauf abzielen oder zur Folge haben, daß

l) [Einseitige Preisfestsetzung]
der Verkäufer einer Ware oder der Erbringer einer Dienstleistung den Preis zum Zeitpunkt der Lieferung festsetzen oder erhöhen kann, ohne daß der Verbraucher in beiden Fällen ein entsprechendes Recht hat, vom Vertrag zurückzutreten, wenn der Endpreis im Verhältnis zu dem Preis, der bei Vertragsabschluß vereinbart wurde, zu hoch ist;

1. Inhalt des Klauselverbots

151 Nr. 11 **bezweckt**, die Marktlenkungsfunktion des Preises zu erhalten, indem der Verbraucher nicht an nachträgliche Preisänderungen entgegen ursprünglicher Vereinbarungen gebunden bleiben soll, sondern sich durch Ausübung des Rücktrittsrechts befreien und neu orientieren und entscheiden können soll. Im Gegensatz zu § 309 Nr. 1 BGB spricht Nr. 11 kein Preisänderungsverbot für eine bestimmte Zeit aus, greift aber das auch von BGH herausgearbeitete Erfordernis des Rücktrittsrechts bei wesentlichen Änderungen[1] auf. Das Verbot der Nr. 11 erstreckt sich auf zwei verschiedene Klauselgestaltungen: einmal auf den Vorbehalt zur Preisfestsetzung erst bei Lieferung, zum anderen auf die nachträgliche Möglichkeit einseitiger Preiserhöhung zum Nachteil des Verbrauchers. Für beide Fallgestaltungen muß ein Lösungsrecht bei wesentlichen Änderungen vorgesehen werden. Eine Pflicht zur Ermäßigung bei entsprechender Änderung der Verhältnisse wird nicht verlangt,[2] genügt aber auch nicht, um ein Preiserhöhungsrecht ohne Rücktrittsrecht wirksam werden zu lassen. Nr. 2c und d enthalten weitere Bestimmungen zum Anwendungsbereich des Klauselverbots. Nr. 1j ist neben Nr. 11 anwendbar (s. Rz 132).

152 Das Preisfestsetzungs- oder -erhöhungsrecht muß für den **Verkäufer einer Ware** oder den **Erbringer einer Dienstleistung** hinsichtlich der gegen den Verbraucher gerichteten Entgeltforderung vorgesehen sein. Waren sind bewegliche Sachen, einschließlich urkundlich verbriefter Rechte, wie aus Nr. 2c zu entnehmen ist, nicht aber unverbriefte Rechte oder Grundstücke. Dienstleistungen umfassen auch Werkleistungen ebenso z. B. Reiseleistungen. Auch gemischte Verhältnisse aus Waren und Dienstleistungen sind einbezogen. Die bloße Gebrauchsüberlassung wird aber nicht erfaßt, so daß insbesondere Miet- und Pachtverhältnisse ausgenommen sind. Für sie ist aber eine Kontrolle im Rahmen der Generalklausel (Art. 3 I, § 307 BGB) möglich. Leasingverträge in Gestalt des Finanzierungsleasings sind aber dann Nr. 11 zuzuordnen, wenn der Leasingnehmer die Sache nach gewissem Zeitablauf erwerben kann oder muß, wenn durch die Nutzungsdauer der Sachwert erschöpft ist oder wenn der Leasingnehmer sonst für den Warenwert einstehen muß, z. B. durch Restgeldzahlungen. Lager- und Verwahrungsverträge werden erfaßt, sofern damit ein Beaufsichtigung im Sinne einer Dienstleistung verbunden ist und nicht nur eine Gebrauchsüberlassung des Lager- oder Verwahrortes. Auch Darlehensverträge sind nicht Gegenstand von Nr. 11, sowohl weil Geld nicht zu den Waren zählt, als auch weil es sich um eine Überlassung auf Zeit handelt, die der Gebrauchsüberlassung nahe kommt. Ausgenommen werden nach Nr. 2c Börsen- und Kapitalmarktgeschäfte sowie Devisengeschäfte.

---

[1] S. § 309 Nr. 8 Rz 130 f.
[2] S. auch § 309 Nr. 1 Rz 135.

Dauerschuldverhältnisse sind in Nr. 11 nicht wie in § 309 Nr. 1 BGB generell ausgenommen. Zwar gehören Gebrauchsüberlassungs- und Darlehensverträge grundsätzlich zu den Dauerschuldverhältnissen. Aber in der Gestalt von Dauerschuldverhältnissen können auch Warenlieferungen und Dienstleistungen erbracht werden, die nach dem Wortlaut unter Nr. 11 fallen. Mit Dauerschuldverhältnissen ist grundsätzlich ein Kündigungsrecht verbunden. Als ordentliches Kündigungsrecht bei unbefristeten Dauerschuldverhältnis genügt dies grundsätzlich den Anforderungen der Nr. 1 l. Bei wesentlichen Preiserhöhungen, die nicht zuvor abgesprochen waren, kommt aber auch ein außerordentliches Kündigungsrecht wegen Unzumutbarkeit der Vertragsfortsetzung in Betracht, so daß Preisanpassungen an geänderte Verhältnisse in Dauerschuldverhältnissen möglich bleiben. **153**

Nr. 11 erfaßt **Preisfestsetzungen zum Zeitpunkt der Lieferung**. Vorausgesetzt wird, daß die Lieferung später als der Vertragsabschluß erfolgt und der Verbraucher damit das Risiko von Preisveränderungen in der Zeit zwischen Vertragsabschluß und Lieferung tragen soll. Das trifft hauptsächlich auf Tages- und Listenpreisklauseln zu.[1] Lieferung bezieht sich sowohl auf die Erbringung von Waren- als auch von Dienstleistungen. Der Nichterwähnung der Dienstleistungen in der englischen und französischen Fassung im Zusammenhang mit der Preisfestsetzung kann keine sachliche Bedeutung beigemessen werden.[2] Die Preisfestsetzung umfaßt nach allgemeinem Verständnis eigentlich den Fall, daß ein zuvor offener Preis nachträglich konkret bestimmt wird. Da Nr. 11 aber auch bei der Preisfestsetzung auf die unverhältnismäßige Abweichung von einem bei Vertragsabschluß vereinbarten Preis abstellt, wird der Fall des offenen Preises von Nr. 11 offenbar nicht erfaßt, sondern nur die Festsetzung eines vertraglich zumindest vorläufig oder ungefähr festgelegten Preises. Ein völlig offenes Preisfestsetzungsrecht kann aber nach Art. 3 I mißbräuchlich sein.[3] Nr. 11 erfaßt das Festsetzungsrecht generell, gleichgültig ob der aktuell festgesetzte Preis über oder unter dem beim Vertragsabschluß ins Auge gefaßten Preis liegt. Nr. 11 schützt aber nur den Verbraucher vor Preiserhöhungen. Ein Rücktrittsrecht muß deshalb nur, aber immer dann bestehen, wenn die Möglichkeit zur Preiserhöhung zu Lasten des Verbrauchers gegeben ist, egal ob sie tatsächlich ausgenutzt wird. Das Festsetzungsrecht muß für den Verkäufer oder Dienstleister bestehen. Das Festsetzungsrecht eines Dritten fällt, wenn er nicht als Vertreter für den Verkäufer oder Dienstleister, sondern im eigenen Namen handelt, nicht unter Nr. 1 l, kann aber auf seine Mißbräuchlichkeit im Rahmen der Generalklausel gemäß Art. 3 I überprüft werden. Die Preisfestsetzung muß zum Zeitpunkt der Lieferung vorgesehen sein. Es genügt aber, daß die Festsetzung oder Erhöhung zu diesem Zeitpunkt eintritt. Die entsprechende Erklärung des Gewerbetreibenden kann davor abgegeben werden.[4] Eine Preisbestimmung mit Wirkung vor oder nach der Lieferung fällt nicht unter die Fallgestaltung der Preisfestsetzung, sondern wird nur als Preiserhöhungsklausel (Rz 155) erfaßt. Die Unterscheidung ist aber ohne große Bedeutung, da es auch bei der Preisfestsetzung zum Zeitpunkt der Lieferung auf die Erhöhungsmöglichkeit ankommt und für beide Fallgestaltungen dieselben Wirksamkeitsvoraussetzungen gelten. **154**

Hinsichtlich des **Preiserhöhungsrechts** ist gleichgültig, zu welchem Zeitpunkt dies ausgeübt werden soll. Die deutsche Fassung könnte zwar so ausgelegt werden, daß auch das Preiserhöhungsrecht auf den Lieferzeitpunkt bezogen sein muß. Aus der englischen und französischen Fassung ergibt sich aber eindeutig, daß das Preis- **155**

---

[1] *Micklitz* ZEuP 1993, 522, 531.
[2] *Pfeiffer,* in: GH II/*Wolf* EG-VbR A 05, Anh. Nr. 11 Rz 5.
[3] Generell für Anwendung von Nr. 11 *Pfeiffer,* in: GH II/*Wolf* EG-VbR A 05, Anh. Nr. 11 Rz 6.
[4] *Pfeiffer,* in: GH II/*Wolf* EG-VbR A 05, Anh. Nr. 11 Rz 5.

erhöhungsrecht unabhängig von seinem Ausübungszeitpunkt unter Nr. 1l fallen soll. Gleichgültig ist, ob eine Klausel lediglich ein Preiserhöhungsrecht des Verkäufers oder Dienstleisters vorsieht, oder ob daneben auch eine Pflicht zur Preisermäßigung unter bestimmten Voraussetzungen besteht (s. auch Rz 151). Entscheidend ist auch allein die Möglichkeit zur Preiserhöhung. Ob sie tatsächlich ausgeübt wird, ist ohne Bedeutung. Das Rücktrittsrecht muß in jedem Fall eingeräumt sein.

156 Nach dem Wortlaut von Nr. 1l ist weder die Ausübung des Preisfestsetzungsrechts noch die Ausübung des Preisänderungsrechts vom Vorliegen eines **triftigen Grundes** abhängig. Auf einen triftigen Grund kann nicht abgestellt werden, wenn durch die Preisfestsetzung ein zuvor offener Preis zum ersten Mal konkret festgesetzt wird. Eine solche Preisfestsetzung liegt aber Nr. 1l nicht zugrunde (s. Rz 154). In den Fällen eines ursprünglich vereinbarten, aber nachträglich ohne triftigen Grund änderbaren Preises besteht jedoch die Gefahr, daß der Gewerbetreibende, der sich von der Vertragsbindung lösen will, eine willkürliche Preiserhöhung vornimmt, um den Verbraucher zum Rücktritt zu veranlassen. Ein solcher Anreiz zur erleichterten Lösung von der Vertragsbindung darf dem Gewerbetreibenden aber nicht eingeräumt werden. Dies wäre auch dem Handel zwischen den Mitgliedstaaten nicht förderlich. Für die Preisfestsetzung oder Preiserhöhung ist deshalb neben dem Rücktrittsrecht zusätzlich ein triftiger Grund zu verlangen.[1] Man kann dies aus Nr. 1j und einer analogen Anwendung von Nr. 1k ableiten, weil nicht erkennbar ist, warum alle Vertragsänderungen einen triftigen Grund erfordern, nur die Preisänderung nicht. Der Grund muß wie in Nr. 1j auch im Vertrag genannt werden. Dasselbe Ergebnis läßt sich aber auch aus Art. 3 I begründen.

157 Im Falle einer Preisfestsetzungs- oder -erhöhungsklausel muß dem Verbraucher ein **Recht zum Rücktritt vom Vertrag** bei unverhältnismäßiger Preiserhöhung zustehen, wenn die Klausel wirksam sein soll. Ohne Rücktrittsrecht ist die Klausel unwirksam. Das Rücktrittsrecht darf nicht im engen Sinn der deutschen Dogmatik verstanden werden. Es genügt jedes Lösungsrecht, z. B. auch ein Kündigungsrecht (s. auch Rz 153). Entscheidend ist, daß sich der Verbraucher dem höheren Preis entziehen kann. Das Lösungsrecht muß deshalb spätestens mit dem Zeitpunkt seine Wirkung entfalten, zu dem die Preiserhöhung eintreten soll. Das Lösungsrecht muß dem Verbraucher zustehen, wobei Nr. 1l weder verlangt, daß es erst durch die Klausel oder sonst durch den Vertrag eingeräumt werden muß, noch darauf, daß in der Klausel oder im Vertrag darauf hingewiesen werden muß. Es genügt deshalb auch ein kraft Gesetzes bestehendes Lösungsrecht, wie z. B. das Recht zur außerordentlichen Kündigung wegen Unzumutbarkeit (s. Rz 153). Im Falle eines vertraglich eingeräumten Rücktrittsrechts ist jedoch nach den Grundsätzen des Transparenzgebots zu prüfen, ob es der Verbraucher auch erkennen und ausüben kann.

158 Das Rücktrittsrecht muß in beiden Fällen dann bestehen, wenn der **Endpreis unverhältnismäßig hoch** ist im Vergleich zu dem bei Vertragsabschluß vereinbarten Preis. Das Lösungsrecht muß nicht auf diesen Fall begrenzt sein, sondern kann auch andere Gründe umfassen, sofern es nur auch die Lösung bei unverhältnismäßiger Preiserhöhung erlaubt. Ob die Preiserhöhung zu hoch ist, kann im Regelfall am Maßstab der im betreffenden Markt üblichen Preise beurteilt werden. Dies liegt nahe, weil das Rücktrittsrecht die Neuorientierung am Markt ermöglichen soll (s. Rz 151). Zu hoch ist die Preiserhöhung, wenn ein durchschnittlicher Verbraucher bei vernünftiger Überlegung einen anderen Vertrag zum marktüblichen Preis abgeschlossen hätte. Bei Fehlen eines marktüblichen Preises kann der Anstieg des Lebenshaltungskosten oder der Produktionskosten, etwa der Material- oder Lohnko-

---

[1] S. auch § 309 Nr. 1 Rz 116.

sten, zum Maßstab genommen werden.[1] Eine prozentuale Grenze, die erst bei Erhöhung von mehr als 10 % eine Rücktrittsrecht erlaubt, dürfte auch aus gemeinschaftsrechtlicher Sicht nicht ausreichen. Die Begrenzung des Änderungsrechts durch einen Höchstpreis schließt die Anwendung von Nr. 11 nicht aus, wenn dieser Höchstpreis seinerseits im Verhältnis zum Ursprungspreis unverhältnismäßig hoch ist.[2]

2. Auswirkungen auf das deutsche Recht

a) Für Preisklauseln in **AGB** enthält § 309 Nr. 1 BGB eine Regelung, die insofern über Nr. 11 hinausgeht, als in den ersten 4 Monaten nach Vertragsabschluß Preiserhöhungen nicht zugelassen werden. Dies ist sowohl mit dem Maßstab des Art. 3 I als auch mit Art. 8 vereinbar. Nach Ablauf der Viermonatsfrist sind Preiserhöhungen nach § 307 BGB nur unter eingeschränkten Voraussetzungen zulässig,[3] die die Wertungen in Nr. 11 voll zum Tragen bringen. Nr. 11 ist deshalb im deutschen Recht der AGB bereits umgesetzt. **159**

b) Bei **Individualvereinbarungen** kennt das deutsche Recht neben § 309 Nr. 1 BGB keine spezielle Beschränkungen für Preiserhöhungsklauseln. Wie bei den sonstigen Änderungsrechten[4] muß der Verbraucher jedoch auch vor allzu weitgehenden Preiserhöhungsklauseln geschützt werden, wenn sie in nicht ausgehandelten Individualvereinbarungen enthalten sind. Die Anwendung der Wertungen von Nr. 11 ist deshalb über § 310 III Nr. 2 mit § 309 Nr. 1 und § 307 BGB[5] zur Geltung zu bringen. **160–170**

*

1. Klauseln, die darauf abzielen oder zur Folge haben, daß

m) [Ausschließliche Auslegungskompetenz]
dem Gewerbetreibenden das Recht eingeräumt ist zu bestimmen, ob die gelieferte Ware oder erbrachte Dienstleistung den Vertragsbestimmungen entspricht, oder ihm das ausschließliche Recht zugestanden wird, die Auslegung einer Vertragsklausel vorzunehmen;

1. Inhalt des Klauselverbots

Die Vorschrift **bezweckt**, einseitige Bestimmungsrechte des Gewerbetreibenden in zwei Fallgestaltungen zu verhindern, durch die der Verbraucher in der Ausübung seiner Rechte behindert und beeinträchtigt werden könnte.[6] Der erste Teil des Klauselverbots richtet sich gegen das dem Gewerbetreibenden eingeräumte Recht zur Feststellung der vertragsgemäßen Leistungserbringung. Dieses Bestimmungsrecht erfaßt nicht primär die inhaltliche Festlegung der Vertragsbestimmungen, sondern bezieht sich auf die tatsächlichen Umstände der Erfüllung und deren Übereinstimmung mit dem Vertragsinhalt. Es handelt sich um ein Bestimmungsrecht, das in seiner Ausrichtung auf die Tatsachenfeststellung dem Schiedsgutachten entspricht. Der zweite Teil des Klauselverbots in Nr. 1 m wendet sich gegen eine **171**

---

1 Zweifelnd *Pfeiffer,* in: GH II/*Wolf* EG-VbR A 05, Anh. Nr. 11 Rz 8.
2 *Pfeiffer,* in: GH II/*Wolf* EG-VbR A 05, Anh. Nr. 11 Rz 8.
3 S. § 309 Nr. 1 Rz 110 ff.
4 S. Nr. 1 j Rz 135; Nr. 1 k Rz 146.
5 S. Art. 3 Rz 20.
6 S. auch *Frey* ZIP 1993, 572, 580.

dem Gewerbetreibenden zugedachte ausschließliche Auslegungskompetenz, die bei mehr oder weniger unklarem Vertragsinhalt dem Gewerbetreibenden die verbindliche Festlegung der vertraglichen Rechte und Pflichten überläßt. In beiden Fällen besteht die Gefahr, daß der Gewerbetreibende solche Bestimmungsrechte zu seinem einseitigen Vorteil und damit zum Nachteil des Verbrauchers handhaben würde. Dies soll unterbunden werden. Werden dem Verbraucher gleiche Rechte eingeräumt, so dient dies nicht der Kompensation durch Gewährung gleicher Vorteile, beseitigt aber das einseitige und ausschließliche Bestimmungsrecht des Gewerbetreibenden und zwingt zwecks einheitlich verbindlicher Festlegung zu einverständlichen Lösungen der Vertragsparteien, gegen die sich Nr. 1 m nicht wendet.[1] Nicht unter Nr. 1 m fallen auch Dritten eingeräumte Bestimmungsrechte. Sie können aber am Maßstab von Art. 3 I überprüft werden.

172 a) Die **Feststellung vertragsmäßiger Leistungserbringung** berührt die tatsächlichen Voraussetzungen der Ansprüche aus Leistungsstörungen. Eine solche Feststellungsbefugnis kann sich auch aus einer Ermessensklausel für den Gewerbetreibenden ergeben,[2] insbesondere wenn dafür kein sachliches Bedürfnis besteht.[3] Warenlieferungen und Dienstleistungen werden typischerweise vom Gewerbetreibenden erbracht. Insofern bezieht sich die Feststellung grundsätzlich auf die eigene Leistungspflicht des Gewerbetreibenden. Notwendig ist dies aber nicht. Nach dem Wortlaut gilt das Verbot auch, wenn sich das Feststellungsrecht des Gewerbetreibenden auf vom Verbraucher zu erbringende Warenlieferungen oder Dienstleistungen bezieht.[4] Steht dem Gewerbetreibenden das verbindliche und die Gerichte bindende Recht zu, die Übereinstimmung der tatsächlichen Leistung mit seinen vertraglichen Pflichten festzustellen, so entfallen damit zugleich auch die Ansprüche und Rechte aus der betreffenden Leistungsstörung. Dieser Rechtsverlust aus tatsächlichen Gründen soll verhindert werden. Nr. 1 m ergänzt damit das in Nr. 1 b enthaltene Freizeichnungsverbot, das die normative Ebene betrifft.

173 Es muß sich in Nr. 1 m um die Ordnungsmäßigkeit der **gelieferten Ware** und der **erbrachten Dienstleistung** handeln. Bei enger Auslegung betrifft dies nur die Eigenschaften sowie die Menge, Maße und das Gewicht der gelieferten Ware, nicht die Rechtzeitigkeit der Lieferung oder die Erfüllung von Nebenpflichten. Auch bei den Dienstleistungen werden nur Art, Qualität und Umfang der Dienstleistung erfaßt, nicht aber sonstige Leistungsmodalitäten. Durch Nr. 1 m werden danach in erster Linie Sachmängelgewähransprüche, Ansprüche aus Vertragsverletzung bei Schlechtlieferung, Ansprüche aus Lieferung eines aliud und Ansprüche aus teilweiser Unmöglichkeit geschützt, nicht aber Ansprüche aus Verzug und aus Unmöglichkeit bei gänzlicher Nichterbringung der Leistung. Für diese Ansprüche kann aber ein vergleichbarer Schutz durch Art. 3 I gewährt werden.[5] Gleichgültig ist, innerhalb welchen Vertragstyps die Waren geliefert oder die Dienste erbracht werden. Es kann sich insbesondere um Kaufverträge, Werkverträge, Dienstverträge oder Geschäftsbesorgungsverträge handeln. Auch das Finanzierungsleasing ist einzubeziehen.[6] Nicht erfaßt werden Gebrauchsüberlassungsverträge, wie etwa Miete und Pacht, aber auch nicht Darlehensverträge oder Grundstücksgeschäfte. Für nicht erfaßte Vertragsarten kann über Art. 3 I ein gleicher Schutz erreicht werden.

---

[1] Ebenso *Pfeiffer,* in: GH II/*Wolf* EG-VbR A 05, Anh. Nr. 1m Rz 2.
[2] s. *Micklitz* ZEuP 1993, 522, 531.
[3] *Pfeiffer,* in: GH II/*Wolf* EG-VbR A 05, Anh. Nr. 1m Rz 8.
[4] So auch *Pfeiffer,* in: GH II/*Wolf* EG-VbR A 05, Anh. Nr. 1m Rz 5.
[5] Für Anwendung von Nr. 1 m *Pfeiffer,* in: GH II/*Wolf* EG-VbR A 05, Anh. Nr. 1 m Rz 7.
[6] Vgl. Nr. 1 l Rz 152.

b) Unwirksam ist nach Nr. 1 m auch die dem Gewerbetreibenden einseitig eingeräumte **ausschließliche Auslegungskompetenz**. Eine solche Auslegungskompetenz wäre auch mit dem Transgrenzgebot des Art. 5 S. 2 nicht vereinbar.[1] Eine Beschränkung auf bestimmte Vertragsarten oder Vertragsinhalte findet hier nicht statt. Vielmehr ist eine ausschließliche Auslegungskompetenz für alle der Bestimmung des Vertragsinhalts dienende Rechtsfragen unwirksam, auch soweit Klauseln nach Art. 1 II, Art. 4 I an sich nicht der Inhaltskontrolle unterliegen.[2] Auch die Bezugnahme auf Vertragsklauseln bringt keine Einschränkung, da alle Vertragsinhalte in Vertragsklauseln geregelt sind,[3] bei anderem Verständnis kann die Lücke durch Art. 3 I geschlossen werden. Gleichgültig ist, ob nach rechtlichen Maßstäben ein Auslegungsbedürfnis besteht. Nr. 1 m ist auch anzuwenden, wenn dem Gewerbetreibenden bei völlig eindeutigem Wortlaut eine Auslegungskompetenz zustehen soll. Die Auslegungskompetenz muß aber als ausschließliche gedacht sein. Ein Auslegungsvertrag zwischen Verbraucher und Gewerbetreibenden bleibt zulässig, unterliegt aber seinerseits Art. 3 I, wenn er nicht im einzelnen ausgehandelt ist. Ausschließliche Auslegungskompetenz bedeutet auch Verbindlichkeit für ein Gericht oder eine Behörde. Es muß sich aber nicht um Ausschließlichkeit im Sinne eines absoluten Prüfungsverbots handeln. Es genügt auch, wenn die Auslegungsbestimmung des Gewerbetreibenden eine Vermutung begründet und die Beweislast zu Ungunsten des Verbrauchers umkehrt oder wenn eine gerichtliche oder behördliche Prüfung auf offensichtliche Fehler beschränkt sein soll.[4] 174

2. Auswirkungen auf das deutsche Recht

a) In **AGB** enthaltene einseitige Feststellungsrechte (Rz 172) und eine ausschließliche Auslegungskompetenz (Rz 174) werden im BGB nicht durch spezielle Klauselverbote geregelt. Durch die einseitige Feststellung der ordnungsgemäßen Leistungserbringung werden jedoch zugleich die Rechte aus der Leistungsstörung ausgeschlossen und behindert, was den Schutzbereich von § 309 Nr. 7 und BGB berührt. Die mißbräuchliche erste Fallgestaltung von Nr. 1 m wird deshalb im Grundsätzlichen auch durch §§ 308, 309 BGB mißbilligt. Aber auch soweit § 309 Nr. 7, und 8 BGB nicht unmittelbar eingreifen, kann der Wertung von Nr. 1 m über richtlinienkonforme Auslegung von § 307 BGB Rechnung getragen werden. Dies gilt in gleicher Weise für die dem Gewerbetreibenden zugedachte ausschließliche Auslegungskompetenz. Sie kann zur Umgehung der Klauselverbote in §§ 308 und 309 BGB führen und ist dann wegen dieser Klauselverbote unwirksam. Die ausschließliche Auslegungskompetenz ist aber auch an § 307 BGB zu messen und ist danach unwirksam, wenn sie nicht durch sachliche Gründe gerechtfertigt ist. Da die Auslegungskompetenz dem einseitigen Bestimmungsrecht aus § 315 BGB nahekommt, können die für dessen Einräumung maßgeblichen Überlegungen entsprechend herangezogen werden. 175

b) In ausheh. **Individualklauseln** muß ein Feststellungsrecht (Rz 172) und die Auslegungskompetenz (Rz 174) für unwirksam erklärt werden, soweit auch der Ausschluß und die Beeinträchtigung von Leistungsstörungsrechten unwirksam wäre.[5] Die einseitige Auslegungskompetenz muß daneben auch insoweit für unwirksam erklärt werden, als einseitige Änderungsrechte und einseitige Bestim- 176–180

[1] *Frey* ZIP 1993, 572, 580; *Pfeiffer,* in: GH II/*Wolf* EG-VbR A 05, Anh. Nr. 1 m Rz 9.
[2] *Pfeiffer,* in: GH II/*Wolf* EG-VbR A 05, Anh. Nr. 1m Rz 9.
[3] S. auch Nr. 1 k Rz 141.
[4] *Pfeiffer,* in: GH II/*Wolf* EG-VbR A 05, Anh. Nr. 1m Rz 10.
[5] S. Nr. 1 a Rz 13; Nr. 1 b Rz 25.

mungsrechte mißbilligt werden,[1] wenn und soweit die ausschließliche Auslegungskompetenz zu denselben verbraucherfeindlichen Folgen führt. Des weiteren gelten gemäß § 310 III Nr. 2 BGB grundsätzlich auch die für AGB geltenden Schranken (Rz 175).

*

1. Klauseln, die darauf abzielen oder zur Folge haben, daß

n) [Einschränkung der Vertretungsmacht]
die Verpflichtung des Gewerbetreibenden zur Einhaltung der von seinen Vertretern eingegangenen Verpflichtungen eingeschränkt wird oder diese Verpflichtung von der Einhaltung einer besonderen Formvorschrift abhängig gemacht wird;

1. Inhalt des Klauselverbots

181 Die Vorschrift hat den **Zweck**, das Vertrauen des Verbrauchers auf das Vorliegen einer wirksamen Vertretungsmacht und den daraus folgenden wirksamen Vertragsabschluß mit dem Vertreter zu schützen. Eine Vertretungsmacht, auf die der Verbraucher nach den Umständen als wirksam vertrauen durfte, kann deshalb nicht durch nicht ausgehandelte Vertragsklauseln nachträglich wirksam eingeschränkt werden. Nr. 1 n nennt zwei unwirksame Fallgestaltungen: die Einschränkung der vom Vertreter eingegangenen Verpflichtungen und das Aufstellen besonderer Formerfordernisse für die Anerkennung der vom Vertreter eingegangenen Verpflichtung. Dies betrifft im Regelfall zwar Vollmachtklauseln.[2] Eine ausdrückliche Beschränkung hierauf enthält Nr. 1 n aber nicht. Geschützt wird der Verbraucher dagegen, daß sich der Gewerbetreibende seinen Verpflichtungen entzieht. Es handelt sich um einen absoluten Schutz, der unabhängig davon gilt, ob dem Verbraucher eine gleiche Möglichkeit eingeräumt wird. Die einseitige Ausrichtung auf den Gewerbetreibenden mag auch daran liegen, daß dieser sich im Gegensatz zum Verbraucher eher eines Vertreters bedient. Indem auch Vollmachtklauseln erfaßt werden, läßt sich aus Nr. 1n entnehmen, daß eine Anwendung der Richtlinie auf einseitige Rechtsgeschäfte nicht grundsätzlich ausgeschlossen ist.[3] Nr. 1 n gilt aber unabhängig von den verschiedenen Vorstellungen zur Stellvertretung in den Mitgliedstaaten.[4] Er gilt deshalb auch für vertragliche begründete Vertretungsverhältnisse. Gleichgültig ist, ob die Beschränkungsklausel im Außenverhältnis mit dem Verbraucher oder im Innenverhältnis mit dem Vertreter vereinbart wird.[5]

182 **a)** Mißbräuchlich ist nach Nr. 1 n zunächst die **Einschränkung der den Vertretenen treffenden Verpflichtung**. Vorausgesetzt wird eine vom Vertreter wirksam eingegangene Verpflichtung. Dies setzt eine wirksame Vertretungsmacht oder jedenfalls eine dem Gewerbetreibenden zurechenbare Duldungs- oder Anscheinsvollmacht voraus. Nach dem Wortlaut wird jedes Vertreterhandeln erfaßt, also auch das Handeln aufgrund einer gesetzlichen Vertretungsmacht, mag dies auch nicht der typische von Nr. 1 n ins Auge gefaßte Fall sein. Eine Einschränkung der Verpflichtung des Gewerbetreibenden liegt nicht nur beim völligen Ausschluß der Verpflichtung vor, sondern in jedem Fall, in dem die Verpflichtung des Gewerbe-

---

[1] S. etwa Nr. 1 j Rz 131; Nr. 1 k Rz 141; Nr. 1 l Rz 157.
[2] *Heinrichs* NJW 1996, 2190, 2192.
[3] S. Art. 1 Rz 31.
[4] S. *Pfeiffer*, in: GH II/*Wolf* EG-VbR A 05, Anh. Nr. 1 n Rz 4.
[5] *Pfeiffer*, in: GH II/*Wolf* EG-VbR A 05, Anh. Nr. 1 n Rz 5.

treibenden in minderem Grad oder in minderem Umfang als gültig anerkannt wird, so daß dem Verbraucher daraus Nachteile entstehen. Dies kann durch unmittelbare Einschränkung der Pflichten des Gewerbetreibenden, durch Beschränkung von Schadensersatzansprüchen, durch Beweislastverschiebung oder sonstige Beweiserschwernisse zu Lasten des Verbrauchers geschehen.[1]

b) Mißbräuchlich ist auch die Aufstellung **besonderer Formerfordernisse für die Wirksamkeit der Verpflichtung** des Gewerbetreibenden. Als Formvorschrift genügt etwa die einfache Schriftform und erst recht das Erfordern weitergehender Formerfordernisse, wie etwa das Vorzeigen oder die Aushändigung einer Vollmachtsurkunde.[2] Als Formvorschrift ist aber auch anzusehen, wenn etwa die Zustimmung des Gewerbetreibenden und sei sie auch mündlich zur Wirksamkeit der Verpflichtung verlangt wird. Vorausgesetzt wird, daß die Verpflichtung ohne das Formerfordernis wirksam zustande gekommen wäre, insbesondere, daß auch eine dem Gewerbetreibenden zurechenbare Vertretungsmacht vorliegt (s. auch Rz 182). 183

2. Auswirkungen auf das deutsche Recht

Soweit es Klauseln in **AGB** und nicht ausgehandelten Individualvereinbarungen anbelangt, enthalten §§ 308, 309 BGB kein entsprechendes ausdrückliches Klauselverbot. § 309 Nr. 11 BGB bezieht sich auf die Begründung einer eigenen Haftung des Vertreters, während Nr. 1 n Klauseln betrifft, die die Haftung des Gewerbetreibenden als des Vertretenen einschränken. Die Beschränkung der Verpflichtung des Gewerbetreibenden kann in Widerspruch zu § 307 und § 310 I BGB stehen, kann aber mittelbar auch gegen § 309 Nr. 7 und 8 BGB verstoßen und mißachtet darüberhinaus den Grundgedanken der Zurechnung des Vertreterhandelns in § 164 BGB, was grundsätzlich zur Unwirksamkeit nach § 307 II Nr. 1 BGB führt. Die Aufstellung besonderer Formerfordernisse verstößt grundsätzlich ebenfalls gegen § 307 BGB, weil eine Vertretungsmacht, auf die der Verbraucher berechtigterweise vertrauen darf, nicht durch Schriftformklauseln beschränkt werden darf. Dies gilt sinngemäß für andere vollmachtsfremde Formerfordernisse, wie z. B. die Zustimmung des Vertretenen. 184

Es widerspricht Treu und Glauben, eine Vertretungsmacht, auf die der Verbraucher nach den konkreten Umständen vertrauen durfte, nachträglich oder durch zusätzliche Formerfordernisse einzuschränken. Zwar kann der Umfang einer Vollmacht, abgesehen von der Prokura[3] und der Handlungsvollmacht,[4] grundsätzlich beliebig bestimmt werden. Ist dieser Umfang aber einmal festgelegt und aufgrund dessen ein Geschäft abgeschlossen, so verstößt es gegen Treu und Glauben, die so begründete Verpflichtung des Gewerbetreibenden nachträglich einzuschränken. Nr. 1 n sollte deshalb insoweit im Wege richtlinienkonformer Auslegung des in § 307 BGB enthaltenen Gebots von Treu und Glauben zur Unwirksamkeit einer entsprechenden Klausel führen. Wird die Verpflichtung von der Einhaltung einer besonderen Formvorschrift abhängig gemacht, so ist dies grundsätzlich nicht zu beanstanden, wenn die Vertretungsmacht beschränkt werden darf, die Formvorschrift dem Verbraucher bekannt ist und er infolgedessen nicht auf das Vorliegen einer wirksamen Vertretungsmacht vertrauen darf. Konnte der Verbraucher aber etwa nach den Grundsätzen der Duldungs- und Anscheinsvollmacht berechtigterweise 185–190

[1] So auch *Pfeiffer,* in: GH II/*Wolf* EG-VbR A 05, Anh. Nr. 1 n Rz 6.
[2] S. *Pfeiffer,* in: GH II/*Wolf* EG-VbR A 05, Anh. Nr. 1 n Rz 7.
[3] §§ 48 ff HGB.
[4] §§ 54 ff HGB.

auf das Vorliegen einer Vollmacht vertrauen, weil er von dem zusätzlichen Formerfordernis nicht in zumutbarer Weise Kenntnis nehmen konnte, so widerspricht es Treu und Glauben, wenn das Vertrauen des Verbrauchers durch ein zusätzliches, nicht im einzelnen ausgehandeltes Formerfordernis mißachtet wird. Ebensowenig darf eine gesetzliche Vertretungsmacht durch ein nicht im einzelnen ausgehandeltes Formerfordernis eingeschränkt werden. In diesem Umfang ist deshalb durch richtlinienkonforme Auslegung von § 310 III Nr. 2 mit § 307 BGB[1] dem Schutzanliegen von Nr. 1 n Beachtung zu schenken.

*

1. Klauseln, die darauf abzielen oder zur Folge haben, daß

o) [Einseitige Pflichterfüllung]
der Verbraucher allen seinen Verpflichtungen nachkommen muß, obwohl der Gewerbetreibende seine Verpflichtungen nicht erfüllt;

1. Inhalt des Klauselverbots

191 Das Klauselverbot will verhindern, daß der Verbraucher einseitig an seinen Verpflichtungen festgehalten wird, auch wenn der Gewerbetreibende seine Verpflichtungen nicht erfüllt. Nr. 1 o will damit sicherstellen, daß dem Verbraucher im Sinne einer Symmetrie adäquate Mittel als Reaktion zur entsprechenden Begrenzung seiner Pflichten zur Verfügung stehen. Dafür kommen etwa in Betracht ein Rücktrittsrecht oder ein Zurückbehaltungs- oder Leistungsverweigerungsrecht. Um die Aushöhlung von Zurückbehaltungsrechten und sonstige den gegenseitigen Leistungsaustausch sichernden Rechte zu verhinden, sind auch Vorleistungsklauseln an Nr. 1 o zu messen.[2] Nr. 1 o betrifft nicht nur die zueinander im synallagmatischen Gegenseitigkeitsverhältnis stehenden Pflichten, sondern auch sonstige Pflichten.[3] Sie brauchen nach dem Wortlaut im Gegensatz zu § 309 Nr. 2 b BGB nicht auf dem selben Vertragsverhältnis zu beruhen. Die Vorschrift verlangt nicht die Einräumung bestimmter Rechte, sondern will nur verhindern, daß einseitig eine Erfüllungspflicht des Verbrauchers begründet wird, die ohne die Vertragsklausel nicht bestehen würde. Nr. 1 o richtet sich deshalb gegen den Ausschluß oder die unzumutbare Einschränkung gesetzlicher Befreiungsgründe oder gesetzlicher Lösungs- und Leistungsverweigerungsrechte, die bei Nichterbringung der Leistung ohne die Vertragsklausel bestehen würden. Erfaßt werden auch Vorleistungen. Nr. 1 o berührt sich deshalb eng mit Nr. 1 b (s. auch Rz 192).

192 Die **Nichterfüllung** der Pflichten des Gewerbetreibenden erstreckt sich auf jeden Fall auf die vollständige Nichterbringung der Leistung im Sinne der Unmöglichkeit. Bei der gebotenen autonomen Auslegung[4] darf der Begriff der Nichterfüllung nicht nur aus der Sicht der deutschen Dogmatik erläutert werden. Unter Berücksichtigung des Schutzzwecks zugunsten des Verbrauchers liegt es vielmehr nahe anzunehmen, daß die Nichterfüllung auch alle Fälle der nicht ordnungsgemäßen Erfüllung umfaßt. Nr. 1 o ist deshalb auch auf die teilweise Unmöglichkeit, den Verzug, sonstige Vertragsverletzungen sowie auf die Sach- und Rechtsmängelhaftung anzuwenden. Gleichgültig ist, ob die Nichterfüllung in diesem Sinne auf

[1] S. Art. 3 Rz 20.
[2] *Frey* ZIP 1993, 572, 580; *Micklitz* ZEuP 1993, 522, 531.
[3] So auch *Pfeiffer,* in: GH II/*Wolf* EG-VbR A 05, Anh. Nr. 1 o Rz 2.
[4] S. Art. 1 Rz 18.

Verschulden des Gewerbetreibenden beruht oder nicht. Im Unterschied zu Nr. 1 b will Nr. 1 o nicht alle Rechte und Ansprüche des Verbrauchers erhalten wissen, sondern nur den einseitigen Fortbestand der Verbraucherpflichten verhindern. Dies kann aber zu Überschneidungen mit Nr. 1 b führen.

Mißbräuchlich ist es, wenn der Verbraucher trotz Nichterfüllung seitens des Gewerbetreibenden **allen seinen Verpflichtungen nachkommen** muß. Bei sinngemäßer Auslegung kann dies nicht bedeuten, daß die Mißbräuchlichkeit bereits dann entfällt, wenn der Verbraucher von irgendeiner und sei es auch noch so kleinen Verpflichtung entbunden wird.[1] Zur Aufrechterhaltung des Äquivalenzverhältnisses und der Pflichtensymmetrie muß dem Verbraucher vielmehr Befreiung von adäquaten Pflichten zuteil werden, so daß die Pflichtensymmetrie wiederhergestellt ist. Bei endgültiger Nichterfüllung kommen Rücktrittsrechte, bei zeitweiser Nichterfüllung insbesondere Leistungsverweigerungsrechte, etwa in Form eines Zurückbehaltungsrechts, in Betracht. **193**

2. Auswirkungen auf das deutsche Recht

Für **AGB** und nicht ausgeh. Indiv. kennt vor allem § 309 Nr. 2 (§ 310 III Nr. 2 BGB) BGB das Verbot des Ausschlusses von Zurückbehaltungsrechten, soweit es um Pflichten aus demselben Vertrag geht. Damit wird dem Anliegen von Nr. 1 o grundsätzlich Rechnung getragen. § 309 Nr. 8b BGB sichert den Bestand des Rücktrittsrechts bei mangelhafter Leistung, wodurch dem Verbraucher die Lösung vom Vertrag ermöglicht wird. Darüber hinaus ist der Ausschluß von Rücktrittsrechten nach § 307 II Nr. 1 BGB unwirksam, wenn gegen Grundgedanken der gesetzlichen Regelung verstoßen wird. § 307 II Nr. 1 BGB steht auch entgegen, wenn die Leistungsbefreiung gemäß § 326 BGB in AGB ausgeschlossen werden soll. Nr. 1 o ist damit in §§ 307 ff. BGB umgesetzt. Die Rückgewähr vom Vertragspartner erbrachter Leistungen sichert § 308 Nr. 7 BGB. **194–200**

*

Klauseln, die darauf abzielen oder zur Folge haben, daß

p) [Vertragsübernahme]
die Möglichkeit vorgesehen wird, daß der Vertrag ohne Zustimmung des Verbrauchers vom Gewerbetreibenden abgetreten wird, wenn dies möglicherweise eine Verringerung der Sicherheiten für den Verbraucher bewirkt;

1. Inhalt des Klauselverbots

Das Klauselverbot dient dem **Zweck**, dem Verbraucher seinen ursprünglichen Vertragspartner, den er sich ausgesucht und mit dem er den Vertrag abgeschlossen hat, zu erhalten. Dem Verbraucher soll grundsätzlich kein neuer Vertragspartner aufgezwungen werden. Eine Ausnahme wird nur dann zugelassen, wenn der Verbraucher zustimmt oder wenn gewährleistet ist, daß ihm dadurch keine Nachteile entstehen, indem seine Sicherheiten nicht verringert werden. **201**

Nr. 1 p will einer **Abtretung des Vertrags** durch den Gewerbetreibenden Schranken setzen. Abtretung des Vertrags meint Vertragsübernahme durch Eintritt eines neuen Vertragspartners an Stelle des Gewerbetreibenden. Dafür ist im deutschen Recht die Zustimmung aller Beteiligten, also auch des Verbrauchers erforderlich.[2] **202**

---

[1] Für Anwendung von Art. 3 I insoweit *Pfeiffer,* in: GH II/*Wolf* EG-VbR A 05, Anh. Nr. 1o Rz 4.

[2] S. etwa *Palandt/Grüneberg,* BGB, § 398 Rz 38a.

Mit der Vertragsübernahme ist auch ein Schuldnerwechsel verbunden. Darin zeigt sich das besondere Schutzbedürfnis des Verbrauchers, dem ohne seine Zustimmung kein anderer Schuldner aufgedrängt werden soll. Ein Schuldnerwechsel findet auch bei der befreienden Schuldübernahme statt. Nr. 1 p ist hierauf aber nach seinem Wortlaut nicht anwendbar. Der Schutzgedanke der Nr. 1 p kann jedoch durch die Mißbrauchskontrolle nach Art. 3 I zur Geltung gebracht werden.[1] Für die Abtretung von Forderungen des Gewerbetreibenden ist im deutschen Recht bereits nach dem Gesetz (§ 398 BGB) eine Zustimmung des Verbrauchers nicht erforderlich. Nr. 1 p ist deshalb gemäß Art. 1 II nicht anwendbar, wenn eine Klausel eine Forderungsabtretung ohne Zustimmung des Schuldners vorsieht. Die Abtretung des Vertrags, d. h. die Vertragsübernahme, knüpft an den Eintritt eines neuen Vertragspartners im Wege der rechtsgeschäftlichen Vereinbarung an. Eine gesetzliche Vertragsübernahme fällt nicht unter Nr. 1 p, auch nicht bei Übernahme einer Gesellschaft, ebensowenig ein Wechsel der Gesellschafter. Erfaßt wird nur eine Abtretung durch den Gewerbetreibenden, d. h. eine Auswechslung seiner Person, nicht dagegen des Verbrauchers. Es genügt, daß die **Möglichkeit** der Vertragsübernahme ohne Zustimmung des Verbrauchers eröffnet wird. Die Vertragsübernahme muß nicht tatsächlich vollzogen sein.

203 Mißbräuchlich ist die Vertragsübernahme **ohne Zustimmung des Verbrauchers**. Wenn der Verbraucher der Vertragsübernahme zustimmt, dann kann es so angesehen werden, als ob er den Vertrag mit dem neuen Vertragspartner abgeschlossen hätte und die damit verbundenen Risiken übernommen hätte. Der Verbraucher ist dann nicht schutzbedürftig. Die Zustimmung muß aber bewußt erfolgen und darf nicht erzwungen sein. Die Zustimmung darf insbesondere auch nicht Bestandteil einer nicht ausgehandelten Vertragsklausel sein, weil sonst der von Nr 1 p bezweckte Schutz unterlaufen werden könnte.[2] Sie darf auch nicht vorweg ohne Kenntnis der näheren Umstände oder blanko, insbesondere ohne Kenntnis der Person des Neueintretenden, abverlangt werden. Derartige Zustimmungsklauseln wären als nicht ausgehandelte Klauseln nach Art. 3 I mißbräuchlich und deshalb unverbindlich, so daß aufgrund dessen Nr. 1 p anzuwenden ist. Eine Zustimmung, die unter denselben Umständen wie der Neuabschluß eines Vertrags erteilt wird, kann dagegen als wirksam angesehen werden.

204 Der Eintritt eines neuen Vertragspartners ohne Zustimmung des Verbrauchers muß möglicherweise eine **Verringerung der Sicherheiten** des Verbrauchers zur Folge haben. Mit Sicherheit sind nicht Kreditsicherheiten gemeint, die im Regelfall ohnehin nicht bestellt sind. Unter Sicherheiten sind vielmehr die Umstände zu verstehen, aufgrund derer sich der Verbraucher darauf verlassen kann, daß der Vertrag ordnungsgemäß erfüllt wird. Dies kommt in der englischen Fassung (guarantees) und der französischen Fassung (garanties) deutlicher zum Ausdruck. Solche Sicherheiten betreffen insbesondere die Leistungsfähigkeit, aber auch die Zahlungsfähigkeit für den Fall, daß Schadensersatzansprüche oder Rückzahlungsansprüche entstehen. Die Sicherheiten werden z. B. verringert, wenn der neue Vertragspartner nicht dieselbe Größe oder Marktstellung hat und dadurch seine Lieferfähigkeit gefährdet erscheint oder wenn er nicht dieselbe Geschäftserfahrung, dasselbe Renommée oder dieselbe Kreditwürdigkeit aufweist. Die Verringerung der Sicherheit muß für den Verbraucher nachteilig sein. Es genügt aber die **Möglichkeit** einer Verringerung der Sicherheiten. Sie muß nicht real eintreten, aber aufgrund objektiver Umstände als einigermaßen wahrscheinlich und konkret, nicht aber nur theoretisch und abstrakt zu erwarten sein. Wenn bestehende, auf vernünftigen Erwägungen beruhende Zweifel nicht ausgeschlossen werden können, ist jedoch von

---

[1] Für analoge Anwendung von Nr. 1 g *Pfeiffer,* in: GH II/*Wolf* EG-VbR A 05, Anh. Nr. 1 p Rz 2.

[2] Ebenso *Pfeiffer,* in: GH II/*Wolf* EG-VbR A 05, Anh. 1 p Rz 3.

einer möglicherweise eintretenden Verringerung der Sicherheiten auszugehen. Eine Verringerung der Sicherheiten würde grundsätzlich nicht eintreten, wenn der neue Vertragspartner nicht an Stelle des alten, sondern neben diesem eintreten würde. Auch eine Ausfallhaftung oder eine Erfüllungsbürgschaft des bisherigen Vertragspartners könnte eine Verringerung der Sicherheiten vermeiden.

2. Auswirkungen auf das deutsche Recht

Soweit eine Vertragsübernahme in **AGB** oder nicht ausgeh. Indiv. (§ 310 III **205**
Nr. 2 BGB) vorgesehen ist, greift § 309 Nr. 10 BGB ein, der die Vertragsübernahme schon bei namentlicher Bezeichnung des Eintretenden oder bei Einräumung eines Rücktrittsrechts zuläßt. Nr. 1p stellt demgegenüber strengere Voraussetzungen auf (s. auch Rz 203). § 309 Nr. 10 BGB gilt auch nur für Kauf-, Dienst- oder Werkverträge, währende Nr. 1p für alle Verträge gilt. Diese Unterschiede verlieren insofern an Bedeutung, als für Vertragstypen, die in § 309 Nr. 10 BGB nicht aufgeführt sind, eine Inhaltskontrolle nach § 307 BGB in Betracht kommt und deshalb auch unter der Herrschaft der §§ 307–309 BGB die Vertragsübernahme bei allen Vertragstypen einer Inhaltskontrolle unterzogen werden kann. Eine Übereinstimmung zwischen Nr. 1p und § 309 Nr. 10 bzw. § 307 BGB läßt sich auch herstellen, wenn die namentliche Bezeichnung des Dritten als Zustimmung des Verbrauchers zum Vertragseintritt des Dritten in Sinne von Nr. 1p gedeutet werden kann. Jedoch ist dies nicht bei jeder namentlichen Bezeichnung des Neueintretenden gewährleistet (s. auch Rz 203). § 309 Nr. 10 BGB bleibt damit hinter den Anforderungen von Nr. 1p zurück, sollte aber richtlinienkonform dahin ausgelegt werden, daß die namentliche Bezeichnung des Eintretenden so deutlich und konkret sein muß, daß sie als bewußte und ausgehandelte Zustimmung verstanden werden kann. Ein Unterschied bleibt insofern, als § 309 Nr. 10b BGB die Einräumung eines Rücktrittsrechts für die Wirksamkeit einer Vertragsübernahmeklausel genügen läßt, der Verbraucher damit aber u. U. ohne Vertrag dasteht. Jedoch ist trotz § 309 Nr. 10b BGB immer noch nach § 307 BGB zu überprüfen, ob die Einräumung des Rücktrittsrechts den Nachteil für den Verbraucher beseitigt. Daran anknüpfend läßt sich eine Harmonisierung von Nr. 1p und § 309 Nr. 10 BGB dadurch erreichen, daß die Einräumung eines Rücktrittsrechts nach § 307 BGB dann als unzureichend und damit als unwirksam angesehen wird, wenn dadurch dem Sicherheitsbedürfnis nicht Rechnung getragen ist.[1] Ist dagegen dem Sicherheitsbedürfnis des Verbrauchers durch Ausübung des Rücktrittsrechts genügt, weil er sich einen neuen Vertragspartner aussuchen und eine gleichwertige Leistung jederzeit am Markt erhalten kann, so ist damit auch das Anliegen von Nr. 1p erfüllt.

Die Zustimmung kann grundsätzlich wie in § 309 Nr. 10 BGB im voraus erteilt **206–210**
werden. Gegen eine Blankozustimmung (s. Rz 203) bestehen jedoch Bedenken. Die Einräumung eines Rücktrittsrechts kann den Verbraucher möglicherweise vor den nachteiligen Folgen eines Vertragspartnerwechsels befreien. Dies gilt jedoch nicht, wenn der Verbraucher auf den Vertrag angewiesen ist oder wenn, z. B. wegen Veränderung der Marktlage, der neue Vertrag nachteiliger ist als der ursprüngliche. Vor solchen Nachteilen muß der Verbraucher geschützt werden. Die Wertungen von Nr. 1p sind deshalb im Wege richtlinienkonformer Auslegung von § 310 III mit § 307 BGB[2] zu berücksichtigen.

*

---

[1] S. auch *Kretschmar*, aaO, bei Art. 1, S. 247.

[2] S. Art. 3 Rz 20.

1. Klauseln, die darauf abzielen oder zur Folge haben, daß

q) [Behinderung des Rechtswegs]
dem Verbraucher die Möglichkeit, Rechtsbehelfe bei Gericht einzulegen oder sonstige Beschwerdemittel zu ergreifen, genommen oder erschwert wird, und zwar insbesondere dadurch, daß er ausschließlich auf ein nicht unter die rechtlichen Bestimmungen fallendes Schiedsgerichtsverfahren verwiesen wird, die ihm zur Verfügung stehenden Beweismittel ungebührlich eingeschränkt werden oder ihm die Beweislast auferlegt wird, die nach dem geltenden Recht einer anderen Vertragspartei obläge.

1. Inhalt des Klauselverbots

211 **Zweck** des Klauselverbots ist, dem Verbraucher den möglichst ungehinderten Zugang des Rechtswegs zu erhalten und die Durchsetzung seiner Rechte im Prozeß, etwa durch Verschlechterung seiner Beweislage, nicht zu behindern. Nr. 1 q fußt dabei auf der Erkenntnis, daß materielle Rechte nur insoweit vollwertig sind, als sie Gerichtsschutz genießen und prozessual durchsetzbar sind. Dem Verbraucher soll aber nicht irgendeine prozessuale Durchsetzbarkeit zur Verfügung gestellt werden, sondern die prozessuale Verwirklichung seiner Rechte in der vom Gesetz gewollten ausgewogenen Form soll ihm grundsätzlich erhalten bleiben. Die Bestimmung enthält neben dem allgemeinen Verbot der Erschwerung der Rechtsverfolgung noch einzelne Beispiele einer unzulässigen Rechtsschutzerschwerung. Diese Beispiele sind nicht abschließend, sondern lassen Raum für die Unwirksamkeit anderer rechtsschutzbehindernder Klauselgestaltungen. Die aufgeführten Beispiele begründen aber eine grundsätzlich unwiderlegbare Vermutung für das Vorliegen einer unangemessenen Rechtsschutzerschwerung.[1] Nr. 1 q enthält einen absoluten Schutz zugunsten des Verbrauchers, der unabhängig davon eingreift, ob der Gewerbetreibende seinerseits für seine Ansprüche den Rechtsweg einschränkt oder Beweisnachteile auf sich nimmt.

212 **a) Allgemeiner Grundsatz.** Das Verbot der Nr. 1 q will verhindern, daß dem Verbraucher die Möglichkeit, **Rechtsbehelfe bei Gericht** einzulegen oder sonstige Beschwerdemittel zu ergreifen, genommen oder erschwert wird. Als Rechtsbehelfe, die erhalten bleiben müssen, sind in autonomer Auslegung[2] alle Formen des Zugangs zu Gericht im jeweiligen Mitgliedstaat anzusehen, gleichgültig ob es sich um die erste Instanz oder um Rechtsmittel in höherer Instanz handelt, gleichgültig auch, ob es sich in erster Instanz um eine Klage oder einen sonstigen Antrag, wie z. B. einen Antrag auf Mahnbescheid, auf Arrest oder auf einstweilige Verfügung handelt. Auch der Urkundenprozeß (§§ 592 ff ZPO) oder das Beweissicherungsverfahren der §§ 485 ff ZPO fallen unter den Schutz.[3] Da die Rechtsbehelfe grundsätzlich alle bei Gericht möglichen Rechtsschutzanträge umfassen, zählen zu den **sonstigen Beschwerdemitteln** alle Rechtsschutzanträge, die nach den jeweiligen Vorschriften der Mitgliedstaaten bei anderen Institutionen als bei Gerichten anzubringen sind, insbesondere bei Behörden.[4] Es muß sich aber jeweils um gesetzlich eingerichtete und geregelte Rechtsschutzverfahren handeln. Nicht unter die Zugangsgewährleistung von Nr. 1 q fallen freiwillige Verfahren vor privaten Institutionen, wie z. B. Verbraucherschutzverbände. Dies ergibt sich auch daraus,

[1] S. *Pfeiffer,* in: GH II/*Wolf* EG-VbR A 05, Anh. Nr. 1 q Rz 1.
[2] Art. 1 Rz 18.
[3] *Pfeiffer,* in: GH II/*Wolf* EG-VbR A 05, Anh. Nr. 1 q Rz 4.
[4] Ebenso *Pfeiffer,* in: GH II/*Wolf* EG-VbR A 05, Anh. Nr. 1 q Rz 4.

daß ein nicht unter die rechtlichen Bestimmungen fallendes Schiedsgerichtsverfahren in Nr. 1 q nicht als ausreichender Schutz anerkannt wird. Ein solches Verfahren steht dann auch seinerseits nicht unter dem Schutz der Nr. 1 q. Möglich ist aber, Klauseln nach Art. 3 I zu überprüfen, wenn sie den Zugang zu privaten Institutionen untersagen wollen und daran kein erkennbar schützenswertes Interesse besteht.

Die Rechtsbehelfe bei Gericht oder die sonstigen Beschwerdemittel dürfen nicht **213**
genommen oder erschwert werden. Weggenommen sind die Rechtsbehelfe oder sonstigen Rechtsmittel, wenn sie vollkommen ausgeschlossen werden. Das **Ausschlußverbot** bezieht sich nicht nur auf die Gesamtheit aller Rechtsbehelfe oder Beschwerdemittel, so daß der Verbraucher keinerlei Rechtsschutzmöglichkeiten mehr hat. Es gilt vielmehr auch insofern, als auch einzelne Rechtsbehelfe oder Beschwerdemittel nicht völlig ausgeschlossen werden dürfen, selbst wenn andere bestehen bleiben, denn der Gesetzgeber hat die jeweils unterschiedlichen Verfahren für verschiedene Bedürfnisse und Interessen zur Verfügung gestellt, deren Schutz jeweils gewährleistet bleiben soll. Eine unzulässige **Erschwerung** ist dann anzunehmen, wenn dem Verbraucher über die gesetzlichen Bestimmungen hinaus zusätzliche spürbare Belastungen auferlegt werden, die einen durchschnittlichen Bürger vernünftigerweise von dem Gebrauch eines Rechts- oder Beschwerdemittels abhalten können. Eine Erschwerung wäre etwa das Verlangen einer im Gesetz nicht vorgesehenen Sicherheitsleistung oder die Auferlegung gesetzlich nicht vorgesehener Prozeßkosten oder das Verlangen der Einschaltung eines gesetzlich nicht vorgeschriebenen Anwalts oder das Erfordernis der Zustimmung des Gewerbetreibenden oder eines Dritten für die Einlegung des Rechtsbehelfs, ebenso die Einhaltung umständlicher im Gesetz nicht vorgesehener Formalien oder eines unzumutbaren zeitaufwendigen oder kostspieligen privaten Vorverfahrens oder die Verkürzung der gesetzlichen Fristen, worunter sowohl prozessuale Fristen wie auch materiellrechtliche Fristen, insbesondere etwa Ausschlußfristen fallen können.[1] Eine Erschwerung kann aber auch in einer Gerichtsstandsvereinbarung gesehen werden, die dem Verbraucher entgegen der gesetzlichen Zuständigkeit erhebliche Entfernungen oder zusätzliche Kosten zumutet.[2] Art. 3 I ist auch auf die gemäß Art. 23 EuGVVO vereinbarte Zuständigkeit anzuwenden, so daß Nr. 1 q als Konkretisierung von Art. 3 I auch auf Vereinbarungen gemäß Art. 23 EuGVVO anwendbar ist, soweit solche Gerichtsstandsklauseln mit den Wertungen der Art. 15 ff EuGVVO nicht vereinbar sind.[3] Rechtswahlklauseln fallen aber grundsätzlich nicht unter Nr. 1 q,[4] wohl aber können sie nach Art. 3 kontrolliert werden.[5]

b) Als einzelne, nicht abschließend gemeinte **Beispiele** für die Wegnahme oder **214**
Erschwerung nennt Nr. 1 q ausdrücklich die ausschließliche **Beschränkung auf ein nicht unter die rechtlichen Bestimmungen fallendes Schiedsgerichtsverfahren**. Gesetzlich zugelassene Schiedsgerichtsverfahren dürfen danach vereinbart werden, was sich aber, soweit es sich um sog. Erlaubnisnormen[6] handelt, nicht bereits aus Art. 1 II, sondern aus Nr. 1 q ergibt. Das Schiedsgerichtsverfahren fällt nicht unter die gesetzlichen Bestimmungen, soweit es nach Form, Art und Verfahren vom Gesetz abweicht oder nicht nach den kollisionsrechtlichen Normen gemäß

---

[1] S. auch *Pfeiffer,* in: GH II/*Wolf* EG-VbR A 05, Anh. Nr. 1 q Rz 5, 24.

[2] Ebenso EuGH Slg. 2000, I-4941 Océano Grupo Editorial und Salvat Editores; *Pfeiffer,* in: GH II/*Wolf* EG-VbR A 05, Anh. Nr. 1 q Rz 14.

[3] S. *Pfeiffer,* in: GH II/*Wolf* EG-VbR A 05, Anh. Nr. 1 q Rz 15 f.

[4] Insoweit a. A. *Pfeiffer,* in: GH II/*Wolf* EG-VbR A 05, Anh. Nr. 1 q Rz 18 ff.

[5] Gegen jede Kontrolle *Martiny* ZEuP 1995, 107, 117.

[6] S. § 307 Rz 338 ff.

der lex causae unter Beachtung von Art. 6 II zulässig ist.[1] Kleinere Änderungen, die keine unzumutbare Erschwerung zur Folge haben, schaden nicht. Als unter die rechtlichen Bestimmungen fallende Schiedsgerichtsverfahren sind die im jeweiligen Mitgliedstaat vorgesehenen Verfahren anzusehen, deren Rechtsordnung aufgrund Gesetzes oder aufgrund zulässiger Rechtswahl zur Anwendung kommt. In Deutschland ist dies das Schiedsgerichtsverfahren gemäß §§ 1025 ff ZPO. Das Schiedsgericht muß aber auch an die materiellrechtlichen Normen gebunden sein und darf nicht zur Entscheidung nach billigem Ermessen befugt sein.[2] Das nicht mit dem Gesetz übereinstimmende Schiedsgerichtsverfahren muß als ausschließlich in dem Sinn gewollt sein, daß der Rechtsweg zum Gericht oder zum sonstigen gesetzlichen Beschwerdeverfahren unzulässig sein sollen. Werden solche außergesetzlichen Schiedsgerichtsverfahren, wie z. B. verbands- oder unternehmensinterne Schlichtungs- oder Güteverfahren, nicht als ausschließlich, sondern als Vorschaltverfahren vorgesehen, so sind sie dann zulässig, wenn sie den Zugang zu den Rechts- oder Beschwerdeverfahren nicht unzumutbar erschweren (s. Rz 213). Andere als Schiedsgerichtsverfahren, wie z. B. Schiedsgutachtenverfahren, sind als ausschließliche Verfahren auch dann ausgeschlossen, wenn sie an sich rechtlich zulässig sind, weil sie den rechtsstaatlichen Gerichtsschutz, der dem Verbraucher gewährleistet werden soll, nicht gewähren. Ein unter die rechtlichen Bestimmungen fallendes Schiedsgerichtsverfahren kann aber nach Nr. 1 q als ausschließlich vorgesehen werden. Ihm kann auch die Kompetenz-Kompetenz zugewiesen werden, d. h. die Befugnis mit bindender Wirkung über seine eigene Zuständigkeit zu entscheiden.[3] Da für das deutsche Schiedsgerichtsverfahren die Aufhebungsgründe nach § 1059 ZPO vorgesehen sind, dürfen diese nach Nr. 1 q auch nicht ausgeschlossen werden, weil es sich sonst nicht mehr um ein unter die rechtlichen Bestimmungen fallendes Schiedsgerichtsverfahren handelt. Ebenso ist die Form des § 1031 ZPO einzuhalten.[4] Auch bleibt die Befugnis zur Kontrolle gemäß Nr. 1 q dem staatlichen Gericht vorbehalten.[5]

215 Als unzulässige Beschränkung des Rechtsschutzes nennt Nr. 1 q beispielhaft auch die **ungebührliche Einschränkung** der dem Verbraucher zur Verfügung stehenden **Beweismittel**. Als Beweismittel kommen die in den einzelnen Verfahrensordnungen gesetzlich zugelassenen Beweismittel in Betracht, die dem Verbraucher generell zur Verfügung stehen. Es genügt, daß die Möglichkeit zur Benutzung dieser Beweismittel eingeschränkt wird. Die Beweismittel müssen nicht aktuell benutzt werden wollen. Einschränkung ist jede Minderung der Gebrauchsmöglichkeit. Die Einschränkung muß aber ungebührlich sein. Dies ist sie, wenn sie den Verbraucher in der prozessualen Durchsetzung seiner Rechte so wesentlich behindert, daß er seine Rechte entweder gar nicht, nur teilweise oder nur mit unzumutbarem Aufwand zur Geltung bringen kann. Eine ungebührliche Einschränkung liegt etwa vor, wenn einzelne Beweismittel, z. B. Zeugen, gar nicht zugelassen werden oder wenn Beweismittel nur mit Zustimmung des Gewerbetreibenden oder eines Dritten eingeführt werden können oder wenn sie über die gerichtlich angeforderten Gebühren hinaus von zusätzlichen Zahlungen abhängig gemacht werden.

216 Eine unzulässige Behinderung der prozessualen Rechtsdurchsetzung sieht Nr. 1 q als weiteres Beispiel auch in der **Umverteilung der Beweislast zum Nachteil des Verbrauchers**. Entscheidend ist, ob die nach dem Recht der jeweili-

---

1 *Pfeiffer*, in: GH II/*Wolf* EG-VbR A 05, Anh. Nr. 1 q Rz 9.
2 *Pfeiffer*, in: GH II/*Wolf* EG-VbR A 05, Anh. Nr. 1 q Rz 12.
3 S. auch OLG Düsseldorf NJW-RR 1997, 372, 374.
4 *Graf von Westphalen*, AGB, Schiedsgerichtsklauseln Rz 3.
5 *Pfeiffer*, in: GH II/*Wolf* EG-VbR A 05, Anh. Nr. 1 q Rz 10.

gen lex causae eines Mitgliedstaates oder Drittstaates vorgesehene Beweislastverteilung für den Verbraucher in einem Punkt oder insgesamt nachteilig verändert wird. Eine nachteilige Beweislaständerung liegt nicht nur vor, wenn eine den Verbraucher nach dem Gesetz nicht treffende Beweislast ihm vollkommen auferlegt wird, sondern auch, wenn eine ihn im Grundsatz bereits treffende Beweislast in der Weise nachteilig verändert wird, daß sie ihn durch eine Veränderung des Beweismaßes schwerer belastet, d. h. ihn bei anspruchsbegründenden Tatsachen länger trifft und bei Einwendungstatsachen den Gegner früher entlastet. Vorbild für dieses Klauselverbot scheint das Klauselverbot in § 309 Nr. 12 BGB gewesen zu sein, so daß es nahe liegt, im Grundsatz auf die Auslegung zu § 309 Nr. 12 BGB zu verweisen, wobei aber der autonomen Auslegung[1] selbstverständlich weiterhin der Vorrang gebührt.

2. Auswirkungen auf das deutsche Recht

Für **AGB**-Klauseln und in ausgeh. Indiv. (§ 310 III Nr. 2 BGB) kennt § 309 Nr. 12 BGB nur ein auf die Beweislastveränderung bezogenes speziell prozeßrechtliches Klauselverbot, das sich im wesentlichen mit dem entsprechenden Teilinhalt von Nr. 1 q deckt. Daneben will § 309 Nr. 5 b BGB die Beweismöglichkeit im Sonderfall der Schadenspauschalierung erhalten wissen. Ein ausdrückliches, umfassend die prozessuale Rechtsdurchsetzung sicherndes Klauselverbot kennt das deutsche Recht in §§ 308, 309 BGB dagegen nicht. Die Erschwerung des Rechtswegzugangs ist jedoch grundsätzlich nach § 307 BGB unwirksam.[2] Nr. 1 q bringt insoweit im Wege richtlinienkonformer Auslegung von § 307 BGB eine Bestätigung und Konkretisierung dieser Auffassung. Dies gilt neben dem Ausschluß des Rechtswegs.[3] auch für Gerichtsstandsvereinbarungen,[4] für Klagefristen, für Prozeßkostenklauseln[5] sowie für Schiedsgerichts- und Schiedsgutachtenklauseln.[6] Beweisbeschränkungsklauseln, die gemäß Nr. 1 q die zulässigen Beweismittel ungebührlich einschränken, fallen grundsätzlich bereits unter § 309 Nr. 12 BGB, sind jedoch darüber hinaus nach § 307 BGB zu überprüfen, wofür Nr. 1 q wiederum zur Bestätigung und Konkretisierung dienen kann. **217**

Für Gerichtsstandsklauseln enthalt §§ 38, 40 II ZPO spezielle Regelungen, die auch für Individualvereinbarungen gelten. Ebenso sieht § 1025 II ZPO einen auch für Individualklauseln geltenden Schutz gegen belastende Schiedsgerichtsvereinbarungen vor. § 1030 II ZPO schließt zum Schutz des Wohnungsmieters Schiedsgerichtsvereinbarungen von einzelnen Ausnahmen abgesehen grundsätzlich aus. Es besteht kein Grund, den Schutz gegenüber rechtsschutzbeschränkenden Vereinbarungen punktuell auf die speziellen gesetzlichen Regelungen zu beschränken. Vielmehr sind gerade auch im Hinblick auf die rechtsstaatlichen Rechtsschutzgarantien[7] die Wertungen von Nr. 1 q im Wege richtlinienkonformer Auslegung gemäß § 310 III Nr. 2 mit § 307 BGB[8] auch im deutschen Recht zur Geltung zu bringen. **218–230**

---

1 S. Art. 1 Rz 18.
2 Auch § 310 Rz P 32.
3 Auch § 310 Rz P 32.
4 Auch § 310 Rz G 141 ff.
5 Auch § 310 Rz P 33 ff.
6 Auch § 310 Rz S 1 ff, S 2 f.
7 So auch *Frey* ZIP 1993, 572, 576; *Hommelhoff/Wiedemann* ZIP 1993, 562, 566; *Heinrichs* NJW 1993, 1817, 1818; *von Westphalen* EWS 1993, 161, 162; vorsichtiger *Ulmer* EuZW 1993, 337, 343; *Micklitz* ZEuP 1993, 522, 533; *Damm* JZ 1994, 161, 163; *Pfeiffer*, in: GH II/*Wolf* EG-VbR A 05, Art. 3 Rz 4; a. A. *Brandner* ZIP 1992, 1590; *Eckert* WM 1993, 1070, 1072, der Art. 3 II anscheinend als abschließende Ausfüllung des Kriteriums in Art. 3 I ansieht.
8 S. Art. 3 Rz 20.

Der Rechtsweg darf deshalb in Zukunft in AGB und nicht ausgehandelten Individualvereinbarungen nicht mehr ausgeschlossen oder wesentlich erschwert werden. Ebenso sind unter den gleichen Voraussetzungen ungebührliche Beweismittelbeschränkungen und Veränderungen der Beweislast im Sinne von Nr. 1 q grundsätzlich nicht mehr zulässig.

*

Vorbemerkung zu Nr. 2

Schrifttum: *Henkel*, Inhaltskontrolle von Finanzprodukten nach der Richtlinie 93/13/EWG des Rates über mißbräuchliche Klauseln in Verbraucherverträgen, 2004.

231 Nr. 2 a–d bringen eine **Einschränkung des Anwendungsbereichs** der Klauselverbote in Nr. 1 g, j und l. Die Nr. 2 enthält danach keine neuen Klauselverbote, sondern erklärt statt dessen in einzelnen Geschäftsbereichen, insbesondere bei Finanz- und Wertpapiergeschäften, Klauseln für zulässig, die generell für andere Geschäfte als mißbräuchlich erachtet werden. Nr. 2 hat erheblich an Bedeutung verloren, nachdem die Klauselverbote der Nr. 1 entgegen ursprünglicher Entwürfe nicht mehr zwingend sind, sondern gemäß Art. 3 III ihre Übernahme dem Ermessen der Mitgliedstaaten überlassen bleibt. Der Anwendungsbereich der Klauselverbote in Nr. 1 kann deshalb grundsätzlich auch über die Ausnahmen der Nr. 2 hinaus eingeschränkt werden. Dies gilt sowohl für die in Nr. 2 genannten Geschäftsbereiche, als auch für die Einschränkung weiterer als in Nr. 2 genannter Klauselverbote. Die Mitgliedstaaten sind andrerseits grundsätzlich auch nicht gehalten, die Ausnahmen der Nr. 2 zu übernehmen. Sie können die Klauselverbote der Nr. 1 vielmehr ausnahmslos zur Anwendung bringen.

232–235 Die Einschränkung des Anwendungsbereichs durch Nr. 2 bezieht sich nur auf die Klauselverbote in Nr. 1. Dagegen enthält Nr. 2 **keine Befreiung von der Generalklausel des Art. 3 I**. Diese gilt vielmehr auch für die in Nr. 2 genannten Geschäftsbereiche. Eine Klausel, die aufgrund einer der in Nr. 2 genannten Ausnahmen nicht unter das Klauselverbot der Nr. 1 g, j, und l fällt, kann deshalb immer noch nach Art. 3 I mißbräuchlich sein, wobei jedoch die Ausnahmegründe der Nr. 2 bei der Anwendung von Art. 3 I zu berücksichtigen sind, damit die Ausnahmegründe der Nr. 2 nicht durch Art. 3 I wieder ausgeschaltet werden. Soweit jedoch nicht gegen den Sinn und Zweck der Ausnahmegründe der Nr. 2 verstoßen wird, kann Art. 3 I voll zur Anwendung kommen.

2. Tragweite der Buchstaben g), j) und l)

a) [Kündigung bei Finanzdienstleistungen]
Buchstabe g) steht Klauseln nicht entgegen, durch die sich der Erbringer von Finanzdienstleistungen das Recht vorbehält, einen unbefristeten Vertrag einseitig und bei Vorliegen eines triftigen Grundes fristlos zu kündigen, sofern der Gewerbetreibende die Pflicht hat, die andere Vertragspartei oder die anderen Vertragsparteien alsbald davon zu unterrichten.

1. Ausnahmebereich

236 Nr. 2 a **bezweckt**, den Anwendungsbereich von Nr. 1 g einzuschränken, indem bei Verträgen über die Erbringung von Finanzdienstleistungen die fristlose Kündigung bei Vorliegen eines triftigen Grundes erlaubt wird. Der Ausnahme kommt insoweit nur geringe Bedeutung zu, weil bereits Nr. 1 g die fristlose Kündigung bei Vorliegen schwerwiegender Gründe zuläßt. Ein Unterschied ergibt sich aber inso-

fern, als sich Nr. 2 a mit triftigen Gründen begnügt, während Nr. 1 g schwerwiegende Gründe verlangt. Diese Erleichterung der Kündigungsmöglichkeit rechtfertigt sich durch die Überlegung, daß Verträge über Finanzdienstleistungen grundsätzlich ein hohes Maß an gegenseitigem persönlichen Vertrauen voraussetzen, bei dessen Störung eine Lösung vom Vertrag unter erleichterten Bedingungen möglich sein soll. Soweit es die massenhafte Abwicklung von Zahlungsvorgängen etwa im Überweisungs-, Lastschrift- und Scheckverkehr betrifft, soll eine erleichterte Lösung zusätzlich noch aus Gründen einer typisierten und damit vereinfachten Abwicklung dieser Massenverträge gestattet werden.[1] Nr. 2 a enthält darüber hinaus aber noch den Verzicht auf das Erfordernis des Zugangs (s. Rz 239), verlangt dann aber, daß der Gewerbetreibende die Pflicht zur alsbaldigen Unterrichtung der gekündigten Vertragspartei übernimmt. S. zur Bedeutung von Nr. 2 a auch vor Nr. 2 a, Rz 231.

Die Ausnahme erstreckt sich auf die Erbringung von **Finanzdienstleistungen**. 237
Der Begriff der Finanzdienstleistungen ist europäisch autonom auszulegen. Dabei liegt es nahe, zu den Finanzdienstleistungen die Aufgaben zu zählen, die den Finanzinstituten einschließlich der Kreditinstitute zugewiesen sind. Die Aufgaben dieser Institute werden einheitlich für die Gemeinschaft durch Art. 1 der I. BankrechtsRL[2] und durch Art. 1 Nr. 6 der II. BankrechtsRL mit Anh.[3] umschrieben. Die Aufzählung in § 1 I und I a KWG stimmt damit im wesentlichen überein. Danach gehören zu den Finanzdienstleistungen zunächst die Leistungen, die die Gewährung und Überlassung von Geld oder die Abwicklung von Geldzahlungen in in- oder ausländischer Währung oder eine Beratung hierfür zum Gegenstand haben. Dies umfaßt als den Kreditinstituten zugewiesene Tätigkeiten insbesondere die Entgegennahme und Verwaltung von Geldeinlagen und anderen rückzahlbaren Geldern, die Abwicklung des Zahlungsverkehrs sowie die Gewährleistung von Krediten. Zu den Aufgaben der Finanzinstitute und damit zu den Finanzdienstleistungen können darüber hinaus gerechnet werden die Ausgabe und Verwaltung von Zahlungsmitteln wie Kreditkarten, Reiseschecks und Bankschecks, der Handel mit ausländischen Zahlungsmitteln (sog. Sortengeschäft), Geldmaklergeschäfte, der Erwerb von Geldforderungen, der Handel mit Geldmarktinstrumenten wie Wechsel, Schecks und Depositenzertifikate, die Übernahme von Bürgschaften und anderer Verbindlichkeiten wie Garantien und Akkreditive, die Durchführung des Finanzleasing. Zu den Finanzdienstleistungen zählen danach aber auch Kapitalmarktgeschäfte wie insbesondere der Handel mit Wertpapieren und sonstige Wertpapiergeschäfte einschließlich des Handels mit Terminkontrakten, mit Optionen sowie mit Wechselkurs- und Zinsinstrumenten und anderen Derivaten, der Erwerb von Beteiligungen, die Teilnahme und die Durchführung von Wertpapieremissionen, insbesondere von Aktien und Anleihen, die Verwaltung und Aufbewahrung von Wertpapieren (Depotgeschäft), Portfolioverwaltung und -beratung, sonstige Vermögensverwaltung einschließlich der Geschäfte der Investmentfonds, die Anlagenberatung einschließlich der Beratung bei Übernahme und Zusammenschlüssen von Unternehmen. Die Finanzdienstleistungen in Nr. 2 a müssen Gegenstand eines unbefristeten Vertrags sein, was grundsätzlich ein Dauerschuldverhältnis voraussetzt. Nr. 2 a gilt aber nicht für Finanzdienstleistungen als solche, sondern nur für die **Erbringer** von Finanzdienstleistungen, d. h. von Personen und Instituten, die Finanzdienstleistungen als Gewerbetreibende erbringen. Dazu gehören neben Banken (Universal- und Spezialbanken) und Sparkassen samt Bausparkassen des weiteren Investmentgesellschaften, Versicherungsgesellschaften, Leasingunternehmen, Kreditkartenun-

[1] S. auch *Pfeiffer,* in: GH II/*Wolf* EG-VbR A 05, Anh. Nr. 2a Rz 2.

[2] 77/780/EWG, EG Abl. Nr. 2 L 322 vom 12. 12. 1977, S. 30 ff.

[3] 89/646/EWG, EG Abl. Nr. 2 L 386 vom 15. 12. 1989, S. 1 ff.

ternehmen, Inkassobüros, Kreditmakler, Versicherungs- und Börsen-, Wertpapier- und Finanzmakler, Geldwechsler, Finanz-, Vermögens- und Unternehmensberater, um nur die gebräuchlichsten Formen beispielhaft zu nennen. Nr. 2 a bezieht sich entgegen dem Wortlaut nicht auf alle Verträge eines Erbringers von Finanzdienstleistungen schlechthin, sondern gemäß dem Sinn und Zweck der Bestimmung nur auf die von ihm geschlossenen Verträge über Finanzdienstleistungen.[1]

238 Der Gewerbetreibende ist zur **fristlosen Kündigung** nur **bei Vorliegen eines triftigen Grundes** berechtigt. Der triftige Grund muß sowohl die fristlose Kündigung als auch den Verzicht auf den Zugang rechtfertigen (s. auch Rz 239). Ein triftiger Grund ist gegeben, wenn die Interessen des Erbringers der Finanzdienstleistung so gewichtig sind, daß sie die sofortige Vertragsbeendigung unter Berücksichtigung der Interessen des Verbrauchers rechtfertigen. Der triftige Grund stellt an die fristlose Kündigung etwas geringere Anforderungen als der schwerwiegende Grund in Nr. 1 g.[2] Der Unterschied dürfte sich aber nur in wenigen Fallgestaltungen auswirken. Auch dies schränkt die Bedeutung von Nr. 2 a erheblich ein. Die Kündigung mit angemessener Frist gemäß Nr. 1 g bleibt auch ohne triftigen Grund möglich. Auch kann dem Verbraucher ohne Beschränkung durch Nr. 2 a ein fristloses Kündigungsrecht eingeräumt werden.

239 Nr. 2 a läßt ein Recht zur **einseitigen Kündigung** zu.[3] Nach deutschem Verständnis könnte dies als einseitige Kündigungserklärung gedeutet werden, was aber ohnehin selbstverständlich ist. Unter Berücksichtigung der englischen Fassung („terminate unilaterally ... without notice") und der französischen Fassung („mettre fin au contrat ... unilatéralement, et ce, sans préavis en cas de raison valable") ergibt sich, daß die deutsche Übersetzung unvollständig ist, weil die Worte ohne Benachrichtigung („without notice, sans préavis") weggelassen worden sind. Bei der gebotenen autonomen Auslegung ist die Berechtigung zur einseitigen Kündigung dahin zu verstehen, daß die Kündigung des Gewerbetreibenden ohne Benachrichtigung des Verbrauchers und damit unter Verzicht auf das Erfordernis des Zugangs gemäß § 130 BGB wirksam sein soll. Der Kündigung sind sonstige vergleichbare einseitige Lösungsrechte des Finanzdienstleisters gleichzustellen, wie etwa ein Rücktrittsrecht oder ein als auflösende, reine Wollensbedingung ausgestattetes Lösungsrecht.[4] Unklar ist, ob sich der triftige Grund nur auf die fristlose Kündigung bezieht, wie es die deutsche Übersetzung nahelegt, oder nur auf die Kündigung ohne vorherige Nachricht, wie der französische Text verstanden werden könnte, oder auf beide Berechtigungen, was die englische Fassung zu erkennen gibt. Da eine fristlose Kündigung ohne triftigen Grund einen erheblichen Eingriff in den Vertrauensschutz des Verbrauchers mit sich bringen würde und der Gewerbetreibende kein berechtigtes Interesse zur Kündigung ohne triftigen Grund hat, ist davon auszugehen, daß der triftige Grund auf jeden Fall in Beziehung auf die fristlose Kündigung bestehen muß. Ist ein solcher Grund gegeben, so muß ein weiterer triftiger Grund gerade bezüglich des Verzichts auf die Benachrichtigung bestehen.[5] Der triftige Grund zur fristlosen Kündigung rechtfertigt nicht ohne weiteres auch den Verzicht auf den Zugang und umgekehrt. Ein triftiger Grund hinsichtlich des Verzichts auf den Zugang ist etwa gegeben, wenn bei Massenkündigungen ein einheitlicher Zeitpunkt für alle Kunden erreicht werden soll, was bei individuellem Zugang kaum möglich wäre (s. auch Nr. 2 b). An Stelle der Benachrichtigung spä-

---

[1] So zu Recht *Pfeiffer*, in: GH II/*Wolf* EG-VbR A 05, Anh. Nr. 1 q Rz 4.
[2] *Kretschmar*, aaO, bei Art. 1, S. 238.
[3] So auch *Pfeiffer*, in: GH II/*Wolf* EG-VbR A 05, Anh. Nr. 2 a Rz 11.
[4] S. auch *Pfeiffer*, in: GH II/*Wolf* EG-VbR A 05, Anh. Nr. 2 a Rz 6.
[5] So auch *Pfeiffer*, in: GH II/*Wolf* EG-VbR A 05, Anh. Nr. 2 a Rz 7.

testens im Zeitpunkt der Kündigung erlegt Nr. 2a dem Gewerbetreibenden aber die **Pflicht zur alsbaldigen Benachrichtigung** auf. Diese Pflicht muß sich entweder aus dem Gesetz oder unter Berücksichtigung des Transparenzgebots (vgl. Art. 5 I) hinreichend deutlich aus dem Vertrag ergeben. Inhaltlich ist der konkrete Vertrag und der Zeitpunkt seiner Beendigung anzugeben.[1] Die alsbaldige Benachrichtigung ist nach der englischen Fassung (immediately) und der französischen Fassung (immédiatement) im Sinne von sofort zu verstehen, so daß eine unverzügliche Benachrichtigung, sobald zumutbarerweise möglich, erfolgen muß.[2]

2. Auswirkungen auf das deutsche Recht

In **AGB** und in ausgeh. Indiv. (§ 310 III Nr. 2 BGB) kann eine fristlose Kündigung aus triftigem Grund zugelassen werden, wenn sie nicht wesentlich von den wichtigen Gründen abweicht.[3] Eine fristlose Kündigung, die wesentlich von einem wichtigen Grund abweicht, ist trotz Nr. 2a unwirksam. Dieser stärkere Verbraucherschutz ist nach Art. 8 möglich. 240

Das Zugangserfordernis kann in AGB grundsätzlich nicht ausgeschlossen oder wesentlich eingeschränkt werden.[4] Die Erleichterungen, die Nr. 2a vorsieht, sind deshalb nicht ohne weiteres mit § 307 BGB vereinbar. Jedoch sollte im Interesse der Harmonisierung ein Verzicht auf das Zugangserfordernis wie in anderen Mitgliedstaaten zugelassen werden, wenn dies durch besondere Gründe gerechtfertigt ist. Im Zusammenhang mit einem Verzicht auf Zugang muß auf jeden Fall dem Informationsbedürfnis des Verbrauchers bezüglich der Kündigung Rechnung getragen werden. Dafür genügt jedoch die alsbaldige Benachrichtigung (s. Rz 239). 241–250

*

2. Tragweite der Buchstaben g), j) und l)

b) [Zins- und Kostenänderung]

Buchstabe j) steht Klauseln nicht entgegen, durch die sich der Erbringer von Finanzdienstleistungen das Recht vorbehält, den von dem Verbraucher oder an den Verbraucher zu zahlenden Zinssatz oder die Höhe anderer Kosten für Finanzdienstleistungen in begründeten Fällen ohne Vorankündigung zu ändern, sofern der Gewerbetreibende die Pflicht hat, die andere Vertragspartei oder die anderen Vertragsparteien unverzüglich davon zu unterrichten, und es dieser oder diesen freisteht, den Vertrag alsbald zu kündigen.

Buchstabe j) steht ferner Klauseln nicht entgegen, durch die sich der Gewerbetreibende das Recht vorbehält, einseitig die Bedingungen eines unbefristeten Vertrags zu ändern, sofern es ihm obliegt, den Verbraucher hiervon rechtzeitig in Kenntnis zu setzen, und es diesem freisteht, den Vertrag zu kündigen.

1. Ausnahmebereich

Nr. 2b dient dem **Zweck**, den Anwendungsbereich von Nr. 1j für Erbringer von Finanzdienstleistungen einerseits und für unbefristete Verträge andrerseits ein- 251

---

[1] S. *Pfeiffer,* in: GH II/*Wolf* EG-VbR A 05, Anh. Nr. 2a Rz 13.
[2] Etwas weiter *Pfeiffer,* in: GH II/*Wolf* EG-VbR A 05, Anh. Nr. 2a Rz 14.
[3] S. § 310 Rz D 31.
[4] S. auch § 308 Nr. 6 Rz 10, 23ff.

zuschränken. Der Anwendungsbereich von Nr. 1l wird durch Nr. 2 b nicht berührt. Nr. 2 b S. 1 erlaubt für Finanzdienstleistungen eine Änderung ohne Vorankündigung, die in Nr. 1j gar nicht vorausgesetzt wird. Die Änderung ohne Vorankündigung muß deshalb durch Nr. 2 b S. 1 nicht besonders erlaubt werden. Andrerseits verlangt Nr. 1j die Angabe des Änderungsgrundes im Vertrag, wovon in Nr. 2b keine Befreiung erteilt wird. Da Nr. 2 b die Zulässigkeit der dort genannten Klauseln aber abschließend regeln will, bedeutet der Verzicht auf die Angabe des Änderungsgrundes in Nr. 2 b, daß eine solche Angabe im Vertrag auch nicht erforderlich ist.[1] Nr. 2 b S. 2 will dem Umstand Rechnung tragen, daß bei unbefristeten Dauerschuldverhältnissen eine Anpassung an die im Zeitablauf sich ändernden Verhältnisse möglich sein muß, ohne daß dafür ein triftiger Grund genannt sein muß. S. allgemein zur Bedeutung von Nr. 2 b auch vor Nr. 2 a Rz 231.

252 a) Die Vorschrift erklärt **Änderungsrechte für Zinsen und andere Kosten von Finanzdienstleistungen** in begründeten Fällen für zulässig. Zum Erbringer von Finanzdienstleistungen s. Nr. 2 a Rz 237. Das Änderungsrecht für Zinsen bezieht sich sowohl auf Soll- wie auf Habenzinsen. Da das Änderungsrecht ausdrücklich auf den Zinssatz begrenzt ist, fallen andere die Zinsen betreffenden Änderungen, wie z. B. ihre Fälligkeit oder die Art ihrer Verrechnung, nicht unter Nr. 2 b. Auch hinsichtlich anderer Kosten erlaubt Nr. 2b nur eine Änderung der Höhe, nicht dagegen sonstiger Bedingungen. Für von Nr. 2b nicht erfaßte Änderungen gilt Nr. 1 j. Andere Kosten als Zinsen sind grundsätzlich nur laufende Kosten, die während der Dauer des Vertrags anfallen, so z. B. Kontoführungsgebühren, sonstige Bearbeitungskosten oder Kosten für eine Rückzahlungsversicherung. Das Änderungsrecht darf nur Änderungen für die Zukunft zum Gegenstand haben, damit sich der Verbraucher den Auswirkungen durch Kündigung entziehen kann.

253 Das Änderungsrecht wird **in begründeten Fällen ohne Vorankündigung** zugelassen. Sinn des Änderungsrechts ist es, das laufende Entgelt für Finanzdienstleistungen den jeweiligen marktbedingten Kostenänderungen anpassen zu können. Nr. 2b läßt dafür kein beliebiges Änderungsrecht zu. Dies würde dem Grundsatz der Vertragsbindung widersprechen. Die Voraussetzung, daß es sich um begründete Fälle handeln muß, ist deshalb nicht nur für den Verzicht auf Vorankündigung, sondern gerade auch für die Ausübung des Änderungsrechts bedeutsam. Nr. 2b verlangt im Gegensatz zu Nr. 1j keinen triftigen Grund, sondern einen begründeten Fall. Darin liegt jedoch keine inhaltliche Änderung.[2] Dies machen die englische und französische Fassung deutlich, die sowohl für Nr. 1j wie für Nr. 2 b einen „valid reason" bzw. einen „raison valable" verlangen. Ein begründeter Fall liegt gemäß dem Sinn des Änderungsrechts vor, wenn z. B. durch eine Änderung der Refinanzierungskosten oder bei anderen Kosten wie der Lohnkosten oder anderer Aufwendungen eine Weitergabe an den Verbraucher für die weitere Inanspruchnahme der Finanzdienstleistung gerechtfertigt ist. Eine Änderung allein zum Zwecke der Gewinnerhöhung stellt dagegen keinen begründeten Fall dar. Nr. 2c findet auf Nr. 2b keine Anwendung, da es sich um unterschiedliche Preise handelt. Preisindexklauseln nach Nr. 2 d bleiben aber auch für Finanzdienstleistungen möglich.

254 Die Ausübung des Änderungsrechts wird **ohne Vorankündigung** erlaubt. Da Nr. 1j keine Vorankündigung voraussetzt, muß Nr. 2b S. 1 auch nicht davon befreien. Nr. 2 b S. 1 dient deshalb in erster Linie dem Zweck, bestimmte Klauseln unabhängig von Nr. 1j für zulässig zu erklären und nicht nur spezielle Ausnahmen von Nr. 1j vorzusehen. Die Vorankündigung soll dem Verbraucher die Möglichkeit

---

[1] So auch *Pfeiffer,* in: GH II/*Wolf* EG-VbR A 05, Anh. 2b Rz 5.

[2] So im Ergebnis auch *Pfeiffer,* in: GH II/*Wolf* VbR A 05, Anh. Nr. 2b Rz 4.

geben, sich rechtzeitig auf die Änderung einzustellen, sei es, daß er die höheren Kosten einplanen oder sich auf die Vertragsbeendigung als Folge seiner Kündigung einrichten kann. Die Vorankündigung darf deshalb nicht ohne Grund, sondern ebenfalls nur in begründeten Fällen unterbleiben. Ein begründeter Fall kann angenommen werden, wenn die Änderung der Kostenfaktoren für den Gewerbetreibenden seinerseits nicht genau vorhersehbar war und er andrerseits wegen der ihm treffenden Belastungen sogleich reagieren können muß, ebenso wenn bei massenweiser Änderung eine Vorankündigung für alle Kunden nicht gleichzeitig erfolgen kann. Über die Art und Weise der Vorankündigung, ob diese öffentlich, durch Aushang oder durch individuelle Benachrichtigung vorgesehen ist, besagt Nr. 2b S. 1 nichts.

An Stelle der Vorankündigung muß den Gewerbetreibenden die **Pflicht zur unverzüglichen Unterrichtung** über die Änderung treffen. Die Mitteilung muß danach ohne schuldhaftes Zögern („earliest opportunity, dans les meilleurs délais") erfolgen, nachdem die Änderung beschlossen worden ist. Die Pflicht zur unverzüglichen Unterrichtung bedeutet, daß diese möglichst noch vor Inkrafttreten oder, sofern dies nicht möglich mit Inkrafttreten und nur in wirklich begründeten Ausnahmefällen nach Inkrafttreten der Änderung erfolgen muß.[1] Mitteilungsempfänger sind der oder die Vertragspartner. Wie die Mitteilung zu erfolgen hat, ob durch Aushang im Geschäftslokal oder durch briefliche oder mündliche Benachrichtigung, wird nicht gesagt. Soweit es sich um eine allgemeine Änderung für die Masse der Kunden handelt, die einen erheblichen Kostenaufwand erfordern würde, muß ein Aushang zugelassen werden. Auch eine Mitteilung durch unverzügliche Einspeisung in den Kontoausdrucker kommt in Betracht.[2] Für individuelle Änderungen erscheint dagegen eine besondere mündliche (telefonische) oder briefliche Nachricht angebracht. Von der gewählten Unterrichtungsart hängt auch die Frage der Unverzüglichkeit ab. Der Aushang kann im Regelfall am folgenden, spätestens am darauf folgenden Tag erwartet werden, für die briefliche Nachricht kann im Regelfall eine Woche bis 10 Tage in Anspruch genommen werden. Es genügt nicht allein die tatsächliche Nachricht. Vielmehr muß den Gewerbetreibenden die Pflicht hierzu treffen. Ob die Pflicht durch Vertrag begründet wird oder bereits kraft Gesetzes besteht, ist ohne Bedeutung. 255

Der Verbraucher muß als Vertragspartner das **Recht zur alsbaldigen Kündigung** haben. Ein vergleichbares anderes gleichwertiges Lösungsrecht genügt (vgl. auch Rz 239). Das Kündigungsrecht muß gerade im Hinblick auf die Änderung der Zinsen und Kosten bestehen. Ein Kündigungsrecht aus anderen Gründen reicht nicht aus. Das Kündigungsrecht muß auch grundsätzlich so beschaffen sein, daß sich der Vertragspartner den Wirkungen der Änderung entziehen kann, d. h. die Änderungen dürfen grundsätzlich nur für die Zukunft vorgesehen werden und das Kündigungsrecht muß eine Lösung vom Vertrag spätestens dann ermöglichen, wenn die Wirkungen der Änderung eintreten. Ausnahmen können allenfalls in eng begrenzten Einzelfällen zugelassen werden.[3] In diesem Sinne ist auch zu beurteilen, ob die Kündigung alsbald (immediately, immédiatement) möglich ist. Das Kündigungsrecht muß grundsätzlich unabhängig von der Höhe der Änderung gewährt werden, kann aber wegen Geringfügigkeit nach Treu und Glauben entfallen.[4] Das Kündigungsrecht muß auch unter zumutbaren Bedingungen ausübbar sein und 256

[1] S. auch *Pfeiffer,* in: GH II/*Wolf* EG-VbR A 05, Anh. Nr. 2b Rz 6 mwN.
[2] *Pfeiffer,* in: GH II/*Wolf* EG-VbR A 05, Anh. Nr. 2b Rz 8.
[3] *Pfeiffer,* in: GH II/*Wolf* EG-VbR A 05, Anh. Nr. 2b Rz 10.
[4] S. auch Art. 3 Rz 9.

darf nicht z. B. durch hohe Bearbeitungs- und Kontoauflösungsgebühren abschrekkend wirken.[1]

257 **b)** Nr. 2 b S. 2 erlaubt ein einseitiges **Änderungsrecht in unbefristeten Verträgen**. In unbefristeten Verträgen, bei denen die Leistungspflichten über die Zeit hinweg auf Dauer erfüllt werden müssen, soll eine Anpassung an die veränderten Umstände unter erleichterten Bedingungen möglich sein. Nr. 2 b S. 2 verlangt deshalb im Gegensatz zu Nr. 1j keinen triftigen Grund, der deshalb auch nicht im Vertrag aufgeführt werden muß. Gleichwohl muß das Änderungsrecht den Anforderungen des Art. 3 I genügen und darf deshalb nicht zu willkürlichen und beliebigen Änderungen mißbraucht werden,[2] sondern muß auf solche Änderungen begrenzt werden, die sich durch das Bedürfnis nach Anpassung an die veränderten Verhältnisse rechtfertigen lassen, sofern die Änderung zu einem Zeitpunkt wirken soll, zu dem eine ordentliche Kündigung den Vertrag noch nicht beenden könnte. Soll die Änderung dagegen erst zu einem Zeitpunkt zur Geltung gelangen, zu dem der Vertrag durch ordentliche Kündigung ebenfalls beendet werden könnte, so können auch beliebige Änderungen zugelassen werden, denn der Verbraucher braucht dann nicht in seinem Vertrauen auf den Fortbestand auf einen bestimmten Vertrag und das darin angelegte Äquivalenzverhältnis geschützt zu werden. An Stelle, daß der Gewerbetreibende kündigt, kann er es dem Verbraucher überlassen, ob er seinerseits die Änderungen zum Anlaß für eine Kündigung nimmt. Nr. 2 b S. 2 gilt im Gegensatz zu S. 1 nicht nur für Erbringer von Finanzdienstleistungen, sondern für Gewerbetreibende generell und für alle unbefristeten Verträge. Ein unbefristeter Vertrag ist ein Vertrag, dessen Laufzeit in der Zukunft offen ist. Dies gilt auch, wenn eine Mindestlaufzeit vorgesehen ist.[3]

258 Dem Verbraucher muß ein **Kündigungsrecht** im Falle der Änderung zustehen. Dies kann das allgemeine Recht zur ordentliche Kündigung sein oder ein besonderes Kündigungsrecht, das gerade wegen und infolge der Änderung besteht. Auch sonstige gleichwertige Lösungsrechte kommen in Betracht. Entscheidend ist, daß das Kündigungsrecht in der Weise besteht oder eingeräumt wird, daß der Vertrag beendet werden kann, bevor die Änderung Rechtswirkungen entfaltet. Neben dem Kündigungsrecht und zur Ermöglichung seiner Ausübung muß es dem Gewerbetreibenden obliegen, den Verbraucher von der Änderung **rechtzeitig in Kenntnis zu setzen**. Die Benachrichtigung verlangt eine vollständige Mitteilung über Art und Umfang der Änderung sowie über deren zeitliche Wirkungen. Rechtzeitig ist die Benachrichtigung, wenn sie so frühzeitig erfolgt, daß dem Verbraucher eine angemessene Überlegungsfrist bleibt und er noch kündigen kann, bevor die Änderungen in Kraft treten.

2. Auswirkungen auf das deutsche Recht

259 Für **AGB** und in ausgeh. Indiv. (§ 310 III Nr. 2 BGB) kennen §§ 308, 309 BGB keinen speziellen Klauselvorbehalt für Erbringer von Finanzdienstleistungen. **Zins- und Kostenänderungen** sind nach § 307 BGB insoweit zulässig, als es für die Anpassung an die Refinanzierungskonditionen und sonstige marktbedingte Kostenänderungen geboten ist.[4] Nr. 2 b S. 1 gibt hierfür einen grundsätzlich beachtenswerten Maßstab, der zwar nicht zwingend und verbindlich ist,[5] aber bei An-

---

[1] *Pfeiffer,* in: GH II/*Wolf* EG-VbR A 05, Anh. Nr. 2 b Rz 11 mwN.

[2] Ebenso *Pfeiffer,* in: GH II/*Wolf* EG-VbR A 05, Anh. Nr. 2b Rz 14.

[3] *Pfeiffer,* in: GH II/*Wolf* EG-VbR A 05, Anh. Nr. 2 b Rz 15 mwN.

[4] S. § 310 Rz D 15; § 309 Nr. 1 Rz 11 f.

[5] S. vor Nr. 1 a Rz 1.

wendung des Kontrollmaßstabs von Treu und Glauben doch beachtet werden sollte. Eine Vorankündigung ist danach nicht geboten, jedoch muß bei wesentlichen Erhöhungen ein Kündigungsrecht eingeräumt werden.[1] Die Benachrichtigungspflicht und das Kündigungsrecht erscheinen auch nach Treu und Glauben geboten, um den Verbraucher eine Anpassung und bei Unzumutbarkeit eine Lösung von dem geänderten Vertrag zu ermöglichen. Nr. 2b S. 1 beschränkt das Kündigungsrecht nicht auf wesentliche Erhöhungen (s. Rz 256). Dies sollte im Wege richtlinienkonformer Auslegung bei Anwendung von § 307 BGB beachtet werden. Ebenso sieht Nr. 2b S. 1 zusätzlich eine Pflicht zur unverzüglichen Benachrichtigung vor, die zur Ausübung des Kündigungsrechts erforderlich ist. Dieses Benachrichtigungserfordernis ergibt sich für das deutsche Recht aus § 130 BGB. Soweit auf den Zugang verzichtet werden kann,[2] sollte eine unverzügliche Benachrichtigung in richtlinienkonformer Anwendung von § 307 BGB ebenfalls verlangt werden, wenngleich die tatsächliche Benachrichtigung ausreichend erscheint, ohne daß eine Pflicht hierzu übernommen werden muß. Den wesentlichen Schutzanliegen von Nr. 2b S. 1 ist damit bereits Rechnung getragen oder ihnen kann ohne Schwierigkeiten Rechnung getragen werden.

Für das **Änderungsrecht in unbefristeten Verträgen** ist § 308 Nr. 4 BGB zu **260**
beachten. Das Änderungsrecht in **unbefristeten Verträgen** ist für eine sachgerechte Anpassung von Dauerschuldverhältnissen angebracht und darf deshalb nicht grundsätzlich beschnitten werden. Die von § 308 Nr. 4 BGB verlangte Zumutbarkeit der Änderung wird in Nr. 2b S. 2 nicht vorausgesetzt, jedoch ist die Zumutbarkeit bei Dauerschuldverhältnissen dann zu bejahen, wenn eine Anpassung an veränderte Verhältnisse angebracht erscheint. § 308 Nr. 4 BGB, der nicht auf Dauerschuldverhältnisse begrenzt ist, verlangt weder eine Benachrichtigungspflicht noch ein Kündigungsrecht zugunsten des Verbrauchers. § 130 BGB verlangt jedoch Zugang. Soweit auf den Zugang wirksam verzichtet wurde,[3] ist die rechtzeitige Benachrichtigung jedoch im Rahmen der Zumutbarkeit nach § 308 Nr. 4 BGB zu berücksichtigen.

Das Kündigungsrecht vermag ihn vor unzumutbaren Belastungen zu bewahren **261–270**
und muß deshalb gewährt werden. Zur Ausübung des Kündigungsrechts bedarf es der rechtzeitigen Benachrichtigung über die Änderung. Dies erscheint ein Gebot der Fairness. Die in Nr. 2b S. 2 zum Ausdruck gebrachten Anforderungen an Treu und Glauben sollten deshalb im Grundsatz beachtet werden.[4] Gleiches gilt für das Bestehen eines Kündigungsrechts. Damit können die Wertungen von Nr. 2b S. 2 auch bei Anwendung von § 308 Nr. 4 BGB Berücksichtigung finden.

*

2. Tragweite der Buchstaben g), j) und l)

c) [Kapitalmarkt- und Devisengeschäfte]

Die Buchstaben g), j) und l) finden keine Anwendung auf

- **Geschäfte mit Wertpapieren, Finanzpapieren und andere Erzeugnisse oder Dienstleistungen, bei denen der Preis von den Veränderungen einer Notierung oder eines Börsenindex oder von Kursschwankungen auf dem Kapitalmarkt abhängt, auf die der Gewerbetreibende keinen Einfluß hat;**

---

[1] § 309 Nr. 1 Rz 130f.
[2] S. § 308 Nr. 6 Rz 23ff.
[3] S. § 308 Nr. 6 Rz 23ff.
[4] S. Art. 3 Rz 20.

– **Verträge zum Kauf oder Verkauf von Fremdwährungen, Reiseschecks oder internationalen Postanweisungen in Fremdwährung.**

1. Ausnahmebereich

271 Nr. 2c sieht nach seinem **Zweck** für Kapitalmarkt- und Devisengeschäfte die Nichtanwendbarkeit der Klauselverbote in Nr. 1g, j, und l vor. Danach gilt das Gebot angemessener Kündigungsfristen (Nr. 1g) und die Beschränkung von Änderungsrechten (Nr. 1j und l) für Kapitalmarkt- und Devisengeschäfte nicht. Der Grund für die Nichtanwendbarkeit der Nr. 1g, j und l liegt in dem Bedürfnis, sich den marktabhängigen Preis- und sonstigen Konditionsveränderungen in diesen Bereichen rasch anpassen zu können. Hinzu kommt, daß es sich im wesentlichen um Preis- und Konditionsveränderungen als Ausfluß von marktgesetzlichen Entwicklungen handelt, die der einzelne Gewerbetreibende kaum beeinflussen kann, sondern ihnen selbst ausgesetzt ist, dieses Marktrisiko aber als bloßer Leistungsvermittler nicht selbst tragen, sondern auf den Kunden als den eigentlichen Nutzer dieser Leistungen abwälzen können soll. Trotz der Befreiung von den Klauselverboten der Nr. 1g, j und l bleibt aber die Generalklausel des Art. 3 I anwendbar. Aus Nr. 2c kann zugleich entnommen werden, daß die Richtlinie davon ausgeht, daß die zu den Kapitalmarktgeschäften gehörenden Vertragsbedingungen einschließlich der Emissionsbedingungen grundsätzlich der Inhaltskontrolle nach den Maßstäben der Richtlinie und damit auch nach den §§ 305 ff BGB in deren richtlinienkonformer Anwendung unterliegen.[1] Eine gesellschaftrechtliche Kontrolle ist damit aber nicht verbunden. S. allgemein zur Bedeutung von Nr. 2c auch vor Nr. 2a Rz 231.

272 a) Der Ausnahmebereich erfaßt gemäß dem ersten Spiegelstrich **Wert- und Finanzpapiere sowie andere Erzeugnisse oder Dienstleistungen mit Börsen- und Kapitalmarktkursen**. Die Begriffe sind autonom nach dem speziellen Zweck von Nr. 2c auszulegen. Der Begriff des Kapitalmarkts ist nicht als Gegensatz zum Geldmarkt im Sinne nur der mittel- und langfristigen Kreditgeschäfte zu verstehen, sondern umfassend unter Einschluß auch der kurzfristigen Geldmarktgeschäfte im Sinne aller mit Geld und Finanzgeschäften zusammenhängenden Transaktionen. Wertpapiere sind nicht mit der zivilrechtlichen Definition des Wertpapiers gleichzusetzen, wonach Wertpapiere alle Urkunden sind, die ein privates Recht in der Weise verbriefen, daß es nicht ohne die Urkunde geltend gemacht werden kann.[2] Dieser Begriff ist zu umfassend, weil er auch Wertpapiere einschließt, die wie etwa Scheck und Wechsel nicht am Kapitalmarkt gehandelt werden. Der Wertpapierbegriff der Nr. 2c ist eher vergleichbar, aber nicht deckungsgleich mit dem Wertpapierbegriff in § 1 XI Satz 2 KWG und § 2 I WpHG. Wertpapiere im Sinne der Nr. 2c sind nur die im Wirtschaftsverkehr als Wertpapier bezeichneten Urkunden und Rechte, die am Kapitalmarkt gehandelt werden und zu dem Zweck ausgegeben werden, grundsätzlich von jedem Kapitalanleger erworben werden zu können. Dazu gehören insbesondere Aktien, Investmentanteile, Schuldverschreibungen auf den Inhaber, vor allem in der Form von Anleihen oder Pfandbriefen, ferner Optionsanleihen und Genußscheine sowie Optionen, Futures und andere Derivate. Die Begriffe Wertpapier und Finanzpapier stellen keine Gegensätze dar. Die genaue Einordnung, ob es sich um Wert- oder Finanzpapiere handelt, ist deshalb nicht entscheidend. Finanzpapiere haben individuell vereinbarte Transaktionen über geldwerte Rechte zum Gegenstand, die nicht in Urkunden verbrieft sind,

---

[1] S. dazu auch § 305 Rz 15, 26; § 307 Rz 85, 166, 236.

[2] S. etwa *Zöllner*, Wertpapierrecht, 14. Aufl. 1987, § 3 II 4 b; *Hueck/Canaris*, Wertpapierrecht, 12. Aufl. 1986, § 1 I.

so etwa Swapgeschäfte, Zinstermingeschäfte oder Futures. Für Finanzpapiere ist im Gegensatz zu den Wertpapieren auch nicht entscheidend, daß sie am Kapitalmarkt gehandelt und von jedermann erworben werden können. Auch für die anderen Erzeugnisse und Dienstleistungen gilt, daß eine strenge Abgrenzung zu den Finanz- und Wertpapieren nicht erforderlich ist. Entscheidend ist allein, daß ihr Preis von Kursen und Notierungen abhängt, auf die der Gewerbetreibende keinen Einfluß hat. Die Abhängigkeit von Kursen und Notierungen zeigt sich nicht nur, wenn die Erzeugnisse und Dienstleistungen am Kapitalmarkt selbst gehandelt werden, sondern auch wenn eine sonstige Abhängigkeit besteht. Als sonstige Erzeugnisse mit Börsen- und Kapitalmarktkursen kommen etwa Optionsrechte, z. B. in Form von Aktienoptionen, Warenterminoptionen, Optionen auf Staatspapiere oder Optionen auf Börsenindizes in Betracht. Dienstleistungen, deren Preis von Kapitalmarktkursen abhängt, können etwa aber auch Maklerdienste und die dafür prozentual zu zahlende Provisionen sein.[1]

Notierungen sind Notierungen an der Börse, amtlich oder im Freiverkehr. 273
Ein **Börsenindex** gibt die in der Regel tägliche Preisentwicklung an der Börse, sei es Wertpapier- oder Terminbörse auf der Basis einer aus allen oder mehreren gehandelten Papieren errechneten Durchschnittspreises wieder. **Kurse** und deren Schwankungen am Kapitalmarkt werden durch den rechnerischen Ausgleich von Angebot und Nachfrage an einem lokal oder international für alle Interessenten zugänglichen Markt gebildet und sind dann als allgemein gültiger nicht im einzelnen ausgehandelter Preis maßgeblich. Dazu gehören neben den Kursen der einzelnen Wertpapiere, insbesondere Aktien und Schuldverschreibungen, auch Kurse, die nicht unmittelbar selbst im Börsenhandel entstehen, die sich aber aus einer vertraglich bindenden Bezugnahme auf am Kapitalmarkt sich bildende Bezugsgröße, wie z. B. den Euribor oder den Euro-Libor, ergeben.[2] Voraussetzung ist jeweils, daß der Gewerbetreibende auf die Veränderungen und Kursschwankungen keinen Einfluß hat. Ein mittelbarer Einfluß, der durch die Teilnahme am Markt in Form von Kauf und Verkauf entsteht, genügt nicht, da dieser Einfluß, den jeder Teilnehmer hat, durch die Marktgesetze neutralisiert und der gezielt individuellen Steuerung entzogen wird. Der Einfluß fehlt deshalb nur dann nicht, wenn der Gewerbetreibende unmittelbar, d. h. allein und unbeeinflußt vom Marktverhalten anderer, den Preis steuern kann.

Nr. 2c erfaßt mit dem ersten Spiegelstrich alle **Geschäfte** mit den genannten 274
Börsen- und Kapitalmarkttransaktionen. Eine Beschränkung auf den Kauf oder Verkauf wie im zweiten Spiegelstrich findet sich nicht. Außer dem Kauf oder Verkauf von Wert- und Finanzpapieren einschließlich Emissionsgeschäften kommen deshalb auch Auftragserteilungen an Banken oder Börsenmakler in Betracht, sei es in Form von Geschäftsbesorgungs-, Dienst- oder Maklerverträgen.

b) Im zweiten Spiegelstrich werden **Devisengeschäfte** im weiteren Sinne ange- 275
sprochen. Diese Fallgruppe betrifft den **Kauf oder Verkauf von Fremdwährungen**. Fremdwährungen sind die gesetzlichen Zahlungsmittel anderer Staaten als das jeweilige Inland, in dem der Kauf oder Verkauf getätigt wird. Gleichgültig ist, ob es sich um Fremdwährungen von Mitgliedstaaten oder Nichtmitgliedstaaten der EU handelt. Ohne Bedeutung ist auch, ob es sich um einen Barkauf, um Buchgeld oder um einen Terminkauf oder -verkauf handelt.[3] Auch ein Devisenterminkontrakt zählt deshalb hierher. Als Kauf oder Verkauf können auch Optionsgeschäfte ange-

---

[1] Zust. *Pfeiffer*, in: GH II/*Wolf* EG-VbR A 05, Anh. Nr. 2c Rz 2.
[2] S. auch *Pfeiffer*, in: GH II/*Wolf* EG-VbR A 05, Anh. Nr. 2c Rz 6.
[3] So auch *Pfeiffer*, in: GH II/*Wolf* EG-VbR A 05, Anh. Nr. 2c Rz 7.

sehen werden, weil sie die Vorstufe eines Kaufs oder Verkaufs bilden und bei Ausübung der Option durch den Berechtigten zu einem Kauf oder Verkauf führen. Andere Geschäfte als Kauf oder Verkauf, z. B. ein Auftrag zum Kauf werden aber nicht erfaßt.

276 Unter die Ausnahme fällt auch der **Kauf oder Verkauf von Reiseschecks**. Reiseschecks sind echte Schecks oder Anweisungen, die auf die ausgebende Bank oder eine Korrespondenzbank gezogen werden und auf Order des Käufers lauten, wobei bei Einlösung durch eine zweite Unterschrift und einen Identitätsausweis sicher gestellt werden soll, daß der Reisescheck nur vom Berechtigten eingelöst wird. Der Kauf oder Verkauf von Reiseschecks kann auch auf Fremdwährung lauten, z. B. als Dollarschecks, wobei der Kunde den Kaufpreis in seiner Heimatwährung zahlt und im Ausland in Fremdwährung ausgezahlt erhält. Bei der **internationalen Postanweisung** wird die Post nach Einzahlung eines Betrags im Inland oder gegen entsprechende Belastung eines inländischen Postgirokontos angewiesen, den betreffenden Betrag in Fremdwährung an einen Empfänger im Ausland auszuzahlen.

277 **c) Folge der Ausnahmen** ist, daß die Klauselverbote der Nr. 1 g, j und l nicht zur Anwendung kommen. Die Nichtanwendung von Nr. 1 g ermöglicht die **fristlose Kündigung** auch ohne Vorliegen schwerwiegender Gründe. Diese Ausnahme soll eine Absicherung gegen Kurs- und Währungsrisiken ermöglichen, indem bei nachteiligen Entwicklungen für den Gewerbetreibenden diesem eine sofortige Lösung von seiner Verpflichtung ermöglicht wird. Das Kündigungsrecht kann aber grundsätzlich nur in Dauerschuldverhältnissen und bei sonst zeitlich andauernden Verpflichtungen in Betracht kommen, bei denen entsprechende Kurs- und Währungsrisiken bestehen. Das Kündigungsrecht darf nur eine Reaktion auf die in Nr. 2 c genannten Risiken, nicht auf andere Risiken gestatten. Auch wenn Nr. 1 g nicht anwendbar ist, so bleibt doch die Mißbrauchskontrolle gemäß Art. 3 I möglich.[1] Dabei wird vor allem zu prüfen sein, ob dem Verbraucher für gleiche Risiken ebenfalls ein fristloses Kündigungsrecht zusteht.

278 Entgegen Nr. 1 j steht Nr. 2 c auch nicht der **einseitigen Änderung von Vertragsklauseln ohne triftigen Grund** entgegen. Es muß sich aber um Vertragsklauseln handeln, die sich gerade auf die mit den Kurs- und Währungsschwankungen verbundenen Risiken beziehen. Die Mißbrauchskontrolle gemäß Art. 3 I wird dadurch nicht ausgeschlossen.

279 Nr. 2 c erlaubt entgegen Nr. 1 l auch die **einseitige Preisfestsetzung oder -erhöhung** ohne Rücktrittsrecht des Verbrauchers. Dies ist daraus zu rechtfertigen, daß der Verbraucher die Finanzprodukte und Devisen nach dem Vertragszweck von vornherein zu den jeweiligen Kurspreisen erwirbt. Grundsätzlich müssen ihm dann aber auch Preisermäßigungen zugute kommen. Dies ist im Rahmen der Mißbrauchskontrolle nach Art. 3 I zu beachten.

2. Auswirkungen auf das deutsche Recht

280 Für die Inhaltskontrolle sieht das deutsche Recht keine speziellen Sondervorschriften für Kapitalmarktgeschäfte vor. Die Anwendung von § 309 Nr. 1 BGB erscheint nicht sachgerecht und sollte unter Berücksichtigung von Nr. 2 c richtlinienkonform unterbleiben, weil der Preis nach dem Vertragszweck von vornherein durch die jeweiligen Kapitalmarkt- und Devisenkurse bestimmt wird und deshalb dem Verwender kein Preiserhöhungsrecht im Sinne eines einseitigen Bestimmungsrechts eingeräumt wird. Bei der demnach stattfindenden Inhaltskontrolle

[1] Ebenso *Pfeiffer,* in: GH II/*Wolf* EG-VbR A 05, Anh. Nr. 2 c Rz 8.

gemäß § 307 BGB kann denselben Überlegungen für eine angemessene Interessenwahrung Raum gegeben werden, die auch für Art. 3 I maßgebend sind. Im Interesse der Harmonisierung sollte dabei die Rspr. der anderen Mitgliedstaaten mit berücksichtigt werden.

Eine Inhaltskontrolle für nicht ausgehandelte Individualvereinbarungen erscheint auch hier angebracht, wobei eine sachgerechte Regelung nach dem Maßstab von § 310 III Nr. 2 mit § 307 BGB[1] in Übereinstimmung mit Art. 3 I wiederum möglich ist. **281–290**

*

2. Tragweite der Buchstaben g), j) und l)

d) [Preisindexklauseln]
Buchstabe l) steht Preisindexierungsklauseln nicht entgegen, wenn diese rechtmäßig sind und der Modus der Preisänderung darin ausdrücklich beschrieben wird.

1. Ausnahmebereich

Nr. 2 d dient dem **Zweck**, eine Ausnahme von Preisfestsetzungs- und -erhöhungsklauseln der Nr. 11 zuzulassen, wenn es sich um zugelassene Preisindexierungsklauseln handelt. Ein Rücktrittsrecht ist in diesem Fall für den Verbraucher nicht angebracht, sei es, daß es sich um langfristige Leistungen in Dauerschuldverhältnissen oder um sonstige Leistungen handelt, bei denen mit einem konstanten Preis von vornherein nicht gerechnet werden kann. Die Preisindexklausel verhindert auch, daß der Gewerbetreibende einseitig willkürlich auf den Preis Einfluß nehmen kann. Mit der Indexbindung wird im Regelfall auch eine Preisgestaltung im üblichen Rahmen erreicht und dem Verbraucher kommen auch etwaige Preisermäßigungen zugute. Es handelt sich deshalb um eine besondere Interessenlage für die Nr. 11 nicht paßt. Etwaigen Härten der Preisindexklauseln kann mit den Rechtsbehelfen der unzulässigen Rechtsausübung oder des Wegfalls der Geschäftsgrundlage begegnet werden. S. allgemein zur Bedeutung von Nr. 2 d auch vor Nr. 2 a Rz 231. **291**

Preisindexklauseln binden den Preis einer Ware oder Leistung an die Preis- und Kostenentwicklung anderer Bezugsgrößen, z. B. Lebenshaltungskosten, Rohstoffpreise, Währungen u. a., in der Weise, daß sich der Vertragspreis automatisch den Preisänderungen der Bezugsgröße anpaßt. Gleichzustellen sind Klauselgestaltungen, die ein einseitiges indexgebundenes Anpassungsrecht oder eine indexgebundene Zustimmungspflicht vorsehen.[2] Anpassungsrecht und Zustimmungsanspruch müssen jedoch beiden Parteien zustehen, damit auch der Verbraucher davon profitieren kann. Nr. 2 d setzt **rechtmäßige** Preisindexklauseln voraus.[3] Darüber entscheidet die Rechtsordnung des jeweiligen Mitgliedstaates, sei es, daß solche Klauseln allgemein, für bestimmte Bereiche und mit bestimmten Inhalten kraft Gesetzes erlaubt werden oder im Einzelfall einer währungsaufsichtlichen oder sonst behördlichen Genehmigung unterliegen. Der Modus der Preisänderung muß in der Indexklausel **ausdrücklich beschrieben** sein, damit sich der Verbraucher vorweg über die ihn treffenden Belastungen informieren und die Korrektheit der Preisfestsetzung im konkreten Fall beurteilen kann. Nr. 2 d trägt damit dem Trans- **292**

---

[1] S. Art. 3 Rz 20.
[2] S. auch *Pfeiffer,* in: GH II/*Wolf* EG-VbR A 05, Anh. Nr. 2 d Rz 3.
[3] Ebenso *Pfeiffer,* in: GH II/*Wolf* EG-VbR A 05, Anh. Nr. 2 d Rz 4.

parenzgebot[1] Rechnung. Dabei müssen der Indikator als Bezugsgröße, die Relation der Preisänderung zu dieser Bezugsgröße sowie die zeitlichen und sonstigen Voraussetzungen der Preisanpassung angegeben werden.[2]

2. Auswirkungen auf das deutsche Recht

293 Preisindexklauseln in **AGB** u. bei ausgeh. Indiv. unterfallen nach bisheriger Auffassung grundsätzlich dem Klauselverbot des § 309 Nr. 1 BGB (s. dort Rz 5, 6). Sie dürfen deshalb nicht zu Preiserhöhungen innerhalb von vier Monaten nach Vertragsabschluß führen.[3] Diese strengere Regelung ist nach Art. 8 nicht zu beanstanden, wenn sie nicht zu Verstößen gegen den EG-Vertrag in Form von Handelsbeschränkungen und Wettbewerbsverstößen führt. Dies kann nicht generell bejaht werden, sondern bedarf der fall- und branchenspezifischen Beobachtung. Im Interesse der Harmonisierung sollte § 309 Nr. 1 BGB bezüglich der Anwendung auf Preisindices einschränkend ausgelegt werden. Preisindexklauseln, die erst nach Ablauf von 4 Monaten in Kraft treten oder unter die Ausnahme in § 309 Nr. 1 BGB fallen,[4] unterliegen der Inhaltskontrolle nach § 307 BGB, wobei den Wertungen von Nr. 2 d Beachtung geschenkt werden kann.

294 Das Erfordernis der ausdrücklichen Beschreibung (Rz 292) sollte entsprechend dem Informationsbedürfnis des Verbrauchers beachtet werden, so daß Klauseln, aus denen der Modus der Preisänderung nicht ersichtlich ist, als unzulässig anzusehen sind, weil der Verbraucher dadurch in der Wahrnehmung seiner Rechte unangemessen behindert wird (s. auch Rz 292).

---

[1] S. § 307 Rz 235 ff.

[2] S. *Pfeiffer*, in: GH II/*Wolf* EG-VbR A 05, Anh. Nr. 2 d Rz 5.

[3] S. § 309 Nr. 1 Rz 14 ff.

[4] S. § 309 Nr. 1 Rz 22 ff.

Sachregister

Fette Zahlen bezeichnen Paragraphen des BGB oder – bei entsprechendem Zusatz – Paragraphen des Unterlassungsklagengesetzes bzw. Artikel der EG-Richtlinie; magere Zahlen sind Randnummern. Auf AGB im internationalen Geschäftsverkehr wird verwiesen durch **Einl. II**, auf die AGB-Kontrolle im Arbeitsrecht durch **ArbR**, auf den Anhang zur EG-Richtlinie durch **Anh. RL**. Großbuchstaben nach **Anh. 310** beziehen sich auf das ABC der Klauseln und Vertragstypen.